SRPSK(세르비아어) K(한국어)REJSK(사전) RE NIK

정근재

SRPSKO
KOREJSKI
REČNIK

문예림

524

SRPSKO
KORESKI
RECNIK

목 차

세르비아어-한국어 사전 출판에 붙이는 말

대학에서 러시아어를 전공하던 필자는 주위로부터 "왜 세르비아어로 방향을 바꾸었느냐?"라는 질문을 많이 받는다. "어쩌다 보니 그렇게 되었다"라는 대답 외에는 특별히 할 말이 없다. 그저 시대적 상황이 나를 세르비아로 내몰지는 않았는지? 80년대 군사독재라는 엄혹한 시절에 대학생들에 대한 군사훈련에 대해 항의하다가 퇴학과 재입학을 하면서 사회로 진입하는데 제약이 있을 거라는 판단 때문에 학문의 길을 선택할 수밖에 없었다. 그래서 대학원에 진학하여 러시아어학을 전공하던 중에 마침 대한민국 정부가 북방외교의 목적으로 슬라브어 국비 장학생을 선발했다. 나는 자비로 해외로 유학을 가는 것은 언감생심 엄두도 못 내던 터라 동유럽 언어 중에 세르비아어를 선택하여 시험에 응시했고, 그 결과 세르비아로 가는 기회를 얻게 되었다. 이후에 내 삶의 중심은 세르비아와 그 나라의 언어가 될 수밖에 없었다.

돌이켜 보면 필자가 세르비아 땅에 첫발을 내디딘 1992년 3월 19일은 유고슬라비아 내전이 시작되었고, 그 전화(戰火)가 보스니아-헤르체고비나 지역까지 확산하던 시기였다. 당시에 유고슬라비아의 수도 베오그라드에 거주하던 외국인들은 앞다투어 떠났던 반면 필자는 두려움 없이 그곳에 도착했으니 이 얼마나 무모한 행동인가? 꽤 추웠던 이른 봄에 낯선 환경에 처한 필자는 왜 하필이면 세르비아어를 선택했을까 하는 후회도 했지만 더는 선택의 여지가 없었다. 내전이 격화되면서 시민들의 삶은 피폐해졌으며, 대학 교육 역시 부실해질 수밖에 없어 유학 생활은 그리 적합한 환경이 되지 못했다.

우선 언어적 장벽을 해소해야만 했다. 동슬라브어에 속한 러시아어와 남슬라브어에 속한 세르비아어는 문법 부분에서는 어느 정도 유사했지만, 19세기 부크 카라지치의 언어개혁으로 인해 많은 부분에서 차이가 있어 의사소통이 불가능했었다. 그래서 필자는 우선 세르비아어 사전을 구매했고, 매일 아침 키오스크에서 산 신문을 읽기 위해 사전을 뒤적이기 시작했다. 처음에는 가장 단순하게 사진을 보기만 했으며, 그 이후에는 사진에 딸린 설명문이 뭐라고 쓰여 있는지 읽으려 했다. 그다음에는 신문의 큰 제목들만 읽는데 한 1-2개월 소요된 것 같다. 점차 신문 기사의 제목들이 눈에 들어오기 시작했고, 사진과 함께 실린 광고문들은 쉽게 이해할 수 있게 되었다. 하지만 신문 기사의 내용을 전부 이해하기까지는 상당한 시간이 걸렸다. 그렇게 나는 신문과 사전을 벗 삼아 세르비아어를 배우고, 익히고, 말하고, 쓸 수 있었다. 이러한 방식으로 세르비아어를 공부했기 때문일까? 필자에게 있어서 사전이야 말로 외국어 습득의 보고(寶庫)였다. "모든 길은 로마로 통한다"는 격언처럼 "모든 외국어의 길은 사전으로 통한다"는 말로 대신할 수 있을 것이다. 나의 세르비아어 학업은 사전에서 시작해서 사전으로 끝났다고 해도 과언이 아니다. 낯선 단어가 나오면 사전에 실린 모든 용법과 예문들을 통째로 외웠으며, 해당 단어의 앞부분과 뒷부분을 샅샅이 뒤적이며 파생어들과 연관된 단어들을 섭렵하려고 노력하였다. 결코 쉬운 일은 아니었으나 시간이 갈수록 어휘력은 늘어났고, 생소한 단어조차도 유추해서 해석할 수 있는 능력이 생기게 되었다. 사전을 보다 보니 조어론(造語論)까지 저절로 공부가 된 것이다.

학위를 마친 후 1998년 귀국하여 잠시 생활하다가 다시금 1999년 9월 세르비아로 출국하였다. 필자의 박사학위 지도교수였던 라도예 시미치(Radoje Simić)교수와 보조 초리치(Božo Ćorić)교수에게 부탁하여 동양학과에 한국어 강의를 개설할 수 있었기 때문이었다. 2011년도 까지 베오그라드대학에서 한국어를 강의하면서 필자는 세르비아 대학생들에게 한국어 어휘의 구조와 어간에 기반한 파생어 그리고 어미 활용 등을 가르친 결과 학생들의 어휘 실력은 하루가 다르게 일취월장하는 성과를 이루기도 하였다.

그 후, 개인 사정으로 2011년도에 귀국하여 한국외국어대학교에서 세르비아어를 강의하였다. 필자는 세르비아어를 강의할 때 항상 학생들에게 사전을 지참하게 하였고, 매시간 사전의 중요성을 강조하였다. 아마도 학생들은 이러한 나의 모습이 익숙지 않았을 것이다. "왜 저 교수님은 이렇게 두껍고 무거운 사전을 들고 다니라고 하지!" 많은 학생이 나에게 불만이 있다는 것을 알고 있었지만 아랑곳하지 않고 수업 시간마다 사전과 익숙해지는 연습을 시켰다.

이러한 나의 세르비아어 학습 과정과 강의 경험이 나를 자연스럽게 사전편찬의 관심을 갖게 하였다. 필자가 사전편찬을 시작한 것은 2008년 가을쯤 베오그라드대학교 교수로 재직하던 중이었다. 소수 언어 교육의 척박한 환경에 처해있던 후학들이 좀 더 쉽게 연구할 수 있도록 공구서(工具書)를 만들어야겠다는 호기(豪氣)에서 시작했는데 이렇게 큰 노력과 많은 시간이 필요했을 거라고는 미처 깨닫지 못했다. 아마도 지금 다시 시작하라면 감히 나서지 못할 것이다. 무엇보다 홀로 작업하다 보니 수개월씩 슬럼프에 빠져 정체되었던 적이 많았다. 아마도 사전을 편찬하기보다 더 어려웠던 점이 함께 작업할 동학(同學)이 없어 느꼈던 소외감이었을 것이다.

필자는 이 사전을 편찬하면서 여러 가지 면에서 주의를 기울였다.

첫째, 표제어로 가능한 많은 단어를 실으려고 했다. 언어는 시대에 따라 변화하는 것이니 예전에 자주 사용되었지만 현재에는 사용 빈도수가 낮은 어휘들이 있다. 하지만 그러한 고어들도 간헐적이나마 사용되는 경우가 있어서 폐어(廢語)임에도 불구하고 사전에 수록하였다. 그 결과 이 사전에 등재된 표제어는 50,000여 단어가 넘을 것으로 생각한다.

둘째, 각각의 표제어에 가능한 한 많은 예문을 인용하고자 했다. 단어의 뜻을 파악하는 것은 예문을 통해 파악하는 것이 가장 효과적이라고 생각했기 때문에 그러한 신념을 반영하였다.

셋째, 표제어에 대응하는 유사어를 표기함으로써 더 다양한 어휘가 유기적으로 연결될 수 있게 하려고 시도하였다.

넷째, 세르비아어의 많은 동사는 완료형과 불완료형의 쌍(雙)을 이루고 있다. 따라서 완료형 동사와 불완료형 동사를 가능한 한 쌍으로 설명하고자 했다. 다섯째, 이 사전은 치릴문자 대신에 라틴문자로 편찬하였다. 세르비아의 헌법에서 규정하고 있는 공식 문자는 치릴문자이지만 실제로 세르비아에서 치릴문자와 라틴문자가 각각 사용되고 있다. 이러한 이유를 근거로 사전의 편의성을 위해 라틴문자를 사용하였다. 마지막으로 이 사전은 세르비아의 수도 베오그라드에서 사용되고 있는 에깝스끼(ekavski)를 중심으로 기술되어 있기 때문에 이깝스끼(ikavski)나 이예깝스끼(ijekavski)는 대응되는 에깝스끼 어휘를 찾아 사용해야 한다는 점을 밝힌다.

하지만 이러한 노력에도 불구하고 만족스럽지 못한 부분이 많다. 비록 부족한 부분이 있더라도 더는 시간을 지체하기보다는 용기를 내어 출판하기로 했다. 마침 박남용 교수에게 소개받은 도서출판 문예림에서 흔쾌히 출판을 결정해 주신 덕분에 사전작업을 마무리할 수 있게 되었다. 이 사전이 출판되기까지 여러분의 도움을 많이 받았다. 우선 한국외국어대학교에 다시 출강하면서 재회한 40년 지기지우(知己知友) 나영남 교수와 막역(莫逆)한 친구 신윤곤 박사를 비롯하여 노어과 선후배인 김진만 박사님, 장한 박사님, 송해정 박사님의 변함없는 격려와 지지에 감사드린다. 또한 제일 중요한 가족에게도 감사의 말을 전하고자 한다. 홀로 자식을 키우면서 무한히 헌신하셨던 어머니 이희석 여사의 사랑이 없었다면 현재의 나는 없었을 것이다. 지금은 병상에 누워 계시지만 이 책을 제일 먼저 어머니에게 헌상하고자 한다. 그리고 넉넉지 못한 생활 속에서도 학문의 길을 걷는 남편을 한결같이 응원해준 아내 강보길님이 아니라면 필자는 일찍이 연구 활동 및 사전편찬을 포기했을 것이다. 사랑하는 아내에게 무한한 감사의 마음과 존경을 전한다. 더욱이 존재만으로도 기쁨과 희망이 되어준 사랑하는 아들 회묵이에게는 함께 많이 못 놀아준 미안함과 함께 반듯하게 성장해 주어 고맙다는 말을 전한다. 또한 어려서부터 아버지의 역할을 대신한 나의 형 정근식 교수에게도 못난 동생을 뒷바라지 해주셔서 너무 고맙다는 말을 전하고 싶다. 마지막으로 출판을 결정해주신 도서출판 문예림의 임직원 여러분께 감사드리며 부디 이 사전이 후학들에게 도움이 되기를 기대한다.

2021년 3월

정 근 재

추천사

세르비아어와 한국어를 배우고 익히는 측면에서 바라볼 때 우리는 세르비아의 부크 카라지치와 한국의 세종대왕을 언급하지 않을 수 없다. 세르비아의 계몽가이자 개혁가인 부크 카라지치(Vuk Karadžić)는 19세기 중반 세르비아어와 문자를 개혁하고, 당시 세르비아인들의 문어(文語)였던 교회-슬라브어와 여러 방언들 대신 표준 세르비아어와 알파벳을 도입하였다. 카라지치는 "문자 하나에 하나의 음가", 즉 "말하는 대로 쓰고 쓰여진 대로 읽어라"라는 라는 규칙을 당시에 도입하여, 오늘날 세르비아인들이 자랑스럽게 생각하는 세상에서 가장 뛰어난 문자 중 하나를 만들었다. 한편 지구의 반대쪽에 있던 한국의 계몽군주이자 개혁가인 세종대왕은 15세기에 한국의 문자를 개혁하였다. 당시 극소수 지배층만이 공식 문서에 사용하던 수많은 중국의 한자 대신, 24개의 자음과 모음의 조합으로 이루어진 순수한 한글 문자를 창제하였다. 그렇게 세종대왕은 모든 한국인들이 손쉽고 빠르게 글을 읽고 쓸 수 있게 만들었으며, 오늘날 과학기술이 발달한 한국이 한글의 단순함과 배우기 용이함을 자랑스럽게 여기고 있다.

글로벌화의 진전과 더불어 외국어를 안다는 것은 지리적으로 멀리 떨어져 있는 국가와 민족 사이의 상호 이해와 결속의 심화, 그리고 정치적, 경제적, 문화적, 학문적, 문화적 관계 강화 및 개인간의 관계 강화를 위해 반드시 필요한 수단이 되었다. 세르비아와 한국은 모든 분야에서 관계가 심화 발전하고 있으며, 세르비아와 한국 양국에서 더욱 많은 학생들이 한국어와 세르비아어를 배우고 있는 것이 현실이다. 알파벳을 배운 이후 문법과 어휘들을 배우는 것을 고려할 때, 특히 세르비아어와 한국어는 아주 먼 언어 그룹에 속한다는 사실을 고려할 때, 지속적이고 계속적인 공부를 위해서는 질적으로 뛰어난 사전이 출판되어야 될 필요성이 절실하다는 것을 느끼고 있다.

현재 세르비아어-한국어 사전이 존재하지 않는다는 점을 고려하여, 베오그라드대학에서 박사학위를 취득한 정근재 교수가 약 60,000여 표제어를 포함한 사전을 편찬하였다. 정박사는 보고류브(Bogoljub)라는 세르비아 이름을 가지고 있는데, 한국외국어대학교에서 세르비아어를 가르친 많은 경험을 가지고 있다. 나는 한국에서 세르비아어를 배우고자 하는 많은 사람들이 사전의 부재로 인해 겪고 있는 어려움을 잘 알고 있으며, 이에 이 사전은 세르비아어를 효과적이고도 빨리 배울 수 있도록 이바지할 것이라고 확신한다.

정근재 박사가 편찬한 세르비아어-한국어 사전은 세르비아어를 배우고자 하는 미래 세대들에게 반드시 필요한 사전이 될 것이며, 세르비아 국민과 한국 국민들을 문화적으로 가깝게 하는데 많은 이바지를 할 것이다.

알렉산다르 조르제비치(Aleksandar Đorđević)
주한세르비아공화국 대사관 대사대리

<일러두기>

문법 약호

單; 단수 複; 복수

男; 남성명사 女; 여성명사

中; 중성명사 形; 형용사 副; 부사 集合; 집합명사

不變; 불변화 完; 완료상 동사 不完; 불완료상 동사

N; 주격(Nominativ)

G; 생격(Genitiv)

D; 여격(Dativ)

A; 대격(Akuzativ)

V; 호격(Vokativ)

I; 조격(Instrumental)

L; 처소격(Lokativ)

학문용어 약호

化 화학	物 물리학	天 천문학	數 숫자, 수학	歷 역사, 역사학	軍 군사용 용어
宗 종교, 종교학	解 해부학	病理 병리학	經 경제학	幾 기하학	商 상업
醫 의학	機 기계, 기계학	哲 철학	言 언어학	法 법학	生 생물, 생물학
政 정치, 정치학	鑛 광업, 광물	植 식물	動 동물	魚 어류	

참고문헌

Андрић, Драгослав. Двосмерни речник српског жаргона и жаргону сродних речи и израза, Београд: БИГЗ, 1976; Zepter Book World, 2005.

Клајн Иван, Шипка Милан, Велики речник страних речи и израза, Нови Сад, Прометеј, 2006.

Петровић Владислава, Дудић Коста, Речник глагола са допунама, Нови Сад, Завод за уџбен ике и наставна средства, 1989.

Поповић Даница, Економски речник за новинаре, Београд, Центар за либерално-демократске студије, 2006.

речник српскохрватскога књижевнога језика, I–VI, Нови Сад, Матица српска, 1990.

Речник Српскога језика измењено и поправљено издање, Нови Сад, Матица српска, 2011.

Ћосић Павле, Речник синонима, Београд, Корнет, 2008.

Шипка Милан, Правописни речник српског језика са правописно-граматичким саветником, Нови Сад, Прометеј, 2010.

Шипка Милан, Зашто се каже?, Нови Сад, Прометеј, 2008.

Benson Morton, Srpskohrvatsko–engleski rečnik, 1991. Beograd, Prosveta.

Bugarski, Ranko. Lica jezika, Beograd, XX vek, 2001.

Bugarski, Ranko. Nova lica jezika, Beograd, XX vek, 2002.

Domović Želimir, Rječnik stranih riječi : tuđice, posuđenice, izrazi, kratice i fraze, Zagreb, Sani-plus, 1998.

Gerzić Borivoj, Rečnik srpskog žargona, Beograd, SA, 2012.

Ivanović Radomir, Janjić Jasmina, Rečnik osnovnih meteoroloških pojmova, Kosovska Mitrovica, Gradska biblioteka „Vuk Karadžić“, 2005.

Klajn Ivan, Rečnik jezičkih nedoumica, Beograd, Srpska školska knjiga, 2004.

Otašević Đorđe, Frazeološki rečnik, Novi Sad, Prometej, 2012.

ix

Sabljak Tomislav, Rječnik hrvatskoga žargona, Zagreb, V.B.Z, 2001.

Sezamov srpsko–engleski rečnik, Beograd, Prosveta, 2010.

Sipka, Danko. SerboCroatian–English Colloquial Dictionary, Springfield, Dunwoody Press, 2000.

Skok Petar, Etimologijski rječnik hrvatskoga ili srpskoga jezika, Zagreb, Jugoslovenska Akademija
    Znanosti i Umetnosti, 1971.

Šipka Milan, Priče o rečima, Novi Sad, Prometej, 2007.

Škaljić Abdulah, Turcizmi u srpskohrvatskom jeziku, Sarajevo, Svjetlost, 1966.

Vasic Vera, Prcic Tvrtko; Nejgebauer, Gordana. Recnik novijih anglicizama, Novi Sad, Zmaj, 2001.

Vujaklija Milan, Leksikon stranih reči i izraza, Beograd, Beogradski izdavačko–grafički zavod, 1980.

https://dict.naver.com

http://hjp.znanje.hr

https://vukajlija.com

http://www.politika.rs

https://www.rts.rs

http://rs.n1info.com

A a

a (接續詞) (주로 역접의 의미로) 1. (반대 의미를 가진 문장이나 문장 성분을 연결함) 하지만, 그러나; *ja mu govorim jedno, ~ on radi drugo* 내가 이 말을 하면, 그는 다른 것을 한다; *mali, ~ pametan* 그는 어리지만 영리하다 2. (접속사 da와 함께 부정형으로) (당연히 기대되는 것과는 정반대인) *otišao je ~ da nije rekao ni zbogom* 그는 떠났면서 안녕이라는 인사말도 하지 않았다 3. (문장을 단순히 연결함) *on kopa, ~ ona seje* 그는 땅을 파고 그녀는 씨를 뿌린다 4. (기대하지 않았던 것을 나타낼 때); *uđoh u sobu, a tamo strašan nered* 방에 들어갔는데 엉망이었다 5. (강조의 용법으로, 조건문 또는 보어절에서) *ako ti se jelo ne sviđa, a ti nemoj jesti* 음식이 네 맘에 들지 않으면, 먹지마 6. (a kamoli, a nekamoli, a ne 등의 숙어로 사용되어, 비교 또는 강조를 나타냄) ~ 하물며; *ne mogu ni da stojim, ~ kamoli da trčim* 서있지도 못하는데 어떻게 뛸 수 있겠어; *on se ne brine o sebi, ~ kamoli o drugima* 자신에 대해서도 무관심한데 하물며 남에 대해서는 오죽하겠는가 7. ~ *i da* 설혹 ~ 이다 할지라도; *oni nisu uradili kad je trebalo, ~ i da jesu, ne znam da li bi pomoglo* 그들은 그것이 필요할 때 하지 않았는데, 설혹 했더라도 도움이 되었을지 나는 확신이 안 선다

abažur 램프 갓

abdicirati *-am* (完)(自) (왕위·고위직을)버리다, 포기하다 (odreći se)

abdikacija 퇴위; (고관의) 사직

abdikacionī *-ā, -ō* (形); 참조 abdikacija; 퇴위의

abdomen (解) 배, 복부 (trbuh, trbušna duplja)

abdomenalnī *-ā, -ō* (形) 참조 abdomen; 배의, 복부의

abeceda 1. 알파벳(abcd); *po ~i* 알파벳 순서에 따라 2. (비유적으로)기본, 기초 **abecedni** (形)

abecedar 첫걸음(책), 초보(독본)(참조 bukvar)

abecednī *-ā, -ō* (形) 알파벳의 순서에 따라 편집된(만들어진); ~ *popis* 알파벳순으로 된 리스트; ~ *registar* 알파벳순 등재부; ~ *red* 알파벳순 순서; ~ *spisak* 알파벳순 리스트

aberacija 1. (天) 천체의 위상 변화(지구의 태양 주위 공전으로 인한); 광행차(光行差) 2. (生) (발육·위치 등의) 변형, 변이 3.(비유적)

탈선, 일탈

ablativ (文法) 탈격(~'에서부터', ~'로 부터의 뜻을 나타내는 격 형식)

ablativnī *-ā, -ō* (形) 탈격의; ~ *genitiv* 탈격 생격; ~*o značenje* 탈격 의미

ablaut 모음전환

abnormalan *-lna, -lno* (形) 정상이 아닌, 비정상적인 (nenormalan); ~ *čovek* 비정상적인 사람, ~ *prohtev* 비정상적인 바람(열망)

abnormalnost (女) 정상이 아님, 비정상, 이상 (異常) (nenormalnost)

abolicija (法) 1. 형사 절차의 중단 2. (법률·제도·조직의) 폐지(노예제도, 사형제 등의)

abolicionist(a) 폐지론자, 철폐주의자

abolicionizam *-zma* (사형제도·노예제 등의) 폐지론

abolirati *-am* (完,不完) (法) (제도·법률·습관 따위를) 폐지하다; (사법 절차를) 중지하다

abonent 신청자, 가입자, 구독자 (pretplatnik)

abonirati (se) *-am (se)* (完,不完) 신청하다, 가입하다, 구독하다, 구독 예약하다 (pretplatiti (se)); *on se kod mene abonirao.. plaća unapred svakog meseca* 그는 우리 회사에 정기 구독을 신청했다. 매달 초에 요금을 납입한다(pretplatiti)

abonman *-a* 신청, 가입, 구독신청 (pretplata)

abonos (植) 흑단(새까맣고 단단한 나무)

abordaž (男) **abordaža** (女) 선내 임검(적국의 선박에 대해)

abortirati *-am* (完,不完) 낙태시키다, 임신 중절수술을 하다(pobaciti)

abortiv 인공 임신중절약

abortivan *-vna, -vno* (形) 임신중절의; ~*vno sredstvo* 임신중절약

abortus 임신중절, 낙태; 유산 (pobačaj); *spontani ~* 자연 유산

abrašast, abrašljiv *-a, -o* (形) 주근깨가 많은, 반점이 많은(pegav)

abrazija 1. (지질) (파도에 의한) 침식 (작용), 마모 2. (醫) (피부의) 벗겨짐; 찰과상 **abrazijski, abrazioni** (形)

abrazijskī *-ā, -ō* (形) 참조 abrazija; 침식의, 침식 작용의; ~*a obala* 침식 해변

abrevijacija, abrevijatura 약어; 축약, 요약(책·글 등)

abrogacija (法) (법률·규정 등의) 폐지,폐기, 철폐, 파기(법률, 규정 등)

abrogirati *-am* (完,不完) (法) (법률·규정 등을) 폐기하다, 폐지하다, 철폐하다 (ukinuti, ukidati)

acetat (化) 초산염, 아세트산염

acetilen (化) 아세틸렌

acetilenskī -ā, -ō (形); ~ aparat 아세틸렌 램프

aceton (化) 아세톤(무색·휘발성의 가연(可燃) 액체)

ačenje (동사파생 명사) ačiti se

ačiti se -im se (不完) 길게 늘어뜨리며 말하다(부자연스럽게), ~ 인체 하다 (prenemagati se)

ad (神話) 지옥, 지하 세계(podzemni svet, pakao); to je ~ gde stanuje Satana, pobeđeni protivnik Boga 그것은 신에게 대적하여 패한 사탄이 사는 지하 세계이다

ada 섬 (보통 강이나 호수에 있는)

Adamov (形) ~a jabučica (解) 결후, 목젖 (목 중앙에 튀어나온)

adaptacija 1. (새로운 환경에의) 적응 2. 개조, 개작; 각색(물), 번안(물); ~ zgrade 건물 개조; ~ stana 아파트 개조(리모델링)

adaptirati -am (完,不完) 1. (새로운 환경에) 적응시키다 2. 개조하다, 개작하다, 각색하다; ~ zgradu 빌딩을 리모델링하다; ~ prevod 번역물을 각색하다 3. ~ se (새로운 환경에) 적응하다; ~ se novoj sredini 새로운 환경에 적응하다

adekvatan -tna, -vno (形) 적절한, 적합한, 알맞은; 동등한, ~에 상당하는(대응하는); ~tna vrednost 적절한 가치; ~tna zamena 동등한 교환; preduzeti ~tne mere 적절한 조치를 취하다, 대응하는 조치를 취하다

adekvatnost (女) 적절(함), 적합(함); (가치·힘·양이) 동일함, 등가; ~ po veličini (vrednost) 크기(가치)의 동일함

adenoid 아데노이드, 편도(扁桃)

adet 습관, 관습, 풍습 (običaj, navika)

adhezija (物) 부착력, 점착력, 들러 붙음

adhezionī -ā, -ō (形) 참조 adhezija; 부착력의, 점착력의, 들러 붙는

adiđar 보석(dragulj, nakit)

administracija 1. 경영, 관리, 운영; šef ~e 관리 책임자 2. 통치, 행정

administrativnī, -ā, -ō (形) 참조 administracija; 경영의, 관리의, 운영의; ~a mera 행정 조치; ~a vlast 행정부; ~ službenik 행정 직원; ~ postupak 행정 절차; ~e cene 인세

administrator 1. 장(長)(행정·관리·경영진 등의); 행정관, 관리관 2. 직무 대리 3. 행정 사무(행정 사무의) 디렉트

administratura 참조 administacija

admiral (軍) (해군의) 제독 admiralski (形) ~a zastava (uniforma) 제독기(旗)(제복)

admiralitet 1. 해군 본부, 해군성(省) 2. (集合) (한 나라의) 제(諸)제독, 모든 제독들

adoptirati -am (完,不完) 1. 입양하다, 양자로 삼다 (usvojiti, usiniti) 2. (비유적) 취하다, 채택하다, 채용·하다 (prihvatiti)

adoptivan -vna, -vno (形) 1. 입양된 (usvojen, usinjen); ~o dete 입양아 2. (부모나 가족이) 입양으로 맺어진; ~vni otac 양부(養父)

adrapovac -vca 1. 누더기를 걸친 사람 (odrpanac) 2. 부랑아, 방랑아, 뜨내기 (propalica, skitnica)

adrenalin 아드레날린 (부신에서 분비되는 호르몬)

adresa 1. 주소; uputiti(poslati) na pogrešnu ~u 잘못된 주소로 보내다(발송하다); 2. (政) 청원 3. 기타; na pravu ~u 옳바른 사람에게; na moju ~u 나를 희생양으로 삼아

adresant 발송인(편지·소포의)

adresar 주소록

adresat 수취인(편지·소포의) (primalac)

adresirati -am, adresovati -sujem (完,不完) 1. (편지 봉투 등에) 주소를 쓰다(적다) 2. 보내다, 발송하다 (uputiti, upućivati); video je na stolu list ... adresovan na gazdino ime 테이블에서 주인의 이름이 적혀 발송된 목록을 보았다

adut (카드의) 으뜸패, 조커(비유적)

adventist(a), adventistkinja 예수 재림론자, 예수 강림론자, 그리스도 재림파 신자 (그리스도의 재림이 임박했다고 주장하는 파); adventistički (形)

adverb (文法) 부사 (prilog)

adverzativan -vna, -vno (形) (文法) ~ veznik 역접 접속사

advokat 1. 변호사 (odvjetnik) 2. 기타; drveni (budžklijski) ~ 1)사이비 변호사 2)다른 사람의 이름을 빌려 항상 말하는 사람 advokatica, advokatkinja

advokatskī -ā, -ō (形) 참조 advokat; 변호사의; ~a komora 변호사 협회; ~a kancelarija 변호사 사무실; ~ ispit 변호사 시험; ~ pripravnik 변호사 시보

advokatura 변호사직(職), 변호사 호칭

adutant 부관

aero- (접두사) 비행의, 항공의(aero-)

aerodinamičan -čna, -čno (形) 유선형의, 공기역학상의; ~čna linija 유선형 라인

aerominamika (物) 공기역학, 항공역학

aerodrom 공항; *na ~u* 공항에서; *vojni ~* 군사 공항

aerodromskī *-ā, -ō* (形) *~a rasveta* 공항 조명시설

aerolit 운석 (metorit)

aeromehaničar 항공 기술자

aeromehanika (物) 항공 역학, 공기 역학

aero-miting 항공 쇼, 에어 쇼

aeronautika 항공학 **aeronautički** (形); *~a škola* 항공 학교

aeroplan 비행기 (avion)

aerosol (化) 에어로졸; 스프레이

aerostat 경(輕)항공기(기구·비행선 따위)

afazija (病理) 실어증(失語症)

afek(a)t *-kta* 흥분, 긴장, 흥분상태, 긴장상태; *pasti u ~* 흥분상태에 빠지다; *ubistovo u ~* 흥분상태에서의 살인 **afekatski** (形)

afektacija *~*인체 함, 인위적 행동, 거짓 행동

afektirati (自) *~*인체하다, 거짓행동을 하다 (prenemagati se, ačiti se)

afektivan (形) 흥분한, 긴장한; 감정적인 *~vno stanje* 흥분 상태

afera 스캔들, 부정, 비도덕적 사건; *politička ~* 정치 스캔들; *ljubavna ~* 애정 스캔들; *biti umešan u ~u* 스캔들에 휩싸이다

aferim (感歎詞) 그렇고 말고, 그래 그래, 좋아 (tako i treba, baš dobro)

afinitet 1. (化) 결합력, 친화력 (원자·분자 상호간의) 2. 상호 친밀감(친근감), (~ 에 대한) 호감; *imati ~a prema nečemu* (무엇에 대한) 친밀함이 있다; *nemati ~a za nešto* (~에 대한) 호감이 없다

afirmacija 1. 단언, 확언; 긍정, 확인 (potvrda, potvrđivanje) 2. (성공·직위 등의) 성취, 도달; (사회적) 인정; *dobiti ~u kao pisac* 작가로서 인정받다; *steći međunarodnu ~u* 국제적 인정을 받다

afirmativan *-vna, -vno* (形) 긍정적인, 단언적인, 확언적인 (potvrdan) (反; negativan) *~ stav* 긍정적인 입장; *~vna rečenica* 긍정문

afirmirati *-am,* **afirmisati** *-šem* (完,不完) 1. 단언하다, 확인하다, 긍정하다 (utvrditi, potvrditi) 2. *~ se* 명성을 얻다, 인정받다 *~ se kao dobar glumac* 훌륭한 배우로 인정받다; *~ se kao naučnik* 학자로서 명성을 얻다

afiš (男), **afiša** (女) (게시판의) 공고, 광고, 선전(objava, oglas)

afiširati *-am* (完,不完) (게시판에) 공고하다, 광고물을 붙이다 (plakatirati)

aforističan *-čna, -čno,* **aforistički** *-ā, -ō* (形) 격언의, 경구적인, 금언적인

aforizam *-zma* 격언, 경구, 금언

Afrika 아프리카; **Afrikanac;** **Afrikanka** *-ki, -i;* **afrički, afrikanski** (形)

afrikat (男), **afrikata** (女) (音聲學) 파찰음 (c,č 등의)

afrikatnī *-ā, -ō* (形) 파찰음의

aga *-gi; ago* (宗) 1. 아가 (무슬림 사회의 타이틀, 관직으로 종종 이름에 덧붙이기도 함) (gospodin, gazda); *Smail-aga* 스마일-아가 2. 지주, 땅 주인(옛 터키 시절의, 소작농이 농사를 짓는); *kuća je pusta, a njen vlasnik, seoski ~, sklonio se u Sarajevo* 집은 폐가였으며, 그 집의 주인인 시골 마을의 지주는 사라예보로 피신하였다 3. 군 지휘관 (옛 터키의)

agava (植) 용설란속(屬)의 식물

agencija 1. (특정 서비스를 제공하는 정부 기관) 청(廳), 국(局), 처(處); *novinarska ~* 통신사; *Međunarodna ~ za atomsku energiju* 국제원자력위원회 (IAEA) 2. (회사 등의) 대리점, 대행사, 취급점, 특약점, 에이전시;; *turistička ~* 여행사(여행 대리점)

agencijskī *-ā, -ō* (形) 참조 agencija

agent 1. (전권을 위임 받은) 대리인 (회사나 단체 등의); (누구의 이익을 위해 일하는) 대리인, 에이전트; *trgovački ~* 무역 대리인 2. (경찰 등 정보기관 등의) 첩보원, 간첩 (dostavljač, špijun); *tajni ~* 비밀 첩보원; *policijski ~* 경찰 정보원

agentura 대리점, 지사 (predstavništvo, zastupništvo); *jedna od najvećih trgovačkih kuća ... otvorila je svoju ~u u Sarajevu* 가장 규모가 큰 무역회사 중의 하나가 사라예보에 대리점을 열었다

agilan *-lna, -lno* (形) 활기찬, 생기가 넘치는; 근면한, 성실한; 재주가 많은 (preduzimljiv, okretan, vredan); *ja sam ~ čovek, preduzetan* 나는 활기차고 재주가 많은 사람이다

agilnost (女) 근면성, 성실성; 용통성

agin *-a, -o* (形) 참조 aga; 아가의; *~a kuća* 아가의 집

aginica 아가(aga)의 처(妻)

agitacija (민심을 얻기 위한) 선동, 선전; 선전선동활동, 프로파간다 (propaganda); *predizborna ~* 사전선거용 선전선동활동

agitacionī *-ā, -ō* (形) 참조 agitacija; 선동의, 선전선동의; *~a pesma* 선동가; *~ zbor* 선동 회합(모임)

3

agitator 선동가

agitirati *-am*, agitovati *-tujem* (不完)
선동하다, 교란시키다, 동요시키다(민심을);
*Austrija ne može mirno gledati kako se s
one strane njene granice agitira protivu
nje* 오스트리아는 국경 맞은 편에서
반(反)오스트리아 선동을 가만히 지켜볼 수
없었다

aglomeracija 1. 덩어리, 응집(여러 성분의) 2.
쌓임, 모임(여러 성분의) (nagomilavanje,
skupljanje)

aglutinacija 1.(言) 교착법 2. (醫) 응집(적혈구,
세균 등의), 점착, 유착 aglutinacioni (形)

aglutinativnī *-ā, -ō* (形) 교착의 ~ *jezik*
교착어 (한국어, 터키어 등의)

agnec (宗) 1. 양(jagnje) 2. 천진난만한 사람,
양순한 사람 (krotak, bezazlen čovek)

agnosticizam *-zma* 불가지론(不可知論)

agnostičkī *-ā, -ō* (形) 불가지론의,
불가지론자의

agnostik 불가지론자(不可知論者)

agonija (醫) 죽음 직전의 혼수상태, 사투;
(정신 또는 육체의) 심한 고통; *u ~i*
고통속에서; *pasti u ~u* 혼수상태에 빠지다

agovati *-gujem* (不完) 1. 아가(aga)가 되다,
아가(aga)로서 통치하다 2. 아가(aga)처럼
살다, 풍족하게 살다; ~ *i blagovati* 잘 먹고
잘 살다, 풍족하게 살다

agrarac *-rca* 1. 농민, 농부 (zemljoradnik) 2.
지주, 대지주 (zemljoposednik) 3.
(토지개혁과정에서) 땅을 불하받은 사람 4.
(政) 농민당원, 농민당 지지자

agrarnī *-ā, -ō* (形) 토지의, 농업의; *~a
politika* 농업(토지)정책; *~a reforma*
토지개혁

agregat 1. (機) 집합적 기계 세트(여러 기계가
합쳐져 하나의 전체를 이루는, 예를 들면
모터와 발전기의); 엔진 발전기 2. (鑛)
(콘크리트의) 골재(骨材) (모래·자갈 따위)

agregatnī *-ā, -ō* (形) 참조 agregat; *~o stanje*
고체·액체·기체 상태중의 한 상태

agreman (外交) 아그레망

agresija (함락·정복을 위한) 공격; 침략, 침공;
oružana ~ 무장 침공; *izvršiti ~u* 침략하다,
침공하다

agresivan *-vna, -vno* (形) 1. (타인에 대해)
공격적인, 공세적인, 폭력적인 (nasrtljiv,
napadački); *biti ~* 공격적이다; ~ *upad*
공세적인 침략 2. 적극적인, 저돌적인;
활동적인 (energičan, preduzimljiv); ~

prodavac 적극적인 상인; ~ *akviziter*
저돌적인 영원사원

agresivnost (女) 공격성 (nasrtljivost)

agresor 공격자, 침략자, 침공자 agresorski
(形)

agresorskī *-ā, -ō* (形) 참조 agresor;
공격적인 (napadački); ~ *čin* 공격적 행위

agronom 농업경제학자; 농업기술자; 농업대학
학생

agronomija 농학, 농업 경제학

agrumi (男,複) (신 맛의) 열대 과일 (레몬,
오렌지, 감귤 등의)

ah (感歎) 아~, 오~ (기쁨·감탄·고통·유감
등의); ~, *teško meni!* 아휴, 힘들어 죽겠네!

Ahilova peta (解) 아킬레스건

Aja (小辭) (口語) (否定을 나타냄) 아니야,
결코 아니야 (부정을 나타내는); ~, *to ne
može biti* 아니야, 결코 그럴 수 없어

ajam *ajma; ajmovi* (말의)마구(馬具)

ajd, ajde 자, 어서(hajde)

ajeršpajz 스크램블드 에그(scrambled egg)
(kajgana)

ajgir (動) 종마, 씨말, 거세되지 않은
말(pastuh, pastuv)

ajkula 1. (魚類) 상어 (morski pas) 2. (비유적)
착취자, 남을 인정사정없이 이용해 먹는
사람 (grabljivac, eksploatator)

ajlugdžija, ajlukčija (男), ajlukčar 급료(ajluk)
생활자, 봉급 생활자, 월급 생활자

ajluk (廢語) 급료, 보수, 월급(plata, dohodak)

ajnleger 1.(印刷) 인쇄기에 종이를 넣는
사람(기계) 2. 톱에 나무를 밀어넣는 일꾼

ajvar 음식의 한 종류(파프리카를 구어 삶아
고추장처럼 만든 음식)

akacija (植) 아카시아; 아카시아 나무
(bagrem)

akademac (軍) 사관학교 생도, 사관학교 출신
장교

akademačkī *-ā, -ō* (形) 아카데미의

akademičar 1. 학술원 회원 2. 대학생,
대학졸업자

akademičkī *-ā, -ō* (形) (廢語) akademski

akademija 1. 학교, 대학교; *vojna ~* 사관학교;
muzička ~ 음대; *pozorišna ~* 연극학교 2.
학술원, 아카데미; *Srpska ~ nauka i
umetnosti* 세르비아학술예술원 3. 공식
행사(국경일 등의); *održati svečanu ~u*
공식행사를 거행하다

a kamoli (강조를 나타내는 접속사적 숙어로)
하물며; *nije ga ni dirnuo,* ~ *udario* 그를
건드리지도 않았는데 때렸겠느냐; *on ne voli*

4

ni svoju majku ~ tebe 그는 자기 어머니도 좋아하지 않는데 널 좋아하겠느냐
akceleracija 가속(ubrzanje)
akcelerator 가속기, 엑셀레이터
akcelerirati -am (完,不完) 가속하다
akcen(a)t 1. 악센트, 강세 (naglasak); strani ~ 외국인 억양; dugosilazni ~ 장하강조 악센트 2. (비유적) 강조, 강조점 3. 기타; staviti (stavljati) ~ na nešto 무엇을 강조하다 akcenatski, akcentski (形) ~ sistem 악센트 시스템
akcentirati -am, akcentovati -tujem, akcentuirati -am (完,不完) 1. 강세를 주다, 악센트를 주다 2. (비유적) (일반적으로) 강조하다
akcentolog 강세론 학자, 악센트론 학자
akcentologija 악센트론, 강세론
akcentološkī -ā, -ō (形) 악센트론의, 악센트론 학자
akcentuacija 1. 강세론, 악센트론 (akcentologija) 2. 악센트 방법, 악센트 시스템 3. 특별한 강조
akcept (商) 1. 어음 이서(裏書) 2. 수락, 승인
akceptant (商) 어음 이서인(裏書人)
akcesoran -rna, -rno (形) 1. (法) 부차적인, 부수적인, 하위의; ~rni ugovor 부수 계약; ~rno pravo 하위법 2. (醫) 보조적인; ~rne mlečne žlezde 보조 유선(乳腺)
akcija 1. (사회적·정치적으로 조직화된) 활동, 행동, 실행; 캠페인; (delovanje, rad, radnja); ~ spasavanje 구조 활동; diplomatska ~ 외교 활동; humanitarna ~ 인도주의적 활동; pokrenuti ~u za pomoć postradalima od poplavae 홍수 피해자들을 돕기 위한 활동을 벌이다; stupiti u akciju 캠페인에 돌입하다; razviti široku akciju 광범위한 활동을 전개하다 2. (軍) 군사 작전; 전투, 공격; izvesti ~u 군사 작전을 전개하다 3. (商) 주식 (deonica); kupiti ~e 주식을 매수하다; prodati ~e 주식을 매도하다; ~e skaču (padaju) 주식 가격이 오른다 (내린다) 4. 할인(판매), 세일(판매) 5. 기타; čovek od ~e 재주가 많은 사람; radne ~e (歷) 자발적 공공 건설 활동 (특히 청소년 단체들의)
akcioni (形) ~ radijus 활동 반경
akcionar 주주(株主)
akcionarskī -ā, -ō (形) 참조 akcionar; ~o društvo (a.d.) 주식회사
aklamacija 만장의 환호(갈채) birati(odobriti) ~om 만장의 갈채로 선출하다(승인하다)

aklamirati -am, aklamovati -mujem (完,不完) 환호하다, 갈채를 보내다
aklamatizacija (동식물들의 새로운 환경에의) 적응; (일반적으로) 적응 (prilagođavanje)
aklamatizirati se -am se, aklamatizovati se - zujem se (完,不完) 적응하다, 익숙해지다, 순응하다 (새로운 환경에) (prilagoditi se)
ako (接續詞) 1. (조건을 나타냄) 만약 ~이라면; ako pobedimo, proslavićemo to 만약 승리한다면, 그것을 경축할 것이다; ~ ste umorni, treba da se odmorite 피곤하다면 좀 쉬시지요; ~ budete slobodni, ići ćemo u bioskop 시간이 나실 때 극장에 같이 가지요; ~ biste došli, upoznao bih vas sa njima 오셨을 때 그들을 소개시켜드릴까 합니다 2. (양보를 나타냄, 주로'i'와 함께, 종종 'sve'와 함께) ~ 일지라도 (iako, mada, premda); ako si mi i otac, kad nisi u pravu, neću te slušati 당신이 내 아버지일지라도 당신이 틀렸으면 나는 당신 말을 듣지 않을 것이다; spasavajte dete, ako ćete svi i izginuti 모든 사람이 죽을지라도 아이를 구조해 주세요 3. (목적·의도를 나타냄) ~ 하려면 (da, kako); te molite boga za tri dana, ako bi vam molbu prihvatio 삼 일 동안 신에게 기도하세요, 당신의 청원이 받아들여지려면 4. 기타; već ~ ~을 제외하고; jedva ~, tek ~ 최상의 경우에
akomodacija 적응, 순응; 조정, 조절; ~ vida 시력 조절(여러 거리에서 명확하게 볼 수 있도록 하는)
akontacija (商) 선불, 착수금 (predujam, avans)
akonto (副) 1.선불로 2. (명사적 용법으로) 선불 (akontacija) 3. 기타; ~ toga (隱語) 그것과 관련하여
akord 1 (音樂) 화음 2. (한 일의 양에 따라 보수를 받는) 삯일; raditi u (na) akord 삯일하다 akordni (形); ~ rad 삯일
akordeon (樂器) 아코디언, 손풍금
akreditirati -am, akreditovati -tujem (完,不完) 1.(外交) 신임장을 주다, (신임장을 주어) 대사를 파견하다 2. (銀行) ~에게 신용장을 개설하다
akreditiv 1. (外交) 신임장 2. (銀行) 신용장; akreditivni (形) ~o pismo 신임장
akrep 1. 전갈(škorpija) 2. 해충(gamad) 3. 마르고 못생긴 사람(주로 여자)
akribija 정확성, 정밀성, 엄밀성(과학적으로)
akribijskī -ā, -ō (形) 정확한, 정밀한, 엄밀한

akrobacija 1. 곡예; *izvoditi ~u* 곡예하다 2. (비유적) 줄타기

akrobat(a) (男) 1. 곡예사; *cirkuski ~* 서커스 곡예사 2.(비유적) 재주가 좋고 능수능란한 사람; akrobatski (形) ~ *skok* 공중제비 돌기; *~a veština* 곡예 기술

akrobatika 곡예; 체조

akrostih 아크로스틱 (각 행의 머리글자나 끝 글자를 이으면 말이 되는 유희시)

aksiologija (哲) 가치론 aksiološki (形)

aksiom (哲) 자명한 이치; 공리, 격언

akšam 1. 황혼, 땅거미 (sumrak, suton) 2. (宗) (무슬림들의) 저녁 예배

akt 1. (複 akti) 행동, 행위(delo, čin, postupak); *teroristički ~* 테러 행위 2. (複 akta) 서류, 기록물(dokument, službeni spis); *službena ~a* 공식 문서; *staviti (metnuti, baciti) u ~a* 1)문서보관소 문서로 보내다 (종결된 사건으로), 2) 사건을 폐기처리하다 3. (연극의) 막 4. (複 aktovi) 나체화, 나체 조각상

aktentaška, aktentašna 서류 가방(손)

akter 1. (보통 정치적 사건·운동 등에) 적극 참여자, 주역 2. 배우 (glumac)

aktiv (文法) 능동태 (反; pasiv); *staviti u ~* 능동태로 하다 aktivni (形)

aktiv 활동가 단체(그룹) *omladinski ~* 청년 활동가 단체; *stručni ~* 전문가 활동단체; *politički ~* 정치적 활동가 단체

aktiva 1. 에셋; (채무에 충당되는 개인이나 회사의) 재산, 자산; (法) 자산의 전(全)항목 (동산·부동산·증권·돈 등의) (反; pasiva) 2. (軍) 현역 부대, 상비군

aktivac 현역 장교, 상비군 소속 병사

aktivan *-vna, -vno* (形) 1. 활동적인, 활약하는, 일하는; *~ vulkan* 화산; *~vna tuberkuloza* 활동성 결핵; *~na vojska* 상비군 2. 현역의; *~ oficir* 현역 장교; *~ službenik* 현 공무원 3. 적극적인 4. 흑자의, 부채보다 자산이 많은; *~ bilans* 흑자 상태; *~na trgovina* 흑자 무역 5. 능동태의; *~ oblik* 능동태

aktivirati *-am* (完,不完) 1. (기계 등을) 작동시키다, 가동시키다; 활성화시키다; *~ prekidač* 차단기를 작동시키다; *~ bombu* 폭탄을 폭파시키다 2. 활동적이 되게 하다 (aktivizirati) 3. ~ se (기계 등이) 작동되다, 가동되다 4. ~ se 활동적이 되다

aktivisati *-šem* (完,不完) 참조 aktivizirati

aktivist(a) 활동가, aktivistkinja

aktivizirati *-am* aktivizovati *-zujem* (完,不完) 1.~을 활동적으로 하다; *~ omladinu* 청년을

활동적으로 만들다 2. (퇴역 군인 등을) 현역으로 복귀시키다; *~ oficire* 장교들을 현역으로 복귀시키다 3. ~ se 활성화되다, 활발해지다 4. ~ se 현역으로 복귀하다

aktivnost (女) 활동, 참여

aktovka (연극·오페라 등) 단막극 (jednočinka)

aktualan *-lna, -lno*, **aktuelan** *-lna, -lno* (形) 지금의, 현재의, 현행의; 현 시점에서 중요한, 현 시점에서 널리 퍼진; *~lno pitanje* 현 시점에서 중요한 문제; *~lna problematika* 현 시점에서의 문제

aktualitet 현재 중요한 것(사건)

aktualizacija 현실화, 실현

aktualizirati *-am*, **aktualizovati** *-zujem* (完,不完) 1. 실현하다, 현실화하다, 현실로 만들다 2. ~ se 현실화되다

akumulacija 1. 집적, 축적, 누적; *~ kapitala* 자본 축적 2. (商) 예비자금(투자자금) 조성

akumulacijskī *-ā, -ō*, **akumulacionī**, *-ā, -ō* (形) 누적되는, 누계의; *~ fond* 누적 자금; *~o jezero* 저수지

akumulativan *-vna, -vno* (形) 축적의, 누적의

akmulator 축전지, 배터리

akumulatorskī *-ā, -ō* (形) 참조 akumulator

akumulirati *-am*, **akumulisati** *-šem* (完,不完) 1. 축적(집적)시키다; *~ energiju* 에너지를 축적하다, *~ blago* 부를 축적하다 2. ~ se 축적되다 (예를 들어 에너지가 배터리에)

akupunktura (醫) 침술

akuratan *-tna, -tno* (形) (보통 사람에 대해) 정확한, 확실한, 빈틈없는 (uredan, tačan); *on je toliko ~ da niko ne može da s poslom da mu ugodi* 아무도 그의 마음에 들게 일을 할 수 없을 정도로 그는 아주 빈틈이 없다(확실하다)

akustičan *-čna, -čno* (形) 1. 어쿠스틱한, 음향이 좋은; *~ instrument* 어쿠스틱 악기; *~čna prostorija* 음향이 좋은 공간; *~čna sala* 음향이 좋은 홀; *ova dvorana je akustična* 이 홀은 음향이 좋다 2. (한정형) 음향의, 청력의, 청각의 (zvučan, slušni); *~čna sredstva* 청력 (보조) 도구

akustičkī *-ā, -ō* (形) 청력의, 청각의; *~ aparat, ~a cev* 보청기; *~ nerv* 청신경

akustika 1. 음향학 2. 음향의 질

akušer 산과(産科) 의사 akušerski (形)

akušerka 산파(babica, primalja)

akušerstvo 산과(産科)

akut (音聲) (세르비아어의 장상승조 악센트 부호 ((´); 악센트의 한 종류))

6

A

akutan *-tna, -tno* (形) 1. 날카로운, 격렬한, 심한, 중대한 (žestok, oštar, jak); *~tno pitanje* 중대한 문제; *bol* 격렬한 통증 2. 긴급한, 현안의 (hitan, neodložan); *pitanje nove organizacije vlasti postalo je akutno* 정부의 새로운 기구 문제는 현안이 되었다 3. (醫) 급성의 (反 hroničan); *~tna bolest* 급성질환; *~tna tuberkuloza* 급성결핵; *~tno zapaljenje* 급성 염증

akuzativ (文法) 대격(對格, A)

akuzativnī *-ā, -ō* (形) 대격의

akvadukt, akvedukt *-kātā* (고대 로마의 다리 형태로 건설된) 수로, 도수관(導水管)

akvarel 1.그림 물감 2. 수채화; *slikati ~e* 수채화를 그리다

akvarelist(a) 수채화가

akvarij *-ija,* **akvarijum** 1. 어항, 유리 수조 2. 수족관

akvizicija 취득, 획득, 습득; 취득물, 습득물

akviziter 구독 영업사원 (신문 또는 잡지 구독, 광고 등의)

ala 1. (神話) 괴물, 괴수, 용 (neman, aždaja); *boriti se kao ~ s berićetom* 어려운 전투(싸움)를 하다; *i ~ i vrana* 전부, 모두 2. (비유적) 대식가, 폭식가; *kao (gladna) ~* 게걸스럽게; *~ navaliti na pečenje* 대식가가 음식에 달려들다

ala (感歎詞) 1.(놀람·감탄·비난 등의) 아~, 오~ ; *~ si lenj* 아~ 얼마나 네가 게으른지; *~ je lepo* 아, 정말 아름답다 2. 자, 어서(다수의 사람들에게 명령조로); *~ idite* 자, 어서 가요

alabastar *-tra,* **alabaster** (鑛物) 설화 석고; 줄마노(瑪瑙) (깁스의 한 종류)

alah 알라신(이슬람교의)

alaj-barjak (옛 터키군의) 1. 연대 깃발 2. 연대 (1000 명으로 구성된)

alaj-beg, alajbeg (옛 터키군의) 연대장

alajbegov *-a, -o* (形) 1. alajbe 의 2. 그 누구의 소유도 아닌; *~a slama* 주인이 없는 물건, 아무도 돌보지 않는 것, 아무도 신경쓰지 않는 물건

alakača (비속어) 참조 alapača

alakati *-am, -čem* (不完) **alaknuti** *-nem* (完) 1. '알라'를 소리 높여 외치다; *Hodža alače* 호자가 알라를 소리 높여 외친다 2. 소리치다, 고함치다, 시끄럽게 하다 (vikati, galamiti) 3. 고함치며 뒤쫓다 4. *~ se* 신중치 못한 행동을 하다, 멍청한 짓을 하다, 미친 짓을 하다

alal 참조 halal

alamunja (男,女) (卑俗語) 정신이 산만한 사람, 경솔한 사람, 방정맞은 사람 (vetropir)

alamunjast *-a, -o* (形) (卑俗語) 경솔한, 경거망동의, 정신이 산만한, 방정맞은

alapača (卑俗語) 수다스런 부녀자

alapljiv *-a, -o* (形) 참조 halapljiv; 게걸스런, 게걸스럽게 먹는

alarm 1. 경보, 경종; *dati ~* 경종을 울리다 2. 경보 장치; *ugraditi ~* 경보 장치를 설치하다

alarmni (形)

alarmantan *-tna, -tno* (形) 놀라운, 걱정스러운, 불안스러운, 심상치 않은, 염려되는; (사태 등이) 급박한; *~tna vest* 걱정스런 뉴스; *~tno stanje u privredi* 경제의 심상치 않은 상태

alarmirati *-am* (完,不完) 1. (軍) 비상 경보를 울리다, 비상 상태에 들어가게 하다 2. (비유적) 경종을 울리다, 패닉상태를 만들다, 두려움(공포심)을 자아내게 하다

alrmnī *-ā, -ō* (形) 참조 alarm; 경보의, 경종의; *~ uređaj* 경보 장치; *~o zvonce* 경보 벨; *~ signal* 경고 신호; *~o stanje* 경보 상태

alas 어부

alast 장밋빛의 (ružičast)

alat 도구, 공구, 연장; *stolarski ~* 목공 도구; *poljoprivredni ~* 농사 도구; *bez ~a nema zanata* 그 일에 적합한 도구 없이는 그 일에서 성공할 수 없다 **alatni** (形)

alat (動) (밤색·적갈색 털의) 말(馬) (riđan)

alatast *-a, -o* (形) 밤색의, 적갈색의 (보통은 말(馬)에 대해) (riđast, riđkast)

alatka (한 개의) 도구, 공구, 연장

alatiljka 참조 alatka; 도구, 공구; *mašina ~* 공작 기계

alatničar 공구(도구) 제작자

alatuša (動) 밤색·적갈색의 암컷 말

alauka, alauža 짓눈깨비, 비가 섞여 내리는 눈

alav *-a, -o* (形) 게걸스럽게 먹는, 많이 먹는 (koji ja kao ala, proždljiv)

albašča 꽃밭, 장미밭 (ružičnjak, cvetnjak)

albatros (鳥類) 신천옹(최대의 바닷새로 국제 보호종), 알바트로스

albin, albino *-na* (男) 백피(白皮)증의 사람, 알비노 (색소가 현저히 결핍된 동·식물) **albinski** (形)

albinizam *-zma* 백피증, 색소결핍증

album 앨범

albumin (生化學) 알부민

alčak 1. 도둑(lopov) 2. 게으른 사람, 일없이 어슬렁거리며 돌아다니는 사람 (mangup)

aldehid (化) 알데히드

alegorija 1. (文學) 풍유(諷喩), 우화 2. (어떤 생각의) 상징적 그림

aleja 가로수; 가로수 길

aleksandrinac (韻律) 알렉산더 시행(의) (억양격(格) 6 시각(詩脚)으로 구성된 시행); 그 시.

aleluja (교회) 할렐루야

alem 1. 보석, 다이아몬드 2. (비유적) 진귀한 가치 3.(形) 빛나는, 찬란한

alem-kamen 참조 alem

alergičan -čna, -čno (形) 1. 알레르기(체질)의, 알레르기에 걸린; ~ na prašinu 먼지 알레르기의; ~ na polen 꽃가루 알레르기의 2. ~이 질색인, 몹시 싫은 (netrpeljiv); on je ~ na ovo 그는 이것을 몹시 싫어한다; ~ na političare 정치인들에게 질색인; ~ na nepravdu 불의를 체질적으로 싫어하는 3. (病理) 알레르기의, 알러지의; ~čna bolest 알러지 질환; ~čna pojava 알러지 현상

alergija (病理) 알레르기

alergijskī -ā, -ō (形) 알레르기의; ~o oboljenje 알레르기 질환; ~a pojava 알레르기 현상

alev -a, -o (形) (~a paprika 의 숙어 형태로만 사용); ~a paprika 빨간 파프리카

alfa 그리스 알파벳의 첫 글자(A, α; 로마자의 a 에 해당; ~ zraci (物) 알파선; ~ i omega 처음과 끝

alfabet 알파베트 alfabetni, alfabetski (形)

alge (女,複) 해초(海草)

algebra 1. 대수학(代數學) 2. 대수 교과서 algebarski (形)

alhemičar, alhemist(a), alkemičar 연금술사

alhemija, alkemija 연금술

ali (接續詞) 하지만, 그렇지만, 그러나; ovaj hotel je mali, ~ skup 이 호텔은 작지만 비싸다; moja kola nisu nova, ~ su dobra 내 자동차는 새 차는 아니지만 훌륭한 상태를 유지하고 있다; čudno je, ~ je tačno 이상하지만 그것은 정확하다

alibi (男)(不變) 알리바이, 현장 부재 증명; dokazati svoj ~ 자신의 알리바이를 증명하다

aligator (호수·강 등 민물에서만 사는) 앨리게이터, 악어 (크로커다일의 하류 부류)

alijansa (歷) 동맹 (savez); Sveta ~ 신성동맹

aliluja 할렐루야 (aleluja)

alimentacija 1. 생계, 생활, 먹을 것, 음식 2. 생활비, 생계 유지비, 부양비(법원의 판결에 따른); plaćati ~ 부양비를 지불하다

aliteracija 두운(頭韻)

alka 1. 쇠(금속) 고리 2. 문 고리 3. 놀이의 일종(기사들이 말을 타고 가면서 고리(alka) 사이를 통해 창을 던지는 경기)

alkalije (女,複) (化) 알칼리 alkaličan, alkalni (形); alkalni metal 알칼리 금속

alkaloid (化) 알칼로이드 (식물에 함유된 염기성 물질)

alkemičar 참조 alhemičar

alkemija 참조 alhemija

alkohol 1. 알코올 2. 술, 주류 alkoholni, alkoholski (形): ~a pića 주류, 알코올 음료

alkoholičan -čna, -čno (形) 술을 좋아하는, 알코올 중독의

alkoholičar, alkoholik 알코올 중독자 alkoholičarka -kī; alkoholičarski (形)

alkoholizam 알코올 중독

almahah 연감(年鑑)

alo 여보세요(전화 통화시) (halo)

alogičan -čna, -čno (形) 논리적이지 않은, 비논리적인 (反 logičan)

aloja (植) (複數로) 알로에

alopatija 대증요법(對症療法) (反; homeopatija)

alpaka (動) 알파카 (남아메리카 페루산(産) 야마의 일종); 알파카의 털(로 짠 천); 그 천으로 만든 옷

Alpe (女,複), Alpi(男,複) 알프스 산맥 alpinski, alpskī -ā, -ō, alpijskī -ā, -ō (形)

alpinist(a) 산악인 (planinar) alpinistički (形)

altruizam -zma 이타주의 (反 egoizam)

aludirati -am (完,不完) 암시하다, 시사하다; 넌지시 말하다; ~ na nešto ~을 넌지시 암시하다

aluminij -ija aluminijum (化) 알루미늄 aluminijski, aluminijumski (形)

alunit (鑛物) 명반석(明礬石)

aluzija 암시, 넌지시 비침 praviti ~e na nešto ~에 대해 암시하다; prikrivena ~ 숨겨진 암시; osetiti ~u 암시를 느끼다

alveola (解) 1. 허파꽈리, 폐포(가스가 드나들 수 있게 폐 속에 무수히 나 있는 작은 구멍) 2. 치조(齒槽; 이가 박혀 있는 위턱 아래턱의 구멍이 뚫린 뼈)

alveolaran -rna, -rno (形) 치경(齒莖)음의; ~rni suglasnik 치경(齒莖)음 ([t, d, n, s, z] 등)

Aljaska 알래스카; na ~ci 알래스카에서; Alaščanin

aljkav -a, -o (形) 1. (복장 등이) 단정치 못한, 되는대로 입은; 엉성한 2. (일·업무 등을) 아무렇게나 한, 엉성하게 된; ~ zadatak 아무렇게나 된 일

aljkavost (女) 단정치 못한 것, 되는대로의 것

ama I. (接續詞) 1. (역접 또는 정반대를 나타냄) 그러나(ali, već, a); *došao bih, ~ nema se vremena* 오고는 싶지만 시간이 없다 2. (강조를 나타냄) 바로 (baš, upravo); *čujem otkucaje ručnog časovnika, ~ neposredno iznad ... glave* 손시계가 찰칵거리는 소리가 들린다, 바로 머리 위에서 II. (小辭)(강조를 나타냄) 3. (확인·긍정 혹은 부정을 나타냄); *~ jasno, nemojte da se varamo* 분명하잖아, 속지말자; *~ nemoj* 절대 하지마!; *~ neću* 절대 안 해! 4. (예상외인 상황, 화남, 참지 못함 등을 나타냄); *~, odakle ti to znaš?* 어~, 네가 그걸 어떻게 아느냐?

amajlija 행운의 상징, 호부(護符), 부적 (hamajlija)

amalgam (化學) 아말감(수은에 다른 금속을 섞은 것); (비유) 혼성물, 합성물

amalgamacija 아말감 제련(법)

amalgamirati (他) 아말감을 만들다

amam 터키탕(湯) (hamam)

aman 1. 자비 2. (感歎) (자비, 도움 혹은 용서를 구할 때) 제발~

aman (副) 바로 그 때 (taman, baš, upravo)

amandman 개정(안), 수정(안); *ustavni ~i* 헌법 수정안

amanet 1. 유언; *dati(ostaviti) u ~* 유언을 남기다: *otac je ostavio(dao) sinu u ~ da nastavi borbu* 아버지는 아들에게 투쟁을 계속하라는 유언을 남기셨다 2. 유산품 3. 우편 소포(가격이 표시된) 4. 약혼 선물(반지 등) amanetni (形)

amater 아마추어 amaterka; amaterski (形)

amaterizam -zma 아마추어리즘, 아마추어 솜씨

amazonka 1. 여전사, 호전적 여자 2. 아마존 밀림의 앵무새

ambalaža (물건을 포장하는) 포장; 상자, 박스; *limena ~* 양철 박스; *kartonska ~* 종이 상자; ambalažni (形)

ambalažnī -ā, -ō (形) 포장의, 상자의, 박스의; *~a hartija* 포장용 종이; *~ materijal* 포장용 재료

ambar 1. 헛간, 광, 창고(곡물) 2. (곡물이나 밀가루를 저장하는) 궤, 궤짝

ambasada 대사관; 대사관 청사; *prijem u ambasadi* 대사관 오찬(만찬, 파티)

ambasador 대사; *izvanredni i opunomoćeni ~* 특명전권대사; *putujući ~* 순회대사

ambasadorskī -ā, -ō (形) 대사의; *~a misija* 대사의 임무; *~ položaj* 대사의 직위

ambicija 야망, 포부, 대망, 큰 뜻; *imati velike ~e* 커다란 포부를 가지다; *slepa ~* 맹목적인 야망

ambiciozan -zna, -zno (形) 야심만만한, 야심찬, 대망을 품은; *~ čovek* 야망에 찬 사람; *~ program* 야심찬 프로그램

ambijent 환경, 분위기

ambis 심연(深淵); 끝없이 깊은 구렁, 나락 (provalija, ponor, bezdan); *pasti u ~* 깊은 나락에 빠지다; *među nama postoji ~* 우리사이에는 메울 수 없는 깊은 골이 있다

amblem 1. 상징, 표상, 상징, 문장, 표장(標章) 2. 배지 (značka); *stranački ~* 당 배지

ambra 호박(琥珀)

ambrazura (軍) 대포 구멍(성곽 벽에 대포를 놓고 쏠 수 있도록 한 구멍), 총안(銃眼)

ambrel, ambrela 우산(kišobran), 양산 (suncobran)

ambrozija 1. (神話) 신의 음식, 신찬(神饌) (먹으면 불로불사 (不老不死) 한다고 함) 2. (植) 돼지풀속의 식물, 두드러기 풀

ambulanta 진료실(병원의), 간이 응급실

ambulantan -tna, -tno 形) 참조 ambulantan; *~tna kola* 앰뷸란스; *~tni bolesnik* 외래환자 (병원의)

ambulatorij -ija, ambulatorijum 외래진료기관

ambulatorijskī -ā, -ō (形) 참조 ambulanta; (병원의) 진료실의

ameba 아메바(단세포 원생 동물)

amebnī -ā, -ō (形) *~a dizenterija* (病理) 아베바성 이질

amelioracija 1. 개선, 향상 (poboljšanje) 2. (땅의) 지력(地力) 향상, 객토 (melioracija)

amen (宗) 아멘(amin)

amenovati -nujem (不完) 참조 aminovati

američkī -ā, -ō (形) 아메리카의, 미국의; *~ film* 미국 영화; *~ stil života* 미국식 생활 양식, *~ glumac* 미국 배우

američki (副) 미국식으로; *~ živeti* 미국식으로 살다

Amerika 아메리카, 미국; Amerikanac. Amerikanka; američki, amerikanski (形)

amerikanizacija 아메리카화(化), 미국화(化)

amerikanizam -zma 미국식(풍)

amerikanizirati -am, amerikanizovati -zujem (完,不完) 1. 미국화하다, 미국화 시키다 2. ~ se 미국화되다

ametice, ametimice, ametom (副) 완전히, 완벽히, 철저히

ametist (鑛) 자수정, 자석영(紫石英)

9

amfibij *-ija* (男), amfibija (女) 1. 양서류 2. 수륙양용차 3. (경멸적) 아첨쟁이, 아부꾼 amfibijski (形)

amfibrah (운율) 약강약격(弱强弱格)(×-́×); 단장단격(短長短格)(⌣-⌣)

amfiteatar (옛 로마의) 원형 연기장, (현대의) 원형 경기장[극장]; (반)원형의 분지; 계단식 교실, 계단식 좌석의 대강당

amfiteatralan *-lna, -lno* (形) 원형 경기장의

amfora (고대 그리스·로마의) 양손잡이가 달린 항아리

amin (宗) 아멘

aminati *-am* (不完) 참조 aminovati

aminovati *-nujem* (不完) 1. '아멘'하다 2. '예'라고 말하다, 동의하다; ~ *nečiju ženidbu* 누구의 결혼에 동의하다

amišan *-šna, -šno* (形) 1. 욕심많은, 탐욕스런 (halapljiv, pohlepan, gramžljiv) 2. 교활한 (prepreden, lukav)

amnestija (法) 사면, 특사(特赦) (pomilovanje); *dati ~u* 사면하다

amnestirati *-am,* (完,不完) 사면하다; ~ *nekoga ~*를 사면하다

amnezija (醫) 건망증, 기억 상실(증)

amo (副) 이리로, 이쪽 방향으로, 이곳으로, 이쪽 편으로; *tamo--* 이리 저리로

amonij *-ija,* amonijum (化) 암모늄(암모니아 염기); ~ *karbonat*(*sulfat, sulfid, hlorid*) 암모늄 탄산염(황산염, 황화물, 염화물) amonijski, amonijumski (形)

amonijskī *-ā, -ō* (形) 암모늄의

amonijak (化) 암모니아 amonijačni (形)

amonijum 참조 amonij

amoralan *-lna, -lno* (形) 비도덕적인, 도덕과는 관계없는, 도덕 관념이 없는 (反) moralan); ~ *čovek* 비도덕적인 사람; ~ *čin* 비도덕적 행동

amorfan *-fna, -fno* (形) 1. 무정형(無定形)의; *~fna masa* 무정형 혼합물 2. (광물이) 비결정 (結晶)의; ~ *mineral* 비결정 광물(미네랄); ~ *ugljenik* 비결정 탄소 3. (비유적) 사상적으로 결정되지 않은, 사상이 없는, 생각이 없는

amortizacija 1. (商) (빚·부채의) 분할상환; (가격의) 분할공제; *preduzeća se plaše obaveza plaćanja ~e za mašine* 회사들은 기계 가격의 분할 상환의 의무를 두려워한다 2. (法) (유가증권의) 무효화 (법원의 결정으로) 3. (機) 충격 완화, 충격 흡수 (자동차 등의) amortizacioni (形)

amortizer, amortizator (機) 충격 완화 장치, 충격 흡수 장치 (보통 자동차의)

amortizirati *-am,* amortizovati *-zujem* (完,不完) 1. (빚·부채 등을) 청산하다, 완전히 청산하다; ~ *dug* 빚을 청산하다 2. 무효화하다 (유가증권 등을 법원의 결정으로); ~ *ispravu* 여권을 무효화하다 3. 충격을 흡수하다, 충격을 완화하다(자동차 등의); ~ *udarac* 타격의 충격을 흡수하다

amper (電氣) 암페어

ampermetar 전류계, 암페어계

amplificirati *-am,* amplifikovati *-kujem* (完,不完) 확대하다, 증대하다; (電氣) (전류를) 증폭하다 (uveličati)

amplifikacija 확대; 부연(敷衍)

amplifikator (電氣) 증폭기, 앰프

amplifikovati *-kujem* (完,不完) 참조 amplificirati

amplituda (物) 진폭

ampula 앰풀(1 회분 들이의 작은 주사액 병)

amputacija (醫) 1. (팔 다리 따위의) 절단 (수술) 2. (비유적) (필요없는 것의) 정리

amputacijskī *-ā, -ō* (形) 절단 (수술)의

amputirati *-am* (完,不完) 1. (醫) 절단하다; ~ *nogu* 다리를 절단하다 2. (비유적) (필요없는 것을) 없애다, 치우다, 제거하다 (ukloniti, odstraniti)

amulet (불운 등을 막아 주는) 부적 (amajlija, hamajlija)

anabaptizam *-zma* 재침례론, 재침례교

anahronizam, anakronizam *-zma* 1.시대 착오, 시대에 뒤떨어진 것 2. 연대(날짜)의 오기(誤記)

anahroničan *-čna, -čno* (形) 시대 착오적인, 시대에 뒤떨어진, 낡은

analfabet 1. 문맹자(文盲者) 2. (비유적) 비전문가 (nestručnjak) analfabetski (形); ~ *tečaj* 문맹자를 위한 읽고 쓰기 교실

analfabetizam *-zma* 문맹(文盲) (nepismenost)

anali (男,複) 연대기

analitičar 분석가, 애널리스트

analitika 1. 분석학, 해석학 2. 분석 기하학

analiza 분석,분해; 해석 *spektralna ~* 스펙트럼 분석(햇빛); *hemijska ~* 화학적 분석; *matematička ~* 수학적 해석

analitičan *-čna, -čno,* analitičkī *-ā, -ō* (形); *~čka geometrija* 분석 기하학; *~čka metoda* 분석 방법; *~čki duh* 분석 정신

analizator 1. 분석가 2. 프리즘

analizirati _-am,_ analizovati _-zujem_ (完,不完)
분석하다; ~ _književno delo_ 문학 작품을
분석하다

analogan _-gna, -gno_ (形) 아날로그의; _~gni
sat_ 아날로그 시계; _~gni računar_ 아날로그
컴퓨터

analogija 1. 유사, 비슷함 (sličnost) 2. (言)
유추; _po ~i_ 유추에 따라

analogijskī, _-ā, -ō,_ analoškī, _-ā, -ō_ (形)
유사의, 유추의; _analoški oblik_ 유추 형태

ananas (植) 파인애플 나무; (열매인) 파인애플

anapest (韻律) 약약강격(弱弱强格)(××´);
단단장격(短短長格)(◡◡—) anapestički (形)

anarhija 무정부, 무정부 상태, (사회적
정치적인) 무질서 상태, 무정부론, anarhičan,
anarhički (形)

anarhist(a) (男) 무정부주의자 anarhistkinja

anarhistickī _-ā, -ō_ (形) 무정부주의의,
무정부주의자의

anarhizam _-zma_ 1. 무정부주의, 아나키즘
(anarhija) 2. (폭력·혁명 행위 등의)
무정부주의자의 활동

anason (植) 아니스(씨앗이 향미료로 쓰이는
미나리과 식물)(anis)

anatema 1. (교회의) 파문(破門) 2. (비유적)
저주; _baciti(udariti) ~u_ 저주를 퍼붓다,
저주하다; ~ _ga bilo_ 그를 저주하였다

anatemisati _-šem,_ anatemizirati _-am_ (完,不完)
1. 파문하다(교회에서), 저주하다 2. (비유적)
신랄하게 비난하다

anatemnik, anatemnjak 1. 파문당한 사람,
저주받은 자 2. 악령, 악마

anatom 해부학자

anatomija 해부학 anatomski, anatomijski (形);
~ _institut_ 해부학 교실

anatomizirati _-am_ (完,不完) 해부하다

andrak 악마, 악령 (đavo, vrag)

anđelskī _-ā, -ō_ (形) 참조 anđeoski

anđeo _-ela; -eli_ (男) 천사

anđeoskī _-ā, -ō_ (形) 천사의; _~o lice_ 천사의
얼굴, ~ _pogled_ 천사의 시선

anegdota (보통은 유명 인사의) 일화,
비화(秘話) anegdotski (形)

anegdotičan _-čna, -čno_ (形) 일화(逸話)의,
비화의

aneksija (무력을 통한) 병합, 합병

aneksionī _-ā, -ō_ (形) 병합의, 합병의; _~a
kriza_ 병합 위기

aneksionist(a) (男) 합병론자, 병합론자

aneksionizam _-zma_ 병합론, 합병주의

anektirati _-am_ (完,不完) 합병하다, 병합하다

anemičan _-čna, -čno_ (形) 1. 빈혈의; 창백한 2.
(비유적인) 무기력한, 생기 없는; _~čna
poezija_ 생기 없는 시

anemičar 빈혈증 환자

anemija 1. (病理) 빈혈, 빈혈증 2. (비유적)
생기가 없음, 무기력, 허약

anestetičar 마취과 의사 anestetičarka

anestetik 마취제

anestezija 마취 _opšta(lokalna)_ ~ 전신(부분)
마취 anestetički (形)

anestezirati _-am,_ (完,不完) 마취하다

anestezist(a) 참조 anestetičar

angažirati _-am,_ angažovati _-žujem_ (完,不完)
1. 고용하다, 채용하다; ~ _glumca_ 배우를
채용하다 2. 관계시키다, 연루시키다,
참여시키다 3. 동원하다; _morali smo ~ i
političke organizacije da to biračima
rastumačimo_ 우리는 그것을 유권자들에게
설명하기 위해 정치 조직을 동원해야만 했다
4. 의무를 지우다 (obavezati) 5. (자본 등을)
투자하다 (uložiti, ulagati); ~ _kapital_ 자본을
투자하다; ~ _novac_ 돈을 투자하다 6. ~ _se_
고용되다, 채용되다 ; ~ _se u preduzeću_
회사에 고용되다 7. ~ _se_ 참여하다,
참가하다, 연루되다; ~ _se u borbi_ 전투에
참가하다

angažman 1. 의무 (obaveza) 2. 출연 약속
(배우, 가수 등의)

angažovanost (女) 고용(채용, 동원)된
사람들의 상태

angažovanje (동사파생 명사) angažovati

angina (病理) 후두염; 앙기나(인후·편도선의
염증 따위); ~ _pektoris_ 협심증

anglicizam _-zma_ (다른 언어에 도입된) 영어식
어구, 영어식 표현

anglikan 영국 국교도, 영국 성공회 신도

anglist(a) 영어 전문가, 영어학자, 영문학자;
영국통

anglistika 영어 영문학; _odsek za ~u_ 영어
영문학과

anglizirati _-am_ (完,不完) 영어식으로 표현하다

anglofil 친영(親英)파 (사람)

anglofilskī _-ā, -ō_ (形) 친영파의, 친영파
사람의

anglofob 영국을 싫어하는 사람 anglofopski
(形)

anglofobija 영국 혐오(증)

Anglosasi, Anglosaksonci (男,複) 앵글로색슨
사람

anilin (化) 아닐린 (염료·합성수지의 원료)

anilinskī -ā, -ō (形) 참조 anilin; 아닐린의; ~o boje 아닐린 색깔

animacija 애니매이션(영화의)

animalan -lna, -lno (形) 동물의, 동물적인 (životinski); ~lna hrana 동물 사료; ~ nagon 동물적 본능; ~lno zadovoljstvo 동물적 만족

animalizam -zma 동물적 본능, 동물적 행동, 동물 숭배

animalizirati -am (完,不完) 1. 동물화하다, 짐승 같이 만들다 2. (음식을) 동물질로 바꾸다

animator 1. 생기를 불어넣는 사람, 활기있게 하는 사람; ~ kulture 문화에 활기를 북돋는 사람 2. (映畵) 애니매이션 제작자, 만화영화 제작자

animirati -am (完,不完) 1. (~에) 생기를 불어넣다, 생기 있게 하다, 생명을 불어넣다 (oživeti, oživljavati) 2. 활기 띠게 하다, 북돋우다, 고무하다, 격려하다 (postaći, podsticati); ~ mase 대중에게 활기를 불어넣다 3. (주로 수동태로) 만화 영화로 만들다, 애니메이션화 하다; animirani film 만화 영화

animizam -zma 1. 애니미즘, 물활론(物活論; 우주 만물에 영혼이 있다는 믿음) 2. 정령(精靈) 신앙, 정령 숭배 (사람 및 물건의 활동은 모두 영의 힘에 의한 것이라는 설)

animozan -zna, -zno (形) 적의적인, 적대적인, 호의적이지 않은

animozitet (男), animoznost (女) 적의, 적개심, 증오(심) (mržnja, ogorčenje)

anis (植) 참조 anason

anketa 앙케이트, 설문조사; sprovesti(izvršiti) ~u 설문조사를 하다 anketni (形)

anketer 설문조사자

anketirati 앙케이트를 실시하다, 설문조사를 하다

anketnī -ā, -ō (形) 참조 anketa; ~ odbor 조사위원회(주로 의회의, 징계를 위한); ~a komisija 윤리위원회 ~ listić 설문조사지

anklav (男), anklava (女) 타국 영토로 둘러싸인 지역 (영토)

anoda (電氣) (전자관·전해조의) 양극(陽極), 애노드 (反; katoda) anodni (形)

anomalija 변칙, 이례(異例), 변칙적인 것(일)

anoniman -mna, -mno (形) 익명의, 성명 불명의; ~mno pismo 익명으로 된 편지; ~ pisac 익명의 작가, 작가 미상; ~mna dostava 익명의 신고

anonimnost (女) 익명, 익명성

anonsa 광고, 선전물 (oglas)

anonsirati -am (完,不完) (신문에) 광고하다, 광고를 내다, 선전하다

anorganskī -ā, -ō (形) 1. 생명이 없는, 무생물의 2. (化) 무기(無機)의, 무기물의; ~a hemija 무기화학

ansambl (音樂) 앙상블; ~ narodnih igara 민속춤 앙상블; folklorni ~ 민속음악 앙상블

antacid 제산제(制酸劑; 위속의 산을 중화하는 약제)

antagonist(a) 적, 적대자; 경쟁자, 맞상대 (protivnik, neprijatelj; suparnik, takmac)

antagonistickī -ā, -ō (形); 적대자의, 경쟁자의; ~ odnos 적대적 관계, 경쟁 관계

antagonizam -zma, 적대, 대립, 반목; 적의, 적대심, 적개심; ~ radničke klase i buržoazije 노동자 계급과 부르주아 계급간의 반목; izazvati nečiji ~ 누구의 적개심을 초래하다

antanta (歷) 안단테, 협상국 Velika ~ 3국 협상국(1차대전시 영, 불, 노); Mala ~ 3국 동맹(구유고슬라비아,루마니아,체코슬로바키아)

Antarktik 남극 antarktički (形)

antena 안테나

anterija 옷의 한 종류(소매가 긴 상의)

anti- (接頭辭) 반- (protiv)

antialkoholičar 음주 반대론자 (trezvenjak)

antibalistickī -ā, -ō (形) 대(對)탄도탄의, 탄도탄 요격의; sistem ~ih raketa 탄도탄 요격 시스템

antibiotik 항생제

antibiotickī -ā, -ō (形) 참조 antibiotik; 항생제의; ~o sredstvo 항생제, ~o dejstvo 항생 작용

anticiklon (男), anticiklona (女) 고기압권

anticiklonskī -ā, -ō (形) 고기압권의

anticipacija 1. 선불, 선수금, 착수금 (akontacija, predujam) 2. 예상, 예감; 추측, 추정 (predviđanje, pretpostavka)

antičkī -ā, -ō (形) 참조 antika; 고전주의의, 고대 그리스 로마의, 고전적인; ~a doba 고전주의 시대; ~a kultura 고대 그리스 로마 문화; ~a filozofija 고대 그리스 로마 철학

antičnī -ā, -ō (形) 참조 antički

antidržavnī -ā, -ō (形) 반국가적인; ~ elemenat 반국가적 요소

antifašist(a) 반(反)파시스트, 반파시스트 당원 antifašitkinja

antifašističkī *-ā, -ō* (形) 반파시스트의; ~ *front žena* 반파시스트 여성 전선
antifašizam *-zma* 반파시스트주의
antifriz (자동차에 주입하는) 부동액(不凍液)
antihistaminik 히스타민제(알레르기·감기약)
antihrist, antikrist 반(反)기독교도
antika 1. 고전주의 시대, 고대 그리스 로마 시대 2. 고(古)가구,고기(古器), 고미술품
antiknī *-ā, -ō* (形); 고가구의, 고미술품의 (antikvitet); ~ *nameštaj* 고가구
antikomunističkī *-ā, -ō* (形) 반(反)공산주의의; ~ *pokret* 반공산주의 운동; *~a ideologija* 반공산주의 이데올로기
antikomunizam *-zma* (政) 반공산주의, 반공주의
antikvar 1. 고서적(중고서적) 상인 2. 골동품 수집가 (애호가) antikvarski (形)
antikvaran *-rna, -rno* (形) 1. 골동품의 2. 중고의
antikvarnica (女), antikvarijat (男) 1. 골동품 가게 2. 중고서적 서점
antikvitet 고(古)가구,고기(古器), 고미술품
antilop 영양(羚羊) 가죽
antilopa (動) 영양(羚羊)
antipatičan *-čna, -čno* (形) 얄미운, 밉살스러운, 역겨운, 불쾌한 (odvratan, mrzak); *on mi je ~* 나는 그가 싫다, 나는 그에게 정이 가지 않는다
antipatija 반감, 혐오, 비위에 안 맞음, 공연히 싫은 것 *imati(gajiti) ~u prema nečemu ~*에 대해 반감을 가지다
antipod 1. (지구상의) 정반대에 사는 사람; (지구상의) 정반대 2. 정반대의 견해를 가진 사람, 정반대의 성격을 지는 사람; *politički ~i* 정치적으로 정반대의 견해를 가지고 있는 사람들, 정적들
antipodan *-dna, -dno* (形) 정반대의
antiraketnī *-ā, -ō* (形) 요격 미사일의; ~ *sistem* 요격 미사일 시스템
antiratnī *-ā, -ō* (形) 전쟁에 반대하는, 반전(反戰)의
antisemit, antisemita (男) 반(反)유대주의자
antisemitskī *-ā, -ō* (形) 반유대주의의
antisemitizam *-zma* 반(反)유대주의
antiseptičan *-čna, -čno* (形) 방부제의, 소독제의; *~čno sredstvo* 방부제
antiseptičkī *-ā, -ō* (形) 소독제의, 방부제의
antiseptik 소독제, 방부제
antitalen(a)t 재능이 없는 사람
antitelo (生) 항체(抗體), 항독소

antiteza 1. 정반대, 정반대를 이루는 것 2. (논리, 철학) 반(反), 반정립(反定立)
antitoksin 항독소, 면역소, 항독약
antivukovac *-vca* 반(反)부크 카라지치주의자
antologija 선집(選集); 여러작가의 단편 작품을 모아 놓은); ~ *pesama* 시(詩)선집
antologijskī *-ā, -ō* (形) 1. 선집의; *~a pesma* 선집에 수록된 시 2. (비유적) 선별된, 뛰어난 (odabran, izvanredan); ~ *primer* 선별된 예
antonim 반의어(反意語), 반대말
antracit 무연탄
antre *-ea* (男) 현관, 현관의 객실
antropoidan *-dna, -dno* (形) (동물이) 사람을 닮은, 사람과 비슷한; 유인원의
antropolog 인류학자
antropologija 인류학
antropološkī *-ā, -ō* (形) 인류학의, 인류학자의
anuitet 채무의 연간 지불(이자와 함께)
anulirati *-am* (完,不完) 무효화하다, (법률 등을) 폐지하다 (poništiti, obesnažiti); ~ *ugovor* 계약을 무효화하다
ao, aoh (感歎詞) 오~, 아~ (즐거움, 기쁨, 슬픔, 놀람 등의)
aorist (文法) 대과거, 과거완료시제
aorta *-ata* (解) 대동맥
aortnī *-ā, -ō* (形) 참조 aorta; 대동맥의
apanaza 1. (왕이 왕실 가족들에게 주는) 돈, 자산(資產); (왕이 왕자들에게 주는) 영지, 봉토(封土) 2. 부양비 (자기 가족을 돌보는데 쓰이는); *dobiti ~u* 부양비를 받다
aparat 1. 장치, 설비, 기계; ~ *za brijanje* 면도기; *fotografski ~* 카메라, 사진기; *telefonski ~* 전화기; ~ *za pranje rublja* 세탁기 2. 기관, 기구, 조직(정부나 국가, 사회의) *državni ~* 국가 기구; *administrativni ~* 행정 기관(기구) 3. (연구) 자료, 자원; *naučni ~* 연구 자료 4. (신체의) 기관 ~ *za varanje* 소화기 기관; ~ *za disanje* 호흡기 기관
aparatura 1. (한 벌의) 장치, 기계, 기구 2. (몸의) 기관; (정치 조직의) 기구, 기관
apartan *-tna, -tno* (形) 특이한, 흔치 않은, 평범하지 않은 (naročit, osobit, izuzetan)
apartman 1. 아파트(면적이 넓고 화려한) 2. (호텔) 스위트실
apaš 건달, 부랑아, 깡패; 뜨내기 (mangup, provisvet)
apatičan *-čna, -čno* (形) 냉담한, 무관심한, 심드렁한
apatija, apatičnost (女) 냉담, 무관심, 무감동

apel 호소, 간청, 간원; ~ za pomoć 도움 호소

apelacija (法) 1. 항고 2. 항고 법원

apelacionī -ā, -ō (形) 참조 apelacija; ~ sud 항고 법원

apelativ (言) 보통명사 (zajednička imenica)

apelirati -am, apelovati -lujem (完,不完) 1. (na nekoga) (누구에게) 호소하다, 간청하다; oni su apelovali na građane da budu mirni 그들은 시민들에게 평온을 유지할 것을 호소했다. 2. (na nešto) (무엇에) 호소하다; ~ na nečiju savest 누구의 양심에 호소하다 3. (法) 항소하다, 상고하다

apendicitis (解) 충수염, 맹장염

apendiks 1. 부속물, 부가물, 부록, 추가 2. (解) 충수(蟲垂)

aperitiv 아페리티프 (식욕 증진을 위해 식전에 마시는 술)

apetit 1. 식욕; jesti s ~om 맛있게 먹다; dobiti ~ 식욕이 생겨나다; dobar ~ 왕성한 식욕; izgubiti ~ 식욕을 잃다 2. (일반적인) 욕구, 욕망 3. 기타; otvoriti ~ 욕망을 불러일으키다

aplaudirati -am (完,不完) 박수 갈채를 보내다, 성원하다; ~ nekome ~에게 박수 갈채를 보내다, ~를 성원하다

aplauz 박수 갈채, 성원 (pljesak)

aplicirati -am (完,不完) 1. 적용하다, 응용하다; 이용하다, 사용하다 (primeniti, upotrebiti) 2. (옷에 장식물을) 대다, 붙이다 3. 신청하다, 지원하다

aplikacija 1. 적용, 응용 2. (옷감에 장식물을) 갖다 댐; haljina s ~ama 장식품들을 단 드레스 3. 신청(서), 지원(서)

apodoza (文法) (조건문의) 귀결절(節)

apoen 액면 금액(화폐의); u malim(sitnim) ~ima 소액권으로

apogej (男), apogeja (女) 1. (天) 원지점(遠地點; 지구에서 달까지, 지구에서 태양까지 가장 먼 지점) (反: perigej) 2. 최고점, 정점

apokalips (男) apokalipsa (女) 1. 천계(天啓), 계시, 묵시 2. 요한 계시록;

apokaliptičan -čna, -čno apokaliptičkī -ā, -ō (形) 참조 apokalips

apokrif 1. (성서, 특히 구약의) 경외서(經外書), 위경(僞經) (현재의 보통 성서에서 생략되어 있는 것) 2. 발행(공포)이 허용되지 않은 것

apolitičan -čna, -čno (形) 1. 정치에 관심없는, 정치에 무관심한 2. 비정치적인, 정치적이지 않은; ~ skup 비정치적인 모임; ~čna manifestacija 비정치적인 행사

Apolo -la (男) Apolon 1. 아폴로 신 2. 잘생긴 남자; lep kao ~ 아폴로 신처럼 잘생긴

apologet, apologeta (男) 1. (기독교의) 호교론자 (護敎論者) 2. 변호자, 옹호자 (사상·신념·종교·시스템 등의)

apologija 정당성 주장, 변호, 변명; 해명

apopleksija (病理) 뇌졸중, 뇌출혈

apostat(a) 배교자, 변절자, 배반자

apostol 1. 사도(예수의 12 제자중 한 사람) 2. (주의·정책 따위의) 주창자, 선구자, 개척자 3. 사도행전(성경의); apostolski (形)

apostolskī -ā, -ō (形) 1. 사도의; ~a revnost 사도적 열심; ~a misija 사도의 임무; ~o požrtvovanje 사도적 희생 2. 교황의 (papski); ~ propoved 교황의 설교; ~a stolica 교황좌(座), 교황, 바티칸

apostrof (文法) 아포스트로피 (생략부호 ')

apostrofirati -am (完,不完) 1. 아포스트로피를 찍다 2. ~에게 말하다 (obratiti se nekome) 3. 강조하다, 강조점을 찍다

apoteka 1. 약국 2. 약장(약을 넣어 놓는 곳); kućna ~ 약 상자

apotekar 약사 apotekarka

apoteoza 신으로 받듦, 신격화, 신성시, 미화, 숭배

apozicija (文法) 동격(同格)(관계), 병렬, 병치 apozicijski (形)

april 4 월 (travanj)

aprilskī -ā, -ō (形); 4 월의; ~a šala 만우절 농담

aprioran -rna, -rno (形) 선험적(先驗的)인 (preiskustven) (反; aposterioran)

apriorističkī -ā, -ō (形) 참조 apriorizam; 선험론의

apriorizam (哲) 선험론(先驗論)

aps 1. 체포, 구금, 감금 2. 구금소, 감금소, 교도소; (haps)

apsces (病理) 종기, 농양(膿瘍)

apscisa (數) 가로좌표

apsiti -im (不完) 참조 hapsiti; 체포하다

apsolut 절대적인 것(현상)

apsolutan -tna, -tno (形) 1. (哲) 절대적인, 의심의 여지가 없는; (일반적으로) 절대적인; ~tno biće 절대 존재; ~tna istina 절대 진리 2. 완전한, 완전무결한 (potpun, savršen); ~tna sreća 완전한 행복; ~ mir 완전한 평화 3. (왕권·정부 등이) 절대적인, 전제의, 독재적인; ~tna vlast 절대 권력; ~ vladar 독재 통치자; ~tna monarhija 전제 군주 4. 피할 수 없는, 필요한 (neminovan, nužan); ~tna posledica 피할 수 없는 결과; ~tna

potreba 꼭 필요한 것 5. (化) (한정형)
순수한, 불순물이 섞이지 않은 (čist); ~*tni*
alkohol 순수 알코올

apsolutist(a) 1. 절대 지배자 (samodržac) 2.
전제주의 지지자

apsolutizam -*zma* 전제주의

apsolvent 졸업유예대학생, 예비대학졸업생
(모든 학사 과정을 이수하고 졸업 시험이나
졸업 논문만 남아 있는 대학생);
apsolventkinja

apsolvenskī -*ā*, -*ō* (形) 참조 apsolvent;
졸업유예대학생의

apsolvirati -*am* (完) 1. (대학의) 졸업 시험을
칠 자격을 획득하다, 졸업에 필요한 모든
학점을 취득하다 2. (비유적) (口語) (어떤
일의) 한 단계를 마치다

apsorbirati -*am*, **apsorbovati** -*vujem* (完,不完)
1. 흡수하다, 빨아들이다; ~ *tečnost* 액체를
흡수하다; ~ *vazduh* 공기를 빨아들이다 2.
(이민·사상 따위를) 흡수 동화하다,
받아들이다 3. (관심·시선 등을) 끌다,
빼앗다 (privući, obuzeti); *rad ga je sasvim
apsorbirao* 그는 일에 마음을 빼앗겼다; ~
nečiju pažnju 누구의 관심을 끌다

apsorpcija (物,化) 흡수, 빨아들임; ~ *gasova*
가스 흡수, ~ *zračenja* 빛의 흡수

apstinencija 1. 절제, 금욕 2. (의무 등의)
회피 (izbegavanje)

apstinent 절제하는 사람, 금욕하는 사람(술
등을)

apstinirati -*am* (完,不完) 1. 절제하다,
금욕하다 2. (의무의 실행 등을) 회피하다; ~
na izborima 선거에 참여하지 않다

apstrahirati -*am*, **apstrahovati** -*hujem*
(完,不完) 발췌하다, 요약하다

apstrakcija 발췌, 요약

apstraktan -*tna*, -*tno* (形) 1. 발췌된, 요약된
2. 추상적인, 관념적인, 이론적인 (反;
konkretan); ~ *pojam* 추상적 개념; ~*tna
imenica* 추상명사; ~*tna umetnost* 추상
미술 3. 불명확한, 이해하기 어려운(힘든)
(nejasan, nerazumljiv)

apsurd 불합리, 비이성적인 것, 어리석은 짓

apsurdan -*dna*, -*dno* (形) 불합리한, 부조리한,
비논리적인; ~*dna teza* 비논리적인 명제; ~
potez 불합리한 조치

apsurditet 참조 apsurd

apšenik 참조 hapšenik; 체포된 사람, 죄수

apšenje 참조 hapšenje; 체포

apta (植) 덧나무 (burjan)

ar (複,生 ari) 아르(100m²)

Arabija 아라비아

Arabljanin 아라비아 사람, 아리비아인;
Arabljanka

arabijskī -*ā*, -*ō* (形) 아라비아의

arabistika 중동학, 아라비아학

arabljanskī -*ā*, -*ō* (形) 아랍 사람의, 중동
사람의

arak -*rka* 1 첩(帖), 1 권(卷) (종이 24 또는
25 매)

aranđeo -*ela* 대천사(大天使) (arhanđeo)

aranžer 편집자, 편곡자

aranžirati -*am* (完,不完) 1. (미적으로)
정리하다, 정돈하다; 진열하다 (urediti,
udesiti); ~ *izlog* 진열품을 예쁘게 정돈하다;
~ *cveće* 꽃을 예쁘게 배치하다 2. (音樂)
각색하다, 편곡하다

aranžman 1. 배열, 정리, 정돈, 진열 2. (音樂)
편곡, 각색 3. 조정(調停); 합의, 화해
(nagodba, poravnanje); *sklopiti* ~ 합의를
이루다 4. (계약에 따른) 서비스, 상품;
(계약에 따른) 가격, 금액; *turistički* ~ 여행
상품; *uplatiti* ~ *za more* 바다로 가는 여행
상품의 금액을 지불하다

Arapin -*api* 아랍인 **Arapkinja**

arapskī -*ā*, -*ō* (形) 참조 arapin; 아랍인의; ~*e
cifre* 아라비아 숫자

aratos (副) (숙어로) ~ *te bilo* 지옥에나 가라,
저주나 받아라, 빌어먹을 놈

Arbanas 알바니아 (Albanija)

arbanskī -*ā*, -*ō*, **arbanškī** -*ā*, -*ō* (形) 참조
arbanas; 알바니아의

arbitar -*tra* **arbiter** 중재인, 조정자, 심판자,
재결(裁決)자

arbitraran -*rna*, -*rno* (形) 1. (행동·결정 등이)
임의적인, 제멋대로인, 자의적인; ~*rna
odluka* 자의적인 결정 2. 독단적인,
전횡적인

arbitraža 1. (法) (법정 밖에서의) 조정, 화해,
중재; 중재 재판; (국제 분쟁의) 중재, 국제
중재 재판; *međunarodna* ~ 국제 중재 재판;
izneti pred ~*u* 중재 재판부에 (서류를)
제출하다 2. (스포츠의) 판결, 심판

arbitražnī -*ā*, -*ō* (形) 참조 arbitraža; 조정의,
화해의, 중재의; ~ *sud* 중재 재판소

arena 1. (고대 로마 등의) 원형 경기장,
투기장(검투사 등의); (원형의) 경기장,
공연장; 실내 경기장; *cirkusna* ~ 서커스
공연장 2. 활동 무대, ~계(界); *politička* ~
정치계; *književna* ~ 문학계

arenda (토지나 건물 등의) 임대차; *uzeti u (pod)* ~*u* 임차하다; *dati zemlju u* ~*u* 토지를 임대하다, 토지를 빌려주다 (zakup)

arendator 임차인, 임대인

arendirati -*am* (完,不完) 임차하다, 임대하다

arfa (樂器) 참조 harpa; 하프

argatin -*ti* , argataš (일용직)노동자 (nadničar)

argatluk 노동 일, 육체 노동

argatovati -*tujem* (不完) 일용 노동자로 일하다, 힘든 육체 노동을 하다 (nadničiti, kulučiti)

Argentina 아르헨티나

argentinskī -*ā*, -*õ* (形) 아르헨티나의

argo -*oa* (男) (동업자·동일 집단 내의) 특수 용어, 통어(通語), 은어, 곁말 (žargon)

argumen(a)t 논거, 증거; 합당한 이유, 합리적 논거; *izneti* ~ *za nešto (u prilog nečega)* ~에 대한 합당한 이유(증거)를 내세우다; *jaki* ~*i* 강력한 증거(논거); *nepobitni* ~ 무너뜨릴 수 없는 증거(논거); *izneti* ~*e* 증거(논거)를 제출하다; *dokazati* ~*ima* 증거(논거)로써 증명하다

argumentacija 증거, 증거를 들이 댐, 합리적 논거를 댐

argumentirati -*am*, argumentovati -*tujem* (完) 증거를 들이 대다, 합리적 논거를 제시하다; ~ *tvrdnju* 주장의 논거를 제시하다

arhaičan -*čna*, -*čno* (形) (사고·풍습 등이) 옛스러운, 고풍의; (언어가) 고체(古體)의; 고대의; ~ *stil* 옛스러운 스타일; ~*čna reč* 고어(古語)

arhaizam -*zma* 고어, 옛말, 고문체(古文體), 의고체(擬古體)

arhanđel, arhanđeo -*ela* 대천사(大天使)

arhanđelskī -*ā*, -*õ* (形) 참조 arhanđel

arheolog 고고학자

arheologija 고고학

arheološkī -*ā*, -*õ* (形); 고고학의, 고고학적인; ~*a istraživanja* 유적지(고분) 탐사; ~ *nalaz* 고고학적 발견

arhibiskup (보통 천주교의) 대주교

arhiđakon (가톨릭의) 부주교

arhiepiskop (보통 정교의) 대주교 (nadbiskup, mitropolit)

arhijerej (政教) 수석 사제, 주교

arhimandrit (政教) 수도원장

arhipelag 군도(群島), 다도해; *Malajski* ~ 말라위 군도

arhipelaškī -*ā*, -*õ* (形) 군도(群島)의, 다도해의

arhitekt(a) 건축사, 설계사

arhitekatskī -*ā*, -*õ* (形) 설계사의, 건축사의

arhitektonika 1. 건축술, 건축학 2. 구성, 조립; ~ *muzičkog dela* 음악 작품의 구성(작곡)

arhitektonskī -*ā*, -*õ* (形) 건축학(술)의, 건축의; ~ *fakultet* 건축대학

arhitektura 1. 건축 양식 2. 건축술(학)

arhiv -*a* (男), arhiva (女) 1. 고문서 보관소; 기록물 보관소, 문서 보관소; *istorijski* ~ 역사 문서 보관소; *državni* ~ 국가 고문서 보관소; *baciti (staviti) u* ~*u* 고문서 보관소로 보내다 (비치하다); *preturati (tražiti) po* ~*i* 고문서를 뒤지다 2. 기록, 문서; 고문서

arhivar, arhivist(a) 1. 문서 보관소장 2. 문서 보관소 직원

arija (音樂) 영창(詠唱), 아리아

arija (방언) 공기, 빛 (vazduh, zrak)

Arijac -*ijca* 아리아인(인도 유럽계의); Arijka -*kī*; arijski (形)

aristokracija, aristikratija 귀족 계급

aristokrat(a) 귀족 (plemić) aristokratkinja

aristokratskī -*ā*, -*õ* (形) 귀족의

aritmetika 산수, 산술, 계산, 셈

aritimetičkī -*ā*, -*õ* (形) 참조 arhimetika; ~ *znak* 사칙연산 부호

aritmija (病理) 부정맥 (심장의 불규칙적 운동)

arivist(a) 출세 지향주의자 (laktaš, karijerist)

arivizam -*zma* 출세 지향주의, 출세 지향적인 욕망이나 노력

arkada 아케이드, 회랑(回廊)

arkebuza 화승총(火繩銃, 옛날에 사용하던)

Arktik 북극, 북극지방

arktičkī -*ā*, -*õ* (形); 북극의, 북극 지방의 ~ *krug* 북극권

arlaukati -*čem* (不完) arlauknuti -*nem* (完) 1. 짖다 (개·늑대 등이) 2. (비유적) 고함치다, 소리치다 (vikati, larmati)

arlekin 참조 harlelik; 어릿광대, 익살꾼 (무언극이나 발레 따위에 나오는 어릿광대)

armada 1. (한 나라의) 군(軍), 군대 (armija, vojska) 2. 대(大)전함대 3. 기타; *Nepobediva* ~ (스페인의) 무적함대

armatura 1.(古語) 전투 장비 2. (建築) 철골 보강재(材) 3. 틀, 뼈대(제작 중인 점토·석고 등을 지지하는)

armija 1. (한 나라의) 군(軍), 군대 (vojksa); 육군; *Jugoslovenska narodna* ~ 유고슬라비아 인민군 2. (비유적) 많은 사람들; ~ *nezaposlenih* 많은 실업자들

armijskī -*ā*, -*õ* (形) 참조 armija; 군의, 군대의; ~*a oblast* 군 지역; ~ *general* 군 장성

armirac -rca, armirač 철골조를 세우는 건설
노동자
armiran -rna, -rno (形) 철골로 보강된 ~i
beton 철근 콘크리트
armirati -am (完,不完) 1. (무기로)
무장(武裝)하다 2. (철골을 넣어 콘크리트를)
강화하다, 보강하다, 튼튼히 하다; armirani
beton 철골콘크리트; armirano staklo 강화
유리 3. (비유적) 강화하다 (ojačati,
osnažiti); armirani kabl 강화케이블
Arnautin, Arnaut (複 -ti) 알바니아인
arnjevi (男,複) 짐마차 지붕(천으로 만든)
arogancija 거만, 오만, 불손
arogantan -tna, -tno (形) 거만한, 오만한,
불손한 (drzak)
aroma (女), aromat (男) 아로마, 방향(芳香),
향기
aromatičan -čna, -čno (形) 좋은 냄새가 나는,
향기로운, 방향의; ~o ulje 아로마 기름
aromatskī -ā, -ō (形) 아로마의
arondacija 토지의 집적화(농민들의 토지를
재분배함으로써 여러군데 흩어진 토지를 한
곳으로 모음)
arondirati -am (完,不完) 토지의 집적화를
시행하다
arpadžik 양파(파종용의 작은)
arsen (化) 비소(砒素) arsenski (形)
arsenal 병기고, 병기 공장, 군수 공장
arsenik (化) 삼산화비소
aršin 1. 길이 단위(옛날에 쓰던, 65cm - 75cm
사이) 2. 기타; meriti jednim(istim) ~om
모든 것을 동일하게(똑같이) 평가하다;
meriti nekoga svojim ~om ~를 자신의
잣대로 평가하다
arterija 1. (解) 동맥 2. (비유적) 주(主)도로
arterijskī -ā, -ō (形) 동맥의; ~a krv 동맥 피;
~ pritisak 동맥 혈압
arterioskleroza (病理) 동맥 경화(증)
arteskī, arteškī -ā, -ō (形) (숙어로만 사용됨)
~ bunar (수맥까지) 파내려간 우물(지하수의
압력으로 물을 뿜음)
artik(a)l -kla 1. (商) 물건, 품목, 물품; ~i
opšte potrošnje 일반 생필품; prehrambeni
~kli 식료품들; sprotski ~kli 스포츠 물품들
2. (廢語) 기사(신문) 3. (文法) 관사
artikulacija (音聲) 조음(調音), 발화; ~
samoglasnika 모음의 조음; jasna ~ 명확한
조음
artikulacionī -ā, -ō (形) 참조 artikulacija

artikulirati -am, artikulisati -šem (完,不完) 한
음절 한 음절을 똑똑히 발음하다, 분명히
말하다
artilljerac 포병, 포수
artiljerija (軍) 1. 포병 2. 포(砲); zemaljska
(obalska, protivavionska, brodska, laka,
srednja, teška) ~ 야포(해안포, 대공포,
함포, 경포, 중구경포, 중화기포);
samohodna ~ (~ sa konjskom vučom)
자주포 (말이 끄는 포)
artiljerijskī -ā, -ō (形) 참조 artiljerija; 포의,
포병의; ~a minicija 포탄; ~a škola 포병
학교; ~ oficir 포병 장교
artist(a) 예술가, 아티스트 artistkinja
artističkī -ā, -ō (形) 예술가의, 아티스트의; ~
program 아티스트 프로그램; ~a veština
예술가의 기교
artritis (病理) 관절염; tuberkulozni ~ 결핵성
관절염; akutni ~ 급성 관절염
as asovi 1. (카드의) 1 (A) 2. (운동의) 에이스,
최우수 선수
asanacija (주민들의) 보건위생 향상(개선)
asepsa (醫) 무균 처리, 방부 처리
aseptičan -čna, -čno, aseptičkī -ā, -ō (形)
무균의, 방부 처치의
asfalt 아스팔트 asfaltni (形); ~ put 아스팔트
길
asfalter 아스팔트를 까는 사람
asfaltirati -am, asfaltovati -tujem (完,不完)
아스팔트를 깔다, 아스팔트 포장하다
asimetričan -čna, -čno, asimetričkī -ā, -ō (形)
비대칭의
asimetrija 1. 비대칭 2. 불균형, 부조화
(nesklad)
asimilacija 동화(同化), 융합; potpuna ~ (文法)
완전동화; progresivna ~ (文法) 순행동화;
regresivna ~ (文法) 역행동화; ~
doseljenika 이주민 동화(정책) asimilacijski,
asimilacioni (形)
asimilirati -am, asimilovati -lujem (完,不完) 1.
동화시키다, 적응시키다, 융합시키다 2. ~ se
동화되다, 적응하다, 융합되다
asistent 1. 보조원, 보조자 (pomagač);
zubarski ~ 치과의사 보조원 2. (대학의)
조교 asistentkinja;
asistentskī -ā, -ō (形) 참조 asistent
asistirati -am (不完) 1. 돕다, 거들다,
도와주다; ~ nekome ~를 돕다; ~ lekaru
의사를 어시스트하다(수술 등의) 2. 보조원의
일을 하다, 조교 일을 하다

asket, asketa (男) 금욕주의자, 고행자, 수도자 (isposnik)

asketskī -ā, -ō (形) 금욕주의자의 (isposnički)

asketizam -zma 금욕주의, 수도 생활

asna 득(得), 덕, 이익 (hasna, korist)

asocijacija 1. 결합, 연결, 제휴 2. 연합, 협회 3. (心理) 연상; ~ po sličnosti 유사함에 따른 연상; ~ na nešto (무엇에 대한) 연상; izazvati ~u 연상작용을 일으키다; ~ ideje 관념 연합, 연상(聯想) 4. (數) 조합, 집합 5. (化) (분자의) 회합

asocijacionī -ā, -ō (形) 참조 asocijacija; 연합의, 결합의

asocijalan -lna, -lno (形) 사교적이지 않은, 비사교적인, 비사회적인, 어울리는 것을 좋아하지 않는; ~ tip 비사교적인 타입

asocirati -am (完,不完) 1. 연합시키다, 결합시키다, 결부시키다 2. (심리의) 연상하다, 관련지어 생각하다

asonanca, asonancija, asonansa (韻律) 유운(類韻); 모음 압운(母音押韻)

asortiman (같은 종류의 여러 가지) 모음, 모듬, 종합; moja radnja ima najbolji ~ robe i najpristupačnije cene 우리 가게는 가장 여러 종류의 물건을 가장 싼 가격에 제공하고 있다

asortirati -am (完,不完) 1.(물건·상품 등을) 분류하다 2. (가게에) 구색을 갖추다, 물건을 고루 갖추다

aspekt -kata 1. 견해, 견지, 입장 (gledište, stanovnište); s tog ~ta 그러한 견지에서는 2. 양상, 형태, 모습(vid, oblik); jedan od vrlo važnih ~ 매우 중요한 형태중 하나는 3. (文法) 상(相), 체(體) (동사의, 완료상이나 불완료상)

aspida 1. 독사 (guja) 2. (비유적) 심술궂고 사악한 여자; ~ vasiliska 반은 새 반은 뱀인 신화에서 나오는 생명체

aspik 아스픽(고기나 생선을 끓인 국물에 젤라틴을 넣어 만든 젤리 모양의) (piktije)

aspiracija 1. 열망, 소망, 갈망(želja, težnja) 2. (音聲) 기(식)음

aspirant 1. 지망자, 후보자(kandidat), 소망자, 열망하는 사람 2. ~보(補) (예를들어 판사보 등, pripravnik)

aspirin (製藥) 아스피린

aspirirati -am aspirovati -rujem (完,不完) 1. 열망하다, 소망하다, 갈망하다; ~ na nešto ~를 열망하다 2. (音聲) 기(식)음으로 발음하다 3. 들숨을 쉬다, 숨을 들이쉬다 (udisati)

astal 책상

astalskī -ā, -ō (形); ~ čaršav 책상 보 (sto)

astigmatizam -zma (病理) 난시

astma (病理) 천식; bronhijalna ~ 기관지 천식 astmatički, astmatičan (形)

astmatičar, astmatik 천식 환자

astrofizika 천체물리학

astrolog 점성술사

astrologija 점성술

astrološkī -ā, -ō (形) 점성술의, 점성술사의

astronom 천문학자

astronomija 천문학

astronomskī -ā, -ō (形) 1. 천문학의, 천문학자의; ~a opservatorija 천문 관측소 2. (비유적) 천문학적인, 대단히 많은(큰) (ogroman); ~e cifre 천문학적 숫자; ~e cene 천문학적인 가격

asura (현관의) 매트, 신발 흙털개 (hasura)

aščija (男,女) 요리사 (kuvar, kuvarica); aščijskī -ā, -ō (形) 참조 aščija; 요리사의

aščinica 부엌

ašigdžija (男) 정부(情夫)

ašik 1. 정부(情夫) (ljubavnik) 2. 통정(通情) (ašikovanje) 3. (한정사적 용법으로) 사랑에 빠진; učiniti se ~ na nekoga ~와 사랑에 빠지다

ašikluk 통정(通情), 육체적 정분

ašikovati -kujem (不完) 정(情)을 통하다, 통정(通情)하다, 잠자리를 같이 하다, 육체적 관계를 맺다

aškenazi (男,複) 폴란드 혹은 독일계 유대인 (eškenazi)

ašov 삽

at 말 (보통 순혈통의) (konj, pastuv)

atak 공격, 습격 (anapad)

atakirati -am, atakovati -kujem (完,不完) 공격하다, 습격하다 (napasti, navaliti); ~ na nečiji čast 누구의 명예를 공격하다

atar 참조 hatar

ataše (男) (대사관의) 주재관, 파견관; vojni ~ 무관(武官); ~ za štampu 언론홍보관

atavističkī -ā, -ō (形) 격세유전의; ~a osobina 격세유전의 특성

atavizam -zma 격세유전(隔世遺傳) (몇 대를 거른 조상의 형질의 재현)

ateist(a) (男) 무신론자 ateistkinja;

ateističkī -ā, -ō (形) 무신론의, 무신론자의; ~o shvatanje 무신론적 이해

ateizam -zma 무신론 (反; teizam)

18

atelje -ea (男) atelijer (화가·조각가의) 작업실, 화실(畵室)(studio), 아틀리에
atelijerski (形)
atentat 암살, 암살 시도 izvršiti(pokušati) ~ na nekoga 누구를 암살하다, 누구에 대한 암살을 시도하다
atentator 암살자
aterirati -am (完,不完) (비행기 등 비행체가) 땅에 내려앉다, 착륙하다
Atina 아테네; atinski (形)
atlas 지도책, 도감(圖鑑)
atlas (비단·나일론 등의) 견수자(絹繻子), 공단;
atlasnī, atlaskī -ā, -ō (形) 참조 atlas; 공단의
atlet 1. 고대 그리스의 체육 경기인 2. 강건한 사람; atletski (形)
atletičar 운동 선수, 육상 선수, 육상 경기인
atletičarka; atletičarski (形)
atletika 1. 운동 경기, 육상 경기 2. 기타; laka ~ 트랙 및 필드 경기(달리기, 높이뛰이, 멀리뛰기, 창던지기 등); teška ~ 복싱, 역도, 레슬링 등의 경기
atmosfera 1. 대기, 지구를 둘러싼 공기 2. 기압(압력의 단위) 3. 공기 4. (비유적) 분위기, 주위의 상황; prijateljska ~ 우호적 분위기; radna ~ 일하는 분위기; napeta ~ 긴장된 분위기; u prijateljskoj ~i 좋은 분위기에서; srdačna ~ 화기애애한 분위기; ~ nepoverenja 불신 분위기
atmosferskī -ā, -ō (形); 대기의; ~ pritisak 대기압; ~e nepogode 대기 불안정
atom 1. (物,化) 원자(原子) 2. (비유적) 미립자, 티끌, 미진(微塵), 극소량 (trunčica); sa poslednjim ~ima snage 마지막 남은 적은 힘으로
atomist(a) 1. 핵 과학자 2. 원자론 지지자
atomistika 핵물리학, 원자학(원자력을 다루는 물리학의 한 부문)
atomizam -zma 원자론(설)
atomizirati -am, atomizovati -zujem (完,不完) ~을 원자로 만들다, 세분화하다
atomskī -ā, -ō (形) 참조 atom; 원자의; ~a bomba 원자폭탄; ~ energija 원자력; ~a težina 원자의 무게; ~a bojeva 핵탄두; ~a podmornica 원자력 잠수함
atonalan -lna, -lno (形) 무조(無調)의, 톤(tone)이 없는
atrakcija 1. 매력, 매혹, (사람을)끄는 힘 2. 매력적인 것; turistička ~ 관광객들의 이목을 끄는 것(장소)
atraktivan -vna, -vno (形) 매혹적인, 매력적인, 관심을 끄는, 흥미로운; ~vna osoba 매력적인 사람; ~vna haljina 흥미로운 드레스

atribut 1. 속성, 특질, 특성 2. (文法) 한정사(限定詞)(속성·성질을 나타내는 어구, 형용사 따위)
atributnī, atributskī, atributivan -vna, -vno (形) 참조 atribut; 한정사의; ~a funkcija 한정사적 기능
atrofija (病理) (영양 부족 등에서 오는) 위축(증); 쇠약; mišićna ~ 근위축; staračka ~ 노인성 쇠약
atrofiran -rna, -rno (形) 위축된, 수축된
atropin (化) 아트로핀(벨라도나 등에 함유된 유독 물질; 경련 완화제
audicija 오디션(가수·배우 지망생들의) ići na ~u 오디션에 참가하다
audijencija 알현, 배알(국왕·교황 등의) biti na ~i kod nekoga ~를 알현하다
auditorij -ija (男), auditorija (女) 1. 강당, 큰 강의실 (slušaonica) 2. 청취자 (slušaoci)
augmentativ (言) 확대사(辭) augmentativni (形)
august 참조 avgust
aukcija 경매, 공매 (licitacija, dražba); prodati na ~i 경매로 팔다 (licitacija)
aula (입구 바로 다음에 있는) 대연회장, 강당 (auditorij)
aureola 1. (성상(聖像)의 머리 또는 온몸을 감싸는) 후광(後光) (oreol) 2. (비유적) 명예, 평판, 존경
auskultacija (醫) 청진(聽診)
auspicij (男), auspicije (女,複) 1. (고대 로마인들의) (새의 나는 방식 등에 의한) 점 2. 전조, 길조 (predznak, slutnja) 3. 기타; pod ~jama ~의 후원하에, ~보호하에
auspuf 배기장치(자동차의)
Australija 오스트랄리아, 호주
Austrija 오스트리아
austrofil 친오스트리아주의자
austrofob 반오스트리아주의자
Austro-Ugarska 오스트리아-헝가리 제국
austrougarskī -ā, -ō (形) 오스트리아-헝가리 제국의
aut 1. (스포츠에서) 라인 바깥 지역; poslati loptu u ~ 공을 라인 바깥지역으로 보내다 2. 기타; biti u ~u (口語) 1)아웃되다, 아웃사이더가 되다 2)아프다, 몸이 안좋다, 컨디션이 안좋다
autarhija 전제정치, 독재정치
autarkija (국가의) 경제적 자급자족, 경제 자립 정책

A

autentičan -čna, -čno (形) 진본인, 진품인; 진짜의, 정확한, 믿을만한; 오리지널의; ~ dokument 진본 서류
autentičnost (女) 진짜임, 진본임, 믿을만함; ~ dokumenta 서류의 진본성
autistički -ā, -ō (病理) 자폐증의
autizam -zma (病理) 자폐증
auto (男) 차, 자동차 (automobil)
autobiograf 자서전 작가
autobiografija 자서전
autobiografskī -ā, -ō (形) 자서전의, 자서전 작가의; ~ roman 자서전 형식의 소설
autobus 버스
autobuskī, autobusnī -ā, -ō (形) ~a stanica 버스 정류장(터미널)
auto-cesta 고속도록 (auto-put)
auto-cisterna 탱크차, 유조 트럭
autodidakt 독학자
autogen -a, -o (形) 1. 자생의, 자생적인 (samorodan) 2.기타; ~o zavarivanje 가스 용접
autograf 자필, 친필, 육필
autogram 서명, 사인
autohiponoza 자기 최면
autohton -a, -o (形) 1. 토종의, 토착의, 그 지방 고유의; ~o stanovništvo 토착주민 2. 자생의, 자생적인; ~a kultura 자생적 문화; ~a nošnja 자생적인 의복; ~a muzika 자생적 음악
autokefalan -lna, -lno (形) (정교의) 독립적인, 독자적인, 자치적인 (samostalan, nezavisan); ~lne crkve 독립자치 교회
autokefalnost (女) (정교의) 독립성, 독자성 (samostalnost, nezavisnost); ~ pravoslavne crkve 정교회 교회의 독자성
autokracija 독재, 독재 정치, 전제 정치
autokrat(a) 독재자, 독재 군주, 전제 군주
autokratskī -ā, -ō (形) ~ sistem 독재 시스템
autokratija 독재, 독재 정치, 전제 정치
auto-limar 차체(샷시) 수선공
automat 1. 자동으로 작동하는 기계, 자판기 2. 자동 소총, 기관총 3. 기계처럼 일하는 사람(자기 생각없이); radi kao ~ 기계처럼 일하다
automatičar 자동소총수
automatik 자동 변속기(자동차의)
automatizacija 자동화(생산의)
automatizirati -am, automatizovati -zujem (完,不完) 1. (생산 과정 등을) 자동화하다, 기계화하다; ~ proizvodnju 생산을

자동화하다; ~ pogon 공장을 자동화하다 2. ~ se 기계화되다, 자동화되다
automatskī -ā, -ō (形) 자동의, 자동적인; ~a odbrana 자동적 방어; ~ pilot 자동 비행
automehaničar 자동차 수리공(엔진 혹은 기계 계통의)
automobil 자동차; automobilski (形)
automobilist(a) 자동차 스포츠 종사자, 자동차 운전자
automobilizam -zma 1. 자동차 경주, 자동차 경주 산업 2. 자동차 교통
autonoman -mna, -mno (形) 자치의, 자치권이 있는; 독립적인, 자주적인; ~mna pokrajna 자치주(自治州); ~mni nervni sistem 자율신경 시스템
autonomija 자치, 자치권
autoportret 자화상
autopsija 검시(檢屍), 시체 해부, 부검(剖檢); izvršiti ~ 부검을 실시하다
auto-put 고속도로;
autor 저자, 작가 autorka
autoritativan -vna, -vno (形) 권위있는, 권위적인 (ugledan, uvažan)
autoritet 1. 권위, 위신; imati ~a 권위가 있다; čovek od ~a 권위있는 사람 2. 권한, 권능, 직권 (moć, vlast) 3. 권위자, 대가 (학문·예술 분야 등의); biti ~ 권위자이다; ~ za barok 바로크 시대의 대가
autoritetan -tna, -tno (形) 참조 autoritativan
autorizirati -am, autorizovati -zujem (完,不完) (다른 사람에게 자신의) 저작권을 사용하고 이용할 수 있도록 허가하다
autorskī -ā, -ō (形) 저자의, 작가의; ~o pravo 저작권
autorstvo 저작권; utvrditi ~ 저작권을 확인하다; osporiti nekome ~ 누구의 저작권에 대해 이의를 제기하다
auto-strada 참조 auto-put
autosugestija (심리학의) 자기 암시, 자기 감응
auto-taksi -ija (男) 택시 (taksi)
autsajder 아웃사이더
av (의성어) (개의) 짖음
avaj (感歎詞) 아~(아픔·고통 등의)
aval (銀行) 배서인(보증인)의 서명(어음에)
avalirati -am (完,不完) (어음 등에) 이서하다, 배서하다; ~ menicu 어음에 이서하다
avalist(a) (銀行) 어음 보증인, 배서인, 이서인
avan 막자사발

20

avangarda 1. (軍) 전초대, 선발대 2. (예술상의) 전위파, 아방가르드, 선구자; ~ *radničke klase* 노동자 계급의 전위파
avangardnī *-ā, -ō* (形) ~*o pozorište* 실험 극장
avans 선불, 선불 지급액 (akontacija)
avantura 모험; *ljubavna* ~ 애정 행각
avanturist(a) 모험가 avanturistkinja
avanturistčkī *-ā, -ō* (形) 모험의; 무모한; ~*a politika* 모험적(무모한) 정책; ~ *film* 모험 영화
avanturizam *-zma* 모험주의
avanzirati *-am,* avanzovati *-zujem* (完,不完) (직장 등에서) 승진하다, 진급하다 (napredovati)
avanzman 승진, 진급
avarija 고장 (havarija)
avaz (廢語) 소리; 뉴스 (glas, vest)
avenija 대로(大路), 큰 길(보통 가로수가 있는)
averzija 혐오, 반감 (odvratnost, netrpeljivost)
avet (女) 1. 귀신, 유령, 환영 (utvara) 2. (비유적) 아주 쇠약한 사람; 뭔가 무서운 것; ~ *rata* 전쟁의 유령 3. (動) 원숭이의 한 종류
avetan *-tna, -tno,* avetinjskī *-ā, -ō* (形) 귀신의, 유령의; *avetinjski izgled* 귀신 같은 모습, 소름끼치는 모습; *avetinjski glas* 귀신 목소리
avgust, august 8 월 (形) (kolovoz)
avijacija 1. 비행, 항공 (vazduhoplovstvo); *civilna* ~ 민간 항공; *putnička* ~ 여객용 항공 2. 편대; *borbena* ~ 전투 편대 3. 공군(한 나라의); avijacijski (形)
avijatičar 비행사, 조종사, 파일럿
avion 1. 비행기; *vojni* ~ 군용 비행기; *putnički (lovački, izviđački)* ~ 민간 승객기(전투기, 정찰기), *transportni* ~ 화물기 2. 기타; *mlazni* ~ 제트 여객기; *vidi se iz* ~*a* (隱語) 잘 보이는 ;
avionskī *-ā, -ō* (形) 비행기의 ~ *motor* 비행기 엔진; ~ *saobraćaj* 항공 교통; ~*a kompanija* 항공 회사
aviza 서면 통지, 서면 통고
avizirati *-am* (完,不完) 서면 통지서를 보내다, 알리다, 통고하다
avlija 1. 정원, 마당 (dvorište) 2. 벽, 담장(집 외부의) 3. 1 층에 위치한 모든 집들(정원을 같이 사용하는)

AVNOJ 유고슬라비아 반파시스트 인민 해방 평의회 (Antifašističko veće narodnog oslobođenja Jugoslavije)
azaleja 진달래
azbest 석면 azbestni (形)
azbuka 1. 알파베트 2. (비유적) 기본 지식; *Morzeova* ~ 모스 부호(통신의) azbučni (形) ~ *red* 알파베트 순서
Azija 아시아 Azijac *-ijca*; Azijka; azijski (形)
Azijat 1. 아시아인 2. (비유적) 터키인 3. (비유적, 경멸적) 야만인, 비문화인
azil 망명; *dati(zatražiti)* ~ 망명을 허용하다 (신청하다); *pravo* ~*a* 망명할 권리
azimut (天文學) 방위; 방위각
azot (化) 질소
azotnī *-ā, -ō* (形); ~*a kiselia* 질산산; ~ *iperit* (藥學) 질소 머스터드(독가스; 악성 종양 치료약)
azotov *-a, -o* (形) ~ *oksid* (化) (일)산화질소
azur 하늘색, 담청색, 남빛
azuran *-rna, -rno* (形) 참조 azur; 하늘색의, 푸른 하늘의, 남빛의; ~*rno nebo* 남빛 하늘
aždaja 1. 용 (zmaj) 2. 탐욕스러운 것; 세상을 고통에 몰아넣는 것 3. (나쁜의미의) 사악한 여자
ažur (천 따위의) 내비침 세공, 장식용의 미세한 구멍; *praviti* ~*e* 내비침 세공을 하다
ažurirati *-am* (完,不完) 1. 제 시간에 일을 끝내다; ~ *poslove* 일을 제 시간에 마치다, 2. (자료 등을) 업데이트하다
ažuran *-rna, -rno* (形) 1. 제 시간에 일을 끝내는; ~ *službenik* 제 시간에 업무를 끝내는 공무원; ~*o stanje* 정돈된 상태 2. (데이터 등이) 업데이트 된

B b

baba 1. 할머니(baka) 2. (통칭) 나이든 여자 3. (보통 할아버지가 할머니한테 부르는) 부인 4. 산파, 유모 5. (보통 남자의 경우) 겁쟁이; ~ Marta 3월(하루에도 열댓번 변하는 날씨와 관련하여); dati ~u za nevestu 속이다, 사취하다; zadušna ~ 너무 맘이 좋은 사람; vrag mu ~i 지옥에나 가라고 해!; trla ~ lan da joj prode dan 아무 쓸데없는 일을 하면서 시간을 보내다, 시간을 낭비하다; **bapski, bab(i)ji, bablji, babin** (形) bapska priča 믿을 수 없는 이야기

baba 여러 동물의 명칭(바닷 고기, 바닷 가제, 달팽이 등)

baba 1. 여러가지 물건의 명칭(예를 들어 지붕 들보, 낫 제작용 모루 등) 2. 편평한 돌; prevesti ~u 물수제비를 뜨다 3. 케이크(종교 축일에 먹는)

baba (男) **babo** -a & -ē (男) 1. 아버지, 아빠 2. 시아버지, 장인; (suditi) ni po ~u ni po stričevima 공정하게(객관적으로) 판단하다

babac -pca 1.(농담조의) 힘이 넘치는 중년 여인 2. (方言) 큰 호두

babadevojka 노처녀 (usedelica)

babajko (男) (지소) 1. 아버지, 아빠 (baba, babo) 2. 시아버지 (svekar)

babak -pka 큰 낫의 손잡이

babak (昆蟲) 무당벌레 (bubamara)

babaroga 마귀할멈

babetina (조롱, 지대) 할머니(baba)

babica 1. 산파, 조산원 **babički** (形) 2. baba의 지소체

babin -a, -o (形) 1. 참조 baba; 할머니의 2. 기타; ~o leto (늦가을의) 봄날같은 화창한 날씨; biti ~e sreće (행)운이 없다; zašto? - za babino brašno 왜? - 그냥(이유없이); ~i jarci 변덕스런 날씨(봄에)

babine, babinje (女,複) 1. 산후조리 목적으로 누워있는 기간(보통 7일); biti na ~ama 산후조리하느라 누워 있다 2. 산후조리 기간동안 산모 및 신생아에게 주는 선물; **babinji** (形)

bablji -ā, -ē (形) 참조 baba; 할머니의 (bapski)

babo -a & -ē (男), **baba** -ē (男) 참조 baba; 아버지 (otac); ni po ~u ni po stričima 공정하게(공평하게)

baboličan -čna, -čno (形) 노파 같은, 할머니 같은

babov -a, -o (形) 참조 babo; 아버지의

babovina 1. 세습 재산, 아버지로부터 물려받은 유산 (očevina) 2. 고향 (zavičaj, postojbina)

babun 보고밀교(bogumil)

babun (動) 비비, 개코원숭이 (pavijan)

babura 파프리카의 일종

baburača 1. 파프리카의 일종 (babura) 2. 두꺼비 (krastava žaba, krastavača)

babuskara, babuskera (경멸, 지대) baba

bacač 1. (스포츠) 던지기 선수; ~ diska(koplja) 원반(창) 던지기 선수; ~ kugle 투포환 던지기 선수 2. (軍) (지뢰, 포탄 등의) 발사기; ~ plamena 화염 방사기; ~ mina 박격포; ručni ~ 바주카포(砲)

bacakati se -am se (不完), **bacaknuti se** -nem se (完) 1. 손발을 까불다, 꿈틀거리다, 꾸물거리다; beba se bacaka po kolevci 아기가 요람에서 손발을 까분다 2. (비유적) 떠벌이다, 허풍떨다, 자랑하다

bacati -am; **bacan** (不完) 1. 참조 baciti 2. 기타; ~ drvlje i kamenje 많이 질책하다; ~ pušku (화기를) 쏘다, 발사하다; ~ se kamena s ramena 돌(투포환)던지기 시합을 하다; ~ novac 돈을 낭비하다

bacil 바실루스, 간균(桿菌)

bacilarnī -ā, -ō (形) 참조 bacil; 바실루스의, 간균의; tuberkulozni ~ 결핵균, tifusni ~ 티푸스균

baciti -im (完) **bacati** -am (不完) 1. 던지다, 내던지다; ~ kamen 돈을 던지다; ~ pogled(sumnju, senku) 눈길(의심, 그림자)을 던지다; ~ izazov nekome ~에게 도전하다; ~ rukavicu , 결투를 신청하다, 도전하다; ~ pismo(na poštu, u sanduče) 편지를(우체통에) 넣다; ~ kotvu(sidro) 멈추게 하다, 중단시키다, 닻을 내리다; ~ kocku 주사위를 던지다(비유적); ~ seme razdora 불화의 씨를 뿌리다; ~ svetlo (명확하게)설명하다, 2. 버리다, 내버리다; ~ dubre 쓰레기를 가져다 버리다; ~ nešto na dubre ~을 쓰레기로 버리다; ~ u staro gvožde (u koš) 쓸모없는 것으로 취급하다, 고물 취급하다 3. ~ se 떨어지다, 던져지다; ~ se na zemlju 땅에 떨어지다; ~ se na nekoga ~를 공격하다; ~se blatom na nekoga 명예를 실추시키다 (비유적); ~ se na posao 일에 헌신하다(매진하다); ~ se na nekoga kamenom ~에게 돌을 던지다, 명예를 손상시키다; ~ se nekome oko vrata ~를 뜨겁게 포옹하다; ~ se u

zagrljaj nekome ~를 포옹하다 4. (스포츠)
던지다 ~ kuglu (koplje) 투포환을 던지다 5.
~ nekoga u brugu ~를 걱정시키다; ~ glavu
u torbu 위험에 처하게 하다; ~ krivicu na
nekoga ~에게 잘못을 돌리다; ~ oko na
nekoga(na nešto) ~에게 관심을 갖다; ~ u
vazduh 폭파시키다; ~ u zasenak 옆으로 몰
아 부치다; ~ nekoga u trošak 더 많이 소비
하게 하다; ~ akte u fioku (일의 진행을) 중
단시키다(연기시키다); ~ ulje na vatru 불에
기름을 붓다; ~ pesak(prah, prašinu)
nekome u oči 속이다, 사취하다; bacati
pare 돈을 낭비하다; ~ pod pete(noge) 창
피하게 하다, 불명예스럽게 하다; ~ bombu
대이변(스캔들)을 일으키다; ~ vatru 불만(폭
동)을 야기시키다; ~ krv 결핵을 앓다; ~
nekoga na put (na ulicu) 생계 수단도 주지
않고 내팽개치다
bač (여름 산간 목장마을(bačija)의) 우두머리
양치기
bačija 산간 목장 마을(여름에 공동으로 가축
들을 방목하는)
Bačka 지역명(보이보디나 지방에 있는)
bačva 큰 통(액체를 담는), (bure); kao iz ~e
(govoriti, reći) 굵은 목소리로; pijan kao ~
대취한, 술을 많이 마신
bačvar 통장이, 통 제조업자 **bačvarski** (形)
bačvarnica 큰 통(bačvar)이 있는 건물이나 공
간 (kačara, bačvara)
bačvast -a, -o (形) 1. 통(bačva) 모양의, 통과
비슷한 2. (비유적) 배가 나온, 볼록 튀어 나
온; ~ trbuh 톡 튀어나온 배
baća (男) baćo -a & -ē (男) (지소체) bata,
bato; 형제(혹은 형제뻘 되는 남자 친척)
badanj -dnja; badnji & badnjevi 1. 물이 흐
르는 나무 물통(그 물통을 통해 물레 방앗간
의 물레에 물이 떨어짐) 2. 나무 물통 3. 더
미 (gomila, hrpa); kao iz ~dnja 굵고 쉰 목
소리로
badar -dra, -dro (形) 강건한, 튼튼한 (bodar)
badati -am (不完) (口語) 1. 찌르다, 쑤시다
(bosti, bockati, zabadati) 2. 조심스럽게 가
다(발바닥발을 찌르는 것처럼) (nabadati) 3.
~ se 찌르다, 쑤시다 4. ~ se 서로가 서로를
찌르다; 서로가 서로를 집적거리다
badava (副) 1. 무료로, 공짜로 (besplatno);
tamo je sve ~ 거기에서는 전부 무료이다 2.
헛되이 (uzalud, bes uspeha); ceo moj trud
je bio ~ 내 모든 노력이 헛되었다(수포로
돌아갔다) 3. 이유없이 (bez razloga); on se
~ ljuti 그는 아무런 이유없이 화를 낸다 4.

하는 일 없이, 무익하게 (beskorisno, bez
posla); on sedi ~ 그는 하는 일 없이 앉아
있다 5. (뜻을 강조함) 정말로; ~! ništa bez
tebe 정말로 너없이는 아무것도 할 수 없다
badavadžija (男) 게으름뱅이, 무위도식자
(besposličar, neradnik, gotovan, parazit);
badavadžijka
badavadžisati -išem (不完) 아무런 일도 하지
않고 시간을 보내다, 게으름을 피우다
badem (植) 아몬드 나무; 아몬드 **bademov** (形)
bademantil 목욕 가운
bademast -a, -o (形) 아몬드(badem) 모양의;
~e oči 아몬드 모양의 눈
bademov -a, -o (形) 참조 badem; 아몬드 나
무의, 아몬드의
bademovina 아몬드 나무
badnjačar 마른 참나무 가지(badnjak)를 잘라
가져 오는 사람(크리스마스 전날)
badnjak badnjaci & badnjakovi 1. 마른 참나
무 가지(크리스마스 전날 장식 한 후 불사르
는) 2. 크리스마스 전날, 크리스마스 이브;
badnji (形)
badnjar 참조 badnjačar
badnji -ā, -ē (形) 참조 badnjak; 크리스마스
이브의; Badnji dan 크리스마스 이브;
Badnje veče 크리스마스 이브 저녁; ~e
drvce 크리스마스 트리; kao Božić i Badnji
dan 항상 같이(다함께); nije svaki dan
Badnji dan 행운이 항상 있을 수는 없다
badriti -im (不完) 1. 참조 bodriti; 고무하다,
격려하다, 용기를 붇돋우다 2. ~ se 용기를
내다, 용감한 체 하다
badrljak, batrljak -ljka (나무의)그루터기, (손
이나 발의) 잘리고 남은 부분, (연필·붓 따위
의) 토막, 쓰다 남은 몽당이 (신체나 사물의
둥그렇게 남아 있는 부분) (patrljak)
badža 1. 지붕위의 연기 배출 구멍 2. 지붕에
나 있는 작은 창문, 통기용 구멍
bagatela 1. 자질구레한 물건, 값어치없는 물건,
하찮은 물건 2. 거의 공짜 가격; kupiti
nešto za ~u 거의 공짜로(매우 싼 가격으로)
사다
bagatelan -lna, -lno (形) 아주 싼(가격의), 거
의 공짜인; ~lne cene 아주 산 가격; ~tlne
postupak (法)(廢語) 소액 소송
bagatelisati -šem, **bagatelizirati** -am (完,不完)
과소평가하다, 깔보다, 얕보다, 하찮게 보다
(potceniti, nipoštavati, omalovažiti); ja se
ne dam ~ 날 과소평가하는 것을 용인하지
않는다
bagav -a, -o (形) 절름발이의, 절룩거리는

B

(bangav)

bager 1. 로더, 로우더 (중장비의 한 종류) 2. (하천·강바닥을 준설하는) 준설선(船) **bagerski** (形); ~o preduzeće 로더 회사

bagerist(a) 로더 기사(운전사)

bagerovati -rujem (不完) 준설하다, 로더로 땅을 파다

baglama 돌쩌귀, 경첩 (šarka)

baglja 꾸러미, 묶음 (svežanj)

bagra 1. (종종 비웃음) 특별한 종자(사람, 동물 등) 2. 인간 쓰레기(비웃음을 살 만한)

bagrem, bagren 아카시아의 일종 (Robina pseudoacacia)

bagren -a, -o (形) 주홍빛의, 진홍빛의, 자줏빛의 (purpuran, grimizan)

Bahamska ostrva 바하마 군도

bahanal, bahanalij -ija(男) **bahanalija** (女) 1. 주신(酒神) 바커스를 찬양하는 주신제(祭) 2. (비유적) 술취한 여자 **bahanalski** (形)

bahat -a & -hta 퍽, 털썩, 쿵(소리) (bat)

bahat -a, -o (形) 거만한, 오만한, 도도한 (arogantan, obestan, osion); ~ čovek 거만한 사람; ~o ponašanje 오만한 행동

bahatost (女) 거만, 오만, 도도함

bahnuti -nem (完) 참조 banuti

bair 1. 동산, 언덕(나즈막한) (breg) 2. 해변, 연안, 해안 (obala)

baj (詩的) 매혹적인 아름다움, 미(美) (lepota, draž, čar)

bajaco -ca (男) 1. 익살스러운 사람, 익살꾼 (komedijaš, šaljivčina) 2. 어릿광대 (klovn)

bajač 주술사 (bajalica)

bajader 비단 끈 (여성 옷의 장식품)

bajagi (副) 1. (흔히 kao와 함께) 표면상으로, 마치 ~인 것 처럼 (tobože, kad da); to je sve bilo (kao) ~ 그 모든 것은 거짓이었다; Petar je (kao) ~ nezadovoljan 페타르는 마치 불만인 것 처럼 행동했다 2. (형용사적 용법으로) (不變) 사이비의, 거짓의, 가짜의 (tobožnji); ~ lekar 사이비 의사

bajalac -aoca 참조 bajalica

bajalica (男,女) 주술사

bajan -jna, -jno (形) 1. 매혹적인, 황홀케 하는, 혼을 빼앗는, 아름다운 (krasan, čarovan, zanosan); ~jna lepota 황홀한 아름다움; ~ osmeh 매혹적인 웃음; ~jna žena 아름다운 여자 2. 동화에서나 나올 법한, 환상의; ~jna životinja 환상속의 동물

bajat -a, -o (形) 1. 신선하지 않은, 상해 가는, 오래된; ~ hleb 신선하지 않은 빵 2. (비유적) 최근 것이 아닌, 오래된; ~e vesti 오래전의

뉴스

bajati -jem (不完) 1. (迷信) 주술을 외우다; 점을 치다 2. (어떤 것을 얻기 위해) 보다 흥미롭게 이야기하다, 침소봉대하다, 과대포장하여 말하다 3. 아부하다, 아첨하다 (udvarati se)

bajbok, bajbokana (卑俗語) 감방 (zatvor)

bajka 동화

bajka (愛稱) 할머니 (baba, baka)

bajonet (男), **bajoneta** (女) (총끝에 장착하는) 총검; na~ 습격하여, 육박전으로; ~om 총검으로 찌르다

bajoslovan -vno, -vno (形) 1. 매혹적인, 황홀한 (bajan) 2. 환상적인 3. 믿을 수 없는, 환상적인 (basnoslovan)

bajrak 참조 barjak

Bajram 무슬림들의 최대 명절

bajunet 참조 bajonet

bak 참조 (bik)

baka (애칭) 1. 할머니 2. 노파

bakal 참조 bakalin

bakalski -ā, -ō (形) 참조 bakal; 식료 잡화상의, 잡화의; ~a radnja 식료 잡화점

bakalar (魚類) 대구 (Gadus morrhua)

bakalaureat 1 학사학위 2. 학사학위 소지자

bakalin bakali 소매상(식료품 및 식민지 상품을 파는); 식료잡화상

bakalica 식료 잡화점

bakanal 참조 bahanal

bakandža (보통은 複數 형태로) 전투화(병사의) (cokula)

bakar -kra 1. (化) 구리, 동(銅) 2. 동화(銅貨); (일반적으로) 구리 제품 3. (비유적) 구리색 (붉은 빛이 도는) **bakarni, bakren** (形)

bakarisati -šem (完,不完) 표면을 구리로 입히다, 구리 도금하다; 구리색을 칠하다

bakarnī -ā, -ō (形) 1. 참조 bakar; 구리의, 동(銅)의; ~a ruda 구리 광산; ~ novac 동화(銅貨) 2. 구리색의(붉은색이 도는); ~a kosa 붉은색이 도는 머리 3. 기타; ~a doba 청동기 시대

bakaruša 1. 동종(銅鐘), 구리로 만든 종(동물들의 목에 다는) 2. 동화(銅貨)

bakcil 참조 bacil

bakelit 베이클라이트(일종의 합성 수지) **bakelitni** (形)

bakenbardi, bakenbarti (男,複) 짧은 구레나룻

bakin -a, -o (形) 참조 baka; 할머니의

baklava 파이의 일종(속에 호두, 아몬드 등을 넣고 겉에 설탕이나 꿀을 바름)

baklja (G.pl. -ī) 1. 횃불, 성화 (buktinja,

24

zublja, luč); *olimpijska* ~ 올림픽 성화; *upaliti* ~*u* 횃불을 밝히다 2. 흑점(태양 표면 의); *sunčana* ~ 태양 흑점

bakljada 횃불 행진

bakljonoša (男) 1. 횃불을 든 사람 (zubljonoša) 2. (비유적) 계몽가, 선구자

bakonja (男) 1. 황소(bak)처럼 힘세고 강인한 남자 2. 영향력 있는 사람, 부자

bakrač 구리 가마솥; *kakvi* ~*i*! 무슨 터무니없 는 말이야!

bakračlija 등자(鐙子) (stremen)

bakren -*a*, -*o* (形) 참조 bakar; 구리의

bakrenjak 1. 동화(銅貨), 구리 동전 2. 구리 제품

bakronosan -*sna*, -*sno* (形) 구리 성분을 함유 하고 있는; ~*sna ruda* 구리광

bakropis 동판화(銅版畵)

bakrorez 동판화(銅版畵)

bakrorezac 동판화(銅版畵) 화가

bakrotisak -*ska* 그라비어 인쇄, 사진 요판(술)

baksuz 1. 성공하지 못한 사람, 불운(행)을 가 져오는 사람, 불행한 사람 (反 batlija); *on mi je* ~ 나한테 그 사람은 재수없는 사람이 다 2. 불운, 불행, 실패; *bije ga* ~ 그는 불운 으로 고통받고 있다 3. (한정사적 용법으로) (不變); 재수없는; ~ *čovek* 재수없는 사람

baksuzan -*zna*, -*zno* (形) (口語) 불행한, 불운 한, 재수없는 (nesrećan, zlosrećan); ~ *čovek* 불운한 사람; ~ *dan* 재수없는 날

baksuzirati -*am* (完,不完) ~에게 불운(행)을 가져 오다; 실패(불운)의 징조를 보이다

baksuzluk 참조 baksuz; 불운, 불행, 실패

bakšiš 팁, 사례금 (napojnica)

baktati se -*ćem se* (不完) (~ *oko nečega, s nečim*) 고분분투하다, 어렵게 일하다; ~ *se oko kola* 자동차 수리에 애먹다

bakterija 박테리아, 세균

bakterijskī -*ā*, -*ō* (形) 박테리아의, 세균의

bakteriolog 세균학자

bakteriologija 세균학, 박테리아학 **bakteriološki** (形)

bakulja (목재의) 변재(邊材), 백목질(白木 質)(나무 껍질 바로 밑의 연한 목재) (beljika)

bakva 1. 시작하는 점(장소), 투포환을 던질 때 발을 처음 놓는 곳(지점), 결투시 결투자 들이 처음 서있는 곳(지점) 2. 낫 주조용 모 루

bakvica 1. bakva(2)의 지소체 2. 두레박, 양동 이(나무로 만든)

bal 무도회; *kad je* ~, *nek je* ~! 한 번 하면 하 는 것 처럼 해라, 돈을 쓸려면 쓰는 것 처럼

써라; *na* ~*u* 무도회에서 **balski** (形) ~*a haljina* 무도회복(服)

bala 묶음, 꾸러미, 포장한 짐(묶음); ~ *pamuka* 면화 꾸러미

bala (女) (보통 복수로) (卑語) 1. 콧물, 누런 콧물, 코딱지 (slina); *cure mu* ~*e* 그의 코에 서 누런 콧물이 흘러 내린다 2. 침

balada 1. 발라드(민간 전설·민화 따위의 설화 시, 또 이에 가락을 붙인 가요.) 2. (음악) 발 라드, 담시곡(譚詩曲)

balalajka 발랄라이카(러시아의 guitar 비슷한 삼각형의 현악기)

balans 균형, 평형, 조화 (ravnoteža, sklad)

balansirati -*am* (不完) 1. 균형을 잡다, 평형을 이루다, 조화를 이루다; ~ *žici* 줄 위에서 균 형을 잡다 2. (비유적) (대조적인 두 가지 사 이에서) 균형을 이루다; 주저하다, 망설이다; ~ *između buržoazije i proletarijata* 부르주 아와 프롤레타리아 사이에서 균형을 이루다

balast 1. (航海) 밸러스트, (배의) 바닥짐; (기구 ·비행선의 부력(浮力) 조정용) 모래(물) 주머 니 2. (비유적) 여분의 불필요한 짐(사람), 장 애물

balav -*a*, -*o* (形) 1. 콧물을 흘리는 (slinav); ~*a devojčica* 콧물이 흐르는 소녀 2. 점액질 의, 점액질로 덮인; ~ *puž* 점액질로 덮인 달 팽이 3. (비유적) 경험이 별로 없는, 젊고 경 험이 많지 않은, 구상유취한 (žutokljun); ~ *momak* 아직 젊고 경험이 미천한 청년

balavac -*vca* 1.코흘리는 사람, 침흘리는 사람 2. (輕蔑) 코흘리개, 구상유취한 사람, 애숭 이; **balavica; balavački** (形)

balavadija (卑俗語) 애숭이, 구상유취한 애들

balavander 참조 balavac (2)

balaviti -*im* (不完) 1. 콧물(침)을 흘리다 (slinaviti); 콧물로 더럽히다; ~ *maramicu* 손수건으로 콧물을 닦다 2. (비유적) 유치하 게 말하다, 수다를 떨다

balavurdija 참조 balavadija

balčak (칼·도구 따위의) 자루, 손잡이; *doterati do* ~*a* 끝까지 가다, 모든 것을 파 멸시키다

baldahin 천개(天蓋); 제단이나 옥좌 위에 금속· 돌 따위로 만든 닫집

baldisati -*šem* (完) 기진맥진해 하다, 완전히 지치다

balega 1. 동물의 배설물 2. (비유적) 나쁜 사 람

balegar (男), **balegara** (女) 쇠똥구리

balegati -*am* (不完) 1. (보통 발굽동물들이) 배 설하다, 똥(balega)을 싸다 2. (비유적)(卑俗

B

B

語) 말도 안되는 소리를 하다, 개똥 같은 소리를 하다 (baljezgati)

balerina 발레리나

balet 1. 발레; *igrati* ~ 발레를 하다(추다); *klasični* ~ 고전 발레; *moderni* ~ 현대 발레 2. 발레단; *gostovanje beogradskog ~a* 베오그라드 발레단 초청 고연 **baletni, baletski** (形); ~ *škola* 발레 학교

baletan 발레무용수(남자)

baletanke (女,複) (여성용의) 가벼운 신발 (발레 신발과 비슷한)

balija (男) 단순하고 무식한 무슬림 농민, 무슬림(전체적으로)

balista 투석기(投石器), 노포(弩砲)(돌을 쏘는 옛 무기)

balista (歷) 알바니아국민운동대원(2차 대전시 친파시스트 조직의)

balistika 탄도학

balistički -*ā*, -*ō* (形) 탄도학의; ~ *projektil* 탄도 미사일; ~*a putanja* 탄도 궤도; ~*a krivulja* 탄도 곡선

baliti -*im* (不完) 참조 balaviti

Balkan 발칸(반도); *na* ~*u* 발칸에서; **Balkanac**; **Balkanka**; **balkanski** (形)

balkanac (卑語) 거칠고 야만적인 사람

balkanizacija 발칸화 (분열과 다툼 그리고 빈곤, 주로 냉소적으로 사용됨)

balkanizam -*zma* 발칸주의(발칸제국 및 주민들의 생활방식, 서양의 입장에서 주로 냉소적으로 쓰임)

balkanizirati -*am*, **balkanizovati** -*zujem* (完,不完) 발칸화하다

balkanski -*ā*, -*ō* (形) 참조 Balkan

balkon 발코니; *na* ~*u* 발코니에서

balon 1. 풍선, 기구; *probni(pokusni)* ~ 시험풍선(형세를 판단하기 위한) 2. 채롱에 든 목이 가는 큰 병 3. 비단의 한 종류 **balonski** (形)

balonac -*nca*, **baloner** (口語) 우의(雨衣), 비옷

balonar (어린이용)풍선 판매상

balonski -*ā*, -*ō* (形) 참조 balon

balotaža 비밀투표(구슬을 사용한)

balotirati -*am* (完,不完) 비밀투표를 하다(구슬을 사용하여), 선출하다

balsam, balzam 발삼, 방향성 수지(樹脂), 향유, 향고(香膏)

balsamirati, balzamirati -*am*; **balsamovati, balzamovati** -*mujem* (完,不完) (시체를) 방부처리하다, 미라로 만들다(옛날에는 향료·향유를 썼음)

Baltik 발틱연안, 발틱해안; *na* ~*u* 발틱에서

baltički (形) ~ *jezici* 발틱어들; *Baltičko more* 발틱해

Balto-slavenskī -*ā*, -*ō* (形) 발틱-슬라브어의

balvan 1. 통나무 2. (비유적)단순하면서도 멍청한 사람, 멍청이

baljezgati -*am* (不完)(卑語) 말도 안되는 소리를 하다, 헛소리하다, 똥싸는 소리를 하다 (balegati)

bambadava (副)(주로 za와 함께) 헛되이, 쓸데없이 (uzalud, nizašta, sasvim badava)

bambus 대나무

bambusov -*a*, -*o* (形) 참조 bambus; 대나무의; ~*o drvo* 대나무; ~ *sto* 대나무 테이블; ~ *izdanak* 죽순; ~ *štap* 대나무 지팡이

bambusovina 대나무 밭, 대나무 숲

bamnja (植物) 오크라(아욱과의 식물, 꼬투리는 수프 따위에 쓰임)

ban *banovi* 1.(歷史) (크로아티아 지방의) 고위 관료(총독, 도독, 태수 등의); 지방행정장관(유고슬라비아왕국의) 2. (方言) 많은 존경을 받는 사람 3. 기타; *od Kulina* ~*a(početi, počinjati, pričati i dr.)* 아주 오래된 옛날부터(시작되다)

Banaćanin 참조 Banat

banak -*nka*, -*nkovi* 1. 벽난로, 화롯불터 (ognjište) 2. 벽난로나 화롯불 터 주변에 앉거나 눕도록 튀어 나온 장소(곳) 3. 포도밭 포도 이랑 사이에 두둑하게 덮인 흙 4. 돌무더기 제방 5. 모래톱, 사구(砂丘); *nabiti (kome)* ~ ~의 집에서 잘 먹고 잘 쉬다, ~남의 집에 장기간 체류하여 많은 경비가 나게 하다

banak -*nka* 1. 벤치 (klupa) 2. (상점·작업장·카페 등의) 선반, 시렁

banalan -*lna*, -*lno* (形) 독창성(창의성)이 없는, 진부한, 평이한, 식상한; ~*lna fraza* 진부한 관용구; ~ *vic* 평이한 위트

banalizirati -*am*, **banalizovati** -*zujem* (完,不完) 진부하게 하다, 식상하게 하다; ~ *stvar* 사건을 식상하게 하다

banalizacija 식상하게 함, 진부하게 함, 진부화 (banalizovanje)

banalnost (女) 진부함, 평이함

banana 1. (植) 바나나 나무; 바나나(열매) 2. (스포츠) (농구의) 블럭 (손을 뻗어 공을 쳐내는) 3. 기타; *banaba-država, banana-republika* (隱語) 정치적 경제적으로 허약한 나라 (외국 자본에 휘둘리는)

Banat 바나트(보이보디나의 한 지역); **Banaćanin** ; **Banaćanka**;

banatskī -*ā*, -*ō* (形) 참조 Banat; 바나트의, 바

26

나트 지역의; ~a ravnica 바나트 평원

bančin -a, -o (形) 참조 banka; 은행의, 은행 소유의; ~ kapital 은행 자본

bančiti -im (不完) (口語) 술을 마시다, 술을 마시며 시간을 보내다 (pijančiti, lumpovati)

banda 1. 도적단, 강도단; razbojnička ~ 강도 단; gansterska ~ 폭력배 집단, 깡패단 2. (口語) 도둑, 도적, 강도 (bandit, razbojnik, lopov) 3. (음악) 악단, 악대, 밴드; muzička ~ 음악 악단

bandaž (男), **bandaža** (女) 1. (상처·골절 부분의) 붕대, 밴드; (관절 등의 부상을 방지하기 위한) 붕대 (zavoj) 2. (수레바퀴 등의) 테두리 가장자리 (okov, obruč na točku)

bandažirati -am (完, 不完) 붕대를 감다, 밴드를 하다

bandera 1. 기(旗), 깃발 2. 전봇대, 전신주(전기, 전화선 등의)

banderola 길고 가는 끈(담배 갑 등에서 뜯기 좋게 하는)

bandist(a) 1. 악단원, 밴드대원 2. 강도단원, 도적단원, 산적대원

bandit 1. 강도, 노상강도 (razbojnik, pljačkaš) 2. (비유적) 폭력배, 불량배, 깡패 (nasilnik, siledžija) 3. (卑語) 적, 적군; **banditski** (形)

banditizam -zma 강도질, 범법행위

badditskī -ā, -ō (形) 참조 bandit; 깡패의, 불량배의, 강도의; ~o delo 강도 행위; ~ postupak 깡패 같은 행동

bandoglav -a, -o (形) 완고한, 고집센, 완강한 (tvrdoglav)

bandoglavac -vca 완고한 사람, 고집센 사람; **bandoglavica**

bangati -am (不完) 절룩거리다, 다리를 절다, 절뚝거리며 가다 (hramati, šepati)

bangav -a, -o (形) (口語) 다리를 저는, 절뚝거리는

Bangladeš 방글라데시

banica 1. 반(ban)의 부인 2. 존경 받는 여성

baniti se -im se (不完) 1. 반(ban)처럼 행동하다, 힘 센 척 하다, 권력이 있는 척 행동하다 2. 잘난 척하다, 젠 체 하다 3. 통치하다 (vladati, gospodariti)

bank 판돈(카드 딜러가 거는); va ~ 전액을 판에 거는 판돈(카드 게임에서 모든 것을 판에 거는 것); igrati va ~ 위험을 감수하다, 위험을 무릅쓰다, 판돈으로 전부 걸다, 올 인 하다

banka banaka 1. 지폐(紙幣) 2. 은행; narodna ~ 중앙은행; hipotekarna ~ 융자 은행; trgovačka(investiciona) ~ 상업(투자)은행;

banka za izvoz i uvoz 수출입은행; **bankovni**, bančin, **bankin** (形); bankovni kredit 은행 융자

bankar 1. 은행가, 은행 소유주, 은행 주주 2. 은행 직원 3. (도박의)물주; **bankarski** (形); ~ činovnik 은행원

bankarstvo 은행업

banket 연회(특히 정식의), 향연, 축연(祝宴); prirediti ~ 연회를 주최하다(마련하다)

bankina 갓길(낙석으로부터 차도를 보호하기 위한)

banknota 지폐(紙幣) (novčanica)

bankovnī -ā, -ō (形) 참조 bank; ~ kapital 은행 자본; ~o konto 은행 계좌; ~ ulog 은행의 역할; ~a knjižica 은행 통장

bankrot 1. 파산, 도산(倒産); 파탄; nalaziti se pred ~om 파산에 직면하다; biti ~ 파산하다, 도산하다 2. 파산자, 도산자, 파탄자

bankrotirati -am (完,不完) 파산하다, 도산하다; 망하다

bankrotstvo 파산(상태), 도산(상태)

banovati -nujem (不完) 1. 반(ban)이 되다, 반(ban)의 권력을 행사하다 2. 다스리다, 통치하다

banovina 1. 반(ban)이 통치하는 지역(나라) 2. 반(ban)이 위치하고 있는 행정청

banskī -ā, -ō (形) 참조 ban

bantam (스포츠) ~ kategorija 밴텀급

banuti -nem, **bahnuti** -em (完) 1. 갑자기(예상치 않게) 오다(나타나다) 2. (na koga, na šta) 예상치 않게 만나다 3. 갑자기 떠나다 4. 갑자기 치다(때리다)

banja 1. 온천 2. 공중 목욕탕 3. 기타; krvava ~ 피바다, 학살, 도륙

banjskī -ā, -ō (形) 온천의; ~a gost 온천 손님; ~a sezona 온천 시즌; ~o lečenje 온천 치료

bapskī, -ā, -ō (形) 1. 참조 baba; 할머니의, 할머니 같은; ~a odeća 할머니 옷 2. 믿을 수 없는, 진지하지 못한; ~e priče 진지하지 않은 이야기

baptist(a) 침례교도, 침례교 신자 **baptistkinja**

baptističkī -ā, -ō (形) 침례교의, 침례교도의

bar barovi 1. 나이트 클럽; ~ 공연을 하는 나이트 클럽 2. (술집 따위의) 카운터, 술집, 바; sedeti za ~om 바에서 술을 마시다; **barski**(形)

bar barem (副) 최소한, 적어도; ~ to mi učini 나를 위해 최소한 그것만이라도 해줘!; ~ on to treba da zna 적어도 그 사람만이라도 그것을 알 필요가 있다; zašto se ~ nisi javio?

27

왜 알리지도 않했어?

bara 1. 물웅덩이, (물이)괸 곳 2. 늪, 소택(沼澤), 습지 3. 습지의 수풀 **barski** (形); ~*a groznica* 말라리아; ~*a ptica* (집합적) 물새

baraba (男,女) (성경에 나오는 강도 baraba에서) 부랑자, 깡패, 무뢰한 (ološ)

barabar 1.(副) ~와 동등하게, ~와 평등하게, 어깨를 나란히 겨누며; *ja ratujem ~ sa mladićima* 젊은이들과 어깨를 나란히 하며 싸운다 2. (形, 不變) 같은, 평등한, 동등한; *biti ~ s nekim* 누구와 동등하다 (ravan, jednak)

baraka 1. (초라한) 오두막, 판잣집 2. (軍의) 막사, 병영

baratati *-am* (不完) 1. 다루다. 취급하다; ~ *oružjem* 무기를 다루다(취급하다); ~ *nožem* 칼을 다루다 2. (口語) (~과) 씨름하다, (~을) 고치다 (petljati, majstorisati); ~ *oko kola* 자동차를 고치다; ~ *oko motora* 모터를 고치다 3. 찾다, 뒤지다, 탐색하다, 수색하다; ~ *po fioci* 서랍을 샅샅이 뒤지다; ~ *po džepovima* 호주머니를 뒤지다 (preturati, čeprkati) 4. (*s kim*) 일을 꾸미다, 일을 하다

baraž (男), **baraža** (女) 1. (軍) 탄막(彈幕), 일제 엄호사격 2. 장애물 **baražni** (形); ~*a vatra* 일제 엄호사격

barbar, barbarin 1. 야만인, 미개인 2. (歷) 이방인(그리스·로마 사람이 이르는); 이교도(그리스도교도가 보아) **barbarka; barbarski** (형)

barbarizam *-zma* 미개상태, 야만상태

barbarstvo 1. 야만, 만행; 잔인(한 행위); 난잡; 야비 2. 야만상태, 미개상태

barbun (魚類) 노랑촉수

bard 1. 옛 켈트족의 음영(吟詠)시인, (서정)시인 2. 가장 평판이 높은 민족 시인

bardak (목이 가늘고 손잡이가 붙은) 도기제의 주전자와 같은 항아리 (krčag, vrč)

bareljef 얕은 부조(浮彫)

barem 참조 bar

baren *-a*, *-o* (形) 참조 bariti; ~ *krompir* 삶은 (전) 감자; *(tvrdo)* ~*a jaja* 폭 삶은(전) 계란; ~*a šargarepa* 삶은 당근

barij *-ija*, 참조 barijum

barijera 장벽, 장애, 장애물; *zvučna* ~ 소리 장애

barijum (化) 바륨(금속원소; 기호 Ba; 번호 56)

barikada 방책(防柵), 바리케이드; 통행 차단물; 장애물

barikadirati *-am* (完,不完) 1. 바리케이드를 설치하다, 통행 차단물을 설치하다; ~ *ulicu* 도

로에 바리케이트를 설치하다; ~ *most* 교량에 바리케이트를 설치하다 2. ~ *se* 바리케이트가 설치되다

barilo (方言) 나무 용기(물 등 액체를 담는)

bariti *-im* (不完) **obariti** (完) 삶다, 찌다, 끓이다 (보통 계란, 채소 등)

bariton (音樂) 바리톤(tenor 와 bass의 중간음); 바리톤 가수

baritonist(a) (音樂) 바리톤 가수

barjak 1.기(旗), 깃발; *nositi* ~ 선두에 서다, 이끌다, 인도하다; *pod* ~*om* 군(대)에서; *razviti(podići)* ~ 전투(전쟁)을 일으키다 2. 자기 자신의 기(旗)가 있는 부대(군대)

barjaktar 1. 기수(旗手) 2. 군부대장(barjak 2) 3.(비유적) 우두머리, 리더, 선두주자

barka 거룻배, 배(비교적 소형의); ~ *na vesla* (손으로 젓는) 보트, 노로 젓는 배; *Nojeva* ~ 노아의 방주

barkarola (곤돌라의) 뱃노래, 뱃사람들의 뱃노래

barok 바로크(양식)

baroknī *-ā*, *-ō* (形) 바로크의, 바로크 양식의; ~ *stil* 바로크 양식; ~*a književnost* 바로크 문학; ~*a slika* 바로크 양식의 그림

barometar *-tra* 1. (物) 기압계 2. (비유적) 척도, 바로미터, (여론 등의) 지표(指標)

barometarskī *-ā*, *-ō* (形) 바로미터의

baron 남작(男爵) (최하위의 귀족)

baronesa, baronica 남작 부인

barovit *-a*, *-o* (形) 1.늪지의, 습지의; 늪지가 많은, 습지가 많은; ~ *teren* 습지 지대 2. (비유적) 활기가 없는, 활동적이지 못한, 침체한, 무기력한 (učmao, zaparložen); ~*a sredina* 침체된 지역

barskī *-ā*, *-ō* (形) 참조 bar; 바의 ~*a muzika* 바 음악

barskī *-ā*, *-ō* (形) 참조 bara; 늪지의, 습지의 ~*a trava* 늪지 식물; ~*a groznica* (醫學) 말라리아

baršun 벨벳, 우단, 비로드 (somot)

baršunast *-a*, *-o* (形) 1. 벨벳의, 우단의 2. (비유적)부드러운, 달콤한 (mek, nežan); ~ *glas* 부드러운 목소리

barun 참조 baron

barunica 참조 baronesa

baruština 1. 큰 늪지(bara의 지대체) 2. 늪지대, 습지대 (močvara)

barut 화약; *bezdimni* ~ 연기가 거의 없는 화약; *bure* ~*a* 화약고(무력충돌이 쉽게 발생할 수 있는); *dobiti* ~ *i olovo* 총살형에 처해지다; *mirisati na* ~ *(po barutu)* (無人稱文) 전

운이 느껴지다; *omirisati* ~ 전쟁에 참가하다,
참전하다, 전투 경험을 얻다; *osećati* ~ *u
vazduhu (u zraku)* 전쟁을 예감하다; *uzalud
trošiti* ~ 헛되이 노력하다; **barutni** (形)
barutana 화약 공장, 화약 창고
barutnī *-ā, -ō* (形) 화약의; ~ *magacin* 화약
창고; ~*o punjenje* 화약 장전
bas *-ovi* (音樂) 베이스, 낮은 음, 베이스 가수
basovski (形)
basamak *-mka*; *basamci & basamaci,
basamākā* (보통 複數로) 1. 계단 2.(비유적)
층(잘못 이발한 머리의); *na* ~*e (šišati)* 층지
게 (이발하다) 3. (複) 사다리
basati *-am* (不完) 1. 방황하다, 정처없이 가
다 2. 때리다, 구타하다, 치다
basen, bazen 1. 수영장, 풀장; *plivački* ~ 풀장
2. 분지 3. 저지, 유역(강의) 4. 광산 지역
basirati *-am* (不完) 베이스(bass)로 노래하다
basist(a) 베이스(bass) 가수
basma 1. 사라사 무명(커튼·의자 커버용) (cic)
2. 뿔로 만든 재떨이 3. 인쇄, 인쇄상태
basma 주술을 외울 때 하는 말, 주문
basna 1. 우화(偶話) 2. 황당한 이야기
basnopisac 우화작가
basnoslovan *-vna, -vno* (形) 1. 황당무계한,
믿을 수 없는, 터무니없는; 상상의, 상상속의
(izmišljen, fantastičan); ~*vna životinja* 상
상속의 동물 2. (규모·크기가) 어마어마한
(ogroman); ~*vno bogatstvo* 어마어마한 부
(富)
basnovit *-ā, -ō* (形) 우화 같은
basovskī *-ā, -ō* (形) 참조 bas; 베이스의; ~
instrument 베이스 악기; ~ *glas* 베이스(목
소리)
bastard 1. 사생아 (kopile) 2. 교배종, 잡종
3.(비유적) 혼혈아 (mešavina)
bastion (築城) 능보(稜堡) 요새에서 툭 튀어
나온 곳); 요새
baš (不變) 1.(강조); *on* ~ *nikog ne voli* 그는
그 누구도 좋아하지 않는다; ~ *ništa* 전혀 아
무 것도 아닌; *kad* ~ *hoćeš, reći ću ti* 정말
네가 원할 때 너에게 말해줄께; ~*je lepo* 정
말 아름답다 2.(동시성을 강조) (upravo,
taman); *poštar je došao* ~ *kad sam polazio
od kuće* 내가 집을 막 나왔을 때 집배원이
왔다 3.(완곡한 표현, 부정의 의미로) 별로,
그리 (ne naročito); *on nije* ~ *ružan* 그리 못
생기지는 않았다; *nije* ~ *lepa* 그녀는 별로
예쁘지 않다; *neći biti* ~ *tako* 별로 그렇게
되지는 않을 것이다
baš (形,不變) (반복합어에서) 우두머리의, 장

(長)의, 최고령의 (glavni, najstariji); *baš-
knez* 최연장 대공(大公), *baš-čaršija* 시내
중심
baša (男) (歷) 장(長), 우두머리 (starešina,
poglavar, glava)
bašča 참조 bašta
baš-čaršija 시내 한복판, 시장통
baška (副) 따로 따로 (napose, odvojeno,
posebno)
baškariti se *-im se* (不完) (口語) 1. 누워있다,
누워서 쉬다(휴식을 취하다) 2. 빈둥거리다,
(시간을) 하는 일 없이 보내다; 걱정없이 편
히 지내다(생활하다) 3. 젠 체하다, 잘난 체
하다 (šepuriti se, praviti se važan)
bašta 뜰, 마당, 정원; *zoološka* ~ 동물원;
botanička ~ 식물원; *staklena* ~ 온실
baštenskī *-ā, -ō* (形) 정원의, 마당의; ~*o
cveće* 정원의 꽃들; ~*o povrće* 마당에 심어
놓은 채소; ~ *sto* 정원에 있는 테이블
baština 1. 유산, 상속재산(očevina, dedovina),
2. (일반적) 부, 재산 3. (비유적) 문화 유산,
정신 유산; *kulturna* ~ 문화 유산
baštinik 1. 상속인 (naslednik) **baštinica** 2. 토
지주 (posednik)
baštiniti *-im* (完) 상속하다, 유산을 물려 받다
(naslediti)
baštovan 정원사
baštovaniti *-im* (不完) 정원사로 일하다, 정원
을 관리하다
bat 쿵, 쾅(주로 발로 차서 나는 소리) (topot)
bat 1. 해머, 망치 2. 추(종(鍾)의) 3. (비유적)
(주로 복수) 타격, 때림, 침
bata *-ē* (男), **bato** *-a & -ē* (男) 1. 형제(brat)
의 애칭, 남자 아이 2.(呼格) (주로 moj와 함
께) 친구 (drug, prijatelj) 3. 용감한 사람
(odvažan, hrabar čovek)
batak *-a & -tka*; *bataci & batkovi* 다리(가금
류의), (요리한) 닭(칠면조·오리 따위)의 다리
batal (不變) (形, 副) 1. 고장난, 부서진, 나쁜,
나쁜게 (pokvaren(o), razvaljen(o), loš(e),
slab(o)) 2. 너무 큰 (prevelik)
bataliti *-im* (完) 1. 버려두다, 내팽개치다, 남
겨두고 떠나다; ~ *posao* 일을 내팽개치다 2.
경시하다, 돌보지 않다 (zapustiti,
zanemariti) ~ *imanje* 경작지를 돌보지 않다,
재산에 신경쓰지 않다 3. (기계·장치 등을)
고장내다; (건물 등을) 부수다, 허물다
bataljon 1.(軍) 보병 대대
bataljun 참조 bataljon
batat (男), **batata** (女) (植) 고구마 (slatki
krompir)

B

baterija 1.(軍) 포병 중대 (포 4-6문으로 구성된) 2. 배터리, 건전지 3. 플래시, 회중 전등; baterijski (形)

batina 1. 몽둥이, 방망이, 매; ~ ima dva kraja 일이 어떻게 될 지는 모른다, 이중성을 지니고 있다; biti brz na ~e 끄덕만 하면 때리다, 쉽게 매를 든다; dobiti ~e 구타당하다, 폭행당하다, 매를 맞다; kao preko ~e (govoriti) 억지로(강요해서) (말)하는 것처럼; bog i ~ 유일한 권력 2. 매질, 몽둥이 질, 구타

batinaš 몽둥이로 때리는 사람, 구타자 batinaški (形)

batinati -am (不完) izbatinati (完) 몽둥이로 때리다, 몽둥이질하다; ~ dete 아이를 몽둥이로 때리다; ~ po tabanima 발바닥을 매로 때리다

batist 얇은 평직의 옷감(무명 등) batistni, batisteni, batistani (形)

batlija (男) 1. 행운의 사나이 2. 행운을 가져오는 사람

bato (男) 참조 bata

batokljun, batokljunac (鳥類) 콩새류(類)

batrgati (se) -am (se) (不完) 1. 비틀거리며 가다(걷다), 힘들게 ~을 움직이다; ~ jezikom 겨우 말을 하다(힘들게 혀를 놀리며 말하다) 2. 물결치다, 흔들리다 (lelujati) 3. 꿈틀거리다, 꾸물거리다 (bacakati se)

bau (不變) 으악!(남을 놀라게(위협)할 때의 소리)

bauk 도깨비(못된 어린이를 잡아간다는), 악귀, 무서운 것(사람)

baukati -čem (不完), bauknuti -nem (完) 으악 (bau) 소리를 지르다(다른 사람을 놀라게 하기 위해)

bauljati -am (不完) (네 발로) 기어가다; 힘들게 가다 (puzati, ići teško s mukom)

baviti se -im se (不完) 1. 시간을 보내다; (~에) 있다, 머물다, 시간을 지체하다; ~ se u gradu 시내에서 시간을 보내다(시간을 지체하다) 2. (nečim, oko nečega) ~에 종사하다, (어떠한) 일을 하다; ~ politikom 정치하다; ~ zemljoradnjom 농업에 종사하다; ~ sportom 스포츠에 종사하다; ~ decom (oko dece) 아이를 돌보다; ~ stokom (oko stoke) 소를 키우다; on se bavi trgovinom 그는 무역업(상업) 일을 한다 3. 연구하다; ~ matematikom 수학을 공부하다, ~ muzikom 음악하다

bavljenje (동사파생 명사) baviti se; 종사

baza 1. 근거, 기반, 토대 2. (軍) 기지; pomorska(vazduhoplovna) ~ 해군(공군) 기지 3. 방공호, 피신처, 은신처 4. (商) (물건, 원료 등의) 공급 기지 5. (化) 염기(塩基), 양성자(陽性子)를 받아들이는 분자 6. ~ podataka 데이터 베이스; bazni (形)

bazalo (男,中) 방랑자, 떠돌아 다니는 사람; 빈둥거리는 자 (skitnica)

bazalt (鑛) 현무암

bazaltnī -ā, -ō (形) 현무암의

bazan -zna, -zno (주로 한정형으로) (形) 기초의, 토대의, 기본의; 주요한, 핵심적인; ~a industrija 핵심(주요) 산업

bazar 1. (중동의) 시장, 저잣거리 (pijaca); trgovački ~ 쇼핑 센터 2. 잡화점 3. 패션 잡지; kao iz ~a 잘 차려 입은

bazati -am (不完) 방황하다, 어슬렁거리다, 배회하다 (skitati, tumarati, lunjati)

bazdeti -im (不完) 악취를 풍기다, 고약한 냄새가 나다, 불유쾌한 냄새가 나다; ~ na rakiju 라키야 냄새를 풍기다; ~ na beli luk 마늘 냄새를 풍기다

bazen 참조 basen

bazga (植物) 양딱총나무

bazgovina 양딱총 나무(bazga) 숲, 양딱총 나무 목재

bazičan -čna, -čno (形) 참조 bazan

bazilika 1. (옛 로마의) 바실리카(법정·교회 따위로 사용된 장방형의 회당) 2. 바실리카 양식의 교회당

bazilis(a)k 1. 바실리스크(전설상의 괴사(怪蛇); 한번 노려보거나, 입김을 쐬면 사람이 죽었다 함) 2. 도마뱀의 일종(열대 아메리카산)

bazirati -am (完,不完) 1. (na nečemu) (~에) 기반하다, 기초하다, 근거하다, 의거하다; to se bazira na faktima 그것은 사실에 근거한다; ~ teoriju na nečemu 이론은 무엇에 근거하다 2. 주둔시키다, ~에 기지를 두다 3. (비유적) 제거하다, 없애다, 파괴하다, 살해하다

baznī -ā, -ō (形) 참조 baza; 기본적인, 주된 기지의; 염기의, 알칼리의; ~a industrija 주(主)산업; ~ aerodrom 모(母)공항

bazuka (軍) 바주카포(砲)

baždarina 1. 중량 검사세(稅) 2. 통행세, (다리·유료 도로의) 통행료

baždariti -im (完,不完) 1. 무게를 재다(검사하다) 2. 공식 저울로 무게를 재다 3. 중량 검사세를 징수하다 4. 기타; visoko je baždaren (농담) 술을 많이 마실 수 있는 사람을 지칭할 때 사용; ne biti baždaren (口語) 과음하다, 술을 너무 많이 마시다

bdenje 1.(동사파생 명사) bdeti; 깨어남, 깨어

있음 2. (단식을 하는) 축일 전야의 철야 기
도

bdeti -im (不完) 1. (보통 한 밤에) 깨어 있다,
잠을 자지 않고 있다; ~ celu noć 온 밤을
잠을 자지 않고 깨어 있다 2. 불침번을 서다,
경계를 서다; ~ da neko ne ukrade 누가 훔
쳐가지 않나 불침번을 서다 3. (nad nekim,
nad nečim) (끊임없이) 지켜보다, 돌보다, 보
살피다; ~ nad roditeljima 부모를 항상 돌보
다; ~ nad decom 아이를 끊임없이 돌보다;
~ nad štampom 언론을 항상 지켜보다

be (擬聲語) 매~ (양, 염소 울음의); ni ~ 아무
것도 (모르다, 말하지 않다)

beba 1. 아기, 유아; (동물 등의) 새끼; ~ iz
epruvete 시험관 아기; dobiti ~u 아기를 얻
다, 출산하다 2. (口語) 애숭이 3. 인형
(lutka)

bebast -a, -o (形) 아기 같은, 어린애 같은;
~a osoba 어린애 같은 사람; ~o lice 아기
같은 얼굴

Beč 빈, 비엔나 **Bečanin, Bečanka**; **bečki** (形)

bečati -im (不完) 1.(양, 염소가) 매~ 하고 울
다 2. 소리치다

bečati -im (不完) 눈을 크게 뜨고 쳐다보다

bečiti -im (不完) (보통 숙어로) ~ oči 눈을 크
게 뜨고 쳐다보다, 놀랍다는 듯이 쳐다보다

bećar 1. 총각, 미혼 남자 2. 술 마시고 떠드는
사람, 난봉꾼 (veseljak, lola, bekrija) 3.(歷
史) 용병, 의용군(세르비아 1차 봉기의)

bećarskī -ā, -ō (形) 참조 bećar; 총각의; ~
život 독신 생활, 총각 생활

bećarstvo 총각 생활, 총각으로서의 삶

bećaruša 1. 처녀, 미혼 여자 2. 술 마시고 떠
드는 여자, 생활이 난잡한 여자

beda 1. 난관, 어려움, 곤란, 불운, 불행;
navući na sebe ~u 자신을 곤란하게 만들다,
스스로 어려움에 빠지게 하다 2. (커다란) 빈
곤, 가난; zapasti u ~u 빈곤해지다, 궁핍해
지다 3. 정신적 빈곤, 영적 가난 4. 비웃음
을 자아내는 것(상태) 5. 기타; ~ i nevolja
커다란 난관, 커다란 빈곤; kao od ~e, kao
iz ~e 마지못해 (nerado); navući ~u na
vrat 곤란(가난)에 빠지다; skinuti ~u s
vrata 빈곤에서 벗어나다

bedak 바보, 멍청이 (budala, glupak)

bedan -dna, -dno (形) 1. 가엾은, 불쌍한, 불
행한 (jadan, nesrećan) 2. 형편없는, 허약한,
빈약한 3. 비천한, 하잘 것 없는, 아무런 가
치도 없는 (ništavan, slab); ~dna svota
novca 아주 적은 돈; ~dno znanje 하잘것
없는 지식 4. 가난한, 빈곤한 (siromašan) 5.

비웃음거리의, 비웃음을 자아내는

bedast -a, -o (形) 미련한, 어리석은, 멍청한
(glup, glupav, budalast); ~ čovek 멍청한
사람; praviti se ~ 어리석은 척 하다

bedeker 여행 안내서

bedem 1. 성벽, 누벽(壘壁) 2. (비유적) 방어
(물), 보호(물)

bedevija 1. 아랍 혈통의 암말 2.(비유적, 卑語)
재주없고 게으른 여자

bedilac -ioca 헐뜯는 사람, 중상모략하는 사람

bedinerica, bedinerka 가정부(시간제 일하는),
파출부

bedinovati -nujem (不完) 가정부로 일하다, 파
출부로 일하다; ~ kod nekoga 누구의 집에
서 가정부로 일하다

bediti -im (不完) **nabediti** (完) 비방하다, 중상
모략하다, 험담하다

bednik 1. 불운한 사람, 불쌍한 사람 2. 가난한
사람, 빈곤에 허덕이는 사람 3. 건달, 불량배,
아무 쓸모도 없는 사람 (loš čovek,
nevaljalac, nitkov)

bedrenī -ā, -ō (形) (解) 대퇴부(bedro)의, 넓
적다리의; ~a kost 대퇴부 뼈

bedrenica 긴 칼(허리에 찬 칼로 넓적다리 부
분에서 왔다갔다하는)

bedrenjača (解) 대퇴골, 넓적다리 뼈

bedrinac -inca (植) 바위족제비고사리 종(種)
(풀의 한 종류 (Pimpinella saxifraga))

bedro bedārā 1. 대퇴부, 넓적다리, 허벅다리
2. 허리(골반부), 고관절(股關節) (kuk, bok)
3. (비유적) 측면, 옆면

beduin 1. 베두인 사람(사막 지대에서 유목 생
활을 하는 아랍인) 2. 아랍의 말(馬)
beduinka; beduinski (形)

beg begovi (오스만 제국의) 지방 장관; (터키
의) 고관에 대한 경칭; kao ~ (živeti) 풍요롭
게 (살다)

beg 도망, 도주; dati se (udariti) u ~ 도망치
다; nagnati u ~ 도망칠 수 밖에 없게 하다

begenisati -šem (完,不完) 1. ~을 좋아하게 되
다, ~에 반하다; 선택하다, 고르다 2. 허락하
다, 허용하다, 승인하다(odobriti)

beglučiti -im (不完) 베그(beg)의 영토에서 일
하다; 강제노역하다(베그의 토지에서)

begluk 1. 베그(beg)의 재산, 베그의 토지(영토)
2. 베그(beg)가 통치하는 지방(지역) 3. 베그
의 토지에서 하는 강제노역 (kuluk)

begonija (植物) 추해당, 베고니아

begovati -gujem (不完) 1. 베그(beg)가 되다,
베그로서 통치하다 2. (비유적) 여유로운 생
활을 하다, (인생을)즐기다 (uživati)

begovica 베그(beg)의 아내

begovstvo 베그(beg)의 위엄과 존엄; 베그 (beg)의 토지와 그 통치 지역

begunac -nca 도망자, 탈주자; 망명자;vojni ~ (군)탈영병

begunica 1. (여자) 도망자, 탈주자; 망명자 2. 가출하여 남자친구에게 도망치는 처녀; zvezda ~ 유성

behar 꽃(과수 나무의)

beharan (形) 꽃이 만개한(과수 나무의)

beharati -am (不完) 꽃이 만개하다 (과수 나무의)

bek (스포츠) 수비수(축구의); desni ~ 오른쪽 수비수; levi ~ 왼쪽 수비수; bekovski (形)

bekasina (鳥類) 도요새 (šljuka)

bekati -čem (不完) beknuti -nem (完) 1. (양· 염소·송아지가) 매애(be) 울다 2. (完만) (조소적) 말하다 (reći, progovoriti)

bekeljiti se -im se (不完) izbekeljiti se (完) 혀를 쑥 내밀면서 매(be)라고 말하다, 얼굴을 찌푸리다(찡그리다) (kreveljiti se); ~ na nekoga ~에게 얼굴을 찌푸리다

beknuti 참조 bekati

bekon 베이컨(돼지의 배나 등의 살을 소금에 절여 훈제한 것)

bekovina (植) 가막살나무속(屬)의 식물 (udika)

bekovskī -ā, -ō (形) 참조 bek

bekrija (男,女) 주정뱅이(pijanica); 하는 일 없이 빈둥거리는 사람, 놈팽이(lola) (mangup, propalica)

bekrijati -am (不完) 통음하다, 대음하다, 마시고 떠들다 (pijančiti, lumpovati, bančiti)

bekstvo 도주, 도망, 탈주; biti u ~u 은신하다, 도망하다; nagnati(naterati) neprijatelja u ~ 패주(참패)시키다

bekstvo 참조 begovstvo

bekva (植) 수양버들의 한 종류

bela 1. 눈동자의 흰 부분 2. 애완동물의 명칭 (흰색의)

belac 1. 백인(白人) 2. 가톨릭 성직자(흰 옷을 입은) 3. 백마(白馬) 4. 흰 색의 물건(은전 등) 5. 흰자(계란의) (belance)

belača 1. 흰색 상의(민속적인) 2. 흰색의 동물이나 물건

beladona (植) 벨라도나(가짓과의 유독 식물); (藥學) 벨라도나 제제(製劑)(진통제 따위)

belaj 1. 불운(nesreća); 고민, 고통(muka); 어려움, 난제(nevolja); 빈곤, 가난(beda) 2. 어려운 시기, 난세의 시기(시절) (gadno, ružno vreme) 3. 악마, 악귀(đavo, vrag) 4. 기타; spolja kalaj, a iznutra ~ 속빈 강정이다(겉으로는 그럴싸 하지만 속은 제일 나쁜)

belance 흰자위 (달걀 등의)

belančevina 단백질, 알부민; složene ~e 복합 단백질; biljne ~e 식물성 단백질; životinjske ~e 동물성 단백질

belančevinast -a, -o (形) 단백질로 만들어진, 단백질과 비슷한; ~e materije 단백질 물질

belančevinskī -ā, -ō (形) 단백질의

belanjak 참조 belance

belasast -a, -o (形) 희끄무레한, 하얀색이 나는 (beličast)

belasati se -am se (不完) 부분적으로 희어지다, 흰색이 조금씩 나타나다(다른 색깔중에서)

belcat -a, -o (형용사인 beo와 결합하여 강조 용법으로만 사용됨; beo ~ 순백색의, 새하얀

beleg, belega 1. 표, 표시, 표지, 마크 (znak, oznaka, obeležje) 2. 흔적, 자국, 상처 자국 (ožiljak, trag) 3. 목표, 지향점, 선(출발점이나 결승점을 표시한) (meta, nišan, cilj) 4. 신체의 특징적인 점(mladež), 주근깨 (pege) 5. 국경 표시, 비석; biti(stajati) na belezi a) 이탈하지 않고 제자리에 있다 b)참석하다, 눈에 띄다 c)항상 손쉽게 사용할 수 있다 (biti na raspolaganju); iđaći na beleg(u) 결투(시합)에 나가다; potvrditi belegu 이전의 위치와 같은 위치에 있다; udarati(ostaviti) svoj(u) beleg(u) 상당한 영향력을 행사하다

belegija 숫돌 (brus, oštrilica)

beleška beležaka 1. 메모, 기록 2. 문서, 기록 3. (신간·극·영화 따위의) 지상(紙上) 소개 기사(신문, 잡지의) 4. 회의록, 기록물(법원, 의회, 학교의) (zapisnik); stenografske ~e 녹취록

beleti -im (不完) pobeleti (完) 1. 하애지다, 하얗게 되다; 날이 새다, 동이 트다; 흰머리가 나다; 색이 바래다(특히 옷감이 햇볕을 받아) 2. ~ se 하얗게 보이다; 반짝이다, 빛나다 (svetleti se, sijati se); u daljini se beli crkva 먼 데서 교회가 반짝이며 빛난다

beletrist(a), beletrist_ičar 순수 문학 작가

beletristika 순수 문학

beležiti (不完) zabeležiti(完) 1. 기록하다, 적어 두다(노트 등에); 표시하다; 밑줄을 긋다, 강조하다; ~ imena 이름을 기록하다; ~ podatke 자료들을 기록하다; ~ ocene 점수를 기록하다 2. 나타내다, 표시하다, 흔적을 남기다 (stavljati znak); tehnika beleži veliki napredak 기술이 커다란 발전을 이루었다 3. 기타; ~ u greh 비판하다, 꾸짖다; ~ u pero (누구의 말을) 기록하다

32

beležnica 노트, 공책, 필기장, 기록용 노트

beležnik 1. 서기(특히 지방관청의), 면서기; *javni* ~ 공증인(계약 등의) 2. 노트 (beležnica)

Belgija 벨기에; Belgijanac; Belgijanka; belgijski (形)

belica 1. 다른 명사들과 함께 쓰여 <흰,하얀> 이라는 뜻을 줌; ~ *ruža* 흰장미; ~ *šljiva* 하 얀 자두; ~ *ovca* 흰양; ~ *zmija* 백사(白蛇) 2. 단독으로 쓰여 <쓰여지지 않은, 빈칸의>종 이라는 뜻 3. 희뿌연한 흙의 일종

beličast -a, -o (形) 1. 희뿌연한, 약간 하얀색 의 빛깔이 나는 2. 금발의, 푸른 눈을 가진 금발의

belija 밀의 한 종류(알이 굵고 하얀)

belilo 1. 표백, 표백제 2. 참조 belina

belilja (보통 천을) 표백하는 여자

belina 1. 흼, 순백(물건, 피부 색깔이); 흰 외 모 2.빛, 광명, 밝음, 빛남(낮의, 여명의); *od ~e jutarnjeg neba zvezde se gasile* 아침 하늘이 밝아옴으로써 별빛이 사라졌다 3. 흰 머리, 새치 4. 흰색의 옷, 하얀 치마 5. 검열 로 인해 하얗게 인쇄된 신문 지면 6. (페이 지의)여백 7. 하얀색이 나는 과일(사과, 표도 등)

beliti -im (不完) obeliti (完) 1. 하얗게 하다, 흰색으로 칠하다; 먼지 등을 제거하여 깨끗 하게 만들다 2. 흰머리가 나다 3. 밝게 하면 서 하얗게 만들다 4. 껍질을 벗기다; *ne ~ zuba* 한마디도 말하지 않다; *nit' crni nit beli* 한마디도 말하지 마

belka 1. 여성, 특히 금발의 어린 여자 아이 2. 하얀색이나 하얀 특징을 가진 여러가지 동물 (고양이, 소, 닭 등)

belkast -a, -o (形) 회뿌연한, 희끄무레한, 하 얀색이 나는 (belasast, beličast)

belkinja 백인 여성

belo (副) 숙어로 사용: *gledati* ~ 눈을 둥그랗 게 뜨고 쳐다보다

belobrad -a, -o (形) 흰 턱수염이 있는

belobrk -a, -o (形) 흰 콧수염이 있는

belodan -a, -o (形) (대낮처럼) 분명한, 명백한 (očigledan)

belodun (植) 아욱의 일종 (slez)

belogardejac (歷) (러시아의)백군

beloglav -a, -o (形) (머리가)새치가 많은, 은 발의

belogorica 낙엽수 belogorični (形)

belogriv -a, -o (形) 흰 갈기의, 흰 갈기와 같 은; 흰 머리가 있는; ~ konj 흰 갈기를 가진 말(馬)

belogrlī -ā, -ō (形) 흰 목을 가진, 흰 목의

belojka (植) 삼, 대마 (Cannabis)

belokos -a, -o (形) 흰 머리의, 새치의; 금발 의

belokož -a, -o, belokožan -žna, -žno (形) 흰 피부의, 흰 피부를 가진

belokožac -šca 백인 (belac)

belolik -a, -o (形) 1. 흰 얼굴을 가진; 피부가 흰 2. 귀족처럼 피부가 타지않고 잘 보존된 얼굴을 가진

belonog -a, -o (形) 흰 다리의 (말, 개, 노루 등); (putonogast); ~i konj 다리가 흰 말

beloput -a, -o, beloputan -tna, -tno (形) 흰 피부를 가진, 피부가 흰

belorep -a, -o (形) 흰 꼬리의, 흰 꼬리를 가 진; ~a ptica 흰 꼬리 새

belorun -a, -o (形) 흰 양털의, 흰 양모의, 흰 양모를 가진; ~a ovca 흰 양모의 양

belosvetskī -ā, -ō (形) (輕蔑) 1. 외국에서 온, 선진국에서 온; 외래의; ~ ološ 외국에서 온 쓰레기 2. (명사적 용법으로) 못되고 비도덕 적인 여자, 헤픈 여자; ~a kurva 창녀

belouška 물뱀의 한 종류

belov 1. 흰 개, 백구(白狗) 2. (植) 미나리아재 비

belutak 1.둥글고 흰 석영 조각; (비유적)불꽃 2. (안구의) 흰자위

beljik (植) 미나리아재비

beljika (植) (목재의) 변재(邊材), 백목질(白木 質)(나무 껍질 바로 밑의 연한 목재)

beljiti se -im se (不完) 참조 bekeljiti se

bena (口語) 바보, 멍청이, 숙맥 (budala, glupak)

bena 남성용 상의 덧옷

benast, benav -a, -o (形) 어리석은, 바보 같 은, 멍청한 (budalast, gpupav)

benaviti -im (不完) 1. 멍청한 말을 하다, 바보 같은 말을 하다 2. 멍청한 행동을 하다, 바 보같은 짓을 하다 3. ~ se 짐짓 바보처럼 행 동하다

benđeluk 취하게 하는 음료; 주류 (허브로 만 든)

beneficija 이익, 이득(korist); 특혜; 은혜, 은 전(恩典)(privilegija)

benetalo (男) 수다쟁이, 말 많은 사람(쓸데없 는 말을 많이 하는)

benetati -ćem (不完) 쓸데없는 소리를 하다, 바보 같은 소리를 하다, 멍청한 소리를 하다

benevreci (男,複), benevreke (女,複) 위는 넓 고 아래는 좁은 바지(세르비아 민속 의상)

bengalskī -ā, -ō (形) 벵갈만의; ~a vatra 벵갈

B

B

불꽃(청백색의 지속성 불꽃으로 해난 신호·무대 조명용); (일반적) 아름다운 채색 불꽃; *osvetljen ~om vatrom* 특별한 의도를 가지고 전시된(진열된)

benka, benkica 아기용 속셔츠(내의)

benzin 휘발유, 가솔린; *bezolovni ~* 무연휘발유

benzinskī *-ā, -ō* (形); 참조 benzin; 휘발유의, 가솔린의; *~a stanica (pumpa)* 주유소; *~ rezervoar* 휘발유 저장 탱크; *~ motor* 가솔린 엔진

benzol (化) 벤젠(콜타르에서 채취함, 용제(溶劑); 물감의 원료

beo *bela, belo* (比; *beljī*) (形) 1. 흰, 하얀; 흰 돌로 건축된, 흰 페인트로 칠해진; *bela marama* 희 스카프; *beli cvet* 흰 꽃; 흰 돌로 건축된, 흰 페인트로 칠해진; *~ grad* 흰 도시; *~ela kula* 하얀 탑; *~ela kuća* 하얀 집; *~eli oblak* 하얀 구름 2. (머리가) 하얀, 흰 머리의, 새치가 난; *~ela kosa* 흰 머리; *~ela brada* 흰 수염 3. 밝은 금발의; *devojčica ~ele kose* 밝은 금발의 소녀 4. (색깔이) 연한, 옅은; *~ela kafa* 옅은 커피; *~elo vino* 백포도주, 화이트 와인; *~ela rasa* 백인(종) 4. 빛나는, 밝은; 번쩍이는 (sjajan, usijan); *~ela svetlost* 밝은 빛; *~ela munja* 번쩍이는 번개 5. (비유적) 순결한, 순수한, 순진무구한 (čedan, bezgrešan); (도덕적으로) 훌륭한, 좋은(보통은 crn과 함께 쓰여); *~ela duša* 순수한 영혼; *~eli i crni bogovi* 천사와 악마; *~eli i crna stvar* 좋은 것과 나쁜 것 6. (비유적) 행복한, 유쾌한 (srećan, prijatan); *~eli i crni život* 행복하고 불행한 삶; *~ela radost* 행복한 기쁨 7. (비유적) 긍정적인, 맑은 (optimistički, vedar); *~ela misao* 긍정적 사고 8. (인쇄 검열로 인한) 공백인, 백지의 (prazan, neispisan); *~ list novine* 백지 상태인 신문 지면 9. (한정형) (동식물 명칭의 일부); *~eli luk* 마늘; *~eli medved* 백곰 10. (한정형) (명사적 용법으로) 반혁명분자, 반공산혁명주의자; 흰 색 유니폼을 입은 선수들; (체스의) 흰색말 운용자; 흰 옷, 흰색 의상; 흰색옷을 입은 여자; (안구의) 흰자위; (비유적) 좋은 것, 긍정적인 것 11. 기타; *~ela knjiga* 백서; *~ela krvna zrnca* 백혈구; *~ela tačka* (스포츠의) (축구의) 페널티킥 지점; *~ela tehnika* 백색가전; *~eli sport* 테니스; *bele plesti* 머리가 희어지다, 늙어가다; *belo ili crno* 좋건 싫건, 미추(美醜); *belo ispod nokata* 전부, (부정적으로는) 전무(全無); *biti na belom hlebu(kruhu)*

사형 언도후 사형 집행을 기다리다, 가장 어려운 시기가 도래할 것을 예상하며 살다; *ni bele ne vidi* 아무 것도 보지 못하다, 완전히 술에 취하다; *ni bele ni crne, ni belo ni crno* 옳다 그르다, 좋다 싫다(아무 말도 하지 않다); *u po bela dana* 대낮에, 한 낮에; *crno na belo* 분명하게, 명약관화하게; *čuvati bele pare za crne dane* 어려운 시기에 대비하여 저축하다; *bela udovica* 생과부, 남편이 살아 있음에도 불구하고 과부처럼 사는 여자; *čuvati ~ele pare za crne dane* 힘들 때를 대비하여 돈을 저축하다

beočug 1. 고리, 연결고리(체인의) (karika) 2. (비유적) 눈 밑의 반달모양

Beograd 베오그라드   **Beograđanin**; **Beograđanka**

beogradskī *-ā, -ō* (形)

beonjača (안구의) 흰자위

beovica 잉어과(科)에 속하는 물고기의 일종

bepče *-eta* (지소체) beba; 갓난아기

berač 1. 수확하는 사람 2. 수확 기계; *~ jagoda* 딸기 수확자; **beračica**

berba 수확, 추수, 거둬들임(곡식, 곡물, 과일 등을) (žetva)

berber, berberin (복 *-eri*) 이발사 **berberka**

berberskī *-ā, -ō* (形); 이발사의 *~a radnja* 이발소

berbernica 이발소

berdaš 콘트라베이스(berde) 연주자

berde (樂器) 콘트라베이스

bere *-ea* (男) 베레모(帽)

bereta, beretka 베레모(帽); *plave beretke* (UN의) 평화유지군

beriberi *-ija* (男) (病理) 각기(脚氣)(병)

berićet 1. 풍성한 수확, 풍년 2. 풍성함, 풍부 3. (비유적) 성공, 행운, 승진; 이득

berićetan *-tna, -tno* (形) 1. 풍성한,풍요로운, 풍년의 (rodan, plodan); *~tna godina* 풍년이 든 해 2. 풍년을 가져오는, 풍성함을 가져다 주는; *~tna kiša* 풍년을 가져오는 비

Berlin 베를린 **Berlinac; Berlinka; berlinski** (形)

bernardinac 1. 산악 구조견의 한 종류 2. 성(聖) 버나드 수도회 소속 성직자

berza, burza 증권 거래소, 주식 시장; *~ rada* 노동 사무소; *igrati na ~i* 증권 거래를 하다; *kotirati se na ~i* 수요가 많다, 훌륭한 값어치를 지니다(가지다); *crna ~* 암시장

berzijanac 증권 거래소 중매인

bes 1. 분노, 격분, 격노 (gnev) 2. 광분, 광견병(besnilo) 3. 악마, 악귀 (đavo, vrag) 4.

기타; ~ *bi ga znao* 누가 알았겠어; *biti na* ~ 힘이 넘쳐나는; *do ~a* 지옥에나 가라, 제기 릴, 빌어먹을; *od ~a* 격분하지 않고, 어려움 없이; *iskaliti ~ na nekoga ~*에게 화를 내다

besadržajan -*jna, -jno* (形) 내용이 없는, 알맹이가 없는, 빈껍데기의

besan, -*sna, -sno* (形) 1. 분노한, 격분한 2. 미친, 광견병에 걸린; ~ *pas* 광견병에 걸린 개; *kao ~ (nešto raditi)* 할 수 있는 한 최대로(일하다); *sit i ~* 만족스러운, 그러나 다른 사람의 어려움이나 불편은 신경도 쓰지 않는

besan -*a, -o* (形) 잠이 없는; ~*e noći* 잠 못 이루는 밤

besanica 불면증 (nesanica)

besavestan -*sna, -sno* (形) 양심없는, 비양심적인,부도덕한, 파렴치한 (nesavestan)

bescarinskī -*ā, -ō* (形) 면세(免稅)의, 무관세의; ~*a zona* 면세 지역; ~ *uvoz* 무관세 수입

bescen -*a, -o* (形) 1. 가치를 평가할 수 없는, 값비싼 (skupocen) 2. 가치가 없는, 무가치한; ~ *rad* 무가치한 일 3.(명사적 용법에서) 소중품, 보석

bescenje 너무나 낮은 값, 아주 싼 값; *kupiti nešto u ~* 아주 싸게 사다

besciljan, -*ljna, -ljno* (形) 목적(목표) 없는

bescvetan -*tna, -tno* (形) 1. (植) 꽃이 없는, 무화(無花)의 2.(비유적) 즐거움이 없는

beseda 1. 연설(행사의) 2. 설교(교회의); *biti voljan na ~i* 자유롭게 말하다, 아무런 꺼리낌없이 말하다(말의 결과에 대해); *dati ~u* 연설하다(행사에서); *od kmeta i ~* (너) 정말 현명하게 말했어; *pristupna ~* 가입 승인 연설(보통 학술원 신임 회원의)

besediti -*im* (不完) 1. 말하다 (govoriti) 2. 연설하다(행사에서); 설교하다(교회에서)

besednički -*ā, -ō* (形) 연설가의, 웅변가의; ~ *dar* 연설가적 자질

besednik 연설가, 웅변가; 설교자

besedništvo 웅변술, 말하는 기교; 설교 기술

besforman -*mna, -mno* (形) 형태가 없는, 무정형(無定形)의, 모양이 확실치 않은

beskamatan -*tna, -tno* (形) 이자가 없는, 무이자의; ~ *kredit* 무이자 융자

beskarakteran -*rna, -rno* (形) 특징이 없는, 특색이 없는

beskičmen -*a, -o* (形) 척추가 없는; (비유적) 줏대가 없는, 간도 쓸개도 없는

beskičmenjak *beskičmenjaci* 1. (動) 무척추 동물 2. (비유적) 줏대가 없는 사람

beskičmenjaštvo 무척추, 등뼈가 없음

beskišan -*šna, -šno* (形) 비가 내리지 않는; 건조한, 바싹 마른; ~*o leto* 비가 내리지 않은 여름, ~ *oblak* 비를 머금지 않은 구름

besklasan -*sna, -sno* (形) 계급이 없는, 계층이 존재하지 않은; ~*sno društvo* 계급이 없는 사회; ~*sni društveni poredak* 계급이 없는 사회 질서

beskompromisan -*sna, -sno* (形) 타협하지 않는, 굴하지 않는, 확고한; ~ *stav* 확고한 입장

beskonačan -*čna, -čno* 1. 끝없는, 무한한(넓이, 양, 길이 등) 2. 끝없이 긴, 어마어마한 (양의, 길이의); 따분한; ~*čna zahvalnost* 무한한 감사 3. 오래 계속되는, 긴 (dug, dugotrajan); ~ *izveštaj* 긴 보고; ~*čna diskusija* 끝장 토론

beskoristan -*sna, -sno* (形) 쓸모없는, 무용한, 유용하지 않은, 하찮은, 헛된 (uzaludan); ~ *član durštva* 쓸모없는 사회 구성원; ~ *trud* 헛된 노력; ~ *posao* 쓸모없는 일

beskraj 무한(공간적으로 끝이 없는); *u ~* 무한으로, 끝없이

beskrajan -*jna, -jno* (形) 끝없는, 무한한; 어마어마한; 셀 수 없이 많은, 수많은; 한없는; ~ *prostor* 어마어마하게 큰 공간; ~*jna vasiona* 끝없는 우주; ~*jne muke* 수많은 어려움; ~*jna ljubav* 무한한 사랑; ~*jna svađa* 수많은 다툼

beskrilan -*lna, -lno* (形) 날개 없는; (비유적) 날 수 없는; ~*lne ideje* 실현될 수 없는 아이디어

beskrupulozan -*zna, -zno* (形) 도덕관념이 없는, 양심없는, 부도덕한, 파렴치한

beskrvan -*vna, -vno* (形) 1. 무혈의, 피를 흘리지 않는; ~*vna borba* 무혈 전투 2. 창백한, 핏기 없는 (malokrvan, bled); ~ *čovek* 창백한 사람; ~*vno lice* 창백한 얼굴 3. (비유적) 허약한, 뜨듯 미적지근한, 활력(활기)이 없는; ~*vna poezija* 활기차지 못한 시

beskućnī -*ā, -ō* (形) 집이 없는, 노숙자의; 매우 가난한

beskućnik 노숙자 **beskućnica; beskućnički** (形)

beskvasan -*sna, -sno* (形) 이스트(kvas)가 없는, 이스트를 넣지 않은; ~ *hleb* 이스트를 넣지 않은 빵

beslovesan -*sna, -sno* (形) 1. 몰상식한, 분별(상식) 없는, 어리석은, 멍청한 2. 이해하지 못한 듯한; ~ *pogled* 이해하지 못한 듯한 시선

besmisao -*sla* (男) 1. 무의미; 터무니없는 생각, 난센스 2. 시시한 일, 하찮은 것

35

(besmislica)

besmislen -a, -o (形) 1. 의미없는, 무의미한 2. 받아들일 수 없는, 설명할 수 없는
besmislica 1. 무의미한 것 2. 받아들일 수 없는 행동, 터무니없는 말, 우둔한 짓
besmrtan -tna, -tno (形) 1. 죽지 않는, 영원한 2. 잊을 수 없는, 저명한, 유명한
besmrtnik 1. 불사신 2. 불후의 명성을 가진 사람 3. 학술원 회원
besmrtno (副) 영원히, 영구히; 유명하게, 영원히 잊혀지지 않을 정도로
besneti -im (不完) pobesneti (完) 1. 광견병을 앓다 2. 분노하다, 격분하다 3. 맹렬해지다 (biti u punom jeku); borbe besne u svim frontovima 전투는 모든 전선에서 맹렬해졌다 4. 고함치다, 소리치다 (vikati)
besnežan -žna, -žno (形) 눈(雪)이 없는; 눈으로 덮여져 있지 않은
besnežica 눈이 내리지 않은 겨울(기간); 눈이 없는 지역(곳)
besnilo 1. 광견병 2. 분노, 격분 3.(비유적) 창궐, 유행; dovesti do ~a 과도하게 화를 내다
besnulja 제멋대로인 여자, 고집센 여자
besolica 1. 소금 부족, 소금 고갈 2. (비유적) 가난, 빈곤, 곤궁 (beda, siromaštvo)
besilnica (男,女) 소금조차 없는 사람; 매우 가난한 사람
besomučan -čna, -čno (形) 1. 광견병을 앓고 있는; 미친 2. 미친듯한, 난폭한, 과격한, 제어할 수 없는 3. 끔찍한, 무서운, 모골이 송연해지는, 등골이 오싹한
bespametan -tna, -tno (形) 어리석은, 멍청한
bespartijac 비정당인(非政黨人) (nepartijac)
bespartijskī -ā, -ō (形) 비정당의, 정당이 없는
besperspektivan -vna, -vno (形) 발전가능성이 없는, 희망이 없는, 전망이 없는; ~vna industrija 발전가능성이 없는 산업
besplatan -tna, -tno (形) 무료의, 공짜의
besplatnik 무료입장하는 사람, 입장권을 사지 않고 들어가는 사람
besplodan -dna, -dno (形) 1. 열매를 맺지 않는, 불모의,척박한(땅이); 불임의; 이자가 없는 2. (비유적) 헛된, 무익한, 결과가 없는 (uzalud, beskoristan, bez rezultata)
bespodmetnī -ā, -ō (形) 주어(podmet)가 없는, 무(無)주어의 ; ~a rečenica 주어가 없는 문장
bespogovorno (副) 고분고분하게, 순종적으로, 대꾸하지 않고
bespokojan -jna, -jno (形) 평안하지 않은

(nespokojan)

bespolan -lna, -lno (形) 1. 무성(無性)의; ~lno biće 무성 생물 2. 성적(性的)인 관계가 없는, 에로스적이 아닌; ~lno začeće 섹스없는 수태; ~lna ljubav 에로스적이 아닌 사랑
bespomoć (女) 낙담(상태), 어쩌할 수 없는 상태, 자포자기 상태
bespomoćan -ćna, -ćno (形) 1. 도움을 기대할 수 없는, 도움을 받을 수 없는, 탈출구가 없는; 절망스런; ~ položaj 도움을 받을 수 없는 위치 2.(명사적 용법) 절망한 사람, 자포자기한 사람
bespomoćnost (女) 자포자기 상태, 절망 상태
besporan -rna, -rno (形) 논쟁의 여지가 없는, 분명한, 다툴 여지가 없는, 분명한 (nesporan)
besposlen -a, -o (形) 1. 일이 없는, 무직의, 실직의, 실업의 2. 아무 일도 하지 않는, 게으른; ~ima ulaz zabranjen 직원외 출입 금지
besposlica 1. 실업, 실직 2. 여가 시간, 자유 시간 3. 시시한 일, 허튼 짓 (budalaština); prođi se(okani se) ~ 허튼 짓 관둬!, 허튼 짓 그만 해!
besposličar 게으름뱅이, 아무 일도 하지 않는 사람, 룸펜 besposličarka
besposličiti -im (不完) 아무 일도 하지 않다, 빈둥빈둥 시간을 보내다
bespoštedan -dna, -dno (形) 잔인한, 냉혹한, 무자비한 (nemilosrdan, surov); ~dna borba 잔혹한 전투
bespravan -vna, -vno (形) 1. 불법의, 비합법적인 2. 권리가 없는
bespravlje 무법(無法)상태, 불법, 비합법 상태
bespredmetan -tna, -tno (形) 존재 이유가 없는, 있을 필요가 없는; 과잉의, 여분의, 불필요한; ~tna svađa 불필요한 다툼; ~tna zamerka 불필요한 지적
besprekidan -dna, -dno (形) 끊임없는, 연속적인, 부단한 (neprekidan, stalan); ~dna borba 끊임없는 전투
besprekoran -rna, -rno (形) 흠잡을데 없는, 책망할데 없는, 완벽한 (savršen); ~rna čistoća 흠잡을데 없는 청결; ~rna lepota 흠잡을데 없는 아름다움
besprestano (副) 쉬지않고, 계속해서 (neprestano)
besprimeran -rna, -rno (形) 견줄 데 없는, 비할 바 없는, 전대 미문의, 미증유의, 독보적인; ~rno zalaganje 비할 바 없는 수고(노

력); ~rna hrabrost 비할 바 없는 용기
besprincipijelan -lna, -lno (形) 원칙이 없는,
무원칙의; ~ stav 원칙이 없는 입장
bespristrastan -sna, -sno (形) 편견이 없는,
객관적인, 공평한
besprizoran -rna, -rno (形) 1. (부모의) 돌봄
을 못 받는, 방치된, 버려진 (napušten); ~
dečak 방치된 소년 2. (한정형) (명사적 용
법으로) 방치된 아이, 버려진 아이
bespuće 1. 길이 없는 지역 2.(비유적) 방황,
어슬렁 거림; 갓길; 잘못된 길; u ~(raditi)
엉터리로(일하다)
besputan -tna, -tno (形) 1. 길이 없는, 길이
별로 없는; 지나다니기 어려운; ~tna planina
길이 나 있는 않은 산 2. (비유적) 일정한 방
향(목적)이 없는, 의미없는, 헛된 (besmislen,
uzaludan); ~tna diskusija 일정한 방향이 없
는 토론, 무의미한 토론 3. 비도덕적인, 타락
한, 방탕한 (nemoralan, razvratan)
besputica 참조 bespuće; 길이 나 있지 않은
지역, 길이 없는 지역
besputice (副) 길이 아닌 길로
besraman -mna, -mno (形) 염치없는, 몰염치
한, 뻔뻔스러운, 파렴치한; ~ čovek 몰염치
한 사람; ~ postupak 뻔뻔스러운 행동
besramnik 염치없는 사람, 몰염치한 사람, 뻔
뻔스러운 사람 (bestidnik)
bestelesan -sna, -sno (形) 실체 없는, 비물질
적인; 영적인; 플라톤적인(사랑); ~sno biće
영적 존재; ~sna ljubav 정신적 사랑
bestemeljan -ljna -ljno (形) 1. 기초가 없는,
기반이 없는 2. (비유적) 근거없는, 정당한
이유없는
bestemperamentan -tna, -tno (形) 열정적이
지 않은; 생명이 없는, 죽은
bestidan -dna, -dno (形) 염치없는, 몰염치한,
뻔뻔스러운, 파렴치한 (sraman, bezobrazan)
bestidnik 염치없는 사람, 몰염치한 사람
bestija, beštija 1. 짐승, 야수 2. (輕蔑) 짐승
같은 사람, 사람같지도 않은 놈
bestijalan -lna, -lno (形) 짐승의; 짐승같이 잔
인한, 냉혹한; ~lna strast 동물적 본능(육욕)
bestraga (副) 1.흔적도 없이, 아주 멀리; idi
~! 꺼져! 2. 매우, 너무 (suviše, veoma); ~
daleko 너무 멀리; ~ mnogo ljudi 너무 많은
사람들 3. (외치는 소리) 제기랄!, 지옥이나
가!, 망해버려라!; ~ ti glava! 지옥에나 가라!
bestragija 1. 세상 끝, 아득한 곳 2. 악조건의
지역; doći(vratiti se) iz ~e 세상 끝에서 오
다(돌아오다), 어디서 왔는지 모른다; otići u
~u 세상 저 끝으로 가다, 어디로 가는지 모

른다
bestrastan -sna, -sno (形) 열정이 없는, 냉정
한, 감정이 없는
besubjekatskī -ā, -ō (形) (文法) 주어가 없는
(bespodmetni); ~a rečenica 무주어 구문
besuđe 무법(無法)상태, 무정부상태
besunčan -a, -o (形) 해가 안 나는, 햇볕이 들
지 않는
besuzan -zna, -zno (形) 눈물이 없는
besvest (女) 의식이 없는 상태, 이성이 없는
상태, 무의식; ležati u ~i 의식이 없는 상태
로 누워있다; učio je do ~i 혼절할 정도로
공부하다
besvestan -sna, -sno (形) 1. 이성이 없는;
~sna životinja 이성이 없는 동물; ~sna
masa 이성을 상실한 군중 2. 의식이 없는;
u ~snom stanju 의식이 없는 상태에서
bešavan -vna, -vno (形) 솔기(이음매) 없는;
~vne cevi 이음매없는 관; ~vne čarape 솔
기없는 양말
beščastan -sna, -sno (形) 명예롭지 못한, 불
예스러운, 수치스러운 (nečastan, sramotan);
~sno delo 명예롭지 못한 행동
beščastiti -im (不完) obeščastiti (完)
obeščašćen 1. 불명예스럽게하다, 수치스럽
게하다, 치욕스럽게하다; 훼손하다, 더럽히다
(sramotiti, skrnaviti); ~ svetinju 신성함을
훼손하다 2. (처녀의) 처녀성을 빼앗다, 순결
을 짓밟다; ~ devojku 처녀의 처녀성을 빼앗
다
beščašće 불명예, 불명예스러운 일, 치욕, 치
욕스러운 일
beščedan -dna, -dno (形) 버릇없는, 행동거지
가 옳바르지 못한 (pokvaren)
beščedan -dna, -dno (形) 아이가 없는
beščulan -lna, -lno (形) 감각이 없는, 느낌이
없는
bešika (解) 낭, 보; mokraćna ~ 방광, 오줌보;
žučna ~ 쓸개보
bešika (方言) 요람 (kolevka)
beškot (方言) 1. 얇고 바삭바삭한 토스트
(dvopek) 2. 병사용 빵
beštija 참조 bestija
bešuman -mna, -mno (形) 잡음이 없는, 소리
없는, 조용한; ~mni ventilator 소리 없는 선
풍기; ~ let 조용한 비행
bešuman -mna, -mno (形) (산이) 헐벗은, 나
무가 없는
beton 콘크리이트, 시멘트; armirani ~ 철근콘
크리이트 betonski (形); ~a mešalica 콘크리
이트 혼합기

B

betonirac 콘크리이트 일에 종사하는 사람
betonirati *-am* (不完, 完) zabetonirati (完) 콘
크리이트를 하다
betonjara 콘크리이트를 만드는 기계
betonjerka 콘크리이트 공장
bevanda (포도주에) 물을 타 희석된 포도주
bez (前置詞, + G) 1. (없음, 부존재 등을 의미함)
~이 없는; *nebo ~ oblaka* 구름 한 점 없는
하늘; *čovek ~ prijatelja* 친구가 없는 사람;
čovek ~ ruke 팔이 없는 사람; *život ~
ljubavi* 사랑이 없는 삶 2. (제외를 나타냄)
~외에; ~을 제외하고 (osim, sem); *poginulo
je 2,000 ljudi ~ onih koji su poumirali od
tifusa* 장티푸스로 죽은 사람들을 제외하고
2,000 명이 죽었다 3. (조건문적 의미를 나
타냄) ~ 없이, 만약 ~아니라면, 만약 없다면
(ako nema, kad nema, kad nije); ~ *ljubavi
nema sloge* 사랑없이는 화합도 없다; ~
nevolje se ne ide u rat 기꺼이 전쟁에 참가
하지는 않을 것이다 4. (양(量)을 나타내는
어휘와 함께 쓰여 그만큼 부족함을 나타냄)
~ 부족한, ~ 빠지는; *tri kilograma ~
pedeset grama* 50 그램이 부족한 3 킬로그
램 5. (동사파생 명사와 함께 쓰여 부동사
현재를 나타냄); ~ *žurbe* 서두르지 않고 (ne
žureći); ~ *oklevanja* 망설이지 않고, 주저하
지 않고 (ne oklevajući) 6. 기타; ~ *daljeg*
즉시, 지체없이; ~ volje 마지못해, 어쩔수
없이; ~ zbogom 작별인사 없이; ~ *kraja i
konca* 끊임없이, 끝없이; ~ *krvi* 피를 흘리
지 않고; ~ *muke* 아주 쉽게; ~ *reči* 즉시; ~
srca 잔인하게; ~ *traga* 흔적없이; *nema
dima ~ vatre* 아니땐 굴뚝에 연기날까!; ~
obzira na nešto ~에 상관없이
bez- beza- (복합어를 이루는 접두사) ~이 없
는; *bezbrižan* 걱정없는, 평안한; *bezub* 이
(齒)가 없는; *besposlen* 일이 없는, 실업의;
bezemljaš 소작농, 토지가 없는 사람
bezakon *-a, -o*, bezakonit *-a, -o* (形) 무법의,
불법적인; ~*o delo* 불법 행위; ~ *postupak*
불법적 행위
bezakonje 1. 무법적 상태; *nastalo je ~* 무법
적 상태가 되었다 2. 불법 행위
bezalkoholan *-lna, -lno* (形) 알코올 성분을
함유하지 않은; ~*lna pića* 알코올을 함유하
지 않은 음료수
bezazlen *-a, -o* (形) 1. 소박한, 순진한, 천진
난만한 (naivan); ~ *čovek* 천진난만한 사람
2. 평온한
bezazoran *-rna, -rno* (形) 1. 부끄러움이 없는,
뻔뻔스러운, 수치심이 없는 2. 용감한, 과감

한 3. 흠잡을데 없는, 완벽한 (besprekoran)
bezbedan *-dna, -dno* (形) 안전한, 안심의
bezbednost (女) 안전, 보안, 방위; *Savet ~i*
안전보장이사회(UN의); *mere ~i* 안전조치;
služba državne ~i 국가보안국; *javna ~* 공
공 안전
bezbeli (副) 참으로, 정말로, 확실히 (sigurno,
zaista, naravno)
bezbojan *-jna, -jno* (形) 1. 색깔이 없는 2. 창
백한 3. (비유적) 특별함이 없는; 따분한, 재
미없는
bezbojnost (女) 무색(無色)의 상태; 따분함,
지루함; 특별함이 없음
bezbolan *-lna, -lno* (形) 고통스럽지 않은, 통
증이 없는, 무통(無痛)의; ~*lo rađanje* 무통
분만; ~ *čir* 통증이 없는 종기
bezboštvo 참조 bezbožništvo
bezbožan *-žna, -žno* (形) 신을 믿지 않는(부
정하는), 무신론자의
bezbožnik 무신론자, 믿음이 없는 사람;
bezbožnica; bezbožnički(形)
bezbožništvo, bezbožnost 1. 무신론 2. 죄악,
악행
bezbriga 1. 근심 없음, 태평 2. 근심없는 삶,
태평스런 삶 3. 근심이 없는 사람
bezbrižan *-žna, -žno* (形) 근심(걱정) 없는, 태
평스런, 편안한
bezbroj 1.다수, 수(數)가 많음 (ogroman broj)
2. (부사적 용법) 수없는, 엄청 많은
bezbrojan *-jna, -jno* (形) 수없는, 셀 수 없는,
무수한
bezdan *-a & -dna* (男), *-dni* (女), bezdan (男,
女) 1. 심연, 나락 2.(비유적) 멸망, 파멸
(propast)
bezdan *-a, -o* (形) 1. 바닥이 없는, 깊이를 알
수 없을 정도로 깊은 2. 끝없는
bezdetan *-tna, -tno* (形) 1. 아이가 없는 2.
(여성형으로만) 아이를 낳을 수 없는
bezdetka 아이가 없는 여자, 아이를 못 낳는
여자 (nerotkinja)
bezdiman *-mna, -mno* (形) 연기가 없는;
~*mni barut* 연기 없는 화약
bezdoman *-mna, -mno* (形) 집 없는; 낭인의,
노숙자의
bezdrvan *-vna, -vno* (形) 나무가 없는; ~*vna
hartija* (넝마를 원료로 한) 래그페이퍼(최고
급 종이)
bezdušan *-šna, -šno* (形) 느낌이 없는, 잔인
한, 잔혹한 (svirep)
bezdušnik 잔인한 사람 bezdušnica
bezemljaš 땅이 없는 사람; *seljak ~* 소작농,

38

토지를 소유하지 못한 농민
bezgaćnik 극빈층 사람(속옷도 못입는 사람)
bezglasan *-sna, -sno* (形) 소리가 나지 않는,
조용한, 고요한 (tih, nečujan)
bezglav *-a, -o* (形) 1. 머리가 없는 2. 수장(首
長)이 없는, 우두머리가 없는 3. 당황스런,
혼란스런 (zbunjen); *~o bežanje(bekstvo)*,
~ beg 극도의 혼란속에서 도망(함), 정신없
이 도망침
bezgraničan *-čna, -čno* (形) 무제한의, 제한이
없는, 끝이 없는
bezgrešan *-šna, -šno* (形) 1. 죄없는 2. 실수
없는, 잘못 없는; 완벽한; 순진한, 천진만만
한(nevin, bezazlen)
bezidejan *-jna, -jno* (形) 아이디어가 부족한,
아이디어가 없는
bezimen *-a, -o* (形) 1. 이름을 알 수 없는, 익
명의, 무명의, 잘 알려지지 않은; *~ pisac* 무
명 작가; *~o psimo* 쓴 사람을 알 수 없는
편지 2. 이름이 없는; *~ put* 도로명이 없는
길; *~ potok* 이름없는 하천 3. 특정 이름으
로 부를 수 없는; *~ bol* 특정할 수 없는 통
증
bezinteresan *-sna, -sno* (形) 1. 무이자의, 이
자가 없는 (beskamatan); *~sni zajam* 무이
자 대출 2. 시시한, 흥미(재미)가 없는, 지루
한 3. 무관심한, 흥미가 없는
bezistan (方言) (지붕으로 덮인) 시장통 거리
bezisten 참조 bezistan
bezizgledan *-dna, -dno* (形) 전망이 없는, 성
공할 가능성이 없는
bezizlazan *-zna, -zno* (形) 출구가 없는, 탈출
구가 없는, 해결책이 없는; *~zna situacija*
해결책이 없는 상황
bezizniman 참조 bezizuzetan
bezizražajan *-jna, -jno* (形) 특별한 것이 아무
것도 없는; 무표정한; 무딘, 둔한; *~ pogled*
좀 무딘 시선; *~jno lice* 무표정한 얼굴;
~jna poezija 아무런 특징이 없는 시
bezizuzetan *-tna, -tno* (形) 예외없는
bezličan *-čna, -čno* (形) 1. 자신만의 독특한
특징이 없는, 평범한; *~ pisac* 평범한 작가
2. (文法) 비인칭(非人稱)의; *~čna rečenica*
비인칭문, *~ glagol* 비인칭 동사; *~čna*
zamenica 비인칭 대명사
bezloban *-bna, -bno* (形) 사악(zloba)하지 않
은, 친절한, 호의적인, 인정많은
bezljudan *-dna, -dno* (形) 사람이 살지 않는,
주민이 없는; 황폐한
bezmalo (副) 거의 (skoro, gotovo); *~ da*
pogine 거의 죽을 뻔 했다

bezmeran *-rna, -rno* (形) 잴 수 없는, 측정
(측량)할 수 없는, 끝없는; 아주 거대한;
~rno prostranstvo 끝없는 광활함; *~rno*
bogatstvo 어마어마한 부
bezmesan *-sna, -sno* (形) 1. 마른, 살이 없는
(mršav) 2. 고기가 없는; 고기를 먹지 않는;
~ dan 고기를 먹지 않는 날; *~ obrok* 고기
가 곁들어지지 않은 식사 3. (비유적) 냉정
한, 무정한, 잔인한, 잔혹한 (hladan,
beskrvan)
bezmilostan *-sna, -sno* (形) 잔인한, 잔혹한
(nemilosrdan, bezdušan); *~ gospodar* 잔인
한 군주
bezmlečan *-čna, -čno* (形) 우유가 없는, 우유
가 나지 않는; *~čna krava* 우유가 나지 않
는 젖소
bezmozgaš (卑語) 뇌가 없는 놈, 멍청한 놈,
우둔한 놈
beznačajan *-jna, -jno* (形) 중요하지 않은, 무
의미한, 하찮은, 사소한; *~jna stvar* 하찮은
물건; *~ problem* 사소한 문제; *~jna razlika*
크지 않은 차이, 사소한 차이
beznačelan *-lna, -lno* (形) 원칙이 없는, 무원
칙한 (besprincipijelan); *~ stav* 무원칙한 입
장
beznadan *-dna, -dno* (形) 희망이 없는, 성공
할 전망이 없는 (beznadežan)
beznađe 희망이 없는 상태, 절망, 자포자기
(beznadnost)
beznog *-a, -o* (形) 다리가 없는 (beznožan)
beznožac (複 beznošci) 다리가 없는 양서류의
일종
beznožan *-žna, -žno* (形) 참조 beznog
bezobličan *-čna, -čno* (形) 1. 형태가 없는 2.
(비유적) 분명하지 않은, 막연한, 명확하지
않은; *~ strah* 막연한 공포
bezobraština 뻔뻔스러움, 철면피, 염치없음
(bezobrazluk)
bezobrazan *-zna, -zno* (形) 1. 뻔뻔스러운, 철
면피의, 염치없는 2. 거만한, 오만한
bezobrazluk 뻔뻔스러움, 철면피, 몰염치; 거
만, 오만 (bezobraština); 뻔뻔한 행동
bezobraznik 뻔뻔한 사람, 염치없는 사람, 철
면피; 거만한 사람, **bezobraznica**
bezobziran *-rna, -rno* (形) 1. 분별없는, 사려
가 깊지 못한, 경솔한 2. 거만한, 오만한; *~*
čovek 분별없는 사람, 거만한 사람
bezobzirce, bezobzirke (副) 1. 무모하게, 경솔
하게, 분별없이 2. 거만하게, 오만하게
bezočan *-čna, -čno* (形) 1. 염치없는, 뻔뻔스
러운 2. 거만한, 오만한

B

bezočnik 몰염치한 사람, 거만한 사람 bezočnica

bezok -a, -o (形) 1. 한 쪽 눈이 없는, 외눈박이의 (ćorav) 2. 눈이 없는, 장님의, 봉사의 (slep)

bezopasan -sna, -sno (形) 1. 위험하지 않은, 해롭지 않은 (neškodljiv) 2. 안전한, 확실한 (bezbedan, siguran)

bezosećajan -jna, -jno (形) 감정이 없는, 느낌이 없는; 무감각한, 냉정한, 잔인한

bezotporan -rna, -rno (形) 저항하지 않는, 저항력이 없는; 복종적인, 순종적인, 고분고분한

bezrazložan -žna, -žno (形) 이유없는, 근거없는; ~žna ljubomora(ljutnja, optužba) 이유없는 질투(화, 비난)

bezrepac -pca 꼬리없는 양서류 명칭

bezrezervnī -ā, -ō (形) 전폭적인, 전적인; ~a podrška 전폭적 지지

bezrodan -dna, -dno (形) 불임의, 열매를 맺지 않는

bezrodnica, bezrotkinja 불임녀 (nerotkinja)

bezruk -a, -o (形) 팔이 없는; 외팔이의

bezub -a, -o (形) 이빨이 없는; ~a baba 이가 다 빠진 할머니

bezukusan -sna, -sno (形) 맛없는, (특별한) 취향(특색)이 없는

bezuman -mna, -mno (形) 1. 지적 능력이 없는, 지적 능력이 떨어지는, 이성이 부족한 사리판단이 떨어지는 2 아무런 의미가 없는, 하찮은 (besmislen) 3. 제 정신이 아닌, 미친 (lud)

bezumlje 1. 지적 능력이 떨어진 상태, 이성이 부족한 상태 2. 이성이 떨어지는 행동; do ~a 과도하게, 미친듯이

bezumnik 지적능력이 떨어지는 사람, 미친 사람 bezumnica

bezuslovan -vna, -vno (形) 조건없는, 무조건의; ~vna kapitulacija 무조건 항복

bezuspešan -šna, -šno (形) 헛된, 쓸데없는, 성공하지 못한; ~šni napori 헛된 노력

bezuzročan -čna, -čno (形) 원인이 없는, (정당한)이유가 없는, 근거가 없는

bezvazdušan -šna, -šno (形) 공기가 없는, 빛이 없는, 진공의; ~ cev 진공관; ~ prostor 진공상태인 공간

bezveran -rna, -rno (形) 무종교의, 신앙없는 bezvernik 1. 무신앙자, 무신론자 2. 타종교인

bezvezan -zna, -zno (形) 관계(연관)이 없는, 연결되지 않는, (비유적) 앞뒤가 맞지 않는; ~zno pričanje 앞뒤가 맞지 않는 말

bezvezdan -dna, -dno (形) 별(zvezda)이 없는 는

bezveznost (女) 무연관, 무관계, 무연결, 앞뒤가 맞지 않음; ~ u govoru 말의 무연관성, ~ u pisanju 글의 무연관성

bezvlašće 무정부, 무정부 상태, (사회적·정치적인) 무질서 상태

bezvodan -dna, -dno (形) 물이 없는, 건조한, (토지가) 바싹 마른; ~ kraj 건조한 지역; ~dna pustinja 물이 없는 사막

bezvolja 냉담, 무관심, 의지(의향)이 없음

bezvoljan -ljna, -ljno (形) 무관심한, 냉담한; 게으른, 하기 싫어하는

bezvoljnost (女) 냉담, 무관심, 의지 부족

bezvredan -dna, -dno (形) 가치 없는, 무가치한, 하찮은, 시시한; 더 이상 효력(가치)가 없는

bezvremen -a, -o (形) 1. 적절치 못한 시기(시간)의, 부적절한 시기(시간)의 2. 시간적 제한이 없는, 끝이 없는

bezvučan -čna, -čno (形) 1. 소리가 나지 않는, 조용한, 고요한 2. (言語學) 무성음의; ~čni suglasnici 무성 자음

bežanija 1. (집합적) 도망자, 탈주자 2. 도주, 탈주 (bežanje, bekstvo) 3. 피난, 망명 (izbeglištvo)

bežati -im (不完) pobeći, pobegnuti: pobegnem; pobegao, -gla & pobegnuo (完) 1. 도망치다, 달아나다; ~ kod roditeljima 부모집에서 도망치다; ~ pred goniocima 추적자들 앞에서 달아나다; ~ iz vojske 탈영하다 2. (비유적) (od nekoga, od nečega) (~으로부터, ~을) 피하다, 회피하다; ~ od obaveza 의무를 회피하다; ~ od izjašnjenja 입장 표명을 회피하다; ~ od udvarača 아첨꾼을 피하다 3. (비유적) (시간이) 빨리 지나가다 4. 뛰다, 뛰어가다 (trčati) 5. 흘끗 쳐다보다; 이동하다, 움직이다; 앞서 나가다 (다른 경쟁자들에 비해); kosa joj beži na čelo 그녀의 머릿카락은 이마로 흘러내린다; kapa mu beži na potiljak 그의 모자는 뒤통수쪽으로 넘어간다; beži mu za sto metara 백 미터나 앞서 나간다 6. 기타; begom ~ 뛰어 도망치다; ~ glavom bez obzira 허겁지겁 달아나다; ~ kao đavo od krsta 무엇(누구)인가를 끊임없이 피하다; ~ u svet, ~ preko sveta, ~ glavom u svet 속세를 버리고 가출하다

bežènstvo (남자의) 독신(생활) (celibat)

bežičnī -ā, -ō (形) 선(線)이 없는, 무선의; ~ signal 무선 신호; ~a telegrafija 무선 전신

bež
ivotan -tna, -tno (形) 1. 생명이 없는, 죽은 (mrtav); ~tno telo 시체 2. (비유적) 활기없는, 활력없는, 무기력한; 무미건조한, 밋밋한

biber (植) 후추나무속(屬)의 식물; 후추; biti ~ po pilavu 최정상에 서다, 최고가 되다(사회, 단체에서) biberni (形)

biberisati -šem, biberiti -im (不完) 후추를 치다, 후추를 쳐 맛을 내다

bibernī -a, -o (形) 참조 biber; 후추의; ~o zrno 후추알

bibernjača 후추 그릇

biblija 성경(책)

biblijskī -ā, -ō (形); 참조 biblija; 성경의; ~e ličnosti 성경에 나오는 인물들; ~ tekst 성경 구절

bibliofil 애서가, 서적 수집가, 장서(도락)가

bibliograf 서적 해제자(解題者), 서지학자; 목록 편찬자

bibliografija 서지학(書誌學), 서적 해제(解題) bibliografski (形)

biblioman 서적광, 서적수집광

biblioteka 1. 도서관 bibliotečki, bibliotečni (形) 2. 특정 출판물 전집(全集); ~ stranih pisaca 외국 작가 전집 3. 책장, 책꽂이

bibliotekar 도서관 직원,사서 bibliotekarka; bibliotekarski (形)

bibliotekarstvo 도서관학

biceps (解) 이두근(二頭筋)

bici 참조 bitka

bicikl 자전거

biciklist(a) 자전거를 타는 사람, 사이클 선수 biciklistkinja; biciklistički (形)

biciklizam -zma 자전거 타기, 사이클 대회

bič biča, bičem; bičevi 1. 채찍; držati (u rukama) uzde i ~ 권력을 손에 쥐다, 통치하다; proterati nekoga kroz ~eve 태형(두 줄로 늘어선 사람들 사이를 죄인에게 달려가게 하고 여럿이 양쪽에서 매질하는 형벌)에 처하다 2. (비유적) 폭압, 폭정

bičalje 채찍 손잡이

bičevati -čujem (不完) 채찍질하다

bičevit -a,-o, bičovit (形) 채찍질하는; 무서운, 두려운, 살인적인 (strahovit, ubistven)

bičiji, bičji 참조 bik

biće 1. 존재, 피조물, 생명체; više ~ 초능력을 소유한 존재; najviše ~ 신(神) 2. (사람의) 몸, 신체 3. 본성, 본질, 성질 4. 본질, 진수, 정수; 핵심, 요체 5. 자산, 재산

biće 참조 biti

bide -ea (男) 비데(여성용 국부 세척기(器))

bife -ea (男) 1. 바, 술집; svratiti u ~ 바에 들르다 2. 카운터(바의) 3. 뷔페(식사)

bifedžija (男) 바 주인, 바 직원

biftek 스테이크, 불고기, (특히) 비프스테이크

bifurkacija (강·길 따위의) 분기(점)

bigamija 중혼(重婚)

biglisati, bigljisati -šem (不完) (나이팅게일 새가) 울다, 지저귀다

bigot(a) 독실한 신자 bigotkinja; bigotski (形)

bigotan -tna, -tno (形) 신앙심이 깊은; 위선의

bigotizam -zma 독실한 신앙

bijenale -la (男) 비엔날레(2년마다 한 번씩 개최되는 전시회)

bik bika; bikovi 1. (거세하지 않은)황소; (비유적) 강건한 사람(남자); vodeni ~ (鳥類) 알락해오라기; zdrav kao ~ 황소같이 강건한; rudnički ~ 강건하고 정력 왕성한 남자 2. (天文學) 황소자리 bikovski, bikovlji, bičji (形)

bikarbonat (化) 중탄산염; bikarbona soda 중탄산나트륨

bikarbonī -a, -ō (形) (숙어로만 사용) ~a soda 중탄산나트륨, 베이킹소다

bikini -ija (男) 투피스의 여자 수영복, 비키니

bikovlji, bikovski 참조 bik

bilabijal (音聲) 양순음(兩脣音, p,b,m 따위)

bilabijalni -a, -o (形) 양순음의

bilans 1. (商業) 수지, 국제수지; 대차대조표; ~ spoljne trgovine 대외무역 수지; platni ~ (국가의) 국제 수지; izradti ~ 대차대조표를 작성하다 2. 결과(업무에 있어 성공과 실패 결과), 최종결과; životni ~ 삶의 결과; imati slab ~ 보잘것 없는 결과를 가지다

bilanca, bilansa 참조 bilans

bilansirati -am (完,不完) (회계) (~의) 대차를 대조하다, 대차대조표를 만들다

bilateralan -lna, -lno (形) 쌍무적인, 양자의; ~lni odnosi 양자 관계; ~lni sporazum 상호 합의

bilet (男), bileta (女) 티켓, 입장권; 버스표

biletarnica 티켓 판매소, 매표소; na ~i 티켓 판매소에서

bilijar 당구, 당구대 bilijarski (形) ~a štap 큐; ~a lopta 당구공

bilijarnica 당구장

bilijun 참조 bilion

bilijunitnī -ā, -ō (形) 참조 bilioniti

bilingva (男) 참조 bilingvista

bilingvist(a) (男) 이중언어자

bilingvizam -zma 이중언어

bilion 10억

B

bilionitī -ā, -ō (形) 10억의
bilmez 1. 바보, 멍청이 (glupak, budala) 2. 게
으름뱅이(neradnik, lenština)
bilo 1. 맥박, 맥박을 재는 신체 부분(통상적으
로 손목); pipati ~ (nekome) (누구의) 생각
이 어떤지 알아보다 2. (비유적) 삶의 맥동
(puls)
bilo 1. (接續詞) ~ 이든지(아니든지), 여하튼
(makar, ma); ~ da dođeš avionom ili
vozom, ja ću te čekati 네가 비행기로 오든
기차로 오든간에 내가 너를 기다리겠다;
doći ću u petak ~ avionom ~ vozom 비행
기로든 기차로든 금요일에 도착할 것이다 2.
(복합 대명사 혹은 복합 부사 용법의 첫 부
분(아주 드물게 마지막 부분)으로서 ko, koji,
čiji,gde, kad, kako, pošto 등과 함께 사용)
~ ko 누구든지, 누구라도; ~ šta 무엇이든지,
무엇이라도; ~ koji 어떠한 것이라도; ~
kakav 어떤 종류라도; ~ čiji 누구의 것이라
도; ~ gde 어디라도; znaš li ti ~ koga u
ovom gradu 이 도시에서 누구 아는사람이
있어?; ~ šta da mu učiniš, on neće biti
zadovoljan 그에게 무엇을 해주던지 만족해
하지 않을거야; imate li ~ kakav rečnik 그
어떤 사전이라도 있습니까?; ~ kojim putem
da pođete, zakasnićete 그 어떤 길로 가던
지 (시간에) 늦을 것입니다; nije se oženio
~ kojom devojkom, nego devojkom iz
dobre porodice 그는 아무 처녀와 결혼하지
않고 좋은 집안 출신의 처녀와 결혼했다
bilten 간략한 공식 발표, 공보(전황, 저명인의
병상(病床) 상태, 주요 뉴스 등)
biljar 약초채집상 biljarica
biljarda 1. 당구대가 있는 방 2. (Biljarda) 몬
테네그로 쩨티녜에 있는 네고쉬 궁전
bilje (集合名詞) 식물, 식물계; lekovito ~ 약초;
trovsko ~ 열대식물; ~ od omraze 절친한
친구사이에 증오를 불러 일으키는 식물(민간
믿음); krmno ~ 마초, 꼴, (가축의) 사료
biljegovina 납세필 인지
biljka 식물, 초목, 풀; lekovita ~ 약초;
jednogodišnja(višegodišnja) ~ 단년(다년)
식물; vodena ~ 수초; ~ iz staklene bašte
(비유적) 온실속의 화초같이 나약한 사람
biljnī -ā, -ō (形) 참조 biljka; 식물의, 초목의;
~ sok 수액(樹液), (식물의) 액즙; ~ svet (한
지방이나 한 시대 특유의) 식물상(相), 식물
(군(群), 식물구계(區系)
biljojed, biljožder 초식성 동물
biljur 크리스탈 (kristal)
bina 무대, 연단, 대(臺); pokretna(rotaciona)

~ 이동(회전) 무대; stupiti na ~u 무대에 서
다 binski (形)
binarnī -ā, -ō (形) 둘(쌍, 복)의; 이원(二元)의;
이지(二肢)의, 2항식의; ~ kod(sistem) 2항
코드(시스템); ~ broj 쌍 수
biočug 참조 beočug
biofizika 생물리학
biograf 전기(傳記) 작가
biografija 전기(傳記), 일대기
biografskī -ā, -ō (形) 참조 biografija; 전기
(傳記)의; ~ pisac 전기 작가
biohemičar 생화학자
biokemija 참조 biohemija
biolog 생물학자
biologija 생물학
biološkī -ā, -ō (形) 생물학자의, 생물학의
bionjača 참조 beonjača
bioskop 영화관, 극장; ići u ~ 극장에 가다;
šta se daje u ~u 극장에서 어떤 영화를 상
영하느냐?
bir birovi (歷) (일년치)녹봉(성직자 또는 선생
에게 주는)
birač 1.선거인, 유권자 2.까탈스러운 사람
(probirač, izbirač)
biračkī -ā, -ō (形) 참조 birač; 유권자의, 선거
인의; ~o pravo 선거권; ~ spiskovi 선거인
명부; ~o mesto 선거장
birališnī -ā, -ō (形) 참조 biralište; 선거 장소
의
biralište 선거장, 선거 장소
biran -a, -o (形) 참조 birati; ~ predsednik
대통령 당선인; ~im rečima 취사선택된 용
어를 사용하여
birati -am (不完) 1.고르다, 선택하다, 선정하
다; ~ jabuke 사과를 고르다; između ~중
에 선택하다; ne ~ sredstva 수단방법을 가
리지 않다; ne ~ reči 말을 함부로 하다 2.
선출하다, 선거하다; ~ delegate 대의원을
선출하다; ~ poslanike 국회의원을 선출하다
birc(uz) 선술집, 여인숙 (birtija)
birkati -am (不完) (지소체) birati
biro -oa, -oom (男) 1. 사무실, 사무소 (ured,
kancelarija); (기관이나 회사의) 과(科), 국
(局); turistički ~ 관광 사무소; ~ za nađene
stvari 분실물 사무소 2. (정부 부처의) 국
(局); obaveštajni ~ 정보국; politički ~ 정치
국
birokracija 참조 birokratija
birokrat(a) 관료적인 사람; 관료; 관료주의자
birokratija 관료정치(제도, 주의) birokratski
(形); ~ aparat 관료주의

42

birokratizam -zma 관료주의
birokratizirati -am, birokratizovati -zujem (完, 不完) 1. 관료주의화하다 2. ~ se 관료가 되다
biroš (方言) 머슴(농촌의)
birtaš 선술집 주인, 여인숙 주인
birtija 선술집, 여인숙
bis (感歎詞) 앙코르(음악회 등의)
bisage bisāgā (女,複) (보통 말의 안장에 달아 매는) 가방; pune ~ 많이; razdrešiti ~ 스캔들을 대중(여론)에 공개하다, 많은 선물을 하다(주다)
biser 1. (寶石) 진주; niz ~a 진주 목걸이; veštački ~ 인조 진주 2. (비유적) 특히 아름답고 소중한 것; ~i poezije 아름답고 소중한 시선(詩選) 3. 기타; bacati ~ pred svinje 가치를 모르는 사람에게 귀한 것을 주다, 개발에 편자다
biseran -rna, -rno (形) 참조 biser; 진주의; ~rna ogrlica 진주 목걸이; ~ školjka 진주조개
biserast, biserkast -a, -o (形) 진주 같은, 진주색의, 진주처럼 반짝이는; biserasta rosa 진주처럼 반짝이는 아침 이슬
biseriti se -im se (不完) 진주처럼 보이다, 반짝이다
biserje (集合) 진주 (biser)
biserka 1. (鳥類) 호로새, 뿔닭(아프리카의 사막 초지(草地)산) (perlinka) 2. 인조 진주로 된 장식품
bisernica 진주조개
biskati bištem (不完) 1. 이를 잡다(보통 머리나 옷을 뒤져); ~ vaši 이를 잡다; ~ nekoga (누구의 머리나 옷을 뒤져) 이를 잡다 2. (비유적) 샅샅이 뒤지다; ~ materijal 자료를 샅샅이 뒤지다
biskup (가톨릭의) 주교
biskupija 1. 주교 관할지역 2. 주교의 사무실 혹은 거처
biskupskī -ā, -ō (形) 주교의; ~a kapa 주교모 (帽)
biskvit 비스켓 (keks)
bista 반신상, 흉상
bistar -tra, -tro (形) 1. 맑은, 투명한; 쾌청한, 맑은; 빛나는; 깨끗한, 말쑥한 2.(비유적) 명석한, 명쾌한; ~ kao suza 눈물처럼 맑은(투명한); ~ kao boza 명청한, 우둔한; on ima ~tru glavu 그는 명석한 두뇌를 가지고 있다; ~tro oko 맑은 눈
bistrina 투명함, 맑음; 명석함, 명쾌함, 총명함
bistriti -im (不完) razbistriti (完) 투명하게 하

다, 깨끗하게 하다; 설명하다; ~ politiku 정치화하다, 정치에대해 논쟁하다; ~ se 투명하게 되다, 깨끗해지다
bistrook -a, -o (形) 맑은 눈의; 예리한(날카로운) 눈의
bistrouman -mna, -mno (形) 명석한 두뇌의, 영리한
bistroumlje 명석함, 총명함
bit (女) 본질, 진수, 정수, 핵심; u ~i 본질적으로
bitan -tna, -tno (形) 중요한, 본질적인, 근본적인
bitanga (男,女) (輕蔑) 건달, 아무짝에도 쓸모없는 사람, 떠돌이 (nitkov, hulja, skitnica)
bitangin -a, -o (形) 참조 bitanga; 건달의
biti sam, si, je smo, ste,su; jesam, jesi, jest(e), jesmo, jeste, jesu; nisam, nisi, nije, nismo, niste, nisu; bejah, bejaše, bejaše, bejasmo, bejaste, bejahu: beh, beše, beše, besmo, beste, behu: budem, budeš: budi: bio, bila, bilo; ~이다; šta je bilo? 무슨 일이 있었어?; ~ ili ne ~ 죽느냐 사느냐; bili vi kod kuće ili ne bili, ja ću doći u petak 당신이 집에 있던 없던 간에 상관없이 나는 금요일에 도착할 것이다; bilo kako bilo 어찌됐든 그러했다; je li doneo pismo? jeste 편지 가져왔어? 그래; beše mu 지나갔어(시간이), 끝났어; što je bilo, bilo je 무슨 일이 있었든 그러했어; bilo bi lepo ~하면 좋겠는데(좋을 꺼야); kad budem na moru, ništa neću da radim 바닷가에 도착하면 아무것도 안할거야!; želi da budeš srećan 네가 행복하기를 (그는) 바래!
biti bijem; bijen, -ena; bij (不完) 1. izbiti (完) 때리다, 구타하다, 폭행하다; ~ dete 아이를 때리다; bije ga baksuz 불운이 그를 울린다; bije ga glas 악소문이 그를 괴롭힌다; ~ žicu 쉬운 방법으로 목적을 이루려고 하다; ~ po ušima 강요하다, 강제하다; ~ kao vola u kupusu 잔인하게 구타하다 2.(不完) srce bije 심장이 뛰다; zvono bije 종이 울리다; talasi biju u stenje 파도가 바위에 부딪친다 3.(不完) 흐르다, 흘러 나오다; iz rane je bila krv 상처에서 피가 흘러 나오다 4. pobiti se (完) 싸우다; on voli da se bije 그는 싸우기를 좋아한다
bitisati -šem (完) 사라지다, 없어지다; 죽다; 멸망하다
bitisati -šem (不完) 존재하다, 살다
bitka bici & bitki 1. 전투, 싸움, 전쟁; dati(primiti) ~u 전투를 돌입하다; dobiti

(izgubiti) ~*u* 전투에서 이기다(지다); *žestoka* ~ 치열한 전투 2. (비유적) 힘들고 오랫동안 지속되는 일(일정한 목표를 이루기 위한)

bitnost (女) 정수, 본질, 핵심

bitumen (鑛) 역청(瀝靑), 아스팔트

bitumenskī -*ā*, -*ō* (形) 역청의, 역청 성분이 포함된

biva (方言) 1. bivati의 동사파생 명사; 아마도 (valjda, možda) 2. 즉, 그래서 (dakle, znači)

bivak (軍) 야영 **bivački** (形)

bivakovati -*kujem* (不完) (軍) 야영하다, 노영하다

bivati -*am* (不完) 1. 있다(때때로, 몇 번); *mi smo i ranije tamo bivali* 우리는 이전에도 거기에 때때로(몇 번) 있었다 2. 발생하다, 일어나다; *takve stvari često bivaju* 그러한 일은 자주 발생한다(일어난다) 3. ~이 되다; *moj život biva teži i teži* 내 삶은 점점 더 힘들어지고 있다

bivo -*ola* (男) 물소 **bivovica**; **bivolski, bivolji** (形)

bivovanje (동사파생 명사) bivovati; 머무름, 체재, 거류; *njegovo ~ u Engleskoj* 영국에서의 체류

bivovati -*ujem* (不完) 머물다, 체류하다

bivši -*a*, -*e* (形) 이전의, 전(前)의; ~ *predsednik* 전(前)대통령; ~ *čovek* 형편없이 망가진 사람

bizam (動) 사향노루

Bizantija 비잔틴 제국; **Bizantinac**; **Bizantinka**; **bizantinski, bizantski** (形)

bizantijskī -*ā*, -*ō* (형) 비잔틴의

bizaran -*rna*, -*rno* (形) 기괴한, 별스러운, 기상천외한 (čudan, neobičan)

bizgov (卑語) 게으름뱅이 (neradnik, lenčuga)

bizmut (化) 비스무트, 창연(금속 원소; 기호 Bi; 번호 83)

biznis 사업, 상업, 용건, 일; 비즈니스

bizon (動) 들소

bižuterija 1. 장신구(목걸이, 팔찌 등) 2. 장신구 가게

blag -*a*, -*o*; *blaži* (形) 유순한, 온순한, 순한; 부드러운, 온화한; 관대한; *on je* ~*e prirode* 그는 온순한 성격이다; ~*a bolest* 심하지 않은 병; ~*a rakija* 순한 라키야; ~*a narav* 온순한 기질; *biti* ~*e ruke* 손이 크다(관대하다); ~ *dan* 휴일, 공휴일

blagajna 1.티켓 판매소, 매표소; *molim vas, platite na* ~*i* 매표소에서 지불해 주세요 2. 경리과, 회계과 3. 계산대 (kasa) 4. 상조 기

금(相助 基金)

blagajnica 1.경리과, 회계과 2.매표소 직원, (은행의)금전 출납원

blagajnik 출납원, 회계원, 매표소 직원, (은행의)금전 출납원; ~ *u recepciji* 리셉션 출납원 **blagajnički** (形)

blagdan 참조 praznik; (종교적) 공휴일, 휴일, 축일, **blagdanski** (形)

blago 1.부(富), 재산; ~ *cara Radovana* 엄청난(막대한) 부; *ni za carevo* ~ 그 어떤 것을 준다 해도(바꾸지 않겠다); ~ *od (čoveka, žene, deteta)* 아주 좋은(훌륭한) 사람(여자, 아이) 2. 보배, 재보, 금은, 보물, 귀중품 3. 소중한 사람; 영적, 문화적 소중품(보물) 4. 가축, 동물; *živo* ~ 가축, 동물; *sitno* ~ 양과 염소; *krupno* ~ 소

blago (感歎詞) 만족, 즐거움, 행복 등을 강조함; ~ *meni(majci* 등) 뜻을 강조함; *blago vama* 참 너는 좋겠다!

blagoća 참조 blagost

blagodaran -*rna*, -*rno* (形) 감사하고 있는, 고마워하는

blagodareći (前置詞,+ D) ~덕분에, ~에 힘입어

blagodarenje (동사파생 명사) blagodariti

blagodarenje 감사 의식, 감사 행사

blagodariti -*im* (完,不完) 감사해 하다 (zahvaliti, zahvaljivati)

blagodarnost (女) 감사, 사의(謝儀) (zahvalnost)

blagodat (女) (신의)축복, (신의)은총; 은혜, 혜택

blagodatan -*tna*, -*tno* (形) 축복(은총)을 주는, 혜택을 주는; 유익한, 이익을 가져오는; ~*tna kiša* 유익한 비; ~ *rad* 유익한 활동 (blagotvoran)

blagodušan -*šna*, -*šno* (形) 마음이 좋은, 친절한, 상냥한 (dobrodušan)

blagoglagoljiv -*a*, -*o* (形) 말많은, 이야기하기 좋아하는, 수다스러운

blagoglasan -*sna*, -*sno* (形) 목소리가 좋은, 기분좋게 들리는, 가락이 아름다운

blagonaklon -*a*, -*o* (形) 친절한, 상냥한, 호의적인 (blagohotan, ljubazan, predusretljiv, prijateljski)

blagonaklonost (女) 친절, 상냥, 호의; ~ *prema nekome* ~에게 대한 호의

blagorečiv -*a*, -*o* (形) 말을 잘하는, 유창하게 말하는

blagorodan -*dna*, -*dno* (形) 1. 고상한, 고귀한, 높은; 귀족의; ~*dni ciljevi* 고귀한 목표 2. 순혈의; 품질이 뛰어난; ~*dno voće* 품질이

좋은 과일

blagosiljati -am & -em (不完) 1.축복하다 (blagosloviti) 2. 행운을 기원하면서 감사의 말을 하다

blagoslov 1.축복; 신의 은총(가호); *dati* ~ 축복하다; *čekati božji* ~ 가만히 앉아서 하늘에서 (감)떨어지기만을 기다리다 2. 교회의 오후 의식(예배) 3. (비유적) 아이 4. 승인, 허가, 동의; *nema tu* ~*a* 동의할 수 없어! (odobrenje, pristanak, saglasnost)

blagosloven -a, -o (形) 1. 축복받은, 은총입은 2. 유익한; 좋은, 행복한 (plodan, koristan, srećan) 3. (여성) 임신한 (bremenita); *biti u* ~*om stanju* 임신하다

blagosloviti -im (完) 1.축복하다, 신의 은총을 기원하다 2. 축성(祝聖)식을 거행하다, 신에게 바치는 의식을 거행하다 3. (비유적) 죽도록 때리다, 개패듯 패다 4. 동의하다, 승인하다 (odobriti)

blagosovnik (가톨릭) (성수(聖水) 살포식에 쓰는) 성수 살포 용기 (škropilo)

blagost (女), **blagoća** 온순, 친절, 관대(얌전, 고상)함, 우아

blagostanje 번영, 번창, 융성, 부유; 복지, 후생, (개인, 단체의) 안녕, 행복

blagotvoran -rna, -rno (形) 1.유익한, 유용한, 이로운; ~ *uticaj* 유익한 영향; ~ *lek* 이로운 약 2. 자선의 (dobrotvoran); *za* ~*rne ciljeve* 자선 목적으로

blagoutrobije 1. (농담조의)인격(배) (trbuh) 2. 즐김, 흡족(음식과 술을 실컷 먹음), 육체적 욕구의 충족

blagovaonica 식당(가정·호텔의 정식 식사의) (trpezarija)

blagovati -gujem (不完) 즐기다, (즐겁게) 맛보다, 향락하다; 잘 먹다

Blagovest (宗)(가톨릭) 성수태 고지일(3월 25일)

blagovest (女) 기쁜 소식, 희소식

blagovremen -a, -o (形) 제 때에, 제 시간에; *pismo je* ~*o stiglo* 편지는 제 때에 맞춰 도착했다

blagozvučan -čna, -čno (形) 기분좋게 들리는, 가락이 아름다운, 선율이 아름다운, 곡조가 좋은 (blagoglasan)

blamaž (男), **blamaža**(女) 수치, 창피, 치욕, 불명예, 망신거리 (bruka, sramota)

blamirati -am (完,不完) 수치스럽게 하다, 창피하게 하다, 치욕스럽게 하다; ~ se

blanket (男), **blanketa** (女) 용지, 서식 용지 (obrazac, formular)

blanko (形,副)(不變) 공백의, 백지의, 기입하지 않은; ~ *ček* 백지수표; ~ *potpis* 백지 위임 (장); *potpisati* ~ 백지 위임장에 서명하다

blanja 대패 (rende, strug)

blanjati -am (不完) 대패질하다 (strugati)

blasfeman -mna -mno, **blasfemičan** -čna, -čno (形) (신에)불경스런, 모독적인

blasfemija 신성 모독 (bogohuljenje)

blatan -tna, -tno (形) 흙이 묻은, 더러운 (blatnjav)

blatina (지대체) blato

blatina 포도의 한 종류; 그 포도로 만든 포도주

blatište blato의 지대체

blatiti -im (不完) zablatiti (完) 1. 진흙을 묻히다, 진흙을 묻혀 더럽히다; ~ *pod* 바닥에 진흙을 묻히다 2. (명예,명성,이름 등을) 훼손시키다, 손상시키다, 더럽히다, 욕되게 하다 (sramotiti, vređati); ~ *nečije ime* ~의 이름을 더럽히다

blatnjara 흙집, 진흙집

blatnjav -a, -o, (形) 진흙의, 흙으로 더럽혀진 (blatan, blatav)

blatnjaviti -im (不完) 참조 blatiti 1

blato 1. 흙, 진흙; *sipati* ~ *na nekoga, bacati na nekoga blatom* 누구에게 잘못(죄)을 뒤집어 씌우다; *vući nekoga u blato* 누구를 도덕적으로 타락시키다; *vući nekoga po blatu* 누구를 모욕하다, 누구를 치욕적으로 만들다; *izvlačiti kola iz blata* 힘들여 열심히 일하다; *izvući(izvaditi) nekoga iz blata* 누구를 (어려움, 가난 등에서)구원하다; *pasti(srozati se) u* ~ 불명예스럽게 되다,명예를 잃다; *praviti nekoga od blata* 더 이상 존재하지 않는 사람을 위해 애도하다(그리워하다, 슬퍼하다); *srozati(oboriti) nekoga u* ~ (명예·인격 따위를) 손상시키다 2. 습지, 늪지

blatobran 흙받이(자동차의)

blavor (動) 발 없는 도마뱀의 일종(유럽산(産))

blaziran -a, -o (形) (향락 등을 이미 여러 번 경험한 이후라 모든 일에) 심드렁한, 무관심한

blazirati se -am se (完,不完) 환락에 지치다, 무관심해지다, 심드렁해지다

blažen -a, -o (形) 1. 너무 행복한, (더 없이) 만족한 2. 축복받은, 은총입은, 은혜받은 3.(명사적 용법에서) 고인(故人)

blaženstvo (더 없는) 행복(만족)

blaži 참조 blag

blažiti -im (不完) 참조 ublažiti

blebetalo (中,男) 수다쟁이, 말을 많이 하는 사

람 (brbljivac)

blebetati -ćem (不完) 1. 말을 많이 하다, 수다를 떨다 2. (칠면조가) 골골 울다

blebetuša 1. (動) 골골 우는 동물 2. 말 많은 여자, 수다스런 여자 (brbljivica)

bled -a, -o (比; bleđi) (形) 1. 핼쑥한, 창백한 (얼굴 따위), 핏기없는; on je ~ kao krpa 그의 얼굴이 종잇장처럼 창백하다 2. 희미한 (색깔·빛 등이) ~a boja 바랜 색; ~a mesečina 희미한 달빛; ~ plamen 시든 불길 3. (비유적) (기억 등이) 희미한, 희미해진; ~o sećanje 희미한 기억

bledeti -im (不完) poblediti (完) 1. 창백해지다, 핼쑥해지다(얼굴이) 2. (천·옷 등의) 색깔이 바래다 3. (빛 등이) 희미해지다 4. (기억 등이) 희미해지다; uspomene blede 추억이 희미해진다

bledilo 창백한 색, 창백한 상태(얼굴)

bledoća 참조 bledilo

bledolik -a, -o (形) 1. 창백한, 창백한 얼굴의; ~a devojka 창백한 소녀 2. (비유적) 희미한, 희미하게 빛나는 ; ~a mesečina 희미한 달빛

bledunjav -a, -o 1. 약간 창백한 (얼굴이) 2. 희미한 (빛 등이); ~a svetlost 희미한 빛

blef 허세

blefer 허세부리는 사람

blefirati -am (完,不完) 허세부리다

bleh 참조 lim; 판금(板金)

bleh-instrument 금관 악기

bleh-muzika 금관 악기 연주

blejati -jim (不完) 1. (양·염소·송아지가) 매애 울다 2. 말도 안되는 소리를 하다 (govoriti gluposti) 3. 응시하다, 빤히 보다

blek, bleka (양,염소,송아지의) 울음소리; 우는 소리

blenda 1.렌즈, 조리개(카메라의); (비유적) 눈꺼풀 2. 울타리, 방벽, 장벽

blentav -a, -o 참조 blesav

blenuti -em (不完) 멍하니 바라보다(쳐다보다)

blesak -ska; bleskovi & blesci 섬광, 번득임 (빛의)

blasast -a, -o (形) 참조 blesav

blesav -a, -o (形) 어리석은, 우둔한, 바보 같은 (luckast, glup)

blesavac -avca (男) 어리석은(우둔한) 남자

blesaviti -im (不完) 어리석게 행동하다(처신하다); 아무 일도 하지 않다

bleskati (se) -am (se) (不完) blesnuti -em (完) 1.번쩍이다, 빛나다 2. (비유적) 갑자기 나타나다, 갑자기 시작되다

bleštati (se) -im (se) (不完) 밝게 빛나다, 눈부시게 빛나다, 번쩍번쩍 빛나다; sneg ~i u suncu 햇볕에 눈(雪)이 반짝인다

bleštav -a, -o (形) 눈부시게(찬란하게) 빛을 발하는 (blistav)

blezgarije (女,複) 말도 안되는 이야기, 황당무계한 이야기

blic (사진) 카메라의 섬광 장치, 플레쉬

blindaž (男), **blindaža** (女) (軍) (군함, 자동차 등의) 장갑, 철갑

blindiran -rna, -rno (形) 장갑(裝甲)한; ~i voz 장갑 열차, 방탄 열차 (oklopni)

blindirati -am (完,不完) (軍) (보통은 피동형으로) 장갑하다, 철갑을 두르다; blindirani automobil 방탄 자동차

blinker 1. 신호등(깜박이며 운전자에게 주의를 환기시키는) 2. 물고기 모양의 미끼(낚시의)

bliskati -am (不完) 참조 bleskati

bliskī -ā, -ō 참조 blizak

bliskoistočnī -ā, -ō (刑) 근동의, 중동의; ~a kriza 중동 위기

bliskost (女) 친밀, 친밀함; 가까움

blisnuti -nem (完) 참조 bleskati

blistaj 불꽃 (iskra, zračak)

blistati (se) -am (se) (不完) 반짝이다, 빛나다

blistav -a, -o (形) 1. 반짝이는, 빛나는 2. (비유적) 뛰어난, 훌륭한 (divan, odličan)

blistavilo, blistavost (女) 빛남, 반짝임

blitva (植) 근대

blitvenī -ā, -ō, **blitvin** -a, -o (形) 참조 blitva; 근대의; blitvino lišće 근대잎

blizak bliska,blisko(比 bliži) (形) 1. 가까운, 가까이(시간, 공간적으로); Bliski istok 근동(近東); bliska gledišta 유사한 관점; izvori bliski vlasti 정부와 가까운 소식통; ~ korisniku 사용자 편의 중심의(user friendly) 2. 가까운 친척의 3. 친밀한, 긴밀한, 밀접한; on mu je ~ 그는 그사람과 친한 사이다; ~ prijatelj 친한 친구 4. (비교급만) 보다 정확한, 보다 세밀한; ~a uptstva 보다 세밀한 사용자 설명서

blizanac 쌍둥이, 쌍둥이 형제; sijamski blizanci 샴 쌍둥이; jednojajčani(dvojajčani) blizanci 일란성(이란성) 쌍둥이 **blizankinja**

blizina 근접, 가까움; u ~i 부근에, 근처에, 가까이에

blizniti se -im se (不完) oblizniti se (完) (보통 동물, 특히 양이) 두 마리를 한꺼번에 낳다; krava se obliznala 소가 송아지 두 마리를 낳았다

blizu (比; bliže) (副) 1. (공간적으로) 가까이

에, 근처에; *stanovati* ~ 근처에 살다; ~ *kuće* 집 근처에; *sedi* ~ *njega* 그 사람 곁에 앉아 2. (시간적으로) 곧, 가까이에 (uskoro); *proleće je* ~ 봄이 가까이 왔다 3. 거의 (bezmalo, gotovo, skoro); ~ *je dva sata* 거의 두 시이다 4. 긴밀하게 (blisko, prisno) 5. (비교급으로만) 보다 자세하게, 보다 상세하게; *bliže se upoznati (s nečim)* ~을 보다 자세하게 알다

blizu (前置詞,+ G) 1. (시·공간적으로) 가까이, 곁에, 근방에; ~ *kuće* 집 근처에; *sedi* ~ *njega* 그 사람 곁에 앉아; ~ *Nove godine* 신년 가까이에 2. 기타; ~ *pameti (biti)* 이성적으로, 분명히, 명확히

bližiti *-im* (不完) 가까이 하다, 가깝게 하다 (približiti)

bližnjenje (동사파생 명사) blizniti se

blok 1. (나무·돌·금속 따위의) 큰 덩이, 큰 토막; ~ *mermera* 대리석 덩이; ~ *stublina* 실린된 덩이; ~ *bomba* 서로 연결된 폭탄 덩어리 2.(건축물, 주거지의) 단지, 구획, 블록; *stambeni* ~ 아파트 단지; ~ *kuća* 주택 단지 3. 연합(정치 연합) *opozicioni* ~ 야당 연합; *zapadni blok* 서방 연합; *istočni* ~ 동구 연합 4. (한 장씩 떼어 쓰게 된) 종이철(綴), 티켓 뭉치; ~ *za crtanje* 도화지 용지(뜯어 쓰게 만든)

blokada 1. 봉쇄(선), 봉쇄대(隊); 봉쇄물; (교통의) 두절, 방해; *slomiti ~u* 봉쇄를 뚫다; *zavesti(izvršiti) ~u* 봉쇄하다 2. (스포츠) 밀집 방어(수비) 3. (病理) 폐색(증); 방해; 장애, 지장

blok-dijagram 작업 공정도; (컴퓨터) 흐름도, 순서도

blokej 반원 모양의 금속판(힐 또는 구두코의)

blokirati *-am* (完,不完) 1. 봉쇄하다, 막다, 차단하다; ~ *sve prolaze* 모든 접근로를 차단하다; ~ *luku* 항구를 봉쇄하다; ~ *ulicu* 도로를 봉쇄하다; ~ *mirovni proces* 평화 협상 과정을 봉쇄하다; ~ *račun u banci* 은행 계좌를 차단하다 2. (스포츠) 밀집 수비하다

blondina, blondinka 금발의 여인

blud (男, 아주 드물게 女) 성적 난잡, 난교(亂交), 성적 방탕; *provoditi* ~ 방탕하게(음란하게) 살다

bludan *-dna, -dno* (形) 성적으로 난잡한, 방탕한, 타락한; ~ *dni sin* (聖書) 회개한 죄인, (돌아온) 탕아

bludeti *-im* (不完) **bluditi** 1. 방랑하다, 방황하다, 배회하다 2. 죄를 짓다, 죄를 범하다

bludnica 성관계가 문란한 여자, 난잡한 여자

bludničiti *-im* (不完) 난교(亂交)하다, 성적으로 난잡하게 놀다, 성적으로 방탕한 생활을 하다

bludnik 난봉꾼; 성적으로 난잡한 사람 (bludnica)

bludništvo 성적 문란, 성적 방탕 (blud, raspusništvo)

bludnja 1. 오해, 잘못 이해 (zabluda) 2. 방랑, 방황 (lutanja)

bluza 블라우스(여성의), 상의(군인, 노동자 등의); *radnička* ~ 상의 작업복; *vojnička* ~ 군복의 상의(코트 대용)

bljutav *-a, -o* (形) 1. 맛없는 (음식 혹은 음료 등의) 2. (비유적) 따분한, 의미없는, 재미없는, 무미건조한

bljuvati *bljujem; bljuj* (不完) **bljunuti** *-em* (完) 1. 토하다, 게우다, 구토하다 (위속의) (povraćati) 2. 분출시키다, 내뿜다(불, 연기 등); *vulkan bljuje lavu* 화산이 용암을 내뿜고 있다; *dimnjaci bljuju dim* 굴뚝에서 연기가 솟아나고 있다 3. (비유적) 말하다, 내뱉다 (보통 듣기 거북한, 욕설, 저주 등); ~ *gadosti* 역겨운 말들을 쏟아내다

bljuvotina 1. 분출(물), 구토(물) 2. (비유적, 보통 복수 형태로 사용됨) 허튼 말, 시시한 말, 말도 안되는 소리

bljuzgav *-a, -o* (形) 진창눈의; 질척거리는, 진창의

bljuzgavica 진창눈; 진창(길) (lapavica)

bo 참조 bosti

boa (男) 1. 보아(구렁이), 왕뱀 2. 긴 모피(깃털)의 여성용 목

bob (植) 잠두(蠶豆), 누에콩(말 사료용); *bacati ~(grah, pasulj)* 점 보다; *bacati* ~ *o stenu, ~ o zid* 전혀 쓸모없는 일을 하다, 헛된 일을 하다; *gledati u* ~ 예언하다, 점치다; *ne vredi boba, ni pišljiva(pišiva, pušiva, pušljiva, pušiva)boba* 아무런 가치도 없다; *reći popu pop, a bobu* ~ 모든 사물의 이름을 정확히 말하다, 솔직하고 열린 태도를 취하다

bob (스포츠) 봅슬레이

boba (植) 산딸기류 열매, 베리 (bobica)

bobica 1. 핵(核) 없는 식용 소과실(주로 딸기류) 2. (보통 복수로)땀 방울 3. (기생충의) 촌충 4. 작은 점(옷감의); *haljina s crvenim ~ama* 빨간 점들이 수놓아 진 원피스

bobičast *-a, -o* (形) 딸기(bobica) 모양의; ~*e voće* 딸기 모양의 과일

bobičav *-a, -o* (形) 촌충에 감염된; ~*o meso* 촌충에 감염된 고기

bobina 점화 코일

bobot 1. 중얼거리는, 속삭이는 소리 (mrmljanje, šapat) 2. 딱딱거리는 소리 (cvokotanje)

bobuk 거품 (mehur, klobuk)

boca 유리 병, 통 (flaša, tegla): *čelične ~e* 쇠로 만들어진 통; *~e za plin* 가스통; *lajdenska ~* 전기 축전기

boca (植) 1.우엉 2. 캐나다 엉경퀴

bockalo (中,男) 집적대는 사람, 치근대는 사람, 짓궂게 괴롭히는 사람

bockati *-am* (不完) bocnuti *-em* (完) 1. 찌르다, 쑤시다 (bosti) 2. 집적거리다, 괴롭히다, 치근대다

bockav *-a, -o* (形) 1. 가시가 많은, 바늘 투성이의 2. 욱신욱신 쑤시는, 따끔따끔 아픈 3. 성마른

bočiti *-im* (不完) 1. (배를) 앞으로 쑥 내밀다 (isturati) 2. ~ se 투쟁하다, 싸우다 (boriti se) 3. ~ se 잘난 체 하다, 젠 체 하다 (praviti se važan)

bočni *-a, -o* (形) 측면의, 옆면의; *~ napad* 측면 공격; *~ pritisak* 측면 압력

bočnjak 허벅지 근육, 대퇴부 근육

bod *bodovi* 1. 찌르기, 찌름(뾰족한 물체로) 2. (바느질의) 한 바늘, 한 땀, 한 코, 한 뜸; *~ u ~* 한 바늘 한 바늘; *sitan ~* 촘촘한 바느질 3. 단검, 비수 4. (스포츠) 점수; *dobiti meč na bodove* 판정승을 거두다

bodar *-dra, -dro* (形) 1. 강건한, 강인한 (krepak, čio) 2. 조심스런, 방심하지 않는 (pažljiv, budan, oprezan)

boden 참조 bosti

bodež 1. 단도, 단검, 비수; *bosti ~om* 단도로 찌르다 2. (비유적)폐부를 도려낼듯한 모욕적인 단어(언사) 3. 찌름, 찌르기 (ubod)

bodimice (副) 찌르면서 (反: sečimice, pljoštimice)

bodlja 1. (장미 등 식물의) 가시; (동물의) 가시털, 극모(棘毛); *ježeva ~* 고슴도치의 가시 2. (살촉·낚시 따위의) 미늘; (철조망 따위의) 가시

bodljika 참조 bodlja

bodljikast *-a, -o* (形) 참조 bodljikav

bodljikav *-a, -o* (形) 1. 가시가 있는, 가시의; *~o prase* 호저(豪豬, 몸에 길고 뻣뻣한 가시털이 덮여 있는 동물); *~a žica* 가시 철조망 2. (비유적) 꿰찌르는, 꿰뚫는, 날카로운; 찌르는

bodovanje (동사파생 명사) bodovati; *~ stana* 아파트 가격 평가(감정)

bodovati *-ujem* (不完) 1. (스포츠) 점수를 매기다, 판정하다 2. 평가하다, 감정하다, 값을 매기다

bodriti *-im* (不完), obodriti (完) 1. 응원하다; 격려하다, 용기를 북돋우다, 고무시키다 (podsticati, hrabriti, sokoliti) 2. ~ se 서로가 서로를 격려하다(응원하다, 용기를 북돋우다) 3. ~ se 힘을 내다, 용기를 내다

boem 보헤미아 사람; 자유 분방한 사람(특히 예술가)

boemija, boemstvo, boemština 자유 분방한 생활(기질, 주의)

bofl 1. 불량품, 하자있는 물건, 품질이 떨어지는 물건 2. (한정사적 용법으로) (不變); 하자있는, 품질이 떨어지는; *~ roba* 하자있는 물건, 불량품

bog 1. 창조주,(유일)신 2. (다)신; *~ sunca* 태양신; *~ mora* 바다신; *grčki ~ovi* 그리스 신들; *ako ~a znaš*, *~ te video*, *~ s tobom* 놀라면서 나무라는 표현(신이 계시다는 사실을 알기라도 한다면); *ako bog da, ako da ~ valjda* 희망을 표현(만약 신이 허락하신다면); *ako znaš za ~a*, *~a radi* 청원하거나 간청할 때 표현(신을 안다면 제발); *bacati se kamenjem na ~a* 큰(대) 죄인이 되다; *~a mi* 1)신을 두고 맹세할 때 2)뜻의 강조 3)정말로, 진실로; *~a mu* 지옥에나 가라; *~a pitaj*, *~ zna*, *~ bi ga znao* 아무도 모른다; *~ bogova, mali ~* 전권을 가진 사람, 실력자; *~ je najpre sebi bradu stvorio* 모든 사람들에게는 자신이 가장 중요하다; *~u dušu* 거의 죽었다, 조금 있으면 사망한다; *~u iza leđa*, *~u za leđima, gde je ~ rekao laku noć* 아주 멀리(고립된 장소); *~u na istinu (otići), (pre)dati ~u dušu* 죽다, 사망하다; *bože zdravlja* 강조용법으로 1) 만약 건강해진다면 2)불확실성, 아마도; *bože (me, mi) prosti* 용서, 사과 표현; *~ da, daj bože* 희망, 소원을 말할 때(신이 허락하신다면); *drugoga ~a nema* 그 외의 다른 방법(해결책)은 없다; *ni rod ni pomozi ~* 아무런 관계(상관)도 없다, 가까운 사이가 아니다; *sila ~a ne moli* 헛되이 저항(반대)하다; *skidati (sve) bogove sa neba* 무지막지하게 욕하다; *triput ~ pomaže* 삼세번; *ubij bože* 최악이다; *u ~a* 완전히; *uhvatiti ~a za bradu* 상상할 수 없는 방법으로 실현하다, 불가능한 것을 하다; *šta ~ da* 무엇이 되든 그렇게 되겠지

bogac 빈자(貧者), 가난뱅이, 거지 (siromašak, prosjak)

bogaćenje (동사파생 명사) bogatiti; 부를 쌓

음, 부의 축적; *nedozvoljeno* ~ 불법적인 부의 축적
bogalj *-i* & *-ljevi* 1. 병신(육체적) 2. 거지, 거렁뱅이, 가난뱅이 3. (비유적) 정신 박약자, 정신 지체자
bogami (感歎詞) 정말, 정말로
bogaština 참조 bogatstvo
bogat *-a, -o* (形) 부유한, 부자의, 넉넉한, 유복한, 풍요한, 화려한, 훌륭한, 사치스런; *~e rezerve* 넉넉한 비축품들; *ove vode su ~e ribom* 이 물에는 물고기들이 많이 있다; *Australija je ~a uglem* 호주에는 석탄이 풍부하다
bogataš 부자(富者), 부유한 사람, 재산가; *truli* ~ 거부(巨富), 어마어마한 부자; **bogatašica**;
bogataškī *-ā, -ō* (形) 참조 bogataš; 부자의; *~a kuća* 부자의 집(저택); *~o dete* 부자집 아들
bogatiti *-im* (不完) obogatiti (完) 1. 부를 축적하다, 부를 쌓다, 재산을 늘리다; 풍요롭게 하다, 풍부하게 하다; ~ *jezik* 언어를 풍요롭게 하다 2. ~ se 부자가 되다; (비유적) 풍요 해지다, 발전하다
bogatstvo 부(富), 재산; *prirodna ~a* 자연의 풍요로움(광물·산림 등의); *plivati u ~u* 큰 부자가 되다, 호화찬란하게 살다
bogaz (男), **bogaza** (女) (숙어로만 사용) (方言) 협곡, 골짜기; *znati (poznavati) staze i bogaze* 지형(지리)을 잘 알다; *prolaziti staze i bogaze* 산전수전을 다 겪다
bogica 참조 bogac
boginja, božica 1. 여신; ~ Hera 헤라 여신 2. (비유적) 미(美)가 출중한 여자
boginjav *-a, -o* (形) 천연두를 앓은 흔적이 있는, 곰보의, 얽은(얼굴이) (ospičav)
boginje (女,複) (病理) 발진(發疹)하는 병(천연두·수두(水痘) 따위); *velike(crne)* ~ 천연두 (variole, ospe); *male(dečije)* ~ 홍역; *srednje(ovčije)* ~ 수두(水痘), 작은 마마 (varicele); *kravlje(goveđe)* ~ 우두
bogiša 붓꽃속(屬)의 식물; 붓꽃
bogme, bome (副) 참조 bogami
bogobojažljiv *-a, -o*, **bogobojazan** *-zna, -zno* (形) 신을 두려워하는, 경건한, 독실한, 신앙심이 깊은 (pobožan)
bogočovek 신이자 인간인 사람, 예수
bogodan *-a, -o* (形) 자연의, 자연 그대로의; 타고난; ~ *umetnik* 타고난 예술인; ~ *dar* 타고난 재능
bogohulan *-lna, -lno* (形) 신에게 불경스런,

신을 모독하는
bogohuliti *-im* (不完) 신을 모독하다, 신에게 불경스런 행동을 하다
bogohulnik 신을 모독하는 사람, 신성모독자
bogohulstvo 신에 대한 모독, 신성모독
bogohuljenje (동사파생 명사) bogohuliti; 신성모독
Bogojavljenje 예수 공현 축일(公顯 祝日: 특히 예수가 이방인인 세 동방 박사를 통하여 메시아임을 드러낸 일) (1월 6일)
bogomil, bogumil 보교밀교도
bogomolja 1. 신전, 교회, 사원 (crkva, hram) 2. 기도, 예배 (molitva); *bez nevolje nema ~e* 사람들은 보통 어려움에 처했을 때에 기도한다
bogomoljac *-ljca* 신앙심이 깊은 사람, 신실한 사람
bogomoljka 1. 신실한 여자, 신앙심이 깊은 여자 (bogomoljac) 2. (昆蟲) 사마귀, 버마재비
bogomrzac *-rsca; -rsci, -ācā* 신을 증오하는 사람, 무신론자
bogootpadnik 신에 대해 알려고 하지 않는 사람, 무신론자
bogoraditi *-im* (不完) 구걸하다(신을 위하여 (boga radi)라는 말을 반복하면서)
Bogorodica 성모(聖母) **Bogorodičin** (形); *~a crkva* 노틀담의 사원
bogoslov, bogoslovac 1. 신학자 2. 신학교 학생(대학생) **bogoslovski** (形)
bogoslovija 1. 신학 2. 신학교
bogoslovlje 신학
bogoslovskī *-ā, -ō* 참조 bogoslov; 신학의, 신학교의; 신학자의; *~o učenje* 신학 공부; ~ *fakultet* 신학 대학; *~a rasprava* 신학 토론
bogosluženje 예배, 미사, 예배 의식; *odvojiti od ~a* 성직자의 미사 집전권을 박탈하다
bogougodan *-dna, -dno* (形) 신의 뜻에 맞는, 신이 기뻐할 만한; *~dno delo* 신이 기뻐할 일, ~ *posao* 신이 좋아할 일
bogougodnik 신의 사람, 성직자 (sveštenik)
bogovati *-gujem* (不完) 1. 신(神)으로서 통치다, 신이 되다 2. (신처럼) 전지전능하다, 제멋대로 통치다 3. 잘 살다, 풍족하게 살다, 즐기면서 살다
bogoveran *-rna, -rno* (形) 신을 믿는, 신앙적인, 종교적인, 경건한, 신실한
bogovetan *-tna, -tno* (形) 뜻을 강조할 때 쓰임(svaki, ceo, čitav 등의 단어와 함께); *ceo ~ dan* 하루 온 종일
bogovskī *-ā, -ō* (形) 1. 신의 2. (비유적) 훌륭

49

B

한, 최고의, 굉장한 (sjajan, vanredan);
slike su mu ~ 그의 그림들은 굉장하다; ~a
večera 최고의 저녁(식사)
bogumil, bogomil 보고밀교도
bogzna (副) 1. 정확히 말해서, 엄밀히 말해서;
nije on ~ kakav junak 그는 엄밀히 말해서
영웅이 아니다 2. ~ *kako* 너무 많이; ~
kako se raduje što ti dolaziš 네가 온다고
얼마나 좋아하는지
bohem 참조 boem
bohemija, bohemstvo 참조 boemstvo
boj *-a; bojevi & boji* 1. (軍) 전투, 무장 충돌;
전쟁; *biti ~* 전투하다; *zametnuti ~, zagaziti
u ~* 전쟁에 돌입하다; *otvoriti(povesti) ~*
전투를 시작하다 2. (두 명 이상의) 물리적
충돌, 싸움 (tuča) 3. (동물들 간의) 싸움 4.
때림, 구타, 폭행 5. 기타; *jesti ~a* 구타당하
다
boj (方言) 1. 층(層) (sprat, kat) 2. 키, 신장(사
람의)
boja 1. 색, 색채, 빛깔,색깔; svetla ~ 밝은 색;
tamna ~ 어두운 색; *drečeća ~* 너무 야한
(눈에 띄는)색; *zaštitna ~* (동물의)보호색 2.
염료; 물감, 페인트 (farba); anilinske ~e
(花) 아닐린 염료; *vodena ~* 수성 페인트;
masna ~ 유성 페인트; *obojiti crvenom
~om* 빨간 페인트로 칠하다 3. (複) 국기(國
旗) 4. (스포츠) 유니폼(일정한 색깔의); 클럽,
팀 5. 홍조(얼굴의); *dobiti ~u* 홍조를 띠다
6. (物) 음색; ~ *glasa* 목소리의 음색;
umirujuća ~ glasa 진정시키는 음색 7. 뉘앙
스 (nijansa, primesa); *kazati nešto s ~om
podrugljivosti* 조롱하는 뉘앙스로 뭔가를 이
야기하다 8. (비유적) 특징, 특색; 성격; 믿음,
신념, 생각 (obeležje, ubeđenje, uverenje)
9. 기타; *izići(izlaziti) s ~om na sredu* 자신
의 신념을 공개적으로 표명하다; *lokalna ~*
지방적 특색; ~ *mi(ti,mu) se (ne) prima* 성
공적이지 못하다; *pokazati se u
pravoj ~i* 자신의 진면목 (진짜 성격)을 보
여주다; *promeniti ~u* 안색을 바꾸다(화가
나서), (비유적) 정당을 바꾸다
bojadisar 페인트공, 도장공, 칠장이 (farbar)
bojadisati *-šem* (不完) **obojadisati** (完) 칠하다,
색칠하다, 채색하다, 염색하다
bojadžija (男) 도장공, 염색공 (bojadisar,
farbar)
bojati se *-im se* (不完) 1. (+ G) 무서워하다,
두려워하다; ~ *vuka* 늑대를 무서워하다; ~
(od) vatre 불을 무서워하다; *boji se svog
oca* 자기 아버지를 무서워한다 2. (*za*

nekoga, za nešto) 걱정하다, 근심하다; ~ *za
sina* 아들 걱정을 하다; *bojim se za njega*
그의 안부를 걱정하고 있다 3. (+ G.과 함께,
부정문에서만) (누구에게) 굴리지 않다, (누구
보다) 우월하다고 느끼다, 뛰어나다고 느끼
다, 부끄러워하지 않다; *u poslu se ne boji
nijednog mladića* 직장에서 그 어떤 젊은이
들에게 굴리지 않는다고 생각한다 4. 기타;
~ 걱정할 충분한 이유가 있다; ~ *svoje
sene* 매우 무서워하다, 아주 두려워하다; *ne
boj se* 물론, 분명히, 확실히 (sigurno,
svakako); *on će, ne boj se, pobediti* 그는
물론 승리할 것이다; *nemaju se čega bojati
od nas* 우리를 무서워할 아무런 이유가 없
다
bojazan *-zni* (女) 두려움, 무서움, 공포
(zebnja, strah, strepnja); *nema ~zni* 위험이
없다
bojazan *-zna, -zno* (形) 무서워하는, 두려워하
는 (bojažljiv)
bojažljiv *-a, -o* (形) 무서워하는, 겁이 많은,
소심한
bojažljivac 겁이 많은 사람, 소심한 사람
bojevan *-vna, -vno* (形) 1.전투용의, 전투에
사용되는; *~vni metak* 실탄; *~vna municija*
탄약 2. 호전적인 (borben)
bojevati *bojujem* (不完) 전투를 치르다, 전쟁
을 치르다
bojevī *-ā, -ō* (形) 전투의, 전투용의, 전투에
사용되는; *~a municija* 탄약; *~a glava* 탄두
(어뢰, 미사일 등의)
bojica 1. 그림 물감 2. 색연필
bojište 전쟁터, 전장(戰場) **bojišni** (形)
bojiti *-im* (不完) **obojiti** (完) 색칠하다, 채색하
다 (farbati, malati, molovati, bojadisati)
bojkot 보이콧, 배척, 불매(不買) 동맹
bojkotirati *-am* (不完) **bojkotovti** *-tujem* (完,
不完) 보이콧하다, 배척하다
bojler 보일러; *električni ~, ~ na struju* 전기
보일러, *na gas(plin)* 가스 보일러; *plinski
~* 가스 보일로
bojna (歷) 약 1,000여명으로 구성된 부대 단
위 (크로아티아의)
bojnī *-ā, -ō* (形) 1. 전투의, 전쟁의, 군의; *~o
polje* 전장(戰場), ~ *poredak* 군 질서; ~
otrov (전쟁용)독가스 2. 용감한, 영웅적인
(hrabar, junački)
bojovnik 전사(戰士), 용사 (bojnik)
bok *-a; bokovi & boci* 1. (解) 옆구리 2. 측면,
옆면, 익(翼)(부대·함대의); *iz oka iz boka, s
oka s boka* 어떤 방법으로든지, 어떤 대가를

치르더라도; *stajati uz ~ (kome)* ~를 도와주
다, ~의 원조자가 되다; *staviti o ~ uz ~* 똑
같이 되게 하다, 나란히 되게 하다
bok 의자, 좌석(마차의)
bokal (목이 가늘고 손잡이가 붙은) 도기(유리)
제의 주전자(잔) (보통 탁자위에 있으며 물이
나 포도주를 담기 위한)
bokalče *-eta* (中), **bokalić** (男) (지소체) bokal
bokast *-a, -o* (形) 볼록한(izbočen, ispupčen);
배가 나온(bokat)
bokat *-a, -o* (形) 배가 나온
bokobran (船舶) (배의) 방현재(防舷材); 정박시
배의 측면을 보호하기 위한 로프로 된 타래)
bokor 1. 관목, 수풀, 덤불; ~ *ruža* 장미 관목
(덤불); ~ *jorgovana* 라이락 관목 2. 꽃다발,
부케; ~ *ruža* 장미꽃 다발
bokorast *-a, -o* (形) 덤불 모양의, 부케 모양
의
bokoriti se *-i se* (不完) **razbokoriti se** (完) 덤
불 모양으로 자라다, 가지를 치며 자라다
boks 1. 권투 2. 칸막이 방, 칸막이 된 작은
공간
boks (제화(製靴)용의 무두질한) 송아지 가죽;
teleći ~ (구두를 만들) 송아지 가죽
bokser 1. 권투 선수, 복서 2. (격투할 때) 손
가락 마디에 끼우는 쇳조각 3. 개(犬)의 한
종류
bokserskī *-ā, -ō* (形); 권투의, 복싱의; ~*e*
rukavice 권투 장갑, 복싱 글로브; ~*a*
utakmica 권투 경기
boksit (鑛) 보크사이트 **boksitni** (形)
boks-meč 권투 시합
boksovati (se) *-sujem (se)* (不完) 복싱하다,
권투하다; 주먹으로 때리다
bokvica (植) 질경이
bol (男, 女) 1. 통증, 아픔; *lažni ~ovi* (醫) 가
진통, 가분만통, 거짓분만통; *pričiniti*
nekome ~ 누구에게 고통을 주다; ~ *u*
leđima 등(의) 아픔; *svetski ~*비관적 세계관,
염세; 감상적 비관론 2. 정신적 고통
bolan *-lna, -lno* (形) 1. 아픈, 고통스런; ~*lno*
mesto 아픈 곳, 약한 곳; ~ *da se leči* 매우
맛있는(음식이나 술이); ~ *prebolan* 매우 아
픈, 병이 위중한; *mrtav ~* 병이 아주 위중한,
죽음 직전의 2. 슬픈 3. 고통을 야기하는 4.
민감한, 예민한
bolećiv *-a, -o* (形) 인정 많은, 동정심이 있는,
동정적인 (sažaljiv, nežan); ~ *čovek* 동정심
이 있는 사람; ~ *izraz* 동정적인 표현
bolesnik 환자, 아픈 사람; *duševni ~* 정신병
자; *srćani(plućni) ~* 심장(폐)병 환자

bolesnica
bolesničkī *-ā, -ō* (形) 1. 참조 bolesnik; 환자
의; ~*a postelja* 환자용 침대; ~*a lista* 환자
명단 2. 환자 같은, 힘없는, 약한, 허약한; ~
izgled 환자 같은 모습; ~ *glas* 힘없는 목소
리
bolest (女) 병, 질병; *zarazna (hronična,*
venerična, akutna) ~ 전염병(만성 질환, 성
병, 급성 질환); *velika (padajuća)* ~ 간질병;
vodena ~ 신체에 물이 차는 병(보통 관절
에); *grudna* ~ 결핵; *profesionalna* ~ 직업
병; *šećerna* ~ 당뇨병; *morska* ~ 배멀미;
visinska ~ 고소공포증; *tropska* ~ 열대병;
duga i teška ~ 암(癌); *zubna* ~ (비유적) 따
분한 사람; *bolovati od dečje ~i* (경험 부족
으로 인해) 실수하다
bolestan *-sna, -sno* (形) 1. 아픈, 병든;
duševno (nervno) ~ 정신적으로(신경계통이)
아픈 2. (비유적) ~에 사로잡힌, 병적인; ~
od ljubomore 병적인 질투심 3. (비유적) 비
정상적인, 부자연스런 (nenormalan,
neprirodan); ~*sna ambicija* 비정상적인 야
망, ~*sne ideje* 비정상적인 생각; ~*sna*
ljubomora 비정상적인 시기심
bolešljiv *-a,-o,* **boležljiv** (形) 병약한, 허약한
boleština 병, 질병 (bolest)
boleti *boli* (3인칭 형태로만 사용됨) (不完) 아
프다; *bole me noge* 다리가 아프다; *boli ga*
zub 그는 이빨이 아프다; *boli me srce* 마음
이 아프다; *naći(znati) gde koga boli* 다른
사람의 고통을 이해하다; *boli glava* (隱語)
아주 뛰어난 것 또는 환상적인 것을 말할 때
사용됨; *boli me glava* 걱정이 있다, 문제가
있다; *neka te ne boli glava* 걱정하지마
bolnica 병원; ~ *za duševne bolesnike* 정신병
원; *poljska* ~ (군의)야전병원; *ginekološko-*
akušerska ~ 산부인과 병원 **bolnički** (形);
~*o lečenje* 병원치료
bolničar 남자 간호사; (군)위생병
bolničarka 간호사
bolnik (시적 표현) 환자
bolno (副) 고통스럽게, 아프게, 슬프게
bolovanje (동사파생 명사) bolovati
bolovanje 병가(病暇); *biti na ~u* 병가중이다
bolovati *-lujem* (不完) 병에 걸리다, 아프다;
병가를 내고 쉬다; ~ *od tuberkuloze* 결핵에
걸리다, 결핵을 앓다
bolja 1. 병(病), 질병 (bolest) 2. 상처 (rana)
bolje (副) 더 좋게 (dobro의 비교급); ~ *reći,*
~ *rekavši* 다른 말로 말하자면, 보다 정확하
게 말하자면; ~ *(te, vas) našao* '잘 오셨습니

다'에 대한 응답(감사합니다); *brže* ~ 가능한
한 빨리, 곧 바로;
boljī *-ā, -ē* (形) 참조 dobar; 더 좋은
boljitak *-tka* 개선, 진보, 발전 (poboljšanje,
napredak)
boljka 1. 병, 질병 2. 통증, 고통, 슬픔, 어려
움
boljševičkī *-ā, -ō* (形) 볼셰비키의, 볼셰비키
사상의; ~*a partija* 볼셰비키당(黨); ~ *režim*
볼셰비키 정권
boljševik 볼셰비키(옛 러시아 사회 민주 노동
당의 다수파)의 일원
boljševizam *-zma* 볼셰비키의 정책(사상)
boljševizirati *-am* (完,不完) 볼셰비즘을 도입
하다; 볼셰비키당원으로 만들다
bomba 1. 폭탄; *atomska(dimna, hidrogenska)*
~ 원자(연막, 수소)폭탄; *ručna(suzna)* ~ 수
류탄(최루탄); *kasetna* ~ 집속(集束) 폭탄
(폭발시 금속 파편이 광범위하게 비산됨);
na ~*u* 급히, 바삐, 성급히; *upasti kao* ~ 갑
자기(예상치 못하게) 오다, 돌진하다 2. (비
유적)강력하면서도 확실한 방법 3. (비유적)
위험, 위험물 3. (비유적)(隱語)(不變)(형용사
적 용법, 또는 부사적 용법으로) 특별하면
서도 훌륭한 그 무엇인, 죽여주는; *to je* ~
그것은 죽어준다(to je divno, sjajno), *ta
knjiga je bomba!* 그 책 완전 죽이는데!
bombarder 폭격기 **bombarderski** (形)
bombardiranje, bombardovanje (동사파생 명
사) bombardirati; 폭격, 포격; 폭격함, 포격
함; ~ *iz obrušavanja* 급강하 폭격
bombardirati *-am,* **bombardovati** *-dujem* (完,
不完) 1. (軍) 폭격하다, ~에 폭탄을 투하하
다 2. (비유적) 쏟아붓다 3. (비유적) 던져 맞
추다; (선물·말 등의) 폭탄세례를 퍼붓다; ~
nekoga pismima 누구에게 편지 세례를 퍼
붓다
bombast *-a, -o,* **bombastičan** *-čno, -čno* (形)
과장된, 침소봉대된; ~*čna fraza* 과장 어구
bombast (男) 과장된 말, 호언 장담
bombastika 과장 (bombastičnost)
bombaš 1. 폭격수(폭격기의) 2. 폭격기
bombica (지소체) bomba
bombon (男), **bombona** (女) 사탕, 캔디
bombonijera, bombonjera 사탕 그릇(박스)
bome 참조 bogami
bon *bonovi* 표, 권(券), 티켓, 쿠폰; ~*ovi za
benzin* 휘발유 쿠폰; ~ *za jelo* 식권; *kupiti
na* ~*ove* 티켓으로 사다
bona (특히, 입주하는) 여자 가정 교사
bonaca 고요, 평온(바다의)

bonbon 참조 bombon
bonton 예절, 예의바른 행동, 신사적 행동; *po
~u* 예절에 따라
bonvivan 미식가, 식도락가; 편안하고 안락하
게 살고자 하는 사람
bor 소나무; *beli* ~ 유럽 소나무; *crni* ~ 유럽
곰솔; *primorski* ~ 해안 소나무
bor (化) 붕소(硼素; 비금속 원소; 기호 B; 번
호 5)
bora 주름, 주름살, 구김, 구김살; *imati* ~*e* 주
름이 있다 (nabor)
borac *-rca* 1. 병(兵) 병사, 용사, 군인 (vojnik)
2. (어떠한 사사을 위해 투쟁하는) 투사; 지
지자 (pobornik); ~ *za slobodu* 자유(민주)
투사 3. 호전적인 사람, 투지가 넘치는 사람;
veliki ~ 투지가 대단한 사람 4. (스포츠) 격
투기 선수
borački (形) 1. 전투의; 병사의, 군인의; ~*a
vojska* 전투 부대; ~*a organizacija* 전투 조
직; ~ *dodatak* 전투 참가 수당(연금의) 2. 투
지가 넘치는, 호전적인 (borben, ubojit); ~
karakter 호전적인 성격; ~ *stav* 호전적인
입장
boraks (化) 붕사
boranija, buranija 1. 껍질 콩, 깍지 콩(긴 콩
깍지를 그대로 요리해 먹는 야채) 2. (자주
형용사 sitan과 함께 사용되어) *sitna* ~ 소시
민(小市民), 별 볼일 없는 사람(송사리)
borati *-am* (不完) naborati, zborati (完) 1. 주
름살이 생기게 하다, 주름지게 하다; (얼굴·
이마 등을) 찡그리다 2. ~ *se* (얼굴·이마 등
에) 주름살이 생기다
boravak *-vka* 머무름, 체재, 체류; *celodnevni*
~ (학생들이 학교에 온 종일 머무는) 전일
수업(교육)
boravište 체류지, 머무르는 곳(장소); *mesto
~a* 체류지; *privremeno* ~ 임시 체류지;
prijava ~a 체류지 신고(경찰서에) **boravišni**
(形); ~*a taksa* 체류세(관광지 등에서)
boraviti *-im* (不完) 머무르다, 체류하다; ~ *u
selu* 시골에 머무르다; ~ *u hotelu* 호텔에
체류하다; ~ *san(snom)* 잠자다; ~ *večni
san(večnim snom)* 영면하다(무덤에서)
borba 1. (전쟁 당사국들의) 무력 충돌, 전투;
전쟁 2. (두 명 이상 사람들의) 물리적 충돌,
싸움, 패싸움 3. (의견 등의) 충돌; ~ *s
roditeljima* 부모와의 충돌; ~ *protiv
siledžija* 깡패와의 충돌 4. (스포츠의) 경기
(takmičenje, nadmetanje) 5. 투쟁, 전쟁; ~
protiv alkoholizma 술과의 전쟁; ~ *za
opstanak* 생존을 위한 투쟁; ~ *s prirodom*

자연과의 투쟁; ~ *protiv nepismenosti* 문맹
퇴치 전쟁 **6.** 주저, 망설임, 갈등 (kolebanje,
dvoumljenje); *duševna* ~ 정신적 갈등 **7.**
기타; ~ *za život*, ~ *za nasušni hleb*, *životna*
~ 생존 투쟁, 살아가기 위한 노력; ~ *na*
život i (na) smrt 생사가 걸린 투쟁(노력); ~
prsa u prsa (軍) 육박전; ~ *s vetrenjačama*
헛된 투쟁(노력); *klasna* ~ 계급 투쟁;
primiti (prihvatiti) ~*u* 공격에 대응하다, 맞
대응하다
borben *-a, -o* (形) 전투의, 투쟁적인, 호전적
인, 군(軍)의 ; ~*a sredstva* 전투력; ~*i*
položaj 전투지; ~*a linija* 일선; ~*a pesma*
군가
borbenost (女) 호전성, 투쟁 정신, 투지(鬪志)
bordel 사창가 (javna kuća)
bordo 1. (形) (不變) 검붉은 색의 **2.** (명사적
용법에서) (男) 포도주의 일종(프랑스산의)
bordura (장식된)테두리, 가장자리
borilačkī *-ā, -ō* (形) 무술의, 무도의; ~*a*
veština 무술(武術), 격투기
borilište 전장, 싸움 장소; 경기장; *sportsko* ~
스포츠 경기장
boriti se *-im se* (不完) **1.** 전투하다, 전쟁하다;
싸우다; ~ *do poslednje kapi krvi*, ~ *na*
život i smrti 죽을 때 까지 투쟁하다; 혼신의
힘을 다해 싸우다; ~ *prsa u prsa* 육박전을
치르다; ~ *s vetrenjačama(protiv vetrenjača)*
헛된 싸움을 하다 **2.** (목적을 이루려) 최선
의 노력을 다하다, 투쟁하다, 분투하다; ~ *za*
slobodu mišljenja 생각(사상)의 자유를 위해
투쟁하다; ~ *protiv alkoholizma* 술과의 전쟁
을 하다; ~ *za opstanak* 생존을 위해 분투하
다 **3.** (스포츠의) 경기하다, 시합하다
(takmičiti se, nadmetati se) **4.** 주저하다, 망
설이다, 딜레마에 빠지다 (kolebati se); ~
birajući između politike ili nauke 정치인가
학문인가를 선택하면서 딜레마에 빠지다 **5.**
기타; ~ *s dušom* 죽다, 사망하다; ~ *s*
vetrenjačima 헛된 노력을 하다; ~ *sa*
sobom (두 가지 가능성 중에 하나를 선택하
면서) 갈등하다, 딜레마에 빠지다
borje (集合) bor; 소나무
bor-mašina (機) 천공기, 드릴 기계 (bušilica)
bornī *-ā, -ō* (形) 군의, 군대의, 군사(軍事)의,
군용의; 군인의, 전사의, 용사의; ~*a kola* 장
갑차, 탱크
bornī *-ā, -ō* (形) (化) 붕소의; ~*a kiselina* 붕
소산
borniran *-a, -o* (形) 제한된 (ograničan)
borov *-a, -o* (形) 소나무의; ~*a greda* 소나무

들보; ~ *smola* 송진; ~*a iglica* 소나무 잎
borovica 1. (植) 노간주나무 종류, 그 열매
(kleka, venja, smreka) **2.** 노간주 나무 열매
로 빚은 술
borovina 소나무 나무, 소나무 숲
borovit *-a, -o* (形) 소나무 숲으로 뒤덮인
borovnica (植) 블루 베리 (나무, 열매)
borovnjak 1. 소나무 숲 **2.** 노간주 나무로 덮
인 숲, 노간주 나무 열매
bos *-a, -o* (形) 맨발의, 양말을 신지 않은; *on*
stalno ide ~ 그는 언제나 맨발로 다닌다; ~*i*
dani 어린 시절; ~ *po glavi* (농담조의) 머리
카락이 없는, 대머리의; *kao* ~ *u baru* ~할
준비가 되어 있는, 준비된, 기분 좋은;
provesti se kao ~ *po trnju* 아주 힘들게 보
내다(지내다)
Bosanac *-nca* 보스니아 사람, 보스니아 출신
사람
bosančica 보스니아에서 사용된 키릴문자(중세
부터 근래에까지, 그들만의 특징이 있음)
Bosanka 보스니아 여자
bosanskī *-ā, -ō* (形) 보스니아의, 보스니아어
의
Bosfor 보스포르해(海) **bosforski** (形)
bosiljak *-iljka* (植) 차조깃과의 풀(허브의 일종)
bosilje (集合) bosiljak; *smilje i* ~ 소악(小惡),
해악같지도 않은 해악(대악(大惡)에 비교하
여 사용됨)
Bosna 보스니아 Bosanac; Bosanka; bosanski
(形); *pa (i) mirna* ~*a* 모든 일이 만사형통이
다
bosonog *-a, -o* (形) 맨발의 (bos)
bosotinja 1. 맨발, 맨발 상태 **2.** (비유적) 가난
한 사람들, 빈곤한 사람들 집단 (sirotinja);
golotinja i ~ 가난, 빈곤
bostan 1. 멜론(수박과 멜론에 함께 쓰이는 명
칭); 멜론 밭; *obrati (zelen)* ~ 망하다 **2.** (方
言) 정원, 꽃밭 (vrt, cvetnjak)
bostandžija (男) 수박(멜론) 농사꾼, 수박(멜론)
장사꾼; ~*i krastavce prodavati* 더 잘 아는
사람한테 가르치다, 불도저 앞에서 삽질하다,
공자앞에서 문자 쓰다
bostanište 수박(멜론) 밭
bosti *bodem*; *bo, bola*; *boden, -ena* (不完)
ubosti (完) **1.** (칼, 바늘 등 날카로운 물체로)
찌르다, 쑤시다, 꽂다; *on me je ubo iglom*
그가 나를 바늘로 찔렀다; *ubola ga je zolja*
말벌한테 쏘였다 **2.** 찔러 상처를 입히다;
~*nekoga u ruku nožem* 칼로 누구의 팔을
찌르다 **3.** (비유적) 귀찮게 굴다, 성가시게
굴다, 모욕하다 **4.** (머리·뿔 따위로) 받다(밀

B

치다); *ova krava bode* 소가 뿔로 받는다; *~ nos u nešto* 간섭하다, 참견하다; *~ oči* 눈에 띄다, 모욕하다, 눈이 아프다(오랫동안 독서로 인해); *~ oči (jedan drugom)* 다투다, 싸우다, 의견이 일치하지 않다

bošča 베일(무슬림 여성들이 얼굴을 가리기 위해 사용하는)

boščaluk (方言) 결혼 선물(신부에게 하는, 보통 베일(bošča))

boščica (지소체) bošča

Bošnjak 1. 보스니아인, 보스니아 사람 (Bosanac) 2. 보스니아 무슬림

botaničar 식물학자

botanika 식물학 **botanički** (形); *~ vrt, ~a bašta* 식물원

boza 술의 한 종류(옥수수 가루와 설탕으로 빚음)

bozadžija (男) 술(boza)을 빚는 사람, 그 술을 파는 사람

bozadžinica 술(boza)을 빚고 파는 곳(공장, 가게)

božanskī *-ā, -ō* (=božanstven) (形) 1. 신의, 신성(神性)의; *~o delo* 신의 작품; *~a Afrodita* 신성을 가진 아프로디테 2. 출중한, 매우 아름다운, 아주 좋은 (izvanredno lep, divan); *~ miris* 아주 좋은 향기 3. 기타; *~a iskra* 시(詩)적 재능; *~o nadahnuće* 시적 영감

božanstven *-a, -o* (=božanski) (形) 1. 아주 훌륭한, 뛰어난, 아주 멋진; *~a lepota* 출중한 미(美); *~e oči* 아주 멋있는 눈; *~ izgled* 아주 멋진 외모 2. 신(神)의; *~a tvorevina* 신의 피조물

božanstveno (副) 훌륭하게, 더할 나위 없이, 멋지게, 근사하게

božanstvo 신(神), 신위, 신성

božica 여신 (boginja)

Božić 성탄절, 크리스마스; *Veliki ~* 크리스마스; *mali ~* 신년(1월 1일); *gojiti prase uoči ~a* 일을 마지막 순간까지 미루다, 마지막 순간까지 미뤄 두었던 일을 하다; *ne goji se prase uoči ~a* 일을 마지막 순간까지 미루지 마라; *kao ~ i Badnji dan* 항상 다함께(같이)

božićnī *-ā, -ō* (形) 크리스마스의; *~a pesma* 크리스마스 캐롤; *~a jelka* 크리스마스 트리

božijī, božjī *-ā, -ē* (形) 1. 신(神)의; *~a volja* 신의 뜻; *~ dar* 신의 선물 2. 신의 뜻에 따른, 신이 기뻐하는; 믿음이 좋은, 신실한, 독실한 3. (명사의 뜻을 강조하는 용법으로) 어마어마한, 거대한, 바로 그, 자체 (veliki,

veoma veliki; pravi, bogovetan); *ceo ~ dan* 하루 온 종일; *~e čudo* 어마어마한 기적; *strahota ~a* 공포 그 자체; *divota ~a* 장엄 그 자체 4. 기타; *Božiji dan* 크리스마스 이튿날; *~ sin* (宗) 예수 그리스도; *~ sluga* 신의 종, 성직자; *~ ugodnik* 성자(聖者); *~a pomoć* (인사말의) 안녕하세요(dobar dan); *iza ~ih leđa, za ~im leđima* 매우 멀리(외딴 곳에 대해); *~e drvo* (植) 사우던우드((남유럽산(産)의) 쑥의 일종(다년생 초본으로 맥주 주조용); *kraljevstvo ~e, carstvo ~e* 천국, 천당(raj); *kuća ~a* 교회; *na ~u versiju, na milost ~u* 불확실하게, 위험을 안고; *nazvati ~u pomoć* 안부인사하다 (dobar dan); *po ~oj volji* (宗) 신의 뜻에 따라; *pod ~om kapom* (弄談) 이 세상에서; *sila ~a* 많음, 다수; *terati do ~e kuće* 세상 끝까지 추적하다(위협·협박의 말로); *u ~oj ruci* 손의 손에 있다, 불확실하다

božjak 1. 거지, 구걸하는 사람; 가난한 자(者), 빈자(貧者) 2. 파멸한 사람, 불쌍한 사람 3. 수도원의 수도승

božur (植) 모란, 작약(芍藥) (peonija)

brabonjak *-onjka* 1.동물의 배설물(낟알 모양의) 2. 쓸모 없는(가치 없는)사람

brač (樂器) 현악기의 일종

bračnī *-ā, -ō* (形) 참조 brak; 결혼의

braća (男) (집합) brat; 형제

brada 1. 수염, 턱수염; *pustiti ~u* 턱수염을 기르다 2. 턱 3. 식물의 수염(턱수염을 연상시키는, 옥수수와 같은); *kukuruzna ~* 옥수수 수염 4. 기타; *verovati na ~u* 말(言)을 믿다, 약속을 믿다; *glavom i ~om* 개인적으로 (lično); *na svoju ~u* 자기 책임하에; *pljuvati (pljunuti) u ~u* 모욕하다, 수치스럽게 하다, 치욕스럽게 만들다; *puna šaka ~e* 커다란 행운(행복, 이익, 이득); *seda (bela) ~* 늙은 사람, 노인; *govoriti(smejati se) u ~u* 분명하지 않게 말하다, 불명확하게 말하다; *uzeti na svoju ~u* 책임을 지다; *uhvatiti boga za ~u* 실현할 수 없는 것을 실현하다

bradan 1. (鳥類) 수염수리(유럽 최대의 맹금) 2. 두브로브니크 은전(수염을 길게 기른 Vlah의 얼굴이 새겨져 있음)

bradaš 턱수염을 기른 사람 (bradonja)

bradat *-a, -o* (形) 턱수염이 있는, 턱수염을 길게 기른; *~ čovek* 턱수염을 길게 기른 사람

bradati *-am* (不完) **ubradati** (完) 수염이 나다, 수염이 자라다(옥수수의)

bradavica 1. 사마귀(피부에 나는) 2. 유두, 젖

꼭지 3. (나무 줄기의) 혹, 옹두리

bradavičast -a, -o (形) 사마귀 모양의, 사마귀로 덮여 있는

bradavičav -a, -o (形) 사마귀로 덮여 있는

bradetina (지대체) brada

bradica (지소체) brada

bradonja 1. 턱수염을 기른 사람, 턱수염이 있는 사람 2.(歷) 체트니크(세르비아의, 제 2차 대전중 대독항전을 한 사람들로 보통은 턱수염을 기르고 있었음)

bradva 까뀌(한 손으로 나무를 찍어 깎는 연장의 하나)

bradviti -im (不完) (까뀌로) 깎아 다듬다, 깎아 만들다

brahicefal, brahikefal 단두(短頭)의 사람

brahicefalan -lna,-lno, **brahikefalan** (形) 단두 (短頭)의

brajan (男) (지대체) brat

brajda (보통 목제의) 마름모 격자(格子)(세공), 격자 울타리; (포도 등이 오를) 격자 구조물 (čardaklija, senica)

brak -ovi 결혼, 혼인; građanski ~ 지방자치단체 호적 담당 공무원 앞에서 하는 결혼; divlji ~, ~ na levu ruku 사실혼(정식 결혼식을 하지 않은); mešoviti ~ovi 혼성 결혼(인종이나 종교가 서로 다른 사람들끼리 하는); sklopiti ~ 결혼하다; razvod ~a 이혼 **bračni** (形); ~ par 부부(夫婦); ~a zajednica 결혼생활

brakolomac, brakolomnik 결혼 생활을 파탄내는 사람(불륜을 저질러), 이혼귀책사유자 **brakolomnica** (preljubnik)

brakolomstvo 결혼생활을 파탄나게 하는 행위 (불륜을 저질러)

brakorazvodnī -ā, -ō (形) 이혼의; povesti (pokrenuti) ~u parnicu 이혼 재판을 청구하다

brale -a & -ē (男) (愛稱) brat

brana 1. 댐, 둑 2. 장애물 (prepreka) 3. (비유적) 보호, 방어 (zaštita, odbrana) 4. 써레 (갈아 놓은 밭의 바닥을 고르는 데 쓰는 농기구)

branati -am (不完) 써레질 하다 (drljati)

brancin (魚類) 농어 (lubin)

branica (보통 한정사적 용법에서 쓰임) 손으로 따서 수확한 과일

branič 1. 보호자, 방어자 (branilac) 2. (스포츠) 수비수(축구, 핸드볼 등에서); stajati na ~u 수비하다, 방어하다

branik 1. (軍) 보호벽, 방어벽; 진지 2. (비유적) 보호자, 방어자; 방어 3. (자동차의) 범퍼 4. (기차 건널목의) 차단기 5. (총의)방아쇠 안전핀

branilac -ioca 1. 방어자, 보호자, 수호자 2. (法) 변호인 **branilački** (形)

branište (자연적·인공적인 방어를 위한) 진지 (branik)

branitelj 방어자, 보호자 (branilac)

braniti -im (不完) **odbraniti** (完) 1. 방어하다, 보호하다, 수호하다, 막다, 지키다; ~ tezu 논문을 방어하다; ~ se iz slobode 불구속상태에서 재판을 받다; ~od optužbe 비난으로부터 방어하다; ~ se rukama i nogama 할 수 있는 모든 수단을 사용하다 자신을 보호하다(지켜내다) 2. zabraniti (完) 금하다, 금지하다, 허용하지 않다; ~ nošenje oružja 무기 휴대를 금지하다; pušenje zabranjeno 흡연 금지; on im brani da uđu u baštu 그는 그들이 정원에 들어가는 것을 허용하지 않고 있다 3. ~ se 공격에 저항하다, ~으로부터 지켜내다(수호하다); nemci su se branili do poslednjeg čoveka 독일인들은 최후의 일인까지 저항했다

branša, branža (隱語) 전문 분야, 전공 분야; 전공 (struka); trgovačka ~ 상업 전공

branje (동사파생 명사) brati; 채집, 거둠, 따는 것 (berba); ~ cveća 꽃 채집

branjenik (누구의) 변호를 받는 사람 (štićenik)

branjevina 벌목이 금지된 지역(어린 나무들이 자라나는)

branjiv -a, -o (形) 방어할 수 있는, 막아낼 수 있는; ~a tvrdnja 방어가 가능한 주장

branjug (鳥類) 개똥지빠귀 (bravenjak)

braon, braun (形) (不變) 갈색의, 다갈색의 (mrk, smeđ)

brašnar 1. 밀가루를 파는 사람, 밀가루 장사 2. (벌레) 밀가루 속에 있는 벌레의 일종

brašnara 밀가루 보관 창고

brašnast -a, -o (形) 1. 밀가루 같은, 밀가루와 비슷한; ~a boja 밀가루 비슷한 색; ~ prah 밀가루 같은 분말 2. 푸석푸석한, 잘 부서지는, 단단하지 않은 (sipkav, prhak); ~a jabuka 푸석푸석한 사과; ~a dinja 무른 참외 3. 전분질의, 녹말을 내는; ~o zrno 전분질 곡물

brašnen -a, -o (形) 밀가루로 만들어진; 밀가루 용의; 밀가루 같은, 밀가루와 비슷한; ~a kaša 밀가루 죽; ~a kesa 밀가루용 봉지; ~a vreća 밀가루 포대; ~a prašina 밀가루 비슷한 분말

brašnenica 밀가루 빵 (특히 먼 길을 떠날 때 가지고 가는)

B

brašno 1. 밀가루; 분말, 가루; *pšeničko* ~ 밀가루; *kukurzno* ~ 옥수수 분말; *belo* ~ 겨성분이 포함되지 않은 밀가루; *crno* ~ 겨 성분이 포함된 밀가루 2. 분말, 가루 (뼈, 생선 등의); *riblje* ~ 생선 분말; *koštano* ~ 뼛가루 3. 기타; *za babino* ~ 아무런 이유없이; *smejati se kao lud na* ~ 아무런 이유없이 웃다; *od tog ~a neće biti pogače* 그것으로는 아무것도 이룰 수 없다(아무런 일도 일어나지 않다, 아무 것도 성취할 수 없다)

brašnjav *-a, -o*, brašnav *-a, -o* (形) 1.밀가루로 얼룩진, 밀가루로 덮인 2. 밀가루와 비슷한

brat *braća* 1. 형제(兄弟); *rođeni* ~ 친형제; ~ *od strica* 친사촌; ~ *od tetke* 이종사촌, 고종사촌; ~ *od ujaka* 외사촌; ~ *po majci* 이부형제; ~ *po ocu* 이복형제; ~ *po mleku* 같은 사람(유모)의 젖을 먹고 자란 사이; *mokri* ~ 술주정뱅이; ~ *po krvi* 동포, 같은 민족 구성원; *po bogu* ~, *bogom* ~ 의형제; 2. (같은 부족·민족·국가에 속하는) 동향인, 동포, 같은 국민; (같은 단체의) 회원; (같은 종교의) 신자, 동일 신앙인; (같은 수도원에 속하는) 수도사, 성직자 3. 친구 (prijatelj, drug) 4. 기타; ~ *bratu (vredi)* 가장 싸게, 가장 싼 가격에; *ta kola vredi brat bratu 10,000 dinara* 그 자동차는 가장 싸게 10,000 디나르이다

brata, brato (男) (지대체) brat

bratanac 조카(형제의 아들) (sinovac, bratić, nećak) (sestrić)

bratanica 조카딸 (brat의 딸; 형(동생, 오빠, 남동생)의 딸) (sinovica, nećaka) (sestričina)

brati *berem*; *brao, brala*; *bran*; *beri* (不完) nabrati, ubrati (完) 따다, 뜯다, 채집하다,꺾다(꽃, 과일, 식물 등을); 수집하다, 모으다; 얻다, 받다; ~ *cveće* 꽃을 꺾다(따다); ~ *kožu na šiljak* 벌(징벌, 책임) 받을 준비가 되어 있다; ~ *lovorike* 성공을 쟁취하다,성공하다; ~ *plodove* 이익을 챙기다; *ne* ~ *brigu(brige)* 걱정하지 않다, 근심하지 않다

bratičina 여조카(형제의 딸) (sinovica)

bratić 1. brat의 지소체 2. 조카 (sinovac, bratanac) 3.사촌 형제 (bratučed)

bratija (集合) 1.한(같은) 수도원에 속한 승려 (bratstvo) 2. 떼, 떼거리, 집단

bratimiti *-im* (不完) pobratimiti (完) 1.형제라고 부르다(누구에게 무엇인가를 간청하면서); 간청하다, 애원하다; *on ga je bratimio da to ne čini* 그것을 하지말라고 간청하면서 그를 형제라고 불렀다 2. ~ *se* 의형제를 맺다, 형

제로서의 교제를 하다

bratimljenje (동사파생 명사) bratimiti

bratimstvo 의형제애(愛)

bratinskī *-a, -o* (形) 형제의; ~*a blagajna (kasa)* 광부들을 위한 사회보험 기관(이전의)

bratiti *-im* (不完) 참조 bratimiti

brato *-a* & *-ē* (男) 참조 brata

bratoljublje 형제애

bratoubica (男) 형제살해범

bratoubilac 참조 bratoubica

bratovati *-tujem* (不完) 형제처럼 살다

bratovljev *-a, -o*, bratovljī *-a, -ē* (形) 형제의 (bratov.)

bratovština 형제애

bratskī *-a, -ō* (形) 형제의

bratstvenik 단원(團員), 회원 (會員), 같은 집단에 속하는 사람

bratstvo 1. 형제간, 동기간, 형제애 2. 의형제간, 의형제애 3. (교회) 같은 수도원에 속한 수도승 4. 단체, 회(會)

bratučed 사촌 형제

bratučeda 사촌 자매

braun 참조 braon

brav *bravi* & *bravovi* 1. 마리, 두(頭) (특히 양이나 염소 등 작은 동물의) 2. 거세된 돼지 (도축용) (krmak) 3. (비유적) (輕蔑) 멍청이, 우둔한 사람 (glupak)

brava 자물쇠; *dubrovačka* ~ 좋고 확실한 자물쇠; *verthajmova* ~ 특수 자물쇠; *staviti pod ~u(iza ~e, s one strane ~e)* 체포하다, 감옥에 수감하다

bravac *-vca* 참조 brav; (거세한 후 사육하는) 거세된 돼지

bravar 자물쇠 제조공(장수) bravarski (形); ~ *zanat* 자물쇠 제조(판매)업

bravarija 자물쇠 제조(판매)업 (bravarstvo)

bravarnica 자물쇠 판매 가게

bravarskī *-a, -ō* (形) 참조 bravar

bravarstvo 자물쇠 제조(판매)업

bravče *-četa* (지소체) brav

bravenjak (鳥類) 개똥지빠귀 (branjug)

bravetina (지대체) brava

bravljī *-a, -ē* (形) brav의 소유 형용사

bravo (感歎詞) 잘한다, 좋아, 브라보

bravura 과감한 행위; 고난도의 기술(연주나 기타 행위시)

bravuzoran *-zna, -zno* (形) 고난도의, 고난도의 기술로 행해진(이루어진); ~*rna veština* 고난도 기술; ~*rna kompozicija* 고난도 작곡

brazda 1. 밭고랑, 보습자리; *zaorati(povući) prvu ~u* 무엇인가를 시작하다, 어떤 일에서

최초(일등)가 되다; *ploviti u ~u* 줄지어 항해 하다(전함이) 2. 바퀴자국; 항적(航跡) 3. (얼굴의) 깊은 주름 4. 기타; *zaorati (povući) prvu ~u* (무엇을) 시작하다, (어떤 일에서) 처음이다(처음이 되다, 처음으로 하다)

brazdalica 금속 날(스키 밑바닥에 있는)

brazdati *-am* (不完) **izbrazdati** (完) 1. 밭고랑 을 만들다, 밭을 갈다 2. (공기·물 등을) 가 르고 나아가다; 헤치고 나가다; *motorni čamci brazdali su površinu jezera* 모터 보 트가 호수의 물살을 가르며 나갔다 3. 주름 살을 만들다; *brige brazdaju lice* 근심으로 인해 얼굴에 주름졌다

brazditi *-im* (不完) **izbrazditi** (完) 참조 brazdati

brazgotina 상처 자국, 흉터 (ožiljak)

brazleta, brazletna 팔찌 (narukvica)

brbljalo (男,中) 수다쟁이 (brbljivac)

brbljati *-am* (不完) 1. 쓸데없는 말을 많이 하 다, 수다를 떨다 2. 골골 울다(칠면조, 오리 등이)

brbljavac *-avca* 참조 brbljivac

brbljavost (女) 수다, 수다스러움, 말 많음

brbljiv *-a, -o* (形) 수다스런, 말이 많은, 쓸데 없는 말을 많이 하는

brbljivac *-vca* 수다쟁이, 말 많은 사람

brbotati *-ćem* (不完) 1. (물 따위가) 콸콸 소리 를 내다 (klokotati) 2. 골골소리를 내면서 물에서 무엇인가를 찾다(오리, 돼지 등이)

brčak *-čka* 첨벙(혹은 잔잔한 물결; 물을 밟을 때 나는 소리)

brčić (지소체) brk

brčkati *-am* (不完) 1. 물을 튀기다(첨벙거리면 서) (pljuskati); ~ *veslom* 노로 물을 튀기다; ~ *vodu* 첨벙거리면서 물을 튀기다 2. 살살 이 뒤지다 (preturati, čačkati, čeprkati) 3. ~ *se* 수영하다, 헤엄치다(물을 첨벙첨벙 튀 기면서 4. ~ *se* (얼굴 등에) 주름지다; *lice joj se brčka* 그녀의 얼굴에 주름이 졌다

brčnuti *-em* (完) 참조 brčkati; ~se 물을 튀기 다

brdašce (지소체) brdo

brdo 1. 언덕, 작은 산, 구릉; *uz* ~ 오르막 길 의, 치받이 길의; *niz* ~ 내리막 길의; *ići u brdo* (가격을) 비싸게 부르다; *nešto se iza ~a valja* 무엇인가 준비되고 있다(보통 나쁜 음모가); *obećavati zlatna ~a, obećavati ~a i doline* 많은 것을 약속하다 (보통 자기 능 력 이상으로); *preko devet ~a, preko ~a i dolina* 아주 멀리 2. 더미, 쌓아 올린 것; *knjiga* 책 더미 **brdski** (形)

brdo 직기(織機)의) 바디, 리드; *biti na isto* ~ *tkan* ~와 동일하다; *biti na drugo* ~ *tkan* ~ 와 구별되다, ~와는 다르게 되다

brdovit *-a, -o* (形) 언덕의, 언덕이 있는; 언덕 과 같은

brdskī *-ā, -ō* (形) 참조 brdo; *~a artiljerija* 산 포대; ~ *konj* 산악말(馬)

brđanin *brđani* 1. 구릉지역에 사는 사람, 언덕 배기에 사는 사람 2. (軍) 산악포 **brđanka**; **brđanski** (形)

bre (感歎詞) 1. (자기가 하는 말에 다른 사람 의주의를 집중시키기 위해, 보통 윽박지르 는 형태로) *čuješ* ~ 듣기나 해!; *ćuti* ~ 조 용히 해! 2. (놀람) *~,~,~ šta ja to vidim* 오~ 내가 무엇을 보고 있지!

breberina (植) 아네모네

brecati *-am* (不完) 1. (종·벨·타악기 따위를) 울 리다, 울려서 알리다 (brencati) 2. 씰룩씰룩 움직이다, 경련을 일으키다; *breca mu oko* 그의 눈 근육이 씰룩씰룩 움직였다; *devojka breca od plača* 소녀는 울면서 몸을 움찔움 찔했다 3. **brecnuti** (完); ~ *se na nekoga* 에게 거칠게 소리를 지르다

breculja, brekulja (昆蟲) 쉬파리

breg 1. 낮은 언덕 (manje brdo) 2. (파도의) 물마루; 최고 수위점(水位點) 3. 해변 (obala); *kao od ~a odvaljen* 강건한, 튼튼한; *udarila kola u* ~ 어려움(난관)에 봉착하다

bregast *-a, -o* (形) 낮은 언덕 모양의; *~a osovina* (기계) 캠축

bregovit *-a, -o* (形) 1. 낮은 언덕이 많은 2. 낮은 언덕 비슷한, 낮은 언덕과 같이 솟은

bregunica 제비의 한 종류

brekinja (植) 마가목 (나무)

brektati *-ćem* (& *-im*) (不完) 1.헐떡거리다, 숨차다 2. (심장이) 두근거리다 3. 시끄러운 소리를 내다 (엔진 등이)

breme *bremena* 1. 짐, 화물, 부하, 하중 (tovar) 2. (정신적인) 짐, 부담; 걱정, 괴로움, 고생 3 태아(胎兒) 4. 기타; *biti pod ~nom, u ~u, nositi* ~ 임신하다; *osloboditi se ~na, rastati se sa ~nom* 출산하다, 아이를 낳다; *ide vreme nosi* ~ 늙는 것은 어쩔 수 없이 다가온다

bremen *-a, -o* (形) 참조 bremenit

bremenit *-a, -o* (形) 1. (보통 여성 명사에서) 임신한 (trudna); *~a žena* 임신한 여성 2. ~ 이 가득 찬(with); ~이 풍부한; *naše doba je ~o promenama* 우리 시대는 변화로 가득차 있다 3. 비옥한, 기름진; *~a zemlja* 기름진 옥토

B

bremenitost (女) 임신
bremenoša (男) 짐꾼, (짐)운반인, 포터(호텔의)
bremza 브레이크, 제동장치 (kočnica)
bremzati -am (不完) 브레이크를 걸다, 멈추게 하다
brencati -am (不完) (종,벨 등을)울리다 (brecnuti, zvečati, zujati)
brence -eta (종의) 추 (zvečak, klatno u zvoncima)
brenčati -am (不完) 종이 울리다
brendi -ija (男) 브랜디
brenovati -nujem (不完) 1. (머리카락을) 곱슬 곱슬하게 하다 2. 고려하다(보통 부정적으로); on nikoga ne brenuje 그는 아무도 부정적으로 생각하지 않는다
breskov -a, -o (形) 참조 breskva
breskovača 복숭아주(酒), 라키야(복숭아로 만든)
breskva bresākā & breskvī 복숭아 breskvin, breskov (形)
breskvarnik, breskvik 복숭아 과수원
brest bresta; brestovi 느릅나무 brestov (形); ~a kora 느릅나무 껍질; ~a gljiva 노랑 바래기 버섯(느릅나무에서 자람) (brestovača)
brestik 느릅나무 숲
brestovača 1. 노름 바래기 버섯, 노랑 바래기 버섯 2. 느릅나무로 만든 매(회초리)
brestovik 참조 brestik
brestovina 느릅나무 목재
breša 1. 터진 곳 구멍 (otvor, rupa) 2. (軍) 적진 돌파 (prodor)
breščić (지소체) breg
brešće (集合) brest; 느릅나무
brevijar (宗) (가톨릭의) 일과(日課) 기도서
breza (植) 자작나무 brezov (形); ~a kora 자작나무 껍질; ~o drvo 자작나무 목재; ~o povelje 자작나무 껍질에 쓰여진 서류; ~a mast 회초리, 몽둥이
brezik, brezovik 자작나무 숲
brezov -a, -o (形) 참조 breza
brezovac -ovca 자작나무 막대기
brezovača 자작나무 매(회초리), 자작나무 빗자루
brezovina 자작나무, 자작나무 목재
brežuljak (지소체) breg; 작은 언덕, 구릉(丘陵)
brežulj(k)ast -a, -o (形) 작은 언덕(brežuljak)이 많은, 작은 언덕이 있는, 구릉지의
brgljun (魚類) 멸치, 안초비 (inćun)
brica -ē (男) brico -a & -ē (男) 면도기(brijač의 지대체)
brid bridovi 1. 가장자리, 끝머리 2. 날(칼의)

3. 꼭대기(산, 언덕 등의); 산꼭대기
bridak -tka, -tko (形) 1.날카로운, 예리한 (oštar); ~ nož 예리한 칼; ~tko sečivo 예리한 날; ~ glas 날카로운 목소리 2. 재빠른 (brz); ~ pokret 재빠른 움직임
brideti -im (不完) 1.(몸의)감각이 무뎌지다, 찌뿌등하다, 몸이 멍해지다(구타, 찌름, 피곤, 감기 등의 결과로); bridi mi noga 다리의 감각이 무뎌졌다 2. 곱게 하다(얼어서), 시리게 하다, 감각이 없어지게 하다, 살을 에다(바람, 추위 등이); bride mi uši od zime 겨울 추위에 귀가 시리다
briga 1. 근심, 걱정; 근심거리, 걱정거리; baš me ~, ~ me, nije me ~ 나와는 아무 상관도 없다, 어찌되든 상관하지 않는다; brunuti ~u 근심하다, 걱정하다; voditi tuđu ~u 남의 일에 참견하다(간섭하다); dati se u ~u 걱정이 되다; deveta(poslednja) ~ 중요하지 않은, 부차적인; ne beri ~u 걱정하지 마; okrenuti (bacati, udariti) ~u na veselje 걱정거리를 잊다, 근심을 버리다; skinuti ~u sa vrata 근심걱정거리에서 해방되다; šta je koga ~ 아무도 ~를 돌보지 않는다(신경쓰지 않다); budite bez ~e 걱정하지 마세요; ~ za budućnost 미래에 대한 근심(걱정) 2. 돌봄, 보살핌 (staranje); voditi ~u o nekome 누구를 보살피다
brigada 1. (軍) 여단(旅團) 2. 팀, 그룹, 대(隊), 조(組); radna ~ 업무 수행을 공동으로 하는 하나의 단위(보통 2,000-3,000여명 규모) brigadni (形)
brigadir 1. 여단장 2. 팀장, 조장
brigadist(a) 팀원, 조원, 대원
brijač 1. 면도기, 면도칼 (britva) 2. 면도사, 이발사 (berberin) brijačica; brijački (形)
brijačica 1. 면도기, 면도칼 2. 면도사, 이발사
brijačnica 이발소 (berbernica)
brijaćī -ā, -ē (形) 면도의; ~ britva 면도기, 면도칼; ~ pribor 면도 도구
brijaćica 면도기, 면도칼 (brijačica, brijač)
brijanje ~(brijati의 동사파생 명사) nožić za ~ 면도칼
brijati -em; bri (不完) 1. 면도하다, (수염을)깎다; ~ bradu 턱수염을 깍다; ~ dlake 털을 깍다 2. (검이) 예리하게 베다 3. (비유적) (바람·추위 등이) 혹독한 바람이 불다, 살을 에는 듯이 춥다 4. ~ se 수염을 기르지 않다, 면도하다 5. 기타; ~ bez sapuna 괴롭히다, 고문하다; ~ bez britve 속이다, 기만하다, 현혹시키다; ko te pita brije li se vladika 너와 상관없는 사람에 대해 말하지

58

briket 연탄(煉炭), 번개탄

brilijant, briljant 다이아몬드, 보석 brilijantski, briljantski (形); ~ prsten 다이아몬드 반지

briljantan -tna, -tno (形) 찬란하게 빛나는, 번쩍번쩍 빛나는;예리한(두뇌가), 아주 훌륭한, 아주 뛰어난

briljantin 포마드의 일종

briljirati -am (不完) 두드러지다, 뛰어나다, 출중하다, 탁월하다; ~ u školi 학교생활이 출중하다

brinuti (se) -em (se) (不完) 1. zabrinuti (se) (完) 걱정하다, 근심하다; 근심 걱정을 끼치다; ~ (se) za nekoga ~를 걱정하다 2. pobrinuti (se) (完) 신경쓰다, 보살피다, 돌보다; ~ se o nečemu(nekome) ~에 대해 신경을 쓰다; majka se brine o deci 어머니가 아이들을 돌본다; ~ tuđu brigu 간섭하다, 참견하다

bris -evi (醫) 검체(檢體; 주로 코나 목구멍 등에서 채취함)

brisač 닦는 것(타월·스펀지 등), 와이퍼; (차의) 앞 유리 와이퍼; ~ za noge (현관의) 매트, 신발 흙털개; ~ stakla 와이퍼(자동차의)

brisati -šem (不完) 1. obrisati (完) 닦다, 훔쳐내다, 닦아 없애다, 닦아 내다(액체, 먼지 등을); ~ prašinu 먼지를 닦아 내다; ~ suze 눈물을 닦다; briši najpre ispred svoje kuće 다른 사람을 비판하기 전에 우선 먼저 자기 자신부터 똑바로 해라; ne biti dostojan ~ nekom prašinu s obuće 모든면에서 다른 사람보다 열등하다 2. izbrisati (完) 지우다(지우개나 다른 물체로), 삭제하다; ~ sunđerom 칠판 지우개로 지우다 3. (바람이) 세게 불다, 강하게 불다; vetar briše 바람이 강하게 분다 4. 매우 낮게 날다, 땅에 닿다; avioni su prosto brisali zemlju 비행기들은 거의 땅에 닿을 정도로 낮게 날았다

Britanija, Velika Britanija 영국, 대영제국; Britanac, Britanka; britanski (形)

britak -tka, -tko (形) 참조 bridak

britkost (女) 날카로움, 예리함; 민첩함

britva britāvā & britvī 1. 주머니 칼(접히는) 2. 면도칼, 면도기; (o)brijati bez ~e 속이다, 기만하다 3. 기타; klanjati se kao ~ 큰 절하다

britvica 1. 지소체 britva 2. 면도날 (žilet)

brizak -zga; brizgovi (가스·증기·물 따위의) 분출, 사출; 분사

brizgalica 주사기 (špric)

brizgati -am (不完) briznuti -em (完) 분출하

다, 뿜어 나오다; 솟구치다(액체가); ~ u plač (plakanje) 갑자기 울음을 터트리다

brizla 1. (解) 흉선(胸線), 가슴샘 2. (주로 송아지의) 췌장 또는 흉선(胸線)(식용으로서 애용됨)

brižan -žna, -žno (形) 1. 근심의, 걱정의; 근심있는, 걱정있는; ~ otac 근심있는 아버지; ~ pogled 근심어린 시선 2. 주의깊은, 세심한 (brižljiv, pažljiv)

brižljiv -a, -o (形) 1. 신경쓰는, 보살피는, 돌보는 2. 주의깊은, 세심한, 양심적인, 견실한, 성실한 (pažljiv, savestan)

brižljivo (副) 성실하게, 세심하게, 견실하게, 주의깊게

brižljivost (女) 성실성, 세심성, 견실성

brk brkovi & brci 1. 콧수염; (비유적) 명예, 체면; ~ a ~ 모두 제각기, 한 사람 한 사람 모두; ~ u ~ 대면(對面)하고, 얼굴을 맞대고; ~ mu se smeši 기뻐하다, 즐거워하다; gladiti ~ 만족감을 표시하다; omastiti ~ove 배불리 잘 먹다; obesiti(opustiti) ~ove 슬퍼하다, 슬퍼지다; preko ~a 화내면서; reći (nešto) u ~ove 간신히 들릴 정도로(작은 목소리로) 말하다; smejati se ispod ~a(pod ~om) 남몰래 웃다; u ~ (kazati, reći, smejati se, slagati) 터놓고 말하다(웃다, 거짓말하다) 2. 수염(고양이, 사자, 물고기 등의) 3. 끝(부분)(덩굴식물 등에서)

brka -ē, brko -a & -ē (男) 길게 콧수염을 기른 사람

brkajlija (男) 참조 brka

brkat -a, -o (形) 1. 긴 콧수염이 있는 2. 수염이 있는(식물)

brkati -am (不完) brknuti -em (完) 1. 찾다, 뒤지다, 탐색하다, 뒤집으면서 찾다; ~ po džepovima 주머니를 뒤지다 2. 섞다, 뒤섞다(음식을) 3. 구별하지 않다, 혼동하다(다른 개념과); on brka reči 그는 단어를 혼동해서 쓴다 4. 엉망으로 만들다, 망쳐놓다, 지장을 주다; to mi brka račune 그것이 내 계획을 엉망으로 만든다; ~ (šakom) ispod nosa (pod nosom) 위협하다 5. ~ se 간섭하다, 참견하다; stalno se brkaš u tuđ posao 남의 일에 항상 참견하다

brkatiti -im (不完) obrkatiti (完) 콧수염이 나다

brklja 1. 막대기, 장대, 몽둥이, 지주 (motka, kolac, greda) 2. 차단기(건널목 등의) (rampa, brana) 3. 계란을 휘젓는 기구(끈으로 되어 있음)

brknuti -nem (完) 참조 brkati

brko 참조 brka

brkonja 참조 brka

brlog 1. 돼지 우리(보통 진흙탕) 2. (비유적) 더러우면서 정돈되지않은 장소(잠자리) 3. 도덕적으로 의심스러운 장소

brložan -žna,-žno (形) 돼지 우리의, 돼지 우리 같은; 더러운

brložiti -im (不完) (돼지를) 돼지 우리에 집어넣다; ~ se 뒹굴다(진흙탕에서)

brljati -am (不完) 1. 더럽히다, 진흙투성이로 만들다 (prljati, kaljati) 2. 뒹굴다; dete se brlja po blatu 아이가 진흙투성이에서 뒹굴고 있다 3. (일을 망치게 하면서) 간섭하다 (참견하다, 개입하다); neka nevidljiva ruka brlja i kvari mu njegove planove 보이지 않는 어떤 손이 간섭하면서 그의 계획을 망쳐놓고 있다 4. 꼬이다(혀가); ne zna ni da govori nego brlja jezikom kao pijana baba 말도 제대로 못하고 혀 꼬부라진 소리를 한다

brljav -a, -o (形) 더러운, 진흙투성이의 (prljav, kaljav, uprljan)

brljavac -vca 단정치 못하고 꾀죄죄한 남자 (brljavica)

brljaviti -im (不完) 1. 쓸데없는 말을 하다, 실없는 소리를 하다 2. 천천히 억지로 먹다

brljotina 1. 얼룩, 오점 (mrlja) 2. 얼룩진 것; 잘못된 것(고친 부분이 많은 원고, 혹은 그림 등) 3. 어리석은 행동 (budalaština, glupost)

brnja 1. 주둥이나 코에 하얀 점이 있는 염소 혹은 양 2. 말의 주둥이에 있는 하얀 점

brnjast -a, -o (形) 주둥이에 하얀 점이 있는 (말, 염소, 양 등)

brnjica 1. 입마개, 재갈, 부리망(동물의); ~u na gubicu 조용히 해!, 입 다물어!; metnuti kome ~u u usta 누가 자유롭게 말하는 것을 허용하지 않다 2. 코뚜레(짐승의) 3. 고리, 링(일반적인)

broć (方言) 허튼 소리, 넌센스 (koješta); tandara(mandara) ~ 누가 엉터리 같은 소리를 할 때 사용함

broćast -a, -o (形) 불그스레한, 불그레한 갈색을 띤

brod -ovi & -i 1. (상당한 규모의) 배, 선박; ratni ~ 전함; ribarski ~어선; trgovački ~ 상선; ~ na jedra 범선; parni ~ 증기선; vasionski(svemirski, kosmički) ~ 우주선, ~ cisterna 유조선 2. (개울 따위의) 걸어서 건널 수 있는 곳, 얕은 여울 3. (건축) (교회당의) 본당 회중석(會衆席)(중심부) 4. 기타;

~ koji tone 침몰하는 배, 파산 직전의 프로젝트; državni ~ 국가(država); kud ~, tud i barka 다수가 선택하는 것으로 선택할 필요가 있다; kad ~ tone, miševi prvi beže 배가 침몰할 때, 쥐들이 먼저 도망친다

brodan -dna, -dno (形) 걸어서 갈 수 있는(여울, 개울, 강의)

brodar 선원; 선박건조공; 나룻배 사공; brodarica; brodarski (形)

brodarica 1. 참조 brodar 2. 조그마한 배(사람이나 화물 수송의)

brodarina 나룻배삯, 배삯

brodariti -im (不完) 항해하다, 배로 가다; 연안 수송에 종사하다

brodarski -a, -o (形) 참조 brodar; ~o društvo 해운 회사; ~a škola 해운 학교

brodarstvo 해운업; 해상 운송업;

brod-cisterna 유조선

brodica 조그마한 배

brodić (지소체) brod

brodište 부두, 선창

broditi -im (不完) 1. 배를 타고 가다, 항해하다 (ploviti) 2. 개울을 걸어서 건너다 3. (비유적) 여행하다, 지나가다, 가다

brodiv, brodljiv -a, -o (形) 항해할 수 있는 (plovan)

brodogradilišnī -ā, -ō (形) 조선의, 조선업의; ~a industrija 조선업, 조선 산업

brodogradilište 조선소

brodograditelj 조선 기사 (brodogradilac)

brodogradnja 조선(造船)

brodograđevnī -ā, -ō (形) 조선의; ~a škola 조선(造船) 학교

brodolom 1. 조난, 난파(충돌, 화재 등으로 인한) 2. (비유적) 파멸, 실패 (propast); pretrpeti ~ 조난당하다

brodolomac, brodolomnik 조난당한 사람, 조난자, 난파자 brodolomka

brodoloman -mna, -mno (形) 1. 조난당한, 난파당한 2. 조난의 위험이 상존하는

brodoplovan -vna, -vno (形) 항해의 (plovan)

brodovlasnik 선주(船主)

brodovlje (集合) 배, 선박

brodskī -ā, -ō (形) 참조 brod; ~a zastava 배 깃발; ~a posada 선원; ~a krma 선미(船尾)

broj -evi 수(數), 숫자, 번호; arapski brojevi 아라비아 숫자(1, 2, 3...); astronomski ~evi 천문학적 숫자; decimalan ~ 십진수; mešovit ~ 혼수(混數)(대소수, 대분수를 말함); parni(neparni) ~ 짝(홀)수; okrugao (zaokrugljen) ~ 0으로 끝나는 수(10,100

등); *prirodan* ~ 자연수; *bez ~a* 매우 많은, 굉장히 많은; *na* ~ 총, 합계 (svega, ukupno); *na ~u* 모두 (제 자리에)있다; *ni broja se ne zna* 매우 많은; *nisu mu sve koze na broju* 기분이 좋지 않은, 뭔가 문제가 있는; *u punom ~u* 예외없이 모두

brojač 1. 숫자를 세는 사람 2. 계산 기구; *Gajgerov* ~ (物) 가이거(뮐러) 계수관(計數管) (방사능 측정기)

brojan *-jna, -jno* (形) 다수의, 수많은; *~jni posetioci* 수많은 방문객; *naši zadaci su ~jni* 우리의 임무는 수없이 많다; *skupio se ~ narod* 많은 사람들이 모였다; *~jne narodnosti* 수많은 민족성

brojanice (女,複) (가톨릭) 로사리오, 묵주

brojati, brojiti *-im* (不完) 1. izbrojati, izbrojiti (完) 세다, 셈하다, 계산하다; *brojati zvezde* 실직자가 되다, 하는 일 없이 놀다; *broje mu se rebra* 굉장히 말랐다; *brojati dane* 조바심을 내며 기다리다; *brojati poslednje dane* 죽음을 기다리다; *brojati (nekome) zalogaje* 필요한 만큼의 음식을 주지 않다, *brojati se na prste* 손가락으로 꼽을 만큼 적다 2. 포함시키다, ~에 속하는 것으로 간주하다 (ubrojati, ubrojiti)

brojčanī *-ā, -ō* (形) 수의, 숫자상의; ~ *sistem* 숫자 체계; ~ *podaci* 통계, 숫자로 나타낸 데이터

brojčanik 1. 숫자판(시계, 전화기의), 다이얼, 눈금판 2. (자동차 따위의) 주행(走行) 거리계

brojčano (副) 숫자로, 숫자상으로 (brojno); *naša škola je ~ porasla* 우리 학교는 숫자상으로 성장하였다

brojilac *-ioca,* **brojitelj** 1. (數) (분수의) 분자 (분모 imenilac, imenitelj) 2. 수(숫자)를 세는 사람 (brojač)

brojilo (자동) 계량기, 미터(가스·수도 따위의); *električno* ~ 전기 계량기 (brojač)

brojitelj (數) (분수의) 분자 (brojilac)

brojiti *-im* (不完) 참조 brojati

brojka 숫자, 숫자 부호 (cifra)

brojnī *-ā, -ō* (形) 수의, 숫자의 (brojčani)

brojno (副) 참조 brojčano

brokat 수단(繡緞), 양단, 금실과 은실로 수놓은 비단천 **brokatnī, brokatskī** (形)

brokule (女,複), **brokulj** (야채) 브로콜리

brom (化) 브롬, 취소(臭素)(비금속 원소; 기호 Br; 번호 35) **bromni, bromov** (形)

bromid (化) 브롬화물

bronc (男), **bronca** (女) 참조 bronza; 동(銅), 구리 **brončan** (形) (bronza)

bronhije (女,複) (解) 기관지 **bronhijalni** (形); ~*a astma* 기관지 천식

bronhiole (女,複) (解) 세(細)기관지

bronhitis (病理) 기관지염

bronza 동(銅), 구리 **bronzan** (形)

bronzan *-a, -o* (形) 1. 구리의, 동(銅)의; ~*o zvono* 청동 종(鐘) 2. 구리 빛깔의, 구리 색깔의 3. 기타; ~*o doba* 청동기 시대

bronzirati *-am* (完,不完) 청동을 입히다, 청동 도금하다

broskva (植) 순무의 일종(뿌리가 황색인 무; 식용·사료용)

broš *-evi* 브로치(장식품)

brošira 참조 brošura

broširati *-am* (完,不完) (책을)묶다, 제본하다 (소프트 커버로)

brošura, brošira (가철한) 팸플릿, 작은 책자, 소책자; *propagandna* ~ 선전 책자

brsnat *-a, -o* (形) 잎이 우거진, 잎이 많은 (lisnat)

brst (男,女) 어린 잎(나무의), 어린 가지(가축의 꼴로 사용됨)

brstiti *-im* (不完) obrstiti (完) 가축이 어린 잎을 먹다

bršće (集合) 어린 잎, 새싹

bršljan (植) 담쟁이덩굴

brucoš (대학의) 신입생, 1학년 **brucoškinja**; **brucoški** (形)

bruh (病理) 탈장(脫腸) (kila)

brujati *-im* (不完) (벌 따위가)윙윙거리다, 윙윙 거리는 소리가 들리다; *eletrične žice bruje na vetru* 전깃줄이 바람에 윙윙거린다; *bruji mi u ušima* 혹은 *bruje mi uši* 귀가 윙윙거린다; *učionica bruji od dečjih glasova* 교실은 아이들 소리로 시끌시끌하다

bruka 1. 수치, 창피, 치욕, 불명예 (sramota); *pukla* ~! 스캔들이 터졌다; *beće ~e* 창피하고 치욕스러운 일이 발생할 것이다 2. 수치스럽고 창피스러운 행동을 한 사람; ~*o jedna* 에이, 이 수치스러운 놈!

brukati *-am* (不完) obrukati (完) 창피를 주다, 망신시키다, 모욕하다, 욕보이다; *nemoj da brukaš majku!* 어머니를 욕보이지 마라; ~ *se* 망신당하다, 모욕을 당하다; *obrukaćeš se* 망신당할 것이다

brundalo (男,中) 불평하는사람, 중얼거리는 사람, 투덜거리는 사람

brundati *-am* (不完) 중얼거리다, 투덜거리다, 불평하다

brus *-ovi* 숫돌; *dobiti ~* 아무것도 얻지 못하
다; *dođe kosa do ~a* 더 이상 지탱할 수 없
는 상태가 되다; *namerila se kosa na ~* 힘
(무력)과 힘(무력)이 부딪치다; *pala pčela na
~ da se meda nabere* 속다

brusač (칼·가위 등을) 가는 사람 (oštrač)
brusački (形)

brushalter 브래지어 (prsluče)

brusilica 연삭기, 연마기

brusilo 참조 brus

brusiti *-im* (不完) 1. izbrusiti, nabrusiti (完)
(칼 따위를) 갈다, 날카롭게 하다 2. (비유적)
신랄하게(거칠게) 말하다; 질책하다, 욕하다
3. (비유적) (바람이) 매섭게 불다 4. 기타; *~
zube(jezik)* 신랄하게 말하다, 이를 갈다(복
수·공격하기 위해); *~ pete* 도망치다

brusnica (植) 크랜베리, 덩굴월귤 (같은 이름
의 작은 관목에 열리는, 신맛이 나는 작고
빨간 열매. 요리 재료로 씀)

brutalan *-lna, -lno* (形) 잔인한, 잔혹한; *~
napad* 잔혹한 공격

brutalnost (女) 잔인함, 잔혹함

bruto (形)(副)(不變) 총, 총계의, 총체의
(ukupan, ukupno); *~ za neto* (商) 포장 무게
까지를 포함한 가격; *bruto-zapremina* 선박
의 총중량(선박 자체의 무게를 포함한);
bruto-prihod 총수입(경비를 제하지 않은);
bruto-težina 총중량(포장 무게를 포함한)

brv (女) 참조 brvno

brvnara (두꺼운 널판지로 지은) 널판지 집

brvno *brvānā* 두꺼운 널판지

brz *-a, -o* (形) 빠른; 급속한, 급격한; 재빠른,
날쌘, 민첩한; *biti ~ na nešto* 준비가 되어
있다(매, 싸움 등); *~ na jeziku, brza jezika*
충분히 생각하지 않고 말하다, 생각나는 대
로 말하다; ; *~i voz* 급행열차; *na ~u
ruku(raditi, čitati)* 성급히(하다, 읽다)

brzac (강의) 여울, 급류 (brzak); na ~ 뛰어서,
빨리

brzalica 발음하기 어려운 말(예: 간장 공장 공
장장은....과 같은 문장)

brzati *-am* (不完) 서두르다, 신속하게 하다,
빨리 하다(일반적으로)

brzina 속도, 속력; *u ~i* 바삐, 서둘러; *na ~u*
재빨리; *uhvatiti na ~u* 기회를 (재빨리)이용
하다; *brza ~a* 빠른 속도; *vetar je duvao
~om od preko 100 kilometra na čas* 시속
100킬로 이상의 속도로 바람이 불었다; *~
svetlosti(zvuka)* 빛(소리)의 속도;
maksimalna ~ 최고 속도 brzinski (形)

brzinomer, brzinometar 속도계

brzo (副) 빨리

brzojav 전보, 전신 (telegram)

brzojavljati *-am* (不完) brzojaviti *-im* (完) 전
보를 치다, 전신으로 알리다, 타전하다
(telegrafirati)

brzometan *-tna, -tno* (形) (軍) 속사(速射)의

brzometka 속사(速射)총

brzonog *-a, -o* (形) 발 빠른

brzopis 1. 흘려 씀, 아무렇게나 씀 2. 속기;
brzopisni (形)

brzoplet *-a, -o*, brzopletan *-tna, -tno* (形) 분
별없는, 경솔한; 성급한 (lakomislen,
nepromišljen)

brzopoteznī *-ā, -ō* (形) 속기의, 빨리 두는(체
스의); *~ turnir* 속기 대회(체스)

brzorek *-a, -o* (形) 말이 빠른, 말을 빨리 하
는; 말 많은, 수다스런

brzovoznī *-ā, -ō* (形) 급행열차의, 급행열차로
보내진; *~a roba* 급행열차편 화물

brže (副) 보다 빨리, 더 빨리 (brz의 비교급);
što ~, to bolje 빠르면 빠를수록 좋다

buav (形) 참조 buhav

buba 1. 곤충, 벌레; *svilena ~* 누에고치 2.
게으름뱅이; *biti lenj kao ~* 매우 게으르다;
buba u glavi 낯선(엉뚱한) 생각; *on ima
neku ~u u glavi* 그는 엉뚱한 생각을 가지고
있다; *udenuti nekome ~u u uho* 불안을 야
기하다 3. (비어) 벌레 같은 놈 (gad, rđa)

bubac *-pca* (鳥類) 모래주머니(특히 닭의)

bubalica (卑語) (이해하지 못하고)무조건 외우
는 학생

bubalo (男,中) 1. 고수(鼓手), 북치는 사람 2.
bubalica

bubamara (昆蟲) 무당벌레

bubanj *-bnja; bubnjevi & bubnji* 1. (樂器) 북,
드럼; *mali(veliki) ~* 작은(큰)북 2. (機) (특히
기계의 부품인) 드럼, 원통; (원통형의) 통,
드럼통 3. (漁業) 통발 4. (解) (중이(中耳)의)
고실(鼓室), 고막 5. 기타; *kao šipka uz ~*
항상 다른 사람과 같이 다니는 사람을 일컫
는 말(실과 바늘과 같이 항상 붙어다니는);
ostati u bubnju 1)복권(추첨)에 당첨되지 않
다 2)(~에) 실패하다, 성공하지 못하다; *otići
(prodati) na ~* 경매로 팔다; *udariti u ~* 선
포하다, 공포하다

bubanjskī *-ā, -ō* (形) 참조 bubanj; 북의, (귀
의) 고실의; *~a koža* 북 가죽; *~a maljica* 드
럼 스틱; *~a duplja* 중이(中耳); *~ opna* 고막,
귀청

bubašvaba (害蟲) 바퀴벌레

bubati *-am* (不完) 1. (누구를) 퍽 소리나게 치

다(때리다) (tući, udarati) 2. (북 등을) 치다; (둔탁한 소리가 나도록) 치다 (lupati) 3. (이해하지 않고) 외우다, 암기하다, 암기식으로 공부하다 (gruvati) 4. 별별 말을 다하다, 수다를 떨다 5. (소식·소문 등을) 사방으로 퍼뜨리다, 사방으로 전하다 (razglašavati) 6. ~ se 자기 자신을 때리다(보통은 손으로 가슴을)

bubica (지소체) buba

bubnī *-ā, -ō* (形) *~a opna* 고막, 귀청; *~ duplja* 중이(中耳)

bubnuti *-nem* (完) 1. 누구를 치다(때리다) (보통은 주먹으로 퍽하는 소리가 나도록) 2. (무엇인가를) 치다, 때리다 (둔탁한 소리가 나도록) 3. (비유적) 별별 말을 다하다, 수다를 떨다, 멍청한 소리를 하다 4. (둔탁한 소리를 내면서) 떨어지다 5. 둔탁한 소리를 내다 6. ~ se 자기 자신을 치다(때리다) (보통은 손바닥으로 자기 가슴을)

bubnjača (解) 고막, 귀청

bubnjar 고수(鼓手), (악대의) 북 연주자, 드러머

bubnjati *-am* (不完) 1. 북을 연주하다, 북을 치다 2. 북과 같이 둔탁한 소리를 내다 (어떤 표면을 침으로써) 3. 포효하다, 우르렁거리다 4. 소문(유언비어)을 퍼뜨리다 5. 굵은 목소리로 말하다

bubnjava 북소리

bubnjište (解) 중이(中耳)

bubojedi, bubojeci (男,複) (單 *bubojedac*) 식충(食蟲) 동물

bubotak *-tka; buboci, bubotākā)* 타격, 펀치, 주먹으로 치기, 때리기

bubreg (解) 신장, 콩팥; *zapaljenje(upala) ~a* 신장염; *kamen u ~u* 신장 결석; *živeti kao ~ u loju* 편안히 잘 살다, 호강하며 살다; *beli bubrezi* 고환(동물의) bubrežni (形); *~ kamen* 신장 결석

bubrežnjak (解) 1. (짐승의) 허릿살, 허리 고기 2. (침을 뱉는 의료용의) 침그릇 (북과 같이 생긴) 3. (허리에 차는 북과 같은 형태의) 허리 가방

bubriti *-im* (不完) nabubriti (完) 부어 오르다, 부풀다, 붓다, 부풀어 오르다(물을 흡수하여)

bubuljica 여드름, 뾰루지; 작은 돌기

bubuljičav *-a, -o* (形) 여드름이 난, 뾰루지가 난 (얼굴에)

buca (男), **buco** (남) 오동통한 사람(아이), 토실토실 살이 찐 아이

bucati *-am* (不完) 찢다, 뜯다 (cepati, kidati)

bucmast *-a, -o* (形) 볼이 통통한, 오동통한,

동글동글한; *~a devojčica* 오동통한 소녀; *~o lice* 오동통한 얼굴

bučan *-čna, -čno* (形) 1. 떠들썩한, 시끄러운, 소리가 큰, 소란스런 2. (비유적) 알맹이는 없고 소리만 요란한; *~čne fraze* 겉만 번지르한 말

bučati *-im* (不完) 1. 시끄러운 소리를 내다(물, 바람 등이); (바람 등이) 휘잉~ 하는 소리를 내면서 불다 2. 너무 시끄럽게 말하다, 소리치다, 고함치다 2. (D.형태의 논리적 주어와 glava, uho 등의 문법적 주어와 함께) 멍하다, 멍한 느낌이 있다(피곤, 음주 등으로 인한); *buči mi u ušima* 귀가 멍하다; *buči mi glava (od posla)* (일로 인해) 머리가 멍하다

buć (擬聲語) 첨벙첨벙, 텀벙(물이 튀는 소리)

buć (머리칼·실 따위의) 술, 타래 (čuperak, klupko, smotak)

bućast, bućav *-a, -o* (形) 머리에 타래가 있는

bućkalica 1. 교유기(攪乳器)(버터를 만드는 통, 폭이 좁고 나무로 만든) 2. 참조 bućkalo

bućkalo 어부의 막대(물을 쳐서 메기를 낚시 바늘로 유인하는)

bućkati *-am* (不完) 1. 물을 첨벙첨벙 튀기다 2. (우유·크림을) 교유기로 휘젓다(휘저어 버터를 만들다)

bućkuriš 1. 맛없는 음식 혹은 술 2. (비유적) 가치없는 것, 무가치한 것

bućnuti *-nem* (完) 참조 bućkati

bućoglav *-a, -o* (形) 1. 머리에 타래가 있는 2. 머리가 (호박처럼) 큰

bud, budi (接續詞) 1. 혹은, 아니면(*bud ~, bud ~; bud ~, ili ~*) 2. ~뿐만 아니라 ~도 (*bud ~ , tud ~; bud ~, pa još ~*) *bud je siromašan još se i kocka* 가난할 뿐만 아니라 놀음도 한다

Buda 부처님

budak 곡괭이 (pijuk)

budala (男,女) 바보, 멍청이, 어리석은 사람; 돌아이(또라이); 순진한 사람; *dvorska ~* (歷) 어릿광대(중세 왕후·귀족들이 거느리던); *praviti se ~* 어리숙한 척 하다; *praviti nekoga ~om* 누구를 바보로 만들다; *praviti sebe ~om* 자신을 우습게 만들다

budalast *-a, -o* (形) 어리석은, 바보 같은, 멍청한; 돌아이 같은

budalaština 어리석은 행동, 멍청한 행동; 돌아이(또라이) 짓

budalina (지대체) budala

budalisati *-šem* (不完) budaliti *-im* (完) 이상한 짓을 하다, 돌아이(또라이) 짓을 하다, 돌아이(또라이)같이 이야기하다; 어리석은 짓

63

을 하다, 어리석게 말하다

budan -*dna*, -*dno* (形) 1. 깨어있는, 자지 않는 (밤에); *budnim okom* 눈을 부릅뜨고, 주의 깊게, 방심하지 않고 2. 조심하는, 신중한, 주의깊은 (oprezan, pažljiv); ~*dna straža* 철통같은 경비; ~ *čuvar* 온 신경을 다 써 경비에 임하는 경비원 3. 활동적인, 활기찬, 항상 움직이는 (aktivan, živ, živahan); ~ *duh* 활기찬 정신

budem biti 동사의 미래형; *čim budete došli kući, javite nam se* 집에 오자마자 우리에게 연락하십시오; *kad budemo putovali, videćemo mnogo* 우리가 여행을 떠나면 많은 것을 볼 것입니다

budiboksnama 1. (副) 이상하게도, 아주 이상할 만큼 (vrlo čudno); *sve je bilo* ~ 모든 것이 참으로 이상했다 2. (男) 악마, 악귀 (đavo, vrag)

budilac -*ioca* 깨우는 사람(것)

budilica 1. 자명종 시계 2. 애국적 서사시(사람들의 의식을 일깨우는)

budilnik 자명종, 알람 시계; *naviti* ~ *na pet sati* (아침)다섯 시에 알람을 맞추다

budimka 1. 사과의 한 종류 2. 흰 호박

budist(a) 불교도, 불교 신자 **budistkinja**; **budistički** (形)

buditelj 참조 budilac

buditi -*im* (不完) probuditi (完) 1. (잠에서) 깨우다, 일으키다; ~ *nekoga iz sna* 잠에서 깨우다 2. 불러 일으키다, 생생하게 하다(회상, 추억 등을) 3. 자각시키다, 일깨우다 4. ~ *se* (잠에서)일어나다, 깨어나다; *uvek se budim u šest sati* 항상 (아침)여섯 시에 일어난다 5. ~ *se* 새로운 그 무엇이 나타나기 시작하다, 탄생하다, 나타나다, 시작하다; *budilo se novo doba* 새로운 시대가 시작되었다

budizam -*zma* 불교

budnost (女), **budnoća** 1. 깨어 있음, 잠을 자지 않음 2. 신중함, 조심 (opreznost, pažnja)

budući -*a*, -*e* (形) 앞으로, 미래의, 다가 오는; ~*e generacije* 미래 세대; *moj* ~, *(moja* ~*a)* 약혼자

budući (副) ~이기에, ~이었기 때문에; ~ *vojnik, on je znao šta znači rat* 군인이었기 때문에 전쟁이 무엇을 의미하는지 알았다

budući da (接續詞) ~이기 때문에 (pošto, zato što); ~ *ste ovde, reći ću vam o čemu se radi* 당신이 여기 계시기 때문에 무엇에 관한 것인지 말씀드리겠습니다

budućnost (女) 미래, 장래; *prepustiti(ostaviti) nešto* ~*i* 어떤 것을 장래 문제로 남겨놓다;

gledati(videti) u ~ 예언하다, 예견하다, *čovek od* ~*i* 장래가 보장된 사람; *u neposrednoj(skoroj)* ~*i* 가까운 장래에, 곧, 조만간에

budzašto (副) 아주 싸게, 헐값에 (vrlo jeftino) *kupio sam to (za)* ~ 그것을 아주 헐값에 샀다

budža 1. 클럽, 스틱(골프·하키채 같은) 2. (비유적) 주요 직위에 있는 사람

budžak 1. 구석, 모퉁이, 귀퉁이 (ugao, kut) 2. 더럽고 지저분한 곳(공간) 3. 낙후된 지역, 고립된 지역 4. *babin* ~ 보통 비가 시작되는 방향; *kriti se po budžacima* 세상을 등지고 꼭꼭 숨다; *zavući se u* ~ 은퇴하다; *po budžacima (raditi, pričati)* 비밀스럽게(몰래) 일하다(이야기하다)

budžet 예산, 예산안; 경비, 운영비; *državni(porodični)* ~ 국가(가계) 예산; *godišnji* ~ 연간 예산; *prekoračiti* ~ 예산범위를 초과하다 **budžetski**, **budžetni** (形); ~*a godina* 회계연도; ~ *sistem* 예산 체계; ~*a ustanova* 예산으로 운영되는 기관

budžetirati -*am* (完,不完) 1. 예산을 세우다 2. 예산 지원하다

buđ (女), **buđa** 곰팡이; *mirisati na* ~*u* 곰팡이 냄새가 나다; *uhvatila se* ~ *na pekmezu* 잼에 곰팡이가 슬었다

buđati (se) -*am (se)* (不完) **ubuđati (se)** (完) 곰팡이가 피다, 곰팡이 슬다; *hleb se ubuđao* 빵에 곰팡이가 슬었다 (plesniviti)

buđav -*a*, -*o* (形) 1. 곰팡이가 핀, 곰팡내 나는; ~ *hleb* 곰팡난 빵; ~ *miris* 곰팡내 2. (비유적) 가치없는, 무가치한 (bezvredan)

buđelar 지갑 (novčanik); *poznavati kao svoj* ~ 매우 잘 알다, 손금보듯 잘 알다

buđenje (동사파생 명사) buditi; 일어남, 깨어남

bufalo (男) 물소, 버팔로

bugaraš 불가리아인이 아니지만 자신을 불가리아인으로 생각하는 사람; 불가리아와 관련된 것이라면 높게 평가하는 사람

Bugarska 불가리아 **Bugarin**; **Bugarka**, **Bugarkinja**

bugarskī -*ā*, -*ō* (形) 불가리아의, 불가리아인의; ~*a privreda* 불가리아 경제; ~ *jezik* 불가리아어; ~ *narod* 불가리아 민족

bugarštica 서사적 민족시

buhač 1. (植) 쑥국화(벌레를 쫓는데 사용) 2. 벌레의 일종

buhav, buav -*a*, -*o* (形) 1. 푸석푸석한, 단단하지 않은, 무른 (prhak, rastresit); ~*a zemlja*

푸석푸석한 흙; ~ *sneg* 잘 뭉쳐지지 않는 눈
(雪) 2. 구멍이 숭숭난, 스펀지 같은
(šupljikav, sunđerast); ~*a pluća* 구멍이 숭
숭난 폐; ~ *hleb* 구멍이 숭숭난 빵 3. 부은,
부어오른 (podbuo, naduven); ~*o lice* 부은
얼굴
bujad (女) 1. (植) 양치류(類) (고사리 등) 2. 잡
초 (korov)
bujan -*jna, -jno* (形) 1. 빽빽한, 우거진, 밀도
가 높은; ~*jna kosa* 숱이 많은 머리; ~*jna*
šuma 우거진 숲 2. 잘 발달된, 풍성한, 풍만
한 (육체가); ~*jno telo* 잘 발달된 몸매;
~*jne grudi* 풍만한 가슴 3. 유량이 많고 유
속이 빠른(물이); ~*jni potok* 급격히 불어난
개울(급류) 4. 격렬한, 맹렬한, 거친(snažan,
jak, silan); ~*jni temperament* 격한 성정;
~*jne strasti* 열렬한 격정 5. 급속히 번창하
는(번성하는, 발달하는); ~ *razvitak* 빠른 성
장 6. 생기 넘치는
bujati -*am* (不完) **nabujati** (完) 1. 빨리 자라다;
급속히 발달하다(성장하다, 발전하다);
pečurke bujaju posle kiše 우후죽순처럼 성
장하다(발전하다) 2. 넘쳐 흐르다; *potoci*
bujaju 개울이 넘쳐 흐른다
bujica 1. 급류, 콸콸흐르는 물(개울의, 홍수나
소나기가 내려) 2. (비유적) 대규모(움직이는);
bujični (形)
bujnost (女) 1. 빽빽함, 우거짐 2. 풍성, 풍만
(육체의) 3. 생기 넘침 4. 맹렬함, 격렬함
bujon (料理) 부용(맑은 고기 수프, 보통 푼 계
란이 있음) (buljon)
buk *bukovi & buci; bukōvā* 1. 폭포 (vodopad)
2. 소음, 시끄러운 소리 (buka)
buka 소음, 시끄러운 소리 (huka, galama);
praviti ~*u* 시끄럽게 하다; *podići veliku* ~*u*
oko nečega ~을 둘러싸고 아주 시끄럽게 하
다
bukač 시끄럽게 하는 사람
bukagije (女,複) 족쇄 (negve, puto)
bukara (목제 또는 토기의) 주전자, 물병
bukarenje (동사파생 명사) bukariti se; 교미,
짝짓기
bukariti se -*i se* (不完) (돼지가) 교미하다,
짝짓기하다
bukati -*čem* (不完) **buknuti** -*nem* (完) 1.시끄
럽게 하다, 소음을 내다 2. (소(牛)가) 음매하
고 울다 (mukati); *vo buče* 소가 음매하고
울다 3. (올빼미가) 부엉부엉 울다; *buljina*
buče 올빼미가 부엉부엉 울다
bukavac (鳥類) 알락해오라기
buket 1. 부케, 꽃다발 (kita) 2. (술 따위의) 향

기, 방향
bukinist(a) 고서적상
buklija (주물용) 모래 거푸집 (pljosnat drveni
sud) (čutura, ploska)
buknuti -*nem* (完) 1. (소가) 큰 소리로 울다 2.
활활 타오르다(불이); 급격히 나빠지다(상처
부분이); 갑자기얼굴이 빨개지다, 홍조를 띠
다; *odjednom je buknula hartija* 갑자기 종
이가 활활 타올랐다; *vatra je buknula* 불이
활활 타올랐다; *rana je buknula* 상처가 갑자
기 나빠졌다 3. 갑자기 시작되다(일어나다),
갑자기 불어나다(강이, 물결이); *voda je*
buknula 물이 갑자기 불었다 4. 급속히 성
장하다, 한 순간에 성장하다; *posle kiše*
trava je buknula 비 온뒤 풀이 무성해졌다
5. 급격히 반대하다, 급속히 봉기를 일으키
다; *buknuo je ustanak* 봉기가 활활 타올랐
다
bukolika 목동(牧童)의 노래 **bukolički**,
bukolski (形)
bukov -*a, -o* (形) 참조 bukva
bukovac -*ovca* **bukovača** 너도밤나무로 만든
지팡이(막대기)
bukovik 참조 bukvik
bukovina 너도밤나무 나무; 그 목재
buktati -*im* & -*ćem* (不完) 참조 bukteti
buktav -*a, -o* (形) 활활 타오르는; 빨개진, 홍
조를 띤
buktavac -*avca* 참조 bukavac
bukteti -*im* (不完) **buktati** -*ćem* (完) 1. 활활
타오르다; *vatra bukti u kaminu* 벽난로의 불
이 활활 타오르다 2. 빨갛게 되다(얼굴이),
홍조를 띠다 3. 분노에 휩싸이다
buktinja 햇불 (baklja)
bukva 1. (植) 너도밤나무 2. (비유적) 어리석
은 사람, 우둔한 사람 (buljan) **bukov**,
bukvin (形) *bukova glava* 멍텅구리, 얼간이
bukvalan -*lna, -lno* (形) 문자 그대로의, 문자
상의; *u* ~*lnom smislu* 문자 그대로의 의미로
는
bukvan 바보, 멍청이, 백치
bukvar 초등학교 1학년용 (세르비아어)책(글자
를 처음 배우는)
bukvarac 1. 글자를 배우는 사람 2. (비유적)
초보자 (početnik)
bukvica 1. (지소체) bukva 2. 너도밤나무 열매
bukvica 1. 글자(abcd) 2. 병사(노동자) 수첩;
(*o*)*čitati nekome* ~*u* 꾸짖다, 잔소리하다
bukvik 너도밤나무 숲
bula 무슬림 여성; *vredi mu kao* ~*i gaće* 도움
이 되지 않는다, 아무런 쓸모도 없다; *kao* ~

65

(grmom) u jagode 준비가 되어 있지 않은

bula (로마 교황의) 교서; (옛 로마 황제나 독일 황제의) 칙서; *papska* ~ 교황의 교서; *zlatna* ~ 황금문서(1356년 신성 로마 황제 카를 4세가 발포한 칙서; *biti u ~i* 손해를 보다, 잃다(도박 등에서)

bulazniti *-im* (不完) 생각없이 말하다, 말도 안 되는 소리를 하다

bulbul 참조 slavuj

buldog 불독(개의 한 종류)

buldožer 불도저

bulevar 대로(大路), 큰 길

bulevarskī *-ā, -ō* (形) 1. 참조 bulevar; 대로의 2. (비유적) 가치가 낮은, 무가치한 (bezvredan); ~*a štampa* 황색 신문

bulka (植) 양귀비(양귀비속 식물의 총칭) (turčinak)

bulumenta (輕蔑) 많은 사람, 대중(大衆), 군중 (群衆)(mnoštvo)

buljav *-a, -o* (形) 참조buljook

buljina (鳥類) 올빼미 (jejina, sova)

buljiti *-im* (不完) 눈을 동그랗게 뜨고 쳐다보다, 눈을 부릅뜨다, 응시하다; *šta buljiš u taj zid* 뭘 그렇게 벽을 뚫어지게 바라보느냐?

buljon (料理) 부용(맑은 고기 수프) (bujon)

buljook *-a, -o*, **buljav** *-a, -o* (形) 통방울 눈의, 부리부리한 눈의; 눈을 희번덕거리는, (놀라서) 눈을 부릅뜬

buljubaša, buljugbaša (歷) 중대장급의 지휘관 (옛 터키 군대의)

buljuk 1. 중대급 부대(옛 터키 군대의) 2. 많은 사람 (gomila) 3. 떼, 무리 (stado, čopor)

bum 벼락 경기, 붐; (도시 따위의) 급속한 발전; (가격의) 폭등

bum (擬聲語) 탕, 쾅, 쿵

bumbar 1. (昆蟲) 호박벌 2. (비유적) 덩치가 크고 약간 살 찐 아이

bumbarati *-am* (不完) 1.윙윙거리다(뒝벌처럼) 2. 중얼거리듯 말하다

bumbašir (歷) 참조 izaslanik

bumerang 부메랑

bun (植) 사리풀(가짓과(科)의 약용 식물)

buna 1. 봉기; 모반, 반란, 폭동; *podići ~u* 반란을 일으키다, 폭동을 일으키다 2. 저항, 반대(otpor, protivljenje); 불안, 불안정(nemir, nespokojstvo)

bunar 우물, 샘; *arteski(arteški)* ~ 피압(被壓) 지하수 우물(지하수의 수압에 의하여 분출하는 우물) **bunarski** (形)

buncati *-am* (不完) 1.헛소리를 하다(꿈속에서, 병환중에) 2. 말도 안되는 소리를 하다, 허황된 소리를 하다

bunda 모피 코트

bundeva (植) (늙은)호박; *kao preko* ~ 질서없이, 부조화스럽게, 당혹스럽게; *posejati ~e* 떨어지다 (pasti)

bundevara 호박 파이

bundžija (男) 반역자, 모반자, 폭동에 참가한 사람 (buntovnik)

bungalov 방갈로(보통 별장식의 단층집) (bangalo)

bunika (植) 풀의 한 종류(유쾌하지 못한 냄새와 독성이 있음); *govori kao da se ~e najeo, kao da je ~e jeo* 돈 듯(어리석게) 말하다, 말도 안되는 소리를 하다

bunilo (病理) 섬망(譫妄) 상태, 일시적 정신 착란; *biti u ~u* 섬망 상태이다

bunište 참조 bunjište

buniti *-im* (不完) 1. pobuniti (完) (봉기, 폭동) 반란을 선동하다, 부추키다; 불만을 야기시키다; ~ *narod protiv nekoga* 백성들이 ~에 반대해 봉기를 일으키도록 부추키다 2. 불안 (불안정)하게 하다 3. zbuniti (完) 당황하게 하다, 혼란스럽게 하다 4. ~ *se* (봉기, 폭동) 반란을 일으키다; 불만을 표시하다, 불평하다; 당황해 하다, 혼란스럽다; 불안해 하다; *šta je, što se buniš?* 무엇 때문에 불만족해?; *komšije se bune što larmate* 당신이 시끄럽게 하기 때문에 이웃사람들이 불만족해 한다

bunker 1. (軍) 벙커, 지하 엄폐호 2. (배의) 연료 창고, 석탄궤 3. 각종 원자재 창고

bunkerirati *-am*, **bunkerisati** *-šem* (完,不完) 1. 벙커에 대피시키다, 벙커로 피하게 하다; *bilo je oko 1,000 ranjenika koje nismo mogli sve* ~ 우리가 벙커로 피신시킬 없었던 약 1,000 명의 부상자들이 있었다 2. (사람·물건 등을 대중들의 눈에 띄지 않게) 꽁꽁 숨기다, 꽁꽁 감추다; ~ *knjigu* 책을 꽁꽁 숨기다; ~ *film* 영화를 창고속에 꽁꽁 숨기다

bunovan *-vna, -vno* (形) 1. 잠이 덜 깬, 졸린 듯한 (sanjiv, dremovan) 2. 혼란스러운, 당황스러운 (zbunjen)

buntar 참조 buntovnik

buntovan *-vna, -vno* (形) 반항적인, 반항심이 있는; (국가·정부에) 반체제적인, 반역하는, 모반하는; ~ *čovek* 반항적인 사람; ~*čka pesma* 반체제적인 노래(시)

buntovničkī *-ā, -ō* (形) 반역의, 반역자의; ~ *duh* 반역 정신, 반체제 정신

buntovnik 반역자, 모반자, 반란자 **buntovnica; buntovnički** (形)

buntovništvo 모반, 반란, 폭동; 반항 정신
bunjište, bunište 쓰레기장; 쓰레기; otići na ~
버려지다
bup (부딪칠 때의) 쿵(딱) 하는 소리
bupiti -im (不完) 1. (他) (둔탁한 소리가 나도
록) 치다, 때리다 (lupiti, udarati) 2. (自)
(둔탁한 소리를 내면서) 쿵하고 떨어지다
bupnuti -em (完) 1. 부딪치다, 충돌하다(쿵하
는 소리가 날 정도로) 2. (둔탁한 소리를 내
면서) 쿵하고 떨어지다 3. (비유적) 쓸데없는
말을 하다, 수다를 떨다
bura 1. 폭풍, 태풍, 강풍; ~ u časi vode 찬잔
속의 폭풍 2. 아드리아해에 부는 북동풍 3.
(폭풍 같은) 주요 사건(전쟁, 혁명 등) 4. 동
요(動搖) 5. 기타; ~ smeha (oduševljenja,
ogorčenja, veselja negodovanja) 커다란 웃
음(기쁨, 분노, 즐거움, 불만);
podići(izazvati) ~u 큰 동요를 불러 일으키
다; ~ i nemir 질풍노도
burad (女) (集合) bure; 통; limena ~ 양철통
burag 되새김 동물의 위
buran -rna, -rno (形) 1. 폭풍우의, 폭풍의; 파
도가 사납게 날뛰는(바다의); 휘몰아치는(비,
바람 등이); ~rno more 격랑이 휘몰아치는
바다 2. (비유적) (사회의)다사다난한, 불안정
한, 여러가지 사건이 많은 (pun nemira,
uzbuđenja); ~rna vremena 격동의 시기; ~
život 격정적 삶
buranija 참조 boranija
burazer 1. 형제 (brat) 2. 친구 (drug, prijatelj)
burdelj 1. 누옥(陋屋), (초라한)오두막집 2. 사
창가 (bordel)
bure -eta (複 bureta, 집합 burad) 통; ~
baruta 화약통, 정세가 불안정하여 전쟁이
언제 터질지 모르는 지역; glava mu je kao
~ 머리가 묵직하다(술이 덜 깬, 숙취가 덜
깬)
buregdžija (男) 부렉(burek)을 만들어 파는 사
람
burek 빵의 한 종류(속에 고기, 치즈 등을 넣
은 기름기가 많은)
burence (지소체) bure
burgija 1. 구멍을 뚫는 공구(송곳, 드릴 종류)
2. (비유적) 허튼 말, 터무니없는 말, 터무니
없는 농담 (besmislica, budalaština)
burgijaš 1. 구멍뚫는 공구(burgija)를 만들어
파는 사람 2. (비유적) 허튼 농담을 하는 사
람
burgijati -am (不完) 1. (구멍뚫는 공구(burgija)
로) 구멍을 뚫다 2. 허튼 말을 하다, 허튼
농담을 하다 3. 봉기(반란, 폭동)을 선동하다

buriti se -im se (不完) naburiti se (完) 화내다
(srditi se, ljutiti se)
burjan (植) 잡초의 한 종류
burlav -a, -o (形) 부은, 부풀어 오른
(naduven)
burleska (진지한 작품을) 희화화한 작품, 패러
디; 풍자극, 익살극
burlesknī -ā, -õ (形) 참조 burleska; 풍자극
의, 익살극의, 패러디의
burma 결혼반지(보석이 박히지 않은)
burmut 코담배용 담배 가루
burmutica 코담배용 담배 가루 갑
buronosan -sna, -sno (形) 폭풍(bura)을 가져
오는, 강풍을 지니고 있는; ~ni oblaci 폭풍
구름
burundija 서면 명령; 칙령
burza 참조 berza
burzijanac -nca 참조 berzijanac
buržoa (男) 참조 buržuj
buržoaskī -ā, -õ 참조 buržujski
buržoazija 중산(시민) 계급, 상공 계급; 부르
주아(유산) 계급; sitna ~ 소시민 계급
buržoazirati se -am se (完,不完) 부르주아가
되다, 부르주아 계급이 되다
buržuj 1. 부르주아 계급에 속하는 사람 2. 소
시민 buržujka; buržujkinja; buržujski (形)
bus -i & -ovi, busen 1. 관목, 덤불 (bokor) 2.
뿌리와 함께 떠진 흙덩이
busati -am 1. 흙(busen)로 덮다 2. 나누다, 분
리하다(관목으로) 3. ~ se 덤불 모양으로 자
라다, 가지를 치며 자라다, 관목으로 자라다
busati se -am se (不完) (슬픔·절망 등으로 인
해)주먹으로 가슴을 치다; ~ u grudi(prsa)
가슴을 치다, 자랑하다, 떠벌리다, 허풍을 떨
다
busen 참조 bus
busenje (集合) busen
busija 잠복, 매복 (zaseda); uhvatiti u ~u 잠
복하다, 매복하다; čekati u ~i 잠복하며 기
다리다
busje (集合) bus
busola 나침반 (kompas)
bušač 1. 천공기나 보링 장비(bušilica)를 가지
고 일하는 사람 2. 곤충의 한 종류(열매에
구멍을 내는)
bušačī -ā, -ē (形) 구멍을 내는 용도의; ~a
mašina 구멍을 내는 기계, 천공기
bušel 부셸(곡물 단위; 약 36리터, 약 2말)
bušen 참조 bušiti
bušenje (동사파생 명사) bušiti; ~ petrolejskih
izvora 유정(油井) 굴착

B

bušilica 천공 기계(장비); 보링 장비

bušiti *-im* (不完) probušiti (完) 구멍을 뚫다, 구멍을 내다; ~ *rupu u zidu* 벽에 구멍을 뚫다; ~ *tunel* 터널을 뚫다; ~ *hartiju* 종이에 구멍을 뚫다; *cipele su ti se probušile na đonu* 신발창에 구멍이 났다; *probušila se kesa* 비닐 주머니에 구멍이 뚫렸다

bušljika 작은 구멍 (rupica)

bušotina 굴착공(광산, 유정 등의)

but *-ovi* 1. 동물 뒷다리의 무릎위 부분, 뒷다리 허벅지 살 2. (解) 허벅지(사람의)

butan 부탄 가스

butelja 병 (boca, flaša)

buter 버터 (puter, maslac)

butina 1. 허벅지(사람의) 2. (지대체) but

butka 참조 butina

butnī *-ā, -ō* (形) 참조 but

butnjača (解) 대퇴골, 허벅지 뼈 (bedrenjača)

buton 1. 단추 (dugme) 2. 귀걸이(minđuše)

buva (害蟲) 벼룩; pustiti *nekome ~u u uši* 누구에게 아주 약간의 정보를 흘려 안절부절 못하게 하다; *ta me ~ neće ujesti* 나한테는 그런 일이 발생하지 않을 것이다

buvara 감옥, 교도소 (zatvor, haps)

buvlji 참조 buva; *~a pijaca* 벼룩 시장

buzda 1. 통통한 사람, 살이 약간 찐 사람 2. (비어) 바보, 멍청이 (budala)

buzdovan 1. 갈고리 달린 철퇴(중세의 갑옷을 부수는 무기) 2. (卑語) 어리석은 사람, 멍청한 사람 (glupak)

C c

cagrije (女,複) (칼, 검 따위의) 집; 칼집

cajtnot (어떤 일을 하기에는 부족한) 시간 부
족; *biti u ~u* (체스) 초읽기에 몰리다; *naći
se u ~u* 진퇴양난에 빠지다

cak (擬聲語) 우두둑, 딱, 쨍그렁 (터지거나
깨질 때 나는 소리)

cakan (口語) 여보, 당신, 자기(가장 소중한 남
자를 부를 때) (slatka, draga, mila muška
osoba)

cakana (口語) 여보, 당신, 자기(가장 소중한
여자를 부를 때) (slatka, draga, mila ženska
osoba)

caklina 1. 에나멜, 유약, 에나멜 도료 (gleđ,
glazura) 2. (解) (치아의) 에나멜질, 법랑질

cakliti *-im* (不完) 1. 유약(caklina)을 바르다;
반짝반짝 빛나게 하다; ~ prozore 창문을 반
짝이게 하다 2. (유리처럼 빛나는 눈으로) 바
라보다, 쳐다보다 3. ~ se (보통은 눈(眼)이)
유리알처럼 반짝이다(빛나다)

caknuti *-nem* (完) **caktati** *-ćem* (不完) 1. (擬
聲語) 우두둑(딱, 쨍그렁, 우지끈) 소리를 내
다 2. (발로)차다, 때리다

cakum-pak(um) (副) 모두, 전부, 통째로 (sve
skupa, sve zajedno, đuture); *spremiti sve
~* 모든 것을 다 함께 준비하다; *ostaviti
imanje ~ nekome* 누구에게 전 재산을 통째
로 남기다

canja (男,女) 불평가, 투덜대는 사람

canjati *-am* (不完) 투덜대다, 불평하다, 한탄하
다, 하소연하다

canjav *-a, -o* (形) 항상 투덜대는, 불평을 털
어놓는, 한탄하는

capteti *-im* (不完) 참조 cavteti

car *-evi & -i* 1. 제왕, 황제; 짜르; ruski car
러시아 짜르, japanski car 일본 왕; *biti ~
na svome* 그 누구에게도 종속되어 있지 않
다 *blago ~a Radovana* 모두가 찾아해메지
만 아무도 못찾은 어마어마하게 많은 보물;
zmijski ~ 비단뱀; *doterati ~a do duvara* 누
구를 출구가 없는 곳으로 몰아세우다, 구석
으로 몰다; *gorski ~* 산적(hajduk); *nebeski
~* 신(神); *živeti kao ~* 아무런 불편없이 살
다, 아무런 걱정없이 살다; *~u uz koleno
sedeti* 최고의 명성(영광)까지 도달하다 2.
(비유적) 그 어떤 모든 사람들 보다 월등한
사람 **carski, carev** (形)

carev *-a, -o* (形) 참조 car; 황제의, 제왕의; ~
ferman 황제의 칙령; *~a godina* 매우 긴 시
간 (황제를 위해 봉사해야 하는 기간); ~
dan 고요하고 햇볕 좋은 날

carevac *-vca* 1. (歷) 황제의 사람(신하); 황궁
대신(大臣); 황제의 군인 2. (植) 히야신스

carevati *-rujem* (不完) 참조 carovati

carevica 황비(皇妃) (carica)

carević 1. 황자(皇子), 황제의 아들 2. 황국민
(皇國民)

carevina 1. 황국(皇國) 2. (비유적) 절대적 위
치를 차지하고 있는 곳(장소) 3. 황제에 바치
는 세금

carevna 황녀(皇女), 황제의 딸

carevo oko (植) 기생초 종류

Carigrad 콘스탄티노플, 이스탄불

carina 1. 관세; *uvozna(izvozna) ~* 수입(수출)
관세; *zaštitna ~* 보호 관세; *platiti ~u (na
nešto)* 관세를 지불하다;; *oslobođen od ~e*
면세; *uvesti ~u na robu* 상품에 관세를 도
입하다; *slobodno od ~* 면세의   2. 세관;
prijaviti nešto na ~i (세관에 과세품을) 신고
하다 *na ~i* 통관중 **carinski** (形)

carinar 세관원 (carinik)

carinarnica 세관

carinarnik 참조 carinar

carinik 세관원 (carinar)

cariniti *-im* (不完) **ocariniti** (完) 관세를 부과
하다

carinskī *-ā, -ō* 참조 carina; ~ *službenik* 세관
원; *~e odredbe* 관세 규정; *~a tarifa* 관세
율; *~a deklaracija* 세관 신고; ~ *pregled* 세
관 검사; ~ *prekršaj* 관세 위반; ~ *rat* 관세
전쟁

carist(a) 황제 지지자; 황제 체제 지지자
caristički (形)

carizam *-zma* (황제의)전제 정치

carostavan *-vna, -vno* (形) 옛 황제(왕)와 제
국에 관련된: 옛날의; *knjige ~vne* 황제에
관한 서적, 아주 오래된 서적(knjige iz
davnih, starih vremena)

carostavnik 옛 황제(왕)에 관한 서적(중세 세
르비아 문학에서)

carovanje (동사파생 명사) carovati

carovati *-rujem* (不完) 1. 황제가 되다, 황제로
서 통치하다 2. 군림하다, 지배하다 3. 아무
런 걱정없이 아주 편안하게 잘 살다; ~ *u
svom letnjikovcu* 자신의 여름궁전에서 유
유자적하며 살다 4. 최고이다, 최상이다, 가
장 뛰어나다; ~ *lepotom i otmenost* 아름다
움과 우아함에서 가장 뛰어나다

carskī -ā, -ō (形) 참조 car 1. 제왕의, 황제의; ~ dvor 궁전; ~ kruna 제왕의 왕관; ~ savetnik 제왕의 보좌관 2. (비유적) (口語) 아주 훌륭한, 아주 멋진 (sjajan, divan, izvrstan); ~ ručak 진수성찬의 오찬; ~a gozba 아주 훌륭한 연회 3. (동·식물 명칭의 일부로); ~ orao (鳥類) 흰죽지수리; ~o oko (植) 기생초(금계국속(屬)) 4. 기타; ~ rez 제왕절개(수술); ~a voda 질염산, 왕수; ~a vrata, carske dveri (正敎의) 성직자들과 황제만 들어갈 수 있는 제단의 중앙문; ~ drum 국가 주(主)도로; ~ se ne poriče 남아일언중천금, 주요인사가 말한 것은 지켜져야 한다

carstvo 1. 황제의 권력(위엄, 존엄) 2. 제국, 왕국 ; biljno(životinsko) ~ 식물이 무성한 지역(동물의 왕국); ~ nebesko 천상의 왕국; došao je njegovo ~ 권력을 잡다(쥐다); privoleti se čijem ~u 누구의 편으로 가다 (이적하다); to je moje ~ 그 방면에서는 내가 전문가이다

carstvovati -vujem (不完) 참조 carovati

cece-muva 체체파리

cedar -dra 삼나무; 삼나무 비슷한 각종 나무 (kedar)

cedilo 여과기, 체; 압착기, (액체를)짜내는 도구; ostaviti nekoga na ~u 누구를 궁지(어려운 처지)에 내버려두다 (cediljka)

cediljka 참조 cedilo

cediti -im (不完) 1. (액체를) 거르다, 걸러내다; ~ mleko 우유를 거르다; ~ supu 수프를 걸러내다 2. (액체를) 짜내다, 압착하다; ~ masline 올리브(유)를 짜내다; ~ limun 레몬즙을 짜다 3. (비유적) (말하기 싫어) 겨우 말하다; ~ reč po reč 한 마디 한 마디씩 겨우 말하다 4. (나무가) 즙을 한 방울 한 방울씩 흘리다; ~ smolu 송진을 한 방울씩 흘리다 5. (술을) 한 모금씩 마시다; ~ rakiju 라키야를 한 모금씩 마시다 6. (iz koga, čega)(강제로, 어거지로) 쥐어짜다; reči iz nekoga 누구로부터 말을 억지로 끌어내다; ~ priznanje (iz nekoga) (누구로부터) 자백을 끌어내다; ~ snagu iz sebe 자신으로부터 있는 힘을 다 짜내다 7. (비유적) (돈 등을 강제로) 쥐어짜내다; ~ seljake 농민들을 쥐어짜다 8. ~ se (물·땀·송진·기름 등의 액체가) 조금씩 조금씩 흐르다(흘러나오다); znoj mu se cedi sa čela 그의 이마에서 땀이 한 방울 한 방울 흘러내렸다 9. ~ se (비유적) 허약해지다, 기운을 잃다 (질환·허기짐 등으로 인해); ~ se od bolesti 병으로 기운

을 잃다 10. 기타; ~ kroz zube 천천히 마시다, 천천히 잘 생각하면서 겨우 들릴 정도로 말하다; ~ koga na mrtvu voštinu 최고의 압력을 가하다; ~ koga 누구를 쥐어짜다

cedrov -a, -o (形) 참조 cedar

cedrovina 향나무 목재, 삼나무 목재 (kedrovina)

cedulja, ceduljica, ceduljče (무엇인가를 기록한·적어놓은) 쪽지, 종이쪽지

ceđ ceđa (男) & ceđi (女) 잿물, 양잿물 (lužnica)

ceđenje (동사파생 명사) cediti; 짜냄, 압착해냄

cefalitis (病理) 뇌염; japanski ~ 일본 뇌염

ceger, ceker 망사 주머니, 망사 가방(주로 시장바구니로 사용)

ceh 1. (歷) (중세 유럽의) 길드, 장인(匠人)·상인의 동업 조합 2. (비유적) 상호 부조·자선 등을 위한) 조합, 협회 3. 계산서, 청구서(식당, 카페 등에서의); platiti ~ 결과에 대해 책임지다

cekin 옛 베니스(베네치아)의 금화

cel (양털과 비슷한) 인조 모, 인조 울

cel- 반복합어의 첫 부분; cel-vlakno 인조양털 실...

celac -lca 1. 누구도 밟지 않은 눈, 발자국이 나지 않은 눈 2. 아직 한 번도 나무를 베어내지 않은 숲 3. 경작하지 않는 땅

celcat -a, -o (形) (보통 형용사 ceo와 함께 쓰이면서 ceo의 뜻을 강조함); ceo ~ 통째, 전부

celer (植) 셀러리

celeti -im (不完) zaceleti (完) (상처가) 아물다, 낫다; rana mu je zacelela 그의 상처는 다 아물었다

celibat 1. (남자의) 독신, 독신생활 2. 독신주의, 금욕 (성직자들의)

celica 1. 미개척지, 농사짓지 않는 땅(토지) (ledina) 2. 숫처녀

celina, celost (女) 전체성, 전체; u ~i 전체로, 전부, 완전히

celishodan -dna, -dno (形) (~에) 알맞은, 적당한, 상당한, (~에) 어울리는

celishodnost (女) 적당, 적합, 적부, 어울림

celiti -im (不完) zaceliti (完) 치료하다, 고치다 (isceliti, lečiti)

celiv 입맞춤 (celov)

celivati -am (不完) 입맞춤하다 ((po)ljubiti); ~ ikonu 성화상에 입맞춤하다

celo (中) 1. (數) 정수 2. 전체 (celina); biti organizovan kao jedno ~ 하나의 전체로써

조직화되다

celofan 셀로판

celofanskī -ā, -ō (形) 셀로판의; ~ omot 셀로판 포장지

celokupan -pna, -pno (形) 전부의, 전체의, 총(總)의 (sav, ceo, potpun); ~ porstor 전체 공간; ~ narod 전국민; ~ iznost 총액; ~a proizvodnja 총생산

celost (女) 참조 celina; 전체성, 총체성, 완전성; idejna ~ 사상적 총체성; sagledati u ~i 전체적으로 바라보다

celov (男)(古語) 입맞춤 (celiv, poljubac)

celovit -a, -o (形) 전부의, 전체의, 총(總)의 (sveobuhvatan, celokupan, čitav, ceo); ~a predstava 전체 공연; ~ program 전체 프로그램; ~a ličnost 전(全) 인격; biti ~ 전체이다

celuloid 셀룰로이드(과거 영화 필름에 쓰던 물질) celuloidan (形)

celuloza (化) 셀룰로오스 celulozan (形)

celzijev -a, -o, celzijusov -a, -o (形) 섭씨의

cement 시멘트 cementni (形)

cementara 시멘트 공장

cementirati -am (完,不完) 시멘트로 접합하다; ┄에 시멘트를 바르다

cementnī -ā, -ō (形) 참조 cement; 시멘트의; ~a glazura 시멘트 광택; ~ lapor 시멘트 이회토; ~ boksit 시멘트 보크사이트; ~a fabrika 시멘트 공장; ~a industrija 시멘트 산업

cena 1. 가격, 값, 시세; niska(visoka) ~ 낮은 (높은) 가격; spuštene(maksimalne, vezane) ~e 깎은(최고, 고정) 가격, odrediti(podići, spustiti, sniziti) ~e 가격을 정하다(올리다, 내리다, 낮추다); tržišna ~ 시세, 시장가; po svaku cenu 어떤 대가를 치르더라도, 어떠한 희생을 감수하고라도 (svakako); ni po koju ~u 결코(~하지 않다) (nikako); imati ~u 비싸다; nema mu ~e 말할 수 없을 정도로 값어치가 있다; u ~u kupiti 싸게 사다 2. 가치, 유용성, 중요성 (važnost, vrednost); biti na ~i 평가를 받다, 가치를 인정받다; doći do ~e 중요하게 되다; držati se na ~i 자신을 존중하다, 자신의 가치를 유지하다; znati svoju ~ 자신의 가치를 알다

ceniti -im (不完) 1. 가치를 매기다, (가치를)평가하다, 감정하다; visoko ceniti 높게 평가하다; ja cenim vašu pomoć 당신의 도움을 (높게)평가합니다 2. 어림잡다, 견적하다, 산정하다, (자산·물품 등을) 감정하다, 사정(査定)하다; ~ odoka 한 눈에(대강, 어림잡아)

가치를 평가하다 (oceniti, proceniti) 3. 존경하다, 존중하다 (postovati, uvažavati); njega svi cene 모두 그를 평가한다(존중한다)

cenkati se -am se (不完) (가격, 조건 등을) 흥정하다

cenovnik 가격표

centar 중심; 핵심; 중앙; (중)축; 중추; 중심지(구); 종합 시설, 센터; 인구 밀집지; (政治) 중도파(派); (軍事) (양익에 대하여) 중앙 부대, 본대; (스포치) 중견(수); 센터; ~ automobilske industrije 자동차 산업의 중심지; naučni ~ 학문 중심지; u strogom ~u 시내 한 복판; biti u ~u pažnje 모든 관심을 한 몸에 받다

centarfor (축구) 센터포워드

centaur (神話) 켄타우로스(반인반마(半人半馬)의 괴물 (kentaur)

centimetar 센티미터 (santimetar)

centrala 본부, 본사, 거점; ~ banke 은행 본부; izvozna ~ za žito 곡물 수출 거점; telefonska ~ 주교환기설치 전화국; električna ~ 주전기설비 기지

centralan -lna, -lno (形) 중앙의, 중심의, 주요한, 주된; Centralni komitet 중앙위원회; ~lno pitanje 핵심적 질문; ~lno grejanje 중앙 난방; (歷史) Centralne sile 동맹국(제 1 차 세계 대전 중 독일·오스트리아·헝가리, 때로는 터키·불가리아를 포함함); ~lni nervni sistem 중앙신경 시스템; ~lna uprava 중앙 행정

centralističan -čna, -čno, centralističkī -ā, -ō (形) 중앙집권주의의; 중앙집권제도의; ~čka država 중앙집권주의 국가; ~čka vlast 중앙집권주의 정부; ~čka uprava 중앙집권주의 행정; ~čke težnje 중앙집권주의 열망

centralizacija (정치·경제·행정 등의) 집중화, 중앙 집중화, 중앙 집권화

centralizam -zma 중앙 집권주의(제도)

centralizirati -am, centralizovati -zujem (完,不完) 중심에 모으다, 한 점에 집합시키다; 집중시키다(in); (국가 등을) 중앙 집권제로 하다, 중앙 집권화하다; ~ vlast 권력을 중앙 집권화하다

centrifuga (物) 원심분리기; ~ za ceđenje vode iz rublje 탈수기; ~ za ceđenje meda iz saća 꿀집에서 꿀을 짜내는 기계

centrifugalan -lna, -lno (形) 원심력의 ; ~lna sila 원심력

centripetalan -lna, -lno (形) 구심력의; ~lna sila 구심력

centrirati -am (完, 不完) 1. 중심에 두다, 중심으로 모으다; 집중시키다; ~ točkove (자동차)바퀴를 일렬로 정렬시키다; naslov se centrira na sredinu teksta 제목을 텍스트 중앙에 놓다 2. (스포츠) (공·퍽등을) 센터로 차다(보내다), 센터링하다

centrist(a) (政) 중도파

centrum 참조 centar

cenzor 1. 검열관(출판물·영화·서신 따위의); ~ filmova 영화 검열관 2. (歷) (고대로마의) 감찰관(풍기 단속을 담당한) 3. 감정인, 평가인, 비평가 (procenjivač, kritičar)

cenzura 1. (신문·서적·영화 등의) 검열; 검열기관; ~ novina 신문 검열; ~ knjiga 서적 검열; ~ filmova 영화 검열; uvesti ~u 검열을 도입하다; podbrgnuti ~i 검열에 올리다; proći ~u 검열을 통과하다; mišljenje ~e 검열기관의 의견; zavarati ~u 검열기관을 속이다(농락하다); taj film je zabranila ~ 그 영화는 검열에 걸렸다; izvršiti ~u nečega 검열하다 2. 평가, 사정(查定) (procena, ocenjivanje); bez ~e slediti svoje misli 평가없이 자신의 의견을 따르다 cenzurni, cenzurski (形)

cenzurirati -am, **cenzurisati** -šem (完,不完) 1. 사정(査定)하다, 감정하다, 평가하다 (ocenjivati, procenjivati) 2. 검열하다, 검열하여 삭제하다; ~ knjige (novine) 서적(신문)을 검열하다

cenzus (政) 한계선, 최소득표율 (의회나 지방의회에 진출하기 위해 득표해야 되는)

cenjen -a, -o (形) 1. 존경하는, 존경받는; ~i gospodine 존경하는 ~씨; 2. (동사파생 형용사 ceniti) 가치있는, 값어치있는 (vredan)

cenjkati se -am se (不完) 참조 cenkati se

ceo cela, celo (形) 1. 통째의, 총(總)의, 전체의, 전부의 (čitav, sav, potpun); cela zgrada 전체 건물; cela knjiga 전체 책; ~ grad 도시 전체, 전체 도시; cela rodbina 모든 친척; ~ iznos 총 금액; cela površina 총 면적 2. 총(總)~, 전(全)~ (시·공적 의미에서 단절되지 않은); cela dužina 총 길이; ~ dan 하루 온 종일; celo jutro 아침 내내; celu godinu 일 년 내내, 총 일 년 3. (숫자 또는 수량 명사와 함께) 온전한, 가득한, 만(滿) (pun, čitav); izručuti celu kofu vode 한 동이 가득 물을 건네다; trajati cela tri meseca 만 3 개월 동안 계속되다 4. 부상당하지 않은, 손상되지 않은, 흠없는 (nepovređen, neoštećen); stići zdrav i ~ 건강하고 아무 탈없이 오다(도착하다);

skuvati cele krompire 썩지 않은 감자를 찌다; kesa je pala, ali su sva jaja ostala cela 계란 봉지가 땅에 떨어졌지만 모든 계란이 깨지지 않고 온전하였다 5. (함께 쓰이는 명사를 강조하기 위한 한정사로) napraviti celu zbrku 완전히 혼란스럽게 하다 6. 진짜의, 실재의, 진정한 (pravi, istinski); postati ~ čovek 진짜(진정한) 사람이 되다; ~ momčina 진정한 청년 7. 논란의 여지가 없는, 확실한 (neosporan, pravi); cela istina 의심의 여지가 없는 진실 8. (口語) 영리한, 정상적인 (pametan, normalan); ti nisi ~ 너는 정상적이지 않다 9. 기타; ~ svet 모든 사람; ~ svet to zna 모든 사람들이 그것을 안다; celo mleko 가공하지 않은 우유, 유지방 우유; celo vino (물에 희석하지 않은) 포도주; ~ broj (數) 정수, 자연수

cep -ovi 도리깨

cepač 1. (나무 등을) 쪼개는 사람, 패는 사람, 자르는 사람 2. (정치단체 등의) 분당자(分黨子), 분파자(分派子)

cepak -pka, -pko (形) 쉽게 쪼개지는; ~pko drvo 쉽게 쪼개지는 나무

cepanica 1. 통나무 2. 단순한 사람

cepanje (동사파생 명사) cepati; 쪼갬, 뻐김, 자름; ~ jezgra 핵분열

cepati -am (不完) 1. (도끼 등으로) (나무 등을) 패다, 쪼개다, 뻐기다; ~ drva 나무를 쪼개다; ~ klade 통나무를 쪼개다 2. (종이 등을) 찢다, 뜯다; 조각내다 (kidati,derati); ~ hartiju 종이를 찢다; ~ haljinu 드레스를 찢다; ~ imanje 재산을 나누다 3. (몇 몇 개의 조각으로) 조각내다; 분열시키다 (deliti, razjedinjavati, rasparčavati); ~ partiju 당(黨)을 쪼개다; ~ savez 동맹을 분열시키다 4. (비유적) (고요함 등을) 깨다, 해치다; ~ tišinu 고요함을 깨다; ~ jedinstvo 단결을 해치다 5. 양분(兩分)하다, 두 개로 나누다; ~ platno 천을 두 조각으로 나누다 6. 쓰러뜨리다, 절단하다 (lomiti, kršiti); gromovi su cepali drveće 번개가 나무를 쓰러뜨렸다 7. (옷·신발 등이) 해지다, 낡다 (오래 입어·신어) (habati, derati); godišnje je cepao tri odela 년간 세 벌의 옷이 해졌다 8. (밭 등을) 갈다; (물살 등을) 가르다; plug je cepao zemlju 쟁기로 밭을 갈았다; motorni čamac je cepao mirnu površinu vode 모터보트는 잔잔한 물살을 갈랐다 9. (無人稱文, A.형태의 논리적 주어와 함께, u nozi, u kolenu, u zglobovima, u zubu 등의 보어와 함께 사용되어) 매우 아프다, 심한 통증이 있다; cepa

me u zglobovima 무릎이 도끼로 패듯 아프
다 10. 기타; ~ *dlaku na četvoro* 사소한 것
을 따지고 들다, 자세히 연구조사하다; ~
(nekome) srce(dušu, grudi) 누구의 마음을
갈기갈기 찢어놓다, 누구의 마음을 아프게
하다; *srce mu se cepa* 내 마음이 찢어진다;
~ *se od smeha* 크게 웃다, 포복절도하다
cepčica (지소체) cepka
cepelin 체펠린 비행선(발명자 독일인 F. von
Zeppelin에서)
cepidlačariti *-im* (不完) 참조 cepidlačiti
cepidlačiti *-im* (完) 극히 사소한 일을 야단스
럽게 따지다 (sitničariti)
cepidlačkī *-ā, -ō* (形) 사소한 일을 따지는
cepidlaka (女,男) 극히 사소한 일을 야단스럽
게 따지는 사람 (sitničar)
cepika 접목, 접붙이기 (보통 체리나무의)
cepiti *-im* (不完) **zacepiti** (完) 1. 접목하다, 접
(接)붙이다; ~ *voćke* 과수나무를 접붙이다 2.
백신을 주사하다, 예방주사하다; ~ *decu*
protiv velikih boginja 어린이에게 천연두
예방접종을 하다
cepivo 백신, 예방주사 (vakcina)
cepka 얇은 나무 조각(나무를 쪼갤 때 나오
는); *ušla mi je* ~ *u prst* 얇은 나무 조각이
손가락에 들어갔다
cepkati *-am* (不完) (지소체) cepati; 찢다, 쪼
개다; ~ *pismo* 편지를 조각조각 찢다
cepljen *-a, -o* (形) 참조 cepiti 1. 접붙인;
~a *voćka* 접붙인 과수(果樹) 2. 예방주사를
맞은; ~ *protiv velikih boginja* 천연두 예방
주사를 맞은
cepljenje (동사파생 명사) cepiti; 접붙임, 예방
주사
cepljiv *-a, -o* (形) 참조 cepak; 쉽게 쪼개지
는, 쉽게 찢어지는; ~*o drvo* 쉽게 쪼개지는
나무
cepteti *-im* (不完) 떨다, 전율하다 (추위, 기쁨,
공포심 등으로) (drhtati, tresti se); *on cepti*
od besa 그는 노여움에 온 몸을 전율한다;
~ *od zime* 추위에 떨다; ~ *kao prut* 가는 나
뭇가지처럼 떨다
cer *-ovi* 참나무의 한 종류 **cerov** (形)
cerada 타르칠한 방수포(布); (선원의)방수 외
투 (cirada)
cerber (神話) 케르베로스(지옥을 지키는 개;
머리가 셋, 꼬리는 뱀); 무서운 문지기
(kerber)
cerealije (女,複) (農) 곡물, 곡류 (쌀·보리·밀
등의) (žitarice, žita)
cerebralan *-lna, -lno* (形) 1. 뇌의, 대뇌의;

~*lna paraliza* 뇌성 마비; ~*lni sistem* 중추
신경시스템 2. 지적인, 이성적인 (uman,
razuman, racionalan); ~*lna žena* 지적인 여
자
cerekalo (中,男) 큰 소리로 웃는 사람(교양없
이 이빨을 내보이며)
cerekati se *-am se* (不完) (이빨을 내보이며
교양없이) 큰 소리로 웃다
ceremonija 1. 세레모니; 식, 의식 (svečanost)
2. 의례, 의전, 프로토콜; *praviti* ~*e* 너무 젠
체하다, 너무 뻐기다
ceremonijal 식순(式順), 의식(의례) 순서
ceribaša (男) 1. 집시족 수장(首長) 2. (歷) (이
전)터키 비상비군의 지휘관
ceriti *-im* (不完) 1. (인상을 쓰면서) 이빨을 드
러내다(내보이다); ~ *zube* 이빨을 내보이다
2. ~ *se* (이빨을 내보이면서) 음흉하게 웃다;
šta se ceriš? 왜 기분 나쁘게 웃느냐?, 왜
음흉하게 웃느냐?
cerovac *-vca* 1. 참나무(cer)로 만든 몽둥이 2.
참나무(cer) 열매, 상수리
cerovina 참나무(cer) 목재
cesnī *-ā, -ō* (形) 도로의 (cestovni); ~*a*
ograda 가드 레일
cesta 도로 (drum); *jednosmerna* 일방통행 도
로; *obilazna* ~ 우회 도로; *baciti koga na*
~*u* ~의 생계수단을 빼앗다(길거리에 내동댕
이치다); *meriti* ~*u* 비틀거리다, 비틀거리며
걷다(술에 취해); *naći se na* ~*i* 생계수단을
다 잃어버리다(길거리에 나앉다); *široka ti* ~
(세상은 넓으니) 네가 하고 싶은대로 하라
(네 의지대로 해라) **cestovni** (形)
cestar 1. 도로를 보수하고 유지하는 사람
(putar, drumar) 2. 도로 건설 노동자
cestarina 도로 통행료 (putarina)
cestovnī *-a, -o* (形) 참조 cesta; 도로의; ~
saobraćaj 육상 교통; ~*a mreža* 도로망
(drum, put)
cev (女) 1. 관, 튜브, 파이프, 도관(導管);
vodovodna ~ 수도관; *izduvna* ~ 배기관;
odvodna ~ 하수관; *odlivna* ~ 배수관;
ventilaciona ~ 통풍관; *plinska* ~ 가스관;
neonska ~ 형광등; *kapilarna* ~ 아주 가는
유리관; *mokraćna* ~ 요도관 2. 총열, 포신;
puščana ~ 총열; *topovska* ~ 대포 포신;
oružje glatkih(žlebljenih) ~*i* 활강총(滑腔銃)
총신 내부에 강선(腔線)이 없는 것), 선조총
(旋條銃); 3. 총; *čekati na* ~ *(koga)* ~를 저
격하기 위해 총을 가지고 기다리다(보통 매
복, 잠복하여) 4. (나무로 만든)실패, 실감개
(kalem) **cevni** (形)

cevnī *-ā, -ō* (形) 참조 cev; 관(管)의; ~ *priključak* 관 연결

cevovod 송유관, 가스 수송관; *podzemni* ~ 지하 송유관(가스관)

cezar (歷) 로마 황제

cezarizam *-zma* 전제정치

cezura (韻律) 행(行)중 휴지(休止)

cibetka (動) 담비S

ciborij, coborijum (가톨릭) 성감(聖龕), 감실 (龕室; 성체를 모시는 작은 방)

cic 사라사 무명(커튼·의자 커버용)

cic 1.고양이를 부르는 소리 2. 쯧쯧(다른 사람이 원하거나 희망하는 것을 성취할 수 없다고 말할 때)

cica 1. 가슴, 유방 (sisa, dojka) 2. 술병(병 채 마실 때 젖먹는 것 같은 소리가 난다 해서 그리 부름)

cica 1. 고양이 (mačka) 2. 귀엽고 사랑스러운 여성을 부르는 애칭, 별칭

cica-maca, cicamaca 귀엽고 사랑스러운 여성을 부르는 애칭, 별칭

cicero (印刷) 활자 크기의 단위(1인치의 약 1/72)

ciceron 안내인, 가이드(외국인을 위한)

cicija 구두쇠, 수전노 (tvrdica, škrtac)

cicijašenje (동사파생 명사) cicijašiti; 인색함, 인색하게 굴기

cicijašiti *-im* (不完) cicijati *-am* (不完) 인색하게 굴다, 구두쇠(수전노)처럼 행동하다 (tvrdičiti, škrtariti)

cicijaškī *-a, -o* (形) 인색한, 수전노의, 구두쇠의; (škrtački, tvrdički); ~ *postupak* 구두쇠 같은 행동

cicijašluk 인색함, 구두쇠같은 행동 (tvrdičluk, škrtost)

cicijati *-am* (不完) 인색하게 굴다, 구두쇠처럼 행동하다 (cicijašiti)

cicvara 음식의 한 종류(밀가루, 치즈, 버터 등으로 만든)

čiča 혹독한 겨울, 매우 추운 겨울 (čiča zima)

čičati *-im*, cikati *-čem* (不完) ciknuti *-em* (完)(擬聲語) 1. 꽤액 소리를 지르다; 꽥꽥거리다, 찍찍울다(돼지, 개, 쥐 등 동물들이); ~ *od radosti* 기뻐서 꽤액 소리를 지르다; ~ *od bola* 아파서 꽤액 소리를 지르다 2. 삐걱거리다(문, 자동차 등이); 휘익거리는 소리를 내다(바람 등이); 뽀드득거리다(눈이); 타닥거리다(장작이 탈 때)

cifarnik 숫자판(시계, 전화기의), 다이얼, 눈금판 (brojčanik)

cifarskī *-ā, -ō* (形) 숫자의, 숫자상의

cifarski (副) 숫자상으로 (brojčano)

cifra 숫자, 숫자 표시(아라비아 혹은 로마자로 표기된)

cifrast *-a, -o* 1. 잘 꾸며진, 잘 장식된 (kitnjast); ~ *potpis* 예쁘게 치장한 서명; ~*a slova* 잘 장식된 문자; ~*a bočica* 예쁘게 치장된 병 2. (비유적) (문체가) 화려한; ~*i govor* 미사여구가 많은 연설; ~*a zdravica* 화려한 건배사

cifrati *-am* (不完) nacifrati (完) 1. 꾸미다, 장식하다(문체, 말, 행동 등을); 옷을 치장하여 잘 입히다 (kititi); ~ *pismo* 편지를 예쁘게 장식하다; ~ *devojku* 아가씨에게 옷을 잘 입히다; ~ *mladu* 신부에게 옷을 예쁘게 입히다 2. ~ se 꾸미다, 장식되다; 옷을 예쁘게 치장하여 입다; *ona se mnogo cifra* 그녀는 너무 치장한다 3. ~ se (비유적) 너무 젠체하다, 너무 뻐기다 (prenemagati se)

Ciga, Cigo 1. (지대체) Ciganin; 집시 2. 피부가 거무잡잡한 사람의 별칭

Cigančad (集合) Cigánče

Cigánče *-eta* (中) 집시 어린이, 집시 아이

Cigančica 지소체(Ciganka)

Cigánčići (男,複) 집시(cigani)

cigančiti *-im* (不完) 1. 집시처럼 살다, 집시처럼 떠돌아다니며 살다, 유랑생활을 하다 2. 구걸하다, 동냥질 하다 (ciganiti) 3. 인색하게 굴다, 수전노처럼 행동하다(몇 몇 집시들이 하는 것처럼) 3. ~ se 흥정하다 (몇 몇 집시들이 하는 것처럼) (cenkati se)

Cigánčura (지대체) Ciganka

ciigani (男,複) 집시 (cigančići)

Cigani 참조 Ciganin

Ciganija (集合)(輕蔑) 1. 집시 2. (소문자로 쓰여)부정(행위), 사기

Ciganin 1. 집시; Ciganka 2. (소문자로 쓰여) 집시처럼 행동하는 사람, 부정직하고 나쁜 사람 3. (cigani) 일정한 거처없이 떠돌아다니는 사람 ciganski (形)

ciganiti *-im* (不完), ciganisati (不完) 1. 구걸하다, 동냥하다 2. 인색하게 굴다(행동하다) (tvrdičiti, cicijašiti) 3. ~ se (물건 값을) 흥정하다, 깎다 (cenkati se)

Ciganka 참조 Ciganin

ciganluk 1. 집시 세계 2. 집시 지역 3. 부정(행위), 사기 (ciganija)

ciganskī *-ā, -ō* (形) 참조 Ciganin

cigar 1. 엽궐련, 시가 2. 담배 (cigareta) 3. 기타; ~ *duvana* 담배를 피우는데 필요한 시간(시간 단위로 사용됨)

cigara 엽궐련, 시가; havanska ~ 아바나 시가;

74

virdžinija ~ 버지니아 시가

cigareta 궐련, 담배; *pušiti(zapaliti)* ~u 담배를 피다(불을 붙이다); kutija ~e 담배갑; *paklo ~a* 담배 한 갑; cigaretni (形)

cigaret-papir 담배 종이

cigaretnī *-a, -o* (形) 참조 cigareta; 담배의; ~ *papir* 담배 종이

cigarluk (궐련용) 물부리, 곰방대 (muštikla)

cigaršpic 참조 cigarluk

cigla *cigālā & ciglī* 1. 벽돌 (opeka); obična *zidna* ~ 보통의 벽돌; *šuplja* ~ 구멍뚫린 벽돌; *kuće od ~e* 벽돌집 2. (隱語) 100 디나르 짜리 지폐 ciglani (形)

ciglana 1. 벽돌 공장 2. 벽돌 굽는 가마

ciglanī *-ā, -ō* (形) 참조 cigla; 벽돌의

ciglar 1. 벽돌 공장 주인(소유주) 2. 벽돌 공장 노동자 ciglarski (形)

ciglarskī *-ā, -ō* (形) 참조 ciglar; ~ *zanat* 벽돌 굽는 기술; ~ *radnik* 벽돌 공장 노동자

cigli *-a, -o* (形) 1. (자주 ciglati, ciglovetni와 함께 쓰여 강조 표현) 단 하나의, 단 한 개의; *nemam ni ~e pare* 단 한 푼의 돈도 없다 2. (숫자나 양을 나타내는 단어와 연관되어) 오직, 겨우, 단지 (samo); *to je ova knjižica koju sam za ~e dve noći napisao!* 이것은 내가 단 이틀만에 쓴 책이다!; *Za ciglih deset minuta sve se promeni* 단 10분만에 모든 것이 바뀐다 3. 기타; *za ~ čas* 곧바로, 바로 (odmah)

ciglo (副) 오직, 겨우, 단지; ……만(뿐) (jedino, samo)

cigura (植) 치커리 (cikorija)

cijan (化) 시안화물

cijanamid (化) 시안아미드

cijanid (化) 시안화물

cijankalij *-ija,* cijankalijum (化) 시안화 칼륨, 청산 칼리

cijanovodik cijanovodični *-a, -o* (形) 참조 cijanovodonik

cijanovodonik (化) 시안화 수소(HCN)

cijanoza (病理) 청색증(靑色症); 혈액순환이 원활하지 않아 입술 등에 청색 반점이 생기는 현상), 치아노오제

cijuk (擬聲語) 1. 찍찍, 짹짹(쥐, 새 등이 우는 소리) 2. 삐걱거림

cijukati *-čem* (不完) 1. 찍찍거리다, 짹짹거리다(쥐, 새 등이) 2. 삐걱거리다

cik (擬聲語) 1. 쌔액, 아야, 오~ (통증, 큰 슬픔, 두려움, 환희, 기쁨 등을 나타내는) 2. 찍찍, 짹짹, 끼룩끼룩 (cijuk)

cik 1. (시작하는) 순간, 찰라; 새벽, 여명; *u ~*

zore dođe kamatnik 동이 트기 무섭게 고리대금업자가 찾아왔다 2. (부사적 용법에서) 아주 일찍이 (vrlo rano); *ustao bi rano, ~ u zoru* 이른 새벽에 일어나고 싶은 마음이다

cika (擬聲語) 1. (반복적으로)쌔액, 아야, 아, 오, (cik) 2. (동물들의 울음 소리)짹짹(새), 찍찍(쥐), 흐흥(말) 3. 탕(총 소리) 4. 휘익, 쌩, 호르륵

cikada (昆蟲) 매미

cikati *-čem* (不完) 참조 cičati

cikati *-am* (不完) ciknuti *-em* (完) 1. 시작하다, 생겨나다; 날이 새다, 동이 트다, 밝아지다; *zora cika* 동이 트기 시작했다 2. (총을)탕하고 쏘다

cikcak (不變) 1. 지그재그, Z자꼴(보행·댄스의 스텝 등); 번개꼴(갈짓자꼴) 2. (부사적 용법에서) 지그재그의, Z자형의, 톱니모양의; 번개 모양의, 꾸불꾸불한

cikcak (반복합어에서) *cikcak-linija* 지그재그 선, *cikcak-put* 지그재그 도로

cikla 참조 cvekla

ciklama (植) 시클라멘(흰색·보라색·분홍색의 꽃이 피는 앵초과 식물)

cikličan, *-čna, -čno* cikličkī *-ā, -ō* (形) 순환하는, 주기적으로 반복되는, 사이클링하는; ~ *proces* 순환 과정; *~čna kriza* 반복적으로 일어나는 위기; *~čna nezaposlenost* 순환적 실업; *~čno kretanje* 순환 운동

ciklon (인도양 등의) 열대성 저기압, 사이클론 폭풍우, 사이클론 ciklonski (形)

ciklona 저기압 지대 ciklonalan (形)

ciklotron (物) 사이클로트론(하전(荷電) 입자 가속 장치)

ciklus 순환, 한 바퀴, 주기, 사이클; 시리즈; ~ *predavanja* 강연 시리즈; *privredni (ekonomski)* ~ 경제 사이클(주기); proizvodni ~ 생산 사이클(주기); ~ *imperijalstičkih ratova* 일련의 제국주의 전쟁

ciknuti *-nem* (完) (擬聲語) 1. 쩽그렁(쩍, 탕) 소리를 내다(총을 쏠 때, 바위나 유리가 깨질 때 찍(cik)하고 나는 소리); *staklo je ciknulo* 유리가 찍하고 깨졌다; *mitraljez je ciknuo* 자동소총이 탕탕 울렸다 2. 동이 트다, 날이 새다

ciknuti *-nem* (完) (포도주 등이) 조금 시어지다, 신맛을 얻다

cikorija 참조 cigura; 치커리

cikot (擬聲語) 킥킥 (소리를 죽여 웃는 웃음 소리)

ciktati *-ćem; cikći; cikćući* (不完) 1.쌔액(깍) 소리를 지르다 (기쁨· 놀라움 등으로 인해);

75

~ *radosno*, ~ *od radosti* 기뻐 꽤액 소리를 지르다 2. 찍S찍거리다, 쩍쩍거리다, 맴맴 울다(쥐, 새, 매미 등이) 3. 타당타당 콩볶는 소리를 내다 (총이 발사될 때) 4. (악기, 벨, 금속 등이) 찌~익 소리를 내다

cile (副) (숙어로) **cile-mile** 각별한 애정(호의) 를 가지고, 우호적으로; *kod njega nema ništa* ~ 그 사람에게는 각별한 애정이 없다

cilik (擬聲語) 1. 현악기의 날카로운 고음 (찍~ 찍~) 2. 삐걱거리는 소리 3. 꽤액 하는 고함 소리 4. 찍찍(깩깩)거리는 소리

cilikati *-čem*, *-am* (不完), **ciliknuti** *-nem* (完) 날카로운 소리를 내다, (고통·공포 따위로) 끽끽(깩깩) 울다, 비명을 지르다

cilindar *-dra* 1. (數) 원기둥 2. (機) (엔진의) 실린더, 기통(汽筒) 3. (호롱불의) 유리 덮개 (원통형의, 불이 바람에 꺼지지 않게 씌워놓 는); *staviti* ~ *na lampu* 램프에 유리 덮개를 씌우다; *slomiti* ~ 유리 덮개를 깨다 4. 남자 의 예식(禮式)용) 실크해트, 중산모

cilindarskī *-ā*, *-ō* (形) 실린더의; ~ *omotač* 실 린더 덮개; ~*o ulje* 실린더 윤활유

cilj *-evi* (男, 드물게 女) 1. 목표점, 목표 지점, 결승 지점; 표적, 과녁; *doći do* ~*a* 목표 지 점까지 도달하다; *stići u* ~ 결승선에 도달 하다 2. (비유적) 목표, 목적; ~ *posete* 방문 목적; *imati za* ~ 목적이 있다; *postaviti sebi za* ~ 자신의 목표를 세우다; *postići (ostvariti) neki* ~ 어떤 목표를 실현하다; *u tom* ~*u*, *s tim* ~*em* 그러한 목적으로

ciljati *-am* (不完) 1. (*nekoga*, *u nekoga*, *nešto*, *u nešto*) 겨냥하다, 겨누다, 목표삼다, 조준 하다, 타켓으로 삼다; *oseti da ga onaj cilja puškom* 그는 그 사람이 자기를 총으로 겨 누고 있다는 것을 느꼈다; ~ *tačno u metu* 정확히 타켓을 겨냥하다(조준하다) 2. (어떤) 목적·목표가 있다; ~ *na visoko* 높은 목표가 있다 3. (*na nekoga*, *na nešto*) (비유적) (넌 지시) 언급하다, 빗대어 말하다; 이름은 언급 하지 않지만 그사람(그것)을 빗대어 말하다 ; *on je ciljao na mene* 그는 나를 빗대어 말 했다

ciljnī *-ā*, *-ō* (形) 참조 cilj; ~*a meta* 목적한 타켓

cimati *-am* (不完) **cimnuti** *-nem* (完) 1. (*nekoga*, *nešto*, *nečim*, *za nešto*) 거세게 흔 들다, 뒤흔들다; ~ *prozor* 창문을 세게 흔들 다; ~ *drvo* (*drvetom*) 나무를 세게 흔들다; ~ *ogradom* 담장을 세게 흔들다 *šta to tako cima?* 무엇이 그것을 그렇게 거세게 흔드느냐? 2. 거세게 끌어당기다, 세게 빨아

들이다; ~ *dimove iz lule* 담배 파이프에서 연기를 세게 빨아들이다; ~ *nekoga za rukav* 누구의 소매를 세게 잡아 당기다 3. (*u što*) 밀다, 떠밀다 (gurati, tiskati); ~ *nekoga u leđa* 누구의 등을 떠밀다 4. ~ **se** 세게 흔들리다 (낚시바늘에 걸린 물고기 등 이)

cimbal (音樂) 심벌즈(타악기)

cimbalist(a) 심벌즈 연주자

cimenta 1. (양철로 만든) 술통; 통 2. (卑俗語) 머리가 텅 빈 사람, 바보, 멍청이, 석두(石頭) 3. 기타; *ulubiti (koga) kao* ~*u* 흠씬 때리다

cimet 1. 육계(肉桂), 계피 2. 육계나무, 계수나 무, 계피나무 **cimetov** (形)

cimetast *-a*, *-o* (形) 육계색의, 계피색의, 황갈 색의

cimnuti *-nem* (完) 참조 cimati

cin (擬聲語) ~, ~ 딩동(벨소리)

Cincari (男,複) (單 *Cincar* & *Cincarin*) 1. 왈 라키아 사람 2. (단수;cincar(in)) 값을 깎는 사람; 탐욕스런(인색한) 사람; 구두쇠, 수전 노 (tvrdica, škrtac, cicija) **cincarski** (形)

cincariti *-im* (不完) 인색하게 굴다, 수전노처 럼 행동하다; (값을)흥정하다, 깎다

cinčan *-a*, *-o* (形) 아연(cink)의 (cinkan); ~*a ploča* 함석판; ~*a rudača* 아연 광석; ~*i krov* 함석 지붕

ciničan *-čna*, *-čno* (形) 냉소적인, 비꼬는, 시 니컬한; ~ *čovek* 냉소적인 사람; ~ *osmeh* 냉소적인 웃음

ciničkī *-ā*, *-ō* (形) 1. 냉소적인 (ciničan) 2. 견 유학파(犬儒學派)의, 키니코스 학파의; 참조 cinik

cinija (植) 백일초

cinik 견유학파(犬儒學派), 키니코스 학파(안티 스테네스(Antisthenes)가 창시한 고대 그리 스 철학의 한 파. 개인적 정신의 자유를 확 보하기 위해 무욕(無慾)한 자연생활을 영위 하는 것을 생활의 이상으로 함. 견유(犬儒) 학파) ciničkī (形)

cinizam *-zma* 1. 견유(犬儒)주의 2. 냉소주의

cink (化) 아연(금속 원소; 기호 Zn; 번호 30) **cinkan**, **cinkov**, **cinčan** (形)

cinkati *-am* (不完) (擬聲語) 찡그렁(cin)거리다, (초인종이) 따릉거리다

cinkati *-am*, **cinkovati** *-ujem* (不完) 1. **pocinkovati** (完) 아연 도금하다, 아연으로 입히다 2. 밀고하다; *on ih je cinkovao policiji* 그는 그들을 경찰에 밀고했다

cinkonosan *-sna*, *-sno* (形) 아연을 함유하고 있는

cinkov 참조 cink; 아연의; ~a ruda 아연광
(鑛); ~a legura 아연 합금
cinkovati -kujem (不完) 참조 cinkati
cionist(a) 시오니스트, 유대 민족주의자
cionistkinja; cionistički (形)
cionizam -zma 시온주의(Palestine에 유대인
국가를 건설하려는 민족 운동)
cipal cipla (魚類) 숭어
cip-cip (擬聲語) 딩동(벨이 울리는 소리)
cipela (보통 복수로) 구두, 신발(보통 가죽으
로 만든); ~e sa visokom štiklom
(potpeticom) 높은 굽이 달린 구두;
baletske ~e 발레화; ~e su mi male(velike,
tesne) 신발이 나한테는 작다(크다, 꽉 조인
다); stežu(žulje) me ~e 신발이 꽉 낀다;
duboke ~e 목인 긴 구두; plesne ~e 댄싱
슈즈; plitke ~e 얕은 구두; muške ~ 남성화;
ženske ~e 여성화; uskočiti u cipele (口語)
도시민이 되다
cipelar 구두공, 구두 수선공 (obućar)
cepeletina (지대체) cipla
cipica (鳥類) 할미새; (특히) 논종다리
cipov 바보, 멍청이 (klipan, bukvan)
cipres (植) 삼(杉)나무의 일종; 그 가지
cirada 참조 cerada
cirkl (원을 그리는) 콤파스 (šestar)
cirkle (女,複) 참조 cirkl
cirkulacija 1. 순환; ~ krvi 혈액순환; ~
podzemnih voda 지하수의 순환 2. (화폐 등
의)유포, 유통; ~ robe 물건의 유통; ~
novca 화폐 유통; cirkulacioni (形)
cirkular 1. (行政) 회람장, 알림장 2. (機) 원형
톱
cirkularan -rna, -rno (形) 1. 회람의, 회람장
의; ~rno pismo 회람장 2. 원형의, 둥근, 빙
글빙글 도는; ~a pila 둥근 톱
cirkulirati -am, cirkulisati -šem (完,不完) 1.
돌다, 순환하다, 빙글빙글 돌다 2. 유통되다
(하다), 발행하다(되다) 3. (비유적) (소문 등
이)퍼지다
cirkumfleks 곡절(曲折) 악센트 (dug silazni
akcenat)
cirkus 1. (원형의) 곡마장, 흥행장 2. 서커스,
곡마, 곡예 cirkusni (形) 3. 혼란(상태), 무질
서, 어지러움 (nered, metež)
cirkusaner, cirkusant 1. 곡마단원, 서커스단원
2. (비유적)코메디언, 익살꾼 cirkusantkinja
ciroza (病理) (간장 등의) 경변(증), 강경변; ~
jetre 간경화
cirusi (男,複) 권운(卷雲), 새털구름
cis- (接頭辭) '건너편', '저편'의 뜻

cispadanski, cisalpinski 등
cista (病理) 낭포, 낭종(사람·동물의 체내 또는
신체 부위에 생긴 물혹); ~ na jajniku 난소
낭포
cisterna 1. (천연의) 저수지(물, 빗물 등을 저
장할 수 있는); 물통, 수조(水槽) 2. (물, 기름
등 액체 수송용·)탱크로리; ~ za benzin 휘발
유 탱크로리; brod-cisterna 유조선; vagon-
cisterna 액체수송용 화물차
cistitis (病理) 방광염
citadela (도시를 지키는) 성(城), 성채; 요새
citat (구절·판례·예증(例證) 따위의) 인용, 인용
구; navoditi ~ 인용하다; početak ~a 인용
시작; kraj ~a 인용 끝
citiranje (동사파생 명사) citirati; 인용, 인용하
기
citirati -am (不完) (남의 말·문장 따위를) 인용
하다, 따다; ~ stihove 시구절을 인용하다;
pogrešno ~ 잘못 인용하다; ~ nekoga 누구
의 말을 인용하다
citra (音樂) 치터(현(炫)이 30-40개 있는 기타
비슷한 현악기, tyrol 지방의)
citron (植) 레몬 비슷한 식물(불수감(佛手柑)
따위
civil 1. (군인·성직자가 아닌) 일반인, 민간인 2.
군복에 대하여) 사복, 평복; u ~u 사복을 입
은; biti u ~u 사복을 입다 3. (法) 민법
civilan -lna, -lno (形) 1. 시민의, 공민(公民)의;
~lno venčanje (교회가 아닌) 관청에서 하는
결혼식; ~lno odelo 사복, 평상복 2. 정중한,
예의 바른 3. (法) 민법의
civilizacija 문명, 문명화; stare ~e 고대 문명;
moderna ~ 근대 문명
civilizator 계화(교화)시키는 사람, 문명으로
이끄는 사람, 계몽가 civilizatorski (形)
civilizatornī -ā, -ō (形) 계몽가의, 교화하는 사
람의
civilizirati -am, civilizovati -ujem (完,不完) 1.
문명화하다; (야만인을) 교화하다, 세련되게
하다 (prosvećivati); ~ zemlju 나라를 계몽
하다; ~ narod 국민들을 계몽하다 2. ~ se
문명화되다, 계몽되다
civilnī -ā, -ō (形) 1. 시민의, 민간인의
(građanski); ~o odelo 시민복, 사복; ~
život 시민들의 삶(생활) 2. (法) 민법의; ~o
pravo 민법 3. 기타; ~o društvo 시민 사
회; ~a zaštita 민방위; ~ brak 시민 결혼(교
회대신 관청에서 하는); ~ proces 민사 소송
절차
cizelirati -am (完,不完) 1. 끌로 깎다, 끌로 파
다(새기다); 끌로 조각하다; cizelirana kutija

끌로 조각된 박스(상자) 2. (비유적) 세밀하게(정교하게) 다듬다; ~ *stil* 스타일을 정교하게 다듬다

CK (공산당)중앙위원회(Centralni Komitet)

ckileti -im (不完) 희미하게 빛나다; 깜빡이다, 명멸하다 (škiljeti)

cmakati -čem, cmokati -čem (不完) cmaknuti, cmoknuti -nem (完) 1. 소리를 내며 키스하다(쪽 소리 나도록); ~ se 입마추다, 키스하다(소리가 나도록); *cmoknuti u obraz* 볼에 키스하다 2. 큰 소리로 쯔(c)소리 같은 소리를 내다(혀를 입천장에서 떼어낼 때 등)

cmileti -im (不完) 신음소리를 내다, 끙끙대다 (통증, 슬픔 등으로) (cvileti)

cmizdrav -a, -o (形) 자주 우는(어린양을 하듯이, 아무런 이유없이), 울보의 (plačljiv)

cmizdravac -vca 울보 (plačljivac)

cmizdriti -im (不完) 아무런 이유없이 울다, 어린양 하듯이 울다

cmok 입맞춤(큰 소리가 나는)

cmokati -čem (不完) 참조 cmakati

cmoknuti -nem (完) 참조 cmakati

cmolja (男) 나약한 사람(정신적으로), 우둔한 사람 (slabić, šmolja, šmokljan)

cmoljav -a, -o (形) 나약한, 허약한(정신적, 육체적으로)

cmoljiti -im (不完) 참조 cmizdriti

coktati -ćem (不完) coknuti -em (完) 1. 혀를 쯧쯧차다 (동의하지 않음, 부정의 의미로) 2. 물다 (뱀이)

cokula 전투화, 군화 (군인의)

col 길이의 한 단위, 인치 (약 2.5cm)

crći, crknuti *crknem*; *crkao, crkla* (完) crkavati -am (不完) 1. 죽다 (동물이) (uginuti); *konj posle nekoliko dana crkne od gladi* 말은 며칠 후에 배고파서 죽었다 2.(卑語) 죽다 (사람이); *crkao sam od umora* 피곤해 거의 죽을 뻔 했다 3. (기계가) 고장나다, 완전히 망가지다; *crkla su mi kola* 내 자동차가 고장났다(완전히 퍼졌다) 4. 기타; ~ *za nekim* 열렬히 갈망하다 (jako žudeti, čeznuti) ; ~ *od smeha* 웃겨 죽을 뻔 했다, 포복절도하다; *crkni-pukni, crći-pući* 어떤 일이 있었던 간에 상관하지 않는다 (bilo kako bilo, ma šta se desilo)

crep *crepovi*; *crepōvā* 1. 기와 2. (方言) 도기, 꽃병(흙으로 구워진) 3. 깨진 조각 4.(單) 진흙(도기용)

crepana, crepara 기와 공장

crepar 기와공, 기와를 굽는 사람

crepara 기와 공장

crepast -a, -o (形) 기와 형태의, 기와 모양을 가진

crepulja 1. 진흙으로 만들어진 그릇(빵을 굽는 데 사용되는) 2. (한정사적 용법으로) 진흙으로 구워진 것(물건)

cret 습지, 소택지, 늪 (주로 숲속에 있으며 이끼가 많이 낀)

crevce 1. 지소체(crevo) 2. (複數) 양의 창자로 만든 음식의 한 종류

crevnī -a, -o (形) 참조 crevo; ~ *katar* 설사; ~ *paraziti* 장(腸)기생충; ~*e bolesti* 장질환

crevo 1. (解) 장(腸); *slepo* ~ 맹장; *debelo* ~ 대장; *tanko(sukano)* ~ 소장; *zadnje (guzno)* ~ 직장; *dvanaestopalačno* ~ 십이지장; *slepo* ~ 맹장; *tašno* ~ 공장(空腸; 십이지장에 계속되는 소장의 부분); *usukano(vito)* ~ 돌창자, 회장(소장의 마지막 부위); *isukati(prosuti) kome* ~a 배를 찔러 죽이다; crevni (形) 2. 호스(보통 고무로 만든); *gumeno* ~ 고무 호스; ~ *za polivanje* (정원 등에 물을 주기 위한) 호스 3. (비유적) 긴 줄, 길게 늘어선 줄, 긴 행렬; *vuku se kao (otegnuta)* ~a 길게 늘어선 줄이 천천히 움직이다

crkavica 1. 가축 전염병 2. (비유적) 독주(毒酒), 독한 라키야 3. (비유적) 아주 적은 돈, 약간의 돈; *zaštedeti* ~u 아주 적은 돈을 저축하다; *dobiti za trud* ~u 노력하여 아주 적은 돈을 벌다 4. 슬픔, 아픔

crknut -a, -o (形) 1. 참조 crći, crknuti 2. 매우 허약한, 병약한, 거의 죽은거나 마찬가지인; ~i konji 매우 허약한 말(馬)들 3. (비유적) 기진맥진한, 진이 다 빠진, 매우 피곤한 (iscrpljen); *biti* ~ *od posla* 일로 인해 기진맥진하다

crknuti -nem (完) 참조 crći

crkotina 1. 죽은 동물, 죽어 널부러져 있는 동물의 사체 2. 겨우 목숨만 붙어 있는 동물 (병들고 탈진한 상태의) 3. (비유적) 게으름뱅이, 게으른 사람 (lenština)

crkovni -a, -o (形) 교회의; ~a vlast 교회 당국; ~e knjige 교회 서적; ~a lica 성직자

crkovnjak 성직자 (sveštenik, redovnik)

crkva 1. (건물로서의) 교회, 성당; *ići u* ~u 교회에 가다; *podići* ~u 교회를 세우다 2. (기관으로서의) 교회; *pravoslavna* ~ 정교회; *katolička* ~ 가톨릭 교회; *zapadna* ~ 서방 교회; *istočna* ~ 동방 교회 3. 교회 당국; *tražiti od* ~e saglasnost za venčanje 결혼 승인을 교회 당국에 요청하다 4. 예식, 예배; *obući se kao za* ~u 예배에 가는 것처럼 옷

을 입다 5. 기타; *ne željeti (s nekim) ni u ~u* (누구와) 그 어떤 일도 함께 하는 것을 원하지 않다; *čisto (uredno) kao u ~i* 아주 깨끗한, 아주 정리정돈이 잘 된

crkvenī *-ā, -ō* (形) 참조 crkva; 교회의; *~ obred* 교회 의식; *~a muzika* 교회 음악; *~a vrata* 교회 문; *~o pravo* 교회법(法); *~o kube* 교회의 둥근 지붕; *~ toranj* 교회 탑; *siromašan kao ~ miš* 아주 가난한

crkvenoruskī *-ā, -ō* (形) (숙어로) ~ jezik (러시아판본) 고대교회슬라브어

crkvenoslavenski, crkvenoslovenski (形) (숙어로) ~ jezik 고대교회슬라브어

crkvenjak *-a* 교회 관리인, 교회지기; (교회의) 종지기

crkvište (그 언젠가의) 교회터

crljenac *-nca* 1. 양파 (crni luk) 2. 붉은 감자 3. 검붉은 깃털의 장닭

crmpurast *-a, -o* (形) (피부 등이) 거무스레한, 가무잡잡한 (crnomanjast)

crn *-a, -o* (비교급 crnji, *-a, -e*) 1.검은, 검은 색의, 어두운 색의; *~i dim* 검은 연기; *~a kafa* 터키식 커피(원두커피를 미세하게 갈아 마시는); *~o na belo* 흑백의; *~e oči* 검은 눈의; *~i hleb* 검은 빛깔의 빵; *~o vino* 레드와인, 적포도주; *~a berza* 암시장; *nositi ~o* 검은색 옷을 입다; *~i dani* 암울한 시기(세월); *bele pare, za ~e dane (čuvati)* 힘들고 어려운 시기를 대비하여 돈을 저축하다; *dati(potrošiti) i ~o pod noktom* 자신이 가진 모든 것을 주다(소비하다); *~a ovca* 잘못을 주로 뒤집어 쓰는 사람; *crni cigani* 입에 풀칠한 것도 없는 사람, 가장 질이 나쁜 사람 ; *~i oblaci se nadvijaju* 커다란 불행과 난관이 몰려 온다 2. 더러운, 불결한; 추잡한; *ruke su mu ~e od prljavštine* 그의 손은 더러운 것이 묻어 더러웠다; *košulja ti je ~a* 네 와이셔츠는 더럽다 3. 역겨운, 얄미운; *on mi je ~ pred očima* 나는 그가 싫다(얄밉다, 역겹다) 4. 볕에 그을린, 햇볕에 탄; *vratio se s puta ~ od sunca* 그는 여행에서 햇볕에 타서 돌아왔다 5. 불행한, 불쌍한 6. ~ *obraz* 불명예, 수치; *~a ptica* 불운, 불운을 나타내는 새; *~a zemlja* 죽음; *gledati sve ~o, gledati sve kroz ~e naočari* 모든 것을 나쁘게 생각하다, 나쁜 면만 보다, 비관적으로 바라보다; *prikazati ~im bojama* 나쁜 면만 보여주다; *~i metali* 철금속; *~e boginje* 천연두; *u ~o zaviti koga* 누구에게 심한 타격(충격, 아픔)을 주다

crnac *-nca* 1. 흑인 2. (대문자로) 아프리카계

미국인 3. 승려, 수도승, 성직자(검은 옷을 입는) 4. 포도의 한 종류; 적포도주

Crna Gora 몬테네그로 **Crnogorac** *-orca*; **Crnogorka**; **crnogorski** (形)

crneti *-im* (不完) **pocrneti** (完) 1. 검게 되다 2. 검게 타다(피부 등이) 3. **crneti se** 검은 색으로 보이다

crnica 1. 검은 빛깔의 흙, 비옥한 흙 2. 흑인여자 3. (대문자) 아프리카계 미국인 여자 4. (여자)수도승, 수녀 5. (비유적) 불행하고 불쌍한 여자

crnika (植) 1. 흑쿠민(미나리아재비과의 한해살이풀) 2. 너도밤나무류

crnilo 1. 검은색, 어두운 색 2. 검은색으로 물들이는 물질 3. 잉크 4. 어둠, 어두움, 땅거미 (tama, mrak)

crnina 1. 검은색 (crnilo) 2. 어두움, 땅거미 (tama, mrak) 3. 검은색 옷(상복으로서), 상장(喪章); *biti u ~i, nositi ~u* 상복을 입다, 상 표시를 달다 4. 검은 포도

crniti *-im* (不完) 1. **nacrniti** (完) 검게 만들다, 검은색으로 물들이다 2. **ocrniti** (完) (비유적) 슬프게 하다 (ojadivati, žalostiti) 3. ~에 대해 나쁘게 말하다, 험담하다; 비난하다

crnka *-ki* 머리와 피부가 검은 여자; *lepa ~* 머리와 피부가 검은 예쁜 여자

crnkast *-a, -o* (形) 거무잡잡한, 약간 검은; *~a mačka* 거무잡잡한 고양이

crnkinja 흑인 여자; 아프리카계 미국 여자

crnoberzijanac 암시장 종사자 **crnoberzijanka**; **crnoverzijanski** (形)

crnobrad *-a, -o* (形) 검은 턱수염이 있는

crnoglav *-a, -o* (形) 검은 머리의; *~a ptica* 검은머리새

crnoglavac *-vca* 1.(鳥類) 검은머리꾀꼬리 무리 (crnoglavka) 2.(植) 쓴 박하

crnoglavka *-ki* (鳥類) 검은머리꾀꼬리 무리

Crnogorac 참조 Crna Gora; 몬테네그로 사람, 몬테네그로인

crnogorica 침엽수(소나무, 전나무 등의)

crnogorskī *-ā, -ō* (形) 참조 Crna Gora

crnojka 1. 검은 머리를 가진 여자(crnka) 2. 삼, 대마

crnokos *-a, -o* (形) 검은 머리의, 머리가 검은

crnokošuljaš (歷史) 검은 셔츠 당원(이탈리아의 파시스트); 우익 단체원

crnokrug (動) 북살모사, 독사

crnomanjast *-a, -o* (形) (피부가) 거무잡잡한 (garav)

crnomorskī *-ā, -ō* (形) 흑해의

crnook *-a, -o*, **crnookast** *-a, -o* (形) 검은 눈

C

동자의, 검은 눈의

crnoper -a, -o (形) 검은 깃털의, 깃털이 검은

crnoperan -rna, -rno (形) 검은 깃털의, 깃털이 검은; ~rna ptica 검은 깃털의 새

crnoperka 1. 검은 지느러미를 가진 물고기 2. 새의 한 종류

crnorep -a, -o (形) 검은 꼬리를 가진

crnorizac -sca 수도승, 승려, 검은 옷(riza: 성 직자의 평상복)을 입고 다니는 사람

crnostotinaš (歷) 검은 백(百)단원: (Black Hundres; 러시아의, 1905년 설립, 혁명 운 동을 분쇄하기 위한)

crno-žut, -a, -o (形) 검은색과 노란색의(오스트리아 국기와 같은); ~a monarhija 오스트리아-헝가리 제국

crnjak 1. 적포도주, 레드 와인 2. 성직자의 법의를 입고 다니는 사람 3. 검은 양

crpaljka, crpka -ki (물 등을 끌어올리는) 펌프 (pumpa)

crpenje (동사파생 명사) crpsti; ~ građe 자료 수집

crpnī -ā, -ō (形) 퍼 올리는; ~a stanica 양수장

crpsti crpnem; crpao, crpla; crpen (不完) iscrpsti (完) (물 등 액체를) 퍼내다, 퍼올리다; ~ vodu 물을 퍼올리다

crta 1. 선, 줄, 라인 (linija); prava(kriva) ~ 직선(곡선); 2. 경계선; 커트 라인 3. 특성, 특색, 특징; ona ima lepe ~e 그녀는 좋은 특성을 가지고 있다; ~e karaktera 특성; u glavnim(osnovnim, opštim) ~ama 주로 (uglavnom); u grubim(krupnim, kratkim) ~ama 간략히 (ukratko)

crtač 1. 제도공, 도안자; 입안자 2. (문학작품에서)설명자 **crtačica; crtački** (形) ~ talenat 입안자로서의 재능

crtačī -ā, -ē (形) 그리는, 도안하는; ~ sto; ~a daska; ~ pribor

crtak (보습 앞에 단) 땅을 가는 쇠 날 (crtalo)

crtalo 1. (보습 앞에 단) 땅을 가는 쇠 날 2. 형편없는 솜씨의 제도공, 도안자

crtaljka 제도용 도구(연필 등)

crtanka 사생첩, 스케치북

crtanje (동사파생 명사) crtati; učitelj ~a 미술 선생

crtarati -am (不完) (경멸어) 그리다, 낙서하다, 끄적거리다 (škrabati)

crtati -am (不完) 1. nacrtati (完) 선을 긋다, 줄을 치다 2. 그리다; 제도하다, 도안하다; ~ plan 도면도를 만들다 3. ocrtati (完) 생생히 표현하다, 묘사하다, 기술하다(인물, 물체 등을)

crtež 1. 그림, 도화, 스케치; 도면, 제도 2. 묘사, 기술(記述)

crtica 1. (지소체) crta 2. 하이픈, 연자 부호 (連字符號)(-) 3. (소설 따위의) 소품, 단편; 토막극; ~ iz dalmatinskog života 달마치아 생활에 대한 소품; 4. 스케치, 기사, 리포트; novine su donele samo kratku ~u o tome 신문은 그것에 대해 단지 간략한 기사만 실었다

crtkati -am (不完) (지소체) crtati

crv crvā & crvī) 1. 벌레(지렁이·털벌레·땅벌레·구더기·거머리·회충류(類) 등의); raditi kao ~ 매우 부지런히 일하다, 매우 성실히 일하다; ~i ga jedu 그는 죽었다; pustiti kome ~a u glavu 의심을 불러 일으키다 2. (비유적) 미약하고 보잘것 없는 생명체; 어린 아이 3. (醫) 손가락 관절부의 부음

crvac -vca 1. (複數로) (害蟲) 깍지벌레과; šljivin ~ 서양자두 벌레; ružin ~ 장미 벌레 2. (지소체) crv

crvak -vka (지소체) crv

crvast -a, -o (形) 벌레 모양의, 연충(蠕蟲) 모양의

crvati se -am se (不完) 참조 crvljati se

crven -a, -o (形) 1. 빨간, 적색의; ~a jabuka 빨간 사과; ~a haljina 빨간 드레스; Crveni krst 적십자); crvena krvna zrnca 적혈구 2. 극좌파의, 공산주의의; 혁명의, 혁명적인; 적군(赤軍)의; Crvena armija 적군, 혁명군; ~a stranka 공산당; ~a omladina 공산 청년당 3. (동식물 명칭의 일부로) ~a detelina (植) 붉은 토끼풀; ~i glog (植) 서양 산사나무; ~i mravi (昆蟲) 붉은 불개미 4. (명사적 용법으로) 혁명가; 적군 병사; 공산주의자, 극좌파; 빨간 유니폼을 입은 선수; 빨강색; obojiti u ~o 빨강색으로 칠하다 5. (기타); ~a buržoazija 부와 특권을 획득한 공산주의자; ~e brigade 붉은 여단 (1970년대 이탈리아의 극좌테러조직); ~i vetar (病理) 단독(丹毒) 피부병, 특히 코와 볼이 빨갛게 부어 오름); ~i kutić(ugao) 교육-문화 활동을 위한 공간 (관공서, 회사 등의); ~oga petla pustiti(puštati) 불을 지르다, 방화하다; ~i patuljak (天) 적색왜성

crven (女) 1. 빨간색, 적색(赤色) 2. (病理) 성홍열 (šarlah)

crvendać 1. (鳥類) 울새, 개똥지빠귀의 일종 2. (卑語, 輕蔑語) 사회주의자, 공산주의자; 빨갱이

crveneti -im (不完), **zacrveneti** (完) 1. 붉어지다, 빨갛게 되다; 얼굴에 홍조를 띠게 되다;

ona crveni čim joj se to pomene 그녀에게 그것을 언급하자마자 그녀는 얼굴이 붉어졌다 2. (비유적) 수줍어하다, 부끄러워하다 (stideti se); ~ *zbog sina* 아들 때문에 부끄러워하다; ~ *zbog bezobrazluka* 몰염치 때문에 부끄러워하다 3. ~ *se* 빨갛게 되다, 붉어지다; *vidi kako se crveni nebo* 하늘이 어떻게 붉어지는지 봐라

crvenica 1. (地) 붉은 흙 2. (病理) 단독(丹毒: 피부병, 특히 코와 볼이 빨갛게 부어 오름) (vrbanac) 3. 붉은 반점

crvenika 1. (주로 복수로) 적포도주 2. 빨간 사과 3. 검붉은 색의 염소

crvenilo 1. 빨간색, 적색 (crven) 2. 빨간색 잉크 3. 붉게 물들이는 재료, 빨간색으로 칠하는 재료, 빨간색이 나게 하는 재료 (화장품·염료 등의); ~ *za usne* 립스틱; ~ *za preðu* 방적사를 붉게 물들이는 염료; ~ *za jaje* 계란 도색용 빨간색 염료(부활절 계란 색칠에 사용)

crveniti -*im* (不完) **nacrveniti** (完) 1. 빨갛게 하다, 빨간색이 나게 하다; ~ *usne* 입술에 립스틱을 바르다; ~ *obraze* 볼에 연지를 바르다; ~ *nebo* 하늘을 붉게 물들이다 2. ~ *se* (입술에) 립스틱을 바르다, (볼에) 연지를 바르다

crvenka 1. 빨간색 볼펜(분필) 2. 울새 3. 빨간색 사과의 한 종류; 빨간색 옥수수의 한 종류

crvenkapa 1. 동그랗고 낮은 빨간색의 모자 2. (대문자로) 동화속의 주인공(같은 이름의)

crvenkast -*a*, -*o* (形) 불그스름한, 불그레한, 붉은 빛을 띤; ~*a boja* 불그스름한 색; ~ *cvet* 붉은 색이 나는 꽃

crvenoarmejac -*jca* 적군(赤軍) 병사

crvenokos -*a*, -*o* (形) 빨간 머리의

crvenokožac -*šca* 홍인종, 붉은 피부의 사람

crvenperka 1. 빨간 머리의 여자 2. 붉은 지느러미를 가진 물고기의 일종; 붉은 깃털을 가진 작은 새, 울새

crvenjak 1. (輕蔑語) 공산주의자, 사회주의자; 빨갱이 (komunista, socijalista) 2. 빨간 십자가가 새겨진 반지를 끼고 다녔던 병사 3. 적포도주 **crvenjački** (形)

crvić (지소체) crv; 벌레

crvljati se -*am se* (不完) **ucrvljati se** 벌레 먹다, 벌레로 인해 망가지다, 벌레가 생기다

crvljika 벌레 먹은 과일

crvljiv -*a*, -*o* (形) 1. 벌레가 많은; 벌레 먹은; ~*a jabuka* 벌레 먹은 사과; ~*a hartija* 좀 먹은 종이 2. (비유적) (벌레와 같이) 가만있지를 못하는, 방정맞은 (nemiran,

nestašan)

crvljivac 게으름뱅이, 게으른 사람

crvojedina (목재·의류·종이 등에 난) 벌레 먹은 구멍

crvolik -*a*, -*o* (形) 벌레 모양의, 벌레와 비슷한

crvotoč (女) 참조 crvojedina, crvotočina

crvotočan -*čna*, -*čno* (形) 벌레 먹은, 벌레가 구멍을 뚫은; ~*čna stolica* 벌레 먹은 의자

crvotočina 참조 crvojedina

crvuljak -*ljka* 1. (지소체) crv 2. (解) 충수(蟲垂), 막창자 꼬리; *zapaljenje* ~*ljka* 충수염

cubok (보통 정육점에서 양질의 고기에 하품 고기나 뼈를 얹어서 파는) 덤 (dodatak); *dodati kao* ~ 덤으로 얹다

cucak (方言) 개(犬) (pas)

cucati -*am*, **cuckati** -*am* (不完) 아이를 무릎위에서 살살 흔들다; 위 아래로 흔들다 (ljuljati)

cucla 1. 젖꼭지(젖병의); *hraniti na* ~*u* 분유로 키우다 2. 가짜 젖꼭지(아이들이 물고 다니는); *daj detetu* ~*u* 아이에게 가짜 젖꼭지를 줘

cuclati -*am* (不完) (젖 따위를) 빨다; *dete cucla prst* 아이는 손가락을 빤다

cugati -*am* (不完) **cugnuti** -*nem* (完) 1. 단숨에 마시다(술 등을), 한 번에 잔을 비우다 2. 뒤로 움직이다, 뒤로 약간 움찔하다

cujka 약한 도수의 라키야

cukar -*kra* 참조 šećer

cukriti -*im* (不完) 참조 šećeriti

cunjalo (中,男) 캐고다니는 사람, 이것저것 탐문하고 다니는 사람, 기웃기웃거리며 무엇인가를 알아내고자 하는 사람

cunjati -*am* (不完) 1. 이리저리 돌아다니다, 어슬렁거리다 (lunjati, potucati se); ~ *od kafane do kafane* 이 카페에서 저 카페로 돌아다니다 2. 탐문하다, 기웃거리며 엿보고 다니다; ~ *po sobi* 방안 이곳저곳을 기웃거리다; ~ *po ormarima* 옷장 이곳저곳을 뒤지고 다니다

cunjav -*a*, -*o* (形) 남루한, 초라한, 누더기 옷을 입은

cunjavac -*vca* 남루한 사람, 초라한 사람

cup, cupa (보통 숙어로) (h)op(a)-cup(a) (춤을 출 때 하는 소리)

cupkati -*am* (不完) **cupnuti** -*nem* (完) 1. (발을) 구르다, (땅 바닥을) 발로 차다 (춤추면서); 점프하다, 껑충껑충 뛰다 (위아래로) 2. 살살 흔들다(아이를 무릎 위에서)

cura 1. 처녀 (devojka) 2. 여자친구(애인)

curak 약한 줄기(물, 피, 땀 등의)

C

curetina (지대체) cura
curica (지소체) cura
curičak (지대체) curica
curiknuti -nem (完) curikati -am (不完) 뒤로
　가다; ~ kola 차를 후진시키다
curiti -im (不完) 1. (액체 등이) 새다, 새어나
　오다; (정보 등이)새다; voda curi iz česme
　물이 수도꼭지에서 졸졸 샌다; krv mu curi
　iz nosa 그는 코에서 피를 흘린다; curi ti
　nos 콧물이 흐른다 2. iscuriti (完) 흘러나오
　다, 새어나오다; mleko je iscurilo iz flaše
　우유가 병에서 흘러 나왔다
cvast (女) 1. 꽃 군집, 꽃 무리(포도 혹은 빗자
　루 형태의) 2. 만개(滿開)
cvasti cvatem; cvao, cvala (不完) 꽃이 피다,
　만개하다 (cvetati)
cvat 1. 꽃 (cvet) 2. 꽃 군집, 꽃 무리 (cvast)
　3. 개화(開花) 시기; biti u ~u 꽃이 필 시기
　이다, 개화기이다; ruža u ~u 개화기의 장미
cvatenje, cvetnja (동사파생 명사) cvasti
cvateti -im (不完) 참조 cvetati
cvatućI -ā, -ē (形) 꽃이 피는
cvećar 꽃 가꾸는 사람, 화초 재배자; 꽃장수;
　화초를 좋아하는 사람 cvećarica, cvećarka
cvećara, cvećarnica 화원(花園), 꽃 가게
cvećarstvo 원예학, 원예 농업
cveće (集合) 꽃(cvet); brati ~ 꽃을 따다;
　baštensko(poljsko) ~ 정원(들) 꽃; ~ iz
　staklene bašte 온실에서 자란 꽃
cvećka 결점없는 사람 (주로 부정적 의미로
　사용됨); nisi ni ti ~ 너도 완벽한 사람은 아
　니다, 털어서 먼지나지 않는 사람은 없다
cvećnjak 꽃밭 (cvetnjak)
cvekla -ī & cvekālā 1. (植) 비트, (샐러드용)
　비트의 식용 뿌리 (cikla) 2. (비유적) 뚱뚱한
　처녀(여자)
cveliti -im (不完) (누구를) 울게 만들다, (누구
　에게) 고통을 안겨주다; ~ dete 아이를 울게
　만들다
cvet 1. 꽃; 개화기(開花期), 꽃이 피는 시절;
　sve je sada u ~u 지금은 모든 것이 꽃피는
　시절이다; u ~u života 인생의 황금기에 2.
　꽃 모양의 것; 장식품 3. 동물들의 이마에
　있는 하얀 점 4. (비유적) 서리 꽃(유리창의)
　5. (비유적) 가장 아름다운 것, 가장 좋은 것;
　정수(精髓) ~ vojske 군(軍)의 가장 뛰어난
　인재; 소중한 사람, 귀중한 사람, 아주 예쁜
　사람 6. 볼의 불그스레 함 (부끄러워서 나타
　나는) 7.(기타) beli ~ 백대하(白帶下);
　devičanski ~ 성적 순결; ženski ~ 암술만
　있는 꽃, 월경; muški ~ 수술만 있는 꽃; ~

od brašna 가장 싼 밀가루
cvetan -tna, -tno (形) 꽃이 핀, 만개한, 꽃의;
　Cvetna nedelja 종려 주일(부활절 직전 일요일)
cvetanje (동사파생 명사) cvetati
cvetast -a, -o (形) 1. 꽃 모양의 2. 꽃이 많은
　3. 이마에 꽃모양의 점이 있는(동물의)
cvetati -am (不完) procvetati (完) 1. 꽃이 피
　다 2. 만개(滿開)하다, 한창 번성하다; 많이
　있다, 풍요하다; ne cvetaju mu ruže 일이 잘
　풀리지 않는다, 운이 없다, 실패하다; neka ti
　sve cveta 모든 일이 잘 되길 바란다, 행운
　을 바란다; nos mu cveta 코가 빨갛게 되었
　다(술로 인해)
Cveti (女,複) 종려 주일(부활절 직전 일요일)
　예수가 예루살렘에 들어간 기념일) (Cvetna
　nedelja)
cvetić 지소체(cvet)
cvetnice (女,複) 꽃 피는 식물
cvetnjak 꽃밭
cvetolik -a, -o (形) 꽃 모양의
cvetonosan -sna, -sno (形) 꽃을 피우는, 꽃
　이 피는
cvetonoša (男) 1. (어떤 행진에서) 꽃을 들고
　가는 사람 2.(複) 꽃 피는 식물 (cvetnjače)
cviker 코안경(오늘날 우리가 사용하고 있는
　보통의 안경)
cvikeraš 안경(cviker)을 쓰는 사람
cvileti -im (不完) 1. 신음하다, 끙끙대다(통증,
　슬픔 등으로 인해); 흐느껴 울다; majka cvili
　za sinom 어머니는 아들 때문에 흐느껴 울
　었다 2. 낑낑대다(동물이); pseto stalno
　cvili 개가 항상 낑낑댄다 3. 신음소리 같은
　소리를 내다; ~ za svaku sitnicu 모든 사소
　한 일에 대해 불평하다
cvilež 신음, 끙끙댐, 낑낑댐 (cviljenje)
cvoknuti -nem (完) cvoktati -am & -ćem (不
　完) 1. 쪽소리(cvok)가 나도록 키스하다 2.
　쪽소리(cvok)를 내다
cvokot (擬聲語) 이를 딱딱 부딪쳐 나는 소리
cvokotati -ćem (不完) (이빨이) 딱딱 소리를
　내며 부딪치다(추위, 두려움 따위로 인해);
　cvokotao je od straha 두려움으로 인해 이
　를 달달 떨었다
cvoktati 참조 cvoknuti
cvonjak -njka 1. (액면가가 아주 낮은) 돈, 동
　전; ostati bez ~njka 돈이 한 푼도 없게 되
　다; nemam ni ~njka 돈이 한 푼도 없다 2.
　(비유적) 별가치 없는 것, 하찮은 것; ne dati
　nekome ni ~njka 그 누구에게도 아무것도
　주지 않다
cvr (擬聲語) 1. 꼬록 꼬록 (무엇인가가 물에

빠질 때 나는 소리) 2. 귀뚤 귀뚤, 짹짹 (귀
뚜라미 또는 작은 새들이 우는)

cvrca (男) 1. 단순한 사람 2. 키가 작은 사람

cvrcnuti *-nem* (完) 조금 취할 정도로 마시다
(술을); *on voli da cvrcne* 그는 술마시기를
좋아한다

cvrčak *-čka; cvrčci* (昆蟲) 귀뚜라미

cvrčati *-im* (不完) 1. 찌르륵 찌르륵(cvr) 울다
(귀뚜라미가); *cvrčak cvrči* 귀뚜라미가 운다
2. (비유적) 큰 소리로 말하다 3. 소리치다,
고함치다 4. 타닥타닥(지글지글) 소리내다(고
기를 튀길 때, 장작을 태울 때 등) 5. 삐거덕
거리다 (문 등이)

cvrka, cvrkut (擬聲語) 짹짹, 찍찍(새나 곤충
이)

cvrkutati *-ćem* (不完) **cvrkutnuti** *-em* (完) 찍
찍거리다, 짹짹거리다(작은 새, 곤충, 쥐 등
이); *ptice cvrkuće* 새들이 지저귄다

Č č

čabar -bra; čabrovi 목재 양동이(버킷) (밑이 위보다 넓으며 위에는 2개의 귀가 있는, 세탁용으로 사용되는); otići u ~, naći se u ~bru (隱語) 어려움에 처하다, 곤란한 지경에 빠지다

čabranica 조그마한 나무 양동이(보통 버터나 치즈 등을 담는) (čabrica)

čabrenik (나무 양동이(čabar)를 나를 때 사용하는) 나무 막대기

čabrica 조그마한 나무 양동이 (manji čabar)

čačak -čka; -čki, -ākā 1. (길가의 엉기어 뭉쳐진, 또는 얼어붙어 있는) 흙덩어리 (čagalj) 2. (비포장 흙길의 표면에 불쑥 솟아 있는) 돌 (kamen)

čačak (動) 자칼 (šakal)

čačkalica 1. 이쑤시개; noge su mu kao ~e 그의 다리는 아주 가늘다 2. (비유적) 매우 마른 사람; 매우 가는 다리

čačkati -am (不完) 1. (손가락으로) 쑤시다, 후비다, 후벼 파내다(코, 귀, 이 등을); ~ nos 코를 후비다; ~ zube 이쑤시개질하다 2. 쓸데없이(어설프게) 손대다(만지다); ne čačkaj oko te pegle 그 다리미에 손대지 마; ~ po mašini 어설프게 기계에 손대지 마; ~ oko motora 엔진을 쓸데없이 만지다 3. (po nečemu) (~을) 샅샅이 뒤지다; ~ po fioci 서랍을 샅샅이 뒤지다; ~ po arhivi 문서보관소를 샅샅이 뒤지다

čaditi čađaviti -im (不完) očaditi, počaditi, začaditi; očađaviti, počađaviti, začađaviti (完) 검댕으로 더럽히다(그을리다), 검댕투성이로 하다; taj dim mi je očadio sve zidove 그 연기는 모든 벽을 검댕투성이로 만들었다; očadio si lice nečim 네 얼굴은 무언가 새까만 물질이 묻었다

čador 천막, 텐트 (šator)

čađ (G.sg -i, I.sg, -u & -i; G.pl. -i) (女), čađa (女) (석탄 등의 불완전 연소로 인해 생기는) 매연, 검댕, 그을음 (gar); mrlja od ~i 그을음 때; naslaga ~i 그을음 층

čađav -a, -o (形) 1. 그을음(čađ)으로 덮인, 그을은, 검댕의, 매연의; 더러운, 새까만; ~i zid 그을음으로 덮인 벽; ~a slika 그을음으로 덮인 그림; ~e ruke 더러운 손 2. (비유적) 슬픈, 침울한, 우울한 (sumoran, tužan); 검은, 보기 싫은 (crn, ružan); ~a boja 검은

색; ~ život 슬픈 인생(삶) 3. (비유적) 사악한, 나쁜 (zao, opak); ~a duša 사악한 영혼

čađaviti 참조 čaditi

čagalj -glja (動) 자칼(여우와 이리의 중간형) (šakal)

čagalj -glja (길거리의 엉기어 뭉쳐진 또는 얼어붙은) 흙덩어리

čagrljati -am (不完) 1. (금속음으로) 시끄럽게 하다, 소란스럽게 하다(čegrtati) 2. 이야기하다(čavrljati)

čagrtaljka 1. 장난감의 한 종류 (빙글빙글 돌아가면서 요란한 소리를 내는 나무로 된 장치) (čegrtaljka) 2. 수다장이

čagrtati -ćem & -am (不完) 1. 시끄러운 소리를 내다 2. 별별 이야기를 다 하다, 수다를 떨다 (čegrtati)

čahura, čaura 1. 고치(곤충의) 2 (식물의) 꼬투리, 삭과(蒴果) 3. 탄피(총알의) 4. (解) (눈 따위의) 와(窩), 강(腔)

čahuriti se -im se (不完) 1. (누에 등이) 고치를 만들다, 고치를 치다 2. 자신을 격리시키다

čaj -evi 차(茶); 찻잎; 차나무; zeleni ~ 녹차; crni ~ 홍차; skuvati ~ 차를 끓이다; pozvati na ~ 차 마시러 오라고 초대하다; bili smo kod njih na ~u 그들의 집에서 차를 마셨다 čajni (形)

čajana 다실(茶室) (čajdžinica)

čajanka 다(茶)모임

čajdžinica 다실(茶室)

čajnī -ā, -ō (形) 차(茶)의, 다(茶)의; ~a kuhinja 간이 부엌, 보조 부엌; ~ pribor 차도구

čajnik 주전자

čak (副) (기대하거나 예상한 범위를 넘어섬을 강조할 때 사용됨) 1. 공간상 멀리 떨어져 있는 것, 광활한 범위 등을 강조; putovao je ~ do Kine 그는 중국에까지 여행했다; 시차(시간상의 차이)를 강조; 양(量)을 강조 čak 200 tona vode troše 무려 200톤의 물을 사용한다 2. (보통 연결사 i, ako, iako 등과 함께) ~ 라도, ~ 일지라도; ~ ako i sam ne dođe 그 자신이 오지 않을 지라도; ~ i sutra ako dođeš 네가 내일도 온다 할지라도

čakavac -vca 차깝스키 사용자

čakavizam -zma 차깝스키 특징

čakavskī -ā, -ō (形) 차깝스끼 방언의 (의문-관계 대명사 što 대신에 ča를 사용하는 크로아티아어 방언의 한 종류)

čakavština 차깝스키 방언, ča 방언

čaklja 1. 갈고리 장대(배를 끌어당기거나 물에

서 물건을 건질 때 사용하는) 2. 받침대(덩굴
식물의) 3. 갈고리(닻의)
čakšire (女,複) 바지(세르비아 전통 의상의, 윗
부분은 넓으며 아랫부분은 좁은)
čaktar 종, 방울(다른 양들을 이끄는 길잡이
양의(목에 달린)
čalabrcnuti, čalabrknuti -nem (完) 급히 조금
먹다, 간식을 먹다; ~ pre ručka 점심전에
간식을 먹다
čalma 터번(이슬람교도 남자가 머리에 감는
두건); zaviti ~u 무슬림이 되다
čam 참조 čama, čamotinja
čam (植) 전나무 (jela)
čama, čamotinja 우울함, 침울함; 싫증, 권태
(tmurno raspoloženje)
čamac 1. 보트, 작은 배, 소형 배; motorni ~
모터 보트; ~ za spasavanja 구조정(救助艇);
patrolni ~ 순찰선 2. (손으로 젓는) 보트, 노
로 젓는 배
čamčić (지소체) čamac
čamdžija (男) 뱃사공, 보트를 운전하는 사람
čamiti -im (不完) (어느 장소에서) 권태롭게 지
내다, 지루하게 보내다, 고독하게 지내다; ~
u zatvoru 감옥에서 고독하게 지내다; ~ u
sobi 방안에서 지루하게 지내다
čamotinja 참조 čama
čamovati -mujem (不完) 지루하게 살다, 고독
하게 살다 (čamiti)
čamovina (植) 전나무, 침엽수(일반적인)
čanak -nka 1. (보통 목제의) 그릇, 공기 2. (총
의) 약실(藥室) (prašnik)
čandrkati -am, -čem (不完) 1. 덜걱덜걱(덜커
덕덜커덕) 소리나다 (lupkati, kuckati) 2. (비
유적) 수다를 떨다, 별별 이야기를 다 하다
(govoriti koješta)
čandrljati -am (不完) (擬聲語) 1. 쩽그렁(뗑그
렁) 울리다 (zvečati, tandrkati) 2. 투덜거리
다, 불평하다 (gunđati, prigovarati) 3. (비유
적) 휘익 소리를 내다 (fijukati, hučati) 4.
(비유적) 별별 것을 다 쓰다, 휘갈겨 쓰다
(koješta pisati, škrabati)
čandrljiv -a, -o (形) 불평이 많은, 트집잡기를
좋아하는 (čantrav, svadljiv)
čangrizalica (男,女) **čangrizalo** (男,中) 불평불
만이 많은 사람, 트집잡기를 좋아하는 사람,
čangrizati -am (不完) 불평하다, 트집잡다, 이
의제기를 너무 많이 하여 사람을 지치게 하
다 (čantrati, gunđati, dosađivati
prigovaranjem)
čangrizav -a, -o **čangrizljiv** -a, -o (形) 트집
잡기를 좋아하는, 말다툼하기를 좋아하는,

불평불만이 많은
čankir (病理) 경성 하감(硬性下疳) (매독의 초
기 증상); (속어) 성병, 매독
čankoliz 아첨꾼, 알랑꾼 (ulizica, ližisahan)
čantrati -am (걸핏하면) 불평하다, 트집잡다
(čangrizati, gunđati)
čaplja (鳥類) 왜가리, (일반적으로)백로과 새의
총칭; bela ~ 백로
čapljan (植) 부추 (praziluk)
čaponjak -njka (굽 있는 동물의) 발
čaporak -rka (고양이·매 따위의) 발톱
(kandža)
čapraz, čaprazdivan (숙어로) praviti nekome
~ ~와 잡담하다, 여담을 나누다, 한가하게
이야기하다
čaprazdivaniti -im (不完) 1. 인사하다
(klanjati se) 2. (비유적) 잡담하다, 한담하다
3. (비유적) 아첨하다, 아부하다
čaprlj 참조 čapur
čapur (나무의) 그루터기, 밑동 가지(부러진 가
지의 (čaprlj)
čar (女,男) 1. 매력, 매혹, 유혹하는 묘한 힘 2.
(複數) 마법, 마술, 요술 (mađija, čini,
čarolije)
čaralac -oca 마술사, 마법사, 요술사 **čaralica**
(čarobnjak)
čaran -rna, -rno (形) 매력적인, 매혹적인, 매
력 만점의; 호감이 가는; ~rna devojka 매력
적인 아가씨; ~rna pesma 매력적인 노래
čarapa (보통 복수형으로) 양말; ženske ~e 여
자 양말; muške ~e 남자 양말; dečije ~e
어린이 양말; hulahopske ~e (무용·체조용
의) 타이츠, 팬티 스타킹; obuti(izuti) ~e 양
말을 신다(벗다); bešavne(mrežaste) ~e 바
느질 자국없는(망) 양말; udaren mokrom
~om 다소 우둔한, 약간 미친; **čarapin** (形)
čarapar 양말 장수
čarapast -a, -o (形) 1. 양말 모양의 2. 마치
양말을 신은 것처럼 보이는, 흰 다리의(말
의); ~ konj 다리가 흰 말
čarapin -a, -o (形) 참조 čarapa; 양말의;
posao mu ide kao ~ početak 그의 사업은
잘 되지 않는다; usta su mu kao ~ početak
입이 크다(메기 입이다)
čarati -am (不完) 1. 요술을 부리다 2.
začarati (完) 마법을 걸다; Začarana
lepotica 마법에 걸린 공주 3. 점을 치다, 점
괘를 보다(gatati, vračati) 4. **očarati** (完) 유
혹하다, 매혹하다; ona je sve očarala 그녀
는 모든 사람을 매혹했다
čarati -am (不完) 불이 활활 타도록 하다, 활

활 지피다; ~ *vatru* 불을 활활 지피다

čardak 1. 이층 발코니(터키식 가옥에서 길쭉
으로 튀어나온 여름철에 사용하는 공간)
(balkon, doksat) 2. 대저택 3. 감시탑(국경
에 있는)

čardaklija 1. 이층 발코니(čardak)가 있는 집
2. 포도 줄기(이층 발코니(čardak)를 타고
올라가 그늘을 만들어 집을 시원하게 해 주
는) 3. 감시병(국경 감시탑(čardak)에서 망을
보는)

čardaš 헝가리 민속 무용(빠른 템포의)

čarka 1. 소규모 무력 충돌, 소전투 2. 약간의
다툼(언쟁); *predizborne* ~*e* 사전선거운동에
서 일어나는 약간의 언쟁

čarkati -*am* (不完) 1. 불을 활활 지피다
(čarati); ~ *vatru* 불을 활활 타게 하다 2. ~
se 소규모 전투를 하다; ~ *se s*
neprijateljem 적과 소규모 전투를 하다

čarlama (方言) 1. 사기, 기만 (podvala,
prevara); *udariti nekome* ~*u* 기만하다, 속
이다, 농락하다 2. 민속 춤의 일종; 그 춤에
따르는 음악

čarnī -*ā*, -*ō* (形) (詩的) 검은; ~*e oči* 검은 눈
동자

čarnuti -*nem* (完) 불을 활활 지피다 (čarati)

čaroban -*bna*, -*bno* (形) 1. 마술의, 마법의,
요술의; ~*bni štapić* 요술 지팡이; *Čarobna*
frula 요술 피리 2. 매혹적인, 매력적인;
~*bna žena* 매혹적인 여자

čarobnik 참조 čarobnjak

čarobništvo 1. 마술, 요술 2. 매혹, 매력 (čar,
draž)

čarobnjak 마술사, 마법사, 요술사; ~ *iz Oza*
오즈의 마술사 **čarobnica; čarobnjački** (形)

čarobnjaštvo 참조 čarobništvo

čarolija 1. 주문, 마법, 마력; *on se služi* ~*ama*
그는 주문을 사용한다; *opčiniti nekoga*
~*ama* 마법을 걸다, 주문을 외우다 2. 매력
적인 것, 유혹적인 것, 매혹적인 것

čaršav 보(褓), 침대보, 이불보, 책상보;
krevetski ~ 침대보; ~ *za sto* 책상보

čaršija 1. 도심지, 중심지, 상가 밀집지역 2.
그 지역에서 사는 사람, 그 지역에서 상업에
종사하는 사람, 소시민; *dobro jutro,* ~*o na*
obe(sve četiri) strane 자신의 이익을 좇아
가장 쉬운 길로만 가는 사람 혹은 상황에 맞
게 처신하는 사람을 이르는 말

čaršijskī -*ā*, -*ō* (形) 참조 čaršija; 소시민의
(malograđanski); ~ *red* 보편화된(일반화된)
관습; *po* ~*om redu* 보편화된 관습에 따라

čaršilija, čaršinlija (男) 읍내(čaršija) 사람, 도

회지 사람

čarter (비행기, 선박 등의) 대차계약(서), 전
세; (선박의) 용선계약; ~ *letovi* 전세 비행

čas 1. 시(時) (sat); *voz polazi u 14* ~*ova* 2.
수업, 수업시간; ~ *klavira* 피아노 수업; ~
ruskog jezika 러시아어 수업; *raspored*
~*ova* 수업시간표; *davati nekome* ~*ove* ~를
가르치다; *uzimati* ~*ove* 레슨을 받다; 3. 순
간, 찰나 (trenutak, moment); *mnogo*
prijatnih ~*ova* 아주 즐거웠던 순간들; *do*
poslednjih ~*ova* 마지막 순간까지; *u taj*
~*(toga* ~*a)* 그 순간에; *od prvog* ~*a* 맨 처
음 순간부터 4. 시간, 때; *večernji* ~*ovi* 저
녁 시간; ~*ovi odmora* 휴식 시간; *novac je*
stigao pravi ~ 필요한 순간에 돈이 왔다; *u*
tili ~ 곧 5.(부사적 용법에서) 순식간에, 빠
르게 6. 기타; *zavesti policijski* ~ 통행금지
를 실시하다; ~ *hoće* ~ *neće* 어떤 때는 원
했다가 또 어떤 때는 원하지 않는;
dvanaesti ~ 마지막 기회; *samo* ~ 잠깐만

časak -*ska* (지소체) čas; 순간, 잠깐 동안;
nekoliko ~*a* 잠깐 동안

časiti -*im* (不完) 주저하다, 망설이다
(oklevati); (시간을)질질 끌다(odugovlačiti);
ne časi časa, ni časa ne ~ 당장 해

časkom (副) 금세, 곧, 재빨리 (začas, brzo);
skoknuti ~ *u grad* 시내로 곧 떠나다; ~ *se*
okupiti 금세 모이다

časlovac -*ovca* 1. (정교회) 예배서 2. 첫걸음
(책), 초보 (독본), 입문서

časlovac 예배서를 공부하는 사람

časnik 1. 명예직 혹은 고위직을 수행하는 사
람; 이사회 또는 의장단을 구성하는 사람;
대부(결혼식의) 2. (軍)의) 장교 3. 관료
(činovnik, službenik) **časnički** (形)

časništvo 1. 이사회, 의장단 2. 장교단 3. 관
료 계층

časno (副) 명예롭게, 존경받도록, 훌륭히; 올
바르게, 정당하게; ~ *je otpušten iz vojske*
그는 명예롭게 군에서 제대했다

časom (副) 곧, 즉시,당장, 순식간에 (za vrlo
kratko vreme, časkom); ~ *završiti posao*
순식간에 일을 완수하다

časomice (副) 때때로, 이따금 (s vremena na
vreme); 지금 이 순간에는 (trenutno); ~
bledeti 때때로 창백해지다

časopis 잡지, 정기 간행물(학회 간행물 따위);
stručni ~ 전문 잡지(전문 학회지); *modni* ~
패션 잡지

časoslov (가톨릭) 일과(日課) 기도서

časovit -*a*, -*o* (形) 순간적인, 순식간의, 잠깐

86

의; ~ *bol* 순간적인 통증; ~ *utisak* 순간적인 인상

časovničar 시계점 주인(시계를 수리하고 파는 사람) **časovničarski** (形)

časovnik 시계; *džepni* ~ 주머니 시계; *zidni* ~ 벽시계; *ručni* ~ 손목 시계; *sunčani* ~ 해 시계; *peščani* ~ 모래 시계

čast *čašću* (女) 1. 명예, 영예, 영광; 명성; 경의, 존경; *uvreda* ~ 명예 훼손; ~ *mi je javiti vam* 당신에게 알려주게 된 것이 영광입니다; *stavio je svoju* ~ *na kocku* 자신의 명예 손상을 무릅쓰다; *stvar ~i* 명예에 관한 문제; *iskazivati (odavati) nekome* ~ 누구에게 경의와 존경을 표하다; *napraviti prijem u* ~ *nekoga ~를* 위한 칵테일을 준비하다; *to mi je ispod ~i* 그것은 나에게는 불명예이다; *polje ~i* 전장터; *smatrati za* ~ 명예롭게 생각하다; *sud ~i* 여론 재판장 2. 처녀성, 순결; *oduzeti devojci* ~ 처녀의 순결을 빼앗다; *devojačka* ~ 처녀성 3. 파티, 축하연 (gozba, gostoprimstvo); *napraviti* ~ 축하연을 열다; *biti na ~i kog nekoga* 누구의 집 파티에 있다; *obilata* ~ 화려한 파티; *zahvaliti (nekome) na ~i* 파티에 대해 감사해 하다 4. (결혼식 손님으로 참석할 때 가지고 가는) 선물 (음식·술·돈 등의) (dar, poklon); *iznosti* ~ *na sto* 선물을 가지고 가다

častan -*sna*, -*sno* (形) 1. 명예로운, 도덕적-윤리적 기준에 합당한, 양심에 거리낌이 없는; ~ *odnos* 올바른 관계; ~ *posao* 양심에 거리낌이 없는 직업; ~ *čovek* 정직한 사람; ~ *postupak* 예의바른 행동; ~*sna zarada* 정직한 돈벌이(급여); ~*sna reč, dajem ~snu reč, na moju ~sne reči* 내 명예를 걸고 진실임을 말한다 2. 존경하는 (cenjen, poštovan); ~*sni sudijo!* 존경하는 재판관님! 3. 성스러운(교회의 직이나 종교적 성물과 함께); ~*sni krst* 십자가; ~*sna sestra* 수녀 4. 기타; ~*sna reč, dajem ~snu reč, na moju ~snu reč* 내 명예를 걸고 맹세한다

častiti -*im* (不完, 드물게 完) 1. 누구에게 존경과 경의를 표하다; ~ *nekoga pohvalama (lepim rečima)* 감사의 말로 누구에게 존경을 표하다 2. 대접하다; ~에게 음식을 대접하다, ~에게 한턱내다; *častiću te ako položim istite* 시험에 합격한다면 내가 너어게 한턱내겠다; *ko časti? Ja častim* 누가 쏘지? 내가 쏠게 3. ~ *se* (不完) 1).많이 먹다; 융숭한 대접을 받다 2). 험한 말을 주고 받다; ~ *se psovkama* 서로 욕을 주고 받다

častohlepan -*pna*, -*pno* (形) 명예에 굶주린,

명예를 추구하는

častoljubac -*upca* 명예를 좋아하는 사람

častoljubiv -*a*, -*o* (形) 명예를 좋아하는, 명성을 추구하는

častoljublje 명예 추구

čaša 1. (유리)잔, 컵; ~ *za vino* 포도주용 컵; ~ *vina* 포도주잔(포도주가 들어 있는) 2. (식물) 꽃받침 (čašica) 3. 기타; *bura u ~i vode* 찻잔속의 태풍; *velikom ~om piti, ~e sušiti, u ~u zagledati* 많이 마시다; *gorka* ~, ~ *žući* 시련, 고난; *kod ~e, pored ~e, pokraj ~e, uz ~u* (술을)마시면서; *popio bi ga u ~i vode* 그를 죽이기라도 하고 싶다; *prepuna je, prelila se* ~ *strpljenja* 더 이상 참을 수 없다; *snašla ga je smrtna* ~ 죽었다

čašica 1. (지소체) čaša; *rakijska* ~ 라키아 잔 2. (植) 꽃받침 3. (解) 무릎뼈, 슬개골; *povrediti ~u* 슬개골을 다치다 4. (도기)절연체 (전봇대의) 5. 기타; *voleti ~u* 술을 좋아하다, 음주를 좋아하다; *jeste li za (jednu)* ~ *u* 술 한 잔 어때?; *pozvati na ~u razgovora* 술 마시면서 대화를 하자고 부르다; *svratiti na ~u* 술 마시러 들르다

čaška 참조 čašica

čatma 1. 윗가지로 엮은 다음 진흙을 바른 울타리(벽, 지붕 등) 2. 가옥이나 탑의 가장 높은 층(나무로 만들어진)

čatmara čatma로 이루어진 집; 흙집, 황토집

čatrlja 오두막집

čaura 참조 čahura; 탄피

čauriti se -*im se* (不完) 참조 čahuriti se

čauš 1. (歷) 분대장(오스만 제국 군대의) 2. (民俗) 결혼식의 바람잡이 3. 큰 소리로 포고(布告)를 알리고 다니던 고을의 관원 (telal)

čavao -*vla* 못(쇠, 나무의) (ekser, klinac)

čavče -*eta* (鳥類) 갈가마귀 새끼, 어린 갈가마귀

čavč(i)jī -*ā*, -*ē* (形) 참조 čavka; 갈가마귀의; ~*e graktanje* 갈가마귀 울음(소리)

čavka (鳥類) 갈가마귀(윗부분은 검고 아랫부분은 갈색인 까마귀의 일종) **čavčiji, čavčji** (形)

čavrljati -*am* (不完) 수다를 떨다, 쓸데없는 말을 하다, 지껄이다 (ćaskati, brbljati); ~ *o svemu i svačemu* 모든 것에 대해 수다를 떨다

čavrljav, čavrljiv -*a*, -*o* (形) 수다를 떠는, 말이 많은, 이야기 하기를 좋아하는 (brbljiv)

čečati -*im* (不完) (끈질기게 오랫동안) 기다리다

čedan -*dna*, -*dno* (形) 도덕적인, 고결한; 어린 아이 같은, 순진무구한; 유순한, 온순한; 처

녀성을 간직한, 순결한; ~dna devojka 숫처
녀; ~ poljubac 때묻지 않은 키스; ~dno
ponašanje 순진무구한 행동

čednost -šću (女) 도덕적으로 흠결없음, 순진
무구함, 수수함, 유순함; ~ devojke 처녀의
순결성(처녀성)

čednjak (解) 처녀막 (devičnjak, himen)

čedo 1. 유아, 영아, 아이, 어린 아이 (dete) 2.
(비유적) 시대 정신 소유자; ~ vremena 시
대 정신 소유자; ~ slobode 자유 정신 소유
자; ~ revolucije 혁명 정신 소유자

čedomor 유아(영아) 살해범 (čedoubica)

čedomorstvo 유아(영아) 살해

čedoubica (男,女) 유아(영아) 살해범

čedoubistvo 유아(영아) 살해

čegrtaljka 1. 장난감의 한 종류 (빙글빙글 돌
아가면서 요란한 소리를 내는 나무로 된 장
치) (čagrtaljka) 2. (비유적) 수다쟁이; ona je
prava ~ 그녀는 수다장이의 전형이다

čegrtati -ćem & -am (不完) 1. 요란한 소리를
내다, 시끄러운 소리를 내다, 시끄럽게 하다
2. (비유적) 수다를 떨다, 별의별 이야기를
다하다

čegrtuša (動) 방울뱀 (zvečarka)

ček 수표, 전표; unovčiti ~ 수표를 현금화하
다; barirani ~ 횡선 수표; alternativni ~ 유
통 어음; cerficirani(potvrđeni) ~ 보증 수
표; napisati ~ na sto dolara 백 달러짜리 수
표에 서명하다 **čekovni** (形); ~a knjižica 수
표집

ček (感歎詞) ~ 기다려 (čekaj의 줄임말)

čeka (사냥에서) 잠복, 은신(보통 큰 동물을 사
냥할 때)

čekalac -oca 기다리는 사람, 대기자; pred
ordinacijom je bilo mnogo ~a 병원(의원)앞
에는 수많은 대기자가 있었다

čekalica (女,男) 1. 기다리는 사람; 기회를 기
다리는 사람; 분명한 의사를 표명하지 않는
사람, 조심스러운 사람, 기권하는 사람 2. 잠
복, 매복; 잠복처, 은신처

čekalište 1. 대기소, 기다리는 장소 2. (사냥꾼
의) 잠복처; 은신처

čekaonica 대기실, 대합실

čekati -am (不完) 1. 기다리다, 대기하다, 만나
려고 기다리다; ~ (na) voz 열차를 기다리다;
šta čekamo? 뭘 기다리지?; čekaću dok ne
dođe 그가 올 동안 기다리겠다; ne znaš ti
koliko me posla čeka 얼마나 많은 일들이
날 기다리고 있는지 너는 모른다; vreme ne
čeka 시간은 (아무도) 기다리지 않는다; ko
čeka, dočeka 참을성있는 사람은 자신의 계

획이 실현될 때를 기다릴 것이다 2. 기대하
다, 예상하다; čekamo te na ručak 점심에
너를 기다리겠다; on čeka unapređenje 그는
승진을 기대한다; ona čeka bebu 그녀는 곧
아이를 출산할 예정이다

čekičić (지소체) čekić

čekić 1. 쇠망치, 해머; kovački ~ 대장간 쇠망
치; rudarski ~ 광부용 해머; obućarski ~ 제
화공 망치; zidarski ~ 벽돌공 망치 2. (解)
(중이(中耳)의) 망치뼈, 추골(槌骨) 3. 기타;
morski ~ 바다 물고기의 일종; kao ispod ~a
(口語) 완전히 새로운, 아직 사용되지 않은

čekićić 참조 čekičić

čekinja 1. (짐승의) 뻣뻣한 털, 강모(剛毛) 2.
(얼굴의) 뻣뻣한 털, 강모(剛毛)

čekinjast, čekinjav -a, -o (形) 뻣뻣한 털이 많
은, 강모(剛毛)가 많은

čekma (方言) 서랍 (fioka)

čekmedže -eta 서랍 (fioka, ladica)

čeknuti -nem (不完) (잠깐 동안)기다리다

čekovnī -ā, -ō (形) 참조 ček

čekrk 윈치, 권양기(捲揚機; 도르래를 이용해 물
건이나 닻을 들어올리거나 끌어당기는 기계)

čelebija (男) 젊은 신사(mlad gospodin) (학식
있는 사람을 부르는 명예 직함)

čelenka 1. 깃털, 깃털장식(털모자에 꽂는) 2.
뿔이 달려있는 머리 해골(사슴 등의) 3. (비
유적) 머리, 해골; 가장 뛰어난 인물

čeličan -čna, -čno (形) 1. 강철의, 강철 같은;
~čna žica 쇠밧줄; ~čna konstrukcija 강철
구조물; ~čni lanac 쇠사슬 2. (비유적) (강철
같이) 단단한, 굳건한 (čvrst, jak, snažan);
~čna volja 강철 같은 의지; ~ karakter 강
철 같은 성격; ~čna vuna 강모(鋼毛) (연마
용); ~čno zdravlje 강건한 건강 3. (한정형)
철(鐵)이 있는, 철을 포함한; ~čni beton 철
근콘크리트

čeličana 제강소

čeličiti -im (不完) očeličiti (完) (강철 따위를)
불리다, 담금질하다 (kaliti)

čelik 1. 강철, 강(鋼), 스틸; nerđajući ~ 스테
인레스 스틸; sirovi ~ 조강(粗鋼, 가공 되기
전의 철강 원자재); legirani ~ 합금강, 특수
강; alatni ~ 공구강(工具鋼); kaljeni ~ 단강
(鍛鋼); kaliti ~ 쇠를 불리다 2. (비유적) (강
철같이) 강건한 사람

čelist(a) 첼로 연주가, 첼로주자; prvi ~ 제 1
첼로주자 **čelistkinja, čelistica**

čelnī -ā, -ō (形) 1. 이마의; ~a kost (解) 전두
골(前頭骨) 2. 앞면의, 전면의; ~o odeljenje
(軍) 전초 부대 3. (명사적 용법에서) 줄의

88

맨 앞(병사); ~ *u stroju* 줄의 맨 앞 사람

čelnik (기관·단체 등의) 장(長), 우두머리 (poglavar, starešina); *stranački ~ci* 당 지도부 인사들

čelo 1. (解) 이마; *namršteno ~* 주름진 이마; *nisko ~* 좁은 이마; *visoko ~* 넓은 이마; *znojavo ~* 땀이 많은 이마; *mrštiti ~* 인상을 쓰다 2. 선두, 수위; 앞면, 전면; *na ~u* 앞면에, 전면에, 선두에; *on je na ~u vojske* 그는 군을 이끌고 있다; *na ~u povorke* 행렬의 맨 앞에서; ~ *kolone* 행렬의 맨 앞줄; *izbiti na ~* 맨 앞줄로 나가다 3. (연찬 등의) 상석; *staviti u ~ stola* 상석에 놓다; *sesti u ~ stola* 상석에 앉다 4. 지휘석 (vodeće mesto); *delegacija s generalom na ~u* 장군을 단장으로 하는 대표단

čelo (前置詞,+G) ~위에 (iznad, vrh); ~옆에 (pokraj); ~ *glave vodu izvedite* 물을 머리에 이고 나르세요; ~ *vrata* 문 위에

čelo (樂器) 첼로

čelopek 햇볕이 따갑게 내리 쬐는 곳 (prisoj)

čelovođa (男) 선두에 서 있는 사람; 지도자, 지휘자

čeljad (女) (集合) čeljade

čeljade *-eta* 1. 사람, 인간(남녀노소를 불문한) 2. 집 하인 (posluga u kući); *kućna čeljad* 1)가솔(家率), 식솔(食率) (ukućanin)

čeljusnī *-ā, -ō* (形) 참조 čeljust; 턱의; *~a kost* (解) 턱뼈

čeljusnica (解) 턱뼈

čeljust (女) 1. 턱 (vilica); *gornja ~* 윗턱; *donja ~* 아래턱; *bol u ~i* 턱의 통증 2. (총의) 총구, 포구 3. (機) (바이스 따위의) 끼우는 부분 **čeljusni** (形)

čember 베일, 면사포(무슬림 여성들의)

čemer 1. 담즙 2. 독(毒) (otrov); *popiti ~* 독을 마시다 3. 쓴 맛; *gorak kao ~* 매우 쓴, 쓰디 쓴; *ne moći piti zbog ~a* 쓴 맛 때문에 마실 수 없다 4. (비유적) 분노, 분개; 슬픔, 비통, 고통; *osećati ~* 분노를 느끼다 5. 기타; *jad i ~* 뭔가 비참한; *vučji ~* (植) 바곳류 (독초)

čemeran *-rna, -rno* (形) 1. 쓴, 쓴 맛의; ~ ukus 쓴 맛 2. (비유적) 비참한, 비통한, 불행한, 슬픈, 고난의, 고통의 (jadan, nevoljan, nesrećan); ~ *život* 비참한 삶(인생); *~rna beda* 어려운 가난

čemerika (植) 헬레보레(미나리아재비과 식물로 독초의 하나. 커다란 녹색·흰색·보라색의 꽃이 핌) **čemirikov** (形)

čemerikast *-a, -o* (形) 쓰디 쓴, 쓴 맛의

čemirikov *-a, -o* (形) 참조 čemerika

čemirikovati *-ujem* (不完) 비통해하다, 고통스러워하다, 슬퍼하다 (tugovati, patiti)

čempres (植) 사이프러스 (편백나뭇과(科)의 상록 침엽수; 상(喪)·애도의 상징으로서 묘지에 심음)

čempresovina 사이프러스 목재(나무)

čen 마늘(의) 쪽 (česan, česno)

čengel (男), **čengela** (女) (보통 복수로) 금속 갈고리(뭔가를 걸어 놓거나 연결시켜 주는); *obesiti o ~e* 갈고리에 걸다(걸어매다)

čengija (廢語) 여자 무용수(카페에서 춤추는)

čeonī *-ā, -ō* (形) 참조 čelni; 앞면의, 전면의; ~ *sudar* 정면 충돌

čeonik 참조 čelnik

čep *-ovi* 1. 마개, 병마개, 코르크 마개; *pijan kao ~* 완전히 취한 2. 솜, 거즈(지혈 또는 고름을 빨아내기 위한, 코르크 마개와 비슷한 모양의) 3. 기타; *pijan kao ~* 완전히 취한

čepa 1. (女) 버릇없는 (여자)아이; 제멋대로 큰 (여자)아이 2. (男,女) 울보, 겁쟁이

čepac *-pca* 1. (지소체) čep 2. (음악) 조율 핀 (현악기의 줄을 죄어 주는) 3. 꽁초 (čik, pikavac)

čepac *-pca* 여성용 모자의 일종(턱 밑에서 끈을 매는 챙 없는 모자)

čepati *-am & -pljem* (不完) 1. 발로 밟다, 짓밟다 2. ~의 발을 짓밟다; ~ *nekoga (po nozi)* 3. 걷다

čepić 1. (지소체) čep 2. (藥) 좌약 해열제

čepiti *-im* (不完) **raščepiti** (完) 1. 펴다, 벌리다(다리를); ~ *noge* 다리를 벌리다; 벌리다(입을); ~ *usta* 입을 벌리다 2. 쪼그려 앉다 3. 야하게 행동하다, 교태를 부리다

čepiti *-im* (不完) **začepiti** (完) 틈새를 막다, 마개로 막다, 코르크 마개를 하다

čeprkalo (男,中) 수색하는 사람, 샅샅이 뒤지는 사람

čeprkati *-am* (不完) 1. 땅을 파다 (kopati) 2. 뒤지다, 수색하다, 샅샅이 찾다; 능숙하지 못하게 일하다, 꾸무럭거리며 일하다; ~ *po fioci* 서랍을 뒤지다; ~ *po đubretu* 쓰레기 더미를 뒤지다; ~ *po nečijoj prošlosti* 다른 사람의 과거를 샅샅이 뒤지다; ~ *po bašti* 정원에서 어설프게 일하다

čerečiti *-im* (不完) **raščerečiti** (完) 1/4로 나누다(자르다, 분리하다)

čerek 1/4(무엇의), 도살한 가축의 1/4(양, 돼지 등의); 잘려진 부분, 덩이(자른); *prednji ~* 앞부분의 1/4; *zadnji ~* 뒷부분에 해당하는 1/4

čerga 1. 집시 텐트 (ciganski šator) 2. 거친 담요

čergar, čergaš 1. 텐트(čerga)를 치고 사는 사람, 집시 **čergarka, čergašica** 2. (비유적) 자주 거처를 옮겨 다니는 사람, 방랑자

čergariti *-im* (不完) 방랑자로 살다, 자주 거처를 옮겨 다니며 살다; ~ *po belom svetu* 세계 각국을 옮겨 다니며 살다

čerupati *-am* (不完) 1. (깃털·풀 등을) 뜯다, 잡아 뽑다, 잡아 뜯다; ~ *kokošku* 닭털을 잡아 뽑다; ~ *stvari* 물건을 잡아 뽑다 2. (nekoga) 신랄하게 비난하다, 비판하다, 공격하다 (kritikovati, napadati); ~ *rukovodstvo* 지도부를 신랄하게 비판하다 3. 악랄하게 착취하다, 강탈하다; ~ *seljake* 농민들의 등골을 빼먹다 4. ~ *se* 서로 머리채를 잡고 싸우다

česan *-sna* 마늘(의) 쪽 (česno, čen)

česati *-šem* (不完) 참조 češati

česma 1. 수도, 식수대; *ići na ~u* 물을 마시러 수도가에 가다 2. 분수 (vodoskok, fontana) 3. 수도 꼭지 (slavina); *kuhinjska ~* 싱크대에 있는 수도; *pokvarila se ~ u kupatilu* 화장실에 있는 수도 꼭지가 고장났다; *zatvoriti ~* 수도 꼭지를 잠그다 **česmeni, česmenski** (形); *~a voda* 수도물

česmina (植) 털가시나무

česnica 크리스마스 축하 케이크(보통 안에 금화나 은화가 들어 있음)

česno 마늘(의) 쪽 (česan, čen)

čest *-a, -o* (비교급 *češći*) (形) 1. 빈번한, 자주 일어나는; *~e posete* 빈번한 방문; *na tom putu su ~i restorani* 그 길에는 식당이 많다 2. 밀도가 높은, 빽빽한, 많은 (gust, zbijen); *~o žbunje* 빽빽한 관목; *~a šuma* 빽빽한 숲; ~ *češalj* 빗살이 촘촘한 머리빗; *~a kosa* 숱이 많은 머리; ~ *kukuruz* 알이 빽빽이 박힌 옥수수

česta (女), **čestar** (男) 수풀숲, 덤불숲, 잡목숲 (걷기 힘들 정도로 낮은 나무들이 빽빽하게 들어선 나즈막한 숲)

čestati *-am* (不完) 자주 일어나다, 자주 발생하다 (učestati)

čestica 미립자, 분자, 극히 작은 조각; *~e vazduha* 공기 미립자, 기포(氣泡); *mikro ~e* 미세먼지

čestina 빈번한 현상, 자주 일어남, 빈번함 (učestalost, čestoća, frekvencija)

čestit *-a, -o* (形) 1. 도덕적인, 도덕적으로 깨끗한, 흠결없는, 존경할 만한 (častan, moralan, pošten); *~a porodica* 도덕적인 가

족 2. 가치있는, 값어치 있는, ~할 만한, 좋은, 훌륭한; *obuci neko ~o odelo* 좀 근사한 옷을 입어라 3. 기쁨을 가져다 주는, 행복한, 만족스런 (srećan); ~ *vam Božić* 복된 크리스마스 되세요! (merry christmas) 4. (한정형) 존경하는 (poštovani, uvaženi); *~e care!* 황제 폐하!

čestitati *-am* (完,不完) 축하하다; ~ *nekome Novu Godinu* 새해 축하 인사를 하다; *čestitam ti što si položio ispit* 시험에 합격한 것을 축하해!; *čestitamo ti rođendan* 생일 축하해!; *čestitamo na uspehu* 성공 축하해

čestitka 1. 축하 엽서, 축하 편지 2. 축하, 축하 인사

čestito (副) 1. 정직하게, 도의적으로, 올바로 (pošteno, moralno, ispravno, časno); ~ *postupati* 도의적으로 행동하다 2. 올바로, 잘 (valjano, kako treba); ~ *večerati* 저녁식사를 잘 하다; ~ *se obući* 옷을 잘 입다 3. (口語) 많이, 대단히 (jako, mnogo, veoma, vrlo); ~ *se oznojiti* 땀을 많이 흘리다

često (比; *češće*) (副) 자주, 빈번하게, 빈번히; *mi se ~ viđamo* 우리는 자주 만난다

čestoća 빈번함 (učestalost, frekvencija)

česvina 참조 česmina

češagija 말빗(금속으로 된 빗으로 말 등 커다란 동물들의 등을 빗어주는 물건)

češalj *-šlja* 빗; *gujin(zmijin) ~* 지네의 일종

češanj 참조 česan

češati *-em* (不完) 1. (보통 가려운 데를) 긁다; *tuđa ruka svrab ne češe* 남의 손이 가려운 곳을 긁을 수 없다, 남이 자기를 도와줄 수 없다; *ne češi tamo gde te ne svrbi* 남의 일에 간섭마라; ~ *jezik o nekoga* 비방하다, 중상하다; *koga svrbi, neka se i češe* 일을 한 사람이 그 일에 책임지게 하라 2. 빗질하다; ~ *konje* 말을 빗질하다 3. ~ *se o nešto* ~에 닿다; *grane se češu o zid* 가지가 벽에 닿는

češće (비교급) često; 보다 자주

češći *-ā, -ē* (비교급) čest; 보다 빈번한, 보다 잦은

češljar 1. 빗을 만드는 사람, 빗 장수 2. 빗질하는 사람

češljast *-a, -o* (形) 빗 모양의, 빗과 비슷한

češljati *-am* (不完) **očešljati** (完) 1. 빗질하다, 빗다; *on se češlja* 그는 머리를 빗고 있다; *majka češlja dete* 어머니가 아이의 머리를 빗겨주고 있다; *Olga se češlja kod jednog čuvenog frizera* 올가는 유명한 미장원에서 머리를 한다; ~ *karte* 카드를 치다 2. 빗질

하여 다듬다(양모 등을); ~ *vunu* 울을 빗질
하여 다듬다

češljuga 1. (植) 산토끼꽃의 일종 2. (鳥類) 검
은방울새의 일종

češljugar (鳥類) 검은방울새의 일종

češnjak (植) 마늘 (beli luk)

četa 1. (軍) 중대; *streljačka(mitraljeska)* ~
소총(기관총) 중대; ~ *pratećih oruđa* 중화기
중대; *vatrogasna* ~ 소방대 **četni** (形) 2. 군
중, 다수, 무리; ~ *dece* 어린이 한 무리

četina 1. (침엽수의) 잎 2. 뻣뻣한 털, 강모(剛
毛) (čekinja)

četinar (植) 침엽수

četinast, četinjav *-a, -o* (形) 침엽수의; ~*a*
kosa 뻣뻣한 머리

četiri 사(四), 4; *dići sve ~ uvis* 게으름을 피
우며 누워 있다; *između ~ zida (živeti)* 집에
서 나가지 않다, 세상과 접촉하지 않고 살
다; *između (u) ~ oka* 당사자들끼리만, 비밀
스럽게; *ispružiti sve ~* 팔 다리를 쭉펴고
눕다; *kao dva i dva ~* 전적으로 확실하게,
믿을만하게; *na sve ~ strane* 사방에서;
svirati na(u) ~ ruke 두사람이 피아노를 연
주하다; *u sve ~* 온 힘을 다해

četka 1. 솔, 붓 2. 페인트 붓

četkar 솔이나 붓을 만들어 파는 사람

četkast *-a, -o* (形) 솔 같은, 붓 같은

četkati *-am* (不完) **očetkati** (完) 솔(četka)로
깨끗이 하다, 솔질하다

četkica (지소체) četka; ~ *za zube* 칫솔

četnī *-ā, -ō* (形) 중대의; ~ *komandir* 중대장,
~ *sastanak* 중대 회의

četnik 1. 중대원 2. (歷) 의용대원(터키 지배로
부터 벗어나기 위해 독립운동을 한); 구유고
슬라비아의 우익 정치단체원; 제 2차대전시
드라제 미하일로비치 장군의 휘하에서 유고
슬라비아왕국의 해방을 위해 투쟁한 군인,
(비유적) 적·점령군 등에 대한) 부역자, 반역
자 **četnički** (形)

četnikovati *-ujem* (不完) 체트니크(četnik)로
살다, 체트니크(četnik)가 되다

četništvo 1. 체트니크 신분(자격) 2. (集合)
(četnik)

četovati *-ujem* (不完) 체트니크로서 전투에 참
가하다

četovođa (男) 중대장

četrdeset 사십(四十), 마흔

četrdesetak 약 사십(명, 개)

četrdesetnica 1. (宗) 사순절 (Ash Wednesday
부터 Easter Eve까지의 40일) 2. 사후 40일
에 행해지는 추모 행사

četrdesetogodišnjak 40세 남자

četverac *-rca* 1. (詩) 사음절로 된 한 행(行);
사행(四行)으로 된 한 절(節) 2. 네 부분으로
이루어진 몸 3. 사슴, 노루(한 뿔에 두 줄기
가 있는) 4. 4인 경기용 조정(漕艇) 5. 수구에
서 4m 앞에서 던지는 벌칙

četverokatnica 4층건물집 (četvorospratnica)

četverokut 사각형 (četvorougao)

četvor- (接頭辭) 4

četvorci (男,複) 참조 četvorka (네 명, 네 개,
네 마리 등)

četvorica 네 명의 남자

četvorina 정사각형 (kvadrat)

četvorka 1. 숫자 4; 4점(매우 우수) 2. (歷) 동
전의 한 종류(네 냥 정도의 가치가 있는); 4
가 쓰여 있는 것(카드, 버스 등의 3. 4의 집
합(네 명, 네 마리, 네 대 등의) 4. 1:4로 춤
추는 춤의 한 종류

četvornī *-ā, -ō* (形) 4조(組)로 갈리는; 4부(部)
로 (4인으로) 되는; 4나라 사이의; ~ *metar*
1제곱 미터, 1평방 미터; ~ *savez* 4국 동맹

četvoro 집합수사(4, 네, 넷); ~ *dece(štenadi)*
네 명의 아이들(네 마리 강아지); *njih ~ je*
sedelo(su seli) na divanu 그들 네 명은 소
파에 앉아 있었다

četvoronoške (副) 네 발로, 기어서

četvoronožac *-šca* 네 발 달린 짐승

četvorosložan *-žna, -žno* (形) 네 음절의, 4음
절의; ~*žna reč* 네 음절 단어

četvorosoban *-bna, -bno* (形) 방이 네 개인;
~ *stan* 방 4개의 아파트

četvorospratnica 4층 집, 4층 건물

četvorostruk *-a, -o* (形) 1. 네 겹(번)으로 이루
어진; ~ *sudar* 4중 충돌 2. 네(4) 배나 많은

četvorougao *-gla* (男) 사각형

četvrt (女) 1. 1/4, 사분의 일; ~ *sata* 15분; ~
do pet 5시 15분전; *pet i* ~ 5시 15분 2. (도
시의) 지구, 지역, ⸺거리; *radničke* ~*i* 노동
자들이 거주하는 지역

četvrtak 목요일; *u* ~ 목요일에; ~*tkom* 목요일
마다

četvrtast *-a, -o* (形) 사각형 모양의

četvrtī *-ā, -ō* (形) 네 번째의

četvrtina 1. 1/4, 사분의 일; ~ *jabuke* 사과의
사분의 일; *jedna* ~ 1/4 2. (歷) 소작인이 땅
주인에게 수확의 1/4을 주는 세 3. 인쇄물을
1/4로 접는 형태 4. (音樂) 1/4 음표

četvrtinka 1. 곡물 계량 단위 2. 인쇄물을 1/4
로 접는 형태 3. (音樂) 1/4 음표

četvrtoškolac 4학년 학생(초중등 학교의)

čeze (女,複) 2륜 경마차 (dvokolica)

čeznuti -em (不完) 열망하다, 갈망하다, 간절히 바라다; 그리워하다, 동경하다; ~ za nečim 열망하다, 갈망하다; on čezne da postane ambasador 그는 대사가 되는 걸 열망한다; ~ za zavičajem(kućom) 고향(집)을 그리워 하다

čeznutljiv -a, -o (形) 열망하는, 갈망하는 (čežnjiv)

čežnja 열망, 갈망, 소망; ~ za novcem (ljubavlju) 돈(사랑)에 대한 열망; ~ za zavičajem(domovinom) 고국(고향)을 향한 동경

čežnjiv -a, -o (形) 열망하는, 갈망하는

čibuk 1. (터키의) 담뱃대(짧은) 2. (비유적) 굴뚝 3. (歷) 염소나 양에 매겨진 세금(옛 터키 시절의) 4. 줄, 선(천에 있는)

čibukati -am (不完) iščibukati (完) 1. 탁탁 두드려 먼지를 털어내다; ~ prašinu iz odela 옷의 먼지를 털어내다 2. 치다, 때리다

čibuk-kesa 담배 주머니(담뱃대(čibuk)와 담배를 함께 말아 넣어 다니는)

čiča (男) 1. (때때로 한정사처럼) 아저씨 (stariji čovek), 나이가 많은 남자; ~ Marko 마르코 아저씨 2. 삼촌, 작은 아버지 (stric)

čičak 1. (植) 우엉 2. 참견하여 귀찮게 하는 사람 (nametljiv, dosadan čovek); kao ~ na čičku (뭔가)많이 있는; prilepio(prikačio) se kao ~ uz pasji rep 참견하여 귀찮게 구는 사람을 이르는 말

čičeron (명승지의) 관광 안내인

čičkati -am (不完) načičkati (完) ~에 가득 채우다, 채워 넣다(아무런 생각이나 특색없이); (비유적) 과도하게 장식하다

čičkav, čičkovit -a, -o (形) 우엉같은, 가시 돋기가 많은 (bodljikav)

čičoka (植) 뚱딴지

čifčija (男) 농노(터키 봉건제도하에서의)

čifta 1. (뒷다리로)발길질, 차는 것(말, 당나귀 등의) 2. 뒷다리(말, 당나귀 등의)

čiftati se -am se (不完) (뒷다리로)발길질하다, 차다(말, 당나귀 등이) (ritati se)

čifte -eta (中) 뒷다리(말, 당나귀 등의); davati ~ 발길질하다, 차다

čifluk 참조 čitluk

čigra 1. 팽이; igrati(poigravati, vrteti se) kao ~ 빠르면서도 활동적으로 일하다, 열심히 움직이다(일하다) 2. (鳥類) 갈매기 비슷한 철새 3. 비둘기의 일종

čigrast -a, -o (形) 팽이같이 도는, 매우 활동적인, 매우 활발한, 매우 활발히 움직이는

čija 솜털, 부둥깃털(깃이불에 넣는); 배내털

čijati -am (不完) 솜털을 잡아 뽑다

čiji -ā, -ē (代名詞) 누구의; ~ je ovo sat? 이 시계는 누구의 것이냐?; ~a deca dolaze? 누구의 아이가 오느냐?; (관계 대명사) 그 사람의; ovo je čovek ~e ste predavanje čuli 당신이 강의를 들었던 그 분 입니다; znate li bar ~u adresu? 누구 주소라도 좋으니 알고 있는 주소가 있습니까?; ma ~, bilo ~, ~ god; ~ god da je, meni će dobro doći 누구의 것이라도 나한테는 유용할 것입니다;

čijigod čijagod, čijegod (代名詞) 누구의 것이라도 (nečiji)

čik 꽁초 (opušak, pikavac)

čik (感歎詞) 어서 (다른 사람을 업수이 여기며 도발조로 말하는); ~, reci! 자, 어서 말해!; ~ to uradi! 자, 어서 그것을 해!

čika (男) 1. 삼촌, 숙부, 작은 아버지 (stric) 2. 아저씨(일반적으로 나이가 많은 남자); to je onaj ~ što ti je dao bombon 이 아저씨가 너에게 사탕을 준 아저씨이다

čikati -am (不完) čiknuti -em (完) 집적거리다, 괴롭히다; 도발하다; ~ decu 아이들을 집적거리며 괴롭히다

čikoš 마부(馬夫) (konjušar, konjar)

čikov 1. (魚類) 미꾸라지 2. (비유적) 융통성있는 사람, 미꾸라지 같은 사람 3. 가만히 있지를 못하는 아이

čikov -a, -o (形) 참조 čika

čil -a, -o, (形) 참조 čio; 강건한, 튼튼한; 활기 넘치는; 생생한, 싱싱한

čilaš 1. (動) 회색말, 잿빛말 2. (비유적) 흔들리기 쉬운 사람, 침착하지 못한 사람

čilatast -a, -o (形) 회색의, 잿빛의; (말(馬)에) 얼룩덜룩한 점이 있는

čile -la & -eta (男) (지대체) čika

čileti -im (不完) iščileti (完) 1. 쇠약해지다, 약해지다 (slabiti, malaksavati); lampa na stolu počela čileti 책상위의 등잔은 어두워지기 시작했다 2. 사라지다, 없어지다, 소멸하다 oni dani su brzo čileli iz sećanja 그 시절은 기억에서 빨리 사라졌다(지워졌다), 죽다

čiliti -im (不完) 튼튼하게 하다, 강하게 하다, 강건하게 하다 (jačati, krepiti, snažiti)

čilo (副) 힘차게, 강건하게, 원기왕성하게, 활발하게 (krepko, snažno)

čim 1. (接續詞) ~하자 마자; ~ budete došli kući, javite nam se 집에 오시는대로 바로 연락해 주십시오 2. ~을 보면 ~한 것이 틀림없다 (jer, budući da, pošto); mora da nešto zna, čim je onako govorio 그렇게 이

야기한 걸 보면 뭔가 아는게 틀림없다; *čim on tako piše, nešto mu treba* 그렇게 쓴 걸 보면 뭔가 필요한 것이 틀림없다 **3.** (副) 될 수록 ~ (비교급이나 비교급 뜻을 가진 단어들과 함께) (*što*); ~ *bolje* 될수 있는 한 좋게; ~ *manje* 될수 있는 한 적게; ~ *pre* 될 수 있는 한 빨리; ~ *više* 될수 있는 한 많이

čimbar (베틀에서 베를 팽팽하게 하는) 쳇발

čimbenik 요인, 요소, 인자 (*činilac*, faktor)

čimbur 스크램블드 에그(달걀을 풀어서 간장과 설탕을 넣어 지진 음식) (kajgana)

čimpanza (動) 침팬지 (*šimpanza*)

čin 1. 행동, 행위, 짓 (delo, postupak); *zateći koga na ~u* (범행)현장에서 잡다; *staviti koga pred gotov(svršen)* ~ 누구의 동의없이 행위를 해놓고 나중에야 그 행위를 알려주다 **2.** (연극) 막; *prvi ~ komedije* 코미드 제 1막; *drama u tri ~a* 3막으로 구성된 드라마 **3.** 계급, 지위 (보통 군대에서); *kapetanski ~* 대위 계급; *on je po ~u major* 그는 계급으로 따지면 소령이다; *biti najstariji po ~u* 같은 계급에서 최고령이다 **4.** (단수로만) 의식, 예식, 의례; *svečani ~* 행사

čenela (音樂) 심벌즈(타악기)

čini (女,男,複)(迷信) 마법, 마술, 주술, 주문 (čari, čarolija); *baciti ~ na nekoga ~*에게 마법을 걸다

činija 사발, 탕기(湯器), 공기; *za ~u sočiva* 물질적 이득 때문에; ~ *za supu* 수프 그릇

činilac *činioca*; *činioci, činilaca* **1.** 요소, 요인, 인자 (faktor); *glavni ~* 주요소 **2.** 결정권자 **3.** 행위자 **4.**(數) 인자(因子), 인수, 약수; *zajednički ~* 공통 인수

činitelj 참조 činilac

činiti *-im* (不完) **učiniti, načiniti** (完) **1.** 일(육체적, 정신적)을 하여 이전과 다른 상태로 만들다; ~ *iz(od) muve medveda* 침소봉대하다 **2.** 하다, 행하다,이행하다, 수행하다; ~ *svoju dužnost* 자신의 의무를 다하다; ~ *preljubu* 간통하다; *čini nam čast* 우리에게 영광이다; ~ *neprilike nekome* 누구를 곤란한 처지로 만들다; ~ *greške* 실수하다; ~ *utisak na nekoga* 누구에 대한 인상을 남기다; ~ *aluziju* 암시하다, 넌지시 말하다; ~ *pritisak* 압력을 행사하다; ~ *nekome nažao* 모독하다, 유감스럽게 하다; ~ *potez* 움직이다; *to ne čini ništa* 혹은 *to ne čini nikakvu razliku* 아무런 차이도 없다; *on im je učinio niz ustupaka* 그는 그들에게 일련의 양보를 했다; *jedna lasta ne čini proleće* 한 마리의

제비가 왔다고 봄이 오지는 않는다 **3.** (가죽을) 무두질하다 (štaviti) **4.** ~ **se** ~인체 하다 (praviti se); ~처럼 보이다, ~처럼 생각된다; *čini mi se da će vreme da se pokvari* 내 생각으로는 날씨가 나빠질 것 처럼 보인다; *on se čini gluv* 그는 마치 귀머거리처럼 행동한다

činodejstvo (宗) 종교 의식, 교회 의식

činovnik 직원, 종업원; 관료, 관리; ~ *na pošti* 우체국 직원; *bankarski ~* 은행원 **činovnica**,

činovnički (形)

činovništvo (集合) (관청·회사 따위의) 전직원, 인원; 관료단

činjenica (실제로 일어난·일어나고 있는) 사실, (실제의) 일; 사실, 실제 (fakat); *govoriti na osnovu ~* 사실에 근거하여 말하다; *iznositi ~e* 사실을 발표하다; *nepobitna ~* 반박할 수 없는 사실

činjenički *-a, -o* **činjenični** *-ā, -ō* (形) 사실의, 실제의, 실제적인, 사실에 입각한 (faktički); ~*o stanje* 실제 상태

čio *čila, -o* (形) 강건한, 튼튼한; 활발한, 활달한; ~ *i zdrav momak* 활달하고 건강한 청년

čioda 핀, 못바늘; 장식 바늘 (머리에 귀가 없는, 보통 옷수선시 바느질할 곳에 표시해두는) **čiodin** (形) (špenadla)

čip *-ovi* (컴퓨터 등 전자부품의) 칩

čipka 레이스

čipkan *-a, -o* (形) 레이스의, 레이스가 달린; ~*a haljina* 레이스 원피스; ~ *čaršav* 레이스로 된 테이블보

čipkar 레이스를 만들어 파는 사람 **čipkarica**, **čipkarka**

čipkarstvo 레이스를 만드는 일 (직업)

čipkast *-a, -o* (形) 레이스의, 레이스 모양의

čips-krompir 감자 칩스

čir *-ovi & -evi* (病理) 부스럼, 종기, 절양(癤瘍); ~ *u stomaku (u želucu)* 위궤양; *meki* ~ 연성하감(軟性下疳: 성병의 일종); ~ *na dvanaestopalačnom crevu* 십이지장궤양; *podkožni* ~ 욕창; *ugađati kome kao ~u na prstu* 어떤 사람을 모든 면에서 만족시키다

čirak *-a* 촛대 (svećnjak)

čirav *-a, -o* (形) 부스럼이 많은, 종기가 많은; ~*o lice* 부스럼이 많은 얼굴

čislo 1. 수, 숫자 **2.** 많음 (mnoštvo, bezbroj čega) **3.** 염주 (brojanice)

čist *-a, -o* (čistiji) (形) 깨끗한, 청결한; 섞이지 않은, 순종의, 순혈의; 맑은, 청명한; 잘 정돈된; 순결한, 결점이 없는, 도덕적으로 깨끗한; ~ *račun, duga ljubav* 계산을 깨끗이

해야 우정(사랑)이 오래간다; *to nije ~ posao* 그것은 합법적인 일이 아니다; *~a pobuda* 순결한 동기; *~ prihod* 순수입; *~a dobit* 순익; *~o nebo* 청명한 하늘; *vazduh je ~* 공기가 오염되어 있지 않다; *biti ~ih prstiju(~ih ruku), imati ~e prste(ruke)* 손에 때묻지 않은 체로 있다, 훌륭한 평판을 가지다; *iz ~a mira* 아무런 이유없이(마음의 평안을 위해); *ne biti ~* 약간 (정신이)이상해지다; *nemati tri ~e* 두려워하다, 용기가 없다, 우둔하고 멍청하다, 개념이 없다; *primiti nešto za ~i novac* 믿고 받아들이다

čistac 1. 바깥, 야외; 개방된 공간; *biti na ~u* 분명해지다, 명확해지다; *dovesti(izvesti, isterati) što na ~, doći na ~* 불분명했던 것들을 명확히 하다(깨끗이 하다); *uhvatiti ~* 도망치다 2. (감탄사적 용법으로) 꺼져!, 사라져! (beži, gubi se)

čistač 청소부, 미화원; *~ cepela* 구두닦이; *~ ulica* 거리 미화원 **čistačica**

čistilac *-ioca* 참조 čistač

čistilica 1. 청소 도구 2. (軍) 포대 꽂을대

čistilište 1. 깨끗이 하는 곳(장소) 2.(宗) 연옥 (천당과 지옥 사이로 죽은 사람의 죄가 씻겨지는 곳)

čistina 참조 čistac; *izvesti(isterati) na ~u* 불명확했던 것을 분명히 하다

čistiti *-im* (不完) 1. **počistiti, očistiti** (完) 깨끗하게 하다, 정결히 하다, 말끔히 하다; 숙청하다; *~ sobu* 방을 청소하다; *~ metlom* 빗자루로 청소하다; *~ cipele* 구두를 닦다; *~ zube* 이를 닦다; *očistiti partiju* 숙당(肅黨)하다; *~ ispred svoje kuće (pred svojom kućom, ispred svoga praga)* 자신의 일을 보살피다, 남의 일에 간섭하지 않다; *~ mesto(pete)* 도망치다, 도망가다 2. (비유적) 급하게 먹다, 게걸스럽게 먹다 3.(비유적) 훔치다 4. (비유적) 위험을 제거하다

čistka (政) 숙청, 추방

čisto (副) 1. 깨끗하게, 질서정연하게; 흠집없게, 완벽하게; 깔끔하게; 정말로; *on ~ piše* 그는 깨끗하게 쓴다; *~ sam se odmorio otkad su otišli* 그들이 떠난 이후 방해받지 않고 완벽하게 쉬었다 2. 청명하게, 맑게, 분명하게, 유리알같이 투명하게 3. 순전(純全)히 4. 거의 (gotovo, skoro); *bilo je toliko dosadno, da sam ~ zaspao* 너무나 따분해서 거의 잠잘뻔 했다 5. 완전히 (sasvim, potpuno); *ovaj kaput je ~ nov* 이 외투는 완전히 새 것이다 6. 정말로

čistoća 1. 청결, 깨끗함, 깔끔함; *gradska ~*

시 청소 (회사) 2. 도덕적 윤리적으로 깨끗함 čistota

čistokrvan *-vna, -vno* (形) 순혈(純血)의, 순종의; *~vni konj* 순혈의 말

čistosrdačan *-čna, -čno* (形) 진실한, 순수한, 성심성의의

čistota 1. 깨끗함, 청결함 2. 도덕적 윤리적 무흠결 (čistoća)

čistunac *-nca* 1. 청결함에 신경써 옷을 입는 사람; (비유적) 도덕적으로 깨끗한 사람, 흠결없는 사람 2. 원리주의자, 원칙주의자 (dogmatičar) 3. 언어 순화주의자 (purista) **čistunica, čistunka**

čistunstvo 1. 청교도주의, 엄정주의(특히 도덕상의) 2. 언어 순화주의

čišćenje (동사파생 명사) čistiti; *sredstvo za ~* 청소를 하는데 쓰이는 도구(화학제 등); *prolećno ~* 봄맞이 청소; *hemijsko ~* 세탁 (화학제를 이용한)

čitač 1. 낭독자(행사 등에서 텍스트를) 2. (기계) 리더기, 판독기

čitak *-tka, -tko* (形) 읽을 수 있는, (필적·인쇄가) 읽기 쉬운; *~ rukopis* 읽기 쉬운 필체

čitalac *-aoca* 독자(讀者); *redovni ~ Politike* 폴리티카지(紙) 정기 구독자 **čitateljka; čitalački** (形)

čitalačkī *-a, -o* (形) 독자(čitalac)의; *~a publika* 독자란(讀者欄); *~ krug* 독자층

čitanka 독본(讀本)

čitanje (동사파생 명사) čitati; 읽기

čitaonica 독서실(讀書室), 자습실; *~ za periodiku* 정기간행물실

čitatelj, čitateljka 참조 čitalac

čitati *-am* (不完) **pročitati** (完) 읽다; *letimično ~* (신문 등을) 대충 훑어보다; *~ između redova* 행간(行間)을 읽다; *~ zvezde(mapu)* 별자리(지도)를 읽다; *čitam te kao otvorenu knjigu* 너를 훤히 읽고 있다; *~ kome bukvicu(lekciju, vakelu)* 힐난하다, 강도높게 비난하다; *~ misu* 미사를 봉헌하다

čitav *-a, -o* (形) 1. 전(全)-, 전부의, 전체의, 모든; *~ dan* 하루 온 종일; *izneti ~u glavu, ostati ~e glave, izvući ~u kožu* 부상당하지 않고 살아남다; *~ svet* 모든 사람; *omrzao mu je ~ svet* 모든 사람들이 그를 싫어했다 2. 완전한, 온전한, 손상되지 않은; *tanjir je ostao ~* 접시는 깨지지 않고 온전한 상태로 남아 있었다 3. 본연의, 진짜의 (pravi, isti); *pa ti si već ~a devojka* 너는 이미 벌써 처녀가 다 되었다; *on je ~ otac* 그는 아버지 그 자체이다

čitko (副) 읽을 수 있게, 읽기 쉽게, 명료하게; ~ piše 그는 읽을 수 있게 쓴다

čitkost (女) 읽기 쉬움, 명료함

čitluk čitluci (歷) 1. 토지, 농장, 농원, 농지(대지주로부터 임차하는, 옛 터키의) 2. 토지 단위(옛 터키시절의) (čifluk)

čitljiv -a, -o (形) 읽을 수 있는

čitulja 1. 명부, 리스트(사람 혹은 사건 등의) 2. 사망자 명부; 부고(보통 신문 지상의) 3. (비유적) 이의, 비난, 질책 (prigovor, prekor, ukor); očitati kome ~u 사납게 질책하다

čivčija, 농노(옛 터키 봉건제도하의 čitluk에서 일한) (čifčija)

čivija 1. 바퀴의 비녀장(축과 바퀴를 연결시키는); 쐐기, 못 (klin, ekser) 2. 현악기의 줄을 죄어 주는 나사(펙 헤드); zaviti kome ~u 속이다, 사취하다 3. (비유적) 구두쇠 (tvrdica, cicija); 교활한 사람, 음흉한 사람

čiviluk 옷걸이(서 있는), 매다는 것(물건을)

čivit 1. 남색, 쪽빛 (modra i plava boja); modar kao ~ 쪽빛과 같이 푸른 2. (植) 인디고

čizma 1. (複數로) 부츠(보통 가죽으로 만든); 장화; ~e za jahanje 승마화; vojničke ~ 전투화; nije svaka ~ za svaku nogu, ne ide ta ~ na tu nogu 모든 사람이 모든 일을 잘 할 수는 없다; španske ~e 고문 도구의 일종(발에 채우는) 2. (卑俗語) 군인 세력, 군바리 세력; nisu osetili ničiju ~u 압제 세력을 느낄 수 없었다

čizmar 부츠(čizma)공(工) čizmarski (形)

čizmarija 부츠공의 작업실(가게)

čizmica (지소체) čizma

čiž -evi, čižak -ška (鳥類) 검은방울새

čkalj (植) 엉겅퀴; trebiti ~ na svojoj njivi 남의 일에 참견하지 않고 자신의 일을 하다

čkiljav 참조 škiljav; 눈을 반쯤 감고 보는, 곁눈질 하는; 미약한 불빛의, 희미한 불빛의, 불빛이 희미한; 사팔뜨기의; ~a devojka 사팔뜨기 처녀; ~ fenjer 희미한 불빛의 등잔불; ~a svetlost 희미한 빛

čkiljiti -im (不完) 1.반쯤 감은 눈으로 처다보다, 눈을 가늘게 뜨고 처다보다; 사시(斜視)가 되다 2. 뚫어지게 처다보다 3. 희미한 불빛을 내다 (škiljiti)

član -ovi 1. (단체 등의) 멤버; 회원, 단원; ~ komiteta(kluba) 위원회 위원(클럽 회원); ~ porodice 가족의 일원; ~ partije 당원 2. 조(條),조항(규칙, 법률 따위의); po ~u dva zakona 법률 제 2조에 따르면 3. (數) 항(項); ~ binoma 이항식 4. (植) 마디(잎이 나는 곳) 5. (文法) 관사; određeni ~ 한정 관사 članski (形)

članak -nka 1. 기사, 논문; uvodni ~ 사설; novinski ~ 신문 기사; naslovni ~ (신문의) 일면 기사 2. 장(章) (책의) 3. (문장의) 절(節), 항(項), 단락 4. (解) 관절(특히 발목) (zglob); voda do ~a 발목까지 찬 물; upasti u sneg do ~a 발목까지 눈(雪)에 빠지다 5. (植) 분열조직(뿌리나 줄기에 있는 생장점); ~ trske 갈대의 분열조직

članarina 회비, 조합비; platiti ~u 회비를 내다

članica 참조 član

člankonošci -ožaca (男,複) (動) 절지 동물문(門) (zglavkari)

člankopisac 기사 작성자

članskī -ā, -ō (形) 참조 član; 멤버의; ~a karta 멤버 카드; ~a legitimacija 회원증

članstvo 1. 회원 자격(지위) 2. (집합적) 회원

človiti -im (不完) 1.뒷다리로 서다(개, 토끼 등이) 2. 물구나무 서다

čmar (解) 항문(肛門) (anus)

čmavalica (男,女) 잠꾸러기, 잠보

čmavalo (男,中) 잠꾸러기, 잠보 (čmavalica)

čmavati -am (不完) 잠을 많이 자다, 잠을 퍼자다

čmićak 맥립종(麥粒腫), 다래끼 (ječmićak)

čoban, čobanin 목자, 목부(牧夫), 목동, 가축지기 čobanica; čobanski (形)

čobančad (女) (集合) čobanče

čobanče -eta (中) 젊은 목자(牧者), 양치기의 자식

čobanija 1.목자(牧者)의 삯, 목동의 급료 2. (集合) 목자, 목동 (čobani)

čobanin 참조 čoban

čobanskī -ā, -ō (形) 참조 čoban

čobanja 1. 평평한 나무 그릇(물을 담는) 2. 라키야 제조 공정시 라키야가 흘러 떨어지는 나무통

čoček 벨리 댄서, 배꼽춤을 추는 무용수

čoha 브로드천(셔츠감·옷감), 포플린; pantalone od ~e 포플린 바지

čohan -a, -o (形) 참조 čoha; 브로드천의, 포플린의; ~e pantalone 포플린 바지

čok 1. (기계) 초크(엔진의 공기흡입을 조절하는 장치) 2. 총강(銃腔)의 폐색부를 조절하는 조리개

čokadžinica 조그마한 여관, 여인숙

čokanj 1. 라키야 병(1/8리터 들이) 2. 줄기 (kočanj)

čokoće (集合) čokot; 포도덩굴

čokolada 초콜릿; mlečna ~ 밀크 초콜릿; ~ s

95

lešnicima 개암나무열매 초콜릿
čokot 포도덩굴
čopor 1. 짐승의 떼, 무리 (krdo) 2. (비유적) 많은 수, 다수, 다중 (mnoštvo, gomila)
čorba 수프(보통 자디잘게 썰어넣은 고기가 있음); *riblja* ~ 생선 수프; *teleća* ~ 송아지 수프; *pileća* ~ 닭고기 수프; ~ *od paradajza* 토마토 수프; *variti svoju ~u* 자신의 일을 하다; *mariti (za koga) kao za fratarsku ~u* 전혀 돌보지 않는다, 아무런 신경도 쓰지 않다; *osoliti(zapapriti, zapržiti, skuvati) kome ~u* 누구를 곤란한 처지로 만들다; *prosuti na koga pasju ~u* 누구를 비방하다(중상하다); *u svakoj ~i biti mirođija* 모든 일에 간섭하다; *čorbine ~e* 먼 친척이 되거나 아니면 아무런 인척관계도 아니다, 사돈의 팔촌이다
čorbadžija (男) 주인(손님을 맞는); 부자, 부유한 사람 (domaćin, bogataš, gazda)
čorbast -*a*, -*o* (形) 수프(čorba)와 비슷한
čorbuljak 빈약한 수프(čorba)
čorbuljina (지대체) čorba
čorda (짐승의) 떼, 무리 (krdo, čopor, stado)
čovečan -*čna*, -*čno* (形) 인도적인, 자비로운, 인간적인 (ljudski, čovekoljubiv, human); *biti* ~ 인간적이다; ~ *postupak* 인도적 행동
čovečanskī -*ā*, -*ō* (形) 1. 인류의; ~ *napredak* 인류의 발전 2. 인도적인, 인간적인, 사람의 (čovečan, ljudski); ~ *postupak* 인도적 행동
čovečanstvo 인류
čovečijī -*a*, -*o* (形) 사람의, 인간의
čovečnost (女) 인류애, 박애; 인간애
čovečuljak -*ljka* 난장이 (patuljak)
čovek 1. 인(人), 사람, 인간; *bivši* ~ 흘러간 인물(이전의 평판과 직위를 잃은); *božji* ~ 거지, 동냥아치; *gotov* ~ 준비된 사람(물질적으로 풍요롭게 여생을 즐길 수 있을 만큼 있는); *desni* ~ 오른팔(믿을만한 사람); *drugi* ~ *postati* 전혀 딴 사람이 되다; *duša(hleb, kruh, zlato) od* ~*a* 훌륭한 사람, 인격자; *đavo od* ~*a* 가만히 있지를 못하는 사람, 번잡한 사람; *ićići među ljude* 사회속으로 들어가다; *kao* ~ *živeti* 인간답게 살다; *ljudi s koca i konopca* 다양한 과거를 지닌 사람들, 방랑자, 뜨내기; *mali* ~ 소시민; *nikakav* ~ 사람도 아닌 인간, 인간 쓰레기; *svoj* ~ 물질적으로 부족하지 않은 사람, 독자적 생활을 하는 사람; *težak* ~ 이상한 성격의 사람, 고문관; ~ *od dela* 활동적인 사람; ~ *od zanata* 기술자, 장인(匠人); ~ *od pera* 작가, 문학가; ~ *od obraza (časti)* 명

예를 소중히 여기는 사람; ~ *od reči* 약속을 지키는 사람; ~ *od formata* 대단한 능력를 지는 사람; ~ *i po* 아주 훌륭한 사람; ~ *od pera* 작가, 문학가; *čudo od* ~*a* 범상치 않은 사람 2. 남자(성숙하고 도덕적인) (muškarac); *postati* ~ 성숙한 남자가 되다 3. 남편 (muž, suprug); *živeti sa svojim* ~*om* 자기 남편과 함께 살다
čovekolik -*a*, -*o* (形) (동물이) 인간 비슷한; 유인원류(類人猿類)의; ~*i majmuni* 유인원 (類人猿)
čovekoljubac -*pca* 박애주의자
čovekoljubiv -*a*, -*o* (形) 박애(주의)의, 인정 많은, 인자한, 사람을 사랑하는
čovekoljublje 인류애, 박애, 인간애
čovekomrzac -*sca* 사람을 싫어하는 사람, 염세가
čovekov -*a*, -*o* (形) 사람의; ~*a sredina* 사람이 사는 주변 환경
čoveštvo 1. 인류 (čovečanstvo) 2. 인류애, 박애 (čovečnost)
črčkarati -*am* (不完) 1. 대충 그림을 그리다 (slabo, površno crtati) 2. 휘갈겨 쓰다, 알아보기 힘들게 쓰다, 낙서하다 (rđavo pisati)
črčkarija 1. 스케치, 그림 (아무렇게나 그린) 2. (卑俗語) 낙서, 아무렇게나 쓴 씀
čubar (植) 꿀풀과(科)의 식물(요리용; 유럽산(産))
čučanj -*čnja*; *čučnji čučnjevi* 웅크리기, 쭈그린 자세
čučati -*im* (不完) *čučnuti* -*em* (完) 1. 웅크리다, 쭈그리고 앉다 2. (비유적) 한 장소에서 계속해서 머무르다; ~ *kod nekoga* 누구의 집에 눌러 앉다
čučavac -*vca* 1. (植) 콩의 일종 2. 쭈그리고 앉는 화장실(좌변기가 아닌) 3. 어린 새 (날지 못하고 웅크리고 앉아 있는)
čučećke, čučećki, čučke (副) 웅크리면서, 쭈그려 앉으면서
čučnuti -*nem* (完) 참조 čučati
čudak 별난 사람(자기 방식대로 사는, 남들과는 다르게), 고문관
čudan -*dna*, -*dno* (形) 이상한, 별난, 유별난; ~ *svat(svetac)* 이상한 사람; ~*dno čudo* 대기적; ~*dna mi prilika(posla, kupusa)* 중요하지 않은, 사소한 것
čudesa 참조 čudo
čudesan -*sna*, -*sno* (形) 놀랄만한, 경이적인, 불가사의한, 초자연적인, 믿을 수 없는
čuditi -*im* (不完) 1. 깜짝 놀라게 하다, 아연케하다, 자지러지게 하다; *nju čudi njegova*

96

ravnodušnost 그의 무관심이 그녀를 깜짝 놀라게 한다 2. ~ se 깜짝 놀라다, 이상하다고 생각하다; *čemu se čudiš?* 뭣이 이상해?; *ne čudim se što si došao* 네가 온 것에 대해 나는 이상하다고 생각하지 않는다

čudno (副) 참조 čudan

čudnovat *-a, -o* (形) 이상한, 별난

čudnjak 참조 čudak

čudo (複 *čuda* & *čudesa*) 기적, 경이, 놀라운 일, 불가사의; 이상한 일, 이상한 현상; 어려운 상황, 곤란, 빈곤; (부사적 용법으로) 매우 많이; *biti(naći se) u ~u* 많은 점이 참 이상하다, 곤란에 빠지다; *gle ~a!* 참 이상해!; *zabaviti se o svom ~u* 자기 자신을 걱정하다, 자신의 일에 몰두하다; *za ~* 이상하게; *zanemeti(zinuti) od ~a* 참으로 이상하다고 생각하다; *znati sto ~a* 많은 기술을 알고 있다, 여러가지 많은 일을 할 능력이 있다; *ići kao na ~* 매우 많은 사람이 가다; *krstiti se od ~a* 매우 많이 놀라다; *ni po ~a* 특별한 것이 없다; *svako ~ za tri dana* 아주 특별한 일이라도 삼일이면 잊혀진다; *čudna mi ~a, čudno mi ~* 특별한 일은 없다, 아무것도 중요하지 않다; *trista ~a (načiniti, napraviti)* 무질서와 어려운 상황을 만들다; *~om, nekim ~om* 설명할 수 없는 방법으로, 평범하지 않은 방법으로, 비밀스런 방법으로; *~ nad ~ima* 매우 매우 이상한 기적

čudotvorac 기적을 행하는 사람, 초자연적인 능력을 가진 사람

čudotvoran *-rna, -rno* (形) 기적을 행하는, 기적을 일으키는, 초자연적인 능력을 지닌; *~ prsten* 기적을 일으키는 반지

čudovištan *-šna, -šno* (形) 1. 괴물같은(크기와 형태로 놀라움을 야기하는); 거대한, 엄청나게 큰; *~ titan* 거대한 거인; *~šni divovski komarac* 어마어마하게 큰 모기 2. 끔찍한, 소름끼치는, 아연실색할만한(잔인함 등으로 인해); *~ zločin* 끔찍한 범죄; *~šne stvari* 소름끼치는 일

čudovište 1. 괴물(너무나 크고 이상하게 생긴) 2. 괴물같이 생긴 사람(생김새가 이상한); 극악 무도한 사람, 매우 잔인한 사람

čudovit *-a, -o* (形) 참조 čudan

čuđenje (동사파생 명사) čuditi; 깜짝 놀람, 경악, 망연자실; 놀라움, 경탄

čujan *-jna, -jno* (形) (보통 부사 jedva와 함께 쓰여) 겨우 들리는; *jedva ~ glas* 겨우 들리는 목소리; *jedva ~jno kucanje sata* 간신히 들리는 시계 소리

čuka 언덕, 작은 언덕(한 쪽 면은 급경사인 반

면 다른 쪽은 완만한)

čukalj *-klja;* čukljevi & čuklji 1. (특히 손가락 밑부분의) 손가락 관절(마디); *imati velike čukljeve* 커다란 손가락 관절을 가지다 2. 갈고리, 걸쇠(옷, 무기 등을 걸어 놓는) (klin)

čukati *-am* (不完) **čuknuti** *-em* (完) 1. 치다, 때리다, 두드리다 (udarati, tući, lupati); *~ nekoga u glavu* 누구의 머리를 때리다; *~ čekićem* 망치로 치다 2. 종을 울리다 (zvoniti); *~ za liturgiju* 예배 종을 울리다 3. 부리로 쪼다

čukljajiv *-a, -o* (形) 매듭이 있는 무릎의, X각(脚)의, 외반슬(外反膝)의(양 무릎 아랫부분이 밖으로 굽은 기형; 보통 말 다리의), 안짱다리의; *~e pantalone* 무릎이 튀어 나온 바지(다림질을 하지 않아)

čuknuti *-nem* (完) 1. 치다, 때리다, 노크하다, 벨을 울리다 (čukati); *~ u vrata* 문을 두드리다 2. ~ se 충돌하다, 부딪치다 (자동차 등이) 3. ~ se 소규모로 전투하다, 누구와 사소하게 부딪치다(의견 등이)

čuknuti *-nem* (完) 지체하다(čuti)

čukunbaba 고조(高祖)할머니

čukunded(a) (男) 고조(高祖)할아버지

čukundeka (지대체) čukundeda

čukununuk 고손자(高孫子) **čukununuka**

čul *-ovi* 담요(말을 덮는)

čulan *-lna, -lno* (形) 1. (보통은 한정형으로) 감각의, 감각적인; *~lni nervi* 감각 신경; *~lni utisci* 감각적 인상; *~lni svet* 감각적 세계; *~lno opaženje* 감각적 인식 2. 세속적인, 물질적인 3. 관능의 만족을 구하는; 호색(好色)의, 육욕의; *živeti ~lnim životom* 육체적 쾌락을 구하는 삶을 살다; *~ čovek* 색을 좇는 사람

čulast, čulav *-a, -o* (形) 귀가 잘린, 작은 귀의

čulnost (形) 1. 감각성 2. 관능성, 육욕성

čulo 1. (시각, 청각, 촉각 따위의) 감각; *~ vida (mirisa, ukusa, dodira)* 시각(후각, 미각, 촉각); *šesto ~* 제 6의 감각 2. 느낌, 감

čuljiti *-im* (不完) **načuljiti** (完) 귀를 쫑긋 세우다(동물이); *~ uši* 귀를 세우다

čuma 역병, 전염병, 페스트, 흑사병 (kuga)

čun 1. 카누, 노를 젓는 작은 배 2. (직조기의) 북 (čunak)

čunak *-nka;* čunci & čunkovi 1. (직조기의) 북; (재봉틀의 밑실이 든) 북, 보빈(bobbin) 케이스 2. 파이프(물이 흐르는); 양철 연기통 (난로에서 굴뚝까지 연기를 내 보내는)

čunj 1. (地質) 뾰족한 봉우리; 화산추(원뿔꼴의

화산) 2. (스포츠) 볼링 핀; 병 모양의 체조용 곤봉

čunjast *-a, -o* (形) 원뿔 모양의 (kupast)

čup *-ovi* 1. (머리칼, 깃털, 실 따위의) 술, 타래 (čuperak) 2. 한 움큼 뽑힌 풀; 한 움큼의 양 3. 털이 많이 난 신체 부분

čupa 1. (男,女) 머리가 헝클어진 사람, 산발 머리를 한 사람(남자, 여자) (čupavac, čupavica) 2. 하녀(옛 두브로브니크의)

čupati *-am* (不完) 1. iščupati (完) 뜯다, 뽑다, 잡아 뽑다; ~ *travu(kosu, korov)* 풀(머리카락, 잡초)을 뽑다 2. (무인칭문에서) 끊어지게 아프다; *čupa me u stomaku* 창자가 끊어지게 아프다 3. 싸우다 (biti se, tući se; grabiti se) 4. 완력으로 벗어나다, 힘으로 벗어나다 (oslobađati se silom)

čupav *-a, -o* (形) 1. 빗질하지 않은, 머리를 텁수룩하게 한, 헝클어진, 봉두난발의; ~ *mladić* 헝클어진 머리의 젊은이 2. 털북숭이의, 털이 텁수룩한, 털이 많은(rutav, runjav); ~*e grudi* 털이 많은 가슴

čupavac *-avca* 1. 산발머리를 한 사람, 머리가 텁수룩한 사람 2. 양탄자의 한 종류(털이 많이 달린)

čuperak 1. (머리·깃털·실 따위의) 술, 타래; ~ *kose* 머리 타래; *skloni taj ~ sa čela* 머리를 빗어 머리를 이마위로 넘겨라 2. 한 움큼, 한 줌(의 작은 양)

čupkati *-am* (不完) 지소체(čupati)

čupoglavac 산발머리를 한 남자, 머리가 헝클 어진 남자 (čupavac)

čuti *čujem; čuven, -ena; čuj* (完,不完) 1. 듣다, ~이 들리다; 다른 사람의 말을 통해 알다; *on ne čuje na jedno uvo* 그는 한 쪽 귀가 들리지 않는다; *čuo sam da je bolestan* 그가 아프다는 소식을 들었다; *čujem ga da se penje uz stepenice* 그가 계단을 오르는 소리를 들었다; *čuje se* 소문이 들린다, 말해진다; *neće ni da čuje* 들으려 하지도 않는다; *bog te čuo* 그렇게만 되었으면(좋겠다); *zahvaliti kome gde čuo i gde ne čuo* 대단히 크게 감사해 하다; *ne čuo đavo* 그런 일이 일어나지 않았으면(좋겠다); *ni da čuje, neće ni da čuje* 완강히 거부하다; *ne čuti se živ* 조용히 살다 2. 냄새를 맡다; 느끼다

čutura (술 따위의) 휴대 용기(容器)(보통 나무로 만들어졌으며 예쁘게 조각이 되었거나 색이 칠해졌음); (비유적) 술꾼, 술주정뱅이 (pijanica); *ubila ga ~ u glavu* 만취했다

čuvalac *-aoca* 1. 참조 čuvar 2. 돈을 헛되이 쓰지 않는 사람, 돈을 합리적으로 쓰는 사람

čuvanje (동사파생 명사) čuvati

čuvar 경호인; 수위, 문지기; 간수(교도소의); 보초, 파수꾼; 위병; 호위병; 관리인, 보관자; *noćni ~* 야간 경비원; ~ *pruge* 선로 감시원; *muzejski ~* 박물관 경비원; *šumski ~* 산림 단속원; ~ *reda* 질서 유지원; *anđeo ~* 수호천사; ~ *državnog pečata* 국새 관리인

čuvaran *-rna, -rno* (形) 1. 잘 보관하는(돈, 재산 등을), 근검절약하는, 검소한 (štedljiv); ~ *čovek* 근검절약하는 사람 2. 보호하는, 관리인의

čuvarkuća (女) 1.(女&男) 가옥 관리인, 집 관리인 (pazikuća) 2. (女&男) 집에서 잘 나가지 않는 사람, (집에서) 두문불출하는 사람 3. (植) 돌나물과의 풀(낡은 집의 지붕 등에 남), 긴병꽃풀

čuvarnica 선로 감시원이 있는 초소

čuvati *-am* (不完) 1. sačuvati, očuvati (完) 지키다; 망보다, 감시하다, 경계하다; 보호하다, 호위하다, 막다, 지키다; 보전하다, 유지하다; *pas čuva kuću* 개가 집을 지키고 있다; ~ *novac* 돈을 쓰지 않고 보관하다; ~ *bele pare za crne dane* 어려운 시기를 대비하여 돈을 저축하다; ~ *prisustvo duha* 고요함을 유지하다; ~ *tajnu* 비밀을 지키다; *Vera čuva našu decu* 베라(여성 이름)가 우리 아이들을 돌봐준다; *vojnik čuva zarobljenike* 군인이 포로들을 감시하고 있다; *bog čuvao, bog da čuva* 신이 (우리에게)주지를 않았다; *nisam s tobom svinje(ovce) čuvao, nismo zajedno svinje čuvali* 우리사이에는 커다란 차이가 있다, 우리가 다같이 동등하지는 않다; *čuvaj zube!* 조심해!(네가 네 이빨을 분질러 놓겠다); ~ *jezik* 말 조심해(하지 말아야 할 말을 하지 않도록)!; ~ *kao kap vode na dlanu(kao oko, oči u glavi, kao zenicu oka, kao svetinju)* 아주 조심해 보살피다; ~ *poslednju stražu* 고인(故人)에게 마지막 경의를 표하다; ~ *svoja leđa (svoju kožu)* 자신의 신변 안전에 만전을 기하다 2. ~ *se* 조심하다(신변안전, 건강, 목숨 등을); ~ *se* 몸 조심해(건강을)!; ~ *se nečega* ~을 조심해; *čuvaj se njega* 그 사람을 조심해

čuven *-a, -o* (形) 유명한, 저명한, 잘 알려진; ~ *lekar* 유명한 의사; ~*a kuća* 잘 알려진 집

čuvenje (동사파생 명사) čuti; *po ~u* 소문(풍문)으로; *znam ga po ~u* 풍문으로 그를 알고 있다

čuvstven *-a, -o* (形) 감정적인, 쉽게 감정적으로 되는

čuvstvo 감정, 희로애락 (osećanje)

čuvstvovati -vujem (不完) 감정을 느끼다, 느끼다 (osećati)

čvakati -am (不完) čvaknuti -em (完) (채찍 따위로)찰싹 소리나게 때리다

čvarak čvarci (돼지의 삼겹살 부분을 구운 다음 그 지방을 짜눌러 지방 성분을 제거한 후 바삭바삭하게 만든) 음식의 한 종류

čvariti -im (不完) 1. (지방 따위를) 녹여서 정제(精製)하다; (지방이나 비계 따위를)튀겨 (구어) 지글지글 소리가 나게 하다; ~ mast 비계를 정제하다 2. ~ se 굽다, 튀기다 (peći se, pržiti se) 3. ~ se 일광욕하다, 햇볕에 타다, 햇볕에 그을리다; ~ se na suncu 햇볕에 일광욕하다

čvoka (손가락으로 가볍고 빠르게) 툭툭 두드림, 툭툭 침

čvoknuti -em (完) (손가락으로 가볍고 빠르게) 툭툭 두드리다, 툭툭 치다; ~ nekoga u glavu 누구의 머리를 툭툭치다

čvor -ovi 1. 매듭, 결절(結節); zavezati (napraviti) ~ 매듭을 짓다, 매듭을 만들다; razvezati ~ 매듭을 풀다; zavezivati (novac) u devet ~ova (돈을)잘 보관하다; ~ čvor 고르디오스의 매듭 (알렉산더 대왕이 칼로 끊었음); 어려운 문제(일) 2. (나무나 식물의)혹, 군살, 마디, 옹이; ~ u drvetu 나무의 옹이 3. (비유적) 갈등(문학 작품의); 문제, 어려움 (problem, teškoća) 4. (도로의) 분기점, 교차점, 합류점 5. (航海) 노트(1 시간에 1 해리를 달리는 속도; brod ide 15 ~ova na sat 배는 시속 15노트의 속도로 달린다

čvorak -rka; čvorci & čvorkovi 1. (鳥類) 찌르래기 2. (비유적) 어린 아이; (일반적으로) 작은 사람, 난쟁이 (mali čovek, kepec)

čvoran -rna, -rno (形) (보통은 한정형으로) 핵심적인, 중요한, 주요한(bitan, glavni, suštinski); ~rno pitanje 핵심적인 문제; ~rni problem 중요한 문제

čvornat, čvornovit, čvorast -a, -o (形) 마디가 많은(나무의)

čvoruga 1. 큰 옹이, 큰 결절 (veliki čvor) 2. 때려 생긴 혹; ~ na glavi 머리에 생긴 혹(맞아서 생긴)

čvrčati -am (不完) 참조 cvrčati

čvrka 참조 čvoka

čvrknut -a, -o (形) 1. 참조 čvrknuti 2. 약간 정신이 이상한 (šašav, udaren, ćaknut) 3. 약간 술취한 (malo pijan)

čvrknuti -em (完) 1. 한 번 가볍게 치다(손, 손가락, 발로); ~ po glavi 머리를 툭 치다

(čvoknuti) 2. 짧게 소리가 나다, 짧게 메아리치다

čvrljiti -im (不完) 구워(튀겨) 지글지글 소리가 나다, 지글지글 소리가 나도록 굽다(튀기다) (čvariti)

čvrljuga 1. 참조 čvoruga 2. (鳥類) 종다리 (ševa)

čvrsnuti -em (不完) očvrsnuti (完) 단단해지다, 굳어지다; 더 강해지다, 더 힘세지다

čvrst -a, -o (形) 굳은, 단단한, 견고한, 딱딱한; 튼튼한, 튼실한; 견실한; 굽히지 않는, 단호한, 확고한; 건강한, 건장한, 튼튼한; ~a volja 확고한 의지; ~ kao čelik 강철같이 단단한; ~a odluka 단호한 결정; ~ konac 잘 끊어지지 않는 실; ~o rukovanje 힘찬 악수; ~o obećanje 확고한 약속; ~a valuta 견실한 통화; ~ koren 튼튼하게 내린 뿌리; spavati ~im snom 깊게 잠들다

čvrstina 확고함, 단호함, 견고함, 단단함; ~ metala 금속의 단단함

čvrstiti -im (不完) 단단하게 하다, 튼튼하게 하다, 강하게 하다

čvrstoća 참조 čvrstina

Ć ć

ćaba 1. (Ćaba) 사우디아라비아 메카에 있는 회교사원(전세계의 회교사원이 이 사원 방향으로 건설됨); 무슬림 성지 2. 차바 회교사원까지의 성지 순례; *ići na ~u* 메카까지 성지 순례를 떠나다

ćaća (男) 아버지, 아빠 (otac, tata)

ćage *-eta* 종이 (papir, hartija)

ćahija, ćaija 케이크의 한 종류(약간 짭잘한)

ćaja 1. 재산 관리인(옛 터키 술탄 궁정 혹은 고관 대작의) (ćehaja) 2. 우두머리 목자(牧者)

ćakati *-am* (不完) 차차(ća) 소리를 내면서 소떼를 몰다

ćaknut *-a, -o* (形) 약간 정신이 이상한, 약간 미친 (sulud, šašav, luckast)

ćako 참조 ćaća

ćale *-eta* 애칭(ćaća); 아빠~

ćalov 바보, 멍청이 (glupan, budala)

ćapiti *-im* (完) (손으로) 잡아채다, 낚아채다, 쥐다 (rukom ugrabiti, zgrabiti, ščepati); *~ protivnika za gušu* 상대방의 목덜미를 잡다; *~ olovku sa stola* 책상에 있는 펜을 쥐다

ćar 1. 이익, 수익, 소득; 득(得), 덕 (dobitak, zarada, korist) 2. 상업, 장사

ćardžija (男) 1. 쉽게 이익이나 소득을 올리는 사람 2. 상업에 종사하는 사람, 장수

ćariti *-im* (不完) ućariti (完) 1. 손쉬운 방법으로 소득을 올리다, 돈을 벌다, 이득을 보다 2. 장사하다, 상업에 종사하다

ćarkati *-am* (不完) (지소체) ćariti

ćarlijati *-am* (不完) (바람이)살랑살랑 불다; *vetar ćarlija* 바람이 살랑살랑 분다

ćasa 둥그스름하고 깊은 그릇(용기) (옆에 손잡이가 없으며, 구리, 세라믹, 진흙으로 만들어진); *~ kiselog mleka* 요구르트 그릇

ćaskalo (中,男) 수다쟁이 (pričalo, onaj koji voli da ćaska)

ćaskati *-am* (不完) 일상적으로 일어나는 사소한 이야기에 대해 이야기하다, 잡담하다, 담소를 나누다

ćata, ćato (男) 필경사(筆耕士), 필기사

ćatinica 필경사(ćata)의 아내

ćatinskī *-ā, -ō* (形) 필경사의

ćato 참조 ćata

ćebad (女) (集合) ćebe; 담요

ćebap 참조 ćevap

ćebe *-eta* 담요; *pojeo bi i masno ~* 게걸스럽게 많이 먹는 사람을 가리킬 때 이르는 말

ćebence *-ca, -eta* (지소체) ćebe

ćef *-a; -ovi* 1. 소망, 소원, 바람 (želja, volja, prohtev); *dođe mu ~ da se ženi* 결혼하고 싶은 마음이 되었다 2. 기분 좋음, 유쾌, 상쾌; *baš mi je ~* 정말로 기분 좋다 (dobro raspoloženje, veselje)

ćehaja (男) (歷) 1. 터키 술탄이나 고관대작의 재산 관리인; 재상의 대리인 2. 우두머리 목자(牧者)

ćela (女) (머리의) 탈모된 부분, 머리가 빠진 곳

ćela, ćelo (男) 대머리인 사람(남자), 대머리, 민머리 (ćelavac)

ćelav *-a, -o* (形) 머리가 빠진, 탈모된, 대머리의, 민머리의; *kud svi Turci, tud i ~i Mujo* 친구따라 강남간다(다수가 하는 대로 그대로 하다)

ćelavac *-vca* 대머리(사람), 머리카락이 없는 사람

ćelaviti *-im* (不完) oćelaviti (完) 대머리가 되다, 머리가 빠지다

ćelavko (男) 참조 ćelavac

ćelepoš, ćelepuš 1. (터키지배시절 세르비아에서 쓰고 다녔던 빨간 울로 만든 민속) 모자 2. 성직자들이 모자 밑에 쓰고 다녔던 조그마한 모자; 탈모된 사람들이 쓰고 다녔던 조그마한 모자

ćelija 1. (독신자용)작은 방; (수도원 따위의) 독방; *kaluđerska ~* 수도사용 독방 2. (교도소의) 독방; *~ u zatvoru* 교도소의 독방 3. (生物) 세포; *jajne ~e* 난세포; *~ raka* 암세포; *semene ~e* (남성의) 정자(세포); *oplodne ~e* 생식 세포 4. (공산당 따위의) 세포; *partijska ~* 당 세포; ćelijski (形)

ćelijskī *-ā, -ō* (形) 참조 ćelija; 방의, 세포의; *~a vrata* 방문; *~a opna* 세포막

ćelo 참조 ćela; 대머리인 사람, 민머리인 사람

ćemane *-eta* (民俗) 바이올린; 피들(비올속(屬)의 현악기)

ćemer (民俗) 1. 돈을 넣을 수 있는 공간이 있는 남성 혁띠 2. 은으로 장식된 여성 혁띠

ćemer 둥근 천장, 아치형 천장 (svod, luk)

ćepenak *-nka; ćepenci* 옛 건물 양식의 가게에서 문대신 사용된 개폐용 덮개의 하나(윗덮개 혹은 아랫덮개) (열었을 때에는 물건을 진열하거나 점원이 앉아 있었음)

ćer (女) 참조 ćerka, kći; 딸

ćeramida 기와 (crep)

ćeramidžija (男) 기와를 구워 파는 사람

ćerdati -am (不完) proćerdati (完) 소비하다, 낭비하다, 탕진하다; 망치다; ~ novac 돈을 탕진하다; ćerdam mladost sred vina i dima 술과 담배로 청춘을 다 보낸다(망친다)

ćeretati -am (完) 이야기하다, 잡담하다, 담소를 나누다, 수다를 떨다 (pričati, ćaskati)

ćeretav -a, -o (形) 잡담하기를 좋아하는, 수다떨기를 좋아하는, 수다스러운, 말하기 좋아하는 (govorljiv, brbljiv); ~ sused 수다스러운 이웃

ćeretuša 수다쟁이 여자, 수다스런 여자

ćerka 딸, 여식(女息) (kći)

ćerpić 구워지지 않은 벽돌, 굽지 않은 벽돌

ćesar 참조 cezar

ćeten 참조 lan

ćevabdžija (男) 체밥치치(ćevapčići)를 만들어 파는 사람

ćevabdžinica 체밥치치(ćevapčići)를 구워 파는(먹는) 식당

ćevap 세르비아 음식의 한 종류(갈은 고기로 불에 구운 것)

ćevapče -eta, ćevapčić 참조 ćevap

ćifta (男) (경멸어) 1. 잡상인, 영세상인 (trgović, sitničar) 2. 고리대금 업자 (zelenaš); 구두쇠, 수전노 (tvrdica, škrtac) 3. 속좁고 이기적인 사람 ćiftinski (形)

ćiftarija (女) (集合) ćifta

ćiftarisati -šem, ćiftariti -im (不完) 1. 아주 소규모로 장사를 하다, 영세 상인으로 물건을 팔다 2. 구두쇠 노릇을 하다, 수전노 같이 행동하다 3. 속좁고 이기적으로 살다

ćiftinstvo, ćiftinizam -zma 구두쇠적 행동과 인식, 속좁고 이기적인 행동과 인식

ćiler 식료품 저장실 (špajz, ostava)

ćilibar 1. 호박(琥珀) (jantar) 2. (과일) 노란색 포도의 한 종류

ćilim 벽걸이 양탄자 (tepih, sag)

ćilimar 벽걸이 양탄자를 만들거나 파는 사람 ćilimarka

ćilimara 벽걸이 양탄자를 만드는 작업장

ćilimarstvo 벽걸이 양탄자를 만드는 사람의 기술, 벽걸이 양탄자를 만드는 직업

ćilimče -eta, ćilimčić (지소체) ćilim

ćirica (男) 젊은 하인 (mlad sluga)

ćirilica 키릴 문자; pisati ~om 키릴 문자로 쓰다 ćirilički, ćirilski (形)

ćiriš 1. 제화점(製靴店)에서 사용하는 접착제 (풀) 2. 각목, 목재 (greda)

ćitab 이슬람 교리에 관한 책

ćitaba 1. 확인, 확정, 확증 (potvrda,

uverenje); 종이 조각(무엇인가를 적어 놓은) 2. 서면 명령 (pismeno naređenje)

ćivot 성골함(聖骨函), 성물함(聖物函), 유물함

ćopa (男), ćopo (男) (愛稱) ćopavac; 절름발이, 발을 저는 사람

ćopati -am (不完) 발을 절다, 절뚝거리다 (hramati, šepati)

ćopav -a, -o (形) 절뚝거리는, 발을 저는, 절름발이의

ćopavac -vca 발을 저는 사람, 절름발이 ćopavica

ćopavost (女) 절름거림, 절뚝임

ćopo (男) 참조 ćopa

ćora -ē (男) ćoro -a & -ē (男) 한쪽 눈이 안 보이는 사람, 애꾸눈이 (ćoravac)

ćorac -rca, ćorak -rka (軍) 공포탄

ćorav -a, -o (形) 1. 한쪽 눈이 보이지 않는, 애꾸눈의; ~ na jedno oko 한쪽 눈이 먼 2. (비유적) 솜씨없는, 서투른; 우둔한, 바보 같은; uoči subote mole boga da im u toku cele iduće nedelje šalje ~u mušteriju 주말을 앞두고 다음 주 내내 바보같이 멍청한 손님들만 보내주도록 신에게 기도한다; i ~a kokoš naiđe na zrno 아무리 우둔한 사람이라도 가끔씩은 용한 말을 하고 행동한다, 봉사 문고리 잡기, 소가 뒷걸음질치다 쥐를 잡다; batalити(okaniti se, mahnuti, ostaviti, proći se) ~a posla 헛된 일에서 손을 떼다 (털다); ~a ti strana! 아주 눈에 보이지 않게 사라져버려!; to zna i ~a baka 그것은 바보 천치라도 안다

ćoravac -avca 참조 ćora

ćoraviti -im (不完) oćoraviti (完) 애꾸눈이 되다, 한쪽 눈이 안보이게 되다

ćoravost (女) 한쪽 눈이 안보임, 한쪽 눈이 안 보이는 상태

ćorda 검, 칼 (sablja)

ćoro (男) 참조 ćora

ćorsokak 1. 막다른 골목 2. (비유적) 곤경, 난처한 입장

ćos -a, -o (形) 참조 ćosav

ćosa (男) 수염이 없는 사람

ćosast -a, -o (形) 참조 ćosav

ćosav -a, -o (形) 수염(턱수염, 콧수염)이 나지 않은, 수염이 없는, 털이 없는; ~o lice 수염이 없는 얼굴

ćosavac -vca 참조 ćosa

ćošak -ška 발코니 (balkon, doksat, čardak)

ćošak -ška 모퉁이, 귀퉁이, 구석 (ugao); biti na tri ~ška 기분이 좋지 않다, 기분이 나쁘다; držato tri ~ška kuće 집안의 중요한 일

을 하다; *na tri ~ška* 좋지 않게, 나쁘게; *sterati na ~* 곤란에 처하게 하다

ćoškast *-a, -o* (形) 1. 각이 있는, 모난, 모서리진 (uglast) 2. (비유적) 성마른, 역정내는, 까다로운

ćuba 1. (조류 머리 위의) 볏, 관모 2. 머리 타래

ćubast *-a, -o* (形) (조류나 동물이) 볏(관모)이 있는

ćućoriti *-im* (不完) (擬聲語) 1. 찍찍거리다, 짹짹거리다 (cvrkutati) 2. 졸졸소리를 내다, 약간의 잡음소리를 내다 (žuboriti); *ćućorila voda pod snegom* 눈 밑에서 물이 졸졸소리를 내며 흘렀다 3. 이야기하다, 잡담하다 (ćaskati) 4. 속삭이다 (šaptati)

ćud (女) 성격, 성질, 성정(性情), 기질(narav, karakter, priroda); *on ima dobru ~* 그는 좋은 성격을 가졌다; *on je danas zle ~i* 그는 오늘 기분이 별로 좋지 않다; *koliko ljudi, toliko ~i* 사람은 모두 제각각이다; *biti po ~i (kome)* 마음에 들다; *on joj nije po ~i* 그는 그녀의 취향이 아니다

ćuditi se *-im se* (不完) 변덕스럽다

ćudljiv *-a, -o* (形) 1. 변덕스러운 (hirovit); *~ čovek* 변덕스러운 사람 2. (말이) 완고한, 고집센; 겁많은

ćudljivac *-vca* 변덕스러운 사람

ćudoredan *-dna, -dno* (形) 도덕적인, 행실이 바른 (moralan)

ćudorednost (女) **ćudoređe** (中) 도덕, 도덕성, 윤리성

ćufta, ćufte *-eta* 고기 완자, 미트볼

ćuftica (지소체) ćufta

ćuh 산들바람, 미풍; 연풍(軟風)

ćuk (鳥類) 올빼미 (sova)

ćuk 닭을 불러 모을 때 내는 소리

ćukati *-am* (不完) **ćuknuti** *-nem* (完) 1. 축축 (ćuk ćuk)소리를 내며 닭을 불러 모으다 2. 부리로 쪼다

ćukati *-am* (不完) **ćuknuti** *-em* (完) 1. 축(ćuk)소리를 내다 2. 소문을 퍼뜨리다, 소문을 내다

ćuko (男) (方言) 개 (pas)

ćula 곤봉, 몽둥이 (kijača, toljaga, budža)

ćulav *-a, -o* (形) 1. 귀가 작은, 작은 귀의 (čulav) 2. (나무)가지가 처친, 가지가 정돈된; *~ hrast* 가지가 처진 참나무

ćulbastija 불에 구운 고기 덩이(조각)

ćuliti *-im* (不完) **naćuliti** (完) 귀를 쫑긋 세우다 (ćuljiti)

ćulum 1. 갈고리 달린 철퇴(중세의 갑옷을 부

수는 무기) (topuz, buzdoban) 2. (비유적) (경멸어) 바보, 멍청이 (glupak, budala)

ćumez 1. 닭장, 닭 우리 (kokošnjac) 2. 누옥(陋屋), 오두막집; 허술한 여인숙

ćumur 숯, 목탄

ćumurana 1. 숯 가마 2. 숯 가게

ćumurdžija (男) **ćumuraš** 숯을 굽거나 파는 사람

ćup 목이 좁은 병 모양의 토기(土器) (krčag, vrč)

ćupa 1. 참조 ćup 2. (비유적) 머리 (glava); *prazna ~* 텅 빈 머리

ćuprija 다리, 교량 (most); *Na Drini ~* 드리나 강의 다리

ćurad (女) (集合) ćure

ćurak *-rka* 모피 안감을 댄 코트 (kožuh)

ćurak, ćuran 1. (鳥類) 칠면조(숫컷) 2. (비유적) 바보, 멍청이 (budala, glupak)

ćurče *-eta* (지소체) ćurak

ćurče *-eta* 어린 칠면조

ćurčija (男) 모피 코트(ćurak)를 만드는 사람 (kožuhar, krznar)

ćurčijī, ćurčjī *-ā, -ē* (形) 모피 코트 만드는 사람의

ćure *-eta* 새끼 칠면조

ćurence (지소체) ćure

ćuretina 칠면조 고기

ćurka 1. (鳥類) 칠면조(암컷) **ćureći** (形); *~e meso* 칠면조 고기 2. (비유적) 바보, 멍청이 (여자)

ćurlik 1. 피리 소리 2. 새의 지저귐(종달새 등) 3. 피리 (ćurlika)

ćurlika 피리 (svirala, frula)

ćurlikati *-čem* (不完) 1. 피리를 불다 2. 지저귀다(종달새 등이); *ševa ćurliče* 종달새가 지저귄다

ćuskija 쇠지레(무거운 물건을 움직이는 데 쓰는, 쇠로 만든 막대기); *glup kao ~* 너무 너무 멍청한; *pijan kao ~* 완전히 취한

ćušati *-am* (不完) 따귀를 때리다 (ćuškati)

ćušiti *-im* (完) 따귀를 때리다 (ćušnuti, ošamariti)

ćuška 따귀, 따귀를 때림 (šamar, zaušnica); *opaliti nekome ~u* 누구의 따귀를 때리다

ćuškati 참조 ćušnuti

ćušnuti *-nem*, **ćušiti** *-im* (完), **ćuškati** *-am* (不完) 1. 따귀를 때리다 2. 밀다, 밀치다(보통 발로); *kud si ćusnuo te makaze?* 그 가위를 어디에 밀쳐 놓았느냐?

ćutalica (男,女) 말수가 적은 사람, 침묵을 지키는 사람

102

ćutanje (동사파생 명사) ćutati; 침묵
ćutati *-im* (不完) 말을 하지 않다, 침묵하다;
조용히 있다; ~ *ako zaliven(kao mula, kao
panj, kao riba)* 오랫동안 침묵을 지키다
ćutećke, ćutećki (副) 말없이, 조용히, 과묵하
게 (bez reči, ćuteći, ćutke); *sedeti* ~ 말없
이 앉아 있다; *raditi* ~ 말없이 일하다
ćuteti *-im* (不完) 1. 감각적으로 느끼다, 오감
으로 느끼다 (osećati) 2. 참조 ćutati
ćutilan *-lna, -lno* (形) 감각기관의, 감각의
ćutilo 감각기관 (čulo)
ćutkati *-am* (不完) ućutkati (完) 침묵시키다,
입 다물게 하다
ćutke (副) 말없이, 잠자코, 조용히
ćutljiv *-a, -o* (形) 과묵한, 말없는, 침묵을 지
키는 (šutljiv, mučaljiv)
ćutljivac *-vca* 과묵한 사람
ćutnja 1. 침묵 2. 느낌, 감정
ćuvik 경사진 작은 언덕, 급경사의 작은 언덕

Ć

D d

da (接續詞) (종속절에서) 1. 의도, 의향, 목적절 (kako bi, ne bi li); *otišla je u grad ~ nešto kupi* 무엇인가를 사기 위해 시내에 갔다; *on je došao ovamo ~ nauči naš jezik* 그는 우리말을 공부하기 위해 이리로 왔다 2. 원인절(jer, što); *njega je tištalo ~ je njegova otadžbina mogla osuditi na smrt svog najboljeg sina* 자신의 가장 훌륭한 아들을 그의 조국이 사형 언도를 할 수도 있다는 사실이 그를 옥죄어 왔다 3. 목적절; *kazao je ~ će doći* 올 것이라고 말했다; *svaki razuman čovek vidi da centralne sile ne mogu dobiti ovaj rat* 이성이 있는 모든 사람들은 추축국이 이 전쟁을 승리할 수 없을 것이라는 것을 알았다 4. 시간절(kako, otkako); *prođoše tri godine da nam se oženio* 그가 결혼한지도 3년이 흘러간다 5. 결과절; *dva čoveka su se definitivno rastala, da se nikada više ne sastanu* 두 사람이 완전히 결별하여 두 번 다시는 만나지 않는다; *bili smo toliko umorni ~ smo odmah zaspali* 우리는 곧장 잠에 빠질 정도로 피곤했다 6. 조건절; *da sam na vašem mestu, uzeo bih ovu sobu* 내가 당신이라면 이 방을 취할 것입니다; *da sam juče umrla, ne bih ni to doživela* 내가 일찍(어제)죽었더라면, 이런꼴을 보지는 않았을텐데 7. 보어(補語)절 (iako, makar), ~일지라도; *šta će biti, pričaj, da i nije milo* 어떻게 될 것인지, 내키지 않겠지만, 말해봐 8. 역접절(nego, već, a); *udače se za njega, mora, da za koga će drugoga* 그사람 말고 누구에게 시집간단 말인가 9. 관계절 (ko, koji); *nema lekara da ne zna za taj slučaj* 그 사건(그러한 경우)을 모르는 의사는 없다

da (小辭) 1. 예; 동의(긍정)의 말; 긍정, 승낙 2. (분사 li와 함께 사용되어); 의문문을 만듬; *~ li ste gladni?* 시장하십니까? 3. (명령·소망·희망); *~ počnemo!* 시작하자!; *~ ćutite!* 조용히 하세요!; *~ bude mir!* 평화가 깃들기를!; *da si mi zdrav!* 네가 건강하기를! 4. (놀람, 감탄); *~ divnog mesta!* 얼마나 환상적인 장소인가! 5. (동사 현재형과 사용되어 동사 원형을 대신함)

daba (男), dabo -a & -ē (男) 악마, 악귀, 악령 (đavo)

dabar -bra; dabri & dabrov) (動) 비버

dabo (男) 참조 daba

dabogda (副) (소망, 기원, 저주 등을 표현할 때); *sve se dobro svršilo, ~!* 모든 것이 잘 끝났다!

dabome, dabogme (副) 물론, 확실히; *to nam je, ~, krivo* 그것은 물론 우리가 잘못했다

dabrovina 1. 비버 지방(脂肪) (dabrovica) 2. 비버의 모피

daća 고인(故人)의 명복을 빌면서 무덤에서 나눠 먹는 음식과 그 행위(장례식후 일정 기간이 지난후); *svinjska ~* (농담조) 돼지 도축시 벌이는 잔치; *iskupili se kao na ~u* 초대받은 사람이건 초대받지 않은 사람이건 상관없이 전부 모였다

daća (廢語) 세(稅), 세금, 조세 (porez, dažbina)

daće 재능, 선물 (dar, poklon)

dada (지대체) 1. 어머니(majka); 누나, 언니 2. 보모 (dadilja)

dadilja 보모(保姆)

dafina (植) 보리수나뭇과(科)의 식물(남유럽산 (産)); 야생 올리브

dagnja (魚貝類) 홍합

dah 1. 숨, 호흡; *bez ~a* 숨쉬지 않고, 숨 도 쉴 수 없을 정도의; *borio se do poslednjih ~a* 마지막 순간까지 싸웠다; *~ vetra* 미풍(微風); *izgubiti ~, ostati bez ~a* 어이없어(아연실색하여) 말도 못하다; *ispustiti ~* 숨을 내뱉다; *kratkog ~a* 찰나에, 잠깐 동안에; *ledi se (mrzne se) ~* 매우 춥다; *motriti što bez ~a* 아주 주의깊게 관찰하다; *u jednom ~u (učiniti što)* 매우 빠르게(무엇인가를 하다); *ponestalo mu ~a* 힘이 없어지다 2. 입김; *po svežem ~u* 찬 입김으로 3. 냄새, 방향(芳香), 악취(vonj, miris, zadah) 4. (비유적) 정신, 사상, 특징 (duh, obeležje, smisao); *~ ruskog političkog misticizma dopirao je do naše zemlje* 러시아의 정치 신비주의 정신이 우리나라에까지 흘러 들어왔다

dahija (男) (歷) 1. 4명의 터키 예니체리 수장 중의 한 명(1801년 세르비아에서의 권력을 움켜 쥐었던) 2. (비유적) 깡패, 악당 (nasilnik)

dahnuti -nem (完) 1. 숨을 한 번 들이마시고 뱉다, 숨쉬다 2. 휴식을 취하다, 숨쉬다; *čekaj malo da dahnem!* 숨좀 돌리게 잠깐 기다려라! 3. 안도감을 느끼다, 안도의 한숨을 쉬다 (odahnuti); *~ dušom* 안도의 한숨을 쉬다 4. (비유적) 조용조용히 말하다 5. (바

104

람이) 살랑살랑 불다

dahtati *dašćem* (不完) 숨을 헐떡거리다, 숨이 차다

daire (女,複) 탬버린(가장자리에 방울이 달린 작은북)

dakako (副) 물론 (dabome, naravno)

dakati *-čem* (不完) '예(da)'라고 말하다 (反: nijekati)

dakavac *-vca* 동사원형 대신에 'da'와 함께 동사 현재형을 사용하는 사람

dakle (接續詞) (결론, 결과를 나타냄; prema tome, onda, evo, eto); *moja krava, ~, i moje tele* 내 소, 즉 내 송아지

daktil (韻律) 강약약격(強弱弱格); 장단단격(長短短格)

daktilograf (男), daktilografkinja (女) 타자수, 타이피스트

daktilografija 타자, 타자기로 침

daktiloskopija 지문 감식

dalek *-a, -o* (比; *dalji*) (形) 1. 먼(공간적, 시간적으로), 멀리 떨어진, 오래된; *iz ~a* 멀리에서 온; *Daleki istok* 극동(極東); *~a prošlost* 아주 먼 옛날 2. 긴 (dug); *~i put* 긴 여정 3. 낯선, 이방의; 친족관계가 먼; *~i rođaci* 먼 친척

daleko (副) (장소,거리,시간, 정도 등이) 먼, 멀리, 아득한, 아득히, 훨씬; *otišao je ~* 그는 멀리 갔다; *ja sam ~ od toga da tvrdim suprotno* 정반대로 주장하는 것과는 거리가 멀다; *~ od toga da hoću da te plašim, ali...* 너를 겁주려고 하는 것은 전혀 아니다, 하지만...; *~ bilo* 전혀 그렇지 않다, 당치 않다; *~ više* 훨씬 많이; *~ bi me odvelo* (나의)많은 시간과 공간을 차지(소비)할 것이다; *držati se ~ od čega* ~으로부터 많은 거리를 유지하다; *nije ~ vreme* 오래 걸리지 않을 것이다, 곧 있을것이다; *to je ~ od istine* 진실과는 거리가 멀다; *ko polako ide, ~ stiže* 느리지만 확실히, 대기만성이다; *~ mu lepa kuća* 가능하면 그 사람이 나한테서 멀리 떨어져 있으면 좋겠다; *~ od očiju, ~ od srca* 안보이면 안보일수록 마음에서 멀어져 간다; *~ doterati* 굉장한 성공을 거두다, 높은 직위에 오르다; *~ za sobom ostaviti* 남들보다 훨씬 앞서다; dalje (비교급); *i tako dalje* 기타 등 등; *~ od mene!* 내 앞에서 사라져!; *ne mogu ~* 더 이상 할 수 없다; *ne vidi ~ od nosa* 멀리 보지를 못한다, 눈앞의 이익만 쫓는다

dalekoistočnī *-ā, -ō* (形) 극동(極東)의

dalekometnī *-ā, -ō* (形) 장거리(사정)의; *~ top* 장거리포

dalekosežan *-žna, -žno* (形) 멀리까지 도달하는, 멀리까지 미치는; (비유적) 중요한 (važan); *~žne posledice* 심대한(중요한) 결과

dalekovid *-a, -o*, dalekovidan *-dna, -dno* (形) 1. (醫學) 원시(遠視)의 2. (비유적) 통찰력 있는, 선견지명이 있는, 멀리 보는

dalekovidnost (女) 원시(遠視); 선견지명, 통찰력

dalekovod 고압송전선 dalekovodni (形)

dalekovodnī *-ā, -ō* (形) 고압송전선의; *~a mreža* 고압송전선망

dalija (植) 달리아, 달리아꽃

daltonist(a) *-sti* (男) 색맹(色盲者)인 사람

daltonizam *-zma* 색맹(色盲)

dalj (女) 거리, 간격 (daljina, udaljenost); *skok u ~* (육상의)멀리뛰기

dalje 참조 daleko

daljī *-ā, -ē* 참조 dalek; *do ~eg* 앞으로 계속; *bez ~eg* 지체없이

daljina 1. 거리, 간격(시간, 두 지점 사이의); *žižna ~* 초점 간격; *velika ~* 커다간 간격; *na ~i od 10 kilometara* 10km 거리에서; daljinski (形); *~o upravljanje* 원격 조정, 리모트 컨트롤 2. (비유적) 정서적 차이; *oseti strašnu ~u između sebe i njih* 그들과 자신과 엄청난 정서적 차이를 느낀다

daljinomer (측량) 시거의(視距儀); 거리계(計)

daljnī *-ā, -ō*, daljnjī *-ā, -ē* (形) 1. 먼, 먼거리의, 멀리 떨어져 있는; *~ rođak* 먼 친척 2. 다음의, 앞으로의, 미래의(budući, idući, sledeći); *do ~njeg* 앞으로 계속해서

dama 1. 귀부인, 마담; 여성(남성에 대하여); *prva ~* 퍼스트 레디, 영부인(대통령의 부인); *prava ~* 귀부인 그 자체(이다); *dvorska ~* (궁중의) 시녀, 나인; *salon za ~e* 여성 미용실; *~e i gospodo!* 신사숙녀여러분!; *barska ~* 바(클럽)에서 일하는 여자; damski (形) 2. (체스, 카드 등의 게임에서) 퀸

damar 1. 혈관, 맥박 (bilo) 2. 수맥(지하의)

damask (비단, 양모 등)천의 한 종류(다마스크市에서 만들어진)

damaskija, damaskinja 검, 칼(옛날 다마스크市에서 만들어진)

damoklov *-a, -o* (形) *~ mač* Damocles의 검, 신변에 따라 다니는 위험(Dionysius왕이 연석에서 Damocles 머리 위에 머리카락 하나로 칼을 매달아, 왕위에 따르는 위험을 보여준 일에서)

damping (貿易) 덤핑

damskī *-ā, -ō* (形) 참조 dama; 여성의, 여성

용의; ~ sto 여성용 테이블; ~ šešir 여성용 모자

dan 1. 낮, 주간, 해가 떠 있는 동안 2. 하루 (24시간) 3. 일(日), 날짜; *dobar dan!* 안녕하세요!; *koji je dan danas?* 오늘 무슨 요일입니까?; *živeti od ~a do ~a* 하루하루 근근이 살아가다; *svaki ~ (svakog ~a)* 매일, 나날이; *svkagog drugog ~a* 이틀에 한 번씩; *crni ~i* 어려운 시기; *mladi ~i* 젊은 시절; *iz ~a u ~* 나날이, 연속해서, 쉼없이; *njegovi ~i su izbrojani* 그의 시절(죽음)은 얼마 남지 않았다, 죽음이 가까이 왔다; *svetao kao ~* 대낮처럼 밝은; *jednoga ~a* 언젠가는; *za koji ~, kroz koji ~, kroz ~-dva* 몇 일 이내에; *pod stare ~e izgubio je sve* 그는 노년에 모든 것을 잃어버렸다; *pre neki ~* 몇 일 전에; *za godinu ~* 일 년 후에; *~ima* 몇 날 며칠이고, 아주 오랫동안; *ovih ~a* 요즈음; *jasno kao ~* 아주 분명한; *dan i noć* 밤낮으로, 끊임없이; *radni ~i* 주중; *platni ~i* 유급일; *pečeni ~i* 찌는 날(여름에); *dobar kao dobar ~* 아주 좋은; *biće(ima) ~a za megdana* 기회가 있을 것이다, 시간이 있다; *daleki ~i* 과거; *do sudnjeg ~a* 죽을 때 까지; *gubiti ~e* 시간을 낭비하다; *i moj ~ je svanuo* 나한테도 기회가 왔다, 마침내 내 차례다; *krasti bogu ~e* 아무 일도 하지 않고 빈둥빈둥 놀다; *na beo dan (izneti)* 공표하다, 발표하다; *ne zna se šta nosi ~, šta noć* 무슨 일이 일어날지 아무도 모른다; *od Kulina bana i dobrih ~a* 옛 영화를 누렸던 시절의; *po belom ~u* 낮에; *po jutro se ~ poznaje* 될성 싶은 나무는 떡잎부터 알아본다; *poslednji ~i* 노년의; *svako čudo za tri ~a* 아무리 놀라운 일이라도 잠시만 지나면 잊혀진다, 사람은 새로운 것이 잘 적응한다; *čuvati bele pare za crne ~e* 어려운 날을 대비해 돈을 저축하다

danak -nka (詩的) (지소체) dan

danak 1. 조공, 공물(속국의 표시로 바치는); ~ u krvi 유소년 징집(15-17세기 오스만 제국에서 식민지 기독교도 유소년들을 강제징집한 제도) 2. 세금 (porez); *platiti ~ modi (vremenu, navikama)* 맹목적으로 시대의 유행을 따르다

danas (副) 1. 오늘에; *od ~ do sutra* 하루하루 근근이, 불확실하게; *~ jesmo, sutra nismo* 불확실하고 가변적인 상황에서 사용함 2. 요즘에

danas-sutra (副) 곧, 조만간에 (uskoro)

današnjī -ā, -ē (形) 오늘의, 오늘날의; 지금의, 현재의, 현대의; ~e novine 오늘 신문; ~a moda 오늘날의 패션

današnjica 현재, 오늘날, 현시대 (današnjost, sadašnjost, savremenost)

dance -a & -eta 1. (지소체) dno; 바닥, 밑바닥 2. 과녁 중심, 과녁의 가장 작은 동그란 부분 3. 물체의 밑 부분(컵 등의); *mnogo je gledao ~* 평생에 그는 술을 많이 마셨다

dan-danas (副) 오늘날까지

danga 도장 (žig)

danguba 1. 시간 낭비 2. 시간 낭비에 대한 보상금(재판 중인 증인 등에 대한) 3. (男,女) 게으름뱅이

danguban -bna, -bno (形) 시간 낭비의

dangubica (지소체) danguba

dangubiti -im (不完) 1. 시간을 낭비하다, 시간을 헛되이 소비하다 2. 품삯을 받지 않고 일하면서 시간을 소비하다; *i seljaci, i trgovci, i majstori mnogo dangube radeći knezu poslove* 농민, 상인, 장인 할 것없이 대공(大公)의 일을 아무런 보상도 받지않고 하면서 많은 시간을 헛되이 보내고 있다

dangubnik, dangubnjak 시간을 헛되이 보내는 사람, 게으름뱅이

Danica 샛별, 금성(金星)

danik 낮에 사람들이 머무는 장소(곳) (danište)

danimice, danomice (副) 매일, 날마다 (svaki dan, iz dana u dan)

daninoć (女)(植) 팬지 (maćuhica)

danište, danovište 낮에 사람들이 머무는 장소(곳) (danik)

daniti -im (完,不完) 1. 낮시간을 보내다, 낮동안 머무르다 2. ~ se 동이 트다, 여명이 밝다; *kad se počelo daniti, usne* 동이 트기 시작하자 일어난다

danomice 참조 danimice

danonoćnī -ā, -ō (形) 밤낮의, 끊임없는, 연속적인 (neprekidan, stalan); *raditi ~o* 밤낮없이 일하다

danovati -nujem (不完) 참조 daniti

danovište 참조 danište

danuti 참조 dahnuti

danjivati -njujem (不完) 낮에 머물다 (daniti, danovati)

danju (副) 낮에, 낮 동안에; ~ i noću 밤낮으로; *raditi ~* 낮에 일하다

dapače (副) 심지어는, 정말이지 (čak, štaviše)

dar -i & -ovi 1. 선물 (poklon); *božji ~* 신의 선물; *dobiti nešto na ~* 무엇인가 선물로 받다; *dati nešto na ~* 무엇인가를 선물로 주다

2. (보통 복수로) 결혼 선물; 신부가 가져가
는 것(물건); *kad se devojka udaje iz kuće
dobija samo 'darove' iz pokretnih stvari* 처
녀가 시집갈 때 집에서 얻는 것은 단지 움직
이는 물건들 뿐이다 3. 재능, 재주, 예능
(talenat); ~ *za jezike* 언어에 대한 재능
dara 1. 무게 차이(상품 그 자체만의 무게와
포장용기를 포함한 무게와의 차이) 2. 포장
용기 (ambalaža); *odbiti kome što na ~u* 그
의 미친탓으로 돌리다, 용서하다; *prevršila
(prevagnula, preterala, prešla) ~ meru* 인
내의 한계를 벗어나다; *skuplja ~ nego
maslo* 이익보다 손실이 더 크다, 배보다 배
꼽이 더 크다
darežljiv -*a*, -*o* (形) 기꺼이 주는, 주기를 좋
아하는 (koji rado daje)
darivalac -*aoca* 선물 주는 사람, 기증자, 시
주(施主) (darodavac)
darivati -*rujem* & -*am* (完,不完) 1. (kora čim)
상을 주다, 포상하다 (nagraditi) 2. (kome
što) 선물하다, 선물을 주다 (pokloniti) 3.
(아이의 출산, 구애, 결혼 등에) 선물하다
darmar 커다란 혼란, 소요, 소란, 소동; 혼잡;
napraviti ~ 커다란 혼란을 야기하다
darnuti -*nem* (完) 1. 만지다, 대다, 건드리다,
접촉하다 (dirnuti, dotaknuti); ~ *prstom* 손
가락으로 만지다; ~ *koga u živac (u zenicu)*
~에게 큰 수치(모욕, 불명예)를 안겨주다,
가장 민감한 부분을 건드리다 2. 감명시키다,
감동시키다 (ganuti, tronuti); ~ *nekoga* 누
구를 감동시키다
darodavac -*vca* 선물을 주는 사람, 기증자, 시
주(施主), 증여자 (darivalac) **darodavka**
darovan -*vna*, -*vno* (形) 1. 기꺼이 주는
(darežljiv) 2. 선물 받은, 재능 있는; *to mi
je platno ~vno* 그것은 내가 선물받은 아마
포이다; ~*vna košulja* 선물로 받은 셔츠 3.
(한정형)(pismo, povelja 등과 함께 사용되
어) (法) 기증한; *darovna povelja* 기증 문서
darovatelj 참조 darodavac
darovati -*rujem* (不完) 1. 선물로 주다, 선물하
다, 주다; *oni su mu darovali kola* 그들은
그에게 차를 선물했다; *darovali su dete
novcem* 아이에게 돈을 주었다 2. 자비를
베풀다; *darujte me, braćo moja!* 형제여, 나
에게 자비를 베푸소서!
darovina 결혼 축하금(신부가 결혼식에서 선물
로 받는)
darovit -*a*, -*o* (形) 재능있는, 재주있는
(talentovan); ~ *umetnik* 재능있는 예술인
darovnica 1. 기증서, 양도 문서 2. 선물; 증여

품, 기증품
darovnina 참조 darovina
darvinizam -*zma* 다윈이즘 **darvinistički** (形)
dasa (男) 멋쟁이, (유행에 맞게) 옷을 잘 입는
사람 (pomodan čovek)
daska 1. 널판지, 판자; (비유적) 비쩍 마른 여
성; ~*ama obložiti(pokriti)* 널판지를 대다;
nagaziti na trulu ~u 속다, 사취당하다; *stati
na trulu ~u* 잘못 계산하다; *nema
četvrte(treće) ~e u glavi, nedostaje(fali)
mu ~ u glavi* 약간 정신이 돌다, 정신 이상
이다; *odskočna ~* 도약판(육상의), 발판(성
공의); *školska ~* 칠판; *trula ~* 불확실하고
위험한 어떤 것; ~ *za seckanje* 도마(부엌
의); *šahovska ~* 체스판; *plužna ~* 보습(농
기구의) 2. (비유적)무대, 연단 (pozornica,
bina); *ceo svoj život proveo je na ~ama* 그
는 전인생을 무대에서 보냈다
dašak (지소체) dah
daščan -*a*, -*o* (形) 널판지의, 판자의; ~*i krov*
널판지 지붕; ~*a ograda* 널판지 담장; ~*a
kuća* 판자집
daščara 1. (허름한)판잣집 2. 판자 창고, 널판
지 가게
daščica (지소체) daska
dašta, **dašto** (副) 물론, 정말로 (zaista,
dakako)
dati *dam; damo, date, daju; dao, dala; dan &
dat; daj*; 드물게 *dadem* & *dadnem* (完)
davati *dajem, davan, daji* (不完) 1. 주다; ~
*savet(poklon, obećanje, odobrenje,
naredbu)* 조언하다, 선물하다, 약속하다, 승
인하다, 명령하다; ~ *glas* 투표하다, 동의하
다; ~ *glavu(bradu, ruku, život)* 누구에 대해
확실히 보증하다; ~ *kome hleba u ruke* 살
아갈 수 있도록 해주다; ~ *kome rog za
sveću* 속이다, 사취하다; ~*košaru(korpu)
kome* ~의 제안을 거절하다; ~ *na znanje* 알
려주다, 통고하다, 통지하다; ~
nogu(nogom) kome ~를 내팽개치다, 험하게
내쫓다; ~ *maha* 무엇이 힘차게 발전하는
것이 가능하도록 하다, 십분 발휘하게 하다;
~ *pod zakup* 임대하다; ~ *reč nekome* ~에
게 약속하다; ~ *časnu reč* 명예를 걸고 약속
하다; ~ *ruku* 악수를 청하다, 결혼(시집)하는
데 동의하다(처녀가); ~ *sve od sebe* 최선을
다하다; ~ *vatru* 발사하다, 발포하다; ~ *veru
za neveru* 약속하고 이행하지 않다; ~ *volju
za nevolju* 곤란한(힘든) 처지 때문에 동의
하다; *dati (za)pravo kome* ~의 행동을 승인
하다; *ne da mu vrag(đavo) mira* 불필요한

107

D

일 혹은 나쁜일을 행하려 하다; *ne ~ na se(be)* 자신의 권리(존귀함)를 지키다; *ne ~ ni bogu tamjana, ni crno ispod nokata* 아주 구두쇠 노릇을 하다; *~ signal* 신호를 주다; *ne daj bože!* 결코 그런 일이 일어나지 않았으며! 2. 양도하다, 기증하다, 선물하다, 넘겨주다 3. (여자를)결혼시키다, 시집보내다 4. 팔다; 지불하다; *dao sam konja vrlo jeftino, jer ga nisam imao čime hraniti* 먹일 것이 없어 말을 아주 싸게 팔았다; *koliko si dao za to odelo?* 그 옷 값으로 얼마나 주었나? 5. 나이(연배)를 평가하다; *dobro se drži, ne bih mu dao više od četrdeset godina* 아직 젊어보여, 한 40세도 안되어 보이는데 6. 치다, 때리다; 야기시키다; *~ šamar* 따귀를 때리다; *~ nevolja* 곤란을 야기시키다 7. 열매를 맺다, 출산하다; *~ dete na svet* 아이를 출산하다; 8. 보여주다, 공연하다, 실행하다; *~ koncert* 콘서트를 하다, *~ predstavu* 공연하다 9. 승인하다, 허용하다, 허가하다; *dao sam mu da ide u bioskop* 극장에 가도록 허용했다; *naglo topljenje leda dalo je ekspediciji mogućnost da ide još dalje na sever* 급격하게 얼음이 녹아 원정대는 북으로 북으로 더 갈 수 있는 기회를 얻었다 10. 제출하다, 보내다(담당자에게); *~ ostavku* 사표를 제출하다; *~ oglas u novine* 신문에 광고를 내다 11. (동사원형과 함께 쓰여) 명령하다, 지령하다 12. *~ se* 포기하다, 기권하다, 항복하다; *on se ne daje lako* 그는 쉽게 포기하지 않는다 13. *~ se* (전치사 + 명사와 함께 사용되어) (명사의 뜻 혹은 그 시작을 나타냄; *~ se u brigu* 근심하기 시작하다; *~ se na čudo* 어리둥절해 하다; *~ se u plač* 울다; *~ se u beg(bekstvo)* 도망치다; *~ se u misli* 생각하다; *~ se u razgovor* 대화하기 시작하다; *~ se u san* 잠들다; *~ se u viku* 소리치기 시작하다

datirati *-am* (完,不完) 1. 날짜를 적다, 날짜를 기입하다; *pismo je datirano 20.marta* 편지는 3월 20일자이다 2. 시작 날짜를 정하다, 기원으로 보다, 기원하다; *Jugoslovensku ideju obično datiramo od delovanja biskupa Štrosmajera* 우리는 보통 슈트로스마에르 신부의 활동을 유고슬라비아 사상의 시작으로 간주한다

dativ 여격(與格: kome, čemu) **dativni** (形)

dativnī *-ā, -ō* (形) 참조 dativ; *~ nastavak* 여격 어미; *~o značenje* 여격의 의미

datoteka (컴퓨터) 파일, (기록)철, 파일(한 단위로서 취급되는 관련 기록)

datula, datulja 대추야자의 열매 (urma)

datum 날짜, 연월일(年月日); *koji je danas ~?* 오늘 몇 일이냐?; *visok ~* 월말(月末; 한 달치 월급이 거의 바닥났을 때)

davalac *-aoca* 주는 사람, 기증자, 기부자, 시주(施主); *~ krvi* 헌혈자

davanje (동사파생 명사) davati

davati dajem (不完) 1. 참조 dati 2. *~ se* (영화관·극장에서) 상연되다, 공연되다; *šta se daje u bioskopu „jad an"?* „야드란"영화관에서 어떤 영화가 상영되지? 3. 기타; *~ časove* 과외수업을 진행하다 (학교 울타리 밖에서); *~ šakom i kapom* 충분히 넉넉하게 주다, 많이 주다; *ne dajem ja ništa na to* 그것을 하찮게 평가한다

daviti *-im* (不完) 1. zadaviti (完) 질식시키다, 숨막히게 하다; *on je davi* 그는 그녀를 숨막히게 한다; *davim se* 숨막히다 2. udaviti (完) 익사시키다, 물에 빠뜨리다; *udavio se u onoj reci* 이 강에서 익사했다; *daviti se u izobilju* 주체할 수 없을 정도로 풍요롭게 살다; *daviti se u suzama* 하염없이 울다; *ko se davi za slamku se hvata* 물에 빠진 사람은 지푸라기라도 잡는다 3. 괴롭히다, 고통스럽게 하다, 압박하다; 따분하게 하다, 진저리나게 하다(길게 이야기 함으로써) 4. (기타) *~ se jelom* 음식을 급히 먹다

davljenik 물에 빠진 사람 (utopljenik); *~ se i za slamku hvata* 물에 빠진 사람은 지푸라기라도 잡는다 **davljenica**

davnašnjī *-ā, -ē* (形) 1. 아주 오랜 옛날의, 옛날의; *~a vremena* 고대, 아주 오랜 옛날 2. 낡은, 늙은, 오래된, 상한; *~ prijatelj* 옛 친구; *~ hleb* 오래된 빵, 상한 빵

davnī *-ā, -ō* (形) 1. 옛날의, 오랜 옛날의; *~a prošćost* 오래된 과거 2. 오래된 (stari)

davnina 태고(太古), 아주 오랜 옛날; *od ~a* 옛날부터, 태고적부터

davno (副) 1. 옛날부터 (odavno) 2. 아주 오랫동안 (vrlo dugo)

davnoprošlī *-ā, -ō* (形) 아주 오래된 옛날의, 태고적의; *~o vreme* 대(大)과거

davor, davori (感歎詞) 아아~(슬픔 등의)

davorje (集合) 비가(悲歌), 애가(哀歌), 만가(輓歌)

dažbina 세(稅), 세금 (porez)

dažd (廢語) 1. 비(雨) (kiša) 2. (그 무엇이)쏟아지는 엄청난 양

daždevnjak (動) 도룡뇽 (salamandar)

de, ded, dede, deder (感歎詞) (보통은 명령형과 함께 쓰이나 단독적으로 사용될 수 도 있

108

음) (설득, 제안, 이야기의 계속 따 따위); 음
~, 그러면, 자; ~ da vidimo šta si uradio 네
가 무엇을 했는지 자 한 번 보자; (pa) dete
dođite 자, 어서들 오세요; ~ donesi to
pismo 그러면 그 편지를 가져와 봐
de- (接頭辭) 격리, 분리, 이탈, 아래로의 움직
임, 본동사의 뜻과 정반대의 행동 등을 나타
냄; decentralizacija, degeneracija 등
deaktivirati -am (不完) (폭발물을) 해체하다;
(촉매 등을) 불활성화하다
debata 토론, 논쟁, 토의; 숙고; 토론회
(rasprava, diskusija) debatni (形); ~ klub
토론 클럽
debatirati -am, debatovati -tujem (不完) 논쟁
하다, 토론하다; ~ o nečemu ~에 대해 논쟁
하다(토론하다)
debatnī -ā, -ō (形) 참조 debata
debeliti -im (不完) 1. 살을 찌게 하다, 살찌우
다 2. 두껍게 하다, 굵게 하다; ~ liniju 선을
굵게 하다 3. ~ se 살찌다
debeo debela, -elo (形) 1. 살찐, 뚱뚱한 (反:
mršav) 2. 두꺼운, 굵은 (反: tanak); ~ zid
두꺼운 벽; ~elo drvo 아름드리 나무; ~ led
두꺼운 얼음; ~le usne 두툼한 입술 3. 굵은
(목소리가); ~ glas 굵은 목소리 4. 깊은(시
간이); već je bila ~ela noć 벌써 한 밤중이
었다 5. 짙은, 밀도가 높은(gust); padoše
~ele zimske magle 짙은 겨울 안개가 끼였
다 6. 기타; ~ela glava 완고한 사람, 고집센
사람; ~ela hladovina 짙은 그늘; ~ela laž
새빨간 거짓말; ~ela šala 점잖치 않은 농담;
~elo crevo 대장(大腸); ~elo meso 엉덩이;
imati ~elu kožu, biti ~ele kože 염치(수치)
를 모르다; izvući debelih batina(debele
batine), izvući devlji kraj 엄중문책을 당하
다, 일벌백계의 징계를 당하다; okrenuti
deblji kraj 엄중문책하다, 아주 단호한 수단
을 취하다
debi -ija (男) 무대(사교계)에 첫발 디디기, 첫
무대(출연); 데뷔; ~ na pozornici 첫 무대;
~ na utakmici 첫 경기
debitant 첫 무대에 서는 사람, 데뷔자
debitanica, debitantkinja, debitantski (形)
debitirati -am, debitovati -tujem (不完) 첫 무
대에 서다, 데뷔하다 (가수, 배우 등이)
deblo 1. (나무의) 줄기, 수간(樹幹) (stablo) 2.
나무
deblokirati -am (完) 봉쇄를 풀다, 해금(解禁)
하다, 금지를 풀다; ~ kredit 대출을 풀다
debljanje (동사파생 명사) debljati (se); 비만,
뚱뚱; 비만해짐, 뚱뚱해짐

debljati -am (不完) 뚱뚱해지다, 비만해지다,
살이 찌다
debljī -ā, -ē (形) (비교급) debeo
debljina 1. 두께; ~ stabla 나무 두께; ~ daske
판자의 두께; ~ snežnog pokrivaća 눈이 쌓
인 높이(두께) 2. 비만, 비만도 (ugojenost,
gojaznost); teško se kretati zbog ~e 비만
때문에 힘들게 움직이다 3. (고기의) 비게,
지방, 지방층; odvajati ~u od mesa 비게를
고기로부터 떼어내다; ne voleti jesti ~u 비
게를 먹는 것을 좋아하지 않다 4. (목소리의)
저음; ~ glasa 목소리의 저음
deca (集合) dete; 어린이, 아이들
decembar -bra 12월 (prosinac) decembarski (形)
decenija (女) (=decenij, decenijum) 10년간
decentralizacija 집중 배제, 분산; 지방 분권
decentralizirati -am, decentralizovati -zujem,
decentralisati -šem (完,不完) 분산시키다,
집중을 배제하다, 지방으로 분산시키다, 지
방 분권화하다
deci (不變) (약어) decilitar
decigram 데시그램(1그램의 10분의 1)
decilitar 데시리터(1리터의 10분의 1)
decimal (男), decimala (女) 소수(小數)
decimalan (形); ~lni broj(razlomak) 소수
수
decimetar -tra 데시미터(1/10m)
decoubica (男) 유아(영아) 살해 범인
decoubistvo 유아(영아) 살해
dečačkī -ā, -ō (形) 1. 소년의, 아동의, 아이들
의; ~o doba 소년기, 아동기 2. 아동용의,
소년용의
dečački (副) 아이 같이; ~ zaljubljen 아이 같
이 사랑에 빠진
dečak 소년, 아동 (약 15세 이하의)
dečaštvo 소년기, 소년 시대(시절)
dečica (지대체) deca
dečijī -ā, -ī, dečjī (形) 1. 어린이의, 아이들의,
애들의; ~a paraliza 소아마비; ~ vrtić 유치
원; ~e jaslice 영아원; ~ dispanzer 소아과
의원 2. 어린이용의, 아이들용의 3. 어린아
이들과 같은; 성숙치못한, 신중하지 못한
dečko (男) 1. 소년 (dečak) 2. 청년 (mladić)
3. 남자애인 4. (카드의)잭(Jack) (pub)
dečurlija (女)(集合)(지대체) deca; 버릇없고 제
멋대로인 아이
ded 참조 de
dedak 1. 할아버지 2. (輕蔑語) 바보, 천치
(budala, luda)
dede, deder 참조 de
dedinstvo (廢語) 유산 (dedovina)

dedo -a (男) (지대체) ded
dedovina 1. 유산(遺産), 상속재산, 할아버지로 부터 물려받은 재산 2. 조국, 모국, 고국 (zavičaj, domovina, otadžbina)
dedovskī -ā, -ō (形) 1. 할아버지의 2. 선조의, 조상대대로의
deduciarti -am (完,不完), dedukovati -kujem (完,不完) (결론·진리 등을) 연역(演繹)하다, 추론하다
dedukcija 연역(演繹), 추론; 일반적 사실로부 터 특수한 사실을 이끌어 내는 논리법 (反: indukcija)
deduktivan -vna, -vno (形) 연역적인, 추론적 인; ~vna metoda 연역적 방법
def -ovi (樂器) 탬버린(가장자리에 방울이 달 린 작은북) (daire)
defanziva 수세적 형국(자세), 방어적 자세, 방 어, 변호 (odbrana); preći u ~u 방어로 전환 하다, 방어적 자세로 전환하다; nalaziti se u ~i 방어적 입장에 있다
defanzivan -vna, -vno (形) 방어적인, 수세적 인, 방어의, 수세의
defekt -kata 흠, 흠결, 결함, 하자(瑕疵); 단점, 약점 (nedostatak, kvar, pogreška, mana); roba sa ~om 결함있는 물건, 하자품(瑕疵 品); auto mi je u ~u 자동차가 고장났다; govorni ~ 발음기관상의 하자
defektan -tna, -tno (形) 흠결있는, 하자있는, 결함있는; televizor je ~ 텔레비전은 하자품 이다
defektivan -vna, -vno (形) (文法) 결여적인(동 사 어형 변화의 일부가 없는); ~vni glagoli 결여동사
defeknost (女) 흠, 흠결, 결함, 하자
defenziva 참조 defanziva
defenzivan -vna, -vno (形) 참조 defanzivan
defetist(a) 패배주의자
defetizam -zma 패배주의
deficit 부족(액), 결손, 적자; trgovinski ~ 무 역 적자; biti u ~u 적자를 보다 deficitan, deficitaran (形); ~rni artikali 공급이 부족한 물품들
defile -ea (男) 행렬, 열병, 행진 (parada)
defilirati -am, defilovati -lujem (完,不完) 열병 하다, 열병식을 거행하다
definicija 정의(定義); 한정(限定)
definirati -am , definisati -šem (完,不完) (말 의) 정의를 내리다; (성격·내용 따위를) 규정 짓다, 한정하다
definitivan -vna, -vno (形) 최종적인, 결정적 인 (konačan, odlučan); ~ oblik 최종적인 형

태; ~vna odluka 최종 결정
definitivnost (女) 최종적인 것, 결정적인 것
deflacija (經濟) 통화 수축, 디플레이션 (反: inflacija) deflacioni (形)
defloracija 처녀의 처녀성(순결성)을 빼앗음
deflorirati -am, deflorisati -šem (完,不完) (처 녀의)처녀성(순결성)을 빼앗다 (razdevičiti)
deformacija 형태의 변형, 일그러짐, 비틀어짐
deformirati -am, deformisati -šem (完,不完) 형태를 일그러뜨리다, 기형이 되게 하다
defraudacija 기만, 사기; 횡령, 착복 (prevara, utaja, pronevera)
degazacija 독가스 제독(制毒)
degazirati -am (完,不完) 독가스를 제독하다
degažirati -am (完,不完) 1. 곤란(어려움)으로 부터 벗어나게 하다 2. (축구) 공을 손으로 던져 자기편 선수에게 주다, 스로인하다(골 키퍼가)
degeneracija (生) 퇴보, 퇴화
degenerik 1. 퇴화물, 퇴화 동물 2. (輕蔑語) 변종, 기형, 변종적 인간 (izrod)
degenerirati (se) -am (se), degenerisati (se) -šem (se) (完,不完) 퇴화하다, 퇴보하다, 선 대(先代)의 좋은 점을 잃어버리다
degradacija (보통 군(軍)에서의) 강등; 좌천, 강등, 격하
degradirati -am (完,不完) 강등시키다; 좌천시 키다, 격하시키다
degustacija 시음(試飮)(회), 시식(試食)(회); ~ vina 포도주 시음
degustator 시음자(試飮者), 시식자(試食者)
degustirati -am (完,不完) 시음하다, 시식하다
dehidratacija, dehidracija 탈수(증)
deizam -zma 이신론(理神論; 하느님이 우주를 창조하긴 했지만 관여는 하지 않고 우주는 자체의 법칙에 따라 움직인다고 보는 사상)
dejstvo 1. 효과, 효능, 작용(약제 등의); (軍)무 력 충돌; stupiti u ~ 효능을 발휘하기 시작 하다, (軍)사격하기 시작하다(화기를); bez ~a 효과없이 2. 영향(력) 3. 막(연극의)
dejstvovati -vujem (不完) 1. 작용하다, 효과 (효능)를 발휘하다; taj lek dejstvuje brlo brzo 그 약은 아주 빨리 효력을 나타낸다 2. (軍) 사격하다, 발포하다, 쏘다(화기를)
deka 담요 (pokrivač, ćebe)
deka (略語) dekagram(10그램)
deka (지대체) ded
dekada 10일간, 10년간 dekadni, dekadski (形)
dekadansa, dekadencija 1. 쇠퇴, 타락 2. (문 예상의) 데카당스 운동

110

dekadent 1. 퇴폐자, 데카당 2. 데카당파의 예술가 dekadentski (形)

dekadentan -tna, -tno (形) 데카당파의, 퇴폐적인, 타락적인

dekadnī, dekadskī -ā, -ō (形) 1. 10일간의, 10년간의 2. ~ sistem(sustav) 십진법 체계

dekagram 데카그램(10그램)

dekalitar 데카리터(10리터)

dekametar -tra 데카미터(10미터)

dekan 1. (대학의)학장 2. (가톨릭)지구 수석 사제, 지구장

dekanat 1. 학장실 2. (가톨릭)지구 수석 사제의 관저(집) dekanatski (形)

deklamacija 1. 낭송, 낭독(詩 등의); 낭독문 2. 연설; 웅변

deklamator 낭송자, 낭독자, 웅변자

deklamirati -am, deklamovati -mujem (不完) izdeklamirati, izdeklamovati (完) 1. 낭송하다, 낭독하다, 음창(吟唱)하다 2. 연설하다, 웅변하다 3. 미사여구만 늘어놓다

deklaracija 1. 선언(서), 포고(문); 공표, 발표; ~ o pravu čoveka 인권 선언문 2. (세관·세무서에의) 신고(서); carinska ~ 관세 신고

deklarativan -vna, -vno (形) 1. 선언의, 포고의, 공표의 2. (文法) 서술의; ~vna rečenica 서술문

deklarirati -am, deklarisati -šem (完,不完) 선언(언명)하다, 발표(포고, 단언, 성명, 공언)하다; ──을 밝히다; (세관·세무서에서 과세품·소득액을) 신고하다; ~ robu na carini 세관에 물건을 신고하다; ~ se za nešto ~에 대해 자신의 소신을 밝히다

deklasiran -rna, -rno (形) 몰락한, 추락한, 영락한, 타락한

deklasirati -am (完,不完) 1. (보통은 피동형으로 사용됨) 추방시키다(그 사람이 속한 사회계층에서), 몰아내다, 쫓아내다; biti deklasinra i odbačen 추방되어 쫓겨난 2. (商業) (물건·물품 등을) 싸구려 하급으로 분류하다 3. (스포츠의) 상대편을 패퇴시키다, 상대편보다 상위 클래스라는 것을 보여주다 4. ~ se 사회 밑바닥으로 떨어지다(추락하다), 도덕적으로 타락하다

deklinabilan -lna, -lno (形) (文法) 격변화하는 (反; indeklinabilan)

deklinacija 1. (文法) 격변화 2. (物) (자침의) 편차 3. (天) 적위(赤緯) deklinacijski, deklinacioni (形)

deklinirati -am (不完) 1. (文法) 격변화하다 2. (物) 기울다

deko (男) 참조 deka

dekolte -ea (男) 데콜테(옷깃을 깊이 파서 목·어깨를 많이 드러내는 일); 데콜테의 옷

dekoltiran -a, -o, dekoltovan -a, -o (形) 어깨와 목을 많이 드러냄; ~a haljina 깊이 파인 원피스

dekoltirati -am, dekoltovati -tujem (完,不完) 1. 데콜테(dekolte)를 만들다 2. 데콜트 옷을 입어 어깨와 목 부분을 들어내다; dekoltirane grudi 옷을 파서 드러낸 가슴 3. ~ se 데콜테 옷을 입다, 데콜테 옷을 입어 어깨와 목 부분이 드러나다

dekontaminacija 오염제거

dekor 1. 장식, 실내 장식; (연극의) 무대 장면, 배경, (무대의) 장치; pozorišnji ~ 무대 장치 2. (비유적) 위신, 체면

dekoracija 1. 장식, 장식물(품); 데코레이션 2. (극장의)막 3. 훈장, 훈장수여

dekorater, dekorator 장식자, 실내 장식업자; (극장의)화가(畵家); unutrašnji ~ 실내 장식업자; pozorišnji ~ 무대장치 디자이너

dekorativan -vna, -vno (形) 장식의, 장식용의, 장식된; 장식하는; ~ slikar 장식 미술가; ~vna slika 장식 미술품

dekorirati -am, dekorisati -šem (完,不完) 1.장식하다, 꾸미다 2. 훈장을 주다, 훈장을 수여하다

dekorum 단정, 단정함(외부적으로, 예를 들면 의복의); 위신, 체면

dekret 법령, 포고, 명령(서면상의); (인사)임면장(任免), 칙령

dekretirati -am (完,不完) 법령(포고)을 공포(公布)하다, 명령을 내리다

dekuražirati -am (完,不完) 1. 용기를 잃게 하다, 실망(낙담)시키다 2. ~ se 실망하다, 낙담하다, 자신감을 잃다

dela 참조 deo

delak -lka (지소체) deo

delatan -tna, -tno (形) 1. 일하는, 부지런한 (marljiv, vredan) ~ čovek 부지런한 사람 2. 활동적인, 적극적인, 능동적인 (마샾무, živ); ~tno učešće 적극적인 참여, ~tni pokret 적극적 운동 3. 창의적인, 창조적인 (delotvoran, kreativan, stvaralački); ~ duh 창조 정신

delati -am (不完) 1. 적극적으로 일하다, 능동적으로 일을 수행하다; država dela kao posrednik 국가는 중재자로서 적극적인 역할을 한다 2. 만들다, 만들어내다, 창조하다 (stvarati) 3. (어떤 일정한 방식으로) 행동하다; ~ u skladu sa savešću 양심에 어긋나지 않게 행동하다; ~ na štetu drugih 다른 사람

들이 손해보게 행동하다
delatnost (女) 활동(범위); 일, 업무, 작업; 행동, 소행, 짓; 작용, 효과; *neprijateljska ~* 적대적 활동(행위)
delegacija (集合) 대표단; *delegaciju sačinjavaju…* 대표단은 …으로 구성되었다; *predvoditi ~u* 대표단을 인솔하다
delegat 대표단 멤버(단원), 대의원 (izasslanik, poslanik) **delegatkinja**; **delegatski** (形)
delegirati *-am* (完,不完) 대의원(대리인)을 파견하다; 대의원(대리인)을 선출하다; *~ u odbor* 위원회에 대리인을 파견하다
delfin 1. (動) 돌고래 2. (스포츠) 접영
deli (形)(不變) 용감한, 용기로운 (hrabar, smeo) (구전 서사시에서 마치 이름의 한 부분으로 사용됨) *deli-Marko* 용감한 마르코
delibaša (男) 옛 터키 군대 장교 (zapovednik delije)
delić (지소체) deo
delidba 1. 분할, 분배, 나누기 (deoba, deljenje) 2. (數) 나눗셈, 제법
delija (男,女) 1. 옛 터키 군대의 병사 2. (비유적) 용감한 사람, 영웅(junak) 3. 건장강하고 잘생긴 사람
delikatan *-tna, -tno* (形) 섬세한, 고운; 민감한, 예민한; (맛이) 은은한, 부드러운; (차이 등이) 미묘한, (취급에) 신중을 요하는
delikates (男), **delikatesa** (女) 1. 맛있는 것, 진미, 진수성찬, 별미 2. (비유적) 즐길 수 있는 물건(그 어떤 것), 정신적 즐거움(안락)
delikatesnī *-ā, -ō* (形) 참조 delikates; 진미의, 별미의; 정신적 위안이 되는; *~a radnja* 식품점; *~o jelo* 별미, 진미; *~a roba* 식료품
delikt *-kātā* (法) 범법, 범죄 (zločin); *teški ~* 중범죄
delikvent, **delinkvent** 범법자, 범죄자 (zločinac)
delilac *-ioca* 1. 나누는 사람, 분배자 2. (數) 제수(除數: 나눗셈에서, 어떤 수를 나누는 수) (divizor); *najveći zajednički ~* 최대공통분모
delimice, delomice (副) 부분적으로, 일부분은
delimičan, delomičan *-čna, -čno* (形) 일부분의, 부분적인, 완전하지 않은, 불완전한; *~čna mobilizacija* 부분적 총동원; *~ prekid* 부분적 중단
delinkvencija (특히 청소년의) 비행, 범죄
delinkvent 범죄자, 범법자 **delinkventica**, **delinkventkinja**
delirijum, delirij *-ija* 1. (病理) (일시적)정신착란, 섬망 상태 (bunilo) 2. 맹렬한 흥분, 광란,

광희; *~ radosti* 기쁨의 광란
delitelj 참조 delilac
deliti *-im* (不完) **podeliti** (完) 1. 나누다, 분할하다, 쪼개다; *~ novac* 돈을 나누다; *~ s kim megdan(dvoboj, boj, bojak)~와* 결투하다 2. (數) 나누다, 나눗셈을 하다 3. 주다, 나누어 주다, 분배하다; 함께 활동하다, *~와* 같이 참여하다; *~ stan* 집을 같이 사용하고 있다; *~ profit* 이익을 나누다; *~ savete* 충고하다; *~ karte* 카드를 나누어주다; *~ pravdu* 정의를 베풀다, 재판하다; *~ udarce* 때리다, 치다 4. 떼어내다, 분리하다, 갈라서 떼어놓다; 공동의 몫을 가지다; *ova reka deli Srbiju od bosne* 이 강은 세르비아와 보스니아의 경계이다; *ne delim tebe od njega* 너를 그와 차별(구별)하지 않는다 5. *~ se* 나뉘다, 분리되다; *ovde se put deli na dva kraka* 이곳에서 길은 양갈래로 나뉜다 6. *~ se* 재산을 나누다, 공동재산을 분배하다; *braća su se podelila* 형제는 재산을 분배했다 7. 기타; *~ se s dušom* 죽다, 사망하다; *~ reč* 발언권을 주다, 발언권을 허용하다
delo 1. 행동, 행위, 짓; *dobro(zlo) ~* 선행(악행); *krivično ~* 범죄 행위; *~ milosrđa* 자비 행위; *kažnjivo ~* 벌받을 짓; *uhvatiti nekoga na ~u* 현장에서 붙잡다; *privesti (pretvoriti) u ~* 성취하다; *reči lete, a ~ ostaju* 말보다는 행동이 중요하다; *rečju i ~om(pomoći)* 물심양면으로(돕다) 2. 문학 작품; *izabrana ~a Tolstoja* 톨스토이 선집; *sabrana(celokupna) ~a* 전집(全集) 3. 학문적 업적, 공적; *remek-delo* 걸작, 명작, 역작, 대표작; *životno ~* 공로상, 인생 대표작
delokrug 1. 활동 범위(분야), 행동 반경 2. 업무 영역, 관할 범위
delom (副) 부분적으로 (delimice)
delomice (副) 참조 delimice
delotvoran *-rna, -rno* (形) 1. 효과적인, 효율적인, 유효한; 창의적인, 창조적인; *~rno dejstvo* 효율적 작용, 효과; *~ rad* 창의적인 일; *~rna inicijativa* 창의적인 계획 2. 유익한; *~ uticaj* 유익한 영향
delovanje (동사파생 명사) delovati; 작용
delovati *-lujem* (不完) 1. (na nekoga) 영향을 미치다, 작용하다, 효과가 있다; *na Adila je vrlo delovala ozbiljnost njegova starijeg druga* 그의 옛 친구의 신중함이 아딜라에게 많이 영향을 미쳤다; *~ pozitivno na nekoga* 누구에게 긍정적으로 영향을 미치다; *loše ~* 별로 효과가 없다 2. *~ kao* 인상을 남기다, *~처럼* 행동하다; *on deluje kao da je popio*

bure rakije 그는 술을 통체 마신 것 처럼 행동한다; *u celini je delovao kao sportsman* 전체적으로 그는 스포츠인처럼 행동했다; ~ *zbunjeno* 당황한것처럼 행동하다 3. (약 등이) 듣다, 효과가 있다; *taj lek odlično deluje* 그 약은 효과가 참 좋다; ~ *na varenje* 소화에 효과가 있다; ~ *na rad bubrega* 신장의 작동에 효과가 있다 4. 활동하다, 이행하다, 수행하다, (군사)작전을 하다; ~ *politički* 정치적으로 행동하다; ~ *u kulturnoj sekciji* 문화 분야에서 활동하다

delovodnī *-ā, -ō* (形) 업무 이행에 대한; ~ *protokol* 문서수신발신철

delovodnik 문서수신발신철 (delovodni protokol)

delovođa 1. (회사나 기관 등의) 서기, 총무 (sekretar, beležnik); opštinski ~ 지방자치 단체의 서기 2. 문서의 수신과 발신철을 관리하는 사람, 문서계에서 일하는 사람 3. (어떠한 사무나 업무를 책임지고 있는) 책임자 (poslovođa)

deložirati *-am* (完,不完) 이주시키다, 퇴거시키다, 쫓아내다, 내쫓다(주거지 혹은 사무 공간 등에서)

delta 1. 그리스 알파벳의 넷째 글자(Δ, δ; 로마자의 D, d에 해당 2. (강의) Δ자꼴(삼각형, 부채꼴)의 것; 삼각주

deljaonica (목수 등의) 작업대, 세공대(대패질을 하는) (deljača)

deljati *-am* (不完) izdeljati, sadeljati (完) 1. 대패질하다 (tesati); ~ *drvo* 나무를 대패질하다; ~ *daske* 널판지를 대패질하다 2. (비유적) (글 등을) 손보다, 고치다 (doterivati, popravljati) 3. (비유적) 가르치다, 교육하다 (vaspitati, odgajati); ~ *decu* 아이를 가르치다; *'socijalan čovek' nije proizvod prirode nego kulture; on se mora ~ i tesati već od rane mladosti* '사회적 인간'은 자연의 결과물이 아닌 문화의 결과물이다: 그러한 인간은 아주 어려서부터 길러지고 교육되어져야 한다 4. 기타; ~ *stihove* (조롱조) 시를 쓰다 (보통 재능없이)

deljenik (數) 피제수(被除數)

deljenje (동사파생 명사) deliti

deljiv *-a, -o* (形) 나눌 수 있는, 분할할 수 있는; ~ *sa 3* 3으로 나눌 수 있는

demagog *demagozi* 선동 정치가; 선동가

demagogija 민중 선동(책), 악선전, 책동

demagoški (形)

demagoškī *-ā, -ō* (形) 선동가의, 선전선동의; ~*a parola* 선전 구호

demanti *-ija* (男), **demant** 부인(否認), 부정

demantirati *-am,* **demantovati** *-tujem* (完,不完) 부인하다, 부정하다, 진실이 아니라고 주장하다

demarkacija 경계, 분계; 경계 설정(획정); **demarkacioni** (形); ~*a linija* 경계선

demarš (外交) (한 나라의 다른 나라에 대한) 외교적 조치(항의); *učiniti ~ kod vlade* 정부에서 외교적 조치를 취하다

demaskirati *-am* (完,不完) 가면을 벗다(벗기다); (비유) 정체를 나타내다, 폭로하다

dembel, dembelan 게으름뱅이, 빈둥거리는 사람 (lenština, lenjivac)

dembelija 환락향(젖과 꿀이 흘러 일을 할 필요가 없는 상상의 땅), 무릉도원

dembelisati *-šem,* **dembeliti** *-im* (不完) 게으름뱅이(dembel)로 살다, 게으름을 피우다, 빈둥거리며 지내다

demeskinja 옛적 다마스크에서 만들었던 칼 (무겁고 흰)

demencija (病理) 치매

demeškinja 참조 dimiskija; 다마스카스의 검(칼)

demilitarizacija 비군사화, 비무장화

demilitarizirati *-am,* **demilitarizovati** *-zujem* (完,不完) 비무장화하다, 비군사화하다

deminutiv (文法) 지소(指小)(접미)사, 지소체 **deminutivan** (形)

demisija 사직, 사임, 사표

demisionirati *-am* (完) 사직하다, 사임하다, 사표를 제출하다

demobilisati *-šem,* **demobilizirati** *-am,* **demobilizovati** *-zujem* (完,不完) 동원령을 해제하다, 전시상태에서 평시상태로 복귀시키다

demobilizacija 동원령 해제, 전시상태에서 평시상태로의 복귀 **demobilizacioni** (形)

demografija 인구(통계)학

demokracija 참조 demokratija

demokrat(a) 민주주의자; 민주정체론자

demokratija 민주주의 **demokratski** (形); ~*a država* 민주주의 국가

demokratizacija 민주화, 민주주의화

demolirati *-am* (完,不完) 부수다, 폭파(분쇄)하다, 완전히 파괴하다, 허물다, 무너뜨리다 (rušiti, razarati, uništiti); ~ *zgradu* 빌딩을 부수다

demon 1. 악마, 악귀, 악령 (đavo, sotona) 2. (비유적) 사악한 사람, 악마 같은 사람 3. (비유적) 악의 상징 **demonski** (形)

demonstracija 1. 시범, 실연, (상품의) 실물 선전 2. 데모, 시위 운동; *ulična ~* 거리 시위;

D

113

izvesti ~u 데모를 하다 3. (軍) (군사력) 과시, 양동 (작전)

demonstrant 시위 운동자, 데모 참가자

demonstrativan *-vna, -vno* (形) 1. 시범의; 데모의, 시위의; ~ *let* 시범 비행 2. (文法) 지시의; *-vna zamenica* 지시 대명사 3. (軍) 유인의, 양동작전의; ~ *napad* 유인 공격

demonstrator (실기·실험 과목의) 시범 교수자 (조수); (상품·기기(機器)의) 실지설명자, 실물 선전원; 실물 선전용의 제품(모델)(자동차 따위)

demonstrirati *-am* (完,不完) 1. 증명하다, 논증하다; (모형·실험에 의해) 설명하다; (기술을) 시범 교수하다 2. 시위운동을 하다, 데모하다; *studenti danas demonstriraju* 학생들이 오늘 데모를 한다

demontaža 분해, 해체

demontirati *-am* (完,不完) 분해하다, 해체하다

demoralisati *-šem*, **demoralizirati** *-am*, **demoralizovati** *-zujem* (完,不完) 풍기를 문란케 하다, 타락시키다; 사기를 저하시키다

demoralizacija 풍기 문란, 타락, 퇴폐; 사기 저하

denacionalizirati *-am*, **denacionalizovati** *-zujem* (完,不完) 1. (국영으로 운영되던 기업·산업을) 민영화하다 2. ~ *se* 민족적 특성을 상실하다

denaturirati *-am*, **denaturisati** *-šem* (完,不完) 성질을 바꾸다, (에틸 알코올·천연 단백질·핵연료를) 변성(變性)시키다

denčanī *-ā, -ō* (形) 꾸러미(denjak)의, 묶음으로 묶인; *~a roba* 꾸러미로 포장된 상품

dendi *-ija* (男) 멋쟁이, 맵시꾼

dental (音聲) 치음(齒音) **dentalan** (形)

dentist(a) 치과의사

denuncijacija 고발, 고소, 밀고; (공개적인) 맹비난

denuncijant 밀고자, 고발인, (경찰에 정보를 파는) 직업적 정보제공자 (prokazivač)

denuncirati *-am* 밀고하다, 고발하다, 고하다, 알리다(경찰에)

denuti *-em* (完) **devati** *-am* (不完) 1. 놓다, 두다, 걸다, 차다 (staviti, metnuti, smestiti); *denuo je nož za pojas* 칼을 혁띠에 찼다; *kud sam denuo to pismo (račun)* 내가 그 편지(영수증)를 어디에 놨더라?; ~ *maramicu za pojas* 수건을 허리춤에 차다 2. 이름을 주다, ~라고 부르다 (nadenuti) 3. ~ **se** 사라지다, 없어지다, 소멸하다; *nije znao kud da se dene* 그는 어떻게 할지 몰랐다

denuti *-em* (完,不完) **devati** *-am* (不完) (건초·

노적가리 등을) 쌓다, 쌓아올리다; ~ *seno* 건초를 쌓다

denjak *-njka; denjci & denjkovi* 묶음, 꾸러미; *ulicom jure kola pretovarena denjcima i sanducima* 꾸러미와 궤짝을 가득 실은 자동차들이 거리를 지나간다

deo *dela; delovi* (男) (전체 속의) 일부, 부분; 몫; 부품; *lavovski* ~ 가장 좋은 부분, 알짜배기 부분; *velikim(dobrim) ~om* 대부분은, 상당히 많은 부분은; *većim ~om* 대부분은; *pasti u ~ kome* 누구의 몫(임무)으로 떨어지다; *njemu je palo u ~ da javi ovu vest* 이 뉴스를 전하는 것은 그의 몫으로 되었다

deoba 분할; 분배; 구획, 배당; (수학) 나눗셈; 제법; 경계(선); 칸막이, 격벽 *deobni* (形)

deonī *-ā, -ō* (形) 부분의, 일부분의

deonica 1. 주(株) 주식, 증권 (akcija) 2. 구획, 구역, 구간(도로, 철도의); ~ *pruge(puta)* 철로(도로)의 구획 3. (音樂) 음부, 성부(聲部); 악곡의 일부(악장 등의)

deoničar 주주(株主) (akcionar)

deonik 1. 공동 참여자, 일정부분의 몫을 가진 사람, 파트너 2. (재산이나 집의) 일정 몫을 가진 사람

depalatalizacija (言) 비구개음화, 구개음화 상실

depalatalizirati *-am*, **depalatalizovati** *-zujem* (完,不完) 비구개음화하다

depandansa (호텔·병원 등의) 별관, 별채 건물

depeša 전보, 전신 (telegram)

depeširati *-am* (完,不完) ~ *nekome* 전보를 보내다, 전신을 발송하다

deplasiran *-a, -o* (形) 부적당한, 적절하지 않은

deplasman (선박의) 배수량

depo *-oa* (男) 저장소, 보관소, 창고; (버스, 기차의)차고 (skladište, spremište, stovarište)

deponij (男), **deponija** (女) 쓰레기 매립장

deponirati *-am*, **deponovati** *-nujem* (完,不完) (돈 따위를 은행에) 맡기다, 예금하다; 공탁하다

deportacija 강제 이송, 강제 추방 (보통 정치범들을 수용소 등에); 국외추방; *izdati nalog za ~u* 강제추방 명령서를 발행하다; *osuditi na ~u* 강제추방을 비난하다

deportirac *-rca* 피(被)강제추방자

deportirati *-am*, **deportovati** *-tujem* (完,不完) 강제 추방하다, (외국인을)국외로 퇴거시키다

depozit 보증금, 공탁금, 담보(금)

depresija 1. (地質) 구릉, 저지(低地) 2. (氣象) 저기압 3. 의기 소침, 침울, 우울; (病理) 울병(鬱病), 우울증; *postporođajna* ~ 산후 우

울증 4. 불경기, 불황 depresioni (形)

depersivan -vna, -vno (形) 억압적인; 우울하게 하는; 우울해진, 우울한, 풀이 죽은; 불경기의, 불황의, 구릉의, 저지의; ~vno područje 저지대, 구릉지대; (비유적) ~vna oblast 경기 침체 지역

deprimirati -am (完,不完) 풀이 죽게 하다, 우울하게 하다; (경기를) 침체시키다, 부진하게 하다; (힘·기능 따위를) 약화시키다, 쇠약하게 하다

deputacija 대표단, 사절단

deputat, deputirac 1. 대표자, 대리인, 대의원 2. 월급과 함께 현물로 받는 수입(나무, 곡물 등)

derač 1. 도살된 동물의 가죽을 벗기는 사람 2. 담장을 부수는 사람, 침입자 3. 동물의 어금니

derača 귀청이 터질 것 같은 고함(소리), 커다란 소음 (zaglušna vika)

deran (男)(輕蔑) 조금도 가만히 있지를 못하는 남자 아이, 주의가 산만한 아이; 건달 (obešenjak)

deranžirati -am (完,不完) 방해하다, 폐를 끼치다, 마음을 어지럽게 하다; 어지럽히다, 교란시키다 (uznemiriti, poremetiti, smetati)

derati -em, drati (不完) 1. 껍질을 벗기다, 가죽을 벗기다; ~ klupe(po kafanama) 하는 일 없이 시간을 보내다, 빈둥거리며 지내다; ~ kožu s tuđih leđa 남의 고통을 이용하여 편하게 생활하다; ~ staru kozu 했던 이야기를 되풀이하다; ~ uvek istu kozu 항상 똑같은 일을 하다, 똑같은 고통을 당하다, 항상 똑같이 말하다; ~ uzalud (školse) klupe (공부를 하지 않으면서)학교만 왔다 갔다 하다; dere nebesa 자부심이 대단하다, 콧대가 높다; deri kurjaka dok je vruć 제 시간에 일을 해라, 쇠가 달구어졌을 때 망치질 해라; plače kao da mu kožu deru 악을 박박쓰면서 울다 2. (비유적) 악랄하게 이용하다, 탈취하다, 빼앗다; oderali su me taksisti 택시기사들이 바가지를 씌웠다; ~ nekome kožu 악랄하게 이용해 먹다 3. 찢다, 째다, 잡아뜯다; ~ hartiju 종이를 잡아뜯다; ~ obuću 신발이 닳아 떨어지다; ~ pismo 편지를 찢다; ~ nogavicu i krpiti tur 고생하다, 힘들게 살다; lakomost dere vreću 탐욕은 화를 불러온다 3. 치다, 때리다 4. 시끄러운 소리를 내며 흐르다 5. ~ se 소리치다, 고함치다, 큰 소리로 말하다

derbi -ija (男) (스포츠) 경마; (동일 지역 내의 스포츠팀들끼리 하는) 시합 (주로 선두권을 유지하는 팀들의, 여론의 관심을 받는)

dereglija, dereglja 거룻배, 바지선(바닥이 평평한 짐배) (skela)

derikoža 고리 대금업자 (gulikoža, zelenaš)

derištad (女) (集合) derište

derište -a & -eta (輕蔑語) 1. 배운 것 없는 아이, 버릇없는 아이 2. 풋내기,애송이, 아직 젊고 성숙치 못한 사람

derivacija (言) (말의) 파생, 어원 derivacioni (形)

derivat, derivativ 유래물, 파생물; (化) 유도체; naftni ~i 석유관련 제품들

derlad, derladija (女) (集合) derle

derle -eta 참조 derište

dermatitis (病理) 피부염

dermatolog 피부과 의사(전문의)

dermatologija (醫) 피부 의학, 피부병학 dermatološki (形)

dernek 장(場), 시장 (sajam, vašar)

dernjava 고함(침), 소리(침) (deranje, dreka)

dert (方言) 슬픔, 비애, 비통, 비탄 (jad, tuga)

dertli (形) (不變) 슬픈, 비통한 (žalostan)

derviš 1. 이슬람 탁발 수도승(극도의 금욕 생활을 서약하는 이슬람교 집단의 일원) 2. 송곳(구두굽 등이 사용하는)

desant (軍) 상륙, 양륙(해병들의); (낙하산)강하 착륙(공수부대원들의); padobranski ~ 낙하산 착륙; pomorski ~ 해상 상륙; vazdušni ~ 공중투하; ~ u Normandiji 노르망디 상륙작전 desantni (形)

desantnī -ā, -ō (形) 참조 desant; ~a jedinica 상륙부대; ~a operacija 상륙작전; ~ brod 상륙선

desert 디저트(식후에 먹는 음식) desertan (形)

desertnī -ā, -ō (形) 디저트의; ~ tanjir 디저트 접시, ~a viljuška 디저트용 포크; ~tno vino 디저트 와인(달작지근한)

deset (數詞) 10, 열

desetak -tka 1. (歷) 농노가 봉건지주에게 바친 십일조 세금 2. 약 10, 대략 열; bilo nas je svega ~ 우리 모두 한 열 명 정도되 되었다

desetak -aka 1. 10 디나르 짜리 동전 2. 10년 된 동물, 열살짜리 동물

desetar 1. (軍) 분대장 2. 십장(열 명 정도의 노동자를 감독하는) 3. 세금(십일조) 징수자 (desetinar)

desetčasovnī, desetsatnī -ā, -ō (形) 열 시간 동안 계속되는(진행되는)

deseter- 참조 desetor-

deseterac 10음절 시(운문); epski ~ 10음절 서사시

desetero 참조 desetoro

115

desetī -ā, -ō 1. 열번째의(10의 서수사(序數詞)) 2. (비유적) 전혀 관계없는, 완전히 다른; *ja kažem jedno, ona piše ~o* 내가 한가지 말하겠는데 그녀는 완전히 다른 것을 집필하고 있다; *pitam ga jedno a on odgovara sasvim ~o* 내 물음에 그 사람은 완전 동문서답한다 *~e stvari* 전혀 관계없는 것

desetica 1. 총 열 단위로 이루어진 수; 숫자 10 2. 10번(버스, 트램 등) 3. 10 디나르(화폐) 4. 카드(10이 쓰여진) 5. (數) 10자리수 (소수점 앞의 두번째 숫자) **desetični** (形)

desetina 1. 10분의 1, 1/10 2. 십일조, 십분의 일에 해당하는 세금 3. 약 10, 대략 10; *~e hiljade naših građana* 우리 시민 수만명 4. (軍) 분대

desetinar (십분의 일 세)세금 징수자

desetka 1. 참조 desetica 2. 10점 만점에 10점(대학의)

desetkovati -kujem (完,不完) 1. 10명에 1명꼴로 죽이다 2. 대단히 많이 축소(감소)시키다 3. 10디나르짜리 화폐를 모으다

desetleće 10년, 10년간 (decenij)

desetnī -ā, -ō (形) 십진법의; ~ *razlomak* (數學)소수

desetnik 참조 desetar

desetoboj (스포츠의) 10종 경기

desetobojac -jca (스포츠의) 10종 경기 참가자, 10종 경기 선수

desetogodišnjak 10세 소년

desetogodišnjī -ā, -ē (形) 1.10세 소년의 2. 10년간 지속되는

desetogudišnjica 10주년, 10주기

desetori -e, -a (形) 열 개의, 열 쌍의; *~a vrata* 열 개의 문; *~e oči* 열 쌍의 눈

desetorica 열 명(의 남자)

desetoro (집합수사) 열; ~ *dece* 열 명의 아이들; *njih* ~ 그들 열 명

desetsatnī, **desetčasovn**ī -ā, -ō (形) 10 시간의

designirati -am (完,不完) 지명하다, 임명하다, 선정하다; ~ *za kandidata* ~를 후보자로 지명하다; ~ *za ministra* 장관으로 지명하다; *designirani komandant* 임명된 지휘관

desigram 참조 decigram

desilitar 참조 decilitar

desimetar 참조 decimetar

desiti se -im se (完) **dešavati se** -am se (不完) 1. 발생하다, 일어나다, 생기다; *šta se desilo?* 무슨 일이 있었느냐?; *šta ti se desilo?* 너한테 무슨 일이 일어났느냐?; *desila mi se prilika* 나한테 기회가 왔다(생

겼다) 2. 우연히 ~나타나다(있다); *ona se desila tu kad je to dete palo* 그녀는 아이가 넘어졌을 때 우연히도 여기에 있었다

deskripcija 기술(記述), 묘사, 서술

deskriptivan -vna, -vno (形) 기술적인, 묘사적인, 서술적인; ~*vna geometrija* (數學) 도형 기하학; ~*vna gramatika* 기술 문법

desni (女,複) (解) 잇몸, 치은; *upala desni* (病理) 치은염

desnī -ā, -ō (形) 1. 오른쪽의, 우측의; ~*a ruka* 오른 손; ~*a noga* 오른 발; *biti ~a ruka nekome* 누구의 오른 팔이 되다; *krsti se ~om i levom* 엄청나게 놀라다, 아연실색하다; ~*o krilo* 오른쪽 윙(축구에서) 2. (비유적) 충직한 (veran, odan) 3. (정치적) 우파(右派)의 4. (명사적 용법에서) 오른 팔

desnica 1. 오른손, 오른팔 2. (政) 우파(右派), 우파 정당

desničar 우파(右派) 정치인 **desničarski** (形)

desno (副) 우측으로, 오른쪽으로; *skreni* ~ 오른쪽으로 돌아; *desno od mene* 내 오른쪽에; *desno i levo* 사방에

desnokrilnī -ā, -ō (形) 오른쪽 날개의

desnoruk -a, -o (形) 오른손잡이의

desperacija 절망, 자포자기 (očajanje)

desperatan -tna, -tno (形) 절망적인, 자포자기의 (očajan)

desperirati -am (完,不完) 절망하다, 낙담하다, 자포자기하다

despik (植) 라벤더(방향 있는 꿀풀과(科)의 식물)

despot 1. 전제 군주 (samodržac) 2. 폭군, 압제자 (tiranin, nasilnik) 3. (歷) 데스포트(세르비아 통치자의 명칭(코소보 전투 후의))

despotica, despotovina 데스포트(despot)의 아내

despotizam -zma 1. 독재, 전제, 전제 정치 2. 전제국, 독재군주국

despotivina 참조 despotica

desti *dedem, deo; det & deven* -ena (完) 참조 denuti

destilacija (化) 증류(법), 증류물; 정제; *suva* ~ 건류(乾溜); ~ *nafte* 정유(精油), 석유 정제; ~ *žestokih pića* 독주(毒酒) 증류법; *aparat za ~u* 증류장치

destilat 증류액, 증류물, 증류된 물질; 석유제품; *naftni* ~ 석유제품; *vinski* ~ 포도주

destilirati -am, **destilovati** -lujem, **destilisati** -šem (完,不完) 증류하다, 증류하여 만들다

destruisati -šem (完,不完) 파괴하다, 부수다, 해체하다; ~ *stvaralaštvo* 창작품을 파괴하다

destruktivan -vna, -vno (形) 파괴적인, 파괴

주의적인 (razoran); ~vna sila 파괴적 힘;
~vna moć 파괴력

dešavati se -a se (不完) 참조 desiti se

dešifrirati -am, dešifrovati -ujem (完,不完) 암
호를 해독하다, 암호를 풀다

dešnjak 1. 오른손잡이 남자 2. 오른쪽에 있는
동물(말, 황소 등; 두 세 마리를 묶어 어떤
일을 할 때의)

dešperacija 참조 desperacija; 절망, 자포자기

detalj 세부, 세목; 지엽(枝葉); 상세; trgovina
na ~ 소규모 상업(trgovina na malo)

detaljan -ljna, -ljno (形) 상세한, 세밀한, 정밀한

detaljirati -am, detaljisati -šem, detaljizirati -
am (完,不完) 1. 상세히 하다, 세밀히 묘사하
다 2. 소규모 무역을 하다

detant (국가간의) 긴장 완화, 데탕트

detao -tla; -tlovi (鳥類) 딱따구리 (detlić)

detaširati -am, detašovati -šujem (完,不完)
(軍) (군대·군함 등을) 파견(분견)하다

detašman (軍) 분견대, 지대(支隊)

dete deteta 1. 아이, 어린이, 아동; zaostalo ~
발달장애아; ~ u utrobi 태아, 뱃속 아이;
školska deca 취학아동; ~ u povoju 강보에
싸인 아이, 유아; usvojeno ~ 입양아 2. 자
식, 아들, 딸(연령에 관계 없이) 3. (화자보다
어린 사람에게 친밀하게 부르는 말로) dete
moje, kuda ćeš? 애야, 어디로 갈건데? 4.
기타; ~ ljubavi 사생아; ~ prirode 도회적
문화에 익숙하지 않고 자연에 익숙한 사람,
모든 면에서 단순한 사람; čudo od deteta
뛰어난 지능을 가진 아이; biti ~ 어린아이처
럼 행동하다; dobiti ~ 1)아이를 가지다, 임신
하다 2)낳다, 출산하다; napraviti (nekome)
~ (누구를) 임신시키다 (남자가 여자를); ne
budi ~ 순진하게 행동하지 마라

detektiv 1. 사복 형사, 사복 경찰 2. 탐정;
privatni ~ 사설 탐정 detektivski (形)

detektor 탐지기, 검파기, 검출기; ~ mina(laži)
지뢰(거짓말) 탐지기

detelina (植) 클로버, 토끼풀; ~ sa četiri lista
네잎 클로버

detelište 클로버(토끼풀)로 뒤덮인 뜰

detence -eta (지소체) dete

deterdžent 세제, 합성세제

determinacija 1. (論理) 한정(限定) 2. (일반적
으로) 경계의 확정(획정) (omeđivanje,
ograničavanje)

determinirati -am, determisati -šem (完,不完)
(論) (의미를) 정확히 정하다, 한정하다

detešce 참고 detence

deteubistvo 참조 decoubistvo

detić 1. 아이, 어린아이, 아동 (dete) 2. 용감
한 사람 (hrabar čovek) 3. 조수(助手)
(kalfa) 4. 하인 (sluga)

detinstvo, detinjstvo 1. 어린 시절, 유년 시절;
doći na ~ 노령으로 인해 판단력이 유년기와
같이 되다; od rana ~a 유년기부터 2. (비유
적) 초기(학문 등의 발전에 있어 사람의 유
년기에 해당되는)

detinjarija 진지하지 않은 것, 철부지 짓

detinjast -a, -o (形) 어린애 같은, 유치한

detinji -ā, -ē (形) 어린아이의, 어린아이 같은

detinjiti (se) -im (se), detinjati (se) -am (se)
(不完) 어린애처럼 행동하다

detinjstvo 참조 detinstvo

detlić (鳥類) 딱따구리 (detao)

detonacija 폭발, 폭발음

detonator 기폭 장치(뇌관·신관 등); 기폭약

detonirati -am (完,不完) 폭발하다, 작렬(炸裂)
하다

deva (動) 낙타 (kamila)

deva (愛稱) devojka; 처녀; Deva-Marija 성모
마리아

devalvacija (經) (화폐의) 평가절하

devalvirati -am (完,不完) (화폐를) 평가절하하다

devati -am (不完) 참조 denuti

devedeset (數詞) 90, 구십

devedesetī -ā, -ō (序數詞) 90번째의

dever 1. (기혼여성의) 시숙, 시동생 (mužev
brat) 2. (신부의) 남자 형제(결혼식 동안 신
부를 보호하고 신부를 식장으로 인도하여 신
랑에게 인도하는 역할을 하는 사람); ručni ~
3. (결투에서의) 입회인 (sekundant)

deverika (魚類) 도미(류)

deverivati, deverovati -rujem (不完) 신부를
식장으로 인도(dever)하는 역할을 하다; 입
회인이 되다(결투에서)

deveruša 1. 신부 들러리; 결혼식에서 신부를
따라 다니는 처녀 2. (죽은 사람의)관을 따르
는 처녀

devet (數詞) 9, 구(九); ~ znojeva 커다란 고
통; ne zna on pet na ~, kod njega nema
pet na ~ 그는 유머라는 것을 모른다; ni pet
ni ~ 즉시 (odmah); pet za ~ (dati moke)
속이다, 사취하다

devetak 1. 아홉살 먹은 숫컷 동물 2. 숫자 9
와 관련된 그 어떤 것

devetati -am (不完) izdevetati (完) 치다, 때리
다 (biti, tući, udarati)

devetero-, devetoro- (接頭辭) 9를 나타내는
복합어를 이루는 접두사

deveterac 9음절 운문

D

devetī -ā, -ō (形) 제 9의, 아홉번째의; *biti na ~om nebu* 너무 행복한; *~a rupa na svirali* 아무런 중요성도 없는, 있으나마나 한; *~e peći žarilo* 먼 친척; *izgleda kao ~o čudo* 이상한, 별난; *to mi je ~a briga* 신경쓰지 않는다, 나와 상관없다

devetica 1. 숫자 9 2. 9와 관련된 그 어떤 것 (버스 등의 번호)

devetina 1. 1/9 2. 아홉명으로 이루어진 그룹

devetka 1. 참조 devetica 2. 9점(10점 만점의)

devetoro (집합수사) 아홉 명; ~ *dece* 아홉 명의 아이들

devica 1. 숫처녀, 처녀; *stara* ~ 노처녀 (usedelica) 2. 여수도승 수련생 3. (天文學, 대문자로) 처녀자리

devičanskī -ā, -ō (形) 1. 처녀의, 숫처녀의 2. (비유적) 깨끗한, 순수한, 흠이 없는; 손이 닿지 않은; *~a šuma* 처녀림; *~o razmnožavanje* (生物) 단성 생식(單性生殖), 처녀 생식; *Devičanska ostrva* 버진군도

devičanstvo 처녀성, 순결성

devijacija 벗어남, 탈선, 일탈

deviza 1. (인생)좌우명 2. 슬로건, 모토, 표어 (geslo, parola, lozinka) 3. 외화(外貨), 외국 화폐 **devizni** (形)

deviznī -a, -o (形) 참조 deviza; 외화의, 외환의; ~ *kursevi* 환율; *~e rezerve* 외환 보유액; ~ *prekršaj* 외환법 위법; *~a banka* 외환은행; *~e tržište* 외환 시장

devojačkī -ā, -ō (形) 1. 처녀의, 소녀의; ~ *smeh* 소녀의 웃음; *~a škola* 여학교; *~o prezime* 처녀적 성(性)씨 2. 하녀의; *~a soba* 하녀의 방

devojaštvo 처녀시절

devojčad (中) 집합명사(devojče)

devojče -eta (中) (지소체) devojka

devojčica 소녀

devojčin -a, -o (形) 소녀의

devojčiti -im (不完) 1. 만나고 있는 여성을 처녀(devojka)라고 호칭하다 2. ~ se 처녀가 되다, 처녀와 같이 느끼고 행동하다

devojčura 1. (지대체) devojka 2. 왈패 처녀 3. 해픈 처녀, 창녀 (prostitutka)

devojka 1. 처녀, 아가씨; ~ *s ulice, javna devojka* 창녀; *ko pre ~ci, toga je* ~ 먼저 잡는 사람이 임자다; *vlada se kao* ~ 매우 수줍어하다 2. 하녀; ~ *za sve* 집안 모든 일을 하는 하녀 3. 여자친구; 정부(情婦)

devovati -vujem (不完) 처녀로 있다, 처녀로 살다

dezavuirati -am, **dezavuisati** -šem (完,不完) 1. 부인하다, 부정하다, 사실로 인정하지 않다 (poreći, poricati); ~ *sporazum* 합의를 부정하다 2. (nekoga) (누구의 말을) 부인하다; ~ *ambasadora* (사실이 아니라고, 거짓이라고) 대사의 말을 부인하다

dezen, dessen 표본, 견본 (uzorak)

dezerter 탈영병; 도망자; 배신자

dezerterstvo 탈영, 도망; 배신

dezertirati -am (完,不完) 도망치다, 탈영하다

dezinfekcija 소독, 살균 **dezinfekcioni** (形); ~*o sredstvo* 소독제, 살균제

dezinficirati -am, **dezinfikovati** -kujem (完,不完) 소독하다, 살균하다

dezinformacija 유언비어(고의적인)

dezinsekcija 벌레 박멸(화학적 방법으로)

dezintegracija 분해, 분열, 분리

dezodorans 탈취제(脫臭劑); 방취용 화장품

dezodorirati -am (完,不完) 탈취하다, 악취를 없애다

dezorganizacija 조직의 와해(분열, 해체); 사회 질서의 해체(와해)

dezorganizirati -am, **dezorganizovati** -zujem (完,不完) 와해(분열, 해체)시키다(조직을), 무질서하게 하다, 혼란스럽게 하다(사회 질서를)

dezorijentacija 방향감각 상실

dezorijentirati -am, **dezorijentisati** -šem (完,不完) 방향감각을 상실하다, 방향을 잃다, 어리둥절하다

dežmekast -a, -o, **dežmekav** -a, -o (形) 땅딸막한 (omalen a podebeo, zdepast)

dežuran -rna, -rno (形) 1. 당번의, 당직의; *ko je danas* ~? 누가 오늘 당직이지?; *~rni lekar* 당직 의사; *~rna apoteka* 24시간 문을 여는 약국(비상시를 대비하여) 2. (명사적 용법에서) 당직자, 당번

dežurati -am (不完) 당직을 서다, 당직 근무를 하다; *on danas dežura* 그는 오늘 당직 근무를 한다

dežurstvo 당직, 당직 근무, 당직 순번(순서)

diba 수단(繡緞), 금실과 은실로 수놓은 비단천 (brokat)

dičan -čna, -čno (形) 1. 감탄할 정도로 아름다운·(훌륭한); 명성이 자자한, 유명한, 저명한 (izvanredan, krasan, divan; slavan, čuven); ~ *pesnik* 유명한 시인; *~čno ime* 명성이 자자한 이름 2. 자부심이 강한, 자랑스런 (ponosan, gord); *~čna mlada* 자랑스런 신부

dičiti -im (不完) 1. 장식하다, 꾸미다, 아름답게 하다 2. ~ se 장식되다, 꾸며지다, 아름다

워지다 3. ~ se 자부심을 갖다, 자랑스럽게 여기다; ~ se kćerkom 딸을 자랑스러워하다; ~ se lepotom 미모에 자부심을 갖다

dići, dignuti dignem; dignuo & digao, -gla (完) **dizati** -žem (不完) 1. (위로) 올리다, 쳐들다; ~ ruku 손을 올리다; ~ kotvu 닻을 올리다; ~ jedra 돛을 올리다; ~ zavesu 커튼을 올리다; ~ barjak (zastavu) 전투에 나서다; ~ čelo 자부심을 갖게 되다, 용감해 지다; ~ glavu(rep) 거만하게 행동하다; ~ rogove 싸울 준비가 되었다는 것을 표시하다; ~ nos 젠체하다; ~ kuku i motiku 전 백성이 봉기에 나서다; ~ mač(oružje) 전투를 시작하다; ~ masku 자신의 본래 얼굴(정체)을 드러내다; ~ ruke od čega(koga) 포기하다; ~ ruku na sebe 자살을 시도하다; ~ zabranu 금지를 해제하다; ~ prst(ruku) 발언권을 신청하다; ~ cene 가격을 인상하다 2. 집다, 집어 올리다, 줍다 (땅에 떨어진 것을) 3. 일으켜 세우다(넘어진 사람을); ~ iz blata(kala) 손상된 명예를 회복시키다; ~ iz pepela 황폐화로부터 일어나다(복구시키다) 4. 일어나게 하다(침대에서); ~ iz mrtvih 중병에서 일어나다 5. (행동을)시작하다; ~ hajku na(protiv) koga 누구에 대한 사냥에 나서다 6. (명사의 뜻이 나타내는 행위를)하다; ~ viku 소리지르다; ~ prašinu 시끄럽게 하다, 문제를 만들다 7. 폭발시키다, 파괴하다(폭약으로); dignut je most na Uni 우나강의 다리가 파괴되었다 8. 크게 하다(소리 등을) 9. 찾다(돈 등을); mogu li sutra ~ novce? 내일 돈을 찾을 수 있나요?

didaktika 1. 교수법(敎授法) 2. 교훈; 교훈적 문학 작품 **didaktički, didaktičan** (形)

diferencijal 1. (數) 미분 2. (機) 차동(差動) 톱니바퀴

diferencijalan -lna, -lno (形) 1. 다른 (različit, drukčiji); ~lno značenje 다른 의미 2. (보통 한정형으로) 별도의, 별개의; ~lna tarifa 별도의 가격표(요금표) 3. (한정형) (數) 미분의; ~lni račun 미분 계산

diferencirati -am (完,不完) 구별하다, 차별하다 (razlikovati); ~ pojam 개념을 구별하다; ~ tarifne razrede 세율 등급을 구별하다

diformitet 모양이 흉함, 기형, 불구; 결함 (nakaznost)

difrakcija (物) (전파 따위의) 회절

difteričan -čna, -čno (形) 1. 디프테리아의, 디프테리아에 걸린, 디프테리아 증상을 보이는; ~ čovek 디프테리아에 걸린 사람; ~čno grlo 디프테리아 증상을 보이는 목; ~čna

prevlaka 디프테리아막(膜) 2. (한정형) 디프테리아 치료용의; ~čni serum 디프테리아 치료용 혈청

difterija (病理) 디프테리아

diftong (言) 이중모음 **diftonški** (形)

diftongizacija 이중모음화

diftongizirati -am, diftongizovati -zujem (完,不完) 이중모음화하다

diftonškī -ā, -ō (形) 참조 diftong; 이중모음의

difuzan -zna, -zno (形) 흩어진, 널리 퍼진; ~zna svelost 흩어진 빛

difuzija 1. (物) 확산; (빛의) 산란; ~ svetlosti 빛의 산란 2. 전파, 확산; 보급, 유포

digitalnī -ā, -ō (形) 디지털의

digitron 계산기

dignuti dignem (完) 참조 dići

digresija 본제를 벗어나 지엽으로 흐름, 여담; praviti ~u 여담을 하다, 지엽으로 흐르게 하다

dihati -šem (不完) 참조 disati

dijabetes (病理) 당뇨병

dijabetičar 당뇨병 환자 **dijabetičarka**

dijaboličan -čna, -čno (形) 악마의, 악마적인 (đavolski, vraški)

dijadem (男), **dijadema** (女) (특히 왕권의 상징으로 쓰는) 왕관; (왕위를 상징하는) 머리띠 장식

dijafragma 1. (解) 횡격막; 격막, 막 2. (비유적) 칸막이판 (pregrada, zaslon) 3. 기타; vaginalna ~ (성관계 전에 피임용으로 여성의 질에 끼우는) 페서리

dijagnosticirati -am, dijagnozirati -am (完,不完) 진단하다

dijagnostičar 진단(전문)의(醫), 진단자

dijagnostika 진단학(법) **dijagnostički** (形); ~ metodi 진단 방법들

dijagnoza 진단(법); postaviti ~u 진단하다

dijagnozirati -am (完,不完) 진단하다

dijagonal, dijagonala (幾何學) 대각선 **dijagonalan** (形)

dijagram 다이아그램(도형; 도표, 일람표; 도식, 도해)

dijahroničan -čna, -čno (形) (言) 통시적(通時的)인

dijahronija (言) 통시적 방법, 통시적 변화

dijahronijskī -ā, -ō (形) 참조 dijahronija; 통시적인; ~ razvitak jezika 통시적 언어 발달

dijakritičkī -ā, -ō (形) 구별하기 위한, 구별할 수 있는; ~ znak 발음 구별 구호 (č, ć, š, ž 등의)

dijalek(a)t -kta 방언, 사투리

dijalekatskī -ā, -ō (形) 참조 dijal다(a)t; 사투

D

리의, 방언의; ~ *izraz* 방언적 표현
dijalektičan *-čna, -čno* (形) 1. 사투리의, 방언의 (dijalekatski) 2. 변증법의, 변증법적인 (dijalektički)
dijalektičar 변증가, 논법가
dijalektika 변증법, 논리학 **dijalektički** (形); ~ *materijalizam* 변증법적 유물론
dijalektizam *-zma* 방언(사투리)적 표현(어휘)
dijalektolog 방언학자
dijalektotogija 방언학 **dijalektološki** (形)
dijalog 문답, 대화, **dijaloški** (形)
dijamant 다이아몬드 **dijamantski** (形)
dijametar (數) 지름, 직경
dijametralan *-lna, -lno* (形) 1. 참조 dijametar; 지름의, 직경의 2. (비유적) 정반대의, 직경의 두 점중 다른 편에 있는, 완전 반대의; ~*lno suprotan* 완전히 다른; ~*lna razlika* 완전한 차이
dijapazon 1. (音樂) (악기·음성의) 음역 2. 음차 (音叉), 소리굽쇠 3. (비유적) (활동·능력 등의) 범위(obim, opseg); ~ *nečijih sposobnosti* 누구의 능력 범위
dijapozitiv (寫眞) (환등기·현미경의) 슬라이드
dijaprojektor 슬라이드 프로젝터
dijareja (病理) 설사 (proliv)
dijaspora 디아스포라
dijeceza 주교 관구
dijereza 1. 음절의 분절(分切), 분음(分音) 기호 2. (醫學) 절단, 분리
dijeta 다이어트; *držati ~u* (biti na ~i) 다이어트하다 **dijetalan** (形)
dijetetičan *-čna, -čno* (形) 식사의, 영양의; 식이 요법의
dijetetičar 영양사
dijetetika 영양학, 식이 요법(학) **dijetetičan, dijetetski** (形)
dika 1. 영광, 명예, 명성; 자부심, 자긍심, 자랑 (slava, čast, ponos);~ *svog roda* 자기 집안의 자긍심; *biti(služiti) na ~u* 자랑거리가 되다, 자부심을 갖게 하다; *meni je na ~u* 영광이다, 자랑스럽다; ~ *je pogledati* 볼 수 있어 영광스럽다; *zbogom ~o* 실패로 돌아갔다, 모든 것이 끝났다 2. (男,女) 소중한 사람, 귀여운 사람 (draga, mila osoba)
dikcija 말씨, 어법, 말의 표현법
dikica (植) 우엉
dikino oko (植) 기생초의 한 종류
dikobraz (動) 호저(몸에 길고 뻣뻣한 가시털이 덮여 있는 동물) (bodljikavo prase)
diktafon 녹음기
diktat 1. 받아쓰기, 받아적기 2. 명령 (nalog, zapovest)
diktator 독재자 **diktatorski** (形)
diktatorskī *-a, -o* (形) 독재자의; ~*a vlast* 독재 정권
diktatura 독재, 독재 정권; *zavestti ~u* 독재를 시행하다; *ukinuti ~u* 독재를 폐지하다; ~ *proletarijata* (政)(歷) 프롤레타리아트 독재
diktirati *-am* 1. 구술하다, (말하여) 받아쓰게 하다; ~ *nekome pismo* ~에게 편지를 받아쓰게 하다 2. 명령하다, 지시하다; *on hoće svakome da diktira* 그는 모든 사람들에게 명령하려고 한다; ~ *uslove* 조건을 내걸다 (우월한 입장에서)
dilber 1. 소중한 남자, 귀여운 남자; 정부(情夫) 2. (여성명사와 함께 서술적 용법에서) 아름다운, 예쁜; *dilber-devojka* 예쁜 처녀
dilema 딜레마; 진퇴 양난, 궁지
diletant 1. 문학·예술의 애호가; 아마추어 평론가, 도락 예술가, 아마추어 (amater) 2. 아마추어 배우 **diletantica, diletankinja, diletantski** (形); ~*a grupa* 아마추어 그룹
diližans (男), **diližansa** (女) (프랑스· 스위스의) 승합마차, 합승마차
diljka (歷) 장총(長銃)
dim *dimovi* 1. 연기, 매연; *gusti ~* 짙은 연기; *stub ~a* 한 줄기의 연기; *nema ~a bez vatre* 아니땐 굴뚝에 연기날까; *beli ~* 연막 (군사 작전에서); ~ *prodavati* 없는 것(존재하지 않는 것)을 팔다; *metnuti na ~* 훈제 건조하다(보통 고기를); *sušiti meso na ~u* 고기를 훈증으로 말리다 2. (세금 납부 단위로서의) 가구, 호(戶) 3. 기타; *pičkin (pizdin) ~* (卑俗語) 아무 쓸모없는 것, 아무런 의미도 없는 것; *odbijati (izvlačiti) ~ove* 담배를 피우다; *otići na ~* 사라지다, 없어지다, 망하다; *daj mi jedan ~* 한 모금만 줘(담배를 필 때 하는 말); *uvlačiti ~* 담배 연기를 빨다; *ko se ~a ne nadimi, taj se ognja ne nagreje* 성공하기 위해서는 고생해야 한다
diman *-mna, -mno* (形) 연기의; ~*mna zavesa* 연막; ~*mni signali* 봉화(烽火)
dimarina (歷) 가구세, 호세(戶稅), 굴뚝세
dimast *-a, -o* (形) 1. 연기가 많은, 연기로 자욱한 2. 연기 냄새 나는, 낸내 나는 3. 연기와 같은
dimdžija (男) 골초 (strastan pušač)
dimenzija 1. (길이·폭·두께의) 치수 2. 용적, 면적, 부피
dimije, dimlije (女,複) 1. 무슬림 여성이 입는 바지의 일종(주름이 잡혀 있으며 발목 근처는 꽉 조인) 2. 남성들의 민속 바지(무릎까지

는 넓고 그 밑으로는 꽉 조이는)

diminuirati -am (完,不完) (말·음악 등에서) 낮추다(톤이나 소리를)

dimiskija 다마스카스의 검(칼) (demeskinja)

dimiti -im (不完) 1. 연기를 내뿜다, 연기를 내다 (dimiti se); ovaj odžak (se) dimi 이 굴뚝에서 연기가 난다 2. 담배를 피우다 (pusiti) 3. (비유적) 도망치다, 사라지다 (bežati, nestajati) 4. 훈제하다; ~ meso 고기를 훈제하다 5. 연기로 가득 채우다; peć dimi sobu 난로는 방을 연기로 가득 채웠다

dimlije 참조 dimije

dimljiv -a, -o (形) 1. 연기가 나는 2. 연기와 같은 3. 연기 냄새가 나는

dimnica 호세(戶稅), 굴뚝세 (dimarina)

dimničar, dimnjačar 굴뚝 청소부 (odžačar)

dimnjak 굴뚝 (odžak)

dimovan -vna, -vno (形) 연기의, 연기로 가득 찬

dina (해변의)모래 언덕, 사구(沙丘)

dinamičan -čna, -čno (形) 동적인, 역동적인, 활기찬, 정력적인; ~ razvoj 역동적인 발전; ~čno društvo 역동적인 사회

dinamičnost (女) 활력, 패기, 박력, 역동성

dinamika 1. 동력, 원동력 2.(物) 역학 3. (音樂) 강약법 4. 활력, 패기, 박력 (dinamičnost)

dinamit 다이너마이트

dinamitaš 다이너마이트를 취급하는 노동자; 다이너마이트로 공격하는 사람, 다이너마이트 폭파범

dinamitirati -am, dinamitovati -tujem (完,不完) 다이너마이트로 폭파시키다, 파괴하다

dinamizam -zma 1. 활력, 패기, 박력 2. (哲) 물력론(物力論), 역본설(力本說), 역동설(모든 현상은 자연력의 작용으로 말미암음)

dinamo (男), dinamo-mašina (女) 발전기

dinar 화폐 단위(세르비아의) dinarski (形)

dinarskī -ā, -ō (形) 참조 dinar

dinarskī -ā, -ō (形) 디나르 산맥의

dinastija 왕조(王朝) dinastički, dinastijski (形)

din-dušman(in) 대적(大敵), 주적(主敵)

dinosaur 공룡

dinstati -am, dinstovati -tujem (不完), izdinstati (完) 약한 불에 끓이다, 약한 불에 요리하다; ~ meso 고기를 약한 불에 약간 끓이다

dinja (植) 1. 멜론 2.(方言) 수박

dioksid (化) 이산화물(二酸化物)

dioptrija (光學) 디옵터(렌즈의 굴절률을 나타내는 단위)

diplati -am (不完) 이중피리(diple)를 연주하다

diple -pala (女,複) 두 개의 관으로 된 민속 음악 악기, 이중피리; duvati u čije ~ 어느 누구의 편이 되다; to su druge ~ 그것은 다른 이야기이다, 그것은 별개 건이다; udarti u druge(drukčije) ~ 의 편에 서지 않다, 반대하다, ~에 동의하지 않다

dipliti -im (不完) 참조 diplati

diploma 증명서, 검정서; 졸업 증서, 학위 수여증; 면허장; diplomski (形); ~ ispit (대학) 졸업 시험

diplomac 대학 졸업 시험을 앞둔 학생

diplomacija 외교 (diplomatija)

diplomat(a) 외교관 diplomatski (形); ~im putem 외교 채널(통로)로; na ~ način 외교적 방법으로, 외교적으로; ~ kor(pasoš) 외교단(외교관 여권); ~om poštom 외교 행낭으로

diplomatija 외교 (diplomacija)

diplomiranī -ā, -ō (形) 대학을 졸업한, 학사 학위가 있는; ~ inženjer 대학을 졸업한 엔지니어, 학사 엔지니어

diplomirati -am (完,不完) 대학을 졸업하다; diplomirao je na medicinskom fakultetu 그는 의과대학을 졸업했다; diplomirao je pravo u Beogradu 그는 베오그라드에서 법학을 전공했다

dipsomanija (病理) 갈주증(渴酒症), 알코올 중독, 발작성 대주증(大酒症); 음주광(狂)

dirati -am (不完) dirnuti -nem (完) 1. 만지다, (손, 손가락 따위를) 대다, 접촉하다; (어떠한 문제나 주제에 대해) 언급하다, 건드리다; ne diraj tu knjigu! 그 책을 만지지 마!; ~ u osinjak 벌집을 건드리다; ne diraj me! 나 좀 가만히 냐둬!, 날 건드리지 마! 2. (비유적) ~의 마음을 움직이다, 감동시키다, 심금을 울리다; njegova muzika me dira u srce 그의 음악은 나의 영혼을 감동시킨다; duboko me je dirnula vaša pažnja 당신의 관심은 나를 마음 속 깊이 감동시켰습니다

direk 기둥, 지주(支柱), 받침목 (stub, stupac)

direkcija (디렉터가 책임을 지고 있는) 실(室), 국(局), 사무실; 그러한 실·국·사무실이 위치하고 있는 건물; ~ rečne plovidbe 강 항해국(局); glavna ~ 본사

direkt (권투) 잽, 스트레이트

direktan -tna, -tno (形) 똑바로 나아가는; 곧장 나아가는; 직계의; 직접의 (izravan, upravan, neposredan); ~ voz 직행 열차; ~ odgovor (말을 돌리지 않은)솔직한 대답; ~tni govor 직접 연설; ~ slobodan udarac (축구의) 직접 프리킥

D

direktiva 지령, 명령 (uput, smernica za rad)

direktno (副) 똑바로, 직접적으로; *to me ~ vređa* 그것은 직접 나를 모욕하는 것이다

direktor 장(長), 사장, 실장, 국장, 과장; 책임 운영자 (upravitelj, rukovodilac, šef); ~ *gimnazije* 고등학교장; ~ *zavoda* 청장; ~ *preduzeća* 회사 사장; ~ *fabrike* 공장장; ~ *učiteljske škole* 사범학교 학장

dirigent (音樂) 지휘자 **dirigentski** (形)

dirigirati -am, **dirigovati** -gujem (不完) 1. (音樂) 지휘하다 2. 경영하다, 지휘감독하다, 통솔하다 (upravljati uopšte)

dirinčiti, dirindžiti -im (不完) 열심히 일하다, 힘든 일을 하다

dirka 1. 건반, 키(피아노 등 악기의) (tipka) 2. (數) 접선, 탄젠트 (tangenta)

dirkati -am (不完) 1. (지소체) dirati 2. 살짝 만지다 3. (비유적) 괴롭히다, 못살게 굴다 (bockati, zadirkivati, draškati)

dirljiv -a, -o (形) 감동적인, 감격적인, 심금을 울리는 (ganjutljiv); ~ *susret* 감격적인 만남

dirnuti -nem (完) 참조 dirati

disaj 1. 숨, 호흡 (dah) 2. (비유적) 미풍, 살랑거림

disajnī, disaonī -ā, -ō (形) 호흡의; ~ *organi* 호흡기 기관; ~ *putevi* 기관지관

disakord (音樂) 불협화음

disanje (동사파생 명사) disati

disati -šem (不完) 1. 호흡하다, 숨을 쉬다; *u jedan rog ~ s kim* ~와 모든 면에서 완전한 의견일치를 이루다 2. 살아 있다, 존재하다 (živeti, postojati) 3. (향기를) 발산하다 (mirisati, odavati miris)

disciplina 1. 기율, 기강, 규율, 질서; *stroga ~* 엄격한 규율; *partijska ~* 당 기강; *školska ~* 학교 기율; *pridršavati se ~e* 규율을 준수하다; *kršiti ~u* 규율을 어기다; *pooštriti ~u* 기율(기강, 질서)을 엄격히 하다 **disciplinski, disciplinarni** (形) 2. 자제(심), 극기(克己), 절제력 3. 학과, 학문의 부문(분야); *naučna ~* 과학 부문, *filozofska ~* 철학 부문, *istorijska ~* 역사 부문

discilinirati -am, **disciplinovati** -nujem (完,不完) 기강을 바로 서게 하다, 규율을 엄격히 하다, 질서를 유지시키다

disciplinskī -ā, -ō (形) 참조 disciplina; 기강의, 규율의; ~ *prekršaj* 규율 위반; ~a *komisija* 규율 위원회; *pokrenuti ~ postupak protiv nekoga* ~에 대해 징계 절차에 돌입하다; ~a *kazna* 징계 처분

disertacija 학위 논문, 학술 논문, (특허)박사

논문; *doktorska ~* 박사 학위 논문; *odbrana ~e* 박사 학위 논문 (방어)심사

disertacionī -ā, -ō (形) 박사 논문의; ~ *postupak* 박사학위논문 절차

disharmonija 부조화, 불일치; 불협화(음) (nesklad, nesaglasnost)

disharmonirati -am, **disharmonisati** -šem (完,不完) 의견의 일치를 이루지 못하다, 부조화를 이루다, 불협화음을 내다

disident 의견을 달리하는 사람, 반체제자, 비국교도

disimilacija 이화(異化)

disimilirati -am, **disimilovati** -lujem (完,不完) 이화(異化)시키다, 서로 다르게 되다

disjunktivnī -ā, -ō (形) 이접적(離接的)인, 나누는, 분리적인; ~ *veznik* 이접적 접속사(ali 등과 같은); ~o *obeležje* 분리 특성

disk -ovi (男) 1. (스포츠) 원반 2. (醫) 추간 연골, 디스크 3. (컴퓨터) 디스크 4. (音樂) 레코드 판

disketa (컴퓨터) 플로피 디스크

diskont (銀行) (어음 등의) 할인율, 할인액 **diskontni** (形); ~a *stopa* 할인율

diskontirati -am, **diskontovati** -tujem (完,不完) (어음 등을) 할인해서 팔다(사다)

diskoteka 디스코텍

diskrecija 1. 비밀 보호, (타인들의) 프라이버시 보호 2. 사려 분별, 신중(함); *možete li računati na moju ~u* 나의 신중함을 믿으실 수 있겠습니까? **diskrecioni** (形)

diskrecionī -ā, -ō (形) 1. (다른 사람들의) 비밀 보호의, 프라이버시 보호의 2. (法) 자유재량의

diskreditirati -am, **diskreditovati** -tujem (完,不完) 신용을 떨어뜨리다, 평판을 나쁘게 하다

diskretan -tna, -tno (形) 1. 비밀을 지키는, 믿을만한, 신뢰할 만한; ~ *čovek* 비밀을 지키는 사람, 신뢰할 만한 사람 2. 비밀의, 비밀리에 행해지는; ~tna *služba* 비밀(을 다루는) 기관 3. 신중한, 조심스런 (obazriv, pažljiv, oprezan); ~ *čovek* 신중한 사람 4. 극렬하지 않은, 절제된 (odmeren); ~tna *primedba* 절제된 이의제기 5. 눈에 잘 띄지 않는 (neupadljiv); ~tna *šminka* 약하게 한 화장; ~tna *svetlost* 희미한 빛; ~ *osmeh* 보일듯 말듯한 미소 6. (전체로부터) 분리되는, 분리할 수 있는 (izdvojiv, odvojiv); ~tne *čestice* 분리할 수 있는 입자 7. 나눌 수 있는, 분리할 수 있는 (deljiv); ~tni *prostor* 나눌 수 있는 공간

diskriminacija (사람·인종·종교간의) 차별, 차별 대우; *rasna ~* 인종 차별; *verska ~* 종교 차

별; *sprovoditi ~u* 차별하다 **diskriminacioni** (形)

diskriminacionī *-ā, -ō* (形) 차별의; ~ *postupak* 차별 행위; ~*a politika* 차별 정책

diskriminirati *-am,* **diskriminisati** *-šem* (完,不完) 차별하다, 차별대우하다

diskurzivan *-vna, -vno,* **diskurzionī** *-ā, -ō* (形) (哲) 추론적인, 논증적인 (反: intuitivan); ~ *zaključak* 추론적 결론; ~*vno mišljenje* 추론적 생각

diskusija 토론, 토의, 심의 (rasprava, debata); *živa ~* 활발한 토론; *otvoriti ~u* 토론하기 시작하다; *staviti na ~u* 토론에 부치다; *voditi ~u* 토론을 진행하다; *biti van (izvan) svake ~e* 아주 분명하다(명확하다), 의심의 여지가 없다; *o tome nema ~e* 그것은 아주 분명하다(명확하다) **diskusioni** (形)

diskusionī *-ā, -ō* (形) 토론의, 토의의; ~ *sastanak* 토론 모임

diskutant (심포지움·토론회 따위의) 토론(참가)자

diskutirati *-am,* **diskutovati** *-tujem* (完,不完) 논의하다, 토론하다, 토의하다, 상의하다; ~ *o nečemu* ~에 대해 토론하다

diskvalificirati *-am,* **diskvalifikovati** *-kujem* (完,不完) ~의 자격을 박탈하다; 실격시키다; 적임이 아니라고 판정하다

diskvalifikacija 자격박탈, 실격

dislocirati *-am* (完,不完) 배치하다, 놓다, 두다 (군 부대, 선박 등을) (premestiti, razmestiti)

dislokacija (군 부대 등의) 배치, 주둔

disonanca, disonancija (音樂) 불협화음

disonantan *-tna, -tno* (形) 불협화음의

disonirati *-am* (完,不完) 불협화음을 내다

dispanzer (학교·공장 등의) 의무실, 양호실; (특히 자선 단체가 운영하는) 진료소, 공공의 료시설; *dečji ~* 아동 진찰소; *antituberkulozni ~* 결핵방지 클리닉; ~ *za majku i dete* 모자 (母子)병원

disparatan *-tna, -tno* (形) (본질적으로)다른, 공통점이 없는, 전혀 다른, 완전 이종(異種) 의; ~*tni ciljevi* 전혀 다른 목적(목표), ~*tni tipovi* 완전히 다른 타입

disparitet (두 개념(현상)간의) 차이, 상이, 부동, 부등(不等), 불일치

dispečer (열차,버스,트럭 등의) 배차원 (발차원, 조차원); 발송 담당자

dispepsija (病理_ 소화불량(증)

disperzija 1. (物) (보통은 ~ svetlosti의 숙어로) 분산, 산란(散亂), 이산(離散); ~ *svetlosti* 빛의 산란 2. (일반적인) 흩어짐, 살포; ~ *hica*

(軍) 탄착의 흩어짐

disponirati *-am,* **disponovati** *-nujem* (完,不完) 1. (nečim) (~을) 가지다, 소유하다, 보유하다 (raspolagati); ~ *velikim iznosom* 많은 돈을 소유하다 2. (軍) 배치하다 (rasporediti, razmestiti); ~ *bojnu liniju* 군사 분계선을 배치하다 3. 명령하다 (narediti, naložiti)

dispozicija 1. (타고난) 기질, 성격, 경향, 성향 (nastrojenost, raspoloženje, sklonost); *psihopatska ~* 사이코패스적 성향(기질); ~ *za epileptični napad* 간질 발작 성향 2. 재능 (obdarenost, sposobnost); ~ *za muziku* 음악적 재능; ~ *za monumentalne kompozicije* 대단한 작곡 능력 3. 배열, 배치 (raspolaganje) 4. (病理) 소인(素因); 병에 걸리기 쉬운 내적 요인을 가지고 있는 신체상의 상태 5. 정해진 순서 (raspored); *postupiti prema ~i* 정해진 순서에 따라 행동하다 6. 배치, 배열 7. 소유, 이용 (raspolaganje, korišćenje); ~ *novcem* 돈의 소유; ~ *založenom robom* 저당잡힌 물건의 이용; *stajati na ~i* 이용할 수 있다; *stojim vam na ~i* 당신이 필요할 때 저를 이용할 수 있습니다 8. (法) 양도, 증여; 처분권 **dispozicijski, dispozicioni** (形)

disproporcija 불균형, 불균등 (nesrazmer); ~ *između postavljenih ciljeva i postignutih rezultata* 정해진 목표와 실행된 결과간의 불균형; ~ *u snazi* 힘의 불균형

disproporcijalan *-lna, -lno* (形) 불균형의, 균형이 안 맞는, 불균등의; ~ *odnos* 불균형 관계

disput (男), **disputa** (女) 논란, 논쟁, 논박, 말다툼 (prepirka, spor)

disputirati *-am,* **disputovati** *-tujem* (不完) 논쟁하다, 논박하다, 말다툼하다

distanca, distancija 1. 거리, 간격 (odstojanje, razdaljina); *prostorna ~* 공간적 거리; *vremenska ~* 시간적 간격 2. (태도의) (태도의) 소원, 격의, 서먹함 (suzdržljivost rezervisanost); *držati se (biti, stajati) na ~i* 거리감을 두다, 소원해하다

distancirati *-am* (完,不完) 1. 거리를 두다, 멀리하다, ~에서 떼어놓다 2. ~ *se* 거리를 두다; ~ *se od nekoga* 누구와 거리감을 두다; ~ *se od nečijeg mišljenja* 누구의 생각과 거리를 두다

distih (韻律) 대구(對句), 이행 연구(二行聯句)

distinkcija (~와의)차이, 차별

distinktivan *-vna, -vno* (形) 차이를 나타내는, 구별이 분명한; ~*vno obeležje* 차이를 나타내는 특징

D

123

distrakcija 1. 주의 산만, 방심; 정신이 흐트러짐 2. 기분 전환, 오락 (razonoda)

distribucija 분배, 배분; 배포, 배당, 배급 (raspodela, podela); ~ *električne energije* 전기 에너지 배급 distribucioni (形)

distribuirati *-am* (完,不完) 분배하다, 배포하다, 배급하다

distributer 분배(배포, 배달)자; 배급업자, 판매 대리점

distributivan *-vna, -vno* (形) 참조 distribucija; 1. 분배의, 배급의, 배포의; *~vne preduzeće* 배급 회사, 유통 회사 2. (文法) 배분적인

distrikt 1. 행정 지역(우리나라의 군(郡)과 도(道)사이의) (okrug, oblast) 2. 지역, 지구, 구역 (kraj, predeo, deo)

distrofija ~ *mišića* (病理) 근(筋)위축증

dišnī *-ā, -ō* (形) 호흡의 (disajni); ~ *organi* 호흡기관

ditiramb 1. 주신(酒神:디오니소스) 찬가 2. 열광적인 시(연설, 문장) ditirampski (形)

div *-ovi & -i* 1. (그리스신화) 거인; 큰 사나이, 힘센 사람 2. (비유적) 재능·지력·권력 등에서의 거인, 거장, 대가 3. (큰 의미를 지니는)거대한 건물 (džin)

diva (오페라·발레 등의) 주역 여성가수, 주역 여배우, (영화의) 아주 유명한 여배우; *filmska* ~ 유명한 여배우

divalj *-vlja, -vlje* (形) 참조 divlji

divan *-vna, -vno* (形) 1. 감탄을 자아내는, 아주 훌륭한, 아주 멋진; ~ *profesor* 멋진 선생님; *~vno dete* 훌륭한 아이 2. 아름다운, 너무 아름다운 (prekrasan); *~vna devojka* 너무 아름다운 아가씨; *~vna kuća* 너무 예쁜 집 3. 경이적인, 비범한, 평범하지 않은 (neobičan, čudesan, čudovištan); *~vna sila* 경이적인 힘

divan *-a* (男) 1. (歷) 위원회, 추밀원(옛 터키의); 근동 지방의) 의사실(議事室); 법정; 알현실; 황위(皇位), 왕위(王位) 2. 소파 (kanabe, otoman)

divanana, divanhana 1. (옛 보스니아 집들의) 응접실, 객실 2. 발코니 (doksat, trem)

divaniti *-im* (不完) 말하다, 대화하다; 한담을 나누다, 여담을 나누다 (govoriti, razgovarati, ćaskati)

divergencija 1. (의견 등의) 차이 2. (數)(物) 발산 3. (生) 분화 (생태 조건의 차이에 따른)

divergentan *-tna, -tno* (形) 분기하는, 갈라지는; (의견 등이) 다른, 서로 다른; *~tno kretanje* 서로 다른 움직임; *~tne težnje* 서로 다른 희망

divergirati *-am* (完,不完) 1. 분기하다, 갈라지다, 나뉘다 2. (生) (서로 다른 생활 조건하에서) 분화하다, 분화 발전하다

diversifikacija 다양화, 다양성; 다각화; ~ *privrede* 경제의 다양화

diverzant 1. 견제(양동)작전을 수행하는 사람, 적의 후방 교란작전을 수행하는 사람 2. (비유적) 사보타주를 일으키는 사람

diverzantskī *-ā, -ō* (形); 양동작전의, 후방 교란작전의; 사보타주의; *~a akcija* 사보타주 작전; *~a dejstva* 사보타주 활동; *~e jedinice* 사보타주 부대

diverzija 1. (軍) 견제 작전, 양동 작전 (적의 주의를 돌리기 위해 예기치 않은 방향에서 공격하는) 2. 적후방 교란작전; (외국 첩자들의 타국에서의) 사보타주 활동

dividend (數) 피제수(被除數)(deljenik)

dividenda (주식, 보험의) 배당금, 이익 배당; *isplaćivati ~e* 배당금을 지불하다; *ubirati ~e* 배당금을 받다

divit 필통 (kutija sa stvarima za pisanje)

diviti se *-im se* (不完) 감탄하다, 탄복하다, 찬찬하다; *mi joj se divimo* 우리는 그녀에 대해 찬탄을 금치 못한다

divizija 1. (軍) 사단; *pešadijska(oklopna, tenkovska)* ~ 보병(장갑, 탱크)사단 divizijski (形) 2. (數) 나눗셈

divljač (女) 1. 날짐승, 들짐승; 날짐승 고기 요리 2. 버려진 지역, 황폐화한 지역 3. (사람들의) 야만성, 거칠음

divljačan *-čna, -čno* (形) 거친, 난폭한; 야생의; 야만의

divljačiti *-im* (不完) 1. 야만인처럼 행동하다, 난폭하게 행동하다 2. ~ se 사람들을 피하다, 사회를 등지다

divljak 1. 야만인, 미개인 2. 난폭한 사람, 거친 사람 3. 야생에서 자생적으로 자라는 과일 나무 divljakinja, divljački (形)

divljaka 1. 자생적으로 생겨난 과일 나무 2. (비유적) 거친 성격의 여자

divljakinja 참조 divljak

divljan 1. (神話) 키클롭스(외눈의 거인), 외눈박이 2. 난폭하고 거친 야만적인 사람 (divljak)

divljanje (동사파생 명사) divljati; 야만적이고 거친 행동

divljaštvo 1. 야만, 잔인, 잔학, 거칠고 사나움 2. 야만적 행동, 잔인한 행동

divljati *-am* (不完) podivljati (完) 야만적으로 되다, 야만적 행동을 하다, 거칠고 흉포해지다,

divljenje (동사파생 명사) diviti se

divljī -ā, -ē (形) 1. 야생의, 자생(自生)의; (동물이)길들지 않은, 사람의 손이 닿지 않은; ~e životinje 들짐승; ~a mačka (動) 살쾡이, 도둑 고양이; ~a svinja 산돼지; ~a plemena 야만족; Divlji zapad (개척 시대의) 미국 서부지방; ~a ruža (植) (각종의) 야생 장미, 들장미; dođoše ~ pa isteraše pitome 누군가 완력으로 다른 사람의 자리를 차지할 때 사용하는 말 2. 거친, 사나운, 난폭한 (grub, surov, besan, neobuzdan); ~ beg 경황없이 도주하는 도망 3. 불법의, 허가(인가)받지 않은; ~a gradnja 불법 건물

divljina 1. 황폐함, 황량함 2. 흉포함, 잔인함, 잔혹함, 거칠음

divno (副) 훌륭하게, 멋지게

divojarac -rca (動) 샤무아(divokoza) 숫컷

divokoza (動) 샤무아(남유럽,서남 아시아산의 영양(羚羊)

divota 1. 장대한 것, 장관인 것, 화려한 것 2. (한정적 용법에서) 훌륭한, 아름다운 (divna); ~ devojka 아름다운 처녀

divotan -tna, -tno (形) 눈부시게 아름다운, 화려한, 장엄한 (prekresan, vrlo lep, divan)

divovskī -ā, -ō, divski (形) 참조 div: 거인의

dizač 들어 올리는 사람; ~ tegova 역도선수

dizajn 디자인

dizajner 디자이너

dizalica 1. 잭 (나사 잭, 수압 잭, 자동차 잭 등), 들어 올리는 기계(장치) 2. 크래인, 기중기; (화물 등을 들어올리는) 승강 장치, 엘리베이터 pokretna ~ 이동 크래인; brodska ~ 선박 크래인

dizaličar 크래인 기사, 기중기 기사

dizalo 1. 리프트, 엘리베이터 (lift) 2. 크래인, 기중기 (dizalica) 3. (男,中) 도둑 (lopov)

dizanje (동사파생 명사) dizati; 들어올림

dizati -žem (不完) 참조 dići

dizdar (歷) 성주(城主); 성문지기

dizenterija (病理) 이질; amebna ~ 아메바성 이질 dizenteričan (形)

dizenteričan -čna, -čno (形) 이질의, 이질성의; ~čna epidemija 이질성 전염병; ~ bolestnik 이질 환자

dizgin 고삐; držati ~e (u svojim rukama) 고삐를 움켜쥐다; pritegnuti ~e 고삐를 꽉 움켜쥐다, pustiti ~e 고삐를 놓다

dlaka 1. 털(동물의, 인체의), 머리카락; čovečija ~ 사람털; životinjska ~ 동물털; tražiti ~u u jajetu 따지기 위해 가장 사소한 것까지 파고 들다; za ~u me nije pregazio auto 거의 차에 치일 뻔 했다; on ne popušta ni za ~u 그는 한치도 양보하지 않는다; skidati ~u 털갈이 하다; cepati ~u na četvoro 아주 사소한 것도 따질 만큼 별별 것을 다 따지다; ~u po ~u 조금씩 조금씩; ići kome uz ~u 도전하다, 반항하다; mačja ~ 손가락이 부어오름; na ~u, u ~u(pričati, meriti) 하나도 빼먹지 않고 모든 것을 아주 상세하게, 자세히(이야기하다, 재다); neće ti pasti(faliti) ni ~ s glave 너한테 아무런 일도 일어나지 않을 것이다(없을 것이다); nemati ~e na jeziku 자기의 의견을 말하는 데 주저하지 않다; ni u ~u(za ~u) 조금도 (nimalo); od ~e do grede 가장 적은 것으로부터 가장 큰 것까지; probila ga je kozja ~ 흰머리가 나다; visi o dlaci (život) 생명이 커다란 위험에 처하다; ići kome niz dlaku ~ 에게 아첨하다, 비위를 맞추다 2. (식물의)잔털; list prekriven ~ama 잔털로 덮인 잎 3. 생선의 잔 가시

dlakav -a, -o (形) 1. 털이 많은, 털북숭이의 2. 잔 가시가 많은(생선이)

dlan 1. 손바닥; medveđi ~ (植) 어수리속(屬)에 속하는 약용식물; biće mrsnih ~ova 돈벌이(이익)가 있을 것이다; ~om o ~ udarati 사고파는 과정에서 흥정하다; dok bi ~om o ~ (udario) 빨리, 순식간에, 순간적으로; držati kao malo vode na ~u 애지중지하다, 소중히 여기다; gledaati u ~, čitati s ~a 손금을 보다; imati koga ili što već na ~u 성공이 확실하다, 성공이 보장되다; na ~u nositi 애정과 정성을 들이다; pljunuti na ~ove 일이나 과업을 진지하게 받아 들이다, 일에 착수하다; duvati u ~ove 게으름을 피우다, 일없이 빈둥거리다; ravno kao ~ (po ~u) 평평한, 완전 편평한; sa dva gola dlana (braniti se) 혼자서, 누구의 도움도 없이 (방어하다); svrbe ga ~ovi 주먹이 근질근질하다(누군가를 때리고 싶어서), 간절히 일하기를 소망하다; videti kao na ~u 분명하고 명확하게 보다(들여다 보다)

dleto 끌, 조각칼, (조각용) 정; kiparsko ~ 석수장이용 정; bravarsko ~ 열쇠공용 끌

dnevnī -ā, -ō 1. 낮의, 하루의, 일일의; ~ pazar 하루 매상; ~a zarada 하루 수입; ~a soba 응접실, 거실 2. 매일의, 나날의 (svakodnevni); ~ listovi 일간지; ~ red 의사일정(議事日程) 3. 일상의 (svakodašnji)

dnevnica 1. 일당(하룻동안의 임금) 2. 일일 수당(공무를 수행한 대가의)

dnevničar 일당 노동자, 날품팔이 노동자

D

dnevnik 1. 일기, 일지; *voditi* ~ 일지를 쓰다; *brodski* ~ 선박 일지 2. 일간지(日刊紙), 일간 신문 3. (라디오·TV의) 뉴스, 뉴스 방송; *televizijski* ~ 텔레비전 뉴스; *slušati* ~ 뉴스를 듣다 **dnevnički** (形)

dnevno (副) 하루에, 하룻 동안에; *pet puta* ~ 하루 다섯 번

dno 1. 하상(河床), 하천 바닥, 호수 바닥, 강바닥, 바다 바닥; ~ *reke* 강 바닥; *morsko* ~ 바다 바닥 2. 바닥(배, 그릇, 수조 등의); ~ *društva* 사회의 밑바닥층, 사회의 쓰레기; *do dna duše uvrediti* 심히 모욕하다; *do dna (iskoreniti, poznavati)* 완전히(근절시키다, 알다); *dospeti do dna* 바닥까지 떨어지다(경제적으로); *iz dna duše (mrziti)* 마음속 깊숙이 (미워하다); *s vrha do dna* 정상에서 바닥까지; *u laži je plitko* ~ 거짓말은 쉽게 탄로난다; *na dnu (u dnu) duše* 비밀스럽지만 진실로; *pogledati čaši u* ~ 술잔을 비우다 2. 끝 (kraj, svršetak čega); *na dnu sela* 마을의 끝자락에

do (男) (*dola; dolovi*) **dol** 계곡, 골짜기; *govoriti s brda s dola* 논리에 맞지 않게 이야기하다; *po gorama, po dolama* 사방에서; *za gorama, za dolama* 멀리서

do (前置詞,+生格) 1. ~까지; ~ *reke* 강까지; *od vrha* ~ *dna* 꼭대기에서 바닥까지; *on je otišao* ~ *pijace* 그는 시장까지 갔다; *sada je pet* ~ *tri* 지금 3시 5분전이다; *od srede do petka* 수요일부터 금요일까지; *do pre nekoliko godina* 몇 년전까지 2. ~전 까지; ~ *rata* 전쟁전까지 3. 옆에, 바로 근처에; *sedi do mene* 내 옆에 앉아; ~ *parka* 공원 옆에 4. 기타; *tebi je* ~ *smeha, a meni* ~ *plača* 너는 웃음 직전이고 나는 울음 직전이다; *njemu je samo* ~ *jela* 그는 오로지 음식 생각 뿐이다; *mnogo mu je stalo do toga* 그는 그것에 대한 생각으로 가득하다; *ne stoji to* ~ *mene* 그것은 나한테 달려있는 것이 아니다(나와는 상관없다); *krivica nije* ~ *mene* 내가 잘못한 것이 아니다

do (副) 1. 약, 대략, 대충; ~ *5 kila* 약 5킬로그램 2. 단지, 오로지, ~를 제외하고는 (samo, jedino); *ne jede ništa* ~ *suva hleba* 마른 빵을 제외하고는 아무것도 먹지 않는다

do- (복합 동사의 접두사로서) 1. (기본 동사 뜻의 완료를 나타냄); *dozreti* 완전히 익다 (숙성하다); *dočitati* 읽다, 다 읽다 2. (일정한 기간까지의 도달); *doživeti* 겪다, 경험하다 3. (누가 어느 장소까지 도착하게 하다); *dovesti* 인도하다, 안내하다; *doterati* 쫓다,

추방하다 4. (이전에 마치지 못한 일을 완료하게 함, 기본 동사가 의미하는 일을 완료하게 하거나 추가함); *dozidati* 증축하다; *doliti* 더 따르다; *dopuniti* 채우다

doajen (단체의) 최고참자, 최연장자, 원로; ~ *diplomatskog kora* 외교단장

dob –*i* (女) 1. 나이, 연령; *čovek srednje* ~*i* 중년의 남자 2. 계절; 분기(分期) 3. (地質) 기(期)

doba (中) 1. (地質) 대(代), 기(期); 시대; *ledeno* ~ 빙하기; *kameno* ~ 석기 시대; *paleolitsko(neolitsko)* ~ 구(신)석기 시대, *bronzano(železno)* ~ 청동기(철기) 시대 2. 시간, 시간대; 기간, 시절; *koje je* ~ ? 지금 시간이 어떻게 됐느냐?; *u gluvo* ~ 한 밤중; *u svako* ~ 언제라도; *cvetno(zlatno)* ~ 황금기; *morsko* ~ 밀물과 썰물; *lučko* ~ 간조와 만조의 시간차; *mirno* ~ 평화기(期), *na* ~*u*, *za* ~*e* 적기에, 제때에; *u srećno* ~ 아직 모든 것이 붕괴되지 않았을 때; *u zlo* ~ 혼란기에, 너무 늦은; *prelazno* ~ 갱년기 3. 계절, 철; *godišnje* ~ 계절; *letnje* ~ 여름철

dobaciti –*im* (完) **dobacivati** –*cujem* (不完) 1. 내던지다, 내팽개치다 2. (비유적) 야유의 말을 던지다, 모욕적인 말을 내뱉다; *iz publike su dobacivali govorniku* 관객들이 연사에게 야유를 보냈다

dobar *dobra, dobro; dobri* (形) 1. (품질 등이) 좋은, 훌륭한, 뛰어난 (反; loš, rđav, zao); ~ *materijal* 좋은 재료; ~ *način* 좋은 방법; ~ *izbor* 좋은 선택; *on nije lukav, nego* ~, *predusretljiv* 그는 교활하지 않고 성격이 좋고 배려심이 있다 2. 상당한, 많은, 커다란 (priličan, znatan, velik); ~ *deo svog života* 자기 인생의 상당 부분 3. 건강한, 튼튼한 (jak, zdrav); *ti imaš* ~*bre oči, Blago tebi!* 너는 건강한 눈을 가졌다, 좋겠다! 4. 평판이 좋은, 명망있는; 부유한, 재산이 많은, 재력 있는 (imućan; ugledan); *to je bila* ~*bra trgovačka kuća* 그것은 재력 있는 상인 명문가였다; *ja sam iz* ~*bre porodice* 나는 명망있는 집안 출신이다 5. 다산의, 풍년의 (rodan, plodan); *kad god je zima mokra na početku, a suha na kraju, zna se da će biti* ~*bra godina* 초겨울에 습기가 많고 늦겨울에 건조하다면 풍년이 들 것이라고 다들 알고 있다 6. ~에 좋은(유용한) (koristan) 7. 효능이 있는, 약효가 있는; *čaj za kašalj* 기침에 좋은(효능이 있는) 차(茶); *trava za koju kažu da je od očiju* ~*bra* 사람들이 말하는 약초는 눈에 좋은 것이다 8. 비

126

싼 (skup); *hvalio se kako će ih za ~bre novce prodati* 그것들을 좋은 가격에 팔 것에 감사했다 **9.** 좋은, 기분좋은, 유쾌한 (*ugodan, prijatan*); *~bri miris smole ... ispunjavao je ceo vazduh* 송진 향기가 전체 공기에 퍼졌다 **10.** 기타; *biti ~bre volje* 1) 기분이 좋다 2)술에 취하다; *biti kome ~* 누구의 친구이다, 누구의 친구가 되다; *biti s kim ~* (*na ~broj nozi*) 누구와 좋은 관계이다(좋은 관계를 유지하다); *dati s ~bra srca* 기꺼이 주다; *~ dan, ~bro jutro, ~bro veče* 인사(낮·아침·저녁); *imati ~ nos* 냄새를 잘 맡다(잘 눈치채다, 잘 알아채다); *nisam nešto ~* 컨디션이 안좋다, 몸이 뭔가 찌뿌듯하다; *od ~bre volje* 자발적으로; *i mi ne idemo od ~bre volje, već što moramo* 우리는 자발적으로 가는 것이 아니라 가야 되기 때문에 간다; *stajati (biti) ~ za koga* 누구를 보증하다; *tvoja ~bra volja* 네가 원하는 대로; *u ~ čas* 적기(適期)에

dobatrgati *-am* (完) 간신히 비틀거리며 가다 (오다) (*jedva doći nesigurnim koracima*)

dobauljati *-am* (完) 기어가다, 기어오다

dobava 참조 dobavljanje; 공급; *~ životnih namernica* 생활 식료품 공급; *~ lekova* 약품 공급

dobaviti *-im* (完) **dobavljati** *-am* (不完) **1.** 공급하다(받다), 제공하다(받다), 확보하다 (*nabaviti, obezbediti*); *~ hranu* 음식을 공급하다; *~ knjigu* 책을 공급하다 **2.** 누가 오도록 하다 (*učiniti da ko dođe*); *~ majstora* 기술자가 오도록 하다, 기술자를 확보하다

dobavljač 공급업자, 제공자; 원료 공급국(지); 제품 제조업자

dobavljanje (동사파생 명사) dobavljati

dobavljiv *-a, -o* (形) 공급받을 수 있는, 확보할 수 있는

dobazati *-am* (完) 어슬렁거리면서 오다 (*bazajući doći*)

dobeći, dobegnuti *dobegnem* (完) **dobegavati** *-am* (不完) **1.** 위험을 피해 도망쳐 오다(가다) **2.** (처녀가)부모의 뜻에 반해 남자친구에게 도망치다

dobeglica **1.** (男,女) 도망자 (*begunac, prebeg*) **2.** 남자친구네 집으로 도망친 아가씨(처녀)

dobegnuti *dobegnem* (完) 참조 dobeći

dobežati *-im* (完) **dobežavati** *-am* (不完) 참조 dobeći

dobijati *-am* (不完) 참조 dobiti

dobit, dobitak *dobici* (女) 이익, 이윤, 소득;

득(得), 덕 (*profit, korist, zarada*)

dobiti *dobijem*; *dobio, dobila*; *dobit & dobiven, dobijen, dobijena* (完) **dobijati** *dobijam*, **dobivati** *-am* (不完) **1.** 받다, 수령하다, 손에 넣다, 획득하다; *~ pismo* 편지를 수령하다. *~ nalog* 명령을 받다; *~ odgovor* 대답을 받다; *~ novac* 돈을 수령하다; *~ na dar* 선물을 받다; *~ većinu glasova* 과반수의 투표를 획득하다; *dobićeš batine* 너 매 맞을꺼야!; *~ korpu* (卑語) 거절당하다; *~ zadatak* 임무를 부여받다; *~ šipak(brus)* 아무것도 얻지를 못하다; *dobio je kijavicu* 감기에 걸리다; *~ po prstima (po njušci)* (卑語) 거칠게 제지당하다; *~ robiju* 징역형을 선고받다; *~ nogom* (卑語) 추방당하다, 제명당하다; *~ pod nos* 비난받다, 야단맞다 **2.** 이기다, 승리하다; *~ utakmicu* 경기에 승리하다; *~ parnicu* 소송에서 이기다 **3.** 얻다, 벌다; *~ vremena* 시간을 벌다; *~ u težini* (몸)무게가 불다; *~ u značaju* 중요성을 획득하다

dobitnik 승리자, 우승자, 수상자, 입상자, 수령자, 수납자; 당첨자; *~ na lutriji* 복권 당첨자; *~ Nobelove nagrade* 노벨상 수상자

dobivalac *-aoca* 수령인; *~ penzije* 연금 수령인

dobivati *-am* (不完) 참조 dobiti

doboga 1. (副) 정말로, 참으로 (*veoma, jako, silno*); *leni su ~* 정말로 게으름뱅이들이다 (*veoma, jako, silno*) **2.** (感歎詞) (놀람을 나타내는) 아~, 어~ (*zaboga, jao*)

doboš 북, 드럼; 북 모양의 것(*bubanj*); *doći će mu ~ pred kuću, zalupaće mu ~ pred kućom* 빚이 너무 많다, 채무변재를 위해 그의 재산이 경매에 넘어갈 것이다; *otići na ~* (부동산이) 경매에 넘어가다; *udariti (tajnu) na ~* (비밀을)공개하다, 발표하다; *udarati u ~* 드럼을 연주하다

dobošar 드럼 연주자 (*bubnjar*)

dobovati *-bujem* (不完) **1.** 북·드럼을 치다(두드리다) (*bubnjati*) **2.** 세게 치다(때리다); *~ nogama po nečemu* 무엇을 발로 세게 차다 **3.** 두드리다(둔탁한 소리를 내면서), 가볍게 치다 (*lupkati*); *kišne kapi dobuju po krovu* 빗방울이 지붕을 톡톡 두드렸다; *~ prstima po stolu* 손가락으로 테이블을 가볍게 두드리다 **4.** (북이) 둔탁한 소리를 내다, 둔탁하게 울리다 **5.** (북을 두드리며) 선포하다, 공포하다

dobrac (病理) 홍역 (*ospice, male boginje*)

dobrati *doberem* (完) **1.** 채집을 마치다(끝내다) (*svršiti branje*) **2.** 채집을 더 하다;

127

dobrao je još nekoliko ruža 장미 몇 송이를
더 꺾었다

dobričina (男) 온화한 사람, 부드러운 사람, 성
격이 좋고 온화한 사람(남자)

dobrim (副) 좋게, 완만하게 (na dobar, lep
način)

dobro (中) 1. 재산, 부동산; *državno(javno)* ~
국가(공공) 재산 2. (문화적, 물질적) 재산,
보물 3. 복지, 복리, 안녕 (blagostanje,
uživanje, povoljni životni uslovi) 4. 좋은
것; 선량, 착함, (dobrota); *daleko je od ~a*
착함과는 거리가 멀다, 악이다; *dati s ~a* 좋
게 주다; *deliti s kim ~ i zlo* 동거동락하다;
svako zlo ima svoje ~ 불행중에도 무언가
좋은 것(유익한 것)이 있다 5. 친절

dobro (副) 참조 (dobar); 좋게, 훌륭하게; ~
došao 환영하다; *on ~ govori ruski* 그는 러
시아어를 훌륭하게 구사한다; *biti ~ zapisan*,
~ *stajati kod nekoga* 누구의 신뢰를 한 껏
누리다; ~ *proći* 잘 통과하다, 성공하다; *ide
mu ~* 일이 잘 풀리고 있다; ~ *se najesti* 잘
먹다, 배불리 먹다; *odelo ti ~ stoji* 옷이 너
한테 잘 어울린다

dobrobit (女) 복지, 복리; 득(得), 이득, 덕
(blagostanje, korist)

dobročinac –oca, **dobročinitelj, dobročinilac** 1.
선행을 베푸는 사람, 은혜를 베푸는 사람,
후원자 2. 기부자, 기증자

dobročinstvo 선행, 인도주의적 행동(행위);
činiti ~a 선행을 행하다; *zahvaliti za* ~ 선행
에 감사해 하다

dobroćudan –dna, –dno (形) 1. 마음씨 좋은,
좋은 성격의, 선량한, 온화한; ~ *čovek* 마음
씨 좋은 사람; ~ *izraz lica* 온화한 얼굴 표
정; ~dne *oči* 부드러운 눈길, 온화한 눈(길)
2. (醫) 치료 가능한, 치료할 수 있는, 순한
(암이); ~dni *tumor* 치료 가능한 암

dobroćudnost (女) 마음씨 좋음, 좋은 성격, 선
량함, 온화함

dobrodošao –šla, –šlo (形) 적기(適期)에 온(도
착한·당도한), 때 맞춰 온(당도한·도착한); 환
영받는, 알맞은(적절한), 유용한; *ovaj novac
mi je baš* ~ 이 돈은 참으로 필요할 때 생겼
다; *ova ponuda mu je* ~šla 이 제안은 그에
게 적기에 제안되었다

dobrodošlica 1. 환영의 인사말, 환영사;
poželeti kome ~u 환영하다(누구를);
pozdraviti nekoga ~om 누구에게 환영의 인
사말을 하다 2. 환영 건배, 환영 건배잔;
dočekati svatove ~om 건배잔을 들고 하객
들을 맞이하다 3. 진심어린 영접, 리셉션

(srdačan doček); *prirediti nekome* ~u 누구
를 환영하는 리셉션을 열다

dobrodušan –šna, –šno (形) 마음씨 좋은, 좋
은 성격의, 온화한; ~ *osmeh* 온화한 미소;
~ *glas* 부드러운 목소리

dobrojati, dobrojiti –im (完) 끝까지 세다(세지
않은 숫자까지), ~까지 세다; ~ *do 500* 500
까지 세다

dobrohotan –tna, –tno (形) 선의의, 호의적인,
친절한

dobrohotnost (女) 선의, 호의, 친절

dobrojutro (中) 1. 행복, 기쁨; 복덩이 (sreća,
dobro) 2. (반어적) 불행, 불운 (nesreća, zla
sudbina, zlojutro); *videti svoje* ~ 자신의
불행을 보다

dobronameran –rna, –rno (形) 선의의 (反:
zlonameran); ~rna *opomena* 선의의 경고;
~ *savet* 선의의 충고

dobrostojan –jna, –jno (形) 물질적으로 풍요
로운, 기반이 잘 닦인(물질적으로)

dobrosusedskī –ā, –ō (形) 이웃과 사이가 좋은,
선린(善隣)의; *unapređenje* ~h *odnosa među
državama* 국가간의 선린관계 증진

dobrota 1. 선의, 호의, 친절; *čovek poznat po
~i* 호의로 유명한 사람 2. (비유적) 선의의
사람, 호의적인 사람, 인간성이 좋은 사람;
on je sušta ~ 그는 정말 좋은 사람이다 3.
좋은(선의의·인도적인·고귀한) 행동; *činiti ~u*
훌륭한 행동을 하다

dobrotvor 1. 독지가, 자선가, 후원자; *biti
nečiji* ~ 누구의 후원자이다 2. 기부자(인도
적 목적으로 어떤 단체 등에 재산을 기부하
는)

dobrotvoran –rna, –rno (形) 자선의, 박애의;
인도적인, 인도주의적인; ~rna *ustanova* 자
선단체; *priredba u* ~rne *svrhe* 자선 목적의
공연; *pokloniti nešto u* ~rne *svrhe* 인도적
목적으로 무엇을 선물하다; *održati* ~rnu
priredbu 자선 공연을 거행하다

dobrotvornost (女) 자선(행위), 자선 사업

dobrovoljac –ljca 지원병, 의용병; 자원 봉사자,
지원자; (*pri)javiti se u* ~ljce 자원 입대하다
dobrovoljački (形); ~ *odred* 지원병 분대

dobrovoljan –ljna, –ljno (形) 자발적인, 자진의,
지원의; ~ljna *vatrogasna družina* 의용소방
대; ~ljni *prilog* 자발적 기부; ~ *rad* 자발적
인 일; ~ljna *vojska* 지원군; ~ljni *davalac
krvi* 헌혈자

docent 조교수(대학의) **docentski** (形)

docentura 조교수직(職); *dobiti* ~u 조교수직을
얻다

docirati *-am* (不完) (고등교육기관에서) 연구하다, 강연하다, 가르치다; (비유적) 자기의 의견을 너무 학술적으로 말하다; 기존의 학설을 비판하다

dockan (副) 늦게 (kasno); *voz je stigao ~* 열차가 연착했다; *sad je ~!* 지금은 너무 늦었다

docniti *-im* (不完) 늦다, 늦게 도착하다, 지각하다 (kasniti, zakašnjavati); *voz docni 20 minuta* 기차가 20분 늦게 도착한다; *~ na čas* 수업 시간에 지각하다

docnolegalac *-aoca* 늦게 잠자리에 드는 사람, 올빼미처럼 밤에 활동하는 사람

docvasti *-atem* (完) 꽃이 시들다, 시들어 죽다

docvetati *-am* (完) **docvetavati** *-am* (不完) 꽃이 시들다, 시들어(말라) 죽다

dočarati *-am* (完) **dočaravati** *-am* (不完) 주문을 외어(마법을 써서) 나타나게 하다, 불러내다 (영혼, 귀신 등을); 상상으로 나타나게 하다, 상상으로 만들어 내다

doček 응접, 접대, 영접; 환영, 환영회, 리셉션; *srdačan ~* 따뜻한 영접; *~ Nove godine* 신년맞이

dočekati *-am* (完) 1. 기다리다, 기대하다 2. 대기하다, 영접하다, 만나려고 기다리다; *~ s dobrodošlicom* 환영하며 영접하다; *dočekaću te na stanici* 정류장에서 너를 기다릴께 3. 겪다, 경험하다 (doživeti); *dočekali su da im sin postane ubica* 그들은 자신의 아들이 살인자가 되는 아픔을 겪었다 4. 준비한 듯 빨리 대답하다, 계속 진행하다 (대화에서) 5. 받다 (prihvatiti); *mene je bacio uvis kao loptu i dočekao na ruke* 마치 나를 공처럼 위로 던진 다음 손으로 받았다 6. *~ se* (na što) 안전하게 떨어지다(다치거나 부서지지 않고); *mačka se uvek dočekuje na noge* 고양이는 항상 발로 안전하게 떨어진다(착륙한다)

dočepati *-am* (完) 1. 꽉 움켜쥐다, 붙잡다, 붙들다; *~ nekoga za kosu* 누구의 머리채를 꽉 움켜쥐다 2. *~ se* 힘들게 붙잡다(기회 따위를), 간신히 성공하다; *dočepao se vlasti* 기는 모든 난관을 극복하고 권력을 움켜쥐었다; *~ se vrha* 정상에 도달하다

dočim (接續詞) (廢語) 참조 dok

dočitati *-am* (完) 끝까지 다 읽다; 마저 다 읽다(이전에 다 못 읽은 것을); *~ knjigu* 책을 다 읽다

dočuti *-ujem* (完) 듣다, 들어 알아내다

doći *dođem*; *došao, došla* (完) **dolaziti** *-im* (不完) 오다, 가다, 도착하다, 도달하다; *došli smo vozom* 기차로 왔다; *~ na vreme* 정각에 오다; *~ u dodir* 접촉에 다다르다; *sad on dolazi na red* 이제 그의 차례이다; *~ na svet* 태어나다; *~ na vlast* 권력을 잡다; *~ će vrag po svoje* 언제든지 당할 수 있다, 언제든지 자기 죗값을 치를 것이다; *~ daleko* 커다란 발전을 이룩하다; *~ do gusta* 위험에 점점 다가가다, 긴장상태에 이르다 (도달하다); *~ do izraza(izražaja)*, *~ na površinu* 분명해지다, 명백해지다; *~ do mesta(službe, kruha, hleba)* 일자리를 얻다, 밥벌이를 하게 되다; *~ do pameti* 현명해지다; *~ do reči* 말할 기회를 잡다, 발언권을 얻다, 말다툼하다; *~ do slave* 유명해지다; *~ do ušiju* 듣다, 들어 알다; *~ do uverenja* 확신하다; *~ kome do grla(nosa)*, *~ kome dovrh glave* 누구를 성가시게 굴다; *~ (k) sebi* 정신을 차리다; *~ na glas* 명성을 얻다, 유명해지다; *~ na kraj s kim(čim)* 다스리다, 통치하다, 정복하다, 정벌하다; *~ na noge kome* 무릎을 꿇다, 굴욕적으로 간청하다; *~ na prosjački štap, ~do prosjačkog štapa* 완전 빈털터리가 되다; *~ na snagu* 강해지다; *~ na videlo* 보여지다, 주목을 끌다; *~ na zelenu granu* 물질적으로 일어나다, 성공하다; *~ pod ruku kome* ~을 움켜쥐다; *~ u ćorsokak* 막다른 골목에 부딪치다, 탈출구가 없다; *~ u obzir* 고려하다; *~ u susret* 도와주다; *došla kosa na brus* 더 이상 현상태를 유지할 수 없다, 뭔가 쇄신이 필요하다; *došlo pa prošlo* 나타나자 마자 사라졌다; *idi mi - dođi mi* 뭔가 정상이 아니다, 뭔가 이상하다

doda 참조 dodola

dodajnī *-ā*, *-ō* (形) 부수적인, 추가적인 (dodatni)

dodatak *dodaci* 1. 부가물; 부록, 추가, 부가 2. 수당; *dečji ~* 아동 보조금(다산 장려책의); *~ za hranu* 식대; *terenski ~* 현장 수당; *~ na invalidnost* 장애자 수당 3. (文法) 보어 (補語)

dodati *-am* (完) **dodavati** *dodajem* (不完) 1. 더하다, 보태다, 추가하다 (反: oduzeti); *~ dva jajeta(malo soli, malo vode)* 계란 2개 (약간의 소금, 약간의 물)를 더하다; *~ drva na vatru* 불에 나무를 더 올려 놓다 2. 주다, 건네주다 (dati); *dodaj mi so* 소금 좀 집어 줘 3. (스포츠) 패스하다, 공을 연결해 주다 4. 속도를 높이다; *~ gas* 가속 패달을 밟다, 속도를 높이다

dodatnī *-ā*, *-ō* (形) 추가적인, 부가적인, 부수적인; *~a sredstva* 추가 재원; *~ zvučnik* 덧

D

129

붙인 스피커

dodavanje (동사파생 명사) dodavati; ~ *gasa* 속도를 증가시킴, 가속

dodeliti -im (完) **dodeljivati** -ljujem (不完) 분배하다, 배당하다, 할당하다(의무로서); 주다, 수여하다(상 등을); ~ *nekome kredit* 대부해 주다; ~ *nekome stipendiju* 장학금을 수여하다

dodijati -am (完) **dodijavati** -am (不完) 1. 지루하게(따분하게)하다; 괴롭히다, 귀찮게(성가시게) 굴다; *stalno mi dodivaja s istom molbom* 계속해서 똑같은 청을 하면서 나를 귀찮게 한다 2. 손해를 입히다

dodir 접촉, 만짐; *doći u ~ s kim* 선을 대다, 연락이 이뤄지다, (軍)적군과 첫 전투가 벌어지다

dodiran -rna, -rno (形) 연결하는; ~*e tačke* 연결 점, 공통 분모

dodirivati -rujem (不完) 참조 dodirnuti

dodirkivati -kujem (不完) 참조 dodirnuti

dodirnuti -em (完) **dodirivati** -rujem (不完) (손, 손가락 등을)대다, 만지다, 접촉하다; *dodirni ovaj materijam* 이 재료 좀 만져봐!; *žice su se dodirnule* 선들이 서로 부딪쳤다

dodola (民俗) 1. 가뭄이 들었을 때 옷에 꽃이나 풀 등을 꽂고 <오이 도도, 오이 도돌레!> 라는 노래를 부르며 동네를 다니면서 비가 내리도록 기도하며 돌아다니는 사람(청년 혹은 처녀) **dodolski** (形); ~*a pesma* 기우(祈雨) 노래 2. 멋없이 옷을 입은 여자

doduše (副) 정말로, 진짜로 (doista, stvarno)

dodvoriti se -im se (完) **dodvoravati se** -am se (不完) 아첨하다, 알랑거리다, 환심을 사려 노력하다; *dodvorio se šefu* 그는 자기 상사에게 아첨했다

doga (動) 큰 맹견(猛犬)의 일종

događaj 사건, 경우; 중요한 행사, 주요 행사; *važan ~* 주요 행사; *nemio ~* 사고, 사건

događati se -a se (不完) 참조 dogoditi se

doglavnik 부장(副長), 장(長)의 최측근 (onaj koji je prvi do poglavara)

dogled 1. 시야, 시계(視界), 전망(vidik, pogled) 2. 시계(視界)가 탁 트인 곳, 전망을 잘 볼 수 있는 장소 3. 망원경 (dalekozor, durbin)

dogledan -dna, -dno (形) 예견되는, 예견할 수 있는; 멀지 않은 장래에; *u ~dno vreme* 예측가능한 미래에, 멀지 않은 장래에

dogma 1. 교의, 교리 2. 정설(定說), 정론(定論)

dogmatičan -čna, -čno, **dogmatički** -ā, -ō (形) 1. 교의의, 교리의; 교의상의, 교리에 관한 2. 독단적인

dogmatičar, dogmatik 맹목적인 교리 신봉자; 교리론자, 교의학자

dogmatika 교리론, 교의(敎義)학

dogmatizam -zma 독단주의, 독단론

dogmatski -a, -o (形) 참조 dogmatičan

dognati -am & **doženem** (完) **dogoniti** -im (不完) (마,소를)몰다, 내몰다, 몰아가다; ~ *stoku na pijacu* 짐승을 시장으로 몰아가다

dogod 참조 dokle god

dogodine (副) 내년에; ~ *ću imati pravo da se javim na praktični ispit* 내년에는 실기 시험에 응시할 권리를 가지게 된다

dogodišnjī -ā, -ē (形) 내년의, 내년에 있을(예정된); ~*e letovanje* 내년 여름 휴가

dogoditi se -i se (完) **događati se** -a se (不完) 일어나다, 발생하다, 생기다; *šta se dogodilo?* 무슨 일이 있었느냐?; *dogodile su se velike promene* 큰 변화가 있었다; *dogodila mu se nesreća* 그에게 사고가 생겼다; *to se često događa* 그런 일은 자주 발생한다; *kako se to dogodilo?* 어떻게 그런 일이 일어났느냐?

dogodovština 1. 사실, 있었던 일 (činenica, delo) 2. 사건, 사고, 행사 (događaj, doživljaj)

dogola (副) 나체가 될 때 까지, 알몸이 될 때 까지; *svući se* ~ 완전히 발가벗다

dogon 몰이(가축의) (doterivanje); ~ *stoke na tržište* 시장으로 가축을 몰고 감

dogoniti -im (不完) 참조 dognati

dogoreti -im (完) **dogorevati** -am (不完) 1. (촛불 등이) 끝까지 타다, 완전히 타다; (do nečega) (일정 부분의) ~ 까지 타다; *vatra(sveća) je dogorela* 불(촛불)이 완전히 탔다; *dogorelo mi je do nokata* 더 이상 감내할 수 없는 상태가 되었다, 2. 태우다 3. (비유적) (보통 se 와 함께) 한계에 다다르다, 더 이상 어떻게 해볼 도리가 없다(견딜 수 없게 되다) (dogustiti, dojaditi); *kad mu dogori, beži od kuće* 더 이상 어떻게 해볼 수 없게 되었을 때, 그는 집에서 도망친다

dogovarati se -am se (不完) 참조 dogovoriti se

dogovor 1. 합의, 약속; *po ~u* 합의에 따라, 약속에 따라; *doneti ~* 합의하다; *potpisati ~* 합의에 서명하다 2. 협상, 회담, 회의; 합의를 위한 회의; *sazvati na ~* 회의를 소집하다; *doći na ~* 회의에 오다; *rešiti na ~u* 회담에서 해결하다; *otkazati ~* 회담을 취소하다 3. 기타; ~ *kuću gradi* 합의로 많은 것을 이룰 수 있다(얻을 수 있다); *kao po ~u* 마치 사전에 합의된 것 처럼; *u ~u s nekim* 누

구와 합의하에

dogovoran -rna, -rno (形) 합의의, 합의에 따른, 약속에 따른

dogovoriti -im (完) 1. 끝까지 말하다, 전부 말하다 (dokraja reći) 2. 설득하다, 충고하다 (nagovoriti, savetovati); ne možeš mu ~ 또는 nem može mu se ~ 그를 설득할 수 없다 3. 참조 ~ se 4. ~ se 약속하다, 합의하다; mi smo se dogovorili da prodamo sve 모든 것을 팔기로 합의했다; ~ se o nečemu ~에 대해 합의하다, 약속하다

dogovornik 합의 당사자, 약속 당사자

dogovorno (副) 합의에 따라; to smo učinili ~ 우리는 합의에 따라 그것을 했다

dograbiti -im (完) (차지하기 위해)꽉 움켜쥐다, 잡아채다; ~ se čega 꽉 움켜쥐다, 붙잡다, (기회 등을) 놓치지 않고 잡다

dograda, dogradak -atka 증축 건물, 별관, 별채 (dogradnja)

dograditi -im (完) **dograđivati** -đujem (不完) 1. 완공하다, 건물을 끝까지 다 짓다, 건축을 완성하다 2. 증축하다, 별채를 짓다, 별관 건물을 짓다; ovaj zamak je nekoliko puta dograđivan 이 성채는 수 차에 걸쳐 증축되었다; ~ krilo 별채를 짓다

dogradnja 1. 증축 2. 증축물, 별관 건물, 별채

dogrdeti -im (完) 지루하게(따분하게)하다; 괴롭히다, 귀찮게(성가시게) 굴다 (dosaditi, dojaditi, dodijati)

dogrditi -im (完) 참조 dogrdeti; dogrdio mu je život 그는 삶이 귀찮아졌다(지루해졌다)

dogurati -am (完) 1. 밀다, 밀어 움직이다, 밀고 나가다; dogurao je auto do garaže 차를 차고까지 밀었다; ~ cara do duvara 막다른 골목까지 몰고 가다 2. (비유적) 승진하다, 진급하다 (unapredovati); dogurao je preko svojih veza do direktora 그는 자신의 연줄을 통해 사장까지 승진했다

dogustiti dogusti (完) (無人稱文으로) (nekome) 어려움에 처하다, 어찌할 수 없게 되다; dogustilo mu je 그는 어려운 상황에 처했다; kad mu dogusti, zove nas u pomioć 그 사람이 어찌할 수 없을 때, 우리에게 도움을 청한다

dohitati -am (完) 급하게 오다, 서둘러 오다 (hitati)

dohititi -im (完) 집다, 잡다, 붙잡다 (dohvatiti)

dohod 1. 입구, 출입구, 현관 (ulaz) 2. 도착 (dolazak) 3. 수입 (prihod, dohodak)

dohodak -tka; dohoci, dohodaka 1. 수입, 수익, 소득 (prihod); godišnji ~ 연간 소득; čist (bruto) ~ 순(총)소득; nacionalni ~ 총 국민소득; ~ po stanovniku 1인당 국민소득; porez na ~ 소득세; ~ od autorskih prava 인세, 저작권 소득 2. 도착 (dohod)

dohraniti -im (完) **dohranjivati** -njujem (不完) 1. 먹을 것을 주다, 먹이다; 부양하다, 먹여 살리다 (일정 시점까지, 혹은 죽을 때 까지); ona ga je dohranila do škole 그녀는 아이가 학교에 들어갈 때까지 떠 먹여 주었다 2. 보존하다 (sačuvati, dočuvati) 3. 준비하다 (spremiti, pripremiti)

dohrliti -im (完) 급히 오다, 서둘러 오다

dohvat 범위, 한도(움켜 쥘 수 있는, 도달할 수 있는) (domet); na ~u ruke 손을 뻗어 잡을 수 있는 범위의, 아주 가까운

dohvatiti -im (完) **dohvatati, dohvaćati** -am (不完) 1. 손으로 움켜쥐다, 손을 뻗어 잡다; dohvatio je njenu ruku 그는 그녀의 손을 잡았다 2. 도달하다, 당도하다 (dosegnuti, dopreti); ko je dovoljno visok da dohvati čaše? 누가 컵을 내릴만큼 크냐? 3. 치다, 때리다 (udariti); dohvati Stojana čibukom po glavi 곰방대로 스토얀의 머리를 툭툭 쳤다 4. ~ se (기회 따위를) 붙잡다, 포착하다; ~ se posla 직장을 얻다; dohvatio se novca 돈을 얻다; ~ se u koštac 레슬링 자세를 취하다, 대결전을 시작하다

doigrati -am (完) **doigravati** -am (不完) 1. 경기를 마치다, 춤을 다 추다, 마치다(춤, 경기를); ~ ples 춤을 다 추다; ~ fudbal 축구경기를 끝내다 2. 춤을 추면서(깡충 깡충 뛰면서, 훨훨 날아서) 오다

doimati se -am se & -mljem se (不完) 참조 dojmiti se

doista (副) 참말로, 정말로, 진실로

dojaditi (se) (無人稱文으로) 견딜 수 없게 되다, 참을 수 없다, 따분해지다 (dozlogrditi, dosaditi, postati mrsko); pobegla je od kuće, jer joj je dojadilo svađati se stalno sa svekrvom 시어머니와 끊임없이 다투는 것도 참을 수 없게 되어 집에서 나왔다

dojahati -šem (完) 말을 타고 오다(도착하다)

dojam -jma; dojmovi 인상 (utisak); ostaviti dubok ~ na nekoga 누구에 대한 깊은 인상을 남기다; steći krivi ~ 잘못된 인상을 받다

dojava 신고, 고발

dojaviti -im (完) **dojavljivati** -ljujem (不完) 1. 신고하다, 알리다, 고발하다 2. (짐승들을) 몰고 가다, 끌고 가다

dojedriti -im (完) (항해하여) 오다, 도착하다;

D

131

정박하다

dojenac _-nca_ 새끼 돼지(아직 젖을 떼지 않은)
dojenčad (女) (集合) dojenče
dojenče _-eta_ 유아, 영아(아직 젖을 떼지 않은)
  dojenački (形) (odojče, sisanče)
dojenje (동사파생 명사) dojiti; ~ deteta 수유
dojesti _dojedem_ (完) 다 먹다, 먹는 것을 마치다
dojilja 유모(乳母) (dojilica)
dojiti _-im_ (不完) podojiti (完) 1. 젖을 주다, 모
  유를 수유하다; ~ dete 아이에게 젖을 주다
  2. 젖을 빨다; dete doji majku 아이가 젖을
  먹고 있다
dojka (解) 유방(乳房)
dojkinja 유모(乳母) (dojilica, dojilja)
dojmiti se _-im se_ (完) **doimati se** _-am se_ & ~
  mljem se (不完) 강한 인상을 주다(남기다),
  감명을 주다; on me se jako dojmio 그는 나
  에게 강한 인상을 남겼다; ta me se nesreća
  doboko dojmila 그 사고는 나에게 깊은 상
  처를 남겼다
dojučeranjī, **dojučerašnjī** _-ā_, _-ē_ (形) 어제의,
  어제까지의, 이전의, 이전까지의
dojuriti _-im_ (完) 밀려오다, 쇄도해 오다, 쇄도
  하다, 밀고 막 들어오다
dok (接續詞) 시간을 나타내는 종속절을 주 동
  사에 연결하여 1. ~까지, ~할 때까지; ona
  će čekati ~ ne završi školu 그녀는 그가 수
  학(修學)을 마칠 때까지 기다릴 것이다; ne
  možemo otići od kuće ~ se on ne vrati 그
  가 집에 돌아오지 않는 한 우리는 집을 떠날
  수 없다 2. ~동안, ~하는 동안 (dok god,
  dokle, dokle god); ~ sam bio bolestan,
  mnogo sam mislio 내가 아팠던 동안 나는
  많은 것을 생각했다; ~god sam bio
  bolestan, nisam izlazio iz kuće 아팠을 때
  나는 집 밖으로 나가지를 않았다; neću to
  zaboraviti ~ (god) sam živ 내가 살아있는
  한 그것을 잊지 않겠다 3. ~반면, ~임에 반
  하여 (뜻이 서로 반대되는 문장을 연결함);
  majstor stanuje u jednoj uskoj sobici, dok
  dve šire prostorije služe za to da se
  smesti mnogostruki alat 기술자는 좁디 좁
  은 방에서 사는 반면 두 커다란 공간은 각종
  공구용으로 사용되고 있다
dok _~ovi_ 독, 선거(船渠); 선창, 선착장, 부두,
  안벽, 잔교; suvi ~ 건선거(乾船渠); plivajući
  ~ 부선거(浮船渠)
dokačiti _-im_ (完) 1. 스치다, 스치며 지나가다
  2. 잡다, 붙잡다, 움켜쥐다 (dohvatiti,
  zahvatiti) 3. ~ se 다투다
dokad(a) (副) ~까지, 언제까지; imati ~ 시간

이 있다; otkad-dokad 때때로, 이따금, 종종
dokasati _-am_ (完) 빠른(총총) 걸음으로 가다
  (당도하다) (stići u kasu, dojuriti)
dokaz 증거; naučni(pouzdan) ~ 과학적(믿을
  만한) 증거; ~ o krivici 범행 증거;
  potkrepiti ~ima 증거를 보강하여 확실히 하
  다; pribaviti ~ 증거를 수집하다 **dokazni**
  (形); ~ materijal 증거 자료; ~ postupak 증
  거 제시 절차(재판에서)
dokazalo 증거물, 증거 서류
dokazati _-žem_ (完) **dokazivati** _-zujem_ (不完) 1.
  입증하다, 증명하다; ~ ispravama 문서(증거
  서류)로 증명하다; ~ svoje pravo 자신의 권
  리를 입증하다 2. 알려주다, 말하다
  (saopštiti, dojaviti, dostaviti kome što);
  imam vam važnu tajnu ~ 당신에게 알려줄
  중요한 비밀이 있다
dokazivač 1. 입증자, 증명자 2. 신고자, 정보원
dokaznī _-ā_, _-ō_ (形) 참조 dokaz
dokivati _-am_ (不完) 단조(鍛造)하다, 벼리다,
  담금질하다 (dokovati)
dokle 1. (副) ~까지(시간적, 공간적); ~
  putujete? 어디까지 가십니까?; ~ je ostao
  kod njih? 언제까지 그들 집에 남아 있었습
  니까? 2. (接續詞) ~한편, ~하는 한 (dok);
  neće biti sreće u zemlji ~ sve tako ne
  bude kao što on misli 그가 생각하는 것처
  럼 되지 않는 한 국가에 좋은 일은 없을 것
  이다; putovaćemo zajedno ~ (god) hoćeš
  네가 원하는 한 우리 다같이 여행할 것이다
dokobeljati se _-am se_ (完) 터벅터벅 걸어 오
  다; 힘들고 무거운 발걸음으로 오다
dokolenica 1. 무릎까지 오는 양말 2. 정강이
  받이, 각반(脚絆), 행전
dokolica 1. 자유 시간, 휴식 시간; čitati
  novine u ~i 쉬는 시간에 신문을 읽다 2. 실
  업, 실직; 따분함, 무료함 (nerad,
  besposlica, čamotinja); pucketati prstima
  iz ~e 따분해서 손가락을 탁탁 튀기다 3. 기
  타; biti u(na) ~i 일이 없는 상태가 되다, 실
  직하다, 자유 시간을 가지다
dokoličar 실직자, 실업자, 무직자; 게으름뱅이
dokoličiti _-im_ (不完) 실업자(무직자, 실직자)로
  생활하다 (biti besposlen)
dokon _-a_, _-o_, **dokolan** _-lna_, _-lno_ (形) 1. 일이
  없는, 직업이 없는, 무직의 (besposlen) 2.
  게으른, 게으름뱅이의 (besposličarski,
  danguban) 3. 텅 빈, 비어있는 (공간이)
  (nezauzet)
dokonati _-am_ (完) 1. 다 끝내다, 다 마치다 2.
  결론을 내리다, 결정하다 (zaključiti,

132

odlučiti)

dokončati *-am* **dokončavati** *-am* (完) 다 끝내다, 다 마치다, 끝까지 마치다, 완료하다

dokopati *-am* (完) **dokopavati** *-am* (不完) 1. 잡다, 붙잡다, 잡아채다 (uhvatiti, zgrabiti); *dokopao ju je ramena* 그녀의 어깨를 붙잡았다; ~ nož 칼을 잡다(잡아채다) 2. 땅을 파다(끝까지); ~ brazdu 밭고랑을 파다 3. ~ se (čega) 잡다, 집다, 붙잡다; *čim se on dokopao oružja, konja i vina, zaboravi sve muke* 그는 총과 말, 그리고 술을 집는 순간 그 모든 고통을 잊어버린다 4. ~ se (čega) 얻다, 가지다, 획득하다, 취득하다(노력하여 간신히); *konačno se dokopao diplome* 마침내 그는 졸업장을 취득했다 5. ~ se (nečega, do nečega) (어느 곳까지) 도달하다, 당도하다, 다다르다; ~ se druma 길에 당도하다; ~ se (do) vrata 문까지 오다

dokotrljati, dokoturati *-am* (完) 1. 데굴데굴 굴리다, 데굴데굴 굴리며 밀고 가다; *dokotrljao je jedan veliki kamen* 그는 큰 돌 하나를 굴리면서 밀고 갔다 2. (비유적) ~가 되다, ~까지 밀고 가다 (postati što, dogurati do čega); *otkud on do kapetana dokotura?* 그가 어떻게 대위까지 되었지? 3. ~ se 데굴데굴 굴러가다 4. ~ se (비유적) 힘들게 도달하다(당도하다); *nekako smo se dokotrljali do kuće* 간신히 집까지 도착했다

dokovati *-kujem* (完) (배를)독에 넣다(수리하기 위해), 부두에 대다(승선, 하역하기 위해)

dokovati *-kujem* (完) **dokivati** *-am* (不完) 단조(鍛造)하다(끝까지), 벼리다, 담금질하다

dokradati se *-am se* (不完) **dokrasti se** *-adem se* (完) 몰래 가다, 몰래 오다 (krišom doći); ~ se do nekoga 누구에게 몰래 다가가다

dokraja (副) 1. 마지막까지, 끝까지 2. 완전히 (potpuno, sasvim)

dokrajčiti *-im* (完) **dokrajčivati** *-čujem* (不完) 1. 마치다, 끝내다, 완료하다, 완수하다; ~ posao 일을 마치다; ~ diskusiju 토론을 끝내다; ~ ručak 점심을 마치다 2. 대화(토론)를 마치다 3. (nekoga, nešto) 죽이다, 파멸시키다, 완전히 파괴하다 (ubiti, usmrtiti; potpuno uništiti); ~ nekoga 누구를 살해하다; ~ industriju 산업을 완전히 붕괴시키다 4. ~ se (고통 등이) 끝나다 (okončati se)

dokrasti se *-adem se* (完) 참조 dokradati se

doksat 발코니 (balkon)

doktor 1. 박사; ~ filozofije 철학 박사; *počasni* ~ 명예 박사 **doktorski** (形); ~ teza

박사 학위 주제 2. 의사 (lekar) **doktorka** 3. (口語) (~을) 잘 아는 사람; *on je ~ za te stvari* 그는 그러한 일에 박사이다

doktorand 박사 학위 논문 준비자

doktorat 1. 박사학위 시험, 박사학위 논문 심사; *položiti* ~ 박사학위 논문 심사를 통과하다; *raditi na ~u* 박사학위시험을 준비하다 2. 박사 학위

doktorirati *-am* (完,不完) 박사학위를 취득하다; ~ na pravima(slavistici, fizici) 법학(슬라브학, 물리학)박사 학위를 취득하다; ~ na filološkom fakultetu 인문대학에서 박사학위를 취득하다

doktorisati *-šem* (不完) 의료 실습을 하다

doktorka 참조 doktor

doktorskī *-ā, -ō* (形) 참조 doktor; 박사의; ~a disertacija 박사학위 논문

doktrina (정치, 학문상의)주의(主義), 학설; 공식(외교)정책

doktrinar, doktrinarac 교조(敎條)주의자, 공론가(空論家)

doktrinaran *-rna, -rno* (形) 공론적인, 교조주의의; ~rni marksista 교조주의적 막시스트

doktrinarstvo 교조주의; 공리공론(空理空論)

dokučiti *-im* (完) **dokučivati** *-čujem* (不完) 1. 잡다, 붙잡다, 집다 (dohvatiti, uzeti); ~ rukom 손으로 잡다; ~ kukom 갈고리로 붙잡다 2. 알아채다, 간파하다, 깨닫다 (doznati, saznati, shvatiti); ~ nečije namere 누구의 의도를 알아채다; ~ tajnu 비밀을 간파하다; ~ suštinu (문제의) 핵심을 간파하다 3. ~ se (čemu) 다가가다(오다), 가까이 가다(오다), 접근하다 4. ~ se (čega) 도달하다, 간신히 성공하다 (dočepati se, domoći se) 5. ~ se (비유적) 깨닫다, 생각해내다; *on joj ne može reći istinu, neka se sama dokuči* 그녀에게 진실을 말할 수는 없었다. 그녀 스스로 깨닫는 수 밖에

dokučiv, dokučljiv *-a, -o* (形) 1. 쉽게 잡을 수 있는, 접근할 수 있는 2. 쉽게 알아채릴 수 있는, 간파할 수 있는

dokud(a) (副) 참조 dokle

dokumen(a)t 서류, 문서; originalni ~i 원본 서류

dokumentacija 1. 증거 서류의 제출(첨부·보강); 증거 자료; *služiti kao pouzdana* ~ 믿을만한 증거 자료로 활용되다 2. (集合) 문서, 서류; *posedovati bogatu ~u o nečemu* (무엇에 대한) 광범위한 문서를 보유하다 3. 문서·자료의 수집 및 분리 정리

dokumentarac *-rca* 기록 영화, 다큐멘터리 영화

133

dokumentaran -rna, -rno (形) 기록의; 문서의, 기록의; ~rni film 다큐멘터리 영화

dokumentarist(a) 기록 영화 제작자

dokumentirati -am (完,不完) dokumentovati - tujem (不完) 문서로 증명하다, 증거자료를 제공하다(첨부하다); ~ molbu 청원 문서를 제출하다

dokupiti -im (完) dokupljivati -ljujem (不完) 더 사다, 추가로 더 구매하다; ~ hleba 빵을 더 사다

dokusuriti -im, dokusurati -am (完) 1. 나머지 계산을 하다, 남은 빚을 청산하다 2. 마치다, 완료하다 (svršiti do kraja, dokrajčiti)

dokuvati -am (完) dokuvavati (不完) 1. 더 익히다, 요리를 완료하다, 요리를 다 마치다; dokuvaj to meso (još malo) 고기를 좀 더 익혀라 2. 좀 더 많은 양을 요리하다; dokuvaj još malo slatka 단 케이크를 좀 더 많이 준비해라

dokvalificirati se -am se, dokvalifikovati se - kujem se (完) 자질을 보강하다

dol 참조 do

dolac -lca & doca (지소체) do(l)

dolaktica 아래 팔, 팔뚝

dolama 상의(上衣: 소매가 무릎 밑까지 오는)

dolap 1. 벽장 2. 관개시설용 물레 바퀴

dolar 달러(미국 화폐) dolarski (形)

dolarskī -ā, -ō (形) 달러의; ~ dug 달러 표시 채무

dolazak -ska 도착 dolazni (形)

dolaziti -im (不完) 참조 doći

dolaznī -ā, -ō (形) 참조 dolazak

dole 1. (副) 밑으로, 아래로, 밑에, 아래에; gledati na koga odozgo ~ 누구를 업신여기고 깔보듯 내려다 보다; dole-gore, gore-dole(ići, hodati) 이리저리 걷다(정처없이) 2. (感歎詞) 불만 또는 명령의 뜻을 나타내는 소리; ~ tirani 독재 타도!; ~ oržje 무기를 내려놔!

dolepiti -im (完) 이후에 추가로 붙이다; (비유적) 미적 감각 없이 증축하다

doleteti -im (完) doletati -ćem (不完) 1. (새·곤충·비행체 등이) 날아 오다; (비행기로) 오다, 여행하다; ~ iz Londona 런던에서 날아 오다 2. 뛰어 오다 3. (비유적) 스스로 오다; ne treba dizati ruke i čekati da odnekud dolete milioni 손을 벌리고 수백만 달러가 스스로 찾아 들어 오는 것을 기다릴 필요는 없다

doletište 착륙장(비행기)

dolevati -am (不完) 참조 doliti

dolfin (動) 돌고래 delfin)

doličan -čna, -čno (形) (누구에게) 어울리는, 적합한, 알맞은, 적당한 (pristojan); ~čno držanje 알맞은 자세; ~ postupak 적합한 행동; nasilje ~čno divljacima 미개인들에게 알맞은 폭력; naći ~čne reči za nešto 무엇에 알맞은 단어를 찾다

doličiti -im (不完) 적합하다, 알맞다, 적당하다, 어울리다 (pristojati se, priličiti); to tebi ne doliči 그것은 너에게 어울리지 않는다

dolijati -am (完) (사기·속임수·거짓말 등이) 마침내 붙잡히다, 만천하에 드러나다; najzad je dolijao 마침내 그는 붙잡혔다

dolikovati -kujem (不完) (누구에게) 알맞다, 적합하다, 적당하다, 어울리다; ~ nekome

dolina 계곡, 골짜기; ~ suza(plača) 이 세상; obeća(va)ti zlatna brda i ~ 젖과 꿀이 흐르는 땅을 약속하다, 불가능한 약속을 하다 dolinski (形)

dolinac -nca, doljanin 계곡에 사는 사람, 평지에 사는 사람 (反: brđanin, gorštak)

dolinskī -ā, -ō (形) 참조 dolina

doliti -jem (完) dolivati -am (不完) 더 붓다, 더 따르다; 끝까지 따르다; ~ ulja na vatru 불에 기름을 끼얹다

dolma 1. 제방, 둑 (nasip) 2. 여러가지 채소에 속을 채워 만든 요리(중동 및 그리스의)

dolmen (考古學) 고인돌

dolomit (鑛) 백운석

dolutati -am (完) 길을 헤매고 오다(도착하다) (어렵사리)

dolja 작은 계곡

doljanin 참조 dolinac

dom 1. 집, 주택; očinski(rodni, rođeni) ~ 생가(生家); večni ~ 무덤 2. 가구, 가정 3. 고향 4. 원(院), 소(所), 센터; ~ kuture 문화원; popravni ~ 교도소, 감옥; ~ zdravlja 보건소; planirarski ~ 산악 대피소; starački ~ 양로원; studentski ~ (학생)기숙사; dečji ~ 고아원; donji(niži) ~ 하원; gornji(viši) ~ 상원

doma (副) 1. 집에(u domu, kod kuće); ima li koga ~? 누구 집에 있습니까? 2. 집에, 집으로 (kući, u kuću); ići ~ 집에 가다

domaćī -ā, -ē (形) 1. 집에서 만든, 손수 만든; ~ hleb(sapun) 집에서 만든 빵(비누) 2. 국산의, 국내의, 자국의; 가정의, 가사의; (동물이)길든; ~a situacija 국내 상황; ~a životinja 가축; ~a industrija 가내 공업; ~ proizvodi 국산품; ~i zadaci 숙제; ~ neprijatelj 내부의 적; ~ zatvor 가택 연금

domaćica 1. 주부, 가정주부 2. 수도원의 살림

을 책임진 여성 3. 모임을 주관하는 여성

domaćin 1. 가장(家長); 남편 2. 집사(院, 所 등 각종 기관의) 3. (행사)후원자 (보통 명예직의) 4. 집 주인 (stanodavac) 5. 숙주(宿主: 보통 동물이나 식물로서 기생충이 번식하는)

domaćinstvo -ava 살림살이, 가사(家事) 관리; voditi ~ 살림살이를 주관하다

domahnuti -nem (完) **domahivati** -hujem (不完) (손을)흔들다, (손을 흔들어) 신호(인사)하다; ~ nekome ~에게 손을 흔들다

domak 도달할 수 있는 거리, 다다를 수 있는 거리 (dohvat, domet, doseg); na ~u 근처에, 가까이에; stići na ~ nečega 다가가다, 접근하다

domali -og (男) (숙어로만 사용됨); ~ prst 약손가락, 무명지(無名指), 약지(藥指), 네번째 손가락

domalo (副) 곧, 조만간에, 얼마 안 있어

domaločas (副) 조금 전 까지, 얼마 전 까지 (domalopre)

domalopre (副) 참조 domaločas

domamiti -im (完) **domamljivati** -ljujem (不完) 꾀다, 유인하다, 유혹하다, 현혹하다, 부추키다

domar (건물의)관리인 (čuvarkuća, pazikuća, nastojnik)

domašaj 1. (팔을 뻗어) 잡을 수 있는 거리(범위) (dohvat, doseg) 2. 중요, 중요성, 의미, 의의 (značenje) 3. 지역 (područje)

domašiti -im (完) 1. (팔을 뻗어) 붙잡다, 쥐다, 잡다, 집다 (dohvatiti, dosegnuti) 2. 건네주다, 제공하다 (dodati, pružiti) 3. 도달하다 (dostići, postići)

domazet 처가살이 하는 남자, 데릴사위

domazluk 참조 domaćinstvo; 살림살이, 가사 관리(domaćinstvo)

domen 1. (학문, 사상, 활동 등의) 분야, 범위, ~계(界) (područje, oblast); ~ umetnosti 예술 분야 2. (歷) 영지(봉건시대 왕이나 영주의)

domerak -rka 덤(소매거래에서 저울 바늘이 더 올라가도록 얹어주는)

domeriti -im (完) **domeravati** -am (不完) 1. 더 얹다, 덤으로 얹다 (저울이 꽉 차도록) 2. 무게를 재다, 끝까지 재다

domet 1. 범위, 영역; na ~u ruke 손을 뻗어 잡을 수 있는 거리의; izvan ~a 범위 밖에; na ~u puške 소총 사정거리 안에 2. (비유적) 업적, 성공 (postignuće, uspeh)

dometak -tka 1. 부가(물), 추가(물), 첨가(물) (dodatak, dopuna); ovo što vam kažem živa je i gola istina, niti tu ima kakvog ~tka iz moje glave 내가 지금 말하는 것은 완전한 사실이다, 내가 첨가한 것은 아무 것도 없다 2. (文法) 어미, 접미사 (nastavak, sufiks)

dometati -ćem (不完) **dometnuti** -nem (完) 더하다, 보태다, 추가하다 (dodati)

domicil (法) 거주지, 주소(개인 ID카드에 기록된)

domileti -im (完) 기어서 다가오다(가다), 기어서 접근하다; 매우 천천히 도달하다(가다, 오다)

dominacija 지배(력), 우세 (gospodarenje, vlast, prevlast, nadmoć)

dominanta 1. 주요 테마(주제) (문학 작품의) 2. 주요 색(그림의) 3. (音樂) 제 5음

dominantan -tna, -tno (形) 지배적인, 우세한, 가장 유력한, 주요한; ~ položaj 지배적 위치; ~ faktor 지배적 요소

domine (女,複) 도미노(게임)

dominirati -am (不完) 1. 지배하다, 지배력을 발휘하다, 우위를 차지하다, ~을 좌지우지하다; on dominira u svom razredu 그는 자신의 학년을 좌지우지한다; ~ nad nečim ~에 대해 우위를 차지하다 2. (地質) (산이) 빼어나게 솟다, 우뚝 솟아 (다른 산들을) 내려다보다

domino (男) 1. 도미노 가장복 (무도회 등에서 입는 두건과 작은 가면이 달린 헐렁한 옷); 그것을 입은 사람 2. 참조 domine

domiriti -im (完) **domirivati** -rujem (不完) (보통 돈을) 더하다(채우기 위해)

domisliti -im (完) **domišljati** -am (不完) 1. 생각하다(끝까지), 생각해 내다 (dokraja misliti); ~ do kraja 끝까지 생각하다; ~ svoju misao 자신의 사상을 생각해 내다; ~ pesmu 노래를 생각하다 2. 생각을 보완하다 (dodati mišljenju) 3. 생각해 이해하다; ~ nešto 무엇을 생각해 이해하다 4. ~ se 해결책을 생각해 내다, 기억해 내다; ko se tome domislio? 그것을 누가 생각해 냈느냐? 5. ~ se 생각을 바꾸다, 마음을 바꾸다 (predomisliti se) 6. ~ se 결론에 다다르다, 결론에 이르다

domišljan, domišljanac 쉽게 기억해내는 사람, 영리한 사람 (dosetljivac)

domišljat -a, -o (形) 재치있는, 기지가 있는, 영리한, 쉽게 해결책을 찾는 재주가 있는

domišljati se -am se (不完) 참조 domisliti se

domobran, domobranac 1. (歷) 오스트리아-헝가리 제국 시절의 조국방위군의 일원 2. (歷) (제 2차대전시, 괴뢰 크로아티아와 슬로베니아에서의) 조국 방위군

domoći se *domognem se* (完) 1. 얻다, 획득하다 (dobiti, dočepati se, dokopati se) 2. 다다르다, 이르다 (doći, stići do čega)
domoljub, domoljubac 자신의 집(고향, 조국)을 사랑하는 사람
domorodac *-oca; -oci, -aca* 1. 원주민, 토착민, 토박이 (starosedelac, meštanin) 2. 고향(조국)을 사랑하는 사람, 애국자 (patriota)
domorodan *-dna, -dno* (形) 고향의; *~dni kraj* 고향 지역; *~dni ljudi* 고향 사람
domorodačkī *-ā, -ō* (形) *domorodačko stanovništvo* 원주민, 토착 주민
domovina 1. 조국, 고국 (otadžbina) 2. 고향 (zavičaj) 3. 원산지, 주산지 **domovinski** (形)
domunđavati se *-am se* (不完) 귓속말로 조용히 속삭이다(다른 사람이 알아채지 못하도록)
donacija 기부, 기증
donde (副) ~까지 (언급하는 장소나 시간까지); *odavde ~* 여기서부터 거기까지; *podvig ~ nepoznat* 알려지지 않은 그 시간까지의 업적(공훈)
donedavna, donedavno (副) 조금 전 까지도, 방금 전 까지도
donekle (副) 어느 정도 까지, 어느 지점 까지, 어느 시간까지; *on je ~ u pravu* 그의 말이 어느 정도는 맞다
doneti *donesem; doneo, donela; donet & donesen* (完) **donositi** *-im* (不完) 1. (한 장소에서 다른 장소로) 가져오다, 가져다 주다; *~ nekome pismo* 누구에게 편지를 가져오다; *donesi mi čašu vode, molim te* 물 한잔만 갖다 줘!; *~ na tanjiru* (누구에게) 접시채 가져다 주다, 완전히 다 된 채로 갖다 바치다(아무런 노력도 하지 않았는데); *njemu se sve donosi na tanjiru* 그는 수월하게 모든 것을 얻었다; *doneo ga đavo* 그는 초대를 받지도 않았는데 왔다, 상황이 좋지 않을 때 왔다; *doneo ga vetar, donele ga vile* 예기치 않게(갑자기) 그가 왔다; *sreća te donela* 때마침 잘 왔다 2. 불러오다, 가져오다(바람, 불 등을); *~ pljusak* 소나기를 가져오다; *jesen je donela kišu* 가을이 되면서 비가 내렸다 3. 가져오다, 야기하다 (prouzrokovati. pričiniti); *~ sreću* 행운을 가져오다; *~ nekome pobedu* 누구에게 승리를 가져오다; *~ promene* 변화를 가져오다 4. (보통 *~u miraz* 형태로) (결혼)지참금으로 가져오다; *~ u miraz kuću* 지참금으로 집을 가져오다 5. 출산하다; *~ na svet* 출산하다 6. 선포하다, 가결하다(법률 등을); *~ odluku* 결정하다, *~ zakon* 법률을 통과시키다; *~ rešenje* 결론

을 도출하다; *~ rezoluciju* 결의안을 채택하다; *~ zaključak* 결론을 도출하다
donosilac *-ioca* (수표, 어음의)지참인; 운반인, 사자(使者)
donositi *-im* (不完) 참조 doneti
donošče *-ta* (통상적 수태 기간으로 태어난) 아기
donošenje (동사파생 명사) donositi
donožje 발바닥 중간 부분(발가락과 발뒤꿈치 사이의)
donjak 1. 물방앗간의 방아 밑 돌 2. 카드의 일종(jack) 3. 밑에서 부는 바람
donjī *-ā, -ē* (形) 아랫쪽의, 하부의, 하(下)의 ; *~ veš* 속옷; *~ sprat* 아랫층; *~a usna* 아랫입술; *~a suknja* 속치마; *~ grad* 하시(下市); *~ dom* 하원
doonda, do onda (副) 그 시간까지 (do onoga vremena)
dopadati *-am* (不完) 참조 dopasti
dopadljiv *-a, -o* (形) 호감이 가는, 마음에 드는; 매력적인; *~a devojka* 마음에 드는 아가씨; *na ~ način* 마음에 드는 방법으로
dopadnuti *-nem* (完) 참조 dopasti
dopasti *-adnem* (完) **dopadati** *-am* (不完) 1. 갑자기 오다, 예기치 않게 당도하다; *kako si ti ovde dopao?* 어떻게 여기에 왔느냐?; *pismo mu je dopalo u ruke* 그의 손에 편지가 들어갔다 2. 귀속되다(분배과정에서), (재산 등을) 받다; *ogromno nasleđe Mihailovo nije dopalo njemu, nego kćerima kneza Miloša* 미하일로의 어마어마한 재산은 그에게 귀속되지 않고 밀로쉬 공의 딸에게 귀속되었다; *nije mu ništa dopalo* 그는 아무 것도 받지를 못했다 3. (čega) ~에 빠지다, (곤경, 난처함에) 빠지다; *~ teških nevolja* 어려움에 처하다; *~ ropstva* 노예로 전락하다; *~ tuđih ruku(šaka)* 다른 사람의 손아귀에 들어가다 4. ~ se 간신히 성공하다, 간신히 붙잡다; *obuzela me je silna radost što sam se dopao te časti* 그러한 영광을 얻을 수 있어 굉장히 기쁘다 5. ~ se 마음에 들다 (svideti se); *kako vam se dopada izložba?* 전시회가 마음에 드십니까?; *dopašće ti se njegova nova kuća* 그의 집이 네 마음에 들 꺼야; *njegova spoljašnost se njoj nimalo nije dopala* 그의 외모는 그녀의 마음에 하나도 들지 않았다
dopeći *-ečem* (完) 1. 더 굽다(오랫동안), 끝까지 굽다; *dopeci meso* 고기를 좀 더 구워 익혀라 2. 더 굽다(보다 많은 양의 고기를)
dopešačiti *-im* (完) 걸어서 오다(가다)

dopevati -am (完) **dopevavati** -am (不完) 1. 노래를 다 부르다, 노래 부르는 것을 마치다 2. 노래를 더 부르다

doping (스포츠) 도핑, 금지 약물 복용(사용)

dopingirati -am, **dopingovati** -gujem (不完) 금지 약물을 복용하다

dopirati -em (不完) 참조 dopreti

dopis 1. 보고서, 통지문, 회람 (기관과 기관간의) (cirkular); obavestiti ~om 통지문을 통해 알리다 2. (신문 등의) 기사, 보도; ~ iz Pariza 파리의 특파원 보고서

dopisati -šem (完) **dopisivati** -sujem (不完) 1. 쓰기를 다 마치다, 끝까지 쓰다 2. 첨부하여 쓰다, 덧붙여 쓰다(이미 쓰여진 글에); ~ nekoliko redaka 몇 줄을 첨부하여 더 쓰다 3. dopisivati se 교신하다, 서신 왕래하다; mi se dopisujemo 우리는 편지를 주고 받는다; ~ se s niekim ~와 서신 왕래를 하다

dopisnī -ā, -ō (形) 통신의, 교신의, 서신 왕래의; 보고서를 보내는; ~ član Akademije nauka 학술원 통신(교신) 회원; ~a škola 방송 통신 학교; ~a karta 엽서(dopisnica)

dopisnica 1. 엽서 2. (여)특파원

dopisničkī -ā, -ō (形) 특파원의; ~a mreža 특파원망(網)

dopisnik 특파원 (신문, 방송 등의) dopisnica; dopisnički (形)

dopisništvo 특파원 사무실; 특파원단; 특파원직

doplaćivati -ćujem (不完) 참조 doplatiti

doplata 1. 추가 지불 2. 소포 수령시 내는 돈, 착불 요금 doplatni (形)

doplatak -tka 추가 급여 (dodatak plati)

doplatiti -im (完) **doplaćivati** -ćujem (不完) 1. 추가로 (돈을 더) 지불하다 2. 충분히 지불하다

doplatnī -ā, -ō (形) 참조 doplata

doplivati -am (完) **doplivavati** -am (不完) 수영하여 오다(다다르다); ~ do obale 물가(해안)까지 수영해 오다

doploviti -im (完) 항해해 오다(다다르다)(배가)

dopola (副) 반(半), 반절, 반절까지 (do polovine); ~ popijeno piće 반쯤 마신 술; ~ izgorelo drvo 반쯤 탄 나무

dopratiti -im (完) **dopraćati** -am (不完) 동행하다, 수행하다, 동반하다, 함께 가다

doprema 배달 (dostava); ~ robe 물건 배달

dopremiti -im (完) **dopremati** -am (不完) 배달하다, 전달하다, 넘겨주다, 인도하다; ~ paket do kuće 집까지 소포를 배달하다

dopreti doprem; dopro, doprla; dopri (完) **dopirati** -em (不完) 도달하다, 다다르다, 이르다; ~ do šefa 상관에 까지 다다르다; dokle oko može da dopre 시야가 닿는 곳까지

doprineti -nesem (完) **doprinositi** -im (不完) 공헌하다, 이바지하다, 기여하다; ~ nečemu ~에 기여하다; poseta će ~ daljem međusobnom razumevanju 방문은 향후 상호 이해를 돈독히 하는데 기여할 것이다

doprinos 1. 공헌, 이바지, 기여; njegov ~ našoj kulturi 우리나라 문화에 대한 그의 기여; dati svoj ~ nečemu 무엇에 기여하다(이바지하다) 2. 기부금, 의연금; 분담금; plaćati ~ 분담금을 지불다; prikupljanje dobrovoljnih ~a 자선기부금 모집

doprinositi -im (不完) 참조 doprineti

doprozorje, doprozornik 창문틀

dopržiti -im (完) 더 굽다(오랫동안), 굽는 것을 마치다

dopuna 1. 추가, 보충, 보강; (법안의)수정, 개정 2. (軍) 보충대, 보충병 3. (文法) 보어(補語) **dopunski** (形); ~e boje 보색(補色); ~ porez 누진 부가세

dopuniti -im (完) **dopunjavati** -am, **dopunjivati** -njujem (不完) 1. 보충하다, 추가하다, 메우다 2. (不完만) ~ se 상호간에 보충하다, 서로 부족한 점을 채워 주다; njih dvoje se divno dopunjuju 그들 둘은 상호간에 부족한 점을 잘 보충해 준다

dopunskī -ā, -ō (形) 참조 dopuna

dopunjavanje (동사파생 명사) dopunjavati; ~ baterije 배터리 충전

dopunjavati, dopunjivati 참조 dopuniti

dopusnī -ā, -ō (形) 1. 승인의, 허락의 (dopust); ~ list (병원의) 퇴원 승락서 2. (文法) 양보의, 양보를 나타내는; ~a rečenica 양보절; ~ veznici 양보 접속사

dopusnica 허가(증), 승낙(서)

dopust 1. 승낙, 허락, 허가 (dopuštenje, dozvola) 2. 휴가, 병가 (odsustvo, odmor)

dopustan -sna, -sno (形) 참조 dopusni

dopustiti -im (完) **dopuštati** -am (不完) 승인하다, 허락하다, 승낙하다

dopustiv, dopustljiv -a, -o (形) 용인할 수 있는, 허용할 수 있는; 받아들일 수 있는, 이해할 수 있는

dopuštenje (동사파생 명사) dopustiti; 허락, 허가, 승인(서면상의, 구두상의)

doputovati -tujem (完) (여행하며 어디에) 도착하다; 여행하다; ~ vozom 기차로 여행하다; ~ u Beograd 베오그라드에 당도하다(도착하다)

dora (男), **doro** (男) (지대체) dorat: (動) 적갈

색 말(馬)

dorada 일(작업)의 마무리, 마무리 작업

doraditi -im (完) 일을 완전히 마무리 하다(끝
내다), 마무리 작업하다

doramak -mka 여성용의 소매 없는 원피스

doraslica (男,女) 이제 막 커나가는 사람, 아직
미성숙한 사람

dorast -a, -o (形) 참조 doratast

dorastao -sla, -slo (形) ~할 수 있을 정도로
튼튼하고 성숙한, 다 큰

dorasti -astem; dorastao, dorasla (完)
dorastati -am, dorašćivati -ćujem (不完) 1.
다 성장하다, 다 크다 2. 따라 잡다, 따라 잡
을 만큼 크다(성장하다) (키, 힘, 능력 등의
면에서) 3. 일정한 능력이 될 때 까지 크다
(성장하다, 발전하다)

dorat (動) 적갈색 말(馬)

doratast -a, -o (形) 적갈색의 (말의)

doratnī -ā, -ō (形) 전쟁 전의, 전전(戰前)의;
~o vreme 전쟁 전의 시기(시대); ~a
književnost 전전(戰前) 문학

doreći dorečem & doreknem (完) 말을 끝까
지 다 하다, 말을 다 마치다; ne daš mu da
dorekne svoju misao! 너는 그가 자신의 생
각을 다 말할 수 있도록 허용하지 않는다

dorevolucionarnī, dorevolucionī -ā, -ō (形)
혁명 전(前)의

dorin (男) 참조 dorat

doro (男) 참조 dora

dorskī -ā, -ō (形) 도리아식의; ~ stil 도리아
스타일

doručak -čka 아침 식사; za ~ jedem jaja 아
침으로 계란을 먹는다

doručje 손목

doručkovati -kujem (完,不完) 아침 식사를 하
다, 아침밥을 먹다

doruša (動) 적갈색 암말(馬)

dosad, do sada (副) 지금까지

dosada 따분함, 지루함, 권태; piti iz ~e 따분
해서 술을 마시다; umirati od ~e 따분해서
(심심해서) 죽다 2. (보통은 전치사 na 와 함
께 쓰여) 귀찮게 함, 성가시게 함, 못살게
굶; biti nekome na ~i 누구를 귀찮게 하다,
성가시게 하다 3. (口語) 귀찮게 구는 사람,
성가시게 하는 사람; beži, ~o jedna 꺼져,
이 성가신 놈아

dosadan -dna, -dno (形) 1. 따분한, 지루한,
권태로운; ~ film 재미없는 영화; ~dna priča
지루한 이야기 2. 귀찮은, 성가신, 못살게 구
는; ~ čovek 귀찮게 하는 사람

dosadanjī, dosadašnjī -ā, -ē (形) 이전의, 전

(前)의, 지금까지의; ~ rezultati 지금까지의
결과

dosaditi -im (完) dosađivati -đujem (不完) (보
통은 無人稱文으로) 따분하게 하다, 지루하
게 하다, 귀찮게 하다 (kome); dosadio mi
je pitanjima 그는 많은 질문으로 나를 권태
롭게 만들었다; putovanje mi je dosadilo 여
행이 내게는 지루해졌다 2. (不完만) ~ se 따
분해 하다, 지루해 하다; on se stalno
dosađuje 그는 늘 지루해 한다

dosaditi -im (完) dosađivati -đujem (不完) 1.
심는 것을 다 마치다, 끝까지 다 심다 2. 더
심다(많이)

dosadnik 재미없는 사람, 따분한 사람, 귀찮게
하는 사람 dosadnica

dosadno (副) 재미없게, 지루하게, 따분하게;
njemu je ~ 그가 재미없어 한다; on ~
govori 그는 재미없게 말한다

dosađivati 참조 dosaditi

dosećati se -am se (不完) 참조 dosetiti se

doseći, dosegnuti dosegnem; dosegao,
dosegla; dosegnut (完) dosezati -žem (不
完) 1. (nekoga, nešto) (조금 멀리 떨어져
있는 것을 손이나 다른 신체 부위로, 어떤
도구를 사용하여) 잡다, 만지다, 닿다; ~
torbu 가방을 (손으로) 집다; ~ dno nogama
발이 바닥에 닿다 2. (do nekoga, do
nečega) ~ 까지 도달하다, 다다르다, 당도하
다; ~ pogledom 시선이 다다르다; ~ do
vrha kuće (연기 등이) 집 꼭대기에 다다르
다 3. (비유적) 알아채다, 깨닫다 (shvatiti);
~ razumom 이성적이 되다 4. (어느 수준·일
정한 발전 등에) 다다르다, 이르다 (dostići);
~ vrhunac 절정에 다다르다; ~ tačku vrenja
비등점에 다다르다

doseg 범위, 한도 (domašaj, dohvat); oku na
~u, oku na ~ 시야 범위까지

doselica (男,女) 이주자, 이주해 온 사람
(deseljenik)

doseliti -im (完) doseljavati -am (不完) 1. 이
주시키다, 정주시키다; 이주하다, 정주하다;
~ nekoga 2. ~ se 이주하다, 정주하다;
odakle ste se doselili? 어디에서 이사 오셨
나요?

doselnost (女)(法) 점유(합법적, 불법적)
(održaj)

doseljenik 이주자 doseljenica, doseljenički (形)

dosetiti se -im se (完) dosećati se -am se (不
完) 1. 알아채다, 눈치채다, 깨닫다(숨겨진
것, 분명하지 않은 것들을); ~ jadu 무언가
나쁜 일들이 일어나거나 준비되고 있다는 것

138

을 눈치채다 2. 회상하다, 상기해 내다 (setiti se); *ko se tome dosetio?* 누가 그것을 생각해 냈느냐?

dosetka 익살, 농 (다른 누구를 타켓으로 하는)

dosetljiv *-a, -o* (形) 1. 쉽게 알아채는, 쉽게 눈치채는, 기략이 풍부한, 변통력이 풍부한, 재치나 수완이 비상한 (dovitljiv, snalažljiv) 2. 익살이 풍부한, 농을 잘 치는

dosetljivac *-ivca* 1. 눈치가 빠른 사람, 쉽게 알아채는(간파하는) 사람 2. 익살이 풍부한 사람, 농을 잘 치는 사람

dosezati *-žem* (不完) 참조 doseći

dosije *-ea* (男) 서류, 일건서류, 관계서류(한 사건에 관련된 전체 문서) (dosje)

dosipati *-am* (不完) 참조 dosuti

dosje *-ea; -ei* (男) 서류, 일건서류, 관계서류 (한 사건에 관련된 전체 문서) (dosje)

doskakati *-čem* (完) 1. 위로 높이 뛰다; *~ do nečega* ~까지 높이 뛰다 2. (예상보다 더 빨리 재빠르게) 가다(오다) (doskočiti)

doskakivati *-kujem* (不完) 참조 doskočiti

doskitati se *-am se & -ćem se* (完) 어슬렁거리다, (정처없이) 돌아다니다

doskočica 익살, 해학, 비꼬는 듯한 농담 (duhovita, zajedljica primedva, šala)

doskočiti *-im* (完) 1. 재빠르고도 능수능란하게 다가가다(접근하다); *on doskoči k devojčici* 그는 소녀에게 다가간다 2. 경기에서 다른 사람들이 점프한 만큼 점프하다 3. (비유적) 해결책을 얻다 (위기에서 빠져 나올), 위기를 극복할 방안을 발견하다, 형세나 국면을 전환시키다; *ona mu je doskočila* 그녀는 그에게 대응할 방안을 찾았다; *~ nesreći* 사고를 미리 예방하다

doskok 1. (스포츠) 착륙(점프후의) 2. ~까지의 점프 (skok do čega)

doskorašnjī *-ā, -ē* (形) 근래의, 최근의, 지금까지의

doskoro (副) 곧, 조만간에

dosledan *-dna, -dno* (形) (의견·행동 등이) 일관된, 모순이 없는, 시종일관된 (konsekventan); *on je ostao ~ svom stavu* 그는 자신의 입장을 시종일관 견지했다; *on živi ~dno svojim principima* 그는 자신의 원칙을 지키면서 변함없이 산다; *~ čovek* 시종일관된 사람

doslovan *-vna, -vno* (形) 문자 그대로의 (bukvalan); *~ prevod* 문자 그대로의 번역; *shvatiti nešto u ~vnom smislu* 문자 그대로의 의미로 (무엇을) 이해하다

doslovce, doslovno (副) 문자 그대로, 글자 뜻 그대로; *shvatiti ~* 문자 그대로 이해하다; *ponoviti ~* 한 자 한 자 반복하다

dosluh 밀약(密約), 남들이 모르는 관계(우정, 연줄); *biti u ~u* 밀약관계에 있다, 통모(通謀)하다

doslužiti *-im* (完) 1. (정해진 근무 기간을 끝까지) 끝까지 마치다, 복무하다; 복무를 마치다 (군의); *~ vojni rok* 군 복무 기간을 마치다 2. 더 봉사하다

dosmrtan *-tna, -tno* (形) 죽을때까지, 죽기전까지 (doživotan)

dosoliti *-im* (完) 1.소금을 좀 더 치다; *dosoli meso* 고기에 소금을 더 쳐! 2. (비유적) 약간 더 덧붙이다; 거짓말에 거짓말을 덧붙이다 (dodati još malo; dodati laž na laž)

dospavati *-am* (完) 1. 충분히 잠을 자다 2. 잠을 좀 더 자다

dospeće 만기일(어음, 융자금 등의); *on isplate vrši pre njihova ~a* 그는 만기일이 되기전에 지불한다

dospeti *-em* (完) **dospevati** *-am* (不完) 1. 도달하다, 이르다(어떤 경계나 한계, 수준 등에); *~ u tešku situaciju* 어려운 상황에 이르다; *~ na visok položaj* 고위직에 오르다 2. 성숙하다, 무르익다 (potpuno se razviti, sazreti) 3. (銀行) 만기 도래하다(어음 등이) 4. 시간적 여유가 있다; 충분히 있다; *~ za troškove* 쓰기에 충분한 돈이 있다; *ako vam dospe novca, kupite mi sat* 돈이 충분히 있으면, 저한테 시계 좀 사주세요 5. 어떤 장소에 오다(도착하다); *ne znam kako sam dospeo ovamo* 내가 어떻게 이리로 왔는지 모르겠다

dosta (副) 1. 충분히, 필요한 만큼, ~하기에 족한 만큼; *~ novaca* 충분한 돈; *~ mi je svega!* 아주 진절머리 나! 2. 꽤, 제법, 상당히; *~ interesantna knjiga* 상당히 재미있는 책 3. (행동이나 그 어떤 것의 중단을 요구하면서 고함을 칠 때); 그만 해!

dostatan *-tna, -tno* (形) 충분한 (dovoljan)

dostati *dostanem* (完) **dostajati** *-em* (不完) 충분하다, 충분히 있다; *hoće li dostati rakije za sve zvanice?* 모든 손님들이 마실 수 있을 만큼 술이 충분한가?

dostava 1. 배달 (isporuka) 2. (어떤 사람에 대한) 비밀 보고서(주로 약점을 폭로하는); *podneti ~u* 비밀 보고서를 제출하다

dostaviti *-im* (完) **dostavljati** *-am* (不完) 1. 직접 전달하다(건네다), 배달하다, 인도(引渡)하다; 보내다, 발송하다 (isporučiti, predati); *~ tužbu* 고소장을 전달하다; *~*

139

sudski poziv 법원 소환장을 발송하다; ~ *poštu* 우편물을 배달하다 2. (다른 사람의 약점을 폭로하는) 비밀 보고서를 제출하다, 밀고하다 (potkazati); ~ *nekoga* 누구를 밀고하다

dostavljač 1. 배달인, 인도인(引渡人) 2. 밀고자,정보원 (potkazivač)

dostavnī *-ā, -ō* (形) 배달의; ~*o vozilo* 배달 차량; ~*a služba* 배송부

dostavnica 배달 확인서

dostići, dostignuti *-gnem* (完) **dostizati** *-žem* (不完) 1. 따라잡다; ~ *nekoga* 누구를 따라잡다; (비유적) 일정한 수준에 오르다 (목표한 수준에에); ~ *slavu* 명예를 얻다 2. 일정한 발전 단계에 도달하다; *njena lepota je već dostigla svoj vrhunac* 그녀의 아름다움은 절정에 다다랐다

dostignuće 성과, 업적 (tekovina, uspeh, rezultat)

dostignuti *-nem* (完) 참조 dostići

dostizati *-žem* (不完) 참조 dostići

dostižan *-žna, -žno* (形) 1. 실현 가능한, 실현할 수 있는 (ostvarljiv); ~*žna želja* 실현 가능한 소원; ~ *cilj* 실현할 수 있는 목표 2. 획득할 수 있는, 다가갈 수 있는 (dostupan, raspoloživ); ~*žni podaci* 얻을 수 있는 통계자료; ~*žna literatura* 접근가능한 참고자료

dostojan *-jna, -jno* (形) 1. ~할 만한, 가치있는; *biti* ~ *čega*; ~ *hvale* 감사할 만한; ~ *poverenja* 신뢰할만 한; 2. 명예로운, 영광의 (ugledan, častan); *oni su našoj otadžbini osigurali ~jno mesto među slobodoljubivim narodima* 그들은 우리 조국이 자유를 사랑한느 민족이라는 자랑스런 위치에 올려 놓았다 3. ~에 맞는, 적절한, 적당한, 합당한 (odgovarajući, zadovoljavajući, pristojan); *dati nekome ~jnu platu* 누구에게 합당한 급료를 지급하다

dostojanstven *-a, -o* (形) 1. 위엄있는, 기품있는, 품위있는, 고귀한; ~ *gospodin* 위엄있는 신사; ~*o držanje* 기품있는 자세 2. 평판높은, 명망있는, 존경받는; 커다란; ~ *položaj* 고위직 존경받는 위치

dostojanstvenik 고위 인사, 고관대작

dostojanstvo 1. 존엄, 위엄, 품위; 명망, 명성, 명예; *čuvati svoje* ~ 자신의 존엄성을 지키다; *izgubiti* ~ 존엄함을 상실하다; *vređati nečije* ~ 누구의 품위를 짓밟다(손상시키다) 2. 고위직, 명망있는 직위; *carsko* ~ 황제의 옥좌; *doktorsko* ~ 박사 칭호 3. (vaše,

njegovo 등의 보어와 함께 사용되어) 고위 성직자의 칭호에 사용됨

dostojati se *-im se* (完) 위엄있게 되다, 고귀해지다; ~할 만하다, ~할 가치가 있다, ~받을만 하다; ~ *čega*; *nebeskog se carstva dostojati* 천상의 왕국을 받을만한 충분한 가치가 있다

dostojati (se) *-im (se)* (完,不完) 품위있게 행하다 (naći, nalaziti da je dostojno učiniti što)

dostojnik 참조 dostojanstvenik

dostrugati *-žem* (完) 1. 끝까지 줄질하다, 줄로 쓸다(깍다, 갈다) 2. 이미 줄진 된 것을 좀 더 줄질하다

dostupan *-pna, -pno* (形) 1. (사람· 장소 등이) 접근할 수 있는; *teško* ~ *kraj* 접근이 어려운 지역 2. 손에 넣기 쉬운, 얻기 쉬운; *zemlja* ~*pna kupcima* 매수자들이 살 수 있는 땅(토지); *arhivi ~pni korisnicima* 이용자들이 이용할 수 있는 고문서; *teško ~pni podaci* 이용하기 힘든 통계 3. 용인할 수 있는, 받아들일 수 있는(shvatljiv)

dosuda (法) 판결, 선고 (presuda)

dosuditi *-im* (完) **dosuđivati** *-đujem* (不完) 1. 운명지워지다, 운명처럼 주어지다 2. (法) 판결하다, 선고하다 (presuditi); *decu su dosudili ženi* 아이들의 양육권은 어머니에게 주어졌다; ~ *kaznu* 형을 선고하다

dosuti *dospem* (完) **dosipati** *-am & -pljem* (不完) 더 따르다; *dospi još malo mleka* 우유를 좀 더 따라라!

došapnuti *-em* (完) **došaptavati** *-am* 귓속말로 속삭이다; *on joj to došapnuo nekoliko nežnih reči* 그는 그녀에게 귓속말로 부드럽게 몇 마디 했다

došetati (se) *-am (se) & -ćem (se)* (完) 천천히 걸어 오다

doškolovati *-lujem* (完) 1. 끝까지 교육시키다; ~ *decu* 아이들을 끝까지 교육시키다 2. 교육을 더 시키다; *njega treba* ~ 그를 더 교육시킬 필요가 있다

došlja (男) **došljo** *-a & -e* (男) 참조 došljak

došljak 1. 이주자 2. 이제 막 어디에선가 도착한 사람 **došljakinja; došljački** (形)

doštampati *-am* (完) **doštampavati** *-am* (不完) 1. 끝까지 인쇄하다, 인쇄를 완료하다 2. 추가로 인쇄하다, 인쇄를 더 하다

došuljati se *-am se* (完) 조심조심 비밀스럽게 오다(가다) (došunjati se)

došunjati se *-am se* (完) 살금살금 다가가다, 조심조심 비밀스럽게 오다; ~ *do nekoga* ~ 한테 살금살금 가다

140

dotacija (国家가 지방자치정부·단체·개인에게 주는) 보조금, 지원금, 장려금; 교부금; *dodeliti nekome ~u* 누구에게 장려금(교부금)을 나누어주다(교부하다)

dotaći, dotaknuti *dotaknem; dotakao, dotakla* (完) doticati -*čem* (不完) 1. (살짝)만지다, 건드리다, 손가락으로 대다; ~ *žicu (pitanje)* 줄(문제)을 건드리다 2. ~ se (koga, čega) 닿다, 건드리다; *dotakli smo se zida* 우리는 벽에 닿았다; *ne dotiči me se* 내게 손을 대지마!

dotad(a), do tada (副) 그때까지 (do toga vremena)

dotadanjī, dotadašnjī -*ā, -ē* (形) 그때까지의

dotaknuti 참조 dotaći

doteći *dotečem & doteknem; dotekao, dotekla* (完) doticati -*čem* (不完) 1. 흘러 오다(가다); *voda je dotekla sve do spavaće sobe* 물은 침실에까지 흘러 들어갔다 2. 빨리 도착하다, 뛰어 가다 (brzo stići, dotrčati) 3. (종종 무인칭문으로) 충분히 있다, 충분하다 (dostati, biti dovoljan); *plata mu dotiče samo u 25. u mesecu* 그의 월급은 매달 25일 경이면 바닥난다 4. 없어지다, 사라지다 (nestati, dotrajati); *dotekle su pare* 돈이 없다

dotegliti -*im* (完) 끌어 가다, 끌고 가다 (teglеći dopremiti, dovući)

dotegnuti -*em* (完) dotezati -*žem* (不完) 1. 도달하다, ~에 닿다, ~에 이르다 (dohvatiti, dopreti) 2. 충분히 있다, 충분하다 (dostati, biti dovoljan) 3. 자기쪽으로 잡아당기다; ~ ribarsku mrežu 어망을 끌어당기다 4. (비유적) 잡아당기다 (privući) 5. 알아채다, 김새를 눈치채다 (dokučiti, shvatiti pameću)

dotepenac, doteplica (男) (輕蔑語) 이주자, 이주민; *on je ~ iz neke nepoznate zemlje* 그는 생소한 나라에서 온 이주민이다

dotepsti se -*pem se; dotepao se, dotepla se* (完) 이주하다, 정주하다; 어슬렁거리면서 오다 (doseliti se, doskitati)

doterati -*am* (完) doterivati -*rujem* (不完) 1. (화물차 등에 실어) 가져오다, 실어오다; *po nekoliko puta mati ga mora opomenuti da drva dotera, jer na drvljaniku nemaju ni cepke* 어머니는 몇 번에 걸쳐 장작 창고가 텅 비었으니 나무를 가져와 풀어야 한다고 그에게 말했다 2. 몰다, 몰아가다; ~하게 내몰다, 억지로 ~하게 하다, 강제하다; ~ *ovce* 양떼를 몰고 가다; *doterali su goveda u štalu* 소떼를 소우리로 다 집어 넣었다; ~

zarobljenika 포로를 끌고 가다; ~ *nekoga do prošjačkog štapa* 누구를 구빈원(救貧院)으로까지 내몰다; ~ *cara do duvara* 막다른 골목에 내몰다; ~ *nekoga do pasa* 곤란한 처지에 놓이게 하다, 난처하게 하다 3. 정리하다, 단장하다, 말끔하게 하다, 조정하다, 매만지다 (dovesti u red, popraviti, urediti); ~ *kosu* 머리를 단장하다; ~ *odelo* 옷을 말끔히 차려 입다; ~ *se* 옷을 잘 차려 입다; ~ *sat* 시계를 맞추다 4. 일정한 단계나 수준에 이르다(발전 혹은 멸망의); *dokle si doterao?* 어디까지 했어?

doteščati -*am* (完) 무거워지다 (dotežati)

doteturati (se) -*am (se)* (完) 힘들게 오다, 발을 질질끌며 오다; ~ *kući* 힘들게 집에 오다

dotežati -*am* (完) 무거워지다 (doteščati)

doticaj -*ī*. 접촉 (dodir) 2. (비유적) (연)줄, (어떤 사람과의) 대화, 서신접촉

doticati -*čem* (不完) 참조 dotaći

doticati -*čem* (不完) 참조 doteći

dotičnī -*ā, -ō* (形) 해당의, 관련된, 언급된, 본(本)~; *to je ~ gospodin* 그 사람이 바로 그 사람이다; ~ *predmet* 해당 물건

dotinjati -*am* (完) dotinjavati -*am* (不完) (불이) 연기만 내며 다 타버리다, 연기만 내고 꺼지다; *plamen je dotinjao* 불길이 연기만 내며 다 타버렸다

dotirati -*am* (完,不完) 보조금을 주다, 장려금을 지급하다; ~ *fabriku* 공장에 보조금을 지급하다; ~ *institut* 연구소에 장려금을 지원하다

dotiskati -*am* (完) dotiskavati -*am* (不完) 참조 doštampati

dotle (副) 1. 거기까지, 그 장소 까지 (do toga mesta); *vidiš li ono drvo? Ići ćá samo ~*; 저 나무 보여? 저기까지만 가겠어 2. 그때까지, 그 시간까지(do toga vremena); ~ *je bilo dobro* 모든 것이 좋았을 때 까지 3. (dok, dokle 와 함께 같이 쓰여) 동시에, ~하는 동안 (za to vreme, istovremeno); *dok sam pakovao, ~ ona je sređivala sobu* 내가 짐을 싸는 동안 그녀는 방을 정돈했다

dotrajati -*em* (完) dotrajavati -*am* (不完) 1. ~ 까지 지속되다, ~까지 계속되다; *novac mu je dotrajao do Nove godine* 그는 돈이 신년까지 있었다 2. 다 소비하다, 다 써버리다; *novac mu je dotrajao* 그의 돈은 다 소비되었다 3. 다 써서 낡다, 다 해지다; *ovo odelo je dotrajalo* 이 옷은 다 해졌다, *ova kuća je dotrajala* 이 집은 다 허물어졌다; *čiča je umirao spokojan, svestan je dotrajao svoje*

D

dane 아저씨는 평온하게 돌아 가셨다. 그의 세월이 다 되었다는 것을 알고 있었다

dotrajavati *-am* (不完) 참조 dotrajati

dotrčati *-im* (完) **dotrčavati** *-am* (不完) 뛰어 오다(가다), 급하게 오다(가다)

dotući *dotučem; dotukao, dotukla* (完) 1. 죽이다(이미 부상을 당했거나 능력을 상실한 것을); ~ *pogođenog zeca* 총 맞은 토끼를 죽이다; ~ *ranenu životinju* 부상당한 동물을 죽이다 2. (게임·시합 등에서) 이기다, 승리하다 (pobediti) 3. (다른 사람의 의견이나 생각을) 박살내다, 가차없이 공격하다 4. 끝까지 때리다, 계속 때리다, 최후의 일격을 가하다(tukući same doći do kraja)

dotupavan *-vna, -vno* (形) 쉽게 이해하는, 영리한, 똑똑한

doturiti *-im* (完) **doturati** *-am* (不完) 1. 밀다, 밀어내다(자신으로부터 멀지 않은 곳에), 가까이 있는 사람에게 주다(넘겨주다); *doturio sam mu pušku* 그에게 총을 밀어주었다; *doturili su mu ceduljicu* 그에게 종이 쪽지를 건네주었다; ~ *pepeljaru* 재떨이를 (한쪽으로) 밀어내다 2. 몰래(비밀리에) 건네주다(전달하다); ~ *pismo* 편지를 몰래 건네주다 3. ~에 얹다, 더 얹다; ~ *drva na vatru* 불에 장작을 더 얹어놓다

dotužiti *-im*, **dotužati** *-im* (完) **dotužavati** *-am* (不完) (자주 무인칭문으로) 따분해 지다, 귀찮아지다, 견딜 수 없게 되다; *htela da se ubije, dotužilo joj da živi* 사는 것이 무의미해져 그녀는 스스로 목숨을 끊으려고 했다

doučiti *-im* (完) 1. 끝까지 공부하다, 공부를 마치다 2. 더 공부하다; *on mora da douči dosta stvari* 그는 많은 것을 더 배워야 한다

doumiti se *-im se* (完) 골똘히 생각해 결론에 다다르다, 해결책을 찾아내다 (domisliti se, dosetiti se)

doušiti *-im* (完) 비밀리에 알리다, 밀고하다

doušnī *-ā, -ō* (形) 귀밀의, 귀끝의; *~a žlezda* 귀밀샘, 이하선(耳下腺)

doušnik 밀고자 (dostavljač)

dovabiti *-im* (完) **dovabljivati** *-ljujem* (完) 유인하다, 유혹하다, 불러내다 (domamiti)

dovaljati *-am* (完) 1. 굴리다 (dogurati); ~ *veliki kamen* 커다란 돌을 굴리다 2. ~ *se* 굴러 오다

dovde (副) 여기까지 (do ovoga mesta); *možete doći samo ~* 여기까지만 오실 수 있습니다

doveče(r) (副) 오늘 저녁에 (večeras)

dovek(a) (副) 영원히, 항상, 끊임없이 (보통 미래의)

dovesti *dovedem; doveo, dovela; doveden* (完) **dovoditi** *-im* (不完) 1. 인도하다, 안내하다, 데리고 가다; *dovela je dete lekaru* 아이를 의사에게 데리고 가다; *doveo sam svoga brata* 형(동생)을 데리고 왔다; *doveli su struju u sela* 전기를 마을에 끌어 왔다; *ovaj će vas put ~ u grad* 이 길이 당신들을 도시로 안내할 것이다 2. 들이다(보통 장가를 가기위해 부인을 집에 들이다); *Popov gojko doveo ženu* 고이코가 여자를 (부인으로)집에 들였다 3. (do nečega) ~으로 이끌다, 어떤 상황(상태, 분위기 등을)을 만들다 (야기하다); ~ *do mira* 평화로 이끌다; ~ *do rata* 전쟁으로 이끌다, 전쟁이 나게 하다; ~ *do pobede* 승리로 이끌다; ~ *do stvaranja saveza* 동맹 결성으로 이끌다; ~ *do ludila* 미치게 하다; ~ *u sumnju* 의심하게 하다; ~ *u težak položaj* 어려운 위치에 처하게 하다; ~ *do suza* 눈물을 흘리게 하다; ~ *u jarost* 격노케하다; ~ *u red* 정돈시키다; ~ *u sklad* 화합하게 하다; ~ *do zaključka* 결론에 이르게 하다; ~ *u pamet* 정신나게 하다; ~ *u vezu* 관련되게 하다; ~ *u pitanje* 불명확하게 하다; ~ *u škripac (koga)* 매우 난처한(위험한) 처지에 빠지게 하다

dovesti *-ezem; dovezao, dovezla; dovezen* (完) **dovoziti** *-im* (不完) 실어오다, 가져오다, 데려오다(자동차로); *dovešćemo vas kolima do granice* 국경까지 당신을 차로 모셔다 드리겠습니다; *dovezli smo se mojim novim automobilom* 우리는 내 새차로 왔다

do viđenja (작별 인사) 안녕, 안녕히 계세요

dovijati *-am* (完) 몰다, 내몰다 (doterati)

dovijati se *-am se* (不完) 참조 doviti se

dovikati *-čem* (完) **dovikivati** *-kujem* (不完) 큰 소리로 부르다; *dovikao je svoje drugove* 그는 자기 친구를 큰 소리로 불렀다

doviknuti *-nem* (完) **dovikivati** *-kujem* (不完) 1. (kome) 큰 소리로 말하다, 소리치다; *doviknuo je nešto devojkama* 여자들에게 무언가 큰 소리로 말했다 2. (koga) 큰 소리로 부르다; *doviknuo me je* 나를 큰 소리로 불렀다

doviti se *-jem se* (完) **dovijati se** *-am se* (不完) 1. 끝까지 구부리다 2. (비유적) 잘 해나가다, 용케 ~해내다 (snaći se vešto u čemu, domisliti se čemu); *ta se žena dovija kako najbolje ume* 그 여자는 자기가 할 수 있는 최선을 다해 나갔다 3. ~까지 다다르다 (도달하다) (dospeti do čega, postići); *dugo*

D

vreme je moralo proteći dok se čovek dovio do toga znanja da topi metale 그 사람이 금속을 녹이는 방법을 알기 까지는 오랜 시간이 흘러야만 했다

dovitljiv *-a, -o* (形) 기략이 풍부한, 변통성 있는, 재치가 있는, 수완이 비상한 (domišljat, snalažljiv, vešt)

dovlačiti *-im* (不完) 참조 dovući

dovoče *-eta* 의붓 자식(보통 의붓 아들)

dovod 1. (파이프를 통한 석유·물 등의) 수송, 공급 (dovođenje, dopremanje); ~ benzina 휘발유 수송; ~ električne energije 전기 에너지 공급; prekinuti ~ vazduha 공기 공급을 중단하다 2. 관, 파이프, 케이블(수송용, 공급용) (cev, kanal); električni ~ 전기 케이블; zatvoriti ~ 파이프를 잠그다; priključak na ~u 파이프 연결, 관 연결

dovoditi *-im* (不完) 참조 dovesti

dovodnī *-ā, -ō* (形) 수송의, 공급의, 보급의; ~a cev 공급관; ~ tunel 수송 터널; ~a žica 공급 케이블

dovoljan *-ljna, -ljno* (形) 1. 충분한; ~ razlog 충분한 이유; biti ~ 충분하다; ~ljna količina 충분한 수량; u ~ljnoj meri 충분하게; to je ~ razlog da ne dođe 그것이 그가 오지 않는 충분한 이유이다 2. (廢語, 方言) 만족스런 3. (명사적 용법에서) 유급을 면하는 최소한의 점수(학교에서)

dovoljno (副) 충분하게; pojesti ~ 충분히 먹다; ~ jak 충분히 강한(튼튼한); ~ zasićen 충분히 배부른

dovotka 참조 dovoče

dovoz 수송, 운송, 발송, 선적 (transport); ~ municije kolima 탄환의 자동차 운송

dovoziti *-im* (不完) 참조 dovesti

dovraga (感歎詞) 제기랄!, 빌어먹을!

dovratak *-tka*; *-aci* **dovratnik** 문설주

dovrebati (se) *-am (se)* 매복해 사냥하다; ~ lisicu 여우를 매복해서 사냥하다

dovršavati *-am* (不完) 참조 dovršiti

dovršetak *-eci* 완성, 완료, 끝 (어떤 일의) (svršetak, završetak)

dovršiti *-im* (完) **dovršavati** *-am*, **dovršivati** - šujem (不完) 1. (일을)끝마치다, 완성하다, 완료하다 2. 끝까지 때리다, 죽도록 때리다, 죽이다 (dotući, usmrtiti)

dovući *dovučem, dovuku, dovukao, dovukla; dovučen; dovuci* (完) **dovlačiti** *-im* (不完) 1. 끌어당기다, 잡아당기다; dovukla je sto do prozora 그녀는 책상을 창문으로 끌어당겼다 2. (냉소적) 설득하여 데려오다 (koga) 3.

~ se 간신히(겨우) 오다; jedva smo se dovukli do kuće 집까지 간신히 왔다 4. ~ se 비밀리에 당도하다(오다)

doza 1. (약의) 1회분; uzeti ~u 1회분을 복용하다 2. 그릇, 상자(담배, 차, 설탕 등의); ~ za šećer 설탕 그릇

dozidati *-am* & *-iđem* (完) **doziđivati** *-iđujem* (不完) 1. 증축하다; ~ garažu uz kuću 집에 주차장을 증축하다; ~ sprat 한 개 층을 증축하다 2. 건축을 마치다, 끝까지 다 짓다

doziranje (동사파생 명사) dozirati

dozirati *-am* (完,不完) 1회분을 주다(처방하다); ~ lek 약을 1회분 주다

doziv 부름 (poziv, dozivanje); ~i pastira 목동(牧童)의 부르는 소리; čuti nečiji ~ 누구의 부름을 듣다

dozivati *-am* (不完) 참조 dozvati

dozivnī *-ā, -ō* (形) 부르는; ~ padež 호격(呼格)

dozlaboga (副) 매우, 대단히 (u velikoj meri (o čemu nepooljnom)); ~ dosadno 매우 따분한

dozlogrditi *-im* (完) (종종 無人稱文으로) 참을 수 없게 되다, 견딜 수 없게 되다; dozlogrdilo mi je 질렸다

doznačiti *-im* (完) **doznačavati** *-am* (不完) 1. 우편환(doznaka)을 보내다; 우편환을 발행하다; 우편환을 제출하다(현금을 지불하도록 우체국에); ~ novac 돈을 우편환으로 보내다; ~ penziju 연금을 우편환으로 보내다; ~ platu 월급을 우편환으로 발행하다

doznačnica 참조 doznaka

doznaka 우편환 (uputnica)

doznati *-am* (完) **doznavati** *doznajem* (不完) 알다, 알아채다, 눈치채다 (saznati); on je doznao za to (o tome) 그는 그것에 대해 알아챘다; ~ nečije planove 누구의 계획에 대해 알아채다

dozreo *-ela, -elo* (形) 1. 무르익은, 다 익은; 숙성된, 발효된; ~ela jabuka 다 익은 사과; ~elo meso 숙성된 고기 2. (비유적) (신체적·정신적으로) 다 큰, 다 성숙한; ~ela devojka 다 큰 처녀 3. (비유적) 경험많은 (iskusan)

dozreti *-em* (完) **dozrevati** *-am* (不完) 1. (곡물·과일 등이) 무르익다, 다 익다 2. (치즈·꿀 등이) 숙성되다, 발효되다 3. (비유적) (육체적·정신적으로) 다 크다, 성장하다; (생각·사고 등이) 성숙하다

dozvati *dozovem* (完) **dozivati** *-am* & *-vljem* (不完) 1. (큰 소리로)부르다, 소리치다, 외치

D

143

다; ~ (nekoga) u pomoć ~에게 도와달라고 소리치다 2. 초대하다, 초청하다 3. (기타) ~ k pameti 현명하게 하다; ~ k sebi (k svesti) 제 정신을 차리게 하다; ~ u svest (u pamet) 기억해 내다 (setiti se) 4. ~ se 제 정신을 차리다

dozvola 허락, 허가, 인가, 승인; vozačka ~ 운전면허증; saobraćajna ~ 자동차 등록증; ~ za rad 영업 면허증; ~ sletanja(poletanja) 착륙(이륙) 승인

dozvoliti -im (完) **dozvoljavati** -am (不完) 허락하다, 허가하다, 승인하다, 인가하다, 용인하다; dozvolili su nam da to uradimo 우리가 그 일을 하는 것을 허락했다; dozvolite mi da ~~하는 것을 허용해 주세요

doživeti -im (完) **doživljati** -am (不完) 1. 겪다, 경험하다, 체험하다; ~ uspeh(nezgodu) 성공(어려움)을 경험하다; ~ nesreću 사고를 당하다; knjiga je doživela dva izdanja 책은 2판 인쇄되었다 2. (일정 시점까지) 보존되다; ta su pričanja do današnjeg dana doživela u narodu 그 이야기는 오늘날까지 백성들 사이에서 이야기 되어진다 3. ~까지 살다; ~ duboku starost 아주 오래까지 살다

doživljaj 경험, 겪은 일(사건); pričati svoje ~e 자신의 경험을 이야기하다

doživotan -tna, -tno (形) 죽을 때 까지의, 종신의; osuditi na ~tnu robiju 종신형을 선고하다; ~tna želja 평생 소원; ~tni invalid 평생 불구; ~tni član 종신 회원

dr (略語) 1. 박사, 의사 (doktor) 2. 다른(것), 기타 (drugi, drugo)

drač 1. (植) 가시나무 2. (비유적) 좋지 않은 것, 해로운 것; 고통스럽고 양심에 가책을 받게 하는 것

drača 1. (植) 가시나무 (drač); 가시 (trn, bodlja na biljci); iz ~e ruža se rađa 힘들고 어려운 가운데 커다란 성공을 이루다; ne vise nigde kolači o drači 노력없이는 성공도 없다 2. (方言) 생선의 잔 가시

dračav -a, -o (形) 가시 투성이의, 가시가 많은, 가시가 돋친; ~a šikara 가시 덤불; ~a ograda 가시 담장

dračje (集合) drač, drača; 가시

drag -a, -o; (比; draži) (形) 1. 사랑스런, 소중한; 친애하는; Dragi Milane 친애하는 밀란에게 (편지의 첫머리에); ~a srca, ~e volje, s ~e volje 기꺼이, 흔쾌히 2. (명사적 용법으로) 사랑스런 남자(dragan), 사랑스런 여자(dragana) 3. 친절한, 친근한, 진심어린 (ljubazan, prijateljski, srdačan); milo za ~o

vratiti 이에는 이, 눈에는 눈(흔히 부정적인 뜻으로) 4. 값비싼; ~i kamen 값비싼 보석

draga (形) (명사적 용법으로) 여보, 자기, 달링 (사랑하는 사람을 부를 때)

draga (女) 1. 계곡, 협곡 (dolina, uvala) 2. (만 안의)후미, 내포(內浦) (morska uvala, zaton)

dragan (男) 1. 정부(情夫) (ljubavnik) 2. (친밀하게 부르는 명칭으로) 사랑스런 사람, 소중한 사람 (miljenik, ljubimac)

dragati -am (不完) 사랑스럽게 어루만지다 (milovati, nežno dodirivati)

drager 소해정(掃海艇: 바다에 있는 지뢰를 제거하는 배)

dragi (形) (명사적 용법으로) 여보, 자기, 달링 (사랑하는 사람을 부를 때)

dragička (보통 숙어로 사용) kaži ~ 기쁜 소식을 누군가에게 전할 때 사용함

drago (副) 1. (기쁨, 만족 등을 표시할 때); ~ mi je sto ste došli 와 주셔서 대단히 감사합니다 2. (관계 또는 부정(不定)대명사 및 부사의 뜻을 강조할 때) (주로 허락, 허용하는 의미로); ko mu ~ 누구든지; gde mu ~ 어디든지; koji mu ~ 어떤 것이든지; pitajte koga mu ~ 누구에게든지 물어 보세요; uzmi koji mu ~ 네가 원하는 무엇이든지 가져

dragocen -a, -o (形) 값비싼, 소중한, 귀중한

dragocenost (女) 가치; 큰 가치가 있는 것

dragoljub (植) 한련, 금련화

dragoman (보통 외교 공관에 소속된) 통번역가

dragost (女) 귀여움, 사랑스러움, 소중함

dragostan -sna, -sno **dragotan** -tna, -tno (形) 유쾌한, 즐거운, 기분좋은; 사랑스런, 소중한

dragovoljan -ljna, -ljno (形) 자발적인 (dobrovoljan); ~ljna samoća 자발적 고독

dragstor (작은)편의점 (보통 밤늦게까지 영업)

dragulj 보석 (dragi kamen)

draguljar 보석 세공인, 보석공; 보석 상인, 귀금속 상인

draguljarnica 보석 가게

drakonskī -ā, -ō (形) 드라콘(Draco)식의, 엄격한, 가혹한; ~a kazna 가혹한 형벌

drakstor 참조 dragstor

dram -ovi 무게 단위 (약 3.2g); izmeriti što na ~ 아주 정확하게 무게를 재다; meriti što na ~ove 아주 사소한 것을 따지고 들다; hraniti se na ~ove 아주 빈약하게 먹다

drama 1. 연극, 드라마 2. (비유적) 사건, 사고 (여파나 결과가 심각한)

dramatičan -čna, -čno (形) 극적인
dramatičar, dramatik 극작가, 희곡 작가
dramatičnost (女) 극적임
dramatika 1. 연극 속에서 일어나는 사건 (dramatična zbivanja) 2. 극예술(dramska književnost)
dramatizacija 각색, 극화; ~ romana 소설 각색; ~ događaja 사건의 극화
dramatizirati -am, dramatizovati -zujem (完, 不完) 극화하다, 각색하다
dramatskī -ā, -ō (形) 1 . 연극의, 드라마의 (dramski) 2. 극적인 (dramatičan)
dramaturg 1. 무대에 올릴 작품을 선택하고 배우의 역할을 결정하는 사람(보통 작가임) 2. 극작가, 희곡작가 dramaturški (形)
dramaturgija 1. 극작술(법) 2. (각본의)상연법, 연출법
dramlija 산탄(sačma)의 한 종류
dramoser (卑語) 구두쇠, 수전노 (tvrdica, cicija)
dramskī -ā, -ō (形) 드라마의; ~ talenat 드라마 재능; ~ pisac 드라마 작가; ~ zaplet 드라마 갈등; ~ sopran(o) 드라마틱 소프라노 (무거운 목소리로 성격적 특성을 강하게 나타내는 소프라노)
drangulija (보통 複數로) 1. 자질구레한 장신구 (장식품) 2. 재담, 익살, 해학 (dosetka, doskočica)
drap (形)(不變) 밝은 갈색의, 베이지색의 (svetlosmeđ); ~ kaput 베이지색 코트
drapati -am & -pljem (不完) (卑語) 1. 벅벅 긁다, 비비다 (grepsti, češati) 2. 뜯다, 잡아 뜯다, 뽑다 (čupati, kidati, trgati) 3. (비유적) (문학 작품을) 엉터리로 쓰다 (돈벌이를 위해) (piskarati, škrabati)
drapav -a, -o (形) (卑語) 1. 찢어진, 해진, 누덕누덕한(오랫 동안 사용한 결과) (pocepan, poderan, odrpan) 2. 거친, 울퉁불퉁한, 평평하지 않은(hrapav, neravan)
draperija 주름잡힌 천(피륙) (보통 커튼 등의)
drapirati -am (完,不完) 1. (천 등을) 주름잡아 낙낙하게(우아하게) 하다 2. 주름잡힌 천 (draperija)로 장식하다
drastičan -čna, -čno (치료, 변화 등이) 격렬한, 맹렬한; (수단 등이) 철저한, 발본적(拔本的)인; ~ lek 강력한 약; ~čno sredstvo 격렬한 수단
draškati -am (不完) 1. 못살게 굴다, 괴롭히다, 집적거리다, 놀리다 (dražiti); ~ na kašalj 기침나게 하다; ~ životinje 동물을 못살게 굴다 2. 간지럽히다, 어루만지다 (golicati, milovati)
drati derem (不完) derati
draž (女) 1. 자극 (podražaj, nadražaj) 2. 매력, 유혹(하는 것); 아름다움 (čar, lepota, ono što privlači)
dražba 경매, 공매 (licitacija, nadmetanje); prodati na ~i 경매로 팔다; dražbeni (形)
dražbenik 경매 참가자
draželja 1. 드라제(견과에 설탕을 입힌) 2. 겉표면을 달게 처리한 알약
dražesno (副) 매력적으로, 유혹적으로, 아름답게, 우아하게; ona se ~ smeši 그녀는 매력적으로 웃는다; ~ plesati 매력적으로 춤추다
dražest (女) 매력, 아름다움, 유혹(하는 것) (draž)
dražestan -sna, -sno (形) 매력적인, 매혹적인, 아름다운; ~sna devojka 매력적인 처녀; ~sna muzika 아름다운 음악
draži 참조 drag
dražinac -inca, dražinovac -ovca 부역자, 내통자(적과의), 이적 행위자 (2차대전 당시 Draža Mihailović를 따랐던 사람들)
dražiti -im (完) razdražiti (不完) 1. 자극하다, 흥분시키다 (nadraživati); to draži radoznalost 그것이 호기심을 자극한다 2. 흥분(분노, 불안 등)을 야기하다 3. 괴롭히다, 집적거리다, 놀리다, 못살게 굴다; ne dražite životinje 동물을 못살게 굴지 마!; nomoj vikati, to draži grlo 소리치지 마, 목에 안좋아
dražljiv -a, -o (形) 쉽게 흥분하는, 쉽게 자극을 받는, 쉽게 화내는; ~a koža 트러블에 민감한 피부; ~ čovek 쉽게 흥분하는 사람; ~e reči 집적거리는 말
drebank (機) 선반 (strug, tokarska klupa)
drečan -čna, -čno (形) 강한, 튼튼한, 강건한 (jak, čvrst)
drečati -im (不完) dreknuti -em (完) 1. 소리치다, 비명지르다(통증, 괴로움 등으로 인한) (vikati, jaukati, vrištati); ~ od bola 통증으로 인해 비명지르다 2. 큰 소리로 울다(동물이) 3. (비유적) 눈에 잘 띄다(강렬한 색으로 인해)
drečav -a, -o, drečećī -ā, -ē (形) 눈에 잘 띄는(원색으로 인해)
drednot (軍) 드레드노트형 전함, 중무장한 전함
drek (卑語) 때, 먼지, 쓰레기 (prljavština, đubre)
dreka (사람·동물 들의) 날카로운 소리, 비명; 시끄러운 소리; dići ~u 시끄럽게 하다
drekav -a, -o (形) 1. 쓰레기 투성이의, 더러운 2. 비명의, 비명을 지르는; ~o dete 비명

을 지르는 아이
drekavac -avca 1. 시끄럽게 하는 사람, 떠드는 사람 (galamdžija, bukač) 2. (迷信) 밤에 소리치는 귀신(유령) 3. (動) 고함원숭이(열대 아메리카산)
dreknuti -nem (完) 참조 drečati
drem 졸음 (dr̃emež)
dremalac -aoca (男), dremalo (中,男) 시간만 있으면 꾸벅 꾸벅 조는 사람
dremati -am & -mljem (不完) dremnuti -nem (完) 졸다, 잠깐 졸다, 선잠을 자다; drema mi se 졸립다; ne ~ 졸지 않다, 정신 바짝 차리고 있다
dremež 졸음 (drem); uhvatio me je ~ 졸았다
dremljiv -a, -o, dremovan -vna, -vno (形) 1. 졸리운, 쉽게 조는 2. (비유적) 게으른, 나태한
dremljivac -vca 시간만 있으면 꾸벅 꾸벅 조는 사람 (dremalac, dremalo)
dremljivost (女) 졸음
dremnuti -nem (完) 참조 dremati
dremovac -ovca (植) 아네모네 (visibaba)
dremovan -vna, -vno (形) 참조 dremljiv
dremuc(k)ati -am (不完) (지소체) dremati: 잠깐 졸다
dren (植) 층층나무; 층층나무 열매; zdrav kao ~ 매우 건강한, 강건한
dren 1. 하수관, 배수관 2. (醫) 배농관(排膿管)
drenaža 1. 배수(排水); 배수 장치, 배수로 2. (醫) 배액(排液) drenažni (形)
drenažnī -ā, -ō (形) 배수의; ~ kanal 배수로; ~ sistem 배수 시스템; ~a cev 배수관
drenik, drenjak 층층나무 숲
drenirati -am (不完) 배수(排水)하다
drenovac -ovca, drenovača 층층나무(dren)로 만든 막대기, 회초리
drenovik 참조 drenik
drenovina 층층나무 목재
drenjak 참조 drenik
drenjina 1. (植) 층층나무 2. 층층나무로 만든 회초리
dres 운동복; jahački ~ 승마복; sportski ~ 스포츠복
dreser 동물 조련사
dresina 참조 drezina
dresirati -am (完,不完) 훈련시키다, 길들이다, 조련하다 (동물을); ~ psa 개를 조련하다; dresirane životinje 훈련된 동물
dresura 1. 훈련, 조련(동물의) 2. (비유적) 맹목적 복종
drešiti -im (不完) odrešiti (完) 1. 풀다, 풀어 주다, 끄르다 (odrešivati, odvezivati); ~ i

vezati 결정하다, 중요한 결정을 하다; ~ jezik 말하기 시작하다; ~ kesu 지갑 주머니를 풀다, 지출하다; ~ ruke (kome) 행동의 자유를 주다; čovek ni veži ni dreši 믿을 수 없는 사람, 신뢰성이 부족한 사람 2. (비유적) 의무에서 벗어나게 하다, 면해주다
dreti derem & drem̃; dro, drla; drt 1. 참조 derati 2. (輕蔑語) 게걸스럽게 먹다, 한정없이 먹다 (jesti ili piti bez mere, žderati)
dretva -tava 굵은 실(특히 제화공이 구두를 꿰맬 때 사용하는)
drevan -vna, -vno (形) 1. 고대(古代)의, 옛날의; ~vna vremena 고대 시대; ~vni narod 고대인(人); ~vna legenda 아주 오래된 전설, 고대의 전설 2. (비유적) 아주 연로한, 아주 나이가 많은(사람의) 3. (口語) 고질적인, 중증의 (okoreo, težak); ~vna pijanica 알코올 중독자; ~vna sirota 아주 가난한 사람; ~vna lenština 고질적인 게으름뱅이
drevnost (女) 고대(古代), 상고시대
drezina (궤도 위에서 움직이는) 작은 수레; (영화, TV 촬영의) 돌리 (이동식 촬영기대 (臺))
dreždati -im (不完) (한 장소에서) 오랫동안 기다리다
drhtaj 1. (잠깐 동안의) 전율, 몸서리 침; ~ tela 몸서리 침 2. (잠깐 동안의) 당황 3. (잠깐 동안의) 흔들림; ~ sveće 촛불의 흔드림
drhtati dršćem & -im (不完) (후들후들)떨다, (무서워서, 추위서)벌벌 떨다, 전율하다, 흔들리다(지진, 폭발로 인해, 불빛, 목소리 등이); ~ od zime 추워서 벌벌 떨다; ~ od straha 무서워 벌벌 떨다; glas joj je drhtao 그녀의 목소리가 떨렸다; ~ nad svakim dinarom 수전노처럼 행동하다, 돈을 더 쓸까봐 벌벌하다
drhtav -a, -o (形) 흔들리는, 떨리는, 전율하는; ~im glasom 떨리는 목소리로; ~im rukama 떨리는 손으로
drhtavica 몸의 떨림, 전율, 오한(추위, 허약함, 노약, 흥분 등으로 인한); uhvatila me je ~ 전율이 엄습했다 (drhtanje)
drhtulje (女,複) (魚類) 전기가오리과(몸에서 전기를 발생하는 바다 물고기)
driblati -am (不完) driblovati -lujem (不完) (스포츠) 드리블하다
dribler (스포츠) 드리블러
dribling (스포츠) 드리블링
drijada (神話) 숲의 요정
dril 훈련, 반복 연습; (軍) 교련, 훈련
Drina 드리나강(세르비아와 보스니아 사이에 있

는); *ispraviti krivu ~u* 불가능한 일을 하다

dripac *-pca* (俗語) 거칠고 단순한 사람 (neotesanac)

drljač 써레질 하는 사람

drljača 써레 (brana, zubača)

drljati *-am* (不完) 1. 써레질하다 (branati) 2. (비유적) 휘갈겨쓰다 (škrabati, nečisto ili loše pisati)

drljav *-a, -o* (形) 1. 눈꼽이 낀 (krmeljiv); 세수하지 않은, 단정하지 않은 (neumivan, neuredan) 2. 낡아빠진, 헐어빠진, 허름한, 누더기의 (otrcan, pohaban, raskliman)

drljavac *-avca* 지저분한 사람

drljiti *-im* (不完) **razdrljiti** (完) 단추를 풀다, 단추를 끄르다(신체, 특히 가슴이 들어나도록); *drlji haljinu na prsima* 원피스의 가슴부분 단추를 풀어라

drljotina (輕蔑語) 그림같지도 않은 그림, 글같지도 않은 글 (질적으로 형편없는)

drmadžija (男) **drmalo** (男) (俗語) 범털, 거물

drmati *-am* (不完) **drmnuti** *-em* (完) 1. 흔들다, 잡아 흔들다, 뒤흔들다; *~ nešto*; *~ glavom* 머리를 흔들다; *drma me groznica* 열병에 시달리고 있다; *ovaj se stub drma* 이 기둥이 흔들린다 2. (비유적) 좌지우지하다, 결정하다; 다스리다, 지배하다, 통치하다 (ypravljati, vladati, voditi glavnu, odličnu reč); *~ zemljom* 나라를 좌지우지하다; *~ preduzećem* 회사를 경영하다

drmator (俗語) 참조 drmadžija

drmeš, drmež (民俗) 크로아티아 민속춤

drmnuti *-nem* (完) 참조 drmati

drmusati *-am* (不完) **prodrmusati** (完) 1. 세차게 흔들다(뒤흔들다) 2. (自) 흔들거리면서 가다 3. (他) 흔들다, 털다 4. *~ se* 세차게 흔들리다

drnda (擬聲語) 1. 덜거덕덜거덕(거리는 소리), 덜컹덜컹(하는 소리) (자동차 등이) (tandrkanje) 2. 뭉쳐진 양털을 펴는(보풀리는) 기구(器具) (drndalo)

drndalo 1. 뭉쳐진 양털을 펴는(보풀리는) 기구 (器具) 2. (俗語) 수다쟁이 (brbljivac, naklapalo)

drndati *-am* (不完) 1. 뭉쳐진 양털을 펴다(보풀리다); *~ vunu* 양털을 보풀리다 2. 덜컹거리다, 덜거덕거리다 (zbrndati, kloparati, štropotapati); *zašto ta mašina toliko drnda* 저 기계가 저렇게 덜거덕거리는 이유가 무엇이냐? 3. 시끄러운 소리를 내다, 엉터리로 연주하다, 연주를 잘못하다(시끄러운 소리만 내며) 4. (비유적) 별별 이야기를 다하다, 수다를 떨다 (govoriti koješta, brbljati); 저주를 퍼붓다 (klevetati); *vrndaj i drndaj* 수다를 한 번 떨어봐 5. *~ se* 자갈길(비포장길)을 차를 덜컹거리며 타고 가다; *drndali smo se po seoskom putu* 우리는 시골길을 덜컹거리며 차를 타고 갔다

drndav *-a, -o* (形) 덜거덕거리는

drnkati *-am* (不完) 1. 시끄러운 소리를 내다, 엉터리로 연주하다 (drndati) 2. 저주하다 (drndati)

drob 1. (解) 창자, 내장, 내부 장기(사람 혹은 동물의); *~ me boli na nekoga* 가슴이 아프다; 화끈거리다; 누구를 의심하다; *trese mu se ~ od smeha* 너무 많이 웃는다 2. 동물의 내장으로 만든 음식(물) 3. (비유적) 내부 부품 (unutrašnji delovi)

droban *-bna, -bno* (形) 1. 작은(크기나 규모가) (sitan) 2. 어린, 다 크지 않은 (malen) 3. 의미가 별로 없는, 중요하지 않은

drobilica (機) 분쇄기

drobiti *-im* (不完) 1. 잘게 부수다, 분쇄하다 (lomiti, sitniti) 2. (빵 등을) 잘게 부숴 수프 등에 넣다; 작게 나누다(쪼개다); *~ ćoravoj kvočki* 아무런 쓸모없는 일을 하다 3. 부수다, 파괴하다 (razbijati, uništavati) 4. (俗語) (비유적) 수다를 떨다, 지껄이다 (brbljati); *~ kao jare na lupatak* 불명확하게 빨리 말하다 5. (비유적) 연달아서 총알을 쏟아내다

drobljiv *-a, -o* (形) 쉽게 부서지는; 연한(단단하지 않고)

drobnjak (植) 차이브, 골파(부추속) (vlasac)

droga 마약; *opojne ~e* 마약; *uzimati ~e* 마약을 하다

drogerija 드러그스토어(약품류 이외에 일용잡화·화장품 등을 판매하는)

dorgerist(a) 드러그스토어 주인, 드러그스토어 점원

drogirati *-am* (不完) 마약을 하다

drolja (俗語) 창녀, 매춘부; 화냥년 (prostitutka)

drolja (男) **droljo** (男) 누더기를 걸친 더러운 사람, 부랑자 (odrpanac)

drombulja 1. (樂器) 구금(口琴: 입에 물고 손가락으로 타는 악기) 2. 불평을 늘어놓는 사람, 투덜대는 사람

drombuljati *-am* 1. 구금(drombulja)을 연주하다 2. (비유적) 투덜거리다, 중얼거리다, 불평하다

dromedar (動) 단봉낙타

dronja (女) **dronjo** (男) 누더기를 걸친 더러운 사람, 부랑자 (odrpanac)

dronjak *-njka*; *-njci* 1. 누더기, 넝마, 다 떨어진 옷 (krpa, prnja); *sav je u ~njcima* 그는 완전 누더기를 걸치고 있다 2. (비유적) 거지, 빈털터리 (bednik, jadnik, ništarija)

dronjav *-a*, *-o* (形) 1. 누더기의, 너덜너덜한, 누더기 옷을 입은 2. 불쌍한, 거지의 (bedan, jadan)

dronjavac *-avca* 참조 dronja (odrpanac)

dronjavko (男) dronjavac

drop (포도 혹은 올리브 열매의) 짜낸 찌꺼기 (포도주 혹은 올리브 기름을 만들 때)

droplja 1. (鳥類) 능에, 느시(아주 빨리 달릴 수 있는, 몸집이 큰 유럽산 새) 2. (비유적) 창녀, 매춘부 (drolja)

dropljica (지소체) droplja

drot 참조 žica

drozak *drozga* (鳥類) 개똥지빠귀; ~ *pevač* 노래지빠귀; ~ *brinovac* 개똥지빠귀의 일종

drozd *-ovi* 참조 drozak

drozga (가열된 철의 표면에 생기는)산화물의 조각, 쇠똥

drožđina 침전물, 앙금

drpati *-am* (不完) **drpnuti** *-em* (完) 1. 무자비하게 잡아 당기다; 갈기갈기 찢다, 잡아 뽑다, 꺾다 2. (俗語) 꼬집다 (pipati, štipati)

drpiti *-im* (完) (俗語) 1. 자기쪽으로 잡아 당기다, 끌어 당기다 2. (비유적) 훔치다 (ukrasti, prigrabiti nešto)

drskost (女) 거만, 오만, 불손

drška 1. 손잡이 2. 깃대(새의) (badrljica)

drt *-a*, *-o* 1. 참조 dreti: 닳아빠진, 해어진 2. 기진맥진한, 힘이 다 빠진 (iznemogao, onemoćao, oronuo)

drtina (卑語) 늙고 허약하고 힘없는 것 (사람 또는 동물이)

drug *druže*; *drugovi* 1. 친구 (prijatelj); *školski* ~ 학교 친구 2. 남편, 부인; *bračni* ~ 3. (정당, 특히 공산당의) 동무, 동지 **drugarica**

druga 참조 drugarica; 친구(여자); *puna ruka - svačija ~, a prazna ničija* 돈있고 힘있을 때는 사람들이 꼬이지만 돈과 힘이 없을 때는 주변에 아무도 없다

druga 물레가락, 방추(紡錘)의 한 종류 (vreteno)

drugačiji *-ā*, *-ē* (形) 참조 drukčiji

drugamo (副) 다른 곳에, 다른 장소로, 다른 방향으로

drugar 참조 drug

drugarica 참조 drug

drugarski *-ā*, *-ō* (形) 친한, 친구의, 우호적인;

~*o veče* 친선의 밤

drugarstvo 우정, 우애; 친선, 친교, 우호

drugda (副) 다른 때에, 다른 시기에 (u drugo vreme)

drugde (副) 다른 장소에, 어떤 딴 곳에서 (na kom drugom mestu); *nigde* ~ 아무 곳에도; *hajdemo nekuda* ~ 다른 곳에 가자

drugī *-ā*, *-ō* (形) 1. 두 번째의; ~ *svetski rat* 제 2차 대전; ~ *red* 두 번째 줄; ~*a republika* 제 2 공화국; ~ *a mladost* 제 2의 청춘; *iz* ~*e ruke* 간접적으로 2. 이전과는 완전히 다른, 새로운 (novi); *u manastiru poče* ~ *život i* ~ *red* 수도원에서 새로운 삶이 시작되었다; *biti na* ~*o brdo tkan, biti* ~*og kova* 완전히 다른; ~*im rečima* 다른 말로 하면; *(gledati koga ili što)* ~*im očima, kroz druge naočari* 다른 시각으로 바라보다 3. 제 2의, 덜 중요한(가장 중요한 것 보다); ~*a violina* 제 2바이올린; ~ *glas u horu* 합창의 제 2보이스 4. 동일한, 같은 (jednak, ravan kome, sasvim sličan, isti, istovetan) 5. (複) 다른, 기타의 6. 다른; *i jedan i* ~ 모두(둘); *ni jedan ni* ~ 아무것도(둘 중에); *jedno na drugo, jedno s drugim* 함께, 총, 다 합쳐 (ukupno); *na jedno uho uđe na drugo izađe* 한 귀로 듣고 한 귀로 흘린다; *otići na* ~ *svet* 사망하다, 죽다; *u* ~*om stanju biti* 임신하다; *to je* ~ *padež* 그것은 완전히 다른 말(이야기)이다; *okrenuti* ~ *list* 완전히 달리 행동하다

drugo (副) 두 번째, 둘 째

drugobratučed 육촌, 재종 형제

drugojačī, drugojačiī *-ā*, *-ē* (形) 참조 drukčiji; 다른, 같지 않은

drugoligaš 2부 리그에 속하는 축구팀(선수)

drugopozivac *-vca* 2차 징집병; *oni su bili* ~*vci u balkanskom raru* 그들은 발칸전쟁에서 2차 징집병이었다

drugorazredan *-dna*, *-dno* (形) 2류의, 열등한, 덜 중요한; ~ *pisac* 2류 작가

drugostepenī *-ā*, *-ō* (形) 1. 제 2위의, 덜 중요한, 부수적인, 부차적인 2. 상고의, 고등법원의; ~ *sud* 제 2심 법원, 고등법원, 상고 법원

drugovati *-gujem* (不完) ~와 친구가 되다, ~와 친구처럼 지내다, ~와 자주 어울리다; ~ *s nekim* ~와 친구처럼 지내다

drukčijī *-ā*, *-ē* (形) 다른, 같지 않은; *plaža je* ~*a nego ova* 이 해변은 그 해변과는 다르다

drum *-ovi* 길, 도로; *seoski* ~ 시골길; *ostati na* ~*u* 모든 사람들로부터 버림을 받다; *što*

na umu, to na ~u 누군가 말을 빙빙돌리지 않고 솔직하게 말할 때 사용하는 말
drumskī *-ā, -ō* (形); 참조 drum; ~ *razbojnik* 산적, 노상강도; ~*a mehana* 길가의 초라한 주막(여관); ~*a mreža* 도로망; ~ *saobraćaj* 육상 교통
drumar 도로를 건설하고 유지 보수하는 노동자 (putar, cestar)
drumarina 도로 통행료 (putarina, cestarina)
društvance *-eta* (지소체) društvo
društven *-a, -o* (形) 1. 사회의; ~ *pokret* 사회 운동; ~ *cilj* 사회의 목적; ~*a komedija* 일상 사회에서 가져 온 코메디; ~*e nauke* 사회 과학 2. 사교적인, 교제하기를 좋아하는 (druželjubiv)
društvo 1. 사회, 지역 사회, 국가 사회; *feudalno* ~ 봉건 사회; *kapitalističko* ~ 자본주의 사회; *socijalističko* ~ 사회주의 사회; *klasno* ~ 계급 사회; *besklasno* ~ 비계급 사회; *cvet* ~*a* 사회에서 가장 평가받는 사람들 2. 회, 동아리, 협회, 단체 (udruženje, družina); *dobrotvorno* ~ 자선 단체; *dobrovoljno vatrogasno* ~ 의용소방대; *lovačko* ~ 사냥협회; *pevačko* ~ 합창 모임; *planirarsko* ~ 등산 동아리; *stubovi* ~*a* 단체의 핵심 멤버들 3. 회사; *akcionarsko* ~ 주식회사 4. 어울림, 교제, 사귐; *ona voli* ~ 그녀는 사람들과 어울리는 것을 좋아한다; *njoj treba* ~*a* 그녀에게는 사람들과 함께 어울리는 것이 필요하다; *praviti nekome* ~ 와 함께 같이 있어 주다; *u* ~*u se i kaluđer ženi* 사회의 요구에 맞춰 행하다 (평상시에는 결코 하지 않을 일도)
društveni (形); ~ *život* 사회 생활; ~ *sektor* 공공부문; ~*i problemi* 사회의 제문제; ~*a imovina* 공공 자산; ~*a ishrana* 공공 급식; ~*a pravda* 사회 정의
druzgati *-am* (不完) **izdruzgati** (完) 찌부러뜨리다, 뭉개다 (gnjesti, gnječiti)
družba 1. 회, 동아리, 단체, 협회 (društvo) 2. 어울림, 교제 (druženje, drugovanje)
družben *-a, -o* (形) 어울리기 좋아하는, 사교적인 (društven)
družbenik 1. 회원, 동아리 멤버, 단체원 2. 항상 어울려 주는 사람, 상시 수행원
druželjubiv *-a, -o* (形) 어울리기를 좋아하는, 사교적인, 사람들을 좋아하는
druževan *-vna, -vno* (形) 참조 druželjubiv
Družićalo 1. (政敎) 부활절후 두 번째 월요일 (무덤의 흙을 돋아 주는) 2. 총각 처녀가 만나 어울려 노는 부활절 후 두 번째 월요일

družina 1. 친구들, 동무들; 수행원단; 직장 동료들; 결혼식 하객; 다중, 군중(群衆); 여흥을 즐기기 위해 모인 흥겨운 집단; *lopovska* ~ 절도단 2. 가족 구성원 (kućna čeljad) 3. 회, 협회, 단체; *trgovačka* ~ 상공인 협회; *zemljoradnička* ~ 농민협회 4. 극단원; *putujuća* ~*a* 유랑극단원
družiti se *-im se* (不完) 어울리다, 교류하다, 교제하다; *mi se već odavno družimo* 우리는 이미 오래전부터 교류하고 있다; ~ *s nekim* ~와 어울리다
drvar 1. 벌목공 (drvoseča) 2. 목재상
drvara 목재 저장소, 목재 판매소
drvarica 1. 여자 벌목공, 여자 목재상 2. 목재 운반선 3. 목재를 운반하는 당나귀 4. (昆蟲) 벌의 일종 (소나무 등에 알을 낳는)
drvarija 1. 벌목 (seča drva u šumi) 2. 각종 목제품 (drvenarija)
drvarina 1. 목재 값 2. 벌목세, 목재 수입세
drvarnica 참조 drvara
drvarskī *-ā, -ō* (形) 참조 drvar; 벌목공의, 목재상의
drvce *-ca & -eta* 1. (지소체) drvo; 어리고 작은 나무 2. 잘게 쪼개진 나무; ~ *za potpalu* 불쏘시개용 나무 3. 성냥 (šibica) 4. 기타; *Božično* ~ 크리스마스 트리
drveće (集合) drvo; *crnogorično* ~ 침엽수; *listopadno* ~ 낙엽수; *širokolisto* ~ 활엽수
drven *-a, -o* (形) 1. 나무의, 나무제의; ~ *stolica* 나무 의자; ~ *ograda* 나무로 된 담; ~*i ugalj* 목탄, 숯 2. (비유적) 생명이 없는, 감정이 없는, 뻣뻣한; ~*i advokat* 자칭 변호사; ~ *filozof* 식자(識者)인척 하는 사람; ~*o maslo* 올리브 기름; *stajati kao* ~*i svetac* 목석같이 뻣뻣하게 서 있다
drvenast *-a, -o* (形) 1. 나무의, 목제의, 나무와 같은 2. (비유적) 감정이 없는, 뻣뻣한 (bezosećanjan, neosetljiv)
drvendeka (男) 뻣뻣한 사람, 목석같은 사람 (cepanica)
drvendekast *-a, -o* (形) 뻣뻣한, 목석 같은
drvenik 나무를 쪼개는 곳(집안에서의), 나무를 쌓아 놓는 곳 (drvljanik)
drvenilo 뻣뻣함, 완고함, 무표정(목석 같은 사람의)
drvenost (女) 뻣뻣함, 무감각, 무표정
drvenjača 1. 목제품; ~ *čaša* 목각 잔 2. 나무로 만든 집 (drvenjara) 3. 나무 다리 (drvena noga) 4. 목재 펄프
drvenjak 1. 목제품: 막대기 (štap); 다리 (most); (복수로) 목제 신발 2. (비유적) 뻣뻣

D

한 사람, 감정이 없는 사람, 무감각한 사람
drvenjara 나무로 만든 집, 통나무 집
drvljanik *-ici* 1. 나무를 쪼개는 곳(집안에서의), 나무를 쌓아 놓는 곳 2. 나무 더미
drvlje (集合) drvo; *dizati(osuti na koga)* ~ *i kamenje* 매우 심한 모욕과 욕설을 퍼붓다, 수단 방법을 가리지 않고 공격하다
drvnī *-ā, -ō* (形) 나무의, 목재의; *~a industrija* 목재 산업; ~ *proizvodi* 목재 생산; *~a vlakanca* 목질 섬유
drvo *drveta & drva* 1. (植)(複, drveta)(다년생의) 나무; *listopadno* ~ 낙엽수; *zimzeleno* ~ 침엽수 2. (複, drva)(베어지거나 재제된) 나무, 목재; *ogrevno* ~ 땔감용 나무; *građevno* ~ 건설자재용 목재; *cepati drva* 나무를 패다; *trgovac drvima* 목재상 3. 목질(木質; 줄기의 내부에 있는 단단한 부분) 4. 기타; *božićno* ~ 크리스마스 트리; *genealoško (rodoslovno, porodično)* ~ 가계도(家系圖); ~ *života* (宗) 생명수; ~ *poznanja (saznanja, spoznaje dobra i zla)* (宗) 선악과 나무; *nositi drva u šumu (goru)* 헛되고 쓸모없는 일을 하다; ~ *se savija dok je mlado* 사람은 어려서 배워야 한다, 세 살 버릇 평생간다; *sedi* ~ *na* ~ 모르는 것을 대답하려고 애쓰는 학생들을 이를 때 하는 말; *ni jedno* ~ *ne raste do neba* 모든 것은 한계가 있다; *popeti (penjati) koga na* ~ ~를 나무에 매달아 교수형에 처하다; *biti pijan kao* ~ 완전히 취하다, 만취하다; *spavati kao* ~ 곤히 잠자다
drvocep 1. 나무를 쪼개는 곳 (drvljanik) 2. 통나무 받침, 받침나무(그 위에 나무를 놓고 쪼개는) (panj, klada)
drvodelja (男) 목공(木工)
drvodeljac *-ljca* 참조 drvodelja
drvodeljica 목공의 작업장
drvojeci *drvojedaca* (男,複) 나무를 먹는 곤충, 목식성(木食性)곤충
drvojed (植) 버섯의 한 종류
drvokradica (男) 무단 벌채꾼, 몰래 나무를 잘라 훔쳐가는 사람
drvored 나무가 길게 늘어선 길, (길게 늘어선) 가로수
drvorez 1. 목각(작업) 2. 목판화(작업)
drvorezac *-esca* 목각가, 목판화가
drvoseča (男) 나무꾼, 벌목꾼
drvosek *drvoseci* 참조 drvoseča
drvotisak 참조 drvorez
drvotočac *-čca* (昆蟲) 굴벌레나방과에 속하는 나방(애벌레가 나무를 파먹음)

drvotržac *-ršca* 목재상(木材商)
drzak *drska, drsko; drskiji* (形) 1. 건방진, 오만한, 거만한 2. 두려움을 모르는, 용감한
drznik 1. 건방진 사람, 거만한 사람 2. 용감한 사람
drznuti (se) *-em (se)* 뱃심좋게(겁내지 않고) ~하다, 감히 ~하다
drzovit *-a, -o* (形) 참조 drzak
držač 지지대, 버팀목, 받침대, 브래킷; ~ *za četke* 솔 지지대
držak *drška* 1. 손잡이 2. 받침대(꽃, 식물의)
držalac *-aoca* 소유자, 주인 (posednik, vlasnik)
držalica (보통 농기구의)손잡이, 자루 (držalo)
držalo, držalja, držalje 1. 참조 držalica 2. 펜대(깃털 펜대의)
držaljka 참조 držak
držanje (동사파생 명사) držati
držati *-im* (不完) 1. 꽉 움켜쥐고 놓아주질 않다, (손에) 잡고 있다; ~ *u rukama* 손에 꼭 움켜쥐고 있다 2. 유지하다, 지탱하다, 지켜나가다, 따르다, 지키다(신념, 약속 등을); *reč (obećanje)* 약속을 지키다 3. 억류하다, 구속하다, 구류하다(감옥 등에) 4. (어떤 상태, 위치에) 유지하다, 지탱하다; *led me drži* 얼음이 나를 지탱하고 있다(가라앉지 않게); ~ *prozore otvorene* 창문을 열어 놓다; ~ *pod opsadom* 포위하다 5. 소유하다, 보유하다 6. 보관하다; ~ *mleko u frižideru* 우유를 냉장고에 넣어 놓다 7. 부양하다(생계를) 8. 보관하다, 가지고 있다; *naši vojnici drže grad* 그 도시는 우리 군이 점령하고 있다; *mi ne držimo tu robu* 우리는 그 상품을 취급하지 않는다 9. 간주하다, ~라고 생각하다; *držim ga za budalu* 나는 그를 바보라고 생각한다 10. (명사와 함께 쓰여 명사의 뜻을 보충); ~ *govor* 연설하다; ~ *ispit* 시험 보다; ~ *predavanje* 강의하다 11. 유지하다, 지탱하다, 관리하다, 운영하다, 경영하다(일탈하지 않고 일정한 방향으로); ~ *hotel* 호텔을 운영하다 12. ~ se 유지하다, 지탱하다; *on se drži vrlo hladno* 그는 매우 냉정한 자세를 유지하고 있다; *starac se dobro drži* 노인이 좋은 몸상태를 유지하고 있다 13. ~ se (nečega) 지키다, 따르다; *drži se doze!* 복용량을 지켜라!; *on se drži moje filozofije* 그는 내 철학을 따르고 있다. 14. 기타; ~ *čiju stranu,* ~ *kome ruku* 도와주다, 허락하다; ~ *domaće žezlo* 가장 역할을 하다; ~ *glavu pod krovom* 안전한 곳에 있다; ~ *glavu visoko* 자부심이 가득하다; ~ *jedno*

te jedno 항상 똑같이 하다, 자신의 의견을 견지하다; ~ *jezik za zubima* 침묵하다; ~ *kao malo vode na dlanu* 애지중지하다, 소중하게 여기다; ~ *koga na rukama* 모든 면에서 ~를 만족시키다; ~ *kao u ruci, kao u vosku* 무슨 일이 일어날 것인지 확실하게 알다(확신하다); ~ *koga u džepu (u ruci, u šaci, u šahu, u škripcu, za guzici, u kleštima, u svojoj mreži, pod papučom, pod svojim petama, pod nogama)* ~를 자신의 통제권에 놓다(넣다); ~ *kome lekciju* 잔소리하다; ~ *kome stremen* ~의 하인이 되다, 봉사하는 관계가 되다; ~ *kome sveću* 동업자(공범)자 되다; ~ *korak s kim* ~와 나란히 걷다, ~와 동등한 관계가 되다; ~ *na oku (pod okom)* 눈에서 놓치지 않다, 주의깊게 관찰하다; ~ *pero u ruci* 문필가로 활동하다; ~ *srce (jedno na drugo)* 서로 상대편에게 화를 내다; ~ *sve konce(dizgine, uzde) u svojim rukama* 권력을 자신의 손아귀에 쥐다, 모든 것을 쥐락펴락하다; ~ *svoje* 자기 자신의 일을 하다; ~ *što u pameti* 항상 무언가를 생각하다, 무언가를 회상하다; ~ *u sebi* 숨기다, 감추다; ~ *u vidu(koga, što)* 보살피다; ~ *za jedno uže s kim* 힘을 합쳐(조화롭게) 일하다; *jedva se drži na nogama* 간신히 서 있다; ~ *se svoga plota* 남의 일에 간섭하지 않다; ~ *se na pozadini* 배후에 머무르다

država 1. 국가, 나라 2. 정부

državljanin *-ani* 국민, 시민권자, 국적자; **strani** ~ 외국인, 외국 시민권자 **državljanka**

državljanstvo 국적, 시민권; *dobiti* ~ 국적을 취득하다

državnī *-ā, -ō* (形) 참조 država; 국가의, 나라의, 정부의; ~a himna 국가(國歌); ~ *udar* 쿠테타; ~ *dohoci* 정부 수입; ~*o pravo* 헌법; ~*a himna(zastava)* 국가(국기); ~ *budžet (ispit, organ)* 국가 예산(시험, 기관); ~*a vlast* 국가 권력; ~ *grb(praznik)* 국가 문장(국경일); ~ *brod* 국적선; ~*a uprava* 정부 행정기관

državnik (대통령이나 총리 등) 국가 지도자, 국가 수반 **državnički** (形)

držeć *-a, -e* (形) 건강한, (연령에 비해) 젊은 (krepak)

dual (文法) 쌍수(雙數)의, 양수(兩數)의 **dualni**, **dualski** (形)

dualist(a) 이원론자

dualitet 이중성, 이원성; 이원론; ~ *duha i materije* 정신과 물질의 이원론; ~ *čovečje*

naravi 인간 본성의 이중성

dualizam *-zma* (哲) 이원론(二元論) **dualistički** (形)

dualnī, dualskī *-ā, -ō* (形) 참조 dual

dub *-ovi* (植) 1. 오크 (떡갈나무·졸참나무류의 낙엽 활엽수)(hrast) 2. (일반적인) 나무

dubak *dupka; dupci, dubākā* 1. 보행기, 유아의 걸음마 연습기; *u* ~, *iz dupka* 반듯하게, 반듯이 (uspravno, uvis) 2. 벽의 우묵 들어간 곳

dubak *dupka, dupko* (形) 오목한, 요면 (凹面) 의 (uduben, konkavan)

dubina 1. 깊이; 깊은 곳, 깊숙함; ~ *mora* 바다의 깊이; *u* ~*i srca* 가슴 깊은 곳에; *iz* ~*e srca* 진심으로 2. (비유적) 핵심, 정수, 중요성, 중대함, 심각성 **dubinski** (形) ~*a ispitivanja* 심해 조사; ~*a struktura* (언어학) 심층 구조

dubinomer 바다 깊이 측정 장비

dubioza 1. (銀行) 의심스러운 입금(인출) 2. (일반적으로) 불확실한 것, 의심스런 것

dubiozan *-zna, -zno* (形) 의심스러운, 불확실한 (sumnjiv, nesiguran)

dubiti *-im* (不完) 똑바로 서다; ~ *na glavi* 가능한 모든 것을 하다, 불가능한 것도 하다; 뒤죽박죽으로 놓여지다

dubiti *-im*, **dupsti** *dubem*; *dubao, dubla*; *duben* (不完) 1. 파다, 파내다, 후벼내다; ~ *rupu* 구멍 내다 2. ~ *se* (주의, 시간을) 집중하다, 몰두하다

dubl (스포츠) 더블; *igrati u* ~*u* 더블 매치를 하다

dublet (男), **dubleta** (女) 1. 사본(寫本) (duplikat) 2. (文法) 이중어(같은 어원에서 갈라진 말, 예: hotel-hostel-hospital) **dubletni** (形); ~ *akcenti* 서로 다른 이중 강세

dublje (集合) dub

dublje 참조 dubok

dublji 참조 dubok

dubodolina 깊은 계곡 (duboki do)

dubok *-a, -o; dublji*: 깊은, 깊숙한; 심원한; ~ *bunar(tanjir, koren, uzdisaj)* 깊은 샘(움푹 파인 접시, 깊게 내린 뿌리, 크게 들이마시는 숨); ~*o jezero* 깊은 호수; ~*o roniti* 물속 깊이 잠수하다; ~*o spavati* 깊게 잠자다; ~*o u šumi* 숲속 한 가운데; *ostaviti* ~ *trag* 깊은 인상을 남기다; ~*a starost* 평장한 고령; ~*o u noć(u* ~*u noć)* 한 밤중; ~ *glas* 굵은 목소리; ~*a tajna* 일급 비밀; *spavati* ~*im snom* 깊게 잠자다; *učiniti* ~ *poklon* 허리를 깊게 숙여 절하다; *imati* ~ *džep* 돈이 많다, 호

주머니가 두툼하다; *pustiti ~o korenje* 뿌리를 깊게 내리다; *~o segnuti u džep* 많은 돈을 쓰다; *doživeti ~u starost* 오래까지 살다

dubokouman *-mna, -mno* (形) 사려깊은, 통찰력이 있는, 견식 높은; ~ *razgovor* 사려깊은 대화, *~mna misao* 견식 높은 사상, *~mno pitanje* 통찰력 있는 질문

duborez 1. 조각(술), 조판술 2.조각품, 조판, 판화

duborezac *-esca* 조각사, 조판공

dubov *-a, -o* (形) 참조 dub; *~a šuma* 떡갈나무 숲, 참나무 숲; *~a građa* 떡갈나무 목재

dubovina 1. (목재로써의) 참나무 목재(dubovo drvo) (hrastovina) 2. 참나무 숲

dubrava 참나무 숲; 숲(일반적인)

dućan 가게, 상점; *ići po ~ima* 물건사러 가다 (radnja, prodavnica)

dućanac (지소체) dućan

dućandžija (男) 가게(상점) 주인(점원)

dućanski *-ā, -ō* (形) 참조 dućan

dud *-a; -ovi* (植) 뽕나무, 오디; *na ~* 조금도 (전혀) 상관하지 않다 (ni brige, ništa); **dudov** (形); ~ *prelac* 누에고치

duda 젖꼭지(젖병의), 가짜 젖꼭지 (cucla)

duda 1. (어린이들이 가지고 노는) 갈대 피리 (dudaljka) 2. 도관(導管)

dudaljka 피리(갈대 등으로 만든), 갈대 피리

dudara 1. 뽕나무 밭 (dudinjak) 2. 오디주(酒)

dude (女,複) 풍적(風笛), 백파이프 (gajde)

dudinja, dudinka 오디

dudinjak, dudinjar 뽕나무 밭

dudla 참조 duda

dudliti *-im* (不完) 빨다, 젖을 빨다 (sisati)

dudovina 뽕나무 (dudovo drvo)

duduk 1. 양치기가 사용하는 피리의 한 종류 2. 그러한 피리 소리; *glup kao ~* 매우 어리석은, 굉장히 멍청한; *u jedan ~ duvati* 똑같이 생각하다(isto, jednako misliti)

dudukati *-čem* (不完) 피리(duduk)를 불다

duel 1. 결투 (dvoboj) 2. 시합; 충돌 (takmičenje; sukob, sudar)

duelist(a) 결투자

duet (音樂) 이중창, 이중주

dug *-a, -o; duži* (形) 긴, 기다란; 오랜, 오래 계속되는; *~o putovanje* 오랜 여행; *~e zimske noći* 긴 겨울 밤; *ulica je ~a (dugačka) dva kilometra* 거리는 2km의 거리다; *parobrod ~e plovidve* 원양 증기선; *biti duga jezika (imati dug jezik)* 너무 많이 이야기하다, 수다를 떨다; *biti duga veka* 오래 살다; *duga nosa ostati* 실망하다(낙담하

다); *imati duge prste* 도둑질하다, 손버릇이 나쁘다; *(na) dugo i široko (pričati)* 광범위하게 이야기하다; *to je ~a pesma* 지겹고 따분한 일을 말할 때 사용됨; *~a kosa, kratka pamet* 그리 영리하지 않다; *~o mi je vreme* 따분하다; *čist račun, ~a ljubav* 셈을 바른대로 해야 우정이 오래간다

dug *-ovi* 1. 빚, 부채, 채무; *uzeti(kupiti) na ~* 채무를 떠안고 사다; *pasti u ~* 빚더미에 앉다; *praviti (platiti) ~ove* 빚을 지다(채무를 갚다); *odricati (odreći) ~* 채무 이행을 거절하다; *otpisati ~* 채무를 면제하다; *grcati (plivati) u ~ovima* 많은 빚을 지다, 빚이 많다; *biti do grla (ušiju) u dugu* 사방에 빚이 있다; *leteći ~* 일시적 부채(빠른 시일안에 갚을 수 있는); *poslednji ~ učiniti kome ~* 와(고인과) 마지막 작별 인사를 하다; *uterati ~ove* 강제로 빚을 받아내다 2. 책임, 책무, 의무

duga 무지개; *piti kao duga* 술을 많이 마시다

dugin (形); *~e boje* 무지개 색

duga *-gi & -zi* 통널, 통판(통의); *fali mu jedna ~ u glavi, nisu mu sve duge na mestu* 그는 제정신이 아니다, 미쳤다; *pijan kao ~* 완전히 정신을 잃을 정도로 술에 취하다

dugačak *-čka, -čko* (形) 참조 dug

dugajlija (男) **dugonja** 마르고 키가 큰 사람

dugmad (女) (集合) dugme

dugme *-eta* 단추

dugo (副) 멀리(거리상), 오랫동안(시간상); *on je ~ govorio* 그는 오랫동안 이야기를 했다; *on neće ~* 오래 버티지 못한다(곧 죽을 것이다)

dugo- (接頭辭) 긴-, 오랜-

dugobrad *-a, -o* (形) 수염이 긴, 긴 수염의

dugočasan *-sna, -sno* (形) 오랫동안 계속되는; 단조로움 때문에 따분한(지루한)

dugočasiti *-im* (不完) 따분해하다, 지루해하다 (dosađivati, biti dosadan)

dugodlakī *-ā, -ō* (形) 털이 긴

dugodnevnica 하지(점)

dugogodišnjī *-ā, -ē* (形) 오랜기간의, 수년 동안의; *njegov ~ san* 그의 오랜 소원; ~ *projekat* 장기간의 프로젝트; ~ *radnički borac* 오랫동안 노동자 권익투쟁에 종사한 투사

dugokljun *-a, -o* (形) 부리가 긴, 긴 부리의

dugokos *-a, -o* (形) 긴 머리의, 머리가 긴

dugoletan *-tna, -tno* (形) 참조 dugogodišnji

dugoljast *-a, -o* (形) 긴, 길쭉한 (duguljast)

dugometražnjī -ā, -ē (形) 장편의; ~ film 장편 영화

dugonog -a, -o (形) 다리가 긴, 긴 다리의

dugonos -a, -o (形) 코가 큰, 큰 코의

dugonja (男) 마르고 키가 큰 사람

dugoprst -a, -o (形) 1. 손가락이 긴, 긴 손가락의 2. (비유적) 도벽이 있는

dugopruga š 장거리 (육상)선수

dugorep -a, -o (形) 꼬리가 긴, 긴 꼬리의

dugoročnī -ā, -ō (形) 장기(長期)의, 장기간의; ~ zajam 장기 융자

dugorog -a, -o (形) 뿔이 긴, 긴 뿔의

dugoruk -a, -o (形) 팔이 긴, 긴 팔의

dugosilaznī -ā, -ō (形) (言) 장하강조(長下降調)의; ~ akcent 장하강조 강세

dugošija (男) 목이 긴 사람

dugotrajan -jna, -jno (形) 오래 지속되는, 오래 계속되는; ~jni ratovi 장기간 지속되는 전쟁

dugotrajnost (女) 내구성(耐久性), 지속성, 계속성

dugouh -a, -o (形) 귀가 큰, 큰 귀의

dugouzlaznī -ā, -ō (形) 장상승조(長上乘調)의

dugovati -gujem (不完) 빚을 지다, 부채(채무)를 떠안다; on mi duguje sto dinara 그는 나에게 100디나르를 빚지고 있다

dugovečan -čna, -čno (形) 오래 사는, 오래 지속되는; srečni i ~čni! (건배를 할 때); ~čni ljudi 장수하는 사람

dugovečnost (女) 1. 장수(長壽) 2. 내구성, 내구력, 영속성

dugovek 참조 dugovečan

duvovetnī -ā, -ō (形) 매우 긴(오랜); ceo ~ dan 하루 온 종일

dugovlaknast -a, -o (形) 긴 섬유질의, 섬유질이 긴

dugovrat -a, -o (形) 목이 긴, 긴 목의

dugovremen -a, -o (形) 오랫동안의

duguljast -a, -o (形) 길쭉한, 좀 긴

duh dusi & duhovi 1. 정신, 영(靈), 영혼; ~ vremena 시대 정신; nečisti ~ 귀신, 악령; u ~u (어떤) 정신에; Sveti ~ 성령(聖靈); ispustiti ~ 죽다, 사망하다; ni sluha ni ~a (o kom) 감감 무소식이다; pasti ~om 낙담하다, 풀이 죽다; poleteti(uzleteti) ~om 용기를 내다, 기상이 충천하다; sačuvati (iygubiti) prisustvo ~a 냉정한 자세(태도)를 유지하다 2. 기질, 성질; borbeni ~ 투혼; on ima ~a za šalu 그는 유머 감각이 있다 3. 영혼; 귀신 4. 냄새, 향기 (miris, zadah) 5. 호흡, 숨 (dah, disanje); zadahnuti koga svojim

~om 동등하게 느끼고 생각하게 하다

duhač, duvač 금관(목관)악기 연주자

duhačkī, duvačkī -ā, -ō (形) 금관(목관)악기의; ~ instrment 금관악기, 목관악기; drveni ~ instrument 목관악기

duhalica, duvalica; duhaljka, duvaljka 풀무

duhan, duvan 1. (植) 담배 2. 담배, 궐련; ~ za lulu 담뱃대용 궐련; to ne vredi ni lule ~a 아무런 가치도 없다, 아무 쓸모도 없다; gajenje ~a 담배 재배; list od duvana 담뱃잎; prodavnica ~a 담배 가게 duhanski, duvanski (形)

duhandžija, duvandžija (男) 1. 담배를 파는 사람 2. 골초, 끊임없이 담배를 피는 사람

duhandžinica, duvandžinica 담배 가게

duhanište, duvanište 담배밭 터

duhaniti, duvaniti -im (不完) 1. 담배를 피우다 2. (koga) ~에게 담배를 공급하다;

duhanjava, duvanjava 담배 쌈지, 담배 상자

duhati -šem & -am (不完) 참조 duvati

duhnuti -em, dunuti -em (完) 1. 참조 duhati; vetar je dunuo 바람이 불기 시작했다; ~ u plamen 불을 후 불다 2. (他) 재빨리 움켜쥐다 (naglim pokretom uzeti) 3. (無人稱文) 생각이 떠오르다 (pasti na pamet kome)

Duhovi (男,複) (宗) 오순절

duhovit -a, -o (形) 재치넘치는, 기지있는 (domišljat, zabavan)

duhovitost (女) 기지, 재치

duhovnī -ā, -ō (形) 1. 영적인, 정신적인; ~ otac 영적인 아버지; ~ svet 영적 세계; ~o zdravlje 정신 건강; ~a poremećenost 정신이상 2. 종교적인; ~o lice 성직자

duhovnica 수녀 여수도승 (opatica, kaluđerica)

duhovnik 성직자, 수사, 수도사 (sveštenik, kaluđer)

duka (男) 참조 vojvoda

dukat 금화(金貨); sedeti na ~ima 매우 부유하다

duktus 서법(書法), 화법(畵法) (način pisanja ili crtanja)

dulek (植) 호박 (bundeva, tikva)

dulum, durum 면적 단위(10아르)

duljati -am (不完), oduljati (完) 보다 더 길어지다 (dužati)

duljī -ā, -ē (形) 보다 긴, 더 긴 (duži)

duljina 길이 (dužina)

duljiti -im (不完) produljiti (完) 더 길어지게 하다, 더 길게 하다 (dužiti) ; ~ se 보다 더 길어지다

153

dum (擬聲語) 쾅, 탕, 쿵
dumdum (보통 복합어로 쓰여) ~ metak 덤덤
탄 (명중하면 탄체가 퍼져서 상처가 커짐)
Dunav 다뉴브강, 도나우강
dunda, dundara (女) 뚱뚱한 사람, 비만한 사람
dundast -a, -o (形) 뚱뚱한, 비만한, 지나치게
살찐
dundo (男) (方言) 삼촌, 숙부, 백부; 외삼촌
(ujak, stric)
dunst -a, -o (形) 1. 증기, 김, 스팀(요리할 때
사용하는); nemati ~a ~에 대해 개념이 없다
2. 삶은 과일 (komot)
dunum 참조 dulum
dunuti -nem (完) 참조 duhnuti
dunja (植) 모과 나무; 모과
dunjik 모과 밭
duo dua (男) 이중창 (duet, dvopev)
dupe -eta (俗語) 궁둥이, 엉덩이
dupin (動) 돌고래 (delfin)
dupke, dupkom (副) 서 있는 자세로, 반듯이,
똑바로 (u stojećem položaju, uspravno); ~
pun 끝까지 꽉 찬 (do vrha pun); trg je bio ~
pun (ljudi) 광장은 (사람들로) 꽉 찼다; sala je
bila ~ puna 홀은 사람들로 만원이었다
duplī -ā, -ō (形) 이중의, 겹의; 두 배의, 갑절
의; ~ prozori 이중창; ~a vrata 이중문; ~a
porcija 2인분
duplikat 부본, 사본, 복제품; ~ slike 복제 그림
duplir 1. 크고 두꺼운 초 2. 이중 촛대
duplirati -am (完, 不完) 두 배로 하다, 이중으
로 하다 (dublirati)
duplja 1. 굴, 동굴; 나무에 난 구멍 2. (解) (몸,
기관, 뼈 등의) 강(腔), 공동(空洞); očna ~
안와(眼窩); grudna ~ 흉강(胸腔); usna ~ 구
강(口腔); trbušna ~ 복강(腹腔); bubna ~ 중
이(中耳)
dupljar (鳥類) 참조 dupljaš
dupljaš (鳥類) 산비둘기, 들비둘기
dupsti dubem (不完) 참조 dubiti
dur -ovi (音樂) 장음계, 장조 durski (形)
duran -rna, -rno (形) 성마른, 화잘내는, 거칠
은 (naprasit, osoran)
durašan -šna, -šno (形) 1. (어려움 등을) 견딜
수 있는, 버틸 수 있는, 인내할 수 있는; ~
čovek 인내심이 강한 사람 2. 내구성 있는, 질
긴, 튼튼한; ~šno drvo 내구성이 있는 목재
durati -am (不完) 1. 계속되다, 지속되다
(trajati) 2. 끝까지 지탱하다, 견디다, 버티다,
인내하다, 감내하다 (어려움, 힘들 일 등을)
durativan -vna, -vno (形) (文法) 계속상(相)
의; ~vni glagoli 계속상 동사

durbin 망원경, 쌍안경 (dvogled, teleskop,
dalekozor); spustiti ~ 요구 사항을 많이 완
화하다, 많이 검소해 지다
duriti se -im se (不完) durnuti se -nem se,
naduriti se (完) 화내다 (ljutiti se, buriti se)
durljiv -a, -o (形) 성마른, 심술난, 잘 삐치는
(koji se brzo i često duri)
durskī -ā, -ō (形) 참조 dur; 장조(長調)의
dusati se -am se (不完) dusnuti se -nem se
(完) 참조 duriti se
dustaban 평발, 편평족(扁平足)
dustabanlija (男) 평발인 사람, 편평족인 사람
duša 1. 영혼, 혼; 정신; 마음, 마음씨, 기질,
성격; biti bez ~e i srce 냉담한, 무정한; biti
na čijoj ~i 누구의 근심거리가 되다, 어떤
사람의 도덕적 책임거리가 되다; biti ~om i
telom (uz koga ili čega) 누구의 열성적인
지지자가 되다; bog i ~ 진실로; bogu ~u 아
주 심한 육체적 통증이 있다; boriti se
(deliti se) s ~om 죽어 가다; dati bogu ~u,
rastati se s ~om 죽다, 사망하다; dati
(prodati, zapisati) ~u vragu 악의 길로 가
다; dati ~u (za koga) 굳게 맹세하다; dati
se na što svom ~om 진심으로 ~을 받아들
이다; dok je u meni ~e 내가 살아 있는 동
안; drage ~e, dragom ~om 기꺼이; ~ me
boli 몹시 괴롭다; mi je (što raditi) ~하는
것이 즐겁다, ~하는 것을 즐기다; ~ mi se
povratila 완쾌되었다(병에서), 휴식을 취하
였다; ~ mu je u nosu 그는 중병을 앓고 있
다, 매우 허약하다; ~ od čoveka 매우 좋은
사람, 아주 고귀한 사람; govoriti iz ~e 매우
진솔하게 말하다; imati koga na ~i 어떤 사
람의 불행의 원인이 되다; iz sve ~e (hteti,
voleti, mrzeti) 매우(원하다, 좋아하다, 미워
하다); ispala mu ~ 그가 죽었다, (비유적) 굉
장히 추하게 생겼다; jedva nosim u kostima
~u 완전히 기진맥진하다; mirne ~e 양심의
가책없이, 편안히; ne dati kome ~om
dahnuti 쉴틈없이 누구를 몰아 부치다;
nemati ~e 잔인하다, 잔혹하다, 냉정하다;
nije mu stalo do ~e 그는 사악하다, 사악한
사람이다; nosi teško breme na ~i 양심의
가책을 느끼다; ogrešiti ~u o koga 말이나
행동으로 불공평하게 누구에게 해를 끼치다;
on je pesnička ~ 그는 감정이 풍부한(예민
한) 사람이다; ostati gole ~e 강탈당하다, 아
무것도 가진 것이 없는 빈털털이가 되다;
popeti se kome na ~u 참다못해 화내게 하다;
poznati koga ili što u ~u 모든 것을 상세하
게 알게 되다(사적인 모든 것을 포함하여);

154

reći(suditi) što po ~i 솔직히 (공정하게) 말하다 (판정하다); *udahnuti ~u čemu* 부활하다, 다시 살아나다; *uvući ~u u se* 마음을 닫다, 숨기다; *uzeti što na svoju ~u ~*에 대한 책임을 자신이 떠안다; *za čiju ~u* 왜, 누구를 위해서?; *za koje babe ~u* 별다른 이유는 없다; *zavirati kome u ~u* 누구의 비밀스런 생각이나 소망을 알아차리다 2. 사람, 주민 (양 혹은 숫자에 관련되어); *nema ni žive ~e* 사람이 아무도 없다; *selo od 300 ~* 주민 300이 사는 마을 3. 중심 인물, 주동자, 조직자 (centralna ličnost, pokretač, organizator) 4. 사랑스럽고 소중한 사람; *~o moja!* 오, 내사랑!

dušak *-ška* 1. 한 번의 호흡, 숨을 들이 마시고 나서 내뱉는 시간; *ispiti na ~* 단숨에 들이마시다; *iz ~ška, na ~ (uraditi što)* 쉼없이, 끊임없이, 빨리(하다) 2. 숨, 호흡 (dašak) 3. 분출, 사출 (mlaz)

duše- 참조 dušo-

dušek 매트리스(침대의)

duševan *-vna, -vno* (形) 1. 정신적인, 심리적인 (mentalni); *~vni bol* 심리적 고통, 정신적 고통; *~vno stanje* 심리적 상태; *~vne patnje* 정신적 압박; *~vni bolesnik* 정신병자 2. (한정형) 정신적인, 영적인 (duhovni, umni); *~vni vođa* 정신적 지도자; *~vna hrana* 영적 양식 3. 인정 많은, 마음이 상냥한 (dobar, plemenit, čovečan); *~ čovek* 인정 많은 사람

dušica 1. (지소체) duša 2. 심지, 양초심지 (žižak, fitilj, stenj) 3. 튜브(공 안쪽에 있는) 4. *majčina ~* (植) 백리향(百里香: 광대나물과 식물, 잎은 향미료로 쓰임)

dušik 참조 azot: (化) 질소

dušiti *-im* (不完) **udušiti** (完) 1. 질식시키다, 숨막히게 하다 (daviti, gušiti) 2. (비유적) 억누르다, 억압하다(사상, 감정 등을) 3. **~ se** 숨막히다, 질식하다; *~ se smehom (od smeha)* 웃겨 죽을뻔하다, 너무 많이 웃다

dušljiv *-a, -o* (形) 숨막히는, 질식시키는 (zagušljiv)

dušman *-a; -ani* **dušmanin** *-ami* 적, 원수(어떤 다른 사람을 파멸시키려는 사람) **dušmanski** (形)

dušmanluk 1. 적대감, 적의심 2. (集合) 적, 원수

dušnice (女,複) (解) 기관지 (bronhije)

dušnik (解) 기관(氣管: 목구멍 안쪽에서 폐로 가는 공기의 통로)

dušnjak 1. 참조 dušnik 2. (비유적) dimnjak: 굴뚝

dušobolja 정신적 고통; 슬픔, 비애

dušobrižnik 승려, 성직자 (sveštenik)

dušogubac *-upca* 고리대금업자, 사채업자 (lihvar, zelenaš)

dušogupka *-ci* & *-ki* 독가스실(사람을 살해하는)

duvač 참조 duhač

duvačkī *-ā, -ō* (形) 참조 duhački; 관악기의

duvak 베일, 면사포 (신부가 결혼식 때 얼굴을 가리는)

duvalica, duvaljka 참조 duhalica

duvan 참조 duhan; 담배

duvandžija 참조 duhandžija

duvanište 참조 duhanište

duvanjara 참조 duhanjara

duvar (方言) 벽 (zid); *doterati(dogurati) koga(cara) do ~a* 막다른 골목에 몰아 넣다, 빠져나올 수 없는 위치로 몰아 넣다; *udarati glavom o ~* 불가능한 일을 강제로(완력으로) 하려고 하다, 헛되이 노력하다

duvati *-am,* **duhati** *-šem* (不完) 1. (바람이)불다, 불어대다; (입김을)내불다; *vetar duva* 바람이 분다; *on je duvao u vatru* 그는 불을 후후 불었다; *~ kome u vrat (za vratom) ~*를 위협하다; *~ u jedan(isti) duduk(rog, tikvu) s kim ~*와 의견이나 행동을 같이하다; *znam odakle vetar duva* 진짜 이유를 알고 있다; *koji(kakav) vetar duva?* 어떠한 상태(기분, 상황)인가? 2. (비유적) (na koga) 화내다, 화를 내다 (ljutiti se); *~ na nos* 화를 내다 3. (악기를) 불다, 연주하다; *~ u trubu(klarinet, flautu)* 트럼펫(클라리넷, 플루트)를 연주하다

duvna, dumna (昆蟲) 붉은매미나방

duž (女) 1. 길이 2. 직선 3. (수학) 선분(線分)

duž (前置詞,+ G) 1. *~*을 따라; *~ obale* 해변을 따라 2. *~*동안: *~ cele godine* 일년 내내 3. (副) 길이로 (uzduž, po dužini)

dužan *-žna, -žno* (形) 1. 빚진, 부채가 있는; *mi je veliku sumu* 그는 나에게 상당한 채무가 있다; *on je meni ~ za sve* 그는 나에게 그 모든 것을 빚지고 있다; *~ je kosom na glavi* 머리에 난 머리카락만큼 빚이 많이 있다; *~žne kese ne veže* 잃어버릴 것이 아무것도 없다; *ne ostati kome ~* 똑같은 방법으로 되갚아 준다; *ni kriv ni ~* 결백한, 전혀 죄가 없는; *biti ~ do guše* 빚더미에 허덕이다 2. 의무적인, 필수적인, 어쩔수 없는; *mi smo ~žni da to uradimo* 우리는 그것을 할 의무가 있다 3. 적절한, 적합한, 알맞은 (kakav treba da bude); *odati nekome ~žno poštovanje ~*에게 적절한 경의를 표하다

D

dužati -am (不完) odužati (完) 길어지다; *leto je brzo prolazilo... dani kraćaju, a noći dužaju* 여름이 빨리 지나갔다... 낮은 점 점 더 짧아지고 밤은 점 점 더 길어진다

dužd 총독(18세기 말까지 베네치아 공화국에서 사용된 관직명)

duži -ā, -ē (形) 참조 dug

dužica (解) (눈의)홍채

dužina 1. 길이; *kolika je ~ ovog mosta* 이 다리의 길이는 얼마나 되는가? 2. (地理) 경도, 경선(經線) 3. 양, 범위, 크기 (količina, opseg, veličina)

dužiti -im (不完) 1. produžiti (完) 길게하다, 연장하다, (기간을)늘이다; *~ korake* 보폭을 넓게하다; *vokali se duže* 모음이 장모음으로 된다; *senke su se dužile* 그림자가 길어졌다 2. izdužiti (完) 쭉 뻗다, 쭉 펴다, 잡아 늘이다; *~ noge* 다리를 쭉 뻗다; *ona se dužila na prste da bolje vide* 그녀는 좀 더 잘 보려고 까치발을 섰다

dužnik 빚쟁이, 채무자; *glavni(regresni) ~ci* 주(부)채무자 dužnički (形)

dužnost (女) 빚, 채무; 의무, 임무, 책무; *vršiti(učiniti) svoju ~* 자신의 의무를 이행하다; *vojska ~* 국방의무; *stupiti na ~* 어떤 임무를 수행하기 시작하다; *on vrši ~ direktora* 그는 디렉터의 임무를 수행한다; *po službenoj ~i* 공적 책무에 따라; *ići na ~* 자신의 일자리로 가다; *staviti sebi u ~* 자신의 의무로 간주하다, ~할 책임이 있다고 생각하다; *vršilac ~i* (임무)대행, 대리, 권한대행

dva (男,中) dve (女) (數詞) 2(二); *kao dvaput dva (četiri), kao dva i dva su četiri* 물론이지(너무나 명백한(분명한)); *ne zna ni dve unakrst* 아무것도 모른다, 낫놓고 기역자도 모른다

dvadeset (數詞) 20(二十)

dvadesetak 약 20의; *~ ljudi* 약 20명의 사람

dvadeseti -ā, -ō (形) 20번째의

dvadesetica 1. 20(디나르, 달러 등의) 화폐 2. 숫자 '20'과 관련된 그 어떤 것(버스 번호 등)

dvadesetina 1/20

dvadesetogodišnji -ā, -ē (形) 20년의, 20년 동안 지속된; *~a proslava* 20년 기념(식)

dvadesetogodišnjica 20년 기념식

dvadesetorica 20명의 남자

dvaju dva의 생격

dvama dva의 여격, 조격

dvanaest (數詞) 12(十二)

dvanaesterac 12음절 시

dvanaesti -ā, -ō (形) 12번째의

dvanaestica 숫자 '12'와 관련된 그 어떤 것 (버스 번호 등)

dvanaestina 1/12; *budžetska ~* (財政) 약 한 달치 임시 예산(지난 해 예산을 기준으로)

dvanaestogodišnji -ā, -ē (形) 12년의

dvanaestopalačni -ā, -ō (形) ; *~o crevo* 십이지장 (dvanaestopalačnik)

dvanaestorica 12명의 남자

dvanaestoro 12명의 사람

dvaput (副) 두 번; *~ na sat* 한 시간에 두 번

dve 참조 dva

dvehiljaditi -ā, -ō (形) 2000번째의

dveju dve의 생격

dvema dve의 여격, 조격

dveri (女,複) 문, 출입구 (vrata)

dvesta (數詞) 200(二百)

dvestagodišnji -ā, -ē (形) 200년의

dvestagodišnjica 200주년, 200주년 기념일

dvestoti, dvestotiniti -ā, -ō (形) 1/200의

dvo- (接頭辭) 두 배의, 이-, 쌍-

dvobanak -nka, dvobanka 20디나르짜리 화폐

dvoboj 1. 결투; *izazvati nekoga na ~* 결투를 신청하다; *poginuti u ~u* 결투에서 숨지다 2. 싸움, 투쟁 dvobojni (形)

dvobojan -jna, -jno (形) 두가지 색깔로 이루어진, 2색조의

dvobojan -jna, -jno (形) 두가지 색깔의, 2층의

dvobojni -ā, -ō (形) 결투의

dvobračnost (女) 중혼(重婚) (bigamija)

dvobrazdni -ā, -ō (形) *~ plug* 두 개의 밭고랑을 만드는 쟁기

dvobroj 1. 한 판에 두 개의 발행 번호를 가지는(신문, 잡지 등) 2. (文法) 쌍수(雙數)

dvobrzinski -ā, -ō (形) 2단 변속의

dvocevka 두 개의 발사관을 가진 총, 쌍통(雙筒)식 총

dvocevni -ā, -ō (形) 쌍통식(雙筒式)의; *~a puška* 쌍통식 총

dvočasovni -ā, -ō (形) 2 시간의, 2 시간 동안 계속되는

dvočlan -a, -o (形) (數) 이항식의

dvodelan -lna, -lno (形) 양분된, 두 부분으로 나뉘어진

dvodimenzionalan -lna, -lno (形) 평면적인, 2차원의

dvodinarka 2 디나르 짜리 동전

dvodnevan -vna, -vno (形) 2일의, 이틀 동안의

dvodom -a, -o dvodoman -mna, -mno (形) 1.(植) 자웅동체의, 암수한몸의; *~mne biljke* 암수한몸의 식물 2. (政) 양원제의

dvofazan -zna, -zno (形) (電) 2상의; ~zna struja 2상 전기

dvoglasnik (言) 이중모음 (diftong)

dvoglav -a, -o (形) 쌍두(雙頭)의, 머리가 두 개인

dvogled 참조 dogled

dvogoče -eta 두 살된 소 또는 말

dvogodac -oca 1. 2년된 숫짐승 2. 2년동안 군 대생활하는 병사 3. 2년된 포도밭(포도주용)

dvogodišnjak 두 살된 사내아이

dvogodišnjī -ā, -ē (形) 2년의, 2년동안 지속되는

dvogodišnjica 2주년, 2주년 기념일

dvogrb -a, -o (形) 혹이 두 개인, 쌍봉(雙峯) 의; ~a kamila 쌍봉낙타

dvogrla 1. 이중 피리, 관이 두 개 있는 목동 의 피리 (diple) 2. 참조 dvocevka

dvogub -a, -o (形) 이중의 (dvostruk); ~a veza (化) 이중 결합

dvohiljaditī -ā, -ō (形) 참조 dvehiljaditi

dvojac (스포츠) 2인이 노를 젓는 배(조정)

dvojajčanī -ā, -ō (形) 이란성(二卵性)의; ~ blizanci 이란성 쌍둥이

dvojak -a, -o (形) 이중의, 상이(相異)한, 서로 다른 방법으로, 서로 다른 형태로; ~i oblici 서로 상이한 형태; ovaj zadatak se može ~o rešiti 이 과제는 두 가지 서로 다른 방법으 로 해결할 수 있다

dvojba 의심, 회의, 불신 (sumnja); bez ~e 의 심없이

dvojben -a, -o (形) 의심스런, 회의적인 (sumnjiv, nesiguran)

dvojci (男,複) 쌍둥이 (blizanci)

dvoje (집합 수사) 2(二), 두; ~ dece (jagnjadi) 두 명의 아이들(두 마리 양); ~ sede na klupi (남자와 여자)두 사람이 벤치에 앉아 있다; došlo je samo ~ 단 두 사람(남자와 여자)만 왔다

dvojedrenjak 쌍돛대 배 (brod na dva jedra)

dvojenoge (女,複) (昆蟲) 노래기강(綱: 절지동 물의 한 강. 몸은 연속된 마디로 되어 있는 데 각 마디의 양쪽에 하나 또는 두개의 다리 가 있다)

dvojezičan -čna, -čno dvojezičkī -ā, -ō (形) 두 나라 말을 하는, 두 나라 말로 쓴; ~ rečnik 두 나라 언어로 된 사전; ~čna nastava 이중언어 수업

dvojezupci (男,複) (單: dvojezubac) (動) 설치 류 동물의 한 종류

dvojī -ā, -ē 두, 두 쌍의; ~e čarape 두 짝의 양말; ~ naočari 안경 두 쌍; ~a vrata 문 두 쌍

dvojica 두 명(남자); ~ mojih prijatelja 내 친 구 두 명; njih ~ 그들 두 명

dvojjna (言) 쌍수(雙數), 양수(兩數)

dvojiti -im (不完) 1. 둘로 나누다, 양분하다 2. 두 배로 하다 (udvajati, podvostručavati) 3. (비유적) 의심하다 (sumnjati) 4. 구별하다, 구별을 짓다(razlikovati)

dvojka 1. 숫자 '2(二)' , 2. 2점(5점 만점에) 3. 숫자 '2'에 관련된 것(버스 번호, 카드의 2 등) 4. (그룹으로서) 두 명

dvojnī -ā, -ō (形) 이중의, 겹의; ~ priključak 한 개의 전화선으로 두 개의 전화번호를 이 용하는 것; Dvojna morarhija 이중 제국; ~o državljanstvo 이중 국적

dvojnice (女,複) 이중 피리 (diple)

dvojnik 모든 면에서 다른 사람과 비슷하거나 완전히 같은 사람

dvojnost (女) 참조 dvojstvo

dvojstvo 이중성, 이원성

dvokatan -tna, -tno (形) 참조 dvospratan; 2 층의

dvokatnica 참조 dvospratnica; 2층 집

dvokolica 1. 마차, 수레 (두 바퀴 달린) 2. 자 전거

dvokrak -a, -o (形) 두 다리의, 다리가 두 개 있는 (koji ima dva kraka); ~a poluga 이중 레버

dvokratan -tna, -tno (形) 두 번 일어나는(발 생하는); ~tno radno vreme 점심 시간이 있 는 근무시간

dvokrevetnī -ā, -ō (形) 1인용 침대가 2개 있 는, 트윈 베드가 있는; ~a soba 트윈 룸

dvokrilac -lca 1. 두 쌍의 날개가 달린 비행기, 복엽 비행기 2. (昆蟲) 쌍시류의 곤충, 날개 가 둘 달린 곤충

dvokrilan -lna, -lno (形) 날개가 둘 달린; ~lna vrata (양쪽으로 열 수 있는) 문

dvokrok (체스) 폰에 한 번에 두칸 진전하는 것

dvoličan -čna, -čno (形) 두 얼굴의, 위선적인 (licemeran)

dvoličiti -im (不完) 위선적이 되다, 위선적으 로 행동하다, 두 얼굴을 가지다

dvoličje 위선 (dvoličnost)

dvoličnik, dvoličnjak 위선자, 위선적인 사람

dvoličnost (女) 위선

dvolitra 2 리터의 병

dvolitren -a, -o (形) 2리터의; ~a boca 2 리터 짜리 병

dvomesečan -čna, -čno (形) 2개월의, 2개월간 지속되는; 격월의; ~čni časopis 격월간지

D

dvomesečnik 격월간지
dvometraš 키가 2미터 이상인 사람
dvomotorac 모터가 두 개 달린 비행기
dvomotoran -rna, -rno (形) 두 개의 엔진이
있는
dvonedeljnī -ā, -ō (形) 1. 2주의, 2주일간 지속되
는; ~o odsustvo 2주간의 휴가 2. 격주의
dvonog -a, -o (形) 두 다리가 있는, 양족(兩
足)의, 두 발의
dvonožac -sca 양족(兩足)동물, 두 다리 동물
사람, 새 등)
dvonožan -žna, -žno (形) 참조 dvonog
dvonjak -njka 쌍둥이 과일 (sraslica)
dvook -a, -o (形) 두 눈의, 두 눈을 가진
dvopapkari (男,複) (動物) 우제류(偶蹄類)동물
(소, 양, 염소, 사슴 등 발굽이 두 개로 갈라
진 동물)
dvopartijskī -ā, -ō (形) 양당의, 양당제의; ~
sistem 양당제 시스템
dvopek 바삭바삭하게 구운 빵 (두 번 구운)
dvopev 이중창
dvopolac -lca (動) 자웅동체인 생물, 암수 한
몸인 생물
dvopolan -lna, -lno (形) 1. (物) 양극(兩極)의,
양극(음극과 양극) 성질을 모두 가지고 있는
2. 양성(兩性)의
dvopoljnī -ā, -ō (形); (숙어로) ~ sistem 윤작
시스템
dvopuška 2연발식 구식 장총
dvor -ovi & -i 1. 궁, 궁전; 궁정, 왕실;
kraljevski ~ 왕궁; carski ~ 황궁; plemićki
~ 귀족의 저택; vladičanski ~ 주교 관저;
na ~u 궁정에서; u ~u 궁전에서; život na
~u 궁정 생활 dvorski (形) 2. 정원
(dvorište)
dvorac -rca 큰 저택, 성(城), 성곽 (zamak,
palata); plemićki ~ 귀족 저택
dvorana 강당, 대강의실; 회관, 공회관(행사,
기념식, 체육, 강연 등을 할 수 있는) (sala);
koncertna ~ 콘서트홀; gimnastička ~ 체육
관; atletske igre u ~i 실내육상경기; plesna
~ 무도회관
dvoranin, dvorjanin (男) (궁정에서 일하는) 고
위 관료
dvorba 봉사, 섬김, 시중 (posluživanje,
dvoranje)
dvored -a, -o (形) 참조 dvoredan
dvored 두 줄(사람이나 물건의); stanite u ~
두 줄로 서시오!
dvoredac (숙어로); ječam ~ 맥주보리
dvoredan -dna, -dno (形) 두 줄의, 두 줄로 된

dvorište (담장으로 두른) 마당, 뜰, 안마당, 안
뜰 dvorišni (形)
dvoriti -im (不完) 1. (보통은 식사 시간에) 서
비스하다; 시중들다, 섬기다, 봉사하다; ~
goste 손님을 시중들다, 손님 옆에서 서비스
하다 2. 돌보다, 보살피다, 시중들다
(negovati); ~ bolesnika 환자를 돌보다; ~
stare roditelje 연로한 부모를 보살피다 3.
종살이하다, 하인(하녀)으로 일하다
dvorjanik 하인, 종복(從僕), 봉사자
dvorkinja 1. 참조 dvoranin 2. 참조 dvorjanik
dvornica 참조 dvorana
dvorog, dvorogast -a, -o (形) 뿔이 두 개인
dvorskī -ā, -ō (形) 참조 dvor; ~a budala 궁
정 광대; ~ pesnik 궁정시인, 계관시인
dvoručnī -ā, -ō (形) 두 손으로 다루는, 두 손
을 다쓰는
dvosatan -tna, -tno (形) 참조 dvočasovni
dvosed 2인승 자동차(비행기, 돛단배, 배 등);
kajak ~ 2인용 카약
dvosedmičnī -ā, -ō (形) 참조 dvonedeljni
dvosek -a, -o dvoseklī -ā, -ō (形) 양날의,
양쪽에 다 칼날이 있는; ~ mač 양날의 칼
dvosložan -žna, -žno (形) 2음절의; ~žne
osnove 2음절 어간
dvosmernī -ā, -ō (形) 양방향의; ~ saobraćaj
양방향 통행
dvosmislen -a, -o (形) 분명하지 않은, 불명확
한, 모호한, 애매한, 두 가지 뜻으로 해석할
수 있는
dvosmislenost (女) 애매, 모호함, 불분명
dvosmislica 불분명한 것, 애매한 것, 모호한
것
dvosoban -bna, -bno (形) 방이 두 개 있는,
두 개의 방이 있는; ~ stan 방 2개짜리 아파
트
dvospolan -lna, -lno (形) 참조 dvopolan
dvospratan -tna, -tno (形) 2층의; ~tna kuća
2층 집; ~ autobus 이층 버스
dvospratnica 이층 집
dvostih (韻律) 2행 연구(聯句), 대구(對句)
dvostran -a, -o (形) 양면의, 양면이 있는
dvostranačkī -ā, -ō (形) 참조 dvopartijski
dvostruk -a, -o (形) 이중의, 두겹의; ~o
državljanstvo 이중 국적; ~o manji 두 배나
적게; ~ špijun 이중 간첩
dvostubačnī -ā, -ō (形) 두 기둥의, 기둥이 두
개인
dvotačka (구두점) 콜론(:)
dvotaktnī -ā, -ō (形) 1. (音樂) 두 박자의 2.
(機); ~ motor 2싸이클 엔진

dvotračan *-čna, -čno* (形) (鐵道) 복선(複線)의; *~čna pruga* 복선 철로

dvotrečinskī *-ā, -ō* (形) 2/3의; *~a većina* 2/3의 다수

dvoumica, dvoumljenje 의심; 주저, 망설임; 딜레마, 진퇴양난 (sumnja, nedoumica); *biti u ~i* 딜레마에 빠지다

dvoumiti se *-im se* (不完) 의심하다, 주저하다, 망설이다; 딜레마에 빠지다; *dvoumio se da li ide na fakultet ili ne* (대)학교에 갈 것인 것 말 것인지 딜레마에 빠졌다

dvousnenī *-ā, -ō* (形) 양순음(兩脣音)의 (bilabijalni); *~ suglasnik* 양순음, 양순 자음

dvovalentan *-tna, -tno* (形) (생물,화학) 이가 (二價)의

dvovidan *-dna, -dno,* **dvovidskī** *-ā, -ō* (形) (文法) 두 체(體)를 다 가지고 있는, 양상(兩相)의; *dvovidski glagoli* (완료상, 불완료상을 다 가지는) 양상 동사

dvezemac *-mca* 양서류, 양서 동물

dvoznačan *-čna, -čno* (形) 1. (數) 두 자리의 2. 애매한, 모호한

dvoznačnost (形) 애매함, 모호함

dvoženac *-nca* 중혼자(重婚者)

dvoženstvo 중혼(重婚)

D

Dž dž

džaba, džabe (副) 1. 공짜로, 거의 공짜로, 아주 낮은 가격으로; *ovo sam dobio ~* 이것을 거의 공짜로 샀다 2. 헛되이 (uzalud, nizašta); *~ pišeš to pismo* 너는 그 편지를 헛되이 쓰고 있다; *~ se truditi* 헛되이 노력하다; *~ ginuti* 헛되이 죽다 3. 기타; *~ ga bilo, ~ mu bilo* 불평·불만을 표출하는 말; *~ mu bilo ovaj moj život* 그에게 내 인생은 아무 것도 아니었다; *~ mu bilo to njegovo bogatstvo* 그의 그러한 부(富)는 그에게 헛된 것이었다

džaban *-bna, -bno* (形) 공짜의, 무료의, 아주 싼(저렴한)

džada (方言) 도로, 길 (put, drum, cesta)

džak *-ovi* 포대, 부대, 자루 (vreća); konopljani *~* 삼으로 만든 포대; *~ brašna* 밀가루 부대; *~ s peskom* 샌드백, 모래 주머니; *mačka u ~u* 알지 못하는 것, 무엇인지도 모르는 그 무엇; *kupiti mačku u ~u* 물건을 보지도 않고 사다, 충동구매하다; *slagati se kao rogovi u ~u* 전혀 조화를 이루지 않다, 개와 고양이처럼 싸우다; *pasti kao pun ~* 자신의 무게를 이겨내지 못하고 무너지다

džakati *-am* (不完) 1. 시끄럽게 하다, 떠들다 (grajati, žagoriti) 2. 이야기하다, 큰소리로 대화하다

džamadan (民俗) 남성용 조끼의 한 종류

džambas 1. 말(馬)을 잘 아는 사람 2. 말(馬) 장수 3. (비유적) 임시변통에 능한 사람, 임기응변이 좋은 사람 (prevejanac)

džamija (宗) 모스크, 이슬람교 성원(聖院), **džamijski** (形)

džandrljiv *-a, -o* (形) 걸핏하면 다투려 하는, 다투기 좋아하는, 말다툼이 잦은 (svadljiv, čandrljiv)

džangrizati *-am* (不完) 이의를 제기하다, 불평하다, 비난하다, 비판하다 (prigovarati, zamerati, zajedati, čangrizati)

džapati se *-am se* (不完) 다투다, 말다툼하다 (svađati se, prepirati se)

džarati *-am* (不完) **džarnuti** *-em* (完) (불이 더 잘 타도록) 불을 뒤적뒤적 하다; *~ vatru* 불을 뒤적거리다

džasnuti *-em* (完) 갑자기 멈칫하다, 움찔하다 (naglo se trgnuti, užasnuti se)

džban 참조 žban

džbun 참조 žbun

džbunast *-a, -o* (形) 참조 žbunast

džbunje 참조 žbunje

džedžati *-am* (不完) (기다리면서) 오랫동안 서 있다, 오랫동안 서서 기다리다 (džonjati); *~ pred vratima* 문 앞에서 오랫동안 서 있다

dželerdan, dželerdar (廢語) 자기와 보석 등으로 장식된 총의 한 종류; 일반적인 구식 총 종류

dželat 1. 사형 집행인 2. 적, 원수 (neprijatelj, dušmanin)

dželatstvo 1. 사형 집행인의 직(職), 사형 집행 절차 2. (비유적) 잔인함, 잔혹함

džem 잼(빵에 발라먹는); *~ od jagoda (bresaka, kajsija, šljiva)* 딸기(복숭아, 살구, 플럼) 잼

džemper 스웨터(옷); *vuneni ~* 털 스웨터; *~ od orlona (orlonski ~)* 올론 스웨터

dženaza (宗) (이슬람의) 1. 장례, 장례식 (sahrana, pogreb) 2. 장례 기도식(매장 직전의)

džentlmen 신사; **džentlmenski** (形); *~ sporazum* 신사 협정

džep *-ovi* 1. 주머니, 호주머니; *biti debelog ~a, imati pune ~ove* 부자이다; *dirati u čiji ~* 훔치다; *imati koga u ~u* 손 안에 있다; *imati svoju kesu u svom ~u* 재정적으로 독립된; *isprazniti kome ~(ove)* 돈을 속여 빼앗다, 강탈하다, 훔치다 ; *leva ruka, desni ~* 누군가 다른 사람의 돈을 훔칠 때 사용됨; *mašiti se u državni ~* 국고를 도둑질하다, 공금을 횡령하다; *meni ni iz ~a ni u ~* 나와는 아무런 상관이 없다(금전적); *poznavati kao svoj ~* 아주 잘 알고 있다; *udariti koga po ~u* 누구에게 많은 비용을 지출하게 하다; *platiti iz svoga ~a* 자기 자신의 돈을 지출하다; *posmatrati politiku kroz svoj ~* 자신의 이익만을 계산하면서 정치를 하다(바라보다); *upasti u ~* 덫에 걸리다, 함정에 빠지다; *treba dublje segnuti u ~* 많은 도움을 줄 필요가 있다; *napuniti ~ove* 부자가 되다, 돈을 벌다 2. (비유적) 재산 상태; 돈, 현금 3. (軍) 포위된 적군이 있는 공간(위치) **džepni** (形) *~ sat* 주머니 시계; *~ nožić* 주머니 칼, 포켓 나이프; *~a lampa* 손전등, 회중 전등

džeparac *-rca* 용돈

džeparoš 소매치기 (secikesa, džepar)

džepnī *-ā, -ō* (形) 참조 džep

džeriz 오수(汚水) 도랑, 변소 세척용 도랑

džersej 저지(신축성 있는 양복감)

dževa 소음, 소란, 시끄러운 소리 (vika,

galama, larma, graja)

džez 1. 재즈, 재즈풍(음악) 2.~ *orkestar* 재즈 오케스트라

džezist(a) 재즈 음악가; 재즈 악단 단원

džezva 터키식 커피를 끓이는 용기 (보통 동으로 만들어짐)

džibra (포도 등의) 짜낸 찌꺼기

džida 가늘고 긴 창 (koplje)

džidža 1. 딸랑딸랑 거리는 어린이 장난감 2. 싸구려 보석; 싸구려 물건; 금액이 적은 돈 (화폐) 3. 처녀 (devojka)

džigerica (解) 1. 간 (jetra); *crna ~* 간; *teleća ~* 송아지 간; *guščija ~* 거위 간; *pojesti nekome ~u* 고통을 주다, 괴롭히다, 못살게 굴다 2. 폐 (pluća) 3. 기타; *bela ~* 폐; *crna ~* 간; *izbledala kao ~* 완전히 탈색되다(물건이)

džigernjača 간으로 만든 서양 소시지

džigljati *-am* (不完) 급격하게 키가 크다

džilit (무기로서의) 던지는 창, 투창

džilitati se *-am se* (不完) **džilitnuti se** *-em se* (完) 1. 창(džilit)을 던지다 2. 발버둥치다, 몸부림치다 (벗어나기 위해서) (koprcati se, praćakati se, bacakati se); *dete se džilita* 아이가 몸부림친다

džimrija (男,女) 구두쇠, 수전노 (tvrdica, cicija, škrtac)

džin *-ovi* 1. 거인 2. 악마, 악령 (demon, đavo)

džin 진(노간주나무 열매를 향료로 넣은 독한 술)

džinovskī *-ā, -ō* (形) 커다란, 거인의

džip *-ovi* 지프차(자동차)

džokej (競馬) 기수

džoker (카드) 조커

džomba (도로의) 융기, 볼록 나온 부분 (보통 마른 황토길 등의); *put je pun ~i* 길은 온통 울퉁불퉁했다; *vrpoljiti se kao đavo na ~i* 매우 안절부절 못하다; *sedeti kao đavo na ~i* 매우 불편하게 앉아 있다

džombast *-a, -o* (形) 울퉁불퉁한(길이)

džonka 중국 고대선박의 한 종류(세대박이 평저선)

džonjati *-am* (不完) 오래 기다리다 (보통 다른 사람의 대문앞에 서서)

džube 1. 무슬림 성직자의 의복 2. (方言) 소매가 없는 긴 상의

džudo *-oa* (男) (스포츠) 유도

džukac, džukela 1. 잡종견, 잡종개, 똥개 2. (비유적) (卑俗語) 상놈, 개만도 못한 놈 (nevaljalac, nitkov)

džulus 세금의 일종(이전에 신임 술탄 등극시 세르비아 교회가 지불한 세금)

džumbus 유쾌하고 떠들썩한 소리; 무질서, 혼란

džungla 정글, 밀림; *zakon ~e* 정글의 법칙

džunka 참조 džonka

džus 참조 đus

Dž

Đ đ

đačad (女) (集合) đače

đače -eta (지소체) đak; ~ nedouče (반어적) 학교를 중퇴한 사람(무언가를 배우기 시작하고서는 끝마치지 못한)

đačić (지소체) đak

đačkī -ā, -ō (形) 참조 đak; 학생의; ~ dom 학생 기숙사; ~o doba 학생 시절; ~a knjižica (수첩 형태의) 학생증

đak đaci 1. (초·중·고등 학교를 다니는) 학생 (učenik) 2. (누구의 가르침을 받은) 제자; Frojdov ~ 프로이트의 제자, 프로이트학파 지지자; francuski ~ 프랑스에서 공부한 사람 3. (宗) (출가하기 위해 수도원 등에서 공부하는) 예비 성직자, 행자승; manastirski ~ 수도원 행자승; crni ~ 가톨릭신학교 학생 đački (形)

đakon (宗) (가톨릭) 부제(副祭); (정교) 보제(報祭)

đakonat 부제 혹은 보제의 직(職); 부제 혹은 보제의 집

đakonije (女,複) 선택된 음식(odabrano jelo)

đakonisati -šem (不完) 1. 부제가 되다, 보제의 직을 시무하다 2. 음식(đakonije)을 먹다, 대접받다 (jesti đakonije, častiti se, gostiti se)

đakoniti -im (不完) 부제(보제)로 안수하다

đakovanje (동사파생 명사) đakovati

đakovati -kujem (不完) 학생이 되다, 학교에 다니다, 학교에서 공부하다

đaur, đaurin 비신도, 기독교도 (무슬림들이 비무슬림들을을 칭하는 명칭) đaurka, đaurkinja

đavao -vla; -vli 1. 악령, 악마, 악귀 2. (비유적) 가만있지를 못하는 소년, 말썽꾸러기, 개구쟁이 소년 (živ, nestašan momak) 3. (đavla!) 놀람 등을 나타내는 감탄사

đavo 1. 악령, 악귀, 악마 (đavao); bežati od koga kao ~ od krsta(tamjana) 필사적으로 회피하다; dati ~olu 파괴시키다, 멸망시키다, 무너뜨리다(upropastiti); doći će ~ po svoje 사악한 행동은 그에 따른 벌을 받게 마련이다, 죽음을 피할 수 없다; ~ ga znao 아무도 모른다, 그 누가 알겠는가; ~ola bi na ledu potkovao 매우 능수능란하다; ~ola na selamet isterati 철천지 원수까지도 정복하다(복종시키다); ~olu u torbu otići 사라지다,

없어지다; ~ ne miruje (spava), ~ niti ore niti kopa 신중할 필요가 있다, 불행은 쉽게 올 수 있다; ~ od tetke 위험한 사람들; idi do ~ola 꺼져, 지옥에나 가!; koji ti je ~ (화내면서) 네가 뭔데; ko s ~olom tikve sadi, o glavu mu se lupaju 질 나쁜 사람들과 어울리는 사람은 어려움에 처한다; kuda(otkuda) ga ~ donese 어떤 사람이 적절치 못한 시간에 올 때 하는 말; nije ~ nego vrag, jedan ~ 매 일반이다 (svejedno); nije ~ onako crn kako ga slikaju 그에 대한 소문보다 나쁘지는 않다 (훨씬 좋다); nosi te ~ 꺼져, 사라져, 지옥에나 가라; odneo ga ~ 망했다; s ~olom došlo s ~olom prošlo 왔던 것처럼 마찬가지로 갔다, 칼로 흥한자 칼로 망한다; taj zna gde ~ spava, zna sto ~ola 많은 것을 안다; u tome je ~, tu je ~ 그것이 문제의 핵심이다; tu je ~ rekao laku noć 버려진 황폐한 지역; tu je ~ umešao (umočio) svoje prste 예기치 않게 급격히 상태(상황)가 나빠졌다; ušao ~ u njega 자신의 운명과는 아무런 상관없이 행동하다, 매우 거만해지다, 사악한 인간이 되다; pametan kao ~ 매우 영리하다; svira kao ~ 매우 연주를 잘하다 2. (비유적) 사악한 사람 (opaka, zlo osoba); 가만히 있지를 못하는 말썽꾸러기같은 사람

đavolak 1. (지소체) đavo 2. 악동, 말썽꾸러기 (nestaško, obešenjak, vragolan)

đavolan -ana (男) 악동, 말썽꾸러기 (nestaško, obešenjak, vragolan)

đavolast -a, -o (形) 악마와 같은, 악마의 성격이 있는; 가만히 있지를 못하고 말썽을 피우는; ~a devojka 말썽꾸러기 아가씨; ~e oči 악마 같은 눈

đavolčad (女) (集合) đavolče

đavolče -eta 1. (지소체) đavo; 악마 (đavolić, đavolak) 2. 말썽꾸러기 아이 (nemirno, nestašno dete)

đavolčić (지소체) đavo

đavolica 말썽꾸러기 여자 아이

đavolija 1. (웃음을 자아내는) 말썽꾸러기 짓, 장난질; smisliti ~e 말썽피울 것을 생각하다; izvoditi ~e 말썽을 피우다; oči pune ~e 장난질이 가득한 눈(眼) 2. 기괴한 일, 이상한 일(마치 악마가 꾸며낸 것과 같은); dosetiti se ~e 기괴한 일을 깨닫다(알아채다)

đavolskī -ā, -ō (形) 1. 악마의, 악마와 같은 2. 교활한, 음흉한 (lukav, prevejan) 3. 위험한 (opasan) đavolski (副) 1. 악마와 같이, 악마와 같은 방법으로, 악의적으로, 사악하게 2. 거만하게, 날카롭게 (drsko, oštro) 3. 매우 많이, 과도하게, 엄청나게 (vrlo mnogo, preko mere)

đavolstvo 1. 악마같은 성질(đavolska narav) 2. 못된 짓, 사악한 행동 (obešenjački, vragolasti postupci)

đavolština 악마의 소행, 극악무도한 짓 (đavolija)

đavoluk 1. 사악한 행동, 못된 짓; poznat po ~u 못된 짓으로 소문난 2. 말을 듣지 않음, 반항, 말썽 (obest, nestašluk); izvoditi ~e 말썽을 피우다 3. 기교, 트릭, 계교, 책략, 속임수 (smicalica, čarolije)

đavolji -ā, -ē (形) 1. 악마의; nagazati na ~u večeru 머릿속이 뒤죽박죽 되었을 때; poći ~im tragom 악의 길로 가다, 잘못된 길로 가다; razvući se na ~e mekinje 조금씩 사라지다(없어지다) 2. (비유적) 사악한 (rđav, zločest); 저주받은, 부적절한 (proklet, neugodan); 어려운, 힘든 (težak, mučan); 단 한 개도 (nijedan); nemam ni ~ljeg dinara 단 1디나르도 없다

đečerma (民俗) 조끼의 일종 (ječerma, jelek, prsluk)

đem -a; -ovi (말에 물리는 작은)재갈; skinuti ~ sa zuba 자신의 의견을 자유롭게 말하다; uzeti ~ na zub 일(업무)을 심각하게 받아들이다

đeneral 참조 general

đeram -rma; -rmovi 1. 방아두레박의 지렛대, 방아두레박이 있는 우물 2. 저울대; 대형 크레인의 지렛대(항구 등의) 3. (도로의)톨게이트에 처진 차단기(rampa); platiti ~ 통행료를 지불하다

đerdan 목걸이 (ogrlica)

đerdap 급류(강의) (brzica, brzak)

đerdek 1. 신혼 첫 날 밤의 신혼부부 침상; 부부 침상(일반적인) 2. 신혼 첫 날 밤

đerdef, đerdev 자수틀

đerma 1. 방아두레박의 지렛대 (đeram) 2. (도로의)차단기 (đeram)

đevđir (부엌) 거르는 기구(여과기, 체 등)

đevrek đevreci 빵의 한 종류(가운데에 동그랗게 구멍이 난)

đi (感歎詞) 이럇(말을 달리게 하거나 속력을 높일 때)

đida (男), đido -a & -ē (男) 애칭(đidija: 영웅) (delija, junak); 강건하고 용감한 청년

đidija 1. 영웅 (delija, junak) 2. 불량배, 건달 (mangup)

đikati -am (不完) iđikati, nađikati (完) 1. 위로 급속히 자라다, 급격히 성장하다 2. 던지다 (bacati, odbacavati) 3. 점프하다 (skakati) 4. (비유적) 통음하다, 대음하다 (bekrijati)

đilj (植) 양아욱(무궁화과(科))

đinđer 진주 (biser)

đinđuha, đinduva 유리로 된 인조 진주; 귀걸이

đipati -am (不完) đipiti -im, đipnuti -em (完) 갑자기 점프하다 (naglo skočiti)

đoga (지소체) đogat

đogat 1. (動) 백마(白馬) 2. (비유적) 지적으로 좀 모자라는 사람

đoguša (動) 백마(白馬)의 암컷

đon -a; -ovi (신발, 구두 등의) 바닥, 밑창; debeo mu je obraz kao ~ 그는 염치가 없다, 몰염치하다, 수치심이 없다

đoniti -im (不完) pođoniti (完) (신발, 구두 등에) 바닥을 대다, 밑창을 대다

đorda 검 (ćorda, sablja)

đubranik 1. 쓰레기통 (kanta, kofa za đubre) 2. 쓰레기장 (đubrište, đubrenik, đubrenjak)

đubre -eta 1. 퇴비된 동물 배설물(비료, 퇴비로 사용하기 위해); 비료 2. 쓰레기 (smeće); baciti nešto na ~ 무엇을 쓰레기로 버리다 3. 농, 고름(상처의) (gnoj) 4. (비유적) 아무런 가치도 없는 물건; 인간 쓰레기, 사회 쓰레기

đubrenje (동사파생 명사) đubriti

đubretar 1. 쓰레기 수거인, 넝마주이 2. 도덕적으로 타락한 사람

đubretara 1. 더럽고 단정치 못한 여자 2. 품행이 나쁜 여자 (pokvarena ženska osoba)

đubrevit -a, -o (形) 퇴비를 많이 한, 비료를 많이 준 (nagnojen, nađubren)

đubrina 퇴비를 준 토지, 비료를 준 토지, 기름진 땅 (pođubrena zemlja)

đubrište 쓰레기장

đubriti -im (不完) nađubriti (完) (땅에) 퇴비를 하다, 비료를 주다

đubrivo 비료, 퇴비; veštačko(hemijsko) ~ 인조(화학) 비료

đubrovnik 쓰레받이

đul -ovi 장미 (ruža, ružica)

đulabija 사과의 한 종류(달고 즙이 많은)

đulad (女) (集合) đule

đule -eta 1. 포탄, 탄환 2. 저울추, 시계추 (teg)

đulistan 장미 동산, 장미 밭

đumbir (植) 생강; hlev sa ~om 생강 빵

đumruk đumruci 1. 관세; 세금, 세(稅) 2. 세관

사무소, 세관

đurđevak (植) 은방울꽃

đurđic, đurđica 참조 đurđevak

đus 주스, 즙, 액(과일, 고기, 야채 등의)

đus (스포츠) 듀스

đuskati **-am** (不完) 1. 살랑살랑 흔들다 (ljuljati) 2. 미친듯 춤추다 (besno, ludo igrati) 3. (비유적)(廢語) 힘든 일을 하다

đuture, đuturice (副) 대량으로, 통째로(개별적으로 숫자를 세거나 무게를 달아보지 않고) (sve u celini, sve ujedno); *kupite sve ovo* ~ 이것 모두를 통째로 사시오

đuvegija (男) 1. 약혼자(남자), 신랑 2. 남편 3. 정부(情夫)

đuvendija 여자 무용수

Đ

E e

eban (植) 흑단 (인도산)

ebanovina 흑단 나무, 흑단 목재

ebonit 에보나이트, 경화(硬化) 고무 ebonitni (形)

ebonitnī -ā, -ō (形) 참조 ebonit; ~ štapić 에
보나이트 젓가락

eda (廢語) 1. (接續詞) da (의도적인); ja ću
ogledati eda li bi se mogli naći uzroci 원인
을 찾을 수 있는지 내가 한 번 보겠다 2.
(小辭) da li, ima li; neka; eda bude bolji
nego mu otac! 그의 아버지보다 잘 되도록
해야지!

edem (病理) 부종(浮腫), 수종(水腫)

edicija (초판, 재판의) 판(版)

edikt 포고, 칙령; 명령 (ukaz, proglas, zakon,
naredba)

efek(a)t -kta 1. 효과, 효력; 영향 (uspeh,
utisak); taj lek nije imao nikakvog ~a 그
약은 아무런 효과도 없었다; proizvesti ~ 효
과를 창출하다; svetlosni(zvućni) ~ 조명(음
향) 효과 2. (複數로) (商業) 유가증권, 어음
(vrednosni papiri, menice)

efektan -tna, -tno (形) 효과적인, 효력있는;
설득력 있는, 실제의, 사실상의; ~ završetak
설득력 있는 결말

efektivan -vna, -vno (形) 효과적인, 좋은 결
과를 가져다 주는, 실제의, 실질적인, 진짜의,
진정한; šest sati ~vnog rada 6시간 동안의
효과적인 일; ~vna vrednost 실제 가치

efektive (女,複) efektivi (男,複) (軍) 실병력(수)

efektnost (女) 효과, 효능, 효력, 결과

efemeran -rna, -rno (形) 잠깐동안의, 일시적
인, 순식간의, 스쳐지나가는 (kratkotrajan,
prolazan); ~rna pojava 일시적인 현상

efendi (男)(不變), efendija (男) 나리, 선생님
(옛 터키에서 관리, 학자 등에 대한 옛 경칭)
(gospodin, gospodar) efendijski (形)

efendinica efendi의 부인

efikasan -sna, -sno (形) 효과적인; ~sne
mere 효과적인 방법; ~ lek 약효가 잘 듣는
약

efikasnost (女) 능률, 능력, 효율

egejskī -ā, -ō (形) 에게해의; ~a kultura 에게
문화

egida 1. (神話) (제우스신이 딸 아테네에게 주
었다는)방패 (štit) 2. (비유적) 보호, 후원
(zaštita, okrilje)

Egipat -pta 이집트; Egipćanin, Egipćanka;
egipatski (形)

egiptolog 이집트학 학자

egiptologija 이집트학

egocentričan -čna, -čno (形) 자기 중심의, 이
기적인

egoist(a) 자기 중심주의자, 이기주의자
(sebičnjak, samoživac)

egoističan -čna, -čno egoističkī -ā, -ō (形)
이기적인, 자기 중심적인

egoistički, egoistično (副) 이기적으로, 자기
중심적으로

egoizam -zma 이기주의 (反; altruizam)

egotičan -čna, -čno (形) 자아 중심의, 자기
본위의, 독선적인

egotist(a) 자기 중심주의자

egzaktan -tna, -tno (形) 정확한, 적확한, 정밀
한, 엄밀한; ~tne nauke 정밀 과학(수학, 물
리학 등)

egzaltacija, egzaltiranost (女) 1. (감정의) 고
양, 열광적 기쁨 2. 칭찬, 찬미

egzaltirati -am (完,不完) 칭찬하다, 찬양하다,
찬미하다, 감정을 고양시키다

egzaminirati -am (完,不完) 시험하다, 시험을
보다 (ispititi, ispitavati)

egzarh 1. (政敎) 총대주교 대리, 대주교 2. (歷)
(비잔틴 제국의) 태수(太守)

egzarhija, egzarhat egzarh가 관할하는 지역
(지방)

egzegeza (특히 성경의) 주해, 해석
(tumačenje tekstova, naročito Biblije)

egzekucija 1. (형의) 집행; 사형 집행, (강제)
집행 2. (집합적) 집행인(법원 판결, 행정부
의) egzekucioni (形)

egzekutirati -am (完,不完) (법원 판결, 명령
등을) 집행하다, 실행하다, 수행하다; 사형에
처하다, 처형하다

egzekutivan -vna, -vno (形) 실행의, 집행의,
수행의 (izvršni)

egzekutor 집행인(법원 판결, 행정부 등의)

egzem (男), egzema (女) (病理) 습진 (ekcem)

egzemplar 1. 견본, 샘플, 표본, 시료(試料);
실례(實例) (uzorak) 2. 사본, 복사
(primerak)

egzemplaran -rna, -rno (形) 견본의, 샘플의,
전형적인, 대표적인; ~rna kazna 본보기적
징계, 일벌백계

egzercir (軍) 군사 훈련

egzercirati -am (完,不完) 훈련시키다, 군사 훈
련을 하다

egzibicija 전시, 전람, 진열; 전시회, 전람회,

박람회; 시범 경기
egzibicionizam -zma 과시벽(능력 등의)
egzil 유배, 망명; 국외 추방; biti u ~u 망명중이다; otići u ~ 망명하다
egzistencija 존재, 실재; 존속, 생존 (postojanje, opstanak); minimum ~e 살아가는데 필요한 최소한의 생계비; propala ~ 망했다
egzistencijalan -lna, -lno (形) 생존에 필요한, 실존의, 존재의
egzistencijalist(a) 실존주의자
egzistencijalistčkī -ā, -ō (形) 실존주의의, 실존주의자의; ~ pisac 실존주의 작가; ~ film 실존주의 영화
egzistencijalizam -zma 실존주의
egzistirati -am (不完) 존재하다, 실존하다; 생존하다, 살아가다 (biti, postojati, živeti)
egzogen -a, -o (形) 외부의, 바깥의 (spoljni, vanjski) (反: endogen); ~e sile 외부의 힘
egzotičan -čna, -čno (形) 이국적인, 이국정서의; 색다른, 외래의; ~čna biljka 외래종 식물; ~čna životinja 외래종 동물; ~ šešir 이국적인 모자; ~ ornament 색다른 장신구
egzotika 이국풍, 외국풍
ehinokok, ehinokokus 에키노코쿠스(사람 또는 동물에 기생하는 기생충의 한 종류)
eho (男) 메아리, 반향, 공명 (odjek, jeka, odziv)
ej (感歎詞) 어이, 어머나; ~ ti, dođi ovamo 어이 자네, 이리 오게나 (hej)
eja (鳥類) 매의 일종 (sova)
ejakulacija (生理) 사정(射精)
ejakulirati -am (完,不完) 사정(射精)하다
ekati -am & -čem (不完) 1. <에(e)>를 자주 말하다(말하는 중에) 2. <에깝스끼(ekavski)>를 말하다
ekavac -vca <에깝스끼>화자(話者)
ekavica 참조 ekavština
ekavizacija 1. <에깝스끼> 적용, 사용 2. <에깝스끼>화(化)
ekavizam -zma 단어의 <에깝스끼> 형태
ekavskī -ā, -ō (形) 에깝스끼어의; ~ govor < 에깝스끼>어(語)
ekavština <에깝스끼>방언
ekcem (病理) 습진 (egzem)
ekipa (스포츠의) 팀, 조(組); (어떤 일에 참가하는) 그룹, 반(班); ~ za spasavanje 구조반
ekipni (形)
ekipaž (男) ekipaža (女) 1. 화려한 마차 2. 승무원(선박이나 비행기의)
ekipirati -am (完,不完) (장비 등을)갖추다, 장

비하다, 채비를 하다 (필요한 물품 등을); ~ posadu 승무원에게 장비를 갖추게 하다
ekipnī -ā, -ō (形) 참조 ekipa
eklatantan -tna, -tno (形) 훌륭한, 뛰어난; 분명한 (sjajan, odličan; očigledan, očit, jasan); ~ primer 아주 훌륭한 예(例); ~ dokaz 분명한 증거
eklekticizam -zma 절충주의 (ekletizam)
eklipsa (天) (해, 달의) 식(蝕) (pomračenje)
ekloga -zi & -gi 목가(牧歌), 전원시, 목가시
ekologija 생태(계); 생태학; 자연 환경
ekološkī -ā, -ō (形) 생태(계)의, 생태학의; 자연 환경의 ~o proučavanje 생태계 연구; ~ pokret 환경 운동; ~a aktivista 환경 운동가
ekonom 1. (한 집안의 재산 관리를 운영하는) 집주인 (domaćin) 2. 관리인(규모가 제법 큰 회사의); 자재 담당인(기관, 회사 군대 등의); 경제인 (ekonomist)
ekonomat 자재과, 조달과(회사, 기관 등의)
ekonomičan -čna, -čno (形) 경제적인, 절약하는, 검소하는, 간소한, 소박한 (racionalan, štedljiv, umeren); ~čna potrošnja goriva 경제적 연료 소비; ~ domaćan 검소한 주인
ekonomičnost (女) 경제적임; 절약, 검소
ekonomija 1. 경제학 2. 경제; politička ~ 정치 경제 3. 검약, 절약 (štednja, štedljivost) 4. 집안 살림
ekonomika 1. 경제, 경제 상태 (privreda, privredno stanje); ~ naše zemlje 아국 경제 2. 절약, 검약 (štednja)
ekonomisati -šem ekonomizirati -am (不完) 절약하다, 아끼다; ona ume da ekonomiše s novcem 그녀는 돈을 절약하여 쓸 줄 안다
ekonomist(a) 경제학자
ekonomizirati 참조 ekonomisati
ekonoma 1. (한 집안의 재산 관리를 운영하는) 집주인의 아내 (ekonomova žena) 2. 여성 관리인 (žena ekonom)
ekonomskī -ā, -ō (形) 경제의, 경제학의; ~ fakultet 상경대학; ~a politika 경제 정책; ~a blokada(kriza, teorija) 경제 봉쇄(위기, 이론); ~a propaganda 경제 선전; ~ ciklus 경제 사이클; ~o trošenje sredstva 자본의 경제적 사용
ekran 1. (영화 등의) 스크린, 영사막, 은막; (T.V, 컴퓨터 등의)모니터 2. 영화, 방송 (film, televizija)
ekranizacija 각색(보통은 문학작품을 영화로 만드는); 영화화(化); ~ romana „Rat i mir" 소설 전쟁과 평화의 영화로의 각색
ekranizirati -am, ekranizovati -zujem (完,不

完) 영화화(化)하다, 영화로 만들다, 각색하
다; ~ roman 소설을 영화화하다
eks (副) (보통 숙어로) *(is)piti (na)* ~ 한 모금
도 남기지 않고 한 번에 다 마시다
eks- (接頭辭) 전(前)- (bivši); ekskralj 전왕
(前王), eksšampion 전챔피온
ekscentričan -čna, -čno (形) 1. (數) (원이 다
른 원과) 중심을 달리하는; ~čni krugovi 이
심원(離心圓) 2. (機) 중심을 벗어난, 편심(偏
心)의; ~ *točak* 편심 바퀴 3. (비유적) 별난,
이상한, 상궤를 벗어난, 괴벽스런 (čudnovat,
nastran, neuravnotežen); ~čna žena 별난
여자
ekscentričnost (女) 1. (數,天) 이심률(離心率)
2. (機) 편심(偏心), 편심률 3. (옷차림·행동
등의) 남다름, 별남, 기행, 기벽
ekscentrik 기인(奇人), 별난 사람
ekscepcionalan -lna, -lno (形) 예외적인, 특별
한, 뛰어난 (izuzetan, neobičan, izniman)
ekscerpirati -am (完,不完) (책·논문 등을) 발
췌하다; ~ *knjigu* 책을 발췌하다
ekscerpt 발췌, 발췌록, 초록(抄錄)
eksces 1. 도를 넘는 행위(월권·방종·폭행 등)
2. (어떤 정도를) 지나침, 과도, 과잉
(preteranost, prekomernost); *ići u* ~*e* 지나
치게 가다
ekscesivan -vna, -vno (形) 과도한, 과다한,
지나친 (preteran, neobuzdan)
ekselencija 각하(장관, 대사 등에 대한 존칭)
ekser 못
ekserčić (지소체) ekser
ekshibicija 참조 egzibicija
ekshibicionizam 참조 egzibicionizam
ekshumacija (매장물 등의)발굴, 시체(무덤) 발
굴
ekshumirati (完,不完) (매장물 등을)발굴하다,
시체(무덤)를 발굴하다
ekskavacija 굴착(광산 등의), 발굴(유적품의)
ekskavator 굴착기, 굴착 장비, 발굴 장비
eksklamacija 외침, 절규 (uzvik, uzvikivanje)
eksklamativan -vna, -vno (形) 1. (보통 숙어
로); ~vna rečenica 감탄문 2. 감탄조가 많
은, 많은 감탄의 (pun uzvika)
ekskluzivan -vna, -vno (形) 1. 배타적인, 서
로 용납되지 않는, 양립할 수 없는; 독점적
인, (기사가) 특종의; 단 하나의, 유일한; ~
stručnjak 유일한 전문가; ~vne gledište 배
타적 관점 2. (호텔·상점 등이) 회원제로 운
영되는, 특권층의, 고급의; ~vno društvo 특
정 회원만의 단체; ~vna stambena četvrt
고급거주지역; ~vna škola 특정 계층만의 학

교
ekskomunicirati -am (完,不完) (교회가)제명하
다, 파문하다
ekskomunikacija (宗) 파문, 제명
ekskrement 배설물, 대변(동물 혹은 사람의)
(izmet)
ekskurs 탈선, 일탈, 이탈; 편향, 편차, 굴곡
(odstupanje, udaljavanje od glavnog
predmeta)
ekskurzija 1. 소풍, 여행 (izlet, putovanje);
otići(poći) na ~u 소풍을 떠나다, 여행을 가
다; organizovali su ~u po monastirima 수
도원을 방문하는 여행을 기획했다 2. (비유
적) 탈선, 일탈, 이탈(대화, 사고 방식 등의)
(ekskurs)
ekskurzist(a) 여행 참가자, 여행자
eksodus 탈출, 출국, 이주(移住)
ekspanzija 확장, 확대, 팽창, 발전, 신장(伸長)
ekspanzioni (形)
ekspanzionī -ā, -ō (形) 참조 ekspanzija; ~a
politika 팽창 정책
ekspanzionistički -ā, -ō (形) 팽창주의의, 확장
주의의(영토 등의); ~a politika 팽창 정책
ekspanzionizam -zma 팽창주의(정책), 확장주
의(정책)
ekspanzivan -vna, -vno (形) 1. 확산되는, 퍼
지는, 팽창되는; ~vni gas 확산되는 가스;
~vna para 퍼져나가는 퍼지는 김(증기);
~vna sila 팽창력 2. 급격히 발전하는(성장
하는); ~vne tržište 폭발적으로 발전하는 시
장 3. 영향력을 확대하는; ~vni kapitalizam
영향력을 확대하는 자본주의; ~vne težnje
팽창주의 염원
ekspatrijacija 국외 추방; 국적 이탈
ekspatrirati -am (完,不完) 국외로 추방하다
ekspedicija 1. 원정(遠程), (탐험 등의)여행; ~
na Severni pol 북극 탐험(원정); ~ u
afričke džungle 아프리카 정글 탐험 2. 발
송, 우송, 선적(船積) 3. 발송과(우체국, 신문
사 등의) 4. 군사 원정 (vojni, ratni pohod)
ekspedirati -am, ekspedovati -dujem (完,不完)
1. 보내다, 발송하다, 우송하다 (poslati,
uputiti, otpremiti) 2. (조롱) (누구를)쫓아내
다
ekspeditivan -vna, -vno (形) (일을 처리하는
데 있어) 신속한, 신속하고 효율적인
ekspeditor 발송자, 우송자, 선적주(자)
eksperimen(a)t 실험; vršiti ~e 실험하다
eksperimentalan (形)
eksperimentacija 실험, 실험 실습(작업);
eksperimentalan -lna, -lno (形) 실험의, 실습

의; ~lna fizika 실험 물리학; ~lna metota 실험 방법

eksperimentirati -am, eksperimentisati -šem (完,不完) 실험하다, 실습하다

ekspert 전문가 (stručnjak)

ekspertiza 전문가에 의해 이루어지는 조사(실사); 전문가의 평가(의견, 견해)

ekspiratoran -rna, -rno (形) 숨 쉬는, 숨을 내쉬는

eksplicitan -tna, -tno (形) 명백한, 뚜렷한, 명시적인 (jasan, izričit)

eksplikacija 설명, 해석, 해설 (objašnjenje, tumačenje)

eksplikativan -vna, -vno (形) 설명이 되는, 해설적인

eksploatacija 1. (산야, 삼림, 광산 등의) 개척, 개발, 채굴; 이용; ~ nafte 석유 채굴; ~ šuma 삼림 개발 eksploatacioni (形) 2. (노동력 등의) 착취; (부당한) 이용

ekploatator 착취자 eksploatatorski (形)

ekploatatorskī -ā, -ō (形) 착취의, 착취자의; ~a klasa 착취 계급

eksploatirati -am, eksploatisati -šem (不完) 1. (남을 부당하게) 이용하다, (노동력을) 착취하다 2. (산야, 삼림, 광산 등을) 개발하다, 개척하다, 채굴하다, 활용(이용)하다

eksplodirati -am (完,不完) 폭발하다, 파열하다; eksplodiraju bombe 폭탄이 폭발한다; ~ od ljutnje 분노가 폭발하다

eksplorirati -am, eksplorisati -šem (完,不完) 탐험하다, 탐사하다, 답사하다, 조사하다

eksplozija 1. 폭발, 파열; 폭음; došlo je do ~e 폭발했다; ~ gume 타이어 펑크 2. (비유적) (감정의) 폭발; ~ nezadovoljstva 불만의 폭발

eksploziv (言) 파열음, 폐쇄음

eksplozivo 폭발물, 폭약

eksplozivan -vna, -vno (形) 1. 폭발의, 폭발성의; ~vna sredstva 폭발 장치; ~vno punjenje 일정한 폭발물 양(폭파 등을 위한) 2. (音聲) 파열음의; ~vni suglasnik 파열음

eksponat 진열품, 전시물(品)

eksponent 1. 출품자, 전시자, 전람회 참가자 2. (사상, 이론, 계획 등의) 대표자, 옹호자, 지지자 (predstavnik, poverenik) 3. 외적(外的) 표현 (spoljašnji, vanjski izraz) 4. (數) 지수, 멱(冪)지수

eksponencijalnī -ā, -ō (形) 지수의; ~a jednačina 지수 방정식

eksponirati -am, eksponovati -nujem (完,不完) 1. 진열하다, 전시하다, 출품하다 (izložiti,

izlagati, pokazati) 2. (사진) (빛에)노출하다

eksport 수출 (izvoz) eksportni (形)

eksporter 수출업자(회사), 수출국

eksportirati -am, eksportovati -tujem (完,不完) 수출하다

eksportnī -ā, -ō (形) 참조 eksport; ~a roba 수출품; ~a akademija 무역경제전문대학, 상경대학

ekspoze -ea, ekspozej -eja (男) 연두 연설, (국회 개회)연설, (조각) 연설, 성명문(정치, 경제 등 주요현안에 대해 이루어지는) (대통령,총리 등의)

ekspozicija 1. 전시, 전람, 진열, 공개, 제출, 제시 (izlaganje, prikazivanje); ~ društvene stvarnosti 사회 실상의 제시 2. 도입, 도입부(문학작품, 음악작품 등의) (uvod, uvodni deo) 3. (寫眞) 노출(시간), 노출량; dužina ~e 셔터 스피드

ekspozitura 지점, 지부, 지국 (filijala)

ekspres 1. 급행열차 2. 카페테리아식 식당, 셀프서비스하는 간이식당 3. (形) (不變) 빠른, 급행의; ~ pismo 속달 편지; ~ roba 빠른 소포 4. (副) 매우 빠르게 (vrlo brzo); to sve ide ~ 모든 것이 매우 빠르게 진행된다

ekspres-bar 간이식당

ekspresionist(a) 표현주의 화가(작가, 음악가) ekspresionistički (形)

ekspresionizam -zma 표현주의

ekspresivan -vna, -vno (形) 표현의, 표현적인, 표현이 풍부한, (감정 등을) 나타내는

ekspresnī -ā, -ō (形) 빠른, 급행의; ~ brod 급행선; ~ voz 급행열차; ~a pošiljka 빠른 소포

ekproprijacija (法) (토지 등의)수용, 징발, 몰수 (일반적으로 공익을 위한 사업을 위해 보상금을 주면서 하는)

eksproprirati -am, eksproprisati -šem (完,不完) (法) (토지 등을) 몰수하다, 수용하다, 징발하다; ~ zemlju 토지를 수용하다; ~ buržoaziju 부르주아의 재산을 몰수하다

ekstatičan -čna, -čno, ekstatičkī -ā, -ō (形) 희열에 넘치는, 활홀한, 무아경의

ekstaza 무아경, 황홀경, 환희, 광희; pasti u ~u 황홀경에 빠지다, 무아지경에 빠지다; biti u ~i 무아경에 있다

ekstenzija 1. 신장(伸長), 확장, 뻗음 (proširenje, prostiranje) 2. (醫) (골절 치료 등의) 견인 (istezanje); vrši mu se ~ noge 그의 다리는 견인 치료를 받고 있다

ekstenzivan -vna, -vno (形) 넓은, 광대한, 광범위한, 대규모의; ~vna poljoprivreda 대규

모 농업; ~vno stočarstvo 대규모 목축업

eksterijer 1. (사람의) 겉(모습), 외모, 외관 2. 외부, 바깥면; (영화 등의) 옥외 세트(장면); snimati ~e 외부를 촬영하다; snimanje u ~u 옥외 세트에서의 촬영

eksteritorijalan -lna, -lno (形) 치외법권의 (외교관 등의); ~lna osoba 치외법권을 가진 인사

eksteritorijalnost (女) 치외법권

eksternī -ā, -ō (形) 1. 외부의 (spoljni, spoljašnji, vanjski); ~a kontrola 외부 통제 2. (학교) 기숙사에 거주하지 않는

eksternist(a) 1. (학교)기숙사에 거주하지 않고 외부에서 다니는 학생 2. 외래환자

ekstra 1. (形) (不變) ~외의, 여분의, 과잉의; ko ima jednu ~ kartu? 누가 표 한 장을 여분으로 가지고 있는가? 2. (形) (不變) 특별한, 특수한, 각별한, 독특한 (poseban, naročit, izvanredan); on ima ~ ukus 그는 독특한 취향을 지니고 있다 3. (副) 특별하게, 특수하게, 독특하게; napravljen od nekog ~ dobrog materijala 최상급 재료로 만들어진

ektradicija (法) 범인의 본국송환(인도)

ektradirati -am (完,不完) 외국인 범인을 본국 송환하다(인도하다)

ekstrahirati -am, ekstrahovati -hujem (完,不完) 뽑다, 뽑아내다, 추출하다; (정보, 돈 등을) 받아내다, 끌어내다; (글귀를)발췌하다, 인용하다

ekstrakcija 1. (약 따위를) 달여 내기; (즙·기름 따위를) 짜내기; ~ iz lekovitih trava 약초 달여내기, 약초로부터의 추출 2. (어떤 과정을 거쳐) 뽑아냄, 추출, 적출(摘出); ~ zuba 발치(拔齒); ~ ruda 광물 적출 (vađenje, izvlačenje)

ekstrakt 1. 추출물, 정제(精製), 엑스, 진액(津液), 원액(原液) 2. (비유적) 정수(精髓), 핵심 (srž, suština, jezgro nečega)

ekstravagantan -tna, -tno (形) 낭비하는, 사치스러운; (옷차림이) 요란한; (생각 따위가) 비현실적인; (요구·대가 등이) 터무니없는, 지나친; ~tna haljina 화려한 드레스; ~ gospodin 사치스런 사람

ekstravagantnost (形) 사치, 낭비; 무절제, 방종

ekstrem 극단, 극도, 극단적인 것; ići u ~e 극단으로 가다

ekstreman -mna, -mno (形) 극도의, 극심한, 극단적인

ekstremist(a) 극단주의자

ekstremistčkī -ā, -ō (形) 극단론자의

ekstremitet 1. 극단, 극도, 극치 (ekstrem) 2.

(보통 複數로) (解) (신체의) 사지(四肢), 팔다리

ekstremizam -zma 극단주의

ekumenskī -ā, -ō (形) 세계적인, 전반적인, 보편적인; 전(全)그리스도교회의, 세계그리스도교회 통일의; ~ sabor 공회의(公會議)

ekvator 1. (지구의) 적도; na ~u 적도에서 2. (天) 천체(天體) 적도 ekvatorijalan, ekvatorski (形)

ekvilibrist(a) (서커스의) 줄타기 광대 ekvilibristkinja

ekvinocij -ija 주야 평분시, 춘분, 추분 (ravnodnevica); prolećni ~ 춘분; jesenski (jesenji) ~ 추분

ekvivalent 동등물, 등가물, 등량물

ekvivalentan -tna, -tno (形) 동등한, 같은 가치(양)의

elaborat 서면 계획, 안(案); iscrpan ~ projekta 프로젝트 상세안(案)

elan 열의, 열정, 의욕 (zamah, polet, oduševljenje, entuzijazam)

elasticitet 탄력, 탄성, 신축성

elastičan -čna, -čno (形) 탄력적인, 탄성의, 신축성 있는; 신축적인

elastičnost (女) 탄성, 신축성

elastik, elastika 1. 고무(단단한, 혹은 탄성의) 2. 탄성, 신축성

elegancija 우아, 고아; 우아한 것, 고상한 것

elegantan -tna, -tno (形) 우아한, 고아한

elegičan -čna, -čno (形) 애가조(哀歌調)의, 애가형식의, 애수적인, 슬픈, 엘레지 형식의 (tužan, setan, bolan)

elegija 애가(哀歌), 비가, 만가, 엘레지 elegijski (形) ~ stih(distih) 애가조 연구(聯句 《dactyl(-˘˘)의 6보구(步句)와 5보구가 교대되는 2행 연구》

elektrana 발전소

elektricitet 전기; statički ~ 정전기; vazduh (atmosfera) je pun(puna) ~a 상황(상태)이 심각하다(긴장된 상태이다)

električan -čna, -čno (形) 전기의; ~čna centrala 발전소; ~čna energija 전기 에너지; ~čni naboj 전기 충전; ~čni otpor 전기 저항; ~čno brojilo 전기 계량기; ~čno kolo 전기 회로

električar 전기 기사, 전공(電工)

elektrificirati -am elektrifikovati -kujem (完,不完) 전기를 끌어들이다, 전력을 공급하다, 전기 공급 공사를 하다; naše selo je elektrifikovano 우리 마을은 전기를 끌어들였다; elektrifikovane pruge 전기화된 철

169

로

elektrifikacija (철도, 가정 등의) 전기공급화
elektrifikovati -kujem (完,不完) 참조 elektrificirati
elektrika 전기 조명, 전구(電球) (električno osvetljenje, električna sijalica)
elektrisati -šem elektrizirati -am elektrizovati -zujem (不完) 1. 전기충격을 가하다(치료 등을 위해) 2. (비유적) 즐겁게 하다, 기쁘게 하다, 흥분시키다 (oduševiti, raspaliti, uzbuditi); on elektrizuje mase svojim govorima 그는 연설로 대중들을 흥분시킨다; atmosfera je naelektrisana 분위기는 긴장되었다(흥분되었다)
elektročelik (야금) 전로강(轉爐鋼)
elektroda (電)전극, 전극봉(棒) elektrodni (形)
elektroenergija전기에너지 elektroenergetski(形)
elektroindustrija 전기산업
elektroinstalater 전공(電工)
elektroinženjer 전기기사
elektrokardiograf (醫) 심전계
elektrokardiogram (醫) 심전도
elektrolit (化) 전해물(질, 액)
elektroliza (化) 전기 분해
elektromagnet 전자석(電磁石)
elektromagnetnī, elektromagnetskī -ā, -ō (形) 전자석의
elektromagnetizam -zma 전자기(학)
elektromotor 전기 모터 elektromotorni (形)
elektron (物,化) 전자(電子), 일렉트론
elektroničar 전자공학자
elektronika 전자공학
elektronskī -ā, -ō (形) 전자의, 전자공학의, 전자에 의한; ~ računar 전자 계산기; ~a cev 전자관; ~ mikroskop 전자 현미경; ~a teorija 전자 이론
elektropokretač (차량 엔진의) 시동 장치
elektroprivreda 전기산업
elektrotehničar 전기기사
elektrotehnika 전기공학
elektrotehničkī -ā, -ō (形); 전기공학의; ~ fakultet 전기공학대학
elektroterapija (醫) 전기요법
elektrouređaj 전기(전자) 기기
elem 1. (결론, 결말을 짓는 말) 따라서, 아무튼 (dakle, bilo šta bilo) 2. (감탄사) 어!
elemen(a)t 요소, 성분, 구성요소; biti(osećati se) u svom ~u 자기 자신에 가장 알맞은 환경(위치)에 있다(위치하다), 아주 좋은 기분이다
elementaran -rna, -rno 1. 기본적인, 기본의,

초보적인 (bitan, osnovni, početni) 2. 자연의, 자연력과 같은 (prirodni, stihijski, iskonski); ~rne nepogode 자연 재해; ~rna snaga 자연력 3. 요소의, 성분의; ~rna analiza 성분 분석
elevacija 1. 높임, 들어 올림 (uzdizanje, penjanje) 2. (포술, 측량에서) 앙각(仰角), 고도
eliksir 1. 원액(原液), 진액(津液) (ekstrakt, esencija) 2. (藥) 엘릭시르(복용하기 쉽게 몇 가지 성분을 조합한 액체 약) 3. 불로불사(不老不死)의 영약; ~ života, životni ~ 불로장생의 영약
eliminacija 1. 제거, 배제, 삭제; (스포츠 등의) 실격, 탈락; ~ sportske ekipe iz takmičenja 경기에서의 스포츠팀 탈락 2. (數) 소거(법)
eliminirati -am eliminisati -šem (完,不完) 1. 제거하다, 없애다, 삭제하다; (시합 등에서) 탈락시키다; ~ iz prvenstva 선수권대회에서 탈락시키다; biti eliminisan 탈락된, 제거된, 삭제된; ~ negatvne činioce 부정적 요소를 제거하다 2. (數) 소거하다
elipsa 1. (數) 타원, 타원주 2. (文法) 생략(문장에서 한 두 단어를 생략하지만 문맥으로 이해할 수 있음)
elipsast 타원형의 (eliptičan)
elipsoid (數) 타원체(면)
eliptičan -čna, -čno (形) 1. 타원의, 타원형의 (elipsast); ~čna putanja 타원형 궤도 2. 축약된 (sažet, skraćen)
elisa 프로펠러(배, 비행기 등의) (propeler); ~ aviona 비행기 프로펠러; ~ ventilatora 선풍기 날개
elita 엘리트(계층); vojna ~ 군 엘리트
elizija (文法) (모음·음절 등의) 생략 elizijski (形)
em 1. (接續詞) (보통 두 번에 걸쳐: em··· em) ~뿐만 아니라 ~이다 (i~, i opet~); em čoveka opljačkaju, em ga optuže 사람에게 돈을 뜯을 뿐만 아니라 비난하기도 한다 2. (副) (方言) 또한 (još)
emajl, emalj 에나멜, 법랑(琺瑯);유약 emajlni, emaljni (形); ~a šerpa 법랑 냄비
emajlirati -am, emaljirati (完,不完) 에나멜을 입히다
emanacija 1. 내뿜음, 발산, 방사 (izliv, izraz, ispoljavanje) 2. (化) 에마나티온(방사성 물질에서 방출되는 기체 원소의 고전적 호칭) 3. (哲,神學) 유출설(流出說)
emancipacija (굴레, 굴종 등으로부터의) 해방, 벗어남 (osamostaljenje); ~ žena 여성 해방; ~ kmetova 농노 해방
emancipirati -am emancipovati -pujem (完,不

完) 해방시키다, 석방시키다 (노예, 굴종 등을)

embargo *-ga*; *-zi* (男) (선박의) 출항(입항) 금지, 억류; 수출입 금지(봉쇄); (일반적으로) 금지, 제한; ~ *na isporuku oružja* 무기 수출 금지;

emblem 참조 amblem

embolija (病理) 색전증 (塞栓症: 혈류에 의하여 어떤 장소로부터 운반된 혈병 또는 이물에 의하여 혈관이 돌연 폐쇄되는 것)

embrio *-ija* (男) **embrion** 1. (보통 임신 8주일까지의) 태아 2. (동식물의) 배(胚) ;애벌레, 싹 (klica, fetus) **embrionalan, embrionski** (形)

embriolog 발생학자, 태생학자

embriologija 발생학, 태생학 **embriološki** (形)

emfatičan *-čna*, *-čno* **emfatičkī** *-ā*, *-ō* (形) 열광적인, 광란적인

emfaza 열광, 광란 (ushićenje, zanos)

emfizem (病理) 기종(氣腫) , (특히) 폐기종; ~ *pluća, plućni* ~ 폐기종

emigracija (타국으로의)이주; *otići u* ~ 이민가다

emigrant (다른 나라로 가는) 이민자(移民者), 이주자

emigrirati *-am* (完,不完) (타국으로) 이주하다, 이민하다

eminencija 1. (지위·신분 등의) 고위 (高位) , 높음, 고귀함 (uzoritost, uzvišenost); *siva* ~ 막후 실력자 2. (가톨릭) 전하 (殿下) (추기경의 존칭·호칭)

eminentan *-tna*, *-tno* (形) 1. (자질·행위 등이) 뛰어난, 훌륭한, 탁월한, 저명한, 명망있는 (istaknut, ugledan); ~ *stručnjak* 탁월한 전문가; *~tna ličnost* 저명인사 2. 특별한 (izraziti, poseban); ~ *dar* 특별한 재능; *biti od ~tnog značaja* 특별한 의미가 있다

emisar 사자(使者), 밀사(密使), 특사(特使)

emisija 1. 방송, 방영, 프로그램(라디오, T.V. 등의); *ćuo sam to na ~i za decu* 어린이 프로그램에서 그것을 들었다 2.(銀行,商業) (어음, 화폐 등의) 발행; ~ *novca* 화폐 발행; ~ *vrednostnih papira* 유가증권 발행 3. (物) 발산, 방출, 방사, 내뿜음; ~ *svetlosti* 빛의 방출 **emisijski, emisioni** (形)

emisionī *-ā*, *-ō* (形) 참조 emisija; *~a stanica* 방송국; *~a banka* 발행 은행

emitirati *-am* **emitovati** *-tujem* (完,不完) 1.방송하다, 방영하다; *emitovali su preko radija njegov govor* 그의 연설을 라디오를 통해 방송했다 2. 발행하다; ~ *obveznice* 채권을 발행하다 3. 발산하다, 방출하다, 내뿜다

emocija 감동, 감정, 정서 (uzbuđenje, osećanje)

emocionalan *-lna*, *-lno*, **emocioni** *-a*, *-o* (形) 감정적인, 감정에 호소하는 (emotivan)

emocionalnost (女) (심신의 동요를 수반하는 정도의) 강렬한 감정(감격); ~ *umetničkog dela* 예술작품의 강렬한 감동; *teatarska* ~ 극장에서 받는 강렬한 감정

emotivan *-vna*, *-vno* (形) 감정의, 감정적인, 감정에 호소하는 (emocionalan)

emotivnost (女) 감동, 감정, 정서

empatija 감정이입, 공감

empiričan *-čna*, *-čno* (形) 경험상의, 경험적인 (empirijski)

empiričar 경험론자, 경험주의자

empiričkī *-ā*, *-ō* **empirijskī** *-ā*, *-ō* (形) 경험상의, 경험적인 (empiričan)

empirik 참조 empiričar

empirizam *-zma* (哲) 경험주의, 경험론

emulgovati *-gujem* (完,不完) 유상(乳狀)으로 만들다, 유제화하다; *emulgovano ~e* 유화(乳化) 기름

emulzija 1. (化) 유제(乳劑);유상액(乳狀液) 2. (藥學) 유제 3. 감광(感光) 유제

emulzionirati *-am* **emulzirati** *-am* (完,不完) 참조 emulgovati

encefalitis (病理) 뇌염; *japanski* ~ 일본 뇌염

enciklopedija 백과사전

enciklopedijskī *-ā*, *-ō* (形) 백과사전의; ~ *rečnik* 백과사전

enciklopedist(a) 백과사전 편집자

encim (生化學) 효소

endemija 풍토병 (反: epidemija) **endemijski, endemičan** (形)

endivija (植) 꽃상추(샐러드용) (žućanica)

endokrin *-a*, *-o* (形) 내분비의, 내분비샘의; *~e žlezde* 내분비선

energetika (物) 에너지학, 에너지론; *razvoj ~e* 에너지학의 발전

energetskī *-ā*, *-ō* (形) 에너지학의; 에너지의; *~a kriza* 에너지학의 위기; ~ *izvori* 에너지원; *~o stanje* 에너지 상황

energičan *-čna*, *-čno* (形) 정력적인, 활동적인, 활기에 찬, 원기 왕성한

energičnost (女) 활동적임, 정력적임, 원기왕성함; ~ *u radu* 업무에서의 원기왕성함; ~ *u kretanju* 이동에서의 활동성

energija 1. (物) (물질·빛·열 등의 잠재적) 에너지; ~ *sunca* 태양 에너지; *atomska (električna)* ~ 원자력(전기) 에너지; *mehanička* ~ 역학 에너지; *toplotna* ~ 열에너지; *svetlosna* ~ 빛 에너지 2. (육체적·

E

정신적) 기운, 에너지; 정력; *trošiti ~u na nešto* 무엇에 에너지를 사용하다; *rasipati ~u* 에너지를 낭비하다; *uložiti ~u u nešto* 무엇에 에너지를 쏟아붓다; *čovek bez ~e* 에너지지가 없는 사람

Engleska 잉글랜드 **Englez** 영국인; *praviti se ~* 모르는 척 하다(praviti se neobavešten, neupućen) **engleski** (形); *~a bolest* (病理) 구루병, 꼽추병

enigma 수수께끼, 수수께끼 같은 말

enigmatičan *-čna, čno* **enigmatičkī** *-ā, -ō* (形) 수수께끼의, 수수께끼 같은

enklava 1. 타국 영토 내의 자국 영토 2. (대도시 등의) 소수 민족 거주지

enklitika (文法) 전접어(前接語) **enklitički** (形)

eno 1. (小辭) 여기, 저기 (어떤 사람 혹은 물건을 가리키면서 하는 말) 2. (感歎詞) 아! (gle)

enterijer 인테리어, 실내 장식 **enterijerni** (形)

entomolog 곤충학자

entomologija 곤충학

entomološkī *-ā, -ō* (形) 곤충학의, 곤충학자의

entuzijast(a) 열성적인 사람, 열광자, 광(狂)

entuzijastičan *-čna, -čno* **entuzijastičkī** *-ā, -ō* (形) 열성적인, 열광적인, 광적인

entuzijazam *-zma* 열광, 열중, 열정, 열의

eon 영겁(永劫)

ep *epovi* **epos** 서사시(敍事詩), 사시(史詩); 서사시적 작품(소설, 영화, 극 등의) **epski** (形); *~ pesnik* 서사 시인; *~a pesma* 서사시

eparhija (正敎의) 주교구(主敎區), 대교구

epentetskī *-ā, -ō* (形) 문자 첨가의, 삽입 문자의

epenteza (言語,音聲) 문자 삽입,삽입 문자; 삽입음(音)

epicentar *-tra* 1. (지진의) 진원지(震源地), 진앙(震央) 2. (비유적) 센터, 중심지 (centar, središte); *~ epidemije* 전염병의 진원지

epičar, epik 서사 시인

epidemija 전염병 **epidemičan, epidemijski** (形)

epidemiolog 전염병학자, 역학자

epidemiologija 역학(疫學), 전염병학

epidemiološkī *-ā, -ō* (形) 역학의, 전염병의, 역학자의, 전염병학자의; *~a služba* 역학 기관; *~ simpozijum* 역학 심포지엄

epiderm (男), **epiderma** (女) 1. (解) (피부의) 표피, 상피 2. (植) 표피(表皮), 상피(上皮)

epifiza (解) 송과선(松果腺): 좌우 대뇌 반구(大腦半球) 사이 제3뇌실(腦室)의 후부에 있는 작은 공 모양의 내분비 기관)

epigon (文藝) (일류 예술가, 사상가 등의) 모방자, 추종자, 아류(亞流)

epigraf 1. 제명(題銘), 비명(碑銘), 비문 2. (책 머리·장(章)의) 제사(題辭), 표어

epigram (짧고 날카로운)풍자시

epik 참조 epičar

epikureizam *-zma* (哲) 에피쿠로스의 철학; 향락주의, 미식주의

epikurejac 1. 에피쿠로스 학파의 사람 2. 미식가 **epikurejski** (形)

epilepsija (病理) 간질 (padavica) **epileptičan, epileptički** (形)

epileptičar, epileptik 간질병 환자 (padavičar)

epilog 에필로그

episkop (正敎) 주교 (biskup)

episkopat, episkopstvo 1. 주교단 2. 주교의 직(職)

epistola, epistula 편지 (pismo); 서간체의 시문(詩文) **epistolarni** (形)

epitaf 1. 비명(碑銘), 비문(碑文) 2. 비명체(碑銘體)의 시문(詩文) **epitafski** (形)

epitet (성질을 나타내는) 형용어구

epitrahilj (正敎) 성직자 의복의 한 부분(미사 집전시 목에 두르는 부분)

epizoda 1. 에피소드, 곁 가지 이야기, 삽화(揷話) 2. 1회분의 이야기(방송 드라마 등의)

epizodan *-dna, -dno,* **epizodskī** *-ā, -ō* (形) 에피소드의, 곁 가지 이야기의; 부수적인, 부차적인 (uzgredan, sporedan); *~dna uloga* 부수적인 역할, 엑스트라 역할

epizodist(a) 1. 단역 배우, 엑스트라 2. 에피소드 작가

epoha (D.*-hi* & *-sī*) 1. 신기원, 신시대, 시대 (일정한 특징으로 인해 다른 시대와 구별되는) 2. (地質) 세(世) (기(紀)의 하위 구분)

epohalan *-lna, -lno* (形) 신기원의, 획기적인; 아주 중요한; *~lno otkriće* 획기적인 발견; *~lno delo* 아주 중요한 작품

epoleta (군복, 유니폼 등의) 견장 (肩章) (naramenica)

epopeja 서사시, 사시(史詩); *pisati ~u* 서사시를 쓰다

epos 참조 ep

epskī *-ā, -ō* (形) 참조 ep

era 1. 연대, 시대, 시기; *pre naše ~e* 기원전 (B.C.); *posle naše ~e* 서기 (A.D.) 2. (地質) *~대(代), ~기(紀); paleozojska ~*

ergela 1. 말(馬)떼, 말의 무리, 많은 수의 말 (馬) 2. 말(馬) 농장

eristika 논쟁술(術), 논쟁(진실이 목적이 아닌 상대편을 공박하기 위한)

erodirati *-am* (完,不完) 부식시키다, 침식시키다

eros 에로스, 에로스적 사랑, 성애(性愛)

erotičan *-čna, -čno* erotički *-ā, -ō* (形) 에로틱한, 성애의, 애욕을 다룬; 성욕을 자극하는
erotičar, erotik 1. 에로틱 시인, 성애 시인, 연애 시인 2. 색정가, 호색가
erotika 1. 에로티시즘, 호색성, 성욕 2. 성애(性愛)를 다룬 문학(예술); 춘화도 (春畵圖)
erotman 성도착증 환자
erotmanija (病理) 성도착증
erotskī *-ā, -ō* (形) 참조 erotičan
erozija 부식, 침식 erozijski, erozioni (形)
erozivan *-vna, -vno* (形) 부식성의, 침식적인
erudicija 박학다식(博學多識)
erudit 박학다식한 사람
eruditan *-tna, -tno* eruditskī *-ā, -ō* (形) 박학한, 박식한
erupcija (화산의)폭발, (용암의)분출; (분노 등의)폭발
erutivan *-vna, -vno* (形) 폭발적인, 폭발성의; 분화에 의한, 분출성의; *~vna stena* 분출암, 화성암
escajg 은제품, 은식기류(특히 나이프, 포크, 접시 등)
esej 에세이, 수필, 평론 esejski (形)
esejist(a) 수필가, 에세이 작가
esenca, esencija 1. (식물 등에서 추출한) 에센스, 진액 2. 정수, 본질, 진수, 핵심
esesovac *-ovca* (歷) 나치의 S.S.대원 esesovski (形)
eskadra (軍) 1. (海軍) 전함대(戰艦隊) 2. (空軍) 전투비행대
eskadrila (軍) 비행대대
eskadron (軍) 기마부대
eskalacija (임금·물가·전쟁 따위의) 단계적인 확대(증가), 확전(擴戰), 에스컬레이션; *~ kriminala* 범죄의 점진적 증가
eskalator 에스컬레이터 (pokretne stepenice)
Eskimi (複) 에스키모 eskimski (形)
eskont (商業) (어음 등의) 할인 eskontni (形); *~a stopa* 할인율
eskort (男), eskorta (女) (軍) 무장 호위; (군함의)호위
eskortirati *-am* eskortovati *-tujem* (完,不完) 무장 호위하다
esnaf 1. 동업 조합, (일반적으로) 조합, 회(會); 길드 2. 조합원, 길드 회원 (esnaflija)
esnafski (形); *~o pismo* 기술자 자격증, 조합원증(길드에 의해 발행된)
esnaflija (男) 조합원, 길드 회원 esnaflijski (形)
esnafskī *-ā, -ō* (形) 참조 esnaf
espadrila (보통 복수로) 에스파드리유(끈을 발목에 감고 신는 캔버스화)

esperantist(a) 에스페란토 학자
esperanto (男) 에스페란토어
ester (化) 에스테르
estet, esteta (男) 유미(唯美)주의자, 탐미(耽美)주의자
estetičan *-čna, -čno* (形) 미의, 심미적인, 미적 감각이 있는; 미학의
estetičar 미학자
estetičkī *-ā, -ō* (形) 참조 estetičan
estetika 미학(美學)
estetizam *-zma* 탐미주의, 유미주의, 예술 지상주의
estetskī *-ā, -ō* (形) 참조 estetičan
estrada 1. 대중예술 2. 연단, 무대, 스테이지 (pozornica, bina)
estradnī *-ā, -ō* (形) 1. 대중예술의;*~ umetnici* 무대 예술인, 연예인; *~ pevač* 대중 가수 2. (비유적) (口語) 대중적으로 활동하는; *~ naučnik* 대중 과학자(대중들이 쉽게 이해할 수 있도록 강연하는)
ešalon (軍) (행진·수송·전투 등에서) 후미 부대
ešarpa 1. (어깨에서 허리로 띠는) 현장(懸章), 어깨띠 2. (어린이·여성용의) 장식띠 3. (軍) (장교 등의 정장(正裝)용)) 장식띠
eškenaskī *-ā, -ō* (形) 참조 eškanaz; 폴란드계(독일계·러시아계) 유대인의
eškenaz 유대인(독일·폴란드·러시아계의)
etapa 1. (발전의) 단계, 정도; (발달의) 기(期), 시기; (과정·발전의) 국면; *po ~ama* 단계적으로; *prva ~ razvoja* 발전의 첫 단계 2. (여정·경주 등의) 한 구간(부분) *trka je održana na ~* 경주는 구간별로 행해졌다
etapnī *-ā, -ō* (形) 참조 etapa; *~a trka* 구간 경주; *~a izgradnja* 공구별 건설
etar, eter 1. 하늘, 창공 (vazdušno prostranstvo, nebeski prostor); *poslati vest u ~* 창공으로 소식을 전하다 2. (化) 에테르(유기 화합물, 마취제) 3. (物) 에테르(빛·열·전자기의 복사 현상의 가상적 매체) eterski (形)
etatizam *-zma* 국가 사회주의 (국가가 경제를 운영하거나 통제하는) etatistički (形)
etatizirati *-am*, etatizovati *-zujem* (完,不完) 국가의 통제와 감독하에 두다
etaž (男), etaža (女) 층 (sprat)
etažer, etažera 서가, 책꽂이, 장식장
etažnī *-ā, -ō* (形) 층의; *~o grejanje* 개별 난방
eter 참조 etar
etičkī *-ā, -ō* (形) 참조 (etika); 윤리적인, 도덕적인, 도덕에 관계된; *~ komitet* 윤리위원회
etida 습작(그림, 문학 작품등의); (음악) 연습곡

173

etika 윤리학 etički, etičan (形)

etikecija 예의, 예절, 범절, 에티켓

etiketa 1. 라벨, 꼬리표; zalepiti(staviti) ~u na nešto 라벨을 붙이다 2. 참조 (etikecija)

etiketnī -ā, -ō (形) 예의의, 범절의 (참조 etikecija)

etil (化) 에틸 etilni (形); ~ alkohol 에틸 알코올

etil-alkohol 에틸 알코올

etilen (化) 에틸렌

etimolog 어원(語源)학자

etimologija 어원론(語源論) etimološki (形)

etiologija 1. (哲,文學) 원인론, 인과 관계학 2. (醫) 병인학(病因學) etiološki (形)

etničkī -ā, -ō (形) 인종의, 민족의

etnik 종족(부족, 인종, 민족)의 명칭

etnograf 민속학자

etnografija 민속학

etnografskī -ā, -ō (形) 민속학의, 민속학자의; ~a građa 민속학 자료; ~ glasnik 민속학지 (誌); ~a izložba 민속품 전람회

etnolog 민족학자

etnologija 민족학, 인종학

eto (小辭) (不變) 1. 여기, 저기!; ~ olovke kraj telefona 여기 전화기 옆에 볼펜이 있잖아!; ~ ga! 아, 저기, 그사람이다! 2. (말하는 것을 강조) (baš, zaista); ~ to me čudi! 그것이 정말 이상해!

eufemističkī -ā, -ō (形) 완곡한, 완곡 어법의

eufemizam -zma (修辭學) 완곡 어법

eufonija 듣기 좋은 음조, 어조가 좋음, 듣기 좋음

euforičan -čna, -čno (形) 도취감의, 행복감의

euforično (副) 행복감에 젖어, 도취하여

euforija 1. (극도의) 행복감, 도취감 2. (심리) 다행증(多幸症; 감정의 병적 고양 상태), 병적 쾌감

eugenetika, eugenika 우생학

eunuh 참조 evnuh

Eustahijeva truba (解) (귀의) 유스타키오관 (管), 이관(耳管)

eutanazija (醫) 안락사

evakuacija 소개(疏開), 피난, 대피; (軍) 철수

evakuirati -am evakuisati -šem (完,不完) 소개(疏開)시키다, 대피시키다; 철수시키다; ~ grad 시(市)에서 사람들을 소개시키다; ~ se 떠나다, 피난하다, 대피하다

evanđelist(a) 4대 복음서 저자 (jevanđelist)

evanđelistar 복음서, 4복음서

evanđelje 복음서; ~ po Marku 마가복음

evazija 1. 회피, 기피 (izvegavanje) 2. (대답을) 얼버무리기, 둘러대기

eventualan -lna, -lno (形) 가능한, 있을 수도 있는, 일어날 수 있는; ako ~lno ne dođem, molim te, sačuvaj tu knjigu 혹시라도 내가 오지 않으면, 그 책을 잘 보관해 줘; snositi ~lne posledice 있을 수도 있는 결과를 책임지다

eventualije (女,複) 혹시 있을지도 모르는 경우 (사건, 일)

eventualnost (女) 예측 못할 사건(일, 경우), 일어날 수 있는 사태(일, 경우); za svaku ~ 모든 경우를 위해

evidencija 1. 증거, 물증 2. 기록, 문서, 서류 (popis); voditi ~u o nečemu ~에 대해 기록하다

evidentan -tna, -tno (形) 분명한, 명백한 (očevidan, očigledan, očit); ~ dokaz 명백한 증거; ~tna istina 분명한 진실

evidentičar 기록인, 기록하는 사람

evidentirati -am (完,不完) 기록하다, 기록을 남기다

Evin (소유형용사) 이브의; ~ sin 남자; ~a kći 여자; u ~om kostimu 완전 나체로

evnuh 거세된 남자; 환관(宦官), 내시 (uškopljenik)

evo (小辭) (不變) 1. (가까이 있는 사람이나 물건을 가리키며) 자, 여기(저기)!; ~ ga 여기 그가 있다; ~ knjige 자 여기 책이 있어!; ~ ti novac 자 여기 돈! 2. 생생한 표현을 위해 3. 강조된 표현을 위해 4. (기타) ~ moje glave 내 목숨을 걸고 맹세해!; ~ moje ruke 확신한다 (동의를 표할 때, 어떤 계약이나 합의서를 작성할 때 등)

evocirati -am (完,不完) 일깨우다, 환기시키다, 불러내다; ~ uspomene 추억을 일깨우다

evolucija 발달, 발전, 진화; teorija ~e 진화론 evolucijski, evolucioni (形)

evoluirati -am (完,不完) 서서히 발전하다, 점진적으로 변화하다, 진화하다

evolutivan -vna, -vno (形) 진화적인, 진전적인 (razvojni)

Evropa 유럽 evropski (形)

evropeizacija 유럽화

evropeizirati -am (完,不完) 유럽화하다

evropskī -ā, -ō (形) 유럽의

F f

fabricirati -am, fabrikovati -kujem (完,不完) 1.
(대량으로) 만들다, 생산하다 2. 나쁜 품질의
제품을 만들다; ~ rakiju 하품(下品)의 라키
야를 생산하다 3. (비유적) 꾸며내다, 왜곡하
다, 날조하다, 조작하다 (izmisliti, izmišljati);
~ optužbu 기소장을 날조하다
fabrički -ā, -ō (形) 참조 fabrika; 공장의, 공
장에서 만든(제조된); ~ proizvodi 공산품;
po ~oj ceni 공장도 가격으로; ~ radnik 공
장 노동자; ~a oznaka 공장 표시; ~ žig (등
록)상표
fabrika 공장, 제조소; raditi u ~ci 공장에서
일하다; ~ konzervi 통조림공장; ~
automobila 자동차공장; ~ za preradu
drveta 제재소; ~ za preradu mesa 육류가
공공장; tekstilna ~ 직물공장; ~ nameštaja
가구공장
fabrikacija 산업화 방식에 따른 상품 생산, 상
품의 대량 생산(제조), 공장 생산(제조); ~
sapuna 비누의 대량 생산
fabrikant 공장주(主), 공장 주인, 자본가
fabrikat 공장에서 생산된 제품, 공장 생산품
fabrikovati -kujem (完,不完) 참조 fabricirati
fabula 1. (문학 작품의) 줄거리, 구상, 각색; ~
romana 소설의 줄거리 2. 우화(偶話), 동화;
꾸며낸 이야기, 지어낸 이야기, 거짓;
izmišljati ~e 거짓말을 꾸며내다
fabulirati -am fabulisati -šem (不完) 우화(偶
話)를 이야기하다, 우화를 지어 내다
fabulozan -zna, -zno (形) 우화의, 믿어지지
않는, 거짓말 같은, 터무니 없는; ~ div 거짓
말 같은(어마어마하게 큰) 거인
fačla 붕대 (povoj, zavoj)
fačlovati -lujem (不完) ufačlovati (完) 붕대를
감다 (zavi(ja)ti, povi(ja)ti)
fagot 1. (樂器) 바순, 파고토 (저음의 목관 악
기) 2. (方言) 관, 궤짝 (kovčeg, kofer)
fagotist(a) (男) 바순(파고토) 연주자
fah -ovi 1. 직업, 전문분야 (zanimanje, struka,
specijalnost); radi i on i žena mu, svako u
svome ~u 그 사람도 그 사람의 아내도 각
자 자기의 전문 분야에서 일을 한다 2. 칸,
서랍 (pretinac, pregradak); poštanski ~ 사
서함
fajans, fajansa 마욜리카 도자기(이탈리아산
화려한 장식용 도자기)

fajda 이익, 득(得), 유익 (korist, dobit)
fajdisati -šem fajditi -im (完,不完) 득(得)이
되다, 이득이 되다
fajront, fajrunt (口語) 폐점시간, 문 닫을 시간
(상점, 식당 등)
fajta 종(種), 종류, 혈통 (soj, rasa, pasmina)
fak(a)t -ta; fakti & -fakta; fakātā 사실
(činenica); nepobitan ~ 반박할 수 없는 사
실; pomiriti se sa stanjem fakata 현실과 타
협하다
fakin 부랑아, 건달, 깡패, 인간 쓰레기
(mangup, uličnjak, propalica, nitkov,
nevaljalac)
fakir 1. 빈자(貧者), 가난한 사람 (siromah,
bednik) 2. (무슬림의) 떠돌이 수도승; 탁발
승 (derviš)
faklja 횃불, 성화 (baklja, buktinja)
faksimil (필적·그림 등의 원본대로의) 복사, 모
사, 복제; ~ dokumenta 서류 복사; ~
rukopisa 필체 모사
faktičan -čna, -čno faktičkī -ā, -ō (形) 사실
상의, 사실의
faktitivan -vna, -vno (形) (文法) (동사·형용사
가) 작위(作爲)의 (koji stavlja u delatnost,
koji nešto uzrokuje); ~vni glagoli 작위 동사
faktor 1. 요소, 요인, 원인 (činilac); politički
~ 정치적 요소; subjektivni ~ 주관적 요소
2. 책임자, 책임 운영자, 관리자; 감독자
(rukovodilac, poslovođa); nadležni ~i 해당
책임자 3. (數) 인수, 인자(因子); zajednički
~ 공통 인수
faktura 1. (商業) 인보이스, 송장(送狀) 판매자
가 구매자에게 보내는 청구서); ispostaviti
~u 인보이스를 보내다(작성하다) 2. (문학,
그림 등의) 구조, 구성
fakturirati -am fakturisati -šem (完,不完) (화
물 등의) 송장을 보내다, 인보이스를 보내다;
~ robu 물건의 인보이스를 작성하다
fakturist(a) 인보이스 담당자, 송장(送狀) 담당자
fakultativan -vna, -vno (形) 마음대로 선택할
수 있는, 임의의; (과목이) 선택의; (부속품이)
옵션의; ~vni kursevi 선택 코스; ~vni
predmeti 선택 과목
fakultet (단과)대학 (종합대학 내에서의);
filozofski ~ 철학대학; medicinski ~ 의과대
학; pravni ~ 법과대학; upisati se na
filološki ~ 인문대학에 입학하다 fakultetski
(形); ~o obrazovanje 대학 교육
fakultetlija (男) (隱語) 대학 교육을 받은 사람
fala 참조 hvala
falanga 1. (고대 그리스의) 방진(方陣)(창병(槍

兵)을 네모꼴로 배치하는 진형) 2. (비유적) 어떤 생각을 실현시키기 위해 고군분투하는 사람들의 집단 3. 스페인 파시스트 정당

faličan -*čna*, -*čno* (形) 1. 흠결이 있는, 흠 있는, 결함이 있는 (manjkav, neispravan); ~*čna devojka* 순결을 잃은 처녀 2. 거짓의, 가짜의, 모조의, 위조의 (lažan, falsifikovan); ~ *novac* 위조 화폐

falinka, falinga 결함, 흠, 결점, 흠결 (mana, nedostatak, pogreška)

faliti -*im* (完,不完) 1. (nekome, 또는 無人稱文으로) 모자라다, 부족하다; *šta mu fali?* 그에게 무엇이 부족한가?; *fali mi novaca da to kupim* 그것을 살 돈이 부족하다; *fali mi još jedna fotelja* 아직도 소파 한 개가 부족하다; *ovde fali jedna stranica* 여기에 한 페이지가 모자라다; *fali mi naše toplo more* 우리나라의 따뜻한 바다가 그립다; *fali mu daska u glavi* 그는 제 정신이 아니다; *neće mu ~ ni dlaka s glave* 그의 안전은 완벽할 것이다; *fali za vlas(dlaku)* 아주 약간 부족하다 2. 흠결이 있다, 단점이 있다 ((po)grešiti); *moja puška ne može ~* 내 총은 단점이 있을래야 있을 수가 없다 3. 참석하지 않다, 결석하다; *ko fali na času?* 누가 수업에 결석했지?

falset 가성(假聲)

falsificirati -*am*, **falsifikovati** -*kujem* (完,不完) 위조하다, 모조하다, 날조하다; 꾸며내다; *falsifikovane novčanice* 위조 지폐

falsifikacija 위조, 변조, 모조, 날조

falsifikat 위조품, 모조품, 가짜 물건, 날조품

falsifikator 위조자, 날조자, 변조자

falsifikovati -*kujem* 참조 falsificirati

falš (形) (不變) **falšan** -*šna*, -*šno* (形) 거짓의, 가짜의; ~ *zubi* 의치(義齒)

falta (옷의) 주름, 주름살, 구김, 구김살 (bora, nabor)

fama 소문, 풍문, 유언비어 (glasina); *širiti ~u o nečemu* (무엇에 대한) 유언비어를 유포하다

familija 1. 가족 (porodica, obitelj); *uža ~* 가까운 집안 식구들(직계 및 아들, 딸) 2. (생물의) 속(屬), 종(種), 과(科)

familijaran -*rna*, -*rno* (形) 1. 가족의, 가족과 관련된 (porodični, obiteljski); ~*rni život* 가족적 삶 2. 친밀한, 친숙한, 격식을 차리지 않는, 스스럼없는 (prisan, prijateljski); ~ *u ponašanju* 행동에서 스스럼없는; ~ *s poznanicima* 지인들과 친밀한

familijarizirati -*am* **familijarizovati** -*zujem* (完,不完) 가족화하다, 가족같이 지내다; ~ *se* 상

호간에 가족처럼 지내다(직장 등과 같이 부적절한 곳에서)

familijarnost (女) 친밀(함), 친근(함), 허물없음, 스스럼없음 (prisnost, prijateljstvo, neusiljenost)

famozan -*zna*, -*zno* (形) 1. 유명한, 저명한, 이름난 (čuven, glasovit) 2. 악명높은, 나쁜 기로 유명한 (ozloglašen, zloglasan)

fanatičan -*čna*, -*čno* **fanatički** -*ā*, -*ō* (形) 광신적인, 열광적인 (zanesen, vatren)

fanatičar, fanatik 광신자, 열광자 (특히 종교적, 정치적인)

fanatizam -*zma* 광신, 열광, 광신적(열광적) 행위 (흔히 종교, 정치적으로; 다른 믿음에 대해서는 극히 배타적임)

fanfara 1. 트럼펫 등의 취주, 팡파르 (흔히 군악단의) 2. 팡파르를 연주하는 트럼펫 등의 관악기

fantast(a) 공상가, 몽상가, 꿈 꾸는 사람; 공상 문학가(예술가)

fantastičan -*čna*, -*čno* (形) 환상적인, 공상적인, 굉장한; 엄청난; 아주 훌륭한; 믿을 수 없는

fantastika 공상 문학 작품; 상상으로 이루어진 것

fantazija 1. (터무니없는) 상상, 공상, 몽상, 환상, 환각 2. (音樂) 환상곡

fantazirati -*am* (不完) 1. 상상하다, 공상하다, 몽상하다, 환상에 잠기다; ~ *o putu u Kinu* 중국 여행에 대해 몽상하다; ~ *o velikom bogatstvu* 엄청난 부(富)를 꿈꾸다 2. (口語) 쓸데없는 말을 하다, 헛소리를 지껄이다; ~ *koješta* 별별 것에 대해 다 말하다

fantazmagorija 1. 눈의 환각, 착시 2. (꿈·마음 속에 오가는) 환상, 환영 3. 주마등처럼 스쳐 지나가는 장면

fantom 1. 환영(幻影), 유령, 도깨비, 허깨비 2. (醫) 인체 모형 (수술 실습 등을 하는) 3. 실물 크기의 사람이나 동물의 모형(박물관 등의)

far -*ovi* 1. (자동차의) 전조등, 헤드라이트 2. 등대 (svetionik) 3. 수로(항공, 교통) 표지; ~ *za sletenje* 착륙 표지

faraon 1. (歷) (이집트의) 파라오 2. (輕蔑語) 집시, 집시족

farba 페인트, 도료(塗料), 도장(塗裝) (boja); *izaći s ~om na sredu* 세상에 공개하다, 여론에 공표하다(발표하다); *odgovoriti na ~u* 남이 하는 대로 따라 하다, 선례에 따르다(카드놀이에서 남이 낸 패와 같은 짝패를 내다)

farbar 1. 페인트공(工) 2. 페인트를 파는 사람 (bojadisar, bojadžija, moler) farbarnica 1. 페인트 상점, 도료(塗料) 가게 2. 염색 공장(옷감 등의)

farbati -am (不完) ofarbati (完) 1. 페인트칠하다, 도색하다 (bojiti, bojadisati); ~ stan 집을 도색하다 2. (비유적) 아름답게 하다, 단장하다; 기만하다, 속이다 3. ~ se (머리카락, 수염 등을) 염색하다, 물들이다

farisej, farizej 1. (歷) 바리새인(人), 바리새(파의) 사람 2. (비유적) (종교상의) 형식주의자, 위선자 (licemer) farisejski, farizejski (形)

farma 농장, 농원 (salaš, majur)

farmaceut 약사 (apotekar) farmaceutski (形); ~ fakultet 약학 대학; ~a industrija 제약 산업

farmacija 1. 약학, 약리학 2. 약국 (apoteka)

farmakolog 약(물)학자

farmakologija 약(물)학, 약리학 farmakološki (形)

farmer 농부; 농장주, 농장 경영자

farmerice, farmerke (女,複) 청바지, 블루진

farsa 1. 소극(笑劇), 익살극 2. (비유적) 어리석은 짓, 웃음거리

fasada (건물의) 정면, (길에 접해 있는) 앞면

fascikl (男), fascikla, fascikula (女) 1. (분할 간행되는 책의) 한 권, 분책(分冊) 2. (보통은 마분지로 된) 파일, 서류철

fascinantan -tna, -tno (形) 매혹적인, 황홀한, 반하게 만드는;아주 재미있는 (očaravajući, divan); ~tna predstava 황홀한 공연; ~ prizor 아주 훌륭한 장면(광경)

fascinirati -am (完,不完) 매혹시키다, 반하게 하다, 황홀케 하다 (očaravati)

faširati -am (完,不完) (고기를) 잘게 썰다, 잘게 빻다 (iseckati, mleti); fаširano meso 잘게 썬 고기;

fašist(a) 파시스트 당원; 파시즘 신봉자, 국수주의자, 파쇼;독재자

fašističkī -ā, -ō (形) 파시스트의, 파시즘의

fašizam -zma 파시즘

fatalan -lna, -lno (形) 1. 치명적인, 파멸적인, 불행을 초래하는; 운명적인, 숙명적인, 피할 수 없는 (sudbonosan, koban, nesrećan); ~ kraj 파멸적인 종말 2. 기타; ~lna žena 남자의 운명을 파멸로 몰고 갈 정도로 매력적인 여자

fatalist(a) 운명론자, 숙명론자

fatalističan -čna, -čno fatalističkī -ā, -ō (形) 운명론의, 숙명론의; 운명론자의, 숙명론자의; ~čki pogled 운명론적 시각; ~čko shvatanje 운명론적 이해

fatalitet 운명, 숙명 (sudbina)

fatalizam -zma 운명론, 숙명론

fatamorgana 1. 신기루 2. (비유적) 환상, 환영, 환각

fatum 운명, 숙명 (sudbina, kob)

faul -ovi (스포츠) 파울, 반칙

faulirati -am (完,不完) (스포츠) 반칙하다, 파울을 범하다

fauna (한 지역의)동물군(群); (분포상의)동물구계(區系)

favorit 1. 좋아하는 사람, 인기있는 사람, 총아(寵兒) (ljubimac, miljenik, štićenik) 2. (스포츠) 우승 후보.

favorizirati -am favorizovati -zujem (完,不完) 호의를 보이다, 편들다, 돕다, 지지하다, 편애하다, 역성들다; 돌보다, 각별히 보살펴 주다; 우승 후보화 하다

faza (변화·발달의) 단계, 상태, 시기

fazan (鳥類) 꿩

fazanerija 꿩 농장

fazon (男), fazona (女) (행동 등의 독특한)방법, 스타일, 형태; (복장, 등의)스타일; 생활 양식; (물건 등의) 모양, 형태

fazonirati -am (完,不完) 스타일을 만들다(주다), 모양을 주다(만들다)

februar 2월(二月)

februarskī -ā, -ō (形) 2월의; ~a hladnoća 2월 추위; ~a revolucija 2월 혁명

feder 용수철, 스프링 (opruga)

federacija 연합, 동맹, 연맹; 연방 정부(제도)

federalizam -zma 연방주의(제도)

federalnī -ā, -ō federativan -vna, -vno (形) 연방의, 연방제의 (savezni)

federirati -am (不完) (공 등이) 되튀다, 용수철처럼 되튀다

federiranje, federovanje (자동차 등의) 서스펜션, 충격완충장치

feding (通信) 페이딩(전파의 강도가 시간적으로 변동하는 현상)

fekalije (女,複) 배설물, 똥 (izmet, pogan)

fela 1. 종류 (vrsta, soj) 2. 방법 (način)

feldspat (鑛) 장석(長石)

feler 결점, 단점, 결함, 약점, 흠 (nedostatak, mana; pogreška, omaška)

feljton (신문의) 문예란의 기사; 시사 평론 기사

feljtonist(a) (신문의) 문예란 기사 기고자; 시사 평론 기사 기고자

feminist(a) 페미니스트, 여권주창자, 남녀평등주의자

feminizam -zma 페미니즘, 남녀 동권주의; 여성 해방론

feniks (神話) 불사조

fenol (化) 페놀, 석탄산

fenomen 1. 현상(現象), 사건 2. 이상한 일(물

177

F

건), 진기한 일(물건); 비범한 인물, 천재

fenomenalan -lna, -lno (形) 놀랄만한, 경이적인 (izuzetan, izvanredan, neobičan); ~lno pamćenje 비상한 기억력

fenjer 제등(提燈), 등잔불, 호롱불

fenjerdžija (男) 등잔불(fenjer)을 켜는 사람, 호롱불(fenjer)을 청소하는 사람

fer (不變) 1. (形) (경기에서) 규칙에 따른, 공명정대한; 공정한, 공평한; biti ~ prema nekome 누구를 공정하게 대하다 2. (副) 공명정대하게, 정정당당하게; igrali su ~ 그들은 정정당당하게 경기를 했다

feredža (무슬림 여성의) 베일(얼굴을 가리는)

feribot 페리선(강, 운하 등에서 사람과 차량을 실어 나르는)

ferijalan -lna, -lno (形) 방학의, 휴가의; ~lne kolonije 학생들이 다같이 보내는 여름 휴가 (여름방학 동안의); ~lni savez 학생방학협회 (학생들의 방학 여름 휴가의 편의를 제공하기 위한)

ferije (女,複) 방학, 휴가 (raspust, odmor, dani odmora); školske ~ 학교 방학; gde ste bili na ~ama 휴가 기간 동안 어디에 있었습니까?

ferman (歷) (옛 터키 술탄의) 칙령(勅令), 명령장

fermati -am (不完) 높게 평가하다, 존중하다, 존경하다 (ceniti, poštovati); ona ne ferma nikoga 그녀는 아무도 존경하지 않는다

fermentacija 발효(醱酵)(vrenje)

fermentirati -am, **fermentisati** -šem, **fermentovati** -tujem (完,不完) 발효시키다, 숙성시키다 (prevreti, previrati, kisnuti)

fertilitet 1. (토지의) 산출력, 비옥도 2. (여성의) 수태 능력

ferula (선생님이 학생들을 징벌할 때 사용한) 막대(회초리), 잣대

fes -ovi 페즈모(帽), 터키모(붉은 색에 검은 술이 달려 있음)

festival 축제, 축전, 제전; 잔치, 향연

feston 꽃줄(꽃·잎·색종이 따위로 만든 줄 모양의 장식)

feš (不變) (形) 잘 차려 입은, 맵시있게 입은

fešta 잔치, 향연, 연회 (veselje, svečanost, svečana priredba)

fet 승리; 정벌, 정복; 터키의 보스니아 정복 (pobeda; osvajanje)

fetiš 1. 주물(呪物), 물신(物神) (야만인이 영험한 힘이 있다고 숭배하는 것;나뭇조각·돌·동물 따위) 2. 미신의 대상, 맹목적 숭배물

fetišizam -zma 주물 숭배, 물신 숭배, 맹목적

숭배 **fetišistički** (形)

fetišizirati -am, **fetišizovati** -zujem (完,不完) 맹목적으로 숭배하다, 초자연적 능력으로 돌리다

fetus 태아 (임신 9주 이후부터 출산까지의)

feud (歷) (봉건시대의)봉토(封土), 영지(領地)

feudalac 영주(領主) (vlastelin, spahija)

feudalizam -zma 봉건주의 **feudalistički** (形)

feudalnī -ā, -ō (形) 봉토의, 영지의; ~ sistem 봉토 제도; ~lno dobro 봉토

fibula 1. (고대 그리스) (옷을 어깨에 고정시키는) 브로치, (장식)핀 2. (解) 비골(腓骨), 종아리 뼈 (cevanica)

fića 자동차의 한 종류 (피아트의 아주 조그마한 자동차)

fićfirić 멋쟁이꾼, 멋쟁이 (kicoš, gizdavac)

fićok 유리 술잔의 한 종류 (frakljić, čokanj)

fićukati -am (不完) **fićuknuti** -nem (完) 휘파람을 불다 (zviždati)

fifik (形) (不變) 교활한, 교묘한, 영리한 (lukav, prepreden)

figa 1.(植) 무화과 나무; 무화과 열매 (smokva) 2. (卑俗語) 두 손가락 사이에 엄지손가락을 끼워 넣는 상스러운 손짓 (šipak); dobiti ~u 아무것도 얻지 못하다

figura 1. (회화, 조각 등의) 상(像), 인물상, 화상(畵像), 동물상 2. (사람의) 모습, 사람 그림자 3. (체스의) 말 4. (카드의) (에이스, 킹, 퀸 등의 카드); šahovske ~e 체스 말 5. (修辭學) 말의 수사(修辭); 비유 6. (音樂) 음의 수사(修辭)

figurativan -vna, -vno (形) 1. 비유적인, 비유가 많은, 수식 문구가 많은, 화려한; ~ izražavanje 비유적 표현; ~vni pesnički jezik 비유적 시어(詩語) 2. 형상적인, 조형의; ~vno slikarstvo 조형 미술

figurina (금속·도토(陶土) 등으로 만든) 작은 입상(立像)

figurirati -am, **figurisati** -šem (不完) 단지 형식적으로 어떠한 역할을 수행하다, 허수아비 역할을 하다, 명목상으로 (어떠한) 역할을 하다; ~ u politici 정치에서 허수아비 역할을 하다; ~u društvu 사회에서 중요하지 않은 역할을 하다; ~ kao rukovodilac 명목상의 경영자 역할을 수행하다

fijaker 소형 4륜 합승 마차(馬車); 그 주인

fijasko (男) 큰 실수, 대실패 (연주 등에서의)

fijoka 서랍 (fioka)

fijuk (擬聲語) 획, 핑, 윙, 슉 (휘~익 지나치는 소리); ~ bića 획하는 회초리 소리

fijukati -čem (不完) **fijuknuti** -em (完) 획(횡,

핑, 윙)하는 소리를 내다

fijukav -a, -o (形) 획(윙, 핑)소리내는

fikcija 책모, 날조, 꾸며낸 사건, 조작된 사건

fiksacija 1. 고착, 정착, 고정 2. (寫眞) 정착

fiksirati -am (完,不完) 1. 고정시키다, 고착시키다; (날짜·장소·가격 등을) ~으로 결정하다, 정하다 (utvrditi, odrediti); ~ zavoj 붕대를 고정시키다; ~ cene 가격을 일정하게 정하다; ~ nečiju ulogu 누구의 역할을 정하다; ~ rok 기간을 정하다 2. 기록하다, 그리다 (zabeležiti, naslikati); ~ u zvaničnim zapisniku 공식 기록문서에 기록하다; ~ nečiji lik 누구의 얼굴을 그리다 2. (시선 등을) 집중하다, 빤히 쳐다 보다; ~ nekoga 누구를 빤히 쳐다 보다 3. (寫眞) 정착(定着)시키다

fiksnī -a, -ō (形) 고정된, 고착된, 불변의, 일정한, 확실히 정해진; ~a plata 고정 월급; ~e cene 일정한 가격; ~a idea 고정 관념, 고착 관념

fiktivan -vna, -vno (形) 가공의, 가상의, 상상의; 거짓의, 허구의, 허상의 (izmišljen, prividan, tobožnji); ~vni napad 유인 공격

fil -ovi (음식물의) 소, 속; 속에 넣는 것, 채우는 것

fil, filj 코끼리 (slon)

filantrop 박애주의자, 박애가, 자선가

filantropija 박애(주의), 자선 (čovekoljublje)

filantropskī -a, -ō (形) 박애(주의)의, 인정많은, 인자한

filareta (작은 널판지 또는 막대로 엮은) 담, 담장

filatelija 우표 수집(연구)

filatelist(a) 우표 수집가

filatelističkī -a, -ō (形) 우표 수집의, 우표 수집가의; ~ klup 우표 수집 클럽; ~a zbirka 우표 수집품

filati -am, filovati -lujem (不完) (음식의) 속을 채우다, 채워 넣다, 잔뜩 채우다

filc 펠트, 모전(毛氈) filcani (形); ~ šešir 펠트 모자, 중절모

fildžan (터키) 손잡이 없는 커피 잔

file -ea (料理) 안심; 필레 살(소·돼지의 연한 허리 살); (가시를 발라낸) 생선 토막(가늘고 넓적하게)

filharmonija 교향악단, 필하모닉

filharmonijskī -a, -ō (形) 교향악단의; ~a koncert 교향악단 연주회

filigran (금·은 등의) 선조(線條) 세공; 맞비치게 한 금속 세공

filijala (회사·단체 등의) 지점, 지사, 지부

(ogranak); ~ banke 은행 지점; ~ osiguravajućeg zavoda 보험회사 지점

filistar -tra (미술·문학·음악 등을 모르는) 교양없는 사람; 속물, 속물 근성이 있는 사람

film 필름, 영화; ~ u boji (u koloru) 컬러 영화; crno-beli ~ 흑백 영화; nemi ~ 무성 영화; crtani ~ 만화 영화; dokumentarni ~ 다큐멘터리 영화; kratkometražni(kratki) ~ 단편 영화; dugometražni ~ 장편 영화; prikazivati ~ 영화를 상영하다 filmski (形)

filmadžija (男) (輕蔑) 영화쟁이(영화 제작자)

filmovati -mujem (完,不完) (영화를) 제작하다, 촬영하다

filmskī -a, -ō (形) 영화의; ~ svet 영화계; ~ žurnal 뉴스 영화 (이전의 대한 뉴스 같은)

filoksera (害蟲) 포도나무뿌리진디

filolog 언어학자, 문헌학자

filologija 언어학, 문헌학 filološki (形); ~ fakultet 인문대학, 문헌학대학

filovati -lujem (不完) nafilovati (完) (소, 속을) 채우다, 채워넣다

filozof 철학자

filozofija 철학

filozofirati -am (完,不完) 1. 철학하다, 철학적으로 설명하다(사색하다) 2. 철학자인체 하다 (mudrovati, mudrijašiti)

filozofskī -a, -ō (形) 철학의, 철학자의

filtar -tra, filter 필터, (액체·가스 등의) 여과기(濾過器), 여과 장치; propustiti kroz ~ 여과기를 통과시키다 filterski (形); ~ uređaj 여과 장치

filtrirati -am (完,不完) 거르다, 여과하다, 여과하여 제거하다

filj 코끼리 (fil, slon)

fin -a, -o (形) 1. 가는, 가느다란, 얇은 (tanak, 反: debeo), (알갱이 등이) 미세한, 고운, 자디 잔 (sitan, mali); ~i pesak 고운 모래; ~a hartija 얇은 종이 2. 부드러운, 섬세한 (gladak, nežan); 섬세한, 고운; 100 퍼센트의, 순(純)의, 순수한 (čist, prečišćen); ~i material 촉감이 좋고 부드러운 재료; 맛좋은, (빛깔이) 아름다운, (색조가) 부드러운, 연한, (냄새가) 부드러운; ~o jelo 훌륭한 음식; ~o vino 부드러운 포도주; 3. 예민한, 민감한; imati ~ nos 섬세한 코를 가졌다(민감하게 반응하는); ~o uvo 민감한 귀 4. (날씨가) 갠, 청명한, 맑은, 쾌청한; ~o vreme 쾌청한 날씨 5. 훌륭한, 좋은; ~a porodica 좋은 가족; ~o dete 훌륭한 아이; na ~i način 매끈한 방법으로 6. 고급품의, 품질이 훌륭한

F

179

finalan -lna, -lno (形) 마지막의, 최후의 (završan, konačan)

finale -a (男) 1. 끝, 종말, 종국 (konac, kraj, završetak) 2. (音樂) 종악장, 종곡, 피날레, (오페라의) 최종 장면; (演劇) 최후의 막, 끝장 3. (스포츠) 결승전; u ~u 결승전에서

finalist(a) (스포츠) 결승전 출전 선수(팀)

financije, finansije (女,複) 재정(財政), 재무, 금융; ministarstvo ~e 재무부; voditi ~ 재무를 담당하다 **financijski, finansijski** (形); ~a sredstva 재정적 자원

financijer, finansijer 재무 후원자; 재무 전문가, 재정가

financirati, finansirati -am (完,不完) 자금을 공급하다(조달하다), ~에 돈을 융통하다, 재정적 도움을 주다

finesa 교묘한 처리, 기교, 솜씨 (prefinjenost, istančanost)

fingirati -am (完,不完) 1. ~인 체하다, 가장하다 (praviti se, pretvoriti se) 2. 꾸며대다 (izmisliti, prikazati kao istinito)

finiš (스포츠) 결승전

finoća 세련, 고상, 우아; 민감도; 순도(純度); (寫眞) 감광도

fioka 서랍; u ~ci 서랍에

firaun 1. 집시 (Ciganin, Rom) 2. (비유적) 무식하고 몰염치한 사람 (bezobraznik)

firma 1. 회사, 가게 2. 간판(가게, 회사 입구에 붙어 있는); neonska ~ 네온 간판 3. (비유적) 이름, 외관, 외모 4. (가톨릭) 견진 성사, 신앙 고백식 (krizma)

firnajs, firnajz, firnis 광택재, 유약

fisija (物) (원자의) 핵분열; atomska (nuklearna) ~ 원자 분열 **fisioni** (形)

fisioni -ā, -ō (形) 참조 fisija; ~ proces 핵분열 과정

fisk, fiskus 국고(國庫), 국가 자산 (državna blagajna, državna imovina)

fiskalan -lna, -lno (形) 국고의, 국가 세입의

fiskultura 체육, 체조, 신체 활동 (fizička kultura의 약어); jutarnja ~ 아침 체조 **fiskulturni** (形)

fiskulturnik 체육인, 운동 선수, 스포츠맨

fiskus 참조 fisk

fistan (民俗) 치마의 한 종류

fistula (醫) 누(瘻), 누관(瘻管) (궤양·상처 등으로 생긴 구멍)

fišbajn 생선 가시, 생선 뼈

fišek 1. 총알, 탄피(총알의) (naboj, metak, patrona; čaura metka) 2. 콘, 원뿔, 깔때기 (아이스크림용의); sladoled u ~u 콘 아이스크림 3. 깔때기 모양의 종이 가방(봉지); ~ bonbona 사탕 봉지

fišeklija (보통 複數로) 탄약 벨트(탄약 등을 넣을 수 있도록 벨트에 여러개의 주머니 등을 단), 탄약통

fiškal 1. 변호사; 법정 대리인 (advokat, pravni zastupnik) 2. (反語) 현자(賢者), 철인(哲人); 영리한 사람, 꾀가 많은 사람 (mudrijaš, dovitljivac; lukavac)

fitilj 1. 심지(양초 혹은 등잔불 등의) 2. (폭약 등의) 신관(信管), 도화선

fitiljača 등잔(불) (lampa na fitilj)

fizičar 물리학자

fizički -ā, -ō (形) 1. 물리(物理)의, 물리학의; ~a geografija 자연 지리학; ~a hemija 물리화학; ~ zakoni 물리 법칙; ~a laboratorija 물리 실험 2. 육체의, 육체적인; ~ napor 육체적 노력; ~a kultura 체육, 체조; ~ rad 육체노동; ~o obračunavanje 물리적 충돌; ~o vaspitanje 체육 교육; ~ radnik 육체 노동자; ~o lice, ~a osoba 자연인, 개인

fizika 물리학

fizikalan -lna, -lno (形) 1. 물리학의; ~lna teorija 물리학 이론 2. 육체의, 신체의 (fizički); ~lna terapija 물리 요법, 물리 치료

fiziolog 생리학자

fiziologija 생리학 **fiziološki** (形)

fizionomija 1. (얼굴의) 인상(人相), 관상 2. 특징 (karakter)

fizioterapija 물리 요법, 물리 치료

fjord -ovi 피오르드(높은 절벽 사이에 깊숙이 들어간 협만(峽灣))

flagrantan -tna, -tno (形) 명백한, 의심의 여지가 없는 (očevidan, očit, nesumnjiv); ~tno kršenje zakona 명백한 법률 위반; ~ prekršaj 명백한 위반

flanel 플란넬, 가볍고 부드러운 면 제품(울 제품) **flanelan, flanelski** (形)

flangirati -am, flanirati -am (不完) 정처없이 걷다, 방황하다 (hodati bez cilja, lutati)

flankirati -am, flankovati -kujem (完,不完) 1. (건물의) 측면을 강화하다, 측면을 지키다 2. (軍) (적의) 측면을 공격하다

flaster (일회용) 밴드; staviti ~ 밴드를 붙이다

flaša 병(유리병, 플라스틱 병)

flaširati -am (액체 등을) 병에 담다

flauta (樂器) 플루트, 피리; svirati ~u (na ~i) 플루트를 연주하다

flautaš, flautist(a) 플루트 연주자

flebitis (病理) 정맥염(靜脈炎)

flegma 1. 침착함, 냉정함 2. 무관심, 무감동,

F

냉담 3. (口語) 침착한 사람, 냉정한 사람; 무관심한 사람, 무감동한 사람

flegmatičan -čna, -čno (形) 1. 침착한, 냉정한 2. 무관심한, 무감동한, 냉담한

flegmatičnost (女) 침착함, 냉정함; 무감정, 무감동, 냉담 (flegma)

flegmatik, flegmatičar 침착한 사람, 냉정한 사람; 무관심한 사람, 무감동한 사람

flek -a,; -ovi (男), **fleka** (女) 1. (옷의) 얼룩, 때, 더러움 (mrlja, pega); *napravio si veliku ~u na kravati* 넥타이에 커다란 얼룩이 생겼다; *očistiti(izvaditi) ~u* 얼룩을 지우다; *plava ~* 멍(타박상의); *niko nije bez ~a* 흠 없는 사람은 아무도 없다 2. (구두의) 뒤축을 이루는 가죽의 한 장

flekav -a, -o (形) 얼룩진, 얼룩이 있는, 때묻은; *on je ~* 그는 때묻은 인물이다

flekica 1. (지소체) fleka 2. (複數로) 네모진 마카로니

fleksibilan -lna, -lno (形) 1. 구부리기 쉬운, 나굿나굿한; 융통성 있는 (primenljiv, elastičan) 2. 변화하는, 어형 변화를 하는, 굴절하는

fleksija 1. 변화 (promena, menjanje) 2. (文法) 굴절(屈折), 어형 변화

flert -ovi 장난삼아 하는 연애 (별 생각없이), (남녀가) 시시덕 거림, (남녀의) 불장난

flertovati -tujem (不完) 장난삼아 연애하다, 불장난하다; (이성과) 시시덕거리다

kokertirati, udvarati se); ~ s nekim ~와 사귀다

fleš (寫眞) 플레쉬(카메라의 섬광 장치)

flispapir 1. 얇은 투영 종이 2. 흡수지(吸收紙) (upijač, upijaća hartija)

flor 1. 가볍고 투영되는 베일(비단, 울 등으로 된) 2. 검은 천, 검은 리본(고인에 대한 애도의 표시로)

flora (한 지방 또는 한 시대에 특유한) 식물상(相), (분포상의) 식물 구계(區系)

floret 플뢰레(칼 끝을 동그랗게 해 놓은 연습용 펜싱 칼)

flota (상선 등의) 선단(船團), (동일 회사 소유의) 전 선박; 함대, (한 나라의) 전 함대; *ratna ~* (한 나라의)전 해군 함선; *trgovačka ~* 상선단

flotacija (鑛) 부유선광(浮遊選鑛)

flotila, flotilja 소함대, 소형 선대(船隊) (skup manjih brodova); **vazdušna ~** 소형 비행기단; **~ ribarskih brodova** 소형 어선단

fluid 1. (物) 유동체, 유체(액체·기체의 총칭) 2. (비유적) 쏘이는 것, 쐬는 것 (tajanstveno strujanje, zračenje koje dolazi od nekog čoveka ili predmeta)

fluidan -dna, -dno (形) 유동체의, 유체의, 흐르는, 유동성의

fluktuacija 변화, 변동, 오르내림, 파동, 흥망성쇠 (kolebanje, promena uopšte)

fluktuirati -am (不完) 변화하다, 변동하다, 오르내리다, 흔들리다, 파동치다, 들어왔다 나갔다 하다(직원 등이) (varirati, kolebati se, menjati se uopšte)

fluorescencija (物) 형광(螢光), 형광 발광, (물질의)형광성 **fluorescentan** (形); ~tne *svetiljke* 형광등

fluorid (化) 플루오르화물, 불화물

fluorisati -šem (不完) (수돗물 등에) 불소를 넣다

fluorit (鑛) 형석 (螢石)

fluvijalan -lna, -lno (形) 강(江)의, 하천의, 하류 작용으로 생긴, 하천에 생기는; ~lna *erozija* 강의 침식; ~lni *oblici* 하류 작용으로 생긴 모습

fljas (擬聲語) 철썩, 덤벙 (물이 튀는 소리)

fljasnuti -em (完) (擬聲語) 철썩 튀기다, 덤벙 튀기다

fljis (擬聲語) 찰싹 (손 등으로 얼굴 등을 때릴 때 나는 소리)

fljisnuti -em (完) (擬聲語) 찰싹 때리다; ~ *nekoga* 누구를 찰싹 때리다

foaje -ea (男) 로비, 홀 (극장, 콘서트 홀 등의)

fobija 1. 공포증, 병적인 공포, 병적인 혐오 2. (복합어에서) 배격, 증오, 혐오; *anglogobija* 앵글로 증오; *hidrofobija* 물공포증

foka (動) 물개, 바다표범

foksterijer (動) 폭스테리어 (사냥개의 한 종류)

fokus 1. (物) 초점 2. (病理) 병소(病巢: 환부의 중심) 3. (비유적) 중심 (središte, žarište, centar)

fol 거짓말, 꾸며낸 말, 황당무계한 말 (laž, izmišljotina)

folija 박(箔), 금속 박편; (식품·담배 등을 싸는) 포일; *aluminijimska ~* 알루미늄 포일

folirati -am (不完) 거짓말을 하다, 꾸며내 말하다, ~인체 하다 (lagati, varati, izmišljati)

folklor 민속(한 민족이나 한 지역의 음악, 춤, 풍습 등 모든 것을 포함한); 민속학 **folklorni** (形); ~ *ansambl* 민속 앙상블; ~e *igre* 민속 춤

folklorist(a) 민속학자; 민속 공연자 (음악, 춤 등을 공연하는) **folkloristički** (形)

fond -ovi 1. (지식 등의)기초, 기반, 토대, 축적 (osnova, temelj) 2. 기금, 자금, 기본금;

F

재원; *penzioni* ~ 연금 기금; *investicioni* ~ 투자 자금; *dispozicioni* ~ 영수증을 첨부하지 않고 사용할 수 있는 예산 3. 특별 보류지, 지정 보호 지역; *šumski(zemljišni)* ~ 보안림(예비 토지) 4. 보유물, (특히)소유 주권(株券), 소유 재산, 채권; ~*ovi biblioteke broje oko 500,000 svezaka* 도서관 보유 장서는 약 500,000권에 이른다

fondacija 재단(財團)

fonem (男) **fonema** (女) (言) 음소(音素; 어떤 언어에서의 음성상의 최소 단위)

fonemika 음소론(音素論)

fonemnī, fonemskī -*ā*, -*ō* (形) 음소의

fonetičar 음성학자

fonetika 음성학 **fonetski, fonetički** -*a*, -*o* (形)

fonograf 축음기(蓄音機) **fonografski** (形)

fonolog 음운론자, 음운학자

fonologija 음운론 **fonološki** (形)

fontana 분수, 분수탑 (česma, vodoskok)

for -*ovi* 1. 어드밴티지, 유리한 점, 이점, 장점 (fora) 2. (축구) 전진 패스; *dugi* ~ 전진롱패스

fora 1. 어드밴티지, 유리한 점, 이점, 장점 (for, prednost); *imati* ~*u* 어드밴티지를 가지다; *dati nekome* ~*u* 누구에게 어드밴티지를 주다 2. (隱語) 주요 인물, 중요한 사람; *glavna* ~ 주인공 3. (隱語) (자신에게 주목을 끌려는) 트릭 (zgodna smicalica); *kakva ti je to* ~? 그것은 무슨 트릭이냐?; *nije ti to neka* ~ 네가 쓰는 그 방법은 별 것 아니다

forhend (테니스) 포핸드

forma 1. 모양, 형태, 겉모습 (oblik, izgled); *taj lek dolazi u* ~*i pilule* 그 약은 알약 모습이다; *biti na jednu(istu)* ~*u* 똑같다, 비슷하다; *svi ste vi muški na jednu* ~*u* 당신들 남자들은 다 똑같아요 2. (운동 선수들의) 건강 상태, 몸컨디션; *naš tim je u odličnoj* ~*i* 우리 팀은 최상의 컨디션이다, *dobiti (doći u)* ~*u* 컨디션을 회복하다; *održavati se u* ~*i* 컨디션을 유지하다; *ispasti (izići) iz* ~*e* 살찌다, 뚱뚱해지다, 사회 규범을 지키지 않다, 몸컨디션이 엉망이 되다 3. 형(形), 틀, 모형, 모델 (kalup); ~ *za pravljenje šešira* 모자 틀; ~ *za pripremanje različitih kolača* 각종 빵을 만드는데 필요한 틀 3. (행동) 규범, 양식, 예법, 예절 (norma, pravilo); *nemati* ~*e*, *biti bez* ~*e* 공손하지가 않다, 예절이 없다; ~*e radi* 예법(규범)에 맞게 4. 시스템, 체계; *u zakonskoj* ~*i* 법에 따라 5. (文法) 형식, 형태, 어형

formacija 1. 형성, 구성, 편성 (uobličavanje, oblikovanje, formiranje, stvaranje) 2. 구조,

형태 (oblik, sastav, sklop) 3. (地理) 계층, 층;물질의 퇴적 작용 4. (軍) (군대·함대 등의) 대형(隊形); (비행기의) 편대

formalan -*lna*, -*lno* (形) 1. 모양의, 외형의 2. 형식적인, 표면적인 3. 의례적인, 공식적인 4. (哲,論) 형식(상)의; ~*lna logika* 형식 논리학 5. 진짜의, 실제의 (pravi, istinski); ~*lna pijanica* 진짜 술꾼

formalist(a) 형식주의자

formalizam -*zma* 형식주의

formalno (副) 1. 공식적으로, 형식적으로, 의례적으로 2. 진짜로, 정말로 (stvarno); ~*je pala u nesvest kad je to čula* 그녀는 그것에 대해 들었을 때 정말로 의식을 잃었다

formalnost (女) 의례, 상례(常例); *puka* ~ 아무런 의미도 없는 형식(의례) 그 자체

formant (文法) 접사(接辭) (접두사·접미사 등)

format 1. 판형(서적 등의), 형(形), 판(判) 2. (컴퓨터) 포맷, 형식

formatizovati -*zujem* (不完) (컴퓨터) 포맷하다; ~ *disk* 디스크를 포맷하다

formiranje (동사파생 명사) **formirati**; ~ *akumulacije* 자본 형성

formirati -*am* (完,不完) 형태를 만들다; 형성하다, 만들다, 창립하다, 창설하다, 창조하다; *lepo formirana lutka* 형태를 잘 갖춘 인형; ~ *debeo sloj* 두꺼운 층을 형성하다; ~ *kolonu* 종대를 이루다; ~ *novu vladu* 신정부를 구성하다; ~ *partiju* 당을 만들다; ~ *se* 형성되다; *građanska klasa je u povoju, ona se tek formira* 시민계급은 아직 초기단계이며, 이제 막 형성되고 있다

formula 1. (일정한) 방식, 법칙, 정칙(定則); 특정한 일을 이루기 위한) 공식, 방식; *zakonska* ~ 법적 방식; *logička* ~ 논리적 방식 2. (數·化) 공식, 식(式); *matematičke* ~*e* 수학 공식

formulacija 공식화, 정식화, 체계화; ~ *zakonskih odredba* 법조항의 체계화

formular 서식(書式), 신청 용지, 서식 용지 (obrazac, blanket); *popuniti* ~ 신청 용지를 작성하다; *predati* ~ 신청 용지를 제출하다; ~ *za upis* 등록 서식 용지

formulirati -*am*, **formulisati** -*šem* (完,不完) 일정한 형태를 주다, 공식화하다, 정식화하다, 일정한 형식으로 명확히 말하다; ~ *zakonsku odredbu* 법조항을 체계화하다; ~ *program* 프로그램을 공식화하다; *jasno* ~ *misao* 생각(사상)을 분명하게 체계화하다

forsiran -*a*, -*o* (形) 강요된, 강제된 (usiljen, nametnut); ~*marš* (軍) 강행군

forsirati -*am* (完,不完) 1. 강제하다, 강요하다, 억지로 ~시키다, 부과하다 2. (軍) 점령하다, 정복하다 (zauzeti, osvajati); ~ *reku* 강을 점령하다 3. (일, 정책 등을) 신속하고 강하게 추진하다, 힘차게 밀어 붙이다; *danas sve zemlje forsiraju uzgajanje više kulturnih biljaka na određenom području* 오늘날 거의 모든 나라들은 일정한 지역에서 많은 종류의 식물을 재배하도록 하고 있다

fortifikacija 1. (軍) 축성술(학) 2. 요새 구축; 요새, 성채

forum 1. (歷) (고대 로마의) 포럼, 공공 광장 (공적인 집회 장소로 쓰이던 광장) 2. 공개 토론(장) 3. 법원, 법정

fosfat 1. (化) 인산염(燐酸塩) 2. 인산 비료

fosfor (化) 인(燐: 비금속 원소); *beli* ~ 황린 (黃燐); *crveni* ~ 적린(赤燐) **fosforni** (形); ~*a kiselina* 인산(燐酸)

fosforast -*a*, -*o* (形) 인(燐)과 비슷한

fosforescencija 인광(을 발함) (燐光: 빛을 조인 후 그 빛을 제거해도 물체에서 발산되는, 빛의 흡수와 방출 사이의 시간 간격이 꽤 긴 빛)

fosforescentan -*tna*, -*tno* (形) 인광성(性)의, 인광을 발하는

fosil 화석(化石) **fosilan** (形)

fotelj (男), **fotelja** (女) 안락의자, 소파; *dobiti ministarsku ~u* 장관직을 얻다

foto 사진

foto- (接頭辭) 사진-

foto-amater 아마추어 사진작가

foto-aparat 사진기

fotogeničan -*čna*, -*čno* (形) (사람이) 촬영에 적합한, 사진을 잘 받는

fotograf 사진 작가

fotografija 1. 사진; *album s* ~*ama* 사진첩(帖), 사진 앨범; ~ *u boji* 칼러 사진 2. 사진술, 사진 촬영; *baviti se* ~*om* 사진업에 종사하다; *umetnička* ~ 예술 사진 촬영; *podvodna* ~ 수중 사진 촬영 **fotografski** (形); ~ *aparat* 사진기

fotografirati-*am*, **fotografisati** -*šem* (完,不完) 사진을 찍다, 사진을 촬영하다 (slikati)

fotografskī -*ā*, -*ō* (形) 사진의

foto-gravira 사진 제판(술, 물)

fotokopirati -*am* (完,不完) (복사기로) 복사하다; (문서 따위를) 사진 복사하다; ~ *dokument* 서류를 복사하다

foto-montaža 합성 사진, 몽타주

foto-reportaža 영상 리포트

foto-reporter 사진 기자

fotos 사진

fototeka 사진 자료 보관소, 사진 필름 보관소

fototipija, **fototisak** 사진 인화(인쇄, 프린트); 사진 복사

fra 참조 fratar: 수사, 수도사

fragilan -*lna*, -*lno* (形) 1. 깨지기 쉬운, 부서지기 쉬운 (lomljiv, krhak) 2. (비유적) 나약한, 허약한, 연약한, 무른 (slab, neotporan, nežan)

fragmen(a)t 1. 파편, 부서진 조각, 떨어져 나간 조각 2. (문학 작품의) 단장(斷章), 미완성 유고(遺稿)

fragmentaran -*rna*, -*rno* (形) 파편의; 단편적인; 토막토막의

fraj (形) (不變) 1. 무료의, 공짜의 (besplatan); *piće je* ~ 술은 공짜이다 2. (副) 무료로, 공짜로; *raditi* ~ *za nekoga* 누구를 위해 공짜로 일하다

frajer 1. 건달, 백수 건달, 놈팡이 (mangup) 2. 정부(情夫) (dragan, ljubavnik)

frajerisati -*šem* (不完) 건달 노릇을 하다, 백수 건달로 살다

frajerskī -*ā*, -*ō* (形) 백수 건달의, 놈팡이의; ~ *život* 백수 건달 생활; ~ *govor* 백수 건달의 말

frajla (反語的) 처녀, 노처녀 (usedelica)

frajlica (지소체) frajla: 젊은 처녀

frak -*ovi* 1. 연미복(燕尾服) 2. (비유적) 연미복을 입은 사람, 상류층 사람

frakati se -*am se* (不完) 과도하게 화장하다

frakcija (政) (정당의) 계파; 파벌, 분파

frakcijaš, **frakcionaš** 계파원, 분파원 (grupaš)

frakcijaškī -*ā*, -*ō* (形) 계파원의, 분파원의

frakcijaštvo, **frakcionaštvo** 분파주의, 파벌주의, 당파심, 당파 싸움

fraktura (醫) 골절(骨折), 뼈가 부러짐

framason, **framazon** 프리메이슨단(團)의 단원

franačkī -*ā*, -*ō* (形) 프랑크 족(族)의

franak -*nka* 프랑화(貨)

franciskan (가톨릭) 프란체스코회 수사(修士)

francuska 프랑스 francuz; **francuskinja** 프랑스인 **francuski** (形); ~ *ključ* 스패너(공구의 일종); ~*a bolest* (病) 매독 (sifilis)

francuština 프랑스어(語); 프랑스식 행동

francuz 멍키 스패너 (공구의 일종)

frankirati -*am* (完,不完) 편지에 우표를 붙이다, 우편요금을 지불하다; *frankirano pismo* 우편요금을 지불한 편지, 우표가 붙여져 있는 편지

franko (副) 1. (貿易) fob, 본선인도가격 (판매자가 배에 짐을 싣기까지의 비용을 부담하는

F

가격) 2. 무료로, 공짜로 (besplatno) 3. 기타; ~ vagon 판매자가 화물을 화물열차에 적재하는 비용을 포함한 가격; ~ carina 관세까지 포함된 가격

frankofil 친프랑스 사람, 친불파 사람

frankofob 프랑스를 싫어하는 사람

franšiza 1. (정부가 개인·단체·회사에 주는) 특권 2. 공민권, 참정권, 선거권 3. (保險) 면책비율, 공제 조항, 공제 금액

franjevac -vca (가톨릭) 프란체스코회 수사 (farnciskan)

frapantan -tna, -tno (形) 눈에 띄는, 이목(주목)을 끄는, 인상적인 (upadljiv); ~tna sličnost 눈에 확 띄는 유사성

frapirati -am (完, 不完) 강한 인상을 주다(남기다), 당황하게 하다, 놀라 자빠지게 하다 (iznenađivati, zaprepašćivati)

fras -ovi (두려움으로 인한) 발작, 경련 (특히 어린아이의); pasti u ~ (놀라서) 경련을 일으키다

fratar -tra (가톨릭) (프란체스코회의) 수사(修士), 수도사

fratarskī -ā, -ō (形) 참조 fratar; ~a odeća 수도사의 의복; ~ život 수도사의 삶

fraza 1. 구(句); 숙어, 관용구 2. 무의미한 말귀(글귀), 의미없는 미사여구; šuplja ~ 빈말; stereotipna ~ 진부한 미사여구; otrcana ~ 진부한 어구 3. (音樂) 악구(樂句)

frazeologija 1. (집합적) 어구(語句) 2. 말씨, 어법 frazeološki (形); ~ rečnik 숙어 사전

frazer 의미없는 미사여구를 늘어놓는 사람 frazerski (形)

frazerstvo 미사여구를 사용함 (fraziranje)

frazirati -am (不完) 미사여구를 사용하다, 빈말만 늘어놓다

frcati -am (不完) 쏟아져 나오다, 용솟음치다, 분출하다 (naglo izbijati, brizgati, vrcati)

frčati -im (不完) 1. (개(犬) 등이) 으르렁거리다(이빨을 드러내면서) 2. (비유적) 화내다 (ljutiti se, duriti se, srditi se); ~ na nekoga 누구에게 화내다

fregata 1. (歷) 프리깃 범선 (돛대 3개에 상하의 갑판에 28-60문의 대포를 갖춘 목조 전함) 2. (海軍) 프리깃함(艦) (중형전함); 소형구축함 (대잠(對潛) 호위용의) 3. (鳥類) 군함새 (열대산(産)의 큰 바닷새)

frekvencija 1. 자주 일어남, 빈번, 빈발; ~ saobraćaja 교통량; ~ oboljenja 질환의 빈도 2. (맥박·방문·출현 따위의) 횟수, 도수; ~ kupaca 고객 방문 횟수 3. (物) 진동수; (전파 등의) 주파수; ~ klatna 추의 진동수; ~

naizmenične struje 교류전기 주파수; ~ zvuka 음성 주파수

frekventan -tna, -tno (形) 빈번한, 자주 있는, 자주 일어나는 (čest, učestan); ~ puls 빠른 맥박(수)

frenetičan -čna, -čno, frenetičkī -ā, -ō (形) 열광적인, 미친듯한, 광포한 (mahnit, lud; buran, oduševljen, ushićen); ~ aplauz 열광적인 박수

frenologija 골상학(骨相學) frenološki (形)

freska 프레스코 벽화

freza, frezalica (機) 밀링 머신 (많은 절삭날이 달린 원형공구가 회전하면서 공작물을 깎는 장치) (glodalica)

frezač 밀링 머신 운전자

frigidan -dna, -dno (形) 1. (여성이) 불감증인 2. (일반적으로) 냉랭한, 쌀쌀한, 무뚝뚝한, 써늘한

frigiditet 냉담, 쌀쌀함; 불감증 (여성의) (frigidnost)

frigidnost (女) 참조 frigiditet

frigorifikacija 냉동, 냉동 보관(과일, 야채 등의)

frikando -oa (男) 음식의 한 종류(송아지, 양, 노루 등의 넙적다리를 구운)

frikativ (音聲學) 마찰음 frikativan (形)

frikcija (力學,物理) 마찰 (trenje, trvenje) frikcioni (形)

frišak, -ška, -ško frižak -ška, -ško (形) 신선한, 싱싱한 (svež, nov): ~ hleb 구운지 얼마 안되는 빵; ~ška voda 신선한 물

frivolan -lna, -lno (形) 1. 사소한, 하찮은, 가치없는 (nevredan, ništavan, površan) 2. 경박한, 천박한 (nepristojan, sramotan)

friz -ovi 1. (建築) 프리즈, 소벽(小壁) (조각으로 장식한 경우가 많음) 2. 띠 모양의 장식, 장식띠

frizer 이발사, 미용사; ići kod ~a 이발소(미장원)에 가다; ~ za dame 미용사 frizerka; frizerski (形); ~a radnja 이발소; ~ salon 미장원

frizirati -am (完,不完) 1. 머리를 손질하다 2. (비유적) 다듬다, 손질하다, 단장하다; ~ članak 논문을 다듬다; ~ odelo 옷을 단장하다; ~ crtež 그림을 손질하다

frizura 헤어스타일, 머리 모양, 머리 형(形)

friž 장식 금줄(보통 목 주변 혹은 소매 등의)

frižak 참조 frišak

frižider 냉장고

frka 거센 콧김(바람) (말이)콧김을 내뿜음 (snažno i glasno duvanje kroz nos) frkati *-am & -čem* (不完) 돌리면서 말다(꼬다) (obréući savijati, sukati, zavrtati)

frkati *-čem* (不完) frknuti *-em* (완) 콧김을 내뿜다

frojdist(a) 프로이트파의 사람

frojdizam *-zma* 프로이트 주의 frojdistički (形)

frojdovskī *-ā, -ō* (形) 프로이트의, 프로이트 학설의

froncla 술, 술 장식 (솔·테이블보·치마 가두리 등의) (kita, resa, rojta)

front *-ovi* (男), fronta (女) 1. (보통 건물의) 앞면, 정면 2. (軍) 최전선, 제1선; *na ~u* 전선에서 3. (政) (정당간의) 공동전선, 협력, 제휴 4. (氣象) 전선(前線: 한랭전선과 온난전선간의 경계 지역) frontovni, frontovski (形)

frontalan *-lna, -lno* (形) 정면의, 앞면의, 정면을 향한; *~lni napad* 정면 공격

frontaš 1. 전선의 병사 2. 전장에서 장교가 된 사람(사관학교를 졸업하지 않고) 3. 참조 (frontovac)

frontovac (歷) (유고슬라비아의) 인민해방통일전선원(員)

frotir 두껍고 보풀이 긴 타월

frtalj (무엇의) 1/4 (četvrt, četvrtina)

frugalan *-lna, -lno* (形) 많이 차리지 않은, 변변치 않은, 보잘 것 없는 (음식에 대해) (jednostavan, skroman); *~lna večera* 차린 것 없는 저녁, 변변치 못한 저녁

frula (樂器) 피리; *svirati u ~u* 피리를 연주하다; *pastirska ~* 목동의 피리

frulaš 피리부는 사람

frustracija 좌절, 낙담, 좌절감

fucati se *-am se* (不完) (卑俗語) 닳아 없어지다, 써서 해지다, 마모되다 (habati se, linjati se)

fučija 나무로 만든 둥근 통(물 등 액체를 담아 보관하거나 운반하는데 사용됨)

fućkalica 휘슬, 버들피리 (zviždaljka)

fućkati *-am* (不完) (擬聲語) 휘익~하고 휘파람을 불다 (zviždati); *psu* 휘파람으로 휘익~하고 개를 부르다; *veselo ~* 즐겁게 휘파람을 불다; *~ na što* 관심을 두지 않다, 신경쓰지 않다

fudbal 축구 fudbalski (形)

fuga 1. (音樂) 둔주곡(遁走曲), 푸가 2. 갈라진 틈, 벌어진 틈 (pukotina, žleb)

fuj (感歎詞) 체, 피, 시 (경멸·혐오·실망·불신·거절을 나타내는 소리)

fukara (女,男) 1. 가난한 사람들, 헐벗고 굶주린 사람들 (sirotinja, siromašan svet) 2. (輕蔑) 아무 짝에도 쓸모없는 사람, 건달, 백수

건달 (nevaljalac, mangup, propalica)

fuksa (蔑說) 창녀, 화냥년, 음탕한 여자, 거리의 여자 (bludnica, javna žena, uličarka)

fuksija (植) 후크샤, 수령초 (바늘꽃과의 관상용 관목)

fundamen(a)t 기초, 기반, 토대, 근거, 기저(基底) (temelj, osnova, baza)

fundamentalan *-lna, -lno* (形) 기초의, 근본적인, 근원적인

fundirati *-am* (完,不完) 기초를 두다, 기초로 하다, 기초를 놓다, 창설하다, 창립하다; 증거를 보강하다

fungirati *-am* (完,不完) 어떤 역할을 수행하다, 어떤 역을 하다, 어떤 직에 있다

funkcija 1. 직함, 직능, 직무, 직분, 역할 2. 목적, 목표 3. (數) 함수, 상관관계 4. (生) 기능, 작용

funkcionalan *-lna, -lno* (形) 1. 직무상의; *~ odnos* 직무상 관계 2. 기능상의, 기능적인, 기능 위주의, 실용적인; *~ stan* 기능적인 아파트 3. (數) 함수의; *~lna analiza* 함수 분석

funkcionar, funkcioner 관리, 공무원; *visok ~* 고위 공무원; *sporski ~* 스포츠 관리

funkcionirati *-am* funkcionisati *-šem* (完,不完) 기능하다, 작용하다, 활동하다

funta 1. 파운드(중량의 단위) 2. 파운드(화폐 단위)

funjara (女,男) 아무런 쓸모도 없는 사람, 인간쓰레기 (gad, nitkov, ništarija)

furaž (男,女), furaža 가축의 먹이, 사료, 꼴, 마초

furažer 마초를 공급하는 사람, 가축 사료를 공급하는 사람

furgon 1. 화물 수송 객차(열차의) 2. 장의차 (mrtvačka kola)

furija 1. (神話) 복수의 세 여신 중의 하나 2. 격노, 분노, 격분, 광포 3. (비유적) 광포한 사람; 표독스런 여자; *upasti u sobu kao ~* 표독스런 여자처럼 방을 쳐들어가다

furiozan *-zna, -zno* (形) 화내며 날뛰는, 격노한 (besan)

furnir 베니어판, 합판

furnirati *-am* (完,不完) 베니어판을 붙이다

furor 분노, 격노, 광기 (bes, mahnitanje, razjerenost)

furuna 난로, (요리용) 화로 (peć); *treba da još pojedeš tri ~e hleba* 너는 아직 경험이 부족하다, 젖을 더 먹어야 한다

furundžija (男) 1. 난로(화로)를 만드는 사람 2. 빵굽는 사람, 제빵업자 (pekar)

fusnota 각주(脚註)

F

fuš 불법적인 부업(副業)

fušariti -im, fušati -am (不完) 서투르게 일하
다; 잘 알지도 못하면서 다른 사람의 일에
참견하다

fušer 서투르게 일하는 사람, 서투른 사람; 참
견하는 사람 fušerski (形)

futrola (물건을 보호하는) 상자, 케이스, 용기,
집; ~ za naočare 안경집; zabiti(turiti) nos
u ~u 물러나다, 은퇴하다

futur (文法) 미래 시제

futurist(a) (美術) 미래파 화가

futurizam -zma (美術) 미래파

fuzija 1. (物) 융합, 용해 2. 합병, 병합, 통합
(정당, 단체, 회사 등의); nuklearka ~ 핵융
합

fuzionirati -am fuzionisati -šem (完,不完) 융
합시키다; 합병하다, 통합하다; ~ dva
preduzeća 두 회사를 통합하다(합병하다)

F

G g

g. (略語) godina, gospodin, gram

ga (擬聲語) 구구, 까악 까악 (거위나 까마귀 등 새들의 울음소리)

ga 3인칭 단수 njega의 축약 및 전접어 형태; *ne vidim ga* 나는 그를 보지 않는다

gabarden 개버딘(날실이 표면으로 나온 촘촘 히 짠 능직물(綾織物); 그 옷)

gabardenskī -ā, -ō (形) 참조 gabarden; 개버 딘의; ~*o odelo* 개버딘제의 옷

gacati -am (不完) 1. (진흙길·녹아 내리는 눈길 ·물길 등을) 밟다, 밟고 가다, 지나가다; ~ *po vodi* 물길을 헤치고 가다; ~ *po snegu(po blatu)* 눈길(진흙길)을 밟고 가다 2. (동물이) 교미하다 (pariti se)

gačac -čca (鳥類) 당까마귀(까마귀의 일종)

gaćan -a (다리가 털로 덮인) 비둘기(장닭)

gaćast (形); ~ *golub* 다리가 털로 덥힌 비둘 기; ~ *kokoš* 다리가 털로 덥힌 닭

gaćāš 1. 참조 gaćan 1 2. 민속바지 čakšire를 입고 있는 사람(남자)

gaće (女,複) 1. 팬티(남성용, 여성용); *kupaće* ~ 수영복(남성용) 2. (方言) 바지 (čakšire); *ako imaš* ~ 네가 남자라면, 네가 여자가 아 니라면; *biće* ~ *samo ne znam kad će* 언제 가 될지 모른다; *vredi mu kao buli* ~ 아무 런 쓸모가 없다, 아무런 도움이 못된다; *još nije došao do vode, a* ~ *zasukuje* 미리 대 책을 세우다; *koliki si, a* ~*a nemaš* 나이만 먹었지 나이 값을 못한다, 나이만 먹었지 정 신을 못차린다; *mrči* ~, *a kovati neće* 일을 신중하지 않게 받아들이다; *nateže kao Švaba s* ~*ama* 일을 할 줄 모른다, 일을 할 능력이 없다; *palo(sišlo) mu srce u* ~ 깜짝 놀라다; *skupiti* ~ 잘 준비하다, 만전의 준비 를 하다

gaćice 1. (지소체) gaće 2. 짧은 반바지; *sporske* ~ 스포츠용 반바지; *kupaće* ~ 수영 바지

gad -ovi 1. 오물, 쓰레기; 불결, 더러움 (prljavština, nečistoća); ~ *od vremena* 아 주 나쁜 날씨; ~ *od čoveka* 사악한 사람 2. 해 충(집·의류 등의 해충, 벼룩·빈대·이 등), 기생 충 (insekti, gamad) 3. (輕蔑) 인간 쓰레기

gadan -dna, -dno (形) 1. 추한, 역겨운, 구역 질 나는, 메스꺼운, 불쾌한, 혐오감을 일으키 는 (odvratan, ružan, rđav); ~*dno vreme* 나

쁜 날씨 2. 불편한, 거북한, 난처한, 기분이 언짢은, 마음이 편치 못한 (težak, neprijatan, neugodan, nepovoljan); ~ *položaj* 불편한 위치; ~*dne stvari* 난처한 일 들 3. 더러운 (prljav, uprljan) 4. 나쁜, 사악 한, 부도덕한 (zao, rđav, nepošten); ~ *čovek* 사악한 사람

gaditi -im (不完), **zgaditi, ogaditi** (完) 1. 역겹 게 하다, 불쾌하게 하다, 정떨어지게 하다, 넌더리나게 하다, 질색하게 하다 (činiti nešto gadnim); *to me gadi* 넌더리난다 2. 더럽히다, 오염시키다 (prljati, zagađivati) 3. ~ *se* 구토감을 느끼다, 구역질나다; *ona se gadi (od) insek(a)ta* 그녀는 벌레를 보면 질 색을 한다; *on se na sve gadi* 그는 모든 것 들에 대해 역겨워 한다; *gadi mi se kad to vidim* 나는 그것을 보면 토할 것만 같다; *ti mi se gadiš* 나는 네가 역겹다, 너를 보면 토할 것만 같다; *insekti joj se gade* 그녀는 벌레에 질색을 한다; *život joj se zgadio* 그 녀는 사는 것이 넌더리 난다

gadljiv -a, -o (形) 쉽게 토하는, 토하기 잘하 는, 역겨운, 구역질 나는 (odvratan); *on je* ~ *na miris cigarete* 그는 담배 냄새에 토할 것만 같다

gadost (女) 1. 역겨움, 매스꺼움; 혐오감 (odvratnost); ~ *tiranije* 독재 혐오감; ~ *jave* 현실에 대한 역겨움 2. 혐오감을 일으 키는 말(행동), 모독적인 표현

gadov 사악한 사람, 비열한 사람

gadura 사악한 여자 (gadna, rđava žena)

gađač 사수(射手: onaj koji gađa, strelac)

gađalište 사격장 (strelište)

gađanje (동사파생 명사) gađati; ~ *iz luka strelom* 궁술, 양궁; ~ *iz pištolja* 권총 사격; ~ *puškom* 소총 사격; ~ *iz (ležećeg, klečećeg, sedećeg, stojećeg) stava* 누워 쏴 (꿇어 쏴, 앉아 쏴, 서서 쏴) 자세; ~ *pokretnih ciljeva* 이동 표적 사격; *suvo* ~ (軍) (실탄없이 하는) 모의 사격 연습

gađati -am (不完) 1. (총 등을) 겨누다, 겨냥하 다; 겨누어 발사하다(던지다); ~ *u metu (u nekoga)* 타켓(어떤 사람)을 겨누다; (비유적) ~ *na nekoga* 어떤 사람을 마음 속으로 겨누 고 있다(복수 등을 위해) 2. (총 등을) 쏘다, 발사하다; 총을 쏴 사살하다; *on odlično gađa* 그는 총을 잘 쏜다 3. 맞히다, 명중시 키다 (pogađati); ~ *u paru* 도박하다, 노름하 다 4. (돌 등을) 던지다, 투척하다; ~ *decu kamenjem* 아이들에게 돌을 던지다 5. ~ *se* 던지다, 투척하다; *deca su se gađala* *kamenjem* 아이들은 돌을 던졌다; ~ *se padežima* (농담조로) 격(格)을 틀리게 말하고 쓰다, 비문법적으로 말하고 쓰다

gađenje (동사파생 명사) gaditi

gaf *-ovi* 부주의; 과실, 실수 (nesmotrenost, nepažnja; glup, pogrešan postupak)

gagat (鑛) 흑옥(黑玉)

gagrica 1. 곤충의 일종(풍뎅이과) 2. (비유적) 구두쇠, 수전노 (tvrdica, škrtac)

gaj *-evi* 작은 숲 (šumica, šumarak, lug)

gajba 1. 새장, 우리 (kavez); (비유적) 옥사(獄舍), 감옥 (zatvor) 2. 나무 궤짝, 나무 상자 (drvena kutija, sanduk)

gajbica (지소체) gajba

gajdaš 풍적(gajde) 연주자

gajde (女,複) (樂器) 풍적(風笛), 백파이프; *svirati u* ~ 풍적을 연주하다

gajenje (동사파생 명사) gajiti; ~ *povrća* 채소 재배; ~ *pčela* 양봉(養蜂); ~ *stoke* 축산; ~ *cveća* 화초 재배, 화초 원예; ~ *ovaca* 목양 (牧羊)

gajgerov brojač (物) 가이거(뮐러) 계수관 (計數管: 방사능 측정기)

gajiti *-im* (不完) **odgajiti** (完) 1. 사육하다, 양식하다, 재배하다, 기르다; 양육하다, 훈육하다, 키우다, 가르치다 (hraniti, vaspitavati); ~ *stoku(pčele, ovce)* 가축(벌, 양)을 기르다; ~ *svilenu bubu* 누에를 키우다; ~ *cveće(povrće, jabuke)* 꽃(채소, 사과)을 재배하다 ~ *decu* 아이를 키우다 2. 발전시키다, 소중히 간직하다, 소중히 기르다 (negovati, unapređivati, čuvati); ~ *umetnost* 예술을 발전시키다; ~ *ljubav* 사랑을 소중히 간직하다; ~ *običaje* 풍습을 지켜나가다; ~ *nadu* 희망을 간직하다 3. 돌보다, 간호하다; ~ *bolesnika* 환자를 돌보다

gajka 1. 소총의 조절 놉 (pokretni nišan u puške) 2. (혁띠의) 가죽 고리 (조절할 수 있는)

gajtan 1. (면, 또는 비단으로 꼰) 끈, 가는 밧줄 (옷의 장식용, 군인 정장에서 계급 표시 등의); *opšiven* ~*om* 꼰 끈이 달려있는 2. (歷) 교수형용 밧줄; ~*za struju* 전기줄; ~ *od lampe(za lampu)* 램프선 3. (비유적) 가는 물줄기

gak *gaci* & *gakovi* 1. 당까마귀 (gačac) 2. 해오라기 (čaplja) 3. 구구,까악 까악 (거위, 까마귀의) (gakanje)

gaka 참조 gakanje

gakalica 참조 gakuša: 까마귀

gakalo 수다쟁이

gakanje (동사파생 명사) gakati

gakati *-čem* (不完) **gaknuti** *-em* (完) <구구 (ga-ga)> 소리를 내며 울다 (거위, 까마귀 등이); *uzalud vrane ne gaču* 이유가 있다, 이유가 없는 것은 아니다

gakuša 1. (鳥類) 까마귀 2. (輕蔑) 수다쟁이 (brbljivica, torokuša)

gala 1. 행사복(複), 예식복(複) 2. (한정사적 용법으로, 不變) 축제의, 잔치의, 경축의; 특별 개최의; 의식의, 공식의; 화려한, 풍요한 (svečan, paradan; bogat, raskošan); ~ *ručak* 공식 오찬; ~ *odelo* 의식복

galaksija (天) 은하, 은하수, 은하계

galama 소란, 소음, 시끄러운 소리, 떠드는 소리; *dići (napraviti)* ~*u* 소리치다, 고함지르다; 항의하다, 이의를 제기하다

galamdžija (男) 1. 시끄럽게 하는 사람, 떠드는 사람 2. 허풍선이 (razmetljivac)

galamiti *-im* (不完) 1. 시끄럽게 하다, 떠들다 2. (na nekoga) (누구에게) 고함치다, 항의하다, 이의를 제기하다 3. (비유적) 허풍을 떨다, 자화자찬을 늘어놓다 (razmetati se, hvalisati se)

galantan *-tna, -tno* (形) 1. 관대한, 아량이 넓은, 아낌없이 주는, 손이 큰, 친절한 (darežljiv, izdašan); ~ *prema sviračima* 연주자들에게 돈을 펑펑 잘 주는 2. (보통은 여자에게) 친절한; ~ *muškarac* 여자에게 친절한 남자 3. 경솔한, 경박한 (lakomislen, frivolan)

galanterija 1. 여성에 대한 친절함, 정중한 행위(말); 정중, 공손 2. 잡화, 소형 장식품 (sitna, ukrasna roba za ličnu, kućnu upotrebu); *kožna* ~ 피혁 장식품 (소파 등의)

galanterijski (形); ~*a radnja* 장식품 가게 3. 장식품업(業)

galanterist(a) 소형 장식품 업자

galeb *-ovi* (鳥類) 갈매기

galerija 1. 회랑(回廊), 주랑(柱廊), 복도(지붕만 있는) 2. (鑛山) 갱도(坑道) 3. (극장의) 2층 관람석 4. 화랑(畵廊), 미술관; 미술품 진열실(전시장); ~ *fresaka* 프레스코화 미술관; *umentnička* ~ 미술관 5. 일반 대중(문학 작품속이나 일상 생활에서의); *treća* ~ 민중, 일반 대중 **galerijski** (形)

galica (化) 황산염; *bela* ~ 황산 아연; *plava (modra)* ~ 황산 구리

galica (鳥類) 붉은부리까마귀 (검은 깃털과 붉은 색 다리를 가지고 있음)

galicizam *-zma* (다른 나라 말에서 볼 수 있는) 프랑스 어법

galičast *-a, -o* (形) 검은, 검은 색의, 흑색의

(crn kao galica)

galija 1. 갤리선(船) (옛날 노예나 죄수들에게 젓게 한 2단으로 노가 달린 돛배), (고대 그리스·로마의) 전함(戰艦) 2. (詩的) 배 (일반적인); *kao da su mu se sve ~e potopile* 모든 것을 잃어버린 것처럼 풀죽은(의기가 소침한); *osuđen(poslan) na ~e* 노예의 형을 받다, 갤리선의 노를 젓는 형을 받다

galijaš 1. 갤리선(船) 선장 2. 갤리선(船)에서 노젓는 노예

galijot 1. 선원 (brodar, mornar) 2. 갤리선(船)의 노예

galimatijas, galimatijaš (말이나 글의) 애매모호, 불분명, 불명확; 불분명한 말이나 문장 (zbrka, nejasnoća)

galion 1. 갤리선(船) (galija) 2. 눈(雪)치는 넉가래

galiti *-im* 1. (고통 등을) 덜다, 완화시키다, 경감시키다 (ublažavati, stišavati); *~ bol* 통증을 완화시키다 2. *~ se* (날씨가) 맑아지다, 청명해지다 (vedriti se)

galon 갤런 (용량 단위, 약 4 리터)

galop 갤럽 (말 등 네발 짐승이 단속적으로 네발을 땅에서 떼고 전속력으로 달리기); *u ~u* 빠르게, 급히 (brzo, naglo)

galopirajućī *-ā, -ē* (形) (숙어로); *~a tuberkuloza* 급속도로 확산되는 결핵

galopirati *-am* (不完) (말을 타고) 갤럽(전속력)으로 달리다

galoša (고무로 된) 오버슈즈(비 올 때 방수용으로 가죽 신발 위에 신는 덧신)(kaljača)

galovran (鳥類) (썩은 고기를 먹는 유럽산) 까마귀; 검은 콘도르 (미국 남부산)

galskī *-ā, -ō* (形) 골(Gaul) (사람)의, 프랑스의

galski (副) 골(Gaul)식으로, 프랑스 식으로

galvanizacija (醫) 직류 전기 치료

galvanizam *-zma* 1. 갈바니 전기(화학 반응에 의해 생기는 전류), 직류 전기; 갈바니 전기학 2. (醫) 직류 전기 요법

galvanizer 직류전기 요법을 하는 사람

galvanizirati *-am*, galvanizovati *-zujem* (完, 不完) 1. (醫學) (근육·신경에) 직류 전기 요법을 쓰다 2. (철판 등에) 아연 도금을 하다 3. 갑자기 활기를 띠게 하다 (기운이 나게 하다), 자극하다 (oživeti, podstaći)

galvanskī *-ā, -ō* (形) 직류 전기의, 볼타의; *~a baterija* 직류(볼타) 전지 (voltaic cell을 몇 개 연결한 것); *~a ćelija* 볼타 전지(두 전극과 전해액으로 구성됨)

gama 1. (音樂) 전음계 (全音階); 전음역(音域) 2. (비유적) 여러가지, 일련(一連), 연속, 다양함, 잡다 (niz, šarenilo; bogatstvo, raznovrsnost); *~ osećanja* 일련의 느낌; *~ boja* 여러가지 색채; *~ varijanata* 다양한 변형 3. 감마(그리스 자모의 셋째 번 글자); *~ zraci* (物) 감마선

gamad (女) (集合) 1. 해충 (벼룩·빈대·이 등); 기생충 (insekti, kukci) 2. (輕蔑) 사회의 해충, 인간 쓰레기 (gad, žgadija)

gamaše, gamašne (女,複) 각반(脚絆), 정강이받이(가죽 등 거친 재료로 만든)

gama-zraci (男,複) 감마선

gambit (체스) (졸 등을 희생시키는)초반 첫 수

gamen 건달, 백수건달, 깡패 (mangup, obešenjak)

gamizati *-žem* (不完) 1. 기다, 기어가다 (gmizati, mileti, puziti) 2. 떼지어 몰려 가다 (ići u gomili); *u toj reci riba prosto gamiže* 그 강에서는 물고기들이 한마디로 떼지어 몰려 다닌다 3. 흐르다 (teći, strujati)

gamziti *-im* (不完) 참조 gamizati

gandizam *-zma* 간디주의

ganglija (解) 신경절(節)

gangrena (病理) 괴저(壞疽), 탈저(脫疽)

gangster 갱 단원, 폭력 단원 gangsterski (形)

ganljiv *-a, -o* (形) 감동적인, 심금을 울리는 (dirljiv)

ganuće, ganutost 동정심; 감동, 강렬한 감정, 감격 (osećanje samilosti, uzbuđenje)

ganut *-a, -o* (形) 감동한, 감동받은, 감격한

ganuti *-em* (完) 1. 감동시키다, 감격시키다, 심금을 울리다 (uzbuditi, potresti, dirnuti); *nisu me ganule njene suze* 나는 그녀의 눈물에 감동하지 않았다 2. 움직이다 (maći, pokrenuti); *ruke su mi bile tako teške da ih nisam mogao ni ~* 팔을 움직일 수 없을 정도로 팔이 무거웠다 3. *~ se* 감동되다, 감명받다, 감격하다 (uzbuditi se); *~ se do suza* 눈물이 날 정도로 감동하다; *kamen bi se ganuo* 아무리 감정이 없는 돌이라도 감동되겠다

ganutljiv *-a, -o* (形) 1. 쉽게 감동되는, 민감한, 다정다감한 (osetljiv, sažaljiv); *~ čovek* 쉽게 감동하는 사람 2. 감동적인, 심금을 울리는 (dirljiv, uzbudljiv, ganljiv)

ganutost (女) 참조 ganuće

ganjati *-am* (不完) 참조 goniti

gar (男,女) 1. 그을음 (čađ); *crn kao ~* 새까만 (머리나 콧털이) 2. (금속의) 녹 3. 검둥이 개, 흑구(黑狗) (garov) 4. (植) 녹병균, 녹병

gara 1. 검은색의 가축, 특히 검은 양 2. (植) 녹병균, 녹병 (snet, urodica)

G

189

garancija, garantija 개런티, 보증, 보장
(jemstvo, osiguranje); ~ od tri godine 3년
(품질)보증; ~ ističe 보증이 다 되어 간다;
pod ~om 보증하에(있는) garantni (形); ~
list (품질)보증서; ~ rok 보증 기간; ~a
menica 신용장

garantirati -am, garantovati -tujem (完,不完)
보증하다; 확언하다, 장담하다; ~ za nešto
보증하다; ne garantiram za sebe 나 자신도
장담할 수 없다

garantnī -ā, -ō (形) 참조 garancija; ~ rok
보증 기간; ~tno pismo 보증서; ~ list 보증
목록

garav -a, -o (形) 1. 그을음으로 더러워진
(čađav, uprljan garom) 2. 검은, 거무잡잡한,
햇볕에 탄 (crn, crnomanjast); ~o lice 거무
잡잡한 얼굴; ~a kosa 검은 색이 도는 머리
3. (명사적 용법에서) 거무잡잡한 사람

garavac 1. 거무잡잡한 사람; 철도 노동자, (열
차의) 차장 2. 집시(인) 3. (病理) 진폐증(폐
에 석탄가루 등이 쌓여 있는); crni ~ 포도에
생기는 병의 일종

garaviti -im (不完) nagaravti (完) 1. 검게하다,
검은 색으로 칠하다 2. 속이다 (varati) 3. ~
se (검은)털이 자라다

garavko (男) 거무잡잡한 남자

garavuša 거무잡잡한 여자 (crnka)

garaža (자동차의) 차고, 주차장

garažirati -am (完,不完) 차를 차고에 넣다(두다)

garbin 남서풍(아드리아해의)

garda (女) 1. (국가 원수의) 근위병, 친위병;
telesna ~ 경호원 2. 군(軍) 수비대, 근위대,
친위대; građanska(narodna) ~ 민병대; bela
~ 백군(러시아 혁명의); crvena ~ 적군(러시
아 혁명의) gardijski (形)

gardedama 샤프롱(젊은 미혼 여성이 사교계
에 나갈 때 시중드는 보호자로, 보통 중년
여성) (pratilica, pratilja, družbenica)

garderoba 1. (극장 등의) 휴대품 보관소; (역
등의) 수화물 임시 보관소; ostaviti kofer u
~i 수화물 임시 보관소에 짐 가방을 맡기다
2. (극장 등의) 의상실, 옷갈아 입는 장소 3.
(한 개인의) 옷 (전부) (kostimi)

garderobar, garderobarka 보관소(garderoba)
에서 일하는 사람

gardijskī -ā, -ō (形) 참조 garda; ~ oficir 근
위대 장교

gardist(a) 근위대원, 친위대원, 수비대원

garevina 1. 그을음 (gar, garež) 2. (비유적)
화재가 난 곳, 화재로 불타고 남은 잔해
(zgarište)

garež (女,男) 그을음 (gar, čađ)

gargati -am, gargašati -am (不完) 빗질하다,
빗으로 빗다 (češljati)

garište 화재가 난 곳, 화재발생 장소

gariti -im (不完), nagariti (完) 1. 그을음으로
더럽히다, 그을음이 묻어 더러워지다 2. (비
유적) 추하게 하다; 그을음을 내뿜다, (화기
를) 쏘다, 사격하다 3. 검은 색으로 칠하다

garmond (印刷) (타이프라이터의) 엘리트 활
자 (10포인트)

garnirati -am (完,不完) (料理) (고기나 생선 등
의 요리에) 여러가지를 곁들이다; ~ salatu
샐러드를 곁들이다

garnišna 커튼을 거는 막대

garnitura 1. (도구·커피잔 등의) 한 벌(짝), 한
조, 세트, 일군(一群); ~ nameštaja 가구 한
세트; ~ za čaj 찻잔 세트 2. 그룹, 팀, 조
(組), 반(班)

garnizon (男), garnizona (女) (軍) 수비대, 주
둔군

garofan, garofil, faroful, garofilje (植) 카네이
션, 카네이션 꽃 (karanfil)

garonja 1. (動) 검은색의 황소 2. (비유적) (농
담조) 거무잡잡한 남자; 대포, 탱크

garov (動) 검정 개, 흑구(黑狗)

garsonijera, garsonjera 자그마한 아파트(방
하나와 부엌으로 구성된); 원룸 아파트

gas -ovi 1. (物) 기체 2. (연료, 난방용 등의)
가스, otrovni ~ovi (군용)독가스; prirodan ~
천연 가스; pod ~om 술취한(napit, pripit)
gasni (形) 3. (자동차 등의) 가속 페달; gas!
daj ~! 출발(자동차 등의 출발 명령);
da(va)ti ~ 가속하다, pod punim ~om 전속
력으로; mali ~ 저속(低速) 4. 기타; barski ~
(化) 메탄, 메탄 가스; biti pod ~om 음주 상
태이다, 술 취하다; oduzeti (oduzimati) ~
(口語) (자동차의) 속도를 줄이다

gasiti -im (不完) ugasiti (完) 1. (전등 불, 라디
오, 엔진 등) 끄다; ~ svetlost (radio,
motor) 전등(라디오, 엔진)을 끄다; motor
mi se stalno gasi 자동차 엔진이 꺼진다 2.
(불 등을) 끄다, 소화하다, 진화하다; ~
požar(vatru) 화재를 진압하다; ~ žeđ 갈증
을 해소하다 3. (비유적) (사회 운동 등을)
억압하다, 억누르다, 침묵시키다; (봉기 등을)
진압하다 (gušiti, ugušivati); 절멸시키다, 단
절시키다; ~ ognjište(kuću) 가족을 절멸시키
다 4. ~ se 꺼지다 (불, 불빛 등이); 지다,
떨어지다 (해, 별 등이); 바래다(색 등이);
nečija zvezda se gasi 어떤 사람의 시대는
지나가고 있다; vatra se ne gasi 삶은 중단

없이 계속된다 5. ~ se 약해지다(감각 등이); *nada mi se gasi* 나의 희망은 점점 사라져 간다 6. ~ se 죽다; 소멸하다, 사라지다, 없어지다; *gasi se mesto* 그 자리는폐지된다 7. 기타;

gas-maska 가스 마스크

gasnī *-ā, -ō* (形) 참조 gas; *~a komora* 가스실; *~a cev* 가스관; *~ šporet* 가스 오븐; *~a svetiljka* 가스 램프

gasnuti *-em* (不完) (詩的) 참조 gasiti se: 지다, 떨어지다; *sunce gasne primičući se zapadu* 해는 서양으로 기울면서 지고 있다

gasometar *-tra* 가스 계량기

gasovit *-a, -o* (形) 가스의, 기체의; *~o stanje* 가스 상태; *~ proizvod* 가스 생산

gasovod 가스관

gastritis (病理) 위염

gastronom 미식가, 식도락가 (gurman, sladokusac)

gastronomija 미식법, 요리학

gat *-ovi* 1. 도랑, 수로, 하천 (jaz, kanal); 하수 방출용 이동 수문(水門) 2. 제방, 방조제; 항구 3. (方言) 포도주 지하 저장소(언덕에 있는)

gatalac *-aoca* 참조 gatar

gatalica 1. 참조 gatara 2. (廢語) 별 의미없는 이야기

gatalinka (動) 청개구리 (žaba kreketuša)

gatalo (中,男) 1. 점쟁이 2. 수다쟁이 (brbljivac, preklapalo)

gatar 점쟁이, 역술가 (vračar, bajalac)

gatara, gatarica 여자 점쟁이, 여성 역술가 (gatalica)

gatati *-am* (不完) 1. 예언하다, 예견하다 (proricati); (비유적) 말하다, 이야기하다 (govoriti, pričati) 2. 점치다, 점패를 보다 (손금을 보거나 카드를 던지면서) (vračati)

gater 동력톱, 전기톱

gatiti *-im* (不完) **zagatiti** (完) 1. 제방(gat)을 쌓다, 방조제를 건설하다, 댐을 쌓다 2. (비유적) 차단하다, 막다 (zaustavljati, zatvarati)

gatka 1. 민담(民譚), 동화 (bajka) 2. 꾸며낸 이야기, 지어낸 이야기 (izmišljotina, prazna priča) 3. 전설 (legenda)

gavan (民俗) 부자 (bogataš)

gavaz 참조 kavaz: 무장 호위병

gavez (植) 나래지치

gavka (鳥類) 솜털오리 (북유럽 연안산(産))

gavran 1. (鳥類) 갈까마귀 (흔히 불길한 징조로 여겨짐); 큰 까마귀; (비유적) 약탈자, 노

략질을 일삼는 자 (otimač, pljačkaš, grabljivac) 2. 흑마 (vranac) 3. 기타; *crn kao ~* 매우 검은; *odkako je ~ pocrneo* 항상 (oduv다)

gaz 1. 걸어서 도하할 수 있을 정도로 얕은 지점(강, 개울의); *gazi i bogazi* 지나기 어려운 (힘든) 길(도로) 2. 걸음, 발걸음 (hod, korak); *stala voda na gazove* 걸어서 갈 수 있을 정도로 물이 찼다 3. (배의) 흘수(吃水: 배가 물 위에 떠 있을 때, 물에 잠겨 있는 부분의 깊이)

gaza (보통 면이나 실크로 된) 가볍고 투명한 천, 사(紗); (상처에 대는) 거즈; *sterilna ~* 살균한 거즈; *zavoj od ~e* 거즈 붕대; *haljina od ~e* 얇고 투명한 천으로 된 드레스 **gazni** (形)

gazda (男) 1. 소유자, 주인(토지, 가게 등의); 고용주 (poslodavac); 임대인, 임대주 (임차인에 대비하여); *~ imanja* 토지주; *~ radnje* 상점 주인; *gazda mu je strog* 그의 상사는 엄하다 2. 부자, 재산가 (bogataš, imućan čovek); *~ čovek* 부자; *truli ~* 대부호, 큰 부자; *svoj ~* 독립적인 사람, 경제적으로 독립한 사람 **gazdarica, gazdaški, gazdinski** (形)

gazdaluk 부, 재산, 자산 (bogatstvo, imanje)

gazdaškī, gazdinskī *-ā, -ō* (形) 참조 gazda

gazdinstvo 1. 농지, 농토, 토지; *poljoprivredno ~* 농토; *individualno ~* 개인 농장; *riblje ~* 양식장; *šumsko ~* 벌목장 2. 경제 (privreda, ekonomija); *loše ~* 좋지 않은 경제; *intenzivno ~* 집약 경제; *ekstenzivno ~* 대규모 경제 3. 가정경제 운영, 집안살림 운영

gazdovati *-dujem* (不完) 1. 경제를 운영하다, 가정 경제를 꾸려 나가다, 재산을 관리하다, 운영하다, 관리하다; *~ imanjem* 재산을 관리하다 2. 지배하다, 통치하다 (gospodariti, vladati) 3. 풍요롭고 편안하게 잘 살다 (gospodski živeti)

gazela (動) 가젤 (영양(羚羊)의 일종)

gazirati *-am* (完,不完) 탄화하다, 탄산가스로 포화시키다; *gazirana pića* 탄산 음료; *~a voda* 탄산가스가 있는 물

gazište 참조 gaz

gaziti *-im* (不完) 1. 발걸음을 내디디다, 가다 (ići, stupati, koračati); *~ po blatu(vodi), ~ blato(vodu)* 진흙길을 (물이 괴어 있는 곳을) 가다; *on bi i preko leševa gazio* 그는 시체라도 밟고 갈 것이다, 그를 중단시킬 것은 아무 것도 없다; *~ zemlju* 살다, 살아 있다;

G

~ u krv 죽이다, 살해하다, 살인하다; ~ u krvi 전쟁하다, 중범죄를 범하다 2. (강 등을) 걸어서 건너다; ~ kroz reku 강을 걸어서 건너다 3. 밟다, 짓밟다, 밟아뭉개다; deca gaze travu 아이들이 잔디를 밟는다; ~ (na) mrave 개미를 밟다; on ne bi mrava zgazio 그는 아무리 사소한 것에라도 해를 끼치지 않을 것이다 4. (차가 사람 등을) 치다, 짓뭉개다; ~ psa 교통사고로 개를 쳤다 5. 억압하다, 박해하다, 탄압하다 (tiranisati, mučiti): ~ narod 국민을 박해하다 6. 범하다, 위반하다, 업수이 여기다 (kršiti, ne poštovati, potcenjivati); ~ zakon(obećanje) 법(약속)을 위반하다 7. (배의) 흘수(吃水)가 ~이다; brod vrlo duboko gazi 배의 배수량이 굉장히 크다

gaznī -ā, -ō (形) 참조 gaza: 거즈의

gazna površina 접지면 (타이어의 지면과의 접촉면)

gde (副) I. 의문사로써 1. 어디에?; ~ radiš? 어디에서 일하느냐? 2. 어디로?; ~ lete ove guske? 이 거위들이 어디로 날아가지? 3. 어떻게?; ~ bih ja to zaboravio? 어떻게 내가 그것을 잊을수 있단 말인가? II. 부정사 (不定詞)로 4. 어딘가에, 어디던지 (negde) 5. 어디로 (nekud) 6. 언젠가 (nekad) 7. (부정대명사, 일반대명사 및 부사 등을 이루는 복합어의 첫 부분으로); gdekad (종종), gdeko (누군가), ma gde (어디던지); ma da budeš, naći ćes posao 어디에 있던지 일자리는 찾을 것이다; sedi ~ bilo! 아무 곳이나 앉아라!: kupi to ~ god hoćeš! 네가 원하는 곳 아무 곳에서나 그것을 사라! III. 접속사적 용법으로 8. ~한 곳; potraži tamo ~ sam ti rekao! 내가 너한테 말한 그곳을 찾아봐!; ulazio je šupe ~ su bili zarobljenici 그는 포로들이 있었던 그 헛간에 들어갔다 9. 어떻게 (kako); čujem ga ~ viče 그가 어떻게 소리 지르는지 들린다 10. ~했기 때문에, 때문에 (jer, zato što); silno se radovao ~ je takova čoveka našao 그러한 사람을 찾을 수 있어서 굉장히 좋아했다

gdegde (副) 1. 군데군데 (ponegde) 2. 때때로, 이따끔, 간혹 (katkad)

gdegod (副) 어디던지, 어느 곳이던지 (gde)

gdekad (副) 때때로, 이따끔, 간혹 (katkad, ponekad)

gdeko (代) 누군가 (neko, poneko)

gdekoji (代) 어떤(사람, 것) (neki, poneki)

gdeno (副) (보통 시의 행에서) 어디에 (gde)

gdešto 1. (代) 무엇인가, 그 어떤 (nešto,

ponešto) 2. (副) 그 어디에, 군데군데 (ponegde, gdegde); 때때로, 이따끔, 간혹 ponekad)

geačenje (동사파생 명사) geačiti (se)

geačiti -im (不完) 1. ~를 촌놈(시골뜨기; geak)이라 부르다 2. ~ se 촌놈(geak)같이 행동하다; 촌놈이 되다

geak (輕蔑) 촌놈, 시골뜨기 (seljak, seljačina, prostak) **geakuša, geački** (形)

gedža (男) **gedžo** -a & -e (男) (輕蔑) 촌놈, 시골뜨기 (seljak, geak)

gegalo (輕蔑) 비틀거리며 걷는 사람, 절뚝거리는 사람, 뒤뚱거리며 걷는 사람 (gegavac)

gegaljka 그네 (ljuljaška)

gegati (se) -am (se) (不完) 비틀거리다, 갈지자 걸음을 하다, 절뚝거리다, 뒤뚱거리다; on se gega ulicom 그는 뒤뚱거리며 거리를 걷는다, 갈지자로 걷는다

gegavac -vca 1. (輕蔑) 비틀거리는 사람, 뒤뚱거리는 사람, 절뚝거리는 사람, 게으른 사람 (onaj koji je gegav, spor, lenj čovek) 2. (廢語) 장님, 봉사

gegucati (se), geguckati (se) (不完) (지소체) (gegati (se))

gegula (男) 참조 geak

gejša (일본의) 게이샤

gejzir, gejzer 간헐(온)천

geler 포탄 파편, 폭탄 파편

gem -ovi (鳥類) 펠리컨

gem -ovi (테니스의) 게임

gema 보석(글자, 그림 등을 새긴)

gen geni (生) 유전자, 유전 인자

genealogija 가계(家系), 혈통; 계도학(系圖學), 족보학(族譜學) **genealoški** (形)

genealoškī -ā, -ō (形) 가계도의, 족보학의; ~o stablo 가계도

generacija 1. 세대, 대(代) (naraštaj, pokolenje) 2. (학교, 군대 등의) 기(期), 기수(期數), 회(回)

general (軍) 장군, 장성 **generalski** (形)

generalica 장군의 부인

generalije (女,複) 주요 개인정보 (glavni lični podaci)

generalisati -šem, **generalizirati** -am, **generalizovati** -zujem (完,不完) 일반화하다, 보편화하다

generalitet (集合) 장군

generalizacija 일반화, 보편화

general-major (軍) 준장

generalnī -ā,-ō (形) 1. 일반적인, 보편적인 (opšti); ~o pravilo 일반적 규직; ~a teorija

192

보편 이론 2. 총체적인, 전반적인 (sveopšti); ~a popravka 총체적인 수리(수선); ~ štrajk 총파업 3. 주요한, 중요한, 본(本)의, 마무리의 (glavni, završni); ~a proba 최종 리허설; ~a debata 본 토론 4. (직위·직책 등의) 총(總)의; ~ direktor (총)사장; ~ konzul 총영사; ~ skupština UN 유엔 총회; ~ guverner 총독 5. 기타; ~a karta 전도(全圖)(국내의·세계의)

general-potpukovnik (軍) 소장
general-pukovnik (軍) 중장
generalštab (軍) 합동참모본부, 총참모부 **generalštabni, generalštapski** (形)
generalštabac -apca 합동참모본부에서 근무하는 장교
generativan -vna, -vno (形) 1. (生) 생식하는, 생식력이 있는; ~vna ćelija 생식 세포; ~vni organ 생식 기관 2. (言) (숙어로) ~vna gramatika 생성 문법
generator 발전기; ~ naizmenične struje (jednosmerne struje) 교류(직류) 발전기
genetičan -čna, -čno, **genetičkī** -ā, -ō (形) 유전자의, 유전학적인
genetičar 유전학자
genetičkī -ā, -ō (形) 참조 genetičan; ~i zakoni 유전 법칙
genetik 참조 genetičar
genetika (生) 유전학
genetskī -ā, -ō (形) 참조 genetičan
geneza 1. 기원, 발생 2. (대문자로) (聖書) 창세기
genij -ija (男) **genije** -ja (男) 1. 천재 2. 비범한 능력, 재능, 재주 (sposobnost, dar) 3 (神話) 신(神); dobri ~ (nečiji) (누구의) 수호천사; zli ~ 악마, 사탄
genijalan -lna, -lno (形) 천부적 재능의, 천재적인 (izvanredno sposoban)
genije -ja (男) 참조 genij
genitalije (女,複) (解) 생식기 (polni organ) **genitalni** (形)
genitiv (文法) 생격(生格); ablativni ~ 탈격(奪格) 생격; partitivni ~ 부분 생격; posesivni ~ 소유 생격
genitivnī -ā, -ō (形) 참조 genitiv; 생격의; ~ nastavak 생격 어미; ~o značenje 생격의 의미
genocid 대량 (집단) 학살 (어떤 인종·국민에 대한 계획적이고 조직적인 학살)
gens 씨족(氏族), 일족, 부족(部族) (rod, rodovska zajednica, pleme)
gentilnī -ā, -ō (形) 씨족의, 일족의, 부족의

(rodovski); ~o društvo 씨족 사회, 부족 사회; ~ poredak 부족 질서
genjati se -am se (不完) 발을 질질 끌며 간신히 가다
geodet (男), **geodeta** -ē (男) 측지학자
geodezija 측지학
geofizičar, geofizik 지구 물리학자
geofizika 지구 물리학 **geofizički** (形)
geograf 지리학자
geografija 지리학
geografskī -ā, -ō (形) 지리학의, 지리적인; ~ položaj 지리적 위치
geolog 지질학자
geologija 지질학
geološkī -ā, -ō (形) 지질학의, 지리의
geometar -tra 측량기사 (zemljomer)
geometrija (數) 기하학; ~ ravni (prostora) 평면(입체) 기하학; euklidska (Euklidova) ~ 유클리드 기하학; analitička ~ 해석 기하학
geometrijskī -ā, -ō (形) 기하학의; ~ oblik 기하학적 형태
geopolitika 지정학(地政學)
georgina (植) 달리아
gepard (動) 치타
gepek 1. 수하물 (prtljag) 2. (자동차의) 트렁크
gepiti -im (完) 훔치다, 도둑질하다 (ukrasti)
geranij -ija, **geranija, geranijum** (植) 제라늄
gerijatrija (醫) 노인병학
gerila 1. 비정규전, 게릴라전 2. 게릴라전 부대
gerilac -lca 게릴라병, 비정규병 **gerilski** (形)
gerla 무희, 댄서, 쇼걸(유흥 무대의)
Germani (男,複) 1. 게르만족, 게르만 민족 2. 독일인 **germanski** (形); ~ jezici 게르만어
germanist(a) 게르만문학자
germanistika 게르만학, 게르만어문학; odsek za ~u 게르만어문학과
germanizacija 게르만화(化)
germanizam -zma 독일어적 표현, 독일말투 (타 언어에서의)
germanizirati -am, **germanizovati** -zujem (完,不完) 게르만화 하다, 독일식으로 하다, 독일화 하다
germanofil 독일 숭배자, 친독일파
germanofob 독일 혐오자, 반독일파
germanskī -ā, -ō (形) 참조 Germani
gerok 뒷자락이 긴 남성 코트 (야회복 등의)
gerontologija 노인학
geršl (男), **geršla** (女) 도정된 보리 (oljušteni ječam)

G

gerund, gerundij -*ija*, gerundijum 동명사
geslo 모토, 슬로건 (deviza, lozinka)
gest -*ovi* (男) gesta (女) 1. 몸짓, 손짓, 제스
처 2. (의사표시로서의) 행위 (postupak,
delo)
Gestapo -*oa* & -*pa* (男) 게슈타포 (옛 나치스
독일의 비밀 국가 경찰)
gestapovac -*vca* 게슈타포원(員)
gestikulacija 몸짓하기, 손짓하기
gestikulirati -*am*, gestikulisati -*šem* (不完) 몸
짓으로 표현하다, 손짓으로 말하다
geto (男) 1. (소수 민족, 특히 흑인이 모여 사
는) 빈민가; 고립된 지역 2. 유대인 강제 거
주 지구 getski (形)
gib (몸·팔다리의) 움직임 (pokret, gibanje)
gibak -*pka*, -*pko*; gipkiji 1. (몸이) 유연한, 구
부리기 쉬운, 휘기 쉬운 (vitak, savitljiv);
탄력적인, 신축성 있는 (elastičan); ~*pki*
pokreti 유연한 몸짓; ~ stav 유연한 태도;
~*pko* telo 유연한 몸 2. (비유적) 융통성 있
는, 쉽게 적응하는 (snalažljiv); 이해력이 빠
른, 빨리 이해하는
gibanica (料理) 세르비아 음식중의 하나 (밀가
루피에 치즈, 계란 등을 넣고 구운)
gibanj -*bnja*, -*bnjevi* 스프링, 용수철 (opruga)
gibanjski (形)
gibati -*am* & -*bljem* (不完) 1. 움직이다
(pokretati, micati, njihati) 2. 흔들다
(ljuljati) 3. ~ se 몸의 자세를 바꾸다
(menjati svoj položaj); 구부리다, 흔들리다
(savijati se, ljuljati se)
gibljiv -*a*, -*o* (形) 움직이는, 움직일 수 있는
(pokretljiv); ~*o* tlo 흔들리는 땅
gibnuti se -*em* se (完) 참조 gibati se
gibon (動) 긴팔원숭이
gica (女), gican (男) (愛稱) 돼지 (svinja,
prase)
gicati se -*am* se (不完) (몸을) 떨다, 경련하다
(trzati se)
gig -*ovi* 1. 2륜경마차 (čeze) 2. 경주용 소형보
트
gigalje (女,複) 대말, 죽마(竹馬: 걷는 데 사용
하는 발판이 달린 한 벌의 장대 가운데 하나.
원래 강이나 저습지를 건너는 데 사용하기
위해 고안되었다) (hodulje, štulje)
gigant 1. 거인 (div, džin) 2. (비유적) 뛰어난
능력의 소유자; 어마어마하게 큰 것(건물, 배
등) gigantski (形); ići(napredovati) ~*m*
koracima 대단한 속도로 발전하다(가다)
gigati -*am* (不完) 1. 흔들다, 떨다 (klatiti,
mlatiti); drži kolač u ruci i giga nogama 케

이크를 손에 들고 발을 덜덜 떨고 있다 2. ~
se 흔들리다; 뒤뚱거리면서 힘들게 천천히
가다
giht (病理) 통풍(痛風) (kostobolja)
gilda (중세의) 길드, 상인단체 (esnaf)
giljati -*am* (不完) 발을 질질끌며 힘들게 가다
giljotina (프랑스의) 단두대, 기요틴
giljotinirati -*am* (不完) 단두대로 처형하다
gimnasticirati -*am* (不完) 미용체조를 하다
gimnastičar 체조 선수 gimnastičarka
gimnastika 체조 gimnastički (形); ~*a* sala 체
육관; ~*e* sprave 체조 기구
gimnazija (인문계) 고등학교, 김나지움
gimnazijski (形)
gimnazijalac 고등학생, gimnazijalka
gimnazist(a) 참조 gimnazijalac
ginekolog 부인과 의사
ginekologija (醫) 부인과 의학 ginekološki
(形); ~*a* klinika 부인과 병원
ginuti -*em* (不完) 1. poginuti (完) 생명을 잃다,
죽다(사고, 전쟁 등 비자연사로); poginuli su
svi vojnici 모든 병사들이 죽었다 2. 시들어
죽다, 말라 죽다 (식물이) (sušiti se) 3. (육체
의)기력이 쇠하다, 힘이 점점 떨어지다, 서서
히 죽어가다 4. 멸망하다, 사멸하다, 소멸하
다, 사라지다, 없어지다 (propadati, stradati,
nestajati, iščezavati); mi ginemo najviše od
suše 가뭄으로 인해 우리는 멸망해 간다; ~
iz očiju 눈에서 사라지다 5. 열망하다, 갈망
하다, 애타게 바라다 (jako želeti, čeznuti);
~ za slobodom (devojkom) 자유(여자)를 갈
망하다; ne gine mi(ti, mu) 피해할 수 없다
(보통 좋지 않은 것들을); kazna mu ne gine
그는 형벌을 피할 수 없다
gipkati -*am* & -*čem* (不完) (지소체) gibati
gipko (副) 유연하게, 나긋나긋하게, 탄력적으
로 (okretno, elastično)
gipkost (女) 유연함, 탄력성, 나긋나긋함, 구부
리기 쉬움, 휘기 쉬움 (pokretljivost,
okretnost, elastičnost)
gips 1. (鑛) 석고, 깁스 2. (醫) 깁스(골절 등
의); staviti nogu u ~ 다리에 깁스를 하다;
skinuti ~ 깁스를 풀다
gipsan -*a*, -*o* (形) 깁스의; ~ zavoj 깁스 붕대
gipsati -*am*, gipsirati -*am*, gipsovati -*sujem*
(完,不完) 회반죽을 바르다
girland (男), girlanda (女) 1. (머리·목에 두르
는) 화환, 화관(花冠); 꽃줄; 2. 그러한 모양
의 조각, 장식
git 퍼티(창틀에 유리를 고정시키는데 사용되
는 접합제의 일종) (kit)

gitara (樂器) 기타; svirati u ~u (na ~i) 기타를 치다

gitarist(a) 기타리스트, 기타 연주자

gitkavac -vca (鳥類) 노래지빠귀

gizda 1. 꾸밈, 장식; 장신구, 장식품 (ukras, ukrašavanje, kićenje) 2. 잘 차려입고 치장한 여자 3. 자존심, 자긍심, 자부심, 긍지 (ponos, oholnost)

gizdati -am (不完) 1. nagizdati (完) 장식하다, 치장하다 (ukrašavati, kititi) 2. ~ se 잘 차려입다 3. ~ se 자부심을 갖다, 긍지를 갖다 (dičiti se, gorditi se); ~ se nečim ~에 자부심을 갖다

gizdav -a, -o (形) 1. 장식된, 치장된; 화려한 (nakićen, ukrašen; raskošan); ~o odelo 화려한 옷 2. 눈에 확 띄는(미모와 예쁜 옷 등으로 인해); 세련된, 우아한; ~a devojka 세련된 아가씨 3. 자부심이 있는, 긍지를 가진 (ohol, ponosit)

gizdavac -vca 옷을 잘 차려입은 남자 (kicoš)

gidavica, gizdavka 옷을 잘 차려입은 여자

gizdavost (女) 꾸밈, 장식; 우아, 고상 (kićenost, otmenost, elegancija)

gizdelin 참조 gizdavac

glabati -am (不完) (앞니로) 갉다, 쏠다 (glodati)

glacijalan -lna, -lno (形) 1. 빙하 시대의, 빙하기의, 빙하작용의; ~lno jezero 빙하기기 연못; ~la erozija 빙하작용에 의한 침식 2. 얼음의, 빙하의, 빙원의

glackati -am (不完) (지소체) gladiti: 어루만지다, 쓰다듬다

glačalica (女), glačalo (中) 1. (工具) 대패 2. 다리미 (pegla)

glačanje (동사파생 명사) glačati

glačati -am (不完) 1. 대패질하다 2. 다림질하다 (옷 등을) 3. 광택을 내다 4. (비유적) 문장을 가다듬다 5. 교양과 소양을 갖추게 교육시키다 (vaspitavati, odgajati)

glad (女) 1. 굶주림, 기아, 기근; 공복, 배고픔; umreti od ~i 굶어죽다; moriti nekoga glađu 굶기다(밥을 주지 않고); štrajkovati glađu 단식 투쟁하다; kao da iz ~i utekao 게걸스럽게 먹는 사람을 일컬을 때 하는 말; prva ~ 가장 강렬하게 처음 느끼는 공복감; skapavati od ~i 심한 기근을 겪다 2. (비유적) 갈망, 열망 (velika želja); ~ za znanjem 지식에 대한 갈망

gladac 1. 옷을 잘 차려입은 남자, 멋쟁이 (kicoš) 2. (한정사적 용법으로) 잘 정돈된 (uređen, doteran); 광택이 나는, 윤나는, 번쩍번쩍 빛나는 (gladak); spolja ~, a iznutra jadac (jarac) 겉에서 보기에는 멋있고 좋지만 실상은 썩었다(아주 좋지 않다) 3. 가는 줄(끝) (tanka turpija)

gladak -tka, -tko, glađi (形) 1. 울퉁불퉁하지 않고 평평한, 매끄러운 (izglačan, klizav); 파도가 없는, 구불거리지 않고 반듯한 (물, 머리카락이) (ravan, bez balova); ~tka kosa 구불거리지 않고 쭉 뻗은 머리카락; ~tka koža 매끈한 피부; ~ drum 평평한 길; oružje ~tkih cevi 활강총(滑腔銃) (총신 안에 강선이 없는) 2. (비유적) 유려한(문장이) (tečan); 교묘한, 솜씨좋은 (vešt, lukav)

gladan -dna, -dno (形) 1. 배고픈, 굶주린; sit ~dnom ne veruje 배부른 자는 배고픈자의 처지를 모른다; mrtav ~, ~ kao vuk 매우 배가 고프다; ~dna smrt 아사(餓死) 2. (비유적) 부족한, 결핍된 (oskudan); 가난한 (bedan); ~dna godina 기근이 심한 해; dug kao ~ dna godina 헤어날 수 없는 많은 부채(빚); sedam ~dnih krava 수년간의 흉년(성서의); na ~ srce 식전에, 빈속에 3. (비유적) 몹시 탐내는, 탐욕스런, 욕심이 많은 (pohlepan, nezajažljiv); on je ~ novca 그는 돈에 매우 욕심이 많다; tvoji zadrugari su na tvoju dedovinu ~dni 네 친구들은 네 재산을 탐낸다 4. (비유적) 갈망하는, 열망하는 (žudan, željan); uvek smo mi seljaci ~dni zemlje 우리 농사꾼들은 항상 토지를 갈망한다

gladijator (歷) (고대 로마의) 검투사

gladilac -ioca (칼 등을) 가는사람; 다리미질 하는 사람

gladilica 1. 숫돌 (brus) 2. 다리미질 하는 여자

gladilo 1. 숫돌 (gladilica) 2. 참조 (glačalo)

gladiola (植) 글라디올러스 (붓꽃속(屬))

gladiš 1. 옷을 잘 차려입은 남자, 멋쟁이 (gladac, kicoš) 2. (植) 오노니스속(屬)의 유럽 초본 (뿌리가 질긴 잡초)

gladiti -im (不完) 1. pogladiti (完) (손으로) 쓰다듬다, 어루만지다 ; gladio joj je kosu 그는 그녀의 머리를 어루만졌다 2. (비유적) 아부하다, 아양 떨다, 비위를 맞추다 (laskati, ulagivati se); on nas gladi 그는 우리에게 아부한다 3. (칼 등을) 날카롭게 하다, 갈다 (oštriti, brusiti) 4. 끝마무리 하다, 퇴고하다, 다듬다, 고치다 (popravljati, doterivati, ulepšavati) 5. 다림질하다 (peglati, glačati) 6. ~ se 성장(盛裝)하다, 잘 차려 입다; umivala je lice i gladila se 세수를 하고 성장했다

gladneti -im (不完) ogladneti (完) 배가 고파지

다, 허기지다

gladnica (女,男) 1. 허기진 사람, 배고픈 사람; 대식가, 많이 먹는 사람 2. 게으름뱅이, 쓸모 없는 인간 (neradnik, gotovan) 3. (명사인 'zemlja'와 함께 쓰여 한정사적 용법으로) 황무지, 박토(薄土) (nerodna, neplodna zemlja)

gladovati *-dujem* (不完) 1. (밥을) 먹지 않다, 굶다 2. (비유적) 열망하다, 갈망하다 (žudeti, želeti); ~ *za nečim* 무엇을 갈망하다

gladuš 참조 gladnica 1. 2.

glađenje (동사파생 명사) gladiti

glagol 동사(動詞); *aktivni* ~ 능동사; *bezlični* ~ 무인칭동사; *dvovidski* ~ 양상(兩相)동사; *medijalni* ~ 중간태동사; *nepralazni* ~ 자동사; *prelazni* ~ 타동사; *nesvršeni* ~ 불완료상 동사; *svršeni* ~ 완료상 동사; *povratni* (refleksivni) ~ 재귀동사; *pomoćni* ~ 조동사

glagolskī *-ā*, *-ō* (形) 동사의; ~ *vid* (način) 동사상(相) 법(法); ~*o vreme* 시제(時制); ~ *pridev* 형동사; ~*a imenica* 동사파생 명사; ~ *prilog* 부동사

glagoljaš (글라골리짜로 쓰여진 미사경본을 사용하는) 크로아티아 가톨릭 성직자

glagoljati *-am* (不完) 1. (농담조의) 말하다, 이야기하다 (govoriti, razgovarati) 2. 고대교회슬라브어(staroslovenski)로 미사를 집전하다; 글라골리짜로 쓰여진 책을 읽다

glagoljica 글라골리짜 문자 **glagoljski, glagoljički** (形)

glagoljiv *-a*, *-o* (形) 말이 많은, 수다스러운 (govorljiv, pričljiv)

glancati *-am* (不完) izglancati, uglancati (完) 광(光)을 내다, (물건 등을) 광이 나도록 닦다, 빛나게 하다, 반짝이게 하다

glas *-ovi* 1. (사람의) 음성, 목소리; ~ *vapijućeg* 헛된 고함소리(uzaludan vapaj); *drhtav* ~ 떨리는 목소리; *hrapav* ~ 허스키한 음성; *promukao* ~ 쉰 목소리 / ~ *naroda* 백성의 소리; *ljudski* ~ 사람 목소리; *menja mu se* ~ 그의 목소리는 변한다; *sniziti* ~ 소리를 낮추다; *podići* ~ *na nekoga* 누구에게 목소리를 높이다; *krt* ~ 거친 목소리, 쉰목소리; *od njega ni traga ni* ~*a* 그는 흔적도 없이 사라졌다; *bez* ~*a* 벙어리의; *iz* ~*a, iz svega* ~*a* 크게, 큰 목소리로(glasno) 2. (音樂) 파트, 음부(音部), 성부(聲部); *pevali smo u tri* ~*a* 우리는 세 파트로 나눠 노래를 불렀다; *prvi* ~ 첫 번째 성부; *drugi* ~ 두 번째 성부 3. (言語學) 음(音); *zubni(nosni)* ~ 치(비)음 4. 소식, 소문; 유언비어; ~*ovi kruže (se šire)* 소문이 돈다; *crni* ~ 나쁜

소문; *dobar* ~ *ide daleko, a rđav još dalje* 나쁜 소문은 훨씬 멀리 간다; *posejati* ~*ove* 소문을 퍼뜨리다; *bije ga* ~ 그에 대한 나쁜 소문이 파다하다; *izići (izlaziti) na* ~ 듣다 (들리다), 유명해지다; 5. 평판, 명성; *steći lep* ~ 좋은 평판을 얻다; *biti na dobrom* (rđavom) ~*u* 평판이 좋다(나쁘다); *izgubiti dobar* ~ 명성을 잃다; *uživati dobar* ~ 평판이 좋다; *biti na* ~*u* 유명하다; *naučnik svetskog* ~ 세계적 명성의 과학자; *čovek rđavog* ~ 평판이 나쁜 사람 6. 투표, 표결; *pravo* ~*a* 투표권; *da(va)ti* ~ 투표하다, 자신의 의견을 말하다 7. 의견, 견해, 입장 (mišljenje, stav, uverenje); *pustiti da se čuje nečiji* ~ 누구의 의견을 듣도록 하다; ~ *sudije* 판사의 입장(견해)

glasač 유권자, 투표자, 투표인 **glasačica**

glasačkī *-ā*, *-ō* (形) 투표의, 투표자의, 유권자의; ~*a kutija* 투표함; ~*o mesto* 투표장, 선거장; ~*a lista* 투표 용지; ~*o pravo* 투표권; ~*a mašina* (口語) 거수기 (자신의 의견에 따라 투표하지 않고 위에서 시키는대로 투표하는)

glasak, glasić (지소체) glas

glasan *-sna*, *-sno* (形) 1. 잘 들리는, 분명한; 크게 말하는, 큰 목소리로 말하는 2. 유명한, 저명한 3. 공개적인 (otvoren, javan); ~*sna optužba* 공개적인 비판 4. 말이 많은, 수다스러운 (govorljiv)

glasanje (동사파생 명사) glasati: 투표; *javno* ~ 공개 투표; *tajno* ~ 비밀 투표; *staviti nešto na* ~ 투표에 부치다; ~ *putem pozivanja* 호명 투표

glasati *-am* (完,不完) 투표하다; ~ *za nekoga* ~에게 찬성표를 던지다

glase *-ea* (男) 금실 혹은 은실로 짠 비단; 아주 훌륭한 천 (svila protkana zlatom ili srebrom; sjajna tkanina)

glasić 참조 glasak

glasilo 당보(黨報), 회보(會報), 학보(學報)

glasina 1. (지대체) glas 2. 소문, 루머, 유언비어; *bije ga* ~ *da je krao* 그가 도둑질했다는 소문이 파다하다; *kolaju* ~*e* 소문이 돈다

glasit *-a*, *-o* (形) 1. 유명한, 명성있는 (glasovit, čuven) 2. 참조 glasan

glasiti *-im* (完) 1. ~라고 말하다, (신문, 게시, 편지 등에) ~라고 쓰여 있다 (kazivati, govoriti); *ta rečenica glasi ovako*~ 그 문장은 ~라고 쓰여 있다; *njegova naredba glasi* ~ 그의 명령은 ~이라는 내용을 포함하고 있다 2. ~에게 보내지다, ~의 이름으로 쓰여지다 (biti adresovan, upućen; napisan na

nečije ime); *poziv glasi na vas* 초대는 당신
에게 보내진 것이다; *tapije glase na Savića*
땅문서는 사비치의 이름으로 되어 있다 3.
소리가 나다, ~으로 발음되다; ~하게 들리다;
kako to glasi na engleskom? 영어로 그것은
어떻게 소리나느냐? 4. (소리가) 나다, 들리
다 (*čuti se, javljati se*); *pohrli žurno
u crkvu jer se već glasilo zvonce* 종소리가
벌써 났기 때문에 사람들은 교회로 서둘러
뛰어 갔다

glasnī *-ā, -ō* (形) 소리의, 목소리의; ~*e žice*
(解) 성대

glasnica 1. (解) 성문(聲門) 2. (복수로) 성대

glasnica 참조 glasnik

glasnik 1. 사자(使者), 전령(傳令) **glasnica** 2.
(言) 유성음 (sonant)

glasno (副) 큰 소리로, 크게

glasnogovornik 1. 스피커 (zvučnik) 2. (비유
적) 대리인 (zastupnik, branilac)

glasonoša (男) 사자(使者), 전령(傳令)
(glasnik)

glasovanje (동사파생 명사) glasovati

glasovati *-sujem* (不完) 투표하다 (glasati)

glasovit *-a, -o* (形) 1. 명망있는, 평판이 좋은,
유명한, 저명한 (čuven, poznat, koji uživa
dobar glas) 2. 큰 소리의 (glasan)

glasovnī *-ā, -ō* (形) 1. 목소리의, 음성의 2.
(言語學) 음성의; ~ *zakon* 음성 법칙; ~*a
promena* 음성 변화

glatka 참조 gladak

glatkoća, **glatkost** (女) 매끈함, 평탄함, 유려함

glaukom, *glaukoma* (病理) 녹내장

glava 1. 머리; *od ~ do pete* 머리부터 발 끝
까지; *udario me je po ~i* 그는 내 머리를 때
렸다; *za ~u viši* 머리 하나 만큼 더 크다;
vrteti(klimati) ~u (부정의 표시로)고개를 젓
다, (긍정의 표시로) 끄덕이다;
gurnuti ~u u pesak (kao noj) 위험이 다가
오는 것을 알려고 하지 않다, 현실을 회피
(외면)하다; *dići ~u* 용기를 내다, 자부심을
갖고 고개를 뻣뻣이 들고 다니다; *pognuti
~u* 머리를 조아리다; *pognute ~e* 복종된,
종속된; *oboriti(obesiti) ~u* 교수형에 처하다;
~*om gore* 고개를 들고, 자신있게; *lupati
~om o zid* 낙담하다, 너무 늦게 후회하다;
vrti mi se u ~i 머리가 어지럽다, 현기증 나
다; *usijana ~* 열광자, 광신자; *prazna(šuplja)
~* 우둔한 사람, 머리가 텅 빈 사람; *krov
nad ~om* 자기 소유의 집; *lupati ~u* 머리를
짜내다, 궁리하다; *bez ~e i repa (biti, nešto
raditi)* 뒤죽박죽으로(일하다); *popeti se
(kome) na ~u (navrh ~e)* ~의 머리 꼭대기
에 올라타다; *dići(dizati) kuću na ~* 큰 소란
을 일으키다, 대 혼란을 야기하다; *visi(stoji)
mi nad ~om* 위험이 나를 위협하고 있다, 따
분하게 하다; *biti nekome nad ~om* 누구를
감독하다(감시하다); *zavrteti ~u (nekome)*
매혹시키다(*očarati, zaneti*); *imati
bubu(mušicu, crva) u ~i* 망상에 사로잡혀
있다; *kao muva bez ~e (ići)* 목적없이(정처
없이) (가다), 무질서하게, 혼란스럽게; *ko
nema ~e ima noge* 머리를 쓰지 않으면 다
리가 고생한다. *on nema četvrte daske u ~i*
정신이 약간 이상하다, 약간 돈 것처럼 행동
하다; *postaviti (prevrnuti) na ~u* 거꾸로 놓
다; *preturiti preko ~e* 살아남다, 생존하다
2. 지성, 이성 (um, razum, pamet);
pametna ~ 현명한 지성; *držati u ~i* 기억하
다, 고려하다(pamtiti, imati na umu);
mućnuti ~om 좀 더 신중히 생각하다;
izgubiti ~u 목숨을 잃다, 평정심을 잃다;
bez ~e 당황한, 경황이 없는; *ne ide mi u
~u* 이해할 수 없다, 믿을 수 없다; *ne
ide(izlazi) iz ~e* 잊을 수 없다 3. 생명, 목
숨 (život); *staviti ~u na kocku* 목숨이 경각
에 달리다, 절대절명의 위기에 처하다;
metnuti ~u u torbu 위험에 처하다, 목숨이
위태롭다; *igrati se ~om, šaliti se ~om* 목숨
을 걸고 하다; *raditi nekome o ~i ~om*의 목숨
을 노리고 준비하다 4. 사람, 주민 (osoba,
čovek; stanovnik); *poreska ~* 국민, 백성 5.
장(長), 지도자 (poglavar, starešina; vođa);
~ *porodice* 가장(家長) 6. (~의) 앞면 7. 머
리(못, 바늘 등의); ~ *(od) eksera* 못의 머리
8. (책 등의) 장(章)

glavačke, **glavački** (副) 1. 거꾸로, 곤두박질로
(naopako, naopačke); *pao je ~* 그는 곤두박
질쳐서 떨어졌다 2. 급히, 성급히, 황급히
(veoma brzo, odmah)

glavar (단체의) 장(長), 우두머리, 최고위자;
(종족의) 추장, 족장; *plemenski ~* 추장
glavarski (形)

glavarina 인두세(人頭稅)

glavarskī *-ā, -ō* (形) 참조 glavar

glavast *-s, -o* (形) 머리 모양의, 머리 모양 형
태의 (glavičast)

glavaš 머리가 큰 사람, 큰 머리를 가진 사람
(glavonja)

glavat *-a, -o* (形) 1. 머리가 큰, 큰 머리를 가
진; ~ *čovek* 머리가 큰 사람 2. 머리 모양의;
~*i kupus* 머리 모양의 양배추 3. (농담조의)
명망있는, 저명한, 유명한, 유력한 (ugledan,

197

važan, vrhovni)

glavčina (차의) 바퀴통 (차바퀴 등의 축을 끼우는 중심부)

glavešina (男) (輕蔑) 장(長), 수장(首長) (glavar, vođa, starešina)

glavetina (지대체) glava

glavica 1. (지소체) glava 2. 둥그란 작은 부분 (파, 양파, 못 등의); ~ salate 상추 한 포기 (작은) 3. 작은 언덕, 언덕의 꼭대기 (breg, brežuljak; vrh brega)

glavičast -a, -o (形) 1. 둥그런, 동그란 (okrugao, obao); žig je ~ i gotovo bez stubića 도장은 둥그렇고 거의 손잡이가 없다 2. 작은 언덕이 많은 (koji obiluje glavicama)

glavičati (se) -a (se), glavičiti (se) -i (se) (不完) 끝이 말리다(상추 등이); 둥근 머리 모양의 형태를 갖추다

glavina 1. 동물의 머리, 대가리 2. 참조 glavčina 3. 말 안장의 앞 끝 부분

glaviti -im (不完) 합의 사항을 확인하다, 정하다, 결정하다, 확정하다 (utvrđivati sporazum, ugovarati što)

glavnī -ā, -ō (形) 참조 glava

glavnī -ā, -ō (形) 1. 주(主)의, 가장 중요한, 기본의; ~a ulica 주(主)도로; ~ ulaz 정문; ~a uloga 주역(主役); ~a rečenica 주문(主文); ~ stan (軍) 본부; ~ grad 수도(首都) 제 1의(직위, 직책의); 가장 영향력 있는, 최고위의 (prvi, najugledniji, najviši, vrhovni, najveći); dogovoriše senatori i ~ ljudi 상원의원들과 영향력 있는 인물들이 합의를 한다; ~ krivac 주범(主犯); ~ zgoditak 1등상(복권에서) 3. 결정적인, 중요한 (odlujući); ~a bitka 결정적인 전투, 주전투

glavnica (金融) 원금; interes na ~u 원금에 대한 이자; ~ s kamatama(결혼한 남성이 터키에 낸 세금) 2. (터키에 낸) 부동산세(稅)

glavnica (歷) 1. 인두세(결혼한 남성이 터키에 낸 세금) 2. (터키에 낸) 부동산세(稅)

glavničar 인두세(glavnica)를 징수하는 사람

glavničar 이자를 받고 빌려 줄 돈(glavnica)이 있는 사람, 고리대금업자, 자본가 (kapitalist)

glavnina 1. (어떤 것의) 가장 좋고 가장 많은 부분 (glavni, najveći deo čega) 2. (軍) 주력 부대 (najveći deo trupa)

glavno (副) 주로 (uglavnom, najviše); ~ je 가장 중요한 것이다, 가장 기본적인 것이다; ~ je da ste došli 당신이 왔다는 것이 가장 중요한 것이다

glavnokomandujući -ega (軍) 최고 사령관 (vrhovni komandant)

glavnja 장작 (불을 지피는데 사용되는)

glavnjača (歷) (베오그라드 관할) 정치범 수용소, 정치범이 수용되는 감옥; ~ je prepuna uhapšenih demonstranata 정치범이 수용되는 감옥은 데모에 참가하여 체포된 사람들로 꽉 찼다

glavobolja 1.두통; imati jaku ~u 심한 두통이 있다 2. (비유적) 근심, 걱정; 근심걱정거리; briga i ~ 매우 큰 근심 걱정거리 3. (植物) 헴록 (미나릿과(科)의 독초)

glavoboljan -ljna, -ljno (形) 두통의, 머리가 아픈; ~ljno zelje 헴록 (미나릿과의 독초)

glavoč 1.(魚類) 망둥이 2. (植物) 에키놉스(절굿대: 초롱꽃목 국화과의 한 속)

glavočike (女,複) (植物) 국화과의 식물

glavonošci -žaca (男,複) (動物) 두족류(頭足類)의 동물 (오징어·낙지 등)

glavonja (男) 1.(조롱조의) 머리가 큰 사람, 큰 머리를 가진 사람 2. (輕蔑) 장(長), 수장(首長) (glavešina, starešina) 3. (昆蟲) 매미 나방, 짚시 나방

glavoseča 1.참수(斬首)형에 처하는 사람, 목베는 사람 (glavosek) 2. 참수(斬首), 목베기 (odsecanje glave)

glavosek, glavosekovič 참수형에 처하느 사람, 목을 베는 사람

glavuča 참조 glavudža

glavudža, glavuša 1.지대·조롱(glava) 2. 동물의 머리

glazba 1.음악; 음악 연주, 노래 연주 (muzika, sviranje, svirka); zabavna ~ 경음악 2. 악단(樂團), 오케스트라 glazben (形)

glazbalo 악기(樂器); (instrument)

glazbar, glazbenik 1.악기 연주자 2. 음악 작곡가

glazirati -am (표면에) 유약을 칠하다, 투명한 옷칠을 하다, 광택재를 입히다

glazura 1. 유약, 잿물; 광활제(光滑劑), 광택제 (gleđ, emalj) 2. (비유적) 화장 (šminka) 3. 외부의 광택 (spoljašnji sjaj) 4. (케이크 등의) 당의(糖衣), 설탕이나 초콜렛이 입혀진 층

gle (感歎詞) 1. (놀람 등을 나타내는) 어~! gle,gle, a otkud ti među nas! 어~!, 네가 어떻게 여기 우리와 함께 있지! 2. 봐! (pogledaj!); gle ti njega 애, 저 사람좀 봐!

glečer 빙하 (lednik, ledenjak)

gledalac -aoca 시청자; 관중, 구경꾼

gledalište (극장 등의) 관객석; 방청석, 청중석

gledan -dna, -dno (形) 잘 생긴, 아름다운 (naočit, lepa izgleda)

gledati -am (不完) 1. 바라보다, 처다보다, 지

켜보다; *ljudi gledaju očima* 사람들은 눈으로 바라본다; ~ *komad* 연극을 관람하다; *on ih gleda kako igraju kolo* 그는 그들이 어떻게 춤(kolo)추는 지를 바라본다; ~ *ispod oka (očiju)* 믿을 수 없다, 믿을 수 있는 것이 못된다(biti nepoverljiv), 곁눈으로 보다, 흘겨보다; ~ *svojim očima* 자신의 눈으로 직접 보다 2. ~을 셈에 넣다, 고려에 넣다 (voditi račana o nečemu); *na me nije ni gledalo* 나를 셈에 넣지 않았다, 나를 고려하지 않았다 3. 노력하다 (truditi se, nastojati); *on gleda da ne smeta susedima* 그는 이웃들에게 방해가 되지 않으려고 한다; *on gleda da izbegne plaćanje* 그는 어떻게 하면 돈을 내지 않아도 될까를 궁리하고 있다 4. 관심을 기울이다; *on ne gleda na takve gluposti* 그는 그런 멍청한 짓에는 관심이 없다; *on ne gleda na običaje* 그는 관습에는 관심이 없다; ~ *svoje interese* 자신의 이해관계만 관심이 있다 5. ~로 향하여 있다, ~를 향하다 (biti usmeren, okrenut); *top gleda, upravo, u našu vojsku* 대포는 바로 우리 군을 향해 설치되어 있다; *prozori gledaju na istok* 창문은 동쪽으로 나 있다 6. 점치다; ~ *karte* 카드 점을 치다 7. ~ *se* 자신을 바라보다; ~*se u ogledalo (u ogledalu)* 거울에 비친 자신을 쳐다보다; 8. 기타; ~ *svoga posla* (남의 일에 참견하지 않고) 자신의 일을 하다; ~ *kroz prste* 잘못을 너그럽게 봐주다, 보고도 못본체 하다; ~ *kroz ružičaste naočari* 낙관적으로 보다; ~ *kroz crni naočari* 비관적으로 보다; ~ *na visoko* 입신양명을 꿈꾸다; ~ *pravo u oči* 양심에 꺼리낌이 없이 정정당당하다; ~ *s visine* 얕보다, 깔보다, 과소평가하다; ~ *smrti u oči (u lice)* 치열한 전투가 벌어지는 곳에, 죽음의 위험이 있는 곳에 있다; ~ *skrštenih ruku* 관심없이 바라보다; ~ *u tuđu šaku* 남의 도움으로 살다; *ne moći ~ očima* 너무나 싫어하다; ~ *drugim očima* 다른 의견을 가지다

glede (前置詞,+ G.) (廢語) ~에 관해서, ~에 즈음하여 (što se tiče; povodom)

gledište 견해, 견지, 관점, 시각; *s moga ~a* 내 관점에서

glednuti *-em* (完) 흘긋 보다, 잠깐 보다

gleđ (女), **gleđa** (女) 유약 (glazura); *zubna ~* (치아 등의) 법랑질

gleđosati *-šem* (完,不完) 유약을 바르다, 에나멜을 입히다

gležanj *-žnja; gležnji* & *gležnjevi, gležnjēvā*

& *gležnjāvā* 발목 (članak) **gležni** (形)

gležnjača (解) 복사뼈

glib 1. 진창, 수렁; 진흙 (gusto, lepljivo blato, kal) 2. (비유적) 쓰레기, 먼지; 고장남 (prljavština, pokvarenost)

glibati *-am* (不完) 진창을 밟다, 진창을 밟고 가다 (gaziti po glibu)

glibav *-a, -o* (形) 1. 진흙이 묻어 더러워진, 진흙이 잔뜩 묻은 2. 진창 투성이의 (glibovit)

glibiti (se) *-im (se)* (完) 진창에 넘어지다 (upadati u glib)

gliboder 준설기, 준설기선(船: 강바닥이나 바다 바닥에서 모래 등을 파 내는) (bager)

glibovit *-a, -o* (形) 진창투성이의, 진흙의

glicerin (化) 글리세린

glicinija (植) 등나무

glikoza (化) 포도당

glina 점토, 찰흙; *taj lonac je od ~e* 그 냄비는 점토로 만들어졌다; *figure od ~e* 점토상(像)

glinast *-a, -o* 점토(찰흙)의, 점토(찰흙) 성분이 있는 (glinovit); ~*a zemlja* 찰흙

glindžav *-a, -o* (形) (행동이) 느린, 굼뜬

glinen *-a, -o* (形) 점토(찰흙)로 만들어진; ~*o posude* 점토로 구워진 그릇; *stajati na ~im nogama* 불안정하게(허약하게) 서 있다; ~*i škriljac* (岩石) 점판암 (粘板岩)

glinica (化) 산화 알루미늄

glinovit *-a, -o* (形) 1. 점토(찰흙) 성분이 있는 2. 진흙의 (blatnjav)

glinuša 진흙이 많은 땅, 점토(찰흙)가 많은 땅 (토지)

gliser 모터 보트

glista (길쭉하고 발이 없는) 벌레, 연충(蠕蟲) (지렁이·거머리 등), 기생충(사람 몸에 기생하는); *kišna ~* 지렁이; *rudarska ~* 십이지장충; *bela ~* 요충; ~ *peščara* 갯지렁이; *dečja ~* 회충; *ocatna ~* 묵은 식초 속에 생기는 작은 선충, 초선충(醋線蟲); *pecati na ~u* 지렁이를 미끼로 사용하여 낚시하다; *izvoditi besne ~e* 별별짓을 다 하다, 어릿광대짓을 하다

glob *-ovi* 참조 globus

globa 1. 벌금 (novčana kazna); 압수, 몰수 (zaplena, konfiskacija) 2. 폭력, 완력 (nasilje, zulum)

globadžija (男) 참조 globar

globalan *-lna, -lno* (形) 둥근, 공 모양의, 구형(球形)의; 전체적인, 포괄적인, 광범위한; 전 세계의, 세계적인; ~ *iznos* 총계(總計)

globar 1. 벌금(globa) 징수자 2. 도둑, 날강도,

G

폭력 행사자, 완력 행사자 (otimač, pljačkaš; nasilnik)
globiti -im (不完) oglobiti (完) 1. 빼앗다, 강탈하다, 완력을 행사하다 (pljačkati, vršiti nasilje) 2. 벌금을 매기다
globljavati -am (不完) 참조 globiti
globulin 글로불린(단순 단백질의 한 종류), (특히) 혈장 단백질
globus 지구; 지구의(地球儀) **globuski, globusni** (形)
glodač (機) 선반 (glodalica, strug)
glodalica (機) 선반
glodar (動) 설치류 동물(쥐, 다람쥐 등)
glodati -đem (不完) oglodati (完) 1. (앞니로) 갉아먹다, 쏠다; ~ belu kost 아무 일도 아닌 것에 야단법석을 떨다 2. 물어 끊다(뜯다), 갉아먹다 3. 부식시키다, 침식시키다; talasi su oglodali stenje 파도가 바위를 침식시켰다 4. ~ se 싸우다, 다투다 (svađati se)
glodavac -vca (動) 설치류 동물 (쥐, 다람쥐 등) (glodar)
glog -ovi (植) 산사나무속(屬); 그 열매
gloginja 참조 glog; mlatiti ~e 쓸데없는 일을 하다, 유익하지 않은 일을 하다
glogot (擬聲語) (물이 끓거나 넘칠 때) 보글보글, 콸콸, 철철 (klokot)
glogotati -ćem (不完) (擬聲語) (물 등이) 콸콸 소리내다 (klokotati)
glogovac 1. 산사시나무로 만든 뭉둥이(작대기) 2. (昆蟲) 흰나비과의 곤충
glogovina 산사시나무 목재
glomazan -zna, -zno (形) 1. 부피가 큰, 매우 큰, 많은 공간을 차지하는; ~ ormar 부피가 큰 장롱; ~ teret 부피가 큰 화물 2. 불균형적으로 큰(커다란); (동작·행동 등이) 어설픈, 어색한; (절차 등이) 까다로운, 골치 아픈; ~zna procedura 까다로운 절차; ~ sastav 골치 아픈 구성; ~zna noga 불균형적으로 큰 다리
glorificirati -am, **glorifikovati** -kujem (不完) 찬미(찬양·찬송)하다 (slaviti, veličati)
glorija 1. 영광, 영예, 광영 (čast, slava) 2. 후광(後光) (oreol)
glosa 1. (페이지 아래·책 말미의 간결한) 주석, 주해 (注解), 평주(評注); 해설 2. 4행시
glosar, glosarij -ija, **glosarijum** (어려운 말·폐어·방언·숙어 등의) 소사전, 용어집, 어휘 사전
gložiti se -im se (不完) 다투다, 말다툼하다, 서로 잘 맞지 않다 (biti u neslozi, svađati se)
gložnja 다툼, 불화 (gloženje, svađa)
gluh -a, -o; gluši (形) 참조 gluv

gluhać 참조 gluvać
gluhara 참조 gluvara
gluhnuti -em (不完) ogluhnuti (完) 귀가 멀다, 귀가 들리지 않게 되다
gluhoća, gluvoća 귀가 멈, 귀가 먼 상태; (비유적) 둔감, 몰이해
gluhonja, gluvonja 참조 gluhać
gluhota 참조 gluvota
glukoza 참조 glikoza
gluma 1. (무대 위의) 연기, 연기력 2. (비유적) 가장(假裝), 흉내 (pretvaranje, izigravanje)
glumac 배우, 연극인 **glumica**; **glumački** (形); ~a umetnost 극예술; ~a uloga 극 역할; ~a družina 공연단
glumaštvo 연기
glumiti -im (不完) 1. 연기하다, 공연하다 2. odglumiti (完) (비유적) 연극하다, 가장하다, ~인체 하다 (pretvarati se, izigravati)
glunuti -nem (不完) 참조 gluhnuti
glup -a, -o (形) 어리석은, 멍청한, 우둔한; ~ kao klada(noć, ćuskija) 너무나 어리석은, 굉장히 멍청한; ~i avgust 어릿광대, 익살꾼 (서커스의) (klovn)
glupača 어리석은(멍청한) 여자
glupačina (男,女) (지대체) glupak
glupak, glupan 바보, 멍청이, 어리석은 사람 **glupakinja; glupački, glupanski** (形)
glupara 참조 glupača
gluparati -am (不完) 말도 안되는 소리를 하다, 허튼 소리를 하다 (govoriti glupost)
gluparija 참조 glupost
glupav -a, -o (形) 참조 glup; 어리석은, 멍청한
glupavko (男) 어리석은(멍청한) 사람
glupeti -im (不完) 멍청해지다, 우둔해지다, 어리석어지다
glupost (女) 어리석음, 우둔
gluv -a, -o; gluvlji (形) 참조 gluh; 귀머거리의, 귀가 먼; 청각 장애가 있는; ~ od rođenja 태어나면서부터 귀가 먼; pravila se ~a 그녀는 귀가 먼 것처럼 행동했다; ~ na jedno uvo 한쪽 귀가 안들리는; ~ kao top 완전히 귀가 먼; u ~o doba 한 밤중에; kao ~a kučka (kao ~ pas) skitati se 배회하다, 어슬렁거리다
gluvać (輕蔑) 미련한 사람, 멍청한 사람
gluvara 1. (植) 기와버섯 2. (鳥類) 청둥오리 3. 저구경의 총 참조 gluhara
gluveti -im (不完) 귀머거리가 되다, 귀가 멀게 되다
gluvilo 귀가 멈, 귀가 들리지 않음; (비유적)

둔감, 민감하지 않음, 몰이해 (neosetljivost, nerazumevanje) (gluvota, gluvoća, gluhota, gluhoća)

gluvonem -a, -o (形) 귀가 멀고 말을 못하는, 농아의

gluvonja 미련한 사람, 우둔한 사람 (gluhonja, gluvak)

gluvota 귀가 멈, 귀가 먼 상태; (비유적) 쥐죽은 듯한 고요, 평화 (potpuna tišina, mir)

gljiva (보통 複數로) 1. 버섯; *jestive (otrovne) ~e* 식용(독) 버섯; *najesti se ludih ~* 미치다, 돌다; *nicati kao ~e (posle kiše)* 우후죽순처럼 생겨나다 (pečurka) 2. 곰팡이

gljivar 1. 버섯채취판매자 2. 개미의 한 종류 3. 민물고기의 한 종류

gljivarnik 버섯이 자라는 장소, 버섯 재배장(場)

gljivarstvo 균류학(菌類學)

gljivast -a, -o (形) 버섯과 비슷한, 버섯 비슷하게 생긴; *~a kapa* 버섯 모양의 모자

gljivica 1. (지소체) gljiva 2. (複數로) 곰팡이, 진균류; 무좀 **gljivični** (形); *~o oboljenje* 곰팡이 질환; *~a infekcija* 곰팡이 감염

gljivičav -a, -o (形) 곰팡이가 있는, 무좀이 있는

gljivište 참조 gljivarnik

gmaz -ovi (動) 파충류, 파충류 동물 (gmizavac)

gmecav -a, -o (形) 참조 gnjecav

gmizati *-žem* (不完) 1. 기다, 기어가다 (puziti, mileti) 2. 떼지어 가다

gmizav -a, -o (形) 1. 기어 가는, 기어 다니는 2. (비유적) (아부하면서) 박박 기는; 아부하는

gmizavac 1. (動) 파충류, 파충류 동물 2. (비유적) (輕蔑) 박박 기는 사람 (아무런 자존심도 없이)

gmiziti *-im* (不完) 참조 gmizati

gmiznuti *-em* (完) 기다, 기어가다 (오다); *gmiznuo je kraj mene* 그는 기어서 내 옆으로 왔다

gnati *-am & žene*m (不完) 참조 goniti

gnev 분개, 격노, 대로(大怒)

gnevan -vna, -vno (形) 분개한, 격노한, 대로한

gneviti *-im* (不完) 1. 분개시키다, 격노시키다, 화나게 하다 2. ~ se 분개하다, 화내다, 격노하다

gnevljiv -a, -o (形) 화를 잘내는, 성마른 (naprasit)

gnezdast -a, -o (形) 1. 둥지 모양의 2. (비유적) 기분 좋은, 편안한, 포근한, 안락한, 아늑한 (prijatan, ugodan)

gnezditi *-im* (不完) **ugnezditi** (完) 1. 둥지(둥

우리)를 틀다(만들다) 2. ~ se 자신의 둥지 (보금자리)를 만들다; 편안하게(아늑하게) 자리잡다, 잘 정착하다; *~ se na dobrom poslu* 좋은 직업에 잘 정착하다

gnezdo 1. (새 등의)둥지, 둥우리; *praviti ~* 둥지를 짓다; *mitraljesko ~* 자동소총 진지; *zoljino(osino) ~* 벌집; *golub iz vranina ~a* 쓸모없는 사람, 겁쟁이 2. 보금자리,집, 생가 (生家), 고향 (kuća, domaće ognjište, zavičaj); *sviti ~* 일가를 이루다 3. 피난처, 안식처 (sklonište, utočište)

gnoj 1. 화농, 고름 2. 동물의 배설물, 거름, 퇴비 (đubre)

gnojan -jna, -jno (形) 1. 화농의, 고름의; *~ čir* 고름 종기; *~jna bubulica* 농포(膿疱), 고름집 2. 퇴비가 많은

gnojanica 1. 농포(膿疱), 고름집 (gnojavica) 2. 거름더미(밭에 있는)

gnojav -a, -o (形) 화농의, 고름의; (비유적) 도덕적으로 타락한

gnojavica 1.고름, 화농 2. 고름이 잡힌 부분 (신체의); 종기

gnojište (똥)거름 더미 (mesto gde se leži gnoj, đubrište, smetlište)

gnojiti *-im* (不完) 1. 퇴비를 하다, 거름을 뿌리다 (đubriti) 2. (상처 등이) 곪다, 염증이 생기다; *gnoj mi (se) rana* 상처가 곪는다

gnojivo 비료, 퇴비, 거름

gnojnica 1. 고름이 잡힌 부분; 종기 (gnojavica) 2. 거름 더미 (gnojište)

gnom (神話) (땅속의 보물을 지킨다는) 난쟁이, 땅 꼬마 신령

gnoma 금언, 격언 **gnomski** (形)

gnostik 참조 gnostičar; 그노시스주의자

gnostizam *-zma* (哲) 그노시스주의, 영지주의 (靈智主義: 2세기 그리스·로마 세계에서 두드러졌던 철학적·종교적 운동)

gnu (男) (動) 누 (남아프리카산의 암소 비슷한 영양)

gnus 1. 동물의 배설물 (izmet) 2. 더러움, 쓰레기, 오물 (nečistoća, prljavština) 3. (비유적) 도덕적으로 타락한 인간, 인간 쓰레기 (moralna nakaza, gad)

gnusan -sna, -sno (形) 1. 더러운, 불결한 (prljav, nečist) 2. 구역질나는, 메스꺼운, 역겨운 (odvratan, mrzak, gadan); *~sni zločin* 참혹한 범행

gnusiti *-im* (不完) 1. 더럽히다 (prljati) 2. (비유적) 중상모방하다, 모독하다 (ružiti, klevetati)

gnusnik 역겨운 사람, 치사한 사람, 비열한 사람

G

gnusoba 1. 더러움, 불결 (nečistoća, prljavština, gadost) 2. 역겨움

gnušanje (동사파생 명사) gnušati se

gnušati se -am se (不完) 질색하다, 몹시 싫어하다, 역겨워하다 (gaditi se, groziti se); *gnuša mi se* 지긋지긋하다; ~ *nad zločinom* 범행에 역겨워하다; ~ *ubice* 살인범에 질색하다

gnjat (男, 드물게 女) (解) 아랫 다리(무릎에서 복사뼈까지의), 정강이 **gnjatni** (形)

gnjavator 귀찮게 하는 사람, 따분하게(권태롭게) 하는 사람, 성가신 사람, (귀찮도록) 조르는 사람

gnjavaža, gnjavež (女) 1. 따분하고 성가신 일; 성가심, 따분함, 귀찮음 2. 참조 gnjavator

gnjaviti -im (不完) 1. zgnjaviti (完) 눌러 부수다, 짜부러뜨리다, 으깨다 (gnječiti, mesiti, gužvati); ~ *hleb* 빵을 눌러 가루로 만들다 2. 목조르다, 목졸라 죽이다 (daviti, zadavljivati); *za Herakla se priča da je u kolevci gnjavio zmije* 헤라클라스는 강보에서 뱀을 목졸라 죽였다고 전해진다 3. ugnjaviti (完) (비유적) 억압하다, 탄압하다, 박해하다, 학대하다 (mučiti, kinjiti, tlačiti) 4. (비유적) 귀찮게 하다, 성가시게 하다, 따분하게 하다, 못살게 굴다 (긴 이야기, 느릿느릿한 일 등으로) (dosađivati); *zašto toliko gnjaviš sa večerom?* 뭘 그렇게 천천히 밥을 먹느냐? 5. ~ se 고생하다, 불쾌하고 불편해 하다, 따분해 하다, 귀찮아 하다

gnjecati -am (不完) 1. (밀가루를) 개다, 반죽하다 (mesiti, gnječiti) 2. 푹신한 곳을 따라 가다 (ići po nečem mekom, gacati)

gnjecav -a, -o (形) 1. 덜 구워진, 설 구워진 (밀가루 반죽 등이) 2. (부드러워져·연해져) 끈적거리는, 전득전득한 (mek i lepljiv, ljigav); ~*a bombona* 전득전득한 사탕; ~ *pasulj* 끈적거리는 콩(파술) 3. 물렁거리는, 흐물흐물한 (mlitav)

gnječilica (포도 등의 즙을 짜내는) 압착기

gnječiti -im (不完) 1. 으깨다, 압착하다 (즙을 짜내거나 부드럽게 하기 위해); ~ *grožđe* 포도의 즙을 짜내다 2. (비유적) 억압하다, 탄압하다, 박해하다, 학대하다 (mučiti, kinjiti, tlačiti); ~ *narod* 백성들을 탄압하다; ~ *dušu* 영혼을 박해하다 3. ~ se 으깨지다; *jagode se lako gnječe* 딸기는 쉽게 으깨진다

gnjesti *gnjetem; gnjeo, gnjela; gnjeten* (不完) 참조 gnječiti

gnjetao -tla, **gnjeteo** -ela (男) 꿩 (fazan)

gnjida 1. (이 등 기생충의) 알, 서캐 2. (비유적)

(輕蔑) 인간 쓰레기 (gad, đubre)

gnjilac -lca 1. 게으른 사람, 게으름뱅이 (lenština, neradnik) 2. (病理) 괴혈병 (skorbut)

gnjileti -im (不完) 1. 썩기(상하기) 시작하다, 부패하기 시작하다 2. (과일이) 무르기 시작하다 3. 썩게 하다, 부패시키다; (비유적) 붕괴시키다, 멸망시키다 (upropašćivati)

gnjilež (女,男) 썩은 것, 상한 것, 부패한 것 (ono što je gnjilo, trulež)

gnjiloća, gnjilost (女) 부패(한 상태), 썩음, 상함, 썩은 상태

gnjio gnjila, gnjilo (形) 1. 썩은, 상한, 부패한 2. (과일이) 너무 익은 3. 고름의, 화농의 (gnojan) 4. (비유적) 게으른, 행동이 굼뜬; 무능력한, 가치없는, 타락한 (lenj, trom, slab, nemoćan, bezvredan, pokvaren) 5. 기타; *pasti (padati) kao gnjila kruška* 쉽게, 곧 (lako, brzo) 떨어지다; *kao gnjilih krušaka* 너무 많이, 과도하게 (vrlo mnogo, previše)

gnjiti gnjijem (不完) 참조 gnjileti

gnjurac, gnjurač 1. 잠수부 (ronilac) 2. (鳥類) 농병아리 3. (昆蟲) 물속에 사는 딱정벌레(물방개 따위)

gnjuračica 여자 잠수부

gnjurati -am (不完) **gnjurnuti** -nem (完) 1. (머리, 코 등을 어디에다) 쳐박다, 들이밀다 (gurati (glavu, nos u što)); ~ *glavu* 머리를 쳐박다 2. ~ se 잠수하다 (roniti) 3. ~ se (머리, 코 등을) 쳐박다; *gnjurao se duboko u jastuk* 베개 깊숙이 머리를 파묻었다

go gola, golo **gol** (形) 1. 누드의, 나체의, 알몸인 (neobučen, neodeven, nag); (비유적) 옷을 거의 입지 않은; 매우 빈곤한, 아주 가난한; ~ *i bos* 매우 가난한; ~ *kao od majke rođen,* ~ *kao pištolj(prst, crveni miš)* 완전 나체의; ~*la duša* 알몸뚱이 하나인(매우 가난하고 아무런 보호도 받지 못하는); *goli brat(sin)* 빈민; ~*lim rukama (grudima)* 손에 아무런 무기도 없이; *gotov je na* ~ *nož (udariti)* 매우 용감한; ~*lim okom (videti)* 맨눈으로(보다); *do* ~*le kože opljačkati* 완전히 강탈해 가다, *do* ~*le kože pokisnuti* 완전히 젖다 2. (산 등이) 헐벗은, 노출된; ~*la njiva* 맨 땅이 드러난 밭; ~*la planina* 헐벗은 산; ~*lo drveće* 잎이 다 떨어진 나무; ~*li zidovi* 아무것도 없는 벽 3. (비유적) 아무것도 섞이지 않은, 순수한 (čist); ~*lo zlato* 순금; ~*la laž* 새빨간 거짓말; *biti* ~*la voda, biti sav u* ~*loj vodi* 땀에 흠뻑 젖다; *na* ~*lu* *reč(verovati)* 증거없이(믿다)

gobela (차바퀴의) 테두리, 큰 테, 외륜, 테두리 쇠; 굴렁쇠 (naplatak)

goblen 고블랭 직물

goč *-evi* 북, 드럼 (bubanj, doboš)

god *-ovi* 1. 기념일, 공휴일 2. (나무의) 나이테

god (小辭) (不定詞) (~일지라도, ~든지); *ko ~* 누구일지라도(누구든지); *koji ~* 무엇일지라도(무엇이든지); *kakav ~* 어떠하든지, *koliki ~* 크기가 어떨지라도(어떤 크기든지); *kako ~ hoćete* 어떻게 원할지라도; *koliko ~ košta, kupite ga* 얼마일지라도 그것을 구입하십시오; *čiji ~* 누구의 것일지라도

godina 1. 해, 1년; 연도, 학년; ~살 (수사와 함께); 나이, 연령; *bele ~e* 노년, 노령; *školska ~* 학년도(학교의); *budžetska ~* 회계연도; *prestupna ~* 윤년 (閏年: 1년이 366일인); *kalendarska ~* 역년(曆年) (1월 1일에서 12월 31일까지); *Nova ~* 신년; *svetlosna ~* 광년(光年); *čovek u ~ama* 나이가 지긋한 사람; *čovek srednjih ~* 중년의 남자; *zaći u ~e* 나이 먹다; *u najboljim ~ama* 전성기에, 한창 때에; *~u dana* 1년에; *kroz ~u dana* 1년 네에, 1년 동안에; *svake ~e* 매년, 해마다; *ove(prošle, iduće) ~e* 금년(작년, 내년); *cele ~e* 1년 내내; *dobra ~* 풍년이 든 해; *gladna (crna) ~* 흉년이 든 해; *vući se kao gladna ~* 천천히 오랫동안 지속되다; *~ama, ~e i ~e* 오랫동안, 매우 오랜기간 동안; *iz ~e u ~u* 해마다; *preći ~ e* (시간)을 놓치다(보통 시집 갈); *sto ~ devetdeset groša* 아주 보잘것 없는 수입, 아무런 득이 없는 것 2. (고인의) 기념일, 제사일

godišnjak 1. 1년 된 짐승(동물) 2. 연감 (年鑑), 매년 1회 발행되는 잡지

godišnje (副) 해마다, 1년에; *dva puta ~* 1년에 2회

godišnjī *-ā, -ē* (形) 1년의, 해마다의, 연간의, 매년의; *~ odmor* 연가(年暇); *~ budžet* 연간 예산; *~a članarina (plata)* 연회원비(연봉); *~a doba* 계절

godišnjica 1. 기념일; *slaviti ~* 기념일을 기념하다 2. (고인의)추넘일, 제사일 3. 연감 (年鑑), 매년 1회 발행되는 잡지 (godišnjak)

godište 1. 연도(年度) (godina) 2. 시간, 기간 (몇 년간의) 3. 같은 해에 태어난 남자들; *otišao je na front celo njegovo ~* 그와 같은 해에 태어난 장정들은 모두 전선으로 배치되었다 4. 1년동안 발행된 잡지 혹은 신문 등의 모든 발행 호수(號數)

goditi *-im* (不完) 1. 기쁘게 하다, 즐겁게 하다, 만족시키다; …의 마음에 들다(prijati, dopadati se); *to mi godi* 마음에 든다; *deci će ~ ovaj planinski vazduh* 아이들에게 이 러한 산 공기가 마음에 들 것이다 2. 정하다, 결정하다 (određivati, odlučiti) 3. (돌 등으로) 맞추다, 던지다 (gađati, nišaniti)

godovati *-dujem* (不完) 1. 기념하다, 경축하다, 축하하다 (slaviti) 2. 기쁘게 하다, 즐겁게 하다, 만족시키다; …의 마음에 들다 (goditi)

gojan *-jna, -jno* (形) 살찐, 뚱뚱한, 비만한

gojazan *-zna, -zno* (形) 참조 gojan

gojaznost (女) 비만, 비대

gojenac *-nca* 1. 피교육생, 학생 (vaspitanik, pitomac) 2. 사육 동물

gojenje (동사파생 명사) gojiti

gojilišnjī *-ā, -ē* (形) 참조 gojilište; 양식장의, 양어장의

gojilište (물고기 혹은 다른 동물들의) 사육장, 양어장, 양식장 (tovilište); *~ pastrmski* 송어 양식장

gojiti *-im* (不完) 1. 기르다, 사육하다, 키우다, 양식하다, 보살피다 (gajiti, hraniti, othranjivati, negovati); *~ zmiju u nedrima* 호랑이 새끼를 키우다 2. 살찌우다 (toviti) 3. *~ se* 살찌다

gojzerice (女,複) 등산화(바닥에 징이 박힌)

gol *-a, -o* (形) 참조 go

gol (스포츠) 1. 골문; *pucati na ~* 골대에 슛을 쏘다 2. 골 (골인); *postići ~* 골을 넣다, 득점하다

golać 1. 옷을 입지 않은 사람; 옷을 거의 안 입은 사람 2. (動) 민달팽이 3. (비유적) 아무것도 없는 사람, 가난한 사람 (golja)

golanfer 떠돌이, 방랑자; 무직자 (besposličar, skitnica)

golcat *-a, -o* (形) (보통 go와 함께); *go ~* 완전히 발가벗은, 완전히 나체의

goldiferencija (스포츠) 골 차이

golem *-a, -o* (形) 매우 큰, 커다란, 폭이 넓은; 수가 많은, 많은 숫자의; 엄청난, 대규모의 (vrlo velik, ogroman, širok; mnogobrojan); *~ kamen* 엄청나게 큰 바위; *~o jezero* 아주 넓은 호수; *~ bol* 엄청나게 아픈 통증; *~a muka* 큰 고통

golen (女) (解) 아랫 다리 앞부분(무릎에서 발목까지의), 정강이 뼈 (golenica)

golenjača 정강이 뼈

golet (女) (산에서) 초목이 없이 벌거벗은 곳 (장소); 벌거벗은 산, 민둥산이 산

golf (스포츠) 골프; *loptica za ~* 골프공

golfski (形)

golf 만 (灣) (zaliv)

golfskī -a, -ō (形) 참조 golf

golfskī -a, -ō (形) 만(灣)의; Golfska struja 멕시코 만류계 (멕시코 만류와 플로리다 해류, 북대서양 해류로 이루어지는 대해류계)

golgeter (스포츠) 골잡이

golgota 골고다 (그리스도가 십자가에 못박힌 곳;예루살렘 부근의 언덕), 수난(희생)의 땅

golicati -am (不完) golicnuti -nem (完) 1. 간지럽히다; ~ po tabanima 발바닥을 간지럽히다; ~ po vratu 목을 간지럽히다 2. (비유적) 자극하다, 흥분시키다 (dražiti, razdraživati); ~ nekoga u nosu 누구의 코를 자극하다 3. (비유적) 야기시키다, 불러일으키다, 북돋우다, 자극시키다 (izaavati na nešto, podsticati); radoznalost ga golica 호기심이 그를 자극한다; golica ga da sazna šta će dalje biti 그는 앞으로 어떻게 될 것인지가 궁금하다 4. ~ se 간지럽다; ~ se po licu 얼굴이 간지럽다

golicav -a, -o (形) 1. 간지러운, 흥미로운, 흥미를 불러 일으키는 (škakljiv, pikantan, zanimljiv); ~ smeh 간드러지는 웃음; to je ~a stvari 그것은 사람들의 관심을 유발하는 사안이다 2. 선정적인, 음란한, 외설의

golicljiv, goličljiv -a, -o (形) 참조 golicav

golina 1. (나무 등으로)덮여져 있지 않은 지역; 헐벗은 지역, 황무지 (golo, nepokriveno mesto) 2. 개간되지 않은 땅, 동토의 땅 (ledina, golo, neobrađeno zemljište)

golišan -a 발가벗고 있는 사람; 발가벗고 있는 아이 (golišavac)

golišav -a, -o (形) 1. 나체의, 알몸인, 벌거숭이의; 거의 옷을 입지 않은; (새가) 털이 없는 2. 수염이 없는 (bez brade i brkova)

golišavac 참조 golišan

golišavica 발가벗고 있는 여자 아이, 옷을 입고 있지 않은 여자 아이

golman (스포츠) 골키퍼

golobrad -a, -o (形) 아직 턱수염이 나지 않은; 경험이 없는, 경험이 부족한

golobrk -a, -o (形) 콧수염이 아직 나지 않은 (ćosav)

goloća 참조 golota

gologlav -a, -o (形) 1. 머리에 아무것도 쓰지 않은 (모자 등의) 2. (비유적) 낙엽이 다 떨어진; (교회의) 종이 없는

gologrud -a, -o (形) 가슴에 아무것도 없는

gologuz 엉덩이가 다 나오게 옷을 거의 입지 못한 사람; (비유적) 가난한 사람

gologuz -a, -o (形) (輕蔑) 누더기를 걸친 (dornjav, pocepan)

gologuza 참조 gologuz; gologuz의 여성형

golomrazica 서리(눈내리기 이전 계절에 내리는) (suvomrazica)

golonog -a, -o (形) 맨발의 (bosonog)

goloručke, goloručice (副) 맨 손으로, 맨 주먹으로, 무기없이

goloruk -a, -o (形) 1. 맨 손의, 맨 주먹의; 무기가 없는, 무장하지 않은 (nenaoružan) 2. (비유적) 빈 손의, 아무것도 가진 것이 없는, 능력이 없는

gološijan 목에 아무것도 두르지 않은 사람

gološijast -a, -o (形) 목에 아무것도 없는

golota 1. 나체(상태) (golgotinja, nagota) 2. (비유적) 분명함 (jasnost) 3. 헐벗음, 굶주림 (beda, sirotinja, nemaština)

golotinja 1. 나체; (비유적) 유쾌하지 못함, 불쾌함 (neprijatnost) 2. 부족, 결핍, (자원의) 부족 3. 빈곤, 가난 (siromaštvo, oskudica); bosotinja(sirotinja) i ~ 가난, 빈곤; u svojoj ~i (pokazati se) 감추지 않은 (도덕적, 정신적) 빈곤을 보여주다 4. 가난한 사람

golotrb 배가 그대로 나와 있는 사람; 가난한 사람, 거의 옷을 입지 못한 사람

golotrb -a, -o (形) 1. 배가 거의 그대로 나와 있는, 옷을 거의 입지 못한 2. (비유적) 비무장의, 무기로 무장하지 않은 (nenaoružan)

golovrat -a, -o (形) 목에 아무것도 없는

golub -ovi 1.(鳥類) 비둘기; ~ gušan 파우터 (멀떠구니를 내밀어 우는 집비둘기의 일종); ~ prevrtač 공중제비하는 비둘기; ~ lepezan 공작비둘기; divlji ~ 흑비둘기; ~ dupljaš 들비둘기; ~ grivnaš 산비둘기; ~ mira 평화의 비둘기; živeti kao ~ s golubicom 비둘기처럼 다정하게 살다; bolje vrabac u ruci nego ~ na grani 남의 좋은 것보다는 내것 나쁜 것이 훨씬 낫다 2. 사랑하는 사람 또는 애완동물을 지칭 함

goluban (지대체) golub

golubar 1. 비둘기(golub)를 기르는 사람 2. (鳥類) 송골매

golubarnik 1. 비둘기장, 비둘기 집 2. 조그마한 아파트 (보통 제일 꼭대기 층의), 옥탑방; 조그마한 방들을 많이 갖춘 집

golubarstvo 비둘기 사육

golubast -a, -o (形) 1. 비둘기 색의, 보라빛을 띤 회색의; ~o nebo 비둘기 색의 하늘; ~ oblak 비둘기 색의 구름 2. 비둘기와 비슷한, 비둘기의 특성을 가진

golubica 1. 비둘기 암컷 2. 사랑스런 여성을

지칭할 때

golubić (지소체) golub

golubijī -ā, -ē (形) 1. 비둘기의, 비둘기 색의 2. 부드러운, 연한 (mek, blag, nežan)

golubinjak 참조 golubarnik

golubinjī -ā, -ē (形) 참조 golubiji

golupčad (女)(集合) golupče

golupče 1. 새끼 비둘기, 비둘기 새끼 (golupčić) 2. (비유적) 아이, 사랑스럽고 반가운 사람

golušav -a, -o (形) 나체의, 옷을 거의 입지 않은 (gološav); 깃털이 없는 (goluždrav)

goluždrav -a, -o (形) 1.깃털이 없는, 깃털이 나지 않은 2. 가볍게 옷을 입은, 옷을 거의 입지 않은; (산야 등이) 헐벗은, 황량한; (나무의) 낙엽이 거의 다 떨어진

goluždravac -vca 1. 깃털이 없는(나지 않은) 새 2. 거의 발가벗고 있는 아이 3. (輕蔑) 애송이, 풋내기, 유상구취한 청년 (nezreo mladić)

golja (男), **goljo** (男) 아주 가난한 사람 (golać)

gomba 1. 단추 (dugme) 2. 울로 된 장식 술 (kićanka); 작은 공 모양의 장식

gombač 체조 연습생 (gimnastičar)

gombaonica 체조 연습장

gombati se -am se (不完) 1. 체조연습을 하다 2. 싸우다 (boriti se, tući se) 3. 말다툼하다, 승강이 하다 (prepirati se)

gomila 1. (쌓아 올린) 더미, 덩어리, 무더기; ~ kamenja 돌 무더기 2. (사람의) 군중, 무리, 인파; ~ ljudi(sveta) 수많은 사람들, 인파; *držati se ~e* 수많은 사람들로 꽉 막혔다; *zbiti se u ~u* 무리를 형성하다

gomilast -a, -o (形) 더미의, 무더기의; *nad njima plove ~e oblaci* 그들 위로 뭉게구름이 지나간다

gomilati -am (不完) nagomilati (完) 1. 쌓다, 쌓아 올리다, 쌓아 올려 더미를 형성하다; ~ kamenje 돌을 쌓다(쌓아 올리다); ~ zemlju 흙을 쌓다 2. 모이게 하다; 모으다, 축적하다; ~ vojsku 군대를 집합시키다; ~ zalihe 재고를 축적하다; ~ novac 돈을 모으다 3. ~ se 산더미처럼 쌓이다, (많은 양이) 모이다; (비유적) 등이 굽다, 구부정하게 되다 (grbiti se); *oblaci se gomilaju* 구름이 몰려 들었다 4. ~ se 증가되다, 불어나다 (uvećavati se, umnožiti se); *svet se gomilao* 사람들이 모였다, 사람들의 숫자가 불어났다

gomilice (副) 더미로, 한묶음으로, 통틀어서

gomolj (男), **gomolja** (女) 1. (植)(양파, 감자 등의) 구근(球根), 알뿌리 2. (비유적) 혹(몸의) (grba, kevrga, guka)

gomoljast -a, -o (形) 구근의, 구근 모양의

gomoljača (植) 덩이줄기 작물 (감자 등의)

gomoljika 1.(植) 송로버섯 (tartuf) 2. 참조 gomoljača

gončin (男), **gončina** (男) 1. (가축) 몰이꾼 (gonič) 2. (비유적) 박해자, 압제자 (mučitelj) 3. 시중드는 사람, 심부름꾼 (kurir, služitelj)

gondola 곤돌라 (베니스 특유의 평저 유람선·나룻배)

gondolijer 곤돌라 사공

gonetati -am & -ćem (不完) 1. 짐작하다, 추측하다, 추측해서 말하다 (nagađati) 2. 점치다 (vračati, gatati) 3. 수수께끼를 내다

gong -ovi 징, 공

gonič 1. (가축 등을) 몰고 가는 사람, 소몰이 꾼; ~ stoke 가축을 몰고 가는 사람 2. (사냥의) 몰이꾼 (gonilac) 3. 추격자, 사냥개 (hajkač, lovački pas)

gonilac -ioca 1. 추격자, 추적자 2. (가축의) 몰이꾼 (gonič) 3. 박해자, 압제자, 폭군 4. 반대자 (protivnik, borac protiv nečega)

goniometar -tra 각도계, 측각기 (uglomer)

goniti -im (不完) 1. 쫓다, 뒤쫓다, 추적하다, 추격하다; ~ begunca 탈주자를 추적하다 2. 쫓아내다, 쫓아버리다, 몰아내다; ~ zle duhove 악귀를 몰아내다; ~ vetar kapom 헛된 일을 하다; ~ lisicu, a isterati vuka 더 위험한 상황에 처하다 3. 기소하다, 공소(公訴)하다, 소추(訴追)하다; ~ sudom 기소하다 4. 강제하다, 강요하다, (~을) 시키다 (primoravati, prisiljavati); *goni je noću da radi* 밤에도 일을 하도록 그녀를 강제한다 5. 박해하다, 괴롭히다, 못살게 굴다 (proganjati, uništavati); *zar u času kada ga zli ljudi gone, ja da ga napustim?* 나쁜 사람들이 그를 못살게 굴 때 내가 그를 내버려 두고 떠나야 하는가? 6. 압박하다, 괴롭히다 (pritiskivati, mučiti); *materijalne nevolje su ga stalno gonile* 금전적 어려움이 항상 그를 괴롭혔다 7. ~을 하도록 요구하다 (zahtevati, tražiti da se nešto uradi); *nemojte ga ~ da proda kola ako neće* 차를 팔기 싫은데도 팔도록 강요하지 마세요 8. (가축을) 몰다, 몰아가다; ~ stoke 가축을 몰고 가다 9. ~ se 서로 앞서거니 뒤서거니 하면서 가다; *posmatrao sam kako se po nebu gone oblaci* 구름이 앞서거니 뒤서거니 하면서 흘러 가는 것을 바라봤다 10. ~ se 결투하다(boriti se u dvoboju); 경쟁하다 (takmičiti se u nekom poslu); 전투하다, 전

G

쟁하다 (voditi borbu); *često su se pripadnici istog naroda, a različite vere, gonili među sobom* 같은 민족이면서 종교가 다른 사람들이 자주 상호간에 전쟁을 하였다 11. ~ se (법정) 소송을 벌이다 (parničiti se); *nije mi drago po sudu goniti* 법정 다툼을 벌이는 것이 즐겁지 않다

gonoreja (病理) 임질

gonjenik 추격을 받는 사람

gonjenje (동사파생 명사) goniti; *ludilo (manija)* ~a (정신의학) 피해망상, 박해망상

gora 1. 산; 언덕 (planina; brdo); (비유적) 더미, 산더미, 무더기 (hrpa, gomila) 2. 숲 (šuma); *digla se i ~ i trava* 총궐기하다; *i u ~u i u vodu(ići, poći s kime)* (위험을 무릅쓰고) 어디든지 (가다); *ni u ~u ni u vodu (ne idi)* 그 어떤곳도 (가지 말라); *kao ~ visok* 매우 큰; *kao na ~i lista* 매우 많은, 구우일모(九牛一毛)의; *krsti vuka, a vuk u ~u* 사악한 인간은 고쳐지지 않는다, 개과천선(改過遷善) 시킬 수 없다; *naše gore list* 인근지역 출신 사람, 동향(同鄕)사람; *od nevešta i ~ plače* 어설픈 사람이 모든 것을 망친다; *s ~ i s dola* 사방에서; *uzeti ~u na oči* 미치다 (poludeti); *šimširova grana sa devete ~e* 아주 먼 친척, 친척같지도 않은 친척 **gorski** (形); ~ *lanac* 산맥; ~a *vila* 숲의 요정; ~ *vuk* 승냥이; ~ *car* 산적; ~ *kristal* 석영(石英); ~ *udar* 약한 지진

gorak *-rka, -rko; gorČ* (形) 1. (맛이) 쓴, 쓰디 쓴; ~*rka kafa* 설탕을 넣지 않은 커피; ~*rka so* (化學) 황산 마그네슘(설사제); ~*rka čaša* 불운, 불행; ~ *kao pelin(čemer)* 몹시 쓴; *jesti ~ hleb* 힘든 삶을 살다 2. (비유적) 쓰라린, 고통스러운, 비통한 (strašan, težak) 3. 신랄한, 통렬한, 모욕적인 (oštar, uvredljiv, zajedljiv)

goran, goranin 1. 고지인(高地人), 산악지 사람 (brđanin, planinac) 2. 헐벗은 산에 나무를 심는 사람, 그러한 단체의 회원 **goranka**

gorčak (植) 카모마일, 카밀레 (kamilica)

gorčast *-a, -o* (形) 씁쓸한, 씁쓰레한

gorčati *-am* (不完) 1. 쓰다, 쓴 맛이 나다 2. (비유적) 힘들게 하다, 고통스럽게 하다 (zagorčati); ~ *(nekome) život* (누구의) 삶을 힘들게 하다; ~ *dušu* 마음을 힘들게 하다

gorčika (植) 유액을 분비하는 식물

gorčina 1. 쓴 맛 2. (비유적) 분노, 분개 (ogorčenje, ljutina); 힘든 삶(životne patnje); 아픈(힘든) 경험, 어려움 (bolan doživljaj, nevolja)

gorčiti *-im* (不完) 1. 쓴 맛이 있다, 약간 쓰다; 쓴 맛이 돌게 하다, 쓰게 하다 2. (비유적) 힘들게 하다, 고통스럽게 하다 (zagorčavati)

gord *-a, -o* (形) 1. 거만한, 오만한, 거드름 피우는 (ohol, nadmen) 2. 자부심이 있는, 긍지를 가진 (ponosan); *biti ~ na nešto* ~에 대해 자부심을 갖다

Gordijev *-a, -o* **gordijski** *-a, -o* (形) (숙어로); *Gordijev čvor* 고르디오스의 매듭 (알렉산더 대왕이 칼로 끊었음); 어려운 문제(일); *preseći (raseći, odrešiti) ~ čvor* 단순한(쉬운) 방법으로 어려운(힘든) 문제를 해결하다

gorditi se *-im se* (不完) 1. 자부심을 갖다, 자긍심을 갖다; ~ *nečim* ~에 자부심을 갖다 2. 거만해지다, 오만해지다

gordo (副) 1.거만하게, 오만하게, 불손하게 (oholo) 2. 자랑스럽게 (ponosno)

gore (副) 위에, 위로, 위쪽에; ~ *-dole* 이쪽저쪽으로, 위로 아래로; *otišao je* ~ 위로 갔다; *od ~ do dole* 위로부터 아래까지; *stanovati* ~ 위층에 살다; ~ *pomenut* 위에 언급된, 상기의

gore 비교급(zlo); 더 나쁜, 더 사악한 (lošije); *meni je mnogo ~ nege tebi* 너한테보다는 나한테 훨씬 더 나쁘다

goreti *-im* (不完) 1. 불에 타다, 불타다 (biti u plamenu, na vatri); *kuća gori* 집에 화염에 쌓여 있다 2. (등불이) 빛나다, 불을 밝히다, 불을 밝혀 훤하게 하다 (osvetljavati); *cele noći ispred kapije morao je da gori fenjer* 밤새 대문 앞에는 호롱불이 불을 밝히고 있었다 3. 봉기(전쟁)의 와중에 있다 (biti u buni, ratu); *Abisnija i Italija goreli su u plamenu rata* 에티오피아와 이탈리아는 전쟁의 화염에 쌓여 있었다 4. 타는 듯이 느끼다; (혀·입이) 얼얼하다; 화끈거리다, 지글지글 끓다; (biti vreo; žariti, brideti); *bio je sav blažen, uši su mu gorele* 그는 땀에 흠뻑 젖었으며, 귀는 화끈거렸다; 5. 발개지다 (biti crven, rumeneti se) 6. (비유적) 그 어떤 강렬한 느낌(감정)에 사로잡히다; 강렬한 느낌(감정)을 발산하다; ~ *od stida (od želje za osvetom, od nestrpljenja)* 부끄러움(복수의 열망, 견딜 수 없는 감정)에 사로잡히다 (후끈거리다); *on je goreo nadom* 그는 희망에 들떠 있었다 7. 기타; ~ *između dve vatre* 두 악마(고래) 사이에 끼여 있다, 진퇴양난(딜레마)에 빠져 있다; ~ *na sto ognjeva* 매우 큰 위험에 처해 있다; ~ *kao na žeravici* 견딜 수 없게 되다, 참을 수 없게 되다, 가시방석에 앉다; *gori zemlja (tlo)*

206

pod nogama (petama) 위험에 처하다; *gori mu duša (u paklu)* 많은 죄를 지었었다, 죄가 많은 사람이었다(고인에 대해); *obraz gori (pred nekim)* (어떤 사람 앞에서) 볼이 화끈거리다 (부끄러워서, 죄를 지어서)

gorī *-ā, -ē (形)* 1. (비교급) zao; *nije s ~eg* 나쁘지는 않을 것이다 2. 더 나쁜 3. (명사적 용법에서) 더 나쁜 악 (još veće zlo)

gorila *(男)* 고릴라

goriv *-a, -o (形)* 잘 타는, 타기 쉬운 (gorljiv, zapaljiv); *~a materija* 타기 쉬운 재료

gorivo 연료 (석탄·기름·장작 등); *čvrsto (tečno, nuklearno)* ~ 고체(액체, 핵) 연료; *plinsko (gasovito)* ~ 가스 연료; *potrošnja ~a* 연료 소비 **gorivni** *(形)*

gorje *(集合)* planine, gore; 산(山); *visoko ~* 높은 산들

gorkoslad *(植)* 배풍등류(類)의 독초; 노박덩굴류 (paskvica)

gorljiv *-a, -o (形)* 1. 쉽게 타는, 잘 타는, 탈 수 있는 (goriv) 2. (비유적) 지글지글 타는; 다혈질의, 열렬한, 신랄한, (vatren, žestok, revnostan); *~a pristalica* 열렬한 지지자; *~ govornik* 격정적인 연설자; *~ posetilac izložbi* 전시회 골수팬

gornica *(歷)* 1. 토지 혹은 포도밭 등의 사용료로 농노가 영주에게 바친 세금 2. 크로아티아의 농민들이 영주에게 빌린 토지 및 포도밭

gornjak 1. (크로아티아의) 농노(영주에게 토지를 빌리고 그에 대한 세금을 내는) 2. 물레방아 맷돌의 윗 돌 3. 위에 위치하고 있는 사람 (onaj koji se nalazi odozgo)

gornjak 1. 서풍(西風) 2. 고지인(高地人), 산악지 사람 (brđanin, planinac) 3. (카드의) 퀸

gornjī *-ā, -ē (形)* 1. 위의, 상(上)의; *~a vilica* 윗턱; *~ deo tela* 상체; *~ tok reke* 강의 상류; *~ sprat* 윗층, *~ dom* 상원(上院); *kad (ako) naša bude ~a* 우리가 정권을 잡았을 때 2. 겉의, 겉에 입는; *~ kaput* 겉 외투 3. 상석(上席)의; *~ sto* 메인 테이블 4. (시간상의) 이전의, 과거의, 상기의; 앞선; *~ razgovor* 이전의 대화; *~ redovi* 이전 줄

gorobilje 들꽃, 들풀

goroloman *-mna, -mno (形)* (목소리가) 힘찬, 우렁찬

goropad *(女)* 1. 분노, 격노 2. 분노하여 펄펄 뛰는 여자 (ona koja je goropadna, besna) 3. (病理) 간질 (epilepsija)

goropadan *-dna, -dno (形)* 1. 노하여 펄펄 뛰는, 화내어 날뛰는; 제어할 수 없는, 통제할 수 없는 2. 간질의; *~dna molitva* 간질치료

기도

goropaditi (se) *-im (se) (不完)* **razgoropaditi (se)** *(完)* 분노하다, 격노하다 (besniti, ljutiti se)

goropadnica 분노하여 날뛰는 여자

goropaddnik 분노하여 날뛰는 남자

goroseča 1. *(女)* 벌목(산, 숲에서의) 2. *(男)* 벌목공, 벌목자 (drvoseča)

gorostas 거인 (džin, div) **gorostasan** *(形)*

gorovit *-a, -o (形)* 1. 온통 산투성이의, 산이 많은 2. 숲이 많은, 나무가 많은

gorskī *-ā, -ō (形)* 참조 gora

goršati (se) *-am (se) (不完)* **pogoršati** *(完)* 나빠지다, 악화되다

gorštak 고지인(高地人), 산지인(山地人), 산악지 사람 (brđanin, planinac)

gorucati, goruckati *-am (不完)* 약간 타다 (pomalo goreti)

gorućī *-ā, -ē (形)* 1. 타는, 불타는 2. 지글지글 끓는(타는), 불타는 듯한; *~e sunce* 지글거리는 태양 3. 벌겋게 닳은 4. (비유적) 뜨거운; 아주 시급한(긴급한), 중요한; *~ problem (pitanje)* 현안, 뜨거운 문제; *~a ljubav* 뜨거운(열렬한) 사랑; *~a potreba* 긴급한(절박한) 필요

gorušica 1. *(植)* 갓 (slačica) 2. *(病理)* 쓰림(위, 식도, 목 등의) (žgaravica)

gosa *(男)* **goso** *-a* & *-e (男)* 지배자, 통치자; 주인, 소유주 (gospodar, gazda, vlasnik); *svoj ~* 자기자신의 주인(지배자), 자유인, 남의 간섭을 안받는 독립적인 사람

gosnica 참조 gospodarica

gospa 1. 부인, 마담 (gospođa) 2. (대문자로) 성모(聖母) (Bogorodica) 3. *(植)* 독버섯의 일종

gospar *(方言)* 1. 참조 gospodin 2. 참조 gospodar

gospin *-a, -o* 1. (소유형) gospa 2. 명칭의 일부로써(특히 식물명의); *~a papučica* *(植)* 참개불알꽃의 무리 (난초과(科))

gospoče *-eta* **gospočić** 양반집 자제(子弟), 상류층 사람들의 아들(자제)

gospod 신(神); 하느님, 구세주 (bog); *~ ga je pozvao (k) sebi, predao je duh svoj ~u* 죽다, 사망하다; *~e bože* 아이구 맙소사; *~a mi (boga), tako mi ~a (boga)* 맹세(서약)할 때 하는 말

gospoda *(集合)* gospodin; *dame i ~o* 신사숙녀 여러분!

gospodar 1. 지배자, 통치자 (황제, 왕, 공(公) 등) 2. 가장(家長) 3. 상황 통솔자, 지배자, 승리자; *~ situacije* 상황 통솔자; *duhovni ~i* 교회 대표자; *biti svoj ~* 자기자신의 주인(통

207

치자)가 되다, 경제적으로 독립하다 4. 주인,
소유인; 고용주
gospodarećī -ā, -ē (形) 지배적인, 우월한, 우
세한, 두드러진; ~ položaj 지배적 위치
gospodarica 여성 통치자(지배자), 통치자의
아내; 가정 주부
gospodariti -im (不完) 1. 지배하다, 통치하다;
운영하다, 경영하다; ~ zemljom (narodom)
국가를 통치하다; ~ Srbijom 세르비아를 지
배하다 2. (軍 혹은 스포츠에서) 우월한 위치
에 있다, 통제권하에 두다; 우위를 점하다;
~ situacijom 상황을 통제하다; ~
strateškim položajem 전략적 위치를 통제
권하에 두다; ~ loptom 볼에 대한 우위를 점
하다 3. (집안살림·집안의 재산·토지 등을) 운
영하다, 경영하다; dobro ~ 집안살림을 잘
운영하다 4. 소유하다, 가지다 5. 기타; ~
sobom 자신을 잘 컨트롤하다, 극기하다
gospodarskī -ā, -ō (形) 1. 통치자의, 지배자의,
주인의 2. 경제의 (privredni, ekonomski);
~a moć 경제력
gospodarski (副) 지배자처럼, 주인처럼 (kao
gospodar)
gospodarstvo 1. 통치, 지배 (vlast, vlada,
vladanje) 2. 관리, 경영(재산, 경제) 3. 경제
(privreda) 4. 재산(보통 토지의) (imanje,
posed)
gospodičić 지배자(통치자)의 아들; 젊은 지배
자(통치자) (gospodski sin; mladi gospodin)
gospodin 1. ~씨(氏), 미스터(Mr.); ~ Popović
포포비치씨 2. 관리, 육체노동에 종사하지
않는 사람 3. 신사, 젠틀맨; pravi ~ 진짜 신
사 4. (학교에서) 선생님 (učitelj, nastavnik)
5. (교회의) 신, 하느님, 조물주 (bog) 6. (지
시 대명사와 함께) 그러한 사람들 (takvi
ljudi) gospodski (形); ~a porodica 상류계층
의 가정; ~a deca 상류층 아이들; ~ ručak
풍성한 점심
gospoditi -im (不完) 1. 젠틀맨으로 살다
(gospodovati) 2. 통치하다, 지배하다, 다스
리다 (vladati, upravljati) 3. ~ se 신사인척
하다, 젠틀맨인척 하다
gospodnjī -ā, -ē (形) 신의, 하느님의; ~a
volja 신의 의지
gospodovati -dujem (不完) 1. 신사처럼 살다,
부유하고 호화롭게 잘 살다 (živeti kao
gospodin, živeti gospodski) 2. 지배하다, 통
치하다, 경영하다, 운영하다 (vladati,
upravljati)
gospodskī -ā, -ō (形) 참조 gospodin
gospodstven -a, -o (形) 1. 위엄있는, 고귀한,

기품있는(otmen, dostojanstven); ~ čovek
기품있는 사람; ~o držanje 기품있는 태도 2.
화려한, 호화로운, 풍성한 (bogat, raskošan);
~ stan 호화로운 집
gospodstvo 1. 위엄, 장엄; 위풍 2. 지배 계층,
상류 계층 3. 지배, 통치 4. 직함, 직위
gospođa 1. 부인, 마담, 귀부인, 숙녀 (Mrs.);
prava ~ 진짜 귀부인, dvorska ~ 궁정부인;
milostiva ~ 부인(개인적으로 부를 때 사용하
는) 2. 부인, 아내 (supruga, žena) 3. 기타;
Velika ~ 성모 승천 대축일 (8월 15일); Mala
~ 성모 마리아의 탄생 (축일) (9월 8일)
gospođica 아가씨, 아씨; stara ~ 노처녀
gospoja (方言) 참조 gospođa
gospojica (方言) 참조 gospođica
Gospojina (숙어로); Mala(Velika) ~ 참조
gospođa
gospoština 1. 상류 계층, 지배 계층; 귀족, 영
주 2. 그들의 재산, 부동산
gospoština 1. (집합적, 종종 조롱조의) 상류
계층, 지배 계층 (gospoština) 2. 그들의 재산
gost (G.pl. -ī & -iju) (男) 1. 손님, 객(客); 게
스트, 방문객, 내방객; biti u ~ima, ići(doći)
u ~e 방문하다; nemili(neželjeni, nezvani,
opaki) ~ 귀찮은 사람, 성가시게 하는 사람,
공격자, 정복자(napadač, osvajač); nezvanu
~u mesto iza vrata 초대받지 않은 사람은
환대받을 생각을 마라; strani(domaći) ~i 외
빈(내빈) viskoki ~i 고위 손님; svakog ~a
(za) tri dana dosta 적당히 머물러야 한다,
너무 오래 손님으로 머무르면 안된다;
pozvati nekoga u ~e 손님으로 초대하다;
vraćati se iz ~iju 방문을 마치고 돌아가다;
redovni ~ 정기 내방객 2. (비유적) 원하지
않는 현상 (neželjena pojava)
gostinskī -ā, -ō (形) 손님의; ~a soba 객실(여
관 등의)
gostiona 참조 gostionica
gostionica 1. 식당, 카페, 선술집, 주막 2. (廢
語) 객실(客室) gostionički (形)
gostioničar 선술집 주인, 주막 주인, 카페 주
인 gostioničarski (形)
gostioničarka 선술집(주막) 여주인; 선술집(주
막) 주인의 아내(부인)
gostiti -im (不完) 1. 손님을 맞다, 손님 대접을
하다, 손님에게 음식과 술로 환대하다 2. 대
접하다, 환대하다, 술값과 밥값을 내다 (častiti) 3.
~ se 대접받다, 환대받다 (častiti se)
gostoljubiv, gostoprimljiv -a, -o (形) 손님을
따뜻이 맞이하는, 손님접대를 잘하는, 친절
한

gostoljubivost (女) gostoljublje (손님을) 환대, 후대, 친절히 접대함

gostoprimac -mca 손님을 기꺼이 받아들이는 사람, 손님을 따뜻이 맞아들이는 사람

gostoprimljiv -a, -o (形) 참조 gostoljubiv

gostoprimstvo 참조 gostoljubivost

gostovanje (동사파생 명사) gostovati; (연예인들의) 순회 공연, (스포츠 팀의) 원정 경기; biti na ~u 순회공연 중이다, vratiti se sa ~a 순회 공연(원정 경기)에서 돌아오다

gostovati -tujem (不完) 1. 손님으로 가다, 방문하다 (biti gost, gostiti se) 2. (다른 도시, 나라에 가서) 순회 공연하다, (스포츠 팀이) 원정 경기를 하다

gošća 여자 손님, 여손님 (참조 gost)

gošćenje (동사파생 명사) gostiti (se)

Goti (男,複) 고트족 사람, 고트인 gotski (形); ~ jezik 고트어

gotica 고트 문자

gotički -ā, -ō (形) 고딕 양식의; 고트 문자의; ~ stil 고딕 스타일; ~a palata 고딕 양식의 궁전

gotika (建築) 중세 고딕양식

gotov -a, -o (形) 1. 끝난, 완료된, 완성된; sastanak je ~ 회의는 끝났다; biti ~ s nečim 무엇이 끝나다; ~ čovek 혼자 독립적으로 생활하는 사람; ~a stvar 다 끝난 일 (이야기); primiti za ~o 다 끝난 사실로 받아 들이다 2. 준비된, 준비가 된; mi smo ~i 우리는 준비되었다; sad će on biti ~ 이제 그는 다 준비될 것이다; ~ na sve 모든 것에 준비된(그 어떤 나쁜 것이라도) 3. 죽은; kad smo stigli u bolnicu, on je već bio ~ 우리가 병원에 도착했을 때에는 이미 그가 숨을 거둔 상태였다 4. 만취한 5. 현금의; ~ novac 현금; platiti ~im novcem(~inom) 현금으로 지불하다 6. (옷 등이) 이미 만들어져 있는, 기성품의; ~a odeća 기성복 7. 피할 수 없는, 확실한 (불행, 좋지 못한 것들이); ~a smrt 피할 수 없는 죽음

gotovan (男) 1. 무위 도식자, 남에게 빌붙어 사는 사람, 남이 다 해주기를 바라는 사람, 다른 사람이 다 해 갖다 바치기를 원하는 사람 2. 기생 동물, 기생 생물, 기생충

gotovina 현금 gotovinski (形)

gotovinskī -ā, -ō (形) 현금의; ~a uplata 현금 지불

gotoviti -im (不完) 1. 요리하다, 음식을 준비하다 (kuvati, pripremati jelo) 2. 준비하다, 예비하다 (spremati, pripremati) 3. ~ se 준비하다

gotovo (副) 1. 거의 (skoro, bezmalo, umalo da ne); ~ sve 거의 다, 거의 모두; ~ ništa 거의 하나도 ~아니다; i ~ 그리고 끝(강조할 때); primiti (uzeti) za ~ 사실로 받아들이다 2. 아마도 ~가 필요했을텐데 (moža bi trebalo); gotovo da se mi sklonimo malo - reče on 우리가 좀 비켜나 있어야 했을텐데 -라고 그가 말했다

gotovost (女) 준비(가 되어 있음) (spremnost, pripravnost)

gotovs (副) (軍) na ~! 사격 준비! (명령 혹은, 명령에 대한 복창)

gotskī -ā, -ō (形) 1. 고트족의 2. (建築) 고딕의, 고딕 스타일의; ~a katedrala 고딕 양식의 대성당

goveče -eta 참조 govedo

goveda (集合) goveče & govedo; 소(牛)

govedar 목자(牧者), 목부(牧夫), 목동, 소치는 사람 govedarica, govedarka; govedarski (形)

govedariti -im (不完) 목동이 되다, 목동으로 일하다, 목동의 일을 하다; 소떼를 돌보다

govedarka 참조 govedar

govedarnica, govedarnik 1. (소의) 외양간 2. 소시장, 우시장(牛市場)

govedarstvo 소 사육

govedina, goveđina 소고기 (goveđe meso); mlevena ~ 갈은 소고기

govedo 1. (家畜) 소(황소, 젖소, 송아지 등의) 2. (輕蔑) 우둔한 사람, 멍청한 사람

govedskī -ā, -ō (形) 소(牛)의; ~o meso 소고기

goveđī -ā, -ē (形) 소(牛)의; ~a koža 소가죽; ~a supa 소고기 수프; čorba od ~eg repa 소꼬리 수프; ~ jezik 소 혀; ~e boginje 우두(牛痘)

goveđina 참조 govedina

govnarija (卑俗語) 허튼 소리, 미친 소리, 똥 싸는 소리 (glupost, ludost, besmislica)

govno (卑俗語) 똥

govor 말, 언어; 대화, 토론; 연설; održati ~ 연설을 하다; pozdravni ~ 환영사; ~ rukama 손짓; povesti ~ o nečemu ~에 대한 대화를 시작하다; nema ni ~a (o nečemu) ~에 대해서 일언반구의 언급도 없다; sloboda ~a 발언의 자유; posredni (indirektni) ~ 간접화법; neposredni (direktni) ~ 직접화법; vezani ~ 시의 한 줄, 시구(詩句) (stih); nije vredno ~a 말할 가치조차 없다; živ mi Todor da se čini ~ 헛된 말(하기) (prazno i besmisleno pričanje)

govorni (形)

govoriti -im (不完) 1. 말하다, 이야기하다; ~ lepo o nekome 누구에 대해 좋게 말하다; ~

209

u prilog o nečemu ~에 대해 좋게 말하다; ~ *kroz nos* 콧소리를 내며 말하다; ~ *u vetar* 헛되이(쓸데없이) 말하다 (uzalud govoriti); ~ *u pero* 구술하다, 받아쓰게끔 불러주다; ~ *pred publikom* 대중 앞에서 말하다; *zna šta govori* 현명하게 말하다, 무슨 말을 하는지 안다; ~ *rukama* 손으로 말하다; ~ *na koga* 누구에 대해 험담하다(나쁘게 말하다); ~ *kao iz knjige (kao da čita)* 말하는 재주가 있다, 쉽게 말하다; ~ *(kome) iz srca* (누구의) 감정이나 생각을 알아 맞추다; *da se i ne govori (o nečemu)* 자신에 견줘 이해하다; *može i s carem govori* 그 누구앞에서도 이야기할 수 있다 2. (어떤 언어를) 말하다, 알다; ~ *naš jezik (našim jezikom)* 국어를 말하다; ~ *engleski* 영어를 말하다(알다); ~ *u dijalektu* 사투리를 쓰다 3. 연설하다 (držati govor, besediti) 4. 이야기를 나누다, 대화하다 (voditi razgovor, razgovarati); ~ *s nekim* 누구와 이야기하다; *on s njom odavno ne govori* 그는 그녀와 이미 오래전부터 말을 하지 않는다 5. (비유적) 증거하다, 확언하다 (svedočiti, potvrđivati, dokazivati) 6. 다른 어떤 것으로 말하다(태도로, 눈으로, 표현으로 등)

govorkati *-am* (不完) (지소체) govoriti; (ogovarati, pričati); *svet će sumnjati i ~, ali niko ne može ništa da kaže, a još manje da dokaže* 세상사람들이 의심하고 수군거릴 것이나 그 누구도 말할 수 없을 것이며 더구나 그것을 확증을 잡아 제시할 수는 없을 것이다

govorljiv *-a, -o* (形) 1. 말이 많은, 수다스러운 (pričljiv) 2. 말을 할 줄 아는(논리적으로, 훌륭히)

govorljivac *-vca* 말이 많은 사람, 수다스러운 사람, 수다쟁이

govornī *-ā, -ō* (形) 참조 govor; ~ *organi* 발성기관; ~ *jezik* 구어체; ~o *znanje engleskog jezika* 영어의 말하기 능력

govornica 1. (연사의) 연단, 강단 2. (전화) 통화실 (우체국 등에 설치된); *telefonska* ~ 통화실

govornik 1. 연사, 변사, 강연자, 웅변자 **govornički** (形) 2. 달변가, 말을 잘 하는 사람

govorništvo 웅변 (besedništvo)

govoruša 말 많은 여자, 수다쟁이 여자

gozba (누구를 위한) 오찬, 만찬, 연회 **gozben** (形)

gozben *-a, -o* (形) 1. 오찬의, 만찬의; ~a *dvorana* 오찬(만찬)장, 연회장; ~o *veselje* 연회의 흥겨움 2. 참조 gostoljubiv

gozbenik 손님, 하객 (gost)

gozbovati *-bujem* (不完) 오찬(만찬)에 참석하다, 연회에 참석하다

grab *-ovi* (植) 서어나무속(屬) (자작나뭇과(科)의 낙엽수)

graba 도랑(생활 하수용), (軍) 참호 (jarak, jendek; šanac, rov)

grabancijaš 1. (民俗) 학생(12년간의 신학 학교 교육을 마친 다음, 악마와 손잡고 악천후를 몰고 오는), 악마의 가르침을 받은 학생 2. (비유적) 영원한 학생, 방랑자 (večni i nesvršeni đak, skitnica)

grabar *-bra & -ara* 참조 grab

grabež 1. 강탈, 약탈 (grabljenje, otimanje, pljačka) 2. 약탈품, 강탈품

grabežljiv *-a, -o* (形) 탐욕스런, 욕심많은, 약탈하기 좋아하는, 남의 것을 빼앗기 좋아하는 (grabljiv)

grabežljivac *-vca* 약탈자, 강탈자, 욕심많은 사람, 탐욕스런 사람 (grabljivac)

grabežljivost (女) 약탈성, 강탈성, 탐욕성; *zbog svoje ~i i okrutnosti Huni su bili strah i trepet okolnih naroda* 자신들의 약탈성과 잔인성 때문에 훈족은 주변 민족들에게 공포의 대상이었다

grabik 자작나무(grab) 숲

grabikapa 놀이의 일종 (모자 뺏기를 하는)

grabilac *-ioca* 참조 grabljivac

grabilica 1. 탐욕스런 여성, 욕심많은 여자 2. (機) 긁어 모으는 것(도구) (스푼·삽·포크레인의 버켓 등의)

grabiti *-im* (不完) 1. 약탈하다, 강탈하다, 사취하다 (otimati, uzimati nešto na silu, pohlepno, prevarom i sl.) 2. (빨리, 성급히) 잡다, 붙잡다, 움켜쥐다 (brzo, žureći se uzimati, hvatati); ~ *priliku (vlast)* 기회(권력)를 붙잡다; *ko rano rani, dve sreće grabi* 일찍 일어나는 새가 벌레를 잡는다 3. 퍼 올리다, 푸다 (물 등 액체를); ~ *vodu iz bunara* 샘에서 물을 퍼 올리다 4. (갈퀴 등으로) 긁어 모으다 (건초 등을), 갈퀴질하다 (sakupljati); ~ *grabuljom* 갈퀴질하다 5. (주로 명사 put와 함께 쓰여) 서두르다 (žuriti, hitati); ~ *put* 길을 서두르다; *kuda grabiš?* 어딜 그리 서둘러 가느냐? 6. ~ *se (oko nečega)* 다투다, 경쟁하다, 겨루다 (boriti se za nešto); *gde se srpski momci grabe oko glava i oružja?* 어디에서 세르비아 청년들이 목숨과 무기를 걸고 싸우느냐?

grabljak 참조 grabik

grabljati *-am* (不完) 1. 갈퀴로 모으다 (풀 등

을) 2. 파해쳐졌던 땅을 갈퀴로 평평히 펴다
grablje -balja (女,複) 갈퀴 (grabulje)
grabljiv -a, -o (形) 욕심많은, 탐욕스런
(pohlepan)
grabljivac -vca 1. 탐욕스런 사람, 욕심많은
사람 2. 육식성 조류 (grabljivica)
grabljivica 1. 탐욕스런 여자, 욕심많은 여자 2.
육식성 조류; ptice ~e
grabljivost (女) 탐욕, 욕심
grabov -a, -o (形) 참조 grab
grabovac -ovca 자작나무(grab) 막대
grabovina 자작나무 목재 (grabovo drvo)
grabulja 참조 grablja
grabuljati -am, **grabljati** (不完) **pograbuljati**
(完) 갈퀴질하다
grabulje (女,複) 갈퀴
gracija 1. (神話) tri ~e 세 여신 2. 아주 아름
답고 매력적인 여자 3. 매력, 우아, 아름다움
(ljupkost, umiljatost, draženost)
graciozan -zna, -zno (形) 우아한, 품위있는,
매력적인 (ljubak, umiljat, dražestan)
grad -ovi 1. 시(市), 도시; glavni ~ 수도(首都);
otvoren ~ 개방 도시; provincijski ~ 지방
도시; pionirski ~ 어린이 휴식처(보통 산 속
에 있어 휴식과 오락을 즐길 수 있는);
studentski ~ 대학생 기숙사(촌);
univerzitetski ~ 대학 도시; ~ mrtvih 공동
묘지; večni ~ 로마 (이탈리아 수도의);
filmski ~ 영화 스튜디오(촌); ~ država (歷)
도시 국가 2. (반복합어의 첫 부분으로 형용
사의 의미로 사용됨); 거대한, 큰, 믿을만한,
굳건한, 강력한 (ogroman, velik, silan,
nepokelebiv, pouzdan); grad-kuća 대저택;
grad-čovek 강건한 사람; grad-žena 믿을
만한 여자 3. 성(城), 성곽, 요새 (tvrđava) 4.
기타; obećavati kule i ~ 불가능한 것들을
많이 약속하다
grad, gradus 등급, 단계, 정도 (stepen, stupanj);
lud sto ~i 과도하게 미친, 완전히 미친
grad 우박
gradac graca (지소체) grad; 도시, 시
gradacija 점층법(漸層法) (postepeno
pojačavanje nečega)
gradić (지소체) grad: 소도시, 조그만 시(市)
gradilac -ioca 건축(업)자, 건설자 (graditelj)
gradilište 건설 현장
gradina 1. 정원 (vrt, bašta) 2. 담장 (ograda)
3. 옛 도시의 잔해(터) 4. 지대체(grad): 대
도시
gradinar 정원사 (baštovan)
gradirati -am (完,不完) 1. 점점 더 강화하다

(postepeno pojačavati) 2. 강도(强度)를 측
정하다 (izmeriti stepen jačine)
graditelj 1. 건축(업)자, 건설자; ~ puta 도로
건설자; ~ mostova 교량 건설자; ~ brodova
선박 건설자 2. 창시자, 창조자 (stvaralac);
to su danas ~i socijalizma 이 사람들이 오
늘날 사회주의 창시자들이다 3. 건축사, 건
축기사 (arhitekta) **graditeljski** (形)
graditi -im (不完) 1. 짓다, 세우다, 건축(건조,
건설)하다, 부설하다; ~ kuću 집을 짓다; ~
kule od karata 헛된 일을 하다; ~ kule u
vazduhu (u oblacima) 사상누각을 짓다 2.
만들다 (praviti nešto); kako se gradi
komparativ 어떻게 비교급을 만드냐?; od
jednoga ~ dvojicu 반으로 나누다(자르다) 3.
형성하다, 구성하다 (činiti, obrazovati); dve
prave koje se seku, grade četiri ugla 교차
하는 두 직선은 네 각을 만든다 4. ~ se ~인
체 하다 (praviti se) 5. ~ se 만들어지다, 생
겨나다 (stvarati se, nastajati)
gradivnī -ā, -ō (形) (文法) 물질의; ~a
imenica 물질 명사; ~ pridev 재료 형용사
gradivo 1. 재료, 물질, 원료 (građa) 2. 교재
(敎材) (ono što se predaje, uči u školi);
nastavno ~ 교과 과정, 교육 과정
gradnja 1. 건설, 건축; dozvola za ~u 건축 허
가; u ~i 건축중(中) 2. 건설물, 건축물 3. 구
조, 건축 양식
gradobit -a, -o (形) 우박의
gradobitan -tna, -tno (形) 우박 맞은; ~tno
voće 우박 맞은 과일
gradonačelnik 시장(市長)
gradonosnī -ā, -ō (形) (구름이) 우박 성분이
있는; ~ oblaci 우박 구름
gradskī -ā, -ō (形) 참조 grad; 시(市)의; ~a
ulica 도시 거리; ~ život 도시 생활; ~a
čistoća 시 위생국; ~ oci (隱語) 시의 구
(區) 평의회; na ~u, po ~u 도회적 방법으로,
도시에서 하는대로
gradualan, gradueIan -Ina, -Ino (形) 점차적인,
점진적인, 단계적인
graduirati -am, **graduisati** -šem (完,不完) 1.
등급(단계)으로 나누다, 등급을 표시하다 2.
학위를 수여하다(주다); bio je graduiran iz
ekonomije 경제학 분야에서 학위를 받았다
gradus 참조 grad: 등급, 단계
građa 1. (건설·건축용의) 재료, 원료 (돌·나무
등의) (materijal) 2. 자료, 소재 (학문·문학
등의); ~u za rečnik smo skupili u Srbiji 사
전 편찬 자료를 세르비아에서 수집했다 3.
구조, 구성 (sastav, konstrukcija, struktura)

G

građanin *građani* 1. 시민, 도시민; *počasni ~* 명예 시민 2. 도시 계층민, 중산 계층민 3. 국민, 백성, 시민권자; *on je ~ Francuske* 그는 프랑스 국민이다; *akedemski ~* 학생

građanskī *-ā, -ō* (形) 1. 시민의; *~a prava* 공민권, 민권(民權); *~a čast* 공민권; *~a škola* 4년제 초등학교(이전의); *~ brak* 교회가 아닌 구청 등에서 거행된 결혼; *~ rat* 내전(內戰); *~o odelo* 신사복(민속의상이 아닌), 평복(제복이 아닌) 2. 중산 계층의

građanstvo 1. (집합적) 시민(한 도시의) 2. 시민 계층, 중산 계층 3. (한 도시의) 거주권 (pravo stanovanja i života u jednom gradu) 4. 국적 (državljanstvo)

građenje (동사파생 명사) graditi

građevina 건축물 (집·빌딩·다리 등의)

građevinac 1. 참조 građevinar 2. 토목공학도 (徒)

građevinar 1. 건설(업)자, 건축(업)자 (graditelj) 2. 토목공학 기사 građevinarski (形)

građevinarstvo 1. 건설업, 건축업, 토목업 2. 참조 arhitektura

građevinskī *-ā, -ō* (形) 건설의; *~ fakultet* 토목대학; *~a dozvola* 건축 허가; *~ radnik* 건설 노동자; *~ materijal* 건자재; *~ inženjer* 토목 기사

građevnī *-ā, -ō* (形) 참조 građevinski

grafičar 1. 인쇄소 노동자 (tipograf, štampar) 2. 그래픽 예술가

grafičkī *-ā, -ō* (形) 그래픽의; 그래프의, 도식의; *~a industrija* 그래픽 산업; *~ prikaz* 그래프(도식)를 이용한 설명

grafika 1. 그래픽 아트 2. 인쇄, 활판 인쇄술 (štampanje) grafički (形)

grafikon 도표, 그래프, 도식, 그림

grafit (化) 그래파이트, 석묵(石墨), 흑연 grafitni (形); *~a olovka* 연필

grafit 1. (考古學, 美術) 벽화 2. (건물 벽의) 낙서

grafolog 필적학자

grafologija 필적학, 필적 관상법 (필적으로 사람의 성격을 판단) grafološki (形)

grah (植) 콩 (pasulj); *zeleni ~* 깍지째 먹는 콩 (강낭콩·완두 등: boronija); *bacati (gledati u) ~* 점치다(콩으로); *kao po ~u (mlatiti, tući)* 힘껏 (치다, 때리다)

grahor (植) 참조 grahorica

grahorast *-a, -o* (形) 콩과 비슷한 (sličan grahu); 반점이 있는, 주근깨로 덮여 있는 (posut sivim tačkama, pegama); 녹색빛이 나는 회색 (zelenkastosiv)

grahorica (植) 야생 완두, 살갈퀴덩굴속(屬) (동물의 사료로 사용됨)

grahorina 참조 grahorica

graja 시끄러운 소리, 떠드는 소리, 소음 (galama, larma); *podići ~u* 시끄럽게 하다

grajati *-jīm* (지역에 따라 *-jem* 또는 *-jam*) (不完) 시끄럽게 하다, 떠들다 (galamiti, larmati)

grajomice (副) 시끄럽게, 떠들면서 (s grajom, s vikom, grajući)

grak, graka, grakat *-kta* (擬聲語) 까악까악 (까마귀의 울음 소리)

grakati *-čem* (不完) 1. 까악까악 울다 (까마귀가) (graktati) 2. 꽥꽥 소리치다, 고함지르다 (klicati, vikati)

graktati *-čem* (不完) graknuti *-nem* (完) 1. 까악까악 울다 (까마귀가) 2. 소리지르다, 고함지르다; *uvređeni narod graknu* 모욕당한 사람들이 고함지른다; *graknu mu srce od radosti* 기뻐하다; *~ na nekoga ~*한테 소리지르다

graktav *-a, -o* (形) 시끄럽게 하는, 꽥꽥 소리지르는

gram *-ovi* 1. 중량 단위, 그램(g); *meriti na ~ove* 그램으로 달다 2. (비유적) 아주 적은 용량; *gospodi ministri, da vi imate samo gram pesničke fantazije, uveren sam da ne biste ministrovali* 장관 여러분, 귀하들이 약간의 시적 환상 능력만 있으면 여러분들이 장관직을 수행하지 않을 것이라고 나는 생각합니다

gramatičar 1. 문법학자 2. (廢語) (歷) 3학년혹은 그 이하의 저학년 학생 (김나지움의) gramatičarski (形)

gramatičkī *-ā, -ō* (形) 문법의; *~o pravilo* 문법 규칙

gramatika 1. 문법; *opisna (diskriptivna, uporedna, komparativna; istorijska) ~* 기술(비교, 역사) 문법 2. 문법책, 문전(文典) 3. (廢語, 歷) 3학년 이하 저학년생 (이전 김나지움의)

gramofon 1. 축음기, 레코드 플레이어; *pustiti ~* 축음기를 틀다 gramofonski (形); *~ ploča* 축음기 판; *~a igla* 축음기 바늘 2. (비유적) 배운대로, 기계적으로 말하는 사람

gramziti *-im* (不完) 과도하게 욕심을 부리다 (돈, 재산 권력 등의); *~ za bogatstvom* 돈에 욕심을 부리다

gramziv, gramžljiv *-a, -o* (形) 몹시 탐내는, 탐욕스러운, 욕심 사나운

212

gramzivac, gramžljivac 탐욕스런 사람, 욕심 많은 사람

gramzivost (女) 탐욕 (pohlepa, požuda)

grana 1. (나무)가지, 분지(分枝); biti kao suva (mrtva, okresana, odsečena, prelomljena) ~ 1)죽은, 생명이 없는 2) 외로운, 고립된; doći do zelene ~e, (na zelenu ~u) 부유해 지다, 물질적으로 흥하다; kao ~om pobijen (병으로) 쓰러진; metnuti devojci ~u na put 시집가는 것을 방해하다(훼방하다); nakićen šljivovom ~om 술취한; pasti na tanke (niske, poslednje, zadnje) ~e 1)가난해지다, 궁핍해지다, 망하다 2) 도덕적으로 타락하다; popeti se na više ~e (na višu ~u) 자신이 처한 상황을 좋아지게 하다, 편안하고 안락 한 상태에 도달하다; seći(rezati) ~u na kojoj se sedi 자기자신의 이익에 반하는 행 동을 하다 2. 파생물, 분파; 지맥, 지류, 지 선 (ogranak, izdanak) 3. (학문, 스포츠, 예 술 등의) 부문, 부분, 분과; ~ nauke 학문 분야 4. (解) 중수(中手), 장부(掌部), 장골; ~ šake 손바닥

granat 1. (鑛) 석류석(石榴石), 가닛 2. (植) 석 류 (šipak, nar)

granat -a, -o (形) 1. 가지가 많은; ~o drvo 가 지 많은 나무 2. 분파가 많은, 갈래가 많은 (razgranat); ~i rogovi 갈래가 많은 뿔; ~i svećnjak 갈래가 여러개인 촛대 3. 육체적 으로 발달된, 강건한 (telesno razvijen, snažan, jak)

granata (軍) 포탄; ručna ~ 수류탄; tempirna ~ 시한 폭탄

granati -am (不完) razgranati (完) 1. 가지를 뻗다(치다); ovo drvo grana korenje 이 나 무는 뿌리를 뻗어 나간다 2. (비유적) 팔을 가지처럼 벌리다, 손을 흔들다 3. ~ se 가지 를 뻗다 4. ~ se 사방으로 번져 나가다 (širiti se, odvajati se u raznim pravcima); selo se granalo na sve strane 마을을 사방 으로 커져 나갔다 5. 증가하다, 발전하다 (povećavati se, razvijati se)

grančica (지소체) grana; ~ mira 올리브 가지

grandiozan -zna, -zno (形) (외관·크기·사이즈· 가치·의미 등이) 거창한, 웅장한, 웅대한, 숭 고한, 장엄한, 당당한 (veličanstven, impozantan); ~zno delo 웅대한 작품; ~ podvig 대단한 공적

granica 1. 경계, 경계선; 국경, 국경선; čuvati (zatvoriti) ~ 국경을 지키다(폐쇄하다); prelaz ~e (prelaz preko ~e) 월경(越境); međunarodna datumska ~ 국제 날짜 변경

선; Vojna ~ (歷) 합스부르그 제국과 오스만 제국의 국경 지역; otići na ~u, vratiti se s ~e 군에 입대하다, 군에서 제대하다

granični (形) 2. 한계, 한도, 범위, 제한; svemu ima ~ 모든 것이 한도가 있다; preći (prelaziti) svaku(sve) ~u(e) 한도를 넘다, 거만하게 행동하다

granica 참조 grančica

graničar 1. 국경 수비대 병사 2. (歷) Vojna granica 지역에서 근무한 병사(장교) 3. Vojna granica 지역의 주민

graničiti (se) -im (se) (不完) 1. ograničiti (se) ~까지 다다르다, 한계까지 도달하다 2. 경계 를 맞대다, 경계선을 두다; ova šuma graniči (se) sa selom 이 숲은 마을과 경계를 이룬 다; Srbija se graniči sa Mađarskom 세르비 아는 헝가리와 국경을 맞대고 있다

granični -ā, -ō (形) 1. 경계의, 국경의; ~ prelaz 국경 검문소; ~ kamen 국경 표지석, 경계석; ~a linija 경계선 2. 한계의, 최대의, 최고의 (krajnji, najviši); ~ broj 최고로 높 은 숫자

granit 화강암, 쑥돌 granitan (形)

granitan, -tna, -tno, granitski -a, -o (形) 1. 화강암의; ~tna stena 화강암; ~tni stub 화 강암 기둥 2. (비유적) 단단한 (tvrd, čvrst); ~tno jedinstvo 단단한 단결; ~tno zdravlje 강건한 건강

granulacija 1. 과립화(顆粒化), 알갱이(입상(粒 狀))로 하기 2. (醫) 새살(이 나기), 육아(肉 芽) 형성 granulacijski, granulacioni (形); ~o tkivo (病理) 육아(肉芽) 조직, 새살

granulirati -am (不完) 1. 낟알 (모양)으로 만 들다, (표면을) 꺼칠꺼칠하게 만들다 2. (醫學) (상처에) 새살이 나오다

granuti -em (完) granjavati -am granjivati - am & -njujem (不完) 1. 빛나기 시작하다, 빛나다, 떠오르다, 시작되다 (해, 달, 봄 등 이) (sinuti, zasijati, pojaviti se); sunce je granulo 해가 떠 올랐다 2. 훤하게 비추다 (obasjati) 3. (無人稱文) (비유적) 편안해 지 다; sad me je malo granulo 이제 좀 편안하 다; otkako sam isplatio dugove, granulo mi je! 빚을 청산한 이후 좀 좋아졌다

granje (集合) grana

granjivati -am & -njujem (不完) 참조 granuti

grao (形) (不變) 1. 회색의 (siv, pepeljast) 2. 흰 머리의 (sed)

grašak (植) 완두(콩)

graščica (지소체) graška

graška -šaka 1. 콩 (grah) 2. (보통 숙어로);

G

~ znoja (땀)방울

gratis (副) 무료로, 공짜로; *dobiti knjigu* ~ 책을 공짜로 얻다

graver 조각가 (rezač) graverski (形)

gravira (동판·목판 등의) 조판(彫版); 판화

gravirati -am (完,不完) 조각하다, 새기다(나무, 돌, 금속 등에)

gravis (音聲) 저(低) 악센트, 억음(抑音) 부호 (è, ằè 등의 (`))

gravitacija 중력, 인력; *zakon ~e* 중력의 법칙 gravitacioni (形); ~a sila 중력

gravitirati -am (不完) 1. 중력(인력)에 끌리다 2. (비유적) ~에 끌리다, ~쪽으로 쏠리다; (težiti čemu, biti naklonjen, naginjavati kome ili čemu)

gravura 참조 gravira

grb -ovi 문장(紋章); *porodični* ~ 가족 문장

grba 1. (등의) 혹(병치레 결과로); 혹(동물들의); *kamile imaju ~e* 낙타는 혹이 있다; *on ima ~u* 그는 꼽추등이다 2. 융기(도로 등의); ~ *nasred puta* 도로 한 가운데 솟아나온 혹

grbača 등 (leđa); *godine su mu na ~i* 늙었다, 나이가 먹었다(ostareo); *(za)sesti (popeti se) kome na ~u, biti (kome) na ~i* 누구의 짐이 되다, 다른 사람의 고통을 즐기다; *nositi (koga) na ~i* 힘들게 (~를) 먹여 살리다, 부양하다; *podmetnuti ~u* 커다란 짐을 지다 (podneti veliki, glavni teret); *svaliti kome nešto na ~u* 누구에게 부담을 지우다 (전가하다); *skinuti se (kome) s ~e* 더 이상 누구의 짐(부담)이 되지 않다; *sve ide preko moje ~e* 모든 것이 내 부담(짐)으로 된다

grbav -a, -o (形) 1. 혹이 있는; *ispasti ~* 바보가 되다(남을 열심히 도와주려고 노력했지만 결과적으로 우습게 되는 경우 등의) 2. 튀어 나온, 평평하지 않은, 울퉁불퉁한; ~ *nos* 매부리코; ~ *put* 울퉁불퉁한 도로 3. (비유적) 흉측스런, 매우 가난한; 고장난 (nakazan, ubog; neispravan); *valjda mu je pošlo za rukom složiti svoje ~e račune* 자신의 말도 안되는 재정상태를 어찌어찌해서 수습하였다

grbavac -vca, grbonja (男) 곱사등이, 꼽추 grbavica; grbavčev (形)

grbaviti -im (不完) 1. 등이 굽다, 허리가 굽다, 새우등이다 2. 꼽추(곱사등이) 행사를 하다 3. ~ se 등을 구부리다, 허리를 구부리다

grbavko (男) 참조 grbavac

grbina 1. 참조 grbača 2. 참조 izbočina: 볼록 솟아나온 곳(장소) 3. (비유적) 도덕적 의미

에서의 부족, 결핍 (nedostatak u moralnom smislu)

grbiti -im (不完) 1. (혹 모양으로) 등을 굽히다, 허리를 굽히다; ~ *leđa* 등을 구부리다 2. 짐을 지고 가다 (vući, nositi teret) 3. ~ se (혹 모양으로) 등이 굽다

grbonja (男) 참조 grbavac

grcaj 흐느낌, 흐느껴 울기 (savladan ili prigušen plač, jecaj)

grcati -am (不完) grcnuti -nem (完) 1. 숨이 턱하고 막히다 (울음, 감정의 복받침, 놀람 등으로 인한); 흐느껴 울다 *on je grcao od uzbuđenja* 그는 감정이 복받쳐 숨을 쉴 수 없었다; *ona grca u suzama* 그녀는 흐느껴 울었다 2. (음식으로) 목이 메다 (너무 급하게 먹을 때 등의) 3. 숨이 막히다, 질식하다 (gušiti se); ~ *u dugovima* 빚더미에 질식하다 4. (비유적) 극도의 어려움과 싸움하다 (boriti se s krajnjim teškoćama); *još ovaj narod kao nekad grca* 아직도 이 민족은 옛날에 했던 것처럼 극한 상황과 대치하고 있다

grcati -am (不完) 1. 밟고 가다, 밟고 지나가다 (눈길, 진흙길 등을) (gacati) 2. 떼지어 급히 몰려가다; *svet je grcao da ga vidi* 군중들은 그를 보기 위해서 몰려 갔다

grcav -a, -o (形) 흐느껴 우는; ~ *plač* 흐느끼는 울음

grcizam -zma 그리스 어법; 그리스어풍의 표현

grcizirati -am (完,不完) 그리스화하다, 그리스(어) 풍으로 하다

grč -evi (근육의) 경련, 쥐; *uhvatio me je ~* 쥐가 났다; *porođajni ~evi* 산통(産痛)

grčenje (동사파생 명사) grčiti

grčevit -a, -o (形) 1. 경련의, 경련을 일으킨 듯한; ~*i bolovi* 경련성 통증 2. 많은 노력으로 이루어진 (napregnut, učinjen s velikim naporom); ~*i napori* 사력을 다한 노력

grčiti -im (不完) zgrčiti (完) 1. (얼굴을) 찡그리다 (mrštiti); ~ *lice u bolu* 통증으로 얼굴을 찡그리다 2. (이를) 악물다; (입을) 꾹 물다, (주먹을) 꼭 쥐다, (손을) 꽉 움키다 (stezati, stiskati); ~ *ruke* 손을 꽉 움켜쥐다 3. 모으다, 웅크리다 (skupljati) 4. ~ se 쥐가 나다, 경련을 일으키다, (몸을) 비틀다, 웅크리다; *mišići mogu da se grče* 근육에 경련이 일어날 수 있다; *grče mi se noge* 다리에 쥐가 났다; *grčio se od bola* 아픔으로 몸을 비틀었다

grčiti -im (不完) 그리스화하다, 그리

스 (어) 풍으로 하다

grčiti -im (不完) 더욱 더 비통해지다, 더욱 더 나빠지다, 더욱 더 써지다 (zagorčavati); *dane mu života grči* 그의 삶은 더욱 더 고통스럽게 되었다

Grčka 그리스 **Grk, Grkinja; grčki** (形)

grčkī -ā, -ō (形) 1. 그리스의, 그리스인의; ~ *jezik* 그리스어; ~*a filozofija* 그리스 철학; ~*a privreda* 그리스 경제 2. (종교가) 정교 (正敎)의

grd -a, -o **grdan** -dna, -dno (形) 1. 큰, 거대한, 많은 수의 (golem, velik, ogroman; mnogobrojan); ~*dna zemlja* 거대하게 큰 나라; ~*dne pare* 어마어마한 돈 2. 추한, 못생긴 (ružan, gadan, nagrćen) 3. 나쁜, 사악한 (zao, rđav, loš) 4. (상처, 고통이)심한, 중한 (težak) 5. 불행한, 불쌍한 (nesrećan, jadan)

grdesija 1. 많음, 다수(多數) (mnoštvo) 2. 매우 큰(거대한) 그 무엇 (nešto što je vrlo veliko, ogromno, divovsko) (grdosija)

grdeti -im (不完) 추해지다, 못생겨지다 (postajati grdan, ružan, strašan)

grdeti -im (不完) (擬聲語) (돼지가) 꿀꿀거리다

grdilo 1. 추한 것, 보기 흉한 것 2. 수치, 치욕, 부끄러움 (sramota)

grditi -im (不完) 1. izgrditi (完) 심한 말로 공격하다 (어떤 사람이나 어떤 것을), 욕하다; 질책하다, 꾸짖다 2. nagrditi (完) 보기 흉하게 하다, 추하게 하다 3. ~ se 서로 욕하다 4. ~ se 흉하게 되다, 추하게 되다

grdno (副) 1. (좋지 않은 것에) 상당히, 매우 많이, 완전히 (u velikoj meri, veoma mnogo, jako, silno); ~ *se namučiti* 굉장히 많이 고생하다; ~ *stradati* 상당히 많이 죽다; ~ *se uplašiti* 굉장히 많이 놀라다 2. 추하게, 흉하게 (ružno, gadno); ~ *izgledati* 추하게 보이다 3. 나쁘게 (zlo, rđavo, loše); ~ *proći* 나쁘게 통과하다; ~ *se provesti* 불유쾌한 시간을 보내다

grdnja 1. 심한 말로 공격함; 욕설, 욕하기; 꾸짖음, 질책; *osuti* ~ *na nekoga* ~에게 욕설을 퍼붓다 2. (돼지가) 꿀꿀거림

grdoba 1. 못생긴 (추하게 생긴) 사람 2. 추함, 흉함

grdoban -bna, -bno (形) 흉한, 추한, 못생긴 (ružan, gadan, čudovišan)

grdosija 1. 매우 큰(거대한) 어떤 것 (nešto što je vrlo veliko, ogromno, divovsko) 2. 매우 거대한 동물, 괴물 (neman, čudovište)

grđenje (동사파생 명사) grditi

grebati -em (不完) 참조 grepsti

greben -ena; -eni 1. (地質) 뾰족 솟아 오른 바위 (산의); 봉우리; *planinski* ~ 산봉우리 2. 물 속의 암초 (바다, 강 등의); *koralski* ~ 산호석 3. (말·개 등의) 양 어깨뼈 사이의 융기 (隆起) 4. 양털·삼 등을 빗는) 쇠빗 5. 써레 이빨 (zubi na drljači)

grebenar 빗는 사람, 소모 (梳毛: 양모의 짧은 섬유는 없애고 긴 섬유만 골라 가지런하게 하는 일) 하는 사람

grebenast -a, -o (形) 날카롭게 솟아 오른 바위(greben)가 있는

grebenati -am (不完) izgrebenati (完) 1. 빗질하다, 소모(梳毛: 양모의 짧은 섬유는 없애고 긴 섬유만 골라 가지런하게 하는 일)하다; ~ *vunu* 양털을 빗질할 2. ~ se (비유적) (머리카락을) 잡아 뜯고 할퀴고 하면서 싸우다 (tući se grebući se i čupajući)

grebenit -a, -o (形) 날카롭게 솟아 오른 바위(greben)가 있는

grebenje (集合) grebeni

grebotina 글킨 상처, 할퀸 상처 (ogrebotina)

grebuckati -am (不完) (지소체) grepsti

grecist(a) 그리스 전문가

grecizam -zma 참조 grcizam

grecizirati -am (完,不完) 그리스화하다, 그리스 (어) 풍으로 하다 (grčiti)

greda 1. 각목, 들보, 도리, 서까래 (길고, 두껍고, 반듯하고, 평평한 재목); *nije* ~ 방해물, 장애물이 없다 2. 커다란 돌 3. 지협(地峽) (duži komad zemlje opkoljen vodom) 4. 화단

gredelj (쟁기의) 성에

gredom (副) 우연히;아무 생각 없이, 무심코; 말이 난 김에 (u prolazu, prolazeći, uzgred); ~ *posetiti nekoga* 지나가는 김에 누구에게 들르다; ~ *reći nešto* 우연히 이야기하다; ~ *uraditi nešto* 무심코 무엇을 하다

gregorac (魚類) 큰가시고기

gregorijanskī -ā, -ō (形) (숙어로); ~ *kalendar* 그레고리력(曆)

greh 1. (종교상·도덕상의) 죄, 죄악; *učiniti (oprostiti)* ~ 죄를 범하다(용서하다); *bez* ~*a začeta* 성모(聖母) (Bogorodica); *u* ~*u začet* 죄에서 잉태한; *navesti na* ~ 죄로 인도하다; *istočni (praroditeljski, praotački)* ~ 원죄(原罪); *smrtni* ~ 죽을 죄; *ispaštati tuđe* ~ 다른 사람의 죄를 속죄하다(갚다) 2. 잘못, 과실, 위반; *upisati (pripisati) nekome nešto u* ~ 누구의 잘못으로 간주하다 3. 허용되지 않은 성관계 (nedopušten polni odnos)

grehota 1. 죄, 잘못 (greh) 2. 고통, 재앙, 재난, 불운, 불행 (muka, jad, nevolja); ~ *je* 잘못이다, 불행이다 (šteta je); *sramota i* ~ 커다란 수치 (velika sramota); *šteta i* ~ 커다란 손실 (velika šteta)

grejač 난방기, 난방 장치, 히터 (grejalica)

grejaći *-ā, -ē* (形) 난방의

grejalica 난방기, 히터 *električna* ~ 전기 히터

grejanje (동사파생 명사) grejati; *centralno* ~ 중앙 난방; *parno* ~ 스팀 난방

grejati *-jem; grejan; grej* (不完) 1. 따뜻하게 하다, 데우다, 난방하다; ~ *sobu* 방을 데우다; *ova peć odlično greje* 이 난로는 난방이 잘된다 2. 빛나다(태양, 달이); *greje sunce* 해가 빛난다 3. ~ *se* 난방하다, 몸을 데피다; ~ *se kraj peći* 난로 옆에서 몸을 녹이고 있다; *kako vam se greju sobe?* 방 난방은 어떠하나?

granadir (歷) 척탄병(擲彈兵); 키가 큰 보병

grepsti *grebem; grebao, grebla* (不完) 1. **ogrepsti** (完) 할퀴다, 할퀴어 상처를 내다; 긁다, 살살 긁다; *on se ogrebao* 긁혔다 2. (표면에서) 긁어 벗겨내다, 긁어 내다 3. **zagrepsti** (完) 도망치다 (bežati) 4. 빗질하다, 소모(梳毛)하다 (grebenati) 5. 간질이다, 따끔거리다; *grebe me guša* 목이 따끔거린다 6. 기타; ~ *se o nekoga* 염치없이 빌붙어 살다

gresi 참조 greh

grešan *-šna, -šno* (形) 1. 죄를 지은, 죄있는; ~*šni jarac* (聖書) 속죄 염소 (옛날 유대에서 속죄일에 사람들의 죄를 대신 지워서 황야에 버린 염소); ~ *čovek* (일반적인) 사람 2. 가난한, 불쌍한, 운이 없는, 불행한 (siromašan, jadan, nesrećan)

grešiti *-im* (不完) 1. **zgrešiti** (完) 죄를 짓다; (다른 사람을) 죄를 짓게 하다 2. **pogrešiti** (完) 실수하다, 잘못하다, 일을 잘 못처리하다; *svaki živ čovek greši* 모든 사람은 실수를 한다; *vi grešite ako tako mislite* 만약 그렇게 생각한다면 실수하는 겁니다 3. 위반하다, 범하다 (사회 도덕적 기준을); 간통하다, 혼외정사를 가지다 4. ~ *se* 죄를 짓다 5. ~ *se* (o nekoga, o nešto) 고려하지 않다 *(ne voditi računa); naši pisci iz severnih krajeva greše o književni jezik* 북부 지역 출신의 작가들은 문어(文語)를 고려하지 않고 사용한다

greška (D.L.sg. *-šci* & *-i*; G.pl. *-šākā* & *-i*) 1. 잘못, 실수; 위반; *štamparska* ~ 인쇄 잘못; ~ *pri merenju* 계측 실수; *pravopisne* ~*e* 맞춤법 실수; *napraviti* ~*u* 잘못(실수)을 저지르다; *bez* ~*e* 실수없이, 완전히 정확하게 2. 하자(瑕疵), 결점, 단점 (nedostatak, mana); ~ *na srcu* 심장의 결점; *roba s* ~*om* 하자있는 물건 3. (스포츠) ~ *u koracima* (농구의) 워킹 파울

greškom (副) 실수로; ~ *zameniti stvari* 실수로 물건을 교체하다

grešnik 1. 죄인, 죄 많은 사람 2. 불쌍한 사람, 가엾은 사람, 불행한 사람 (jadnik, nesrećnik)

greznuti *-nem; greznuo & grezao, -zla* (完,不完) 빠지다 (눈, 진창 등에) ~ *u blato* 진흙에 빠지다; ~ *u dugovima* 빚더미에 빠지다

grgeč (魚類) 농어 무리의 민물고기

grgljati *-am* (不完) (擬聲語) 1. <그르그르(gr)> 하면서 목을 헹구어 내다 2. 웅얼웅얼거리다, 콧노래를 부르다, 물이 흐르는 것과 같은 소리를 내다 (grgotati)

grgolj (擬聲語) 참조 grgot: 꼴꼴, 콸콸

grgoljav *-a, -o* (形) (擬聲語) 꼴꼴거리는, 콸콸거리는

grgoljiti *-im* (不完) (擬聲語) 참조 grgotati

grgoljiv *-a, -o* (形) 참조 grgoljav

grgor (擬聲語) 참조 grgot

grgoriti *-im* (不完) (擬聲語) 참조 grgotati

grgot (擬聲語) (물 등 액체 등이) 꼴꼴(콸콸)거리는 소리

grgotati *-ćem* (不完) (擬聲語) 1. (물 등 액체 등이) 꼴꼴거리다, 콸콸소리를 내다 (žuboriti, klokotati) 2. 꼬록꼬록 소리를 내며 목을 헹구어 내다 (grgljati) 3. 웅얼웅얼거리다, 콧노래를 부르다, 물이 흐르는 것과 같은 소리를 내다

grgurast, grgurav *-a, -o* (形) 1. (머리카락이) 곱슬곱슬한, 고수머리의 (kudrav, kovrčav) 2. (비유적) 파도같은, 물결이 치는 듯한 (talasast, valovit)

grgut (擬聲語) 1. 구구거리는 소리(비둘기 등의) (gugut) 2. (물 등 액체 등이) 꼴꼴(콸콸)거리는 소리 (grgot)

grgutati *-ćem* (不完) (擬聲語) 1. 구구거리다 (비둘기 등이) 2. 웅얼웅얼하다 (grgotati)

grickalica ~ *za nokte* 손톱깎이

grickati *-am* (不完) **gricnuti** *-em* (完) 조금씩 물어 뜯다, 갉아 먹다; *dete gricka nokte* 아이가 손톱을 물어 뜯고 있다

grif *-ovi* 1. 손잡이, 핸들, (칼, 곡괭이 등의) 자루 (držak, balčak) 2. (레슬링) (상대편의

팔·몸을) 세게 붙잡음, 움켜쥠 3. 숙련된 기술, 숙련된 동작 (veština, majstorija); *ispasti iz ~a* 기술을 잃다, 준비가 안 된 상태가 되다

grif, grifon (神話) 독수리 머리를 가진 날개달린 사자

grimasa 얼굴을 찌푸림, 찌푸린 얼굴, 우거지상; *praviti ~e* 얼굴을 찌푸리다

grimasirati *-am* (不完) 얼굴을 찌푸리다

grimiz 1. 자줏빛, 다홍색, 진홍색, 새빨간색 2. 자줏빛 의복 (purpur)

grimizan *-zna, -zno* (形) 자줏빛의 (ljubičastocrven, purpuran)

grinja (昆蟲) 진드기 (pregalj)

grip (男), **gripa** (女) 독감, 유행성 감기 **gripozni** (形)

gripozan *-zna, -zno* (形) 독감의, 유행성 감기의; 독감에 걸린, 독감 기운이 있는; *~zna osoba* 독감에 걸린 사람; *~zno zapaljenje pluća* 독감에 의한 폐렴

gris 거칠게 빻은 곡물 가루 (griz)

griskati *-am* (不完) 참조 grickati

gristi *grizem; grizao, grizla; grizen* (不完) 1. 물다, 깨물다, 물어뜯다, 물어끊다; *~ ruku* 팔을 물다; *~ nokte* 손톱을 깨물다; *~ zubima* 이빨로 물어뜯다; *~ udicu* 미끼를 물다; *~ pero* 힘들게 쓰다(집필하다) 2. (음식물을) 베어 물다, 씹다; *~ hleb* 빵을 베어 물다; *~ jabuku* 사과를 베어 물다; *ne može da griže* 씹을 수가 없다; *~ kamen(zemlju)* 굶다, 먹을 것이 없다, 배가 고프다 3. (산(酸)·녹 등이) 부식시키다, 침식하다; *rđa grize gvožđe* 쇠에 녹이 슬었다 4. (술·연기 등이) 톡 쏘다, 따갑게 하다 (dražiti, peckati, štipati); *~ jezik* 혀를 톡 쏘다; *~ oči* 눈을 따갑게 하다 5. (종종 無人稱文으로) (통증이) 쑤시다, 쓰리다; *~ u želucu* 위가 쓰리다 6. (비유적) (보통은 無人稱文으로) (양심·의심 등이) 정신적으로 괴롭히다, 못살게 굴다; *grize ga savest* 그는 양심의 가책을 느낀다; *grize me sumnja* 의심이 날 괴롭힌다 7. ~ se (비유적) 후회하다, 참회하다 (jediti se, kajati se) 8. ~ se 망가지다, 부식되다 (raspadati se, razjedati se) 9. ~ se 서로 물어 뜯다; 말다툼하다, 참고 견뎌내지 못하다 (uzajamno se ujedati, svađati se, ne trpeti se)

griva 1. (말, 사자 등의) 갈기 2. (조롱조의) 긴 머리털 (갈기 같은)

grivast *-a, -o* (形) 갈기의; 갈기 숱이 많은, 갈기와 비슷한; *~ konj* 갈기가 많은 말(馬)

grivna 1. 팔찌 (narukvica) 2. (廢語) 목걸이 (ogrlica) 3. (둥그렇게 묶은)다발, 묶음, 꾸러미(과일 등의); *~ smokava* 무화과 꾸러미; *~ luka* 마늘 묶음 4. 금속 고리 5. (복수로) 수갑, 족쇄 (okovi)

grivnat *-a, -o* (形) 커다란 갈기가 있는; 갈기와 비슷한

griz 거칠게 빻은 곡물 가루; *pšenični ~* 거친 밀가루

griz 1. 묾, 물기 (ujed, ugriz) 2. 반쯤 소화된 음식(위장에서)

grizak *-ska, -sko* (形) 1. 부식성의 2. 무는, 물어 뜯는 3. 씹을 수 있는

grizli *-ija* (男) 회색곰 (로키 산맥산)

grizlica 1. (病理) 궤양(潰瘍) (위, 장 등의) 2. 벌레, 나방 (crv, moljac) 3. (비유적) 빈정대는 사람, 불평이 많은 사람, 성질이 더러운 사람

griznuti *-em* (完) 1. 조금(약간) 깨물다 2. 한 입 먹다 (odgristi) 3. 조금 먹다, 간식을 먹다 (malo pojesti) 4. ~ se 깨물다(자기자신을); ~ se za jezik 혀를 깨물다

grizotina 1. 물린 상처(신체의) 2. 한 입 베어 먹은 곳(자국)

grizuckati, gruzukati *-am* (不完) (지소체) gristi

griža 1. (病理) 배앓이, 복통; 이질, 설사 (dizenterija, proliv, srdobolja) 2. 근심, 걱정 (briga); *~ savesti* 양심의 가책

grižljiv *-a, -o* (形) 1. 이질의, 설사의 (srdobolan) 2. 성질이 나쁜, 나쁜 성격의

Grk 그리스인

grk *-a, -o; grči* (形) 1. 쓴, 쓴 맛의 2. (비유적) 매우 힘든, 매우 고통스런 (težak, užasan)

grkavica 쓴 약, 쓴 알약, 쓴 한 입; *progutati ~u* 쓴 약을 삼키다

grkljan 1.(解) 후두(喉頭) **grkljani** (形); *~ poklopac* (解) 후두개, 회염 연골 (會厭軟骨) 2. 목구멍, 인후(咽喉); *srce mu je u ~u* 굉장히 많이 놀라다, 간떨어질 뻔 했다, 굉장히 흥분하다 (比유적); *hvatati se za ~* 몸싸움하다, 주먹다짐을 하다 3. (병의) 목

grkoistočnī *-ā, -ō* (形) 동로마 교회의, 정교회의

grkokatoličkī *-ā, -ō* (形) 합동 동방 가톨릭 교회의

grlašce *-a, -eta* (지소체) grlo

grlat *-a, -o* (形) 목소리가 큰, 큰 목소리를 지닌; *~ petao* 우는 소리가 큰 장닭; *~ čovek* 목소리 큰 사람

grlce *-a, -eta* (지소체) grlo

G

grle -*eta* 어린 산비둘기(grlica), 산비둘기 새끼

grlen -*a*, -*o* (形) 목구멍의; 목구멍에서 나오는; (音聲) 후음(喉音)의, 연구개음의; ~ *glas* 연구개음; ~ *suglasnik* 연구개자음

grlica 1. (鳥類) 산비둘기 2. 귀엽고 사랑스런 여인 (mila ženska osoba) 3. (病理) 디프테리아

grlić 1. (병의) 목 2. 총구, 포구 (gornji kraj cevi od puške) 3. ~ *materice* (解) 자궁 경부

grliti -*im* (不完) **zagrliti** (完) 1. (애정을 가지고) 포옹하다, (두 팔로)안다, 껴안다 2. (비유적) 포함하다 (obuhvatati) 3. ~ *se* 서로 목을 껴안다

grlo 1. 목; *šta ona nosi na* (*o*) ~*u?* 그녀는 목에 무엇을 하고 다니느냐?; *došla voda do* ~*a* 상황이 어려워졌다, 어려운 상황에 처하다; *došla duša pod* ~ 사망(죽음)의 시간이 왔다; *zakopčan do* ~*a* 끝까지 관망의 자세를 보이다; *staviti nož pod* ~ 목에 칼을 들이대다; *usko* ~ 병목 2. 목구멍, 인두(咽頭); *boli ga* ~ 목이 아프다; *zapaljenje* ~*a* 인두염; ~ (*u grlu*) *se steže* 굉장한 통증을 느끼다; *grlom u jagode* 전혀 준비가 되어있지 않은, 총없이 전쟁에 나가는 (딸기를 따러 가면서 바구니는 가져가지 않고 목구멍만 가져가는); *zaselo mu u* ~*u* 일이 뜻대로 이루어지지 않다, 계획이 엉망진창이 되다; *kost u* ~*u* 목엣 가시; *reč u* ~*u zapinje (staje, zastaje)* 말을 할 수가 없다, 말이 입안에서만 뱅뱅 돈다; *saterati (sabiti) zube u* ~ 주먹으로 이빨을 분질러뜨리다 3. (가축의) 머리 4. (비유적) 목소리(glas); *iz svega* ~*a*, *koliko ga* ~ *nosi* 큰 소리로 (na sav glas); *u jedno* ~ *(jednim* ~*om)* 한 목소리로; *u po* ~*a* 목소리를 죽여, 조용히 5. 출구 부분(계곡, 동굴, 우물 등의)

grlobolja (病理) 편도선염 (gušobolja)

grm, grmen 1. 관목, 덤불, 떨기 나무 (žbun); *u tom* ~*u leži zec* 바로 거기에 모든 비밀이 숨겨져 있다, 바로 그것이 문제야; *lasno je iza* ~*a streljati* 숨어서 공격하는 것은 쉽다 2. (植) 참나무(hrast)의 일종 3. 가지가 많은 커다란 나무

grmalj (輕蔑) 무례한 사람, 예의를 모르는 사람, 버릇없는 사람

grmen 참조 grm

grmeti -*im* (不完) **grmnuti** -*nem* (完) 1. 큰 소리를 내다(천둥, 대포 등이), 천둥치다; *grmi, grom grmi* 천둥치다; *topovi grme* 대포가 평평거린다 2. 큰 소리로 말하다 (보통 화내면서, 위협하면서, 질책하면서) 3. 신랄히 비

난하다(말하다, 쓰다)

grmljava 참조 grmljavina

grmljavina 우레, 우렛소리, 뇌성, 천둥, 뇌성같은 소리, 고함, 으르렁거리는 소리, 포효; *pljusak sa* ~*om* 천둥을 동반한 소나기

grmlje (集合) grm

grmljiv -*a*, -*o* (形) 우레같은, 뇌성같이 울리는; 우렛소리가 나는, 천둥소리같이 큰

grmnuti -*nem* (完) 참조 grmeti

grmovit -*a*, -*o* (形) 관목의, 관목이 무성한

grmuše (女,複) (鳥類) 휘파람새과

grnčar 도공(陶工), 옹기장이; 도예가 (lončar) **grnčarski** (形)

grnčara 1. 도공(陶工)의 가마가 있는 곳 (grnčarnica) 2. 찰흙, 옹기의 재료로 쓰이는 흙

grnčarija 도기류, 요업(窯業) 제품 (lončarija)

grnčarnica 도기를 굽는 작업장, 가마가 있는 작업장 (lončarnica)

grnčarskī -*ā*, -*ō* (形) 참조 grnčar

grnčarstvo 도기제조, 요업(窯業)

grnuti -*em* (不完, 드물게 完) 1. **nagrnuti** (完) 돌진하다, 쇄진하다, 떼지어 몰려가다 (navaliti, vrveti kuda); *grne narod na trg* 사람들이 광장으로 몰려 들었다 2. 쌓다, 축적하다, 모으다 (zgrnuti, skupljati u gomilu) 3. 덮다, 덮어 씌우다 (ogrnuti, ogrtati, prekrivati)

grob -*ovi* 1. 무덤, 묘, 묘지; *oterati nekoga u* ~ 누구를 죽음으로 몰고가다; *staviti u* ~ 묻다, 매장하다; *ići(otići) na* ~ 묘지에 가보다; *biti jednom nogom u* ~*u* 죽을 때가 다 되다, 죽음이 임박하다; *u* ~*u bi se prevrnuo* 무덤에서 죽은자도 돌아 누울 일이다; ~ *Neznanog junaka* 무명용사의 묘지; *od kolevke do* ~*a* 요람에서 무덤까지; ~ *se otvorio pred neekim* 절대절명의 위기였다; *kao da je iz* ~*a ustao* 아주 형편없는 모습이다, 중병을 앓고 있다, 너무나 창백하다; *ne znati* ~*a ni mramor* 어디에 매장되었는지 모른다; *nepobusani* ~ 최근에 생긴 무덤; *odneti (poneti) sa sobom u* ~ 무덤에까지 가지고 가다(비밀 등을); *okrečen (obeljen)* ~ 두 얼굴을 가진 사나이; *položiti u* ~ 장례를 치르다, 죽이다, 살해하다, 망치다, 파멸시키다 **grobni** (形) 2. (비유적) 죽음 (smrt); *do* ~ 죽을 때 까지; *bolje* ~ *nego rob* 노예같이 사느니 차라리 죽음이 더 낫다; *robom ikad,* ~*om nikad* 죽음보다는 노예로 사는것이 낫다(언젠가는 자유가 올 수 있음으로); *blizu (na ivici) groba* 죽음이 가까이 왔다 3. 어둠컴컴한 장소 (지하실, 감옥 등의) 4. (비

218

유적) 언제 죽을지 모르는 고령자 혹은 환자
5. (비유적) 비밀을 지키는 사람; *biti kao ~*
입을 다물다

grobar 1. 공동묘지 노동자, 묘를 파고 죽은
사람을 매장하는 일을 하는 사람 2. (비유적)
남의 파멸에 책임이 있는 사람 3. (複) (昆蟲)
송장벌레

grobarica brogar의 아내

grobište 1. 공동묘지 (groblje) 2. (集合) 무덤
(grobovi)

groblje 공동묘지; *živo (neopojano) ~* 아주 고
령의 사람; *prolaziti(proći) kao pored
turskog ~a* 인사를 나누지 않고 지나치다

grobnī *-ā, -ō* (形) 1. 무덤의; *~ spomenik* 묘
비; *~a tišina* 죽은듯한 고요, 쥐죽은듯한 적
막감; *~a humka* 봉분 2. 끔찍한, 소름끼치
는 (jeziv, stravičan)

grobnica 1. (종종 일가족의) 사체 매장 장소;
masovna ~ 사체를 대량 매장한 매장 장소
2. (비유적) 어둡고 음침한 공간

groce 참조 grlce

grof *-ovi* 백작; *živeti kao ~* 아무런 부족함
없이 풍요롭게 살다 **grofovski** (形)

grofica 백작(grof) 부인

grofinjica 백작(grof)의 결혼하지 않은 딸

grofovija 1. 백작(grof)의 영토 2. (歷) 백작이
통치하는 지역

grofovskī *-ā, -ō* (形) 1.백작의 2. 부유한
(bogat)

grofovstvo 백작(grof)의 명예, 백작의 작위(爵
位)

grog 그로그주 (물탄 럼주)

grogi (形) (不變) 비틀거리는, (권투에서 얻어
맞아) 비쓱거리는, 그로기가 된; *bokser je ~*
권투선수가 비틀거린다

grogirati *-am* (完,不完) 비틀거리다

grogotovac *-vca* (鳥類) 물오리, 검둥오리 무
리

grohot 1. 큰 소리를 내며 웃는 웃음, 호탕한
웃음; *~om se smejati; prasnuti (udariti) u
~* 큰 소리를 내며 웃다 2. 총성, 포성, 쾅하
는 소리 (treska, praskanje, lomljava) 3. 돌
무더기 4. 자갈 (šljunak, sitan kamen)

grohotan *-tna, -tno*, **grohotav** *-a, -o* (形) 큰
소리의(웃음이); *~ smeh* (큰 소리를 내며 웃
는) 호탕한 웃음

grohotati *-ćem* (不完) 1. 큰 소리로 웃다 2.
덜거덕덜거덕 거리다, 달가닥달가닥거리다,
끽끽거리다 (zvečati, škripati, tandrkati) 3.
~ se 큰 소리로 웃다

groknuti *-em* (完) **groktati** *-ćem* (不完) (擬聲

語) 1. 꿀꿀거리다(돼지가) 2. 탕탕거리는 소
리를 내다(화기의) 3. (비유적) 큰 소리로 웃
다

groktav *-a, -o* (形) 으르렁거리는, 꿀꿀거리는
(낮은 소리로)

grom *-ovi* 우레, 우렛소리, 뇌성, 천둥; 벼락,
번개; *kao ~ iz vedra neba* 마른 하늘에 날
벼락처럼; *~ je udario u štalu* 벼락이 외양간
에 떨어졌다; *~ ga je ubio* 벼락맞아 죽었다;
kao ~om poražen 깜짝놀란, 기겁한; *neće
~ u koprive* 값어치 없는 사람들에게는 아
무일도 일어나지 않을 것이다; *i pakao,
sto mu ~ova, ~ te spalio* (저주할 때) 지옥
에나 가라!; *kao ~* 1) (술이) 독한 2) 확실하
게

gromada 1. 산괴(山塊; 산줄기에서 따로 떨어
져 있는 산의 덩어리) 2. 커다란 암석 덩어
리; 커다란 건물(빌딩), 건물들의 집합, 빌딩
군(群); (밀집한) 무리, 집단 (gomila, hrpa);
~ od kuće 가옥 집단; *~ od čoveka* 한 무리
의 사람들, 사람들의 무리; *~ mesa* 고기 덩
어리 3. 다수, 다량 (mnoštvo); *~ oblaka* 한
무리의 구름

gromadan *-dna, -dno* (形) 1. 산괴(山塊)의, 커
다란; *~dna stena* 커다란 암석; *~dna
planina* 산괴(山塊) 2. 한 덩어리인; *~
kamen* 한 덩어리인 돌 3. (비유적) 거대한,
커다란; 힘센, 강건한 (ogroman, krupan;
snažan); *~dna zgrada* 큰 건물; *~ ormar* 커
다란 장롱; *~ komad* 엄청난 덩어리; *~
čovek* 힘센 사람; *~dna devojka* 덩치가 큰
처녀

gromak *-mka, -mko* (形) 1. 천둥소리와 같이
큰, 벼락같은, 우렁찬, 큰 소리의; *~mki glas*
우렁찬 목소리 2. (말 혹은 말투가) 날카로운,
예리한, 신랄한

gromobitan *-tna, -tno* (形) 벼락맞은; *~tna
stena* 벼락맞은 암석; *~tno drvo* 벼락맞은
나무

gromobran 피뢰침

gromoglasan *-sna, -sno* (形) 1. 천둥같은 목
소리의, 우렁찬 목소리의 2. 신랄한 말투의

gromonosan *-sna, -sno* (形) 폭풍우를 머금은,
폭풍우가 올 듯한, 뇌전성(雷電性)의

gromopucatelan *-lna, -lno* (形) 천둥이 칠 듯
한; 과장된, 침소봉대된; *~lni govor* 과장된
연설; *~lne fraze* 침소봉대된 표현

gromor, gromot 시끄러운 소리, 떠드는 소리;
굉음, 천둥소리 (buka; tutnjava) **gromoran,
gromotan** (形)

gromoriti *-im* (不完) 1. 굉음을 내다, 시끄럽게

하다 (tutnjati, bučati) 2. 신랄하게 말하다, 비판하다

gromotan *-tna, -tno* (形) 1. 천둥처럼 큰 소리의, 시끄러운 (gromoglasan, bučan) 2. 거대한 (ogroman, gorostasan)

gromotati *-ćem* (不完) 큰 소리로 말하다 (glasno govoriti)

gromotresan *-sna, -sno* (形) 굉음의(비행기, 대포, 천둥 등의), 천둥소리같이 크게 울리는

gromovit *-a, -o* (形) 1. 천둥의, 굉음의, 천둥소리와 같은; ~ glas 천둥소리와 같은 목소리; ~ udar 엄청난 굉음을 동반한 충돌 2. (말이) 날카로운, 예리한, 신랄한 (oštar, ljutit)

gromovan *-vna, -vno* (形) 벼락치는, 천둥소리같이 울리는

gromovnik 1. (神話) 뇌신(雷神: 제우스) 2. (비유적) 집권자, 전제 군주, 지배자, 통치자 (vlastodržac, tiranin, gospodar)

gromovod 피뢰침 (gromobran)

gromuljica 1. 덩이, 덩어리 (밀가루 등의); ~ brašna 밀가루 덩이 2. 좁쌀 같은 작은 돌기, 사마귀 (bradavičica); ~e na jetri 간의 작은 혹; ~e na jeziku 혀의 작은 돌기

gromuljičav *-a, -o* (形) 덩어리 투성이의, 덩어리가 많은

gronica (病理) 크루프(어린이의 후두나 기관(氣管)의 염증) (gušobolja)

groničav *-a, -o* (形) 크루프(gronica)에 감염된

gro-plan (映畵) 클로즈업, 근접 사진; snimati scenu u ~u 장면을 클로즈업으로 촬영하다

grosist(a) 도매업자 (veletrgovac)

grosistički *-ā, -ō* (形) 도매의, 도매업자의; po ~im cenama 도매가격으로; ~a pijaca 도매시장; ~a trgovina 도매

groš *-evi* 1. 돈, 화폐 (시대별로, 지역별로 각가 다른 화폐 가치를 지니고 있었음);. 동전, (지폐에 대해서) 경화(硬貨), 주화(鑄貨); biće i po ~ 풍부해질 것이다, 싸질 것이다; za prebijen ~ 약간의 돈을 받고, 돈 몇 푼 받고; za svoj ~ (raditi) 자신의 돈으로 (일하다); ni za ~, ni ~a, ni pola ~a 한 푼도(값어치가 없다, 주기 싫다, 없다); sto godina (dana) - devedeset ~a 적은 월급, 적은 수입; nemati tri za ~ 용기(배짱, 담력)이 없다 2. 얼룩덜룩한 점(말의)

grošićar (廢語) 상인들을 위해 농부들로부터 곡물을 대신 수집해 주면서 약간의 돈(groš)을 버는 사람; 중개인, 브로커 (posrednik, mešetar)

grošićariti *-im* (不完) 푼돈(groš)을 벌기 위해 일하다, 약간의 수익을 남기면서 물건을 사고팔다; 중개인으로 일하다, 브로커로 일하다

groteska 1. (美術) 그로테스크풍의 그림, 작품 2. 그로테스크한 상황 3. 괴기한 사람 (물건)

groteskan *-kna, -kno* (形) 그로테스크풍의; 괴기한, 우스꽝스러운

grotlo 1. 트인 구멍, 뚫린 구멍, (벌어져 있는) 틈 (otvor, ždrelo); (화산의) 분화구, 구멍 (krater); ~ pećine 동굴 구멍; ~ topa 대포 구멍 2. 계곡, 협곡(klanac, ždrelo); 심연, 나락(ponor, bezdan)

grotulja 송이, 다발, 묶음, 꾸러미, 한 줄 (과일, 채소 등의) (venac, veza, niska)

groza 공포, 전율, 무서움, 두려움 (strahota, jeza)

grozan *-zna, -zno* (形) 무서운, 끔찍한, 소름 끼치는, 무시무시한 (strašan, jezovit); ~zno vreme 나쁜 날씨; ~ prizor 끔찍한 광경; ~zna žena 추악한 여자; ~ strah 끔찍한 두려움

grozan *-zna, -zno* (形) 1. 포도의, 포도가 많이 열린 2. (詩的) 포도알처럼 굵은

grozd *-ovi* 1. 포도송이 2. 다발, 송이 3. (비유적) (같은 종류의 물건 또는 사람의) 떼, 무리, 집단 4. 일제 사격, 일제 발사 (plotun)

grozdak *-ska* **grozdić** (지소체) grozd

grozdan *-dna, -dno* (形) 포도의, 포도가 많은; 포도송이 모양의

grozdast *-a, -o* (形) 포도송이 모양의

gvozdovača 포도로 만든 라키야 (komovača, komovica)

groziti *-im* (不完) 1. ugroziti (完) 위협하다, 협박하다 (pretiti); 위험에 처하게 하다 (dovoditi u opasnost); ~ nekome 누구를 위협하다; grozi mu opasnost 위험에 부닥쳤다 2. ~ se 혐오하다, 질색하다, 몹시 싫어하다; 공포심을 느끼다, 두려움을 느끼다, 소름이 돋다; on se grozi dece 그는 아이들을 몹시 싫어한다; grozim se kad to čujem 그것을 들으면 소름이 돋는다

groznica 1. (병으로 인한) 열, 신열, 발열; 열병; imati ~u 열이 있다; žuta ~ 황열병 (열대병의 일종); nastupna ~ 말라리아; tifusna ~ 발진티푸스; porodiljska ~ 산욕열; potajna ~ 결핵 2. 전율 3. (비유적) 흥분, 긴장 (uzbuđenje, napetost); 두려움, 무서움 (strah, užas); 열망, 갈망 (žudnja, žeđ); putna ~ 여행을 앞둔 흥분; zlatna ~ 금광열, 황금 열병

grozničav *-a, -o* (形) 1. 열이 있는, 열병의;

220

열을 동반한; ~ bolesnik 열이 있는 환자; ~a jeza 열을 동반한 오한 2. (비유적) 열광적인, 흥분한, 흥분 도가니의 (uznemiren, uzbuđen, nestrpljiv); ~o stanje 열광적 상태; ~o očekivanje 흥분된 기대

grozno (副) 끔찍하게, 무시무시하게, 소름끼치게 (strašno, jezovito); ~ skupo 너무너무 비싼; ~ smo se proveli 소름끼치게 시간을 보냈다

groznomoran -rna, -rno (形) 무서운, 끔찍한, 소름끼치는 (strašan, užasan)

grozota 무서움, 두려움, 공포심; 끔찍함 (osećanje groze, straha; užasavanje, užas)

grozovit -a, -o grozatan -tna, -tno (形) 무서운, 두려운, 끔찍한, 소름끼치는

grožđe (集合) grozd; suvo ~ 건포도; otpremiti koga u suvo ~ 파멸시키다, 망하게 하다; berba ~a 포도 수확; kad na vrbi rodi ~ 개구리 수염날 때; kiselo ~ 신포도 (이솝우화의); naći se u nebranom ~u 곤란한 상황에 처하다 grožđani (形); ~ sok 포도주스

grožđice (女,複) 건포도

grožljiv -a, -o (形) 1. 겁많은, 두려워하는, 무서워하는 (plašljiv, bojažljiv) 2. 위협적인, 전율을 느끼게 하는, 두려움을 불러 일으키는 (preteći); ~ glas 위협적인 목소리; ~ izgled 두려움을 불러일으키는 외모

grožnja 참조 pretnja

grtati -ćem (不完) 1. 쌓다, 쌓아 올리다, 산더미처럼 쌓다 (gomilati, skupljati na gomilu) 2. 떼지어 몰려 가다(오다)

gru (擬聲語) 쿵, 탕, 쾅

grub -a, -o; grublji (形) 1. (촉감 등이) 거칠거칠한, 껄껄한, 세련되지 않은; ~ štof 거친 천; ~a hartija 거칠거칠한 종이; ~ čovek 거친 사람, 행동이 세련되지 못한 사람 2. 세공하지 않은 가공하지 않은, 다듬지 않은; ~e sirovine 원료 3. 대충 틀만 잡은, 미완성의 4. 서투른, 솜씨 없는 5. 대강의, 대충의, 개략의; ~a slika 대략적인 그림(스케치); ~a ocena 대강의 평가; ~ plan 개략적인 계획 6. 거친, 험한, 사나운; ~ život 험난한 삶 7. 중한, 심한, 역력한, 용인할 수 없는, 용서할 수 없는; ~a greška 심각한 오류; ~ falsifikat 명백한 조작

grubeti -im (不完) ogrubeti (完) 거칠어지다; ogrubele ruke 거칠어진 손

grubijan (男) 거친 사람, 무례한 사람, 잔인한 사람 (grub čovek, divljak)

grubijanstvo, grubijanština 거칠음, 무례함,

교양 없음, 잔인함 (gruboća)

gruboća, grubost (女) 1. 참조 grubijanstvo 2. 거친 행동, 거친 말

grud (女) (詩的) 참조 grudi

gruda 1. 덩이, 덩어리 (grudva, grumen); krvna ~ 혈전(血栓) 2. 큰 덩어리; 흙 덩어리, 흙, 땅; raste kao ~ snega kad se valja 눈덩이처럼 불어나다 3. 고향, 조국, 고국; rodna (rođena) ~ 고향, 조국

grudast -a, -o (形) 덩어리(뭉친 것)가 많은, 덩어리진

grudati se -am se 1. 눈싸움을 하다 2. 덩어리지다

grudav -a, -o (形) 덩어리가 많은; ~a zemlja 덩어리가 많이 진 흙

grudi (女,複) 1. 가슴, 흉부(胸部); kokošije (pileće) ~ (醫) 새가슴; golim ~ima (무장하지 않은)맨 손으로; gruvati se (biti se, udarati se) u ~ 자랑하다, 허풍떨다; pasti nekome na ~ 누구의 품 안으로 들어가다 (떨어지다); biti uskih (širokih) ~ 마음이 협소해지다 (넓어지다); imati pune ~ 즐거워하다, 행복해하다; teret pada na ~, nešto mu tišti ~ 뭔가 그의 가슴을 짓누르다; ~ u ~ 터놓고 개방적으로, 용감하게; srce da iskoči iz ~ 매우 흥분하여 2. 유방 (여성의) 3. (비유적) 마음, 영혼; iz dubine ~ 마음 깊은 곳으로부터, 진심으로 4. 와이셔츠의 가슴판

grudica (지소체) gruda

grudnī -ā, -ō (形) 1. 가슴의, 흉부의; ~ koš 흉곽; ~ a kost 흉골 (胸骨) 2. 폐(肺)의; ~o zapaljenje 폐렴; ~a bolest 결핵 (sušica, tuberkuloza)

grudnik 참조 grudnjak

grudnjača (解) 흉골(胸骨)

grudnjak 1. 조끼(양모 혹은 모피의) 2. (말의) 마구 끈 3. (여성의) 브래지어 (prsluče, steznik)

grudobolan -lna, -lno (形) 결핵의 (tuberkulozan)

grudobolja (病理) 결핵 (sušica, tuberkoloza)

grudobran (築城) 흉벽(胸壁), 흉장(胸章) (방어용의 낮은 벽)

grudva 1. 덩이, 덩어리, 뭉치 (grumen); ~ zemlje 흙덩이 2. 큰 덩어리; ~ kamena 돌 덩어리; ~ sira 치즈 덩어리 3. (~snega)눈 뭉치, 눈덩이; bacati ~e 눈뭉치를 던지다

grudvast -a, -o (形) 덩어리진

grudvati -am (不完) 1 izgrudvati (完) 눈싸움하다, 눈뭉치를 상대편에 던지다; deca se

G

drudvaju 아이들이 눈싸움하고 있다 2. 덩어리로 뭉쳐지다; *brašno je počelo da se grudva* 밀가루에 덩이가 생기기 시작했다

grudvica (지소체) grudva

gruhati 참조 gruvati

gruhnuti *-nem* (完) 참조 gruvati

grum 참조 grumen

grumečak *-čka* (지소체) grumen

grumen *-i* & *-ovi* 1. 덩이, 덩어리 (설탕, 소금, 흙 등의); ~ *šećera(zemlje, zlata)* 설탕 (흙, 황금) 덩어리 2. (비유적) 특히 모래·소금·설탕·커피 등의) 한 알, 티끌 (delić, zrnce)

grumenak (지소체) grumen

grumence, grumenče, grumenčić (지소체) grumen

grumenjav *-a, -o* (形) 덩이의, 덩어리가 많은

grumenje (集合) grumen

grumićak (지소체) grumen

grumuljica 덩이, 덩어리 (gromuljica)

grunac *-nca* (魚類) 뱀장어의 일종

grundirati *-am* (完,不完) 애벌칠을 하다

grunt 1. 한 명이 소유하고 있는 땅, 토지 재산 2. 바탕색 (osnovna boja)

gruntaš 많은 토지를 소유하고 있는 부농

gruntovnica 1. 토지(등기)대장 관리 사무소, 등기소 2.토지(등기)대장

gruntovničar 토지(등기)대장 관리 사무소 직원, 등기소 직원

grunuti, gruhnuti *-em* (完) 1. 폭발하는 듯한 큰 소리가 나다(천둥, 대포, 폭발음 등의) (gruvati); *bombe su grunule* 폭탄이 큰 소리를 내면서 터졌다; ~ *u plač(smeh)* 울음 (웃음)이 터졌다 2. 세게 치다, 탕(쾅)하는 소리가 나도록 닫다 (던지다, 떨어지다) 3. ~ se (가슴을) 탕탕치다

grupa 1. 그룹(group); *krvna* ~ 혈액형; **grupni** (形) 2. 전공 (대학에서의); ~ *za geologiju* 지질학 전공; ~ *za korejski jezik* 한국어 전공 3. (化) 기(基), 단(團), (주기표의) 족(族) 4. 직급과 직위 그리고 급여 등급; *platna* ~ 급여 등급

grupacija 1. 참조 group 2. 그룹으로 나누기, 그룹으로의 분리

grupaš 핵심 그룹원(정파 등의), 종파주의자

grupašiti *-im* (不完) 정당에서 계파(종파)를 형성하다(만들다) (frakcionašiti)

grupaštvo 종파주의, 계파주의, 파벌주의 (frakcionaštvo)

grupirati *-am*, **grupisati** *-šem* (完,不完) 1. 그룹으로 나누다 2. ~ se 그룹으로 나뉘다, 모

이다; ~ *se oko nekoga* 누구를 중심으로 모이다

grupnī *-ā, -ō* (形) 참조 grupa; *~o putovanje* 단체 여행; *~a terapija* 집단 치료

grušati se *gruša se* (不完) 1. (우유, 혈액 등이) 응고되다, 굳어지다, 덩어리를 만들다; *mleko se gruša* 우유가 응고된다 2. (비유적) 희어지다(머리가); *gruša mu se brada* 턱수염이 희어진다

grušavina, gruševina 응유(凝乳), 초유(初乳) (소, 양, 염소 등의)

gruvati *-am* (不完) 1. gruhnuti, grunuti (完) 터지다, 폭발하다, 터지면서 큰 소리를 내다 (대포, 폭탄 등이) (pucati); *topovi gruvaju* 대포 소리가 쿵쿵거린다 2. 철썩(쿵, 쾅) 소리가 나도록 치다, 때리다, 크게 종을 울리다 3. 타작하다 4. 암기식으로 공부하다 (bubati, učiti napamet); ~ *za ispit* 시험에 대비하여 줄줄 외었다 5. ~ se 치다, 때리다 (자기 자신을); ~ *se u prsa (u grudi)* 가슴을 치며 한탄하다 (통곡하다)

gu (擬聲語) 구구 (비둘기, 아기의)

guba 1. (病理) 나병, 문둥병 (lepra); ~ *te iznela (razgubala)* 썩어 문드러져라 (저주의 욕설) 2. (獸醫學) (개·소 등의) 옴 (šuga) 3. (비유적) 악, 사악 (pokvarenost, nevaljalstvo); (輕蔑) 사악한 사람, 본성이 나쁜 인간 (loš, pokvaren, lukav čovek)

gubac 1. (돼지 등의) 코, 주둥이 (gubica, njuška); *držati* ~ (輕蔑) 주둥이 닥치다 2. (선박의) 이물, 뱃머리 (pramac)

gubar (昆蟲) 매미나방 (식물의 해충)

gubati *-am* (不完) 1. 문둥병에 걸리게 하다 (보통 저주할 때) 2. (비유적) 기꺼운 마음으로 비난하다, 저주하다 3. ~ se (저주에서) 문둥병에 걸리다 4. ~ se (조롱조의) 긁다(몸을); *što se gubaš?* 왜 그렇게 몸을 긁느냐?

gubav *-a, -o* (形) 1. 문둥병의, 나병의, 나병에 걸린 (leprozan) 2. 나쁜, 사악한, 흉악한, 교활한 (pokvaren, nevaljao, lukav) 3. 옴걸린 (šugav)

gubavac *-vca* 1. 나병 환자, 문둥병 환자 2. (비유적) 나쁜 사람, 사악한 사람; 위선자

gubavica 1. 여성 나병 환자 2. (動) 두꺼비 (žaba krastavica) 3. (方言) 풀조차 자라지 않는 버려진 땅

gubavičav *-a, -o* (形) 참조 gubav

guber 거친 양모로 짠 담요(모포); *pružati se preko* ~ 무언가를 자신의 능력 이상으로 시도해보다; *pružati se (prostirati se) prema ~u* 자신의 능력에 맞춰 살다

gubernator (歷) 행정구역(gubernija)의 장(長), 지방 감찰사(행정관)

gubernija (歷) 지방 행정 구역 (veća upravna oblast) gubernijski (形)

gubica 1. 동물의 코와 주둥이 (njuška) 2. (輕蔑) (사람의) 면상, 낯짝, 코, 입술; dati po ~i (輕蔑) 낯짝을 때리다; držati ~ 주둥이 닥치다; zavezati (začepiti) ~u 주둥이를 닥치게 하다

gubilac -oca 패자(敗者); 손실(손해)을 본 사람

gubilište 사형집행장; ići kao na ~ 도살장에 끌려가듯이 가다; ići (poći) na ~ za nešto (nekoga) ~을 위해 자신을 희생하다

gubitak 손해, 손실; 손실물, 손실 액수; ~ci u mrtvim i ranjenim 사상자 손실; ljudski i materijalni ~ci 인적 물적 손실; naneti (pretrpeti) ~tke 손실을 초래하다(겪다); račun ~tka i dobitka 손익계산서; u ~tku sam 손실을 겪고 있다, 손해를 보고 있다

gubiti -im (不完) izgubiti (完) 1. 잃다, 잃어 버리다, 분실하다; ~ kišobran (knjigu, novčanik) 우산(책, 지갑)을 잃어버리다 2. 잃다, 지다, 패배하다; ~ bitku (utakmicu) 전투(경기)에서 패배하다; ~ život (svest, nadu, apetit) 생명(의식, 희망, 식욕)을 잃다; izgubiti noge 굉장히 피곤해지다; ~ glavu 생명을 잃다, 우두머리를 잃다; ~ visinu 고도를 잃다(비행기의); ~ živce 자기 통제력을 잃다; ~ tlo pod nogama 더 이상 확실하지가 않다; ~ vreme 시간을 낭비하다; ~ pamet 총명함을 잃다; ~ obraz 몰염치해지다; ~ mnogo krvi 출혈을 많이 하다; ko gubi ima pravo da se ljuti 경쟁에서 진 사람들이 종종 불만을 표하고 항의하는 경우가 있다; ~ na izborima 선거에서 지다 3. ~ se 사라지다, 없어지다, 눈에 보이지 않다; 길을 잃다; izgubili smo se u šumi 우리는 숲에서 길을 잃어 버렸다; gubi se! 꺼져!, 사라져!; nada se gubi 희망이 점점 사라진다; izgubio se u gomili 많은 사람들 속에서 그가 사라졌다; bol se izgubio 통증이 사라졌다 4. ~ se 의식을 잃다, 침착성을 잃다; 중요성을 잃고 하찮은 것이 되다; 몸무게가 빠지다

gubljenje (동사파생 명사) gubiti

guc(k)ati -am (不完) gucnuti -em (完) 삼키다, 마시다, 한 모금 넘기다

gudač 현악기 연주자; 구슬레 연주자, 바이올린 연주자

gudački -ā, -ō (形) 현악기의; ~ instrument 현악기; ~ kvartet 현악 4중주; ~ orkestar 현악 합주단

gudalo (音樂) (현악기의) 활

gudeti -im (不完) 1. 구슬레를 연주하다, 현악기를 연주하다 2. 굵직한 소리를 내다, 노래하다 3. 획(횡, 핑, 윙)하는 소리를 내다. 쿵 (쾅, 펑)하는 소리를 내다; 윙윙거리다, 살랑살랑거리다, 졸졸 소리내다; zvono gudi 종이 딸랑딸랑 거린다; granate su gudele nad našim glavama 포탄이 우리 머리 위에서 펑펑 터졌다 4. 말하다 (보통 유쾌하지 않고 거북한 것들을); ~ istinu 진실을 말하다; ni gudi, ni gudalo vadi! 말 하지마! 조용히 해!

gudnjava 1. (구슬레·현악기 등의) 연주 2. 쿵쿵거림, 쾅쾅거림, 탕탕거림 (huka, tutnjava, grmljavina)

gudura 골짜기, 협곡, 산협(山峽) (klisura, klanac)

gugukati -ćem (不完) (擬聲語) 구구거리다 (비둘기 등이) (gukati)

gugut (擬聲語) 구구거리는 소리, 구구거림

gugutati -ćem (不完) gugutnuti -em (完) 1. (비둘기 등이) 구구거리다 (gukati) 2. 음식을 삼킬 때 꿀꺽하는 소리를 내다 3. 뚝하는 소리를 내면서 부러지다

gugutav -a, -o (形) 구구거리는

gugutka 1. (鳥類) 은(銀)비둘기 (염주비둘기의 흰 변종) 2. (植物) 헴록 (미나릿과(科)의 독초)

gugutnuti -nem (完) 참조 gugutati

guja 1. (動) 뱀 (zmija) 2. (비유적) 독이 올라 있는 사람, 화가 나 있으면서 공격적인 사람, 사악한 사람; 칼, 검 (nož, sablja); 매우 찬 것(보통 신체의 일부); gajiti (hraniti, držati) ~ u nedrima (na srcu, na prsima) 선을 악으로 갚는 사람을 이르는 말(호랑이 새끼를 키우다, 배은망덕한 놈을 키우다); besan kao ~ 매우 화남; ~ guju jede 두 악이 충돌하다; ~ prisojkinja (otrovnica, ljutica, ljuta) 독사(毒蛇); ~u za rep ne bi izvukao iz njega (숲이) 매우 울창함; kao da ga ~e piju 수척해졌다; kao da ga je ~ ujela 화들짝 놀라다; krije kao ~ noge 최대한 감추다; nemoj da te ~ ujede(pecne), da te ~ ne ujede (속지 않도록) 조심하라; pišti (vrišti) kao ~ u procepu 거칠게 항의하다; sikće (ciči, vrišti) kao ~ 크게 화내면서 소리지르다; šarena ~ 잠재적인 악; šinula je ~ 미모의 여인을 일컬을 때 하는 말 gujin (形); ~a rupa 위험한 장소

gujavica 참조 glista

guk (擬聲語) 구구거림(비둘기 등의)

guka 1. 마디, 옹이, 혹, 부풀어 오른 곳 (신체, 나무 등의) (oteklina, otok) 2. 덩이, 덩어리 (grumen, gruda)

gukanje (동사파생 명사) gukati

gukast *-a, -o* (形) 마디(옹이, 혹) 모양의

gukati *-čem* (不完) **guknuti** *-em* (完) 1. (擬聲語) (비둘기가) 구구거리다 2. (아직 말을 하지 못하는 아기가) 옹얼옹얼 거리다 3. 부드럽게 말하다, 소근거리다

gukav *-a, -o* (形) 마디(옹이, 혹)가 있는

guknuti *-nem* (完) 참조 gukati

gulanfer 부랑자; 게으름뱅이, 룸펜, 건달 (besposličar, skitnica)

gulaš (料理) 굴라시 (파프리카로 맵게 한 쇠고기와 야채 스튜)

gulidva (廢語) 참조 komišanje: 옥수수 껍질 벗기기

gulikoža 탐욕스런 사람, 욕심쟁이; 남의 것을 빼앗는 사람, 남의 고혈을 빨아먹는 사람; 고리대금업자 (gramžljiv čovek, grabljivac, otimač, zelenaš, lihvar)

guliti *-im* (不完) **oguliti** (完) 1. (껍질·가죽 등을) 벗기다 (ljuštiti, komiti) 2. (비유적) 남의 돈을 탐욕스럽게 취하다(빼앗다); ~ *kožu* 남의 돈을 강탈하다, 교묘히 속여 남의 돈을 취하다, 남의 고혈을 빨아먹다 3. 뽑다, 잡아 뜯다 (čupati); *ona guli travu* 풀을 뽑는다 4. 빈약한 찬(餐)을 먹다 (jesti jednoliku i slabu hranu) 4. ~ *se* 벗겨지다, 떨어지다(털 등이 피부에서)

guma 1. 고무; *arapska* ~ 아라비아 고무 2. 타이어; *automobilska* ~ 자동차 타이어; *pukla nam je* ~ 타이어가 펑크났다 3. 지우개 (gumica) 4. (씹는) 껌; ~ *za žvakanje* (*žvakaća* ~) 씹는 껌

gumalastika 1. 고무 밴드 2. 고무 공

gumarabika 아라비아 고무

gumarski *-a, -ō* (形) 고무의; ~*a industrija* 고무 산업; ~*i proizvodi* 고무 제품

gumast *-a, -o* (形) 고무의, 고무와 비슷한, 고무(줄)같은, 탄성이 있는; ~ *sir* 탄성이 있는 치즈; ~*a knedla* 끈적끈적한 경단

gumati *-am* (不完) 1. (음식물·음료수를) 급히 먹다, 급히 마시다; 한 웅큼 꿀꺽 삼키다 2. (비유적) 돈을 많이 벌다

gumen *-a, -o* (形) 고무의, 고무로 만든; ~*o crevo* 고무 호스; ~ *kolut* 고무 튜브(수영용의)

gumenjak 1. 고무신, 고무 신발 (gumeni opanak) 2. 고무 제품 (비 옷 등의)

gumiarabika 참조 gumarabika

gumica 지우개

gumirati *-am; gumiran* (完,不完) (보통은 수동태 형태로 사용됨) 고무를 입히다, 고무로 처리하다; *gumirano odelo* 고무를 입힌 옷; *gumirani točkovi* 고무처리한 바퀴

gumno *gumānā* (곡식의) 탈곡장, 타작 마당

gundelj (男) (昆蟲) 풍뎅이의 일종

gundoriti *-im* (不完) 1. (벌레 등이) 윙윙거리다 (zujati) 2. 옹얼옹얼하다, 흥얼거리다 (mrmljati, pevušiti)

gundrati *-am* (不完) 1. 중얼거리다, 웅얼거리다, 불평하다 (mrmljati, gunđati) 2. 흥얼거리다 (pevušiti)

gunđalo (男,中) **gunđalica** (女) 1. 투덜대는 사람, 불평하는 사람 2. 중얼중얼하는 사람

gunđati *-am* (不完) 1. 불평하다, 투덜거리다 2. (잘 들리지 않게) 중얼거리다, 웅얼거리다; ~ *u snu* 잠자면서 중얼거리다, 잠꼬대하다

gunđav *-a, -o* (形) 1. 투덜거리는, 불평하는 2. 중얼거리는

gungula 1. 번잡함, 혼잡함 (gomila, vreva, gužva) 2. (질서·치안의) 소란, 소동; (사회) 불안, 혼란 (nered)

guntav *-a, -o* (形) 주름진, 구겨진 (izgužvan)

gunj *-a; -evi* 1. 농부들의 긴 상의(보통 무릎까지 내려옴); ~ *i opanak*, ~ *i kožuh* 농부, 농민 2. (비유적) 농민, 농부 (seljak, seljaci) 3. 담요 (guber, pokrivač)

gunja 참조 gunj

gunja 참조 dunja: 모과

gunjar 농부들의 옷(gunj)을 만드는 사람

gurabija 1. (가루 반죽으로 만든) 빵과자, 빵과자류; *mesiti ~e* 달콤하게 말하다(이야기하다) 2. (비유적) 사랑이 담긴 조그만 선물 (sitan poklon učinjen iz ljubavi)

gurač 1. 미는 사람 (onaj koji gura) 2. 예인선 (曳引船)

gurancica (弄談) 미는 것, 밀어대는 것, 밀침 (대중속에서) (guranje u gomili)

gurati *-am* (不完) **gurnuti** *-em* (完) 1. 밀다, 밀치다, 밀어서 움직이다, 밀어 내다; *guraj!* 밀어!; ~ *pod nos* 강제하다, 강요하다, 부과하다; ~ *u nesreću* (*propast, zlo*) 불행(파멸, 악)으로 몰고 가다; ~ *u grob* 죽음으로 몰고 가다 2. 승진하다(직장 등에서) 3. 앞으로 나가다, 중단없이 전진하다 4. 쑤셔 넣다; *vojnici guraju nešto u svoje torbe* 병사들이 뭔가를 자신들의 가방에 쑤셔 넣는다 5. ~ *se* 헤치고 가다(많은 사람들 속에서)

gurav *-a, -o* (形) 1. 등이 휜, 허리가 휜 (grbav) 2. (비유적) 썩어빠진, 어지러운, 개판인 (rđav, naopak); ~ *svet* 썩어빠진 세상;

G

224

~ *život* 개판인 인생

gurbet 1. 집시, 방랑자, 떠돌이 (Ciganin, čergaš, skitnica) 2. 방랑, 유랑 (gurbetluk)

gurbetluk 1. 육체노농 (고향·조국을 떠나 잠시 동안 하는) (pečalba) 2. 이주, 방랑, 유랑 (seljakanje, skitanje po svetu) 3. 동냥, 구걸 (prošnja, prosjačinje) 4. 떠돌이(방랑자)적 기질 및 행동

gurikati *-čem* (不完) (돼지가) 꿀꿀거리다 (roktati)

guriti se *-im se* (不完) **poguriti se** (完) 1. 허리를 숙이다, 상체를 굽히다; 웅크리다; ~ *guriti se nad čim* 열심히 일하다(오랫동안 끈기있게) 2. (비유적) 고부라진처럼 보이다; 가엾은 모습을 지니다

gurkati *-am* (不完) (지소체) gurati 1. 때때로 조금씩 밀다(밀어 내다) 2. (주의를 끌기위해) 팔꿈치로 누구를 쿡쿡 찌르다, 발로 툭툭 치다 3. ~ se (손, 발로) 건드리다, 툭툭치다, 쿡쿡 찌르다 (보통 의사소통을 위해) 4. ~ se 서로 밀치다

gurman 미식가, 식도락가 (sladokusac)

gurmanluk 1. 식도락 2. 진수성찬

gurmanstvo 참조 gurmanluk: 식도락

gurnuti *-nem* (完) 참조 gurati; ~ *nekoga nekome u naručje* 누구의 품 안으로 밀어 넣다, 적진으로 쫓아내다; ~ *nogom* 부주의하게(무례하게) 행동하다

gurnjava 번잡함, 혼잡함; 밀침 (stiska, gužva sveta; guranje)

gusak *-ska*, **gusan** 숫거위

gusar 1. 해적 (pirat) **gusarski** (形) 2. 산적 (hajduk); *gorski* ~ 산적

gusarenje (동사파생 명사) gusariti; 해적질

gusarica 1. 해적(gusar)의 아내 2. 해적선

gusariti *-im* (不完) 해적질하다

gusarskī *-ā, -ō* (形) 참조 gusar; 해적의; ~ *brod* 해적선

gusarstvo 해적질, 해적 행위

gusenica 1. (昆蟲) 모충(毛蟲), 쐐기벌레 (송충이 등 나비·나방의 유충); ~ *sviloprelja* 누에고치 2. (機) 무한궤도 (전차, 탱크, 트랙터 등의); *tenkovske* ~e 탱크의 무한궤도 **gusenični** (形); ~o *vozilo* 바퀴대신 무한궤도가 달린 차 3. (비유적) 귀찮게 하는 사람, 해충, 기생충

guseničar 1. (昆蟲) 딱정벌레의 일종 (쐐기벌레(gusenica)를 잡아 먹음) 2. 무한궤도형 차량; *traktor* ~ 무한궤도 트랙터

guseničav *-a, -o* (形) 쐐기벌레가 많은

guseničnī *-ā, -ō* (形) 참조 gusenica

gusinjak 거위 우리(축사) (guščarnik)

guska 1. 거위, 거위의 암컷; *divlja* ~ 야생 거위; *pitoma* ~ 집 거위; *~e te razumele* 불분명하게 이야기하는 사람에게 하는 말(아무도 네 말을 이해할 수 없을 것이다); *ići kao ~ u maglu* 전혀 불확실하고 불명확한 곳으로 가다, 많은 것을 고려하지 않고 어떤 것(방법)을 취하다; *to i ~e znaju* 모두가 그것을 안다 guščiji, guščji (形); *~e meso* 거위 고기 2. (비유적) (輕蔑) 우둔한 여자, 멍청한 여자 3. (한정사 'masna', 'debela'와 함께 쓰여) 이익, 벌이, 전리품; 수입원 (dobar plen, izvor prihoda) 4. 환자용 변기 (변기 모양의)

guslač 1. 구슬레 연주자 (guslar) 2. 현악기 연주자 (gudač)

guslar 구슬레 연주자

guslariti *-im* (不完) 참조 guslati

guslati *-am* (不完) 구슬레를 연주하다

gusle (女,複) 현(絃)이 하나 있는 세르비아의 민속 현악기; *pevati uz* ~ 구슬레를 연주하면서 노래를 부르다; *to su stare gusle* 그것은 옛날에 했던 이야기다, 그것은 이미 알려진 옛날 일이다; *udariti u druge* ~ 다른 길(방향)으로 가다

gusnuti (se) *-em (se)* (不完) **zgusnuti (se)** (完) 짙어 지다, 자욱해 지다, 진해 지다, 걸쭉해 지다, 빽빽해 지다

gust *-a, -o; gušćī* (形) 빽빽한, 밀집한, 울창한; (안개·연기 등이) 짙은, 자욱한, 농밀한, 농후한; (액체 등이) 진한, 걸쭉한; 응축된; *došlo je do ~og* 심각한 상황이 되었다; *~a šuma* 울창한 숲; *~o mleko* 진한 우유; *~a kiša* 폭우; ~ *sneg* 폭설; *pomrčina (magla) ~a kao testo* 완전 캄캄해져 아무것도 보이지 않았다

gust 맛 (ukus); 식욕 (volja za jelom); 즐김, 만족 (uživanje, zadovoljstvo)

gustina 밀도, 농도, 조밀도(인구의); ~ *naseljenosti* 인구밀도; ~ *saobraćaja* 교통량

gustiozan *-zna, -zno* (形) 식욕을 돋우는; 욕망(기대)을 돋우는

gustirati *-am* (不完) 1. 시음(試飮)하다, 시식(試食)하다; 즐기다; *gustirala je kafu* 커피를 시음했다 2. ~ *nekome nešto* 누구에게 욕망을 불러 일으키다; *nemoj da mi toliko gustiraš kolače* 나한테 케이크를 조금만 줘!

gustoća 밀도 (gustina)

guša 1. 목구멍, 인후(咽喉); 목의 앞부분; *zastala mu je reć u ~i* 말이 목에 걸려 나오질 않았다; *do ~e* 과도하게, 필요 이상으로; *došlo do ~e* 최악의 상황까지 왔다; 인내의

G

한계를 초과했다; *jedna duša, jedna* ~ 한 명을 먹여 살리기는 비교적 쉽다; *metnuti (staviti) nož pod ~u* 목에다 칼을 들이대다; *oderati ~u (vičući)* 목이 터지라 고함치다; *podmaziti ~u* 술을 마시다; *uhvatiti za ~u* 멱살을 잡다 (싸움할 때) 2. (病理) 갑상선종 (struma, gušavost) 3. (새의) 모이주머니, 멀떠구니

gušan (鳥類) 파우터 (멀떠구니를 내밀어 우는 집비둘기의 일종)

gušati -*am* (不完) 1. 갑상선종에 걸리다 2. 멱살을 잡다 3. ~ **se** 멱살을 잡다, 주먹다짐하다

gušav -*a*, -*o* (形) 1. 갑상선종의 2. 참조 grlen

gušavac -*vca* 갑상선종을 앓는 사람

gušavost (女) 갑상선종(甲狀腺腫) (struma)

guščad (女) (集合) gušče

guščak 참조 gusinjak

guščar 거위를 기르는 사람 **guščarica, guščarka**

guščarnik 거위 우리(축사) (gusinjak)

gušče -*eta; guščići & guščad* (지소체) guska; 새끼 거위, 거위 새끼

guščetina 거위 고기

guščevina 1. 거위 고기 (guščetina) 2. 거위의 배설물

guščjī, guščijī -*ā*, -*ē* (形) 참조 guska; ~ *poredak* 나란히줄지어 (jedan za drugom); ~ *trava* (植物) 풀의 일종

gušćī -*ā*, -*ē* (形) 참조 gust

gušenje (동사파생 명사) gušiti; 질식, 숨막힘

gušiti -*im* (不完) 1. ugušiti, zagušiti (完) 질식시키다, 숨막히게 하다; ~ *nekoga* 누구를 질식시키다 2. 진압하다, 궤멸시키다, 꺾다; ~ *zaveru(pobunu)* 음모(봉기)를 진압하다 3. 발전을 저해하다 4. **prigušiti** (完) 소리를 죽이다, 소리가 나지 않게 하다 5. ~ **se** 숨막히다, 질식하다; ~ *se u dugovima* 빚더미에서 헤어나질 못하다; ~ *se u suzama* 하염없이 울다

gušobolja (病理) 1. 후두염, 편도선염, 인후염 (grlobolja) 2. 디프테리아 (difterija)

guštak, guštara 울창한 숲, 덤불이 많은 숲 (gusta šuma, čestar)

gušter 1. (動) 도마뱀; *sunčati se kao* ~ 일광욕을 즐기다 2. (비유적) 신뢰할 수 없는 사람, 믿을 수 없는 사람

gušterača (解) 췌장 (pankreas) **gušterački** (形)

gušterica 도마뱀의 일종; 작은 도마뱀

gutač 꿀꺽 삼키는 사람 (onaj koji što guta); ~ *vatre* 불을 삼키는 사람 (서커스 등에서)

gutati -*am* (不完) progutati, gutnuti -*nem* (完) 1. 꿀꺽 삼키다, 꿀꺽 들이켜다; ~ *knedle (gorke pilule)* 쓴 약을 꿀꺽 삼키다; ~ *žabu* 억지로 하다; ~ *pljuvačku* 말을 하고 싶지만 하지 않고 참다; ~ *suze* 눈물을 참다; *kao da je metlu progutao* 굉장히 뻣뻣하다 2. 공기를 들이 마시다, 담배 연기를 들이 마시다 3. (발음, 글자 등을) 다 소리내지 않고 먹어버리다, 건너 뛰다; *on guta reči* 그는 말을 얼버무려가면서 불명확하게 한다; *progutati udicu* 미끼를 삼키다; 4. 참고 견디다, 감내하다, 감수하다 (trpeti, patiti; podnositi ne reagujući); *ona guta sve od njega* 그녀는 그의 모든 것을 참고 견딘다 5. ~ **se** (숙어로만); ~ *očima* 서로 상대방을 갈망(열망)의 눈길로 쳐다보다

gutljaj 한 모금 (음료, 담배 연기의)

gutnuti 참조 gutati

gutural (音聲) 후두음, 연구개음 (k, g, x 등)

guvernanta, guvernantica 여자 가정교사

guverner 지사, 총독, 총재 (특히 중앙은행의); ~ *banke* 은행장

guvno 참조 gumno

guz 엉덩이 (한 쪽) **guzni** (形); ~*o crevo* (解剖) 직장(直腸)

guza (애칭) guzica

guzat -*a*, -*o* (形) (卑俗語) 엉덩이가 큰

guzica (卑俗語) 엉덩이, 궁둥이 (stražnjica, zadnica)

guznī -*ā*, -*ō* (形) 참조 guz

gužva 1. 짚·가는 나뭇가지 등을 엮은 것; 또아리 2. (규칙없이 무질서하게) 얽힌 것, 섥힌 것 3. 군중, 다수; 혼란, 혼잡, 무질서; 교통 체증 (nered, pometnja, metež, uskomešana gomila); *provući se kroz ~u* 혼잡을 뚫고 나아가다; *stvorila se* ~ 혼잡해졌다

gužvaljak (옷의) 주름(진 것)

gužvara (料理) 치즈 파이 (pita)

gužvati -*am* (不完) 1. zgužvati, izgužvati (完) 주름지게 하다, 구겨지게 하다; ~ *bluzu* 블라우스를 구겨지게 하다; *izgužvano odelo* 구겨진 양복 2. 혼잡스럽게 하다 3. 급히 먹다, 정신없이 먹다 4. ~ **se** 구겨지다, 주름이 생기다; *ovaj se štof ne gužva* 이 천은 주름이 지지 않는다 5. ~ **se** 대량으로 몰려들다, 혼잡해 지다, 서로 밀치다; *svi su se gužvali oko njega* 모든 사람이 그의 주변에 몰려들었다

gviriti -*im* (不完) **gvirnuti** -*em* (完) 1. 엿보다

(벌어진 틈으로, 숨어서) **2.** 보다, 바라보다
(gledati, motriti) **3.** 활짝 열려져 있다
(zjapiti)

gvozd (廢語) **1.** 숲 (šuma) **2.** 땅에서 불쑥 솟
아나온 돌 (kame koji iz zemlje strši)

gvozd 1. 철의 파편, 철 조각 (komad gvožđa)
2. 못 (ekser)

gvozdac *gvosca* 걸쇠, 죔쇠, 버클 (kopča,
pređica)

gvozden *-a, -o* (形) **1.** 철의, 철제의, 쇠로 만
든; ~*a ruda* 철광석; ~*a ograda* 철제 담장;
~*o doba* 철기 시대 **2.** (비유적) 단단한, 튼
튼한, 견고한,확고한, 엄격한, 흔들림 없는;
~*a volja* 확고한 의지; ~*a disciplina* 엄격한
규율; ~*i živci* 다 견뎌낼 것 같은 투지

gvozdeniti *-im* (不完) **ogvozdeniti** (完) 단단하
게 하다, 튼튼하게 하다, 굳건하게 하다
(činiti jakim, čvrstim, junačkim); *to
gvozdeni srca u momcina* 그것은 청년들의
담력을 강화시킨다

gvozdenzuba (民俗) 못된 아기를 데려간다는
귀신

gvozdenjača 참조 gvozdenjak

gvozdenjak 철제 보일러; 철제 고리; 철인(鐵
人(이야기,동화에서)

gvožđa (中,複) 참조 gvožđe; **1.** 족쇄, 차꼬
(okovi) **2.** 덫, 올가미 (kljusa, zamka,
stupica)

gvožđar 철물상

gvožđara 철물 가게 (gvožđarnica)

gvožđarija 철물, 철제품

gvožđarnica 철물 가게

gvožđarskī *-ā, -ō* (形) 철물상의, 철물 가게의;
~*a radnja* 철물 가게; ~*a roba* 철물, 철제품

gvožđe 1. 쇠, 철; *sirovo* ~ 선철, 무쇠; *liveno*
~ 주철(鑄鐵), *kovno* ~ 단철(鍛鐵), 연철(鍊
鐵); *topljeno* ~ 용철(用鐵); ~ *se kuje dok
se vruće* 쇠가 달귀졌을 때 망치로 치다, 일
을 제때에 해야 된다; *staro* ~ 고철; *tvrd
kao* ~ 쇠처럼 단단한 **2.** 철물, 철제품 (쟁기
의 날; 무기(칼, 검의); (복수로) 족쇄, 차꼬;
(복수로) 올가미, 덫

gvožđevit *-a, -o* (形) 철을 함유하는; ~*a ruda*
철광석

gvožđurija (集合) (조롱조의); 철제품, 철물; 참
조 gvožđarija

H h

habati -am (不完) pohabati (完) 1. 닳아 없어
지게 하다, 써서 해지게(낡게) 하다; 입어 해
지게 하다; 물리적으로 더럽히다; *život haba
ljude* 삶이 사람들을 망가지게 한다; ~
cipele 구두가 해지다 2. (廢語) 비난하다, ~
를 나쁘게 말하다 3. ~ *se* 더러워지면서 낡
고 해지다 (의복 등이); *ove gume se brzo
habaju* 이 타이어는 빨리 닳는다
haber 기별, 소식, 메시지 (glas, vest;
poruka); ~ *učiniti* 소식을 전하다 통지하다,
알리다; *ni ~a nemati* 전혀 관심을 기울이지
않다
haberdak, haberdar (廢語) 신호용 총포(발사
소리로 그 어떤 신호를 주거나 무언가를 공
포하는데 사용된) (habernik)
habernik (廢語) 1. 신호용 총포(발사 소리로
그 어떤 신호를 주거나 무언가를 공포하는데
사용된) 2. 사자(使者), 전령(傳令), 소식을 전
하는 사람 (vesnik, glasnik, glasonoša)
habilitacija 교수자격논문 habilitacioni (形);
habilitacionī -ā, -ō (形) 교수자격논문의; ~
rad 교수자격논문
habilitirati se -am se habilitovati se -tujem
se (完,不完) (특히 독일에서 대학 교수
의) 자격을 얻다
habljiv -a, -o (形) 쉽게 해지는, 쉽게 닳는
habronoša 1. 소식(haber)을 전하는 사람; 사
자(使者), 전령(傳令) 2. 소문을 퍼뜨리는 사
람; 수다쟁이, 말많은 사람 (brbljivac)
had (神話) 1. (고대 그리스인들의) 지하 세계
의 신 2. 지하 세계, 지옥
hadži (不變) 순례를 다녀 온 사람의 이름 앞에
붙는 타이틀; ~ *Jusuf* 하지 유수프
hadžija (男) 순례를 다녀 온 사람(무하메드 혹
은 예수의 무덤에) (hodočasnik) hadžijski (形)
hadžijinica, hadžinica 순례를 다녀 온 사람
(hadžija)의 아내
hadžika 1. 순례에 나선 여자 2. 참조
hadžijinica
hadžiluk 성지 순례, 순례 여행 (무슬림들의 메
카, 기독교도들의 예루살렘); *ići na* ~ 성지
순례에 나서다
hadžinica 참조 hadžijinica
hafis, hafiz 코란을 외우는 사람; 배운 사람,
학식있는 사람, 유식자
hagiograf 성인전(聖人傳) 작가

hagiografija 성인전(聖人傳)
hagiografskī -ā, -ō (形) 성인전의, 성인전 작
가의
hain -a, -o (形) 사악한, 충직하지 못한, 악의
에 찬 (zloban, neveran, opak)
hain, hainin 1. 쓸모없는 사람, 깡패, 건달; 신
뢰할 술 없는 사람 (nevaljalac, rajbojnik,
nepouzdan čovek) 2. (한정사적 용법에서)
사악한, 악의에 찬, 깡패의
hair (方言) 1. 득, 이득, 이익 (korist, dobro,
sreća) 2. 기념관, 재단 (zadužbina)
hairli (方言) 1. (形) (不變) 도덕적으로 깨끗한,
착한 (čestit, valjan) 2. (副) 운좋게, 행복하
게 (sa srećom, srećno)
hajati -em (不完) 관심을 가지다, 마음을 쓰다,
보살피다, 돌보다 (mariti, brinuti se,
obraćati pažnju); *ne ~ za porodicu* 가족을
돌보지 않다; *ne ~ za školu* 학교에 전혀 신
경쓰지 않다; *on ni za koga ne haje* 그는 아
무한테도 신경쓰지 않는다; *ne haje on za to*
그는 그것에 대해 아무런 관심도 없다
hajd 참조 hajde
hajde, hajdete, hajdemo (感歎詞) ~하자, 가자;
~ *u bioskop* 자, 극장에 가자; ~ *da se
igramo* 자, 자 놀자!
hajdučica 1. 의적(hajduk)의 아내, 여자 의적;
대(對)터키 봉기자의 아내, 여성 대(對)터키
봉기자 2. (植) 서양가새풀(톱풀)
hajdučija, hajduštvo 1. 반정부 봉기 (보통 오
스만 터키에 저항하는) 2. 반정부 봉기 근거
지, 의적 소굴 3. 의적질, 산적질, 도둑질
hajdučiti se -im se (不完) pohajdučiti se (完)
1. 의적이 되다, 대(對)터키 투쟁자가 되다 2.
대(對)터키 봉기자인것처럼 행세하다, 의적
인것처럼 행동하다
hajdučkī -ā, -ō (形) 참조 hajduk; ~ *život* 하
이두크 생활; ~*a trava* (植) 서양가새풀(톱
풀)
hajduk 1. (歷) 대(對)터키 봉기자(투쟁자) 2.
봉기자, 항거자, 투쟁자; 강도, 산적, 도적;
hajdučica
hajdukluk 의적질, 산적질, 도둑질 (hajdučija,
pljačka)
hajdukovati -kujem (不完) 하이두크(hajduk)
로 살다, 하이두크(hajduk)로 활동하다
hajka 1. (사냥)몰이, 몰이꾼들의 함성 2. 몰이
꾼의 집단 3. 추적, 추격, 몰이, 사냥
(gonjenje sa ciljem uništenja);; *podigli su
~u na njega* 그에대한 사냥을 시작했다; ~
na levičare 좌파 사냥 4. (비유적) 부정적인
비판, 비난; 불만, 분노의 표출

hajkač 1. (사냥)몰이꾼 2. 소떼 몰이꾼
hajkača 채찍 (소떼를 몰 때 사용하는), 생가죽 채찍
hajkati *-am* (不完) 1. (사냥에서) 몰다, 쫓다 2. 쫓다, 추적하다, 추격하다, 몰이하다, 사냥하다 3. (하이 하이 (haj, haj) 소리 내면서) 소떼를 몰다 4. (비유적) 내뱉다 (izbacivati, izgoniti)
hajvan (方言) 1. 동물, 가축 (živinče, životinja) 2. (집합적) 가축 (stoka, marva); *~-vagon* 가축 수송용 트럭
hajvar 1. 캐비아 (철갑상어의 알젓) (kavijar) 2. 아이바르 (파프리카를 구어 삶아 고추장처럼 만든 음식) (ajvar)
hakati *-čem* (不完) **haknuti** *-nem* (完) ~을 불다
hal 홀, 로비
hal (方言) 가난, 빈곤; 불운, 불행 (beda, zlo, nesreća)
hala 괴물, 괴수, 용 (龍) (ala)
hala 공장 건물(기계등이 갖춰져 있는 넓은 작업장); *fabrička ~* 공장 작업장; *mašinska ~* 기계실; 넓은 실내 체육관; 넓은 실내 전시장; *sajamska ~* 박람회장
hala 변소 (nužnik, zahod, ćenifa) (용변만 볼 수 있는)
halabuka 시끄러운 소리, 소란, 소음, 요란 (buka, vika, povika; metež, nered)
halakati *-čem* (不完) **halaknuti** *-em* (完) 참조 alakati
halal 1. 축복(의 말) (blagoslov) (反: haram) 2. (부사적 용법에서) 행운이 깃들기를, 축복받기를, 모든 것이 용서되기를 (sa srećom, blagosloveno, prosto); *~ ti (mu) vera (puška), ~ ti ćufte (zalogaj, kačamak), ~ ti majčino mleko* 너(그)에게 행운이 깃들기를, 축하한다, 만세, 참 잘했다, 모든 것이 용서되기를
halaliti *-im* (完,不完) 1. 축복하다, 신의 은총을 기원하다, 행복(행운)을 빌다, 용서하다 (blagosloviti, poželeti sreću, oprostiti) 2. *~ se* 서로 인사를 나누다, 작별인사를 나누다; 서로 용서하다
halapljiv *-a, -o* (形) (먹는 것에) 게걸들린, 식욕이 왕성한, 물릴 줄을 모르는 (pohlepan na jelo, nezasitan)
halapljivost (形) 폭식(暴食), 대식(大食)
halas 어부 (alas, ribar, ribolovac)
halat 평퍼짐한 외투
halav *-a, -o* (形) 참조 alav
halebarda 미늘창 (창과 도끼를 겸한 무기) (oštroperac)

half (미식축구·축구·럭비·하키) 하프백, 중위(中衛); *levi (desni) ~* 좌측(우측) 하프백
halif, halifa (男) 칼리프 (회교 교주로서의 터키 술탄의 칭호); 중동 이슬람교 국가 지배자의 호칭
halifat 칼리프의 지위 (직, 영토)
halka 1. 고리 (beočug, karika, alka) 2. (비유적) 단단한(확고한) 관계 (čvrsta veza); *kad prijatelja imaš oprobana, čeličnom ~om za srce ga veži* 검증된 친구가 있다면 그와 밀접한 관계를 유지해라 2. 원반 (kolut) 3. 놀이의 일종(기사들이 말을 타고 가면서 고리(alka) 사이를 통해 창을 던지는 경기)
halo (感歎詞) 1. 여보세요 (전화를 받을 때) 2. 어이! (가까운 거리에서 누구를 부를 때)
halogen (化) 할로겐 **halogenski** (形)
halogenid 할로겐화물, 할로겐 화합물
halucinacija 환각, 환각 상태
halucinantan *-tna, -tno* (形) 환각의, 환각 상태의
halucinirati *-am* (不完) 환각에 시달리다, 환각을 가지다
halucinogen *-a, -o* (形) 환각의, 환각 유발성의; *~a sredstva* 환각제
halva 할바 (깨와 꿀로 만드는 터키의 과자); *ići kao ~* 매우 잘 (날개 돋친 듯이) 팔리다
halvadžija (男) 할바(halva)를 만들어 파는 사람
halvadžinica 할바(halva)를 만들어서 파는 가게
halvaluk 팁, 봉사료, 사례금 (napojnica, bakšiš)
halvat 1. 1층의 넓은 방; 여자들이 외간 남자의 눈길을 피해 사용하는 방 2. (形) (不變) 고립된, 따로 떨어진; 특별한 (izdvojen, zaseban)
haljetak *-tka; -eci* 의복의 한 종류
haljina 1. (여성용) 긴 겉옷, 드레스, 원피스; (남성용) 긴 겉옷 (법복(法服), 성작자복 같은); *crne ~e* 가톨릭 성직자복(服) 2. (복수로) (spavaće, krevetne 등의 한정사와 함께 사용되어) 침대보, 침대 쉬트 (posteljina)
haljinac (方言) 농부 혹은 병사들의 긴 겉옷
haljinica (지소체) haljina
ham *-ovi* (마차 끄는 말의) 마구(馬具); *stavio je konjima ~ove* 말들에 마구를 채웠다
hamajlija 호부(護符), 부적 (amajlija)
hamal, hamalin 운반인, 짐꾼 (nosač, amal)
hamaliti *-im* (不完) 짐꾼으로 일하다
hamam 대중 목욕탕, 증기 목욕탕 (javno kupatilo)
hambar 참조 ambr

hamletovskī -ā, -ō (形) 햄릿과 같은
hampamuk 1. 솜, 탈지면; 아주 부드러면 면사 2. (비유적) 지극정성을 다 한 보살핌(보육)
han 도로 옆의 주막 (drumska krčma, mehana, gostionica)
han (터키 및 타타르의) 통치자의 타이틀 (kan)
handžar 칼 (허리에 차고 다니는 휘어진 모양의)
handžija (男) 주막집(han) 주인
handžika, handžinica 1. 주막집 여주인; 주막집에서 일하는 여자(종업원) 2. 주막집 주인 (handžija)의 부인
hangar (비행기, 차 등의) 격납고, 차고
hanuma (方言) 아씨, 부인, 마담 (gospođa); 부인, 아내 (supruga)
haos 혼란, 혼동, 무질서; 엉망진창인 것
haotičan -čna, -čno (形) 무질서한, 혼란스런; ~čno stanje 무질서한 상태
haplologija (言語學) 중음(重音) 탈락 (zakonoša ← zakononoša)
haps, hapsa 1. 감옥, 옥(獄) (zatvor); oterati (strpati) nekoga u ~ 감옥에 쳐넣다 2. 구류, 감금, 구금 (kazna lišenja slobode)
hapsana 감옥 (haps)
hapsandžija (男) 감옥지기, 옥(獄)을 지키는 사람
hapsiti -im (不完) uhapsiti (完) 체포하다, 검거하다, 구속하다; 감옥에 쳐넣다
hapšenik 죄수, 교도소 피수감자 (zatvorenik, osuđenik)
hapšenje (동사파생 명사) hapsiti: 체포, 검거
harač (廢語) 지출, 비용, 경비 (harč, trošak, izdatak)
harač (歷) 세금의 한 종류(비무슬림 남성이 터키 당국에 바친) (danak)
haračiti -im (不完) 세(harač)를 걷다; 폭력을 행사하다, 황폐화 시키다, 초토화 시키다; 약탈하다, 강탈하다
harčlija (男) (歷) 세금(harač) 징수자
haralac -aoca 약탈자, 강탈자; 황폐화시키는 사람, 초토화시키는 사람, 파괴자
harambaša (男) 1. (歷) 의적단 두목(터키인들을 상대로 한), 대(對)터키 봉기자들의 우두머리 (hajdučki starešina) 2. (廢語) 경비대 대장, 지방 경찰대 대장 3. (輕蔑) 강도, 도둑 (razbojnik)
haramija (男) (歷) 1. 강도, 도둑(razbojnik) 2. 경무장 병사; 하이두크 (lako naoružan vojnik; hajduk)
haran -rna, -rno; harni (形) 1. 감사해 하는, 고마워 하는 (zahvalan) 2. 기꺼이 ~하고자

하는 (voljan, raspoložen)
haran -rna, -rno (形) 가치있는, ~할 만한, 좋은, 훌륭한; 강건한, 튼튼한 (vredan, čestit, valjan, dobar; snažan)
haranga 선동, 교사(敎唆); 몰이, 사냥 (podstrekavanje, huškanje; hajka)
haranger 교사자(敎唆者), 선동가 (podstrekač, huškač)
harangirati -am (完,不完) 교사하다, 선동하다; ~ protiv nekoga ~에 반(反)하는 선동을 하다
harati -am (不完) poharati (完) 1. 약탈하다, 강탈하다 (pljačkati, otimati) 2. 황폐화하다, 초토화하다, 파괴하다 (pustošiti, uništavati); požari haraju šume 산불이 숲을 삼키고 있다; epidemija je harala gradom 전염병이 도시를 초토화 시켰다
harč 참조 harač
harčiti -im (不完) poharčiti (完) 1. 소비하다, 낭비하다, 탕진하다 (trošiti, rasipati) 2. ~ se 돈을 다 탕진하다; kad se harči nek se harči 돈을 그 만큼 많이 소비했다면 좀 더 많이 쓰게 해라
harem 1. 하렘 (이슬람교국의 여자의 방) 2. (한 무리의) 부인들(한 명의 무슬림 남자의) 3. 정원 (dvorište) haremski (形)
haremskī -ā, -ō (形) 하렘의; ~a odaja 하렘의 방; ~ čuvar 하렘을 지키는 병사
harfa -ā & -ī (樂器) 하프; svirati na ~i 하프를 연주하다
harfist(a) 하프 연주자 harfistica, harfistkinja
Haridba (神話) 카리브디스 (시칠리섬 앞바다의 큰 소용돌이;배를 삼킨다고 전해짐); između Scile i ~e 두개의 커다란 위험(위협) 사이에서(스킬라와 카리브디스 사이에서)
haringa (魚類) 청어
harlekin 어릿광대, 익살꾼(무언극이나 발레 따위에 나오는 어릿광대) (arlekin)
harmoničan -čna, -čno (形) 조화로운, 균형잡힌 (skladan, složan); ~ brak 조화로운 결혼 (생활)
harmonij -ija, harmonijum (樂器) 발풍금, 페달식 오르간
harmonija 1. (音樂) 화성(和聲); 화성법 2. 조화, 일치, 화합, 융화 (sloga, usklađenost, sklad) 3. 참조 harmonij
harmonijskī -ā, -ō (形) 조화적인, 조화로운; prosto ~o kretanje (物) 단진동(單振動)
harmonijim 참조 harmonij
harmonika (樂器) 아코디언, 손풍금; svirati ~u (na ~ci) 아코디언을 연주하다; usna ~ 하모니카

harmonikaš 아코디언 연주자

harmonirati -am (完,不完) 조화를 이루다, 화합하다, 잘 어울리다

harmonizacija 1. (音樂) 화성(和聲)을 더함(가함) 2. 조화, 화합, 일치

harmonizirati -am, harmonizovati -zujem (完,不完) 1. (音樂) ~에 화성(和聲)을 가하다 2. 조화(화합)시키다, 잘 어울리게 하다, 일치시키다 3. 조화하다, 화합하다, 잘 어울리다, 일치하다 4. ~ se 조화되다, 일치되다, 잘 어울리다

harno (副) 1. 감사하게, 고맙게 (zahvalno) 2. 좋게 (dobro)

harpija 1. (神話) 하피 (여자의 얼굴과 새의 몸을 가진 탐욕스러운 괴물) 2. (비유적) 심술궂은 여자, 잔소리가 심한 여자 (zla, opaka, opasna žena)

harpun 1. (고래잡이용) 작살 2. (海軍) 제트 추진 크루즈 미사일, 순항 미사일

harpunirati -am (完,不完) ~에 작살을 박아 넣다; 작살로 죽이다(잡다)

hartija 1. 종이 (papir); ~ za pisanje (pakovanje) 필기용 (포장용) 종이; ~ s kockicama 모눈종이; štamparska ~ 인쇄용 종이; ~ s linijama 줄쳐진 종이; staviti na ~u 종이 위에 쓰다; lakmusova ~ 리트머스 시험지; ~ sve trpi 네가 원하는 것 그 어떤 것이라도 다 쓸 수 있다 2. (보통 複數로) 원고, 기록물 (rukopisi, beleške); 문서, 신분 증명서 (isprave, dokumenta); 증권, 증서, 주식, (환)어음 (akcija, deonica); pokriti kuću ~om 어음을 발행하여 집을 짓다, 빚내서 집을 짓다; ~e od vrednosti 유가증권 (주식, 채권, 어음 등의)

hartijetina (지대체) hartija

hasna 득(得), 이득, 이익 (korist)

hasniti -im (不完) 이득을 가져오다, 유용하게 쓰이다, 도움을 주다, 값어치 있게 하다; nisu hasnile nikakve molbe 그 어떤 기도도 도움이 되지 않았다; to može da mi hasni 그것은 나에게 유용하게 쓰일 수 도 있다

hasnovit -a, -o (形) 유용한, 쓸모있는 (koristan)

hasura 부들(rogozina)로 만들어진 신발 흙털이

hašiš 1. 해시시 (마약의 일종) 2. (植) 인도 대마(大麻)

hatar 면적, 관할구역(마을, 지역, 군(郡) 등의)

hatar 정(情), 호의, 사랑 (naklonost, ljubav, volja); izići iz ~a kome 누구의 불만(불평)을 야기시키다, 누구의 호의(애정)를 상실하다; po ~u 편파적으로 (pristrasno); u ~

(kome)에 대한 사랑으로; u ~ istini 진실에 대한 기대감으로

hatišerif (歷) (술탄의) 칙령

hauba (자동차의) 보닛 뚜껑

haubica (軍) 곡사포 haubički (形)

hausrok (잠옷 위에 입는) 화장복 (kućni kaput, kućna haljina)

havarija 고장 (선박, 비행기 등의) (kvar)

havarirati (se) -am (se) (完,不完) 고장나다

havlija 머릿수건(무슬림 여성들이 얼굴을 가리는데 사용하는)

hazard 운에 맡기고 하는 게임; 도박, 카드 게임

hazardan -dna, -dno (形) 운에 맡기고 하는, 도박의; ~dna igra 도박 게임, 운에 맡기고 하는 게임

hazardaš, hazarder 도박자, 도박하는 사람

hazena 여자들이 공을 가지고 하는 게임의 일종

hazna (廢語) 1. 곳간, 창고 (blagajna, riznica, kasa); carevu si ~u napunio 황제의 곳간을 네가 채웠다 2. 부(富), 재산 (blago)

haznadar 곳간지기, 창고지기; 출납원, 회계원 (blagajnik)

hazur (形) (不變) (方言) 준비된 (spreman)

hazurala (感歎詞) 준비해! (spremaj se)

he (感歎詞) 1. 여러 다른 감정을 표현할 때 (실망, 감탄, 즐거움, 만족, 불만족, 근심, 의심, 위협 등 등) 2. 관심을 집중시키거나 지근거리에서 인사를 나눌 때 3. (두,세번 반복해 사용해서) 웃음을 표현할 때

Hebrej 히브리 사람, 유대인 Hebrejka, hebrejski (形)

hedonist(a) 쾌락주의자

hedonistički -ā, -ō (形) 쾌락주의의, 쾌락주의자의; ~o shvatanje 쾌락주의적 생각; ~o učenje 쾌락주의적 가르침

hedonizam -zma (哲學) 쾌락주의, 향락주의

hefta 주(週), 일주(一週) (sedmica, nedelja dana)

hegelovac -vca 헤겔주의자

hegemonija 헤게모니, 주도권, 지배권

hegemonizam -zma 패권주의

hej (感歎詞) 1. 참조 he 2. (부사적 용법에서) 매우 멀리 (vrlo daleko)

hekatomba 1. (고대 그리스·로마) 황소 100마리의 희생(제물); 큰 희생 2. (비유적) 대량학살(전쟁에서의); 대량 희생(자연재해로 인한)

heklati -am (不完) isheklati (完) 크로셰 뜨개질하다, 코바늘로 뜨다

heklaraj 1. 손으로 짠 크로셰 뜨개질한 것 2.

H

크로셰 뜨개질(직업으로서의); 크로셰 뜨개
질 과정
heklovati -lujem (不完) 참조 heklati
heknadla 크로셰 뜨개질 바늘
heksametar 6보격(步格) (음각(音脚)) (의 시)
hektar 면적 단위 (10,000㎡)
hektograf 젤라틴판(版) 복사법; 젤라틴판 복
사기
hektogram 헥토그램 (100그램;略 hg)
hektolitar 헥토리터 (100리터;略 hl)
hektometar 헥토미터 (100미터;略 hm)
Heleni 고대 그리스 사람 (Jelini)
helenist(a) 그리스 문명 숭배자 (연구자), 그
리스 학자
helenizam -zma 1. 헬레니즘 2. 그리스 어(문
화, 풍습)
helenizirati -am (完,不完) 그리스화하다, 그리
스(어) 풍으로 하다
helenskī -ā, -ō (形) (특히 고대의) 그리스 사
람 (말)의; 고대 그리스사 (史) (문화)의
helij -ija helijum (化) 헬륨 (희(稀)기체 원소:
기호 He, 번호 2)
helikopter 헬리콥터
heliotrop 1. (物) 회광기(回光器), 일광 반사
기 (신호 장치) 2. 해시계 3. (鑛) 혈석(血
石) (석영의 일종) 4. (植) 헬리오트로프; 굴
광(屈光)성 식물, 향일(向日)성 식물
helot 1. 고대 스파르타의 노예 2. (비유적) 농
노, 노예 (rob)
heljda (植) 메밀
hematit (鑛) 적철광(赤鐵鑛)
hematolog 혈액학자
hematologija (醫) 혈액학
hematološkī -ā, -ō (形) 혈액학의, 혈액학자의
hemičar 화학자 hemičarka
hemija 화학 organska (neorganska, fizička,
fiziološka, analitička) ~ 유기(무기, 물리,
생리, 분석) 화학; biološka ~ 생화학
hemijskī -ā, -ō (形) 화학의; ~a laboratorija
화학 실험실; ~o čišćenje 드라이 크리닝;
~a industrija 화학 산업; ~a olovka 볼펜;
~o oružje 화학 무기; ~a formula 화학 공
식; ~a analiza 화학 분석; ~a reakcija 화학
반응
hemikalija 화학 제품(약품, 물질)
hemisfera (지구, 천체의) 반구(半球)
hemodijaliza (病理) 혈액투석; aparat za ~u
혈액투석기
hemofilija (病理) 혈우병
hemoglobin (生化學) 헤모글로빈, 혈색소
hemoroidi (男,複) (病理) 치질 (šuljevi)

hemoterapija (醫) 혈액 요법
hendikep 1. 불리한 조건, 곤란, 불이익 2. (신
체적·정신적인) 장애 3. (스포츠) 핸디캡 (나
은 사람에게 불리한[뒤진 사람에게 유리한]
조건을 지우기)
hendikepirati -am (完,不完) 불리하게 하다,
불리한 입장에 세우다
hepatitis (病理) 간염
hepiend 행복한 결말, 해피 엔딩 (happy
ending)
heraldika 문장학(紋章學), 문장(紋章)에 대해
연구하는 역사학의 보조 학문 heraldičkī,
heraldični (形)
herav -a, -o (形) 사시(斜視)의; 비뚤어진
(razrok, zrikav; nakrivljen)
herbar, herbarij -ija, herbarijum 식물 표본집
herbicid 제초제
herceg (歷) 1. (봉건주의 시대의) 고위관직명
(크로아티아와 슬라보니아 지역을 다스리던
헝가리 왕세자의 직함) 2. 군(軍)지도자, 군
사령관 (vojskovođa, vojvoda)
hegceginja 1. 여성 헤르쩨그 2. 헤르쩨그의
부인(婦人)
Hercegovina (보스니아) 헤르체고비나;
Hercegovac; Hercegovka; hercegovački,
hercegovski (形)
hegceškī -ā, -ō (形) 헤르쩨그의; ~o
dostojanstvo 헤르쩨그의 위엄
hercog 참조 herceg
hereditaran -rna, -rno (形) 유전의, 유전하는,
유전적인 (nasledan); ~rne bolesti 유전병
hereditarnost (女), hereditet (형질) 유전; 유
전적 형질
heretičkī -ā, -ō (形) 이교의, 이교도의; ~o
učenje 이교의 교리
heretik (가톨릭) 이교도, 이단자; 이설을 주창
하는 사람 (jeretik)
hereza, herezija (가톨릭) 이교, 이단; 이설,
이론(異論), 반대론 (jeres)
heriti -im (不完) naheriti (完) 1. (한 쪽으로)
비뚤어지게 하다, 기울어지게 하다 (kriviti,
okretati u stranu); heri glavu i peva 머리를
한 쪽으로 비스듬히 하고 노래를 부르다 2.
~ se 비뚤어지다 (iskrivljavati se,
nakrivljivati se)
herkul, herkules 1. (神話) 헤라클레스(제우스
와 알크메네 사이에 태어난 아들) 2. 힘이 장사
인 사람 3. (天) 헤라클레스자리(별자리의)
herkuleskī -ā, -ō, herkuličan -čna, -čno (形)
헤라클레스의 (herkulovski)
herkulovskī, herkulskī -ā, -ō (形) 헤라클레스의

hermafrodit(a) 어지자지, 남녀추니, 남녀 양성자

hermelin (動) 어민, 흰담비, 산족제비; 어민의 털가죽;어민 털가죽의 겉옷; *bunda od ~a* 흰 담비 털옷

hermetičan *-čna, -čno* hermetičkī *-ā, -ō* (形) 완전히 밀폐된, 완전히 밀폐하는; *~ poklopac* 완전 밀폐된 뚜껑

hernija (病理) 헤르니아, 탈장(脫腸) (kila, bruh, prosutost)

heroičan *-čna, -čno* heroičkī *-ā, -ō* (形) 영웅 적인 (herojski)

heroika 1. 영웅적 자질; 영웅적 행위 2. 영웅 서사시

heroin 헤로인 (모르핀으로 만든 진정제·마약)

heroina 1. 여자 영웅, 여걸(女傑) (junakinja) 2. (극·시·소설 등의) 여주인공

heroizam *-zma* 영웅적 자질; 영웅적 행위

heroj 영웅; 용자(勇者), 용사(勇士); 당시대의 거 인; *narodni ~* 인민 영웅; *~ rada* 노동 영웅

herojskī *-ā, -ō* (形) 영웅의, 영웅적인; *~o delo* 영웅적 행동; *~ podvig* 영웅적 행위(공 적); *~a borba* 영웅적 전투

herojstvo 참조 heroizam

heruvika (正教) 성체만찬전에 부르는 찬송가

heruvim (聖書) 케루빔 (하느님을 섬기며 옥좌 를 떠받치는 천사;창세기 3:24) (kerubin)

hetera (고대 그리스) 첩; (고급) 창녀, 정부(情婦)

heterogen, *-a, -o* (形) (생물·병리) 외생(外生) 의, 외래의; 이종(異種)의

heteroseksualan *-lna, -lno* (形) 이성애(異性 愛)의; (生物) 이성의

heuristika 발견적 방법; 발견적 교수법(학습) heuristički (形)

hibernacija 동면(冬眠), 겨울잠

hibrid (동식물의) 잡종, 이종(異種) hibridan (形); *~dni kukuruz* 교배종 옥수수; *~dna reč* (言語) 혼종어, 혼성어 (서로 다른 언어· 방언에서 유래한 요소가 뒤섞여 생긴 말)

hibridizacija (이종)교배

hica 참조 hitac

hidra 1. (神話) 히드라 (헤라클레스가 죽인 머 리가 아홉인 큰 뱀; 머리를 자르면 새로 두 개의 머리가 생기는 괴물) 2. (비유적) 근절 하기 어려운 재해(災害), 큰 재난 3. (動) 히 드라속(屬) (강장(腔腸) 동물의 일종)

hidrant 소화전(消火栓); 수도(급수)전(栓)

hidrat 함수화합물(含水化合物); 수화물 (水化 物; *ugljeni ~i* (化) 탄수화물, 함수(含水) 탄 소; 탄수화물이 많은 식품

hidrauličkī *-ā, -ō* hidrauličan *-čna, -čno* (形) 수력의, 수압의; 유압의, 유압으로 작동하는;

~*čka presa* (機械) 수압(유압) 프레스; *~čke kočnice* 수압(유압(油壓)) 브레이크; *~čna dizalica* 수압(유압) 승강기

hidraulika 수력학(水力學); 응용 유체역학 (流 體力學)

hidrid (化) 수산화물(水酸化物)

hidroavion 수상 (비행)기 hidroavionski (形)

hidrobus 수상 버스

hidrocentrala 수력발전소

hidroelektrana 참조 hidrocentala

hidroelektričan *-čna, -čno* (形) 수력 발전의, 수력 전기의; *~čna energirja* 수력 발전 에 너지

hidroenergetika 수력(水力)공학

hidroenergetskī *-ā, -ō* (形) 수력공학의

hidroenergija 수력 에너지

hidrofobija (病理) 공수병(恐水病), 광견병

hidrogen (化) 수소 (vodonik)

hidrogenskī *-ā, -ō* (形) 수소의 (vodonični): *~a bomba* 수소 폭탄 (vodonik)

hidrogliser 경(輕)모터보트

hidrografija 수로학(水路學), 수로 측량(술) hidrografski (形)

hidrokrilac 수중익(水中翼) (고속정(艇)의 하부 의 이수(離水) 장치)

hidrokrilnī *-ā, -ō* (形) 수중익(水中翼)의; *~ brod* 수중익선(船)

hidroksid (化) 수산화물(水酸化物)

hidroliza (化 가수(加水) 분해

hidrolog (地球科學) 수문학자(水文學者)

hidrologija (地球科學) 수문학(水文學: 육지상 의 물의 성질·현상·분포·법칙 등을 연구함) hidrološki (形)

hidromehanika 유체 역학

hidrometeolog 수문 기상학자

hidormeteologija 수문(水文) 기상학 (대기 중 의 강수를 농업 용수, 홍수 예방 등의 입장 에서 연구하는 학문)

hidrometeorološkī *-ā, -ō* (形) 수문 기상학의; *~ zavod* 기상청

hidrotehnika 수력학; 수리학(水理學); 응용 유 체역학 (流體力學); hidrotehnički (形)

hidroterapija (醫) 수치 요법 (환부를 물·광천 에 담가서 치료하는 방법); 수치료학(水治療 學)

higijena 1. 위생학 2. 위생; 건강법, 위생법; *lična (socijalna) ~* 개인(사회) 위생

higijeničar 위생학자; 위생사, 위생 기사

higijenskī *-ā, -ō* (形) 위생학의; 위생적인, 위 생에 좋은; *~a čist* 위생 청결

hihot (擬聲語) 큰 소리를 내며 웃는 웃음, 낄

H

낄 웃음 (glasan smeh, kikot)

hihotati (se) -ćem (se)(不完) 큰 소리로 웃다, 낄낄 웃다 (kikotati se)

hijacint 1. (植) 히아신스 2. (鑛) 풍신자석 (風信子石) (일종의 보석)

hijat (音聲) 모음 접속 (모음으로 끝나는 말과 모음으로 시작되는 말 사이의 두절)

hijena 1. (動) 하이에나; pegava ~ 점박이 하이에나 2. (비유적) 잔인한 사람, 배반자, 욕심꾸러기

hijerarhija 계층제, 계급제; 위계 질서(조직); crkvena ~ 교회 위계 질서; činovnička ~ 관리 위계 조직; društvena ~ 사회 계층제

hijerarhijskī -ā, -ō(形) 참조 hijerarhija; ~a lestvica 위계질서 사다리; ~ odnos 위계질서적 관계

hijeroglif 1. (고대 이집트의) 상형문자 2. (비유적) 판독하기 어려운 글, 읽기 어려운 글 (필기)

hilus (解) (혈관·신경이 기관과 접하는) 문

hiljada 1. 천(千) 2. (보통 복수로 사용되어) 다수, 많은 수, 많음 (mnoštvo, veliki broj, mnogo)

hiljadarka 천(千) 디나르짜리 지폐

hiljaditī -ā, -ō(形) 1. 천(千)의 서수(序數); 천 번째의; 아무도 모를 정도로 많이(빈번히) (ko zna koji) 2. 천분의 일의, 1/1000의; 아주 적은 (vrlo mali)

hiljaditi se -im se (不完) 천배로 하다, 수없이 많게 부풀리다 (množiti se u velikom broju)

hiljadostruk -a, -o(形) 천배나 많은(강한)

hiljadugodišnjī -ā, -ē(形) 천년동안 지속되는; 매우 오래 지속되는

hiljadugodišnjica 천주년 기념

himba 위선, 기만 (licemerje)

himben -a, -o(形) 위선적인, 기만적인 (licemeran, dvoličan)

himbenik 위선적인 사람, 기만적인 사람

himbenost (女) 위선, 기만

himen (解) 처녀막 (devičnjak, čednjak)

himera 1. (神話) 키메라 (불을 뿜는 괴물); (일반적으로) 괴물 2. (비유적) 근거없는 환상, 망상

himeričan -čna, -čno(形) 공상적인, 터무니없는;비현실적인, 기상천외의, 가공할 (nestvaran, prevaran)

himna 1. (神·영웅을 찬양하는) 찬송가, 찬미가 2. 국가(國歌); državna ~ 국가; odsvirati državnu ~u 국가를 연주하다 3. (학교·회사·단체 등의) 찬가(讚歌); klupska ~ 클럽 찬가; školska ~ 교가(校歌)

hinduizam -zma 힌두교

hiniti -im (不完) ~인체 하다, 가장하다, 속이다 (pretvarati se, praviti se, obmanuti)

hintov 마차(馬車) (kočija, fijaker)

hip -a; -ovi 순간, 찰나 (tren, časak)

hiperbola 1. (修辭學) 과장, 과장법 2. (數) 쌍곡선

hiperboličan -čna, -čno(形) 1. 과장법의;과대한, 과장적인, 과장법을 쓴; ~ izraz 과장된 표현 2. 쌍곡선의

hiperbolika 과장, 과장된 표현

hiperbolisati -šem (不完) 과장하다, 과장되게 표현하다, 침소봉대하다 (preuveličavati); ~ osećanja 감정을 과장되게 표현하다

hiperprodukcija 과잉 생산, 생산 과잉

hipertenzija (病理) 고혈압

hipertonija (病理) 긴장 항진(과도)

hipertrofija 1. (病理) 비대, 비후; 영양 과도 2. (비유적) 너무 많은 양 (prevelika količina nečega)

hipnotičkī -ā, -ō(形) 최면의, 최면술의, 최면에 의한; ~ san 최면에 의한 잠; ~o stanje 최면 상태; ~ eksperiment 최면 실험

hipnotizam -zma 1. 최면술, 최면학 2. 최면상태

hipnotizer 최면술사

hipnotizirati -am hipnotisati -šem (完,不完) 1. (nekoga) 최면을 걸다 2. (비유적) 혼을 빼놓다, 홀리다 (opčiniti, oduševiti); ~ mase svojim govorom 연설로 대중을 매혹시키다

hipnoza 최면, 최면술 hipnotički (形)

hipodrom 경마장

hipofiza (解) 뇌하수체

hipohondar (精神醫學) 히포콘드리아 환자; 자기 건강을 지나치게 신경 쓰는 사람

hipohondričan -čna, -čno(形) 히포콘드리증의

hipohondrija (精神醫學) 히포콘드리증(症), 심기증(心氣症)

hipohondrijak 참조 hipohondar

hipokoristik (言語) 애칭(어) hipokoristički (形)

hipokrit(a) 위선자 (licemer)

hipokritskī -ā, -ō(形) 위선의, 위선적인

hipokrizija 위선 (pretvornost, pritvorstvo, licemerstvo)

hipoteka 저당, 담보

hipotekarnī -ā, -ō(形) 저당의, 담보의; ~a banka 담보(저당) 은행

hipotenuza (幾何學) (직각 3각형의) 빗변, 사변(斜邊)

hipotetičan -čna, -čno hipotetičkī -ā, -ō(形) 가설의, 가상의, 가정의; ~ oblik 가상의 형

태; ~a tvrdnja 가설(假設)
hipoteza 가설, 가정 (pretpostavka)
hir -i & -ovi 변덕 (obest, ćud, prohtev, kapric)
hiromantija 손금 보기, 수상술 (手相術)
hirovit -a, -o (形) 변덕스러운 (ćudljiv, kapriciozan); ~a žena 변덕스러운 여자
hirurg -zi 외과의, 외과 전문의
hirurgija 외과; (외과)수술
hirurškī -ā, -ō (形) 수술의; ~a intervencija 외과적 처치, 수술; izvršiti ~u intervenciju nad nekim 수술하다; ~o odeljenje 외과; ~a sala 수술실; ~ nož 수술용 칼
histeričan -čna, -čno (形) 히스테리성(性)의, 히스테리에 걸린; ~čna osoba 히스테리적인 사람; ~ plač 히스테리성 울음; ~ napad 히스테리성 공격
histerija (病理) 히스테리; 병적 흥분, 광란
histerik 히스테리한 사람
histolog 조직학 학자
histologija 조직학 (생물 조직의 구조·발생·분화 등을 연구)
histološkī -ā, -ō (形) 조직학의, 조직학 학자의; ~ nalaz 조직학적 결론; ~ pregled 조직학적 검사
historicizam 참조 istoricizam
historičar 참조 istoričar
historija 참조 istorija
historijat 참조 istorijat
historik 참조 istoričar
historiografija 참조 istoriografija
hitac hica; hici, hitaca 1. (발사된) 탄환; ovog puta ~ je promašio metu 이번에는 총알이 과녁을 빗나갔다; na ~ mi je 급해, 시간이 없어 (žuri mi se); na jedan ~ 단 한 번에 2. 발포, 발사; začuo se ~ 총소리가 들렸다 3. 탄착 거리, 탄착 코스 4. 타격, 가격; 치기, 때리기
hitan -tna, -tno (形) 1. 긴급한, 다급한, 촉박한, 절박한; ~ poziv 긴급 전화; ~tna pomoć 응급처치(병원의); ~tne mere 긴급 수단; ~ posao 긴급한 일 2. 빠른, 급한 (brz, žuran); molimo ~ odgovor 빠른 답변 바랍니다
hitar -tra, -tro (形) 1. (행동이) 민첩한, 날렵한, 재빠른; ~ na svađu 성격이 급한, 다혈질의; ~ na odluku 결정이 빠른; on je ~ na peru그는 빨리(쉽게) 쓴다 2. 영리한, 똑똑한, 현명한, 재치있는
hitati -am (不完) 1. pohitati (完) 성급히 가다, 서둘러 가다; đaci su hitali u školu 학생들이

서둘러 학교로 갔다 2. hitnuti (完) 던지다 (bacati); deca su hitala kamenje na njega 아이들이 그에게 돌을 던졌다; on je hitnuo loptu preko ograde 그는 공을 담장 너머로 던졌다 3. 잡다, 붙잡다, 움켜 쥐다 (hvatati) 4. ~ se (na nekoga) 던지다, 맞추다 (gađati se); ne hitajte se kamenom na nas 우리에게 돌을 던지지 마시오
hiteti -im (不完) 서둘러 가다, 성급히 가다 (žuriti, žurno ići)
hitlerizam -zma 히틀러주의, 나치즘
hitlerovac -vca 히틀러주의자, 히틀러주의 신봉자
hitnuti -nem (完) 던지다 (baciti)
hitnja 서두름, 황급 (žurba, brzina)
hitrina, hitrost (女) 서두름, 급함, 허둥지둥함
hitro (副) 빨리, 재빨리, 지체함없이 (brzo, žurno, neodložno)
hitroća 참조 hitrina
hlače (女,複) 바지 (pantalone); derati ~ (na klupama) 학교에서 시간을 보내다; napunit ~ (비속어) 소스라치게 놀라다 (똥을 바지에 쌀 정도로); srce mu je palo u ~ 깜짝 놀랐다
hlačice (지소체) hlače
hlad 그늘, 응달, 음지, 그늘진 곳(svežina, hladovina); u ~u 그늘에서
hladak (지소체) hlad
hladan -dna, -dno (形) 1. 추운, 차가운, 차게 한; 시원한, 서늘한; ~dna voda 차가운 물, 시원한 물; ~ vetar 찬 바람; ~dna pića 찬 음료; ~ znoj probija 식은 땀이 흐르다; ~dno oružje 흉기(칼, 도끼 등의) 2. 냉정한, 냉담한, 쌀쌀한, 무정한; ~ čovek 냉담한 사람; ~ kao led (kamen, zmija) 아주 냉정한, 비우호적인 3. 침착한, 냉철한, 평온을 잃지 않는; budi ~! 침착해라!; ostati ~dna 냉정을 잃지 않다 4. 무관심한, 무감각한, 불친절한
hladetina 1. 참조 piktije 2. 참조 žele
hladiti -im (不完) 1. 차갑게 하다, 식히다, 시원하게 하다; ~ kašu (s kim) (~와) 친구가 되다 2. (비유적) 냉정하게 하다 3. ~ se 차가워지다, 식다, 시원해지다; kafa se ohladila 커피가 식었다; ženske su se hladile lepezama 여자들은 시원하게 부채질을 했다 4. ~ se 무관심해지다; on se već ohladio 그는 벌써 무관심해졌다
hladneti -nem (不完) ohladneti (完) 1. 차가워지다, 식다, 온기를 잃다 2. 무관심해지다, 열정을 잃다
hladno (副) 1. 춥게, 차갑게, 시원하게; ~ mi je (나한테는)춥다; ~ je 춥다, 차갑다 (날씨

235

가); ~ *mu je oko srca* 무서워 하다, 두려워
하다; 2. 차분하게, 냉정하게; *samo* ~! 차분
하기만 해!; ~ *je gledao u oči opasnostima*
위험을 냉정하게 바라보았다; ~ *je donela*
ovu odluku 냉정하게 이 결정을 내렸다 3.
무관심하게, 아무런 느낌없이; ~ *me je*
dočekao 무관심하게 나를 맞았다
hladnoća 1. 추위, 냉기; 차가운 날씨; *talas*
~*e* 한랭전선(날씨의) 2. (비유적) 냉정, 평온
(mirnoća, staloženost); 냉랭(한 태도), 불친
절(한 태도)
hladnokrvan *-vna, -vno* (形) 1. 냉혈의 (동물
의); ~*e životine* 냉혈 동물 2. 냉정한, 피도
눈물도 없는; *biti* ~ 냉정하다 3. 잡종의 (말
등이)
hladnokrvnost (形) 냉정, 침착, 평온; *sačuvati*
~ 냉정함(침착함)을 유지하다
hladnoratnī, hladnoratničkī, hladnoratovskī *-ā,*
-ō (形) (政) 냉전(冷戰)의
hladnjača 냉동트럭(저장 창고, 기차, 배, 비행
기); 냉동저장고; ~ *za ribe* 생선용 냉동저장
고; ~ *za maline* 산딸기용 냉동저장고; *voziti*
~*u* 냉동트럭을 운전하다
hladnjak 1. (보통 덩굴식물이 만들어 내는) 그
늘, 응달 2. 라디에이터, 냉각기 (자동차, 비
행기, 중화기 등의) 3. 냉장고
hladnjikav *-a, -o* (形) 약간 추운(서늘한)
(pomalo hladan)
hladolež 1. (植) 메꽃(무리) 2. 게으름뱅이
(ležtina, gotovan, ladolež)
hladovati *-dujem* (不完) 1. 그늘에 앉아 휴식
을 취하다 2. (비유적) 아무런 일도 하지 않
다, (시간을) 놀며 보내다
hladovina 1. 그늘 (hlad) 2. 약간 차가운 공기
(svežina, prohladan vazduh) 3. (비유적) 게
으름뱅이 (lenština); 한직(閑職), 일이 별로
많지 않은 직(職)
hladovit *-a, -o* (形) 1. 그늘이 많은, 그늘진,
응달진 2. 약간 차가운(서늘한) (prohladan,
svež)
hlađen 참조 hladiti; ~ *vazdohom* 공랭한, 공
랭식의
hlađenje (동사파생 명사) hladiti
hlap 참조 para: 수증기
hlap (動) 바닷가재 (jastog, rarog)
hlapeti *-im* (不完) ishlapeti (完) 1. (물 등을)증
발시키다 2. (비유적) (희망 등을) 소산(消
散) 시키다
hlapimuha 수다쟁이 (blebetalo, vetrogonja)
hlapiti *-im* (不完) 참조 hlapeti
hlapiv, hlapljiv *-a, -o* (形) 증발하기 쉬운

hlaptati *-ćem* (不完) (개·고양이 등이) 핥다, 핥
아 먹다 (laptati, lokati)
hleb 1. 빵; *beli* ~ 1)흰 빵 2)편안한 삶(생활);
crni ~ 검은 빵; *pšenični* ~ 밀가루 빵;
ražani ~ 호밀 빵; *umesiti* ~ 빵을 반죽하
다; *ispeći* ~ 빵을 굽다 2. (비유적) 생활에
필요한 기본적인 것들 (직업, 벌이 등 등);
raditi samo za ~ *i odeću* 의식주만 해결해
기 위해 일하다; *otići za* ~*om u*
inostranstvo 생계를 유지하기 우해 외국으
로 떠나다; *ostati bez* ~*a* 먹을 것이 없다 3.
숙어로: *beli* ~ 안락한 삶; *biti na belom* ~*u*
사형집행을 기다리다, 가장 어려운 시기가
올 것을 예상하다; *gorak* ~ 힘든 삶, 변변치
못한 벌이; *dočekati koga s* ~*om i solju* 환
대히 맞이하다, 환영하다; *imati svoje parče*
(svoj komad) ~*a, jesti svoj* ~ 스스로 벌어
먹고 살다; *jesti s kim so i* ~ ~와 함께 살
다; *jesti* ~*a bez motike* 쉽게 살다, 일을 하
지 않다; *jesti čiji* ~ 얹혀 살다, 누구를 위해
일을 하며 살다; *kora* ~*a* 살아 나가기 위해
필요한 기본적인 것; *lezi* ~*e (~u) da te*
jedem 게으름뱅이; *nema za nas ovde* ~*a*
여기서는 우리가 아무것도 얻을 것이 없다;
suvi ~ 빵 이외에는 어떤 것도 없는; *tražiti* ~*a*
preko pogače 필요 이상으로 요구하다, 과도
하게 요구하다; *treba mi kao parče* ~*a* 꼭 필
요하다; *uzeti kome* ~ 생계수단을 빼앗다
hlebac *-pca* (지소체) hleb
hlebar 참조 pekar
hlebara 참조 pekara
hlebnī *-ā, -ō* (形) 참조 hleb
hlebonoša (男,女) 빵집에 빵을 배달하는 사람
hlepčić (지소체) hleb
hlor (化) 염소; **hlorni** (形); ~*a kiselina* (化學)
염소산
hlorat (化) 염소산염
hlorid (化) 염화물, 염화 화합물 **hloridni** (形)
hlorofil (植) 엽록소
hloroform (化) 클로로포름 (무색·휘발성의 액
체;마취약)
hm (感歎詞) 조롱, 조소(podsmeh); 의심
(sumnja); 불확실(neizvesnost); 확인
(potvrđivanje) 등을 나타내는 감탄사
hmelj (植) 홉(뽕나뭇과의 여러해살이 덩굴풀,
그 열매는 쓴 맛이 있어 맥주 제조공정에서
사용됨) **hmeljni** (形)
hmeljnik 홉밭; 홉을 재배하는 밭
hmkati *-am* (不完) hmknuti *-nem* (完) 흠(hm)
소리를 내다
hobi *-ija* (男) 취미

hobotnica (魚類) 문어, 낙지 (oktopus)

hod 1. 보행, 걷기; 이동 (pomeranje, kretanje); *dva sata ~* 두 시간 동안의 걷기 2. 걷는 모양, 걸음걸이; *ja sam tvoga ~a i govora* 나는 너의 말하는 스타일과 걸음걸이를 가지고 있다; *ona ima vrlo graciozan ~* 그녀는 매우 우아하게 걷는다 3. 흐름, 발전 (tok, razvoj); *~ vremena* 시간의 흐름 4. 운전, 작동 (기계 등의) (rad, kretanje); *~ mašine* 기계 운전 5. 여행 (put, putovanje)

hodac *hoca* 걷는 사람, 보행자; *~ po žici* 줄타는 사람 (서커스 등의)

hodač 참조 hodac

hodalac *-aoca* 걷는 사람, 보행자 (hodac, hodač, pešak)

hodalica (女) 1. (男) 많이 걷는 사람; 방랑자 (lutalica); *velika ~* 많이 걷는 사람 2. (날으지 않고) 걸어다니는 새 3. *pesme ~e* 민요 (구전되는)

hodanje (동사파생 명사) hodati

hodati *-am* (不完) 1. 걷다, 걸어가다, 도보로 가다; *~ po sobi* 방을 왔다갔다 하다; *~ na prstima* 발끝으로 걷다 2. 움직이다 (pomerati se, micati se)

hoditi *-im* (不完) 1. 걷다, 가다 (hodati, ići); *kad je bog po zemlji hodio* 옛날 옛적에, 아주 오래전에 2. (廢語) 떠나다, 여행하다 (odlaziti, putovati) 3. (2인칭, 명령문으로); hodi ovamo! 이리로 와!

hodničić (지소체) hodnik

hodnik 복도, 회랑(回廊); *podzemni ~* 터널

hodočasnik 순례자, 성지 참배인 (hadžija)

hodočasnica

hodočastiti *-im* (不完) 순례에 나서다, 성지 참배하다

hodočašće 순례 여행, 성지 순례, 성지 참배 (hadžiluk)

hodom (副) 걸어서; ići *~om* 걸어가다

hodometar (자동차의) 주행 기록계 (計)

hodulje (女,複) 1. (진창, 습지 등에서) (사람이 걸어 다닐 수 있게 땅에서 높게 설치된) 두 개의 나무 말뚝 (štule) 2. 목발 (štake)

hodža 호자 (무슬림 성직자)

hođenje (동사파생 명사) hoditi

hofirati *-am* (不完) 1. *~ nekome* 구애하다 (udvarati se) 2. *~ se s kim* 장난삼아 연애하다 (가벼운 마음으로)

hohotati (se) *-ćem (se)* (不完) 크게 웃다, 낄낄 웃다 (glasno se smejati, kikotati se)

hohštapler 사기꾼, 협잡꾼 (재산을 노리는 구혼자, 출세 지향주의자 등의)

hohštapleraj 사기꾼(협잡꾼)의 행동

hohštaplerija 1. 참조 hohštapleraj 2. (集合) hohštapleri

hohštaplerirati *-am* **hohštaplerisati** *-šem* (完,不完) 사기꾼(협잡꾼)처럼 행동하다

hokej (스포츠) 하키; *~ na ledu* 아이스하키; *~ na travi* 필드하키

hokejaš 하키 선수

hoklica (등이 없는) 의자, 걸상

hokus-pokus (요술쟁이 등의) 알아듣지 못할 주문 (呪文); 트릭, 속임수

hol *-ovi* 홀, 로비

hol 참조 ohol: 거만

Holandija 홀랜드, 네덜란드 **Holanđanin; Holanđanka; holandski** (形)

holesterin 콜레스테롤

holiti se 참조 oholiti se

homeopat 동종요법 의사

homeopatija (醫) 동종 요법(同種療法; 질병과 비슷한 증상을 일으키는 물질을 극소량 사용하여 병을 치료하는 방법)

homilija 1. (종교적인) 설교 2. (경멸적) 훈계, 장황한 꾸지람

homofon (音聲學) 동음이자(異字)

homogen *-a, -o* (形) 동종(同種)의 (istorodan, istovrstan, jednak)

homograf (言語) 동형이의어

homologan *-gna, -gno* (形) (성질·위치·구조 등이) 일치하는, 상응하는

homonim 동음이의어; 동형이의어

homoniman *-mna, -mno* (形) 동음이의어의

homoseksualac 동성애자 **homoseksualka**

homoseksualan *-lna, -lno* (形) 동성애자의; *~lna osoba* 동성애자

homoseksualizam *-zma* 동성애주의

homoseksualnost (女) 동성애, 동성애적 행위

homut 1. (어떤 것의) 손으로 잡는 것 2. 말의 어깨에 맨 줄 (마구(馬具)의 일부로서)

honorar (연설·강연 등 지적 직업인에 대한) 보수, 사례(금) 2. (전문적 서비스에 대한) 사례비; *autorski ~* 저작권 인세(印稅) **honoraran** (形); *~rni rad* 파트 타임직(職); *~ službenik* 파트 타임 일을 하는 사람, 임시직 직원; *raditi ~rno* 파트 타임 일을 하다, 프리랜서로 일하다

honorarac *-rca* 파트 타임 일을 하는 사람, 임시직 직원, 프리랜서

honorirati *-am*, **honorisati** *-šem* (完,不完) 1. (파트 타임 업무에 대한) 보수를 지불하다, 사례금을 지불하다; *jesu li ti honorisali taj članak?* 그 원고에 대한 원고비를 너한테 지

H

불했느냐? 2. (감사의 표시로) 보상(보답)하다
hop (感歎詞) 1. 뛰어 올라!, 점프!; *prvo skoči, pa onda reci* ~ 떡 줄 사람은 생각도 않는데 김칫국부터 마시지 마라, 일을 다 마친 다음에 기뻐해라 2. (부사적 용법에서) 단 한번에, 단 번에 (odjednom, naglo)
hop(a)-cup(a) (感歎詞) 콜로(kolo)를 출 때의 추임새
hor 1. 합창단; *u* ~*u* 한 목소리로, 다함께 2. (교회의) 성가대석
hora 적기(適期), 적시(適時) (pravo vreme, pravi čas); *u* ~*u* 적기(適期)에; *kad mu dođe* ~ 그에게 적당한 시간이 오면
horan *-rna, -rno* (形) ~할 생각(의지)이 있는 (voljan, raspoložen)
horda 1. 약탈자들의 무리; 유민(流民)]의 무리; *mongolske* ~*e* 몽골 약탈자들의 무리; *azijske* ~*e* 아시아계 유민 무리 2. (일반적으로) 무리, 떼거리 (gomila, mnoštvo); ~ *huligana* 훌리건 무리 3. 기타; *Zlatna* ~ (歷史) 킵차크 칸국(13세기부터 15세기까지의)
horist(a) 합창단원 horistica, horistkinja
horizont 1. 지평선, 수평선; *izgubiti se iza* ~*a* 지평선 너머로 사라지다 *pojaviti se (ocrtati se) na* ~*u* 곧 나타날 것이다, 곧 일어날 것이다 2. (인식·사고·지식 등의) 범위, 한계; 시야, 시계(視界); *proširiti svoj* ~ 자신의 범위를 확장하다; *imati uzak* ~ 좁은 시야를 가지다 3. (鑛業) (광산의) 층 (sprat); *požar na drugom* ~*u* 지하 2층 갱도에서 일어난 화재; *spustiti se na prvi* ~ 지하 1층 갱도로 내려가다
horizontala 1. 수평선 (反: vertikala); *povući* ~*u* 수평선을 긋다 2. 기타; *(ot)ići u* ~*u* 침대로 가다, 침대에 눕다, 쉬러 가다; *provesti (biti) u* ~*i* 쉬다, 침대에서 시간을 보내다
horizontalan *-lna, -lno* (形) 수평의, 평면의; 수평면상의, 평면상의, 가로의 (vodoravan) (反: vertikalan); ~ *položaj* 수평 위치; ~ *pravac* 수평 방향
hormon 호르몬; *ženski* ~*i* 여성 호르몬 hormonski (形)
hormonalan *-lna, -lno*, hormonskī *-ā, -ō* (形) 호르몬의; *hormonalni poremećaji* 호르몬 이상; *hormonske tablete* 호르몬 약
horn *-ovi* (男) horna (女) (樂器) 호른
hornist(a) 호른 연주자
horo 콜로(원무(圓舞))의 일종 (oro); *šareno* ~ (보통 결혼식을 마칠 때 추는) 결혼식에서의 주무(主舞)

horoskop 점성술, 별점
horovođa (男) 합창단 단장, 합창 지휘자
horskī *-ā, -ō* (形) 참조 hor; 합창의, 합창단의
hortenzija (植) 수국속(屬); 수국꽃
hortikultura 원예(술,학)
ho-ruk (感歎詞) 영차 (들어 올리는 등 어떤 일을 같이 할 때 힘을 돋우기 위해 내는 소리)
hostija (가톨릭교에서 성찬식 때 신부가 주는) 제병
hotel 호텔; *odsesti u* ~*u* 호텔에 묵다; ~ *za samce* 독신자용 호텔(숙소 개념의) hotelski (形)
hotelijer 호텔 소유주; 호텔 경영자
hotelijerstvo 호텔 경영
hotelskī *-ā, -ō* (形) 호텔의; ~*a soba* 호텔 객실; ~*o osoblje* 호텔 직원; ~*a zgrada* 호텔 건물
hotimice, hotimično (副) 의도적으로, 고의적으로, 일정한 목적을 가지고 (namerno); *on je to učinio* ~ 그는 의도적으로 그것을 했다
hotimičan *-čna, -čno* (形) 의도적인, 고의적인 (nameran); ~*čna greška* 고의적인 실수
hotimično 참조 hotimice
hozentregeri (男,複) 바지 멜빵 (naramenice)
hrabar *-bra, -bro* (形) 용감한, 용맹한, 용기가 있는, 두려워하지 않는 (smeo)
hrabar *-bra* 약혼자, 새신랑, 남편 (zaručnik, mladoženja, muž)
hrabriti *-im* (不完) ohrabriti (完) 1. 용기를 북돋우다, 격려하다, 응원하다; ~ *nekoga* 누구에게 용기를 북돋워 주다 2. ~ *se* 용기를 내다
hrabrost (女) 용기, 용감
hrakati *-čem* & *-am* (不完) hraknuti *-nem* (完) (擬聲語) '캑, 킥'하는 소리를 내면서 가래 등을 내뱉다
hram *-ovi* (모든 종교들이 그들의 신에게 기도하는) 신전(神殿), 사원, 절; 성당, 교회; ~ *nauke* 고등교육 기관; *Talijin* ~ 극장(劇場)
hramati *-mljem* & *-am* (不完) 1. 절뚝거리다, 절뚝거리며 걷다; ~ *na desnu(levu) nogu* 오른쪽(왼쪽) 다리를 절뚝거리다 2. (비유적) 확실치 않다, 준비가 되어 있지 않다, 부족함이 있다, 단점이 있다; *on još hramlje sa hemijom* 그는 화학이 아직 부족하다
hrana 1. 음식, 식량; *stan i* ~ 숙식(宿食); *duhovna* ~ 영적 자양분; *baciti na* ~*u* 잘 먹기 시작하다; ~ *bogova* 진수성찬 2. 가축의 사료, 먹이; *stočna* ~ 가축 사료; *topovska* ~, ~ *za topove* (전사할 위험이 많은) 병사들과 국민들
hranarina 식대(食代; 병가시 월급 대신에 받는)
hranilac *-ioca*, hranitelj (가족의) 생계를 책임

지고 있는 사람, 부양 책임자; 누군가에게
음식을 먹여 주는 사람; ~ porodice 가족의
부양 책임자; ostati bez ~ioca 부양 책임자
없이 남겨지다
hranilište 1. 사육장, 번식장; ~ za srne 노루
사육장; ~ bakterija 박테리아 번식장 2. 창고
hranilja 참조 hraniteljica
hranionica 창고 (hranilište)
hranitelj 참조 hranilac
hraniteljica, hraniteljka 1. 누군가에게 음식을
먹여 주는 여자; 유모 (dojilja, dadilja) 2. 젖
소, 양, 염소 (우유를 내주어 가족을 먹여살
리는); krava ~ 가족을 먹여살리는 젖소
hraniti -im (不完) 1. 음식을 입에 떠먹여 주다
(어린이, 환자 등에게), 음식을 주다, 먹는
것을 도와주다; 젖을 주다(아이에게); 음식
(먹을 것)을 제공하다(공급하다), 식량을 공
급하다; 부양하다; 먹여 살리다, 부양하다; ~
vojsku (porodicu, stoku) 군대를 먹여 살리
다, 가족을 부양하다, 가축에게 먹을 것을
주다; ~ nekoga hlebom 누구에게 빵을 줘
먹게 하다; njega hrani pero 그는 글을 써서
먹고 산다 2. (아이를) 키우다, (동물을) 사육
하다; ~ dete 아이를 키우다; ~ zmiju (guju)
u nedrima 호랑이 새끼를 키우다, 은혜를
모르고 배은망덕할 사람을 애지중지하다 3.
~ se 먹다; 먹고 살다; ~ se mesom 고기를
먹다; ~ se u restoranima (kod kuće) 식당
에서 (집에서) 밥을 먹다
hranljiv, hranjiv -a, -o (形) 영양이 되는, 자양
이 되는, 자양분이 많은, 음식으로서 사용할
수 있는; ~e materije 먹을 수 있는 재료; ~i
sastojici 영양 성분
hranjenik 1. 양자(養子), 수양아들 **hranjenica**
2. 도축 목적으로 키우는 가축 (보통 돼지)
hranjenje (동사파생 명사) hraniti (se)
hrapav -a, -o (形) 1. 울퉁불퉁한 (neravan)
(反: gladak) 2. (비유적) 쉰 목소리의, 허스
키한 (목소리가) (promukao); ~ glas 목소리
가 쉰; 거친, 거칠거칠한, 껄껄한, 솜씨가 좋
지 않은 (grub, nespretan); ~e ruke 거칠거
칠한 손
hrast -ovi (植) 오크(떡갈나무·참나무 따위의
총칭) (dub) **hrastov** (形)
hrastik 오크 숲, 참나무 숲 (hrastova šuma)
hrastov -a, -o (形) 참조 hrast; 오크의, 오크
로 만들어진; ~ nameštaj 오크제 가구; ~ žir
도토리; ~a šuma 참나무 숲
hrastovac -vca **hrastovača** 참나무 막대기
hrastovina 오크 나무, 참나무 목재 (재목으로
써의)

hrašće (集合) hrast
hrbat hrpta & hrbata; hrptovi & hrbati 1. 등;
등뼈, 척추 (leđa; hrptenjača) 2. (비유적) 불
쑥 솟아오른 바위(산, 언덕의); 봉우리
(greben); 등뼈와 같이 툭툭 튀어 나온 부
분; ~ talasa 물마루; ~ knjige 책의 등 (책
명·저자명 등을 쓰는)
hrčak -čka; hrčci & hrčkovi; hrčaka &
hrčkova 1. (動) 햄스터 2. (비유적) 재산을
차곡차곡 모으는 사람
hrčkovina 햄스터의 털가죽
hren (植) 양고추냉이; 그 뿌리를 간 양념
(ren); natrti kome pod nos ~a ~에게 매우
거북한 이야기를 하다
hrenovka 소시지의 일종 (양고추냉이(hren)와
함께 먹는데서 유래) (viršla)
hrestomatija 독본(讀本) (čitanka)
hrid (男,女) 바위, 암석, 울퉁불퉁하고 불쑥 솟
아난 바위 (greben, stena, veliki goli
kamen)
hridina (지대체) hrid
hridovit -a, -o (形) 바위(hrid)가 많은
(hridinast, stenovit)
hrip, hripa (擬聲語) 1. 숨쉴 때 목에서 나는
가래 끓는 소리 (hropac) 2. 삐그덕 하는 소
리, 시끄러운 소리 (čegrtanje, škripa)
hripati -pljem & -am (不完) (擬聲語) (천식,
가래 등으로) 씨근거리다, 쌕쌕거리다; 씨근
거리며 말하다
hripav, hripljiv -a, -o (形) (천식, 가래 등으
로) 씨근거리는, 쌕쌕거리는; ~ kašalj 쌕쌕
거리는 기침
hripavac -vca (病理) 백일해 (급성 호흡기 질
환으로 맑고 끈끈한 가래가 나옴) (veliki
kašalj, rikavac)
hrisovulj, hrisovulja (歷) 통치자의 황금직인이
찍혀있는 공식 문서 (중세의)
Hrist, Hristos 예수 그리스도; braća u Hristu
(그리스도교) 형제
hristijanizacija 기독교화(化)
hristijanizirati -am (不完) 기독교화하다
hrišćanin -ani 기독교도 **hrišćanka**; **hrišćanski**
(形)
hrišćanstvo 기독교, 그리스도교
hrizantema (植) 국화; 국화속(屬)
hrka 코고는 소리
hrkač 코고는 사람
hrkać 달마치아 및 보스니아 지역의 정교도들
을 지칭하는 경멸어
hrkalo (男,中) 코고는 사람
hrkanje (동사파생 명사) hrkati

H

hrkati *-čem* & *-am* (不完) **hrknuti** *-nem* (完) (잠자면서) 코를 골다; *on jako hrče* 그는 코를 많이 곤다

hrliti *-im* (不完) **pohrliti** (完) 서둘러 가다, 급히 가다 (žurno ići, žuriti, hitati); *svi hrle na trg* 모든 사람들이 광장으로 몰려 간다

hrnja 언청이

hrnjav *-a, -o* (形) 언청이의

hrom *-a, -o* (形) 1. 절름발이의, 절뚝거리는; *on je ~ u desnu nogu* 그는 오른발을 절뚝거린다 2. (가구의) 한쪽 다리가 없거나 짧은, 손상된; *~ sto* 한쪽 다리가 없는 책상 2. 불완전한, 결함(결점)이 있는 (nepotpun, manjkav)

hrom (化) 크롬

hromac *-mca* 절뚝거리는 사람

hromatičkī, hromatičnī, hromatskī *-ā, -ō* (形); 1. 색채의, 색채학의 2. (音樂) 반음계(半音階)의; *~a skala (lestvica)* 반음계(半音階)

hromatika 1. 색채학 2. (音樂) 반음계(半音階)

hromatin (生) (염색체의) 염색질, 크로마틴

hromirati *-am* (完,不完) 크롬 도금을 하다, 크롬 처리하다

hromit (鑛) 크롬철광

hromnī *-ā, -ō* (形) 참조 hrom; 크롬의, 크롬을 함유한; *~a ruda* 크롬 광석; *~a prevlaka* 크롬 도금

hromosfera (天) 채층(彩層) (태양 광구면(光球面) 주위의 백열 가스층)

hromosom (生) 염색체

hroničan *-čna, -čno* (形) 1. (병이) 만성의, 고질의; 만성 질환의; 만성적인 (反; akutan); *~čna bolest* 만성질환; *~čna upala* 만성염증; *~čni bolesnik* 만성질환자 2. (일반적으로) 만성적인; *~čna nezaposlenost* 만성 실업; *~čna kriza* 만성적 위기; *~čna besparica* 만성적인 돈 부족

hroničar 연대기 작자(편자); (사건의) 기록자

hronika 1. 연대기(年代記), 편년사(編年史); 기록 2. (신문, 잡지 등의) 시평(時評), 컬럼

hronologija 1. 연대기, 연표 (年表); (사건의) 연대순 배열 2. 연대학 (역사학의 한 부류)

hronološki (形); *~ red* 연대순(年代順)

hronometar 1. 크로노미터 (정밀한 경도(經度) 측정용 시계) 2. 매우 정확한 시계

hronoskop 크로노스코프 (광속(光速) 등을 재는 초(秒)시계)

hropac *-pca* (임종·중병 때의) 힘겹게 숨쉬는 소리, 가래 끓는 소리

hropiti *-im* (不完) 1. 힘겹게 숨을 쉬면서 그륵그륵하다 (중병·임종 직전에) 2. (천식·가래

등으로) 씨근거리다 (hripati) 3. (方言) 코를 골다 (hrkati)

hropot 숨쉴 때 목에서 나는 가래 끓는 소리 (hripa, krkljanje)

hropotati *-ćem* (不完) (천식·가래 등으로) 씨근거리다; 씨근거리며 말하다 (hripati, krkljati)

hroptav *-a, -o* (形) 쉰 목소리의, 목소리가 쉰, 허스키한 (promukao, hrapav); *~ glas* 허스키한 목소리

hrpa 1. (아무렇게나 쌓아 올린) 더미, 무더기; *stavi sve na ~u* 모든 것을 더미에 놓다 2. (한 곳에 질서없이 모여든 사람 혹은 동물들의) 다수, 다량 (mnoštvo, masa, gomila)

hrpimice (副) 떼지어, 무리지어 (u hrpama, gomilama); *navaliti ~* 떼지어 몰려들다; *izlaziti na vrata ~* 떼지어 문으로 나가다

hrptenī *-ā, -ō* (形) 참조 hrbat; 등의 (leđni, kičmeni); *~ pršljen* 등뼈, 척추; *~a moždina* 척수

hrptenica, hrptenjača (解) 척추, 등뼈 (kičma, kralježnica)

hrskati *-am* (不完) 1. 오독오독(바삭바삭) 소리나다 (음식을 씹을 때), 뽀드득 소리나다 (눈길을 밟을 때), 저벅저벅 소리나다 (모래 등을 밟을 때); *~ se pod nogama* 발 밑에서 바삭바삭 소리나다 2. 오독오독(아삭아삭) 씹다, 바삭바삭 가루로 만들다; *~ nešto* 무언가를 씹다; *~ orahe* 호두를 아삭아삭 씹다; *~ koru hleba* 빵 껍질을 아삭아삭 씹다

hrskav *-a, -o* (形) 아삭아삭한, 바삭바삭한, 오독오독한; *~ hleb* 바삭바삭한 빵

hrskavica (解) 연골, 물렁 뼈, 연골 조직

hrskavični (形)

hrskavičav 연골의, 연골질의, 연골 조직의

hrt *-ovi* (動) 그레이하운드 (사냥개의 일종)

hrupiti *-im* (完) 갑자기 나타나다, 갑자기 들어오다, 갑자기 돌진하다; *hrupio je u sobu* 그는 갑자기 방에 들어왔다

hrupnuti *-nem* (完) 참조 hrupiti

hruskati *-am* (不完) 참조 hrskati

hrustati *-am* (不完) 참조 hrskati

hrušt *-evi* 참조 gundelj; 풍뎅이의 일종

hruštati *-im* (不完) 참조 hrskati

hrvatizam *-zma* 크로아티어적 표현(단어)

Hrvatska 크로아티아 **Hrvat; Hrvatica; hrvatski** (形)

hrvatstvo 크로아티아인이라는 소속감; 크로아티아 정신 또는 그 특징

htenje 소망, 열망, 갈망, 바람 (volja, težnja, želja)

240

hteti *hoću, hoćeš, hoće, hoćemo, hoćete, hoće*; *hteo, htela*; 조동사 단축형으로 *ću, ćeš, će, ćemo, ćete, će*; 조동사 단축형 부정형으로 *neću, nećeš, neće, nećemo, nećete, neće* 1. 원하다, 바라다, ~하고 싶다, 희망하다; *hoćete li čaj ili kafu?* 차를 하시겠습니까 아니면 커피를 마시겠습니까?; *hteo sam nešto da ti kažem* 너한테 뭔가를 말하려고 했었다; *hteo bih da to vidim* 그것을 봤으면 합니다; *on neće da puši* 그는 담배를 피우려고 하지 않았다, 그는 담배를 피지 않을 것이다; *baš sam hteo da pođem* 막 가려고 할 참이었다; *hteo-ne hteo, hteli-ne hteli* 원하던 원하지 않던 그것에 상관없이; *sudbina je htela* 운명적이었다 2. 보조동사로 미래 시제를 나타냄; *on neće više pušiti* 그는 더 이상 담배를 피우지 않으려고 한다; *on će da radi* 그가 할 것이다; *hoće li on doći?* 그가 올까? 3. (aorist 형태로 사용되어) 거의 할 뻔한 사실을 나타냄; *htedoh juče da poginem; pukla mi je guma* 타이어가 펑크나서 어제 거의 죽을뻔 했다 4. (통제할 수 없는, 운에 좌우되는 그 어떤 것); *hoće ga karta* 그는 (오늘따라) 카드가 잘 된다; *nije ga hteo zrno* 총알이 그를 빗나갔다 5. (무인칭문에서 'se'와 함께 쓰여); ~하고 싶다, ~하고 싶은 마음이다; *hoće mu se* 그는 하고 싶다; *nije mi se htelo* 나는 하고 싶지 않았다; *htelo mu se da se provesti* 그는 시간을 잘 보내고 싶어졌었다

hučan *-čna, -čno* (形) 시끄러운, 떠들썩한, 시끌벅적한 (koji stvara huku, bučan, šuman); ~*čni potok* 상당히 큰 소리를 내며 흐르는 개울

hučati *-im* (不完) 왁자지껄하다, 시끄러운 소리를 내다, 떠들썩한 소리를 내다; *more huči* 철썩철썩 파도소리가 나다; *vetar je hučao kroz napuštenu kuću* 바람은 휘~익 소리를 내며 폐가(廢家)에 휘몰아쳤다

hud *-a, -o; hudi* (形) 1. 타락한(도덕적으로), 사악한, 불량한 (loš, zao, opak); ~ *čovek* 타락한(사악한) 사람 2. 불쌍한, 가엾은, 불행한 (nesrećan, jadan); ~*a sirotica* 불쌍한 고아 3. 힘든, 어려운, 불유쾌한 (mučan, težak, neprijatan); *reći (nekome) ~e reči* (누구에게) 힘든 이야기를 하다

hudan *-dna, -dno* (形) 참조 hud

hudika (植) 가막살나무속(屬)관목 (udika)

huditi *-im* (不完) 나무라다, 비난하다, 혹평하다 (kuditi, ružiti)

huditi *-im* (不完) 해를 끼치다, 해치다 (uditi, škoditi)

hudoba 1. 사악한 행위(행동) 2. 사악한 사람 3. 악마

hudobica 젊고 활발한 여자

hudobina (魚類) 아귀(의 한 종류)

hujati *-im* (벌 등이) 1. 윙윙거리다, (청중 등이) 왁자지껄하다, 떠들썩하게 하다 (odavati hukz, hučati); *vetar huji* 바람이 윙윙거린다; *žice huje na vetru* 줄이 바람에 윙윙거린다; *huji mi u ušima* 귓속이 윙윙거린다 2. 휙 지나가다, 빨리 지나가다 (prohujati); *kako vreme huji!* 시간이 얼마나 빨리 지나가는지!; *prohujalo mi je leto* 여름이 금방 지나갔다; *prohujalo sa vihorom* 바람과 함께 사라지다

hujiti *-im* (不完) 참조 hujati

huk, huka 1. 이야기를 못 나눌 정도로 큰 소음 소리(잡음 소리, 시끄러운 소리) (바람, 물의 소용돌이, 많은 사람들의 웅성거리는 소리 등의) ~ *talasa* 파도치는 소리; ~ *vetra* 바람이 윙윙거리는 소리; ~ *glasova* 사람들이 웅성거리는 소리; ~ *sove* 올빼미의 울음 소리 2. (비유적) 고함 소리, 소란, 소동

hukati *-čem* 1. '후(hu)'하고 한숨 쉬다 (피로, 근심, 걱정, 슬픔 등으로) 2. 후후 불다 (손 등을 녹이기 위해); *on huče u ruke da ih zagreje* 그는 손을 녹이기 위해 손에 후후 불었다 3. (올빼미가) 부엉부엉 울다 4. (비유적) 큰 소리로 기도하다 (호자 등이) 5. 왁자지껄하다, 시끄럽게 하다 (hujati, hukati)

huktati *-ćem & -im* (不完) 1. 후하고 한숨 쉬다, 후후 불다 (hukati) 2. 왁자지껄하다, 윙윙거리다 (hujati, hučati)

huktav *-a, -o* (形) 후후 부는 것과 같은 (koji je nalik na hukanje)

hula 신에 대한 불경, 신성 모독, 독신(瀆神)

hula-hop, hula-hup 1. (댄서·곡예사 등이 입는) 몸에 꽉 끼는 옷, 타이츠 2. 홀라후프 (플라스틱 등의 테로서 허리로 빙빙 돌리는 고리) 3. 팬티 스타킹

hula-hopke (女, 複) (댄서·곡예사 등이 입는) 몸에 꽉 끼는 옷, 타이츠

huligan 1. 불량배, 건달, 깡패 2. 훌리건 (축구 시합 등에서 난동 부리는 관객)

hulitelj (신에게) 불경스러운 말을 하는 사람; 신성 모독자

huliti *-im* (不完) **pohuliti** (完) (신이나 신성한 것에 대하여) 불경스러운 말을 지껄이다, 모독하다; 나무라다, 꾸짖다; 비방하다, 중상하다 (kuditi, ružiti); ~ *(na) Boga* 신을 모독하다

hulnjik 참조 hulitelj

hulja (女,男) (욕설) 망나니 같은 놈, 건달, 불량배 (nevaljao i nečastan čovek, nitkov, podlac); ~o jedna! 에이 비열한 놈!

huljinskī, huljskī -ā, -ō (形) 비열한, 야비한, 치사한

hum -ovi 1. 낮은 언덕, 작은 언덕, 조그마한 언덕 (brežuljak) 2. 봉분 (humka)

human -a, -o (形) 자비로운, 인정 있는; 인도적인, 자선의; ~ postupak 인간다운 행동, 인도적 행위; ~e ustanove (organizacije) 자선 단체

humanist(a) 인본주의자, 인도주의자; 인문주의자

humanističkī -ā, -ō (形) 1. 고전 문학의, 인문학의 (그리스,라틴의); ~a nauka 고전 문학; ~o obrazovanje 인문학 교육 2. 인문주의의; ~ pokret 인문주의 운동

humanistika (그리스·라틴의) 인문학, 고전문학; 인문과학연구

humanitarac 인도주의자, 박애자

humanitaran -rna, -rno (形) 1. 자선의, 인도적인 (dobrotvoran, human); ~rne svrhe 인도적 목적 2. 인문학의

humanitet 참조 humanost

humanizacija 인간화(化), 인간다워짐, 인도적 자세를 갖게 함

humanizam -zma 1. 인문(人文)주의, 인간주의; humanistički (形); ~ pokret 인문주의 운동; ~a filozofija 인문주의 철학 2. 인간애, 자애, 자비, 인정, 친절; 인도주의, 박애주의 (humanost, čovečnost)

humanizirati -am humanizovati -zujem (完,不完) 인간다워지다, 인도적 행위를 하다, 인정 있게 되다

humanost (女) 인간애, 자애, 자비, 인정, 친절; 인도주의, 박애주의 (čovečnost, čovekoljublje)

humka 1. (무덤의) 봉분 2. 작은 언덕, 낮은 언덕 (hum)

humor 유머, 익살, 해학; smisao za ~ 유머 감각

humoreska 익살스런 (짧은) 이야기

humorist(a) 1. 유머가 있는 사람, 유머가 넘치는 사람 2. 유머 작가 humoristkinja

humorističan -čna, -čno (形) 유머러스한, 익살스러운, 해학적인, 재미있는; 유머 감각이 있는

humorističkī -ā, -ō (形) 참조 humorističan

humoristika 1. 해학 문학, 풍자 문학 2. 유머, 익살, 해학

humoristkinja 참조 humorista

humovit -a, -o (形) 작은 언덕이 많은, 구릉이 많은 (brežuljkast); ~ kraj 구릉지대

humus 부식토 (腐植土)

hunta (쿠데타 후의) 군사정권, 임시정부; vojna ~ 군사정권

hunjavica 참조 kijavica; 코감기

hunjavičav -a, -o (形) 참조 kijavičav; 코감기의, 코감기에 걸린

hunjkati -am (不完) 콧소리를 내며 말하다 (unjkati)

hunjkavica 참조 kijavica

hura (感歎詞) 만세! (ura)

hurija (이슬람교) 천국의 미녀

husar 경기병 (輕騎兵) husarski (形)

husit 후스파(派) (Huss: 15세기 체코의 종교 개혁자), 후스의 추종자

huškač 선동가, 민중 선동가 (podstrekač); ratni ~ 전쟁 선동가, 주전론자, 전쟁 도발자 huškački (形)

huškalo (中,男) 선동가 (huškač, podstrekač)

huškati -am (不完) nahuškati (完) (~에 반하여) 선동하다, 부추기다, 자극하다, 분기시키다 (podbunjivati, podstrekivati, tutkati protiv nekoga); ~ nekoga pritiv (na) nekoga 누구를 누구에 반하여 행동하도록 선동하다; on je huškao seljake na bunu 그는 농민들이 봉기하도록 선동했다; on je nahuškao svoga psa na decu 그는 자기 개가 아이들에게 달려들도록 자극했다

hvala 1. 감사, 사의 2. (感歎詞) 고마워, 고맙습니다; ~ Bogu 신이여, 감사합니다; ~ lepo, mnogo (veliko) ~ 매우 고맙습니다; ~ vam na poklonu (za poklon) 선물 고맙습니다

hvalilac -ioca 감사해 하는 사람, 고마워 하는 사람

hvalisanje (동사파생 명사) hvalisati se

hvalisati se -šem se 자화자찬하다; 스스로에게 감사해 하다, 자시의 행동과 성공에 감사해 하다; ~ svojim uspehom 자신의 성공에 대해 자화자찬하다

hvalisav -a, -o (形) 자화자찬의

hvalisavac -vca, hvališa 자화자찬하는 사람 hvalisavica

hvalitelj 감사해 하는 사람 (hvalilac)

hvaliti -im (不完) pohvaliti (完) 1. (koga) 칭찬하다, 칭송하다, 찬미하다; ~ đaka 학생을 칭찬하다; ~ boga 신을 찬미하다 2. (koga) 감사하다, 사의를 표하다; hvalim boga što ostadoh živ 나는 내가 살아남을 수 있게 된 것을 신에게 감사해 한다 3. ~ se 스스로에게 감사해 하다; 자화자찬하다; ko se hvali,

H

sam (taj) se kvari 자화자찬할게 못된다

hvalopojka 참조 hvalospev

hvalospev 1. 찬미가, 찬송가, 찬양가 2. 과도
한 감사(의 말), 아첨

hvastati se *-am se* (不完) 참조 hvalisati se

hvastav *-a, -o* (形) 참조 hvalisav

hvastavac *-vca* 참조 hvalisavac

hvat *hvatovi* & *hvati, hvatī* & *hvatā* 1. 길이의
단위 (약 6피트 = 1.83m) 2. (땔감용 나무의
부피를 재는) 4입방미터의 땔감 나무 3. 동
작, 움직임 (potez, zamah)

hvatač 1. (붙)잡는 사람 2. (動) 원숭이의 한
종류

hvataljka 1. (붙)잡는 도구, 고정시키는 도구 2.
konj s ~ama (체조) 안마(鞍馬) 3. 올가미,
덫 (zamka, klopka)

hvatati *-am* (不完) **uhvatiti** *-im* (完) 1. (손 등
으로) 잡다, 붙잡다, 붙들다, 움켜쥐다;
mačka hvata mačiće zubima 고양이가 새끼
를 입으로 물었다; *~ se za glavu* 머리를 쥐
어 짤 정도로 큰 고통을 겪다; *hvatati se za
kose (s kim)* 머리채를 잡고 싸우다; *hvatati
se za stomak (trbuh)* 배를 붙잡고 웃다; *~
korena* 뿌리를 내리다, 강화하다; *~ maglu*
도망치다 2. 붙잡다, 체포하다, 사로잡다, 낚
아채다, 잡아채다; *~ bandita* 강도를 사로잡
다; *~ lopova na delu* 현장에서 도둑을 잡다;
3. 듣다 (slušati, primati uhom) 4. 사냥하다,
낚시하다 (loviti) 5. (공 등을) 받다, 잡다; *~
loptu (rukom)* (손으로) 공을 잡다 6. 발견하
다, 간파하다; *~ pogrešku* 실수를 간파하다;
~ u laži 거짓말을 알아챘다 7. 걸어매다(가
축을) (uprezati); *~ konja u kola* 말을 마차
에 걸어매다 8. (공포, 병 등이) (사람을) 덮
치다, 엄습하다; *hvata me san* 잠이 몰려 온
다; *hvata ih panika (strah)* 공포감이 그들을
덮쳤다; *hvata ga kijavica* 그는 코감기에 걸
렸다; *epidemija hvata maha* 전염병이 유행
하고 있다 9. 받다, 수신하다; *naš radio
hvata samo lokalne stanice* 지방 방송국만
수신된다

H

I i

i (接續詞) 1. (단어 또는 문장들을 연결할 때) ~와(과), 그리고; *on i ona vole fudbal* 그와 그녀는 축구를 좋아한다; *Milan i Mila pevaju pesme* 밀란과 밀라는 노래를 부른다; *~ tako dalje (itd.)* ~등 등 2. ~...~...~도 ~도; *doneo je ~ gramofon ~ ploče* 축음기와 레코드 판을 가져 왔다 3. 역시, 마찬가지로 ~에게도(역시); *~ meni se sviđa* 나도 마음에 든다; *~ kuću sam farbao* 집도 페인트칠 했다 4. (강조의 용법으로) ~도, ~까지도(조차도), ~마저; *pozvao je ~ mene* 그는 나까지도 초대를 했다 5. (구문으로서) *ne samo ... nego ~ ~*뿐만이 아니라 ~도; *on je ne samo darovit nego ~ marljiv* 그는 재주가 있을 뿐만이 아니라 부지런하기까지 하다

iako (接續詞) 비록 …일지라도, …이기는 하지만; *~ je mlad, vrlo je ozbiljan* 비록 젊지만 아주 신중하다; *njegova soba je udobna ~ je mala* 그의 방은 비록 작지만 안락하다; *~ nije lepa, on je voli* 그녀가 비록 예쁘지는 않지만 그는 그녀를 좋아한다

ibis (鳥類) 따오기

ibrik (물을 끓이거나 커피포트 용도 등으로 쓰이는 좁은 목과 뚜껑이 있는 동(銅)으로 만든) 주전자 비슷한 것

ičiji *-ā, -ē* (代) 누구의 것이든 (ma čiji, bilo čiji); *da li je on našao ~e knjije?* 누구의 것이든 그 어떤 책이라도 찾았느냐?

ići *idem; išao, išla* (不完) 1. 가다, 떠나다; *~ vozom (avionom, tramvajem)* 기차(비행기, 트램)로 가다; *Ivana već ide u školu* 이바나는 벌써 학교에 간다; *dete još ne ide* 아이는 아직 가지 않고 있다; *~ sa devojkom* 여자 친구와 같이 가다; *~ natraške* 뒤로 가다, 거꾸로 가다; *ti ideš suviše daleko* 너무 멀리 갔다; *~ nizbrdo* 내리막 길로 가다 2. 진행하다, 발전하다, 되어 가다 (razviti se, teći, napredovati); *kako idu poslovi?* 일이 어떻게 되어 갑니까?, 일이 잘 진행됩니까? 3. (소문 등이) 퍼지다; *po selu je išao glas da je Jovan poginuo* 요반이 죽었다는 소문이 동네에 퍼졌다 4. 흐르다, 흘러 나오다; *ide mi krv iz nosa* 코피가 흐른다; *zašto ide voda?* 물은 왜 흐르는가? 5. 유통되다, 통용되다; *da li ove novčanice još idu?* 이 지폐들이 아직도 유통되는가?; *dolari idu svuda* 달러는 모든 곳에서 통용된다 6. (na što, za čim) ~을 위해 노력하다, 원하다, 목적으로 하다 (nastojati oko čega, želeti); *~ za boljom produktivnošću* 보다 향상된 생산성을 위해 노력하다 7. (길이) 어떤 방향으로 향하다; *ovaj put ide pored reke* 이 길은 강을 따라 나 있다; 8. 잘 팔리다; *ova roba ne ide više* 이 물건은 더 이상 팔리지 않는다 9. 일하다, 작용하다, 기능하다, 움직이다 (raditi, funkcionisati); *ide li još ova mašina?* 이 기계는 아직도 움직이는가?; *ovaj sat ne ide* 이 시계는 고장났다 10. 지나가다; *ide zima* 겨울이 가고 있다; *vremena idu* 시간이 흘러 지나간다 11. ~에 속하다; *svi ovi glagoli idu u prvu vrstu* 이 모든 동사들은 제 1 동사형에 속한다 12. 잘 어울리다, 적합하다; *ove zavese će dobro ~ uz ćilim* 이 커튼은 벽걸이 양탄자와 잘 어울릴 것이다; *ova vam boja odlično ide* 이 색상이 당신과 아주 잘 어울린다; *ovaj ključ ne ide za (uz) ovu bravu* 이 열쇠는 이 자물쇠에 맞지 않다 13. 뒤따르다, 추종하다; 모방하다; *ona ide za modom* 그녀는 유행을 따른다; *on ide za drugovima* 그는 친구들을 따라 간다 (친구들이 하는데로 한다); *oni idu tragom svojih očeva* 그들은 자기 아버지들의 길을 따라 간다 14. 기타; *~ čijim stopama (targom)* 누구의 뒤를 따라가다; *~ (kome) na nogе* ~앞에서 굴욕을 당하다; *~ (kome) na ruku* 도와주다; *to mi sve ide na ruku* 그 모든 것들은 나한테 유리하게 작용한다; *njemu sve ide za rukom* 그는 모든 것들을 쉽게 성공적으로 마쳤다; *~ (kome) uz nos* ~에게 대항하다, 맞서다; *to mi ide na živce* 참을 수 없다, 내가 견딜 수 없게 만든다; *~ nabolje* (병세가) 좋아지다; *~ nagore* (병세가) 나빠지다; *~ na koga (protiv koga)* 누구를 공격하다; *~ na sreću* 운에 맡기다; *~ na tanak led* 불확실하고 위험한 일을 선택하다; *~ po modi, ~ u korak s modom* 유행을 따르다; *~ (s kim) u korak vremena* 시대정신을 따르다; *~ (s kim) u korak* 모든 면에서 전혀 뒤떨어지지 않다; *~ trbuhom za kruhom* 일자리를 찾다, 밥벌이를 찾다; *~ za rukom* 성공하다; *~ za svojom glavom, ~ za svojim očima* 독립적으로 자신의 결정을 내리다; *~ za svojim poslom* 자기 자신의 일만 하다, 남의 일에 참견하지 않다; *ide u korist (u prilog, u račun) (kome)* 누구에게 득이 되는 방향으로 진행되다; *ide sve kao po loju (kao*

podmazano) 별 어려움 없이 수월하게 진행
되다; *ide sve do đavola, bez traga* 모든 일
이 엉망진창이 되다; *idi mi, dođi mi* 두서없
이, 무질서하게; *idi mi s očiju!* 눈 앞에서 사
라져!; *ne ide mi to iz glave* 잊을 수가 없다,
끊임없이 그것에 대해 생각하다; *ne ide mi u
glavu* 이해할 수 가 없다, 이해가 되지 않는
다; *što ne ide, ne ide* 할 수 없는 것은 할
수 없는 것이다

i.d. (略語) i dalje

ideal 1. 이상(理想) 2. (실현하고자 하는) 궁극
의 목적, 노력 목표; ~ *mu je da diplomira*
그의 궁극적 목표는 대학을 졸업하는 것이다
3. (모범으로 삼을 만한) 이상형, 전형, 표상
(uzor, savršeni uzorak); ~ *dobrog đaka* 훌
륭한 학생의 전형; ~ *lepote* 미(美)의 전형

idealan *-lna, -lno* (形) 1. 이상적인, 최상의; ~
tip atlete 이상적인 육상선수 타입; ~*lno
sredstvo* 이상적인 수단; ~*lni uslovi* 이상적
인 조건, 최고의 조건 2. 흠결이 없는, 단점
이 없는, 전형적인; ~ *čovek* 이상적인 사람,
흠결이 없는 사람; ~ *svet* 이상 세계; ~*lna
ljubav* 완전한 사랑, 이상적인 사랑

idealisati *-šem,* **idealizirati** *-am,* **idealizovati** –
zujem (完,不完) 이상화하다, 이상적이라고
생각하다

idealist(a) 1. 이상가, 이상주의자 2. 몽상가,
공상가 3. 관념론자, 관념주의자, 유심론자
idealistkinja

idealističan *-čna, -čno* **idealistički** *-ā, -ō* (形)
1.이상주의의, 이상주의자의 2. 관념론의, 유
심론의; ~*čko tumačenje* 관념론적 해석

idealizacija 이상화(理想化)

idealizam *-zma* 1. 이상주의 2. 관념론, 유심론

ideja 1. (哲) 개념, 사상; (플라톤의) 이데아;
(일반적인) 관념, 사상 2. 생각; 의견, 견해
3. 아이디어; 계획, 의도 4. 기타; *fiksna* ~
고정 관념, 강박 관념

idejnī *-ā, -ō* (形) 1. 사상적인, 이념적인; ~*a
pobuda* 이념적 동기; ~ *razvitak* 사상적 발
전; ~*a osnova* 사상적 기반; ~ *pokret* 이념
운동; ~*a vođa* 사상적 지도자 2. 아이디어의

idejnost (女) 관념; 관념성, 사상성

identičan *-čna, -čno* (形) 동일한, 똑같은
(istoventan, potpuno jednak); *biti* ~
nečemu ~와 동일한; ~*čni pojmovi* 동일한
개념

identificirati *-am* **identifikovati** *-kujem* (完,不
完) 1. 동일시하다, 동일하다고 간주하다 2.
(신원 등을) 확인하다; ~ *sve žrtve* 모든 희
생자의 신원을 확인하다 3. ~ *se* 동일시되다,
동일하다고 간주되다

identifikacija 1. 동일시, 동일하다는 확인(증
명); ~ *vrste i rase* 종류와 특성이 동일하다
는 확인; ~ *cilja* 목표가 동일하다는 것의 확
인 2. 신원 확인, 신분 증명서; ~ *leša* 사체
의 신원 확인

identitet 1. (긴밀한) 유사성; 동일함, 동질감,
동일성, 일치 2. 주체성, 고유성, 독자성; 아
이덴티티; *utvrditi (ustanoviti) svoj* ~ 자신
의 아이덴티티를 확인하다(세우다)

ideografija 표의문자학, 상징(부호)에 의한 표
의(법)

ideogram 표의문자(表意文字)

ideolog 특정 이데올로기의 신봉자, 이론가;
이데올로그

ideologija 1. (사회·정치상의) 이데올로기 2.
(哲) 관념론

ideološkī *-ā, -ō* (形) 이데올로기의, 이데올로
그의; ~ *rad* 이데올로기 작업; ~*a osnona
maksizma* 막시즘의 사상적 기반(기초)

idila 1. (詩) 전원시, 목가 2. 전원생활; *seoska*
~ 시골의 전원생활; *zimska* ~ 겨울 전원생
활 3. (비유적) 행복하고 근심걱정없는 평화
로운 삶(생활); *porodična* ~ 가족적인 평화
로운 삶(생활)

idiličan *-čna, -čno* **idiličkī** *-ā, -ō* (形) 전원시
의, 목가적인

idiličar 전원 시인

idilisati *-šem* **idilizirati** *-am* (不完) 자연을 목
가적으로 그리다(표현하다)

idilskī *-ā, -ō* (形) 참조 idiličan

idiom 관용구, 숙어, 성구(成句), 이디엄

idiomatskī *-ā, -ō* (形) 관용구의, 숙어의; ~
izraz (~a fraza) 관용구적 표현

idiot (輕蔑) 1. 바보, 천치, 멍청이 (glupak) 2.
(心理) 백치

idiotizam *-zma* 백치(白痴), 백치 같은 행위

idiotskī *-ā, -ō* (形) 바보의, 천치의

idol 1. (신으로 숭배되는) 우상 2. (비유적) 우
상시 되는 사람(물건), 아이돌; ~ *mladih* 젊
은이들의 아이돌; *nacionalni* ~ 국민적 우상

idolatrija 1. 우상 숭배 (idolopokonstvo) 2.
맹신, 맹목적 숭배

idolopokloničkī *-ā, -ō* (形) 우상을 숭배하는;,
맹신하는, 맹목적으로 숭배하는

idolopoklonik 우상 숭배자; 맹신자, 미신을 믿
는 사람

idolopoklonstvo 우상 숭배 (idolatrija)

iducī *-ā, -ē* (形) 다음의, 그 다음의 (budući);
~*e nedelje (godine)* 다음 주 (해); *ko je* ~?
누가 다음 차례인가?; *gde imate* ~ *čas?* 다

I

음 수업은 어디에서 있습니까?; *stigao je ~eg dana* 그는 다음 날 왔다; ~ *put* 다음 번
iđirot (植) 창포
igalo 해변(海邊) (morska obala)
igda (副) 언제든지 (bilo kada); 언젠가 (ikad)
igde (副) 어디에서든지 (ma gde, bilo gde); *ako ~ nađete tu knjigu...* 만약 그 책을 어디서든지 본다면...; *da li se to ~ može kupiti?* 그것을 어디서든지 구입할 수 있습니까?
igla 1. 바늘, 침(針); *udenuti ~u (udenuti konac u ~u)* 바늘에 실을 꿰다; *šivaća ~* 재봉틀 바늘; *štrikaća (pletaća) ~* 뜨개질 바늘; *gramofonska ~* 전축 바늘; *jastuče za ~e* 바늘겨레(방석); *sedeti kao na ~ama* 바늘방석에 앉다 2. (보통 복수로) (침엽수의) 잎, 가시 (동물, 식물의) 3. (넥타이) 핀, 브로치, 장식핀; ~ *za kravate* 넥타이 핀; ~ *za kosu* 머리 핀; ~ *za šešir* 모자 고정 핀 4. (魚類) 실고기 (뱀장어와 비슷함) 5. 기타; *otančati kao ~* 굉장히 비쩍 마르다; *praviti od ~e vile* 침소봉대하다 igleni (形)
iglara, iglarica 바늘겨레(방석)
iglast -a, -o (形) 바늘 모양의, 뾰족한
iglenī -ā, -ō (形) 참조 igla; ~e *uši* 바늘 구멍; *proterivati (terati) nekoga kroz ~e uši* 극도의 고통(시련)을 주다; *taj bi se i ~e uši provukao* 그 사람은 바늘 구멍도 통과할 사람이다, 능수능란하다
iglenica 참조 iglara
iglica (지소체) igla
igličast, igličav -a, -o (形) 1. 바늘 모양의 2. 뾰족한 잎으로 덮여 있는 3. (비유적) 날카로운, 찌르는; ~i *pogledi* 날카로운 시선 4. ~ *ventil* (機) 니들 밸브, 침판(針瓣)
iglu -ua; -ui (男) 이글루 (얼음·눈덩어리로 만드는 에스키모 사람의 집)
ignorant 1. 무지한 사람, 배움이 없는 사람 (neznalica) 2. 모든 것을 무시하고 과소평가하는 사람
ignorirati -am ignorisati -šem (完,不完) 1. 모르다, 알려고 하지 않다 2. 무시하다, 묵살하다
igo (廢語) 1. 멍에 (jaram) 2. (비유적) 짐, 부담; 하중 (breme, teret, težina)
igra igārā 1. (아이들의) 놀이; 게임, 시합; *dečija ~* 아이들의 놀이; *olimpijske ~e* 올림픽 게임; *hazardne ~e* (카드) 도박, 운에 맡기고 하는 게임; *fudbalska ~* 축구 경기; *reči* 끝말 잇기 (kalambur); ~ *skrivača (žmur(k)e)* 숨바꼭질; ~ *u novac* 도박; ~ *na berzi* 주식 투기; ~ *prirode* 희귀한 자연 현

상; *krvava ~* 전쟁; ~ *pojedinaca (parova)* 단식(복식) 경기 2. 춤, 무용, 댄스; (음악의) 연주 (sviranje); *narodne ~e* 민속 춤; *ansambl narodnih igara* 민속 무용단; *slušali su njenu ~u* 사람들은 그녀의 연주를 들었다 3. 연기(演技), 연극 (gluma); *pozorišna ~* 연극; ~ *glumca* 배우의 연기 4. 기타; ~ *slučaja (sudbine)* 운명의 장난; ~ *na sreću* 복권
igrač 1. 선수, 경기자 2. 무용수 (plesač); *trbušna ~ica* 벨리 댄서 igračica 3. (악기) 연주자 (svirač) 4. 기타; ~ *na trapezu, na žici* (서커스의) 공중 그네 곡예사 igrački (形)
igračka 1. (아이들의) 장난감; *prodavnica ~aka* 장난감 가게 2. (비유적) 장난감, 노리개; *ona je ~ u njegovim rukama* 그녀는 그의 노리개감이다 3. (비유적) 쉽게 할 수 있는 (성질의) 것, 하찮은 것; *to nije ~!* 그것은 쉽게 할 수 있는 성질의 것이 아니다
igračkī -ā, -ō (形) 1. 참조 igrač 2. 참조 igra; ~ *tim* 무용팀; ~ *sto* 게임 테이블
igračnica 도박장 (kartašnica, kockarnica)
igralište 놀이터, 운동장, 경기장; 무도장(舞蹈場); ~ *za decu (dečije ~)* 어린이 놀이터; *fudbalsko ~* 축구장
igran -a, -o (形) 참조 igrati; ~i *film* 영화(일반적인)
igranka 무도회 (ples, bal); *bili su na ~ci* 그들은 무도회에 있었다
igranje (동사파생 명사) igrati; *soba za ~* 놀이방
igraonica (아이들의) 놀이방
igrati -am (不完) 1. 춤추다 (plesati); ~ *valcer* 왈츠를 추다; *ovaj par lepo igra* 이 한 쌍은 춤을 잘 춘다; ~ *kolo (valcer)* 콜로(왈츠)를 추다; ~ *kako drugi svira* 다른 사람이 원하는대로 하다; ~ *na užetu* 줄을 타다(서커스에서), 곡예하듯 아슬아슬하게 줄타다(비유적); *igraćeš mi sitnu pipirevku* 나의 능력과 권력을 느낄 것이다; ~ *kukovima* 리듬에 맞춰 허리를 돌리다 2. ~ (se) 놀다, 놀이를 하다; *deca su (se) mirno igrala* 아이들이 조용하게 놀았다; *igrati (se) s nekim* ~와 놀다 3. (카드를)치다, (체스를) 두다, (테니스, 운동 경기 등을) 하다; ~ *tenis* 테니스를 치다; ~ *šah* 체스를 두다; ~ *karte* 카드를 치다; ~ *na berzi* 주식에 투기하다; ~ *na čijim životima (nervima)* 누구를 귀찮게 (성가시게, 화나게) 하다; ~ *otvorenim kartama* 공개적으로 하다 (숨겨진 의도없이); ~ *na jednu kartu* 한 가지에만 의존하다; *igra glava, igraju glave* 목숨과 관련된

것이다, 아주 위험한 일이다 **4.** ~ *se nečim* ~을 가지고 놀다; ~ *se loptom* 공을 가지고 놀다; ~ *se lutkom* 인형을 가지고 놀다; ~ *se vatrom (glavom, životom)* 아주 위험한 짓을 하다 **5.** 연기하다, ~의 역을 하다, 공연하다 (glumiti); *glumci su dobro igrali* 배우들은 훌륭히 연기했다; ~ *(važnu) ulogu* (중요한) 역할을 연기하다; ~ *prvu violinu* 제 1 바이올린을 연주하다, 아주 핵심적인 역할을 하다; ~ *drugu violinu* 조연하다, 별로 중요한 의미를 지니지 않다; ~ *dvoličnu ulogu* 이중 역할을 하다 **6.** (심장이) 쿵쾅쿵쾅 뛰다, (눈이) 떨리다; *srce joj igra od radosti* 그녀의 심장은 기쁨에 쿵쾅쿵쾅 뛰었다. *igra mi oko* 내 눈은 떨렸다; *igraju mu ruke* 그의 손은 떨렸다 **7.** 기타; ~ *kako drugi svira*, ~ *po nečijoj svirci* 다른 사람이 하는대로 따라하다, 타인의 뜻에 따르다; ~ *na sreću (na lutriju)* 행운에 맡기다, 위험을 감수하다; ~ *oko nekoga* 누구에게 아부하다

igrav -*a*, -*o* (形) (몸의 일부가) 씰룩씰룩 움직이는, 떨리는; 움직이는

igrokaz 드라마, 연극, 공연 (drama, predstava)

iguman (宗) 정교회 수도원장 **igumanija**; *putuj igumane, ne brini za manastir* 떠나려면 떠나라, 너 없이도 잘 할 수 있다

ihtiologija 어류학(魚類學)

ijedan -*dna*, -*dno* (代) 그 무슨, 그 누가 (ikakav, makar koji, ikoji); *ima li* ~ *od vas olovku?* 여러분들 중에서 누가 연필을 가지고 있는 사람이 있습니까?; *da znam* ~ *strani jezik, mogao bih da dobijem posao* 그 어떤 외국어를 하나라도 안다면 직장을 구할 수 있을텐데

ijedanput, *ijednom* (副) 단 한 번 이라도 (i u kakvoj prilici, ikad); *da li si* ~ *pomislio na mene?* 단 한 번 이라도 나를 생각해 봤느냐?

ijekavac -*vca* 이예깝스키(ijekavski)를 사용하는 사람 **ijekavka; ijekavski** (形)

ijekavica 참조 ijekavština

ijekavizam -*zma* 이예깝스키(ijekavski) 방언

ijekavka 참조 ijekavac

ijekavština (言語學) 이예깝스키 방언

iju (感歎詞) 놀람, 예상치 않은 것을 나타냄

ijuju (感歎詞) 열광, 흥분 등을 나타냄 (주로 콜로(kolo)를 출 때)

ikad(a) (副) **1.** 언젠가, 언제고, 언제라도 (bilo kada, ma kada); *bolje* ~ *nego nikad* 하지 않는 것보다는 늦지만 언젠가 하는 것이 낫다; *da li idete* ~ *u bioskop?* 극장에 가보기

는 합니까? **2.** (方言) 결코 ~하지 않다 (nikad)

ikakav -*kva*, -*kvo* (代) 무엇이든지, 어떠한 것이든지 (ma kakav, bilo kakav; ijedan); *imate li* ~ *drugi rečnik?* 무엇이라도 좋으니 다른 사전이 있습니까?; *imaš li* ~*u olovku?* 연필 같은 것 있느냐?

ikako (副) 어떻게든지, 어떤 방법으로라도; *može li se ovo uraditi* ~ *drugačije?* 이것을 어떻게 달리 할 수는 없을까?; *ako je* ~ *moguće* 만약 어떻게든 할 수 있다면

ikavac -*vca* 이깝스키(ikavski) 방언 사용자 **ikavka; ikavski** (形)

ikavizam -*zma* 이깝스키 형태를 띤 단어

ikavština (言語學) 이깝스키 방언

ikebana **1.** (일본식) 꽃꽂이 **2.** (정당 등의) 얼굴마담, 바지사장, 아무런 영향력도 없는 인물

iko *ikoga* (代) 그 누구, 그 누가, 어떤 사람 (bilo ko, makar ko); *da li je* ~ *telefonirao?* 전화한 사람 있습니까?

ikojī -*ā*, -*ē* (代) 무엇이든지, 누구든지, 그 어떤 것이든지 (makar koji, bilo koji, ijedan, ikakav); *da li on zna* ~ *strani jezik?* 그 어떤 외국어라도 알고 있는 것이 있는가?; *ima li* ~ *od vas ovu knjigu?* 이 책을 가지고 있는 사람이 여러분중 있습니까?

ikoliko (副) 얼마의 양이 됐든지간에, 조금이라도 (makar koliko, išta; iole, makar malo); *da li je ona* ~ *obezbeđena?* 그녀는 조금이라도 (생활 여건이) 갖춰졌느냐?

ikona (正教) 성화상(聖畫像), 성상 (그리스도·성모·성인·순교자 등의)

ikonoborac, ikonoklast 성상 파괴자, 성상 반대자

ikonoborstvo 성상 파괴(주의), 성상 반대(운동)

ikonolatrija 성상 숭배

ikonopisac 성상 화가 (slikar ikona)

ikonostas (正教) 성장(聖障), 성화벽 (교회 내의 제단과 그 외 지역을 구분해 놓는 칸막이로 성화로 장식됨)

ikra 어란(魚卵) (mrest); *bacati* ~*u* (물고기가) 산란하다

ikraš, ikrašica (알이 있는) 암컷 물고기

ikrica (기생충의) 촌충 애벌레, 낭미충(囊尾蟲)

ikričav -*a*, -*o* (形) 촌충 애벌레가 있는, 낭미충이 많은, 촌충에 감염된

ikrište (물고기의) 산란 장소

iks 글자 x의 명칭; *iks-noge* (醫) 외반슬(外反膝)·X각(脚), 안짱다리

iks-ipsilon 알지 못하는 사람 또는 중요치 않은 사람의 이름을 표시하는 기호; *to joj je* *rekao neki* ~ 어떤 사람이 그녀에게 그것을 말해 주었다

iks-zraci X선

iktus (韻律) 강음, 양음(揚音)

ilegalac *-lca* 1. 지하조직원, 법에 허용되지 않은 일을 하는 사람 2. 반정부 비밀조직원 **ilegalka**

ilegalan *-lna, -lno* (形) 1. 불법의, 위법의, 비합법적인; ~ *potupak* 불법적 행위; *~lno rešenje* 비합법적 해결 2. 비밀의, 지하 조직의; 반정부의, 반체제의; *~lni rad* 지하 운동; *~lni radnik* 반체제 운동가; *~lna organizacija* 반정부조직; ~ *sastanak* 비밀 회합

ilegalnost (女) 위법, 불법; 불법행위

ilegalstvo 참조 ilegalnost

ilegitiman *-mna, -mno* (形) 위법의, 불법의, 비합법적인

ili (接續詞) 혹은, 또는, ~ 아니면; *je li ovo Milan ~ Marko?* 이 사람이 밀란이냐 아니면 마르코이냐?; ~ *ja ~ ti* 나 아니면 너; *nema tu ili-ili, moraš rešiti tu stvar* 선택의 여지가 없다, 너는 그 문제을 해결해야만 한다

ilidža 온천 (toplica, banja; kupatilo)

Ilindan (宗敎) 성(聖)엘리야 기념일 **ilindanski, ilinski** (形); *ilinski dani* 복중(伏中), 삼복 (Dog Star가 태양과 함께 뜨는 7월 초에서 8월 중순까지)

ilirac *-rca* 일리리아 운동주의자, 일리리아 운동 지지자 **ilirka; ilirski** (形); ~ *pokret* 일리리아 운동

Ilirija 발칸반도 서부에 자리 잡았던 고대 국가 (남슬라브인들이 발칸반도에 이주하기 전에 있던) **Ilir; ilirski** (形)

ilirizam *-zma* 일리리야 운동 (1830-40년대에 있었던 크로아티아인들의 민족운동)

ilirskī *-ā, -ō* (形) 1. 참조 Ilirija 2. 참조 ilirac

ilovača 점토, 찰흙, 진흙 (glina)

iluminacija (행사 등의) 조명 (svečana rasveta, osvetljenje)

iliminirati *-am* **iliminisati** *-šem* (完,不完) 조명하다, 비추다, 밝게하다 (osvetliti, rasvetliti)

ilustracija 1. (책, 잡지 등의) 삽화, 도해 2. 만화 잡지 3. (비유적) 설명, 예증 (živo, slikavito, očigledno tumačenje)

ilustrativan *-vna, -vno* (形) 설명적인, 실례가 되는, 예증이 되는

ilustrator 삽화가

ilustrirati *-am* **ilustrovati** *-rujem* (完,不完) 1. (책 등에) 삽화 (도판)를 넣다, 도해하다 2. 설명하다, 예증하다

iluzija 환상, 환영, 환각, 착각

iluzionist(a) 1. 환상가 2. 요술사 (opsenar)

iluzoran *-rna, -rno* (形) 1. 환상(공상)속에서만 존재하는 2. 비현실적인, 실현될 수 없는 (nerealan, neostvarljiv); ~ *naum* 비현실적인 의도; *~rna težnja* 실현될 수 없는 소원

imaginacija 상상, 상상력

imaginaran *-rna, -rno* (形) 상상의, 가공의, 상상(공상)속에서만 존재하는; (數) 허수의; ~ *svet* 상상의 세계; ~ *prostor* 가상의 공간; *~rni broj* 허수

imaginativan *-vna, -vno* (形) 상상력이 풍부한

imalac *-aoca* 가지고 있는 사람, 소유자; *imaoci pasa* 개가 있는 사람들; ~ *menice* 어음 소유자

imam 무슬림 성직자

iman (方言) 종교, 법 (vera, zakon)

imanentan *-tna, -tno* (形) 내재하는, 내재적인; *~tna opasnost za mir* 평화에 대한 내재적 위험

imanje 토지, 농지, 소유지; 재산 (posed, poljoprivreno dobro; imovina uopšte); *nepokretno* ~ 부동산; *pokretno* ~ 동산; *porez na* ~ 재산세

imanje (동사파생 명사) imati

imašan *-šna, -šno* (方言, 廢語) 부유한, 재력이 있는 (imućan)

imaterijalan *-lna, -lno* (形) 비물질적인, 무형의; 정신상의, 영적인

imati *-am* (不完) (反: nemati) 1. 가지다, 소유하다(부동산 등을), 지니다 (능력, 성질 등을); ~ *kuću* 집을 소유하다; ~ *novaca* 돈이 있다; ~ *sreće (vremena)* 운(시간)이 있다; ~ *grožnicu (kijavicu)* 열이 있다(기침을 하다); ~ *ženu (decu)* 부인(자녀)이 있다; ~ *običaj* 풍습이 있다; *vi imate pravo* 권리가 있습니다; ~ *na umu* 고려하다; ~ *rado koga* ~를 좋아하다(사랑하다) 2. (보어없이) 부유하다 (biti imućan, bogat); *bolje umeti nego* ~ 돈이 있는 것 보다는 재능이 있는 것이 좋다 3. (앞으로) ~할 필요가 있다, ~해야 한다; ~ *obavezu* 의무가 있다; ~ *zadatak* 임무가 있다; ~ *sastanak* 미팅이 있다 4. 입다(옷을); *imao je (na sebi) plavi kaput* 파란 코트를 입고 있었다 5. (나이) ~살이 되다, ~년이 되다; ~ *sto godina* 백살이 되다, 백년이 되다; *on ima 20 godina* 그는 20살이다; *ima otada 10 godina* 그 때 부터 10년이 되었다 6. 있다, 비치되다, 존재하다; *ima li vode?* 물이 있어?; *ima li hleba?* 빵이 있어?; *ima li muških košulja u radnji?* 가게에

남성용 와이셔츠가 있는가?; *na zidu ima
jedna fotografija* 벽에 사진 한 장이 걸려
있다; *na stolu ima neka knjiga* 책상위에 어
떤 책이 놓여 있다; *šta ima za ručak?* 점심
메뉴로는 무엇이 있지? 7. 기타; ima da te
nema (口語) 넌 망했다, 너 죽었다; ~ *u
svojim rukama (nekoga)* 누구의 운명을 자
신의 손아귀에서 좌지우지하다; *nema od
mene ništa* 나는 빠져나갈 수 없는 상태이
다, 내게 희망이 안보인다; *nema kud* 선택
의 여지가 없다, 수용해야만 한다; *nema šta*
정말로(stvarno, zaista)

imatrikulacija 학적부(호적부; matrikulacija)에
의 등록·기재; (대학) 입학 허가

imatrikulirati *-am*, **imatrikulisati** *-šem* (完,不
完) 학적부(matrikulacija)에 등록(등재)하다;
(대학) 입학을 허가하다

imbecilan *-lna, -lno* (形) 저능한, 정신 박약의
(duševno slab, duhovno zaostao)

imbecilnost (女) 정신박약, 정신 지체, 저능

ime *imena; imena, imenima* 1. 이름; *lično ~*
이름(개인의); *krsno ~* 세례명; *porodično ~*
성(性); *biti nešto samo ~nom (po ~nu)* 단
지 형식적으로; *izbiti (izmlatiti, prebiti) na
mrtvo ~ (na pasje ~)* 죽도록 때리다; *uzeo
je pare na tuđe ime* 다른 사람 이름으로 돈
을 받다; *ne znati krsno ~ (krsna imena)* 알
지 못하다, 이해하지 못하다; *u ~ nekoga* 누
구의 이름으로; *u ~ zakona* 법대로, 법에 따
라; *za ~ boga (sveta)* 제발 2. (비유적)
소문(좋고 나쁜), 평판(개인의, 가족의), 명성
(reputacija, ugled, slava); *steći ~* 유명해지
다; *očuvati ~* 명성을 유지하다 3. 거장
(čuvena, poznata ličnost); *velika ~na* 거장,
거장들의 이름 4. 명칭(동식물의) 5. (文法)
명사 **imenski** (形)

imela (植) 겨우살이

imelaš (鳥類) 대형 지빠귀의 일종

imendan 성명 축일(聖名祝日) (본인과 같은
이름의 성인의 축일); *slaviti ~* 성명 축일을
기념하다; *pozvati na ~* 성명 축일에 (사람들
을) 초대하다

imenica (文法) 명사; *vlastita ~* 고유 명사;
zajednička (opšta) ~ 보통 명사; *zbirna ~*
집합 명사; *gradivna ~* 질량 명사 (불가산 물
질 명사); *apstraktna ~* 추상 명사; *promena
~a* 명사 격변화 **imenički, imenični, imenski**
(形); *~ sufiks* 명사 접미사

imenik 이름 리스트, 성명록; *telefonski ~* 전
화번호부 책

imenilac *-ioca* **imenitelj** (數) 분모; *zajednički*

~ 공통 분모

imenovati *-nujem* 1. 호명(呼名)하다, 이름을
부르다, 이름을 열거하다; *možete li da mi
imenujete bar dvoje-troje od njih?* 그들 중
에서 최소한 2-3명의 이름을 열거해 주시겠
습니까? 2. 임명하다, 지명하다; *on je
(na)imenovan za našeg ambasadora u
Parizu* 그는 우리나라의 주(駐)파리 대사로
임명되었다 3. ~ se ~라고 불려지다 4. ~ se
자신의 이름을 말하다, 자신을 소개하다

imenskī *-ā, -ō* (形) 명사의 (참조 imenica)

imenjak (누구와) 이름이 같은 사람, 동명인(同
名人) **imenjaka, imenjakinja**

imetak, imutak *-tka* 부(富), 재산 (imovina);
steći ~ 재산을 모으다, 부를 형성하다

imigracija 이주, 이민; *zakon o ~i* 이민법

imigrant 이주자, 이민자 **imigrantkinja;
imigrantski** (形)

imitacija 1. 모방, 흉내; 모조, 모사 2. 모조품,
위조품, 가짜

imitator 모방하는 사람, 흉내내는 사람

imitirati *-am* **imitovati** *-tujem* (不完) 모방하다,
흉내내다 (oponašati, podražavati; *deca
imitiraju odrasle* 아이들은 어른들을 모방한다

imobilan *-lna, -lno* (形) 움직일 수 없는, 고정
된 (nepokretan)

imobilizacija 고정화, 부동화, 움직이지 못하게 함

imobilnost (女) 부동(不動), 고정, 정지

imobilizirati *-am* **imobilisati** *-šem* (完,不完) 움
직일 수 없게 하다, 이동할 수 없게 하다,
고정시키다

imoralan *-lna, -lno* (形) 부도덕한, 품행이 나
쁜 (nemoralan, poročan)

imortalitet 불사, 불멸, 불후성 (besmrtnost,
neumrlost)

imovina 부(富), 재산; 토지 재산; *nepokretna
~* 부동산 **imovinski, imovni** (形)

imperativ 1. (文法) 명령형, 명령법 2. 명령,
의무, 책무, 요청; *to je ~!* 그것은 책무(의무,
꼭 해야만 하는 것)이다; *kategorički ~* 지상
명령 (양심의 절대 무조건적 도덕률) 3. 본능,
강력한 동인(動因) (nagon, snažna pobuda)

imperativan *-vna, -vno* (形) 꼭 해야 할, 필수
적인 (obavezan); 오만한, 거만한; *~vna
žena* 오만한(거만한) 여인

imperator 황제 (car)

imperfek(a)t (文法) 미완료시제, 반과거시제
imperfekatski (形)

imperfektan *-tna, -tno,* **imperfektivan** *-vna,
-vno* (形) 미완료시제의, 반과거시제의; ~
glagol 반과거시제 동사

249

I

imperija 제국
imperijalist(a) 제국주의자
imperijalistički -ā, -ō (形) 제국주의의, 제국주의적인
imperijalizam -zma 제국주의, 영토 확장주의
imperijalnī -ā, -ō (形) 제국의
impersonalan -lna, -lno (形) 1. 비인격적인, 인격을 가지지 않는 2. (文法) 비인칭의 (bezličan)
impertinentan -tna, -tno (形) 거만한, 오만한, 무례한, 버릇없는, 건방진
implicirati -am (完,不完) 포함하다, 수반하다, 내포하다 (sadržavati u sebi, obuhvatiti)
implikacija 함축, 암시, 함의
imponirati -am, imponovati -nujem (完,不完) 깊은 인상을 주다, 감명을 주다, 감격시키다; meni ne imponira materijalno bogatstvo 물질적 풍요가 내가 그리 큰 감명을 주지는 않는다
import 수입, 수입품
importirati -am, importovati -tujem (完,不完) 수입하다 (uvoziti)
impotencija 1. 무력, 무기력, 허약 2. (病理) (남성의) 발기부전
impotentan -tna, -tno (形) 1. 무력한, 무기력한, ~할 능력이 없는 (nemoćan, nesposoban) 2. (남성의) 발기부전의
impotentnost (女) 1. 무력, 무기력, 허약 2. (病理) (남성의) 발기부전
impozantan -tna, -tno (形) 인상적인, 강한 인상을 주는, 감명을 주는; na ~ način 인상적인 방법으로; ~tna zgrada 인상적인 건물
impregnacija (화학적) 보존처리, 포화, 충만; ~ drveta 목재 보존처리
impregnirati -am (完) (화학적으로) 보존처리하다, ~에 스며들게 하다; ~ papir 종이를 보존처리하다
impresario -ija (男) (음악회 등 예술 행사 등의) 주최자, 흥행자
impresionirati -am (完,不完) ~에게 강한 인상을 주다, 감동시키다, 감격시키다 (ganuti, dirnuti, potresti); on mе je impresionirao svojim znanjem 그의 학식에 나는 깊은 인상을 받았다
impresionist(a) 인상주의자, 인상파 화가
impresionistički (形)
impresionizam -zma 인상주의
impresivan -vna, -vno (形) 강한 인상을 주는, 감동적인, 감명적인
improvizacija 즉석에서 하기; 즉석에서 한 것 (즉흥시(곡), 즉석화(畵)(연주) 등)

improvizator 즉흥 시인, 즉흥 연주자
improvizirati -am improvizovati -zujem (完,不完) 즉석에서 (즉흥적으로) 작곡 (연주, 노래)하다
impuls 1. 추진(력), (외부로부터의) 자극; (물체를 움직이는) 힘, 기동력, 운동력 (poticaj, podsticaj, pokretna sila) 2. (電氣,通信) 임펄스, 펄스(지속 시간이 매우 짧은 전류나 변조(變調) 전파) impulsni (形); ~a modulacija 펄스 변조(變調)
impulzivan -vna, -vno (形) 충동적인, 본능적인 (nagonski, instinktivan); ~ čovek 충동적인 사람; ~ pokret 본능적 움직임
imputacija (과실·죄 따위를 남에게) 돌리기, 씌우기, 지우기, 전가
imputirati -am (完,不完) (죄 등을) ~에게 돌리다, 씌우다, 전가하다, ~의 탓으로 하다
imućan -ćna, -ćno (形) 부유한, 재산이 많은 (dovoljno bogat)
imućnik 부자, 부유한 사람 (bogataš)
imućnost (女) 부유, 부유함, 풍족함
imućstvo 부(富) 재산 (imanje, imovina, imutak, imetak)
imun -a, -o (形) 1.(醫) 면역의, 면역성의; on je ~ na šarlah 그는 성홍열에 면역 반응을 가지고 있다; ~ na napad 공격에 대한 면역 2. (비유적) 민감하지 않은, 둔감한 (neosetljiv); ~ na lepotu 미(美)에 둔감한
imunitet 1. (전염병 등에 대한) 면역(성); ~ protiv velikih boginja 천연두에 대한 면역 2. (法) 면책, 면책 특권; diplomatski ~ 외교관 면책 특권
imunizacija 면역 조치
imunizirati -am, imunizovati -zujem (完,不完) 면역시키다, 면역성을 주다; ~ nekoga protiv nečega 누구에게 ~에 대한 면역성을 주다
imunolog 면역학자
imunost (女) 면역 (imunitet)
imutak 부(富), 재산 (imetak)
inače (副) 1. 다른 방법으로, 달리 (na drugi način, drukčije) 2. (보통 접속사 'i'와 함께) 그 외에도 (osim toga, pored toga), 이미 (već), 아무튼; pogoršati i ~ tešku situaciju 이미 어려워진 상황이 악화되다; uzmi! to je ~ tvoje 가져라, 그것은 아무튼 너의 것이니까; 다른 견해에서 본다면 (s druge gledišta) 3. 만약 그렇지 않으면 (u suprotnom slučaju): moram učiti, ~ ću pasti na ispitu 공부를 해야 한다, 그렇지 않다면 시험에서 과락할 것이다; budi dobar,

~ *ću te izbaciti napolje* 똑바로 해, 만약 그
렇지 않다면 내가 널 바깥으로 쫓아낼꺼야
inadžija (男) 앙심을 품고 오기로 똘똘 뭉친 사
람, 걸핏하면 다투려고하는 사람 (svadljivac,
kavgadžija)
inat 오기(傲氣), 앙심, 보고리 (prkos; svađa);
od ~a nema gorega zanata 오기로 하는 것
보다 더 나쁜 것은 없다, 보고리 채는 것 보
다 더 나쁜 것은 없다 ; *terati ~* 오기를 부
리다, 보고리 채다; *iz ~a* 오기로, 보고리로;
za ~, u ~, uz ~ 오기로, 보고리로 (uprokos,
iz prkosa)
inatiti se *-im se* (不完) 1. 보고리 채다, (무엇
을) 보고리 채려고 하다 (prkositi) 2. 다투다,
말다툼하다 (svađati se, prepirati se)
inatljiv *-a, -o* (形) 1. 보고리채는 2. 걸핏하면
싸움하려고 하는
inauguracija 취임(식)
inaugurirati *-am,* **inaugurisati** *-šem* (完,不完)
취임하다, 취임식을 거행하다
incest (法) 근친상간 (rodoskvrnuće)
incident 사고, 사건, 우발적 사고(사건)
inč *-evi* 길이의 단위, 인치 (2.54cm)
inćun (魚類) 멸치, 안초비 (brgljun)
indeks 1. 색인(索引) 2. (統計) 지표, 지수 3.
(數) 지수 4. 금서 목록 (교회, 정부 당국의);
staviti na ~ 금서 목록에 올리다 5. (대학생
의) 학생증, 학생 수첩 (그 안에 수강 과목 및
점수를 표기함); *uneti (upisati) ocene u ~* 학
생 수첩에 취득 점수를 기입하다
indicija 정황증거; *osuditi nekoga na osnovu
~a* 정황증거 (상황증거)에 기초하여 형을
선고하다
indicirati *-am* (정황증거 등을) 암시하다, 시사
하다
indiferentan *-tna, -tno* (形) 1. 무관심한, 냉담
한, 개의치 않는 (ravnodušan); ~ *prema
stvarnosti* 현실에 무관심한 2. 무표정한;
~*tno lice* 무표정한 얼굴 3. 중요하지 않은,
의미없는 (nevažan, beznačajan); ~
razgovor 별로 중요하지 않은 대화; ~*tno
pitanje* 의미없는 질문
indiferentnost (女) 무관심 (ravnodušnost)
indignacija 분노, 분개, 비분, 의분
indignirati *-am* (完,不完) 분노(분개)를 일으키
다; *to me je indigniralo* 그것은 나의 분노를
일으켰다
indigo *-ga; -gi* (男) 1. 인디고 (남색 염료); 남
색, 쪽빛 2. (植) 인도 쪽 3. 먹지 (indigo-
papir)
indigo-papir, indigo-hartija 먹지 (밑에 받치

고 써 한꺼번에 여러 번을 쓸 수 있는)
Indija 인도 **Indijac** *-ijca* **Indijka;** **indijski** (形)
Indijanac 인디언 **Indijanka** *indijanski* (形)
indijskī *-ā, -ō* (形) 참조 Indija
indikacija 1. 징조, 조짐, 암시 2. (醫) 징후, 증
상; ~ *bolesti* 병의 증상
indikativ (文法) 직설법 **indikativan** (形)
indikator 1. 지표, 척도 (pokazatelj);
privredni ~i 경제 지표 2. 계량기, 계기; ~
pritiska 압력 계기; ~ *hemijskih reakcija* 화
학반응기
indirektan *-tna, -tno* (形) 간접적인, 우회적인;
~ *dokaz* 간접 증거; ~*tni govor* 간접 화법;
~ *slobodan udarac* (축구의) 간접 프리킥
indiskrecija 기밀누설, 비밀누설
indiskretan *-tna, -tno* (形) 무분별한, 지각없
는, 철없는, 경솔한
indisponiran *-rna, -rno* (形) 기분이 언짢은,
기분이 좋지 않은; 마음이 내키지 않는, ~할
기분이 안 나는 (neraspoložen)
indispozicija 기분이 언짢음, 마음이 내키지
않음, 기분이 좋지 않음 (neraspoloženje)
individua (女), **individuum** (男) 1. 개인
(pojedino biće), 사람 (osoba, ličnost,
pojedinac) 2. (輕蔑) 의심스럽고 중요하지
않은 사람
individualan *-lna, -lno* (形) 개인의, 개별적인;
개별의, 개개의
individualisati *-šem* (完,不完) 개별화하다, 개
개의 사정에 맞추다
individualist(a) 1. 개인주의자 2. 이기주의자
(sebičnjak)
individualističan *-čna, -čno* **individualistički** -
ā, -ō (形) 개인주의의; 이기주의의
individualitet 1. 주요 인물 (značajna, izrazita
ličnost) 2. (개인의) 개성, 성격, 퍼스낼러티
3. 독창성, 독창력
individualizam *-zma* 개인주의, 이기주의
individualizirati *-am,* **individualizovati** *-zujem*
(完,不完) 참조 individualisati
indivuduum 참조 individua
indoevropskī *-ā, -ō* (形) 인도유럽어의; ~
jezici 인도유럽어, 인구어(印歐語); ~
prajezik 원(原)인구어
indolencija, indolentnost (女) 게으름, 나태;
무관심 (ravnodušnost, nemarnost; lenost)
indolentan *-tna, -tno* (形) 게으른, 나태한, 빈
둥빈둥하는; 무관심한 (ravnodušan,
nemaran; len)
Indonezija 인도네시아 **Indonezanin;**
Indonezanka; indonezijski (形)

I

indosament (어음의) 배서(背書), 이서(裏書)
indosant 배서인(背書人), 이서인(裏書人)
indosirati -am (完) 배서하다, 이서하다
inducirati -am indukovati -kujem (完,不完)
 1.(論) 귀납하다 2. (物) (전기·자기·방사능
 을) 유도하다
indukcija 1. (論) 귀납 2. (物) 유도 (전기, 자
 기, 방사능 등의); eletromagnetska ~ (전기)
 전자(電磁) 유도; međusobna ~ (전기) 상호
 유도
indukcijskī, indukcionī -ā, -ō (形) (電氣) 유도
 의, 감응의; ~ kalem (電氣) 유도 코일, 감응
 코일
indukovati -kujem (完,不完) 참조 inducirati
induktivan -vna, -vno (形) (論理) 귀납의, 귀
 납적인
induktor (電氣) 유도자(子)
industrija 산업, 공업; 제조업, 생산업; teška
 (laka) ~ 중공업, 경공업; filmska (grafička,
 hemijska, mašinska, prehrambena, tekstilna,
 vazduhoplovna) ~ 영화 (인쇄, 화학, 기계,
 식품, 섬유, 항공) 산업; ~ automobila
 (duvana, obuće) 자동차 (담배, 신발) 산업; ~
 za preradu mesa 육가공 산업; prerađivačka
 ~ 가공 산업 industrijski (形)
industrijalac -lca 대기업가, 실업가; 제조업자,
 생산업자
industrijalizacija 산업화, 공업화
industrijalizirati -am, industrijalizovati -
 zujem (完,不完) 산업화하다, 공업화하다
industrijskī -ā, -ō (形) 참조 industrija; ~
 proizvodnja 산업 생산; ~ centar 산업 센터,
 공업 센터; ~o preduzeće 산업체
inercija 1. (物) 관성, 타성; po ~i, po zakonu
 ~e 습관적으로, 타성에 젖어, 기계처럼 무의
 식적으로 2. (病理) 무력(증)
inertan -tna, -tno (形) 1. 자력으로 행동(운동,
 저항) 할 수 없는 2. (습관적·생태적으로) 둔
 한, 완만한, 활발치 못한, 느린, 게으른 (len)
inertnost (女) 관성, 타성; 무력(증)
inervacija 신경 분포; 신경 감응
infaman -mna, -mno (形) 악명 높은, 나쁘기
 로 이름난; (행동이) 파렴치한, 수치스러운,
 저급한; ~ ljubavnik 파렴치한 정부(情夫);
 ~mno zadovoljstvo 저급한 만족
infanterija (軍) 보병 (pešadija)
infantilan -lna, -lno (形) 유아의, 소아의; 어린
 이 같은, 유치한
infantilnost (女) 어린이 같은 언행
infarkt (病理) 경색(증)(硬塞(症))
infekcija (病理) 감염, 전염 (zaraza)

infekcijski (形)
infekcionī -ā, -ō (形) 전염의, 감염의
 (zarazan, kužan)
infekciozan -zna, -zno (形) 참조 infekcioni
infektivan -vna, -vno (形) 1. 전염(성)의, 감염
 (성)의; ~vne bolesti 전염병 2. (한정사적 용
 법으로) 전염병과 관련된; ~vna klinika 감염
 기 병원; ~vna medicija 감염 의학
infektolog (醫) 감염의학 전문의, 역학 전문의
inferioran -rna, -rno (形) 하위의, 하등의, 하
 급의, 열등한 (niži, manje vredan,
 podređen); ~rna kritika 저급한 비평
inferiornost (女) 하위, 열등, 하급, 열세
inficirati -am (完,不完) 전염시키다, 감염시키
 다 (zaraziti, okužiti); rana se inficirala 상
 처가 (병균에) 감염되었다
infiks (文法) 삽입사
infiltracija 침입, 침투; (軍) 잠입; (病理) 침
 윤; tajna ~ 비밀 침투; ~ agenata 간첩 잠입
infiltrirati -am infiltrovati -rujem (完,不完) 침
 투(침입, 침윤)시키다, 스며들게 하다; (軍
 事) 잠입시키다; ~ se u nešto ~에 스며들다
infinitezimalan -lna, -lno (形) 미소(微小)한,
 극미한; 극미량의 (beskrajno malen); ~lni
 račun (數) 미분 계산
infinitiv (文法) 동사 기본형 infinitivni (形)
inflacija 인플레이션, 통화 팽창, (물가) 상승
influenca, influencija (病理) 인플루엔자, 유행
 성 감기 (grip)
informacija 정보, 보도, 소식; 자료 (obavest,
 izveštaj); šalter za ~e 정보 창구, 인포메이
 션 데스크; ~e o saobraćaju 교통 정보
 informacioni (形)
informativan -vna, -vno (形) 1. 정보를 제공
 하는, 정보가 많은; ~vni članak 정보를 제공
 하는 기사(논문) 2. (한정적 용법) 정보의
informator 1. 통지자; (특히 범죄의) 밀고자,
 고발인 2. (廢語) 개인 가정교사 (privatni,
 domaći učitelj) 3. (기본적 정보를 제공하는)
 안내서(書), 안내 책자
informbiro (informacioni biro의 略語) 코민포
 름, 공산당 정보국(194—1956)
informirati -am informisati -šem (完,不完) 알
 리다, 알려주다, 기별하다, 통지하다, 정보를
 제공하다 (izvestiti, obavestiti); ~ nekoga o
 nečemu ~에게 ~을 알리다; ~ se 정보를 얻다
infracrven -a, -o (形) 적외선의; ~i zraci 적외
 선
infuzija (醫) 주사
ingeniozan -zna, -zno (形) 영리한, 영특한;
 창의적인, 독창적인 (oštrouman, duhovit,

I

genijalan)

ingenioznost (女) 독창성, 창의성

ingresivan -vna, -vno (形) (文法) 동작의 개시를 나타내는; ~ glagol 기동(起動) 동사

inhalacija (醫) 흡입(치료용 기체의)

inhalirati -am (完,不完) (치료용 기체를) 흡입하다, 들이쉬다

inicijacija 1. 가입, 입회, 입문 2. 개시, 창시, 창업 3. 비결(비법)을 전함, 전수(傳授)

inicijal 첫번째 대문자 (이름의, 단락 등의)

inicijativa 솔선, 선창, 주도, 주창; na čiju ~u je ovo urađeno? 누구의 주창으로 이 일이 되었느냐?; dati ~u 주창하다, 선창하다; niz ~a 일련의 제안(주창)

inicijativan -vna, -vno (形) 주창하는, 선창하는, 주도하는; ~vni odbor (의회의) 운영 위원회

inicijator 주창자, 선창자, 발기인 (začetnik, pokretač)

injekcija (醫) 주사, 주입; dobiti ~u protiv nečega ~에 대한 주사를 맞다; igle za ~e 주사 바늘 injekcioni (形)

inkarnacija 체화(體化), 육체화 한 것, 육체를 부여함, 인격화, 화신화 (utelovanje, oličenje)

inkarnirati -am (完,不完) 육체를 부여하다 (uteloviti, oličiti, ovaplotiti)

inkasant, inkasator 수금원, 수납원; 출납원

inkasirati -am (完,不完) (돈을) 수금하다, 수납하다

inkaso -sa (男) 1. 수금, 수납 2. (돈의) 추심 (채권자의 명에 따른)

inklinacija 1. 경향, 기질, 성향 (sklonost, naginjanje k čemu) 2. (天文·幾何) 경사도 (각), 복각(伏角)

inklinirati -am (不完) 경향이 있다, 성향이 있다, ~을 향해 기울어지다 (imati sklonost, biti sklon, naginjati k čemu); ona inklinira ka gojenju 그녀는 비만해 지는 경향이 있다

inkognito -ta (男) 익명, 가명

inkognito (副) 익명으로, 가명으로

inkomodirati -am (完, 不完) ~ nekoga 방해하다, 저해하다, 폐를 끼치다, 불편하게 하다 (smetati nekome, napraviti neprijatnost, dosaditi); nemam namere da vas inkomodiram bilo u čemu 귀하를 전혀 불편하게 하거나 방해할 의도는 없습니다

inkompatabilan -lna, -lno (形) ~와 양립할 수 없는, 조화되지 않는, 결합될 수 없는, 호환성이 없는

inkompatabilnost (女) 양립할 수 없음, 상반,

조화되지 않음, 결합 불가능, 호환성이 없음

inkontinencija (病理) (대소변의) 실금(失禁); 요실금, 변실금

inkontinentan -tna, -tno (形) (病理) (대소변) 실금의; 요실금의, 변실금의

inkorporacija 결합, 합병; 편입 (uključenje u svoj sastav, sjedinjenje, pripajanje)

inkorporirati -am inkorporisati -šem (完,不完) 결합시키다, 통합시키다, 합병하다, 편입하다

inkriminacija 죄를 씌움, 유죄로 함, 고소, 고발 (okrivljivanje, optužba)

inkriminirati -am inkrimisati -šem (完,不完) (~에게) 죄를 씌우다; (~을) 유죄로 만들다; 고소하다, 고발하다 (optužiti, okriviti)

inkubacija 1. 알을 품음, 부화; (미숙아 등의) 보육; (세균 등의) 배양 2. (醫) (세균의 발병 때 까지의) 잠복, 잠복기 inkubacioni (形); ~ period 잠복기

inkubator 1. 인공 부화기 2. 미숙아 보육기, 인큐베이터 inkubatorski (形)

inkunabula 초기 간행본 (1501년 이전에 활판 인쇄되어 현존하는 책)

inkvizicija 1. (가톨릭) (중세의 이단 심리의) 종교 재판(소), 이단 심문(소) 2. (비유적) 고문; (엄격한) 조사, 심문 (mučenje, okrutnost, prestrog postupak) inkvizicioni (形)

inkvizitor 1. (歷) 종교 재판소 재판관 2. (비유적) 엄격한 사람, 엄한 재판관 inkvizitorski (形)

ino (副) 달리, 다르게 (drugo, drukčije); ne može na ~ 달리 할 수 없다

inoča, inočica 첩(妾), 둘째 아내(부인) inočki (形)

inočkī -ā, -ō (形) 수도승의, 승려의 (참조 inok)

inočkī -ā, -ō (形) 첩의, 둘째 부인의 (참조 inoča)

inojezičan -čna, -čno (形) 다른 낯선 언어로 이야기하는

inok 수도승, 승려 (monah, kaluđer) inočki (形)

inokinja 수녀 (monahinja, kaluđerica)

inokosan -sna, -sno (形) 1. 혼자의, 혼자만의; 외로운, 고독한 (sâm, osamljen) 2. 협동조합 (zadruga)에 속하지 않는; 독립적인, 개별적인 (samostalan)

inokulacija (예방) 접종, 종두

inokulirati -am inokulisati -šem (完,不完) (백신 등을) 접종하다 (cepiti)

inoplemenik 다른 종족 출신의 사람, 타종족 사람

inorodac -oca 다른 민족 사람 (tuđinac)

inorodan -dna, -dno (形) 다른 민족의 (tuđinski)

inorog -a, -o (形) 한 개의 뿔을 가진

I

253

inostran -a, -o (形) 외국의, 외국 상대의, 대
외적인; ~i poslovi 외무(外務); ministarstvo
~ih poslova 외무부
inostranac 외국인 (stranac, tuđinac);
inostranka; inostranski (形)
inostranstvo 외국, 다른 나라 (tuđe zemlje);
u ~u 외국에서; iz ~a 외국으로 부터; sa
~om 다른 나라와 함께
inovacija 혁신, 쇄신, 일신, 기술 혁신
inoverac -rca, inovernik 타종교 신자 (onaj
koji je druge vere)
inoveran -rna, -rno (形) 타종교의, 다른 종교의
inovirati -am (完,不完) 혁신하다, 쇄신하다
inozemac -mca 외국인 (inostranac,
stranac)
inozeman 외국의 (inostran, stran); ~mno
tržište 외국 시장
inozemstvo 외국 (inostranstvo)
inscenacija (극장의) 무대 장치
inscenator 무대 감독 inscenatorski (形)
inscenirati -am (完,不完) 1. (극장의) 무대 장
치를 하다 2. 날조하다, 위조하다, 조작하다
insek(a)t -kta 곤충, 벌레
insekticid 살충제
insektojedi (男,複)(動) 식충목(食蟲目: 포유류
의 한 목(目)으로서 가장 오래된 조상)
insignije (女,複) 휘장, 표장(標章), 표지, 기장
(記章) (znakovi, obeležja)
insinuacija (누구에 대해 나쁘게) 빗대어(넌지
시) 말하기, 암시
insinuirati -am (完, 不完) (어떤 사람에 대해)
나쁘게 넌지시 말하다, 사악하고 교묘하게
왜곡하다(색칠하다) (podmetati)
insistirati -am (不完) 주장하다; 고집하다, 우
기다; on insistira na tome 그는 그것을 주
장한다 (고집한다)
insolvencija 지불 불능; 파산
insolventan -tna, -tno (形) 지불 불능의, 채무
를 이행할 수 없는; (회사가) 파산한; ~tno
preduzeće 파산한 회사
inspekcija 시찰, 감찰, 감독, 검열, 사열
(nadzor, smotra, pregled); tržišna ~ 시장
감독; sanitarna ~ 위생 검열 inspekcijski,
inspekcioni (形)
inspektor 감독관, 검열관, 감찰관; ~ zdravlja
보건 검사원; tržni (sanitarni) ~ 시장 (위생)
검열관; finansijski ~ 재무 감찰관
inspektorica, inspektorka; inspektorski (形)
inspektorat 1. 감독원, 감찰 사무소, 검열 사
무소; generalni ~ 감찰청(원), 감찰총장 사
무소 2. inspektor직(職)

inspicirati -am (完,不完) 감찰하다, 검열하다,
사열하다; 면밀히 조사하다
inspiracija 영감 (특히 예술적) (nadahnuće)
inspiracionī -ā, -ō (形) 영감의
inspirator 영감을 주는 사람, 활기를 주는 사람
inspirirati -am, inspirisati -šem (完,不完) 영
감을 주다; (사상, 감정을) 불어 넣다, 고취하
다; 고무하다, 격려하다 (nadahnuti,
oduševiti, podsticati); ~ se 영감을 얻다,
고취되다
instalacija 1. (설치된) 장치, 시설, 설비;
vodovodna ~ 상수도 시설; električna ~ 전기
설비; požar je pokidao sve ~e 화재로 인해 모
든 설비가 망가졌다 2. 설치(장비, 시설, 설비
등의) 3. 취임(식), 임관(식), 임명(식) (svečano
uvođenje u dužnost kakvog dostojanstvenika)
instalacijski, instalacioni (形)
instalater (시설·장치·설비 등의) 설치자, 설비
공; ~ vodovoda 수도 배관공
instalirati -am (完,不完) 1. 설치하다, 장치하
다; (소프트웨어 등을) 인스톨하다 2. 취임시
키다, 임명하다
instancija, instanca (행정·사법기관 등의 일정
단계의) 해당 기관; sud najviše ~e 최고 재
판소; u krajnjoj (poslednjoj) ~i 최종심에서
instant (不變) (形) (음식 등의) 인스턴트의, 즉
석의
instinkt 본능 (nagon); po ~u 본능적으로
instinktivan -vna, -vno (形) 본능적인, 무의식
적인, 조건반사적인; ~vna mržnja 본능적인
증오; ~ pokret 조건반사적인 운동
institucija 1. 기구, 조직; 협회; 원(院), 단(團);
~ banke 은행 협회 2. 공공 기관(단체)
(zavod, ustanova) 3. 설립, 창립; 제정
(ustanovljenje, postavljenje) 4. (사회적인)
제도, 관례, 관습
institut 1. 연구소, 연구원(院); raditi u (na) ~u
연구소에서 일하다; ~ društvenih nauka 사
회과학 연구소; ~ za srpski jezik 세르비아
어 연구소; ~ za fiziku 물리학 연구소; ~ za
međunarodnu politiku i privredu 국제 정치
경제 연구소; etnografski ~ 민속학 연구소;
poljoprivredni ~ 농업 연구소 2. 학교, 학
원; ~ za strane jezike 외국어 학원 3. (사
회)제도, 법령; 관례; pravni ~i 법 제도, 법
관례
instrukcija 1. 훈령, 지령, 명령, 지시; (제품
등의) 사용 설명서 (nalog, uputstvo); imati
~e vlade 정부의 훈령이 있다 2. (경험 등으
로 얻은) 교훈, 지혜 (pouka, poučavanje);
davati ~u 교훈을 주다

I

instruktivan -vna, -vno (形) 교훈의, 교훈적인 (poučan)

instruktor 교관, 강사; 교사, 가르치는 사람 instruktorica, instruktorka

instrumen(a)t 1. 기구, 도구 (oruđe, pomagalo, alatka); hiruruški ~i 수술 도구 2. (音樂) 악기; duvački (drveni duvački, gudački) ~ 금관 (목관, 현)악기; on svira na raznim ~ima 그는 각종 악기를 연주한다 3. (法) 서류 (dukument, isprava)

instrumentacija (音樂) 기악 편성(법), 관현악법

instrumental (文法) 조격(造格), 기구격 instrumentalni (形)

instrumentalist(a) 기악 연주자, 악기 연주자

instrumentalnī -ā, -ō (形) 1.참조 instrumen(a)t 2. 참조 instrumental

instrumentar 악기 기술자 instrumentarka

instrumentirati -am instrumentovati -tujem (完,不完) 관현악으로 작곡(편곡)하다

insulin, inzulin 인슐린 (췌장 호르몬; 당뇨병의 특효약) insulinski (形)

intabulacija 등기(부동산 등기부등본에의)

intaktan -tna, -tno (形) 손대지 않은, 손상되지 않은; (고스란히) 완전한 (netaknut, neoštećen, sav, ceo)

integracija 1. (부분·요소의) 통합, 집성(集成) 2. 합병, 병합, 통합, 합동; izvršena je ~ ovih dvaju preduzeća 그 두 회사의 합병이 이뤄졌다

integral (數) 적분; integralni (形); ~ račun 적분학

integralan -lna, -lno (形) 1. 완전한, 결여된 부분이 없는, 전체의 (sav, potpun, celokupan); ~lno znanje 완전한 지식 2. (數) 적분의

integraliti -im (完) (數) 적분하다

integrirati (se) -am (se) integrisati (se) -šem (se) (完,不完) 1. 집적하다; integrisano kolo 집적 회로 2. 통합하다, 합병하다; ova dva preduzeća su se integrisala 이 두 회사는 한 회사로 통합되었다

integritet 완전(한 상태), 무결, 온전함, 통일성; 보전(保全) (celokupnost); teritorijalni ~ 영토 고권, 영토 주권

intelekt 지력, 지성, 사고력 (um, razum)

intelektualac 지성인, 지식인, 식자(識者)

intelektualan -lna, -lno (形) 지적인, 지성의

inteligencija 1. 지능, 지성, 사고력 2. 지식인, 지식 계급, 인텔리겐치아

inteligentan -tna, -tno (形) 지적인, 지성을 필요로 하는, 지력이 발전한, 지능적인

intendant (軍) 보급원, 보급계원, 보급 장교; intendantski (形); ~ oficir 보급 장교; ~a služba 보급과, 자재과

intendantura 보급담당 기관 (보급청, 보급 부대, 보급계 등의)

intenzitet 세기, 강도 (jačina, veličina snaga)

intenzivan -vna, -vno (形) 1. 강한, 격렬한; 집중적인 2. (農業, 經濟) 집약적인; ~vni porast 집약 성장; ~vna poljoprivreda 집약 농업

intenzivirati -am (完,不完) 세계하다, 강렬하게 만들다, 강화하다; ~ aktivnost 활동을 강화하다

interes 1. 이자, 이율 (kamata); ova banka daje 5 odsto ~a (~ od 5 odsto) 이 은행은 5%의 이자를 준다; složeni ~ 복리(複利); davao je novac pod ~ 그는 돈을 이자로 받고 빌려 주었다 2. 이익, 이득, 이해관계 (korist, dobitak) 3. 관심, 흥미, 호기심; imati ~ za to 그것에 관심이 있다; probuditi ~ 흥미를 불러일으키다

interesantan -tna, -tno (形) 흥미로운, 재미있는 (zanimljiv)

interesent 관심(흥미)을 가지고 있는 사람; ~i se jave na telefon broj ~ 관심 있는 사람은 아래 번호로 연락하시오

interesirati -am interesovati -sujem (不完) 1. 관심을 가지게 하다, 흥미를 유발시키다; interesuje me ~ 나는 ~관심이 있다; ona me veoma interesuje 나는 그녀에 아주 관심이 많다 2. 이자를 받고 빌려주다 3. ~ se 관심을 갖다, 흥미를 갖다; on se interesuje za naš jezik 그는 우리나라 말에 관심을 가지고 있다

interesnī -ā, -ō (形) 참조 interes

interesovati -sujem (不完) 참조 interesirati

intereždžija (男) 자기 자신의 이익만 추구하는 (생각하는) 사람

interferencija 간섭, 참견, 방해

interijer 실내 장식, 인테리어

interkontinentalan -lna, -lno (形) 대륙간의

intermeco -ca (男) (극·가극 등의) 막간 연예; (소나타·심포니 등의) 간주곡

internacija 수용, 억류 (보통 어떤 수용소 등에의)

internacionala 1. 국제 노동당(공산당 혹은 사회당) 단체 2. 국제 프롤레타리아 혁명가

internacionalan -lna, -lno (形) 국가 간의, 국제적인 (međunarodni); ~lna komisija 국제 위원회;

internacionalist(a) 국제 공산(사회)주의자

I

255

internacionalizam *-zma* 국제 공산(사회)주의
internacionalistički (形)
internacionalizirati *-am* internacionalizovati *-zujem* (完,不完) 국제화하다, 국제 문제화하다
internat 기숙학교, 기숙학교의 기숙사
internatskī *-ā, -ō* (形) 기숙학교의
internatkinja 기숙학교(internat) 여학생
internī *-ā, -ō* (形) 1. 내부의, 국내의, 사적인 (unutrašnji, domaći, privatan); ~ sukob 내부 갈등; ~ stvar 내부 문제 2. (醫) 내과의; ~a medicina 내과(학); ~a klinika 내과 병원
internirac 피수용자, 피억류자 (zatočenik)
internirati *-am* (完,不完) (포로 등을 일정한 구역 안에) 구금하다, 억류하다, 이동의 자유를 제한하다
internist(a) 1. (醫) 내과 전문의 2. 기숙학교 학생
interpelacija (의회에서 장관에 대한) 질의, 질문, 설명 요구
interpelirati *-am* (完,不完) (의회에서 장관에게) 질의하다, 질문하다, 설명을 요구하다
interplanetarnī *-ā, -ō* (形) (天文) 행성간의; ~ let 행성간 우주 비행; ~ brod 행성간 우주선
interpolacija (표기되지 않은 부분 사이에 써넣는) 가필, 써넣기
interpolirati *-am* interpolisati *-šem* (完,不完) 사이에 써넣다, (책·사본에) 수정 어구를 써넣다; (이야기 등에) 의견을 삽입하다
interpretacija 1. 해석, 설명 (tumačenje, objašnjenje smisla nečemu); naučna ~ 과학적 해석; subjektivna ~ 주관적 해석 2. (극·음악 등의 자기 해석에 따른) 연출, 연주
interpretator, interpret 해석자, 설명자
interpretirati *-am* interpretovati *-tujem* (完,不完) 해석하다, 설명하다; (자기 해석에 따라) 연출하다, 연주하다
interpunkcija 구두, 구두점(마침표, 쉼표 등의); znaci ~e 구두점; staviti znake ~e 구두점을 찍다
interval 1. (시·공상의) 간격 2. (연극 등의) 휴식 시간, 막간 3. (音樂) 음정(音程: 한 음과 다른 음 사이의 음높이의 차이)
intervencija 간섭, 개입; 조정, 중재; lekarska ~ 의료 처치; hirurška ~ 수술; nad njim je izvršena hirurška ~ 그는 수술을 받았다; oružana ~ 무력 개입
intervencionist(a) 무력 개입주의자, (내정) 간섭주의자 intervencionistički (形)
intervenirati *-am* intervenisati *-šem* 1. 간섭하다, 개입하다, 중재하다; ~ za nekoga 누

구를 위해 개입하다(간섭하다) 2. 영향을 끼치다, 영향력을 발휘하다
intervju *-ua; -ui, -ua* (男) 인터뷰; dati ~ 인터뷰를 하다
intervjuirati *-am* intervjuisati *-šem* (完,不完) 인터뷰를 하다 (기자자 취재원을)
intervokalan *-lna, -lno* (形) (音聲) 모음 간의, (자음이) 모음 사이에 있는
intestinalnī *-ā, -ō* (形) 창자의, 장의
intima 극히 사적인 일, 개인적인 일
intiman *-mna, -mno* (形) 1. 마음속으로부터의, 충심의; ~mno osećanje 마음속 깊은 곳으로부터의 느낌(감정); ~mna želja 진정으로 바라는 소원 2. 사적인, 개인적인 3. (남녀가) 성적(性的) 관계에 있는; ~mna veza 내연 관계 4. 친밀한, 친숙한; ~ razgovor 친밀한 대화; ~ prijatelj 친숙한 친구
intimitet 육체 관계, 간통; 내연 관계의 생활
intimnost (女) 친밀, 친분, 친교 (prisnost, bliskost, toplina)
intimus 절친한 친구, 친한 친구
intolerancija 무관용(無寬容), 포용력이 없음 (netrpeljivost)
intolerantan *-tna, -tno* (形) 관대하지 않은, 아량이 없는, 무관용의, 관용력이 없는, 포용성이 없는
intonacija 1. (소리의) 억양, 음의 높낮이 2. (音樂) 음의 정조법(整調法), 인토네이션; (성가의) 첫 악구(樂句) 3. 강세, 악센트 intonacioni (形)
intoniranje (동사파생 명사) intonirati; 연주; ~ državne himne 국가 연주
intonirati *-am* (完,不完) 1. (노래 등을) 연주하다, 부르다 ((od)svirati, (od)pevati); ~ državnu himnu 국가를 연주하다 2. (기도문 등을) 읊다, 영창하다; 억양을 붙이다 3. (비유적) 충만하다, 스며들다 (poržeti); redovi ove knjige intonirani su izrazito humanističkom misli 이 책에는 특히 인도적 사상으로 가득하다
intramuskularan *-rna, -rno* (形) (醫) (주사 등이) 근육 내의; ~rna injekcija 근육 주사
intranzitivan *-vna, -vno* (形) (文法) 자동사의 (neprelazan)
intrauternī *-ā, -ō* (形) (醫學) 자궁 내의; ~ uložak 자궁내 피임 기구, 피임 링
intravenozan *-zna, -zno* (形) 정맥 내의, 정맥 주사의; ~zna injekcija 정맥 주사
intriga 1. 음모, 계략, 책략 (spletka); stranačka ~ 당(黨)의 음모 2. (소설·연극 등의) (복잡한) 줄거리

intrigant 음모자, 모의자; 음모(모의)를 꾸미는 사람 (spletkar, smutljivac); intrigantica, intrigantkinja; intrigantski (形)

intrigirati -am intrigovati -gujem (完,不完) 음모를 꾸미다 (spletkariti)

introdukcija (음악의) 서곡, 전주곡; (책의) 서론, 서설, 머리말

introspekcija 내성(內省), 자기 성찰, 자기 반성

introspektivan -vna, -vno (形) 내성(內省)적인, 자기 성찰의, 자기 반성의; ~ metod 자기 성찰 방법; ~tna analiza 자기 성찰 분석

intuicija 직각(直覺), 직관(直觀), 직감, 육감 (predosećaj)

intuitivan -vna, -vno (形) 직관적인, 직감적인; ~ političar 직관적 정치인; ~tna kritika 직관적 비판

invalid 장애인, 지체 부자유자; ratni ~ 전쟁으로 인한 장애인; vojni ~ 상이군경; doživotni ~ 평생 불구자; invalidski (形); ~a penzija 장애 연금

invalida, invalidnina (국가로부터 수령하는) 장애 수당

invaliditet, invalidnost (女) (신체) 장애, (노동 능력의) 무능, 무력

invalidskī -ā, -ō (形) 참조 invalid

invazija (적군의 상대국에 대한) 침략, 침공, 침입 (navala, provala) invazijski, invazioni (形)

invektiva 비난, 비방, 독설 (prekor, grdnja)

invencija 발명 능력(재능) (sposobnost, dar pronalaženja); 창의력이 풍부함, 독창성

inventar 1. 재산 목록(특히 동산(動産) 등의) 2. 재산

inventarisati -šem inventarizirati -am (完,不完) 재산 목록을 작성하다

inventarizacija 1. 재산 목록 작성 2. 재산 목록에로의 등재

inventivan -vna, -vno (形) 상상력이 풍부한, 창의력이 뛰어난, 창조적인, 독창적인 (maštovit, stvaralački); ~vna sposobnost 창의력, 독창력; ~vni duh 창조 정신

inventura 참조 inventarizacija; izvršiti ~u 재산 목록을 작성하다

inverzija 1. 역(逆), 전도(轉倒), 순서를 뒤바꿈 (obrtanje redosleda) 2. (文法) 어순 전도, 도치

investicija 1. 투자, 출자 2. 투자액, 출자액 investicioni (形)

investicionī -ā, -ō (形) 참조 investicija; ~ fond 투자 펀드; ~ kapital 투자 자금

investirati -am (完,不完) (자본, 돈 등을) 투자하다

investitor 투자자, 출자자

investitura 1. (歷) (고위직의) 임명(식) 2. (의회의) 신정부 승인

inzularan -rna, -rno (形) 섬의, 섬나라의 (ostrvski)

inzulin 참조 insulin; 인슐린

inženjer, inžinjer (대학을 졸업한) 엔지니어, 기사, 기술자; građevinski (rudarski, mašinski, elektrotehnički) ~ 건설 (광업, 기계, 전자) 기사; inženjerski (形)

inženjerac (軍) 공병단(工兵團)에 속한 병사

inženjerija (軍) 공병(工兵: 군 병과중의 하나)

inžinjer 참조 inženjer

inžinjerija 참조 inženjerija

inžinjering 엔지니어링, 공학(工學), 공학 기술

inje 1. 서리, 흰 서리 2. (비유적) 새치, 하얀 머리 (seda kosa)

iole (副) 조금이라도 (ikoliko, išta, makar malo, imalo); imaš li ~ para kod sebe? 너 지금 돈 가진 것 조금이라도 있어?; ljudi ~ politički misle nikad tako tešku grešku ne mogu da učne 정치적으로 조금이라도 생각하는 사람들은 그렇게 엄청만 실수를 할 수가 없다

ion (化) 이온 (jon)

ionako, i onako (副) 어쨌든, 아무튼 (bez obzira na sve druge); ~ zaoštrena situacija 어찌됐든 긴장이 고조된 상황; mi ~ nećemo doći 아무튼 우리는 가지 않을 것이다

ionizacija 이온화, 전리(電離) (jonizacija)

ionizirati -am ionizovati -zujem (完,不完) 이온화 하다, 전리(電離)하다, 이온을 발생시키다 (jonizirati)

ionosfera (天文·通信) 전리층(성층권의 상부, 무선 전파가 반사됨); 이온권(圈), 전리권 (jonosfera)

ipak (接續詞) (앞에 문장으로 볼 때 예기치 않은 사실을 뒷 문장에서 서술할 때) 하지만, 결국은, 그럼에도 불구하고, 그렇지만은; mada smo dugo putovali, ~ nismo umorni 오랜 여행에도 불구하고 피곤하지 않다; danas ima sunca, ali je ~ hladno 오늘 해가 있음에도 불구하고 역시 춥다; ipak sam pogrešio 결국에는 내가 실수를 했다

iperit (化) 이페릿 (미란성(靡爛性) 독가스: 염화황과 에틸렌으로부터 얻어지는 유독 가스); azotni ~ 질소 머스터드 (독가스; 악성 종양의 치료약)

iracionalan -lna, -lno (形) 1. (哲) 불합리한, 비이성적인 2. (數) 무리수(無理數)의; ~lni broj 무리수

iracionalnost (女) 이성이 없는 것; 불합리(성), 부조리(성), 무분별(성)

Irak 이라크 Iračani -anī; Iračanka; irački (形)

Iran 이란 Iranac; Iranka; iranski (形)

irealan -lna, -lno (形) 실재하지 않는, 비현실적인 (nerealan, nestvaran)

irealnost (女) 비현실(성), 실재하지 않는 것

iregularan -rna, -rno (形) 불규칙한, 고르지 못한 (nepravilan); 정규가 아닌; ~ puls 불규칙한 맥박; ~rni glagoli 불규칙 동사; ~rne trupe 비정규 부대

irelevantan -tna, -tno (形) 부적절한, 무관한, 상관이 없는

irigacija 1.(農) 관개, 물을 끌어 들임 (물이 충분치 못한 토지에) 2. (醫) (상처 등의) 세척, 관주법 (물 또는 기타 액체를 흘려서 세정하는 방법) irigacioni (形)

irigator 세척기, 관장기(灌腸器)

irigirati -am (不完) 1. 관개하다, 물을 끌어 들이다 (navodnjavati, natapati) 2. (상처 등을) 세척하다

iris 1. (植) 참붓꽃속(屬), 붓꽃 (perunika) 2. (解) (눈알의) 홍채 (šarenica, dužica)

iritacija 짜증나게 함, 자극하는 것, 집적댐, 귀찮게 함 (razdraženost, raspaljivanje)

iritirati -am (完,不完) 짜증나게 하다, 화나게 하다, 집적대다, 귀찮게 하다 (razdraživati, uznemiriti, uzbuđivati)

ironičan -čna, -čno ironički -ā, -ō (形) 반어적인, 비꼬는, 비웃는 (podrugljiv, zajedljiv); ~ osmeh 비웃는듯한 웃음, 비웃음; ~ pogled 비웃는듯한 시선

ironija (부드럽게) 빈정댐, 비꼼, 빗댐, 풍자; 비꼬는 말 (fino, prikriveno ismejavanje, izrugivanje)

ironisati -šem ironizirati -am ironizovati -zujem (不完) (부드럽게) 비꼬다, 빗대다, 빈정대다

Irska 아일랜드 Irac; Irkinja; irski (形)

irvas (動) 순록

iscedak -tka, iscedina 짜낸 것; 엑스, 정제 (精劑) (ono što se iscedilo čega, ekstrakt)

iscediti -im (完) 1. (액, 액체를) 압착하여 짜내다, 쥐어짜다; ~ limun 레몬을 짜다; ~ krpu 걸레를 짜다 2. (힘들게, 고생하여, 노력하여) 얻다, 성취하다; 쥐어짜내다; ~ od seljaka poslednji dinar 농부에게서 마지막 돈까지 쥐어짜내다 3. (보통 피동형용사 형태로) 탈진하다, 기진맥진하다, 쇠약해지다; isceđen glađu 굶주림에 기진맥진한;

iscedena od bolesti 병으로 쇠약해진 4. 완전히 다 마시다, 마지막 한 방울 까지 다 마시다; ~ flašu piva 맥주병에 남은 마지막 한 방울까지 다 마시다 5. ~ se 천천히 완전히 다 흘러 나오다(액체가); 액체를 완전히 다 상실하다

isceleti -im (完) 낫다, 치료되다, 완치되다, 건강해지다 (izlečiti se, postati zdrav)

iscelitelj 의사, 치료사 (lekar, lečnik)

isceliti -im (完) isceljivati -ljujem (不完) 1. 치료하다, 고치다, 낫게 하다 (celiti, lečiti) 2. ~ se 낫다, 건강을 되찾다

iscelivati -am & -lujem (完) (손등·이마·볼 등에) 키스하다, 입을 맞추다 (잇따라, 차례로)

isceljiv -a, -o (形) 치료할 수 있는

isceljivati -ljujem (不完) 참조 isceliti

iscenkati -am (完) 흥정하다, 흥정(에누리)해서 사다(얻다)

iscepati 1. 쪼개다, 뻐개다, 패다 (도끼 등으로) (rascepati) 2. 찢다 (pocepati, izderati)

iscepkati -am (完) 참조 cepkati

iscmakati -čem (完) 쪽 소리를 내며 키스하다

iscrpan -pna, -pno (形) 상세한, 자세한, 포괄적인 (podroban, detaljan, sveobuhvatan); ~ opis 상세한 묘사

iscrpen -a, -o (形) 참조 crpsti: 탈진한, 탕진된, 다 소비된

iscrpenost (女) (극도의) 피로, 기진맥진

iscrpiti -im; iscrpljen (完) 참조 iscrpsti (se)

iscrpiv, iscrpljiv -a, -o (形) 참조 iscrpan

iscrpljen -a, -o (形) 기진맥진한, 지친

iscrpljenost (女) 기진맥진, (극도의) 피로, 지침

iscrpljivati -ljujem (不完) 참조 crpsti

iscrpsti iscrpem; iscrpao, -pla; iscrpen (完) 1. (다 없어질 때 까지) 퍼내다; ~ vodu iz bunara 우물에서 물으르 퍼내다 2. 기진맥진하게 하다, 탈진시키다, 지치게 하다, 쇠약하게 하다; napor ga je iscrpao 노력은 그를 지치게 했다 3. (경제적·물질적으로) 약하게 하다; sankcije su iscrple državu 경제제재 조치가 국가를 쇠약하게 했다 4. (바닥이 날 때까지) 다 소비하다; ~ bogatstvo rudnika 광산 매장량을 다 파내다; ~ rezerve 비축물을 다 쓰다 5. 끝마치다 (završiti, okončati); ~ dnevni red 일정을 다 끝마치다 6. ~ se 기진맥진하다, 탈진하다, 쇠약해지다; ~ se od bolesti 질병으로 인해 쇠약해지다 7. ~ se 소비되다

iscrtati -am (完) 1. 그리다 (nacrtati); ~ sliku 그림을 그리다 2. 덧칠하다, 색칠하다 (그림·선 등으로) (išariti, prekriti crtama,

linijama); ~ *pločnik kredom* 분필로 보도에 색칠하다 3. (비유적) (생생하게) 묘사하다 (opisati); *u romanu je iscrtan lik seljaka* 소설에서 농부의 모습이 생생하게 묘사되었다
iscuriti *-im* (完) 1. (한 방울씩) 새다, 흘러 나오다 2. (비유적) 표면에서 사라지다, 없어지다
isecati *-am* (不完) 참조 iseći
isecati *-am* (完) (지소체) iseći
iseckati *-am* (完) (지소체) isecati
isečak *-čka*; *-či* 1. 잘라낸 것; ~ *iz novine* 신문 스크랩 2. (數) 부채꼴
iseći *isečem, iseku*; *isekao, -kla*; *isečen*; *iseci* (完) **isecati** *-am* (不完) 자르다, 잘라내다; 베다, 죽이다 (검, 칼 등으로); 쓰러뜨리다, 잘라내다 (도끼, 톱 등으로); ~ *iz novine* 신문을 스크랩하다; ~ *parče hleba* 빵 조각을 자르다; ~ *hartiju na parčice* 종이를 조각조각 자르다; ~ *figuru u kamenu* 돌에 조각을 새기다; ~ *šumu* 숲을 베어 내다
isejati *-em* (完) **isejavati** *-am* (不完) 씨를 뿌리다 (씨앗 모두를, 밭 전체에)
isejavati *-am* (不完) (빛·열·향기 등을) 방사하다, 발산하다, 내뿜다 (emitovati, ispuštati iz sebe okolnu prostorč zračiti); ~ *zrake* 빛을 발산하다; ~ *nuklearne čestice* 방사능 입자를 내뿜다
isejavati 참조 isejati
iseliti *-im* (完) **iseljavati** *-am* (不完) 1. 이주시키다, 이사시키다, 거처를 옮기게 하다; *iselili su ga iz stana* 그를 아파트에서 이주시켰다 2. 이주하다, 이사하다, 거처를 옮기다 3. ~ *se* 이주하다, 이사하다; *iselili su se u Ameriku* 미국으로 이주했다
iseljeničkī *-ā, -ō* (形) 참조 iseljenik; 이주자의; ~ *komesarijat* 이주민 판무관실; ~*o pravo* 이주자 권리
iseljenik 이주자, 이주민 **iseljenica**
iseljenje (동사파생 명사) iseliti; 이주, 이사
isevci (男,複) 1. 거친 밀가루 (겨에서 두번째로 얻는) 2. (方言) 밀기울, 겨, 왕겨 (osevine, mekinje)
isfabricirati *-am* **isfabrikovati** *-kujem* (完) 1. 대량 생산하다, 산업적으로 생산하다; ~ *robu* 물건을 대량 생산하다 2. (비유적) 인위적으로 빨리 만들어 내다; ~ *nove oficire* 새 장교들을 빨리 배출하다 3. (비유적) (누구를 속이려는 목적으로) 왜곡하다, 조작하다; ~ *vesti* 뉴스를 왜곡하다
isfantazirati *-am* (完) 상상하다, 공상하다, 상상으로 만들어 내다 (izmisliti)
isforsirati *-am* (完) 강제하다, 강요하다, 억지

로 ~시키다
isfucati se *-am se* (完) 닳아 없어지다, 써서 마모되다, 해지다
isheklati *-am* (完) 크로셰 뜨개질하다
ishlapeo *-ela, -elo* (形) (비유적) 정신적으로 썩어 문드러진, 정신이 썩은; 노망든, 망령난 (slab duhom, slabouman); *evo nove buržoaske klase koja zamenjuje ~elu feudalnu aristokraciju* 정신이 썩은 봉건 귀족들을 대체하는 새로운 노동자 계급이 여기 있다
ishlapeti *-im* (完) 참조 hlapeti
ishlapljiv *-a, -o* (形) 증발하기 쉬운, 증발할 수 있는 (isparljiv)
ihhlapljivanje 증발, 발산
ishlapljivost (女) 휘발성
ishod 1. 나타남, 출현 (izlaz(ak)); ~ *Sunca (Meseca)* 해돋이, 일출 (달이 뜸); (廢語) 해가 떠오르는 쪽, 동쪽 2. 문제해결 방안(방법), 위기(곤경) 탈출 3. 끝, 완료 (svršetak, kraj, završetak) 4. 결과 (rezultat čega); ~ *izbora* 선거 결과
ishoditi *-im* (不完) 1. 참조 izići, izaći 2. (비유적) (iz čega) ~의 결과로 나오다, ~에 기반을 두다 (proizlaziti, osnivati se, temeljiti se na čemu)
ishoditi *-im* (完) (간청·노력 등으로) 얻다, 획득하다, 해내다, 이뤄내다
ishodište 출발점(장소), 시작점
ishodnī *-ā, -ō* (形) 시작의, 출발의, 처음의, 최초의
ishrana 급식; 영양물, 영양물 섭취, 영양(작용) (hranjenje, prehranivanje; način hranjenja); *društvena ~* 공동 급식 (자치단체의, 공동 사회의); *slaba ~* 영양 부족, 영양실조
ishraniti *-im* (完) **ishranjivati** *-am* (不完) 1. 장기간 음식을 제공하다, 식량을 공급하다; 먹여 살리다, 부양하다; *Mnogo nas je… pa ne mogu sve da ishranim* (우리들의) 숫자가 너무 많아… 나혼자 모든 사람을 부양할 수는 없어; *došla je buna, ko će decu ~* 민란이 터졌는데, 누가 아이들을 먹여 살릴 것인가 2. (完) ~ *se* 먹고 살다, 먹다; *jedva smo se ishranili* 우리는 근근이 입에 풀칠을 했다
isiot (植) 생강; 생강 뿌리 (đumbir, đinđer)
isisati *-am & -šem* (完) **isisavati** *-am* (不完) 1. 빨다, 빨아먹다; ~ *krv*, ~ *zadnju kap* 물질적으로 완전히 파멸시키다; ~ *iz (malog) prsta* (아무런 근거도 없이) 날조하다, 조작하다 2. (비유적) 서서히 (천천히) 얻다, 건져 내다, 뽑

I

259

아 내다 (돈, 이득 등을) 3. (비유적) (건강, 힘 등을) 다 소모하다, 고갈시키다

isitniti *-im* (完) 1. 잘게 쪼개다(나누다, 썰다) 2. 잔 돈으로 바꾸다(교환하다)

iskakati *-čem* (不完) 참조 iskočiti

iskaliti *-im* (完) **iskaljivati** *-am* (不完) 1. (쇠 등을) 담금질하다, 벼리다; ~ *gvožđe* 쇠를 담금질하다 2. (비유적) 진정시키다, 누그러 뜨리다 (ohladiti, smiriti, stišati); ~ *bes* *(gnev, mržnju) na nekoga* ~에 대한 화(분노·증오)를 누그러뜨리다 3. ~ se 화풀이하다, 분풀이하다

iskakulirati *-am* **iskalkulisati** *-šem* (完) 계산하다

iskaljati *-am* (完) 1. (진흙을 튀겨) 더럽히다 (isprljati) 2. ~ se (진흙이 묻어) 더러워지다

iskamčiti *-im* **iskamdžiti** *-im* (完) 반위협적 청탁으로 얻다(획득하다) (postići nametljivim, nasrtljivim molbava); ~ *novac (obećanje)* 반위협적으로 돈(약속)을 받아 내다; *on mora molbama i pretnjama da iskamči od seoskih vlasti sredstva nužna za rad u školi* 그는 학교 공사에 필요한 재원들을 마을 당국에 부탁도 하고 반협박도 하여 얻었다

iskapati *-pljem* (完) 1. (한 방울씩 서서히) 흘러내리다, 흐르다, 새다; ~ *iz flaše* 병에서 한 방울씩 흘러나오다 2. (눈(眼)이) (울어서) 빛을 잃다, 생생함을 잃다 3. (저주를 할 때) 눈이 멀다; *oči mi iskapale ako lažem* 내가 거짓말을 한다면 내눈이 멀 것이다

iskapiti *-im* (完) **iskapljivati** *-am* (不完) 마지막 한 방울까지 다 마시다; *iskapio je čašu* 그는 잔을 다 비웠다; ~ *na belo* 바닥까지 다 마시다 2. ~ se 마지막 한 방울까지 없어지다

iskarati *-am* (完) 소리지르다; 심하게 책망하다 (꾸짖다) (prekoriti, izgrditi); ~ *dete* 아이를 심하게 꾸짖다

iskarikirati *-am* (完) 캐리커처를 그리다, 희화화하다, 풍자만화식으로 그리다

iskasapiti *-im* (完) 1. 아무렇게나 자르다, 정육점업자가 고기를 뚝 잘라내듯이 자르다 2. 부상을 입히다 3. 심하게 비난하다, 잘근잘근 씹어대다

iskašljati *-am* (完) **iskašljavati** *-am* (不完) 1. 기침하면서 ~을 내뱉다; *iskašljao je krv* 그는 기침하면서 피를 토했다 2. ~ se 목의 가래를 뱉다 3. ~ se 목을 가볍게 가다듬다 (헛기침을 하면서)

iskati *ištem*; *išti* (不完) 1. 찾다, 구하다; 찾으

려고 노력하다 (숨겨진 것, 잃어버린 것, 존재의 유무가 확실치 않은 것 등을); *duša (srce) mi ište* 내 마음이 강렬히 원하다; ~ *očima* 보려고 노력하다 2. 무엇인가를 얻으려고 노력하다(청하다, 요구하다); ~ *pomoć* 도움을 얻으려 하다; ~ *zajam* 융자를 신청하다; ~ *za boga* 구걸하다 3. 청혼하다 (prositi); ~ *devojku*, ~ *čiju ruku* 여자친구에게 청혼하다

iskaz 1. (문서나 구두에 의한) 진술 (경찰·검찰 등 담당 공무원 앞에서 하는), 조서; ~*i svih svedoka* 모든 증인들의 진술; *lažni* ~ 거짓 진술 2. 서류, 보고서

iskazati *-žem* (完) **iskazivati** *-zujem* (不完) 1. 말하다, 말로써 표현하다, 이야기하다, 발표하다; *od straha ne mogu sve da iskažu* 두려움에 모든 것을 말로 표현할 수 없다 2. (구두나 서면으로) 진술하다 (심문에서); ~ *na prvom saslušanju* 첫 심문에서 진술하다 3. (행동·태도로써) 표현하다, 나타내다, 표시하다 (기분·감정 등을); ~ *prijateljstvo* 우정을 표시하다; ~ *gostoprimstvo* 환영을 표현하다 4. ~ se 보여지다, 말해주다, 말하다, 나타내지다 5. ~ se 자신의 신분증을 보여주다(제시하다)

iskaznī *-ā*, *-ō* (形) (文法) ~*a rečenica* 목적절

iskaznica 1. 개인 신분증 (lična karta) 2. 공식 확인서

iskesiti *-im* (完) 이(이빨)를 들어내다; *neću! - iskesi Jova zube* 요바는 싫어! 하면서 이를 들어냈다

iskidati *-am* (完) 1. 찢다, 째다, 잡아찢다 (pocepati, rastrgati) 2. (비유적) 쇠약해지다, 병약해지다, 기진맥진하다, 탈진하다 (병·힘든 일·고령으로 인해); ~ *nerve (živce)* 신경질을 많이 내다, 매우 긴장하다 3. (여러 곳을) 끊다, 자르다 (노끈, 테이프 등을); 중단시키다, 단절시키다 (대화, 변화, 교통망 등을); *iskidani su dalekovodi* 고압선이 끊어졌다 4. 청소하다(마구간 등을), 쓰레기를 치우다 5. ~ se 끊어지다, 찢어지다, 토막나다 (rastrgnuti se na komade); ~ *se od smeha* 포복절도하다, 배꼽이 빠질 정도로 웃다; ~ *se živ* 죽을 정도로 일하다, 근심거리가 많다

iskihati *-am* & *-šem* (完) 참조 iskijati

iskijati *-am* (完) **iskijavati** *-am* (不完) 1. 재치기하다; *on će to* ~ 그것에 대한 대가를 치를 것이다, 그것 때문에 언젠가는 후회할 것이다 2. ~ se 재치기 하면서 코를 풀다

iskilaviti *-im* (完) 1. 허약하게 하다, 나약하게

하다, 힘이 빠지게 하다 2. ~ se 허약해 지
다; (비유적) 기진맥진해 하다
iskinuti *-em* (完) 1. (재빠른 행동으로) 젖다
(뜯다, 잡아 채다, 뽑다, 자르다) (istrgnuti,
iščupati; izrezati) 2. (재빠른 행동으로) 움켜
쥐다, 낚아채다, 잡아뜯다, 꺾다 (naglim
pokretom oduzeti, ugrabiti, oteti) 3. ~ se
뜯어지다, 꺾여지다 4. ~ se 피곤해지다, 기
진맥진해 하다 (힘든 일로 인해)
iskinjiti *-im* (完) 많이 괴롭히다, 못살게 굴다,
굉장히 많이 힘들게 하다
iskipeti *-im* (完) 1. 끓어 넘치다, 넘치다; ~ *od
zdravlja* 매우 건강하다 2. (비유적) ~을 전적
으로 탐닉하다, ~에 온 힘을 쏟다; 생기 (힘·삶
의 기쁨 등을) 잃다, 지치다, 기진맥진하다, 탈
진하다; ~ *od bolesti* 병에 허약해지다
iskisnuti *-em*; *iskisao, iskisla* (完) 1. 흠뻑 젖
다, 비에 흠뻑 젖다, 비를 흠뻑 맞다
(prokisnuti) 2. (方言) 시어지다 (uskisnuti,
prokisnuti, postati kiseo)
iskititi *-im* (完) 1. 아름답게 장식하다, 치장하
다, 꾸미다 (ukrasiti, nakititi); ~ *kuću* 집을
아름답게 꾸미다; ~ *bluzu* 블라우스를 치장
하다 2. (비유적) (말의 표현을) 화려하게 꾸
미다(수식하다); ~ *priču* 이야기를 화려하게
수식하다; ~ *tekst pesničkim izrazima* 글을
시적 표현으로 치장하다 3. ~ se 장식되다,
치장되다, 아름답고 좋게 보이다 4. 기타; ~
se vina (vinom) 얼큰하게 취하다 (dobro se
napiti)
isklasati *-am* (完) **isklasavati** *-am* (不完) (곡식
의) 이삭(klas)이 패다(나다)
isklati *iskoljem* (完) 대량 학살하다 (poklati,
zaklati, ubiti mnoge)
isklepati *-am & -pljem* (完) 1. 망치로 두드려
서 날카롭게 하다(예리하게 하다); ~ *kosu*
낫을 망치로 두드려 예리하게 하다 2. (비유
적) 말끔하게 하다, 말쑥하게 차려 입히다
(otesati, ugladiti, doterati (koga) 3. ~ se
어려움에서 힘들게(간신히) 벗어나다
isklepati *-am* (完) (輕蔑) (문장·그림·편지 등
을) 단숨에 쓰다(그리다), 휘갈겨 쓰다; ~
stihove 시를 단숨에 쓰다
isklesati *-šem* (完) 참조 klesati
isklicatelj 경매인
isklicati *-am* (完) 1. 환호하여 선출하다
(klicanjem, aklamacijom izabrati) 2. (공매·
경매에서) 최종가를 큰 소리로 외치다
isklicati *-am* (完) (식물이) 싹트다, 싹이 나다,
순이 돋다 (pustiti klice, proklijati, isklijati)
iskličnī *-ā, -ō* (形) (숙어로만) (경매·공매의) 시

작가, 최초의 가격; ~*a cena* 시작가
isklijati *-am* (完) 싹이 돋다, 싹트다, 발아(發
芽)하다
iskliziti *-im* (完) 미끄러 넘어지다
iskliznuće (동사파생 명사) iskliznuti (se); ~
voza 열차 탈선
iskliznuti *-nem*; *isklizao, -zla* (完) 갑자기 미
끄러지다, 미끄러져 넘어지다; *vaza mi je
isklizla iz ruke* 꽃병은 내 손에서 미끄러져
떨어졌다; ~ *iz šina* (열차가) 선로에서 탈선
하다
iskljucati *-am* (完) 1. 참조 iskljuvati 2. 쪼아
서 부서뜨리다(무너뜨리다) (kljucajući
razbiti)
isključan *-čna, -čno* (形) (機) 차단의, 차단
장치의; ~*čna ručica* 차단 손잡이
isključati *-am* (完) 끓어 넘치다
isključenje (동사파생 명사) isključiti (se); ~
struje 전기 차단; ~ *iz kluba* 클럽에서의 제
명; ~ *iz nasledstva* 상속 배제; ~ *iz stranke*
당에서의 제명
isključiti *-im* (完) **isključivati** *-čujem* (不完) 1.
(회원·단원 등을) 쫓아내다, 제명하다, 몰아
내다, 추방하다; ~ *iz škole* 학교에서 제명하
다 2. (사용·적용등에서) 제외하다, 배제하다
3. 예외로 하다 4. (보통 수동태로) (가능성
등의) 여지를 전혀 주지 않다, 불가능하게
하다; *to je isključeno* 그러한 가능성은 전혀
없다 5. (전기, 모터 등을) 끄다, (전화, 가스,
전력의 공급을) 끊다, 차단하다; ~
struju(radio) 전기(라디오)를 끄다, ~ *motor*
엔진을 끄다 6. ~ se 은퇴하다, ~에서 거리
를 두다 (povući se, izdvojiti se); ~ *se iz
zbivanje* 현실과 일정한 거리를 두다 7. ~
se 꺼지다 (모터, 전기 등이); *motor se
isključio* 엔진이 꺼졌다
isključiv *-a, -o* (形) 1. 평범하지 않은, 특별한
(neobičan, poseban, izuzetan); ~*a ljubav*
평범하지 않은 사랑; ~*a vrsta ljudi* 사람들
의 특별난 부류 2. 배타적인, 독점적인, 양립
할 수 없는, 다른 사람과 나눠가질 수 없는;
~*o pravo države* 국가의 배타적 권리 3. (한
정형) 유일한 (jedan jedini); *to mu je ~i
posao* 그것은 그의 유일한 직업이다
isključivati *-čujem* (不完) 참조 isključiti
isključivo (副) 배타적으로, 독점적으로; 오직,
오직 ~뿐
iskljuvati *-ljujem* (完) (부리로) 쪼다, 쪼아 먹
다; *neka vam vrane iskljuju oči* 까마귀들이
당신 눈을 쪼아 먹을 것이다
iskobeljati se *-am se* (完) (위험·곤란 등에서)

I

261

벗어나다, 탈출하다, 빠져 나오다; ~ *iz bunara* 우물에서 빠져 나오다; ~ *iz teške situacije* 어려운 상황에서 벗어나다

iskockan *-a, -o* (形) 격자무늬의

iskočiti *-im* (完) **iskakati** *-čem* (不完) 1. (범위) 밖으로 튀어 나가다 (skočiti napolje, van iz čega); *voz je iskočio iz šine* 열차가 선로에서 탈선했다; ~ *iz kože* (od nestrpljenja, besa) 매우 참을성이 없어지다(굉장히 화를 많이 내다); *oči su mu iskočile, oči su mu htele iskočiti* (흥미, 관심이 있어서) 눈을 동그랗게 뜨고 쳐다 보았다; ~ *đavolu iz torbe* 매우 교활한, 능수능란하게 모든 상황에 적응하다 2. 재빨리(빨리) 뛰어 나가다 3. 제자리에서 약간 위로 뛰어 오르다 4. 도망치다 5. 갑자기 나타나다(생기다); *dva kamena ... tare jedan o drugi. Iskočila vatra* 둘 두 개가 부딪치더니 갑자기 불꽃이 튀었다 5. (신체, 피부에) 나타나다, 생겨나다; *iskočile mu žile na nadlanici* 그의 손등에 힘줄이 솟았다 6. (해가) 수평선 위로 떠 오르다; *sunce je iskočilo* 해가 떠 올랐다 7. 표면위로 떠 오르다; ~ *na površinu* 표면 위로 떠 오르다 8. (어떠한) 위치(직위)에 오르다

iskokati *-am* (完) 1. (팝콘을 만들기 위해) 옥수수를 튀기다(볶다) 2. ~ *se* 옥수수가 튀겨지다, 팝콘이 튀겨지다

iskolačiti *-im* (完) (눈을) 동그랗게 뜨다, 휘둥그레 뜨다 (놀람·경이로움 등으로); ~ *oči* (izbuljiti, razrogačiti oči)

iskomadati *-am* (完) 산산조각 내다, 조각조각으로 나누다(자르다) (razdeliti na komade, raskomadati)

iskombinirati *-am* **iskombinovati** *-nujem* (完) 계획을 세우다 (napraviti plan o čemu, smisliti što)

iskompleksiran *-rna, -rno* (形) 콤플렉스를 가지고 있는

iskompleksirati *-am* (完) 1. 콤플렉스를 가지게 하다 2. ~ *se* 콤플렉스를 가지다

iskomplicirati *-am* **iskomplikovati** *-kujem* (完) 복잡하게 하다, 뒤얽히게 만들다

iskompromitirati *-am* **iskompromitovati** *-tujem* (完) 1. (신용·명성·평판 등을) 훼손시키다, 손상시키다, 더럽히다; 타락시키다 2. ~ *se* (명성·평판 등이) 훼손되다, 타락하다

iskon (男,女)(宗) 1. 태초, 시초 (prapočetak, početak); *od ~a* 태초부터 2. 기원 (poreklo)

iskonceptirati *-am* (完) 콘셉트를 만들다, 개요를 작성하다, 대강의 스케치를 그리다

iskonskī *-ā, -ō* (形) 태고적부터의, 아주 오랜 옛날부터의

iskonstruirati *-am* **iskonstruisati** *-šem* (完) 1. 참조 konstruisati; 구조물을 만들다, 건축하다 2. 날조하다, 조작하다, 잘못된 사실에 기초하다; *iskonstruisan proces* 조작된 재판 (과정)

iskop 1. 굴착, 굴착지; 발굴, 발굴지 (iskopavanje; radilište gde se što iskopava) 2. (비유적) 파괴, 파손 (propast, uništenje)

iskopati *-am* (完) **iskopavati** *-am* (不完) 1. 파다, 파헤치다, 굴착하다; ~ *bunar* 우물을 파다; ~ *rupu u zemlji* 땅에 구멍을 파다; ~ *podatke* 자료를 파헤치다; ~ *oči kome* 신랄하게 비난하다, 눈을 파내다 2. (땅속에서) 캐내다, 발굴하다, 채취하다; ~ *krompir* 감자를 캐내다 3. (어려움, 곤란 등의 상황에서) 빼져 나가다, 벗어 나다 4. (물질적, 육체적으로) 망가뜨리다, 파손시키다, 못쓰게 만들다, 멸망시키다; ~ *grob kome* 누구를 멸망시키다 (uništiti, zatrti koga)

iskopavanje (동사파생 명사) iskopavati

iskopavati *-am* (不完) 참조 iskopati

iskopčati *-am* (完) **iskopčavati** *-am* (不完) (~로부터) 떼어 놓다, 분리하다; ~ *bateriju* 배터리를 빼다; (단추 등을) 풀다; (활동을) 중단시키다, 중간에서 끊다; *automobil ne troši benzina jer šofer iskopča motor* 운전수가 자동차 엔진을 껐기 때문에 휘발유를 소비하지 않는다; ~ *prekidač* 스위치를 끄다

iskopina 1. 굴착지, 발굴지; 파헤진 굴 2. (考古學) 발굴물, 유적

iskopneti *-im* (完) 1. (눈(雪)이) 녹다, 녹아 없어지다 2. (비유적) 서서히 사라지다(없어지다); 서서히 메마르다(시들다)

iskoprcati *-am* (完) 1. 힘들게(간신히) 빼내다 (s mukom izvući, izvaditi); *žena uspe da iskoprca ruku i stade da ga odmah udara po glavi* 여자는 겨우 겨우 자신의 손을 빼내 곧바로 그 남자의 얼굴을 때렸다 2. ~ *se* (곤경, 어려움 등에서) 간신히 빠져 나오다 (iskobeljati se)

iskoračiti *-im* (完) **iskoračivati** *-čujem* (不完) 한 걸음 앞으로 내딛다; *Janko iskorači desnom nogom napred* 얀코는 오른발을 한 걸음 내디뎠다

iskoreniti *-im* (完) **iskorenjivati** *-njujem* (不完) 뿌리채 뽑다, 완전 박멸시키다, 근절시키다 (sasvim uništiti, zatrti, istrebiti); ~ *kriminal* 범죄를 근절시키다; ~ *miševe* 쥐를

박멸하다; ~ *zlo* 악을 근절시키다

iskorenljiv, iskorenjiv *-a, -o* (形) 근절할 수 있는, 박멸할 수 있는

iskoristiti *-im*; *iskorišten & iskorišćen* (完) **iskorišćavati** *-am*, **iskorišćivati**, *-ćujem*, **iskorištavati** *-am* (不完) 1. 이용하다, 사용하여 이득(이익)을 얻다; ~ *zemljište* 토지를 사용하다; ~ *alatku* 도구를 사용하다; ~ *gužvu* 혼잡함을 이용하다; ~ *priliku* 기회를 이용하다 2. 착취하다, 등쳐먹다, (부당하게) 이용하다, 악용하다: ~ *radnike* 노동자를 착취하다; *on je iskoristio moje poverenje* 그는 나의 신뢰를 악용했다

iskos (건초용) 풀을 벨 수 있는 권리(남의 토지에서)

iskosa, iskosice (副) 비스듬히 (ukoso, popreko); *pogledati* ~ 곁눈질하다; ~ *je padalo svetlo s visine prvog sprata* 이층 높이에서 불빛이 비스듬히 비쳤다

iskositi *-im* (完) 1. (풀 등을) 낫으로 전부 베다 2. (비유적) (자동소총으로) (차례차례) 죽이다 3. ~ *se* 차례 차례 살해되다

iskositi *-im* (完) 조각내다, 조각으로 찢다 (iskidati na komade)

iskositi *-im* (完) 1. 기울이다, 기울게 하다, 비스듬히 하다; ~ *glavu* 머리를 한 쪽으로 비스듬히 기울이다; ~ *orman* 장을 기울이다 2. (눈(眼)을) 곁눈질하다, 흘깃 쳐다보다 3. ~ *se* 기울어지다 4. ~ *se* (비유적) 날카롭게 말하다; *ćuti! - iskosi se na me* 조용히 해! —라고 내게 통명스럽게 말한다

iskovati (完) 1. (쇠를) 벼리다, 벼려 ~을 만들다, 단조하다; ~ *nož* 칼을 만들다; ~ *zlatnik* 금화를 주조하다 2. (비유적) (꾸준한 작업으로 확실하고 오래 지속될) 그 무언가를 만들다 (izgraditi, stvoriti); ~ *svoju sudbinu* 자신의 운명을 개척하다; ~ *dobro prijateljstvo* 훌륭한 우정을 만들어 나가다

iskra 불꽃, 불티, 불똥; 섬광; ~*e su letele* 불티가 튀었다; ~ *pameti* 천재석화 같은 기지; *baciti ~u u barut (u lagum), prineti ~u k slami* 불을 들고 섶에 뛰어들다, *od male ~e veliki oganj* 애들 싸움이 어른 싸움 된다, 사소한 시비가 큰 싸움 된다; *potpiriti zapretanu ~u* 꺼진 불씨를 다시 살리다

iskradati se *-am se* (不完) iskrasti se

iskraj (前置詞, +G.) 1. 끝에서, 끝으로부터 (s kraja) 2. ~의 부근으로부터, ~의 주위로부터, 주변에서 (sa mesta, iz prostora u blizini koga ili čega)

iskrastati se *-am se* (完) (상처에) 딱지

(krasta)가 앉다(생기다)

iskrasti *-adem* (完) **iskradati** *-am* (不完) 1. 훔치다 (ukrasti) 2. ~ *se* 몰래 떠나다 (kradom, krišom izići); *dete se iskralo iz kuće* 아이는 집에서 몰래 떠났다

iskrcati *-am* (完) **iskrcavati** *-am* (不完) 1. (차·열차·배 등의) 짐을 내리다(부리다), 하역하다 (istovariti); ~ *ugalj* 갈탄을 푸다 2. ~ *se* 차에서 내리다 (보통 짐을 가지고); *trupe su se iskrcale* 부대가 하선했다(상륙했다)

iskrcavanje (동사파생 명사) iskrcavati; ~ *vojske* 부대 상륙

iskrcavati *-am* (不完) 참조 iskrcati

iskrčiti *-im* (完) **iskrčivati** *-čujem* (不完) 뿌리체 뽑다; 숲을 일궈 경작지로 만들다, 개간하다; *to je nekad bila šuma.. pa je iskrčili* 그곳은 이전에는 숲이었으나 사람들이 나무를 다 뽑고 경작지로 일구었다

iskrečiti *-im* (完) (하얗게) 회(kreč)칠 하다, 회를 바르다

iskren *-a, -o* (形) 정직한, 솔직한, 숨김 없는; ~ *prijatelj* 정직한 친구; *s ~im pozdravom, s ~im željama* 편지를 마칠 때 사용함

iskreno (副) 솔직하게, 정직하게, 숨김 없이; ~ *reći* 솔직히 말하다

iskrenost (女) 솔직함, 정직함

iskrenuti *-em* (完) **iskretati** *-ćem* (不完) 1. 뒤엎다, 뒤집다, 전복시키다 (prevrnuti, izvrnuti, nagnuti); *konj iskrenu jahača* 말(馬)은 타고있는 사람을 (땅바닥에) 전복시켰다; ~ *korpu* 바구니를 뒤집다 2. (그릇을) 기울이다, 기울여 따르다(액체 등을); ~ *jelo u sud* 음식을 그릇에 기울여 따르다; ~ *brašno u vreću* 밀가루를 포대에 따르다 3. (고개, 몸 등을) 숙이다, 기울이다, 갸우뚱하게 하다; ~ *glavu* 고개를 갸우뚱하게 하다; ~ *vrat* 목을 옆으로 기울이다 4. (비유적) (이전과) 전혀 다르게 하다, 완전히 바꾸다; 왜곡하다 (izmeniti); ~ *istinu o događaju* 사건의 진실을 완전히 왜곡하다 5. ~ *se* 방향을 바꾸다, 바뀌다

iskrenje (동사파생 명사) iskriti (se)

iskresati *-šem* (完) 1. (불꽃을 튀겨 ~에) 불을 붙이다, 점화하다(부싯돌 등을 부딪쳐); ~ *vatru iz kremena* 부싯돌로 불을 붙이다; ~ *šibicu* 성냥으로 불을 붙이다 2. (나뭇가지를) 가지치기하다, (토막으로) 자르다; ~ *grane* 잔가지를 가지치기하다; ~ *meso* 고기를 토막으로 자르다 3. 면전에 대놓고 신랄하게 말하다

iskretati *-ćem* (不完) 참조 iskrenuti

I

263

iskreveljiti -im (完) 1. 얼굴을 찌푸리게 하다 (찡그리게 하다) (iskriviti, unakaziti grimasom; iskrenuti, izvrnuti) 2. ~ se 얼굴을 찌푸리다(찡그리다)

iskrica 1. (지소체) iskra 2. 격언, 금언, 경구 (duhovit obrt, mudrost, aforizam)

iskričav -a, -o (形) 1. 불꽃튀기는; 빛나는, 반짝이는 (blistav, sjajan); ~o nebo 빛나는 하늘; ~a rosa 반짝이는 이슬; ~i oči 반짝이는 눈 2. 활기에 넘친, (재치 등이) 번득이는; ~ razgovor 재치 넘친 대화

iskristalisati -šem (完) 참조 kristalisati

iskriti -im (不完) 1. 불꽃(iskra)을 튀기다, 불똥을 튀기다 2. (비유적) (보석·물 등이) 빛나다, 반짝이다 (blistati, sijati) 3. ~ (se) 반짝이다, 빛나다, 번득이다; (생기가) 넘치다, 활기를 띠다

iskriviti -im (完) iskrivljavati, iskrivljivati -am (不完) 1. 구부리다, 휘다; 비뚤어지게 하다, 기울게 하다; iskrivio je ključ 열쇠를 구부렸다; ~ vrat (sve iščekujući koga) 너무 오랫동안 갈망하다(소망하다) 2. (얼굴 등을) 찌푸리다, 찡그리다; ~ se od smeha 너무 많이 웃다 3. 왜곡하다, 곡해하다; zašto si iskrivio moje reči? 왜 내 말을 곡해했느냐? 4. (비유적) 못쓰게 만들다, 망치다

iskrivljen -a, -o (形) 참조 iskriviti; ~ vrat (病理) 비뚤어진 목, 사경 (斜頸)

iskrlještiti -im (完) 참조 iskolačiti

iskrmačiti -im (完) (輕蔑) 더럽히다, 오점을 남기다 (izmrljati, isprljati, unakaziti mrljama)

iskrojiti -im (完) 잘라 내다, 재단하다 (의복, 신발 등을 만들기 위해 일정한 모양으로); ~ odelo 의복을 재단하다; ~ platno 천을 자르다

iskrpiti -im (完) 참조 krpiti

iskrsnuti -em (完) iskrsavati -am (不完) 갑자기 (예기치 않게) 나타나다, 생기다, 발생하다, (iznenada, naglo se pojaviti); kad iskrsne prilika... 기회가 생기면; ako iskrsnu neke pare... 그 어떤 돈이 생기면

iskrvariti -im (完) 1. (自) 출혈을 많이 하다; 출혈로 인해 죽다(사망하다) 2. (他) 피가 나게 하다, 피로 얼룩지게 하다 3. ~ se 많은 피를 흘리다; (전쟁, 전투에서) 많은 사상자가 발생하는 큰 피해를 입다

iskrvaviti -im (完) 1. 피로 얼룩지게 하다 (umazati; umrljati krvlju) 2. 출혈되는 부상을 입히다 3. ~ se 피로 얼룩지다, 피가 나다

iskrviti -im (完) 1. 참조 iskrvariti: 피를 많이

흘리다, 출혈로 인해 사망하다 2. ~ se 치고 받아 피가 나다, 유혈이 낭자한 싸움을 하다

iskrzan -zna, -zno (形) (오래 사용하여) 낡은, 닳아 해진

iskrzati -am (完) 참조 krzati

iskucati -am (完) iskucavati -am (不完) 1. (시계가) 종을 땡땡치다, 시각을 알리다; sat je iskucao ponoć 시계가 밤 12시를 알렸다 2. 두드려 밖으로 나가게 하다 (kucanjem učiniti da što iđize napolje) 3. 힘들게 얻다 (획득하다) (s mukom steći, pribaviti) 4. (타자기 등으로) 타이핑하다

iskuhavaonica (저소득층을 위한) 값싼 급식소

iskukati -am (完) 1. 불평하다, 투덜거리다 (kukanjem ožaliti, oplakati) 2. (투덜거려·불평하여·간청하여) 얻다, 획득하다; ugostelji žale da zimi rđavo prolaze. Kukali i iskukali dozvolu 요식업자들은 겨울에 힘들다고 하소연했다. 불평을 늘어놓음으로 허가를 획득했다 3. ~ se 불평하다, 한탄하다 (izjadati se)

iskukuljiti se -im se (完) 고치(kukuljica)에서 나오다 (iščahuriti se); (비유적) 발전하다 (razviti se)

iskuljati -am (完) 세차게 분출되다, 내뿜다, 세차게 흘러 나오다 (연기·물 등이); sva je supa iskuljala po šporetu 모든 수프가 오븐에 콸콸 흘러 내렸다

iskup 되사기, 되찾기; (포로 등의) 몸값, 속죄, 죄값음, 보상금; suze su za mene bile kao neki iskup od svih nekadašnjih grehova 눈물은 나에게 이전의 모든 죄를 씻는 죄값과 같은 것이었다 iskupnički (形)

iskup 모임, 회합, 회의 (skup, zbor, sastanak)

iskupati se -am se (完) 목욕을 잘 하다

iskupitelj 되사는 사람; (저당 잡힌 것을) 도로 찾는 사람; 구제해 주는 사람, 구원자 (krivicu; otkupitelj, spasitelj)

iskupljivati -im (完) iskupljivati -ljujem (不完) 1. 되사다, 되찾다; ~ dug 빚을 청산하다; ~ obećanje (reč) 약속을 지키다 2. 몸값을 치르고 해방시키다 (노예 등의); ~ dete 몸값을 치르고 아이를 되찾다 3. 보충하다, 벌충하다 (naknaditi, nadomestiti, učiniti da se kakav nedostatak ne opazi, ne oseti) 4. 복수하다 (osvetiti, odmazditi) 5. 죄값을 하다, 속죄하다; ~ grehe 속죄하다; ~ krivicu 잘못한 값을 치르다

iskupiti -im (完) iskupljati -am (不完) (한 장소에) 모으다, 모이게 하다

I

264

iskupljenik 몸값을 치르고 석방된 사람(포로·인질) iskupljenica

iskupljiv -a, -o (形) 되살 수 있는, 되찾을 수 있는

iskupnica 되살 수 있는 서면 서류

iskupnьčkī -ā, -ō (形) 참조 iskup

iskusan -sna, -sno (形) 경험 많은, 경험 있는, 노련한; ~ nastavnik 경험 많은 선생님

iskusiti -im (完) 직접 경험하다; 직접 겪다, 직접 당하다; ~ na vlastitim leđima 몸소 체험하다

iskustven -a, -o (形) 경험에 의한, 경험적인, 경험상의

iskustvo 경험; gorko (žalosno) ~ 쓴 (슬픈) 경험; pun ~a 경험 많은

iskušati -am (完) iskušavati -am (不完) 1. 맛보다, 시식하다, 시음하다 2. 확인하다, 시험하다, 검사하다, 점검하다, 조사하다 (proveriti, ispitati, isprobati); ~ oružje 무기를 점검하다 3. (누구를) 시험하다

iskušenik 1. (수도원의) 수련 수사, 예비 수도승, 초신자(初信者) iskušenica; iskušenički (形) 2. 산전수전을 다 겪은 사람, 경험 많은 사람

iskušenje 1. 유혹, 시험 (strast, želja za nečim zamaljivim, zavodničkim); boriti se protiv ~a 유혹에 대항에 싸우다; izložiti nekoga ~u (dovesti nekoga u ~) 시험에 빠지게 하다; biti u ~u 시험에 빠지다; odoleti ~u 유혹을 이겨내다 2. 경험 (iskustvo)

iskuvati -am (完) iskuvavati -am (不完) 1. 삶다, 삶아 익히다; ~ pasulj 콩을 삶다 2. (빨래 등을) 삶다; ~ instrumente (peškire) 도구(수건)를 삶아 끓이다; ~ pelene 기저귀를 삶다

iskvadrirati -am (完) (數) 제곱하다, ~의 면적을 구하다

iskvaren -a, -o (形) 참조 iskvariti: 망가진, 부서진, 손상된

iskvariti -im (完) 1. 망치다, 못쓰게 만들다; 불편하게 하다, 불쾌하게 하다; ~ ukus 맛을 망치다 2. (도덕적으로) 타락시키다, 망치다, 나쁜짓을 가르치다; rat će ga ~ 전쟁이 그를 망칠 것이다 3. ~ se 부서지다, 망가지다, 못쓰게 되다 4. ~ se (더) 나빠지다

iskvasiti -im (完) (물 등에) 완전히 젖다, 축축히 젖다

islabeti -im (完) 약해지다, 힘이 없어지다 (postati slab, nemoćan)

islabiti -im (完) 1. 참조 islabeti 2. 약해지게 하다, 허약하게 하다; bolest ga je islabila

병으로 인해 허약해졌다

islam 이슬람(교) islamski (形)

islamizirti -am (完) 이슬람화하다

Island 아이슬란드 Islanđanin; Islanđanka; islandski (形)

islediti -im (完) isleđivati -đujem (不完) 조사하다, 수사하다; 취조하다, 심리하다(podvrći svestranom ispitivanju, istrazi; istražiti); policija učini uviđaje na licu mesta, detaljno isledi krivce 경찰은 현장 조사를 하고 범죄자들을 자세하게 조사하고 있다

islednī -ā, -ō (形) 조사의, 수사의; ~ sud 심리 법원; ~ postupak 수사 절차

islednik 수사관, 조사관 islednički (形)

isleđenje (동사파생 명사) islediti; 수사, 조사

isleđivati -đujem (不完) 참조 islediti

islužen -a, -o (形) (오래 사용하여) 낡은, 닳은, 해진 (dotrajao)

islužiti -im (完) 1. (일정기간 동안) 근무하다, 복무하다 (odslužiti); ~ vojsku 군에 복무하다; ~ dve godine 2년간 근무하다 2. (일하여) 벌다, 돈을 벌다 (zaraditi); ~ kuću 일하여 집을 사다

ismejati -em (完) ismejavati -am ismevati -am ismehivati -hujem & -am (不完) 1. 비웃다, 조소하다; ~ nekoga ~를 비웃다 2. ~ se 많이 웃다 (dovolje, sit se nasmejati) 3. ~ se nekome 비웃다, 조소하다; ismevali smo mu se 우리는 그를 비웃었다

isp. (略語) isporedi: 비교하시오

ispad 1. (예상치 못한 예리한) 공격(서면상·구두상의); (軍) 습격, 공격 2. (질서·치안의) 소란, 소동; (사회) 불안, 혼란 (izgred, prekršaj); ~ nacionalista 민족주의자들의 소란

ispadanje (동사파생 명사) ispadati; ~ kose 탈모, 머리카락이 떨어짐

ispadati -am (不完) 참조 ispasti

ispakovati -kujem (完) ispakivati -kujem (不完) (꾸러미, 짐을) 풀다, 끄르다

ispaliti -im (完) 1. (화기를) 쏘다, 발사하다 (pucati, opaliti); ~ pušku 총을 쏘다; ~ granatu 포를 발사하다 2. 낙인(낙관)을 찍다 (달구어진 쇠로 가죽 또는 피부에); ~ žig 낙인을 찍다 3. (불로) 태우다 (예를 들면 청소하면서, 소독하면서) 4. 말리다, 건조시키다 5. ~ sve sveće, ~ sve metke 할 수 있는 그 모든 것을 다하다

isparati -am 1. 솔기를 트면서 분리시키다; 찢다, 째다 (iscepati, izderati); ~ porub 옷단을 트다 2. 깊숙히 할퀴다, 깊숙히 베다

I

(duboko izgrepsti ili raseći) 3. 자르다, 조
각내다 (iskidati, razneti na komade)

isparavanje (동사파생 명사) isparavati

isparavati -am (不完) 참조 ispariti

isparčati -am (完) 조각조각 내다, 조각으로
나누다 (razdeliti na komade, raskomaditi)

ispariti -im (完) **isparivati** -rujem isparavati -
am (不完) 1. (他) 수증기화시키다, 기체화시
키다; 증발시키다 2. (自) 수증기로 되다; 증
발되다 3. (비유적) 서서히 사라지다(없어지
다); 몰래(쥐도 새도 모르게) 사라지다 4. 펄
펄 끓는 물로 씻어내다(깨끗이 하다, 청소하
다) 5. ~ se 수증기로 되다, 기체로 되다; 증
발되다

isparivač 증발기; (과실 등의) 증발 건조기

isparljiv -a, -o (形) 증발하기 쉬운

ispasti ispadnem; ispao (完) **ispadati** -am (不
完) 1. 쓰러지다, 넘어지다, 떨어지다; ispalo
joj je dete iz kolice 유모차에서 아이가 떨
어졌다 2. 탈락하다, 떨어지다, 낙오하다; ~
iz lige (스포츠) 리그에서 탈락하다 3. 갑자
기 예기치 않게 나타나다; na ulazu u šumu
ispadoše pred nas jedan žandar i jedan
seljak 숲으로 들어가는 길목에서 한 명의
경찰과 한 명의 농부가 우리 앞에 갑자기 나
타났다; otkud si ti ispao? 너 어디서 갑자기
나타났냐? 4. ~가 되다 (어떤 사건, 일의 결
과로서), 결과가 ~이 되다; fotografije su
ispale dobro 사진이 잘 나왔다; on ispade
kriv za sve 그가 모든 것을 잘못한 것으로
되었다; sve je dobro ispalo 모든 일이 잘
되었다 5. 기타; ispade mu duša 겨우 제 한
몸 추스리고 있다, 육체적으로 매우 허약하
다; ispalo da ispalo (이전에) 어찌됐든 간에
상관없이 (bilo šta bilo); ~ iz kombinacije
조합 (계획)에서 제외되다; ~ iz čijih ruku
누구의 손아귀(영향력)에서 벗어나다; ~ iz
forme 완전한 제 컨디션이 아니다, 완전히
제 기량을 발휘할 상태가 아니다; ~ iz glave
(pameti, sećanja) 잊혀지다; ~ iz sebe 참을
성을 잃다, 인내심을 잃다; ~ iz upotrebe 사
용되지 않다; ~ na glas 유명해지다; kao da
mu je iz oka ispao 그와 매우 닮았다; ~ za
rukom 성공적으로 완수하다 (poći za
rukom, uspešno se izvršiti)

ispaša 1. 참조 paša 2. 소 등이 풀을 뜯어 먹
는 곳; pravo ~e 타인 소유 토지에서 소 등
에게 풀을 뜯길 수 있는 권리

ispaštati -am (不完) 속죄하다, 참회하다,
죄값을 치루다; ~ zbog njegovih grehova
그의 죄 때문에 죄값을 치루다 2. ~ se 단

식하다, 기름진 음식을 먹지 않다 (postiti)

ispatiti -im (完) 1. 고생시키다, 힘들게 하다,
고통스럽게 하다 (namučiti) 2. ~ se 고생하
다, 힘들다, 고통스럽다

ispavati se -am se (完) 충분히 잠을 자다, 잠
을 잘 자다 (naspavati se)

ispeći -čem (完) 1. (불에 고기 등을) 굽다; ~
meso 고기를 굽다; (벽돌 등을) 굽다, 구워
내다; ~ cigle 벽돌을 굽다; ispeci pa reci
잘 생각한 다음 말해라; ~ rakiju 라키야를
빚다 2. 메마르게 하다, 건조하게 하다 3.
연마하다, 배우다, 공부하다 4. ~ se (고기
등이) 구워지다; živ se ~ 끊임없는 곤란에
처하다, 수없이 많은 곤란에 처하다 (biti u
stalnoj neprilici, u sto muka) 5. ~ se (햇볕
으로 인해) 화상을 입다

ispeglati -am (完) 참조 peglati

ispek 술(라키야)을 빚을 때 술빚는 장비를 빌
려 쓴 값으로 술빚는 장비 주인에게 주는 것
(보통 라키야 또는 돈) (kazanija)

ispekotina 화상 (opekotina)

ispentrati se -am se (完) (나무·전봇대 등에)
오르다, 손으로 잡고 올라가다 (그 무엇을
잡기 위해)

ispenjati se -em se (完) 참조 ispeti se

ispeti ispenem & ispenjem (完) 1. 올리다, 들
어 올리다 (사람·물건 등을) 2. ~ se (높은 곳
에) 오르다, 올라 가다 (popeti se) 3. ~ se
나타나다, 생기다; na licu pege se ispeše
얼굴에 주근깨가 생겼다 4. ~ se 일어나다
(ustati)

ispetljati -am (完) **ispetljavati** -am (不完) 1.
고리(매듭)을 풀다(끄르다) (osloboditi petlji,
veza i sl.); (비유적) 누구를 곤란한 상황에
서 빠져 나오게 하다(구해 내다) 2. ~ se (위
기, 곤경 등에서) 빠져 나오다; ispetljao se
iz čaršava u koji se bio u snu zapleo 잠자
면서 말렸던 침대보에서 빠져 나왔다

ispevati -am (完) 1. 노래하다 (otpevati) 2.
(시를) 짓다, 만들다 (spevati) 3. ~에게 헌
정 노래를 하다 (opevati u pesmi) 4. ~ se
노래를 많이 부르다 (napevati se) 5. ~ se
시인(가수)로서의 능력이 다 소진되다

ispičaša, ispičutura (男) 술고래, 모주꾼

ispijati -am (不完) 참조 ispiti; ~ koga očima
(pogledima) 눈길을 떼지 않고 바라보다

ispijen -a, -o (形) 1. 참조 ispiti 2. 완전히 소
진된, 탈진한, 기진맥진한 (potpuno iscrpen,
istrošen)

ispiliti -im (完) 참조 piliti

ispiliti -im (完) 1. (병아리를) 알에서 부화시키

266

다 2. ~ se (알이) 깨다, 부화하다; *ispilili su se svi pilići* 모든 병아리들이 알에서 나왔다 3. ~ se 나타나다, 시작하다 (pojaviti se, postati, nastati)

ispipati *-am* (完) **ispipavati** *-am* (不完) 1. (손으로) 만지다, 더듬다; 더듬어 보다 (dodirnuti, opipati) 2. 찾아내다, 발견하다 (otkriti, iznaći ispitujući) 3. 알아채다, 간파하다 (dokučiti; oprezno, lukavo izmamiti, saznati od koga)

ispirača (접시 닦는) 행주 (sudopera)

ispiralište 뭔가를 행궈내는 장소 (mesto gde se što ispira)

ispiranje (동사파생 명사) ispirati: *vaginalno* ~ 질(膣) 세척

ispirati *-am* (不完) 참조 isprati

ispis 1. 베껴씀, 필사, 발췌 (이미 쓰여져 있는 것을 또는 출판되어 있는 것을); *za ovu svoju studiju Novaković se služio našim ispisima iz pariskih arhiva* 자신의 이 연구를 위해 노바코비치는 파리 고문서 보관소에서의 우리들의 필사에 참여했다 **ispisni** (形) 2. 세상의 종말(끝) (kraj, smak sveta) 3. (단체, 학교의) 탈퇴, 제명, 제적, 퇴학; ~ *iz škole* 퇴학, 제적; ~ *iz članstva* 회원 제명

ispisan *-a, -o* (形) 1. 참조 ispisati 2. (작가로서) 숙련된 2. (글씨체가) 능란한, 훌륭한; ~ *rukopis* 훌륭한 필체

ispisati *-šem* (完) **ispisivati** *-sujem* (不完) 1. 필사하다, 베껴쓰다, 발췌하다; *ispisao je sve adrese* 모든 주소를 베껴썼다 2. (학교, 단체 등에서) 제적시키다, 제명시키다; *ispisao je iz škole* 학교를 그만 다니게 했다; ~ *se iz članstva* 회원에서 탈퇴하다 3. 쓰다(작가 또는 필경사로서); *ispisao je ceo list hartije* 그는 종이 전부에 썼다 4. 끄적거리다, 낙서하다 5. 고쳐 쓰다 (다른 사람이 틀리게 쓴 것을 빨간 펜 등으로)

ispisnik 동갑내기 군 친구 (drug iz vojske istog godišta)

ispit 1. 조사 (ispitivanje) 2. (법정 등에서의) (피의자, 증인) 심문 (saslušanje); *uzeti nekoga na* ~ 누구를 심문하다 3. (학교 등의) 시험; *polagati* ~ 시험보다, 시험을 치르다; *položiti* ~ *(proći na* ~*u)* 합격하다, 시험을 통과하다; *pasti na* ~*u* 시험에서 떨어지다; *šoferski(vozački)* ~ 운전 면허 시험; ~ *iz istorije* 역사 시험; *diplomski* ~ 대학 졸업 시험; *državni* ~ 국가 시험; *pismeni (usmeni)* ~ 필답(구술) 시험; *prijemni* ~ 입학 시험; **ispitni** (形) 4. (인생에서의) 시험,

어려움, 곤란, 유혹 (teškoće, nezgode u životu, kušenje) 5. (宗) 성직자 앞에서의 약혼 의식

ispitač, ispitivač 1. 시험에서 문제를 물어보는 사람, 질문자 2. (학문의) 연구자, 연구원, 조사원

ispitan *-a, -o* (形) 1. 참조 ispitati 2. (자신의 전공 분야에서) 검증된, 확인된, 믿을만한

ispitati *-am* (完) **ispitivati** *-tujem* (不完) 1. 조사하다, 심문하다; ~ *svedoke* 증인들을 심문하다 2. 시험하다, 시험을 보다, 테스트하다; ~ *studente* (대학생들이) 시험을 보다 3. (학문적으로) 조사하다, 연구하다, 검토하다 4. (宗教) 약혼하다; ~ *verenike u crkvi* 교회에서 약혼하다

ispiti *-jem; ispijen & ispit* (完) 1. 마시다, 들이마시다; ~ *(svoju, gorku) čašu* 고단한 삶을 살다; ~ *do dna* 다 마시다; ~ *na dušak* 단숨에 들이마시다; ~ *naiskap* 마지막 한 방울까지 마시다; ~ *kome krv* 못살게 굴다, 괴롭히다, 고통을 주다; *vrane su mu mozak ispile* 어리석다 (glup je, bez pameti) 2. (자기 것으로) 받아들이다, 흡수하다 3. (비유적) 증발시키다 (ispariti); *sunce ispi vodu kaljuža* 해가 진흙의 물기를 마르게 한다; 서서히 소비시키다, 무너뜨리다, 파괴시키다 (postepeno istrošiti, uništiti, potkopati); (수분을) 마르게 하다, 기진맥진케 하다, 건강(활기, 활력 등)을 해치다(없게 하다) 4. ~ se 육체적으로 망가지다, 기진맥진해 하다

ispitivač 1. 참조 ispitač 2. 계기, 계량기, 측정기; ~ *pritiska za autogume* 자동차 타이어 압력 측정기; ~ *kola* 회로 테스터

ispitivačkī *-ā, -ō* (形) 조사원의, 연구자의 (svojstven ispitivaču); *pogleda ga ispitivačkim pogledom* 날카로운 눈매로 그를 바라본다

ispitivalac *-aoca* 참조 ispitivač

ispitivanje (동사파생 명사) ispitivati; 조사, 심문; *podvrći* ~*u* 조사하다, 심문하다; ~ *tržišta* 시장 조사

ispitivati *-tujem* (不完) 참조 ispitati

ispitnī *-ā, -ō* (形) 참조 ispit: 시험의; ~*a pitanja* 시험 문제; ~ *rok* 시험 기간; ~*a komisija* 출제 위원회

ispizmiti se *-im se* (完) 악의적으로 되다, 앙심(원한)을 품다, 심술궂게 되다 (postati pizmen, osvetoljubiv, zloban, pakostan prema kome); ~ *na nekoga* 누구에게 앙심을 품다

isplaćivati *-ćujem* (不完) 참조 isplatiti

267

isplahnuti -nem (不完) 참조 isplaknuti

isplakati -čem (完) isplakivati -kujem (不完) 1. 눈물로 ~(고통, 슬픔 등을) 달래다; ~ tugu 슬픔을 눈물로 달래다 2. ~ oči 울어서 눈이 붓다, 눈이 붓도록 울다, 가슴이 터지도록 울다; izgubila je muža gotovo je oči isplakala 남편을 잃어 눈이 붓도록 울었다 3. 펑펑 울다, 눈물을 펑펑 쏟다; od jutra do sada devojka je isplakala sve suze 아침부터 지금까지 처녀는 펑펑 울었다 4. 울면서 간청하다 (izmoliti, isprositi suzama) 5. ~ se 깨끗이 하다, 씻다 (oprati se, očistiti se)

isplakati -čem (完,不完) 1. (파도·물 등이) 부식시키다, 침식시키다 (podlokati, razmrviti) 2. 헹구다, 깨끗이 씻어내다 (isprati, poprati)

isplaknuti -nem isplahnuti (完) 헹구어 내다, 씻어내다; ~ čašu 잔을 헹구다

isplanirati -am (完) 계획하다, 계획을 세우다, 입안(立案)하다

isplata (공과금, 청구서 금액 등의) 지불, 불입; 상환; ~ duga 채무 상환; dan ~e 지불일; ~ menice 어음 결제 isplatni (形)

isplatiti -im (完) isplaćivati -ćujem (不完) 1. (청구서, 비용, 임금, 대금 등을) 지불하다, 지출하다, 치르다, (빚을) 갚다 2. 보상하다, 변제하다 3. (完) ~ se 수지가 맞다, 이해타산이 맞다 (podmiriti troškove za uložene rad i sl., dati korist, dobitak); to se ne isplati 수지가 맞지 않는다, 할만한 가치가 없다

isplaziti -im; isplažen (完) 1. (自) 기어 나오다; isplazila kroz prozor poput zmije 그녀는 뱀처럼 창문을 통해 기어 나왔다 2. (他) (혀를) 입밖으로 내밀다 (보여 주다); ~ jezik 목졸려 죽다, 교수형을 당해 죽다; 모욕적인 행위를 하다

isplesti ispletem; ispleo, isplela (完) ispletati -ćem (不完) 1. 뜨다, 짜다; ~ čarape 양말을 뜨다; ~ lese 싸리문을 만들다 2. (비유적) 상상으로 지어내다, 상상으로 만들어내다 (izmisliti, maštom stvoriti); ~ legendu 전설을 지어내다 3. ~ se (엉킨 것이) 풀리다; (분란, 분쟁 등에서) 빠져 나오다, 벗어나다 4. ~ se (엉킨 것의) (최종적인 결과로서) 나오다, 발생하다

ispleviti -im 1. 잡초를 뽑다, 잡초를 없애다, 풀을 뽑다 2. 잡초를 뽑아 깨끗이 하다; ~ njivu 밭의 잡초를 깨끗이 뽑다; ~ usev 농작물 밭에서 풀을 뽑다

isplivati -am (完) ispljivati -am (不完) 1. 수면 위로 나오다 (떠 오르다); ulje je isplivalo na površinu 기름이 표면 위로 떠 올랐다 2. 수영해(헤엄쳐) 나오다; ~ na obalu 해변으로 헤엄쳐 나오다; ~ iz tesnaca 해협에서 헤엄쳐 나오다 3. (비유적) 나타나다, 보여지다 (pojaviti se, pokazati se) 4. (비유적) (곤란, 위험, 난처한 상황 등에서) 벗어나다; ~ iz dogova 빚에서 벗어나다; ~ iz opasnosti 위험에서 벗어나다

isploviti -im (完) 1. (배 등이) 출항하다, 항해해 나가다; ~ na pućinu 공해(公海)로 항해해 나가다 2. 서두르지 않고 나가다 3. 나타나다, 보여지다

ispljeskati -am (完) 손바닥으로 치다 (때리다), 따귀를 때리다 (izbiti, istući pljeskama, išamarati)

ispljunuti -nem (完) 침을 뱉다

ispljuskati -am (完) ispljuskivati -kujem (不完) 1. (물 등을) 튀기다, 튀겨 다 없애다; celu kofu vode ispljuska po licu i po glavi 물 한 바켓을 얼굴과 머리에 다 뿌린다 2. 흠뻑 적시다, 물을 튀겨 씻어내다; sine, dole u potočić, pa malo ispljuskaj oči i obraze 아래 개울에 가 눈과 볼을 좀 씻어내라 3. ~ se 씻다; on se ispljuska hladnom vodom 그는 찬물로 씻는다

ispljusnuti -nem (完) 참조 ispljuskati

ispljuvak -vka 침, 타액 (pljuvačka)

ispljuvati -ljujem (完) ispljuvati -am ispljuvavati -am (不完) 1. 침을 뱉다, 침을 내뱉다 2. (파리가) 배설물로 더럽히다; muve ga(sat) toliko ispljuvale das se ni brojevi nisu poznavali 파리들이 하도 똥을 많이 싸 시계의 숫자가 보이지 않았다 3. 입밖으로 내뱉다; ispljuj tu košticu! 씨를 뱉어라!

ispočetka (副) 처음부터

ispod (前置詞,+G.) ~의 밑에, 아래에(장소, 방향 등의), ~보다 적은(가치, 수량 등의); olovka je pala ~ stola 볼펜이 책상 아래로 떨어졌다; sedeti ~ drveta 나무 아래에 앉다; prodati(kupiti) ~ ruke 암시장에서 팔다(사다); ~ 20 godina 20세 이하; ići ~ ruke 서로 팔을 끼고 가다; gledati ~ oko 몰래(살짝) 쳐다보다; kupiti ~ cene 정상가 이하로 사다

ispodmukla (副) 교활하게; 몰래, 슬그머니, 슬쩍 (podmuklo, lukavo; krišom); ~ pogledati 몰래 보다

ispodočke (副) 몰래, 슬그머니, 슬쩍 (ispod oka, ispod očiju)

ispodvlačiti -im (完) 차례로 밑줄을 긋다 (sve redom podvući); ali mu odmah padoše u

oči silna mesta, gotovo na svakoj strani, ispodvlačena pisaljkom 하지만 바로 거의 모든 페이지의 많은 부분이 볼펜으로 밑줄이 쳐진 것이 그의 눈에 들어왔다
ispoganiti *-im* (完) 1. 더럽히다, 더럽게 하다 (*učinit poganim, iznusiti, zagaditi*) 2. (비유적) (도덕적으로) 타락시키다 (*moralno pokvariti*)
ispoklanjati *-am* (完) 전부 선물하다, 많은 사람들에게 선물하다 (*pokloniti sve, mnogima pokloniti*)
ispolac *-lca* (준설기의) 버킷; (토목용) 삽 (흙·모래 따위를 파고 깎는 공구) (*puljarka, šešula*)
ispolin 거인(巨人) (*div, džin*)
ispolinskī *-ā, -ō* (形) 거인의; 거대한, 거창한 (*divovski, ogroman*)
ispoljiti *-im* (完) **ispoljavati** *-am* (不完) 1. 보여주다 (*pokazati*) 2. ~ **se** ~으로 판명되다, 결국 ~임이 드러나다; ~이 되다(결과적으로); *ispoljilo se da* ~ ~으로 드러났다 3. ~ **se** 나타나다
ispomoći *ispomognem*; *ispomogao, -gla* (完) **ispomagati** *-žem* (不完) 1. 도와 주다, 돕다, 도움을 제공하다; *ispomogao sam ga* 그를 도와 주었다 2. ~ **se** 스스로 돕다
isporazbijati *-am* (完) 차례 차례 모두 깨트리다 (*razbiti sve redom*)
isporedba 비교 (*poređenje, poredba*)
isporediti *-im* (完) 비교하다 (*porediti, usporediti, uporediti*)
isporučiti *-im* (完) **isporučivati** *-čujem* (不完) (메시지 등을) 전하다, 전달하다; (구입품 등을) 배달하다, 배송하다, 전달하다; ~ *nameštaj (paket)* 가구(소포)를 배달하다; *isporučite Danici naše srdačne pozdave* 다니짜에게 우리의 안부를 전해 주십시오
isporuka (구입품 등의) 전달, 배달, 배송; *rok* ~*e* 배송 기한
isposlovati *-lujem* (完) 노력하여 얻다(획득하다), 성공적으로 해내다 (*postići nastojeći, izraditi*); ~ *odluku* 결정을 내리게끔 하다
isposnica 1. 여수도사 (보통 종교적 이유로 외딴 곳에서 모든 사람들과의 접촉을 차단하며 사는) 2. 수도승의 방 (*ćelija isposnikova*)
isposnik 수도사, 수사 (보통 종교적 이유로 외딴 곳에서 모든 사람들과의 접촉을 차단하며 사는) (*pustinjak, redovnik*)
isposničkī *-ā, -ō* (形) 참조 isposnik; ~*a haljina* 수사복(修士服); ~*o mučenje* 수도사의 고행

ispostava 지점, 지사, 지부 (*ekspozitura, filijala*)
ispostaviti *-im* (完) **ispostavljati** *-am* (不完) 1. (어음·수표 등을) 발행하다; *menicu će* ~ *trgovci* 상인들이 어음을 발행할 것이다 2. ~ **se** 확인되다, 판명되다, ~으로 드러나다, ~으로 밝혀지다; *ispostavilo se da je on lopov* 그가 도둑으로 드러났다
ispostiti *-im*; *ispošćen* (完) 1. 단식하다, 금식하다, 기름진 음식을 먹지 않다 2. (비유적) 단식으로 속죄하다 3. ~ **se** 단식으로 살이 빠지다 4. ~ **se** 기진맥진해 지다, 힘이 다 빠지다 (*iscrpsti se, istrošiti se*)
ispotajan *-jna, -jno* (形) 비밀의, 비밀스런 (*potajan, tajan*)
ispotaje (副) 비밀리에, 비밀스럽게, 몰래 (*potajno, kradomice, krišom*)
ispoved, ispovest (女) 1. 고백, 자백, 자인 2. (가톨릭) 고해
ispovedaonica 고해소(실)
ispovedati *-am* (不完) **ispovediti** *-im* (完) 1. (가톨릭) 고해성사를 듣다 2. 고백하다, 자백하다, 자인하다 3. ~ **se** (가톨릭) 고해하다, 고해성사하다 4. ~ **se** 자신에 대해 솔직히 전부 다 이야기하다
ispovednica 1. 고해소(실) (*ispovedaonica*) 2. 고해하는(한) 사람(여자)
ispovednik 1. 고해를 듣는 성직자 2. 고해를 하는(한) 사람
ispovest (女) 참조 ispoved
ispraćaj 전송(회), 송별(회); *prireden im je svećani* ~ 그들을 위한 특별 송별회가 준비되었다; ~ *pokojnika* 고인에 대한 마지막 작별 인사
ispraćati *-am* **ispraćivati** *-ćujem* (不完) 참조 ispratiti
ispraksirati se *-am se*, **isprakticirati se** *-am se*, **ispraktikovati se** *-kujem se* (完) 능수능란해지다(갈고 닦아, 항상 연습하여), 훈련하다, 연습하다, 실습하다 (*steći praksu, izvežbati se*); *prevodioci pišu i prevode služeći se ne samo bogatim jezikom nego i književno ispraktikovanim jezicima kroz mnogo sloleća* 통번역가는 풍부한 어휘뿐만이 아니라 수세기에 걸쳐 문학적으로 사용된 어휘들을 사용하여 번역하고 통역한다; *samo ako me pitate za savet, bolje vam je uzeti nekoga koji je već isprakticiran* 저한테 조언을 원한다면 이미 그러한 경험이 많은 사람한테 물어보는게 더 좋을 것 같습니다
isprašiti *-im* (完) 1. 먼지(*prašina*)를 털다, 먼

I

269

지를 털어내다; ~ ćilim 벽걸이 양탄자의 먼
지를 털어내다 2. (비유적) 때리다, 죽도록
때리다 (istući, izmlatiti); 밖으로 내쫓다 (내
던지다) (izbaciti, isterati napolje); ~
nekome 누구를 때리다

isprati *isperem*; *isprao*, *isprala*; *ispran*;
isperi (完) **ispirati** *-em* (不完) 1. ~의 내부
(안)을 헹구다 (깨끗이 하다) (oprati
unutrašnjost čega); ~ *usta* 입안을 헹구다;
~ *grlo* 목을 헹구다; ~ *kome glavu* 엄중히
책망하다 2. 흠뻑 적셔 깨끗이 하다 (oprati
oblivajući); *kiša je isprala sve grane* 비가
모든 가지들을 적셔 가며 깨끗이 청소했다;
~ *sudove* 그릇을 닦다; ~ *zlato* (사금을) 캐
다, (용변을 본 후) 물로 씻어 내리다

ispratiti *-im* (完) **ispraćati** *-am* (不完) 배웅하
다, 바래다 주다; *ispratili su me na stanicu*
나를 역에서 배웅해 주었다; *ispratio sam je
do kuće* 나는 그녀를 집에까지 바래다 주었
다; ~ *pogledom (očima)* 멀리 사라져 가는
것을 바라 보다

ispratnja 1. 참조 ispraćaj 2. 장지(葬地)에 같
이 가는 것

isprava 1. 증명서, 신분증 (legitimacija, lična
karta) 2. *putna* ~ 여권, 패스포트 (pasoš) 3.
사실(직무)관계 확인서

ispravak *-vka* (男) 참조 ispravka

ispravan *-vna, -vno* (形) 1.쓸 수 있는 상태의,
고장나지 않은; 단점(부족한 점, 잘못)이 없
는; *viza je ~vna* 사증(비자)은 잘못 된 곳이
없다 2. 규칙에 기반한, 규칙(규정)에 맞는,
정확한; ~ *izgovor* 정확한 발음 3. 정확한,
사실의, 사실에 맞는; ~ *zaključak* 옳은 결론

ispraviti *-im* (完) **ispravljati** *-am* (不完) 1.(굽
은 것, 비뚤어진 것들을) 바로 잡다, 똑바로
하다; 평평하게 하다; ~ *sliku* 그림을 똑바로
하다; ~ *krivu Drinu* 부질없는 짓 (불가능한
일)을 하다 2. (잘못된 것을) 고치다, 수정하
다, 정정하다, 교정하다; ~ *zadatke (greške)*
숙제(실수)를 고치다 3. ~ se 똑바른 자세를
하다

ispravka 1. (부분적인) 정정, 수정, 교정; 첨
삭; ~ *granica* 국경 변경; *dramaturška* ~ 대
본 수정 2. (잘못·부정확한 것의) 수정, 정정;
~ *u zapisniku* 회의록 수정; ~ *u knjizi* 책
수정

ispravljač 교정(수정)하는 사람; ~ *struje* (電
氣) 교류전기를 직류전기로 바꿔주는 기계,
정류기(관)

ispravljati *-am* (不完) 참조 ispraviti

ispravljiv *-a, -o* (形) 수정(교정, 정정)할 수

있는

ispravno (副) 참조 ispravan; 올바로, 똑바로

isprazan *-zna, -zno* (形) 아무런 가치없는, 별
효용없는, 무익한

isprazniti *-im* (完) **ispraznjavati** *-am*
ispraznjivati *-njujem* (不完) 1. 비우다, 텅텅
비게하다; 빈털털이가 되게 하다; ~ *fioku* 서
랍을 비우다; *stadion se vrlo brzo ispraznio*
경기장은 순식간에 텅텅비었다; ~ *nekome
džep(kesu)* 돈을 속여 빼앗다, 강탈하다, 훔
치다 2. 떠나다 (napustiti što, otići iz čega)

ispražnjenje (동사파생 명사) isprazniti; ~
stana 아파트를 비움

isprčiti *-im* (完) (輕蔑) (입·입술을) 삐죽 내밀
다 (isturiti, izbočiti)

isprdak *-rtka* (俗語) 방귀

isprebijati *-am* (完) 1. 세게 치다, 사정없이 때
리다 (jako istući, izbiti); ~ *nekoga na
mrtvo ime* 인정사정없이 죽도록 때리다 2.
(팔, 다리 등의) 여러 곳을 부러뜨리다

isprečiti *-im* (完) **isprečavati** *-am* **isprečivati**
-čujem (不完) 1. (他) 가로질러 놓다; (自)
가로질러 서 있다; ~ *sanduk nasred
hodnika* 나무궤짝을 복도 한 가운데 가로질
러 놓다; *on je sad isprečio pred kapiju* 그
는 이제 대문앞에 가로질러 서 있다; ~ *oči
(očima)* 흘겨보다; ~ *veto* 비토권을 행사하
다 2. ~ se 가로질러 있다, 길을 가로막고
있다 3. ~ se 반대하다 4. ~ se 소리지르다,
고함지르다

ispreći *ispregnem* (完) 참조 ispregnuti

ispred 1. (前置詞,+ G.) ~의 앞에, ~전에, 이전
에, 목전에; ~ *kuće* 집 앞에; ~ *ispita* 시험
목적에; ~ *svega* 무엇보다 먼저, 최우선적으
로 2. (副) 앞에, 앞쪽에, 전방에, 앞쪽으로
(napred)

ispredati *-am* (不完) 참조 ispresti

ispredavati *-edajem* (完) 1. (예정되었던) 강의
모두를 다 마치다(끝마치다); ~ *građu* 재료
에 대한 강의를 다 끝마치다 2. 전달하다; ~
svima pozdrave 모든 사람들에게 안부를 전
달하다 3. ~ se 모든 사람들이 차례로 항복
하다

isprednjačiti *-im* (完) 참조 prednjačiti

ispregnuti *-nem*; *-nuo, -nula & -gao, -gla*
(完) **isprezati** *-žem* (不完) (말 등의) 장구(裝
具)를 끄르다, 마구를 풀다; ~ *konja* 말에서
마구를 풀다

ispreka, ispreko (副) 1. (사·바강) 건너편에 (스
렘, 보이보디나 쪽에서) 2. 불만족스럽게, 흘
기면서 (s nezadovoljstvom, popreko) 3. 옆

에서,옆쪽에서 (s strane, s boka, izrebar)

isprekidan *-dna*, *-dno* (形) 1. 참조 isprekidati 2. 끊어진, 단속(斷續)적인; *~dna linija* 끊어진 선; ~ *zvuk* 들렸다 안들렸다 하는 소리 3. (의논 등이) 조리가 서지 않는, 논리가 일관되지 않는, 모순된; ~ *govor* 논리가 맞지 않는 말 4. 고르지 않은, 불안정한, 거친; *~o disanje* 고르지 않은 호흡

isprekidati *-am* (完) 1. (모든 것을 차례로) 끊다, 차단하다, 중단하다; (여러 곳을) 끊다, 차단하다, 중단하다 (prekinuti sve redom, prekinuti na više mesta) 2. ~ se 모든 것이 차례로 끊어지다, 여러 곳이 끊어지다

ispremeštati *-am* (完) (모든 것을 차례로) 옮기다, 이전하다

ispremetati *-mećem* (完) (차례로 모든 것을) 이동시키다, 이전하다

ispremlatiti *-im* (完) 모든 것을 차례로 때리다 (sve redom premlatiti, izmlatiti)

isprepadati *-am* (完) 1. (차례 차례 모든 것을) 놀래키다, 놀라게 하다 2. 수없이(여러번) 깜짝 놀라다 (mnogo puta se prepasti)

ispreplesti *isprepletem*; *isprepleo, ispreplela* (完) **isprepletati, ispreplitati** *-ćem* (不完) 1. (완전히) 얽히게 하다, (차례로 모든 것이) 뒤엉키게 하다 2. ~ se 서로 뒤엉키다; *događaj su se jako isprepreli* 사건이 너무나 얽히고 설켰다

ispresavijati *-am* (完) 1. (여러 번) 접다 2. ~ se (여러 번) 접히다

ispresecati *-am* (完) (모든 것을 차례 차례) 자르다, (여러 군데를) 자르다

ispreseći *-čem* (完) (차례로 모든 것을) 자르다, (여러 번) 자르다

ispreskakati *-čem* (完) 1. (여러 번) 뛰어 넘다, (여러 번) 건너 뛰다 2. ~ *nekoga* (상대편을 말로써) 끽 소리 못하게 하다, 응답하다

ispresti *ispredem* (完) **ispredati** *-am* (不完) 1. (실을) 잣다 2. (비유적) 상상으로 만들어 내다 (stvoriti maštom) 3. ~ se 생겨나다 (nastati, izleći se, stvoriti se)

ispreturiti *-im* (完) **ispreturati** *-am* (不完) 1. (모든 것을 차례로) 뒤죽박죽으로 만들다, 엉망진창으로 만들다 2. (비유적) (이전의 상태와는 완전히 다르게 모든 것을 차례로) 바꾸다

isprevijati *-am* (完) (차례로 모든 것을) 접다, 구부리다

isprevrtati *-ćem* **isprevrnuti** *-em* (完) (차례로 모든 것을) 뒤집어 엎다

isprezati *-žem* (不完) 참조 ispregnuti

ispričati *-am* (完) 1. 이야기를 다 마치다, 이야기하다; *to će mi najmilija priča što je do danas ispričah* 그것은 오늘날까지 내가 말한 것 중에서 가장 좋은 이야기일 것이다 2. 정당화하다, 변명하다, 용서를 구하다; (의무 등을) 면제시키다; *zatim je ispričala oca pred gostima* 그리고 손님들 앞에서 아버지를 변명해 주었다 3. ~ se 이야기를 끝까지 다 마치다 4. **ispričavati** (不完) ~ se 변명하다, 정당화하다; *ispričao sam se da imam mnogo posla* 나는 일이 수없이 많다고 변명했다

ispričavanje (동사파생 명사) ispričavati

ispričnica (학생들의) 학교 결석 확인서 (부모나 보호자들의)

isprika 1. 변명, 핑계 (izgovor) 2. 사과문; *traži se od mene pismenu ~u u obliku novinske izjave* 나한테 신문 기사 형식의 서면 사과문을 요구한다

ispripovedati *-am* **ispripovediti** *-im* (完) (구두로 끝까지 전부) 설명하다, 이야기하다, 말하다; *Kapetan sasluša Jelku, koja mu plačući ispripoveda sve* 지휘관은 울면서 모든 것을 이야기하는 옐카의 말을 듣고 있다

isprljati *-am* (完) 참조 prljati

isprobadati *-am* (完) 여러 곳을 찌르다(쑤시다), 전부 찌르다(쑤시다) (sve ili na mnogo mesta probosti)

isproban *-bna*, *-bno* (形) 1. 참조 isprobati 2. 검증된, 확인된, 테스트 받은

isprobati *-am* (完) **isprobavati** *-am* (不完) 확인하다, 시험하다, 검사하다, 점검하다, 조사하다 (iskušati, prokušati)

isprobavanje (동사파생 명사) isprobavati

isprodati *-am* (完) **isprodavati** *-dajem* (完) (차례 차례 전부) 팔다

isprosipati *-am* (完) (전부 차례로), 쏟다, 쏟아 붓다

isprositi *-im* (完) 1. 간청하다, 간청하여 얻다 (획득하다) 2. (거지가) 구걸하다, 구걸하여 얻다 3. (처녀에게 청혼하여) 결혼 동의를 얻다

isprosjačiti *-im* (完) 간청하다, 간청하여 얻다; 구걸하다 (dobiti prosjačenjem)

isprošenica 약혼녀 (verenica)

isprošivati *-am* (完) 1. (차례로 모두 혹은 조금씩 조금씩) 바느질하다 2. (비유적) (여러 곳을) 관통시키다, 꿰뚫다 (총알 등으로) (prostreljati na mnogo mesta); *isprošivali smo ga meciam* 총알로 쑥대밭을 만들어 놓았다

I

isprovlačiti –im (完) (하나씩 하나씩 모두) 끌어 당기다

isprovocirati –am (完) (나쁜 의도를 가지고) 선동하다, 도발하다, 자극하다, 짜증나게 하다, 화나게 하다

isprsiti –im (完) isprsavati –am isprsivati –am (不完) 1. 앞으로 쭉 내밀다, (가슴 등을) 펴다; ~ grudi 가슴을 펴다 2. ~ se 어깨를 펴다 3. ~ se 젠체하다, 뽐내다, 거들먹 거리다 (napraviti se važan)

isprskati –am (完) (차례로 전부 다) 뿌리다, 살포하다 (sve redom poprskati)

isprskati –am (完) (완전히) 금가다, (여러 군데) 금가다, 깨지다 (ispucati)

ispručiti –im (完) 참조 ispružiti; ~ se na krevet 침대에 대(大)자로 눕다

ispružiti –im (完) ispružati –am (不完) (팔·다리 등을) 뻗다, 쭉 뻗치다, 쭉 펴다; 큰 대자로 뻗다(눕다); ispruži ruku! 팔을 쭉 뻗어!; ispružili su se na suncu 양지에서 기지개를 쭉 폈다; ~ jezik (조롱조의) 주책없이 지껄여대다, 필요없이 말을 많이 하다; ~ papke (卑俗語) 죽다, 쭉 뻗다 (crknuti, uginuti); ~ sve četiri 큰 대자로 몸을 쭉 펴고 눕다

isprva, isprve (副) 처음에, 맨 처음 (iz početka, u početku, pre, najpre)

ispržiti –im (完) 참조 pržiti; (음식을) 튀기다, 굽다

ispsovati –sujem (完) 1. 욕하다, 욕을 퍼붓다 2. ~ se 욕하면서 만족하다, 욕하면서 자신을 달래다 (olakšati sebi, izdovoljiti se, psujući)

ispucati –am (完) ispucavati –am (不完) 1. 금가다, 금이 가다, 깨지다; ispucao je zid 벽에 금이 갔다 2. (손 등이) 트다, 살갗이 트다, 피부가 갈라지다; ispucale su ti ruke 네 손이 텄다; sipucale usne 입술이 텄다 3. (화기를) 발사하다, 쏘다; ~ svu municiju 모든 총알을 다 쐈다 4. 소비하다, 다 쓰다 (potrošiti, istrošiti); ~ sav novac 모든 돈을 다 쓰다 5. ~ se 완전히 다 고갈되다 (사용되다)

ispuhati –šem & –am; ispuhaj & ispuši (完) 참조 ispuvati

ispumpati –am (完) 1. 퍼내다 (iscrpsti); posle toga ispumpana je voda iz unutrašnjosti broda 그후 배 안에서 물을 퍼냈다 2. (타이어, 공 등에서) 공기를 빼내다; ~ gumu 타이어의 공기를 빼다

ispuniti –im (完) ispunjavati –am ispunjivati –njujem (不完) 1. 채우다, 채워 넣다; publika je ispunila salu 관중(청중)들이 홀을 가득 메웠다; oči su joj se ispunile suze 그녀의 눈에는 눈물이 그렁그렁했다 2. (새·짐승을) 속을 채워 박제 하다; ~ pticu 새를 박제하다 3. (빈 칸·신청서 등에) 기입하다, 써넣다; starac se strašno znojio dok mu je ispunio indeks 노인은 인덱스르 써 넣는 동안 땀을 굉장히 많이 흘렸다 4. (어떤 감정을) 야기시키다; taj prizor ga je ispunio naqjvećim gnušanjem 그러한 광경은 그를 구역질나게 했다 5. (명령, 업무, 생각난 것 등을) 완수하다, 이행하다, 실현하다; ~ obećanje (obavezu) 약속(의무)을 이행하다; inpunila mi se želja 내 소원이 이루어졌다; ~ sve uslove 모든 조건을 충족시키다

ispunjiv, ispunljiv –a, –o (形) 실현될 수 있는

ispunjivati –njujem (不完) 참조 ispuniti

ispupak –pka 튀어나온 것, 불룩나온 것 (ono što je ispupčeno, ispupčenje, ispupčina)

ispupčen –a, –o (形) 볼록한, 튀어나온, 철면 (凸面)의 (konveksan); ~o ogledalo 볼록 거울

ispupčenje (동사파생 명사) ispupčiti (se)

ispupčina 튀어나온 것, 불룩나온 것; 튀어나온 장소

ispupčiti –im (完) 1. 튀어나오게 하다, 불쑥 솟아나오다, 볼록나오게 하다, 돌출시키다 (isturiti, izbočiti); ~ prsa 가슴을 쭉 내밀다 2. ~ se 튀어나오다, 돌출되다

ispuska (보통 複數로) (천·옷의) 가두리, 옷단; (특히) 옷단 대기, 감침질

ispusnī –ā, –ō (형) 배수구의, 하수구의

ispust 1. (소 등의) 방목장, 목초지 (pašnjak) 2.(건물·다리·창 등의) 튀어나온 부분, 난간 3. 배수구, 하수구 4. 참조 ispuska

ispustiti –im (完) ispuštati –am (不完) 1. (손에서) 놓다, 놓아주다, 떨어뜨리다; ~ iz ruku 놓치다; ispustio je čašu i razbio je 컵을 놓쳐 깼다; ~ dušu 죽다, 사망하다; ~ iz pameti 잊다, 망각하다; ~ vodu iz kade 욕조에서 물을 빼다 2. 석방하다, 방면하다, (사람 등이) 멀리 떠나게 하다, (동물 등을) 풀어놓다; ~ pticu iz kaveza 새를 새장에서 풀어주다 3. (책 등의 내용에서) 생략하다, 빼다, 빠뜨리다; ~ ceo red 한 줄을 통채로 빼다 4. 놓치다; ~ priliku 기회를 놓치다; ~ iz vida (iz očiju) 주목하지 않다, 바라보는 것을 멈추다; 무시하다, 경시하다 5. 방출하다, 내뿜다; 스며나오다; ~ zvuke (smrad) 소리를 내다 (악취를 풍기다); ~ signale 신호를 보내다; ~ uzdah 한숨을 쉬다 6. ~ se

원무(圓舞)를 마치다, 콜로를 마치고 맞잡은 손을 놓다

ispušak _-ška_ (담배) 꽁초

ispušiti _-im_ (完) 1. ((담배를) 완전히 끝까지 다) 피우다, 담배를 피다 2. ~ **se** 증발하다, 사라지다,없어지다 (izvetriti, ishlapiti, nestati, iščeznuti)

ispuštati _-am_ (不完) 참조 ispustiti

iatačkan _-a, -o_ (形) 점이 있는, 점으로 된, 점 점이 박힌

istačkati _-am_ (完) 점점이 표시하다 (posuti, išarati tačkama ili kao tačkama)

istaći, istaknuti _istaknem; iskaknuo, istaknula & iatakao, istakla; istaknut_ (完) **isticati** _-čem_ (不完) 1. 앞으로 내밀다(이동시키다), 돌출시키다; _za časak istaknu donju ispod gornje usnice_ 순간적으로 아랫 입술을 삐죽였다 2. 잘 보이는 곳에 놓다(두다, 걸다, 게 양하다); ~ _plakat_ 벽보를 붙이다; ~ _zastavu_ 깃발을 내걸다 3. (비유적) 주목시키면서 특히 강조하다; ~ _važnu činjenicu_ 중요한 사실을 강조하다 4. (비유적) 추천하다 (predložiti) 5. ~ **se** 두드러지다 (izdvojiti se između ostalih)

istaja (副) 몰래, 비밀리에 (potajno, krišom)

istakati _-čem_ (不完) 참조 istočiti

istaknut _-a, -o_ (形) 유명한, 저명한

istaknuti _-nem_ (完) 참조 istaći

istančati _-am_ (完) 1. 얇게하다, 가늘게하다 (istanjiti); ~ _žice_ 철사를 가늘게 하다 2. (옷이) 얇아지다, 해지다 3. 여위다, 수척해지다 (oslabiti, smršati) 4. 재고량이 거의 바닥나다, (물질적으로) 가난해지다 (osiromašiti) 5. ~ **se** 얇아지다; 가난해지다

istanjiti _-im_ (完) **istanjivati** _-njujem_ (不完) 1. 아주 가늘게(얇게)하다 2. ~ **se** 얇아지다 3. ~ **se** 아주 삐쩍 마르다 4. ~ **se** 소비되다, 없어지다, 점점 줄어들다 (istrošiti se, smanjiti se); _istanjio mu se džep_ 그의 주머니는 점점 얇아졌다

istarskī _-ā, -ō_ (形) 참조 Istra

istaviti _-im_ (完) **istavljati** _-am_ (不完) 1. 전시하다, 진열하다, 잘 보이는 곳에 놓다(두다); ~ _oglas_ 광고를 잘 보이는 곳에 붙이다 2. 꺼내다, 끄집어내다, 빼다; ~ _kolac_ 말뚝을 빼다, ~ _zub_ 이(齒)를 빼다 3. (손,발을) 삐다 (iščašiti) 4. 떼어내다; ~ _vrata_ 문을 떼어내다 5. ~ **se** ~로 판명되다, 결국 ~이 되다 (ispoljiti se, ispostaviti se, pokazati se)

isteći _istečem & isteknem; istekao, istekla_ (完) **isticati** _-čem_ (不完) 1. 흐르다, 흘러나

오다; _istekla je voda iz kade_ 욕조에서 물이 흘렀다; _isteklo mu je mnogo krvi_ 많은 피가 흘렸다 2. (기간 등이) 끝나다, 만기가 되다; _istekao je rok_ 기한이 지났다 3. (비유적) ~에서 나오다 (출처 등의) 4. 나타나다 (달, 태양, 별 등이)

isteći _istegnem_ (完) istegnuti

istegliti _-im_ (完) 쭉 뻗다, 큰 대자로 눕다 (istegnuti, ispružiti, razvući)

istegljiv _-a, -o_ (形) 길게 늘일 수 있는, 잡아 늘일 수 있는

istegnuti _-em_ (完) **istezati** _-žem_ (不完) 1. 팽 팽하게 잡아당기다, 잡아늘이다 (natežući učiniti dužim, protegnuti u kakvom pravcu); _konji su istegli vratove_ 말들이 목을 잡아당겼다; ~ _mišić_ 근육을 긴장시키다 2. 잡아 끌어내다, 끄집어내다 (povlačeći izvući odakle); _ne nadasmo se da će nas konji ~_ 말들이 우리를 끄집어 낼 줄은 생각치도 못했다 3. ~ **se** 팽팽해지다

istek (기간·임기) 만료, 만기, 종결; _po ~u roka_ 기한이 종료된 후

istempirati _-am_ (完) (폭발) 시간을 조정하다, 시간을 맞추다 (폭탄, 포탄, 지뢰 등의)

istepsti _istepem; istepao, istepla_ (完) 치다, 두드리다, 때리다 (istresti, izbiti)

isterati _-am_ (完) **isterivati** _-rujem_ (不完) 1. 쫓아내다, 내쫓다, 추방하다; (마소를) 몰다; ~ _stoku na pašu_ 소를 목초지로 몰아 가다; ~ _iz škole_ 학교에서 추방하다 2. 싹이 나다, 싹이 돋다, 발아하다; ~ _pupoljke_ 싹이 나다 3. 기타; ~ _bubice (mušice) kome iz glave_ 맑은 정신으로 생각하고 행동하게 하다, 정신차리게 하다; ~ _đav(o)la (vraga) iz koga_ 너무 과하지 않게 하다, 적당히 하게 하다; ~ _na čistac_ 명확하게 하다, 분명하게 하다; ~ _novac iz čega_ 돈을 벌다, 돈벌이 하다; ~ _reč na jezik_ 말하도록 등을 떠밀다; ~ _stvar do kraja_ 성공적으로 일을 끝마치다 (완수하다); ~ _suze_ (누구를) 울게 하다; ~ _svetlac(e) na oči_ 눈에 불이 번쩍나게 하다, 머리를 힘껏 때리다; _terati lisicu, a ~ vuka_ 작은 악마를 쫓아내다 더 큰 악마가 찾아온다, 늑대를 쫓아내니 이젠 호랑이를 쫓아내야 할 형편이다

isterivač 몰이꾼 (isterivalac)

istesati _-šem_ (完) 1.다듬어 만들다, (나무·돌 등을) (어떤 모양으로) 새기다 (만들다); _istesao je sto (od drveta)_ (나무로) 책상을 다듬어 만들었다 2. (비유적) 최종적인 형태를 부여하다, 만들다 3. (비유적) 문화적인

I

습관이 몸에 배개하다

istesterisati *-šem* (完) 톱(testera)질하다 (ispiliti); ~ *drva* 나무를 톱으로 자르다

istetovirati *-am* (完) 참조 tetovirati; 문신하다, 문신을 새기다

istezati *-žem* (不完) 참조 istegnuti

istī *-ā, -ō* (形) 같은, 동일한; *na* ~ *način* 동일한 방법으로; *(govoriti) jedno te* ~*o* 항상 똑같게 (말하다); *iz* ~*ih stopa* 즉시, 당장 (odmah, smesta); *~a pesma* (전(前)과) 똑같은 이야기; *u* ~ *mah* 동시에 (ujedno); *on je* ~ *otac* 그는 (성질,기질 등이) 아버지를 꼭 닮은 아들이다; *metati u* ~*u vreću* 같게 하다, 동일하게 하다

isticati *-čem* (不完) 참조 istaći

isticati *-čem* (不完) 참조 isteći

istiha (副) 1. 조용히, 조용하게, 겨우 들리게 (tiho); ~ *pevati* 조용히 노래부르다; ~ *plakati* 조용히 울다 2. 천천히, 느릿느릿하게, 눈에 띄지 않게 (neprimetno, polako, polagano); ~ *sve uraditi* 하나씩 하나씩 모든 것을 다 하다

istijatī, istijacitī *-ā, -ō* (形) (보통 숙어로 사용됨) *isti istija(ci)ti* 완전히 똑같이 (sasvim isti)

istimariti *-im* (完) (말을) 빗질하다, 손질하다

istina 진실, 사실; 진리; ~ *o događaju* 사건의 진실; *naučna* ~ 과학적 진리; *govoriti* ~*u* 진실을 말하다; *zaobilaziti* ~*u* 거짓을 말하다, 거짓말 하다; *kupovati pod gotovu* ~*u* 거짓을 사실처럼 받아들이다; *okolišati oko istine* (실제로) 어떠했는지 좀처럼 말하려하지 않다; *poslati bogu na* ~*u* 죽이다, 살해하다; *otići (poći) bogu* ~*u* 죽다, 사망하다; *ispratiti bogu na* ~*u* 누가 죽기를 바래다(기대하다); *pogledati* ~*i u oči (u lice)* 진실을 직시하다, 현실과 타협하다; *krojiti* ~*u* 자신의 이해관계에 따라 진실을 꾸미다(만들다); *što je* ~, ~ 사실은 사실이다, 정말로 그렇다

istina, istinabog (小辭) 사실은, 정말로 (u stvari, doista, zaista); *on je*, ~, *glup* 그는 사실은 멍청하다

istinit *-a, -o* (形) 1. 사실적인, 사실에 부합하는; ~ *događaj* 사실적인 사건; *~a priča* 사실적 이야기 2. 정확한, 올바른 (tačan, ispravan); ~ *odgovor* 올바른 대답 3. 진짜의, 정말의, 진정한 (istinski, pravi); *~a umetnost* 진짜 예술; *~o poštovanje* 진정한 존경 4. 솔직한, 진실한 (iskren, pošten); ~ *rodoljub* 진정한 애국자

istinitost (女) 진실(함), 사실(에 부합함)

istinoljubac *-pca* 진실(진리)를 좋아하는 사람

istinoljubiv *-a, -o* (形) 진실(진리)를 좋아하는; 정직한, (사람이) 진실을 말하는

istinoljubivost (女) **istinoljublje** (中) 진리애, 진리에 대한 사랑

istinskī *-ā, -ō* (形) 실재의, 진짜의, 정말의, 사실의

istinski (副) 정말로, 사실로 (uistinu, doista, zbilja)

istirati *-am & -em* (不完) 참조 istrti

istisnuće (동사파생 명사) istisnuti; 압착

istisnuti *-em*; *-nuo, -nula & -skao, -sla* **istiskati** *-am & istišćem* (完) **istiskivati** -*kujem* **istiskati** *-am* (不完) 1. 눌러 짜내다, 압착하다, 짜내다; ~ *pastu iz tube* 튜브에서 페이스트를 짜내다 2. (비유적) 밀어내다, (누구를) 밀어내고 그 자리를 차지하다; ~ *nekoga s položaja* 누구를 그 직에서 밀어내다 3. (비유적) 단속(斷續)적으로 천천히 말하다

istkati *-am* (完) **istkivati** *-am* (不完) 참조 izatkati

isto (副) 같게, 동일하게, 똑같이; *ona ga još uvek* ~ *voli* 그녀는 아직도 그를 변함없이 사랑한다; *oni su* ~ *išli u Rim* 그들 역시 로마로 갔다

istobojan *-jna, -jno* (形) 동일한 색깔의, 같은 색의

istobrojan *-jna, -jno* (形) 같은 숫자의, 똑같은 수의

istočiti *-im* (完) **istakati** *-čem* (不完) 1. (끝까지 다) 흐르게 하다 2. (눈물·피 등을) 흘리다 (proliti, izliti) 3. (통에서 맥주 등을) 따르다; ~ *vino iz bureta* 통에서 포도주를 따르다 4. (숫돌(tocilo)에다 칼, 도끼 등을) 갈다, 예리하게 하다 5. 선반으로 가공하다 (만들다) (izraditi što na tokarskoh klupi) 6. (그릇 등을) 털다, 털어내다 7. (비유적) 허약하게 하다, 야위게 하다, 비쩍 마르게 하다 (oslabiti, učiniti mršavim); *istočila ga bolest* 그는 병으로 인해 수척해졌다 8. (벌레 등이) 갉아 먹다, 먹어 들어가다; (녹 등이) 부식시키다; ~ *drvo* 나무를 갉아 먹다

istočnī *-ā, -ō* (形) 참조 istok: 동쪽의; 중동의, 근동의; 정교(正敎)의; ~ *vetar* 동풍(東風); ~ *narodi* 중동 사람들; *~a crkva* 정교회, ~ *vera* 정교; ~ *greh* 원죄 (선악과를 따먹은 아담의 죄)

istočnik 1. 원천, 근원 (izvor); ~ *vode* 수원(水源); ~ *radosti* 기쁨의 근원 2. 원인 (uzrok) 3. 후손, 자손 (potomak) 4. 동풍(東

風) (istočnjak)

istočnjak 1. 동방인, 동양인; 중동인 (čovek koji potiče s Istoka) 2. 동풍(東風) (istočnik)

istodoban -bna, -bno (形) 동시의, 동시에 일어나는, 같은 시기의 (istovremen)

istoimen -a, -o (形) 같은 이름의, 동명(同名)의

istok 1. 동(東), 동쪽 2. (政) (대문자로) 동방, 동양; liski ~ 근동; Srednji ~ 중동; Daleki ~ 극동 3. 동풍(東風) (istočnjak) istočni (形)

istom (副) 겨우, 간신히, 가까스로 (jedva)

istomišljenik 같은 생각을 가지고 있는 사람

istopiti -im (完) (완전히 다) 녹이다 (sasvim, dokraja rastopiti)

istoplemenik 동족(同族)의 사람, 같은 부족에 속하는 사람

istopljenī -ā, -ō (形) 녹은, 녹아내린; ~ osigurač 녹아내린 휴즈

istoricizam -zma 역사주의; (역사 연구에서의) 실증주의

istoričar 역사학자, 역사가 istoričarka

istorija 1. 역사; odeljenje za ~u 사학과; ~ starog (novog) veka 고대사 (현대사); praviti ~u 역사를 만들다, 역사의 기록에 남을만한 중요한 의미를 갖다; ići u ~u 기록에 남다, 역사에 남을만큼 중대한 의미를 갖다; točak ~e 역사의 수레바퀴; hteti vratiti (okrenuti) nagrag točak ~e 역사의 수레바퀴를 뒤로 돌리기를 원하다 istorijski (形) 2. 과거 (prošlost); tužna ~ 슬픈 과거 3. 사건, 이야기 (događaj, priča)

istorijat 사건의 흐름 (발전); (사건 발생의) 배경, 원인(遠因) (tok događaja); ~ bitke 전투의 (역사적) 흐름; ~ Zemljinog rođenja 지구 탄생의 (역사적) 흐름

istorijskī -ā, -ō (形) 역사의, 역사적인; ~e činjenice 역사적 사실; ~ razvoj 역사적 발전; ~ razvitak nauke 역사적 과학 발전; ~a uloga 역사적 역할; ~a gramatika 역사 문법

istoriografija 사료 편찬

istorizam -zma 역사주의; (역사 연구에서의) 실증주의

istorodan -dna, -dno (形) 같은 종류의, 동종(同種)의 (istvovrstan); ~ narod 같은 민족

istosmeran -rna, -rno (形) 같은 방향의, 일방향의 (jednosmeran); ~rna struja 직류 전기

istostran -a, -o istostraničan -čna, -čno (形) (數) 등변(等邊)의 (ravnostran)

istovar (차·배 등의) 짐을 내림 (istovarivanje, iskrcavanje); ~ broda 짐을 배에서 내림 istovarni (形)

istovariti -im (完) istovarivati -rujem (不完) 1. (차·배 등의) 짐을 내리다; ~ ugalj sa broda 배에서 갈탄을 하적하다 2. ~ se 짐을 가지고 내리다 3. ~ se (卑俗語) 대변을 많이 보다 (učiniti veliku nuždu)

istovarnī -ā, -ō (形) 참조 istovar

istoverac -rca 같은 종교를 믿는 사람

istovetan -tna, -tno (形) 동일한, 같은; isti ~ 완전히 똑 같은; ~ motiv 동일한 모티브; ~ odgovor 똑 같은 대답; ~tni programi 동일한 프로그램, 유사한 프로그램

istovetnost (女) 동일함

istovremen -a, -o (形) 동시의, 동시대의; ~ napad 동시 공격

istovrstan -sna, -sno (形) 같은 종류의, 동종의 (istovetan); ~tna biljka 같은 종류의 식물; ~tna sorta 같은 종류

istozvučnica 이형동음이의어 (異形同音異義語) (homonim)

Istra 이스트라; Istranin; Istranka; istarski (形)

istraćiti -im (完) (시간·돈 등을) 낭비하다, 탕진하다; ~ imanje 재산을 탕진하다

istraga 1. 조사, 수사, 취조, 심문; ~ je u toku 수사가 진행중이다; biti pod ~om 수사대상이 되다, 수사중이다; voditi ~u 수사하다 istražni (形) 2. 섬멸, 전멸, 붕괴, 파괴 (uništenje, propast); ~ poturica 이슬람 개종자 섬멸

istrajan -jna, -jno (形) 끈질긴, 집요한, 악착같은, 불굴의 (uporan, izdržljiv); ~ napor 끈질긴 노력

istrajan -a, -o (形) 오래된, 낡은 (dotrajao, iznošen)

istrajati -jem (完) 1. ~에 굴하지 않고 끝까지 하다, 고집하다; ~ u nečemu 무엇을 끝까지 하다; ~ u zahtevima 끝까지 요구하다; ~ u poslu 업무를 끝까지 하다 2. (오랫동안) 지속하다, 존속하다; (없어지지 않고) 오래 가다; istrajao nam je benzin 휘발유가 오래 갔다; auto je istrajao do Beograda 자동차가 베오그라드까지는 그럭저럭 버텨주었다; šuma može da istraje dugo 숲은 오랫동안 존속할 수 있다

istrajnost (女) 고집, 집요함, 끈기; 지속, 영속 (izdržljivost)

istranširati -am (完) 참조 tranširati; 자르다

istražitelj 1. (法) 수사관; 수사 판사 2. 연구자 (istražilac)

istražiti -im (完) istraživati -žujem (不完) 1. (문제 등을) 조사하다, 연구하다, 탐구하다 2. (法) 수사하다, 조사하다 3. (方言) (가족·부족

I

등을) 전멸시키다, 멸종시키다, 근절시키다 (uništiti, istrebiti da ne ostane ni traga)

istraživač, istraživalac *-aoca* 수사관, 조사관; 연구자, 연구원; 탐험가

istraživačkī *-ā, -ō (形)* 조사의, 수사의; 연구의; 탐험의; ~ *institut* 조사 기관; *baviti se ~im radom* 조사(연구) 업무에 종사하다

istražnī *-ā, -ō (形)* 1. 수사의, 조사의; ~ *sudija* 수사 판사; ~ *organi* 수사 기관; ~ *zatvor* 유치장 (재판전의); *~a komisija* 조사 위원회 2. 연구의, 연구자의 (istraživački)

istrcati *-am (完)* 닳아 없어지다, 써서 해지다, 마모되다

istrčati *-im (完)* istrčavati *-am (不完)* 1. 뛰어가다, 뛰어나가다, 뛰어 (어느 곳에 모습을) 나타나다; *čobani su istrčali pred nas* 목동들이 우리 앞으로 뛰어 왔다; ~ *na ulicu* 거리로 뛰어나가다 2. (말을 자르면서) 끼어들다, 참견하다, 간섭하다 3. ~ *se* 간섭하다, 참견하다 4. ~ *se* 많이 뛰다 (natrčati se u dovoljnoj meri)

istrčiti *-im (完)* (숙어로만); ~ *oči* 눈을 크게 뜨다, 눈을 동그랗게 뜨다 (izbuljiti, izbeljiti)

istrebiti *-im (完)* **istrebljivati** *-ljujem* **istrebljavati** *-am (不完)* 1. (옥수수 등의) 껍질을 벗기다, 껍데기를 벗기다; 탈곡하다 2. 근절시키다, 절멸시키다, 몰살하다, 모조리 없애버리다, 씨를 말리다 (uništiti, iskoreniti); ~ *miševe* 쥐를 박멸하다

istrebljenje (동사파생 명사) istrebiti; 근절, 절멸, 몰살, 멸종; *rat do ~a* 완전히 몰살시킬 때 까지 지속되는 전쟁

istrebljivač, istrebitelj 몰살자, 몰살시키는 사람

istrebljivačkī *-ā, -ō (形)* 근절의, 몰살의; 근절자의, 몰살자의; *~a politika* 몰살 정책; ~ *rat* 몰살 전쟁

istrenirati *-am (完)* 1. 훈련시키다, 길들이다; ~ *psa za čuvanje objekta* 건물 경비용 개를 훈련시키다 2. ~ *se* 훈련하다, 연습하다

istresti *istresem; istresao, istresla; istresen (完)* istresati *-am (不完)* 1. (먼지 등을) 털다, 털어내다; ~ *džep* 누구의 주머니를 완전히 털다(돈을 다 사취하다); ~ *ćilim* 벽걸이 양탄자의 먼지를 털다; ~ *prašinu iz odela* 옷의 먼지를 털어내다 2. 흔들다, 뒤흔들다, 흔들어 떨어뜨리다; ~ *dušu* (차가 비포장 도로를 달리면서) 흔들려 혼났다 3. (비유적) 한번에 다 털어 넣다(마시다) (ispiti nadušak); 단숨에 말하다 (naglo, brzo izgovoriti sve što se ima reći) 4. ~ *se* 안도하다 5. ~ *se*

(na nekoga) 누구에게 화를내다 (고함치다) (izgrditi, ispsovati)

istrezniti *-im (完)* 1. 술에서 깨어나게 하다, 제정신이 들게하다 2. 편견에서 벗어나게 하다 3. ~ *se* 술에서 깨다

istrgnuti *-nem; istrgao, -gla (完)* **istrgati** *-am (不完)* 1. (완력으로) 뽑다, 잡아뽑다; ~ *(koga, što) iz srca* (누구를, 무엇을) 잊다, 잊어버리다 (zaboraviti); ~ *s korenom* 뿌리채 뽑다, 근절시키다, 완전히 제거하다; ~ *nešto iz srca* 잊다, 잊어버리다 2. (비유적) 빼앗다, 갈취하다 (iznuditi) 3. ~ *se* 완력으로 벗어나다 (osloboditi se silom) 4. ~ *se* 갑자기 나타나다; 떨쳐 버리다, ~에게서 벗어나다 (naglo se pojaviti; oteti se); *pas mu se istrgao* 개가 그에게서 벗어났다

istrknuti *-nem (完)* 참조 istrčati

istrljati *-am (完)* 1. 비비다, 문질러 닦다 2. 안마하다, 마사지하다 (istrti, izmasirati)

istrošen *-a, -o (形)* 1. 낡은, 헐은, 해진, 오래된 (dotrajao); ~ *pod* 낡은 바닥, ~ *drum* 곳곳 움푹 패인 도로 2. 다 써버린, 소비된 3. (육체적, 신체적으로) 허약해진, 쇠약해진, 기진맥진한 (oslabljen, iscrpljen, izmoren); *~a starica* 쇠약해진 노파; ~ *ogranizam* 허약해진 장기(臟器)

istrošiti *-im (完)* 1. 다 사용하다, 많이 소비하다 2. (方言) (빵 등을) 부스러뜨리다, 가루로 만들다, 잘게 찧다 (izdrobiti, usitniti)

istrpeti *-im (完)* (아픔·고통 등을) 참다, 견디다, 인내하다 (održati se, pretrpeti); ~ *bol* 통증을 견디다; *ako isprpimo ovaj tempo, završićemo izradu računika na vreme* 만약 우리가 이 (작업) 속도를 계속 유지한다면 시간에 맞춰 사전 작업을 마칠 수 있을 것이다

istrti *istrem & istarem; istro, istrla; istrt & istrven (完)* istirati *-em (不完)* 1. 비비다, 마찰하다; 비벼 깨끗하게 하다 (dovršiti trenje); *šerpe ~ krpom* 냄비를 행주로 닦아 깨끗이 하다 2. (자주 사용하여·비벼대) 해지다, 낡다 3. 지우다 (izbrisati); ~ *slova gumicom* 지우개로 글자를 지우다; ~ *iz pameti njenu sliku* (비유적) 기억에서 그녀의 모습을 지우다 4. 안마하다, 마사지하다 (istrljati, izmasirati); ~ *oči* 눈을 비벼 마사지하다; ~ *kožu* 피부를 문질러 마사지하다

istrtljati *-am (完)* 불쑥 말하다, 무심결에 누설하다 (izbrbljati, izblebetati)

istruckati (se) *-am (se)* (자동차 등이 비포장 도로 등에서) 흔들리다; ~ *se vozeći se neravnim putem* 평평하지 않은 도로에서

I

(마차·버스 등을) 타고 오면서 흔들리다

istrugati *-žem* (完) 1. (표면 등의 꺼칠꺼칠한 것들을) 매끈하게 벗겨내다; 대패질 하다; ~ *kreč sa zida* 벽의 회를 평평하게 하다 2. 필요한 형태로 만들다, 문질러 깨끗이 하다 (struganjem izglačati, izgladiti; dati potreban oblik) 3. (강판 등에) 갈다; ~ *koru od limuna* 레몬 껍질을 강판에 갈다

istruliti *-im* (完) 썩다, 부패하다, 부식하다

istruniti *-im* (完) 1. (서캐·이 등을 머리에서) 빗질로 잡아내다(깨끗이하다) 2. ~ **se** 빵 등을 부스러뜨리다, 가루로 만들다, 잘게 찢다

istrunuti *-em* (完) 썩다, 부패하다, 부식하다 (istruliti)

istrven *-a, -o* (形) 참조 istrti

istrzan *-a, -o* (形) 중단된, 단속적인 (istrgan, isprekidan)

istrzati *-am* (完) 찢다, 찢어놓다, 발기발기 찢다 (trgajući raskidati, iskidati)

istucati *-am* (完) 두드려 잘게 부수다, 부스러뜨리다, 가루로 만들다 (tucajući usitniti, izmrviti)

istući *-čem* (完) 1. 실컷 패다(두드리다, 때리다) (izlupati, izbiti, isprebijati, izmlatiti, pobiti) 2. 두드려 잘게 부수다, 때려 부스러뜨리다 (가루로 만들다) (udarcima usitniti, tukući izmrviti) 3. ~ **se** 서로 치고 때리다

istumačiti *-im* (完) 완전히 해석하다, 다 해석하다, 끝까지 해석하다 (sasvim protumačiti, dokraja protumačiti)

istup 1. (대중 앞에서의) 연설, 발표 (reč, izjava); ~ *protiv kandidata* 후보에 반대하는 선언; njegov prvi ~ u štampi 그의 최초의 언론 발표; *jedinstven ~ u skupštini* 의회에서의 유일한 연설 2. 도를 넘는 행위(월권·방종·폭행 등), 과도함 (ekces); *sramotiti se sinovljevih istupa* 아들의 도를 넘는 행위로 수치를 당하다

istupanje (동사파생 명사) istupati

istupati *-am* (不完) 참조 istupiti

istupeti *-im* (完) 둔해지다, 무뎌지다 (postati tup); *istupeo je nož* 칼이 무뎌졌다

istupiti *-im* (完) 1. 무디게 하다, 둔하게 하다 (načiniti što tupim) 2. ~ **se** 둔해지다, 둔감해지다

istupiti *-im* (完) 1. 줄 밖으로 나가다; 이탈하다, 열외하다; *ko od vas izjavljuje da nema snage da ostane u odredu, neka istupi* 여러분들중에서 부대에 남아있을 힘이 없다고 말한 사람은 열밖으로 나오시오 2. 탈퇴하다 (단체·회(會) 등으로부터); ~ *iz organizacije*

조직에서 탈퇴하다; ~ *iz partije* 탈당하다 3. (청중·대중 앞에) 서다; 여론에 발표하다 (누구에 대한 찬반을 표하기 위해, 성명 등을 발표하기위해); ~ *kao poslanik u skupštini* 의회에서 의원으로 활동하다; ~ *na sceni* 무대에 서다; ~ *protiv rezolucije* 결의안에 반대하는 입장을 밝히다 4. 도를 넘는 행위를 하다, 과도하게 행동하다

isturati *-am* (不完) 참조 isturiti

isturčiti *-im* (完) 1. (모든 사람을 차례로) 터키인화 하다 (무슬림으로 개종시키다) 2. ~ **se** 터키인이 되다

isturen *-a, -o* (形) 참조 isturiti: 돌출된, 불쑥 튀어나온; ~*i položaj* (軍) 전초기지; ~*i zubi* 뻐드렁니

isturiti *-im* (完) **isturati** *-am* (不完) 1. 잘 보이는 곳에 놓다(두다, 걸다, 게양하다) (staviti na vidljivo mesto, istaći); *isturio je straže sa obe strane reke* 강 양편에 경비를 배치했다; *isturili su belu zastavu* 백기를 내걸었다; ~ *zastavu na ulicu* 거리에 국기를 내걸다; ~ *oglas* 광고를 내걸다 2. (손·발 등 신체의 일부를 앞이나 위로) 쭉 뻗다, 쭉 내밀다, 돌출시키다; *ne isturaj glavu kroz prozor* 창문으로 머리를 내밀지 마시오; ~ *pušku* (화기를) 쏘다, 발사하다; ~ *reč* 말하다 (progovoriti, izreći) 3. (땅·물 표면 위로) 솟다, 솟아나다, 쭉 내밀다

isturpijati *-am* (完) 줄(turpija)질하다, 줄로 쓸다 (깎다, 다듬다); ~ *ekser* 못에 줄질하다, 못을 줄로 깎다

istuširati *-am* (完) 샤워하다

istutnjati se *-am se* **istutnjiti se** *-im se* (完) 고함을 지르며 화내다 (화풀이 하다), 고함을 꽥꽥 지르다 (isbesneti se)

isukati *-čem* (完) (칼·권총 등을) 빼다, (칼집에서) 뽑다 (izvaditi); ~ *mač iz korica* 칼집에서 검을 뽑다

Isus 예수

isusovav *-ovca* (가톨릭) 예수회의 일원 (수사) **isusovački** (形)

isušenje (동사파생 명사) isušiti; 건조(시킴)

isušiti *-im* (完) **isušivati** *-šujem* (不完) 1. 말리다, 건조시키다, 물기를 제거하다 2. (비유적) 극도로 기진맥진하게 하다 3. ~ **se** 마르다, 물기가 없어지다 4. ~ **se** 비쩍 마르다 (izmršaviti)

isuti *ispem* (完) 따르다, 붓다, 쏟다, 흘리다

isvađati se *-am se* (完) (충분히) 다투다, 말다툼하다 (svađati se s kim dovoljno)

iš (感歎詞) 동물이나 새 등을 쫓을 때 내는 소리

I

išamarati *-am* (完) 따귀를 때리다, 손바닥으로 때리다

išarati *-am* (完) 1. 알록달록하게 하다(만들다) 2. 장식하다, 아름답게 하다 (여러 색깔로) (ukrasiti, ulepšati šarama) 3. 주근깨 투성 이로 만들다, 얼룩 투성이로 만들다; ~ lice 주근깨가 얼굴을 덮다, 얼굴이 온통 주근깨 투성이이다; ~ stloljak mrljama 테이블보를 얼룩 투성이로 만들다 4. (읽을 수 없이) 갈겨 쓰다

iščačkati *-am* (完) 1. (이쑤시개·손가락 등으로) 쑤시다, 후벼 파다; ~ zube 이를 쑤시다; ~ uvo 귀를 쑤시다 2. (파헤치며·뒤적이며) 찾다, 발견하다; *u tom neredu se može ~ svašta* 그 난장판에서 별 별 것이 다 발견 된다

iščahuriti *-im* (完) **iščahurivati** *-rujem* (不 完) 1. 고치(čahura)에서 나오다, 고치를 풀다 2. ~ se (누에가) 고치에서 나오다 3. ~ se 발전되다, ~이 되다 (razviti se, ispoljiti se, postati od čega)

iščašenje (동사파생 명사) iščašiti; 뻠, 접질림, 염좌(捻挫), 탈구(脱臼); ~ pršljena (病理) 추 간판 (椎間板) 헤르니아, 디스크

iščašiti *-im* (完) **iščašivati** *-šujem* (不完) (발목 ·손목 등을) 삐다, 접질리다, 탈구시키다; ~ nogu (ruku) 손목(발목)을 삐다

iščauriti *-im* (完) 참조 iščahuriti

iščegrtati *-am* (完) (čegrtaljka처럼) 따발총 쏘 듯 빠르게 말하다 (izgovoriti brzo kao čegrtaljka)

iščekivanje (동사파생 명사) iščekivati

iščekivati *-kujem* (不完) 일정 시간까지 기다 리다, ~할 때까지 기다리다 (기대했던 사람 이나 그 무엇이 나타날 때 까지); *ona dakle nije mogla da iščeka sutrašnji dan, došla je pre* 그녀는 다음날까지 기다릴 수 없어서 그 이전에 왔다

iščeprkati *-am* (完) 1. 뒤적여 찾다(발견하다) (čeprkajući naći) 2. (비유적) (탐문하여 이전 에 비밀이었던 것을, 알려지지 않았던 사실 을) 알아내다 3. (이곳 저곳을 들쑤셔) 고장 내다 4. ~ se 힘들게 빠져나오다 (teško se izvući, ispetljati se)

iščerečiti *-im* **iščerekati** *-am* (完) 1/4로 자르 다 (나누다)

iščerupati *-am* (完) (깨끗하게 완전히) 깃털을 뽑다 (sasvim, načisto očerupati, operušati)

iščešljati *-am* (完) 빗질하다, 빗질로 머리를 단정히 하다

iščetkati *-am* (完) 이를 닦다

iščeznuće (동사파생 명사) iščeznuti; 사라짐, 없어짐 (nestanak)

iščeznuti *-em*; *iščezav*; *iščezao, -zla* (完) **iščezavati** *-am* (不完) 사라지다, 없어지다 (izgubiti se s očiju, nestati); iščezlo je leto, *prošla jesen i zašlo se u zimu* 눈깜짝할 사 이에 여름은 가고 가을도 가고 겨울에 접어 들었다

iščibukati *-am* (完) (톡톡) 치다, 두드리다 (izlupati, izudarati)

iščileti *-im* (完) 1. 사라지다, 없어지다 (izgubiti se, nestati, iščeznuti) 2. 허약해지 다, 원기를 잃다 (izgubiti snagu, oslabiti)

iščistiti *-im* (完) 1. 아주 깨끗하게 하다 (모든 것을 완전히), 깨끗이 하는 것을 다 마치다 2. (청소하면서, 치우면서) 버리다, 없애다

iščuditi se *-im se* (完) **iščuđavati se** *-am se* (不完) 놀라다, 깜짝 놀라다, 어리둥절해 하 다 (načuditi se); *on se svemu iščuđava* 그 는 모든 것에 깜짝 놀란다

iščukati *-am* (完) 두드려 뽑다 (udaranjem ili čukanjem izbiti, izvaditi, isterati napolje); ~ eksere 못을 두드려 뽑다

iščupati *-am* (完) 뽑다, 잡아 뽑다

išćakulati se *-am se* (完) 많은 잡담을 하다, 잡담을 많이 하다, 담소를 많이 나누다 (išćaskati se)

išćaskati se *-am se* (完) 많은 잡담을 하다, 이 야기를 많이 나누다, 담소를 많이 나누다 (narazgovarati se ćaskajući)

išćeretati se *-am se* (完) 참조 išćaskati se (izbrbljati, napričati)

išćošiti se *-im se* (完) 기울다, 기울어지다, 경 사지다 (nakriviti se)

išćuškati *-am* (完) 1. 따귀를 때리다 (ćuškama izudarati, išamarati) 2. (발로) 밀 다, 밀치다, 밀쳐내다 (ćuškajući nogom izbaciti, izgurati) 3. ~ se 서로 따귀를 때리 다 (išamarati se, izudarati se međusobno ćuškama)

išetati (se) *-am (se)* & *-ćem (se)* (完) 걸어 나가다, 산책하면서 (나)가다 (šetajući izići)

išibati *-am* (完) 회초리로 때리다 (izudarati šibom, istući, izbiti)

išijas (病理) 좌골 신경통

iškakljati *-am* (完) 간지럽히다 (svršiti na kome škakljanje; izgolicati koga)

iškolovati *-lujem* (完) 학업을 마치게 하다, 학 업을 마칠 때 까지 돌봐 주다

iškrabati *-am* (完) (알아보지 못할 정도로) 휘 갈겨 쓰다, 개발새발 쓰다 (škrabanjem

I

ispisati, išarati)

išmirglati -am (完) 참조 šmirglati; 사포(沙布, šmirgla)로 문지르다

išpartati -am (完) 선(šparta)을 긋다, 줄을 긋다 (izvući šparte, linije, iscrtati)

išta, išto 1. *ičega* (代) 무엇이든, 그 어떤것이든 (makar što, makar nešto); *ne dam da mi ~ propadne* 나에게 속한 것은 그 무엇이든 주지 않는다 2. (副) 조금이라도 (makar malo, ikoliko, iole); *jesi li čuo ~ o njemu* 그에 대한 소식을 조금이라도 들었느냐?; *da li se seča ičega?* 조금이라도 뭐 기기억하는 것이 있는가?

ištampati -am (完) 인쇄를 다 마치다 (završiti štampanje)

ištetiti -im (完) 참조 štetiti

ištipati -am (完) (여러 번) 꼬집다; (차례차례 모두 다) 꼬집다

ištrcati -am (完) (액체를) 뿜다, 분출시키다, 뿜어대다; 뿌리다

ištrikati -am (完) 참조 štrikati; 뜨다, 짜다, 뜨개질하다

išuljati se -am se **išunjati se** -am se (完) 살금살금 나가다, 몰래 나가다 (polako, kradom, krišom izići)

Italija 이탈리아; **Italijan; Italijanka; italijanski** (形)

italijanaš (달마치아, 이스트라 및 아드리아 해의 섬들에 대한) 이탈리아 정부 통치를 지지하는 사람

italijanizam -zma 다른 언어들에 스며든 이탈리아어적 요소

italijanizirati -am (完,不完) 이탈리아어화하다

itd. (略語) i tako dalje; 등 등

iterativan -vna, -vno (形) 반복되는, 되풀이되는; *~ glagol* 반복 동사

itinerar, itinerarij -ija (男) 1. 여행 스케줄, 방문지 리스트 2. 여정, 도정; 여행기, 여행 일기; 여행 안내서

itko 참조 iko

iva (植) 수양버들속(屬)의 버드나무

ivak 버드나무(iva) 숲

Ivanjdan (宗) 성(聖) 요한의 날 **ivanjdanski** (形)

ivanjsko cveće (植) 개솔나물(꼭두서니과(科) 갈퀴덩굴속(屬))

iver (나무를 팰 때의) 부스러기, 파편, 조각, 토막; *~ ne pada daleko od klade* 아이들은 그 부모와 그리 다르지 않다, 부전자전(父傳子傳)이다 (주로 부정적 의미로)

iverak -rka 1. (지소체) iver 2. (비유적) (~의) 아주 작은 부분, 사소한 부분 3. (비유적) 후손 (potomak) 4. (魚類) (가자밋과(科)와 넙

칫과(科)의) 물고기류

iverast -a, -o (形) 베니어판의, 합판의; *~a ploča* 합판

iverica 1. 참조 iver 2. 합판, 베니어판

iverje (集合) iver

iverka (나무의) 작은 토막 (malen iver)

ivica 1. 가장자리, 모서리; 언저리, 변두리; *~ ugla* 각의 모서리; *~ kocke* 주사위 모서리; *~ stola* 책상 가장자리; *~ listova knjige* 책 페이지의 가장자리 2. (감정 변화 등의) 직전; *na ~i plača* 울음 직전의; *na ~i propasti* 멸망 직전의; *na ~i groba* 사망 직전의 3. (軍) 제일(第一) 방어선 **ivični** (形)

ivičiti -im (不完) 접경하다, 접하다, 면하다 (graničiti, oivičavati); *naše imanje iveče šume* 우리 토지는 숲과 접하고 있다

ivičnī -ā, -ō (形) 가장자리의, 변두리의, 언저리의

ivičnik 여백, 난외(欄外); *postaviti ~* 여백을 설정하다

ivičnjak (인도와 차도 사이의) 연석(緣石)

ivik 참조 ivak

iz (前置詞,+ G.) 1. (장소·공간을 나타냄) ~로부터, ~에서; *izići ~ kuće* 집에서 나가다; *doći ~ Amerike* 미국에서 오다 2. (재료·구성을 나타냄) ~으로 구성된, ~로 이뤄진; *odelo iz dva dela* 투피스 (의복); *stan se sastoji ~ tri sobe* 아파트는 방 3개로 구성되어 있다 3. (원인·이유·동기·목적 등을 나타냄) ~ 때문에; *učiniti nešto ~ ljubavi (mržnje)* 사랑하기(미워하기) 때문에 무엇을 하다; *~ navike* 습관적으로; *~ nepoznatih razloga* 알지 못할 이유로 인해 4. (근원·원천을 나타냄) ~에서, ~로부터; *~ dobro obaveštenih izvora* 정통한 소통에 따르면 5. (기원·출신을 나타냄) ~출신의; *u vašoj zemlji još samo ljudi iz naroda znaju za krvnu osvetu* 당신네 나라에서는 일반 백성들만이 유혈 복수를 알고 있다 6. (시간을 나타냄) ~부터; *iz prva početka vodio je četu* 맨 처음부터 부대를 이끌었다 7. 기타; *~ iskustva* 경험상; *~ potaje* 비밀리에; *~ prikrajka* 한 쪽 귀퉁이에서 (별로 중요하지 않은); *vikati ~ sveg grla* 있는 힘껏 고함을 지르다; *~ dana u dan* 매일 매일, 날마다; *ispit ~ istorije* 역사 시험; *seminar ~ književnosti* 문학 세미나

iz (接頭辭) (š, ž 앞에서 i; đ, dž 앞에서 iž; č, ć 앞에서 iš; 다른 무성자음 앞에서 is; 일정한 자음군앞에서 iza) 1. 동작·이동의 방향을 나타냄 (보통 제한된 공간에서 벗어나는); *izići,* *izleteti, istupiti* 2. 분리·제외·삭감 등을 나타 냄; *izdvojiti, izbaciti, isključiti, izabrati* 3. 꼭대기(정상)를 향한 움직임을 나타냄; *ispuzati, ispeti se* 4. 위치의 변화를 나타냄; *izvrnuti, izvratiti, izvaljati* 5. 획득·취득·성공 등을 나타냄; *izboriti, izmoliti, izmamiti* 6. 운동의 완료나 중단을 나타냄; *ispisati, ispeći, ispržiti, istrošiti* 7. 사물 전체에 영향을 미치는 운동; *isprebijati, izbrazdati, izraniti*

iza (前置詞,+ G.) 1. (장소·공간의) ~뒤에, 후방에; *stoji ~ zida* 벽 뒤에 서있다; *nestade ~ vrata* 문 뒤에서 사라졌다 2. (시간상의) 후에, 뒤에, 나중에 (nakon, posle); ~ *kiše* 비가 온 후에; ~ *nekoliko sekundi začu se pucanj* 몇 호 후에 총소리가 들렸다 3. (순서·중요도 등에 있어서) ~ 다음에, ~의 뒤에; *prvi ~ direktora* 디렉터 바로 다음의 4. (보호자·배후자·주창자 등의) ~의 배후에, ~ 뒤에; ~ *vlasti stoji narod* 정권의 배후에 국민이 있다; *vlada ima ~ sebe skupštinu* 정부는 자기 뒤에 의회를 가지고 있다; ~ *njega stoji partija* 그의 배후에 당이 버티고 있다 5. 사후에; *pokojnik je ~ sebe ostavio dvoje dece* 고인은 사후 두 명의 자녀를 남겼다 6. 연속적으로, 끊임없이; *puši cigaretu ~ cigarete* 담배를 연속적으로 피운다

izabirati *-am* & *-em* (不完) 참조 izabrati

izabran *-a, -o* (形) 1. 참조 izabrati 2. 선택된, 선출된, 선발된; 다른 것보다 좋은(훌륭한); ~*i ljudi* 선택된 사람들 3. (명사적 용법으로) (女) (부인으로) 선택받은 여자, 약혼녀 (izabranica)

izabranica 1. (그 무엇을 위해) 선택된 여자, 선출된 여자 2. (신부로서) 간택된 여자, 약혼녀

izabranik 1. 선출된 사람, 대의원, (국회)의원 (zastupnik, poslanik) 2. (남편감으로) 선택받은 남자, 약혼자

izabrati *izaberem; izabrao, -ala; izabran; izaberi* (完) **izabirati** *-am* & *-em* (不完) 고르다, 선택하다; (투표로) 선출하다; ~ *auto* 자동차를 고르다; ~ *nekoga za sekretara* 비서로 선출하다

izaći *izažem; izašao, -šla* (完) (=izići) 1. 떠나다, 떠나가다; *on već davno želi iz kuće da izađe* 그는 벌써 오랫동안 집에서 떠나기를 원하고 있다 2. (다른 사람 앞에) 나서다, 나가다 (성명, 발표 등을 가지고) 3. (협력, 참여 등을) 중단하다, 그만두다 4. 오르다, 올라가다 (popeti se, ispeti se); *ti izađi na*

visoku kulu 높은 탑에 올라가라 5. 나타나다, 보이다, 표면위로 떠오르다; *probudio sam se kad je sunce već bilo izašlo* 해가 이미 떴을 때 나는 잠에서 깨어났다 6. (심리적) 상태를 바꾸다, 다른 상태로 넘어가다 7. 출판되다, (기사 등이) 실리다; *ćirilicom izašlo sedam knjiga* 7권의 책이 치릴리짜 문자로 출판되었다; *u novinama izađe vest da je Jovan ranjen* 요반이 부상당했다는 뉴스가 신문에 실렸다 8. 제안하다, 건의하다 9. ~이 되다 (postati) 10. (~의 결과로서) 일어나다, 발생하다, ~이 되다; *iz te diplomatske borbe može rat izađe* 그러한 외교전에서 전쟁이 일어날 수도 있다 11. 다 사용되다, 소비되다, 탕진되다 (istrošiti se, potrošiti se); *novac mu je bio sasvim izašao* 그는 돈이 완전히 떨어졌다 12. (시간이) 경과하다, 지나가다 13. 기타; ~ *iz dugova* 빚(채무)에서 벗어나다, ~ *iz sebe* 잊다, 잊어 버리다, 망각하다; ~ *na debelo* 심각한(난처한, 곤란한) 상황에 처하다; ~ *na glas* 알려지다, 유명해지다; ~ *na javu*, ~ *na javnost* 알려지다; ~ *na moje* 내가 말한 바와 같이 되다, 내가 예상했던 바와 같이 되다; ~ *na nos* ~의 옆에 앉다 (presesti); ~ *na (pred) oči* ~앞에 나타나다; ~ *nasusret (ususret)* 돕다, 도와주다; ~ *na sunce* 해방되다, 자유를 얻다; ~ *na svetlo* 출판되다(햇볕을 보다); ~ *na vidik, na videlo* 알려지다, 유명해지다; ~ *od ruke, za rukom* 성공하다

izaglasa 큰소리로, 소리높이, 시끄럽게(punim glasom, vrlo glasno)

izagnanik 참조 izgnanik

izagnati *-am* & *-ažemem* **izgnati** *-am* (完) **izganjati** *-am* **izgoniti** *-im* (不完) 1. 몰아내다, 쫓아내다, 추방하다; ~ *iz škole* 학교에서 쫓아내다; ~ *iz kuće* 집에서 쫓아내다 2. (소 등을 우리에서 밖으로·목초지로) 몰다, 몰고 가다

izanalizirati *-am* (完) 분석을 다 끝마치다 (svršiti analizu)

izanđati (se) *-am (se)* (오랫동안 사용하여) 낡아지다, 해지다, 마모되다; *moj auto je izanđao* 내 자동차는 고물이 다 되었다

izaprati *-perem* (完) **izapirati** *-em* (不完) 참조 isprati

izaslanik 1. 사자(使者), 대리인 (emisar, zastupnik) 2. (의회의) 의원, 대의원 (delegat)

izaslanstvo 사절단; 대표단, 대의원단 (poslanstvo, delegacija)

izaslati *izašaljem* & *izašljem* (完) **izašiljati** – em (不完) (사자(使者)·대표자·대표단 등을) 파견하다, 보내다

izasuti *izaspem* (完) (=isuti) 1. 쏟다, 따르다, 붓다 (izliti, proliti); ~ *sav šećer u šerpu* 설탕 전부를 냄비에 붓다; ~ *vino u čaše* 포도주를 잔에 따르다 2. 비우다, 텅비게하다 (isprazniti); *došao da ambare izaspe* 헛간(광)을 비우러 왔다

izatkati *-am* & *-em* & *izačem* (完) (=istkati) 뜨개질을 다 하다, 뜨개질을 마치다 (svršiti tkanje)

izazivač 1. 선동자 2. 도전자 3. (寫眞) 현상액 (제) (razvijač)

izazivačkī *-ā, -ō* (形) 도발하는, 자극하는, 자극성의; 반항적인; ~ *razgovor* 도발적 대화; ~*a hrabrost* 두려움을 모르는 용감함

izazivački (副) 도발적으로, 자극적으로, 선동자(도전자)로서

izazivati *-am* & *-vljem* (不完) 참조 izazvati

izazov 도전; 선동, 도발, 자극; ~ *nekome* ~에게 도전하다

izazvati *izazovem* (完) **izazivati** *-am* & *-vljem* (不完) 1. 부르다, 불러내다; ~ *nekog napolje* 누구를 밖으로 불러내다; ~ *devojku pred kuću* 집 앞으로 여자친구를 불러내다 2. (박수·환호성 등으로) 무대로 나오게 하다 (배우·가수 등을) 3. 선동하다, 도발하다, 자극하여 ~시키다, 유발하다; 화나게 하다, 약올리다; ~ *skandal* 스캔들을 불러일으키다; ~ *strah u ljudima* 사람들에게 공포심을 불러일으키다 4. 도전하다; (논전·시합 등을) 걸다, (결투를) 신청하다; ~ *na dvoboj* 결투를 신청하다

izba 작은 방, 쪽방 (manja soba, odaja)

izbacač 배출기, 방사기 (화기(火器) 등의)

izbaciti *-im* (完) **izbacivati** *-cujem* (不完) 1. (밖으로) 던지다, 내던지다; 버리다; ~ *sve semenke koje nisu zdrave* 좋지 않은 모든 씨앗들을 버리다 2. (학교·단체 등에서) 내쫓다, 쫓아내다, 축출하다; ~ *iz škole* 퇴학시키다; ~ *s posla* 해고하다; ~ *iz upotrebe* 사용을 중지하다; ~ *pijanca iz kafane* 카페에서 술취한 사람을 쫓아내다 3. (신체의 일부분을) 앞으로 내밀다 (istaći, isturiti); ~ *prsa* 가슴을 내밀다 4. 앞으로 보내다 (poslati napred); *Pavle naredi da se patrole izbace daleko u šumu* 파블레는 전초부대를 숲속 깊숙히 이동시키라고 명령했다 5. (앞으로·위로) 던지다; (총 등을) 쏘다, 사격하다; ~ *koplje na njih* 그들에게 창을 던지다; *juče je ruski satelit izbačen u orbitu* 어제 러시아 위성이 궤도에 발사되었다 6. (자신으로부터) 내뿜다, 분출하다; ~ *krv iz usta* 입에서 피를 내뿜다; ~ *kroz nos kolut dima* 코에서 연기를 내뿜다 7. (땅에서 새싹 등이) 솟아나다 8. (비유적) (일을 하여) 결실을 맺다, 생산하다; ~ *dovoljno količine hleba* 충분한 양의 빵을 생산하다 9. (말을 빨리) 내뱉다; *sutra putujem, izbaci otac* 내일 떠난다고 아버지는 말을 내뱉었다 10. 기타; ~ *iz glave (iz vida)* 잊다, 망각하다(zaboraviti); ~ *iz koloseka (iz koncepta)* 탈선시키다, 당황하게 하다; ~ *iz sedla* 자리(직위)에서 쫓아내다, 불가능하게 하다; ~ *na površinu* 표면에 떠오르게 하다, 현 시점에서 중요한 문제가 되게 하다; ~ *na ulicu* 1)집에서 쫓아내다 2)생활 수단을 빼앗다; ~ *nogu ispred koga* 누구를 능가하다, 누구보다 좋은 위치를 차지하다

izbacivanje (동사파생 명사) izbacivati

izbadati *-am* (不完) 참조 izbosti

izbalansirati *-am* (完) 균형을 잡다

izbalaviti *-im* **izbaliti** *-im* (完) 콧물로 범벅이 되다, 콧물로 더럽히다 (umrljati, uprljati balama)

izbaštiniti *-im* (完) 유산(baština)을 빼앗다, 상속권을 박탈하다

izbatinati *-am* (完) 몽둥이로 때리다

izbauljati *-am* (完) 기어나가다 (izići bauljajući)

izbavilac *-ioca* **izbavitelj** 구원자, 해방자 (spasilac, oslobodilac)

izbaviti *-im* (完) **izbavljati** *-am* (不完) (어려움·고난 등으로부터 누구를) 구하다, 구원하다, 벗어나게 하다; 끄집어내다; ~ *nekog od (iz) nečega* 누구를 ~으로부터 해방시키다(구원하다); ~ *iz zatvora* 감옥으로부터 벗어나게 하다; ~ *iz logora* 포로수용소에서 해방하다

izbavljenje (동사파생 명사) izbaviti; 구원, 해방

izbečiti *-im* (完) 1. 눈을 동그랗게 뜨다, 눈을 크게 뜨다 (izbuljiti, široko otvoriti oči) 2. (얼굴을) 찡그리다, 찌푸리다 3. ~ se *(na koga)* 눈을 크게 뜨고 바라보다 (쳐다보다) 4. ~ se 얼굴이 피곤한 기색이 되다

izbeći izbegnuti *izbegnem; izbegao, -gla* (完) **izbegavati** *-am* (不完) 1. (의식적으로 미리) 피하다, 비키다, 회피하다; 피하다, 면하다; *on izbegava ljude* 그는 사람들을 회피한다 2. 도망치다, 달아니다, 탈출하다; ~ *iz zemlje* 국외로 도주하다

I

izbegavanje (동사파생 명사) izbegavati; ~ vojne obaveze 병역의무 회피

izbeglica (男,女) 난민, 피란민; ratne ~e 전쟁 난민 izbeglički (形); ~a vlada 망명 정부; ~ logor 난민 수용소

izbeglištvo 피란, 망명; 피난처, 망명지; otići u ~ 피란을 떠나다, 망명을 떠나다

izbegnuti -nem (完) 참조 izbeći

izbekeljiti -im (完) 혀를 쑥 내밀면서 매(be)라고 말하다, 얼굴을 찌푸리다(찡그리다)

izbeleti -im (完) 하얗게 되다; 창백해지다 (postati beo); izbeleše mi oči (오랫동안 읽은 결과) 눈이 침침해지다

izbeliti -im (完) 하얗게 하다(만들다), 표백하다; ~ oči 깜짝놀라다, 놀라 입을 크게 벌리다; ~ zube 이를 들어내다

izbetonirati -am (完) 콘크리트를 하다, 콘크리트 작업을 마치다

izbezobraziti se -im se (完) 무례해지다, 건방지다, 오만해지다 (postati bezobrazan)

izbezumiti -im (完) izbezumljivati -ljujem (不完) 1. 미치게 하다, 이성을 잃게 하다; ~ nekoga 미치게 만들다 2. (方言) (속어) 우스운 꼴로 만들다, 바보로 만들다 (namagarčiti) 3. ~ se 사리 판단력을 잃다 4. ~ se 냉정심을 잃다

izbezumljen -a, -o (形) 이성을 잃은, 병적으로 흥분한; 미친

izbeživ, izbežljiv -a, -o (形) 피할 수 있는, 회피할 수 있는

izbijati -am (不完) 1. 참조 izbiti 2. 참조 izbivati

izbirač 까다로운 사람, 가리는 사람 (probirač); on je veliki ~ 그는 매우 까다로운 사람이다; ~ nađe otirač 까다롭게 고르는 사람이 고르다 고르다 결국에는 가장 형편없는 것을 고른다

izbirati -em (不完) 참조 izabrati

izbirljiv -a, -o (形) 까다로운, 가리는

izbistriti -im (完) 맑게 하다, 투명하게 하다

izbiti izbijem; izbijen, -ena & izbit; izbij 1. 치다, (죽도록) 때리다 (istući, izmlatiti); ~ nekoga na mrtvo ime 죽도록 때리다 2. 때려 부러뜨리다; ~ nekom zub 누구의 이빨을 부러뜨리다 3. 발출하다, 발생하다; (갑자기) 나타나다 (나오다) (밖으로) (식물·불·물이); izbila je vatra 화재가 발생했다; izbila je kuga 역병이 발생했다; izbili su nemiri 폭동이 발발했다; biljka je izbila iz zemlje 식물의 싹이 돋았다 4. (잘 보이는 곳으로) 나가다; naši vojnici su izbili na drum 우리편 군

사들이 길로 나갔다 5. (시계·종이 시각을) 타종하다, 타종하여 알리다; sad je izbilo sedam 지금 7시를 알렸다 6. 기타; ~ iz glave 잊다, 잊어버리다; ~ na javu (na površinu, na sredu, na videlo) 알려지다; ~ na nos 문제가 있다, 고통을 당하다; klin se klinom izbija 이에는 이로 대응하다

izbivati -am (不完) 1. 자리를 비우다, 부재(不在)하다, 없다 (biti odsutan); starac je izbivao iz sobe svega deset minuta 노인은 단 10분 방을 비웠었다 2. (어딘가에 쭉) 계속해서 머물다; ona ne izbiva iz sela 그녀는 시골에 쭉 머물렀다

izblebetati -ćem (完) 1. 수다를 떨다, 말을 많이 하다, 별별 말을 다하다 (blebećući reći, izbrbljati) 2. ~ se 발설하다, 누설하다

izbledeti -im (完) 1. 창백해지다, 핼쑥해지다 (postati bled) 2. (원래의) 색깔이 바래다

izblejati -im (完) 1.(輕蔑) 말을 많이 하다, 주둥이를 까불다 2. ~ se 말을 다 끝마치다

izbliza (副) 1. 가까이에서, 근거리에서 (iz neposredne blizine) 2. 상세하게 (detaljno) 3. ('ni'와 함께 사용되어) 전혀, 조금도 (približno); ni ~ se nije moglo pretpostaviti koliko je to bila strašna katastrofa 그것이 얼마나 큰 재앙이었는지 조금도 상상할 수 없었다

izbliže (副) 가까이에서 (izbliza)

izbljuvak -vka 1. 토함, 게움, 구토 2. (비유적) 욕, 욕설, 독설, 악담 (gadna, ružna reč)

izbljuvati -ljujem (完) 1. 토하다, 게우다, 구토하다 2. (비유적) 욕하다, 악담(저주)을 퍼붓다 3. 분출하다, 폭발하다 (화산 등이) 4. ~ se 토해 더럽히다 (uprljati se, umrljati se bljuvanjem)

izbočen -a, -o (形) 툭 튀어 나온, 돌출된; ~a vilica 돌출된 턱

izbočenje, izbočina (軍事·築城) 돌출부

izbočiti -im (完) 1. 돌출시키다, 툭 튀어나오게 하다 2. ~ se 돌출하다

izbogoraditi -im (完) 구걸하다, 애걸하다, 간청하다 (isprositi upornim molbama, isprosjačiti, iskamčiti)

izbojak -jka 1. (식물의) 새싹, 눈, 어린 가지 2. 튀어나온 부분 (창문 등의)

izboksovati -sujem (完) 주먹으로 때리다; 주먹으로 때려 쫓아내다; odmah skočim da ih izboksujem otkuda su i došli 즉시 그들을 때려 왔던 곳으로 도로 쫓아냈다

izbombardovati -dujem (完) 폭격하다, 폭탄을 퍼붓다 (obasuti, zasuti bombama)

izbor 1. 선택; 선정, 선발; ~ *pesama* 노래 선정; *po* ~ 각각의 종류에서 가장 좋은; *po svome* ~*u* 자신의 선택에따라; *ova radnja ima veliki* ~ 이 가게는 선택의 폭이 넓다 2. (複數로) 선거, 투표; *dan* ~*a* 선거일 **izborni** (形)

izboran -*rna*, -*rno* (形) 1. (izborni) 선거의 2. 선택의 3. 현저한, 두드러진, 걸출한 (odabran, istaknut)

izboran -*a*, -*o* (形) 주름진, 주름이 많은 (naboran); ~*rno lice* 주름진 얼굴

izboriti -*im* (完) 1. 끊임없는 노력으로 얻다(획득하다), 목표에 다다르다 (postići borbom, istrajnim radom); ~ *pravo* 권리를 획득하다 2. ~ se; *mi hoćemo da se izborimo za pravdu* 우리는 정의가 실현되기를 원한다

izbornī -*ā*, -*ō* (形) 참조 izbor; 선거의; ~ *zakon* 선거법; ~ *okrug* 선거구; ~*o pravo* 투표권; ~ *sistem* 선거 제도; ~ *rezultat* 선거 결과

izbornik 투표권자, 유권자 (birač)

izbosti *izbodem*; *izbo*, *izbola*; *izboden*, -*ena* (完) **izbadati** -*am* (不完) 1. (예리한 물체로) 찌르다; 여러 번 찌르다, 여러 군데 찌르다; ~ *nekome oči* ~의 눈을 찌르다 2. ~ se 서로 상대편을 찌르다 (칼 등으로)

izbranica 참조 izabranica

izbranik 참조 izabranik

izbrazdati -*am* (完) 참조 brazdati

izbrazditi -*im* (完) 참조 brazditi

izbrbljati -*am* (完) 1. 쓸데없이 말을 많이 하다, 수다를 떨다; *grizla sam za usne da ne bi izbrbljala svoje mešljenje* 자신의 의견을 쓸데없이 지껄이지 않기 위해 입술을 깨물었다 2. 생각없이 기계처럼 말하다, 지껄이다 3. ~ se 말을 많이 하다 4. ~ se 비밀을 말하다(누설하다)

izbrecnuti se -*em se* (完) **izbrecivati se** - *cujem se* (不完) 날카롭게 말하다 (대꾸하다) (oštro odgovoriti, reći što kome); ~ *na nekoga*

izbrijati -*em* (完) 면도하다, 수염을 깎다

izbrisati -*šem* (完) 1. 지우다; ~ *iz glave* (*pameti, pamćenja, sećanja, svesti, srca*) 잊다, 잊어버리다 2. 없애다, 삭제하다 (얼룩, 때 등을) 3. 없애다, 사라지게 하다 (učiniti da što nestane, iščezne)

izbrljati -*am* (完) 더럽히다, 때묻히다 (brljajući ukaljati, umrljati, zamaziti)

izbrojati -*im* **izbrojiti** -*im* (完) 1. 수(숫자)를 다 세다 (svršiti brojanje) 2. 수를 세다, 숫자를 세다; *moji su dani izbrojani* 내가 살

날은 얼마 안남았다; *može se na (u) prste* ~ 손가락으로 셀 수 있을 정도로 얼마 안된다; *mogu mu se rebra* ~ 비쩍 말랐다

izbrusiti -*im* (完) 1. (칼 등을 숫돌에) 갈다; (숫돌에 갈아) 날카롭게 하다; ~ *nož* 칼을 숫돌에 갈다 3. (비유적) 다듬다; 명확하게 하다, 분명하게 하다; *izbrušena rečenica* 다듬어진 문장 4. (비유적) 욕하다, 욕설을 퍼붓다, 나무라다 (izgrditi, ispsovati, izružiti)

izbuditi -*im* (完) 1. (차례 차례) 깨우다 (잠자리에서); ~ *zora rana* 새벽녘이 우리를 깨운다 2. ~ se 차례로 일어나다 (잠자리에서)

izbuljiti -*im* (完) 눈을 끄게 뜨다, 눈을 동그랗게 뜨다

izbušiti -*im* (完) 1. 구멍을 뚫다 (svršiti bušenje) 2. (여러 군데에) 구멍을 뚫다, (많은) 구멍을 뚫다

izdah 1. (공기·숨 등의) 발산, 방출; 숨을 내쉼, 날숨 (反: udah) 2. 사망, 사망의 순간, 절명 (絶命) (izdahnuće) 3. (비유적) 만료, 만기, 종결 (svršetak)

izdahnuće 사망, 사망의 순간, 절명(絶命) (samrtni čas)

izdahnuti -*em* (完) **izdisati** -*šem* (不完) 1. 숨을 내쉬다 2. 사망하다, 마지막 숨을 내뱉다 (umreti)

izdaja, izdajstvo 배반, 배신; (국가에 대한) 반역; 배교(背敎); *izvršiti* ~ *u* (*prema otadžbini*) 국가를 배신하다

izdajica (男) **izdajnik** 배반자, 배신자; 반역자; 배교자 **izdajnica**

izdajničkī -*ā*, -*ō* (形) 배반의, 배신의; 배반자의, 배신자의; ~*a predaja* 배신자의 항복

izdajstvo 참조 izdaja

izdaleka (副) 1. 멀리서 (iz daljine) 2. 먼 곳에서, 먼 지방에서 (iz dalekog kraja, iz daleke zemlje) 3. 기타; *ni* ~ 결코(조금도) ~하지 않은 (nikako, ni na koji način); *početi* ~ 문제의 핵심에 바로 접근하지 않다, 애둘러서 말하다

izdalje (副) 멀리서 (izdaleka)

izdan 1. 지하수, 지하수가 나오는 곳 (mesto voda iz zemlje izbija) 2. (方言) izvor

izdanak -*anka* 1. (식물의) 새싹, 순, 움, 눈; *bambusov* ~ 죽순(竹筍) 2. 후손, 자손, 후예

izdangubiti -*im* (完) 시간을 낭비하면서 보내다, 시간을 헛되이 보내다

izdanje 1. (동사파생 명사) izdati 2. (초판·재판의) 판(版), (보급판·호화판의) 판; 출판, 발행, 간행, 출판물, 간행물; *prerađeno (izmenjeno)*

I

~ 개정판; *dopunjeno (prošireno)* ~ 증보판; *popravljeno* ~ 수정판

izdašan *-šna, -šno* (形) 1. 기꺼이 주는, 아낌없이 주는, 손이 큰, 후한 (*darežljiv*); ~ *čovek* 후한 사람 2. 풍부한, 풍족한, 많은 (*obilan*); *~šna žetva* 풍부한 수확; *~šno jelo* 진수성찬

izdatak *-tka; izdaci, izdatākā* 1. 지출, 지불, 경비 (*trošak*); *nepredviđeni* ~ 예상치 않은 경비(지출); *lični* ~ 개인 경비 2. (회계 장부의) 지출란, 경비란(칸)

izdati *-am* (完) **izdavati** *izdajem* (不完) 1. (창고에서 재고 등을) 방출하다, 출고하다, 내보내다; ~ *svu hranu iz humanitarnih magacina* 인도적 목적으로 쌓아놓은 물품에서 모든 식량을 방출하다 2. 임대하다; ~ *stan* 아파트를 임대하다 3. (비밀 등을) 누설하다; (조국·친구 등을) 배반하다, 배신하다; ~ *druga* 친구를 배신하다; ~ *svoj narod* 자기나라 사람들을 배신하다 4. 출판하다, 발행하다; 공포하다(법률, 명령 등을); ~ *uverenje* 증명서를 발행하다; ~ *pasoš* 여권을 발행하다; ~ *knjigu* 책을 출판하다 5. 명령하다 (*zapovediti, narediti*); ~ *naredbu* 명령을 발하다 5. (비유적) 고장나다, 제 기능을 발휘하지 못하다, 작동을 멈추다; *već su me izdale oči* 눈이 완전히 안보인다; *izdalo me je zdravlje* 건강이 아주 나빠졌다; *glas ga je izdao* 목소리가 나오지 않았다; *izdala me puška* 내 총이 고장났다; *starca su izdale noge* 노인은 발이 말을 안들었다 6. ~ *se* ~인체 하다; *on se izdaje za lekara* 그는 의사인체 한다 7. ~ *se* 저도 모르게 본심을 드러내다; (비밀 등을) 누설하다 8. 기타; ~ *se sebe* 자신의 확신, 믿음, 원칙 등에 반하는 행동을 하다

izdavač 출판업자, 출판사, 발행자 **izdavački** (形); *~o preduzeće (~a kuća, ~a ustanova)* 출판사; *~a delatnost* 출판업

izdavalac *-aoca* 참조 izdavač

izdavanje (동사파생 명사) izdavati

izdavati 참조 izdati

izdavna (副) 오래전에 (*odavno, odavna*)

izdejstvovati *-vujem* (完) 성공적으로 ~을 하다(달성하다, 이룩하다, 얻다, 손에 넣다) (*isposlovati, postići, izraditi*)

izdeklamirati *-am* **izdeklamovati** *-mujem* (完) 참조 deklamirati

izdelati *-am* (完) 1. 만들다 (*izraditi, načiniti, napraviti*) 2. 창조하다 (경험에 근거하여, 연구(궁리, 연습)의 결과로서)

izdeliti *-im* (完) 1. 나누다, 분할하다, 나누어주다; ~ *novac sinovima* 아들들에게 돈을 나눠주다 2. 경계를 맞대고 나누다, 경계하다; *selo su izdelili potoci* 하천들이 마을을 나누었다, 마을들은 하천을 경계로 맞닿아 있었다 3. 누구를 제외하고 나누다(분배하다), 누구를 분배에서 제외하다 3. ~를 공동체에서 분리시키다 (공동재산의 일부를 몫으로 떼어주고) 4. ~ *se* 공동체에서 분리되다 (공동재산의 일부를 몫으로 받고)

izdenuti *-nem & -edem* (完) **izdevati** *-am* (不完) 1. ~라고 부르다, 이름(별명)을 부르다 (*nadenuti ime, nadimak*) 2. (~에서 ~을) 꺼내다, 끄집어내다 (*izvaditi*); ~ *iza pojasa frulu* 혁띠 뒤에서 피리를 뽑다 3. ~ *se* (~에서) 빠지다, 떨어지다 (*izvući se iz čega, ispasti van, napolje*); *izdenuo se konac iz igle* 실이 바늘에서 빠졌다

izderati *-em* (完) **izdirati** *-em* (不完) 1. (오래 사용하여, 힘든 작업의 결과 등으로) 닳다, 해지다, 망가지다, 찢어지다 (*pocepati, poderati, pohabati*); ~ *cipele* 신발이 닳다; ~ *pantalone* 바지가 해지다 2. (목이) 쉬다 3. (죽도록) 치다, 때리다, 구타하다 (*istući, izbatinati, izmlatiti*) 4. ~ *se* 닳다, 해지다, 찢어지다, 망가지다 5. ~ *se na nekoga* (비유적) 소리치다, 고함지르다 (*surovo viknuti*)

izdesetkovati *-kujem* (完) (10명에 1명꼴로) 죽이다; (많이) 죽이다

izdeti, izdesti *-nem & -dedem* (完) 참조 izdenuti

izdevati *-am* (不完) 참조 izdenuti

izdići, izdignuti *izdignem; izdignuo & izdigao, -gla* (完) **izdizati** *-žem* (不完) 1. 조금 들어올리다, 올리다 (*malo dići, podići*); ~ *čašu* 잔을 들다 2. (목소리를) 높이다 3. (비유적) (의미·가치·가격 등을) 올리다, 높이다; ~ *važnost svoga predmeta* 자기 물건의 가치를 높이다 4. ~ *se* 오르다, 올라가다 (*uzdići se, podići se*); *kad stiže beg na obalu, prvo se izdiže na konju* 베그(beg)가 해안에 도착하면 제일 먼저 말에 올라간다 5. ~ *se* 갑자기 나타나다 (*naglo se pojaviti*)

izdiferencirati *-am* (完) 구별짓다, 구별하다 (*izvršiti diferenciranje*)

izdignuti *-nem* (完) 참조 izdići

izdiktirati *-am* (完) 1. 구술하다, (말하여) 받아쓰게 하다; ~ *pismo* 편지를 구술하다 2. 구술을 다 마치다 (*svršiti diktiranje*)

izdimiti *-im* (完) 1. (담배 등을 끝까지 다) 피

우다 2. (卑俗語) (어떤 장소로부터) 꺼지다, 사라지다, 떠나다 (napustiti mesto prisilno i žurno)

izdinstati -am (完) 참조 dinstati

izdirati -em (不完) 참조 izderati

izdisaj 1. 숨을 크게 내쉼, 날숨 2. 사망, 죽음, 임종, 종말 (umiranje, svršetak, smrt); *na ~u* 임종에, 사망에

izdisati -šem (不完) 참조 izdahnuti

izdizati -žem (不完) 참조 izdići

izdno (副) 바닥으로부터 (iz dna, sa dna)

izdrapati -am (完) 조각조각 찢다 (pocepati na više mesta, u komade)

izdrati se *izderem se* (完) 참조 izderati se; *~ na nekoga* 누구에게 소리치다

izdreljiti -im (完) 눈을 크게 뜨다, 눈을 휘둥그레 뜨고 쳐다보다 (izbečiti, izbeljiti (o očima))

izdresirati -am (完) 참조 dresirati

izdreti -em; *izdro, -rla*; *izdrt* (完) 참조 izderati

izdrljati -am (完) 참조 drljati

izdrmati -am (完) 심하게 흔들다, 세게 흔들다

izdrndati -am (完) 1. 뭉쳐진 양털을 펴다 (보풀리다) (pročešljati vunu) 2. (비유적) (輕蔑語) 피아노를 땡땡거리다 (posvirati, podrnkati malo na klaviru) 3. (비유적) 쓸데없는 말을 많이 하다 (izbrbljati)

izdrobiti -im (完) 잘게 부수다, 가루로 만들다 (usitniti, izmrviti)

izdrpanko 누더기 옷을 걸친 사람 (odrpanac)

izdrpati -am (完) 1. (오래 사용하여, 아무렇게나 사용하여) 찢어지게 하다, 해지게 하다, 낡아지게 하다 (izderati, poderati, pocepati, izdrapati); *~ pantalone* 바지가 해지게 하다; *~ knjigu* 책이 찢어지게 하다 2. (많이) 꼬집다 (ispipati, izvršiti drpanje u velikoj meri, ištipati)

izdruzgati (se) izdruckati (se) (完) 참조 druzgati

izdržati -im (完) **izdržavati** -am (不完) 1. (곤란·어려움·통증 등을) 견디다, 인내하다, 참다; (공격 등에) 버티다, 저항하다); 자제하다, 극기(克己)하다; *~ bol* 통증을 참다; *~ napad (opsadu)* 공격(포위)을 견디어 내다; *~ do kraja* 끝까지 견디어 내다; *nije mogla da izdrži da ne izađe na prozor* 창문으로 나가는 것을 자제하는 것을 할 수 없었다 2. 일정한 요구를 만족시키다 (평가 등에서) 3. (不完만) 부양하다, 먹여 살리다; *~ ženu* 아내를 부양하다 4. 기타; *~ kažnu* 징역형을

살다; *~ na svojim plećima* 대부분의 부담을 담당하다 (부담하다)

izdržavanje 1. (동사파생 명사) izdržavati 2. 부양비, 생활비

izdržljiv -a, -o (形) 버틸 수 있는, 지속될 수 있는, 견딜 수 있는, 참고 견딜 수 있는 (otporan, istrajan, čvrst, solidan); *~ na udar* 충격에 견딜 수 있는

izdržljivost (女) 내구성(耐久性); 참을성, 인내력, 끈기

izdubina 움푹한 곳, 팬 곳 (udubina)

izdubiti -im (完) **izdubljivati** -ljujem (不完) 후벼 파다, 파내다, 도려내어 구멍을 뚫다; 움푹 들어가게 하다; *~ pećinu u steni* 바위에 동굴을 파들어가다; *~ korito* 하상(河床)을 파다

izduhati -šem (完) 참조 izduvati

izduljiti -im (完) 참조 izdužiti

izdupsti *izdubem*; *izdubao, -bla*; *izduben* (完) 참조 izdubiti

izdušiti -im (完) 1. 숨을 내쉬다, 숨을 내뱉다 2. (화기의) 불을 뿜다, 총알을 내뿜다 3. (비유적) 쇠약해지다, 허약해지다; 능력(권력, 권한, 힘 등)을 상실하다 4. (비유적) 총알처럼 말을 내뱉다 5. 재빨리 나가다 (사라지다) 6. *~ se* 조용해지다, 잠잠해지다

izduvati -am (完) **izduvavati** -am (不完) 1. 혹 불어 깨끗이 하다 (청소하다); *~ peć* 난로를 청소하다 (혹 불어); *~ cigarluk* (권련의) 물부리를 혹 불어 깨끗이 하다 2. 혹 불어 (모양을) 만들다 (duvanjem napraviti, oblikovati što); *~ staklo* 불어 유리병을 만들다 3. 혹 불어 불을 피우다 4. 후~하고 불다, 공기를 내뿜다 5. *~ se* 부는 것을 멈추다 (prestati duvati) 6. *~ se* 정상적으로 숨을 쉬다, 헐떡거리며 숨을 쉬는 것을 멈추다 (달리기 이후 등의) 7. *~ se* 화풀이하다, 분풀이하다 (iskaliti se) 8. *~ se* 흥겹게 시간을 보내다 (veselo se provesti)

izduvavanje (동사파생 명사) izduvavati

izduvavati -am (不完) izduvati

izduvnī -ā, -ō (形) 배출의, 배기의; *~a cev* 배기관; *~ gasovi* 배출 가스; *~ ventil* 배기 밸브

izdužiti -im (完) 1. 길게 하다, 쭉 늘이다 (učiniti dužim, duljim); *~ testo* 반죽을 늘이다 2. (팔, 다리 등을) 쭉 뻗다 (pružiti, protegnuti nekom pravcu); *~ noge* 다리를 쭉 뻗다 3. (기간 등을) 연장하다 4. *~ se* 길어지다 5. *~ se* (팔,다리를) 쭉 뻗고 눕다, 대(大)자로 눕다

izdvojiti -im (完) **izdvajati** -am (不完) 1. (전체·

I

통채에서) 분리하다, 떼다, 떼어 놓다; 선택
하다, 고르다; *državne šume treba ~ od
drugih* 국유림을 다른 것으로부터 분리할
필요가 있다; *~ najbolje pesme iz knjige* 책
에서 가장 좋은 시를 고르다 2. 추출하다,
분리해내다 (izvući); *~ sok iz grožđa* 포도에
서 포도즙을 추출하다 3. 쫓아내다, 퇴출시
키다 (단체, 구성원 등에서) 4. ~ se 분리되
다, 구별되다; *~ se od ostalih* 다른 것과는
구별되다(분리되다) 5. ~ se 독립하다, 분리
하다 (공동재산에서 자신의 몫을 차지하고);
Slovenija se prva izdvojila iz Jugoslavije
슬로베니아는 맨 먼저 유고슬라비아에서 분
리되었다 6. ~ se 눈에 띄다, 두드러지다, 특
출나다; *~ se u učenju* 학식에서 특출나다
izebran *-a, -o* (形) 줄무늬가 있는 (koji je
pun pruga kao zebra)
izelica 참조 izjelica
izgarati *-am* (不完) 참조 izgoreti
izgaraviti se *-im se* (完) 거무잡잡해지다; 그
을음이 묻어 더러워지다 (postati garav;
umaziti se, uprljati se garom)
izgaziti *-im* (完) 1. 밟다, 밟아 뭉개다; ~ sneg
눈을 밟다; *~ povrće po vrtu* 정원에서 과일
을 밟아 뭉개다 2. (물 등을) 밟고 가다; 여
러 번 밟다 (진흙·물 등을); *~ na obalu* 해변
에서 밟고 가다 3. (신발을 자주 신어) 넓히
다, 넓고 편안하게 하다
izginuti *-nem* (完) 1. 붕괴되다, 무너지다, 파
괴되다 (자연재해·사고 등으로 인해) 2. 죽다,
사망하다 (poginuti, umreti) 3. 사라지다, 없
어지다 (nestati, iščeznuti) 4. (口語) 죽도록
고생하다 (izmučiti se, namučiti se); *~
radeći po ceo dan* 하루 종일 일하면서 죽도
록 고생하다
izglačati *-am* (完) 대패질하다, 다림질하다
izgladiti *-im* (完) **izglađivati** *-đujem* (不完) 1.
매끈하게 (평평하게) 하다; 대패질하여 매끈
하고 빛나게 만들다; *~ neravnine* 평평하지
않은 곳을 평평하게 만들다; *~ naborani
pokrivač* 주름진 커버를 평평하게 펴다; *~
kamen* 돌을 맨질맨질하게 만들다 2. (비유
적) (몇 몇 곳을 고쳐) 좋고 반듯하게 만들
다; 차이를 없애다(제거하다); *~ odnose sa
susednim državama* 이웃 국가들과의 관계
를 매끈하게 하다(부드럽게 하다)
izgladneti *-im* (完) 배고픔을 느끼다, 허기를
느끼다; 배고파 기진맥진하다
izgladniti *-im* (完) 굶기다, 배를 곯리다, 배고
프게 하다 (učiniti koga gladnim)
izgladnjavanje (동사파생 명사) izgladnjavati

izglađivati *-đujem* (不完) 참조 izgladiti
izglancati *-am* (完) 광내다, 광나도록 닦다; *~
cipele* 구두를 광내다
izglasa (副) 큰 소리로 (punim glasom)
izglasati *-am* (完) **izglasavati** *-am* (不完) 1. 선
출하다, 선임하다; *izglasali su ga za
predsednika* 그를 의장으로 선출했다 2. (투
표로 법안 등을) 통과시키다, 가결하다; *~
zakon* 법안을 통과시키다
izglasavanje (동사파생 명사) izglasavati
izglaviti *-im* (完) **izglavljivati** *-ljujem* (不完) 1.
막힌 것을 뚫다 2. ~ se 구멍이 뻥 뚫리다;
pomisli da se nebo izglavilo 하늘에 구멍이
난 걸로 생각했다
izgled 1. 외모, 외관, 겉모습; *dečji* ~ 어린이
의 외모; *lepota ~a* 외관미(美); *po ~u* 외모
로; *nije loš na* ~ 외모는 나쁘지 않다 2. 풍
경, 경치 (pejzaž); *~ na reku* 강 풍경; *lep
~ na Durmitor* 두르미토르의 아름다운 풍경
3. (주로 ~i) 가망, 가망성, 가능성, 장래성,
기대, 예상; *~i na uspeh* 성공 가능성; *kakvi
su ~i?* 가망성은 어떠나?; *dobri ~i* 훌륭한
가능성; *bez ~a* 희망이 없는, 가능성이 없
는; ~ *na uspeh* 성공 가능성; *nikakav
sporazum nije u ~u* 그 어떠한 합의 가능성
도 없다; *imati nešto u ~u* 뭔가 희망이 있다
4. 본보기가 되는 사람; 모범, 견본, 표본
(onaj koji služi kao očigledan primer, ugled,
obrazac); *biti drugima na* ~ 타인의 모범이
다(모범이 되다)
izgledati *-am* (不完) 1. 어떠한 형태(모습, 외
모)를 띠다 (가지다); *ona dobro izgleda* 그
녀는 안색이 좋다; *izgleda mlađa od mene*
그녀는 나보다 젊어(어려) 보인다 2. (無人稱
文에서) ~처럼 생각된다, ~인 것 같다, ~처
럼 보이다 (čini se); *izgleda kao da će kiša*
비가 올 것 처럼 보인다; *izgleda da niko
više neće doći* 아무도 더 이상 올 것 같지
않다, *on je, izgleda, bolestan* 그는 아픈 것
같이 보인다 3. 주목하여 보다, 응시하다
(pažljivo gledati)
izglodati *-đem* (完) 1. (뼈에 붙은 고기를) 뜯
어 먹다; *po stolu ispolivano vino,
izglodane kosti* 책상에는 흘린 포도주와 뜯
어 먹은 뼈들이 수북했다 2. (비유적) (오래
사용하여) 다 떨어지다, 다 해지다, 엉망인
상태가 되다 3. (비유적) 갉아먹다, 부식하다,
침식하다; *toga natpisa više nema jer ga je
izglodao zub vremena* 그 비문은 세월의 풍
상이 갉아 먹어 더 이상 존재하지 않는다
4. ~ se 부식되다, 침식되다

286

izgmizati *-žem* (完) 기어 나가다, 기어가다 (izići gmižući, izmileti)
izgnanik 유배자, 망명자; 추방자
izgnanstvo, izgnanje 유배, 망명; (국외) 추방 (egzil)
izgnati *-am* (完) 참조 izagnati
izgnjaviti *-im* (完) 1. (눌러)으깨어 모양을 변형시키다; 반죽하다, 개다, 짓이기다; ~ *testo* 밀가루 반죽을 반죽하다 2. (비유적) 귀찮게 하다, 성가시게 하다, 따분하게 하다, 못살게 굴다 (긴 이야기, 느릿느릿한 일 등으로); ~ *nekoga pričom* 주구장창 이야기하여 누구를 귀찮게 하다 3. ~ se 귀찮아 하다, 따분해 하다
izgnječiti *-im* (完) 1. (밀가루 등을) 반죽하다, 개다, (올리브·포도 등을) 으깨다; ~ *kuvan krompir* 삶은 감자를 으깨다; ~ *testo* 밀가루를 반죽하다 2. (올리브·포도 등을) 압착하여 즙을 짜내다; ~ *grožđe* 포도즙을 짜다
izgoniti *-im* (不完) 참조 izagnati
izgorelina (=izgoretina) 1. (불에) 탄 것, 타고 남은 잔해; ~*e aviona* 비행기가 타고 남은 잔해 2. 화상 (opekotina)
izgoreti *-im* (完) izgarati *-am* (不完) 1. 불에 타다; 불로 태우다; (난방 등의 목적으로) 사용하다, 소비하다; *cela nam je kuća izgorela do temelja* 우리 집이 완전히 다 탔다; ~ *mnogo drva* 많은 나무를 태워 사용했다 2. 말라 메마르다 (sasušiti se, uvenuti od žege) 3. (햇볕에) 검게 타다 (pocrneti); ~ *od sunca* 햇볕에 검게 타다 4. (습기 등에 오래 노출되어) 썩다 (istruliti) 5. 강렬한 느낌을 받다; ~ *od ljubavi* 사랑으로 불타오르다 6. 기타; *izgoreše mi tabani* 나는 더 이상 참을 수 없이 안절부절 못한다; *kume, izgore ti kesa!* 결혼식에서 대부(kum)한테 돈을 던져 돌라고 소리치는 소리
izgoretina 참조 izgorelina
izgovarati *-am* (不完) 참조 izgovoriti
izgovor 1. 발음; *imati dobar (pravilan)* ~ 좋은 (정확한) 발음을 가지고 있다 2. 구실, 평계; 변명, 해명; *pod* ~*om* 구실로, 평계로; *slabi* ~*i* 서툰 변명
izgovoriti *-im* (完) izgovarati *-am* (不完) 1. 발음하다 2. 큰 소리로 알리다; 말하다 (saopštiti što glasom, reći, kazati); *izgovorio je sve* 그는 모든 것에 대해 말했다; ~ *na pamet* 외워 말하다 3. 변명하다, 평계를 대다, 구실을 대다, 정당화하다 (opravdati) 4. ~ se (끝까지 다) 말하며; *on je morao da se izgovori* 그는 모든 것을 다

말해야 했다 5. ~ se 평계를 대다, 구실을 대다, 정당화 하다; *on se izgovorio bolešću* 그는 아프다는 평계를 댔다
izgraditi *-im* (完) izgrađivati *-đujem* (不完) 1. (건물을) 짓다, 세우다, 건설하다; *trebalo bi* ~ *u selu dom kulture* 마을에 문화 회관을 세울 필요가 있다 2. 만들다, 창립하다 (stvoriti, ostvariti) 3. 맞추다, 조립하다 4. ~ se 완성시키다, 발전시키다 (razviti do pune mere osobine u određenom pravcu)
izgradnja 건설, 건축; 건축물, 건물; *u* ~*i* 건설 중; ~ *socijalizma* 사회주의 건설
izgrađivati *-đujem* (不完) 참조 izgraditi
izgrditi *-im* (完) 1. 갈구다, 꾸짖다, 나무라다, 험한 말을 퍼붓다, 심하게 질책하다, 욕하다; ~ *sina* 아들을 나무라다, 아들에게 잔소리를 퍼붓다 2. 커다란 손상을 입히다, 큰 고장이 나게 하다 (pričiniti veliku štetu, kvar) 3. ~ se 서로 상대방에게 험한 말을 퍼붓다 (욕하다) 4. ~ *na mrtvo ime*, ~ *na pasja kola* 심하게 질책하다(나무라다)
izgrebati *-em* (完) 참조 izgrepsti
izgred 1. (질서·치안의) 소란, 소동, (사회) 불안, 혼란; *praviti* ~ 소란을 야기하다; *ulični* ~ 거리의 소란; ~ *na utakmici* 경기에서의 소란 2. (정치적 성격의) 데모, 시위, 소요; *učestale su vesti o hapšenju studenata, o* ~*ima na univerzitetu* 학생 체포, 대학에서의 시위사태 등에 대한 뉴스가 빈번해졌다
izgrednik (사회적) 소란·소동을 야기하는 사람; 깡패, 불량배, 폭력배, 폭력단원
izgrejati *-em* (完) izgrevati *-am* (不完) 1. (태양이) 쩅쩅 빛나다, 쩅쩅 내리쬐다; *a posle naglo izgreje sunce iza oblaka* 이후 구름 뒤에서 해가 갑자기 쩅쩅 내리쬐기 시작했다 2. (해·달 등이) 떠오르다, 나타나다, 뜨다; *sunce je izgrejalo* 해가 떴다
izgrepsti *izgrebem*; *izgrebao*, *-bla*; *izgreben*, *-ena* (完) 할퀴다, 할퀴어 상처를 내다; *izgrebla ga je mačka* 그는 고양이에게 할퀴었다
izgrešiti *-im* (完) (많은) 실수를 하다
izgrevati *-am* (不完) 참조 izgrejati
izgrickati *-am* (完) (지소체) izgristi
izgrijati *-em* izgrijavati *-am* izgrijevati *-am* (完) 참조 izgrejati
izgriskati *-am* (完) (지소체) izgristi
izgristi *izgrizem*; *izgrizao*, *-zla*; *izgrizen*, *-ena* (完) izgrizati *-am* (不完) 1. (음식물을) 씹다, 깨물어 부수다; 물다, 깨물다; ~ *hleb* 빵을 한 입 물다; ~ *jabuku* 사과를 한 입 깨

287

물다 2. 몸의 일부에 통증을 유발시키다 3. (사람·마음 등이) 좀먹다, 서서히 나빠지다; *bol za sinom joj je izgrizao dušu* 아들에 대한 걱정이 그녀의 마음을 서서히 갉아먹었다; *tuga će mu ~ dušu* 슬픔이 그의 마음을 갉아먹을 것이다 4. (화학물 등이 무엇을) 손상시키다 5. ~ se 서로 상대방을 물다

izgrizotina 물린 것, 물린 곳; 물린 상처

izgrliti *-im* (完) (모든 사람을 차례로) 포옹하다 (zagrliti sve redom)

izgrmeti se *-im se* (完) 번개치는 것이 그치다 (prestati grmeti, istutnjiti se)

izgrnuti *-nem* (完) (삽 등으로) 퍼내다

izgrudati *-am* **izgrudvati** *-am* (完) 1. (많이) 눈뭉치를 던지다 (obasuti koga grudvama snega) 2. ~ se 서로에게 눈덩이를 던지다, 눈싸움하다

izgruhati izgruvati *-am* (完) 1. (힘껏) 치다, 때리다 (izbiti, istući); ~ *nekoga pesnicama* 주먹으로 누구를 세게 때리다 2. (매 등으로) 맞다 (izudarati se, ugruvati se)

izgubiti *-im* 1. 잃다, 잃어버리다; ~ *knjige* 책을 잃어버리다; ~ *zdravlje* 건강을 잃다; ~ *apetit* 식욕을 잃다; ~ *bitku (partiju, igru)* 지다, 실패하다; ~ *dar govora* 말을 못하게 되다; ~ *glavu (život)* 죽다, 자신이 무엇을 하는지도 모르게 당황하다; ~ *na izborima* 선거에서 떨어지다; ~ *noge* 피곤해질만큼 많이 걷다; ~ *pamet* 미치다; ~ *(svaki) obraz* 몰상식해지다; ~ *tlo pod nogama* 안정감을 상실하다; ~ *(sve) u čijim očima* 아무런 중요성(값어치)도 없다; ~ *živce* 자신의 행동을 통제할 수 없게 되다 2. ~ se 사라지다, 없어지다 (nestati, iščeznuti) 3. ~ se 당황하다, 판단력을 상실하다

izgubljen *-a, -o* (形) 1. 참조 izgubiti; ~*i sin,* ~*a ovca* 탕아, (한 집안·집단의) 말썽꾼 2. 희망이 없는 (koji je bez nade, bespomoćan) 3. 길을 잃은, 정처없는, 해매는

izgubljenik 당황한 사람, 제 정신이 아닌 사람 (onaj koji je smućen, smeten); 탕아, 올바른 길에서 벗어난 사람

izguliti *-im* (完) 껍질을 벗기다

izgurati *-am* (完) 1. (nekoga) (어떤 장소에서) 밀어내다, 밀어 내쫓다; (어떠한 직위 등에서) 쫓아내다; ~ *iz kancelarije* 사무실에서 밀어 내쫓다; ~ *iz kafane* 카페에서 밀어내다; ~ *sa rukovodećeg mesta* 지도부에서 쫓아내다 2. (nešto) 밀다; ~ *auto na put* 자동차를 길로 밀다 3. (어떠한 지위·직위·목표까지) 밀다; 다른 사람을 밀어내고 그 자리를

차지하다; ~ *za direktora firme* 회사 사장으로 밀다 4. (힘들여 노력하여 차근차근 어떤 위치에) 도달하다; *on je izgurao do diplome* 그는 어찌 어찌하여 힘들게 졸업했다 5. ~ se 서로 상대방을 밀치다

izgustirati *-am* (完) 의욕을 상실하다, 흥미를 잃다; *prilično je izgustirala nemački jezik* 그녀는 독일어에 대한 흥미를 상당히 잃어버렸다

izgutati *-am* (完) 불쾌함을 경험하다(겪다) (iskusiti, doživeti što neprijatno)

izgužvati *-am* 1. 구기다 2. ~ se 구겨지다

izići *iziđem*; *izišao, -šla*; *iziđi* **izaći** *izađem*; *izašao, -šla*; *izađi* (完) **izlaziti** *-im* (不完) 참조 izaći

izidati *-am* & *-đem* (完) **iziđivati** *-đujem* (不完) (건물 등을) 다 짓다, 짓는 것을 다 마치다 (svršiti zidanje; završiti, dovršiti građevinu, zgradu; sazidati)

izigrati *-am* (完) **izigravati** *-am* (不完) 1. (끝까지) 공연하다, 시합하다; ~ *nekoliko kola* 몇 가지 콜로를 공연하다; ~ *dve partihe šaha* 체스 두 경기를 두다 2. (경기, 시합에서) 그 어떠한 조합을 이루다, 하다, 경기하다; *ja imam još jedan adut, ja ću ga ~* 아직 조커 한 장이 남아있다, 그 조커를 낼 것이다; ~ *poslednju (najtežu, zadnju) kartu* 마지막 남은 수단을 사용하다 3. 도박하다 4. 속이다, 기만하다; 가지고 놀다, 농락하다 (prevariti, obmanuti); ~ *zakon* 법망을 회피하다; ~ *nečije poverenje* 누구의 신뢰를 악용하다 5. (不完만) ~인체 하다; ~ *budalu* 바보인체 하다

izigravanje (동사파생 명사) izgravati

iziskivati *-kujem* (不完) 요구하다, 요청하다 (tražiti, zahtevati); *razvoj iziskuje više napora* 발전은 더 많은 노력을 요구한다

izistinskī *-ā, -ō* (形) 1.사실의 (istinit) 2. 실제의 (pravi, stvaran)

izjadati *-am* (完) 1. (끝까지 다) 자신의 슬픔 (격정·근심 jad)을 이야기하다 2. ~ se ~ 앞에서 울다, 슬픔 등을 다 털어놓다; ~ *se pred majkom* 어머니 앞에서 자신의 괴로움을 다 털어놓다

izjagnjiti *-im* (完) 1. 새끼 양을 낳다 2. (클 때까지) 새끼 양을 기르다(키우다)

izjahati *-šem* (完) **izjahivati** *-hujem* (不完) 1. 말을 타고 떠나다 2. 말을 길들이다 3. ~ se (충분히) 말을 타다

izjaloviti *-im* (完) 1. (동물의) 유산(流産)케 하다 (pobaciti) 2. 열매를 맺지 않다 (ne

288

doneti ploda, roda) **3. ~ se** (동물이) 유산하다 **4. ~ se** 후손이 없이 되다, 수확을 못거두게 되다 (izroditi se, ostati bez potomstva, bez roda, bez ploda) **4. ~ se** 실현되지 못하다(희망·의도·바람·계획 등이), 헛되이 끝나다; *izjalovile su nam se nade* 우리의 바람은 결실을 못맺었다; *izjalovio nam se plan* 우리의 계획은 실현되지 못했다

izjariti se *-im se* (염소가) 새끼를 낳다, 새끼 염소를 낳다

izjarmiti *-im* (完) (소에서) 멍에를 끄르다 (skinuti jaram, ispregnuti); *~ volove* 소의 멍에를 끄르다

izjasniti *-im* (完) **izjašnjavati** *-am* **izjašnjivati** *-njujem* (不完) **1.** 설명하다 (objasniti) **2. ~ se** *za što* (*protiv nečega*) 자신의 생각(견해)을 밝히다

izjašnjenje 1. 설명 (objašnjenje) **2.** 변명, 사과 (opravdanje, izvinjenje)

izjašnjivati-*njujem* (不完) 참조 iyjasniti

izjava 1. (서면이나 구두에 의한 공개적인) 진술, 성명; *~ saučešća* 조의(弔意) 성명; *~ ljubavi* 사랑의 고백; *dati ~u* 성명을 발표하다; *po ~í očevidaca* 목격자의 진술에 따르면 **2.** 성명, 발표 (saopštenje); *zvanična ~* 공식 발표 (성명)

izjaviti *-im* (完) **izjavljivati** *-ljujem* (不完) 진술하다, 선언하다, (공개적으로) 표명하다; *~ zahvalnost* 사의(謝意)를 표명하다; *~ ljubav* 사랑을 고백하다; *~ nekome saučešće* 조의(弔意)를 표명하다

izjavnī *-ā, -ō* (形) 진술의; *~a rečenica* 평서문(平敍文)

izjedati *-am* (不完) **1.** 참조 izjesti **2.** 조금씩 먹다 (jesti deo po deo) **3.** 조금씩 갉아먹다 (부식시키다); *izjedajuća ~* 부식성 물질 (산(酸) 등의); *rđa izjeda lonac* 녹이 냄비를 조금씩 부식시킨다 **4.** (비유적) 괴롭히다, 고통스럽게 하다 (gristi, nagrizati, mučiti)

izjeden *-a, -o* (形) **1.** 참조 izjesti: 부식된, 침식된 **2.** 낡은, 썩은 (istrošen, izlizan, pohaban); *~a zgrada* 낡은 건물; *~e ćebe* 낡은 담요; *~ zub* 썩은 이빨; *noga mu se poklizuje po sasvim ~im pločama* 그의 발은 완전 낡은 판자위에서 미끌어진다

izjednačenje (동사파생 명사) izjednačiti; *postići ~* 동점을 이루다 (스포츠에서)

izjednačiti *-im* (完) **izjednačavati** *-am* **izjednačivati** *-čujem* **1.** 같게 하다, 동등하게 하다, 균등하게 하다, 평등하게 하다; *~ u plati* 월급을 같게 하다 **2.** (스포츠) 동점을 이루다; *„Zvezda" je izjednačila na 2:2* 즈베즈다는 2:2 동점을 만들었다; *~ rekord* 타이기록을 세우다 **3. ~ se** 동일해지다, 같게 되다 **4. ~ se** 하나가 되다, 통일되다 (postati jedno, ujediniti se) **5.** (文法) 동화되다 (asimilirati se)

izjedriti *-im* (完) 돛단배로 항해를 떠나다 (otploviti lađom na jedra)

izjelica (男,女) **1.** 대식가 **2.** (비유적) 착취자, 도둑 (izrabljivač, lupež)

izjesti *izjedem*; *izjeo*; *izjeden, -ena* (完) **izjedati** *-am* (不完) **1.** (끝까지 다) 먹다; *sve je izjeo* 그는 모든 것을 다 먹어 치웠다 **2.** (곤충 등이) 물다, 쏘다; *izjeli su me komarci* 모기가 물었다 **3.** 부식시키다, 침식시키다; (벌레 등이) 좀먹다; *medalje je s vremenom izjela rđa* 메달은 시간이 지남에 따라 녹이 슬었다; *rđa je izjela gvožđe* 쇠에 녹이 슬었다; *moljci su izjeli kaput* 나방이 외투를 좀먹었다 **4.** (오래 사용하여) 낡게 하다, 고장나게 하다 **5.** (비유적) 고통스럽게 하다, 괴롭히다 **6. ~ se** 피로워하다, 애타다, 안달하다 **7. ~ se** (태양, 달 등이) 어두워지다, 식(蝕)현상을 일으키다 **8.** 기타; *izjeo vuk magare (magarca)* 그리 중요한 일이 아니다, 어떠한 행동이 징벌받지 않다; *~ koga grleći* 열정적으로 키스하다; *~ (kome) jetru (džigericu)* 굉장히 고통스럽게 하다 (괴롭히다); *~ mnogo batina (šamara)* 매를 맞이 맞다; *~ oputu* 유쾌하지 못한 일을 당하다; *~ (što) pogledima* 탐욕스럽게 바라보다; *~ vatru* 큰 고통을 당하다; *~ veliko bogatstvo* 많은 재산을 탕진하다; *muka ga je izjela* 망했다; *vraga izio!, vrag te izio!* (저주) 망해버려라!; *živ me sram izjeo* 나는 커다란 수치심을 느꼈다

izjuriti *-im* (完) **izjurivati** *-rujem* (不完) **1.** (서둘러 밖으로) 뛰어 나가다; *~ iz kuće* 서둘러 집에서 뛰어 나가다 **2.** (nekoga) 쫓아내다, 추방하다 (isterati, izagnati)

izjurnuti *-em* (完) (갑자기 불쑥) 튀어나오다 (naglo, odjednom izleteti, iskočiti); *svaki bi čas iz dubine izjurnulo pitanje* 항상 마음 깊은 곳에서 질문이 불쑥 불쑥 솟아나는 것 같다

izjutra (副) 아침에 (ujutro)

izlagač 1. 출품자, 전시자, 전람자 **2.** 설명자, 해석자 **3.** (數) xn에 대한 누승(累乘) 지수, 멱(冪) 지수

izlaganje 1. (동사파생 명사) izlagati; 거짓말 (하기) **2.** 발표, 설명, 프레젠테이션

289

I

izlagati –*žem* (不完) 참조 izložiti

izlagati –*žem* (完) 거짓말하다; (누구를) 속이다, 기만하다 (slagati; prevariti, obmanuti)

izlajati –*jem* (完) 1.(卑俗語) 지껄이다, 말하다, (쓸데없는 말을) 2. (輕蔑語) 건방지게 말함으로써 무엇인가를 얻다 (postići, steći nešto drskim govorenjem) 3. ~ se (개가) (많이) 짖다 4. ~ se 비밀을 지껄이다 (발설하다) 5. ~ se *na koga* ~에게 소리치다, 고함치다, 욕설을 퍼붓다, 험한 소리를 하다

izlakirati –*am* (完) 1. 옻칠(lak)하다, 래커칠하다; ~ *sto* 테이블을 옻칠하다 2. (겉을) 윤내다, 보기 좋게 하다

izlanuti –*em* (完) 1. 무심결에 말하다, 불쑥 말하다, 주책없이 지껄여대다 (nehotice reći, izbrbljati) 2. ~ se 무심결에 말하다, 지껄여대다

izlapeo –*ela* 참조 ishlapeo

izlaz 1. 출구, 나가는 곳; ~ iz zgrade 건물 출구 izlazni (形) 2. 나감, 외출 (izlaženje, idenje van); *sreo sam ga pri ~u iz crkve* 교회에서 나갈 때 그를 만났다 3. (무대의) 출연 (배우의 극중 연극에서); ~ *na pozornicu* 무대 출연 4. 해결, 해결책 (문제, 난관 등의); ~ *iz neprijatne situacije* 유쾌하지 못한 상황의 해결책 5. 기타; ~ *sunca* 일출(日出); *imati* ~ (보통 軍에서의) (막사 밖으로의) 외출; *odelo za* ~ 외출복; *stvar bez ~a* 해결책이 없는 어려운 문제

izlazak –*ska* 1. 출구 (izlaz) 2. 나감, 진출 (izlaženje); *bio je to u Evropi prvi* ~ *masa u ulicu* 그것은 유럽에서 처음으로 다수의 사람들이 거리로 진출한 것이었다 3. (책·서적 등의) 출판, 발행; ~ *knjige* 책 출판; ~ *časopisa* 잡지 출판 4. (비유적) 해결, 해결책 (izlaz) 5. 끝, 말(末) (kraj, završetak); *na ~sku života* 인생의 말미에; *na ~sku nedelje* 주말에

izlaziti –*im* (不完) 참조 izići

izlaznī –ā, -ō (形) 참조 izlaz; 출구의; ~*a vrata* 출구; ~*a viza* 출국 비자

izlaznica 수출 관세

izlaženje (동사파생 명사) izlaziti

izlečiti –*im* (完) 치료하다

izlečiv –*a*, -*o* (形) 치료할 수 있는 (izlečljiv); ~*a bolest* 치료 가능한 질환

izleći –*žem*; izlegao, -gla; izležen 1. (알을) 까다, 부화시키다; *kokoška je izlegla jaje* 암탉이 알을 부화시켰다 2. ~ se (알이) 부화되다; *juče su nam se izlegli pilići* 어제 병아리들이 부화되었다

izlemati –*am* (完) 죽도록 패다 , 죽도록 때리다 (izmlatiti)

izlepiti –*im* (完) izlepljivati –*ljujem* (不完) 1. 칠하다, 바르다 (premaziti, prevući, oblepiti); ~ *zid malterom* 벽에 회반죽을 바르다 2. (~위에) 붙이다; ~ *plakat* 포스터를 붙이다 3. 풀로 붙이다, 풀칠하여 붙이다 (slepiti, ulepiti); ~ *listove u knjizi* 책에다 종이를 붙이다

izlet 소풍, 야유회, 여행; *ići na* ~ 야유회를 가다; *napraviti* ~ *kolima* 자동차로 여행을 떠나다

izleteti –*im* (完) izletati –*ćem* (不完) 1. 나르다, 날아 가다; *kanarinka je izletela iz kaveza* 카나리아 새가 새장에서 날아 갔다; *iz kože* ~ 아주 조마조마하게 중요한 일이 일어나기를 기다리면서 초조해하다; *izleteo mi je iz pameti* 잊어버렸다 2. (비유적) 뛰어 나가다, 빨리 뛰어가다; 제외되다, 제명되다; ~ 에서 벗어나다; ~ *na ulicu* 거리로 뛰어 나가다; ~ *kao iz puške* 총알처럼 튀어 나가다; ~ *iz krivine* 구부러진 길에서 탈선하다 (벗어나다)

izletište 야유회 장소, 소풍지, 야외에 나가서 휴식을 취할 수 있는 곳

izletnik 소풍을 가는 사람, 야유회에 참가한 사람 izletnički (形)

izlevati –*am* (不完) 참조 izlivati

izležati se –*im se* (完) izležavati se –*am se* (不完) 1. (농경지를) 휴경(休耕)하다 2. 아무 것도 하지 않고 누워서 시간을 보내다, 게으름 피우다

izliferovati –*rujem* (完) 참조 liferovati

izlinijati –*am* izlinirati –*am* (完) 선(線)을 긋다

izlinjati (se) –*am (se)* (完) 1. (털이) 빠지다, (털이) 듬성듬성해 지다; *izlinjala ti se već bunda* 모피 외투가 벌써 털이 빠져 낡아졌다 2. (비유적) 약해지다, 소실되다 (oslabiti, izgubiti se); *s vremenom je izlinjala uspomena na njegove žrtve* 시간이 흐름에 따라 그의 희생자에 따른 기억이 희미해졌다 3. 사라지다, 없어지다, 소멸되다 (iščeznuti, nestati, umreti)

izlistati –*am* (完) 잎이 무성해지다

izlišan –*šna*, -*šno* (形) 필요 이상의, 과도한, 과잉의 (nepotreban, suvišan); *strah je bio* ~ 공포감은 과도한 것이었다; *vi gonite ljude da rade* ~ *posao* 당신은 사람들이 필요 이상으로 과도한 일을 하도록 내몰고 있습니다

izliti izlijem; izlij; izliven, -ena (完) izlivati –

am **izlevati** *-am* (不完) 1. (그릇 등을 기울여 액체를) 쏟다, 따르다, 붓다, 흘리다; ~ *vodu* 물을 따르다 2. (비유적) 분명하고 명확하게 자신의 감정(기분) 등을 표현하다 (말하다), (감정 등을) 터뜨리다, 발산하다; ~ *bes na nekoga* ~에 대한 분노를 터뜨리다 3. (금속·밀랍 등으로) 주조하다, (주물에 쇳물 등을) 따르다; ~ *zvono* 종(鐘)을 주조하다; ~ *statuu u bronzi* 동(銅)으로 상(像)을 주조하다 4. ~ *se* (강, 하천 등이) 범람하다, 넘쳐 세어 나오다; *reka se izlila* 강이 범람했다; *izlila mu se krv u mozak* 뇌출혈이 일어났다 5. (비가) 쏟아지다, 폭우가 내리다 6. ~ *se* 대규모로 나오다 (izaći u velikom broju)

izliv 1. 범람하는 곳, 넘쳐 흐르는 곳(장소) 2. (강, 하천 등의) 범람, 홍수 3. (비 등이) 쏟아짐, 폭우; 급격한 출혈; ~ *krvi* 출혈; ~ *krvi u mozak* 뇌출혈 4. (감정·기분·생각 등의) 분명한 표현, 분출; ~ *besa* 분노의 폭발

izlivanje (동사파생 명사) izlivati; ~ *krvi* 출혈

izlivati *-am* (不完) 참조 izliti

izliven *-a, -o* (形) 참조 izliti

izlivka (醫) 출혈 (혈관으로부터 조직내로)

izlizan *-a, -o* (形) 1. (사용하여) 낡은, 닳은, 마모된, 너덜너덜한 2. 성장하여 잘 차려입은

izlizati *-žem* (完) 1. 핥다, 핥아먹다 (svršiti lizanje); ~ *tanjir* 접시를 다 핥아먹다 2. (사용하여) 낡게 하다, 해지게 하다, 떨어지게 하다 3. (비유적) 사라지다, 없어지다 (nestati) 4. ~ *se* (병에서) 회복하다, 완쾌되다

izlog (가게에서 유리벽으로 된) 진열창, 쇼윈도, 진열 공간 (vetrina); *gledati ~e* (사지 않고) 진열창 안(의 상품)을 들여다보며 다니다, 아이쇼핑을 하다 **izložni** (形)

izlokati *-čem* 1. (물이 떨어져·흘러) (바위 등을) 움푹 파다, 움푹 들어가게 하다 (izdubiti) 2. (보통 동물들이) 핥아 먹다, 핥아 마시다

izlomiti *-im* (完) 1. (완전히) 부러뜨리다, (여러 군데를) 부러뜨리다; ~ *motku* 몽둥이를 부러뜨리다; ~ *pogaču* 빵(포가차)를 뚝 자르다 2. 무너뜨리다 (porušiti) 3. (비유적) 괴롭히다, 못살게 굴다 (izmučiti, iznuriti) 4. 파괴하다, 망가뜨리다다; 쇠약하게 하다, 허약하게 하다 (uništiti); *visoka temperatura ga je sveg izlomila* 고열로 인해 그는 쇠약해졌다; *izlomila me bolest* 병이 날 망가뜨렸다

izlomljen *-a, -o* (形) 1. 참조 izlomiti 2. (선(線)이) 끊어진, 단속적인 (isprekidan); ~*i*

zvuci 단속적인 소리; ~*i odjeci* 단속적인 메아리 3. (비유적) 나쁜, 좋지 않은, 엉망인 (loš, rđav); *ona ~im nemačkim jezikom govori* 그녀는 엉터리 독일어로 말한다

izloviti *-im* (完) **izlovljavati** *-am* (不完) 사냥하다, 사냥에서 포획하다, 사냥에서 죽이다

izložba 전시, 전람, 진열; 전람회, 전시회; 전시품, 진열품

izložilac *-ioca* 1. 출품자, 전시자, 전람자 (izlagač) 2. (數) 누승(累乘) 지수, 멱(冪) 지수 (stepen, eksponent)

izložitelj (數) 누승(累乘) 지수, 멱(冪) 지수 (izložilac)

izložiti *-im* (完) **izlagati** *-žem* (不完) 1. 전시하다, 진열하다, 전람하다; 잘 보이는 곳에 놓다; ~ *slike* 그림을 전시하다; ~ *liste glasača* 투표 용지를 잘 보이는 곳에 놓다; ~ *robu na prodaju* 판매 물품을 진열하다; ~ *na vidno mesto* 눈에 잘 띄는 곳에 놓다; ~ *život* 목숨을 걸다, 가장 큰 위험에 생명을 걸다 2. 노출시키다 (위험 등에); ~ *nekoga nečijem uticaju* ~ 영향에 어떤 사람을 노출시키다; ~ *se opasnosti* 위험에 노출되다; ~ *nekoga podsmehu* 조롱을 당하게 하다 3. ~쪽을 향하게 하다 (okrenuti prema čemu) 4. 설명하다, 분명하게 하다, 프리젠테이션을 하다 (protumačiti, objasniti, razjasniti); *on nam je izložio svoj plan* 그는 우리에게 자신의 계획을 설명했다

izložnī *-ā, -ō* (形) 참조 izlog

izlučiti *-im* (完) **izlzčivati** *-čujem* (不完) 1. (nekoga, nešto) 나누다, 분리하다, 떼어놓다, 제외시키다 (odvojiti, izdvojiti, isključiti); ~ *ovce iz stada* 양을 무리에서 분리하다(떼어 놓다) 2. 분비하다; *ova žlezda izlučuje važne hormone* 이 선(腺)은 중요한 호르몬을 분비한다 3. (數) 구하다 (izvaditi); ~ *zajednički faktor* 공통 공약수를 구하다

izlučan *-čna, -čno* (形) 1. (스포츠) 예선의; ~*čna utakmica* 예선 경기 2. 분비의; ~*čni organi* 분비 기관; ~*čna žlezda* 분비샘

izludeti *-im* (完) (완전히) 미치다

izludovati se *-dujem se* (完) 미친 짓을 많이 하다 (naludovati se)

izluftirati *-am* (完) 통풍시키다, 환기시키다 (izvetriti, provetriti); ~ *sobu* 방을 환기시키다

izlupati *-am* (完) 1. (끝까지 다) 두드리다 (izvršiti lupanje, kucanje do kraja) 2. 실컷 때리다(패다, 두드리다) 3. 두드려 먼지를 털

I

291

다; ~ *odelo* 옷의 먼지를 털다; ~ *ćilime* 양탄자를 (두드려) 털다 **4.** 깨뜨리다 (razbiti, polomiti u komade); ~ *jaja* 계란을 깨다; ~ *stakla* 유리를 깨다

izlepljivati *-ljujem* (不完) 참조 izlepiti

izljubiti *-im* (完) (여러 군데에 수없이 많이) 키스하다, (차례로 모든 사람에게) 키스하다

izljuljati *-am* (完) **1.** 흔들다 (svršiti ljuljanje) **2.** 흔들어 뽑다 (ljuljanjem iščupati)

izljuštiti *-im* (完) 껍질(ljuska)을 벗기다 (oljuštiti)

izmaciti *izmaci* (完) (고양이가) 새끼를 낳다; 새끼 고양이를 낳다

izmaći, izmaknuti *izmaknem*; *izmakao, -kla* & *izmaknuo*; *izmaknut*; *izmakni* (完) **izmicati** – *čem* (不完) **1.** 한쪽으로(저 멀리) 치우다; *izmakao je sto* 책상을 한쪽으로 치웠다; *izmakni se malo* 좀 비켜; *izmakne nogom štapove na koje se prosjak bio naslonio* 거지가 기대고 있던 지팡이를 발로 치웠다; *jedva izmače glavu da ne primi šamar* 빠귀를 맞지않기 위해서 머리를 간신히 피했다 **2.** 도망치다, 몰래 사라지다, 없어지다 (pobeći, izgubiti se krišom, nestati); *izmaklo mu je što si ti rekao* 그는 네가 말한 것을 잊어버렸다; *izmakla mi se prilika* 기회가 사라졌다 **3.** 앞으로 가다 (otići napred) **4.** (비유적) (문화적인 면에서) 앞서 가다, 선두에 서다; *izmakao je svima u razredu* 그는 자기 학년에서 가장 뛰어났다 **5.** 피하다, 모면하다; 회피하다, 기피하다 (izbeći, ukloniti se); ~ *zakonu (kazni)* 법망(형벌)을 피하다; ~ *kontroli* 통제를 벗어나다; *cene polako izmiču kontroli* 물가는 서서히 통제를 벗어나고 있다 **6.** 미끄러지다, 떨어지다 (iskliznuti, ispasti); *uzde nam izmakoše iz ruke* 고삐가 손에서 미끌어졌다; *izmakla mu se flaša iz ruke* 병이 손에서 미끌어 떨어졌다; *izmakla mu se noga* 발이 미끌어졌다

izmaglica 1. 안개비 **2.** 아지랑이

izmagliti se *izmagli se* (完) 안개가 걷히다, 안개가 걷혀 깨끗해지다

izmahnuti *-em* (完) **izmahivati** *-hujem* (不完) 손을 뒤로 한 번 젖히다 (손에 무엇인가를 들고 내치기 위한 준비 과정으로서)

izmajstorisati *-šem* (完) 교묘하고도 능숙하게 하다, (만들다, 이루다, 도달하다, 획득하다)

izmajstoriti *-im* (完) 장인(匠人)처럼 능숙하게 하다 (만들다)

izmak 1. (보통은 na ~u 형태의 숙어로 사용됨) 마지막 순간, 마지막, 끝 (čas kad nešto prestaje); *naše strpljenje je na ~u* 우리의 인내심은 다 끝나간다; *novac nam je na ~u* 돈이 다 떨어져 간다; *dan je na ~u* 하루가 다 저물어 간다; *na ~u XX veka* 20세기가 다 끝나가는 무렵; *doći na ~* 힘이 다 소진되어 가다 **2.** 끝나는 곳 (장소) (mesto gde nešto prestaje); *stići na ~ šume* 숲이 끝나가는 곳에 도달하다 **3.** 무언인가를 피할 수 있는 방법 (가능성) (način, mogućnost da se čemu izbegne)

izmaknuti *-nem* (完) 참조 izmaći

izmala, izmalena (副) 어려서부터 (iz detinstva)

izmalati *-am* (不完) 페인트칠하다, 도색하다, 채색하다, 그림을 그리다 (obojiti, oslikati, izmolovati); ~ *sobu* 방을 페인트칠하다; ~ *manastir* 수도원을 채색하다

izmaljati *-am* (不完) (신체의 일부를) 내밀다, 돌출시키다 (izmoliti)

izmamiti *-im* (完) **izmamljivati** *-ljujem* (不完) **1.** 사취하다, 속여 빼앗다, 거짓말하여 얻다 (획득하다); ~ *nešto nekome* ~를 속여 사취하다; *on mi je izmamio novac* 그는 나를 속여 돈을 가로챘다 **2.** 유인하다, 유혹하다 (미모, 이익, 흥미로움 등으로); 밖으로 불러내다; ~ *nekoga napolje* ~를 유혹하여 밖으로 꾀어내다 **3.** 이끌어내다, 끄집어내다 (iznuditi, izvući); ~ *suzu iz oka* 눈에서 눈물이 나게 하다, 울게 하다; ~ *tajnu* 비밀을 캐내다

izmanevrirti *-am* **izmanevrisati** *-šem* (完) **1.** 기동 훈련을 하다, 기동 훈련을 마치다; (보통 기차 객차를) 연결시키고 분리시키다 **2.** (비유적) (상대방의) ~의 허(의표)를 찌르다, 보다 나은 꾀로 ~하다; *naši oficiri umeli su da protivnika zaobiđu i izmenevrišu* 우리의 장병들은 적을 우회하여 적의 의표를 찌를 수 있었다

izmanikirati *-am* (完) 손톱을 손질하다

izmarati *-am* (不完) 참조 izmoriti

izmarširati *-am* (完) 행진하다, 행진해 나가다

izmasakrirati *-am* (完) 학살하다 (izvršiti masakriranje)

izmasirati *-am* (完) 마사지하다 (izvršiti masiranje)

izmastiti *-im* (完) ~에 기름을 바르다 (치다), 기름기로 더럽히다; ~ *pantalone* 기름으로 바지를 더럽히다

izmazati *-žem* (完) **1.** (기름·페인트 등을) 칠하

다, 바르다 2. (기름·페인트 등으로) 더럽히
다 3. (비유적) 힘껏 때리다 (치다)
izmećar 1. 하인, 종, 머슴 (sluga, poslužitelj)
2. (輕蔑) 아부꾼, 아첨꾼 (ulizica, poltron)
izmećariti *-im* (不完) (하인·종·머슴으로) 일하
다; 시중들다, 봉사하다
između (前置詞,+ G.) ~사이에, ~ 중에; ~
stola i vrata 탁자와 문 사이에; ~ *ostalog*
그 중에서도, 특히
izmeljati *-am* (完) 1. (가루로) 으깨다, 짓이기
다; 개다, 반죽하다 (izmesiti, izgnječiti) 2.
더럽히다 (iskaljati, uprljati)
izmena 교환, 교체, 교대; 바꿈, 대체; 수정
(promena, smena, zamena, razmena,
prerada); ~ *misli* 대화 (razgovor, dijalog);
~ *straže* 경비 교대; *raditi na ~u* 교대근무
하다; ~ *ratifikacija* (政) 외교문서 교환
izmeničan *-čna, -čno* (形) 1. 교대의, 반복되
는, 되풀이되는, 번갈아 하는 2. 바뀌는
(promenljiv) 3. 상호의 (uzajaman,
međusoban) 4. (電氣) 교류의; ~*čna struja*
교류 전기
izmenično (副) 교대로 (naizmenično)
izmeniti *-im* (完) **izmenjivati** *-njujem* (不完) 1.
바꾸다, 변화시키다 (promeniti); *ona se*
veoma izmenila 그녀는 많이 바뀌었다 2.
(헌 것을 새 것으로, 고장난 것을 새 것으
로) 교체하다; ~ *delove na autu* 자동차 부
품을 교체하다 3. 대체하다 (zameniti); ~
kolegu 동료를 대체하다, 동료의 일을 대신
하다 4. 자기 것 대신 남의 것을 집어 들다
(고의 혹은 실수로) 5. 교환하다; ~ *misli o*
čemu ~에 대한 의견을 교환하다; ~ *pisma*
서신 교환하다; ~ *reći* 대화하다
izmenljiv (=izmenjiv) *-a, -o* (形) 바뀔 수 있는
izmenjati *-am* 1. (完) 참조 izmeniti 2. (不完)
대체하다 (vršiti zamenu)
izmenjivati *-njujem* (不完) 참조 izmeniti
izmenjiv *-a, -o* (形) 참조 izmenljiv
izmenjivač 에너지의 방향이나 세기를 바꿔주
는 장치
izmeriti *-im* (完) 1. (크기·중량 등을) 재다, 측
정하다 2. (비유적) 평가하다, 어림하다, 추
정하다 (proceniti); ~ *koga pogledom*, ~
koga od glave do pete 거만하게 상대편을
업신여기며 쳐다보다; ~ *kome leđa* 때리다,
구타하다
izmerljiv *-a, -o* (形) 잴 수 있는, 측정할 수
있는
izmesiti *-im* (完) 1. 개다, 반죽하다 2. (비유
적) (nekoga) (누구를) 세게 때리다

izmešati *-am* (完) 1. (여러가지 것을) 섞다, 혼
합하다; ~ *karte* 카드를 섞다; *ja sam to sve*
izmešao 내가 그것을 모두 섞었다 2. ~ **se**
섞이다, 혼합되다
izmet 1. (동물 등의) 배설물 (balega, pogan)
2. 쓰레기 (đubre, smeće) 3. 미숙아; 일찍
태어난 새끼 (동물의) 4. 사회 쓰레기, 인간
쓰레기 (izrod, ološ, najgora vrsta)
izmetak *-tka*; *izmeci* 미숙아; 미숙한 상태로
태어난 새끼 (동물의)
izmetati *-ćem* (不完) 참조 izmetnuti
izmetine (女,複) 1. 배설물 (izmet) 2. (비유적)
더러운 것
izmetnuti *-em* (完) **izmetati** *-ćem* (不完) 1. (몸
밖으로) 내보내다, 배설하다 2. 진열하다, 전
시하다 (izložiti); ~ *robu na izloge* 진열장에
물건을 진열하다 3. (돌보지 않고) 내쫓다,
방출하다, 버리다 4. (화기를) 쏘다, 사격하
다, 발사하다 (ispaliti, okinuti) 5. 미숙아(조
산아)를 낳다 6. ~ **se** 타락하다 (도덕성을
상실하면서) 7. ~ **se** *na koga* ~를 닮다 (biti
mu sličan); *on se sasvim izmetnuo na oca*
그는 완전히 자기 아버지를 닮았다
izmicati *-čem* (不完) 참조 izmaći
izmigoljiti (se) *-im (se)* (完) 빠져 나가다, 몸
부림치며 벗어나다; ~ *iz rupe* 구멍에서 빠
져 나가다; ~ *iz teške sitiacije* 어려운 상황
에서 벗어나다
izmileti *-im* (完) 1. 기어 나가다; *iz kamena*
guja izmilela 돌 사이에서 뱀이 기어 나갔다
2. (밖으로) 나가다 (izaći van, napolje);
putnici izmileše na palubu 여행객들이 갑판
위로 나갔다; *sve žive je izmileo i u kafane*
se preselilo 모든 사람들이 집 밖으로 나와
서는 카페로 모여 들었다
izmilovati *-lujem* (完) 쓰다듬다, 포용하다, 키
스하다 (obasuti milovanjem; izgrliti,
izljubiti)
izmir, izmira, izmirba 참조 izmirenje
izmirenje (동사파생 명사) izmiriti: 화해
izmiriti *-im* (完) **izmirivati** *-rujem* (不完) 1. 화
해시키다 (분쟁 당사자들을); *izmirili smo ih*
그들을 화해시켰다 2. 조화롭게 하다, 균형
잡히게 하다 (dovesti u sklad) 3. (부채 등
을) 지불하다, 다 갚다, 청산하다; ~ *račun*
청구서의 금액을 다 지불하다 4. ~ **se** 화해
하다, 적대관계를 청산하다 5. ~ **se** *s čim* ~
에 적응하다; 조화를 이루다
izmirljiv *-a, -o* (形) 화해할 수 있는; 조화될
수 있는 (pomirljiv)
izmirna 몰약(沒藥) (향기로운 수지(樹脂);향료·

I

약제용)

izmisliti -im (完) izmišljati -am izmišljavati -am (不完) 1. 발명하다, 창안하다, 만들어 내다 (pronaći); izmislili su sada neki radar, pa vide i kroz oblake, a i noću 사람들이 이제는 그 어떤 레이더를 만들어 내어 심지어는 밤중에 구름위에도 볼 수 있다 2. (실제로 없거나 사실이 아닌 것을) 꾸며내다, 날조하다, 왜곡하다
izmišljač 날조자, 왜곡자
izmišljalo (中,男) 참조 izmišljač
izmišljati, izmišljavati -am (不完) izmisliti
izmišljotina 꾸며낸 이야기, 날조된 이야기, 거짓말
izmiti izmijem (完) 세수하다 (umiti); ~ kome glavu 심하게 질책하다
izmlatiti -im (完) 1. 탈곡하다, 탈곡을 마치다 (završiti mlaćenje) 2. 세게 치다 (때리다) 3. 부수다, 깨뜨리다
izmleti izmeljem (完) 1. (맷돌 등으로) 갈다, 찧다, 빻다, 가루로 만들다; ~ pšenicu 밀을 갈다, 밀가루를 찧다; ~ kafu 원두커피를 분말로 만들다 2. (비유적) 별별 이야기를 다 하다 (izgovoriti koješta, napričati) 3. (비유적) 산산이 부서뜨리다, 산산조각내다 (satrti, izmrcvariti)
izmodelirati -am izmodelovati -lujem (完) 모형을 만들다, 모형을 뜨다
izmodriti -im (完) 멍들게 하다, 타박상을 입히다 (구타하여)
izmodulirati -am (完) (음색·음조 등을) 변화시키다
izmoliti -im (完) 1. 간청하여 얻다 (획득하다) 2. 기도문을 끝까지 다 읽다 3. ~ se 청원하여 부재(不在) 승낙을 얻다
izmoliti -im (完) izmaljati -am (不完) (신체의 일부를) 내밀다, 내뻗치다 (isturiti, izdići, pomoliti); ~ glavu kroz prozor 창밖으로 고개를 내밀다
izmolovati -lujem (完) 1. (벽에 색깔있는) 회반죽을 바르다, 그림을 그리다 2. 색칠하다, 채색하다 (obojiti, oličiti)
izmoljakati -am (完) 간청하여 얻다, 애원하여 획득하다 (moljakanjem postići, dobiti)
izmoriti -im (完) izmarati -am (不完) 1. 완전히 기진맥진하게 하다, 탈진하게 하다 2. ~ se 완전히 기진맥진하다, 완전히 탈진되다
izmotacija 1. 잔꾀, 잔재주 (izmotavanje, izvlačenje, podvaljivanje) 2. 잔꾀를 부리는 사람, 잔재주를 부리는 사람
izmotati -am (完) izmotavati -am (不完) 1. (감

긴 것, 말아 둔 것을) 풀다, 펴다, 펼치다 2. 완전히 감다, 감는 것을 다 마치다 (izvršiti motanje) 3. (비유적) 겨우 빠져 나오다 (없애다, 제거하다) 4. ~ se 완전히 풀다, 끄르다 5. ~ se 다 감기다, 완전히 감기다 6. ~ se 차례로 빠져 나오다; 난관에서 간신히 빠져 나가다, 잔꾀를 부리다, 잔재주를 부리다 (izvući se iz teškog položaja, iz neprilike s mukom, s naporom)
izmotavanje (동사파생 명사) (izmotavati (se))
izmotavati -am (不完) 참조 izmotati
izmozgati -am (完) (상상력으로) 만들다, 창작하다 (razmisljajući iznaći, pronaći)
izmožditi -im; izmožden (完) 극도로 피곤하게 하다, 완전히 탈진시키다 (iscrpsti, iznuriti); ~ ljude 사람들을 기진맥진케 하다
izmrcvariti -im (完) 1. 구타하여 불구로 만들다 (병신으로 만들다) (naneti mnogo rana, udarcima osakatiti, ubogaljiti koga) 2. 조각조각으로 자르다 3. 고문으로 거의 죽여놓다 (기진맥진케 하다) (mučenjem dovesti do potpune nemoći, iscrpenosti)
izmrčiti -im (完) 1. 얼굴에 그을음이 묻어 더러워지다 2. (비유적) 어둠으로 뒤덮다, 어둡게 하다 3. 겨우 베껴쓰다 (ispisati kojekako)
izmreškati -am (完) 잔주름이 생기게 하다 (sitno nabrati, naborati)
izmrljati -am (完) 더럽히다, 얼룩지게 하다
izmrmljati -am (完) 중얼거리다, 웅얼거리다, 투덜거리다
izmrsiti -im (完) 1. 얽히게 하다, 섥키게 하다 (zaplesti) 2. (얽힌 것을) 풀다, 끄르다 (razvezati, rasplesti)
izmršati -am (完) 마르다, 체중이 빠지다 (izmršaviti)
izmršaviti -im (完) (비쩍) 마르다 (postati vrlo mršav)
izmrviti -im (完) 1. (빵 등을) 부스러뜨리다, 잘게 부수다 2. (비유적) 박살내다, 부수다 (satrti, smrviti); ovu trojicu lopova rukama bih ih sve izmrvio 이 세 명의 도둑을 마음 같아서는 주먹으로 다 박살내고 싶은 심정이다 3. ~ se 부스러기로 되다, 부스러기가 되어 떨어지다
izmrznuti -nem; izmrzao, -zla & izmrznuo, -ula (完) (완전히·꽁꽁) 얼다; (과일·채소 등이) 얼다, 냉해피해를 입다
izmucati -am (完) 1. (더듬거리며) 말하다 2. (억지로 겨우) 말하다
izmučiti -im (完) 1. 고문하다 2. 힘들 일로 피곤하게 하다 3. 괴롭히다, 못살게 굴다 4.

294

힘들여 돈을 벌다, 근근이 돈벌이를 하다 5.
~ se 기진맥진해 하다, 완전히 탈진하다
izmućkati *-am* (完) (끝까지 다) 섞다, 혼합하
다 (promućkati)
izmudrijašiti *-im,* **izmudriti** *-im* (完) 1. 생각해
내다; 발견하다, 고안하다 (izmisliti,
smisliti; iznaći); ~ *neku spravu* 어떤 장치
를 고안하다 2. (상상으로 없는 것을) 만들어
내다, 날조하다, 조작하다 (stvoriti maštom,
izmisliti ono što ne postoji) 3. 알아채다, 눈
치채다, 깨닫다 (dosetiti se, dovinuti se
čemu) 4. 현명해지다 (postati mudar)
izmudrovati *-rujem* (完) 참조 izmudriti 1-3
izmuljati *-am* (完) 1. 압착하여 짜내다
(smuljati); ~ *grožđe* 포도를 압착하여 즙을
짜내다 2. 황폐화시키다, 파괴하다 (uništiti)
3. 더러운 진흙으로 가득하게 하다 (napuniti
muljem)
izmuntati *-am* (完) 1. (모든 것을) 경매(munta)
로 팔다 2. 속여 빼앗다, 교묘하게 강탈하
다; 교활한 방법으로 이용해 먹다 (izmusti)
izmusti *izmuzem; izmuzao, -zla; izmuzen, -
ena* (完) **izmuzati** *-am* (不完) 1. (동물의) 젖
을 짜내다 2. (비유적) (교묘하게) 속여 빼앗
다, 강탈하다, 유인해 내다 (돈, 비밀 등을);
힘들게 얻다; *sve mu je pare izmuzla* 그의
돈을 전부 사취했다
izmuštrati *-am* (完) 훈련(muštra)하다
izmutiti *-im* (完) 1. 혼탁(mutan)하게 하다, 탁
하게 하다 (pomutiti, zamutiti) 2. 섞다, 골고
루 뒤섞다, 휘젓다 (promućkati)
izmuzati *-am* (不完) 참조 izmusti
iznaći *iznađem; iznašao, -šla; iznađen; iznađi*
(完) **iznalaziti** *-im* (不完) 1. (당시까지 알려
지지 않은 것을) 찾다, 발견하다 (naći); ~
naše prijatelje 우리의 친구들을 찾다; ~
krivce 잘못을 찾다 2. 알아내다, 발견하다
(otkriti, domisliti se); ~ *uzrok* 원인을 발견
하다; ~ *principe mehanike* 역학의 원리를
발견하다 3. (새로운 것을) 발명하다, 창안하
다 (izumeti) 4. 생각해 내다 (izmisliti,
smisliti)
iznad (前置詞,+ G.) ~의 위에, ~보다 위에 (反;
ispod); ~ *svega* 그 모든 것들 보다 위에;
avion je leteo ~ nas 비행기는 우리 머리
위를 날았다; ~ *svakog očekivanja* 모든 기
대 이상으로
iznajmiti *-im* (完) **iznajmljivati** *-ljujem* (不完)
1. 빌리다, 임차하다; ~ *stan* 아파트를 임차
하다; ~ *auto* 자동차를 렌트하다 2. 임대하
다, 빌려주다; *iznajmio je stan studentima*

학생들에게 아파트를 임대했다
iznajmljiv *-a, -o* (形) 임대할 수 있는, 임차할
수 있는
iznajmljivač 1. 임대인 2. 임차인
iznajmljivanje (동사파생 명사) iznajmljivati
iznajmljivati *-ljujem* (不完) 참조 iznajmiti
iznajpre (副) 무엇보다 먼저, 무엇보다 우선;
처음에 (pre svega; u početku)
iznakaziti *-im* (完) 추하게(nakazan) 하다, 볼
품없게 하다; 불구로 만들다; 변형시키다
iznalazak *-aska; -asci, -ākā* 1. 생각, 착안
(smišljanje, nalaženje) 2. 발견; 창안, 고안
(pronalazak, izum); ~ *u nauci* 과학상의 발견
iznalaziti *-im* (不完) 참조 iznaći
iznapijati se (完) (모두 차례로) 취하다 (sve
redom se napiti)
iznašati *-am* (不完) 참조 iznositi
iznebuha, iznebuške (副) 갑자기, 별안간, 예
기치 않게 (iznenada, neočekivano)
iznegovati *-gujem* (完) 1. 기르다, 사육하다,
양식하다, 재배하다 (othraniti, odgajiti) 2.
(오랫동안 충분히) 보살피다
iznemoći *iznemognem; iznemogao, -gla;
iznemozi & iznemogni* (完) **iznemagati** –
žem & -am (不完) 지치다, 기진맥진해 하다,
있는 힘을 다 써 버리다, 피로해지다
(malaksati)
iznemoglost (女) 지침, 기진맥진, 탈진
(malaksalost); *do ~i* 지칠 때 까지, 탈진할
때 까지
iznenada (副) 갑자기, 별안간, 예기치 않게,
아무런 예고도 없이 (neočekivano,
nepredviđeno)
iznenadan *-dna, -dno* (形) 갑작스런, 예기치
않은
iznenaditi *-im* (完) **iznenađivati** *-đujem* (不完)
1. 놀라게 하다, 경악하게 하다, 망연자실하
게 하다, 허를 찌르다; ~ *dolaskom* 와서 깜
짝 놀라케 하다 2. ~ se 놀라다, 경악하다,
망연자실해 하다; *iznenadio sam se kad
sam to čuo* 그와 같은 사실을 들었을 때 나
는 깜짝 놀랐다
iznenađenje 1. 놀람 2. 놀랄만한 일 (사건)
iznervirati *-am* (完) 신경질을 돋구다, 못살게
굴다, 귀찮게 하다, 짜증나게 하다
izneti *iznesem; izneo, -ela; iznet & iznesen,
-ena* (完) **iznositi** *-im* (不完) 1. 가지고 가다,
치우다, 없애다; ~ *sto iz sobe* 방에서 책상
을 가지고 가다; ~ *smeće* 쓰레기를 치우다;
iznesi stolicu u baštu 의자를 정원으로 가지
고 가라 2. 말하다, 진술하다, 발표하다, 공

I

표하다 (ispričati, saopštiti); ~ mišljenje 의
견을 개진하다; ~ dokaze 증거를 말하다; ~
zahteve 요구 조건을 말하다; ~ predlog 제
안하다 3. 총계가 …에 이르다, (금액이) (얼
마가) 되다, 달하다; račun iznosi 100 dinara
청구서 총 금액은 100디나르에 이른다 4.
저주하다, 누구에 대해 나쁜 말을 하다 (zlo
o kome reći, oklevetati); ~ za mnoge
političare rđave stvari 많은 정치인들의 나
쁜 것들을 욕하다 5. 기타; ~ na tapet 공개
토론에 부치다; ~ na veliko zvono 공개적으
로 말하다; ~ na daske 무대에서 공연하다;
~ pred oči 생생하게 묘사하다; ~ svoje
poglede 판결하다, 판정하다; ~ na glas 유
명하게 하다, 이야기가 많이 되게 하다; ~
na javu (vidik, videlo), ~ na svetlo dana
(na vazar, pred svet, pred javnost) 공개하
다, 공표하다, 세상에 알리다; ~ na površinu
표면에 떠 오르게 하다, 잘 알려지게 하다;
~ na svojim plećima, ~ glavni teret čega
가장 힘든 일을 감당해 내다; ~ gaće na
rešeto 위험에 노출되다; ~ kome čikarmu
비방중상하다; ~ (čitavu, živu) glavu,
(čitavu) kožu (kosti) 위험에서 살아 빠져 나
오다; ~ nogu pred drugima 다른 사람보다
낫다

izneveriti -im (完) **izneveravati** -am (不完) 1.
배교하다, 배반하다, 배신하다; 속이다, 기만
하다; (약속, 의무 등을) 지키지 않다; ona je
iznevarila muža 그녀는 남편을 기만했다
(남편 몰래 다른 사람을 만났다); ~ samog
sebe 자기 자신의 양심이나 습관에 반하여
행동하다 2. 버리다, 포기하다, 내팽개치다
(napustiti, ostaviti, izdati); izneverio me je
sećanje 기억이 나지 않는다, 기억이 희미해
졌다 3. (기대·바램 등을) 저버리다, 충족시
키기 못하다; on je izneverio očekivanja 그
는 기대를 충족시키지 못했다 4. ~ se
nekome 배반하다, 배신하다

iznići izniknuti izniknem; iznikao, -kla &
izniknuo (完) **iznicati** -čem (不完) 1. (씨앗
이) 발아하다, 싹트다, 움트다 ; izniklo je
cveće 꽃이 움텄다 2. (비유적) 자라다, 성
장하다, 크다 (izrasti uopšte, razviti se) 3.
(비유적) (어떤 현상·사건이) 갑자기 나타나
다, 갑자기 시작되다; iznikla je svađa 다툼
이 급작스레 터졌다; ~ kao pečurke posle
kiše 우후죽순처럼 생겨났다

iznijansirati -am (完) ~에 뉘앙스를 주다

izniknuti -nem (完) 참조 iznići

iznimak 참조 iznimka

izniman -mna, -mno （形）예외적인
(izuzetan); ~ slučaj 예외적인 경우

iznimka -i & iznimaka **iznimak** -imka 예외
(izuzetak); napraviti ~u 예외적으로 하다;
bez ~e 예외없이

iznojiti -im (完) **iznojavati** -am (不完) 1. 땀
(znoj)을 뻘뻘 흘리게 하다, (많은) 땀이 나
게 하다 2. ~ se 땀을 뻘뻘 흘리다, (많이)
땀나다

iznos 1. 총액, 총계 (금액의) 2. (외부로의) 반
출 (nošenje napolje, iznošenje)

iznosač 수거인 (onaj koji što iznosi); ~
đubreta 쓰레기 수거인

iznositi -im (不完) 참조 izneti

iznošen -a, -o （形）써서 낡은, 닳아 해진
(pohaban); odelo je ~o 양복은 닳아 해졌다

iznošenje (동사파생 명사) iznositi; ~ smeća
쓰레기 수거; ~ ličnih i porodičnih prilika
사생활 및 가정사 폭로(공개)

iznova (副) 1. 새로이, 처음부터 다시 (nanovo,
ispočetka); početi ~ 처음부터 다시 시작하
다 2. 또, 또 다시 (opet, ponovo, po drugi
put)

iznuda (法) 갈취, 강탈, 강요 (폭력 혹은 공갈
협박을 동원한)

iznuditi -im (完) **iznuđavati** -am **iznuđivati** -
đujem (不完) (무력 혹은 공갈 협박을 동원
하여) 갈취하다, 착취하다; (정보 등을) 억지
로 끌어내다, 받아내다 ; ~ nekome (od
nekoga) priznanje 자백을 받아내다; ~
novac 돈을 갈취하다

iznuriti -im (完) **iznuravati** -am **iznurivati** -
rujem (不完) 완전히 탈진시키다, 기진맥진
하게 하다, 쇠진시키다 (iscrpsti, izmoriti,
izmožditi)

iznutra (副) 안으로부터 (反: spolja) spolja ~,
a iznutra jadac (jarac) 곁에서 보기에는 멋
있고 좋지만 실상은 썩었다(아주 좋지 않다)

iznutrica 1. (사람·동물 등의) 내장(內臟) 2. (과
일의) 과육(果肉) 3. 속병 (unutrašnja
bolest)

iznjihati -šem & -am (完) 키우다, 기르다
(podići, othraniti)

iznjušiti -im (完) 냄새를 맡다; 낌새채다, 알아
채다

izobare (女,複) (기상) 등압선(等壓線)

izobati -bljem (完) 먹다(한 알 씩 한 알 씩);
쪼아 먹다; grožđe sam s tobom izobala 너와
함께 포도를 한 알 씩 한 알 씩 다 먹었다

izobičajiti -im (完) 1. 관습·풍습(običaj) 등을
폐하다; 사용하는 것을 그만두다; sve sto

I

mu se činilo da je tursko, gledao je da izobičaji 그는 터키적인 것이라 생각되는 모든 것들을 폐하려고 고려했다 2. ~ se 관습·풍습 등에서 벗어나다; ono što se jednom izobičaji teško se ikad vraća u istom obliku 한 번 관습에서 벗어난 것이 다시 동일한 형태로 되돌아 오는 것은 굉장히 어렵다

izobila (副)(=izobilno, izobilja) 풍부하게, 매우 많게 (obilno, vrlo mnogo, preko mere)

izobilan -lna, -lno (形) 풍부한, 많은; ~lna rosa na travi 많이 맺힌 풀이슬; Vojvodina je ~lna žitom 보이보디나는 곡물이 풍성하다

izobilovati -lujem (不完) 많이 있다, 풍부하다 (obilovati); on ne izobiluje novcem 그는 돈이 많이 있지 않다

izobilje 다량, 풍부; 부(富); u ~u 풍부한; rog ~a 풍요의 뿔 (어린 제우스 신에게 젖을 먹였다고 전해지는 염소의 뿔), 풍요의 뿔 모양의 장식 (뿔 속에 꽃·과일·곡식을 가득 담은 꼴로 표현되는 풍요의 상징); daviti se u ~u 풍요롭게 살다

izobličenje (동사파생 명사) izobličiti

izobličiti -im (完) izobličavati -am izobličivati -čujem (不完) 1. 형태를 변화시키다, 변형시키다; 일그러뜨리다, 찌그러뜨리다; 추하게 하다, 볼품없게 하다 (iznakaziti, nagrditi; izopačiti, iskriviti); ~ istinu 진실을 왜곡하다 2. ~의 가면을 벗기다, 정체를 나타내다, 폭로하다 (razobličiti, razotkriti)

izobrazba 참조 obrazovanje

izobraziti -im (完) 1. 꼴(obraz)을 이루다, 형태를 만들다 (uobličiti, oformiti) 2. 교육하다 (prosvetliti, obrazovati, vaspitati)

izobražen -a, -o (形) 교육받은, 교육된

izodavna (副)(廢語) 아주 오래전에 (davno, odavna)

izoglosa (言語) 등어선(等語線) (언어 특징이 다른 두 지방을 분리하는 선)

izokola (副) 1. 주변에서, 사방에서 2. (비유적) 간접적으로, 빙둘러

izokrenuti -em (完) izokretati -ćem (不完) 1. 완전히 (등을) 돌리다, 정반대로 돌리다 (obrnuti, izvrnuti) 2. ~ se 완전히 돌다 3. ~ se 완전히 변하다 (나쁜 의미로)

izolacija 1. 차단, 격리 2. (電氣) 절연; električna ~ 절연; toplotna ~ 단열; ~ od vlage 방습(防濕); ~ zvuka 방음 **izolacioni** (形); ~ materijal 단열 재료; ~a cevčica (機械) 부싱(베어링의 일종), 축받이통; ~a traka 절연 테이프

izolacionist(a) 고립주의 지지자

izolacionizam -zma (政) 고립주의

izolator 1. (電) 절연체 2. (病院) 격리 병동

izoliranost (女) 고립, 격리, 차단

izolirati -am **izolovati** -lujem (完,不完) 1. 차단하다, 격리하다, 고립시키다 2. (物·電)(절연체·단열재·방음재 등으로) 절연하다, 단열하다, 방음하다

izolovanost (女) 참조 izoliranost

izolovati -lujem (完,不完) 참조 izolirati

izomorfa (化·結晶)(이종) 동형체(물)

izopačen -a, -o (形) 참조 izopačiti

izopačenje (동사파생 명사) izopačiti

izopačenost (女)(도덕적) 타락 (pokvarenost)

izopačiti -im (完) izopačavati -am izopačivati -čujem (不完) 1. 일그러뜨리다, 찌그러뜨리다, (모습·외관 등을) 흉측하게 만들다, 망칙하게 하다 (nagrditi, unakaziti, iskriviti, izvrnuti) 2. (어떤 사람을) 타락시키다, 사악하게 만들다 (pokvariti) 3. ~ se 일그러지다, 찌그러지다; izopačilo mi se lice od besa 분노하여 그의 얼굴이 일그러졌다 4. ~ se 타락하다, 사악해지다; izopačilo se i ovaj svet 이 세상도 타락했다

izopčiti -im (完) 참조 izopštiti

izopijati -am (完)(차례로 전부 다) 마시다 (sve redom opiti)

izopiti -jem (完)(많이) 마시다, (취하도록) 마시다

izopštenik 제명당한 사람, 파문당한 사람 (특히 교회의), 축출된 사람

izopštiti -im (完) izopštavati -am (不完) 제명하다, 파문하다; 추방하다, 축출하다 (단체, 회, 공동체 등에서)

izorati -em (完) izoravati -am (不完) 1. 밭을 다 갈다 2. (비유적)(이마에) 주름을 짓다, 인상을 쓰다

izostanje (동사파생 명사) izostajati

izostajati -jem (不完) 참조 izostati

izostanak -nka 1. (학교·회사 등의) 결석, 결근 (nedolazak); opravdan ~ 사유있는 결석(결근); neopravdan ~ 무단 결석(결근) 2. 없음, 부재(不在) (nemanje, nedostajanje)

izostati -nem (完) izostajati -jem (不完) 1. 결석하다, 결근하다, 오지 않다 (와야 할 곳에); ~ iz škole 학교에 결석하다; ~ s posla 결근하다 2. 뒤처지다 (다른 사람에 비해) (zaostati); ~ od (iza) kolone 종대에서 뒤처지다; sat mi izostaje 10 minuta 내 시계는 10분이 늦다 3. 없다, 존재하지 않다 (nedostajati, ne biti tu); izostao je jedan red 한 줄이 없다

I

297

izostaviti -im (完) izostavljati -am (不完) 생략
하다, 빼다, 빠뜨리다

izostraga (副) 뒤에; 뒤에서, 뒤로부터 (na
stražnjoj strani, sa stražnje strane)

izoštriti -im (完) izoštravati -am (不完) 1. 날
카롭게(oštar) 하다 2. (비유적)(감각·신경·지
능 등을) 예민하게 하다, 예리하게 하다

izoterme (女,複)(기상) 등온선(等溫線)

izotermičan -čna, -čno (形) 온도가 같은, 등
온(等溫)의

izotkidati se -am se (完)(하나 하나 전부) 찢
기다, 찢어지다 (otkinuti se sve jedan po
jedan)

izotopi (男,複)(物) 동위 원소, 동위체

izrabiti -im (完) izrabljivati-ljujem (不完) 1.
(사용하여) 낡게 하다, 해지게 하다, 못쓰게
만들다 (istrošiti upotrebom) 2. 악용하다,
착취하다 (iskoristiti eksploatirati); ~
sirotinju 고아들을 착취하다; ~ nečiju
dobrotu 누구의 선의를 악용하다

izrabljivač 착취자, 등쳐 먹는 사람, 악용하는
사람

izrabljivati -am (不完) 참조 izrabiti

izračunati -am (完) izračunavati -am (不完) 1.
계산을 다 마치다 (svršiti račun) 2. 평가하
다, 판단하다 (računanjem, mišljenjem
zaključiti)

izračunljiv -a, -o (形) 계산할 수 있는; 판단할
수 있는

izrada 1. 제조 (제작) 공정 (proces rada); ~
televizora 텔레비전 제조 공정; ~ rečnika
사전 편찬 작업; fina ~ 세밀한 제조 공정 2.
제조 (생산) 방법 3. (方言) 벌이 (zarada)

izradba 참조 izrada

izradirati -am (完)(칼 등 예리한 물체로) 지
우다 (쓰여져 있던 것을)

izraditi -im (完) izrađivati -đujem (不完) 1. 만
들다, 제작하다, 제조하다 (수작업 또는 기계
작업 등으로); ~ rečnik 사전을 편찬하다; ~
klupu 벤치를 제작하다 2. 다듬다, 개선하다,
발전시키다 (doterati, usavršiti); on je u
Srbiju došao sa izrađenim idejama i
utvrđenim planom rada 그는 명확한 작업
계획과 잘 다듬어진 아이디어를 가지고 세르
비아에 왔다; ~ svoj stil 자신의 스타일을 개
선하다 3. 실현하다, 실행하다 (stvoriti,
ostvariti); jezikom nećete ništa ~! 말로는
아무것도 실현할 수 없을겁니다 4. 야기시키
다 (prouzrokovati, izazivati) 5. (일·작업·임
무 등을) 완수하다, 끝마치다 (izdejstvovati,
isposliti); izradili smo mu službu 우리는 그

의 업무를 성공적으로 끝마쳤다 6. (일을 하
여) 돈을 벌다 (zaraditi) 7. (卑俗語)(koga)
사기치다, 속이다, 기만하다 (prevariti) 8. ~
se 개선되다, 향상되다, 좋아지다 (usavršiti
se)

izrađati -am (不完) 참조 izroditi

izrađen -a, -o (形) 일에 찌든, 일에 지친
(radom izmučen, iscrpen); Mile je bio
pekarski sin sa licem suviše ~im za
njegove godine 밀레는 그의 나이에 비해
너무 일에 찌든 얼굴을 한 빵집 아들이었다;
~i seljak 일에 지친 농부

izrađevina 생산품, 제품; 수공예품

izrađivač 제작자, 제조업자

Izrael 이스라엘; Izraelac, Izraelka; izraelski (形)

izraelićanin -ani izraelit 유대교인
izraelićanka; izraelićanski, izraelitski (形)

Izrailj 1. 이스라엘 사람 (Izraelac) 2. 이스라
엘 (Izrael)

izrana (副) 일찍, 일찍이, 빨리; ustati ~ 일찍
일어나다; vratiti se s posla ~ 일찍 귀가하
다 (직장에서); večerati ~ 일찍 저녁 식사를
하다

izranije (副) 이전부터 (iz ranijeg doba); znam
ga još ~ 나는 그를 벌써 이전부터 알고 있
었다

izraniti -im (完) izranjaviti -im (完)(많이)
부상을 입히다, (여러 곳에) 부상을 입히다

izraniti -im (完) 일찍 일어나다 (poraniti)

izranjati -am (不完) 참조 izroniti

izraslina (=izraštaj) 군살, 혹, 사마귀, 돌기
(인체, 혹은 나무 등에 돋아나는)

izrastao -sli (女) 참조 izraslina

izrastao -sla, -slo (形) 큰, 높은 (velik, visok,
izrastan)

izrasti izrastem; izrastao, izrasla, -slo (完)
izraštati -am izrašćivati -ćujem (不完) 1. 성
장하다, 크다, 자라다 (narasti, porasti) 2.
생겨나다, 발생하다, 나타나다 (poniknuti,
nastati, pojaviti se); između njega i maćuha
izrastao je zid 그와 그의 계모 사이에 벽이
생겼다 3. 발전하다 (razviti se) 4. (iz čega)
~보다 더 커지다, 능가하다 (rastući prerasti);
~ iz haljina 옷이 작아지다

izraštaj 참조 izraslina

izravan -vna, -vno (形) 직접의, 직접적인; 분
명한, 단도직입적인 (neposredan, direktan;
jasan, otvoren); ~vna veza 직접적인 연결;
~ dokaz 직접 증거

izravnati -am (完) izravnavati -am (不完) 1.
평평하게 하다, 고르게 하다; 같게 하다(높이

·길이 등을); ~ *zemlju* 땅을 평평하게 하다; ~ *ivicu* 끝을 같게 하다 2. 같게 하다, 동일하게 하다; 균형을 이루게 하다(수입과 지출 등이); ~ *kosu* 머리 길이를 같게 하다; ~ *razliku između prihoda i rashoda* 수입과 지출간의 차이를 같게 하다 3. ~ **se** 평평해지다, 같아 지다, 동일해지다 4. ~ **se** 합의하다, 화해하다 (nagoditi se, izmiriti se)

izravniti *-im* (完) 참조 izravnati

izraz 1. 어법, 말씨, 어구; *ustaljeni* ~ 관용적 어구; *primite* ~ *poštovanja (divljenja, zahvalnosti)* (편지의) 경구적 표현; *prostački* ~ 비속한 말씨 2. 표정, 감정표출; (얼굴 등의) 안색; ~ *lica* 얼굴 표정 3. (내면의 상태를 외부로 나타내는) 표현, 표출; *doći do* ~*a* 표현되다

izrazan *-zna, -zno* (形) 1. 표현이 분명한, 표현이 풍부한 (izrazit) 2. 참조 izraz

izrazit *-a, -o* (形) 1. 표현이 분명한, 표현이 풍부한; ~*i oči* 표현이 분명한 눈; ~*o lice* 표현이 풍부한 얼굴 2. 분명한, 명확한 (nedvosmislen, jasan); ~*a rečenica* 명확한 문장 3. 눈에 띄는, 뛰어난; 유명한, 걸출한 (istaknut, poznat); ~ *talenat* 뛰어난 재주; ~ *opozicionar* 유명한 야당정치인

izraziti *-im*; *izražen* (完) **izražavati** *-am* (不完) 1. (감정·생각 등을) 표현하다, 표명하다, 표시하다; ~ *mržnju prema okupatoru* 점령자에 대한 증오심을 표출하다; ~ *želju* 희망을 표시하다 2. ~ **se** 자신의 내면 상태를 나타내다

izražaj 참조 izraz; *doći do punog* ~*a* 충분히 표현되다

izražajan *-jna, -jno* (形) 1. 분명한 표현의, 표현이 분명한, 표현이 생생한 (izrazit) 2. 표현의

izražavati (se) *-am (se)* (不完) 참조 izraziti (se)

izrecitovati *-tujem* (完) (시 등을)읊다, 암송하다, 낭독하다; ~ *celu pesmu* 시 전체를 암송하다(읊다)

izreciv *-a, -o* (形) 말로 표현할 수 있는

izreckati *-am* (完) (=izreskati) 잘게 썰다, 잘게 자르다

izreći *izrečem* (完) **izricati** *-čem* (不完) 1. 말하다, 말로써 표현하다 (rečima iskazati) 2. (판결문·형을) 선고하다, 판결하다, 선포하다; ~ *kaznu* 형을 선고하다; ~ *presudu* 선고하다, 판결하다 3. ~ **se** 우연히 말하다, 무심결에 말하다

izreda (副) 연속해서, 계속해서, 한 번도 거르지 않고 (bez preskakanja, redom, redomice)

izrediti *-am* (完) 1. 줄 세우다 (poređati) 2. 차례 차례 말하다, 열거하다 (redom izgovoriti, nabrojiti)

izrediti *-im* (完) 1. 줄 세우다 (staviti u redove, poredati) 2. 차례로 하다, 차근 차근 하다 3. 정돈하다, 치우다, 말끔하게 하다 (dovesti u red, očistiti, urediti)

izređati *-am* (完) **izređivati** *-đujem* (不完) 1. 차례 차례 말하다, 열거하다 (redom izgovoriti, nabrojiti); ~ *primere* 예들을 열거하다 2. 차례차례 (어떠한) 일을 하다; *u životu je izređao razna zanimanja i obišao celu Jugoslaviju* 그는 각종 일을 하면서 전(全)유고슬라비아를 돌아 다녔다 3. 정돈하다, 정리하다 (poređati, postaviti u red); ~ *flašice* 병을 일렬로 정돈하다 4. ~ **se** 차례로 줄지어 있다

izreka 1. 진술; 주장, 결론 (izjava, iskaz; tvrdnja, zaključak); ~ *veštaka* 법정전문가의 진술(주장) 2. 금언, 격언; *narodna* ~ 민중들의 격언

izreknuti *-nem* (完) 참조 izreći

izrekom (副) 분명하게, 명확하게 (izričito, izrično); *on* ~ *traži da dođe* 그는 (그 사람이) 오라고 분명하게 요구한다

izrendisati *-šem* 대패질을 마치다; (부엌에서) 강판질을 다 마치다 (svršiti rendisanje, izblanjati)

izrešetati *-am* (完) (여러 군데에) 구멍을 내다 (izbušiti na više mesta)

izretka (副) 1. 드문드문하게, 성기게 (공간적으로) (ne gusto, ne zbijeno); ~ *posejati krompir* 감자를 드문드문 심다 2. 드문드문, 가끔씩 (시간적으로) (ne često)

izrez (옷의) 목 부분; (옷의) 터진 부분

izrezak *-ska* 1. 도려낸 것, 잘라낸 것 2. 참조 izrez

izrezati *-žem* (完) **izrezivati** *-zujem* (不完) 1. (여러 조각으로) 자르다 (iseći) 2. 잘라내다 3. 터지게 하다, 구멍을 내다 (načiniti izrez); *haljina sa izrezanim rukavima* 터진 소매가 있는 드레스 4. (나무·돌 등에) 조각하다, 새기다; ~ *drveni krst* 목제 십자가를 조각하다(만들다)

izrezbariti *-im* (完) (나무·돌·금속 등에) 그림을 조각하여 아름답게 하다

izrezivati *-zujem* (不完) 참조 izrezati

izrežirati *-am* (完) (영화·연극 등을) 감독하다, 연출하다; ~ *predstavu* 연극을 연출하다

I

299

izribati -am (完) 1. 박박 문지르다, 박박 문질러 깨끗이 하다; ~ pod 바닥을 문질러 깨끗이 하다 2. (강판에) 갈다, 잘게 썰다; ~ kupus 양배추를 갈다 3. (비유적) 질책하다, 신랄하게 꾸짖다, 잔소리하다 (izgrditi, ispsovati)

izricati -čem (不完) 참조 izreći

izričaj 1. 말, 발언 2. (내면의 상태를 외부로 나타내는) 표현, 표출 (izraz)

izričan -čna, -čno (形) 1. 분명한, 확실한, 명백한 (izričit); ~ odgovor 확답, 분명한 대답 2. (文法) ~čna rečenica 목적절

izričit -a, -o (形) 분명한, 확실한, 명백한; 직접적인 (izričan; direktan); ~a zabrana 분명한 금지; ~o naređenje 직접적인 명령

izričito (副) 분명하게, 명백하게; 직접적으로, 일관되게 (jasno, dosledno, direktno); ~ kazati 분명하게 말하다; ~ narediti 직접적으로 명령하다; ~ se obratiti (nekome) 누구에게 직접적으로 말하다; to je ~ zabranjeno 그것은 분명하게 금지되었다

izrigati -am, **izrignuti** -nem (完), **izrigavati** -am, **izrigivati** -gujem (不完) 1. (음식 등을) 게우다, 토하다, 구토하다 (povratiti, izbljuvati) 2. (비유적) (불·연기 등을) 확 뿜어내다, 분출하다; (누구에 대해) 분노를 폭발시키다(표출시키다) ~ plamen 불꽃을 확 뿜어내다; izriga na njega sve pogrde 그에 대해 모든 욕설을 퍼붓는다

izriti izrijem; izriven & izrit (完) **izrivati** -am (不完) 1. 파다, 파내다, 파헤치다 (rijući iskopati, izdupsti); krtica izrila zemlju 두더지가 땅을 파헤쳤다 2. (파종을 위해) 땅을 갈다, 땅을 잘게 부수다

izrod 1. (자신의 조상보다 육체적·도덕적으로 못한) 못난 사람; 변종, 괴물; 타락자, 부도덕한자; 배신자, 변절자 (odrod, izdajnik) 2. (方言) 잡초 (korov, urodica)

izroditi -im (完) **izrađati** -am (不完) 1. (여러 명의 아이를) 낳다; ~ petoro dece 다섯 명의 아이를 낳다; izrodila je desetoro dece 열 명의 아이를 낳았다 2. 야기하다, 초래하다, 유발하다 (prouzrokovati, izazvati); loša voda može ~ bolesti 나쁜 물은 질병을 유발할 수 있다 3. ~ se 태어나다 (보통은 여러 명이) 4. ~ se 못난 후손을 얻다(육체적·도덕적으로); i dobar čovek može da se izrodi 훌륭한 사람도 형편없는 자식(후손)을 낳을 수 있다 5. ~ se 출산능력을 상실하다 6. ~ se 조상의 좋은 특성을 상실하다; 망가지다, 나빠지다, 타락하다 (iskvariti se,

izmetnuti se); ta porodica se izrodila 그 가족은 망가졌다 7. ~ se (그 어떤 좋지 않은 면이) 나타나다, 생겨나다; (뭔가 나쁜 것으로) 변하다; izrodila se svađa 다툼이 일어났다; miting se izrodio u pobunu 집회는 봉기로 변하였다; nije se smela nikome potužiti ... bojeći se da se što gore ne izrodi 그녀는 더 나쁜 일이 일어나는 것을 두려워하여 그 누구도 비난할 수 없었다

izrojiti -jim (完) 1. (꿀벌을) 분봉(分蜂)시키다; ~ košnice u pčelinjaku 꿀벌통을 분봉하다 2. ~ se (꿀벌이) 분봉하다 3. ~ se (꿀벌이) 떼지어 날다 3. ~ se (벌레 등이) 떼지어 나타나다; misli mu se izrojiše (비유적) 그는 많은 생각이 떠올랐다 4. ~ se (비유적) 별별 말을 다하다 (어떤 사람에게 화내면서)

izroniti -im (完) **izranjati, izronjavati** -am (不完) 1. (수중에서 수면위로) 떠오르다, 헤엄치다; podmorica je izronila na površinu 잠수함은 수면위로 떠올랐다; ~ glavu 머리를 수면위로 올리다; ~ do pojasa 허리까지 수면위로 떠올리다 2. 나타나다, 생겨나다 (pojaviti se, iskrsnuti); iz mraka je naglo izronio kočijašev lik 어둠속에서 갑자기 마부의 모습이 나타났다 3. (수중에서) 잠수하여 건져 올리다; ~ prsten iz dubine 수중에서 반지를 건져 올리다 4. 쏟다, 쏟아 붓다 (proliti, prosuti); ~ suze 눈물을 쏟아 붓다

izrositi -im (完) (미세한 물방울(rosa)로) 축이다, 축축하게 하다 (nakvasiti, skvasiti, obliti)

izrovan -a, -o (形) 1. 참조 izrovati; 파 헤쳐진 2. 깊게 패인 주름이 많은; 쉰 목소리의, 허스키한 (izbrazdan; hrapav); ~o lice 깊은 주름 투성이의 얼굴; ~ glas 허스키한 목소리

izrovariti -im, **izrovašiti** -im (完) 파다, 파헤치다 (izrovati, iskopati, raskopati); ona je bila još dršeća ... a on klecav, izrovaren i umoran 그녀는 아직은 건강한데 ... 그는 다리에 힘도 없고 깊은 주름 투성이이며 피로해한다

izrovati -rujem (完) 파다, 파헤치다 (iskopati, raskopati); svinja ne može kroz njih proći niti polja ~ 돼지는 그것을 통과할 수도 들판을 파헤칠 수도 없다

izručenje (동사파생 명사) izručiti; 인도(引渡) 인계 (predaja, uručenje); ~ terorista 테러리스트 인도

izručilac -ioca 인도인(引渡人), 교부자, 배달인

izručiti -im (完), **izručivati** -čujem (不完) (nešto, 드물게 nekoga) 1. (그릇의 내용물

을) 붓다, 따르다, 쏟다; 따라 비우다; ~
pšenicu u nešto 밀가루를 (어디에) 따르다;
~ lonac 냄비를 비우다(따르다); ~ supu 수
프를 따르다; ~ jaje u tiganj 계란을 프라이
팬에 따르다 2. 전달하다, 전해주다, 배달하
다 (predati, uručiti); ~ pismo 편지를 전해
주다; ~ humanitarnu pomoć 인도적 지원을
전달하다; ~ paket 소포를 배달하다 3.
(nekoga) (범인 등을) 인도(引渡)하다, 인계
하다; ~ ratne zločince 전범(戰犯)들을 인도
하다; ~ ratne zarobljenike 전쟁포로들을 인
계하다 4. (안부인사 등을) 전하다; ~
pozdrave 인사말을 전하다, 인사하다; ~
zahvalnost 감사의 말을 전하다, 감사하다
izrugati (se) -am (se) (完), izrugivati (se) -
gujem (se), izrugavati (se) -am (se) (不完)
~ nekome 비웃다, 조롱하다, 조소하다;
knez se njim izrugava i izasmeje 공(公)은
그를 비웃고 조롱한다
izrukovati se -kujem se (完) (많은 사람들과)
악수하다, 악수하며 인사하다; ~ sa svima
모든 사람들과 악수하며 인사하다
izružiti -im (完) 욕설을 퍼붓다, 욕하다, 질책
하다, 잔소리하다 (ispsovati, iskarati,
izgrditi)
izubijati -jam (完) 1. 죽도록 때리다, 실컷 구
타하다 (izbiti, pretući) 2. (군데군데) 망가뜨
리다, 손상시키다 (oštetiti, okrnjiti); ~
nameštaj 가구를 군데군데 손상시키다 3. ~
se 손상되다, 망가지다 4. ~ se 치고 받다,
서로가 서로를 때리다
izučiti -im (完), izučavati -am (不完) 1. 연구
하다 (proučiti); ~ ponašanje neke
supstance 어떤 성분의 움직임을 연구하다;
~ narodni dijalekat 방언을 연구하다 2. 공
부하다, 배우다, 연습하다, 연마하다; ~
knjigu 책을 공부하다; ~ sviranje na gitari
기타 연주를 연마하다 3. (훈련과정·학교 등
을) 졸업하다, 마치다; ~ gimnaziju 고등학교
과정을 졸업하다; ~ trgovački posao 상업
과정을 마치다; ~ zanat 장인(기술자) 과정을
마치다 4. (누구에게 무엇을) 가르치다, 교육
시키다; ~ nekoga knjizi 누구에게 책을 가
르치다; ~ pevanju 노래부르는 것을 가르치
다; ~ sina za lekara 아들에게 의사과정을
교육시키다; izučio ih je dobro 그는 그들을
잘 교육시켰다 5. ~ se 교육받다, 배우다, 연
습하다, 기술을 연마하다
izudarati -am (完) 1. (실컷·죽도록) 때리다, 구
타하다 (istući, izbiti, izmlatiti); ~ nogama
(nekoga) 발로 (누구를) 때리다 2. 꽝 때려

(꽉 눌러) ~에 자국을 남기다; ~ pakete
žigovima 소포에 낙인을 찍다 3. 기타; ~ na
mrtvo (na mrtvo ime) 세게 죽도록 때리다
izudati -am (完), izudavati izudajem (不完) (모
든 딸들을) 시집보내다, 출가시키다; sve su
mu se ćerke izudale 그의 모든 딸들은 출가
했다
izuditi -im (完) 1. (신체를) 토막내다, 자르다;
(도살한 가축 등을) 말리기 좋게 긴 토막으
로 자르다 2. 분해하다 (raščlaniti)
izujedati -am (完) (벌레 등이) (여러 곳을) 물
다(쏘다); izujedali su me komarci 모기에
여러 곳을 물렸다
izukrštati -am (完) 1. 서로 겹치게(걸치게) 놓
다, 서로 교차시키다; 서로 얽히게 하다; ~
grede 각목을 서로 교차시켜 놓다 2. 서로
교차하다; ~ putevima 길들이 서로 교차한
다 3. ~ se 서로 얽히다, 서로 교차하다
izum 발명(품) (pronalazak)
izumeti -em (完) 1. (알지 못했던 것, 없었던
것을) 발명하다, 생각해 내다; ~ slova 문자
를 창안하다; ~ štampu 인쇄술을 발명하다;
~ nov način ratovanja 새로운 전술을 개발
하다 2. (사실에 부합하지 않는 것을) 생각해
내다, 꾸며내다; ~ razne priče 여러가지 이
야기를 만들어내다(꾸며내다)
izumiranje (동사파생 명사) izumirati; 소멸, 멸
종
izumirati -em (不完) 참조 izumreti
izumitelj 발명자 (pronalazač)
izumreti -em; izumro, -rla (完) izumirati -em
(不完) 1. (자손·후손을 남기지 않고) 죽다,
사라지다, 없어지다, 소멸되다 2. (하나씩 하
나씩) 죽다 (poumirati); njeni najbliži su
izumrli davno 그녀의 가장 가까운 사람들은
이미 오래전에 하나씩 차례로 죽었다 3. 시
들다, 말라 죽다, 죽다 (동식물들이) (uginuti,
uvenuti); izumro koren biljke 식물 뿌리는
말라 죽었다 4. 사라지다, 없어지다 (영적·정
신적 특성이); izumrlo osećanje pravde 정
의감이 사라졌다 5. (소리 등이) 조용해지다;
(빛이) 꺼지다 6. (비유적) 황폐해지다
(postati prazan, pust); ruski rov na
bregu ... bio je uzumro 언덕위의 러시아 참
호는 황폐해졌다; danas je grad izumro 오
늘날 도시는 죽었다(황폐해졌다)
izupotrebljavan -a, -o (形) 더 이상 사용할 수
없을 정도로 사용된(낡은), 낡아 폐기된
izustiti -im; izušćen (完) izušćivati -ćujem (不
完) (겨우 들릴 듯 한 목소리로, 때때로 힘들
게) 입 밖으로 뱉다, 입 밖에 내다, 말하다,

I

301

힘없이 입 밖에 내뱉다; (금지된 것을) 말하다; *mislila je: to neće smeti nikad ~, a eto izusti* 그녀는 그것을 결코 입 밖에 내서는 안된다고 생각했지만, 아 지금 입 밖에 낸다

izuti *izujem; izuo, -ula; izut & izuven* (完) 1. (신발 등을) 벗기다; ~ *čizme* 부츠를 벗다 2. ~ **se** (신발 등을) 벗다; *kad pada kiša, izujemo se, te trčimo bosi po travi* 비가 내리면, 신발을 벗고, 맨발로 풀밭을 뛰어다닌다

izrutinirati se *-am se* (完) 몸에 익다, 능숙해지다; *kad se uvežba, izrutinira, istrenira, onda će u Zagreb* 연습해 능숙해지면 자그레브에 갈 것이다

izuvijati *-jam* (完) 1. 구부리다, 휘다, 구불거리게 하다 (iskriviti, izviti); ~ *ogradu* 담장을 구불구불하게 하다 2. (비유적) 에둘러 말하다, 복잡하게 말하다 3. ~ **se** 구불구불해지다, 휘어지다 (iskrivudati se); *loza se izuvijala oko ograde* 덩굴은 담장 주변에서 구불구불해졌다

izuviti *izuvijem* (完) 참조 izuvijati

izuzeće 1. 참조 izuzeti; 예외 (izuzetak); ~ *od pravila* 규정 예외 2. (의무 등의) 면제; ~ *od poreza* 세금 면제 3. (法) (판사·재판부 등의) 기피 (신청); ~ *sudije* 판사 기피(신청)

izuzetak *-tka; izuzeci, izuzetākā* 예외 (규정 등에서의) (iznimak); 예외적인 사람; *bez ~tka* 예외없이; *po ~tku* 예외적으로; *nema pravila bez ~tka* 예외없는 법칙은 없다; *s ~tkom nečega ~*한 예외를 지니고(갖고서)

izuzetan *-tna, -tno* (形) 예외적인; 아주 훌륭한, 특출한; ~ *položaj* 예외적인 지위(직위); ~*tno vreme* 예외적인 시대; ~ *talenat* 아주 뛰어난 재능

izuzeti *izuzmem; izuzeo, -ela; izuzet* (完) **izuzimati** *-am & -mljem* (不完) 1. 제외하다, 배제하다 (isključiti); ~ *neke poslove iz nadležnosti republike* 공화국 관할에서 어떤 업무들을 제외시키다 2. (法) 기피하다; ~ *sudiju* 판사를 기피하다; ~ *sud* 재판부를 기피하다 3. (일반적인 의무로부터) 면제시키다; *zanatlije su izuzete tri godine plaćanja poreza* 가내공업체들은 3년간 세금 납부가 면제되었다 4. 먼저 받다, 선취(先取)하다 (primiti, uzeti unapred); *svoj deo je izuzeo pre ženidbe* 결혼식 전에 자기 몫을 취하였다 5. ~ **se** *(na nekoa)* 화내다, 분개하다; 적이 되다

izuzetno (副) 예외적으로; 특히, 특별하게; *on je u ~ teškoj situaciji* 그는 아주 어려운 상황하에 있다; *danas ste tako ~ mili i iskreni*

오늘 당신은 그렇게 특별히 소중하고 솔직합니다; *ja sasvim ~ osećam potrebu da sve to raščistim* 나는 아주 예외적으로 그 모든 것을 청산할 필요를 느낍니다

izuzev (副) 1. ~을 제외하고 (sa izuzetkom); *sve je bilo na svom mestu, ~ što je ona uzela* 그녀가 취한 것을 제외하고 모든 것이 제 자리에 있어싸; *razgovarao sam sa svima ~ s Milicom* 밀리짜를 제외하고 모든 사람들과 대화를 나누었다 2. (전치사 용법으로, +G) ~을 제외하고 (osim, sem); *sve prodavnice rade, ~ jedne* 한 상점만을 제외하고 모든 가게들이 문을 열었다; *sve su došli ~ Nade* 나다를 제외하고는 모두가 왔다

izuzimati *-am & -mljem* (不完) 참조 izuzeti

izvabiti *-im* (完) (사람·동물을) 유인해내다, 밖으로 유인하다; ~ *goveda* 소를 밖으로 유인해내다

izvadak *-tka; izvaci, izvadākā* 참조 izvod; (책 따위로부터의) 발췌, 초록(抄錄); (논문 등의) 발췌 인쇄, 별쇄본 (odlomak); ~ *iz matične knjige rođenih* 출생 증명서

izvaditi *-im* (完) 1. (안에서 바깥으로) 끄집어내다, 꺼내다; ~ *kaput iz ormara* 옷장에서 외투를 꺼내다; ~ *kovert iz tašne* 핸드백에서 봉투를 꺼내다 2. 나오게 하다 (izvesti); ~ *(nekoga) iz zatvora* 누구를 감옥에서 나오게 하다 3. 뽑다, 뽑아내다, 잡아 뽑다 (iščupati); ~ *zub* 치아를 뽑다 4. (어려운 상황에서) 구출해내다, 구원하다; ~ *iz nečijih ruku* 누구의 손(아귀)에서 구출해내다 5. (어떠한 책에서) 발췌하다, 발췌본을 만들다; *sve je izvađeno iz drugih knjiga* 모든 것은 다른 책들에서 발췌되었다 6. (공문서 등을) 발급하다(받다); ~ *potvrdu* 증명서를 발급받다; ~ *uverenje* 확인서를 발급받다; ~ *putnu ispravu* 여권을 발급받다 7. ~ **se** 뽑히다 8. ~ **se** (드물게) 어떠한 타이틀을 얻다, ~이 되다; *oženio se kad se izvadio za majstora* 장인 증명서를 획득했을 때 그는 결혼했다 9. 기타; ~ *iz usta* (~ *reč iz grla*) 입을 열기 시작하다, 말하기 시작하다; ~ *(kome) dušu (život)* 고문하다, 살해하다; ~ *krvavu sablju* 다투다; ~ *novac (iz banke)* (은행에서) 돈을 찾다(인출하다); ~ *oči (kome)* 1)(누구를) 장님으로 만들다, 눈이 멀게 하다 2)(누구를) 공격하다, 어려운 처지에 놓이게 하다; ~ *iz vetra* (없는 것을) 생각해내다, 왜곡하다, 조작하다 (izmisliti)

izvagati *-am & -žem* (完) 저울에 무게를 달다,

저울질하다; *grožđe treba* ~ 포도의 무게를 달 필요가 있다

izvajati *-jam* (完) 1. 조각하다, (진흙 등을) 빚다; ~ *statuu* 상(像)을 조각하다; ~ *lik deteta* 아이의 모습을 조각하다; ~ *luk i strelu* 활과 화살 모양을 조각하다 2. (비유적) 모습을 하다, (어떠한 모습을) 나타내다 (predstaviti, uobličiti); *u romanu su svi likovi lepo izvajani* 소설의 모든 인물들은 잘 묘사되고 있다 3. ~ se 만들어지다, 모습을 띠다 (stvoriti se, uobličiti se); *na licu im se izvajale bore* 그들의 얼굴에 주름이 졌다

izvaliti *-im* (完), **izvaljivati** *-ljujem* (不完) 1. (땅에서) 뽑다, 뽑아내다, 잡아뽑다; 쓰러뜨리다, 넘어뜨리다 (iščupati, istrgnuti; prevrnuti, preturiti); ~ *drvo iz korena* 나무를 뿌리채 뽑다; *vetar je izvalio telefonski stub* 바람이 전신주를 쓰러뜨렸다; *na jednom uzvišenom mestu ... stoje dva-tri izvaljena kamena* 어떤 높게 솟은 곳에 .. 두-세개의 뽑힌 돌이 있다 2. 강제로 부수다 (obiti); ~ *vrata* 문을 강제로 열다(부수다); ~ *katanac* 자물쇠를 강제로 부수다 3. 쑥 내밀다 (isturiti); ~ *noge* 발을 쑥 내밀다; ~ *glavu* 고개를 쑥 내밀다 4. (눈을) 휘둥그레 뜨다, 동그랗게 뜨다 (izbuljiti, iskolačiti) 5. (卑俗語) 생각없이 말하다, 부적절한 말을 하다; (일반적으로) 말하다 (bubnuti); ~ *nešto nepristojno* 부적절한 말을 하다; ~ *glupost* 말도 안되는 말을 하다 6. ~ se (땅에서) 쓰러지다, 넘어지다; 분리되다 7. ~ se 부서지다, (막힌 것이) 뽑혀 나오다; 빠져 나오다; *vrata se izvališe* 문이 부서졌다; *izvalili su se iz močvare prljavi* 늪지에서 더러운 것들이 빠져 나갔다 8. ~ se 눕다, 쭉 뻗다 (leći, opružiti se); ~ *se na vrućini* 더위에 쭉 눕다; ~ *se na krevet* 침대에 대(大)자로 쭉 눕다; ~ *se u fotelji* 소파에 쭉 드러눕다 9. ~ se (알이) 부화되다 (izleći se); ~ *se iz jajeta* 달걀에서 부화되다

izvaljati *-am* (完) 1. 뒹굴리다, 뒹굴려 밖으로 밀다; ~ *bure* 통을 뒹굴리다; ~ *kamen* 돌을 뒹굴리다; ~ *burad iz šupe* 헛간에서 통을 뒹굴려 밖으로 밀다 2. (롤러로) 밀다, 평평히 펴다 (밀가루 반죽 위에 방망이 같은 것을 굴리며) 밀어 펴다; ~ *zemlju* (롤러로) 땅을 평평히 고르다; ~ *testo* 밀가루 반죽을 방망이로 밀다 3. ~ se 뒹굴어 빠져 나오다; ~ *se iz njenih ruku* 그녀의 손(아귀)에서 굴러서 빠져 나오다 4. ~ se 천천히 움직여 빠

져 나오다; ~ *se iz kafane* 카페에서 천천히 걸어 나오다 5. ~ se 떼굴떼굴 구르다(재미삼아, 놀이삼아)

izvaljivati *-ljujem* (不完) 참조 izvaliti

izvan (前置詞,+ G) 1. ~ 이외에 (osim, sem, pored, izuzev); ~ *toga* 그 이외에; *voda sve nosi ~ sramote* 홍수는 부끄러움 이외에 모든 것을 쓸어간다 2. (~의 틀·경계 등의) 바깥에 (시간적·공간적 의미에서); ~ *kuće* 집 바깥에; *izići ~ dvorišta* 마당을 떠나다; ~ *grada* 도시 바깥에; ~ *vremena* 시간 이외에; ~ *doručka* 아침 식사 시간이 아닌 시간에; *on je noćas pio u podrumu ~ redarstvenog sata* 그는 순찰시간이 아닌 시간에 지하에서 술을 마셨다 3. ~을 넘어, 초과하여; ~ *svake mere* 모든 수단을 뛰어 넘어; ~ *svih predviđenja* 모든 예상과는 반대로, 모든 예상을 뛰어넘어

izvan- (接頭辭) 뛰어넘어, 바깥에, ~외(外)에; *izvanbračni* 혼외의; *izvanstranački* 당외의; *izvanškolski* 학교밖의

izvana (副) 밖으로부터, 외부로부터 (spolja); *okrečiti kuću* 집을 바깥에서부터 칠하다

izvanbolnički *-ā, -ō* (形) 참조 vanbolnički; 외래의

izvanredan *-dna, -dno* (形) 1. (한정형) 예외적인, 임시의 (反; redovni); *~dna sednica* 임시 회의;; *~dni član* 특별 회원 2. 보기 드문, 특수한, 특별한 (izuzetan, osibit, neobičan); ~ *događaj* 보기 드문 사건; *~dna pojava* 특수 현상 3. 비범한, 아주 뛰어난, 아주 훌륭한, 대단한 4. 특별히 임명된; *~dni poslanik* 특사(特使); *~dni i opunomoćeni ambasador* 특명전권대사; *~dni predstavnik* 특별 대표 5. *~dni profesor* (대학의) 부교수

izvanjī *-ā, -ē*, **izvanjskī** *-ā, -ō* (形) 바깥의, 외부의 (spoljašnji, vanjski); *~a strana* 바깥 면

izvanjština 외모, 외부 모습 (spoljašnost)

izvarati *-am* (完) 1. (여러 번) 속이다, 기만하다, 사기치다 (prevariti) 2. 속여 편취하다

izvatirati *-am* (完) (솜(vata) 등 부드럽고 따뜻한 재질로) 안감을 대다

izvedba *izvedābā & izvedbī* 1. 실행, 이행, 실천 (izvođenje, izvršenje, ostvarenje); ~ *zločina* 범죄 실행; ~ *projekta* 프로젝트 실행 2. 생산,제조 (izrada, proizvodnja); ~ *plakaka* 포스터 생산; ~ *školske opreme* 학용품 생산 3. (예술 작품의) 공연 (predstava); *pozorišna* ~ 연극 공연

izveden *-a, -o* (形) 참조 izvesti; *~a reč* 파생어

izvedenica (文法) 파생어

I

izvediv, izvedljiv *-a, -o* (形) 참조 izvodiv; 실행 가능한, 실현 가능한; *danas postoji tehnički ~a mogućnost da ...* 오늘날 ~할 수 있는 기술적인 실현가능성이 있다

izvedriti se *-im se* (完) (쾌청한 날씨가) 시작되다; 날씨가 쾌청해지다

izvejati *-jem,* **izvijati** *-jem* (完) (낟알·겨 등을) 까부르다, 키질하다

izvesiti *-im* (完) 걸다, 매달다; 보이는 곳에 내걸다 (obesiti, okačiti; istaći na vidmom mestu); *~ zastavu* 기를 내걸다

izvesno (副) 1. 확실히, 분명히, 틀림없이; 확실하게, 분명하게; *znati ~* 확실히 알다 2. (소사의 용법으로) 확실하게, 분명하게, 의심의 여지없이 (zacelo, jamačno, nesumnjivo); *mi smo se ~ prevarili* 우리는 의심의 여지없이 사기당했다

izvestan *-sna, -sno* (形) 1. 분명한, 확실한, 의심의 여지가 없는; *~ realnost* 분명한 현실 2. 피할 수 없는, 회피할 수 없는 (neminovan, neizbežan); *poraz je ~* 패배는 피할 수 없다; *~sna smrt* 피할 수 없는 죽음; *njihova sudbina je ~sna* 그들의 운명은 피할 수 없다 3. (보통 한정형으로) 어떤 (neki, jedan, neodređen); *~ doktor prava* 한 법학박사; *bio je ~ gospodin koji je mnogo žeeo da te viđi* 너를 무척이나 보고 싶어하는 한 신사가 왔었다

izvesti *izvedem; izveo, -ela; izveden; izvešću* (完) **izvoditi** *-im* (不完) 1. (안에서 바깥으로) 인도해 나오다, 밖으로 인도하다; (힘든 상황에서) 빠져 나오게 하다; (더 높은 곳·장소에) 오르게 하다 (popeti); (잘 알려진 장소, 잘 보이는 장소로) 안내하다, 인도하다, 데리고 오다; *~ nekoga pred devere* (누구 앞으로) 데리고 나오다, 안내하다, 인도하다; *~ devojku pred devere* (시집갈) 처녀를 시동생에게 데리고 니오다; *~ nekoga na večeru* 누구를 저녁식사에 데리고 가다; *~ vola iz štale* 황소를 우리에서 데리고 나오다; *~ majku iz ratom zahvaćenog Sarajeva* 어머니를 전쟁에 휩싸인 사라예보에서 데리고 나오다; *~ đake na livadu* 학생들을 목초지로 데리고 나오다(안내하다); *~ vojsku na bojište* 군을 전장으로 데리고 가다; *~ učenika na tablu* 학생을 칠판으로 데리고 나오다; *~ okrivljenog pred sudiju* 피의자를 판사 앞에 나오게 하다 2. (무엇이 일정한 장소까지 도달하게) 끌어들이다; *~ vodu (struju)* 물(전기)을 끌어들이다 3. (암탉이) 알을 품게 하다, 부화시키다; *~ piliće* 병아리를 부화시키다 4. (~을 근거

로) 결론을 도출하다; 추론하다, 추정하다, 연역하다 (zaključiti); (~의 근거·출처·기원을) 증명해 보여주다; (數) (공식 등을) 유도하다, 추론하다; (言) (어간에 어미 등을 덧붙여) 파생시키다; *~ zaključak* 결론을 끌어내다(추론하다); *~ postanak života* 생명 기원의 근거를 보여주다; *~ rodoslov* 가계도를 보여주다; *~ glagol* 동사를 파생시키다; *~ imenicu* 명사를 파생시키다; *izvedena reč* 파생어; *~ formulu* 공식을 유도하다 5. 만들다, 창조하다 (stvoriti, napraviti, uobličiti); *~ fresku* 벽화를 그리다; *~ zid* 벽을 쌓다 6. 실행에 옮기다, 이행하다 (realizovati); *~ krađu* 훔치다, 절도를 실행하다; *~ promene* 변화시키다; *naše preduzeće izvodi električne radove* 우리 회사가 전기 작업을 한다; *kako ćeš to ~?* 그것을 어떻게 실행할 것인가?; *~ na lukav način* 교묘한 방법으로 하다 7. 노래부르다, 연주하다, 춤을 추다; 무대에서 공연하다 (otpevati, odsvirati, otplesti; predstaviti); *~ celu pesmu* 노래 전체를 부르다; *~ koncertni deo* 콘서트 부분을 연주하다; *~ šumadijske igre* 슈마디아 춤을 추다; *~ pozorišni komad* 극을 공연하다; *~ trvdicu na sceni* 연극에서 수전노 역할을 하다 8. ~ se (알이) 부화하다 9. 기타; *~ iz zablude (zabune)* 정신차려 똑바로 판단(이해)하도록 하다; *~ iz kože (takta)* 자제력을 잃게 하다; *~ na put* 올바로 살도록 도와주다; *~ na čistac* (불분명한·불명확한 것들을) 명확하게 하다, 분명하게 하다, 규명하다; *~ na čistinu* 1)분명하게 하다 2) 힘든 상황에서 끄집어내다, 도와주다

izvesti *izvezem; izvezao, -zla; izvezen, -ena; izvešću* (完) **izvoziti** *-im* (不完) 1. 자동차로 (누구나 무엇을) 데려다 주다, 바래다 주다, 운송하다, 운반하다, 반출하다; *izvešćemo ga nekud kolima* 자동차로 그를 바래다 줄 것이다 *~ đubre na njivu* 비료를 목초지로 운반하다; *~ drva iz šume* 숲에서 나무를 운반하다; *~ otpatke iz grada* 도시에서 쓰레기를 반출하다 2. (외국으로) 수출하다; *~ kukuruz u Evropu* 옥수수를 유럽으로 수출하다 3. ~ se (자신의 자동차로) 가다, 떠나다; 자동차를 몰고 나다니다; *~ se autom van grada* 자동차를 몰고 교외로 떠나다; *izvezli smo se do jezera* 우리는 호수까지 차를 몰고 떠났다 4. ~ se 항구를 떠나다, 항해하다; 육지에 도착하다(선박 등으로); *~ se na more* 바다를 향해 항구를 떠나다; *~ se na obalu* 해안가에 당도하다

izvesti *izvezem* (完) 1. 수(繡, vez)로 장식하다, 수놓다; ~ *haljinu* 드레스에 수놓다; *njihove turske haljine su izvezene zlatom* 그들의 터키 드레스는 금실로 장식되었다 2. 금속 장식으로 장식하다; ~ *sablju* 검에 금속장식하다 3. (비유적) 미사여구로 장식하다; ~ *priču o tome* 그 이야기를 미사여구로 장식하다

izvestilac *-ioca* 1. 알려주는 사람, 정보원, 정보 제공자 2. (신문 등의) 통신원, 기자, 특파원, 리포터 3. (공적 보고서를 작성하는) 보고자 (referent)

izvestiti *-im*; *izvešten* (完), **izvešćivati** *-ćujem*, **izveštavati** *-am* (不完) 1. (사건·사고 등을) 알리다, 알려 주다, 통지하다; 보도하다; 발표하다; ~ *da mi dolazimo* 우리가 도착한다는 것을 알리다; ~ *nekoga o nečemu* 누구에게 무엇을 알리다 2. 보고서를 제출하다; ~ *o svom radu* 자신의 업무에 대해 보고서를 제출하다 3. ~ **se** 통보를 받다, 알다

izvešati *-am* (完) 1. (하나씩 하나씩, 차례로, 순서대로) 걸다, 내걸다; ~ *rublje* 빨래를 널다; ~ *slike po zidu* 벽에 그림들을 걸다; ~ *marame u izlogu* 스커프를 전시 공간에 걸다 2. 교수형에 처하다 (일반적으로 많은 수의 사람을) (povešati)

izvešće 참조 izveštaj

izvešćivati *-ćujem* (不完) 참조 izvestiti

izveštač 1. 리포터, 기자, 통신원 (reporter, dopisnik) 2. 알려주는 사람, 정보원, 밀고자 (dostavljač, potkazivač)

izveštačen *-a, -o* (形) 1. 부자연스런, 강제된 (neprirodan, namešten); ~ *smeh* 부자연스런 웃음; ~*o ponašanje* 부자연스런 행동 2. 인위적인 (veštački); ~*a sredstva* 인위적 수단

izveštaj 보고, 보고서; 리포트, 기사, 보도; 문서, 서류 (spis, akt; reportaža, dopis; dokument); *pročitati* ~ 리포트를 읽다; *podneti* ~ 보고서를 제출하다; *obaveštajni* ~ 정보 보고(서); *operativni* ~ (軍) 작전 보고서

izveštao *-ala, -alo* (形) 낡은, 오래된, 해진 (star, istrošen, pohaban); *čovek u ~alom odelu* 낡은 옷을 입은 사람

izveštavati *-am* (不完) 참조 izvestiti

izvešten *-a, -o* (形) 참조 izvestiti

izveštiti *-im* (完) 1. 능수능란하게(vešt) 하다, 숙련되게 하다, 익숙해지게 하다 2. ~ **se** (어떤 일에) 숙련되다, 익숙해지다, 능수능란해지다; ~ *se u pisanju reportaža* 리포트를 쓰는 일에 익숙해지다

izvetriti *-im* (完) 1. (방 등을) 환기하다, 통풍이 잘되게 하다 (provetriti); *trpezariju dobro izvetrite* 식당을 잘 환기시키세요; ~ *sobu* 방을 환기하다 2. 바람쐬다(햇빛과 바람을 쐬어 퀴퀴한 냄새 등을 없애려고); ~ *odelo* 옷을 바람쐬다; ~ *posteljinu* 침대보를 바람쐬다 3. (비유적) 사라지다, 없어지다 (nestati, iščeznuti); *izvetrilo mu znanje* 그는 아는 것이 없어졌다 5. ~ **se** 환기되다

izvežban *-a, -o* (形) 1. 참조 izvažbati 2. 연습된, 훈련된, 숙련된, 능수능란한, 익숙한; *on je* ~ *u tome* 그는 그것에 익숙하다(그는 그것을 훈련했다)

izvežbati *-am* (完) 1. 훈련시키다, 연습시키다; ~ *vojnike* 병사들을 훈련시키다 2. ~ **se** 능수능란해지다, 익숙해지다, 경험이 풍부해지다; ~ *se u govorništvu* 연설에 능해지다

izvid 조사; 연구

izvideti *-im* (完), **izviđati** *-am* (不完) 1. 조사하다 (istražiti, ispitati, proučiti); ~ *situaciju* 상황을 조사하다; ~ *štetu* 피해를 조사하다; ~ *poreske knjige* 세무 노트를 조사하다; *komisija ... je iz Beograda poslata da izvidi mnoga nasilja što je ... počinio načelnik* 위원회는 장(長)이 행한 많은 폭력을 조사하기 위해 베오그라드에서 파견되었다; ~ *mogućnosti* 가능성을 조사하다 2. (軍) 정찰하다; ~ *neprijateljske položaje* 적의 위치를 정찰하다

izvidnica (軍) 1. 정찰대, 수색대 2. 정찰(임무); *ići (otići) u ~u* 정찰 나가다; *poslati nekoga u ~u* 누구를 정찰 내보내다

izvidnik, izviđač 1. (軍) 정찰병; 정찰기 2. (청소년 단체인) 스카우트(단원)

izvidnički *-ā, -ō* (形) 참조 izvidnik; 정찰병의

izviđački *-ā, -ō* (形) 참조 izviđač; ~ *odred* 정찰대; ~ *avion* 정찰기; ~*o logorovanje* 스카우트 캠프(활동); ~*a patrola* 수색 정찰

izviđanje (동사파생 명사) izviđati; 스카우트 활동, 정찰(활동)

izviđati *-am* (不完) 참조 izvideti

izvijač 드라이버 (공구의 한 종류) (odvijač, šrafciger)

izvijati *-jam* (不完) 참조 izviti; (드라이버로) 뽑다, 뽑아 내다

izvijati *-jem* (不完) 참조 izvejati; 키질하다, 까부르다

izvikati *izvičem* (完), **izvikivati** *-kujem* (不完) 1. 소리치다, 고함지르다, 큰 소리로 말하다; ~ *oštre reči* 거친 말을 소리쳐 말하다;

I

305

prave se da nisu čuli ni ono što je on baš glasno i razgovetno izvikao 그가 정말로 큰 목소리로 또박또박 소리지른 것도 그들은 못들은 척 한다 2. 비방하다, 중상하다, 나쁜 소문을 퍼뜨리다 (ozloglasiti) 3. 선언하다, 선포하다 (proglasiti); ~ *za kmeta* 농노로 선포하다; ~ *nekoga za predsednika* 누구를 대통령으로 선포하다 4. 질책하다, 야단치다, 책망하다 (izgrditi, izružiti) 5. ~ se 실컷 소리치다(고함지르다), 소리쳐 분을 삭이다 6. ~ se *(na koga)* (누구를) 질책하다, 책망하다, 야단치다

izviksati *-am*; *izviksan*; *izviksavši* (完) 1. 빛나게 하다, 광택을 내다 2. (*koga*) 질책하다, 책망하다, 욕설하다

izviniti *-im* (完), **izvinjavati** *-am* (不完) (보통은 명령형으로) 1. 용서하다, 용서해 주다, 봐주다; *izviniti, molim vas, zbog ovog* 이것을 용서해 주세요 2. ~ se 용서를 빌다, 용서를 구하다; *ja bih se vrlo lako izvinio* 아주 가볍게 용서를 구할 것입니다

izvinuti *-nem* (完) 1. (손목·발목을) 삐다, 접지르다 (iščašiti, uganuti); ~ *ruku* 팔을 삐다; ~ *zglob* 발목을 접지르다 2. 휘다, 구부리다 (saviti, iskriviti); ~ *prut* 회초리를 휘다 3. (*nečim*) 위를 향해 구부리다(꼬다) (izviti); ~ *obrvama* 콧수염을 위쪽으로 꼬다; ~ *očima* 눈을 위로 치켜 뜨다 4. ~ se 구부려지다, 휘어지다 (saviti se, izviti se); ~ *se u luk* 활모양으로 휘어지다 5. ~ se (말 등이) 뒷다리로 서다 (propeti se); *konj se izvinuo* 말이 뒷다리로 섰다 6. ~ se 해방되다, 벗어나다; ~ *se iz njegova zagrljaja* 그의 포옹에서 벗어나다 7. ~ se (목소리가) 울리다 (razleći se)

izvinjavati *-am* (不完) 참조 izviniti
izvinjenje (동사파생 명사) izviniti; 용서
izvirati *-em* (不完) 1. (물이) 지표면 위로 솟다, 솟구치다, 나오다; (땀이) 나다; *iz njegove crvenkaste kože izvirao je znoj* 그의 붉으스름한 피부에서 땀이 흘러나왔다 2. (흐르는 물이) 발(發)하다, 수원(水源)을 갖다, 기원하다; (비유적) 나오다, 기원하다, 유래하다 (proisticati, proizlaziti); *sve zlo u kući izvire otuda što je muž pijanica* 집안의 모든 잘못된 것은 남편이 술주정뱅이라는 것에서 부터 유래한다

izviriti *-im* (完), **izvirivati** *-rujem* (不完) 1. (작은 틈을 통해) 몰래 숨어 엿보다, 훔쳐보다 (proviriti); ~ *na prozor* 창문을 몰래 훔쳐보다; ~ *napolje* 밖을 몰래 엿보다 2. 조금 보

이다, 조금 나오다, 삐죽 내밀다 (pomoliti se, malo se pokazati); ~ *se iz zemlje* 땅속에서 조금 나오다; *jedan seljak ... sa poderanim opancima na nogama, iz kojih mu izvirile i pete i svi pristi* 한 농부는 ... 발에 해진 신발을 신고 있었는데, 거기로 발뒤꿈치와 발가락 모두가 조금 보였다

izvisiti *-im*; *izvišen* (完) 실패하다, 성공하지 못하다, 덤터기만 쓰다 (otpasti, propasti, ne uspeti); *izvisio je na klasifikacijskom ispitu* 등급 시험에서 떨어졌다; *svi ste vi dobro prošli, a ja sam izvisio* 여러분 모두는 다 결과가 좋은데 나는 결과가 좋지 않았다; *izvisili smo jer oni nisu došli po nas!* 그들이 우리를 픽업하러 오지 않아서 우리는 망했다

izviti *izvijem* (完) **izvijati** *-jam* (不完) 1. 구부리다, 숙이다, 휘다; 치켜올리다, 들어올리다 (saviti, iskriviti; izdignuti, podići); *oficir izvi obrvu* 장교는 눈썹을 치켜 올렸다; ~ *glavu* 고개를 들어올리다; ~ *žice na gitari* 기타줄을 구부리다 2. (누구의 손에서) 빼앗다, 탈취하다 (oteti, istrgnuti); *on se maši rukom za revolver ... u tom trenutku skoči Marko ... izvi mu iz ruke oružje* 권총을 든 손을 그가 흔드는 순간에 마르코가 점프하여 그의 손에서 무기를 빼앗았다 3. (칼집 등에서) 빼서 위로 쳐들다(올리다); *izvi nož u visinu i udari njime Nikolu po glavi* 그는 칼을 빼 높이 올리더니 그걸로 니콜라의 머리를 때린다 4. 돌려빼다 (okrećući izvaditi); ~ *točak na kolima* 자동차 바퀴를 돌려 빼다 5. 노래하다; ~ *pesmu* 노래를 부르다 6. ~ se 구부려지다, 휘어지다, 비뚤어지다 (saviti se, iskriviti se) 7. ~ se 유연한 동작으로 빠져나오다; *ona se izvi iz zagrljaja i zagladi zamršenu kosu* 그녀는 포옹에서 빠져나와 흩어진 머리를 매만진다 8. ~ se 위로 솟다, 위로 올라가다; *istrese lulu pa je onda napuni ... dim se izvi iznad njegove glave* 담뱃대를 털고는 연초를 꽉 채운다 ... 연기는 그의 머리위로 솟는다; *na brdu se izvila kula* 탑이 언덕위에 높이 솟았다 9. ~ se (~로 부터) 삐죽 나오다, 나타나다 (izbiti iz čega; pomoliti se, pojaviti se); *sad se izvi iz praha nekoliko konjanika* 몇 몇 명의 기병이 자욱한 먼지 속에서 모습을 드러낸다 10. ~ se 생겨나다, 일어나다 (nastati, dogoditi se) 11. ~ se 미끌어지다, 미끌어져 빠져 나가다; ~ *se nekome iz ruku* 누구의 손에서 빠져 나가다

izvitoperenost (女) (모양을) 찌그러뜨림; 찌그러진 상태(부분)

izvitoperiti *-im* (完), **izvitoperavati** *-am*, **izvitoperivati** *-rujem* (不完) 1. (손·발 등을) 비틀다, 뒤틀다; (얼굴 등을) 찡그리다; (형체 등을) 일그러뜨리다; ~ *prste* 손가락을 뒤틀다; ~ *motku* 방망이를 찌그러뜨리다 2. (비유적) (사실·진리 등을) 왜곡하다, 곡해하다 (izopačiti, iskriviti); ~ *nečije reči* 누구의 말을 왜곡하다 3. ~ **se** 뒤틀리다, 비틀리다 휘다; 왜곡되다, 곡해되다; *ova se daska izvitoperila* 이 널판지는 뒤틀렸다

izviždati *-im* (完) (우우하면서) 야유하다; *publika je izviždala pevačicu* 청중들은 여가수에게 야유를 보냈다

izvlačenje 1. (동사파생 명사) izvlačiti 2. 추첨; ~ *lutrije* 복권 추첨; ~ *zgoditaka* 경품 추첨

izvlačiti *-im* (不完) 참조 izvući

izvlakač (총기의) 약협(藥莢) 빼내는 노리쇠 (탄피는 불발탄 등을 추출하는)

izvod 1. (책 따위로부터의) 발췌, 초록(抄錄); (논문 따위의) 발췌 인쇄, 별쇄본; ~ *iz matične knjige rođenih* 출생증명서; ~ *iz knjige venčanih* 결혼증명서; ~ *iz knjige umrljih* 사망증명서 2. 요약, 요약본 (rezime); ~ *iz jednog članka* 어떤 기사의 요약본 3. (會計) 계산서, 대차표, 알람표; ~ *o stanju računa* 계좌 잔고 증명서 4. 결론 (zaključak); *mi se na njegovim ~ima nećemo zadržavati* 우리는 그의 결론에 머물지 않을 것이다 (그의 결론을 따르지 않을 것이다) **izvodni** (形)

izvodilac *-ioca* 실행자, 이행자; (쇼·음악회 등에서 공연·연기·연주하는) 연기자, 연주자, 공연자

izvoditi *-im* (不完) 참조 izvesti

izvodiv, izvodljiv *-a, -o* (形) 실행할 수 있는, 실천 가능한

izvodljivost (女) 실행할 수 있음, 실현 가능성; studija ~i 예비 타당성 조사

izvodnī *-ā, -ō* (形) 1. 요약된, 축약된 (sažet, skraćen); ~e *reči* 축약어 2. 물을 빼내는, 배수의 (odvodni); 나오는, 출구의 (izlazni); ~ *kanal* 배수로, 나오는 통로; ~ *kanal za jaja* 계란 배출 통로

izvođač 실행자, 이행자; 공연자; ~ **radova** 시공(업)자 **izvođačica**

izvođenje (동사파생 명사) izvoditi

izvojac *-jca* 코르크 마개 따개, 병따개 (vadičep, izvijač)

izvojevati *-jujem* (完) 1. (전쟁·노력·투쟁 등을

통해서) 획득하다, 얻다, 점유하다; ~ *slobodu* (투쟁하여) 자유를 얻다; ~ *samostalnost* (전쟁으로) 독립을 쟁취하다; ~ *pravo* (투쟁하여) 권리를 획득하다 2. 이기다, 승리하다 (전쟁·전투 등을)

izvojštiti *-im* (完) 참조 izvojevati

izvoleti *-im*; *izvoleo* (完) 1. 기꺼이 ~을 해 주다, 기꺼이 ~할 마음이 있다; (누구를) 영광스럽게 하다, 영예롭게 하다; (udostojiti se, milostivo pristati); *ako izvole, nek dođu* 올 마음이 있다면, 오라고 해; *dobro je što si izvoleo doći!* 네가 기꺼이 오려고 하니 참 좋다; *molim da mi izvolite javiti* 제게 전화한 통만 해주시겠어요 2. 기타; (명령형 izvoli!, izvol(i)te! 뭔가를 정중하게 권하거나 응답할 때의 숙어); *izvolite sesti* 자~, 앉으세요; *izvolite, poslužite se* 자, 맛있게 드세요; *izvolite?* 뭘 도와드릴까요?

izvolevati *-am* (不完) 가장 좋은 것을 찾다(원하다, 요구하다, 선택하다) (보통은 음식의) (želeti, hteti); *izvolevate li nešto popiti?* 뭔가 마실 것을 찾으시나요?

izvor 1. 1. 수원(水源), 샘, (vrelo); 수원지; (사물의) 원천, 근원, 원(源); *mineralni ~i* 광천(지); *termalni ~i* 온천(지); *voda sa ~a* 용천, 용수, 샘물, 솟아나오는 물; ~ *svetlosti* 광원; ~ *energije* 에너지원 2. 근원, 근본, 원인; 출처, 기원, 근거; ~ *zdravlja* 건강의 근원; ~ *tuge(sreće)* 슬픔(행복)의 근원; ~ *običaja* 풍습의 기원; ~ *profita* 이익의 근본 원인 3. (비유적) (뉴스의) 출처, 정보원, 소식통; *pouzdani* ~ 믿을만한 소식통; *iz pouzdanih ~a* 믿을만한 소식통으로부터 4. (비유적) (특히 연구집필을 위한) 자료(자료의) 출처; 사료, 원본; *istorijski ~i* 역사적 사실의 출처; *čitati knjigu u ~u* 원본책을 읽다

izvoran *-rna, -rno* (形) (한정형으로) 1. 샘의, 수원(水源)의; ~a *voda* 샘물, ~rni *deo reke* 강의 발원지 2 (비유적) (보통은 한정형으로) 최초의, 처음의; 본래의, 원래의 (početni, prvobitni, primarni); ~rni *jezik* 모어(母語); ~rni *govornik* 모어로 사용하는 사람(네이티브 스피커) 3. 원작의, 진품의 (originalan, autentičan); ~rna *narodna pesma* 오리지날 민중 가요; ~rna *igra* 원래의 모습을 그대로 보존한 춤 4. 원본의, 오리지날의; ~rni *dokument* 원본 서류; ~rni *podatak* 원래의 통계(자료); ~rni *rukopis* 최초 원고, 초고(草稿)

izvorište 수원지(水源地), 발원지; *u gornjem toku, oko ~a, erozija je najjača* 상류지역,

강 발원지 근처의 침식이 가장 심하다
izvornī *-ā, -ō* (形) 참조 izvoran
izvornik 1. 원본, 원작 (original) 2. 원조, 시조, 발기인 (začetnik) 3. 샘, 수원 (水源) (izvor, vrelo)
izvorskī *-ā, -ō* (形) 참조 izvor; 샘의, 수원(水源)의
izvoštiti *-im* (完) 1. 왁스(vosak)칠 하다, 왁스로 바르다 2. (口語) 실컷 때리다, 죽도록 구타하다 (izbiti, istući); ~ *dete* 아이를 때리다
izvoz 수출; ~ *pšenice* 밀 수출; ~ *vina* 포도주 수출; *roba za* ~ 수출품 izvozni (形)
izvozati se *-am se* (不完) 오랫동안 차를 타다, 질리도록 차를 타다 (navozati se)
izvoziti *-im* (不完) 참조 izvesti
izvoznī *-ā, -ō* (形) 참조 izvoz; ~*a trgovina* 수출 무역; ~*a roba* 수출품; ~*o preduzeće* 수출 회사; ~*a dozvola* 수출 허가; ~*a premija* 수출 보조금(장려금)
izvoznica 1. 수출 면허(장), 수출 허가(장) 2. 수출국; *zemlja* ~*a* 수출국; *zemlja* ~ *petroleja* 원유수출국
izvozničar 참조 izvoznik
izvoznik 수출업자 izvoznički (形)
izvoznina 수출세(稅)
izvoženje (동사파생 명사) izvoziti
izvračati *-am* (完) 마법으로 알아채리다(예감하다)
izvraćati *-am* (不完) izvratiti
izvratiti *-im; izvraćen* (完), izvraćati *-am* (不完) 1. 뒤집다(안쪽을 바깥으로), 돌리다(한 방향에서 다른 방향으로) (izvrnuti); ~ *rukave* 소매를 접어 올리다; ~ *kapu* 모자를 돌리다; ~ *glavu* 고개를 다른 쪽으로 돌리다 2. 돌려주다, 되갚다 (돈 등을) (povratiti, vratiti); *onda će joj brat morat* ~ *što je njeno po božoj i ljudskoj pravdi* 그녀의 오빠(동생)는 신의 정의와 인간 정의에 따라 그녀의 것인 것을 돌려주어야 할 것이다 3. ~ se 뒤집어지다, 돌아가다(돌려지다) 4. ~ se (비유적) 화내다 (naljutiti se)
izvrći, izvrgnuti *izvrgnem; izvrgao, -gla & izvrgnuo, -ula; izvržen & izvrgnut* (完), izvrgavati *-am* (不完) 1. (난처한 처지, 곤란한 상황, 위험 등에) 놓이게 하다, 처하게 하다; ~ *nekoga opasnosti* 누구를 위험에 처하게 하다; ~ *nekoga ruglu* 누구를 조롱받게 하다; *ti nećeš izvrći ruglu moje ime* 너는 내 이름을 비웃음의 대상으로는 만들지 않을 것이다 2. (총 등 화기를) 쏘다, 발사하다 (ispaliti, opaliti); ~ *pušku* 총을 쏘다 3. ~

~ se 변질되다 (더 나쁜 것으로); ~으로 발전되다(나쁜 의미로); *vidiš li u šta se izvrglo ovo prijatno veče?* 이 기분좋은 밤이 무엇으로 바뀌었는지 보고 있느냐(변질되었는지 알고 있느냐)?; *on se izvrgao u kriminalca* 그는 범죄자로 변하였다; *iz toga će se izvrći veliki skandal* 그것은 큰 스캔들로 발전할 것이다; *kad pomislim u što se izvrgla naša ljubav* 우리의 사랑이 무엇으로 변질될 것인지 생각하면 4. ~ se 생겨나다, 싹이 트다 (izleći se, nastati, niknuti); *bojati se da se otuda ne izvrgne kakva buna* 그것으로부터 그 어떤 봉기가 생겨나는 것을 걱정하다
izvrći *izvršem* (完) 탈곡하다, 타작하다; (비유적) 때리다, 구타하다 (izbatinati)
izvrdati *-am* (完) izvrdavati *-am* (不完) 1. (~을) 잘 빠져나가다; ~을 교묘히 피하다; ~ *policiji* 경찰을 교묘히 피하다 2. 교묘히 실행하지 않다, ~의 실행을 교묘히 회피하다; (농락하면서) 가지고 놀다; ~ *naredbu* 교묘히 명령을 실행하지 않다; ~ *zakon* 법을 가지고 놀다(농락하다)
izvređati *-am* (完) 1. (수없이 많이, 수회에 걸쳐) 모욕하다, 모독하다 2. ~ se 서로가 서로를 모욕하다(모욕하다)
izvrgavati *-am* (不完) 참조 izvrgnuti
izvrgnuti *-nem* (完) 참조 izvrći
izvrnuti *-nem* (完) izvrtati *-ćem* (不完) 1. 뒤집다, 뒤엎다 (안쪽을 바깥으로); (반대 방향으로) 돌리다, 향하게 하다; ~ *rukav* 소매를 뒤집다; ~ *džepove* 호주머니를 뒤집다; ~ *na leđa nekoga* 등을 돌리다 2. 뒤엎다, 뒤집다, 전복하다 (prevrnuti, oboriti); ~ *kola* 자동차를 전복시키다; ~ *čamac* 보트를 전복시키다 3. (비유적) 흉측하게 하다(만들다), 일그러뜨리다, 망가뜨리다; 왜곡하다, 곡해하다; ~로 바꾸다 (izopačiti, unakazati; izmeniti); ~ *njegove reči* 그의 말을 왜곡하다; ~ *sve u sprdanju* 모든것을 비웃음거리로 만들다 4. (비·바람 등이) 갑자기 내리다, 갑자기 불다; *izvrnu kiša* 비가 갑자기 내린다 5. ~ se (몸을) 쭉 뻗다 (izvaliti se, ispružiti se); ~ *se u hladu* 그늘에서 쭉 뻗고 눕다 6. ~ se 다른쪽(반대쪽)으로 돌다(향하다); ~ *se potrbuške* 배를 깔고 눕다 7. ~ se 뒤집어지다, 전복되다, 엎어지다 8. ~ se 변하다, 바뀌다; *izvrne se to u tuču i svađu* 그것은 주먹다짐과 말싸움으로 변한다; *sve se izvrnulo naopako* 모든것이 엉망으로 변하였다; *svaki se promenio i izvrnuo za novo vreme, kao staromodni šešir za novu*

308

sezonu 모든 사람들이 새로운 시대에 맞게 변하였다, 마치 구식 모자가 새 시즌에 맞게 변하듯이 9. 기타; ~ *kome pamet* 미치게 하다; ~ *papke (sve četiri)* 죽다; ~ *oči* 죽다, 사망하다; ~ *čašu* 다 마시다(술을 다 마시고 잔을 뒤집다); ~ *na (u) šalu* 농담하다; ~ *se od smeha* 포복절도하다

izvrstan -*sna*, -*sno* (形) 아주 훌륭한, 매우 뛰어난, 탁월한 (odličan, izvanredan); ~ *drug* 훌륭한 친구

izvrsno (副) 훌륭하게, 탁월하게, 뛰어나게, 매우 잘; ~ *govoriti* 아주 훌륭하게 말하다; *jaše* ~ 말을 아주 잘 탄다

izvršan -*šna*, -*šno* (形) 1. (한정형) (국가나 어떤 단체의 법률·규약을) 실행(이행·집행·수행)하는 (upravni); ~*šno veče* 이사회; ~*šni komitet* 집행위원회; ~*šna vlast* 행정부; *smatrao je da je uslov političke slobode podela vlasti na sudsku, zakonodavnu i* ~*šnu vlast* 정치적 자유의 조건은 권력을 사법권, 입법권 그리고 행정권으로 분리하는 것이라고 생각했다 2. 법적 효력을 갖춘, 유효한, 집행 가능한 (판결·형벌 등의) (pravosnažan, izvršiv); *presuda je postala* ~*šna* 선고는 효력을 발휘했다

izvršavati -*am* (不完) 참조 izvršiti

izvršenje (동사파생 명사) izvršiti; 이행, 실행, 수행; ~ *kazne* 형벌 이행; ~ *ugovora* 계약 이행

izvršilac -*ioca* 1. (해당 기관의 결정을 집행하는) 집행자, 수행인, 이행하는 사람; ~ *testamenta* 유언 집행자 (izvršitelj) 2. (범행·과실·악행을 저지른) 가해자, 범인; ~ *krivičnog dela* 범행을 저지른 범인

izvršitelj 참조 izvršilac

izvršiti -*im* (完), **izvršavati** -*am*, **izvršivati** -*šujem* (不完) 1. 실행하다, 이행하다, 수행하다, 집행하다; ~ *posao* 일을 수행하다; ~ *samoubistvo* 자살하다; ~ *smotru* 정찰하다; ~ *napredak* 발전하다, 진보하다; ~ *dužnost* 의무를 다하다; ~ *obećanje* 약속을 이행하다; ~ *presudu* 판결하다; ~ *naredbu* 명령을 이행하다; ~ *analizu* 분석하다; 2. (희망·바램 등을) 이루다, 실천하다 (ispuniti, ostvariti); ~ *nekome želju* 누구의 바램을 이루다 3. ~ **se** 이루어지다 (ispuniti se, ostvariti se); *to se obećanje mora* ~ 그 약속은 지켜져야 한다 4. ~ **se** 일어나다, 발생하다 (dogoditi se, zbiti se)

izvršiv -*a*, -*o* (形) 실행(이행·수행)할 수 있는, ~이 가능한; ~*a presuda* 실행할 수 있는 판

결

izvršivati -*šujem* (不完) 참조 izvršiti

izvrtati -*ćem* (不完) 참조 izvrnuti

izvrteti -*im* (完) 1. 회전하면서 (속을) 파내다; ~ *rupu u zidu* 벽에 구멍을 내다 2. (비유적) (口語) 해내다, 성공적으로 ~을 해내다 (izdejstvovati, izmoliti); ~ *kredit od banke* 은행에서 융자를 얻어내다 3. 기타; ~ *kome pamet* 당황하게 하다, 어리둥절하게 하다

izvrveti -*im* (完) 떼지어 나오다, 몰려 나오다, 우르르 나오다 (izići vrveći); *narod je izvrveo na ulice* 사람들이 거리로 몰려 나왔다

izvući *izvučem*; *izvukao*, -*kla* (完) **izvlačiti** -*im* (不完) 1. 끄집어내다, 끌어당기다, 뽑아내다, 빼내다; ~ *nešto iz džepa* 호주머니에서 뭔가를 끄집어내다; ~ *lađu na obalu* 보트를 해변가로 끌어당기다; ~ *nekoga iz neprilike* 누구를 어려움에서 벗어나게 하다 2. (밑에서 위로) 끌다, 끌어올리다; *on je sam izvukao jedan top na vrh nekakve pozicije* 그는 대포를 혼자 어떤 고지 위로 끌어올렸다; ~ *vodu iz bunara* 샘에서 물을 퍼올리다 3. 얻다 (izvaditi, dobiti); (어떤 일에서) 얻다, 달성하다, 도달하다 (postići, steći); *svakog proleća i jeseni preoravaju blato da bi iz njega izvukli šaku dve zrnja* 매해 봄과 가을에 한 줌의 곡물이라도 얻기 위해서 진흙밭을 밭갈이한다; *koliko se može* ~ *putera iz sto litara mleka?* 100리터의 우유에서 버터를 얼마나 얻을 수 있느냐?; ~ *korist* 이익을 얻어내다; ~ *zaradu* 돈을 벌다; ~ *pouku* 교훈을 얻다(끄집어내다); *zaključak* 결론을 얻다 4. (강요·협박 등으로) 갈취하다, 빼앗다 (izmamiti, iznuditi); ~ *novac od koga* 누구로부터 돈을 뺏어내다; ~ *priznanje* 자백을 받아내다; ~ *reč* 말을 이끌어내다 5. (경품·복권 추첨등의) 추첨하다; 얻다, 당첨되다; ~ *premiju* 당첨금에 당첨되다; ~ *ulog* 역할을 얻다 6. 선을 긋다, 줄치다 (nacrtati, ocrtati); *mastilom* ~ *linije* 잉크로 선을 긋다 7. (악기의) 소리를 내다 8. 벌다(매·징계 등을); 당하다, 겪다 (pretrpeti, podneti); ~ *batine* 매를 벌다, 매질을 당하다; ~ *šamar* 따귀를 벌다, 따귀를 맞다; ~ *grdnju* 잔소리를 벌다 9. ~ **se** 끌려나오다, 뽑혀나오다, 끄집혀나오다; 힘들게 천천히 나오다; *izvuče se polako i plašljivo iz kolibe* 두려움에 떨면서 천천히 초막에서 나온다; ~ *se iz jame* 굴에서 천천히 나오다; *jedva se izvukao ispod ruševina*

I

309

무너진 더미 아래에서 겨우 빠져나오다 10.
~ se 벗어나다, 해방되다 (spasti se, izbeći
se iz nečega); ~ se iz krize 위기에서 벗어
나다 11. 기타; ~ iz škripca 곤란(어려움)에
서 벗어나게 하다; ~ kraći (tanji, deblji)
kraj 나쁜 결과를 얻다; ~ pete (stope, rep)
징벌(의무)을 피하다; ~ koga za jezik 말하
도록 누구를 강제하다; ~ se na svetlost
dana 나타나다; ~ živu glavu 살아남다
iždžikljati -am (完) 참조 iždikati
iždikati -am (完) 쑥쑥 크다, 무성하게 자라다
(snažno i brzo izrasti); hotel je ostao pust,
kroz kamene ploče iždikala trava 호텔은
황폐하게 남았다, 깔린 돌판 사이로 풀들이
무성하게 자랐다
ižeći ižežem & ižegnem; ižegao, -gla; ižežen,
-ena; ižezi (完) 태우다 (sažeći, spaliti); ~
ranu 상처를 지지다
ižedneti -im (完) 심한 갈증이 나다, 심하게 목
마르다
iženiti -im (完) 결혼시키다, 장가를 들게 하다
(아들들을)
ižica 교회슬라브어 알파벳의 마지막 자음의
명칭; (비유적) 끝 (kraj, konac); od az do
~e 처음부터 끝까지, A부터 Z까지
ižicariti 속여 얻다, 끌질기게 요구하여 얻다
ižlebiti -im (完) 홈(žleb)을 파다 (izdupsti); ~
trupac 통나무에 홈을 파다
ižuteti -im (完) 노랗게 되다, 노랗게 바래다;
fotografije su ižutele 사진들이 노랗게 바랬
다
ižvakati -čem (完) 잘 깨물다, 잘 씹다

J j

ja (代) (G.A. *mene*, 단축형 *me*; D. *meni*, 단축형 *mi*; I. *sa mnom* 또는 *mnome*) 1. (1인칭 단수 인칭대명사) 나; *pustio bih ja njega, ali neće on mene* 나는 그를 놓아주고 싶은데, 그는 나를 놓아주려고 하지 않는다; *po meni* 내 생각으로는 2. (D.형태로) 나의, 내 (moj, moja, moje); *ja i brat mi* 나와 내 형제 3. (D.형태로) 윤리적 여격(etički dativ; 친근함, 가까움, 공감을 나타내는, 말하는 대상에 대한 관심·흥미를 나타낼 때)으로 사용될 때; *jesi li mi dobro i veselo?* 넌 잘 지내고 기분이 좋니?; *ne boj mi se* 두려워하지 마! 4. (D.형태로) (맹세·서약에서); *očiju mi!* 내 눈(목숨)을 걸고; *duše mi!* 내 영혼을 걸고 5. (명사적 용법으로) 개인, 개체; 개성, 특성 (ličnost, individualnost); *razvijati svoje ja* 개인으로서의 자신을 발전시키다
ja (小辭) 1. 긍정을 나타냄 (da, jeste, tako je; istina, svakako); *ti si ribar? Jesam, ja, gospodine* 너는 어부냐? 예, 그렇습니다, 나리; *ja, dragi moji, nije lako* 그래, 얘야, 쉽지는 않아 2. 부조화·불신임·거절 등을 나타냄 (neslaganje, neverovanje, odbijanje); *ne vredi da se mučiš. Ja, ne vredi, ne mogu sam* 고생해야 필요없어, 아냐, 소용없어, 나 혼자 할 수 없어 3. (대화에서) 아니면 (nego, da); *mene pitaš? Tebe, ja koga?* 나한테 묻는거야? 너한테, 아니면 누구한테 (묻겠어) 4. (감탄사 용법으로) 감탄의 강조, 누구한테 말할 때 (da, hej); *bože, ja lepe devojke!* 야~~, 정말 예쁜 아가씨들이네!; *Ja moj sinko, Kraljeviću Marko* 어이 내 아들 크랄례비치 마르코야 5. (접속사 용법으로) 이접(離接), 역접접속사로써 (ali, a, no); *ja sad – ja nikad* 지금 또는 결코
jablan (pl. *-ovi* & *-i*, *-anōvā* & *-ānā*) 1. (植) 양버들 2. (植) 금매화 (노란꽃을 가진) 3. (비유적) 젊고 건강한 청년; 사랑스런 남자
jablanik 양버들 숲
jablanov *-a,-o* (形) 참조 jablan; 양버들의
jablanovina 양버들 목재
jabučar 1. 사과 재배자; 사과 장사 2. 사과 과수원 3. (民俗) 신랑 대신에 청혼하러 가는 사람, 청혼자, 구혼자 (prosilac) 4. (害蟲) 사과꽃을 갉아먹는 해충 5. (사과모양의) 야채 (토마토 등의)

jabučast *-a*, *-o* (形) 사과 모양의, 사과 형태의; ~ *plod* 사과 모양의 열매; ~*o voće* 사과 형태의 과일
jabučica 1. (지소체) jabuka 2. (식물의) 사과 모양의 열매 3. (解) (Adamova ~) 목젖 (grkljan); 광대뼈 (jabučica); 복숭아뼈 4. (農) 토마토 (paradajz, patlidžan) 5. 기타; *očna* ~ 안구, 눈알
jabučnī *-ā*, *-ō* (形) 1. 사과의, 사과나무의; 사과로 만들어진; ~*o drvo* 사과 나무; ~ *sok* 애플 주스 2. (사과에 기생하는 해충명의 일부로) ~ *moljac* 사과 나방 3. 기타; ~*a kiselina* 사과산(덜익은 사과에 있는), 말산; ~*a kost* 광대뼈(눈밑의)
jabučnica 사과주(酒) (jabukovača)
jabučnjača 애플파이 (jabukovača)
jabučnjak 1. 사과 과수원 2. 사과주(酒), 애플파이 (jabukovača)
jabuka 1. (植) 사과 나무; 사과 2. (사과와 비슷한) 둥근 것, 둥근 부분 (탑위의 둥근 모양, 대포알, 지팡이의 둥근 손잡이, 칼 손잡이의 둥근 부분 등의) 3. 안장 머리 4. (解) 목젖 5. (民俗) 약혼(식) (보통은 약혼녀가 돈을 받는) (prosidba, veridba) 6. 선물, 상품 (dar, poklon) 7. (비유적) 사랑스런 사람 (mila i draga osoba) 8. 기타; *baciti ~u* (民俗) 약혼을 파혼하다; *deverska (kumovska)* ~ (民俗) 돈을 찔러 넣은 사과(약혼녀에게 주는 선물로써의); *divlja* ~ 야생종 사과; *zagristi (kiselu) ~u* 위험을 감수하다, 위험한 일을 하다; *zelena* ~ (비유적) 미성숙한 처녀(청년); ~ *razdora* 불화의 씨앗(불화의 여신 에리스가 세 여신(헤라, 아테나, 아프로디테 사이에 던진 황금사과); *kao* ~ 매우 아름다운; *pala mu je zlatna* ~ *u krilo* 그는 장가를 잘 갔다(호박이 넝쿨째 들어온 것처럼); *primiti (uzeti)* ~*u* (민속) 청혼을 받아들이다(처녀가); *japanska* ~ (農) 감; *biće kada javor* ~*ama rodi* 결코 일어나지 않을 것이다; *dati* ~*u za* ~*u* 선물을 선물로 답례하다; ~ *ne pada deleko od stabla* 그 부모에 그 자식이다; ~ *spoznaje (saznanja)* 매우 중요한 인식; *još nije* ~ *zrela* 시집갈 만큼 크지 않았다; *ubrati krvave* ~*e* 패배하다(전투에서); *zabranjena* ~ 금지된 사과(아담의 사과처럼)
jabukovača 1. 사과주(酒) 2. 애플파이
jabukovina 사과나무 목재
jačanje (동사과생 명사) jačati; 강화; *sredstvo za* ~ 강장제
jačerma 참조 ječerma; 민속의상의 한 종류,

311

조끼(소매가 없는)

jačī *-ā, -ē* (形) (비교급) jak; 더 강한

jačina 1. 힘, 력(力), 세기, 강도, 농도; ~ motora 모터 마력; ~ magnetnog polja 자기장 세기; ~ sočiva 렌즈 등급(세기); ~ saobraćaja 교통량 정도; ~ osvetljaja 조도; ~ rakije 라키야의 알코올 도수 2. 크기, 숫적 상태 (brojno stanje, veličina); ~ čete je do 300 ljudi 중대 크기는 300명 까지 이다

jačmičak 참조 ječmičak; (눈에 나는) 다래끼

jad 1. 슬픔, 비애, 비통, 비탄 (tuga, žalost, patnja, bol); ja ne mogu s teška ~a redom sve kazati kako beše, jer mi reč zapinje u grlu od plača 나는 힘겨운 비애감으로 인해 모든 것을 순서대로 말할 수 없다, 왜냐하면 울음으로 말이 목에 걸리기 때문이다; ~e mu zadati 그를 비통하게 하다 2. 곤란, 고난, 불행, 불운 (nevolja, nesreća); snađe nas ~ 불행이 우리를 찾아왔다; opšte je poznato ... koliko ste vi ... radili od početka rata da olakšate bedu i ~ našega naroda 당신이 전쟁이후부터 우리 국민들의 빈곤과 곤궁함을 해방시키기 위해 얼마나 노력했는지는 아주 잘 알려져 있습니다 3. 불쌍한 사람, 비참한 사람 (jadan čovek, jadnik) 4. 쓸데 없는 사람(물건), 별 가치가 없는 사람(물건) 5. 기타; biće trista ~a 별별 어려움이 다 있을 것이다; jadi ga (crni) znali 누가 그를 알겠어(아무도 그를 모른다); jadi te jadili (znali, ubili)! 너 곤란해질 것이다 (욕설); na jedvite jade 겨우, 힘들게; šaka ~a 한 줌의, 약한; učiniti od koga ili čega trista ~a 중하게 벌하다, 그를 망하게 하다; ni po ~a 걱정거리도 안되는

jadac jaca; jaci, jadāca (새 가슴 따위의) 차골 (叉骨), 창사골(暢思骨), 위시본 (식사할 때 접시에 남은 이 뼈를 두 사람이 잡아당겨 긴 쪽을 차지하면 소원이 성취된다고 함); udariti nekome ~ 누구를 속이다, 기만하다; lomiti ~ (차골을 부러뜨리면서) 내기를 걸다, 도박하다; znam za ~! 넌 날 속일 수 없어!; spolja gladac, iznutra ~ 겉은 멀쩡하지만 속은 엉망진창이다

jadan *-dna, -dno* (形) 1. 어려운 상태의, 힘든 상황의, 불운한, 불행한; 비참한, 비통한, 슬픈 (nesrećan; žalostan, tužan); ~ život 힘겨운 삶 2. 가난한, 빈곤한 (siromašan, ubog); ~dna raja 가난한 백성; ~ radnik 가난한 노동자 3. 무의미한, 무가치한, 별 소용이 없는, 비웃음거리의 (beznačajan, male vrednosti); ~ ručak 형편없는 점심; ~dno

predavanje 가치가 별로 없는 강의; zbog udovice glavu da izgubiš? Jadan si ti partizan! 과부 때문에 목숨을 잃을 것이냐? 넌 웃음거리밖에 안되는 빨치산이구나 4. 힘든, 견디기 어려운, 좋지 않은; ~dne prilike u državi 국가의 어려운 환경 5. 기타; ~ ne bio 불운(불행)이 너를 비켜갔다; ~dna mi (mu) majka 힘들어!; pasti na ~dne grane 가난해지다

jadati *-am* (不完) 1. (보통은 숙어로) ~ jade 슬퍼하다, 비통해 하다, 마음 아파하다; majka je za njim jadala 어머니가 그들 때문에 슬퍼한다; uvek jada za selom 항상 마을을 위해 비통해 한다 2. ~ se (na koga, na što) 투덜거리다, 푸념하다 (tužiti se, žaliti se); jada se seljak svome kumu na mnoge svece koje mora da proslavlja 농부는 경축해야 할 성인이 너무 많다고 자신의 대부에게 투덜거린다; bilo je trenutaka kad se svekrva i sama jadala na sina 시어머니가 혼자 아들에 대해 불만을 표출했던 순간이었다

jadičac *-čca* (植) 백합과(科) 사프란속(屬)의 몇몇 식물의 총칭(가을에 커다란 백색·핑크색 또는 자색의 꽃이 핀다), 콜히쿰

jadika (植) 수양버들

jadikovati *-kujem* (不完) 1. 슬퍼하다, 비통해하다, 애통해하다; 통곡하다 (jadati); počne ~ i sedne na stube pred kućom 비통해 하면서 집앞의 기둥에 앉는다; ~ za nekim 누구에 대해 애통해 하다 2. 투덜거리다, 불평하다, 불만을 토로하다 (tužiti se, žaliti se); nikada nije jadikovala na svoju sudbinu 그녀는 결코 자신의 운명에 대해 불만을 토로하지 않았다 3. ~ se 투덜거리다, 불평하다 (jadikovati)

jadikovka 1. 비애(슬픔) 토로; 통탄, 통곡 2. (비통함으로 가득한) 푸념, 투덜거림 3. 비가 (悲歌); ljubavna ~ 사랑의 비가

jaditi *-im* (不完) 1. 슬퍼하다, 애통해하다 (jaditi); jadi te jadili 너 힘들어질 것이다 (욕설) 2. ~ se 푸념하다, 투덜대다

jadniče *-eta* 불행한 아이, 형편이 어려운 아이 (jadno dete)

jadnik 1. 곤궁에 처한 사람, 어려운 형편에 처한 사람, 불행한(불운한) 사람 (nesrećnik, nevoljnik) 2. 빈자(貧者), 가난한 사람 (siromah, bednik) 3. 비도덕적인 사람, 도덕적으로 헤이해진 사람 **jadnica**

jadost (女) 슬픔, 비애, 비통

jadov (男) 1. 가난한 사람, 곤궁한 사람, 불운한(불행한) 사람 (jadnik, nesrećnik) 2. 도덕

적으로 타락한 사람 (čovek sumnjiva morala)

jadovan -vna, -vno (形) 1. 슬퍼하는, 비통함(애통함)에 휩싸인; ~vna žena 애통함에 잠긴 여자; ~ razgovor 비통함에 잠긴 대화; ~vna suza 슬픈 눈물 2. 불운한, 불행한 (nesrećan, jadan); ~vna devojka 불운한 처녀 3. 가난한, 빈곤한 (siromašan, ubog); ~ student 가난한 대학생; ~vna kuća 폐허가 된 집

jadovanka 1. 비가(悲歌) (jadikovka) 2. 푸념, 투덜거림; 통탄, 통곡

jadovati -dujem (不完) 1. 슬퍼하다, 애통해하다, 괴로워하다; 투덜대다 (tugovati, jadikovati); ~ zbog njegova odlaska 그의 떠남 때문에 슬퍼하다; ~ za umrlim 고인에 대해 슬퍼하다 2. 가난하게 살다, 곤궁하게 살다; porodica mu jaduje i gladuje 그의 가족은 가난속에서 밥을 못먹으며 살고 있다 3. ~ se 투덜거리다, 푸념하다 (žaliti se, jadati se); ~ se majci 어머니에게 투덜거리다

jadovit -a, -o (形) 참조 jadovan

Jadran 아드리아해(海)

jadranskī -ā, -ō (形) 참조 Jadran; 아드리아해의; Jadransko more 아드리아해; ~a magistrala 아드리아해 해변도로

jaga (愛稱) 참조 jagnje; 어린 양(羊)

jaganjac -njca; -njci (보통은 複數로 사용) 1. (動) 어린 양, 새끼 양 (jagnje) 2. (비유적) 유순한 사람, 온순한 사람

jaglika (植) 프림로즈(앵초과의 야생화. 연한 노란색의 꽃이 핌)

jaglina (病理) 헤르페스, 포진 (pljuskavica)

jagluk 수(繡) 놓은 스카프 (rubac, marama)

jagma (어떤 물건을 다른 사람보다 먼저 손에 넣으려는) 열망, 욕망, 욕구, 욕심; ~ oko nečega (무엇을) 손에 넣으려는 커다란 욕구; zatim su došla deca i ~ da se što više zaradi 이후에 아이들이 와으며 가능한 한 더 많이 돈을 벌려는 욕망이 일어났다; on je' podlegao ~i za neposrednim uspehom, pišući za pljesak 그는 (사람들이 열광할 수 있는 작품을) 쓰면서 단숨에 성공을 거두고 싶다는 커다란 열망에 짓눌렸다; prodati nešto na ~u 무엇을 순식간에 다 팔다, 완판하다; ~ za bogatstvom 부에 대한 욕망

jagmiti -im (不完) pojagmiti (完) 1. 빼앗다, 탈취하다 (otimati, grabiti); jagmi vladalac zemlju i tako proširuje svoju vlast i ojačava silu 통치자는 영토를 빼앗아 자신

의 통치를 확장하고 무력을 강화한다 2. 서두르다, 서둘러 가다 (žuriti, hitati); jagmi crkvi čim zvono udari 종이 울리자 마자 즉시 교회로 서둘러 가라; jagmi da stigne pre mraka 어두어지기 전에 도착하도록 서둘러라 3. ~ se (oko čerga, za čim) ~을 선취하기 위해 다투다(경쟁하다, 노력하다); ~ se za položaj 자리를 놓고 다투다; ne jagmite se oko tih jabuka 그 사과를 놓고 다투지 마세요

jagnjad (女)(集合) 참조 jagnje; 어린 양(羊), 새끼 양

jagnje -eta; jaganjci & jagnjici 1. (動) 어린 양(羊), 새끼 양; žrtveno ~ 희생양; umiljato ~ dve ovce sisa 능란한 사람은 처신은 잘해 온갖 곳에서 이익을 취한다 2. (비유적) 온순한 사람, 유순한 사람

jagnjence (지소체) jagnje

jagnjećī -ā, -ē (形) 1. 참조 jagnje; 어린 양의, 새끼 양의; ~a čorba 어린 양고기 수프; ~e pečenje 어린 양고기 구이; ~e meso 새끼 양고기; ~a koža 어린 양 가죽 2. 마치 어린 양 같은; 온순한, 유순한 (nežan, krotak)

jagnjetina 양고기

jagnjić 숫컷의 어린 양

jagnjiti -im (不完), ojagnjiti (完) 1. (양(羊)이) 새끼를 낳다; ova ovca jagnji svake godine po dvoje jaganjaca 이 양은 해마다 두 마리의 새끼를 낳는다 2. 양이 새끼를 낳는 것을 돕다 3. ~ se 새끼를 낳다(양이); (새끼 양이) 태어나다; ovca se ojagnjila 양이 새끼를 낳았다; jagnje se ojagnjilo 새끼양이 태어났다

jagoda 1. (植) 딸기; 딸기 나무; šumska ~ 산딸기; vrtna ~ 재배 딸기 2. 딸기 비슷한 열매, 산딸기류 열매 (블랙베리 등의) (boba, bobica) 3. (解) (눈 밑의) 광대뼈 (jagodica, jabučica) 4. (비유적) 사랑스럽고 소중한 사람 (osoba mila i draga) 5. 기타; ići kao grlom u ~e 무엇을 하기에는 준비가 전혀 안돼 있다 jagodni, jagodnji (形)

jagodast -a, -o (形) 딸기 모양의, 딸기 형태의, 딸기와 비슷한; ~e voće 베리(berry)류 과일

jagodica 1. (지소체) jagoda 2. (解) (눈 밑의) 광대뼈 jagodični (形)

jagodičast -a, -o (形) 딸기와 비슷한, 딸기 모양의

jagodičnī -ā, -ō (形) 광대뼈(jagodica)의; ~e kosti 광대뼈

jagodin -a, -o (形) 딸기의, 딸기로 만든; ~

J

sok 딸기 주스

jagodnjača 1. (農) 배(梨)의 한 종류 2. (解) 광대뼈

jagodnjak 1. 딸기밭, 딸기 농장 2. 딸기나무 줄기

jagodnjī *-ā, -ē* (形) 딸기의; ~ *sok* 딸기 주스; ~*a leja* 딸기 (밭)두둑

jagorčevina, jagorčika (植) 프림로즈(앵초과의 야생화. 연한 노란색의 꽃이 핌)

jaguar (動) 재규어

jahač 기수(騎手), 말을 탄 사람 (konjanik)

jahačica; jahački (形)

jahačkī *-ā, -ō* 승마의, 기수의; ~ *bič* (말을 때리는) 채찍; ~*e čizme* 승마화(靴); ~ *ogrtač* 승마복; ~ *klub* 승마 클럽

jahaćī *-ā, -ē* (形) 승마용의; ~ *konj* 승마용 말 (馬); ~*e odelo* 승마복; ~ *pribor* 승마 장구

jahaćica (한정적 용법으로) 승마의, 승마용의; ~ *mazga* 승마용 노새

jahalište 말을 타는 곳, 승마장; 승마 학교

jahanje (동사파생 명사) jahati; 승마

jahaonica 참조 jahalište; 승마장, 승마 학교

jahati *jašem* (不完) 1. 말을 타다, 말을 몰다, 승마하다(말·노새·낙타 등을 타고) 2. 자건거를 타다 3. (비유적) 학대하다, 혹사시키다 (tlačiti, kinjiti) 4. ~ **se** (말 등이) 승마용으로 훌륭하다; *ovaj se konj dobro jaše* 이 말은 승마용으로 훌륭하다 5. ~ **se** 서로가 서로를 업어주다; *deca se jašu na livadi* 아이들은 풀밭에서 서로가 서로를 업는다 6. 기타; ~ *na čemu* ~을 끈질기게 시도하다; *na tom ja pitanju jašem* 나는 그 문제를 끈질기게 제기한다

jahta (G.pl. *-ā* & *-ī*) 요트

jajar 1. 계란(달걀) 장사 (jajčar) 2. 계란을 좋아하는 사람

jajara 1. 계란을 훔쳐 먹는 개 2. (輕蔑) 좀도둑 (sitan lopov)

jajast, jajolik *-a, -o* (形) 계란 모양의, 계란 형태의 (ovalan); ~o brdo 계란 모양의 언덕

jajašce (G.sg. *-a* & *-eta*) (지소체) jaje

jajce *-eta* (G.sg. *-a* & *-eta*) (지소체) jaje

jaje (G.sg. *-a* & *-eta*; N.pl. *jaja*) 1. (새·파충류 등의) 알; 계란, 달걀; *kuvano* ~ 삶은 계란; *prženo* ~ 부친 달걀; ~ *na oko* 달걀 프라이; *zapečeno* ~ 구운 계란; *kokošije* ~ 계란; *pačije* ~ 오리 알 2. (解) (남성의) 불알, 고환 3. (解) (여성의) 난자 4. (저울대 저울의) 추 5. 기타; *biti sličan kome kao* ~ *jajetu* 그에게는 모든 것이 다 비슷하다; *bolje danas jaje nego sutra kokoš* 작지만 확실한

현재의 것이 대단하지만 불확실한 미래보다 낫다; *bolje svoje* ~ *nego tuđa kokoš* 초가삼간의 내 집이 궁궐같은 남의 집보다 낫다; *koja kokoš mnogo kokoće, malo jaja nosi* 많이 떠벌리는 사람은 실제 한 것이 별로 없다; *Kolombovo* ~ 콜롬부스의 달걀; *našao bi dlaku u jajetu* 그는 시시콜콜하게 따진다; *podmetnuti u tuđe gdezdo kukavičje* ~ 뻐꾸기 알을 다른 새의 둥지에 밀어넣다(자신의 일을 다른 사람에게 전가시키다); *tražiti dlaku u jajetu* 시시콜콜한 것을 찾다

jajinī *-ā, -ō*, **jajnjī** *-ā, -ō* (形) 참조 jaje; 계란(달걀)의; ~*a ljuska* 달걀 껍질

jajinjak 참조 jajnik

jajnik (解) (여성의) 난소(卵巢)

jajolik *-a, -o* (形) 계란(달걀) 모양의; ~ *breg* 달걀 형태의 언덕

jajovod (解) (여성의) 난관(卵管)

jajovodnī *-ā, -ō* (形) 참조 jajovod; 난관의

jak *-a, -o; -ī; jačī* 1. 힘센, (체력·근력이) 강한; 튼튼한, 강건한, 건장한; (정신력·의지 등이) 강한, 강인한, 강고한, 굳은, 굳건한;; (동력이) 센, 큰; ~ *momak* 건장한 청년; ~*a ruka* 힘센 팔; ~ *je narod, izdržaće* 강인한 민족이다, 견뎌낼 것이다; ~ *motor* 마력이 큰 모터; ~*a armija* 강한 군대 2. (음식이) 소화하기 어려운, 칼로리가 높은; (냄새·향·맛 등이) 강한, 진한, 독한 ~*a hrana* 칼로리가 높은 음식, 소화가 잘 안되는 음식; ~*a rakija* 독한 라키야; ~*a kafa* 비옥한 커피; ~ *miris* 강한 냄새 3. (바람·타격 등이) 강한, 강력한, 거센; ~ *vetar* 강풍; ~ *udarac* 강력한 타격 4. (정치적·경제적 능력 등이) 큰, 강한, 대단한; (권력·영향력 등이) 강력한; ~*a banka* 규모가 큰 은행 5. 잘 아는, 정통한, 실력있는; ~ *u nemačkom* 독일어에 정통한; ~ *u pevanju* 노래를 잘 부르는; ~*a šahista* 실력있는 체스 선수 6. (소리·목소리 등이) 큰; ~ *glas* 큰 목소리; ~ *šum* 큰 소음 7. (토지가) 비옥한; ~*a zemlja* 비옥한 토지 8. (기초·성채 등이) 튼튼한, 견고한, 단단한; ~ *konac* 튼튼한 실; ~ *zid* 단단한 벽; ~ *most* 단단한 교량 9. (풀·머리카락 등이) 무성한, 질긴; ~*a trava* 무성한 풀; ~*a kosa* 숱이 많은 머리카락 10. 예리한, 날카로운, 표독한, 무절제한; ~*a reč* 예리한 말; ~ *izraz* 무절제한 표현 11. (감정 등이) 격한; ~*o osećanje* 격한 감정 12. (주장·근거 등이) 강력한, 확실한, 설득력 있는; ~*o utvrđenje* 강력한 주장; ~ *razlog* 분명한 이유; ~ *dokaz* 강력한 증거 13. 기타; *imati*

~e laktove 세상의 풍파를 수단방법 가리지 않고 싸우며 헤쳐나가다; *jača polovina* 남편; *jači pol* 남성; *jače društvo* 어깨들의 세계(갱단); ~ *kao zemlja* 매우 강한(튼튼한); ~ *na zubu* 수다스런, 말이 많은

jak *-ovi* (動) 야크(중앙아시아에 사는 소과의 동물)

jaka (와이셔츠 등의) 깃, 칼라 (okovratnik, kragna); *uhvatiti (zgrabiti) za* ~*u* 1)엄중히 책임을 묻다(멱살을 잡다) 2)체포하다

jakako (副) 물론, 분명히 (dakako, svakako, dabome)

jakna (G.pl. *-ā* & *-ī*) 반코트 (보통은 여성용의); 재킷, 잠바; *kožna* ~ 가죽 재킷(잠바)

jako (比; *jače*) (副) 1. 세게, 힘차게, 강하게; 매우, 매우 많이 (snažno, silno; veoma, vrlo); ~ *lupati* 세게 두드리다; ~ *razvijen* 매우 잘 발달된; ~ *skučen* 매우 움츠러든; ~ *trošiti* 매우 많이 소비하다 2. 밀접하게, 단단하게 (tesno, čvrsto); ~ *su vezani* 밀접하게 묶여있다

jakost (女) 세기, 강도 (jačina)

jakrep 참조 akrep

jal (方言) 부러움, 선망 (zavist)

jalan *-lna, -lno* (形) 부러워하는 (zavidan)

jali (接續詞)(方言) 참조 ili; 혹은

jalija (方言) 해변, 해안, 강변, 강안; 황무지 (obala; ledina)

jalijaš (方言) 하는 일 없이 빈둥거리는 사람, 이리저리 왔다갔다 하는 사람 (besposličar, skitnica)

jalov *-a, -o* (形) 1. 새끼를 못낳는, 불임(不姙)의 (neplodan, sterilan); ~*a krava* 새끼를 못낳는 암소; ~*a žena* 석녀(石女), 불임 여성 2. 열매를 맺지 못하는 (nerodan); ~ *kukuruz* 수확이 거의 없는 옥수수; ~*o drvo* 열매가 없는 나무 3. (토지가) 척박한; 쓸모 없는, 무용의; ~*a oranica* 척박한 경작지; ~*a zemlja* 척박한 토지; ~*a ruda* 쓸모없는 광물 4. (비유적) 헛된, 결과가 없는 (uzaludan); ~*a reforma* 빈껍데기 혁명; ~ *posao* 헛된 일 5. 실현할 수 없는 (neostvariv, neispunjiv); ~*a nada* 실현될 수 없는 희망, 헛된 희망

jalovac *-vca* 1. 새끼를 못낳는 숫컷(동물), 거세된 숫컷 2. 열매를 맺지 않는 나무

jalovak *-a* 1. 자식을 못낳은 남자 2. 열매가 맺지 않는 식물(대부분 옥수수)

jalovan *-vna, -vno* (形) 참조 jalov

jalovica 1. 새끼를 못낳는 암소(암양) 2. 석녀(石女), 불임 여성 3. 척박한 땅(토지)

jalovina 1. 척박한 땅(토지); 광물이 없는 땅 2. 광재(鑛滓); 광석을 제련한 후에 남은 찌꺼기), 용재(鎔滓), 슬래그 (šljaka, drozga) 3. (集合) 새끼를 못낳는 가축(소·양 등의) 4. (비유적) 헛된 일

jaloviti *-im* (不完) ujaloviti (完) 1. 불임시키다, 거세하다, 난소를 제거하다 (škopiti, kastrirati); ~ *krmaču* 암돼지의 난소를 제거하다 2. ~ *se* 불임이 되다, 유산하다; *jalove mu se ovce* 말이 유산하였다 3. ~ *se* (비유적) (구름이) 흩어지다 (prazniti se); *oblaci se jalove munjama* 구름은 번개로 인해 흩어졌다

jama (G.pl. *jamā*) 1. (자연적 또는 인위적인) 구덩이, 구멍 (땅에 판); 동굴; (일반적으로) 구덩이; *septička* ~ 정화조 2. 움푹한 곳(장소); ~ *na licu* 보조개(얼굴의 움푹한 곳); ~ *na krevetu* 침대의 움푹 꺼진 곳; *očna* ~ 안와(眼窩) 3. (광산의) 갱도; 수직갱도, 수갱 (rudničko okno) 4. (동물의) 굴, 소굴 (jazbina, loga); *vučja* ~ 늑대굴 5. 심연(深淵), 나락, 낭떠러지 (ponor, provalija) 6. 어두운 곳(장소, 공간) 7. 기타; *ko drugome* ~*u kopa, sam u nju pada* 자기가 판 무덤에 자기가 빠진다; *kopati kome* ~*u* 함정을 파다 **jamski, jamni** (形)

jamac *-mca* 참조 jemac; 보증인

jamačan *-čna, -čno* (形) 확실한, 믿을만한, 분명한 (siguran, izvestan, pouzdan); ~*čna smrt* 확실한 죽음; ~*čno rešenje* 확실한 해결

jamačno (副) 확실하게, 분명하게, 믿을만하게 (pouzdano, sigurno)

Jamajka 자마이카 **Jamajac**; **Jamajanka**; **jamajski** (形)

jamar 1. (鳥類) 산비둘기(동굴에서 사는) 2. (動) 테리어(사냥개의 일종) (jazavičar) 3. 광부 (rudar)

jamast *-a, -o* (形) 움푹움푹 패인(들어간); ~ *put* 움푹움푹한 길

jamb (시(詩)의) 단장격, 약강격

jamčevina 참조 jemčevina; 보증금

jamčiti *-im* (不完) zajamčiti (完) 참조 jemčiti; 보증하다

jamica 1. (지소체) jama 2. 보조개, 턱보조개

jamnī *-ā, -ō* (形) 참조 jama; jamski; ~*a glista* 십이지장충, 구충(鉤蟲)

jamovit *-a, -o* (形) 움푹움푹한 (jamast)

jampskī *-ā, -ō* (形) 참조 jamb; ~*a stopa* 단장격 운율

jamstvo 참조 jemstvo

jandžik 어깨에 걸쳐 매는 가죽 가방; *a preko*

J

315

grudi o ramenu visi stari ~ 어깨에 크로스로 오래된 가죽 가방이 걸쳐져 매 있다

janičar, janjičar (歷) (오스만 왕조의) 예니체리 (술탄의 친위 보병, 1826년 해체)

janičarskī, janjičarskī *-ā, -ō* (形) 예니체리의

jantar 참조 ćilibar; (寶石) 호박

januar 1월 **januarski** (形) (siječanj)

janjac *janjca* (보통은 複數형 janjci의 형태로) 참조 jaganjac

janjad (女)(集合) janje

janje *-eta; janjad* 참조 jagnje; 어린 양, 새끼 양; *ići kao ~ na zaklanje* 도살장에 끌려가는 어린 양같이 가다(아무런 저항없이 순순히 가다)

janjećī *-ā, -ē* (形) 참조 janje; 어린 양의; *~a koža* 어린 양 가죽

janješce *-a & -eta* (지소체) janje

janjetina 참조 jagnjetina; 양고기

janjičar 참조 janičar

janjiti *-im* (不完) 참조 jagnjiti

jao, jaoj, jaoh (슬픔·비통··애통함을 나타내는 감탄사) 아~~~; *jao meni jadnom!* 아~~ 슬프도다; *jaoj, kuku meni* 아~~

Japan 일본; **Japanac; Japanka; japanski** (形)

jar (男,女) (숙어로만) *sejati žito na ~* 봄에 파종하다(가을에 수확할 수 있도록)

jar (男) 1. 분노, 분개 (jarost, gnev, srdžba); *crven od ~a* 분개하여 시뻘개진, 시뻘겋게 분개한 2. 더위, 무더위 (vrućina, toplina, žar); *~ u podne* 정오의 무더위

jara 1. 무더위, 폭염(暴炎) (pripeka); *pustilo ~u martovsko sunce kao užarena peć* 3월의 태양은 마치 지글지글 끓는 난로와 같이 폭염을 쏟아냈다 2. 벌겋게 단 금속의 대단한 열기 3. (질환·흥분으로 인한 신체의) 고열; *srce mi je počelo neobično da lupa, a nekakva jara da me prosto guši* 내 심장은 비정상적으로 뛰기 시작했으며, 높은 고열로 인해 숨을 쉴 수가 없었다 4. 악취 (zapah, zadah); *~ rakije* 라키야의 고약한 냄새; *tolika se ~ udarala iz njega* 그에게서 심한 악취가 났다

jarac *jarca; jarci & jarčevi* 1. (動) 숫염소 2. (輕蔑) (염소를 연상시키는) 턱수염을 기른 사람; 바람 피우는 여자의 남편 3. 염소와 비슷한 물건(도구); (체조의) 안마(鞍馬); 톱질 모탕 4. (天)(대문자로) 염소자리 5. 기타; *babini ~rci* 3월의 눈(雪; 녹지 않고 오래 가는); *derati ~rca* 아이들의 놀이 중의 하나 (말타기 놀이와 유사한); *derati svoga ~rca* 차근 차근 하나씩 일하다; *musti ~rca u*

rešeto 전혀 쓸모없는 일을 하다; *pustiti ~rcu u baštu* 또는 *dati ~rcu da čuva kupus* 고양이에게 생선을 맡기다; *sudbina ~* 운명은 변덕스럽다; *žrtveni ~* 희생양

jarad (女)(集合) jare

jarak *-rka; jarci & jarkovi* 1. (관개용의) 수로, 도랑, 해자(垓子); *kišnica se sakupljala u ~rke kraj ceste* 빗물은 도로 끝의 도랑에 고였다 2. (軍) 참호 (šanac)

jaram *-rma* 1. (한 쌍의 소 등에 메우는, 나무로 만든) 멍에 2. 한 쌍의 소 3. (單數로만) (비유적) 짐, 부담, 고난; 속박, 굴레; 노예 상태 (breme, teret; ropstvo, ugnjetavanje); *narod je skinuo ~ s vrata* 민중은 노예상태에서 벗어났다; *živeti pod ~rmom* 속박하에 살다 4. (魚類) 귀상어

jaran *-a* 1. 친구 (drug, prijatelj) 2. 정부(情夫) (dragan, ljubavnik)

jarbol *-a* (船舶) 돛대, 마스트; *vrh (glava) ~a* 돛대 꼭대기; *prednji (veliki, krmeni) ~* 앞 돛대(메인마스트, 뒷돛대); *nastavak ~a* 중간 돛대 (아래 돛대 위에 잇댄 돛대) 2. (돛대 모양의) 긴 막대(기둥), 깃대; *odjednom na ~u se razvila crvena zastava* 한 순간 깃대에 적기(赤旗)가 펄럭였다

jarbolje (集合) jarbol; (배의) 삭구 (돛·돛대·로프 등의 총칭)

jarčar 염소지기, 염소치는 사람 **jarčarica**

jarčetina, jarčevina (形) 염소 고기

jarčev *-a, -o* (形) 염소의

jarčī *-ā, -ē* (形) (비교급) jarki

jarčić (지소체) jarac

jarčijī, jarčjī *-ā, -ē* (形) 참조 jarac; 염소의; *čovek s ~om bradom i glasom* 염소의 턱수염과 목소리를 가진 남자

jard 야드(약 91cm)

jare *-eta; jarićī* 어린 염소, 새끼 염소 (kozlić); *besposlen pop i jariće krsti* 쓸모없는 일을 하는 사람을 일컫는 말 **jarećī** (形)

jarebica (鳥類) 자고새(꿩과의 새), 메추라기류 (類)의 엽조

jarećī *-ā, -ē* (形) 참조 jare

jaretina 1. 어린(새끼) 염소 고기 2. 어린 염소 가죽

jarī *-ā, -ō* (形) (農) 봄에 파종하는; *~o žito* 봄에 파종하는 곡식; *~ usev* 봄 파종

jarica (農) 봄밀(봄에 파종하는); *preorali smo za ~u* 봄밀을 파종하기 위해 밭을 다시 갈았다

jarica 1. 어린 염소, 새끼 염소 2. (비유적) 여자 아이(어린 염소와 같은)

316

jarići (男,複) 참조 jare

jarik 봄밀 (jarica)

jariti -im (不完) ojariti (完) 1. (염소가) 새끼를 낳다; *koza je ojarila jare* 염소가 새끼 염소를 낳았다 2. ~ se 새끼 염소가 태어나다; *jare se ojarila* 새끼 염소가 태어났다

jariti -im (不完) 1. (기관차·화로 따위에) 불을 때다, ~에 불을 지피다, 연료를 더 집어 넣다 (raspaljivati, podsticati); ~ *vatru* 불을 지피다; *skupljene oko kamina ... jarile su vatru* 벽난로 근처에 모인 사람들은 불을 지폈다 2. (비유적) (감정을) 더 부추키다, 돋우다 (podsticati, sokoliti); *žudnja ga jari* 탐욕심이 그를 더 부추킨다 3. ~ se 화내다, 분노하다, 분개하다 (ljutiti se, srditi se) 4. ~ se (욕정에) 불타다

jarki -ā, -ō; (比 jarči) (形) 1. 이글거리는, 이글거리며 강한 빛을 내는 (užaren, žarki); *sunce ~o* 이글거리는 태양; ~ *oganj* 이글거리는 불 2. 밝게 빛나는, 밝은 (blistav, svetao, sjajan); ~*a svetlost* 밝은 빛; ~*a mesečina* 밝은 달빛; ~*o oko* 빛나는 눈 3. 검붉은, 밝은 (rumen, svetao); ~*a ruža* 검붉은 장미; ~*o vino* 검붉은 포도주; ~*a boja* 밝은 색 4. (비유적) 강력한, 인상적인 (snažan, upečatljiv); ~*a eksplozija* 강력한 폭발; ~ *lik* 인상적인 얼굴

jarma 거칠게 빻은 밀기울(가축 사료용의) (prekrupa)

jarmiti -im (不完) ujarmiti (完) (소 등에) 멍에 (jaram)를 씌우다; ~ *volove* 소에 멍에를 채우다

jarmiti -im (不完) 1. 밀기울(jarma)을 빻다 2. 밀기울을 먹이다(가축에게)

jarost -i, -ošću (女) 1. 커다란 분노, 분개, 대노(大怒) (veliki gnev) 2. 대단한 더위, 폭염 (暴炎) (velika toplota)

jarostan -sna, -sno; (比; jarosniji) (形) 1. 대노한, 분노한, 분개한 (ljut, gnevan); ~*sna gospoda* 너무 화가 난 여인; ~ *glas* 분개한 목소리 2. 거친, 오만한, 거만한, 안하무인의 (obestan, osion, žestok); ~ *mladež* 안하무인의 젊은이; ~*sna borba* 거친 전투; ~ *napad* 살벌한 공격 3. 빛나는, 밝은 (sjajan, svetao); ~*sna svetlost* 밝은 빛

jaroš (보통은 농촌의) 사거리의 모이는 곳(장소)(젊은이들이 놀기 위해 모이는)

jarovizacija 춘화처리(春化處理) 씨앗을 빨리 틔우기 위한)

jarovizirati -am (完,不完) 춘화처리하다

jaruga (D. *jaruzi*; G.pl. *jarugā*) 1. 협곡 (uvala, provalija) 2. 수로(水路) (jarak)

jarugast, jaružast -a, -o (形) 협곡이 많은

jaružalo (=jaružilo) 준설기(선) (강바닥 등의 진흙이나 모래 따위를 준설하는 기구)

jaružiti -im (不完) (강·하천 바닥을) 준설하다

jasan -sna, -sno (形) 1. 빛나는, 밝은; 맑은, 쾌청한; ~*sno sunce* 밝게 빛나는 태양; ~ *mesec* 밝은 달; ~*sno nebo* 쾌청한 하늘 2. 투명한, 속이 훤히 들여다 보이는; (비유적) 통찰력 있는, 예리한, 명석한; ~*sno more* 속이 훤히 들여다 보이는 바다; ~*sna glava* 명석한 머리 3. 쉽게 이해할 수 있는(알아들을 수 있는); 분명한, 확실한, 명확한; ~*sna rečenica* 이해하기 쉬운 문장; ~*sno objašnjenje* 알아듣기 쉬운 설명; ~*sno pitanje* 쉽게 이해할 수 있는 질문; ~*sna razlika* 분명한 차이; ~ *dokaz* 확실한 증거 4. (소리 등이) 깨끗한, 또렷한; ~ *glas* 또렷한 목소리; ~ *zvuk* 분명한 소리 5. (색(色)이) 밝은; ~*sna boja* 밝은 색; ~*sna haljina* 밝은 색의 드레스

jasen (pl. -*i* & -*ovi*) (植) 서양물푸레나무

jasenik 서양물푸레나무숲

jasenov -a, -o (形) 참조 jasen; 서양물푸레나무의

jasenovac -vca, jasenovača 서양물푸레나무로 만든 지팡이(몽둥이)

jasenovina 서양물푸레나무 목재

jasenje (集合) jasen

jasik 사시나무숲

jasika (植) 사시나무

jasikovac -vca, jasikovača 사시나무로 된 지팡이(몽둥이)

jasikovina 사시나무숲

jasla *jasālā* (中,複) 참조 jasle

jasle (G.pl. *jasālā* & *jaslī*) (女,複) 1. (소·말의) 여물통, 구유 2. 탁아소, 어린이집(만 3세까지 유아를 위한 교육기관); *dečje* ~ 어린이집 3. 기타; *državne (gradske)* ~ (輕蔑) 철밥통 (국가 기관, 시립 기관)

jaslice (女,複) (지소체) jasle; *božićne* ~ 크리스마스 장식(마구간 구유 옆의 성모와 함께 있는 예수의 모습을 담은)

jasmin (植) 자스민

jasno (副) 참조 jasan; 밝게, 분명하게, 명확하게; *bistro i* ~ *(reći)* 솔직하고 분명하게 (말하다)

jasno- (接頭辭) 밝은, 옅은

jasnocrven -a, -o (形) 밝은 빨강의, 옅은 빨강의

jasnoća (표현의) 명료성; (사고력·이해력 등의)

명확성; (음색의) 맑음; (물 등의) 투명함

jasnoplav *-a, -o* (形) 담청색의, 밝은 청색의

jasnost (女) 참조 jasnoća

jasnovid *-a, -o* (形) 투시력 있는, 통찰력 있는, 천리안적 혜안이 있는 (vidovit)

jasnovidac *-ica; jasnovici, jasnovidācā* 통찰력이 있는 사람, 천리안적 혜안을 갖춘 사람

jasnovidnost, jasnovidost (女) 1. 예지력, 예지능력(앞날을 예견하는) 2. 통찰력

jasnozelen *-a, -o* (形) 담녹색의, 연한 녹색의

jaspis (鑛) 벽옥(碧玉)

jastog 바닷가재, 랍스터

jastreb (pl. *jastrebi & jastrebovi*) 1. (鳥類) 매 2. (비유적) (분쟁 따위에서) 매파(派)의 사람, 강경론자, 주전론자 3. (비유적) 남을 등쳐먹는 사람, 욕심많은 사람 (grabljiv čovek)

jastrebov, jastrepski (形)

jastrebast *-a, -o* (形) 매 비슷한, 매와 같은

jastrebov *-a, -o,* **jastrepskī** *-ā, -ō* 참조 jastreb; 매의

jastučak *-čka,* **jastučić, jastuče** *-eta* (지소체) jastuk

jastučnī *-ā, -ō* (形) 참조 jastuk; 베개의; ~a navlaka 베갯잇

jastučnica 베갯잇; *staviti jastuk u ~u* 베개에 베갯잇을 입히다

jastuk (pl. *jastuci*) 1. 베개 2. (의자·소파 등의) 쿠션, 등받침, 허리받침, 방석 3. 베개와 비슷한 것(연상시키는 것); ~ *sala na stomaku* 뱃살(처지는, 잡히는); ~ *dima* 연기 줄기 4. (딱딱한 것 밑에 놓는) 받침 (podmetač); ~ *na samaru* 안장 받침; ~ *na jarmu* 멍에 받침 **jastučni** (形)

jašik 참조 ašik

jašionica 참조 jahaonica, jahalište; 승마장, 승마 학교

jašiti *-im* (不完) 참조 jahati

jašmak (方言) (무슬림 여인들이 머리와 얼굴을 가리는) 베일

jatačkī *-ā, -ō* (形) 참조 jatak

jatagan (이슬람교도들이 허리에 차는 등쪽으로 완만하게 휜) 터키의 장검(長劍)

jatak 범인 은닉자; *ded mu je bio ~ razbojnika* 그의 할아버지는 강도를 숨겨준 사람이었다; *hajdučki ~* 하이두크 은닉자

jato 1. (새)떼, 무리; (물고기의) 떼, 무리; ~ *vrana* 까마귀떼 ~ *golubova* 비둘기 무리; ~ *ptica* 새떼 2 (사람의) 무리, 군중, 떼, 사람들; ~ *svatova* 하객 무리; ~ *devojaka* 한 무리의 처녀들 3. (같은 종류의 물건들의) 집단, 그룹; ~ *kuća* 가옥 집단; ~ *lađa* 보트 집단;

zvezdano ~ 성단(星團); *zbijeno (loptasto)* ~ 구상 성단(球狀星團)

jatomice (副) 떼지어, 무리를 지어; ~ *poleteti* 떼지어 날다; ~ *bežati* 무리를 지어 도망치다; ~ *sleteti* 떼지어 내려앉다

jauk 1. 비명, 신음, 울부짖음 (육체적·정신적 아픔 때문에 나오는) (krik) 2. 통곡 (naricanje, huka); ~ *žena* 여인의 통곡

jaukati *-čem* (不完) **jauknuti** *-nem* (完) 1. (아파서) 비명을 지르다, 신음하다, 울부짖다 2. (늑대 등이) 울부짖다 3. 휙하는 소리를 내다 (fijukati)

jaukav *-a, -o* (形) 1. 자주 비명을 지르는, 신음하는, 울부짖는 2. 휙하는 소리를 내는

jauknuti *-nem* (完) 참조 jaukati

jav 1. 소리, 목소리, 크게 말하는 것 (glas, zov); 소식, 통지, 통고 (vest, obaveštenje); *nema ~a od njega* 그로부터 소식이 없다 2. 나타남, 출현 (pojava, pojavljivanje); ~ *zore* 새벽의 시작(출현) 3. 기타; *bez strava i ~a* 자신의 소식을 전하지 않으면서; *ni glasa ni ~a* 흔적조차 없다; *ni traga ni ~a* 그가 어디에 있는지 모른다, 그는 흔적조차 없이 사라졌다; *potražiti strv ili ~* 죽은 사람이건 산 사람이건 찾다; *stupiti na ~* 나타나다

java 1. 깨어있는 상태, 의식있는 상태 (反; san); *u snu i na ~i* 항상, 잠을 자거나 깨어있거나 2. 현실, 실제 (stvarnost, realnost); *današnja ~* 오늘날의 현실; *posle ovog došla je opet nesrećna ~* 이 이후에 또 다시 불행한 현실이 시작되었다 3. 기타; *doći (izbiti, izići) na ~u* 공개되다, 잘 알려지다; *izneti (dati) na ~u* 공개적으로 말하다, 공표하다, 발표하다, 출판하다

javan *-vna, -vno* (形) 1. 공공연한, 세상이 다 아는, 소문난 (poznat); ~a *priča* 공공연한 이야기; ~*vna tajna* 공공연한 비밀 2. 공개적인; 공중의; 공립의; ~*vno suđenje* 공개 재판; ~*vno predavanje* 공개 강의; ~*vno glasanje* 공개 투표(거수 투표); ~*vna biblioteka* 공공 도서관 3. 모든 사람들 앞에서 일어난(벌어진); ~ *skandal* 공공연한 스캔들; ~*vna tuča* 모든 사람들 앞에서 벌어진 싸움 4. 공공의, 사회적 의미가 있는; ~*vni radovi* 공공 사업; ~ *interes* 공공의 이익; ~*vni red i mir* 법질서, 치안 5. 공적인, 공무의, 공식적인; ~*vna isprava* 공무 증명서 6. 기타; ~*vna ženska* 창녀; ~*vna kuća* 사창가, 창녀촌; *Javno tužilaštvo* 검찰; ~*vno mišljenje* 여론

javaš (副) 천천히, 서두르지 않고 (polako, bez žurbe)

javašlija (男) 게으른 사람, 나태한 사람

javašluk 게으름, 나태함, 무책임 (lenjost, nemar, neodgovrnost)

javiti *-im* (完), **javljati** *-am* (不完) 1. (누구에게 어떠한 뉴스·메시지를) 알리다, 알려 주다, 통지하다, 통고하다 (saopštiti, obavestiti); ~ *nekome nešto (o nečemu)* 누구에게 무엇을 알리다; ~ *nekome pismom* 누구에게 편지로 알리다; *javi ocu da polazim* 내가 떠난다고 아버지에게 알려라; *potrčao je u selo da javi dolazak proroka* 선지자의 도착을 알리기 위해 마을로 뛰어 갔다 2. (누구의 도착을) 미리 알리다, 통보하다 (prijaviti, najaviti); *javi me gospodinu ministru* 장관님에게 내가 도착한다고 미리 알려라 3. 발표하다, 공표하다, 통보하다 (objaviti, oglasiti); *javiše trube dolazak vojske* 군악대에 군의 도착을 통보했다 4. ~ **se** (자기 자신에 관해) 알리다, 연락하다 (서면 또는 구두로); ~ *se nekome telefonom* 누구에게 전화로 연락하다; *javi mi se kad stigneš* 도착하면 (내게) 연락해 (전화해); *sin joj se ne javlja* 아들은 그녀에게 연락하지 않는다 5. ~ **se** 응답하다 (odazvati se); *javi se, gde si?* 너 어디있는지 응답해 6. ~ **se** 안부 인사를 하다; *javio mi se na ulici* 길거리에서 내게 인사를 했어; *ja sam mu se javio, a on je okrenuo glavu* 나는 그에게 안부인사를 했지만 그는 (인사를 받지 않고) 머리를 돌렸다 7. ~ **se** 부름에 응하다 (prijaviti se); ~ *se na dužnost* 의무(의 부름)에 응하다; ~ *se u dobrovoljce* 의용군(의 부름)에 응하다 8. ~ **se** 나타나다, 시작하다 (pojaviti se, nastati); *kukurek se javio rano* 장닭의 울음이 일찍 시작되었다 9. ~ **se** (환영·환상으로) 나타나다, 보이다 (pričiniti se); *javio mi se u snu deda* 내 꿈속에 할아버지가 보였다(나타났다) 10. ~ **se** 공개적으로 활동하기 시작하다; *Crnjanski se najpre javio pesmama* 쯔르냔스키는 제일 먼저 시로 공개적으로 활동하기 시작했다

javiti *-im* (不完) (양)떼를 몰다, (양을) 이곳에서 저곳으로 몰고 가다; ~ *ovce* 양떼를 몰다

javka (軍) 암호, 음어; *ja sam vojnik, ~u ne smem da kažem, godpodine!* 난 군인입니다, 음어를 말할 수 없어요, 아저씨!

javno (副) 1. 숨기지 않고, 공개적으로 (otvoreno, neskriveno); ~ *govoriti* 공개적

으로 말하다 2. 다른 사람들이 모두 보는 앞에서; ~ *izgrditi (nekoga)* (누구를) 다른 사람들이 모두 보는 앞에서 나무라다

javnost *-i, -ošću* (女) 1. 공개 (neskrivenost, otvorenost); ~ *rada* 일의 공개; ~ *sednica* 회의 공개 2. 여론 형성 단체; 여론, 대중(大衆); *šira* ~ 일반 여론; *evropska* ~ 유럽의 여론 형성에 앞장서는 여론 형성 단체 3. 기타; *izbiti na ~, u ~, izaći na (pred)* ~ 알려지다, 공개되다; *izneti na* ~ 알리다, 여론에 발표하다(신문에 글을 싣다, 책을 출판하다); *stupiti pred* ~ 대중 앞에서 행하다(예술 행위를)

javnuti (se) *-nem (se)* (完) (지소체) javiti se; 연락하다, 안부인사하다

javor (pl. *javori & javorovi*) (植) 단풍나무

javorov (形); ~ *šećer* 단풍당(糖)

javorik 단풍나무숲

javorje (集合) 단풍나무

javorov *-a, -o* (形) 참조 javor

javorovina 단풍나무 목재

jaz (pl. *jazovi*) 1. 수로, 배수로; *vodenički* ~ 물방앗간 수로; ~ *preko livade* 목초지를 가로지르는 수로 2. 움푹패인 곳, 구멍 (jama, udubina) 3. 심연, 나락, 낭떠러지 (provalija, bezdan) 4. 웅덩이, 저수지 (댐으로 막은); 댐 5. (비유적) 차이, 간격, 틈새; 불화 (razlika, neslaganje, razdor); *politički* ~ 정치적 차이(불화); *nepremostivi* ~ 메울 수 없는 간격 6. (魚類) 야레속(屬)의 식용어(잉어과(科); 유럽산(産))

jazavac *-vca* 1. (動) 오소리 **jazavčev**, **jazavčiji**, **jazavčji** (形) 2. (비유적) 착취자, 등쳐 먹는 사람 (izrabljivač)

jazavičar 1. (動) 닥스훈트(몸통과 귀가 길고 다리가 짧은 작은 개, 사냥개의 일종) 2. (動) 캥거루의 일종

jazbina 1. (들짐승의) 굴, 동굴; *lisičija* ~ 여우 굴; *medvedova* ~ 곰 동굴 2. (비유적) 어둡고 좁은 아파트, 좁고 어두운 공간; 소굴 (범죄자·도박자들이 모이는); *kockarska* ~ 도박자들의 소굴

jaziti *-im* (不完) **zajaziti** (完) 1. 수로(jaz)를 만들다 2. 웅덩이(jaz)를 채우다, 간격을 메우다

je (接語) 참조 biti

je (接語) 참조 ona

jecaj 흐느낌, 흐느껴 울기

jecati *-am* (不完) **jecnuti** *-nem* (完) 1. 흐느끼다, 흐느껴 울다 2. (비유적) 흐느끼는 것과 같은 소리를 간헐적으로 내다; (바람이) 윙윙하는 소리를 내다; (파도가) 쏴쏴하는 소리를

J

내다 3. 말을 더듬다, 더듬으려 말하다 (mucati)

jecav *-a, -o* (形) 1. (목소리가) 흐느끼는, 흐느끼는 듯한, 떨리는; *~ glas* 흐느끼는 듯한 목소리; *~ jauk* 떨리는 흐느낌 2. 말을 더듬는 (mucav); *~o dete* 말을 더듬는 아이

jecnuti *-nem* (完) 참조 jecati

ječam *-čma* (農) 보리; **ječmen** (形); *~a kaša* 보리죽

ječan *-čna, -čno* (形) (소리 등이) 울려 퍼지는, 반향하는; 공명(共鳴)의

ječati *-čīm* (不完) **jeknuti** *-nem* (完) 1. (소리가) 울리다, 메아리치다, 울려 퍼지다 (odjekivati, oriti se); *glas mi ječi* 내 목소리가 울린다; *trube ječe* 트럼펫 소리가 메아리친다 2. 신음하다, 끙끙 앓는 소리를 내다 (stenjati); *ranjenik ječi* 부상자가 신음한다

ječerma 참조 đečerma; (民俗) 조끼 (prsluk, jelek)

ječmen *-a, -o* (形) 참조 ječam; 보리의

ječmenac *-nca; ječmenācā* 참조 ječmičak; 다래끼(눈의)

ječmenak *-nka* (男), **ječmenica** (女) 보리빵

ječmenik 참조 ječmenac

ječmenište 보리밭

ječmičak *-čka; ječmičci; ječmičākā*, **ječmić** 다래끼 (눈의)

ječmište 참조 ječmenište; 보리밭

jed *-ovi* 1. 화, 분노, 분개 (ljutnja, gnev, bes, ogorčenje); *pući od ~a* 분노가 폭발하다, 화가 치밀어 오르다 2. 담즙 (žuč) 3. 독 (독사의) (otrov) 4. 기타; *na jeziku med, a u srcu ~* 말은 상냥하게 하지만 속으로는 앙심을 품다; *pristajati na ~ (nekome)* 누구를 더 화나게 하다; *u selu med, u kući ~* 나가서는 친절하지만 집에서는 퉁명스럽다

jedačī *-ā, -ē* 식사의, 식사용의; *~a soba* 식당 (다이닝 룸); *~ sto* 식탁; *~ pribor* 식탁용 식기류 (접시·나이프·포크·스푼 등)

jedak *jetka, -tko; -tkī; (比; jetkijī)* 1. 갉아 먹는, 부식시키는 따갑게 하는, 자극하는, 쓰리게 하는; *~tka materija* (피부를) 자극하는 직물(천); *~ dim* 따가운 연기; *~tka prašina* 자극성 먼지 2. 화난, 분노한, 분개한 (gnevan, ljutit, ogorčen); *žena je ~tka na muža* 부인은 남편에게 화가 났다; *~ pogled* 분노한 시선; *~tke oči* 화난 눈 3. 악의적인 (pakostan)

jedan *-dna, -dno* 1. (數詞) 하나, 일 2. 학교 시험 점수 중 하나(가장 낮은) (jedinica) 3. 똑같은, 동일한 (isti); *nikad ne idem ~dnim*

---

putem 나는 결코 같은 길로는 다니지 않는다; *svi jedu iz ~dne činije* 모두가 같은 사발로 먹는다; *mi smo iz ~dnog mesta* 우리는 같은 마을 사람이다; *oni su ~dnih godina* 그들은 동갑이다 4. 혼자, 홀로 (bez ikoga, sam); *borio se ~ protiv svih* 모든 사람에 대항에 홀로 싸웠다 5. 어떤, 그 어떤 (neki, nakakav, izvestan); *bio ~ car* 한 황제가 있었다 6. 하나도 ~ (않다), 그 어떤 것도 ~ (아니다) (nijedan, nikoji); *kako učiš, nećeš ~ ispit položiti* 네가 공부하는 대로 한다면 한 과목도 시험에서 통과하지 못할 것이다 7. 유명한, 저명한 (poznat, čuven); *to je mogao da uradi samo ~ Vuk* 유명한 부크만이 그것을 할 수 있었다 8. 함께 사용된 명사의 강도(剛度)를 강조함; *čudo ~dno* 한 가지 기적 9. 함께 사용된 명사의 부정적 특성을 강조함; *životinjo ~dna!* 짐승 같은 놈!; *nevaljalče ~!* 이런 몹쓸놈!; *magarče ~!* 이 멍청한 놈!; *pseto ~!* 이 개같은 놈! 10. 다른 사람(것과는) 달리 한 (neki, za razliku od drugih); *~dni rade, drugi se odmaraju* 어떤 사람들은 일하고 다른 사람들은 휴식을 취하고 있다 11. (명사적 용법으로) (中) 같은 것 (ista stvar, isto); (中) 나눌 수 없는 것, 하나로써의 전체; (女) 한 마디 (jedna reč); *treba li ti ~dno dvaput reći?* 같은 말을 두 번 말해야 되느냐?; *svi članovi zajednice osećaju se ~dno prema ostalim društvenim klasama* 공동체의 모든 성원들은 다른 사회계급들에 대해 전체로서의 하나로 느낀다 12. 기타; *~ i nijedan* 하나도 별 가치가 없다는 말을 강조할 때; *~ po ~* 1)하나씩 하나씩, 차례로, 순서대로 *izlaze ~ po ~* 하나씩 하나씩 나온다 2)훌륭한, 가장 뛰어난 *učio je ~ po ~* 그는 가장 뛰어나게 공부했다; *~ za sve, svi za ~dnog* 혼연일체가 되어; *~dnom reči, u ~dnu reč* 한 마디로, 한 마디로 말하면; *~dno na drugo, ~dno s drugim* 모두 함께; *~dno te ~* 항상 똑 같게 *teraju ~dnu te ~dnu šalu* 항상 똑같은 농담을 한다; *kao i ~* 모든 사람들 가운데 가장 뛰어난, 군계일학의 *bio je to radnik kao i ~ u selu* 그는 마을에서 가장 뛰어난 일꾼이었다; *sve (svi) do ~dnog* (예외없이) 모두; *sve i ~* 모두; *kao ~* 마치 하나인 것 처럼, 사이좋게; *u ~ glas* 만장일치로; *u ~ mah* 즉시

jedanaest (數詞) 십일

jedanaesterac 1. (詩) 11음절로 된 시행(詩行) 2. (축구) 페널티 킥 (11m 떨어진 지점에서

J

320

의)

jedanaestero (=jedanaestoro) 열한 명(개)의 집합수사; ~ dece 열한 명의 아이들; ~ čeljadi 열한 명의 사람; jedanaestera vrata 열한 개의 문

jedanaestī -ā, -ō (形) 열한 번째의

jedanaestica 1. 숫자 '11' 2. '숫자'11로 표기된 어떤 것(버스 번호, 방 번호 등의)

jedanaestorica (女) 열한 명(남자)

jedanaestoro 참조 jedanaestero

jedanput, jedanputa (副) 1. 한 번, 단 한 번 (jednom); ~ se živi, ~ se gine 단 한 번 살고 단 한 번 죽는다 2. 언젠가, 한 번은 (과거 또는 미래의 정해지지 않은 시간) 3. 마침내 (napokon, naposletku, najzad); hoće li se pravopis ~ štampati? 정자법이 마침내 출판될 것인가?

jedar -dra, -dro (形) 1. 건강한, 튼튼한; 힘이 넘치는, 강건한, 든든한; 잘 발달된, 영양상태가 좋은, 풍만한, 풍성한; ~dra žena 풍만한 여인; ~dre grudi 풍만한 가슴 2. 좋은 상태인, 신선한, 즙이 많은; ~dra jabuka 신선한 사과 3. 단단한, 딱딱한 (čvrst, tvrd); ~ krečnjak 딱딱한 석회석; ~dra grabovina 단단한 자작나무 4. 부유한, 풍요로운 (bogat); ~dro gazdinstvo 부유한 재산; ~dra kuća 부유한 집안 5. 압축된, 간단명료한, 핵심적인 (sažet, jezgrovit); opevano ~drim desetercem 압축된 십음절 시로 노래된

jedarce -a & -eta; -ca 1. (지소체) jedro; 돛 2. (昆蟲) 호랑나비

jedarce -eta; -ca (지소체) jedro; 씨, 씨앗

jedenje (동사파생 명사) jesti

jedić (植) 바꽃, 투구꽃 (독초); 그 뿌리 (부자 (附子))

jedinac -nca; jedinci, jedinācā 1. 외아들, 독자(獨子) 2. (어떠한 상황에서) 혼자인 사람, (일반적으로) 개인 3. 혼자인 사람, 가족이 없는 사람; 혼자 벌어 가족을 부양하는 사람 4. 유일한 것

jedinak -nka 외아들, 독자(獨子) (jedinac)

jedincat -a, -o (形) 참조 jedini; (강조의 의미로) 유일한, 단 하나의

jedinčad (女)(集合) jedinče

jedinče -eta (부모의 입장에서) 유일한 자식 (독자, 무남독녀의)

jedinī -ā, -ō (形) 유일한, 단 하나의 (종종 jedan과 함께 쓰여 강조 용법으로); ~ način da se spasemo 구원받을 수 있는 유일한 방법; ~ u majke sin 어머니에게 있어 유일

한 아들; ona je bila ~o dete u oca, pa joj je otac u svemu po volji činio 그녀는 아버지에게 유일한 자식이어서 아버지는 그녀에게 모든 것을 기꺼이 해 주었다; ti si mi ~ prijatelj 너는 내게 유일한 친구이다; to mi je ~ prihod 그것은 내게 유일한 수입이다

jedinica 1. 외동 딸, 무남독녀 2. (數) 숫자 '1'의 명칭; (십진법에서) 한 자릿수; 숫자 '1'로 표시된 것의 명칭 (버스·트램·카드 등의) 3. (학교) 1점 (5점 만점의); imati ~u iz matematike 수학에서 1점 받다(낙제점을 받다) 4. 단위(측정·계량 등의); ~ za merenje 측정 단위; novčana ~ 화폐 단위; vremenska ~ 시간 단위; ~ napetosti 긴장도(度); ~ proizvoda 생산 단위 5. (軍) 부대 (중대·대대 등의); vojna ~ 군 부대 6. 편제 단위, 구성 단위, 유닛 (일정한 독립성을 갖는); administrativna ~ 행정 단위; izborna ~ 선거 단위; radna ~ 노동 유닛 7. (학과목) 단위; 단원(單元)(학습의 과정 또는 학습 내용의 한 구획); nastavna ~ 수업 단위

jediničnī -ā, -ō (形) 1. 단위의; ~ duž 단위 길이; ~a brzina 단위 속도 2. 편제 단위의, 구성 단위의; 부대의; ~ spisak 편제 단위 목록; ~a obuka 부대 훈련 3. 각각의, 각자의 (pojedinačan); ~o mišljenje 각각의 생각

jediniti -im (不完) ujediniti (完) 1. 합치다, 결합하다, 통합시키다, 통일시키다; ljubav jedini bića 사랑은 생명체를 통합시킨다 2. ~ se 결합하다, 통합하다, 통일되다 (spajati se, ujedinjavati se); srpstvo se jedini 세르비아인들은 하나로 뭉친다

jedinka 1. (생물의) 개체 2. 개인 (pojedinac, ličnost) 3. 외동 딸, 무남독녀

jedino (副) 오로지, 단지 (samo, isključivo); opstaćemo ~ ako budemo dobro radili 우리가 일을 잘 할 때에만 살아남을 수 있을 것이다

jedinstven -a, -o (形) 1. 연합한, 통합된, 결합된; ~a država 통일 국가; ~a teritorija 통합된 영토; oni su bili ~i 그들은 연합된 상태였다 2. 유일한, 유일무이한, 예외적인, 특별한, 특이한; ~ slučaj 유일한 경우; ~ primerak 유일한 권(책); ~a lepota 뛰어난 아름다움; ~a žena 특이한 여성 3. 동일한, 똑같은, 한결같은, 균일한 (jednak); ~o shvatanje 동일한 인식; ~a carinska stopa 균일한 관세율; ~e cene 똑 같은 가격, 동일가 4. 공동의, 공통적인 (zajednički, opšti); ~ udžbenik 공통 교과서; ~ propis 일반적 규율

J

jedinstveno (副) 1. 특히, 특별히 (osobito, naročito); ~ *povoljan moment* 특히 유리한 순간; ~ *napravljen* 특별히 만들어진 2. 다 함께, 만장일치로 (zajednički, uopšte, skupno); *nastupati* ~ 다 함께 무대에 오르다; *doneti odluku* ~ 만장일치로 결정하다 3. 단지, 유일하게 (samo, jedino)

jedinstvo 상호 연관성, 상호 일체성; 통일, 통합; 조화, 화합; 일치, 단결; ~ *stila i forme* 스타일과 형식의 일치; ~ *osećanja i želja* 느낌과 희망의 조화; *dramsko* ~ 드라마적 상호 연관성

jedinjenje (동사파생 명사) jedinti

jedinjenje (化) 화합물, 혼합물; *hemijsko* ~ 화학적 혼합물

jediti *-im* (不完) najediti (完) 1. 화나게 하다 2. ~ se 화내다 (ljutiti se, srditi se)

jediv *-a, -o* (形) 먹을 수 있는, 식용에 알맞은

jedljiv *-a, -o* (形) 분노를 표출하는, 화난

jednačenje 1. (동사파생 명사) jednačiti; 같게 함, 동점 2. (文法) 동화 (asimilacija); ~ *po zvučnosti* 유무성동화; ~ *suglasnika* 자음동화

jednačina (數) 등식, 방정식; ~ *prvog stepena* 1차 방정식; ~ *sa jednom nepoznatom* 미지수가 하나인 방정식; *kvadratna (linerarna)* ~ 2차 (1차) 방정식

jednačiti *-im* (不完) izjednačiti (完) 1. 같게 하다, 균등하게 하다, 균일하게 하다; (자음을) 동화시키다; (스포츠의) 동점을 만들다; *rovstvo i nesreća jednačili staleže* 노예상태와 빈곤은 사회의 모든 계층을 똑 같게 만들었다 2. ~ se 똑 같아지다, 동등(동일)해지다; (자음) 동화되다; (스포츠의) 동점이 되다; *ne može se ona sa mnom* ~ 그녀는 나와 똑 같아질 수는 없다; *ne može se ta škola* ~ *s gimnazijom* 그 학교는 김나지움 (문법 학교)과 같아질 수는 없다

jednadžba 참조 jednačina; 등식, 방정식

jednak *-a, -o* (形) 1. (그 어떤 면에서도) 다르지 않은, 같은, 똑 같은, 동일한; ~*e prilike* 동일한 기회; ~*e kuće* 똑 같은 집들; *ići* ~*im korakom* 동일한 보폭으로 가다 2. 항상 같은, 변화가 없는; *svaki dan mi je* ~*i* 매일이 내게는 똑 같다(변화가 없다) 3. 동등한, 평등한 (ravnopravan); ~ *pred zakonom* 법앞에서 평등한

jednako (副) 1. 똑 같게, 같은 방식(방법)으로, 차이없이 (isto, bez razlike); *hleb miriše uvek* ~ 빵은 항상 똑같이 냄새가 난다; ~ *spominju i druge krivce* 다른 잘못도 똑같

이 언급한다; *one se* ~ *oblače* 그녀들은 똑 같이 옷을 입는다 2. 균등하게, 고르게 (ravnomerno, ujednačeno); ~ *rasporediti* 고르게 배치하다 3. 끊임없이, 쉼없이, 항상 (neprestano, bez prestanka); *on mi je* ~ *u pameti* 그는 끊임없이 내 머릿속에 있다; *oni se* ~ *kartaju* 그들은 끊임없이 카드를 친다 4. 매 한가지이다 (svejedno); *voleli me ne voleli, sve mi je* ~ 나를 좋아하던 안 하던 내게는 매 한가지이다

jednakopravan *-vna, -vno* (形) 참조 ravnopravan; 동등한, 동등한 권리가 있는; ~*vni građani* 동등한 권리를 가진 시민들

jednakosmeran *-rna, -rno* (形) 참조 istosmeran; 같은 방향의

jednakost (女) (정치·사회적 의미에서의) 평등; 똑같음, 동일함 (가치·크기·수량·특성 등이)

jednina (文法) 단수 (singular) **jedninski** (形)

jedno (副) 대략, 약 (oko, blizu, otprilike); *čekali smo* ~ *sat* 우리는 약 한 시간 가량 기다렸다; ~ *dva meseca s vremena na vreme poručivao je majci da je živ i zdrav* 두 달 가량 이따금 어머니에게 건강하게 살아 있다는 메시지를 보냈다

jednobazan *-zna, -zno* (形) (化) 1염기(塩基)의; ~*zna kiselina* 1염기산

jednobojan *-jna, -jno* (形) 1. 단색(單色)의; ~ *mantil* 단색 코트; ~*jno odelo* 단색 양복 2. (비유적) 단조로운, 지루한 (jednolik, monoton); ~*jni dani* 단조로운 나날들

jednoboštvo 유일신교, 일신교

jednobožac *-šca* 일신교를 믿는 사람, 일신교 교도 (monoteista)

jednobožačkī *-ā, -ō* (形) 일신교의, 일신교 교도의

jednocevan *-vna, -vno* (形) 총열(cev)이 하나인; ~*vna puška* 총열이 하나인 총; ~*vna sačmara* 총열이 하나인 산탄총; ~ *top* 포신이 하나인 대포

jednocevka *-ci & -kī, -ī* & *jednocevākā* 단신 (單身)엽총 (관이 하나인)

jednoč (=jednoć) (副) 참조 jednom; 한 번에

jednočinka 단막극 (drama u jednom činu, aktovka)

jednočlan *-a, -o* (形) 단 한 부분으로만 구성된, 단항(單項)으로 이루어진; ~*o ime* 외자로 구성된 이름; ~ *naziv* 한 부분으로 구성된 명칭

jednoć (副) 참조 jednoč; 한 번에 (jednom)

jednoćelijskī *-ā, -ō* (形) 단세포의, 하나의 세로로 이루어진; ~ *organizmi* 단세포 생물

jednodelnī -ā, -ō (形) 한 부분으로 구성된(만 들어진), 통째인; ~ prozor 통째로 된 창문; ~a kuća 한 채로 지어진 집; ~ kostim 원피스 수영복

jednodnevnī -ā, -ō (形) 하루의, 하루 동안만 지속되는; ~a ekskurzija 하루 동안의 소풍; ~ boravak 하루 숙박; ~a porcija 하루 동안의 음식(량)

jednodom -a, -o, jednodoman -mna, -mno (形) 1. (政) (의회의) 단원제의; ~mna skupština 단원제 의회; ~ sistem 단원제 제도 2. (植) 자웅동주의, 암수 한 그루의; ~mna biljka 자웅 동주 식물

jednodušan -šna, -šno (形) 1. 같은 생각을 가진, 같은 입장을 가진, 모든 사람의 뜻이 같은 2. 만장일치의; ~ zaključak 만장일치의 결론; ~šno mišljenje 일치된 의견

jednofaznī -ā, -ō (形) (숙어로만 사용); ~a struja 단상 전류

jednoglasan -sna, -sno (形) 1. 만장일치의 (jednodušan); ~ izbor 만장일치 선출; ~sna odluka 만장일치의 결정; ~sna želja 모두가 원하는 소망 2. (音樂) 독주의, 독창의

jednogoče -eta (동물의) 만 한 살된 새끼, 한 살배기 동물

jednogodac -oca 1. 동갑내기 (vršnjak) 2. 만 1년간 복무한 군인(병사) (jednogodišnjak)

jednogodišnjak 1. 동갑내기 (vršnjak) 2. 만 1년간 복무한 군인(병사) 3. 한 살배기 동물 (jednogodac)

jednogodišnjī -ā, -ē (形) 1. 만 1년된; ~ sin 만 한살된 아들 2. 1년간의, 1 년간 지속되는; 연간의, 한 해의; ~ prekid rada 1년간의 휴직; ~ staž 1년간의 경력; ~ plan 연간 계획; donesen je samo ~ orijentacioni plan ... za dalju proizvodnju 단지 대체적인 년간 생산 계획만이 결정되었다 3. 1 년간 복무하는(군대의); ~ dobrovoljac 1 년간 복무하는 자원병(의용병) 4. (植) 1 년생의; ~a biljka 1 년생 식물

jednogodišnjica 1 주년

jednogrb -a, -o (形) 혹(grb)이 하나 있는, 단봉(單峯)의; ~a deva(kamila) 단봉낙타

jednoimen -a, -o (形) 같은 이름의, 같은 이름을 가진, 이름이 같은 (istoimen)

jednoimenik, jednoimenjak 이름이 같은 사람, 동명이인 (imenjak)

jednojajčanī -ā, -ō (形) 일란성의; ~ blizanci 일란성 쌍둥이

jednojezičan -čna, -čno, jednojezičkī -ā, -ō (形) 1. 동일한 모어(母語)를 가진, 하나의 언어를 사용하는; ~čna država 단일 언어를 사용하는 국가; ~čni narodi 하나의 언어를 사용하는 민족들 2. 하나의 언어로 된; ~ rečnik 하나의 언어로 된 사전, 단일어 사전

jednokatan -tna, -tno (形) 참조 jednospratan

jednokatnica 참조 jednospratnica; 1층 집

jednokopitar 발굽(kopita)이 하나인 동물, 단제(單蹄)동물

jednokrak -a, -o (形) 다리·가지(krak)가 하나인

jednokratan -tna, -tno (形) 한 번 일어나는, 일회성의; ~tna pomoć 일회성 원조(도움); ~tno radno vreme 한 번의 업무시간

jednokrilac -ilca 단엽 비행기

jednokrilnī -ā, -ō (形) 하나의 날개(krilo)만 있는; ~a vrata 하나의 문만 있는 문; ~ prozor 하나의 창문만 있는 창문

jednokrvnī -ā, -ō (形) 1. (양부모가 같거나 아버지가 같은) 한 핏줄의, 같은 혈족의; ~ brat 한 핏줄인 형제, ~o srodstvo 같은 혈족의 친척 2. 같은 조상의, 동족의; ~ rod 동족

jednoletan -tna, -tno (形) 참조 jednogodišnji

jednoličan -čna, -čno (形) 1. 변화가 없는, 단조로운; ~ život 단조로운 삶; ~čna melodija 단조로운 멜로디 2. 항상 똑 같은, 한결같은, 변하지 않는; ~čna hrana 항상 똑 같은 음식; ~ pejzaž 변치 않는 풍경 3. 똑 같은 (isti, jednolik); ~čno odelo 똑 같은 옷

jednolik -a, -o (形) 1. 완전 똑 같은 (potpuno isto, jednak); ~a lica 완전 똑 같은 얼굴들; ~a deca 완전 똑 같은 아이들 2. 변화가 없는, 단조로운; ~ život 단조로운 삶; ~i dani 따분한 나날들

jednolinijskī -ā, -ō (形) 한 방향으로 진행되는, 같은 방향으로 가는; ~o kretanje 한 방향으로의 이동

jednolinijski (副) 한 방향으로 (jednostrano); ~ ocrtati 한 방향으로 그리다

jednolisti (男,複) (植) 고사리삼과

jednom (副) 1. 언제가, 언제인가는 (과거 또는 미래 시점의); tu je voda ~ potekla 언젠가 여기에 물이 흘렀다; bio ~ jedan car 한 황제가 언젠가 있었다; ~ ćemo otići na Kopaonik 언젠가 우리는코파오니크산에 갈 것이다 2. 한 번 (jedanput); ~ sam ga udario, neću više 한 번 그를 때린 적이 있었는데 더 이상 때리지 않을 것이다 3. 기타; ~ za svagda 항상, 영원히(zauvek)

jednomesečnī -ā, -ō (形) 1. 만 한 달이 된; ~a beba 생후 1개월 된 아기 2. 한 달간 지

323

속되는; ~ *boravak* 1 개월 체류, 한 달간의
체류 3. 한 달에 한 번의, 매월의 ; ~*a plata*
한 달 월급; ~ *izveštaj* 월간 보고

jednomišljenik 생각이 같은 사람, 동지(同志)
(istomišljenik)

jednomotornī -ā, -ō (形) 하나의 엔진이 있는;
~ *avion* 단발 비행기

jednonedeljnī -ā, -ō (形) 일주일간 지속되는
(계속되는), 일주일간의; ~*o odsustvo* 일주
일간의 결석(궐위, 휴가); ~ *post* 일주일간의
단식(절식); ~*a zarada* 일주간의 벌이(수입)

jednonog -a, -o, **jednonožan** -žna, -žno (形)
다리가 하나만 있는, 한 다리로 서있는; ~
sto 외다리 테이블

jednoobrazan -zna, -zno (形) 한 가지 형태만
있는, 동일한 틀(obrazac)에 따라 만들어진;
똑 같은, 동일한 (jednolik, jednak); ~*zni
kreveti* 똑 같은 (형태의) 침대들; ~*zni
udžbenici* 똑 같은 교과서들; ~*zna roba* 똑
같은 물건; *Francuska je dobila novo ~zno
administrativno uređenje* 프랑스는 새로운
통일된 행정 체계를 도입했다

jednook -a, -o (形) 외눈의, 외눈박이의, 애꾸
눈의 눈이 하나 밖에 없는

jednoosnī -ā, -ō (形) 하나의 축(osa)만이 있
는

jednopartijskī, -ā, -ō (形) 하나의 정당
(partija)으로만 구성된, 일당(一黨)의 ; ~
sistem 일당 체제; ~*a diktatura* 일당독재

jednoplemenik 같은 부족(pleme)원, 동일 종
족원 (istoplemenik)

jednopolan -lna, -lno (形) (植) 자웅이화(雌雄
異花)의, 암수딴꽃의; 단성(單性)의

jednopostotnī -ā, -ō (形) 1 퍼센트의; ~*a
kamata* 1 퍼센트의 이자 (jednoprocentni)

jednopreg 한 마리의 말이 끄는 (짐)마차

jednoprežan -žna, -žno (形) 한 마리의 말이
끄는 짐마차의; ~*žna kola* 말 한마리가 끄는
짐마차

jednoprocentnī -ā, -ō (形) 1 퍼센트의

jednorazredan -dna, -dno (形) 한 칸의 교실
만이 있는 (학교 건물의); ~*dna škola* 한 칸
의 교실만 있는 작은 학교

jednoredan -dna, -dno (形) 한 줄(red)로 구
성된, 한 줄로 배치된, 일렬로 된; ~*dna
sejalica* 일렬 파종기; ~ *poredak* 일렬로 된
질서; ~*dna povorka* 일렬되 이루어진 행렬

jednorodan -dna, -dno (形) 같은 종류의, 동
종(同種)의 (istorodan)

jednorođenī -ā, -ō (形) (부모의 입장에서) 유
일하게 태어난; ~ *sin* 독자(獨子); ~*a kći* 무

남독녀

jednorog 1. (動) 일각(一角)돌고래, 외뿔고래
2. 코뿔소 3. 유니콘 (뿔이 하나 달린 전설
상의 동물)

jednorog -a, -o (形) 뿔이 하나만 있는; ~*a
životinja* 뿔이 하나만 있는 동물

jednoruk -a, -o (形) 팔(ruka)이 하나만 있는,
외팔이의

jednosatan -tna, -tno (形) 한 시간의, 한 시간
동안 지속되는; ~*tno predavanje* 한 시간
동안 진행되는 강의

jednosed 하나의 좌석만이 있는 비행기(차량);
kajak ~ 1인승 카약

jednosedmičnī -ā, -ō (形) 참조 jednonedeljni

jednoseklī -ā, -ō (形) 날(sečivo)이 하나만 있
는, 외날의

jednosložan -žna, -žno (形) 단음절(slog)의,
단음절로 된; ~*žna reč* 단음절 어휘

jednosmeran -rna, -rno (形) 1. 한 방향의, 일
방향의; 일방적인; ~*rna ulica* 일방향 도로
~ *saobraćaj* 일방 통행; ~ *odnos* 일방적인
관계 2. (物) (전기의) 직류의 ; ~*rna struja*
직류

jednosoban -bna, -bno (形) 한 칸의 방으로
구성된, 방 한 칸의; ~ *stan* 원룸 아파트

jednospolan -lna, -lno (形) 참조 jednopolan

jednospratan -tna, -tno (形) 1층의, 1층만 있
는; ~*tna kuća* 1층 짜리 집

jednospratnica 1층 짜리 집(건물)

jednostaničan -čna, -čno (形) 참조
jednoćelijski; 단세포의

jednostavan -vna, -vno (形) 1. 쉬운 (이해하
기, 행하기, 해결하기), 평이한, 단순한, 간단
한; ~ *za rukovanje* 다루기 쉬운; ~*vno
objašnjenje* 쉬운 설명; ~ *zakon* 이해하기
쉬운 법률 2. 한 부분으로 구성된, 단순한
(prost); ~*vna država* 평범한 국가; ~*vne
biće* 단순한 생명체 3. 장식하지 않은, 꾸미
지 않은, 소박한, 평범한; ~*vna haljina* 장식
하지 않은 드레스; ~*vno odelo* 소박한 옷; ~
šešir 꾸미지 않은 모자 4. (그 어떤 면에서
도) 다르지 않은, 차이가 없는; 수수한
(skroman); ~ *gospodin* 수수한 신사; ~*vna
devojka* 평범한 처녀 5. 일상적인, 변화가
없는 (svakidašnji, monoton); ~ *život* 일상
적인 삶; ~ *rad* 일상적인 일(노동); ~ *šum
reke* 변함없는 강의 속삭임

jednostavnost (女) 간단함, 평이함, 소박함, 수
수함

jednostran -a, -o (形) 1. 일방적인, 한쪽으로
치우친, 편향적인 (pristrasan); ~*a kritika*

일방적인 비판; ~a analiza 편향적인 분석 2. (한정형으로만) 한쪽만의; ~a upala pluća 한쪽 폐만의 폐렴; ~a uzetost 한쪽 마비 3. 똑 같은, 변화없는 (jednoličan, bez promene)

jednostranost (女) 편파적임, 일방적임

jednostruk -a, -o (形) 한 겹(가닥; struka)만으로 구성된; ~o stable 한 가닥으로 된 줄기; ~ konac 한 겹 실

jednosupnice (女,複) (植) 외떡잎 식물류

jednošinskī -ā, -ō (形) 모노레일의, 단궤(單軌) 철로의

jednotjednī -ā, -ō (形) 참조 jedonedeljni

jednoton -a, -o, jednotonskī -ā, -ō (形) 단조로운, 변화없는, 한결같은 (monoton); njegova poezija nije ~a 그의 시는 단조롭지가 않다

jednotračan -čna, -čno (形) (철도의) 단선(單線)의; ~čna pruga 단선 철로

jednoverac (=jednovernik) 같은 종교의 신자 (反; inoverac)

jednoveran -rna, -rno (形) 같은 종교의; ~rni narodi 같은 종교를 신봉하는 백성들

jednovernik 같은 종교의 신자

jednovidan -dna, -dno (形) (文法) 하나의 상(相)을 갖는 (동사의); ~ glagol 하나의 상을 갖는 동사

jednovlašće (어떤 집단의 한 사람이 갖는) 절대 권력; pojavilo se pitanje ~a 절대권력의 문제가 나타났다(생겨났다)

jednovremen -a, -o (形) 동시의, 동시에 일어나는, 동시에 존재하는 (istovremen); ~a akcija 동시 작전

jednovrstan -sna, -sno (形) 같은 종류의, 동종(同種)의; ~sni predmeti 같은 종류의 물건; ~sno iskustvo 같은 종류의 경험

jednozvučan -čna, -čno (形) (목소리의) 높낮이와 세기가 같은, 똑 같은, 한결같은, 고른; ~nim glasom 고른 목소리로, 변함없는 목소리로

jednozvučno (副) (목소리가) 한결같게, 똑같게

jednoženstvo 일부일처제 (monogamija)

jednožičan -čna, -čno (形) 현(줄; žica)이 하나만 있는; ~čna tambura 현이 하나만 있는 탐부라; ~ konac 한 줄 실

jednjak (解) 식도(食道)

jednjačkī, jednjačnī -ā, -ō (形) 참조 jednjak; 식도의

jedrac -aca 1. (나무의) 고갱이 2. 변재(나무껍질 바로 안쪽, 통나무의 겉 부분에 해당하는 희고 무른 부분)

jedrati -am (不完) najedrati (完) 1. (과일·곡물 등이) 익다, 무르익다; 익어가면서 즙이 많아지다; pupoljci već na lozama jedraju 덩굴에 있는 봉우리들이 벌써 커져간다 2. (비유적) (어떠한 감정으로) 채워지다, 충만하다; mlada duša njegova bogatila se, jedrala je novim utiscima 그의 젊은 영혼은 풍성해졌으며, 새로운 인상들로 채워져갔다

jedrenjača (女), jedrenjak (男) 요트, 범선(돛을 올리고 바람의 힘을 받아 항해하는)

jedrenje (동사파생 명사) jedriti

jedrilica 1. 범선, 요트 (jedrenjak); (스포츠용의) 2. 글라이더 (무동력 항공기로 기류를 타고 비행하는)

jedriličar 1. 글라이더 조종사 2. 요트를 타는 (조종하는) 사람

jedriličarskī -ā, -ō (形) 요트의, 글라이더의; 요트를 타는 사람의, 글라이더 조종사의; ~a regata 요트 경주; ~o takmičenje 요트 시합

jedriličarstvo 글라이더 활공술, 요트 항해술

jedrilo 참조 jedro; 돛

jedrina 1. 풍만함, 토실토실함, 풍성함, 성숙함; ~ tela 신체의 풍만함; ~ žene 여인의 풍만함; ~ šljiva 플럼의 농익음; ~ razmišljenja 사고의 성숙함 2. 견고함, 단단함, 탄탄함; ~ bedara 허벅지의 단단함

jedriti -im (不完) 1. (바람의 힘을 이용하여 돛으로) 항해하다; brod jedri 배가 돛으로 항해한다; mirno će naša lađa da jedri 우리 배들은 순탄하게 항해할 것이다 2. (바람의 힘을 이용하여 천천히) 비행하다 (새들이) 3. (비유적) 이리저리 왔다갔다 하다, 정처없이 왔다갔다 하다 (lutati)

jedro 1. (범선의) 돛; skinuti (spustiti) ~a 돛을 내리다; dići (razapeti) ~a, dići se na ~a 돛을 올리다, 항해하다, 어떤 일을 하기 시작하다; na sva ~a 또는 pod punim ~ima 전속력으로 2. 요트, 범선 (jedrenjak)

jedro 1. (生物) 세포핵 2. (과실 따위의) 속, 응어리, 과심(果心) 3. (비유적) 핵심, 중심, 가장 중요한 부분

jedro (副) 힘차게, 힘있게; 압축적으로, 간결하게 (na jedar način, snažno; sažeto, koncizno); ~ zvučati 우렁차게 울리다; ~ ispričati 간결하게 이야기하다

jedva (副) 1. 겨우, 간신히, 가까스로 (s velikom mukom, s naporom, u vrlo maloj meri, nestrpljivo); ~ sam ušao u autobus 간신히 버스에 올라 탔다; ~ je stigao na voz 간신히 기차 시간에 도착했다; ~ se sećam 가까스로 기억한다; ~ sam se *spasao* 간신히 살아 남았다; ~ *su ga utišali* 간신히 그를 조용히 시켰다; *nešto mi steže grlo i* ~ *dišem* 뭔가 내 목을 조여서 간신히 숨을 쉬고 있다; ~ *čujno* 겨우 들리게; ~ *čekam da ga vidim* 그를 보는 것을 간신히 기다리고 있다 2. 마침내 (najzad, napokon); ~ *u neko doba dođe* 마침내 어떤 시절이 다가온다 3. (종속절에서) ~하고 나서 바로 (tek što, samo što); ~ *što uđoh u kuću, poče kiša* 집에 들어오고 나자 바로 비가 내리기 시작한다 4. (수량을 나타내는 말과 함께) 겨우, 가장 많아야 (najviše, tek); *ona je* ~ *toliko zarađivala da može preživeti* 그녀는 겨우 연명할 수 있을 정도로만 돈을 벌었다 5. 기타; ~ *jedanput,* ~ *jedared,* ~ *jednom* 마침내, 가장 마지막에는; ~ *jedvice* 겨우, 간신히 (강조의 의미로)

jedvice (副) 겨우, 간신히 (jedva)

jedvinī, jedvitī *-ā, -ō* (形) (숙어로만 사용) na ~*e jade* 힘들게, 겨우, 간신히

jeftin, jevtin *-a, -o* (形) 1. (가격이) 싼, 비싸지 않은, 저렴한; 돈이 많이 들지 않는; 이자가 싼; ~*a obuća* 싼 신발; ~ *kaput* 싼 외투; ~ *život* 돈이 많이 들지 않는 생활(삶); ~ *kredit* 이자가 싼 융자(대출) 2. (비유적) 가치가 별로 없는, 무가치한, 하찮은; 쉽게 얻을 수 있는; ~*a glava* 별 쓸모없는 머리; ~*a šala* 저속한 농담; ~*a slava* 쉽게 얻을 수 있는 명성 3. 기타; *od* ~*a mesa ni čorba ne valja* 싼게 비지떡이다

jeftinoća, jevtinoća (反; skupoća) 저렴(함); ~ *radne snage* 노동력의 저렴함; ~ *robe* 물건의 저렴함; *velika* ~ 대단한 저렴함

jeger (歷) (오스트리아-헝가리 제국 군대의) 저격병

jego (숙어로만 사용) *preko* ~ 과도하게, 지나치게

jegulja (魚類) 장어, 뱀장어; *električna* ~ 전기뱀장어

jeguljast *-a, -o* (形) 뱀장어 모양의, 뱀장어 형태의

jej (男), **jeja** (女) (鳥類) 올빼미

jejina 1. (鳥類) 올빼미 (buljina, sova) 2. (辱說) 사악한 여자, 심술궂은 여자; *ona stara* ~ *sve mi nešto cicija* 심술궂은 쭈그렁 할망구는 모든 것을 내게 수전노처럼 행동한다

jek 1. 소리 (zvuk); 짧고 날카로운 소리(화기·천둥 등의, 쿵, 꽝 등의), 강렬한 폭발음·충돌음 (prasak, pucanj); 쩔렁거는 소리, 부딪치는 소리 (zveka, zveket); ~ *lanaca* 체인이 부딪치는 소리, ~ *gvožđa* 쇠소리 2. (音

樂) 악기 소리; ~ *trube* 트럼펫 소리; ~ *lire* 리라의 소리 3. 신음 소리, 비명 소리, 고함 소리(아파서 지르는) (krik bola, jauk) 4. 울림, 메아리, 반향 (odjek, jeka); ~ *doline* 계곡의 메아리; ~ *glasa* 목소리 울림 5. 최전성기, 최고의 발전·융성·번창 시기; *u* ~*u poslova* 최고의 사업 번창기; *žetva u punom* ~*u* 최고로 바쁜 수확기 6. 기타; ~*om jeknuti* 큰 소리로 울다(통곡하다); *prazan* ~ 아무런 의미도 아무런 가치도 없는 것 (태산공명 서일필); *ni* ~*a ni zveka* 쥐 죽은 듯한 고요함

jeka (D. *jeci*) 1. (장벽에 부딪쳐 소리가 되돌아오는) 메아리, 반향, 울림; ~ *sekira* 도끼 소리 메아리 2. (쿵·꽝 등의) 둔탁한 소리 (huka, buka, topot, bat); ~ *gromova* 천둥이 우르릉거리는 소리; ~ *truba* 트럼펫 소리 ~ *oružja* 총·대포 등의 울림

jekavac *-vca* 예깝스키(jekavski) 사용자

jekavskī *-ā, -ō* (形) 참조 ijekavski

jekavština 쓰고 읽는 것을 예깝스키식으로 하는 방식

jeknuti *-nem* (完) **jektati** *-ćem* (不完) 1. 소리 (jek)를 내다, 둔탁한 소리를 내다; (악기가) 소리를 내다; *jeknuše gusle* 구슬레가 구슬픈 소리를 냈다; *jeknu zvono na tornju* 종탑에서 종이 울린다; *peć je jektala* 벽난로는 (장작이 타는) 타다닥 소리를 냈다 2. (종·대포 등이) 탕·쿵하는 소리를 내다 3. 울리다, 메아리치다, 반향하다 4. 고함치다 (glasno viknuti) 5. 신음하다, 신음 소리를 내다

jeksik (副) 부정확하게 (netačno, krivo); *moj kantar* ~ *meri* 내 저울은 부정확하게 잰다; *ne meri jeksik ... polomiću ti rebra!* 틀리게 재지마 ... 내가 네 갈비뼈를 부러뜨려 놓을 테니까

jektati *-ćem* (不完) 참조 jeknuti

jektika (病理) 폐결핵 (tuberkuloza)

jela (植) 전나무 **jelov** (形)

Jelada 헬레나, 고대 그리스 (Helada)

jelašje 전나무숲 (jelik)

jeleče *-eta* (中), **jelečić** (男) (지소체) jelek

jelek (민속) (남녀의, 소매가 없는) 조끼 (수놓인)

jelen (動) 사슴; *severni* ~ (動) 순록(sob); *mesa od* ~*a* 사슴고기 **jelenski, jelenji** (形); ~ *rogovi* 사슴뿔

jelenak *-nka* 1. (動) (지소체) jelen 2. (昆蟲) 사슴벌레 3. (植) 골고사리 (꼬리고사릿과(科))

jelenče *-eta* (지소체) jelen

jelenskī, -ā, -ō, jelenjī *-ā, -ē* (形) 참조 jelen

jelica (지소체) jela

J

jelik 전나무숲
jelika (植) 전나무 (jela)
Jelini (男,複) (廢語) 헬레나 사람들, 고대 그리
　스인들
jelinist(a) (廢語) 고대 그리스 전문가, 고대 그
　리스어 및 문학 전문가
jelinizam -zma 1. 고대 그리스 문화(사상, 정
　신, 양식) 2. 헬레니즘, 그리스 문화주의(알
　렉산더 대왕 이후 로마 제국 성립까지의 사
　조) 3. 그리스어 특유의 어법
jelinizirati -am (完,不完) 그리스인화하다, 고
　대그리스화하다
jelinskī -ā, -ō (形) 헬레나의; ~a kultura 헬레
　나 문화
jelinstvo 1. (고대) 그리스 민족 의식(정신) 2.
　그리스인, 그리스 민족
jelka (D. jelci, G.pl. jelkī) 1. (植) 참조 jela;
　전나무 2. (크리스마스 또는 신년을 축하하
　기 위해 장식한) 트리(작은 전나무를 벤);
　božićna ~ 크리스마스 트리; novogodišnja
　~ 신년 트리
jelkica (지소체) jelka
jelo 1. 식품 2. 음식, 음식물, 요리; hladna ~a
　전채 요리 (엷게 저민 냉육(冷肉)과 치즈를 한
　데 담은 것); omiljeno ~ 좋아하는 음식;
　glavno ~ 주 요리; ručak od pet ~a (다섯) 코
　스 요리 3. 식사 (obrok, obed); spavati posle
　~a 식사후에 잠자다; za ~om 먹는 동안
jelov -a, -o (形) 참조 jela; 전나무의 ~a
　šuma 전나무 숲; ~a daska 전나무 널판지
jelovina 1. 전나무 목재; orman od ~e 전나무
　장롱 2. 전나무(나무로서의), 전나무 숲
jelovnik (식당의) 식단표, 메뉴(표, 판)
jemac -mca 보증인
jematva (方言) 포도 수확
jemčevina (=jamčevina) 보증금
jemčiti -im (=jamčiti) (不完) zajemčiti (完) 보
　증하다, 보장하다 (jamčiti); ~ za nešto ~을
　보증하다; ~ nekome neko pravo 누구에게
　어떠한 권리를 보장하다
jemenija 스카프(무슬림 여인들이 얼굴을 가리
　는, '예멘'이라는 국명에서 유래)
jemstvo (=jamstvo) 1. 보증, 보장 (garancija)
　2. (法) 보석금, 보증금 (kaucija); braniti se
　iz slobode uz ~ 보석금을 내고 불구속 상태
　에서 재판에 임하다 3. 기타; društvo s
　ograničenim ~om (商業) 유한회사
jendek 도랑, 해자(垓子); 참조 (jarak, rov)
Jenki -ija (男) (俗語) 양키
jenjati -am (完,不完) jenjavati -am (不完) (세
　기·강도 등이) 누그러지다, 가라앉다, 약해지

다, 감소하다, 떨어지다; jenjala je kiša 비가
약해졌다; jenjava vetar 바람이 잦아든다;
ljubav je jenjala 사랑이 식어갔다
jer (接續詞) 왜냐하면, (왜냐하면) ~때문에;
　dobio je nagradu, ~ je bio najbolji 그는 상
　을 받았는데, 가장 우수했기 때문이다(가장
　우수했기 때문에 상을 받았다); on plače, ~
　ga je neko udario 누군가 그를 때려서 그는
　울고 있다; javi se kući, ~ će se tvoji
　brinuti 집에 연락해, 네 (부모님들이) 걱정
　할 것이니까
jer -ovi (고대교회슬라브어 자음의 명칭)
jerarh (宗)(교회) 주교 (episkop, vladika)
jerarhija 1. 주교(jerarh)가 관할하는 교구 2.
　사제단, 성직자들 (sveštenstvo)
jerebica 참조 jarebica
jerej (宗)(正敎) 사제, 성직자 (sveštenik)
jeremijada (장황한) 넋두리, 푸념, 한탄, 원망
　(성서상의 인물 예레미아에서 유래)
jeres (女) (宗) 이교(異敎), 이단; (hereza); (비
　유적) (일반적 학설·통설 따위에 반대되는)
　이론, 반론; to se moglo smatrati ne samo
　kao književna ~ nego kao pravo
　bogohuljenje 그것은 문학적 이설로써 뿐만
　이 아니라 진짜 신성모독으로 간주될 수 있
　었다
jeretičan -čna, -čno (形) 이교의, 이단의, 이
　설의; ovakav slobodan i ~ govor ... uvredi
　vojvotkinju 이러한 자유분방하고 이단적인
　연설은 공작 부인을 모욕한다
jeretik 이교도, 이단자
jeretičkī -ā, -ō (形) 이교도의, 이단자의; 이교
　의, 이단의; ~a ideja 이교 사상; ~o
　mudrovanje 이교도적 지혜
jerihonskī -ā, -ō (形) 예리코의, 여리고(팔레
　스타인의 옛 도시)의; ~a ruža (植) 안산수
　(安産樹); ~a truba 여리고성의 나팔
Jermenija 아르메니아 Jermenin, Jermen;
Jermenka; jermenski (形)
jeroglifi (男,複) 1. (고대 이집트의) 상형 문자,
　그림 문자 2. (비유적) 읽기 힘든 글자(필체)
jeroglifskī -ā, -ō (形) 상형 문자의, 그림 문자의
jeromonah 수도사(모든 미사 의식을 거행할
　수 있는)
Jerusalem, Jeruzalem 예루살렘
jesen -eni (L.sg. jeseni & jesenju) (女) 1. 가
　을; u ~ 가을에 2. (인생의) 황혼기; ~ života
　삶의 황혼기
jesenas (副) 1. 올 가을에 2. 작년 가을에; 내
　년 가을에
jesenašnjī -ā, -ē (形) 올 가을의, 작년 가을의,

J

내년 가을의

jeseniti (se) *jeseni (se)* (숙어로만) *jesen jeseni (se)* 가을이 시작된다(온다)

jesenskī *-ā, -ō,* **jesenjī** *-ā, -ē* (形) 가을의, 가을과 같은; *jesenji dani* 가을의 나날들; *jesenja biljka* 가을 식물; *jesenji kaput* 가을 외투

jesenjak 1. 가을 바람 2. 가을 돼지 (가을에 태어난) 3. (農) 가을에 파종하는 곡물 또는 야채 4. (植) 국화 (hrizantema)

jesetra (魚) 철갑상어(류)

jest 1. (단정·확인할 때의 감탄사 그래 (da) 2. 'biti' 동사의 3인칭 단수 3. 기타; *što ~, ~* 그런 것은 그런 것이다, 사실인 것은 사실이다

jesti *jedem; jeo, -ela; jeden; jedī; jedući; jedavši* (不完) **pojesti** (完) 1. (음식 등을) 먹다, 식사하다; *on je jeo* 그는 먹었다; *oni jedu u restoranu* 그들은 식당에서 식사한다 2. (쥐·나방 등이) 갉다, 갉아 먹다, 쏠다; *miševi noću jedu slaninu* 쥐들이 밤에 베이컨을 갉아 먹는다 3. (모기·벌레 등이) 쏘다, 물다 (ujedati, gristi, bosti); *jele ga bube svu noć* 벌레가 밤새도록 그를 물었다; *mene su cele noć jele vaške* 밤새 내내 벼룩이 나를 물었다; *jedu me komarci* 모기가 날 문다 4. 자극하다, 따갑게 하다 (dražiti, štipati); *jede ga dim* 연기가 그를 따갑게 한다 5. (비유적) 부식시키다, 손상시키다, 파괴하다 (nagrizati, izjedati, uništavati); *rđa jede gvožđe* 녹이 쇠를 부식시킨다 7. (파도 등이) 침식하다; *Morava odista jede plodnu zemlju koja može da daje i dve žetve godišnje* 모라바강은 일 년에 두 번 수확할 수 있는 비옥한 토지를 정말로 침식한다 8. (힘·돈 등을) 소비하다, 사용하다 (trošiti); *jede njegove pare* 그의 돈을 조금씩 쓴다 9. (비유적) 걱정(근심)하게 하다, 심란하게 하다, 몸을 상하게 하다, 고통스럽게 하다, 지치게 하다, 허약하게 하다; *jedu ga brige* 그는 근심걱정으로 심란하다; *jede sam sebe* 그는 스스로 못살게 군다; *bolest ga je jela* 병 때문에 그는 허약해졌다; *jede ga savest* 그는 양심의 가책을 느낀다; *jede ga samoća* 그는 고독으로 몸서리친다 10. ~ se 닳다, 잘게 부서지다, 부식하다 (trošiti se, kruniti se, glodati se); *zub mi se jede* 내 이빨이 닳아진다; *jede se osovina na kolina* 차축이 닳는다 11. ~ se (비유적) 화내다 (jediti se, ljutiti se); 다투다 (svađati se, prepirati se); *jede se sam u sebi* 속으로 화를 낸다 12. ~ se (달이) 기울다, 없어지다; *Mesec se jede* 달이 기운다 13. 기타; *~ tuđi hleb(kruh), ~ hleb s tuđih ruku, ~ hleb tuđim zubima, ~ hleb na tuđe zube* 남에게 기생하다(빌붙어 살다); *~ gorak hleb (kruh)* 힘들게 살다, 고생하다; *~ krvav hleb (kruh)* 싸우다, 전쟁하다; *~ hleb (kruh) u znoju lica* 일하면서 고생하다; *~ s kim so i hleb* 누구와 사이좋게 지내다(살다); *~ vruću kašu* 위험하고 어려운 처지에 놓이다; *~ žeravku* 고생하다(mučiti se); *~ hleb (kruh) iz mnogih peći* 많은 지역(지방)을 통과하다, 방랑하다; *~ ludih gljiva* 미치다, 미친듯이 행동하다; *~ velikom kašikom (žlicom)* 잘 살다, 대접받다, 환대받다; *~ vek s kime* 일생 동안 누구와 고생하다; *~ kome iz ruke* 누구에게 복종하다; *ne jede te hleba!* 너와 상관없는 일이다; *~ bunike* 별별 것을 다 이야기하다, 수다를 떨다; *~ kao vrabac* 아주 조금 먹다; *~ kao mećeva* 많이 먹다; *~ očima* 뚫어지게 쳐다보다(욕심·욕망을 품고); *~ se kao (mlad) mesec* 많이 걱정하다; *~ hleba bez motike* 일하지 않고 빌붙어 살다; *hleba ne jede* 비용이 들지 않는다, 방해가 되지 않는다

jestiv *-a, -o* (形) 먹을 수 있는, 식용의; *~o ulje* 식용유; *~i proizvodi* 식료품

jestivan *-vna, -vno* (形) 참조 jestiv

jestivo (中) (동물의) 사료

ješan *-šna, -šno* (形) (음식을) 탐하는, 게걸스러운; 먹는 것을 좋아하는 (izješan, proždrljiv)

jetkijī *-ā, -ē* 참조 jedak

jetko (副) 참조 jedak; 1. 화내면서, 성내면서, 분개하며 (na jedak način, srdito, žučno, ljutito; pakosno); *~ reći* 화내면서 말하다; *~ odgovoriti* 화내듯이 대답하다; *~ se podsmevati* 사악하게 비웃다 2. 쓰라리게, 고통스럽게 (gorko, bolno); *~ plakati* 비통하게 울다 3. 예리하며, 날카롭게 (oštro, prodorno); *~ miriše trava* 톡 쏘는듯한 풀냄새가 난다

jetkost *-i, -ošću* (女) 신랄함, 쓰라림, 비통

jetra (女) (解) (사람·동물의) 간 (crna džigerica)

jetrenica 간 소시지(돼지 간을 잘게 다져 만든 잼 비슷한 형태의 소시지로 보통 빵에 발라 먹음) (džigernjača)

jetrica (지소체) jetra

jetrva 동서(남편 형제의 부인); *tukle se ~e preko svekrve* 고래 싸움에 새우등 터진다

jevanđelist(a) (男) 1. 4대 복음서 저자 2. 복음

328

전도자
jevanđelje 복음(서) (evanđelje)
Jevrejin, Jevrej 유대인 **Jevrejka**; **jevrejski** (形)
jevtin -a, -o (形) 참조 jeftin
jevtinoća 참조 jeftinoća
jeza (추위·두려움·흥분 등으로 인한) 소름, 전율, 떨림; 오싹한 느낌, 오한; *imao je ~u* 소름이 돋았다, 오싹했다 *hvata me ~* 소름이 돋는다; *prošla ga je ~* 그는 몸서리를 쳤다
jezan -zna, -zno (形) 1. (무서움·두려움에) 소름이 돋는, 오싹한 2. 화난·분노한 (ljut, gnevan, besan)
jezditi -im (不完) 1. 말을 타다 (jahati); ~ *na konju* 말을 타다 2. 속보로 달리다, 속보로 몰다(말을) (kasati, juriti) 3. (비유적) 빨리 지나가다, 사라지다, 떠다니다 (자동차·구름 등이); *provodio je po nekoliko časova gledajući kako između vrhova drveta oblaci jezde jedan preko drugoga* 몇 시간 동안 나무 꼭대기 사이를 구름들이 서로 겹치며 떠다니는지를 쳐다보면서 몇 시간을 보냈다
jezerce -a & -eta (지소체) jezero
jezerina 1. (지대체) jezero 2. (호수에서 고기를 잡는 대가인) 낚시세(稅), 어업세(稅)
jezerkinja (詩的) 호수 요정
jezero 호수; (공원 등의) 샘, 연못; *glacijalno (veštačko) ~o* 빙하 호수 (인공 호수); *akumulaciono ~* 인공 저수지(물을 가두어 놓는)
jezerskī -ā, -ō (形) 호수의; *~a voda* 호숫물; *~a kotlina* 호수 계곡
jezgra (G.pl. *jezgārā* & *gezgrī*) (=jezgro) 1. (과일 등의) 씨, 씨앗 2. 중심(부분); (세포) 핵; (원자)핵 *ćelijska (stanična) ~* 세포핵; *atomska ~* 원자핵 3. (비유적) 정수(精髓), 본질, 진수, 핵심; (어떤 단체 등의) 핵심 집단
jezgro 참조 jezgra
jezgrovit -a, -o (形) 1. 단단한, 딱딱한 (jedar, čvrst, krepak) 2. 내용이 풍부한; 핵심적인, 간결한, 축약된 (sadržajan, sažet, zbijen, koncizan); *~ govor* 핵심적인 연설; *~o mišljenje* 핵심적인 생각
jezgrovitost (女) 단단함; 내용이 풍부함; 간결함
jeziŭac -ŭca 1. (지소체) jezik; 혀, (저울의) 바늘; (종의) 추; *biti ~ na vazi, igrati ~ŭca na kantaru* 결정적 역할을 하다 2. (植) 풀의 한 종류
jezičak -čka 1. (지소체) jezik; 혀, (저울의) 바늘; (종의) 추 2. 목젖, 구개수 (uvula)
jezičan -čna, -čno (形) 1. 말이 많은, 수다스

러운 (brbljav, brbljiv) 2. 다투기 좋아하는, 험담하기 좋아하는, 헐뜯기 좋아하는 (svadljiv, lajav)
jezičar 1. 언어학자 (lingvista) 2. 수다쟁이, 떠벌이; 남을 헐뜯는 사람, 험담하기 좋아하는 사람 (brbljavac, brbljivac)
jezičara 입정사나운 여자, (남에 대해) 험담하기 좋아하는 여자 (brbljivica, lajavica)
jezičast -a, -o (形) 혀 모양의
jezičav -a, -o (形) 1. 혀가 긴, 긴 혀를 가진 2. 말이 많은, 수다스러운 (brbljav, brbljiv) 3. 헐뜯기 좋아하는, 험담하기 좋아하는; *bila je lajava i ~* 그녀는 남을 헐뜯고 험담하기를 좋아했다; *~a žena* 험담하기를 좋아하는 여자 4. 말이 거친 (oštar na jeziku)
jezičina (지대체) jezik
jezičkī, jezikovnī, -ā, -ō (形) 말의, 언어의; *~ zakoni* 언어 규칙들; *~ stručnjak* 언어 전문가, 언어학자
jezičnī -ā, -ō (形) 혀의
jezik 1. (解) (사람·동물의) 혀(舌) 2. 혀와 모습이나 기능이 비슷한 것; (구두·운동화 등의) 혀; (토지·숲 등의) 길게 쭉 뻗어나온 부분; (불 등의) 화염 (위로 솟구치는); (저울의) 바늘; (종의) 추; *~ od cipele* 구두혀; *plameni ~* 불길의 화염; *vatreni ~* 화염 3. 말, 언어; *književni ~* 문어(文語); *srpski ~* 세르비아어; *govorni ~* 구어(口語) 4. 어법, 말씨, 표현; 방언, 은어 (dijalekat, narečje, žargon); *slikarski ~* 화가적 표현; *~ ptica* 새들의 표현 방식 5. (軍) 전쟁 포로(적의 정보를 제공하는) 6. 기타; *brusiti (oštriti) ~* 날카로운 연설(말)을 준비하다; *došlo mu na ~* 우연히 이야기하다; *držati ~ za zubima (iza zuba)* 1)말을 조심하다 2) 침묵하다; *imati dug(ačak) ~* 말을 많이 하다, 수다스럽다; *imati pogan ~* 누구에 대해 험담하다, 헐뜯다; *imati s kim zajednički ~* 상호 이해하다; *isplaziti ~* 혀를 축 늘어뜨리다(아주 지치다); *~ mu leti (kao po loju)* 청산유수로 말하다; *~ mu se otežao* 힘들게 말하다; *~ mu se svezao (zavezao)* 말이 안나온다(흥분·공포심 때문에); *~ mu se uzeo* 벙어리가 되었다, 말할 수 있는 능력을 상실했다(두려움 등으로); *~ mu se zaleteo* 불필요한 것을 이야기하다, 필요이상으로 이야기하다; *~ za zube* 입닥쳐!; *kako na ~ naleti* 생각없이(이야기하다); *lomiti ~* 1)형편없이 말하다 2)말하는 것을 연습하다(외국어를 배울 때); *makaronski ~* (弄談) 여러 언어가 섞인 말; *materinski (materni) ~* 모어(母語); *mrtvi*

J

~ci 사어(死語); na ~u mi je (~을) 말하고 싶다; naći zajednički ~ 상호 관심사를 찾다; navrh ~a mi je 말이 입에서만 뱅뱅돈다 (잘 생각나지 않아); nemati dlake na ~u 자기 생각을 말하는데 주저하지 않다(주저하지 않고 자기 생각을 말하다); nemušti ~ 1)동물들의 언어 2)불분명한 말, 이해할 수 없는 말; nije me pčela za ~ ujela 침묵할 필요가 없다; odrešiti (razvezati) ~ 침묵을 깨다; omaklo mu se s ~a (말하려고 생각하지 않았던 말을) 우연히 밀하다; oštar na ~u 단호하고 날카롭게 이야기하는 (보통은 불편한 진실을); povući (potegnuti) koga za ~ 말하라고 누구를 끌어내다(종종 당사자가 원하지 않을 때에도); prevaliti (preturiti) preko ~a 힘들게 천천히 발음하다; puštati ~ iza zuba 생각하지 않고 이야기하다; skratiti ~ kome 누구의 발언권을 줄이다; sladak na ~u 꿀에 발린 듯한 말, 듣기 좋은 말; svrbi ga ~ 입이 근질근질하다(말하고 싶어); što na srcu, to na ~u 속에 있는 것을 말로 뱉다, 솔직하다; tupiti ~ 쓸데없이 말하다; ujesti se (ugristi se) za ~ 1)갑자기 입을 닫다(부적절한 말을 하지 않기 위해) 2)말을 뱉고 나서 즉시 후회하다; uzimati koga na ~ 누구에 대해 험담하다, 안좋게 이야기하다; uvući ~ 침묵하다; vešt na ~u 훌륭한 연설가; vladati (nekim stranim) ~om (외국어를) 마스터하다, 언어에 정통하다; zaplitati ~om 불분명하게 말하다(발음구조상의 문제로, 음주 문제 등으로); zavezati ~ kome 누구에게 말할 기회를 안주다, 침묵시키다; zli (pakosni, pogani) ~ci 남에 대해 험담하고 헐뜯는 사람들; živi ~ci 생존어(현재 사람들이 사용하는)

jezikoslovac 참조 lingvist(a); 언어학자
jezikoslovlje 참조 lingvistika; 언어학 (filologija)
jezikoslovnī -ā, -ō (形) 참조 jezikoslovlje; 언어학의
jezikovnī -ā, -ō (形) 참조 jezički
jeziv -a, -o (形) 1. (두려움·공포·놀람 등으로 인한) 소름돋는, 오싹한, 몸서리 처지는, 끔찍한, 섬뜩한, 지긋지긋한 (grozan, strašan); 무서운;~ film 무서운 영화; ~a noć 몸서리 처지는 밤; ~ događaj 소름끼치는 사건; ~ rat 몸서리 처지는 전쟁; ~ prizor 끔찍한 광경 2. 훌륭한, 아주 멋진, 경이로운 (izvanredan, divan); ~a slast 경이로운 즐거움; ~a lepota 아주 훌륭한 아름다움 3. 매우 나쁜, 형편없는 (vrlo slab, neuspeo);

~a humorista 아주 형편없는 해학가; ~a šala 아주 부적절한 농담
jezovit -a, -o (形) 소름돋는, 오싹한, 몸서리 처지는, 끔찍한, 섬뜩한 (stravičan); ~a bajka 소름돋는 동화; ~a priča 섬뜩한 이야기
jezuit(a) 1. 예수회 수사(修士), 예수회 사람 (isusovac) 2. (輕蔑) 위선자, 부정직한 사람 (neiskren čovek, licemer)
jež -evi 1. (動) 고슴도치 2. (植) 구형(球形) 선인장 (선인장의 한 종류) 3. 로라 (땅을 다지는, 로라가 기어 모양의) 4. (軍) 철조망 방어물; 콘크리트 방어 장벽 5. 기타; morski ~ 성게; mravinji (mravlji) ~ (動) 바늘두더쥐; redom se jež ježi 모든 것이 자신의 페이스대로 되어 간다; osetiti ~eve (po telu) 몸에 소름이 돋는다
ježić (植) 유럽산(産) 꿀풀과(科)의 탑꽃
ježiti -im (不完) **naježiti** (完) 1. 소름돋게 하다, 전율하게 하다, 치떨리게 하다; (몸의) 털이 쭈뼛 서게 하다; ~ dlaku 모골이 송연하게 하다, 털이 쭈뼛 서게 하다 2. ~ se (추위·두려움 때문에) 소름이 돋다, 전율하다, 몸서리 치다; ~ se od zime 추워서 몸을 떨다; ~ se od njegovog dodira 그의 (신체)접촉으로 인해 소름이 돋는다; ~ se od rata 전쟁에 몸서리치다; koža mu se ježi 그는 닭살이 돋는다, 소름이 돋는다 3. ~ se 머리가 쭈뼛 서다, 모골이 송연하다 4. ~ se 불쾌감을 느끼다, 학을 떼다; na njihove psovke on se ježio 그들의 욕설에 그는 학을 떼었다 5. ~ se 잔잔하게 넘실거리다 (물이) (blago se talasati); more se ježilo na vetru 바다는 바람에 잔잔하게 넘실거렸다
JNA 유고슬라비아인민군대 (Jugoslovenska narodna armija)
jod (化) 요오드 (비금속 할로겐 원소; 기호 I, 원자 번호 53) jodni (形)
jodid (化) 요오드화물(化物)
jodirati -am (完,不完) 요오드(jod)와 섞다, 요오드를 바르다
jodlati -am, **jodlovati** -lujem (不完) 요들을 부르다
jodnī -ā, -ō (形) 요오드의; ~ rastvor 요오드 용액
jog joga; jogi 요가 수행자
joga 요가
jogunast -a, -o (形) 고집센, 완고한 (tvrdoglav, samovoljan, nepokoran, obestan); ~o dete 고집센 아이, 말을 잘 안 듣는 아이
jogunica (男,女) 고집센(완고한) 사람
jonuniti se -im se (不完) **uzjoguniti se** (完) 고

J

330

집부리다

jogunluk 고집, 완고함; *u svom ~u ... katkad ni za život ne mare* 자기 고집 때문에 가끔 목숨조차 신경쓰지 않는다

jogurt 요구르트

joha (D. *johi*) (=jova) (植) 오리나무 **johin, johov** (形)

johovina 오리나무 목재

joj (感歎詞) 1. (강렬한 느낌·감정; 아픔, 통증, 공포, 비탄, 기쁨, 감탄 등을 나타냄); 아~, 오~ 2. 위협·공갈(pretnja)을 나타냄

joj (接語) 여성인칭대명사 ona의 여격형

jok (副) 아니, 아냐 (ne, nije, nikako)

jon *jona* (=ion) (化)(物) 이온; *negativan ~* 음이온; *pozitivan ~* 양이온; *slobodni ~i* 자유이온

jonizacija (=ionizacija) 이온화(化)

jonizirati *-am*, **jonizovati** *-zujem* (完,不完) 이온화하다 (ionizirati)

jonosfera 전리권(電離圈)

jonskī *-ā, -ō* (形) 이온의; *~ snop* 이온 광선

jonskī *-ā, -ō* (形) (그리스의) 이오니아의; *~ stil* 이오니아 스타일

Jordan 요르단 **Jordanac; Jordanka; jordanski** (形)

jorgan (솜·양모 등을 넣어 만든) 누비이불; 이불, 침대 커버

jorgandžija (男) 누비 이불(jorgan)을 만드는 사람(파는 사람)

jorgovan (植) 라일락 **jorgovanov** (形); *~ cvet* 라일락꽃

još (副) 1. 아직, 여전히 (말하는 그 순간에도 아직 중단되지 않은 것을 표현하는); *da, ~ je živ* 그래, 아직 (그는) 살아있어!; *~ je gorela vatra u peći* 벽난로 불이 여전히 타고 있었다 2. 이미, 벌써 (말하는 시점 훨씬 이전에 일어난 것을 표현하는); *upoznali smo se ~ prošlog leta* 우리는 이미 지난 여름에 서로 알게 되었다 3. 이미, 벌써 (기대했던 것보다 먼저 일어났거나 먼저 일어날 수 있는 것을 표현할 때); *bilo je to ~ pre rata* 이미 전쟁 전에 있었다(일어났던 것이다); *nisam ga ni ja videla ... ali ćemo ga sutra videti - Još sutra?* 나도 그를 못봤는데 ... 내일 그를 볼 수 있을 것이다 - 벌써 내일 (볼 수 있다고?) 4. (이미 있는 것, 존재하는 것에 어떤 다른 것이 더해지거나 합해지는 것, 계속되는 것을 표현할 때) 또 하나의, 더, 또 (uz to, osim toga, kao dodatak); *daj mi ~ hleba* 빵을 좀 더 줘!; *hoću ~ jednu kafu* 커피 한 잔 더 마실께; *morate ležati ~ mesec dana* 아직 한 달 더 누워있

어야 해요; *koliko ćeš ~ ostati?* 얼마나 더 머물 예정이냐? 5. (i još, još i의 형태로 더 해지는 의미를 강조) *ne samo da sam umoran, nego sam ~ i gladan* 나는 피곤할 뿐만이 아니라 배고프기까지 하다 6. (비교급과 함께 쓰여 비교급의 의미를 강조) 훨씬 더 ~; *Novi Sad je ~ bliži Beogradu od Niša* 노비사드는 니쉬에서 보다는 베오그라드에서 훨씬 더 가깝다 7. (최상급과 함께 쓰여 형용사가 의미하는 뜻이 거의 없는 것을 표현) 그래도; *on je ~ najbolji* 그는 그래도 가장 뛰어나다(떨어지는 그룹 중에서); *jednoga večera ... u tom društvu ... nešto išlo sve usiljeno i utegnuto, ~ najveseliji je bio apotekar* 그 단체의 ... 한 저녁식사 자리에서 ... 뭔가 모든 것이 강제적이었고 경직된 방향으로 갔는데, 그래도 가장 즐거운 사람은 약사였다 8. (i to još kako의 형태로) 문장이 의미하는 것을 강조; *i Anica je sve radila, i to ~ kako!* 아니짜가 모든 것을 다했다, 정말로! 9. 기타; *nije nego ~ (što)* 말도 안된다! 넌센스이다!

joša 참조 joha; (植) 오리나무

jošik 오리나무숲

jošika 참조 joha

jošje (集合) joha

jošte (副) 참조 još

jota 1. 이오타(I, ι: 그리스어 알파벳의 아홉째 글자) 2. (=jot) 라티니짜와 치릴리짜의 <j> 3. *ni (jedne) ~e* 조금도 (~않다) (nimalo, ništa); *ni za ~u* 조금도 (~ 아니다) (ni za najmanju sitnicu, nikako)

jotacija (文法) 'j' 첨가, 구개음화 (jotovanje)

jotovati *-tujem* (不完) 'j'를 첨가하여 구개음화 시키다

jova (植) 오리나무 (joha) **jovin, jovov** (形)

jovik 오리나무숲 (jošik)

jovljak 참조 jošik

jovovina 오리나무 목재

JRM 유고슬라비아해군(Jugoslovenska ratna mornarica)

ju (종종 반복적으로 사용되어) (두려움·놀라움 등을 나타내는) 우~

ju (接語) 3인칭인칭대명사 ona의 대격(A)

jubilej *-eja* (男) (개인의 어떤 활동·기관의 설립·사건 발생 등의) 기념일, 기념제; *škole* 학교 설립 기념일 **jubilaran** (形)

juče(r) (副) 1. 어제 2. 얼마 전에 (nedavno prošle vreme) 3. 기타; *čovek od ~* 잘 알려지지 않은 사람(어제부터 알려지기 시작한 사람)

J

jučeranjī -ā, -ē 참조 jučerašnji

jučerašnjī -ā, -ē (形) 形) 1. 어제의; ~ dan 어제; ~ događaj 어제의 사건; ~e novine 어제 신문 2. 지난 날의, 이전의; ~ đak 전(前) 학생 3. 잘 알려지지 않은, 유명하지 않은(어제부터 알려진)

jučerašnjica 1. 어제; 어제 일어난 일 2. 얼마 지나지 않은 과거, 근래(近來)

judaizam -zma 유대교

jufka (D. jufci, G.pl. jufkā & jufkī) (만두 등의) 피

jug (男) 1. 남(南), 남쪽(방향) 2. (Jug) 남부 국가, 남부 주민; 남부 지역(어떤 나라의); borba Juga i Severa u Americi 미국남북전쟁 3. 남풍(南風)

jugo (男,中) (아드리아 연안에 부는) 남풍

jugoistočnī -ā, -ō (形) 동남쪽의; ~a Evropa 동남유럽; ~ vetar 동남풍

jugoistočnjak 동남풍

jugoistok 1. 동남(쪽, 방향) 2. (대문자로) 동남 국가

Jugoslavija 유고슬라비아; Jugosloven, Jugoslaven; Jugoslovenka, Jugoslavenka; jugoslovenski, jugoslavenski (形)

jugoslavistika 유고슬라비아학(學)

jugovina 1. 남풍 (주로 겨울에 부는 고온다습한) 2. (비유적) 편한 생활, 손쉬운 벌이; 무위도식; 유리한 상황; nema kod mene ~e 나에게 편한 생활이란 없다

jugozapad 1. 남서(쪽, 방향) 2. (대문자로) 남서 국가, 남서쪽 국민(주민) jugozapadni (形)

jugozapadnjak 남서풍

juha (D. juhi 드물게 jusi) 참조 supa, čorba; goveđa ~ 소고기 수프; riblja ~ 피시 수프; kokošja ~ 치킨 수프; ~ s rezancima 면 수프; lozova ~ (비유적) 포도주, 와인

jujukati -čem (不完) jujuknuti -nem (完) (너무 기뻐) 유유(ju ju) 소리를 내다

juka (植) 유카(용설란과의 여러해살이풀)

jukstapozicija 병렬, 병치

jul (男) 7월 (srpanj) julski (形)

juli -ija, -iju; juliji, julijā (男) 참조 jul

julijanskī -ā, -ō (形) (숙어로만 사용); ~ kalendar 율리우스력

julijskī -ā, -ō (形) 7월의; ~a žega 7월의 무더위; ~o sunce 7월의 태양

julskī -ā, -ō (形) 7월의

jun 6월 (lipanj) junski (形); ~ ispitni rokovi 6월 시험 기간(기말고사)

junac -nca; junācā 1. 숫컷 송아지, 어린 숫소 2. (비유적) 멍청이, 우둔한 사람

junačan -čna, -čno (形) 용감한, 용기 있는, 대담한, 영웅적인 (smeo, hrabar, odvažan)

junačina (男,女) (지대체) junak; 대단한 영웅; 용감한 사람

junačiti -im (不完) 1. 고무하다, 격려하다, 용기를 북돋우다 (hrabriti, sokoliti); ~ svoje vojnike 자기 병사들의 용기를 북돋아주다 2. ~ se 용감한척 하다, 자신의 용맹성(용기)를 보여주다; kad su došli nasred šume, najstariji brat, koji se dotle junačio i hrabrio, oseti silan strah 그들이 숲 한 가운데 당도하자, 그때까지 용감한 척 했던 장형(長兄)은 엄청난 두려움을 느낀다 3. ~ se 자화자찬하다, 자랑하다, 허풍을 떨다; lako je vama ~ se nad polumrtvim čovekom kome ste i ruke svezali 당신이 양 손을 묶어놓아 반쯤 죽은 사람 앞에서 허풍을 떠는 것은 아주 쉽다

junačkī -ā, -ō (形) 1. 용감한, 용맹한, 대담한, 영웅적인 (junačan); ~o delo 용감한 행동; ~ mladić 용감한 젊은이 2. 영웅을 노래하는, 서사시의; ~a pesma 영웅시, 서사시

junački (副) 용감하게, 용맹하게, 영웅적으로; ~ izdržati 영웅적으로 견디다

junad (女) (集合) june

junak (pl. junaci, junākā) 1. 영웅, 용사 (특히 전장터의); ~ našeg naroda 우리 민족의 영웅 2. (시·극·소설 등의) (남자) 주인공, 주요 인물; ~ takmičenja 경기 주인공; ~ romana 소설의 주인공; ~ drame 드라마 주인공 3. (종종 비유적으로) 특별한 관심을 끄는 사람, 중심 인물; ~dana 오늘의 주인공; ~ lakejskih soba 하인방의 이목을 끄는 사람; ~ gradskih salona 사교 클럽의 주인공 4. 기타; grob neznanog junaka 무명용사의 묘 (특히 제 1차 세계대전의); ~ na jeziku (na rečima) 허풍쟁이, 떠버리; ~ od oka 진짜 영웅 junakinja; junački (形)

junaštvo 1. 용기, 용감, 용맹 (hrabrost, smelost) 2. 용감한 행위, 영웅적 행동

june -eta 1. 중소(송아지보다는 크지만 아직 번식할 정도는 안되는 소 junećī (形); ~e meso 소고기(중소의) 2. (비유적) 우둔한 사람, 멍청한 사람, 알지 못하는 사람 (glupak, neznalica)

juni (男) 참조 jun; 6월

junica (아직 새끼를 낳은 적 없는) 암소

junior 1. (이름이 같은 아들에게 붙이는) 주니어, 아들 2. (스포츠의) 청소년 선수, 주니어 선수; ~i su pobedili 주니어 선수들이 승리했다

junker 융커(독일의 귀공자); 융커 당원(19세기 중엽의 프로이센의 보수적 귀족 당원)

junskī _-ā, -ō_ (形) 참조 jun; 6월의

Jupiter 주피터

jurcati _-am_ (不完) 1. 참조 juriti; 바삐 이곳저곳을 뛰어다니다, 재미를 찾아 이리저리 다니다; _lutao je ulicama, jurcao za povrokama_ 길거리를 헤매고 다녔으며 행렬을 뒤쫓아 뛰어다녔다 2. ~ se 재미를 찾아 다니다, 재미있게 놀다, 시간을 보내다

jurget (男), **jurgeta** (女) 호박의 한 종류 (둥글게 길쭉하며, 보통은 잘게 갈은 고기를 넣어 먹음)

jurija 1. 서두름, 급함, 뛰어감 (jurnjava, jurenje, trčanje); _na ~u_ 서둘러, 급히 2. 놀이터(뛰어다니는 곳)

jurisdikcija 사법권, 재판권, 관할권; 관할 구역; _imati ~u nad nečim ~_에 대한 사법권을 가지다; _preneti ~u na koga_ 재판권을 누구에게 넘기다

jurisprudencija 법률학, 법리학; 법원의 판례

jurist(a) 1. 법학도 2. 법학자, 법률 전문가

juristika 법학(법률) 지식 **juristički** (形)

juriš 1. (군대의 적진을 향한) 습격, 돌격; _izvršiti (učiniti) ~ na nešto ~_에 대해 습격하다; _~om zauzeti položaj_ 습격하여 (적의) 위치를 점령하다; _zauzeti na ~_ 재빨리 점령하다; _odbiti ~_ 습격을 물리치다 2. (감탄사 용법으로) (적에 대한 공격 명령으로) 공격!, 돌격!; _viknuti ~!_ 공격!이라고 외치다 3. 기타; _pisati na ~_ 생각없이 급하게 쓰다; _osvojiti čije srce na ~_ 빠르게(한 눈에) 누구의 마음을 얻다

jurišati _-am_ (不完), **jurišnuti** _-nem_ (完) 1. 습격하다, 돌격하다; 습격에 나서다; _~ na trvrđavu_ 요새를 습격하다 2. (비유적) 말로 끈질기게 누구를 공격하다 (nasrtati); _u saboru su žestoko na nj jurišali_ 의회에서 격렬하고 끈질기게 그녀를 공격했다 3. (스포츠의) 날카롭게 공격하다, 습격하다; _~ na gol_ 골대를 향해 총 공격하다

jurišnī _-ā, -ō_ (形) 참조 juriš; ~ _bataljon_ 공격 대대, 돌격 대대; _~a četa_ 돌격 중대; _~a avijacija_ 공격 편대

jurišnik 돌격부대원

juriti _-im_ (不完) **jurnuti** _-nem_ (完) 1. 뛰어가다, 달려가다; 서둘러 떠나다; (어떤 목적의 달성을) 끈질기게 노력하다, ~의 뒤를 뒤쫓다; ~ _za devojkama_ 아가씨들 뒤꽁무니를 쫓아다니다; ~ _za parama_ 돈을 뒤쫓다 2. (물 등이) 콸콸 흐르다, 흘러가다; (신체의 어느 부분으로) 솟구쳐 흐르다, 쏠리다; _krv mu je jurila u mozak_ 피가 그의 뇌로 쏠렸다 3. 뒤쫓다, 추적하다, 추격하다 (goniti, proganjati); ~ _(nekoga) na konju_ 누구를 말을 타고 추적하다; ~ _žene_ 여자들을 뒤쫓다 4. ~ se 서로 뒤쫓다 (goniti se, vijati se) 5. 기타; ~ _vetar_ 쓸데없이(헛되이) ~을 하다; ~ _kao bez glave_ 당혹스럽게(어리둥절하게) ~ 일하다 (행동하다)

jurjevac _-vca_ (植) 명아주 (pepeljuga)

jurnica (植) 꽃고비

jurnjava 1. 서두름, 뛰어감, 돌진, 쇄도 (jurenje, trčanje, užurbano kretanje) 2. 빠른 속도를 요구하는 그 어떠한 일(업무) 3. 밀고 밀치기, 무질서, 엉망, 혼란, 소란 (gurnjava, gužva, metež, nered) 4. 끈질긴 노력(어떠한 희생을 해서라도 뭔가를 얻으려는); ~ _za položajem_ 직위를 향한 끈질긴 노력

jurodiv _-a, -o_ (形) 선천적으로 미친(정신이 이상한)

jus _-ovi_ 법(法), 법학

jus 교회슬라브어 알파벳 비음의 명칭

justificirati _-am_ (完, 不完) 사형을 집행하다, 처형하다 (사형수를) (smaknuti, smicati)

justifikacija 사형 집행 (egzekucija)

jušan _-šna, -šno_ (形) 참조 juha; 수프의; _~šno jelo_ 수프; _~šno konzerve_ 수프 통조림

juta 황마(黃麻), 주트의 섬유; 주트(범포·안남미 부대 따위의 재료)

jutan _-a, -o_ (=juten) (形) 참조 juta; 주트의

jutarnjī _-ā, -ē_ (形) 아침의, 아침에 일어나는 (행하는); _~a gimnastika_ 아침 체조; _~a maglica_ 아침 안개; _~e raspoloženje_ 아침 기분; _~e novine_ 조간 신문; _~a haljina_ (잠옷 위에 입는) 가운(실내복)

juten _-a, -o_ (形) 참조 juta

jutrašnjī _-ā, -ē_ (形) 참조 jutarnji

jutrenja (女), **jutrenje** (中) (교회의) 아침 기도 예배

jutrenjī _-ā, -ē_ (形) 참조 jutarnji

jutriti se _-i se_ (不完) (無人稱文으로) 동트다, 동이 트다, 날이 밝다; _dok se ne počne jutriti, ja ... ne radim_ 동이 트기 전까지 나는... 일을 하지 않는다

jutro (中) (G.pl. _jutārā_) 1. 아침, 오전(동이 트고 정오까지의); _rano ~_ 이른 아침; _vedro ~_ 쾌청한 아침; _dobro ~_ 안녕하세요(아침 인사); _od ~a do sutra_ 끊임없이, 계속해서; _od ~a do mraka_ 아침부터 저녁까지 2. (비유적) 뭔가 새로운 시작; ~ _života_ 인생의 새로

J

운 출발(시작) 3. 에이커(면적 단위, 약 4,050평방미터에 해당하는 크기의 땅) 4. 기타; *po ~u se dan poznaje* 사람은 변하지 않는다(어렸을 때나 나이 들어서나); *mudrije (starije) je ~ od večera* 내일까지 생각해 볼 일이다; *s ~a* 아침에

jutrom (副) (보통은 jutrom i večerom 형태로) 아침에(ujutro)

jutros (副) 오늘 아침에

jutrošnjī *-ā, -ē* (形) 오늘 아침의; *~e novine* 오늘 아침 신문

juvelir 보석 세공인; 보석 판매상 (draguljar)

juvelirstvo 보석 세공업

južan *-žna, -žno* (形) 1. 남풍의 2. 참조 južni

južina 남풍 (južni vetar)

južiti (se) *-i (se)* (不完) (무인칭문) 남풍이 불다; 점점 따뜻해지다(온화해지다)

južnī *-ā, -ō* (形) 참조 jug; 남(南)의, 남쪽의

južnoslavenskī, južnoslovenskī *-ā, -ō* (形) 남슬라브(민족, 국가)의

južnjak 1. 남부 사람, 남쪽 사람 2. 남풍(南風) **južnjakinja; južnjački** (形)

J

K k

k, ka(자음 k, g, h앞에서는 규칙적으로, 다른 자음 앞에서는 드물게) (前置詞,＋D) 1. (이동·움직이는 방향의 대상이 되는 장소·물건·사람을 나타냄) ~ 쪽으로, ~ 향하여 (smer, pravac); *ode k materi u sobu* 어머니를 향해 방으로 간다; *on ide ka kolima (vratima)* 그는 차(문)쪽으로 간다; *lizao je plamen k nebu visoko* 불길이 하늘 높이 펄럭인다; *okrenuti k meni* 날 향해 돌아서다; *krenuti ka hotelu* 호텔을 향해 이동하다; *pošli su ka desnoj strani* 그들은 오른쪽으로 갔다 2. (누군가 수용하는 것을 나타냄) ~로; *odlučio je da se vrati k zločinu čim izađe iz kaznenog zavoda* 그는 교도소에서 출소하자 마자 범죄로 돌아가기로 마음먹었다; *teži ka boljem životu* 보다 낳은 삶을 지향하다 3. (방위·방향을 나타냄) ~ 쪽으로, ~을 향하여; *ona pruži ruku obrnuvši glavu k prozoru* 그녀는 머리를 창문쪽으로 돌린 다음 손을 뻗는다; *ostali otoci k istoku leže* 다른 섬들은 동쪽으로 (뻗어) 있다; *put k Beogradu* 베오그라드 쪽으로 난 도로 4. (누구를 향한 것을 나타냄) (누구를) 향한; *raspali u grudima kraljičinu ljubav k Eneji* 에네야를 향한 왕비의 사랑은 가슴에 불타오른다; *želeo je da ... ustanak u Srbiji ... posluži ... i k oslobođenju i Grčke* 세르비아의 봉기가 그리스의 해방에도 역할을 하기를 바랐다 5. (뭔가 일어나는 시기·시간·기간을 나타냄) (vreme, rok) ~ 경에, ~ 쯤에, ~ 무렵에; *udaću se k jeseni* 가을 무렵에 시집갈 것이다; *k večeru* 저녁경에, 저녁 무렵에

kabadahija (男) 1. (歷) 부(副)다히야(4명의 터키 예니체리 수장중의 한 명(1801년 세르비아에서의 권력을 움켜 쥐었던)) 2. (비유적) 깡패, 악당 (nasilnik) **kabadahijski** (形)

kabanica 망토 (추위, 비를 피하기 위한), 비옷; *kišna ~* 비옷; *obrnuti ~u* 적진으로 넘어가다, 반대진영에 합류하다; *okretati ~u prema vetru* 시류에 편승하여 행동하다

kabao *-bla*; *kablovi* (男) (우물에서 물을 퍼내는) 두레박; (그 물을 담아 나르는) 양동이, 물통 (vedro, kofa); *kiša pada kao iz ~bla* 비가 억수같이 내린다

kabare *-ea* (男) **kabaret** *-eta* 카바레, 나이트 클럽 **kabaretski** (形)

kabaretskī *-ā, -ō* (形) 카바레의; *~a pevačica* 카바레 여가수; *~ glumac* 카바레 배우

kabast *-a, -o* (形) 자리를 많이 차지하는, 부피가 큰, 덩치가 큰, 너무 큰 (suviše velik, krupan, glomazan); *predloži da bar rance ostavi, teški su i ~i* 배낭만이라도 놓고 가자고 제안한다, 무겁고 너무 크기 때문이다

kabel (=kabl) 1. 전선(電線), (전화기 등의) 선, 케이블 2. 굵은 철제 밧줄(선박에서 사용하는) 3. 1련(鏈; 1/10해상 마일, 해상거리를 나타내는 단위) **kabelski** (形)

kabina (배의) 객실, 선실; (전화국 등의) 부스; (칸막이를 한) 작은 공간, 부스; *šoferska ~* 운전석; *telefonska ~* (공중)전화 부스

kabiner (해수욕장·풀장의) 탈의실 부스 담당자

kabinet 1. (政) 내각, 각의(閣議), 정부 2. 사무실, 업무실 (kancelarija); *šef je u svom ~u* 장(長)은 자기 사무실에 있다 3. (연구기관, 학교등의) 실험실, 연구실; *hemijski (fizikalni) ~* 화학(물리) 실험실; *~ za predvojničku obuku* 교련 훈련실 **kabinetski** (形)

kabl *-ovi* 참조 kabel; **kablovski** (形)

kablar 통(kabao) 제조업자(판매업자)

kablica (지대체) kabao

kablić (지소체) kabao

kablogram 해저 전신; 해외 전보

kablovskī *-ā, -ō* (形) 전선(電線)의, 케이블의; *~a mreža* 케이블망

kabotaža 연안(沿岸)항해, 연안해운 **kabotažni** (形)

kabriolet 1. 말 한 필이 끄는 2륜 포장 마차 2. 지붕을 접을 수 있는 차, 컨버터블

kaca (나무로 된) 원통형 통 (윗부분이 열려 있는, 밑은 넓고 위는 좁은)

kaciga (오토바이 탑승자 등의) 헬멧 (šlem)

kačak (정부에 대항하여 일어난) 봉기자, 반란자; 강도, 도적, 산적, 약탈자 (odmetnik; razbojnik)

kačamak (料理) 옥수수죽, 폴렌타(이탈리아 요리에 쓰이는, 옥수수 가루로 만든 음식)

kačar 통(kaca) 제조업자 **kačarski** (形)

kačara (=kačarnica) 라키야를 만드는 건물 (그 건물에 라키야를 받는 통(kaca)이 있음)

kačarnica 참조 kačara

kačarskī *-ā, -ō* (形) 참조 kačar; *~ zanat* 통 제조업

kačer (鳥類) 개구리매독수리 (남유럽·아프리카 산(産))

kačica (지소체) kaca

kačiti *-im* (不完) **okačiti** (完) 1. 걸다, 매달다; *~ kaput o (na) čiviluk* 옷걸이에 외투를 걸

다 2. (한 물건을 다른 물건에) 묶다, 연결하다 (vezati); ~ prikolicu za kola 트레일러를 자동차에 연결하다 2. ~ se 걸리다, 매달리다; on se kači za svaku sitnicu 그는 모든 사소한 것들에 야단법석을 떤다

kačkalica 크로셰 뜨개바늘, (크로셰용) 코바늘

kačkati -am (不完) 코바늘로 뜨다

kačkati -am (不完) 1. 진창을 밟다(밟고 가다) 2. 죽(kaša)으로 만들다, 죽처럼 묽게 하다

kačkavalj 양젖으로 만든 치즈의 일종 (납작하게 눌려진 모양의 딱딱한 형태의), 까츠까발

kačkavica 묽은 진흙, 진창 (bljuzgavica)

kačket (男), **kačketa** (女) 차양이 있는 모자

kaćipera 참조 kaćiperka

kaćiperan -rna, -rno (形) 1. 치장하기를 좋아하는, 장식을 좋아하는 2. (비유적) 멋 부린, 맵시를 낸, 치장한, 장식한 (kićen)

kaćiperka 과도하게 치장한 여자, 멋 부린 여자, 유행을 따르는 여자 (pomodarka)

kaćiperski (女)

kaćun (植) 1. 난초 2. (複數로) 난초과(科)

kad, kada (副, 接續詞) I. (副) 1. 시간을 물어보는 의문문에서; 언제 kad si došao? 언제 왔지?; kad si se oženio? 언제 장가를 갔느냐? 2. (부정(不定)의 의미로) 언젠가, 때때로, 오래전에, 한 번은... 또 한 번은 (nekad, ponekad, davno); je si li išao kad u Ameriku? 미국에 가본 적이 있느냐? retko sam ~ izlazila u grad 이전에 나는 도심에 드물게 나갔다; daje deci kad bombone, kad čokolade 아이들에게 때로는 과자를 때로는 초콜렛을 준다; idem na posao ~ kolima ~ autobusom 나는 때로는 자동차로 때로는 버스로 출근한다; da li si ~ bio u Parizu? 너는 파리에 가본적이 있느냐? 3. ~을 할 시간이 있거나 없거나 할 때를 나타냄; nema kad nama doći 우리에게 올 시간이 없다; nisam imao ~ da ti pišem 너에게 편지를 쓸 시간이 없었다 II. 접속사적 의미로, 종속절에서 4. ~할 때에, ~하는 때; imao je tek osam godina kad je jednoga dana otišao sam u grad 그가 어느 날 혼자 도시로 떠났을 때 그는 겨우 8살이었다; ne znam kad će oni stići 그들이 언제 도착할 지를 모른다 5. 조건을 나타냄 (uslov, pogodba); kad bi mi samo otac došao, imao bih ja para 아버지가 오시기만 한다면, 나도 돈이 있을텐데; ~ bi bilo lepo vreme, mogli bismo otići na plažu 날씨가 좋기만 했었다면 해변가에 갈 수 있었을텐데; ~ bih samo imao malo više vremena 시간이 조금만 더 있었더라면

6. 원인, 이유를 나타냄 (pošto); kad me videše onako pokisnog, svi se nasmejaše 이렇게 비맞은 나를 보고나서는 모두가 웃었다 7. 동시성을 나타냄; ~하는 동안 (dok), kad smo bili preko polja, poče kiša 우리가 들판에 있을 때, 비가 내리기 시작했다; samo što je palo veče, ~ poče kiša 막 어두워졌을 때 비가 내리기 시작했다 8. 원인, 이유를 나타냄; ~때문에, 왜냐하면 (zato što, pošto, jer); moram se radovati, kad mi se kćer udaje 내 딸이 시집을 가기 때문에 기뻐할 수 밖에 없다 9. 희망, 바람, 감정을 나타내는 문장의 앞에서; ~한다면; kad bi ovo lepo vreme samo potrajalo, sve bih završio 이렇게 좋은 날씨가 지속만 된다면, 모든 것을 끝마칠 수 있을텐데 10. 통상적이지 않은, 예상하지 않은 그 무언가를 말할 때, 반대의 의미로 (a, ali); samo se očekivalo da pođemo, kad iznenada poče pljusak 우리가 출발을 막 하려고 했을 때 소나기가 내리기 시작했다 III. 부사적 구문에서 11. 항상, 언제나 (u svako vreme, svakad); kad bih ga god upitao da li uči, odgovarao je potvrdno 내가 공부를 하냐고 그에게 물었을 때마다 항상 그는 그렇다고 대답했다 12. 언제라도, 언제든지, 항상 (u bilo koje vreme, bilo kad); ne može bilo ko reći da ga je ma kad video pijanog 그 누구도 그가 항상 취해 있었다고 말할 수 있는 사람은 없다; bilo ~ da pođeš, stići ćeš tamo danas 언제 출발하든지 간에 오늘중으로 거기에 도착할 것이다; dođite bilo ~ 언제든지 오십시요 13. 기타; bog te pita ~, ko zna ~ 아주 오래전에 (vrlo davno); jedva ~, slabo ~ 드물게, 거의 ~하지 않다; još ~ 아주 오래전에 (vrlo davno); ~ mu drago 언제든지; ~(a)-tad(a) 조만간에, 머지않아; kako ~, ~ kako 언젠가는 이렇게, 언젠가는 저렇게; ~ sebe 아주 오래전에; ~ ti kažem 너한테 단언컨대

kad 향, 향내; 향연기; ~ od tamjana 향 연기

kada 1. (愛稱) kaduna; 여사(女史) 2. (植) 수선화 (zelenkada)

kada 1. (목욕탕의) 욕조 2. 참조 kaca: 통

kada (愛稱) kadulja; 세이지, 샐비어(약용·향료용 허브)

kadaif (料理) 음식의 한 종류

kadar -dra, -dro (形) 능력있는, 할 수 있는, 유능한, 역량있는; on je ~ da tako nešto uradi 그는 그렇게 무언가를 할 수 있을 만큼 유능하다

kadar -*dra*; *kadrovi* 1. (한 조직의·기관의·부서의) 인원, 직원, 전직원; *referent za* ~*ove* 인사 담당관; *nastavni* ~ 교수 요원; *sudski* ~ 법원 직원; *naučni* ~ 연구 요원 **kadrovski** (形) 2. (軍) 기간 요원, 간부단(장교, 부사관의); 정규군 부대(의무복무를 하는) 3. (영화·비디오의) 한 장면, 프레임; *snimio je poslednji* ~ *ovog filma* 이 영화의 마지막 한 장면을 찍었다 4. 틀, 프레임 (okvir)

kadašnjī -*ā*, -*ē* (形) 1. 언제 적의, 언제부터의, 어느 시절부터의 (od kada, iz kog vremena); ~ *je to film* 언제 적 영화야? 2. 오래된, 오래전의 (star, davnašnji); ~*a ruševina* 오래 전의 폐허

kadaver 시신, 시체 (leš, lešina, strvina)

kadenca (音樂) 마침법(악곡·악장 끝 소절의 정형적 화음), 카덴차

kadet 사관학교 생도, 사관 후보생 **kadetski** (形)

kadgod (副) (정해지지 않은 시간을 말함) 언제나; 언제라도, 어느때라도 (nekad; katkad); *idete li* ~ *u bioskop?* 언젠가 영화관에 가실 예정인가요?; *jesi li* ~ *pisao Nadi?* 나다에게 이전에 편지를 썼느냐?; *zašto ne svratiš* ~ *do nas?* 왜 우리 집에 네가 편리한 시간 언제라도 들르지 않느냐?

kadifa 1. 벨벳, 우단 (baršun) 2. (植) 천수국 (千壽菊: 멕시코산(産) 국화과(科)의 일년초) (kadifica)

kadifan -*a*, -*o* & -*fna*, -*fno* (形) 1. 우단의, 벨벳의; 우단 재질의, 벨벳 재질의 2. 벨벳 같은, 우단 같은 (kadifast)

kadifast -*a*, -*o* (形) 벨벳 같은, 우단 같은

kadifica 참조 kadifa; (植) 천수국(千壽菊: 멕시코산(産) 국화과(科)의 일년초)

kadija (V. kadija & kadijo) (男) (宗) (이슬람교) 카디(이슬람법에 기초해 판결을 내리는 재판관), 이슬람 종교 재판관

kadikad (副) 1. 때때로, 이따금, 종종 (ponekad); ~ *pogledati kroz prozor* 때때로 창문을 통해 쳐다보다; ~ *promešati jelo u loncu* 때때로 냄비에 음식을 잘 섞다 2. 아주 오래전에 (davno, odavno); ~ *je on to meni govorio* 오래전에 그것을 내게 말했다

kadilac -*ioca* 1. 향을 피우는 사람 2. (비유적) 아첨꾼, 알랑거리는 사람

kadionica, kadionik, kadilo 향로(香爐); 교회 의식에서 향을 피우는 금속제 제기(祭器)

kadionī -*ā*, -*ō* (形) 향(香)의; ~ *žrtvenik* 분향소

kaditi -*im* (不完) 1. 향(kad)을 피우다 2. 냄새로 가득차게 하다, 냄새로 가득차다; 냄새나

다; *miris lice kadio celu okolinu* 얼굴 냄새가 주변 천지에 가득했다 3. (宗) (교회 의식에서) 향로를 흔들다, 향로를 흔들어 향내가 퍼지게 하다; *kadio je trpezu i čitao molitve* 식사 음식에 향로를 흔들고 기도서를 읽었다 4. (비유적) 아첨하다, 알랑거리다 (laskati, udvarati se, ulagivati se); *ona mu kadi* 그녀는 그에게 아첨한다

kadiva 참조 kadifa

kadivast -*a*, -*o* (形) 참조 kadifast

kadivica 참조 kadifica

kadli (接續詞) (무언가 예상하지 못한 무엇인가가 발생했을 때) 그런데 (a to, a ono)

kadno (接續詞) 참조 kad

kadran (시계의) 앞면, 문자반

kadril 카드리유(4쌍 이상의 사람들이 네모꼴을 이루며 추는 춤)

kadrovac -*ovca* (軍) 기간병(의무복무중인)

kadrovskī -*ā*, -*ō* (形) 참조 kadar; 인원의, 요원의; 정규군 부대의, 기간 요원의;); ~*a politika* 인사 정책; ~*a služba* 인사과(부)

kadšto (副) 이따금, 종종, 때때로 (katkad)

kadulja (植) 세이지, 샐비어(약용·향료용 허브) (žalfija)

kaduna (무슬림 여자의 경우에만 해당) 명망있는 여자, 저명한 여자; 여사(女史) (gospođa)

kafa 커피; ~ *u zrnu* 커피 열매; *crna(turska)* ~ 블랙 커피(터키식 커피); *bela* ~ 카페오레, 밀크 커피; ~ *s mlekom* 우유를 탄 커피; *slatka* ~ 설탕을 탄 커피; *gorka* ~ 설탕을 넣지 않은 커피; *skuvati* ~*u* 커피를 끓이다; *šolje za* ~*u* 커피잔; *mlin za* ~*u* 커피 분쇄기 **kafeni** (形); ~*a boja* 커피색

kafana 카페, 바, 술집 (gostionica) **kafanski** (形)

kafančina (輕蔑) 참조 kafana

kafanskī -*ā*, -*ō* (形) 참조 kafana; ~*a bašta* 카페 정원; ~*a politika* 술집의 단골메뉴로 이야기되는 정치, 표피적이고 깊이가 없는 정치; ~ *čovek* 대부분의 시간을 카페에 들락거리면서 보내는 사람; ~ *političar* 술집의 정치가, 신뢰할 수 없는 정치가

kafedžija (男) 카페 주인, 술집 주인 (kafanar, gostioničar)

kafenī -*ā*, -*ō* (形) 참조 kafe; 커피의; 커피 색의; ~*a šolja* 커피잔; ~*a kašika* 티스푼; ~*a boja* 커피색

kafenisati -*šem* **kavenisati** (不完) 커피를 마시다, 커피를 마시면서 시간을 보내다, 커피를 마시면서 이야기를 즐기다

kafilerija 죽은 동물의 시체를 태우는 곳; 동물 화장장 (živodernica, strvodernica)

K

kaftan 카프탄 (터키 사람 등이 입는 소매가 긴 옷)

kaik 보트, (작은)배, 소형 배 (čamac)

kaiš *-šem*; *kaiši* & *kaiševi* **1.** 허리띠, 혁대(革帶) (보통은 가죽으로 만든, 드물게 천으로 된); *stezati* ~ 허리띠를 졸라매다(절약하면서); *udariti kome* ~ 누구를 속이다(사취하다) **2.** (혁대·띠 모양의) 끈, 줄. 띠, 벨트; ~ *za sat* 시계줄; ~ *ventilatora* (자동차의) 팬벨트; *iseći meso na ~eve* 고기를 가늘고 길게 자르다 **3.** (비유적) 사기, 사취; 고리대금업 (lihva, zelenašenje, kaišarluk)

kaišar (V. *kaišaru* & *kaišare*) **1.** 혁대를 만드는 사람, 혁대 제조공 **2.** (비유적) 사기꾼, 협잡꾼 **3.** (비유적) 고리대금업자 (lihvar, zelenaš, kamatnik)

kaišariti *-im* (不完) **ukaišariti** (完) 고리대금업에 종사하다; 속이다, 기만하다, 사취하다; ~ *na meri* 무게를 속이다(무게를 속여 팔다); ~ *na kartama* 카드를 속여 치다; *ukaišariti nekome 100 dinara* 누구를 속여 100디나르를 사취하다

kaišarluk, kaišarstvo 1. 사취, 기만, 사기 (prevara) **2.** 고리대금업 (zelenaštvo, liharstvo)

kaišati *-am* **1.** (가죽·베이컨 등을) 가늘고 길게 자르다, 띠(kaiš)모양으로 자르다 **2.** (비유적) 밭을 갈다 (brazditi) **3.** ~ **se** 끊어지다 (kidati se)

kaj (方言) (까이깝스끼의 무엇을 나타내는 의문·관계 대명사) 무엇 (šta)

kajak 1. 카약, (에스키모인의) 사냥용 작은 배 (보통 1인용의) **2.** (스포츠) 카약; ~ *jednosed (dvosed)* 1인용·(2인용) 카약

kajakaš 카약 선수 **kajakaški** (形)

kajakaštvo 카약, 카약타기

kajas (男), **kajasa** (女) **1.** (보통 複數로) (말의) 고삐 (dizgin, uzda) **2.** 검(劍)을 단단히 고정시켜주는 띠 **3.** (말의) 안장 줄(띠)

kajati *-jem*; *kaj* (不完) **pokajati** (完) **1.** 후회하다, 뉘우치다, 회개하다 **2.** ~ **se** 후회하다, 뉘우치다, 참회하다, 자책감을 느끼다

kajgana (料理) 스크램블드 에그 (휘저어 부친 계란 프라이); *kao svetog Petra* ~ 매우 비싼; *mene su ti izbori stajali kao svetog Petra* ~ 내게 그 선거는 매우 값비싼것이었다

kajita, kajuta (배의) 객실, 선실

kajkavac *-vca* 까이깝스끼 사용자 **kajkavka**

kajkavski *-ā*, *-ō* (形) 까이깝스끼의; ~ *dijalekat* 까이깝스끼 방언

kajkavština 까이깝스끼 방언

kajmak 1. 크림, 카이막, 유지(乳脂) (치즈를 만들 때 데운 우유의 표피층에 응고된) (skorup) **2.** (비유적) 가장 좋은 것, 최상인 것, 정수, 진수; *skinuti (pobrati)* ~ 가장 좋은 최상의 것만 취하다

kajmakam, kajmakan (歷) 부재상(副宰相), 대재상보(補); 도백(道伯), 목사(牧使), 지방 방백 (zamenik velikog vezira; okružni glavar; sreski glavar)

kajman 참조 aligator; 앨리게이터, 악어; ~ *misisipski* 미시시피강의 악어

kajsija (植) 살구 나무; 그 열매, 살구

kajsijovača 살구로 빚은 라키야

kajuta 참조 kajuta; (배의) 객실, 선실

kajzerica 대형 롤빵의 일종

kakadu *-ua* (男) (鳥類) 앵무새(머리에 닭 벼슬 모양의 깃털이 나 있는 오스트레일리아산)

kakao *kakaa* (男) (植) 코코아 나무; 코코아 가루, 코코아(코코아 가루를 탄 뜨거운 음료)

kakaovac *-ovca* (植) 카카오 나무

kakav *-kva*, *-kvo* (代) **1.** (사람이나 사물의 특성, 특징을 물어볼 때) 어떠한, 어떤 종류의; *kakve filmove voliš?* 어떤 종류의 영화를 좋아하는가?; *ne znam u kakvom kraju on stanuje* 그 사람이 어떤 지역에서 사는지 나는 모른다; *kakve je boje kaput?* 어떤 색깔의 코트인가? **2.** (대명사 ovakav, takav, onakav, 혹은 부사 ovako, tako, onako등과 대응하여) 관계를 나타냄; *kakav gost, onakva mu čast* 손님을 보면 그의 명성을 알 수 있다; *zašto si ti takav kakav si?* 너는 왜 그렇게 생겼냐?; *volim onakve freske kakve smo videli u tom manastiru* 그 수도원에서 본 것과 같은 그러한 벽화를 좋아한다 **3.** (이미 알려진 특성을 나타냄) 그러한; *zabava je, kakve već jesu zabave po bosanskoj provinciji* 보스니아 지방에서 이미 널리 행해지바와 같은 그러한 파티이다 **4.** (부정(不定) 대명사의 역할로) 어떤, 무슨, 어느 (neki, nekakav); *jeste li imali kakvih novosti od njega?* 그에게서 그 어떤 새로운 소식이라도 있었나요? **5.** (감탄, 놀라움, 불만, 거절 등의 감정을 나타내는 의문문이나 감탄문에서) 얼마나; *kakva lepotica!* 얼마나 아름다운 미인인가!; *kakav divan pogled!* 얼마나 훌륭한 경치인가!, 참 아름다운 경치다! **6.** 기타; ~ *god* 어떻든 간에; *kakvo god vreme da je, ti moraš doći* 날씨가 어떻든 간에 너는 와야만 한다; *imate li ma kakav drugi rečnik?* 아무 종류의 사전이라도 있나요?; ~ *sam, takav sam* 나는 원래 이래(그래), 나는

K

다른 사람이 될 수 없어; *nije bogzna* ~ 별 가치가 없다, 별로 좋지가 않다; ~ *otac, takav sin* 아버지를 보면 아들을 알 수 있다, 부자간에 닮았다(외모, 성격, 행동 등이); *ne znam* ~ (그가, 그것이) 어떤지 나는 모른다

kakavgod, *kakvagod, kakvogod* (부정(不定) 代名詞) 어떤, 그 어떠한 (*neki, nekakav, jedan od*)

kakav–takav *kakva–takva, kakvo–takvo* (부정(不定) 代名詞) 1. 그럭 저럭의, 그저 그런 대로의; *nadnica im uz nešto zemlje i stoke osigurava* ~ *opstanak* 약간의 땅덩어리를 가지고 가축들을 키우면서 받는 임금으로 그들은 그저 그런대로 살아갈 수 있었다 2. 어떠한 것이든지, 무엇이든지 (*bilo kakav, ikakav, nekakav*)

kaki (形)(不變) 카키색의, 황갈색의, 흙먼지 색깔의 (*žućkastosmeđ*)

kako (副) (接續詞) I. 부사(副詞) 1. (방법·수단을 나타냄) 어떻게, 어떤 방법으로; (*tako, onako*와 함께 사용되어 비교를 나타냄); ~ *ti je ime?*, ~ *se zoveš?* 네 이름은 무엇이냐? 2. (감탄·감격) 얼마나 (*koliko*); ~ *je lepa ova noć!* 얼마나 아름다운 이 밤인가!; ~ *je ovde prijatno!* 정말로 여기는 상쾌하다!; ~ *je divan pogled odavde!* 여기서 보는 풍경은 정말로 아름답다!; ~ *si lepa!* 정말로 예쁘다! 3. (놀람·불만) 어떻게, 뭐라고 *kako se neću ljutiti?* 어떻게 내가 화를 내지 않을 수 있는가?; (희망·바램); (비교) ~처럼 (kao) *skače starac* ~ *hitro momče* 노인은 마치 민첩한 청년같이 점프한다; (동작·행위 완료의 부정(不定)성) 어떻게든, 어떻게 (*na nekakav način, nekako*) *pokušajte da ga* ~ *ubedite da polaže ispit* 그가 시험을 보도록 어떻게든 그를 설득해 보세요; (가능성) 아마, 아마도, 혹시, 혹시라다 (*možda*) *onda je pogledaše ispitujući kao da je nije,* ~, *sinoćnim poljupcem uvredeo* 어젯밤의 키스로 그녀를 혹시라도 모욕하지 않은 것처럼 물어보면서 바라보았다 ; (부정의 강조) 결코 ~하지 않다, 어떻게 ~할 수 있는가; *nije glup!*, ~ *glup!* 그는 어리석지 않아요! 결코 어리석지 않아요! II. (接續詞) 4. (방법·방식) ~처럼, ~하는 것처럼 (kao što) *govorite ... pošteno,* ~ *srce srcu zbori* 심장이 심장에게 속삭이는 것 처럼 솔직하게 ... 이야기하는군요; ~ *ti se ponašaš prema ljudima, tako će se i oni ponašati prema tebi* 네가 사람들에게 행동하는 것처럼 다른 사람도 너에게 그렇게 행동할 것이다; *ne znam* ~ *se*

zove ovaj lek 이 약 이름이 무엇인지 모른다 5. (주의·주목·알림) 어떠하다는 것을 (da) *Mara izađe da svima javi kako je umrla baba* 마라는 할머니가 어떻게 돌아가셨는지를 모든 사람들에게 알리기 위해 밖에 나왔다; *i sama opazi kako im je finansijsko stanje nije ni najmanje ružičasto* 그들의 재정 상태가 조금도 긍정적이지 않다는 것을 스스로 주의한다; *on gleda* ~ *oni igraju kolo* 그들이 어떻게 원무를 추는지 쳐다본다; *video ih je* ~ *kradu jabuke* 사과를 훔치는 그들을 보았다; (진술·서술) ~하는 것 *zatekla ih kako plaču* 그들이 우는 것을 보았다 6. (보통 조건문으로서 의도, 의향) ~하기 위해 (da bi, ne bi) *napisao je roditeljima ... da će uraditi sve moguće kako bi udovoljio njihovim željama* 그들의 바램을 충족시키기 위해 가능한 모든 것을 할 것이라고 부모에게 편지를 썼다; *žurio je* ~ *bi stigao na vreme* 시간에 맞춰 도착하기 위해 서둘렀다 7. (주문(主文)의 동작 바로 직전의 시간) ~하자 마자, ~한 후 (čim, nakon što) *kako mi ugledao, on mi priđe* 그는 나를 보자 마자 나에게 다가왔다; ~ *je ušao u sobu, skinuo je kaput* 방에 들어오자 마자 외투를 벗었다; (주문(主文)의 동작과 동시인 시간) ~하는 동안, ~할 때 (dok, kad) 8. (원인) ~하기 때문에, ~이기 때문에 (zato što, jer) ~ *je bio umoran, odmah je zaspao* 피곤했기 때문에 바로 잠들었다 9. (결과) 10. 기타; *ma* ~, *bilo* ~, ~ *mu drago* 어떻든지, 어떻게든; *napiši ma* ~, *samo što pre završi* 어떻게든 쓰고, 될 수 있는 한 빨리 마치기만 해; ~ *da ne* 물론이지 (어떻게 아니다라고 말할 수 있겠어); ~ *gde* 장소에 따라; *bogzna* ~ 매우, 굉장히 (jako, vrlo); ~ *bilo*, ~ *bilo da bilo, bilo* ~ *bilo* 어찌됐든 다 지난 이야기다; ~ *je, tako je*: *kako je da je* 그렇게 되기를 원하지는 않았지만 그렇다고 불만을 갖지 말자; ~ *je moguće* 가능성에 따라; ~ *kad* 상황에 따라; ~ *koji* 평등하지는 않게, 조건에 따라; ~ *koji dan (koja godina)* 중단없이, 늘, 항상, 쉬지 않고; ~ *kome* 사람에 따라, 이 사람에게는 이렇게 저사람에게는 저렇게; *kako ... tako i* ~도 ~도; *sve vidi kako u kući, tako i u radionici* 집에서도 작업장에서도 모든 것을 본다; ~ *tako* 어떻게든 (nekako)

kakodakati -*čem* (不完) (닭이) 꼬꼬댁 울다 (kokodakati, kakotati, rakoliti se)

kakofonija 불협화음 (反; eufonija)

kakogod (副) 1. 어떻게든 (nekako, ikako); *nema nade da bi to moglo postati ~ drukčije* 그것이 어떻게든 다르게 될 수도 있을 것이라는 희망이 없다 2. 아마, 아마도, 혹시 (možda)

kako-tako (副) 1. 어느 정도는, 그래도 조금은 (donekle, barem malo) 2. 어떻게든, 그리 나쁘지 않은, 그저 그런 (nekako, ne baš loše)

kakotati –*ćem* (不完) 1. (닭이) 꼬꼬댁 울다 (kakodakati); *kokoš poče ~ u dvorištu* 암탉이 마당에서 꼬꼬댁 거리며 울기 시작했다 2. (輕蔑) 수다를 떨다, 별별 이야기를 다 하다 (brbljati, ćeretati)

kaktus (植) 선인장

kakvoća 질(質); 특성, 특징 (kvalitet) **kakvoćni** (形)

kal 진흙 (blato)

kalabaluk 1. 무리, 군중, 떼 (množina, gomila) 2. 소란, 시끄러운 소리, 떠드는 소리 (graja, vika, metež)

kalaj 주석 (kositer, cin) **kalajni** (形)

kalajdžija (男) 1. 양철공, 주석 세공인 **kalajidžijski** (形) 2. 보부상, 행상 (pokućarac, torbičar)

kalajisati –*šem* (完,不完) **nakalajisati** –*šem* (完) 주석을 입히다, 주석 도금을 하다; *nebo (sunce) ti kalajsano* (가벼운 욕설)

kalajlija 1. 양철 그릇, 양철 접시 2. (종(鐘) 모양의 머리에 장식하는) 조그만 장신구

kalajnī –*ā*, –*ō* (形) 참조 kalaj; 1. 주석의, 주석으로 된, 주석 도금된; ~*e dugme* 주석 도금된 단추 2. 주석 같은, 양철 같은

kalamar 1. 잉크통, 먹물통 (mastionica) 2. (動) 오징어 (lignja)

kalambur 1. (다의어·동음이의어를 이용한) 말장난, 곁말, 신소리 2. 혼란, 혼동, 소동 (zbrka, metež)

kalamburist(a) 말장난(kalambur)을 자주 사용하는 사람

kalan –*lna*, –*lno* (드물게 kaona, kaono); *kalniji* (形) 흙이 묻은, 진흙 투성이의; 더러운, 때묻은 (kaljav, blatan)

kalaštura (輕蔑) 1. (女) 난잡하게 놀아먹는 계집, 잡년, 화냥년; *ja ne volim mršave ~e ... daske bez prsiju i nakaze bez kukova* 가슴이 절벽이고 엉덩이가 없는 그런 말라깽이 잡년을 좋아하지 않는다 2. (男) 깡패, 불량배, 인간 쓰레기 (nevaljalac, hulja, nitkov) 3. (男,女) 떠돌이 개 (pas skitnica)

kalati –*am* (不完) 1. 생선의 배를 양쪽으로 가르다 (건조시키기 위해) 2. (긴 쪽으로) 자르다, 쪼개다 (과일, 나무 등을) 3. ~ se 쪼개지다, 뽀개지다 (긴 쪽으로)

kalauz 1. 길잡이, 안내인, 가이드 (putovođa, vodič) 2. (상거래의) 중개인, 중매인, 브로커 (mešetar, samsar) 3. 사자(使者), 전령(傳令) (glasonoša, glasnik) 4. 곁쇠(여러 자물쇠에 쓸 수 있는 열쇠); *otvoriti bravu ~om* 곁쇠로 자물쇠를 열다

kalav –*a*, –*o* (形) 쉽게 쪼개지는, 갈라지는 (rascepljiv, cepak)

kacificirati –*am*, **kalcifikovati** –*kujem* (完,不完) 석회화하다

kalcifikacija 석회화(化)

kalcij –*ija*, **kalcijum** (化) 칼슘 **kalcijev**, **kalcijski** (形); ~ *karbonat (fosfat, karbid)* 탄산(인산, 탄화) 칼슘; ~*a so* 염화 칼슘

kalcinirati –*am*, **kalcinisati** –*šem* (完,不完) 태워서 생석회가 되게 하다

kalcit (化) 방해석(탄산칼슘으로 이뤄진 흰색 또는 투명한 광물질로, 석회암·대리석·백악의 주성분)

kaldrma 돌로 포장된 도로

kaldrmar, **kaldrmdžija** (男) 도로를 돌로 포장하는 사람

kaldrmisati –*šem*, **kaldrmiti** –*im* (完,不完) 도로를 돌로 포장하다

kaleidoskop 1. 만화경(萬華鏡) 2. (비유적) 변화무쌍한 것 (모양·상황·장면 등의)

kalem *kalemi* & *kalemovi* 1. (나무로 된) 실패, 실감개 (실이나 철사 등을 감는) (mosur, čunak); ~ *konca* 실패 2. (자동차 엔진의) 코일; *indukcioni ~* 유도 코일 3. (접목(接木), 꺾꽂이 등의) 어린 가지, 접가지, 접순 (navrtak); 접목된 나무, 꺾꽂이된 식물; ~ *s okcem* 눈접 4. (廢語) (거위털 펜 대신의) 갈대 펜 (중동지역에서 사용된)

kalemar 1. 접붙이는 사람 2. 접붙이기용 칼 (kalemačica)

kalemiti –*im* (不完) **nakalemiti** (完) 1. 접목하다, 접붙이기를 하다 (cepiti) 2. 예방주사를 맞히다, 백신 접종을 하다 (vaksinisati, pelcovati)

kalemljenje (동사파생 명사) kalemiti; 접붙이기, 접목(接木)

kalendar 1. 달력, 캘린더; 역법(曆法); *stari ~* 구력(舊曆); 율리우스력); *novi ~* 신력(신력) 그레고리력) **kalendarski** (形); ~*a godina* 역년(曆年: 1월 1일부터 12월 31일까지의 기간) 2. 일정표

kalež 참조 putir; (미사 때 포도주를 담는) 성

배(聖杯); *gorki* ~, ~ *patnje*, ~ *kušnje* 인내해야만 하는 악

kalfa (G.pl. *kalfā* & *kalfī*) (男) (상업·수공업의) 훈련받은 도제(徒弟), (과거 도제 수업을 마치고 남 밑에서 일하던) 장인 **kalfenski, kalfinski** (形); ~*o pismo* 도제 수련증, 장인 수련증

kalibar -*bra* 1. (총·포의) 구경; (원통의) 직경 2. (비유적) 능력(의 정도), 역량, 재간; 가치 (의 정도)

kalibracija 구경 측정, 눈금 측정 **kalibracioni** (形); ~*a oznaka* 구경 측정 눈금

kalibrator 구경 측정기, 눈금 측정기

kalibrirati -*am* **kalibrisati** -*šem* (完,不完) (계기 등에) 눈금을 재다, 구경을 측정하다

kalif 참조 halif; 칼리프 (회교 교주로서의 터키 술탄의 칭호); 중동 이슬람교 국가 지배자의 호칭

kalifat 참조 halifat; 칼리프의 지위(직·영토)

kaligraf 달필가, 서예가 (krasnopisac)

kaligrafija 서예, 칼리그라프

kalij -*ija*, **kalijum** (化) 칼륨, 포타슘 **kalijev, kalijumov** (形)

kalina (植) 쥐똥나무

kalionica (금속을) 담금질하는 곳(공장), 풀림로(爐)

kalirati -*am* (完,不完) 줄어들다, 오그라들다, 무게가 줄어들다 (마르거나 쏟아서) (상품이)

kaliti -*im* (不完) **nakaliti** (完) 1. (쇠를) 담금질하다, 단단해지게 하다 (čeličiti) 2. (비유적) 단련하다, 훈련시키다

kalk *kalci* & *kalkovi* (言) 차용 번역(외국어를 문자 그대로 번역하는 일)

kalkan 1. 방패 (štit) 2. 박공, 합각 (물매지붕(경사진 지붕)의 양쪽 끝부분에서 지붕면과 벽이 이루고 있는 삼각형 단면의 모서리); 한쪽만 기울어진 지붕; *kuća na* ~ 한쪽면만 기울어진 지붕을 가진 집

kalkirati (言) 차용 번역하다(외국어를 문자 그대로 번역하다)

kalkulacija 계산, 셈

kalkulirirati -*am*, **kalkulisati** -*šem* (完,不完) 1. 계산하다, 셈하다 (izračunati, obračunati, proračunati) 2. 계획하다; 예측하다, 추정하다 (isplanirati, predvideti)

kalo (男) 줄어드는 무게 (마르거나 흘려서) (상품의) (sasušak)

kalodont 치약 (제품명에 따라) (한국의 미원과 같은 이유로)

kalofonijum (化) 로진 (송진 성분에서 테레빈유를 증류해내고 남은 잔류 수지)

kaloper (植) 쑥국화, 코스트마리

kaloričan -*čna*, -*čno* (形) 1. 칼로리의 2. 고칼로리의; ~*čna hrana* 고칼로리의 음식 3. 열로 구동되는

kalorija 열량, 칼로리(식품의 에너지를 측정하는 단위) **kalorijski** (形)

kalorimetrija 열량 측정, 칼로리 측정

kaloša 참조 galoša; (고무로 된) 오버슈즈(비올 때 방수용으로 구두 위에 신는 덧신) (kaljača)

kalota 1. (解) 두개골 2. (數) 부채꼴; *sferna* ~ 구(球)모양의 부채꼴

kalpak 1. 캘팩 ((터키계 사람이 쓰는 양피로 만든 큰 삼각모) 2. 전투용 철모 (kaciga, šlem) 3. 모피 모자 (šubara)

kaluđer 수도승, 승려 (수도원에 기거하는) (redovnik, monah); *u društvu se i* ~ *ženi* 사회의 요구에 맞게 행하다 (평상시에는 결코 하지 않을 것도), 로마에 가면 로마인들이 하는 대로 행하라 *kaluđerski* (形)

kaluđerica 참조 kaluđer; (여자) 수도승, 승려 (redovnica, monahinja)

kaluđeriti -*im* (不完) **zakaluđeriti** (完) 1. 수도승으로 서품하다 2. 수도승이 되다, 승려가 되다

kaluđerovati -*rujem* (不完) 수도승으로 살다, 승려로 살다; *posmatrao je manastir u kome godinama kaluđeruje* 수년 동안 수도승으로 살고 있는 수도원을 바라보았다

kaluđerski -*a*, -*ō* (形) 참조 kaluđer

kalup 1. 틀, 주형, 금형, 거푸집; ~ *za obuću* 신발 틀; ~ *za zemljano posuđe* 도기 주형 2. 주물, 주조물 3. (비유적) 모델, 견본, 예(例), 본보기 (ugled, primer, uzor); *po* ~*u* 견본에 따라; *na isti* ~ 항상 같은 방식으로; *na svoj* ~ 자신의 방식으로, 다른 사람과는 다르게

kalupiti -*im* (不完) **ukalupiti** (完) 1. (틀에 넣어) 만들다, 주조하다; *mesio blato, kalupio ciglu* 진흙을 이겨 벽돌을 찍어냈다 2. (비유적) 항상 똑같이 하다, 진부한 형태를 띠다; *on nije govor svojih ličnosti kalupio u rečenicu koja se prilagođava svakoj situaciji* 그는 진부하게 말을 하지 않고 모든 상황에 맞게 한다

kalupljenje (동사파생 명사) kalupiti

kalvarija 고난, 수난, 고통 (muke, patnje) (예수가 십자가에 못박힌 갈보리 언덕에서 유래)

kalvinizam -*zma* 칼빈주의, 칼뱅주의

kalj 1. 타일 (찰흙으로 구워진) 2. (벽난로를 만드는데 쓰이는) 흙 **kaljev** (形); ~*a peć* 타

K

일 벽난로

kalja (料理) (볶은 양파와 고기가 곁들여진) 양
배추 혹은 감자 요리

kaljača (고무로 된) 오버슈즈(비 올 때 방수용
으로 가죽 신발 위에 신는 덧신) (galoša,
kaloša)

kaljati -am (不完) okaljati (完) 1. 더럽히다,
때가 묻게 하다 (prljati, blatiti, mrljati) 2. (비
유적) (이름·명예·명성 등을) 더럽히다, 훼손시
키다, 손상시키다; ~ čast 명예를 더럽히다

kaljav -a, -o (形) 1. 진흙 투성이의, 진흙이
묻은; ulice su bile blatne i ~e 길들은 진흙
투성이었다 2. 더러운, 지저분한 (nečist,
prljav) 3. (비유적) 우중충한, 어둠침침한, 흐
린 (tmuran, sumoran)

kaljev -a, -o (形) 참조 kalj; 타일로 된

kaljuga, kaljuža 1. 진흙탕, 진창 2. (비유적)
도덕적으로 타락한 사람, 인간 쓰레기, 아무
짝에도 쓸모없는 사람 (nitkov); to je
ljudska rđa, odrod, ~ 그는 인간 쓰레기이다

kaljužarka (植) 미나리재빗속(屬) (혀 모양의
잎사귀를 가진)

kaljužište (들판·도로의) 진구렁, 진창

kam (詩的) 참조 kamen; ~ (im) u dom, u ~
udario (분노할 때 저주의 말) 돌로 쳐죽이
고 싶다

kama 단검, 단도, 양쪽 날이 있는 칼 (bodež)

kamara 1. 방 (soba) 2. (창고 등으로 쓰이는)
작은 방 (sobica)

kamara 1. (아무렇게나 쌓아 놓은) 더미, 무더
기 (gomila, hrpa); na ~e 대규모로;
malarija hara na ~e 말라리아가 창궐한다 2.
건초더미, 노적가리 (원추형으로 쌓아 올린)
(stog, plast)

kamarila (국왕의) 사설 비밀 고문단, 비밀 결
사단

kamaše, kamašne (女,複) 참조 gamaše; 각반
(脚絆), 정강이받이(가죽 등 거친 재료로 만든)

kamata 이자; (비유적) 이익 (korist, dobitak);
on živi od ~a 그는 이자를 받아 먹고 산다;
sad su ~e vrlo visoko 지금은 이자율이 매
우 높다; ~ na ~u 복리 이자 kamatni (形);
~a stopa 이자율; ~ račun 이자 계산서

kamatnik 돈을 빌려주고 이자를 받는 사람;
사채업자

kamatnjak 이자율

kambana (큰북처럼 생긴) 민속 악기

Kambodža 캄보디아;   Kambodžanac;
Kambodžanka; kambodžanski (形)

kamčiti -im (不完) 불평하다, 투덜거리다; ne
kamči, ženo! Svima nama je teško! 여보,

불평하지마! 우리 모두 어려워!

kamdžija 참조 kandžija; 채찍 (bič)

kameja 카메오 (보석·조가비 등에 보통 사람
의 얼굴을 양각한 장신구)

kameleon 1. (動) 카멜레온 2. (비유적) 카멜레
온 같은 사람, 지조없는 사람, 신뢰할 수 없
는 사람

kamelija (植) 동백나무

kamen -ena; kameni & kamenovi 1. 돌, 돌멩
이, 바위, 암석, 암반; dragi ~ 보석 2. 맷돌
(žrvanj); mlinski ~ 맷돌 3. (무덤의) 비석 4.
(비유적) 중압감, 근심, 걱정 6. (醫) 결석; ~
u žuči 담석; ~ u bubrezima 신장 결석 7.
기타; asfaltni ~ 석회석; baciti se ~om na
koga 누구를 질책하다(비방하다, 저주하다,
모욕하다, 창피하게 하다); ćutati kao ~ 한
마디도 말하지 않다; jesti ~ 고생을 많이 하
다, 어렵게 살다; ~a s ramena (bacati) 힘을
겨루다 (누가 멀리 돌을 던지는가를 하여);
~ do ~a palača (보통은 zrno po zrno
pogača와 연결되어) (장인의) 한 땀 한 땀
정성으로 이뤄진 (힘든 일을 끊임없이 함으
로써 커다란 성공을 이룸); probni ~, ~
kušač, ~ kušnje 시금석, (사물의 진가를 판
가름하는) 기준, 표준; ~ međaš 경계석 (누
구의 소유지 혹은 국가의 경계를 표시하는);
~ mudraca, ~ mudrosti 현자의 돌(중세의
연금술사들이 모든 금속을 황금으로 만들고
영생을 가져다 준다고 믿었던 상상의 물질);
~ na vratu čijem biti 커다란 근심거리이다,
커다란 부담이다; ~ puca od zime 광장히 혹
독한 추위; ~ temeljac 1)(건축물의)주춧돌,
초석 2)가장 중요한 기본(기초), 초석; kao
pod ~om (držati tajnu) 확실하게, 믿을만하
게 (비밀을 지키다); ko tebe ~om, ti njega
kruhom(hlebom) 악을 선으로 갚다; ne
ostaviti ni ~ na ~u 1)완전히(철저하게) 파괴
하다 2)신랄하게(가혹하게) 비난하다; plavi
~ (化) 황산 구리 (plava galica); ~ smutnje
논란거리(다툼)를   야기시키는 사람; ~
spoticanja 걸림돌; pao mi ~ sa srca 나는
커다란 안도감을 느꼈다; s ~om ti bilo, u ~
udario (중상비방의 한 종류); srce od ~a
(imati) 냉정하고 잔인한; stalan kao ~ 믿을
만한, 확실한; stati na ludi ~ 이성을 잃다,
미치다, 결혼하다; udarila kosa u ~ 큰 어려
움이 나타났다(발생했다); zubni ~ 치석(齒
石); žrtveni ~ 제단(祭壇)

kamen -a, -o (形) (보통은 한정형용사로) 1.
돌의, 돌로 만들어진; ~o doba 석기 시대 2.
(비유적) 꿈쩍도 않는, 움직이지 않는; 생명

342

이 없는 것과 같은, 죽은 3. (비유적) 감정이 없는, 냉정한, 잔인한, 잔혹한, 비혹한; ~o srce 냉정한 사람, 차가운 사람

kamenac 1. 치석(齒石) 2. (醫) 결석; *žučni* ~ 담석; *bubrežni* ~ 신장 결석

kamenar 석수, 석공(石工) (kamenorezac)

kamenče *-eta* (지소체) kamen

kamenī *-ā, -ō* (形) 참조 kamen 1. 돌의, 돌로 만들어진; ~ *most* 돌로 된 다리; ~*a kuća* 돌로 지은 집; ~*o brdo* 석산(石山) 2. 냉정한, 잔인한 (hladan, neosetljiv); ~*o srce* 냉냉한 마음; ~*a duša* 냉정한 정신 3. 확고한, 흔들리지 않는 (čvrst, nepokoljebljiv) 4. 기타; ~*o doba* (歷) 석기시대

kamenica 1. 돌로 만들어진 그릇(용기) 2. 채석장 (kamenolom) 3. 돌로 건축된 집(건물) 4. (女,男) (비유적) (輕蔑) 입을 꼭 다물고 있는 사람, 돌부처 5. (魚類) 홍어(의 일종); (魚貝類의) 굴 (ostriga)

kamenica 작은 돌, 자갈

kamenika (植) 범위귀속(屬)의 식물, 바위취속(屬) 각종 식물

kamenina (지대체) kamen

kamenit *-a, -o* (形) 돌이 많은, 돌투성이의, 암석이 많은; ~ *golet* 돌투성이의 산

kameniti *-im* (不完) okameniti, skameniti (完) 1. 석화(石化)시키다, 돌로 변화시키다 2. ~ se 석화되다; 움직이지 않다, 꿈쩍도 하지 않다, 생명이 없는 것처럼 되다; (기적, 놀람 등으로) 굳어지다, 깜짝 놀라다

kamenodeljac *-eljca* 석수(石手), 석공(石工) (kamenorezac)

kamenolom 채석광

kamenomet 돌을 던지면 닿을 만한 거리, 근거리, 가까운 거리

kamenorez 석각(石刻), 돌에 새겨 넣은 장식 (글씨)

kamenorezac *-esca* 석수(石手), 석공(石工) (klesar, kamenar) **kamenorezački** (形)

kamenotisak *-ska* 석판 인쇄, 탁본

kamenovati *-nujem* (完,不完) 돌을 던지다, 돌을 던져 죽이다

kamenštak 돌투성이인 지역의 주민 (kamenjarac)

kamenjača 1. 배(kruška)의 한 종류 2. (動) 아이벡스(길게 굽은 뿔을 가진 산악 지방 염소)

kamenjak 1. 돌이 많은 지역, 돌투성이인 곳 (kamenjar) 2. 차가운 심장을 가진 사람, 냉정한 사람, 잔인한 사람

kamenjar 1. 돌이 많은 지역, 돌투성이인 곳 (kamenjak) 2. 석수, 석공 (kamenar,

klesar) 3. (鳥類) 검은딱새

kamenjara 1. 돌집, 돌로 지은 집 2. 채석장 (kamenolom) 3. 돌밭, 돌투성이인 곳 (kamenjak)

kamenjarka 1. (鳥類) 자고새(꿩과의 새)의 한 종류 2. 독사의 한 종류 3. 지네의 한 종류 4. 성관계가 문란한 여자, 난잡한 여자 (bludnica)

kamenje (集合) kamen; 돌; *baciti (dizati) na koga drvlje i* ~ 누구를 폭력적으로 공격하다(방망이를 휘두르고 돌을 던지면서); *gristi* ~ 어렵고 고단하게 살다

kamera 카메라

kamerman 카메라맨, 촬영기사

kamernī *-ā, -ō* (形) 작은 공간의 소규모 청중을 위한, 실내의, 실내용의; ~*a muzika* 실내악; ~ *kor(hor)* 실내 합창; ~*a pozornica* 실내 무대 (komorni)

Kamerun 카메룬

kamfor (化) 장뇌(樟腦)(의약품·비닐 제조·좀약 등에 쓰이는 하얀 물질) **kamforni, kamforov** (形)

kamgarn (직물·편물용) 실, 방적사, 소모사(梳毛絲), 가는 털실 **kamgarni, kamgarnski** (形)

kamičak (지소체) kamen; 돌, 작은 돌

kamila (動) 낙타; *jednogrba* ~ 단봉 낙타; *dvogrba* ~ 쌍봉 낙타 **kamilji** (形); ~*a dlaka* 낙타털 (모직물)

kamilar 낙타를 모는 사람

kamilavka 1 (정교회 성직자, 특히 수도승의) 원통형 모자 2. (요리사의) 하얗고 큰 모자; (체트니크의) 높게 치솟은 모자

kamilica, kamomila (植) 카밀레, 카모마일

kamiltej 카모마일 차(茶)

kamin 벽난로

kamion 트럭 **kamionski** (形); ~ *park* 트럭 터미널

kamiondžija (男) 트럭 운전수

kamionet 소형 트럭

kamionskī *-ā, -ō* (形) 참조 kamion; 트럭의

kamiš (물담배의 연기를 빨아드리는) 관(管); *ljube se kroz* ~ 서로 미워하다(증오하다)

kamiševina, kamišovina 인동과(科) 가막살나무속(屬)의 관목 (udika)

kamivao *-ala* (男) 산등성, 산마루

kamo (副) 1. 어디로 (방향을 물어봄) (kuda) 2. 어디 (없지만 있었으면 하는 바람); ~ *ključ od tamnice?* 감옥 열쇠가 어디 있지? 3. 무엇을 위한 (목적, 목표를 나타냄) 4. (없어서 유감인 것을 표현) 5. (da와 함께 사용되어) 강력한 바람(희망); *biće kiše - kamo da*

K

hoće! 비가 내릴 거야 -내리기만을 바래!; (발생하기만 바랬던 일이 발생하지 않은 것에 대한 유감의 표시로) 6. 기타; ~ *god* 어디든지, 어디로든지; ~ *se?* (너는) 어디 있냐?; ~ *(moje, lepe, puste) sreće* (~였으면, ~했다면) 좋았을 것을; ~ *moje sreće da luduješ za mnom!* 네가 나를 미치도록 사랑했다면 좋았을 것을; *nema se* ~ 출구가 없다, 해결책이 없다; ~ *sreće da je tako!* 그랬었다면 참 좋았을 것을!; ~ *sreće da se to nije dogodilo!* 그러한 일이 일어나지 않았다면 참 좋았을 것을!

kamoli (接續詞) (종종 접속사 a와 함께 사용되어) *a kamoli* 하물며 (~에 대해 말한 것이 자연스러운 결과임을 강조)

kamomila 참조 kamilica; 카모마일, 카밀레

kamotočnī *-ā, -ō* (形) *~a spužba* (動) 호박해면

kamp *-ovi* 1. 캠프, 캠프장, 야영지 2. 수용소

kampanja 1. 캠페인, (사회·정치적 목적을 위한 조직적인) 운동(활동) (단기간 동안의); *provesti ~u za nešto* 캠페인을 벌이다, 캠페인 활동을 하다; *izborna* ~ 선거 운동; ~ *snizavanja cena* 가격 할인 행사 2. (軍) 군사 작전, 군사 행동 3. (도시 밖의) 들판 (초목이 자라난)

kamping 1. 야영장, 숙영장, 캠핑장 2. 캠핑, 야영; *bili smo na ~u* 우리는 캠핑중이었다

kampirati *-am*, **kampovati** *-pujem* (不完) 야영하다, 숙영하다, 캠핑하다

kampovati *-pujem* (不完) 참조 kampirati

Kampućija 캄보디아 (Kambodža)

kamuflaža 1. (軍) (군인·장비의) 위장; *oficirska uniforma bila je napravljena od materije za ~u* 장교복은 위장을 위한 재료로 만들어졌다 2. (진실·사실의) 감추기, 위장, 속임수

kamuflirati *-am* (不完) 위장하다, 감추다

kan *-ovi* (몽골·타타르의) 칸 (통치자의 직함) (vladar) *tatarski* ~ 타타르 칸

kana 1. (植) 헤나(부처꽃과의 관목) (염료를 추출하는); 헤나 염료 (적황색의) 2. (植) 칸나

kanabe *-eta* (보통 등받이와 팔걸이가 있는) 긴 의자, 소파 (침상으로도 사용되는)

kanabis (植) 인도대마; 마리화나, 대마초

Kanada 캐나다 Kanađanin; Kanađanka; kanadski (形)

kanaf 참조 kanap; 줄, 노끈 (두 가닥 이상의 실·줄 등을 꼬아서 만든 것)

kanal 1. 운하, 수로; ~ *za nadvodnjavanje* 용수로 2. 만(灣) 3. (解) (체내의) 관(管); *ušni* ~ 이관(耳管); *suzni* ~ 누관(淚管); *semeni* ~ 정관(精管) 3. (비유적) 연줄 (학연, 지연 등의) 4. (텔레비전의) 채널; *televizijski* ~ 텔레비전 채널

kanalić (지소체) kanal

kanalisati *-šem*, **kanalizirati** *-am*, **kanalizovati** *-zujem* (完,不完) 1. 하수도를 건설하다 2. 운하(수로)를 건설하다 3. 경영하다, 운영하다 (upravljati)

kanalizacija 하수도, 하수 처리 시설

kanalizacionī *-ā, -ō* (形) 참조 kanalizacija; ~*a mreža* 하수처리망

kanalizirati, kanalizovati (完,不完) 참조 kanalisati

kanap (=kanaf) 줄, 노끈 (두 가닥 이상의 실·줄 등을 꼬아서 만든 것)

kanape *-ea* 1. 참조 kanabe 2. (料理) 카나페 (작은 비스킷이나 빵 위에 치즈·고기 등을 얹은 술안주)

kanarinac (鳥類) 카나리아 **kanarinka** 암컷 카나리아

kanasta 카나스타 (두 벌의 카드로 두 팀이 하는 카드놀이의 일종)

kanat 칸(kan)이 다스리는 지역(또는 국가)

kancelar (독일·오스트리아 등의) 수상, 총리

kancelarija 사무실, 사무소; **kancelarijski** (形); ~ *materijal* 문구류; ~ *posao* 사무직; ~ *pribor* 사무용품; ~ *jezik* 전문 사무용어; ~ *službenik* 사무직원; ~ *pacov* (*štakor*) 경험이 많고 능수능란한 사무직원

kancer (病理) 암(癌) (rak)

kancerogen *-a, -o* (形) 발암성의, 암을 유발하는

kancerozan *-zna, -zno* (形) 암의, 암에 걸린

kancona 1. 칸초네 (사랑·아름다움을 노래하는 서정적인 이탈리아 가곡) 2. 중세 이탈리아의 서정시

kanconijer 노래 모음집, 서정시 모음집

kanda (接續詞) 1. 마치 ~와 같은, ~처럼 (kao da); *žurio se* ~ *će zakasniti* 마치 늦을 것처럼 서둘렀다; ~ *su rano stigli* 마치 일찍 도착한 것처럼 2. (말한 것의 불확실성, 가능성, 가정 등을 강조함); 아마도 (možda, verovatno, po svoj prilici); ~ *će kiša* 아마도 비가 내릴 것 같다

kandelabar *-bra* 1. 샹들리에 2. 가로등 기둥

kandidacija (후보로의) 지명, 추천 **kandidacioni** (形); ~ *odbor* 지명(추천) 위원회

kandidat 후보, (입)후보자, 지원자 **kandidatica, kandidatkinja**

kandidatura 입후보, 출마

kandidirati *-am* **kandidovati** *-dujem* (完,不完)

K

1. (他) 입후보시키다, 출마시키다, 지명하다, 추천하다; ~ nekoga za predsednika 누구를 대통령 후보로 입후보시키다 2. ~ se 입후보하다, 지원하다; kandidovao se za predsednika 대통령직에 입후보했다

kandilce -ca & -eta (지소체) kandilo

kandilka (植) 매발톱꽃, 매발톱꽃속(屬)의 식물

kandilo 1. 성상(聖像)앞의 등(등불) 2. (詩的) 반짝반짝 빛나는 천체(天體) (별 및 달 등의)

kandioce -ca & -eta (지소체) kandilo

kandirati -am (完,不完) ~을 설탕에 절이다, ~을 설탕으로 입히다; kandirano voće 설탕에 절인 과일

kandža (동물·새의 날카로운) 발톱; biti u čijim ~ama, doći u čije ~e 누구의 잔인하고도 잔혹한 지배하에 놓이다

kandžija 채찍 (bič, kamdžija)

kandžijati -am (不完) 채찍질하다, 채찍으로 때리다

kanibal 1. 인육을 먹는 사람, 식인종 (ljudožder) 2. 냉혈한, 잔인한 사람

kanibalizam -zma 인육을 먹는 풍습

kanibalstvo 참조 kanibalizam

kanije (女,複) (칼을 넣는) 칼집

kaniti -im (不完) 1. 의도하다, 작정하다, ~하려고 생각하다, 의향이 있다 (nameravati); on kani da proda kola 그는 자동차를 판매하려고 한다; znam ja šta ste vi kanili reći 무슨 말을 하려고 했는지 알아요 2. ~ se ~하려고 준비하다; kanim se ja pola godina da pođem 반년동안 떠날 준비를 하고 있다 3. ~ se 주저하다, 망설이다 (ustezati se, skanjivati se, ustručavati se); šta se toliko kaniš? 뭘 그렇게 망설이느냐? 4. ~ se (完, 不完) 결심하다; ona ne može da se nakani 그녀는 결심할 수 없다; 5. ~ se (完,不完) 회피하다, 멀리하다; 건드리지 않다, (혼자 있게) 내버려두다; on se kani rđavog društva 그는 나쁜 모임을 피한다; ~ se neplodne diskusije 비생산적 토론을 회피하다; najzad me se okanio 마침내 나를 혼자 가만 놔두었다; okani se ćorava posla 헛된 일에서 손을 떼!

kankan 캉캉 (춤의 한 종류)

kanoa -oe 카누

kanon 1. 교회법 2. (비유적) 규범, 기준, 일반적 규칙 3. (宗) (正敎) 성인을 기리는 노래; 성서 정전(正典) (교회 당국의 공식 인정을 받은) 4. (音樂) 카논(한 성부(聲部)가 주제를 시작한 뒤 다른 성부에서 그 주제를 똑같이 모방하면서 화성 진행을 하는 음악) 5. (인

쇄) 48포인트 활자

kanonada 연속 포격 (다수의 포(砲)가 동시에 연속해서 포격하는)

kanonisati -šem, **kanonizirati** -am, **kanonizovati** -zujem (完,不完) 1. 성인(聖人)으로 공표하다, 시성(諡聖)하다 2. 규범(규칙)으로 정하다 3. 정전(正典)으로 인정하다

kanonizacija 1. 시성(諡聖)(식) 2. 규범화, 규칙화 3. 성전(聖典) 승인, 정전(正典) 승인

kanonskī -ā, -ō (形) 참조 kanon; ~a knjiga 정전; ~o pravo 교회법

kanta (G.pl. -tā & -tī) 양철통, 들통; ~ za đubre (otpatke, smeće) 쓰레기통; ~ za cveće 물뿌리개; na nečistim ... balkonima stajale su stare ~e 지저분한 발코니에 오래된 양철통들이 놓여 있었다; privezati kome ~u 누구에 대한 농담(조롱)거리를 확산시키다; treći su mu privezivali ~u zbog ove ili one udovice 제 3자들은 이러 저러한 과부들 때문에 그에 대한 농담거리를 확산시켰다

kantar 대저울, 저울대 저울; (일반적인) 저울; razume se kao magare u ~ 아무것도 이해하지 못하다

kantardžija (男) 저울을 만들거나 고치는 사람, 공용저울로 무게를 재는 사람

kantarion (植) 고추나물속(屬)의 초본

kantata (音樂) 칸타타 (독창·중창·합창과 기악반주로 이루어진 성악곡)

kantica (지소체) kanta

kantina (군 막사·공장 등의) 구내 매점 (음료·잡화·찬 음식 등을 판매하는)

kantiner 구내 매점(kantina) 점원, 구내 매점 주인

kantizam -zma (哲) 칸트 철학

kanton (스위스 등의) 주(州)

kantonirati -am, **kantonovati** -nujem (完,不完) (병사들을 개인주택, 동네 등에 일시적으로) 숙영시키다, 숙박시키다; većina seljana morala je da primaju u kuće kantonirane nemačke vojnike i oficire 대부분의 시골주민들은 할당된 독일 장병들을 집에 숙박시켜야만 했다

kantor (교회) 성가대의 선창자; (유대교) 선창자(先唱者) (기도문의 독창부분을 노래하는 사람)

kantovac -ovca 칸트주의자, 칸트학파의 사람

kanu -ia (男) 카누; ~ jednosed 1인 카누

kanuist(a) 카누 선수

kanura (실·방적 등의) 큰 타래 (veliko povesmo)

kanuti -em (完) 참조 kapati; (액체가) 방울방

울(뚝뚝) 떨어지다(흐르다)

kanj *kanji* & *kanjevi* (魚類) 농어과(科)의 식용
어 (백미돔, 망상어 등의)

kanjon (地理) 협곡, 캐년 **kanjonski** (形)

kao I. (接續詞) 1. 비교를 나타냄; ~와 같이, ~
와 마찬가지로, ~만큼; *on je visok ~ (i) ja*
그는 나만큼 크다; *on je isto tako dobar ~*
(i) ti 그는 너만큼 훌륭하다; *lep ~ slika* 그
림과 같이 예쁜; *gladan ~ vuk* 늑대처럼 배
고픈, 매우 배고픈 2. (接續詞 *što* 와 함께
사용되어) ~처럼, ~과 같이, ~대로; ~ *što*
znate 당신이 아시는바와 같이; ~ *što kažu*
(사람들이) 말하는것 처럼 3. (接續詞 *da* 와
함께 사용되어) 가정, 추측, 추정을 나타냄;
마치 ~인 것 처럼, ~처럼; ~ *da je bilo juče*
마치 어제였던 것 처럼; ~ *da će kiša* 비가
올 것 처럼; ~ *da nisu kod kuće* 마치 (그들
이) 집에 없는 것 처럼 (보인다); *činilo joj*
se ~ da će se onesvestiti 마치 정신을 잃을
것 처럼 생각되었다; *izgledalo je ~ da joj*
se spavalo 졸리는 것 처럼 보였다; ~ *da ne*
znaš! 마치 (네가) 모르는 것 처럼! 3. (小辭
god 와 함께 사용되어) 유사함 혹은 동일함
을 강조; ~처럼 4. (接續詞 *i* 와 함께 사용되
어) 말의 첨가, 보충을 나타냄; 또한, 게다가
(takođe, isto tako i); *bilo je jabuka,*
krušaka ~ i grožđa 사과와 배, 또한 포도가
있었다 5. (자격, 역할을 나타냄) ~로서; *ovaj*
članak će poslužiti ~ uvod 이 기사는 머리
말로서 기능할 것이다 6. 기타; *deca ~ deca*
아이는 아이다; *bilo je rakije ~ vode* 술이
넘쳐났다 II. (副) 7. ~의 자격으로, ~로서 (u
svojstvu, u položaju); *soba je služila*
pukovniku i ~ salon i kao trpezarija 방을
거실처럼 그리고 주방처럼 사용했다

kao kala 참조 kal; 진흙

kaolin 1. 고령토, 도토(陶土) 2. (化) 카올린
(함수규산(含水珪酸) 알루미늄)

kaos (=haos) 1. (천지창조 이전의) 혼돈 2. 무
질서, 혼란 (zbrka, metež, nered)

kap (女) (L. *kapi*; G.pl. *kapi*) (=kaplja) 1. (물
등 액체의) 방울; ~*i znoja* 땀방울; ~*i rose*
이슬 방울; ~ *po* ~ 한 방울씩 한 방울씩 2.
(複數) (한 방울씩 떨어뜨리는) 약; ~*i za oči*
안약; ~*i za nos* 점비약(點鼻藥); ~*i za uši*
귀에 넣는 물약 3. (病理) 뇌출혈, 뇌졸중
(apopleksija); 심장마비; *udarila ga je* ~ 그
에게 뇌출혈이 일어났다; *umro je od* ~*i* 뇌
출혈로 사망했다; *srčana* ~ 심장마비;
udarila me je ~ *od straha* 무서워 죽을뻔
했다 4. 기타; *do poslednje* ~*i, u* ~ 완전히

(한 방울도 남김없이) (potpuno, sasvim); *do*
poslednje ~i krvi boriti se 모든 힘을 위해
싸우다(전투하다), 죽을 때까지 싸우다; *kao*
dve ~i vode slični 너무나 비슷한; *kao ~*
vode na dlanu (koga čuvati) 매우 소중히
(신경써서) (누구를 보호하다); ~ *u moru* 매
우 적은 양의, 대해일적(大海一滴), 구우일모
(九牛一毛), 조족지혈(鳥足之血); *mlada kao*
~ 아주 젊은; *ni ~i* 조금도 ~하지 않다
(nimalo, ništa); *utopio bi ga u ~i* 수단방법
을 가리지 않고 그를 죽이고 싶다(파멸시키
고 싶다); *kaplja kamen dube* 낙숫물이 바위
를 뚫는다

kap 곳, 갑(岬) (rt)

kapa 1. 모자(챙이 있거나 없는 여러가지의);
studenska ~ 학생모; *ribarska* ~ 선원모;
bacati ~u uvis 매우 기뻐하다(즐거워하다);
crna (mrka) ~ zla prilika 불길한 일이 일어
날 것을 예감했을 때 사용함; *dati kome po*
~*i* 누구를 공격하다(때리다) (육체적, 도덕적
으로); *davati ~om i šakom* 풍성하게(많이)
주다; *doći kome ~e* 누구에 대한 권한(권력)
을 획득하다; *doći pod ~u* 시집가다, 결혼하
다(쳐녀가); ~ *dole!, ~u dole!* 승인과 인정을
할 때 사용하는 감탄사; ~*om vetar terati*
경솔하다; *nakrivati ~u* 아무것에도 신경쓰지
않다(관심을 두지 않다); *ne stajati pod ~u*
마음에 들지 않다(ne sviđati se); *nositi ~u*
na tri poda 거만해지다; *od ~e gajde praviti*
헛된 일을 하다; *pod ~om nebeskom* 하늘
아래, 이 세상에서; *puna mu je* ~ 지긋지긋
하다, 따분하다; *skidati ~u pred kim* 누구에
게 인사하다, 누구를 존경하다(높게 평가하
다); *skrojiti kome ~u* 마음에 없는 것을 받
아들이도록 강요하다, 누구의 운명을 결정하
다; *vrabac mu je pod ~om* 인사를 할 줄 모
른다; *vrti mu se ~ oko glave* 많은 걱정거
리가 있다; *raste mu ~* 그지없이 행복하다
2. (비유적) (끝부분, 꼭대기 등을) 싸고 있는
것, 덮고 있는 것

kapacitet 1. (개인 등의) 능력, (공장·기계의)
생산능력; *stvaralački* ~ 창조력; *on je*
mogao ... podići fabriku sa ~om hiljdu pari
cipela dnevno 그는 일일 천 켤레의 구두
생산능력을 갖춘 공장을 세울 수 있었다 2.
용량, 수용력, 적재량 (배·트럭·폐(肺) 등의);
~ *pluća* 폐활량 3. (物) (전기의) 정전(靜電)
용량; 최대 출력; *električni* ~ 발전 용량 4.
(複數로) (생산) 설비, 시설; *industrijski* ~
산업 시설 5. (비유적) 대단한 능력의 소유자,
유명하고 인정받은 전문가; *veliki radni* ~

대단한 생산성을 지닌 사람
kapadžija (男) 모자(kapa)를 제조하는 사람 (kapar)
kapak _-pka_; _kapci_, _kapākā_ 1. (보통 複數로) 창호 셔터; _~pci na prozoru_ 창문 덧문 2. 뚜껑, 덮개 (poklopac, zaklopac) 3. (解) 눈 꺼풀
kapalica (안약 등의) 점적기(點滴器)
kapama (料理) (어린양의 고기를 삶은) 양고기 음식
kapar _-pra_ (植) 서양풍조목 (지중해 연안산); 그 꽃봉오리의 초절임 (조미료)
kapar 모자(kapa)를 만드는 사람 (kapardžija)
kapara (지불할 돈의 일부로 처음에 내는) 착수금, 보증금, 계약금; 집세 보증금 (akontacija)
kaparisati _-šem_, **kapariti** _-im_ (完,不完) 보증금 (kapara)을 지불하다
kapati _-pljem_ & _-am_ (不完) **kanuti** _-nem_, **kapnuti** _-nem_ (完) 1. 한 방울 한 방울씩 떨어지다(새다); _kaplje mu mleko iz usta_ 그는 너무 어리고 경험이 없다, 구상유취(口尚乳臭)이다 2. (갈라진 틈으로) (물이) 새다; _kaplje nam krov na nekoliko mesta_ 지붕이 몇 군데서 새고 있다 3. (不完만) (na čemu, nad čim) 쉴새없이 일하다, 열심히 일하다; _mi kapljemo nad ovim rečnikom_ 우리는 열심히 이 사전 작업을 한다
kapavac _-vca_ (病理) 임질 (gonoreja, triper)
kapče _-eta_ (지소체) kapa; 모자
kapčić (지소체) kapak
kapela 1. (학교·교도소 등의) 부속 예배당, 예배실; (시설·사택 내 등의) 부속 예배당, 예배실; _dvorska_ ~ 궁정 부속 예배당; _grobljanska_ ~ 공동 묘지에 있는 소교회 (장례 의식을 집전하는) 2. (소규모 인원으로 구성된) 합창단, 악단, 음악대
kapelan _-ana_ (교도소·병원·군대 등에 소속된) 사제, 목사
kapelmajstor, kapelnik 합창단·악단(kapela)의 지휘자; _vojni_ ~ 군악단장
kapetan 1. (軍) 대위; _aktivni_ ~ 현역 대위; _rezervni_ ~ 예비역 대위 2. (歷) 시(市)의 장(長), (행정 단위 등의) 지방 수령 (poglavar, starešina grada); (일반적인) 장(長), 지도자, 사령관 (starešina, vođa, zapovednik) 3. 선장, 함장; 항만장(長) 4. (스포츠의) (팀의) 주장 **kapetanski** (形)
kapetanija 1. 지방 수령(kapetan)의 직무(임무) 2. (歷) 지방 수령이 다스리는 지역 3. 항만장 사무실, 항만장이 사무를 보는 건물

kapetanstvo 지방 수령(kapetan)의 직무
kapetina (지대체) kapa
kapica 1. (지소체) kapa; _cervikalna_ ~ (자궁 경부에 씌우는 플라스틱제의) 피임 기구; _popina_ ~ (植) 매발톱꽃 (kandilka) 2. 갑피(甲皮)(창을 뺀 구두의 윗부분) 3. 뇌관(雷管) (kapisla) 4. (複) (魚貝類) 조개의 한 종류 5. (解) (음경의) 포피
kapičast _-a, -o_ (形) 모자 모양의
kapidžik (옆집과의 담장에 나 있는) 쪽문; _kroz ~ (svršiti što)_ 연줄을 통해 (무엇을 하다)
kapija 1. 문, 정문, 대문 (성벽·건물 등의); _trijunfalna_ ~ 개선문; _glavna_ ~ 정문; _sporedna_ ~ 후문 2. 계곡, 협곡 (klisura, tesnac) 3. (스포츠의) 골문, 골대
kapijica (지소체) kapija
kapilar (解) 실핏줄, 모세 혈관 **kapilarni** (形); _~a mreža_ 모세혈관망
kapilarnost (形) (物) 모세관 현상
kapinika (植) 미나릿과(科) 에린기움속(屬)의 다년초 (예전의 최음제(催淫劑))
kapirati _-am_ (完,不完) (口語) 이해하다, 알아듣다 (shvatiti, razumeti)
kapisla, kapsla (廢語) 뇌관(雷管)
kapislara (구식의) 장총
kapital 1. 자본, 자본금; _stalni (opticajni)_ ~ 고정(유동) 자본 2. 자본가, 자본가 계급, 부르주아 3. 원금 (glavnica) 4. (비유적) 자산 5. 기타; _mrtvi_ ~ 사용되지 않는 자본(가치)
kapitala 대문자(大文字)
kapitalan _-lna, -lno_ (形) 1. 주된, 주요한, 기본적인; 중대한 (glavni, osnovni); _~lna greška_ 중대한 과오 2. 자본의; _~lni izdaci_ 자본 지출(경비) 3. 대문자의; _~lna slova_ 대문자
kapitalisati _-šem_, **kapitalizirati** _-am_, **kapitalizovati** _-zujem_ (完,不完) 자본화(化)하다
kapitalist(a) 자본가, 자본주의자 **kapitalistički** (形)
kapitalizam _-zma_ 자본주의
kapitalizirati _-am_, **kapitalizovati** _-zujem_ (完,不完) 참조 kapitalisati
kapitel (建築) 기둥 머리, 주두(柱頭) (보통은 장식된); _dorski_ ~ 도리아식 주두; _jonski_ ~ 이오니아식 주두; _korintski_ ~ 코린트식 주두
kapiten (스포츠) (팀의) 주장
kapitulacija 항복, 굴복; (軍) 조건부 항복; _bezuslovna_ ~ 무조건적 항복
kapitulant 항복자, 패배주의자 **kapitulantski**

K

(形); ~ duh 패배주의적 정신

kapitulanstvo 패배주의, 패배주의적 행동

kapitulisati -šem, kapitulirati -am (完,不完) (軍) (적에게) 항복하다, 굴복하다; 조건부 항복하다

kaplar (軍) 하사, 분대장 (desetar, desetnik)

kaplja (G.pl. kapāljā & kapljī) (물, 액체 등의) 방울 (kap)

kapljanik 석순(石筍) (stalagmit, stalaktit)

kapljica 1. (지소체) kaplja 2. (비유적) 알코올 음료 (주로 포도주) 3. (複數로) (한 방울씩 떨어뜨려 사용하는) 약; ~e za nos 점비약 (點鼻藥)

kapna 갑피(甲皮)(창을 뺀 구두의 윗부분)

kapnica 1. 석순(石筍) (stalagmit, stalaktit) 2. (한정사적 용법으로) (한 방울씩 떨어지는) 빗방울 3. 물통, 수조(水槽) (cisterna)

kapnuti -nem (完) 참조 kapati

kaporast -a, -o (形) (조류 등이) 볏이 있는, 관모가 있는 (ćubast)

kapra (植) 참조 kapar; 서양풍조목 (지중해 연안산); 그 꽃봉오리의 초절임 (조미료)

kapric (男), kaprica (女) 1. 변덕 (hir, ćud) 2. (비유적) 예상치 못한 그 어떤 것, 평범하지 않은 그 어떤 것

kapriciozan -zna, -zno (形) 변덕스러운, 변화가 심한 (ćudljiv, hirovit)

kapricirati se -am se (完,不完) 1. 변덕을 부리다 2. 고집을 부리다, 완고해지다

kapris (男), kaprisa (女) 참조 kapric

kapsla 참조 kapisla; 뇌관(雷管)

kapsula 1. 뇌관(雷管) (kapisla, kapsla) 2. (藥) 캡슐 3. (우주선의) 캡슐

kaptaža 봉인, 밀봉, 밀폐, 덧씌움 (지하의 수원·가스관·우물 등의), 실링, 캐핑

kaptirati -am (完,不完) (수원(水源), 가스관 등을) 밀봉하다, 밀폐하다, 봉인하다, 덧씌우다

kapucin 1. (가톨릭) 카푸친회 수도사 (프란체스코회의 한 분파) 2. 참조 kapuciner 3. (動) 흰목꼬리감기원숭이 kapucinski (形)

kapuciner 음료의 한 종류 (커피와 약간의 우유가 들어간) (카푸친회 수사의 옷 색깔이 나는)

kapuljača (외투 등에 달린) 모자, 후드

kapuljica 참조 kapuljača

kapun (식육용의) 거세한 수탉

kaput 외투, 코트; zimski ~ 겨울 외투; isprašiti kome ~ (누구를) 때리다, 구타하다; okretati ~ prema vetru 시류에 편승하여 행동하다; skinuti kome ~ s leđa 약탈하다, 벗기다, 빈털털이가 되게 하다 (물질적, 금전적

으로); svaki ~ nositi naopačke 모든 것을 삐딱하게 바라보다(판단하다) kaputni (形)

kaputaš (輕蔑) 외투를 입는 사람, 도시민, 신사 (시골사람에 빗대어)

kaputaštvo (輕蔑) 도시민들의 특성

kaputić (지소체) kaput

kara- (복합어의 첫 요소로) 검은 (crn, crni)

kara (軍) 1. 탄약마차, 포차(砲車), 포와 탄약을 실은 마차 2. (기병의 공격에 대항한) 보병들의 대형

karabatak (닭 등 가금류의) 윗다리 부분 (굵직한)

karabin (男), karabinka (女) 카빈총

karađorđevac -evca, karađorđevićevac (歷) 카라조르제 지지자, 카라조르제 왕조 지지자

karakondža, karakondžula 마녀; 유령, 귀신 (veštica, avet, utvara)

karakter 1. 성격, 개성, 성질, 기질 (ćud) 2. 특성, 특질 (svojstva, odlike) 3. 좋은 품성을 지닌 사람 4. (문학작품, 연극 등의) 등장인물, 배역

karakteran -rna, -rno (形) 1. 특징적인, 특색이 있는 2. 인품이 뛰어난, 품성이 좋은 (čestit, častan); ~ čovek 인격자, 인품이 뛰어난 사람 3. (한정형) 성격의; ~rne slabosti 성격 결함; ~rni glumac 개성파 배우, 성격파 배우

karakterisati -šem, karakterizirati -am, karakterizovati -zujem (完,不完) 특징짓다, 특징화시키다; 특징이 되다, 특징이다; njega karakteriše čvrstina volje 굳건한 의지력이 그를 특징짓는다; on sve ljude negativno karakteriše 그는 모든 사람들을 부정적으로 묘사한다

karakterističan -čna, -čno (形) 특징적인, 특색이 있는, 독특한; ~čne crte 독특한 특징; to je ~čno za njega 그것이 그의 독특함이다; ~ broj (전화의) 지역 식별 번호

karakteristika 1. 특징, 특질, 특성 2. (어떤 사람의 직업 및 일반 사회활동에 관한 일체의) 서류, 문서; 프로필; on ima dobru ~u 그는 훌륭한 프로필을 가지고 있다 3. (數) (로그의) 지표; 표수(票數) 4. (자세한) 설명서, 사양(仕樣) (기계 등의)

karakterizacija (등장인물의) 성격 묘사, 특징짓기, 묘사

karakterizirati -am, karakterizovati -zujem (完,不完) 참조 karakterisati

karakternost (女) 청렴결백, 좋은 성품

karakul (動) 카라쿨양(羊) (중앙 아시아산(産))

karamanka 배(kruška)의 한 종류

348

karambol 1. 당구 경기의 한 종류 2. (비유적) 충돌, 불화, 알력 (sukob, sudar); *tako je došlo ... do ~a* 그렇게 충돌이 생겼다

karambolirati *-am* (完,不完) 충돌하다, 부딪치다

karamel (男) karamela (女) 캐러멜 (사탕)

karanfil (植) 카네이션

karanfilić 1. (지소체) karanfil 2. (植) 열대 나무의 한 종류

karanten (男), karantena (女) karantin (전염병 확산 방지를 위한) 격리, 격리조치; *staviti (smestiti) nekoga u ~* 누구를 격리조치하다

karantinski, karantenski (形)

karasevdah 사랑에의 갈망(열망·동경), 사모 (思慕)

karaš (魚類) 붕어; *~ zlatni, ~ zlataš* 붕어의 한 종류

karat 캐럿(다이아몬드 등 보석류의 무게 단위로 2백 밀리그램에 해당); 금의 순도 단위

karate *-eja* (男) 가라데 (무술의 한 종류)

karati *-am* (不完) iskarati (完) 1. ~에게 소리치다(고함치다), 책망하다, 질책하다, 꾸짖다 (grditi, koriti); *~ decu* 아이들을 꾸짖다 2. 징계하다, 징벌하다 (kažnjavati)

karatist(a) 가라데 선수

karaula 1. 감시탑, 망루 (국경·교량·터널 등에 있는) 2. 폐가(廢家), 다 쓰러져가는 (황폐한·다 허물어져 가는) 집

karavan (男) karavana (女) 1. (사막 등을 지나는) 대상(隊商), 대열 (낙타·말·짐마차·트럭 등에 짐을 싣고 가는) 2. 이동식 주택(승용차에 매달아 끌고 다님) 3. (비유적) 대열을 이뤄 가는 대규모 행렬; *stigao je s ~om želja* 많은 소원 보따리를 가지고 당도했다

karavan-saraj, karavan-seraj *-aja* 대상(隊商)들이 쉬기 위해 들르는 곳; 주막, 여관 (han)

karavanskī *-ā, -ō* (形) 참조 karavan; 대상(隊商)의; *~ put* 대상들이 지나다니는 길

karavela (16세기경 스페인 등에서 사용한) 작은 범선

karbid (化) 탄화물, 카바이드; 탄화칼슘 karbidni, karbidski (形)

karbol (化) 석탄산 (살균제·소독제로 사용)

karbolnī *-ā, -ō* (形) 참조 karbol; *~a voda* 석탄산수(水)

karbon (化) 탄소

karbonat (化) 탄산염

karbonisati *-šem*, karbonizirati *-am* (完,不完) 1. 탄화시키다 2. ~ se 탄화되다, 석탄이 되다

karbonit 카보나이트 (발파용 폭약)

karbon-papir (복사용) 먹지, 카본지

karbunkul (病理) 옹(癰; 피하 조직의 화농성 염증)

karburator (機) (내연 기관의) 기화기(氣化器), 카뷰레터 karburatorski (形); *~o lonče* 기화기(氣化器)의) 플로트 실(室)

karcinom (病理) 암(癌) (rak)

kardan (機) 만능(유니버셜) 조인트, 자재(自在) 이음 kardanski (形); *~o vratilo* 카르단 축(軸)[샤프트](양쪽 끝이나 한쪽 끝에 카르단 조인트가 달린 샤프트); *~a osovina* (機) 구동축, 원동축

kardinal 1. (宗) (가톨릭) 추기경 kardinalski (形); *~ plašt (šešir)* 추기경의 대례복(모자) 2. 사과의 일종; 포도의 일종 3. (鳥類) 홍관조(수컷의 깃털이 선홍색인 북미산 새)

kardinalan *-lna, -lno* (形) 가장 중요한, 주요한, 주(主)의, 기본적인 (glavni, osnovni, najvažniji, bitan); *to je ono ~lno pitanje* 그것이 가장 중요한 문제이다

kardinalskī *-ā, -ō* (形) 참조 kardinal; 추기경의; *~a palica* 추기경의 지팡이

kardiograf (醫) 심전계, 심박동 기록기

kardiogram (醫) 심박동 곡선

kardiolog 심장병 전문의

kardiologija 심장(병)학 kardiloški (形); *~ pregled* 심장 검사; *~o odeljenje* 심장 내과

kardio-vaskularnī *-ā, -ō* (形) (醫) 심혈관의; *~ sistem* 심혈관 시스템

kare *-ea* 1. (軍) 참조 kara; (기병의 공격에 대항한) 보병들의 대형 2. (料理) (갈비뼈가 붙은) 토막살, 갈비살, 갈비 (보통 돼지나 양의); *svinjski ~* 돼지 갈비살

karfiol (植) 콜리플라워, 꽃양배추; *bareni ~* 삶은 콜리플라워

kargo (男) (不變) (선박·비행기의) 화물

kari *-ija* (男) (料理) 카레; *pileći ~* 치킨 카레; *~ u prašku* 분말 카레

krijera 1. (직장 등에서의) 성공, 출세 2. (어느 분야에서의) 경력, 이력; 직업; *činovnička ~* 관료 경력

karijes (醫) 카리에스(치아나 뼈의 부식); (특히) 충치

karijerist(a) 출세 제일주의자, 자기 일을 제일 중요하게 생각하는 사람

karijerizam *-zma* 출세 제일주의

karika 1. (체인·사슬 등의) 고리 (alka, beočug) 2. (비유적) (~과 ~사이를) 연결 하는 것(사람), 연결 고리

karikarura 캐리커처(어떤 사람의 특징을 과장하여 우스꽝스럽게 묘사한 그림이나 사진)

karikaruralan *-lna, -lno*, karikaturan *-rna, -*

rno (形) 캐리커처의, 우스꽝스러운

karikaturist(a) 풍자만화가, 캐리커처 화가

karikirati *-am* (不完) **iskarikirati** (完) 캐리커처를 그리다, 희화화하다, 우스꽝스럽게 그리다

kariran *-a, -o* (形) 격자 무늬의, 체크 무늬의; ~*a suknja* 체크 무늬 치마; ~*o odelo* 체크 무늬 옷

karišik 1. 혼합, 혼합물, 혼합 재료 (smesa, mešavina) 2. (音樂) 포푸리 곡, 혼성곡 (여러 노래가 섞여 있는)

karlica 1. (나무로 만든) 통 (카이막을 걷어내기 위해 우유를 따라내는) 2. (解) 골반(뼈) **karlični** (形); ~*a kost* 골반뼈

karmin 1. 진홍색 2. 립스틱 (ruž); *mazati usta* ~*om* 입술에 립스틱을 바르다

karmine (女,複) 참조 podušje; 죽은 이를 위한 미사, 추도 미사

karminisati (se) *-šem (se)*, **karminirati (se)** *-am (se)* (不完) (얼굴에) 연지를 바르다, (입술에) 립스틱을 바르다; ~ *usne* 입술에 립스틱을 바르다

karner 1. (가죽으로 된) 사냥꾼의 가방 2. (천·옷 등의) 단 (porub, nabor, volan)

karneval 1. 카니발, 축제; 사육제, 사순절 직전의 수일간의 축제; ~ *narodnih igara* 민속춤 축제 2. (비유적) 혼란, 혼동, 무질서; 정치 사회적 무질서 (nered, ludovanje)

karniz (男), **karniza** (女), **karniž** (建築) 처마 돌림띠, 코니스(건축 벽면을 보호하거나 처마를 장식하기 위해 벽면에 수평이 되도록 하여 띠 모양으로 튀어나오게 만든 부분)

karo *-a* (男) (카드의) 다이아몬드; ~*-as* 다이아몬드 에이스

karoserija (자동차의) 차대, 샤시

karst (地質) 카르스트 지형 (침식된 석회암 대지(臺地)

karta *karata* 1. (地理) 지도 (mapa); ~ *Evrope* 유럽 지도; *geografska* ~ (지리) 지도; *dijalekatska* ~ 방언 지도 2. (카드 놀이의) 카드; (複數로) 카드 놀이, 도박; *igrati* ~*e* 카드놀이를 하다; *mešati* ~*e* 카드를 섞다 3. (일정한 정보를 기록한) 카드; 서류, 증(證); 입장권, 티켓, (기차 등의) 승차권, 표; (식당의) 메뉴판, 와인 리스트; *lična* ~ 개인 신분증; *bolnička* ~ 병원 진료 기록카드; *članska* ~ 회원증; *partijska* ~ 당원증; *povratna* ~ (기차) 왕복표; *vozna* ~ 기차표; *besplatna* ~ 무료표; ~ *za povlašćenu vožnju* 우대 승차권 4. (우편) 엽서; *poštanska* ~ 우편 엽서 5. 기타; *bacati (razmetati, razbacivati)*

~*e, gledati (kome) u karte* (카드로) 점을 치다, 카드점을 보다; *dati na* ~*e* 카드 도박에서 (돈을) 잃다; *graditi kule od* ~*a* 실현할 수 없는 계획에 집착하다; *ide mi~, pošla mi* ~ 성공하다, 카드 게임에서 (돈을) 따다; *igrati na dve* ~*e* 어느 쪽과도 손을 잡다; ~ *više* (口語) 암표 (암표상에게 구입한); *kula (kuća) od* ~*a* 실현할 수 없는 것, 사상누각; *ne ide mi* ~, *odbila mi se* ~ 성공하지 못하다, 카드 도박에서 잃다; *otkriti (otvoriti, pokazati) svoje* ~*e* 자신의 의도나 계획을 공개적으로 말하다; *pomešati čije* ~*e* 누구의 계획을 망쳐놓다(엉망으로 만들다); *poslednja (zadnja)* ~ 최후의 수단; *staviti (stavljati) što na (jednu)* ~*u, igrati na poslednju* ~*u* (얻을 것이라는 희망을 가지고) 모험을 하다; *uzeti pešačku* ~*u* 걷다, 걸어 가다

Kartaga, Kartagina (歷) 카르타고 (아프리카 북부의 고대 도시 국가)

kartanje (동사파생 명사) kartati se

kartar (특히 상습적으로) 카드 놀이를 하는 사람, 카드 도박을 하는 사람 (kartaš)

kartara (카드를 이용하여) 점을 치는 여자 (gatara)

kartaroš 참조 kartaš

kartaš (특히 상습적으로) 카드 놀이를 하는 사람, 카드 도박을 하는 사람 **kartaški** (形); ~*a igra* 카드 게임; ~ *sto* 카드 테이블

kartašnica 카드 도박장 (kockarnica)

kartati se *-am se* (不完) 카드 놀이를 하다, 카드 도박을 하다

karteč (男), **karteča** (女) (대포의) 산탄, 산탄통

kartel 카르텔, 기업 연합

karter (機) (내연기관의) 크랭크실(室); *korito* ~*a* (機) (크랭크실(室) 하부의) 기름통, 오일팬

kartezijanizam *-zma* (哲) 데카르트 철학(사상)

kartica (지소체) karta

kartirati *-am* (完,不完) 1. 지도(karta)위에 표시하다 2. 기차로 화물을 발송하다(보내다)

kartograf 지도 제작자

kartografija 지도 제작(법)

karton 1. (딱딱하고 두꺼운) 판지(板紙), 보드지, 마분지 **kartonski** (形); ~*a kutija* (딱딱한)종이 상자 2. (일정한 기록한 되어 있는) 서류, 기록지; *lični* ~ 개인 정보 서류 (출생·결혼 등의); *rezultate pregleda treba uneti u zdravstvene* ~*e* 진찰 결과를 건강 기록지에 기록해야 한다 3. (繪畵) 밑그림, 스케치

kartonaža 1. 판지(karton)로 된 제품(물건); 판지 제품 공장 2. 판지(karton) 공장

kartonirati −am (完,不完) 1. 판지에 (풀로) 붙이다 2. 판지(karton)로 겉표지를 하다 (책 등의)

kartonskī −ā, −ō (形) 1. 판지(karton)로 된, 판지로 만들어진; ~a kutija 판지 상자; ~a ambalaža 종이 박스 2. (비유적) 생기가 없는, 활력이 없는, 생명이 없는; 딱딱한, 뻣뻣한 (ukočen, bez života)

kartoteka (도서관 등의) 카드식 목록; 그러한 카드식 목록함(函) kartotečni (形)

kartuzijanac 카르투지오 수도회 소속의 수도사

karuca (보통 複數로) (지붕과 높은 의자가 있는) 대형 사륜마차 (laka kola, kočija)

karusel (놀이공원 등에 있는) 회전목마 (vrteška, vrtuljak, ringlšpil)

kas 1. (말 등의) 속보 (왼쪽 앞발과 오른쪽 뒷발이, 그리고 오른쪽 앞발과 왼쪽 뒷발이 동시에 움직이는) 2. (부사적 용법으로) 빨리, 뛰어서 (brzo, trkom); Vi, iz mesta ~ kući 당신은 즉시 뛰어서 집으로 (가시오) 3. (비유적) ~의 빠른 움직임 (brzo kretanje čega)

kasa 1. (보통 쇠로 된) 금고 2. 금전 등록기 3. (상점 등의) 계산대 4. (비유적) (금전 등록기 속에 있는) 돈, 현금 (novac, gotovina) 5. 기타; bratinska ~ 상호 공제회 (직장 등의); državna ~ 재무부; ~ skonto (商) (물건 등을 현금으로 구입할 때의) 현금 할인

kasaba 소읍(小邑), 면(面) (gradić, varošica, palanka)

kasabalija (男) 소읍지(小邑地) 주민, 면(面) 주민 (varošanin)

kasacija 1. (法) (하급심 판결의) 파기, 폐기 2. 파기원(破棄院; 프랑스·벨기에 등의 대법원), 최고 법원 kasacioni (形); ~ sud 최고 법원

kasač 속보(kas)로 잘 달리는 말(馬) kasačica; kasački (形); ~e trke 속보(kasa) 경주

kasan −sna, −sno; kasniji (보통 한정형 kasni) (形) (시기가) 끝날 무렵의, 후기의, 말기의; (시간이) 늦은; (예정보다) 늦은, 뒤늦은; (개화, 수확 등이) 늦은; ~sno veče 늦은(깊은) 저녁; ~sno Marko stiže na Kosovo! 너무 늦었다, 시기를 놓쳤다

kasap, kasapin (複)kasapi, kasāpā 정육점 주인; 도살업자 (mesar) kasapski (形)

kasapiti −im (不完) iskasapiti (完) 1. (도축된 가축을) 토막으로 자르다, 토막내다; kasapin je iskasapio tele 도축업자는 송아지 고기를 토막냈다 2. (비유적) 망치다, 못쓰게 만들다, 심하게 훼손하다 (unakazivati, kvariti); cenzura je iskasapila ovaj film 검열이 이

영화를 아주 못쓰게 만들었다 3. 흉기로 사람을 찔러 죽이다 (보통 전투, 전쟁에서) 4. 도축업에 종사하다, 도축업자로 살다

kasapnica 1. 정육점, 푸줏간; 도살장, 도축장 (mesnica, mesara, mesarnica) 2. (비유적) (사람을 대량 학살하는) 학살장, 학살 현장

kasarna 1. (軍) 병영, 막사 kasarnski (形); ~ život 병영 생활; ~a disciplina 병영 규율 2. (비유적) (輕蔑) 군 막사같이 크고 볼품없는 건물

kasati −am (不完) 1. (말이) 속보(kasa)로 달리다; (말을) 속보(kasa)로 타다 2. 달리다, 뒤를 쫓다 (trčati, juriti); ~ za nekim 누구의 뒤를 쫓다 3. (口語) 서두르다 (žuriti se)

kaserola 찜냄비 (금속 제품으로 뚜껑이 있는); podigao je poklopac srebrne ~e 은색 찜냄비의 뚜껑을 열었다

kaseta, kazeta 1. (보석·귀중품·돈 등을 넣는) 작은 상자; 보석 상자, 돈 상자 2. (카메라) (필름을 집어 넣는) 카트리지

kasica (지소체) kasa; limena ~ (양철로 된) 저금통; štedna ~, ~ prasica 돼지 저금통

kasina (女), kasino (男) 카지노

kasir (은행·상점·호텔 등의) 출납원, 요금 계산원 (blagajnik) kasirica, kasirka

kasirati −am (完,不完) 1. (판결을) 무효화시키다, 폐기하다 (poništiti, ukinuti) 2. 제거하다, 폐지하다, 없애다 (ukloniti); ja bih sve te škole kasirao pa ustrojio nekoliko akademija 그런 모든 학교를 폐교시키고 몇 개의 아카데미를 설립하고 싶다

kasirica, kasirka 참조 kasir

kaskada 1. 계단 폭포 2. (비유적) 급격히 불어난 급류 3. (전기 회로의) 직렬연결 (serija) 4. (영화) 위험한 장면 (말·열차 등에서 떨어지는)

kaskader (영화) 스턴트 맨, (위험한 장면의) 대역(代役)

kaskati −am (不完) 1. 참조 kasati 2. (비유적) 소리를 내면서 천천히 움직이다; voz je kaskao ... preko dosadne ravnice 열차는 따분한 평원을 가로지르며 천천히 움직였다

kasnī −ā, −ō (形) 참조 kasan

kasniti −im (不完) zakasniti (完) 1. 늦다, 늦게 도착하다, 지각하다; on uvek kasni na časove 그는 항상 수업에 늦는다; sat mi kasni pet minuta 내 시계는 5분 늦다 2. ~ se 따분해지다, (시간 등이) 늦게 가다, 질질 끌다; ne imajući posla, vreme mi se kasni 일이 없어 시간이 잘 가지 않는다 (일각이 여삼추이다)

K

kasno (副) 참조 kasan; 늦게, 뒤늦게

kasnolegalac -aoca 밤 늦게 잠자리에 드는 사람, 늦게 자는 사람, 올빼미족

kasom (副) 빠르게, 서둘러, 뛰어서 (u kasu, trkom, brzo, žurno); ~ jahati 속도(kas)로 말을 타다

kasrola 참조 kaserola; 찜냄비 (금속 제품으로 뚜껑이 있는)

kasta 1. 카스트 제도 (인도 등의) 2. 폐쇄적 사회 계급, 특권적 계급, 배타적 계급 (자신들의 특권을 지켜 나가는) kastinski (形)

kastanjete (女,複) (樂器) 캐스터네츠

kastel 참조 kaštel 성곽, 요새; 성(城), 궁전 (tvrđava; dvorac, zamak)

kastelan 참조 kaštelan; (중세의) 성주(城主)

kastinskī -ā, -ō (形) 참조 kasta; 카스트의, 카스트 제도의

kastracija 거세 (숫컷·남자 등의) (škopljenje)

kastrat 거세된 남자; 내시, 환관 (uškopljenik, evnuh, škopac)

kastrirati -am (完,不完) 거세하다 (škopiti, štrojiti)

kaša 1. 죽 모양의 걸쭉한 음식 (물 또는 우유에 감자·버섯·밀가루 등을 넣어 만든), 죽; kukuruzna ~ 옥수수 죽; krompirova ~ 감자 죽(삶아 으깬 감자, 매시트 포테이토); ječmena ~ 보리 죽 2. 혼란, 혼동, 무질서한 것 (zbrka, darmar) 3. 기타; hladiti ~u 곤경에서 탈출할 출구를 찾다; jesti vruću ~u 어렵고 위험한 사건에서 함께 행동하다(협력하다); kuvati krvavu ~u 유혈사태를 일으키려고 준비하다; načinit ~u od čije njuške, pretvoriti koga u gomilu ~e 누구를 늘씬 패다(때리다); ni ~e nije najeo 젊고 경험이 없는; obilaziti kao mačak oko vrele (vruće) ~e 신중하게(조심스럽게) 어떠한 일을 대하다; skuvati (zakuvati, svariti, zamutiti) ~u 곤란하고 힘든 상황을 야기시키다, 문제를 만들다; strahić ~u hladi 겁쟁이가 어떤 일을 하지 않으려고 변명거리를 만들려고 할 때 사용함; žežen ~u hladi 한 번 속지 두 번 속지 않는다 (한 번 일을 낭패본 사람은 그와 비슷한 상황에서 훨씬 신중하게 행동한다)

kašalj -šlja 기침; suvi ~ 마른 기침; kokoš(i)ji ~, mač(i)ji ~ 별로 중요하지 않은 것, 사소한 것, 하찮은 것; magareći ~, veliki ~ (醫) 백일해 (hripavac)

kašast -a, -o (形) 죽(kaša)같은; ~o blato 죽과 같이 질척질척한 진흙

kašičar 1. 나무 숟가락(kašika)을 만드는 사람 2. (鳥類) 노랑부리저어새 (부리가 기다란 구

듯주걱 모양임)

kašičica (지소체) kašika; 작은 숟가락, 티스푼

kašika 1. 숟가락, 스푼 (žlica); velika (supena) ~ 일반(수프) 숟가락; jesti ~om 숟가락으로 먹다; misli da je svu mudrost ~om pojeo (popio) 그는 자기 자신이 매우 현명한 줄 알고 있다; popio bi ga u ~ci vode 그를 증오하여 어떻게든 파멸시키고 싶다 2. 한 숟가락 분량의 양(量) 3. (포크레인의) 한 부품 (흙 등을 퍼내는) 4. 구두 주걱

kašikar 1. 나무 숟가락을 만드는 사람 (kašičar) 2. 포크레인 (건설 중장비의 한 종류) 3. (鳥類) 노랑부리저어새 (부리가 기다란 구듯주걱 모양임) (kašičar)

kašikara (鳥類) 넓적부리, 노랑부리저어새 (부리가 기다란 구듯주걱 모양임)

kaširati -am (完,不完) 종이로 덮다, 종이를 붙이다 (알록달록한 종이로 판지(板紙) 등을); 딱딱한 판지에 그림을 붙이다

kašljati -am (不完) 기침하다

kašljav -a, -o (形) 기침을 많이 하는, 기침하는

kašljucati -am, kašljuckati (不完) kašljucnuti -nem (完) (지소체) kašljati; 기침하다

kašljucav -a, -o 자주 기침하는; 기침을 동반한

kašljucnuti -nem (完) 참조 kašljucati

kašljenje (동사파생 명사) kašljenje

kaštel 성곽, 요새; 궁전, 성(城) (tvrđava; dvorac, zamak)

kaštelan (중세의) 성주(城主) kaštelanka

kaštig (男), kaštiga (女) 벌, 처벌, 징벌, 형벌 (kazna)

kaštigati -am (完,不完) 벌하다, 처벌하다, 징벌하다, 형에 처하다 (kazniti)

Kašub 카슈비아어(語) (폴란드어와 유사한 슬라브어로 주로 폴란드 북부에서 쓰임) kašupski (形)

kat kata; katovi 참조 sprat; (건물의) 층

kata- (복합어의 첫 구성요소) 밑, 아래 등의 뜻을 지님 (dole, pod, preko); katakomba 지하 묘지

katafalk 관대(棺臺;장례식 전에 유명인의 시신을 안치해 놓는 장식된 단)

kataklizam -zma (男) kataklizma (女) 지각의 격변, (홍수·전쟁 등의) 대재앙, 대변동

katakomba (초기 교회의) 카타콤(로마와 그 부근의 초기 기독교도의 지하 묘지)

katalepsija (病理) 카탈렙시, 강경증(强硬症) 발작 등에 의한 근육의 경직상태)

kataleptički (形); ~a ukočenost 카탈렙시 상태

katalitičkī -ā, -ō (形) (化) 촉매의, 촉매 작용의

kataliza (化) 촉매 작용, 촉매 현상

katalizator (化) 촉매

katalog 1. 카탈로그, 목록 (책·그림·상품 등의); *izložbeni* ~ 전시 카탈로그 2. (학교의) 출석부 (시험 점수 등이 기록되는 칸이 있는) (prozivnik)

katalogirati -am, **katalogizirati** -am (完,不完) 카탈로그(목록)에 싣다, 목록을 만들다, 카탈로그를 만들다; ~ *slike* 그림을 도록에 싣다

katalpa (植) 개오동나무

katanac -anca 맹꽁이 자물쇠; *držati* (*čuvati*) *pod* ~*ncem* 자물쇠를 채우다(채워 보관하다); *staviti* ~ *na vrata* 문에 자물쇠를 채우다; *metnuti* (*kome*) ~ *na usta* (누구의) 입에 자물쇠를 채우다, 침묵하게 하다; *s one strane* ~*nca* 감옥에서

katapult (男), **katapulta** (女) 1. 투석기(무거운 돌을 날려 보내던 옛날 무기), 쇠뇌, 노포(弩砲) 2. (함선의) 비행기 발사기 3. (피아노의 뚜껑을 받치고 있는) 받침대

katapultirati -am (完,不完) 투석기로 쏘다, 발사하다

katar (病理) 카타르(감기 등으로 코와 목의 점막에 생기는 염증); (흔히) 코감기; *bronhijalni* ~ 기관지염; ~ *creva* 장염 **kataralni** (形)

katar 보고밀교도 (pataren)

katarakt 1. (강물 등의) 세찬 흐름, 홍수 (brzac) 2. (病理) 백내장

katarka (배의) 돛대 (jarbol)

katarza 카타르시스, 정화(淨化; 특히 비극 등에 의한 관객의 감정 정화)

katastar -tra 토지 대장; *vodni* ~ 하천 토지 대장 **katastarski** (形)

katastrofa 1. 대참사, 대재앙; *porodična* ~ 가족 재앙; ~ *Titanika* 타이타닉호 참사 2. 죽음 (srmt) 3. (연극의) 대단원(끝나기 바로 직전의 비극으로의 전환) 4. 참담한 대패(大敗)

katastrofalan -lna, -lno (形) 대재앙의, 대참사의, 비극적인; ~ *boj* 참담한 패배를 한 전투; ~*lna pogreška* 참담한 결과를 가져온 실수

katedra 1. (교실의) 연단, 강단, 교단 2. (대학의) 교수직 (stolica); *očekivao je da će dobiti* ~*u na univerzitetu za komparativnu književnost* 그는 대학에서 비교 문학 교수직을 얻을 것이라고 기대했다; *držati* ~*u za* 교수직을 유지하다; *govoriti eks* ~ 위엄있게 (권위를 갖고) 말하다 3. (대학의) 과(科) (odsek, odeljenje); ~ *za egleski jezik i književnost* 영어영문학과; ~ *za matematiku*

(*fiziku*) 수학과 (물리학과)

katedrala (宗) (주로 가톨릭의) 대성당(주교좌) (座) 성당) *katedralni, katedralski* (形)

kategoričan -čna, -čno, **kategoričkī** -ā, -ō (形) 의심없는, 확실한, 단정적인, 무조건의, 조건없는 (određen, siguran, bezuslovan); ~ *način* 확실한 방법, ~*čno trvđenje* 단정적인 주장; ~ *imperativ* (倫理) 지상 명령 (근본적 도덕으로서의 양심의 명령; Kant의 용어)

kategorija 범주, 카테고리 **kategorijski** (形)

kategorisati -šem, **kategorizirati** -am (完,不完) 범주로 나누다, 분류하다, 카테고리별로 분류하다

kateheta (男) (=katiheta) 학교에서 종교 과목을 가르치는 성직자, 교목(校牧), 교리 문답 교사

katehizam, katekizam -zma 1. (기독교의) 교리 문답(서) 2. (비유적) (간단한) 질문과 응답서 (지켜야 할 것 등의, 어떤 학문이나 예술에 관한)

katehizis (=katihizis) 교리 문답 (veronauka)

kateta (幾何) (정삼각형에서의) 한 변

kateter (醫) 도뇨관(導尿管), 카테터(체내에 삽입하여 소변 등을 뽑아내는 도관)

katiheta 참조 kateheta

katihizis 참조 katehizis

katkad, katkada (副) 때때로, 종종 (ponekad, nekad); ~ *celo veče pričamo* 종종 밤새 이야기한다

katmer 참조 karanfil; (植) 카네이션

katoda (전기의) 음극, 캐소드 (反; anoda) **katodni** (形)

katolicizam -zma, **katoličanstvo** 가톨릭(교); *rimski* ~ 로마 가톨릭

katoličanskī -ā, -ō (形) 가톨릭의

katoličkī -ā, -ō (形) 가톨릭의

katolik 가톨릭교도, 가톨릭 신자 **katolikinja, katolkinja**

katran 타르, 콜타르(석탄·목탄을 건류할 때 생기는) **katranski** (形)

katrandžija (男) 타르 제조자(판매자)

katranisati -šem, **katranizirati** -am (完,不完) ~에 타르를 칠하다(바르다)

katren 4행 연구(聯句), 4행시

katun 여름동안 가축에 풀을 뜯기는 목초지 (목동 마을) **katunski** (形)

katunar 1. (廢語) 여름 목동 마을(katun)의 장 (長) 2. 여름 목초지(katun)의 목동

kauboj (미국 서부 지역의) 카우보이, 목동 **kaubojski** (形); ~ *šešir* 카우보이 모자; ~ *filmovi* 카우보이 영화

K

kaucija 1. 보증금; *položiti ~u* 보증금을 걸다 2. 보석금; *pustiti uz ~u* 보석금을 받고 석방하다

kauč *kaučevi & kauči* (보통 등받이와 팔걸이가 있는) 긴 의자, 소파

kaučuk 1. 천연 고무, 생고무; *sirov (veštački)* ~ 생고무(인조 고무, 합성 고무) 2. 참조 kaučukovac 2. 고무로 만들어진 비옷

kaučukovac *-ovca* (植) 고무 나무

kauguma 추잉껌, 껌

kaukati *-čem* (不完) 1. (칠면조가 목에서) 고르륵고르륵(kau) 하는 소리를 내다 2. 신음 소리를 내다, 끙끙대다 (cvileti, kukati)

kaur, kaurin (무슬림들의 입장에 일컫는 명칭으로) 기독교도, 이교도, 비교도 (nevernik, đaur)

kaurka, kaurkinja 참조 kaur; 비무슬림 여인, 기독교도 여인

kaurma, kavurma (양·돼지 등의 동물의 내장을 잘게 썰어 만든) 소시지 (보통 빵에 발라 먹음)

kaustičan *-čna, -čno* (形) 1. 가성(苛性)의, 부식성의; *~čna soda* 가성 소다 2. (비판 등이) 준열한, 신랄한, 통렬한; 비꼬는 (jedak, zajedljiv, podrugljiv)

kauzalan *-lna, -lno* (形) 인과관계의, 원인의, 원인을 나타내는 (uzročan); *~ veznik* 원인을 나타내는 접속사; *~lna rečenica* 원인을 나타내는 절

kauzalitet 인과 관계 (uzročnost)

kava 참조 kafa; 커피

kavad (무슬림 여인들이 입는) 긴 겉옷 (비단 또는 우단으로 만들어진 장식이 많은)

kavalerija (=kavaljerija) 기병(騎兵), 기병 부대 (konjica)

kavalerist(a) 기병 부대에 근무하는 기병 (konjanik)

kavalir 참조 kavaljer

kavalkada 기마 행진, 기마 퍼레이드

kavaljer (=kavalir) 1. 여성에게 친절한 남자, 기사도 정신의 소유자 kavljerski (形) *~ postupak* (여성에) 친절한 행동; (여성의) 춤 파트너 2. 정부(情夫); 애정공세를 펼치는 남자 (udvarač, ljubavnik) 3. 마음이 관대하고 아낌없이 주는 남자 4. 훈장을 받은 사람

kavaljerija 참조 kavalerija

kavaljerijskī *-ā, -ō* (形) 기병의, 기병 부대의; *~a sablja* 기병이 차는 검(劍)

kavaljerist(a) (기병 부대에 근무하는) 기병(騎兵)

kavaljerskī *-ā, -ō* (形) 참조 kavaljer

kavaljerstvo (특히 여자에 대한 남자의) 정중함, 예의 바름, 기사도 정신

kavana 참조 kafana

kavančina 참조 kafančina

kavedžija 참조 kafedžija; 카페 주인, 술집 주인

kaven *-a, -o* (形) 참조 kafa (kafen)

kavenisati *-šem* (不完) kafenisati

kaverna 1. (病理) (결핵에 의한 폐의) 공동(空洞) 2. (軍) (적군의 포 공격 또는 폭격을 피하기 위한) 굴, 동굴 (pećina, spilja)

kavez (쇠창살이나 철사로 만든 짐승의) 우리; 새장; *lavlji ~* 사자 우리; *~ za ptice* 새장

kavga (D. *-gi & -zī*; G.pl. *-ā & -gī*) 1. 말다툼, 언쟁 (svađa, prepirka) 2. (치고 받는) 싸움 (tuča)

kavgačičak *-čka* (植) 참제비고깔(키가 큰 화초의 일종) (žavornjak)

kavgadžija (男,女) 걸핏하면 싸우려 드는 사람, 다투기(kavga) 좋아하는 사람

kavgati se *-am se* (不完) 참조 kavžiti se; 다투다, 말싸움하다

kavijar 캐비아(어류, 특히 철갑상어 알을 소금에 절인 것)

kavurma 참조 kaurma

kavžiti se *-im se* (不完) (*oko čega, za što, s kim*) 다투다, 말다툼하다 (svađati se)

kazalište 참조 pozorište; (연극의) 극장 kazališni (形)

kazalo 1. (시계·속도계·검침기 등의) 바늘; *~ sata* 시계 바늘; *~ brzine* 속도계 바늘 2. 목록, 색인, (물가·임금 등의) 지수, 지표; *stvarno ~* 실제 지표

kazaljka (시계·속도계 등의) 바늘; *~ na satu* 시계 바늘; *velika ~* 분침; *mala ~* 시침

kazamat (男), kazamata (女) 1. (성곽에 있는) 감방, 감옥 (tamnica) 2. (軍) 포대(砲臺; 포격·폭격으로부터 방호하기 위하여, 보루의 벽에 지붕을 씌워 만든) 3. (軍) 포곽(砲廓; 함포와 포수를 방호하기 위하여 갑판 위에 설치한 장갑 장벽)

kazan 1. (둥근 형태의) 금속제 그릇, 가마솥, 큰냄비 (요리용의, 물을 끓이는 용도의) (kotao); *rakijski ~* 라키야 증류기; *bakarni ~* 구리 가마솥; *vojnički ~* 군대용 솥 2. 솥과 비슷한 것 3. (機) 보일러; *parni ~* 증기 보일러 4. (民俗) 놀이의 한 종류 5. 기타; *ići na ~, spasti na ~* 솥째 먹고 공동으로 함께 먹고 살다; *kad ~ pođe* 라키야가 흘러 나오기 시작할 때; *piti na ~u* 통째 마시다; *osećati se kao u ~u* 심각한 걱정거리가 있다

kazandžija (男) 가마솥(kazan)을 만드는 사람

kazanija 라키야를 빚고 나서 라키야 증류기

(kazan)를 빌려준 사람에게 주는 라키야 (ispek)

kazati -žem (完,不完) 1. 말하다, ~라고 말하다; *kaži mu da dođe* 그에게 오라고 말해라; *kako se to kaže engleski?* 영어로는 그것을 어떻게 말하지?; *ona je, kažu, otputovala* 그녀가 떠났다고 사람들은 말한다 2. 예언하다, 예견하다 (proreći, proricati); *šta kažu zvezde?* 별이 뭐라고 하는가? (어떤 예언을 하는가?) 3. ~ *nekoga* 배반하다, 배신하다, 고발하다, 밀고하다, 신고하다, 비난하다 (izdati, tužiti, prijaviti, prokazati); *on te kazao ocu* 그는 너를 아버지에게 일러바쳤다 4. ~ *na nekoga* 누구에 대해(관해) 비방하다, 험담하다, 중상하다, 모략하다 ((o)bediti, (o)kriviti koga); *nije istina što na nju kažeš* 네가 그녀에 대해 비방중상하는 것은 사실이 아니다 5. 명하다, 명령하다 (zapovediti, narediti, naložiti); *radi što ti se kaže!* 너에게 명해진 것을 행하라! 6. 생각하다 (misliti, pomisliti); *šta će ~ svet kad vidi da se kažnjava ... jedan ugledan prvak* 한 저명 인사가 처벌받는 것을 보면 사람들은 어떻게 생각할까? 7. (*koga kome*) 누구를 누구에게 소개하다 8. 기타; *kazano-učinjeno* 말한 즉시 행해졌다; ~ *izrekom* 누가 말한 그대로 한 마디도 빼지 않고 말하다; ~ *koga prstom* 조롱하다, 조소하다; ~ *po duši (po istini, po pravdi)* 있는 그대로 말하다(사실대로 말하다); ~ *u četiri oka* 단둘이 이야기하다(비밀스럽게); ~ *u oči (u brk, u obraz, u lice)* 솔직하게 말하다; *kako ~, kako da kažem* 자신의 생각을 정확하게 표현하지 않으려할 때 사용됨; *rekla-kazala* 수다를 떪 (brbljanje, preklapanje); *samo se po sebi kaže* (다른 사람은 아무도 모르고) 자기 자신만 안다(이해한다)

kazba (북아프리카 도시의) 성(城), 성채, 저택, 궁전

kazemat (男), kazemata (女) 참조 kazamat

kazino 참조 kasino

kazivač, kazivalac -aoca 1. 화자(話者), 말하는 사람 2. 길을 가르켜 주는 사람 3. 가르키는 것; ~ *puta* 이정표

kazivati -zujem (不完) 1. 참조 kazati; 말하다 2. 외어서 말하다(낭송하다, 음창(吟唱)하다) (govoriti napamet, deklamovati); *dok je pesmu kazivala, lice joj dobijalo neki uzvišeni izraz* 시를 외어 낭송하는 동안, 그녀의 얼굴에는 그 어떤 환희의 표정이 일어났다; ~ *od reči do reči* 누가 한 말을 한 마디 한 마디 문자 그대로 되풀이하다; ~ *u pero* 구술하다, 받아 적게 하다 3. ~ se ~ 처럼 생각되다(보이다), 보여지다 (činiti se, pokazivati se)

kazna 벌, 형벌, 처벌; 벌금; *telesna (smrtna)* ~ 체벌, 태형 (사형); *novčana* ~ 벌금형; *doživotne robije* 종신형; *božja* ~ 천벌, 천형; *biti pod* ~om, *izdržavati* ~u 형을 살다; *izvršiti smrtnu* ~u *nad nekim* 누구의 사형을 집행하다; *podvrći* ~i 벌하다, 처벌하다

kazneni -ā, -ō (形) 참조 kazna; 벌의, 처벌의, 형벌의; ~ *zakon* 형법; ~ *zavod* 형무소, 교도소; ~ *udarac(prostor)* (축구의) 페널티 킥 (에어리어); ~a *ekspedicija* 토벌(討伐) 원정

kazneno-popravni -ā, -ō (形) 형무-교도의; ~ *dom* 형무소, 교도소

kazniona, kaznionica 형무소

kazniti -im; *kažnjen* (完) kažnjavati -am (不完) 벌하다, 처벌하다, 징계하다, 징벌하다; *kaznili su ga smrću* 그를 사형에 처했다; *on je kažnjen sa 50 dinara* 그는 50디나르의 벌금에 처해졌다; ~ *zbog težih krivičnih dela* 중범죄로 처벌하다

kazuistika 1. 결의론(법) (궤변으로 도덕적·법률적 문제를 해결하는 방식) 2. 건강부회, 궤변

kaža 1. 설화, 민간 설화, 전설 (narodna priča, skaska) 2. 이야기 되어지는 것, 이야기 거리, 뉴스 (vest)

kažiprst 집게 손가락 (엄지 손가락 다음의)

kažiput 1. (도로의) 이정표, 표지판 (putokaz) 2. (비유적) 인생의 좌표(모범)이 되는 사람 (되는 것); *on je kompas i ~ ugladenosti* 그는 공손함의 좌표이자 나침반이다 3. 집게 손가락 (kažiprst)

kažnjavati -am (不完) 참조 kazniti

kažnjenik (교도소의) 수형자, 죄수, 재소자 (zatvorenik) kažnjenica; kažnjenički (形)

kažnjiv -a, -o (形) 처벌할 필요가 있는, 형에 처해질 수 있는, 처벌할 수 있는; ~ *po zakonu* 법률에 따라 처벌할 수 있는;

kćer 참조 kći; 딸, 여식(女息)

kćerčica (지소체) kći

kćerin -a, -o (所有形) 참조 kći; 딸의

kćerka (G.pl. *kćerki*) 참조 kći, ćerka; 딸

kći, kćer *kćeri* (A. *kćer*, V. *kćeri*, L. *kćeri*, I. *kćeri* & *kćerju*; G.pl. *kćeri*) (女) 1. 딸, 여식 (女息) 2. (V.형태로만) (나이 많은 사람이 젊은 여성을 부를 때 사용함) 3. 기타; *Evina* ~ (농담) 여성스런 여자; *pasja* ~ (욕설) 개년, 개 같은 년

K

355

ke *kea*; *keovi* (당구 등의) 큐, 당구채

kebati *-am* (不完) ~을 유심히 지켜보다(관찰하다), 몰래 미행하여 정보를 수집하다, 잠복하여 기다리다(공격하기 위해); *kebam ja tebe već nekoliko dana* 벌써 너를 몇 일간 지켜보고 있다

kec *keca, kecom*; *kečevi* 1. (카드의) 에이스 (as); *rado gledati u ~a* 카드 놀이를 즐겨 하다; *upali ti ~* 너는 네가 원하는 것을 얻었다 (성공적이었다) 2. 원무(圓舞; kolo)에서 제일 마지막에서 춤추는 사람; *kolovođa vodi, a ~ završava kolo* 맨 앞의 사람이 콜로를 주도하고 맨 마지막 사람이 콜로를 마친다

kec (자주 반복하여 사용됨) 염소를 몰 때 소리내는 소리

kecati *-am* (不完) 1. 깨쯔 깨쯔 (kec)라는 소리를 내다, 깨쯔 깨쯔라고 부르다 2. ~ se 닳다, 해지다, 떨어지다 (krzati se)

kecelja 앞치마 (pregača, opregača)

keč (스포츠) 자유형 레슬링

kečer 자유형 레슬링 선수

kečiga (魚類) 철갑상어

kedar *-dra* 삼나무, 향나무 (cedar)

kedrovina 삼나무 목재, 향나무 목재, (cedrovina)

kefa 솔, 붓 (četka)

kefati *-am* (不完) iskefati (完) 1. 솔질하다, 솔로 깨끗이 하다 (četkati); *kefali su cipele i odelo* 솔로 구두와 옷을 손질했다 2. (비유적) 질책하다, 나무라다, 소리지르다, 욕하다, 비방하다 (grditi, psovati, ogovarati)

kefir 캐퍼, 캐피어(코카서스 지방 또는 불가리아산의 유주(乳酒), 요구르트의 한 종류

kegla 1. (볼링에서, 공으로 쓰러뜨리는) 핀 2. (볼링의) 볼 (kugla)

keglati se *-am se* (不完) 볼링을 하다, 볼을 굴리다, 볼링 경기를 하다 (kuglati se)

kej *kejom*; *kejevi & kejovi* (바다, 강가의) 제방, 둑(산책로가 있는); *svakog dana su njih dvojica ... šetali dunavskim ~om* 매일 그들 두 사람은 다뉴브강 제방을 산책했다

keks 쿠키, 크래커, 비스켓; *~i s čokoladom* 초콜렛 쿠키

keleraba (植) 콜라비(양배추과 채소의 하나)

kelner 웨이터 (konobar); *~! račun molim* 웨이터! 계산서를 갖다 주세요; kelnerica, kelnerka; kelnerski (形)

kelneraj (식당이나 카페 등에서) 웨이터 대기 공간 (음식이나 음료 등이 나오는)

kelnerica, kelnerka 참조 kelner; (여자)웨이터

kelnerski (形)

kelnerisati *-šem* (不完) 웨이터 일을 하다 (kelnerovati)

kelj *kelja, keljom* 1. (植) 케일(양배추같이 생긴 진녹색 채소) 2. 접착제 (lepilo, tutkalo)

keljav *-a, -o* (形) 이빨이 없는, 이빨이 빠진 (bezub)

keljiti *-im* (不完) 접착제(kelj)로 붙이다 (특히 목공일에서) (lepiti)

kemičar 참조 hemičar; 화학자 kemičarka

kemija 참조 hemija; 화학

kemijskī *-ā, -ō* (形) 참조 hemija; 화학의

kemikalija 참조 hemikalija; 화학 제품(약품, 물질)

kemp 참조 kamp

kengur, kenguru *-ua* (男) (動) 캥거루

Kenija 캐냐

kentaur 켄타우로스(그리스 신화에 나오는 반인반마의 괴물) (centaur)

kenjac *-njca* 1. (動) 당나귀 (magarac); (비유적) (輕蔑) 완고한 사람, 고집센 사람 2. (輕蔑) 헛소리를 지껄이는 놈 (kenjalo)

kenjalo (男) (輕蔑) 고집센 사람, 똥고집만 센 사람; 헛소리하는 사람

kenjati *-am* (不完) 느릿느릿 일하다, 굼벵이같이 느리게 일하다

kenjkalo (男,中) (몸이 아파) 징징거리는(칭얼거리는) 사람, 울먹이는 사람

kenjkati *-am* (不完) (아이들이) 칭얼거리다, 징징거리다, 울며 보채다; *dete je kenjkalo, tražeći da jede* 먹을 것을 달라고 칭얼거렸다 2. 불평하다, 투덜대다 (주로 만나는 모든 사람들에게) (žaliti se, tužakati se)

kenjkav *-a, -o* (形) 자주 칭얼거리는, 자주 징징거리는, 울며 보채는

kep *-ovi* (소매없는 짧은) 망토

kepec 1. 난쟁이 (patuljak) kepečev, kepeciji (形) 2. (비유적) (모든 면에서) 별로 중요하지 않은 사람, 있어도 그만 없어도 그만인 사람

kepecast *-a, -o* (形) 난쟁이의, 난쟁이 같은

kepečev *-a, -o*, kepečiji *-a, -e* (形) 난쟁이의

ker *-ovi* 1. 개(犬) (pas); *lovački ~* 사냥개 kereći (形) 2. (비유적) (輕蔑) 개 같은 놈 (역겨운 행동과 조롱거리짓을 일삼는); *terati ~a* 술 마시다; *ne vredi ni ~a* 아무런 짝에도 쓸모가 없다, 전혀 가치가 없다

kera 1. 개(犬) (ker); (비유적) 젊고 활기찬 여성 2. (昆蟲) 집게벌레(곤충의 한 종류)

kera (아이들의 놀이에서) 구멍 (구슬을 집어 넣는); *manuti u ~u koga* 누구를 지옥(악마)

356

에 보내다; *obilaziti oko ~e* 회피하다, 피하다

kerad (女) (集合) ker; 개(犬); *lovci smo, pa imamo dobru ~* 우리는 사냥꾼이기 때문에 좋은 개들이 있습니다

keramičar 도공(陶工) (lončar, grnčar)

keramika 1. 도예, 요업 2. (集合) 도자기류, 요업 제품 **keramički** (形)

kerber 1. (神話) 케르베로스 (지옥을 지키는 개; 머리가 셋에 꼬리는 뱀 모양) 2. 엄중한 문지기, 무서운 감시인 (strogi čuvar)

kerče *kerčeta* (지소체) ker; 강아지

kerebečiti se *-im se* (不完) 거들먹거리다, 거들거리며 걷다, 점잖빼다, 오만해지다, 뽐내며 자랑하다 (razmetati se, šepuriti se)

kereći *-ā, -ē* (形) 참조 ker; 개의 (pasji); *~ život* 비참하고 궁핍한 삶

kerefeke (女,複) **kerefeki** (男,複) 익살, 장난, 괴상한 짓거리; *praviti ~* 익살을 부리다, 장난치다, (누구를) 가지고 놀다

Kerempuh 까이깝스끼 방언 지역 단편소설에 나오는 유명한 등장 인물 (반항심과 교활함의 대명사) **kerempuhovski** (形)

kerina (지대체) ker; 큰 개

kerov (지대체) ker; 큰 개, (욕설) 개 같은 놈

kerozin 등유

kerubin 1. 참조 heruvim; (聖書) 케루빔 (하느님을 섬기며 옥좌를 떠받치는 천사;창세기 3:24) 2. (비유적) 천사 같은 아이, 순진한 어린이

keruša 암캐 (kučka, kuja)

kesa 1. 봉투, 봉지 (가죽·종이·천 등으로 만들어진); *~ za duvan* 담배 쌈지 2. (가죽으로 된) 권총집 3. 쌈지나 주머니 모양과 비슷한 것 (신체 혹은 동물 몸의 주머니, 낭(囊)) 4. (비유적) 돈, 부(富); 지갑 (novac, bogatstvo) 5. 기타; *debela (masna) ~* 많은 돈, 거부(巨富); *mršava (suva) ~* 빈털터리; *odrešiti ~u* 돈을 풀다, 돈을 주다; *imati svoju ~u u svom džepu* 자유롭게 쓸 ~ 있는 자신의 돈이 있다; *isprazniti kome ~u* 누구를 빈털털이로 만들다; *maznuti (udariti) koga po ~i* 돈을 많이 쓰게 하다; *nasrtati na čiju ~u* 뻣뻣한 태도로 돈을 요구하다; *ni u ~u, ni iz ~e* 물질적으로 관심을 갖지 않은, (비유적) 무관심하게; *poznavati koga kao paru u ~i* 누구를 잘 알다; *prazna ~ ne divani* (俗談) 돈없는 사람은 아무것도 성취할 수 없다, 돈이 권력이다, 돈이 모든 것을 좌우한다; *stegnuti ~u* 돈주머니를 죄다, 절약하다

kesaroš 소매치기, 도둑 (džeparoš, kradljivac,

lopov, lupež)

kesast *-a, -o* (形) 자루(kesa)가 있는, 자루 비슷한

kesat *-a, -o* (形) 돈(kesa)이 많은, 부유한

kesedžija (男) 노상강도, 날강도

kesega 참조 deverika; (魚類) 잉어과의 식용어; 도미류

keser (재목의 거친 부분을 다듬는) 손도끼, 자귀, 까뀌

keseriti se *-im se* (不完) 이(齒)가 보이게 웃다 (ceriti se)

kesica (지소체) kesa; *~ bombona* 사탕 봉지; *žučna ~* 담낭, 쓸개

kesičar 1. (動) 게(rak)의 일종 (담낭 모양으로 다른 게에 붙어 기생충으로 사는) 2. (複數로) 주머니 나방과

kesiti *-im* (不完) (=keziti) 1. (숙어로만 사용됨) *~ zube* 이빨을 드러내다(보통 동물이) 2. 이빨을 내보이면서 웃다 (ceriti se)

kezizub 냉소적으로 웃는 사람, 비꼬아 말하는 사람

kesokradica (男) 소매치기 (kesaroš, džeparoš, džepokradica)

keson 케이슨, 잠함(潛函)(수중 작업용의 밑바닥이 없는 상자) **kesonski** (形); *~a bolest* (病理) 케이슨병(病), 잠함병, 잠수병

kesonac 케이슨(keson)에서 일하는 사람, 잠함부(潛函夫)

kesten *-ena/ -eni & -enovi* (植) 밤나무; 그 열매, 밤; *divlji ~* 마로니에, 마로니에 열무; *vaditi (vući) za koga ~e iz vatre* 누구를 위해 힘들고 어려운 일을 하다

kestenar (=kestenjar) 1. 군밤장수 2. 밤나무 숲 (kestenik)

kestenast *-a, -o* (形) (=kestenjav, kestenjast) 밤 모양의, 밤과 비슷한; 갈색의; *~a kosa* 갈색 머리; *~e oči* 갈색 눈

kestendžija (男) 군밤장수 (kestenar)

kestenik 밤나무 숲

kestenovina 밤나무 목재

kestenjar 참조 kestenar

kestenjast *-a, -o,* **kestenjav** *-a, -o* (形) 참조 kestenast

kestenje (集合) kesten; 밤나무; 그 열매, 밤; *vaditi ~ iz vatre za nekoga* 누구를 위해 위험을 감수하다

keša (男) (方言) (輕蔑) (보통 숙어로) *matori ~* 늙은이

keva (口語) 어머니 (majka)

kevtati *-ćem* (不完) 1. 개가 컹컹 짖다, 요란하게 짖어대다 (맹수들을 뒤쫓으면서);

357

kerovi kevću 개들이 컹컹 짖는다 2. (비유적) 낑낑거리다, 낑낑대는 소리를 내다 3. 애처로운 소리를 내면서 말하다 4. 비난하다, 질책하다, 욕설하다

keziti *-im* (不完) (=kesiti) 1. (숙어로만) ~ *zube* (동물이) 이빨을 드러내다 2. 이빨을 드러내고 웃다 (ceriti se)

kibernetika 사이버네틱스, 인공두뇌학

kibicer, kibic (카드·체스 등의) 구경꾼; 훈수꾼

kibicirati *-am*, **kibicovati** *-cujem* (完,不完) 1. (특히 남의 카드 놀이에) 관심을 가지고 지켜보다(구경하다), 훈수하다 2. ~ *se* 사랑스런 눈길로 서로를 바라보다 (očijukati, koketirati)

kicoš 1. 멋을 너무 부리는 남자, 옷을 잘 입는 남자, 멋쟁이 (gizdelin, fićfirić) **kicoški** (形) 2. 까탈스러운 사람 (izbirač, probirač) 3. (方言) 콩(grah, pasulj)의 일종

kicošiti se *-im se* (不完) 멋을 부리다, 멋쟁이이다

kič (예술 작품의) 하찮은 작품, 보잘것 없는 작품; (한정사적 용법으로 반복합어의 첫 부분으로) 예술적으로 가치없는

kičica 1. (화가의) 붓 (četkica) 2. (지소체) kika; 땋은 머리, 꼰머리 3. 나무 꼭대기, 수관(樹冠) 4. (植) 수레국화속(屬)의 식물 (약용으로 사용됨)

kičma (解) 등뼈, 척추; *prelom ~e* 척추 골절; *čovek bez ~e* 줏대없는 사람; *čovek jake ~e* 단호한 사람, 줏대있는 사람; *imati čvrstu ~u* 위협에 굴복하지 않다, 기개가 있다; *saviti (poviti) ~u* (저항없이) 굴복하다, 복종하다; *slomiti (prebiti) kome ~u* 누구의 저항을 무력화시키다(분쇄하다); *sušenje ~e* (醫) 척추로(脊髓癆)(매독의 결과로써)

kičmenī *-ā, -ō* (形) 1. 참조 kičma; 척추의; ~ *stub* 척추; ~*a moždina* 척수, 등골; ~ *pršljeni* 척추뼈, 등골뼈 2. (비유적) 단호한, 확고한 (čvrst, odlučan, muški)

kičmenica 참조 kičma

kičmenjača 참조 kičma

kičmenjaci (男,複) (單; kičmenjak) 척추동물

kića (男), **kićo** *-a, -e* (男) 멋쟁이, 옷 잘입는 남자 (fićfirić, kićan)

kićan 옷 잘입는 남자, 멋쟁이 (kića, kicoš)

kićanka (쿠션·옷 등에 장식으로 다는) 술, 레이스; *kapa s ~om* 술이 달린 모자

kićen *-a, -o* (形) 1. 참조 kititi; 장식된(꽃, 화분, 금 등으로) 2. 예쁜, 아름다운 (lep, krasan)

kićo *-a, -e* (男) 참조 kića

kidati *-am* (不完) 1. (힘껏 움켜쥐고) 뜯다, 뽑다, 꺾다, 찢다(손·이빨·도구를 사용하여); 부러뜨리다, 끊다; 떼어내다, 찢어내다; ~ *cveće* 꽃을 꺾다 2. (方言) (쓰레기·오물, 눈 등을) 치우다, 내다 버리다, 청소하다 (마구간, 길 등의) 3. (s kim, čim) ~을 끊다, 단절하다, 헤어지다(prekidati, rastavljati se); *kidaj s njim dok nije kasno* 늦기전에 그와 헤어져라; ~ *diplomatske odnose* 외교관계를 단절하다 4. (총의 방아쇠를) 발사하다, 당기다 (okidati) 5. (비유적) 예리한 통증을 수반하다(동반하다) 6. 도망치다; 서둘러 가다 (bežati, hitati, žuriti se) 7. ~ *se* 뜯어지다, 꺾이다, 찢어지다, 끊어지다, 부러지다; *ovaj kanap je tanak; kida se* 이 노끈은 가늘어서 끊어진다; *ova ogrlica se kida* 이 목걸이는 끊어진다 8. ~ *se* (장애물·어려움 등을) 극복하다, 이겨내다; 노력하다, 시도하다 9. ~ *se* (육체적·정신적으로) 고통을 당하다 (mučiti se); 양심의 가책을 받다, 심적 동요를 겪다; *srce mu se kida* 그의 마음은 찢어질 듯 아프다, 그는 힘들어 한다; *ona se na sve kida* 그녀는 모든 것이 걱정이다 10. 기타; ~ *se od smeha* 많이 웃다, 포복절도하다; ~ *se od plača* 많이 울어 실신하다; ~ *se od rada* 과로하다, 자신의 건강을 돌보지 않으면서 일만 하다

kidisati *-šem* (完,不完) 1. ~ *na koga* 공격하다, 습격하다 (udariti, navaliti, napasti) 2. (kome, čemu) 죽이다, 파멸시키다, 무너뜨리다 (uništiti, ubiti, upropastiti); (sebi, na sebe) 자살하다, 자살을 시도하다

kidljiv *-a, -o* (形) 쉽게 끊어지는

kidnaper 유괴범, 납치범

kinapirati *-am*, **kidnapovati** *-pujem* (完) 납치하다, 유괴하다

kidnuti *-nem* (完) 1. 뽑다, 꺼내다 (trgnuti, izvaditi) 2. 갑자기 도망치다, 달아나다 (naglo pobeći, umaći)

kifl (男), **kifla** (女) (초승달 모양의) 빵

kihati *-šem* & *-am* (不完) **kihnuti** *-em* (完) 참조 kijati; 재치기하다

kihavac *-vca* 1. 참조 kijavac 2. 참조 čemerika; (植) 박새(백합과의 여러해살이풀)

kihavica 참조 kijavica

kijača (무기로 쓰이는 뭉뚝한) 곤봉

kijak 1. 참조 kijača 2. (植) 자미아(소철과(科)의 나무; 열대 아메리카·남아프리카산(産)

kijamet 1. (일부 종교에서 말하는) 최후의 심판일 2. 불운, 불행, 파멸; 악천후, 나쁜 기상, 폭풍, 눈사태; 소란, 소동 3. 엄청난 양,

많은 양 (veliko mnoštvo) **4.** 이해할 수 없는 일(것, 사건) (neshvatljiva stvar)

kijati *-am* (不完) (=kihati) **1.** 재채기하다; *motor kija* 엔진이 덜컹덜컹거리다 **2.** (비유적) 값비싼 대가를 치르다, ~때문에 처벌을 받다

kijavac *-avca* 재채기 가스, 재채기를 유발시키는 가스

kijavica 1. 재채기, 코감기 (hunjavica) **2.** (植) 산톱풀(엉거시과(科) 톱풀속(屬)의 다년초; 잎에 가루가 있어서, 재채기를 일으킨다; 유럽산(産)) **3.** (강한 바람이 불며 함박눈이 많이 오는) 악천후, 나쁜 날씨

kijavičav *-a, -o* (形) 코감기가 든, 재채기를 많이 하는

kika *-ki* **1.** (하나 또는 두 갈래로) 땋은 머리, 꼰 머리 (perčin, pletenica); *hvatati se za ~e, doći do ~* (머리 꼬댕이를 잡고) 싸우다; *puši mu se ~* 누군가 일에 파묻여 있을 때 사용됨; *raste mi ~* 소중하다, 반갑다, 기쁘다 (drago mi je); *zgrabiti (ščepati) koga za kike* 누구에 대한 자신의 영향력을 보여주다 **2.** (새의) 볏, 관모; (말의) 갈기 **3.** 나무 꼭대기, 수관(樹冠)

kikiriki *-ija* (男) 땅콩

Kiklop (=Ciklop) (神話) 키클롭스(외눈박이 거인)

kikot 큰소리로 웃는 웃음, 낄낄 웃음 (hihot)

kikotati se *-ćem (se)* 큰 소리로 웃다, 낄낄거리다, 킥킥거리다 (hihotati se)

kiks *-evi & -ovi* (스포츠의) 헛방, 실축, 빗나감(숯이); 실수, 과오, 과실(일반적인) (pogreška, promašaj); *napraviti ~* 실수하다

kila (=kilo) 무게의 단위, 킬로그램(kilogram); 부피의 단위, 리터(litra)

kila 1. (病理) 탈장 **2.** (몸의) 혹, 부풀어 오른 것 (guka, otok) **3.** (나무의) 마디, 옹이, 혹 (guka) **4.** (輕蔑) (늙어서) 병약한 사람

kilav *-a, -o* (形) **1.** 탈장의, 탈장이 있는 **2.** (비유적) 허약한; 나쁜, 썩 좋지는 않은 (slab, rđav); *gde su mnoge babice, tu su deca ~a* 사공이 많으면 배가 산으로 올라간다

kilavac *-vca* **1.** 탈장 환자 **2.** (輕蔑) 게을러 느려터지고 무능력한 사람 (šeprtlja)

kilaviti *-im* (不完) **1.** 탈장되다 **2.** 허약해지다

kilaviti *-im* (不完) **1.** 열심히 일하다 **2.** (口語)(輕蔑) 느려터지고 엉성하게 일하다

kiler (자동차 등의) 냉각기 (hladnjak)

kilo (=kila) 킬로그램, 리터 (kilogram, litra)

kilocikl (電氣) 킬로사이클 (주파수의 단위)

kilogram 킬로그램 (무게의 단위)

kiloherc 킬로헤르츠(주파수 단위)

kilometar *-tra* 킬로미터 (거리의 단위)

kilometarskī *-ā, -ō* (形); **1.** 킬로미터의, 수 킬로미터의; *~o rastojanje* 킬로미터 간격 **2.** 킬로미터 보다 긴(기다란); *~a priča* 매우 긴 이야기; *~ članak* 매우 긴 기사

kilometraža 킬로미터로 표시된 거리

kilote (女,複) **1.** 무릎 밑까지만 내려오는 짧은 바지 (궁정에서 입었던) **2.** (여성들의) 팬티 (gaćice)

kilovat 킬로와트(전력의 단위. 1000와트)

kiljer 작은 방 (sobica, pojatak, vajat)

kim *-a* (植) 캐러웨이(미낫리과 회향풀의 일종으로 가축의 사료로 사용하며 그 열매는 향신료로 사용됨)

kimati *-am* (不完) (승낙·허락의 표시로) 고개를 끄덕이다; ~ *glavom* 고개를 끄덕이다

kimavac *-vca* 고개를 끄덕이는 사람; (비유적) 예스 맨, 윗사람에게 맹종하는 사람

kimbal 참조 cimbal; (音樂) 심벌즈(타악기)

kimono (男) 기모노(일본 전통 의상 또는 이와 비슷한 가운)

kimval 참조 cimbal; (音樂) 심벌즈(타악기)

Kina 중국; **Kinez**; **Kineskinja**; **kineski** (形)

kindžal (카프카스 지역의 양날이 있는) 단도, 단검 (bodež) **kindžalski** (形)

kinđuriti *-im* (不完) **nakinđuriti** (完) 과도하게 장식하다, 지나치게 치장하다; *ona kinđuri decu* 그녀는 아이들을 지나치게 치장시킨다

kinemaskop 시네마스코프(대형 화면으로 영화를 상영하는 한 방법)

kinematograf 1. 영화 촬영 장비, 영화 상영 장비 **2.** (영화를 상영하는) 영화관 (bioskop, kino)

kinematografija 영화 상영, 영화 산업; 영화 예술

kineskī *-ā, -ō* (形) 참조 Kina; ~ *zid* 만리장성; ~ *jezik* 중국어

kinetika (物) 동력학(動力學) **kinetički** (形); ~*a energija (teorija)* 동력학 에너지 (이론)

Kinez 참조 Kina; *praviti se ~ (Kinezom)* ~에 대해 전혀 모르는 척 하다

kinin 퀴닌, 키니네(남미산 기나나무 껍질에서 얻는 약물. 과거에는 말라리아 약으로 쓰였음)

kino 영화관 (bioskop, kinematograf); *ići u ~* 영화관에 가다

kinofikacija 영화관 체인 설립, 영화관망 구축; *prvi je plan razvijanje mreža biblioteka ... a drugi ~* 첫 계획은 도서관망 구축이며 그 다음으로 영화관망 구축이다; ~ *pozornice* 극장의 영화 상영 장비 구축화

K

kinolog 애견 전문가
kinologija 애견학(愛犬學) kinološki (形)
kino-operater (영화관의) 영사 기사
kino-projektor (영화관의) 영사기
kinoteka 영상자료실; *jugoslovenska* ~ 유고 슬라비아 영상자료실
kinta (隱語) 1. 돈 (novac, pare) 2. 화폐의 기본 단위 (dinar, kuna 등의)
kinuti *-em* (完) 1. 뽑다, 꺼내다 (kidnuti) 2. (비유적) 떼어내다, 분리하다 (otrgnuti, odvojiti); *kini mi se s duše!* 날 좀 내버려 둬!, ~ *se kome s očiju* 떠나다, 사라지다, 없어지다
kinjiti *-im* (不完) (=kiniti) 1. 학대하다, 혹사시키다, 괴롭히다, 못살게 굴다 (mučiti); ~ *decu* 아이를 학대하다 2. ~ *se* 학대당하다, 혹사당하다, 괴롭힘을 당하다
kiosk *kiosci, kioska* 1. (정원·포도밭 등에 있는) 정자(亭子) (주로 나무로 된, 사방으로 경치가 좋은) (čardak, paviljon) 2. (길거리·역 등에 있는) 가판대 (신문·담배·잡화 등을 판매하는) (trafika)
kip *kipa; kipovi* 상(像), 조각상; *kao ~ (slušati, stajati)* 조용히(움직이지 않고) (듣다, 서 있다)
kipar 조각가 (skulptor, vajar) kiparski (形)
Kipar 사이프러스, 키프로스; **Kipranin, Kipranka; kiparski** (形)
kiparis (植) 사이프러스(키 큰 상록수의 일종) (čempres)
kiparskī *-ā, -ō* (形) 참조 kipar; 조각가의; ~ *radovi* 조각가의 작품
kiparskī *-ā, -ō* (形) 참조 Kipar; 사이프러스의
kiparstvo 조각, 조소
kipeti *-im* (不完) 1. iskipeti (完) (국물·액체 등이) 끓다, 끓어 넘치다; *kipi ti mleko!* 네 우유가 끓어 넘친다; *čorba je iskipela po šporetu* 수프가 오븐 전체에 끓어 넘쳤다 2. (분노·정욕 등으로) 들끓다; *on je kipeo od besa* 그는 분노로 들끓었다 3. 시끄러운 소리를 내다 (바다·강·하천 등이) (ključati, peniti se, bučati) 4. (포도주가) 거품이 나다, 발효되다 (peniti se) 5. 급작스레 흘러 나오다 (izbijati); *kipi znoj s mene* 갑자기 땀이 났다 6. (많은 사람들이) 섞이다 (komešati se) 7. (비유적) 가득하다, 넘쳐나다, 들끓다; *knjiga kipi greškama* 책은 실수 투성이다 8. ~으로 차 넘치다; ~ *od zdravlja* 아주 건강하다
kipoborac 성상 파괴주의자, 우상 파괴주의자 (ikonoklast)

kipoborstvo 1. (歷) 성상(聖像) 파괴, 우상 파괴(주의) (8세기 비잔틴 기독교에서 일어났던) 2. (비유적) 인습 타파
kiporezac *-esca* 조각가 (kipar, vajar)
Kipranin 참조 Kipar
kiptati *-ćem* (不完) (몸을) 떨다 (drhtati, treperiti)
kipteti *-im* (不完) 1. 끓다, 부글부글 끓다, 끓어 오르다 (ključati, vreti, navirati); *on kipti od besa* 그는 분노로 부글부글 끓고 있다 2. 많다, 많이 있다, 들끓다, ~이 가득하다; *ovde sve kipti od dece!* 이곳은 아이들로 가득하다; ~ *greškama* 에러가 많이 있다 3. 흐르다, 흘러 나오다, 마구 쏟아지다; *krv mu kipti iz nosa* 그의 코에서 코피가 흐른다
kir 경(卿) (gospodin) *kir-Geras* 게라스경(卿)
kira 여사(女史) (gospoda)
kirajdžija (男) (주택·아파트 등의) 세입자, 임차인 (stanar) **kirajdžijka, kirajdžika; kirajdžijski** (形)
kirasir (歷) 갑옷 입은 기병, 흉갑기병(胸甲騎兵), 중기병 (konjanik okopnik)
kiretaža (醫) 소파술(큐렛(curette)을 이용하여 몸속에서 무엇을 긁어내는 외과 수술), 인공 임신 중절
kiridžija (男) (마차를 모는) 고용 마부, 마차꾼
kirija 1. 임차료, 집세, 방세 (stanarina); *uzeti stan pod ~u* 아파트를 렌트하다 2. 짐을 운반하기 위해 타인의 말을 빌리는 것 3. (타인의) 농지 임차, 소작; 소작료; *A imanje izdao pod ~u* 농지를 소작주었다, 소작료를 받는 조건으로 농지를 소작주었다 4. 자신의 가축을 데리고 가는 고용 노동(일); *a u kući bila baba udovica sa snjom, kojoj je muž otišao u ~u* 집에는 과부 할머니와 남편이 벌이를 떠난 며느리가 있었다; *otići u ~u* 벌이하러 나가다 5. 짐 (roba, tovar)
kirurg 참조 hirurg; 외과 의사
kirurgija 참조 hirurgija; 외과
kiselica 1. 신맛이 나는 수프 (kisela čorba) 2. 신 포도주 (kiselo vino) 3. 탄산수, 광천수 (水) (kisela, mineralna voda); 탄산수, 광천 수원(源) 4. (植) 수영 (Rumex acetosa)
kiselina 1. (化) 산(酸); *borna (sumporna, sumporasta, ugljena)* ~ 붕산(황산, 아황산, 탄산); *azotna (fosforna, mravlja, sirćetna)* ~ 질산(인산, 포름산(개미산), 아세트산(초산)) 2. 신맛, 산성(酸性) 3. 신 액체, 신물; *stomačna* ~ 위산
kiseliš (集合) 1. 신 것, 신 포도주, 신 음료(음식) 2. 식초에 절인 채소 (겨울철에 대비하

K

여) (turšija)

kiseliti -im (不完) **zakiseliti** (完) 1. 시게 만들다, 식초 등에 절이다, 피클을 만들다; ~ *krastavce* 오이 피클을 만들다 2. 물에 담그다, 물에 적시다; *upravitelj se u kancelariji raskomotio i kiselio noge* 디렉터는 사무실에서 옷을 벗고 편한 자세로 발을 물에 담갔다 3. ~ *se* (물을 머금어) 부드러워지다, 연해지다 (omekšavati se) 4. ~ *se* (비유적) 기분이 안좋다, 불만족스러워하다, 무관심해지다

kiselkast -a, -o (形) (=kiselast) 조금 신, 시큼한

kiseljak 1. 탄산수, 광천수 (kisela, mineralna voda) 2. 탄산수, 광천수원(源) 3. (植) 수영 (여귓과의 여러해살이풀로 식용·약용됨) (kiselica)

kiseo *kisela, kiselo* (形) 1. (맛이) 신, 시큼한; ~*lo mleko* 요구르트, ~*li kupus* 신 양배추 (소금·식초에 절인); ~*li krastavci* 오이 피클; ~*la voda* 탄산수, 광천수; ~*lo grožđe* 신 포도 2. (비유적) 불만족스러운, 기분이 언짢은, 인상을 찌푸린, 침울한; ~*lo lice* 언짢은 (찡그린, 뚫은) 얼굴 3. 산성의; ~*le soli* 산 미염(酸味塩), 결정(結晶) 시트르산 4. 기타; *deveta voda* ~*la* 매우 먼 친척; ~*lo drvo* (植) 안개나무 (ruj); *biti* ~ *kao sirće* 매우 신; *zagristi* ~*lu jabuku* 하기 싫은 일을 해야만 하다

kiseonik 산소 **kiseonikov, kiseonički** (形); ~*a maska* 산소 마스크

kisik 참조 kiseonik **kisikov** (形)

kisiti -im (不完) 신맛을 가지다, 신맛이 있다

kismet 운명, 숙명 (sudbina, udes)

kisnuti -em; *kisnuo, -nula & kisao, -sla* (不完) **pokisnuti** (完) 1. 비를 맞다, 비에 젖다; ~ *do gole kože* 완전히 비에 젖다 2. (지붕 등이) 비가 새다 (prokišnjavati); *pokislo mu perje* 그는 더 이상 (화려했던) 옛날의 그가 아니다 3. (밀가루 반죽이) 부풀어 오르다 4. (포도주 등이) 시어지다

kist -*ovi* 1. (화가의) (그림) 붓 (četkica, kičica) 2. (비유적) 그림을 그리는 방법; 미술; 화가

kiša 1. 비(雨); *pada* ~ 비가 내린다(온다); *sitna* ~ 이슬비, 보슬비; ~ *sipi* 비가 보슬보슬 내린다; *vreme (dan) je na* ~*u* 비가 올 것 같다; *kao* ~ 빨리, 갑자기 (brzo, naglo); *novci se troše kao* ~ 돈은 순식간에 없어진다; *kao s* ~*om* 갑자기; ~ *pada kao iz kabla*, ~ *pljušti* 비가 쏟아붓듯 내린다, 비가 억수

같이 내린다; *imati čega kao* ~*e* 엄청 많이 있다; ~ *mu iz čela bije(izbija)* 그는 찌푸린 얼굴을 하고 있다; ~ *te ubila!* (농담조의 욕설); *plakati kao* ~ 엄청나게 울다; *popio bi* ~*u* 술고래이다 2. (비유적) 많은 양 (떨어지는, 내리는, 낭비하는), 마구 쏟아지는 것, 빗발치는 것; ~ *uvreda* 빗발치는 모욕; ~ *granata* 포탄 세례; ~ *pitanja* 질문 세례 3. 기타; *obilaziti kao* ~ *oko Kragujevca* (핵심은 말하지 않고) 빙빙돌려 말하다 **kišni** (形); ~*a voda* 빗물

kišan -*šna, -šno* (形) 1. 비의, 비가 오는, 비가 많이 오는; ~*šna sezona* 우기(雨期) 2. 비를 막는, 비가 올 때 사용되는; ~*šni mantil, ~šna kabanica* 비옷 3. 젖은, 축축한 (mokar)

kišiti -*i* (不完) (無人稱文) (비가) 내리다; *kiši i hladno je* 비가 오고 춥다

kišljiv -*a, -o* (形) 비가 많은, 비가 오는 (kišan, kišovit)

kišnī -*ā, -ō* (形) 참조 kišan

kišnica 빗물

kišobran 우산

kišobranar 우산을 만드는 사람, 우산 제조자

kišomer 우량계(雨量計), 측우기

kišonosan -*sna, -sno* (形) 비를 머금은

kišovit -*a, -o* (形) 비가 오는, 비가 내리는 (kišan); ~*o vreme* 비가 내리는 날씨; ~ *dan* 빗발치는 날

kišurina (지대체) kiša

kit -*ovi* (動) 고래; ~*ovi zubani* (pločani) 이빨고래 (수염 고래); ~ *plavetni* 흰긴수염고래

kit 퍼티(유리를 창틀에 끼울 때 바르는 접합제)

kita 1. (꽃) 다발 (snopić, svežanj) 2. 나뭇가지 (잎·열매가 달린) 3. (레이스 등의) 장식, 레이스 (ukras) 4. 많은 머리, 꼰머리 5. (비유적) (훌륭한 사람들의, 좋은 사람들의) 한 무리, 집단 (skup, grupa); (같은 종류에 해당하는 물건들의) 무리

kitan -*tna, -tno* (形) 1. 나뭇가지(kita)가 많은 2. 장식된, 치장된, 꾸민 (kićen, nakićen, urešen, ukrašen)

kitica 1. (지소체) kita 2. (시의) 몇 개의 연 (최소한 두 개의)

kititi -*im; kićen* (不完) **okititi, nakititi** (完) 1. (koga-što čim) 장식하다, 꾸미다, 치장하다 (ukrašavati, gizdati); ~ *jelku* 크리스마스 트리를 장식하다; ~ *devojku* 아가씨를 치장시키다 2. 감사(고마움)를 표하다, 누구의 장점을 강조하다 (hvaliti) 3. (비유적) 미사여구를 사용하다 (말을 하거나 문장에서) 4. 다발

K

(kita)를 만들다, 부켓을 만들다 5. (노래에
서) 바이브레이션을 사용하다 6. ~ se 치장
하다, 성장(盛裝)하다, 차려 입다 7. ~ se ~
의 뒤에 숨다, 가면을 쓰다, 본색을 숨기다
(pokrivati se, sakrivati se iza čega,
maskirati se) 8. ~ se 장식되다, 치장되다; ~
se tudim perjem 남의 성과를 가로채다, 남의
성과를 가로채어 자신의 성과로 내세우다
kitnjača (植) 딸기의 한 종류
kitnjast -a, -o (形) 1. 가지 (kita)가 많은 2.
많은 머리의, 곤머리의 3. 레이스가 달린, 술
이 달린 (resast) 4. 아름다운, 예쁜 (lep,
krasan) 5. 장식된, 치장된 (kićen, cifrast) 6.
(비유적) 미사여구로 꾸며진, 화려한 (말, 글
등이); ~ stil 미사여구체
kitolov 고래잡이, 포경(捕鯨) **kitolovan** (形);
~vna stanica (flota) 포경선(포경 선단)
kitolovac 1. 고래 잡는 사람, 포경선원 2. 포
경선 **kitolovački** (形)
kitolovan -vna, -vno (形) 참조 kitolov
kitovati -tujem (不完) **zakitovati** (完) 퍼티(kit)
로 접합하다
kivan -vna, -vno (形) 1. 분해 하는, 분개하는,
화내는, 화가 난 (ljutit, srdit); biti ~ na
nekoga 누구에게 화를 내다 2. 비열한, 사
악한, 악의적인, 심술궂은, 성질이 나쁜
(opak, pakostan, zao)
klackalica 시소, 시소 널빤지, 널
klackati se -am se (不完) 시소를 타다; (위 아
래로) 널뛰다, 변동하다 (klatiti se, ljuljati se)
klada 1. 통나무 (cepanica); glup kao ~ 매우
멍청한(우둔한); kud će iver od ~e 그 애비
에 그 자식이다, 부전자전이다 (주로 부정적
의미로); um caruje, a snaga klade valja 총
명함이 육체적 힘 보다 훨씬 값지다; zaspati
kao ~ 깊은 잠에 들다 2. (비유적) 뚱뚱하여
느릿느릿 움직이는 사람; 재주없고 우둔한
사람 3. (歷) (보통 複數로) 족쇄틀, 형틀
kladanj -dnja 1. 통나무 (klada, cepanica) 2.
샘, 우물 (kladenac)
kladenac -nca 샘, 우물 (studenac, zdenac,
bunar)
kladionica 도박장 (주로 스포츠 경기 결과를
맞히는); sportska ~ 스포츠 도박장
kladiti se -im se (不完) (o što, u što, na što)
(경마, 스포츠 경기, 도박 등에) 돈을 걸다,
도박하다, 내기를 걸다; ~ na trkama 경주에
돈을 걸다; u šta ste se kladili? 뭣을 내기에
걸렸나요?, 무엇을 걸고 내기를 했나요?
(opkladiti se)
kladivo 1. 망치, 해머 (čekić) 2. (鐘鐘)의 추

(klatno, bat, jezičac) 3. (스포츠) (해머 던지
기의) 해머; bacati ~ 해머를 던지다; bacač
~a 해머 던지기 선수
kladnja 장작더미
kladnjača (魚類) (유럽산) 잉어과의 물고기
klađenje (동사파생 명사) kladiti se; 도박, 내
기, 놀음
klaj (보통 반복적으로 사용되어) (klaj-klaj)
(感歎詞) 천천히 (polako, bez žurbe)
klaka 박수부대 (보통 극장에서 일당을 받고
박수를 치는)
klaker 박수부대(klaka)원
klakson (자동차의) 크랙션, 경적
klan -ovi 1. 씨족; (일반적으로) 문중, 일족 2.
(사적 이익을 목적으로 하는) 도당, 패거리;
(보통은 조직폭력단 등의) 파(派), 단(團)
klanac -nca; klinci, klināca 1. 골짜기, 산골짜
기, 계곡, 협곡 (klisura, tesnac) 2. (비유적)
힘든 위치, 어려운 위치, 출구가 없는 위치
(težak, mučan položaj); naći se u opasnom
~ncu 아주 어려운 위치에 처하다 3. (方言)
진흙 4. (方言) 좁고 작은 골목길
klancati -am (不完) (지쳐서) 무거운 발걸음으
로 터덜터덜 걷다 (klipsati)
klanica (=klaonica) 1. (가축) 도살장, 도축장
klanički, klanični (形); ~a industrija (도살·
가공·도매하는) 정육업 2. 대량 살상, 학살
(masovno ubijanje, pokolj) 3. 도살이 예정
된 양(洋)
klanjati -am (不完) 1. 참조 ~ se (고개·상체를
숙여) 인사하다, 절하다; ~ se nekome 누구
에게 인사하다; klanjam se, moram da se
žurim 안녕히 계세요, 저는 바빠서 이만... 2.
기도하다, 절하면서 기도하다 (보통 무슬림
들이) 3. ~ se nekome (비유적) 아첨하다, 아
부하다 (laskati, ulagivati se) 4. ~ se
nečemu 존경하다, 숭배하다; ~ se zlatnom
teletu 부(富)를 숭배하다
klanje (동사파생 명사) klati (se); 도살, 학살;
다툼, 말다툼
klaonica 참조 klanica; 도축장, 도살장
klapa 1. 패거리, 도당, 단(團), 파(派) (družba,
klika) 2. (영화) 크래퍼보드, 딱따기(영화 촬영
시 장면 시작을 알리며 딱 부딪쳐 치는 판)
klapac 소년 (dečak, momčić)
klapati -am (不完) (口語) 1. 비틀거리며 걷다,
갈지자 걸음을 걷다 2. 흔들리다 (느슨하여)
klapati -am (不完) (보통 무인칭문으로) 잘 되
어 가다, 잘 들어맞다, 일치하다, 조화를 잘
이루다 (ići glatko, biti u redu, podudarati
se, slagati se); sad sve klapa 이제 모든 것

이 잘 되어간다; *tu nešto ne klapa* 이것이
잘 들어맞지 않는다
klapna (피아노·어코디언 등의) 건반, (계산기·
컴퓨터 등의) 키 (tipka, dirka)
klapnja 1. (섬망·정신착란 도중의) 중얼거림,
헛소리 2. 환상, 환영
klarinet (男), **klarineta** (女) (樂器) 클라리넷;
svirati ~ 클라리넷을 연주하다
klarinetist(a) 클라리넷 연주자 **klarinetistkinja**
klas *-ovi* 1. (보리 등 곡식의) 이삭 2. 옥수수
속대 (옥수수 알이 붙어 있는, 옥수수 알이
없는) (klip); 옥수수 수염
klasa 1. (政) 계급, 계층; *radnička* ~ 노동자
계층; *eksploatatorska* ~ 착취자 계급;
feudalna ~ 봉건 계급 2. (사람·물건·차 등
의) 등급, 클래스; *bokser od prve* ~*e* 최우
수 등급의 권투선수; *roba prve* ~*e* 일등급
물건 3. (生物) 강(綱) 4. (기차·비행기 등의)
클래스, (1등, 2등)칸, 석(席); *putnici prve*
~*e* 일등칸 여행객 5. (廢語) 반, 학급 6. (군
대·학교 등의) 회(回), 기(期) **klasni** (形); ~*a*
borba 계급 투쟁; ~*e privilegije* 계급 특권
klasača (植) 벼과(科) 참새귀리속(屬) 초본의
총칭
klasan *-sna, -sno* (形) 참조 klasat
klasast *-a, -o* (形) 이삭(klas) 모양의, 이삭과
비슷한
klasat *-a, -o* (形) 이삭(klas)이 많은
klasati *-am* (不完) 이삭(klas)이 나오다, 이삭
이 맺히다
klasicist(a)   (문학·예술의)   고전주의자
klasicistički (形)
klasicizam *-zma* 고전주의
klasičan *-čna, -čno* (形) 1. 고대 그리스·로마
의; 고전적인, 고전주의의; (학문의) 고전파
의, (음악의) 클래식의; ~*čni jezici* 고전어(고
대희랍어·라틴어); ~*čno delo* 고전주의적 작
품; ~*čna muzika* 클래식 음악; ~*čna*
književnost 고전 문학; ~*čna lepota* 고전미
(美); ~*čno obrazovanje* 고전 교육 2. 전형
적인, 모범적인 (tipičan); ~ *primer*
političara 전형적인 정치가의 예; ~*čno*
ponašanje Nemačke 전형적인 독일의 행동
3. (방법 등이) 전통적인, 종래의
(tradicionalan); ~ *način kuvanja* 전통적인
요리 방식
klasičar 1. 고대 그리스·로마 연구가 2. (문학·
예술의) 고전주의자
klasičnost (女) 고전주의; 고전주의적 특성
klasificirati *-am*, **klasifikovati** *-kujem* (完,不
完) (성질·특성 등에 따라) 분류하다, 구분하

다 (rasporediti)
klasifikacija 분류 **klasifikacioni** (形)
klasifikator 분류자, 분류하는 사람
klasik 1. 고대 그리스·로마 문학 작가 2. 고전
주의 문학가(예술가)
klasika 1. 고대 그리스·로마의 예술 및 문화 2.
고전적 작품, 고전(古典), 명작
klasirati *-am* (完,不完) (등급·품질에 따라) 분
류하다
klasje (集合) klas; 이삭
klasnī *-ā, -ō* (形) 참조 klasa 1. 계급의, 계층
의; ~*a mržnja* 계급 증오 2. 같은 반의; ~
drug 반 친구 3. 최고의, 최상의; 최고 등급
의 (kvalitetan); ~ *igrač* 최고의 선수
klasnosvstan *-sna, -sno* (形) (사회적) 계급의
식이 강한
klatariti *-im* (不完) 1. 이리 저리 움직이다, (손
·팔을) 흔들다 (mahati, mlatarati); *sedeli su*
na vratima od vagona i klatarili nogama 그
들은 객차 문가에 앉아 다리를 흔들었다 2.
~ *se* (전후·좌우로) 흔들리다, 왔다 갔다 하
다 (njihati se, klatiti se) 3. ~ *se* 천천히 힘
들게 가다, 다리를 질질 끌며 가다 4. ~ *se*
어슬렁거리며 거닐다, 정처없이 떠돌다
(lunjati, skitati se, vucarati se, potucati se)
klati *koljem; klan & klat* (不完) 1. **zaklati** (完)
목을 따다, 목을 따 도축하다; ~ *tele* 송아지
를 도축하다; ~ *nekoga* 누구를 목을 따 살
해하다 2. (개·뱀 등이) 물다 (ujedati) 3. (시
신을) 부검하다 4. 아프게 하다, 아주 심하
게 쓰리게(쑤시게·따갑게) 하다; *dim kolje*
(za) oči 연기로 인해 눈이 아주 따갑다 5.
고통스럽게 하다, 고통을 주다, 아픔을 주다;
celog života kolje me nepravda 평생동안
불의가 나에게 고통을 준다 6. ~ *se* 서로가
서로를 죽이다, 싸우다, 전투하다, 전쟁하다;
trideset evropskih naroda klao se tri
godine 30여 유럽 민족이 3년간 서로 죽고
죽이는 전쟁을 했다 7. ~ *se* 다투다, 알력관
계이다, 적대적 관계이다 (svađati se,
kavžiti se); *sramota bi bila pred vojskom*
da joj se vođe kolju 병사들 앞에서 그들의
지휘관들이 다투는 것은 창피한 일이 될 것
이다
klatiti *-im* (不完) 1. 흔들다, 흔들리게 하다
(ljuljati, njihati) 2. (다리·머리 등을) 흔들다,
끄덕이다(앞 뒤로·위 아래로) (klimati); ~
glavom 고개를 끄덕이다; ~ *nogama* 다리를
흔들다(떨다); *nemoj da klatiš nogama,*
drma se ceo sto 다리 떨지 마, 책상 전체가
흔들리잖아 3. ~ *se* 흔들리다 (ljuljati se,

K

klimati se, njihati se); *stolica se klati* 의자
가 흔들거린다; *zub se klati* 이빨이 흔들린
다 4. ~ se 어슬렁거리다, 정처없이 왔다 갔
다 하다 (klatariti se)
klatno (종·방울 등의) 추, (벽시계의) 추
klatnja 1. 어슬렁거림, 왔다갔다 함 (skitnja,
klatarenje) 2. (비유적) 방랑자, 어슬렁거리
는 사람 (skitnica, klatež)
klaun -*ovi* (=klovn) 광대, 어릿광대; 어릿광대
같은 사람
klaustrofobija   밀실공포증,   폐쇄공포증
(klostrofobija)
klauzula (법률·조약 등의) 조항, 항목, 조목; ~
najpovlašćenije nacije 최혜국대우 조항
klauzura 1. (세속인, 특히 이성의 접근이 금지
된) 수도원의 금지구역, 외딴 조용한 장소
(수도원의); 피정(避靜) 2. 엄격한 감독하의
필기 시험 klauzurni (形); (엄격한 감독하의)
필기 시험의
klavesen, klavesin (樂器) 클라브생 (초기 형
태의 피아노)
klavijatura (피아노, 타자기 등의) 건반, 키보드
klavikord (男), klavikorde (女,複) (樂器) 클라
비코드(피아노 같은 초창기의 건반 악기)
klavir (樂器) 피아노; *svirati ~ (na ~u)* 피아노
를 연주하다 klavirski (形)
klavirist(a) 피아니스트 (pijanist(a))
klavirskī -*ā*, -*ō* (形) 참조 klavir; 피아노의
klavirštimer 피아노 조율사
klavisen 참조 klavesen; (樂器) 클라브생 (초
기 형태의 피아노)
klecati -*am* (不完) klecnuti -*em* (完) (보통 무
릎·다리가) 휘청거리다, 후들후들 떨리다 (두
려움·허약함 때문에); 무릎을 꿇다 (복종·청
원 등의 표시로); *klecaju mu kolena* 그의
무릎이 휘청거린다; *svi pred njim klecaju*
모든 사람이 그 앞에서 무릎을 꿇는다
klecav -*a*, -*o* (形) (다리·무릎 등이) 휘청거리
는; *on se vraćao kući obnemogao, ~ i sav
kao samljeven* 그는 힘이 다 빠져 완전히
탈진한 것처럼 다리를 부들부들 떨면서 집에
돌아왔다
klecka (무릎을 완전히 꿇는) 민속놀이 중의
한 종류
klecnuti -*nem* (完) 참조 klacati
klečati -*im* (不完) kleknuti -*nem*; *kleknuo*, -
ula & *klekao*, -*kla* (完) 무릎을 꿇다; ~
pred nekim 누구 앞에서 무릎을 꿇다
klečećke, klečećki (副) 무릎을 꿇고
klečka (말·소 등이) 멀리 도망가지 못하도록
앞다리에 채워놓는 족쇄 같은 나무

kleći *kleknem*; *kleknuo*, -*ula* (完) 참조
kleknuti; 무릎을 꿇다
klek (植) 뮤고 소나무(고산지에서 자라는 키낮
은 소나무의 일종)
kleka (植) 1. (약용식물) 노간주나무 (borovica,
smreka, venja); 노간주나무의 열매, 주니퍼
베리 2. 참조 klek; 뮤고 소나무
klekinja   노간주나무의   열매,   주니퍼   베리
(kleka)
kleknuti -*nem*; *kleknuo*, -*ula* (完) 참조
klečati
klekovača 노간주나무 열매(kleka)로 빚은 술
(라키야)
klekovina (植) 노간주나무(kleka); 그 나무 목재
klempa (男), klempo -*a* & -*e* (男) 축 늘어진
귀를 가진 사람
klempa 귀를 손가락으로 툭툭 침 (čvrka)
klempav -*a*, -*o* (形) (귀(耳)가) 축 늘어진, 축
처진; ~*e uši* 축 늘어진 귀
klempe -*eta* 참조 klempa; 손가락으로 귀를
툭툭 침
klen -*ovi* 1. (植) 단풍나무 (javor) 2. (魚類)
류시스커스(황어의 일종); *pijan kao ~* 완전
히 취한, 고주 망태가 된
klenovac -*ovca* (男), klenovača (女) 단풍나무
(klen)재질로 된 곤봉(몽둥이)
klenovina 단풍나무(klen) 목재
klep, klepa (擬聲語) (손이나 둔탁한 걸로 때릴
때 나는 소리) 철썩, 퍽
klepalo 1. 참조 čegrtaljka; (빙글빙글 돌아가
면서)요란한 소리를 내는 나무로 된 장치 2.
(종·시계 등의) 추 (klatno) 3. (中,男) (輕蔑)
(주둥이를) 나불거리는 사람 (klepetalo)
klepati -*am* (不完) sklepati (完) (輕蔑) 다듬다,
단장하다,   말끔하게   하다   (doterivati,
udešavati); ~ *stihove* 시를 다듬다; *sklepao
je zadatak za 15 minuta* 15분만에 숙제를
말끔하게 했다
klepati -*am* & -*pljem* (不完) 1. 망치를 내리쳐
날을 세우다; 낫의 날을 예리하게 하다;
kosac klepa kosu 풀베는 사람은 낫을 간다
2. 종을 치다, 타종을 하다 3. (이빨 등이)
딱딱 맞부딪치는 소리가 나다, 달가닥거리다,
덜거덕거리다(딱딱한 물체가 부딪쳐 소리가
나는) (škljocati, klopotati); *zubima je tako
klepao kao pas u teranju* 쫓기고 있는 개처
럼 이빨을 덜덜 떨었다 4. (비유적) 수다를
떨다,   별별   이야기를   다하다   (brbljati,
blebetati)
klepet (딱딱한 물체가 부딪쳐 나는) 달그닥 거
리는 소리, 쾅하는 소리, 덜커덕 거리는 소

K

리

klepetalo 1. (종의) 추 (klatno) 2. 참조 čegrtaljka; (빙글빙글 돌아가면서)요란한 소리를 내는 나무로 된 장치 3. (中,男) 수다쟁이 (brbljavac, blebetalo)

klepetati -am & -ćem (不完) 1. 덜컹거리다, 덜컹거리는 소리를 내다 (딱딱한 물체들끼리 부딪쳐); ~ papučama 슬리퍼로 딱딱거리는 소리를 내다; vodenica klepeće 물방아가 쿵쿵거린다 2. (심장이) 쾅쾅 뛰다, 힘차게 박동하다; (이빨이) 딱딱부딪치는 소리를 내다; (무릎이) 후들후들 떨리다; klepeće mi srce 심장이 쿵쾅쿵쾅 뛰었다; klepeću zubi i kolena 이를 후들후들 떨고 무릎이 휘청거린다 3. (비유적) 수다를 떨다, 말을 많이 하다 (blebetati, brbljati)

klepetav -a, -o (形) 말을 많이 하는, 수다스러운, 수다를 떠는, 말하기 좋아하는

klepetuša 1. (소·말·양 등의 목에 다는) 방울, 워낭 2. (動) 방울뱀 (čegrtuša, zvečarka) 3. (輕蔑) (주둥이를) 나불대는 놈, 수다쟁이 (brbljavac, blebetalo)

klepiti -im, klepnuti -nem (完) 때리다, 치다, 타격하다 (lupiti, udariti)

kleponja (男) 축 처진 귀를 가진 사람, 귀가 늘어진 사람

kleptoman 도벽이 있는 사람, 절도광(狂) kleptomanka; kleptomanski (形)

kleptomanija 병적 도벽(盜癖)

kler (특히 교회의) 성직자들, 성직자단(團)

klerik 1. 신학생, 신학교 학생 2. 성직자, 성직자단(kler)의 일원

klerikal, klerikalac 교권주의자, 교권 중심주의자, 교권 정치 세력화 주장자

klerikalan -lna, -lno (形) (정치에서) 성직권을 주장하는(지지하는), 교권주의자의

klerikalizam -zma (정치상의) 교권주의, 성직자주의(성직자가 정치 따위의 분야에 세력을 떨치려고 함)

klesač, klesar 석수, 석공, 돌쟁이 klesarski (形)

klesarija, klesarstvo 석공의 일

klesarnica 석공의 작업실, 석공이 일하는 곳

klesati -šem (不完) isklesati (完) 돌을 조각하다, 돌을 (돌에) 새기다; ~ kamen 돌을 새기다; ~ natpis u kamenu 돌에 비문을 새기다

klešta (中,複), klešte (女,複) 1. 펜치, 집게 2. (軍) 협공, 협공 작전, 양익(兩翼) 포위(양 측면을 동시에 공격) 3. 집게발 (바닷가재나 곤충들의)(štipaljke) 4. 기타; doći u ~ 어려운 (곤란한) 상황에 처하다; držati koga u ~ima 누구를 종속상태로 유지하다; ~ima čupati

(vaditi) reči (odgovor) 강제로(힘들게) 말을 하게 하다

klet 1. (포도밭에 있는) 헛간, 농막 (밭일을 할 수 있는 농기구 및 포도주를 담는 그릇 등을 보관하는) 2. (方言) 작은 방, 쪽방 (odaja, manja soba, izba); (시골집의) 별채, 사랑채 (vajat)

klet -a, -o (形) 1. 참조 kleti 2. 역겨운, 혐오스러운, 구역질나는, 저주받은 (odvratan, mrzak, proklet)

kleti kunem; kleo, -ela; klet (不完) 1. 저주하다, 악담을 퍼붓다; ~ nekoga 누구를 저주하다 2. (口語) 욕하다, 질책하다 (grditi, psovati) 3. ~ se 맹세하다, 서약하다; kunem ti se da je to istina 그것이 사실이라고 너에게 맹세한다; kunem se svojom čašću 내 명예를 걸고 맹세한다; ~ se nebom i zemljom 천지신명을 두고 맹세하다; krivo se ~ 위증하다

kletva kletava 1. 저주; baciti ~u na nekoga 누구를 저주하다 2. (행사의) 서약, 맹세 (zakletva) 3. 욕설, 악담 (psovka, grdnja)

kletven (形)

kletvenik 1. 서약자, 맹세자 2. (歷) 봉신(봉건 군주에게서 봉토를 받은 신하) (vazal)

kleveta 모략, 비방, 중상, 중상 모략; 명예훼손

klevetalo (中,男) 참조 klevetnik

klevetati -ćem & -am (不完) 비방하다, 중상하다, 명예를 훼손하다

klevetnički -ā, -ō (形) 중상적인, 비방적인, 명예를 훼손하는; ~a kampanja 비방 캠페인

klevetnik 비방자, 중상모략자, 명예훼손자 klevetnica

klevetništvo 비방, 중상, 모략

kliberiti se -im se, klibiti se (不完) 이빨을 드러내며 웃다 (ceriti se, cerekati se)

klica 1. (생물의) 싹, 배아; (발생의) 초기배(胚); (배(胚)세포 같은) 발생의 초기 단계 2. (비유적) (발생·발달의) 기원, 초기; u ~i 초기에, 초기 단계에서 3. (醫) 세균, 병원균, 박테리아 (bakterija); ~ tuberkuloze 결핵균

klični (形)

klicati -čem (不完) kliknuti -nem (完) 1. 환호하다, 환호성을 지르다; ~ nekome 누구에게 환호성을 지르다; svi smo skočili na noge i dugo klicali Crvenoj armiji 우리 모두는 자리에서 일어나 적군(赤軍)에게 환호성을 질렀다; ~ od radosti 기쁨에 환호하다 2. (koga) (소리쳐) 부르다 3. (새가) 짹짹거리다, 울다 (kliktati) 4. ~ se 서로 소리쳐 부르다

365

K

klicati -am (不完) 참조 klijati; 발아하다, 싹이
돋다
kliconoša (男) (전염병) 보균자
klif -ovi (흔히 바닷가) 절벽
klijalište (식물의) 온상; (범죄·폭력의) 온상
klijati -jam & -jem (不完) proklijati (完) 발아
하다, 싹이 돋다, 싹트다
klijent 1. (변호사 등의) 소송 의뢰인; 클라이
언트 2. (상점의) 고객, 단골 (stalan kupac,
mušterija) klijentkinja, klijentica
klijentela (기관·상점 등의) 모든 의뢰인들, 고
객들 (klijenti)
klik 1. (흥분·공포감·기쁨 등으로 큰소리로 지
르는) 외침, 비명, 괴성, 환호 (poklič) 2. (새
의) 짹짹거림 3. (소리쳐) 부름, 부르는 소리
(zov, poziv) 4. (컴퓨터 마우스 등의) 찰칵
(딸깍)하는 소리
klika 외침, 비명, 환호성 (klicanje)
klika (배타적인) 소집단, 파벌, 패거리, 도당
klikavac -avca (鳥類) 황조롱이(맷과의 새)
kliker (아이들이 가지고 노는) 구슬; igrati se
~a (~ima)
klikeraš 구슬(kliker)을 가지고 노는 사람
kliknuti -nem; kliknuo, -ula (完) 1. 환호하다,
환호성을 지르다; ~ od radosti 기뻐 환호성
을 지르다 2. (koga) 큰 소리로 부르다 3.
(소리가) 울려퍼지다, 메아리치다
klikovati -kujem (不完) 1. 큰소리로 부르다
2. 환호하다, 환호성을 부르다 (기쁨·즐거움
등으로)
kliktaj 참조 klik
kliktaš (보통 숙어로) orao ~ (鳥類) 항라머리
검독수리
kliktati -ćem (不完) kliknuti -nem (完) 1. 외치
다, 괴성을 지르다, 비명을 지르다 2. 환호성
을 지르다 3. 기쁘게(즐겁게) 노래하다
kliktav -a, -o (形) 소리를 지르는, 고함을 지
르는, 환호하는
klikuša (女) 히스테리한 여자
klima 기후; kontinentalna (primorska,
sredozemna, suptropska, pustinjska,
polarna) ~ 대륙성(해양성, 지중해성, 아열대
성, 사막성, 한대성) 기후;
umerena(tropska) ~ 온난성(열대성) 기후;
promena ~e 기후 변화 klimatski (形); ~
uređaj 에어컨; ~e prilike 기후 조건
klimaks 1. 최고조, 절정, 정점; dostići ~ 최고
조에 달하다 2. (연극·문학 작품 등의) 클라
이맥스, 절정 3. (성적 쾌감의) 절정, 오르가
즘
klimakterij -ija, klimakterijum (醫) (여성의)

폐경기, 갱년기
klimat 참조 klima
klimatati -am (不完) 1. (팔·다리·머리 등을) 조
금씩(천천히) 흔들다 (mlatarati) 2. ~ se (머
리·다리가) 흔들리다, 휘청거리다, 비틀거리
다; on se klimata 그는 조금씩 비틀거렸다
klimati -am (不完) klimnuti -nem (完) 1. (승낙
·허락의 표시로) 고개를 끄덕이다; (피곤하여,
졸려) 고개를 떨구다; ~ glavom 고개를 끄
덕이다 2. 흔들다; ne klimaj sto 테이블을
흔들지마! 3. ~ se 비틀거리며 걷다, 휘청거
리며 걷다 4. ~ se 흔들리다(밀착되어 고정
되지 않고); klima mi se jedan zub 이빨 하
나가 흔들린다 5. ~ se 흔들리다, 삐걱거리
다 (ljuljati se, njihati se); ova se polica
klima 이 선반은 삐걱거린다
klimatizacija 냉방, (냉난방), 공기온도 조절
klimatizacijski (形)
klimatizirati -am, klimatizovati -zujem (完,不
完) 냉방하다, 공기 온도를 조절하다
klimatskī -ā, -ō (形) 참조 klima; 기후의
klima-uređaj 에어컨, 에어컨 시설
klimav -a, -o (形) 1. 흔들리는, 헐거워진; ~
zub 흔들리는 이(齒); ~a stolica 흔들리는
의자 2. (비유적) 불안정한, 확고하지 않은;
~o zdravlje 허약한 건강; ~i dokazi 확실하
지 않은 증거
klimnuti -nem (完) 참조 klimati
klin -ovi 1. 쐐기, 쐐기 못 (나무 혹은 금속제
의); ~ se ~om izbija (vadi, tera) 이열치열
이다, 이이제이(以夷制夷)이다; izbiti kome
~ove iz glave 누구의 편견을 깨부수다; o ~
(obesiti) 완전히 잊어버리다, 아주 경시하다
(무시하다); oni meni ~, ja njima ~ 눈에는
눈 이에는 이이다, 오는 말이 고아야 가는
말이 곱다; opiti se kao ~ 정신을 잃을 정도
로 술을 마시다; siguran kao vrbov ~ 믿을
수 없는, 신뢰할 수 없는; udariti (zabiti) ~
između koga 분리시키다, 다투게 하다;
vrbov ~ 신뢰할 수 없는 사람, 믿을 수 없
는 사람; novo sito o ~u visi 새 술은 새 부
대에 담아야 한다, 신임자는 묵은 폐단을 일
소하는데 열심이다 2. (비유적) 쐐기 모양의
것 3. (軍) 쐐기 대형으로 적진 깊숙한 돌진
(적진을 양분하기 위한) 4. (와이셔츠의 겨드
랑이 부분 등에서 그 부분을 넓히기 위해 사
용되는) 천
klinac klinca; klinci, klinaca 1. 쐐기 (klin);
못 (čavao, ekser) 2. (비유적) 아이, 어린이
(mališan, dečak) klinka; hajde, ~nci u
krevet! 얘들아, 잠 잘 시간이야!; ~, hodi

ovamo! 애야, 이리로 와! *kog ~nca (mi možeš)?* (口語) 네가 내게 해 줄 수 있는 것이 무엇이냐?; *ni ~nca (neću učiniti, maknuti)* (口語) 아무 일도 하지 않을꺼야!

klinast *-a, -o* (形) 쐐기(klin) 모양의; *~o pismo* 쐐기 문자, 설형 문자

klinčac 1. (植) 카네이션 (karanfil) 2. (현악기의) 줄 감는 막대못; (피아노의) 조율용 핀

klinčan *-a, -o* (形) 못이 많이 박혀 있는, 못이 많은

klinčanica 참조 vešalica; 옷걸이(못이 박혀 있는)

klinčanik 참조 kinčanica

klinčanik 사람, 말이나 다닐 만한 길 (수레는 다닐 수 없음)

klinčić (지소체) klinac

klin-čorba (민담, 민간 설화의) 못(klin)을 넣고 끓인 수프

klinika (전문 분야) 병원, 병동; 외래 환자 진료소; (몇 명의 개별 전문의들로 이뤄진) 집단 진료소; *na ~ci* 클리닉에서; *očna ~* 안과 병동 (병원); *ginekološko-akušerska ~* 산부인과 병동; *hirurška ~* 외과 병동; *nervna ~* 신경 병동 **klinički** (形); *~ pregled* 병원 진료

klinka 어린 여자 아이, 소녀 (curica, devojčica) klinac

klinker 1. 클링커, 용재(鎔滓) 덩어리 (용광로 속에 생기는) 2. 단단한 벽돌, 투화(透化) 벽돌

klip *-ovi* 1. 옥수수 속대; *~ kukuruza (kukuruzni ~)* 옥수수 속대 2. 옥수수 속대와 비슷한 것 (나무토막·쇠토막 등의) 3. (엔진의) 피스톤 **klipni** (形); *~ prsten* 피스톤링 4. (말의 입에 있는 고삐의) 쇠

klipak 1. (지소체) klip 2. (피아노의) 해머

klipan (輕蔑) 우둔하고 둔한 사람, 멍청이, 바보 (bukvan, tikvan)

klipara 옥수수 라키야, 옥수수로 빚은 술

kliper 1. (歷) (화물을 싣고 대양을 횡단하는) 쾌속 범선 2. 대양횡단 여객 비행기

klipnī *-ā, -ō* (形) 참조 klip; 옥수수 속대의

klipnjača (機) (내연 기관의) 커넥팅 로드, 연접봉, 주연봉(主連棒)

klipsati *-šem* (不完) 힘들게 걷다, (지쳐서) 터덜터덜 걷다, 무거운 발걸음으로 걷다

klipša (男) 참조 klipan; 바보, 멍청이, 천치

klir 참조 kler

klirik 참조 klerik

kliring 1. (商) 어음 교환 2. 국제 수지; *robni (nerobni) ~* 무역수지(무역외수지) **klirinški** (形)

klis *-ovi* 1. (集合) 지붕널, 지붕 이는 판자

(šindra) 2. 가파른 절벽, 계곡 3. 짧은 나무 토막 (아이들의 놀이에서 긴 막대기를 이용하여 멀리 날리는)

klisar, klisara (男) (정교회의) 교회 관리인 (crkvenjak)

klisnuti *-nem* (完) 급하게 도망치다, 달아나다; 사라지다; *odmah sutradan spakujem stvari i klisnem odatle* 즉시 다음날 짐을 꾸려 거기서 도망친다

klistir (醫) 관장제(灌腸劑); 관장 **klistirni** (形)

klistirati *-am* (不完) (관장제를 사용하여) 관장하다

klistirnī *-ā, -ō* (形) 참조 klistir

klistron (電子) 클라이스트론, 속도 변조관(速度變調管)

klisura 1. (좁고 험한) 산골짜기, 협곡 (tesnac, klanac) 2. 바위, 암석 (hrid, stena)

klisurast *-a, -o* (形) 1. 협곡 비슷한 2. 바위가 많은, 암석 투성이인 (hridovit, stenovit)

kliše *-ea; -ei & -ea & -eta* (男,中) **klišej** *-eja* (男) 1. 판(版); 판본 (그림, 스케치 등의) 2. 진부한 상투어, 케케묵은 말(표현), 상투적 수단(방법)

klišnjaci (男,複) (昆蟲) 방아벌렛과(科)의 딱정벌레 (위로 점프를 할 수 있음) (skočibube)

klitoris (解) 음핵, 클리토리스 (dražica)

klizač 1. 스케이트 선수; *umetnički ~* 피겨 스케이트 선수 2. (機) (기계 등의) 활주부(면), 슬라이드

klizačī *-ā, -ē* (形) 스케이트의

klizak *kliska, -sko* (形) (=sklizak) 1. 미끄러운, 미끈거리는 (klizav) 2. (비유적) 불확실한, 의심스런, 위험한, 나쁜 결과를 초래할 수 있는

klizalište 스케이트장, 스케이트 링크; *na ~u* 스케이트장에서

klizaljka (보통 複數로) 1. 스케이트 날 2. 스케이트 레인

klizanje (동사파생 명사) klizati; 아이스 스케이팅; *ići na ~* 스케이트를 타러 가다; *brzo ~* 스피드 스케이팅; *umetničko ~* 피겨 스케이팅

klizati (se) *-am (se)* (不完) **kliznuti (se)** *-nem (se)* (完) 1. 미끄러지다; *auto se kliza* 자동차가 미끄러진다 2. 스케이트를 타다

klizav *-a, -o* (形) 1. 미끄러운, 미끈거리는 (klizak) 2. (비유적) 살아있는, 움직이는 (živ, pokretljiv) 3. 가변적인, 바뀔 수 있는, 불안정한 (promenljiv, nestalan); *~e cene* 불안정한 가격; *navesti koga na ~ put* 누구를

K

367

위험한 상황에 처하게 하다

klizavica 미끄러운 곳(장소), 미끄러운 길

kliziti -im (不完) **kliznuti** -nem (完) 1. 미끄러지다, 미끄러지듯 가다; *jedrilica klizi po površini vode* 돛단배는 미끄러지듯 항해해 나간다 2. 천천히 알아채지 못하게 ~에 다가가다; *oni sada polako klize u izdaju* 그들의 행동은 이제 조금씩 반역질에 가까워진다

kliznuti -em (完) 1. 참조 kliziti, klizati 2. 도망치다, 떠나다, 사라지다; 순식간에 쉽게 빠져나가다; 흘러 내리다 3. 갑자기 나타나다 4. ~ preko nečega 뛰어넘다, 건너뛰다, 도외시하다, 살짝 건드리고 지나가다 *preko tog pitanja on je u svome govoru samo kliznuo, tj. nije hteo da se njime dublje* 그는 자신의 연설에서 그 문제를 건너뛰면서 (도외시하면서) 그것에 더 이상 깊이 개입하려고 하질 않았다

kliženje (동사파생 명사) kliziti

kloaka 1. 옥외 변소, 야외 변소 (klozet, nužnik) 2. (비유적) (부도덕한) 소굴; (음행 (淫行) 따위의) 마굴 3. (조류·파충류·양서류·어류 등의) 배설강(腔)

klobodan 1. (도금용) 금박 2. (비유적) 단지 겉만 번지르 한 모든 것, 인위적이고 가식적인 모든 것

klobučar 모자(klobuk)를 만들거나 판매하는 사람 (šeširdžija)

klobučara 1. (=klobučnica) (모자 보관용) 모자 상자 2. (기생충) 위립(구교)촌충

klobučare (女,複) (=klobučarke) (植) 균심류 (菌蕈類)

klobučati (se) -am (se) (不完) 거품(klobuk)이 일다, 보블보글 끓다 (물이 끓을 때의); 빙글빙글 돌다, 선회하다; *voda se klobuča* 물이 보글보글 끓는다

klobučav -a, -o (形) 부글부글 거품이 이는, 빙글빙글 도는 형태를 가진; *dizao se gust ~i dim* 시커먼 연기가 뭉게구름처럼 솟구쳤다

klobučnica (=klobučara) (모자 보관용) 모자 상자

klobuk 1. 챙이 있는 모자; 챙이 없는 모자 (šešir); *kardinalski ~* 추기경 모자 2. 모자와 비슷한 물건 3. (버섯의) 갓 4. (動) 보름달물해파리

klobuk (물 등 액체의) 거품 (mehur); *~ci od sapunice* 비누 거품

klofer 양탄자 먼지떨이(용 털이개)

klokan 참조 kengur; (動) 캥거루

klo-klo (물이 떨어지는 소리) 뚝뚝

klokoč, klokočevina 참조 klokočica

klokočica (植) 고추나무

klokot 1. (물이 끓는 소리, 흐르는 소리) 보글보글, 부글부글, 졸졸 (klokotanje); ~ *vode* 물이 졸졸거리는 소리 2. 물이 흐르는 소리와 비슷한 소리

klokotati -ćem (不完) 1. (물이 흐를 때, 끓을 때, 넘칠 때 나는) 보글보글(부글부글, 졸졸)거리다, 보글보글(부글부글, 졸졸)하는 소리를 내다; *voda negde klokoče* 어디선가 물이 졸졸거린다 2. 탕탕 울리다, 탕탕하는 소리를 내다 (자동소총이)

klokotav -a, -o (形) (물이) 보글거리는, 부글거리는, 졸졸거리는; (보글거리는, 부글거리는, 졸졸거리는) 소리와 비슷한; *spolja se čulo ~o pričanje dveju žena* 바깥에서 두 여자가 수군거리면서 이야기하는 소리가 들렸다

klompa (보통 複數로) 나막신, 나무로 된 신발의 일종

kloniti -im (不完) 1. 제거하다, 한 쪽으로 치우다, 없애다 2. ~ se 피하다, 회피하다; *ona se kloni teške hrane* 그녀는 소화가 잘 안 되는 음식을 피한다; ~ *se opasnosti* 위험을 피하다 3. ~ se (nečemu) 가까워지다, 다 되어 가다, 다가가다 (približavati se); *sunce se kloni zapadu* 해가 서쪽으로 기운다; ~ *se kraju* 종말에 가까워지다 4. ~ se 숙여지다, 굽다 (sagibati se, nagibati se); *glava mi se crnoj zemlji kloni (od starosti)* (늙어) 죽을 때가 다 되었다

klonuće (동사파생 명사) klonuti; 축 처짐, 축 늘어짐; 기진맥진, 탈진, 소진; 절망, 체념 (klonulost)

klonulost (女) 참조 klonuće

klonuo -ula, -ulo (形) 1. 참조 klonuti 2. 굽은, 숙여진, 구부러진 (pognut, sagnut, nakrivljen); *luta od polja do pollja kroz ~ulo klasje* 고개 숙인 이삭 밭을 이리 저리 돌아다닌다; *dugački i ~uli nos* 긴 매부리코 3. 절망한, 낙담한, 풀죽은, 실의에 빠진 4. 힘이 빠진, 탈진한, 진이 다 빠진; 허약해진, 허약한

klonuti -em (完) 1. (반듯한 자세에서 반 매달려있는 자세로) 굽어지다, 숙여지다, 축 처지다(늘어지다) 2. 기진맥진하다, 탈진하다, 힘을 다 소진하다 (malaksati, iznemoći); *neki su već klonuli ... od pooštrenih mera u logoru* 수용소측의 엄격해진 조치로 인해 몇몇 사람들은 벌써 탈진했다 3. (비유적) 낙담하다, 절망하다, 풀이 죽다, 기가 죽다; ~ *duhom* 낙담하다

kloparati -am (不完) 달가닥(덜거덕)거리다 (딱딱한 것들이 맞부딪치며 짧게 연이어 내는 소리를 나타냄); *motor klopara* 엔진이 덜거덕거렸다

klopati -am (不完) (卑俗語) 게걸스럽게 먹다, 게 눈 감추듯 먹어 치우다 (žderati, lokati)

klopav -a, -o (形) 축 늘어진, 축 처진 (주로 귀가) (klempav)

klopka (D. -pci; G.pl. -ākā & -pkī) 1. (사냥용) 덫, 올가미, 올무 2. (비유적) 덫, 함정; *izvući se iz ~e* 함정에서 겨우 빠져나오다; *namamiti koga u ~u, postaviti kome ~u, uhvatiti koga u ~u* (~을 하도록) 누구를 함정에 빠뜨리다; *uleteti (upasti, zapasti) u ~u* 함정에 빠지다, 덫에 걸리다

klopot 달가닥(덜거덕)거리는 소리(딱딱한 것들이 맞부딪치며 짧게 연이어 내는 소리), (기계가 움직이면서 내는) 덜컹거리는 소리

klopotac -oca 참조 čegrtaljka; (빙글빙글 돌아가면서)요란한 소리를 내는 나무로 된 장치 (klepetalo, klepetaljka)

klopotati -ćem (不完) 참조 kloparati

klopotav -a, -o (形) 달가닥거리는, 덜거덕거리는, 덜컹거리는

klor 참조 hlor; (化) 염소

klornī -ā, -ō (形) 참조 hlor

klorofil 참조 hlorofil; 엽록소

kloroform 참조 hloroform; (化) 클로로포름 (무색·휘발성의 액체;마취약)

kloroza 1. (植) (녹색 부분의) 백화(白化)현상 (식물 조직이 노랗게 되는 현상) 2. (病理) 위황병(萎黃病) (철분 결핍에 의한 빈혈증)

kloster, kloštar -tra 수도원 (samostan, manastir)

klostrofobija 밀실공포증, 폐쇄공포증

klošar 방랑자, 떠돌이, 노숙인 (skitnica, beskućnik)

klovn -ovi 광대, 어릿광대 (klaun)

klozet 변소, 화장실 (zahod, nužnik); *poljski ~* 야외(옥외) 변소 **klozetski** (形); *~a šolja* 변기; *~ ispirač* (화장실의) 저수 탱크

klozet-papir 화장실용 휴지

klub -ovi (특정한 활동·스포츠 등을 위한) 클럽, 동아리, 동호회; *književni (sportski) ~* 문학(스포츠) 클럽; *studentski ~* 학생 동아리; *~ književnika* 문필가 클럽 **klupski** (形)

klubaštvo 클럽 이기주의; 과도한 클럽 소속감

klube -eta 1. (둥근 공 모양으로 감겨 있는) 실, 둥근 실 타래 (klupko) 2. (비유적) 엉켜 있는 많은 것 (zapleteno, zamršeno mnoštvo čega)

klupa 벤치, 긴 의자(등받이가 있기도 하고 없는); *školska ~* (책상과 의자가 붙어있는) 학교 책상; *magareća ~* (廢語) (교실의 앞 또는 뒷자리에 놓여 있는) 벌칙석(席); *derati ~u* 1)학교에 다니다(학생으로) 2)아무 일도 하지 않다, 하는 일 없이 시간을 어영부영 보내다; *prešlo mu je u običaj da ... dere ~e po sarajevskim kafanama* 사라예보의 카페들에서 시간을 보내는 것이 그의 일상이 되었다; *povaliti na ~u* (廢語) 회초리로 때리다, 몽둥이로 때리다; *sesti (doći) na optuženičku ~u* 피고인석에 앉다, 재판을 받다; *u đačkoj (školskoj) ~i* 학생 시절에, 학교에 다닐 때; *tokarska ~* 선반(나무·쇠붙이 절단용 기계)

klupčast -a, -o (形) 둥근 실 타래(klupko) 모양의

klupčati -am (不完) **sklupčati** (完) 1. (실·털실 등을) 둥근 공 모양으로 감다; 머리를 둥근 공 모양으로 올리다 2. ~ se (눕거나 앉아서) 몸을 웅크리다, 둘둘 말리다; *zmija se sklupčala* 뱀이 몸을 둘둘 말았다; *crni oblak dima prokulja klupčajući se* 검은 연기가 둘둘 말리면서 (굴뚝에서) 치솟는다

klupče -eta (지소체) klupko; ~ se odmrsilo 꼬여있던 일이 풀렸다(둥근 실 타래가 풀렸다)

klupko (pl. klupka, klubaka, klupcima) 1. (둥근 공 모양으로 감겨 있는) 실, 둥근 실 타래; ~ se odmotava 꼬여있던 상황이 풀린다; *smotati se (skupiti se, saviti se) u ~* 움츠러들다, 오그라지다; *smotati koga u ~* 누구를 박살내다, 구타하여 불구로 만들다, 반신불구가 되도록 흠뻑 때리다 2. (압착되어 있는, 엉켜있는) 많은 것, 다수, 다량 (mnoštvo, gomila, hrpa)

klupskī -ā, -ō (形) 참조 klup; 클럽의; ~a članarina 클럽 회비; ~a pravila 클럽 규정; ~a uprava 클럽 운영위원회

kljajo (男) (=kljako) 절름발이, 절뚝이는 사람, (사지중 일부가) 절단된 사람

kljaka 지팡이, 목발 (štap, štaka)

kljaka 불구가 된 다리 혹은 팔

kljakast -a, -o (形) 참조 kljakav

kljakav -a, -o (形) (손·발이) 절단된, 불구의, 절름발이의

kljakavac -vca (사지중 일부가) 절단된 사람, 불구자, 절름발이 (kljajo)

kljako (男) 참조 kljajo

kljast -a, -o (形) 참조 kljakav

kljen 참조 klen

K

kljenut (女) (醫) (廢語) 1. 마비 2. 뇌출혈, 뇌
졸중; 심장마비 (kap); srčana ~ 심장마비
kljova (보통 複數로) (바다코끼리·코끼리·멧돼
지 등의) 엄니, 상아
kljucati -am (不完) kljucnuti -nem (完) 1. (새
가 부리로) 쪼다, 쪼아 먹다 2. (뾰족한 것으
로) 쏘다, 찌르다, 따끔거리다, 얼얼하다;
nešto me kljuca u prstu 무엇인가 내 손가
락을 톡 쏜다; slepac odlazi kljucajući
štapom u pesak pred nogama 맹인은 발 앞
의 모래땅을 지팡이로 찌르면서 떠난다 3.
(비유적) 똑 같은 것을 반복하여 말하다, (같
은 이야기를 하면서) 쪼아대다; ona mu
kljuca o tome svaki dan 그녀는 매일 그것
에 대해 그를 쪼아댄다 4. ~ se (새가) 서로
쪼다
ključ -evi 1. 열쇠, 키; ~ od stana 아파트 열
쇠; ~ od kuće 집 열쇠 2. (이해·해결·성취
의) 비결, 열쇠, 실마리 3. 핵심적인 것 (가
장 중요한, 결정적인 것); ljubav je ~ celog
ljudskog života 사랑이 인간의 삶에 있어
가장 중요한 것이다 4. 암호 해독의 열쇠(방
법) 5. (音樂) (장조·단조 등의) 조성, 키; G -
~ G장조; F - ~ F장조; 6. (軍) 전략 요충지
7. 강 굴곡 (okuka) 8. (解) 쇄골
(ključnjača) 9. (解) 비절(飛節); 소·말 등의
뒷다리 가운데 부분 관절) 10. (목관 악기나
금관 악기의) 건반 11. (機) 렌치, 스패너;
francuski ~ 멍케 스패너; mašinski ~ 렌치,
스패너 12. 기타; biti (nalaziti se) pod ~em
안전한 곳에 놓아두다(잠가 두다); držati
(imati) ~eve od čega ~을 소유하다 (가지
다); držati koga(što) pod ~em, staviti
(stavljati) koga(što) pod ~ ~을 감금시키다,
숨기다, 감추다; kuća (zgrada) na ~ ㄱ자형
(ㄴ자형) 집(건물); otvoriti nešto zlatnim
~em 뇌물을 주어 해결하다; zatovoriti se
pred kim sa sedam ~eva 침묵하다, 자신의
의견을 전혀 개진하지 않다
ključanica (ključaonica) 1. 자물쇠 (brava) 2.
(자물쇠에 있는) 열쇠 구멍
ključanje (동사파생 명사) ključati; tačka ~a
비등점, 끓는점
ključao -ala, -alo (形) 1. 참조 ključati 2. 끓
는 (vreo, vruć) 3. (명사적 용법으로) (女) 끓
는물; skoči kao ~om poliven 끓는물을 뒤집
어쓴 것 처럼 껑충뛴다
ključaonica 참조 ključanica
ključar 1. 열쇠공, 자물쇠공 (bravar) 2. (감옥·
교도소의) 간수, 옥졸, 교도관 (tamničar) 3.
(비유적) 파수꾼, 관리인, 보관자 (čuvar)

ključati -am (不完) 1. (물 등이) 끓다, 끓어 넘
치다, 비등하다; (분노 등이) 끓다, 끓어오르
다; voda ti već ključa (네가 올려 논) 물이
벌써 끓는다; u njemu je ključao bes 그는
속으로 분노가 끓어올랐다; krv mu je
ključala 그는 피가 끓어올랐다 2. (물 등 액
체가) 거품을 내뿜으며 부글거리다; voda je
ključala oko čamca 배 주변의 물이 부글거
렸다 3. (액체 등이) 세차게 뿜어져 나오다
4. (많은 사람들이) 무질서하게 움직이다, 들
끓다, 우왕좌왕하다 5. (생각·감정·사건 등이)
(갑작스럽고 강력하게) 생기다, 일어나다;
mnoge nejasne misli i čudna čuvstva
ključala su u njemu 그의 마음 속에는 불분
명한 많은 생각과 이상한 감정들이 생겼다
ključetina (지대체) ključ
ključić (지소체) ključ
ključni -ā, -ō (形) 1. 핵심적인, 필수적인, 기
본적인, 주요한 (osnovni, glavni); ~o
pitanje 핵심적 문제; ~ problem 가장 중요
한 문제 2. (軍) 전략적 요충지인, 전략적으
로 중요한; ~ položaj 전략적 요충지 3. (解);
~a kost 쇄골(鎖骨)
ključnjača (解) 쇄골(鎖骨)
kljuk 1. 으깨진 포도 (포도주를 담는 과정의)
2. 꿀(밀랍과 같이 있는)
kljukati -am (不完) nakljukati (完) 1. (새·닭 등
을 빠른 시일내에 키워 팔려고) 강제로 잔뜩
먹이다; ~ gusku 거위를 잔뜩 먹이다 2. 강
제로 먹이다, 강제로 술을 마시게 하다 (과
도하게, 의지에 반하여); 과도하게 ~을 시키
다; lekar me je ... nemilosrdno kljukao
ribljim zejtinom 의사는 인정사정없이 물고
기 기름을 내게 먹였다; još u provom
detinjstvu kljukale su me knjigama koje
nisam mogao razumeti 내가 아주 어렸을
때부터 내가 이해도 할 수 없는 책들을 내게
강요했다 3. (으깨어, 압착하여) 짜다, 짜내
다 (포도에서 즙을, 밀랍에서 꿀 등을)
kljuknuti -nem (完) 세차게 뿜어져 나오다
(ključati)
kljun -ovi 1. (새의) 부리 2. (선박의) 선수(船
首), 이물 3. (신발 opanak의) 코 4. (주전자
등의) 코 5. 새의 부리 모양처럼 생긴 것
(어떤 물체의 앞에 좁게) 6. 기타; baciti
(staviti) nešto u ~ 먹다, 마시다; još si žut
oko ~a, još ti se žuti ~ 너는 아직 어리다,
젖 비린내가 난다
kljunar (動) 오리너구리 (주둥이가 넙적한 부
리처럼 생김)
kljunast -a, -o (形) 부리(kljun) 모양의, 부리

처럼 생긴

kljunaš (動) 참조 kljunar

kljunat -a, -o (形) 참조 kljunast

kljunorošci (男,複) (單; kljunorožac) (鳥類) 코뿔새과(科)

kljunuti -nem (完) 1. 부리로 한 번 쪼다; *galeb se uz oštar cik strelimke spustio nad more, knjunuo u nj* 갈매기는 한 번 날카롭게 끼룩 울더니 쏜살같이 바다로 내려와 부리로 쪼았다 2. 마구 쏟아지다(흘러나오다) (suknuti); *gomila gustog dima ... kljunu odjednom uvis* 시커먼 연기가 한꺼번에 위로 치솟았다

kljusa 1. (동물을 포획하는) 덫, 올가미, 올무, 함정 (klopka) 2. (비유적) 함정, 덫

kljuse -eta 작은 말(馬), 작은 종류의 말; 허약하고 빼빼마른 말; *uzdati se u se i u svoje ~* 자기 자신에게만 의지하다

kljuvati *kljujem* (不完) kljunuti -em (完) 부리로 쪼다; *biće ubijen i bačen ... da ga ptice kljuju* 살해되어 새밥이 되도록 버려질 것이다

kmecav -a, -o (形) 참조 kmezav

kmečati -im (不完) kmeknuti -nem (完) 1. (양·염소가) 매애 하고 울다 2. (어린 아이가) 울다, 작은 소리로 울다, 훌쩍이다 3. 작은 목소리로 말하다(노래하다)

kmeka (동물의) 낑낑거림, 우는 소리; (어린 아이의) 훌쩍임, 흐느낌

kmekati -čim (不完) 참조 kmečati

kmekav -a, -o (形) 자주 칭얼거리는, 걸핏하면 우는 (plačljiv, kenjkav)

kmeknuti -nem (完) 참조 kmečati

kmet -ovi 1. (歷) (봉건시대의) 농노 2. 무토지 농민(영주에게 경작 농지의 수확의 일부와 노동력을 제공하는); 무토지 농민이 경작하는 토지 3. (廢語) 마을 촌장 4. (歷) 농민들 간의 분쟁을 판결하는 (선출된, 임명된) 지역 유지 농민; 판관 5. 지역 유지 농민; (일반적인) 농민 kmetovski, kmetski (形)

kmetica 1. kmet(마을 촌장, 판관, 지역 유지 농민)의 아내 2. 여자 무토지 농민(kmet)

kmetovati -tujem (不完) 1. 무토지 농민(kmet)으로 일하다, 무토지 농민으로 살다; 농노로 지내다, 농노로 일하다 2. 마을 촌장 (판관)의 직을 수행하다

kmetstvo 1. 농노제 2. 마을 촌장 (판관)의 임무(직위)

kmeza (男,女), kmezo -a & -ē (男) (애칭) kmezavac

kmezav -a, -o (形) 흐느끼는, 울먹이는, 징징거리는 (plačljiv); *~o dete* 징징거리는 아이

kmezavac -avca 흐느껴 우는 사람, 징징거리는 사람, 울먹이는 사람 (cmizdravac)

kmeziti (se) -im (se) (不完) 칭얼거리며 울다, 징징대며 울다 (cmizdriti)

kmezo -a & -ē (男) 참조 kmeza

kna kne, kni, knu, knom (植) 참조 kana

knap (副) 필요한 정도의 양만큼 만 (samo toliko koliko treba)

knedl (男), knedla (女) (料理) (밀가루를 새알처럼 둥글게 만들어 물속에서 삶은) 경단 모양의 음식, 경단의 일종, 새알; *~e od krompira* 감자 경단

kneginja 1. 공(公; knez)의 부인, 공작 부인; *velika ~* 대공의 부인 2. 공주

knjeginica 공(公; knez)의 미혼의 딸, 시집가지 않은 공주

kneštvo 대공(knez)의 신분(직위·권위)

knez kneže; -ževi & -zovi, -ževa & -zova (歷) 1. (봉건시대) 한 지역의 통치자(지배자) 2. 왕자, 공(公), 대공(大公); veliki ~ 대공(大公) 3. (오스만 시절) 세르비아의 통치자(군주); 마을 촌장(村長) 4. 촌장(村長) (seoski starešina) knežev, kneževski (形)

knezovati -zujem, kneževati -žujem (不完) 대공(大公)이 되다, 공국을 통치하다

knežević 대공(大公; knez)의 어린 아들

kneževina (대공이 다스리는) 공국(公國)

kneževskī -ā, -ō (形) 참조 knez; 공의, 대공의

kneževstvo 1. 참조 kneštvo 2. 참조 kneževina

knežina 1. 공국(公國) (kneževina) 2. (오스만 통치하의 세르비아의) 몇몇 마을의 집합체, 군(郡) (srez) 3. 대공의 권위(권좌)

knežiti -im (不完) zaknežiti (完) 대공(大公)으로 선포하다, 대공으로 칭하다

kniks -ovi & -evi 절(서 있는 자세에서 한 쪽 다리를 뒤로 살짝 빼고 무릎을 약간 구부리며 허리를 굽혀 하는 것); *napraviti ~* (무릎을 약간 굽혀) …에게 절하다

kniti *knim & knijem* (不完) 헤나(kna)로 염색하다

knut (男), knuta (女) 채찍 (옛날 러시아에서 가죽을 엮어 만든 형구(刑具))

knjaginja (廢語) 참조 kneginje

knjaz (廢語) 참조 knez (보통은 세르비아, 몬테네그로 통치자의 직함)

knjiga 1. 책, 서적 2. (방대한 책의) 권, 편 3. 명부, 장부, 대장; *~ rođenih* 출생 장부; *~ venčanih* 혼인 대장; *dužnička ~* 채무자 명부 4. 학문, 학식, 배움 5. 종이 (papir, hartija) 6. 기타; ; *baciti se na ~u* 학문(배움

K

·독서)에 헌신하다; *baviti se ~om* 학문에 종
사하다; *bela (plava)* ~ (政) 백서(청서);
brodska ~ 항해 일지; *crna* ~ 블랙리스트;
čovek od ~e 학식있는 사람; *džepna* ~ 문고
판 서적; *glavna* ~ (은행·사업체 등에서 거래
내역을 적은) 원장(元帳); *govoriti kao iz ~e*
능란하게(현명하게, 물흐르듯이) 이야기 하
다; *gutati ~e* 다독하다; *izučiti ~u* 학업을
마치다; ~ *sa sedam pečata* 뭔가 난해한(이
해할 수 없는) 것; ~ *mudrosti* 지혜의 책; ~
na proroka, ~e na ~e 예언서; *ljudi od tri
~e* 배움이 미천한 사람; *misna* ~ 예배서;
molitvena ~ 기도서; *ne ide mu* ~ *od ruke*
공부가 잘 되지 않는다; *nije za ~u* 공부할
타입이 아니다; *on je otvorena* ~ 그는 솔직
한 사람이다; *on je zatvorena* ~ 그는 자신
의 생각을 드러내지 않는 사람이다; *on je
živa* ~ 그는 걸어다니는 백과사전이다; *pala*
~ *na tri slova* 어떤 일을 행하는 사람이 아
주 극소수이다; *priručna* ~ 편람, 안내서;
predati se ~zi, prionuti uz ~u 열심히 공부하
다; *sibilinske ~e* 예언서; *starodavne
(starostavne) ~e* 고서; *ti umeš s ~om
besediti* 학교를 마치다(졸업하다); *zemljišne
~e* 토지대장; *živeti u ~ama* 책을 읽고 쓰면
서 시간을 보내다, 책에 파묻혀 살다
knjigoljubiv -*a,* -*o* (形) 책을 좋아하는
knjigonoša (男) 우편 배달부 (listonoša,
pismonoša)
knjigopisac 작가, 문필가, 소설가 (pisac,
književnik)
knjigotiskar 참조 štampar
knjigovez (책의) 제본
knjigovezac 책 제본업자, 제본 기술자
knjigovezački (形)
knjigoveznica (책) 제본소
knjigoveža (男) 참조 knjigovezac
knjigovežnica 참조 knjigoveznica
knjigovodstvo 1. 부기(簿記), 경리; *dvojno
(dvostruko)* ~ 복식 부기; *prosto* ~ 단식 부
기 **knjigovodstveni** (形); ~*a mašina* 부기기록
기, 부기계산기 2. (회사, 단체 등의) 경리과
knjigovođa (男) 회계 장부 담당자, 경리 담당자
knjiškī -*ā,* -*ō* (形) 1. 참조 knjiga; 책의, 문학
의, 문학적인; ~ *uš* (*vaš, moljac*) (오래된 고
서에 사는) 책벌레, (비유적) 책벌레(공부만
하는) 2. 책에서만 사용되는, 문어적인; ~
izraz 문어적 표현 3. 이론적인, 추상적인
(teoretski, apstraktan); ~*o znanje* 추상적
지식
knjižan -*žna,* -*žno* (形) 문학의, 문학적인

(književan, knjiški)
knjižar 서적상 **knjižarka**
knjižara, knjižarnica 서점 **knjižarski** (形)
knjižarstvo 서적의 출판·판매; *antikvarno* ~
고서(古書) 매매업
knjiženje (동사파생 명사) knjižiti
književan -*vna,* -*vno* (形) 1. (한정형만) 문학
의; 문학가의, 문필가의; ~*vna krađa* 표절;
~*vna svojina* (작가의) 저작권; ~*vni jezik*
문어(文語); ~*vna kritika* 문학 비평 2. 문학
에서 사용되는 3. 학식있는, 박식한; ~
čovek 박식한 사람
književnik 작가, 문필가, 문학가 **književnica**;
književnički (形)
književnost (女) 문학; *lepa* ~ 순수 문학(시·노
래·극·소설·수필류 등의)
knjižica 1. (지소체) knjiga 2. (수첩 형태의) 서
류 (신분증·통장 등의); *članska* ~ 회원증;
partijska ~ 당원증; *štedna* ~ (저금) 통장;
zdravstvena ~ 건강 보험증; *čekovna* ~ 수
표장(帳)
knjižiti -*im* (不完) **proknjižiti** (完) (장부 등에)
기입하다, 기록하다; ~ *na nečiji račun* 누구
에게 전가하다(탓으로 돌리다); *proknjižiti
tri pobede* (스포츠) 3승을 기록하다
knjižnī -*ā,* -*ō* (形) 참조 knjiga; 책의
knjižnica 1. 도서관 (biblioteka); *nacionalna* ~
국립도서관 2. (책·도서의) 시리즈; *dečja* ~
어린이 출판물 시리즈
knjižničar 도서관원 (bibliotekar)
knjižurina (지대체) knjiga
ko 1. (의문 대명사) 누구, 누가; ~ *ste vi?* 당
신은 누구십니까? 2. (관계 대명사) ~한 사
람; *kritikovao je Jakova kao čoveka koga
je vreme pregazilo* 그는 시대가 짓밟았던
사람으로 야코브를 비난했다 3. (부정(不定)
의미로) 누구, 누가 (neko) *izljubi sve; koga
u ruku, koga u oba obraza* 모든 사람에게
키스했는데 누구에게는 손을 누구에게는 양
볼을 키스했다; *ma (makar, bilo)* ~ 누구든;
da li se sećaš ma koga? 그 어떤 한 사람이
라도 기억나는 사람이 있느냐?; *ma* ~ *da je
to rekao, pogrešio je* 그것을 말하는 사람이
누구든지 그 사람은 틀렸다; *ko god* 누구든
지; ~ *kod ima decu, mora da se stara o
njima* 아이가 있는 사람은 누구라도 아디들
을 돌봐야한다; *malo ko* 소수의 사람들;
kom opanci, kom obojci 복불복(福不福)이
다; *bog zna ko* 아무도 모른다; *gde* ~ 여러
곳에 (어떤 사람은 여기에 다른 사람은 저기
에); *kako* ~, ~ *kako* 각자 자기 방식대로; ~

ga zna, ~ zna 모른다, 잘 알려져 있지 않다; *~ kuda, kuda ~ (razbežati se)* 사방으로(뿔뿔이) 흩어지다

ko 참조 kao

koagulacija 응고, 응고 작용 (zgrušavanje)

koagulirati *-am,* **koagulisati** *-šem* (完,不完) 1. (액체를) 응고시키다, 응결시키다; *velika hladnoća brzo koaguliše i smrzne krv* 매서운 추위는 혈액을 빨리 응고시키고 굳게 만든다 2. ~ se 응고되다

koala (動) 코알라

koalicija (국가간의 정치·군사적) 동맹; (정당간의) 연합, 연정, 제휴, 연립 **koalicioni** (形); *~a vlada* 연립 정부

koautor 공동 저자, 공동 집필자

koautorstvo 공저, 공동 작업, 협력

kob (女) 1. (보통은 나쁜 등의) 징조, 조짐; 흉조 2. 운명, 숙명 (sudbina); *verovati u ~* 숙명을 믿다; *neizbežna ~* 피할 수 없는 운명 3. (피부의)색(色), 외모

kobac *-pca; -pci, kobaca* 1. (鳥類) 새매, 새매속에 속하는 매의 총칭 2. (輕蔑) 욕심쟁이, 탐욕스런 사람

kobaj (動) 기니피그, 모르모트 (zamorče, morsko prase)

kobajage, kobajagi (副) 표면상으로, 표피적으로 (bajagi, tobože); *moram mu ~ protiv volje dopustiti da me poljubi* 의지와는 반대로 표면상으로는 그가 나에게 키스하도록 내버려둬야 한다

kobalt 1. (化) 코발트 (Co) 2. 코발트색(色), 짙은 청록색, 암청색 **kobaltni** (形); *~a bomba* 코발트 폭탄

koban *-bna, -bno* (形) 1. 불행(불운)을 예언하는 (마치 피할 수 없는 어쩔 수 없는 운명처럼), 숙명적인, 운명적인; *~bna odluka* 숙명적인 결정 2. 치명적인, 파멸적인, 예측하기도 힘든 위험한 결과를 초래하는; *rat je biio ~ po (za) našu zemlju* 전쟁은 우리나라에게 치명적이었다

kobasica 소시지; *neće mačka ~e* 아주 열렬히 원하지만 그것을 이루거나 성취할 수 없기 때문에 그것에 관심이 없는척 하는 사람을 이를 때 사용함; *omiče se kao masna ~* 일이 잘 되어가다; *više je dana nego ~* 근검절약해야 한다(가진 것보다 살아갈 날이 더 많이 남았기 때문에)

kobasičar 1. 소시지 제조인, 소시지 판매인 2. 소시지 애호가(먹는 것을 좋아하는) **kobasičarski** (形)

kobasičarnica 소시지 제조 장소(공간), 소시지 판매 가게

kobeljati *-am* (不完) 1. 힘들게 움직이다, 간신히 가다; (힘들어) 터덜터덜 걷다; *~ po blatu* 진흙창을 터덜터덜 걷다 2. ~ se 몸을 꿈틀거리다, 꼼지락대다 (kopricati se) 3. ~ se (비유적) (어려운 상황 등에서 벗어나려고) 발버둥치다; *nekako se kobeljamo* 어떻게든 발버둥치고 있다(살기 위해, 벗어나기 위해)

kobila 1. 암말 **kobilji** (形); *~e mleko* 마유(馬乳); *trule ~e* (아이들의 놀이, 구부린 사람의) 등 짚고 뛰어넘기 2. (輕蔑) 말처럼 큰 여자

kobilećī *-ā, -ē* (形) 말(馬)처럼 생긴

kobilica 1. (지소체) kobila 2. (解) (새·닭 등의) 차골(叉骨), 창사골(暢思骨), 위시본(닭고기·오리 고기 등에서 목과 가슴 사이에 있는 V자형 뼈) (jadac) 3. (현악기의 현을 받치는) 줄받침 (나무로 된) 4. (선박의) 용골

kobiljī *-ā, -ē* (形) 참조 kobila

kobiti *-im* (不完) 1. (불운·불행·흉조 등의) 불길한 예감을 하다 2. (kome) (나쁜 생각이나 말을 함으로써) 해악을 끼치다 (zlobiti)

kobno (副) 참조 koban

kobra (動) 코브라

kocka *-ki, kocaka* 1. (幾何) 정육면체; 정육면체 모양의 물건 (주사위 등의); *zapremina ~e* 세제곱 부피; *~ šećera* 각설탕 **kockin** (形) 2. 네모진 것, 체크 무늬; *materijal sa ~ama* 체크무늬 천 3. 주사위, 주사위 놀이, 주사위 도박; *~ je pala (bačena)* 주사위는 던져졌다(결정되었다); *staviti (metnuti) nešto na ~u* 을 얻기위해 위험을 감수하다 (도박하다); *glava mi je na ~i* 파산 직전에 처해있다; *na njega je pala ~* 그 사람 차례이다; *metnuti (staviti) glavu (život) na ~u* 생명의 위험에 노출되다

kockar 노름꾼, 도박꾼 **kockarski** (形)

kockarnica 도박장 (kartašnica)

kockarskī *-ā, -ō* (形) 참조 kockar; *~ klub* 도박 클럽, 도박 카지노; *~ svet* 도박계(界)

kockast *-a, -o* (形) 1. 정육면체 모양의 2. 체크 무늬의; *~ materijal* 체크 무늬 천

kockati se *-am se* (不完) 도박하다 (보통 카드로)

kockica (지소체) kocka; *~ kaldrme* 포석(鋪石)

kockin *-a, -o* (形) 참조 kocka

koča 1. 쌍끌이 어망 2. 쌍끌이 어선

kočanj 1. (양배추·담뱃잎의) 줄기 2. 옥수수 속대 (보통 알맹이가 없는) (okomak, čokanj)

kočarica 참조 koča

kočenje (동사파생 명사) kočiti
kočić (지소체) kolac; ~ za šator (천막에 연결된 줄을 고정시키는) 말뚝
kočija (=kočije) (개폐형 지붕이 있는) 마차(馬車); zlatnna ~ 황금 마차; kraljevska ~ 임금의 마차; laka ~ 경마차
kočijaš 마차의 마부(馬夫) **kočijaški** (形)
kočijašiti -im (不完) 마차를 몰다, 마부로서 일하다
kočije (女,複) 참조 kočija
kočiti -im (不完) **ukočiti** (完) 1. 브레이크를 밟다, 제동을 걸다, 속도를 줄이다; ~ auto 자동차의 브레이크를 밟다 2. (비유적) (어떠한 일의 진행을) 저지하다, 보류하다, 방해하다, 중단하다; kočim ga da ne puši 그가 담배를 못피우게 제지한다; ~ rad (napradak) 일(발전)을 훼방놓다 3. ~ se (유연성을 상실하고) 뻣뻣해지다, 굳어지다, 경직되다; ukočio mu se vrat 그는 목이 뻣뻣해졌다 4. ~ se 거만해지다, 오만해지다 (oholiti se)
kočnica 1. (자동차 등의) 브레이크, 제동장치; ručna (automatska, pomoćna, nožna, električna) ~ 핸드 (자동, 보조, 발, 전자) 브레이크; vazdušna ~ 에어 브레이크; ~e su mi popustile 브레이크 장치가 헐거워졌다 2. (비유적) 방해(물), 장애(물) (prepreka, zapreka) 3. (권총 등 화기의) 안전 장치
kočničar 1. (버스·전차 등의) 운전사 2. (비유적) (어떤 일의) 방해자, 장애물
kočnički -ā, -ō (形) 참조 kočnica
kočoperan -rna, -rno (形) 1. 활발한, 활기찬, 재빠른, 원기왕성한; 강건한 (živahan, okretan, brz, krepak); ~ starac 활기찬 노인 2. 건방진, 오만한 (osion, razmetljiv); nestalo nekadašnje ~rne muškosti 옛날의 그 거만했던 남성성(性)이 사라졌다
kočoperast -a, -o (形) 거만한, 오만한 (kočoperan)
kočoperiti se -im se (不完) 1. 거만하게(오만하게) 행동하다, 거만해지다(오만해지다) (oholiti se) 2. (재산 등을) 탕진하다, 낭비하다
koćenje (동사파생 명사) kotiti
kod (前置詞,+ G) 1. (G.로 표시된 명사의 바로 옆에 있거나 발생하는 것을 나타냄) ~의 옆에, 근처에, 가까이에 (blizu, kraj, pored, nedaleko); on plače ~ prozora 그는 창가에서 울고 있다; u Obrenovcu kod Beograda 베오그라드 근교의 오브레노바쯔에서; ~ kuće 집에서; ~ pozorišta 극장 앞에서; ~ mene 내 옆에, 내 집에; ~ ugla 코너에서; ~ Jovana 요바나 집에; dođite ~ nas 우리집에

오세요; ~ ručka 점심중에 2. (여관·식당 등의 상호로); kad se vratim iz rata, pričaću o tome u gostionici Kod kaleža 전쟁에서 돌아온 후 <성배(聖杯)> 식당에서 이야기를 해줄께; Kod zlatnog teleta 황금 송아지 (식당)에서 3. (지역·지방·국가를 나타냄); tako je u Engleskoj, ali, na žalost, kod nas ne može da bude tako 영국에서는 그러하지만 유감스럽게도 우리나라에서는 그렇게 될 수가 없다 4. (직장·근무지·방문지 등을 나타냄); ostao sam kod štaba ceo dan 나는 하루 온 종일 지휘부에 있었다 5. (소유하고 있거나 가지고 있는 사람을 표시함); ponudi joj ... sve što je ~ sebe imao 자신이 가지고 있는 모든 것을 그녀에게 제공한다; nisam imao ~ sebe vaš broj telefona 당신의 전화번호가 내게 없었어요 6. ~에도 불구하고 (uprkos, pored); ~ tolikog bogastva, on je nesrećan 그렇게 많은 부에도 불구하고 그는 행복하지 않다
kodein 코데인(진통제의 일종)
kodeks 1. 규정집(集), 관습집 2. (法) 법률집, 법령 (pravilnik, zakonik)
kodificirati -am, **kodifikovati** -kujem (完,不完) (법률 등을) 성문화하다, 법전으로 엮다
kodifikacija 성문화(成文化), 법전화; 법전 편찬
koeficijen(a)t (數) 계수(係數); ~ prenosa (機) 전달비, 전송률; ~ šuma (sigurnosti) (機) 잡음 지수 (안전 계수); ~ proporcijalnosti 상관 계수(相關係數)
koegzistencija 공존; miroljubiva ~ 평화 공존
koegzistirati -am (不完) 공존하다, 동시에 존재하다
kofa 통, 들통, 버킷 (kabao, vedro, kanta)
kofein 카페인
kofer 트렁크, 여행 가방; putuje kao ~ (여행하면서 보고 듣는 것에) 아무런 관심도 없이 여행하다; sedi na ~ 여행떠날 준비가 되어 있다; izbacio sam ga kao ~ 그를 내쫓았다
koferaš (일을 따라 다니면서 자신의 전재산을 여행가방에 꾸려넣고 다니는) 근로자, 노동자 (보통 사무 노동자); 이주자
koferče -eta (지소체) kofer
koferčić, koferić (지소체) kofer
kogod (代名詞) (부정(不定)) (=tkogod) 누구 (neko); hoće li ~ biti kod kuće? 누군가 집에 있을 건가요?
koh 푸딩 (puding) ; ~ od tapioke 타피오카 푸딩
koherencija (논리·이야기 따위의) 일관성, 논리 정연함

K

koherentan -tna, -tno (形) 일관성 있는, 논리 정연한, 상호 연관성 있는

kohezija 1. (物) 응집력, 결합력 2. (비유적) 결합, 단결, 유대, 화합

kohorta (歷) (고대 로마의) 보병대(300-66명 정도로 이루어짐)

koincidencija (의견 등의) 일치; 동시 발생; 우연의 일치

koincidentan -tna, -tno (形) 우연의 일치인, 동시 발생의, 일치의

koine (男) 표준어, 공통 언어; 코이네(고대 그리스의 공통어)

koitus 성교(性交)(kopulacija, snošaj)

koje (副) 부분적으로; 어느정도, 약간, 다소 (delimice, ponešto)

kojegde (副) 여러 곳에, 여기저기에, 도처에 (na različnim mestima, ponegde, ovde-onde); to je moderno i sada ~ u Evrovi 그것은 지금도 유럽 도처에서 유행이다

kojekad (副) 때때로, 이따금 (ponekad, katkad, kadikad, koji put)

kojekakav -kva, -kvo (形) 1. (輕蔑) 그 어떤 종류의, 여하한, 하찮은; daj mi ~ posao 하찮은 일이라도 좀 줘 2. (複數) 여러 종류의, 다양한 (raznovrstan, svakakav); on priča ~kve gluposti 그는 쓸데없는 별별 소리를 다 한다; pun mi je sanduk ~kvih knjiga 여러 종류의 책으로 상자가 꽉찼다 3. (명사적 용법으로) (성적으로) 난잡한 여자

kojekako (副) 1. 어떻게든, 여러가지 방법으로; živi se ~ 어떻게든 살아가고 있다; hranila je čedo majka ~ 어머니는 아이들을 어떻게든 먹여살렸다 2. 힘들게 (s mukom, nekako) 3. 적당히 얼버무려, 어물어물 (ni dobro ni zlo); to je ~ urađeno 그것은 적당히 얼버무려졌다

kojeko (不定人稱代名詞) 누구든지, 아무나 (makar ko, bilo ko); njen muž nije ~ 그녀의 남편은 아무나가 아니다

kojekojī -ā, -ē (形) (輕蔑) 그 어떠한 종류의 (makar koji, nekakav)

kojekud, kojekuda (副) 모든 곳에, 사방으로, 어디나, 어디든지 (na sve strane, svuda; gde bilo)

kojeotkud(a) (副) 사방으로부터 (s više raznih strana)

koješta (不定代名詞) 1. 모든 종류의 것(물건), 여러가지 것 (razne stvari, štošta); kupio je ~ 그는 온갖 종류의 물건을 샀다 2. 아무 상관없는(의미없는) 것, 어리석은 짓, 별별 것 (glupost); napisao je ~ 아무런 의미도 없는 별별 것을 썼다

koještarija 의미도 가치도 없는 것, 사소한 것, 터무니없는 생각(말); ~e koje ne nagoveštavaju ništa bitno 중요한 것 아무 것도 예견하지 못하는 허튼 말

kojetko 참조 kojeko

kojī -ā, -ē (G. kojeg(a), kog(a), koje, D. kojem(u), komu, kojoj, L. kojemu, kome, kojoj, I. kojim, kim, kojom) 1. (의문대명사) 어떤, 어느; kojim perom si pisao? 어떤 펜으로 썼느냐?; koje je vreme? 몇시지?; koje dobro (口語) 새로운 그 어떤 것이 있나요? 2. (관계대명사) ~것, ~ 사람; kupio sam sliku o kojoj sam govorio 내가 말했던 그 그림을 샀다; ima onih ~ znaju 아는 사람들이 있다 3. (不定代名詞) 어떤; ~ put 종종, 때때로; daj mi koju lepu knjigu 그 어떤 좋은 책을 좀 줘; za ~ dan 곧, 며칠 이내로; u ~ mah ~하자마자; kojim slučajem, kojom srećom 우연히 4. (不定代名詞) 어느, 무엇이든 ma (makar, bilo) ~, ~ god 무엇이든; da li on zna ma ~ strani jezik? 그가 아는 외국어가 하나라도 있느냐?; ma kojim putem da pođete, zakasnićete 어느 길로 가든지 늦을것입니다

kojot (動) 코요테

koka -ki 1. (지소체) kokoš; morska ~ 호로새, 뿔닭; doći će ~ na sedalo (na jaja) 복수의 기회가 올 것이다; i ćorava ~ nađe zrno 바보도 때때로 올바른 말을 할 때가 있다

kokin (形) 2. 타고 있는 석탄 (žeravica, žar, žiža)

koka (植) 코카나무(열대 관목으로 그 잎에서 코카인이 추출됨)

koka (세균의 일종인) 구균(球菌)

kokainist(a) 코카인 사용자, 코카인 중독자

kokarda 모표(帽標), 코케이드(계급·소속 정당 등을 나타내기 위해 모자에 다는 표지)

kokati -am (不完) 1. 팝콘을 튀기다 2. (비유적) 툭툭(평평) 터지다 (pucati, pucketati); od ranog jutra ... kokala je puščana i mitraljeska vatra 이른 아침부터 총소리가 탕탕 볶아댔다 3. (口語) 흠뻑 두들겨 패다 4. ~ se 툭툭(평평) 터지다; orasi počnu da sazrevaju, da se kokaju i opadaju 호두는 무르익어 (속 알맹이가) 벌어져 땅에 떨어지기 시작했다

koke (女, 複) (鳥類) 닭목(닭·메추라기·칠면조 등의)

koketa 요염한 여자, 교태부리는 여자, 요부 (kaćiperka, namiguša)

K

375

koketan -tna, -tno (形) 요염한, 교태를 부리
는; ~tna reč 교태부리는 말
koketerija 교태
koketirati -am, koketovati -tujem (不完) 1.
교태를 부리다, 추파를 던지다. 시시덕 거리
다; lepa je ... Vikica na prozoru koketirala
s mladim učiteljem 예쁜 비키짜는 창문에서
젊은 선생님과 시시덕거렸다 2. ~ s nečim
(자신의 가치 등을) 과시하다, 보여주다; dok
su revolucionarne snage bile slabe,
građanska opozicija mogla je ~ s
naprednim idejama 혁명 세력이 약했을 동
안 시민 야당 세력은 진보적 사상을 보여주
어야만 했다
kokica 1. (지소체) koka; 새끼 닭 2. (複數로)
팝콘
kokil (男), kokila (女) 주형, 틀, 거푸집 (특수
금속으로 만들어진)
koknuti -em (完) (卑俗語) 죽이다, 살해하다
(ucmekati, ubiti)
kokodakati -če (不完) kokodaknuti -ne (完) 1.
(닭이) 꼬꼬댁 울다 (kakotati) 2. (비유적)
소리치다, 고함치다 (vikati)
kokon (누에의) 고치
kokos (植) 코코넛 나무; 그 열매 kokosov; ~
orah 코코넛 열매
kokoš -oši, -oši & -ošiju (女) 닭, 암닭;
kuvana ~ 삶은 닭; morska ~ 호로새, 뿔닭;
bolje danas jaje nego sutra ~ 현재 작지만
확실한 것이 미래에 크지만 불확실한 것보다
낫다; drži se kao pokisla ~ 풀죽은 것처럼
행동하다; i slepa (ćorava) ~ nađe zrno 바
보도 때때로 올바른 말을 할줄 한다, 소 뒷
걸음질치다가 생쥐를 잡는다; koja ~ mnogo
kakoće, malo jaja nosi 말많은 사람은 일은
하지 않는다, 말만 있지 행동은 없다; ~ mu
je pamet pozobala 그는 총명함을 잃었다,
판단능력을 상실했다; s ~ima leći, s
petlovima ustati 일찍 자고 일찍 일어나다;
stara ~ (輕蔑) 늙은 여자; stara ~ -dobra
čorba 오래된 것이 좋다 kokošiji, kokošji,
kokošinji (形); kokošija prsa 새가슴
kokošar 1. 양계업자 2. 닭도둑, 도둑 3. 닭장
(kokošinjac, živinarnik); po tuđem je ~ima
krala ćurke 남의 닭장들에서 칠면조를 훔쳤
다 4. (鳥類) 닭 등 가금류를 채가는 매의 한
종류, 말똥가리류의 매
kokošarnik 닭장 (kokošar, kokošinjac)
kokošijī -ā, -ē (形) 닭의; ~e jaje 계란; ~e
perje 닭털; ~a prsa (醫) 새가슴, 좁은 가
슴; ~e slepilo (病理) 야맹증

kokošinjac, kokošarnik, kokošinjak 닭장
kokoška -kī; kokošaka & kokoški 1. (전체적
인) 닭, 암닭; morska ~ 호로새, 뿔닭;
izgledati kao pokisla ~ 비참하게(헝클어져)
보이다 2. (輕蔑) 멍청한 여자
kokot kokoti & kokotovi 1. (鳥類) 수탉, 장탉
(petao, oroz) 2. (魚類) (가슴지느러미로 활
공하는) 죽지성댓과(科)의 바닷물고기 3. (총
기의) 방아쇠 (obarača, oroz) 4. 풍향계
(vetrokaz)
kokota 매춘부 (prostitutka)
kokotac (植) 전동싸리
kokotati -će (不完) (닭이) 꼬꼬댁 울다
(kokodakati)
koks 코크스(석탄으로 만든 연료) koksni (形);
~a peć 코크스로(爐) ; ~ plin 코크스 가스
koksara, koksarnica 코크스 공장
koksirati -am, koksovati -sujem (不完) 코크
스를 만들다
kokta 비알콜 음료의 한 종류
koktel 1. 칵테일, 알코올성 음료의 한 종류 2.
(비유적) 혼합물, 혼합제 (mešavina) 3. 칵테
일 파티
kola (中,複) 1. 수레, 마차 (사람·화물을 실어나
르는); konjska ~ 마차 2. (기차의) 객차, 차량,
칸; spavaća ~ 침대칸; poštanska ~ 우편 열
차; ~ za ručavanje 식당칸 3. 차, 자동차, 승
용차; borna ~ 장갑차, 탱크; sportska
(trkaća, policijska) ~ 스포츠카(경주용차, 경
찰차); saniterska ~ 앰블런스; putovati ~ima
자동차로 여행하다 4. (天文) Velika ~ 북두칠
성(큰곰자리); Mala ~ 소북두칠성(작은곰자리
의 7개의 별) 5. 기타; izgrditi koga na pasja
~ 누구를 심하게 질책하다(꾸짖다); ~ su mu
krenula nizbrdo 일이 잘 안되어가기 시작했
다; ~ su mu udarila u breg, pukla su mu
osovina na ~ima 발전(진전·진행)해 나가는
것이 멈춰졌다, 도움을 받을 수 없게 되었다;
nepodmazana ~ škripe 공무수행에 있어 뇌
물을 요구하는 사람을 일컫는 말(기름칠 되지
않은 자동차는 삐걱거린다); ni u ~ ~ ni u
saone 상관없는 말 (의미없는 말, 쓸데없는
말)을 하다; podmazati nečija ~ 뇌물을 주다;
sila ~ lomi 사흘 굶어 도둑질 아니할 놈 없다
(원칙의 불가피한 파행을 이르는 말); skrhala
se (slomila se) ~ na meni 내게 모든 죄와 책
임이 돌아왔다; upreći koga u čija (tuđa) ~
누구를 위해 일을 하다; zakočiti ~ čemu 더
이상의 발전을 막다(차단하다)
kolaboracionist(a) 1. (어떤 일의) 공동 작업자,
공동 연구자, 합작자 2. (전시에 자국을 장악

K

한 적군에 대한) 협력자, 부역자

kolaborant (전시에 자국을 장악한 적군에 대한) 협력자, 부역자 (kolaboracionist(a))

kolac *ko(l)ca; ko(l)ci & ko(l)čevi, kolaca & ko(l)čeva, ko(l)cima & ko(l)čevima* 1. 막대기, 작대기 (한 쪽 끝이 날카로운) 2. (歷) 몽둥이, 막대기 (고문·살해용으로 사용된 목제·철제의) 3. (학교에서의 최하 점수) 1점 (jedinica) 4. 기타; *biti tanak, suv kao ~* 매우 마른, 빼빼 마른; *drži se kao da je progutao ~* 매우 뻣뻣하게 행동하다; *ljudi s koca i konopca* 도덕적으로 타락한 사람들, 악한 사람들, 인간 쓰레기들; *omastiti ~* 작대기에 꿰어지다, 사형에 처해지다; *stoji mi kao ~ u grlu* (口語) 매우 맛없는 음식을 이를 때 사용됨 (목에 걸려 넘어가지 않는); *tesati kome ko(l)ce na glavi* (비유적) ~를 거칠게 대하다, 학대하다; *zatvoriti kuću mrtvim ko(l)cem* 폐가(廢家)로 방치하다, 집을 떠나 세상으로 나가다; *nabiti na ~* 사형에 처하다

kolač 1. 단 것, 단 디저트, 과자, 쿠키 (poslastica, slatkiši); *~ od jabuke* 사과 쿠키; *~ s orasima* 호두가 들어있는 단 디저트 2. (보통 아름답게 장식된) 케이크 (종교 축일, 크리스마스, 예배 의식 등에 사용되는); *božićni ~* 크리스마스 케이크; *slavski ~* 종교 축일 케이크 3. 작은 빵, 빵 조각 (mali hleb, hlebčić); *masni ~i* 행복한 삶, 안녕(安寧); *ne nadati se takvom ~u* 그러한 불행(악, 불유쾌한 일)은 기대하지 않았다; *spremiti (umesiti) nekome ~* 누구를 어려운(난처한) 상황에 빠뜨리다, 함정에 빠뜨리다

kolačar 쿠키(케이크, 단 디저트; kolač)를 만들어 파는 사람 (poslastičar)

kolačić 1. (지소체) kolač; *čajni ~* 차(茶)를 마시면서 먹는 쿠키; *~i s medom* 벌꿀 쿠키; *~i od badema* 아몬드 쿠키 2. 튀긴 빵, 도넛, 프리터 (uštipak)

kolajna 1. 메달, 훈장 (medalja, orden, odlikovanje); *~ za hrabrost* 용맹 훈장 2. 목걸이 (ogrlica, đerdan)

kolan 1. (말에 안장이나 짐을 묶는) 뱃대끈 (poprug) 2. (옷에 있는) 허리띠, 혁띠 3. (비유적) 끈, 연줄, 연결끈 (veza); *popucali mu svi ~i* 그가 가지고 있던 모든 연줄이 끊어졌다, 희망이 없어졌다, 도움을 받을 수 없게 되었다

kolanje (동사파생 명사) kolati; *~ krvi* 혈액순환

kolaps 1. (病理) (건강 등의) 쇠약 2. 무너짐, 와해(瓦解); (내각·은행 등의) 붕괴; (희망·계획 등의) 좌절; *privredni ~* 경제 붕괴

kolar 마차(kolar)를 만드는 사람, 마차 제조공 **kolarski** (形)

kolarija 마차 제조업 (kolarstvo)

kolarina 통행세, 도로세 (cestarina, drumarina)

kolarnica 1. 마차(kola) 제작 및 수선 작업장 2. 마차를 보관하는 공간

kolarskī *-ā, -ō* (形) 참조 kolar; *~ zanat* 마차 제작업

kolarstvo 마차(kola) 제작업 (kolarija)

kolati *-am* (不完) 1. 순환하다, 빙둘러 흐르다 2. 빙둘러 가다, 우회하다, 돌아가다 3. (눈으로) 빙둘러 보다, 응시하다, 빤히 쳐다보다 4. 콜로(kolo)를 추다

kolaž 콜라주(색종이나 사진 등의 조각들을 붙여 그림을 만드는 미술 기법. 또는 그렇게 만든 그림)

kolčak 1. (바지의) 천 조각, 기운 천 조각 2. (갑옷의) 철갑 소매 3. (方言) 머프(방한용 토시) (muf)

kolebati *-am* (不完) **pokolebati** (完) 1. (전후·좌우로) 흔들다 2. 비틀거리며 걷다, 갈지자 걸음을 걷다 (teturati, posrtati) 3. 주저하게 하다, 망설이게 하다 4. *~ se* 흔들리다; (결정을 못하고) 주저하다, 망설이다

koleblјiv *-a, -o* (形) 1. 주저하는, 망설이는 2. 허약한, 힘이 없는 (nestalan, slab) 3. 불확실한; 비틀거리는, 갈짓자 걸음의; 흔들리는

koleda 1. (크리스마스 전날 소년들이 마을 집집마다 찾아다니며 부르는) 크리스마스 노래; 그러한 노래를 부르는 소년들 2. 흥겹고 즐거운 어울림, 분위기 좋은 모임

koledar 크리스마스 노래(koleda)를 부르고 다니는 소년단의 한 명 **koledarski** (形); *~a pesma* 크리스마스 노래

kolega (男) (같은 직장이나 직종에 종사하는) 동료; *~ u službi* 직장 동료; *~ po školi* 학교 친구 **koleginica**

kolegij *-ija* (男) **kolegija** (女) 1. (직장·학교 등의 같은 직급의) 진(陣), 단(團); *nastavnički ~* 교수진; *sudski ~* 판사단; *redaktorski ~* 편집진 2. (대학에서 한 과목의) 강의, 강연

kolegijalan *-lna, -lno* (形) 1. 우호적인, 친밀감이 담긴, 호의적인 (drugarski); *~ gest* 우호적인 제스처 2. 참조 kolegij; *~*진(陣)의, ~단(團)의

kolegijalnost (女) 1. 우정, 친절, 호의 2. (진(陣)·단(團)의) 총의(總意)

kolegijum 참조 kolegij

koleginica 참조 kolega

377

K

kolekcija 수집품, 소장품 (zbirka); ~ *leptira* 나비 수집품; ~ *maraka* 우표 소장품; ~ *slika* 그림 소장품

kolekcionar (=kolekcioner) 수집가

kolektiv 1. 사회, 공동체; 민족 공동체 (反; pojedinac) 2. (단체·조직을 이루는) 사람들의 집단, 집합체, 공동체; *radni* ~ 노동 공동체, *sportski* ~ 스포츠 공동체

kolektivan -vna, -vno (形) 집단의, 단체의, 공동의 (zajednički); ~vna odgovornost 공동책임

kolektivist(a) 집단주의자, 집산주의자

kolektivizacija 집단화, 집산화(농장·산업체 등을 모아 집단이나 정부가 관리하게 하는 것)

kolektivizam -zma 1. 집단주의 2. 집산주의 (모든 농장이나 산업을 정부나 집단이 소유하는 정치 제도)

kolektivizirati -am (完,不完) 집산주의화하다, 집단화하다

kolektivnost (女) 집단화, 집단주의적 정신, 집산화

kolektor 1. 수집가; 징수원, 수금원 (skupljač, sabirač); *poreski* ~ 세금 징수원 2. (電氣) 집전 장치 3. (토목 공학) 간선 하수거(幹線下水渠)

kolenast -a, -o (=koljenast) (形) (배관·굴뚝 등의) L자형 부분의, 크랭크의; ~o vratilo 크랭크축

kolence -nca & -eta 1. (지소체) koleno 2. 연결 부위 3. (植) (나무줄기의) 마디

kolenī -ā, -ō (形) 참조 koleno; 무릎의

kolenica 1. (지소체) koleno 2. (가죽·고무로 된) 무릎 보호대

koleno 1. (解) 무릎, 무릎 관절, 무릎 마디, 슬관절; (무릎위쪽으로의) 다리 부분*; iščašio je* ~ 무릎을 삐었다; *pasti na* ~a 무릎을 꿇다; *baciti koga na* ~a 무릎을 꿇리다, 항복시키다; *na* ~ima *moliti nešto* 무릎을 꿇고 간청하다; *lomiti preko* ~a 급하게 하다, 생각없이 급하게 결정하다; *prignuti* ~ *pred kim* ~ 앞에서 항복하다, 굴복하다; *more mu je do kolena* 그는 무슨 일이든 할 수 있다고 생각한다 (모든 일을 너무 쉽게 생각한다); ~a *mu klecaju, podsekla su mu se* ~a 다리가 휘청거린다; *sedeti nekome uz* ~ 누구의 최측근이 되다, 누구의 총애를 받다; *na* ~ima *videti nekoga* 누가 제압되었다고 생각하다 *koleni* (形) 2. (植) (줄기의) 마디 (줄기가 텅 빈 식물에서 잎이 나오는) 3. (강·도로 등의) 급한 굴곡, 이음부 4. (같은 촌수에 해당하는) 모든 친척; 1세대 (generacija); 가문, 혈

통, 집안 (poreklo); *s* ~a na ~ 대를 이어, 대대로; *Evino* ~ 여성(일반적인); *rođak u sedmom* ~ *kolenu* 아주 먼 친척, 사돈의 팔촌

kolenović 혈통이 좋은 사람, 오랜 명망있는 집안 출신의 사람, 귀족 (plemić, odžaković, kućić) (反; skorojević)

kolera 1. (病理) 콜레라 2. (비유적) (輕蔑) 쉽게 화를 내는 여자, 토할 것 같은 여자 **koleričan** (副)

koleraba 참조 keleraba; (植) 콜라비

koleričan -čna, -čno (形) 1. 참조 kolera; 콜레라의 2. 화를 잘내는, 걸핏하면 화를 내는, 쉽게 격앙하는

kolerik 화를 잘내는 사람, 걸핏하면 화를 내는 사람

kolesa 바퀴 (kolo, točak)

koleto (鐵道) (화물의) 꾸러미, 묶음 (svežanj robe, denjak)

kolevka (D. *kolevci*; G.pl. *kolevkī* & *kolevākā*) 1. 요람, 아기 침대 (흔들어 재울 수 있는); *od* ~e *do groba, od* ~e *do motike* 요람에서 무덤까지; *iskočiti iz* ~e 보다 성숙한 시절로 막 들어서다; *među* ~om *i grobom* 삶속에서, 삶에 2. (비유적) 출생지, 출처, 발생지, 기원지; 조국, 모국

kolež 기숙(중)고등학교 (internat)

kolhoz 콜호스 (구소련의 집단 농장)

koliba 1. (목초지·포도원 등의) 오두막, 초막, 움막 (보통 갈대·가는 나뭇가지 등으로 덮여 있는) 2. (특정 목적의) 작은 집; *sakriveni smo iza jedne* ~e *za električnu instalaciju* 우리는 전기 배선용 작은 가옥뒤에 숨어 있었다

kolibakterija 대장균

kolibri -ija (男) (鳥類) 벌새

kolica (中,複) 1. (지소체) kola 2. (바퀴달린 작은) 카트 (짐·환자·유아 등을 운반하거나 태우는), 유모차, 카트, 손수레; *dečja* ~ 유모차; *invalidska* ~ 환자용 휠체어; *nosačka* ~ 포터용 카트

kolican -cna, -cno (形) 아주 작은, 아주 적은; *kolicno je to dete, a sve samo radi* 그렇게 작은 아이가 혼자 모든 것을 한다; *vidi* ~ *je taj sat!* 얼마나 작은 시계인지 봐라!

količak -čka, -čko (形) (지소체·지대체) kolik; 얼마나 큰 (많은)

količina (세거나 잴 수 있는) 양, 수량, 분량 (kvantitet)

količinskī -ā, -ō (形) 양(量)적인 (kvantitativan)

količnik (數) (나눗셈에서) 몫 (kvocijent)

kolidirati -am (完,不完) 충돌하다, 부딪치다, 상충하다

kolik -a, -o (한정형 koliki, -a, -o) (形)

kolika (病理) (갑자기 쥐어짜는 듯한 복부의) 복통, 산통(疝痛); bubrežna ~ 신장산통; žučna ~ 담석산통(膽石疝痛)

kolikī -ā, -ō (形) 1. 얼마나 (크기, 양, 정도, 방법); ~a je to kuća? 그것은 얼마나 큰 집인가요?; ~ su mu sinovi? 그 사람 아들들은 몇 살인가요?; začudio se kad je video ~a je ta soba 그 방의 크기를 봤을 때 놀랐다; ~ je to most! 굉장한 다리인데!; ~a devojčica, a plače! 다 큰 처녀가 울다니! 2. ~만큼 큰; on je toliki, ~ (si) i ti 그는 너만큼 크다 3. 많은, 그렇게 많은; ~ ljudi, a niko da mu pomogne! 많은 사람들이 있지만 아무도 그를 도와주지 않는다! 4. (不定) bilo ~, ~ god, ma ~ 얼마나 클지라도

koliko (副) 1. 얼마나, 어느 정도(양, 숫자); ~ hleba da kupim? 빵을 얼마나 사지?; ~ jabuka imaš? 사과가 얼마나 있죠?; ~ je sati? 몇시지? 2. ~한만큼 (양, 숫자); kupi onoliko poklona ~ ima dece 아이 숫자만큼 선물을 산다; ~ ljudi, toliko ćudi! 사람마다 입맛이 다 다르다 3. ~처럼, ~와 같이; Olga je isto toliko visoka ~ i ja 올가는 나만큼 키가 크다 4. (不定) bilo ~, ma ~, ~ god 얼마나 ~일지라도; ~ god da mu daš, nije mu dosta 그에게 얼마나 많은 것을 줄지라도 그에게는 충분하지 않다 5. 기타; ~ danas (juče, noćas, sutra, večeras, do mraka) 벌써(아직) 오늘(어제, 저녁에, 내일, 해질녘까지) (강조 용법); ~ i ~ (puta) 매우 자주; ~ - toliko ~한 만큼; videti (znati) ~ je sati 실제 상태(상황)을 알다

kolikoća 참조 količina

kolikogod (副) 어느 정도, 조금이라도 (bar nekoliko, makar donekle, iole)

koliko-toliko (副) 웬만큼, 어느 정도, ~한 만큼

kolišan -šna, -šno (形) (지소체) kolik; 매우 작은(적은) (jako malen)

kolište (카트·수레 등의) 틀, 뼈대, 프레임

kolitis (病理) 대장염, 결장염

kolizija 충돌, 부딪침 (sudar)

kolnī -ā, -ō (=kolski) 수레(kola)의, 자동차의

kolnik 수레길, 자동차길

kolnjaci (男,複) (動) 윤충류(輪虫類); 몸의 앞끝에 달린 섬모 꼬리를 움직여 섬모를 수레바퀴처럼 운동시키므로 윤충류라는 이름이 붙음)

kolo (複; kola & kolesa) 1. (수레·자동차 등의) 바퀴 (točak); 바퀴 모양의 물건; kao nepodmazano ~ (škriplje, škripi) 기름칠 되지 않은 바퀴처럼 (삐걱거린다), 힘들게 일이 진행되다 **kolski** (形) 2. 원(圓), 둥근 모양의 것 (krug, kolut) 3. 민속춤의 한 종류; 콜로, 원무(圓舞); voditi (igrati) ~ 콜로를 이끌다(추다) 4. 사람들의 모임, 집단 (출신·직위·직업·이해관계 등으로 연계된) 5. (학교 등을 같이 졸업한) 회(回), 기(期) (generacija) 6. (일·생각 등의) 일련, 연속 (niz); (한 출판사가 출판한 서적의) 시리즈, 연속 출판물, 총서 7. (生) (생물 분류의 단위로서의) 문(門: 강(綱)의 위이고 계(界)의 아래인 생물 분류 단위 (tip) 8. (天) 성단(星團) 9. (스포츠의) 회전(回戰), 라운드; prvo ~ turnira (prvenstva) 토너먼트 (선수권전) 1회전 10. (전기) 회로; električno ~ 전자회로; ~ pod naponom 전류가 흐르는 회로; integrisano ~ 집적회로 11. 기타; gde bi bilo ~ bez kokana 모든 일에는 그 일의 지도자가 있기 마련이다; ~ naokolo 사방에, 도처에; krvavo ~ (početi, zaigrati) 도살하기 시작하다, 살해하기 시작하다; peto ~ (na kolima) 전혀 불필요한 사람, 쓸모없는 사람; povesti (zaigrati, zavrteti) ~ 움직이기 (작동하기) 시작하다, 작전을 시작하다; pozvati u ~ 일의 참여를 독려하다; staviti (stavljati) štap u ~ 누구의 일(작업)을 방해하다; šuplje ~ (軍) 보병의 사각 대형; ko se u ~ hvata, u noge se uzda, ko se u ~ hvata, mora poigrati 어떠한 일을 하기로 한 사람은 그 일을 행함에 있어 어려움과 장애물을 계산해야 한다; u kakvom si ~u, onako i igraj 로마에 가면 로마법을 따를 필요가 있다; uhvatiti se u čije ~ 누구의 그룹과 어울리다(함께 하다); vrzino ~ 1)(미신) 마녀들의 저녁 모임(회합) 2)혼란, 혼동, 분규

kolobar 1. (보통 금속으로 된) 고리, 환(環), 테; 그러한 모양의 물건 2. (보통 複數로) 참조 podočnjaci; 눈밑 다크 서클 (보통 주름 지고 검은 부분)

kolobran (도로옆의) 방벽, 펜스 (보통은 돌로 낮게 쌓아놓은)

kolodij -ija, **kolodijum** (化) 콜로디온 (사진 습판(濕板)의 감광막이나 국부의 피복제로 쓰이는 점성 용액)

kolodvor 기차역 (železnička stanica); glavni ~ 중앙기차역; teretni ~ 화물기차역 **kolodvorski** (形)

koloid (化) 콜로이드, 교질(膠質) (反;

K

kristaloid) **koloidni** (形)

kolokvij -ija, **kolokvijum** 대화; (간단한) 구술 시험 (대학교의); polagati (položiti) ~ 구술 시험을 보다(통과하다); pasti na ~u, ne proći na ~u 구술시험에서 떨어지다

kolokvijalan -lna, -lno (形) (단어나 어구가) 일상적 대화체의, 구어의 (razgovoran)

kolokvirati -am (完) 구술시험을 보다, 구술시 험에 합격하다

kolomast (女), **kolomaz** (기계 등에 발라주는) 윤활유

kolon 1. (고대 로마, 중세 시대의) 소작농 2. 식민지 주민

kolona 1. (建築) (보통 높은) 기둥; (둥근 기둥 모양의) 기념비 2. (軍) (군대의) 종대(縱隊), (함대·비행기·탱크 등의) 종렬, 종진(縱陣); ~ tenkova 길게 늘어선 탱크 행렬; peta ~ 제 5열(적과 내통하는 집단, 국내에서 이적 행 위를 하는 사람들) 3. (이동 중인 사람들이나 차량이 길게 늘어선); ~e automobile 자동차 행렬 줄 4. (숫자의) 세로줄, 열

kolonada (建築) 콜로네이드, 주랑(柱廊)

kolonija 1. 식민지 **kolonijalan**(形) ; ~lna politika 식민지 정책; ~lna sila (privreda) 식민지 세력(경제); ~lno pitanje 식민지 문 제 2. 식민지 이민단 3. (특정 목정을 위한, 또는 관심사나 취미가 같은 사람들의) 집단, 집단촌, 집단 거주지, 마을; profesorska ~ 교수 마을; umetnička ~ 예술인 마을 4. (비 유적) (동일 지역에 서식하는 동·식물의) 군 집

kolonijal 1. 식민지 제품(식민지에서 생산된) 2. 식민지 상품 가게, 잡화점 (양초·설탕·성냥 등의) (baklanica)

kolonijalan -lna, -lno (形) 1. 참조 kolonija; 식민지의 2. 참조 kolonijal; 식민지 상품의; ~lna radnja 잡화점; ~lni proizvodi 식민지 상품

kolonijalizam -zma 식민주의

kolonist(a) 식민지 주민 **kolonistkinja**

kolonizacija 식민지화(化) **kolonizacijski, kolonizacioni**(形)

kolonizator 식민지 개척자

kolonizirati -am, **kolonizovati** -zujem (完,不 完) 식민지로 만들다, 식민지를 개척하다

kolonjskī -ā, -ō (形) (숙어로만) ~a voda 오드 콜로뉴 (화장실용 향수의 일종)

koloplet 1. 물레 (preslica) 2. 많은 것, 꼰 것 (다수의) 3. 회오리 바람, 돌풍, 광풍 (vihor, kovitlac, vrtlog)

kolor 색, 색깔; 총천연색 (boja); film u ~u 총

천연색 영화

koloratura (音樂) 콜로라투라(오페라 등에서 화려한 기교를 담은 악구); (다른 예술 분야 에서의) 화려한 기교적 장식 **koloraturni** (形)

kolorirati -am, **kolorisati** -šem (完,不完) 색칠 하다, 채색하다

kolorist(a) 1. 화가 (색을 능숙하게 다루는, 색 채를 많이 사용하는) (slikar) 2. (비유적) 생 생하게 묘사하는 사람

koloristčan -čna, -čno (形) 형형색색의, (색 이) 다채로운, 총천연색의

kolorit 채색(법), 착색(법); lokalni ~ 향토적 채색(법)

koloritan -tna, -tno (形) 참조 kolorističan

kolos 1. 거인, 장대하고 힘센 사람 (로도드 항 구에 세워진 콜로서스 청동상에 의거해); 거 상(巨像) (div, džin); ~ na glinenim nogama 종이 호랑이 2. (비유적) 대단히 중요한 사람

kolosalan -lna, -lno (形) 거대한, 매우 커다란

kolosej 콜로세움 (로마의 원형 경기장)

kolosek 1. (철도·트램 등의) 선로, 궤도; pruge uskog (širokog) ~a 협궤(광궤) 선로; mrtvi (slepi) ~ 측선(대피선) 2. (기차역의) 플랫폼 3. (길에 난) 바퀴 자국 4. (비유적) 평범한 일상적인 삶, 틀에 박힌 생활 5. 기타; biti na (u) ~u 어떠한 활동(행동)을 하고 있는 중이다; izbaciti iz ~a 일(업무)에서 배제시 키다; izići iz ~a 탈선하다, 정상적인 삶의 궤도에서 벗어나다; postaviti na (u) ~ 작동 시키다, 조직하다, 활동(동작)하게끔 조율하 다; staviti na mrtvi (slepi) ~ 중지(정시)시 키다, 비활동적이 되게 하다

kolotečina 참조 kolosek

kolotrag (길에 난) 바퀴 자국

kolotur (男), **kolutura** (女) 1. (機) 도르래 2. 고리, 환(環), 테 (kolut, kotur)

koloturnik 도르래 장치, 복합 도르래

kolouste (女,複) (動) 원구류(圓口類; 칠성장어· 먹장어 등의, 몸은 길다란 뱀장어 모양으로 서, 비늘이 없고 둥글게 열려 있는 입에는 턱뼈가 없음)

kolovođa (V. -a & -o) 1. 콜로(원무; kolo)를 리드하는 사람 (보통은 남자이나 드물게 여 자임) 2. (비유적) (어떠한 조직이나 운동을) 이끄는 사람, 지도자, 리더 (pokretač, vođa, predvodnik)

kolovoz 1. (자동차) 바퀴 자국 2. 길, 도로; ivičnjak (sredina) ~a 도로의 갓 (한 가운 데) 3. (法) (남의 땅을 자동차로 지날 수 있 는) 통과권, 통행권 4. 참조 avgust; 8월

kolovoski (形); 8월의

kolovrat 1. 물레 (발로 돌리는) 2. 소용돌이, 회오리 바람, 돌풍 (vrtlog, kovitlac, vir)

kolportaža 1. 책·신문 등의 거리 판매 2. (비유적) 소문, 풍문, 전문(傳聞)

kolporter (노상) 신문 판매인, 신문팔이

kolskī -ā, -ō (形) 1. 자동차의, 마차의 (kolni); ~ put 마차길, 찻길 2. 콜로(원무; kolo)의

kolt -ovi 콜트식 자동 권총

koludrica 수녀 (redovnica, dumna, opatica, kaluđerica)

Kolumbija 콜롬비아; Kolombijac, Kolombijka; kolumbijski (形)

kolut 1. 둥글납작한 판, 원반 2. (보통 複數로) 참조 kolobar; 눈밑 다크 서클 (보통 주름지고 검은 부분) 3. (금속성) 고리, 링; (비유적) 고리 4. (제조) 공중제비, 재주넘기

kolutast -a, -o (形) 둥근, 원모양의, 원형의 (prstenast, okruglast)

kolutati -am (不完) zakolutati (完) 1. 빙빙돌다, 선회하다 (kružiti, vrteti se) 2. 눈을 굴리다, 눈알을 굴리다 (불안하여, 두려워하면서); zubima škripi i očima koluta, kao da hoće sve da ih proguta 그 사람은 그 모든 것을 삼키기라도 할 것처럼 이빨을 갈면서 눈을 이리저리 굴린다 3. 담배연기를 도넛 형태로 내뿜다 4. ~ se 빙빙돌다, 선회하다 5. ~ se 원반 던지기 시합을 하다

kolutav -a, -o (形) 빙빙도는, 선회하는; nisam mogla da izdržim razbludni pogled njenih ~ih očiju 나는 그녀가 색욕에 찬 눈을 빙빙 돌리면서 바라보는 시선을 견딜 수 없었다

kolutić (지소체) kolut

koljač 1. 살인자, 살인마; (2차 대전 때의) četnik의 또 다른 용어 koljčki (形) 2. (동물의) 송곳니 (očnjak)

koljaš 1. 참조 koljač; 살인자, 살인마 2. (動) (태즈메이니아산) 주머니곰 (태즈메이니아산의 몸이 검고 턱에 흰반점이 있는 유대(有袋) 동물)

kolje 1. (集合) kolac 2. 아이들 놀이의 한 종류

kolje (숙어로만); nije mi ~ (~할) 시간이 없다; kome je putovati nije mu kolje dremati 여행하는 사람에게는 졸 시간이 없다

kolje -ea (男) 목걸이 (ogrlica, đerdan)

koljivo 삶은 밀 (설탕·호두와 섞인, 성직자가 축도하고 포도주를 뿌린, 신도들이 먹는) (보통 종교축일 혹은 무덤가에서 나눠먹는); miriše na ~ 오래살지 못할 것이다, 죽음이 가까워진, 곧 죽을; pojesti kome ~ 누구보다 더 오래살다

koljuška (魚類) 큰가시고기 (gregorac)

kom 1. (과일에서 주스를 짜내고 남은) 겉껍질, 찌꺼기 (포도·서양자두 등의, 알콜을 발효시킬 때의) (komina, drop) 2. (맥주를 발효시킬 때) 맥아 찌꺼기

koma 1. (醫) 혼수상태, 코마; pasti u ~u 혼수상태에 빠지다 2. 콤마, 쉼표(,)

komad 1. (자르거나 나눠 놓은 것의) 한 부분, 한 조각; (표준 규격 크기·양의) 한 개; ~ hleba 빵 한 조각; iseći nešto na ~e 조각으로 자르다; dajte mi pet ~a jaja 계란 5개 주세요; ~ po ~ 한 조각 한 조각, 한 개 한 개; čovek od ~a 모든 면에서 완벽한; dati (osigurati) kome ~ hleba 삶의 물질적 면을 확실히 해주다(보장해주다); dočepati se svoga ~a 물질적으로 안정되다(독립하다); govoriti od ~a, čitati kome čitulju od ~a 단호히 말하다; ići u svet za ~om hleba 돈벌이하러 나가다; politika od dana i ~a 임시방편적인 정책, 미래(번영, 발전 가능성)가 없는; raditi za dan i ~ 근근이 벌어먹고 살다; živeti o svom ~u 자신이 일해 벌어먹고 살다 2. 예술 창작품 (드라마·소규모 음악 작품); pozorišni ~ 연극, 드라마

komadati -am (不完) raskomadati (完) 1. 조각내다, 부분 부분으로 분해하다, 산산조각내다 2. (비유적) (여러 부분들로) 나누다, 가르다, 조각 조각 내다; (단체를) 분열시키다; ~ narod 민중들을 갈갈이 분열시키다 3. ~ se (조각 조각) 깨지다, 산산조각나다; vaza se raskomadala 꽃병은 산산조각났다 4. ~ se 잘게 부숴지다 (mrviti se, kruniti se)

komadeška (지대체) komad

komadić (지소체) komad

komadina (지대체) komad

komađe (集合) komad

komanda 1. 명령, 지령; kao na ~u, kao po ~i 즉시, 단번에, 조화를 이뤄 2. (軍) 명령(권), 지휘(권), 통솔(권); jedan list je pisao kako je general ... tražio da dobije ~u nad vojskom 한 신문은 장군이 어떻게 군에 대한 지휘권을 요구했는지에 대해 기사를 썼다 3. 군(軍) 관할구역; 관할 사령부, 지휘부; jedna nemačka ~ pribila je na zid crnu tablu s imenima 한 독일군 사령부는 이름이 적힌 검은 색 현판을 벽에 박았다; vrhovna ~ 최고 사령부; ~ mesta, ~ područja 작전지역을 관할하는 군 기관 komandni (形); ~ kadar 지휘계통의 장교; ~o mesto 지휘부 (CP)

komandant (軍) 사령관, 지휘관; vrhovni ~ 최

K

381

고 사령관; ~ *vojnog okruga* 군구(軍區) 사
령관; ~ *flote* 함대 사령관
komandir (소규모 부대의) 부대장; ~ *voda* 소
대장; ~ *čete* 중대장; ~ *žandarmerijske*
stanice 경찰기동대장; ~ *baterije* 포병중대
장
komandirati *-am*, **komandovati** *-dujem* (完,不
完) 명령하다, 지시하다, 지휘하다; *nemoj ti*
meni ~! 나한테 명령하지마!; ~ *trupama* 부
대를 지휘하다
komanditnī *-ā, -ō* (形) (商) 주식(株式)의
(deonički, akcionarski); *~o društvo* 유한회사
komandnī *-ā, -ō* (形) 명령의, 지휘의, 지휘하
는; ~ *glas* 명령하는 소리; *~a pozicija* 명령
하는 위치
komandos (전쟁중 적진에 투입되는) 특공대,
특공대원, 코만도 **komandoski** (形)
komandovati *-dujem* (不完) 참조 komandirati
komarac 모기; ~ *malaričar, malarični* ~ 말라
리아 모기; *njemu je i ~ muzika* 그는 아무
리 싫은 것도 좋게 받아들인다; *praviti od*
~rca magarca 침소봉대하다
komarča (魚類) 황금빛 반점이 있는 몇몇 종
의 바닷물고기의 총칭; 지중해산(産)의 감성
돔과(科)의 청돔 (zlatva, lovrata)
komarnik 1. 모기장 2. 찬장(망이 달려 있는)
komasacija 땅(토지·농지)의 재분배 (조각 조
각 떨어진 여러 곳의 토지를 보다 넓은 단위
의 토지로 바꾸는)
komatozan *-zna, -zno* (形) 혼수상태인, 완전
히 탈진한
kombajn 콤바인(곡식을 베고 탈곡하는 기능이
결합된 농기구)
kombatirati *-am*, **kombatovati** *-tujem* (完,不
完) 1. ~에 대항하여 맞서 싸우다 2. ~ se 싸
우다 (boriti se, tući se)
kombi *-ija* (男) 픽업트럭; 콤비(사람을 열 명
쯤 태울 수 있는 승합차)
kombinacija 1. 결합, 조합, 짜맞추기
(spajanje, spoj, veza) 2. 계획 (plan) 3. 어
떤 일의 실행 방법
kombinat 콤비나트 (서로 관련이 있는 몇 개
의 기업을 결합하여 하나의 공업 지대를 이
루어 생산 능률을 높이는 합리적인 기업 결
합); 종합공장, 결합기업; *metalurški* ~ 금속
콤비나트; *hemijski (tekstilni)* ~ 화학(직물)
콤비나트; *pamučni* ~ 면화 콤비나트
kombinator 결합(kombinacija)에 재능이 있는
사람, 결합을 잘 시키는 사람
kombinatoran *-rna, -rno* (形) 결합의, 결합하
는, 결합성의

kombine *-ea* (男) 참조 kombinezon
kombinezon 1. (상의와 하의가 한 벌로 된) 작
업복 2. 슬립(여성용 속옷), 페티코트
kombinirati *-am*, **kombinovati** *-nujem* (完,不
完) 1. (하나의 단일체를 만들도록) 결합하다
2. 계획을 세우다, 생각해내다 (smisliti,
iskombinirati)
kombost (男) 1. (kiseli kupus로 만들어진) 음
식의 한 종류 2. (삶은 야채와 통조림 야채
로 만들어진) 음식의 한 종류
kombustija 연소(燃燒), 발화
komedija 1. 코미디, 희극 2. 우스운 이야기,
우스꽝스러운 사건, 농담; *ispričati jednu ~u*
우스운 이야기를 하다; *terati ~u* 농담하다,
조롱하다, ~인체 하다 (šaliti se, rugati se,
pretvarati se)
komedijant 1. 희극 배우; (輕蔑) 배우 2. (비유
적) 위선자 (licemer, dvoličnjak,
pretvorica)
komedijaš 1. (서커스의) 광대, 어릿광대; (유랑
극단의) 배우 (klovn, lakrdijaš; glumac) 2.
위선자 (licemer, dvoličnjak, pretvorica)
komediograf 희극 작가
komemorativan *-vna, -vno* (形) (중요 인물·사
건을) 기념하는, 추념하는; *~vno veče* 추념
행사
komemorirati *-am* (完,不完) (중요 인물·사건
을) 기념하다, 추념하다; 기념(추념) 연설을
하다
komencija (보통 곡물·곡식 등의) 현물 보상(지
급) (어떤 일을 행한 대가로); *dati se na ~u*
죽을 때까지 보살핌을 받는 대가로 유서로
누구에게 재산을 물려주다
komendija 1. 참조 komedija; 코미디, 우스운
이야기 2. (複數로) 묘기, 곡예, 아슬아슬한
재주; *praviti ~e* 곡예를 하다
komentar 주석, 주해, 해설, 코멘트; *tekst s*
~ima 주해가 달린 텍스트; ~ *je suvišan*
(izlišan) 주석이 너무 많다 (그 어떠한 해설
이 필요없을 정도로 모든 것이 분명하다); ~
na nešto ~에 대한 주석
komentarisati *-šem*, **komentirati** *-am* (完,不
完) 코멘트하다, 주석(주해)를 달다, ~에 대
해 언급하다; ~ *događaje* 사건들에 대해 코
멘트하다
komentator (신문·방송 등의) 시사 평론가
komentirati *-am* (完,不完) 참조 komentarisati
komercijalac *-lca* 1. 상업-무역 대학 학생 2.
무역 전문가, 영업직 직원
komercijalan *-lna, -lno* (形) 상업(통상·무역)
의, 상업적인; *~lni interesi* 상업적 이해관

K

382

계; ~*lni direktor* 영업부장(과장)

komercijalist(a) 영업 사원, 판매 사원; *terenski* ~ 현장 판매사원

komercijalizacija 상업화, 상품화

komercijalizam -*zma* 상업주의

komercijalizirati -*am*, **komercijalizovati** - *zujem* (完,不完) 상업화하다, 상품화하다

komesar 1. (정부로부터 특별 권한을 위임받은) 대리인, 공무담당관, 디렉터 (poverenik); ~ *policijski* 경찰국장 2. 인민위원, 정치위원; *narodni* ~ (구소련의) 인민위원 **komesarica**, **komesarka** 3. 판무관, 감독관; *visoki* ~ 고등판무관

komesarijat 판무관실; (구소련의) 인민위원회

komesarka 참조 komesar

komešanje (동사파생 명사) komešati (se); 소요, 소란, 혼잡; 시위, 봉기

komešati -*am* (不完) **uskomešati** (完) 1. 이리저리 움직이다; (신체의 일부를) 흔들다, 움직이다 (micati, pokretati, mrdati); ~ *ramenima* 어깨를 들썩이다; ~ *rukama* 손을 이러저리 움직이다 2. 뒤섞다, 혼합하다 (mešati); ~ *vodu* 물을 흔들어 섞다 3. ~ se 사방으로 움직이다, 섞이다; *narod se komeša* 사람들이 이리저리 움직였다 4. ~ se 꿈틀거리다, 꿈틀꿈틀 움직이다 (micati se, meškoljiti se) 5. ~ se 봉기하다, 반란을 일으키다 (buniti se); *po Bosni se počelo* ~ 보스니아 전역에서 봉기가 일어나기 시작했다; *more se uskomešalo* 바다에 파도가 일었다 6. ~ se (*oko koga*) ~주위를 맴돌다, 배회하다; *oni se komešaju oko drugih cura za koje znaju da su bogatije* 그들은 돈이 많다고 소문난 여자들의 주위를 맴돌았다

komešav -*a*, -*o* (形) 뒤섞인, 혼합된; ~ *osećaj* 혼재된(뒤섞인) 감정

komet (男), **kometa** (女) (天) 혜성; *Halejeva* ~ 헬리 혜성 **kometski** (形)

komfor 안락(함), 편안(함), 편리(함); 편리 시설; *ovaj hotel pruža gostima potpun* ~ 이 호텔은 손님들에게 완전한 편안함을 제공한다

komforan -*rna*, -*rno* (形) 편안한, 쾌적한 (ugodan, udoban); ~ *stan* 쾌적한 아파트; *ova fotelja je* ~*a* 이 안락의자는 편안하다

komičan -*čna*, -*čno* (形) 1. 웃기는, 재미있는, 웃음을 야기시키는 (smešan); ~*čni efekti* 재미있는 효과 2. 희극의, 코미디의

komičar 1. 코미디언, 희극 배우 2. 사람을 잘 웃기는 재주가 있는 사람 (šaljivac) 3. 코미디 작가, 희극 작가

komičnost (女) 익살스러움, 희극적 요소

komidba 옥수수 껍질 벗기기

komika 유머, 익살, 해학, 웃기는 부분

komilac -*ioca* 옥수수 껍질을 벗기는 사람

komin 1. 벽난로 (kamin) 2. 굴뚝 (dimnjak)

komina 1. 참조 kom; (과일에서 주스를 짜내고 남은) 겉껍질, 찌꺼기 (포도, 서양자두 등의, 알콜을 발효시킬 때의) 2. 호두의 푸른 겉껍질

kominform 코민포름, 공산당 정보국(1947-56) (국제 공산주의의 선전 기관)

kominformovac -*vca* 코민포름 지지자

kominike -*ea* (男) **kominikej** -*eja* (男) (특히 신문에 하는) 공식발표, 공식성명; *zajednički* ~ 공동 발표

kominjak 2차 포도주 (kom에 물과 설탕을 부은 결과 그 밑에 침전되어 생기는 포도주)

Kominterna 코민테른, 국제공산당

komisija 1. 위원회, 이사회, 협회, ~위(委); *regrutna* ~ 징집 위원회; *lekarska* ~ 의료 위원회; *atomska* ~ 원자력 위원회; *ispitna* ~ 조사 위원회; *konkurska* ~ 선발 위원회; *Savezna* ~ *za nuklearnu energiju* 연방핵에너지위원회; *posle smo izabrali* ~*u od tri člana koji će nadgledati glasanje* 후에 우리는 선거를 감시할 3명으로 구성된 위원회를 선발하였다 **komisijski** (形) 2. (어떠한 일을 시행하라는) 명령, 지시 (nalog)

komision 1. (法) (상거래에서의) 위임(위탁·대리) 계약; 위임(위탁·대리) 업무 2. 위탁(대리) 판매 가게 (남의 물건을 대신 팔아주는 대가로 일정의 수수료를 떼는) **komisioni** (形)

komisionar 1. (法) 위임(위탁)을 받고 남의 일을 대신해 주는 사람, 피위탁업무자 2. 위탁 판매 가게 소유주

komisioner 참조 komisionar

komisioni -*ā*, -*ō* (形) 참조 komision; 위탁의, 위임의 (komisionalan); ~*a prodaja* 위탁 판매

komišanje (동사파생 명사) komišati; (옥수수·호두·아몬드 등의) 껍질 벗기기

komišati -*am* (不完) 참조 komiti

komita (男) 게릴라, 비정규군 **komitski** (形)

komitadžija (男) 참조 komita

komitent 업무위탁자(위임자) (일정한 업무를 다른 사람에게 보수를 주고 위탁하는)

komitet 위원회; *Savezni* ~ *za turizam* (구유고의) 연방관광위원회; *Nacionalni* ~ (2차대전 중의) 유고슬라비아임시정부

koimitetlija (男) 위원회 위원

komiti -*im* (不完), **okomiti** (完) 1. (곡물·씨앗 등의) 겉껍질을 벗기다; ~의 껍질을 벗기다 (까다); ~ *kukuruz na struku* 줄기에서 옥수

383

K

수의 껍질을 벗기다; ~ orah 호두의 껍질을
까다 2. 옥수수대에서 옥수수알을 따다(까
다); ~ kukuruz 옥수수알을 따다(까다)
komitskī -ā, -ō (形) 참조 komita; ~a akcija
게릴라 작전; ~ život 게릴라 생활
komocija 1. 편안함, 안락함 (ugodnost,
udobnost); ~ u kući 집에서의 편안함;
potreba za ~om 안락함의 필요성 2. 용이함,
쉬움 (lakoća); voziti s ~om 쉽게 운전하다
komod (男), **komoda** (女) 서랍장
komodan -dna, -dno (形) 참조 komotan
komoditet 편안함, 안락함; 편안, 평온; ~ u
stanu 집에서의 편안함(안락함); duševni ~
정신적 평온
komora 1. 방, 작은 방 (mala soba); (부엌 등
의) 식료품 저장실 (smočnica, ostava,
špajz); (집안에 있는) 땔감 저장 공간
(drvarnica); (특정 용도의) 밀폐된 공간, 칸
막이된 공간; mračna ~ 암실(사진 현상을
위한); gasna ~ (사람·동물을 죽이는) 가스
실; ~ za zamrzavanje 냉동칸 2. (解) (심장
의) 심실 3. (軍) 보급부대, 보급부대 행렬
(보급품을 실은 트럭, 말(馬) 등의) 4. (한 분
야의 이해관계를 대표하는) 협회, 단체;
radnička ~ 노동자협회; advokatska ~ 변호
사협회; lekarska ~ 의사협회; trgovačka ~
상공회의소 5. (廢語) 의회, 국회, 원(院)
komorski, komorni (形)
komorač 참조 anason; (植) 아니스(의 열매)
komordžija (男) (軍) 보급부대(komora)원(員)
komorica 1. (지소체) komora 2. (生) 세포
(ćelija)
komornī -ā, -ō (形) 1. 참조 komora 2. 참조
kamerni; ~a muzika 실내악
komornik 1. (歷) 궁정에 출사하는 조신(朝臣)
2. 집사(執事), 종자(從者) (sobar) 3. 참조
komordžija
komorskī -ā, -ō (形) 참조 komora
komotan -tna, -tno (形) 1. (면적이) 널찍한,
넓은; 편안한, 쾌적한 (prostran, širok,
udoban); ~ stan 널찍한 아파트; ~tno odelo
평퍼짐한 옷; ~tne cipele 편안한 구두 2. 느
린, 게으른 (spor, polagan, lenj); ~ čovek
게으른 사람 3. 느긋한, 근심없는, 무관심한
(nemaran, neoprezan, bezbrižan)
komovača, komovica 라키야의 한 종류 (kom
을 증류시켜 얻는)
compajler (컴퓨터) 컴파일러(명령어 번역 프
로그램)
kompaktan -tna, -tno (形) 1. 촘촘한, 조밀한,
긴밀한, 밀집된; nas ima više, i mi smo

~tna većina 우리가 더 많다, 우리는 긴밀히
연결된 다수이다 2. (같은 종류의 일반적인
제품보다) 소형의, 간편한
kompaktnost (女) 긴밀함, 빽빽함
kompanija 1. 사람들의 모임, 무리, 일행 (같이
뭔가를 하면서 시간을 보내거나 상호 연관된
관계를 지닌); pravi mi ~u! 나와 함께 있
자!; u ~i 함께 2. 회사, 상사; parobrodska
~ 증기선 운항회사; petrolejska ~ 석유회
사; trgovačka ~ 무역회사
kompanjon 1. ~와 어울리거나 시간을 같이 보
내는 사람, 친구, 벗 (drug) 2. (사업상의) 동
업자, 동반자, (회사의 주식을 가지고 있는)
주주 (ortak, deoničar)
komparacija 1. 비교 (usporedba, poređenje)
2. (文法) 비교급; ~ prideva 형용사 비교급
komparativ (文法) 비교급 **komparativni** (形); ~
sufiks 비교급 어미; ~a gramatika 비교문법
komparirati -am (完,不完) 비교하다
(uporediti, upoređivati)
kompas 1. 나침반 2. (비유적) 나아갈 길과 방
향을 제시해 주는 사람(것); on je preuzeo u
ruke ~ i kormilo književnosti 그는 문학이
나아갈 방향타와 나침반을 자신의 손에 거머
쥐었다; izgubiti ~, biti (lutati) bez ~a 지향
점 없이 살다
komtatibilan -lna, -lno (形) (컴퓨터 등이) 호
환이 되는, 양립할 수 있는; (두 사람이 생각
·흥미 등이 비슷하여) 화합할 수 있는, 사이
좋게 지낼 수 있는
kompatibilnost (女) (컴퓨터 등의) 호환성; 양
립 가능성, 공존 가능성
kompatriot(a) 동포 (sunarodnik, zemljak)
kompenzacija 보상, 벌충, 배상; 보상금, 배상
금 (naknada, odšteta); robna ~ (금전적 보
상 대신의) 물질적 보상
kompenzirati -am, **kompenzovati** -zujem (完,
不完) 보상하다, 배상하다; 벌충하다, 보충하
다, ~으로 상쇄하다, 메우다 (nadoknaditi)
kompetencija 1. (한 기관이나 개인의) 법적
권한(권능), 관할권, 활동범위 (nadležnost,
delokrug) ; spadati u nečiju ~u 누구의 권
한(관할권)에 속하다 2. (개인이나 기관이 보
유하고 있는) 능력, 역량, 전문성, 숙달도
(sposobnost, stručnost)
kompetentan -tna, -tno (形) 1. 법적 권한이
있는, ~할 권한이 있는, ~할 정당한 권한이
있는 (nadležan, merodavan) 2. ~할 역량(능
력)이 있는, ~에 적격인; biti ~ za nešto (u
nečemu) ~할 역량이 있는(~에 적격인)
kompilacija 편집, 편찬

kompilator 1. 편집자, 편찬자 2. (컴퓨터의) 컴파일러(명령어 번역 프로그램)
kompilirati -am, kompilovati -lujem (完,不完) 편집하다, 편찬하다; pisac koji kompilira 편집하는 작가
kompjuter 컴퓨터 (računar)
kompjuterizovati -zujem (不完) 컴퓨터화하다, 전산화하다
kompleks 1. (전체로써 하나를 이루는 현상이나 물건 등의) 복합체, 덩어리, 집합체, (sklop); ~ zgrada 건물군(群), 건물 집합체 2. (한 덩어리를 이루는) 토지, 땅 3. (心理) 콤플렉스, 강박 관념; ~ niže vrednosti 열등감
kompleksan -sna, -sno (形) 복잡한, 복합의, 뒤얽힌 (složen, zapleten); ~ broj (數) 복소수
kompleksija 안색(顏色) (boja lica)
komplementaran -rna, -rno (形) 상호 보완적인, 서로 보충하는, 상보(相補)의 (dopunski, dopunjujući); ~rne boje 보색(補色); ~rni uglovi (kutovi) (數) 보각(補角)
komplet 1. 모든 인원, 전원(全員) 2. (책, 잡지 등의) 전권(全卷), 전 세트 3. (동일한 옷감으로 위-아래로 된 양복, 양장 등의) 한 벌
kompletan -tna, -tno (形) 완전한, 전부 갖추어져 있는, ~이 완비된 (potpun, ceo, ukupan, celovit; savršen)
kompletirati -am, kompletovati -tujem (完,不完) ~을 모두 갖추다, 완전하게 하다, 완전한 것으로 만들다 (upotpuniti)
komplicirati -am, komplikovati -kujem (完,不完) 1. (문제·상황 등을) (더) 복잡하게 만들다; ~ situaciju 상황을 더 복잡하게 만들다 2. ~ se 복잡해 지다; situacija se komplikuje 상황이 더 복잡해진다
komplikacija 1. (문제·상황 등의) 뒤엉킴, 복잡화, 꼬임 2. 어려움, 곤란 2. (醫) 합병증
komplimen(a)t 칭찬(의 말), 찬사; hvala na ~u 칭찬해 주셔서 고맙습니다; dati (napraviti) nekome ~ 누구에게 칭찬의 말을 하다
komplimentirati -am, komplimentovati -tujem (完,不完) 칭찬하다, 칭찬(축하)의 말을 하다 (čestitati); komplimentirali su mu (ga) na uspelo organizovanoj izložbi 성공적으로 개최된 전시회에 대해 사람들이 그에게 축하의 인사를 했다
komplot 음모 (urota, zavera); napraviti ~ protiv nekoga ~에 대한 음모를 꾸미다
komponenta komponenata (구성) 요소, 부품 (sastavnica)
komponirati -am, komponovati -nujem (完,不

完) 1. (곡을) 작곡하다; ~ muziku za film 영화음악을 작곡하다 2. (글을) 쓰다, 작성하다; dobro komponovana knjiga 잘 구성된 책
komponist(a) 작곡가 (kompozitor)
kompost 퇴비, 두엄
kompot (보통 디저트용의) 설탕에 절인 과일, 설탕을 넣어 끓인 과일; ~ od šljive 설탕에 절인 서양자두
kompozicija 1. 구성 요소들, 구성; ~ romana 소설 구성 2. (음악·미술·시 등의) 작품; istorijska ~ 역사를 소재로 한 그림 작품; ~ sa golim ženama 나부(裸婦)를 소재로 한 그림 3. 작곡(법); profesor ~e 작곡법 교수 4. 기차, 열차 (객차가 일렬로 늘어선); ~ je već postavljena na trećem koloseku 기차는 벌써 3번 플랫폼에 들어와 있다
kompozicijskī -ā, -ō (形) 구성의, 작곡의, 작품의; ~ faktor 구성 요소; ~a ideja 작품 아이디어
kompozicionī -ā, -ō (形) 참조 kompozicijski
kompozit 1. (文法) 복합어 (složenica) 2. 복합물
kompozite (女,複) (植) 국화과(菊花科), 국화과의 식물 (glavočke)
kompozitor 작곡가 kompozitorka
kompres (男), kompresa (女) (醫) (혈관을 압축하는) 압박 붕대; 습포(濕布) (oblog, zavoj); staviti nekome ~ 누구에게 습포를 붙이다
kompresija 1. 압박, 압착, 압축, 응축 (stiskanje, zbijanje, pritisak); mašina za ~u vazduha 공기 압축기, 콤프레서 2. (비유적) 압박, 강요, 강제 (primoravanje, tlačenje)
kompresivnī -ā, -ō (形) 참조 kompresija; 압박의, 압축의; ~ zavoj 압박 붕대
kompresor 1. (공기)압축기 2. (醫) (혈관의) 압박기
kompresovati -sujem, komprimirati -am, komprimovati -mujem (完,不完) 응축하다, 압축하다 (zgusnuti, zbiti, sabiti)
kompromis 타협(안), 절충(안) (nagodba); doći do ~a 타협에 이르다
kompromisan -sna, -sno (形) 타협의, 타협적인, 절충의; ~sno rešenje 타협적 해결; ~sna politika 타협적 정책
kompromitirati -am, kompromitovati -tujem (完,不完) 1. (신용·명성·평판 등을) 훼손시키다, 손상시키다, 더럽히다; kompromitovao ga je onaj dug 그 빚이 그의 평판을 훼손시켰다; ~ celu porodicu 온 가족의 평판을 훼손시키다 2. ~ se (신용·명성·평판 등이) 훼손되다, 손상되다, 더럽혀지다

K

komšija (男) 이웃(사람) (sused); prvi ~ 바로 옆집(옆방)에 사는 이웃(사람) komšijka, komšinica; komšijski (形)
komšiluk 1. 근처, 인근(隣近), 이웃 (susedstvo); gde ti je mama? negde u ~u 네 엄마는 어디있지? 근처 어디에 있어요; mi stanujemo u ~u 우리는 근처에 살아요 2. 이웃 사람 (susedi)
komuna 1. 코뮌, 생활 공동체, 공동 자치체 2. (서구 여러 나라의) 코뮌: 최소 행정 구역으로서의 지방 자치제; Pariska ~ (歷) 파리 코뮌 komunski (形)
komunac -nca 참조 komunist(a); 공산주의자
komunalac -lca (시내버스·상하수도·쓰레기 청소 등의) 공공 사업체에서 일하는 노동자
komunalan -lna, -lno (形) 코뮌의, 생활 공동체의, 공동 사회의, 공동으로 사용하는, 공공의, 공중의, 지방 자치체의 (opštinski); ~lni poslovi 공공 사업; ~lne usluge (수도·전기·가스 같은) 공익사업
komunalija 공공 사업, 공익 사업 (opštinski poslovi, opštinski stvari)
komunalizacija (기업·회사 등의) 지방 자치단체 소유로의) 공사화, 공영화
komunalizirati -am, komunalizovati -zujem (完,不完) 공사화하다, 공영화하다
komunar 1. (1871년의) 파리 코뮌 지지자, 코뮌 거주민 2. 혁명가, 진보적 정치 사상 지지자
komunicirati -am (不完) (s kim) ~와 의사소통을 하다, 연락을 주고 받다
komunikacija 의사소통, (의견·정보 등의) 전달, 통신, 커뮤니케이션 komunikacioni (形)
komunikativan -vna, -vno (形) 1. 통신의, 전달의; ~vna veza sa Grčkom 그리스와의 통신선; ~vno sredstvo 통신 수단, 전달 수단 2. 이야기하기 좋아하는 (razgovorljiv)
komunike -ea (男), komunikej -eja (男) 참조 kominike
komunist(a) 공산주의자, 공산당원; Savez ~ 공산주의자 연맹; komunistkinja; komunistički (形); ~a partija 공산당
komunizam -zma 공산주의, 공산주의 체제
komunizirati -am, komunizovati -zujem (完,不完) 1. 공산화하다 2. ~ se 공산주의적 성격을 띠다, 공산주의 원리에 익숙해지다
komunskī -ā, -ō (形) 참조 komuna; 코뮌의, 지방 자치체의 (opštinski, komunalan) 2. (廢語) 공산주의의 (komunistički)
komušati (不完) 옥수수 껍질을 벗기다 (komiti); ~ kukuruz 옥수수 껍질을 벗기다

komušina 1. 옥수수 껍질 2. (콩이 들어 있는) 꼬투리, 콩껍질 (mahuna)
komušnik (기생충) (촌충의) 포충(胞蟲)
komutator (電氣) 정류자, 정류기 (발전자의 전력을 외부로 연결하는 장치); telefonski ~ 전화 교환기
komutirati -am (完,不完) (電氣) (전류의) 방향을 바꾸다; (전류를) 정류(整流)하다
konac konca; konci, konācā 1. 실, 방적사 (면화, 아마, 울 등의); kalem ~nca 실패; ~ za zube 치실 2. 실같이 가늘고 긴 것 3. 기타; beli ~ (농담) 라키야; biti igračka na čijem ~ncu 누구의 꼭두각시가 되다, 꼭두각시처럼 말하고 행동하다; držati ~nce u svojim rukama, uzeti ~nce u svoje ruke 통제권을 자신의 손아귀에 쥐다; ići kao po ~ncu 예상대로 가다; momak s ~nca 모든 면에서 완벽한; smrsiti ~nce kome 누구의 계획(의도)를 좌절시키다; predvideti što na ~ 정확히(상세하게) 예상하다; presti ~nce 비밀리에 계획을 세우다(준비하다), (음모 등을) 꾸미다; pričati s ~nca (s konopca) 두서없이 말하다; sakriti (zaturiti) ~nce 자신의 의도를 감추다(숨기다); staviti život na ~ 커다란 위험에 직면하게 하다; terati mak na ~ 아주 사소한 것까지 따지다; visiti o ~ncu (glava, život) 생명이 경각에 달렸다
konac (시간·지속적 사건의) 끝, 최후, 종말, 말기 (kraj) (反: početak); ~ meseca 월말(月末); ~ školske godine 학년말; ~ leta 여름의 끝; bez kraja i ~nca 끝없이, 중단없이; do ~nca konaca 영원히; na ~ncu konaca, na ~ncu krajeva 맨끝에, 가장 마지막에; naći čemu ~nca i krajeva ~의 끝을 보다(기다리다); nema ~nca, nema ni ~nca ni kraja čemu ~의 끝이 없다, 끝도 없이 계속된다 (이야기, 다툼 등이); od kraja do ~nca 완전히, 정확히, 아주 사소한 것까지; pri ~ncu 끝을 향하여, 마지막을 향하여
konačan -čna, -čno (形) 마지막의, 최종적인
konačište 1. 밤을 지샐 수 있는 곳(장소), 여관, 쉼터 (konak, prenoćište) 2. 숙박 (noćivanje, noćenje)
konačiti -im, konakovati -kujem (完,不完) 밤을 보내다(쉬면서, 자면서), 숙박하다 (noćiti)
konačnica (드라마·운동 경기 등의) 마무리 부분, 끝부분, 종반 (završnica); (체스 경기의) 마무리 단계 (말이 몇 개 남지 않은)
konačno (副) 마지막으로, 최종적으로, 결국
konak 1. 궁(宮), 대궐 같은 집 (kuća, dvor,

386

palača); *obećati kome Markove ~e* 누구에게 너무 많은 것을 약속하다, 되지도 않을 모든 것을 약속하다; *pričati Markove ~e* 끝없이 이야기하다, 광범위하게 별별 이야기를 다 하다 2. 여관, 여인숙, 쉼터 (konačište, noćište); 숙박 (noćenje); *primiti nekoga na ~, imati nekoga na ~u* 숙박 손님으로 받다; *pasti na ~* 숙박하다

konakovati *-kujem* (完,不完) 참조 konačiti (noćiti)

konat *konta* 셈, 계산 (račun)

koncentracija 1. (한 곳으로의) 집중, 집결; 정신 집중, (노력 등의) 집중; *moć ~e* 집중력; *~ kapitala* 자본의 집중; *~ vlasti* 권력의 집중; *~ pažnje* 관심의 집중 2. (化) 농도

koncentracionī *-ā, -ō* (形) 집중의, 집결의; *~ logor* (포로) 중앙 수용소

koncentrat 응축물, 농축물; 농축 음료

koncentričan *-čna, -čno* (形) 1. 동심(同心)의, 갖은 중심을 갖는, 공심적인; *~čni kruguvi* 동심원 2. 집중적인, 사방에서 하나의 중심을 향하는; *~ napad* 집중 공격

koncentrirati *-am*, **koncentrisati** *-šem* (完,不完) 1. 집중시키다, 집결시키다, (군대 등을 어떤 장소에) 모으다 (usredsrediti, sakupiti); *nemci su koncentrirali sve svoje snage oko Pariza* 독일은 자신의 모든 군대를 파리 근교로 집결시켰다 2. (化) 응축시키다, 농축시키다 3. *~ se* (생각, 관심 등을) 집중하다; *on se koncentriše na jedan problem* 그는 하나의 문제에 집중한다; *on nikako ne može da se koncentriše* 그는 결코 정신집중을 할 수 없다

koncepcija 1. (예술가·시인·학자 등의) 컨셉트, 개념, 기본 생각; *~ umetničkog dela* 미술 작품의 컨셉트; *~ o samostalnoj republici* 독립 공화국에 대한 컨셉트 2. (生) 수태, 임신 (začeće)

koncept *-ata* 초고, 초안, 개요, 스케치

konceptirati *-am* (完,不完) 초안을 작성하다, 스케치하다, 아웃라인을 잡다, 개요를 잡다, 구상을 잡다

konceptualan *-lna, -lno* (形) 개념의, 구상의

koncern 재벌, 복합 기업, 콘체른

koncert *-ata* 1. 음악회, 콘서트; *ići na ~* 음악회에 가다 2. 협주곡, 콘체르토 **koncertni** (形); *~a dvorana* 콘서트 홀

koncertirati *-am*, **koncertovati** *-tujem* (不完) 음악회를 열다, 콘서트를 하다

koncertnī *-ā, -ō* (形) 콘서트의, 콘서트용의; *~ program* 콘서트 프로그램; *~ pevač* 콘서트

가수; *~ klavir* 콘서트 피아노; *~a dvorana* 콘서트 홀

koncesija 1. 양보, 양여(讓與) (ustupak); *učiniti nekome ~u* 누구에게 양보하다; *dati izvesne ~e* 상당한 양보를 하다 2. (정부가 외국 정부나 기업들에게 내주는) 채굴권, 광산권, 영업권; *nemačka banka dobila je od turske države ~u da gradi železničku prugu* 독일 은행은 터키 정부로부터 철도부설권을 획득했다 3. (어떠한 사업을 할 수 있는) 사업 면허(승인·허가); *dimničarska ~* 굴뚝청소 (사업) 승인 **koncesioni** (形)

koncesionar 영업권 소유자, 면허(허가증) 소유자

koncesivan *-vna, -vno* (形) (文法) 양보의; *~vna rečenica* 양보절; *~vni veznici* 양보 접속사

koncipijent 변호사보(補), 수습 변호사 (advokatski pomoćnik) **koncipijenski** (形)

koncipirati *-am* (完,不完) 1. 참조 konceptirati; 컨셉트를 잡다, 초안을 작성하다 2. 생각해내다 (smisliti, zamisliti) 3. 이해하다, 깨닫다 (shvatiti)

koncizan *-zna, -zno* (形) 간결한, 간명한, 축약된; *~ tekst* 간결한 텍스트

konciznost (女) 간결, 간명; *~ u izražavanju* 표현의 간결성

končan *-a, -o* (形) 방적사(konac)로 만들어진; *~e čarape* 방적사로 짠 양말; *~e rukavice* 방적사로 짠 장갑

končast *-a, -o*, **končav** *-a, -o* (形) 1. 실 (konac)처럼 생긴, 방적사와 비슷한 2. 방적사로 만들어진 (končan)

končić (지소체) konac

kondenzacija 1. 농축, 응축, 압축; (책 등의) 요약, 축약 2. (가스·수증기 등의) 액화(液化), 응축

kondenzator 1. (電氣) 축전기, 콘덴서 2. 액화 장치, 농축기, 압축 장치

kondenzirati *-am*, **kondenzovati** *-zujem* (完,不完) 1. 응축하다, 압축하다, 농축하다; 액화(液化)하다; (책 등을) 요약하다 (zgusnuti, sažeti); *~ mleko* 우유를 농축하다; *~ priču* 이야기를 요약하다 2. *~ se* 응축되다, 압축되다, 농축되다; 액화되다, 요약되다

kondicija 1. 조건 (uslov, uvjet) 2. 건강 상태, 몸의 상태, 컨디션; *biti u dobroj ~i* 몸의 상태가 좋다, 좋은 컨디션이다 **kondicioni** (形) 3. 개인 교습, 과외; *dobio je nekoliko ~ sa malim honorarom* 적은 교습비로 몇 번의 과외를 받았다; *bavio se za slobodnog*

K

vremena ~ama 여가 시간에 과외 교습을
했다
kondicional (文法) 조건문, 조건절, 조건법
kondicionalan (形); ~*lna rečenica* 조건절
kondicionī -*ā*, -*ō* (形) 건강 상태의, 몸 상태의,
컨디션의
kondir 1. (물) 주전자 2. (方言) (포도나무를)
특별하게 결가지 치는 방법(포도가 많이 열
리도록)
kondolencija 애도, 조의
kondom 콘돔 (prezervativ)
kondor (鳥類) 콘도르(주로 남미에 서식하는
대형 독수리)
kondukter (버스나 기차의) 차장, 승무원, 안내
원 kondukterka; kondukterski (形)
konduktor 1. (電氣) 도체(導體) (provodnik) 2.
(醫) 보균자 (자신에게는 병이 발현되지 않
지만 후손에게서 발현되는)
kondure (女,複) (方言) 구두, 신발, 전투화, 군
화 (cipele, bakandže, cokule)
konđa (民俗) 결혼한 여자가 머리위에 하고 다
니는 것
konektiv (植) 약격(葯隔), 약대(葯帶): 2개의
꽃가루 주머니를 연결하는 조직
konfederacija (政) 연합 konfederativan (形)
konfekcija 1. 기성복 2. 기성복점, 기성복 가
게 konfekcijski, konfekcioni (形); ~*o odelo*
기성복
konfekt 단 것, 단 디저트, 사탕, 과자, 케이크
(kolačić, poslastica, slatkiš, bonbona)
konferansa 1. 강연 (학술적 성격이 없고 인기
영합적인) 2. (프로그램의) 해설, 논평
konferansje -*ea* (男) (프로그램의) (장내) 해설가
konferencija 회담, 회의, 학회, 회견; ~ *za*
štampu 기자회견; *biti na ~i* 회담하다
konferencijski, konferencioni
konferirati -*am*, konferisati -*šem* (不完) (~에
대하여) 상의하다, 의논하다, 협의하다
konfesija 고백, 고해, 참회 (ispovest)
konfesionalan (形)
konfeti (男,複) 1. 케이크, 단 것, 사탕, 과자
(sitni kolačići) 2. (퍼레이드나 결혼식 등에
서 뿌리는) 색종이 조각
konfident (경찰의) 비밀 정보원, 밀고자, 끄나
풀 (tajni agent, doušnik)
konfiguracija 1. (각 요소(부분)의) 배열, 배치
(raspored) 2. (地理) 지형, (기복이 있는) 외
형, 형상, 형태 3. (天) 성위(星位), 성단
konfirmacija 1. (宗) (천주교) (보통 13-15세에
받는) 견신례, 견진성사; 신앙 고백식
(krizma) 2. (어떠한 판결·결정의) 확인, 확정

(potvrda)
konfiscirati -*am*, konfiskovati -*kujem* (完,不
完) 몰수(압수·압류)하다, 징발하다
(zapleniti); ~ *brodove* 선박을 압류하다; ~
imanje 재산을 몰수하다
konfiskacija 1. 몰수, 압수, 압류, 징발 2. 출
판 금지, 출판물 배포 금지
konfiskovati -*kujem* (完,不完) 참조
konfiscirati
konflikt -*ata* 갈등, 분쟁, 충돌 (sukob)
konformist(a) (체제·관습 등에 대한) 순응주의
자 konformistički (形)
konformizam -*zma* (규칙·관습 등에) 복종, 순
종, 순응
konfrontacija 대치, 대립, (대립하는 세력·사상
등의) 충돌 (suočenje, suočavanje)
konfrontirati -*am* (完,不完) ~에 직면하다(마주
치다); (위험한 상황 등에) 정면으로 부딪치
다(마주치다); (문제나 곤란한 상황에) 맞서
다 (suočiti)
konfucijanizam -*zma* 유교
konfuzan -*zna*, -*zno* (形) 혼란스러워하는, 당
황해하는; 혼란스런, 분명치 않은 (smušen,
smeten, zbrkan, zbunjen); ~ *čovek* 혼란스
러워하는 사람
konfuzija 1. 혼란, 혼동, 당혹(당황) (pometnja,
zbrka); *u toj ~i zaborabila sam da vam se*
zahvalim 그러한 혼란속에서 당신에게 감사
하는 것을 잊어버렸습니다 2. (口語) 혼란스
럽게 하는 사람
kongenijalan -*lna*, -*lno* (形) 마음이 맞는, 마
음이 통하는; 마음에 드는, 성격에 맞는
kongenijalnost (女) (기질·성질·취미 등의) 일
치, 합치, ~과 마음이 맞음
kongestija (醫) 충혈, 울혈
konglomerat 1. (地質) 역암(礫巖) 2. (비유적)
(잡다한 물건·요소의) 집합체, 복합체, 혼합
체, 결합체; ~ *nekoliko država* 몇 개 국가
의 집합체; ~ *raznih plemena* 여러 부족의
결합체; *lingvistički* ~ 언어 집합체
Kongo 콩고 Kongoanac; Kongoanka;
kongoanski (形)
kongregacija (宗) (가톨릭) 성성(聖省)(로마 교
황청의 상임위원회); 수도회
kongres 1. 회의(국제문제를 다루는); *Bečki* ~
빈회의; *Kongres sila u Berlinu* 베를린 회의
2. (각계의 대표자들이 모이는) 회의, 대회,
학회; *ići na* ~ *arheologa* 고고학 대회에 참
가하다; *međunarodni* ~ 국제회의 3. 의회,
국회 kongresni (形)
kongresist(a) 회의(대회·학회) 참가자

K

388

kongresmen 국회의원, (美) 하원의원
kongresnī -ā, -ō (形) 의회의, 국회의
kongruencija 1. (文法) 일치 (slaganje) 2. (數)
합동 3. (비유적) 일치, 조화 (sklad,
podudaranje)
kongruentan -tna, -tno (形) (數) 크기와 형태
가 동일한, 합동의; 일치하는, 부합하는
(podudaran, suglasan, istovetan)
konica (植) 별꽃아재비속(屬), 쓰레기꽃
koničan -čna, -čno (形) 원뿔형의, 원추형의
(kupast, čunjast)
konjugacija 1. (文法) 동사활용, 동사변화 (인
칭과 시제에 따른) (sprezanje) 2. (生) (해초·
단세포 생물에서) (두 세포의) 접합
konjugirati -am (不完) 1. (文法) 동사 활용하
다, 동사 변화하다 2. (生) (해초·단세포 생물
이) (두 세포가) 접합하다
konjukcija 1. (文法) 접속사 (veznik) 2. (天)
합(지구에서 봤을 때 행성이 태양과 같은 방
향에 있게 되는 것)
konjunktiv (文法) 가정법 konjunktivan (形)
konjunktivitis (病理) 결막염
konjunktura 1. (좋은·호조건의) 시황, 상황, 경
기; sad postoji ~ za ovu robu na tržištu 이
물건을 거래하기에 시장의 경기가 좋게 형성
되었다 2. 호기, 좋은 기회; treba iskoristiti
~u 좋은 기회를 활용해야 할 필요가 있다;
politička ~ 정치적 호기
konkavan -vna, -vno (形) (윤곽이나 표면이)
오목한 (反; konveksan); ~vno ogledalo 오
목 거울
konklav (宗) (가톨릭) (추기경이 모이는) 교황
선거 비밀 회의(장), 콘클라베
konkluzija 결론 (zaključak) konkluzivan (形)
konkordat 합의, ·계약 (교황과 주권국가가 간
에 체결된 해당 국가에서의 가톨릭 교회 운
영에 관한) (ugovor, sporazum)
konkretan -tna, -tno (形) 실제적인, 구체적인
(反; apstraktan)
konkretizirati -am, konkretizovati -zujem (完,
不完) 구체화하다, 실제화하다
konkubina 동거녀 (priležnica, naložnica,
milosnica)
konkubinat 동거 (suložništvo)
konkurencija 경쟁, (상품·명예·이익을 얻기 위
한) 시합, 경기, 콩쿠르; praviti nekome ~u ~
와 경쟁하다; ~ za nešto ~을 (쟁취하기 위한)
경쟁, 콘테스트; ~ među studentima 학생들간
의 경쟁; živa(jaka) ~ 치열한 경쟁;
nedozvoljena (slobodna) ~ 불법적(자유) 경쟁
konkurent 1. 경쟁자, 경쟁 상대, 라이벌

(takmac, takmičar, suparnik, protivnik) 2.
대회 참가자 konkurentica, konkurentkinja;
konkurentski (形)
konkurentan -tna, -tno (形) 1. 경쟁하는, 시합
하는; ~tno preduzeće 경쟁회사 2. 경쟁력
이 있는; Francuska industrija koja je
dosad uživala zaštitu države moraće da
ostane ~tna ili da se povuče iz ringa 지금
까지 국가의 보호를 받았던 프랑스 산업은
경쟁력을 갖추거나 아니면 시장에서 철수해
야만 할 것이다
konkurirati -am, konkurisati -šem (不完) 1.
경쟁하다; oni nam konkurišu 그들이 우리와
경쟁한다 2. ~에 지원하다, 시합에 참여하다,
콩쿠르에 참가하다; ona je konkurisala za
ovo mesto 그녀가 이 자리에 지원했다
konkurs 1. 공개 채용, 공채, (직원 채용 등의)
공고; oni su raspisali ~ za direktora 그들
은 사장 채용 공고를 냈다; prijaviti se na ~
공채에 응모하다 2. 대회, 시합, 콘테스트,
콩쿠르 (natječaj) 3. 입찰, 경매, 공매;
prijaviti se na ~ 입찰에 참여하다; ~ za
gradnju mosta 교량 건설 입찰
konobar (식당·카페 등의) 종업원, 웨이터
(kelner); ~!, račun molim 웨이터, 영수증
(부탁합니다) konobarica; konobarski (形)
konobarstvo 웨이터의 일(직업), 웨이터로 일
하는 것
konop, konopac -pca 1. (삼·대마로 꼰) 새끼,
밧줄 (uže); ~ za veš 빨랫줄; brodski ~ (선
박의) 밧줄; goniti ko(l)cem i ~pcem 혹독하
게 징벌하다; ići pod konopac 교수대로 향
하다; igrati na ~pcu 위험스런 일을 하다(잘
못하면 커다란 재앙이 닥칠 수도 있는);
ljudi s koca i ~pca 과거가 의심스런 사람,
악행을 언제나 행할 수 있는 사람, 인간 쓰
레기; u kući obešenog ne govori se o ~pcu
(다른 사람의) 아픈 과거를 회상시킬 수 있
는 말은 피해야 한다; omastiti konopac 교
수형에 처해지다; plesti za koga konopac
누구를 죽일 준비를 하다; poslati nekome
svileni konopac (歷) 스스로 자결하도록 하
다 (터키 술탄이 패장들에게 내린 비단끈에
서 유래) 2. (方言) 길이 단위 (말을 묶어
끌고 다닐 정도의) 3. (비유적) 후손, 자손
(naraštaj, pokolenje)
konopar 밧줄(konop)을 만드는 사람
konopast -a, -o (形) (밧줄같이) 단단하고 굵
은, 밧줄 같은
konoplja 1. (植) 삼, 대마 2. 삼·대마로 만든
옷 konopljan, konopljin (形)

konopljan -a, -o (=konopljen) (形) 1. 참조 konoplja; 삼의, 대마의; ~o seme 대마씨 2. 삼·대마로 만들어진

konopljarka (鳥類) 홍방울새

konopljast -a, -o (形) 1. 삼·대마와 비슷한 2. 삼·대마로 만들어진

konopljav -a, -o (形) 삼·대마 색깔의

konopljen -a, -o (形) 참조 konopljan

konopljica 1. (鳥類) 참조 konopljarka; 홍방울새 2. (植) 미나리재비과(科) 식물 (아네모네, 매발톱꽃 등의)

konopljika (植) 1. 대마 줄기 2. (植) 정조수(貞操樹: 마편초과(馬鞭草科)에 속하는 나무; 옛날에는 어원을 곡해하여 정조를 지켜주는 나무로 믿음)

konopljin -a, -o (形) 삼·대마의; 대마로 만드는; ~o seme 대마씨; ~o ulje 대마 기름

konopljište 대마밭

konsekutivan -vna, -vno (形) (文法) 결과를 나타내는 (posledičan); ~vna rečenica 결과절

konsekvenca, konsekvencija 1. (의론·추론의) 결론, 귀결, 결과 2. 일관성 (doslednost) 3. (발생한 일의) 결과 (posledica)

konsekventan -tna, -tno (形) 한결 같은, 일관된, 일관적인, 변함없는 (dosledan, postojan, nepokolebljiv)

konserva 참조 konzerva

konservatan -tna, -tno (形) 참조 konzervatan; 보수적인

konsignacija 1. (위탁 판매의) 위탁 2. 탁송, 배송 konsignacioni (形); ~o skladište 배송 창고, 물류 창고

konsistencija (태도·의견 등이) 한결같음, 일관성

konsistentan -tna, -tno (形) 일관된, 한결같은, 일관성 있는, 꾸준한 (dosledan)

konsola 1. (建築) 콘솔 (소용돌이 모양이 있는 장식용 까치발) 2. 콘솔형 테이블, 벽에 붙에 놓는 테이블(까치발 모양의 다리가 있음)

konsolidacija 강화, 공고하게 함, 단단하게 함 (결속력, 단결력, 조직력 등의); 합병

konsolidirati -am, konsolidovati -dujem (完, 不完) 통합하다, 통합 정리하다, 합병하다; 공고하게 하다, 강화하다; naše se unutrašnje političko stanje ... razbistrilo i konsolidiralo 우리의 내부 정치적 상황은 투명해지고 공고해졌다

konsome -ea (男) 콩소메, (육수로 만든) 맑은 수프; pileći ~ 치킨 콩소메

konsonant (言) 자음 (suglasnik)

konsonantizam -zma (言) 자음 체계

konsonantskī -ā, -ō (形) 참조 konsonant; 자음의

konspekt -ata 개관, 개설; 개요, 적요, 개략 (서적·연설·강의 등의)

konspiracija 1. 음모, 모의 (zavera, urota) 2. 비밀 유지(엄수) (보통 불법 정치 단체들의) konspirativan (形)

konspirativac 참조 konspirator

konspirativnost (女) 비밀인 상태

konspirator 음모자, 모의자 (zaverenik, urotnik) konspiratorski (形)

konspirirati -am, konspirisati -šem (不完) 음모를 꾸미다, 모의하다; ~ protiv nekoga 누구에 대해 음모를 꾸미다

konstanta (數) 정수, 항수

konstantan -tna, -tno (形) 지속적인, 끊임없이 계속적인, 변함없는, 일정한 (stalan, nepromenljiv, postojan); ~tna struja 정상전류; ~tno polje (電氣) 정상장(定常場)

konstantnost (女) 불변, 항구성 (stalnost, nepromenljivost)

konstatacija 주장; 입증된 사실, 증명

konstatirati -am, konstatovati -tujem (完, 不完) 1. ~을 분명히(정식으로) 말하다, 언명하다 2. (사실임을) 확인하다, 확실히 하다 (utvrditi, ustanoviti)

konstelacija 1. (天) 별자리, 성좌(星座) 2. (비유적) 상황, 처지, 환경 (sticaj okolnosti, prilike)

konstipacija (病理) 변비 (zatvor)

konstituanta 제헌의회

konstitucija 1. (法) 헌법 (ustav) konstitucionalan, konstitucioni (形); ~lna monarhija 입헌군주 2. 체질; 기질; ~ čoveka 사람의 체질; psihička ~ 심리적 기질 3. (내부의) 구성, 구조, 조직 (struktura); ~ društva 사회 구조 4. (化) 분자 구조

konstituirati -am, konstituisati -šem (完, 不完) 1. 구성하다, (기관 등을) 설치하다, 설립하다, (법률을) 제정하다 2. ~ se 구성되다, 설치되다, 설립되다

konstitutivan -vna, -vno (形) 구성적인, 구조의, 구조성의, 구성 요소인; 본질적인; ~ element 본질적 요소, 구성 요소

konstruirati -am, konstruisati -šem (完, 不完) 1. 구조물을 만들다, (교량·건물 등을) 건축하다, 건설하다; ko je konstruisao prvi auto? 누가 최초의 자동차를 만들었느냐? 2. 만들다, 제작하다, 조립하다; ~ priču 이야기를 만들다(날조하다)

konstrukcija 1. 구조, 구성; 구조물, 건축물

390

konstrukcioni (形); ~ biro 건축 사무소 2. (言) (어구나 문장의) 구조, 구문 3. (幾何) 작도

konstruktivan -vna, -vno (形) 건설적인, 생산적인 (反: destruktivan); ~ savet 건설적 충고

konstruktor 구조물 제작자, (아이디어·계획 등의) 창안자 konstruktorski (形)

konsul 참조 konzul; (外交) 영사

konsulat 참조 konzulat; (外交) 영사관

konsultacija 협의, 상의, 상담 (savetovanje); on je bio na ~i sa profesorom 그는 교수와 상담중이었다

konsultant 상담가, 자문 위원, 컨설턴트 (savetnik)

konsultativan -vna, -vno (形) 자문의, 상담의, 컨설턴트의; ~ pakt 자문 협정(계약)

konsultirati -am, konsultovati -tujem (不完) 상담하다, 상의하다, 협의하다; ~ nekoga ~ 에게 컨설턴트를 하다; ~ se s nekim ~와 상담하다

kontakt (G.pl. kontaktā & kontakātā) 1. (무엇에) 닿음, 접촉 (didir); biti u ~u 접촉하다 2. (사람과의) 연락 (druženje, veza); doći u ~ s nekim 누구와 연락하다 3. (電氣) 전기 접촉, 접속; 접점, 접촉자; lampa ne radi, nema ~a 램프에 불이 들어오지 않는다, 접촉이 불량하다 kontaktni (形); ~a sočiva 콘택트 렌즈; ~a mina 촉발 지뢰

kontaktirati -am (完,不完) 접촉하다, (~와 전화·편지 등으로) 연락하다

kontaminacija 1. 융합, 결합 (spoj, stapanja) 2. (言) 혼성(어)

kontaminirati -am, kontaminovati -nujem (完, 不完) 융합시키다, 결합시키다, 합치다

konte (귀족의 작위) 백작 (grof, knez)

kontejner (화물 수송용) 컨테이너 kontejnerski (形); ~a pristaništa 컨테이너 항(港); ~ brod 컨테이너선(船); ~o skladište 컨테이너 터미널

kontekst (글의) 맥락, 문맥

kontemplacija 사색, 명상

kontemplativan -vna, -vno (形) 사색하는, 명상하는

kontesa (귀족의 작위) 백작 부인, 백작의 딸 (grofica, kneginja)

kontinent kontinenata 대륙 kontinentalan, kontinentski (形) ~lna klima 대륙성 기후; ~lna država 대륙 국가

kontinentalac 내륙인, 내륙 사람 (反; primorac)

kontingent 1. 일단의 사람들(노동자·군인 등의) (본진에서 분리되어 어떠한 임무를 띠고 파견된), 파견대(단); ~ trupa 부대 선발진 2. (수출입 등의) 한도량, 할당량, 쿼터량 (kvota); ~ robe 상품 쿼터량

kontinuirati -am (不完) (쉬지 않고) 계속하다, 지속하다

kontinuitet 연속성, 지속성 (neprekidnost, stalnost)

konto -ta; (複) -i, konta (男) 계좌, 계정; (회계) 장부, 외상(거래) 장부; bankovni ~ 은행 계좌; lični ~ 개인 거래 장부 kontni (形)

kontra (前置詞,+ G. 또는 + D.) ~에 맞서(반대하여), 반대의, 거꾸로의 (protiv, nasuprot); svedočio je ~ mene 나와 정반대로 증언했다; ~ njegovom predlogu 그의 제안과는 정반대로

kontra- (接頭辭) ~와 반대의, ~에 맞서는, ~의 반(反); kontrarevolucija 반혁명, kontranapad 반격; kontramiting 맞불집회

kontraadmiral (軍) 해군 준장

kontraakcija 반작용, 방해

kontraalt (音樂) 콘트랄토

kontraatak, kontraataka 반격 (protovnapad, protivudarac)

kontraband (男), kontrabanda (女) 밀수, 밀매 (krijumčarenje)

kontrabandist(a) 밀수꾼, 밀매업자 (krijumčar, švercer)

kontrabas (音樂) 1. (樂器) 콘트라베이스 2. 남성(男聲) 최저음 kontrabaski (形)

kontrabasist(a) 콘트라베이스 연주자

kontracepcija 피임; ~ je najbolje sredstvo protiv neželjene trudnoće 피임은 원하지 않는 임신을 예방할 수 있는 가장 좋은 방법이다 kontraceptivan, kontracepcioni (形); ~a sredstva 피임 기구; ~e pilule 피임약; hormonska ~a sredstva 호르몬 피임제

kontradikcija 모순, 반대되는 말 (opreka, protivurečnost); (u)padati u ~u 모순에 빠지다; znao sam da je on u ~i s onim što je malo pre rekao 그는 조금 전에 자신이 말한 것과 모순되는 말을 했다는 것을 나는 알았다

kontradiktoran -rna, -rno (形) 모순된, 상반된, 정반대의 (protivrečan, suprotan, oprečan); ~rna izjava 상반된 성명; ~rni podaci 정반대의 데이터

kontrafa (廢語) 예술적이지 않은 그림, 그림같지도 않은 그림

kontrahirati -am, kontrahovati -hujem (不完)

K

391

1. (단단히) 조이다, 수축시키다 (stegnuti, stezati) 2. 계약하다, 계약을 체결하다 3. ~ se 수축되다(근육이)

kontraindikovan -vna, -vno (形) (醫) (어떤 약물이나 치료가 특정 상황에서) 사용이 금지된

kontrakcija 1. (醫) (보통 근육의) 수축, (출산을 앞둔 산부의) 진통 2. (文法) (모음의) 축약

kontrakt -a & -ata 계약 (sporazum, ugovor); sklopiti (zaključiti) ~ 계약을 체결하다

kontramanevar -vra (軍) 대기동(對機動)

kontramina 1. (軍) (해군의) 역기뢰(逆機雷) 2. (비유적) 대항책, 역계략, 상대의 기도를 뒤엎는 계책

kontraminirati -am (完,不完) 1. 역기뢰를 설치하다, 역기뢰로 대항하다 2. (상대의) 계략을 역이용하다, 역계략으로 상대의 계략을 좌절시키다

kontranapad 역공, 역습, 반격 (protivnapad)

kontraobaveštajnī -ā, -ō (形) 방첩(防諜)의; ~a služba 방첩부대

kontraofanziva 역공, 반격 (protivnapad)

kontrafunkt (音樂) 대위법(對位法)

kontraran -rna, -rno (形) ~와는 다른, 반대되는 (suprotan, protivan, oprečan)

kontrarevolucija 반혁명

kontrarevolucionar 반혁명가, 반혁명 지지자

kontrasignatura 부서(副署), 연서(連署)

kontrast (둘 이상의 사람·사물을 비교했을 때 나타나는 뚜렷한) 차이; 대조, 대비

kontrastirati -am, kontrastovati -tujem (不完) 대조하다, 대비하다

kontrastivnī -ā, -ō (形) 대조하는

kontrastnī -ā, -ō (形) 대조되는

kontrašpijunaža 방첩(防諜), 방첩활동

kontribucija 1. (점령국이 피점령 지역 주민들에게 부과하는) 강제 부과금, 강제적 조세 2. (패전국이 승전국에게 지불하는) 전쟁 배상금 (ratna odšteta)

kontrirati -am (完,不完) 반대로 행하다; (어떤 사람의 말을) 부인하다, 부정하다, 반박하다; ~ nekome 누구의 말을 반박하다

kontrola 1. 감독, 감시, 감사, 사찰, 점검, 검사, 검토, 조사; kontrolor je izvršio ~u karata 차장은 차표를 검사했다; voditi ~u o nečemu ~에 대해 감독하다; ona vodi ~u o svojoj težini 그녀는 자신의 체중을 체크한다; financijska ~ 재무 감독; vršiti ~u nad nečim ~에 대해 감독하다; pod ~om 감독하에, 통제하에 2. 감독(감찰·사찰) 기관 3. 감

독관(감사관·조사관); došla je ~ 감독관이 들이닥쳤다 4. (비유적) 통제(권), 지배(권), 제어(력); ~ cena 가격 통제; izgubiti ~u nad nečim ~에 대한 지배력을 상실하다; ~ letenja 비행 통제 5. 검문소; zaobići ~u 검문소를 우회하다 kontrolni (形); ~ pregled (건강)검진; ~ toranj (비행) 관제탑; ~a komisija 감독위원회; ~a sijalica (svetiljka) 경고등; ~a šipka (자동차 등의) 오일 점검 막대; ~a tabla 계기판; ~ uređaj 점검 기기

kontrolirati -am, kontrolisati -šem (完,不完) 1. 감독(감시·조사·점검)하다, 통제하다, 제어하다 2. ~ se 자제하다

kontrlonī -ā, -ō (形) 통제의, 제어의, 감독(감시·조사)의; ~ organ 감독 기관

kontrolnik 회계 장부의 일종

kontrolor 1. 감독관, 감사관, 통제관; ~u tramvaju 트램 차장; vazduhoplovni ~, ~ letenja (비행) 관제사 **kontrolorka**, **kontrolorski** (形) 2. 제어기기

kontroverza 참조 kontroverzija

kontroverzan -zna, -zno (形) 논란이 많은, 논쟁의 여지가 있는

kontroverzija 분쟁, 다툼, 논란, 논쟁 (neslaganje, nesuglasica, spor, raspra)

kontumacija 1. (法) 해태(懈怠)(특히 법정 출두 의무의 불이행), (법원의) 소환 불응, 명령 불응; osuđen u ~i 궐석재판에서 형을 받다 2. (스포츠 등의) (예정 시합에의) 결장(缺場), 기권; izgubio je drugu partiju ~om 두 번째 시합을 기권패했다

kontura 1. 윤곽선, 외곽선 2. 형태, 외형 (oblik)

kontuzija (醫) 좌상, 타박상, 멍

kontuzovati -zujem (完) 좌상(타박상)을 입히다, 멍들게 하다; ona je teško kontuzovana 그녀는 심한 타박상을 입었다

konus (幾何) 원뿔 (stožac, čunj, kupa) **konusni** (形)

konvejer 컨베이어 벨트, 컨베이어 운반 장치; ~ u obliku trake 컨베이어 벨트

konveksan -sna, -sno (形) 볼록한 (ispupčen, izbočen), (反; konkavan); ~sno sočivo 볼록렌즈; ~sno ogledalo 볼록 거울

konvencija 1. (사회·예술 상의) 관습, 관례, 관행 2. (국가간의) 협정; kulturna ~ 문화협정; poštanska ~ 우편 협정 3. (종교·정치·사회 단체 등의) 대표자 대회, 대표자 회의; 집회, (후보자 지명 등이 있는) 정당 대회

konvencionalan -lna, -lno (形) 관습적인, 관례적인, 관행적인, 인습적인, 재래식의

K

konvenirati *-am* (完,不完) (kome) 편리하다, 적합하다, 부합하다, 알맞다; 마음에 들다 (prijati, pristajati, priličiti); *meni ne konvenira vaša klima* 당신네 나라의 기후는 내게 맞지 않다; *da li vam konvenira ovo vreme?* 이 시간이 당신에게 적합한지요?; *vaše kvalifikacije ne konveniraju našim potrebama* 귀하의 자격조건이 우리의 필요 조건에 적합하지 않군요

konvent 1. 입법기관, 입법부, 의회 (skupština) 2. 수도원 (samostan, manastir); 수도사 총회

konvergencija 1. 한 점으로 집합, 집중성 2. (生物) 수렴 현상 (같은 환경 아래 있는 계통이 다른 동식물이 상사적 형질을 발달시키는) 3. (數) 수렴(두 선의 접근)

konvergentan *-tna, -tno* (形) 한 점으로 모이는(향하는), 수렴성의

konvergirati *-am* (完,不完) 한 점에 모이다(집중하다), 수렴하다

konvertibilan *-lna, -lno* (形) (지폐 등이) 태환성이 있는, 교환할 수 있는; *proglasile su svoje valute ~lnim, tj. slobodno zamenljivim za sve valute u svetu* 그들은 자신들의 화폐가 태환성을 가진다고 공표했다. 즉 자유롭게 세계의 모든 화폐과 교환할 수 있다고 말했다

konvertibilnost (女) 태환성, 교환성; ~ *dinara* 디나르의 태환성

konvertirati *-am* (完,不完) 1. (自) 개종하다; (비유적) 의견이나 신념을 바꾸다 2. (他) (비유적) (화폐를) 다른 화폐로 교환하다, 태환하다, 환전하다; ~ *novac* 돈을 태환하다; ~ *dolare* 달러를 환전하다 3. 어떤 빚을 다른 빚으로 바꾸다(채무자에게 보다 좋은 조건으로), 빚을 갈아타다 4. ~ se 개종하다

konvertit 개종자; (사상의) 전향자 (obraćenik)

konverzacija 대화, 회화 (razgovor); *voditi ~u* 대화하다; *povesti ~u* 대화를 시작하다; *časovi ~e* 회화 시간 konverzacioni (形); ~ *jezik* 구어체 언어

konverzija 1. 개종(改宗); (사상의) 전향 2. (지폐의) 태환, (통화의) 환전 3. (채무의) 전환

konverzirati *-am* (不完) 대화하다, 이야기를 나누다

konvoj 1. 호송, 호위; 호송대, 호위대 2. 호위되고 있는 선단(수송 차량대·부대 등의) 3. (같은 명령을 받고 행동하는) 군용 차량대; *ići u ~u* 대열을 이뤄 가다

konvulzija (病理) 경련, 경기 (grč, grčenje)

konzekvenca, konzekvencija 참조 konsekvenca

konzerva (G.pl. *-vā* & *-vī*) 통조림 *voćne ~e* 과일 통조림; *mesne ~e* 고기 통조림 konzervni (形); ~*a industrija voća (povrća)* 과일(야채) 통조림 산업; ~*a kutija* 통조림통

konzervacija (자연 환경) 보호, (유적 등의) 보존, (자원 등을 보호하기 위한) 관리

konzervativac *-vca* 1. 보수적인 사람; 보수당원 2. 자연 보호 활동가

konzervativan *-vna, -vno* (形) 보수적인

konzervatizam *-zma* 보수주의

konzervator (유적·예술품 등의) 관리 위원; (박물관 등의) 관리자

konzervatorij *-ija* (男), konzervatorijum 고등음악원

konzervirati *-am*, konzervisati *-šem* (完,不完) 1. (식품 등을) 통조림하다, 보존처리하다 2. 보존하다, 보호하다 (유적지 등을)

konzervnī *-ā, -ō* (形) 참조 konzerva

konzilij *-ija*, konzilijum 1. (醫) (여러 의사들이 모여 환자의 병명과 진료 방법에 대해 의논하는) 진료 회의 2. 전문가 회의(협의회)

konzola 참조 konsola

konzorcij *-ija*, konzorcijum 컨소시엄, (특정 사업 수행 목적의) 협력단

konzul (外交) 영사 konzularni (形); ~*o odeljenje ambasade* 대사관 영사과

konzulat (外交) 영사관

konzultant 참조 konsultant

konzultirati *-am* (不完) 참조 konsultirati

konzumacija 소비 (potrošnja)

konzumirati *-am* (完,不完) 소비하다, 소모하다; 먹다, 마시다 (trošiti)

konj *konja; konji* 1. (動) 말(馬); *jahaći ~* 승마용 말; *teretni ~* 화물운반용 말; *čistokrvni (punokrvni) ~* 순종말; *upregnuti ~a u kola* 말을 수레에 매다; *vući ~em* 말로 끌다; *biti na ~u* 어려움을 겪은 후 좋은 기회를 잡다, 성공적이다; *darovanu (darovnome) se ~u ne gleda u zube* 받은 선물에 대해서는 왈가왈부를 하지 않는 것이다; *gospodareve oči ~a goje* 성공은 양심에 달려있다; *govoriti s ~a* 빠르고 신랄하게 말하다; ~ *krilaš, ~ Pegaz* 1)페가수스 (시신(詩神) 뮤즈가 타는, 날개 달린 말) 2)시재(詩才), 시적 감흥; ~ *od sto dukata posrne* 원숭이도 나무에서 떨어진다; *i mi imamo ~a za trku* 우리가 너보다 못하지는 않다; *morski ~* (動) 바다로끼리; *na belom ~u (doći, osvanuti)* 눈(雪)과 함께; *na belom konju dođe i Božić* 눈과

K

함께 크리스마스 동이 텄다; *narasti do ~a i do sablje* 군대에 갈 정도로 크다(성장하다); *od muve činiti (praviti) ~a* 침소봉대하다; *raditi kao ~* 죽도록 일하다, 소처럼 일하다; *s ~a na magarca (sići, pasti)* 좋은 것에서 나쁜 것으로 (내려오다, 떨어지다); *trojanski ~* 트로이 목마; *vilinski ~* 잠자리 2. (비유적) (輕蔑) 멍청이, 멍청한 놈 (glupak); 난로 (화로) 안의 장작 받침쇠(대) (preklad); 대패질 틀의 다리; (체조) 도마, 안마 ~ *s hvataljkama* 안마; (체스의) 나이트 (skakač) 3. 중량 단위 (말 한 마리가 운반할 수 있는) 4. (機) 마력(馬力); *motor od 35 ~a* 35마력의 엔진 5. *nilski (vodeni) ~* 하마

konjak 꼬냑(술의 한 종류)

konjanik 말 탄 사람; 기병(騎兵) **konjanički** (形)

konjar 말(馬)을 돌보는 사람, 마구간지기 (konjušar)

konjarstvo (=konjogojstvo) 종마(種馬)산업

konjče *-eta*, **konjčić** (지소체) konj

konjetina (지대체) konj

konjetina 말고기 (konjsko meso)

konjic 1. (지소체) konj 2. (현악기의 현을 받치는) 줄받침 (나무로 된) (kobilica) 3. (昆蟲) (複數로) 메뚜기 (skakavci) 4. *morski ~* 해마(海馬) 5. *vilin ~* 잠자리

konjica (병과의 한 분야로) 기병(騎兵) **konjički** (形)

konjički *-ā, -ō* (形) 1. 참조 konjica; 기병의; ~ *oficir* 기병 장교 2. 승마의; ~ *sport* 승마 스포츠; *~a ekipa* 승마팀; ~ *klub* 승마 클럽

konjić 1. (지소체) konj 2. (체스의) 나이트 3. 해마(海馬) (konjic) 4. (複數로) (침대 등의) 다리(보통 나무로 된) 5. 메뚜기 (skakavac)

konjogojstvo 참조 konjarstvo; 종마 산업, 말 사육

konjogriz (植) 속새 (rastavić)

konjokradica (男) 말(馬)도둑, 말을 훔치는 사람

konjorep 참조 konjogriz; 속새 (rastavić)

konjosati *-šem* (不完) (口語) 죽도록 일만 하다, 열심히 일하다, 소처럼 일하다

konjovodac *-oca* (軍) 말(馬) 당번병(兵)

konjskī *-ā, -ō* (形) 1. 참조 konj; 말의; *~a dlkaka* 말털; *~a hrana* 말 사료; ~ *rep* 말총 머리 2. (동식물의 명칭으로); *~a pijavica* 말거머리; ~ *rep* (植) 속새; ~ *bosiljak* (植) 유라시아 원산(原產)의 습지에 자라는 박하속(屬)의 일종; *~o kopito* (植) 머위

konjušar 말을 돌보는 사람, 마구간지기, 마부 (konjar)

konjušnica 마구간 (konjušarnica)

konjušnik 마부, 마구간지기, 말을 돌보는 사람 (konjušar, konjar)

kooperacija 협력, 협동, 협조 (saradnja)

kooperant 1. 협력자, 협조자, 같이 일하는 사람 2. 하청업자 3. 협동농장(zadruga)원(員)

kooperativ (男), **kooperativa** (女) 협동농장, 협동조합, 집단 농장 (zadruga, kolektiv)

kooperativan (形)

kooperirati *-am*, **kooperisati** *-šem* (不完) 협력하다, 협조하다, 공동으로 작업하다; *ta stranka je kasnije kooperirala sa starim nacionalnim strankama* 그 당은 후에 오래된 민족주의 정당들과 협력했다

koordinacija (업무·행동 등의) 조정

koordinacionī *-ā, -ō* (形) 조정의; *~a komisija* 조정 위원회

koordinata (數) 좌표; (지도 등의) 좌표; *geografska ~* 지리 좌표; *polarna ~* 북극 좌표

koordinatnī *-ā, -ō* (形); ~ *sistem* 좌표계; ~ *os* 좌표축

koordinirati *-am* (完,不完) 조정하다; 조화를 이루게 하다, 전체적으로 어울리게 하다

kop 파해쳐진 장소(공간) (구덩이·갱·도랑·참호 등의); (鑛山) 갱, 갱도; *ugljeni ~ovi* 석탄갱; *podzemni ~ovi* 지하갱; *dnevni ~* 노천광(露天鑛)

kop 채굴, 발굴, 파냄, 파내기 (kopnja, kopanje)

kopač 1. 땅을 파는 사람, 일꾼; 갱부; ~ *zlata* 금 채굴갱부; *s rada se vraćaju ~i s motikama* 작업을 마치고 일꾼들이 괭이를 가지고 돌아온다 **kopačica**; **kopački** (形) 2. 채굴기, 준설기

kopačka (못·대못이 박힌) 스포츠화(靴), 스파이크 슈즈

kopanja 참조 korito; (길쭉한) 통(여물통·빨래통 등의)

kopaonik (광산의) 갱, 갱도 (jama, rov, kop)

kopar *kopra* (植) 딜(허브의 일종. 흔히 야채로 피클을 만들 때 넣음) (mirođija)

kopati *-am* (不完) 1. (구멍·갱·참호 등을) 파다, (땅에서 무언가를) 파내다; ~ *rupu (grob, bunar)* 구멍(무덤, 우물)을 파다; ~ *rude (krompir)* 광석(감자)을 캐다 2. (땅 등을) 파다, 뒤집어 엎다; ~ *baštu* 정원을 파다; ~ *vinograd* 포도밭을 파다 3. (콧구멍 등을) 후비다, 후벼파다 (čeprkati); *kopa palcem po nosu* 손가락으로 코를 후비다 4. (더듬거나 뒤엎어 무엇을) 찾다 (tražiti); *stao je da*

394

kopa po bundi za rukavicama 모피코트에서 장갑을 찾으려고 그 앞에 섰다; *šta kopaš po toj fioci?* 그 서랍에서 무엇을 찾느냐? **5.** (나무를) 깊게 파내다, 깊이 파다 (dupsti) **6.** 묻다, 매장하다 (sahranjivati) **7.** 기타; ~ *drugome (pod drugim) grob (jamu)* 다른 사람에게 해끼칠 준비를 하다, 다른 사람을 망칠 준비를 하다; ~ *jaz između koga* 이간질 시키다, 적대감을 불러일으키다; ~ *kome zlo* 누구에게 가장 나쁜 악행을 저지르다; ~ *oči* 눈을 세게 때리다(눈알이 빠질 정도로); ~ *po glavi (po pameti)* 머리가 아플 정도로 고민하다; ~ *rukama i nogama* 온 힘을 다하여(모든 수단과 방법을 동원하여) 노력하다 (시도하다); ~ *trice* 헛된 일을 하다, 의미없는 일을 하다; *ni orao ni kopao (pa ima svega)* 아무런 일도 하지 않았지만 (모든 것이 다 있다); *ko drugome jamu kopa sam u nju pada* 함정을 판 사람이 그 함정에 빠진다

kopča 1. (금속성의) 걸쇠, 버클 (snopa, petlja) **2.** (醫) (수술 부위의) 봉합선 **3.** (금속 등의) 단추 (남성용 와이셔츠의 깃에 있는) (puce, dugme) **4.** (비유적) 연결(선), 결합선, 접합선 (veza, spojnica)

kopčati *-am* (不完) **zakopčati** (完) **1.** (옷등의) 단추를 잠그다, 버클을 채우다 **2.** 움직이지 못하도록(제자리에 서 있도록) 꼭 붙잡아 매다

kopija 복사(본), 복제(본)

kopilača 사생아(kopile)를 낳은 처녀, 미혼모

kopilad (女) (集合) kopile; 사생아

kopilan 1. 사생아(남아) **2.** (輕蔑) 나쁜 놈, 아무짝에도 쓸모없는 놈, 버러지 같은 놈 (nikakav čovek, rđa)

kopile *-eta* 사생아

kopiliti se *-im se* (不完) **1.** 사생아를 낳다 **2.** (암놈 동물이) 조산하다

kopirati *-am* (不完) **1.** 복제하다, 복사하다, 카피하다 **2.** *(koga, što)* 흉내내다, 모방하다; ~ *koga* 누구를 흉내내다

kopir-papir 먹지 (indigo-papir)

kopist(a) 복사(복제)하는 사람; *kopist slikar* 모조화 화가

kopita 참조 kopito; (말 등의) 발굽

kopitar 유제류(소·말처럼 발굽이 있는 동물)

kopitnjak 1. (植) 족도리풀의 일종(쥐방울 덩굴과) **2.** (植) 머위 (podbel) **3.** 바닷 조개의 일종

kopito (말 등의) 발굽; *konjsko* ~ (植) 족도리풀의 일종 (kopitnjak); *rascepljeno* ~ 갈라진 발굽

kopkati *-am* (不完) **1.** (지소체) kopati; (땅 등을) 파다, 파내다, 후벼파다, (무엇을) 찾다, 찾아내다 **2.** 흥미(관심)를 불러일으키다; ~ 하게 하다; *sve me nešto kopka da saznam* 내가 알아내도록 모든 것이 나의 관심을 불러 일으켰다

kopljača 장대, 긴막대기 (깃대·창 등의)

kopljanik 창(koplje)으로 무장한 병사, 창병 (槍兵)

kopljast *-a, -o* (形) 창(槍) 모양의, 창(槍)과 비슷한

kopljaš 참조 kopljanik

koplje kopalja **1.** 창(槍); *baciti* ~ *u trnje* 전투를 멈추다; *lomiti* ~*a (oko čega, za što)* (~을 위해, ~을 놓고, ~을 획득하기 위해) 겨루다, 다투다, 격렬히 싸우다; *posle boja kopljem u trnje* 기회를 놓치고 나서 그것에 대해 이야기하는 것은 아무런 가치도 없다, 버스 떠난 후 손 흔들어 봐야 아무 소용도 없다 **2.** (투창 경기용) 창, 투창; *bacač* ~*a* 투창 선수 **3.** 깃대(깃발·기 등을 게양하는); *na pola* ~*a* 반기(半旗)(를 달다)

kopnenī *-ā, -ō* 참조 kopno; 뭍의, 육지의 (suvozeman); ~*a životinja* 육지 동물; ~ *put* 육로

kopneti *-im* (不完) **iskopneti** (完) **1.** (눈·얼음이) 녹다, 녹아 없어지다 (topiti se); *sneg kopni* 눈이 녹는다; *sneg je kopnio, a voda snežnica pljuštala je s krovova* 눈이 녹아 눈물이 지붕에서 흘러내렸다 **2.** (물 등이) 증발되다 (hlapiti, isparavati se) **3.** (비유적) (병환으로 인해) 쇠약해지다, 허약해지다, 마르다; *umiralo se na frontu od čelika, kopnilo se u pozadini od malarije i drugih bolesti* 그는 전선에서 총탄에 사망했지만, 그 이면에는 말라리아와 그런 질환으로 쇠약해져 있었다 **4.** 신선함을 잃다, 시들다 **5.** (점점 줄어들면서) 사라지다, 없어지다; *po svim selima kopnila je okupatorska vlast* 모든 마을들에서 점령 세력들이 점점 사라졌다

kopno 육지, 뭍 (수면이나 바다의 반대 개념으로서의); *na* ~*u i na moru* 육지와 바다에서; *izaći na* ~ 상륙하다 **kopneni** (形); ~*e snage* 육군

koporan 1. (民俗) 소매가 달린 짧은 상의 외투 (민속의상의 일종) **2.** (군인의) 허리 아래까지의 짧은 제복 상의

koprcaj 꿈틀거림, 꾸물꾸물 움직임, 몸부림침

koprcati se *-am se* (不完) **1.** 꿈틀거리다, 꾸물꾸물 움직이다, 몸부림치다 (벗어나기 위해, 일어서기 위해) (bacakati se, praćakati se);

K

395

dete se koprca u kolevci 아기가 요람에서 꿈틀거린다; *riba se koprca u mreži* 물고기가 그물에서 펄떡거린다 2. 몸부림치다, 분투하다 (무엇을 얻기 위해, 어려운 상황에서 벗어나기 위해)

koprena 1. (보통 여성들이 얼굴을 가리기 위해 쓰는) 베일 (veo); *pala mu je ~ s očiju* 그는 모든 것을 분명하게(이성적으로) 볼 수 있었다 2. (비유적) 덮개, 씌우개, 가리개 (pokrivač, zastor) 3. 검은 상장(喪章)

kopriva (植) 쐐기풀; *~ žeže (peče, pali)* 쐐기풀이 쏜다; *opekao (ožegao) se na ~u, ~ ga je opekla (ožegla)* 그는 쐐기풀에 쏘였다; *neće grom u ~u* 커다란 불행은 보통은 보잘것 없는 사람에게는 일어나지 않는다

koprivnjača (病理) 두드러기 (urtikarija)

koprivnjak 쐐기풀이 난 곳(장소)

koprodukcija 공동 생산, 공동 제작; *štampati u ~i* 공동 출판하다 **koprodukcioni** (形)

koptskī *-ā, -ō* (形) 콥트 교회의, 콥트 사람의

kopula 1. 연결 (veza, spona) 2. (文法) 연결사, 계사(繫辭), 연결 동사(biti처럼 주어와 주격 보어을 이어주는 동사)

kopulacija 1. 연결, 결합 (spajanje, povezivanje) 2. (生) (식물·동물의) 두 세포의 성적 결합, 교미, 교합, 접종

kopulativan *-vna, -vno* (形) 연결의, 연결적인 (sastavan, spojni); *~ veznik* 연결 접속사; *~vna rečenica* 등위절

kopun 1. (식용용의) 거세한 수탉 2. 젠체하는 사람, 중요한 사람인 척 하는 사람, 거들먹거리는 사람

kopuniti *-im* (不完) 1. (장닭·수탉을) 거세하다 2. *~ se* 젠체하다, 거들먹 거리다 (šepuriti se)

kor *kora; korovi* 1. (音) (=hor) 합창단; 악단 2. 일단의 무리, 단체 (skup, grupa) 3. (교회의) 성가대석

kor *-ovi* 1. (특정한 임무나 활동을 하는) 단체, 단(團); *diplomatski ~* 외교단; *konzularni ~* 영사단; *oficirski ~* 장교단; *sveštenski ~* 성직자단 2. (軍) 군단 (korpus)

kora 1. (나무의) 껍질; *skinuti ~u s drveta* 나무껍질을 벗기다 2. 딱딱한 외피(층), 응고된 (굳은) 외층, (끓거나 발효할 때 액체의 표면에 뜨는) 더껑이; *na mleku se uhvatila ~* 우유에 더껑이가 생겼다; *~ e za pitu* 파이(pita) 피(皮); *zemaljska ~* 지구의 지각층 3. 마른 빵 한 조각; *~ hleba* 말라비틀어진 빵 한 조각 4. 껍질 (계란·호두·과일 등의); *orahova ~* 호두 껍질; *limunova ~* 레몬 껍질; *oljušiti ~u s jabuke* 사과껍질을 벗기다 5.

(거북 등의) 껍질 6. 움직이지 않는 하얀 구름 7. 기타; *~ bez oraha* 빈껍데기, 가치없는 것; *moždana ~* (解) 대뇌 피질; *ne guli ~e da ne bude gore* 죽지 않으려면 사실을 밝히지 마라; *osigurati (obezbediti) ~u kruha, živeti o (suvoj) kori hleba, čekati od drugoga ~ hleba(kruha)* 생존에 필요한 최소한의 것을 가지다 (가지고 있지 않다)

koraba (植) 참조 keleraba

koračaj 1. (발)걸음 (korak) 2. (거리 단위의) 보폭, 걸음

koračati *-am* (不完) 발을 내디디다, 걸음을 옮기다, 걷다, 걸어 가다; *koračao je ulicom* 거리를 걸었다

koračiti *-im* (=koraknuti) (完) 1. 발을 내딛다, 들어가다 2. (비유적) 발전하다, 앞으로 나가다 (uznapredovati); *veštine i nauke daleko su koračile* 기술과 과학이 많이 발전했다

koračnica (音樂) 행진곡 (marš)

korak 1. (발)걸음; *držati ~, ići u ~ (s kim)* 누구와 함께 나란히 가다, 뒤떨어지지 않다; *držati se od koga ~ dalje* 누구와 일정한 거리를 두다 (친하게 지내지 않다); *dva-tri ~a, nekoliko ~a* 매우 가까이에; *gigantskim ~cima (=cima napred, napredovati)* 매우 빨리 그리고 성공적으로 발전하다; *ići ~ napred, dva ~a natrag* 한 걸음 앞으로 나갔다가 두 발짝 뒤로 물러나다, 조심스럽게 가다; *ići po ~* 한 걸음 한 걸음 나가다; *ići rakovim ~cima* 게걸음질치다, 후퇴하다; *jedan ~ (do čega, od čega)* 매우 가까이; *~om (ići, poći)* 천천히, 서두르지 않고 (가다); *na prvom ~u* 맨 처음에; *na svakom ~u* 중단없이, 도처에; *ni za ~, ni ~a* 조금도 ~아니다; *poći ~ dalje* 조금 더 가다, 한 걸음 더 가다; *preduzeti ~e* 조처를 취하다; *pratiti čije ~e* 누구의 행보를 주시하다; *pratiti koga u ~* 누구를 시야에서 놓치지 않다; *spesti kome ~e* 누구를 곤란한 처지에 처하게 하다; *u dva ~a izvršiti što* 무엇을 단숨에 해치우다; *uhvatiti ~ s kim* 누구를 따라 잡다, 누구와 나란히 하다; *ukopati ~* 서다 2. 걸음걸이 (군대의, 스포츠 경기의) 3. (비유적) 일하는 방식; 행동 4. (비유적) 발전 단계 (보통 성공적인) 5. (거리 단위의) 보폭, 한 걸음의 거리

koraknuti *-nem* (完) 참조 koračiti

koral, koralj 산호; *lovci na ~e, lovci ~a* 산호 채취가 **koralski, koralni, koraljni** (形); *~ greben* 산호초(礁)

koral (교회의) 합창곡, 찬송가 **koralni** (形)

koralnī *-ā, -ō* (形) 찬송 합창곡의

K

koralnī *-ā, -ō*, koralskī *-ā, -ō* (形) 1. 산호의
2. 산호로 이루어진, 산호로 만들어진, 산호
모양의
koran, kuran (이슬람 경전의) 코란
korast *-a, -o* (形) 나무껍질과 같은, 나무껍질
모양의; 울퉁불퉁한, 평평하지 않은
(neravan, hrapav, ispucao)
korav *-a, -o* (形) 1. 나무껍질이 생긴, 나무껍
질로 둘러쌓인 2. 나무껍질과 비슷한, 거친,
거칠거칠한 (hrapav); ~ *dlan* 거친 손바닥
korba (廢語) 비난, 질책, 꾸중 (ukor, prekor,
zamerka)
korbač 1. 채찍 2. 채찍질
korda 1. (끈)새끼, 밧줄, 줄, 끈 (konopac, uže,
pojas) 2. (폭약 등의) 신관(信管), 도화선
(fitilj)
kordon 1. (군대의) 보초선, (경찰의) 저지선,
비상 경계선, (전염병 발생지의) 교통 차단선
2. (군인·경비병 등의) 일렬로 늘어선 줄 (치
안확보, 수색 등을 위한) 3. 줄, 끈, 밧줄
(vrpca, traka, konopac, uže)
kore (女,複) (만두·파이 등의) 피(皮); ~ *za
pitu* 파이피(皮)
koreferat 보충적인(부수적인·부차적인) 보고(서)
koreferent 부차적 보고서 작성자
Koreja 한국; Korejac, Korejka; korejski (形)
korekcija 수정, 정정, 교정 (popravka,
ispravka); *ortopedske ~e* 정형외과적 교정,
기형 교정; *izvršiti ~e ugovora* 계약을 수정
하다
korektan *-tna, -tno* (形) 1. 올바른, 정확한,
흠잡을데 없는 (ispravan, tačan,
besprekoran); *njegovi reči bile su učtive,
~tne* 그의 말은 공손하면서도 맞는 말이었
다; *~tna politika* 올바른 정책 2. 정직한, 양
심적인; 공손한, 정중한, 예의바른, 품위 있
는 (učtiv, pristojan, uljudan); ~ *čovek* 예의
바르고 품위있는 사람; ~ *prema
saradnicima* 함께 일하는 동료들에 대해 솔
직한(양심적인)
korektor 교정자 (ispravljač) korektorica,
korektorka; korektorski (形); ~ *posao* 교정,
교정 작업; ~ *znaci* 교정 표시
korektura 1. 교정, 수정, 정정 (korekcija) 2.
(출판물의 탈자·오자 등의) 교정; *raditi ~e*
교정하다
korelacija 상호 관계, 상관 관계, 연관성
korelat 상관물, 상호 관계에 있는 것의 한쪽
(원인과 결과, 직업과 월급 등의)
korelativ 1. 상관물 (korelat) 2. (文法) 상관
어구 (예를 들어 koliki-toliki, kako-tako

등의)
korelativan *-vna, -vno* (形) 상호 의존관계에
있는, 상관관계가 있는, 상호의; ~*vni
pojmovi* 상관 개념; ~*vne reči* 상관 어구
koren *-i* & *korenovi* 1. (나무·식물의) 뿌리;
žiličasti ~i 실뿌리; ~ *drveta* 나무 뿌리;
pustiti ~ 뿌리를 내리다; *zatrti u ~* 근절하
다, 뿌리뽑다 2. (털·이(齒) 등의) 뿌리; (신체
기관의) 밑 부분; ~ *jezika* 설근, 혀뿌리; ~
zuba(dklake) 치근(모근); ~ *šake, šački* ~
손목 3. (비유적) ~의 근원, 원천(源泉), 시
작; 기원, 출신, 뿌리 (izvor; poreklo,
koleno); *iščupati što s ~om* 뿌리채 뽑다;
poznavati do ~a 철저히 알다; *iz ~a
izmeniti* 철저히 변하다, 근본적으로 변하다;
vući ~ (od koga, čega) ~로부터 기원하다 4.
(文法) 어근(語根); ~ *reči* 어근 5. (數) 루트,
근(根); *kvadratni (kubni) ~* 제곱근(세제곱
근) koreni, korenski (形)
korenak (지소체) koren
korenast *-a, -o* (形) 뿌리 모양의, 뿌리 같은,
뿌리와 비슷한
korenčić (지소체) koren
korenī *-ā, -ō* (形) 참조 koren; 뿌리의
korenika 1. (클럽·조직의) 고참; (어떤 곳에) 오
래 산 사람 2. 확고한 사람, 변함없는 사람
korenit *-a, -o* (形) 1. 뿌리깊은; 강한, 확고한
2. 철저한, 근본적인, 본질적인 (temeljit,
potpun, radikalan); ~*e promene* 근본적인
변화; ~ *zaokret* 완전한 반전
korenovati *-nujem* (不完) (數) 제곱근을 구하다
korenskī *-ā, -ō* (形) 참조 koren; 뿌리의
korenjača 참조 prostata; (解) 전립선
korenje (集合) koren
koreograf (무용의) 안무가
koreografija (무용의) 안무, 연출
korepeticija (수업의) 연습, 훈련
korepetitor (학생들과 연습 훈련(korepeticija)
하는) 조교; (합창단, 악단 등의) 연습을 이
끄는 사람; *Radio-televizija Beograd
raspisuje konkurs za ~a-dirigenta* 베오그
라드 방송국은 연습 지휘자 공모를 한다
korespondencija 서신 교환, 편지 왕래; (집합
적) 통신문; *mi smo u redovnoj ~i* 우리는
정기적으로 서선 왕래를 한다
korespondent 1. 서신 왕래자, 서신 교환을 하
는 사람 2. (신문·방송의) 통신원, 특파원
(dopisnik) korespondentkinja
korespondentan *-tna, -tno* (形) ~에 상응(부
합, 해당)하는
korespondirati *-am* (不完) 1. ~와 서신 교환을

K

하다, 편지를 주고받다 (dopisivati se) 2. *(s kim, u čemu)* ~에 해당하다, 상당하다, 상응하다, 일치하다, 부합하다 (slagati se, podudarati se)

korica 1. (지소체) kora; 껍질, (빵 등의) 껍질, (구운 고기의) 바삭바삭한 면; ~ *hleba* 빵껍질, 살아가는데 가장 기본적으로 필요한 것 2. (複數로) (책의) 표지; *od ~a do ~a* (책의) 처음부터 끝까지 3. (향신료의) 계피 (cimet)

korice (女,複) 1. (검·칼 등의) 집, 칼집 (nožnice) 2. (칼·검 등의) 손잡이 (držak) 3. (책·서적의) 표지, 겉표지

koričiti *-im* (不完) **ukoričiti** (完) (책을) 제본하다, 장정하다

korida (스페인의) 투우, 투우 경기

koridor 1. 복도, 통로, 회랑 (hodnik) 2. 회랑 (回廊) 지대(내륙에서 항구 따위로 통하는 좁고 긴 지형) 3. 간선 도로, 주요 수송 루트

korifej 1. (고대 그리스극에서) 합창대 수석 가수 2. (학계·예술계·정치계 등의) 지도자, 리더, 선도적 위치를 점하고 있는 사람

korigirati *-am*, **korigovati** *-gujem* (不完) (오자 (誤字)·텍스트 등을) 바로잡다, 수정하다, 교정하다 (ispravljati, popravljati); ~ *tekst* 텍스트를 수정하다; ~ *stavove* 입장을 수정하다

korisnik 사용자, 이용자; ~ *osiguranja* 보험 수령인; *orijentisan na ~a* (컴퓨터) 사용자 편의적인 (유저 프렌들리) **korisnica**

korist (女) 1. 유리, 편의, 유익 (反; šteta); *biti od ~i (na ~) kome(čemu)* ~에게 이득 (유익)이 되다; *u ~ (koga, čega)* ~에 유리하게; *prilozi u ~ Crvenog Krsta* 적십자 기부금 2. (금전적인) 이익, 이득, 수익 (反; gubitak); *izvući ~ iz čega* ~으로부터 이익을 얻다

korist(a) 참조 horist(a); 합창단원

koristan *-sna, -sno* (形) 1. 유익한, 유용한, 도움이 되는, 이득이 되는, 쓸모 있는; *~sna trgovina* 이득이 되는 상업(무역) 2. 이용할 수 있는, 사용할 수 있는; *~sna površina* 이용할 수 있는 면적; ~ *prostor* 사용할 수 있는 공간

koristiti *-im; korišten & korišćen* (不完) 1. 유용하다, 유익하다, 도와주다; *vaša pomoć im neće koristiti* 당신의 도움이 그들에게는 유익하지 않을 것입니다; *ovaj lek mi koristi* 이 약은 내게 유용하다(도움이 된다) 2. *(koga, što)* 이용하다, 사용하다; *za šta koristite ovu sobu?* 어떤 용도로 이 방을

사용하나요?; ~ *slobodno vreme* 여가시간을 이용하다; ~ *godišnji odmor* 연가(휴가)를 사용하다; *ko koristi vaš stan?* 누가 당신 아파트를 사용하나요? 3. ~ se 이용되다, 사용되다 4. ~ se *(čime)* (어떠한 용도로) ~을 이용되다, 사용되다; ~ *se prevarom* 속이다, 기만하다; ~ *se prilikom* 기회로 이용하다; ~ *se enciklopedijama* 백과사전으로 이용되다

koristoljubiv *-a, -o* (形) 탐욕스런, 욕심 많은 (gramžljiv, pohlepan); *nipošto ne spadam među ~e ljude* 나는 전혀 탐욕스런 사람들 축에 끼지 않는다; ~ *trgovac* 탐욕스런 상인

koristoljublje (재산·이권·권력 등에 대한) 탐욕, 욕심; *zločin je izvršen iz ~a* 범죄는 탐욕때문에 이뤄졌다

korišćenje, **korištenje** (동사파생 명사) koristiti (se); 이용, 사용

koritance *-ca & -eta* (지소체) korito

koritar 통(korito)을 만드는 사람, 통제조인

koritast *-a, -o* (形) 여물통(korito) 모양의

koriti *-im* (不完) **ukoriti** (完) 비난하다, 질책하다 (grditi, prekorevati)

koriti se *-im se* (不完) 외피(껍질; kora)가 형성되다; *led se korio na obalama* 얼음이 강변에 얼었다

korito 1. (깊게 구멍이 패인 길쭉한) (가축용의) 여물통, (빨래의) 빨래통, (집안 살림용의) 통; *biti na čijem ~u* 누구의 부양으로 살다, 누구의 피부양인으로 있다; *imati plitko ~* 재산이 별로 없다; *toviti se na čijem ~u* 남의 돈으로 잘먹고 잘살다 2. (배의) 선체; ~ *broda, brodsko ~* 배의 선체 3. (강물 등이 흐르거나 흘렀던) 깊게 파인 흔적(자취); ~ *reke, rečno ~* 하상(河床) 4. (비유적) 움직이는 방향 (길); ~ *kartera* (엔진의) 오일 팬, 기름통

korizma (宗) (가톨릭) 사순절(부활절을 앞둔 40일 간의 금식 기간)

kormaniti *-im* (不完) 참조 kormilariti

kormilar 1. (배의) 키잡이, 조타수 (krmar, krmilar) **kormilarski** (形); ~ *uređaj* 조타 장비 2. (비유적) 지도자, 리더, 책임자, 경영자 (upravljač, rukovodilac)

kormilariti *-im* (不完) ~의 키를 잡다, 조종하다 (krmaniti, krmilariti)

kormilo 1. (배의) 키, 조타 장치, 타륜(舵輪), (항공기의) 방향타 (krmilo) 2. (비유적) 조종하는 것; 운영, 경영, 권력 (rukovodstvo, uprava, vlast)

kormoran *-ana* (鳥類) 가마우지(바닷가에 사는 새의 일종)

korner (축구의) 코너킥

kornet 1. (樂器) 코넷(작은 트럼펫같이 생긴 금관 악기) 2. (아이스크림의) 콘

korniž (男), korniža (女) (建築) 처마 돌림띠, 코니스(건축 벽면을 보호하거나 처마를 장식하기 위해 벽면에 수평이 되도록 하여 띠 모양으로 튀어나오게 만든 부분) (karniz)

kornjača (動) 거북; morska ~ 바다 거북; suvozemne ~ 육지 거북

kornjačevina 거북 껍질(등)

kornjaši (男,複) (昆蟲) 딱정벌레목(目), 초시류

korona 1. 왕관 (kruna, venac) 2. (天) (특히 일식이나 월식 때 해나 달 둘레에 생기는) 광환, 태, 코로나 3. 후광, 광환(光環) (성자의 머리 뒤에 있는 둥그런 빛) (oreol, nimbus) 4. (音樂) 코로나 (악보에서 쓰이는 기호 ⌒ 를 이르는 말. 음표나 쉼표의 위나 아래에 붙어 본래의 박자보다 2-3배 늘여 연주하라는 뜻을 나타냄)

koronarnī -ā, -ō (形) 관상 동맥의; ~e arterije 관상 동맥; ~a tromboza 관상 동맥 혈전증

korota 1. 고인에 대한 애도, 추모 (검은 옷 착용, 오락 금지등의); (참사·사고 등에 대한) 애도 2. (고인에 대한 애도를 나타내는) 검정색 옷, 검은 리본, 검은 천 korotni (形)

korov (植) 잡초; ima ih ~a 그것들은 지천에 깔려있다 (많이 있다); nega ga (nigde) ni od ~a 그 어디에도 없다 (흔적을 찾을 수가 없다); niče kao ~ (필요하지 않은 곳에까지) 사방에 생겨나다

korovođa 합창단 지휘자(단장) (zborovođa, horovođa)

korozija 1. (地質) 침식(작용) 2. (금속 등의) 부식 3. (기력의) 소모

korozivan -vna, -vno (形) 부식성의, 부식하는, 좀먹는, 갉아 먹는

korpa -i & -a 1. 광주리, 바구니, 통 (갈대·낭창한 나뭇가지 등을 엮어 만든); ~ za otpatke 쓰레기통; ~ za veš 빨래 세탁물통; baciti u ~u (rukopis) (출판을) 거절하다 2. (개의 입에 씌우는) 입마개 (brnjica); staviti psu ~u 개에 입마개를 씌우다 3. 퇴짜, 거절; dati ~u 거절하다, 퇴짜를 놓다; dobiti ~u 퇴짜를 맞다

korpar 광주리(korpa)를 엮는 사람 korparka; korparski (形)

korpara 광주리를 엮는 곳(장소·가게)

korparstvo 광주리(korpa)를 엮는 일(직업)

korpica (지소체) korpa

korporacija 회사; 조합

korporativno (副) 집단으로, 모두 다함께

korpulentan -tna, -tno (形) 뚱뚱한 (debeo)

korpus 1. (軍) 군단 korpusni (形) 2. (동일한 직종·직위를 가진 사람들의) 집단, 단체, 단(團), 대(隊), 반(班) 3. 사람의 몸; (특히 범죄의 객관적 증거로서의) 시체; ~ delikti 범죄의 체소(體素: 범죄의 기초가 되는 실질적인 사실), 범죄의 명백한 증거

korpuskul (생물체의) 소체; (물리) 미립자; (일반적으로) 미소체(微小體) korpuskularan (形); ~rna teorija 미립자 이론

korset 코르셋(허리가 잘록해 보이게 하는 여성용 속옷) (mider, korzet)

korteš (輕蔑) 정치 선동가

kortež 1. (저명 인사나 고위직의) 수행원 일행 (행렬) 2. (장례식·의식의) 행렬

kortizon (醫藥品) 코르티손(관절염 등의 부종을 줄이기 위해 쓰이는 호르몬의 일종)

korumpirati -am (完,不完) 도덕적으로 타락시키다(부패시키다), 뇌물로 매수하다, 뇌물을 주다

korund (鑛物) 커런덤, 강옥(鋼玉; 연마제로 쓰이는 대단히 단단한 물질)

korupcija 부정부패 (관료·정치인 등의)

korupcionaš 부정부패자, 뇌물을 받은 사람, 뇌물 수령자

korupcioner 참조 korupcionaš

koruptivan -vna, -vno (形) 뇌물로 매수할 수 있는 (podmitljiv, potkupljiv)

korveta (軍) 콜베트함(다른 배들을 공격으로부터 보호하는 소형 호위함)

korzet 코르셋(허리가 잘록해 보이게 하는 여성용 속옷) (mider)

korzirati -am (不完) 산책로(korzo)를 산책하다(거닐다)

korzo korza & korzoa; (複) korzi & korzoi (男) 산책로; ići na ~ 산책하러 (산책로에) 가다; šetati se na (po) ~u 산책로를 산책하다

kos kosi & kosovi (鳥類) (유럽산) 지빠귓과의 명금(鳴禽) (drozak); crni ~ 대륙검은지빠귀; vodeni ~ 물까마귀류

kos -a, -o (形) 1. 기운, 기울어진, (선이) 비스듬한, 사선(斜線)의; ~i padež (文法) 사격(斜格); ~ ugao (數) 예각 (90°보다 작은) 2. 옆의, 측면의 (pobočan, postran) 3. (비유적) (시선이) 믿을 수 없는, 신뢰할 수 없는, 의심스러운, 우호적이지 않은; bacao je ~ pogled na rogatoga 그는 나쁜 사람에게 의심스러운 눈길을 보냈다

kosa 머리카락, 머리털; kovrdža (uvojak) ~e

K

399

곱슬머리; *gusta* ~ 숱이 많은 머리; *diže mu se (ježi mu se, ide mu uvis)* ~ 머리가 쭈뼛서다(무서워, 공포심으로); *pod sedu ~u* 나이 먹어(들어); *po ~i popalo inje, progušala se* ~ 머리가 희어졌다; *skočiti jedan drugome u ~u* 머리카락을 잡고 서로 싸우다; *uz ~u (ići)* 반대하다; *četka (igla) za ~u* 머리빗(핀); *mast za ~u* 헤어 크림

kosa 1. 큰 낫(키 큰 풀 등을 벨 때 쓰는, 자루가 길고 날이 약간 휘어진 것); *došla (dođe)* ~ *do brusa* 더 이상 할 수 없는 마지막 한계에 다다르다(새로운 조치를 취해야만 하는); ~ *gladi* 굶주림; ~ *smrti* 죽음; ~ *vremena* 시간; *namerila se* ~ *na brus (na kamen), udarila* ~ *u kamen* 서로 상대방에게 양보하지 않으려는 사람들이 싸울 때 사용함 2. (한 명이 하룻동안 낫으로 풀을 벨 수 있는) 면적 단위

kosac *-sca*, (V.) *košče; kosci, kosācā* 1. 낫질하는 사람(곡식·풀 등을 베기 위해); (농작물을) 수확하는 사람, 풀을 베는 사람 2. (한 명이 하룻동안 낫으로 풀을 벨 수 있는) 면적 단위 (kosa) 3. (鳥類) 흰눈썹뜸부기 4. (昆蟲) 거미의 일종 5. (魚類) 잉어의 한 종류

kosač 낫질하는 사람(풀·곡식을); (농작물을) 수확하는 사람, 풀을 베는 사람 (kosac)

kosačica 1. 여자 kosač 2. 풀 베는 기계, 제초기; *motorna* ~ 모터 제초기

kosan (植) 1. 등심초 2. 글라디올러스

kosar 낫(kosa)을 벼리는 사람, 낫을 만드는 사람

kosat *-a*, *-o* (形) 1. 머리가 길고 풍성한, 머리 숱이 많은 (kosmat) 2. (말(馬)이) 긴 갈기가 있는, 갈기가 많은 (grivat) 3. (비유적) 숲에서 자란 (šumovit)

kosati *-šem* (不完) 풀을 베다

kosekans (男), **kosekanta** (女) (數) 코시컨트 (삼각함수의 하나)

kosica (지소체) kosa; 머리카락

kosidba 건초베기 풀베기; 건초베기 철, 건초 베는 시기, 풀베는 시기

kosijer (=kosir) 전지용 칼

kosilac *-ioca* 낫질하는 사람, 풀베는 사람, (농작물을) 수확하는 사람 (kosac, kosač)

kosilica 풀 베는 기계, 제초기 (kosačica)

kosina 경사면, 경사지, 비탈

kosinus (數) 코사인 (삼각함수의 하나)

kosir (=kosijer) 전지용 칼

kosište 낫(kosa)의 손잡이

kositar *-tra*, **kositer** 참조 kalaj; 주석

kositi *-im* (不完) pokositi *pokošen* (完) 1. (낫·제초기 등으로) (풀 등을) 베다, 자르다; ~ *travu* 풀을 베다; ~ *seno* 건초를 베다; ~ *žito* 농작물을 베어 수확하다 2. (비유적) (바람이) 휩쓸어가다, 바람이 다 휩쓸다; *vetar je kosio* 바람이 다 휩쓸어 갔다 3. (비유적) (많은 사람을) 도륙하다, 살육하다, 죽이다; *glad je kosila hiljade* 굶주림으로 인해 수천 명이 죽었다 4. ~ *se* 서로 부딪치다 (걷는 중에, 지나는 중에) 5. ~ *se* 교차 비행하다 6. ~ *se* (치마가) 닳아 해지다 (krzati se) 7. ~ *se* 충돌하다, 부딪치다, 불화를 일으키다 (sukobljavati se) 8. ~ *se* (*na koga*) 비난하다, 질책하다, 질책어린 시선으로 바라보다

kositi *-im* (不完) iskositi *iskošen* (完) 1. 기울게 하다, 기울이다; *malo si suviše iskosio tu sliku* 그 그림이 조금 많이 기울어지게 했다 2. (비유적) (*koga, na koga*) 미심쩍은 듯이 보다, 곁눈질로 보다, 흘겨 보다 3. ~ *se* 충돌하다, 부딪치다 *to se kosi s mojim principima* 그것은 내 원칙과 충돌한다; *naši se interesi kose* 우리의 이익은 충돌한다

koska *-ki* & *-ci* 1. (지소체) kost; *čovek krupne ~e* 덩치가 큰 사람; ~ *razdora* 다툼거리, 다툼의 원인, 합의하지 않은 미해결점 (개들이 뼈를 두고 서로 다투는 것에 비유하여); *ni kost s ~om neću mu ostati* 갈기갈기 찢길 것이다, 파멸될 것이다; *polomiti ~e* 죽도록 때리다 2. (복숭아·살구 등 과일의) 씨, 핵 (koštica)

kosmat *-a*, *-o* (形) 1. 긴 머리의 숱이 많은 2. 머리가 텁수룩한, 머리가 헝클어진 (čupav, razbarušen) 3. 털이 많이 난 4. (비유적) 사악한, (사람이) 못된, 타락한; 소름돋는 (zao, pokvaren; jezičav)

kosmelj 1. (動) 털복숭이 바닷가재 2. (植) 식물의 일종

kosmetičar 참조 kozmetičar

kosmetičkī *-ā*, *-ō* (形) 화장품의

kosmice (副) 비스듬히, 부정(不正)하게, 옆으로, 곁눈으로; 의심스럽게, 불신의 눈으로 (koso)

kosmičkī *-ā*, *-ō* (形) 참조 kosmos; 우주의, 우주에 관한 (svemirski, vasionski); ~*a hipoteza* 우주 가설

kosmodrom 우주선 발사 기지, 우주 센터

kosmografija 우주 구조학, 천지학(지구와 우주의 일반적 특징을 연구하는 과학 분야)

kosmologija 우주론(우주의 기원과 발달을 연구하는 학문) **kosmološki** (形)

kosmonaut, **kosmonautičar** 우주 비행사

kosmoplov 우주선

kosmopolit (男), kosmopolita (男) 사해 동포
주의자, 범세계주의자 kosmopolitski (形)
kosmos (특히 질서 있는 시스템으로서의) 우
주 kosmički (形); ~ brod 우주선; ~ zraci
우주선(외계에서 지구로 와 닿는 광선들)
kosmurača, kosmuranja 더럽고 지저분한 머
리(카락)
kosnat -a, -o (形) 참조 kosmat
kosnik 1. (나뭇가지를 엮어 만든 담장의) 옆으
로 가로지른 막대 2. (船舶) 제1사장(斜
檣)(이물에서 앞으로 튀어나온 기움 돛대)
kosnuti -nem (完) 1. 만지다, 대다, 접촉하다
(dodirnuti, dotaći) 2. 아프게 만지다, 당황하
게 하다, 짐적거리다, 쑤시다, 찌르다; u duši
je nešto kosnu 뭔가가 마음을 아프게 한다
3. ~ se (nekoga, nečega) 건드리다, 만지다
(dotaći se); obeća da se nikada više neće
~ robinje 여자 노예를 결코 더 이상 건드리
지 않을 거라고 약속한다 4. ~ se (nekoga)
누구에게 힘들었던 기억을 남기다, 힘들게
하다; ovaj proglas nemilo se kosnu
bosanskih begova 이 공표는 보스니아 베그
들을 잔인하게 힘들게 한다 5. ~ se (srca,
duše) 아픈 감정(동정심)을 불러일으키다;
kosnuće se njegovor srca ljudsko
stradanje 사람들의 사망은 그의 마음을 아
프게 할 것이다
koso (副) 1. 비스듬히, 기울어져; zrake
sunčane ~ padaju na njih 햇빛이 그것에 비
스듬히 든다 2. (자신의) 의지와는 반대로,
불친절하게, 불쾌하게; 의심쩍게, 믿지 못하
는 듯이; gledati ~ 불신하듯이 바라보다;
pozdravio ~ i nešto ubrzanim korakom
pošao 건성으로 인사하고는 빠른 걸음으로
갔다
kosokutan -tna, -tno (形) 참조 kosougli; 예
각의
kosook -a, -o (形) 1. 눈꼬리가 치켜 올라간 2.
사시(斜視)의 (razrok)
kosopasica (病理) 1. (두피에 나는) 도장부스
럼, 백선(白癬) 2. 대상포진
kosouglȋ -ā, -ō (形) 예각의; ~ trougao 예각
삼각형
Kosovo 1. 코소보 2. (歷) 코소보 전투(1389);
docikan stiže na ~ Janko (적절한 시기를 놓
치고) 너무 늦게 시작하다, 늦게 오다;
napravi se (otvori se) ~ 싸움(유혈사태)이
일어나다; provesti se kao Janko na ~u 매
우 힘들게 (시간을) 보내다, 고난의 시기를
가지다; sve mi je ravno do ~a 내게는 모든
것이 매 한가지다 kosovski (形); ~a bitka

코소보 전투
kost kosti, kosti & košću; kosti, kosti &
kostiju (女) 1. 뼈, 골(骨); prelom ~i 골절;
čeljusna ~ 턱뼈; ključna ~ 쇄골(鎖骨);
ramena ~ 등뼈; baciti kome ~ 보잘것 없는
것으로 누구를 만족시키다; baciti ~ između
koga ~사이에 불화를 야기시키다; do (gole)
~i (uzeti, opljčkakti) 모든 것을(완전히) (취
하다, 착취하다, 빼앗아 가다); do ~i
poznavati nešto 대단한 전문가가 되다, ~에
통달하다; ~ i koža, (sama) koža i ~ 비쩍
마른 사람, 뼈만 앙상한 사람; namestiti
(prebrojati, polomiti, smrviti) kome ~i 흠
뻑 때리다, 죽도록 때리다; prokisnuti
(prozepti) do ~i(ju) 흠뻑 젖다(몸이 뼛뼛이
굳다); pretresati čije ~i 사자(死者)에 대해
나쁜 말을 하다; pretvrda ~ biti za koga ~
에게 매우 힘든 장애물이다, 극복할 수 없는
난관이다; stare ~i 노인; ucepiti što u krv i
~i 결코 잊을 수 없이 평생 기억하다(백골난
망, 각골난망); uliti (uterati) kome strah u
~i 두려움이 뼈에 사무치게 하다, 매우 두려
워하게 하다; zemlja mu ~i izmetala, ~i mu
se u zemlji prevrtale 심한 욕설의 일종 (땅
도 그의 뼈는 토해낼 것이다); ~ od ~i 친자
(親子) koštan (形); ~a srž 골수(骨髓); ~o
oboljenje 골수염; on mi je ~ u grlu 그는
나에게 눈엣가시이다 2. (複) (비유적) 몸(마
른); 유골 3. 송곳니, 엄니, 상아 (멧돼지·코
끼리 등의); slonova ~ 상아
kost (男) 음식, 식량 (hrana) (독일어의 kost
에서 유래)
Kostarika 코스타리카
kostelj (魚類) 돔발상어
kostim 1. (특정 지역이나 시대의) 의상, 의복,
복장; bila je u crnim ~u 검은색 의상을 입
었었다; u Adamovu ~u, u Evinu ~u 나체로
(go, gola) 2. (특정한 장소·목적·경우에 입는)
의상, 의복; bolničarski ~ 병원 근무복;
lovački ~ 사냥꾼 복장; sportski ~ 스포츠
의상; kupaći ~ 수영복 3. (연극·영화 등에
서) 무대 의상(분장, 변장)
kostimer (극장의) 의상 담당자
kostimiranȋ -ā, -ō (形) 무대 의상을 입거나 마
스크를 쓴; ~ bal 가면 무도회
kostimirati -am (完,不完) 1. ~에게 무대 의상
을 입히다 2. ~ se 무대 의상을 입다
kostimograf (극장의) 무대 의상 디자이너
kostirati -am (完,不完) 1. 음식(kost)을 주다,
음식을 먹이다 2. ~ se 끼니를 해결하다 (보
통 다른 사람 집에서)

K

kostobolja (病理) (팔·다리 관절에 생기는) 통풍
kostrešiti se -im se (不完) nakostrešiti se
(完) 1. (털, 머리카락 등이) 쭈빗쭈빗 서다,
곤두서다 (ježiti se) 2. (보통 동물들이 싸움
하기 위해) 털을 곤두세우다; *mačka se
kostreši* 고양이가 털을 세웠다 3. (비유적)
불만을 표출하다, 노기를 띠다, 화가 나서
발끈하다 (razdraživati se, rogušiti se); *nije
hteo da hladnokrvno sasluša ... nego se
odmah kostrešio i postajao grub* 그는 냉정
하게 들으려고 하지 않고... 즉각적으로 발끈
하여 거칠어졌다; *šta si je odmah
nakostrešio?* 너는 왜 그렇게 바로 화를 냈
느냐? 4. (비유적) 거만(오만)해지다, 자부심
을 갖다 5. (신경질적으로·거칠게·신랄하게)
말을 주고 받다; *uvek su se kostrešili jedan
na drugog* 그들은 항상 서로 거친말을 주고
받았다
kostret L. *kostreti*, I. *kostreti & kostreću* (염
소·낙타 등의) 거칠고 뻣뻣한 털 (kozina);
(그러한 털로 짠) 옷
kostrika (植) 참나릿과(科)의 일종, 루스쿠스
아쿨레아투스(백합과(科)의 상록 소관목 ; 작
은 가지로 푸줏간용의 비를 만듦)
kostur 1. 뼈대, 골격, 해골 (skelet) 2. (비유
적) 비쩍 마른 사람 3. (건물 등의) 뼈대, 골
격 4. (계획·글 등의) 뼈대, 개요 (skica,
nacrt)
kosturnica 납골당
koš *koša*; *koševi* 1. 바구니, 광주리 (가는 나
뭇가지로 엮어 운반용·보관용으로 사용하는);
ići (spadati) u isti ~ 같은 종류(등급·가치)로
취급되다; *pun ~* 많은 양의 2. 쓰레기통;
baciti u ~ 버리다, 폐기처분하다 3. (물고기
를 잡는) 뜰채 광주리 (길쭉한) (vrša) 4. 옥
수수 창고 (옆면을 바람이 통하게 나무로 엮
어 건조할 수 있도록 만든) 5. (농기구를 보
관하는) 창고, 헛간, 농막 (kolnica, šupa) 6.
(제분소에서 곡물을 빻을 수 있도록 곡물을)
쏟아 붓는 장치 7. (마차 등의) 여닫을 수 있
는 지붕; (마차의) 짐(화물)을 놓을 수 있는
곳(공간) 8. (농구의) 바스켓; (농구의) 골
(인); *dati (postići, pogoditi) ~*, *(u)baciti
loptu u ~* 골인시키다 9. (갑각류·거미류 따
위의) 두흉부(頭胸部); (게의) 게딱지 10. (보
통 숙어로) *grudni ~* 흉부, 흉곽
košar 1. 바구니, 광주리 (koš) 2. (물고기를 잡
는) 뜰채 광주리, 통발 (koš)
košara 1. 바구니, 광주리 (koš, korpa) 2. 마
구간, 외양간 (나무를 엮어 만든 벽에 황토
를 바른); 그러한 집 (사람이 사는) 3. (스포

츠의) 골대 (축구, 핸드볼 등의)
košarka 농구; *igrati ~u* 농구를 하다
košarkaš 농구선수 košarkašica; košarkaški (形)
košarstvo 광주리(바구니) 엮기, 광주리를 엮
는 수공업
košava (다뉴브강 주변 지역, 세르비아 동부
지역에 부는) 남풍, 동남풍의 바람
koščat -a, -o (形) 강골(强骨)의, 뼈대가 굵은
koščica (지소체) koska, kost; 잔뼈 (sitna
kost)
koščurina (지대체) koska, kost
košenica (특히 건초를 만들기 위한) 목초지
košenje (동사파생 명사) kositi
košer (不變) 음식의 한 종류 (유대교에서 정
한 조리법에 따른)
koševina 1. 이제 막 건초를 벤 목초지; 이제
막 벤 건초 2. 풀베기, 건초베기
koškati -am (不完) pokoškati (完) 1. 콕콕 찌
르다, 쑤시다, 집적거리다 (bockati,
zadirkivati); *koškaju dečaci volove* 아이들
이 소들을 집적거린다 2. ~ se 말다툼하다,
언쟁하다, 옥신각신하다 (svađati se,
prepirati se)
košljiv -a, -o (形) 잔가시가 많은 (생선이);
klenovi i šarani su ~i, a pastrmke nisu 류
시스커스와 잉어는 잔가시가 많으나, 송어는
그렇지 않다
košljiv -a, -o (形) 1. (날씨·기후가) 찌푸린, 우
중충한; 거친, 험악한 (natmuren, namršten;
surov, nepogodan) 2. (사람이) 성질이 더러
운(나쁜), 신경질적인, 쉽게 짜증내는
(zlovoljan, razdražljiv)
košljivice, košljoribe (女,複) (魚類) 경골어류
(硬骨魚類)
košmar 악몽, 나쁜 꿈
košnica 벌통; (벌통속의) 벌의 무리
košnja 건초베기, 풀베기; 건초베는 시기, 풀베
는 시기 (kosidba)
koštac -aca & košca 레슬링, 엉켜붙어 하는
싸움; 투쟁, 전쟁, 전투 (rvanje, borba);
*hvatati se (uhvatiti se, zgrabiti se) u ~ (s
kim, s čim)* 1)레슬링 자세를 취하다 2)~와
치열한 전투(전쟁, 투쟁)를 시작하다; *imao
je snage ... da se uhvati u ~ sa liberalnim
vođama* 자유주의자들의 지도자들과 투쟁할
힘이 있었다
koštan -a, -o (形) 1. 뼈로 만들어진, 뼈에서
얻어진; ~e dugme 단추(동물 등의 뼈로 만
든); ~a drška 손잡이 (뼈재질로 된) 2. 경골
(硬骨)의, 뼈가 굵은 (koščat) 3. 뼈의
koštati -am (不完) (값·비용이) ~이다(들다);

K

koliko to košta? 그것이 얼마인가?; *ovaj upaljač je koštao moju ženu 20 dinara* 이 라이터를 사기 위해 내 아내는 20 디나르를 지불했다; *koštaće ga glave (života)* 그는 목숨을 지불할 것이다; ~ *kao svetog Petra kajgana* 매우 비싸다; *ništa ne košta* 아무런 대가를 치루지 않아도 된다, 돈이 들지 않는 다; *šta košta da košta* 가격이 얼마일지라도, 가격에 구애받지 않고
koštica 1. (플럼·체리·복숭아 등의) 씨, 핵 (semenka); ~ *od trešnje* 체리 씨; *biti pun čega kao šipak* ~ 매우 많이 있다 2. 잔뼈 (koščina)
koštičav *-a, -o* (形) 씨(koštica)가 있는
koštunac 1. 단단한 호두 (trvd orah) 2. (비유 적) 완고한 사람, 의지가 굳은 사람
koštunjav *-a, -o* (形) 1. 강골(强骨)의, 굵은 뼈의 (koščat) 2. 씨(koštica)가 있는 3. 단 단한 껍질이 있는 (호두의) 4. (비유적) 뼛뼛 한, 경직된
košulja 1. (남성용의) 와이셔츠; (여성용·아동용 의) 블라우스; (複數로) (일반적인) 셔츠 (rublje); *noćna (spavaća)* ~ 나이트가운 ((길고 헐렁한) 잠옷용 셔츠); *crne* ~*e* (歷) 흑셔츠 당원(이탈리아의 파시스트 당원), (일 반적으로) 파시스트, 파쇼 단체의 일원; *crvene* ~*e* (歷) (이탈리아) 가리발디 의용군, 혁명당원, 무정부주의자; *sive* ~*e* (歷) (독일 의) 나치 돌격대, (일반적으로) 나치; *dati (skinuti) sa sebe i* ~*u* 다른 사람에게 자신 의 모든 것을 주다 (최소한으로 필요한 것 조차도); *gaće i* ~*e* 헐벗은 병사; ~ *je telu bliža,* ~ *je preča od kabanice* 팔은 안으로 굽는다 (친척이 다른 아무 상관없는 사람보 다 가깝다); *ludačka* ~ 구속복(정신 이상자 와 같이 폭력적인 사람의 행동을 제압하기 위해 입히는 것); *poznavati koga kao* ~*u* 누 구를 매우 잘 안다; *roditi se u* ~*i* 금수저를 물고 태어나다; *zaviriti kome pod* ~*u* 누구 의 숨은 의도와 행동을 알게 되다; *žena muža nosi na* ~*i* 아내가 부지런하고 좋은 사람이라면 남편이 깨끗한 셔츠를 입고 다닌 다 2. (뱀의) 허물 (svlak) 3. (비유적) 외층 (外層), 겉층, 덮고 있는 것, 감싸고 있는 것 4. 표지(종이, 원고 등의 보관을 위한)
košuljica 1. (지소체) košulja 2. (뱀의) 허물; *zmija menja* ~*u* 뱀이 허물갈이를 한다 3. (가톨릭 성직자들의) 하얀 셔츠 (미사복 밑 에 입는) 4. (解) 태반(胎盤) 5. (씨·곡물 등의) 싸고 있는 것, 감고 있는 것, 덮고 있는 것; 껍질 (omot)

košuta 1. (動) 암사슴 2. (植) 시클라멘(흰색· 보라색·분홍색의 꽃이 피는 앵초과 식물)
košutac *košuca* (植) 얼레지 (백합과의 여러해 살이풀)
košutnjak 암사슴(košuta)과 숫사슴이 사는 곳 (장소)
kota 1. (地理) (지도에 표시된) 해발고도(점) 2. (주식시장에서의 주식의) 가치, 주가(株價)
kotač 1. 바퀴 (kolo, točak); *nisu mu svi* ~*i na mestu* (口語) 그의 정신 상태가 정상이 아니다; *stavljati štap u* ~ 일을 방해하다(막 다) 2. 바퀴와 비슷하게 생긴 것 3. 자전거 (bicikl)
kotangens (數) 코탄젠트
kotao *kotla; kotli & kotlovi, kotala & kotlova* 1. (둥근 형태의) 큰 통 (요리용의, 물을 데 피는 용도의), 보일러; *parni* ~ 증기 보일러; *rakijski* ~ 라키야통(과일을 증류시켜 라키야 를 받는) 2. 계곡, 협곡, 골짜기 (kotlina) 3. (물에 의해 돌에 움푹하게 파인) 구멍
kotar 나무를 엮어 만든 울타리(담장) (소·말등 으로부터 건초를 보호하기 위해 만든)
kotar 1. (歷) 행정 구역 단위 (srez) kotarski (形) 2. (도시의) 지역, 지구 (četvrt, kvart)
kotarica 작은 바구니 (나뭇가지를 엮어 만든, 빵·과일 등을 담아 놓는)
kotaričar 작은 광주리(바구니; kotarica)를 엮 어 파는 사람 (košarač, korpar)
kotarski *-ā, -ō* (形) 행정 지역(kotar)의; ~ *sud* 지역 법원
koterija 도당, 패거리, 파벌 (klika)
kotiledon (植) 자엽(子葉), 떡잎
kotilište 동물이 태어나는 곳(장소)
kotiljon 코티용, (동작이 격렬한) 프랑스의 사 교춤, 상대를 줄곧 바꾸는 (스텝이 복잡한) 댄스
kotirati *-am* (完,不完) 1. (주식 시장에서) 가치 가 있다, 값어치를 하다; *ove obveznice ... nisu ni kotirale na berzi* 이 채권들은 시장 에서 가치가 없다; *te se akcije sada visoko kotiraju* 그 주식은 현재 가격이 높다 3. (비 유적) 값어치가 있다, ~가치가 있다고 평가 하다 3. ~ *se* 참조 kotirati; 가치가 있다; *te se akcije visoko kotiraju* 그 주식들은 지금 고평가되고 있다
kotiti *-im* (不完) *okotiti* (完) 1. (동물, 특히 고 양이가) 새끼를 낳다; *mačka je okotila petoro mačadi* 고양이가 다섯 마리의 새끼 를 낳았다 2. (輕蔑) (사람이) 새끼를 낳다, 아이를 낳다 3. ~ *se* (동물이) 새끼를 낳다; *krave se kote jednom godišnje* 소는 일년

K

에 한 번 새끼를 낳는다 4. ~ se (비유적) 번
식하다 (množiti se, razmnožavati se,
umnožavati se); *tamo su ravnice, bundeve
se tamo najviše kote* 평지인 그곳에서 호박
이 제일 많이 열린다
kotlar 1. 통(kotao)을 만들거나 팔거나 수리하
는 사람, 보일러공 (kazandžija) **kotlarski**
(形) 2. 라키야를 만드는 사람
kotlarnica 보일러실
kotlarnik (화롯불 위의 보일러를 걸어 놓는)
보일러 고리
kotlarskī -*ā*, -*ō* (形) 참조 kotlar; 보일러공의
kotlet (料理) (특히 돼지·양·송아지의 뼈가 붙
은) 토막 갈비 살; *jagneći ~i* 양고기 갈비
살; *teleći ~i* 송아지 갈비 살
kotlić (지소체) kotao; ~ *za vodu* (수세식 변소
의) 세정용 저수조
kotlina 1. (지대체) kotao 2. (地理) 계곡, 협곡
(보통 강을 따라 있는)
kotlinast -*a*, -*o* (形) 계곡(kotlina)과 비슷한,
계곡 모양의
kotlokrp, kotlokrpa (男) 통(kotao)이나 다른 금
속제 그릇을 수선하는 사람, 보일러 수선공
kotlovnica 참조 kotlarnica
kotrljače (女,複) 참조 koturaljke; 롤러스케이트
kotrljan 1. (植) 에린지움속(屬); 미국 남부산의
가시가 있는 다년초) 2. (昆蟲) 왕쇠똥구리,
풍뎅이 (balegaš)
kotrljati -*am* (不完) 1. (둥근 물체를) 굴리다,
뒹굴게 하다; ~ *loptu* 공을 굴리다 2. (눈알
을) 굴리다 (kolutati) 3. ~ se 구르다, 뒹굴
다, 둥글어가다; *deca se kotrljaju po travi*
아이들이 풀밭에서 구른다; *lopta se kotrlja*
공이 굴러간다; *kotrljaće se glave* 머리가
나뒹굴것이다 (살해되어 죽을 것이다) 4. ~
se (물방울이) 흘러 내리다 (teći, curiti);
suze joj se kotrljaju niz lice 그녀의 얼굴에
눈물 방울이 흘러 내린다 5. ~ se 급격하게
시작되다; *na istoku se ... kotrljala zora*
preko ravnice 평원넘어 동쪽에서 동이 갑
자기 텄다 6. ~ se (삶, 인생이) 진행되다,
굴러가다 (razvijati se, teći); *da se*
svakodnevni život kotrlja i odvija dalje 일
상의 삶이 계속 굴러간다
kotur *koturi* & *koturovi* 1. 원(圓) 모양의 것
(물건); (둥글게·원통형으로) 만 것, 굴렁쇠;
deca se igraju ~om 아이들이 굴렁쇠를 가
지고 논다; ~ *dima* 도넛 모양의 연기 2. 바
퀴 (kotač, točak) 3. (方言) 자전거 4. 도르
래 **koturni** (形)
koturača 1. 도르래를 이용한 기중기의 일종 2.

(산속에서 중력을 이용하여 통나무를 운반하
는) 도르래 줄 3. 사과의 한 종류 4. (複) 롤
러스케이트 (kotrljače)
koturaljke (女,複) 1. 롤러스케이트 (kotrljače,
rolšue); *klizanje na ~ama* 롤러스케이트 2.
(바퀴가 달린) 손수레, 카트, 짐수레
koturati -*am* (不完) 참조 kotrljati
koturav -*a*, -*o* (形) 쉽게 굴러가는, 잘 굴러가는
kotva (배를 정박하기 위해 내리는) 닻
(sidro); *baciti ~u* 1)닻을 내리다 2) 한 곳에
정착하다, 위치를 확고히 하다 *dići ~u* 1)닻
을 올리다 2)영구 거주지를 떠나다; ~
spasenja 최후의 구원 수단, 마지막 희망
kotven (形)
kotvarina (항구의) 정박세(稅)
kotvište (선박의) 정박지 (sidrište)
kov 1. (금속의) 벼린 것, 단조된 제품, 단조된
금속 2. (금속의) 단조 방법, 벼리는 방법 3.
벼린 금은제품 (장식품으로 옷 등에 다는) 4.
(말의) 편자 (potkova) 5. 족쇄, 차꼬
(okovi) 6. (비유적) (한 사람의 심리 상태에
깊이 뿌리박혀 있어 그 사람의 행동거지에서
명백히 보여지는 것들의 총합) 행태, 형태;
on je čovek starog ~a 그는 구세대의 사람
이다
kovač 1. 대장장이; *slati nekoga od popa do*
~a 누구를 이곳 저곳으로 보내다 **kovački**
(形); *~o ognjište* (대장간의) 노(爐), 풀무 2.
(비유적) (끈질기게 일을 함으로써) 뭔가를
이루는 사람, 뭔가를 만들어 내는 사람;
svako je ~ svoje sreće 모든 사람은 각자
자신의 운명을 개척하는 사람이다; *nevolja*
je najbolji ~ prijateljstva među ljudima 사
람들 사이에서 우정을 만들어내는 가장 훌륭
한 것은 고난이다 3. (魚類) 달고기
kovačija 대장장이 일(직업)
kovačkī -*ā*, -*ō* (形) 참조 kovač; 대장장이의
kovačnica 1. 대장간 2. (비유적) 뭔가가 만들
어 지는 곳(장소)
kovak -*vka*, -*vko*; *kovkiji* (形) 참조 kovan
kovalencija (化) 공유(共有) 원자가; 공유 결합
kovan -*vna*, -*vno* (形) 1. (금속 등이) 펴 늘일
수 있는, 가단성 있는 2. 벼린, 단조된, 단조
된 제품의; *~o gvožđe* 연철, 단철 3. (비유
적) 분명한, 명확한 (jasan, izrazit, zvonak);
Marko se okrene prema onom ~vnom
zvuku 마르코는 그 분명한 소리를 향해 돌
아섰다
kovandžija (男) 참조 pčelar; 양봉업자
kovanica (文法) 인위적인 신조어 (외래어를
문자 그대로 번역한)

K

kovanje (동사파생 명사) kovati; (쇠의) 벼림, 단조

kovaran -rna, -rno (形) 사악한, 교활한, 배신자적인 (lukav, podmukao, izdajnički); a bilo je ~rnih ljudi koji su mi zlo željeli 우리에게 나쁜 일이 일어나기를 바라는 사악한 인간들이 있었다

kovarstvo 사악함, 교활함, 배신자적 행동

kovati kujem (不完) **skovati** (完) 1. (쇠를) 벼리다, (철 등을) 벼려서 (금속 제품으로) 만들다, 단조하다; ~ železo (gvožđe) dok je vruće 제 때에(기회가 왔을 때) 하다, 쇠뿔도 단김에 빼다; ~ novac (pare) 힘을 하나도 들이지 않고 손쉽게 돈을 벌다 2. (비유적) ~을 만들다, ~에 도달하다; (계획·구상 등을) 세우다, (음모·모반 등을) 꾸미다; ~ zaveru 음모를 꾸미다; ~ planove 계획을 세우다 3. (말굽 등에) 편자를 박다 (potkivati) 4. (낫의) 날을 세우다 5. 차꼬(족쇄)를 채우다; ~ koga u nebo (zvezde) 비행기를 태우다 (매우 감사해 하면서, 칭찬하면서) 6. 부리로 나무를 쪼다

kovčeg 1. (사각형 형태의) 트렁크, 여행 가방; 사물 트렁크 (kofer); vojnički ~ 병사(兵舍)에서 사용하는 사물 트렁크; putni ~ 여행 가방 2. (나무·금속으로 만든) 궤, 궤짝, 상자 (옷·보석 등을 보관하는) (škrinja); ~ blaga 보석 상자 3. 관(棺); mrtvački ~ 관(棺) 4. 기타; zavetni ~ 노아의 방주

kovčežić (지소체) kovčeg; poštanski ~ 우편함, 메일 박스

koverat -rta (男), **koverta** (女) koverata (편지) 봉투; staviti pismo u ~ 편지를 봉투에 넣다; zalepiti ~ 봉투를 붙이다(봉인하다); zapečatiti ~ 봉투를 봉인하다

kovertirati -am (完,不完) 봉투에 넣다

kovilje (植) 나래새

kovina 금속 (metal); plemenite ~e 귀금속 (금·은·백금·수은)

kovinotokar 선반공, 녹로공 (tokar)

kovinskī -ā, -ō (形) 1. 참조 kovina; 금속의, 금속제의 (metalni) 2. (음성·목소리가) 쇳소리의, 쇠가 부딪치는 소리의, 날카로운; ~ glas 쇳소리가 나는 음성

kovit (비행기의) 나선식 급강하

kovitlac 1. 소용돌이 바람, 회오리 바람, 돌개바람; (먼지·눈·낙엽 등의) 회오리, 소용돌이; vetar je duvao u ~ 돌개 바람이 불었다; u ~ (leteti, okretati se, trčati, motati se) 선회하다, 빙빙돌다 2. (강·바다의) 큰 소용돌이 (vrtlog) 3. 전복, 뒤집어짐 (obrtanje,

prevrtanje) 4. (비유적) 매우 빠른 흐름(전개·발전)

kovitlati -am (不完) 1. 빨리(힘차게, 급격하게) 빙빙 돌리다, 선회시키다, 소용돌이치게 하다; vetar kovitla suvo lišće 바람은 마른 낙엽을 선회시켰다 2. 선회하다, 빙빙 돌다, 소용돌이치다 3. ~ se 선회하다, 빙빙 돌다; nešto se kovitla u vazduhu 뭔가 공중에서 빙빙 돌고 있다

kovitlav -a, -o (形) 선회하는, 빙빙 도는, 회전하는

kovkost (女) (금속의) 가단성(可鍛性), 전성(展性)

kovnica 1. 대장간; (비유적) 뭔가가 만들어 지는 곳; ~ narodnih pesama 민요가 만들어지는 곳 2. 조폐국(造幣局), 조폐창 (동전·메달 등을 만드는); državna ~ 국가 조폐창

kovničar 1. 대장간 주인 2. (조폐국의) 동전 주조 전문가

kovnost (女) 참조 kovkost

kovrča (=kovrdža) 곱슬곱슬한 머리카락

kovrčast -a, -o **kovrčav** -a, -o (形) 곱슬머리의

kovrčati -am, **kovrčiti** -im (不完) **ukovrčati**, **ukovrčiti** (完) 1. (머리를) 곱슬곱슬하게 만들다; ~ kosu 머리를 곱슬거리게 하다 2. ~ se 곱슬거리다

kovrdža 참조 kovrča

kovrdžast -a, -o (形) 참조 kovrčast

kovrdžati -am (不完) 참조 kovrčati

kovrdžav -a, -o (形) 참조 kovrčav

kovrljati -am (不完) (공·통 등을) 굴리다; 구르다, 굴러가다

koza 1. (動) 염소; sanska ~ 자아넨 염소(스위스산(産)의 낙농용(酪農用) 염소); angorska ~ 앙고라 염소; dati ~i da čuva kupus 고양이에게 생선을 맡기다; derati istu (staru, svoju) ~u 항상 같은 말만 되풀이하다; divlja ~ 영양(羚羊; 소과에 속하는 사슴을 닮은 야생동물); i kupus spas(i)ti i koze nahraniti; i vuk sit i ~ cela 누이좋고 매부좋고, 도랑치고 가재잡고; ma i na ~i orao (učiniću) 어떤 희생을 치르더라도 (어떠한 어려움이 따르더라도) 할 것이다; nisu mu sve ~e kod kuće (na broju) 뭔가 이상하다 **koziji**, **kozji** (形); ~ staza (put) 매우 협소하고 낭떠러지인 길; sterati koga u ~ rog 곤궁한 처지로 밀어부치다 2. (女,男) (輕蔑) 우둔한 놈, 멍청한 사람 3. (공사장의) 비계, 가대(架臺; 무엇을 얹기 위해 밑에 받쳐 세운 A자형 구조물)

kozak 1. 코사크 사람; 코사크 기병; 경찰 기동대원 (특히 제정 러시아 때 데모·노동 쟁

K

405

의 등에 출동하는) 2. (昆蟲) 수생 곤충, 수서 곤충 (물방개 등의)

kozakovati *-kujem* (不完) 1. 코사크 기병으로 전투에 참여하다, 코사크 기병으로 살다 2. (비유적) 다스리다, 통치하다 (gospodariti, vladati)

kozar 1. 염소지기, 염소를 돌보는 사람 2. (비유적) 평범한 사람, 범부(凡夫) 3. 염소 도축업자 kozarica; kozarski (形)

kozara 1. 염소 도축장, 염소 고기를 파는 가게 2. 염소 우리

kozarica 1. 참조 kozar; 여자 염소지기 2. 염소 우리

kozarskī *-ā, -ō* (形) 참조 kozar; 염소지기의

kozarstvo 염소 사육(업), 염소 축산업

kozaštvo (集合) 코사크인

koze (女,複) (공사장의) 비계(飛階), 가대(架臺)

kozer 이야기꾼 (이야기를 재미있게 하는 사람) kozerka

kozerija 1. 잡담(하기), 여담(하기), 농담(하기) (ćaskanje, ćeretanje) 2. 짧막한 문학적 내용의 글 (보통 신문 기사의)

kozerka 참조 kozer; 여자 이야기꾼

kozetina 1. 염소 고기 2. 염소의 뻣뻣한 털 (kozina)

kozetina (지대체) koza

kozica 1. (지소체) koza 2. (方言) 세(三)발 달린 토기(土器) 3. (魚類) (자잘한) 새우 4. (複數) (方言) 천연두, 수두, 홍역 (ospice, boginje)

kozičav *-a, -o* (形) (얼굴에) 마마자국이 있는, 얽은, 곰보의 (rohav)

kozijī *-ā, -ē* (形) 1. 참조 koza; 염소의 2. *~a brada* (植) 수레국화속(屬)의 식물

kozina 1. 염소의 뻣뻣한 털 (kostret) 2. 염소 가죽

kozinac *-inca* (植) 자운영(紫雲英)

koziti *-i* (不完) 1. (염소가) 새끼를 낳다 2. *~ se* 새끼가 태어나다 3. *~ se* (비유적) 고생하다, 분투하다 (mučiti se); *sad se kozi tamo pred ispitnom komisijom* 그는 지금 거기 입시위원회에서 분투하고 있다

kozlad (女) (集合) kozle

kozle *-eta* 1. 새끼 염소 (jare) 2. (弄談) 말썽꾸러기 사내아이

kozletina 1. 참조 jaretina; 새끼염소 고기 2. 새끼염소 가죽

kozlić 1. 참조 kozle; *tera baba ~e* 그 어떤 헛된 것(공허한 것, 환영적인 것, 신기루적인 것) 2. (다리가 A자형, 혹은 X자형으로 된) 나무를 자르거나 대패질할 때 사용하는 틀

(대(臺)) 3. (체조) 도마, 안마 (konj)

kozlovina 새끼염소 고기 (jaretina)

kozmetičar 화장품 제조인, 화장품 판매인 kozmetičarka

kozmetika 1. 화장품 2. 화장술, 미용술 kozmetički (形)

kozmičkī *-ā, -ō* (形) 1. 참조 kosmos; 우주의 (svemirski, vasioni); *~a prašina* 우주먼지; *~ brod* 우주선 2. (비유적) 경이적인, 비범한, 웅장한, 장엄한, 뛰어난 (divan, silan, veličajan, grandiozan); *mračne sile odbijaju ljude od njihovih ... kozmičkih zadataka* 어둠의 세력들은 사람들을 그들의 위대한 임무로부터 분리시킨다

kozmonaut, kozmonautičar 참조 kosmonaut; 우주인, 우주 비행사

kozmologija 참조 kosmologija; 우주론(우주의 기원과 발달을 연구하는 학문)

kozmopolit(a) 참조 kosmopolit(a); 사해 동포주의자, 범세계주의자

kozmos 참조 kosmos; 우주

kozoder, kozoderac *-rca* 염소의 가죽을 벗기는 사람

kozolik 염소(koza)와 비슷한, 염소와 모양이 유사한

kozopaša (男) 참조 kozar; 염소지기, 염소를 돌보는 사람

kozorog 1. (動) 아이벡스(길게 굽은 뿔을 가진 산악 지방 염소) 2. (天文) (대문자로) 염소자리, 마갈궁(황도 십이궁의 열째 자리)

koža 1. (사람의) 피부, (동물의) 가죽, 껍질 kožni (形); *~e bolesti* 피부병; *~a galanterija* 가죽 제품; *~ kaput* 가죽 코트 2. (일반적으로) 외피(外皮), (과일 등의) 껍질; (우유 등의) 얇은 막 3. (제품화된 동물의) 가죽; *štavljena ~* 무두질한 가죽; *knjiga je povezana u ~u* 책은 가죽으로 장정되었다 4. (비유적) (종종 svoj, vlastit 등의 한정사와 함께 사용되어) 삶, 목숨, 위치, 안전, 재산 (život, položaj, bezbednost, imanje); 숙어로; *bela (žuta, crna) ~* 백인종(황인종, 흑인종); *biti krvav pod ~om* 그저 한 인간일 뿐이다, 다른 사람들과 똑 같은 사람일 뿐이다; *biti (naći se) u svojoj ~i* 편안함(안도감)을 느끼다; *brati ~u na šiljak* 벌(징벌, 책임) 받을 준비가 되어 있다, 최악에 대비하다; *celu (čitavu, zdravu) ~u izneti* 별다른 손실(타격)없이 위기를 벗어나다; *da iz ~e iskočiš (iziđiš)* 참을 수 없이 되다, 화를 벌컥내다, 제 정신을 잃을 정도로 흥분하다; *debelu (trvdu) ~u imati* 뻔뻔하다, 후안무치

K

하다; *derati (guliti)* ~*u kome (s leđa)* 무자
비하게 착취하다(이용해 먹다); *do (gole)* ~*e
(pokisnuti, opljačkati, svući koga)* 완전히
(비에 젖다, 착취하다, 벗기다); *isterati iz
~e* 화내다; *izneti (svoju)* ~*u na pazar* 커다
란 위험을 감수하다; *iz ove ~e se ne može
(nema kud)* 그 어떠한 변화도 불가능하다,
(놓여진 위치에서) 빠져나갈 출구가 없다;
jadna li ti tvoja ~ (위험하면서) 너 참 힘들
꺼야; *kost i ~, sama ~ i kosti* 뼈만 남았다
(매우 말랐다); *~ mi se ježi* 그는 소름이 돋
는다 (공포심, 두려움 등으로); *krojiti kome
~u* 남의 운명(목숨)을 결정하다(좌지우지하
다); *na svojoj ~ osetiti, uveriti se svojom
~om* 직접 자신의 피부로 느끼다 (나쁜 것,
좋지 않은 것 등을); *nije u dobroj ~i* 건강이
좋지 않다; *platiti svojom ~om* 목숨(직위·재
산)을 잃다; *pod ~u se podvući (uvući)
kome* 누구에게 아첨하다; *svoju ~u čuvati
(spasti)* 남이 어떻든 자신의 위치·재
산)을 보존하다; *tiče se čije ~e (radi se o
čijoj ~i) ~*에 대해서; *u čijoj ~i biti (naći se)*
누구의 위치에 있다; *vuk pod jagnjećom
~om, vuk u ovčijoj ~i* 양의 탈을 쓴 사람;
zaviriti kome pod ~u 누구의 숨은 의도를
간파하다(알다)
kožan *-žna, -žno* (形) 참조 kožni; 피부의, 가
죽의, 가죽으로 된
kožar 1. 가죽을 손질하는 사람, 가죽 장인, 갓
바치, 가죽제품 생산자 **kožarski** (形); ~*a
industrija* 피혁산업 2. 가죽을 사고파는 사
람 3. (昆蟲) 딱정벌레의 일종
kožara (=kožarnica) 1. 가죽 공장, 피혁 공장,
가죽을 손질하는 곳 2. 가죽 가게 3. 사과의
일종 (껍질이 매끈하지 않고 두꺼운)
kožarnica 참조 kožara
kožarskī *-ā, -ō* (形) 참조 kožar; ~ *zanat* 피혁
가공업
kožarstvo 피혁 가공업, 피혁산업
kožast *-a, -o* (形) 가죽 같은, 가죽과 비슷한
(딱딱함·색깔 등이)
kožica 1. (지소체) koža 2. 작은 모피 (malo
krzno) 3. 얇은 천(보), ~의 얇은 층(sloj);
plovna ~ (양서류 등의) 물갈퀴 (발가락 사
이의 얇게 펼쳐지는)
kožnat *-a, -o* (形) 1. 가죽의; ~ *pojas* 가죽 벨
트; ~*a torba* 가죽 가방 2. 가죽으로 뒤집어
씌운; ~*a fotelja* 가죽 소파 3. 가죽 같은
(가죽같이 뻣뻣한)
kožnī *-ā, -ō* (形) 참조 koža; 가죽의
kožoder 1. 가죽(껍질)을 벗기는 사람

(živoder, strvoder) 2. (비유적) 고리대금업
자 (gulikoža, zelenaš)
kožuh *kožusi* 모피 코트; 양가죽 코트 (길고
넓은, 안에 털이 있는); *isprašiti kome ~* 누
구를 실컷 때리다
kožuhar 모피 코트를 만드는 사람 (ćurčija)
kožun 1. 참조 kožuh; 양가죽 코트 2. 농민
(양가죽 코트가 평상복인) 3. 여성용 모피 코
트 (특별한 장식으로 치장된)
kožura 돼지 껍질
kožurica 1. (지소체) kožura 2. (누에의) 고치
(kožurak) 3. 과일 껍질 (포도의)
kožurina (지대체) koža
kožuščić (지소체) kožuh
kožuščina (지대체) kožuh
krabe (女,複) 황록색 꽃게의 일종
krabulja 1. 가면 (딱딱한 종이, 천으로 만든)
(maska); 그러한 가면을 쓴 사람 **krabuljni**
(形); ~ *ples* 가면 무도회 2. 작은 바구니
(kotarica)의 일종
kračun (문의) 빗장 (zasun, zasovnica)
kraćati *-am* (不完) **okraćati** (完) 짧아지다;
dani kraćaju 날이 짧아진다
kraćī *-ā, -ē* (形) 참조 kratak
kradimice (副) 몰래, 남몰래, 비밀리에
(kradom, krišom, potajno)
kradljiv *-a, -o* (形) 도벽이 있는, 손버릇이 나쁜
kradljivac 도둑, 도벽이 있는 사람, 손버릇이
나쁜 사람 (lopov)
kradom, kradimice (副) 몰래, 남몰래, 비밀리에
krađa 몰래 훔침, 절도, 도둑질; *izvršiti ~u* 훔
치다, 절도를 저지르다; *književna ~* 표절;
džepna ~ 소매치기; *razbojnička ~* 무장 강
도질; ~ *stoke* 가축 절도
krafn (男), **krafna** (女) 도넛 (krofna)
kragn (男), **kragna** (女) 1. (윗옷의) 칼라, 깃 2.
(口語) 거품 (잔에 맥주를 따를 때 생기는)
(pena)
kragulj (鳥類) 흰목대머리수리, 독수리, 콘도르
(kobac)
krah *-ovi* 붕괴, 몰락, 멸망; 파산, 파탄, 파멸
(slom, pad); *nervni ~* 신경 쇠약; *doživeti
~* 파산하다, 망하다, 멸망하다; ~ *na berzi*
주식 시장의 붕괴
kraher, kraherl (과일 주스가 섞인) 약간 달달
한 소다수
kraj *kraja; krajevi* 1. (장소·물건의 중심부에서
가장 먼) 끝; (시간·사건·활동·이야기의) 끝
(말) (계속되던 상황의) 끝, 종말, 종료; 가장
자리, 변두리; ~ *knjige (filma, mosta)* 책(영
화, 다리)의 끝; *s ~a na ~, od ~a do ~a, od*

K

početka do ~a 처음부터 끝까지; *bez ~a i konca* 끝없이; *~em (pri ~u) jula* 7월 말에 2. 지역, 지방 (oblast, predeo); *rodni (stari) ~* 고향 지역 (옛 조국) 3. (바다·물과 대비되는) 뭍, 육지 (kopno) 4. 최후의 시간, 종말; 죽음 5. 숙어; *batina (palica, štap) sa dva ~a* 좋은 것과 나쁜 것 양면을 다 가지고 있는 것; *biti (doći) ~ (čemu), doći ~u što, dovesti što do ~a* 끝나다, 마치다; *debeli ~* 엉덩이(stražnjica); *deblji ~ izvući* 1)보다 좋은 부분(보다 값어치 나가는 부분)을 얻다(차지하다) 2)매우 나쁜 결과를 얻다; *deblji ~ okrenuti* 엄격한 수단(방법)을 적용하다; *ići (dolaziti) ~u* 없어지다, 사라지다 (nestajati); *ići do ~a* 끝까지 가다, 포기하지 않다; *ide konac ~u* 불가피하게 끝나다; *gde, kud bi mi (nam) danas bio ~* 내(우리) 처지가 훨씬 더 좋을텐데; *izaći na ~ s kim* 누구를 이기다(제압하다); *iz prvoga ~a, s prvoga ~a, u prvi ~* 처음에, 초기에; *kraj!* 끝! (더 이상 말할 필요가 없다); *~em uva slušati* 주의를 기울이지 않고 (건성으로) 듣다; *kad ~ ~u dođe, na ~u ~eva, na ~u konca, nakraj ~a, nakraj ~eva* 종국에, 마침내; *na ~u sveta* 아주 먼 곳(지구 반대편의); *na sve ~e* 사방에서; *neće ti se znati ~* 너는 완전히 사라질 것이다 (망할 것이다); *ni na ~ pameti (nije, ne pada mi nešto)* 전혀 생각조차 하지 않았다; *učiti ~* 마치다, 끝마치다; *pusti ~u* 그냥 나둬 (ostavi to!); *s (od) debeloga ~a početi (govoriti)* 가장 중요한 부분부터 시작하다(이야기하다); *s tanjega ~a početi* 부차적인 것부터 시작하다, 중요하지 않은 것부터 시작하다; *s drugoga ~a početi (zaći)* 말을 다른 방향으로 돌리다; *s jednoga ~a na drugi (skakati)* 두서없이(뒤죽박죽으로) 이야기하다; *stati kome na (u) ~* 누구를 통제하다, 누구의 터무니없는 요구를 제한하다; *tanki ~* (料理) 갈비살; *učiniti čemu ~* 무엇을 중단하다; *uhvatiti čemu ~(a)* 무엇을 깨닫다(이해하다); *ne moći uhvatiti ni ~a ni konca* 이해할 수 없다; *u ~!* 비켜!, 한 쪽으로 비켜!

kraj (前置詞,+ G) 1. (아주 가까운 곳을 가리킴) ~의 옆에 (blizu, kod, pored, pokraj, uz); *sedi ~ mene* 내옆에 와서 앉아! 2. (어떤 환경이나 조건에 따라 어떤 동작이 일어나거나 어떤 일이 발생하는 것을 나타냄) ~에 따라 (pored, uz); *nogu mojih više neće biti ovde ~ ovakve zarade* 이러한 월급으로는 더 이상 여기에 있을 수가 없다 3. (기대한 것과

는 반대의 현상을 나타냄) ~와는 반대로, ~에도 불구하고 (nasuprot, uprkos, pored); *kraj najbolje volje ne mogu vam opisati njihova lica* 선의에도 불구하고 (선의와는 반대로) 그들의 얼굴을 당신에서 묘사할 수 없습니다 4. (뭔가가 발생한 원인을 나타냄) ~때문에 (zbog, sa); *sasvim ću ~ ovakvog života izgubiti oči* 이러한 삶(생활) 때문에 눈(시력)을 완전히 상실할 것이다 5. (비교를 나타냄) ~이외에도 (pored)

krajcar (男), **krajcara** (女) 1. 옛 독일·오스트리아에서 사용된 동전 (값어치가 별로 나가지 않는); *ne vredi ni prebijene ~e* 아무런 가치도 없다; *imati lep ~* 돈이 아주 많다 2. (일반적으로) 돈 (novac, para)

krajičak *-čci* 1. (지소체) kraj 2. 구석, 모퉁이 (kutak, kutić) 3. 빵 꽁다리 부분, 빵의 끝부분

krajina 1. 국경 지역, (국경의) 변방 지역 2. (廢語) 군(軍), 군대; 전쟁 (vojska; rat) 3. 기타; *mirna ~* (미리 무엇인가를 마친다면 모든 일이 순조로울 것이라는 말을 강조할 때 사용됨); *smanjite činovnicima platu 10%, pa mirna ~* 공무원들의 월급을 10% 삭감하세요, 그러면 모든 것이 OK일 것입니다; *Vojna ~* (歷) 합스부르그 왕가와 오스만제국 간의 군 경계지역; *Kočina ~* 코차 안젤코비치(Koča Anđelković)의 대터기 봉기(1788년)

krajišnik 1. 국경지역(krajina) 주민 2. 국경 경비병

krajka 빵 꽁다리 부분, 빵의 맨끝 부분 (okrajak)

krajnī *-ā, -ō* (形) (=krajnji) 1. 끝의, 맨 마지막의 2. 극도의, 최고의, 제일의, 극한의

krajnik 1. (複數로) (解) 편도선; *izvaditi ~e* 편도선을 제거하다; *zapaljenje ~a* 편도선염 2. 가장자리, 변두리, 끝자리, 모서리 (okrajak, rub)

krajnost (女) 극한, 극단, 극도; *ići u ~* 극한으로 가다; *padati iz ~i u ~* 극단에서 극단으로 떨어지다; *do ~i* 극도로; *terati u ~* 극단으로 몰다

krajnjī *-ā, -ē* (形) (=krajni) 최고의, 극도의; *u ~em slučaju* 최악의 경우에; *~im naporom* 최대한 노력하여; *~ bezobrazluk* 극도의 몰염치(무례함·건방짐); *~ cilj* 최종 목표; *u ~oj bedi* 극도의 빈곤에서; *~e vreme* 절정기, 최고의 전성기; *~e mere* 극단적 조처; *u ~oj liniji* 최후에, 마침내; *~a sirotinja* 극빈(極貧); *~a desnica (levica)* (政) 극우(극좌)

K

krajobraz, krajolik 풍경, 경치, 경관; 풍경화 (pejzaž)

krajputaš (시골길 옆에 세워져 있는) 비석

krak *kraci* & *krakovi* 1. (사람·짐승의) 다리 2. 다리 비슷한 것 (콤파스의 다리, 펜치의 손잡이 등의); *kraci šestara* 콤파스 다리 3. 치근(齒根) 4. (주(主)줄기에서 뻗어나간) 가지, 분기, 분기한 것; *rečni* ~ 강의 지류; ~ *(železničke) pruge* (철도) 지선 5. ~을 연장한 것 6. (삼각형의) 변 이외의 한 변; *kraci trougla* 삼각형의 변

krakat *-a, -o* (形) 1. 긴 다리의, 다리가 긴 2. 보폭이 큰 3. 긴 (dug, izdužen)

kralj *kraljevi* 1. 왕(王), 임금 kraljev; kraljevski (形) 2. (비유적) 독점자, 전매자, 독점 기업 (monopolista); ~ *kalaja* 주석 독점자; ~ *cipelarske industririje* 신발 산업의 독점 기업 3. (카드의) 킹 4. (체스의) 킹; ~ *herc (karo, tref)* 하트(다이아몬드, 클로버) 킹

kralješak, kralježak *-ška* 참조 pršljen; 척추

kralješnica (解) 참조 kičma; 척추

kralješnjak 참조 kičmenjak; 척추동물

kraljeubica (男) 국왕 살해자, 국왕 살해범

kraljeubistvo 국왕 살해

kraljev *-a, -o* (形) 참조 kralj; 임금의, 왕의, 국왕의; *~a garda* 국왕 근위대; *~i ljudi* 왕의 측근들

kraljevati *-ljujem* (不完) 왕(kralj)으로서 통치하다(다스리다), 왕으로서 군림하다

kraljević 1. 왕의 아들, 왕자 (princ, knez) 2. (지역·지방의) 통치자, 수령 (왕의 대리인으로서의)

kraljevina 왕국(王國)

kraljevna 왕의 딸, 공주 (princeza)

kraljevskī *-ā, -ō* (形) 참조 kralj; ~ *dom* 왕궁; *~o dostojanstvo* 왕의 존엄; *~a večera* 왕궁 만찬; *njegovo ~o visočanstvo* 국왕폐하 2. (날이) 아주 좋은 (prekrasan, divan)

kraljevstvo 1. 왕의 권좌(권력·통치·명예·존엄) 2. 왕국 (kraljevina)

kralježak *-ška* 참조 kralješak

kralježnica 참조 kralješnica; 척추

kralježnjak 참조 kralješnjak; 척추동물

kraljica 1. 여왕; 왕비 kraljičin (形) 2. 미의 여왕 (대회에서 선발된) 3. 여왕벌 (matica) 4. (체스의) 퀸 5. (複數로) 성령 강림절(부활절 뒤 7번째 일요일)에 집집마다 다니면서 노래하고 춤추는 처녀들 kraljički (形)

kraljoubojica (男) 참조 kraljeubica

kraljoubojstvo 참조 kraljeubistvo

kraljušt 참조 krljušt; 비늘 (어류·양서류·뱀 등의)

krama 잡동사니, 잡화

kramar 1. 잡화상, 잡화를 파는 사람 (sitničar, staretinar) 2. (輕蔑) (일반적인) 상인, 장사치, 장사꾼 3. 고용마부(kiridžija)들간의 장(長)

kramarija 잡화 상인(kramar)이 파는 잡화

kramp (男), krampa (女) 곡괭이 (krasna)

krampati *-am* (不完) 곡괭이질하다, 곡괭이로 땅을 파다

krampon (스파이크가 박힌 신발 바닥에 붙여 진) 둥근 모양의 가죽이나 고무 조각

kran *kranovi* 기중기, 크레인

kranovođa (男) 크레인 기사

kranjac *-njca* 1. (대문자로) Kranjska 출신의 사람, Kranjska 주민 2. (輕蔑) 가톨릭교도, 가톨릭신자 (katolik)

kras (男,女) 대단한 아름다움, 굉장한 미(美) (krasota, velika lepota)

kras (地質) 카르스트 지형 ((침식된 석회암 대지(臺地)(karst, krš) kraški (形)

krasan *-sna, -sno* (形) 1. 아름다운, 보기좋은, 듣기좋은; *~sni pol* 여성 2. 좋은 (그 무엇이든 긍정적인 표현의) 3. 빛나는, 광채나는, 훌륭한, 뛰어난

krasiti *-im* (不完) 1. 아름답게 하다, 장식하다, 꾸미다 (ukrašavati); *konac delo krasi* 결과가 좋아야 모든 일이 좋다 2. (내용을 보충하여) 더 완벽하게 하다, 더 가치있게 하다

krasna 참조 kramp; 곡괭이

krasnopis (=krasopis) 참조 kaligrafija

krasnopisac 참조 kaligraf

krasnorečiv *-a, -o* (形) 듣기 좋게 말을 잘하는, 유려하게 말을 하는

krasopis 참조 kaligrafija

krasota 1. 미(美), 아름다움 (divota, lepota) 2. (보통 複數로) 훌륭한 풍경을 자랑하는 장소 3. (한정사적 용법으로) 아름다운, 예쁜

krasotan *-tna, -tno* (形) 너무 아름다운, 너무 예쁜, 참으로 아름다운

krasotica 미녀(美女), 예쁜(아름다운) 여자 (lepotica)

krasta 1. (상처의) 딱지; *na rani se već uhvatila* ~ 상처에 벌써 딱지가 생겼다 2. (複數) (病理) 천연두, 수두 (boginje)

krastača 두꺼비

krastati *-am* (不完) okrastati (完) (상처에) 딱지가 생기다, 딱지가 앉다; ~ se (상처에) 딱지가 생기다

krastav *-a, -o* (形) 1. 피부에 (상처)딱지가 있는, (상처)딱지와 비슷한, (상처)딱지와 같은 2. 얼굴에 수두 자국이 있는, 얼굴이 얽은 (boginjav)

krastavac -vca 오이; kiseli ~vci, ~vci u
turšiji 오이 피클; salata od ~vaca 오이 샐
러드; morski ~ 해삼
krastavica 1. 참조 krastavac; 오이 2. 참조
krastača; 두꺼비
krastaviti se -im se (不完) (상처에) 딱지가 생
기다
krasti kradem; kraden, , -o (不完) ukrasti
(完) 1. 훔치다, 도둑질하다; ~ bogu dane
(božje dane, od boga vreme) 아무일도 하
지 않다, 빈둥빈둥 놀다; ~ drugima
dane(vreme) 다른 사람이 일하는 것을 방
해하다; ~ oko 눈길을 훔치다(빼앗다); ko
laže, taj i krade 거짓말하는 바로 그 사람이
훔치는 사람이다; ne ukradi! 도둑질하지 마
라! (성서의 구절) 2. (남의 작품을) 표절하다
3. ~ se 몰래 가다, 몰래 떠나다 (iskrasti se,
šuljati se)
krastica (지소체) krasta; (상처의) 딱지
krasuljak -ljka (植) 데이지(꽃)
kraškī -ā, -ō (形) 참조 kras; 카르스트의, 카
르스트 지형의
kratak -tka, -tko; kratkī, kraći (形) 1. (길이
가) 짧은 (反; dug(ačak)); (필요한 길이보다)
약간 짧은; ~tko pismo 짧은 편지; ~ kaput
짧은 코트, 숏 코트 2. (시간이) 짧은; (필요
한 시간보다) 약간 짧은; ~tki film 단편 영
화 3. (비유적) 힘이 없는, 허약한, 약한 (힘·
세력·가치 등이) 4. 기타; biti kraći za glavu
살해된; biti ~ 1)간단히 말하다, 말을 조금만
하다 2)신속하고 결단성있게 행동하다 3)~
을 할 충분한 힘(능력)을 갖지 못하다; biti
~tka vida 1)근시이다 2)지적능력이 떨어진
다, 근시안적이다; biti kratkog veka 짧게
살다, 오래살지 못하다; biti s kim na ~tkoj
nozi 누구와 다투다(소원해지다); dugi danci,
a ~tki ulomci 봄의 보릿고개가 가까워짐을
말할 때 쓰임; ~ postupak, ~tkim
postupkom, po ~tkom postupku 1)단호히
(말은 적고, 길게 생각하지 않고) 2) (法) 약
식으로, 즉결로; ~tkim putem 신속히, 재판
없이; on je ~tke pameti 그는 우둔하다, 지
적능력이 떨어진다; ~tki danci, a dugi
konaci 시간은 없는데 할 일은 산더미같이
쌓인; ~tki poziv 매우 긴급한; ~tkih rukava
(ostati, vratiti se) 성공하지 못하고(실패하
고, 빈손으로) 남다(돌아오다); ~tki su kome
rukavi 힘이 없다, 능력이 없다; laži su
~tkih nogu, u laži su ~tke ruke 거짓말은
금새 탄로난다; na ~tku ruku živeti 근근이
하루하루 살아가다; pre ~tkog vremena 얼

마전에, 최근에; u ~tkim crtama (rečima)
간략하게(말을 별로 하지 않고); u
najkraćem roku 가능한 한 빨리, 빠른 시일
내에; izvući kraći kraj 최악의 것을 선택하
다(얻다); ~tki spoj 합선, 단락(短絡); za
~tko vreme 짧은 기간 동안에
krater 1. (화산의) 분화구 2. (폭탄 등에 의해
땅이 패여 생긴) 큰 구멍 kraterski (形)
kratica 1. 지름길 (prečica) 2. ~의 축약형, 축
약 (skraćenica)
kratiti -im (不完) 1. 짧게 하다, 짧게 만들다
(smanjivati); crte pokazuje dokle treba ~
bočne grančice 옆면을 얼마나 짧게 해야
하는지 도면이 보여주고 있다 2. 자르다
(rezati, seći) 3. (단어를) 축약형으로 쓰다
(표시하다) 4. ~ 하는 것을 허락하지 않다,
금지시키다 (zabranjivati, uskraćivati); što
je bila žensko, kratili su joj mnoštvo stvari
그녀가 여자였다는 사실이 그녀가 많은 것을
포기하게끔 했다
kratko (副) 1. (시간적으로) 짧게, 잠깐 동안;
~ smo razgovarali 우리는 짧게 대화를 나
눴다; krakto je disao 그는 헐떡거렸다 2.
(말을) 짧게, 짤막하게, 간단 명료하게;
govoreći kraće (口語) 짧게 말하면, 간단히
말하면 (위에서 했던 말을 간단히 요약 정리
하면서 하는 말)
kratkoća 간결함, 짧음 (反; dužina)
kratkodlakī -ā, -ō (形) 털이 짧은, 짧은 털의
kratkodnevica 낮이 가장 짧은 날, 동지
(zimski solsticij)
kratkoglav -a, -o (形) 단두(短頭)의, 두개골이
작은
kratkoglavost (女) 단두(短頭); (病理) 단두증(症)
kratkometražnī -ā, -ō (形) (숙어로만) ~ film
단편영화
kratkonog -a, -o (形) 1. 다리가 짧은, 숏다리
의 2. 짧게 계속되는(진행되는); njemu ...
radost ~a bila 그에게 기쁨은 짧았다 3. (명
사적 용법으로) (男) (비유적) 인내심(참을성)
이 없는 사람
kratkorečiv -a, -o (形) 짧게 말하는, 할 말만
하는, 말을 많이 하지 않는
kratkorek -a, -o (形) 참조 kratkorečiv
kratkorep -a, -o (形) 꼬리가 짧은
kratkoročan -čna, -čno (形) 짧은 기간의, 단
기간의; ~ zajam 단기 융자(금); ~čna
pojava 일시적 현상
kratkoruk -a, -o (形) 1. 팔이 짧은, 짧은 팔의
2. (비유적) 멀리 팔을 뻗을 수 없는, ~할 수
없는

kratkosežan *-žna, -žno* (形) (시간·거리가) 제한된, 제한된 범위의, 단거리의

kratkosilaznī *-ā, -ō* (形) (言) (숙어로만) ~ *akcenat* 단하강조 악센트

kratkotalasnī *-ā, -ō* (形) 단파(短波)의; *~o radio* 단파 라디오; ~ *predajnik (prijemnik)* 단파 송출기(수신기)

kratkotrajan *-jna, -jno* (形) 짧은, 잠시 동안의, 단명(短命)의; ~ *život* 잠깐 동안의 삶; *~jna sreća* 잠시의 행복; *~jno mleko* 보존 기간이 짧은 우유

kratkouman *-mna, -mno* (形) 우둔한, 어리석은

kratkoumlje, kratkoumnost (女) 우둔함, 아둔함, 어리석음

kratkouzlaznī *-ā, -ō* (形) (言) (숙어로만) 단상 승조의; ~ *akcenat* 단상승조 악센트

kratkovalnī *-ā, -ō* (形) 참조 kratkotalasni; 단파의

kratkovalnik 단파 방송국

kratkovečan *-čna, -čno* (形) 참조 kratkotrajan

kratkovid *-a, -o*, kratkovidan *-dna, -dno* (形) 근시의, 근시안적인

kratkovidnost (女) 근시, 근시안적임

kratkovrat *-a, -o* kratkovratast *-a, -o* (形) 목이 짧은, 짧은 목의

kratkovremen *-a, -o* (形) 참조 kratkotrajan

kraul (수영의) 크롤, 자유 수영법(자유형, 배영의); *plivati ~ (~om)* 크롤로 수영하다; *rekord u plivanju ~om* 크롤 수영법에서의 신기록

krava 1. 암소, 젖소; ~ *muzara* 1)젖을 많이 생산하는 젖소 2)돈줄, 캐시카우; *morska ~* (動) 해우(海牛)류 동물(바다솟과에 속한 동물. 살이 많고, 모양은 고래와 비슷함) kravlji (形); *~e mleko* 소젖; *~a balega* 소똥 2. (비유적) (輕蔑) 멍청한 (우둔한) 여자

kraval 혼란, 소란(고함·소란·욕설이 난무하는); 고함, 다툼, 소동 (nered, galama, izgred, ispad, svada)

kravar 소치기, 소를 지키는 사람 kravarica

kravara 1. 소 축사(畜舍) 2. (植) 그물버섯, 식용버섯의 일종

kravarke *-i & -aka* (女,複) 미국 카우보이들이 입는 바지, 블루진, 청바지

kravata 타이, 넥타이

kravetina (지대체) krava

kravica (지소체) krava

kraviti *-im* (不完) okraviti (完) 1. 녹이다, 해동시키다 (odmrazavati, otapati); *sunčeve zrake led krave* 햇볕이 얼음을 녹인다 2.

(비유적) (태도·입장 등을) 완화시키다, 부드럽게 하다, 유연하게 하다, 누그러뜨리게 하다 (smekšavati, ublažavati); *njeno je srce kravio onaj pošten pogled* 그녀의 심장을 녹인 건 그 따뜻한 눈길이었다 3. ~ *se* 녹다 (otapati se); *led se kravi* 얼음이 녹는다 4. ~ *se* 덜 거칠어(오만해)지다, 유연해지다, 부드러워지다 (smekšavati se, ublažavati se, raznežavati se); *društvo je počelo da se kravi* 사회가 좀 더 따뜻해졌다 5. ~ *se* 점점 줄어들다, 점점 허약해지다

kravljak (植) 엉겅퀴의 일종

kravljī *-ā, -ē* (形) 참조 krava; 젖소의; *~e boginje* 우두(牛痘); *~e vime* 젖소의 젖통; ~ *sir* 소젖으로 만든 치즈

kravogojstvo 소 사육, 소 축산업

kravurina (지대체) krava

krbulja 바구니, 광주리 (어린 나무의 생껍질을 엮어 만든)

krbuljica 1. (지소체) krbulja 2. (植) 처빌(허브의 일종)

krcalica (女), krcalo (中), krcaljka (女) 호두까는 기구 (펜치 모양의 호두를 까는)

krcaljka 참조 krcalica

krcat *-a, -o* (形) 1. 참조 krcati 2. 빽빽히 찬, 가득 찬, 만원(滿員)의 (pretrpan); *sala je bila ~a* 홀은 사람들로 가득찼었다; ~ *pun* 가득 찬

krcati *-am* (不完) 1. 짧고 날카로운 소리를 내다 (떨어질 때, 충돌할 때, 무엇에 눌릴 때, 기계가 움직일 때 등의); 우두둑(쿵·쾅)하는 소리를 내다 2. (호두 등의 딱딱한 껍질을) 까다, 깨다 (lomiti, drobiti, krhati)

krcati *-am* (不完) 1. (화물을 운반 수단에) 싣다, 적재하다, 선적하다 (보통은 선박에); (사람을) 태우다 2. ~ *se* (버스·열차 등에) 타다

krckalica 참조 krcaljka

krckati *-am* (不完) krcnuti *-nem* (完) 1. krcati; 우두둑(쿵, 쾅)하는 소리를 내다 2. (우두둑 소리를 내면서) 씹어 먹다 (jesti, gristi) 3. (비유적) 서서히 다 쓰다(낭비하다, 소비하다) 4. (비유적) 저축하다 (štedeti)

krčag 주전자 (보통 흙으로 만든, 손잡이가 있고 위에 목이 있는), 호리병 (물·술 등의) (vrč)

krčalo (쟁기의) 막대기, 손잡이 (쟁기를 누를 때 혹은 끌 때 잡는)

krčati *-im* (不完) (마치 물이 끓는 것과 같은) 소리를 내다, 꼬르륵거리다, 윙윙거리다, 붕붕거리다; 쌕쌕거리다, 씩씩거리다; 찢어질듯한 소리를 내다, 지글지글 끓는 소리를 내다; *krče mi creva, krči mi stomak* 배에서

411

꼬르륵 거리는 소리가 난다; *radio krči* 라디
오가 지글지글 끓는다
krčažić (지소체) krčag
krčevina 개간지 (숲의 나무를 베어낸)
krčilac *-ioca* **krčitelj** 1. (숲의) 나무를 베어내
는 사람, 뿌리채 파내는 사람 2. (비유적) 개
척자, 선구자; ~ *novih puteva* 새로운 길을
여는 선구자
krčiti *-im* (不完) **raskrčiti** (完) 1. (나무·그루터
기를) 뿌리채 파내다(제거하다·없애다); ~
šumu (zemlju) 숲의 나무를 다 베어내다 (토
지를 깨끗이 정리하다) 2. (put) (길을) 내다,
만들다; ~ *put* 길을 내다 3. (길에서) 제거하
다, 없애다, 깨끗이 하다, 청소하다 4. ~ *se*
제거되다, 사라지다, 없어지다 (uklanjati se)
krčkati (se) *-am (se)* (不完) **iskrčkati (se)** (完)
(음식을) 약한 불에 천천히 끓이다 (끓다)
krčma *-ī* & *-āmā* 1. (저질의) 카페, 식당, 선술
집, 주막 (kafana i gostionica); *moj život*
nije trebalo da bude ~ 내 인생을 주막에서
보내는 것이 아니었는데; *na njemu je ostala*
~ 이번에는 그가 (술을) 살 차례이다 2. 소
매(小賣); *prodavati na ~u* 소매로 팔다
krčmar 선술집(주막 krčma) 주인; *praviti*
račun bez ~a 이해당사자와의 협의없이 계
획을 세우다 **krčmarica**; **krčmarka**;
krčmarski (形)
krčmarina 선술집세(稅; 선술집을 운영하는데
따르는 세금)
krčmariti *-im* (不完) 선술집(주막; krčma)을
운영하다
krčmarka (=krčmarica) 참조 krčmar
krčmarskī *-ā, -ō* (形) 참조 krčma, krčmar; ~
posao 선술집업(業)
krčmarstvo 선술집업(業), 주막업(業), 카페업(業)
krčmiti *-im* (不完) **raskrčmiti** (完) 소매로 팔다
(보통은 음료·술 등을), 잔으로 팔다
krdo 1. (동물·물고기 등의) 떼, 무리 (stado) 2.
(輕蔑) (무질서한 사람들의) 무리, 군중 3.
(일반적으로) 다수, 무리
krdža 1. (독하고 질이 나쁜) 담배 2. (鳥類) 쇠
오리, 상오리
kreacija 창조, 창작, 창출
kreativan *-vna, -vno* (形) 창의적인, 창조적인
(stvaralački, tvorački); ~*vna energija* 창조
적 에너지; ~*a sposobnost* 창의력; ~ *rad* 창
조적인 일
kreator 창조자, 창안자, 창작자 (tvorac,
stvaralac); *modni* ~ 패션 디자이너
kreatura 1. 창조된 것; 피조물 2. (지위·운명을
남에게 의존하는) 예속자, 부하

krecav *-a, -o* (形) 1. 곱슬머리의, 곱슬곱슬한
(kovrčast) 2. 톱니 모양의, 들쑥날쑥한
(nazubljen, nazupčan)
kreč *kreča* 석회(石灰) (vapno); *negašeni*
(*živi*) ~ 생석회; *gašeni* ~ 소석회; *bled kao*
~ 너무 창백한 **krečni** (形); ~ *kamen* 석회
석(암)
krečan *-čna, -čno* (形) 1. 석회(kreč)같은 2.
(한정사형 krečni) 석회를 함유하고 있는, 석
회의 ~*čna voda* (매우 묽은) 석회물
krečana 1. 석회 가마, 석회 굽는 가마
(vapnenica) 2. (隱語) 쉽게 잊어버리는 사람,
건망증이 있는 사람; 노망난 사람
krečar 석회 제조인, 석회 판매인 (vapnar)
krečara 참조 krečana
krečati *-im* (不完) 1. (닭·새 등이) 끄레-끄레
(kre-kre)하는 소리를 내다, 구구거리다, 꼬
꼬거리다 2. 날카로운 소리를 내다
krečiti *-im* (不完) **okrečiti** (完) 석회를 바르다,
석회칠을 하다
krečiti *-im* (不完) (다리를) 벌리다 (širiti); ~
noge 다리를 벌리다; *mazge počeše jedna*
po jedna da kreče noge 노새가 한 발 한
발 다리를 벌리기 시작했다
krečnjak 석회석(암) (vapnenac, vapnenjak)
krečnjački (形); ~ *krajevi* 석회석 지대
krečulja, krečuša 석회가 많은 땅(흙)
kreda 분필; *beo(bleda) kao* ~ 매우 창백한;
na ~u 외상으로; ~*e u boji* 색깔이 있는 분
필 **kredni** (形)
kreden(a)c *-enca* **kredenca** 식기장, 찬장;
kuhinjksi ~ 부엌 찬장
kredit 1. 신용, 외상, 신용 대부(거래); 신용도;
kupiti nešto na ~ 외상으로 구매하다;
otvoriti kome ~ 누구에게 외상거래를 주다
(트다) 2. (비유적) 신뢰, 평판, 명성
(poverenje, ugled, dostojanstvo); *imati*
(*uživati*) ~ 명성(평판)이 있다, 신뢰감이 있
다 3. (보통 複數로) 채무, 융자금, 대부금,
차관; *on ima* ~ *kod njih* 그는 그에게 빚
이 있다; *potrošački* ~*i* 소비자 대출금(융자
금) **kreditni** (形); ~*o pismo* 신용장; ~*a*
karta 신용카드, 크레딧카드
kreditirati *-am* (完,不完), **kreditovati** *-tujem*
(不完) 외상으로 주다, 빚을 꿔주다, 융자금을
빌려주다; ~ *nešto (nekoga)* 빚을 빌려주다
kreditnī *-ā, -ō* (形) 참조 kredit
kreditor 채권자 (poverilac, potraživalac)
kreditovati *-tujem* (不完) 참조 kreditirati
krednī *-ā, -ō* (形) 1. 분필의 2. 분필색의
kredo (男) (일반적으로) 신조(信條)

kreirati -am (完,不完) 새로 만들어 내다, 창조
하다, 창작하다

kreja (鳥類) 어치(까마귓과의 새)

krejon 크레용

kreka (女), **kreket** (男) 개골개골 우는 소리
(krečanje, kreketanje)

kreketati -ćem (不完) (개구리가) 개골개골 울
다; *žabe krekeću* 개구리가 개골개골 운다

kreketav -a, -o (形) 개골개골 우는, 개골개골
우는 소리와 비슷한

kreketuša 1. 개골개골 우는 개구리 2. (비유
적) 말이 많은 여자

kreknuti -nem (完) 1. (닭·까치·개구리 등이)
울다 (꼬꼬댁 울다, 까악하고 울다, 개골거리
다) 2. 소리치다, 고함지르다 (jaknuti,
dreknuti)

kreljušt 참조 krljušt; (물고기 등의) 비늘

krem *kremovi* (男), **krema** (女) 1. (화장품·약
품 등의) 크림; ~ *za lice* 얼굴 크림; ~ *za
brijanje* 면도용 거품 2. (가죽 제품에 바르
는) 유약 (구두약 등의) 3. (케이크 등의) 크
림; ~ *od čokolade* 초콜릿 크림 4. (形) (不
變) 크림색의, 담황색의 (žutobeo) 5. (비유
적) 가장 좋은 부분, 정수(精粹), 진수

kremacija 화장(火葬)

krematorij -ija, **krematorijum** 화장터, 화장장

krem-čorba 크림 수프 ~ *od celera* 셀러리
크림 수프

kremen -ena; *kremeni* & *kremenovi* 1. (불을
붙이는데 사용된) 부싯돌, 플린트(쇠에 대고
치면 불꽃이 생기는 아주 단단한 회색 돌) ;
라이터돌; ~ *za upaljač* 라이터돌; *zdrav kao
~* 아주 건강한 **kremeni** (形) 2. (비유적) 아
주 단단한(완고한) 사람 *tvrđi od ~a* 찔러도
피 한방울 나오지 않을 정도로 완고한(잔인
한) 3. (한정사적 용법으로, 복합어의 첫부분
으로) 단단한 (tvrd, nesalomljiv, stalan);
kremen-glava 단단한 머리, 돌대가리

kremenčić (지소체) kremen

kremenī -ā, -ō (形) 참조 kremen; 부싯돌의

kremenit -a, -o (形) 1. 플린트(kremen)를 함
유한, 부싯돌로 된, 수석질(燧石質)의 2. (비
유적) 단단한, 완고한, 숙이지 않는 (čvrst,
nesalomljiv, nesavitljiv)

kremenštak 플린트(kremen)를 많이 함유한
암석

kremenjača 화승총, 부싯돌총

kremenjak 1. (鑛) 규암 2. 참조 kremenjača 3.
(비유적) (정신적·육체적으로) 강인한 사람;
takvih ~a sve manje ima 그렇게 정신적 육
체적으로 강인한 사람의 숫자는 점점 더 줄

어든다

kremenje (集合) kremen

kremik (化) (廢語) 규소 (silicij, silicijum)

kremirati -am (完,不完) 화장(火葬)하다

krempita 크림 케이크

krenuti -nem (完) 1. 움직이게 하다, 이동하게
하다 (maknuti, pomaknuti); *ne mogu s
mesta da ga krenem* 그것을 움직일 수 없
다 2. (들짐승을) 쫓다, 추격하다 (isterati,
poterati) 3. 흔들리게 하다 4. ~하기 시작하
다, 일을 시작하게 하다, 일에 착수하게 하
다; *motor neće da krene* 엔진에 시동이 안
걸린다; *posao je lepo krenuo* 사업은 잘 시
작되었다; *krenulo vino* 포도주가 발효되기
시작했다; *krenulo testo* 빵이 부풀어 오르기
시작했다 5. 손대다, 만지다 (dirnuti,
taknuti) 6. (비유적) 감동시키다, 감격시키다
7. (čim) (신체의 일부를) 움직이다, 움직이게
하다; *možeš li da kreneš glavu?* 머리를 움
직일 수 있느냐?; ~ *rukom* 팔을 움직이다;
~ *verom* 배교하다, 약속을 어기다; ~
vratom kome 누구를 멸망시키다; ~ *umom
(glavom)* 미치다 8. (自) 가다, 떠나다, 출발
하다 (poći, uputiti); (na koga) 공격하다, 습
격하다 (napasti, navaliti); 시작하다 (početi,
započeti); (식물이) 자라기 시작하다, 새싹이
돋다, 움이 트기 시작하다; *deca su krenula
u školu* 아이들은 학교로 가기 시작했다;
brodovi su krenuli iz luke 선박들은 출항하
기 시작했다; *čim je krenuo...* 출발하자 마
자; *policajac je krenuo za njima* 경찰은 그
의 뒤를 따라 갔다; *vatrogasci su krenuli
na mesto nesreće* 소방관들은 사고 현장으
로 떠났다; *trava je krenula* 풀이 나기 시작
했다; *ruže su krenule* 장미가 봉우리를 맺
기 시작했다 8. ~ **se** 이동하다, 움직이다, ~
하기 시작하다

krenviršla 소시지의 일종 (가느다란, 저민 고
기가 들어 있는) (hrenovka)

kreol 크리올 사람(특히 서인도 제도에 사는,
유럽인과 흑인의 혼혈인)

kreozot 크레오소트(콜타르로 만든 진한 갈색
액체로서 목재 보존재로 쓰임)

krep 크레이프(작은 주름이나 선이 두드러져
있어 표면이 오돌토돌한, 얇고 가벼운 직물)

krepak -pka, -pko; *kpepkiji* & *krepči* (形) 1.
(육체적으로) 강한, 강인한, 튼튼한, 건강한
(jak, čio, čvrst, snažan, zdrav); *starac je
zaista ~, ... ima osamdeset godina* 노인은
정말로 건강하다... 80살인데도 2. 시끄러운,
떠들썩한, 힘찬 (glasan, zvučan, snažan);

K

digao je glavu i upitao ~pkim, otvorenim glasom 머리를 들고 힘차고 명확한 목소리로 물었다 3. (표현 등이) 힘있는, 생생한 4. 의지가 굳은, 확고한, 확실한 (istrajan, nepromenljiv, siguran) 5. 원기를 넘치게 하는 성분이 들어있는, 힘이 솟구치게 하는 성분이 있는; *~pka hrana* 스테미너 식품; *~pki sokovi* 에너지 음료

kpepati *-am* (完) **krepavati** *-am* (不完) (동물이) 죽다, (사람이) 죽다 (경멸·욕설 등의 의미를 가진) (crći, crknuti, lipsati); *kreapalo nam je pseto* 우리 개가 죽었다; *u bolnicu neću, volim da ovde krepam* 병원이 아닌 여기서 죽고 싶다

krepčati *-am* (不完) (누구를) 강하게(강건하게, 튼튼하게) 만들다, 강하게 하다 (jačati)

krepiti *-im* (不完) **okrepiti** (完) 1. (육체적·정신적으로) 강하게 하다, 강건하게 하다, 원기를 돋우다, 생기를 되찾게 하다 2. (비유적) 격려하다, 용기를 북돋우다, 응원하다 (bodriti, hrabriti, sokoliti); *krepila ga je silna želja da još jednom vidi ženu i decu* 다시 한 번 아내와 아이들을 보고자 하는 강렬한 소망이 그에게 용기를 북돋뒀다 3. *~ se* (nečim) 활기를 되찾다, 힘을 내다; *~ se čašicom vina* 포도주 한 잔으로 힘을 되찾다; *~ se nadom* 희망으로 원기를 되찾다

krepkoća, krepkost (女) 1. 육체적 힘(강건·강인함) 2. (일반적인) 힘, 강함 (snaga, jačina)

kreposno (副) 힘(원기·용기)을 북돋우면서

krepostan *-sna, -sno* (形) 1. 강한, 강력한, 힘 있는, 능력있는 (snažan, moćan) 2. 양심적인, 도덕적인 (čestit, pošten); *~ život* 양심적인 삶 3. (의지가) 굳은, 단호한, 흔들림 없는 (nepokolebljiv, postojan, stalan); *~sna vera* 흔들림없는 믿음 4. 원기(용기, 힘)를 북돋우는; *~sno pravo* (러시아) (歷) 농노제도 (제정 러시아의, 영주가 자신의 영토안에 살던 농민들의 재산 등을 자의적으로 소유할 수 있는 권한의)

krep-papir (장식용) 주름 종이 (넵킨 등의)

kres *kresovi* 1. 모닥불, 화톳불 (야외에서 어떠한 기념일 등을 기리기 위해 피우는) 2. (方言) 무더위 (vrućina, žega, pripeka) 3. 빛남, 광채 (sjaj, blistanje) 4. (비유적) 하늘에서 빛나는 별

kres 1. (擬聲語) 툭툭, 토닥토닥(불이 타면서 내는 소리) 2. (명사적 용법으로, kres i tres 로 사용되어 강한 뜻으로) (말다툼의 격렬함을 표현함) 티격태격

kresač (생울타리·잔디 등을) 다듬는 기계, 손

질하는 기계

kresati *-šem* (不完) 1. (끝부분을 잘라 내거나 하여) 다듬다, 손질하다 (나뭇가지·수염 등을) (podsecati); *~ grane* 나뭇가지를 쳐내다; *~ drvo* 나무를 쳐내다 2. (돌을) 다듬다 (tesati) 3. (비유적) (규모·크기·양 등을) 줄이다, 축소하다 (월급·예산 등을); *~ budžet* 예산을 축소하다 4. 욕하다, 저주하다 (psovati, kleti) 5. 기타; *~ istinu u lice (u brk)* 솔직히(두려워하지 않고) 말하다; *~ rogove kome* 누구의 자유(행동)를 제한하다 6. *~ se* 싸우다, 치고받고 하다, 부딪치다, 충돌하다 (sudarati se, sukobljati se, biti se, tući se)

kresiti se *-im se* (不完) 반짝반짝 빛나다 (불꽃처럼), 광채를 내다

kresivo 1. (플린트에 쳐서 불을 붙이는) 금속조각, 부싯돌; *automatsko ~* 라이터 2. (비유적) 섬광, 광채 (blesak, sjaj)

kresnica 1. (昆蟲) 반딧불이, 개똥벌레 (svitac, svitaljka) 2. 운석 (meteor)

kresnuti *-nem* (完) 1. 불씨를 튀기다 (부싯돌 등을 탁탁 쳐서), 불을 붙이다 2. (불꽃 등이) 번쩍이다, 빛나다 (zasjati, zasvetliti, sinuti, sevnuti) 3. (부딪치며) 쾅(꽝)하는 소리를 내다 4. 솔직하게 터놓고 이야기하다 5. 기타; *~ okom (očima) (kome, na koga)* 1)누구에게 눈짓하다 (윙크하다) 2)당황한(흥분한) 눈빛이다; *kresne misao kroz glavu (u glavu) ~* 한 생각이 머리에 번쩍 떠오르다

kresta (조류 머리 위의) 볏, 관모; 볏과 비슷한 것

kreščendo, krešendo (男,中) (音樂) 크레셴도, 점강음(漸强音), 점점세게

kreševo 1. 전투, 결투 (okršaj, boj, bitka); *u svakom ~u junački se borio* 그는 모든 전투에서 영웅적으로 싸웠다 2. 싸움, 치고받기 (tuča, tučnjava) 3. (비유적) 충돌, 마찰 (서로 다른 의견 등으로 인한) (sukob)

kreštalica (男,女) 1. 소리(고함)지르는 사람 2. (女) (鳥類) 어치 (kreja)

kreštaljka 소리(고함)지르는 사람 (kreštalia)

kreštati *-im* (不完) 1. (새가) 예리하고 높은 소리를 내다, 짹짹거리다, 꽥꽥거리다 2. 높고 째지는 듯한 목소리로 말하다, 소리치다, 고함치다

kreštav *-a, -o* (形) 1. (소리·목소리가) 높고 날카로운, 째지는 듯한; *~ glas* 째지는 듯한 목소리 2. (비유적) (색깔이) 야한, 천박한 (kričav); *~e boje* 천박한 색깔

kret 움직임, 움직이는 것(상태); *~om pošte* (廢語) 우편으로; *desno ~!* (軍) (廢語) 우향우!

414

Kreta 크레타 섬 (지중해 동남부에 있는 그리스령의 섬) Krećanin; Krećanka; kretski (形)
kretan -tna, -tno (形) (고정되어 있지 않고 쉽고 빠르게) 이동하는, 이동식의 (pokretan)
kretanje 1. (동사파생 명사) kretati (se); 이동, 움직임; kružno ~ 원을 그리면서 빙빙도는 이동(움직임); obrtno ~ 회전; ~ tenkova i trupa 탱크와 병력의 이동 2. 동향, 추세; ekonomska ~a 경제 동향
kretati -ćem; kreći; krećući (不完) 1. 참조 krenuti; ~쪽을 향해 움직이다(가다); 떠나다, 가다; on kreće sutra na turneju 그는 내일 여행을 떠난다; izbeglice kreću na jug 난민들은 남쪽을 향해 가고 있다; vlada kreće u ofanzivu 정부는 공세적으로 나섰다; automobil kreće prema izlazu 자동차는 출구쪽으로 움직인다 2. ~ se 움직이다, 이동하다; ona se graciozno kreće 그녀가 우아하게 이동한다; oni se kreću u najvišim krugovima 그들은 최고위 집단내에서 움직인다; tenkovi se kreću drumom 탱크는 길을 따라 움직인다; ~ se j jednog mesta na drugo 한 장소에서 다른 장소로 이동하다; on se ne kreće s mesta 그는 자리에서 꿈쩍도 하지 않는다
kreten 1. (육체적·정신적으로) 뒤처진 사람, 천치, 바보, 백치 (slaboumnik) 2. (輕蔑) 멍청한 놈, 우둔한 놈 (glup i blesav čovek) kretenka; kretenski (形)
kretenast -a, -o (形) 바보 같은, 천치 같은; 멍청한, 어리석은, 우둔한
kretenizam -zma 1. (病理) 크레틴병 (알프스 산지의 풍토병; 불구가 되는 백치증) 2. (비유적) 우둔함, 어리석음 (besmislica, glupost)
kretenka 참조 kreten
kretenskī -ā, -ō (形) 참조 kreten; 멍청한, 어리석은, 바보짓의
kretnja 1. (신체 부위의) 움직임 (pokret) 2. 움직임 (kretanje, micanje) 3. (한 장소에서 다른 장소로의) 이동 (pokretanje, premeštanje)
kreton 직물의 일종, 크레톤 사라사 (의자 덮개·휘장용 등의)
kreveljiti -im (不完) iskreveljiti (完) 1. (얼굴을) 찡그리다; ~ lice 얼굴을 찡그리다 2. ~ se (kome, na koga) 얼굴을 찡그리다, 찡그린 표정을 짓다; ~ se na nekoga ~에게 얼굴을 찡그리다 3. ~ se ~인체 하다, 가장하다 (prenemagati se) 4. ~ se 울다 (plakati)
krevet 침대; ležati u ~u 침대에 눕다; ležati na ~u 침대에 누워 있다; leći u ~ 잠자러 가다 bolnički ~ 병원 침대; vojnički ~ 야전침대; odvojiti se (razdvojiti se) od stola i ~a 각방을 쓰다 (부부가 한 집에서); okaljati bračni ~ 간통하다; pasti u ~ 아프다, 병을 앓다; poslednji ~ 무덤 (grob) krevetni, krevetski (形); ~ čaršav 침대 시트 (까는 것); ~ pokrivač 침대보
kreveta (魚類) 새우
krevetac -eca, krevetak -tka (지소체) krevet
krevetnī -ā, -ō (形) 참조 krevet
krevetnina 침대 시트와 베갯잇
krevetskī -ā, -ō (形) 참조 krevet
krezle (女,複) 양(음식 재료로 쓰이는, 소·돼지의 위의 안쪽 부분)
krezol (化) 크레졸
krezub -a, -o (形) 1. 이(齒)가 없는, 이가 빠진 2. (비유적) 망가진, 부서진 (oštećen); 삐죽삐죽한, 들쭉날쭉한 (nazubljen)
krezuba 이(齒)가 없는 여자 krezubac
krezubac 이(齒)가 없는 사람 krezuba
krezubina 입에서 이(齒)가 없는 곳
krhak -hka, -hko (形) 1. 부숴지기 쉬운, 깨지기 쉬운, 손상되기 쉬운 (loman, lomljiv); ~hka vaza 깨지기 쉬운 꽃병 2. (말이) 날카로운, 예리한 (oštar) 3. (비유적) 허약한, 나약한, (영원하지 않고) 지나가는 (slab, nejak, prolazan); biti ~hkog zdravlja 허약해진 건강
krhati -am (不完) 1. 깨다, 부수다 (크고 작은 소리를 동반한) (lomiti, razbijati); ~ vrat 목을 부러뜨리다 2. 심하게 기침하다 3. (비유적) 많이 마시다 (술 등을) 4. ~ se 부숴지다, 깨지다 (소리를 동반하여)
krhotina (보통 複數로) 깨진(부서진) 조각, 파편
kričati -im (不完) kriknuti -nem (完) 1. 고함치다, 소리지르다 2. (큰 소리로) 꾸짖다, 질책하다, 책망하다
Krićanin 참조 Krit
krigla (보통 맥주를 마시는) 맥주잔, (손잡이는 있고 받침 접시는 안 딸린 큰) 잔, 머그컵; ~ piva 맥주잔
krijući (副) 몰래, 비밀리에 (krišom, kradom, kradomice)
krijumčar 밀수범(꾼), 밀수업자 krijumčarka; krijumčarski (形)
krijumčariti -im (不完) 밀수하다, 밀반입(출)하다, 밀매매하다 (švercovati); ~ opijum (duvan) 아편(담배)를 밀수하다; ~ dijamante (zlato) 다이아몬드(금)을 밀수하다
krijumčarka 참조 krijumčar
krik krikovi & krici 1. 비명, 외침, 고함 (통증

K

415

·두려움·놀람·기쁨 등으로 인한) 2. (새의) 울음, 짹하는 소리 3. (소리처 부르는) 소리 4. (어떠한 신호로서의) 높고 날카로운 소리; *poslednji ~ mode* 최신 패션 소식, 최근 패션 스타일

kriknuti *-nem* (完) 1. 참조 kričati 2. 소리치다, 고함치다 3. (새 들이) 짹하는 소리를 내다

krilaš 1. (神話) 날개달린 말(馬) 2. 날개달린 천사 3. (廢語) 배 (lađa) 4. (숱이 많고 긴) 콧수염 (날개처럼 보이는)

krilašce *-a* & *-eta* (지소체) krilo

krilat *-a*, *-o* (形) 1. 날개가 있는, 날개가 달린 2. (비유적) 날개가 달린 것처럼 빠른, 날개 달린 것처럼 빨리 확산되는 (퍼져 나가는); *~a reč* 표어, 슬로건, 유행어 (krilatica) 3. (비유적) 힘차게 도약하는 (발전하는), 열렬한, 열광적인

krilatica 1. (사람들이 날개가 달려있다고 믿는) 날개달린 동물 (보통 용, 말(馬) 등의) 2. 비행기 (aeroplan); 빠른 배, 쾌속선 (돛이 달린) 3. 표어, 슬로건; 유행어

krilce *-a* & *-eta* (지소체) krilo

krilnī *-ā*, *-ō* (形) 참조 krilo; 날개의

krilo 1. (새·곤충 등의) 날개; (비행기의) 날개, 주익, (배의) 돛; (풍차의) 날개; (양쪽으로 열어 젖혀지는 문 등의) 한쪽 짝; (건물 등의) 날개, 결체; (자동차의) 웡, 펜더; (나비 모양의 화관의) 익판 (식물의); (軍) (본대 좌우의) 익(翼), (편대 비행의) 익(翼); (政) 당파, 진영; (건물·산 등의) 측면; *uzeti nekoga pod svoje ~* 자신의 보호하에 두다; *podrezati (podseći) nekome ~a ~*의 자유를 제한하다, ~의 날개를 꺾다; *~ (od) kuće* 집의 측면; *~ propelera* 프로펠러 날개; *biti nečije desno ~* 누구의 오른팔이 되다; *dati ~a nekome* 누구에게 날개를 달아주다, 용기를 북돋워주다; *ići kao na ~ima* 빨리 가다; *dati ~a nogama* 재빨리 도망가다; *saviti ~a* 싸움을 포기하다; *slomiti ~a nekome* 누구의 날개를 꺾다; *razviti ~a* 자신의 날개를 펼치다, 뜻을 펼치다, 능력을 펼치다; *čovek slomljenih ~a* 날개가 꺾인 사람; *porasla su nekome ~a* 보다 적극적으로(독립적으로, 강해지다) 되다; *poveriti vetru svoja ~a* 운명에 맡기다 2. 무릎; *držati dete u (na) ~u* 아이를 무릎에 앉히다; *palo mu je u ~* 기대하지 않은 것을 얻다, 자신의 노력없이 갑자기 ~의 주인이 되다 3. (축구 등 스포츠의) 측면, 웡; *levo (desno) ~* 레프트(라이트) 웡 4. (解) (허파의) 왼쪽(오른쪽) 허파; *plućno ~* 폐엽(肺葉) **krilni** (形)

krilonog *-a*, *-o* (形) 매우 빠른, 매우 빨리 달리는

Krim 크림(반도); *na ~u* 크림(반도)에서

kriminal 범죄, 범죄 행위, 범죄성

kriminalac *-lca* 범인, 범죄자 **kriminalka**

kriminalan *-lna*, *-lno* (形) 범죄의, 죄가 되는; *~lno delo* 범행; *~lni elementi* 범죄 요소; *~lni roman* 범죄 소설, 추리 소설; *~lna antropologija (psihologija, sociologija)* 범죄 인류학(심리학, 사회학); *~lna politika* 범죄 예방 정책

kriminalista 범죄학자

kriminalistika 범죄학, 형사학 **kriminalistički** (形)

kriminalitet 범죄 관련성, 유죄; 범행들; *organizovani ~* 조직 범죄

kriminolog 범죄학자

kriminologija 범죄학, 형사학 **kriminološki** (形)

krin *-ovi* 1. (植) 백합 (ljiljan); *morski ~* (動) 바다나리강(綱): 극피동물의 한 강 2. 백합꽃 모양의 장식(品)

krinka 1. 가면, 마스크 (maska, obrazina); 얼굴에 마스크를 쓴 사람; *skinuti nekome ~u* 누구의 가면을 벗기다; *zbaciti sa sebe ~u* 가면을 벗어던지다, 위선을 그만두다 2. (비유적) 위선 (dvoličnost, licemerstvo)

krinolin (男), **krinolina** (女) 크리놀린(과거 여자들이 치마를 불룩하게 보이게 하기 위해 안에 입던 틀)

krioce *-oca* & *-oceta*; krilaca (=krilce) 지소체 (krilo)

kriolit (鑛物) 빙정석(氷晶石)

kriomce, **kriomice** (副) 비밀리에, 몰래 (krišom, kradom, kradomice)

kripta (특히 과거 묘지로 쓰이던 교회) 지하실

kriptografija 암호학, 암호 해독법, 암호 작성법

kriptogram 암호(문)

Krist 참조 Hrist; 크라이스트

kristal 1. 결정체 2. (광물) 수정, 크리스탈; 크리스탈 유리; *čist (bistar, providan) kao ~* 완전히 깨끗한(투명한) 3. (비유적) 아무런 혼합물도 섞이지 않는 깨끗한(순수한) 것 **kristalan** (形); *~lna vaza* 크리스탈 유리 꽃병

kristalan *-lna*, *-lno* (形) 1. 참조 kristal 2. (비유적) 깨끗한, 맑은, 투명한, 분명한 (물·공기·정신 등이)

kristalisati se *-šem se* (完,不完) 1. 크리스탈화되다, 크리스탈(수정)로 변하다 2. (비유적) 분명해지다, 명확해지다

kristalizirati *-am*, **kristalizovati** *-zujem* (完,不完) 1. 크리스탈화되다 2. (비유적) 명확하게

하다, 구체화하다

kristaloid (化) 정질(晶質), 결정질 (反; koloid) **kristaloidan** (形)

kristijanizacija 참조 hristijanizacija; 기독교도 인화

kriška (D.sg. -šči; G.pl. krišākā & kriškī) (전체에서 잘라낸) (작은) 조각, 부분, 몫; ~ hleba 빵 조각

krišom (副) 몰래, 비밀리에 (tajno, kradomice, kriomice)

Krit (그리스의) 크리트; **Krićanin**; **Krićanka**; **kritski** (形)

kriterij -ija, **kriterijum** (판단이나 결정을 위한) 기준 (merilo)

kriti krijem; kriven, -ena & krit; krij (不完) **sakriti** (完) 1. (남이 보거나 찾지 못하게) 숨기다, 감추다; ~ pogled 시선을 감추다; on krije svoj novac 그는 자신의 돈을 숨기고 있다 2. 보호하다, 지키다 (čuvati, zaštićivati); ovo će nas drvo kriti od sunca 이 나무는 햇볕으로부터 우리를 가려줄 것이다; ~ kao zmija noge 절대 비밀로 지키다, 극비로 간직하다 3. (언뜻 봐서는 보이지 않는 것을) 가지고 있다, 함유하고 있다; ta šuma krije mnoge retke ptice 그 숲에는 아주 희귀한 새들이 살고 있다; svaka šala krije istinu 모든 농담에는 진실이 숨어 있다 4. ~ se 숨다, 숨어 있다, ~에 있다; u tome se krije tajna njegovog uspeha 거기에 그의 성공의 비밀이 숨어 있다; ~ se od nekoga 누구를 피하다; ~ se od sveta 사람들을 피하다

kriticizam -zma ~에 대한 비판적 관계; 비판, 비평

kritičan -čna, -čno (形) 1. 비판적인, 비난하는 2. (앞으로의 상황에 영향을 미친다는 점에서) 대단히 중요한, 중대한 (odlučan); ~čna masa 임계 질량(핵분열 연쇄 반응을 유지하는 데 필요한 최소 질량); ~čna temperatura 임계 온도 3. 위태로운, 위험한 (opasan); ~čna situacija 위태로운 상황

kritičar 비평가, 평론가 **kritičarka**; pozorišni ~ 연극 평론가

kritičarskī -ā, -ō (形) 비평가의, 평론가의; sa ~e visine 비평가 높이에서; ~i pogledi 비평가의 시각

kritičkī -ā, -ō (形) 비난의, 비판의, 비판적인; ~ pogled 비판적 시각; ~a filozofija (哲) (칸트의) 비판 철학; ~ realizam 비판적 리얼리즘; ~a temperatura 임계 온도 (액체가 기화하는)

kritik 참조 kritičar; 비평가, 평론가

kritika 1. 비판, 비난; oštra (negativna, pozitivna) ~ 신랄한 (부정적, 긍정적) 비판; ispod svake ~e (口語) 비판할 가치가 없는; iznad svake ~e 흠잡을 데가 없는, 비판할 여지가 없는 2. (책·연극·영화 등에 대한) 논평, 비평, 평론; napisati ~u na novu knjigu (o novoj knjizi) 새 책 (새 영화)에 대한 비평을 쓰다 **kritički, kritičan** (形)

kritikant 비건설적인 비평가(평론가), 트집장이, 혹평가

kritikovati -kujem, **kritizirati** -am (完,不完) 비난하다, 비판하다; 비평하다

kriv -a, -o; krivlji (形) 1. 굽은, 휜, 비뚤어진, 구부러진; ivica je ~a 가장자리가 휘어졌다; ~a linija 곡선; ~a kula u Pizi 피사의 사탑(斜塔); ispraviti ~u Drinu 헛된 일(불가능한 일)을 하다; ~e noge 밭장 다리, 안짱 다리; ~a ulica 굽은 길; ova slika je ~a 이 그림은 비뚤어졌다; ~im okom (gledati na što) 의심스럽게(못믿겠다는 듯이, 비우호적으로, 적의감을 품고) (바라보다); ~im putem (ići, proći), na ~om putu (biti), na ~i put (mamiti, zavoditi) 올바르지 못한 길로 (잘못된 길로) 가다, 올바르지 않게 행동하다, 잘못된 길로 인도하다; ~o ogledalo (있는 그대로를 반영하지 않고 사실과는 다른) 잘못된 그림을 보여주는 거울; na ~u adresu poslati 번지수를 잘못 찾다 2. (kome, čemu, u čemu, za što) 유죄의, 과실이 있는; (잘못된 일에 대해) 책임이 있는, 비난받을 만한, 잘못한; za sve je ona ~a 모든 것을 그녀가 잘못했다; on je ~ tome (za to) 그가 그것을 잘못했다; ~a je levča 아무도 잘못한 사람이 없다 3. (비유적) 인위적인, 위조된, 모조의 (veštački, krivotvoren); ~i dragulji (biseri) 인조 보석(진주); ~a moneta 위조 화폐 4. 현실(사실)에 부합되지 않는, 잘못된, 틀린; kad čovek pođe sa ~oga stanovišta... 잘못된 관점에서 시작하면...; ~a zakletva 거짓 맹세 5. (명사적 용법으로) 범인, 죄를 지은 사람, 잘못한 사람 (krivac)

kriva (數) 곡선 (krivulja)

krivac -vca 범인, 죄를 지은 사람; 잘못한 사람, 책임질 만한(비난받을 만한) 행동을 한 사람

krivati -am (不完) 1. 절뚝거리며 걷다(가다), 절뚝거리다 (hramati) 2. (kome) ~에게 책임이 있다, 죄가 있다; da ne kriva ni tamo ni amo 어느쪽에도 불편부당하지 않게

krivda 불평등, 불공정, 부당함, 부당성

K

(nepravda)

krivica 1. 실수, 잘못; (실수에 대한) 책임 (greška, omaška); *snositi ~u za nešto (zbog nečega)* ~에 대한 책임을 지다; *čijom je ~om došlo do sudara?* 누구의 잘못으로 추돌했느냐?; *baciti ~u na drugoga* 다른 사람에게 책임을 떠넘기다 2. (法) 죄, 잘못, 범죄적 행위; *utvrđena je ~* 잘못이 인정되었다; *priznati ~u* 죄를 인정하다

kriviĉnī *-ā, -ō* (形) 범죄의, 형사상의, 죄악이 되는; *~o pravo* 형법, 형사법; *~ zakon* 형법; *podneti ~u prijavu protiv nekoga* ~를 형사 고발하다; *~o delo* 범죄 행위; *~a sankcija* 형사 제재 조치

krivina 1. 굽음, 휨, 커브; (보통 도로의) 곡선부, 만곡부, 구부러진 부분; *ovaj put je pun ~* 이 길은 커브가 많다; *izvoditi ~e* (곤경 등을) 교묘한 말로(변명으로) 모면하다 2. (비유적) 죄, 잘못 (krivica, krivnja)

kriviti *-im* (不完) 1. 구부리다, 휘다 (iskrivljivati); 기울어지게 놓다, 비스듬히 하다; (얼굴 등을) 찌그러뜨리다, 일그러뜨리다, 이상한 표정을 짓다; *~ vrat* 목을 구부리다; *~ kapu* 모자를 삐딱하게 쓰다, 느긋하다 2. (koga) 잘못(죄·책임)이 있다고 비난하다, ~의 탓으로 돌리다 (okrivljivati); *on krivi mene za sve* 그는 모든 것이 내 잘못이라고 비난한다; *on me je nepravdano okrivio* 그는 부당하게 나를 비난했다 3. *~ se* 휘어지다, 굽다, 기울어지다; (얼굴 등이) 찌그러지다, 일그러지다; *~ se od smeha* 크게 웃다 4. *~ se* 서로 상대방을 비난하다

krivnja 참조 krivica

krivo (副) 1. 기울어지게, 비스듬히; 구불구불하게 2. 틀리게, 올바르지 않게; 거짓으로, 사실과 부합되지 않게; 부당하게, 불공정하게; 추하게; *~ razumeti* 잘못 이해하다; *slika visi ~* 그림이 비뚤어지게 걸려있다; *~ mi je što nije došla* 그녀가 오지 않아 유감이다; *biti (doći) kome ~ na koga* ~의 행동에 대해 유감이다; *imati ~* (口語) 틀렸다, 잘못 생각하다, ~할 권리가 없다; *nemati ~* (口語) 옳다, 올바로(똑바로) 생각하다 (행동하다)

krivokletnik 위증자

krivokletstvo 위증

krivolinijskī *-ā, -ō* (形) 곡선의 (反; pravolinijski)

krivolov 밀렵(密獵)

krivolovac *-vca* 밀렵꾼 (lovokradica)

krivonog *-a, -o* (形) 다리가 굽은, 안짱 다리의

krivorog *-a, -o* (形) 뿔이 굽은, 굽은 뿔을 가진

krivošija 1. (女) 휘어진 칼(검), 휜 칼 2. (男) 목이 굽은 사람

krivotvorina 위조품, 위조된 물건

krivotvoriti *-im* (不完) 위조하다, 모조하다, 날조하다 (falsifikovati)

krivoust *-a, -o* (形) 입이 비뚤어진

krivoveran *-rna, -rno* (形) 이교의, 이단의 (jeretik)

krivoverstvo (특히 종교상의) 이교, 이단 (jeres)

krivovrat *-a, -o* (形) 목이 굽은

krivozub *-a, -o* (形) 치열이 고르지 않은, 들쑥날쑥한 이(齒)를 가진

krivudast *-a, -o* (形) (=krivudav) (길·강 등이) 구불구불한

krivudati *-am* (不完) 1. 갈지자로 걷다(가다), 지그재그로 가다(걷다) 2. (길·강 등이) 구불구불하다, 구불구불 흐르다 3. *~ se* (길·강 등이) 구불구불하다, 구불구불 흐르다

krivudav *-a, -o* (形) (=krivudast) (길·강 등이) 구불구불한; *~ put* 구불구불한 길

krivulja (數) 곡선 (kriva)

krivuljast *-a, -o* **krivuljav** *-a, -o* 구불구불한

kriz 참조 griz

kriza 1. 위기, 결정적인 시기(국면); (사회·정치적) 중대 시국, 난국; *energetska ~* 에너지 위기; *preživeti ~u* 위기를 겪다 **krizni** (形) 2. (물자·식료품 등의) 부족, 결핍; *~ municije* 탄환 부족

krizantema 참조 hrizantema; (植物) 국화; 국화속(屬)

krizma (宗) (가톨릭) 견진성사(堅振聖事)

kriznī *-ā, -ō* (形) 위기의, 중대 국면의; *~i dani* 위기의 나날들; *~o vreme* 위기의 시기 (시간), *~a situacija* 위기 상황; *~ štab* 위기 (관리)본부

križ *križa; križevi & križi* 1. 십자가 (krst); (손으로 긋는) 성호; *Crveni ~* 적십자; *kukasti ~* (옛 독일 나치당의) 어금꺾쇠 십자표지 **križni** (形); *~ ukriž* 십자형으로; *nemati ni ~a* 가진 것이 아무것도 없다, 아주 가난하다; *staviti ~ na što, udariti ~ preko čega* 1)끝난 것으로 간주하다, 더 이상 존재하지 않는 것으로 간주하다 2)되돌릴 수 없는 것(영원히 상실한 것)으로 간주하다 2. (船舶) (돛의) 활대, 비낌 활대 3. 훈장 (orden) 4. (비유적) 근심, 걱정, 고난, 짐 (briga, muka, patnja, stradanje, teret)

križa (中,複) 참조 krsta; (解) 엉치뼈, 천골(薦骨)

križak *-ška* (지소체) križ

križaljka 1. 십자말 풀이, 크로스워드 퍼즐 (ukrštenica) 2. 석필(石筆;곱돌 따위를 붓처럼 만들어 석판(石板)에 글씨를 쓰거나 그림을 그리는 데 쓰는 문방구)(križulja)

križanac 1. (동식물의) 잡종 (melez) 2. 두가지 이상의 종류를 섞어 만든 담배 3. 옛날 동전의 한 종류 (križ 모양이 새겨진)

križanje (동사파생 명사) križati

križar 십자군, 십자군 전사 (krstaš) križarski (形); ~ rat 십자군 전쟁

križati -am (不完) prekrižiti (完) 1. 조각으로 자르다, 조각내다; Ivan je križao hleb 이반은 빵을 조각으로 잘랐다 2. (일정한 목표없이 길에서) 헤매다, 어슬렁거리다, 아무데나 가다 (lunjati, vrludati) 3. 무효화시키다, 폐지하다, X표를 긋다 (precrtavati, poništavati, ukidati); predsednik je većinu tih odredaba križao 대통령은 그러한 대부분의 규정을 무효화시켰다 4. (동식물을) 교잡시키다 (ukrštati) 5. 숙어로; ~ batinom po kome 누구를 때리다(구타하다); ~ kome puteve 방해하다, 뜻을 이루지 못하게 하다; ~ poglede 서로가 상대편의 눈을 뚫어지게 쳐다보다 (보통 적의적으로) 6. ~ se (오른손으로) 성호(križ)를 긋다; ~ se levom rukom 깜짝 놀라다 7. ~ se 가르다, 갈라지다, 잘리다 (seći se); tu se križaju željeznice 여기서 철로가 나뉘어진다 8. ~ se (비유적) 충돌하다, 부딪치다, 알력을 일으키다 (sudariti se, sukobljavati se); i ljubav i mržnja križale se u njezinoj glavi 그녀의 머리에서 사랑과 증오가 서로 부딪쳤다 9. ~ se (서로 스쳐지나치면서) 사방으로 가다

križić (지소체) križ

križište 참조 raskrsnica; 사거리 (križoput)

križnī -ā, -ō (形) 참조 križ; 십자 모양의; ~ put 1)골고다 언덕길(예수가 십자가를 매고 감) 2) 고난의 길, 고난, 수난, 어려움 (muka, stradanje); ~ uzao 십자 매듭 (선원들이 두개의 밧줄을 묶어 매는)

križopuće (中), križoput (男) 사거리 (raskrsnica, raskršće)

križulja 석필(石筆; 곱돌 따위를 붓처럼 만들어 석판(石板)에 글씨를 쓰거나 그림을 그리는 데 쓰는 문방구)

krkača (신체의) 등 (leđa, hrbat); nositi dete na ~i 아이를 등에 업다

krkancija, krkanluk 과식(過食), 폭식

krkati -am (不完) krknuti -nem (完) 과식하다, 폭식하다

krkavina (植) 갈매나무, 갈매나무속의 가시가 많은 나무의 총칭

krkljanac 혼잡, 혼란, 많음, 다수 (gužva)

krkljati -am (不完) 1. (물이 흐를 때, 끓을 때, 넘칠 때 나는) 보글보글(부글부글, 졸졸) 거리다, 보글보글(부글부글, 졸졸)하는 소리를 내다 (klokotati, ključati); krklja u loncima pri ognjištu 화롯불 위에서 냄비가 보글보글 끓는 소리를 내다 2. 쌕쌕거리는 소리를 내다, 헐떡이는 소리를 내다 3. 쉿소리를 내면서 말하다

krknuti -nem (完) 참조 krkati

krkoriti -im, krkotati -ćem (不完) 참조 krkljati; (물이 흐를 때, 끓을 때, 넘칠 때 나는) 보글보글(부글부글·졸졸) 거리다, 보글보글(부글부글·졸졸)하는 소리를 내다

krkuša (魚類) 모샘치 (미끼로 쓰는 잉어과(科)의 작은 물고기)

krletka (D.sg. -tki & -eci; G.pl. -ī & -ākā) 참조 kavez; (쇠창살이나 철사로 만든 짐승의) 우리; 새장

krlj 1. (植) 유액을 분비하는 식물 (gorčika) 2. (植) 피마자, 아주까리 (krlja)

krlja 1. (나무의) 그루터기, 통나무 받침 (panj) 2. 포도덩굴 (čokot)

krlja 1. 진드기 (krpelj) 2. (輕蔑) 이(齒)가 빠진 여자 3. (植) 피마자, 아주까리 (krlj)

krljast -a, -o (形) 참조 krezub

krljušt (女) (물고기, 뱀 등의) 비늘

krma 1. (배의) 고물, 선미(船尾) (反; pramac) krmeni (形) 2. 엉덩이, 히프 (stražnjica) 3. (비유적) 지배적(지도적) 권한(위치) (uprava, vođstvo); 키, 방향타 (kormilo)

krma (가축의) 사료 krmni (形)

krmača 1. 암퇘지 (prasica) 2. 단정치 못한(깨끗하지 못한) 여자 3. (종이에 떨어진) 잉크 얼룩, 잉크 반점 4. 아이들의 놀이의 일종

krmačiti -im (不完) iskrmačiti (完) (종이에) 잉크 얼룩이 지게 하다, 얼룩으로 더럽히다, 오점을 남기다; (못쓰게, 형편없이) 일하다

krmad (女) (集合) krme

krmak -mka 1. 수퇘지 (vepar); baciti biser pred ~mke 돼지 앞에 진주를 던지다, 개발에 편자다 2. (비유적) (輕蔑) 더러운 놈, 지저분한 놈, 돼지 같은 놈

krmaniti -im (不完) ~의 키를 잡다, 조종하다 (kormilariti); ~ brodom 배를 몰다

krmanoš, krmar (배의) 조타수, 키잡이 (kormilar)

krmče -eta (지소체) krmak

krmčija 교회법전

krme -eta 1. 새끼 돼지 krmeći (形) 2. (輕蔑)

419

K

참조 krmak; 더러운 놈, 지저분한 놈, 돼지 같은 놈

krmelj (男,女) 화농, 고름, 눈꼽 (안질환으로 인한, 수면후의) **krmeljiv** (形)

krmeljati -am (不完) (아픈 눈에서) 화농(고름)이 흐르다, 눈꼽이 끼다

krmeljiv -a, -o (形) 참조 krmelj

krmenadla (G.pl. -ī & -ā) 돼지 갈비살 (갈비뼈가 붙은 것)

krmenī -ā, -ō (形) 참조 krma; (배의) 고물의, 선미의; ~ konop 선미 밧줄; ~ jarbol 뒷돛대, 작은 뒷돛대

krmetina 새끼 돼지(krme) 고기 (prasetina)

krmez 1. 자줏빛, 진홍색, 다홍색 (grimiz); 그러한 색깔의 천 2. (한정사적 용법으로) 자줏빛의, 진홍색의, 다홍색의 (crven, skerletan)

krmidba (가축의) 사육 (krmljenje, hranjenje)

krmilac -ioca (가축을) 사육하는 사람, 사육업자

krmilar (배의) 조타수 (kormilar, krmanoš)

krmilariti -im (不完) ~의 키를 잡다, 방향타를 잡다, 조종하다 (kormilariti, krmaniti)

krmilo 참조 kormilo; (배의) 키, 방향타

krmilo 참조 krma; (가축의) 사료

krmište (야생동물을 위해) 숲속에 먹이를 놓아 놓는 곳

krmiti -im (不完) ~의 키를 잡다, 조종하다

krmiti -im (不完) 1. (가축에게) 사료를 주다, 사료를 먹이다 2. (輕蔑) (사람들을) 먹여 살리다 (izdržavati, prehranjivati, hraniti)

krmnī -ā, -ō (形) 참조 krma; 사료의; ~e bilje 사료용 풀; ~o žito 사료용 곡물

krntija 1. (오래 사용하여) 다 망가진 것(물건), 못쓰게 된 것(물건), 오래된 물건; 고물 (starudija) 2. 노쇠한 사람, 쇠약한 사람 (고령·질병 등으로 인한)

krnj krnja, krnje 1. (한 부분이) 잘린, 부러진, 부서진, 손상된, 결함이 있는; ~ zub 부러진 이빨; ~a osnova (言) 축약어간; ~a rečenica (言) 동사 서술부가 생략된 문장 2. 불완전한, 미완성의 (nedovršen, nepotpun); ~ mesec 초승달 **krnji** (形)

krnja 칼집 (korice sablje)

krnja 참조 krnjadak; 부러진 이빨 (부러지고 남아 있는)

krnja (男), **krnjo** (男) 장애인, 신체의 일부가 없는(손상된) 사람

krnjadak -tka 1. 부러진 이(齒) (부러지고 남아 있는) 2. (그 어떤) 부러진 것, 손상된 것

krnjast -a, -o, **krnjat** -a, -o, **krnjav** -a, -o (形) 참조 krnj

krnjatak -tka 참조 krnjadak

krnjiti -im (不完) 1. 훼손시키다, 손상시키다, 부러지게(부서지게) 하다; kiša, vetrovi i snegovi krnjili su kulu i rušili polagano, kamen po kamen 탑은 비바람에 훼손되어 천천히 하나 하나 부서져 갔다 2. ~의 권리 (권한)를 제한하다, ~의 명예(명성, 평판, 위신, 체면)를 훼손하다(손상시키다, 추락시키다, 흠집을 내다); ~ nečija prava 누구의 권리를 제한하다 3. 폄하하다, 과소평가하다, 하찮게 만들다; on krnji moje zasluge 그는 내 공로를 과소평가한다 4. 망치다, 못 쓰게 만들다 5. ~ se 떨어지다, 떨어져 나가다, 차츰 닳다 (보통은 끝에서부터); venu, tiho venu cvetovi, pa se s drška krnje 꽃은 천천히 시들어 꽃잎이 하나씩 떨어진다

krnjo (男) 참조 krnja

krnjozub -a, -o (形) 부러진 이(齒)가 있는

knjutak -tka 참조 krnjadak

kroatizam -zma (크로아티아어가 아닌 다른 언어에 있는) 크로아티아적 요소 (hrvatizam)

kroatizirati -am (完,不完) 크로아티아화(化)하다, 크로아티아인화하다

kročiti -im (完,不完) 1. 발걸음을 내딛다, 발을 내디디다, 걸음을 옮기다 (koračiti) 2. 가다, 걸어서 가다, 걷다 (ići, kretati se)

kroćenje (동사파생 명사) krotiti; (동물을) 길들이는 것

krofna 도넛(둥근 형태의) (krafna)

kroj kroja; krojevi 1. (재단·재봉의) 방법, 형태, 스타일 2. 재단, 재봉 (krojenje) 3. (비유적) 구성, 구조 (građa, sastav, sklop); 사고 방식, 특성

krojač (양복 등을 만드는) 재단사, 재봉사 **krojački** (形); ~a radnja 양복점

krojačica 참조 krojač; (여성복) 재봉사, 재단사

krojačkī -ā, -ō (形) 참조 krojač; ~ zanat 재봉일

krojačnica 양복점

krojiti -jim (不完) **skrojiti** (完) 1. (천·가죽·종이 등을 옷을 만들기 위해 일정한 형태와 크기로) 자르다, 재단하다, 재봉하다; (무엇을 잘라) ~을 만들다, 짓다; ~ haljinu 드레스를 만들다(짓다) 2. (비유적) 만들다, 생각해 내다 (stvarati, smišljavati); ~ planove 계획을 세우다; ~ kome gaće (kaput, kožu, kabanicu, kožuh) 누구에 대해 결정하다, ~을 곤란한 상황(곤경)에 빠뜨리려고 계획하다; dvaput meri, trećom kroj (俗談) 행동에 옮기기 전에 곰곰이 생각해라

krok (詩語) 참조 korak
kroket 1. (스포츠) 크로케(잔디 구장 위에서 나무망치로 나무 공을 치며 하는 구기 종목) 2. (料理) 크로켓(으깬 감자, 생선 등을 길게 나 둥글게 만들어 빵가루를 묻혀 튀긴 것); ~i od piletine 치킨 크로켓
kroki -ija (男) (연필·펜 등으로 그린) 그림, 스케치, 소묘(素描), 데생 (crtež, skica)
krokirati -am (完,不完) 스케치하다, 밑그림을 그리다
krokist 스케치(사생)하는 사람, 밑그림을 그리는 사람
krokodil 악어, 크로커다일 krokodilski (形); ~a koža 악어 가죽; prolivati (roniti) ~e suze 악어의 눈물을 흘리다
krokus (植) 크로커스(이른 봄에 노랑, 자주, 흰색의 작은 튤립 같은 꽃이 피는 식물)
krom 참조 hrom; (化) 크롬
kromatin 참조 hromatin; (生物) (세포핵 내의) 염색질, 크로마틴
kromirati -am (完,不完) 참조 hromirati; 크롬 도금을 하다, 크롬 처리하다
kromit 참조 hromit; (鑛物) 크롬철광
kromnī -ā, -ō (形) 참조 hromni; 크롬의
kromosfera 참조 hromosfera; (天文) 채층(彩層) (태양 광구면(光球面) 주위의 백열 가스층)
kromoson 참조 hromoson; (生物) 염색체
krompir 감자
krompirast -a, -o (形) 감자같은
krompir-bal (口語) (廢語) 대중(大衆) 무도회
krompirić (지소체) krompir
krompirište 감자밭
krompirov -a, -o (形) 참조 krompir; 감자의; ~a zlatica 감자 딱정벌레 (감자 해충의 일종)
kroničan -čna, -čno (形); 참조 hroničan; (병이) 만성의, 고질의; 만성 질환의; 만성적인
kroničar 참조 hroničar; 연대기 작자(편자); (사건의) 기록자
kronika 참조 hronika; 1. 연대기(年代記), 편년사(編年史); 기록 2. (신문, 잡지 등의) 시평(時評), 컬럼
kronologija 참조 hronologija; 1. 연대기, 연표(年表); (사건의) 연대순 배열 2. 연대학 (역사학의 한 부류)
kronološkī -ā, -ō (形) 참조 hronološki; 연대순의
kronometar -tra 참조 hronometar; 1. 크로노미터 (정밀한 경도(經度) 측정용 시계) 2. 매우 정확한 시계
kronoskop 참조 hronoskop; 크로노스코프 (광속(光速) 등을 재는 초(秒)시계)

kropilo (가톨릭) (살수식에 쓰이는) 살수기, 관수기(器), 성수채
kropionica (가톨릭) 성수반(聖水盤; 성수가 담겨져 있는 그릇으로 성수채를 담아 적시는)
kropiti -im (不完) pokropiti (完) (여러곳에 물 등 액체를 작은 물방울 형태로) 뿌리다, 흩뿌리다
kros -ovi (스포츠) 1. 크로스컨트리 달리기(스키) 대회 2. (권투) 크로스 펀치
kros-kontri -ija 크로스컨트리 달리기(스키) 대회
krosna (中,複) 베틀, 직기 (razboj)
kroše -ea (男) (권투의) 혹, 올려치기
krošnja (G.pl. -ānjā & -ī) 1. 나무 꼭대기, 나뭇가지 끝, 우듬지 2. (나뭇가지·갈대 등으로 엮어 만든) 바구니, 광주리 (koš); (물고기를 잡는) 통발 (vrša)
krošnjast, krošnjat -a, -o (形) 1. 가지가 많은, 가지가 우거진 (granat, razgranat); ~ hrast 가지 많은 참나무 2. 바구니(광주리) 모양의
krošnjati se -am se (不完) 나뭇가지가 울창해지다, 가지가 많아지다
krošto (副) (보통 zašto i krošto 형태로) 왜, 무엇 때문에 (zašto, zbog čega)
krotak -tka, -tko (形) 악의가 없는, 유순한, 온순한, 온화한
krotilac -ioca, krotitelj (보통 야생 동물을) 길들이는 사람, 조련사 krotilica
krotiti -im (不完) ukrotiti (完) 1. (동물을) 길들이다, (난폭한 사람을) 온순하게(유순하게) 하다 2. ~을 가라앉히다 (smirivati); ukroćena goropad 가라앉은 분노 3. 정리하다, 정돈하다, 가지런히 하다 (uređivati) 4. ~ se 길들여지다, 복종적으로(순종적으로) 되다, 가라앉다
krotkoća, krotkost (女) 유화함, 온순함, 온화함
krov -ovi 1. (집·건물 등의) 지붕; primiti nekoga pod ~ 피신처를 제공하다; pod ~om 집이 있는, 쉴 곳이 있는; na ~u 지붕위에서 krovni (形); ~a ploča 기와 2. (비유적) 집 (kuća, dom, stan) 3. 갑판 (paluba); (자동차·마차 등의) 천장, 지붕; 나무 꼭대기 (krošnja)
krovina (동물의 꼴로 사용하기에는 품질이 떨어져 지붕을 이는 데 쓰는) 짚, 억새, 이엉
krovinjara 초가집(krovina로 지붕을 한)
krovište 지붕 (krov)
krovnī -ā, -ō (形) 참조 krov
krovopokrivač 지붕을 이는(수리하는) 사람 (직업으로서)

K

421

krovovlje (集合) 지붕

kroz (前置詞, +A) 1. (통과·관통하는 공간·장소·재료·상황 등을 나타냄) ~을 통하여, 관통하여, ~ 사이로 (무엇의 한쪽 끝·면에서 다른 한쪽 끝·면으로 나아가거나 이어짐을 나타냄); ~ *šuma(tunel, blato)* 숲(터널, 진흙밭)을 관통하여 2. (어떠한 일을 행하는 방법(*način*)을 나타냄) ~으로, ~을 통해; *govoriti ~ nos* 콧소리를 내며 말하다; *ovekovečiše ga ~ pesmu* 노래를 통해 그를 영원하게 만들었다; *ona je govorila ~ suze* 그녀는 울면서 말했다; ~ *smeh(plač)* 웃음(울음)을 통해; *cediti ~ zube* 겨우 들릴 정도로 조용히 말하다 3. 일을 행하는 수단·방법(*sredstvo*)을 나타냄) ~로; *Jova Maru ~ sviralu viče* 요바는 피리로 마라에게 소리친다 4. (어떤 일이 행해진 기간 (vreme, vremenski razmak)을 나타냄) ~ 동안 (za, u toku); ~ *četiri godine osnovne škole...* 4년 동안의 초등학교 기간을 통해; ~ *nekoliko minuta zavladala nezgodna tišina* 몇 분 동안 불편한 침묵이 흘렀다; ~ *ceo život* 전 생애 동안 5. (어떠한 일·행동의 원인(uzrok)을 나타냄) ~ 때문에 (zbog, usled); ~ *drugoga da izgubiš glavu* 친구 때문에 목숨을 잃을 것이다

kroz (副) 거의 (skroz); *rado je o svačemu premišljao, pa često i o onome što baš nije ~ razumevao* 그는 자주 모든 것에 대해, 심지어는 거의 이해하지 못한 것에 대해서도 즐거이 생각하곤 했다

krpa 1. (특히 걸레·행주 등으로 쓰는) 해진 천; 걸레, 행주; *kuhinjska ~, ~ za sudove* 부엌 행주, 접시를 닦는 행주; ~ *za prašinu* 걸레; ~ *za pod* 바닥 걸레 2. (해진 곳에 덧대는) 천, 천 조각, 헝겊 (zakrpa); (複數로) 다 해진 옷, 누더기 (dronjci, prnje) 3. (複數로) (輕蔑) 옷, 드레스 (odelo, haljine) 오래된 낡은 옷 4. (여자들이 머리에다 하는) 수건 (보통 흰색의); *bled kao ~* 매우 창백한 5. 기타; *crvena ~* 1) (보거나 듣거나 하면) 사람을 흥분시키는 것 2)뱀의 일종(예쁜 무늬를 가진); *ići (poći) u ~e* 잠자리에 들다; *postati ~ papira* 모든 가치(효용성)를 상실하다 (계약, 합의 등이); *udaren morkom ~om* 별난 사람, 약간 (정신이) 돈 사람

krpa (男) (=krpo) ~을 수선하는 사람, 수선사 (직업으로서) (krpač)

krpač ~을 수선하는 사람, 수선사 (직업으로서) (krpa)

krpaći *-ā, -ē* (形) 수선하는데(덧대는데) 쓰이는, 수선용의

krpar 1. 넝마주이 2. 참조 krpač

krpara 1. (작은 카펫같이 생긴) 깔개 (작은 천들을 재봉해서 만든) 2. (옷·구두 등의) 수선소

krparija 엉망으로(조잡하게) 만들어진 것 (보통은 여러 조각을 합쳐 만든) (krpež)

krpariti *-im* (不完) 1. 수선하다, 수리하다; *majstor je izlazili dva puta na krov i nešto krpario* 기술자는 두 번 지붕에 올라가 무언가를 수선했다 2. (비유적) 입에 겨우 풀칠할 정도로 어렵게 살다; *mi smo petljali i krparili kako smo znali i umeli* 우리는 우리가 할 수 있는 정도에서 입에 풀칠하며 살았다

krpati *-am* (不完) 참조 krpiti

krpčad (女) (集合) krpče; (천·헝겊 등의) 조각

krpče *-eta*; *krpčići* (지소체) krpa; (천·헝겊 등의) 조각

krpele (女,複) (쟁기를 소의 멍에에 걸어 매는) 매는 장치

krpelj 1. (動) 진드기 (krlja); *sit kao ~* 너무 배부른, 과식한 2. (비유적) 기생충같은 인간 (타인에게 빌붙어 살려고만 하는 사람); *prilepiti se uz nekoga kao ~* 어떤 사람에게서 결코 떨어지려하지 않다 3. (植) 갈퀴덩굴 (krpiguz)

krpenjak, krpenjača (헝겊 조각으로 만든) 공

krpetina (지대체) krpa

krpež *-om* 1. 수선, 고치는 일; ~ *kuću drži* 새 물건을 사는 것보다는 헌 물건을 고쳐 사용하는 것이 싸게 먹힌다 2. 누더기 옷, 다 떨어진 옷 (dronje, prnje, tralje) 3. (비유적) 엉망으로(조잡하게) 만들어진 것 (krparija)

krpica 1. (지소체) krpa 2. (조그만 헝겊 조각 모양의) 작은 것, 조그만 것 3. 조롱하는 말, 비꼬는 말; *prišiti kome ~u* ~에게(~에 대해) 조롱하는 말을 하다(비꼬는 말을 하다)

krpiguz 1. (植) 갈퀴덩굴 2. (植) 강아지풀

krpiti *-im* (不完) 1. 수리하다, 수선하다; (옷 등에 난 구멍이나 닳은 부분에 헝겊 등으로) 덧대다; ~ *čarape* 양말을 덧대다(꿰매다) 2. 욕하다, 소리치다, 질책하다, 비난하다 (karati, psovati) 3. 입에 겨우 풀칠할 정도로 힘들게 살다 4. ~ se (눈을) 감다

krplje *krpalja* (女,複) 설피 (눈에 빠지지 않도록 둥근 모양으로 나뭇가지를 엮어 만든)

krpljenje (동사파생 명사) krpiti

krpo *-a & -e* (男) 참조 krpa ~을 수선하는 사람, 수선사

krsnī *-ā, -ō* (形) 참조 krst, krštenje; 세례의; ~ *kum* 대부(代父); ~*a voda* 세례수(水); ~*o* *ime* 이름, 세례명; ~*a slava* (세르비아 정교) 수호성인축일; ~ *sveća* 수호성인축일 촛불; ~ *kolač* 수호성인축일 케이크

krst *krsta; krstovi* (男) 1. (=*križ*) 십자가; 십자, +기호; *Crveni* ~ 적십자; *kukasti* ~ (옛 독일 나치당의) 어금꺾쇠 십자표지; *nositi (vući) svoj* ~ 십자가를 지다, 수난(고난)을 견디다; *razapeti nekoga na* ~ 십자가에 못 박다, 호되게 비판하다(처벌하다); *biti razapet na ~u* 십자가에 못박히다; *udariti ~ preko nečega, staviti ~ na što* 가위표(X)하다, 끝난것으로 간주하다, (영원히) 상실한 것으로 간주하다; *bežati od nekoga kao đavo od ~a* (악마가 십자가를 피하는 것처럼) 누구를 피하다; *mrzeti kao đavo* ~ (악마가 십자가를 싫어하는 것처럼) 몹시 싫어하다 2. (비유적) 세례(*krštenje*); 크리스트교 (가톨릭·정교·개신교 등의), 크리스트교인 3. 길이 교차하는 곳, 사거리 (*raskršće, raskrižje*) 4. (곡물의 단을 +자 모양으로 교차시켜 차곡차곡 쌓아올린) 더미, 무더기 (*krstina*)

krsta (中,複) 1. (解) 엉치뼈, 천골(薦骨) (*križa*) **krsni** (形); ~*a kost* 엉치뼈. ~ *pršljen* 엉치등 뼈 2. 들과 마을로 십자가와 이콘을 들고 다니면서 풍요를 기원하는 사람들

krstača 1. (무덤의) 십자가 2. (解) 엉치뼈 (*krsta*)

krstarenje (동사파생 명사) *krstariti*; 항해, 크루즈; ~ *Jadranom* 아드리아해 크루즈

krstarica (軍) 순양함; *laka (teška)* ~ 경무장 (중무장) 순양함 **krstarički** (形)

krstariti *-im* (不完) 1. (유람선 등이) 순항하다; (함대가) 순양하다 2. (목적없이) 돌아다니다, 만유(漫遊)하다, 쏘다니다 (*lutati*); ~ *ulicama* 거리를 돌아다니다 3. 순찰하다, 돌아다니다 (*okolišati, zaobilaziti*)

krstast *-a, -o* (形) 십자 모양의, 십자가 모양의; ~*i kopitnjak* (植) 노루귀, 설앵초

krstaš 1. 십자가가 그려진 기(旗) 2. (歷) 십자군, 십자군 전사 (*križar*) **krstaški** (形); ~*i rat* 십자군 전쟁 3. (軍) 순양함 (*krstarica*) 4. 기타; *orao* ~ (鳥類) 흰죽지수리 (등에 십자 모양이 있는); *pauk* ~ 왕거미 (등에 있는 흰점들이 십자 모양으로 있는)

krstašice (女,複) 십자화과(科)

krstaškī *-ā, -ō* (形) 참조 *krstaš*; 십자군의 **krstić** (지소체) *krst*

krstilo (軍) (기병의 침입을 막는) 방마책(防馬柵)

krstina 1. (지대체) *krst* 2. (곡물의 단을 +자 모양으로 교차시켜 차곡차곡 쌓아올린) 더미,

무더기 3. (複數로) (解) 엉치뼈, 천골(薦骨) (*krsta*)

krstionica 1. 세례수(水)가 담겨져 있는 돌로 된 용기, 세례용 물통 2. 세례의식이 거행되는 건물 (보통은 둥근 형태의), 세례당(堂)

krstiti *-im; kršten* (完,不完) 1. 세례를 주다, 세례를 베풀다; 세례명을 주다, 세례식에서 대부(代父)가 되다; ~ *dete* 아이에게 세례를 주다; *besposlen pop jariće krsti* (속담) 할 일 없는 사람은 쓸데없고 불필요한 (할 필요도 없는)일을 한다; *krstili su sina Mihailo* 그들은 아들에게 미하일로라는 세례명을 주었다 2. 부르다, 명명하다 (*nazvati, imenovati*); *ja takvo stanje krstim; izdaja* 나는 그런 상황을 배신이라고 부른다 3. (不完로만) (오른손으로) 성호를 긋다 4. (비유적) 정신차리게 하다, 이성적으로 되게 하다 5. 기타; ~ *koga batinom (kandžijom)*, ~ *kome leđa* 때리다, ~ 구타하다; ~ *mleko(vino)* 우유(포도주)에 물을 섞다; ~ *vuka, a vuk u goru* (속담) 세 살 버릇 여든까지 간다 (습관을 끊기는 참으로 어렵다); *tikva tikvu krsti* 어리석은 자는 어리석은 자를 낳는다 6. ~ *se* 세례를 받다; 성호를 긋다; ~ *se sa tri (četiri) prsta* 정교도(가톨릭교도)가 되다; *ljudi se čude i krste* 사람들이 아주 이상해 한다; ~ *se čudom (od čuda, u čudu)*, ~ *se i levom i desnom* 깜짝 놀라다 7. ~ *se* ~라고 불리다 8. ~ *se (koga, čega, od koga, od čega)* (비유적) 피하다, 회피하다

krstiti *-im* (不完) (노적가리 등을) +자 모양으로 쌓다(쌓아 올리다)

krstobolja (病理) 요통(腰痛)

krstokljun (鳥類) 솔잣새

krstonoša (男) 1. 십자가를 지는 사람, 십자가를 드는 사람 2. (複數로) (십자가와 이콘을 들고 마을을 돌아다니면서 풍요를 기원하는 사람들) (*krsta*); 그러한 풍습이 행해지는 기간

Krstovdan (宗) 성 십자가 찬미의 날 (9월 14일)

krstovnik (植) 물냉이

krš (男) (드물게 女) 1. 높게 솟은 절벽 바위 2. (地質) 카르스트 지형 (침식된 석회암 대지(臺地)) (*kras, karst*) 3. 쾅(쿵/탁) (하는 소리) (*lomljava, tresak, treska*) 4. (무엇이 파괴된 후의) 잔해, 흔적 (*ostaci, komađe, parčad*) 5. (아무렇게나 무질서하게 쌓인) 더미, 무더기 (*hrpa, gomila*); *ima para kao* ~ 돈이 많다 6. 커다란 혼잡(혼란) (*veliki nered, darmar*)

kršan -šna, -šno (形) 1. 바위 투성이의, 바위가 많은 (stenovit, krš

evit) 2. (체격이) 건장한 3. (육체적으로) 튼튼한, 건강한 (kak, krepak) 4. 단호한, 결단력 있는 (odlučan, odrešit)

kršćanin -ani 참조 hrišćanin; 기독교도, 가톨릭교도, 크리스천 **krišćanka**; **kršćanski** (形)

kršćanstvo 참조 hrišćanstvo; 크리스트교, 기독교도, 가톨릭교도

krševit -a, -o (形) 바위 투성이의, 바위가 많은 (kršan)

kršilac -ioca (어떤 규칙·규정 등의) 위반자 (prekršilac)

kršiti -im (不完) 1. skršiti (完) (조각조각으로) 깨다; (가지 등을) 부러뜨리다; (옥수수 등을 옥수수대에서) 따다; ~ staklo 유리를 깨다; vetar krši grane 바람이 나뭇가지를 부러뜨린다; bez kršene pare, ni kršene pare 아무런 돈도 없이, 한 푼도 없이 2. (비유적) (저항 등을) 제압하다, 무너뜨리다 3. **prekršiti** (完) (규정·규칙·약속 등을) 범하다, 위반하다, 어기다 4. (ruke, prste 등의 보어와 함께) 구부리다, 숙이다 (초조함, 불안감, 실망감 등으로 인해); ~ ruke (초조해서, 유감의 표현으로) 두 손을 비벼 대다; ~ vrat (po svetu) 세상을 여행하다(방랑하다) 5. (길 등을 내기 위해 나무 등을) 자르다, 잘라내다 6. ~ se 부러지다, (조각조각) 깨지다

kršljiv -a, -o (形) 깨어지기 쉬운, 부서지기 쉬운, 손상되기 쉬운 (lomljiv)

krštavati -am (不完) 참조 krstiti

K

kršten -a, -o (形) 1. 참조 krstiti 2. (한정사형으로) 세례의 (krsni); ~o ime 이름, 세례명, ~i kum 세례 대부(代父); ~i list 출생 증명서; ~a voda 성수(聖水); biti ~ 제 정신이다, 건강한 정신 상태를 유지하다; nema ni ~e duše 아무도 없다

krštenica 1. 출생 증명서 2. (植) 꿀풀

krštenje (동사파생 명사) krstiti

krštenje 1. 명명(命名), 이름을 줌 2. 세례, 세례식 3. 기타; bojno (ognjeno, ratno, vatreno) ~e 교전, 첫교전(첫참전); vazdušno (zračno) ~ 첫비행

krt -a, -o 1. 잘 부서지는, 부서지기 쉬운, 잘 깨지는, 깨지기 쉬운 (krhak, lomljiv, mrvljiv); led je ~ i tanak 얼음을 잘 깨지고 얇다 2. (비유적) 허약한, 힘이 없는 (slab, nemoćan, nežan) 3. (비유적) 빨리 지나가는, 단기간 지속되는 4. (비유적) 쉰 목소리의, 허스키한 (목소리가) (promukao, hrapav); ~ glas 쉰 소리 5. 감정이 없는, 둔감한, 차가운 (hladan, suh, bezosećajan) 6. 기타; ~o meso (口語) 뼈가 없는 질기지 않고 기름기 없는 고기

krtica (動) 두더지; marljiv (vredan) kao ~ 매우 부지런한, 지치지 않고 일하는 **krtičiji** (形)

krtičnjak (=krtinjak) 1. 두더지가 파 놓은 흙 두둑 2. 두더지 굴

krtina (方言) 1. 참조 krtica; 두더지 2. (輕蔑) 두더지 같은 놈

krtina 1. 뼈가 없는 질기지 않고 기름기 없는 고기 (krto meso) 2. (과일 씨 주변부의) 과일 부분

krtola 1. 감자 (krompir) 2. (植) (양파·감자 등의) 구근(球根), 알뿌리 (gomolj)

krućī -ā, -ē (形) 참조 krut

krug -ovi 1. 원, 원형, 동그라미; 고리, 환(環); 원형의 물건; (둥근 모양의) 접시, 그릇; polarni ~ 북극; vrte se u ~u 항상 제자리에 있다; ~ovi pred očima 눈앞에서 빙빙도는 것(실신하기 전의); Sunčev (Mesečev) ~ 태양(달) 둘레에 생기는 코로나; kvadratura ~a 풀 수 없는 것, 해결할 수 없는 것 2. (폐쇄되고 제한된 공간으로서의) 장(場), 터, 장소; bolnički ~ 병원터; logorski ~ 야영장; začarani(magijski) ~ 1)주술적 방법으로 적이 접근할 수 없게 할 수 있는 공간(지역) 2)바뀔 수 없는 생활 환경 3. 서클(공동의 취미·이해·직업으로 맺어진), 사회, ~계(界); oni pripadaju istome društvenom ~u 그들은 같은 사회 집단에 속한다; prema dobro obaveštenim ~ovima 정통한 소식통에 따르면; diplomatski ~ovi 외교가(街) 4. (교제·활동·세력 등의) 범위, 영역; porodični ~ 집안, 일가; ~ interesovanja (delovanja) 관심 (활동) 영역; u najužem ~u 핵심 인사들 사이에서, 가장 긴밀한 사람들 사이에서 5. (스포츠의) (경주 트랙의) 한 바퀴; (사격의) 표지판의 원; (체조의) 링 6. (軍) na levo ~(om)! 뒤로 돌아!

kruglja (廢語) 참조 kugla

kruh -ovi (=hleb) 1. 빵 pšenični ~ 밀빵; beli (crni) ~ 흰(검은) 빵; bez ruha i ~a 아무 것도 없이, 빈털털이인; biti (živeti) na belom ~u 사형집행을 기다리며 살다; dobar kao ~ 아주 좋은; doći do korice ~a 겨우 근근이 먹고 살다; doći do svoga ~a, steći svoj ~ 직업(먹고 살 수단)을 얻다; izneti pred koga ~ i so (방문을, 온 것을) 환영하다, 환영의 표시를 하다; iz toga brašna neće biti ~a 그것으로는 아무 것도 되지 않는다; jesti krvav ~ 힘들게 벌어 먹고 살다; jesti ~ iz *mnogo peći* 구걸하다, 구걸해 먹고 살다; *jesti svoj ~* 자기 손발로 벌어 먹고 살다; *jesti tuđi ~* 타인에게 빌붙어 살다; *kao komad ~a potreban* 필요 이상으로; *ne traži ~a nad pogačem (preko pogače)* 필요 이상으로 요구하지 마라; *o svom ruhu i ~u (živeti)* 자신의 벌이로 (살다); *o suhu ~u (živeti)* 매우 가난하게 (살다); *što je odviše, ni s ~om ne valja* 과도한 것은 (과도하게 많은 것은) 좋지 않다; *ići (poći) trbuhom za ~om* 돈을 벌러(돈벌이하러) 가다(떠나다); *zaboraviti čiji ~* 누구의 환대에 고마워하지 않다 **krušni** (形) 2. (일반적인) 음식 3. (비유적) 벌이, 삶의 수단

kruhoborac *-rca* (물불가리지 않고) 밥벌이를 하는 사람, (집안의) 생계부양자

kruhoborstvo 밥벌이, 돈벌이(생계에 최소한으로라도 필요한)

krumpir 참조 krompir

kruna 1. 왕관; *carska ~* 황제의 왕관; *neće mu pasti ~ s glave* (口語) 위엄(존엄)을 전혀 상실하지 않을 것이다 2. 왕위, 왕권; 왕 3. 화관, 화환, 왕관 (결혼식 때 신랑·신부가 머리에 쓰는) 4. (비유적) 최고조, 정점 (vrhunac) 5. 나무 꼭대기, 나뭇가지 끝, 우듬지 (krošnja) 6. (꽃의) 화관, 꽃부리 (krunica) 7. (이(齒)의) 치관(齒冠) 8. (화폐 단위로서의) 크로나, 크로네; *švedska ~* 스웨덴 크로나; *češka ~* 체코의 코루나

krunast *-a, -o* (形) 1. 왕관 모양의, 왕관과 비슷한 2. (새 등이) 볏이 있는; *~ golub* 볏이 있는 비둘기

krunica 1. (지소체) kruna 2. (꽃의) 화관, 꽃부리 3. (이(齒)의) 치관 4. (가톨릭의) 묵주 (brojanice, čislo); *očitati kome ~u* 누구를 엄히 질책하다(나무라다)

krunidba (새로운 왕의) 대관식 (krunisanje) **krunidben** (形); *~e svečanosti* 대관식 행사

krunidba 옥수수알 까기(떼어내기)

krunisati *-šem* (完,不完) 1. (왕위 즉위식의 의식에 따라) 왕의 머리에 왕관을 씌우다, 왕위에 앉히다; (비유적) 왕관을 씌워주다 (업적, 공훈 등의 인정의 표시로) 2. (비유적) *~* 을 성공적으로 마치다, 유종의 미를 거두다; *~ pobedom* 승리로 대미를 장식하다; *njegov rad je krunisan uspehom* 그는 일을 성공적으로 마쳤다 3. *~ se* 왕위에 등극하다, 옥좌에 오르다

kruniti *-im* (完,不完) 참조 krunisati **kruniti** *-im* (不完) **okruniti** (完) 1. 잘게 부수다, 가루로 만들다 (drobiti, sitniti); *~ hleb* 빵을 잘게 부수다 2. 옥수수속대에서 옥수수 낟알을 까다; *~ kukuruz* 옥수수알을 까다 3. 털다, 털어내다, 바스러뜨리다 (stresati, obarati) 4. (비유적으로) 숫자상으로 적게 하다, 조금씩 조금씩 떼어내 적게 하다 5. *~ se* 조금씩 허물어지다(서서히 조각들이 떨어져 나감으로해서); *zid se kruni* 벽이 조금씩 허물어져 간다 6. *~ se* 잘게 부숴지다 (drobiti se) 7. *~ se* (떨어져 나감으로써) 떨어지다, 방울방울 흐르다(새다); *suze joj se krune niz lice* 눈물이 그녀의 얼굴을 타고 흘러 내린다 8. *~ se* 적어지다, 작아지다, 숫자가 감소하다, 의미가 감소하다(축소되다)

krunskī *-ā, -ō* (形) 참조 kruna

krunjača 옥수수알까는 기계(장치)

krupa 우박 (grad, tuča); *~ pada* 우박이 내린다

krupan *-pna, -pno; krupniji* (形) 1. (규모 등이) 큰, 대형의, 커다란; (부피가) 큰; (알갱이·알 등이) 굵은, 거친 (反; sitan); (보폭이) 넓은, 큰; *~ čovek* 거구인 사람; *~pna stoka* (소·말 등의) 몸집이 큰 동물; *~ iznos (~pna suma)* 큰 금액; *~ novac, ~pna moneta* 고액의 화폐; *~ pesak* 굵은 모래; *~ sneg* 함박눈; *praviti ~pne korake* 커다란 발걸음을 내딛다; *~ korak napred* 커다란 발전; *pale su ~pne reči* 말다툼(논쟁)이 일어났다; *u ~pnim crtama (potezima) (ispričati)* 중요한 것(기본적인 것)에 대해 말하다 2. 중요한, 중대한, 두드러진; 현저한, 뛰어난, 걸출한; *~pne izmene* 중대한 변화; *~pne greške* 커다란 실수; *~pni zadaci* 중요한 임무 3. (목소리가) 저음의 힘찬; *~ glas* 저음의 힘찬 목소리

krupica 1. 거칠게 빻은 밀가루 2. 굵은 소금

krupje *-ea* (男) (카드 게임·룰렛 등의) 딜러, 진행자

krupnik (植) 스펠트밀 (가축사료로 사용되는)

krupnina 1. 거대함, 커다람 2. 중요한(중대한) 것(일) 3. 고액권의 화폐

krupno (副) 1. 큰 발걸음으로; *~ koračiti* 큰 발걸음으로 뚜벅뚜벅 가다 2. 힘차게(세기에 있어); (목소리가) 저음의 굵은 목소리로; *~ govoriti* 저음의 굵은 목소리로 말하다 3. 걸쭉하게 (욕 등을); *~ opsovati* 걸쭉하게 욕하다

krupnoća 거대함, 커다람

krupnjati *-am*, **krupnjeti** *-pnim* (不完) 커지다 (postajati krupniji)

krušac *-šca* 1. (지소체) kruh 2. 곡물 (krušarica, žitarica) 3. (비유적) 음식 (hrana) 4. 기타; *(čovek) kao ~* 너무 좋은

425

(사람); *gorak (mučenički)* ~ 힘들고 어려운 삶(생활); *suvi* ~ 생활(삶)에 최소한으로 필요한

krušac *-šca* 조그만 덩어리(잘게 부서진, 잘게 깨진) (grumen)

krušarica (보통 複數로) 곡물(가루를 빻아 빵을 구울 수 있는); (그러한 곡물을 소출하는) 농작물 (žitarica)

kruščić 작은 배(梨), 작은 배나무

kruščić (지소체) kruh

kruščić (지소체) krug, krušac

krušik 배밭, 배 과수원

kruška *-šaka* 배(梨), 배나무; *čekati ~e na vrbi* 불가능한 것을 기대하다; *kao gnjile ~e* 수많은, 수많이; *ima ij kao gnjilih ~aka* 많이 있다, 엄청 많다; *odgovarati kao s ~e* 무뚝뚝하게 (불친절하게) 대답하다; *nije pao s ~e* 그는 미치지 않았다; *o ~u (koga)* 누구를 교수형에 처하다(목매 죽이다); *Miloš je bio takav da je mogao čoveka začas o ~u* 밀로쉬는 순식간에 사람을 교수형에 처할 수 있는 그런 사람이었다 **kruškov** (形); ~ *drvotočac* 깨다식굴벌레나방(그 애벌레는 배나무에 붙어 파먹어 들어감)

kruškast *-a, -o* (形) 배(kruška) 모양의, 배와 모양이 비슷한

kruškolik *-a, -o* (形) 참조 kruškast

kruškov *-a, -o* (形) 참조 kruška

kruškovac *-vca* 술의 한 종류 (배로 만든)

kruškovača 라키야의 한 종류 (배를 증류해서 만든)

kruškovina 배나무(재질의) 나무

krušnī *-ā, -ō* 참조 kruh; 빵의 (hlebni)

krut *-a, -o; krući* (形) 1. 굳은, 경직된, 빳빳한; 단단한, 딱딱한; (목·어깨 등이) 뻣뻣한, 저린, 감각을 잃은, 마비된; *noge su mi ~e* 다리가 저리다 2. 무감각한, 차가운, 냉정한 3. (행동 등이) 경직된, 딱딱한; ~ *stav* 경직된 자세 4. (규칙 등에) 엄한, 엄격한; 무자비한, 잔인한; ~*a disciplina* 엄격한 규율; ~*i zakoni* 가혹한 법률; ~*a ruka* 과도하게 엄격한 규율(훈육) 5. 힘든, 어려움이 많은 (tegoban, naporan) 6. (추위 등이) 매서운, 살을 애는

krutiti *-im* (不完) ukrutiti (完) 1. 뻣뻣하게(딱딱하게, 경직되게) 하다; ~ *rublje* 침대보를 뻣뻣하게 하다 2. ~ *se* 뻣뻣해지다, 경직되다; *krute mi se noge* 발이 뻣뻣해진다(발이 저려 온다); *ukrutio mi se vrat* 목이 마비되었다

kružan *-žna, -žno* (形) 참조 krug; 원의, 원형 모형의

kružiti *-im* (不完) 1. (특히 공중에서) 빙빙 돌다, 맴돌다, 선회하다; *orao kruži nad selom* 독수리는 마을 위를 빙빙 돈다; ~ *oko Zemlje* 지구 궤도를 선회하다; ~ *okom (očima)*, ~ *pogledom* ~을 찾으면서 바라보다 2. 일주하다, 순회하다; *patrola je kružila ulicama* 순찰차가 거리를 순회했다 3. (소문 등이) 유포되다, 퍼지다, 확산하다; *glasovi kruže* 소문이 확산되고 있다 4. 둘러싸다, 에워싸다, 포위하다 (okruživati, opkoljavati); *sve što nas kruži jest obmana* 우리 주변을 에워싸고 있는 것 모두 사기이다 5. ~ *se* 돌다, 선회하다, 빙빙 돌다

kružnica (數) 원주, (원의) 둘레

kružok (관심·직업 등으로 연결된 사람들의) ~ 계, 사회, 서클, 그룹; *lingvistički* ~ 언어학계

krv *krvi*, I.sg. *krvlju & krvi* (女) 1. 피, 혈액; *arterijska* ~ 동맥혈; *venozna (venska)* ~ 정맥혈; *cirkulacija* ~*i* 혈액 순환; *transfuzija* ~*i* 수혈 2. (비유적) 활력의 원천, 생명 3. (비유적) 아이, 후손; 혈통, 가문 (dete, porod, koleno, loza, poreklo) 4. (비유적) 기질, 성격, 성질 (narav, ćud, karakter) 5. (비유적) 살인, 살해 (ubistvo, krvoproliće); 유혈 투쟁, 유혈 복수 6. (비유적) 힘들고 고된 일(노동) **krvni** (形); ~ *pritisak* 혈압; ~ *neprijatelj* 철천지원수; ~*a zrnca* 혈구; ~ *sudovi* 혈관; ~*a slika* 혈액상(像), 혈액검사 결과; ~*a osveta* 유혈 복수; ~*o srodstvo* 혈족; ~*a plazma* 혈장 7. 기타; *biće* ~*i do kolena* 유혈 사태가 발생할 것이다, 대학살이 일어날 것이다; *biti ljute* ~*i* 급한 성격이다; *biti pun* ~*i i mesa* 많은 생명이 있다; *biti slatke* ~*i* 다른 사람의 불행에 같이 슬퍼해주는, 동정적인; *biti žedan (željan) čije* ~*i* 누구의 죽음 (멸망·파멸)을 바라다; *boriti se do poslednje kapi* ~*i* 최후까지(마지막 피 한방울이 남을 때 까지) 싸우다; crven kao ~ 매우 새빨간; *čovek naše* ~*i* 우리편 사람(같은 집안의, 같은 혈족의); *čovek plave (modre)* ~*i* 귀족; *čovek žablje* ~*i* 비겁한 사람, 겁쟁이; *čovek hladne (riblje)* ~*i* 쉽게 흥분하지 않는 사람, 냉혈한; *čovek nemirne (nečiste, opake, pogane, zle)* ~*i* 사악한 사람; *čovek južnjačke (vruće, vrele, žestoke)* ~*i* 다혈질인 사람; *danak u* ~*i* (歷) 피의 조공 (오스만들이 크리스트교 어린이들을 강제로 징집하여 예니차리로 만든 남자 아이들); *dati za koga (za što) zadnju kap* ~*i* ~을 위해 모든 것을 희

K

생하다; *ide mi (navaljuje mi)* ~ *u glavu* 피가 거꾸로 솟구친다; *jedna* ~ *i mleko* 부모가 같은 형제, 친형제; ~ *mu je došla (pala, navukla se) na oči* 눈에 핏발이 서도록 화를 내다; *kao da nema kapi* ~*i* (무서워, 공포심에) 창백한; *krv govori,* ~ *je progovorila u kome* 혈통은 어쩔 수 없다, 씨도둑질은 못한다; ~ *igra* 너무 혈기왕성하다; ~ *i nož je među njima* 불구대천지 원수; ~ *mi je* 그는 내 친척이다; ~ *kipi (ključa) u njemu* 몹시 흥분한, 다혈질의; ~ *mu se ledi (mrzne) u žilama* 커다란 공포심(무서움)을 느낀다; ~ *nije voda* 피는 물보다 진하다; ~ *za* ~ 살인은 살인으로 (유혈 복수의); *plivati (kupati se) u* ~*i* 많은 살인을 저지르다; *legla je (pala je)* ~ 누가 죽었다, 누가 살해되었다; *nosi mi* ~ *s očiju* 내가 너를 아직 살려줄 때 내 눈에서 사라져라; *okusiti ljudsku* ~, *omastiti ruke krvlju* 살인자가 되다, 살인 공범이 되다; *od dobre* ~*i* 좋은 품종의(동물이); *oprati krvlju uvredu* 멸시한 사람을 죽여 복수하다; *pisati što krvlju* 혈서를 쓰다; *piti (sisati) nečiju* ~ 누구를 마지막까지 착취하다(이용하다); *piti nečiju* ~ *na pamuk* 끊임없이 집요하게 누구를 괴롭히다; *preći (ući) u* ~ 몸에 습관으로 굳다; *proliti potoke (more)* ~*i* 많은 사람을 죽이다; *proliti nedužnu (nevinu)* ~ 죄없는 사람을 죽이다; *rod po* ~*i* 부계쪽 친척; *rod po tankoj (ženskoj)* ~*i* 모계쪽 친척; *svoja* ~ 가까운 친척; *zapečati krvlju nešto (učenje, uverenje)* ~을 위해 삶을 희생하다

krvar (動) 블러드하운드(후각이 예민한 탐색견, 사냥개의 한 종류)

krvarenje (동사파생 명사) krvariti; ~ *iz nosa* 코피(를 흘림)

krvariti -*im* (不完) 1. (自) 피를 흘리다, 피가 나다, 출혈하다; *rana krvari* 상처에서 피가 난다; *on krvari iz nosa* 그는 코피를 흘린다 2. ~때문에 가슴 아파하다, (마음이) 몹시 아프다 (patiti, stradati); *moje srce krvari za njom* 내 마음이 그녀 때문에 아프다 3. (전투에서) 피를 흘리다, 부상을 입다 4. 붉어지다, 빨개지다 (crveneti se); *sunce je krvarilo* 해가 붉어졌다 5. (他) 피를 흘리게 하다, 피투성이가 되게 하다; (누구를) 피투성이가 될 때 까지 구타하다(때리다); 붉은색으로 색칠하다 6. ~ *se* 서로 죽이다

krvav -*a*, -*o* (形) 1. 피의, 피투성이의, 피로 얼룩진; ~*e ruke* 피묻은 손; *jesti* ~ *hleb* 전쟁에 참여하다; ~*a košuljica* (解) 양막(羊膜;

태아를 둘러싸는 막); ~*e suze* 피눈물; *svi smo* ~*i pod kožom* 우리 모두는 똑같은 인간이다(동일한 특성과 장단점을 가진) 2. 유혈의, 유혈이 낭자한, 피비린내 나는, 잔인한, 잔혹한 3. (고기가) 덜 익혀진, 덜 구운, 피가 뚝뚝 떨어지는; ~ *biftek* 덜 구운 스테이크; *izjesti* ~*i zalogaj* 많은 고통을 견뎌내다 4. (비유적) 고통스런, 힘든, 견디기 어려운; 격렬한, 통렬한, 신랄한; 분개하는; ~*a uvreda* 신랄한 모욕; *gledati* ~*im očima koga* 증오하는 눈으로 보다 5. (비유적) 단호하고 지속적인 6. (비유적) 피 색깔의; ~*a kiša* 피 색깔의 비(먼지를 가득 포함한) 7. (口語) 굉장한, 대단한, 훌륭한; ~ *film* 굉장한 영화

krvavac -*vca* 1. 살인자 (ubica) 2. (植) 서양톱풀

krvavica 1. 피순대, 피소세지 2. 피멍 3. (비유적) 힘들게 번 돈

krvaviti -*im* (不完) (=krvariti) 1. (自) 피를 흘리다, 피에 젖다 2. 고통을 겪다, 어려움을 겪다(느끼다) (patiti, stradati) 3. (전투에서) 피를 흘리다, 부상을 입다 4. 붉어지다, 빨개지다 (crveneti se); *sunce je krvavilo* 해가 붉어졌다 5. okrvaviti, iskrvaviti (完) (他) 피를 흘리게 하다, 피투성이가 되게 하다; (누구를) 피투성이가 될 때 까지 구타하다(때리다); 붉은색으로 색칠하다; *iskrvavičeš košulju* 셔츠를 피로 물들일 것이다 6. ~ *se* 피로 물들다, 피투성이가 되다 7. ~ *se* (비유적) 힘들게 고생하다, 고생스럽게 일하다(시도하다), 고되게 일하다 8. ~ *se* 서로 상대방을 죽이다 9. ~ *se* 붉어지다 (crveneti se)

krvavljenje (동사파생 명사) krvaviti; 출혈, 피흘림

krviti se -*im se* (不完) 1. 싸우다, 전투하다 (ratovati, boriti se); *išao je mirno u rat, krvio se s Turcima* 평정심을 갖고 전쟁에 참전하여 터키와 전쟁을 하였다 2. 다투다, 말다툼하다 (svađati se, preganjati se); *krve se oko imanja* 그들은 재산을 놓고 언쟁을 벌였다 3. 피 흘리다

krvnī -*ā*, -*ō* (形) 참조 krv

krvnica 참조 krvnik; (여자)살인자, 살해범

krvničkī -*ā*, -*ō* (形) 1. 참조 krvnik; 살인자의; ~*a sekira* 살인자의 도끼 2. 잔인한, 잔혹한, 무자비한; *na* ~*u* 잔혹하게, 잔인한 방법으로 3. (고통, 추위 등이) 극심한, 격렬한; ~*i bolovi* 극심한 통증

krivnički (副) 1. 살인자처럼, 잔인하게, 잔혹하게, 증오를 가지고; ~ *gledati koga* 살의(殺

K

意)를 가지고 쳐다보다 2. (비유적) 온 힘을 다해, 있는 힘껏

krvnik 사형 집행인 (dželat)

krvnik 1. 살인자, 살인을 저지른 사람 (ubica, ubojica) **krvnica**; **krvnički** (形) 2. 철천지원수 3. 잔인한(잔혹한, 무자비한) 사람

krvoliptanje (짧은 시간 동안의 다량의) 출혈 (brzo, obilno krvarenje)

krvoločan -čna, -čno, **krvožedan** -dna, -dno (形) 1. 피에 굶주린, 유혈과 살인을 즐기는 2. 유혈 사태와 살인이 동반되는 3. 잔인한, 잔혹한 (bezdušan, nemilosrdan)

krvolok 사람 죽이는 것을 즐기는 사람, 살인자 (krvopija, ubica, ubojica)

krvopija (男,女) 1. 흡혈귀(같은 사람) 2. 살인자 (krvnik, ubica) 3. (흡혈귀같이 남의 피를 빨아 먹는) 고리대금업자 4. 매우 힘들고 어려운 일 (피를 말리는 것처럼) (krvosalija)

krvopilac -lca & -ioca 참조 krvopija

krvoproliće 유혈, 유혈 사태, 유혈 참사, 대량 학살

krvoslednik 사냥개의 일종(부상당한 들짐승의 피냄새를 따라 가는) (krvar)

krvotok 혈액 순환; poremečaji ~a 혈액 순환 장애

krvožedan -dna, -dno (形) 참조 krvoločan

krvožednost (女) 피에 굶주림; 잔혹함

krzati -am (不完) 1. (문질러·비벼) 닳게 하다, 해지게 하다, 낡아지게 하다 2. ~ se (오래 사용하여, 마찰·마모로 인해) 해지다, 닳다, 낡다, 서서히 없어지다(사라지다)

krzav -a, -o (形) 낡은, 해진 (오래 사용하여, 부주의한 사용으로) (otrcan, rastrzan, iskidan)

krznar 모피 상인(가공자) **krznarski** (形)

krznarstvo 모피 가공업, 모피 산업

krznat -a, -o (形) (술이 많고 부드러운) 털로 덮인

krzno 1. (동물의) 털가죽 2. (가공된) 모피 **krzen** (形); ~i kaput 모피 코트; ~a postava 퍼 라이닝(모피 안감) 3. 모피 제품 (코트 등의) 4. (解) 피하층(모낭이 있는)

krznuti -nem (完) 참조 okrznuti; 스치다, 스치고 지나가다

krža (鳥類) 유럽자고새; 쇠오리, 상오리 (krdža, grogotovac)

kržljav -a, -o 성장(발전)이 느린(더딘·뒤쳐진), 성장(발전)이 완전히 되지 않은, 성장(발전) 되지 않은; ~ devojčica 발육장애의 소녀; ~o drvo 성장이 느린 나무

kržljaviti -im (不完) **zakržljati** -am (完) 성장

(발육·발전)이 느려지다(더뎌지다, 뒤쳐지다)

ksenofob 외국인을 싫어하는 사람, 외국인 혐오자

ksenofobija 외국인 혐오 (反; ksenomanija)

ksilofon 실로폰

ktitor (교회·수도원·기념관 등의) 설립자, 창립자; 기금 기부자 **ktitorka**; **ktitorski** (形)

kub kubovi, kubus (數) 1. 정육면체 2. 세제곱; 4 na ~ 4의 세제곱(4³); dići na ~ 세제곱하다 **kubni** (形); naći (izvući) ~ koren 세제곱근을 구하다; ~ metar 세제곱 미터(m³)

Kuba 쿠바 **Kubanac**; **Kubanka**; **kubanski** (形)

kuba 참조 kube

kubatura 1. 용적, 용량 2. (자동차 엔진의) 크기, 배기량

kube -eta; **kubeta** (건물 위의 작은) 둥근 지붕, 반구형 지붕, 돔 (kupola)

kubičan -čna, -čno (形) 1. 정육면체 모양의 2. (한정형태로) (kubični) 참조 kubik; 세제곱의, 입방의; ~čni metar 세제곱 미터

kubik 세제곱, 입방, 용적; koliko ~a imaju vaša kola? 당신 차의 엔진은 몇 리터짜리입니까? **kubični** (形)

kubikaš 큐빅에 따라 임금을 지불받는 노동자 (보통은 땅을 파내는 정도에 따른)

kubirati -am (完,不完) 1. (數) 세제곱하다 2. 용적을 계산하다

kubist(a) 입체파 화가(조각가) **kubistički** (形)

kubizam -zma (미술의) 입체파, 큐비즘

kubnī -a, -ō (形) 참조 kub; 세제곱의; ~ metar 세제곱 미터; ~ koren 세제곱근

kubura 1. (구식의) 총; 큰 권총 2. 권총집 (허리 혹은 말 안장에 차는) 3. (집의) 회랑

kubura 1. 힘들고 빈곤한 상태, 곤궁, 어려움 (tegoba, teškoća) 2. 고분분투 (baktanje, petljanje)

kuburiti -im (不完) 1. 힘들게 살다, 어렵게 살다 (životariti) 2. (s nekim, s nečim) (문제·어려움·곤란·곤궁 등과) 고분분투하다, 씨름하다 (baktati se, boriti se, petljati)

kubus 참조 kub

kuc, kuc-kuc (擬聲語) 똑똑 (노크 소리의)

kuca (女,男) 1. (愛稱) kučka, kucov; što maci, to i kuci 모든 사람에게 공평하게 2. (辱說) 개 같은 년

kucaj, kucanj -cnja 1. (문 등의) 두드림, 노크 2. 고동, 맥박

kucaljka 1. (발정난 암캐의 뒤를 쫓아다니는) 한 무리의 개 2. 난잡한 여자

kucaljka (의사가 무릎 등을 가볍게 두드리는) 망치, 검사 망치

428

kucati -am (不完) kucnuti -nem (完) 1. 가볍게 (톡톡) 두드리다; *kiša pljušti, kuca u prozore* 비는 억세게 내리고 소리를 내며 창문에 부딪쳤다 2. (문 등을) 두드리다, 노크하다; ~ *na vrata* 문을 노크하다 3. (심장이) 뛰다, 고동치다; *srce mu kuca neravnomerno (ubrzano, usporeno)* 그의 심장은 불규칙하게(빨리, 느리게) 뛴다; *kuca mi srce za kim (čim)* 누구를(무엇을) 간절히 원하다 4. (타악기를) 연주하다, 두드리다 5. otkucati (完) (타자기·컴퓨터 등의 자판을) 두드리다, 타이핑하다; (시계가) 울리다; *sat je otkucao 10 sati* 시계가 10시를 알렸다; *otkucala je pismo* 그녀는 편지를 타이핑했다 6. (비유적) (어떠한 시기·시간 등이) 다가오다, 가까이 오다 (približavati se); *kuca čas velikih dana* 위대한 날이 다가온다; *kucnuo je poslednji čas* 마지막 순간이 다가왔다 7. ~ se (잔 등을) 부딪치다 (건배하면서); ~ *se čašama* 잔을 부딪치다; *seljaci su se smejali, kucali se o njegovu čašu* 농민들은 웃고는 그의 잔에 건배를 했다; ~ *se jajima na Uskrs* 부활절에 계란치기를 하다

kucati se -am se (不完) (암캐가) 발정나다 (bukariti se, bucati se)

kucavica (보통 명사 *žila*와 함께 한정사적 용법으로) 1. (解) 동맥 (arterija) 2. (비유적) 주(主)교통로 (glavni saobraćajni put)

kuckar 빗살수염벌레(고목을 갉아먹는 작은 곤충. 나무를 갉아먹을 때 나는 소리가 시계가 째깍거리는 소리와 비슷하다 하여 붙은 이름)

kuckati -am (不完) (지소체) kucati

kucnuti -nem (完) 1. 참조 kucati 2. (비유적) 시작되다, 임하다 (시간·시기가); *kad ponoć kucne, čete su nam tu* 자정이 시작되면 우리의 부대는 여기 있을 것이다; *kucnuo je (moj, tvoj, njegov) čas* 내(네, 그의) 시대가 시작되었다; *kucnuo je (moj, tvoj, njegov) poslednji čas* 내가(네가, 그가) 죽을 시간이 다 되었다

kucnjava (큰 소리의) 두드림, 노크

kuco -a & -e (男) (愛稱) kucov, kučak; 개

kučad (女) (集合) kuče; 어린 개, 강아지

kučak -čka 1. 개, 견(犬) (pas); ~ *pravi* 상어 (morski pas) 2. (비유적) (輕蔑) 나쁜 놈, 비열한 놈, 야비한 놈

kuče -eta; *kučići* 1. 어린 개, 강아지; *nema ni ~eta ni mačeta* 보살펴야 할(돌봐야 할) 그 누구도 없다, 아무런 책임도 책무도 없다; *slepo* ~ (動) 뒤쥐 2. (비유적) (輕蔑) 비열한

놈, 믿을 수 없는 놈, 배신자

kučence -a & -eta (지소체) kuče

kučine (女,複) (밧줄·삼의) 부스러기; *zapleo se kao pile u* ~ 그는 스스로 어려움을 자초했다(제 무덤을 제가 팠다); *trice i* ~ 가치없는 (무가치한, 무의미한) 것

kučka -kī; -čākā & -ī (=kuja) 1. 암캐 2. (비유적) (輕蔑) 화냥년, 매춘녀 kučkin (形); ~ *sin* (욕설) 개새끼

kučketina (지대체) (輕蔑) kučka

kučkica (지소체) kučka

kučnica 1. (발정난 암캐를 뒤따라 다니는) 한 무리의 개들 (kucaljka) 2. 개집 3. (비유적) 화냥년, 매춘부 (kučka)

kuća 1. 집, 주택, 가옥 2. (비유적) 거처, 처소 3. (가족과 함께 사는) 집, 가정; 가족원; 집안 일; *kod ~e* 집에(서); *ići ~i* 집으로 가다; *voditi ~u* 집안 일을 챙기다(꾸리다); *osećati se kao kod svoje ~e* 마치 자기 집에 있는 것 같이 편안하게 느끼다 4. 가계 (家系), 혈통; 왕조 (dinastija); ~ *Nemanjića* 네마니치 왕조; *vladarska* ~ 왕조 5. (문화·교육·행정 등의) 기관, 협회, 회(會), 원(院), 소(所) 그러한 기관이 있는 건물; *pozorišna* ~ 극장; *gradska* ~ 시청; *turistička* ~ 관광협회 6. 회사 (preduzeće); *robna~* 백화점, *izdavačka* ~ 출판사; *trgovačka* ~ 무역 회사; *javna* ~ 윤락가, 사창가, 매춘굴; *luda* ~ 1)정신 병원 2)혼란, 혼동, 뒤죽박죽인 상태 7. 고국, 조국; 고향 (domovina, zavičaj) 8. (方言) 부엌 (kuhinja) 9. 기타; *biti kod ~e u čemu* ~에 능숙하다, ~을 잘 알다; *biti svuda kod svoje ~e* 모든 곳에서 잘 적응하다, 모든 곳에서 편안하게 느끼다; *crna* ~ 감옥, 교도소; *daleko mu lepa* ~ 나는 그와 그 어떤 일도 같이 하고 싶지 않다, 나와는 상관없는 일이다; *čitavu ~u na glavu dići* 온 집안 사람들을 당황하게 만들다; *do božije ~e (terati koga)* 극한까지 (몰다, 쫓다), 파멸시키다; *dogovor ~u gradi* 발전은 합의로 이루어진다; *donja (niža)* ~ (政) 하원; *gornja (viša)* ~ (政) 상원; *gledati svoju ~u* 자신의 일을 하다; ~ *božja (gospodnja)* 교회; ~ *od karata* 불확실한 그 어떤 것; *kućiti ~u* 일하면서 근검절약하여 집을 짓고 가족을 부양하다; *ne gori ti* ~ *(nad glavom)* 너무 서두를 필요는 없다; *nema ~e i kućišta, bez ~e i kućišta* 자신의 것은 아무것도 없다; *otvorenu ~u (držati, imati)* 손님(방문)을 기꺼이 받다; *piši ~i propalo je* ~에 약이 없다, 도와줄 방법이 없다; *rasturiti (zakopati,*

K

429

zatrpati, zatrnuti, ugasiti) kome ~u ~의 가
정(가문)을 파멸시키다; *stara* ~ 1)명망있는
가문 2) 마지막 학년에 다니고 있는 대학생;
večna ~ 묘, 무덤; *vražja* ~ 지옥
kućanik (=kućnik) 집안 일을 열심히 하는 사
람, 집안을 잘 꾸려 나가는 사람 **kućanica**
kućanin *-ani* 가족 구성원 (ukućanin)
kućanskī *-ā, -ō* (形) 집의, 가정의 (kućni,
domaći)
kućanstvo 1. 집안 일, 집안 경제 2. 집안 재
산 **kućanski** (形)
kućar 1. (협동농장 등에서 결혼한 농장원을 위
해 격리되어 있는) 방 (vajat) 2. (方言) (부엌
옆의) 식료품 저장실 3. (方言) (목동이 잠자
는) 오두막 집
kućarina 주택세, 가옥세
kućariti *-im* (不完) (집집마다 돌아다니며 물건
을) 팔러 다니다, 행상하다 (torbariti)
kućegazda (男) 집주인 (kućevlasnik)
kućegazdarica
kućepazitelj (집의) 관리인 (nastojnik,
pazikuća)
kućerak 조그맣고 보잘 것 없는 집(가옥), 다
허물어져 가는 집
kućerina (지대체, 조롱조의) kuća
kućevan *-vna, -vno* (形) 1. 집안살림에 신경
을 쓰는, 집안의 경제력 향상에 노력하는; ~
čovek 집안일에 신경을 쓰는 사람 2. 집의
(kućni)
kućević 훌륭한 가문 출신의 사람, 좋은 집안
출신의 사람, 명망가 출신의 사람 (kućić)
kućevlasnik 집주인, 가옥주(主) **kućevlasnica**
kući (副) 집으로, 집에서; *ići* ~ 집으로 가다;
govore ~ *srpski* 그들은 집에서 세르비아어
로 말한다
kućica 1. (지소체) kuća; 조그마한 집; *svoja* ~,
svoja slobidica 보잘것 없는 집이라도 자기
집이 제일 편안하고 좋다 2. (달팽이가 이고
다니는) 달팽이 껍질 3. 개집 4. 박스, 케이
스(엔진·베어링 등이 들어있는); *motorska* ~
엔진 박스
kućić 명망가 집안 출신의 사람, 좋은 집안 출
신의 사람 (kolonović, kućević)
kućište 1. 집터, 가옥터 2. 집, 가옥 3. (機) 내
연기관의) 크랭크실(室) (karter)
kućiti *-im* (不完) 1. (집에 필요한 것들을) 얻다,
획득하다 벌어들이다; ~ *kuću* 집안에 필요한
것들을 벌어들이다 2. ~ *se* 생활에 필요한
것들을 벌다; *kad se vratim … mogu se i* ~,
biće para 내가 돌아오면 생활비를 벌 수 있
어요, 돈이 있을 거예요

kućnī *-ā, -ō* (形) 1. 집의; ~ *broj* 집 번지수; ~
red (공동주택 등의) 생활 수칙; ~ *savet* (공
동주택의) 입주자 협의회; *~a vrata* 대문, 현
관문; ~ *pritvor* 가택 연금 2. 가정의, 집안
의; *~e životinje* 애완동물; *~e potrebe* 집안
살림에 필요한 것(물건); *~a haljina* 집안에
서 입는 옷(여자들의); ~ *poslovi* 가사(家事)
일; *~o vaspitanje* 가정교육; ~ *lekar* 가정
주치의; *~a radinost* 홈메이드 상품(물건)
kud, kuda (副) 1. 어디로; ~ *ideš?* 어디로 가
느냐?; *otišao je bog zna* ~ 그가 어디로 간
지는 아무도 모른다; *~-tuda* 여기저기로;
nemati ~ 갈 곳이 없다 2. 어디에 (gde) *idi*
~ *hoćeš* 네가 가고자 하는 곳으로 가라 3.
어떻게 (kako); *kad nisam ja mogao,* ~ *će*
on moći! 내가 할 수 없는데 그가 어떻게 할
수 있겠는가! 4. 어디든지 (negde); *hajdemo*
~ *u šetnju!* 어디든지 산책하러 가자! 5. 기
타; ~ *god,* ~ *bilo, bilo* ~ 어디든지(kudgod);
kud god idem, ja njega sretnjem 내가 어디
로 가던지 그를 만난다; *bog zna(ko zna)* ~
어디로 갈지 아무도 모른다; ~ *koji* 사방으로
(도망치다, 흩어지다); *kud ti okom, tud ja*
skokom 넌 말만 해, 난 즉시 그것을 행할께,
명령만 하면 즉시 이행한다; ~ *ću šta ću* 더
이상 어떤 결정을 미룰 수 없을 때 하는 말,
어떤 결정을 내려야만 할 때 하는 말;
nemati ~ 다른 방도(출구)가 없다; (pa) ~
puklo da puklo 뭔가 결정 하야 된다는(뭔가 말해
야 된다는) 결정을 내릴 때 하는 말
kudagod (副) 참조 kudgod; 어디론가
kudelja 1. 삼, 대마, 아마; 삼실, 대마실, 아마
실; 베, 삼베, 아마천 2. (물레에 감을 수 있
을 만큼의) 양, 양의 단위 3. (方言) 물레
kudeljni (形)
kudgod, kudagod (副) 어디론가, 어디엔가;
ideš li ~ *večeras?* 오늘 저녁에 어디 가?;
moram ~ *ići* 어딘가 가야만 해
kudikamo (副) (비교급·최상급의 뜻을 강조) 훨
씬 더, 비교할 수 없을 정도로; ~ *bolje*
(lepše) 훨씬 더 좋은(예쁜)
kudilac *-ioca* **kuditelj** 흠잡는 사람, 트집잡는
사람, 나쁘게 말하는 사람, 탓하는 사람, 비
판하는 사람
kuditi *-im* (不完) **pokuditi** (完) 비난하다, 흠잡
다, 트집잡다, 나쁘게 말하다, 비판하다
kudrast *-a, -o,* **kudrav** *-a, -o* (形) 곱슬곱슬한
(kovrčast, kovrčav)
kudravac (머리카락이) 곱슬거리는 사람, 고수
머리인 사람 **kudravica, kudravka**
kudraviti *-im* (不完) 곱슬곱슬하게 하다

(kovrčati)

kudro -a & -ē kudronja (男) 곱슬곱슬한 털을 가진 개(犬)

kudrov (男) 참조 kudro

kufer 참조 kofer

kuferaš 참조 koferaš; 떠돌이 노동자(일꾼)

kuga 1. 패스트, 흑사병; (가축의) 전염병; ~ te odnela! 지옥에나 가라!; stočna ~ 소 전염병, 우역(牛疫: 소나 그 비슷한 동물에게 발생하는 심한 전염병); bežati od koga kao od ~e 또는 bojati se koga kao ~e 역병으로부터 도망치듯이 누구를 극도로 피하다; kud će ~ no u svoj rod 불행은 혼자 오지 않는다; plućna ~ 폐페스트, 폐렴흑사병 2. 잡기놀이(한 명의 아이가 다른 아이들을 잡으려고 뒤쫓아 다니는 놀이)

kugla 1. (數) 구(球) 2. 구형(球形) 모양의 물건, (볼링 등의) 볼 3. (총·대포 등의) 산탄, 포탄 (zrno) 4. (육상의) 투포환 5. (zemaljska) ~ 지구본, 지구의 6. ~ (sladoleda) (아이스크림) 한 스쿱

kuglana 볼링장; na ~i 볼링장에서

kuglanje (동사파생 명사) kuglati se 볼링; ići na ~ 볼링하러 가다

kuglast -a, -o (形) 구(球)모양의, 구체의, 둥근 모양의

kuglaš 볼링 선수, 볼링하는 사람

kuglati se -am se (不完) 볼링하다, 볼링을 치다

kuglica (지소체) kugla; ~ od vate 솜뭉치, 탈지면 뭉치

kugličnī -ā, -ō (形) 공(kuglica)의; ~o ležište (ležaj) 공을 놓는 곳

kuglin 구(球)의, 공의

kuglof 케이크의 한 종류 (양철 그릇에 구운)

kuglovod (볼링장의) 거터, 공이 돌아오는 홈

kuguar (動) 쿠거, 퓨마

kuhač 참조 kuvar: 요리사, 조리사

kuhača (나무로 된) 국자, 주걱 (kutlača, varjača)

kuhar, kuharica 참조 kuvar

kuhati -am (不完) 참조 kuvati

kuhinja, kujna 1. 부엌, 주방 2. 요리법, 요리; francuska ~ 프랑스 요리 3. 기타; narodna (pučka) ~ 급식소(빈민, 난민 등을 대상으로 무료 급식하는); poljska ~ (軍) 야전 주방 kuhinjski, kujnski (形); ~ nož 주방용 칼; ~ kredenac 부엌 찬장; ~ nameštaj 주방 가구; ~a so 식탁용 소금

kuja (=kučka) 1. 암캐 2. (비유적)(輕蔑) 정조 관념이 희박한 여자

kujna 참조 kuhinja

kujnskī -ā, -ō (形) 참조 kuhinja

kujon 불량배, 쓰레기 같은 놈, 아무런 쓸모없는 사람 (hulja, ništarija, nitkov)

kujundžija (男) 금은 세공인

kujundžinica 금은방, 금은 세공업자의 가게

kuk kuka; kukovi (허리와 다리가 만나는) 허리께, 골반 부위(허리 밑의 좌우에 튀어나온 부분)

kuka 1. 고리, 갈고리, (물건을 거는) 고리; obesiti o ~u 고리에 걸다; dići na koga ~u i motiku 누구에 대항한 전투에서 가능한 모든 무기를 사용하다; digla se, ustala ~ i motika 모든 사람들이 무기를 들었다; odbacivati ~e na otkuke 정말로 필요한 대답을 회피하다; pisati ~om na ledu, terati ~om po vodi 쓸모없는 일을 하다; vaditi se na ~u (핑계로) 궤변을 늘어놓다 2. 낚싯바늘 3. 곡괭이 (budak, pijuk) 4. (複) 휘갈겨 쓴 글씨, 난필

kukac -kca 1. 곤충 (insekat) 2. (複) kukci 곤충강

kukača 뜨개질 바늘의 일종 (heknadla)

kukast -a, -o (形) 갈고리 모양의, 굽은; ~ nos 매부리코; ~i krst (križ) 만자(卍字), (옛 독일 나치당의) 어금꺾쇠 십자표지

kukaši (男,複) (動) 갈고리촌충류

kukati -am (不完) 1. (뻐꾸기가) 뻐꾹뻐꾹 울다 2. (통증·슬픔 때문에) 흐느껴 울다, 통곡하다, 울부짖다; 한탄하다, 애통해 하다; ~ za nekim 누구 때문에 통곡하다; kukala ti majka, u jadu kukala (저주할 때) 땅을 치면서 후회할 것이다 (어떤 좋지 않은 가능성을 경고하면서 사용함) 3. 불평하다; ~ na nekoga(nešto) 혹은 ~ zbog nekoga(nečega) ~에 대해 불평하다, ~ 때문에 불평하다 4. 열망하다, 갈망하다, 바라다 5. (koga) ~을 울면서 애도하다

kukavac 1. 가엾은 사람, 불쌍한 사람, 가엾고 불쌍한 사람 2. 겁쟁이, 비겁자 (plašljivac, strašljivac, kukavica)

kukavan -vna, -vno (形) 1. 가엾은, 불쌍한 (jadan, bedan) 2. 슬픈, 슬픔을 자아내는 (žalostan) 3. 약한, 빈약한 (slab) 4. 의미없는, 아무것도 아닌, 중요하지 않은 5. 창피한 (sraman, sramotan) 6. 무서워하는, 두려워하는 (plašljiv, strašljiv)

kukavica 1. (鳥類) 뻐꾸기; (複) 두견과의 새 kukavič(i)ji (形) 2. 겁쟁이, 비겁한 사람; on je prava ~ 그는 진짜 겁쟁이이다 kukavički (形); ~ postupak 비겁한 행동; ~o bekstvo 비겁한 도망 3. (종종 crna, sinja 등의 보어

K

431

와 함께) 가엾고 불쌍한 여자

kukavičluk 비겁, 비겁함

kukavištvo 참조 kukavičluk

kukavština 1. 빈곤, 가난 (siromaštvo, beda) 2. 비열함, 야비함, 치사함 (rđavština, podlost) 3. 겁, 겁먹음 (plašljivost)

kukci 참조 kukac

kukcojedi (=kukcožderi) (男,複) (動) 식충목 (食蟲目: 포유류의 한 목(目)으로서 가장 원시적이며 주둥이가 긴)

kukica 1. (지소체) kuka 2. 장애물, 방해물 (prepreka, smetnja) 3. 뜨개질용 바늘

kuknjava 1. 통곡, 울부짖음 2. 끊임없는 불만 토로

kukolj 1. (植) 선웅초, 선홍초; (비유적) 쭉정이; *u svakom žitu ima ~a* 모든 집단에는 골칫덩어리인 말썽꾼이 있기 마련이다 2. (비유적) 해로운 사람, 해를 끼칠 수 있는 사람; 일반적으로 해로운 것

kukov *-a, -o* (形) (숙어로만 사용) *o ~u letu, o ~u danu* 결코, 한 번도 ~아니다(nikada)

kukrika (植) 서어나무(자작나뭇과의 낙엽 활엽 교목) (crni grab)

kuku (感歎詞) (종종 kuku lele) (커다란 비통·비애·두려움을 나타냄) 오~, 아~; ~ *meni!* 아, 슬프도다!

kukuljača 참조 kukuljica

kukuljica 1. (외투 등에 달린) 모자, 후드 (kapuljača) 2. (핀을 꽂아) 땋은 머리, 쪽진 머리 3. (곤충의) 번데기, 고치 (lutka)

kukumavka *-ci & -ki, -ī* 1. 올빼미 (불행을 불러온다고 믿는) 2. (비유적) 늘 불만을 늘 어놓는 사람, 늘 투덜대는 사람

kukurek 1. 금난초 2. 장닭의 울음

kukurekati *-čem* (不完) **kukureknuti** *-nem* (完) (수탉이) 울다, 꼬끼오하고 울다

kukurikati *-čem* (不完) **kukuriknuti** *-nem* (完) 참조 kukurekati

kukuriku (感歎詞) (擬聲語) 꼬끼오

kukuruz 옥수수, 옥수수알 **kukuruzni** (形)

kukuruza 1. 참조 kukuruz 2. 참조 kukuruznica; 옥수수빵

kukuruzana 옥수수 창고 (옥수수를 말리거나 보관하는) (kukuruzni koš)

kukuruzište 옥수수밭

kukuruznī *-ā, -ō* (形) 참조 kukuruz; 옥수수의; ~ *klip* 옥수수의 속대; ~ *hleb* 옥수수빵; ~*e pahuljice* 콘 플레이크

kukuruznica 1. 옥수수빵 2. 참조 kukurozovina

kukuruzovina 옥수숫대 (옥수수를 수확하고 난 후 말라 있는)

kukuružnjak 1. 참조 kukuruznica; 옥수수빵 2. 참조 kukuruzana; 옥수수 창고 3. (옥수수를 먹고 자란) 돼지

kukuta (植) 독미나리, 독당근

kukuvija (鳥類) 금눈쇠올빼미, 외양간올빼미

kula 1. 탑, 성루, 망루 (보통 커다란 건축물의 일부분 또는 독립적으로 서 있는, 둥근 혹은 사각형 모양의); *stražarska ~* 감시 망루; *vatrogasna ~* 소방탑; *kriva ~ u Pizi* 피사의 사탑; *zidati ~e u vazduhu* 사상누각을 짓다; ~ *svetilja* 등대; *kontrolna ~* 관제탑(공항의); *vavilonska ~* 바빌론의 탑; *obećati ~e i gradove* 헛된 약속을 하다; *živeti u ~i od slonove kosti* 현실과 동떨어져 살다; ~ *od karata* 불안정한, 엉성한 2. (보통은 규모가 큰) 돌로 지어진 집, 성(城) 3. (비유적) 대단히 웅장하게 높게 지어진 것 4. (체스의) 룩

kulak (제정 러시아의) 부농(富農) **kulački** (形)

kulaš 1. 황갈색의 말 2. 황갈색의 비둘기

kulašast *-a, -o* (形) 황갈색의

kulaštvo 1. (集合) kulak; 부농, 부농계급 2. 부농적 성격(특색, 특성)

kulatast *-a, -o* (形) 참조 kulašast; 황갈색의

kulen 소시지(다진 돼지고기와 여러 양념이 들어간, 대장으로 만든)

kuli *-ija* (男) 막노동꾼, 쿨리(중국·인도 등의 하층 노동자)

kulin 참조 kulaš

Kulin (숙어로) *od ~a bana (pričati)* 매우 장황하게 (이야기하다); *za ~a bana* 옛날에, 아주 오래전에

kulinar 요리사 (kuvar)

kulinarskī *-ā, -ō* (形) 요리의; ~*a izložba* 요리전시회; ~ *specijaliteti* 특별 요리

kulinarstvo 요리, 요리 솜씨(기술), 음식 준비

kulisa (보통 複數로) (극장 무대의) 배경막, 이동 칸막이, 세트; *iza ~a* 배후에서, 비밀리에, 숨어서; *bez ~a* 솔직히, 공개적으로 **kulisni** (形)

kulminacija 1. 절정, 최고점, 최고조, 클라이맥스; *dostići ~u* 정점에 다다르다 **kulminacioni** (形) 2. (天) (천체의) 자오선 통과, 남중

kulminirati *-am*, **kulminisati** *-šem* (完,不完) 절정(최고점·최고조)에 달하다

kuloar (보통 複數로) 회랑, 복도 (특히 의회 건물의, 휴식이나 사적 대화를 할 때 사용되는); *takva se pitanja rešavaju po ~ima* 그러한 문제들은 사적 대화를 통해 해결된다

kult 숭배, 숭앙; ~ *ličnosti* 개인 숭배 **kultni** (形)

kultura 1. 문화, 교양; *dom ~e* 문화 회관, 문
화 센터; *opšta ~* 문화 전반; *stupanj ~e* 문
화 수준; *fizička ~* 체육 2. (農) 경작, 재배,
양식, 사육; *~ šećerne repe* 사탕무우 재배
3. (生) (미생물이나 조직의) 배양 kulturni
(形); *~ razvitak* 문화 발전; *~o nasleđe* 문
화 유산; *~a saradnja* 문화 협력(교류); *~a
revolucija* 문화 혁명
kulturan *-rna, -rno* (形) 1. 참조 kultura; 문
화의 2. 교양있는 3. (農) 재배된, 경작된
kulturbund (歷) 파시스트 조직(구유고슬라비아
에서 소수민족이었던 독일인들이 2차대전전
에 조직했던)
kulturizam *-zma* (스포츠) 보디빌딩
kulturnoistorijskī *-ā, -ō* (形) 문화사의
kulturno-političkī *-ā, -ō* (形) 문화 정치적인
kulturno-prosvetnī *-ā, -ō* (形) 문화 교육적인
kulturtreger (歷) 제국주의자, 식민주의자(정복
하려는 민족에 문화와 문명을 전파한다고 명
목으로 자신의 일을 정당화시키는)
kulučar 의무노역자, 사역노동자 (도로·건물 등
의 건설에서 급료를 받지 못하고 일하는)
kulučiti *-im* (不完) 1. 의무노역을 하다, 사역하
다 2. (비유적) 힘겹게 일하다, 힘들게 일하
다
kuluk 1. (歷) 노역, 의무노역(반자유농민이 영
주에 대한) 2. (집합적) 의무노역자
(kulučari) 3. 무임금노동의무, 사역의무(공동
체를 위해 도로·건물 등의 건설에서) 4. (비
유적) 힘든 노동(일) 5. 난관, 어려움, 곤란
(beda, nevolja)
kulja (보통 複數로) (남자의 살찐) 배, 올챙이
배
kuljati *-am* (不完) pokuljati (完) 콸콸 솟구치다,
쏟아져 나오다 (연기·수증기·물 등이); *krv
kulja iz rane* 피가 상처에서 콸콸 흘렀다
kuljav *-a, -o* (形) 1. (남자의 배가) 남산만한,
배가 볼록 나온, 올챙이배의 (trbušast) 2.
(卑俗語) (여성이) 임신한, 새끼를 밴
(trudna) 3. 콸콸 쏟아지는
kuljnuti *-nem* (完) 1. 참조 kuljati; 콸콸 쏟아
지다 2. 밀다, 밀치다 (gurnuti)
kum *kumovi* 1. (유아 세례식에서 아이를 앉은,
부모의 대리인으로서의) 대부(代父); *kršteni
~* 대부 2. (결혼식의) 증인; *venčani ~* 결혼
증인; debeli ~ 결혼식의 주(主)증인 3. (선박
진수식에서의) 선박명을 부여하는 사람 4.
(비유적) 공모자 (음모·범행계획 등의 부정적
의미에서) 5. 의형제(pobratim) 6. *šišani ~*
남자 아기의 머리를 처음으로 깍아준 사람
7. (일가족의 나이 많은 사람을 부를 때의

호칭) 아저씨 kuma; kumov, kumovski (形)
kuma 1. 참조 kum; 대모(代母) 2. 대부(kum)
의 아내
kumčad (女) (集合) kumče
kumče *-eta* (kum과 관련하여) 대자녀, 대자
(代子: 기독교에서 대부나 대모가 세례식 때
입회하여 종교적 가르침을 주기로 약속하는
아이)
kumica 1. (지소체, 애칭) kum 2. 참조 kumče;
대녀(代女) 3. (方言) 시골 여자, 시골 여인네
(seljakinja, seljanka)
kumin *-a, -o* (形) 대모(kuma)의
kumin (植) 참조 kim; 캐러웨이(미낫리과 회향
풀의 일종으로 가축의 사료로 사용하며 그
열매는 향신료로 사용됨)
kumir 1. (다신교의) 우상 (idol, fetiš) 2. (비유
적) 숭배물
kumiti *-im* (不完) 1. *~ nekoga* 대부(kum)로
부르다, 대부로 정하다; *Kuma kumim mlada
Marijana* 나는 젊은 마리얀을 대부로 부른
다 2. 애원하다, 간청하다; *~ bogom* 신(神)
을 두고 애원하다 3. *~ se* 대부(kum) 관계
를 맺다
kumov *-a, -o* (形) 참조 kum; 대부(kum)의
kumovati *-mujem* (不完) 1. *~ nekome* 대부
(kum)가 되다, 대부의 역할을 하다 2. (선박
진수식에서) 명명하다; *Novi brod kome je
kumovala kćerka vlasnika peti je brod
izgrađen dosad za Švajcarsku* 선박주의 딸
이 명명한 새로운 배는 지금까지 스위스를
위해 건조된 다섯 번 째 선박이다 3. *~
nečemu* 공모하다, 참여하다(계획을 수립하
고 이행하는데); *Maričić je ... sigurno
kumovao onom dopisu* 마리치치가 그 공문
의 작성에 확실히 참여했다
kumovskī *-ā, -ō* (形) 참조 kum
kumst 참조 kunst
kumstvo 1. 대부(kum)의 역할을 하는 것
(kumovanje) 2. 대부(kum)사이에 존재하는
관계 3. (集合) 대부(kumovi)
kumulativan *-vna, -vno* (形) 누적하는, 누가하
는, 누진적인, 점증적인; *~ obračun* 누진 계
산
kumulirati *-am* (不完) 누적하다, (서서히) 축적
하다(모으다) (gomilati, nagomilavati)
kumulus (氣象) 적운 (구름의 한 종류)
kuna 1. (動) 담비(족제빗과 동물); *~ belica* 흰
가슴담비; *~ zlatka* 솔담비(담비의 일종);
kanadska ~ 밍크 2. (歷) 크로아티아 화폐
단위 (2차 대전 기간의, 1991년 독립 이후의)
kunadra 1. (植) 갓털, 관모(冠毛) 2. 보풀 (옷·

K

433

천 등의)

kundačiti -im (不完) (총의) 개머리판으로 때리다(치다)

kundak 1. (총의) 개머리판 2. (비유적) 폭력적인 경찰 권력(정부), 압제자

kunić 1. (動) 토끼 (zec); 토끼털, 토끼 가죽 2. (비유적) 겁쟁이 (plašljivac) 3. pokusni ~ 실험 대상

kunovina 1. 담비(kuna)털, 담비 가죽; 밍크털, 밍크 가죽 2. (歷) 세금(옛날 담비털로 세금을 내던)

kunjalica 1. 졸림, 졸음 2. (方言) 자주 조는 여자

kunjalo (男,中) 항상 조는 사람(남자); 병약한 (허약한) 사람

kunst (口語) 묘기, 재주, 손재주 (veština)

kunjati -am (不完) 1. 졸다, 가면상태에 있다 2. 허약해짐을 느끼다 3. (비유적) 활동성을 나타내 보이지 않다; Italijani kunjaju u bunkerima i barakama iza žica 이탈리아 군인들은 철책뒤의 벙커와 막사에서 꼼짝하지 않고 있다

kunjav -a, -o (形) 1. (틈만 나면) 조는, 자주 조는 2. 병약한, 허약한

kup -ovi 트로피, 우승컵 (pehar) kup-sistem (스포츠) 토너먼트 시스템

kup 1. 더미, 무더기 (많은 양이 쌓여 있는) (hrpa); na (u) jedan ~ 한 무더기로(각양각색의 물건들이 한테 쌓여 있는) 2. 사람들의 한 무리

kupa 컵, 트로피 (pehar)

kupa 원뿔, 원뿔형 물체

kupa 1. (옥수수) 더미 2. 더미, 무더기 3. (軍) 한데 모아 세운 총들(총구를 하늘로 향하여)

kupac (물건 등의) 구매자, 바이어, 고객 (mušterija) kupčev (形)

kupač 수영하는 사람, 헤엄치는 사람; 수영을 할 줄 아는 사람 kupačica; kupački (形)

kupaći -ā, -ē (形) 수영의; ~ kostim 수영복; ~e gaće 수영 팬티

kupališnī -ā, -ō (形) 참조 kupalište; 해수욕장의; ~ gost 해수욕장 손님

kupalište 1. (해변·강변의) 해수욕장; javno ~ 공공 해수욕장; morsko ~ 바다 해수욕장 2. 온천 kupališni (形)

kupanje (동사파생 명사) kupati; ići na ~ 수영하러 가다(목욕하러 가다)

kupaona, kupaonica (보통 욕조가 설치된) 욕실 (kupatilo)

kupast -a, -o (形) 원뿔(kupa)형의, 원뿔 모양의

kupati -am 1. 목욕시키다(욕조에 물을 받아) majka kupa dete 어머니가 아이를 목욕시킨다 2. 끼얹다, 뿌리다 3. (비유적) 사방에서 쏟아붓다 4. ~ se 목욕하다 (욕조에 물을 받아); dete se kupa 아이가 욕조에 물을 받아 목욕한다 5. ~ se (땀 등으로) 흥건히 젖다; ~ se u znoju 땀범벅이 되다, 땀으로 목욕하다; ~ se u krvi 1)피투성이가 되다, 피를 많이 흘리다 2) 살해하다, 살인하다; ~ se u suzama 눈물바다를 이루다, 엉엉울다 6. ~ se 수영하다, 헤엄치다, 멱을 감다; ~ se u moru(u bazenu) 바다(풀장)에서 수영하다

kupatilo 1. 욕실(보통 욕조가 설치된) 2. 욕탕, 목욕탕; javno ~ 공중 목욕탕; parno ~ 한증탕, 증기 목욕탕 (amam, hamam) 3. 해수욕장, 온천 (kupalište, banja)

kupčev -a, -o (形) 참조 kupac; 구매자의, 바이어의

kupē -ea (男) (열차칸의) 쿠페, 칸막이 객실

kupelj (女) 1. 목욕물 2. 목욕 (kupanje) 3. 해수욕장, 욕실, 욕탕 (kupalište, kupatilo)

kupica (지소체) kupa; 작은 컵; metati ~e 혈액순환을 좋게 하기 위해 아픈 곳에 컵을 올려놓다

kupilac -ioca 수집가 (sakupljač)

kupin 참조 kupa; 원뿔의, 원뿔형의; ~a osovina 원뿔축; ~ presek 원뿔 절단면

kupina 블랙베리

kupirati -am (完,不完) (개·말·양 등의) 꼬리를 자르다

kupiti -im; kupljen (完) kupovati -pujem (不完) 1. 사다, 구매하다, 구입하다; ~ za 100 dinara 100디나르 어치 사다; ~ gotovim novcem (za gotov novac) 현금으로 사다; mačka u džaku 물건을 알지도 보지도 않고 사다; po što kupio, po to i prodao 들은대로 말하다 2. (뇌물 등으로) 매수하다, 포섭하다 (potkupiti) 3. (비유적) 획득하다, 얻다 (노력·투쟁 등으로) 4. (카드) 패를 뽑다; ~ aca 에이스 카드를 뽑다

kupiti -im (不完) skupiti (完) 1. (koga) 소집하다 2. (što) 모으다, 긁어 모으다 (바닥에 흩어진 것을) 3. 모으다, 수집하다, 채집하다, 채취하다; ~ priloge (članarinu) 기부금(회원비)을 모으다; ~ prnje 길 떠날 채비를 하다; ~ klasje po starom strništu 사건을 언급하다(보통은 좋지 않은) 3. 없애다, 사라지게 하다 (odnositi, uklanjati) 4. (정보 등을) 수집하다, 모으다 5. (비유적) (얼굴 등을) 찡그리다, (입을) 꼭 다물다 (불쾌함 등으로); ~ obrve 미간을 찌푸리다 6. (액체 등을) 흡수하다, 빨아들이다; ~ mastilo 잉크를 빨아들

K

이다 7. ~ se (한 곳으로) 모이다; *svet se kupio na trgu* 사람들이 광장에 모였다 8. ~ se 주름이 지다

kupka 1. 욕실, 욕탕 (kupatilo) 2. 목욕 (kupanje) 3. (複) 온천 (banja)

kuplerej (卑俗語) 매춘굴, 매음굴, 갈보집 (bordel)

kuplet 1. (시의) 이행 연구(二行聯句), 대구(對句) 2. 커플릿(후렴과 후렴 사이에 끼운 론도 형식의 대조적인 부분

kuplung (자동차의) 클러치판, 클러치(장치) (spojnica, kvačilo)

kupnja 구매, 구입 (kupovina)

kupola 반구(半球) 천장, (건물 위의 작은) 둥근 지붕 (kube)

kupolka (冶金) 큐폴라, 용선로(溶銑爐; 무쇠를 녹이는 가마)

kupolnī -ā, -ō (形) (숙어로만 사용) ~*a peć* 용선로, 열풍 용삽로

kupon 1. 쿠폰 2. 입장권, 응모권, 신청권 3. 할인권

kupoprodaja 매매(賣買), 사고 파는 것; *oni vrše ~u nekretnina* 그들은 부동산을 매매한다 **kupoprodajni** (形); ~ *ugovor* 매매계약

kupovati -*pujem* (不完) 참조 kupiti

kupovina 1. 구입, 구매, 쇼핑; *ići u ~u* 사러가다, 쇼핑하러 가다 **kupovni** (形) 2. 구입한 물건, 구매한 물건

kupovnī -ā, -ō (形) 1. 상점에서 산 (집에서 만든 것이 아닌); ~ *hleb* 상점에서 산 빵; ~ *duvan* 상점에서 산 담배; ~ *sir* 가게에서 산 치즈 2. 참조 kupovina; 구입의, 구매의; ~*a cena* 구매가; ~*a moć* 구매력; ~ *ugovor* 구매계약

kupus 양배추; beli (crveni, cvetni) ~ 흰(빨간, 사보이) 양배추; *kiseli* ~ 신양배추절임(식초·소금 등으로 절인 양배추); *čudna mi ~a!* (口語) 뭐 이상한거 아무것도 없는데!, 그게 어떻다는 거야?, 그래서 어쨌다는 거야?; *tući (oderati) kao voda u ~u* 죽도록 때리다, 흠뻑 때리다; *zečji* ~ 식물의 일종; *dati kozi da čuva* ~ 고양이에게 생선을 맡기다; *izjesti (pojesti) dosta ~a* 나이가 많다; *zeleni* ~ 케일 (kelj) **kupusni** (形); ~*o polje* 양배추밭; ~ *list* 양배추잎

kupusar 1. 양배추재배업자, 양배추중개상 2. (昆蟲) 배추흰나비

kupusara 1. (kiseli kupus를 담는) 통 2. 너덜너덜해진 책

kupusište 양배추밭

kupusnī -ā, -ō 참조 kupus; 양배추의

kupusnjak 참조 kupusište

kura (건강 보호와 치료를 위해 하는) 섭식과 삶의 특별한 방식, 치유법; *podvrći se ~i* 특별한 섭식과 삶의 방식을 택하다

kuran 참조 koran; (이슬람의 경전인) 코란

kurativa (환자의) 치유, 치료, 요법

kurativan -vna, -vno (形) 치유의, 치료의, 치료의 힘이 있는, 약의 효능이 있는; *i ovde se može reći da antitoksin ima ~vnu ulogu* 안티톡신(항독소)이 약물적 효능을 갖는다고 말할 수 있다

kurator 관리인, 지배인, 감독; (도서관·박물관 등의) 관장; ~ *muzeja* 박물관 관장; ~ *ostavštine* 유산 관리인

kuraž (女), kuraža 용감(성), 용기 (hrabrost)

kuražan -žna, -žno (形) 용감한, 용맹한 (hrabar, odvažan)

kuražiti -*im* (不完) **okuražiti** (完) 1. 용기를 북돋우다, 용기를 주다 (hrabriti, sokoliti) 2. ~ se 용기를 내다

kuražnost (女) 용맹함, 용감함, 용기, 용맹 (hrabrost)

kurban 1. (무슬림들이 Kurban-bajram 기간 동안 잡아 제물로 바치는) 양(또는 송아지) 2. 희생, 희생물, 번제물

Kurban-bajram 무슬림들의 축일 (4일 동안의)

kurbl (男) **kurbla** (女) (자동차 엔진 점화를 위한) 크랭크 (L자형의 손잡이)

kurblati -*am*, **kurblovati** -*lujem* (不完) (엔진 점화를 위해) 크랭크를 돌리다

kurentan -tna, -tno (形) 유통되는, 통용되는; 잘 팔리는, 통례로 되어 있는; ~ *novac* 통용되는 돈; ~*tna roba* 잘 팔리는 물건

kurija 1. (歷) (고대로마의) 쿠리아; 원로원, 쿠리아 집회소; (고대 이탈리아 각 도시의) 참사(參事)회, 참사 회의장 2. (중세의) 법정 **kurijalan** (形)

kurika (植) 화살나뭇속(屬)의 나무

kuriozan -zna, -zno (形) 1. 별난, 특이한, 기이한 (neobičan, čudnovat); ~ *fenomen* 기이한 현상; ~*zne činjenice* 특이한 사실 2. (方言) 호기심 많은 (radoznao, znatiželjan)

kuriozitet 1. 기이함, 특이함, 별남 2. 호기심

koriozum 기이한 것, 별난 것, 특이한 것; 기이함 (kuriozitet)

kurir (외교문서·중요서류 등을 휴대하는) 급사(急使), 메신저; 운반원, 배달원 diplomatski ~ 외교 메신저 **kurirski** (形)

kurisati -*šem* (不完) 아부하다, 아첨하다 (udvarati se, ulagivati se)

kurjak 1. (動) 늑대 (vuk) 2. (비유적) 탐욕스럽

K

435

고 잔인한 사람; 전투에서 갈고 닦은 사람 **3.** 기타; ~ *kožom plaća* 악인은 자신의 목숨으로 그 대가를 치른다; *s kurjacima treba urlati* 함께 어울리는 집단의 다른 사람들처럼 행동할 필요가 있다, 로마에 가면 로마법을 따르라; *vika na ~a, a iza njega kradu i lisice* (혹은 ~, *a lisica meso jedu*) 큰 도둑을 향해 소리치지만 그 옆에는 발견하지 쉽지 않은 좀도둑들이 많다 **kurjačica;** **kurjački** (形)

kurjī *-ā, -ē* (形) (숙어로만 사용) ~*e oko* (특히 발에 생기는) 티눈, 못; *stati (kome) na ~e oko* 누구의 가장 민감한 부분을 건드리다

kurkuma 강황(생강과의 여러해살이풀로, 이것의 노란색 가루는 카레 요리 등에 쓰임)

kurs *-ovi & -evi* **1.** (선박·비행기 등의) 항로, 운항로, 경로, 코스; *menjati (promeniti)* ~ 코스를 바꾸다; *uzeti* ~ *(levo, desno)* (왼쪽, 오른쪽으로) 방향을 잡다 **2.** (비유적) (일·사태의) 진행 방향, 코스 **3.** (특정 과목에 대한 일련의) 강의, 강좌, (학)과목, 코스, (대학의 교육) 과정; *pohađati* ~ 코스를 밟다, 과정을 이수하다; *on je to učio na ~u francuskog jezika* 그는 그것을 프랑스어 강좌에서 배웠다; *letnji ~evi* 여름 강좌, 여름 학기 **4.** 환율, (외환)시세; *skočio je* ~ *dolara* 달러 환율이 올랐다; *ove akcije imaju dobar* ~ 이 주식들은 시세가 좋다; *kupovni (prodajni)* ~ (외화의) 매수가(매도가) **kursni** (形); ~*a lista* 외환시세표

kursist(a) 코스(과정)를 밟고 있는 사람(학생) **kursistkinja**

kursiv *-a, -o* (形) 참조 kurziv

kursor (컴퓨터) 커서

kuršum 총알 (tane, metak); *omastiće* ~ 그는 살해당할 것이다

kurtalisati *-šem* (完) **1.** ~에서 벗어나게 하다, 자유롭게 하다, 해방시키다; ~ *nekoga bede* 누구를 가난에서 벗어나게 하다; *daću ti deset dukata, Simo brate, kurtališi me ove napasti!* 시마야, 내가 너에게 금화 10냥을 줄테니 나를 이 공격에서 벗어나게 해줘! **2.** ~ *se* ~에서 벗어나다, 자유롭게 되다; ~ *se nečega* ~에서 벗어나다; ~ *se briga* 근심걱정에서 벗어나다

kurtizan 1. 궁정에 출사하는 조신(朝臣) **2.** 아첨꾼, 아부꾼, 알랑쇠 (udvorica, ulizica)

kurtizana (특히 과거에 귀족·부자를 상대하는) 고급 창녀

kurtoazija 공손한 말, 정중한 행동; 공손함, 정중함; *akt ~e* 의례에 따른 행동

kurtoaznī *-ā, -ō* (形) 공손한, 정중한 (učtiv, uglađen); ~*a poseta* 예방, 의례적 방문

kurva (卑俗語) **1.** 창녀, 매춘부 (prostitutka) **kurvin** (形); ~ *sin* 개자식, 개새끼, 후레자식 **2.** (욕설) 겁쟁이 남자

kurvaluk, kurvarstvo (卑俗語) 매춘(행위), 간통

kurvar (卑俗語) 매춘부(kurva)와 노는 사람, 매춘부와 사는 사람, 호색가 **kurvarski** (形); ~ *postupak* 창피함을 모르는 행동, 수치스러움을 모르는 행동

kurvati se *-am se* (不完) **1.** 창녀로서 살다, 창녀같이 살다, 난잡하게 살다 **2.** 호색가 (kurvar)로 살다

kurvica (지소체) kurva

kurvić 1. 개자식, 개새끼, 후레자식, 사생아 **2.** (輕蔑) 줏대가 없는 사람

kurvin *-a, -o* (形) 참조 kurva

kurvinskī *-ā, -ō* (形) 매춘부의, 매춘부 같은, 음탕한; ~ *pogled* 음탕한 눈길; ~*e oči* 음탕한 눈

kurviš 참조 kurvar

kurzirati *-am* (不完) **1.** (일정한 계획에 따라 정기적으로) 여행하다; *on sam kurzira po Zagrebu kao stara krajcara* 그는 마치 옛 동전처럼 혼자 자그레브를 규칙적으로 여행한다 **2.** (비유적) (화폐·어음 등이) 유통되다; *njegove su menice kurzirale kao gotov novac* 그가 발행한 어음은 마치 현금처럼 유통되었다

kurziv (男), **kurziva** (女) **1.** (인쇄) 이탤릭체; *štampati ~om* 이탤릭체로 출판하다 **2.** 필기체, 초서체, 흘림체 **kurzivan** (形); ~*vno pismo* 흘려 쓴 편지

kus *-a, -o* (形) **1.** 꼬리가 없는, 꼬리를 자른; *ima ih kao ~ih pasa* 매우 많이 있다; ~*i i repati* 온갖 종류의 쓰레기 같은 인간들 **2.** 충분한 크기가 아닌, 너무 짧은 **3.** (한정사적·명사적 용법으로) 악마 (vrag)

kusast *-a, -o,* **kusat** *-a, -o* (形) 참조 kus

kusati *-am* (不完) **kusnuti** *-nem* (完) **1.** (보통은 게걸스럽게, 걸신들린듯) 수저로 떠먹다 **2.** (일반적으로) 먹다; *neka kusaju što (kako) su udrobili* 자신의 행동과 일에 대해 책임지게 하라; *ne zna onaj koji kusa, ali zna onaj koji drobi* 소비하는 당사자는 몰라도 그것에 대해 돈을 내야 하는 사람은 안다 **3.** (비유적) 이용하다

kusav *-a, -o* (形) 참조 kus

kusiti *-im* (不完) **okusiti, potkusiti** (完) 꼬리를 자르다; (~으로부터) ~을 떼어내다

K

kuskun 1. 말꼬리 밑으로 돌려서 말안장에 매
는 끈 (podrepina, podrepnica) 2. (여성의
모자에 있는 모자가 떨어지지 않도록 동여매
는) 끈
kusnuti -nem (完) 참조 kusati
kusnuti -nem (完) (한 번, 조금) 먹다; 맛보다,
시식하다 (okusiti, probati); dete neće ni da
kusne mleko 아이는 우유를 입에 대지도 않
으려고 한다
kusonja (男) 꼬리가 짧은 집에서 기르는 동물
(소·양·개 등의)
kusorep -a, -o (形) 1. 꼬리가 짧은; ~ pas 꼬
리가 짧은 개 2. (비유적) 비열하고 쓸모없는
인간
kusov 꼬리를 자른 개
kustos (박물관·미술관 등의) 큐레이터, 학예
관; ~ muzeja 박물관 학예관
kusur 거스름돈
kusurati se -am se (完,不完) (계산을) 청산하
다, 결산하다
kuš (卑俗語) (輕蔑) 주둥이 닥쳐!
kušač (포도주·홍차 등의) 맛 감식가, 맛 보는
사람; kamen ~ 시금석 (금과 은의 순도를
조사하는 데 사용되는 흑색의 규산질암석)
kušak 1. (특히 제복의 일부로 몸에 두르는)
띠, 장식띠, 현장 (懸章) 2. (비유적) 받침목,
(사다리의) 가로대 (podupirač, prečaga)
kušati -am (完,不完) 1. (음식·음료 등을) 시식
하다, 시음하다, 맛보다 (probati); ~ sreću
행복을 맛보다 (어떻게 끝날지는 모르면서)
2. 먹다 (jesti) 3. 시험하다 (iskušati) 4. 시
도하다 (pokušati)
kušet-kola (中,複) (기차의) 침대칸
kušljav -a, -o (形) (울·아마 등이) 엉클어진,
헝크러진, (말의 갈기가) 뒤엉킨, (수염·머리
카락 등이) 헝클어진, 텁수룩한
kušnja 1. 시험, 검사, 테스트 (proba, ispit) 2.
(삶에 있어서의) 시련, 시험, 곤란, 곤경 3.
시험, 유혹 (iskušenje); pasti u ~u 시험에
빠지다, 시험에 들다; dovesti koga u ~u 시
험에 들게 하다
kušovati -šujem (不完) (輕蔑) 주둥이를 닥치
게 하다, 입을 다물게 하다 (ćutati)
kuštrav -a, -o (形) 1. (머리카락·털 등이) 텁수
룩한, 헝클어진 2. (머리카락이) 곱슬곱슬한
kut kutovi 1. 각, 각도 (ugao); pravi ~ 직각;
šiljati (oštri) ~ 예각; tupi ~ 둔각 2. (건물·
사물의) 모서리, 모퉁이, 구석 (ćošak) 3. 마
음 속 깊은 곳 (가장 큰 비밀이 숨겨져 있
는) 4. 기타; bablji ~ 서쪽 하늘(비·돌풍 등
자연재해가 그쪽으로부터 오는); priterati

koga u ~ 누구를 구석에 몰아넣다(저항할
수 없도록, 빠져나가지 못하도록);
posmatrati što pod drugim ~om 다른 시각
으로 바라보다; sediti u zadnjem ~u 맨 마
지막에 있다, 가장 낮은 밑자리에 위치하다;
umreti u ~u 사람들의 망각속에서 죽다;
zavući se (zbiti se) u svoj ~ 은퇴하다, 현역
생활에서 은퇴하다 kutni (形)
kutak -tka; kuci, kutaka (지소체) kut; prijatan
~ 편안한 구석자리
kutić (지소체) kut; 라운지; crveni ~,
sindikalni ~ (학교 또는 각급 기관 등의) 라
운지
kutija 1. (보통 뚜껑이 있는) 상자 (나무·철·
골판지 등으로 만들어진);drvena ~ 나무상
자; limena ~ 양철상자; ~ bonbona 사탕상
자; glasačka ~ 투표함; ~ za nakit 보석상
자; ~ sardina 정어리 통조림; kao iz ~e 말
끔하게 차려 입은, 잘 차려 입은; stara ~ 옷
을 잘 차려입었지만 늙고 추한 여자; usta
kao ~ šećera 매우 예쁜 입 2. 담배통, 궐련
통 3. (機) menjačka ~ 기어박스; razvodna
~ (전기의) 분전반, 분전함
kutlača 국자 (varjača); biti svakom loncu ~
모든 일에 간섭하다
kutnī -ā, -ō (形) 각의, 각도의 (ugaoni)
kutnjak 어금니
kutomjer 참조 uglomer; 각도계, 측각기
Kuvajt 쿠웨이트
kuvan -a, -o (形) 1. 익힌, 삶은, 요리된; ~o
jaje 삶은 계란; ~o meso 삶은 고기; biti
kod koga (u čijoj kući) pečen i ~ 매일 누구
의 집에 살다시피 하다; ni ~, ni pečen 애매
한, 모호한 2. ~o (명사로서) 삶은 것, 요리
된 것
kuvanje (동사파생 명사) kuvati
kuvar 1. 요리사; glavni ~ 주방장, 메인 요리
사 kuvarica, kuvarka; kuvarski (形) 2. 요리
책
kuvarstvo 요리, 요리법
kuvati -am (不完) (=kuhati) 1. 삶다, 데치다
(음식을 만들기 위해); ~ krompir (jaje) 감
자(계란)를 삶다 2. 요리하다, 음식을 준비하
다; ona odlučno kuva 그녀는 요리를 잘 한
다; Olga kuva ručak 올가가 점심을 준비하
다 3. (물을) 끓이다; ~ kafu 커피를 끓이다;
supa se kuva 수프를 만들고 있다; sve
kuva i kipi, svuda kuva 모든 것이 절정에
달한 상태이다 4. prokuvati (完) 삶다;
prokuvajte špric! 주사기를 물에 끓여 살균
소독하세요! 5. skuvati (完) ~을 준비하다,

K

437

음모를 꾸미다; ~ kome kašu (poparu) 누구에게 대단히 불유쾌한 일을 꾸미다 6. ~ se 푹푹찌다 (더위에); što je vrućina! kuvam se! 왜이리 더워, 푹푹찌네!

kuverat (男), kuverta (女) 참조 koverat; 봉투

kuvertirati -am, kuvertovati -tujem (完,不完) (편지를) 봉투에 넣다 (kovertirati)

kuzen 조카; 친척 (nećak, bratić, rođak) kuzina; kuzenski (形)

kužan -žna, -žno (形) 1. (한정사형) kuzni 역병(kuga)의, 페스트의; ~žna bolest 역병; ~žno vreme 역병이 도는 시기 2. 전염성의, 전염되는; 전염된 (zarazan, zaražen) 3. (한정사형만) 감염된 사람만을 위한, 전염의, 감염의; ~žna bolinica 전염병 병원; ~žno odeljenje 격리병동, 격리구역 4. 역겨운, 불결한, 구역질나는 (gadan, odvratan)

kuždrav -a, -o (形) 참조 kudrav; (머리털 등이) 곱슬곱슬한

kužiti -im (不完) okužiti (完) 1. 역병(kuga)에 감염시키다 2. 전염시키다, 감염시키다

kužnī -ā, -ō (形) 1. 참조 kuga 2. 참조 kužan

kužnjak (植) 독말풀, 흰독말풀 (하얀색의 긴 잎과 불쾌한 냄새를 가진)

kva (오리의) 꽥꽥(하는 소리)

kvačica 1. (지소체) kvaka; (문의) 손잡이 2. (비유적) 뜻하지 않은 장애(방해) (začkoljica, zakačka, teškoća); a i još jedna ~, jer je ostalo zemlje iza tvoje majke 아직 문제가 남아 있는데 그것은 토지가 네 어머니 명의로 되어 있는 것이다

kvačilo (자동차의) 클러치, (철도의) 연결기

kvačiti -im (不完) zakvačiti (完) 1. (기차의 한 차량을 다른 차량에) 연결하다, 연결시키다 2. (비유적) 괴롭히다, 억압하다, 압제하다, 누르다; jači kvači, ko jači, taj kvači 힘있는 사람이 다스린다 3. ~ se 달라붙다 4. ~ se 다투다, 말다툼하다 (sukobljavati se, svađati se)

kvačka 고리, 갈고리, 걸이

kvadrant 1. (幾何) 사분원, 사분원호 2. (天) 행성의 높이를 재는 도구(장비) 3. (軍) 포(砲)의 각도기

kvadrat 1. (幾何) 정사각형, 정방형 2. (數) 평방, 제곱; dići na ~ 제곱하다; 5 na ~ 5의 제곱; na ~ 매우 많이, 매우 강하게 (vrlo jako, vrlo mnogo) 3. (軍) 방진(方陣) kvadratni (形); izvući (naći) kvadratni koren 제곱근을 구하다

kvadratan -tna, -tno (形) 1. 정사각형의, 정방형의 2. (한정사형으로) 제곱의; ~tni koren

제곱근; ~tni brojevi 제곱수; ~tne funkcije 제곱함수 3. (면적의 단위에서); ~tni metar 제곱미터, 평방미터

kvadratura 1. (幾何) 정사각형화, 정방형화; ~ kruga 불가능한 업무(임무) 2. 표면, 면 (površina)

kvadrirati -am (完,不完) (數) 제곱하다, 제곱으로 곱하다

kvadruped 네발달린 동물

kvaka -ci & -ki 1. (문의) 손잡이; vrata bez ~e 손잡이없는 문; držati se svoje ~e 완고하게 자신의 입장을 유지하다; kvake i burgije 의미없는 것, 어리석은 것 2. (갈)고리, 걸이 (kuka) 3. (문의) 걸쇠, 빗장 (skakavica, reza, zavor) 4. (複數로) 갈겨쓴 글씨, 낙서 5. 장애물, 방해물, 어려움, 난관 (teškoća)

kvakati -čem (不完) (개구리·까마귀 등이) 개골개골(kva kva) 울다, 까악까악(kva, kva) 울다

kvalificiran -rna, -rno kvalifikovan -vna, -vno (形) 자격이 있는, 자질을 갖춘, 조건을 갖춘; ~ radnik 숙련된 노동자

kvalificirati -am, kvalifikovati -kujem (完,不完) 1. (어떤 일을 하는 데 필요한 기술·지식 등의) 자격을 주다, ~할 권리를 주다, (대회에) 출전할 자격을 주다; (어떠한 수준으로) 평가하다, 분류하다, 등급을 매기다 2. ~ se 자격(권리)을 얻다, (스포츠 등의) 예선을 통과하다; on se kvalifikovao među 16 najboljih kandidata 그는 가장 성적이 좋은 16명안에 들었다; ~ se za finale 결승에 진출하다

kvalifikacija 1. 자질, 자격, 소질, 능력; on nema ~e za taj posao 그는 그런 일을 할만한 능력이 없다 2. 자질도(度), 가치도 3. (스포츠) 예선 kvalifikacioni (形); ~ ispit 자격 시험; ~a takmičenje 예선전

kvalifikovan -vna, -vno (形) 참조 kvalificiran

kvalifikovati -kujem (完,不完) 참조 kvalificirati

kvalitativan -vna, -vno (形) 참조 kvalitet; 질(質)의, 질적인; ~ skok 질적 도약; ~vne promene 질적 변화

kvalitet (男), kvaliteta (女) 질, 품질 kvalitetni (形)

kvalitetan -tna, -tno (形) 질좋은, 양질의; ~tna roba 질좋은 상품; ~ čelik 양질의 철; ~ kadar 우수한 직원

kvant (物) 양자(量子); kvantni (形); ~a teorija

438

양자이론; ~*a mehanika* 양자역학

kvantaškī *-ā, -ō* (形) (숙어로만) ~*a pijaca* (농산물 등의) 도매시장

kvantitativan *-vna, -vno* (形) 참조 kvantitativ; 양의, 양적인 (količinski); ~*vne promene* 양적 변화

kvantitet (세거나 젤 수 있는) 양, 수량, 분량 (količina) **kvantitativan, kvantitetski** (形)

kvantnī *-ā, -ō* (形) 참조 kvant; 양자의

kvantum 양(量), 수량, 분량 (količina)

kvar *kvarovi* 1. 고장, 고장난 상태; *lift je u* ~*u* 엘리베이터가 고장났다; *pretrpeti* ~ 고장나다 2. (육체적) 부상, 손상 (povreda); 병, 질병 (bolest) 3. 가치의 하락, 손실; *šumski* ~ 불법적 벌목

kvaran *-rna, -rno* (形) 1. 고장난 2. 손상을 입은, 하자가 있는, 결함이 있는 (oštećen)

kvarat 1. ~의 4분의 1 (četvrt) 2. 라키야 병 (1/8리터 들이) (čokanj)

kvarc 석영 **kvarcni** (形)

kvarcit 규암(珪岩)

kvarc-lampa 석영등(石英燈; 석영 유리관을 사용한 수은등)

kvarcnī *-ā, -ō* (形) 참조 kvarc; 석영의

kvarenje (동사파생 명사) kvariti; ~ *zuba* 충치

kvarilac *-ioca* **kvaritelj** ~을 망치는 사람, 스포일러

kvariš (숙어로) *majstor* ~ 솜씨없는 사람, 능수능란하지 못한 사람

kvariti *-im* (不完) **pokvariti** (完) 1. (가치·사용성 등을) 떨어뜨리다, 하락시키다, 손상시키다, 훼손하다; 고장나게 하다; *pokvario je pisaću mašinu* 그는 타자기를 고장냈다; *auto se opet pokvario* 자동차가 또 고장났다; *pokvareno meso* 상한 고기 2. (평온·휴식·안녕을) 방해하다, 어지럽히다, 깨뜨리다; ~ *red* 스케줄을 엉망으로 만들다; ~ *raspoloženje* 기분을 상하게 하다 3. 추하게 만들다; *one ogrebotine··· kvare izgled lica* 그 상처로 인해 인상이 망가졌다 4. (인생 등을) 망치다, 버려 놓다, 버릇없게 만들다; *babe kvare decu* 할머니들이 아이들을 망쳐 놓는다(응석받이로 만든다); *ona se kvari u tom društvu* 그녀는 그러한 어울림 속에서 망가진다

kvarljiv *-a, -o* (形) 쉽게 망가지는, 고장나는; ~*a roba* 쉽게 망가지는 상품

kvart *-ovi* 1. (도시의) 지역, 지구; *muslimanski* ~ 무슬림 지역; *trgovački* ~ 상업지구; *sirotinjski* ~ 빈민지역; **kvartalni, kvartovni, kvartovski** (形) 2. (廢) 경찰관할구

kvarta *kvarata* & *kvarta* 1. 액량의 단위: ¹/₄ 갤런 또는 2파인트 2. 건량(乾量)의 단위: 1/8 펙(peck) 또는 2파인트 3. (音樂) ¹/₄ 휴지 4. (카드놀이) 순서대로 이어진 같은 종류의 넉 장 5. (펜싱) 찌르기의 한 종류

kvartal 1. (1년의) 1/4, (지불·회계 연도 등의) 1분기(分期), kvartalni (形) 2. 숲의 구획

kvartalnī *-ā, -ō* (形) 1. 분기(分期)의, 3개월마다의; ~ *plan* 분기별 계획; ~ *doplatak* 분기별 추가 급료 2. 참조 kvart; 지역의, 지구의

kvartet (音樂) 사중창단, 사중창곡

kvartir 1. 아파트 (stan); *izdavati* ~ 아파트를 임대하다; *otkazati kome* ~ 누구를 아파트에서 쫓아내다; *primiti na* ~ 아파트에 들이다; *radnički* ~ 노동자 아파트 2. (軍) 막사(병사들의)

kvartovnī, kvartovskī *-ā, -ō* (形) 참조 kvart; (도시의) 지역의, 지구의

kvas *kvasovi* 1. 효모(酵母), 이스트 2. (비유적) (생물의) 싹, 배아 3. 크바스 (보리·엿기름·호밀로 만드는 맥주와 비슷한 러시아의 알코올 성분이 적은 청량음료)

kvasac *-sca* 1. 이스트, 효모(酵母); *piv(ar)ski* ~ 맥주 효모 2. (複) 자낭균류

kvasan *-sna, -sno* (形) 1. 이스트를 넣어 만드는; ~*sni hleb* 이스트를 넣은 빵 2. 발효된, 발효시킨; ~*sne gljivice* 발효균

kvasati *-am* 1. (이스트를 넣은 밀가루 반죽이) 부풀다, 부풀어 오르다; *počeo hleb* ~ 빵이 부풀어 오르기 시작했다 2. (비유적) 부풀다, 붓다 (bubriti)

kvasiti *-im* (不完) **pokvasiti** (完) 1. (물을 뿌려) 축이다, 축축하게 하다, 젖게 하다 2. nakvasiti (完) 물에 담그다; ~ *platno* 천을 물에 담그다; ~ *veš* 빨래를 물에 담그다 3. (강이) 넘치다, 넘쳐 흐르다, 홍수가 나다

kvazi- (보통 接頭辭로) 의사(擬似)의; 유사의, 사이비의; 준(準)···, 반(半)···; *kvazi-umetnik* 준예술인; *kvazi-lekar* 사이비 의사

kveker 1. 퀘이커 교도; *udariti kome* ~ 누구를 쿠다 2. 외투의 일종

kverulant 병적으로 소송과 무고를 즐기는 사람, 트러블메이커

kvestionar 설문지, 질문지

kvinta 1. (音樂) 5도 음정 2. (펜싱) 제5의 자세

kvintal 무게 단위 (100kg에 해당)

kvintet 5중주단, 5중창단

kvisling (적·점령군을 돕는) 부역자 **kvislinški** (形)

kvit (形) (不變) 1. 같은, 동등한, (부채·빚을) 갚은, 청산한 (izjednačen, podmiren); *ti si meni spasao život, ja sam tebi vratio*

K

439

dobrim. Sad smo ~ 너는 내 목숨을 구하고 나는 그것을 선함으로 갚았으니 우리는 쌤쌤이다 2. (부사적 용법으로) 그것으로 됐지!, 끝!, 충분해! (gotovo, rešeno, svršeno); *imaju da slušaju naređenje štaba, i kvit!* 지휘부의 명령을 수행하면 그것으로 끝이지 뭐!; ~ *posla* 끝난 일

kvitirati *-am,* **kvitovati** *-tujem* (完,不完) 1. (특히 돈이나 부채 청산등의) 수령을 확인하다, 수령증(영수증)을 발행하다, 확인증을 발행하다 2. (完) (장교의) 퇴역하다, 예편하다 3. ~ **se** (빚·계산 등을) 청산하다, 결산하다

kviz *kvizovi* 퀴즈, (라디오·TV의) 퀴즈 프로그램

kvocati *-am &* *-čem* 1. (닭이) 꼬꼬댁 울다, 꼬꼬댁거리다; *u dvorištu je mirno kvocala kvočka* 암탉이 마당에서 평화롭게 꼬꼬댁거린다 2. (딱따구리가) 부리로 나무를 쪼다 3. (비유적) (사람이) 달가닥거리는 소리를 내다 4. (기관총이) 따따따 볶는 소리를 내다

kvočka 1. (알을 품은 혹은 병아리를 품은) 암탉 (kokoš); *veštačka ~* 인큐베이버 2. 여자 (여성을 가르키는 경멸적 명칭) 3. (비유적) (채권자가 가지고 있는) 나무판(raboš)의 절반 4. 대포알, 대포 포탄 5. (昆蟲) 솔나방

kvorum (의사 결정에 필요한) 정족수

kvota 할당량, 한도, 쿼터

kvrc (보통은 반복하여) (어떤 일의 희망이 없음을 나타낼 때의 의성어) 으드득 으드득, 와작 와작 (무언가 부서질 때의)

kvrckati *-am* (不完) **kvrcnuti** *-nem* (完) 1. 탁탁거리는(쾅쾅거리는, 아작아작거리는, 으드득거리는) 소리가 나다; *pod je kvrcnuo* 바닥에서 뿌지직거리는 소리가 났다 2. 가볍게 살짝 때리다(두드리다·치다), 톡톡치다; ~ *u glavu* 머리를 가볍게 치다 3. 세게 치다; *kvrcnuo sam ga i pao je* 내가 그를 세게 쳐서 그가 넘어졌다; *kvrcnuše mu svetlaci* 눈이 빛으로 인해 굉장이 부셨다

kvrčati *-im* (不完) **kvrknuti** *-nem* (完) 1. 삐거덕거리는 소리를 내다, 덜컥거리다 2. (아이가) 훌쩍거리다, 흐느껴 울다 (cvileti, kmečati) 3. 째지는 듯한 소리를 내다

kvrčiti *-im* (不完) 구부리다, 숙이다 (kriviti, savijati)

kvrga *-gi* 1. (조직에 생겨난) 혹 (čvoruga, guka) 2. (나무의) 혹, 옹이, 마디 3. (비유적) 완고한 사람 4. (複) 고문 도구 (mučila)

kvrgast, kvrgav, kvrgat *-a, -o* (形) 1. 혹(마디·옹이)가 많은, 혹모양의 2. (비유적) 완고한 (성격이)

kvrknuti *-nem* (完) 1. 참조 kvrčati 2. 때리다, 치다 (udariti, maznuti)

kvržast *-a, -o* (形) 혹(kvrga) 모양의

K

L l

labar *-bra* (鳥類) 참매(날개는 짧고 몸집은 큰 매)

labav *-a, -o* (形) 1. 헐거운, 느슨한, 이완된; 꽉조여지지 않은, 흔들리는; *uže je ~o* 로프가 느슨하다; *konopac je ~, cimaće se* 밧줄이 느슨해 흔들릴거야; *ekser (šraf) je ~* 못(나사)이 헐겁다 2. (비유적) 간신히 지탱하고 있는, 확실하지 않은, 빈약한, 허약한; 바뀔 수 있는, 불안정한; *~e cene* 불안정한 가격; *poslovi idu ~o* 사업이 간신히 지탱되고 있다 3. 믿을 수 없는, 신뢰할 수 없는, 왔다 갔다하는; *moralno ... vrlo su ~i* 그들은 도덕적으로 매우 취약하다 4. 느긋한, 느슨한, 마음 편한; *~ čovek* 느긋한 사람

labaviti *-im* (不完) razlabaviti, olabaviti (完) 1. (他) 느슨하게 하다, 헐겁게 하다 2. (自) 헐거워지다, 느슨해지다, 이완되다 3. *~ se* 헐거워지다, 느슨해지다; *uže se razlabavilo* 로프가 헐거워졌다; *razlabavilo nam se rukovodstvo* 우리 지도부는 안이해졌다

labavljenje (동사파생 명사) labaviti; 느슨해짐

labavo (副) 1. 느슨하게, 헐겁게 2. 엄하지 않게, 느긋하게 3. (비유적) 확실하지 않게, 나약하게, 빈약하게

labavost (女) 1. 느슨함, 느슨한 상태 2. 느긋함, 나태함

labijal (音聲學) 순음(脣音), 입술소리 labijalan (形)

labijalizirati *-am*, labijalizovati *-zujem* (完,不完) 1. 순음화하다, 순음화시키다 2. *~ se* 순음화되다

labijate (女,複) (植) 꿀풀과

labilan *-lna, -lno* (形) 1. 불안정한, 변하기 쉬운 (nepostojan, neučvršćen, nesiguran); *duševno ~* 정신적으로 불안정한 2. 확고한 입장이 없는, 우유부단한, ~의 영향을 받기 쉬운; *~ karakter* 우유부단한 성격

labilnost (女) 불안정성

labiodental (音聲學) 순치음(脣齒音) labiodentalan (形)

labirint 1. 미로(迷路) 2. (解) (내이(內耳)의) 달팽이관

laborant 실험실 기사 laborantica, laborantkinja; laborantski (形)

laboratorij *-ija*, laboratorija, laboratorijum 실험실

labrnja 입술; 코, 주둥이(usna; gubica, njuška)

labrnjast, labrtast *-a, -o* (形) (입술이) 두툼한

labud *labudi & labudovi* 1. (鳥類) 백조; *crnokljuni ~* 흑고니, 흑백조 (유럽·서아시아산) labudica; labudov, labudovski, labuđi (形); *to je bila njena labudova pesma* 그것이 그녀의 마지막 무대(노래)였다; *Labudovo jezero* 백조의 호수 2. (天) 백조자리

labudast *-a, -o* (形) 백조 같은, 백조를 닮은

labudica 참조 labud; 암컷 백조

labudić (지소체) labud

labudov, labudovski, labuđi (形) 참조 labud

laburist(a) (영국의) 노동당원, 노동당지지자 laburistički (形); *~a vlada* 노동당 정부; *~a stranka* 노동당

lacman (보통은 輕蔑의 의미로) 서구 사람 (특히 이탈리아인과 독일인 등의, 서구식의 복장과 의식을 가진); 도시인, 도시 사람, 신사

laćati *-am* (不完) 참조 latiti; *ko se od mača laća od mača pogine* (성경의) 칼로 흥한자는 칼로 망한다

ladanje 1. 토지, 토지 재산 (시골의) 2. 시골에서의 휴가 3. (수도 이외의) 지방, 시골 (provincija, unutrašnjost)

ladica (책상·장 등의) 서랍 (fioka); *~ za sitne stvari* (자동차 앞좌석 앞에 있는) 글러브 박스

ladolež 1. (植) 메꽃 (hladolež) 2. 게으름뱅이 (lenština) ladoleški (形)

lađa 1. 배, 보트 (brod); *kao da su ti (sve) ~e potonule* 네가 모든 것을 다 잃은 것처럼; *vazdušna ~* 비행선; *kruta vazdušna ~* 경식 비행선 (무게가 가벼운 금속 또는 나무 등으로 유선형 선체의 뼈대를 만들고 그 속에 가스 주머니를 넣은 형식의 비행선); *meka vazdušna ~* 연식 비행선(두꺼운 천으로 된 가스 주머니만으로 이루어진 비행선) 2. (建築) 교회의 중간 부분

lađar 뱃사공, 보트에서 일하는 사람 (brodar, mornar)

laf 1. (廢) 참조 lav; 사자 2. (口語) 여자들과 노닥거리기를 좋아하는 남자

lafet (男) lafeta (女) (軍) 포가(砲架), 포차 lafetni, lafetski (形)

lafica 1. 참조 lavica 2. 활동적이며 모임에서 사랑을 받는 여자, 남자들 사이에서 매력적인 여자; *baš ti ~!* 너는 참으로 매력적인 여자야!

lagan *-a, -o* (形) (지소체) lak

lagan *-a, -o* (形) 느린, 더딘, 빠르지 않은 (spor, polagan) (反: brz); *na ~oj vatri* 약한 불 위에서

lagano (副) 가볍게, 약하게, 느슨하게, 천천히

(lako, malo, ovlaš, slabo); *ići* ~ 천천히 가
다; *lagano ga je bolela glava* 그는 머리가
약간 아팠다
laganost (女) 느림, 약함 (sporost)
lagarije (女,複) (輕蔑) 거짓, 거짓말 (laž)
lagati *-žem; laži* (不完) **slagati** (完) 1. 거짓말
하다(의식적으로·의도적으로) 2. (*koga*) ~에
게 거짓말하다; *što da te lažem?* 왜 내가 너
에게 거짓말하겠어?; *on laže samoga sebe*
그는 자기자신에게 거짓말한다; *ko laže taj i
krade* 거짓말하는 사람이 훔치기도 하는 사
람이다 3. (na koga) 비방하다, 중상하다, 험
담하다 (bediti, klevetati); *da ne lažu jedan
drugoga* 서로가 서로를 비방하지 않도록 4.
~ **se** 거짓말하다
lager 1. 창고 (stovarište, skladište, magacin)
imati na ~u 창고에 있다, 재고가 있다;
nema na ~u 창고에 없다, 재고가 없다; *bilo
ih je na ~u toliko da za mene nije bilo
mesta* 내가 있을 자리가 없을 만큼 그것들
이 창고에 많이 있었다 2. 수용소 (logor) 3.
(政) (여러나라가 함께 뭉친) 진영, 블록
(tabor, blok); *socijalistički* ~ 사회주의 진
영 4. (機) 베어링, 박스 (ležaj, ležište);
kuglični ~ 볼 베어링
lagerovati *-rujem* (完,不完) (창고에 물건 등을)
비축하다, 쌓아놓다, 들여놓다; *roba se
lageruje i u pogodnom času iznosi na
tržište* 창고에 물을 비축해 놓은 다음 적당
한 때에 시장에 방출한다
lagoda 편안함, 상쾌함, 쾌적함, 안락함
lagodan *-dna, -dno* (形) 쾌적한, 즐거운, 상쾌
한, 편안한 (ugodan, prijatan; lak); *vazduh
je čistiji, ~niji* 공기는 깨끗하고 상쾌하다
lagodnost (女) 편안함, 안락함, 쾌적함; *živeo
je u ~i i raskoši* 그는 편안하고 사치스럽게
살았다
lagum 1. 지뢰 (mina); *dići (baciti) u* ~ 폭발물
로 폭발시키다(파괴하다) 2. 지하 통로, 터널
(tunel) 3. (方言) 언덕밑의 포도주 창고
lagumar, lagumaš 지뢰를 매설하고 폭발시키
는 사람 (miner)
laguna 석호(潟湖), 초호(礁湖)
lahor 산들바람, 미풍 (povetarac)
lahorast *-a, -o* (形) 산들바람이 부는, 미풍이
부는
lahoriti *-im* (不完) 산들바람이 불다, 미풍이
불다, 바람이 약하게 불다 (piriti)
laicizirati *-am* (完,不完) 1. ~을 세속화시키다;
*školstvo se oduzimalo iz ruke crkve i
laiciziralo* 학교 교육이 교회당국의 손에서

벗어나 세속화되었다 2. ~ **se** 환속(還俗)하
다, 세속화되다
laički *-ā, -ō* (形) 참조 laik; 1. 비전문적인, 비
전문가적인 (nestručan); *~o mišljenje* 비전
문가적인 의견 2. 세속의, 속세의 (svetovni);
시민의 (građanski, civilni); *~o društvo* 속
세 사회; *~a država* 시민 국가
laik 1. 속인(俗人), 평신도 (svetovnjak) 2. (宗)
평수사 (fratar) 3. (특정 주제에 대한) 비전
문가, 아마추어 (反; stručnjak) *ja sam za te
stvari* ~ 나는 그런 문제에 대해서는 비전문
가이다 **laički** (形)
lajati *-em; laj* (不完) 1. (개 등이) 짖다; *dok
traja nek laje* (가지고) 있는 동안 아끼지 않
고 소비하게 해라; ~ *na zvezde (na mesec)*
(그 사람을 존중하지 않으며) 비난하다, 비
판하다, 모욕하다; *ne laje kuca sela radi,
nego sebe radi* 다른 사람을 위해 말하는게
아니라 바로 자기자신의 이해관계를 위해 그
것을 말한다; *pas koji mnogo laje ne ujeda*
짖는 개는 물지 않는다, 위협을 많이 하는
적들은 그리 위험한 적이 아니다; *pas laje,
vetar nosi* 다른 사람의 이야기에 관심을 기
울일 필요가 없다 2. (비유적) (輕蔑) 짖어대
다, 지껄이다 (사람이 남에 대한 험담이나
쓸데없는 말을 할 때)
lajav *-a, -o* (形) 1. (개가) 많이 짖는 2. (비유
적) (輕蔑) 다른 사람에 대해 나쁜 이야기를
많이 하는, 험담하는, 헐뜯는; 지껄이는, 말
이 많은, 수다스러운
lajavac *-vca* (輕蔑) 험담을 많이 하는 사람,
헐뜯는 사람; 수다쟁이
lajavica 1. 많이 짖는 개(犬) 2. (輕蔑) 험담하
는 여자, 헐뜯는 여자; 수다쟁이 여자
lajtmotiv 1. (音) 라이트모티브(오페라나 다른
작품들에서 특정 인물·물건·사상과 관련된,
반복되는 곡조) 2. (일반적으로) 되풀이해서
나타나는 주제(主題), 중심 사상
lajtnant (軍) (육·해·공군의) 중위, 소위
lajuckati *-am* (不完) (지소체) lajati
lak *laka; lakovi* 1. 래커(도료); 수지 바니시;
옻칠 2. (매니큐어의) 에나멜; 헤어 스프레이;
~za nokte 매니큐어; ~ *za kosu* 헤어 스프
레이 3. 표면이 번쩍번쩍 빛나는 가공 가죽;
kaiš od ~a 가공가죽으로 된 혁띠
lak *-a, -o; lakši -a, -e* (形) 1. 가벼운, 무겁지
않은; (옷·천 등이) 얇은 (tanak); 소화시키기
쉬운; (軍) 중화기를 지니고 다니지 않는, 이
동하기 쉬운; ~ *kofer(predmet)* 가벼운 옷가
방(물건); *~o vozilo* 경자동차; *~a artiljerija
(konjica, pešadija)* 경포(輕砲;구경 105밀리

L

이하; 경기병, 경보병); ~o oružje 경화기; ~ udarac 가벼운 타격; ~ osmeh 살짝웃는 웃음; ~a hrana(kazna) 가벼운 음식(소화가 잘 되는 음식), 가벼운 형량; ~a muzika (konverzacija) 가벼운 음악(대화); ~a povreda 경상 2. 쉬운, 복잡하지 않은, 단순한; ~ posao (život, problem) 쉬운 일(편안한 삶, 쉬운 문제); ~a bolest 중하지 않은 병 3. 경쾌한, 즐거운, 쾌활한; ~a melodija 경쾌한 멜로디; učiniti nešto ~a srca 기쁜 마음으로 뭔가를 하다 4. (도덕성이) 희박한, 자유분방한; ~a žena 자유분방한 여자 5. 기타; ~a roba 자유분방한 여자, 몸가짐이 헤픈 여자; ~ kao pero(ptica, jelen) 민첩한, 빠른, 활기 넘치는; ~ na peru 글쓰는 재주가 있는; biti ~ na snu 부스럭거리는 조그만 소리에도 잠을 깨다, 얕은 잠을 자다; ~e pameti, ~ pod kapom 1)그리 영리하지 않은, 우둔한 2)표면적인; ~a mu zemlja! (고인과의 작별인사); ~u noć (저녁 헤어질 때 인사, 잘 자); lakši za neku sumu biti 그 돈을 다 쓰다(소비하다); biti ~e ruke 관대하다, 후하다; osećati se ~ kao ptica 자유를 만끽하다, 상쾌함을 느끼다; lakše je sprečiti nego lečiti 치료보다 예방이 중요하다

lakat -kta; laktovi 1. (解) 팔꿈치; 소매의 팔꿈치 부분; pokazati nekome ~ 부정(부인)하다, 거부하다, 허락하지 않다; imati dobre (jake) ~ktove 수단방법을 가리지 않고 싸우며 헤쳐나가다(세상을 살아가며); progledali ~ktovi 소매의 팔꿈치 부분이 찢어지다; raditi do ~a 일을 매우 힘들게 하다 2. (機) 크랭크핀 3. (복도·강 등의) 굴곡, 굽이 (okuka, zavijutak) 4. 길이의 단위 (약 70-77cm); ~ktom meriti (odmeravati) 우둔하게 재다(평가하다)

lakatnjača (解) 팔꿈치머리, 주두(肘頭), 팔꿈치의 척골의 위쪽(신경이 아주 예민하여 부딪치면 찌릿하게 아픈 부위)

lakej (=lakaj) 1. 제복을 입은 하인 2. (비유적) 아첨꾼, 아부꾼 (uliznica, udvorica) **lakejski** (形)

lakerda (魚類) 바다칠성장어

lakirati -am, **lakovati** -kujem (完,不完) 래커 (lak)를 칠하다, 옻칠하다; 매니큐어를 칠하다; ~ nokte 손톱에 매니큐어를 칠하다; lakirani nokti 매니큐어를 칠한 손톱

lakmus (化) 리트머스

laknuti -nem (完) (無人稱文) (nekome) 안도감을 느끼다, 안도의 한 숨을 쉬다, 편안함을 느끼다; laknulo mu je (na srcu) kad je to čuo 그것을 들었을 때 그는 안도감을 느꼈

다; čim uzmeš lek, laknuće ti 약을 먹는 순간 바로 편안해질것이다(통증이 사라질 것이다)

lako (副) 1. 쉽게, 손쉽게, 어려움 없이, 노력 없이; ona ~ spava 그녀는 쉽게 잠든다 2. 빨리, 재빨리, 순식간에 3. 편안하게, 안락하게, 좋게 (어려움이 없는 상태의); vama je ~! 당신에게는 참 쉬운 일이다; nije mi ~ 내게는 쉬운 것이 아니다 4. (세기·강도 등이) 약하게 5. 천천히, 서서히, 느리게; 들리지 않게, 조용히 6. 느끼지 못하게, 약하게

lakoatletičar 육상경기선수

lakoatletskī -ā, -ō (形) 육상경기의; ~o takmičenje 육상경기대회; ~a staza 육상트랙

lakoća 1. 가벼움 2. 안도감, 편안함; 쉬움 (olakšanje); s ~om 용이하게, 쉽게, 손쉽게 3. 민첩함, 융통성 (okretnost, veština, spretnost)

lakokril -a, -o (形) 가볍게 나는, 활기차게 나는; ~i leptirići pred njima lete 훨훨나는 나비들이 그들앞에서 난다

lakom -a, -o (形) (보통 ~ na nešto) 욕심내는, 탐내는, 탐욕스런, 환장하는 (pohlepan, željan, žudan); biti ~ na novac 돈에 욕심 많은; biti ~ na jelo 먹는 것을 탐내는; Turci su na blago jako ~i 터키인들은 보물에 환장한다

lakomac -omca 욕심많은(탐욕스런) 사람; 구두쇠, 수전노

lakoman -mna, -mno (形) 참조 lakom

lakomislen -a, -o (形) 부주의한, 경솔한, 충동적인, 성급한, 깊게 생각하지 않는, 생각이 깊지 않은; ~ postupak 경솔한 행동

lakomislenik 경솔한 사람, 깊게 생각하지 않고 행동하는 사람

lakomiti se -im se (不完) polakomiti se (完) ~ na nešto (za nečim) ~을 욕심내다(탐내다)

lakomstvo (中), **lakomost** (女) 탐욕, 욕심 (pohlepnost, grabljivost)

lakoničan -čna, -čno, **lakoničkī** -ā, -ō (形) (말 등이) 간결한, 간명한, 짧으나 함축성 있는

lakoničnost (女) (글 등의) 간결함, 간명함, 간결한 표현

lakonizam -zma 참조 lakoničnost

lakonog -a, -o (形) 빠른, 재빠른, 민첩한, 날렵한 (brz, hitar, čio)

lakorečiv -a, -o (形) (말 등이) 달변인, 청산유수의, 쉽게쉽게 말을 하는 (rečit)

lakosan -sna, -sno (形) 선잠의, 얕은 잠의, 깊은 잠을 자지 않는, 작은 소리에도 잠을 깨는; ~ čovek 선잠을 자는 사람

L

lakost (女) 참조 lakoća; 가벼움

lakouman -mna, -mno (形) 1. 경솔한, 부주의한 (lakomislen) 2. 우둔한, 멍청한 (glup, nerazborit)

lakoumlje (中), lakoumnost (女) 경솔함, 부주의; 경솔한 행동, 부주의한 행동

lakoumnik 경솔한 사람 lakoumnica

lakoumnost (形) 참조 lakoumlje

lakovati -kujem (完,不完) (보통은 피동형으로) 래커칠하다; ~ nameštaj 가구에 옻칠하다; lakovane cipele 에나멜 가죽 구두

lakoveran -rna, -rno (形) 쉽게 남의 말을 믿는, 순진한

lakoverje (中), lakovernost (女) 남의 말을 쉽게 잘 믿음, 순진함

lakozapaljiv -a, -o (形) 쉽게 불이 붙는, 인화성이 높은

lakrdija (한 편의) 소극(笑劇), 광대극, 익살극; (소극에서 볼 수 있는) 익살, 우스개; da ne duljim ~u 세세히 말을 하지 않아도, 짧게 이야기 하면

lakrdijaš 1. 소극(익살극, 광대극) 작가; 소극 (익살극, 광대극)의 광대(배우), 어릿광대 2. 경솔한 사람, 진중하지 못한 사람; a ljudi se ljuti, smatrajući ga ~em s kojim se ne može ozbiljno govoriti 사람들은 그 사람과는 심각한 이야기를 못할 경솔한 사람으로 간주하면서 화를 낸다 lakrdijaški (形)

lakrdijaštvo 소극, 광대극, 익살극

lakrdijati -am (不完) 소극(광대극, 익살극)을 하다

laksativ 완하제(배변을 쉽게 하는 약·음식·음료), 변비약

lakšati -am (不完) 참조 olakšati; ~의 짐을 덜어주다, 가볍게 하다, 가벼운 마음이 되게 하다, 안도시키다, 안심시키다

lakši -ā, -ē (形) 참조 lak; 좀 더 가벼운, 좀 더 쉬운

laktaš 1. 팔꿈치로 (다른 사람을) 밀쳐내는 사람 2. 출세와 성공을 위해서는 수단과 방법을 가리지 않는 사람, 출세지상주의자

kaktaštvo 앞뒤를 가리지 않는(물불 가리지 않는, 무모한) 행동; 무모함, 물불가리지 않음, 무대뽀

laktati se -am se (不完) 1. 팔꿈치로 밀치다, 팔꿈치로 밀치며 헤쳐 나가다; ovaj se probi laktajući se 그 사람은 팔꿈치로 치며 헤쳐 나간다 2. (비유적) 물불가리지 않고 삶을 헤쳐 나가다; A ti nećeš da se laktaš, savijaš kičmu, pokorno slušaš 너는 세상을 헤쳐나가지도, 허리를 굽히지도, 말을 들으려고도

하지 않는구나

laktometar -tra 검유기(檢乳器; 유지계(乳脂計), 유즙 비중계)

laktoza (化) 유당(乳糖), 락토스

lala (植) 튤립; kao bela ~ (će učiniti to) 지체없이 그것을 해야 할 것이다

lala 터키의 고관대작

lala 1. (형제, 혹은 집안의 나이 많은 남자를 부르는 정감어린 칭호) 2. (대문자로) 보이보디나 주민들을 농담조로 칭하는 명칭 lalinski (形)

lama (動) 라마(남미에서 털을 얻고 짐을 운반하게 하기 위해 기르는 가축)

lama (男) 라마(티베트 불교에서 영적 지도자)

lamatin (動) 해우(海牛), 바다소(물속에서 사는 포유로의 일종)

lamela 1. (뼈·동식물 조직 등의) 얇은 판(板), 박막(薄膜) 2. 댐(둑)의 콘크리트 받침대

lamelirati -am (不完) …을 박판으로 자르다, (압연하여) 박판으로 만들다; 박판을 포개어 ~을 만들다

lamentator 애도하는 사람, 슬퍼하는 사람

lamentirati -am, lamentovati -tujem (不完) 슬퍼하다, 애통하다, 통탄하다 (jadikovati, naricati)

lampa 1. 램프, 호롱불, 등; stona ~ 탁상용 램프; stojeća ~ (방바닥에 세우는) 전기 스탠드; džepna (baterijska) ~ 손전등; upaliti (ugasiti) ~u 램프를 켜다(끄다); tražiti nešto s ~om 헛되이 찾다; upalila mu se ~ 기억이 나다, 깨닫다 2. (라디오 수신기 등의) 전자관 lampin (形); ~a svetlost 램프 불빛; ~ štit 램프갓

lampadžija (男) 등(램프)을 밝히는 사람

lampaz (유니폼 바지의) 줄, 줄무늬

lampica (지소체) lampa

lampin 참조 lampa; 램프의, 호롱불의

lampion (색유리 혹은 색종이로 된 등피가 있는 옥외용의) 작은 램프 (특히 석유 램프)

lan 1. (植) 아마; Bogorodični ~ (植) 해란초속(屬) (길고 엷은 노란 꽃이 핌); trlja baba ~ da joj prođe dan 하는 일 없이 시간을 보내다 2. 아마 섬유, 리넨 lanen (形); ~o ulje 아마 기름; ~o platno 리넨

lanac -nca; lanci, lanaca 1. (금속제의) 체인, 쇠사슬; 목걸이; staviti ~nce na točkove (차) 바퀴에 체인을 감다; pustiti s ~nca 속박에서 풀어주다; voditi (držati) na ~ncu nekoga 누구를 맹목적으로 복종하게 하다; metnuti psa na ~ 개를 개줄에 묶다 2. (보통 複數로) (죄수들의) 족쇄, 체인; baciti *nekoga u ~nce* 투옥시키다 3. (비유적) (몰이꾼들이 늘어서 체인을 만든) 길쭉한 줄; 죽 늘어선 것; 산맥; 연쇄, 연속; *planinski ~* 산맥; *~ događaja* 사건의 연속 4. 경작지 면적의 단위 (보통 2000 제곱헥타르) 5. 길이의 단위 (10m) **lančan** *-ana* (形); *~i sistem* 컨베이어 벨트; *~a reakcija* 연쇄반응; *~i most* 현수교

lanad (女) (集合) lane; 새끼 노루(사슴), 어린 노루(사슴)

lanceta 랜싯(양날의 끝이 뾰족한 의료용 칼), 수술용 칼

lančan *-a, -o* (形) 1. 참조 lanac; 쇠사슬의, 체인의; *~i most* 현수교; *~i zupčanici* 체인 기어 2. 체인 모양의, 일련의, 연속의; *~a proizvodnja* 연속적인 생산; *~a reakcija* 연쇄반응; *~a hapšenja* 연속적인 체포

lančanik 현수교

lančast *-a, -o* (形) 체인 모양의, 체인처럼 생긴

lančić 1. (지소체) lanac 2. 목걸이; *zlatan (srebrn) ~* 금(은)목걸이

landarati *-am* (不完) 1. 이리저리 움직이다, 흔들다, 펄럭이다; *ona je igrala čardaš podižući suknje i lanadarajući njima* 그녀는 치마를 올려 이리저리 흔들면서 춤을 추었다; *~ rukama* 손을 흔들다; *landara rep* 꼬리를 흔들다 2. (옷이) 흔들리다, 나부끼다, 펄럭이다 3. 수다를 떨다, 쓸데없는 말을 많이 하다 (brbljati, blebetati); *~ jezikom* 수다를 떨다 4. 이러저러 왔다갔다 하다, 어슬렁거리다

landati *-am* (不完) 1. 수다를 떨다 2. 어슬렁거리다

landrati *-am* (不完) 어슬렁거리다, 목적없이 이리저리 왔다갔다 하다

lane *-eta* (中) 새끼 노루(사슴), 어린 노루(사슴)

lane (副) (=lani) 작년에

lanen *-a, -o* (形) 참조 lan; 아마의, 아마 섬유의, 리넨의; *~e rublje* 리넨천; *~o ulje* 아마 기름

laneuva (植) 산마늘(마늘의 한 종류)

lanilist (植) 좁은잎해란초 (현삼과(科)의 다년초)

lanište 아마밭

lanka 아마, 아마 줄기

lanolin 라놀린(양모에서 추출하는 오일. 피부 크림을 만드는 데 씀)

lansiranje (동사파생 명사) lansirati; 발사; *~ raketa* 로케트 발사

lansirati *-am* (完,不完) 1. (로케트 등을) 발사하다, 쏘아 올리다; *~ raketu (satelit, torpedo)* 로케트(위성, 어뢰)를 발사하다 2. (신제품 등을) 출시하다, 시장에 내다, 새롭게 유통시키다, 런칭시키다; (계획 등을) 시작하다, 착수하다; *~ novčanice* 화폐를 새롭게 유통시키다; *~ modu* 모드를 소개하다(런칭하다); *ti si lansirao jednu verziju* 너는 한 버전을 런칭하였다

lansirnī *-ā, -ō* (形) 발사하는, 발사용의; *~ cev* 발사관; *~ uređaj* 발사장치; *~a platforma* (미사일·로켓 등의) 발사대

lanterna 등대 (svetionik)

lanuti *-nem* (完) 1. (개 등이) 짖다 2. (비유적) (輕蔑) 지껄이다 (progovoriti) 3. (경솔히) 비밀을 누설하다(발설하다)

lanuti *lane* (完) (無人稱文) 참조 laknuti; 편안해지다, 안도감을 느끼다

lanjskī *-ā, -ō* (形) 작년의 (prošlogodišnji): *mare(briga) mene za to kao za ~ sneg* 그것에 대해서는 전혀 신경쓰지 않는다

Laos 라오스; Laošanin; Laošanka; laošanski (形)

lapak *-pka* (植) 도꼬마리(국화과의 잡초), 우엉(국화과)

laparati *-am* (不完) 1. 수다를 떨다, 말을 많이 하다, 별별 이야기를 다하다 (brbljati, blebetati) 2. (옷이) 나부끼다, 펄럭이다 (landarati)

laparav *-a, -o* 수다를 많이 떠는, 수다스런, 말이 많은 (brbljiv, blebetav)

lapatke *-aka* (女,複) 되새김 동물의 위 (burag)

lapav *-a, -o* (形) 축축한, 푹 젖은 (raskvašen, vlažan)

lapavica 진눈깨비; *došao je s njom po kiši i ~i* 그는 비와 진눈깨비를 맞고 그녀와 함께 왔다

lapeti *-im* (不完) 참조 hlapeti; (물 등을) 증발시키다

lapidaran *-rna, -rno* (形) 간결한, 간명한 (sažet, jezgrovit, zbijen); *~ stil* 간명한 스타일

lapidarij *-ija,* **lapidarijum** 석비(石碑)수집, 돌로 된 동상 수집

lapis (化) 질산은(銀)

Laponija 라플란드 (유럽 최북부의 지역); Laponac; Laponka; laponski (形)

lapor 이회토(점토와 석회로 구성된 흙)

laporac *-rca* 참조 lapor

lapsus (사소한) 잘못, 실수, 깜박함

laptati *-ćem* (不完) 1. 게걸스럽게 소리를 내며 먹다(마시다), 핥다, 핥아먹다 (lokati) 2. (입술을) 쩝쩝거리다 3. 펄럭이다, 흔들리다, 이리저리 움직이다 (landarati) 4. (눈이) 함박눈이 내리다, 큰 눈송이로 내리다

L

larifari (中) 터무니없는 말, 말도 안되는 소리, 의미없는 말, 허튼소리 (brbljarija, besmislica, tandara-mandara)

laringal (音聲學) 후두음

laringitis (病理) 후두염

larma 1. 소음, 소란, 시끄러운 소리 (buka, galama); *praviti ~u* 시끄럽게 하다; *podići veliku ~u oko nečega ~*에 대해 매우 소란스럽게 하다 2. (方言) 경보(음), 경고 신호

larmadžija (男) 소란스럽게 하는 사람, 시끄럽게 하는 사람 (bukač)

larmati *-am* (不完) 시끄럽게 하다, 소란스럽게 하다 (galamiti)

larva 1. 유충, 애벌레 2. 참조 larfa; 가면, 마스크

lascivan *-vna, -vno* (形) 음탕한, 색정을 돋우는, 선정적인, 도발적인 (razvratan, bludan, puten); *~ čovek* 음탕한 사람; *~vna pesma* 선정적인 노래

laser 레이저

laserskī *-ā, -ō* (形) 레이저의; *~ snop* 레이저빔; *~ zrak* 레이저 광선; *~ top* 레이저포(砲); *~ štampač* 레이저 프린터

lasica (動) 족제비; *kanadska ~* 밍크 **lasičiji, lasičji** (形)

laska *-ki* 과도한 감사; 과찬(過讚), 추켜세우기, 겉치렛말, 감언(甘言)

laskati *-am* (不完) polaskati (完) 1. 면전에서 추켜세우다, 아첨하다, 아첨하다; laskati znači gotovo toliko koliko lagati 면전에서 추켜세우는 것은 거짓말을 하는 것과 마찬가지다 2. (종종 무인칭문으로) 기쁘게 하다, 즐겁게 하다, 허영심(자만심)을 만족시키다 (goditi, prijati); to mi laska 그것이 나를 기분좋게 한다

laskav *-a, -o* (形) 듣기에 기분좋은, 허영심(자만심)을 채워주는, 아첨하는, 아부하는; *~o pismo* 아부 편지; *~e reči* 아부하는 말

laskavac *-avca* 아부꾼, 아첨꾼 **laskavica**

lasno (副) 1. 참조 lako; 쉽게, 수월하게 2. 기쁘게, 즐겁게 (rado, s lašću, s uživanjem)

laso *lasa & lasoa; lasi* (女) (카우보이들의) 올가미밧줄; *uhvatiti ~om* 올가미밧줄로 포획하다

last (女) 편안함, 안락함, 쾌적함; 편한 생활; *živeti (plivati) u slasti i ~i* 풍족하게 살다, 호화롭게 살다

lasta (鳥類) 제비; *noćna ~* 쏙독새; *zidna ~* 칼새; *prva ~* 첫 신호, 전조, 징후; *jedna ~ ne čini proleće* 한 마리의 제비가 봄을 의미하지는 않는다

lastarka (鳥類) 고방오리(제비처럼 날카로운 날개를 가진)

lastavica 1. (鳥類) lasta; 제비 2. (비유적) 매우 빠른 사람 3. (魚類) 날치 (물밖을 나는) **lastavičin, lastavičiji** (形)

lastavić 제비 새끼, 어린 제비

lastik, lastika (=lastiš) 고무줄, 고무밴드

lastin *-a, -o* (形) 참조 lasta; *~o gnezdo* 제비집

lastin rep (repak) (昆蟲) 산호랑나비

lastiš 참조 lastik

lašče *-eta* 족제비(lasica)새끼, 새끼 족제비

laškati *-am* (不完) 거짓말하다 (lažikati)

laštilac 구두닦이, 구두를 반짝거리게 닦는 사람

laštilo 구두약, 광택제

laštiti *-im; lašćen & lašten* (不完) 1. (윤·광택이 나도록) 닦다, 윤을 내다, 광택을 내다 (glačati); laštimo podove 마루를 윤이 나도록 닦다 2. *~ se* 빛이 나다, 윤이 나다, 광택이 나다

latentan *-tna, -tno* (形) 잠복의, 잠재하는, 잠복해 있는, 숨어있는, 표면에 나타나지 않는 (sakriven, pritajen); *~tna opasnost* 잠재해 있는 위험; *~tna snaga* 잠재적인 힘

lateralan *-lna, -lno* (形) 옆의, 측면의 (bočni, pobočni); *~ deo* 측면

latica 1. (植) 꽃잎 2. 삼각천, 무, (옷 등을 품을 넓히거나 튼튼하게 하기 위해) 덧대는 천

Latin 라틴; 라틴사람, 고대로마사람, 이탈리아인, 베네치아인, 로마가톨릭교도 **Latinka; latinski** (形)

latinac *-nca* 라틴어를 아는 사람 (latinista)

latinaš (歷) (예배에 글라골짜의 도입을 반대하여) 라틴어로만 예배를 봉헌한 가톨릭 성직자

latinica 라틴문자; *pisati ~om* 라틴문자로 필기하다; *čitati ~u* 라틴문자를 읽다 **latinički** (形)

latinizam *-zma* 1. 라틴어에서 차용한 어휘, 라틴어 차용어 2. 라틴어의 득세, 라틴어 보호; 라틴어법(어법)

latinizirati *-am* (完,不完) 라틴어화하다

latinka 1. 고대 로마 여인, 이탈리아 여자, 베네치아 여자; 로마가톨릭여신자 2. 총의 한 종류 3. (廢語) 고전고등학교 (klasična gimnazija)

latinluk (集合) 고대로마주민, 가톨릭교도

latinskī *-ā, -ō* (形) 1. 고대로마의, 라틴어의, 로마가톨릭의; *~ jezik* 라틴어; *~i narodi* 라틴계열의 민족 2. 이탈리아의, 베네치아의, 서구의

latinstvo 로마가톨릭교, 로마가톨릭교회, 로마가톨릭

446

latinština 라틴어

latiti -im (完) laćati -am (不完) 1. 잡다, 붙잡다, 움켜쥐다, 거머쥐다; *baka je izlazila pred kuću, latila sekirište* 할머니는 집앞으로 나와 도끼 자루를 움켜쥐었다 2. 퍼 올리다, 떠 담다 (zagrabiti); *i cipelu malu s biserom i svilom on skide brzo, njome vode lati* 비단진주로 된 작은 신발을 재빨리 벗어 그것으로 물을 퍼올렸다 3. ~ se *čega* 잡다, 꽉 움켜쥐다; 헌신하다, 온 힘을 다 받치다; *nadam se da ćete se posle toga oporavka trostrukom snagom ~ posla* 건강을 회복한 후 세 배로 힘을 내어 일에 정진하기 바랍니다; ~ se *sekire* 도끼를 움켜쥐다; ~ se *posla* 일에 몰두하다; ~ se *oružja* 무기를 들다; ~se *pera* 집필에 온 힘을 다하다; *ko se laća mača, od mača ći i poginuti* 칼로써 흥한 자, 칼로써 망할 것이다 4. (이동하여) ~o에 도달하다, 다다르다; ~ se *puta(šume)* 길(숲)에 다다르다

latvica (魚貝類) (바위에 단단히 들러붙는) 삿갓조개류 (prilepak)

laufer (체스의) 비숍 (lovac)

laureat (뛰어난 업적으로 훈장·상을 받은) 수상자(예술가 혹은 과학자 등의); 계관 시인
laureatski (形)

lav -ovi 1. (動) 사자; *lov na ~ove* 사자 사냥; *britanski ~* 영국 국가 문장에 새겨져 있는 사자 문장; lavica; lavlji (形) 2. (비유적) 영웅 (junak) 3. (=laf) 여자들과 노닥거리기를 좋아하는 남자, 여성과 즐겨 교제하고 친절하게 보살펴 주는 남자 4. (대문자로) (天) 사자자리 5. 기타; *morski ~* (動) 강치, 강치과의 바다짐승(물개·강치·바다사자 등의); *mravinji ~* (昆蟲) 개미귀신(명주잠자리의 애벌레)

lava 용암

lavabo -oa; -oi (男) (욕실 벽에 고정되어 있는) 세면기 (umivaonik)

lavanda (植) 라벤더(쑥 냄새 비슷한 향이 나고 연보라색 꽃이 피는 화초) (despik)

lavče -eta; lavići 새끼 사자, 어린 사자

lavendel, lavendla, lavendula 참조 lavanda

lavež (개·여우 등의) 짖음, 짖는 소리 (lajanje) *pseći ~, ~ pasa* 개의 짖는 소리

lavica 참조 lav; 암사자

lavina 1. 사태, 눈사태, 산사태 lavinski (形) 2. 갑자기 덮쳐오는 것; (불행·일·편지 등의) 쇄도

lavina (지대체) lav

lavirati -am (不完) 1. (범선을) 맞바람을 맞으며 항해하다, (맞바람을 받으며) 지그재그로

침로를 자주 변경하며 나아가다 2. (비유적) 능숙하게 어려움을 피해 나가다, 교묘하게 줄타기를 하다; *oni su lavirali između Turaka i Mlečana* 그들은 오스만 터키와 베네치아 공국 사이에서 교묘하게 줄타기를 했다; *on je dosta vešto, lavirajući, tražio zaradu na drugoj strani* 그는 줄타기를 하면서 매우 교묘하게 상대편 진영에서 이익을 추구했다

lavirint 참조 labirint

lavlji -ā, -ē (形); 참조 lav; 사자의; ~a *griva* 사자갈기; ~ *deo* 제일 좋은(큰) 몫, 알짜

lavor 세숫대야

lavor 1. (植) 월계수 (lovor(ika)) 2. (승리의 상징으로서) 월계수관 (성공·명예·명성)

lavorić (지소체) lavor

lavorika 참조 lavor; *pobrati (pokupiti) ~e* 성공하다, 명예를 얻다

lavov -a, -o (形) 참조 lav; 사자의; ~a *glava* 사자머리; ~a *šapa* 사자의 발(바닥)

lavovskī -ā, -ō (形) 1. 사자의, 사자 같은; 용맹한, 용감한; ~a *hrabrost* 사자 같은 용기; ~a *borba* 영웅적 전투 2. (비유적) (다른 모든 것을 다 합친 것보다) 더 많은, 더 좋은, 가장 좋은; ~ *deo* 제일 좋은(큰) 몫, 알짜

lavra (正敎의) 유명 수도원; *da vidite ~u studeničku, nedaleko od Novog Pazara* 노비 파자르에서 멀지 않은 스투데니짜 수도원을 둘러보세요

lavskī -ā, -ō (形) 참조 lav; 사자의 (lavlji, lavovski)

laz -ovi 1. 경작지, 개간지(숲을 베어내 낙엽과 나뭇가지들을 불사른 후 얻은) 2. (담장에 조그맣게 난) 구멍, 개구멍, 출입구

lazaret 1. (軍) 야전병원 2. (廢語) 격리수용소, 격리치료소(전염병 환자들의) (karantin)

Lazareva subota (宗) (正敎) 종려 주일(Cveti) 전의 토요일(성경속의 빈자 Lazar를 기념하는) (vrbica)

lazarica (民俗) 1. 종려 주일(Lazareva subota)에 집집마다 돌아다니며 노래부르는 여자아이(처녀); 그러한 풍습 2. (대문자로) Lazar 공과 코소보 전투에 관한 민요 3. 남성용 상의 (knez Lazar시대의 조끼 모양의) 4. (植) 선갈퀴; 수선화의 일종

lazarkinja (植) 선갈퀴

lazaron 부랑자, 떠돌이; 거지, 각설이 (skitnica; prosjak, bednik) lazaronski (形)

laziti -im (不完) (어린아이·동물·곤충 등이) 기다, 기어가다; (식물이 땅·벽 등을) 타고 뻗어가다 (gmizati, puzati, plaziti)

L

laznuti *-nem* (完) 1. 핥다 (=liznuti) 2. 급작스레 시작하다, 갑자기 ~하다

lazur 하늘색, 담청색, 남빛 (azur)

lazuran *-rna, -rno* (形) 하늘색의, 감청색의 (azuran)

laž *laži* (女) (의도적인) 거짓, 거짓말, 기만 (obmana); *gola (presna) ~* 새빨간 거짓말; *u ~i su kratke noge, u ~i je plitko dno, gde ~i ruča tu nema večera* 거짓말은 금방 탄로난다; *uterati nekoga u ~* 또는 *uhvatiti nekoga u ~i* 누가 거짓말하는 것을 잡다(증거를 들이대다)

laža 참조 laž; 거짓, 거짓말

laža (男,女) 거짓말쟁이 (lažov, lažljivac)

lažac *lašca* 거짓말쟁이, 거짓말을 밥먹듯이 하는 사람

lažan *-žna, -žno* (形) 1. 거짓의, 거짓에 기반한, 틀린, 허위의, 사실이 아닌; *~žna uzbuna* 허위경보; *~žno svedočanstvo* 위증; *~žna zakletva* 거짓선서 2. 인위적인, 위선적인 (izveštačan, pretvoran); *svaki njegov osmeh činio mi se ~, podozriv* 그의 모든 웃음은 내게는 작위적이고 의심스러웠다 3. 인조의, 인공의, 가짜의(veštački); *~ biser* 인조진주, *~žni zubi* 의치; *~žni nakit* 이미테이션(보석); *~žna čorba od kornjače* 가짜 거북수프(바다거북 대신에 송아지 머리 고기를 써서 비슷하게 맛을 낸 수프); *krasiti se (kititi se) ~žnim perjem* 젠체하다, 난체하다 4. 위조의, 모조의 (falsifikovan, krivotvoren); *~žne isprave* 위조신분증; *~žni novac* 위조화폐; *~ dokumenat* 위조문서

lažičica 1. 작은 스푼 (kašičica, žličica) 2. (解) 명치, 명치 부분 (가슴과 (위(胃) 사이의) (ožičica)

lažikati *-am* (不完) (koga) ~에게 거짓말하다

lažirati *-am* (完,不完) (스포츠의) 승부를 조작하다, 경기 결과를 조작하다; *~ rezultat (meč, utakmicu)* 경기를 조작하다

lažljiv *-a, -o* (形) 1. 거짓말을 잘하는, 거짓말을 밥먹듯 하는 2. 거짓의

lažljivac *-vca* 거짓말쟁이 **lažljivica, lažljivka** (lažov)

lažnost (女) 거짓, 허위; 거짓말하는 경향

lažov 거짓말쟁이 (lažljivac, lažac)

lažovčina (男,女) (지대체, 조롱조) lažov

lebdeti *-im* (不完) 1. 공중에 떠 있다 (한 장소에); *visoko je lebdio mesec nad Beogradom* 베오그라드 하늘위에 달이 둥실 떠 있다; *on srećno i blaženo gleda balon kako mirno lebdi u vazduh* 그는 공중에 한 가로이 떠있는 발론을 아무런 걱정없이 행복하게 바라본다 2. (비유적) *(nad kim)* 온정성을 다해 돌보다(간호하다); *ona lebdi nad tim detetom* 그녀는 그 아이를 정성껏 돌본다 3. 떨리다, 흔들리다, 깜박거리다 (titrati, lelujati); *smešak ... na usnama lebdio je puput ruže* 입가의 웃음이 장미처럼 떨렸다; *u mislima mi lebdi njen lik* 그녀의 얼굴이 내 마음속에 항상 아른거린다 4. 기타; *~ između života i smrti* 생사의 갈림길에 있다, 목숨이 위태로울 정도로 아프다; *~ između neba i zemlje* 현실을 직시하지 못하고 망상하다(공상하다); *~ u vazduhu* 불확실하다(공중에 붕 떠있다)

leblebija (植) (완두품종) 벵갈그람, 병아리콩, 이집트콩

lecati se *-am se* (不完) **lecnuti se** *-nem se* (完) (공포·추위 등으로) 몸을 떨다, 몸서리치다, 전율하다, 부들부들 떨다, 움찔하다; *~ se od straha* 두려움에 몸을 떨다

lecati (se) *-am (se)* (不完) (피곤하여·지쳐) 간신히 몸을 움직이다; 병약해지다 (kunjati)

leceder 쿠키(제과)를 만들어 파는 사람 (kolačar)

lecnuti *-nem* (完) 1. 불쾌하게 건드리다, (통증 등이) 쿡쿡쑤시다; *nešto ga lecnu u srce* 그는 뭔가 심장을 쿡쿡 쑤시는 것처럼 느꼈다 (štrecnuti) 2. *~ se* 참조 lecati se; 몸을 떨다, 전율하다, 몸서리치다

lečenje (동사파생 명사) lečiti; 치료; *otići na ~* 치료받으러 가다; *bolničko ~* 입원치료; *ambulantno (dispanzersko) ~* 통원치료; *nesavesno ~ bolesnika* 환자에 대한 불성실 치료; *~ zračenjem* 방사선 치료; *troškovi ~a* 치료비

lečilište 치료소, 병원; **lečilišni** (形)

lečiti *-im* (不完) **izlečiti** (完) 1. (병을) 치료하다, 치유하다, 낫게 하다 2. *~ se* 치료받다; *ona se leči kod njega* 그녀는 그의 병원에서 치료를 받는다; *~ se od tuberkoloze* 결핵 치료를 받다 3. *~ se* (고통스런 기억·악행 등으로부터) 벗어나다, ~을 잊다; *pomorci leče od mora i tuge* 선원들은 바다나 슬픔 등으로부터 벗어난다(잊는다)

leća (=sočivo) 1. (植) 렌즈콩 2. 렌즈, 콘텍트렌즈 3. (解) (안구의) 수정체

leće (植) 렌즈콩 (leća)

leće 주근깨 (햇볕 때문에 얼굴에 생기는)

leći *ležem & legnem, legu & legnu; lezi, legao, -gla, -glo; legavši* (完) 1. (바닥에) 눕다; (잠자리에) 눕다, 잠자리에 들다; *oni* *ležu vrlo rano* 그들은 매우 일찍 잠자리에 든다; *lezi i spavaj* 누워 자라; ~ *na* (u) *krevet* 침대에 눕다 2. 위치하다 (smestiti se); *legle su pare* 돈이 (통장에) 들어왔다 3. (비유적) (더위·열기 등이) 한 풀 꺾이다, 잠잠해지다; *stvar je legla* 사건이 잠잠해졌다 4. (他) 눕히다 5. (po nečemu, na nešto) ~에 펼쳐지다, ~에 펴지다 6. (해·달이) 지다, 떨어지다 (zaći); *mesec je bio legao za Vidovu goru* 달이 비도바 고라 산에 떨어졌다 7. (nečemu) ~에 헌신하다, ~에 열심이다, 온 힘을 쏟다 8. (병환 때문에) 눕다, 쓰러지다; *Vasić legne u postelju, oslabio i omršavio* 바시치는 병에 쓰러져 허약해지고 빼빼 말랐다 9. 죽다 (poginuti, umreti) 10. 기타; *krv će* ~ (폭력사태에서) 누군가 죽을 것이다, 사망자가 나올 것이다; *krv je legla* 유혈사태가 일어났다; ~ *na posao* 일에 몰두하다; ~ *na rudu* (이전에 반대했던) 피할 수 없는 것들과 타협하다; ~ *u pamet (nekome)* 분명해지다, 이해가 되다; *ne lezi, vraže* 불행히도, 불행하게도

led 1. 얼음; *kocke od* ~*a* 얼음덩이(주사위 모양의) 2. 우박 (grad, tuča) 3. 혹한 (velika hladnoća, studen) 4. 기타; *kukom na* ~ (po ~u) *napisati* 잃어버린 것으로 간주하다; *navesti (navući) nekoga na tanak* ~ (기만·속임수 등으로) 누구를 곤경에 처하게 하다; *led je krenuo* 실마리를 찾다, 딱딱한 분위기를 누그러뜨리다; *probiti(razbiti)* ~ 첫번째 위기(어려움·난관)를 극복하다, 첫번째 성공을 거두다; *otići (pasti) pod* ~ 흔적도 없이 사라지다, 몰락하다; *večiti (večni)* ~ 빙하; *suvi* ~ (化) 드라이아이스

ledac *leca, ledaca* 크리스탈, 수정 (kristal)

ledara 1. 얼음공장 2. 얼음창고, 석빙고 (hladnjača)

leden -a, -o (形) 1. 얼음의, 얼음으로 덮인; ~*a santa* 빙산; ~*i kontinent* 얼음으로 덮인 대륙; ~*o doba* 빙하기, 빙하 시대; ~*i pojas* 빙설대(북극권과 남극권 안 지역); ~*a kiša* 얼음비(내리자마자 바로 얼어붙는) 2. 매우 추운, 혹한의; ~ *vetar* 매우 추운 바람; ~*a voda* 얼음같이 찬 물 3. (비유적) 얼어붙은, 움직이지 않는; ~*i kao kipovi, vojnici su bili na svojim mestima* 동상처럼 얼어붙은 병사들은 제자리에 있었다 4. 따스함이 없는, 쌀쌀맞은, 차가운; 적대적인, 악의적인, 느낌이 없는, 무덤덤한; ~ *pogled* 차가운 시선; ~ *ton* 무덤덤한 목소리; *to je čovek* ~*og srca* 그는 얼음같은 심장을 가진 사람이다 5. 오

싹한, 전율(오한)을 일으키는

ledenica 1. 얼음창고, 석빙고 (ledara) 2. (높은 산의) 얼음으로 꽉 찬 동굴 3. 고드름 4. 총의 일종(은으로 만들어진) 5. (한정사적 용법으로, 여성명사와 함께) 불행한, 비참한, 비애에 젖은 (unesrećena, ojađena)

ledenik, ledenjak 1. 빙하 (lednik, glečer) **ledenički, ledenjački** (形) 2. 고드름 (ledenica)

ledenjarka (鳥類) 바다꿩 (북반구 북부의 바다 오리)

ledi (女) (不變) 부인, 마담 (gospođa, dama)

ledičan -*čna, -čno* (形) 결혼하지 않은, 미혼의 (neoženjen, neudata)

ledina 1. (보통 풀로 우거진) 비경작지, 황무지 2. (일반적인) 땅, 토지 (zemlja, tlo) 3. 기타; *poljubiti (odmeriti, izmeriti)* ~*u* 넘어지다, 쓰러지다; *zabosti nos (nokat, papak) u* ~*u* 죽다, 사망하다; *zagrepsti papke (petu) u* ~*u* 도망치다; *zabosti pero u* ~*u* 절필하다, 집필을 중단하다; *otići pod* ~*u* 죽다

ledinjak (植) 미나리아재비과(科)에 속하는 초본, 애기똥풀

ledište (物) 빙점(氷點)

lediti -*im*; *leđen* (不完) 1. **zalediti** (完) 얼다, 얼음으로 변하다; *voda se ledi* 물이 언다; *jezero se zaledilo* 호수가 얼어붙었다 2. (비유적) 공포심(두려움)으로 가득하다; *već sam bio počeo da sumnjam i ledilo me predosečanje* 벌써 나는 의심하기 시작했으며 예감상 두려움에 떨었다; ~ *srce (dušu)* 두려움을 야기시키다 3. ~ *se* 얼다, 얼음으로 변하다

lednik (=ledenjak) 빙하 (glečer) **lednički** (形)

lednjak 아이스박스, 냉장고 (hladnjak, frižider)

ledolomac -*mca* (船舶) 쇄빙선

ledovit -a, -o (形) 얼음으로 뒤덮인 (leden)

leđa (中,複) 1. 등; 상의의 등쪽 부분; *baciti (koga, što) za* ~ 내던지다, 더 이상 인정하지 않다, 무시하다; *videti(ugledati)* ~, *pogledati u* ~ (kome) (떠났으면 하는 사람의, 환영하지 않는 사람의) 떠남을 기대하다; *grbiti* ~ *na čemu* 힘든 일을 하다, 힘들고 어려운 일에 종사하다; *dok je* ~, *biće i samara* 사람이 일할 능력이 있고 의지가 있는 한 그가 할 일이 있을 것이다; *izmaći* ~ ~에 대한 책임을 회피하다; *okrenuti nekome* ~ ~에게서 등을 돌리다, ~와 관계를 단절하다, ~에게서 떠나다; *nositi nekoga na* ~*ima* 업고 가다; *imati široka* ~ 중책을

449

감당하다; *jaka* ~ 확실한 후원자, 뒤를 확실히 봐 줄 수 있는 사람; *na čija* ~ *natovariti* 누구에게 떠넘기다; *preko* ~ *preturiti* (*prebaciti*) 겪다, 당하다; *čuvati kome* ~ 배후의 공격으로부터 보호하다; *bole ga* ~ 그는 등이 아프다; *ležati na ~ima* (등을 바닥에 붙이고) 반듯이 눕다; *uzeti nešto na svoja* ~ 자기의 책임(의무)으로 짊어지다; *raditi iza nečijih* ~ 누가 없는 곳에서(안보는 곳에서, 모르는 곳에서) 몰래(비밀리에) ~ 을 하다; *svrbe ga* ~ 스스로 매를 번다; *osetiti (iskusiti) nešto na svojim ~ima* 여러가지 곤란하고 불쾌한 일들을 겪다; *zabiti nož u* ~ *nekome* 누구의 등에 칼을 꽂다; *biti bogu iza* ~ 또는 *biti iza božjih* ~ 매우 멀리 떨어져 있는, 아주 외딴 곳에 있는; *popeti se nekome na* ~ 누구에게 기식하다 (빌붙어 지내다) le**đ**ni (形); ~ *pršljen* 등골뼈, 척추골; ~*a torba* 배낭; *200 metara* ~*o* 200 미터 배영; ~ *stil* 배영 2. (비유적) 위에 툭 튀어나온 부분, 봉우리 (hrbat, greben)
le**đ**at -*a*, -*o* (形) 어깨가 딱 벌어진, 어깨폭이 넓은
le**đ**imice (副) (진행 방향에) 등지고, 뒤로, 거꾸로, 역방향으로
le**đ**nī -*ā*, -*ō* (形) 참조 le**đ**a; 등의
legacija (외국에 있는) 공관, 공사관 (poslanstvo, izaslanstvo)
legalan -*lna*, -*lno* (形) 합법적인, 적법한, 법률에 입각한 (反; ilegalan)
legalizacija 합법화 legalizacioni (形)
legalizirati -*am*, legalizovati -*zujem* (完,不完) 합법화하다, 법률화시키다
legalitet, legalnost (女) 합법성, 적법성
legalo (동물·짐승 들이 자고, 쉬는) 집, 굴, 둥지, 둥우리, 잠자리, *kokošjije* ~ 닭둥지; *zečje* ~ 토끼굴 2. (비유적) 침대, 잠자리; 주거지, 거주지 (postelja, ležaj; prebivalište)
leganj -*gnja* 1. (鳥類) 쏙독새 2. (方言) 게으른 사람, 게으름뱅이
legat 1. 유산, 유물 (zaveštanje, ostavština) 2. (歷) 로대로마의 지방수령 3. (宗) (가톨릭) 교황의 사자(使者)
legati *ležem* (不完) 참조 le**ć**i; 눕다
legbaba (魚類) 기름종개 (미꾸라지의 일종)
legenda 1. 전설, 뭔가 비밀스러운 것 2. (지도·도표 등의) 범례, 기호 설명표 3. (동전의 인물 혹은 문장을 둘러싸고 있는) 글씨
legendaran -*rna*, -*rno* (形) 1. 전설적인, 아주 유명한; ~*rna ličnost* 전설적 인물; ~ *vođa* 전설적 지도자 2. 전설적인, 가공의

(izmišljen, nestvaran)
legija 1. (특히 고대 로마의) 군단, 부대 2. 군대, 부대, 군단; ~ *stranaca* 외인부대 3. (사람 등의) 다수, 많은 수 (mnoštvo)
legionar (특히 프랑스 외인부대의) 부대원
legirati -*am* (完,不完) (금속을) 섞다, 합금하다, 섞어서 합금을 만들다; ~ *metale* 금속을 합금하다
legirati -*am* (完,不完) 유언으로 증여하다, 유증하다
legislacija (때로 집합적) (제정된) 법률, 제정법
legislativa (法) 법률의 제정, 입법행위; 입법부
legislativan -*vna*, -*vno* (形) 입법의, 입법부의 (zakonodavan); ~*a vlast* 입법부
legislatura (法) 1. 참조 legislativa 2. 입법부의 임기 기간
legitimacija 1. 신분증, ID카드 (lična karta) 2. (~에 대한) 권한 부여, 위임; 인가, 공인, 허가
legitiman -*mna*, -*mno* (形) 1. (法) 합법적인, 적법한 (zakonit) 2. (政) 정당한, 합당한, 근거가 확실한; ~*mna odbrana* 정당방위; ~ *zahtev* 합당한 요구
legitimirati -*am*, legitimisati -*šem* (完,不完) 1. ~의 신분증(legitimacija)을 조사하다, 신원 체크를 하다, 검문검색하다; *milicionar je hteo da ih legitimiše* 경찰관은 그들을 검문 검색하려고 했다 2. 합법화하다, 적법화하다 (ozakoniti) 3. ~ *se* 신분증을 제시하다, 신분증을 보여주다; *on se legitimiše pasošem SAD broj ...* 그는 ~번호를 가진 미국 여권을 보여주었다 4. 신뢰(신용)를 얻다, 평판을 얻다; *on se legitimisao kao vrlo vredan službenik* 그는 아주 훌륭한 직원이라는 평판을 얻었다
legitimitet, legitimnost (女) 합법성, 적법성, 타당성, 합리성
leglo 1. (동물들이) 알을 품거나 낳는 장소(둥지·굴 등의); (부화되어 동물이 나올) 알; (부화되거나 태어난 동물의) 한배 새끼; *zmijsko* ~ 뱀굴; *mišje* ~*o* 쥐의 한배 2. (비유적) 온상, 근원지, 본원지, 발원지 (ognjište, žarište, izvor); ~ *bolesti* 질병의 발원지; ~ *zaraze* 전염병의 중심지; ~ *pobune* 봉기의 근원지 3. (동물들의) 굴, 소굴, 둥지, 둥우리 (legalo) 4. (解) 동물들의 태반
legura 합금
leha -*hi* & -*si* 참조 leja
leja, leha (밭·정원 등의) 두둑, 밭이랑
lejzerov -*a*, -*o* (形) 레이저의; ~ *zrak* 레이저빔

450

lek -ovi 1. (질병 치료용의) 약, 약물; ~ za kašalj (protiv kašlja) 기침약; uzimati ~ 약을 복용하다; prepisati ~ 약처방전을 쓰다 2. (어려운 상황에서 벗어나기 위한) 방안, 처리 방안, 해결책; pravni ~ 법적 방안; njemu nema ~a 그는 구제불능이다 3. (方言) 극소량; ni za ~, ni od ~a 조금도 없다 (nimalo, nikoliko)

lekar 1. 의사 (doktor); ~ opšte prakse 가정의학과 의사; dežurni ~ 당직의사 lekarka; lekarski (形) 2. (廢語) 약제사, 약사; 약초채집가 (apotekar, farmaceut; travar)

lekarija 1. (集合) 약제 2. 약 (lek) 3. 의학, 의술, 의료 (lekarstvo)

lekarka 참조 lekar

lekarskī -ā, -ō (形) 참조 lekar; ići na ~ pregled 건강검진을 받으러 가다; ~a praksa 진료실습; ~o društvo 의사협회; ~o uverenje 의사진단서; ~a komisija 의무위원회; ~ staž 인턴과정; ~a tajna 진료비밀

lekarstvo 1. 의학, 의술 2. (廢語) 약, 약물 (lek)

lekcija 1. (교과서의) 과(科) (제 1과 등의); posle takvog uvoda započela se ~ 그러한 인사말이 끝난 후 수업이 시작되었다 2. 수업 시간 3. 교훈, 가르침 (실패 등으로부터 배우는); 경고 izvući ~u od nekoga 누구로부터 교훈을 얻다; očitati (dati, držati) ~u kome 누구를 질책하다(훈계하다) 4. (宗) (교회에서 낭독되는) 성구(聖句; 성경의 한 단락)

lekcijaš (輕蔑) 학교 공부만 하는 학생, 공부벌레

lekcionar, lekcionarij -ija, lekcionarijum (宗) 성구(lekcija) 모음집

lekovit -a, -o (形) 약효가 있는, 약 효능이 있는, 치유력이 있는; ~a voda 약수; ~o blato 약효가 있는 진흙; ~e trave 약초; ~o vrele 온천

leksičkī -ā, -ō (形) 어휘의

leksika 어휘, 어휘목록, 사전

leksikalan -lna, -lno (形) 참조 leksički

leksikograf 사전편집자, 사전편찬자

leksikografija 사전편집, 사전편찬, 사전학 leksikografski (形)

leksikolog 어휘학자

leksikologija 어휘론 leksikološki (形)

leksikon (알파벳순으로 나열되어 있으며 여러 가지 개념들을 설명한) 백과사전, 용어집 (enciklopedija); 사전 (rečnik); živi ~ 걸어다니는 백과사전

lektira 문집, 선집, 독본; zabavna ~ 가볍게 읽을 수 있는 책; popularna ~ 인기좋은 문집; poučna ~ 교훈적 문집; školska ~ 학교 교양도서; ~ za niže razrede osnovne škole 초등학교 저학년용 독본

lektor 1. (주로 대학에서) 외국어실습 전임강사 (주로 원어민의); ~ za engleski jezik 영어실습전임강사 2. (출판사·신문사 등의) 원고 교정자; (극장 등에서 배우들의) 발음 교정자 lektorka; lektorski (形); ~o odeljenje 교정과, 편집과

lektorat 외국어실습 전임강사(lektor)의 직책과 업무; 전임강사(lektor)실(室)

lektorka 참조 lektor

lektorskī -ā, -ō (形) 참조 lektor

lektura 교정; 교정자(lektor)의 직책 및 업무

lele (感歎詞) 1. (슬픔·통증·애통 등을 표현하는) 아아~, 오오~; ~ meni! 아아! 슬프도다! 2. (예기치 않은 당혹감, 기이함 등을 표현하는) 어어~!

lelek 1. (슬픔·애통·비통함 등을 lele라는 소리를 내며 하는) 울부짖는 소리, 통곡하는 소리, 애통해하는 소리 (vapaj, krik); čuje se vriska pljačkaša i ~ progonjenih 날강도의 고함소리와 피해자의 울부짖는 소리가 들린다 2. 어려움, 곤란 (muka, nevolja)

lelekača (lele, lele하면서 고인에 대해 장례식에서) 곡(哭)하는 여자, 애통해 하는 여자, 애도하는 여자 (narikača)

lelekati -čem & lelekam (不完) leleknuti -em (完) lele lele 소리를 내다(소리를 내면서 애통해하다, 슬퍼하다, 비통해 하다) (jaukati, jadikovati); ~ za nekim 누구에 대해 비통해하다

lelujati -am (不完) 1. 살랑살랑 흔들다, 흔들리게 하다, 펄럭이게 하다, 물결치게 하다 (ljuljati, talasati, klatiti); pusti vetri lelujaju divlju ružu 거친 바람이 들장미들을 살랑살랑 흔들었다 2. - (se) 흔들리다, 펄럭이다, 물결치다 (povijati se); pšenice se široko lelujaju 밀밭이 물결쳤다; grane (se) lelujaju na vetru 나뭇가지가 바람에 흔들렸다

lelujav -a, -o (形) (살랑살랑·천천히) 흔들리는, 나부끼는, 물결치는

lem 땜납(납과 주석의 합금), 연납

lema 1. (사전의) 표제어 (odrednica, natuknica) 2. (哲) 가정, 전제; (논증·증명의) 보조 정리, 부명제(다른 진술이 참임을 검증하기 위해 참인 것으로 여겨지는 진술)

lemati -am (不完) 때리다, 구타하다 (biti, tući, mlatiti); već nekoliko puta lemali su ga ljudi 벌써 몇차례나 사람들이 그를 때렸다

lemeš 보습, 쟁기의 날 (raonik)

L

lemilica 참조 lemilo
lemilo 납땜용 인두
leming (動) 레밍, 나그네쥐(번식기에 바다나 호수로 대이동하여 집단으로 빠져 죽음)
lemiti *-im* (不完) **zalemiti** (完) (보통 주석으로) 납땜하다, 납땜질하다
lemur 1. (動) (마다가스카르산) 여우원숭이 2. (複數로) 여우원숭이과 3. (複數로) (神話) (고대 로마의) 원혼(冤魂), 원귀(冤鬼), 귀신
len *-a, -o; leniji & lenji* (形) 1. (=lenj) 게으른, 나태한, 일하기 싫어하는 (反; vredan, marljiv) 2. 느릿 느릿 움직이는, 꾸물거리는, 굼뜬; ne *bude ~ (nego skoči, pritrči)* 꾸물거리지 말고 빨리 움직여
lenčariti *-im* (不完) 게으름 피우다, 빈둥거리다, 아무 일도 하지 않고 시간을 보내다
lenčina (男,女) 게으름뱅이 (보통은 남자)
lenčuga, lenčura (男,女) 게으름뱅이
lenger 닻 (sidro, kotva)
leniti se *-im se* (不完) 1. 게으르다, 게으름 피우다, 게으름뱅이가 되다 2. 주저하다, 망설이다 (oklevati)
leniv *-a, -o* 참조 lenjiv; 게으른
lenivac 참조 lenjivac; 게으름뱅이
lenost (女) 게으름, 나태함
lenstvovati *-vujem* (不完) 게으름 피우다, 빈둥거리다, 아무 일도 하지 않고 시간을 보내다
lenština (男,女) 게으름뱅이 (lenčina)
lenta (어깨위로 걸쳐 사선으로 가슴으로 내려 찬 폭이 넓은) 리본 (그 위에 훈장 등을 다는)
lenj *-a, -o* (形) 참조 len
lenjinizam *-zma* 레닌이즘, 레닌주의(프롤레타리아 독재를 주장하는 공산주의의 이론)
lenjinistički (形)
lenjinskī *-ā, -ō* (形) 레닌주의의
lenjir (길이 측정·줄긋기에 쓰는) 자
lenjirisati *-šem* (完,不完) 자(lenjir)를 대고 반듯이 줄을 긋다
lenjiti se *-im se* (不完) 참조 leniti se
lenjiv *-a, -o* (形) 게으른, 나태한
lenjivac *-vca* 1. 게으름뱅이 2. (動) 나무늘보
lenjost (女) 게으름, 나태함
leopard (動) 레오파드, 표범 **leopardov, leopardski** (形)
lep *-a, -o* (形) 1. 예쁜, 아름다운, 잘생긴, 균형잡힌; ~*a devojka* 예쁜 처녀; ~*a kuća* 아름다운 집; ~*a slika* 좋은 그림 2. 좋은, 훌륭한, 멋진; ~*a muzika* 좋은 음악; ~*a pesma* 아름다운 노래 3. (날씨가) 청명한, 맑고 갠, 쾌청한 (vedar); ~*o vreme* 쾌청한 날씨; ~ *dan* 청명한 날 4. 행복한, 행복으로

가득한 (srećan); ~*i dani detinjstva* 행복한 어린시절; *najlepše doba života* 인생의 황금기 5. 좋은, 바람직한; ~*a novost* 좋은 소식 6. 성공적인, 성공적으로 실행된(이행된); ~ *uspeh* 성공; ~*e rešenje* 바람직한 해결(방안) 7. 양질의, 품질이 좋은, 맛이 좋은, 맛있는; ~*a hrana* 좋은 음식 8. 가치있는, 유용한 (vredan, koristan) 9. (크기·수량·단계 등이) 상당한; *zaraditi ~e pare* 상당한 돈을 벌다; ~ *iznos*, ~*a suma* 상당한 금액 10. (성격 등이) 좋은, 온화한; 친절한, 공손한, 솔직한, 호의적인; ~*a narav* 온순한 기질; ~*a reč* 친절한 말; ~*a reč i gvozdana vrata otvara* 말 한마디가 천냥 빚을 갚는다 11. 기타; ~*a književnost* 순문학, 미문학(학술논문과는 구별되는 시·노래·극·소설·수필류를 말함); *hvala ~o* 대단히 고마워요; *postigao je ~ uspeh* 그는 커다란 성공을 거뒀다; *daleko mu ~a kuća* 그와는 그 어떠한 관계를 맺는 것도 원치 않는다; *uraditi nešto za nečije ~e oči* 누구를 위해 아무런 보상(댓가)도 바라지 않고 ~을 하다; *ni ~e ni ružne* (서로) 말없이, 멀뚱멀뚱하게, 아무런 상호관계 없이; *s dobra i s ~a* 상호 합의하에, (서로) 좋은 방법으로; ~ *kao pisan* 그림같이 예쁜, 매우 아름다운
lep 모르타르, 회반죽 (malter)
lepak *-pka; lepci, lepaka* (접착용) 풀, 접착제; ~ *za muve* 파리잡이 끈끈이; *uhvatiti se (naići se, pasti) na ~* 음모의 희생양이 되다; *uhvatiti koga na ~* 속이다, 기만하다
lepenka 1. (딱딱하고 두꺼운) 판지(板紙), 보드지, 마분지 (karton) 2. 접착제
lepet (새가 날개짓을 하여 내는) 퍼덕이는 소리
lepetati *-ćem* (不完) 1. (새가 날개를) 퍼덕이다, 퍼덕거리다; *ptice lepeću krilima* 새들은 날개를 퍼덕거린다 2. 흔들리다, 펼럭이다; 빛나다, 번뜩이다 (lelujati se, iskriti se); *u očima joj leleće još nešto od prvotne radosti* 그녀의 눈은 희열로 빛났다
lepetav *-a, -o* (形) 1. (날개를) 퍼덕이는, 퍼덕거리는 2. 흔들리는, 나부끼는 (lelujav)
lepeza (보통은 접고 폈다 할 수 있는) 부채; *hladiti se ~om* 부채질하다, 부채로 더위를 식히다; *široka ~* 넓은 부채
lepezan *-zna, -zno* (形) 부채 모양의, 부채와 비슷한 (lepezast)
lepezan (부채 모양의 꼬리를 가진) 비둘기
lepezast *-a, -o* (形) 부채 모양의, 부채와 비슷한

452

lepilo 풀, 접착제 (lepak)

lepinja (둥근 모양, 또는 길쭉한 모양의) 평평하고 얇은 빵; napraviti ~u od nekoga 죽도록 때리다, 늘신나게 두드리다

lepinjast -a, -o (形) lepinja 모양의, 평평한, 납작한

lepinjica (지소체) lepinja

lepir 참조 leptir; 나비

lepirnjače (女,複) 나비꼴 모양의 잎사귀를 가진 식물

lepiti -im; lepljen (不完) 1. zalepiti (完) 풀칠하다, 풀로 붙이다 2. ~ se ~에 달라붙다, ~에 찰싹 달라붙다; blato se lepilo za opanke 진흙이 신발에 달라붙었다; ne lepi se to za njega 그는 그것을 배울 수가 없다 (매우 어렵게 배운다) 3. ~ se 끈적끈적하다; lepe mi se prsti 내 손가락들이 끈적끈적하다 4. ~ se 기꺼이(즐거이) ~와 어울리다, 붙어 다니다; on nam se lepi, on se lepi uz nas 그는 우리에게 찰싹 달라붙었다

lepljiv -a, -o (形) 끈적끈적한, 달라붙는; ~a traka 접착 테이프, 반창고

lepo lepše (副) 1. 참조 lep; 잘, 훌륭히, 기분 좋게, 적당히; ~ igrati(govoriti) 춤을 잘 추다(말을 잘 하다); ~ izgledati 아름답게 보이다; lepo smo se proveli 좋은 시간을 보냈다 2. (동사 moliti, zahvaljiti 와 함께) 친절하게, 공손하게 (ljubazno, učtivo); on me je ~ zamolio 그는 공손하게 나에게 부탁했다 3. 분명히, 명확히, 잘 (jasno, dobro); videla je ~ kako je pop-Spira ušao u kuću 스피라 신부가 집에 들어가는 것을 분명히 보았다 4. (말하는 내용을 강조하여) 정말로, 참으로, 바로, 그냥, 그저 (upravo, prosto, čisto); on je ~ zanemeo od čuda 그는 놀라 그저 말문이 막혔다; a ona mu ~ opali šamar 그녀는 그냥 그의 뺨을 때렸다 5. 기타; ne gledati se ~ 긴장관계에 있다; sve je to ~ i krasno 모든 것이 그렇다 할 지라도 그것이 사실관계를 바꿀 수는 없다(변명을 퇴짜놓으면서); što je najlepše 제일 이상한 것은, 가장 예상외인 것은

lepojka 참조 lepotica; 미녀, 잘 생긴 아가씨 (여자)

lepolik -a, -o (形) 잘 생긴, 예쁜; a baš mi se svidela, jer je bila ~a 그녀가 예뻐 내 맘에 들었다

leporečiv -a, -o (形) 말을 잘하는, 능수능란하게 말을 하는, 유창한

leporečivost (形) 말 잘함, 능란하게 말을 함, 유창함

lepota 1. 미(美), 아름다움 2. 미인(美人); 아름다운 물건, 예술품, 장식품; 풍경이 장관인 곳 3. 풍요, 풍성, 번성, 안녕 (dobro, izobilje, blagostanje)

lepotan -tna, -tno (形) 1. 아름다운, 훌륭한, 위대한 (lep, divan, veličanstven) 2. (한정사형) 미(美)의, 아름다운

lepotan 미남(美男), 옷을 잘 입는 남자

lepotaner 참조 lepotan; 미남(美男)

lepotica 미녀(美女)

lepra, leproza (病理) 나병, 문둥병 (guba)

leprhnuti -nem (完) 참조 lepršati

leprozorij -ija, leprozorijum 나병원, 나병 요양소

lepršaj (한 번) 펄럭임, 나부낌

lepršati (se) -am (se) 1. (보통 가벼운 소리를 내며) 흔들리다, 펄럭이다, 나부끼다 (vijoriti se, lelujati se); Zastava je lepršala nad službenom zgradom (국)기가 청사에 휘날렸다; zastave se lepršaju na vetri (국)기들이 바람에 펄럭인다 2. (새·나비의 날개가) 퍼덕이다, 날개짓하다 3. (비유적) 활발히 움직이다 4. (他) 흔들리게 하다, 흔들다; promaja leprša zavese 커튼이 바람에 흔들렸다

lepršav -a, -o (形) 흔들리는, 나부끼는, 펄럭이는 (lelujav)

lepšati -am (不完) 1. 아름답게 하다, 예쁘게 만들다 (ulepšati) 2. 더욱 아름다워지다, 더 예뻐지다; kako raste, sve to više lepša 커가면서 모든 것이 더 예뻐졌다 3. ~ se 더욱 아름다워지다, 더 예뻐지다

lepše (副) (비교급) lepo; 더 잘, 더 예쁘게, 더 아름답게

lepšī -ā, -ē (形) (비교급) lep; 더 예쁜, 더 아름다운

leptir -i & -ovi 1. (昆蟲) 나비; žuti ~ 멧노랑나비; ~ ~ mašna, ~kravata 나비넥타이 2. (水泳) 접영 (delfin) leptirov, leptirski (形) 3. (비유적) 신중하지 못한 사람, 진중하지 못한 사람

leptirak -rka (지소체) leptir; jabučni ~ 코들링나방 (유충은 사과·배의 해충)

leptirast -a, -o (形) 나비 모양의; ~a navrtka 나비꼴 너트(나사)

leptirica 1. 나비의 한 종류 2. (비유적) 동전 (novčanica)

leptirić (지소체) leptir

leptirnjače (女,複) 참조 lepirnjače

leptirov -a, -o (形) 참조 leptir

lepuškast -a, -o (形) 대체로 예쁜(잘 생긴, 아

L

453

름다운)

les -ovi 1. 숲 (šuma) 2. (사람들의) 다수, 다중 (lesa, mnoštvo) 3. (方言) (集合) 나무; 재목; 지붕의 나무 부분; 쟁기 4. (시신을 넣는) 관(棺) (sanduk)

lesa 1. (가는 나뭇가지를 엮어 만든 축사 등의) 문; 가는 나뭇가지를 엮어 만든 담(장); 써래 2. 나무담장 3. (비유적) (사람들의) 다수, 다중

lesica 1. (지소체) lesa 2. (解) 중수(中手), 장부(掌部)

leska -ki & -ci, -ī & lesākā 1. (植) 개암나무, 헤이즐넛 2. 개암나무 회초리; 개암나무 가지 leskin, leskov (形)

leskar 개암나무 숲

leskin -a, -o (形) 참조 leska; ~ žbun 개암나무 덤불; ~o lišće 개암나무잎

leskov -a, -o (形) 참조 leska; ~ grm 개암나무 덤불

leskovac -vca 개암나무 회초리, 개암나무 막대기

leskovača 1. 개암나무 2. 개암나무 막대기; 개암나무 막대기로 때리기

leskovak 참조 leskovača

leskovik 개암나무 덤불(관목); 개암나무 숲

leskovina 개암나무; 개암나무 덤불

lestve -ava (複,女) 사다리, 사닥다리 (merdevine); švedske ~ (스포츠) 체조기구의 한 종류

lestvica 1. (複數로) (지소체) lestve 2. 등급 (경력 등의) 3. 저울 (skala) 4. (音樂) 음계

leš -evi 시체, 송장, 사체(死體)

lešće (集合) 개암나무 덤불

lešina 1. 참조 leš; 시체, 송장 2. (죽은 동물의) 시체, 썩어 가는 고기 (strvina, strv)

lešinar 1. (鳥類) (죽은 동물 시체를 먹는) 독수리, 콘도르; egipatski ~ 이집트 독수리 2. (昆蟲) 송장벌레, 송장벌레과(科) 3. (비유적) 탐욕스런 사람들, 약자를 이용해 먹는 사람들

lešinast -a, -o (形) 시체와 비슷한

leškariti -im (不完) 누워 쉬다(휴식을 취하다); toga dana posle ručka leškario sam na krevetu i razmišljao 그날 나는 점심식사후에 침대에 누워 쉬면서 생각을 했다

lešnik, lešnjak 개암나무 열매, 헤이즐넛

lešnikar (=lešničar) (昆蟲) (개암나무에 알을 낳는) 해충의 한 종류

leštak 개암나무 관목, 개암나무 잎사귀

leštarka (鳥類) 들꿩 (주로 개암나무 열매나 새싹을 먹는)

let letovi 1. 비행, 항공편; Jastreba sam u ~u gađao 나는 날아가는 매를 맞췄다(맞춰 떨

어뜨렸다); za vrema ~a 비행중에; iz ptičjeg ~a 높은 곳에서 내려다 본, 새가 나는 높이에서 바라다 본 2. (비유적) 매우 빠른 움직임(이동) letni (形)

letač 1. (오래 날 수 있는)새 2. 비행기 조종사, 비행사 (pilot) letački (形)

letačice (女,複) (鳥類) (오랫동안 날 수 있는 조류의 일반적 명칭)

letačkī -ā, -ō (形) 비행의; 비행 조종사의; ~ ispit 조종사 시험; ~a veština 비행술(術); ~a posada 승무원; ~o osoblje 비행 요원

letak letka; leci, letaka (광고나 선전용) 전단지,광고지; 삐라; deliti ~tke 전단지를 돌리다(나눠주다); reklamni ~ 선전용 전단지

letargičan -čna, -čno (形) 참조 letargija; 기면성(嗜眠性)의, 졸리는, 혼수 상태의; 무기력한, 활발하지 못한; ~ san 혼수; ~čno stanje 혼수 상태; ~čno raspoloženje 무기력한 기분

letargija 1. (病理) 기면; 혼수 (상태); 최면의 초기 상태 2. (비유적) 둔감함, 무기력

letati -am & -ćem (不完) 1. 주변을 날다, 이리 저리 날다 2. (비유적) 이리저리 뛰어다니다

letećī -ā, -ē (形) 한 장소에 오래 머무르지 않는, 지나가는, 임시적인; ~ gost 스쳐지나가는 손님; ~ posetilac 임시 방문인; ~ dug 단기 차입금; ~ odred 기동파견대; ~ tanjir 비행접시

letelac -eoca 참조 letač; (오래 날 수 있는)새

letelica 1. (오래 나는) 새 (letač) 2. 비행기, 비행체 (letilica)

leteti -im (不完) 1. (곤충·새·비행기 등이) 날다, 비행하다; visoko ~ 커다란 야망을 품다; ko visoko leti - nisko pada 높이 올라갈수록 떨어지는 충격은 크다; ~ po oblacima 현실을 모르고 망상하다(공상하다) 2. (비행기·요트 등을) 타고 가다 3. 공중으로 비산(飛散)하다, 폭발하여 공중에 산산조각나다; 직위(직장)에서 쫓겨나다; glava leti 목숨을 잃다 4. 빠른 속도로 움직이다, 뛰다, 뛰어가다 (trčati, juriti, hitati); s nožem na pušci lete svi vojnici 총에 착검을 하고 모든 병사들이 뛰어갔다

leti (副) 여름에, 여름 동안에

letilica 비행기, 항공기, 비행체; matična ~ 모비행기

letilište (공항의) 활주로 (pista)

letimice (副) 1. 대충, 대강, 겉으로, 표면적으로 (ovlaš, površno) 2. 서둘러, 급하게 (hitro)

letimičan -čna, -čno (形) 서두른, 성급한, 대

충의; 일시적인, 단기간의

letina 수확량, 산출량 (1년 동안 토지에서 나오는)

letište 여름 휴가지 (letovalište); 여름 휴가 (letovanje)

letlampa 용접 토치

letnī -ā, -ō (形) 참조 let; 비행의

letnjī -ā, -ē (形) 참조 leto; 여름의

letnjikovac -vca 여름별장, 여름궁전

leto 1. 여름; *babino* ~ 화창한 가을, 인디언 서머 (화창하고 따스한 여름 같은 가을날); *sirotinjsko* ~ 따뜻한 늦가을 혹은 초겨울; *na kukovo* ~ 결코 ~하지 않다 (nikad); **letnji** (形); ~ *raspust* 여름 방학; ~*e odelo* 하복, 여름 옷 2. 년(年) (godina); *Novo (Mlado)* ~ 신년, 새해

Letonija 라트비아; **Letonac**; **Letonka**; **letonski** (形); ~ *jezik* 라트비아어

letopis 1. (연대순으로 중요 사건들을 기록한) 연대기 2. 연대기에 기록할만큼 중요한 것 3. (대문자로) (신문·잡지 등의 명칭); ~ *Matice srpske* 마티짜 스릅스카 잡지; ~ *Jugoslovenske akademije* 유고슬라비아 학술원 잡지(신문) **letopisni** (形)

letopisac 연대기 작가

letopisnī -ā, -ō (形) 참조 letopis; 연대기의

letos (副) 이번 여름에, 지난 여름에, 다가올 여름에

letošnjī -ā, -ē (形) 이번 여름의, 지난 여름의

letovalac -aoca 여름휴가중인 사람

letovalište 여름휴가지, 여름휴가를 보내는 장소 **letovališnji** (形)

letovanje 여름휴가(농촌·산·바닷가 등에서의); *ići na* ~ 여름휴가를 가다

letovati -tujem (不完) 여름을 보내다, 여름휴가를 보내다; ~ *na selu (na moru)* 농촌에서 (바닷가에서) 여름을 보내다

letva 1. (담장·지붕 등의) 폭이 좁고 긴 널판지 (žioka) 2. (길이·높이 등을 측정하는) 좁고 잘 다듬어진 긴 막대기 3. (複) 우리, 울타리 (양의) (ograda, obor)

leucin (生化學) 류신, 로이친 (백색 결정성 아미노산

leukemija (病理) 백혈병

leukocit 백혈구

leukorija (病理) 대하(帶下), 백대하(白帶下)

leut 1. (廢語) 류트(연주법이 기타 비슷한 초기 현악기) 2. 노젓는 작은 어선 (하나의 돛대가 있는)

leutar 류트(leut)연주자

levak -vka; *levci & levkovi* 깔대기

levak 왼손잡이 **levakinja**

levaka 1. 왼손 (levica) 2. 왼손잡이 여자 (levakinja)

levanda (植) 라벤다 (despik)

Levant 레반트 (동부 지중해 및 그 섬과 연안 제국); **Levantinac**; **Levantinka**; **levantijski**, **levantinski**, **levanski** (形)

levati -am (不完) 1. (액체 등을) 붓다, 따르다 (sipati); 흘리다 쏟다 (prolivati); ~ *suze* 눈물을 흘리다 2. (비 등이) 세차고 줄기차게 내리다, 쏟아붓다 (pljuštati) 3. ~ *se* 흐르다, 흘러나오다 (teći, izlivati se)

levča (마차의 바퀴와 마차의 측면을 연결해서 지탱하는) 휘어져 굽은 막대기; *pijan kao* ~ 완전히 취한

leventa (男,女) 게으름뱅이, 룸펜, 놈팡이; 방랑자, 떠돌이 (neradnik, besposličar; probisvet)

levi -ā, -ō (形) (反; desni) 1. 좌(左)의, 왼쪽의; ~*a ruka(noga)* 왼손(발), 좌측 손(발); ~*i ulaz* 좌측입구; ~ *prozor* 왼쪽 창문; *levi branič(bek)* (축구)레프트백; ~*o krilo* (축구) 레프트윙 2. (政) 좌익의; 노동혁명적 방법을 지향하는, 급격혁명노선을 지향하는; ~*o krilo stranke* 당의 좌익; ~ *ekstremizam* 좌익 과격주의 3. (명사적 용법으로) 왼손, 좌측 손; 좌익 인사 (levičar)

levica 1. 왼손, 좌측 손 2. (政) 의회의 진보(혁명·개혁)그룹, 좌파 (보통 의장석에 바라봤을 때 왼쪽 의석에 앉음); *parlamentarna* ~ 의회 진보그룹; (사회의) 진보그룹

levičar (政) 좌파, 좌파 지지자 **levičarski** (形)

levičariti (不完) 좌파 사상을 설파하다, 좌파활동을 하다

levičarskī -ā, -ō (形) 좌파의, 좌익의, 좌파 지지자의; ~*e novine* 좌익 신문; ~*a orijentacija* 좌파 성향; ~*a stranka* 좌파 정당

levkast -a, -o (形) 깔대기(levak)모양의; *iza škole bila je velika jama* ~ 학교뒤에 커다란 깔대기 모양의 웅덩이가 있었다

levo (副) 1. 왼쪽에서; 왼쪽으로; ~ *i desno* 왼쪽 오른쪽으로; *skreni* ~ 왼쪽으로 돌아 2. 좌파적으로 (levičarski)

levokrilac -ilca (어떠한 조직의) 좌익(좌파)에 속하는 사람, 좌익 성향의 사람

levokrilnī -ā, -ō (形) 좌익의

levoruk -a, -o (形) 왼손잡이의, 왼손잡이용의

lezbijka 레즈비언, 여자 동성애자 **lezbijski** (形)

lezileb 놀고먹는 사람, 게으름뱅이 (lenjivac)

ležaj 1. 침대 (postelja, krevet) 2. 보금자리, 둥지, 둥우리, 굴 (leglo, gnezdo) 3. (機) 베

L

어링; *kuglični* ~ 볼베어링, *valjkast* ~ 롤러 베어링 3. (廢語) 지리적 위치

ležak 1. 누워있기를 좋아하는 사람, 게으름뱅이 (lenjivac, lenčina, neradnik) 2. 오랜기간 숙성된 술(리커) 3. 콩의 일종 (čučavac, pešak)

ležaljka -ci & -ki, -ī (깊숙이 앉아 있을 수 있는) 안락의자

ležarina 보관료, 창고 보관료 (일정 기한이 지나도 물건을 창고에서 찾아가지 않아 내는)
ležarinski (形); ~a taksa 보관세

ležati -im (不完) 1. 눕다, 누워 있다; (무덤에) 눕다; (아파서 침대에) 누워 있다; (감옥에) 있다(tamnovati); ~ na zemlji 땅에 눕다, ~ u postelji 침대에 누워 있다; ~ u bolnici 병원에 입원하다; ~ na parama 매우 부유하다; *odgovornost je ležala na meni* 책임이 내게 떨어졌다; ~ kome na srcu 누구의 호의를 누리다(누구의 관심을 끌다); *to mi leži na srcu* 그것이 내 관심을 끈다(내게는 중요하다); ~ u zatvoru 감옥생활을 하다; ~ na jajima 알을 품다; ~ bolestan 아파 눕다 *ovde leži vladika crnogorski* 여기에 몬테네그로 주교가 누워 있다 2. ~을 열심히 하다 (kapati); *sedam godina je, kažu, ležao na drugom izdanju* 7년간 제 2판에 열심이었다 3. (땅에) 있다, 놓여 있다; (사용하지 않고) 방치되어 있다 4. ~에 위치해 있다 (prostirati se, nalaziti se) 5. (병을) 앓다; *ona nije ležala veliki kašalj* 그녀는 백일해를 앓지 않았다

ležećI -ā, -ē (形) 1. 누워 있는, 눕혀진; *u ~em stavu* (배를 깔고) 엎드린 자세에서; *gađanje iz ~eg stava* 엎드려 쏴; ~a policija 과속방지턱 2. 사용되지 않는, 유통되지 않는; ~ novac 놀고 있는 돈(여유 자금)

ležećki, **ležećke** (副) 누워서 (ležeći)

ležeran -rna, -rno (形) 1. (좁거나 조이지 않는) 넉넉한, 여유가 있는, 널찍한, 편안한 (prostran, komotan); ~rna haljina 넉넉한 옷 2. 자유로운, 자연스런 (prirodan, neusiljen); *miran i ~ kao da je u svojoj kući* 마치 자신의 집에 있는 것처럼 평화롭고 자연스러웠다 3. 가벼운, 경쾌한 (lagan); ~ korak 가벼운 발걸음; ~ pokret 경쾌한 움직임 4. 표면적인 (ovlašan, površan) 5. 편안한, 안락한; 무관심한, 태평한 (bezbrižan, miran; ravnodušan, nemaran)

ležište 1. 잠자리; 침대 (ležaj, postelja) 2. (機) 베어링, 박스; *kuglično (loptično)* ~ 볼 베어링; *koturno* ~ 롤러 베어링 3. (地) (광물) 매장층, 광상 (nalažište); *skoro nema iole bogatijih rudnih* ~ 조금이라도 풍부한 광물 매장지가 거의 없다

li (小辭) 1. (의문문을 만들 때) *da li ga poznaješ?* 그 사람을 아느냐?; *je li došao?* 그 사람이 왔느냐?; *jeste li ga videli?* 그를 봤어요?; *kad li će doći?* 그사람이 언제 올까? 2. (ne bi li의 형태로 사용되어) 목적/의도를 나타낼 때, ~하기 위해서 ; *on je pošao u svet ne bi li stekao slavu* 그는 명성을 얻기 위해 세상으로 나갔다 3. 조건을 나타낼 때 (만약~한다면, ~하는 경우에는) (ako, u slučaju da); *dođeš li, ja ću ti ga pokazati* 만약 네가 온다면 너에게 그것을 보여주겠다; *sve će biti u redu kreneš li na vreme* 만약 제때에 출발한다면 모든 것이 다 좋을 것이다 4. 정반대의 결과가 도출될 것 같아도 매한가지임을 강조할 때; *dobar li je, loš li je - tvoje je* 좋든 나쁘든 네것이다; 무엇일지 확실하지 않을 때 *prve li, druge li nedelje - na zna tačno* 첫번째 일요일인지 두번째 일요일인지 정확히 모른다 5. (šta, što와 함께) 다른 가능성, 다른 설명이 요구될 때; *jednom se u selu zapali neko seno, šta li je* 한 번은 마을에서 사람들이 건초더미에 쓰러졌었는데 뭐였지? 6. 정반대의 의미를 갖는 문장 혹은 구에서의 강조; *ne zna se ko li pije, ko li plaća* 누가 마시고 누가 값을 치루는지 모른다 7. 강조할 때 (감탄 등의); *lepa li je majko mila!* 참으로 아름답다!; (동사 현재형이 반복되어 사용되면서) 동사 동작의 지속 혹은 세기 등을 강조한다 *kiša lije li lije* 비가 오고 또 온다 (계속 내린다); *dete plače li plače* 아이는 끊임없이 운다; 협박·비난·욕설 등의 감탄문에서 *trista li mu muka!* 그에게 끊임없는 고난이 있을 것이다!

libade -eta (廢語) (옛날 여성들의 도회풍의) 실크로 된 상의 (허리까지 내려오며 소매가 넓은)

Liban 레바논 Libanac; Libanka; libanski (形)

Libanon 참조 Liban; Libanonac; Libanonka; libanonski (形)

libela 1. 수평계(수평 상태를 확실하게 측정하기 위한 기구) 2. (昆蟲) 잠자리 (vilin konjic) 3. 머리핀의 한 종류

liberal (=liberalac) 자유주의자, 자유당원 **liberalka**

liberalan -lna, -lno (形) 1. 자유주의의, 자유의; ~lna misao 자유주의적 사고; ~lna stranka 자유당 2. 융통성있는, 관용적인, 용인할 수 있는 (popustljiv, trpeljiv)

L

liberalist(a) 참조 liberal

liberalizacija 자유화

liberalizam _-zma_ 자유주의

liberalizirati _-am_, **liberalizovati** _-zujem_ (完,不完) 자유화하다, (제한을) 완화시키다; ~ _trgovinu_ 무역을 자유화하다

liberalka 참조 liberal

liberalskī _-ā_, _-ō_ (形) 참조 liberal; 자유주의의, 자유주의자의; ~_a štampa_ 자유주의 출판물

liberator 해방자 (oslobodilac)

Liberija 리베리아

libertinac 1. 제멋대로인 사람, 속박당하지 않은 사람, 자유 사상가 2. 방탕자, 난봉꾼

libido (男) 성욕, 리비도

libidinozan _-zna_, _-zno_ (形) 호색의, 육욕적인

libidinozno (副) 호색적으로, 육욕적으로, 선정적으로 (požudno, pohotno); _vaš glas deluje na mene_ ~ 당신의 목소리는 내게는 선정적으로 들립니다

Libija 리비야; **Libijac** _-ijca_; **Libijka**; **libijski** (形)

libiti se _-im se_ (不完) 1. 주저하다, 망설이다; 부끄러워하다, 수치스러워하다 (ustručavati se, stideti se); _ne libi se, molim te, uzmi šta god ti treba_ 주저하지 말고 네가 필요한 것은 무엇이든지 집어; _nije se libio seljačkog posla_ 그는 농부의 일을 부끄러워하지 않았다 2. ~ _nekoga(nečega)_ 피하다, 회피하다; 거리를 유지하다 (거만함·교만함·자존심 등으로) (kloniti se)

libracija (天) (천체의) 진동, 균형; (달의) 칭동 (秤動)

libretist(a) 리브레토(libreto) 작가

libreto (男) 리브레토(오페라 대본, 오페라 가사)

lice 1. (解) (사람의) 얼굴; 얼굴 표정; _kiselo_ ~ 뚱한(떨떠름한, 떫은) 표정; _prijateljsko (ljubazno)_ ~ 친근한 얼굴(표정); _pljunuti nekome u_ ~ 누구의 얼굴에 침을 뱉다; _izraz_ ~_a_ 얼굴 표정; _gledati smrt u_ ~ 죽음에 직면하다, 위험에 직면하다; _nestati s_ ~_a zemlje_ 사라지다, 종적을 감추다; _tanjir s dva_ ~ 두 얼굴의 사람, 이중인격을 가진 사람 **lični** (形); ~_e kosti_ 얼굴 뼈 2. 사람; (오페라·드라마 등의) 등장인물 (osoba, ličnost); _vojno_ ~ 군인; _tehničko_ ~ 기술 인원; _civilno_ ~ 민간인; _sumnjivo_ ~ 의심스런 사람; _glavno_ ~ 주인공; _raseljeno_ ~ 난민; _pravno (fizičko)_ ~ 법인(자연인) 3. (건물의) 전면, 앞면(거리쪽을 향하는) (pročelje, fasada); ~ _kuće_ 가옥의 앞면 4. 모양, 모습, 형태, 특징 5. (주로 직물의) 앞면, 겉면, 표면 (反; naličje); ~ _tkanine_ 천의 겉면; ~

sukna 치마의 겉면 6. (文法) 인칭; _prvo_ ~ 일인칭 7. (전치사적 용법으로) ~ 맞은 편으로, ~와 반대쪽으로 (prema, suprotno od); _lice vrata stajala u sobi visoka... gvozdena peć_ 문 반대쪽으로 방에 철로 된 큰 난로가 있었다 8. 기타; _pokazati pravo svoje_ ~ 진짜 자신의 얼굴을 보여주다; _milicija ja na_ ~_u mesta izvršila hapšenja_ 경찰이 현장에서 체포하였다; ~ _i naličje_ (동전의) 앞뒷면, 좋은 면과 나쁜 면; _pred_ ~_em celoga sveta_ 모든 사람들 앞에서; ~_em_ 개인적으로; ~_em na (taj dan)_ 정확히, 바로 (그날); ~_em u_ ~ 얼굴을 마주 보고, 직접적으로; _menjati boju_ ~_a_ 안색을 바꾸다(불쾌감·모멸감 등으로 인해); _okretati_ ~ _od nekoga_ 누구를 회피하다, 누구로부터 얼굴을 돌리다; _u znoju svoga_ ~_a_ 자신의 힘으로, 자신이 땀흘려 노력하여(일하여); _u_ ~ _(reći)_ 직접, 눈을 보고 (말하다)

licej _-eja_ 1. (廢語) (이전 세르비아의) 고등(高等)학교 (오늘날 대학의 전신) 2. (프랑스 등의) 고등학교

licemer 위선자 **licemerka**

licemeran _-rna_, _-rno_ (形) 위선의, 위선적인; ~ _način_ 위선적인 방법; ~_rna hvala_ 위선적 감사

licemeriti _-im_ (不完) 위선적으로 행동하다, ~인 것처럼 행동하다

licemerje 위선

licemerka 참조 licemer

licemerskī _-ā_, _-ō_ (形) 위선의, 위선자의; ~ _postupak_ 위선적 행동

licemerstvo 참조 licemerje

licenca, licencija 라이선스, 면허(증), 자격증

licider 참조 leceder

licitacija 경매 (nadmetanje, dražba); ~ _za prodaju automobila_ 자동차 경매; _prodati na_ ~_i_ 경매로 팔다; _javna_ ~ 공개 경매

licitar 참조 leceder

licitirati _-am_ (完,不完) 경매하다, 경매에 부치다; 경매에 참여하다

lickati _-am_ (不完) **nalickati** (完) 과도하게 치장하다, 지나치게 차려입다 (kinđuriti)

ličan _-čna_, _-čno_ (形) 1. (한정형만) 얼굴(lice)의; ~_čne kosti_ 얼굴뼈, ~_čni mišići_ 안면 근육 2. (한정형만) 개인의, 개인적인; (특정) 개인 소유의, 사유의; ~_čna svojina_ 사유재산; ~_čni problemi_ 개인적인 문제; ~_čni interes (sekretar, život)_ 개인적 흥미(개인 비서, 개인적 삶); ~_čni razlozi_ 개인적 이유; ~_čna sloboda_ 개인의 자유; ~_čni opis_ 신상 정보; ~_čni bezbednost_ 개인 안전 3. 개별적

457

L

인, 주관적인, 편견이 개입된, 일방적인 (subjektivan, pristrasan) 4. (한정형만) 사적인, 개인 생활에 속하는 (privatan, intiman); ~čni život 사적 생활 5. (육체적으로) 잘 생긴, 매력적인, 호감이 가는 (kršan, prikladan); ~ čovek 매력적인 사람 6. (한정형만) (행정·사무의) 인원의, 직원의 (personalni); ~ rashodi 인건비 7. (文法) (한정형만) ~čna zamenica 인칭 대명사

ličan -čna, -čno (形) 참조 lika; (참피나무 등의) 인피부(靭皮部)의

ličilac -ioca 도장공, (페인트) 칠장이 (farbar)

ličilo 1. 화장품 (šminka) 2. 페인트 (boja)

ličina (참피나무 등의) 인피(靭皮); lika)섬유로 만든 끈(노끈·밧줄)

ličina 마스크, 가면 (maska, obrazina)

ličinka (昆蟲) 참조 larva; (곤충 등의) 유충, 애벌레

ličiti -im (不完) 1. (nekome, na nekoga) ~를 닮다; on liči na oca 그는 아버지를 닮았다; silno je ličio majci 그는 어머니를 빼다 닮았다 2. ~에 어울리다, 적합하다 (dolikovati, priličiti); takvo ponašanje ne liči studentima 그러한 행동은 학생 신분에 어울리지 않는다

ličiti -im (不完) 1. (페인트·석회 등을) 칠하다, 바르다, 색칠하다 (bojiti, krečiti) 2. ~ se (얼굴에) 화장하다 (šminkati se) 3. ~ se 아름답게 꾸미다, 장식되다 (ukrašavati se, kititi se)

ličnī -ā, -ō (形) 참조 ličan

lično (副) 참조 ličan; 개인적으로, 개별적으로; 직접, 직접 만나서; 주관적으로; on me ~ obavesti 그는 내게 개인적으로(직접) 보고를 한다; on je to ~ video 그는 그것을 직접 (자신의 눈으로) 보았다; nismo se ~ upoznali 우리는 직접 만나서 안면을 트지는 않았다; postupa ~ 그는 주관적으로 행동한다

ličnost (女) 1. 사람, 인간 (lice, osoba); nekoliko ~i 몇몇 사람 2. (연극·소설 등의) 인물, 등장인물, 배역 (lik); to što važi o glavnoj ~i važi i o svim ostalim ~ima u ovom romanu 주인공에 해당하는 모든 것은 이 소설의 모든 다른 등장인물에게도 해당하는 것이다 3. 유명 인사, 명사; poznate ~i 유명 인사들, 명사들; istaknuta ~ 유명 인사; visoke ~i 고위 관료들; nepoželjna ~ (外交) (특정 국가 정부로부터) 출국 요청을 받는 인물, 기피인물, 페르소나 논 그라타 4. 지적·도덕적으로 훌륭한 사람(인사)

lider 지도자, 리더

lido (男,中) (강가·바닷가의) 모래톱, 모래언덕, 사구(砂丘) (sprud)

liferacija (물건·상품 등의) 공급, 보급, 조달 (snabdevanje, nabavka)

liferant (국가·군 등에 일정 물품을 공급하는) 조달업자, 보급업자, 공급업자 (snabdevač, dobavljač)

liferovati -rujem (完,不完) 공급하다, 보급하다, 조달하다

lifervagon 보급 열차, 보급 트럭

lift -ovi 엘리베이터

liftboj 엘리베이터 운전자

liga -gi 리그, 연맹, 동맹 (savez, zajednica, društvo); Liga naroda (歷) 국제연맹 (1차 대전후 제네바에 본부를 설치한); ~ sistem (스포츠) 리그 시스템

ligament (解) (관절의) 인대

ligaš 리그의 멤버, 리그에 참여하는 회원(국) **ligaški** (形); ~a utakmica 리그 경기; ~ klub 리그 클럽

ligatura 1. 공간을 절약하기 위해 두 개 이상의 문자를 하나로 합치는 것 2. (音樂) 리가투라 (악보에서 한 호흡으로 처리하거나 중단하지 않고 연주할 것을 나타내는 호선, 또는 한 철(실러블)에 해당되는 음을 연결하는 호선)

ligeštul 침대 의자, 긴 의자(등받이가 뒤로 젖혀지는)

lignit (鑛) 갈탄; nalazište ~a 갈탄 매장지

lignja -ī & -ānjā (魚類) 오징어

liho (副) 홀수로; 짝을 가지지 않는; 평평하지 않게, 똑같지 않게

lihoprst -a, -o (形) 홀수 발가락을 가진; ~i papkari 기제류 동물

lihoprstaši (男,複) 기제류 동물(말·당나귀·얼룩말·코뿔소 등의 홀수의 발가락을 지닌)

liht (不變) (색깔 등이) 밝은, 연한 (svetao); ~ plav 연한 파랑

lihva (특히 법정 이율 이상의) 고리(高利), 높은 이자; 고리대금 (kamata, zelenaštvo)

lihvar 고리대금업자 (zelenaš, kamatnik) **lihvarski** (形)

lihvariti -im (不完) 고리대금업에 종사하다, 고리대금업자로 살다; ali ne kradem seljacima imetak, ne lihvarim i ne gulim naroda kao ti 너와는 달리 나는 백성들의 고혈을 빨아 먹지도 재산을 빼앗지도 고리대금을 놓지도 않는다

lihvarskī -ā, -ō (形) 참조 lihvar; 고리대금의, 고리대금업자의; ~ posao 고리대금업

lihvarstvo 고리대금업

lija (지대체, 조롱) lisica; 여우; ~ je dobijala 사기꾼(협잡꾼)이 잡혔다
lijander (植) 협죽도(夾竹桃)
lijane (女,複) (植) 리아나, 덩굴식물 (penjačice, puzačice)
lijavica (方言) 설사 (proliv, protoč, dijareja)
liječnik 참조 lekar; 의사; ~ opće medicine 가정의학과 의사; liječnica; liječnički (形)
lik -ovi 1. 얼굴, 얼굴 표정; 모습, 외모; ~om je na oca 얼굴은 아버지를 닮았다; poznao sam ga po ~u 얼굴을 보고 그를 알아봤다 2. 그림; (회화·조각 등의) 상(像), 이미지 (slika, figura); ~ovi svetaca 성인 상(像)들; stvaran(imaginaran) ~ 실제(가공) 이미지 3. (소설·연극 등의) 인물, 등장인물 (ličnost) 4. (數) (기하의) 도형
lika (植) (참피나무 등의) 인피부(靭皮部), 인피 섬유; vezivati ~u za oputu 가난하게(비참하게) 살다; ličan, likov (形)
liker 독주, 독한 술, 리커(위스키 등의)
liko 1. 참조 lika 2. (덩굴식물의) 덩굴손; pustiti kao ~ niz vodu 부숴지게 떨어뜨리다 (슬퍼하지 않고)
likov -a, -o (形) 참조 lika
likovati -kujem (不完) 크게 기뻐하다, 환호하다, 승리를 자축하다; ~ nad nečim ~을 크게 기뻐하다; srce mi je likovalo kad sam video njihov neuspeh 그들의 실패를 보았을 때 내 가슴은 기쁨으로 뛰었다
likovnī -ā, -ō (形) 1. (그림, 조각 등의) 상(像; lik)의; 그림의, 회화의, 도예의, 조각의 (slikarski, vajarski, kiparski); ~ radovi 미술품; ~e umetnosti 순수 미술 2. 잘 생긴, 아름다운 외모의 (naočit)
likvida (言) 유음(流音)
likvidacija 1. (法) (회사 등의) 청산, 정리, 파산 2. 근절, 일소; 살해, 숙청; naše trupe su produžavale ~u opkoljenih trupa neprijatelja 우리 군은 포위된 적의 군대를 계속해서 일소해 나갔다 3. 사형 집행
likvidan -dna, -dno (形) 1. (자산 등을) 현금화하기 쉬운, 유동성인, 유동성의; ~dna sredstva 유동성 자산, 현금화하기 쉬운 자산 2. (文法) 유음의; ~ suglasnik 유음
likvidator (도산한 회사의) 청산인; 재산 관리인
likvidatura (은행에서 파산·청산에 참가하는) 청산과, 재산 관리인 사무실
likvidirati -am (完,不完) 1. (부채를 갚기 위해 사업체를) 청산하다, 정리하다, 폐쇄하다 2. ~을 일소하다, (어떠한 상태·과정 등을) 끝마

치다 (iskoreniti, eliminisati, okončati); ~ stare odnose 오래된 관계를 청산하다; kad je likvidiran balkanski rat 발칸반도의 전쟁이 끝났을 때 3. (사람 등을) 죽이다, 살해하다 (ubiti, pobiti)
likvidnost (女) (화폐·자금 등의) 유동성; (주식·부동산 등의) 환금성, 현금화 가능성; (채무 등의) 변제 능력
lila 자작나무 또는 체리나무 껍질의 얇은 표피층 껍질 (종이와 같은)
lila (形) (不變) 보랏빛의, 보라색의 (ljubičast); sad gospodin ima plavu maramu, a onda je imao ~ 그 분은 지금은 파란 손수건을 가지고 있지만 예전에는 보랏빛 손수건을 가지고 있었습니다
lilihip 막대 사탕
Liliputanac -nca (걸리버여행기의) 소인국 사람 liliputanski (形)
lim 판금 (bleh); beli ~ 양철(판), 주석 도금한 것; gvozdeni ~ 얇은 강판, 철판; brodski ~ 보일러판 limen (形); ~a burad 양철통
liman 1. 해적호(海跡湖; 사취·사주·연안주 등이 발달하여 바다의 일부가 외해로부터 분리되어 생긴 호수) 2. 소용돌이, 돌풍 (vrtlog, vir)
limar 양철장이, 양철공; (자동차의)판금 수리공 limarski (形)
limen -a, -o (形) 판금(lim)의, 양철의
limenka -ci & -ki (통조림·콜라 등의) 캔; (금속소재에 뚜껑이 달린, 식품 저장용)통; 금속 용기(그릇)
limenjak, limenjača 금속 용기(양동이·들통·물통 등의)
limfa (解) 림프, 임파(액) limfni (形); ~a žlezda 림프샘, 임파선
limfatičan -čna, -čno (形) 1. 림프의, 임파의 2. (病理) 림프성 체질의(안색은 창백하고 활기가 없으며 정신이 둔한 것이 특징임)
limitacija (가격·기한 등의) 제한, 한정, 국한, 제약 (ograničenje)
limitativan -vna, -vno (形) 제한의, 제한하는, 한정적인
limitirati -am (完,不完) 제한하다, 한정하다; limitirano vreme 제한된 시간; ~ kamate 이자를 제한하다
limitnī -ā, -ō (形) 제한된, 한정된; ~ rok 한정된 기간
limonit (鑛) 갈철석(褐鐵石)
limun (植) 레몬 나무; 그 열매 (레몬); sok od ~a 레몬 주스 limunov, limunski (形); limunov sok 레몬 주스

L

limunacija (행사 등의) 화려한 조명, (iluminacija)

limunada 1. 레몬 탄산음료, 레모네이드(레몬 주스에 설탕과 물을 탄 것) 2. (비유적) 무미 건조한(풍미없는) 미술품(예술품)

limunast -a, -o (形) 레몬과 비슷한, 레몬 모 양의, 레몬색깔의, 레몬과 같이 노란

limunov, limunski -a, -o (形) 참조 limun

limuzina (자동차의) 리무진

lincura 1. (植) 용담(종 모양의 파란색 꽃이 피 는 야생화의 일종) 2. 라키야(용담 뿌리가 더 해진)

linč -evi 린치, 폭력적인 사적 제재(특히 교수형)

linčovanje (동사파생 명사) linčovati

linčovati -čujem (完,不完) 린치를 가하다, 린 치를 가하여 죽이다(교수형에 처하다)

lineal 참조 lenjir; (길이 측정·줄긋기에 쓰는) 자 (ravnalo)

linearan -rna, -rno (形) 1. 직선의, 일직선의, 직선 모양의, 선형(線形)의 (linijski) 2. (비유 적) 단순한, 일방향의; ~rna jednačina (jednadžba)(數) 일차방정식

lingvist(a) 언어학자

lingvistika 언어학; deskriptivna (generativna, istorijska, komparativna 혹은 poredbena, matematička, opšta, primenjena, strukturalna) 기술(생성, 역사, 비교, 수리, 일반, 응용, 구조) 언어학 lingvistički (形)

linija 1. (數) 선; prava ~ 직선; kriva ~ 곡선 2. (펜·연필 등으로 그은) 선; (똑바로 늘어 선, 연속된 것의) 열, 줄; povući ~u (tačkama) (선으로) 줄을 긋다 3. (버스·배·비 행기 등의) 노선, 항로, 궤도; autobuska (tramvajska, brodska, vazdušna) ~ 버스(트 램, 선박, 항공) 노선; međunarodne ~e 국 제 노선; ukinuti (uvesti) ~u 노선을 폐지하 다(신설하다) 4. (전기·전화 등의) 케이블, 선, 전선, 전화선, 전신선; telefonska ~ 전화 케 이블 5. 진행 방향; (軍) 전선, 방어선, 일선; ~ fronta 전선; odbrambena ~ 방어선; ~ prekida vatre 휴전선; prva (borbena) ~ 전 선 6. 경계선, 국경선; granična ~ 국경선 7. (경찰들의) 관할 구역; pozornik je na ~i 경 찰관은 관할구역내에 있다 8. (비유적) 분야, 방면 (oblast, područje, strana); na svim ~ama... korupcija morala, zemlje i ustrojstva 국가 전체와 기관 모든 분야에서 부정부패는 ... 했어야 했다 9. (비유적) 목표; 삶의 방향(길) 10. (보통 複數로) 형태, 모양, 외모, 외양 (oblik, forma, izgled); čuvati ~u 외모를 가꾸다(몸매를 가꾸다); imati lepu

~u 아름다운 외모를 가지다(s자 모양의) 11. 가계(家系), 혈통; (식물의) 계통 (roda, loza); po muškoj ~i 부계쪽으로; po ženskoj ~i 모 계쪽으로 12. (廢語) 상비군, 정규군 13. 기 타; biti na ~i, držati se ~e (政) 일정한(결정 된) 노선을 지키다, 당당한 입장을 견지하다; demarkaciona ~ 휴전선; ići ~om najmanjeg otpora 가장 쉬운 길을 가다; po nekoj ~i raditi (biti zadužen) 어떠한 분야에 서 일하다; silazna (uzlazna) ~ srodstva (法) 직계비속(존속); srednja ~ 중도; u glavnim ~ama 가장 중요한 것은; u krajnoji ~i 마침 내, 결국

linijaš 1. (廢語) 정규군(상비군)에 편성된 병사 2. (政) 공식적인 당 노선을 확실히 지키는 사람

linirati -am (完,不完) 줄을 긋다, 선을 긋다

linoleum 리놀륨(건물 바닥재로 쓰이는 물질)

linotip 라이노타이프, 자동 주조 식자기 (키를 두드리면 글자가 한 행씩 주조됨)

linuti -nem (完) 갑자기 마구 쏟아지다 (proliti se); linula je kiša 갑자기 비가 쏟아졌다; krupne suze linule niz obraze 닭똥 같은 눈 물이 갑자기 볼을 타고 흘러내렸다

linjak 잉어의 한 종류, (유럽산) 잉어 (šaran)

linjati se -am se (不完) olinjati se (完) 1. (동 물이) 털갈이 하다, (동물의 털이) 빠지다 (mitariti se. opadati); stoka se linja i krmelja 소는 털이 빠지고 눈에서 화농이 나온다 2. 머리가 벗겨지다, 탈모가 되다, 대 머리가 되다 (ćelaviti); glava mu se već linja, a još ga vuče za ženama 그는 머리가 이미 벗겨졌어도 아직도 여자를 쫓아다닌다

lipa (植) 린덴 (보리수·참피나무 무리), 라임 나무; obučen kao ~ 예쁜 옷들이 많이 있다; lipov (形); ~ med 린덴꿀; ~ čaj 린덴차(茶);

lipanj lipnja jun(i); 6월 lipanjski (形); ~ ispitni rok 6월 시험기간

lipar 린덴숲 (lipik, lipovnik)

lipati -am (不完) (輕蔑) (물 또는 다른 액체를) 퍼마시다, 벌컥벌컥 마시다

lipemija (病理) 지방 혈증(血症: 혈액 중에 지 방질을 지나치게 많이 함유하게 되는 증상)

lipik, lipnjak 참조 lipar; 린덴숲

lipov -a, -o (形) 1. 참조 lipa; ~ cvet 린덴꽃; ~ med 린덴꿀 2. (비유적) (사람이) 무른, 미 지근한, 게으른 3. 기타; ~ krst (廢語) (輕蔑) (무슬림들 입장에서의) 기독교도, 크리스천; (kao) ~ svetac (biti) stajati 뻣뻣하게 서 있 다, 뻣뻣해지다

lipovac -ovca 1. 린덴꿀 2. 린덴 막대기

L

460

lipovača 린덴 막대기(작대기, 몽둥이)

lipovik 참조 lipik

lipovina 린덴 나무(재목·자재로서의); *ne može vatru da drži vrbovina, jelovina,* ~ 버드나무도, 전나무도 그리고 린덴 나무도 불을 견뎌낼 수는 없다

lipsati -šem (完) lipsavati -am (不完) 1. (동물 등이) 죽다 (uginuti, krepati, crći); *ne lipši, magarče, do zelene trave* 뭔가 실현되기 위해서는 아주 오랫동안 기다려야 된다는 말을 할 때 사용하는 말 2. (輕蔑) (사람이) 죽다 (umreti) 3. 부족하다, 모자라다 (nedostati, pomanjkati)

lipsotina 1. (輕蔑) 비쩍말라 곧 죽을 것 같은 동물(짐승) 2. (輕蔑) 병약하고 비쩍마른 사람

liptati -će, lipteti -ti (不完) (액체 등이) 분출하다, 쏟아져 나오다 (šikljati, liti); *krv lipti iz rane* 피가 상처에서 마구 쏟아져 나온다

lira 1. (樂器) 리라, 수금(고대 그리스의 현악기) 2. (비유적) 서정시 3. (天) (大文字로) 거문고자리

lira 리라(몰타·시리아·터키의 화폐 단위)

liričan -čna, -čno (形) 서정적인, (표현이) 아름답고 열정적인, 아름답게 표현된; ~a *poezija* 서정시

liričar, lirik 서정시인

lirika 서정시

lirizam -zma (시·미술·음악 등에서) 서정적인 표현, 서정성

lirskī -ā, -ō (形) 참조 lirika; 서정시의

lis *lisovi* (動) 수컷 여우 (lisac)

lisa 1. (소·말의 얼굴에 있는) 흰 점 2. 얼굴에 흰 점이 있는 가축 (말·소·양·염소 등의)

lisac -sca 1. 얼굴에 흰 점이 있는 가축(소·말 등의) 2. (植) 마디풀속(屬) 식물의 총칭

lisac -sca 1. (動) 수컷 여우 2. (비유적) 교활한(음흉한) 사람

lisica 1. (動) 여우, 암컷 여우; *srebrna* ~ 은빛 여우; *polarna (severna)* ~ 북극 여우, 흰여우; *morska* ~ (魚類) 환도상어; *terao* ~*u pa isterao vuka* 여우를 피하려다 늑대를 만나다; *prepreden (lukav) kao* ~ 여우처럼 교활한 2. (비유적) 교활한 사람 3. 여우털옷, 여우목도리, 여우털 장식

lisice (女,複) 1. 수갑; *staviti nekome* ~ *na ruke* 누구의 손에 수갑을 채우다; *s* ~*ama na rukama* 손에 수갑을 차고 2. (불법주차된 자동차의 바퀴에 채우는) 쇠쇠, 클램프

lisičar (動) 개의 한 종류, 폭스하운드(여우 사냥에 쓰이는)

lisiče -eta lisičić 새끼 여우, 여우 새끼

lisičijī -ā, -ē (形) 참조 lisica

lisičina 1. (지대체) lisica 2. 여우털옷, 여우목도리 3. 여우굴 4. 포도의 한 종류 (크고 노랗며 단) 5. (植) 에치움, (지치속(屬)의) 푸른 꽃이 피는 2년생 식물

lisičiti -im (不完) 교활하게 행동하다

lisičijī, lisičjī -ā, -ē (形) 참조 lisica; 여우의

lisičjī -ā, -ē (形) 참조 lisičiji

lisičji (副) 교활한 방법으로, 교활하게; 여우처럼

lisičji rep 참조 lisičina; (植) 에치움, (지치속(屬)의) 푸른 꽃이 피는 2년생 식물

lisjak 참조 lisac; 숫컷 여우

lisje (集合) 참조 lišće; 잎, 낙엽

liska -ki & -ci, lisākā 1. (鳥類) 물닭, 쇠물닭, 검둥오리 (뜸부깃과의 새) 2. (작고 홀로 있는) 나뭇잎 3. (植) (잎의) 엽신(葉身), 엽편(葉片) 4. (方言) 게으름뱅이, 빈둥거리며 노는 사람; 사기꾼, 협잡꾼, 망나니 (varalica, mangup)

liskati -am (不完) (지소체) lizati; 핥다

liskun (鑛) 운모

lisnat -a, -o (形) 잎이 많은, 잎이 많이 달린; ~o *testo* 켜켜로 얇게 만든 반죽

lisnī -ā, -ō (形) 1. 참조 list; 잎의; ~a *peteljka* 잎줄기 2. 잎이 많은 (lisnat) 3. 기타; ~e *vaši (uši)* (害蟲) 진디, 진디귀; ~e *grizilice* (害蟲) 참나무통나방; ~e *zolje (ose)* (害蟲) 잎벌과

lisnica 1. 참조 novčanik; (보통 가죽으로 된) 지갑 2. 참조 portfelj; 손가방, 서류가방 3. (비유적) 장관직(職); *ministar bez* ~e 무임소 장관

lisnjača 참조 lišnjača; (解) 종아리뼈, 비골

list *listovi* 1. (식물의) 잎, 잎사귀 (집합 lišće); *lišće pada* 낙엽이 떨어진다; *okrenuti drugi* ~ 다르게 행동하다, 변하다(보통은 나쁘게)

lisni (形) 2. 종이, 종이 조각(보통은 사각형의); ~ *hartije* 종이 한 장 3. (책 등의) 쪽, 페이지 (strana, stranica); *naslovni* ~ (책의) 표제지 4. 신문, 잡지 (novine, časopis); *dnevni* ~ 일간지; *večernji* ~ 석간 신문; *stručni* ~ 전문 잡지 5. 문서, 공식 문서, 증(證) (službeni dokument, uverenje, potvrda); *tovarni* ~ 선하 증권; *putni* ~ 여행 증명서 6. (종잇장처럼) 가는 것, 얇은 것, 피(만두피 등의); (금속의) 얇은 판, 판막; ~ *bakra* 구리판 7. (解) 장딴지, 종아리 8. (漁) 넙치, 가자미 9. 기타; *kao na gori* ~a 매우 많은, 셀 수 없는; *naše gore* ~ 동포, 동향

L

461

인 (sunarodnik, zemljak); *okrenu se (prevrnu se) čitav* ~ 모든 것이 변한다; *(otići) u* ~ 산속으로 들어가다, 산적이 되다; *smokvin* ~ (비유적) 치부를 가리기 위한 것 (전통적으로 회화나 조각에서 나신의 국부를 가리는 데 쓰임)

lista 목록, 명부, 명단 (spisak, imenik, list); *izborna* ~ (선거에서 후보들의) 선거 명부; *nosilac ~e* (선거명부에서의) 제 1 후보, 공천자; *otpusna* ~ (병원·군 등에서의) 퇴원증, 제대증; *popisna* ~ (센서스 등의) 조사지, 질문지; *pozorišna (kazališna)* ~ 연극 포스터 (배우들의 이름이 적혀 있는); *posmrtna* ~ 부고; *rang-lista* 순위표, 랭킹 리스트; *crna lista* 블랙리스트; *on je na crnoj ~i* 그는 블랙리스트에 올라있다

listak *-ska; lisci, listaka* 1. (지소체) list 2. (신문·잡지 등의) 문예란의 기사 (feljton, podlistak)

listati (不完) 1. (식물의) 싹이 나다, 잎이 나다; 잎이 무성해지다 2. (책의) 페이지를 넘기다, 대강 훑어보다, 건성으로 훑어보다(읽다) (prelistati)

listić (지소체) list

listina 1. (지대체) list; (集合) lišće 2. 고문서, 고문헌 (povelja, stari spisi, stari rukopisi) 3. (植) (잎의) 엽신(葉身), 엽편(葉片) (liska) 4. (후보자들의) 선거 명부 (izborna lista)

listolik 잎 모양의, 잎과 유사한, 잎 형태의

listom (副) 모두 다 함께, 마지막 한 사람까지 모두 (svi zajedno, svo do jednog); *Sva Krajna diže se* ~ 크라이나 모든 지역은 모두 함께 분기한다

listonoša (男) 우체부, 우편 배달부 (poštar)

listonošci *-ožaca* (動) 엽각류 동물(물벼룩 등의)

listopad 참조 oktobar; 10월 **listopadni** (形)

listopadnī *-ā, -ō* (形) 1. (가을에) 잎이 떨어지는, 낙엽의; *~a šuma* 낙엽수림; *~o drvo* 낙엽 나무 2. 참조 listopad; 10월의

lišaj *lišaji & lišajevi* 1. (植) 이끼 2. (病理) 편평태선(扁平苔癬; 염증성 피부질환의 일종) **lišajni** (形)

lišajiv *-a, -o* (形) 이끼가 낀, 이끼로 덮인

lišavati (不完) 참조 lišiti

lišce (지소체) lice; 얼굴

lišiti (完), **lišavati** *-am* (不完) 1. 빼앗다, 박탈하다; ~ *nekoga nečega* 누구에게서 무엇을 박탈하다; ~ *slobode* 체포하다 2. 해방시키다, 구원하다 (osloboditi, izbaviti); *on nas je lišio bede* 그는 우리를 빈곤으로부터 해방시켰다 3. ~ *se nečega* ~을 포기하다

lišnjača (解) 종아리뼈, 비골

litanija 1. (宗) 호칭 기도(교회 예배에서 사제 등이 먼저 말하면 신도들이 그에 대응하는 형식으로 이어지는 일련의 기도) 2. (비유적) 비난, 질책 (grdnja); 길고 지루한 설명; *očitati kome ~u* 비난하다, 질책하다

litar *-tra* (=litra) 1. 리터 (액체 등의 부피의 단위) 2. 1리터 용량의 그릇

litar 개 목걸이

Litavac, litavski 참조 Litva

litavica 설사 (prolov, protoč)

literaran *-rna, -rno* (形) 1. 문학의 (književni); *~rni pokret* 문학운동; *~o veče* 문학의 밤 2. 문학적 소양(교양)이 있는, (책 등을) 많이 읽은, 박식한

literatura 1. (한 민족, 한 시대의) 문학(작품); *ruska* ~ 러시아 문학 **literarni** (形) 2. (특정 분야의) 문헌; *istorijska* ~ 역사 문헌; *stručna* ~ 전공 문헌

liti *lijem; liven, -a & lit, -a* (不完) 1. 흐르다, 흘러 나오다, 흘리다 (비·눈물·땀 등의); *kiša lije kao iz kabla* 마치 양동이로 쏟아 붓는 것처럼 비가 주룩주룩 내린다 2. 쏟다, 따르다, 따라 붓다, 퍼붓다 (točiti, prosipati) 3. (주물에 쇳물 등을) 따르다, 주조하다 (izliti) 4. ~ *se* 흐르다, 흘러 나오다 5. ~ *se* 퍼지다, 퍼져나가다 (širiti se); *zločin po gradu se celom lije kao otrovi telom* 몸에 독이 퍼져 나가듯이 범죄가 온 도시로 번진다

litica (큰 암반 등의) 절벽, 낭떠러지, 벼랑

litičav *-a, -o* (形) 절벽이 많은, 절벽투성이의

litija (宗) (正教) 1. 성상과 십자가를 앞세우고 성직자들과 신도들이 행진하는 행진(행렬) (procesija) 2. 교회 행렬(litija)에서 앞세우고 가는 교회기(旗)

litograf 1. 석판 인쇄공 2. 석판 인쇄 도구

litografija 석판 인쇄; 석판 인쇄본; 석판 인쇄소

litografirati *-am*, **litografisati** *-šem* (完,不完) 석판 인쇄하다

litoralnī *-ā, -ō* (形) 연안의 (obalni, priobalni); ~ *pojas* 연안; *~o područje* 연안 지역

litra 참조 litar

litrenjača, litrenjak 1리터들이 병(용기)

liturgija (宗) (正教) 1. 전례, 예배식(misa) 2. (예배식의) 의식문집 **liturgijski** (形)

Litva, Litvanija 리투아니아 **Litvanac & Litavac; Litvanka & Litavka; litvanski, litavski** (形)

liv *-ovi* 1. (형을 뜨기 위해 금형에 쏟아 붓는) 펄펄 끓는 액체(쇳물 등의) 2. 주물 (금형 모습대로 본 뜬) (odlivak) **livni** (形)

L

livac -vca 주물공장 노동자

livačkī -ā, -ō (形) 주물의, 주물공장 노동자의; ~ zanat 주물업(業), ~a peć 주물로(爐)

livada (방목·건초용의) 목초지, 초원 livadni, livadski (形); ~o cveće 들꽃, 야생꽃

livadarka 1. (鳥類) 도요새의 일종; 매의 일종 2. (植) 왕포아풀

livadište 목초지

livadnī, livadskī -ā, -ō (形) 참조 livada

livati -am (不完) 참조 liti; 흐르다, 따르다

liven -a, -o (形) 주물된, 주형으로 만든; ~o gvožđe 주철

livenik, livenjak 금속으로 주물된 물체(물건); 못 (čavao, ekser)

livnī -ā, -ō (形) 참조 liv

livnica 주조소, 주물공장

livničar 1. 참조 livac 2. 주조소(주물공장) 주인

livra 파운드(영국의 화폐 단위) (funta)

livreja (호텔·대부호들의 저택 등에서 일하는 하인·도어맨·룸메이드 등의) 제복, 유니폼

livrejisati -šem, livrirati -am (完,不完) 제복 (livreja)을 입다(착용하다)

lizati -žem (不完) liznuti -nem (完) 1. (혀로) 핥다, 핥아먹다; (물을) 혀로 핥아먹다; ~ prste 손가락을 핥다; ~ nekome pete 누구에게 아부하다(아첨하다); pljunuti pa ~ (卑俗語) 변덕이 죽끓듯이 하다, 조삼모사한 태도를 취하다; ližeš (jedući) (음식이) 굉장히 맛있다; ni kusnuo ni liznuo 그는 아무것도 하지 않았다 2. (불길이) 위로 치솟다, 솟구치다; vatra je lizala na sve strane 불길이 사방으로 솟구쳤다 3. ~ se (동물이) 자기 몸을 핥다 4. ~ se (비유적) (輕蔑) 키스하다 (ljubiti se) 5. ~ se 누구와 관계를 원활히 유지하다 (보통은 솔직하지 않은)

lizol 리졸 (소독제·방부제)

ližisahan 아첨꾼, 아부자 (uliznina, udvorica, čankoliz) ližisahanka

lob (테니스의) 로브(공을 높게 상대편 코트로 보내는 것)

lobanja (척추동물의) 두개골 lobanjski (形)

loboda (植) 갯능쟁이; 갯능쟁이속(屬) 식물의 총칭; (특히) 들시금치

lobodnjače (女,複) (植) (사탕무·근대·시금치 따위를 포함하는) 명아주과(科)

lobotomija (醫) 뇌엽절리술(정신 질환 치료 목적으로 뇌의 일부를 절단하는)

lobovati -bujem (完,不完) (스포츠) 공을 공중으로 띄워 상대편에게 보내다, 로빙으로 보내다(치다, 차다)

locirati -am (完,不完) ~의 정확한 위치(장소)를 찾아내다, 소재를 파악하다; ~의 위치를 결정하다; ~에 놓다, 두다, 설치하다

loćika (植) 상추 (salata)

lođa (建築) 로지아(한 쪽 또는 그 이상의 면이 트여 있는 방이나 복도. 특히 주택에서 거실 등의 한쪽 면이 정원으로 연결되도록 트여 있는 형태)

log 1. (들짐승 들의) 굴, 소굴, 동굴 (jazbina) 2. 침대 (ležaj, postelja); ležati ~om 거동할 수 없어 눕다 (병으로)

logaritam -tma (數) 로그, 대수(對數) logaritamski (形); ~e tablice 로그표

logaritmirati -am, logaritmovati -mujem (完,不完) 어떤 수의 로그를 찾다

logičan -čna, -čno (形) 논리적인, 타당한, 이치에 맞는 (razuman, razborit); 자연스런, 정상적인 (prirodan, normalan)

logičar 1. 논리학자 2. 논리적인 사람

logika 1. (哲) 논리학 2. 논리; 타당성; ženska ~ (농담조의) 여자들의 논리(이성적이 아닌 감성적인) logički (形)

logoped 언어 치료사

logopedija 언어 치료

logor 1. (군대·여행자 등의) 야영지, 숙영지, 캠프장 (보통은 텐트를 친, 훈련·휴식 등을 위한); vojni ~ 군야영지; izvidnički ~ 스카우트 숙영지; pionirski ~ 소년단 야영지 2. (자유를 박탈당한 사람들의, 감시하에 있는) 수용소; zarobljenički ~ 포로 수용소; koncentracioni ~ (정치범 등의) 강제 수용소 3. (임시적으로 운영되는) 수용소; izbeglički ~ 피난민 수용소 4. (같은 생각·사상을 가진 사람들의) 진영 (tabor); 본부 (sedište, štab) logorski (形); ~a vatra 캠프 파이어

logoraš 수용소 수감자, 포로 logorašica; logoraški (形)

logorište (야영지·숙영지·캠프장; 수용소)가 있는 곳(장소); 야영지·숙영지·수용소 (logor)

logorovati -rujem (不完) 야영하다, 진을 치다; negde sa strane puta logorovala je neka vojna jedinica 길 한 쪽 어딘가에서 군부대가 진을 쳤었다

logotet (歷) (고대 세르비아의) 수석 행정 관료

loj 1. 동물 기름, 수지; govedi ~ 소기름; kozji ~ 염소기름; sve ide kao po ~u 모든 일이 잘 진행된다(순풍에 돛단 듯 잘 되어가다) lojan, lojni (形) 2. (비유적) 부유, 풍부, 풍요 (bogatstvo, izobilje); živeti kao bubreg u ~u 풍요롭게 살다 3. (解) (사람 피부의) 피지샘

L

lojalan -lna, -lno (形) 1. (국가 등에) 충실한, 충성스런 2. (서약·의무 등에) 성실한, 충실한 3. (행동 등이) 성의 있는, 성의를 다한, 정직한, 충직한

lojalnost (女) 1. 충성, 충성심 2. 성실함, 충직함, 정직함

lojan -a, -o (形) 1. 참조 lojan; ~a sveća 수지로 만든 양초 2. (비유적) 수지와 비슷한, 빛나는, 반짝거리는 (sjajan, svetao); pratila je svojim ~im očima 자신의 반짝거리는 눈으로 지켜봤다

lojanica 수지로 만든 양초

lojka (魚類) 청어

lojnī -ā, -ō (形) 참조 loj; 피지의, 피지를 분비하는; ~e žlezde (解) 피지샘; ~a naslaga 피지층

lojnice (女, 複) (解) 피지샘

lojtra (보통 複數로) 1. 참조 lestve; 사다리 2. 사다리 형태를 가진 마차(자동차)의 측면

lokal 1. 가게, 사무실, 창고 (radnja, kancelarija, magacin) 2. 식당, 주점, 술집; noćni ~ 나이트클럽 **lokalski** (形) 3. (단거리 구간을 운행하는) 교통 수단; 버스, 트램 4. (전화의) 내선, 구내전화

lokalan -lna, -lno (形) 1. 특정 지역의, 현지의; (중앙 정부에 대한) 지방의; ~lne vesti 지방 뉴스; ~lni saobraćaj 지역 교통; po ~lnom vremenu 현지 시간에 따라; ~lni patriotizam 지역 자부심; ~lni ratovi 산발적(국지적) 전투 2. (신체의) 일부분만의, 국부적인, 국소적인; ~lna anestezija 국소마취

lokalitet 1. 지역, 장소, 인근, 곳 (mesto, predeo, kraj) 2. (특정 지역만의 언어적·풍습적인) 지역적 특성

lokalskī -ā, -ō (形) 참조 lokal; 술집의, 주점의, 식당의

lokalizirati -am, **lokalizovati** -zujem (完,不完) 1. (어떤 현상 등을) 한 지역에 국한시키다, 확산을 막다(예방하다); ~ epidemiju (požar) 전염병(화재)의 확산을 막다; ~ ustanak 봉기의 확산을 막다 2. 지역화하다, 지역적 특색을 띠게 하다

lokarda 고등어; 고등어의 한 종류, 대서양 고등어 (skuša)

lokati -čem (不完) 1. (개·고양이가) 혀로 핥아 먹다 (물·액체 등을); mačka loče mleko 고양이가 우유를 핥아 먹는다 2. (비유적) (輕蔑) (술을) 과하게 마시다, 과음하다 3. (물이) 쓸어가다, 침식시키다 (podlokati); put ... je vekovima voda lokala 수세기 동안 도로는 물길에 의해 쓸려갔다

lokativ (文法) 처소격 **lokativni, lokativski** (形)

lokaut (고용주에 의한) 직장 폐쇄

lokna (보통 複數로) (머리의) 타래

lokomocija 이동, 이동력, 보행력 (hod, kretanje)

lokomobil (男), **lokomobila** (女) 자동 추진차 (기관)

lokomotiva 기관차; parna ~ 증기기관차; električna ~ 전기기관차 **lokomotivski** (形)

lokum 1. (사각형의) 빵의 한 종류 2. 각설탕

lokva lokava & lokvi 1. 웅덩이에 고여 있는 물, 웅덩이물; 물(표면으로 흘러나온) 2. 물웅덩이 (bara) 3. (方言) 저수지, 호수 (jezero) 4. (方言) (식수로 사용하기 위해 빗물이 괴도록 깊게 파놓은) 웅덩이, 샘

lokvanj (植) 수련, 수련과(科), 연꽃식물

lola (男,女) 빈둥거리며 지내는 사람, 하는 일 없이 술집에서 소일하는 사람, 한량; 색을 밝히는 사람

lolati se -am se 빈둥거리며 지내다, 하는 일 없이 여자를 밝히며 술집에서 살다

lom 1. (단단한 물체가 부딪치거나 깨질 때 나는) 매우 커다란 소리, 쾅(쿵·딱)하는 소리; (비유적) 격렬하게 다투는 소리, 떠드는 소리, 커다란 소란; napraviti ~ 스캔들을 일으키다 2. (부서지거나 깨진, 아무렇게나 버려진) 쓰레기 더미, 쓰레기 (krš) 3. 붕괴, 멸망 (slom, propast) 4. 부러진 곳, 깨진 곳; 부러짐, 깨짐 (prelom, lomljenje); ~ ruke 손 골절; ~ noge 다리골절 5. (物) 빛의 굴절 (refrakcija)

lomača 1. (중세 시대의) 화형주(火刑柱); 화형(火刑); spaliti na ~i 화형주에서 화형에 처하다 2. (歷) 고문 도구(한 쪽 끝을 뾰족하게 만든 말뚝·막대기)

lomak -mka, -mko; **lomkiji** (形) 깨지기 쉬운, 쉽게 깨지는, 부숴지기 쉬운 (lomljiv, krhak)

loman -mna, -mno; **lomniji** (形) 1. 허약한, 약한, 기진맥진한 (피곤·질병 등으로 인해) (malaksao); ~mno zdravlje 허약한 건강; legao je oko dva sata... jer se osećao jako ~mnim 그는 매우 피곤함을 느꼈기 때문에 두 시경에 잠자리에 들었다 2. 깨지기 쉬운, 부숴지기 쉬운 (krhak) 3. 쉽게 부러지는 (lomljiv) 4. 유연한, 나긋나긋한 (gibak) 5. (方言) 바위투성이의, 바위가 많은, 암석이 많은 (stenovit, krševit, kamenit) 6. 굴절 (lom)의, 굴절되는; ~mni ugao 굴절각

lomatati -am (不完) 1. 흔들다, 이리저리 흔들다 (mahati, mlatarati) 2. 괴롭히다, 고통스럽게 하다 3. 때리다, 구타하다 (udarati, mlatiti) **4.** (비유적) (輕蔑) 수다를 떨다 (brbljati, lupetati) **5.** ~ se (자갈투성이인) 험한 길을 따라 가다 **6.** ~ se 흔들리다 (njihati se, klatiti se)

lombard 담보융자; (융자금에 대한) 담보물, 저 당물, 전당물

lombardirati -am **lombardovati** -dujem (完,不 完) 담보물을 잡히다(제공하다); 담보물에 대 한 융자금을 대출해 주다

lomiti -im; **lomljen** (不完) **1.** 부러뜨리다, 깨뜨 리다, 떼어내다; ~ vrat 1)험한 길로 가다 2) 악의 길로 가다 3) 누구에게 나쁜 짓을 하다, 누구를 파멸시키다; ~ glavu ~에 대해 신경 을 쓰다(돌보다); ~ zube 고생하다; ~ jezik 어렵게(힘들게) 말하다; ~ koplja oko čega ~을 놓고 경쟁하다(겨루다·논쟁하다·다투다); ~ leđa (noge) 고생하다; ~ pogaču s kim 누 구와 화목하게 같이 살다; ~ štap nad kim 누구를 신랄히 비판하다; sila kola lomi 아주 어려운 상황에 처하면 모든 수단을 사용한다 (쥐도 궁지에 몰리면 고양이를 문다) **2.** (비 유적) (지금까지 살아왔던 것과는 달리 행동 하도록) 누구에게 압력을 가하다, 압박하다; 누구의 저항을 무력화시키다 **3.** (비유적) 누 구를 괴롭히다(고통스럽게 하다) (mučiti, moriti) **4.** (s kim) ~와의 관계를 끊다(단절하 다) **5.** ~ se 부서지다, 깨지다 (razbijati se) **6.** ~ se (소리가) 울리다, 반향하다, 울려 퍼 지다 (odjekivati) **7.** ~ se (빛 등이) 굴절되 다 (prelamati se); svetlost se lomi 빛이 굴 절된다 **8.** ~ se (걸음걸이가) 흔들리다 (njihati se, gibati se) **9.** 험한 길을 힘들여 헤쳐 나아가다, 버둥치며 나아가다 **10.** ~ se 망설이다, 주저하다 (dvoumiti se, kolebati se) **11.** 기타; lome se kola (na nekome) 실 패로 인한 모든 결과와 책임을 어떤 사람이 모두 짊어질 때 하는 말; ma se lomila nebesa 어떤 일이 일어나더라도, 어떠한 장 애물이 있다 하더라도

lomljava, lomljavina 1. (뭔가 부숴질 때, 깨질 때 나는) 커다란 소리; 천둥 소리, 강렬한 폭 발음, 강한 충돌음 (tresak, prasak, tutnjava) **2.** 쓰레기, 쓰레기 더미 (lom) **3.** (비유적) 정 신적 혼돈(소용돌이); užasna je ~ nastala u njegovoj unutrašnjosti 엄청난 정신적 혼돈 이 그의 내면에서 일어났다

lomljiiv -a, -o (形) 깨지기 쉬운, 부서지기 쉬 운 (krhak, krk)

lomljivost (女) 부서지기 쉬움 (krhost, krtost)

lonac lonca; lonci **1.** (손잡이가 있으며, 넓 기 보다는 속이 더 깊은) 냄비; zemljani ~ 도기; emaljirani ~ 법랑 냄비; strpati sve u jedan ~ 모든 것을 한꺼번에 다 섞다; svaki ~ nađe poklopac 짚신도 제짝이 있다; biti svakom ~ncu poklopac (kutlača) 모든 일에 참견하다; noćni ~ 요강(nokšir); bosanski ~ 음식의 한 종류 (야채등을 넣고 끓인); zida (kuje) ~nce 죽었다(사망했다); nema šta da metne u ~ 매우 가난하게 살다; Papinov ~ 압력솥; prazan ~ 가난한 사람 **2.** 흙으로 빚 은 꽃병(화병);

lončar 도공(陶工), 옹기장이 (grnčar) **lončarski** (形); ~a glina 도토(陶土)

lončarija 1. (集合) 도기, 자기, 도자기 (grnčarija) **2.** 도예, 도기 제조술; 도기 제조 소, 도예 공방

lončarnica 도예 공방, 도예 가게 (grnčarnica)

lončarstvo 도예, 도예업 (lončarija, grnčarija)

lonče -eta, **lončić** (지소체) lonac; karburatorsko ~ (기화기(氣化器)의) 플로트 실(室)

London 런던 Londonac; Londonka; londonski (形)

longitudijalnī -ā, -ō (形) 세로의, 세로방향의, 경도의

lopar 나무재질의 뒤집개 (오븐에서 빵 등을 꺼내는, 삽 모양의)

loparac 함박눈

lopata 1. 삽 (끝부분이 뾰족하지 않고 넓게 퍼 진); grtati ~om 삽질하다, 삽으로 쌓아 올리 다; čistiti sneg ~om 삽으로 제설작업하다; kad ~ zazvoni nad glavom 죽음이 다가왔을 때; na ~e (bacati) 대량으로; biti čija metla i ~ 누구의 수단(도구)이 되다(이다) **2.** (증기 선 등의 외륜(外輪)에 달린) 물받이판 (lopatica)

lopatar 1. 삽(lopata)을 만드는 사람 **2.** (動) 다마사슴 (넓적한 뿔이 있는) **3.** 함박눈 (loparac)

lopatast -a, -o (形) 삽(lopata)처럼 생긴, 삽모 양의

lopatati -am (不完) **1.** 삽으로 퍼내다(퍼담다· 뒤집다·섞다), 삽질하다; lopatao je u otvorenu peć ugljen 열린 벽난로에 석탄을 퍼 넣었다 **2.** (증기선 외륜의) 물받이판 (lopatica)이 물을 탁탁치다; slušao je točkove parobroda kako lopataju vodu 증 기선의 외륜이 물질을 하는 소리를 들었다 **3.** 함박눈이 내리다; poče da lopata sneg crn i krupan 새카만 커다란 함박눈이 내리 기 시작했다 **4.** (비유적) (輕蔑) 수다를 떨 다, 별별 말을 다하기 시작하다 (brbljati)

L

lopatica 1. (지소체) lopata 2. (물방앗갓 물레
방아, 증기선 외륜 등의) 물받이판 3. (배·카
누 등의) 노; 일반적으로 넓적한 것들 4. (解)
어깨 뼈, 견갑골
lopočika (植) 인동과(科) 가막살나무의 상록
관목(남부 유럽 원산(原産) ; 방향(芳香)이
있는 (연분홍) 흰 꽃과 녹색 잎 때문에 널리
재배됨)
lopov -ova 1. 도둑, 절도범 (lupež,
kradljivac); držite ~a! 도둑잡아라! 2. 비열
한 놈(사람), 도둑놈 같은 놈 (nitkov) 3. 불
량배, 건달, 망나니, 한량 (lola, mangup)
lopovski (形)
lopovluk 1. 도둑질, 절도 (krađa) 2. 비열한
속임수, 사기
lopovskī -ā, -ō (形) 참조 lopov; 도둑의, 도둑
질의; ~o delo 절도; ~ postupak 절도; ~
jatak 절도 공범; ~o gnezdo 도둑놈 소굴;
~a družina 도둑 무리
lopovština 참조 lopovluk
lopotati -ćem (不完) 달가닥(덜거덕)거리다, 삐
걱거리는 소리를 내다
lopta -ā & -ī 1. (축구·배구·농구 등의) 공, 볼;
fudbalska ~ 축구공; teniska ~ 테니스공;
igrati se ~e (~om) 공을 가지고 놀다 2. (幾
何) 구(球), 구체; 둥근 물체 (kugla) 3. (스포
츠) 공의) 차기, 던지기, 때리기; kratke
(duge) ~e 짧게(길게) 치기(때리기) 4. (天) 구
(球), 천체; Zemljina ~ 지구; Mesečina ~ 달
loptast -a, -o (形) 구(球)모양의, 공모양의, 둥
근 모양의
loptati -am (不完) 1. 누구를 공처럼 굴리다(던
지다·차다); 공으로 맞히다 2. 공을 가지고
놀다(장난치다); 구기종목을 하다 3. ~ se 공
을 가지고 놀다, 공놀이를 하다 4. ~ se s
nekim (비유적) ~을 놀리다, 조롱하다, 웃음
거리로 삼다
loptica (지소체) lopta; ~ za ping-pong 탁구공
loptičnī -ā, -ō (形) ~o ležište 볼베어링
loptin -a, -o (形) 참조 lopta; 공의, 볼의; ~a
površina 공의 표면
lopuh (植) 1. 머위 (podbel) 2. 우엉 (čičak)
lopuža (男,女) 천하의 사기꾼(협잡꾼·건달·망나니)
lorber 참조 lovor; 월계수
lord -ovi (영국에서 귀족을 칭하는) 경(卿), 로
드 lordovski (形); ~o držanje 로드의 품위
유지(행동·태도); ~a titula 경(卿)의 칭호;
~o imanje 경(卿)의 재산
lorfa -ā & -ī 1. 가면, 마스크 (maska, krinka)
2. (비유적) 화장을 진하게 하는 여자, 화장
범벅인 여자

lornjet (男), lornjeta (女) (기다란 손잡이가
달린 구식) 안경
lornjon 안경, (특히) 코안경
los -ovi (動) 엘크(북 유럽이나 아시아에 사는
큰 사슴
losion (피부에 바르는) 로션
losos (魚類) 연어
loš -a, -e; lošiji (形) (일반적으로) 나쁜, 좋지
않은, 형편없는; (사람·행동 등이) 부도덕한,
부정한; (품질 등이) 나쁜, 불량한, 저질의;
(능력 등이) 떨어지는, 서투른, ~을 잘못하는;
(상황상) 안 좋은, 부적절한; (날씨가) 궂은
나쁜; 불쾌한, 불쾌감(불편·불안· 곤혹)을 주
는, 싫은, 마음에 안드는; ~ radnik 서툰(양
심이 불량한) 노동자; ~ otac 나쁜 아빠; ~e
vesti 나쁜 뉴스; ~a vremena 악천후, 나쁜
기후; ~ vodič toplote 저질 열전도체; ~a
sreća 불운, 액운; ~a ocena 형편없는 성적;
~ organizator (대회 등을) 잘 못 운영한 주
최자; ~a zemlja 박토(薄土), 척박한 땅; ~
karakter 나쁜 성격; ~e raspoloženje 유쾌
하지 못한 기분, 불쾌한 기분; ~i rezultat 나
쁜 결과; dva loša ubiše Miloša 약한 적들도
연합하면 위험할 수 있다; njegov je
materijalni položaj ~ 그의 물질적 형편은
어렵다; ~ kvalitet 형편없는 품질
lot -ovi 1. (이전의) 무게 단위 (17.5g) 2. (바
다 깊이를 재는) 측연(測鉛), 측연추
lotos (植) 연(蓮), 연꽃 (lokvanj)
lotra (보통 複數로) 참조 lojtra
lov -ovi 사냥; 추적, 추격, 뒤쫓음; ići u lov
사냥에 나서다; ~ na kitove 고래사냥; ~ na
tigrove 호랑이사냥; ~ čekanjem(gonjenjem,
pretraživanjem) 매복(추격, 수색)사냥;
kružni ~ 휘몰이 사냥; ~ s vretnom (흰담비
를 이용한) 토끼 사냥; ~ klopkama 올무(올
가미·덫)를 이용한 사냥; ~ s psima
goničima 사냥개를 동반한 사냥; dozvola za
~ 사냥 허가; sezona ~a 사냥철; ~ na
veštice 마녀사냥 lovni (形); ~a oprema 사
냥 장비; ~o pravo 사냥 허가, 사냥 규칙 2.
사냥물, 사냥감 (lovina)
lovac 1. 사냥꾼; ~ na lavove 사자 사냥꾼; ~
na talente (연예계·스포츠계 등에서 일할)
재능 있는 신인을 발굴하러 다니는 사람, 스
카우터 lovčev (形) 2. (軍) 전투기; ~-
presretač 요격기 3. (체스) 비숍 4.
(brdski) ~ 경보병, 저격병 lovački (形); ~
pas 사냥개; ~a sezona 사냥철; ~a priča
(과장이 너무 심해)믿기 어려운 이야기; ~a
puška 사냥총; ~ savez 사냥협회; ~a kuća

L

(사냥꾼들을 위한) 산장
lovčev 참조 lovac; 사냥꾼의
lovina 사냥한 것, 포획물; 전리품 (ulov; plen)
lovište 사냥터; (새·들짐승 등 사냥감을 사육하는) 사냥감 사육터
loviti -*im* (不完) **uloviti** (完) 1. (새·들짐승 등을) 사냥하다; *mačka lovi miševe* 고양이가 쥐를 사냥한다; ~ *ribu* 물고기를 잡다; *uloviti vuka* 늑대를 사냥하다 2. (움직이는 것, 날으는 것, 던져진 것 등을) 잡으려고 하다; ~ *loptu* 공을 잡다 3. (누구를) 추적(추격·뒤쫓아) 잡다, 추적하다, 추격하다, 뒤쫓다; ~ *u mutnom* 어려운(곤란한) 상황에서도 뭔가를 얻으려고 노력하다, 타인의 곤경을 이용하여 이익을 얻다 4. (비유적) (눈과 귀에서) 놓치지 않으려고 온 정신을 다해 쫓다; ~ *koga u reči* 1)(입에 뱉은 말을 상기시켜)그러한 약속을 지키게 하다 2)말꼬리를 잡다; ~ *nečiji pogled* 누구의 시선(주목)을 끌다
lovnī -*ā*, -*ō* (形) 참조 lov; 사냥의
lovočuvar 수렵구 관리인, 금렵구 감시인 (lovopazitelj)
lovokradica (男,女) 밀렵꾼, 밀어꾼
lovokrađa 밀렵
lovopazitelj 참조 lovočuvar
lovor, lovorika 1. (植) 월계수 2. (비유적) (영예의 상징으로서의) 월계관; *počivati (odmarati se, spavati) na lovorikama* 1)승리(성공)를 만끽하다 2)얻은 결과에 만족해하면서 더 이상의 노력을 하지 않다; *pobrati lovorike* 대성공을 거두다, 명예(명성)를 얻다 **lovorov** (形); ~ *list* 월계수잎; ~ *venac* 월계관
lovorik 월계수 숲
lovorje (集合) 월계수 (lovor)
lovorov -*a*, -*o* (形) 참조 lovor; 월계수의, 월계수로 된; ~ *miris* 월계수 향기
lovorovina (재목으로서의) 월계수 나무
lovostaj, lovostaja 금렵기(간)
lovrata (魚類) 황금빛 반점이 있는 몇몇 종의 바닷물고기의 총칭; 지중해산(産)의 감성돔과(科)의 청돔 (komarča, podlanica, zlatva)
lovstvo 사냥
loz -*ovi* 복권, 복권 티켓; *izvlačenje* ~*a* 복권 추첨; *upalio mu* ~ 1)복권에 당첨되다 2)많은 운(행운)이 따랐다
loza 1. (植) 포도나무, 유럽종 포도; 포도과(科); 덩굴 식물 2. (비유적) 가계, 가계도, 가문, 혈통; *biti od dobre* ~*e* 훌륭한 가문 출신이다; *ženska* ~ 여자쪽 혈통; *muška* ~ 남자쪽 혈통 3. (나사의) 나사산, 나사줄

lozni (形)
lozast -*a*, -*o* (形) 1. 포도나무(loza) 비슷한, 포도나무 모양의 2. 포도나무가 너무 무성한
lozičav -*a*, -*o* (形) 포도나무 형태를 가진, 포도나무같이 서로 얽힌(꼬인)
lozinka 1. 모토, 슬로건, 구호 (parola, geslo, deviza, krilatica) 2. (어떤 장소에 들어가는 데 필요한) 암호, 음어 (군대 등의); ~ *i odziv* 암호와 응답음어 3.(컴퓨터의) 비밀번호
lozje (集合) loza; 포도나무, 포도나무과(科)
loznī -*ā*, -*ō* (形) 참조 loza; 포도나무의; 포도나무가 많은
lozoplodan, lozorodan -*dni*, -*dno* (形) 포도나무가 많은, 포도밭이 많은
lozovača 포도 라키야, 포도로 빚은 라키야 (komovica)
lozovina 1. 포도주 (vino) 2. 포도나무 (loza) 3. 포도잎
loža 1. (극장·경기장 등의) 칸막이한 좌석 (몇몇 사람들을 위해 칸막이로 막은) 2. 비밀 회합 장소 (정치단체 혹은 종교단체들의); (그러한 조직 등의) 지부, 지회; *masonska* ~ 프리메이슨 지부(집회소); *jevrejska* ~ 유대인 회합장소
ložač (보일러·기선의) 화부; (기관차의) 화부 **ložački** (形)
loženje (동사파생 명사) ložiti; 난방
ložionica 철도차량정비소
ložište (보일러·기관의) 화실(火室)
ložiti -*im* (不完) 1. (나무 등의 연료에) 불을 지피다; 불에 장작을 더 올려놓다, 계속해서 불을 지피다; ~ *vatru* 불을 지피다 2. (화로의 불로) (공간을) 난방하다, 따뜻하게 하다, 데피다 (zagrejati); ~ *sobu* 방을 난방하다; *ovde se još ne loži* 여기는 아직 따뜻해지지 않았다; *ne treba* ~ 난방할 필요가 없다; ~ *na drva* 나무로 난방하다
loživī -*ā*, -*ō* (形) 난방의, 난방용의; ~*o ulje* 난방유
ložnica (廢語) 1. 침실 (spavaća soba) 2. 침대 (krevet, postelja)
ložničar 참조 sobar
lub 1. (나무의) 껍질, 나무껍질 2. (구두의) 뒤꿈치 가죽 3. 활 (luk)
lubanja 참조 lobanja; 두개골
lubarda (=lumbarda) 1. (廢語) 구형 대포의 한 종류 2. (안에 화약이 채워진) 포환
lubendinja (농담) (실제로는 존재하지 않는) 수박멜론 (동시에 수박이자 멜론인); (비유적) 동시에 양립할 수 없는 것; *ja bih hteo* ~*u* 나는 그 두 개를 모두 갖고 싶다(얻고 싶다)

L

lubenica 수박 lubenički (形); ~a kora 수박
껍질
lubeničar 1. 수박 재배업자(판매업자) 2. 수박
을 매우 좋아하는 사람
lubeničast -a, -o (形) 수박 모양의, 수박 비슷
한, 둥그스런
lubeničište 수박밭, 수박과수원
lubeničnī -ā, -ō (形) 수박의
lubin (魚類) 농어과(科)의 식용어
lucerka, lucerna (植) 알팔파, 자주개자리
lucidan -dna, -dno (形) 명쾌한, 명료한; (특히
질병·의식 혼미 상태 중이거나 후에) 의식이
또렷한; 빛나는, 밝은; ~dni intervali (醫) 의
식 청명기 (정신병의 관해기(寛解期)); (혼란
사이의) 평온기
luckast -a, -o (形) (말이나 행동이) 정상이 아
닌, 정신 이상인, 미친; 이상한 (sulud,
nastran); premda je bio glupav i ~, bio je
vešt i spretan za lakrdije 비록 그가 우둔하
고 이상했지만 익살극에는 경험이 많고 능란
했다
lucprda (女) 미친 사람, 비정상적인 사람
luč -evi (男), luči (女) 1. (불쏘시개용의) 소나
무 (borovina) 2. (소나무) 등, 등불, 램프 3.
(비유적) 횃불 (buktinja) lučev (形)
luča 1. 빛, 광선 (zrak, zraka) 2. 횃불
(buktinja)
lučac -čca 1. 활(luk)모양의 것(물건) 2. 참조
gudalo; (현악기의) 활
lučan -a, -o (形) 양파(luk)로 양념된, 양파냄
새가 나는
luče -eta (지소체) lutka; 인형
lučenje 1. (동사파생 명사) lučiti; (호르몬 등의)
분비; unutrašnje ~ 내분비(물), 호르몬 2.
(方言) 아스픽 (돼지머리 누른 것같이 생긴
젤리 형태의) (piktije, hladetina)
lučevina (재목으로서의) 소나무 (borovina)
lučevina 분비물 (tvar, sekret)
Lučindan 성(聖)루카 기념일 Lučinje
lučiti (不完) 1. (두 사람 혹은 두 물건들간에
차이를 두어) 구별하다, 구분하다
(razlikovati); ~ istinu od laži 거짓과 진실을
구별하다; ~ stvarno od prividnog 실제와
헛것을 구분하다; ~ životinske glasove 동
물들의 울음을 구별하다 2. (젖을 떼기 위해)
어미로부터 새끼를 떼어놓다 (개·양·소 등의)
(odvajati, razdvajati) 3. (가축을 팔 것·잡을
것·기를 것 등으로) 나누다, 구별하다 4. (분
비물·액즙 등을) 분비하다; jetra luči žuč 간
이 담즙을 분비한다
lučkī -ā, -ō 참조 luka; 항구의; ~o skladište

항구에 있는 창고; ~ pilot 도선사(導船士)
lučnī -ā, -ō (形) 활(luk)모양의, 활의; 휜, 휘어
진
lučnī -ā, -ō (形) 양파(luk)의
lučnjak 파가 심어진 곳, 파밭
lučonoša (男) 횃불(성화)을 들고 가는 사람
lud -a, -o; ludī (形) 1. 제정신이 아닌, 미친,
정신 이상의; biti ~ za nekim (nečim) 누구
를(무엇을) 미치도록 좋아하다; ~a kuća 무
질서한 집안; ne budi ~ 어리석게 행동하지
마 (누구에게 현실에 맞게 행동하라고 말할
때) 2. 멍청한, 우둔한, 사리분별력이 떨어지
는, 생각이 깊지 않은; pravi se ~ 모르는 것
처럼(듣지 못한 것처럼, 못본 것처럼, 이해하
지 못한 것처럼) 행동하다; kad je neko ~,
ne budi mu drug 어리석은 자와는 어울리지
마라 3. (당혹·당황·흥분하여) 제정신이 아닌,
정신을 못차린; obećanje ~om radovanje 약
속을 철썩같이 믿을 필요는 없다(어리석은
자만이 약속을 믿는다) 4. 미성년의, 미성숙
한, 경험없는, 순진한, 쉽게 믿는; ~o dete
경험없는(순진한) 아이 5. 거친, 난폭한, 사
나운(žestok, silan); 길들이지 않은, 자유분
방한, 방종한; ~ vetar 거친 바람 6. (비유적)
(계획·생각 등이) 헛된, 엉뚱한, 실현될 수
없는 (besmislen, neostvarljiv); 이해할 수
없는 (neshvatljiv); 기대하지 않은, 예상밖
의, 뜻밖의 (neočekivan, neverovatan); ~a
sreća 뜻밖의 행운; ~ želja 엉뚱한 바람; ~i
snovi 헛된 꿈
luda (男,女) 1. 미친 사람, (정신이) 돈 사람,
정신병자 2. 우둔한 사람, 지적능력이 떨어
지는 사람, 바보, 멍청이; 순진한 사람, 쉽게
믿는 사람 3. 분위기를 즐겁게(띄우는)하는
역할을 하는 사람; dvorska ~ 궁정광대
ludača 미친 여자, (정신이) 돈 여자
ludačina (男,女) (지대체) ludak
ludačiti se -im se (不完) 멍청한(어리석은·미친)
짓을 하다 (ludariti se)
ludačkī -ā, -ō (形) 1. 참조 ludak; 미친 사람
의, 미친 사람 같이 2. 미친듯한, 난폭한, 과
격한, 끔찍한, 무서운, 모골이 송연해지는,
등골이 오싹한 (besomučan, strašan)
ludaja (方言) 호박의 한 종류
ludak ludače; ludaci 1. 미친 사람, (정신이) 돈
사람, 정신병자 2. 바보, 멍청이, 우둔한 사
람 (glupak, budala) 3. 성질이 사나운(난폭
한, 지랄같은) 사람, 또라이 4. 분위기를 띄
우는 역할을 하는 사람 ludakinja; ludačkī
(形); ~a košulja (정신병자·죄수에게 입히
는) 구속복; navući nekome ~u košulju 누구

를 미치게 하다

ludeti *-im* (不完) **poludeti** (完) 1. 미치다, 정신 이상이 되다; *u mom redu počela da ludi neka žena. Vikala je 'gori!'* 내가 서있는 줄에서 한 여자가 미치기 시작했다. '불이야!'하고 소릴쳤다 2. ~ *za nekim* 누구를 미치도록 사랑하다(좋아하다); *zato su i momci da za curom lude* 그래서 청년들이 아가씨에 미친다

ludija (男,女) 바보, 멍청이 (luda, budalina); *nemci su ga smatrali za ~u* 독일인들은 그를 바보로 여겼다

ludilo 1. (病理) 섬망(상태), 정신 착란, 광란 (상태); ~ *veličine* 과대망상증; *pijanačko ~* (알코올 중독에 의한) 진전(震顫) 섬망증 2. 광적인 열심(열중), 갈망, 열광, 마니아 (pomama, strast, mahnitost); ~ *za nečim* 무엇에 대한 열광; *ludilo rekorda ubija i hara* 기록에 대한 갈망이 휩쓸고 있다

ludiranje (동사파생 명사) ludirati (se)

ludirati *-am* (不完) 1. ~을 미치도록 좋아하다, ~에 열광하다; *znaš li ti da ja ludiram za njim?* 내가 그 사람을 미치도록 좋아한다는 사실을 너는 아냐? 2. ~ se 어리석은(멍청한·미친) 짓을 하다, 신중하지 못하게 행동하다

luditi se *-im se* (不完) 1. 멍청한(어리석은·미친) 짓을 하다, 어리석게(멍청하게) 행동하다 (ludidrati se) 2. 미친 것 하다, 미친 것처럼 행동하다

ludnica 정신병원 **ludnički** (形)

ludnja 광적인 열심(열중), 열광, 마니아 (ludovanje, manija)

ludo (副) 1. 헛되이, 의미없이, 하찮게, 어리석게 (besmisleno, glupo); ~ *poginuti* 헛되이 죽다 2. 미치도록, 열성적으로 (strasno, silno, mahnito); ~ *voleti* 미친듯이 사랑하다

ludoglav *-a, -o* (形) 미친, 제정신이 아닌 (lud)

ludorija 어리석은 행동, 무모한 행동

ludosmej 미친듯한 웃음, 폭소

ludost (女) 1. 경솔한(비이성적인) 행동, 무모한 행동 2. 순진함, 미숙함; 합리적 판단력 상실 (naivnost, nezrelnost); *mladost-~!* 청춘은 순진함이다 3. 정신 이상, 미침 (ludilo)

ludovati *-dujem* (不完) 1. 비이성적으로(어리석게) 행동하다, 어리석은 짓을 하다, 무모한 행동을 하다 (ludirati se) 2. (za kim, za čim) ~에 대한 커다란 사랑을 키우다, ~을 미치도록 좋아하다, 열망(갈망)하다; *Marko je ludovao za konjima* 마르코는 말(馬)을 무척 좋아했다

luđačkī *-ā, -ō* (形) 참조 ludački

luđak 참조 ludak

luđenje 1. (동사파생 명사) ludeti; (정신이) 미침 2. (동사파생 명사) luditi se; 어리석은 행동을 하기

luđī *-ā, -ē* (形) 참조 lud

lues (病理) 매독 (sifilis)

luetičan *-čna, -čno* (形) 매독의, 매독에 걸린

luetičar 매독 환자 (sifilističar)

luft 공기 (vazduh, zrak)

luftati *-am* (不完) 1. (방 등을) 환기시키다 (vetriti, provetravati); ~ *sobu* 방을 환기시키다 2. (폭발하여) 공중에 날려보내다

lufter 먹고 노는 사람, 아무 일도 않는 사람, 기생하는 사람 (gotovan, besposličar, badavadžija)

luftirati *-am* (不完) **izluftirati** (完) 1. (방 등을) 환기시키다 2. ~ se 바람을 쐬다, 신선한 공기를 마시다; *šta se buniš... okreni se upolje i sedi. Evo tako! Sad se luftiraj* 왜 그렇게 화를 내...바깥쪽을 향해 앉아. 그렇지! 자 그렇게 바람을 쐬어

lug *-ovi* 1. 작은 숲 (보통은 활엽수의) (šumica, gaj) 2. (方言) 크리스마스 트리 3. 늪지, 습지 (bara, rit)

lug 1. 재(灾) (pepeo) 2. 잿물, 양잿물 (ceđ, lukšija)

lugar 산림 감독관, 수목 관리원 **lugarski** (形)

lugarija 산림 감독원, 산림 보호원

lugarstvo 임학, 산림 관리

lugast *-a, -o* (形) 재의, 잿빛의 (pepeljast)

lugovina 재(灾) (ceđ, lug)

luizit 루이사이트 (미란성(糜爛性) 독가스)

luk *lukovi* & *luci* 1. (幾何) 호(弧), 원호; 곡선 2. 활; *zapeti (odapeti) ~* 활을 잡아당기다 (놓다) 3. ~의 반원 형태; 호(활) 모양을 이루는 것; (건축물의) 아치; 아크(두 개의 전극 간에 생기는 호 모양의 전광); *reka pravi ~* 강은 호(弧) 모양을 이룬다 **lučni** (形); ~ *most* 아치모양의 다리; ~*o praznjenje* 스파크 방전; ~ *procep (razmak)* 스파크 간극

luk *-ovi* (植) 양파; *crni (mrki, crveni) ~* 양파; *beli ~* 마늘(češnjak); *mlađi ~* 파; *kao ~ oči (biti s nekim)* 적대적 관계로 살다; ~ *i voda* 헛소리, 알맹이없는 이야기, 하찮것없는 물건; *na glavi ~ tucati (tući) nekome* 누구를 괴롭히다, 따분하게 하다; *ni ~ jeo, ni ~ mirisao* 아무것도 모르는 것처럼(능숙치 못한 것처럼 행동하다; *udario (naišao) tuk na ~* 두 명의 완고한 사람이 서로 충돌했다 (한 치의 물러섬도 없이) **lučni, lukov** (形)

luka 1. 항(港), 항구; *vazdušna (zračna) ~* 공

L

469

항; *živa* ~ 사용되고 있는 항구; *mrtva* ~ (긴
급대피시에만 사용되는) 대피 항구;
slobodna ~ 자유항(自由港) **lučki** (形); ~
grad 항구 도시 2. (비유적) 안식처, 피난처
lukac *-kca* 양파(luk)
lukav *-a, -o* (形) (진짜 생각이나 감정을 감추
고 남을 속이려는 의도를 가진) 교활한, 영
악한, 약삭빠른 (prepreden)
lukavac *-vca* 1. 교활한(영악한) 사람
(lukavko) **lukavica** 2. (昆蟲) 하늘소과
(科) 곤충의 총칭(애벌레는 생나무나 썩은
나무에 구멍을 뚫고 산다)
lukavost (女) 1. 교활함, 영악함 2. 계략, 책략;
기만, 사기 (lukavstvo)
lukavstvo, lukavština 1. 기만, 사기; 계략, 책
략 (prevara, podvala) 2. 교활함, 영악함
luknja 1. 구멍, 터진 곳, 틈 (rupa, otvor);
krov od crepa ... sa nekoliko lukanja ...
najbolje provetrava prostorije 몇몇 곳이
터진 곳이 몇 군데 있는 ... 기와 지붕은 ...
방을 잘 환기시킨다 2. (비유적) 옥(獄), 감옥
(zatvor)
luknjast *-a, -o* (形) 구멍난, 구멍이 숭숭난
(rupičast, izrešetan)
lukobran (항구의) 방파제
lukov *-a, -o* (形) 참조 luk; 양파의, 양파로 된
lukovača 양파가 들어간 옥수수 빵
lukovica 1. (植) (양파·튤립 등의) 구근(球根) 2.
구근(球根) 형태의 것(물건)
lukovina 양파껍질
lukrativan *-vna, -vno* (形) 수익성이 좋은
(unosan)
Luksemburg 룩셈부르그; **Luksemburžanin**;
Luksemburžanka; **luksemburški** (形)
luksuz 호화로움, 사치; 사치품 (raskoš)
luksuzan *-zna, -zno* (形) 호화로운, 사치스런,
럭셔리한 (raskošan); *~zna roba* 사치품
luksuzirati se *-am se* (不完) 호화롭게(사치스
럽게) 살다
lukšija (方言) 잿물, 양잿물 (ceđ)
lula 1. 담배 파이프; ~ *mira* 평화의 담뱃대(북
미 인디언들이 화친의 상징으로 돌려 가며
피웠음); *ne vredi ni ~e duvana* 아무런 가
치도 없다 2. (여러가지 굽은 형태의) 파이프;
(상수도 관 등의) 파이프, 관; (난로 등의) 연
통 (cev, čunak) 3. (opanak의) 코 (막힌 것
이 아니라 열려져 있음)
lulaš 파이프용 궐련(담배)
luledžija (男) 담배 파이프를 만드는 사람
lulica (지소체) lula
lumbago (男) (病理) 요통

lumbalan *-lna, -lno* (形) 요추의, 허리(부분)의;
~lna punkcija 요추 천자(척추 아랫부분에
바늘을 꽂아 골수를 뽑아내는 것)
lumbarda 참조 lubarda; 구형 대포의 한 종류
lumbrak (魚類) 놀래기과(科) 어류
lumen 1. (비유적) 지적능력이 특출난 사람;
(그 분야의) 선각자, 권위자 2. (物) 조도 단
위 (Lm)
luminiscencija (빛의) 발광
lumpati *-am* (不完) 참조 lumpovati
lumpacija 술마시며 떠들썩하게 노래하는 것,
술잔치 (lumperaj, terevenka)
lumpač 술마시며 떠들썩하게 노래부르며 노는
사람, 통음하는 사람, 주정뱅이
lumperaj, lumperajka (카페 등에서) 술마시며
떠들썩하게 노래부르는 것, 술잔치 (pijanka,
terevenka, bančenje)
lumpovati *-pujem* (不完) (카페 등에서) 술과
노래로 시간을 보내다, 죽치다 (terevenčiti,
bančiti); *Mi radimo, a vi lumpujete* 우리는
일하는데 당신은 술과 노래로 시간을 보내는
군요
lumpovka 1. 술마시면서 부르는 노래 2. 참조
lupreraj
luna 달 (천체로서의) (mesec)
lunarnī *-ā, -ō* (形) 달의; ~ *modul* (~*a kabina*)
(우주선의) 달착륙선 (mesečev); *po ~om*
kalendaru 음력으로
lunatik 몽유병환자(mesečar, somnabulist)
lunja (鳥類) 솔개; *mrka (crna)* ~ 솔개; *bela* ~
잿빛개구리매
lunjati *-am* (不完) 1. (뚜렷한 목적없이) 이리저
리 돌아다니다, 정처없이 걷다 (lutati,
skitati se) 2. ~ *se* (지쳐, 기진맥진하여) 간
신히 걷다(움직이다)
lupa, lupnjava (충돌·추락 등으로 인해 강력한
소리를 내는) 쿵·쾅·탁·털썩 하는 소리
lupa 확대경, 돋보기 (povećalo); *staviti pod*
~u 철저히 조사하다
lupanje (동사파생 명사) lupati; ~ *srca* (病理)
심계 항진(心悸亢進)
lupar (魚貝類) (바위에 단단히 들러붙는) 삿갓
조개류
luparati *-am* (不完) 참조 lupati
lupati *-am* (不完) **lupiti** *-im* (完) 1. 쾅(탕)하고
치다(때리다); (문 등을 똑똑 하고) 두드리다,
노크하다; *neko lupa na vrata* 누군가 문을
똑똑 두드린다; *šta to lupa?* 무엇이 쾅하고
부딪치지?; *lupiti glavom o zid* 뭔가 좋지 않
은 것에 대해 너무 늦게 알다 2. 치다, 두
드리다(소리가 나도록); *negde je lupalo*

zvono 어디선가 종을 두드렸다 3. 깨뜨리다, 부수다 (lomiti, razbijati); *lupa sve što mu padne šaka* 그는 손에 잡히는 모든 것을 부순다; ~ *prozore* 창문을 깨뜨리다 4. 때리다, 두드리다; ~ *tepih* (먼지를 털기 위해 막대기 등으로) 양탄자를 두드리다(털다) 5. (심장이) 쿵쿵 뛰다, 두근거리다 6. 쓸데없는 소리를 하다, 수다를 떨다; ~ *glupost* 쓸데없는 소리를 하다; *lupio pa ostao živ* 그는 큰 실언을 했다 7. (口語) 이기다, 승리하다 (tući, pobeđivati); ~ *protivnika* 상대방을 이기다 8. 기타; ~ *glavu nečim* ~을 두고 골머리를 앓다; *to će ti se* ~ *o glavu* 너는 그것에 대한 대가를 치를 것이다

lupeškī *-ā, -ō* (形) 참조 lupež; 도둑의, 비열한 인간의, 망나니의; ~ *postupak* 비열한 행동

lupeški (副) 비열하게, 치사하게, 도둑놈처럼

lupeština, lupeštvo 비열한 짓, 부정 행위; 부정축재 재산

lupetalo (男,中) 수다쟁이, 별별 말을 다 하는 사람 (blebetalo)

lupetati *-am* (不完) **izlupetati** (完) 1. 치다, 때리다 (lupati, udarati); ~ *glupost* 말도 안되는 소리를 하다 2. 수다를 떨다, 별별 말을 다 하다

lupež 비열하고 치사한 인간, 도둑, 사기꾼, 망나니 **lupeški** (形)

lupiti *-im* (完) 1. 치다, 두드리다, 때리다 (소리가 나도록); (누구를 아프게) 두들겨패다, 때리다, 치다; (떨어지면서·낙하하면서) 부딪치다; (던져 표적 등을) 맞히다; ~ *nekoga po glavi* 누구의 머리를 때리다; *čelom o zemljicu lupi* 땅에 이마를 부딪치다 2. 갑자기(예기치 않게) 들어오다(나타나다) (rupiti, banuti) 3. (시계·종이 시각을) 치다, 쳐서 알리다 (izbiti, otkucati); *lupiće podne, a ručak neće biti gotov, pa eto sramota!* 시계가 정오를 알릴텐데 점심식사는 아직 준비가 안될 것이다, 이런 수치가 어디 있는가! 4. (비유적) 숙고하지 않고 말을 하다, 쓸모없는 말을 하다 5. ~ *se* 자기 자신을 치다(때리다); *odjednom kao da je nešto zaboravio, lupi se po čelu i otrči* 갑자기 뭔가를 잊어버린듯 자기 이마를 톡 치고는 뛰기 시작했다

lupkati *-am* (不完) (지소체) lupati

lupnuti *-nem* (完) (지소체) lupiti

lupnjava 참조 lupa

luster 샹들리에(천장에 매달아 드리우게 된, 여러 개의 가지가 달린 방사형 모양의 등(燈))

lušija (方言) 잿물(ceđ)

lutajućī *-ā, -ē* (形) 방황하는, 길을 잃은, 빗나간; ~ *metak* 유탄(流彈)

lutak *-tka; lutkovi* 1. 남자 인형 (pajac, lutka) 2. 옷을 잘 차려입은 남자

lutalac *-aoca* 방랑자, 유랑자, 정처없이 떠돌아 다니는 사람 **lutalački** (形)

lutalica (男,女) 방랑자, 유랑자; *vatra* ~ 도깨비불; *pas lutalica* 유기견

lutan 참조 lutak

lutati *-am* (不完) 1. 목적없이 돌아다니다, 이리저리 돌아다니다, 방랑하다, 방황하다, 배회하다; ~ *ulicama* 거리를 배회하다 2. 길을 잃다, 길을 잃고 해매다 3. (시선이) 왔다갔다 하다

luteran, luterovac *-ovca* 루터 교도, 루터교 신도 **luteranka; luteranski** (形)

lutka *lutaka* 1. 인형; *devojčice se igraju* ~*ama* 소녀들이 인형을 가지고 놀고 있다 2. 귀여운 사람의 애칭 3. (인형극에 쓰는) 인형, 꼭두각시; (남에게 조종을 당하는) 꼭두각시, 괴뢰; *pozorište* ~*aka* 인형극장; *ima i mržnje i omalovažavanja za tu nasmejanu bečki* ~*u* 그 비엔나 꼭두각시를 향한 증오와 경멸이 존재한다 4. (의류 제작·전시용) 마네킹 5. (昆蟲) (곤충의) 고치 6. 기타; *došle (udarile) mu* ~*tke (u glavu)* 별 이유없이 기분이 나빠졌다

lutkar 1. 인형 제조업자(판매업자) 2. 인형극장에서 일하는 사람, 인형극장에서 인형을 조종하는 사람 **lutkarski** (形)

lutkast *-a, -o* (形) 인형 같은, 인형과 비슷한

lutkica (지소체) lutka

lutnja (樂器) 류트(연주법이 기타 비슷한 초기 현악기)

lutrija 복권; *dobiti nešto na* ~*i* 복권에 당첨되다 **lutrijski** (形); ~*a sreća* 복권 티켓

lužan *-žna, -žno* (形) 재(lug)의, 재 성분을 함유한

lužanin 숲(lug)에 사는 사람

lužanj *lužnja* (植) 흑마늘

lužast *-a, -o* (形) 재(lug)와 비슷한

lužina 1. (지대체) lug; 큰 숲 2. (方言) 습지, 늪지 (močvara)

lužiti *-im* (不完) **olužiti** (完) 잿물(lug)에 빨다

lužnik, lužnjak 1. 참나무의 한 종류 2. 참나무 숲

L

Lj lj

ljaga (D. *ljazi* & *ljagi*) 1. (~의 표면에 더럽게 남은) 얼룩, 오점, 때 2. (비유적) (누가 나쁜 짓, 비도덕적인 짓을 했다는) 낙인, 오점, 수치 (sramota, bruka, pečat, žig); *kroz cio život ona će da nosi ~u nepoštenja* 그녀는 평생동안 불명예스런 낙인을 지니고 살 것이다 3. 기타; *baciti (bacati) ~u na nekoga (na nešto)* 누구에게 낙인을 찍다; *oprati (sparati) ~u (sa nekoga, nečega)* 낙인을 벗기다

lječilište 참조 lečilište; 치료소

ljekar 참조 lekar

ljekarna 참조 apoteka; 약국

ljekarnik 참조 apotekar; 약사 **ljekarnički** (形)

ljekarstvo 참조 lekarstvo

ljesak *-ska* 빛, 광채 (sjaj, blesak)

ljeskati se *-am se* (不完) 빛나다, 반짝이다, 광채나다 (blistati se, sijati se, odbleskivati)

ljeskav *-a, -o* (形) 빛나는, 반짝이는, 광채가 나는 (sjajan, blistav)

ljevač 참조 livac; 주물공장 노동자

ljevaonica 참조 livnica; 주물공장

ljiga 1. 미끌거리는 직물(천·재료) (ljigav predmet) 2. (비유적)(輕蔑) 미꾸라지처럼 쑥쑥 잘 빠져 나가는 사람, 줏대가 없는 사람 (ljigavac)

ljigav *-a, -o* (形) 1. 미끄러운, 미끌거리는, 손에서 잘 미끌거리는; *som je* ~ 메기는 미끌거린다 2. (비유적) 줏대가 없는 (사람이) (beskarakteran) 3. 끈적끈적한 (lepljiv); *~ znoj* 끈적끈적한 땀, *~a tečnost* 끈적한 액체

ljigavac *-vca* 1. (輕蔑) 줏대가 없는 사람, 미꾸라지 같은 사람 2. (魚類) 미꾸라지, 장어, 뱀장어 (jegulja)

ljiljak *-ljka* 1. (動) 박쥐 (slepi miš); (複數) 익수류(翼手類; 박쥐 따위) 2. (複數) 박각시과 3. (植) 라일락 (jorgovan)

ljiljan (植) 백합 (krin); (複數로) 백합과(科)

ljiljanka (植) (애기원추리 따위) 나리과(科) 황원추리속(屬)의 초본(활모양의 약한 줄기에 노란 꽃이 핀다)

ljoskavac *-vca* (植) 꽈리

ljosnuti *-nem* (完) 1. 쿵(광·툭)하고 떨어지다, 강하게 (지면 등에) 부딪치면서 떨어지다 2. (학교·대학의) 유급하다; (시험에서) 떨어지다;

~ na ispitu 시험에서 떨어지다 3. (머리 등을) 때리다, 구타하다, 타격하다 (udariti, lupiti)

ljuba (민중시 또는 옛 문학작품 등에서) 1. 아내, 배우자; 약혼녀 (supruga, žena, verenica, zaručnica) 2. 사랑스럽고 귀여운 여자, 애인(여자), 연인 (dragana)

ljubak *ljupka, ljupko* (形) 1. 귀여운, 사랑스러운, 매력적인 (mio, dražestan, prijatan, simpatičan); *~pka devojka* 사랑스런 소녀; *~pko držanje* 귀여운 행동; ~ *osmeh* 매력적인 미소 2. (비유적) 기분 좋은, 매력적인, 조화로운, 듣기 좋은 (skladan, milozvučan); *~pke boje* 조화를 잘 이룬 색상; *~pka melodija* 듣기 좋은 멜로디

ljubakati *-am* (不完) 1. (자주 또는 연달아) 키스하다 (ljubiti, cmakati); *ta žena stlano ljubaka tu decu* 그 여인은 항상 그 아이들에게 키스한다 2. ~ **se** 서로 키스하다 3. ~ **se** (s nekim) 통정(通情)하다, 성관계를 갖다 (voditi ljubav, ašikovati)

ljubav (G. *-i*, I. *-vlju* & *-i*) (女) 1. 사랑, 애정; *platonska* ~ 플라톤적 사랑; ~ *prema svojoj deci* 자식에 대한 사랑; ~ *prema domovini (roditeljima)* 조국(부모)에 대한 사랑; *izjaviti* ~ 사랑을 고백하다 2. 정사(情事), 성관계; *voditi* ~ 성관계를 갖다; *vama bi se sviđalo provoditi* ~ *u potaji s tuđom ženom* 다른 사람의 아내와 몰래 성관계를 갖는 것이 당신에게는 마음에 들었을 수도 있다 3. 연인, 사랑하는 사람; 좋아하는 것, 관심(주목·흥미)을 끄는 것 *sresti svoju nekadašnju* ~ 자신의 옛 연인을 만나다; *konji su bili njegova velika* ~ 말(馬)은 그의 커다란 관심의 대상이었다 4. 열정; 관심, 흥미; ~ *prema radu* 일에 대한 열정; ~ *prema nauci (za nauku)* 학문에 대한 열정; *učiniti iz ~i* 좋아해서 ~을 행하다 5. (보통은 전치사 u 와 함께 처소격 형태로) 화목, 조화, 선린 관계 (sloga, prijateljski odnosi); *on ... voleo bi da je s vama u lepoj ~i* 그는 당신과 잘 지내고 싶어해요; *žive u ~i* 그들은 화목하게 지낸다 6. 친절, 호의, 편의; 우호적 행동; *ja vas molim ... za jednu veliku* ~ 나는 당신에게 커다란 호의를 부탁드립니다; *učinite mi ~, dođite na kafu* 내게 친절을 베풀어, 커피 마시러 오세요 7. 기타; *za* ~ *obž(i)ju* (口語) (간청할 때 관용적으로 쓰는) 제발; *čisti računa, duga* ~ 금전관계가 깨끗해야 우정이 오래 간다; *tebi za* ~, *za tvoju* ~ 너를 위해, 너의 체면을 고려해서

472

ljubavnī -ā, -ō (形) 참조 ljubav; 사랑의; ~o pismo 연서(戀書), 사랑의 편지; ~ odnos 애정 관계; ~a pesma 사랑 노래; ~ trougao 삼각 애정관계

ljubavnica 참조 ljubavnik; 정부(情婦)

ljubavničkī -ā, -ō (形) 참조 ljubavnik; ~ odnos 내연 관계

ljubavnik 1. 정부(情夫); (멜로 연극·영화에서의) 주연배우 njen ~ 그녀의 정부; veliki ~ 유명한 멜로 드라마 주인공 2. (複數) 내연관계의 남녀 3. (비유적) (~을) 좋아하는 사람; ~ samoće 고독을 즐기는 사람

ljubazan -zna, -zno (形) 1. (행실·행동·태도 등이) 친절한, 호의적인 (predusretljiv, srdačan); ~ domaćin 친절한 주인장; ~ prema svakom 모든 사람들에게 친절한; budite ~zni pa mi recite gde je pošta 우체국이 어디에 있는지 말씀 좀 해주시겠어요 2. 화기애애한, 다정한, 마음에서 우러난; ~ dijalog 화기애애한 대화; ~ ton 정감어린 톤(목소리의) 3. (보통 한정형으로서) 사랑스런, 소중한 (drag, mio); ~zni oče! 소중한 아버지!; ~zni sine! 사랑스런 아들아!

ljubaznik (廢語) 참조 ljubavnik

ljubaznost -ošću (女) 1. 친절, 호의; biti poznat po ~i 친절함으로 유명하다 2. 친절한 말, 호의적인 행동; učiniti nekome neku ~ 누구에게 친절을 베풀다

ljubica, ljubičica (植) 제비꽃

ljubidrag 참조 dragoljub; (植) 한련, 금련화

ljubimac -mca 1. 귀염둥이; 사랑받는 사람, 인기 있는 사람 (miljenik); ~ porodice 집안의 귀염둥이; ~ publike 대중들의 귀염둥이 2. (특히 권력자의 사랑을 한 몸에 받는) 총아, 총신 (štićenik)

ljubimče -eta (中)(지소체) ljubimac, ljubimica

ljubimica 참조 ljubimac

ljubitelj 애호가, 좋아하는 사람; (스포츠 등의) 팬, 열광적 지지자(추종자); ~ knjiga 책을 좋아하는 사람; ~ umetnosti 예술 애호가; ~ sporta 스포츠 팬 **ljubiteljica, ljubiteljka**

ljubiti -im; ljubljen (不完) 1. poljubiti (完) (nekoga, (u) nešto) 입을 맞추다, 키스하다 (만나거나 헤어질 때의 인사로); ~ nekoga u ruku 누구의 손에 입을 맞추다; poljubiti vrata (집에 찾아갔지만) 아무도 없다 2. (nekoga) 연정(戀情)을 품다, 사랑하다 3. 매우 좋아하다; ~ veru 종교에 심취하다; ~ nauku 학문을 매우 좋아하다 4. ~ se 서로 입을 맞추다 5. ~ se 마음에 들다 (sviđati se, dopadati se); kako vam se ljubi,

grofice? 당신 맘에s 드시나요, 백작 부인님? 6. 기타; ljubi ga majka (口語) 잘 생겼다, 호감이 간다; ljubim ruke (廢語) (나이 어린 사람이 나이 많은 사람들에게 하는) 인사말; ljubim te 잘 부탁해(할께); ljubićeš i zemlju (stope, noge) 너 후회할꺼야!; boga (krst, majku) ti ljubim 심하지 않은 욕설 또는 당황(불만, 부동의)를 이를 때 하는 말

Ljubljana 류블랴나(슬로베니아의 수도)

Ljubljančanin; Ljubljančanka; ljubljanski (形)

ljubljenik 사랑받는 사람(남자) (dragan, dragi)

ljubnuti -nem (完) 1. (지소체) ljubiti; 가볍게 입을 맞추다, 살짝 키스하다 2. ~ se 서로 살짝 키스하다, 서로 가볍게 입을 맞추다

ljubomor (男), **ljubomora** (女) 1. 시기(심), 질투(심) osećati (gajiti) ~u zbog nečega (zbog tuđeg uspeha) ~ 때문에 (다른 사람의 성공을) 시기하다

ljubomoran -rna, -rno (形) 시기하는, 시기심 많은, 질투하는; ~rna žena 시기심 많은 여자; biti ~ na nekoga 누구를 시기하다(질투하다)

ljubomornost (女) 참조 ljubomor(a)

ljubomorstvo 참조 ljubomor(a)

ljubopitljiv -a, -o (形) 호기심 많은, 알고 싶어하는, 꼬치꼬치 캐묻기 좋아하는 (종종 불필요한 것을) (znatiželjan, radoznao); ~a osoba 호기심 많은 사람; ~i pogledi 알고 싶어하는 시선

ljubopitljivost (I.sg. -ošću) (女) 호기심 (radoznalost, znatiželja)

ljubovca 참조 ljuba; 아내, 약혼녀, 사랑스러운 여인

ljućī -ā, -ē (形)(비교급) ljut; 더 화난, 더 매운

ljudeskara, ljudetina (지대체) čovek; 덩치가 큰 사람

ljudi (男) 참조 čovek; čovek의 복수형; razni ~, razne ćudi 저마다 제각각의 취향이 있다; ~ se ne meri peđu, nego pameću 사람을 겉모습으로 판단하지 마라; izići među ~e 세상 밖으로 나가다; ~ žabe 잠수부 **ljudski** (形)

ljudina 1. (지대체) čovek; 기골이 장대하고 강한 사람(남자); 키가 크고 몸집이 좋은 사람 (남자) 2. 매우 훌륭하고 올바르고 사교적인 사람

ljudožder 1. 식인종, 인육을 먹는 사람 (kanibal) 2. (비유적) 살인자 (ubica, krvolok, krvopija)

ljubožderstvo 식인(풍습)

ljudskī -ā, -ō (形) 1. 참조 ljudi; 사람의, 인간의 (čovečji); ~ govor 사람의 말; ~o

Lj

473

društvo 인간 사회; ~*e kosti* 사람의 뼈; ~*o telo* 인체(人體) 2. 인도적인, 인간적인, 자비로운; 공감의; 우호적인 (čovečan, human, saosećajan, prijateljski); *topla ~a reč* 인간적인 따뜻한 말 3. (명사적 용법으로) (中) 인류애, 인간애

ljudski (副) 1. 인간적으로, 인간적 방법으로 2. 우호적으로, 친절하게, 상냥하게, 예의바르게 (prijateljski, čovečno); ~ *pozdraviti* 우호적으로 안부인사를 하다; ~ *porazgovarati* 우호적으로 대화하다 3. 적절하게, 올바르게 (valjano, solidno); *treba to ~ rešiti* 그것을 적절히 해결해야 한다 4. 힘껏, 힘있게, 남자답게 (snažno, jako; muški); ~ *mlatnuti (nekoga)* 누구를 힘껏 때리다; ~ *se protegnu* 힘껏 잡아당기다; *držite se ~!* 있는 힘껏 잡고있어요!

ljudskost -*i*, -*ošću* (女) 1. 인간의 본성, 인간의 고귀함 2. 인류애

ljudstvo 1. (集合) 인구, (모든) 주민 (populacija); *popis ~a u gradu* 도시인구조사; *nedostatak ~a u rudnicima* 광산 주민의 부족; *briga o ~u i mašinama* 주민과 기계에 대한 돌봄; *gubici u ~u* 사상자 2. (사람의) 떼, 대중, 민중, 군중 (masa ljudi, narod, svet); *golemo ~ sad se amo zbilo* 어마어마한 규모의 사람들이 이리로 모였다 3. 승무원, 직원, 부원 (항공기, 선박, 포대 등의) 4. 인류 (čovečanstvo)

ljulj (植) 1. 독보리 (잡초의 일종) 2. 가는호밀풀

ljulja (지소체적 의미로) 요람, 그네, 흔들의자 (kolevka, zipka, ljuljaška)

ljuljačka, ljuljaška 그네; 흔들의자

ljuljanje (동사파생 명사) ljuljati; *stolica za ~* 흔들의자

ljuljaška (G.pl. *ljuljašākā* & -*ī*) 그네; 해먹, 흔들의자

ljuljati -*am* (不完), **ljuljnuti** -*nem* (完) 1. (전후 좌우 또는 위아래로 천천히) 흔들다; 흔들리다; 흔들다 (nečim), 흔들리게 하다; ~ *dete (u kolevci)* (요람에 있는) 아이를 살살 흔들다; ~ *glavom* 머리를 끄덕이다; ~ *grane* 가지를 흔들리게 하다; *vetar ljulja trsku* 바람이 갈대를 흔들리게 하다; ~ *kolac* 말뚝을 흔들다 2. (비유적) 불안정하게 하다, (토대를) 허물다 3. ~ *se* 흔들리다, 흔들흔들하다; 비틀거리다(걷는 것이); *ljulja se na stolici* 의자에서 흔들흔들하다; *voz se ljuljao* 기차가 흔들렸다; *ljulja se lađa* 보트가 흔들거린다; *ljulja se zub* 이(齒)가 흔들거린다; *ljulja se sto* 테이블이 흔들거린다; *država se ljulja iz*

temelja 국가가 근본부터 흔들거린다(불안하다); *ljulja mu se vlast* 그의 권력이 흔들린다; *ljuljaju se grane na vetru* 바람에 가지가 흔들린다 4. ~ **se** 주저하다, 망설이다 (kolebati se) 5. ~ **se** (無人稱文)(여격 형태의 논리적 주어와 함께) 어지럼증을 느끼다, 평형감각을 잃다; *ljulja mi se nešto u glavi* 나는 머리가 어질어질하다

ljuljav -*a*, -*o* (形) 1. 흔들리는, 흔들거리는, 비틀거리는; 불안정한 2. (비유적) 믿을 수 없는, 신뢰할 수 없는, 불확실한, 변할 수 있는 (nepouzdan, nesiguran, promenljiv)

ljuljka 1. 요람 (kolevka, zipka) 2. (아기를 업거나 안을 때 쓰는) 띠, 아기띠 3. 그네 (ljuljaška)

ljuljkati (se) -*am (se)* (不完) (지소체) ljuljati (se), ljuljuškati (se)

ljuljkav -*a*, -*o* (形) (조금) 흔들리는, 흔들거리는; 비틀거리는, 흔들흔들하는 (걸음걸이가) 잔잔하게 파도치는; ~ *čun* 흔들거리는 카누; ~*a stolica* 흔들거리는 의자

ljuljnuti -*nem* (完) 1. 참조 ljuljati 2. 힘껏 치다(누구를, 드물게 무엇을) 3. (소나기가) 세차게 퍼붓다 4. (폭탄·대포 등이) 쾅하고 터지다; (천둥이) 우르릉하며 치다

ljuljuškati (se) -*am (se)* (不完) (지소체) ljuljati (se)

ljupiti se -*im se* (不完) 참조 ljuštiti se

ljupko (副) 사랑스럽게, 매력적으로 (na ljubak način, s ljupkošću); ~ *se osmehnuti* 매력적으로 미소짓다; ~ *(za)moliti* 애교를 섞어 간청하다

ljupkost (女) 귀여움, 사랑스러움, 매력적임

ljuska (D. *ljusci*; G.pl. *ljusākā* & *ljuskī*) 1. (달걀·견과류 등의 딱딱한) 껍데기, 껍질; (콩 등의) 깍지, 꼬투리; (사과·포도·바나나 등의) 껍질; (씨앗 등의) 껍질; ~ *od jajeta* 계란 껍질; *orahova ~* 호두 껍질 2. (일반적으로) (내부를 보호하는) 외부의 단단한 층; (조개 등의) 껍질 3. (보통 複數로)(물고기·파충류 등의) 비늘 (krljušt) 4. (나무를 쪼갤 때 나오는) 나무 조각(토막) (cepka, treska); *ona je zapaljivala na ognju novu lučevu ~u* 그녀는 난로에 새 소나무 나무조각을 태웠다 5. (비유적) 진실을 감추고 있는 것

ljuskar 1. (複數로) 갑각류(甲殼類; 새우·게 등의); 조개류 2. 참조 ljuskavac

ljuskast -*a*, -*o* (形) 1. 비늘(ljuska)이 있는, 비늘로 덮인 (ljuskav); ~*e ribe* 비늘이 있는 물고기(생선) 2. 비늘 모양의, 비늘과 비슷한; 비늘과 비슷한 형태로 이루어진; ~*e krovne* *konstrukcije* 비늘 형태의 지붕 구조

ljuskav *-a, -o* (形) 1. 비늘(ljuska)로 덮인, 비늘이 있는 (krljušti, krljuštav) 2. 벗겨지는, 터지는 (보통 피부 또는 껍질이); 얇게 쪼개지는 (보통은 돌·석재 등이)

ljuskavac *-vca* (動) 천산갑(몸의 위쪽이 딱딱한 비늘로 덮여 있고 긴 혀로 곤충을 핥아먹는 작은 동물)

ljuskavica (病理) 건선(乾癬), 마른버짐 (psorijaza)

ljušćenje (동사파생 명사) ljuštiti

ljuštiti *-im*; *ljušten & ljušćen* (不完) 1. 껍질을 벗기다(과일·채소·나무 등의); 옥수수 껍질을 벗기다 (guliti, komiti); ~ *jabuku* 사과 껍질을 벗기다; *do neko doba noći ljuštimo kukuruze* 밤이 어느 정도 될 때까지 옥수수 껍질을 우리는 깐다 2. 긁어 벗겨내다(피부 등을) 3. (口語) (술·음식 등을) 많이 먹다, 많이 마시다; 카드를 치다(오래 자주) 4. ~ *se* (피부 등이) 벗겨지다; (각질이) 벗겨지다 *koža mu se ljušti* 그는 피부가 벗겨진다 5. ~ *se* (본체에서) 떨어져나가다; *ljušte se alge sa svedenih stena* 해초가 바위에서 떨어지다; *ljušti se malter s cigle* 모르타르(시멘트)가 벽돌에서 벗겨진다

ljuštura (달팽이·조개 등의) 껍질, 집, 조가비; (절지동물의) 껍질; *zatvoriti se u svoju ~u* 또는 *ne izlaziti iz svoje ~e* 마음의 문을 닫다, 마음을 터놓지 않다

ljušturast *-a, -o* (形) 껍질 모양의, 껍질 같은

ljut *-a, -o*; *ljući* (形) 1. (고추·겨자 등이) 매운, 얼얼한; (맛이) 강한; (연기·냄새 등이) 따가운, 강한; (독·산성 등이) 강한; ~*a paprika* 매운 고추; ~*o jelo* 맛이 강한 음식; *ovaj luk je* ~ 이 양파는 맵다 2. (종종 명사적 용법으로, 한정형의 여성형으로) 독한, 독주(毒酒); ~*a rakija* 독한 라키야; ~*i duvan* 독한 담배 3. 화난, 성난, 노한; 화를 잘내는, 욱하는 성질의; *biti* ~ *na nekoga* 누구에게 화나다; ~ *kao paprika* 매우 화난 4. 잔인한, 잔혹한, 위험한, 사나운 (동물 또는 사람의); ~*a zver* 사나운 짐승 5. 매우 거친 (보통 말(馬)이) 6. (보통 시선이) 쏘아부치는 듯한 7. (보통 한정형으로) 확고한, 굳은, 열렬한, 열정적인 (자신의 신념·입장 등에); ~*i radikal* 열정적인 급진주의자; ~*i opozicionar* 열렬한 야당원; ~*i protivnik* 철천지 원수 8. (보통은 한정형으로) 중증의, 만성적인, 고질적인, 뿌리깊은; 역겨운 (보통은 그 사람의 부정적 특성을 나타내는); ~*a pijanica* 중증 알코올중독자 9. 무자비한, 극단적인

(bespoštedan, drastičan); ~*a kazna* 무자비한 형벌; ~*a post* 극단적인 금식 10. (질병·부상이) 생명에 위험한, 중한, 심각한; 견디기 힘든, 커다란 , 격렬한, 커다란, 큰 (감정, 불쾌한 상황 등이); ~*a rana* 심각한 부상; ~*a glad* 대(大)기아; ~*a nepravda* 심각한 불공정; ~*a tuga* 커다란 슬픔; ~*a nužda* 견디기 힘든 대소변 욕망 11. 무자비한, 격렬한 (전투·다툼·싸움 등이); 가혹한, 혹독한, 매서운 (악천후 등이); ~*a bura* 매서운 돌풍; ~*a zima* 혹독한 추위(겨울); ~*a mećeva* 휘몰아치는 눈보라 12. 쓰디 쓴, 슬픈; ~*e suze* 쓰디 쓴 눈물 13. 날카로운, 예리한 (날 등이); ~ *mač (nož)* 예리한 검(칼) 14. 매우 단단한 (돌·금속 등이)

ljutac *ljuca* 1. 단단한 돌 (ljut, tvrd kamen) 2. 거칠고 잔혹한 사람 (ljut, žestok čovek)

ljutak (植) 석류 (šipak)

ljutica 1. (動) 독사(毒蛇) (複) 살무사과(科) 2. (男,女) 독사 같은 사람

ljutič 참조 ljutić

ljutić (植) 미나리아재비(작은 컵 모양의 노란색 꽃이 피는 야생식물)

ljutik 1. 참조 ljtić 2. (植) 참나무의 일종

ljutika (農) 샬롯(작은 양파의 일종)

ljutina 1. 매운 맛 2. 참조 ljutnja

ljutit *-a, -o* (形) 화난 듯한, 화난; ~ *odgovor* 화난 듯한 대답; ~ *pogled* 화난 듯한 시선

ljutiti *-im*; *ljućen* (不完) **naljutiti** (完) 1. 화나게 하다, 성나게 하다 (srditi); *nemoj da ga ljutiš* 그를 성나게 하지마라 2. ~ *se* 화내다, 성내다; *naljutio se na nju* 그는 그녀에게 화를 냈다

ljutnuti se *-nem se* (完) (지소체) 조금 화를 내다 (malo se naljutiti)

ljutnja 화, 분노, 노여움 (gnev, srdžba)

ljuto (比) *ljuće* (副) 1. 상당 부분, 많이, 매우 많이, 심하게 (u velikoj meri, mnogo, jako, silno); ~ *se prevariti* 상당히 많이 속다; ~ *se uvrediti* 심하게 모욕당하다 2. 끔찍하게, 소름끼치게, 무시무시하게 (užasno, grozno); ~ *nastradati* 끔찍하게 죽다; ~ *ju je zaboljela glava* 그녀는 머리가 죽도록 아팠다 3. 매섭게, 혹독하게, 가혹하게, 잔인하게 (žestoko, strahovito, nemilosrdno) 4. 화내듯이, 성내며; ~ *pogledati* 화내듯이 바라보다; ~ *proklinjati* 성내면서 나무라다 5. 강하게, 강렬하게 (jako, snažno); 날카롭게, 째지듯이 (소리가) (oštro)

Lj

M m

ma (接續詞) 1. (양보절에서) 비록 ~일지라도 (makar); *nikad one nisu zaspale pre nego on dođe, pa ~ to bilo u zoru* 그가 오기 전에는 비록 새벽일지라도 그녀들은 결코 잠을 자지 않았다; *glasaću, ~ me otpustili* 나는 그들이 날 해고하더라도 투표를 할 것이다 2. (양보 의미를 갖는 대명사 또는 부사의 한 부분으로서) ~일지라도, ~이든 간에 (makar, bilo); *~ gde da se sakrijem, naći će me* 내가 어디에 숨던 간에 날 찾아낼 것이다; *~ ko* 누구든지, 누구이던 간에, *~ šta* 무엇이든, 무엇이던 간에; *~ kuda da ide* 어디에 가던지 간에; *da li se sećaš ~ koga?* 누구든지 간에 기억나는 사람이 있느냐?; *~ gde da putuješ* 어딜 여행하든지 간에; *~ kad da dođeš, ja ću te sačekati* 네가 언제 오던지 간에 난 널 기다릴께 3. (감탄사 용법으로) 제발, 좀 (ama); *~ stani, šta ti je!* 좀 서봐, 너 왜이래! 4. (의미를 강조하는 소사(小辭)적 용법으로); *nismo bili ~ ni sto metara odmakli* 우리는 100미터도 벗어나지 않았다; *~ neće te ništa boleti!* 아무것도 전혀 널 다치게 하지 않을꺼야! 5. 기타; *~ nemoj!* (전혀 예상치 못한 상황에서) 뭐라고?, 정말로?, 전혀 예상밖인데!

mac 야옹~(고양이를 부를 때 내는 소리)

maca (愛稱) mačka; 고양이

macan 1. (愛稱) mačak 2. (비유적) 에이스 (as, kec)

maces 무교병(유대인들이 유월절에 먹는 누룩이 없는 또는 발효되지 않은 빵)

maciti *-im* (不完) omaciti (完) 1. (고양이가) 새끼를 낳다 (kotiti); *mačka je omacila petoro mačadi* 고양이가 다섯 마리의 새끼고양이를 낳았다 2. *~ se* (새끼고양이가) 태어나다

macke *-cākā* (女,複) (형벌의 한 종류인) 태형; 태형 의자

mač *-a* (複; *mačevi*, 詩的; *mačǐ*) 1. (긴)칼, 검; (검도의) 검 2. (비유적) 무력; 무기; *zasnivati državnu moć, vlast na ~u* 무력으로 국가 권력을 형성하다 3. 날, 날카로움 (oštrica) 4. (魚類) 바다 물고기의 일종 (갈치 비슷한 납작하고 긴 물고기) 5. 기타; *visi mu ~ nad glavom* 직접적인 위험이 그를 위협하고 있다; *Damoklov ~* 다모클레스의 칼 (끊이지 않는 위협·위험); *zveckati ~em* 전쟁으로 위협하다; *~ s dve oštrice* 양날의 칼;

na ~u (dobiti, steći) 무력으로 얻다; *ognjem i ~em (istrebiti, uništiti)* 불지르고 죽이면서 (무력으로, 무력을 사용하여); *oštriti ~* 칼을 갈다(전쟁을 준비하다); *predati ~u* 무자비하게 파괴하다(몰살하다); *preseći ~em* 단칼에 베다(결연히 끊다); *staviti (vratiti) ~ u korice* 논쟁(다툼·싸움)을 끝내다(마치다); *izvući ~, latiti se ~a* 칼을 꺼내다(전쟁·투쟁·논쟁을 시작하다); *ukrstiti ~eve* 겨루다; *ko se laća ~a, od ~a će i poginuti* (성경의) 칼로써 흥한자는 칼로 망한다

mačad (女) (集合) mače

mačak *-čka; mačkovi & mačci* 1. (動) 숫고양이 2. (비유적) 교활한 사람 3. 기타; *vezati ~čku za (na, o) rep* 무의미한 것이다(무가치치한 것이다, 말도 안되는 것이다); *izvući ~čku rep, povući ~čka za rep* 생고생하다; *kupiti ~čka u vreći* 물건을 보지도 않고 사다, 무턱대고 사다(취하다); *mnogo je ~čku goveđa glava* 그는(그녀는) 그럴만한 대접을 받을 자격이 없다, 그에게 그것은 너무 과도한 것이다; *obilaziti kao ~ oko vrele kaše* 조심스럽게 접근하다(다가가다)

mače *-eta; mačci* 새끼고양이, 고양이 새끼; *gledati kao ~ u žižak* 홀린듯이 뚫어지게 쳐다보다; *nemati ni kučeta ni ~eta* 봐줘야 할 그 누구도 없다; *prvi se mačci u vodu bacaju* 처음 실패를 두려워 할 필요가 없다

mačenosac *-sca* 칼(mače)로 무장한 사람, 칼을 지니고 있는 사람

mačetina (지대체, 조롱조의) mačka

mačetina 고양이 고기

mačevalac *-aoca* 칼(mač)로 결투를 하는 사람; (스포츠의) 펜싱 선수; *videlo se da je bio vešt ~* 노련한 펜싱 선수였음을 알 수 있었다

mačevanje (동사파생 명사) mačevati; 펜싱

mačevati se *-čujem se* (不完) 펜싱하다

mačica 1. (지소체) mačka 2. (植) 큰조아재비 (건초·목초용의) (popino-prase)

mačiji, mačji *-ā, -ē* (形) 고양이의

mačinac *-inca* (植) 붓꽃; 붓꽃속의 총칭 (perunika)

mačka *-kǐ; mačākā* 1. (動) 고양이; 고양이과 동물 2. (비유적)(隱語) 잘 생기고 매력적인 여성 3. 모피 (목도리 또는 어깨에 두르는) 4. 닻 (sidro, lenger) 5. (動) 상어의 한 종류 6. 기타; *divlja ~* 들고양이; *kao ~u pretući (prebiti)* 실컷 때리다, 죽도록 때리다; *kao pas i ~ (žive, slažu se)* 견원지간처럼 지내다, 항상 불화속에서 살다; *kao ćorava ~*

476

(ići) 계획없이, 무작정 (가다); ~*u u džaku (vreći) kupovati (uzimati)* 보지도 않고(확인 하지도 않고, 무턱대고) 사다; *pas i ~ zajedno spavaju* (개와 고양이가 같이 잘 정 도로) 너무 너무 춥다; *vući se kao prebijena ~* 간신히 걷다, 천천히 힘들게 걷 다; *igra ~e i miša* 고양이와 쥐의 게임(한 명이 절대 우월하고 다른 한 명은 절대 열세 인); *ne videti ni belu ~u* (口語) 아무것도 보 이지 않는다(너무 너무 피곤하고 지친 상태 를 강조할 때 사용함); *obilaziti kao ~ oko vruće kaše* 신중히(조심스럽게) 다가가다(접 근하다); *kad ~e nema, miševi kolo vode* 호 랑이가 없으면, 여우가 왕노릇한다; *~ prede* 고양이가 그르렁댄다; *~ skitnica* 떠돌이 고 양이 **mačeći, mačji, mačiji** (形); *~ kašalj* 하 찮은 일, 사소한 일; *~e oči* (고속도로의) 점 멸 신호등

mačkast *-a, -o* (形) 1. 고양이 같은 2. (보통 여성들의 귀엽고 사랑스런 행동으로 인한) 사랑스런, 귀여운 (umiljat, živahan); *ona je inteligentna, ~a i mila* 그녀는 지적이고 귀 엽고 사랑스럽다

mačketina (지대체) mačka

mačkica (지소체) mačka

mačkov *-a, -o* (소유형용사) 참조 mačka; 고 양이의; *~ brk* (植) 니겔라(미나리아재비과), 흑종초

mačonosac *-sca,* **mačonoša** (男) 참조 mačenosac

mačor 참조 mačak; 수고양이; *negde prede nečiji ~* 어디선가 누구의 고양이가 그르렁 거린다

mačurina (지대체) mačka

maćeha *-si & -hi* 계모, 의붓어머니; *ne može reći da je svoju ~u mrzela* 그녀가 자신의 계모를 미워했다고는 말할 수 없다 **maćehinski, maćijski** (形)

maći *maknem* (完) 참조 maknuti

maćijskī *-ā, -ō* (形) 참조 maćeha; 계모의

maćuha 1. 계모 (maćeha); *otac doveo u kuću ~u* 아버지가 집으로 계모를 데려왔다 2. (植) 팬지 (ljubičica, dan-i-noć)

maćuhica (植) 팬지 (ljubičica, dan-i-noć)

mada (接續詞) 비록 ~이지만, 비록 ~일지라도, ~에도 불구하고 (iako, predma, i pored toga što); *došao je ~ nije bio pozvan* 그는 초대받지 않았지만 왔다

madera 마데이라(포르투갈령 마데이라 제도에 서 생산되는 포도주의 한 종류)

madež 참조 mladež; 모반(母斑), 점

madona 1. 마돈나(성모 마리아); 성모상 (Bogorodica); *za Francuza je žena muza ili madona* 프랑스인들에게 여자는 뮤즈이거나 마돈나이다 2. 존경받는 여성

madrac *-aca* 1. (침대의) 매트리스 (dušek) 2. 침대 스프링; *čelični ~i* 침대 스프링

Madrid 마드리드(스페인의 수도); **Madriđanin** *-anī;* **Madriđanka; madridski** (形)

madrigal 1. 소연가(小戀歌); 짧은 노래로 주로 사랑에 대한) 2. (音樂) 무반주 다성가(多聲 歌), 마드리갈(16세기에 유행한, 보통 반주 없이 여러 명이 부르게 만든 노래)

mađarizacija 헝가리인화, 헝가리화, 마자르화

mađarizam *-zma* (언어·어휘 등의) 헝가리어적 특징, 헝가리어적 요소

mađarizirati *-iziram,* **mađarizovati** *-zujem* (完. 不完) 1. 헝가리인화하다, 헝가리화하다 2. 헝가리어적 요소(특징)를 가미하다; *mađarizirana imena* 헝가리어적 특징이 가 미된 이름 3. ~ *se* 헝가리인화 되다, 헝가리 화되다; *gradovi su bili počeli naglo da se mađariziraju* 도시들은 급격히 헝가리화되기 시작했다

mađaron (歷)(輕蔑) 친헝가리정책 찬양자(지지자)

mađarofil 친헝가리주의자

Mađarska *-oj* 헝가리 **Mađar; Mađarica, mađarski** (形)

mađija 1. (보통 複數로) 주문, 주술 (čini, čari, čarolije) 2. 마술, 요술 (magija) **mađijski** (形)

mađijati *-am* (不完) 주문을 걸다, 주술을 하다; 마술하다, 요술을 부리다

mađioničar 1. (서커스 등의) 마술사 (opsenar) 2. 마법사(초자연적 능력을 가진) (čarobnjak) 3. 주술사 (mađionik) **mađioničarka**

mađionik 1. 주술사 (사람들에게 주문·주술을 걸어 악행을 행하는) (čarobnjak) 2. 마술사 (서커스 등에서 마술을 행하는) (mađioničar)

maestral 북서풍(아드리아해 및 이오니아해에 서 바다쪽에서 육지쪽으로 부는)

maestro (男) 1. (저명한 지휘자 및 작곡가 등 의) 마에스트로, 대작곡가, 명지휘자 2. (일 반적으로 예술의) 거장, 대가

mafija (女) 마피아(이탈리아와 미국 등의 범죄조 직); (일반적으로) 조직범죄조직 **mafijski** (形)

mag (複 *magi & magovi*) 1. (조로아스터교의) 사제 (sveštenik, učitelj, mudrac) 2. 마법사, 점성술사 (čarobnjak, vrač)

magacin 1. 창고 (magazin, skladište); *~ za smeštaj robe* 물품 창고; *~ za žito* 곡물 창 고 2. (연발총의) 탄창; 무기고; *napuniti ~*

477

na pušci 총의 탄창을 채우다

magacionar 창고지기 (magacioner)

magarac *-arca, -arče* 1. (動) 당나귀; *tvrdoglav kao ~* 아주 완고한 2. (비유적)(輕蔑) 바보, 멍청이 (budala, glupak); 완고한 사람, 고집 센 사람 3. 기타; *ne zovu magarca na svadbu da igra, nego da vodu nosi* 영광스러운 일이 아닌 힘든 일에 관한 것이다; *ne lipši, magarče, do zelene trave (dok trava naraste)* 이미 아주 오랫동안 기다렸다, 전혀 가망성이 없다, 희망을 가질 필요는 없다; *(pasti) s konja na magarca* 좋은 것에서 나쁜 것으로 (떨어지다), 높은 직급에서 낮은 직급으로 (강등되다); *pojeo vuk magarca* 아무 일도 없었던 것처럼 지나가다; *praviti nekoga magarcem* 누구를 바보로 만들다; *razume se kao ~ u kantar* 아무것도 이해하지 못하다(모르다); *praviti od komarca magarca* 과장하다, 침소봉대하다

magarad (女) (集合) magare; 새끼 당나귀, 어린 당나귀

magarčev *-a, -o* (形) 참조 magarac; 당나귀의

magarčiti *-im* (不完) (koga) 1. (누구를) 속이다, 기만하다 (varati, podvaljivati) 2. (누구를) 바보 취급하다, 조롱하다 3. ~ se 바보같은 짓을 하다, (상황에 맞지 않는) 엉뚱한 행동을 하다

magare *-eta* 1. 새끼 당나귀, 어린 당나귀 2. 당나귀 3. (비유적)(輕蔑) 바보, 멍텅구리 (보통 젊은이 특히 아이들에게); (보통 호격으로, 다정다감한 느낌으로) 이 귀여운 것 (drago, slatko 등의 의미로)

magareći *-a, -ē* (形) 참조 magarac; 당나귀의, 당나귀와 같은; *~a glava* 당나귀 머리; *~e mleko* 당나귀 젖; *~ pamet* 우둔함; *~e uši* 당나귀 귀

magareći (副) 당나귀같이, 멍청하게 (glupo)

magarence *-eta* (지소체) magare

magarica 참조 magarac; 암컷 당나귀

magaza 1. 창고 (magacin); *tamo je napred ~, gde ja smeštam robu* 저기 저 앞에 내가 짐을 적재해 놓는 창고가 있다 2. 가게, 상점 (dućan, radnja)

magazadžija (男) 상점 주인, 가게 주인 (dućandžija)

magazin 1. 참조 magacin; 창고(물건, 곡물 등의) (stovariše, skladište) 2. 백화점 3. 잡지; *književni ~* 문학 잡지; *~ za žene* 여성 잡지; *ilustrovani ~* 도해 잡지; *sportski ~* 스포츠 잡지 **magazinski** (形)

magaziner, magazioner 참조 magacioner; 창

고지기, 창고업자

magičnost (女) 마술, 마법, 마법력(čarobnost, čarobna moć)

magija 1. 비밀스런 초자연적 능력; 마법, 마술 (čarolija, čudotvorstvo) 2. 주술(呪術), 주문 (呪文) (bajanje) 3. *bela ~* 기적 실행(선량한 영혼들의 도움을 받은); *crna ~* 기적 실행 (악령과 악마의 도움을 받은) **magičan, magički, magijski** (形); *magično ~* (라디오 수신기의) 동조(同調) 지시용 진공관

maginja (植) 아르부투스 나무(유럽 남부산의 상록 관목); 그 열매

magistar *-tra* 1. 석사 2. (보통 ~ *farmacije*) 약사 (apotekar, ljekarnik) 3. 가정교사 **magistarski** (形); *~ ispit* 석사 시험

magisterij *-ija,* **magisterijum** 1. 석사학위 2. 석사시험

magistrala 주요 도로, 간선도로(자동차·철도 등의); 본선(전기·상수도 등의); *Jadranska ~* 아드리아 간선도로; *železnička ~* 주선로 **magistralan** (形)

magistralan *-lna, -lno* (形) 1. (주로 한정형으로) 주요도로의, 간선도로의; *~lni putevi* 간선도로들; *~a pruga* 주요 철도로 2. 주(主)의, 주요한, 중요한 (glavni) 3. 뛰어난, 훌륭한 (izvanredan, izvrstan); *~lna stilizacija* 훌륭한 양식(樣式)화; *~lni stihovi* 뛰어난 운문; *~lna slika* 놀라운 그림

magistrat 1. (歷) (고대로마의) 고위 관직 2. (歷) (오스트리아헝가리제국의) 시(市)정부, 시당국, 시청; 시청 관리; (19세기초 세르비아의) 군단위 사법 및 행정 당국; 사법행정 청사(廳舍) 3. 참조 magisterijum; 석사학위 **magistratski** (形)

magistratura 1. 시정부, 시당국; 시정부 관리 2. (시당국의) 청사(廳舍) 3. 참조 magisterijum

magla 1. 안개; *gusta ~* 짙은 안개, *jutarnja ~* 아침 안개 2. (안개처럼 시야를 가리는 것으로) 먼지, 연기, 수증기 3. (비유적) 어둠 (mrak, tama); 불확실함, 부정(不定), 탁함; *idejna ~* 사상의 불확실함; *utopistička ~* 유토피아적 불확실함 4. 열광, 도취, 취함 (zanos, zanesenjaštvo); *romantičarska ~* 낭만주의적 열광; *živeti u ružičasnoj ~i* 장미빛 도취속에서 살다 5. 기타; *kao guska u maglu (u magli)* 불확실하게, 그 어떤 확실함도 없이, 운좋게, 아무런 계획도 없이, 생각없이, 되는대로; *kao kroz ~u* 희미하게, 불분명하게, 어렴풋이; *maglu! magla!* 도망쳐! 떠나라!; *pala mu ~ na oči* 평정심을 잃

다, 이성을 잃다, 자기자신을 컨트롤할 수 없다; *raditi za ~u* 아무런 대가도 없이 일하다, 공짜로 일하다; *pojela ~* 망하다, 파멸하다 (재산상태로); *u ~i* 1)두서없이, 엉망진창으로(말하다) 2)상황을 모르면서, 상황을 모르는 상태로; *uhvatiti (hvatati) ~u* 도망가다, 도망치다

maglast *-a, -o*, **magličav** *-a, -o* (形) 1. 안개와 비슷한; *~i oblaci* 안개와 비슷한 구름 2. 안개가 낀, 안개로 덮인

maglen *-a, -o* (形) 1. 안개로 된, 안개로 가득한, 안개로 찬; 안개로 덮인; *~o veo* 안개 장막; *~i dani* 안개낀 날들; *~a reka* 안개로 덮인 강 2. 희뿌연, 뿌연, 불투명한, 혼탁한; *~o staklo* 불투명 유리; *~e oči* 혼탁한 눈 3. (비유적) 불분명한, 분명하지 않은, 불확실한, 정해지지 않은, 이해할 수 없는; *~e misli* 분명하지 않은 생각; *~e reči* 이해할 수 없는 단어; *udubljena je u razmišljanja ... o svojoj tako ~oj budućnosti* 자신의 불확실한 미래에 대해 깊은 생각에 빠졌다

magličast *-a, -o* (形) 1. 안개가 약간 낀; 열은 안개로 덮인; *~o jutro* 옅은 안개가 낀 아침; *~e planine* 옅은 안개로 덮인 산; *preko nje se u daljini video ~ vr h Jastrepca* 그것 옆에 안개가 조금 낀 야스트레바쯔 산 정상이 보인다 2. (비유적) 조금 희뿌연 (불확실한, 불명확한); *~i snovi* 조금 불분명한 꿈

maglina 1. (지대체) magla 2. 아주 짙은 안개

maglina 1. (주로 複數로) (天) 성운(星雲); *zvezdane ~e* 성운 2. (비유적) 혼탁함, 어두움, 불확실함, 불분명함 (zamagljenost, mutnost, nejasnost, neodređenost)

magliti *-im* (不完) **zamagliti** (完) 1. 안개처럼 피어오르다, 안개를 형성하다 (연기·먼지·수증기 등이), 안개가 끼다; (비유적) 탁해지다, 뿌옇게 되다 (눈·시야 등이) 2. 혼탁하게 하다, 어두워지게 하다; *vino magli pamet* 술은 정신을 혼탁하게 한다); *nešto slatko i jako, kao vino magli pamet* 포도주처럼 달고 강한 것은 정신을 혼미하게 한다 3. (無人稱文) 안개가 끼다 4. 도망치다 (bežati) 5. ~ **se** (때때로 無人稱文으로) 안개가 끼다, 김 서리다; *u daljini ispred nas maglilo se* 우리 앞에 저 멀리에는 안개가 끼었다; *magli se staklo* 유리에 김이 서린다; *prozori su se zamaglili* 창문에 김이 서렸다 6. ~ **se** (비유적) (無人稱文) 어두워지다, 혼탁해지다 (눈 앞이·정신이); *magli mi se pred očima* 눈 앞이 어두워졌다, 현기증을 느끼다

maglovit *-a, -o* (形) 1. 안개가 자주 끼는; *~a*

kotlina 안개가 자주 끼는 계곡; *~i krajevi* 안개가 자주 끼는 지역 2. 안개기 짙은, 안개로 덮인; *~i dani* 안개가 짙은 날들; *~i vrbaci* 안개가 짙게 끼는 버드나무숲 3. (비유적) 뿌연, 잘 보이지 않는, 분명하지 않은, 불분명한, 이해할 수 없는, 정해지지 않은; *~o sećanje* 불확실한 기억

magnat 1. 거대 기업 소유자, 큰 부자; (재계 등의) 거물, 큰손, 거대 자본가; *finansijski ~* 재계의 큰손(거물) 2. (보통 정계나 상류층 등의) 유력인사, 거물; *politički ~* 정계의 유력인사(거물), *poslovni ~* 비즈니스계의 거물

magnet 1. 자석, 자철; *prirodni ~* 천연 자석; *veštački ~* 인조 자석; *privući ~om* 자석으로 끌어당기다 2. (자석같이) ~을 끌어당기는 힘 **magnetni, magnetski** (形); *~o polje* 자기장; *~a igla* 자침(磁針); ~ *pojačivač (smer, valjac, viskozitet)* 자기 증폭기,(자침로(磁針路), 자기 드럼, 자기 점성(磁氣粘性); *~o jezgro (kolo)* 자기 코어 (기억 소자의 일종), 자기 회로; *~a traka* 자기 테이프

magnetičan *-čna, -čno*, **magnetičkī** *-ā, -ō* (形) 1. 자석의 2. (비유적) 끌어당기는, 매력적인 (privlačan, očaravajući); ~ *glas* 매력적인 목소리; ~ *izgled* 끌어당기는 외모

magnetisati *-išem*, **magnetizirati** *-am*, **magnetizovati** *-zujem* (完,不完) 1. (철을) 자화(磁化)하다 2. (사람을) 매료하다, 매혹하다, 끌어당기다 3. ~ **se** 자석화되다

magnetit (鑛) 산화철(Fe₂O₃)

magnetizam *-zma* 1. 자성(磁性), 자력; (자성을 연구하는) 자기학 2. (비유적) (사람을 끌어당기는) 매력

magnetnī *-ā, -ō* (形) 참조 magnet

magnetofon 테이프 레코더 **magnetofonski** (形); ~ *snimak* 테이프 레코딩; *~a traka* 테이프 레코딩 테이프

magnetskī *-ā, -ō* (形) 참조 magnet

magnezij *-ija*, **magnezijum** (化) 마그네슘(금속 원소), **magnezijev, magnezijumov** (形)

magnezija (化) 마그네시아, 산화마그네슘(제산제(制酸劑)로 쓰임)

magnezit (鑛) 마그네사이트 (마그네슘의 원광석)

magnolija (植) 목련; *~e su raskrilile svoje velike okruglaste cvetove* 목련은 자신의 커다란 둥그런 꽃들을 터트렸다

magnovenje 순간, 찰라 (tren, trenutak, časak); *u ~u* 순간에, 찰라에

magriva (植) 마할레브

mah *-ovi* 1. (손이나 손에 쥔 것을 빠른 동작

479

M

으로 뒤로 젖혀 힘껏 휘두르는) 스트로크;
타(打), 타격, 가격 (zamah, udarac) **2.** (힘이
가해지는, 어떤 감정이 나타는 등의) 순간,
단계; ~*ovi radosti* 기쁨의 순간; ~*ovi vetra*
바람이 부는 순간 **3.** 어떠한 동작을 하기에
적합한 위치와 자세; *imati ~a za
preskakanje* 점프하기에 적합한 자세 **4.** 추
동력, 동기, 자극제 (pokretač, podsticaj,
motiv); *ambicija kao nagon i ~* 본능과 추
동력으로서의 야망 **5.** 순간 (čas, trenutak,
momenat); *u prvi ~* 처음에; *u taj ~* 그 순
간에 **6.** 기타; *da(va)ti ~a* 1)기회를 주다, 할
수 있도록 하다; 동기를 부여하다, 자극하다,
격려하다 2)감정(소원)을 나타낼 수 있도록
하다; *da(va)ti ~a nogama* 달리다, 도망치다;
na ~ove 때때로, 이따금; *na (u) sav ~* 힘껏,
온 힘을 다해, 모든 힘을 다해; *uzeti
(uzimati, hvatati, uhvatiti) ~a* 확산되다, 퍼
지다, 성장하다; *u dva ~a* 두 번; *u nekoliko
~ova* 몇 번; *u (na) jedan ~* 동시에, 한꺼번
에; *dere se na (u) sav ~* 힘껏 소리지르다;
potrčao je u sav ~ 온 힘을 다해 뛰었다
mahač 1. 부채 (lepeze) **2.** 흔드는 사람
mahagon, mahagoni *-ija* (男) (植) 마호가니(적
갈색이 나는 열대산 나무의 목재로 가구 제
작에 쓰임) **mahagonijev, mahagonijski** (形)
mahala 1. (도시 또는 시골의) 한 지역, 지구
(kvart, četvrt) **2.** 거리 (ulica)
mahalica 부채 (lepeze)
mahaljka 널판지 (두드려 아마·대마 등을 깨끗
이 분리해 내는) (trlica)
maharadža (男) 마하라자(과거 인도 왕국 중
한 곳을 다스리던 군주)
mahati *-šem*; *maši*; *mašući* (不完) **manuti,
mahnuti** *-nem* (完) **1.** (손·머리·꼬리 등을) 흔
들다; (어떠한 신호로 손·머리 등을) 흔들다;
~ rukom (rukama) 손을 흔들다;
potvrdno glavom 수긍하면서 머리를 끄덕이
다; *~ odrečno glavom* 부정하면서 머리를
내젓다; *pas maše repom* 개(犬)가 꼬리를
흔들다; *~ maramicom* 손수건을 흔들다 **2.**
치다, 때리다 (udariti, raspaliti) **3.** (mahnuti
만) (누구를) 가만히 놔두다, 귀찮게 하는 것
을 멈추다; 괴롭힘을 그만두다; ~을 포기하
다, 그만두다 (odustati od nečega); *molio je
starac i preklinjao jako da ga mahne* 노인
은 제발 자신을 가만히 놔돌라고 간청했다;
čama njega mahnu 이제 더 이상 우울함이
그를 괴롭히지 않았다; *mahnuo bih sve da
sam mogao!* 할 수 있다면 모든 것을 포기
하고 싶다 **4.** **~ se** (mahnuti만) (누구를) 그

냥 내버려두다, 가만 놔두다 (편히 쉴 수 있
도록 괴롭히지 않고); *mahni me se!* 날 좀
가만놔둬! **5.** 기타; *mahni se ćorava posla*
쓸데없는 일을 하는 것을 그만두다; *mahnuti
se neke navike* 어떤 버릇을 그만두다
maher (口語) **1.** 수완이 좋은 사람, 능수능란
한 사람; 전문가, 마스터 **2.** 주요 인물
(glavna ličnost)
mahinacija 음모, 책략, 권모술수, 속임수
(podvala, prevara)
mahinalan *-lna*, *-lno* (形) 기계적인, 습관적인,
무의식적인 (po navici, mehanički); ~
pokret 기계적인(습관적인) 움직임
mahnit *-a*, *-o* (形) 미친, 제 정신이 아닌; 격
분한, 분노한 (sulud, lud; besan, pomaman)
mahnitati *-am* (不完) **1.** 미치다, 제 정신이 아
닌 것 처럼 행동하다, 분노하다, 격분하다 **2.**
(za nekim) 무작정 좋아하다, 미치도록 좋아
하다(사랑하다)
mahnitost (女) **1.** 분노, 분개, 격분 **2.** 미침,
제 정신이 아님
mahnuti, manuti *-nem* (完) 참조 mahati
mahom (副) 주로, 대체로, 대부분 (većinom,
uglavnom, obično, najčešće); ~ *mladi* 주로
젊은이들; ~ *penzioneri* 대부분 은퇴자들;
*čitaonica ima oko dvadeset članova, ~
samih zanatlija* 열람실은 약 20명의 회원이
있는데, 그들 대부분은 기능공들이다
mahovina 1. (植) 이끼 **2.** (複數) 선태식물(蘚苔
植物)
mahovinast *-a*, *-o* (形) **1.** 이끼와 비슷한; ~*a
brada* 이끼처럼 잔털로 가득한 턱수염; ~*a
trava* 이끼처럼 난 풀 **2.** 이끼로 뒤덮인, 이
끼가 난; ~*a stena* 이끼로 뒤덮인 바위
mahuna 1. 깍지, 꼬투리(콩 등이 들어 있는) **2.**
(複數) 참조 boranija
mahunare, mahunarke (女,複) 콩과(식물)
mahunast *-a*, *-o* (形) (콩의) 꼬투리 모양의;
콩과의
mahunica 1. (지소체) mahuna **2.** (植) 시로미;
그 열매
maina (강물·바닷물 등의) 고요, 평온 (tišina
na vodi)
maj *-a* 5월 (svibanj) **majski** (形)
maja 1. (애칭) majka **2.** 가정주부 (domaćica)
3. 손아랫동서(시동생의 부인), 시누이(남편
의 여동생) (jetrva, zaova)
maja 참조 majica; 티셔츠
maja 1. 이스트, 효모 (kvasac); ~ *za hleb* 빵
을 만드는데 필요한 이스트 **2.** (廢語) 혈청,
백신 (vakcina, serum) **3.** (廢語) (1회 장전

할 수 있는) 화약 4. 기타; *uhvatiti ~u* 1)시
게하다, 발효시키다(밀가루 반죽, 우유 등을)
2)거나하게 술을 마시다, 취하도록 마시다 3)
종잣돈을 만들다, 최초의 성공을 거두다
majati *-jem* (不完) **zamajati** (完) 1. (누구를)
붙잡아두다 2. ~ se (~와 함께, ~에 대해)
머무르다, 붙잡히다 (s kim, oko čega); 시간
을 헛되이 보내다, 시간을 잃어버리다;
nemam ja kada da se tu s tobom majem 여
기서 너와 함께 시간을 보낼 시간이 없다 3.
~ se (oko nečega) (~을 가지고) 씨름하다,
꾸물거리며 일하다, 부산을 떨며 일하다
(petljati); *mladi potporučnik uzeo je nešto
da se maje oko topa i ne izvrši naredbu* 신
참 소위는 대포와 씨름하면서 명령을 이행하
지 않는다; *maje se oko košnica* 그는 벌통
을 가지고 씨름한다; *zamajala se oko ručka*
그녀는 점심 준비로 부산을 떨었다 4. ~ se
배회하다, 맴돌다, 어슬렁거리다; ~ se po
kući 온 집안을 어슬렁거리다 5. ~ se (비유
적) 고생하다 (mučiti se, patiti se)
majčetina (輕蔑) majka; *umetnula se na ~u*
그녀는 어머니를 닮았다
majčica (지소체) majka
majčin *-a, -o* (形) 참조 majka
majčinskī *-ā, -ō* (形) 어머니의, 어머니 같은,
모성의 (materinski); *~a briga* 어머니의 보
살핌; *~a ljubav* 어머니의 사랑
majčinski (副) 어머니로서, 어머니와 같이; ~
(po)milovati 어머니와 같이 쓰다듬다
majčurina (輕蔑) majka
majdan 1. 채석장; 광산 (kamenolom; rudnik);
~ *bakra* 구리 광산; ~ *uglja* 탄광 2. (비유적)
(뭔가가) 풍부하게 매장된 곳, 풍부하게 있
는 곳; *zlatni* ~ 화수분
majestetičan *-čna, -čno*, **majestetičkī** *-ā, -ō*
(形) 기품있는, 위엄있는, 장엄한
(veličanstven; uzvišen, dostojanstven);
~čna žena 기품있는 여자; *~čno lice* 기품있
는 사람; *~čna crkva* 장엄한 교회; *~čnim
tonom govoriti* 기품있는 목소리로 연설하다
majica 1. 티셔츠; (와이셔츠 속에 있는, 소매
가 없거나 짧은 소매의) 메리야스, 속셔츠 2.
(운동 경기용) 셔츠; *žuta* ~ (사이클 경기 우
승자가 입는) 노란색 셔츠
majka (D.sg. *majci*; G.pl. *majkī*) 1. 어머니; 어
머니와 같은 역할을 하는 사람; *dačka* ~ 어
린이들의 어머니; *sirotinjska* ~ 고아들의 어
머니; *vojnička* ~ 병사들의 어머니 2. (주로
zemlja와 함께) 젖과 먹을 것을 주는 땅
(hraniteljka, roditeljka); *Neka je hvala*

prirodi, majci našoj zemlji 우리에게 젖과
꿀이 흐르는 자연에게 감사하자 3. (땅·지역
등을 의미하는 명사들과 함께) 조국, 고국;
~ *Srbija* 조국 세르비아 4. (단지 여격 majci
형태로) (감성적 말 등에서 강조 기능) 정말
로, 확실히 (zaista, sigurno); *došao da
otme imanje od naše dece, ali ga neće
majci uživati* 우리 아이들의 재산을 빼앗으
려고 왔지만 그것을 정말로 즐기지는 못할
것이다 5. (~의) 기반, 근거; *opreznost je ~
mudrosti* 신중함은 현명함의 어머니이다 6.
기타; *žalosna (jadna) mu (ti)* ~ 그는 어려운
처지에 놓여있다(teško njemu); *živa ti (je)*
~ 막 식사를 하려고 할 때 누군가 올 때 하
는 말; *kao od ~e rođen* 나체의, 아무것도
입지 않은 (nag, go); *Majka božja* 성모(聖
母) ; ~ *mu stara* 가벼운 질책을 할 때 사용
(욕설 대신); *napiti se kao* ~ 완전히 취하도
록 마시다; *neće (ga) majci (ne bi (ga)
majci)* 정말로 ~않을 것이다(부정의 강조);
od zla oca i od gore ~e (부정적 의미로) 뛰
는 놈위에 나는 놈을 말할 때 사용하는 말;
pijan kao ~ *(zemlja)* 완전히 술취한; *rodila
te* ~ 경멸의 표시로 (보통 어린이들에게) 하
는 말; *časna* ~ 수녀원장 (opatica); **majčin**
(形); *on je još pod ~om suknjom* 그는 아직
어머니의 치맛자락 밑에 있다; *~a dušica* (植)
백리향; *~a utroba* 어머니의 자궁
majković 1. 영웅 (junak, junačina, delija) 2.
(呼格으로만) (口語) (분노·질책·불만을 이야
기할 때 강조의 의미로) 이 바보야!
majmun 1. (動) 원숭이 majmunica 2. (비유적)
(輕蔑) 다른 사람을 흉내내는 사람; 바보, 멍
청이; 못생긴 사람 3. 기타; *praviti ~a od
sebe* 멍청하게 행동하다 **majmunski** (形)
majmunast *-a, -o* (形) 원숭이 같은, 원숭이와
비슷한
majmunčad (女) (集合) majmunče
majmunče *-eta* 어린 원숭이, 새끼 원숭이
majmunica 참조 majmun; 암컷 원숭이
majmunisati *-šem* (不完) 1. 원숭이처럼 행동
하다; 경솔하고 멍청하게 행동하다 2.
(nekoga, nešto 또는 nekome, nečemu) 원
숭이처럼 (누구를·무엇을) 흉내내다(모방하다)
majmunluk 신중치 못하고 멍청한 행동; 흉내,
흉내내기 (imitiranje); 기만, 속임, 속임수
(prevara, podvala)
majmunskī *-ā, -ō* (形) 원숭이의, 원숭이와 같
은; *~a anatomija* 원숭이 해부; *~o lice* 원숭
이 얼굴
majmunski (副) 원숭이처럼, 원숭이같이; ~

M

rutav 원숭이처럼 털이 많은; ~ *oponašati (podražavati) nekoga* 원숭이처럼 누구를 흉내내다

majolika 마욜리카 도자기 (이탈리아산 화려한 장식용 도자기)

majonez (男), **majoneza** (女) 마요네즈

major (V.sg. *-e*) (軍) 소령

majoran *-ana* (男) **majorana** (女) (植) 마조람 (흔히 말려서 허브로 쓰는 식물)

majorica, majorovica 소령(major)의 아내

majskī *-ā, -ō* (形) 5월(maj)의; ~*a kiša* 5월의 비 (雨); ~*a ruža* 5월의 장미; ~*o cveće* 5월의 꽃

majstor 1. 장인(匠人), 기술자, 기능공; 달인, 명인 (zanatlija, obrtnik); ~ *od zanata* 명장 (名匠), 뛰어난 기술자; ~ *kvariš* 서툰 기술자 2. (미술·음악 등 예술의) 대가, 거장 3. (어떤 분야의) 전문가, 기술자 (veštak, stručnjak) 3. (체스 등의) 마스터; *šahovski* ~ 체스 마스터 4. 기타; ~ *situacije* 모든 상황에서 어려운 상황을 잘 헤쳐나가는 사람; ~ *s mora* (욕설) 달마티아(출신의) 잡놈; ~ *u svemu*, ~ *kakav hoćeš* 모든 것을 잘 하는 사람; *naići (nameriti se) na ~a* 1)확실한 도움을 받다 2) 자신보다 더 강한 상대를 만나다

majstorica 1. 참조 majstor; 여자 장인(匠人), 여성 기술자; 여성 마스터 2. majstor의 부인 3. (스포츠의) 결정전

majstorija 1. 숙련된 기술; 숙련된 행동 2. 걸작, 명작 3. 장인(匠人)의 일·직업 4. 장인(匠人)이 만든 제품 5. 기타; ~ *koze pase* 기술로 성공에 다다르다

majstorisati *-šem* (不完) 장인(匠人)으로 일하다, 기술자로 일하다; (무엇인가를) 만들다, 고치다

majstorluk 참조 majstorija

majstorskī *-ā, -ō* (形) 1. 기술자의, 마스터의, 장인(匠人)의; ~ *ispit* 기술자 시험; ~*o pismo* 마스터 면허장 2. 매우 숙련되게 잘 된; ~ *postupak* 기술적으로 잘 된 행동(행위)

majstorstvo 1. 숙달된 기술; 숙달, 통달 2. 기술자의 일·직업; 수공업

majstoruša (輕蔑) 마스터(majstor)의 아내

majur 농원, 농장(건물과 토지가 있는) (salaš)

majurac 1. 농원(majur) 소유주 2. 다른 사람의 농원에 살면서 일하는 사람, 농원의 농부

majuskula 1. 대문자(大文字) 2. 고대 그리스·로마의 옛문자(모든 문자들이 같은 크기로 된)

majušan *-šna, -šno* (形) (지소체)(애칭) malen, mali; 작은, 조그마한; ~*šna gospođa* 작은 숙녀; ~*šno ogledalce* 작은 거울; ~ *stan* 작은 아파트; ~*šna ustanca* 조그마한 입

---

mak *-ovi* (植) 양귀비; *divlji* ~ 개양귀비; *terati* ~ *na konac* 아주 사소한 것까지 따지다, 완강하게 자신의 입장을 고수하다; **makov** (形); ~*o zrno* 양귀비 씨

makac (숙어로만) ni ~ 조금도 움직이지 않다, 1mm도 움직이지 않다

makadam 쇄석 도로(잘게 부순 돌을 타르에 섞어 바른 도로) **makadamski** (形); ~ *put* 쇄석 도로

makadamizirati *-am* (完,不完) 쇄석 도로를 건설하다, (도로에) 자갈을 깔다

makadamskī *-ā, -ō* (形) 참조 makadam

makar 1. (副) 최소한, 적어도 (bar, najmanje); *starija je od mene* ~ *deset godina* 그녀는 나보다 최소한 10년은 나이가 많다 2. (接續詞) 비록 ~일지라도, ~이긴 하지만; *gladan pas laje, makar da su mu sve ovce na okupu!* 배고픈 개는, 양들이 다 모일지라도, 짖는다 3. (누구)라도, (무엇일)지라도 (bilo, ma); *tražio sam da me* ~ *ko zaštiti i pomogne* 누구라도 날 좀 보호하고 도와줄 것을 요청했다

makaronaš (辱說) 이탈리아놈

makaroni (男,複) (單 makaron) 마카로니(작은 대롱같이 생긴 파스타)

makaronizam *-zma* 여러 언어들의 혼합 (코미디적 효과를 얻기 위한) makaronski (形)

makaze (女,複) 1. 가위 (nožice, škare) 2. (게의) 집게, 집게발 3. (비유적) 앞뒤로 동시에 오는 위험, 출구가 없는 위치 4. 어린이들의 놀이의 일종 5. 기타; *upasti u* ~ 탈출구가 없는 상황에 빠지다, 진퇴양난에 빠지다

Makedonija 마케도니아 **Makedonac; Makedonka; makedonski** (形)

maketa (건물·자동차 등의, 보통 실물보다 작게 만든) 모형, 미니어처

makija 마키 (지중해 연안의 관목 지대)

makijavelistički *-ā, -ō* (形) 마키아벨리 같은, 권모술수에 능한

maknuti, maći *maknem; makao, -kla & maknuo, -ula; maknuvši & makavši* (完) **micati** *-čem* (不完) 1. (한 장소에서 다른 장소로) 이동시키다, 움직이다; 한쪽으로 치우다; ~ *ruku* 손을 움직이다, ~ *orman (stolicu)* 장(의자)을 이동하다; *da smestimo tolike goste, morali smo maknuti suvišno pokućstvo* 그렇게 많은 손님을 맞이하기 위해서는 필요없는 살림살이들을 치워야만 했다; *makni malo!* 조금만 움직여! 2. (어떤 곳에 있던 것을) 없애다, 제거하다, 치우다 (ukloniti, odstraniti, smaći); ~ *staro* *pokućstvo* 오래된 집안 가구를 치우다; ~ *ruševine* 허물어진 잔해들을 치우다; ~ *crninu* 검은 상장(喪章)을 제거하다; *makni mi ga s očiju* 그 사람을 내 눈에서 사라지게 해 3. 해임하다 (smeniti) 4. 사용을 중지하다, 더 이상 사용하지 않다; ~ *latinski jezik kao službeni* 공용어로서 라틴어를 더 이상 사용하지 않다 5. (누구를) 때리다, 치다, 구타하다 (udariti, mlatnuti, lupiti); *odlazi mi ispred očiju dok te nisam maknuo* 널 때리지 전에 내 눈 앞에서 사라져라 6. 훔치다, 도둑질하다 (ukrasti, dići); *lopov krenuo ... u selo da makne štogod* 도둑은 아무것이라도 훔치기 위해 마을로 갔다 7. (누구를) 데리고 가다 8. (nečim) 움직이다, 흔들다 (mrdnuti); *mi nijedno ni uhom da maknusmo* 우리는 전혀 움직이지 않았다(귀조차도 움직이지 않았다); ~ *rukom* 손을 움직이다 9. 이동하다, 움직이다, 발걸음을 떼다 (pokrenuti se, kročiti); *vojska nije mogla da makne od Drine* 군대는 드리나강에서 움직일 수 없었다 10. ~ *se* 움직이다, 이동하다 (종종 부정적으로); *nije se taj još nikad maknuo iz Beograda* 그 사람은 지금까지 전혀 베오그라드에서 움직이지 않았다 (계속 베오그라드에 살고 있다) 11. ~ *se (nekome)* 사라지다, 없어지다 (ukloniti se, skloniti se); *makni mi se s puta (ispred očiju)* 내 눈에서 사라져! 12. 기타; *ni prstom neće maknuti* 손가락도 까딱하지 않다, 아무 것도 하지 않다

makov *-a, -o* (形) 참조 mak; 양귀비의, 양귀비로 만든; ~ *opijum* 양귀비로 만든 마약; ~ *cvet* 양귀비꽃; *biti manji od ~a zrna* 알아챌 수 없을 정도이다, 매우 평온하다

makovača, **makovnjača** 양귀비씨로 만든 빵 (케이크)

makovište 양귀비 밭

makro *-oa* (男) 1. 매춘 알선업자, 포주, 뚜쟁이; 기둥서방 (podvodač, svodnik) 2. 창녀촌 주인

makrokozam *-zma* 대우주 (makrokosmos) **makrokozmički** (形)

makroskopskī *-ā, -ō* (形) 나안(裸眼)으로 보이는 (反; mikroskopski)

maksima 격언, 금언; (어떤 사람의) 삶의 원칙

maksimala (양·규모·속도 등의) 최고, 최대; 한계(점), 한도

maksimalan *-lna, -lno* (形) (크기·빠르기 등이) 최고의, 최대의, 최대한의 (反; minimalan); ~ *broj* 최대수; *~lne zalaganje* 최고 공헌; ~

napor 최대한의 노력; *~lna energija* 최고 전력량; *~lno opterećenje* 최대 부하

maksimirati *-am* (完,不完) 최대치를 정하다; (허용치를 넘어서지 못하도록) 제한하다; ~ *brzinu* 최대속도를 제한하다; ~ *plate* 월급의 최대치를 정하다; ~ *cene* 최고가를 제한하다

maksimum 1. (양·규모·속도 등의) 최고, 최대; 맥시멈 (反; minimum) ; *do ~a* 최대한; *plaćati zakonski ~* 법이 허용하는 한 최대로 지불하다 2. (數) 최대값

maksuz (形),(不變), (副) 특별한; 특별히, 특히 (naročit(o), osobit(o), poseban, posebno); *imaju i nov ... prsluk, kupljen ~ za ovaj put u Beograd* 그들은 특히 이번 베오그라드 여행을 위해 산 새 조끼가 있다

makulatura (印刷) 잘못 인쇄본 판(版), 시험판 (版); (비유적) 아무런 쓸모도 없는 책

mal *-a* (男),(方言) (특히 동산의) 자산, 재산, 동산(動産) (imovina); 물건, 가축, 보물

mal, *-a, -o* (形) (詩語) 작은 (mali, malen)

mal (副) 조금, 거의 (umalo, zamalo); ~ *a malo* 조금씩 조금씩; *on se ~ a malo poče privikivati novom svom životu* 그는 조금씩 조금씩 자신의 새로운 삶에 적응해나가기 시작했다

Mala Azija 소아시아

malačak *-čka, -čko*, **malašan**, *-šna, -šno* (形) (지소체)(애칭) mali; 작은, 적은

malaga (스페인 남부의 주(州)) 말라가(Málaga) 산 포도; 말라가 백포도주

malaksalost (女) 탈진, 기진맥진; 피곤함, 지침 (iznurenost, iznemoglost, klonulost)

malaksati *-šem* (完,不完) **malaksavati** *-am* (不完) 1. 기진맥진하다, 탈진하다; 약해지다; *sasvim je malaksao* 그는 완전히 탈진했다 2. (맨 처음의 강도·세기 등이) 누그러지다, 잦아지다, 가라앉다, 약해지다 (jenjavati, stišavati se); *malo je malaksala vrućina* 더위가 조금 누그러졌다; *malaksala je nečija moć (pažnja, revnost, snaga)* 누구의 권력 (주의력, 열심, 힘)이 약해졌다; *malaksao je bol* 통증이 잦아들었다

malaričan *-čna, -čno* (形) 참조 malarija; 말라리아의, 말라리아성의, 말라리아에 감염된; *~čna oblast* 말라리아 지역; ~ *napad* 말라리아 공격; ~ *čovek* 말라리아에 감염된 사람

malaričar 1. 말라리아에 감염된 사람, 말라리아 환자 2. (보통 *komarac ~*의 숙어로) (害蟲) 말라리아 모기

malarija 말라리아, 학질 **malaričan** (形)

M

malati *-am* (不完) **omalati** (完) 1. (건물·건물의 벽 등을) 회·페인트로 바르다, 회칠하다, 페인트칠하다 (krečiti, bojiti); ~ *stan* 아파트에 석회칠하다; *zidove smo omalali zeleno* 우리는 벽을 녹색으로 칠했다 2. 물감으로 (그림을) 그리다; *mala seoske ikone* 시골 성화를 그린다

Malavi 말라위

malčice (副) (지소체) malo, malko; 조금

malecak *-cka, -cko,* **malecan** *-cna, -cno,* **maleček** *-čka, -čko,* **malešan** *-šna, -šno* (形) (지소체) mali, malen; 작은, 적은

malen *-a, -o; manji* (形) 참조 mali; 작은, 적은; ~*o dete* 작은 아이; ~*o iskustvo* 적은 경험; ~*a kuća* 작은 집

malenkost (女) 1. 사소한 것, 하찮은 것; *vređa ga svaka* ~ 모든 하찮은 것들이 그의 자존심을 상하게 한다 2. 상세(한 내용), 세세한 것 (pojedinost, detalj); *spominjati sve* ~ 모든 세세한 것들을 언급하다 3. 별로 중요하지 않은 사람, 하등의 가치가 없는 사람 (보통은 자신에 대해 겸손하게); *moja* ~ 별볼일 없는 저는 4. 작음, 적음 (크기·범위·수량 등이)

maler 불운, 불행 (neprilika, nezgoda); 재수없는 사람; *bije me (prati me)* ~ 불운이 항상 날 따라 다닌다; *ja sam maler* 난 재수없는 놈이다; *zadesio ga* ~ 그에게 불행이 닥쳤다

maler 참조 moler; 회칠하는 사람, 페인트칠하는 사람

malerisati *-šem* (完,不完) (타인에게) 재수없게 하다, 불운(불행)하게 하다 (baksuzirati)

malerozan *-zna, -zno* (形) 재수없는, 불행(불운)을 겪는; 불행한, 불운한 (baksuzan, koban)

malešan *-šna, -šno* (形) (지소체) malen; 작은, 적은

Malezija 말레이시아

mali *-ā, -ō; manjī* (形) 1. (평균·정상보다) 작은, 적은; (키·신장이) 작은; ~ *sud* 소규모 법원; ~*a soba* 작은 방; *dukat je mali, ali vredi* 금화는 작지만 가치가 있다; *bio je mali i ugojen* 그는 작고 뚱뚱했다; ~ *prst* 새끼손가락(발가락); ~*a kašika* 티스푼 2. (물 등이) 얕은 (plitak) 3. (평균 시간보다) 짧은, 짧게 지속되는; *za* ~*o vreme* 잠깐 동안에 4. (시간상으로) 가까운, 곧 5. (크기·사이즈 등이) 작은, 짧은, 좁은, 비좁은, 꽉 조이는 (uzak, tesan, kratak); ~ *konj* 작은 말; ~*e cipele* 작은 신발; ~*o odelo* 작은 옷 6. (연령상의)

어린 (maloletan) 7. (크기·사이즈 상으로 다른 것보다) 짧은, 작은; ~*a skazaljka* (시계의) 시침; ~*a osovina* 작은 축 8. (숫적으로) 적은, 별로 많지 않은, 사소한 (malobrojan); ~ *izdatak* 적은 경비; ~ *deo* 적은 부분; ~*a porodica* 소가족 9. 가치없는, 무가치한 (bezvredan, ništavan); ~*a stvar* 잡동사니; *po svojoj nesposobnosti i* ~*om znanju nisam kadar da to poboljšam* 나는 나 자신의 무능력과 무지로 인해 그것을 개선할 만한 사람이 못된다 10. (세기·강도 등이) 약한 (slab) 11. (사회적 지위·명성·재산 등이) 별볼일없는, 미약한 (sitan, skroman, beznačajan); ~ *trgovac* 소상인; ~ *činovnik* 하급관리; ~ *posednik* 가난한 소유주 12. ~ 할 능력이 못되는 (nemoćan, nesposoban); ~ *ste vi za tako štogod* 당신은 그렇게 뭔가를 할 수 있는 능력이 못됩니다 13. (명사적 용법으로) (男)(女) 어린이, 소년, 소녀 14. 기타; ~*o i veliko* 나이에 관계없이 모두; *na* ~*o (prodavati, trgovati)* 소매로 판매하다 (소규모로 무역하다); *na* ~*a vrata* 몰래, 남모르게; ~ *čovek* 소시민, 일반시민; *dobiti za* ~*e pare* 싸게 사다; ~ *malcat* 굉장히 작은; *u malom* 소규모의, 소규모로; *grad u malome* - *to je kafana* 소규모의 도시 - 그것은 카페이다

Mali *-ija* 말리; Malijac; **maljski** (形)

malica 1. 어린 소녀 (devojčica, mala) 2. 사소한 것, 하찮은 것 (malenkost, sitnica)

malicija 악의, 적의 (pakost, zloba)

maliciozan *-zna, -zno* (形) 사악한, 악의적인, 적의 있는 (pakostan, zloban, zlonameran)

maličak *-čka, -čko* (形) 매우 작은

maličak (副) 매우 작게 (vrlo malo, malko)

maličak 참조 mališan; 작은 소년

malignī *-ā, -ō* (形) 악성의 (opak); ~ *tumor* 악성종양

malina (植) 산딸기, 라즈베리; 그 열매로 만든 주스, 시럽 **malinov** (形); ~ *sok* 라즈베리 주스

malinast *-a, -o* (形) 산딸기(malina)와 비슷한

malinovac *-vca* 산딸기(malina)로 만든 주스·시럽

malinjak 1. 산딸기(malina) 재배 지역, 산딸기 농원 2. 산딸기 덤불

mališa (男), **mališan** (男) 작은 어린이; 작은 사람 (mali čovek)

mališan *-ana* 어린 소년 (mali dečak) **mališanka**

maliti *-im* (不完) 1. 작게 하다, 적게 하다, 감소시키다 (umanjiti, smanjiti) 2. ~ *se* 작아

지다, 적어지다, 감소되다

malkice, malko (副) 매우 작게(적게)

malne (副) 거의 (gotovo, skoro); *to su ljudi oženjeni i stanuju ~ svi u šumi* 그들은 결혼한 사람들로서 거의 모두 숲에서 살고 있다

malo (比; *manje*) (副) 1. (숫적·양적으로) 적은, 작은, 조금, 많지 않은; *u ~ vode* 적은 물에; *ima ~ radnika* 적은 노동자가 있다; *~ šećera* 설탕 조금; *trgovina na ~* 소매, 소규모 무역; *još ~* 조금 더; *u ~ reči* 몇 마디로 2. (평균·필요한 것 보다) 적은, 불충분한 (nedovoljno); *je si li ti gladna, ili ti je čega ~?* 네가 배고픈것이야 아니면 양이 부족한 것이야? 3. 조금, 약간 (pomalo, unekoliko, ponešto); *peći pri ~ jačoj vatri* 조금 더 강한 불에 굽다 4. (명사 생격과 함께 쓰여 가치·크기·규모 등이 작은 것을 강조하는) 작은, 적은 (nešto); *na proleće sagradiću ~ kuće* 봄에 작은 집을 지을 것이다 5. (시간상으로) 짧은, 짧게, 잠시, 잠깐 (kratko, na kratko); *~ poćuti* 잠깐 침묵하다; *~ zatim* 조금 있다 곧; *~ posle* 조금 후에; *~ stati* 잠시 일어서다; *zamolio me da ga ~ pričekam* 그는 자기를 잠시 기다려달라고 내가 부탁했다; *ide malo u Seul* 그는 서울에 잠깐 간다 6. 드물게 (retko); *~ se viđa* 드물게 만난다, 거의 만나지 않는다 7. (대명사 *ko, koji, što, čiji* 등과 함께) 거의 ~아니다 (retko, jedva); *to ~ ko zna* 거의 어떤 한 사람도 그것을 알지 못한다; *~ gde* ~하는 곳이 거의 없다 8. (mnogo, suviše 등과 함께 뜻을 강조하는) 너무, 약간 (odveć); *bilo ga je vetra ~ suviše* 바람이 너무 지나치게 불었다 9. 기타; *ima ~ više u glavi* 술에 취했다; *~ kad* 드물게; *malo-malo* 매시간; *jednu manje!* 조용히 해!, 입닥쳐!; *~ je trebalo* 거의 ~할 뻔 하다; *malo-pomalo* 서서히, 조금씩; *manje-više* 일반적으로; *ni manje ni više* 더도 말고 덜도 말고; *~ sutra (morgen)* (口語) (부정할 때 쓰는 표현) 결코, 결단코

malobrojan -*jna*, -*jno* (形) 적은 수의, 숫적으로 적은, 소수(小數)의 ; -*jna publika* 적은 수의 관중; *napasti s ~jnom vojskom* 적은 수의 병사로 공격하다; ~*jne škole* 소수의 학교

malobrojnost (女) 적은 수, 소수(小數); ~ *stanovništva* 적은 인구수

maločas (副) 조금전에 (malopre); *bio je tu ~* 조금전에 여기에 있었다

malodimnī, -*ā*, -*ō* (形) (숙어로 사용) ~ *barut* 연기가 적은 화약

malodoban -*bna*, -*bno* (形) 참조 maloletan; 미성년의

malodobnik 참조 maloletnik; 미성년자 **malodobnica**

malodobnost (女) 참조 maloletnost

malodušan -*šna*, -*šno* (形) 속좁은, 소심한, 심약한, 겁 많은

malodušje (참조) maloletnost; 소심함, 심약함, 겁 많음

maloletnik 소심한 사람, 심약한 사람, 겁 많은 사람

maloletnost (女) 소심함, 심약함, 겁 많음

malogradskī, -*ā*, -*ō* (形) 소도시의, 소읍지의 (malovaroški, palanački); ~ *život* 소도시에서의 삶

malograđanin (複 -*ani*) 1. 소시민 2. (輕蔑) 시야·시각이 좁은 사람, 속좁은 사람, 우물안 개구리 **malograđanka**; **malograđanski** (形)

malograđanština 1. 소시민적 세계관, 소시민적 행동, 소시민적 사고방식 2. (集合) (輕蔑) 소시민, 소시민 계급(계층)

malograničnī, -*ā*, -*ō* (形) (숙어로) ~ *promet* 국경무역

malokalibarka 소구경권총

malokalibarskī, -*ā*, -*ō* (形) 소구경의

malokrvan -*vna*, -*vno* (形) 1. 빈혈(증)의 (anemičan); 허약한, 병약한 (slabunjav); 창백한 (bled, bledunjav); ~*vno dete* 빈혈이 있는 아이; ~*vno lice* 창백한 사람 2. (비유적) 활력이 없는, 미지근한; ~*vna borba* 활기 없는 전투; ~ *razgovor* 미지근한 대화

malokrvnost (女) (病理) 빈혈, 빈혈증

maloletan -*tna*, -*tno* (形) 미성년의, 청소년의 (nedorastao, nezreo); ~*tni prestupnici* 미성년 범법자들

maloletnik 미성년자, 청소년 **maloletnica**; **maloletnički** (形); ~ *zatvor* 청소년 교도소

maloletnost (女), **maloletstvo** (中) 미성년(인 상태)

malolitražnī, -*ā*, -*ō* (形) (엔진 등이) 소형인, 휘발유를 비교적 적게 소비하는; ~ *motor* 소형 엔진

maloljudan -*dna*, -*dno* (形) (어떤 지역·국가 등의) 인구밀도가 희박한, 인구가 적은

malone (副) 참조 maltene; 거의

maloobrtnik 영세 수공업자 (sitan obrtnik)

maloposednik 소규모 토지소유자, 땅을 조금 가진 사람 **maloposednički** (形)

malopre (副) 조금 전에, 방금 전에 (maločas)

malopređašnjī, -*ā*, -*ē* (形) 조금 전의, 방금 전의, 조금 전에 일어난; ~ *razgovor* 조금 전

M

의 대화; ~ slučaj 방금 전에 일어난 사건; ~ susret 방금 전의 만남

maloprije (副) 참조 malopre

maloprodaja 소매 (反; velikoprodaja)

maloprodajnī, -ā, -ō (形) 소매의; ~e cene 소매가

maloprodavac 소매상

maloprodavnica 소매점, 소매 가게

malorečiv -a, -o (=malorek) (形) 1. 말수가 적은, 말을 많이 하지 않는 2. (적은 단어로) 압축한, 요약한, 절제된, 간결한; ~a izjava 절제된 발언

malotrajan -jna, -jno (形) 조금 지속되는, 오랫동안 지속되지 않는, 곧 없어져 사라지는 (kratkotrajan)

malouman -mna, -mno (形) 정상적으로 판단할 능력이 없는, 정신박약의, 정신 지체의; 저능아의

maloumnik 정신박약자, 정신지체자; 저능아

maloumnost (女) 정신박약, 정신지체

malovarošanin (複; -ani) 소읍지 주민; 시야·시각이 좁은 사람, 속좁은 사람

malovaroškī, -ā, -ō (形) 소읍지의; ~ život 소읍지 생활; ~o stanovništvo 소읍지 인구; ~a sredina 소읍지적 환경(조건)

malovažan -žna, -žno (形) 별로 중요하지 않은, 하찮은

malovečan -čna, -čno (形) 조금 지속되는, 짧게 사는; 일시적인

maloveran -rna, -rno (形) 1. 믿음(신뢰)이 굳건하지 않은, (~에 대한) 믿음(신뢰)이 전혀 없는 2. 속좁은, 소심한 (malodušan)

malovredan -dna, -dno (形) 가치없는, 무가치한, 값어치가 별로 없는

Malta 말타; Maltežanin; Maltežanka; malteški (形)

malta (廢語) 1. 물품소비세 (trošarina); 물품소비세 징수 사무소 2. (통행을 차단하는) 차단기 (brana, rampa)

maltene, **malne**, **malone** (副) 거의 (gotovo, skoro); napisao je ~ čitav roman 그는 거의 소설 전부를 썼다; on je ~ zakasnio 그는 하마터면 늦을뻔했다

malter 모르타르; gipsani ~ 회반죽, 석고반죽

malterisati -šem (完,不完) (벽 등에) 회반죽을 바르다

maltertirati -am (不完) (사람·동물을) 학대하다, 못살게굴다, 괴롭히다 혹사시키다(mučiti, zlostavljati); ubijali su i maltertirali crnce po njihovim naseljima 그들은 흑인들의 마을들을 돌아다니면서 흑인들을 살해하고 괴

롭혔다

maltoza 말토오스, 맥아당, 엿당

malvasija, **malvazija** 마므지(단맛이 나는 독한 포도주)

malverzacija 독직(瀆職), 공금 유용, 배임

malj -a; -evi (목재 혹은 금속으로 된, 크고 무거운) 해머, 망치 (bat, mlat); ćuteći razbijao je kamen teškim ~evima 침묵하면서 묵직한 해머로 돌을 깨부셨다; biti (nalaziti se) među ~em i nakovnjem 진퇴양난의 매우 어려운 처지에 있다; kao ~em po glavi (예상치 못한 난처한 상황에 대해 말할 때) 청천벽력과 같이, 마른하늘에 날벼락처럼

malja (G.pl. maljā) (사람·동물·식물의) 솜털; bose noge su joj bile posute sitnim ~ama 그녀의 맨발은 잔솜털로 덮여 있었다

maljav -a, -o (形) 솜털의, 솜털이 많은 (dlakav); ispod pokrivača su se videle ~e noge 가리개 밑으로 솜털이 많이 난 다리가 보였다

maljavost (女) 솜털이 많음 (dlakavost)

maljenica (男,女) 1. 키가 작은 사람; 난장이 (patuljak, kepec) 2. (植) 호르데움

maljica 1. 작은 나무 망치 2. 드럼스틱, 북채 (북을 두드리는) 3. 손잡이 (držak)

mama 1. (愛稱) 엄마(유아들의 언어에서 사용되는); (일반적으로) 엄마, 어머니 (majka, mati) 2. 엄마(시모·장모 등의) 3. (비유적)(輕蔑) 나약한 사람, 겁쟁이, 겁이 많은 사람 (slabić, kukavica, plašljivac)

mama 1. 참조 mamac; 미끼 2. 흥분, 열중, 도취 (omama, zanos) 3. 화, 분노, 격분 (pomama, bes)

mamac 1. 미끼(특히 낚시의) (vabilo, vapka) 2. 미끼, 유혹하는 것; 유혹하는 사람

mamak 참조 mamac

mameluk (複; -uci) 1. (歷) (이집트 왕의) 경호부대원; (나폴레옹의) 경호부대원 2. (비유적) 충성스런 하인 3. (백인 아버지와 인디언 어머니 사이에 태어난) 혼혈인

mamica 1. (지소체)(애칭) mama 2. (植) 산딸기

mamipara 1. 미끼상품, 소비자를 현혹시키는 상품(필요없으면서도 사게끔 유혹하는) 2. 돈을 속여 빼앗는 사람, 사기꾼, 협잡꾼

mamiti -im; mamljen (不完) primamiti (完) 1. 꾀다, 유혹하다; 속여 ~시키다 (varati); ~ u zamku 함정으로 유혹하다 2. (동물 등을) 유인하다 (vabiti) 3. 불러내다 4. 미쳐 날뛰게 하다, 흥분시키다 5. ~ se (za kim) (~에게) 미치다; naše se devojčice za njim mame 우

M

리 소녀들은 그에게 흠뻑 빠졌다

mamlaz (辱說) 돌대가리, 석두(石頭), 멍청이; 재주가 메주인 사람 (glupak, budala; smetenjak, šeprtlja)

mamljiv -a, -o (形) 유혹하는, 매혹적인, 매력적인

mamuran -rna, -rno (形) 1. 술이 덜 깬, 숙취 해소가 안된, 정신이 맑지 않은; *bio je još supijan i* ~ 그는 아직 술이 덜 깬 상태였다 2. 잠이 덜 깬, 졸리운 (bunovan, sanjiv); *bio je* ~ *od nesanice* 잠을 자지 못해 졸리웠다

mamurluk, mamurnost (女) 숙취(상태); *iz navike odmah odlazio u birtiju da ubije* ~ 습관적으로 그는 해장하러 술집에 갔다

mamut (動) 맘모스

mamutskī -ā, -ō (形) 1. 맘모스의; ~*e kosti* 맘모스뼈 2. (비유적) 거대한, 엄청난 (ogroman, džinovski, gigantski); ~*o stopalo* 엄청나게 큰 발바닥

mamuza 1. (보통 복수로) 박차 (ostruga); *podbosti konja* ~*ama* 말에 박차를 가하다 2. (解) 수탉의 다리에 나 있는 낫모양의 날카로운 발톱 (ostruga)

mamuzati -am (不完) **mamuznuti** -nem (完) 1. (말에) 박차를 가하다; ~ *konja* 말에 박차를 가하다 2. (비유적) 발로 (누구를) 때리다, 구타하다, 차다 (udarati, tući) 3. (비유적) 괴롭히다, 못살게 굴다, 학대하다, 혹사시키다 (zlostavljati, kinjiti, maltertirati)

mana (宗) 만나(이스라엘 민족이 40일 동안 광야를 방랑하고 있을 때 여호와가 내려 주었다고 하는 양식); *(pada) kao* ~ *s neba (nebeska* ~) (기대하지도 않았는데 적기에 하늘이 준 것을 말할 때) 아무런 노력과 수고도 없이

mana 결점, 결함, 단점, 흠결, 부족한 점 (nedostatak, pogreška, neispravnost); *srčana* ~ 심장 결함; ~ *od rođenja* 선천적 장애(기형); *niko nije bez* ~*e* 단점이 없는 사람은 아무도 없다, 완벽한 사람은 아무도 없다; *to mu je glavna* ~ 그것이 그의 주요 단점이다; *biti pod* ~*om* 신체적 단점이 있다; *vitez bez straha i* ~*e* 용감하고 흠결이 없는 기사

manastir 수도원; *ženski* ~ 여자 수도원 **manastirski** (形); ~ *život* 수도원 생활 **manastirište** (이전의) 수도원터

mandal (문(門)의) 빗장, 걸쇠 (보통 나무로 된) (prečaga, zasovnica, zasun, prevornica, zavor); *lagano podiže* ~, *otvori vrata* 천천

히 빗장을 올려 문을 연다

mandaliti -im (不完) 빗장을 채우다, 걸쇠를 걸다

mandara (숙어로) *tandara* ~ (누가 되는대로 멋대로 일을 할 때, 의미없는 대화를 할 때 하는 말) 엿장수 마음대로; 멋대로, 되는대로, 아무것이나 (zbrda-zdola, koješta)

mandarin (옛날 제국시절 중국의) 고관대작, 고위관리 **mandarinski** (形)

mandarina (植) 감귤, 귤

mandarinskī -ā, -ō (形) 참조 mandarin; ~ *mudrost* 고관대작의 지혜; ~ *jezik* 만다린어, 중국북경어

mandat 1. (선거인이 의원·의회에 대하여 행하는) 위임, 권한 부여, 권한 (ovlašćenje, punomoć); *poslanički* ~ 의원의 권한; *zastupnički* ~ 대표자의 권한; *kongres smatra da je potrebno ... ~ radničkih saveta produžiti na dve godine* 의회는 노동자 평의회의 권한위임이 2년 연장될 필요가 있다고 생각한다; *dati* ~ 권한을 위임하다, 권한을 주다; *oduzeti* ~ 권한을 몰수하다 2. (선출기관 대의원들의) 임기, 재임기간 3. (銀行) 우편환, 수표, 전표 (uputnica, ček, nalog za isplatu) 4. 명령, 지령 (naredba, zapovest, nalog); *izdati* ~ *da se ...* 명령을 내리다 5. (UN 등에 의한) 위임통치, 신탁통치; 위임통치하의 지역(국가), 위임통치령 **mandatni, mandatski** (形)

mandatar (국민 등으로부터 권한을 위임받은) 수임자(受任者); 대리인; (대통령 등으로부터 내각구성을 위임받은) 수임자 (opunomoćnik, zastupnik)

mandatnī -ā, -ō (形) 참조 mandat; ~*e zemlje (oblasti)* 위임통치하의 국가(지역); ~*a kazna* 경범죄 벌금; ~ *postupak* 즉결심판(처분)

mandator (권한·명령을 위임하는) 명령자, 위임자 (opunomoćtelj)

mandatskī -ā, -ō (形) 참조 mandat; ~*e zemlje* 피위임통치국

mandolin (男), **mandolina** (女) (樂器) 만돌린 (금속 현이 보통 8개 달린 현악기); *svirati* ~*u (na~i)* 만돌린을 연주하다 **mandolinski** (形)

mandolinist(a) 만돌린 연주자

mandragora (植) 맨드레이크(마취제에 쓰이는 유독성 식물, 과거에는 마법의 힘이 있다고 여겨졌음)

mandril (動) (서아프리카산의) 개코원숭이

mandrljati -am (不完) (口語) (nešto) 1. (이해

M

487

할 수 없게) 웅얼거리다, 중얼거리다 (mrmljati) 2. 매우 어설프게 하다, 마지못해 하는 척만 하다; *mandrljamo razne pesme o otadžbini i srpstvu* 조국과 세르비아적인 것에 관한 여러 시들을 매우 어설프게 짓다

mandula 1. (植) 아몬드 나무 2. (解) 편도선 (krajnik); *~e mu se gnoje* 그의 편도선에 염증이 있다

mandža (종종 반어적으로) 음식, 식량 (jelo, hrana); *tvoje maslo moju ~u ne sladi* 너의 아무리 좋은 것도 나와는 상관없다

mandžati *-am* 음식을 만들다, 요리하다

maneken 1. 모델 2. 마네킹 **maneka**, **manekenka**

manevar *-vra* 1. (軍) (군대·군함 등의) 기동작전, 기동 연습, 작전 행동; (보통 복수로) 대규모 군사훈련; *ići na ~* 대규모 군사훈련에 참가하다; *obaviti ~* 군사훈련을 하다 2. 앞뒤좌우로 움직임(원하는 위치·방향을 잡기 위한, 주로 기관차, 선박 등의) 3. (스포츠 등의) 페인트 모션(상대방을 속이기 위한) **manevarski** (形)

manevarka (역내에서의) 구내 배차 기관차(構內配車機關車; 객차 등을 이동시키고 붙이는)

manevarskī *-ā, -ō* (形) 참조 manevar; *~a lokomotiva* 구내 배차 기관차; *~ metak* 공포(空包), 공탄(空彈); *~ rat* 기동전(機動戰)

manevrirati *-am*, **manevrisati** *-šem* (不完) 기동훈련을 하다, 대규모 군사훈련을 하다, 작전 행동을 하다, 앞뒤좌우로 움직이다

manevrist(a) 구내 배차 기관차 기관사

manež (男), **maneža** (女) 승마 학교, 조련장

mangal (男), **mangala** (女) 화로(불타는 숯을 담아 놓아 난방용으로 사용하는)

mangup 1. 건달, 백수, 한량, 동네 불량배, 망나니 (nevaljalac, besposličar, skitnica; lola); *idem s ~ima u bioskop* 건달들과 함께 극장에 가다 2. 떠돌이, 뜨내기 (probisvet) 3. 말썽꾼, 짓궂은 사람, 행동과 말이 가벼운 사람 (obešenjak, spadalo, okačenjak) **mangupski** (形)

manguparija 1. (集合) mangup 2. 건달같은 행동 (염치없는 행동, 창피를 모르는 행동, 짓궂은 행동), 망나니 짓

mangupče *-eta* (지소체) mangup

mangupica 참조 mangup

mangupirati se *-am se* (不完) 건달 노릇을 하다, 망나니 짓을 하며 돌아다니다, 백수생활을 하다 (skitati se, besposličiti); *mene su ... poslali ovamo da učim ... a ne da se mangupiram* 건달 노릇을 그만두고 배우라

고 이곳으로 나를 보냈다

mangupluk 건달 같은 행동, 불량한 행동·처신

mangupskī *-ā, -ō* (形) 건달같의, 한량의, 망나니의; *~ postupak* 건달 같은 행동

mangupstvo 참조 mangupluk

manić (魚類) 모캐(대구과의 민물고기)

manifest (국가·정당·사회단체 등의) 선언문, 선언서; *Komunističke partije* 공산당 선언; *~ mira* 평화선언문

manifestacija 1. (정치적 찬·반을 나타내는) 시위, 데모; 대규모 영접 환영 행사(주로 국빈들을 위한) 2. 대규모 주요 행사(문화·체육 등의); (어떤 것의 존재 등을 확인시켜주는) 표명, 표시, 표현

manifestirati *-am*, **manifestovati** *-tujem* (完, 不完) 1. 행사에 참여하다; 공개적으로 표명(표시)하다, 나타내다, 드러내 보이다; *~ dobrotu* 호의를 표명하다; *~ svoju snagu i moć* 자신의 힘과 능력을 공개적으로 나타내다 2. *~ se* 표명되다, 표시되다, 나타내지다 (ispoljiti se, iskazivati se); *manifestuju se različiti interesi* 다양한 이해관계가 나타난다; *manifestuje se njegov talenat* 그의 재능이 나타난다

manija 1. (病理) 콤플렉스, 강박 관념, 강박증; *~ gonjenja* 피해 망상(증); *Ana je ... patila od ~e preterane čistoće* 아나는 청결 강박증에 시달렸다 2. 광적인 열광(열정), 병적인 집착; *~ ljag*; *zavladala je ~ za bogaćenjem i žeđ za uživanjem* 부자가 되는 것에 대한 집착과 여유로움에 대한 갈망이 너무 컸었다; *~ za nečim* ~에 대한 광적인 열광(열망)

manijak 강박증 환자; 미치광이, ~광 (ludak; čudak, osobenjak); *seksualni ~* 성도착증 환자

maniker (男), **manikerka** (女) 손톱관리사 (manikir; manikirka)

manikirati *-am* (完, 不完) 1. 손톱 손질을 하다, 손 관리를 하다 2. *~ se* 손톱 손질을 받다, 손 관리를 받다

manikirka 참조 maniker

manioka (植) (열대 지방의) 카사바 나무

manipulacija 1. (기계·기구 따위의) 조작(操作), 조종; 취급(법); 솜씨 좋은 처치; (일·업무·과정 등의) 잘 다룸 (rukovanje, upravljanje čime); *jednostavna ~* 간단한 조종(조작) 2. (비유적) (숫자·장부 따위의) 교묘한 조작, 속이기 (prevara, smicalica, podvala) 3. 기타; *šumska ~* 삼림벌채, 삼림벌채 회사

manipulativni (形); *~ troškovi* 취급수수료, (선박의) 화물하역비(선적비)

manipulant 1. (기계·장비 등을 조작하는) 조종자, 조작자, 취급자, 운전자 (rukovalac) 2. (업무·사무 등에서 주업무자를 보조하는) 업무 보조자, 사무 보조자, 조수(助手) 3. (강이나 하천을 운행하는 선박의) 선장의 조수

manipulirati *-am*, **manipulisati** *-šem* (不完) 1. (기계·장비 등을) 다루다, 조종하다, 조작하다; (어떤 일·문제 등을) 잘 다루다, 솜씨있게 처리하다; ~ *mašinom* 기계를 조종하다; *ja sam već pokazao da razumem izvrsno s novcima* ~ 나는 이미 돈을 잘 운영할 수 있다는 것을 보여주었다 2. (보통 어떠한 일을 은폐하거나 왜곡할 목적으로, 또는 어떠한 이익을 취하기 위해) 조작하다, 조종하다

manir 1. (보통 複數로) 매너; 태도, 예의, 예의범절; (~의) 방법, 방식; *čovek diplomatskih* ~*a* 외교관의 매너를 가진 사람; *to je njegov* ~ 그것은 그의 방식이다; *imati dobre* ~*e* 좋은 예의범절을 지니다 2. (사람의) 태도 3. (예술·문학 등의) 양식, ~식(式), ~풍(風) (stil); šablon); 틀에 박힌 작풍, 매너리즘; *Rebrantov* ~ 레브란트 양식

manirizam *-zma* 1. 마니에리즘(16세기 이탈리아의 미술 양식중의 하나) 2. (미술에서의) 지나친 모방

manisati *-šem* (不完) (nekome, nečemu 또는 nekoga, nešto) (남의) 흠을 찾다, 흠잡다, ~을 비난하다, 트집잡다 (prigovarati, zamerati, kuditi)

manljiv *-a*, *-o* (形) 결함(흠·결점·단점)이 있는; *vidno* ~*e* (*šljive*) *mogu se izdvojiti* 흠집이 분명한 (플럼)은 따로 분류될 수 있다; *biti* ~ *na nešto* (口語) 쉽게 ~을 앓을 수 있다, ~에 쉽게 걸릴 수 (감염될 수) 있다

manometar *-tra* (기체·증기·액체 등의) 압력계

mansarda 1. 다락, 다락방 (tavan, potkrovlje); *na* ~*i* 다락방에서; *možda je najbolje ... visoko na* ~*i ... očekivati zalaske sunca* 다락방 높은 곳에서 석양을 바라보는 것이 가장 좋을 수도 있다

manšeta, **manšetna** 1. 소맷부리, 커프스 (manžeta, manžetna); *potegao je malko uvis* ~*u i pogledao na uru* 소맷부리를 조금 위로 잡아당긴 후 잠시 그것을 보았다 2. (혈압기 중) 팔에 감는 부분 3. 책 겉표지의 날개(저자·내용 등에 대해 간단한 정보가 적혀있는)

mantija 1. (성직자의) 망토, 도포; *zbaciti* (*svući, skinuti*) ~*u* 환속(還俗)하다, 성직을 떠나다; *obući* ~*u* 속세를 떠나 성직자가 되다 2. (성직자의 망토와 비슷한) 외투, 망토, 도포

mantijaš (輕蔑) 성직자 (sveštenik)

mantil 1. (가볍고 얇은 천으로 된) 외투, 코트; *kišnji* ~ 우의(雨衣), 비옷 2. (일할 때 입는, 의사 등의) 가운; *beli* ~ 흰 가운; *radni* ~ 작업복

mantisa (數) 가수(假數)

mantl 참조 mantil

manual 1. (기계·장비 등의) 사용설명서 (priručnik) 2. (宗) 기도서 (molitvenik) 3. (오르간의) 건반

manuelac *-lca* 육체노동자 (反; intelektualac)

manuelnī, *-ā*, *-ō* (形) 손으로 하는, 육체노동의 (fizički); 수동의; ~*lni radnik* 육체노동자; ~ *rad* 수작업; ~*lna veština* 손재주

manufaktura 1. 손으로 직접 짠 편물; 수공예품; 직물, 편물, 섬유; 그러한 물건을 파는 가게, 직물점, 편물점 (rukotvorina, ručna izrada; tkanina) 2. 섬유 공장(특히 기성복 제조의); 기성복 **manufakturni** (形); ~*a proizvodnja* 섬유 생산

manuskript 1. 원고(原稿), 손으로 쓴 것(문서·편지·서류 등) (rukopis) 2. 필사본, 사본(寫本) (stari rukopis)

manuti (se) *-nem* (*se*) 참조 mahnuti; 흔들다

manžeta, **manžetna** 참조 manšeta; 소맷부리, 커프스

manj (接續詞, 주로 *ako*, *da* 등과 함께) ~하지 않는 한, ~이 아닌 한, ~ 이외에는 (osim, sem, samo, ako); *to je neizvodljivo*, ~ *ako se ne nađe neko ko će nam pozajmiti pare* 우리에게 돈을 빌려줄 사람을 찾지 않는 한 그것은 실현 가능성이 없다; *ne možemo mu to javiti*, ~ *da ja odem njegovoj kući* 내가 그의 집에 가는 방법 이외에는 그것을 그에게 알릴 수 없다

manjak *-njka*; *manjci* 또는 *manjkovi* 1. 부족, 부족분, 부족액; 결손, 적자 (deficit); *kad se saznalo za* ~ *u blagajni?* 언제 계산대의 돈이 부족하다는 것을 알았느냐?; ~ *u hrani* 식량부족; ~ *vitamina* 비타민 부족; ~ *struje* 전기부족; *nadoknaditi* ~ 부족분(결손)을 메워넣다 2. 단점, 결점 3. 기타; *ići na* ~ 감소되다, 부족해지다

manje (副) 1. (비교급) malo; *što* ~ 가능한 한 적게(작게) 2. (數) 빼기; *tri* ~ *dva je jedan* 3 빼기 2는 1이다 3. 기타; *jednu* ~ 조용히 해!, 입다물어, 더 이상 말하지마!; *manje-više* 거의(gotovo, skoro)

manjerka (급식을 받는) 금속제 식판

manjež 참조 manež

manjī, -ā, -ē 참조 mali

manjina 소수, 소수집단, 소수민족; *vođa ~e* 소수민족 지도자; *nacionalna* ~ 소수 민족; *ostati u ~i* 소수로 남다; *većina je mogla izvršiti verifikaciju bez ~e* 다수집단은 소 수집단의 참여없이 비준할 수 있었다

manjinskī, -ā, -ō (形) 참조 manjina; 소수의, 소수민족의, 소수민족에 관한; *~o pitanje* 소 수민족 문제; *~a prava* 소수민족의 권리

manjiti *–im* (不完) 1. 적게하다, 작게하다, 감소 시키다, 줄이다, 축소시키다 (smanjiti, umanjiti) 2. ~ se 적어지다, 작아지다 감소 되다, 축소되다, 줄어들다

manjkati *–am* (完,不完) manjkavati *–am* (不完) 1. 모자라다, 부족하다, 부족해지다 (faliti, nedostajati); *ovde mi manjka još jedna fotelja* 아직 한 개의 의자가 여기에 부족하다 2. (完) (보통 동물이) 죽다 (crći, lipsati); *čovek brzo ozdravio, ali pseto manjkalo je* 사람은 곧 건강을 회복했으나 개(犬)는 죽었다

manjkav *-a, -o* (形) 1. 부족한, 모자라는, 불충 분한; 결점(단점)이 많은, 하자있는, 흠결있 는 (nedovoljan, oskudan; loš, rđav, slav); ~ *zapis* 흠이 많은 기록; *~i podaci* 불충분 한 통계(자료); *~o znanje* 부족한 지식 2. (육체적·정신적) 단점(결점)이 있는

mapa 1. 지도 (karta, plan); ~ *Evrope* 유럽 지도 2. (건물 등의) 도면, 설계도, 스케치; *zemljišne ~e* 토지 도면 3. (서류 또는 스케 치를 보관하는) 딱딱한 서류철, 가방 (korice, torba)

marabu *–ua* (男) (鳥類) 대머리황새; 그 깃으로 만든 장식품

marama (G.pl. *marāmā*) (머리에 쓰는, 목에 두 르는) 스카프, 두건; (얼굴을 닦는) 수건 (rubac)

maramica 1. (지소체) marama; 손수건 2. (解) (얇은) 막; *plućna* ~ 흉막, 가슴막; *trbušna* ~ 복막

maraska (植) 마라스카 (오스트리아산(産) 야 생 버찌)

maraton 1. 마라톤 maratonski (形); *~a trka* 마라톤 경주 2. (비유적) 예상외로 오래 계속 되는 것; *filmski* ~ 영화 마라톤

maratonac *–nca* 마라톤 선수, 마라톤 참가자

marcipan *–ana* 마지팬(아몬드와 설탕·달걀을 섞어 만든 과자)

marela 1. 신 체리(višnja)의 일종 2. 살구 (kajšija)

margarin 마가린

margetan *–ana* (군대와 같이 이동하며 그들에 게 식품과 음료를 파는) 조달 상인, 조달업 자, 공급업자,

margina (책 페이지의) 여백, 공백; *na ~ama* 여백에

marginalije (女,複) 방주(旁註; 책의 여백에 손 으로 쓴 글)

Marica 마리차강(江; 불가리아, 그리스, 터키를 가로질러 에게해로 흘러들어가는); *baciti u mutnu ~u* 헛되이 돈을 쓰다(낭비하다); *nosi (odnela) mutna* ~ 허무하게 무너지다(파멸 하다)

marica (주로 정치범의) 죄수 호송차

marifetluk 속임수, 트릭; (골탕을 먹이기 위한) 장난(농담)

marihuana 마리화나

marina 1. (軍) 해군 (mornarica); *moj otac je služio u ~i iputovao mnogo* 내 아버지는 해 군에서 근무하여 많이 돌아다녔다 2. 바닷 그림; *najveću je popularnost postigao Crnčić svojim ~ama* 쯔른치치는 바닷그림으 로 가장 많은 인기를 얻었다

marinac *–nca* 해군 (mornar)

marinada (女), marinat *–ata* (고기·생선 등을 재는) 마리네이드, 양념장

marinirati *–am* (完,不完) 마리네이드하다; *marinirana riba* 마리네이드된 생선

marinskī, -ā, -ō (形) 해군의 (mornarski, mornarički); *~a odora* 해군 정복; *~a uniforma* 해군 유니폼

marinskoplav *-a, -o* (形) 짙은 남색의, 짙은 감색의, 네이비블루색의

marioneta (女) 1. 꼭두각시, 꼭두각시인형 2. (비유적) (남에게 조종을 당하는) 꼭두각시, 앞장이, 끄나풀, 괴뢰(정권·국가) marionetski (形); *~a država (vlada)* 괴뢰 국가(정권); *~o pozorište* 인형 극장

mariti *–im* (不完) (보통 부정적으로) 1. (za koga, za što) 돌보다, 보살피다, 신경을 쓰 다 (brinuti se, hajati); *on ne mari za nju* 그 는 그녀를 돌보지 않는다; *on ne mari šta će svet reći* 그는 세상 사람들이 뭐라고 말하 든 신경쓰지 않는다 2. (nekoga, nešto) 누 구에게(무엇에게) 호감을 갖다, 애정을 느끼 다, 좋아하다; 원하다; *mislili smo svi da je on učevan čovek, ali ga nismo marili* 우리 모두는 그가 학식있는 사람으로 생각했으나, 그를 좋아하지는 않았다; *ona ne mari da ide na koncerte* 그녀는 음악회에 가는 것을 좋 아하지 않는다; *ja ne marim voće* 나는 과일 을 좋아하지 않는다; *mi njih ne marimo* 우 리는 그들에게 호감을 느끼지 않는다; oni

M

se baš ne mare 그들은 서로에게 호감을 가지고 있지 않다 3. ~해야 하다, ~할 필요가 있다 (trebati, morati); *znao si da je moja krava, nisi mario goniti je* 너는 그 소가 내 소인줄 알았으며, 그 소를 쫓을 필요는 없었다 4. 기타; *ne mari (ništa)* 뭐가 문제야!, 문제될 것 없다, 그건 중요하지 않아!; ~ *za nekoga (za nešto) kao za lanjski sneg* (누구·무엇에 대해) 전혀 신경쓰지 않다

marjaš (歷) (이전의 헝가리와 터키의) 동전; (일반적으로) 액면가가 작은 돈, 잔돈 (sitan novac); *(biti, ostati) bez ~a* 돈이 한 푼도 없다; *ne vredeti ~a* 아무런 가치도 없다; *ne dati ni ~a* 아무것도 주지 않다

marka 1. 우표; 수입 인지; *poštanska ~* 우표; *taksena ~* 수입 인지 2. (상품의) 상표, 브랜드; *koje je ~e vaš novi televizor?* 새로 구입한 텔레비전의 상표는 무엇입니까?; *fabrička ~* 상표, 트레이드마크 3. (개의 목에 거는) 개목걸이, 개 인식표 (litar) 4. (이전 독일의 화폐 단위인) 마르크

markantan *-tna, -tno* (形) 눈에 띄는, 두드러진, 현저한; 구별되는; 중요한, 유명한, 저명한; ~*tna crta* 눈에 띄는 그림; ~*tna pojava* 두드러진 현상; ~*tno lice* 저명인사 ~ *tip* 눈에 띄는 타이프

markarnica 우표 발행소, 수입 인지 인쇄소

marketing 마케팅

markica (지소체) marka

markiran *-a, -o* (形) 참조 markirati; 마크된, 표시된 (obeležen)

markirant 1. 도장(인장)을 찍는 사람 2. (口語) (의무·책임 등을) 회피하는 사람, 기피하는 사람, ~인체 하는 사람 (zabušant, simulant)

markirati *-am* (完,不完) 1. 도장(인장)을 찍다; 우표를 붙이다 (žigovati; staviti marku) 2. (상대방을 속이려고 카드에) 표시하다 (obeležiti, označiti) 3. 강조하다 (istaći, naglasiti); ~ *bitne strane* 중요한 면을 강조하다 4. (비유적) (의무·책임 등을) 기피하다, 회피하다; ~인체 하다 (pretvarati se, zabušavati, simulirati); *markira kad da vuče, a doista ne vuče* 잡아당기는 척만 하고는 잡아당기지 않는다 5. (스포츠) (상대 선수가 공을 잡지 못하도록) 마크하다, 방어하다

markiz 후작(공작보다는낮고 백작보다는 높은)

markiza

marksist(a) 막스주의자

marksistički *-ā, -ō* (形) 막스주의의, 막스주의자의; ~*a literatura* 막스주의 문헌

marksizam *-zma* 막스주의

marljiv *-a, -o* (形) 근면한, 성실한, 부지런한, 열심인 (vredan, prilježan, revnostan); ~*e ruke nisu počivale sve do jutra* 부지런한 손은 아침까지 쉬지를 않았다

marmelada 마멀레이드(오렌지·레몬 등으로 만든 잼. 보통 아침식사 때 먹음); ~ *od bresaka* 복숭아 마멀레이드; ~ *od šipaka* 석류 마멀레이드

maroder 약탈 군인(전쟁터에서 부상자나 사망자를 약탈하는, 혹은 통과지역의 비무장 민간인을 약탁하는 군인), 약탈자 **maroderski** (形)

maroderstvo 약탈, 강탈 (pljačka)

Maroko 모로코 **Marokanac; Marokanka; marokanski** (形)

maron (야생 밤이 아닌 재배된) 밤 (kesten)

Mars (天) 화성; *kao da je pao s ~a* 전혀 현재 발생하는 일을 모른다, 현실에 매우 둔감하게 행동하다

Marsej, Marselj 마르세유(프랑스 지중해안의 항구 도시)

marselježa 라마르세예즈 (프랑스 국가(國歌))

marsovac *-ovca* 화성에서 온 사람, 화성인

marš *-evi* 1. 행진 2. (音樂) 행진곡 (koračnica); *vojnički ~* 군행진곡; *pogrebni ~* 장송곡; *svadbeni ~* 결혼 행진곡 **marševni, marševski** (形); ~*a disciplina* 행군군기; ~ *poredak* 행진대형

marš (感歎詞) 1. (주로 숙어로) *napred ~* 앞으로 가! 2. (辱說) (쫓아낼 때) 꺼져 (odlazi, sklanjaj se)

maršal (軍) 원수(元帥) **maršalski** (形)

marševanje (동사파생 명사) marševati; 행진, 행진하기

marševati *-šujem* (不完) 행진하다 (marširati)

marširati *-am,* **maršovati** *-šujem* (不完) 1. 행진하다 2. 절도있게 걷다 3. 진격하다, 공격하다 4. (marš라는 말을 하면서) 쫓아내다, 내몰다 (goniti, proterivati)

maršruta 여행일정, 여행스케줄; *prema ~i ovde stojimo dva sata* 여행일정에 따라 여기서 두 시간 머물것이다 **maršrutni** (形)

mart 3월 (ožujak) **martovski** (形)

martin 1. (대문자로) 남자 이름; ~ *u Zagreb, ~ iz Zagreba* 대도시 생활에서도 아무런 변화도 겪지 못하고 이전의 자신으로 돌아가는 사람을 일컬을 때 쓰는 말 2. (재주부리는) 곰; *smrdljivi ~* 악취를 풍기는 벌레, 노린잿과(科)의 곤충

martir 순교자 (mučenik, patnik)

martirizam *-zma,* **martirij** *-ija,* **martirijum** 순

M

교

martirologija 순교사(殉敎史)

marva 1. 네 발 달린 가축(개·고양이 제외), 가축, 소 (stoka); *krupna ~* 덩치가 큰 가축; *sitna ~* 덩치가 작은 가축; *ići za ~om* 소를 돌보다 2. (비유적)(輕蔑) 짐승 같은 놈

marveni (形); ~ *sajam* 소 전시회; ~ *lekar* 수의사

marvinčad (女) (集合) marvinče

marvinče -*eta* (소·가축의) 두(頭)

marvogojstvo 축산, 축산업 (stočarstvo)

marža (商) 마진, 이윤 폭

masa 1. (~의) 다수(多數), 다량(多量); (~의) 큰 부분, 대부분; (複數로) 계층; ~ *ljudi tiskala se pred ulazom u gradsku vijećnicu* 많은 사람들이 시의회 정문에 붐볐다; *na prozor je bačena masa bombi* 다량의 폭탄이 창문으로 던져졌다; *seljačka ~* 농민계층; *biračke ~e* 유권자계층; ~ *kapitala* 많은 자본 2. (많은 사람들의) 무리, 대중(大衆), 군중, 떼 (svetina, narod); ~ *ponese i mene* 무리들에 나도 떠밀려간다; *probiti se kroz ~u* 군중을 헤치고 나가다 3. (물체의) 재료, 물질 (materija, tvar); *moždana ~* 뇌 물질 4. (물질의) 혼합물, 덩어리 (smesa); *plastična ~* 플라스틱 혼합물; *keramična ~* 세라믹 덩어리; *papirna ~* 종이 덩어리 5. (法) 유산(동산과 부동산을 합친 전체의); 재산(법인·개인의 파산후 잔존한 (ostavština; imovina) 6. (정확한 형체가 없는) 덩어리, 덩이; *bezoblična ~* 형태가 없는 덩어리

masakr 대학살, 대량 학살, 대량 살상 (pokolj); ~ *stanovništva* 주민 대학살; *izvršiti ~ pred nekim* 누구에 대해 대량 학살하다; *najveći broj njih stradao je u zverskim fašističkim ~ima stanovništva* 주민들 다수는 그들에 대한 파시스트들의 야만적 대학살에서 살해되었다; *izvršiti ~ nad nekim* 누구에 대한 대학살을 자행하다

masakrirati -*am* (完,不完) 대학살하다, 대량 살상을 자행하다

masalni, -*ā*, -*ō* (=maseni) (形) 유산의, 재산의

masaža 마사지; ~ *tela povoljno utiče na optok krvi* 신체 마사지는 혈액순환에 좋다 **masažni** (形)

maser 마사지사, 안마사 **maserka**

masirati -*am* (不完) 1. 마사지하다 2. (비유적)(口語) (누구를) 귀찮게 하다, 못살게 하다 3. ~ *se* 자기 몸을 마사지하다

masiv 1. 대산괴(大山塊); 산줄기에서 따로 떨어져 있는 산의 덩어리) 2. 단층 지괴(斷層地塊) 3. 커다란 덩어리, 굉장히 넓은 면적을 이루고 있는 것; ~ *ledenjaka* 빙하 지역

masivan -*vna*, -*vno* (形) 1. (암석의 구조가) 층리가 없는, 등질인 (jedar, zbijen, kompaktan) 2. (보통 무겁고 단단하고 견고한 물질로 만들어진) 크고 무거운, 큰 덩어리를 이루는, 육중한 (težak, glomazan); ~ *sanduk* 크고 무거운 궤 3. (용모·체격 등이) 큼직한, 건장한, 우람한; ~*vno telo* 건장한 신체

maska (D.sg. -*sci* & -*ki*, G.pl. -*ski*) 1. (변장용) 복면, 가면, 탈; *staviti (skinuti) ~u* 가면을 쓰다(벗다); *bal pod ~ama* 가면무도회; *posmrtna ~* 데스 마스크(석고로 본을 떠서 만든 죽은 사람의 얼굴); *zderati nekome ~u* 누구의 가면을 벗기다 2. 복면(가면·탈)을 쓴 사람 3. (보호용) 마스크, 방독 마스크; *gasna ~* 가스 마스크 4. (얼굴 마사지용) 팩

maskarada 1. 가장 무도회 2. 거짓 꾸밈, 겉치레, 핑계, 허구 (šega, šegačenje, lakrdija)

maskenbal 가면 무도회, 가장 무도회

masker (극장의) 분장사

maskerada 참조 maskarada

maskerata (중세의) 카니발 노래(무대에 맞게 각색된)

maskirati -*am* (完,不完) 1. 마스크를 씌우다, 분장시키다, 변장시키다 2. (군사 시설 등을) 엄폐하다, 차폐하다, 눈에 띄지 않게 하다, 위장하다 3. (사실·진실 등을) 숨기다, 감추다 4. ~ *se* 가면을 쓰다, 변장하다 5. ~ *se* 숨겨지다, 감춰지다

maskirni, -*ā*, -*ō* (形) 위장의, 변장된; ~*a odeća* 위장복

maskota (행운의) 마스코트

maslac 버터 (maslo, buter, puter)

maslačak -*čka*; -*čci* (植) 민들레

maslen -*a*, -*o* (形) 1. 지방이 많은, 지방으로 된 2. 기름투성이의, 기름기가 많이 묻은; ~ *šešir* 번질번질한 모자

masleni, -*ā*, -*ō* (形) 유지(乳脂)의, 유지방의

maslina (植) 올리브 나무; 그 열매 **malsinov** (形); ~*o ulje* 올리브 오일; ~*a grančica* 올리브 가지; ~*o drvo* 올리브 나무

maslinast -*a*, -*o* (形) 올리브색의, 황록색의; ~*a boja* 올리브색; ~*a uniforma* 황록색의 유니폼

maslinica (지소체) maslina

maslinik 참조 maslinjak

maslinka 올리브 열매

maslinov -*a*, -*o* (形) 참조 maslina; 올리브의

492

maslinovina 올리브나무 목재
maslinjak (=maslinik) 올리브나무를 심은 언덕(지역), 올리브 과수원
maslo 1. 참조 maslac; 버터 2. 유지(乳脂), 유지방; 버터를 녹여 얻은 유지 3. (비유적) 이익, 득(得) (dobitak, korist, ćar) 4. (부정적 의미의) 자업자득; sve je to njegovo ~ 모든 것이 그의 자업자득이다 5. 기타; drveno ~ 올리브 오일; pusto ~ 주인없는 땅, 버려진 땅; pusto ~ i psi loču (raznose) 버려진 땅은 점점 더 황폐해져간다; ima tu njegovog ~a (to je njegovo ~) 그는 자신의 몫이 있다; pojati (čitati, svetiti, sveštavati) kome ~a (正敎) (특히 정신병자의 치료를 목적으로) 성유를 바르다; svetiti kome drvena ~a 회초리로 누구를 때리다; imati ~a na glavi 깨끗하지 못한 과거가 있다(절도·횡령·사기 등의); ne bi ni pas s maslom pojeo 개도 먹지 않을 것이다(심각한 모욕을 할 때
masnica 1. (타박상으로 생기는) 멍, 명자국 (uboj, modrica) 2. (옷의) 기름때 묻은 곳 3. 파이(pita)의 한 종류(기름기 많은)
masno (副) 1. 풍부하게, 풍요롭게, 많이 (izobilno, mnogo, bogato, skupo); ~ se najesti 많이 먹다; živeti slasno i ~ 풍요롭게 살다; ~ platiti 비싸게 지불하다; ~ zarađivati 잘 벌다 2. 과하게, 과도하게 (preterano, nepristojno); ~ lagati 새빨간 거짓말을 하다; ~ prevariti 대놓고 속이다; ~ psovati 걸게 욕설하다; ~ se šaliti 성적 농담을 걸쭉하게 하다
masnoća 1. (주로 複數로) (음식의) 지방, 지방질; (사람·동물의 몸에 축적된) 지방, 비계; 비만 2. 기름때 4. 유지(乳脂); ~ mleka 우유 유지
masnjikav -a, -o (形) 약간 기름진, 기름 냄새가 나는
masohist(a) 마조히스트, 피학대 성애자
masohizam -zma 마조히즘 masohistički (形)
mason 프리메이슨 단원 masonski (形)
masonerija (女), masonstvo (中) 프리메이슨단의 주의(관행·제도)
masovan -vna, -vno (形) 1. (사람들이) 대규모의, 대량의, 다수의; ~vna emigracija 대규모 이주; ~vna organizacija 대규모 조직; ~ pokret 대규모 운동 2. 대중의(많은 사람들을 위해 만들어진); ~vna kultura 대중문화; ~vne pesme 대중가요 3. 집단의, 단체의; ~vna ekskurzija 단체 여행
mast (女) 1. (요리용 동·식물성) 기름, 라드(돼지비계를 정제하여 하얗게 굳힌 것. 요리에

이용함), 쇼트닝; pržiti na ~i 쇼트닝에 튀기다; biljna (životinska) ~ 식물성(동물성) 기름; svinjska ~ 돼지 기름 2. (얼굴·손 등에 바르는) 크림, 로션; ~ za lice (ruke) 얼굴 (손) 크림 3. (구두 등의 광택을 내는) 크림; ~ za cipele 구두약 4. (기계 등의) 기름, 윤활유, 그리스 5. 기타; ušna ~ 귀지; biti namazan svim ~ima (sa sedam masti) (원하는 것을 얻기 위해서) 무슨 일이라도 할 준비가 되어있다; plivati u ~i 풍요롭게 살다; podmazati noge zečjom ~i 도망갈 준비가 되어있다; u koga je ~ u nega je vlast 부가 곧 권력이다; pobrati čast i mast 껭먹고 알먹다(자신에게 유리한 모든 것을 얻다)
mast (발효 전 또는 발효 중의) 포도액; 새 포도주 (mošt, šira)
mastan -sna, -sno; masniji (形) 1. (보통 한정형으로) 지방질의, 지방이 많은, 기름진 (反; postan); ~sni sir 지방 성분이 많은 치즈; ~sno tkivo 지방질 조직; ~sno meso 비계가 많은 고기; ~sno jelo 기름진 음식; ~sna čorba 기름기 많은 수프; ~sna hartija 납지, 파라핀지 2. (비유적) 큰 돈벌이가 되는, 이윤이 많이 남는; ~sna plata 두둑한 월급, 높은 급여; ~sna cena 비싼 가격 3. 기름때가 묻은, 기름때로 더럽혀진; (일반적으로) 더러운, 더럽혀진 4. 기름진, 비옥한 (sjajan, plodan, rodan) 5. 살찐, 뚱뚱한 (debeo, ugojen) 6. (印刷) 검고 굵게 인쇄된, 볼드체의; ~sna slova 볼드체 글자 7. (繪畵) 유성(油性)의; ~sna boja 유성페인트 8. (비유적) 저속한, 천박한, 걸쭉한; 음탕한, 진한, 야한 (nepristojan, bezobrazan); ~sna dosetka 야한 농담; ~sna priča 음탕한 이야기; ~sna psovka 걸쭉한 욕 9. (口語) (주먹질·몽둥이질이) 센, 강력한, 힘껏 (snažan, težak) 10. 기타; zaklati (ubiti) ~snu gusku (patku) 많은(두둑한) 돈을 벌다; izvući ~sne batine 흠뻑 얻어맞다(구타 당하다); ~sni komad 득(得), 이득 (dobit, korist); nek se zna čija je kuća ~sna 자신의 부를 자랑하고자 하는 사람을 이를 때 사용하는 말; ~ zalogaj 큰 이익(이득)
mastika 1. (植) 유향수(乳香樹); 유향수지(건물에 방수제로 쓰는 물질) 2. 라키야의 한 종류(유향수의 향을 넣은)
mastilo 잉크; crno ~ 검정 잉크; plavo ~ 청색 잉크; pisati ~om 잉크로 쓰다; fleka od ~a 잉크 얼룩
mastiljav -a, -o (形) 1. 잉크가 묻은, 잉크로 더럽혀진; ~a mrlja 잉크 얼룩; ~e ruke 잉

크묻은 손 2. 잉크색의 3. ~a olovka 잉크펜

mastionica 1. 잉크통, 잉크병 2.(천·옷감 등을 염색하는) 염색소, 염색공장 (bojadisaonica)

mastiti -im; mašćen & mašten (不完) 1. (음식에) 쇼트닝(mast)을 하다, (무엇에) 기름진 재료를 더하다(부가하다); ~ hranu 음식에 쇼트닝을 넣다 2. 기름때가 묻게 하다, 기름으로 더럽히다 3. 기름지게 하다; lojnice maste kožu 피지샘이 피부를 기름지게 한다 4. (보통 직물 등을) 염색하다 (bojiti, farbati) 5. ~ se 기름지다, 기름기가 흐르다; 기름기가 흘러 반질거리다; masti se kosa 머리에 기름기가 흐른다; kako se na onom konju dlaka masti! 이 말의 털이 무척이나 반질거린다 6. 기타; ~ brk (bradu) 기름진 음식을 먹다

mastodont (고생물) 마스토돈(코끼리 비슷한 동물)

mastoid (解) 유양돌기

masturbirati -am (不完) 자위행위를 하다, 수음하다

mašak -ška 1. (포도·서양자두 등의 표면에 하얗게 생기는) 흰 가루, 과분(果粉) (pepeljak) 2. (새의 매우 부드럽고 작은) 솜털 3. (인체의) 솜털 (malje, dlačice)

mašati se -am se (不完) 1. (nečega, za nešto) (손으로) 잡다, 붙잡다; 움켜쥐다, 거머쥐다 (hvatati; laćati se); ~ knjige 책을 붙잡다; ~ noža 칼을 움켜쥐다; maša se za torbicu 가방을 쥐다 2. (음식과 술을) 먹다, 섭취하다 3. (어디에, 어느 지점까지) 도착하다

maščina, maščura, maščurina (지대체) mast; 기름, 지방, 쇼트닝

mašćenje (동사파생 명사) mastiti

mašice (女,複) 1. (석탄을 집는) 집게 2. (비유적) (험하고 사악한 일 등에) 이용되는사람

mašina 1. 기계, 기관; električna ~ 전기기계; parna ~ 증기기관; rotaciona ~ 회전기계; pisaća ~ 타자기; šivaća ~ 봉제기계, 재봉틀; ~ za pranje rublja 세탁기; ~ za računanje 계산기; ~ za meso 고기 그라인더 2. (자동차·기차·비행기 등의) 탈 것 3. (비유적) (정부나 사회 등의) 기관, 기구 (mašinerija); državna ~ 국가기관; politička ~ 정치단체 4. 기계처럼 일하는 사람, 로보트; 정확하고 빠르게 일하는 사람, 실수없이 지치지 않고 일하는 사람 5. 기타; glasačka ~ (政) (輕蔑) (~의) 빠, 광적 지지자, 열광적 지지자; paklena ~ 폭파장치, 시한폭탄

mašinski (形) ~ fakultet 기계공업대학; ~a

puška 자동소총; ~o odeljenje (선박의) 엔진실; ~ inženjer 기계 엔지니어; ~ pogon 엔진 출력

mašinac (口語) 1. 기계산업종사자; 기계 기술자 2. 기계대학 대학생

mašinarnica (인쇄소의) 인쇄실

mašinerija 1. (일반적으로 集合) 기계, 기계장치; 기계류 2. (비유적) (국가·정부·사회 등의) 기관, 기구; propagandka ~ 선전기관; ratna ~ 전쟁기관

mašingever (軍) 자동소총 (automat)

mašinst(a) 기계 기술자, 기계 운전자, 기계 제작공 (strojar)

mašinka 자동소총

mašinogradnja 1. 기계산업 2. 기계제작

mašinovođa (男) 기관차 기관사

mašinskī, -ā, -ō (形) 참조 mašina; 기계의; ~a industrija 기계산업 ~o ulje 윤활유; ~ fakultet 기계공업대학 ~a proizvodnja 기계생산

mašinstvo 1. 기계공학 2. 기계산업

mašiti se -im se (完) mašati se -am se (不完) 1. (nečega, za nešto) (손으로) 잡다, 붙잡다, 쥐다, 움켜쥐다; maši se za novčanik 지갑을 움켜쥐다; ~ noža 칼을 움켜쥐다 2. (u nešto) (보통 손을 주머니에) 넣다, 집어넣다; ~ rukom u džep 손을 주머니에 넣다 3. (음식과 술 등을) 먹다, 섭취하다 4. (어느 곳, 어느 장소에) 도달하다, 당도하다, 도착하다; ~ šume 숲에 도착하다

maška (G.pl. -ī & -ākā) (놀이에서 공을 쳐내는) 배트, 방망이 (klis, palica)

maškara (G.pl. maškārā) 1. 얼굴에 가면을 쓴 사람; (보통 가면무도회 등에서) 변장한 사람, 가면을 쓴 사람 2. (비유적)(輕蔑) 옷을 잘 못입는 사람; 야하게 옷을 입는 사람 3. 마스크, 가면 (obrazina, krinka) 4. (複數) 가면무도행렬

maškarada 1. 가면무도행렬; 가면무도회, 가장무도회 2. (비유적) 몰염치한 행동, 위선적 행동

mašna 1. 타이, 넥타이 (kravata); vezati ~u 넥타이를 매다 2. 나비넥타이; (선물 등을 포장할 때) 나비모양의 장식리본 (pantljika); vezati ~om 나비모양의 장식리본으로 묶다

mašta (기분좋은) 상상, 공상, 몽상 (fantazija, imaginacija); videti nešto u ~i ~을 꿈꾸다, ~을 상상하다; plod ~e 상상속의 산물, 비실재적인 것; na krilima ~e 상상속에서, 꿈속에서

maštalac -aoca 몽상가 (sanjar, sanjalica)

maštanija 1. (보통 複數로) 환상, 상상 (vizija, snovi) 2. 환영, 환각; 귀신, 유령 (priviđenje, utvara, halucinacija)

maštarija 1. (보통 複數로, 조롱조의) 망상, 몽상; 망상하기, 몽상하기 (fantaziranje); *zaneo se ~ama* 그는 망상에 빠져있다 2. 환영, 환상

maštati *-am* (不完) 1. (o nekome, nečemu) 상상하다 공상하다, 몽상하다 (sanjariti); *samo mašta o tome* 그것에 대해 몽상하기만 한다 2. (희망적으로) 생각하다, 기대하다 (nadati se, očekivati) 3. (nešto) 상상속에 그리다, 꿈속에 그리다; *što sam raj na zemlji maštao* 지상에서의 낙원을 꿈꿨기 때문에

maštenje (동사파생 명사) mastiti; 쇼트닝하기

maštovit *-a, -o* (形) 1. 상상력이 풍부한, 창의적인; 상상이 만들어낸, 상상력의; *~o dete* 상상력이 풍부한 아이; *~o delo* 창의적인 작품 2. 상상속에서 만들어진, 가공의, 허구의 (stvoren u mašti, izmišljen, zamišljen, imaginaran); *~ pojam* 허구의 개념 3. 꿈속에서나 나올 것 같은, 기막히게 좋은, 환상적인, 엄청난, 굉장한, 기상천외한; *~i događaj* 굉장한 사건; *~ vodoskok* 환상적인 분수

mat 1. (체스) 메이트, 체크메이트, 외통수; *~-pozicija* 외통수 착지점; *dati nekome ~* 체크 메이트를 부르다 **matni** (形) 2. (한정사적 용법으로) 망한, 패배한 (pobeđen, propao); *on je ~* 그는 망했다(패배했다)

mat (形)(不變) 빛나지 않는, 어두운, 불투명한 (bez sjaja, zagasit); *~ staklo* 불투명 유리

matador 1. 투우사 2. (비유적) 손꼽히는 전문가, (어떤 분야의) 일인자

matematičar 수학자; 수학 교사; 수학전공 학생

matematičkī, *-ā, -ō* (形) 수학의; *~ problem* 수학 문제; *~a tačnost* 수학적 정확성

matematika 수학 **matematički, matematski** (形); *matematička grupa* 수학전공(대학의)

mater (女) 참조 mati; 어머니

materica (解) 자궁 **materičin, materični** (形)

Materice (女,複) (구유고슬라비아의) 어머니의 날 (어머니가 자식들에게 선물을 주는)

materija 1. (哲) 실체, 본체 2. 물질; 재료, 재료 (tvar, građa) 3. 직물, 피륙, 천 (tkanina); *ona je kupila ~u za večane haljine* 그녀는 결혼드레스를 만들기 위한 직물을 샀다 4. (논의의) 주제, 대상, 테마; *istorijska ~* 역사적 주제

materijal 1. (물건·건축의) 재료, 물질, 원료, 자재 (građa, gradivo, sirovina); *trvr (čvrst)* ~ 돌, 벽돌; *pogonski ~* 공장 원료 2. 용구 (用具), 기구, 도구 (sprema, pribor, oprema); *zavojni ~* 포장재료; *kancelarijski* ~ 사무용품; *ratni ~* 군사 장비; *sanitetski* ~ 위생도구 3. 제재, 소재 4. (~에 대단) 기록, 자료, 서류; *sudski* ~ 법원 서류; *dokazni ~* 증거 자료; *istražni ~* 조사 자료; *optužni ~* 소송 자료; *arhivski ~* 고문서 서류; *umnožavali smo partijske ~e* 우리는 당 서류를 복사했다 5. 인적 자원

materijalan *-lna, -lno* (形) 1. 물질의, 물질적인 (fizički); *~lni svet* 물질세계; *~lne čestice* 물질 미립자 2. 실제적인, 구체적인 (stvaran, realan, konkretan); *~lne relacije* 실제적 관계 3. 재산의, 물질적인 *~lno stanje* 재산 상태; *~lna davanja* 물질적 공여; *~lna sredstva* 자본, 자산

materijalist(a) 1. 물질(만능)주의자 2. (哲) 유물론 **materijalistički** (形)

materijalizam *-zma* 1. 물질(만능)주의; *ogrezli su u duhu ~zma i ružne sebičnosti* 물질만능주의와 나쁜 이기주의에 빠졌다 2. (哲) 유물론 (反); idealizam; 관념론, 유심론); *istorijski ~* 역사 유물론

materijalizirati *-am*, **materijalizovati** *-zujem* (完,不完) 구체화하다, 실현하다, ~에 형체를 주다 (ostvariti)

materin *-a, -o* (形) 참조 mati; 어머니의

materinskī, *-ā, -ō* (形) 어머니의; 어머니 같은, 어머니다운; *~a ljubav* 어머니의 사랑; *~a nega* 어머니의 보살핌; *~ jezik* 모어(母語)

materinstvo 1. 어머니임; 모성, 어머니다움 2. (法) 모자관계, 모녀관계 3. (어머니로부터 물려받은) 유산, 재산

maternjī, *-a, -e* (形) 1. 어머니의; *~a dužnost* 어머니의 의무 2. 조국의, 모국의 (matični); *~ jezik* 모어, 모국어

materoubica (男,女) 모친 살해범

materoubistvo 모친 살해

materoubojstvo 참조 materoubistvo

mati (*materē, materi, mater, mati, materom, materī; matere, matērā, materama, matere, matere, materama, materam*) (女) 어머니 (majka); *da (jeste) đavolsku mater* (부정의 의미를 강조하기 위해) 결코, 어떠한 일이 있어도, 어떠한 희생을 치르더라도; *đavolu mater* 꺼져!; *đavolsku mater* (dobiti, razumeti) (부정의 의미를 강조) 조금도, 전혀, 아무것도(얻지를 못하다, 이해하지 못하다); *poslati u božju mater (vražjoj materi)* 1)쫓아내다, 몰아내다 2)비난하다, 잔소리하다, 욕하

M

다; ići (otići) u đavolsku mater (đavolskoj materi) 흔적도 없이 가다(사라지다)

matica 1. 여왕벌; 여왕개미; 모세포(母細胞) 2. 시작된 지점(곳), 출생지, 고향; (비유적) (~ 의) 중심지, 근원지, 발원 장소; ~ evropske kulture 유럽문화의 발원지; ~ naše kulture 우리 문화의 중심지(발원지) 3. (Matica, 대문자로) 문화-정치적, 민족적 성격을 띤 단체의 명칭의 일부로 사용됨; Matica srpska 마티짜 세르비아 4. (강·하천 등의) 주류, 본류 5. (行政) (호적 등의) 등본 (matična knjiga); (일반적 사무를 기록해놓는) 등부, 장부; ~ venčanih 결혼증명서 ~ rođenih 출생증명서; ~ umrlih 사망증명서 6. (종종 숙어로) ~ zemlja 1)본국(식민지에 대한) 2)조국, 고국(국외에 거주하는 사람들의) 7. (종종 숙어로) ~ crkva 주교좌교회 8. (機) 주형, 틀; 너트, 암나사 (matrica) 9. (한정사적 용법으로) 주(主)의, 주요한, 본래의, 본부의 (osnovni, glavni); ~ zemlja 본국; ~ crkva 본교회, 주교좌교회; brod ~ 본선(本船)

matičar 1. (읍·면·동 등의) 호적계 직원 2. Matica 회원

matičin -a, -o (形) Matica의

matičnī, -ā, -ō (形) 1. 등본의; 본류의, 주류의; ~ tok 본류, 주류; ~čna knjiga 호적등본 2. 주요한, 주(主)의, 본래의 (glavni, središnji); ~o preduzeće 본사(本社); ~čna škola 본교; ~čna ćelija 1왕대(王臺) 여왕벌이 알을 낳는 칸, 2)모세포

matičnjak 1. (양봉) 왕대(王臺) 2. 종축장(種畜場); (물고기) 산란장 (mreštilište); (나무 등의) 종묘장 (rasadnik) 3. (植) 레몬밤

matine -ea (中), **matineja** (女) 마티네(연극·영화 등의 주간 공연·상영)

matirati -am (完,不完) 1. 체크메이트(mat)를 부르다; (체스에서) 이기다, 승리하다, 상대편의 왕(king)을 따먹다; igrač, koji je matirao protivnikova kralja, dobio je partiju 상대편의 킹을 딱먹은 선수가 체스를 이겼다 2. (비유적) (일반적으로) 이기다, 승리하다 (pobediti, savladati); laburisti misle da će ... ~ torijevsku vladu 노동당원들은 토리당 정부를 (선거에서) 이길 것으로 생각한다

matnī -ā, -ō (形) 참조 mat; (체스의) 체크메이트의; ~ udar 체크메이트 공격; ~a operacija 체크메이트 작전

matočika (植) 겨자멜리사

mator -a, -o (形) 1. 늙은, 나이 먹은 (star, vremenit) 2. (명사적 용법으로) 늙은이, 나이 먹은 사람

matorac -rca 1. 늙은이, 늙은 사람, 나이 먹은 사람 2. (愛稱) (소년에 대해) 다 큰 사내 (matorko) **matorka**

matorko (男) (愛稱) (소년에 대해) 다 큰 사내, 덩치가 산만한 아이 **matorka**

matovilac -ilca 참조 motovilac; (植) 마타리상추

matrac -aca 참조 madrac; (침대의) 매트리스

matrica 1. (印刷) (활자의) 자모, 모형(母型), 지형(紙型) 2. 스텐실; 틀판, 형판(型板) (종이·금속판 등에서 무늬나 글자를 오려내어 그 위에 잉크를 발라 인쇄하는)

matricid 참조 materoubica; 어머니 살해, 친모 살해

matrijarhat 모계제(母系制) **matrijarhalni**, **matrijarhatski** (形)

matrikula 1. 호적부; 학적부 2. 선원수첩, 항해 허가서 **matrikularni** (形)

matrimonij -ija, **matrimonijum** 결혼(상태·생활) **matrimonijalan** (形)

matrona 1. (고대로마의) 명망있고 나이 지긋한 부인 2. (비유적) 여사(女史) (ugledna, otmena starija žena)

matroz 선원, 뱃사람 (mornar, brodar)

matroskī, -ā, -ō (形) 선원의, 뱃사람의 (mornarski); ~o odelo 선원복

matura (고등학교의) 졸업시험; velika ~ 고등학교 졸업시험; mala ~ 초등학교 졸업시험(8학년을 마치고 9학년인 고등학교에 진학하기 전의); polagati ~u, izići na ~u 졸업시험을 보다; položiti ~u 졸업시험에 합격하다; pasti na ~i 졸업시험에 떨어지다 **maturski** (形); ~ ispit 졸업시험

maturant 졸업시험(matura)을 보는 학생 **maturantkinja**, **maturantica**; **maturanski** (形); ~ bal 졸업반 무도회

maturirati -am (完,不完) 졸업시험(matura)을 보다(통과하다)

maturitet 성숙, 원숙; 완전한 발달(발육)

mau (擬聲語) (고양이의) 야옹 야옹

mauk (고양이의) 야옹거리는 소리

maukati -čem (不完) **mauknuti** -nem (完) (고양이가) 야옹하고 울다

maukav -a, -o (形) 1. 자주 야옹거리는 2. (비유적) 끈질기게 부탁하는, 귀찮을 정도로 징징거리는; ~ glas 징징거리는 소리

mauknuti -nem (完) 참조 maukati

mauna 바지선(바닥이 편편한 짐배), 거룻배 (teglenica)

Mauricijus 모리셔스(아프리카 동쪽의 섬나라)

M

Mauritanija 모리타니아(아프리카 북서부의 공화국)

mauzer 권총의 한 종류(모제르 총(상표명))

mauzerka (軍) (병사들이 사용하는) 소총의 한 종류

mauzolej -eja 웅장한 무덤, 영묘(靈廟), 능

maza, maznica (주로 materina, majčina, mamina, tatina 등의 한정사와 함께) 귀염둥이; (일반적으로) 귀염둥이로 자란 사람, 버릇없이 자란 사람; materina ~ 엄마의 귀염둥이

mazač, mazalac -aoca (기름·로션 등을) 바르는 사람

mazalica 1. (機) 윤활 장치(톱니바퀴·축 등에 윤활유를 공급하는) 2. (조그마한) 윤활유통, 기름통(혁띠에 차고 다니면서 소총 등을 닦는데 사용하는) 3. (각종의) 광택도구, 윤활도구 (흑손, 구두솔 등의)

mazalo 1. 화장품(크림·로션 등의) 2. 바르는 도구(솔 등의) 3. (輕蔑) 형편없는 화가; 미장쟁이 4. (輕蔑) 뭔가를 발라서만 치료하는 사람; 돌팔이 의사

mazan -zna, -zno (形) 자기 뜻대로 모든 것을 하면서 자란, 응석받이의, 귀염둥이의, 버릇없이 자란 (razmažen)

mazati mažem (不完) 1. (크림·기름 등을 손으로 신체에) 바르다, 문지르다; (일반적으로) 바르다, 칠하다(잼 등을 빵 등에); ~ hleb puterom, ~ puter na hleb 빵에 버터를 바르다; ~ ruke losionom 손에 로션을 바르다; ~ obrve 눈썹을 그리다; ~ usta karminom 입에 립스틱을 바르다; ~ cipele 구두를 닦다; ~ cev 총열에 기름을 칠하다 2. 형편없이 (그림을) 그리다 3. (비유적)(輕蔑) 매몰차게 때리다, 구타하다 4. (비유적) 게걸스럽게 먹다 5. 교묘하게 속이다, 거짓말하다 6. (koga) 뇌물을 주다, 기름칠을 하다 (podmićivati) 7. 기타; laže i maže 아주 달콤한 말로 아첨하면서 속이다(거짓말하다); ~ (brezovim) prutom 회초리질하다; ~ oči nekome 면전에서 거짓말하다

mazga 1. (動) 노새; izdržljiv, jak kao ~ 매우 강하고 인내력있는; tvrdoglav kao ~ 아주 고집센(완강한) 2. (廢語) 노새가 한 번에 옮길 수 있는 짐

mazgar 노새 몰이꾼

mazgast -a, -o (形) 노새와 비슷한; (비유적) 고집센, 완고한

mazgov (男) 1. 숫컷 노새 2. (비유적)(辱說) 완고한 사람, 고집센 사람; 게으르고 비이성적인 사람

mazgovodac -oca; -oci 노새 몰이꾼

mazija 1. 강철, 스틸 (čelik) 2. (歷) 시뻘겋게 단 쇳조각(피의자가 자신의 무죄를 증명하기 위해 뜨거운 물속에서 집어 올리는)

maziti -im (不完) 1. (손으로 사랑스럽게) 쓰다듬다, 어루만지다 2. razmaziti razmažen (完) 귀여워하다. (아이를) 응석받이로(버릇없게) 키우다; razmaženo dete 귀염둥이로 자란 아이, 버릇없는 아이 3. ~ se 어루만져지다, 쓰다듬어지다; ona voli da se mazi 그녀는 어루만져지는 것을 좋아한다 4. ~ se ~의 마음에 들도록 노력하다, ~의 호의를 얻으려고 하다 (umiljavati se) 5. ~ se 귀염둥이처럼 행동하다, 버릇없이 행동하다

maziv -a, -o (形) (기름·윤활유 등을) 바르는, 윤활유 역할을 하는; ~o ulje 윤활유; ~e masti 광택제

mazivo 1. 윤활유 2. (화장용의) 크림 (pomada)

maznica 1. 귀염둥이 여자 아이, 응석받이 여자 아이 (maza) 2. (타박상으로 생기는) 멍, 멍자국 (masnica, modrica)

maznost (女) 응석부림, 버릇없음; 응석부리는 행동, 버릇없는 행동 (razmaženost)

maznuti -nem (完) 1. (립스틱·화장품 등을) 바르다, 칠하다; mazni malo po licu 얼굴에 조금 (크림을) 발라라; mazni malo četkom 솔로 좀 닦아라 2. 세게 때리다 (odalamiti, raspaliti); ~ šakom po nosu 손바닥으로 코를 세게 치다; ~ motkom 몽둥이로 세게 때리다 3. (口語) 훔치다, 도둑질하다 (ukrasti, zdipiti); ~ (nekome) novčanik (누구의) 지갑을 훔치다

mazohist(a) 피학대 성애자, 마조히스트

mazohizam -zma 피학대 성애(性愛), 마조히즘 ((이성(異性)에게 학대당하고 쾌감을 느끼는)

mazut 원유

mažen -a, -o (形) 참조 maziti

maženje (동사파생 명사) maziti

mažuran (男), mažurana (女) 참조 majoran

me 참조 ja

meandar -dra 1. 구불구불한 강줄기, (강의) 곡류(曲流) 2. (建築) 뇌문(雷紋), 만자(卍字) 무늬

meblirati -am (完,不完) (가구를) 비치하다

meca (男) (愛稱) medved; ženi se ~ 호랑이 장가가듯 변덕스러운 날씨(해뜨다가 비오다가 하는 날씨)

mecanin 참조 mezanin; 충간층(međusprat, međukat)

mecati -am (不完) umecati (完) 1. (감자 등을) 짓이기다, 으깨다 (gnječiti); ~ jabuku 사과

M

를 으깨다 2. (비유적) (통증·아픔을 주면서) 강하게 압박하다; 때리다, 구타하다 (tući, udarati)

mecav -a, -o (形) 1. (빵이) 부드러운 (gnjecav) 2. (보통 흙이) 부드럽고 끈적끈적한

mecena (男), **mecenat** (문화·예술·학문의) 후원자, 보호자

mecenatstvo, mecenstvo (문화·예술·학문의) 후원, 보호, 장려

meci (男,複) 참조 metak; 총알, 탄환

mecosopran 메조소프라노

meč -evi (스포츠의) 경기, 시합 (takmičenje, utakmica); fudbalski (bokserski) ~ 축구(복싱) 시합; šahovski ~ 체스 경기

mečad (女) (集合) meče

mečati -im. **mekati** -čem (不完) **meknuti** -nem (完) (염소·양 등이) 매애(me) 하고 울다 (meketati)

meče -eta (中) 새끼 곰, 어린 곰

mečet (廢語) 소규모의 이슬람 사원, 작은 모스크

mečijī, -ā, -ē (形) 참조 medveđi; 곰의

mečiti -im (不完) **omečiti** (完) (감자 등을) 으깨다, 짓이기다 (mecati, gnječiti)

mečja leska (植) 콜루르나개암나무

mečjī, -ā, -ē (形) 1. 참조 mečiji; 곰의; ~a koža 곰가죽 2. 식물 명칭의 일부로서

mečka (D.sg. mečki, G.pl. mečkī & mečākā) 1. 암컷 곰; (일반적으로) 곰 2. (비유적) 어기적거리며 걷는 사람 3. (口語) 메르세데스 벤츠 차량 4. 기타; doći mečki na rupu 위험한 상황에 빠지다, 곤란한 처지가 되다; zaigraće ~ i pred tvojom kućom, doći će ~ i pred tvoju kuću 네게도 나쁜 일이 일어날 수 있다, 너도 곤란한 상황에 처할 수 있다; roditi ~u 힘들게 ~을 하다, 많은 고생을 하면서 ~을 하다(해내다); čačkaki ~u 잠자는 호랑이 코털을 건드리다

mečkar 떠돌이 곰 재주꾼(재주부리는 곰을 데리고 이 마을 저 마을로 다니면서 곰재주를 보여주고 돈을 버는)

mečkin -a, -o (形) 참조 mečka; 곰의

mečkovac -ovca (植) 참조 kalia; (植) 쥐똥나무

meća (주로 돼지에게 주는) 멀건한 밀가루 구정물; hrana je rđava ... nalik na ~u za svinje 음식은 마치 돼지 구정물과 같이 형편없었다

mećati -am (不完) 참조 metati; (~에) 놓다, 두다

mećava (G.pl. mećāvā) 1. 심한 눈보라, 폭풍설(雪) (jaka vejavica) 2. (비유적) 휘몰아치는 것; (질문 등의) 폭풍, 쏟아짐; (강물 등의) 급류 3. 기타; jesti (brisati) kao ~ 허겁지겁 먹다

med 1. (벌)꿀; 당밀(糖蜜) lipov ~ 린덴꿀 2. 벌꿀 술 (medovina) 3. (비유적) 기쁨, 즐거움 (milina, slast) 4. 기타; (ići) kao pčele na med 기꺼이 (가다), 즐겁게 (가다); zemlja gde teče ~ i mleko 젖과 꿀이 흐르는 땅; ~ i šećer, ~ medeni 매우 사랑스럽고 온화한; pala mu sekira u ~ 예기치 않은 큰 행운을 갖다; s jezika (s usta) mu teče ~ 1)굉장히 유려하게 이야기하다 2)그의 말은 매우 온화하다 **meden** (形)

med (女) 구리, 동(銅) (bakar); 구리와 아연의 합금, 놋쇠, 황동(黃銅) (mesing); žuta ~ 놋쇠; crvena ~ 구리

meda -ē, **medo** -a & -ē (男) 1. (愛稱) medved; 곰 2. (아이들이 가지고 노는)곰형태의 인형

medak metka (植) 샐비아

medalja 메달, 훈장; 기장(記章); ~ za hrabrost (구유고슬라비아의) 무공훈장; zlatna (srebrna, bronzana) ~ 금(은, 동)메달; biti dva lica iste ~e (성격·입장·행동 등이) 같다, 동일하다, 비슷하다, 차이가 없다; lice i naličje ~e 동전의 양면, (~의) 좋은 면과 나쁜 면; (to je) jedna strana ~e 그것은 동전의 한 면이다(보통 나쁜 면을 제외하고 좋은 면만을 이야기할 때); (to je) druga strana ~e 나쁜 면도 존재한다

medaljon 1. 둥글거나 편평한 조그만 상자(그 속에 사랑하는 사람의 사진이나 머리카락을 넣고 다니는); 여성의 보석(목에 걸고 다니는) 2. 펜던트(목걸이 줄에 걸게 되어 있는 보석) 3. (軍) 인식표 (보통 전시에 목에 차는) 4. (둥그스런) 틀, 액자 (okvir, ram) 5. (보통 複數로) (料理) (동그랑땡 모양의) 고기요리

medan -dna, -dno (形) (비유적) (詩的) 1. 꿀같이 단, 꿀처럼 달콤한; voda bi za usta bila napoj ~dni 물은 입에 꿀처럼 단 드링크였을 텐데; ~dna rosa (잎·줄기에서 나오는) 단물; ~dna usta 달콤한 입 2. 사랑스런, 귀여운, 소중한 (mio, drag); u dvoru je s ljubom ~dnom 그는 뜰안에 사랑스런 아내와 함께 있다 3. 듣기 좋은, 듣기 감미로운 ; ~dni glas 감미로운 목소리; ~dna pesma 감미로운 노래

medan -dna, -dno (形) (보통 한정형으로) 꿀의; 꿀이 많은, 꿀이 풍부한, 꿀이 있는; ~dni želudac 봉소위(蜂巢胃), 벌집위(반추

동물의 둘째 위); ~dni sok 꿀물 주스; ~dna godina 꿀이 풍년인 해(年)

medan -dna, -dno (形) (보통 한정형으로) 참조 med; 놋쇠의; ~dni zvuk 놋쇠 소리; ~dna kaciga 놋쇠 헬멧

medecina 참조 medicina

meden -a, -o (形) 1. 꿀의; ~o saće (꿀)벌집 2. 꿀을 타서 단; 꿀이 섞인; 단; ~o vino 꿀이 들어가 단 포도주; ~i kolači 꿀이 들어가 단 케이크 2. (비유적) 달콤한 (prijatan, mio, blag); šapuće ... ~e reči od voljenja i milovanja 사랑의 달콤한 말을 속삭인다 3. 기타; ~i mesec, ~i dani 밀월(蜜月; 신혼부부의)

meden -a, -o (形) 1. (보통 한정형으로) 참조 medan; 놋쇠의; ~i zvuk zvonca 종의 놋쇠 소리; ~i okvir 놋쇠 틀(액자) 2. 놋쇠 색깔의, 동색(銅色)의; ~o lice 동색의 얼굴

medenica 1. 사랑스런 여성의 호칭; ~e moja ... došao je čas da te ostavim 나의 사랑스런 옐라야, 너를 놓고 가야할 시간이 다 가왔구나 2. 꿀단지 3. 꿀이 들어간 라키야 (medenjača) 4. (複數로) 꽃의 단물

medenica 1. 놋쇠(med)로 만든 작은 종 2. 놋쇠 그릇

medenjača 1. 라키야가 들어간 라키야 2. (農) 배(梨)의 한 종류; 사과의 한 종류 3. 뽕나무 버섯

medenjača 1. 놋쇠로 만든 작은 종 2. 동(銅)으로 만든 동전

medenjak (보통 複數로) 허니 쿠키(honey cookie)

medenjak 놋쇠(med) 가락지, 구리 반지

medicina 1. 의학; 의학 공부; 의학대학; 의학대학의 학과목; studirati ~u 의학을 전공하다; interna (preventivna, socijalna, sudska, vazduhoplovna) ~ 내과학(예방의학, 공중의학, 법의학, 항공의학); kurativna ~ 치료법, 치료학; ~ rada 산업 의료; lekar opšte ~e 가정의학과 의사 medicinski (形); ~ fakultet 의과대학; ~a sestra 간호사 2. 약, 약제(주로 액체 상태의) (lek); (비유적)(弄談) 술(라키야 등의)

medicinar 의과대학생 **medicinarka**

medicinka 메디신 볼(운동용으로 던지고 받는 무겁고 큰 공)

medicinskī -ā, -ō (形) 참조 medicina; 의학의, 의료용의, 의학과 관련된; ~o osoblje 의료 인력; ~ fakultet 의과대학

medievalan -lna, -lno (形) (보통 한정형으로) 중세의 (srednjovekovni); ~lna Italija 중세

이탈리아

medij -ija, (=medijum) 1. 중위(中位), 중간, 중간 정도 2. (生) 배양기(培養基), 배지(培地) 3. 매개자, 중개자; 무당, 영매(靈媒); šta je govorio ~? 무당이 무엇이라고 말했느냐? 4. 매체, 미디어(라디오, TV, 신문 등의) 5. (文法) 중간태(rasti, pasti, bojati se 등의 동사)

medik 참조 lekar; 의사

medikacija 약, 약제, 약물(lek); 약물 치료 (lečenje); činilo mu se da ovom ~om ... izravnava onu raniju, manje uspelu 그의 생각에는 이 약물 치료로 인해 이전의 작은 성공을 헛되게 하지 않을까 하였다

medikament 약, 약제, 약물 (lek)

mediokritet (輕蔑) 1. 평범, 보통; 평범한 재주 (능력) 2. 평범한 사람, 범인(凡人), 범부(凡夫)

meditacija 명상, 묵상; 명상록

meditativan -vna, -vno (形) 명상적인; 명상에 잠기는, 깊게 생각하는

Mediteran 지중해; u (na) ~u 지중해에 **mediteranski** (形) 지중해의

mediti -im (不完) **zamediti** (完) 꿀(med)을 타다, 꿀을 타 달게 하다

meditirati -am (不完) 명상하다, 묵상하다

medljika 1. (진디 등이 분비하는) 꿀, 달고 끈적끈적한 액체; (잎·줄기에서 나오는) 단물 2. (植) 에리시페(균의 일종); 그 균이 야기하는 질환

medljikovac -ovca 진딧물육(med od medljike)

medno (副) 달달하게, 달콤하게 (slatko); ~ govoriti 달콤하게 이야기하다

medo -a & -ē (男) 참조 meda; 곰

medonosan -sna, -sno (形) 꿀이 있는, 꿀이 나는; ~sno cveće 꿀이 있는 꽃

medosas (鳥類) 태양새(참새류(類) 태양새과(科)의 새의 총칭; 아프리카·아시아의 열대산(産))

medoust -a, -o **medoustan** -sna, -sno (形) 말을 잘하는, 예쁘게 말을 하는, 듣기 좋게 이야기하는 (slatkorečiv); bio je ... ~ lajavac 그는 말을 듣기 좋게 이야기하는 수다쟁이였다

medovina 벌꿀주(酒)

medresa 이슬람종교고등학교, 이슬람종교전문대학

medunak -nka (男), **medunika** (女) (植) 지칫과(科)의 식물

meduza 해파리

medved 1. (動) 곰; beli (polarni) ~ 백곰(북극곰); mrki ~ 불곰 2. (비유적)(輕蔑) 곰 같은 사람, 덩치가 크고 어기적거리며 걷는 사람; 우둔한 사람 3. 기타; Veliki ~ (天) 큰곰자리;

Mali ~ (天) 작은곰자리; *praviti od muve ~a* 침소봉대하다; **medvedica**; **medveđi** (形); *učiniti nekome medveđu uslugu* 누구에게 나쁜 짓을 하다(의도적이지 않게)

medvedar 재주부리는 곰을 데리고 이 마을 저 마을로 다니는 사람 (mečkar)

medvedast *-a, -o* (形) 곰과 비슷한; 느릿느릿한; 재주없는, 솜씨없는

medvedina 1. (지대체) medved 2. 곰 가죽, 곰 모피 3. 곰 고기

medvedī, *-ā, -ē* (形) 1. 참조 medved; 곰의; *~a koža* 곰가죽; *~ trag* 곰의 흔적 2. (비유적) 어기적거리는, 느릿느릿한; 재주없는, 솜씨없는; 우둔한 3. 식물 명칭의 한 부분으로서

međ (前置詞,+ I, + A.) 참조 među

međa 1. 경계; 경계선, 분계선; 국경, 국경지대 2. (方言) 담장, 울타리(돌을 싸놓은, 나무를 심어놓은) 3. (비유적) 한계, 경계; *prekoračiti ~u* 한계를 뛰어넘다; *razbijati ~e* 한계를 깨뜨리다; *stvarati ~e* 한계를 정하다

međaš 1. 경계표지(경계석 등의) 2. (두 지역간의 경계 사이에 있는) 가늘고 넓지 않는 지역; 경계 지역 3. 옆 땅의 주인 **međašnji** (形)

međašiti *-im* (不完) 참조 mediti

međica 1. (지소체) međa 2. (解) 회음(會陰)(부)

mediti *-im* (不完) 1. 경계(선)을 표시하다(정하다) 2. (국경·경계를) 접하다 3. ~ *se sa nečim* (~와) 경계를 접하다; *njiva se međila s Aleksinim imanjem* 밭은 알렉스의 땅과 접해있다

među (前置詞, + I, + A) ~ 사이에 I. 대격(A)과 함께 사용되어 1. (대격으로 표현되는 명사 사이에서 움직임·이동이 끝날 때); *Odisej ga kopljem ... zgodi ~ ramena* 오딧세이는 창으로 어깨 사이를 맞췄다; *pogodio ga je ~ oči* 그는 그의 눈 사이를 맞췄다; *pomešati se ~ gledaoce* 관중 사이에 섞이다 2. (대격으로 표현되는 명사가 의미하는 그룹에 도달할 때); *ja iziđoh malo ~ decu* 아이들 사이에서 조금 벗어났다; *igra je iz dvora ... prodrla ~ narod* 놀이는 궁중에서 민중들 사이로 퍼져나갔다; *ona spada ~ najbolje učenice* 그녀는 가장 뛰어난 학생에 속한다 II. 조격(I)과 함께 사용되어 1. (조격으로 오는 명사 사이에 위치하는); *guste obrve ,,, a ~ njima jedna duboka bora* 진한 눈썹 사이에 깊게 패인 한 주름살이 있다; *on sedi negde ~ drugovima* 그는 친구들 사이에 앉는다 2. (조격으로 오는 명사 사이에 누군가 (무엇이) 있을 때); *kad ga vidiš ... ~*

hiljadama ... ne možeš ga zaboraviti 수천명의 사이에서 그를 보았을 때 ... 그를 잊어버릴 수는 없다 3. (상호간의 관계를 나타낼 때); *naslućivao je da ~ ličkim pukovnikom i njegovim rođakom vlada neka mržnja* 대령과 그의 친척 사이에 그 어떤 증오심이 존재한다는 것을 알아채렸다; ~ *ocem i sinom došlo je do razdora* 아버지와 아들 사이에 불화가 생겼다 III. 기타; ~ *ostalim* 그 이외에; ~ *nama rečeno* 우리 사이의 이야기인데; ~ *sobom* 자기들끼리, 자신들 사이에; ~ *četiri zida živeti* 사회로부터 완전히 고립되어 살다

među- (接頭辭) ~간(間); **međusprat** 층간층; **međuigra** (소나타·심포니 등의) 간주곡, (극·가극 등의) 막간 연예; **međunarodni** 국제적인

međuakt, međučin (演劇) 막과 막 사이의 시간, 막간 시간

međudržavnī, *-ā, -ō* (形) 국제적인; 국가간의; ~ *sporazum* 국가간 협약, 국제조약

međugradskī, *-ā, -ō* (形) 도시간의; 시외의; ~ *saobraćaj* 시외버스(교통); ~*o takmičenje* 도시간 경기; *~a telefonska veza* 도시간 전화망, 시외전화망

međuigra (소나타·심포니 등의) 간주곡, (극·가극 등의) 막간 연예 (intermeco)

međukat *-ovi* 참조 međusprat

međuljudskī, *-ā, -ō* (形) 사람간의, 대인관계의; ~ *odnosi* 사람과 사람간의 관계, 대인관계

međumesnī, *-ā, -ō* (形) 한 장소와 다른 장소 사이의; 시외의 (međugradski); ~ *saobraćaj* 시외버스(교통); ~ *telefonski razgovori* 시외통화

međunarodnī, *-ā, -ō* (形) 국제적인, 국제(상)의; *~a politika* 국제정치; *~o pravo* 국제법; *~o takmičenje* 국제경기; *~a saradnja* 국제협력; *~a konferencija* 국제회의; *Međunarodni monetarni fond* 국제통화기금 (IMF); *Međunarodna banka za obnovu i razvoj* 국제부흥개발은행(IBRD); *Međunarodni sud pravde* 국제사법재판소; *Međunarodna organizacija rada* 국제노동기구(ILO); *Međunarodna organizacija za civilno vazduhoplovstvo* 국제민간항공기구 (ICAO)

međuparlamentarnī, *-ā, -ō* (形) 각국 의회간의

međupartijskī, *-ā, -ō* (形) 정당간의

međuplanetarnī, međuplanetskī, *-ā, -ō* (形) 행성간의; ~ *prostor* 행성간 공간

međuprostor (두 물체간의) 사이, 공간

M

međuratnī, -ā, -ō (形) 두 전쟁 사이의; (보통은) 양차 세계대전 사이의; ~a poezija 양차대전 사이 시기의 시

međurebarnī, **međurebrnī**, -ā, -ō (形) (解) 늑골 사이의, 늑간의

međurepubličkī, -ā, -ō (形) 공화국간의; ~a saradnja 공화국간 협력

međurečje 메소포타미아(티그리스강과 유프라테스강 사이의) **međurečni** (形)

međusavezničkī, -ā, -ō (形) 동맹(국)간의; ~a saradnja 동맹국간 협력

međusklop (컴퓨터) 인터페이스(CPU와 단말장치와의 연결 부분을 이루는 회로)

međusoban -bna, -bno (形) 상호간의, 서로간의; ~ sporazum 상호합의; ~bni interesi 상호이익; ~bno razumevanje 상호이해

međusprat -ovi 층간층 (međukat)

međuspremnik (컴퓨터) 버퍼링

međustranačkī, -ā, -ō (形) 정당간의; ~ sukob 정당간 충돌; ~a saradnja 정당간 협력

međutim (接續詞) (앞에 나온 말과 반대되는 것을 강조할 때) 하지만, 그러나, 그런데, 반면 (dok, ali); mi smo došli, ~ tamo nije bilo nikoga 우리가 도착했지만 거기에는 아무도 없었다; jutro je bilo lepo, ~ oko podne počela je kiša 아침에는 날씨가 좋았지만, 정오경에는 비가 내리기 시작했다

međuvlada 과도정부, 임시정부(두 정부 사이의 시의의)

međuvreme međuvremena (두 사건·시기 사이의) 시간; 휴식시간; u ~enu 그 사이에(시간적으로); u tom ~enu on je radio stalno 그 시기 사이에 그는 쉬지 않고 끊임없이 일했다

megafon 메가폰, 확성기

megaloman -ana 과대망상증 환자 **megalomanka; megalomanski** (形)

megalomanija 과대망상증

megalomanka 참조 megaloman

megdan 1. 결투; 전투 (dvoboj; boj, bitka); deliti ~ s nekim 누구와 결투하다; pozvati nekoga na ~ 누구에게 결투를 신청하다 2. (비유적) 경기, 시합; novi ~ Zvezde i Partizana 즈베즈다와 파르티잔의 새 경기 3. 결투장, 전쟁터 (bojište); pobeći s ~a 전쟁터에서 도망치다 4. 기타; ima (biće) dana za ~a 1) 전쟁(전투)은 이제 막 시작이다 2)(말할)기회가 있을 것이다; izići na ~ nekome 누구와 결투하다(전투하다); održati ~, ostati na ~u 이기다, 승리하다

megdandžija (男) 1. 결투사; 전사 2. (비유적)

싸움하기를 좋아하는 사람, 폭력적인 사람 (kavgadžija)

megera 1. (그리스 신화) 메가이라: 세 자매인 복수의 여신(Erinyes) 중의 한 사람 2. (비유적) 사악한 여자 (zla žena)

meh -ovi 1. (포도주 담는) 가죽 부대 2. (보통 대장간에서 사용되는) 가죽 풀무; kovački ~ 대장간 가죽 풀무 3. (풍적(gajda)에 달린) 가죽 포대(바람을 불어 넣는)

mehana (G.pl. mehanā) (廢語) 주막, 선술집; 여인숙 (krčma, gostionica); drumska ~ 길가에 있는 주막(여인숙)

mehandžija (男) 주막집 주인, 선술집 주인; 여인숙 주인

mehaničar 수리공, 정비사, 기계공; aviomehaičar 항공정비사; automehaničar 자동차정비사; precizni ~ 정확한 정비사

mehaničkī, -ā, -ō (形) 1. 기계의, 기계에 의한, 기계로 만든 2. 기계 장치의, 기계 장치에 의해 움직이는; ~ čekić 기계 해머(망치); ~a testera (krčama) 톱; ~o vizilo 기계차 3. 물리적인, 물리적 힘에 의한 (fizički) 4. (의지없이) 기계적인, 자동적인 (automatski); prepisivanje je smatrao ... kao ~ posao 필사를 기계적인 일로 간주했다 5. (철학 이론이) 기계론적인, 물질 우선의, 유물주의적인 (mehanistički); njegovo čisto ~o shvatanje materije ... odbacuje 물질의 완전한 유물주의적 이해를 거부한다 6. 기계공의, 정비공의 (mehaničarski); sagradio ga je u jednoj maloj ~oj radionici 그것을 한 영세한 정비소에서 만들었다

mehanika 1. (物) 역학; nebeska ~ 천체 역학 2. 기계학 (mašinstvo, strojarstvo) 3. 기계, 기계적 부분 (mašine, strojevi)

mehanizam -zma 1. (機) 기계; 기계 장치; ~ sata 시계의 기계 장치; ~ za punjenje vatrenog oružja 화기의 탄환장착용 기계 장치; prenosni ~ 동력전달장치(자동차 등의); upravljački ~ 조종장치 2. (정해진) 절차, 방법 3. (비유적) 메커니즘, 기구(機構), okupacija nije mogla slomiti ilegalni partijski mahanizam 점령한다고 해서 불법적인 당 기구를 무너뜨릴 수는 없었다 4. 심리 과정, (심적) 기제(機制) 5. (哲) 기계론

mehanizirati -am, **mehanizovati** -zujem (完,不完) 1. (공장 등을) 기계화하다 2. (반응 등을) 기계적으로 하다

mehur 1. 거품, 기포; ~i od sapunice 비누 거품 2. (피부에 생기는) 물집 (plik) 3. (解) (보통 mokraćni와 함께) 방광; (보통 žučni와

M

함께) 담낭, 쓸개; (보통 riblji와 함께) (물고
기의) 부레

mehurast *-a, -o* (形) 1. 거품 모양의, 거품을
연상시키는, 거품과 비슷한, 거품이 낀 2.
(비유적) 불확실한, 매우 빨리 사라지는(없어
지는); *~a nada* 쉽게 꺼지는 희망

mejtef 이슬람종교초등학교

mek *-a, -o; mekši* (形) 1. (딱딱하지 않고) 부
드러운, 푹신한; ~ *dušek* 푹신한 매트리스;
~e rukavice 부드러운 장갑; ~ *hleb* 부드러
운 빵; *~o meso* 연한 고기 2. (일반적인 것
보다) 연한, 무른; ~ *metal* 무른 금속; *~a*
zemlja 무른 땅 3. (꺼칠꺼칠하지 않고) 부
드러운, 매끄러운; 우아한; *~i pokreti* 매끄
러운 동작 4. (소리·빛·색깔 등이) 은은한, 부
드러운, 온화한; (꺼칠꺼칠하지 않고) 부드러
운, 매끄러운; ~ *zvuk* 부드러운 소리; *~i*
tonovi slike 부드러운 그림 색상; *govoriti*
~im glasom 부드러운 목소리로 말하다 5.
(마음이) 약한, 여린; (엄격·단호하지 못하고)
관대한, 물렁한. 단호하지 못한; *~i starešina*
관대한 장(長); *on je ~ prema deci* 그는 어
린이들에 대해 관대하다; *biti ~a srca* 관대
하다 6. 맛이 순한(약한), 부드러운; 연성
(軟性)의, 연수(軟水)의; *~a rakija* 순한 라키
야; *~a voda* 연수; *~a vazvušna lađa* 소형
연식 비행선 (현재는 광고용) 7. (날씨·기후·
계절이) 온화한, 따스한 8. (음성) 연음(軟音)
의; ~ *suglasnik* 연자음(j, đ, ć, lj, nj 등의)

meka (感歎詞) (=meket) (염소·양 등의) 우는
소리

meka (동물 사냥에 쓰는) 미끼 (mamac);
zagristi u ~u, pasti na ~u 미끼를 물다

mekač (몸의) 부드러운 부분(뼈로 보호되지 않
은)

mekan *-a, -o* (形) 참조 mek(종종 강조의 의
미로); 부드러운; ~ *je kao pamuk* 그는 매우
물렁하다(관대하다)

mekati *-ćem* (不完) 참조 mečati; (염소·양 등
이) 메에(me)하고 울다

meket (염소·양 등의) 메에(me)하고 우는 소리

meketati *-ćem* (不完) (擬聲語) (염소·양 등이)
메에(me)하고 울다

meketav *-a, -o* (形) 메에(me)하고 우는, 메에
하고 우는 소리와 비슷한

mekintoš 매킨토시(고무를 입힌 방수천); 레인
코트, 방수외투

mekinjav *-a, -o* (形) 1. (보통 빵에) 겨
(mekinje)가 들어있는 2. (비유적) 겨 투성이
처럼 보이는; *~o lice* 주근깨 투성이의 얼굴

mekinje (女,複) (쌀·보리 등의) 겨, 밀기울

(trice); *kupiti nekoga za* ~ 다른 사람보다
굉장한 부자이다

meknuti *-nem* (完) 참조 mečati

meknuti *-nem* (不完) **omeknuti** (完) 조금 부드
러워지다(물러지다); *zemlje su meknule i*
topile se pod ... kišama 땅이 물러져 비에
질척였다

mekoća, mekota, mekost (女) 부드러움; ~
kože 피부의 부드러움; ~ *pamuka* 면의 부
드러움

mekokorka 애호박의 한 종류(껍질이 부드럽
고 얇은)

mekokrilci (男,複) (昆蟲) 곤충강 딱정벌레목의
한 과(몸은 일반적으로 가늘고 길며 부드럽
다)

mekoobrazan *-zna, -zno* (形) 1. 양심적인, 정
직한, 도덕적으로 깨끗한 (pošten, čestit) 2.
매우 사려깊은 (남을) 배려하는, 동정적인,
공감 능력이 뛰어난 (predusretljiv, ulsužan,
ljubazan, saosećajan)

mekoperke (女,複) (魚類) (연어·청어 따위) 연
기목

mekoput *-a, -o*, **mekoputan** *-tna, -tno*,
mekoputast *-a, -o* (形) 1. 부드러운 피부의;
~ *konj* 부드러운 피부의 말 2. (비유적) 약
한, 허약한, 상처받기 쉬운 (slab, nezaštićen,
ranjiv)

mekorun *-a, -o* (形) 부드러운 털(runo)의, 부
드러운 털을 지닌

mekost (女) 부드러움 (mekoća)

mekota 1. 참조 mekoća; 부드러움 2. 부드러
운 것

Meksiko 멕시코 **Meksikanac**; **Meksikanka**;
meksički, meksikanski (形)

mekšati *-am* (不完) (他) 부드럽게 하다, 부드
럽게 만들다; (自) 부드러워지다

mekši *-ā, -ē* (形) 참조 mek

mekušac 1. 의지가 약한 사람, 굳건하지 못한
사람; (신체적으로) 허약한 사람 2. 응석받이
로 자란 사람, 과잉보호를 받으며 자란 사람
3. (動) (複) 연체동물

mekušan *-šna, -šno*, **mekušast** *-a, -o* (形) 1.
부드러운, 푹신한; *~šna postelja* 푹신한 침
대; ~ *hleb* 부드러운 빵 2. 약한, 허약한; 응
석받이로 자란, 과잉보호를 받으며 자란, 버
릇없이 자란 3. 우유부단한, 무른 (사람의
성격이)

mekuštvo 우유부단(함); 나약함, 응석받이로
자람

melanholičan *-čna, -čno*, **melankoličan** (形)
우울한; *predeo je naglo gubio ... ~čnu*

lepotu 풍광은 우수미(憂愁美)를 급격히 잃어버렸다

melanholičar, melanholik, melankoličar, melankolik 우울한 사람, 우울증 환자

melanholija, melankolija 우울감(증), 침울; *zapao je u ~u, uhvatila ga je ~* 우울증에 빠졌다

melanž 1. 크림 탄 커피, 화이트 커피 2. 섞은 것, 혼합한 것 (mešavina, smeša)

melasa 당밀(糖蜜); 사탕수수나 사탕무를 설탕으로 가공할 때 부수적으로 나오는 찐득한 검은색 시럽)

melem 1. (상처에 붙이는) 고약, 연고 2. (비유적) 정신적인 약, 위로, 위안; 장점이 많은 사람 3. (한정사적 용법에서, 반복합어에서, 보통 시적 표현으로) 유익한, 유용한; 힘을 주는, 강장제의; 온순한, 유순한 (blagotvoren; okrepljujući; blag, pitom); *melem-bilje* 약용식물; *melem-vino* 힘을 주는 포도주; *melem-čovek* 유순한 사람 4. 기타; *pasti (padati) kao ~ na ranu (dušu, srce)* 정신적 고통을 털어내다; *biti (doći) kao ~ na ranu* 고통을 완화시키다, 위로하다

melez 혼혈; (동식물의) 잡종 **meleskinja** (mešanac, križanac, polutan)

melioracija 1. (땅의) 지력(地力) 향상, 객토 2. (일반적으로) (~의 품질) 개선, 향상 (popravljanje, poboljšanje)

melioracijskī *-ā, -ō*, **melioracionī** (形) 개간의, 간척의; 객토의; *~o područje* 개간 지역; *melioracioni radovi* 개간사업

meliorirati *-am*, **meliorisati** *-šem* (完,不完) (땅의 지력을) 향상시키다, 개선시키다; 개간하다, 간척하다, 객토하다

melodičan *-čna, -čno* (形) 선율의, 선율적인, 음악적인, 멜로딕한

melodija 멜로디, 선율 **melodijski** (形)

melodika 1. (음악의) 멜로딕한 특성; (말에 있어서의) 멜로딕한(음악적) 요소 2. 멜로디에 관한 연구

melodiozan *-zna, -zno* (形) 참조 melodičan; *~zna arija* 멜로딕한 아리야; *~ refren* 멜로딕한 후렴구; *poželio je da sluša laku, ~znu ... glazbu* 가볍고 멜로딕한 음악을 듣고 싶었다

melodrama 멜로드라마 **melodramski** (形)

melodramatičan *-čna, -čno* (形) 멜로드라마의, 멜로드라마 같은

meloman 음악 애호가

melos 1. (集合) 민속음악, 민요; *tuga narodnog ~a nije slučajna* 민중들의 민속음

악이 슬픔 것은 우연한 것이 아니다 2. 선율, 멜로디 (melodija)

melšpajz 1. (파이 껍질용) 가루 반죽; 파이 껍질 2. (가루 반죽으로 만든) 빵과자(파이, 케이크 등의)

meljati *-am*, **meljaviti** *-im* (不完) **izmeljati** (完) 1. (감자 등을) 짓이기다, 으깨다; 찧다, 빻다, 가루로 만들다; 구겨지게 하다, 구기다; *~ zrno pšenice* 밀을 빻다; *~ kapu* 모자를 구기다 2. (입속에서 음식을 천천히 힘들여) 씹다; *ona je meljala po ustima maslinke* 그녀는 입속에서 올리브 열매를 천천히 씹었다

meljava 1. 곡물을 빻음, 제분(製粉); *seljaci su saterali žito na ~u u vodenice* 농민들은 물방앗간에서 곡물을 빻았다 2. (비유적) 쓸모없는 대화, 수다; 시끄러운 소리, 소음; *glava čoveka da zaboli od te njegove ~e* 그의 수다로 인해 골치가 아프기 시작했다; *od umora više ... ne čuju fijuk vetra ni ~u planine* 피곤해 더 이상 센 바람 소리와 산에서 나는 시끄러운 소리가 들리지 않았다

meljem 참조 mleti

meljivo (中) 참조 mlivo; 제분용 곡식, 찧은 곡식

membrana 1. (얇은) 막(膜); *slušna ~* 고막 2. (식물의) 세포막 3. (악기·전자기기 등에서) 소리를 울리는 막; *mikrofonska ~* 마이크 막 4. (기체·액체 등을 차단하는) 막

membranozan *-zna, -zno* (形) 막의, 막모양의

memla 1. 습한 공기, 습기; (공기 등의) 퀴퀴함, 눅눅함; *ako ostaneš vazda u dućanu, ubiće te ~ iz kamena* 항상 가게에 머문다면 돌에서 올라오는 눅눅함 때문에 못견딜 것이다 2. 무기력, 권태 (učmalost, mrtvilo)

memljiv *-a, -o* (形) 1. 습한, 눅눅한; *~ zid* 눅눅한 벽; *~a kuća* 눅눅한 집; *~ podrum* 눅눅한 지하실; *~ vazduh* 습한 공기 2. (비유적) 무기력한, 권태로운

memoar 1. (複數) (보통 정치인 등의) 비망록, 회고록 2. (자신의) 전기, 자서전

memoarist(a) 비망록(회고록) 집필자

memorandum 1. (외교상의) 각서, 메모 2. 비즈니스 레터; (거래의) 적요(摘要), 각서 송장(送狀) 3. (회사명·소재지·전화 번호 등이 인쇄된) 편지지(紙)

memorija 1. 기억(력) 2. (컴퓨터) 메모리, 기억장치, 저장 장치; *fiksna (glavna, unutrašnja) ~* 읽기 전용 (주(主), 내부) 메모리; *~ sa direktnim pristupom* 랜덤 액세스 메모리

memorijal 1. 메모장, 메모 노트; 청원서, 탄원서 (podsetnik; predstavka) 2. (스포츠) (누

M

구를 기념하는) 기념 경기(대회) 3. (商) (매일매일의 매출을 기록하는) 분개장(分介帳)

memorirati *-am*, **memorisati** *-šem* (完,不完) 1. 기억에 담다, 기억하다; 암기하다 2. (컴퓨터) 저장하다, 메모리에 담다; ~ *podatke* 자료를 저장하다

mena 1. 변화 (promena); *radikalne ~e* 급격한 변화 2. 변화(발전) 과정(시기·단계); ~*e istorijskog razvitka* 역사 발전의 단계 3. (生) 누에의 변태; 생물체 진화과정에서의 변화 4. (天) 그믐달 단계, 초승달 단계 5. 기타; *na ~u, s ~e na uštap* 시간 격차가 많은, 매우 드문

menadžer 매니저; 에이전트(운동선수 등의); (영화 등의) 감독

menaža 1. (군대 등의) 식당 (menza) 2. (다수의 사람들을 위해 차려진) 음식, 식사 (zajednička hrana) **menažni** (形)

menažerija (서커스를 위해 야생동물들을 모아놓은) 순회 동물원;(동물원 따위의) 동물(의 떼)

menćun 멸치

mene 참조 ja

mengele *-ēlā* (女,複), **mengeli** (男,複) 바이스 (작업대에 부착하여 물체를 고정시키는 데 사용하는)

menī *menija* (男) 메뉴 (jelovnik)

meni 참조 ja

menica (商) 어음; *vučena ~* 환어음; *sopstvena ~* 약속어음; ~ *na viđenje* 일람불 환어음; *povući ~u* 어음을 발행하다 **menični** (形); ~*o pravo* 어음법; ~ *obveznik* 어음수취인

meningitis (病理) 뇌막염, 수막염

menisk, meniskos, meniskus (解) (관절의) 반월판(板)

menopauza 폐경기(閉經期), 갱년기

menstruacija 월경, 생리 **menstruacioni** (形); ~ *ciklus* 월경 주기

mentalitet (개인·집단의) 사고방식

mentalnī *-ā, -ō* (形) 정신의, 정신적인, 심적인; 지적인; ~ *bolesnik* 정신병 환자; ~ *rad* 정신 노동; ~*o zaostala deca* 정신박약아, 정신발달지체아

mentalno (副) 정신적으로, 마음속으로; 지적으로; ~ *zaostao* 지적으로 뒤쳐진

mentol 멘톨(박하 맛이 나는 물질)

mentor 멘토(경험 없는 사람에게 오랜 기간에 걸쳐 조언과 도움을 베풀어 주는 유경험자·선배)

menuet 미뉴에트(17~18세기에 유행한 우아하고 느린 춤. 또는 그 춤곡)

menza (회사·학교 등의) 식당; 구내식당; *radnička ~* 노동자 식당; *studentska ~* 학생 식당; *fabrička ~* 공장 구내식당

menzaš 구내식당(menza) 이용자

menjač 1. 환전상 2. (자동차 등의) 변속기; *automatski ~* 자동변속기 **menjački** (形); ~*a kutija* (자동차의)기어박스; ~ *posao* 환전업(業)

menjačnica 환전소

menjati *-am* (不完) 1. (내용·모습·단계 등을) 바꾸다, 변하게 하다; ~ *brzinu čega* (~의) 속도를 바꾸다; ~ *napon struje* 전압을 변환시키다; *stižu izveštaj koji menjaju iz temelja situaciju* 근본적으로 상황을 바꾸는 보고서가 도착하고 있다; ~ *sistem* 시스템을 바꾸다; *vuk dlaku menja, ali ćud nikad* 외모는 바뀔 수 있지만 본질을 변하지 않는다 2. 교체하다(새것으로, 다른 것으로); ~ *obloge* 붕대를 교체하다; ~ *gume* 타이어를 교체하다; ~ *alat* 도구를 바꾸다 3. (~을 ~로) 바꾸다, 교체하다; ~ *saveznike* 동맹을 바꾸다; ~ *boju* 색깔을 바꾸다; *vidim da nije tako čim si krenuo da menjaš veru* 네가 개종하려고 하자마자 그렇지 않다는 것을 알았다 4. 교환하다, 맞바꾸다; 환전하다; ~ *mašine za sirovine* 기계를 원자재와 교환하다; ~ *dinare za dolare* 디나르를 달러로 환전하다; *mejam novo za staro* 새것을 헌것으로 교환하다; ~ *manji stan za veći* 작은 아파트를 큰 것으로 바꾸다 5. 잔돈으로 바꾸다; ~ *hiljadarku* 천 디나르짜리 지폐를 (잔돈으로) 바꾸다 6. 서로 교환하다, 서로 주고받다; ~ *poklone* 선물을 주고받다; ~ *pozdrave* 인삿말을 주고받다; ~ *misli* 생각을 교환하다 7. 교대하다(근무 등을); *dežurstvo su menjale tri bolničarke* 세 명의 간호사가 당직을 교대했다 8. (文法) 어형변화시키다; 격변화시키다, 동사를 활용시키다; ~ *imenicu* 명사를 격변화시키다; ~ *glagol* 동사를 활용시키다 9. ~ se 변화하다, 바뀌다; *sve se menja* 모든 것은 바뀐다; *oni se menjaju markama* 그들은 우표를 서로 교환한다 10. 기타; ~ *boju (farbu)* 얼굴이 빨개지다(부끄러워); ~ *korak (nogu)* 보폭을 맞추다(같이 걷는 사람들과); ~ *se u licu* 얼굴이 빨개지다(부끄러워)

mera 1. (치수·양·정도를 나타내는) 단위; 측정 수단; *jedinica ~e* 측정 단위; *sistem ~a* 측정 시스템; *nove se mere svuda uvele* 모든 곳에서 새로운 측정 단위를 도입하였였다 2. 치수(크기·길이 등의); *uzeti ~u* 치수를 재다;

M

šiti *odelo po ~i* 치수에 따라 옷을 깁다; *živa ~* (가축 시장에서의) 산 상태에서의 몸무게 3. 크기, 범위, 양; 정도 (veličina, opseg, iznos; stepen); *kazna po ~i krivnje* 죄의 정도에 따른 처벌; *u velikoj ~i* 대부분은, 상당부분 4. 한계(허용되는) (granica); *i u zlu treba znati ~u* 범죄에서도 한계를 알아야 한다; *preko ~e* 과도하게, 과하게; *nemati ~e* 또는 *ne znati ~u* 과도하게 나가다; *preći svaku ~u* 한계를 벗어나다; *davati (svoju) punu ~u* 모든 수단을 다하다, 최선을 다하다; *došlo (stalo) mu srce na ~u* 그는 만족한다; *prešla dara ~u* 견딜 수 없게 (참을 수 없게) 되었다 5. 상황에 맞는 태도; 절제, 균형, 중용 (odmerenost) 6. (보통 複數로) 수단, 대책, 조치; *~e bezbednosti* 안전 조치; *preduzeti ~e* 수단을 취하다, 대책을 강구하다; *vratiti istom ~om* 동일한 방법으로 되갚다; *na svu ~u* 완전히; *taj autoritet može se održavati i bez drakonskih ~a* 그러한 권위는 가혹한 수단을 동원하지 않고도 유지할 수 있다 7. 의도, 목적 (namera) 8. (音樂) 소절; 박자

merač 1. 재는 사람; 측량기사; *~ vremena* (작업·운동 경기 등의) 시간 기록원; *~ brzine* 속도를 재는 사람 2. 측정기, 측정기구

meraćī, *-ā, -ē* (形) 재는, 측량하는, 측정하는

merak *-aka* 1. 소원, 소망, (~에 대한) 열망, 갈망 (želja, žudnja, čežnja); *imati ~ na nešto* ~을 갈망(열망)하다 2. 기분좋음, 만족(감)

meraklija (男) (口語) 1. (~을) 즐기는 사람 2. 사랑꾼

merdevine (女, 複) 사다리 (lestve, lestvice); *duple ~* (들어 나를 수 있는) 발판 사닥다리, 접사다리

merdžan *-ana* 산호, 산호 장식품; *~ grožđe* 포도의 한 종류(붉은 빛깔의); *crveni ~* 붉은 산호

meredov (方言) 그물의 한 종류

merenje (동사파생 명사) meriti; *~ zemlje* 측량

merica 1. (지소체) mera 2. (곡물이나 밀가루 등의) 옛날 계량단위; *glava kao ~* 매우 커다란 얼굴, 바위얼굴

meridijan 자오선, 경선(經線) (podnevak); *na svim ~ima* 전세계에서, 모든 나라에서 **meridionalan** (形)

merilac *-ioca* 재는 사람; 측량기사 (merač)

merilo 1. (판단이나 결정을 위한) 기준 (kriterijum); *~ znanja* 지식의 기준; *~*

uspeha 성공의 기준 2. 측량(측정)기, 측량(측정) 도구 (merač) 3. (複數로) 저울 (vaga, kantar) 4. (지도의) 비율 (razmer) 5. (비유적) 규모, 범위, 크기 (obim, razmere)

meriti *-im* (不完) 1. izmeriti (完) (길이·용적·무게·지속시간 등을) 재다, 측정하다; *~ nešto (na vagi)* (저울에)무게를 재다; *~ na oko* 맨눈으로 재다; *~ pritisak* 혈압을 재다; *~ puls* 맥박을 측정하다; *~ razdaljinu* 간격을 측정하다 2. (가치·의미 등을) 평가하다 (ceniti, ocenjivati); *ljubav prema domovini meri se radom* 조국에 대한 사랑은 일에 의해 평가된다; *on je sav svet merio svojim poštenjem* 그는 솔직하게 온 세상을 평가했다 3. 매우 세심하게(예리하게) 바라보다(관찰하다); *~ (nekoga) od glave do pete* (누구를) 머리끝부터 발끝까지 매우 세심하게 쳐다보다 4. 일정한 크기(무게·높이)를 가지다; *~ manje od sto kilograma* 100kg 이하의 무게가 나간다 5. ~ se (자신의 무게·크기 등을) 재다; *merila se svakog dana* 그녀는 매일 자신의 몸무게를 쟀다 6. ~ se 서로가 서로를 매우 세밀히 관찰하다(쳐다보다) 7. ~ se (~와) 필적하다(가치·능력 등이), (~와) 맞서다, 대등하다; *niko se s njim nije mogao meriti* 그와 비교할 사람은 아무도 없다; *koji pisac bi se mogao ~ sa Dostojevskom?* 어떤 작가가 도스또옙스키와 같을 수 있는가?; *ne može se on s tobom ni po čemu ~* 그 사람은 너와는 어떤 것에서도 맞설 수 없다

meritoran *-rna, -rno* (形) 1. 법적으로 유효한, 유효한; (당면 문제에) 관련된, 적절한; *~rna odluka* 법적으로 유효한 결정; *~rno rešenje* 적절한 해결 2. 중요한, 본질적인 (bitan, suštinski) 3. ~할만한 (zaslužan, vredan)

merkantilan *-lna, -lno* (形) 상업의, 무역의 (trgovački, trgovinski); *~ duh* 상업정신; *~lni odnosi* 무역관계; *~lna prodaja* 상업적 판매; *~lna roba* 평균적 품질의 상품(물건)

merkantilizam *-zma* 중상주의; 상업주의

merljiv *-a, -o* (形) 잴 수 있는, 측량(측정)할 수 있는; 상당한, 상당히 중요한; *~a veličina* 측정할 수 있는 사이즈(크기); *~ uspeh* 상당히 중요한 성공; *~ efekat* 상당한 효과

mermer 대리석 (mramor); **mermeran** (形)

mernī, *-ā, -ō* (形) 재는데 사용하는, 측정(측량)용의; *~ instrumenat* 측정 도구; *~a traka* 줄자

merodavan *-vna, -vno* (形) 1. 관헌의, 당국의;

M

(~할) 권한이 있는 (nadležan, ovlašćen); ~ sudski (državni, skupštinski) organ 권한있는 사법(국가, 의회)기관 2. (~할) 능력이 있는; 권위있는, 믿을 만한, 신뢰할 만한; ~ naučnik 권위있는 학자; ~ sud 신뢰할 만한 법원; ~vno tumačenje 권위있는 해석; u ~vnim krugovima 믿을만한 사람들사이에서 3. 유효한, 효력을 발휘하는; ~ zakon 효력 있는 법률; ~ običaj 여전히 성행하는 관습 4. 중요한 (bitan, odlujući); ispitati sve ~e okolnosti 모든 중요한 주변상황을 조사하다 5. (명사적 용법으로, 한정형의 복수형태로) 담당자, 당국

merodavno (副) 믿을만하게, 신뢰할만하게; 적법하게 (punovažno, kompetentno); ~ odlučiti 적법하게 결정하다; ~ oceniti 신뢰할만하게 평가하다; ~ suditi 신뢰할만하게 재판하다

merodavnost (女) 권한, 권위

meropah -pha; -psi (歷) (봉건시대의) 자유농민 **meropaški** (形)

mesar 1. 정육점 주인; (소·돼지 등의) 도축업자 (kasapin); **mesarica, mesarka; mesarski** (形); ~ nož 도축장(정육점)에서 쓰는 칼 2. (비유적)(輕蔑) 외과 의사 (operator, hirurug); 도살자, 살인자 (krvolok, krvopija)

mesara 1. 정육점, 푸줏간 (mesarnica) 2. (보통 muva와 함께 숙어로) muva ~ 쉬파리

mesarica 1. mesar의 부인; 정육점 여주인, 여자 도축업자 2. 쉬파리

mesarka 1. 정육점 여주인; 정육점 주인의 부인 2. 고기를 좋아하는 여자

mesarna 참조 mesarnica

mesarnica 푸줏간, 정육점 (kasapnica)

mesaroš (口語) 고기를 좋아하는 사람

mesarski -ā, -ō (形) 참조 mesar; 정육점 주인의, 도축업자의; ~ zanat 정육업(業)

mesarstvo 정육업, 육가공업, 육무역

mesec (G.pl. mesecī & mesecā) 1. (天)(Mesec) 달, 월(月) ; (행성의) 위성; mene Meseca 달의 위상; let na Mesec 달로의 비행; površina Meseca 달의 표면; Mesec sija 달이 빛난다; naučna ispitivanja Maseca 과학적 달 탐사; Mesec se jede 달이 작아진다; Jupiterovi ~i 목성의 위성들 2. 달빛 (mesečina); putovati po ~u 달빛을 따라 여행하다; večeras treba da bude ~a 오늘 저녁 달빛이 비출것이다 3. (달력의) 월(1월, 2월 등의); imena ~i 월명(月明); kalendarski ~ 달력상의 월(月); 30일; ~ dana 한 달, 30여일; posle dva ~a 두 달 후

에; napisao je knjigu za ~ dana 그는 한 달 동안 책을 썼다; doći ćemo kroz (za) ~ dana 한 달 후에 우리가 올 것이다; otići nekuda na ~ dana 어디론가 한 달 동안 떠나다; preko ~ dana 한 달 이상; ~ima 몇 달간, 수개월 동안; sinodički ~ 삭망월(朔望月) 4. 달(月)과 비슷한 것(장식품 등의) 5. 기타; medeni ~ 밀월(蜜月), 신혼; mlad(i) ~ 초승달; pun(i) ~ 보름달; dok traje Sunca i Meseca 영원히, 영속적으로; jesti se kao Mesec 매우 걱정하다; kao da si pao s Meseca 달에서 떨어진 것 처럼 아무것도 모른다; pomračenje Meseca 월식(月蝕)

mesečar 1. 몽유병자 (somnambul) 2. 몽상가, 망상가 (sanjar, fantasta) 3. 감자의 한 종류 (일찍 수확하는)

mesečarstvo 1. 몽유병 2. (비유적) 몽상

Mesečev -a, -o (形) 참조 Mesec; 달의; ~e mene 달의 위상; ~i krateri 달 분화구

mesečina 1. 달빛; sva se reka napuni tihe ~e 강 전체가 조용한 달빛으로 가득하다; po ~i 달빛을 받으면서 2. (植) 서양가새풀 (톱풀) (hajdučna trava); 고사리의 한 종류 3. (動) 야광원양해파리

mesečnik 1. 월간잡지; u Parizu je počeo izlaziti opet nov ~ 파리에서 또 다시 새로운 월간잡지가 발행되기 시작했다 2. (植) 고사리의 한 종류

mesečnina 월 급여; 월급 (mesečna plata); ima on svoju ~u, a nema na brizi ni kučeta ni mačeta 그는 자신의 월급이 있지만 돌봐야 할 사람은 아무도 없다

mesija (男) 1. (대문자) 메시아, 구세주, 예수 그리스도 2. 구조자, 구원자 (spasitelj, izbavitelj)

mesina (지대체) meso

mesing 놋쇠, 황동(黃銅); nije zlatan, nego od ~a 그것은 금으로 된 것이 아니라 황동으로 된 것이다

mesingan -a, -o (形) 놋쇠의, 황동의; ~a brava 놋쇠 자물쇠; ~a šipka 놋쇠 막대

mesište (輕蔑) meso

mesiti -im (不完) umesiti (完) 1. (밀가루 반죽 등을) 반죽하다, 이기다, 개다; ~ testo 밀가루를 반죽하다; ~ hleb(pitu) 빵(파이)을 굽기 위해 반죽하다 2. (진흙 등을) 이기다, 개다; 진흙으로 (형태를) 만들다; ~ blato za opeke 벽돌을 굽기 위해 찰흙을 이기다 3. (보통 진흙을) 밟다, 짓밟다 (gaziti, gacati) 4. (비유적) (모자·장갑 등을) 움켜쥐다, 구기다 (stezati, gužvati); grčevito je mesio

M

rukavice u desnoj ruci 힘껏 오른손의 장갑을 움켜쥐었다 **5.** (~에 대해) 자기 마음대로 대하다; (자신의 뜻에) 복종시키다, 굴복시키다 (*kinjiti, zlostavljati*); *dvor je mogao ~ ih kako je hteo* 조정(朝廷)은 자신들이 원하는 대로 그들을 복종시킬 수 있었다 **6.** 때리다, 구타하다 (*tući, mlatiti*) **7.** ~ **se** 반죽되다, 진득거려 달라붙다; *mesi se blato na blato* 진흙은 달라붙는다 **8.** 기타; ~ *kolač (nekome)* (누구에게) 음모를 꾸미다

mesnat *-a, -o* (形) **1.** 살찐, 뚱뚱한(*debeo, pun*); 고기 생산에 적합한; ~*o lice* 살찐 얼굴; ~*e ruke* 두꺼운 팔; 고기가 많은, 고기 생산에 적합한; ~*e svinje* 고기가 많은 돼지 **2.** (음식 등이) 고기가 있는, 고기가 들어있는 **3.** 고기와 비슷한

mêsnī *-ā, -ō* (形) 고기의; (음식 등에) 고기가 있는, 고기가 들어있는; ~ *narezak* 얇게 썬 고기; ~*e prerađevine* 육가공품; ~*a konzerva* 고기 통조림

mesnī *-ā, -ō* (形) 지역의, 지방의 (*lokalni*); ~ *odbor* 지역위원회; ~*o stanovništvo* 지역 인구; ~ *govor* 지역어; ~ *kolorit* 향토적 채색; ~*i običaj* 지역 풍습

meso 1. (사람·동물의) 살, 살집; (사람·동물의) 몸, 몸집; *pucati u ~* 몸에 총을 쏘다 **2.** 후손; 친척 (*potomak; srodnik*); *svoje se ~ ipak zna* 자신의 친척은 그래도 알아본다 **3.** (가축의) 고기; *belo ~* 흰 살코기; *jagnjeće ~* 양고기; *pečeno ~* 구운 고기; *kuvano ~* 삶은 고기; *prženo ~* 튀긴 고기; ~ *na žaru* 석쇠에 구운 고기; *sušeno(suvo) ~* 말린 고기; *mršavo ~* 살코기, 지방이 없는 고기 **4.** (과일의) 과육; (채소의) 엽육 **5.** 기타; *debelo ~* 엉덩이; *divlje ~* (醫) (상처가 나을 때 그 주위에 생기는) 새살, 육아(肉芽); *topovsko ~* 총알받이(군인, 민간인); *divlje ~* 1) (상처가 나을 때 그 주위에 생기는) 새살 2)암(癌); *živo ~* 열린 상처; *kola (gomila) ~a* 뚱뚱하고 게으른 사람; *ni riba ni ~* 특별한 개성이 없는 사람; *spao u ~* 그는 말랐다; *čovek od krvi i ~a* 장점과 단점을 가진 평범한 사람 **mesni** (形); ~*i proizvodi* 고기 생산품

mesojed (動) 육식 동물 (*mesožder*)

mesojed *-a, -o* (形) 육식의, 육식성의, 육식 동물의

mesojeđe (女,複)(中),(宗) 사육제(고기와 기름진 음식을 먹어도 되는 기간)

mesopust 1. 사육제(*mesojeđe*)의 마지막 날 **2.** 참조 *mesojeđe*

mesožder 육식 동물

mesoždere biljke (女,複) 곤충을 잡아먹는 식물, 식충 식물

mesožderstvo 육식, 육식성

mestance *-a* & *-eta*; *-ancā* & *-anācā* (지소체) *mesto*

mestašce *-a* & *-eta* (지소체) *mesto*; *praštao se sa svakim milim ~em* 그는 모든 정든 장소들과 작별했다

mesti *metem*; *meo, mela*; *meten, metena* (不完) **1.** (음식 준비를 하면서 걸쭉한 죽 등을) 휘젓다, 섞다 (*mutiti, mešati*); *mete svinjama* 돼지죽을 휘젓다 **2.** (우유를 끓여 휘저으면서) 기름기를 건져내다(떠내다); ~ *maslo* 유지방을 떠내다 **3.** 헷갈리게 하다, 혼란스럽게 하다, 당황하게 하다 (*buniti, zbunjivati*); *što mladića još veće mete ... to je nejednak postupak* 젊은이를 더욱 더 헷갈리게 한 것은 ... 동일하지 않은 행동이었다 **4.** ~ **se** 헷갈리다, 혼란스럽다; 빙빙돌다, 배회하다; *ljudi se meli ulicom* 사람들은 거리를 배회하였다; *njemu su se večno mele po glavi teorije pedagoga* 그는 항상 교육학 이론이 헷갈렸다; *mete mi se po ustima (po glavi)* 입에서 뱅뱅 돈다(기억이 날 듯 날 듯하고 기억이 안난다)

mesti *metem*; *meo, mela*; *meten, metena* (不完) **1.** 비(metla)질하다, 빗자루로 쓸다 **2.** (눈(雪)이) 펑펑 내리다, 많이 내리다; (바람, 폭풍설 등이) 세게 불다, 심하게 불다; *bura strasti mete po duši njegovoj* 그의 마음속에 격정의 폭풍이 심하게 불었다 **3.** 기타; ~ *pred svojim vratima (pragom)* 자신의 일에 신경쓰다; ~ *kapom zemlju* 불필요한(쓸데없는) 일을 하다

mestimice, mestimično (副) 지역에 따라, 곳에 따라

mestimičan *-čna, -čno* (形) (이곳 저곳에) 산재하는, 산발적인

mesto (G.pl. *mestā*) **1.** 장소, 곳; 지점, 군데; 자리; 방, 공간; *nema više ~a* 더 이상 자리가 없다; *stražarsko ~* 경비원 공간; ~ *za obuću* 신발을 놓는 곳; ~ *požara* 화재 지점; ~ *udesa* 충돌 지점; *sve stoji na ~u* 모든 것이 제 자리에 있다; *nađi neko ~ za ovu vazu* 이 꽃병을 놓을 자리를 찾아봐라; *prometno ~* 유동인구가 많은 곳; *na ~a* (육상 등의) 제 자리에!; *sva su ~a dobra* 모든 자리가 훌륭하다; *stavi svoj kaput na ~* 자신의 코트를 제 자리에 놓아라!; *zauzmi za mene jedno ~* 내 자리 한 자리 맡아놔!; *da*

M

sam ja na tvom ~u 내가 너라면; *glasačko* ~ 투표장; ~ *pod suncem* 양지 바른 곳(살기에 편한, 생활하기에 좋은); *ovde nema (dovoljno)* ~a *za ovoliki svet* 여기에는 그렇게 많은 사람들을 수용할 충분한 공간이 없다 2. 지역 (predeo, kraj); 마을, 도시, 읍내 (naselje, selo, varoš, grad); *malo* ~ 작은 마을; *rodno* ~ 고향 마을; ~ *stalnog boravka* 본적지; *sveta* ~a 성지(聖地); ~ *rođenja* 태어난 곳 3. 직(職), (일)자리, 직책 (služba, posao); *radno* ~ 직장; *upražnjeno* ~ 공석(空席), 빈자리; *on zauzima važno* ~ 그가 중요한 직책을 차지했다; *predsedničko* ~ 대통령직(職) 4. (方言) 침대, (잠 잘) 자리 (ležaj, postelja) 5. 기타; *bolno* ~ (누구의, 무엇의) 약한 고리, 약점; *na licu mesta* 현장에서, 즉시; *ubiti na* ~u 단숨에 죽이다, 현장에서 죽이다; *on je čovek na svome* ~u 그는 정직한 사람이다; *te su reči na svom* ~u 그러한 어휘는 적절한 것이었다; *sve je sada na svome* ~u 모든 것이 이제 제 자리를 찾았다; *na prvom* ~u 무엇보다도, 우선; *ne drži ga* ~ 그는 한 곳에 머무를 수 없다; *srce mi je na* ~u 나는 만족한다; *u* ~u 제자리를 떠나지 않고; *u* ~u *tapkati (stajati)* 발전하지 못하고 그 자리에 정체하다 ; **mesni** (形); ~ *telefonski razgovor* 지역내 전화 통화; ~a *zajednica* 동(洞)

mesto 1. (前置詞,+ G) ~ 대신에; *u glavi vrača kao da je* ~ *moždana imao teško olovo* 주술사의 머릿속에 뇌 대신 무거운 납이 있는 것처럼 2. (부사적 용법으로) (절이나 숙어의 첫머리에 위치하면서 그 절에서 언급하는 것이 실현되는 대신 다른 것으로 대체되었을 때) ~ 대신에 (umesto); *mesto da produžimo tom stazom, skrenuli smo s nje* 그 오솔길로 쭉 가는 대신 우리는 오솔길에서 방향을 틀었다; ~ *da uči, on se igra* 그는 공부하는 대신 놀고 있다; ~ *u školu, on je otišao na utakmicu* 그는 학교에 가는 대신 경기하러 갔다

mesurina (지대체) meso

mešač 1. 혼합기, (콘크리트 등의) 믹서 (mešalica); ~ *pekmeza* 잼 혼합기; ~ *majoneza* 마요네즈 믹서 2. 혼합하는 사람

mešaja 1. 빵을 반죽하는 여자 2. (뭔가를 삶을 때 휘젓는데 사용하는) 기다란 나무 주걱 (varjača, kuhača)

mešajica 참조 mešaja

mešalica (콘크리트 등의) 혼합기, 믹서; ~ *za beton* 또는 *betonska* ~ 콘크리트 믹서; ~

za stočnu hranu 가축 사료 혼합기

mešalo 참조 mešalica

mešanac 1. (동물 등의) 교배종, 잡종; (사람의) 혼혈인 (melez) 2. 혼합물 (mešavina)

mešanje (동사파생 명사) mešati; ~ *u unutrašnje poslove neke zemlje* 어떤 국가의 내정 문제에 대한 간섭

mešati -am (不完) 1. **pomešati** (完) (두 가지 이상의 서로 다른 물질을) 섞다, 혼합하다; 혼합물을 만들다; ~ *vino i vodu (s vodom)* 포도주와 물을 섞다, 포도주에 물을 타다 2. **promešati** (完); (막대기·수저 등으로 재료 등을) 휘저어 섞다, 휘젓다 (mutiti); *mešao je šećer okolo naokolo u šalici* 컵에서 설탕을 휘휘 저었다; *promešaj taj pasulj malo* 파슬을 조금 휘저어라 3. (카드 등을) 섞다; ~ *karte* 카드를 섞다; *popi jednu čašu rakije, pa onda uze karte* ~ 라키야 한 잔을 마신 후 카드를 섞기 위해 집어들었다 4. 혼동하다, 햇갈리다 (brkati); *deda se obraća redom svima unucima, ali meša njihova imena ... meša i od kojeg mu je deteta koje unuče* 할아버지는 순서대로 손주들에게 말했으나 그들의 이름을 혼동했으며, 어느 자식의 손주인지를 햇갈렸다 5. 외래어를 섞어 사용하다; *u razgovoru je često mešao strane reči* 그는 대화중에 자주 외래어를 섞어 사용했다 6. ~ **se** 섞이다 7. ~ **se** 간섭하다, 참견하다, 끼어들다; *jedina se Mirjana nije mešala u razgovor* 미랴나만이 대화에 끼어들지 않았다 8. ~ **se** (s nekim) (우연히) 어울리다, 섞이다; *ne* ~ *se s ostalim svetom* 다른 사람들과 어울리지 않다; *nije dobro što se ne meša sa decom* 아이들과 어울리지 않는 것은 좋지 않다 9. ~ **se** 배회하다, (떼지어) 몰려다니다 (motati se, muvati se); *svet se meša čaršijom* 사람들이 떼지어 도회지를 몰려다닌다 10. 기타; ~ *jezikom* 불분명하게 말하다, (술에 취해) 혀꼬부라진 소리를 하다; ~ *piće* 술을 섞어 마시다(이 술 저 술을 마시다); ~ *rukama* 팔짱을 끼다; *meša mu se u glavi* 또는 *meša mu se pamet* 그는 정신이 혼미하다; *meša se krv* 혼혈로 태어나다

mešavina 1. 혼합물 (smeša, smesa); ~ *lakog i teškog benzina* 경유와 중유의 혼합물; ~ *blata i snega* 진흙과 눈이 섞인 것; ~ *čaja i mleka* 차(茶)에 우유를 섞은 것 2. (~와의) 결합, 교차 (mešanja, spajanje); *nastati* ~om 이종 교배로 나타나다(생겨나다) 3. (기억 등의) 혼란, 착오; 감정의 교착(交錯) 4.

M

혼란, 소동, 소요 (gužva, metež, zbrka, pometnja)

meščić (지소체) meh

mešetar 1. (주식시장의) 중개인, 브로커 (senzal); (일반적인) 중개인, 중매인 2. (비유적)(輕蔑) 분쟁(말썽·파란)을 일으키는 사람, 분쟁 야기자; *politički* ~ 정치적 분쟁 야기자

mešetariti –*im* (不完) 중개하다, 중개인의 일을 하다; (자신의 이익을 위해) 분쟁을 야기하다

mešina 1. (지대체) meh; 포도주를 담는 가죽 부대 2. (輕蔑) (사람의) 커다란 배 (trbuh, trubušina); 남산만한 배를 가진 사람, 배불뚝이 3. 기타; *prodana* ~ (辱說) 이익을 위해서라면 어떤 짓이라도 할 놈

mešinci (男,複) 강장(腔腸)동물문(門)

mešinice (女,複) (植) 배엽(杯葉), 낭상엽(囊狀葉); 병 모양의 기관

meškoljiti se –*im se* (不完) **promeškoljiti se** (完) (몸·몸의 일부를) 꿈틀거리다(꼼지락거리다); *dete se meškolji u kolevci* 아이가 요람에서 꼼지락거린다; *poče se meškoljiti na stolici od dosade* 따분해서 의자에서 꼼지락거리기 시작했다

mešovit –*a*, –*o* (形) 혼합한, 혼성의, 잡다한; 각양 각색의; 공동의 (mešan, raznolik); ~*a komisija za mir* 평화공동위원회; ~*a gimnazija* 남녀공학교; ~ *hor* 혼성합창단; ~*o društvo* 각양각색의 인종이 혼재하는 사회; *igra* ~*ih parova* 혼성 경기; ~*i voz* 여객객차를 몇량 단 화물열차; *trgovina* ~*e robe* 여러가지 물건을 파는 가게

meštanin –*ani* 1. 어떤 지역의 주민(도시·마을 등의), 해당 지역 주민; *pred okupljenim* ~*ima predsednika Tita pozdravio predsednik opštinskog narodnog odbora* 모인 주민들 앞에서 티토 대통령에게 지역인 민위원회 위원장이 인사를 했다 2. 주민, 시민(sugrađanin); **meštanka**

meta 1. (사격 등에서의) 과녁, 표적, 타겟; (공격의) 목표물; *streljačka* ~ 사격 과녁; *promašiti* ~*u* 과녁을 빗나가다; *pogoditi (u)* ~*u* 목표물을 맞추다 2. 목표, 목적 (cilj); *krajna* ~ 최종 목표 3. (스포츠) 결승선 (cilj); *doći do* ~*e putovanja* 여행의 목표지점에 도착하다; *dostići* ~*u* 결승선에 도달하다 4. 기타; *na* ~*i (biti, naći se)* 손을 뻗으면 닿을데 있다(매우 가까운 곳에 있다, 바로 옆에 있다)

metabolizam –*zma* (생리) 신진대사, 물질대사

metafizičar, metafizik 형이상학자

metafizika 형이상학 (反; dijalektika; 형이하학) **metafizičan, metafizički** (形)

metafora 은유 **metaforičan, metaforički, metaforski** (形)

metak –*tka; meci, metākā* (총 등 화기의) 탄환, 총알; *puščani (revolverski)* ~ 소총(리볼버) 탄환; *topovski* ~ 대포 포탄; *manevarski* ~ 공포탄; *školski* ~ 공포탄; *svetleći* ~ 예광탄; *zalutali* ~ 유탄; *dobiti* ~ *u čelo (u potiljak)* 총살에 처해지다; *izbaciti poslednji* ~ 마지막 최선을 다하다, 할 수 있는 모든 것을 다하다; *slepi* ~ 공포탄

metal 금속; *laki* ~*i* 경금속(알루미늄 등의); *teški* ~*i* 중금속(구리, 은, 금, 백금 등의); *plemeniti* ~*i* 귀금속(금, 은, 백금 등의); *obojeni* ~*i* 비철금속(구리, 납 등의); *crni* ~*i* 철금속(철, 망간 등의) **metalski** (形); ~ *radnik* 금속 노동자

metalac –*lca; metalācā* 금속산업 노동자, 금속공; *kroz fabričku kapiju kuljaju garavi metalci* 공장 정문을 통하여 거무잡잡한 금속공들이 밀려들어온다

metalan –*lna*, –*lno* (形) 금속의, 금속제의, 금속을 함유한; (소리가) 금속성의, 금속성 소리가 나는, 예리한; 금속과 관련된; ~ *čekić* 금속으로 만든 망치; ~ *cev* 금속관; ~ *novac* 동전; ~*lna industrija* 금속 산업; ~*lni otpaci* 금속 폐기물; *odjekivali su s visine* ~*lni zvuci zvonjave* 위에서 금속성 종소리가 울렸다

metaličan –*čna*, –*čno* (形) 금속 같은, 금속 비슷한

metalingvistika 메타언어학 (언어와 언어 이외의 문화면과의 관계를 연구하는 분야)

metaloprerađivačkī –*ā*, –*ō* (形) 금속 가공의; ~*o preduzeće* 금속가공 회사

metalostrugar 금속선반공, 금속 세공사

metalskī –*ā*, –*ō* (形) 금속의; ~ *radnik* 금속산업 노동자

metalurg 야금가, 야금학자; 금속공학자

metalurgija 1. 야금술, 야금학; 금속공학 2. 금속 산업 *obojena* ~ 비철금속 산업; *crna* ~ 철금속 산업 **metalurški** (形); ~ *centar* 야금센터

metamorfoza 1. (動) 변태 (발전의 한 단계에서 다른 단계로 변화되는) (preobražaj); ~ *gusenice u leptira* 애벌레의 나비로의 변태 2. 변형(암석 구조의 변화) (metamorfizam) 3. (비유적) (일반적으로 외관·성격·환경 따위의) 현저한 변화, 대변화

M

metamorfozirati se -am se (完,不完) 바뀌다,
변화되다, 변태되다, 변형되다, 모습이 바뀌
다 (preobraziti se)
metan (化) 메탄
metanastaza (주로 경제적 이유로 인한) 이주,
이민 (migracija) metanastazički (形)
metanisati -šem (不完) 1. (허리를 깊게 숙여)
절하다, 큰절하다(예배시, 또는 복종·존경의
의미로); stupi pred ikonu, prekrsti se i
triput metaniše 성화앞에 서서는 십자가를
긋고 세 번 절하였다 2. (비유적) 복종적으로
행동하다, 복종적이 되다; (누구에게) 아부하
다, 아첨하다
metar -tra 1. 미터(길이 척도의 단위); sve
mere su izražene u ~trima 모든 단위는 미
터로 표시되었다; kvadratni ~ 평방미터(m2);
kubni ~ 세제곱미터(m3) 2. (1미터의 길이를
재는) 측량 도구 3. (일반적인) 단위 4. (詩的)
운율, 운율형식 metarski (形)
metarskī -ā, -ō (形) 참조 metar
metastaza (醫) (암 등의) 전이
metataksa (言) 악센트 이동(한 음절에서 다른
음절로의)
metateza (言) 자위(字位)전환, 음위(音位) 전환
metati -ćem; meći; mećući (不完) 참조
metnuti
metatonija (言) 악센트 이동(성조의 변화를 동
반하는) metatonjski (形)
metenje (동사파생 명사) mesti
meteor (天) 유성, 별똥별 meteorski (形); ~o
gvožđe 운철
meteorit (지질) 운석 meteoritski (形)
meteorolog 기상학자
meteorologija 기상학 meteorološki (形); ~
izveštaj 일기예보, 기상예보; ~a stanica 기
상 관측소
meter (印刷) 식자공
metež 1. 소란, 시끄러움; 혼잡 (pometnja,
gužva, komešanje); napravio se ~ 소란이
일어났었다; upasti u ~ 혼잡해지다 2. 엉망
진창, 뒤죽박죽, 난장판 3. 소요, 반란, 폭동
봉기 (nemir, pobuna, buna) 4. (비유적) (머
릿속에서의) 혼란, 혼동; ~ u glavi 머릿속이
혼란스러운
metežnik 소란 야기자; 봉기자, 폭동자, 폭도
metil (化) 메탄올
metil-alkohol (化) 메틸알코올, 목정(木精)
metilj 간폐충, 간디스토마; veliki ~ 간질; mali
~ 창형흡충(槍形吸蟲), 창도상흡충(槍刀狀吸
蟲)
metiljav -a, -o (形) 1. 간디스토마를 앓고 있

는, 간디스토마에 감염된 2. (비유적) 병약한,
자주 아픈 (bolešljiv, slabunjav)
metla (G.pl. metalā) 1. 빗자루, 비; čistiti
~om 빗자루로 깨끗이 청소하다, 빗자루질하
다; nova ~ dobro mete 모든 신참(신입사원)
들은 직장에서 열심히 하려고 노력한다; njoj
treba ~ 그녀는 맞아야 한다; pijan kao ~
녹초가 되도록 취한 2. (植) 자작나무
(breza); vilina ~ 아스파라거스
metlar 1. 빗자루를 만드는 사람, 빗자루를 파
는 상인; 빗자루를 만들어 파는 상인 2. (方
言) 거리청소부
metlaš (植) (빗자루를 만드는) 수수 (sirak)
metlica 1. (지소체) metla 2. (植) 엉거시과(科)
에 속하는 한 속(屬)의 각종 한해 살이 풀;
칼루나 (vres) 3. (옥수수의) 이삭 (klas)
metljika (植) 위생류과(科) 위생류속(屬)의 관
목(유라시아 원산(原產)
metnuti -nem (完) metati -ćem (不完) 1. (무엇
을 어떤 자리에) 놓다, 두다; ~ knjigu na
sto 책을 책상에 놓다; ~ novac u džep 돈을
주머니에 집어넣다; ~ drva na vatru 나무를
불위에 올려놓다; ~ decu u krevet 아이를
침대에 눕히다; ~ jastuk pod glavu 배게를
배다; ~ prst na čelo 이마에 손가락을 얹다
2. (옷 등을) 입다 (obući, nabući); ~
kapu(maramu, šal) 모자를 쓰다(스카프를
하다, 목도리를 하다) 3. (직위·직책에) 배치
하다; najbolje bi bilo - metnite me za
pisara 나를 서기직에 배치하는 것이 가장
좋을 듯 하다 4. (총알·탄환을) 발사하다, 쏘
다; izvadi kuburu, pa triput metni u nebo
총을 끄집어내서는 세 번 하늘을 향해 쏘았
다 5. (~의) 안에 집어넣다, 야기시키다
(uneti, prouzrokovati); metne razdor i
neslogu među Srbe 세르비아인들 사이에
불화와 불협화음을 야기시키다 6. (번개가)
치다, 번쩍이다 7. 쓰다, 열거하다 (pisati,
navesti); ~ adresu (na koverat) 봉투에 주
소를 쓰다 8. ~ se (말 등에) 오르다, 뛰어오
르다 (baciti se, vinuti se); pak se metne ...
na konja svojega 하지만 자신의 말에 뛰어
오른다 9. (누구를) 닮다; sin Petar se
metnuo na mater ... a mlađi Gligorije se
metnuo na oca 아들 페타르는 엄마를 ... 동
생 글리고리예는 아빠를 닮았었다 10. 기타;
metnimo (reći) 예상컨데, 추측컨데; ~ vodu
(kome) 점을 치다, 점패를 보다; ~ glavu u
torbu 목숨이 위험에 처하다; ~ granu na
put 방해하다, 훼방하다; ~ za ikonu 성물(聖
物)인것 처럼 보호하다(간수하다); ~ zamku

510

(omču) oko vrata 교수형에 처하다; ~ *jezik za zube* 한 마디도 하지 않다, 침묵하다; ~ *kome u glavu* 누구에게 어떤 사상(생각)을 강요하다; ~ *kome u usta (neke reči)* 1)하고 싶은 말을 하도록 격려하다 2)누가 무슨 말을 했다고 떠넘기다; ~ *krst na se(be)* 1)십자가를 긋다, 성호를 긋다 2)세례를 받다; ~ *kupus (krastavce, zimnicu)* 김장하다; ~ *na koncu* 커다란 위험에 처하다; ~ *na muke* 1)괴롭히기(고문하기) 시작하다 2)어려운 처지에 빠지게 하다; ~ *na noge* (아이들을) 독립된 생활을 할 능력을 갖추도록 양육하다; ~ *na se(be)* 옷을 입다; ~ *na stranu* 1) 한 쪽으로 치우다(방해가 되지 않도록) 2)저축할 돈을 따로 떼어놓다; ~ *na hartiju (papir)* 쓰다, 필기하다; ~ *nož pod grlo (gušu)* 어려운 상태로 빠지게 하다, 출구가 없는 상태로 만들다; ~ *obraz (stid) pod noge (opanak)* 창피할 줄을 모른다; ~ *pod nož (pod sablju)* 도살하다; ~ *ruku na koga (što)* ~을 잡다, ~을 얻으려고 노력하다; ~ *ruku na srce* 솔직하게 말하다; ~ *ručak (večeru)* 요리를 하려고 불에 올려놓다; ~ *svuda svoj nos* 온갖 것에 다 참견하다; ~ *u zemlju* 1)심다 2)무효로하다; ~ *u koga (što) sve svoje nade* 모든 희망을 누구에게 걸다; ~ *u novine (u knjigu)* ~에 대해 신문에(책에) 쓰다; ~ *u pesmu (u stihove, u note)* 노래를 부르다, 노래를 만들다; ~ *u top (koga)* 멸망시키다, 궤멸시키다, 엄청나게 비난하다; ~ *u usta (u zube, u se(be))* (음식을) 조금 먹다; ~ *što u lonac* 무엇을 요리하다; *ne ~ oko na oko* 눈도 깜박이지 않다, 잠자지 않다; ~ *se na muke* 어려운 처지에 있다, 무엇을 할 것인지 어렵게 결정하다; ~ *se u srce* 누구를(무엇을) 좋아하기 시작하다; ~ *se u trošak* 많은 돈을 쓰다(낭비하다)

metod (男), **metoda** (女) 1. 방법(과학적 조사 또는 일반적인)(*način*); *naučni* ~ 과학적 방법; *istraživački* ~ 조사 방법; ~ *rada* 작업방법; ~ *vaspitanja* 교육(양육) 방법; ~ *predavanja* 교수 방법 2. 체계(성), 질성 저연함 3. (輕蔑) 습관, 습관적 행동

metodičan *-čna, -čno* (形) 체계적인, 조직적인, 질서정연한 (*sistematski, planski*)

metodičar 방법론자, 방법론 학자

metodičnost (女) 체계성, 체계적 방법(과정)(학문·수업·직장 등에서의)

metodika 1. (수업 등의) 방법론; ~ *maternjeg jezika* 국어수업방법론, ~ *istorije* 역사수업 방법론 2. (일반적인) 방법론

metodolog 방법론 학자

metodologija 방법론; *marksistička* ~ 막스주의적 방법론; *naučna* ~ 과학적 방법론

metodologijski, metodološki (形)

metodskī *-ā, -ō* (形) 참조 metodičan

metoh (複 *-osi, metohā*) 중세 세르비아의 1. 자그마한 교회(경작할 수 있는 약간의 땅이 있는) 2. 자그마한 교회나 수도원(작은 교회를 지어 큰 수도원에 헌납한) 3. 수도원 소유의 모든 토지

Metohija (코소보메토히야 지방의) 메토히야

metohijski (形)

metonimija 환유(어떤 낱말 대신에 그것을 연상시키는 다른 낱말을 쓰는 비유법)

metraža (미터로 측량된) 거리, 길이 **metražni** (形)

metresa 정부(情婦) (*ljubavnica, suložnica*)

metričkī *-ā, -ō* (形) 1. 참조 metrika; 운율학의, 작시법의; ~*a oblik* 작시법 형태; ~*a šema* 운율학적 틀; ~*a struktura* 작시법 구조 2. 참조 metar; 미터의

metrika 운율학, 작시법 **metrički** (形)

metrō *-oa* (男) 지하철

metronom (音樂) 메트로놈, 박절기(拍節器)

metropola 1. 본국 (식민지나 속령에 대한); *kolonijalne sile eksploatiraju svoje kolonije kao izvor sirovina za proizvodnju ~e* 식민지 세력들은 본국에서의 생산을 위한 자원 획득지로서 자신들의 식민지를 착취하였다 2. (어떤 국가나 지역의) 수도; (어떤 활동의 중심이 되는) 도시; *filmska* ~ 영화 도시; *kulturna* ~ 문화 도시

metropoliten 참조 metro; 지하철

metuzalemskī *-ā, -ō* (形) (숙어로) ~ *vek* 매우 오랜 세월(기간, 삶) (963년을 산 성경의 므두셀라에서 유래)

metuzalemski (副) (숙어로) ~ *star* 매우 늙은, 매우 나이가 많은

metvica, metva (植) 민트, 박하 (*nana*)

mezalijansa 1. 신분 차이가 나는 사람과의 결혼 2. (비유적) 부자연스런 결합

mezanin 층간층, 메자닌(두 층(層) 사이의 중간 층) (*međusprat, međukat*)

meze *-eta* (술과 함께 먹는) 안주, 안주거리; *imaš li što za ~?* 뭐 안주거리가 있나요?

mezeluk 참조 meze

mezetisati *-šem*, **mezetiti** *-im* (不完) (술과 함께) 안주를 먹다; *pili su rakiju i mezetili paradajz* 라키야를 마시면서 토마토를 안주로 먹었다

mezetluk 참조 meze

mezgra 1. (목재의) 변재(邊材), 백목질(白木

M

質)(나무 껍질 바로 밑의 연한 목재) (beljika) 2. (봄에 나무 껍질 밑에 생기는) 물, 액(液); 수액; *osećam da teku ~e proljetne* 봄에 나무에 물이 오르는 것을 느낀다 3. 림프, 임파(액) (limfa)

mezimac *-imca* 1. 막내 아들; 부모가 가장 귀여워하는 아들 (miljenik) 2. (비유적) 새끼손가락

mezoni (男,複) (物) 중간자(中間子)

mezosopran 메조소프라노 (mecosopran)

mi (人稱代名詞) 우리 (G.A.sg. *nas*, I.sg. *nama*); *kod nas* 우리 집에서 우리 나라에서; *među nama, između nas* (신뢰의 관계를 나타내는) 우리 사이에; *po nama* 우리 생각으로는; *što je do nas (što do nas stoji)* 우리와 관련하여

mi 참조 ja; 1인칭대명사 ja의 여격(D.)

mider 코르셋(허리가 잘록해 보이게 하는 여성용 속옷) (steznik, korzet)

mig *-ovi* 1. 윙크, 눈짓, 눈을 깜박임 2. (비유적) 신호, 사인 (명령의 표시로서의); *dati nekome ~* 누구에게 사인을 주다 3. 순간 (trenutak) 4. (부사적 용법으로, migom) 즉시 (odmah, smesta); *odlazi ~om* 즉시 떠나라; *za (u) jedan ~* 즉시

migati *-am* (不完) 참조 mignuti; *usne mu se migale kao u zec* 그의 입술은 마치 토끼처럼 떨렸다

migavac *-avca* 1. (자동차의) 방향지시등, 깜박이; (신호등의) 점멸등 2. (鳥類) 새의 한 종류

mignuti *-nem* (完) **migati** *-am* (不完) 1. (눈을) 깜박거리다, 윙크하다, 눈짓으로 신호를 주다; (불빛이) 깜박거리다, 점멸하다; *~ nekome* 누구에게 윙크하다 2. (신체의 일부를) 움직이다, 흔들다; *ptica migne još nekoliko puta glavom* 새는 몇 번 더 머리를 움직였다; *~ glavom i repom* 머리와 꼬리를 흔들다

migoljast, migoljav *-a, -o* (形) 꿈틀거리는, 꼼지락거리는; 가만있지를 못하는; *~a devojčica* 꼼지락거리는(가만있지를 못하는) 소녀

migoljiti se *-im se* (不完) 1. (신체의 일부를) 꿈틀거리다, 꼼지락거리다; 천천히 움직이다 (meškoljiti se) 2. 초조하게 이리저리 왔다갔다 하다 (vrpoljiti se) 3. (비유적) 사라지다, 없어지다 (izmicati se, nestajati)

migom (副) 즉시, 당장

migracija (사람·동물 등의 대규모) 이주, 이동 (seoba, seljenje) **migracioni** (形)

migrena (醫) 편두통

migrirati *-am* (完,不完) 이주하다, 이동하다

mijazam *-zma* (男), **mijazma** (女) (소택지 등에서 발생하는) 독기(毒氣), 장기(瘴氣)

mijau 참조 mau; 고양이가 야옹거리며 우는 소리

mijauk 참조 mauk

mijaukati *-čem* (不完)(의성어) (고양이가) 야옹하고 울다

mijo (男) (愛稱) miš; 쥐, 새앙쥐

mikologija 균류학, 진균학

mikrob 미생물 (=mikroorganizam)

mikrobiologija 미생물학

mikrobus 미니 버스, 소형 버스

mikrofilm 마이크로필름; *snimiti na ~* 마이크로필름에 촬영하다; *čitati nešto sa ~a* 마이크로필름에 촬영된 것을 읽다; *aparat za čitanje ~ova* 마이크로필름 리더; *čuvanje važnih dokumenata pomoću ~a naročito je, unapređeno u toku poslednjeg rata* 중요한 서류들을 마이크로필름에 저장하는 것은 마지막 전쟁(2차대전) 동안 특히 발전되었다

mikrofilmovati *-mujem* (完,不完) 마이크로필름으로 촬영하다

mikrofon 마이크 **mikrofonski** (形); *~ kabl* 마이크 케이블; *~ šum* 마이크 소음

mikrokozam *-zma* 소우주; *čovek je ~ u kome se održavaju zakoni celog svemira* 인간은 그 안에서 모든 우주 법칙이 일어나는 소우주이다 (反; makrokozam)

mikron 미크론 (100만분의 1미터; 기호 μ)

mikroorganizam *-zma* 미생물 (mikrob)

mikroprocesor (컴퓨터) 마이크로프로세서

mikroračunar 마이크로컴퓨터, 초소형 컴퓨터

mikroskop 현미경

mikroskopskī *-ā, -ō* (形) 현미경의

mikser 1. 믹서 2. (술집·클럽 등의) 바텐더

mikstura (여러가지 약 성분을 섞은) 물약, 액체약; 혼합물

mil *-a, -o* (形) 참조 mio

milenij *-ija*, **melenijum** 천년(간·기(期))

mileram 신 크림, 파블라카 (pavlaka, vrhnje)

mileti *-im* (不完) 1. (뱀·곤충 등이) 기다, 기어가다 (puziti) 2. 아주 천천히 움직이다; (비유적) (시간이) 아주 천천히 가다(흘러가다), 일각이 여삼추처럼 지나가다; *most je i suviše star, zato voz mili* 다리가 너무 오래된 관계로 기차가 아주 기어간다; *minuti mile očajno polako* 일각이 여삼추이다

milicajac 참조 milicioner; 경찰관

milicija 1. 민병대, 의용군(상비군이 없는 나라

M

에서) 2. 경찰; (집합적) 경찰관; *saobraćajna* ~ 교통경찰 (policija) **milicijski** (形); ~*a stanica* 경찰서

milicionar, milicioner 경찰관

miligram (무게의 단위) 밀리그램(mg)

milihbrot 빵의 한 종류

milijaran -*rna*, -*rno* (形) (숙어로만 사용) ~*rna tuberkuloza* (病理) 속립 결핵

milijarda 10억(십억)

milijardaš, milijarder 거부(10억 이상의 재산이 있는)

milijun 참조 milion; 100만(백만)

milijunar, milijunaš 백만장자

milijunitī -*ā*, -*ō* (形) 백만번째의

milijunskī -*a*, -*ō* (形) 백만의; 많은; ~*a masa* (*naroda*) 수없이 많은 사람

milimetar -*tra* (길이의 단위) 밀리미터mm)

milimetarski (形)

milina 1. 만족(감), 즐거움, 기쁨, 유쾌함; *bilo je* ~ *gledati* 바라보는 것이 참으로 즐거웠습니다; *neka slatka* ~ *počela mu se slevati u srce* 만족감이 그의 마음속에 몰려오기 시작했다 2. 매력, 애교, 귀여움 (ljupkost, draž); *rastapao sam se sav pod* ~*om njezina pogleda* 나는 그녀의 아름다움에 폭 빠졌다; ~ *je videti, čuti* 보고 듣는 것이 즐거움이었다; *topiti se od* ~*e* 매력에 폭 빠지다

milion, milijun 1. 백만(100만); ~ *puta* 백만 번(배) 2. (비유적) 매우 많은, 셀 수 없이 많은; **milionski** (形); ~ *grad* 매우 큰 도시

milionar, milioner, milijunaš 백만장자, 굉장한 부자, 거부, 부호

milionitī -*ā*, -*ō* (形) 백만번째의

militantan -*tna*, -*tno* (形) 공격적인, 전투적인 호전적인 (borben)

militarizam -*zma* 군국주의; 군인 정신

militarizirati -*am*, **militarizovati** -*zujem* (完,不完) 군국주의를 도입하다(시행하다), 군국주의화하다, 군사교육을 시키다

militi -*im* (不完) 1. 소중하게(기쁘게, 즐겁게) 하다, 만족하게하다 *i ptice budiš da mi život mile* 새도 내 삶을 소중하게 해준다 2. ~ *se* (無人稱文) 소중하다, 기쁘다, 즐겁다 (보통은 부정적으로), 마음에 들다; *ne mili mu se pristupiti radu ni razgovoru* 그는 일을 하는 것도 대화를 하는 것도 즐겁지 않다

milo (副) 귀엽게, 소중하게, 사랑스럽게 (ljupko, ljubazno); ~ *mi je* 반갑다; ~ *mi je što ste došli* 와줘서 고맙습니다; ~ *mi je što smo se upoznali* 알게되어 반갑습니다; *vratiti* ~ *za drago* 똑같은 방법으로 되갚다

milodar 참조 milostinja; 자선적인 기부, 시주, 보시(布施); *šta, hoćete da nam udelite* ~? 뭐라고요, 우리에게 기부를 하고 싶으시다고요?

milodaran -*rna*, -*rno* (形) 1. 참조 milosrdan; 자비로운, 동정심 있는, 인정 있는 2. 기부를 받아 근근이 사는

miloduh 1. (植) 라빗지, 미나리과 식물의 일종 (selen) 2. (廢語) 향기, 좋은 냄새 3. (한정사적 용법으로) 향기의, 향기가 나는; ~ *cveće* 향기로운 꽃

miloduh -*a*, -*o*, **milodušan** -*šna*, -*šno* (形) 향기의, 향기가 나는, 좋은 냄새가 나는

miloglasan -*sna*, -*sno* (形) 듣기 좋은 소리의 (milozvučan)

milokrvan -*vna*, -*vno* (形) 좋은, 훌륭한, 귀여운, 예쁜 (dobar, ljubak, mio)

milokrvno (副) 귀엽게, 소중하게 예쁘게 (ljupko, milo); *poče ga pogledati milokrvnije i davati mu znanje da joj je mio* 그 사람을 좀 더 소중하게 바라보기 시작하였고 그녀에게 그가 소중하다는 신호를 주었다

milolik -*a*, -*o* (形) 귀여운 얼굴의, 예쁜, 귀여운 (lep); *Jelka otkrije svoje bledo i* ~*o lice* 엘카가 자신의 회고 귀여운 얼굴을 보여주었다

milom (副) (보통은 milom ili silom의 어구로) 기꺼이, 쾌히; *izlazite, dok je još* ~ 좋게 말할 때 나가세요; *kad nećeš* ~, *hoćeš silom* 좋게 말할 때 듣지 않으면, 강제로 할 것이다

milook -*a*, -*o* (形) 예쁜 눈의, 예쁜 눈을 가진

milosnica 참조 milosnik 1. 정부(情婦) (ljubavnica); *zalagao je nakit svoje žene da bi se mogao provoditi sa svojim* ~*ama* 자신의 정부들과 시간을 보내기 위해 자기 부인의 패물을 저당잡혔다 2. 소중한 피조물 (소중한 사람) 3. 기타; ~ *ruka* 자선의 손, 자선을 베푸는 손

milosnik 1. 정부(情夫) (ljubavnik) 2. 좋아하는 사람, 인기 있는 사람, 총아(寵兒) (ljubimac, favorit); *ja nisam ... ni* ~, *ni udvorica ... ni laskavac* 나는 아첨꾼도 총아도 아니다 3. 자비를 베푸는 사람(신에 대해); (형용사적 용법으로) 자비로운; *hvala* ~*u bogu kad mi je dao da ovo dočekam* 자비로운 하나님 이것을 기다리게 해주셔서 감사합니다

milosrdan -*dna*, -*dno* (形) 자비심 많은, 동정심 많은, 동정적인, 자비로운; *biti* ~ *prema nekome* 누구에게 동정적이다; ~*dna braća* (주로 가톨릭의) (병자를 돌보는)수도사; ~*dna sestra* (주로 가톨릭의) (병자를 돌보는)수녀

milosrdnica 1. 자비를 베푸는 여자(성모 마리

M

야) 2. 수녀 (kaluđerica, redovnica); *društvo za spasavanje … ga je prevezlo u bolnicu ~a* 구조협회는 그를 수녀들이 운영하는 병원으로 후송하였다

milosrdnik 1. 자비를 베푸는 사람(신, 하나님) 2. 수도사 (kaluđer, redovnik)

milosrđe 자비, 연민(의 정), 동정(심), 측은히 여기는 마음; 자비(연민·동정)로부터 우러나오는 행동; *učiniti nešto iz ~a* 불쌍해서 뭔가를 하다(행하다)

milost (女) (l.sg. *milošću*) 1. 동정, 연민; *(ne) znati za ~* 동정(연민)을 모르다(알다); *imati (nemati) ~* 인정이 있다(없다); 동정(연민)에서 우러나오는 행동, 선행; *učiniti ~* 선행을 행하다 2. 선한 의지, 선의, 호의; *~ božja* 신의 가호; *milošću vladara* 통치자의 선의로 3. (보통 우월적 지위에 있는 사람의 밑에 있는 사람들에 대한) 호의, 관심, 애정; *biti u nečijoj ~i* 누구의 관심을 받다; *zadobiti nečiju ~* 누구의 호의를 얻다 4. 사면 (pomilovanje); *tražiti za nekoga ~* 누구의 사면을 요구하다 5. 기타; *vaša ~* (歷) (통치자·귀족 등 고위직에 있는 사람을 호칭할 때) 각하!, 폐하!; *ostaviti (predati) na ~ i nemilost* 아무런 보호책도 없이 남겨두다; *po ~i božjoj* 신의 가호로; *slava mu i ~* (신이나 성인의 이름과 함께) ~에게 영광이다

milostinja (보통 거지·빈자에게 주는 돈 형태의) 동냥, 보시 (milodar); *taj fratar ne traži ~e* 그 수도사는 보시를 요구하지 않는다; *davati (deliti) ~u* 동냥하다, 보시하다

milostiv -a, -o, **milostivan** -vna, -vno (形) 1. 관대한, 동정심이 있는, 자비로운; *zahvaljujući dobrim i milostivim ljudima … ona se brzo oslobodila muka* 관대하고 좋은 사람들 덕분에 그녀는 어려움에서 쉽게 빠져나올 수 있었다 2. 다정한, 소중한, 귀여운, 온화한 (mio, ljubazan, blag)

milošta 1. 애정, 호의 (ljubav, naklonost); 소중함, 다정함 (ljubaznost, prijatnost, draženost); *ime od ~e* 호의라는 명분으로 2. (廢語) 호의로 주는 선물

milota 참조 milina

milovanje 1. (동사파생 명사) milovati; 쓰다듬기, 어루만짐 2. (詩的) 사랑받는 사람, 귀여움받는 사람

milovati -lujem (不完) 1. (귀여워서·사랑스러워서) 쓰다듬다, 어루만지다 (gladiti, maziti); *mati gladi nam kosu i miluje nas po licu* 엄마는 우리의 머리를 쓰다듬고 우리 얼굴을 어루만졌다 2. 좋아하다, 사랑하다 (voleti)

milovidan -dna, -dno (形) (외모가) 잘생긴, 매력적인

milozvučan -čna, -čno (形) (소리가) 듣기 좋은, 듣기 좋은 소리의

milozvučje 듣기 좋은 (목)소리

milja (거리 단위) 마일

miljaža 마일리지; (자동차 등의) 주행 거리, 마일 수; *druge dve atomske podmornice … su dosad prešle znatnu manju ~u* 다른 두 척의 핵잠수함은 지금까지 상당히 적은 거리를 운항하였다

milje 1. 만족감, 즐거움, 기쁨, 환희 (milina, razdraganost, ushićenje); *topiti se od ~a* 매우 만족해하다(즐거워하다) 2. 애정, 호의, 소중함 (dragost, ljubav, milošta); *ime od ~a* 호의라는 이름으로 3. 매력, 아름다움 (čar, lepota, krasota); *puna ~a* 많은 매력(아름다움) 4. 사랑스런 사람, 소중한 사람, 귀여운 사람; *~e moje!* 내 귀염둥이야!

milje -ea 1. 주위, 환경; 사회적 환경, 계층 2. 도일리;(레이스 등으로 만든) 탁상용 작은 그릇을 받치는 깔개

miljenik (누구에게) 사랑받는 사람, 총애받는 사람; 귀염둥이; *postao je njezin ~* 그는 그 여자가 총애하는 사람이 되었다 **miljenica**

miljokaz 1. (거리가 마일로 표기된) 표지석 2. (거리의) 이정표 (putokaz)

mimičar 흉내를 잘 내는 사람

mimika (얼굴 표정과 몸짓으로 하는) 흉내, 연기 **mimički**, **mimični** (形)

mimikrija 1. (동물의) 의태(擬態) 2. (비유적) (사회적 환경에의) 적응

mimo (前置詞, +G, +A) 1. (+G) ~의 곁을, ~의 옆을, ~의 근처를 (스쳐 지나가다) (pored, pokraj, kraj); *proći ~ kuće* 집 옆을 지나가다 2. (+A) ~의 근처를 지나 (점점 멀리 가다) (pored i dalje od); *promaći ~ ogradu* 담장을 지나가다 3. (+G, +A) ~이외에, ~말고 (izuzev, osim, sem); *ima, ~ ovo(ga), još nešto* 이것 이외에도 뭔가 또 있다 4. (+G, +A) ~에도 불구하고; ~과는 달리; *uzeti ~ nečije volje* 누구의 뜻에도 불구하고, *~ zakona* 법에도 불구하고; *~ svih muka* 모든 어려움에도 불구하고; *živeti ~ ostali svet* 다른 사람들과는 달리 살다; *njega ~ sve druge … ceni* 다른 사람들과는 달리 그를 높게 평가한다

mimogred (副) 1. 지나가는 길에, ~옆을 지나가면서; *još jedanput video ju je ~* 또 한번 그녀를 지나가는 길에 보았다 2. 우연히; *~ kazati (spomenuti)* 우연히 말하다(언급하다)

M

mimogredan -dna, -dno (形) 참조 uzgredan; 부수적인, 부차적인

mimohod 1. 통과, 통행, 지나가기 (prolaz, prolazak); gladijatori su u ~u pozdravljali cara 검투사들은 지나가면서 황제에게 인사를 했다 2. 열병, 행진 (defile, defilovanje)

mimohodac -oca 참조 mimoprolaznik; 통행인, 지나가는 사람

mimohodno, mimohoce (副) 참조 mimogred; 지나가는 길에, 우연히

mimoići mimoiđem (完) 1. ~의 옆을 지나가다 (스쳐 지나가다); mimoišao je svoju kuću 자기 집을 스쳐 지나갔다; mimoišli smo kamion 우리는 트럭 옆을 지나갔다 2. (대화에서) 언급하지 않고 그냥 넘어가다, 피하다, 회피하다; svećenik se ponešto smuti, no mimoiđe biskupovu opomenu 성직자는 뭔가가 혼란스러웠으나 주교의 경고를 언급하지 않고 지나갔다; ~ zakon 법을 회피하다; ta čaša neće te ~ 너는 그런 유쾌하지 못한 일(위험)을 피할 수는 없을 것이다 3. ~ se 서로 스쳐지나가다(반대 방향으로); na uzanoj stazi dvoje se ne mogu ~ 좁은 길에서 두 명이 서로 비껴갈 수 없다; mimoišli smo se 우리는 길이 엇갈렸다

mimoizlaženje (동사파생 명사) mimoizlaziti; 스쳐지나치기, 엇갈림

mimoizlaziti -im (不完) 참조 mimoići

mimoprolaziti -im (不完) 참조 mimoizlaziti

mimoprolaznik 통행인, 행인

mimoza (植) 미모사(잎을 건드리면 이내 오므리며 아래로 늘어지는, 대단히 민감한 식물)

mina 1. (軍) 지뢰; 수뢰, 기뢰; (박격포의) 포탄; kontaktna (magnetska, protivoklopna, plutajuća, raspraskavajuća) ~ 촉발 지뢰(자기 기뢰, 대전차 지뢰, 부유 수뢰, 파편형 지뢰); protivpešadijska ~ 대인지뢰; ~ nagaznog (poteznog) dejstva 밟으면(철사줄에 닿으면) 터지는 지뢰; ~ iznenađenja 부비트랩; dimna ~ 연막탄; postavljati ~e 지뢰를 심다; bacač ~a 박격포 minski (形); ~o polje 지뢰밭 2. (광산의) 갱도 3. (비유적) 비밀 계획(어떤 사람 또는 어떤 것을 파괴하기 위한)

mina (샤프 펜슬의) 심

minare -eta (中), minaret (男) (이슬람 사원의) 첨탑(尖塔)

minderluk (方言) 1. 소파 (divan, sofa, kanabe) 2. 메트리스포

mindros (숙어로) uzeti koga na ~ 누구를 철저히 심문하다

minđuša (보통 複數로) 귀걸이; zlatne ~e 금 귀걸이

minej (宗)(正敎) 예배서, 미사서(모든 성자들에게 하루 하루 할당된)

miner 1. 지뢰를 심는 사람; 박격포를 쏘는 사람 2. (軍) 지뢰병; u odredu nije bilo ni jednoga ~a 분대에 한 명의 지뢰병도 없었다 minerski (形)

mineral (영양소로서의) 광물질, 미네랄 mineralni (形); ~a voda 광천수; ~ izvori 광천(鑛泉)

mineralog 광물학자

mineralogija 광물학 mineraloški (形); ~ fakultet 광물대학

minerskī -ā, -ō (形) 참조 miner; 지뢰병의

Minhen 뮌헨

minijatura 1. 축소된 모형, 축소물, 미니어처; u ~i 미니어처에 minijaturan (形) 2. (고대필사본에서) 화려하게 장식된 대문자 첫글자 3. (양피지·코끼리뼈, 금속 등에 그려진) 세밀화 4. (몇 번의 움직임으로 끝난) 체스 경기

minijaturist(a) 세밀화가; 미니어처제작자

minimalan -lna, -lno (形) 최소의, 최소한의 (反; maksimalan); ~lna plata 최저 월급; Vuk je želeo da se ukloni i ona ~lna razlika među jezikom naših književnika 부크는 우리 문인들의 언어에서 최소한의 차이도 없애기를 바랐다

minimum 최소 한도, 최소, 미니멈 (反; maksimum)

minirati -am (完,不完) 1. 지뢰를 매설하다, 수뢰·기뢰를 설치하다, 폭발물을 설치하다; 폭파하다, 파괴하다; ~ more 바다에 기뢰를 설치하다; ~ prilaze 접근로에 지뢰를 매설하다; ~ mostove i pruge 다리와 철로를 폭파하다 2. (비유적) (~의 기반·명예·평판 등을) 훼손시키다, 뒤흔들다; 함정을 파다, (~에 반대하여) 은밀하고 교활하게 음모를 꾸며 활동하다

ministar -tra (정부 각 부의) 장관; ~ inostranih poslova 외교부장관; ~ prosvete 교육부장관; ~ bez fortfelja 무임소장관 ministarka; ministarski (形)

ministarka 1. 여성 장관 2. 장관의 부인

ministarskī -ā, -ō (形) 참조 ministar; 장관의

ministarstvo (정부의 각) 부처, 부(部); 부처 건물; ~ unutrašnjih poslova 내무부; ~ finansija 재무부; ~ prosvete 교육부; ~ odbrane 국방부

ministrant (宗)(가톨릭) 미사집전 신부를 보좌하는 사람(보통은 소년)

ministrirati -am (不完) (宗)(가톨릭) ministrant

M

515

로서 미사집전신부를 보좌하다

ministrovati *-rujem* (不完) 장관직을 수행하다, 장관이 되다

minisuknja *-ānjā* 미니스커트

minobacač (軍) 박격포; *vatra iz ~a* 박격포 사격 **minobacački** (形) *~a granata* 박격포 포탄

minodetektor (軍) 지뢰탐지기

minolovac *-vca* (軍) 소해정(기뢰를 찾아서 제거하는 배)

minonosac (軍) 수뢰정(水雷艇), 어뢰정

minopolagač (軍) 기뢰 부설함

minoritet 소수 (보통은 선거에서) (manjina)

mintan *-ana* (方言) 상의의 한 종류(통이 좁고 긴 소매가 있는)

minuciozan *-zna, -zno* (形) 아주 세밀한, 정확한, 아주 사소한 것 까지의

minuće (동사파생 명사) minuti; 지나감, 지나침

minulĪ *-ā, -ō* (形) 지난, 지나간, 흘러간 (protekli); *~ih godina* 지난 몇년간; *~o doba* 지난간 계절; *~a sreća* 지나간 행복

minus 1. (副) 적게 (manje) (反; plus) 2. (명사적 용법으로) 빼기(一), 마이너스; 부족(함), 결함, 단점, 흠; *on ima puno ~a* 그녀는 부족한 점이 많다

minuskula (보통 複數로) (反; majuskula) 1. 소문자 2. (고사본(古寫本)의) 소문자체 **minuskulni** (形)

minut *-a* (男), **minuta** (女) 1. (시간 단위) 분; (각도의 단위) 분 **minutni** (形); *~a kazaljka* 분침(시계의) 2. (비유적) 순간, 잠깐 (časak, trenutak); *ostati (negde) koji ~* 잠깐 (어디에) 머무르다 3. 기타; *dočekati svojih pet ~a* 자신의 바람(희망)이 실현되다(이뤄지다); *~ ćutanja* (고인에 대한) 일분간 묵념; *tačno u ~* 정각에, 정시에, 늦지 않게

minuti *-nem* (完) 1. (~의 옆을) 지나가다; *~ pored nekoga kao mimo turske groblje* 소닭보듯 누구 옆을 지나가다; *~ kroz dim* 연기를 뚫고 지나가다 2. (nekoga, nešto) (반대방향으로) 지나치다, 지나가다; *minusmo žandarme* 우리는 경찰들과 반대 방향으로 지나갔다 3.(시간이) 흐르다, 흘러가다, 지나가다; *podne minulo* 정오가 지났다; *zima minula* 겨울이 지났다 4. (현상 등이) 끝나다, 중단되다, 중지되다 (svrštiti se, prestati); *minulo nevreme* 악천후가 끝났다; *minula ratna opasnost* 전쟁의 위험이 지나갔다 5. 사라지다, 없어지다; *sećanje na majku je minulo* 어머니에 대한 기억이 사라졌다 6. 떠나다, 멀어지다, 멀어져가다(otići,

udaljiti se); *~ stotine kilometara* 수 백 킬로미터를 지나다 7. (nekoga) 남겨두다, 내버려두다, 떠나다; *da ga mine srdžba* 분노가 그에게서 사라지도록 8. 비켜가다, 피해가다, 피하다; *minulo je mene svako dobro kad sam ja tebe uzeo* 내가 너와 함께한 이후부터 되는 일이 없다 9. *~ se* (반대방향으로) 비켜가다, 지나치다; *ako se slučajno baš i sretnu, ne pozdrave se, minu se kao tuđi* 그 사람들은 우연히 만나기라도 한다면 서로 인사를 하지 않고 마치 모르는 사람들처럼 그냥 지나친다

mio *mila, milo; miliji* (形) 1. 사랑스런, 소중한, 귀여운, 정이 가는, 호감이 가는 (voljen, drag); *mila majka* 사랑하는 어머니; *mila domovina* 소중한 조국; *~ osmeh* 사랑스런 (귀여운) 미소; *milo dete* 귀여운 아이 2. 사랑하는, 친애하는(누구를 부를 때); *Mili bože* 사랑하는 하나님!; *Mila moja gospodo!* 친애하는 신사여러분! 3. 기타; *do mile volje* 또는 *po miloj volji* 마음껏, 실컷, 원하는 만큼; *idi (pođi) s milim bogom* 날 좀 가만히 나둬!; *kome je glava mila* 또는 *kome je život mio* 살아남기를 원하는 사람 누구든지; *mile krvi* 온순한(조용한) 성격의; *mili i dragi* 친척들, 친구들; *milo za drago (vratiti, vraćati)* 같은 방법으로 되갚아주다; *ni od mila* 조금도 ~않다

minjon 1. 빵과자(페이스트리)의 한 종류 2. 귀여움을 받는 사람, 사랑을 받는 사람 (miljenik, ljubimac)

miokardit, miokarditis (病理) 심근염(心筋炎)

miom (病理) 근종(筋腫)

miomir, miomiris 1. (기분좋은) 향기, 방향(芳香), 상쾌한 냄새 2. (한정사적 용법으로) 향기로운

miomiran *-rna, -rno* (形) (詩的) 향기로운, 기상쾌한 냄새의

miomirisan *-sna, -sno* (形) 참조 miomiran

mir 1. 평화; 전쟁이 없는 상태; 평화 협정 (反; rat) 2. 평온, 평안; 공공질서가 잘 지켜지는 상태 (反; nered); *prišao je neki policajac i opomenuo ga da ne remeti red i mir* 경찰이 다가와서는 질서와 평온을 깨지 말것을 경고했다; *u zemlji vlada ~* 국가는 평온하였다 3. 고요, 조용한 상태; 조화, 조화로운 상태; *rastati se u ~u* 조용히 헤어지다; *noćni ~* 저녁의 고요함 4. (일로부터의) 휴식 5. (정신적) 평화, 평온, 안정; *ta misao unese mir u njegovu nemirnu dušu* 그러한 생각은 그의 어지러운 마음에 평온을 가져온다 6.

M

(廢語) 연금 (penzija, mirovina); *odlučio je čekati dok postane major, pa će onda u ~* 그는 소령으로 진급될 동안 기다리고 퇴직하기로 결정하였다 7. (감탄사의 용법으로) 조용! (tišina, bez galame!) 8. 기타; *večni* ~ 죽음, 사망; *grančica* ~ 올리브나무 가지; *zaključiti (sklopiti, napraviti)* ~ 평화협정을 맺다; *iz čista ~a (učiniti što)* 아무런 정당한 이유없이; ~ *božji* (宗)(正敎) 신의 평화가 깃들기를; ~ *pepelu njegovu* 또는 *neka mu je* ~ *duši* 고인에 대한 마지막 인사를 할 때; *na ~u (s ~om, u ~u, ~om)* 그 누구도 당황하지 않게; *ne dâ đavo (vrag) ~a (nekome)* 가만히 있을 수 없다, 항상 다투려고 한다; *nema ~a dok* ~ ~하지 않는 한 평온이 없다; *ne dati ~a* 당황(당혹)하게 하다; *oružani* ~ 힘에 의한 평화; *ostaviti na ~u* (혼자 있게) 가만히 내버려두다; *povući se u* ~ 또는 *poći u* ~ 은퇴하다; *popušiti lulu ~a* 또는 *popiti čašu ~a* 화해하다; *staviti u* ~ 은퇴시키다, 퇴직시키다

mir 세계, 세상 (mir)

mir (方言)(廢語) 벽 (zid)

mir (方言) 냄새 (miris)

mira 몰약 (감람과 미르나무속 나무에서 나오는 수지. 향수·향료의 원료로 사용됨)

mira (男,女) 평온한 척 하는 남자(여자); *ispod ~e devet đavola vire* 잔잔한 물이 깊다

mirakul 1. (보통 複數로) 기적극(성인·순교자의 사적·기적을 주제로 한 중세시대의 드라마의 한 종류) 2. 기적, 기적 같은 일(사건) (čudo)

miran *-rna, -rno* (形) 1. 평화의, 평화적인; *~rna doba* 평화의 시대; *~rna vremena* 평화 시기; *rešavati pitanja ~rnim putem* 문제를 평화적 방법으로 해결하다 2. 평화를 사랑하는, 평화 지향적인, 평온한, 치안상태가 좋은; ~ *građanin* 평화를 애호하는 시민; *trgovci i ostali ~rni Turci mogu i dalje u Srbiji stanovati* 상인들 및 기타 평화 지향적인 터키인들은 계속해서 세르비아에 거주할 수 있었다 3. 다투지 않는, 조화를 추구하는, 조용한; *sedi ~rno!* 조용히 앉아! 4. 안전한, 확실한, 위험에서 벗어난 (bezbedan, siguran) 5. 조용한, 들리지 않는; 움직이지 않는 (tih, nečujan) 6. (영적·심적으로) 편안한, 평온한 (spokojan) 7. 기타; *~rna Bačka (Bosna, krajina)* 모든 것이 잘 되고 있다; *učiniti nešto ~rne duše* 양심의 가책없이 뭔가를 하다; *~rne savesti* 양심의 가책

miraz (신부의) 결혼 지참금 **mirazni** (形)

miraž (男), **miraža** (女) 신기루; 망상, 환상

miraždžijka, **miraždžika** 지참금(miraz)을 많이 가져 온 신부

mirbožati se *-am se*, **mirbožiti se** *-im se* (完, 不完) 신의 평화가 깃들기를(mir božji)이라고 말하면서 서로 키스하다(크리스마스에)

mirenje (동사파생 명사) miriti; 화해, 조정; ~ *bračnih drugova* 부부의 화해

mirijada (보통 複數로) 무수함, 무수히 많음; ~*e zvezde* 별의 무수히 많음, 무수히 많은 별

miris 1. 냄새; 향내, 향기; *prijatan* ~ 상쾌한 (기분좋은) 냄새; *neprijatan* ~ 불쾌한 냄새; ~ *cveća* 꽃향기; ~ *jela* 음식냄새; *omamljiv* ~ 유혹하는 냄새; *osetiti* ~ *baruta* 전운을 느끼다; *čulo ~a* 후각; *ovde se oseća* ~ *na buđu* 여기에서 곰팡이 냄새가 난다; ~ *dima* 연기 냄새 2. 향수(화장품의 한 종류) 3. (기억에 남을, 뭔가를 회상시키는) 그 무엇; *savremenicima se ova drama sviđala zbog ~a starine* 현대인들에게는 이 드라마가 옛 것을 회상시킨다는 것 때문에 마음에 들었다

mirisan *-sna, -sno* (形) 냄새나는, 향기나는, 향기로운

mirisati *-šem* (不完) 1. 냄새가 나다; 향기가 나다; *lipa je mirisala božanskim mirisom* 라임나무는 매우 향기로운 향기가 났다; *cveće miriše* 꽃이 향기가 난다; *ona se miriše francuskim parfemima* 그녀에게 프랑스 향수 냄새가 난다 2. (비유적) (보통 na, po 등의 전치사와 함께) ~을 닮다, ~와 비슷하다, ~와 비슷한 냄새가 나다, ~ 인상을 풍기다; *držanje toga demokrate miriše po diktaturi* 그 민주주의자들의 태도는 독재자의 냄새가 난다; *sve mi je to mirisalo na provokaciju* 내게는 그 모든 것이 도발의 냄새가 났다; *kuća miriše na dim* 집에서 연기 냄새가 난다 3. 냄새를 맡다; *miriše još nerazvijenu ružu* 아직 덜 핀 장미 냄새를 맡다 4. (nekoga) (비유적) (보통 부정적 문맥에서) 호감을 느끼다, 좋아하다; 감내하다, 참고 견디다; *mnogi ga ne mirišu* 많은 사람들이 그를 좋아하지 않는다; *ne mirišu se* 그들은 서로 참고 견뎌내지 못한다 5. 기타; ~ *barut* 참전하다, 전쟁에 참가하다; ~ *na barut (po barutu)* 전운이 느껴지다; ~ *na mleko* 유상구취이다, 아직 어린애이다; *miriše na koljivo (tamjan, groblje)* 또는 *miriše po koljivu (tamjanu, groblju)* 그는 곧 죽을 것이다; *ni luk jeo ni luk(om) mirisao* 아무것도 모르는 것처럼(능숙치 못한 것처럼) 행동하다; *ni(ti) smrdi, ni(ti)*

M

miriše 정확히 뭔지를 모른다, 정확히 무엇인지 보이지가 않는다

mirisav *-a, -o,* **mirišljav** (形) 냄새나는, 향기가 나는, 향기로운; *sedela je pod niskim, ~im bagremom* 그녀는 작고 향기나는 아카시아나무 밑에 앉았다

mirisavka 1. 향내나는 것; 향내나는 과일, 단내나는 과일; ~ *jabuka* 단내나는 사과 ~ *kruška* 향기나는 배(梨); ~ *dunja* 향내나는 모과; ~*vko grožđe* 향내나는 포도 2. (植) 포아풀과(科)의 새풀의 일종인 향기새풀

miriti *-im* (不完) **pomiriti** (完) 1. (분쟁 양 당사들을) 화해시키다, 중재하다; ~ *zavađene rođake* 불화중인 친척을 화해시키다 2. 조용하게 하다, 조용히시키다 (누구를) 평온(평강)하게 하다 3. 적응시키다, 적응하게 하다, 타협하게 하다; *rat i revolucija ... mire ljude s opasnošću* 전쟁과 혁명은 사람들이 위험에 무덤덤하게 하였다 4. 누그러뜨리다, 완화시키다, 경감시키다 (utoljavati, ublažavati); *mireći glad* 굶주림을 누그러뜨리면서 5. ~ **se** 화해하다; *mire se, rukuju se ... ljube i praštaju* 사람들은 화해하고 악수하고 ... 볼을 맞추고 용서한다; *on se miri sa sudbinom* 그는 운명과 화해한다; *oni se stalno svađaju i mire* 그들은 끊임없이 싸우고 화해한다 6. ~ **se** (비유적) 적응하다, 타협하다, 일상적인 것으로 받아들이다; *mirimo se sa stvarnošću* 현실과 타협한다

mirno (副) 1. 평화롭게, 평화적인 방법으로; 조용하게, 움직임없이; ~ *vladati* 평화롭게 통치하다; *ona je stajala ~ kao kolac* 그녀는 막대기처럼 조용히 서있었다 2. 방해없이, 장애물없이 (bez smetnji, neometano); *mogu ~ da spavam* 아무런 방해도 받지 않고 잠을 잘 수 있다 3. (비유적) 평온하게, 아무런 근심없이; *recite .. da je zadovoljan i može ~ da umre* 그는 지금 만족하고 이제 아무런 걱정없이 죽을 수 있다고 말하세요 4. (軍) 차렷!

mirnoća 1. 평온함, 평강, 평정(심) 2. 고요함, 조용함

mirnodopskī, mirnodobnī, *-ā, -ō* (形) 평화로운; 평화 시기의 (反; ratni); ~*a industrija* 평화로운 시대의 산업; ~ *život* 평화로운 삶; *u ~e svrhe* 평화적 목적으로

miro (宗)(正敎) 성유(聖油)

mirodija 참조 mirođija

mirođija 1. (植) 딜(허브의 일종. 흔히 야채로 피클을 만들 때 넣음) (kopar) 2. (일반적인) 향료, 향신료 3. 기타; *biti ~ u čemu* (~에)

간섭하다, 개입하다; *biti u svakoj čorbi ~* 모든 것에 간섭하다(개입하다), 약방의 감초처럼 모든 것에 다 들어간다

miroljubiv *-a, -o* (形) 평화적인, 평화를 사랑하는, 평화 애호의; ~*a koegzitencija* 평화공존; *rešiti ~im sredstvima* 평화적 수단으로 해결하다; ~ *čovek* 평화를 사랑하는 사람

miroljubivost *-ošću* (女) 평화애호, 평화사랑

miropomazanje (동사파생 명사) miropomazati; 도유(塗油: 종교 의식에서 머리나 몸의 일부에 기름을 바르는 일); 도유식(塗油式)

miropomazati *-žem* (完) **miropomazivati** *-zujem* (不完) (사람의 몸·머리에> 성유(聖油); miro)를 바르다

mirotvorac *-rca* (분쟁·전쟁을 종식시키려 애쓰는) 중재자, 조정자 (izmiritelj)

mirotvoran *-rna, -rno* (形) 평화를 정착시키고 유지하려고 노력하는; 평화적인, 평화를 사랑하는, 평화애호의 (miroljubiv); *hteo je da dokaže kako je nova vlast ~rna* 새로운 정부가 얼마나 평화애호적인지를 보여주기를 원하였다

mirotvornost (女), **mirotvorstvo** 평화 애호, 평화 정착 (miroljubivost); *Tolstoj ... ga je naučio ~i* 톨스토이는 평화 애호의 정신을 그에게 가르쳤다; *želja je da se prednjači u ~u* 평화 정착을 주도하는 것이 바람이다

mirovanje (동사파생 명사) mirovati 연기, 휴회, 산회, 정지, 동결; ~ *postupka* (法) 소송동결

mirovati *-rujem* (不完) 1. 움직이지 않고 가만히 있다, 움직이지 않다 2. 수동적 상태에 있다, 활동적(능동적) 상태에 있지 않다; *nikako ne miruje* 결코 수동적일 수 없다 3. 쉬다, 휴식을 취하다 (odmarati se, počivati); *selo je još mirovalo* 시골 마을은 아직도 잠에서 깨어나질 않았다; ~ *posle operacije* 수술후 안정을 취하다 4. (전쟁·충돌로부터 벗어나) 평화롭다 5. 낙후되다, 정체되다; 동일한 상태로 유지되다; *proizvodnje miruje* 생산은 정체되고 있다; *cene miruju* 가격은 안정적으로 유지되고 있다 6. (요구 등이) 고려의 대상이 아니다, 한쪽으로 치워져 있다, 보류되고 있다; *njegov predmet miruje* 그에 대한 안건은 보류되고 있다 7. (法) (어떠한 변화도 없이) 동결되다, 중지되다; *za to vreme miruju mu sva prava* 그 기간동안 그의 모든 권리는 동결된다

mirovina 참조 penzija; 연금; *invalidska (obiteljska, starosna) ~* 장애(가족, 노령) 연

M

금; *pukovnik u ~i* 퇴역 대령; **mirovinski** (形); ~ *fond* 연금 펀드; ~*a osnovica* 기본 연금

mirovnī -*ā*, -*ō* (形) 참조 mir; 평화의

mirskī, -*ā*, -*ō* (形) 1. (영적·종교적이 아닌) 속세의, 세상의 (svetovni, laički); ~*e i crkvene vlasti* 속세와 교회 당국 2. 속세에서 생활하는(출가하지 않은 성직자들이)

mirta (植) 도금양(관목의 하나. 잎은 반짝거리고 분홍색이나 흰색의 꽃이 피며 암청색의 열매가 달림)

mis (女)(不變) 1. 미스, ~양(孃) (miss) 2. (미인 대회에서 선발된) 미즈; ~ *sveta* 미스 월드; ~ *Koreje* 미스 코리아

misa (宗)(가톨릭의) 미사, 예배; *velika* ~ 장엄 미사; *mala* ~ (음악·성가대 합창이 없는) 독창(讀唱) 미사, 평(平)미사; *mlada* ~ 신부가 된 후 처음으로 집전하는 미사; *mrtvačka* (crna) ~ 위령 미사 **misni** (形)

misal (가톨릭의) 미사 전서(典書)

misao *misli* (I.sg. *misli* & *mišlju*; G.pl. *mislī*, I.pl. *mislima*) (女) 1. 생각, 생각 하기; 사고, 사고력; 아이디어; *genijalna* ~ 천재적 아이디어; *mračne* ~*sli* 나쁜 생각; *u* ~*slima* 생각속에, 생각에 잠겨; *tok* ~*sli* 꼬리에 꼬리를 물고 일어나는 생각; *luda* ~ 말도 안되는 생각; *crne* ~*sli* 사악한 생각 2. 신념, 믿음 (ubeđenje, uverenje, shvatanje); *on ni srcem ni mišlju nije ateista* 그는 심정적으로도 신념적으로도 무신론자가 아니다 3. (o nekome, nečemu) 의견, 입장, 판단 4. 사상, 사조(思潮); *narodna* ~ *o oslobođenju i ujedinjenju našeg naroda* 우리 민족의 통일과 해방에 대한 거국적 사상 5. 이데올로기; *buržoaska* ~ 부르주아 이데올로기; *socijalistička* ~ 사회주의 이데올로기 6. 착상, 착안; 아이디어, 구상, 발상, 컨셉트; (문학 작품의) 주제 7. (~할) 생각, 의향, 의도 (namera, zamisao, želja); ~ *o osnivanju Učenog društva kod Srba rodila se početkom XIX veka* 지식인협회 창립에 대한 생각은 세르비아인들사이에서 19세기 초에 생겨났다 8. 기타; *dati se (zavesti se, zadupsti se, zaneti se, potunuti, utonuti) u* ~*sli* 생각에 잠기다(몰두하다); *doći (pasti) na* ~ 결정하다, ~을 해결하다; *zavetna* ~ 확고한 결정, 어떠한 희생을 치루더라도 반드시 실행해야 할 결정; *zadnja* ~ 사악한 의도; *izmenjivati (razmenjivati)* ~*sli s kim* 누구와 의견을 교환하다; ~ *vodilja* 주요 목표, 계획; *nositi se mišlju* 의도하다; *pomiriti se (sprijateljiti se) s mišlju (s* ~*slima)* 동의하다, 승인하다, 반대하지 않다; *sloboda* ~*sli* 사상의 자유 **misaoni** (形); ~ *proces* 사고과정

misaon -*a*, -*o* (形) 1. 생각에 자주 잠기는, 사색적인; *svaki pesnik je uvek i* ~ *čovek* 모든 시인들은 항상 사색적인 사람들이기도 하다; ~ *izraz lica* 사색적인 얼굴 표정 2. 추상적인 (apstraktan); 영적인, 정신적인; ~*a pesma* 추상적인노래; ~*a imenica* 추상명사; ~*i život* 영적인 삶; ~*i rad* 정신적 노동 3. (한정형) 생각의, 사고의; ~*i proces* 사고 과정; ~*o područje* 사고 영역; ~*a dubina* 생각의 깊이

misaonost (女) 추상(성); *nema* ~*i u ovom romanu* 이 소설에 추상성은 없다

misija 1. 임무, 사명; 역할; *mogu reći da sam izvršio* ~*u svoga života* 나는 내 삶의 역할을 다했다고 말할 수 있다 2. (특정한 임무를 지닌 외교·군사) 사절단; ~ *dobre volje* 친선 사절단 3. (宗) 전도단, 포교단, 선교단 (무신론자 혹은 이교도들을 기독교로 귀의시키려는)

misionar (=misioner) 1. (교회에서 외국으로 파견하는) 선교사 2. (어느 주의·사상의) 주창자, 선전자 **misionarka**

misionarstvo 선교 사업; 선교사로서의 소명

misioner 참조 misionar

Misir (廢語) 이집트 (Egipat)

mislen -*a*, -*o* (形) 추상적인 (misaon); ~*a imenica* 추상 명사

mislilac -*ioca*, **mislitelj** 사상가; 생각하는 사람; *Ljubiša je bio veliki* ~ 류비샤는 위대한 사상가였다 **mislilački** (形)

misliti -*im* (不完) 1. 생각하다; (~라고) 판단하다(간주하다); ~에 대해 생각하다(o nekome, nečemu; na nekoga, nešto); (~라고) 여기다, 간주하다; *ko ne misli, ne govori mudro* 생각하지 않는 사람은 현명하게 말할 수 없다; *da vidimo šta misli narod* 민중들이 어떻게 생각하는지 봅시다; *mišljasmo unutra je blago* 안에 보물이 있다고 우리는 생각했다 (믿었다, 판단했다); *šta mislite o ovom čoveku?* 이 사람에 대해 어떻게 생각하십니까?; *oni tako misle* 그들은 그렇게 생각한다 (판단한다); ~ *na decu* 아이들에 대해 생각하다; *šta misliš o tome?* 그것에 대해 어떻게 생각하느냐? 2. (~할) 의향이 있다; *mislimo da preuzmemo veliku akciju* 우리는 많은 주식을 취득할 의사가 있다; ~ *na ženidbu* 결혼 생각이 있다 3. (na nekoga, na nešto) (~를) 계산에 넣다, 기대하다, 믿

M

다; ~ *samo na sebe (na svoj džep)* 단지 자기 자신(자기 돈 주머니)만을 믿다 4. ~ *se* (해결책을) 고민하다; *mislim se šta da radim* 무슨 일을 할 것인가를 고민한다; *ja sam se mislio, mislio i trvdo sam odlučio da nije pošteno* 나는 고민 고민하다 공정하지 않다는 확고한 결론을 내렸다 5. ~ *svojom glavom* (타인의 의견을 구하지 않으면서) 독자적으로 생각하다; ~ *tuđom glavom* 자신의 의견은 없이 타인의 견해를 빌어 생각하다; *ne može se ni ~ (na što) ~* 에 대해 생각조차 할 수 없다, 있을 수 없는 일이다

misnī *-ā, -ō* (形) 참조 misa; 미사의, 예배의; ~*a knjiga* 미사서; ~*o vino* 미사주; ~*o ruho* 미사복

misnica (가톨릭) 제의복(사제가 옷 위에 입는 소매 없는 예복)

misnik (가톨릭) 미사를 집전하는 사제

mister 미스터(Mr.) (gospodin)

misterij *-ija* (男), **misterija** (女) 1. 미스테리; 신비, 비밀; 신비로운 사건(일) 2. 종교적 비밀, 비밀 교리; 신비적 교의 3. (고대그리스 로마인들의) 신에게 드리는 비밀 의식 4. (歷) (중세의) 기적극

misteriozan *-zna, -zno* (形) 비밀의, 비밀스런 (tajanstven)

misticizam *-zma* 신비주의

mističan *-čna, -čno* (形) 신비주의의, 신비주의적인, 신비주의자의 (mistički)

mističar 신비주의자

mističkī *-ā, -ō* (形) 참조 mističan; ~*o raspoloženje* 신비주의적 기분; ~ *snovi* 신비주의적 꿈

mistificirati *-am,* **mistifikovati** *-kujem* (完,不完) 기만하다, 속이다, 미혹하다; 어리둥절케 하다, 혼란스럽게 하다

mistik 참조 mističar; 신비주의자

mistika (교리·인물 등에 따르는) 신비스러운 분위기, 신비감

mistrija (미장이가 사용하는) 흙손

miš *-evi & 드물게 miši* 쥐, 생쥐(들판이나 사람의 집 등에 사는 작은 쥐); *domaći ~* 집쥐, 생쥐; *poljski ~* 들쥐; *šumski ~* 숲에 사는 쥐; *patuljasti ~* 유럽들쥐; *loviti ~eve* 쥐를 잡다; *go kao crkveni ~* 아무것도 없는, 빈털터리의, 아주 가난한; *igrati se slepog ~a* 장님놀이를 하다(눈을 가린 술래가 자기를 밀거나 치거나 하는 동무를 재빨리 잡아 이름을 알아 맞히는 놀이); *pokisao (mokar) kao ~* 완전히 (물에) 젖었다(축축하다);

slepi ~ 박쥐; *tresla s gora(brdo), rodio se ~* 태산명동서일필이다(중요하지 않은 일에 너무 요란하다); *igra mačke i ~a* 고양이와 쥐 놀이; *noćas će ~ i mačka spavati zajedno* 오늘 저녁은 매우 추울것이다 **mišji, mišiji** (形); ~*a rupa* 쥐구멍; *zavući se u ~u rupu* 쥐구멍으로 숨다(완전히 퇴각하다(물러나다)

mišad (女)(集合) miš; 쥐

mišar (鳥類) 말똥가리(수리목 수리과의 새, 쥐·두더지 등을 잡아 먹음); *gaćasti ~* 털발말똥가리; *riđi (stepski) ~* 긴다리말똥가리

mišast *-a, -o* 쥐색의

miševina 쥐똥 (mišjak)

mišica 암컷 쥐, 쥐 암컷

mišica (解) (팔의) 상박(上膊), 팔뚝; *upravnik je bio razvijen čovek, ~ kao u atlete* 디렉터는 몸이 좋았다, 팔뚝은 마치 육상선수같았다; *napeti (napregnuti) ~e* (비유적) 진지하게 일을 받아들이다 **mišični** (形)

mišičav, mišičast *-a, -o* (形) 근육의; 근육질의, 근육이 발달한 (mišićav)

mišičnī *-ā, -ō* (形) 근육의 (mišićni)

mišić (지소체) miš

mišić (보통은 複數로) (解) 근육; *srčani ~* 심근; *glatki (ledni) ~i* 평활근(등근육); *poprečno prugasti ~i* 가로무늬근, 횡문근; ~ *odmicač (opružač, savijač, zatvarač)* 외전근(外轉筋)(신근(伸筋), 굴근(屈筋), 내전근(內轉筋)); *atrofija ~a* 근위축(증)

mišićav, mišićast *-a, -o* (形) 참조 mišičav

mišićnī *-ā, -ō* (形) 참조 mišični

mišijī *-ā, -ē* (形) 참조 miš; 쥐의

miška 참조 mišica; (팔의) 상박(上膊), 팔뚝; *ispod ~e* 겨드랑이

mišljenje 1. (동사파생 명사) misliti 2. 의견, 견해, 생각; 평판, 평가; *po mom ~u* 내 생각으로는; *promena ~a* 생각을 바꿈; *biti različitog (istog) ~a o nečemu* ~에 대해 생각이 다르다(같다); *imati visoko ~ o sebi* 자신에 대해 높은 평가를 지니다(높게 평가하다); *sloboda ~* 생각의 자유; *javno ~* 여론; *odvojiti ~* 견해(의견)를 달리하다

miš-maš 뒤죽박죽, 뒤범벅

mišolovka (G.pl. *-ovākā & -ōvkī*) 1. 쥐덫 2. (비유적) 함정, 덫 (zamka, klopka); *upasti u ~u* 함정에 빠지다, 덫에 걸리다

mišomor 쥐약

mit *-ovi* 1. 신화 **mitski** (形) 2. 전설, 지어낸 이야기; ~ *o atlantskoj civilizaciji* 아틀란트 문명에 대한 전설

M

mitariti se -im se (不完) 1. (새가) 털갈이하다 2. (비유적) 바뀌다, 형태가 변하다 (menjati se, preobražavati se)

miteser (흔히 얼굴에 난) 윗부분이 검은 여드름, 여드름 (bubuljica)

mitgepek (화물칸에 인도되는) 짐, 짐 가방; dati na ~ 짐가방을 화물로 부치다

miti mijem; mivši; miven, -ena, -eno & mit, -a, -o) (不完) 1. (보통 얼굴과 손을) 씻다, 세수하다 (umivati, prati); sama ju je ... hranila, mila i presvlačila 혼자서 그녀를 먹이고 씻기고 옷을 갈아입혔다 2. ~ se 씻다, 세수하다

miting (특히 정치적 목적의) 모임, 집회, 미팅; ići na ~ 집회에 가다

mitingaš (輕蔑) 자주 집회에 참석하는 사람, 직업적 집회 참가자

mitingovati -gujem (不完) 집회(미팅)를 개최하다; 집회에서 열변을 토하다

mititi -im (不完) 1. 뇌물을 주다(제공하다), 뇌물로 매수하다 (potkupljivati, podmićivati) 2. (아부·듣기좋은 말·선물 등으로) 자기편으로 끌어들이다

mito 1. 뇌물; primiti (uzeti) ~ 뇌물을 받다; dati (ponuditi) ~ 뇌물을 주다 2. (뇌물로의) 매수 (podmićivanje, potkupljivanje) 3. 기타; bratsko ~ 살인자의 가족의 살해당한 사람의 가족에게 주는 보상금

mitologija (집합적) 신화; 신화학; grčka ~ 그리스신화; slovenska ~ 슬라브민족신화; uporedna ~ 비교신화학 mitološki (形)

mitoprimac 뇌물수뢰인

mitos 참조 mit; 신화

mitra 주교관(主敎冠); 주교의 직(지위)

mitraljez (軍) 기관총 mitraljeski (形); ~o gnezdo 기관총 진지; ~a vatra 기관총 사격

mitraljezac -esca 기관총사수; mitraljesci su nameštali mitraljeze 기관총사수들이 기관총을 거치시켰다

mitraljirati -am (不完) 기관총을 쏘다, 기관총으로 사격하다; (저공비행을 하면서) 기총소사하다

mitropolija 대주교구, 대주교관구; 대주교좌 교회; 대주교 관저

mitropolit 대주교

mitskī -ā, -ō (形) 참조 mit; 전설의, 전설적인 (mitološki); ~ junak 전설적인 영웅; ~ elemenat 전설적 요소

mizanscen (男), mizanscena (女) (연극의) 무대 장치 mizanscenski (形)

mizantrop 사람을 싫어하는(증오하는) 사람, 인간혐오자

mizantropija 사람을 싫어함 mizantropski (形)

mizeran -rna, -rno (形) 1. 불쌍한, 가엾은, 가련한, 비참한; ~ postupak 가련한 행동; ~ činovničić 불쌍한 말단공무원 2. 가난한, 빈곤한, 궁핍한 (ubog, siromašan); ~rno stanje 가난한 상태 3. 보잘 것 없는, 충분하지 않은, 아주 적은; ~rna plata 보잘것 없는 월급

mizerija 1. 가련한(비참한) 상태; 빈곤, 가난; 무가치, 무의미 2. 쓸모없는 사람, 건달, 망나니 3. (集合) 가난한 사람, 빈자(貧者)

mizogin 여자를 혐오하는 남자 (ženomržac)

mjuzikl 뮤지컬

mlačan -čna, -čno (形) 미지근한; 우유부단한, 미온적인 (mlak); oblijevao me ~ vazduh 차지도 뜨겁지도 않은 공기가 나를 적셨다

mlačiti -im (不完) smlačiti (完) 1. 미지근하게 데우다(데피다); sunce tek mlači zračna strujanja 태양이 이제 막 공기를 데피기 시작했다 2. ~ se 미지근하게 데워지다, 미지근해지다; smlačio se 미지근해졌다

mlaćenica 1. 버터밀크(버터를 만들고 남은 우유) 2. 카이막(kajmak)을 걷어내고 남은 것으로 만든 치즈

mlad -a, -o; mlađi (形) (反; star) 1. (사람이) 젊은; 청춘의, 젊은이의; ~i dani 젊은 날들; ~e godine 젊은 시절; u ~im godinama 어렸을 때, 젊었을 때 2. (식물이) 어린; (과일 등이) 익지 않은, 여물지 않은; 미성숙한, 경험이 부족한, 순진한; ~a jela 어린 전나무; ~i krompir 햇감자(아직 여물지 않은); ~a boranija 햇콩(여물지 않은); ~i luk 쪽파; ~a vojska 창설된지 얼마 안되어 경험이 부족한 군대; ~ učitelj 젊은 선생님, 경험이 부족한 선생님 3. 막 (생산되어) 나온, 충분히 발효되지 않은(숙성되지 않은) ~ sir 충분히 숙성되지 않은 치즈(짠맛이 없는); ~ kajmak 충분히 발효되지 않은 카이막 4. 신생(新生)의, 이제 막 생겨난; ~a država 신생국가; ~a organizacija 5. (비교급으로) 어린; on je dve godine mlađi od mene 그는 나보다 두 살 어리다(젊다) 6. (한정형, 명사적 용법으로) (男,複) 청년, 청소년; (동물의) 새끼; (비교급으로)(男, 複) 청년과 아가씨; 약혼자들 7. 기타; ~ kao kap(lja)(rose) 매우 젊은; staro i ~o (~o i staro) 모두; ~ mesec 초승달; na ~ima svet ostaje 젊은이들이 세계의 주인이다

mlâda (D. mlâđi), mlâda (D. mlâđōj) (결혼식날의) 신부 (nevesta); (결혼한지 얼마 안되는) 새댁; držati se kao nova (seljačka,

M

seoska) ~ 수줍게(경직되게, 당황해 하면서)
행동하다 (反; mladoženja)

mladac mlaca, mlače; mlaci, mladāca 젊은이,
청년 (mladić); stari ~ 노총각

mladalačkī -ā, -ō (形) 젊은, 젊음의, 청춘의,
젊은이의; ~a krv 젊은 피; ~i književni
pokušaji 젊은이들의 문학적 시도

mladar 어린 열매(과일), 어린 나무, 묘목, (나
무의) 새로 돋아난 가지 (mladica)

mladati -am (不完) (상처에) 새 살이 돋다

mladenac -enca; mladenāca 1. 젊은이, 청년
(mladić) 2. 총각 (momak, neženja) 3. (古語)
아이 (dete) 4. 신랑 (mladoženja) 5.
(mladenci 複數로) 신랑과 신부, 신혼부부 6.
기타; nebeski ~ 예수 그리스도

mladenačkī -ā, -ō (形) 1. 참조 mladalački 2.
신랑신부의, 신혼부부의; ~ venci 신랑신부
의 왕관(결혼식에서 머리위에 쓰는); ~a
soba 신혼방

Mladenci -enāca (男,複) (宗) 1. 무고한 어린이
들의 순교 축일 (헤롯왕의 명으로 베들레헴
의 남자 아기들이 살해된 것을 기념하는 날;
12월 28일) 2. 40인 순교자의 날(세르비아에
서 친척들과 지인들이 방문하여 신생아들에
게 선물을 주는, 3월 22일)

mladenčići (男,複) 케이크의 일종 (꿀을 바른
케이크로써 40인 순교자의 날에 먹는)

mladež (男) (날 때부터 몸에 있는) 점, 모반
(母斑)

mladež (女)(集合) 신세대, 청년, 젊은이
(omladina, mlado pokolenje); zlatna ~ 편안
하고 안락한 삶을 영위하는 신세대(젊은이들)

mladica 1. 새로 돋아난 가지; 새순, 새싹
(izdanak); 막 맺히기 시작한 과일, 여물지
않은 과일; 묘목 2. (魚類) 민물고기의 한 종
류(송어와 비슷한) 3. (암컷의) 새끼 가축

mladić 1. 젊은이, 청년 2. 총각 3. 남자친구;
약혼자 (dragan; verenik, zaručnik); doći će
njen ~ 그녀의 남자친구가 올 것이다

mladički (形)

mladičkī -ā, -ō (形) 젊은이의, 젊음의
(mladalački); ~a doba 젊은 시절, 청춘 시
절, 총각 시절; ~a krv 젊은 피; ~ rad 젊은
이의 일

mladik (林業) 유령림(幼齡林), 묘목숲(묘목으
로 숲을 가꾸기 시작한)

mladika 새로 돋아난 가지, 새순, 새싹; 묘목

mladikovina 묘목 (mlado drveće)

mladina 1. 청년, 젊은이 (mladež) 2. 가금류의
가축 (živina, perad) 3. 초승달 (mlad
mesec)

mladiti -im (不完) 1. 젊게 하다, 회춘시키다;
세대교체를 하다 (podmlađivati) 2. 포도원에
새 포도나무를 심다 3. ~ se 젊어지다, 회춘
하다 4. ~ se 새끼를 낳다(소·양 등이) 5. ~
se (달(月)이) 이지러지다, 초승달이 되다

mlado (中) 젊은이, 젊은 사람; (가축의) 새끼,
어린 가축

mlado (副) 젊은 사람처럼, 젊은이처럼

mladojka 젊은 여자; 묘목 (mladica)

mladost (女) 1. 젊음, 청춘; 젊은 시절, 청춘기;
u ~i 젊은 시절에 2. 젊은이, 청년 (mladi
ljudi, omladina) 3. (비유적) 신선함, 젊음의
힘 4. 기타; druga ~ 회춘, 회춘기; ~ -
ludost 젊은이들은 종종 무모하게 행동한다

mladoturčin mladoturci, mladoturāka (케말 파
샤가 영도한) 청년 튀르크당의 당원

mladovati -dujem (不完) 1. 젊은 시절을 보내
다, 청춘을 보내다; 하고 싶은 대로 마음대
로 하다, 젊음을 즐기다 2. 신부(mlada)가
되다

mladoženja (男) 신랑 (反; mlada)

mladunac -nca (주로 複數로) (동물의) 이제
막 태어난 새끼, 아직 어린 새끼 (mladunče)

mladunčad (女)(集合) mladunče; (동물의) 새끼

mladunče -eta 1. (동물의) 이제 막 태어난 새
끼, 아직 어린 새끼 2. (태어난지 얼마 안되
는) 아이 (dete)

mlađ 1. 초승달 (mlađak) 2. (集合) (물고기의)
치어(稚魚) 3. 포도나무 묘목이 심어진 포도원

mlađak 초승달 (mlad Mesec); ~ se još vidi
na pobelelom nebu 훤히 동이 튼 하늘에 아
직 초승달이 보인다

mlađan -a, -o (形) (愛稱) mlad

mlađarija (集合) mladež; 젊은이, 젊은 사람; ~
muška i ženska bezbrižno koračaše 청춘남
녀들이 아무런 걱정없이 걷고 있었다

mlađī -ā, -ē (形) 1. 참조 mlad; 더 젊은 2. 하
급 직원, 하급자 3. (이름 등에 붙어) 주니어

mlak -a, -o; mlaci, -a (形) 1. (물 등이) 미지
근한, 차갑지도 뜨겁지도 않은; ~a voda 미
지근한 물 2. 약간 따뜻한; ~o sunce 좀 따
뜻한 태양; ~ vetar 좀 따뜻한 바람;; ~
sunčan dan 햇살이 따스한 날; bio je još
~ ... nismo ni primetili kad je nečujno
umro 아직 체온이 남아있었다... 그가 언제
조용히 사망했는지 우리는 알아채지도 못했
다 3. (비유적) 열의가 없는, 미온적인, 우유
부단한, 결단력없는, 수동적인, 마지못해 하
는; 느린느릿한; 활기없는; biti ~e naravi 미
온적인 성격이다; ~a starešina 미온적인 장
(長); ~ karakter 우유부단한 성격; govoriti

M

~im glasom 활기없는 목소리로 말하다; ~e oči 흐리멍텅한 눈 4. 삶의 활기가 없는, 단순한, 단조로운, 따분한; ~i dani 단조로운 나날들 5. 예리함이 없는, 지루한; ~ meč 지루한 시합; ~ napad 예리함이 없는 공격; ~a utakmica 지루한 경기 6. 제한된, 삼가하는; ~e pohvale 뜨뜻미지근한 감사

mlaka (웅덩이·늪지 등에 고여 있는) 물 (bara, lokva); dunu jako severnjak, pa ... zaledio bare i ~e 북풍이 강하게 불어 ... 웅덩이에 괸 물이 얼었다

mlaknuti ~nem (不完) 1. 조금 미지근하다; voda malo mlakne 물이 조금 미지근해진다 2. 미온적이 되다; mlaknulo je oduševljenje 열광하는 것이 조금 식었다

mlakoća 미지근함, 미온적임, 뜨뜻미지근함, 열의가 없음 (mlakost)

mlakonja (男)(輕蔑) (성격상) 마지못해 하는 사람, 열의가 없는 사람, 결단력 없는 사람, 투지가 없는 사람, 미온적인 사람, 우유부단한 사람

mlakost (女) 미지근함, 미온적임, 투지가 없음, 활동적이지 않음 (mlakoća)

mlat ~ovi 1. (추수할 때 곡물을 타작하는) 도리깨 (mlatilo) 2. 망치, 해머 (malj, bat) 3. 때림, 침, 타격 (udar, udarac)

mlat (擬聲語) 쾅, 탕, 퍽(때릴 때 나는 소리)

mlatac mlaca; mlaci, mlatācā 1. 망치, 해머 2. 도리깨 3. (뭔가를) 때리는 사람, 도리깨질하는 사람

mlatarati ~am (不完) 흔들다 (razmahivati, mahati); ~ rukama 손을 흔들다; prodavač mlatara glavom tamo-ovamo 상인은 고개를 이리저리 흔든다

mlatilica 도리깨; 탈곡기 (mlatilo; vršalica)

mlatipara (男,女)(口語) (보통은 쉬운 방법으로) 많은 돈을 버는 사람, 떼돈 번 사람

mlatiti ~im; mlaćen (不完) 1. (콩·깨 등을) 도리깨질하다, 타작하다; (과수를 흔들어) 털다, 떨어지게 하다; zob su kosili, vezali, mlatili i vijali 귀리를 베어 묶고 도리깨질하고 까불었다 2. (nekoga) 세게 때리다, 죽도록 때리다; 죽이다 3. 퍼붓다 (zasipati) 4. 힘껏 내리치다, 내리쳐 (어떤 모양을) 만들다, 벼리다 5. (jezikom) 수다를 떨다 (brbljati, blebetati) 6. (돈을) 쓸어 담다, 많은 돈을 벌다(별로 노력도 하지 않고) 7. ~ se 서로 치고 패다 (tući se) 8. ~ se 빙빙돌다, 어슬렁거리다, 왔다갔다 하다 9. ~ se 시간을 죽이다, 시간을 헛되이 보내다 10. ~ se (口語) 경솔하게 행동하다 (luditi se) 11. 기타; ~

jezikom 수다를 떨다, 별별 이야기를 다하다; ~ praznu slamu 쓸데없는 일을 하다, 헛되이 일하다

mlaviti ~im (不完) smlaviti (完) 1. (nekoga) 때리다, 치다 (tući, udarati, mlatiti) 2. 쓰러뜨리다, 넘어뜨리다, 파괴하다, 베다, 궤멸시키다, 박멸하다, 쓸어버리다 (rušiti, obarati, kositi, brisati); ~ sve pred sobom 자기 앞에 있는 모든 것을 쓸어버리다 3. ~ se 서로 치고 받다

mlaz ~evi & ~ovi 1. (강하게 분출되어 나오는 액체의 가는) 줄기, 분출; kiša pada na ~eve 비가 억수같이(폭포처럼) 내린다 2. 줄기, 가닥, 빔 (연기·빛 등의); 다발; ~ elektrona 전자 빔; ~ svetlosti 빛줄기; ~ metaka 쏟아지는 탄환; tanki ~ dima izjavio se iz krova 가느다란 연기 줄기가 지붕에서부터 나왔다 3. (植) 무성하게 새로 돋아난 가지; 어린 나무, 묘목 (mlad i bujan izdanak, mladica) mlazni (形); ~ motor 제트 엔진; ~ lovac 제트 전투기; avion na ~ pogon 제트 비행기

mlaznjak 제트 비행기; nebom … leti ~ bez propelera 프로펠러없는 제트 비행기가 하늘을 난다

Mleci Mletākā, Mlecima (歷) 베네치아인들 Mlečanin; Mlečanka; mletački (形)

mleč ~evi 1. (植) (나무·열매의) 유액, 수액(樹液) (mleko) 2. 꿀벌의 식량 (꽃가루와 꿀로 만든 것으로 꿀벌이 새끼 벌에게 주는 먹이) 3. (물고기 수컷의) 이리, 어백(魚白), 어정(魚精) 4. (植) 단풍나무의 일종; 등대풀속(屬)의 식물

mlečac ~čca 1. (물고기 수컷의) 이리, 어백(魚白), 어정(魚精) (mleč) 2. (魚類) 어정(mleč)이 있는 물고기 숫컷

mlečan ~čna, ~čno (形) 1. (보통은 한정형으로) 우유의, 우유로 만들어진, 우유를 함유한; ~čni proizvod 유제품; ~čni prah 분유; ~čna čokolada 밀크 초콜렛; ~čna žlezda 유선(乳腺); ~čni keks 우유로 만든 크래커 2. (소·양 등이) 우유를 많이 생산하는, 양질의 우유를 생산하는; ~čna krava 우유 생산량이 많은 젖소 3. 우유같이 흰 (beličast); ~čna koža 우유처럼 흰 피부; ~ ten 우유처럼 흰 안색 4. 불투명한, 희뿌연 (neproziran, mutan); ~čno staklo 불투명 유리 5. 즙이 많은 (pun soka, sočan)

Mlečanin 참조 Mleci

mlečika (植) 등대풀속(屬)의 식물

mlečnica 1. 우유 및 유제품 보관소 (mlekar)

M

523

2. 음식의 한 종류 (우유에 끓여 만든) 3.
(植) 맛젖버섯(버섯의 한 종류)

mlečnost (女) (젖소·양 등의) 우유 생산력

mlečnjak 1. (보통 複數로) (解) 유치(乳齒), 젖
니 2. (魚類) 어정을 뿌리는 물고기 숫컷
(mlečac) 3. (한정사적 용법으로) 즙(mleko)
이 많은 (mlečan); *kukuruz ~* 즙이 많은 옥
수수

mlekadžija (男) 우유 생산업자, 우유판매업자,
우유 배달업자 (mlekar)

mlekadžinica 우유 및 유제품 판매 가게
(mlekara)

mlekar 1. 우유 생산업자, 우유판매업자, 우유
배달업자 **mlekarski** (形); *~i proizvodi* 유제
품 2. 우유 및 유제품 보관 장소 (mlekarnik)

mlekara 1. 우유 및 유제품 판매 가게
(mlekarnica) 2. 우유 및 유제품 보관소
(mlekar)

mlekarica 1. 우유생산업자(여자), 유제품판매
자(여자) (mlekarka) 2. 우유(mleko)를 생산
하는 동물(젖소·양·염소 등의) (mlekulja)

mlekarna 우유 및 유제품 가게 (mlekarnica)

mlekarnica 우유 및 유제품 가게 (mlekara)

mlekarnik 1. 우유 및 유제품 보관소 (mlekar)
2. 우유 및 유제품 가게 (mlekara)

mlekarskī -*ā*, -*ō* (形) 참조 mlekar

mlekarstvo 낙농업, 유제품 제조업

mleko 1. 우유, 밀크; *majčino ~* 모유; *kravlje
~* 소젖, 우유; *slatko ~* 가당우유; *kiselo ~*
요구르트 2. (식물·열매 등에서 얻는) 액(液),
즙(汁); *kokosovo ~* 코코넛 밀크 3. 하얀 달
빛 4. 화장품의 일종 5. (일반적인) 하얀(우
유빛깔의) 액체 6. 기타; *kao ~* (주로 포도주
가) 매우 품질이 뛰어난, 먹음직스런; *još mu
kaplje ~ iz usta* 또는 *miriše na majčino ~*
유상우취하다, 아직 어리다, 경험이 없다; *po
~u* 모계의(母系)로; *posisati nešto s majčinom
~om* 아주 어릴때부터 알다(배우다); *krečno
~* 물에 탄 석회; *braća po ~u* 어머니가 같
은 형제, 같은 유모의 젖을 먹고 자란 사이;
kao muha u ~ (uleteti) 기꺼운 마음으로 빨
리 받아들이다(수용하다); *jedra kao da je
~om nalivena* (처녀가) 풍성한, 풍만한;
nema samo ptičijeg ~a 없는 것만 빼고는
다 있다; *on bi još hteo i od ptice ~* 그는
불가능한 것을 아직도 원한다, 연목구어(緣
木求魚)이다; *posisati (usisati) nešto s
majčinim ~om* 아주 어려서부터 배우다(알
다); *pusto ~ i mačke loču* (俗談) 주인없는
땅은 모두 탐낸다; *teče med i ~* 젖과 꿀이
흐르는 **mlečni** (形); *~a krava* 젖소, 돈줄,

캐시 카우; *~a čokolada* 밀크 초코렛;
Mlečni put 은하, 은하수

mlekulja (젖소·양·염소 등) 우유를 생산하는
동물

mletačkī, -*ā*, -*ō* (形) 베네치아의

mleti *meljem*; *mleven*, -*ena* (不完) **samleti** (完)
1. (곡물을 가루로) 빻다, 찧다; (밀가루 등으
로) 빻다; *mlevena kafa* 가루로 빻은 커피;
~ u prah 가루로 빻다 2. (오렌지 등을 압착
하여) 짜다; *~ masline* 올리브 기름을 짜다
3. (고기 등을) 잘게 하다, 잘게 갈다 (mrviti,
sitniti); *mleveno meso* 잘게 간 고기 4. (비
유적) 수다를 떨다, 쉬지 않고 떠들다

mlevenje (동사파생 명사) mleti; 빻음, 잘게
갈음

mlezivo (산모의) 초유(初乳)

mlin -*ovi* 1. 제분기; (커피·후추 등의) 분쇄기
2. 물방앗간, 제분소; *~ na vodu* 물방아, 물
방앗간; *vetreni ~ (~ na vetar)* 풍차; *parni
~* 증기 제분소; *terati (navoditi) vodu na
svoj ~* 자기 논에 물대다 3. (과일·야채의 즙
을 짜는) 압착기; *uljani ~* 기름 압착기

mlinski (形)

mlinac *mlinca*; *mlinci*, *mlinācā* 1. (커피·후추
등을 손으로 가는) 소형 분쇄기; *~ za kafu*
소형 커피 분쇄기 2. (複數로) 페이스트리의
한 종류

mlinar 제분소 주인, 제분소에서 일하는 노동
자 **mlinarka**; **mlinarica**; **mlinarski** (形); *~a
industrija* 제분산업

mlinarina (보통 밀가루로 주는) 제분비(費), 제
분삯 (ujam, ušur)

mlinarka 참조 mlinar

mlinskī -*ā*, -*ō* (形) 참조 mlin; 제분소의

mlitav -*a*, -*o* (形) 1. 활기없는, 활력없는, 피동
적인, 수동적인, 느릿느릿한; 우유부단한, 결
단력 없는, ~할 의지가 없는; 단조로운, 따분
한; *~ čovek* 활력이 없는 사람; *~ hod* 느릿
느릿한 걸음; *~ pogled* 활력없는 시선; *~
stav* 우유부단한 입장; *~ život* 단조로운 삶
2. (몸이) 단단하지 않은, 힘이 없는, (근육이)
물렁한, 축쳐진, 흐물흐물한 (mlohav,
opušten); *nosio je velik i ~ šešir bez trake*
끈이 없는 커다랗고 딱딱하지 않은 모자를
썼다

mlitavac -*vca* 우유부단한 사람, 결단력 없는
사람; 활력없는 사람, 허약한 사람

mlitavko (男) 참조 mlitavac

mlitaviti -*im* (不完) **omlitaviti** (完) 1. 활기없게
하다, 활력없게 하다, (의지 등을) 약화시키
다, 축 늘어지게 하다; *besposlenost mlitavi*

M

snagu 실업상태가 의지를 약화시킨다 2. 약해지다, 활력이 없어지다, 축 늘어지다

mlitonja (男) 참조 mlitavac

mlivo 1. 제분용 곡식; 빻은 곡식, 찧은 곡식 2. (곡물을) 빻음, 찧음 (mlevenje)

mlohav *-a, -o* (形) 1. (몸·근육 등이) 축처진, 늘어진, 탱탱하지 않은, 팽팽하지 않은, 단단하지 않은 (mlitav; nezategnut); *kad bi zatrebalo ... njegovo teško i ~o telo razvijalo je ... bikovsku snagu* 필요할 때 ... 그의 무겁고 축처지 몸은 황소의 힘을 뿜어내었다; *platna na jarbolima vise kao ~e krpe* 게양대의 천들은 마치 축처진 걸레같이 걸려 있었다 2. 활기없는, 활력없는, 단조로운

mlohavac *-avca* 참조 mlitavac

mlohaviti *-im* (不完) 참조 mlitaviti

mljac (擬聲語) (입으로 음식을 씹으면서 내는) 쩝쩝, 냠냠

mljacav *-a, -o* (形) (음식이 입천장에) 끈적끈적 들러붙는; (진창등이) 질척거리는

mljackati *-am* (不完) **mljacnuti** *-nem* (完) 1. 쩝쩝거리며 먹다(씹다) (mljaskati); ~ *ustima* 입을 쩝쩝거리다 2. (진창 등을) 첨벙거리다 (šljapkati)

mljackav *-a, -o* (形) 쩝쩝거리는; 첨벙거리는 (mljaskav)

mljas (感歎詞)(擬聲語) 1. 참조 mljac 2. (때릴 때 나는) 탕, 쾅, 퍽

mljaskati *-am* & *mljašćem* (不完) 1. 쩝쩝거리며 먹다(씹다) (mljackati); *počeli su jesti, glasno mljaskajući jezikom* 큰소리로 혀를 쩝쩝거리면서 먹기 시작했다 2. (웅덩이·진창 등을) 첨벙거리다 (šljapkati)

mljaskav *-a, -o* (形) 참조 mljackav

mljeckati *-am* & *mlješćem* (不完) 참조 mljaskati

mljeckav *-a, -o* (形) 참조 mljackav

mljeskati *-am* & *mlješćem* (不完) **mljesnuti** *-nem* (完) 참조 mljackati

mnemotehnika 기억술, 암기법

mnenje 참조 mnjenje; 생각, 의견

mniti *-im* (不完)(廢語) 1. 참조 misliti; 생각하다 2. ~ *se* ~인 것처럼 생각되다 (činiti se)

mnogī *-ā, -ō* (形) 1. (수·수량·양이) 많은, 수많은; ~ *ljudi* 많은 사람들; ~ *od nas* 우리들 중 많은 사람; *~a vojska* 대규모 군대 2. (명사적 용법으로)(주로 複數로) 많은 사람 3. 많이(나타나는, 일어나는) (obilan, bogat) 4. 오랫동안의, 긴 시간의; *posle ~og čitanja* 오랫동안의 독서 후에; *nakon ~a premišljanja pusti konja uzde* 오랫동안 생각한 후 말의 고삐를 풀어주었다 5. 과도한 (prekomeran, preteran)

mnogo *više* (副) (反; *malo*) 1. (수·수량·범위 등이) 많은, 많게; 수없이 많은; ~ *godina* 오랫동안, 오랜 세월동안; ~ *ljudi* 사람이 많은; ~ *novca* 돈이 많은; ~ *oružja* 무기가 많은 2. (사건·일 등이) 많은, 수없이 많게; ~ *lagati* 수없이 거짓말하다; ~ *pričati* 많이 이야기하다; ~ *hteti* 많이 원하다 3. (높은 수준 또는 세기 등을 말할 때) 매우, 굉장히, 아주 (jako, veoma, vrlo); ~ *mi je žao* 매우 유감이다; ~ *lepo pevati* 노래를 아주 잘 부르다; ~ *učen* 많이 공부한 4. (형용사나 부사의 비교급과 함께 쓰여) 아주, 상당히, 눈에 띄게, 굉장히 (znatno, osetno); ~ *bolje* 아주 좋게; ~ *više* 아주 많이; ~ *lepši* 아주 잘생긴 5. 너무 과도하게 (previše, suviše); *oženiti se* ~ *rano* 너무 일찍 장가들다; ~ *smešan* 너무 웃기는; ~ *strog* 너무 엄한 6. 오랫동안 (dugo, zadugo); *nije* ~ *potom prošlo* 그후 오랜시간이 흐르지 않았다

mnogobojan *-jna, -jno* (形) 다양한 색깔의, 색이 많은

mnogoboštvo 다신교, 다신론 (politeizam)

mnogobožac *-ošca* 다신론자, 다신교도 (反; jednobožac) **mnogobožački** (形)

mnogobrojan *-jna, -jno* (形) (보통은 複數로) 다수(多數)의, 많은 (反; malobrojan); *~jne greške* 수많은 실수; *~jna svetina* 많은 군중, 많은 사람들; *~jni uspesi* 많은 성공

mnogocenjen *-a, -o* (形) 많은 존경을 받는

mnogočasovnī *-ā, -ō* (形) 많은 시간 동안의, 수시간 동안 계속 지속되는 (višečasovni)

mnogočekinjari (男,複) (動) 다모강(多毛綱: 환형(環形) 동물문(門)의 한 강(綱), 갯지렁이류(類))

mnogočlan *-a, -o* (形) 구성원(요소·부품 등이)이 많은; ~ *izraz* 성분이 많은 표현; *~a sintagma* 많은 성분을 가진 신태그마; *~i činioci* 많은 구성원의 행위자; *~a porodica* 대가족; *~a organizacija* 조직원이 많은 조직

mnogoćelijskī *-ā, -ō* (形) 다세포의; *~e životinje* 다세포동물

mnogoglagoljiv *-a, -o* (形) 수다스러운, 말이 많은

mnogogodišnjī *-ā, -ē* (形) 오랜, 오래된; 오랫동안 지속되는; 다년생의 (dugogodišnji, višegodišnji)

mnogojezičkī *-ā, -ō* (形) 다중 언어의, 다중 언어를 사용하는; *~e zone* 여러 언어를 사

용하는 지역

mnogokatan -tna, -tno (形) 참조
mnogospratan; 많은 층으로 이루어진, 다층
의, 층이 많은

mnogokatnica (=višespratnica) 다층집, 다층
건물

mnogokratan -tna, -tno (形) 수없이 반복되는
(višekratan)

mnogokut (=mnogougao) 다각형

mnogoletan -tna, -tno (形) 수년간 계속되는
(지속되는) (dugogodišnji)

mnogolik -a, -o (形) 여러 형태의, 다양한; to
je bilo ~o lice naše pešadije 그것이 우리
보병의 여러 형태의 얼굴이다

mnogoljudan -dna, -dno (形) 1. (장소·지역·국
가가) 주민이 많은, 많은 주민이 사는; 인구
밀도가 높은; ~ grad 인구 밀도가 높은 도시
2. (단체 등이) 회원이 많은, 많은 회원의;
~dna zadruga 회원이 많은 협동조합; ~dna
porodica 식구가 많은 대가족 3. 많은 사람
이 모이는; ~ manastir 많은 사람이 오는 수
도원; ~ miting 많은 사람이 모이는 미팅

mnogomilionskī -ā, -ō (形) 수백만의
(višemilionski); ~ grad 수백만이 사는 도시;
~o stanovništvo 수백만의 인구

mnogonapaćen -a, -o (形) 많은 어려움을 겪은

mnogonarodni, mnogonacionalni -a, -o (形)
다민족의, 다인종의

mnogoperka (魚類) 폴립테루스과(科) (물고기
의 일종, 등지느러미가 많은 작은 지느러미
로 나뉜)

mnogopoštovanī -ā, -ō (形) 많은 존경을 받는

mnogorečiv, mnogorek -a, -o (形) 1. 말을 많
이 하는, 수다스러운 2. 매우 광범위한; ~o
pismo 매우 광범위한 편지

mnogorodan -dna, -dno (形) 비옥한 (plodan)

mnogosatnī -ā, -ō (形) 수시간의, 수시간 동안
계속되는 (višečasovni)

mnogosložan -žna, -žno (形) 다음절의; ~žna
reč 다음절어

mnogospratan -tna, -tno (形) 다층의, 고층의;
~tna zgrada 다층건물, 고층건물

mnogospratnica 다층집, 다층건물, 고층건물

mnogostaničnī -ā, -ō (形) 다세포의
(mnogoćelijski)

mnogostran -a, -o (形) 1. (幾何) 다면체의 2.
아주 다양한

mnogostranost (女) 다면체의 특성, 다양성

mnogostručan -čna, -čno, mnogostruk -a, -o
(形) 다양한, 다채로운 (višestruk)

mnogostručnost, mnogostrukost (女) 다양성,

다채로움 (raznovrsnost)

mnogotomnī -ā, -ō (形) 여러 권의, 권수가 많
은, 여러 권으로 나뉘어진; ~ rečnik 여러 권
으로 된 사전

mnogougao -gla; -glovi (男) mnogougaonik
다각형 (višeugao, poligon); mnogougaoni,
mnogougli, mnogouglast (形)

mnogouvaženī -ā, -ō (形) 매우 존경받는
(mnogopoštovani)

mnogovečan -čna, -čno (形) 오랜, 오랫 기간
의, 오랜 동안의 (dugogodišnji)

mnogovekovnī -ā, -ō (形) 수세기 동안의, 수
세기 동안 계속되는

mnogovrsnost (女) 다양성, 다채로움

mnogovrstan -sna, -sno (形) 다양한, 다채로
운 여러가지의 (raznovrstan)

mnogoznačajan -jna, -jno (形) 아주 중요한,
매우 중요한 의미를 갖는

mnogoznalac -alca 많이 아는 사람, 풍부한
지식을 소유한 사람

mnogozvučan -čna, -čno (形) 여러가지 음이섞인,
여러가지 음으로 이루어진, 다음(多音)의

mnogoženstvo 일부다처제 (poligamija)

mnoštvo 1. 다수, 수많음 (veliki broj čega);
nepregleno ~ riba oko broda činilo je da
voda oko njega vri 배 근처의 많은 물고기
떼들은 배주변이 마치 끓는 것처럼 만들었다
2. 군중, 대중, 무리, 인파, 많은 사람
(narod, gomila, masa); ~ ljudi je otišlo (su
otišli) 많은 사람들이 떠났다

množenik (數) 피승수(被乘數)

množenje 1. (동사파생 명사) množiti (se) 2.
(數) 곱하기; tablica ~a 구구단표

množilac -ioca (數) 승수, 곱하는 수

množina 1. 다수, 수많음, 많은 수; 군중, 대중,
무리, 인파 2. 많은 양(量) 3. (文法) 복수

množitelj 참조 mnoožilac

množiti -im (不完) 1. (숫적으로) 증가시키다,
많게 하다 (umnožiti) 2. (數) 곱하다 3. ~
se (숫적으로) 많아지다, 증가하다 4. ~ se
(개체 등이) 늘어나다 증가하다
(razmnožavati se)

množiv -a, -o (形) 증가할 수 있는, 배가(倍加)
할 수 있는, 곱할 수 있는

mnjenje 1. (동사파생 명사) mniti 2. 의견, 견
해 (mišljenje, shvatanje); javno ~ 여론

moba (농촌에서 상호부조 형태로 행해지는)
두레, 품앗이; žetelačka ~ 추수 품앗이

mobar 두레(moba) 참여자, 품앗이 일꾼;
podne je, ~i stižu do pola njive 정오이다,
일꾼들이 들일을 절반 정도 했다

mobarica 참조 mobar; 여성 두레 참여자

mobilan *-lna, -lno* (形) 1. 이동하는, 이동식의, 움직이는; 기동력 있는, 기동성의; *~lni telefon* 휴대폰, 모바일 폰 2. (文法) (패러다임에서) 움직이는, 이동하는; ~ *akcenat* 이동 악센트 3. (軍) 동원의, 전쟁 준비의; *~lno stanje* 동원 상태

mobilisati *-šem*, **mobilizirati** *-am*, **mobilizovati** *-zujem* (完,不完) 1. (軍) 동원하다, 동원령을 내리다; *Nemačka generalštab je računao da Rusija neće moći brzo ~* 독일 총사령부는 러시아가 빨리 동원령을 내리지 못할 것이라고 생각했다 2. (어떠한) 임무 완수에 나서다

mobilizacija (軍) (예비군 등의) 동원, 동원령; *u martu ... spremljena je ~ za milion vojnika za rat* 3월에 백만병사들의 전쟁동원령이 준비되었다; *opšta ~* 총동원령 **mobilizacioni** (形); ~ *centar* 동원 센터

mobilnost (形) 이동성, 기동성

moča 1. (버터 또는 기름에 흠뻑 적셔 굽거나 튀긴) 빵, 빵 조각; *mokar kao ~* 완전히 폭 젖은 2. (고기를 튀기고 난 후 남은) 기름 찌거기 3. (비유적) 사기, 기만, 속임수 (podvala, smicalica, spletka)

močalina 참조 močvara

močar (女) 1. 참조 močvara; 늪, 늪지, 습지 2. 습기; 습기가 많은 날씨

močaran *-rna, -rno* (形) 습기가 많은, 습기찬

močica (지소체) motka; 몽둥이, 방망이

močiti *-im* (不完) **umočiti** (完) 1. (액체에) 담그다, 적시다 (kvasiti) 2. (물 등으로) 축이다, 축축하게 하다; *grlo smo močili vinom* 포도주로 목을 축였다 3. (액체에) 살짝 적시다 (umakati)

močuga 1. 몽둥이, 방망이 (motka, batina) 2. 회초리 (štap) 3. 몽둥이질, 몽둥이로 때림 (체벌로서의)

močvar (女) 참조 močvara

močvara 늪, 늪지, 습지

močvaran *-rna, -rno* (形) 1. (웅덩이 등에) 물이 괸; 침수된 2. 늪지의, 습지의

močvarica (지소체) močvara

moć *moći* (女) 1. (nečega) 력(力), 능력; 영향력; ~ *rasuđivanja* 판단 능력; ~ *prilagođavanja* 적응력; *kupovna ~* 구매력; *iscieliteljska ~* 치료 능력 2. 힘, 력(力); *odbrambena ~* 방어력; ~ *države* 국력; *navike* 습관의 힘; ~ *reči* 말의 힘 3. 권한, 권력 (vlast); 통치(력) 4. 유효성

moćan *-ćna, -ćno* (形) 1. 강력한, 힘센, 힘있

는 (jak, snažan); *~ćne mašine* 파워풀한 기계; *~ćni mišići* 힘센 근육 2. 강력한 영향력을 가진 (uticajan); *svratio sam da te pitam ... šta treba sad kad sam ~* 내가 영향력이 있다면 지금 무엇이 필요한지 너한테 물으려고 들렀다

moći *mogu, možeš; mogu; mognem; mogao, mogla; mogući* (不完) 1. ~할 수 있다; ~할 능력이 있다, ~할 힘이 있다, ~할 조건이 갖추어져 있다; ~ *govoriti* 연설할 수 있다; ~ *rasuđivati* 판단할 능력이 있다; *sina ženi kao hoćeš, a kćer udaj kad možeš* 아들은 네가 원할 때, 그리고 딸은 네가 할 수 있을 때 결혼시켜라; *on može sam da prenese ovaj divan* 그는 혼자서 이 소파를 옮길 수 있다; *deca ne mogu da idu u bioskop* 아이들은 영화관에 갈 수 없다(가는 것이 허용되지 않는다); *on još može doći* 그는 아직도 올 수 있다(허용된다); *ne mogu više* 더 이상 할 수 없다; *ovako se više ne može* 이렇게는 더 이상 할 수 없다; *njima se sve može* 그들에게는 모든 것이 허용되었다; *ne može biti bolje!* 더 좋을 수는없다; *šta mi možeš!* 네가 내게 할 수 있는 것이 뭐가 있느냐!; *on ne može da se nagleda naših kola* 그는 우리 차에서 눈을 뗄 수가 없었다; *ne može da ga vidi* 그를 눈뜨고는 볼 수가 없다(싫어서·아니꼬아); *on može da govori engleski* 그는 영어를 할 줄 안다 2. 기타; *ne može (se) na ino (kud, nikud, nikamo)* ~해야만 한다; *ne ~ gledati (nekoga)* (누구를) 견뎌낼 수 없다, 증오하다; *ne ~ se nagledati nekoga(nečega)* ~에서 눈을 뗄 수 없을 정도로 흠취하다

moćnik 1. 큰 권한(권력·능력)을 가진 사람, 권력자, 능력자 2. (宗)(교회) 성골함, 성유물함; 유골함, 유골단지 (relikvijar)

moda (의상·머리형 등의) 유행, 유행하는 스타일, 패션, ~풍(風), 풍조; *terati ~u* 유행을 따르다; *poslednja ~* 최신 유행; *po ~i* 유행하는 스타일에 따라; *u ~i* 유행하는 **modni** (形); ~ *žurnal* 패션 잡지; ~ *kreator* 패션 디자이너; *~a revija* 패션쇼; *izići iz ~e* 유행에서 벗어나다, 더 이상 유행이 아니다; *doći u ~u* 유행이다, 유행이 되다

modalan *-lna, -lno* (形) 1. 환경에 좌우되는; *~lna razlika* 환경에 좌우되는 차이 2. (文法) 법조동사의(가능성·허락·의도 등을 나타내는 morati, moći, trebati 등의 조동사); *~lna rečenica* 법조동사문

M

modalitet 1. 양식, 양상, 형식, 형태 (oblik, vid) 2. (論理) (판단의) 양상, 양식

modar *-dra, -dro* (形) 1. (쾌청한)하늘색의, 푸른, 청색의 (plav); *imao je modre oči* 푸른 눈을 가졌다 2. 감청색의; *~dri koluti ispod očiju* 눈밑 다크서클 3. 얼굴이 멍든, 많이 멍든

model 1. (보통 실물보다 작게 만든) 모형 2. (상품의) 모델, 디자인 3. (남이 따라 할 만한) 본보기 4. (화가·사진작가의) 모델; (의류) 모델

modelar 모형 제작자

modelarnica 모형 제작소

modelarstvo 1. 모형 제작 2. 모형 비행기 비행 대회

modelirati *-am*, **modelisati** *-šem*, **modelovati** *-lujem* (完,不完) (조각가 등이) 모형을 만들다, 형체를 만들다 (uobličiti, oblikovati)

moderan *-rna, -rno* (形) 1. 유행하는; *kćerima je obećavao najmodernije šešire* 딸들에게 최신 유행의 모자를 약속했다 2. 현대적인, 새로운, 모던한 (savremen, nov)

moderirati *-am* (完,不完) 억제하다, 억누르다, 제어하다, 제한하다 (obuzdati, ograničiti)

modernist(a) 모더니즘주의자

mordernizacija 근대화, 현대화

mordernizam *-zma* 모더니즘

mordernizator 근대화하는 사람, 현대화하는 사람

mordernizirati *-am*, **mordernizovati** *-zujem* (完,不完) 1. 근대화하다, 현대화하다 2. ~ se 모던해지다, 근대화되다

modernost (女) 근대성, 현대성; 현대적임

modisteraj 여성용 모자 제작소(가게)

modificirati *-am*, **modifikovati** *-kujem* (完,不完) 1. (전체 중 일부를) 수정하다, 변경하다, 개조하다; *~ karoseriju* 차대를 개조하다; *~ motor* 엔진을 개조하다; *~ mišljenje* 생각을 바꾸다; *~ stav* 입장을 조금 바꾸다 2. ~ se 수정되다, 개조되다, 변경되다, 바뀌다

modifikacija 1. (부분적) 수정, 변경 2. (生物) 일시적 변이

modifikovati 참조 modificirati

modiskinja, **modistica** 여성 모자를 제작(판매)하는 사람

moditi se *-im se* (不完) 유행을 지키다, 유행에 따라 옷을 입다

modla (케이크·과자 등을 굽는데 사용하는) 틀

modrast *-a, -o* (形) 푸른색이 도는(있는), 감청색 비슷한 (modrikav, modrikast)

modra trava (植) 샐비어과(科)의 각종 관상용 식물

modrenica (醫) 청색증(靑色症; 혈액순환이 원활하지 않아 입술 등에 청색 반점이 생기는 현상), 치아노오제 (cijanoza)

modreti *-im* (不完) **pomodreti** (完) 1. (보통 얼굴·입술·신체의 일부가) 파래지다, 파란색이 나타나다; *gleda kako joj modri lice* 어떻게 그녀의 얼굴이 파래지는지 바라본다 2. ~ se 파란색이 나타나다, 파랗다; *modre mu se podočnjaci* 그이 눈밑 다크서클이 파래진다

modrica (타박상 등으로 생기는) 멍; *on ima sve ~e po telu* 그는 온 몸에 멍 투성이다

modričast, modričav, modrikast, modrikav *-a, -o* (形) 감청색의 색상이 나는, 푸르스름한, 파르스름한

modrilo 청색, 푸른색, 남색 (modrina, plavilo)

modrina 1. 남색, 푸른색, 청색 2. (보통 하늘의) 푸르름 (plavetnilo) 3. (피부의) 멍 (modrica)

modriti *-im* (不完) **izmodriti** (完) 1. 푸르게 하다, 청색(남색)으로 염색하다 2. 파랗게 되다, 푸른색이 되다 3. ~ se 푸르다, 파랗게 되다

modrokrvan *-vna, -vno* (形) 귀족 출신의, 명문가 출신의

modrovoljka (鳥類) 흰눈썹울새

modrulj 1. (鑛物) 터키석, 터키옥(玉) (tirkiz) 2. (魚類) 상어의 한 종류

modul 1. (건축자재 따위의) 기준 치수, 기본 단위, 모듈 2. 모듈(우주선의 본체에서 떨어져 나와 독립된 기능을 하는 작은 부분); *Mesečev ~* 달 착륙선; *komandni ~* 사령선(船)

modulacija 1. 조정, 조절 2. (소리 따위의) 음조를 맞추기, 조음(調音) 3. (音樂) 전조(轉調), 조바꿈 4. (라디오·TV 따위의) 변조 5. (文法) 억양, 억양법

modulirati *-am* (完,不完) (목소리의 크기·강도 등을) 조절하다, 바꾸다; (音樂) (장·단의) 조를 바꾸다, 전조하다; (통신) ~을 변조시키다; (억양을 바꿔서) 말하다

modus 1. 수단, 방법; 해결 방안 (način); *naći ~* 방법을 발견하다; *tražiti ~* 해결 방안을 찾다 2. (論理) 논리적 결론에 이르는 방법, 논식(論式) 3. (文法) (동사의) 법(法) 4. 기타; *~ vivendi* 생활양식, 공존방식

mogila (무덤의) 봉분 (humka)

mogranj (植) 석류나무 (nar, šipak)

moguć *-a, -e*, **mogućan** *-ćna, -ćno* (形) 1. 가능한, 있을 수 있는; 있음직 한, 일어남직 한 (eventualan); *sanjao sam o njoj kao o jedinoj ~oj ženi* 단 한 명의 있을 수 있는

부인으로서의 그녀의 꿈을 꾸었다 2. 할 수
있는, 실현(실천)할 수 있는 (izvodljiv,
ostvarljiv); *oružana borba protiv okupatora
je ~a* 점령군에 대한 무력 투쟁은 가능하다;
~ *napredak* 가능한 발전 3. 강력한, 힘있는,
힘센 (moćan, jak)

mogućan *-ćna, -ćno* (形) 참조 moguć

moguće (副) (= mogućno) 1. 가능한 범위에서,
가능한 한; *koliko je* ~ 가능한 한; *ako je* ~
만약 가능하다면 2. 아마도 (možda)

mogućnost *-i, -ošću* (女) 1. 가능, 가능성
(eventualnost); 가능한 해결(방법) ; 실현 가
능성 (izvodljivost, ostvarljivost); ~
sastavljanja (nečega) (~의) 조립 가능성; ~
saobraćaja 교통 가능성; *(ne) postoji ~ za
sporazum* 합의가능성이 있다(없다); *naći
neku drugu* ~ 어떤 다른 해결 방안을 찾다 2.
적합한 환경(조건), 적합성; ~ *za
napredovanje* 발전할 수 있는 적합한 환경 3.
(뭔가를 실현시킬, 보여줄, 말할 ...) 수단, 방
법 (sredstvo, način); *izražajne ~i jezika* 언어
의 표현 방법 4. 능력, 재능, 잠재력
(sposobnost, talenat); *čovek velikih ~i* 큰 재
능을 가진 사람 5. 물질적(금전적) 상태;
prema (nečijoj) ~i 누구의 금전적 상태에 따
라 6. 기타; *biti u ~i* ~한 상태다, 할 수 있는
상태다; *po ~i* 만약 (그것이) 가능하다면

moher 모헤어(앙고라염소의 털; 그 털로 짠 천)

Mohikanac *-anci, Mohikanácā* 모히칸족(북미
지역 원주민); *poslednji* ~ 모히칸의 최후(소
설명) **mohikanski** (形)

mohunik (植) 비스쿠텔라속(屬)

moj *-a, -e* (所有代名詞) 1. (말하는 사람의 소
유에 속하는) 나의; ~ *stan* 내집; *~a knjiga*
내책; *~e srce* 내심장 2. (명사적 용법으로)
말하는 사람과 가까운 사람(친척·동향인·가족
등); *svi moji o tebi govore s nekom
miloštom i toplinom* 나와 가까운 모든 사람
은 너에 대해 그 어떤 친밀함과 따뜻함을 가
지고 말한다 3. 기타; *beše moje* 내 전성기
는 지나갔다; *moj (moja) si* (협박할 때) 너는
내 손아귀에서 벗어날 수 없어; *moje je* 내
의무(권리)이다; *na moju, po mome* 나의 소
원에 따라, 내 생각에 따르면

Mojsije (男) (성경속의) 모세

mojisijevac *-vca* 유대인

mojskī *-ā, -ō* (形) 나의(moj); ~ *način* 내방법

moka 모카(커피)

mokar *-kra, -kro* (形) 1. (물에) 젖은, 축축한
(反; suv); *Kovač je nešto teretno radio,
sav ~ od znoja* 코바치는 뭔가 현장에서 작

업을 해서 땀에 푹 젖었다 2. (날씨가) 비가
오는 (kišovit) 3. 습기가 많은, 습도가 높은
(vlažan); ~ *vetar* 습기 많은 바람; ~ *sneg*
물기 많은 눈 4. 기타; ~ *do gole kože* 또는
~ *kao miš* 완전히 푹 젖은; *~kri brat* 술고
래, 술주정뱅이; *~kra braća* 술취한 사람들,
한 무리의 술주정뱅이들; *~kra međa
(granica)* 해상 국경선(경계선); *~kri režim*
음주를 허용하는 정권(정부); *udaren ~krom
čarapom* 약간 제 정신이 아닌, 미친

mokasine, mokasinke (女,複) 모카신(부드러운
가죽으로 만든 납작한 신. 원래 북미 원주민
들이 신던 형태)

mokraća 소변, 오줌 **mokraćni** (形); ~ *mehur*
(解) 방광

mokraćnica (解) 요도

mokraćovod (解) 수뇨관(輸尿管; 신장이 배출
한 오줌을 방광까지 운반하는 관)

mokrenje (동사파생 명사) mokriti

mokrica 1. 참조 mokraćnica; (解) 요도 2. (植)
뚜껑별꽃 3. (動) 등각류(等脚類): 갯강구, 쥐
며느리, 주걱벌레 등의)

mokrina 습기; 축축한 곳, 습도가 높은 곳

mokriti *-im* (不完) 1. 소변을 보다; *čuvao je
tuđe tarabe da kod njih ne mokre
prolaznici* 행인들이 남의 담장에 소변을 보
지 않도록 타인의 담장을 지켰다 2. 축축하
게 하다, 젖게 하다, 적시다 (kvasiti)

mokrota, mokroća 습기, 물기 (mokrina,
vlaga)

mokunica (植) 까마중(약용식물의 한 종류)

mol (선착장의) 부두(埠頭), 잔교(棧橋), 선창

mol (魚類) 명태 (oslić); *najukusnija je riba ...
prženi* ~ 가장 맛있는 생선은 명태를 튀긴
것이다

mol (音樂) 단조, 단음계, 마이너; *b-mol* b단조;
~ *lestvica* 단음계; *u ~u* 마이너 키로

molba (G.pl. *molbā* 또는 *molbī*) 1. (격식을 차
려 정중히 하는)요청, 간청, 청원; *odbiti ~u*
간청을 거절하다; *vaša ~ je pozitvno rešena*
귀하의 청원은 긍정적으로 처리되었습니다
2. (行政) 신청서, 요청서, 청원서; *podneti
~u* 신청서(청원서)를 제출하다; ~ *za upis
na fakultet* 대학입학신청서; *rekoše da
mora prvo napisati ~u i uz ~u da priloži
svoje dokumente* 먼저 청원서를 작성하고
청원서와 함께 자신의 서류를 첨부해야 한다
고 말하였다 3. 기도 (molitva)

molben *-a, -o* (形) 청원의, 간청의; 많은 간청
의, 간청으로 가득한; ~*i formular* 청원 양식

molbenica 청원서, 신청서; *odmah ću predati*

M

~ za mesto 자리를 청원하는 청원서를 즉시 제출할 것이다

molećī -ā, -ē (形) 간청하는, 청원하는 (molećiv); reče nekako mekim, ~im glasom 부드럽고 간청하는 목소리로 말한다

molećiv -a, -o (形) 간청하는, 청원하는; ~ glas 간청하는 목소리

molekul (男), **molekula** (女) (化·物) 분자; 미립자 **molekularan, molekulski** (形)

moler 미장이, 페인트공 **molerski** (形); ~a četka 페인트붓

moleraj 미장이 일; 벽에 페인트를 칠하는 것

molestirati -am (完,不完) (nekoga) (누구를) 귀찮게 하다, 못살게 굴다, 괴롭히다; ja nemam namere da ... vas molestiram 당신을 괴롭힐 의도가 없습니다

molibden (化) 몰리브덴

molidben -a, -o (形) 참조 molitven; 기도의

molilac -ioca, **molitelj** 청원자, 간청하는 사람; 신청자 **molilja, moliteljica, moteljka; moliočev** (形)

moliti -im (不完) 1. (nekoga) (~에게) 청하다, 간청하다, 청원하다; moliću ga da mi pozajmi auto 그에게 자동차를 좀 빌려달라고 부탁할꺼야; ~ nekoga za uslugu (za pomoć, za obaveštenje) 누구에게 편의(도움, 통보)를 부탁하다; hteo sam da ga nešto zamolim 그에게 뭔가를 부탁하려고 했었다 2. (해당 기관에) 청원서를 보내다 3. (宗) 기도하다; 기도서를 읽다; ~ molitvu 기도서를 읽다; ~ psalme 시편을 읽다 4. (1인칭 단수 형태로, 종종 lepo, fino 등과 함께) (남에게 정중하게 무엇을 부탁하거나 하라고 할 때 덧붙이는 말); 부디, 제발; 상대편의 말을 잘 못알아들었을 때 되묻는 말; tišinu, molim! 자, 조용히!; molim te, sedi! 앉아!; molim te, kupi mi novine 신문좀 사와!; molim vas 청컨대, 부탁컨데; molim? 뭐라고요?; molim, šta ste hteli? 잘 못알들었는데, 무엇을 원하셨나요! 5. ~ se (신에게) 기도하다; ~ se bogu 신에게 기도하다 6. 기타; moli (molite, neka moli) boga 감사해 하라, 행복해 하라; molim te kao boga 네게 간절히 간청컨대; sila boga ne moli 1)강한자는 자기 마음대로 한다 2)보통의 경우에는 하지 않을 것을 어려움에 처했을 때는 한다

molitva (G.pl. -āvā & -vī) 기도, 기도문 **molitven, molidben** (形)

molitvenik 기도서

molovati -lujem (不完) (벽·방 등에) 회칠하다, 페인트칠하다 (malati); bog te molovao 가

벼운 감탄의 말로 사용됨; kao molovan 그림에서처럼 예쁜(아름다운), 매우 아름다운 (예쁜)

moljac -ljca; moljci (昆蟲) 1. 나방, 옷좀나방; moljci su mi progrizli kaput na nekoliko mesta 옷좀나방들이 내 외투를 몇군데 좀먹었다 2. 기타; knjiški ~ (弄談) 책벌레(책만 보는)

moljakati -am (不完) 귀찮을 정도로 끈질기게 조르다(청탁하다·부탁하다)

moljčav -a, -o (形) (좀벌레에 의해) 좀먹은 (moljičav)

moljičav 참조 moljčav

moma (詩的) 처녀, 아가씨 (devojka)

momak -mka, momče; momci, momakā 1. 청년, 젊은이 (mladić); u njega je sin ... ~ za ženidbu 그에게는 장가보낼 청년이 된 아들이 있다; ~ od oka 잘생긴 청년 2. (누구의) 남자친구; 약혼자 (dragan, dragi; verenik, zaručnik); njen ~ 그녀의 남자친구 3. 신랑 (mladoženja); 총각, 결혼하지 않은 젊은이, 독신자 (neženja, bećar); i ~ i mladica bili su podjednako oko dvadeset godina 신랑과 신부는 각각 20여세였다; dever joj je sreski načelnik i ~ 그녀의 시동생은 srez의 장(長)이면서 총각이다 **momački** (形); ~o veče (장가들기 전날의) 총각파티; ~a soba 독신자방 4. 시종, 하인 (sluga) 5. 견습생, 도제 (kalfa, šegrt); pekarski ~ 제과점 견습생; obućarski ~ 제화점 도제 6. (廢語) 군인, 병사; 당번병 (vojnik, posilni)

momaštvo 1. 청년 시절; činio je utisak da nikad nije imao ~a 그의 생각에는 청년 시절이 전혀 없었던 것처럼 생각되었다 2. (청년의) 원기, 혈기 3. 시종의 업무; Milan stane trgovati svinjama i uzme Miloša k sebi u ~ 밀란은 돼지를 사고파는 일을 그만두고 밀로쉬를 자신의 시종으로 삼았다

momčad (女) 1. (集合) momče; 청년들 2. (스포츠) 팀 (ekipa, tim) 3. 군인, 병사; 선원

momče -eta (종종 愛稱) (소년과 청년 사이의 연령대에 있는) 앳된 청년

momčić (지소체) momak

momčina (男,女) (지대체) momak; bila ~ već za ženidbu 그는 벌써 결혼기에 접어든 청년이었다

momčiti se -im se (不完) 청년처럼 행동하다; počeo je već da se momči 벌써 청년처럼 행동하기 시작했다

momen(a)t -nta 1. 순간 (정확한 시점을 나타내는); (어느 특정한) 때, 시기, 기회; u tom

~ntu on je digao kamen 그 순간 그는 돌을 들었다; *jedini svetli ~nti u životu* 생애에서 유일하게 빛났던 순간; *iskoristiti ~* 그 순간을 이용하다; *u danom (datom) ~ntu* 일정한 경우에 2. (시간적으로 매우 짧은) 순간; *otići na ~* 잠시 떠나다; *na (za) ~* 즉시, 순간적으로 3. 요인, 요소, 인자 (elemenat, faktor); *lični ~* 개인적 요소; *socijalni ~* 사회적 요인; *ukazati na nove ~nte* 새로운 요소를 가리키다 4. 특성, 특징 (obeležje, karakteristika); *ovaj porodični ~* 이러한 가족적 특성

mementalan *-lna, -lno* (形) 즉각적인, 순간적인, 즉시의; *~ otkaz* 즉각적인 해고; *~ prekid* 즉각적인 멈춤 (momentan)

momentalno (副) 즉각적으로, 바로, 순간적으로; *mašina ~ uspori* 기계가 순간적으로 느려진다

momentan *-a, -o* (形) 참조 momentalan

momkovati *-kujem* (不完) 총각(momak)의 삶을 살다

monah 수도사 (kaluđer) **monaški** (形)

monahinja 수녀 (kaluđerica)

monarh 군주, 주권자, 제왕 (vladar, kralj); *on je ~ svih nauka* 그는 모든 학문의 제왕이다 **monarški** (形); *~ vlast* 군주 정권

monarhija 군주제, 군주정치(정체), 군주국; *apsolutna ~* 절대군주제; *ustavna ~* 입헌군주제 **monarhijski** (形)

monarhist(a) 군주제주의자, 군주제 지지자 **monarhistički** (形)

monaštvo 1. (集合) monasi; 수도사; *i ~ je trebalo da posluži toj svrsi* 수도사들도 그러한 목표에 이바지할 필요가 있다 2. 수도사의 사명(소명), 수도사의 삶의 방식(양식)

moneta 돈, 화폐; 통화; *srebrna ~* 은화; *zlatna ~* 금화; *papirna ~* 지폐; *zdrava ~* 양화; *~ za potkusurivanje* 확고한 위치를 구축하지 못하고 세도가의 버리는 카드로 취급되는 사람; *primiti nešto za čistu (zdravu) ~u* 뭔가를 사실로(액면 그대로) 받아들이다

monetarnī *-ā, -ō* (形) 통화의, 화폐의; *~ sistem* 통화 시스템; *~a politika* 통화정책

Mongolija 몽골, 몽골리아; **Mongol; Mongolka; mongolski** (形)

mongolizam *-zma* (解) 몽골증, 몽골리즘, 다운증후군

mongoloid 몽고 인종(사람의 3대 집단의 하나인 황색 인종); 다운증후군(몽골증) 환자

mongoloidan *-dna, -dno* (形) 몽골 인종의

monitor 1. (軍) 모니터 함(艦)(뱃전이 낮고 거대한 선회포탑을 갖춘 포함) 2. (컴퓨터의) 모니터 3. 모니터(일반인 중에서 뽑혀 방송에 대한 비평·감상을 보고하는 사람)

monoftong (言) 단모음

monogamija 일부일처제 **monogamijski** (形)

monogamist(a) 일부일처주의자

monogeneza 1. (生物) 일원(一元) 발생설; 단성(單性)생식, 무성생식 2. (言語) (모든 언어들의) 단일기원설 **monogenetički** (形)

monograf 전공논문 집필자

monografija (특정 단일소분야를 테마로 한) 연구논문, 전공논문, 모노그래프

monogram 모노그램, 결합문자(이름과 성씨의 첫 글자를 도안화한 것)

monokl 단안경(한쪽 눈에만 대고 보는, 렌즈가 하나뿐인 안경)

monokord (음정(音程) 측정용의) 일현금(一弦琴)

monokotiledone (女,複) (植) 외떡잎 식물류

monoksid (化) 일산화물

monokultura (넓은 지대에 한 품종만 재배하는) 단작농업; *~ duvana* 담배 단작농업; *~ pamuka* 목화 단작농업

monolit 단일 암체; (특히 고대의) 거대한 돌기둥(오벨리스크 등의)

monolitan *-tna, -tno* (形) 1. 하나의 돌로 만들어진; *~ stub* 하나의 돌로 된 돌기둥 2. (비유적) 단일한, 조밀한; *~tna organizacija* 거대하지만 단일하고 조밀한 조직; *~tna vlada* 단일대오를 단단히 형성한 정부

monolog (연극·영화 등에서의) 독백; (혼자서 하는) 독백 **monološki** (形)

monologizirati *-am* (完,不完) (연극·영화 등에서) 혼자서 이야기하다, 독백하다

monološkī *-ā, -ō* (形) 참조 monolog; 독백의; *~a scena* 독백 장면

monom (數) 단항(單項)식

mononukleoza (病理) (숙어로) *infektivna ~* 전염성 단핵(單核)증

monopol 1. (특정 시장에 있어서의) 상품·사업의 전매, 독점; 전매권, 독점권; *~ duvana* 담배 전매; *~ soli* 소금 전매; *imati ~ na nešto* 무엇에 대한 독점권을 가지다 2. 전매공사(회사 형태의) **monopolni, monopolski** (形)

monopolisati *-šem*, **monopolizirati** *-am*, **monopolizovati** *-zujem* (完,不完) 독점하다, ~의 독점권(전매권)을 얻다; *strani je kapital kod nas monopolizirao tržište* 우리나라에서 외국자본이 시장을 독점하였다

monosilabičan *-čna, -čno*, **monosilabičkī** *-ā, -*

M

ō (形) 단음절의, 단음절어의, 단음절어를 사용하는

monoteist(a) 일신교도, 일신론자 (jednobožac)

monoteistički -ā, -ō (形) 일신론자의, 일신교도의 (jednobožački); ~a religija 일신론적 종교

monoteizam -zma 일신교, 유일신교 (jednoboštvo)

monotip (印刷) 모노타이프 (활자의 자동 주조 식자기)

monoton -a, -o (形) (지루할 정도로) 단조로운, 지루한, 변화가 없는; ~a lupa točkova železničkih najzad ga ... umorila 기차바퀴의 한결같이 단조롭게 철커덩거리는 소리는 마침내 그 사람을 피곤하게 했다

monotonija 단조로움, 지루함, 한결같이 변화 없음

monstr- (形)(不變) (반복합어의 첫 부분으로써) 거대한, 엄청난; 괴물같은, 몬스터의; ~-orkestar 엄청난 오케스트라; ~-država 괴물같은 국가

monstrum 괴물, 괴수, 기괴한 모양을 한 동물 (사람); 몬스터

monsun 1. 몬순, 계절풍 (특히 인도양에서 여름은 남서에서, 겨울은 북동에서 불어오는); suvi ~ (건조한) 겨울 계절풍; vlažni ~ (장마를 동반한) 여름 계절풍 2. (동남아시아 여름철의) 우기, 장마 monsunski (形); ~a klima 몬순 기후, 계절풍 기후

montaža 1. 조립(각각의 부품을 하나의 전체로), 설치(기계·장비 등을 현장에 설치하는) 2. 편집, 몽타주 작성, 짜깁기(영화·음악·사진 등의); ~u tog filma ... izvršili su američki stručnjaci 그 영화의 편집을 미국의 전문가들이 했다; filmska ~ 영화 편집; ~ slike 몽타주 그림; ~ zvuka 몽타주 음향, 음향 편집 3. (비유적) 조작(어떤 요소를 제거함으로써 진짜 모습의 의미를 상실케 하는)

montažer 영화 편집인

montažnī -ā, -ō (形) 참조 montaža; 조립의, 설치의; ~ radovi 조립 작업, 설치 작업; ~a kuća 조립식 가옥; ~e zgrade 조립식 건물; ~a šema 배선도(配線圖); ~ bazen 조립식 풀장

monter (기계·장치 등을) 설치하는 사람, 보선공 (保線工); ~ linije 전선(전화선) 보수 기술자

monterskī -ā, -ō (形) 참조 monter; ~ pojas 보선공들의 벨트

montirati -am (完,不完) 1. 조립하다, 설치하다; montiraju upaljače na tromblonskim bombama 유탄발사기 수류탄에 점화기를 설

치하다 2. 조작하다; ~ proces 공판 과정을 조작하다

monumen(a)t -nta 기념비(탑), 기념 건조물; (역사적) 기념물, 유적 (spomenik)

monumentalan -lna, -lno (形) 1. 기념비의, 기념비적인; 역사적인, 역사적 의미가 있는; ~lno izdanje (neke knjige) (어떤 책의) 역사적 의미가 있는 출판 2. (크기·내용 등이) 엄청난, 대단한; 인상적인, 불후의 (ogroman, masivan); ~lna građevina 엄청나게 큰 건축물

moped 모페드(모터 달린 자전거) mopedaški (形)

mopedist(a) 모페드 운전자

mops (動) 퍼그(몸이 작고, 납작한 얼굴에 주름이 많은 개)

mora 1. 악몽 (košmar) 2. 정신적·심리적 어려운 상태; 실망, 낙담; 압박 3. (迷信) 꿈에 나타나 피를 빨아먹는 마녀

mora 손가락 게임(상대편이 내는 손가락 숫자와 같은 수의 손가락을 내는 게임)

morač (植) 회향(향이 강한 채소의 하나. 씨앗과 잎도 요리에 씀)

moral 1. 도덕, 도덕성; buržoaski ~ 중산층의 도덕(성); javni ~ 공중도덕 2. 윤리 (etika) 3. 사기, 의욕; ~ vojske 군대의 사기 4. (문학 작품·사건 등의) 교훈, 의미 (pouka, smisao); svaka njegova drama ima svoj ~ 그의 모든 드라마는 자신만의 교훈이 있다

moralan -lna, -lno (形) 1. (한정형) 도덕의, 도덕적인; 윤리적인; ~lna ispravnost 도덕적 올바름; na ~lnoj osnovi 도덕적 기반위에서; ~lne osobine 윤리적 특성; ~lna predika 도덕적 설교; ~lne norme 윤리적 규범 2. (한정형) 정신적인, 영적인 (duševni, duhovni); ~lne biće 영적 존재; ~lna i materijalna pomoć 정신적 물질적 도움; ~lna snaga 정신력

moralist(a) 도덕주의자, 윤리학자

moralizator 도학자, 도덕을 가르치는 사람

moralisati -šem, moralizirati -am, moralizovati -zujem (完,不完) 1. 도덕에 대해 가르치다, 도덕적으로 설명하다, 설법(說法)하다 2. 도덕적으로 행하다

moranje (동사파생 명사) morati; 해야 함; pod ~em 강제로, 어쩔 수 없이

morati -am (不完) (보통 원형동사 또는 da + 현재형의 구문으로) 1. ~해야 한다; moram da odem 가야 한다; moram da mu napišem pismo 그 사람에게 편지를 써야 한다 2. ~할 필요가 있다 (trebati); mora se biti postojan 존재할 필요가 있다; mora se *svakako reći* 물론 말할 필요가 있다 3. (~ 할 필요성·이유 등을) 느끼다; *mora svakoj čorbi da bude mirođija* 모든 수프에 향신료가 들어가야 한다 4. (종종 무인칭문으로) (보충 동사 또는 보충 구문으로 오는 것의 가능성을 강조할 때) ~이 확실할 것 같다; *moralo mu je biti preko pedeset godina* 그는 확실히 오십은 넘은 것 같다; *moralo je tako biti* 그랬을 것이 확실하다

moratorij *-ija*, **moratorijum** (法) 지불 정지(연기, 유예), 모라토리엄

moravka 1. (植) 아니카 2. 돼지의 한 품종(세르비아에서 기르는)

morbidan *-dna*, *-dno* (形) 1. 병의, 병에 잘 걸리는, 아픈, 건강하지 못한 2. (정신이) 병적인, 예민한, 과민한, 음울한

morbiditet (男), **morbidnost** (女) 1. (정신의) 병적 상태 2. (한 지방의) 질병률, 환자수

morbile (女,複), **morbili** (男,複) 홍역 (male boginje)

more 1. 바다, 해(海); 바닷물; *Jadransko ~* 아드리아해; *Sredozemno ~* 지중해; *na ~u* 바닷가에서, 해변에서; *išli su na ~* 그들은 바다로 갔다; *bitka na ~u* 해전; *po ~u* 해로를 따라; *bura na ~u* 해상 폭풍; *sloboda ~a* 항해의 자유; *burno (uzbrkano, nemirno) ~* 파도가 일렁이는 바다; *debelo (otvoreno, široko) ~* 공해 2. (비유적) 다수, 다량, 많음 (mnoštvo); 바다를 연상시킬 정도로 많은 것(큰것, 넓은 것); *~ kukuruza* 드넓은 옥수수밭; *~ magle* 사방천지가 안개; *~ cveća* 수없이 많은 꽃; *~ krvi* 피 천지; *popiti ~ rakije* 많은 라키야를 마시다; *~ suza* 많은 눈물; *~ problema* 수많은 질문들 3. 기타; *za ~em, iza sedam ~a, preko ~a* 아주 멀리; *kaplja u ~u* 아주 조금, 구우일모(九牛一毛); *majstor s ~a* (농담조의) 달마치아 사람; *~ mu je do kolena* 그에게는 모든 것이 쉽게 생각된다(느껴진다); *mrtvo ~* 아무런 일도 일어나지 않는 심드렁한 분위기; *nije mu ni ~ do kolena* 자신에 대해서는 아주 과대평가하다; *pasti u ~* 사라지다, 없어지다, 망하다; *ravno mu je sve do ~a* 모든 것에 무관심하다; *hvali more, a drži se kraja* 조심하다

more (感歎詞) 1. (협박하거나 화를 낼 때); *~, gubite mi se s očiju!* 내 눈에서 당장 꺼져!; *~ ne diraj ga!* 그에게 손끝도 대지마! 2. (마음에 들거나 감탄할 때 강조하는); *divna li je ~ ta tvoja prestonica* 너네 나라 수도가 참 멋있는데

morene (女,複) 빙퇴석(氷堆石; 빙하가 몰고 온 흙·모래·돌덩어리)

moreplovac 선원, 원양선원 (mornar)

moreplovstvo 항해

moreška 기사들의 칼춤(스페인의)

moreuz 해협

morfem (男), **morfema** (女) (言) 형태소(뜻을 갖는 최소 언어 단위)

morfij *-ija*, **morfijum**, **morfin** 모르핀 (마취·진통제)

morfinst(a) 모르핀 중독자

morfinizam *-zma* (病理) (만성적) 모르핀 중독

morfinoman 모르핀 중독자 (morfinist(a))

morfofonema (言) 형태 음소

morfologija (言) 형태론 **morfološki** (形)

morganatički *-ā, -ō*, **morganaskī** (形) (숙어로 사용) ~ *brak* 귀천상혼(貴賤相婚; 왕족·귀족과 일반시민계층과의 결혼으로 그 자녀는 왕족이나 귀족의 신분을 얻지 못함)

morija 역병(疫病), 전염병, 돌림병 (kuga, pomor; epidemija)

moriti *-im* (不完) 검은색으로 염색하다

moriti *-im* (不完) 1. (질병·전염병 등이) 휩쓸고 지나가다, 황폐화시키다, 초토화시키다, 궤멸시키다 (harati, satirati, pustošiti); *za tih dvadeset i pet godina ... dva puta je u Sarajevu morila kuga i kolera* 그 25년 동안 두 번이나 전염병과 콜레라가 사라예보를 휩쓸었다 2. 생명을 빼앗다, 죽이다, 살해하다 (ubijati, uništavati); *u tamni ljude morit!* 감옥에서 사람들을 죽인다 3. 괴롭히다, 혹사시키다, 학대하다 (mučiti, kinjiti); *glad ih mori* 굶주림이 그들을 괴롭힌다; *mori ga glad (žeđ)* 허기져(갈증나) 죽겠다; *mori ga savest* 양심이 그를 괴롭힌다 4. 피곤하게 하다, 지치게 하다

morka (鳥類) 뿔닭 (서아프리카산(産))

mormon 모르몬교도

mornar 1. 선원, 뱃사람 2. (軍) 수병, 해군 병사 **mornarski** (形); *~a služba* 해군 복무; *~a uniforma* 선원복, 해군복

mornarica (集合) (한 나라의) (전체 또는 일정한 종류의) 선단(船團); 함대, 전 해군 함대, 해군; *ratna ~* 전투 함대, 해군; *trgovačka ~* 상선단; *jugoslovenska ~* 유고슬라비아 해군; *služiti u ~i* 해군에서 복무하다 **mornarički** (形); *~a avijacija* 해군 항공단

mornarskī *-ā, -ō* (形) 참조 mornar; 선원의, 수병의

morskī *-ā, -ō* (形) 1. 참조 more; 바다의; *~a obala* 해안; *~a plovidba* 바다 항해; *~ so*

M

바닷소금; ~a riba 바닷물고기 2. 이해할 수 없는, 얼토당토 않은, 무의미한, 어리석은, 멍청한; ~o pravilo 얼토당토 않은 규칙 3. 매우 커다란, 거대한; ~o blago 엄청나게 많은 보물

morskovodnice (女.複) 바다 거북의 한 종류

mortadela 소시지의 한 종류 (두꺼운)

mortalitet 사망률 (反; natalitet)

mortus (形)(不變) (숙어로) ~ pijan (술에) 완전히 취한, 고주망태가 된

morula (解) 상실배(桑實胚: 수정란의 분할로 생기는 오디 모양의 세포 덩어리, 포배(胞胚)가 형성되기 직전 단계)

moruna (魚類) 벨루가 (흑해·카스피해산(産)의 큰 철갑상어)

moruzge (女.複) 말미잘

morž -evi (動) 바다코끼리 (morski konj)

moskit (昆蟲) 눈에놀이 (모기 비슷한 흡혈성 곤충, 열대지역의)

Moskva 모스크바 **Moskovljanin**; **Moskovljanka**; **moskovski** (形)

mosnī -ā, -ō (形) 참조 most; 다리의, 교량의; ~a konstrukcija 교량 구조; ~ stub 교각 (mostovni, mostovski)

most -ovi 1. 다리, 교량; pokretni ~ 도개교 (들어올릴 수 있는 다리); lančani (viseći) ~ 현수교; preći ~ 다리를 건너다; lučni ~ 아치형 다리; železnički ~ 철교; pontonski ~ 부교(浮橋); rušiti (paliti) sve ~ove za sobom (자신의) 퇴로를 완전 차단하다, 배수의 진을 치다 2. (비유적) 가교 3. (치과의) 가공 의치(義齒) **mosni**, **mostovni**, **mostovski** (形)

Mostar 모스타르; **Mostarac**; **Mostarka**; **mostarski** (形)

mostarina 교량 통행료

mostić (지소체) most

mostiti -im; mošćen 1. 다리를 놓다(건설하다) 2. 다리를 건너다

mostobran 1. (다리의) (교각을 홍수·얼음 드응로부터 보호하기 위한) 교두보(橋頭堡) 2. (軍) 교두보(橋頭堡); (일반적인) 전진 기지

mostovnī, **mostovskī** -ā, -ō (形) 참조 most; 다리의, 교량의

mosur 1. (나무로 된) 실패, 실감개 (kalem) 2. 칠면조의 볏(관모) (kresta) 3. 고드름 (ledenica); (코끝에 대롱대롱 매달린) 콧물 (slina)

mošeja (宗)(무슬림의) 회교사원(džamija)

mošnice (女.複) (解) 음낭

mošnja (G.pl. mošānjā) 1. 가방, 주머니 (kesa,

torbica); izvukla bi iz svoje platene ~e prastaru knjigu 자신의 천가방에서 오래된 책을 꺼내려고 했다 2. (複數로) 음낭 (mošnjice)

mošt (발효전 또는 발효 중의) 포도액, 과일액; 새 포도주 (šira)

moštanica (물을 건너갈 수 있게 놓여져 있는) 통나무, 두꺼운 널판지

mošti (G.pl. -ī & -ijū) (女.複) (宗) (성인·순교자 등의) 성골(聖骨)

mošus 1. (動) 사향노루 2. 사향(사향노루 숫컷이 분비하는)

motati -am; motan (不完) 1. (실·방적사·천 등을) 말다, 돌돌 말다 (namotavati); (담배를) 말다 2. (원을 그리면서) 돌다, 뱅뱅돌다; (눈·시선을) 굴리다; (이쪽 끝에서 저쪽 끝으로) 몰고 다니다, 뒤쫓다, 추적하다; svuda ga motala, kao zeca u hajci 모든 곳에서 그를 토끼몰이하듯이 몰고 다녔다 3. (비유적) 난처한(어려운) 입장으로 빠뜨리다(몰고 가다); 속이다, 기만하다(obmanjivati, zavaravati) 4. (비유적) 게걸스럽게 먹다(마시다) 5. (비유적) 어설프게 일하다 6. (비유적) 중얼거리다, 작고 불분명하게 말하다 7. ~ se 돌돌 말리다; 돌다, 선회하다; mota mi se u glavi 현기증이 난다 8. ~ se 배회하다, 어슬렁거리다; ~의 주위를 맴돌다, 배회하다; ~ se po svetu 저잣거리를 어슬렁거리다 9. ~ se 개입하다; 간섭하다, 참견하다 10. (비유적) ~ se (po glavi, po pameti) 끊임없이 떠오르다 (맴돌다); stalno mi se to pismo mota po glavi 계속해서그 편지가 내 머릿속에서 맴돌고 있다

motel 모텔

motičica (지소체) motika

motika 1. (농기구의) 괭이, 곡괭이; (비유적) 죽음, 무덤, 장례 2. (농부가 하룻동안 괭이로 땅을 일굴 수 있는 토지 면적) 3. 기타; kad ~ zazvoni nad glavom 죽음이 다가왔을 때, 장례를 치룰 때; kuka i ~ 1)평범한 백성, 민중 2)모든 사람; od kolevke do ~e 요람에서 무덤까지, 태어나서 죽을 때 까지; hleb bez ~e 쉬운 돈벌이, 고생하지 않고 안락하게 사는 삶 **motički**, **motični** (形)

motiv 1. (행동의) 동기, 동인 **motivski** (形) 2. (문학·미술·음악 등 예술작품의) 주제, 테마; 모티프

motivacija (행동의) 동기 부여; pričao je bez ~e 동기부여없이 이야기했다

motivirati -am, **motivisati** -šem (完,不完) 1. 정당성을 부여하다(설명하다) 2. 동기(동인)

M

를 부여하다; 격려하다, 용기를 북돋우다; ~ na rad 일에 대한 동기를 부여하다

motivskī *-ā, -ō* (形) 동기의, 동인의; *~a raznovrsnost* 동기의 다양성; *~o bogatstvo* 동기의 풍부함; *~a osnova* 동기의 바탕

motka (D.sg. *-ĭ;* G.pl. *motākā* & *-kĭ*) 1. (가늘고 낭창낭창한 나뭇가지의) 회초리 (šiba, prut, batina); *ponaša se kao da je progutao ~u* 매우 뻣뻣하게 행동하다 2. (육상의) 장대, 폴; *skok s ~om* 장대높이뛰기; *elastična ~* 낭창낭창한 폴 3. (廢語) (깃발 게양대의) 깃대; *~ za zastavu* 깃대 4. (비유적) 홀쭉하고 키가 큰 사람

motljati se *-am se* (不完) 어슬렁거리다, 서성거리다, 배회하다

moto 모토, 슬로건 (geslo, lozinka)

motocikl 오토바이 *voziti ~* 오토바이를 몰다 (운전하다); *voziti se na ~u (~om)* 오토바이를 타고가다 **motociklistički** (形); *~e trke* 오토바이 경주

motociklist(a) 오토바이를 타는 사람

motopark (한 회사·기관의) 전체 차량단, 수송부(단)

motor 1. (자동차 등의) 모터, 엔진, 기관; *~ sa unutrašnjim sagorevanjem* 내연기관; *dizel ~* 디젤 엔진; *mlazni ~* 제트 엔진; *~ se guši (neće da upali)* 엔진 시동이 안걸린다 **motorni, motorski** (形) 2. 오토바이; 모터보트 3. (비유적) 원동력, 구동력 (pokretač)

motobicikl 오토바이

motorika (신체 등의) 운동성, 기동성(력), 가동성

motorin 모터 보트

motorizacija 1. 자동차화(化) 2. (集合) (한 회사·단체의) 모든 자동차, 수송부(단)

motorizirati *-am,* **motorizovati** *-zujem* (完,不完) 1. 자동차화하다, 기동화하다; *~ armiju* 군대를 기동화하다, *~ transport* 수송을 자동차화하다 2. *~ se* 자동차화되다, 자동차가 구비되다

motornī, *-ā, -ō* (形) 참조motor; *~o vozilo* 모터 자동차; *~ čamac* 모터 보트; *~a sila* 엔진출력; *~a pločica* (解) 운동종판(運動終板)

motornjak 내연기관 장착 수송장치(기차·선박 등의)

motorskī *-ā, -ō* (形) 참조 motor; *~a kućica* (내연 기관의) 크랭크실(室)

motovilac *-ilca* (植) 마타리 상추, 콘샐러드

motovilo 1. 윈치, 자아틀, 권양기(捲揚機) (vitao, čekrk) 2. (실·방적 등의) 타래

(povesmo, kanura) 3. (비유적) 신뢰할 수 없는 사람, 못미더운 사람 (prevrtljivac)

motrilac *-ioca,* **motritelj** 참조 posmatrač; (회의 등의) 옵서버

motriti *-im* (不完) 1. 주의깊게(세심하게) 관찰하다; (보면서) 감시하다, 감독하다; *~ na nekoga* 누구를 세심하게 바라보다 2. (일반적으로) 바라보다, 쳐다보다

mozaik 모자이크 **mozaički** (形)

mozak *-zga; mozgovi* 1. (解) 뇌, 뇌수; *veliki ~* 대뇌; *srednji ~* 중뇌; *mali ~* 소뇌; *potres ~zga* 뇌진탕; *vrti mu se ~* 그는 머리가 어지럽다 2. 두뇌, 머리, 지능, 지력 (pamet, um); *ova matora kvočka nema ~zga, ne slušaj ti nju* 이 닭대가리 할망구는 머리가 없어, 그녀 말을 듣지 마라!; *imaš li ti ~zga (u glavi)* 너 도대체 머리가 있느냐? 3. 영리하고 재능많은 사람; *~ brigade* 그룹의 두뇌, 그룹의 핵심적인 사람 4. 기타; *biti udaren u ~* (弄說) 제 정신이 아니다; *bolesni (usijani) ~zgovi* 몽상가; *vrana mu popila ~* 또는 *kokoši mu pozobale ~* 그는 제 정신이 아니다, 그는 미쳤다; *zamutio mu se ~* 제 정신이 아니다; *~ da provri* 견딜수 없을 정도로 뜨겁다; *~ da stane* 믿을 수 없다(긍정적·부정적 양쪽 측면 모두); *ptičji (pileći, svračji) ~* (멍청한)닭대가리; *soliti ~ (nekome)* (보통은 잘못된) 충고를 하다

Mozambik 모잠비크

mozgati *-am* (不完) (*~ o nečemu*) 생각하다, 숙고하다, 곰곰이 생각하다 (misliti, razmišljati); *navikao je da nadugo i duboko mozga* 그는 오랫동안 골똘히 생각하는 것이 익숙해졌다

mozulj 1. 부스럼, 종기 (čir) 2. (피부의) 못, 굳은 살 (žulj); *na noge i na ruke nabreknu žulji i ~i* 발과 손에 굳은 살이 박혔다

možda (副) 아마, 아마도, 어쩌면, 혹시라도; *~ ću ti ustrebati* 혹시라도 내게 네가 필요할 수도 있다; *on će ~ doći* 그는 아마 올 수도 있다

moždanī *-ā, -ō* (形) 참조 mozak; 뇌의, 두뇌의; *~a vijuga* 뇌주름; *~a opna* 뇌막, 수막; *~a kora* 뇌피질; *~e ćelije* 뇌세포; *~a kap* 또는 *~ udar* 뇌출혈형, 뇌줄중; *~a tromboza* 뇌혈전; *~o krvavljenje* 뇌출혈

moždanica (解) 뇌막, 수막

moždina (解) 골수(骨髓); *kičmena ~* 척수; *produžena ~* 연수(延髓), 숨골

možditi *-im* (不完) **smožditi** (完) (포도를) 짓이기다, 으깨다, 압착하다 (gnječiti, muljati);

M

~ grožđe 포도를 짓이기다

mračan -čna, -čno (形) 1. 어두운, 어둑어둑한, 우중충한; 깜깜한; ~čni, kratki dani 어둡고 짧은 낮; ~čne noći 어두운 밤; ~čna prostorija 어두운 공간; ~čna tamnica 깜깜한 감옥 2. 어두운 색깔의, 검은색의; ~čni oblaci 먹구름; u ~čnoj boji 어두운 색깔의 3. (비유적) 우울한, 침울한, 의기소침한; ~čna doba turske vladavine 터키지배의 암울한 시대; ~čno vreme okupacije 암울한 점령기 4. 비인간적인, 사악한; 부정적인; ~ zločinac 비인간적 범죄인; ~čna reputacija 부정적 평가 5. 의심을 불러일으키는, 의심스러운; imao je nekih ~čnih poslova 몇 번의 의심스러운 직업을 가졌었다 6. (비유적) 퇴보적인, 후퇴하는, 뒷걸음치는; 반동적인, 복고적인; ~ život 퇴보적인 삶 7. (비유적) 무학의, 배움이 없는; 뒤떨어진, 원시적인 8. (비유적) 불분명한, 불명확한, 명확하게 밝혀지지 않은; iz ~čne istorije 잘 알려지지 않은 역사로부터

mračiti -im (不完) smračiti (完) 1. 어둡게 하다, 어둑어둑하게 하다 2. (비유적) 우울하게 하다, 침울하게 하다 3. 어두워지다 4. ~ se 어두워지다, 어둑어둑해지다; počelo se mračiti kad je svršila posao 그녀가 일을 마쳤을 때는 어둑어둑해지기 시작했다; mrači mi se pred očima 또는 svest mi se mrači 정신이 혼미해지다, 의식을 잃다 5. ~ se 우울해지다, 침울해지다, 의기소침해지다; 판단능력을 상실하다

mračnjak 1. 반계몽주의자, 복고주의자, 반동주의자 (nazadnjak) 2. 의심스런 사람, 의심스런 동기를 가진 사람 mračnjački (形)

mračnjaštvo 반계몽주의; živeti u ~u 반계몽주의에서 살다

mrak 1. 빛이 없는 상태, 어두움; 어둑어둑함, 황혼 (suton); sedeti u ~u 어두움속에서 앉다; pao je ~ 어두워졌다 2. (비유적) 무지몽매, 뒤떨어짐, 낙후; 반계몽; duhovni ~ 정신적 무지몽매; selo sa svojim bedama, sa svojim ~om ... bilo je daleko iza njega 궁핍과 무지몽매한 농촌은 그것보다 훨씬 뒤처져 있었다 3. 알지 못함, 무지; 불확실성, 불명확성 4. 우울함, 침울함, 의기소침함; 정신적 차가움, 잔인함 5. 기타; biti pokriven ~om 알려져 있지 않다, 어둠에 쌓여 있다; grobni (večni) ~ 무덤, 죽음; kokošinji ~ 야맹증; lutati (pipati) po ~u 불확실하다, ~에 대해 불충분하게 알다; ~ zaborava 기억나지 않음, 기억 상실; ~ mu na oči pao

(došao) 1)흥분해서 자기 컨트롤을 못하다 2) 정신을 잃다, 기절하다; pojeo (progutao) je ~ 죽다, 살해당하다; prvi ~ 노을이 질 때, 석양이 질 때; skok u ~ 비이성적 행동; u ~u 몰래, 비밀리에; crni (mrkli) ~, ~ kao testo, ~ kao u rogu 칠흑 같은 어둠

mramor 참조 mermer; 대리석

mrase mrāsā (女,複) (病理) 홍역 (male boginje, ospice)

mrav (G.pl. mravā & mravī) 1. 개미; žuti ~ 애집개미; golemi ~ 왕개미; beli ~ 흰개미; vredan kao ~ 매우 부지런한; kolju se kao žuti ~i 죽을때가지 아주 잔인하게 싸우다 mravlji, mravinji (形) 2. (複數) (비유적) 소름, 경직, 마비 (trnci, žmarci)

mravac, -vca; mravci, mravācā mravak -vka 1. (지소체) mrav 2. (複數) (충격·추위 등으로) 경직, 마비, 소름 (trnci, žmarci); od straha mi podu mravci ispod kože 두려움에 몸이 경직되기 시작했다; imam ~vke u nozi 다리가 경직되었다; podilaze me ~vci 또는 idu mi ~vci (po celom telu) (온 몸에) 소름이 돋았다

mravari (男,複) (昆蟲) 명주잠자리과

mravinac -nca 1. (鳥類) 개미잡이새(딱따구리의 일종) (vijoglavka) 2. (植) 꽃박하 (vranilova trava)

mravinjak 1. 개미집 2. (비유적) 많은 사람들로 북적이는 장소(건물·공간) 3. 다수, 많은 수; 혼잡

mravljī -ā, -ē, mravinjī (形) 참조 mrav; 개미의; mravlja kiselina (化) 포름산, 개미산; mravinji lav 개미귀신(명주잠자리의 애벌레)

mravlji (副) 개미처럼, 개미와 같이

mravnat -a, -o (形) 개미가 많은

mravojed, mravožder (動) 개미핥기(개미를 핥아먹는 코가 긴 동물)

mravolovac -vca (昆蟲) 명주잠자리

mravuljak -ljka (지소체) mrav

mraz -ovi & -evi 1. 추위, 한파 (studen); kad je ~, onda su miš i mačka zajedno 추울때는 쥐와 고양이가 함께 지낸다; napolju je pravi ~ 밖은 한겨울이다 2. 서리, 서릿발 (inje); pao je ~ 서리가 내렸다 3. (方言) 우박 (grad, led) 4. 기타; deda Mraz 산타클로스; pao mu (joj) ~ na obraz 부끄러워했다

mrazan -zna, -zno (形) 1. 굉장히 추운; po ~znoj i mračnoj noći stigosmo u Beograd 너무도 춥고 칠흑같이 어두운 밤에 우리는 베오그라드에 도착했다; ~zno januarsko jutro 너무 너무 추운 1월의 아침 2. (비유적)

M

차가운, 냉정한, 퉁명스런 (neljubazan, hladan) 3. 서리가 내린; *iza nje ostaju crni tragovi na ~znoj plavkastoj travi* 그녀의 뒤에 서리가 내려앉은 군데군데 푸른 풀위에 검은 흔적이 남았다

mraziti *-im; mražen* (不完) **omraziti** (完) 1. (누가 누구를) 싫어하게 만들다, 혐오하게 하다, 나쁘게 말하다; *roditelj joj ga mrazili, odvraćali je i odbijali od njega* 부모님은 그녀가 그를 싫어하게 만들어 그를 단념케한 다음 그로부터 떼어놓았다 2. (~의 사이를) 이간질시키다, 증오심으로 불타오르게 하다, 싫어하게 하다; ~ *koga s kim* 누구를 누구와 이간질시키다; ~ *prijatelje* 친구들을 이간질시키다; ~ *braću* 형제간에 미워하게 하다 3. ~ **se** 서로 미워하다, 서로가 서로를 증오하다, 좋은 관계를 훼손하다

mrazov *-a, -o* (形) 서리의, 서리로부터 생겨난; *prozorska okna okićena ~im cvećem* 창틀은 서리꽃으로 장식되었다

mrazovac *-ovca* (植) 콜키쿰 (백합과(科)의 다년생 식물로, 씨에서 콜히친을 채취함)

mrazovit *-a, -o* (形) 서리가 내린, 서리로 뒤덮인; 매우 추운 (mrazan, leden)

mrcina 1. 죽은 동물의 사체 (strvina) 2. 비쩍 마른 말, 비쩍마른 탈진한 동물 3. (비유적)(戲謔) 아무런 쓸모도 없는 놈, 쓰레기 같은 놈; 게으름뱅이

mrcvariti *-im* (不完) **izmrcvariti** (完) 1. 상처를 입히다, 부상을 입히다; 자르다, 도살하다; 괴롭히다, 못살게굴다, 학대하다; *počeo je tvoj otac majku natezati za kosu, ~ i tući* 너희 아버지는 어머니를 머리채를 잡고 학대하면서 때리기 시작했다 2. ~ **se** 고통을 참다(견디다), 괴로워하다

mrčiti *-im* (不完) **omrčiti** (完) 1. 검게 하다, 어둡게 하다 (gariti); (輕蔑) 쓰다, 휘갈겨쓰다 (pisati, škrabati) 2. (비유적) (명예·명성·평판 등을) 훼손시키다, 손상시키다 (prljati, kaljati); *trgovao je, ne smatrajući da time obraz mrči, s hajducima* 산적들과 상거래를 한다는 것이 명예를 훼손시킨다는 것을 고려하지 않고 그들과 상거래를 하였다 3. ~ **se** 검어지다, (명예·명성·평판 등이) 훼손되다 4. ~ **se** 인상을 쓰다, 인상을 찌푸리다 (mrgoditi se, mrštiti se) 5. 기타; ~ *pušku* (총을) 쏘다, 전쟁하다; ~ *puškom* 총으로 누구를 죽이다; *ne mrči gaća kad kovati nećeš* 잘 할 수 없다면 일을 시작하지 마라

mrdalo 1. (불안·초조함 등으로) 가만있지를 못하는 사람, 안절부절하는 사람 2. 솜씨없이

일하는 사람, 어설프게 일하는 사람

mrdati *-am* (不完) **mrdnuti** *-nem* (完) 1. (신체의 일부를 조금) 움직이다; ~ *ramenima* 어깨를 으쓱하다; *mrdali su brkovima kao ticalima* 더듬이처럼 콧수염을 움찔움찔하였다; ~ *glavom* 고개를 움직이다; ~ *nogama* 다리를 조금 움직이다 2. (한 장소에서 다른 장소로) 옮기다, 이동시키다; *mrdni malo ovu fotelju* 이 소파를 조금 옮겨라 3. (한 장소에서) 움직이다, 비켜서다; *dalje ne mrdamo dok se vas dvojica ne pobijete* 너희 둘이 서로 치고받고 하지 않는 한 우리는 움직이지 않을 것이다 4. (비유적) 진실을 회피하다, 우회적으로 말하다; (어떤 의무를) 회피하다 5. ~ **se** 움직이다, 흔들리다; *ovaj sto se mrda* 이 테이블은 흔들린다

mren 참조 mrena; 돌잉어류

mrena (魚類) 누치속(屬)의 민물고기, 돌잉어류

mrena (病理) 백내장 (katarakt); *zelena ~* 녹내장; *očna (siva) ~* 백내장; *crna ~* 흑내장; *pala mu je ~ na oči* 또는 ~ *mu je na očima* 시력을 잃었다, 이해하지 못하는 상태이다; *pala mu je ~ s očiju* 눈을 떴다, 진실을 알았다

mrest (男,女) 1. (물고기의) 산란 (mrešćenje) 2. (물고기 등의) 알, 어란

mrestilište (강·하천·호수 등의) 산란 장소

mrestiti se *mresti se; mrešćen* (不完) **omrestiti** (完) (물고기 등이) 산란하다, 알을 낳다; *ribe se mreste* 물고기가 산란하였다

mrešćenje (동사파생 명사) mrestiti se; 산란

mreška 주름(살), 구김(살) (bora, nabor)

mreškast *-a, -o,* **mreškav** (形) 주름진, 주름이 있는, 쭈글쭈글한 (zbrčkan, naboran); *mreškave ruke* 주름진 손

mreškati *-am* (不完) **namreškati** (完) 1. 주름지게 하다, 구겨지게 하다; (얼굴을) 찡그리다; *vetar je jurio ... mrškao more* 바람이 세게 불어 파도가 넘실대게 했다; *nije toliko ni mrškala nos nad nespretnošću brata svoga muža* 시동생의 엉성함에 인상을 그리 찡그리지 않았다 2. ~ **se** 주름지다, 구겨지다

mreti *mrem; mru; mro, mrla; mri; mrući* (不完) 1. 죽다, 사망하다 (umirati, ginuti) 2. (za nekoga, za nešto) ~을 위해 희생하다; *za slobodu* ~ 자유를 위해 희생하다(죽다) 3. (비유적) 많이 괴로워하다, 고통스러워하다; *on je mro od muka* 그는 고통으로 괴로워했다 4. 사라지다, 없어지다 (nestajati, gubiti

M

se) 5. (꽃·식물 등이) 시들다, 마르다 (sušiti se, venuti, sahnuti); *na tvojom stolu moj karanfil mre* 네 책상 위에서 내 카네이션이 시들어가고 있다 6. 기타; *niti živi niti mre* 산 것도 아니고 죽은 것도 아닌 상태(오랫동안 병상에 누워있거나, 물질적으로 어려움에 처해있을 때 하는 말)

mreža (G.pl. *mrēžā*) 1. 그물(망), (복잡하게 연결된) 망; (축구 등의) (골)네트; *ribarska ~* 어망; *paukova ~* 거미줄; *~ za kosu* (주로 여성의) 헤어네트, 두발용의 그물; *~ za leptirove* 잠자리채, 나비채; *zaštitna ~* 안전 망 2. (비유적) (도로·철도·통신·상하수도 등의) 망, 시스템, 네트워크; (하나의 시스템으로 통합된) 시스템; *železnička (vodovodna, električna, telefonska, saobraćajna) ~* 철도망 (상수도망, 전기 네트워크, 전화망, 교통망); *trgovinska ~* 상점 네트워크; *školska ~* 학교 시스템; *~ prestavništava* 지점망; *~ obaveštajaca* 정보망 3. 기타; *razapeti ~u* 덫을 놓다; *upasti (uplesti se) u nečiju ~u* 누구의 그물에 걸리다(덫에 걸리다); *uhvatiti (uloviti) u (svoju) ~u (nekoga)* (누구를) 꼼짝 못하게 사로잡다, 덫으로 옭아매다

mrežar 1. 어망 제작자, 그물을 만드는 사람 2. (方言) 어부(어망으로 물고기를 잡는)

mrežast *-a, -o* (形) 그물과 비슷한, 그물같은; 망사의; *~a tkanina* 망사천; *~e čarape* 망사 스타킹; *~a bubna* (解) (눈의) 망막

mrežiti *-im* (不完) 1. 그물(mreža)로 덮다 2. ~ se 그물처럼 확장되다(확대되다·퍼지다) 3. ~ se (눈이) 베일로 덮이다

mrežnjača, mrežnica (解) (눈의) 망막

mrežokrilac *-ilca; -ilci* 맥시류의 곤충

mrežolik *-a, -o* (形) 그물과 비슷한, 그물 모양의 (mrežast)

mrgoda (男,女) (얼굴을) 찡그린 사람, 찌푸린 사람

mrgodan *-dna, -dno* (形) 1. (얼굴을) 찡그린, 찌푸린 (namrgođen, namršten, smrknut) 2. (성질이) 까다로운, 고약한, 심술궂은; (외모 등이) 고약한, 신경질적인; 둔한; *~ izgled* 고약한 외모; *~ pogled* 신경질적인 시선

mrgodast *-a, -o* (形) 약간 찌푸린(찡그린)

mrgoditi *-im* (不完) **namrgoditi** (完) 1. (얼굴에) 주름이 생기게 하다, 인상을 쓰다; 구기다, 구김이 생기게 하다 (mrštiti, nabirati); *on mrgodi svoje sede guste obrve* 그는 희여진 짙은 눈썹을 찡그렸다 2. ~ se 주름이 생기다, 찡그리다; *on se malo mrgodio, pa najposle ... se lepo izmiri sa svima* 그는 조

금 인상을 찌푸렸지만 나중에는 모든 사람과 잘 화해했다 3. ~ se (날씨 등이) 어두워지다, 우중충해지다; *nebo se naglo ~* 하늘이 갑자기 어두워졌다

mrgodnost (女) 찡그림, 찌푸림, 인상을 씀; *zbog njegove ~i ustručavao sam se da mu to kažem* 그가 인상을 찌푸리고 있어 그에게 그것을 말할까 말까 망설였다

mrgud (얼굴을) 찡그리고 있는 사람, 찌푸린 사람

mrk *-a, -o; mrkiji* (形) 1. 검은색의, 갈색의, 다갈색의 (zagasit, crn); *~i ugalj* 갈탄; *~i medved* 불곰 2. 어두운, 어둑어둑한 (mračan, taman); *jutro svanulo ~o i natmureno* 아침이 어둡고 우중충하게 밝았다 3. (비유적) 화내는, 성질내는; (성질이) 까다로운, 고약한; 음울한, 침울한 4. 기타; *do ~a mraka* 늦은 밤까지, 밤 늦게까지

mrkalj, mrkan (男) (검은색 또는 다갈색 털을 가진 숫컷의) 말(馬), 염소, 양

mrklī *-ā, -ō* (形) 1. 칠흑같이 깜깜한, 빛이 전혀 없는; *do ~e večeri* 완전히 어두운 밤까지; *~ mrak* 칠흑 같은 어둠; *~a noć* 깜깜한 밤 2. 아주 늦은; *do ~e jeseni* 아주 늦은 가을까지

mrknuti *-nem; mrkao, -kla & mrknuo, -ula* (完,不完) 1. (보통 완료상으로) (無人稱文) (어둠이 내릴때) 어두워지다, 어둑어둑해지다; (하늘 등이) 어두워지다, 어둠에 휩싸이다; (서쪽 지평선이) 어두워지다; (태양·별 등이) 어두워지다, 빛을 잃다, 희미해지다; *napolju već mrkne* 밖은 이미 어두워졌다; *zvezde mrknu* 별들이 희미해진다 2. 의식을 잃다, 혼절하다, 눈앞이 깜깜해지다; *svest mu mrkne* 그는 정신이 희미해진다 3. (無人稱文)(논리적 주어가 여격으로) 일시적으로 시력을 잃다, 앞이 보이지 않다(공포·흥분 등으로); *mrkne mi pred očima* 눈앞이 깜깜해졌다 4. 늦은 밤까지 있다; *ko rani, ne mrkne* 일찍 일어나는 사람은 일찍 잔다

mrkogleđa (男) 기분 나쁘게 쳐다보고 있는 사람 (zlopogleđa)

mrkoput *-a, -o*, **mrkoputan** *-tna, -tno* (形) 피부가 거무스름한

mrkost (女) 1. 어둠, 암흑; 검음 2. (얼굴 등을 찌푸림, 찡그림, 인상을 씀 (namrgođenost, namrštenost)

mrkov (男) 1. 어두운 색깔의 털을 가진 말 (馬); 흑마, 진한 갈색마 2. 검은 개, 흑구

mrkva (G.pl. *mrkāvā*) 참조 šargarepa; (植) 당근

mrkvast -a, -o (形) 당근 비슷한, 당근 모양의

mrlja 1. 얼룩, 때, 녹 (fleka); (비유적) 오점, 흠 (ljaga); ja sam svoj uredni i ugledni život proživeo bez bilo kakve ~e 나는 그 어떤 오점도 없이 양심적이고 깨끗한 삶을 살았다 2. 점, 반점 (pega) 3. 기타; žuta ~ (解) (망막의) 황반(黃斑); slepa ~ (解) (눈 망막의) 맹점

mrlja -ē (男), mrljo -a & -ē (男) 더러운 사람, 지저분한 사람 (mrljavko)

mrljati -am (不完) umrljati (完) 1. 얼룩지게 하다, 더럽히다, 때를 묻히다 2. (명성·인격을) 더럽히다, 손상시키다, 훼손시키다 3. (쓰여 진 것을 지우면서) 오손(汚損)시키다, 더럽히 다 4. 엉성하게 그리다, 솜씨없게 그리다; i ja sam u srednjoj školi mrljao neke slike, dobio sam kojiput i ocenu vrlo dobar 나도 고등학교 다닐 때 그림을 잘 못 그렸지만 몇 번이나 좋은 점수를 받았다

mrljav -a, -o (形) 1. 때묻은, 얼룩진 2. (비유적) (도덕적으로) 흠결이 있는, 때가 묻은 3. 점(반점)이 많은 (pegav) 4. 약한, 허약한; 입맛이 없는, 잘 먹지 못하는; ~ na jelu 입 맛이 없는

mrljaviti -im (不完) 1. 때묻히다, 더럽히다; 어 설프게(솜씨없게) ~을 하다 2. 으깨다, 압착 하다(gnječiti) 3. 식욕이 없이 음식을 깨작깨 작 먹다; ne jede ništa ili mrljavi, ne spava i škrguće od besa 그는 분노로 인해 먹는둥 마는둥 하거나 아무것도 먹지 않고 잠도 자 지 않고 이만 부득부득 갈고 있다

mrljavko 1. 더럽고 지저분한 사람(남자) 2. 음 식을 깨작깨작 먹거나 조금 먹는 사람

mrljo -a & -ē (男) 참조 mrlja; 더럽고 지저분 한 사람 (mrljavko)

mrmljati -am (不完) promrmljati (完) 1. (혼자 서 불분명하게) 중얼거리다, 웅얼거리다 (mrmoriti); ~ nešto sebi u bradu 작은 소리 로 뭔가를 중얼거리다 2. (불만·불평을) 투덜 거리다 (gunđati) 3. (비유적) 살랑거리는(바 스락거리는·와삭거리는, 졸졸 흐르는) 소리를 내다 (šumiti, žuboriti)

mrmak -mka, mrmoljak -ljka (動) 도롱뇽

mrmoljiti -im (不完) 중얼거리다, 웅얼거리다; 불평하다, 투덜거리다 (mrmljati); svaki je nešto mrmoljio - nekakim nečuvenim jezikom 잘 알려지지 않은 언어로 매 번 뭔 가를 중얼거렸다

mrmor (擬聲語) 1. 중얼거림, 웅얼거림 2. (비 유적) 살랑거리는 소리, 바스락거리는 소리, 졸졸 흐르는 소리 (šum, žubor)

mrmoriti -im (不完) 1. 중얼거리다, 웅얼거리다 2. 살랑거리는(바스락거리는·와삭거리는·졸졸 흐르는) 소리를 내다; negde mrmori voda i zriče popac, a točkovi se spotiču i zuje 어 디선가 물이 졸졸거리고 귀뚜라미는 귀뚤귀 뚤울고, 바퀴는 뭔가에 걸려 윙윙거린다

mrmot (男), mrmota (女) 마르모트(유럽·아메리 카산 다람쥣과의 설치 동물)

mrs 1. 기름기·지방질이 많은 음식(고기·유제품 류의); beli ~ 유제품류 2. 기름기·지방질이 많은 음식을 먹는 것; 그러한 음식을 먹는 것이 허용된 날(종교적으로)

mrsan -sna, -sno (形) 1. 기름진, 기름진 음식 의 (反; postan); ~sno jelo 기름진 음식 2. 기름기로 더럽혀진 3. (비유적) 부유한 (imućan, bogat) 4. (비유적) (옷차림새 등이) 과도하게 자유로운, 야한 (vulgaran, mastan); ~sna šala 야한 농담; ~sna pesma 걸쭉한 노래

mrsiti -im (不完) omrsiti (完) 1. 기름기있는 음식을 먹다 (反; postiti) 2. 좋은 음식을 먹 다 3. (가축에게) 소금을 주다 3. ~ se 기름 진 음식으로 식사하다(차려 먹다)

mrsiti -im (不完) smrsiti (完) 1. (머리카락 등 을) 땋다, 꼬다 (zaplitati, preplitati); ~ kosu 머리를 땋다; ~ konac 노끈을 꼬다 2. (비유적) 혼란스럽게 하다, 뒤섞이게 하다 (remetiti, brkati); ~ misli 생각을 혼란스럽 게 하다 3. (불분명하게) 중얼거리다, 웅얼거 리다; ~ kroz zube 입을 벌리지 않고 중얼거 리다; (불만을) 투덜대다 4. ~ se (머리 등 을) 땋다, 꼬다 5. ~ se (생각이) 헷갈리다 6. 기타; ~ nekome račune 누구의 이익에 반하여 행동하다, 누구의 의도를 방해하다; smrsiti nekome konce 누구에게 해를 끼치 다, 누구를 파멸시키다

mrskost (女) 1. 밉살스러움, 혐오스러움, 역겨 움, 구역질남 (odvratnost, rugoba); iza svetle fasade krije se ... pritisak bogata na siromašna, pogubnost novca, ~ korupcije 빛나는 건물 정면 뒤로는 부자의 빈자에 대 한 압박, 돈의 치명성, 부정부패의 혐오스러 움이 숨겨져 있다 2. 불쾌한 기억을 상기시키 는 것 3. (비유적) 인상을 찡그려 역겨운 사람

mrša (男,女) 1. (男) 빼빼 마른 사람; (女) 빼빼 마른 여자 2. (女) 비쩍 마른 가축(당나귀, 말 등의)

mrša (女) 비쩍 마름, 빼빼함 (mršavost)

mršati -am (不完) 참조 mršaviti

mršav -a, -o (形) 1. 마른, 여윈, 빼빼한; ~

M

čovek 마른 사람 2. (고기가) 기름기 없는, 살코기의; ~o meso 기름기 없는 고기 3. 기름기 없는, 지방질이 없는 (postan); ako se taj sloj skine … onda se ostatak zove splavljeno ili ~o mleko 그 층을 걷어내면 … 그 나머지는 무지방 우유로 불린다(청해진다) 4. (수량·가치 등이) 사소한, 적은, 하잘것 없는, 빈약한; ~a hrana 형편없는 음식; ~a zarada 적은 수입; dobiti ~u ocenu 형편없는 점수를 받다 5. (식물이) 자라지 않는 6. (토지가) 척박한 (neplodan); ~a zemlja 척박한 토지 7. 그 어떠한 것이라도 (bilo kakav, ma kakav); bolji je ~ mir nego debeo rat 풍요로운 전쟁보다는 형편없는 평화가 낫다

mršaviti -im (不完) omršaviti (完) 1. (누구를) 마르게 하다, 여위게 하다 2. 마르다, 여위다, 약해지다

mršavko (男) 빼빼 마른 남자 (mrša)

mršavljenje (동사파생 명사) mršaviti; dijeta za ~ 체중 감량을 위한 다이어트

mršavost (女) 수척함, 가늚, 빈약, 마름

mršo -a & -ē (男) 참조 mrša

mošonja (男) (지대체) mrša; 여원 사람

mrštiti -im (不完) namrštiti (完) 1. (얼굴·이마 등을) 찡그리다, 찌푸리다; ~ lice 얼굴을 찡그리다; mrštio je lice i slegao ramenima 얼굴을 찌푸리고는 어깨를 들썩했다 2. ~ se (얼굴·이마 등에) 주름지다, 찡그리다, 찌푸리다; kratko mu se čelo mršti 잠깐동안 그는 미간을 찌푸렸다; zašto se mrštiš? 왜 인상을 쓰느냐? 3. ~ se (하늘이) 구름에 덮히다, 구름이 끼다; nebo se već izjutra mrštilo 하늘은 벌써 아침부터 구름이 꼈었다 4. ~ se (na nekoga) 누구에게 인상을 쓰다; svi su se u kući mrštili na mene 집안의 모든 사람들이 내게 인상을 썼다

mrtac mrca; mrtācā & mrcā 1. 사자(死者), 죽은 사람(故人) (mrtvac) 2. 마지못해 하는 사람, 의지가 없는 사람 (mrtvak)

mrtav -tva, -tvo (한정형 mrtvī) (形) 1. (사람이) 죽은, 사망한; (동물이) 죽은; (식물이) 시든 2. (물건 등이) 생명이 없는, 무생물의; za nju su ~tvi predmeti bilo kao životinje za druge ljude 생명이 없는 물건들이 그녀에게는 다른 사람에게 동물과 같은 존재였다 3. (질병으로) 마비된, 경직된 (paralizovan, obuzet); pomaže se štakom, noseći ~tvu nogu 마비된 다리를 끌면서 지팡이를 짚고 다닌다 4. (화산 등이) 휴지기의; (물이) 흐르지 않는, 고여있는; ~ vulkan 사화산; ~tva

voda 고여있는 물 5. 텅빈, 사람이 없는, 사람이 떠난; ulica je bila ~tva 거리는 쥐죽은 듯이 한산했다; ~ grad 텅빈 도시 6. 냉정한, 무표정한; (스타일이) 생생함이 없는, 활기없는; ~tva muzika 지루하고 따분한 음악; ~tvo društvo 활력이 없는 사회; ~tva sezona 불경기철, 비수요기 7. 추상적인, 현실과 동떨어진 8. 유통되지 않는, 통용되지 않는 9. 더 이상 사용되지 않는 (uzumrli); ~tvi jezici 사어(死語)들 10. (잠이) 깊게 든, 곯아 떨어진; 완전한, 절대적인; sve spava ~tvim jutarnjim snom 모두 깊은 아침 잠을 자고 있다; ~tva noć 한 밤중; ~tva tišina 쥐죽은듯한 고요함 11. (부사적 용법으로) 너무 과도하게, 지나치게; ~ žedan 죽을 정도로 목마른; ~ pijan 완전히 고주망태가 되도록 취한; ~ pospan 업어가도 모를 정도로 깊게 잠든; ~ gladan 너무 배고픈; ~ umoran 너무 피곤한 12. (명사적 용법으로, 보통 複數로) 사자(死者), 죽은 사람 13. 기타; doći do ~tve tačke 또는 stići na ~tvu tačku 출구가 없는 상태이다, 교착 상태이다; ~tva vaga 도살한 짐승의 고기만의 무게(머리·내장 등을 제외한); ~tva jesen 늦가을, 만추(晚秋); ~tva luka 자연적으로 선박이 정박할 수 있도록 형성된 곳(항구); ~tva priroda 정물화; ~tva ruka (法) 손바뀜이 없는 부동산; ~tva usta da nasmeje 재미있는 농담을 잘하는 사람을 말할 때; ~tvi zavezak (čvor) 풀 수 없는 매듭; ~tvi ugao 사각(死角); ~tvim kocem zatvoriti kuću 폐가(廢家)로 방치하다; ~tvo more 잔잔한 바다; ~tvo slovo na papiru 실제로 적용되지 않는 법(규율·규정); istući (prebiti, opiti se) na ~tvo ime 죽도록 때리다; pretiti u ~tvu glavu 죽인다고 위협하다

mrtvac 1. 죽은 사람, 사자(死者) mrtvački (形) 2. 의욕이 없는 사람, 마지못해 하는 사람, 수동적인 사람 (mrtvak)

mrtvačkī -ā, -ō (形) 1. 고인(故人)의, 죽은 사람의; ~ sanduk (kovčeg) 관(棺); ~a kola 영구차; ~a ukočenost 사후 경직; ~o pismo 사망증명서 2. 죽은 사람과 같은, 죽은 사람을 연상시키는; 해골 비슷한; ~ izgled 해골을 연상시키는 외모; ~a glava 해골, 박각시나방(인간의 해골 비슷한 무늬가 가슴팍 뒤쪽에 있음) 3. 죽은듯이 조용한(고요한); (잠이) 깊게 든, 곯아 떨어진 4. 기타; kupiti za koga ~u sveću 누가 죽기를 바라다

mrtvački (副) 죽은 사람처럼; ~ bled 죽은 사람처럼 창백한

540

mrtvačnica (병원 등의) 영안실

mrtvaja 강의 지류(물이 흐르지 않는)

mrtvilo 1. 무관심, 냉담, 무기력 2. 따분함, 지
루함, 생기없음; 따분한 삶 3. 침체, 정체,
부진; ~ na berzi 주식시장의 침체; kulturno
~ 문화적 침체; trgovinu zahvati ~ 경기가
죽었다 4. 쥐죽은 듯한 고요함 5. 너무 피곤
함, 기진맥진, 완전한 탈진 6. 겨울잠, 동면
6. 죽음을 앞둔 사람, 임종을 맞이한 사람;
죽은 사람, 고인(故人)

mrtvokradica (男,女) 도굴꾼

mrtvorođen -a, -o (形) 사산의; ~o dete 사산아

mrtvorođenčad (女)(集合) mrtvorođenče

mrtvorođenče -eta (中) 사산아

mrva (G.pl. mrvā) 1. (아주 조그만) 빵 부스러
기, 음식 부스러기; (일반적으로) 가루, 부스
러기; ~ duvana 담배 부스러기 2. (비유적)
아주 아주 조금, 아주 적은 양; šta možemo
učiniti još za tu ~u vremena? 그 적은 조각
시간에 무엇을 할 수 있을까?; on nema ni
~e saosećanja 동정이라고는 눈꼽만치도 없
다; bez ~e talenta 재주는 전혀 없다 3. 빵,
음식 (hleb, hrana); no čovek ne gleda cvet
kad misli na ~u 사람들은 빵을 생각할 때는
꽃을 쳐다보지 않는다 4. 기타; ni ~e 또는
ni ~u 아주 조금도 ~않다; (samo) mrvu 또
는 jednu ~u 아주 조금

mrvica 1. (지소체) mrva; tuđe ~e nisam uzeo
다른 사람의 빵을 내가 가져오지 않았다 2.
(비유적) 아주 약간의 나머지

mrviti -im (不完) smrviti (完) 1. 잘게 가루로
만들다, 잘게 부수다 (sitniti, drobiti); ~
hleb 빵을 잘게 가루로 부수다; ~ u prah 가
루로 만들다 2. 짓밟다, 짓이기다; 부러뜨리
다; ~ kosti 뼈를 부러뜨리다; tenk je mrvio
ljude 탱크가 사람들을 짓이겼다 3. (무기로·
완력으로) 깨뜨리다, 부수다, 망가뜨리다, 파
괴하다 (uništavati) 4. 완전히 탈진시키다,
기진맥진하게 하다 5. ~ se 가루가 되다, 부
스러기가 되다 6. ~ se (비유적) 망가지다,
깨지다, 무너지다, 파괴되다

mrvljiv -a, -o (形) 잘 바스러지는

mrzak mrska, mrsko; mrskiji (形) 1.싫어하는,
미워하는, 증오하는, 분노의, 증오심을 불러
일으키는; 밉살스러운, 꼴도 보기싫은, 역겨
운, 비호감의; nije mu ~ska rakija 그는 라
키야가 역겹지가 않다; ~sko mi je 나는 그
것이 싫다; ~ska politika 역겨운 정치 2. 침
울한, 우울한; 심기가 불편한, 기분이 좋지
않은

mrzan -zna, -zno (形) 기분 나쁜, 심기가 불

편한 (mrzovoljan); bio je u takvim
časovima razdražljiv, ~, ćudljiv 그는 그러
한 시간에 신경질적이었고 심기가 불편했으
며 변덕스러웠다

mrzao -zla, -zlo (보통은 한정형으로) (形) 1.
매우 차가운(추운); (vrlo hladan, studen,
leden); ~zli vetar 매우 차가운 바람; ~zla
voda 매우 차가운 물 2. 언, 얼어붙은
(promrzao) 3. (비유적) (사람이) 감정이 없
는, 냉정한, 차가운; ~zle su vaše duše 당신
은 참 냉정한 사람이군요 4. (비유적) 소름끼
치는, 무시무시한 (užas, stravičan); ~zla
strava 소름끼치는 공포감; ~zli strah 무시
무시한 두려움

mrzeti -im (不完) 1. 미워하다, 증오하다, 싫어
하다; 참고 견딜 수 없다; on me mrzi 그는
나를 미워한다; od to doba su smrtno
mrzeli oca moga, jer mišljahu da je on
uzrok njihovoj bedi 그들은 그때부터 내 아
버지를 죽도록 미워했는데, 아버지가 그들이
가난한 원인이라고 생각했기 때문이다 2.
(無人稱文)(대격 형태의 논리적 주어와 함께)
(어떠한 행동을하는 것이) 죽도록 귀찮다(싫
다, 짜증나다); mrzilo me doći pred njih 그
들 앞에 가는 것이 죽도록 싫었다; mrzi ga
da radi 그는 일하는 것이 귀찮았다; baš me
mrzi da idem ponovo u grad 또다시 시내가
가는 것이 정말로 귀찮다

mrzisvet 사람을 싫어하는 사람, 인간 혐오자
(mizantrop)

mrzitelj (누군가를·무엇인가를) 싫어하는 사람,
미워하는 사람, 증오하는 사람

mrziti -im, mrzjeti (不完) 참조 mrzeti

mrzižena (男) (廢語) 여자를 혐오하는 남자,
여성혐오주의자(ženomržac)

mrzlica (病理) 동상(凍傷) (promrzlina,
smrzotina)

mrzloća, mrzlost (女) 추위 (studen, hladnoća)

mrznuti -nem; mrznuo, -nula & mrzao, -zla
(不完) 1. 얼리다; 얼다; pritegla zima,
svaku ti kost mrzne 겨울이 다가왔다, 모든
뼈마디가 으스스 떨린다 2. ~ se 얼다, 얼음
이 얼다; voda se mrzne 물이 언다 3. ~ se
추위에 벌벌 떨다 (zepsti, smrzavati se)

mrzost (女) 미움, 증오 (mržnja)

mrzovolja 1. 언짢은 기분, 기분이 나쁨; 심술;
반감 uvek u duši osećam ~u kad vidim
bogat katafalk 화려한 관대(棺臺)를 보면 반
감을 느낀다 2. (男,女) 기분이 좋지 않은 사
람, 심술궂은 사람

mrzovoljan -ljna, -ljno (形) 기분이 나쁜, 언

M

짧은, 심술난; (인상을) 찌푸린, 찡그린 (neraspoložen, zlovoljan, smrknut)

mržnja 미움, 증오; 반감; *osećati ~u prema nekome* 누구에게 증오심을 느끼다; *sejati ~u* 증오심을 뿌리다

mržnjenje (동사파생 명사) mrznuti (se); 동결; *tačka ~a* 빙점(氷點)

mû (擬聲語) (소가 우는 소리의) 음메

mu 3인칭 단수 on, ono의 여격(D)형태의 접어

muc (숙어로) *tuc ~* 음, 어 (대답을 할 준비가 안되었을 때 내는)

muca (男,女) **muco** *-a* & *-ē* (男) 말을 더듬는 사람 (mucavac)

mucalo (男,中) 참조 mucavac

mucati *-am* (不完) **mucnuti** *-nem* (完) 말을 더듬다, 더듬거리며 말하다

mucav *-a, -o* (形) 1. 말을 더듬는 2. (비유적) 자신의 생각을 매끄럽게 말하지 못하는

mucavac *-avca* 말을 더듬는 사람

muckati *-am* (不完) (지소체) mucati

muco *-a* & *-ē* (男) 참조 muca; 말을 더듬는 사람

mučaljiv *-a, -o* (形) 침묵의, 침묵하는; 말이 없는 (ćutljiv, šutljiv)

mučan *-čna, -čno* (形) 1. 고통스러운, 힘든, 고생스러운 (težak, naporan); *put preko tog grada je dosta ~, jako iskrivudan* 그 도시를 관통하는 도로는 고생스럽고 매우 구불구불하다; *~ posao* 힘든 일 2. 매우 불유쾌한, 견디기 힘든, 쉽지 않은; *nastade ~čno ćutanje* 매우 견디기 힘든 침묵이 시작되었다; *~čna stmosfera* 침울한 분위기; *~čna tišina* 어색한 침묵 3. 세파에 고생한 (namučen, izmučen, zamoren); *deda Nikola zadovoljan što je, iako star i ~, ipak bio ljudima od koristi* 니콜라 할아버지는 비록 늙고 힘든 삶을 살았지만 쓸모있는 사람이라는 것에 만족한다 4. 쉽지 않은 성격의 5. 기타; *~čna rabota* 실행하기 어려운 일, 완수하기가 매우 힘든 일

mučati *-im* (不完) 침묵하다, 말을 하지 않다 (ćutati)

mučenik 1. (질병 등으로 인해) 고통당하는 사람, 고통을 받는 자 2. (宗) (종교적 신념으로 인한) 순교자; *idemo ... da se posvetimo kao ~nici* 순교자처럼 헌신하려 갑시다 **mučenički** (形) 3. (이상(理想)을 위해) 자신의 삶을 헌신하는 사람 4. (複數)(方言) 어린이들의 놀이의 일종

mučeništvo 순교자의 고통(고난)

mučenje (동사파생 명사) mučiti; 고문, 괴롭힘

mučilac *-ioca* 고문자, 고문하는 사람, 괴롭히는 사람 (mučitelj)

mučilište 고문 장소, 박해 장소

mučitelj 참조 mučilac

mučiti *-im* 1. (육체적·정신적으로) 고통을 주다, 괴롭히다; 고문하다; 걱정하게 하다; *muče ga brige* 그는 근심걱정 때문에 힘들어한다; *najviše ju je mučila ona neizvesnost, ona nejasnosst* 그녀가 가장 걱정하는 것은 불확실성, 그 불명확성이었다; *muči ga glad* 그는 허기져 힘들어한다; *~ muku* 매우 커다란 어려움에 직면하다 2. 고생시키다, 힘들게 하다; *~ konje kroz planinu* 산을 통과하면서 말을 힘들게 하다 3. 귀찮게 하다, 성가시게 하다; *konje su mučile muve* 파리들이 말을 귀찮게 했다 4. *~ se* 고생하다, 고통을 겪다; 힘들어하다; *ona se jako muči s tom decom* 그녀는 그 아이 때문에 고생을 많이 한다

mučke (副) (= mučki) 1. 말없이, 잠자코, 조용히 (ćutke, šutke, mučeći, suteći); *seli su ~ kraj njega* 말없이 그 옆에 앉았다; *isprva su je svi ~ i udivljenjo gledali* 처음부터 모두가 그녀를 말없이 감탄하면서 바라보았다 2. 비밀리에, 몰래; 암묵적으로 (potajno, podmuklo)

mučkī *-ā, -ō* (形) 1. 내밀한, 은밀한, 비밀스런 (podmukao, potajan) 2. 말없는, 침묵의 (prećutan, prešutan, nem); *sve se zaboravilo kao po ~om dogovoru, i sve se sređivalo kao čudom* 모든 것은 마치 말없는 약속과 같이 잊혀졌으며, 모든 것이 마치 기적과 같이 정돈되었다; *~im zagrljajem izreći* 말없는 포옹으로 말하다; *~o ubistvo* 침묵의 살인; *~ udarac* 말없는 가격

mučnina (토할 것 같은) 메스꺼움, 구토할 것 같은 상태 (muka)

mučno (副) 1. 힘들게, 겨우, 간신히; *~ disati* 힘들게 호흡하다; *~ se prisećati* 간신히 생각나다; *~ stečena imovina* 힘들게 일군 재산; *vihor je tako snažno zamahivao da se ~ održao na nogama* 겨우 서있을 정도로 돌풍이 그렇게 강하게 불었다 2. (여격(D)의 논리적 주어와 함께 또는 무인칭문으로) 불편하게, 거북하게, 언짢게 (neugodno, neprijatno, teško); *~ mu je biti sam* 혼자 있는 것이 불편하다; *~ će mi pasti, ali me dužnost goni* 내가 떨어지는 것이 불편하지만, 의무감이 나를 (그렇게 하도록) 내몬다 3. 견딜 수 없게, 매우 힘들게 (nepodnošljivo, veoma teško); *šta ti je bilo tako ~?* 무엇이 그렇게 힘드느냐? 4. 나쁘게

M

542

(zlo, loše, rđavo); ~ mi je (내 몸 상태가)
나쁘다

mućak -čka; mućkovi & mućci 1. 썩은 계란,
상한 계란; 무정란 2. (비유적)(輕蔑) 도덕적
으로 타락한 사람; 나쁜 놈, 저열한 놈
(pokvarenjak); 쓸모없는 것(물건) 3. (부정
적 의미로) 아무것도 아닌 것(ništa); dobiti
~ 아무것도 얻지를 못하다

mućen -a, -o (形) 참조 mutiti; ~a jaja 휘저은
계란

mućenje (동사파생 명사) mutiti; 혼탁(함); ~
vida 흐려진 시력, 혼탁한 시력

mućkalica 1. 교유기(攪乳器)(버터를 만드는 통,
폭이 좁고 나무로 만든) (bućkalica) 2. 계란
을 휘젓는(푸는) 요리 도구 3. (料理) 음식의
한 종류

mućkati -am (不完) mućnuti -nem (完) 1. (액
체가 섞이도록 통을) 흔들다; (액체·작은 물
건 등을) 섞다, 섞어 흔들다; (계란 등을) 휘
저어 풀다; ~ čuturicu s vodom 작은 물병을
잘 흔든다 2. (계란 등을) 풀다, 휘젓다
(bućkati); ~ jaja 계란을 풀다(휘젓다) 3. (비
유적) (서로 다른 것을) 뒤섞다; zadivi se
kanonik kad je čuo ... kako mućka istinu i
laž 고위성직자는 진실과 거짓을 뒤섞는 것
을 듣고는 감탄했다 4. (음식을) 섞다, 비비
다 (brkati, mešati); ona ruča, ja mućkam
po tanjiru 그녀는 점심을 먹고 나는 접시에
비빈다 5. (입·치아 등을) 행구다, 가글하다
(ispirati, prati); ~ usta 입을 행구다; ~ grlo
목을 행구다; mučenik mućkaše zube 고문
을 당하는 사람이 이를 행궜다 6. (비유적)
음모를 꾸미다, 일을 꾸미다, 모의하다
(petljati, spletkariti); svima sam govorio
da mi je sumnjiv i da mućka nešto 모든 사
람들에게 그가 뭔가 의심쩍고 일을 꾸미고
있다고 말했다 7. ~ se 이리저리 흔들리다
(쏠리는 소리를 내면서, 물이나 걸죽한 것들
이) 8. 기타; ~ glavom 집중하여 생각하다,
숙고하다

mudar -dra, -dro (形) 1. 지혜로운, 슬기로운,
현명한; 사려 깊은, 분별 있는; ~dra izreka
지혜로운 격언; ~ način 현명한 방법; mudre
rečenice iz Svetog pisma 성서속의 지혜로
운 문장; mudrome je i pola uha dosta 현명
한 사람은 이해도 빠르다 2. 총명한, 영리해
보이는; ~dre oči 영리해 보이는 눈 3. 교활
한, 영리한; 신중한, 조심스런 (lukav,
prepreden; oprezan); ~dri kao zmije 뱀처
럼 영리한(교활한); ~dra lija 교활한 여우

mudo (解) (남성의) 고환 (jaje)

mudrac -aca 1. 현자(賢者); 철학자; iguman
Stefan nije fatalist, nego ponosni ~ 수도원
장 스테판은 숙명론자가 아니라 자부심을 가
진 현자이다 2. 교활한 사람 (lukav čovek)

mudrica (女) 1. (男이기도 함) 현명한 사람, 현
자(賢者), 지혜로운 사람; 지혜로운 사람이; 학
식있는 사람, 배운 사람; znaš da su ćutalice
najveće ~e 침묵하는 자가 가장 현명한 자
인것을 아느냐 2. 현명한 여자, 지혜로운 여
자 3. 지혜 (mudrost) 4. (한정사적 용법으로)
지혜로운, 현명한 (mudra); spaliti ću ~e
knjige 지혜의 책을 불사를 것이다

mudrijaš 1. 현학자, 아는 체하는 사람, 똑똑한
체하는 사람 2. 현명한 사람

mudrijašiti -im (不完) 현학자처럼 행동하다,
아는체하다, 똑똑한체하다, 잘난체하다

mudrolija 1. 현명한 판단, 지혜 2. (複數)(輕蔑)
속이려고 하는 말(행동); 헛된 말, 왜곡된 말;
궤변

mudrost (女) 1. 지혜, 현명함 2. 지혜로운 행
동; 노련함 3. 학문, 학식; (廢語) 철학 4. 기
타; kamen ~i 현자의 돌; zub ~i (齒) 사랑니

mudrov -ova, **mudrovan** -ana (男) 현명한 사
람, 지혜로운 사람 (mudrijaš)

mudrovati -rujem (不完) 1. 생각하다, 숙고하
다, 사색하다 (razmišljat, domišljati se) 2.
현학자처럼 행동하다, 아는체하다, 똑똑한체
하다, 잘난체하다 (mudrijašiti) 3. 기타; ~
tugovati 누군가 아는체만 하고는 일은 별로
하지 않을 때 하는 말

muf -a; -ovi 1. 머프, 토시 (원통형의 모피, 그
안에 양손을 넣음; 여성용) 2. (機) (두 개의
관을 연결시키는) 고리, 연결고리; (수레에
바퀴를 고정시키는) 고리, 핀 (naglavak,
navlaka)

muflon (動) 무플론(야생 양의 한 종류, 꼬리가
짧고 뿔이 밑으로 휘어진)

mufljuz 1. (물질적으로) 망한 사람, 파산한 사
람 2. 다른 사람에 빌붙어 먹고 사는 사람,
기식자; 무위도식자 (gotovan, muktaš)

muftadžija (男), **muftaš** -a 참조 muktadžija;
남에게 빌붙어 먹는 사람, 기식자

mufte (副) 공짜로, 무료로 (mukte, besplatno);
čizme dobijamo ~ 우리는 부츠를 공짜로 얻
었다

muftija (男) 1. (한 지역·지방의) 최고위 이슬람
성직자 2. 이슬람 율법학자

muha (D. L.sg. muhi & musi) 참조 muva; 파
리

muhamedanac -nca 무슬림, 이슬람교도
muhamedanka; muhamedanski (形)

M

543

muhamedovac *-ovca* 참조 muhamedanac

muhamedovački *-ā, -ō,* **muhamedovskī** (形)
참조 muhamedanski

muhar 참조 muvar; (植) 조 (포아풀과(科)의
식물)

muhara 참조 muvara; (植) 광대버섯(독버섯의
일종; 옛날 이것에서 파리잡는 끈끈이 종이
에 바르는 독을 채취했음)

muharica 1. (魚) 잉어과(科) 물고기의 한 종류
(ukljeva) 2. (鳥) 딱새과(科)의 새

muholovka *-ākā* 참조 muvolovka; (파리를 잡
는) 끈끈이, 파리잡이 끈끈이

muhomor 참조 muvomor; 파리약

muhomorka 참조 muvomorka; (植) 광대버섯

muhoserina 참조 muvoserina; 파리똥

muhožder 참조 muvožder; 파리를 먹이로 먹
는 동물(식물)

muhur 도장, 인장, 스탬프 (žig, pečat)

mujezin (회교 사원 탑에서) 기도 시간을 알리
는 사람; *načuo je glas ~a koji najavljuje
predvečernu molitvu* 초저녁 기도 시간을
알리는 사람의 목소리를 들었다

muk 1. 침묵 (ćutanje, šutnja) 2. 고요, 정막,
정적 (duboka tišina); *grobni ~,* 또는
kameni ~ (쥐죽은 듯한) 고요 3. 기타; *~om*
침묵하면서, 침묵으로; *~om mučati* 아무말
도 하지 않다, 침묵하다

muk (소의) 울음; 음매 (muka, mukanje); *čuo
se iz daleka ... ~goveda i blejanje ovaca*
멀리서 소가 음매하는 소리와 양의 매애하는
소리가 들렸다

muka 소의 울음소리; 음매~~하는 소리

muka (D.sg. *muci;* G.pl. *mūkā*) 1. 커다란 육체
적 수고(노력); *s teškom ~om raditi (peti se,
ustati)* 매우 힘들게 일하다(오르다·일어나다)
2. 육체적 통증, 아픔; *umreti u ~ama* 아파
하면서 죽다 3. 고문; *iskusiti ~e* 고문을 당
하다 4. 노력, 수고 (trud, napor); *bez ~e
nema nauke* 노력없이는 아무것도 이룰 수
없다 5. 힘들여 일군 것(얻은 것, 성취한 것),
재산; *iz prikraja pogledaju ... kako voda
nosi ljudski trud i ~u* 한 쪽 끄트머리에서
홍수물이 사람들의 노력과 재산을 쓸어가는
것을 바라만 보았다 6. 어려움, 곤란, 골칫
거리 (teškoća, neprilika, nezgoda, nevolja,
nedaća); *zadavati nekome ~u* 누구를 어렵
게 만들다; *~e srpskih pozorišta* 세르비아
극장들의 어려움; *ona ima grdne ~e s time*
그녀는 그것에 많은 어려움이 있다; *na ~ci
se poznaju junaci* 어려울 때 친구가 진정한
친구다 7. (구토가 나오려는) 메스꺼움, 역겨

움 (mučnina) 8. (정신적·내적) 고통; 고민거
리; *imati neku ~u* 어떤 고민이 있다 9. 분
노, 분개, 화 (gnev, srdžba, bes); *plakati od
~e* 화가 나서 울다 10. (비유적) (보어
'moja'와 함께 호격으로 사용되어) (아이들에
게 가벼운 질책을 표현하면서) 골칫덩이; *~o
moja, šta ću s tobom?* 이 골칫덩이야, 내가
너한테 어떻게 하면 되지? 11. 기타; *baciti
(metnuti, staviti, udariti) koga na ~e* 고문
하다, 학대하다; *bez ~e* 손쉽게, 어렵지 않
게; *biti (naći se, nalaziti se) na (velikoj,
živoj) ~ci* 커다란 어려움에 처하다; *večne
(paklene) ~e* (宗) 지옥; *videti (imati) ~e*
고생하다; *~ je to* 그것은 힘들다, 힘든 일이
다; *~ mi je* 1)토하고 싶다 2)죄책감이 든다;
od sve ~e 아무것도 가능하지 않다; *o ~ci
grozdovi vise* 힘들게 계속 일함으로써만 큰
결실을 얻는다; *(pri)sta(ja)ti kome na ~u* 이
미 많은 어려움이 있는 사람을 더 어렵게 하
다, 고통을 당한 사람에게 그 고통을 회상시
키다; *pući (pucati) od ~e* 격노하다, 화를 크
게 내다; *sto (trista) mu ~* 가벼운 욕설로
사용됨

mukači (男,複) (動) 무당개구리과; 두꺼비

mukajet (形)(不變) (숙어로); *biti ~ (~에) 관심
을 가지다, *~에 신경을 쓰다; *zato sam
molim da joj budete ~* 그녀에게 관심을 가
져주시기기를 부탁합니다; *čemu si ti ~?* 너
는 무엇에 관심을 가지고 있느냐?; *ni ~* 조
금도 관심을 가지지 않다, 전혀 상관하지 않
다, 콧방귀도 뀌지 않다; *ona ni ~* 그녀는 콧
방귀도 안뀐다

mukanje (동사파생 명사) mukati; (소가 우는)
음매~~, 소의 울음

mukao *-kla, -klo; muklī* (形) 1. 소리가 나지
않는, 들리지 않는, 조용한 (bezglasan,
nečujan, tih); *~ bez zvona manastir* 종소리
가 들리지 않는 조용한 수도원 2. 분명하지
않은, 불분명한, (목소리가) 쉰; 소리를 죽인
(잘 들리지 않게), 목소리를 낮춘
(podmukao, nejasan, prigušen); *hej, ima li
ko u kući? - zapita sipljivim ~klim glasom*
집안에 누구 있소? -라고 죽인 쉰 목소리로
물었다; *od toga mnoštva čuo se samo šum
i ~ žamor* 그 많은 군중들로부터 불분명하
게 웅성거리는 소리만이 들렸다 3. (소리가)
둔탁한 (tup) 4. 은밀한, 내밀한, 비밀의, 숨
겨진 (potajan, pritajen); *najstariji njen sin
nestao je u onom ~klom klanju* 그녀의 큰
아들은 그 내밀한 학살 사건에서 실종되었다
5. (통증이) 예리하지 않은, 찌뿌듯한; *~ bol*

둔통, 찌뿌듯한 통증 6. (言) (보통은 한정형
으로) 묵음의

mukati *-čem* (不完) **muknuti** *-nem* (完) (소가)
음매하고 울다; (소리가 큰 동물이) 울다, 포
효하다 (rikati); *krave muču* 소가 음매하고
운다

muklina 1. 고요, 정적, 정막 (tišina, tajac) 2.
둔탁한 메아리; zveknu ~, kao iz bezvodnog
bunara 샘물이 없는 샘에서 울리는 것과 같
은 둔탁한 메아리가 울린다 3. 사악함, 심술
궂음 (podmuklost)

muklo (副) 1. 소리없이, 말없이, 침묵으로
(bez reči, ćutke, šutke) 2. 소리죽여, 몰래
(prigušeno, pritajeno)

muklost (女) (소리 등의) 명쾌하지 않음, 불분
명함, 둔탁함; 고요, 침묵

muknuti *-nem* (完) 1. 참조 mukati; 소가 음매
하고 울다 2. (비유적) 뭔가를 말하다
(izustiti, progovoriti)

muknuti *-nem* (完) 1. 말을 중단하다, 침묵하
다 2. 무성음이 되다

mukom (副) 말없이, 침묵으로, 침묵하면서
(bezglasno, ćutke, šutke); *nekoliko časaka
prođe* ~ 몇시간이 말없이 지나갔다; ~
gledati 말없이 쳐다보다

mukotrpan *-pna, -pno* (形) 힘든, 고생스러운,
고통스러운, 괴로운 (pun muka, teškoća); *u
mom ropstvom, ~pnom životu počelo
svitati* 내 힘든 인생에 햇살이 비추기 시작
했다

muktadžija (男), **muktaš** 남에게 빌붙어 사는
사람, 기식자; *nisam ~ i čankoliz* 나는 남에
게 빌붙어 먹는 기식자도 아첨꾼도 아니다

mukte (副) 공짜로, 무료로, 거저 (badava,
besplatno, džabe); *dobio sam to* ~ 그것을
공짜로 얻었다; *ja da plaćam, a ti bi* ~ 내가
지불할테니 너는 그냥

mula (動) 노새 (mazga)

mula 물라(최고의 이슬람교 율법학자); 명망있
는 학식있는 사람

mulac *-lca; mulăcă* 1. 숫컷 노새 2. (輕蔑) 혼
외자; 망나니, 건달, 백수 (mnagup)

mulad (女)(集合) mula; 노새

mularija (集合)(辱說) 버릇없고 제멋대로인 아
이; 건달, 망나니 (dečurlija, manguparija)

mulat 백인과 흑인의 제1대 혼혈아 (melez,
mešanac) **mulatkinja**

mule *-eta* 1. 새끼 노새, 노새의 새끼, 어린 노
새 2. 혼외자; *boli li tebe srce ... što će ga
deca nazvati ~etom* 그 아이를 혼외자를 부
르는 것이 네 마음을 아프게 하느냐?

multimilionar 수백만장자, 억만장자, 대부호

multiplikator 1. (數) 승수, 곱하는 수
(množitelj, množilac) 2. (機) (열·전류·진동
따위의) 효력 증가 장치, 배율기(倍率器) 3.
(經) 승수(새로운 지출 증가가 총소득에 가
져다 주는 확대 효과 비율)

mulj 1. 뻘, 진흙, 진창; *išao je s dečacima da
vreba somčiće u ~u* 진흙탕에서 메기를 잡
기 위해 아이들과 나갔다; *gacati po ~u* 진
창을 밟고 가다 2. (비유적) 수렁; 사회적 쓰
레기; *osećao je sve jasnije kako stvar ide
krivo i kako se on sve jače i sve dublje
utapa u ~u* 일이 잘못되어 가고 있으며 자
신이 점점 더 깊이 수렁에 빠지고 있다는 것
이 점점 분명하게 느꼈다 3. (魚) 숭어

muljač (=muljar) 포도를 짓밟아 즙을 짜내는
사람

muljača 1. (포도 등의) 즙을 짜내는 장치(기
계), 압착기 2. (鳥) 새의 한 종류

muljar 참조 muljač; *u vreme berbe dolaze ~i
grožđa* 추수기에 포도를 짓밟아 즙을 짜내
는 사람들이 온다

muljati *-am* (不完) 1. (포도·올리브 등을) 짓밟
다, 짓밟아 즙을 짜다; *mati i sin slučajno
nalaze posao da muljaju masline* 엄마와 아
들은 우연히 올리브즙을 짜내는 일을 하고
있다 2. 이리저리 움직이다; (진흙탕·물속에
서)(팔다리를) 허우적거리다 3. (čime) (음식
을) 우물우물 씹다; (눈알을) 굴리다; ~
očima 눈동자를 굴리다; ~ *ustima* 입을 우
물우물하면서 음식을 씹다

muljav *-a, -o* (形) 진흙투성이의, 진창인, 진흙
탕의

mumificirati *-am*, **mumifikovati** *-kujem* (完,不
完) 미라로 만들다

mumija 1. 미라 2. (비유적) 비쩍마른 아주 고
령의 노인

mumizirati *-am* (完,不完) 미라로 만들다
(mumificirati)

mumlati *-am*, **mumljati** (不完) 1. (곰 등 맹수들
이) 으르렁거리다; *beli medved ··· propinje
se i mumla* 백곰이 일어서면서 을르렁거렸
다 2. 웅얼거리다, 중얼거리다; 투덜대다,
불평하다 (mrmljati; gunđati) 3. (보통 無人
稱文으로) (천둥·대포가) 쿵하고 울리다, 쿵하
는 소리를 내다; (교회 종소리가) 묵직하고
울리다; *mumlaju topovi* 대포소리가 쿵쿵 울
린다

mumlav, **mumljav** *-a, -o* (形) 으르렁거리는,
우르렁 울리는, 쿵쿵 울리는; *začuje se ... s
praga težak i ~ glas* 문턱에서 낮게 울리는

M

목소리가 들린다

munar (男), **munara** (女), **munare** -eta (中) 참조 minare; (이슬람 사원의) 첨탑(尖塔)

mundir (경관·군인 등의) 짧은 제복 상의; (일반적인) 제복, 유니폼 (uniforma)

munđati -am (不完) 중얼거리다, 웅얼거리다 (mumlati, mrmljati)

mungo mungosi (動) 몽구스 (족제비 비슷한 육식 동물로 독사를 잡아먹는 습성이 있음)

municija 탄약; bojeva (manevarska, školska) ~ 실탄(공포탄, 모의탄); nestalo im je ~e 그들은 탄약이 떨어졌다; fabrika ~e 탄약공장 **municionī, municijskī** (形); ~ depo 탄약소

muntati -am (不完) 1. (廢語) 경매하다, 경매로 팔다 2. 악용하다, 교묘히 이용해먹다; 착취하다 (iskorišćavati)

munuti -nem (完) 툭치다, 쿡 찌르다(주로 옆구리를 살짝); ~ u rebra 옆구리를 쿡 찌르다; on ju je opet munuo u leđa 그는 또 다시 그녀의 등을 툭쳤다

munja 1. 번개; sevaju ~e 번개가 친다; brz kao ~ 번개처럼 빠른 2. (비유적) 눈의 섬광 (분노의 표현으로), 예리한 시선; oči joj su bacale ~e kad je počeo da diže glas 그가 목소리를 높이기 시작하자 그녀의 눈에서 빛이 번쩍였다 3. (비유적) 민첩한 사람, 날렵한 사람

munjevit -a, -o (形) 1. 번개같은, 번개처럼 빠른, 순식간의; ~ let 순식간의 비행; ~a pobeda 순식간의 승리; ~ napad 순식간의 공격, 기습; ~ osmeh 순간적인 미소; ~a brzina 엄청나게 빠른 속도; ~ rat 순식간에 승패가 결정되는 전쟁 2. 예리한, 날카로운 (bridak); ~a desetka 예리한 익살; ~a satira 날카로운 풍자 3. (시선이) 날카로운, 예리한 (prodoran, strelovit)

munjina 1. (廢語) 전기 (električna struja) 2. (지대체) munja

munjovod 피뢰침 (gromobran)

munjonog -a, -o (形) 발이 빠른, 재빠른, 번개처럼 빠른

mur -ovi 참조 muhur; 도장, 인장, 스탬프

murava (植) 꽃상추과(科) 쇠채속(屬)의 식물

murdar 지저분한 사람 **murdara; murdarski** (形)

murdarluk 지저분함, 단정하지 않음; 더러움 (aljkavost, neurednost, nečistoća); ljudi, zbog njegova ~a napadali 사람들은 그의 지저분함 때문에 그를 공격했다

murdarskī -ā, -ō (形) 지저분한 사람의, 단정치 못한 사람의

murdaruša 참조 murdar; 지저분한 여자

murina, murinja (魚) 곰치(바닷 물고기의 일종, 뱀장어와 형태가 비슷함)

murva (植) 뽕나무; 오디 (dud)

musafir 손님, 여행객 (gost, putnik-namernik)

musafirhana 여행객들을 위한 막사(여관)

musaka 무사카 (양 또는 소의 저민 고기와 가지의 얇게 썬 조각을 엇갈리게 겹쳐 놓고 치즈·소스를 쳐서 구운 요리)

musav -a, -o (形) 더러운, 깨끗하지 않은 (prljav, nečist); bio je upravo sablasno čupav, slikovito ~ 그는 정말로 귀신이 나올 것 같이 머리가 덥수룩했으며 그림에서나 볼 것 같이 지저분했다

musavac -avca (男), **musavko** (男) 지저분한 사람, 더러운 사람

muselim (歷) 대재상(vezir)의 대리인

muskat 참조 muškat; 뮈스까 포도; 그 포도로 만든 포도주(단맛이 나는 백포도주)

musketa 머스켓총 (구식 보병총)

musketar 머스킷총을 든 병사; 보병

muskul (男), **muskula** (女) 근육 (mišić)

muskulatura (解) 근육 조직, 근계(筋系); atletičar s jakom ~om 강한 근육을 가진 육상선수

muskulozan -zna, -zno (形) 근육의 (mišićav); ~ vrat 근육질의 목; ~zno telo 근육질의 몸

musliman 1. 무슬림, 이슬람교도 (muhamedanac) 2. (대문자로) 보스니아의 무슬림(민족으로서의) **muslimanka; muslimanski** (形)

muslimanstvo 이슬람교, 회교 (islam); danas tamo vlada ~ 오늘날 그곳은 이슬람교가 지배한다

muslin 모슬린(속이 거의 다 비치는 고운 면직물) **muslinski** (形)

mustang 무스탕 (멕시코·텍사스 등의 작은 반야생마)

musti muzem; muzao, -zla; muzen, -ena (不完) **pomusti** (完) 1. (손 또는 기계로 젖소·양 등의 젖에서) 젖을 짜다; ~ kravu 젖소의 젖을 짜다 2. (비유적) 기대어 살다, 기생해 살다; (누구를) 악용하다, 착취하다; 고혈을 빨아먹다; nemci su muzili i zlostavljali narod 독인인들은 인민들을 착취하고 학대하였다 3. 즙(汁)을 짜내다(빨다); donosio joj je bombone, koje je voljela ~ 그녀가 빨아먹는 것을 좋아하는 사탕을 그가 가져왔다 4. (비가) 내리다, 퍼붓다 (jako padati) 5. 기타; ~ svoje stado (ovčice) (교회) 백성 신도들에 기대어 살다

mustra mustārā 1. 견본, 샘플, 본보기 (uzorak, primerak); njemu su se šile *haljine po ~i koju je doneo sa sela* 그가 시골에서 가져온 샘플에 따라 치마를 재봉하였다 2. (輕蔑) 호구(누군가를 경시할 때 쓰는); *~ i jesi* 너 호구야 3. 기타; *~ bez vrednosti* 아무런 효용가치도 없는 사람을 이르는 말

mušema 식탁보(윗면을 플라스틱화하거나 왁스를 입힌, 세탁할 필요가 없는); *~ na sirotinjskim stolovima* 빈자들을 위한 식탁에 깔린 식탁보; *sto je obložen ~om* 식탁위에 플라스틱화된 식탁보가 깔렸다

mušica 1. (지소체) muha; 파리 2. (昆蟲) 털파리 무리 3. (총의) 가늠쇠 4. (複數)(비유적) 변덕 (hir, kapris); *kod njega ... nema nerzumljivih ~ i ćudljivosti* 그에게는 변덕이나 이상한 점들이 없다 5. 기타; *imati svoje ~e* 자기만의 고집이 있다; *izbiti (nekome) ~e iz glave* 너무 변덕스럽지 않게 정상적으로 행동하도록 강제하다

mušičav *-a, -o* (形) 1. 파리의, 파리가 많은 2. 변덕스러운 (ćudljiv)

muškadija (女)(集合) 남자들 (muškarci)

muškara 남자처럼 행동하는 여자 (muškobanja)

muškarac 남자, 남성; *misliš, ja sam kao ti, pa trčim za svakim ~rcem* 내가, 너와 같이, 모든 남자들의 뒷꽁무니만 쫓는 것 같이 생각되니?

muškarača 남자처럼 행동하는 여자 (muškobanja)

muškat 참조 muskat; 뮈스카 포도; 그러한 포도로 만든 포도주

mušket (男), **mušketa** (女) 참조 musket; 머스켓총 (구식 보병총)

mušketar 참조 musketar; 머스킷총을 든 병사; 보병

muškī *-ā, -ō* (形) 1. 남자의, 남성의; *~ glas* 남자의 목소리; *~a lepota* 남성미; *~o društvo* 남자들 사회; *~ član porodice* 가족의 남자 성원; *~ ponos* 남자의 자부심; *~ rod* (文法) 남성; *po ~oj liniji* 부계(父系)로 2. 영웅의, 영웅적인, 용감한, 과감한, 과단성 있는; *trebalo je ... ~e borbe za pobedu načela* 원칙의 승리를 위해 과단성 있는(용감한) 투쟁이 필요했다 3. (명사적 용법으로, 보통 複數로) 남자, 남성 (muškarac); *~ stali na jednu stranu, a ženskinje na drugu* 남자들은 한쪽편으로, 그리고 여자들은 다른 편으로 섰다 4. 기타; *~a psovka* 쌍욕, 거친 욕; *~a reč* 평가받는 말; *~a ruka* 확고한 손, 방어자, 집안을 책임지는 사람; *~a snaga* 커다란 힘; *~e godine* 성년, 장년; *~e pesme* 서사시; *~a baba* 할머니(baba)처럼 말을 많

이 하는 남자

muški (副) 1. 용감하게, 과감하게, 단호하게, 결단력있게; *govori ~, slobodno i pouzdano* 단호하고도 자유롭게 그리고 믿을 수 있게 이야기해라 2. 명예롭게, 양심적으로 (čestito, valjano); *~ ću uraditi* 양심적으로 실행할 것이다 3. 남자답게

muškinje (中)(集合) 남자, 남성 (反; ženskinje)

muškō *-oga & -a* (男) 남자; (集合) 남자들; *na varoš je krenulo sve ~* 시내로 모든 남자들이 이동했다

muškobanja (=muškobana) 남자처럼 행동하는 여자, 남자처럼 보이는 여자

muškobanjast *-a, -o* (形) 남자처럼 행동하는 여자의, 남자처럼 보이는 여자의

muškost (女) 남성성

mušmula (植) 서양모과나무; 그 열매

mušterija (男,女) 1. (가게의) 손님, 고객; *pazio je da mu svaki ~ ode zadovoljan iz dućana* 모든 손님들이 만족해하면서 가게를 나설 수 있도록 신경을 썼다 2. 구매자, 소비자

muštikla 궐련용 담배 파이프; *~ od slonove kosti* 상아로 만든 궐련 파이프; *višnjeva ~* 체리나무로 만든 궐련 파이프; *ćilibarska ~* 호박으로 만든 궐련 파이프

muštra 1. 군사훈련; *dolazili su generali na smotru i ~u* 장군들이 사열과 군사훈련에 왔다 2. 전술 3. (方言) 참조 mustra; 견본, 샘플

muštrati *-am* (不完) **izmuštrati** (完) 1. (병사를) 훈련시키다; *vikali su podnarednici muštrajući i obučavajući mlade kozake* 하사관들은 젊은 코사크 병사들을 훈련시키면서 소리를 질렀다 2. (주어진 명령을 실행하도록) 강제하다, 내몰다; *matori te muštraju i sve nešto zakeraju* 나이든 사람들은 너를 몰아붙이며 항상 뭔가를 불평한다 3. (비유적) 치장하다, 장식하다 (doterivati, uređivati) 4. *~ se* (병사들이) 훈련받다, 훈련하다

muštuluk 1. 좋은 소식를 가장 먼저 가져오는 사람에게 주는 상(nagrada) 2. 기쁜 소식, 좋은 소식(뉴스) 3. 기쁜 소식을 가져오는 사람 4. 기타; *otići na ~* 기쁜 소식을 가져오다(전달하다)

muta (男,女) 벙어리; 말이 없는 사람, 과묵한 사람

mutacija 1. (生) 돌연변이 2. (사춘기의) 변성(變聲), 목소리가 변하는 것 3. (文法) 모음변화 **mutacioni** (形)

mutaf 참조 mutap

M

mutan *-tna, -tno* (形) 1. (보통 물··유리·얼음 등이) 탁한, 혼탁한, 흐린, 투명하지 않은, 불투명한; 혼란스런; *~tna situacija* 혼란스런 상황; *~tna voda* 혼탁한 물; *~tno staklo* 불투명 유리 2. (눈·시선 등이) 흐리멍텅한, 슬픈; *gledala je ~tnim očima kroz prozor* 슬픈 눈으로 창문을 통해 바라봤다; *~ pogled* 흐리멍텅한 시선 3. 안개가 낀, 우중충한, 구름이 낀; *dan je bio ~, padala je krupna kiša* 날은 흐렸다, 굵은 비가 내렸다 4. (목소리 등이) 쉰, 둔탁한, 허스키한 5. (비유적) 불분명한 (nejasan); *mutno poreklo* 불분명한 출처 6. (비유적) 기분이 좋지 않은, 침울한, 걱정스런 7. 기타; *loviti u ~tnom* 어려운 상황에서도 뭔가를 얻으려고 노력하다, 다른 사람의 어려운 상황을 이용하다; *~tno vreme (doba)* 혼란스런 시대; *~tno mi je u glavi (pred očima)* 또는 *~tna mi je glava* 머리가 혼란스럽다; *propalo (nestalo) kao u ~tnu vodu* 흔적도 없이 사라지다

mutap 1. 염소 가죽의 깔개(덮개) 2. 염소가죽 깔개를 만드는 사람

mutav *-a, -o* (形) 1. 벙어리의, 농아의 (nem); *bio je nespretan, težak i napola ~* 그는 솜씨가 없고 녹록하지 않은 사람이었으며 반벙어리였다 2. (비유적) 침묵의, 말을 하지 않는 (ćutljiv, šutljiv) 3. 말을 더듬는 4. (보통은 *nije on ~, pravi se* ~의 숙어로 사용되어) (口語) 지적장애인, 멍청한, 바보의, 미친

mutav *-ava* (男) 참조 mutap

mutavac *-avca* 농아, 벙어리 남자

mutavko (男)(輕蔑) 농아, 벙어리 남자

mutavost (女) 벙어리임, 말을 하지 못함

mutevelija (男)(歷) 재산(vakuf) 관리인

mutež (=mutljag) 1. (보통 물이) 탁한 것, 탁한 물; (비유적) 어지러운 상황, 혼란스런 상황 2. (혼탁하게 만드는) 침전물, 앙금, 퇴적물 (talog) 3. 기타; *bistriti ~* 진실을 밝히다

mutikaša *-e* (男), **mutilac** *-ioca* (男) 음모를 꾸미는 사람, 음모자 (smutljivac, spletkaroš, intrigant)

mutimir 평화를 어지럽히는 사람, 평화파괴자

mutirati *-am* (不完) 1.(사춘기의 소년이) 변성되다, 목소리가 변하다 2. (生) 돌연변이하다

mutiti *-im* (不完) 1. 탁하게 하다, 혼탁하게 만들다, 흐리다; (비유적) 불분명하게 하다, 혼란스럽게 하다, 어지럽게 하다; *čemu mutiš bistru vodu?* 무엇으로 맑은 물을 혼탁하게 하느냐?; *nade uvek su mu ... mutile pogled* 희망이 항상 그의 시각을 흐렸다; *~ situaciju* 상황을 어지럽히다 2. 섞다, 뒤섞다, 혼합하다 (mešati); *~ testo* 반죽하다 3. (비유적) 교란시키다, 망가뜨리다 (remetiti, kvariti); *tu radost mutila joj je jedino Ana* 아나만이 그녀의 기쁨을 깨뜨렸다; *to nam muti sreću* 그것은 우리의 행복을 깨뜨린다; *~ kome kašu* 누구에 대해 음모를 꾸미다 4. 분열시키다, 평화를 깨뜨리다, 알력을 야기시키다; (봉기 등을) 선동하다, 부추키다; (비유적) (마음 등을) 아프게 하다, 슬프게 하다, 유감스럽게 하다; *~ narod* 국민들을 분열시키다; *to mu muti srce* 그것이 그의 마음을 아프게 한다 5. (비유적) 배회하다, 어슬렁거리다 (lutati, tumarati) 6. *~ se* 혼탁해지다, 탁해지다, 흐려지다; 망가지다, 교란되다 7. *~ se* (하늘이) 흐려지다, 구름이 끼다; *toga dana ... poče se nebo ~* 그날 하늘에 구름이 끼기 시작했다 8. *~ se* 불평하다, 불만을 토로하다, 분개하다 9. *~ se* 오해하다 햇갈리다 10. 기타; *krv (utroba) mi se muti* 모든것에 화가 난다; *muti mi se u glavi (pred očima)* 어지럽다, 현기증이 난다

mutivoda (男,女) 1. 물을 혼탁하게 하는 사람 2. (비유적) 상황을 어렵게 만드는 사람

mutljag (=mutež) 침전물, 앙금; *nosi voda taj ~ daleko* 물이 그러한 침전물을 멀리 가져간다

mutualizam *-zma* 1. (生物) (종류가 다른 생물 간의) 상리 공생(相利共生) 2. (倫理) 상호 부조론

muva (pl. *muve, muvā*) (害蟲) 파리; *kućna ~* (집)파리; *~ peckara* 침파리, 쇠파리; *~ đubrara* 꽃등에; *konjska ~* 말파리, 쇠등에; *~ ce-ce* 체체파리; *~-kategorija* (권투 등의) 플라이급 *lepak za ~e* 파리잡이 끈끈이; *jednim udarcem ubiti dve ~e* 일석이조의 일을 하다; *praviti od ~e medveda* 침소봉대하다 *hodati kao ~* 조용히(소리나지 않게) 걷다; *ići (raditi) kao ~ bez glave* 정신없이 가다(일하다); *pasti kao ~ u pekmez* 곤한 잠을 자다, 깊게 잠들다; *pasti kao ~ u paučini* 옴짝달싹 못하다, 누구의 손아귀에 빠지다

muvalo (中) 호사가, 별별 일에 다 참견하는 사람

muvar (植) 조 (포아풀과(科)의 식물) (muhar)

muvara (植) 광대버섯(독버섯의 일종; 옛날 이것에서 파리잡는 끈끈이 종이에 바르는 독을 채취했음) (muhara)

muvati *-am* (不完) 1. 밀다, 밀치다 (gurati, ćuškati); *~ laktom* 팔꿈치로 밀치다 2. (보통 처녀를) 졸졸 쫓아다니다(애정공세를 퍼

부으며) 3. 누구를 자신의 편으로 끌어들이
려고 노력하다 4. ~ se 밀리다 5. ~ se 배회
하다, 어슬렁거리다; (누구의 근처를) 배회하
다 6. ~ se (口語) 서로 뒤꽁무니를 쫓아다니
다(서로 좋아서)

muvetina (지대체) muva

muvica (지소체) muva

muvolovka 파리잡이 끈끈이

muvomor 파리약 (muhomor)

muvomorka 참조 muvara

muvoserina 파리똥

muvožder 파리를 잡아 먹는 것(식물·동물)

muza 1. 뮤즈(고대 그리스·로마 신화에서 시,
음악 및 다른 예술 분야를 관장하는 아홉 여
신들 중의 하나) 2. (비유적) (작가·화가 등에
게 예술적 영감을 주는) 뮤즈

muzara 1. 젖소·양·염소(젖을 짜내는) 2. (비유
적) 돈줄, 젖줄, 지속적인 수입원 3. (젖소
등의) 젖을 짜는 여자 (muzilja)

muzej 박물관; *arheološki* ~ 고고학 박물관;
etnografski ~ 민속학 박물관 **muzejski** (形)

muzgav *-a, -o* (形) 때(오물·오점)로 더럽혀진,
더러운 (umrljan, uprljan, musav)

muzgavica (녹아서) 진창이 된 눈

muzicirati *-am* (完,不完) 연주하다 (svirati)

muzičar 음악가(작곡가·지휘자·연주가 등을 포
함), 뮤지션 **muzičarka**; **muzičarski** (形)

muzika 음악; *vokalna (instrumentalna)* ~ 성
악(기악); *i komarac mu je* ~ 그에게 주절주
절 이야기할 필요는 없다, 그는 금방 알아듣
는다; *mačija* ~ 조화를 이루지 않은 노래(연
주); *staviti u* ~*u* 작곡하다 **muzički** (形)

muzikalan *-lna, -lno* (形) 1. 음악적인, 음악에
소질이 있는 2. (비유적) 음악적으로 만들어
진, 하모니를 이루는 3. 음악의

muzikalije (女,複) 음악 소품(특히 악기와 노트)

muzikalnost (女) 1. 음악적 재능(소질) 2. 하모
니를 이룬 음

muzikant 음악연주자; 오케스트라단원

muzikolog 음악학자

muzikologija 음악학

muzilja (젖소·양 등의) 젖을 짜는 여자, 우유
짜는 여자

muzirati *-am* (完,不完) 1. (맥주의) 거품이 생
기다 2. 거품이 생기도록 술을 따르다

muzlica (소·양 등의 젖을) 짜내는 그릇

muznica 젖소·양·염소(젖을 짜내는) (muzara)

muž *-evi* 1. 남편 (suprug) **muževlji**,
muževljev (形) 2. (廢語) 성인 남성 3. (廢語)
명망있는 사람; 유명한 사람; 영웅 4. (廢語)

(복수 muži) 촌사람, 농부 (seljak)

muža (젖소 등의) 젖짜는 일

mužanskī *-ā, -ō* (形) 남편의; 성인 남성의, 남자의

mužar 1. 소형 대포의 한 종류 2. (금속·목재로
만들어진) 막자사발 (avan)

muženje (동사파생 명사) musti; 젖짜기

muževan *-vna, -vno* (形) 남성적인, 남성적 특
성의; 남자다운 (muški); ~ *izgled* 남성적인
외모; ~*vna odvažnost* 남자다운 대담함(용
맹함); ~*vna figura* 남자의 형상

muževnost (女) 남성성; 남자다운 용모(행동·
태도) (muškost)

mužić (지소체) muž

mužik (제정 러시아 시대의) 농민, 농노

mužjačkī *-ā, -ō* (形) 남자의, 남성의, 남성다운
(muški); ~ *izgled* 남자다운 외모

mužjak 1. (동물의) 숫놈, 숫컷 2. (생물학적)
남자

M

549

N n

na (小辭)(口語) **1.** (누구에게 뭔가를 주거나 전달 또는 제공하는 것을 나타냄) 자 여기, 집어, 가져 (evo!, drži!, uzmi!); ~, ostavi ovu sablju 자 그 검을 내려놓아라!; evo ti ~! 자 여기 가져라! **2.** (보통 반복적으로) 동물 등을 부르거나 안정시킬 때 사용하는 감탄사

na (주로 evo ti ga na의 구문으로) 예상치 않은 결과·갑작스런 상황의 변화를 나타낼 때 사용

na (前置詞, +A., +L.) **I.** (+A, +L) **1.** (+A, 장소나 위치의 변화·변동이 있을 때, kuda에 대한 대답), (+L, 장소나 위치의 변화·변동이 없을 때, gde에 대한 대답) ~에; popeti se na brdo / naliziti se na brdu 언덕에 오르다/언덕에 있다; staviti knjigu na sto / knjiga se nalazi na stolu 책상위에 책을 놓다/책은 책상위에 있다; zadenuti cvet na kosu / ići sa cvetom u kosi 꽃을 머리에 꽂다/머리에 꽃을 꽂은채 가다; navesti se na more / plodbu na moru 바다로 항해해 나가다/바다에서의 항해; izaći na igralište / biti na igralištu 놀이터에 나가다/놀이터에 있다; stići na Cetinje / živeti na Cetinju 쩨티네에 도착하다/쩨티네에 살다; doći na fakultet / studirati na fakultetu 대학에 도착하다/대학에서 공부하다; okačiti pušku na klin / puška je na klinu 총을 못(걸이)에 걸다/총은 못(걸이)에 걸려있다; sesti na kočije / sedeti na kočijama 마차에 타다/마차를 타고 가다 **2.** (+A, 어떠한 환경·조건에 맞부딪칠 때), (+L, 어떠한 환경·조건에 놓여 있을 때) ~에; skupiti na jednu gomilu / biti na gomili 하나의 무리(더미)로 모으다/무리(더미)에 있다; izići na svež vazduh / biti na svežem vazduhu 신선한 공기를 마시러 나가다/신선한 공기속에 있다; doći na videlo / biti na videlu 시야에 들어오다/시야에 있다; svratiti na gozbu / napiti se na gozbi 연회에 들르다/연회에서 마시다; doći na kafu / biti na kafi 커피를 마시러 오다/커피를 마시고 있다; doći na novu dužnost / biti na novoj dužnosti 새로운 직책에 오르다/새로운 직책에 있다; osuditi na robiju / provesti nekoliko godina na robiji 징역형을 선고하다/몇 년동안 징역형을 살다; prevesti na engleski jezik / prevod je na engleskom

jeziku 영어로 옮기다/번역은 영어로 되었다 **3.** (+A)(동사 동작이 행해질 때 접촉하거나 연결되는 것을 나타낼 때) ~와; zakačiti se na lanac / biti na lancu 체인에 걸리다/체인에 묶여있다; staviti misli na papir / crtež na papiru 생각을 종이에 적다/종이에 그린 스케치 **4.** (+A; 동사의 동작을 행할 때) ~에; prionuti na posao 일에 전념하다 **5.** (동사 동작을 가능하게 하는 것, 동사 동작이 행해지는 것을 나타낼 때)(보통은 수단·무기·악기 등의); prosejati na sito i rešeto / obraditi na mašini 체로 거르다, 체질하다/기계로 가공하다; svirati na klaviru 피아노를 연주하다 **6.** (+A; 동사 동작이 도구·수단의 영향하에 노출될 때), (+L; 뭔가가 변하거나 만들어지는 것, 보통은 음식); staviti meso na vrelu mast / pržiti na masti 고기를 뜨거운 쇼트닝에 넣다/기름에 튀기다 **7.** 동사동작의 실행 방법(+A; 보통은 분배 또는 도구적 의미를 나타낼 때), (+L; 보통은 동작이 행해지는 방법, 조건의 의미를 가질 때); zviznuti na dva prsta 두 손가락으로 휘파람을 불다; iseći na režnjeve 조각으로 자르다; šetati na miru 평화롭게 걷다 **8.** 부사적 표현으로써; držati revolver na gotovs 리볼버 권총을 사격자세로 가지고 있다 **9.** (앞의 형용사와 뒤에 대격(A) 또는 처소격(L) 형태로 오는 명사를 결합시키면서 앞의 형용사를 한정하는 역할); vešt na jeziku 언어에 능통한; osetljiv na promaju 맞바람에 민감한 **10.** (앞의 명사를 수식하여 뒤에 오는 명사와 연결시키는 역할); brod na jedra 돛단배, 범선(帆船); sto na rasklapanje 분해 조립할 수 있는 테이블 **11.** (+A; 이유·원인·동기, 응답·반응·반작용을 야기하는 것); oprostiti na drskosti 거만함을 용서하다; bunio se na ovakav razgovor 이러한 대화에 분개하였다; plakao na takvu pomisao 그러한 생각에 울음을 터뜨렸다; zgadi se na muža 남편을 역겨워하다 **12.** (시간을 표현할 때); na Božić 크리스마스에; na ovaj veliki dan 이 위대한 날에; na poluvremenu utakmice 경기 중반전에; platiti na sat 시간으로 지불하다; otići nekuda na dva dana 이 틀간 어디에 가다; na leto 여름에; na vreme 정시에, 정각에 **13.** (+L, 동사 gubiti, dobijati 등과 함께), (질적·양적 측면에서 변화가 일어날 때); gubiti na vremenu 시간을 잃다; gubiti na ceni 가격이 하락하다; dobijati na vrednosti 가치를 획득하다, 가

치가 올라가다 II. (+ A) 1. 어떤 행동·활동의 목표·타켓·목적; *lov na zečeve* 토끼 사냥; *pucati na gol* 골대를 향해 쏘다; *krenuo je na sreću* 행복을 향해 떠나다 2. ~을 향한 (prema); *soba s prozorom koji gleda na more* 바다를 바라보고 있는 창문이 있는 방 3. 개인적 입장(소망·열망·분노)이 지향하는 대상이나 사물 또는 사람을 나타낼 때; *biti ljut na nekoga* 누구에 대해 화내다 4. (na+명사의 구문으로 오는 수식어구에 대해) ~할 준비가 되어있는 상태나 특성을 나타낼 때 (spremnost, gotovost); *lakom na pare* 돈을 쉽게 쓰는; *spreman na sve* 모든 것을 할 준비가 되어 있는; *imati nagon na povraćanje* 구토하고픈 충동이 있다 5. 동사 의미와 연관된 과정을 연상시킬 때; *zaudarati na znoj* 땀 냄새를 맡다; *ličiti na majku* 어머니를 닮다; *miriše na prevaru* 사기 냄새가 난다 6. (주로 의무나 필요성에 의해) 누구에게 주는 것을 나타냄; *davati novac na izdržavanje* 부양금을 주다; *istrošiti se na nekoga* ~에게 지치다 7. (수량이나 단위를 나타내는 어휘와 함께); *prodavati na litar* 리터로 판매하다; *ulje se menja na 6,000 kilometara* 오일은 6천 킬로마다 교환한다; *prodaja na malo (veliko)* 소매(도매); *ima na hiljade vrsta* 수 천 종류가 있다; *na dohvat ruke* 손이 닿을 거리에; *na kilometar odavde* 여기서 1킬로미터 떨어진 곳에; *otići na godinu dana u inostranstvo* 외국에 1년간 나가다; *otvoriti oči na trenutak* 순간적으로 눈을 뜨다 III. (+ L) 1. ~의 표면 위에 있는 사물을 나타냄; *dugme na košulji* 셔츠에 달린 단추; *deveta rupa na svirali* 피리의 아홉개 구멍 2. (동사 zahvaliti se, zahvalivati se와 함께) ~에 대해 감사 또는 인정·승인을 표할 때; 공손하게 거절할 때(직책 등을); *zahvaliti se na poklonu* 선물에 감사해 하다; *zahvaliti se na mandatu* 위임에 감사를 표하다(하지만 거절한다)

na- (接頭辭) I. 동사와 함께 1. 어떤 동작이 대단위(큰규모로 충분히)로 이뤄지는 것을 나타냄; napuniti 꽉채우다; načupati (많이)뽑다; naspavati se 충분히 잘 자다; načekati se 오래 기다리다 2. (완료상 동사에서) 동사 동작의 이행을 나타냄; napisati (pismo) (편지를) 다 쓰다; našaliti se 농담하다 3. 동작이 대상에 부분적으로 미치는 것; 동사 동작이 불완전하게 이행되는 것; 동사 동작

이 약하게(낮은 강도)로 이행되는 것을 나타냄; nagristi (nagrizati) 약간(조금) 베어물다; napući 조금 금이 가다; nagoreti 조금 타다 4. 높이가 올라가는 것(상승하는 것), 규모(용적)가 커지는 것(팽창하는 것)을 나타낼 때; nabujati 급속히 불어나다(성장하다, 팽창하다), nadići (se) 올라가다 5. (~에) 더하는 것(첨가하는 것); ~을 어디에 놓는 것(위치시키는 것)을 나타냄; nasaditi (motiku) 말뚝을 박다 6. (~을) 만나거나 맞딱드리는 것, (~까지의) 도달을 나타냄; naići(nailaziti) 발견하다; naleteti 날아가 부딪치다 7. (보통은 완료상 동사에서) (~의) 예감·인식·알아차림 등을 나타냄; namirisati (opasnost) (위험을) 냄새맡다; naslutiti (nešto) (뭔가를) 알아차리다 8. 자세를 구부리거나 숙이는 것 등 반듯한 자세에서 벗어나는 것을 나타냄; nagnuti (se) 구부리다, 숙이다; nakriviti (se) 굽히다 9. 상태 또는 모습의 변화를 나타냄; namazati 바르다; naoštriti 날카롭게 하다; naoružati 무장하다 II. 형용사에 붙어; 형용사의 뜻을 완화시키고 약하게 한다; nagluv 가는 귀가 먹은, 조금 잘 안들리는; natruo 약간 부패한 III. 부사, 또는 격변화형에서 파생된 어휘와 함께; naiskap 마지막 한 방울까지; nalik ~와 유사한, ~와 닮은; napamet 외워서

nabacati -am (完) 1. (많은 양을 더미에) 던지다, 던져서 더미를 만들다; nasred avlije nekad gomilu kamenja 마당 가운데에 누군가 이전에 돌들을 던져 돌더미를 만들었다; ~ drva (na vatru, u peć) (불에, 난로에) 나무를 많이 던져넣다 2. 무질서하게 쌓다(놓다), 아무렇게나 던지다(던져놓다); ~ stvari 물건들을 아무렇게나 던져놓다 3. 펼치다, 펼쳐놓다 (어떠한 표면·공간에) (rasprostreti); ~ slamu po podu 바닥에 짚을 아무렇게나 펼쳐 놓다 4. (문학 작품 등을) 두서없이 아무렇게나 쓰다(집필하다); 두서없이 말하다 5. ~ se (卑俗語) 음식을 입속에) 쳐넣다, 쑤셔넣다; i tako nabacam se hleba i napijem vode 그렇게 빵을 입에 쑤셔넣고 물을 마신다

nabaciti -im (完) nabacivati -cujem (不完) 1. (~의 위에·표면에) 던지다, ~에 더하다; (어깨·등에) 걸치다. 매다; na rame štit nabaci 방패를 어깨에 걸쳐 매다; ~ torbu na leđa 가방을 등에 걸쳐 매다; tada su zatvorili vrata i nabacili rezu 그때 문을 닫고 걸쇠를 걸어잠겼다; ~ malter na zid 모르타르를 벽에 바르다 2. 던져 더미를 만들다, 더미에

N

던지다 (nagomilati, baciti na gomilu); *ječam je nabačen uz stožinu* 보리는 노적가리에 던져졌다; ~ *suve grane na ognjište* 마른 나뭇가지를 불더미에 던지다 3. (스포츠에서) 상대편 선수 위로 (공을) 패스하다 4. 부차적으로 말에 덧붙이다, 덧붙여 말하다; *konzulica nabaci nekoliko reči* 영사는 몇 마디를 덧붙였다 5. (비유적) (kome, na nekoga) (잘못·비난·질책 등을) ~에게 떠넘기다; *ko je to nabacio na njega, nije bilo teško pogoditi* 누가 그것을 그에게 떠넘겼는지 알아맞히는 것은 어렵지 않았다; ~ *krivicu na nekoga* 누구에게 잘못을 떠넘기다; ~ *nekome nešto na nos* 누구를 비난하다(책망하다) 6. (비유적) 간단하게 말하다 (발표하다); 무엇을 대략(대충) 하다(쓰다, 말하다); *on je bio nabacio želju* 그는 바람을 대충 말했었다; *on je nabacio na hartiju* 그는 종이에 대충 썼다; ~ *ideju* 아이디어를 간단하게 말하다

nabadati *-am* (不完) 1. 참조 nabosti; (날카로운 것으로) 꿰뚫다, 꿰찌르다, 관통하다 2. (종종 보어 nogama와 함께) 힘들게 걷다, 불안정하게 걷다(높은 굽이 달린 신발을 신고); 절뚝거리며 걷다 3. (간신히 글자를 깨달으며) 더듬거리며 읽다 (natucati); *oprezno nabadajući slovo po slovo, pročitaše prvu reč!* 간신히 한 자 한 자를 더듬거리며 첫 단어를 읽었다 4. ~ se 꿰뚫리다, 관통되다 5. ~ se (~에) 의지하여 걷다, 짚으며 걷다; *idu polagano nabadajući se na kišobrane* 우산에 의지하여 천천히 걸어간다

nabasati *-am & -ašem* (完) 1. (na nekoga, na nešto) 우연히 만나다(조우하다·맞딱뜨리다) (natrapati) 2. 우연히 발견하다(찾다) (slučajno pronaći); *nabasah slučajno na jedan dopis* 우연히 한 통신문을 찾았다(발견했다) 3. 우연히 발을 내딛다(밟다); ~ *na mravinjak* 우연히 개미집을 밟다; ~ *na panj* 우연히 그루터기에 부딪치다 4. (어디에·어느곳에) 나타나다 (pojaviti se, iskrsnuti)

nabaviti *-im* (完) **nabavljati** *-am* (不完) 1. (물건 등을) 조달하다, 구하다; 구입하다, 구매하다 (dobaviti, pribaviti, kupiti); ~ *vino* 포도주를 구매하다; ~ *materijal (za kuću)* 주택 자재를 조달하다; ~ *robu* 물건을 조달하다; *bolničarke su joj nabavile malo kiselog mleka, pa se bolje osećala* 간호사들이 그녀에게 요구르트를 조금 구해주어, 그녀는

조금 나아졌다 2. 확보하다; 얻다, 획득하다; ~ *dokaz* 증거를 확보하다

nabavka 조달, 공급, 구매, 구입 (snabdevanje, nabavljanje, kupovina); ~ *knjiga* 서적 구매; *služba ~e* 구매과; *svet je češće išao u Sarajevo, radi ~e* 사람들은 물건을 조달하기 위해 자주 사라예보에 갔다

nabavni (形)

nabavljač 조달자, 공급자, 구매 대리인 (snabdevač, dobavljač) **nabavljačica**; **nabavljački** (形)

nabavljati *-am* (不完) 참조 nabaviti

nabavnī *-ā, -ō* (形) 참조 nabavka; 조달의, 구매의, 구입의; ~*a cena* 구매가; ~*a politika* 조달 정책; ~*o odeljenje* 구매과

nabediti *-im* (完) **nabeđivati** *-đujem* (不完) (nekoga) 1. 무고하다, 비방중상하다, 죄를 뒤집어씌우다 (obediti) 2. (사실이 아닌 것을 사실인양) 믿게 하다 (uveriti); *nabedili ga da je revizor* 사람들은 그가 회계사라고 그를 믿게 하였다(회계사가 아님에도 불구하고) 3. 설득하다 (nagovoriti, privoleti); *bio je to miran i spor čovek, koga nabediše da bude četovođa ... zato što je bio imućan i ... imao ugleda među drugim seljacima* 그는 조용하고 느린 사람이었는데 의용대장이 되라고 설득하였다 ... 왜냐하면 부유했으며 ... 다른 농부들 사이에서 평판이 좋았기 때문이었다

nabeliti *-im* (完) 하얀 것(belina)을 바르다, 하얗게 칠하다, 표백하다, 백색도료를 바르다; 호도하다, 겉치장하여 속이다; *on pogleda devojku ... sitnu, jako nabeljenu* 그는 분칠을 많이한 조그마한 아가씨를 쳐다본다; *kad istinu nabelite, narumenite i okitite, onda je ona ružna kao i prava laž* 진실에 분칠하고 치장한다면, 그러한 진실은 새빨간 거짓 말처럼 추할 것이다

nabiflati *-am* (完)(口語) (이해없이) 무작정 외우다, 기계적으로 외우다 (bubati, nabubati); *latinski nabiflam ... jer sam obećao materi da ću svršiti školu* 라틴어를 무작정 외운다 ... 왜냐하면 어머니에게 학교를 졸업할 것이라고 약속했기 때문이다

nabijač 1. (흙·모래 등을) 다지는 기계(장비·공구); *mladom inženjeru ... pošlo je za rukom da konstruiše novi vibracioni ~, za ravnjanje puteva* 젊은 엔지니어는 새로운 도로다지기용 진동다지기를 만드는 것에 성공했다 2. (흙·모래 등을) 다지는 사람 3. 해머의 한 종류(통에 테를 박아 넣는) 4. 해머,

N

망치 (malj)

nabijača 1. (흙·모래 등을) 다지는 기계(장비·공구) (nabijač) **2.** 구식 총의 한 종류(탄약 꽂을대로 화약을 장전해서 발사하던)

nabijanje (동사파생 명사) nabijati; ~ *na kolac* 형벌의 한 종류(막대기를 항문에서 입을 통해 꿰뚫어 매달아 죽이는); ~ *kroz grlo cevi* (탄약을 탄약꽂을대로 장전하는) 전장(前裝)

nabijati -*am* (不完) 참조 nabiti

nabijen -*a*, -*o* (形) **1.** 참조 nabiti **2.** 통통한, 포동포동한, 살찐 (debeo, pun) **3.** (보통 사람·신체의 일부가) 튼튼한, 단단한, 견고한 (čvrst, jedar, zbijen)

nabirati (se) -*am (se)* (不完) 참조 nabrati (se) (많이·충분히) 따다, 채집하다

nabiti *nabijem*; *nabijen*, -*ena* (完) **1.** (što u nešto) (쳐서·눌러서) 꽉꽉 채우다, 꽉꽉 채워넣다, 다지다, 다져넣다, 밀어넣다, 쑤셔넣다; ~ *duvan u lulu* 궐련을 파이프에 다져넣다; ~ *lulu* 파이프를 꽉 채워넣다; ~ *kofer* 가방에 쑤셔넣다; ~ *konzerve u ranac* 통조림을 배낭에 꽉채워넣다; ~ *obuću u torbicu* 조그만 가방에 신발을 채워넣다 **2.** (사람·가축 등을)(비좁은 공간에) 억지로 밀어넣다, 몰아넣다; ~ *sve u jednu sobicu* 모든 사람들을 조그만 방에 몰아넣다; ~ *u logor* 수용소에 가둬놓다 **3.** (총 등에 화약 등을) 장전하다; ~ *pušku* 총을 장전하다 **4.** (땅 등을 해머 등으로 쳐서) 다지다 (utabati); ~ *zemlju* 땅을 다지다 **5.** (비유적) 전기를 통하게 하다, 전하(電荷)를 띠게 하다 **6.** 굳은 살이 박히게 하다 **7.** (na nešto) (옷·모자 등을) 억지로 들어가게 하다, 억지로 입히다 (씌우다); ~ *kapu na glavu* (머리에 안들어가는) 모자를 억지로 쓰다 **8.** (쇠꼬챙이·막대기 등에) 끼우다, 관통시키다, 쑤셔넣다; ~ *na kolac* 사형에 처하다(막대기를 항문에서 입으로 관통시켜) **9.** (테두리 등을) 씌우다, 끼워넣다 **10.** (말뚝 등을) 박다 (zariti, zabosti); ~ *kolac u zemlju* 말뚝을 땅에 박다 **11.** ~ se (좁은 공간에) 가득 채워넣다; 쳐넣어지다, 쑤셔넣어지다, 붐비다, 만원이다; ~ *se u tesnu prostoriju* 비좁은 공간에 발디딜 틈이 없게 붐비다; *nabili se svi u gradove* 도시들은 많은 사람들로 붐볐다, 도시에는 많은 사람들이 살고 있다; ~ *se u autobus* 버스가 만원이다 **12.** ~ se (비좁은 사이에) 끼다; *nabio se sneg između konjskih kopita* 말발굽 사이에 눈이 끼었다 **13.** 기타; *kao nabita (nabijena) puška* 모든 준비가 된; ~ *vrat*, ~ *sapi* 살찌다; ~ *na nos*

질책하다, 책망하다; ~ *nekome ognjište* (손님으로 가서) 너무 오래 머물다; ~ *rogove mužu* (부인이) 남편을 속이면서 바람을 피우다; ~ *cenu* 바가지를 씌우다

nablebetati se -*ćem se* (完) 실컷 떠들다, 원없이 수다를 떨다 (nabrbljati se)

nablizu (副) 근처에, 가까이에 (u blizini, blizu, nedaleko); *kuće su im* ~ 그들의 집은 가까웠다; *ovde* ~ *nikoga nema!* 여기 근처에는 아무도 없다

naboj 1. 짓이긴 흙(황토에 겨·짚 등을 섞은); 그러한 흙으로 쌓은 벽(바닥); *kuće su im skoro jednake; male, od* ~*a* 그들의 집은 거의 비슷하였다; 짚을 짓이긴 황토흙집의 조그마한 **2.** 탄환, 총알 (metak, municija) **3.** 전하(電荷); 전하량 (naelektrisanje); *negativni* ~ 음전하; *pozitivni* ~ 양전하 **4.** (손·발의) 못, 굳은 살 (žulj, uboj) **5.** 흙을 다지는 장비(기계) (nabijač) **6.** 잔돌(건축할 때 큰 돌이나 벽돌 사이의 빈 공간에 채워넣는) **nabojni** (形)

nabojnica 황토흙집

nabojnjača 탄약통, 탄약주머니 (fišeklija)

nabokati se -*am se* (完)(辱說) 과식하다, 배터지게 먹다

nabolje (副) 좋은 방향으로; 건강하게; *stvari su krenule* ~ 일들이 좋은 방향으로 진행되었다

nabor 1. (보통 複數로) (옷의) 주름 (falta); *u* ~*ima* 주름잡힌 **2.** (얼굴·피부의) 주름, 주름살 (bora, brazda); (뇌의) 주름 **3.** (물 표면의) 잔 물결 **4.** (지질) (땅의) 파인 곳, 고랑

naboran -*a*, -*o* (形) **1.** 참조 naborati **2.** (얼굴에) 주름이 많은 **3.** (지표면·땅 등이) 울퉁불퉁한, 융기와 침강이 연속적인

naborati -*am*; *naboran* (完) **1.** (이마에) 주름살이 잡히게 하다; 인상을 쓰다, 찡그리다 **2.** (옷에) 주름을 잡다 **3.** (물 표면에) 파도치게 하다, 출렁이게 하다, 일렁이게 하다 (ustalasati, uzburkati) **4.** ~ se (얼굴 등에) 주름이 잡히다 **5.** ~ se (호수·바다 등이) 잔 파도로 출렁이다

nabosti *nabodem*; *nabo, nabola*; *naboden*, -*ena* (完) **nabadati** -*am* (不完) **1.** (뾰족한 것으로) 찌르다, 꿰뚫다, 꿰찌르다 (nataći, navući); ~ *na viljušku* 포크로 찌르다 **2.** (바늘 등으로) 여러 곳을 찌르다; ~ *opnake* (opanak을 만들면서) 신발에 바느질하다 **3.** ~ se (뾰족한 것으로) 찔리다, 꿰찔리다, 관통되다; ~ *se na koplje* 창에 찔리다; ~ *se na trn* 가시에 찔리다; *nabola se na iglu* 바

N

553

늘에 찔렸다; *taj će se zec još ~ na moj ražanj* 그 토끼도 내 꼬치 꼬챙이에 꿰질 것이다

nabožan *-žna, -žno* (形) 1. 신을 믿는, 종교적인 (pobožan, religiozan); *tu mole i pevanju ~žne pesme, često dugo u noć* 여기서 사람들은 기도하고 종교적인 노래를 부르는데, 종종 밤늦게까지도 2. (~에 대해) 존경심을 보이는, 경의를 표하는, 공손한

nabrajati *-am* (不完) 1. 참조 nabrojati, nabrojiti 2. (하나 하나, 순서대로) 나열하다, 열거하다 (nizati, ređati); ~ *imena* 이름을 하나 하나 열거하다; ~ *razloge* 이유를 하나 하나 나열하다 3. 똑 같은 말을 반복하다(반복해서 말하다) 4. (고인을) 애도하다, 애통해하다, 통곡하다 (naricati, jadikovati)

nabran *-a, -o* (形) 1. 참조 nabrati (se) 2. (피부·얼굴 등이) 주름진 (naboran, izboran) 3. (옷 등이) 주름진, 구겨진 4. (호수·바다 등이) 파도치는 (zatalasan, namreškan) 5. (땅 등이) 울퉁불퉁한, 융기와 침강이 연속적인 (venčani, lančani); *sve do Male Azije, Aavkaza i Indonezije proteže se vulkanski pojas mlađih ~ih planina Evrope i Azije* 소아시아, 카프카즈 그리고 인도네시아까지 유럽과 아시아의 신생 산맥들의 화산대가 이어진다

nabrati *naberem* (完) **nabirati** *-am* (不完) (꽃·과일 등을) 충분히 따다, 많이 따다(채집하다)

nabrati *naberem* (完) **nabirati** *-am* (不完) 1. (이마 등을) 주름지게 하다; (얼굴을) 찡그리다, 찌푸리다; ~ *čelo* 이마를 찌푸리다; *njemu je vreme već nabralo boro na čelu* 세월은 이미 그의 이마에 굵은 주름이 지게 했다 2. (옷·천 등에) 주름지게 하다, 구겨지게 하다 (nafaltati); ~ *suknju* 치마에 주름을 잡다 3. (호수 등의 표면에) 잔 파도가 일게 하다, 잔잔한 물결이 일게 하다 4. (땅·지표면 등이) 융기와 침강이 생기게 하다

nabrecit *-a, -o* (形) (태도·행동 등이) 거친, 오만한, 거만한 (osoran, prek, nabusit)

nabrecinuti se *-nem se* (完) **nabrecivati se** *-cujem se* (不完) 거만하게 말하다, 고함치다, 소리지르다 (podviknuti, izderati se); ~ *na nekoga* ~에게 소리지르다

nabreći *nabreknem* (完) 참조 nabreknuti; 붓다, 부어오르다

nabrekao *-kla, -klo* (形) 부은, 부어오른; *~klo lice* 부은 얼굴

nabrekivati *-kujem* (不完) 참조 nabreknuti

nabreklina 1. (몸의) 부은 곳, 부어오른 곳 (otok, oteklina) 2. 솟아오른 곳 (ispupčenje, izbočina); ~ *na zemljanom loncu* 토기그릇의 부풀어오른 곳; ~ *na zemljinoj kori* 땅표면의 솟아오른 곳

nabreknuće 참조 nabreklina

nabreknuti *-nem*; nabreknuo, *-nula* & nabrekao, *-kla* (完) **nabrekivati** *-kujem* (不完) 1. (목재 등이) (물기를 빨아들여) 부풀다, 부풀어오르다; (곡물 등이) 부풀다, 붇다; (신체의 일부가) 붓다, 부풀어오르다; (젖이) 붇다, 부풀다; *njemu nabrekle žile na vratu* 그의 목의 핏줄이 솟았다 2. (일반적으로 크기·규모가) 커지다, 팽창하다; (무엇인가를) 한껏 머금다; *nabrekao mu trbuh* 그의 배가 커졌다; *džepovi mu nabrekli* 그의 주머니가 두둑해졌다; *kiša se izlije iz nabreklih oblaka* 비가 물기를 한껏 머금고 있던 구름에서 내렸다 3. (신체의 한 부분이) 풍만하다, 잘 발달하다 (nabujati, najedrati) 4. (식물이) 봉우리를 맺다; 물기가 오르다, 풍성해지다, 많아지다; *na svakoj grani pupci nabrekli* 모든 가지의 꽃봉우리가 터질 듯 한껏 부풀어올랐다; *jesenskom poplavicom nabrekne Sava* 사바강은 가을 홍수로 물이 불어났다

nabrizgati *-am* (完) 참조 nabreknuti

nabrojati *-jim*; nabrojan **nabrojiti** *-jim* (完) **nabrajati** *-jam* (不完) 1. 하나 하나 세다, 숫자를 세다, 숫자를 세면서 하나 하나 확인하다 (사람·동물·물건 등을) (pobrojiti, izbrojiti); *konzervatore i istoričare možemo nabrojati na prste* 보수주의자들과 역사가들을 손가락으로 셀 수 있다 2. 숫자를 세다(속으로 혹은 말하면서, 일정한 숫자까지); ~ *do deset* 열까지 세다; ~ *stotinu* 백까지 숫자를 세다 3. (하나 하나) 열거하다, 나열하다

nabrusiti *-im* (完) 1. (칼·낫 등을) 숫돌(brus)에 갈다, 예리하게 만들다; ~ *zube* 이를 갈다(공격·복수를 준비하다) 2. (nekoga) (~에게) 화내다, 분노하다; 심하게 꾸짖다, 질책하다, 욕하다 3. ~ *se* 화내다, 분노하다 (rasrditi se, naljutiti se)

nabrzo (副) 1. 빨리, 빠르게; 곧, 조금 후에 (za vrlo kratko vreme); *zato smo se ~ rastali* 우리는 그래서 곧 헤어졌다 2. 곧, 즉시 (uskoro, odmah); *on je osećao da će ~ umreti* 그는 곧 죽을 것같이 느꼈다 3. 서둘러, 성급히 (u žurbi, na brzinu)

nabubati *-am* (完) 1. (口語) (이해없이) 외우다, 암기식으로 공부하다 (nabiflati); *nije*

N

mogao ... ~ sastavljenog mu govora 그는 쓰여진 연설문을 외울 수 없었다 2. 치다, 때리다, 두드리다 (istući, izlupati) 3. ~ se (卑俗語) (뱃속에·뱃속에) 때려집어넣다, 처먹 다 (najesti se)

nabubriti -im (完) 1. 붓다, 부어오르다, 팽창하 다, 커지다, 불룩해지다 (nabreknuti); njegova je platnena torba nabubrila od svakovrsne zaire 그의 천가방은 온갖 종류 의 음식으로 인해 빵빵하였다 2. (물기를 흡 수하여) 부풀다, 연해지다, 무르다; u proleće ... se snegovi otope i zemlja nabubri 봄에 눈은 녹고 땅은 물러진다

nabuhao -hla, -hlo (形) 부은, 부풀어오른 (otečen, podbuo, podbuhnuo, nadut); ~hlo lice 부은 얼굴; ~hle noge 부은 다리; ~hla oči 부은 눈

nabuhnuti -nem; nabuhao, -hla & nabuhnuo, -nula (完) 1. (보통은 신체의 일부가) 붓다, 부어오르다 (oteći, podbuhnuti; naduti se); bremenita Anita je nabuhla i osula se pegama od nošnje 임신한 아니타는 좀 부 었으며 임신으로 인해 주근깨로 덮였다 2. 팽창하다, 커지다, 불룩해지다(뭔가가 꽉차 서); nabuhli jastuci 빵빵한 베개

nabujati -am; nabujao, -jala 1. (강·하천 등의 물이) 급격하게 불다(불어나다); 물이 불어 물살이 거세지다; s proleća vode nabujaju 봄부터 물이 불어난다 2. (신체가) 강건해지 다, 잘 발달하다, 풍만해지다; (신체의 일부 가) 붓다, 부어오르다 3. (비유적) (감정이) 확 나타나다, 급격하게 ~한 감정을 느끼다 (ispoljiti se, manifestovati se) 4. (식물이) 급격하게 성장하다, 우후죽순처럼 자라다; livada kraj reke kao da ... još nabuja 강끝 의 초원은 아직도 풀이 순식간이 자라는 것 처럼 (보였다) 5. (비유적) 풍부해지다, 풍요 로워지다, ~으로 꽉 채워지다(nečim); nabujao život 삶이 풍요로워졌다; nabujao ljubavlju 사랑으로 넘쳤다; oči joj sve nabujale suzama 그녀의 눈은 점점 더 눈물 이 글썽였다 6. (비유적) 커다란 힘을 얻다; 대규모로 확산되다; nabujao pokret 운동이 전면적으로 확산되었다

naburiti -im (完) 1. (입·입술을) 내밀다 (isturiti, napréiti); naburi usta put njega, kao iz prezrenja 마치 비웃는것처럼 그를 향해 입을 삐죽 내민다 2. ~ se 인상을 쓰다, 찡그리다, 뿌루퉁해지다 (namrgoditi se, natmuriti se)

nabusit -a, -o (形) 거친, 거만한, 오만한, 매

우 퉁명한 (neljubazan, osoran, oštar); bio je gord i ~ prema Turcima 그는 터키인들 에 대해 뻣뻣하고 퉁명스러웠다; ~ čovek 매우 퉁명스런 사람; ~ glas 거만한 목소리; ~o držanje 거만한 태도

nabusiti se -im se (完) 1. 참조 naburiti se 2. (비유적) (풀·덤불을) 쌓다, 쌓아올리다, 모으 다 (nagomilati se, nakupiti se)

nabušiti -im (完) (일정한 깊이까지) 구멍을 뚫 다; (여러곳에) 구멍을 내다

nacediti -im (完) (압착하여) 즙을 짜다(짜내 다)(레몬·포도 등을); (찌거기 등에서) 물기를 따라내다, 물기를 짜내다

nacepati -am (完) (많은 양을) 찢다

nacepkati -am (完)(지소체) nacepati

naceriti -im (完) 1. (이를 드러내면서) 웃다 2. ~ se 이를 드러내고 웃다, 희죽 웃다

nacifrati -am (完) 1. (많은 장신구·장식품을 사 용하여) 장식하다, 꾸미다 2. 치장된 글씨로 쓰다 3. (비유적) (헛된·거짓된 말을) 많은 미 사여구를 사용하여 쓰다 4. ~ se (옷 등을) 치장하여 입다, 꾸며 입다

nacija 국가; 국민; 민족; Ujedinjene nacije 유 엔(UN); nacionalan (形)

nacionalisati -šem (完) 민족혼(민족정신)이 깃 들게 하다, 민족 의식을 고취시키다 (nacionalizirati)

nacionalist(a) 1. 민족주의자 2. 국수주의자, 쇼비니스트 **nacionalstkinja**; **nacionalistički** (形)

nacionalitet 민족성, 국민성; 국적 (narodnost, nacionnalnost); Drajcer je poreklom i ~om nemac 드라이쩌르는 출신과 국적으로는 독 일인이다

nacionalizacija (재산 등의) 국유화, 국영화; ~ banaka 은행의 국영화; ~ rudnika 광산 국 영화

nacionalizam -zma 1. 민족 의식, 애국심 2. 민족주의; 국수주의, 쇼비니즘

nacionalizirati -am, **nacionalizovati** -zujem (完,不完) 1. (회사·광산 등을) 국유화하다, 국 영화하다; narodna vlast ... nacionalizira svu industriju, banke, trgovinu 인민정권 은 ... 모든 산업, 은행, 무역을 국영화한다 2. 민족 의식(애국주의)를 고취시키다

nacionalnī -ā, -ō (形) 1. 참조 nacija; 민족의, 국가의; ~lna istorija (kultura) 민족의 역사 (문화); ~lna svest 민족 의식; ~lni park 국 립공원; ~lno pitanje 민족 문제 2. 민족 의 식에 젖은, 애국심에 고취된

nacionalnost (女) 민족성, 국민성; 국적

nacionalsocijalizam -zma 국가사회주의(독일 나치당의)

nacist(a) 나치주의자, 나치 당원 nacistički (形)

nacizam -zma 나치즘, 나치주의

nacrn -a, -o (形) 거무스름한 (crnkast)

nacrniti -im (完) 검은색을 칠하다, 검게 하다

nacrt 1. (건물 등의) 도면, 평면도, 설계도 (plan) 2. 개요, 줄거리; 스케치, 밑그림; ~ romana 소설 줄거리; ~ slike 그림의 스케치 3. (원고·법률 등의) 초안, 초고; ~ zakona 법률 초안; ~ revolucije 결의안 초안; napraviti ~ za nešto 에 대한 초안을 만들다

nacrtati -am (完) nacrtavati -am (不完) 1. 스케치를 그리다, 밑그림을 그리다; 선을 긋다; 선으로 모양을 형성하다; munja je ponovo nacrtala krug 번개는 또 다시 원을 그렸다 2. (口語) (눈썹·입술 등을) 그리다, 화장하다 3. ~ se 선으로 나타나다, 형태를 이루다, 형성하다; nacrtaše mu se bore na čelu 그의 이마에 주름이 잡혔다 4. ~ se (口語) 화장하다 5. ~ se (口語) (주로 부적절한 장소·순간에) 나타나다 (pojaviti se)

nacrtnī -ā, -ō (形) 참조 nacrt; ~a geometrija (數) 도형 기하학

nacrven -a, -o (形) 불그스름한, 붉은 빛을 띤 (crvenkast)

nacrveniti -im (完) 붉은 색을 칠하다; ispod malih nacrvenjenih ustiju 빨갛게 칠한 조그만 입 밑에

nacugati se, nacukati se -am se (完)(方言) (술 등을) 취하도록 많이 마시다 (napiti se, opiti se)

načaditi, načađiti -im (完) 그을리다, 그을음 (čađ)으로 뒤덮이게 하다

načas (副) 1. 짧은 시간 동안, 잠깐동안 (za kratko vreme) 2. 순간적으로, 순식간에, 즉시 (odjednom); materin oštar podvik ušutka ga ~ 어머니의 날카로운 고함소리가 그를 순간적으로 침묵시켰다(조용하게 했다)

načekati se -am se (完) 오랫동안 기다리다

načelan -lna, -lno (形) 1. (주로 한정형으로) 근본적인, 기본적인, 원칙적인; 일반적인; 핵심적인, 중요한; nesuglasice ~lne prirode 근본적인 것에 대한 불협화음; ~lne razlike 근본적인 차이; ~lni stavovi 원칙적인 입장; ~lna debata 일반적인 토론; ~lno razmatranje 일반적인 고려; biti ~lni protivnik monarhije 군주제의 원칙적 반대

자이다 2. 일관된, 시종일관의 (dosledan, principijelan); ~ čovek 시종일관적인 사람

načelnik 1. (기관·부서의) 장(長); ~ bolnice 병원장; ~ glavnog štaba (軍) 총참모장; ~ odeljenja 과장; policijski ~ 경찰서장 2. (歷) 군수; sreski ~ 지구(地區)장 načelnica

načelnikovati -kujem (不完) 장(長)으로서 근무하다

načelo 원리, 원칙, 법칙; 규범, 행동 규범, 도덕 기준; 신념, 신조, 믿음; u ~u 원칙적으로; ne treba gubiti iz vida osveštano ~ da je najbolja odbrana - napad 가장 좋은 방어는 공격이라는 금과옥조의 원칙을 잊어서는 안된다; demokratska ~a 민주주의 원칙; držati se svojih ~a 자기자신의 신념을 지키다 2. 정수, 본질, 핵심 (esencija); objektivni idealizam tvrdi da osnovu sveta čini duhovno - 객관적 관념론은 정신적 본질이 세상의 기초를 이룬다고 주장한다

načelstvo (歷) 총사령부; 총사령부 청사(廳舍)

načet -a, -o (形) 1. 참조 načeti 2. 건강이 나쁜, 건강이 망가진, 병에 걸린 3. (오래 사용하여) 파손된, 손상된, 망가진 (oštećen, razjeden, okrnjen)

načeti načnem (完) načinjati -njem (不完) 1. (전체로부터) 떼어내다; 한 입 떼어내다, 한 조각 떼어내다; ~ jabuku 사과를 한 입 물다; ~ tortu 빵을 한 조각 떼어내다 2. 소비하다, 소비하기 시작하다, 사용하기 시작하다 (početi trošiti); ~ ušteđevinu 저축금을 사용하기 시작하다; ~ novu vreću brašna 새 밀가루 포대를 쓰기 시작하다; na stolu plamti žućkastim sjajem tek načeta boca prepečenice 이제 막 마시기 시작한 라키야 술병이 테이블 위에서 노란색의 밝은 빛을 내면서 불타올랐다 3. 부분적으로 망가뜨리다, 망가뜨리기 시작하다; (비유적) (건강 등을) 망가뜨리다, 허약하게 만들기 시작하다; robija mu je načela pluća 강제노역 생활이 그의 폐를 망가뜨리기 시작했다; unaokolo bijahu veliki ormani puni knjiga, koje su mahom miši načeli 빙둘러 책으로 가득찬 책꽂이가 있었는데, 그것들을 쥐들이 갉아먹기 시작했다 4. 시작하다 (početi) 5. (~에 대해) 이야기하기 시작하다; stari ... načе problem 노인은 문제점을 이야기하기 시작했다 6. 휩싸다, 감싸다, 사로잡다 (obuzeti, spopasti); načeo ga je novi osećaj sirurnosti 안전하다는 새로운 느낌이 그를 사로잡기 시작했다

načetiti se -im se (完) (~의 주변에) 많이 몰

556

려들다, 많이 모이다 (okupiti se, nakupiti se); ~ kraj ulaza 입구 근처에 많은 수가 모이다; oni se načete oko mene 그들은 내 주변에 많이 모였다

načičkati -am (完) 1. (nešto nečim)(보통 피동형으로) 빽빽하게 쑤셔넣다, 채워넣다; 너무 많은 장식품으로 볼품없이 장식하다; uzano dvorište načičkano malenim stvarima 작은 소품들로 꽉채워진 작은 정원; ruke načičkane prstenjem 많은 반지로 꾸민 손 2. (nešto) 빽빽하게 일렬로 매달다(차다); načičkali su razne značke po reverima 옷깃에 여러가지 뱃지를 많이 달았다 3. ~ se (~의 주변에, 비좁은 장소에) 많이 모이다; ~ se oko stola 테이블 주변에 많이 모이다 4. ~ se (nečim) 채워지다(동일한 또는 비슷한 것으로); 많은 장식품으로 장식되다; poljane se načičkaše grobovima 들판은 많은 묘지로 꽉 차있었다

način 1. (일을 처리하는) 방법, 방식; (행동) 양식; 수단, 가능성 ~ proizvodnje 생산 방식; ~ života 삶의 방식; ~ mišljenja 사고 방식; mehanički ~ obrade 기계적 공정 방식; ~ upotrebe leka 약의 사용 방법; na taj ~ 그러한 방법으로; svaki na svoj ~ 각자 자신의 방법으로; na drugi ~ 다른 방법으로; na koji ~? 어떠한 방법으로?; kakav je to ~? 무슨 짓이냐?; na sve ~e 모든 가능한 방법으로; naći ~a 방법을 찾다; on ne vidi sem revolucije druga ~a da se ostvare ideali 그는 혁명 이외에 이상을 실현시킬 수 있는 다른 수단이 없다고 생각한다 2. (文法) (동사의) 법(法); zapovedni ~ 명령법; pogodbeni ~ 조건법 **načinski** (形); ~a rečenica 방법을 나타내는 절

načiniti -im (完) 1. (집 등을) 짓다, 올리다, 건설하다 (podići, izgraditi, sagraditi); ~ kuću 집을 짓다; načini ... širok i ravan put 넓고 평평한 길을 만들어라 2. (물건·작품 등을) 만들다 (izraditi, stvoriti, napraviti); on je načinio nekoliko lepih slika 그는 아름다운 몇 작품을 그렸다; ~ merdevine 사다리를 만들다 3. (어떠한 일·동작·행동 등을) 하다, 행하다 (izvesti, izvršiti, učiniti); ~ nekoliko koraka 몇 걸음을 떼다; ~ pokolj 학살하다 4. (누가 어떠한 위치·직위·상태에 도달하도록) 만들다; (누구에게 어떠한 모습을) 부여하다; kašnje je uzeo i ženu sa mirazom, i žena ga ničinila gazdom 그는 늦게 결혼지참금을 가져온 아내와 결혼했는데, 그 아내

는 그가 주인이 되게 했다 5. (질서를) 확립하다, 세우다 (uspostaviti, zavesti); treba tu ~ nekakav red, dok još nije kasno 아직 늦지 않았을 때 이곳에 그 어떤 질서를 확립해야 한다 6. (혼란·무질서 등을) 야기하다, 불러일으키다 (izazvati, prouzrokovati); opet je sa nekim begovima negde načinio ... lom i čudo 어떤 베그들과 더불어 또 다시 어디에선가 분란과 기적을 만들었다 7. 기타; ~ grimasu 얼굴을 찌푸리다, 인상을 쓰다; ~ žalosno lice 유감스런 얼굴 표정을 짓다; ~ karijeru 커리어를 쌓다, 성공적인 커리어를 쌓다; ~ kompliment 듣기 좋은 말을 하다; ~ mesta (누구에게) 자리를 만들어 주다(앉을, 설 자리 등을), 지나가도록 길을 비켜주다; ~ utisak (행동·출현 등으로) 강렬한 인상을 주다

načinjati -am (不完) 참조 načiniti

načinjati -em (不完) 참조 načeti

načisto (副) 1. 완전히, 완벽하게 (sasvim, potpuno, skroz); ~ poblesaviti 완전히 창백해지다; ~ upropastiti 완전히 망가뜨리다(무너뜨리다); prepisati ~ 완벽하게 베껴쓰다 2. 아주 분명하게, 확실히 (sasvim jasno, sigurno); znati ~ 확실히 알다; izvesti ~ 분명하게 하다 3. 기타; biti ~ (s kim, s čim) 1)~와 계산을 끝내다(계산을 명확하게 하다) 2)누구를 완전히 알다, ~에 대해 정확한 판단을 하다

načitan -a, -o (形) 많이 읽은, 많은 교육을 받은, 박식한

načitati se -am se (完) 많이 읽다, 독서로 욕구를 채우다

načuditi se -im se (完) 매우 이상하다고 생각하다(느끼다), 아주 의아해 하다, 굉장히 어리둥절해하다; ne mogu da se načudim 내가 아주 의아해 하는 것은 어쩔 수 없다

načuknuti -nem (完) 1. (지소체) načuti; 희미하게 듣다, 불분명하게 듣다 2. 알리다, 통보하다, 통지하다 (nagovestiti, natuknuti)

načuliti, načuljiti -im (完) 귀를 쫑긋 세우다, 신경써서 듣다

načupati -am (完) (많은 양을) 잡아 뽑다, 잡아 뜯다

načuti načujem (完) 1. 유언비어성 소식을 듣다(부분적으로 약간만, 확인되지 않고 불충분한 양의 소식만); načuo je stari ima u gradu odraslu vanbračnu kćer 노인이 시내에 성인이 된 혼외 여식이 있다는 것을 들었다 2. 언뜻 듣다(불분명하고도 희미하게); slučajno ~ razgovor 우연히 대화를 언뜻

들었다

način *-am* (完) 1. 애지중지하다, 소중히 여기다 2. 돈을 모아 저축하다 3. ~ se 돌보면서 많은 시간을 보내다, 오랫동안 돌보다; ~ se stoke 오랫동안 가축을 돌보다

naćelav *-a, -o* (形) (머리가) 약간 벗겨진, 약간 민머리인

naćeflejisati se *-išem se* (完) 술을 많이 마시다, 술취하다 (napiti se)

naći *nađem; našao, -šla; nađen, -ena; nađi; našavši* (完) **nalaziti** *-im* (不完) 1. 찾다, 발견하다; ~ *nekoga kod kuće* 집에서 누구를 찾다; ~ *nekoga u životu* 목숨이 붙어 있는 상태로 누구를 발견하다; *našao je utehe u tome* 그는 거기에서 위로를 찾았다; *pogreška se našla* 실수가 발견되었다; *on je našao sebe* 그는 자기 자신을 발견했다; *svaki lonac nađe poklopac* 짚신도 짝이 있다; ~ *razumevanje kod nekoga* 누구의 이해를 얻다 2. 얻다, 획득하다 ~ *zaštitu* 보호를 얻다; ~ *pomoć* 도움을 얻다 3. 판단하다; 결론을 내리다 (oceniti, procenti; zaključiti); ~ *za dobro* 좋은 것으로 판단하다; ~ *za potrebno* 필요한 것으로 판단하다; *nalazim da je on vrlo interesantan* 그가 매우 흥미로운 사람이라고 판단한다 4. (~할 기회 등을) 선택하다, 얻다, 붙잡다; *žene ... site i pijane, pa sad našle da se svađaju i inate* 배불리 먹고 술취한 여자들은 이제 서로 싸우고 앙갚음할 기회를 얻었다 5. 생각해 내다, 기억해 내다 (dosetiti se); *ne našavši pravu reč, produžim brzo* 적절한 단어를 생각해내지 못하고 (말을) 빨리 이어갔다 6. ~ se ~에 있다, ~에 있는 자기 자신을 발견하다 (dospeti, obresti se); 어떠한 상황에 처하다(보통은 어려운·곤궁한); *nađem se u zatvoru* 감옥에 있다; ~ *se na muci* 고통스런 상황에 처하다; *odjednom se našao na mostu* 한 순간에 다리에 있는 자기 자신을 발견했다 7. ~ se ~한 기분이다 (다른 사람의 행동에 의해 야기된); ~ *se uvređen* 모욕당한 기분이다; ~ *se počastvovan* 영예롭게 느껴지다 8. ~ se 만나다 (sastati se, sresti se); *tako bih volela da se nađemo i porazgovaramo* 만나서 이야기를 나누고 싶다; *naći ćemo se u ćošku* 코너에서 만나자 9. ~ se ~를 돕다 (pomoći kome); *ja ne tražim druge nagrade mimo zadovoljstvo što sam se našao prijateju* 친구를 도와주는 만족감 이외에 다른 상을 원하지는 않는다; *oni su mi se našli kad sam bio u neprilici* 그들은 내가 어려움에 처했을 때 나를 도와주었다 10. (필요한 경우에) 수중(手中)에 있다 (돈·음식 등이); *jedva sam skupila nešto novca da mi se nađe* 수중에 돈 몇 푼 간신히 모았다 11. ~ se 적절한 행동을 취하다, 적응하다 12. (不完만) ~ se ~에 있다, ~에 위치하다; *gde se nalazi hotel?* 어디에 호텔이 있느냐? 13. ~ se 태어나다 (roditi se); *našlo im se muško dete* 그들에게 남자 아이가 태어났다 14. 기타; *bolje (vas) našao* 또는 *bolje našli* (잘 왔다는 환영 인사에 대한 손님의 대답) 당신을 만나 반갑습니다; *da ne nađe od mene* 그가 날 원망하는 것을 원치 않는다; *da od boga nađeš* 또는 *od boga našao!* (욕설·비난의) 신이 너를 벌주기를!; ~ *sebe* 자기자신에게 맞는 일·직업 등을 찾다; *nisam našao na putu* 어렵네, 그것까지 왔다, (그것에 대해) 잘 생각할 필요가 있다; *šta je tražio, to je i našao* 노력한 만큼 댓가를 얻는다; ~ *se kome na putu* 누구에게 방해가 되다; ~ *se u nebranom grožđu(u čudu)* 어려운 처지에 빠지다; ~ *se u poslu* 진짜 이유를 숨기고 가식적으로 일하다; ~ *se u škripcu* 어려운 위치에 처하다; *ti si se našao da ti kažeš!* 용기내어 말을 하다!; *našla vreća zakrpu, našla slika priliku* 자신의 뜻이나 성격에 맞는 사람을 만났다

naćuliti *-im* (完) 귀를 쫑긋 세우다; (비유적) 매우 주의깊게 듣다

naćve *naćāvā* (女,複) (빵을 만들기 위한) 밀가루 반죽용 나무 그릇(속이 오목하게 들어간)

nad (前置詞, +A,+I.) (d,t,s로 시작하는 어휘 앞또는 인칭대명사me, mnom, te, se, nj 앞에서는 nada) (+I.; 위치의 변화가 없이, 의문사 gde에 대한 대답으로) ~의 위에; (+A, 위치의 변화가 있을 때, 의문사 kuda에 대한 대답으로) ~의 위로; 1. (+A.); 장소·위치 또는 동사 동작이 향하는 것을 나타낸다(~의 위로, ~을 향해, 위치의 변화가 있는); *neki bog je nada me pružio ruku* 어떤 신이 내 위로 손을 뻗었다 2. (+A.) 중요성·힘·활동 등에서 대격으로 오는 개념을 능가·초월하는 것을 나타냄; *potrebno je ono uzdizanje ~ svagdašnje osećanje, koje gorčinu pretvara u slad* 쓴 맛을 단 맛으로 바꾸는 일상의 감정을 뛰어넘는 것이 필요하다 3. (+A.) 대격으로 반복되는 개념의 최상급의 의미를 나타냄; *žena ti si ~ žene po svom licu* 네 부인은 얼굴로는 모든 여자들

보다 훨씬 낫다 **4.** (+I.) 장소·위치를 나타냄 (~의 위에, 위치의 변화가 없는) *kum sedi u gornjem čelu ~ samim ognjištem domaćim* 대부는 집안 화롯불 바로 위의 윗쪽에 앉아있다 **5.** (+I.) 비교할 때 조격으로 반복되는 개념의 최상급 의미로; *nema žalosti ~ žalošću majčinom* 어머니의 슬픔보다 더 한 슬픔은 없다; *junak ~ junacima* 영웅중의 영웅 **6.** (+I.) ~에 대한 우월적 권한(권력)·위치 등을 나타낼 때; *srpska vlast je raširena nad Jadrom* 세르비아의 통치권은 아드리아해로 확장되었다 **7.** (+I.) 뭔가를 실행하거나 그 실행을 방해하려는 노력을 나타냄; *što će sve te strogosti, kazne, sedenje i umaranje ~ knjigom* 책에 대한 그 모든 엄격함, 질책, 집착 그리고 피곤함이 무슨 소용이 있을 것인가 **8.** ~에 대해(~에 대한 느낌·감정적 관계를 나타냄); *samo sam se ražalilo ~ sobom samim!* 나는 나 자신에 대해 슬펐다 **9.** (+I.) 술과 음식을 하면서 대화를 하면서 시간을 보내는 (pred); *~ kriglama piva oni ostadoše dugo, u vrlo živom razgovoru* 맥주잔을 앞에 놓고 오랫동안 앉아 매우 열띤 대화를 나누었다 **10.** (+I.) ~에 대해(누구에 대해 어떠한 동작을 하려는 시도나 그 동작의 완료를 나타냄) (na); *imali su zadatak da izvrše pretres ~ zarobljenicima* 그들은 포로들에 대한 수색을 할 임무가 있었다

nad- (**nat-**) (接頭辭) I. 동사 접두사로서 **1.** 동사 동작이 ~위에서 행해지는 것을 나타냄; **nadletati** ~위를 날다, **nadnositi se** 몸을 ~위로 굽히다, **natkriti** 지붕으로 덮다; **nadgledati** 감독하다 **2.** 동사 동작이 보다 강하게 작용하거나 능가할 때, 또는 경쟁의 의미를 가질 때; **nadbiti** 이기다, 극복하다, **nadvikati** 크게 소리지르다, **nadglasati** 투표에서 이기다 II. 명사 또는 형용사와 함께; 더 높은 지위·직위, 더 강한 강도 등을 표시함 (više, veće, viši položaj, veći stepen); **nadbiskup** 대주교, **nadvojvoda** 대공, **nadljudski** 초인적인, **nadmoćan** ~보다 우월한

nada 1. 소망, 소원, 희망, 기대; *bez ~e* 희망 없이; *prazna ~* 헛된 희망; *~ u pozitivan ishod* 긍정적 결과에 대한 희망; *polagati ~u u nekoga* 누구에 대해 희망을 걸다; *rasplinule su se ~e* 희망이 사라졌다; *s ~om u srcu* 마음속에 희망을 품고 **2.** (u nekoga, nešto) (~에 대한) 믿음, 신뢰 (pouzdanje, poverenje): *nikog nije*

napuštala nada u našu vojsku 아무도 우리 군에 대한 신뢰를 포기하지 않았다 **3.** 기대를 받는 사람, 신뢰를 받는 사람 (uzdanica); *naša ~* 우리의 신뢰를 받는 사람

nadahnuće 영감 (inspiracija); *božansko ~* 종교적 영감; *pravo umetničko stvaranje pretpostavlja pre svega drugoga jako ~* 진짜 예술적 창작품은 무엇보다도 강력한 영감을 나타낸다

nadahnut *-a, -o* (形) 참조 nadahnuti; 영감을 받은; ~으로 가득 찬, ~에 휩싸인

nadahnuti *-nem* (完) **nadahnjivati** *-njujem* (不完) **1.** 영감을 주다(불어넣다), 창의력을 불어넣다 (inspirisati); *ružu ... je Zmaj nežno voleo i ... ona je nadahnula njegove najlepše lirske pesme* 즈마이는 장미를 은근히 좋아했으며 ... 장미는 그의 가장 아름다운 서정시에 영감을 주었다 **2.** 불어넣다, 고취시키다, 양육하다, 교육시키다, 키우다, 가르치다 (vaspitati, odgojiti, naučiti); *svoju ženu, svoju decu nadahni duhom poštenja* 자신의 아내에게, 자신의 아이들에게 존중의 정신을 키워주어라 **3.** ~ se 영감을 받다, 창조적 정신으로 가득하다; 고취되다; ~ se herojskim delima 영웅적 행동에 고취되다; ~ se kulturom 문화에 고취되다 **4.** ~ se (어떠한 사상·감정·기분에) 휩싸이다, 가득하다 (proželi se, ispuniti se); *stavljena je pod rusku komandu, mogla se naša seljačka vojska nadahnuti pravim vojničkim duhom* 우리 농민군은 러시아 지휘권아래 놓였으며, 진정한 군인정신으로 충만될 수 있었다

nadahnutost (女) 영감, 영감을 받은 상태

nadaleko (副) 매우 멀리서, 멀리; *s vrha se vidi ~ celi kraj* 정상에서 매우 멀리 전 지역이 보인다

nadalje (副) 계속해서·연속해서를 나타냄 **1.** (공간적으로) 계속해서 (dalje); *od Aleksinca ~* 알렉시나쯔로부터 계속해서 **2.** (시간적으로) 계속해서, 그 이후에도 (i posle toga, i dalje, ubuduće); *ubuduće ~* 미래에 계속해서; *ostala je i ~ zagonetka* 이후에도 수수께끼로 남아있었다 **3.** (보통 셈하는 것, 상세한 설명 등에서) 그 이외에, 또 (zatim, osim toga, još); *na vrhu je svetski šampion, ispod njega su kandidati za svetskog prvaka i ostali veliki majstori, ~ internacionalni majstori* 정상에는 세계 챔피온이 있으며 그 밑에는 세계 챔피온 후보자들과 기타 다른 위대한 마이스터들, 그리고 국제적인 마이스터들이 있다

N

nadarbenik, nadarenik 유급(有給) 성직자, 수록 성직자 (prebendar)

nadarbina (宗) 1. (고위 성직자에 속하는) 교회 재산; 그 재산으로부터 나오는 성직자의 수입 (prebenda) 2. 시주, 보시 (milodar, poklon, dar)

nadaren -a, -o (形) 재능있는 (obdaren, talentovan); ~ čovek 재능있는 사람; ~ pesnik 재능있는 시인

nadarenost (女) 재능 (dar, obdarenost, talenat)

nadariti -im (完) **nadarivati** -rujem (不完) 선물을 주다, 상을 주다; (재능·특성 등을) 부여하다, 주다 (darovati, podariti, nagraditi); priroda ga je nadarila izvanrednim sluhom 자연은 그에게 특별한 청력을 선물하였다; htio bih te ~, ali nemam ništa 네게 선물을 주고 싶은데, 가진 것이 아무것도 없다

nadariti -im (完) 1. (보통 đavo와 함께) (나쁜 것·악으로) 끌어들이다, 유혹하다, 꾀다 (natentati); đavo me nadario pa sam mu poverovao 악마가 나를 유혹하여 나는 그를 믿었다; kud li me đavo nadari da te povedem 너를 인도하라고 악마는 나를 어디로 유혹하는가 2. ~ se 사로잡다, 휩싸다; kako je duga noć kad se briga nadari 걱정 걱 태산일 때는 밤이 길다

nadasve (副) 무엇보다도 (više od svega, iznad svega); narodu nije potrebno samo ratova i osvajanja, nego, ~, mirnog i normalnog života 백성들에게는 전쟁과 정복이 필요한 것이 아니라 평화롭고도 평범한 삶이 필요하다

nadati se (不完) 희망하다, 소원하다, 기대하다; nadajmo se! 희망을 갖자; ~ u nekoga 누구에게 희망을 걸다; ~ nečemu 무엇을 희망하다; nada se da će položiti ispit 그는 시험에서의 합격을 기대한다

nadati -am (完) 1. (vika, dreka, jauk, lupnjava 등의 어휘와 함께) 소란스럽게 하다, 시끄럽게 하다, 고함치다; otac nada vikati kao da si mu oko iskopao 아버지는 마치 네가 그의 눈을 후벼파낸 것처럼 소리를 질렀다 2. (보어 u+ inf. 또는 u+ 동사파생 명사 형태의 보어와 함께, 주로 u bekstvo, u trk 등과 함께) 갑자기 ~하기 시작하다; ~ u trk 갑자기 달리기 시작하다; junačina nada prvi u bekstvo 영웅은 맨 먼저 도망치기 시작한다; ~ za nekim 누구를 쫓기 시작하다 3. 주다, 제공하다 (pružiti, dati); zato ću ti ~ pomoći 그래서 나는 네게 도움을 줄

것이다 4. ~ se (기회 등을) 제공하다, 주어지다; kad mi se prilika nadala, samo sam ju gledao 내게 기회가 주어졌을 때 나는 단지 그녀를 쳐다만 보았다

nadavati nadajem (完) 1. (完) 많이 주다, 충분히 주다, 여러 번 주다(충분하다고 느껴질 정도로); teško je svima ~ 모든 사람들에게 충분히 주는 것은 어렵다 2. (不完) (rukom) 잘 떨어지도록 손으로 쓸다(예를 들어 물방앗간 맷돌에 곡물이) 3. ~ se 여러 번 주어 누구를(누구의 필요성·요구) 만족시키다; ~ se para advokatima 변호사에게 돈을 여러 번 주다

nadbaciti -im (完) **nadbacivati** -cujem (不完) 1. 더 멀리 던지다(던지기 시합 등에서); 이기다, 뛰어넘다, 초월하다, (pobediti, nadmašiti) 2. (不完만) ~ se (던지기) 시합하다(주로 돌을)

nadbijati -am (不完) 1. 참조 nadbiti 2. 시합하다, 경쟁하다 (nadmetati se, takmičiti se) 3. ~ se 경쟁하다, 겨루다, 시합하다, 싸우다 (takmičiti se, nadmetati se); iznad njihovih glava nadbijaju se dve artiljerije 그들의 머리 위로 두 포대가 싸우고 있다 4. ~ se 다투다, 언쟁하다 (pregoniti se, natezati se, prepirati se); to su bila dva čoveka unapred određena da se pregone i nadbijaju 숙명적으로 언쟁이 예정된 두 사람이 있었다

nadbiskup (宗) (가톨릭의) 대주교 (mitropolit)

nadbiskupija 대주교의 관할구

nadbiti nadbijem (完) 1. (전투·전쟁 등에서) 이기다, 승리하다, 압도하다 (pobediti, nadjačati, nadvladati); dabogda da srpski top nadbije 세르비아의 포대가 압도하길!; ~ neprijatelja u borbi 전투에서 적을 이기다 2. (논쟁·언쟁 등에서) 이기다 (nadgovoriti) 3. (일반적으로) 이기다, 승리하다, 능가하다, 우세하다; ~ protivnika na utakmici 경기에서 상대방을 이기다

nadbubrežnī -ā, -ō (形) (解) 신장 부근의, 신장 위에 있는; ~e žlezde (解) 부신(副腎)

nadčovjek 참조 natčovek 초인(超人)

naddržavnī -ā, -ō (形) 초국가적인

nadebelo (副) 1. 두껍게, 두툼하게; ~ iseći krompir 감자를 두껍게 썰다 2. (비유적) 약, 대략적으로, 대체적으로 (otprilike, približno) 3. 상당히, 많이 (u velikoj meri, naveliko); ~ varati 상당히 많이 속이다, ~ lagati 거짓말을 많이 하다

nadenuti -nem (完) **nadevati** -am (不完) 1. (옷

등을) 입다, (모자 등을) 쓰다; *nadeo je
kaput* 외투를 입었다; ~ *kapu na glavu* 모자
를 머리에 쓰다; *nadenu haljine na se* 그녀
들은 드레스를 입었다 2. 이름(별명)을 붙이
다, ~라고 부르다, 명명(命名)하다; *dete su
krstili i nadenuli mu ime Lazar* 그들은 아이
에게 세례를 베풀고 그의 이름을 라자르라고
하였다; ~ *ime nekome* 누구에게 이름을 붙
이다 3. (빽빽히) 채워넣다 (natrpati puno
čega na šta); *on je gledao kovčeg, sav
nadenut svećama* 그는 꽃으로 꽉 찬 트렁
크를 보았다

naderati se *-em se* (完) 1. 많이 찢기다, 많이
해지다 (mnogo izderati); *odela se lepa
naderali* 옷들이 많이 해졌다 2. 많이 소리
치다(고함치다) 3. (술 등을) 많이 마시다;
(음식을) 많이 먹다 (mnogo se napiti;
mnogo se najesti)

nadesno (副) 오른쪽으로; *nakrivi svoju
vojničku kapu* ~ 자신의 군인 모자를 오른
쪽으로 기울게 했다; ~! (軍) 우로 봐!

nadesti *nadedem*; *nadeo, -ela*; *nadeven, -ena
& nadet, -a*; *nadevši* (完) 참조 nadenuti; *to
su ime oni sami sebi nadeli* 그것은 그들 스
스로가 자신들에게 붙인 이름이다

nadev (料理) (파이·파프리카·호박·소시지 등 음
식의 속을 채우는) 속, 소

nadevak *-evka* 참조 nadimak; 별명

nadevati *-am* (不完) 참조 nadenuti

nadeven *-a, -o* (形) 속(nadev)으로 채운; ~*e
paprike* 속을 채운 파프리카; ~*a ćurka* 속을
채운 칠면조

nadglasati *-am* (完) **nadglasavati** *-am* (不完) 1.
투표에서 이기다, 투표에서 더 많은 표를 얻
다; ~ *u skupštini* 의회의 표대결에서 이기다,
의회에서 통과시키다; *vlada je sumnjala o
umesnosti ovakve mere, ali je u Skupštini
bila nadglasana* 정부는 그러한 수단의 적합
성에 대해 의심을 했으나, 의회에서 통과되
었다 2. ~보다 더 큰 소리로 외치다, 소리를
더 크게 하다

nadglasiti *-im* (完) **nadglasovati** *-sujem* (不完)
소리를 키우다, 소리를 크게 하다

nadglavlje 1. (建築) 기둥 머리, 주두(柱頭) (보
통은 장식된) (kapitel) 2. 침대 머리맡 나무판

nadgledač 감독관, 감시자 (nadzornik)

nadgledanje (동사파생 명사) nadgledati; 감독,
감시 ~ *prekida vatre* 휴전 감시

nadgledati *-am* (不完) 감독하다, 감시하다;
*oni kopaju kanale, a ja nadgledam, ja sam
nadzornik* 그들이 수로를 파고 나는 감독한

다, 나는 감독관이다

nadglednik 감독관, 감시자 (nadzornik)

nadgovoriti *-im* (完) **nadgovarati** *-am* (不完)
말로 이기다(누구를), 입씨름으로 이기다; ~
보다 큰 소리로 이야기하다

nadgraditi *-im*; *nadgrađen* (完) **nadgrađivati** *-
đujem* (不完) ~에 짓다(건축하다), ~의 위에
짓다(건축하다), 증축하다

nadgradnja 1. ~의 위에 지은 것, 상부 구조물,
(~의 위에 지은) 증축 구조물 2. (비유적)
(이데올로기 등의) 상부구조; *duhovna* ~ 정
신적 상부구조; *idejna* ~ 사상적 상부구조;
društvena ~ 사회적 상부구조

nadgrađe ~의 위에 지은 것, ~의 위에 지은
건축물, (~의 위에 지은) 증축 구조물
(nadgradnja)

nadgrađivati *-đujem* (不完) 참조 nadgraditi

nadgrobnī *-a, -ō* (形) 1. 묘 위의, 묘지의, 무
덤의; ~ *spomenik* 묘비; ~*a ploča* 묘지를
덮는 돌(대리석); ~ *natpis* 묘비 비문 2. 무
덤에서 고인을 추모하며 말하는; ~ *govor* 장
례 연설; ~*a beseda* 장례 연설

nadgrudnica (解) (척추동물의) 간쇄골(間鎖骨)

nadići, nadignuti *nadignem*; *nadigao, -gla &
nadignuo, -nula*; *nadigavši & nadignuvši*
(完) **nadizati** *-žem* (不完) 1. 조금 들어올리
다, 조금 치켜올리다 (malo dići); ~ *šešir* 모
자를 조금 들어올리다; ~ *obrve* 눈썹을 조금
치켜올리다; ~ *rep* 꼬리를 세우다 2. ~ **se**
(높지 않게) 조금 들리다 3. ~ **se** 일어나다
(ustati); *ujutru se rano nadigne* 아침에 일
찍 일어난다 4. ~ **se** 떠나다, 가다 (poći,
krenuti); *šta ste se nadigli svi u školu?* 왜
여러분 전부 학교에 갔나요?; ~ **se** *kući* 집
으로 가다(떠나다) 5. ~ **se** (바람·먼지 등이)
강하게 불기 시작하다, 소용돌이치다

nadići *nadiđem*; *nadišao, -šla*; *nadiđi*;
nadišavši (完) **nadilaziti** *-im* (不完) 1. 능가
하다, ~을 뛰어넘다, ~보다 앞서다
(nadmašiti, prevazići); *to što od mene
tražiš nadilazi moje snage* 네가 나에게 요
구하는 것을 내 능력을 뛰어넘는 것이다 2.
~위에 펼쳐지다 (prostirati se nadvisujući
nešto)

nadignuti *-nem* (完) 참조 nadići

nadigrati *nadigram* (完) **nadigravati** *-am* (不
完) (게임·경기·춤·시합 등에서) 이기다, 압도
하다; *on je ... protivnika prvo nadigrao
strateški* 그는 먼저 전략적으로 상대방을
압도했다

nadihati se *nadišem se* (完) 참조 nadisati se

N

nadilaziti -*im* (不完) 참조 nadići

nadimak -*imka; -mci, -ākā* 별명; *dati nekome ~* 누구에게 별명을 붙이다; *Sančom su ga zvali ... i ostali osuđenici i ne znajući odakle potiče taj nadimak* 나머지 다른 죄수들도 ... 그를 산초라고 불렀는데 어디서 그러한 별명이 왔는지는 몰랐다

nadimati -*am* & -*mljem* (不完) 1. (~에 공기·가스 등을) 불어넣다, 채워넣다 (naduvati); (비유적) 기쁘게 하다, 만족스럽게 하다; *dečak je besno nadimao meh* 소년은 정신없이 풍적에 공기를 불어넣었다; *ona je nadimala obraze, pucajući od smeha* 그녀는 웃음을 터트리면서 양볼을 부풀렸다 2. 실제보다 더 큰 의미를 부여하다, 과장하다, 부풀리다 (preuveličavati) 3. ~ se (부피·용적 등이) 커지다 (širiti se) 4. ~ se 둥글게 부풀어오르다(커지다) (bubriti, narastati); *ne žuti se i ne nadima pšenica* 밀이 누렇게 익지 않고 커지지 않는다; *pupoljci su se pomalo nadimali* 꽃봉우리가 조금 부풀어올랐다; *vratne žile im se nadimaju od vikanja* 그들은 소리를 질러 목의 힘줄이 부풀어올랐다 5. ~ se (소화 기관에) 가스가 차다, 가스로 부풀어 오르다 6. ~ se (od nečega) (감정·느낌 등으로) 가득하다; *~ se od ponosa* 자부심으로 가득하다; *~ se od gneva* 분노로 가득하다; *grudi mu se nadimlju beskrajnim ponosom* 그의 가슴은 끝없는 자부심으로 인해 가득했다 7. ~ se (비유적) 중요한 척하다, 젠체하다, 뻐기다; 오만하게(거만하게) 행동하다 (praviti se važan, šepuriti se, držati se nadmeno); *naš političar nadima se od veličine* 우리나라의 정치가는 대단한 척 한다; *otac se pored njega nadima kao golub gušan* 아버지는 그의 옆에서 마치 대단한 척 한다

nadimiti -*im* (完) **nadimljavati** -*am* (不完) 1. 연기(dim)를 쐬다, 연기에 노출시키다, 연기로 가득하게 하다; *šušnjem nadimu kuću* 마른 낙엽을 태워 집안을 온통 연기로 가득하게 했다 2. (고기 등을) 훈제하다 ~ *meso* 고기를 훈제하다 3. ~ se 연기로 가득하다, 연기로 가득차다 4. ~ se 연기를 마시다

nadiranje (동사파생 명사) nadirati; 돌진, 돌파; 침입, 침투

nadirati -*rem* (不完) 1. (힘으로) 돌파하다, 돌진하다, 뚫고 나가다 (보통은 정복하기 위해) (navaljivati); *Nemci nadiru prema Moskvi* 나치군은 모스크바를 향해 돌진해 나간다;

puk je nadirao i rušio italijanske tenkove 부대가 돌진하여 이탈리아군의 탱크를 파괴했다 2. 침입하다, 침투하다, 관통하다, 스며들다 (prodirati); *krv mu je nadirala u glavu* 피는 그의 머릿속으로 스며들었다 3. 퍼지다, 확산되다 (širiti se, probijati se); *kroz otvoreni prozor iz bašte nadirao je miris rascvetalog jorgovana* 열린 창문을 통해 마당에서 활짝 핀 라일락 향기가 퍼졌다

nadisati se, nadihati se *nadišem se* (完) (보통 신선한·맑은 공기를) (향기를) 오랫동안 들이마시다; ~ *svežeg vazduha* 신선한 공기를 들이마시며 오랜 시간을 보내다, 신선한 공기를 오랫동안 들이마시다

nadizati (se) -*žem (se)* (不完) 참조 nadići (se)

nadjačati -*am* (完), **nadjačavati** -*am* (不完) 1. (누구를) 이기다, 승리하다, 압도하다, 능가하다; (누구보다) 더 강해지고 세지다 (pobediti, savladati); *vidio je ... da ga je Stojan nadjačao. Osećao je da se više sa njime ne može boriti* 스토얀이 그를 압도한다는 것을 보았으며, 이제 더 이상 그와 대적할 수 없다는 것을 깨달았다 2. 압도하다, 제압하다, 우세를 점하다; *griža savesti nadjačala je sve sofizme i sve mudrovanje* 양심의 가책이 모든 궤변과 현학적인 것을 압도하였다 3. 더 큰 소리를 내다, 더 큰소리로 인해 다른 소리가 들리지 않다; *prigušen žamor nadjačao je hroptanje mašina* 소리죽여 말하는 웅성거리는 소리로 인해 기계 소리가 들리지 않았다

nadjev 참조 nadev

nadjunačiti -*im* (完) (영웅적 행동으로) 이기다, 승리하다, 제압하다; *svaki nadjunači i savlada svoj gnev* 모든 사람은 자신의 분노를 이기고 제압한다

nadlagati -*žem* (完) **nadlagivati** -*gujem* (不完) 1. (~보다) 거짓말을 더 잘하다, 더 능숙하게 거짓말하다 2. (不完만) ~ se 거짓말 대회를 하다, 거짓말을 누가 더 잘하나 겨루다

nadlajati -*jem* (完) **nadlajavati** -*am* (不完) 1. ~보다 더 크게 짖다 2. (不完만) ~ se 누가 더 크게 짖나 경쟁하다

nadlaktica (解) 상박(上膊; 어깨에서 팔꿈치까지) **nadlaktični, nadlakatni** (形)

nadlanica (解) 손등(손바닥의 반대쪽에 있는)

nadleštvo -*āvā* (공공 업무를 담당하는) 기관, 청(廳); 그러한 기관이 위치하고 있는 건물, 청사(廳舍) (ustanova, institucija; ured, kancelarija)

nadletati -*ćem* & -*am* (不完) 참조 nadleteti

nadleteti *-tim* (完) **nadletati** *-ćem* & *-am* (不完) 1. (새·비행기 등이) ~의 상공을 날다(비행하다), 비행하여(날아) ~의 상공에 도달하다(당도하다); *nadleteće Cakartu kroz dva i po časa* 두 시간 반 걸려 자카르타 상공을 비행할 것이다(상공에 당도할 것이다); *naši lovci nadleću neprijateljske položaje* 우리 전투기들은 적진의 상공을 날고 있다 2. (비행에서) 더 빨리 날다(비행하다)

nadležan *-žna, -žno* (形) 1. 담당의, 주무의, 해당하는; ~할 결정권이 있는, ~할 권한이 있는 (merodavan, kompetentan, ovlašćen); *biti ~ za nešto* 무엇에 대한 결정권이 있다 (~에 대한 담당이다); ~ *ministar* 소관부서 장관; *~žno telo* 해당 기관; *vojni svećenici su dužni da odmah predaju ljude ~žnim vojnim vlastima radi daljeg progona* 군종(軍宗)들은 향후 수사를 위해 사람들을 군당국에 즉시 인계할 의무가 있다 2. (법률에 따라) ~에 속하는; *on je bio nezakonito dete i po majci ~ nekamo u Kranjsku* 그는 사생아였으며 어머니를 따라 크란스카 지역에 속하였다

nadležnost (女) (당국·기관·담당자의) 권한, 결정권; 권한 범위; *to je bilo u vlasti i ~i komandanta divizije* 그것은 사단장의 권한이었다; *prva ~* 최하급 기관; *poslednja ~* 최종 기관; *na ~* 이관(담당 기관으로 이관한다는 문서 결재 표시)

nadlugar 고등산림관독관, 고등수목관리원 (viši lugar, stariji lugar, nadšumar)

nadljudi 참조 natčovek; 초인

nadljudskī *-ā, -ō* (形) 초인의, 초인간적인

nadmašan *-šna, -šno* (形) ~보다 더 강력한, ~을 능가하는(뛰어넘는) (nadmoćan)

nadmašiti *-im* (完) **nadmašavati** *-am*, **nadmašati** *-am*, **nadmašivati** *-šujem* (不完) (능력·특성 등이) 능가하다, 뛰어넘다, 초월하다; (시합·경기 등에서) 이기다, 승리하다; *nadmašio me je svemu* 그는 모든 면에서 나보다 뛰어났다; ~ *rekord* 기록을 뛰어넘다, 기록을 갱신하다

nadmašiv *-a, -o* (形) 능가할 수 있는, 뛰어넘을 수 있는, 초월할 수 있는

nadmašivati *-šujem* (不完) 1. 참조 nadmašiti 2. ~ *se* 시합하다, 겨루다, 경쟁하다(누가 누구보다 더 뛰어난지를)

nadmašljiv *-a, -o* (形) 참조 nadmašiv

nadmen *-a, -o* (形) 오만한, 거만한, 젠체하는 (naduven, ohol, gord); *taj ~i ton ... bio mi*

je dosadio 그 오만한 톤에 ... 나는 정나미 떨어졌다; *obratiti se nekome ~im glasom* 오만한 목소리로 누구에게 말하다

nadmetač (시합·경기 등에 참여한) 경쟁자, 경쟁 상대; *mnogo se ~a za taj portret već povuklo* 그 초상화에 (관심을 보인) 많은 경쟁자(입찰자)들이 이미 (입찰을) 포기했다

nadmetanje 1. (동사파생 명사) nadmetati 2. 경쟁 3. 입찰, 경매 (licitacija); *prodaćemo ove automobile putem javnog ~a* 이 자동차들을 공개 입찰로 판매할 것이다; ~ *će se održati sutra* 내일 경매가 진행될 것이다

nadmetati se *-ćem se* (不完) 1. 시합하다, 겨루다, 경쟁하다 (takmičiti se); ~ *u nečemu* ~에서 경쟁하다, 무엇을 시합하다 2. (구매자로서) 입찰에 참여하다

nadmetnuti *-nem* (完) 1. ~위에 놓다(두다) 2. (던지기에서) 이기다, 승리하다, ~보다 멀리 던지다 (nadbaciti, prebaciti) 3. (입찰·경매 등에서) 남들보다 높은 가격에 입찰하다

nadmoć *-oći* (女) 우세, 우월, 한 수 위; 더 큰 능력(권한·힘·세력) (veća moć); *japanci su ... imali veliku ~* 일본은 훨씬 더 큰 힘을 가졌었다

nadmoćan *-ćna, -ćno* (形) 1. 보다 더 강한 (강력한, 권한이 많은, 우세한, 우월한); *oni će izvestiti da su ih napale ~ćne partizanske snage* 그들은 훨씬 강한 파르티잔 병력이 그들을 공격했다고 보고할 것이다; *junački se boriti s ~ćnim neprijateljem* 훨씬 강한 적들과 용감하게 전투하다 2. 우세한, 우월한; *~ćna pozicija* 우세한 형세(체스 등의)

nadmoćnost (女) 우세함, 우월함, 우위

nadmorskī *-ā, -ō* (形) (숙어로); ~*a visina* 해발 고도

nadmudriti *-im* (完) **nadmudrivati** *-rujem* (不完) 1. 영리함에서 누구를 앞지르다; ~를 속이다, 의 의표를 찌르다, ~보다 한술 더 뜨다, (누구를) 속이다 2. (不完만) ~ *se* (輕蔑) ~와 지혜를 겨루다, 속이려고 시도하다, 서로가 서로를 속이다

nadnaravan *-vna, -vno* (形) 초자연적인 (natprirodan); ~*vna pojava* 초자연적인 현상; ~*vna sposobnost* 초자연적인 능력

nadnaravskī *-ā, -ō* (形) 참조 nadnaravan

nadneti *nadnesem* (完) **nadnositi** *-im* (不完) 1. ~의 위에 올려놓다(놓다), 가져다 ~위에 올려놓다(놓다); *ona je bila leptir koga su neznani vetrovi nadneli nad krater vulkana*

N

그것은 알지 못하는 바람들이 화산 분화구 위에 가져다 놓은 나비였다; ~ *sveću nad knjigu* 책 위에 촛불을 놓다 2. ~ se (몸 등을) ~위로 비스듬하게 숙이다(굽히다, 비스듬하게 하다) (nagnuti se, nadviti se); *nadnela se nad vodu* 그녀는 물 위로 몸을 숙였다; ~ *se nad bunar* 샘물 위로 기울이다; ~ *se nad vodu* (버드나무 등이) 물 위로 비스듬히 서있다; ~ *se nad dete* 아이 위로 몸을 숙이다 3. ~ se (일반적으로) ~위로 펼쳐지다(뻗어나가다) (prostreti se, raširiti se); *vedro nebo nadnelo se bilo kao golemi šator* 화창한 하늘은 마치 거대한 천막처럼 펼쳐졌다; *oblak se nadnese gotovo nad samo selo* 구름은 거의 마을 위에만 걸려있다 4. ~ se ~보다 높이 있다, ~보다 높은 위치를 차지하다 (nadvisiti); *vedro čelo nadnelo mu se nad obrve* 시원한 이마는 눈썹 위에 있다; *mi smo se na jednom bregu u planini nadneli nad turski šanac i tučemo u šanac* 우리는 산의 한 언덕에서 오스만군의 참호 위에 위치하고 있으며 참호를 공격하고 있다

nadnica 1. (하루동안 일하여 받는) 품삯, 일당, 임금, 일급; *ići u (na) ~u* 일용 노동자로 일하다 2. 품삯일, 일당을 받고 하는 일

nadničar 일용 노동자, 날품팔이 **nadničarka**; **nadničarski** (形)

nadničiti -*im* (不完) 일용 노동자로 일하다, 날품팔이하다

nadno (前置詞,+G) (장소를 나타냄) 바닥으로, 바닥에서, 밑으로, 밑에서; 언저리에서, 가장자리에서; *ronio je ~ reke* 그는 강바닥에서 잠수했다; ~ *strane* 페이지 밑부분에; ~ *livade* 풀밭 끝자리에서; ~ *sela* 마을 언저리에

nadnositi -*im* (不完) 참조 nadneti

nadobijati (se) -*jam (se)*, **nadobivati (se)** -*am (se)* (完) (많이) 얻다, 받다; (수차례에 걸쳐) 충분히 받다(얻다); *nadobijali su puno golova* 또는 *nadobijali su se golova* 그들은 많은 골을 넣었다; ~ *se odlikovanja* 많은 훈장을 받다, 몇차례나 훈장을 받다; ~ *se para* 돈을 많이 얻다

nadobudan -*dna*, -*dno* (形) 1. 희망적인, 촉망되는, 길조의, 상서로운; 많은 것이 기대되는, 많은 것을 약속하는 (koji budi nadu); ~*dni sin* 많은 것이 기대되는 아들; ~*dna omladina* 촉망받는 젊은이 2. 오만한, 거만한, 과시적인, 젠체하는, 과장된 (nadmen, bombastičan); *poput ~dnih, mladih petlova* 젊고 거만한 장닭처럼

nadoći *nadođem*; *nadošao*, *-šla*; *nadođi* (完) **nadolaziti** -*im* (不完) 1. (물이) 불어나다, 늘어나다, 증가하다; (밀가루 반죽이) 부풀다; *reka je naglo nadošla* 강의 물은 급속하게 불어났다; *potoci su nadošli i reka se zamutila* 하천이 불어났으며 강물은 혼탁해졌다 2. (심하게·강하게) 나타나다, 생기다; *nadošla mržnja* 심한 증오심이 생겨났다; *nadošla mu snaga* 그에게 강한 힘이 솟아났다; *nadođe mu bes* 심한 분노가 끓어오른다 3. (생각 등이) 떠오르다 4. 오다 (doći, stići); *kad je nadošla jesen, sve laste odletele* 가을이 오자 모든 제비가 날아갔다

nadodati -*am* (完) 1. ~에 보태다, 추가하다, 덧붙이다, 첨부하다 (dometnuti, pridodati) 2. (했던 말에) 덧붙이다, 첨언하다; (일반적으로) (~과 관련하여) 말하다 3. 기타; ~ *ruku* 돕다, 도와주다, 도움의 손길을 뻗다

nadogled (前置詞,+G) ~이 보이는 곳에, ~으로 부터 그리 멀지 않은 곳에; *saznavši da se nalazimo ~ Sargaskog mora, izašli smo na palubu broda* 우리가 사르가소해(海)로부터 멀지 않은 곳에 있다는 것을 알고나서, 우리는 선박의 갑판으로 나왔다

nadograditi -*im* (完) 1. (이미 지어진 건물 위에) 증축하다 (dograditi) 2. (비유적) (교육 등의) 연수하다, 교육하다 (usavršiti)

nadogradnja (이미 지어진 건물 등에 올리는) 증축; *slabi su izgledi za ~u jer još nije odobren kredit* 아직 융자 신청이 결재되지 않아 증축 가능성이 희박하다

nadohvat 1. (前置詞,+G) (주로 ~ ruke의숙어로서) 손으로 잡을 수 있을듯 가까운, 엎어지면 코닿을 정도로 가까운 2. (副) 두서없이, 아무렇게나, 별 생각없이, 무심코, 서둘러, 급하게 (uzgredno, usputno, na brzinu, žureći); *novine se čitaju pohlepno, ali površno i ~* 신문을 욕심내서 읽지만 피상적이고 아무렇게나 빨리 읽는다

nadojiti -*jim* (完) 1. (아기에게) 충분히 젖을 먹이다, 많은 젖을 주다 2. (물 등에) 충분히 젖게하다, 적시다 (nakvasiti, natopiti) 3. (비유적) 가득채우다, 가득하게 하다 (ispuniti, prožeti) 4. ~ se (물 등에) 젖다, 축축해지다

nadoknada (=naknada) 1. (손해·손실·비용 등에 대한) 보상(금) (odšteta, obeštećenje); *materijalnu ~u za to teško plaćaju* 그것에 대한 보상금을 힘들게 지불한다 2. 대체(재)

nadoknaditi -*im*; *nadoknađen* (完) **nadoknađavati** -*am*, **nadoknađivati** -*đujem* (不完) 보상하다, 보충하다, 벌충하다; ~

N

štetu 손해를 보상하다; ~ *putne troškove* 여행경비를 보전하다; ~ *izgubljeno vreme* 잃어버린 시간을 벌충하다

nadoknadiv, nadoknadljiv *-a, -o* (形) 보상할 수 있는, 보상받을 수 있는, 벌충할 수 있는

nadolazak *-ska* 1. 도착 (dolazak) 2. (물 등의) 불어남, 증가, 수위(水位) 상승 (priliv, porast, rastenje)

nadolaziti *-im* (不完) 참조 nadoći

nadole (副) 밑으로 (反; nagore)

nadoliti *nadolijem* (完) 1. (그릇 등에 물·액체 등을) 더 따라 붓다, 따른 것에 더 따르다 2. 가득차게 따라 붓다, 넘칠만큼 끝까지 따르다 (따라 붓다)

nadolje (副) 참조 nadole

nadomak (前置詞,+ G, 드물게 + D) (아주 가까운 거리를 나타내는) 바로 앞에, 바로 근처에, 바로 옆에, 코앞에 (sasvim blizu, u blizini); ~ *grada* 도시 근교에; ~ *sela* 마을 어귀에서; *stigli su* ~ *šume* 그들은 숲 바로 코앞에 당도하였다

nadomeriti *-im* (完) 이미 중량을 잰 것에 더 얹다, 끝까지 무게를 재다

nadomestak *-eska*; *-esci* 대체재(물) (zamena, surogat)

nadomestiti *-im* (完) **nadomeštati** *-am* (不完) 1. (누구의 자리·역할 등을) 대신하다, 대체하다 (zameniti); *štedionice ne mogu* ~ *likvidirane banke* 저축은행은 청산된 은행을 대체할 수 없다 2. 보상하다, 벌충하다 (nadoknaditi, naknaditi); *narod se pomalo laćao posla da se nadomesti gubitak* 백성들은 손실을 만회하기 위해 일에 힘을 쏟았다

nadometak *-tka* ~에 더해진 것(첨가된 것); 부가물, 첨가물 (dodatak, dometak)

nadometati *nadomećem* (不完) **nadometnuti** *-nem* (完) (보통은 말(言)에) 더하다, 덧붙이다, 첨언하다 (dometnuti, dodati)

nadoplatiti *-im* (完) **nadoplaćivati** *-ćujem* (不完) (돈을) 추가로 더 지불하다 (doplatiti)

nadopuniti *-im* (完) 보충하다, 추가하다, 채우다, 채워넣다 (dopuniti, popuniti); *podatke ... ću ... nadopuniti* 자료(통계)를 보충할 것이다

nadosetan *-tna, -tno* (形) 형이상학의 (metafizički)

nadovezati *-žem* (完) **nadovezivati** *-zujem* (不完) 1. 연결해(묶어) 덧붙이다 (예를 들자면 짧은 실을 긴 실에) 2. (비유적) (무엇을 무엇에) 더하다, 덧붙이다, 첨가하다 (nadodati, pridodati); *na njegovu belešku*

nadovezaćemo i jedno porodično predanje 우리는 그 사람의 노트(기록)에 한 가정의 이야기도 덧붙이려고 한다 3. (말·이야기 등을) 계속하다, 계속 이어나가다; (대화에서) 첨언하다, 덧붙이다 4. ~ *se* (na nešto) ~의 후편(후속)이 되다, 계속되다; *na narodnja predanja nadovezala se kasnije pisana povesnica* 나중에 쓰여진 역사가 민중구전 문학의 후속편이 되었다 5. ~ *se* (na nešto) ~의 뒤에 바로 나타나다(일어나다); *na taj ponoćni krik nadoveza se jauk austrijskih vojnika* 그 한밤중의 외침뒤에 바로 오스트리아 군인들의 비명이 일어났다 6. ~se 계속되다, 길어지다 (nastaviti se, produžiti se); *tako se nadoveza staro poznanstvo* 그렇게 오랫동안 알고 지내는 것은 계속되었다 7. ~ se (na nekoga) ~에게 찰싹 달라붙다, ~에게 의지하다 (prilepiti se uz koga, vezati se)

nadrasti *-rastem* (完) **nadrastati** *-am* (不完) ~ 보다 더 커지다, ~보다 더 높아지다(키·높이 등이); (정신적·영적으로) ~을 뛰어넘다, 능가하다 (지적으로) 선생님을 뛰어넘다; *on je tih dana zaista nadrastao svoju okolinu* 그는 그 시기에 자기 주변의 사람들을 능가하였다

nadražaj 1. (생리적인) (신경)자극 (draž, podražaj); 그러한 자극에 대한 반응; *nervni* ~ 신경 자극; ~ *slepog creva* 맹장염 2. (비유적) 자극, 고무, 격려 (podsticaj, stimulans)

nadraženost (女) 자극, 자극 상태

nadražiti *-im* (完) **nadraživati** *-žujem* (不完) 1. (감각을) 자극하다; 자극하여 반응하도록 하다; *iznenada mu je nadražila vid i prijatno ga obradovala ... tamnosiva životinja* 그는 어두운 회색 계열의 동물들을 보고는 즐거웠다 2. (~에 반대하여) 선동하다, 부추기다,; *želeo je što više nadraži javno mnenje protiv Milana* 그는 밀란에 나쁜 여론을 가능한 한 많이 일어나도록 선동하기를 바랐다 3. (비유적) 일깨우다, 활발하도록 하다(호기심 등을) (probuditi, oživeti, aktivirati) 4. 짜증나게 하다, 귀찮게 하다, 화나게 하다 5. ~ se 자극을 받다, 자극되다 (주로 성적으로)

nadraživ, nadražljiv *-a, -o* (形) 1. (성적 자극에) 민감한, 예민한; 관능적인, 섹시한 (senzualan) 2. 너무 예민한(민감한); 신경질적인, 짜증내는 (preosetljiv, razdražljiv) 3. (감각을) 자극하는, 자극적인; ~ *miris* 자극적인 냄새 4. 고무하는, 격려하는 (podsticajan,

N

stimulativan)

nadražljivac -vca (化)(軍) (보통은 複數로) 최루 가스, 재채기 가스

nadrealist(a) 초현실주의자

nadrealističkī -ā, -ō (形) 초현실주의의

nadrealizam -zma 초현실주의

nadrednī -ā, -ō (形) 줄 위에 있는, 글자 위에 있는 (책에서의); ~ znak 발음 구별 부호 (ă, ã, ä, â의 - ˇ ¯ ˆ 등)

nadreti nadrem & naderem; nadro, nadrla; nadrt, -a (完) 1. (물이) 대량으로 몰려들다, 몰려 흘러들다; (군중들이) 몰려들다; ~ na izlaz 출구로 몰려들다(몰려가다); voda je nadrla kroz pukotine 물은 갈라진 틈으로 스며들었다 2. 대규모로 공격하다(침투하다·돌진하다·돌격하다) (nasrnuti, navaliti, jurnuti); nadrli smo kao maniti, ne može komandant da nas ustavi 우리는 미친듯이 돌격하였으며 지휘관은 우리를 멈추게 할 수 없었다 3. (어디로) 빨리 가다, ~쪽으로 향하다 4. (무엇인가를) 결정하다, 의도하다, 원하다; kad on nešto nadre, mora tako biti 그가 뭔가를 결정하면, 그렇게 되어야만 한다 5. (무엇을) 하기 시작하다; zašto su seljaci nadrli u beg, ne opalivši ni metka? 왜 농민들은 총알 한 번 쏘지도 않고 도망치기 시작했는가? 6. ~ se 찢어지기(분열되기) 시작하다

nadri- (接頭辭) 거짓의, 가짜의, 모조의, 사이비의, 돌팔이의 (tobožnji, takozvani, lažni, nazovi); **nadrilekar** 사이비 의사; **nadripametan** 영리한척 하는

nadriadvokat 사이비 변호사, 자칭 변호사를 칭하는 사기꾼

nadriknjiga (男,女) 사이비 지식인, 사이비 학자, 지식인인체 하는 사람

nadriknjiževnik 자칭 문인, 사이비 문인

nadrilekar 사이비 의사, 돌팔이 의사

nadrilekarstvo 돌팔이 의사짓

nadrljati -am (完) 1. 휘갈겨 쓰다, 아무렇게나 쓰다; 말도 안되는 것을 쓰다 2. 결과가 안 좋게 끝나다, 곤혹스러움을 당하다 (proći rđavo, nagrabusiti)

nadrobiti -im (完) 1. (빵을) 조각을 내어 음식에 넣다(보통은 걸쭉한 음식이나 수프 등에) (udrobiti); dajte mi samo lončić ... kruha imam, nadrobit ću i fino ću se pogostiti 내게 냄비만 주세요... 빵은 있으니까, 그것을 잘게 조각내 손님대접을 근사하게 할게요; kako nadrobiš, onako ćeš i kusati 일한 만큼 거둘것이다 2. (kome) (비유적) 누구에

게 악을 행하다, ~를 비방중상하다 3. (비유적) 말도 안되는 소리를 하다, 빠르고 불분명하게 이야기하다

nadručenje 팔을 앞으로 뻗어 위로 올리기

nadručiti -im (完) 팔을 반드시 앞으로 뻗어 들어올리다

nadskočiti -im (完) **nadskakivati** -kujem (不完) 1. ~보다 더 높이 점프하다, ~보다 더 멀리 점프하다, 높이뛰기에서 이기다(승리하다), 멀리뛰기에서 이기다(승리하다) 2. (不完만) ~ se 시합하다(높이뛰기·멀리뛰기의)

nadstojnik 1. 장(長), 수장(首將) (staešina) 2. (건물 등의) 수위, 경비 (domar, pazikuća, kućepazitelj)

nadstražar 경비대장

nadstrešnica (=nastrešica) (가옥의) 처마, 차양(보통은 문 또는 창문 위에 있는)

nadstvaran -rna, -rno (形) 1. 비현실적인, 현실에서는 없는(존재하지 않는), 초현실적인 (nadrealan, nestvaran, nerealan); ~rna moć 초현실적인 능력 2. 매우 거대한, 굉장히 큰 (veoma velik, ogroman)

nadugačko (副) 1. 너무 말이 많게, 매우 광범위하게; ~ opisivati 매우 광범위하게 묘사하다; ~ pričati 너무 많이 말을 하다 2. 매우 길게, 너무 길게; ~ seći 너무 길게 자르다; ~ nasaditi (motiku) (막대기를) 너무 길게 박다 3. 기타; nadugačko (nadugo) i naširoko 너무 광범위하게, 매우 광범위하게; govorio je o toj temi nadugo i naširoko 그는 그 주제에 대해 매우 광범위하게 이야기했다

naduhati -am & -šem; naduhaj & naduši (完) **naduhavati** -am (不完) 참조 naduvati; 공기를 불어넣다, 공기를 불어넣어 부풀어 오르게 하다

naduriti se 인상을 찌푸리다(화나서, 기분이 나빠서, 모욕을 당해서), 화내다 (namrgoditi se, naljutiti se, rasrditi se)

nadušak (副) 단숨에, 단번에, 빨리 (u jednom dahu, bez predaha); popiti ~ 단숨에 마시다

nadut -a, -o, **naduven** -ena, -eno (形) 1. 참조 naduti (se) 2. (비유적) 거만한, 오만한, 젠체하는 (nadmen, ohol, tašt); 과장된, 침소봉대된 (preveličan, preteran, bombastičan); naduveni Vuković nije hteo ni da čuje da ~ 오만한 부코비치는 ~을 들으려고도 하지 않았다

naduti nadmem; nadut, -a & naduven, -ena (完) 1. (공기 등을) 불다, 불어넣다, 불어채워넣다 (naduvati, napuhati); nadme obraze

566

pa izduši nakupljeni zrak 볼을 부풀린 후 공기를 내뿜는다 2. ~ **se** (보통은 사람이나 동물의 몸 일부가) 부풀다, 부풀어오르다 3. ~ **se** 오만해지다, 거만해지다, 젠체하다 4. ~ **se** 인상을 찌푸리다, 화내다 (naduriti se) 5. ~ **se** (불·바다 등이) 급작스레 거세지다 6. ~ **se** (하천·강 등이) 불다, 불어나다 (nabujati, nadoći)

naduvati *-am* (完) **naduvavati** *-am* (不完) 1. 공기를 불어넣다, 바람을 넣다(타이어·공·풍선 등에 입 또는 펌프 등으로) (naduti); ~ *gumu* 타이어에 바람을 넣다 2. (비유적) (nešto) 과장하다, 침소봉대하다 (preuveličati); ~ *neki događaj* 어떤 사건을 침소봉대하다; ~ *problem* 문제를 과장하다; ~ *sporno pitanje* 논란중인 문제를 과장하다; *suviše* ~ *sukob* 불화를 너무 과장하다 3. (보통은 피동형용사의 형태로) (가격 등을) 인상하다(인위적으로, 객관적 증거도 없이) 4. ~ **se** (공기를 넣어) 둥글게 부풀어 오르다, 빵빵해지다 5. ~ **se** (신체가) 붓다, 부풀어 오르다 6. ~ **se** 거만해지다, 오만해지다, 젠체하다 (postati nadmen, ohol)

naduvenac *-nca*, **naduvenko** (男) 거만한 사람, 오만한 사람, 젠체하는 사람

naduveno (副) 오만하게, 거만하게, 젠체하면서

nadvijati se *-jam se* (不完) 참조 nadviti se

nadvikati *-čem* (完) **nadvikivati** *-kujem* (不完) 1. (nekoga) ~보다 더 크게 소리지르다(고함지르다); *ne možete vi mene ~!* 당신은 나보다 더 크게 소리지를 수는 없습니다! 2. (nešto) (비유적) 들리지 않게 하다, 소리를 죽이다 (ugušiti, prigušiti, učiniti nečujnim); ~ *tresak* 쿵하는 소리를 들리지 않게 하다

nadviriti se *-im se* (完) **nadvirivati se** *-rujem se* (不完) ~위에 몸을 구부려 보다(바라보다, 쳐다보다, 위에서 내려다보다; *nadvirila se nad lonac u kojem se pogrevao ručak* 점심을 데피고 있는 냄비를 위에서 쳐다봤다

nadvisiti *-im* (完) **nadvisivati** *-sujem*, **nadvišavati** *-am*, **nadvišivati** *-šujem* (不完) 1. ~ 보다 높다, ~보다 크다(키 등이); *njihova kuća nadvisila je ostale kuće u selu* 마을에서 그들의 집은 다른 집들보다 컸다 (높았다) 2. (비유적) ~보다 뛰어나다, ~을 능가하다, 뛰어넘다, 넘어서다(가치·능력·장점 등이) (premašiti, prevazići); *oni su igrali dobro i nadvisili su svakog od protivnika* 그들은 경기를 훌륭히 했으며 모든 경쟁자들보다 뛰어났다 3. ~보다 목소리가 크다, ~보

다 더 크게 소리지르다 (nadjačati glasom); *zatim viknu tako da skoro nadvisi puščane plotune* 그리고 거의 총소리를 압도할 정도로 그렇게 소리를 지른다

nadviti se *nadvijem se* (完) **nadvijati se** *-jam se* (不完) (nad nečim) ~위로 구부리다(숙이다); 활모양으로 구부리다; ~위로 걸리다, 드리워지다; *nadvio se ... nada mnom kao žalosna vrba* 마치 수양버들처럼 내 위로 몸을 숙였다; *tamni oblak nadvio se nad okolišem* 주변 위로 먹구름이 드리워졌다

nadvlačiti *-im* (不完) 1. 참조 nadvući 2. (konopac, uže 등의 보어와 함께 사용되어) (서로 반대되는) 양쪽으로 끌어당기다(힘을 겨루면서), 줄다리기하다 3. ~ **se** (užetom, konopcem, užeta, konopca 등의 보어와 함께) 줄다리기하다 4. ~ **se** 끌어당겨지다, 끌려오다 (nadvući se); *malo-pomalo nadvlačio se sa jugozapada oblak* 조금씩 조금씩 남서쪽으로부터 구름이 몰려왔다

nadvladati *-am* (完) **nadvladavati** *-am*, **nadvlađivati** *-đujem* (不完) 1. (전투·전쟁 등에서) 이기다, 승리하다; 압도하다, 제압하다; ~에서 우세하다, 우세를 점하다 (nad nekim, nečim); *u krvavom boju nadvladali su Turke* 유혈전투에서 터키인들을 이겼다; *srce je nadvladalo um* 가슴이 머리를 이겼다; ~ *protivnika* 상대편을 제압하다 2. (~의 힘·세기·강도 등을) 빼앗다, 약하게 하다, 제압하다 (savladati, oslabiti); ~ *uzbuđenje* 흥분을 가라앉히다; ~ *osećanje* 감정을 억누르다 3. 우세하다, 주도권을 쥐다, 주(主)를 이루다; *nadvladalo je mišljenje da Srbe treba razoružati* 세르비아인들을 무장해제시켜야 한다는 의견이 주를 이루었다

nadvodnī *-ā*, *-ō* (形) 물위에 있는, 수면 위의; ~ *deo plutače* 물위에 떠있는 부표의 일부분

nadvođe (선박의) 물 위에 떠있는 부분, 물 위로 나와 있는 부분

nadvoje (副) 1. 두 조각으로, 두 부분으로, 두 개로; *slomio je štap* ~ 지팡이를 두 동강 냈다; *slomio se saonik* ~ 썰매가 두 동강 났다; *prelomiti* ~ 두 동강 내다 2. 기타;

nadvoje-natroje 1)두 세 도막으로, 몇 도막으로 *raseći* ~*-natroje* 두 세 도막으로 자르다 2)서둘러, 급하게, 피상적으로(일하다) *prelomiti* ~ 깊이 생각하지 않고 서둘러 결정하다

nadvojvoda (男) (歷) (합스부르크 왕국의) 대공(大公)

nadvor (副) 밖에, 밖으로 (napolje, van);

otvori prozor i pogleda ~ 창문을 열고 밖을 내다본다

nadvorni *-ā, -ō*(形)(方言) 1. 밖의, 바깥의 (spoljašnji, vanjski); *još mamuran otvorio je teško ~rna vrata* 아직 술이 덜깨 힘들게 외문(外門)을 열었다 2. 왕실의, 궁정의 (dvorski); *visoko kule ... okružuju ovaj ~ ured* 높다란 첨탑들이 이 궁정 사무실을 둘러싸고 있다

nadvožnjak 육교, 고가도로 (反; podvožnjak)

nadvući *nadvučem*(完) **nadvlačiti** *-im*(不完) 1. (nekoga) (줄다리기 등에서) 이기다, 승리하다 2. (nešto) ~ 위로 끌어당기다, ~ 위로 덮다 (navući) 3. ~ se 덮이다 (navući se); *gusti tmasti oblaci nadvukoše se nad Kosovo ravno* 진한 먹구름이 코소보 위에 덮였다 4. (不完만) ~ se 줄다리기하다

nadzemaljski *-ā, -ō*(形) 1. 외계의, 이세상의 것이 아닌, 천상의; 초자연적인 비현실적인, 신비한; ~a *sila* 외계의 힘; ~o *carstvo* 천상의 제국; ~o *biće* 신비스런 존재; ~o *priviđenje* 신비한 환영 2. 지상(地上)의, 땅위의 (nadzemni); ~ *svet* 지상세계 ~e *visine* 지상 높이

nadzemni *-ā, -ō*(形) 1. 땅위의, 땅 위에 있는, 지상의; ~e *vode* 지표면수(水); ~a *železnica* 지상 철도 2. 외계의, 이 세상 것이 아닌 (nadzemaljski)

nadzemski *-ā, -ō*(形) 초자연적인, 비현실적인, 통상적이지 않은 (nadzemaljski)

nadzidati *-am*(完) **nadziđivati** *-đujem*(不完) (기존에 건축된 건축물 위 또는 옆에) 증축하다 (nadograditi)

nadzirač, nadziratelj 감독, 감독관, 감시자 (nadzornik) **nadzirateljka**

nadzirati *-em*(不完) (nekoga, nešto) 1. 감독하다, 감시하다, 신경써 지켜보다; 관리하다 (nadgledati, kontrolisati) 2. 감찰하다, 검열하다, 사찰하다 (izvršiti inspekciju) 3. ~을 보살피다, 신경쓰다 (voditi brigu, paziti) 4. 관찰하다, 지켜보다, 바라보다 (posmatrati, promatrati) ~ *svakoga ko prođe* 누가 지나가나 모든 사람들을 지켜보다 5. 위에서 내려다 보다

nadzor 1. 감독, 검열, 감찰, 감사; *vršiti ~ nad nečim* ~에 대해 감독하다, 감찰하다 2. (주로 형용사policijski와 함께 쓰여) 감시 (prismotra) 3. 보호, 보살핌 (briga, zaštita); *biti bez roditeljske nege i ~a* 부모의 보살핌과 보호를 받지 못하다

nadzorni *-ā, -ō*(形) 참조 nadzor; 감독의, 감찰의; ~ *odbor* 감찰위원회; ~a *služba* 감독 업무; ~ *organ* 감독 기관

nadzornik 1. 감시자, 감독자 (nadglednik); ~ *pruge* 선로 감시자; ~ *puta* 도로 감독자; ~ *pruge ga je pozvao u kancelariju* 선로 감독관이 그를 사무실로 불렀다 2. 감독관, 검열관, 감사관, 감찰관 (inspektor, kontrolor); *finansijski* ~ 재정 감독관; *školski* ~ 학교 검열관

nadzorništvo 1. 감독 업무, 감독직(職) 2. 감독 기관

nadzubni *-ā, -ō*(形)(言) 치경음의, 치조음의

nadzvučni *-ā, -ō*(形) 1. 가청주파수보다 높은 2. 소리보다 빠른, 마하의, 초음속의; ~ *avion* 초음속 비행기; ~a *brzina* 마하의 속도

nadžeti *nadžanjem & nadžnjem*(完) **nadžnjeti** *nadžnjem*(不完) (보통은 경기·시합에서) ~보다 더 많이 수확하다; *ako me nadžanješ, daću ti ja stado* 네가 나보다 더 많이 수확한다면 네게 소떼를 줄께

nadživeti *-im*(完) **nadživljavati** *-am*(不完) 1. ~보다 더 오래살다; *žena ga je nadživela* 부인이 그보다 더 오래살았다 2. (어려움·난관·병마 등을) 이겨내다, 극복하다, 겪어내다 (preživeti, savladati, preboleti); *i ovu ću ranu* ~ 이 부상도 이겨낼 것이다; ~ *sve promene* 모든 변화를 겪어내다

nadžak 1. 고대시대 무기의 한 종류(한쪽 면에는 날카로운 날이 있고 다른 쪽 면에는 망치가 달린); 위와 같은 도구의 한 종류, 망치, 장도리 (čekić) 2. 걸핏하면 다투려고 하는 사람, 문제를 일으키고 다니는 사람; *nadžak-baba* 불화거리를 만들고 다니는 여자, 성질 고약한 여자, 자기 맘대로 하고 다니는 여자

nadždidati *-am*(完) 장식품(džidža)으로 과도하게 장식하다(치장하다); 채워넣다 (načičkati, natrpati)

nadiđati *-am*(完) 과도하게 장식하다, 지나치게 치장하다 (kinđuriti, nakinđuriti)

nadikati *-am*(完) 무성히 자라다(풀 등이); *po livadi svud kopriva gusta nadikala* 풀밭에 잡초가 온통 무성히 자랐다

nadubriti *-im*(完) 퇴비(đubre)를 뿌리다, 비료를 주다; *ne štedite đubre, nego dobro kupus nađubrite* 퇴비를 아끼지 말고, 양배추에 잘 비료를 주세요

naduskati *-am se*(完) 1. 춤추다 (naigrati se, naplesati se) 2. 별별 많은 것을 하다

naelektrisati *-šem*, **naelektrizirati** *-am*, **naeletrizovati** *-zujem*(完) 1. 전기를 통하게

하다 2. (비유적) 매우 흥분시키다(~할 의도·
의향을 갖게 하면서)

nafiksati *-am* (完) 광택제(fiks)로 문지르다,
윤을 내다, 광택을 내다 (nalaštiti,
izglačati); *s nafiksanim čizmama* 광택을 낸
군화를 신고

nafilovati *-lujem* 소(fil)를 채우다 (nadenuti)

nafora (宗) (正教) (예배후 신자들에게 뉘주는)
성체, 제병(祭餠) (성찬용의 빵 조각)

nafrakati *-am* (完) 1. 과도하게 화장하다, 야하
게 화장하다 (našminkati) 2. ~ **se** 과하고 야
하게 화장하다

nafrizirati *-am* (完) (nekoga) 누구의 머리를
손질하다

nafta (鑛物) 오일, 석유, 원유; ~ *iz škriljacā*
셰일 오일; ~ *istekla iz tankera* 석유가 탱크
로부터 흘러내렸다 **naften, naftin** (形)

naftalin 나프탈렌; 좀약(나프탈렌 따위);
staviti u ~ 예비역으로 돌리다; *izvući*
(izvaditi) iz ~a 재취역시키다, 재활성화시키
다(잊혀진 것, 오래되어 퇴역한 것 등을)

naftalinskī *-ā, -ō* (形) 1. 참조 naftalin; 나프
탈렌의; ~a *kuglica* 둥근 모양의 나프탈렌,
둥근 좀약; ~ *prah* 나프탈렌 가루 2. (비유
적) 낡은, 오래된, 비현대적인, 고물의 (star,
zastareo, nesavremen, arhaičan)

naftaš 1. 석유산업 종사자, 석유산업 노동자;
석유시추업자, 석유시추 노동자 2. (口語) 석
유 엔진

naftonosan *-sna, -sno* (形) 원유를 함유하고
있는; ~*sno polje* 유전지; ~ *sloj* 유전층;
~*sno područje* 유전 지역

naftovod 송유관; *razgovori su se vodili i o*
problemu ponovnog otvaranja ~a *kroz Irak*
i Siriju 이라크와 시리아를 통과하는 새로운
송유관 매설에 관련된 문제들에 대해 협상이
진행되었다

nag *-a, -o* (形) 1. (인체·신체의 일부 또는 사
람이) 벌거숭이의, 나체의, 아무것도 걸치지
않은 (neobučen, neodeven, go) 2. 빈약하게
입은(걸친) 3. (나무 등이) 잎사귀가 없는, 잎
사귀가 떨어진, 낙엽진 4. 기타; *go* ~ 완전
히 벌거숭이인, 아무것도 걸치지 않은 (마치
어머니로부터 태어난 상태와 같은; *ništa*
pod ~*im bogom* 전혀 아무것도 아닌, 조금
도 ~이 아닌

nagađanje (동사파생 명사) nagađati; 추측, 짐작

nagađati *-am* (不完) 1. 추측하다, 짐작하다; ~
šta se krije iza nečega ~의 배후에 무엇이
숨겨져 있는지 짐작하다; ~ *o nečemu* ~에
대해 추측하다 2. 대충 (아무렇게나) ~을 하

다; *pevajući* ~ *reći* 노래하면서 가사를 아무
렇게나 부르다 3. ~ **se** 흥정하다, 협상하다
~ *se oko cene* 가격을 놓고 흥정하다

nagajka 짧은 가죽 채찍

nagao *-gla, -glo* (形) 1. (성격이) 급한, 불같은
2. 성급한, 경솔한, 무분별한 (brzoplet) 3.
빠른, 재빠른; *nagli pokret* 재빠른 동작;
nagli postupak 빠른 행동 4. 급작스런, 급
격한, 거의 동시적인; *naglo zahlađenje* 급격
한 추위; *nagla promena* 급격한 변화 5. 갑
작스런, 예기치 않은 (iznenadan,
neočekivan); *nagla ženidba* 갑작스런 결혼;
nagla smrt 급사 6. (질병·질환의) 급성의
(akutan) 7. 강력한 (silovit, snažan); ~
vetar 강풍; ~ *strah* 무시무시한 공포(심) 8.
(물·수량이) 많은, 넘쳐나는

nagaraviti *-im* (完) 1. 그을음(gara)으로 문지
르다, 검게하다, 시커멓게 하다 (omrčiti,
nacrniti); ~ *obrve* 콧수염을 검게 하다 2.
(koga) 속이다, 기만하다 (nasamariti); *ne*
mislim ni da ste me nagaravili 당신이 나를
기만했다고도 생각하지 않습니다 3. ~ **se** 그
을리다, 그을음으로 검게 되다, 그을음으로
더러워지다

nagariti *-im* (完) 1. 검게 하다, 시커멓게 하다
(nagaraviti) 2. ~ **se** 검어지다, 시커멓게 되
다 3. 기타; *nagario se nausnicom* 또는
nagarila mu se nausnice 콧수염이 나기 시
작했다

nagaziti *-im* (完) 1. (발로) 밟다, 짓밟다, (발
로) ~ 위에 올라서다; ~ *na kamen* 돌을 밟
다, 돌 위에 올라서다 2. (na koga, na
nešto) 우연히 만나다 (naići, nabasati); *da*
nisi otkud nagazio na kurjaka? 어떻게 늑대
같은 사람을 만나지 않았느냐?; *može biti da*
nagazim gdegod na selo 어디서든지 마을을
만날 수 있다 3. (발로) 밟다, 밟아 다지다
(izgaziti, utabati, utapkati); ~ *đubre* 퇴비를
밟다; ~ *zemlju* 땅을 밟다; ~ *sneg* 눈을 밟
아 다지다 4. 기타; ~ *na tanak led* 어려움을
당하다, 어려움에 봉착하다; ~ *na sureb (na*
urok, na čini) 마법에 걸리다; ~ *na žulj*
nekome 누구의 감정을 상하게 하다; ~
nekoga 누구의 발을 밟다

nagaznī *-ā, -ō* (形) (숙어로 사용); ~a *mina* 촉
발 지뢰(밟으면 터지는)

nagib 비탈, 경사면; 경사도, 기울기 (strmina)

nagibati *-am* & *-bljem* (不完) 1. 기울이다;
žena hitno na usta nagiblje nekakav lončić
여자는 급하게 어떤 냄비를 입에다 기울였다
2. (kome, čemu) (마음·태도 등이) ~쪽으로

N

기울다(기울어지다); *general malo nagibaše i na tursku stranu* 장군은 조금은 터키편에 마음이 기울었다; ~ *na nečiju stranu* 어느편으로 기울다 3. ~ **se** 기울다, 기울어지다

nagibnī *-ā, -ō* (形) 참조 nagib; 경사진, 기울어진; ~ *ugao* 기운 각(角)

naginjati *-njem* (不完) 1. 참조 nagnuti 2. ~하는 경향이 있다, ~ 쪽으로 기울어지다, ~ 쪽으로 기대다; *on je naginjao protivnoj strani* 그는 반대편으로 기울었다; *mati više naginje kćeri* 어머니는 딸에게 좀 더 많이 의지한다(딸을 좀 더 편애한다) 3. (색깔이) 어떠한 색깔의 뉘앙스가 있다, 어떠한 색상이 묻어난다 4. 돌파하다, 공격하다 (prodirati, navaljivati); *kroz prodor naginje neprijatelj* 계곡을 통해 적들이 쳐들어온다

nagizdati *-am* (完) 1. (보석·장식품 등으로) 치장하다, 장식하다 (nakititi) 2. (일반적으로) 아름답게 꾸미다, 장식하다, 치장하다 3. ~ **se** 예쁘게 장식하다(치장하다), 옷을 잘 차려 입다

naglas (副) 큰 목소리로, 목청을 높여; *čita novine* ~ 소리내어 신문을 읽는다; *nasmejao se* ~ 크게 웃었다; *pročitati* ~ 큰 목소리로 읽다

naglas (男) 참조 naglasak

naglasak *-ska* 1. (文法) 강세, 악센트 (akcenat); *strani* ~ 이국적 악센트 2. 말투, 어투; *pomirljivim ~skom objašnjavao da državnu svojinu poštuje* 국유재산을 존중한다고 차분한 말투로 설명했다

naglasiti *-im*; *naglašen* (完) **naglašavati** *-am* (不完) 1. (말·음절에) 악센트를 주다, 악센트를 주어 발음하다 (akcentovati); ~ *reč* 단어에 악센트를 주어 발음하다; *naglašen slog* 악센트가 오는 음절 2. (비유적) (연설·대화 등에서) 강조하다; *ja sam mu naglasio da dođe tačno u šest* 나는 그에게 정확히 6시에 오라고 강조했다; ~ *nekome nešto* 누구에게 무엇을 강조하다 3. (보통은 피동태 형태로) 지나가는 투로 (가볍게) 언급하다; *mnoge teorije su u algebri takoreći naglašene* 대수학에서 많은 이론들이 소위 가볍게 언급되고 있다

naglavak *-āvka* (보토은 複數로) 1. (구두의) 코, 앞부분(발가락이 오는) 2. 양말 밑바닥 (priglavak) 3. 모자, 베레모 (kapa, bere); *na glavi mu obični francuski* ~ 그의 머리에는 평범한 프랑스 베레모가 씌워져 있었다 4. (機) 너트(관(管)을 연결하는) (muf)

naglavce (副) 1. 거꾸로, 곤두박질로, 머리를

밑으로 하고 (glavačke, strmoglavce) 2. 급히, 급하게, 서둘러 (navrat-nanos)

naglaviti *-im* (完) **naglavljivati** *-vljujem* (不完) 1. ~에 ~을 붙이다; ~ *točkove na osovinu* 축에 바퀴를 달다 2. (구두 등의) 앞부분 (naglavak)을 작업하다

naglavnī *-ā, -ō* (形) 머리에 쓰는, 머리에 두르는; ~ *telefon* 헤드폰

nagledati se *-am se* (完) 1. (누구를·무엇을) 바라보면서 만족하다, 즐기다; 질리도록 바라보다(쳐다보다); *nagledao se lepih žena* 아름다운 여성들을 질리도록 쳐다보다, 아름다운 여성들을 바라보면서 즐기다 2. (무엇을) 보다; ~을 볼 기회를 얻다; ~ *svakojakih čuda* 모든 종류의 기적을 보다 3. 기타; ~ *sunca* 오래 살다, 산체로 남아있다; *ne moći se nagledati (nekoga, nečega)* 눈을 뗄 수 없을 정도로 시각적으로 아름답고 장관인 것을 말할 때 사용함; *on ne može da se nagleda naših kola* 그는 우리 자동차에서 눈을 뗄 수 없었다; *toliko je zavoleo Bosnu da ne može da se nagleda njenih predela* 보스니아 땅에서 눈을 뗄 수 없을만큼 보스니아를 사랑했다

nagliti *-im* (不完) 서두르다, 서둘러 가다 (žuriti se, hitati); *molio je ... da ne nagli s dražbom, da ga pričeka* 경매를 서두르지 말고 기다리라고 부탁했다; *jedno jato vrana naglio je istim pravcem* 한 무리의 까마귀 떼가 같은 방향으로 서둘러 갔다

naglo (副) 1. 빨리, 서둘러 (brzo, hitro, žurno); *jutro je* ~ *dolazilo* 아침이 빨리 왔다 2. 갑자기, 예상치 않게 (iznenada, odjednom)

naglost (女) 성급함, 경솔함; 갑작스러움, 급격함

nagluh, nagluv (形) 가는 귀가 먹은; *ona je bila malo nagluva od starosti* 그녀는 노령으로 인해 가는 귀가 먹었었다

nagnati *-am* (完) **nagoniti** *-im* (不完) 1. (koga na nešto) 강제하다, 강요하다, 억지로 ~ 시키다 (prisiliti, primorati, prinuditi); *nagnao me da dođem* 나한테 오라고 강요했다; *sud će ga nagnati da plati* 법원은 그에게 돈을 지불하라고 강제할 것이다; *to nagoni na razmišljanje* 그것이 생각하게끔 만든다 2. (~ 하도록) 불러일으키다, 상기시키다 (navesti, podstaći, pobuditi); *ne znam šta ga je nagnalo da to uradi* 나는 그가 무엇 때문에 그것을 했는지 잘 모른다; ~ *u smeh* 웃음을 짓게 하다 3. (어떤 장소로 누구·무엇

N

을) 몰다, 몰고가다 (naterati, saterati, uterati); ~ *svinje u voćnjak* 돼지를 과수원으로 몰고가다 4. 내몰다, 쫓아내다 (oterati)

nagnojiti *-im* (完) 1. 퇴비(gnoj)를 주다, 거름을 주다, 퇴비를 뿌려 (경작지를) 기름지게 하다 (nađubriti) 2. ~ **se** (상처가) 고름(gnoj)으로 가득차다, 고름이 잡히다

nagnuće 1. (동사파생 명사) nagnuti (se) 2. 호감, 연민, 정(情), 사랑 (naklonost, simpatija, ljubav)

nagnuti *-nem*; nagnuo, -nula & nagao, -gla; *nagnut* (完) **naginjati** *-njem* (不完) 1. 기울이다, 기울여 세우다, 기울어지게 세워놓다; *ne naginji se kroz prozor* 창문에 기대지 마시오; *ona se nagla* 그녀는 (몸이) 굽었다 2. (해·태양이) 지다, 기울다, 기울어지다; *već je sunce nagnulo k zapadu* 이미 해는 석양으로 기울었다; *dan je nagnuo kraju* 낮이 끝나갔다 3. (몸을) 숙이다, 굽히다 (sagnuti, poviti); ~ *glavu kroz prozor* 창문을 통해 고개를 숙이다; *pop nagnuo glavu* 신부는 머리를 숙였다 4. 뛰다, 급히 가다; 도망치다 (pojuriti, pobeći); *momak bacio budak i nagnuo u šumu* 남자는 곡괭이를 던지고는 숲으로 도망쳤다; *kud si nagao?* 어딜 그리 급히 가느냐? 5. (bežati, trčati 등의 보어와 함께 쓰여) 갑자기 ~ 하기 시작하다; ~ *bežati* 갑자기 도망치기 시작하다 5. 돌진하다, 돌격하다 6. (不完만) ~하는 경향이 있다; *on naginje alkoholizmu* 그는 술에 의존하는 경향이 있다 7. 기타; *šta si nagao!* 또는 *što si toliko nagao!* 뭘 그리 야단법석을 떠느냐!

nagnječenje (동사파생 명사) nagnječiti; 멍, 타박상 (kontuzija, naboj)

nagnječiti *-im* (完) 1. 멍들게 하다, 타박상을 입히다; *danas je pao konj i nagnječio mu nogu* 말이 넘어져 다리에 멍이 생겼다 2. ~ **se** (과일 등이) 멍들다, 흠이 생기다

nagnjio *-ila, -ilo* (形) 조금 상한, 조금 썩은(부패한) (pomalo gnjio); *šuma ... mirisala je ~ilom suvarcima i lišćem* 숲은 약간 썩은 나뭇가지와 낙엽의 냄새가 났다

nagoća 참조 nagost; 벌거벗음

nagoda 참조 nagodba

nagodba 1. 합의, 타협, 화해, 조정(시비거리에 대한) (poravranje, sporazum); *preko njega ste nudili ~u* 당신은 그를 통해 합의를 제안했다 2. (歷) (1868년 헝가리와 크로아티아 간의) 국가창설협약(조약)

nagoditi se *-im se* (完) 합의하다, 타협하다, 화해하다, 조정하다 (sporazumeti se, pogoditi se, poravnati se); *nagodiše se oko svega* 모든 것에 대해 타협했다

nagojiti *-jim* (完) 1. 살찌우다, 살을 찌게 하다 2. ~ **se** 살찌다 (ugojiti se); *otkako se nagojila, gotovo nije izlazila iz kuće* 살찌고 나서는 거의 집밖으로 나가지 않았다

nagomilati *-am* (完) **nagomilavati** *-am* (不完) 쌓다, 쌓아 놓다, 쌓아 두다; *nabujala reka istera led u polarni okean i tu ga nagomila* 불어난 강물은 얼음을 북극해로 밀어내 더미로 쌓아 놓았다

nagon 1. 본능 (instinkt); ~ *samoodržavanja* 자기보호 본능; *polni (seksualni)* ~ 성적 본능; *roditeljski* ~ 부모의 본능; *po ~u* 본능에 따라 2. (생리적) 필요성; ~ *na mokrenje* 배뇨 필요성 3. 무의식적 충동, 내적인 욕구; *oseti jak ~ za pustim poljskim životom* 거친 야외 생활에 대한 강한 욕구를 느낀다 **nagonski** (形)

nagona 강제, 강압, 강요 (prisiljavanje, prinuda); *bez ~e* 강제없이

nagoniti *-im* (不完) 참조 nagnati

nagonskī *-ā, -ō* (形) 참조 nagon; 본능의, 본능적인

nagorak *-rka, -rko* (形) 약간 쓴(맛의), 조금 쓴 맛이 있는

nagore (副) 위로, 위쪽으로 (反; nadole); *ići* ~ 위쪽으로 가다

nagore (副) 나쁜 방법으로, 악화시키면서, 점점 더 나쁘게; *samo je sve bilo nesigurno, i menjalo se čas ~, čas nabolje* 모든 것이 불확실했을 뿐인데 순간적으로 좋아졌다가 순간적으로 악화되기도 했다; *ići* ~ 악화되다

nagoreti *-im* (完) **nagorevati** *-am* (不完) 1. (他) 조금 태우다 (malo opaliti); *on je nagoreo pečat na plamenu od sveće* 그는 촛불에 도장을 조금 태웠다; *vatra je nagorela ćebad* 담요가 불에 조금 탔다 2. (自) 조금 타다; *smotrim da je s donjega kraja nagoreo štap* 나는 지팡이가 밑둥에서부터 조금 타는 것을 지켜보고 있다 3. (自) (햇볕에) 조금 타다 (피부 등이); ~ *od sunca* 햇볕에 조금 타다

nagorkinja (숙어로 사용); ~ *vila* 산의 요정, 산에 사는 요정

nagost (女) (= nagota, nagoća) 1. 벌거벗음, 옷을 걸치지 않음; *sa kožom od divlje zveri* ~ *tela sramežljivo skrivaš* 야생짐승의 가죽으로 나신을 부끄럽게 가리고 있구나 2. 생

N

생한 현실 3. 기타; *do ~i* 또는 *u svoj ~i* 완전히 (potpuno, sasvim)

nagota 1. 완전히 벌거벗음(옷을 전혀 입지 않은) (golotinja, nagost) 2. (비유적) 생생한 현실, 현실 그 자체; (생각·느낌 등의) 완전한 공개; (도덕·영혼 등의) 부족, 결핍 3. 기타; *do ~e* 또는 *u svoj (svojoj) ~i* 완전히, 끝까지; *pokazati se u svoj ~i* 완전히 보여지다

nagovarač (生化學) 유도 물질

nagovarati *-am* (不完) 참조 nagovoriti

nagovest (女) 참조 nagoveštaj

nagovestiti *-im*; nagovešten (完) **nagoveštavati** *-am*, **nagovešćivati** *-ćujem* (不完) 1. 슬쩍 말하다, 슬쩍 언급하다, 암시하다; *nije nikad nikom nagovestio da je za sobom ostavio neki kriptogram* 그는 그누구에게도 결코 한 번도 그 어떤 암호문을 남겼다고 슬쩍 언급한 적도 없다 2. (~의 시작·도착·행동 등을) 알리다, 통보하다, 고지하다 (najaviti); *šum im nagovesti dolazak hordi* 시끄러운 소리가 군단(horda)의 도착을 그들에게 알려준다 3. 알게 하다, 인지하게 하다; (조짐·가능성 등을) 보여주다, 나타내다; *ništa se na njemu ne opaža što bi moglo nagovesti da je bolestan* 그가 아프다는 것을 말해줄 수 있는 그 어떤 것도 그에게서 보여지지 않았다; *ovi oblaci nagoveštavaju oluju* 이 구름들은 폭풍이 올 것이라는 것을 보여준다 4. 예측하다, 예견하다, 예보하다 (predskazati, proreći); *~ dolazak boljih vremena* 좀 더 나은 시대의 도래를 예견하다; *radio je to nagovestio* 라디오가 그것을 예보했다 5. **~ se** (無人稱文) (여격 형태의 논리적 주어와 함께) 말해주다(보통은 꿈속에서)

nagoveštaj 1. (피상적인) 언급, 암시 (aluzija); *~em odati tajnu* 암시함으로써 비밀을 누설하다; *evo samo nekoliko ~a o ovim pitanjima* 이 문제들에 대한 몇가지 피상적 언급이 여기 있다 2. (시작·도착·~의 시작 등의) 알림, 고지, 통보; 표시, 징조, 조짐, 징후; *~ zapleta* 충돌 조짐; *~ rata* 전쟁 징후

nagoveštavati *-am* (不完) 참조 nagovestiti

nagovor 권유, 설득; *po ~u starijih* 나이 많은 사람들의 권유와 설득에 따라

nagovoritelj (누구와) 대화를 시작한 사람, 말을 건넨 사람

nagovoriti *-im* (完) **nagovarati** *-am* (不完) 1. 말을 많이 하다, 많은 말을 하다, 많은 이야기를 하다 (보통은 별 쓸모없는 말을); *nagovorio sam mu za minut milion gluposti* 나는 그에게 짧은 시간동안 수많은 쓸모없는

말을 했다 2. 권유하다, 설득하다, ~을 믿게 하다; *~ nekoga da pristane (na nešto, da nešto uradi)* 무엇에 대해 동의하도록 누구를 설득하다 3. (nekoga) (~에게) 말을 걸다, (누구와) 대화를 시작하다 4. **~ se** 많은 이야기를 하다, 이야기를 하면서 많은 시간을 보내다

nagrabiti *-im* (完) 1. 긁어 모으다 (많은 양을), 긁어 한 곳에 모으다 2. 강제로 빼앗다, 강탈하다 (oteti, napljačkati, opljačkati) 3. **~ se** 빼앗기다, 강탈당하다 (napljačkati se, naotimati se)

nagrabusiti *-im* (完) 낭패를 보다(당하다), 힘든 시간을 보내다 (loše proći, rđavo se provesti)

nagrada 상(賞), 상품; 보상; *Nobelova ~ za mir* 노벨평화상; *književna ~* 문학상; *dodeliti ~u* 상을 주다; *dobiti ~u* 상을 받다 **nagradni** (形)

nagraditi *-im* (完) **nagrađivati** *-đujem* (不完) 1. 상을 주다 2. (어떤 노동에 대해) 임금을 지불하다, 급여를 주다; *~ nekoga za usluge* 서비스에 대한 댓가를 지불하다 3. 보상하다; *želim da im puna sloboda nagradi patnje* 많은 자유가 그들의 고통을 보상하기를 희망하다

nagradni *-im* (完) 1. (보통은 건축물을) 짓다, 건축하다 2. (윗층을) 증축하다

nagradnī *-ā*, *-ō* (形) 참조 nagrada; 상(賞)의; *~ konkurs* 상이 주어지는 대회

nagrađivati *-đujem* (不完) 참조 nagraditi

nagrajisati *-am* (完) 참조 nagrabusiti

nagrda 1. 흉물, 흉측한 것(사람·동물·식물) (grdoba, rugoba) 2. 흉측함 (ružnoća, nakaznost)

nagrdan *-dna*, *-dno* (形) 흉측한 (ružan, grdan, nakazan)

nagrditi *-im*; nagrđen (完) **nagrđivati** *-đujem* (不完) 1. 흉측하게 하다, 흉물스럽게 만들다, 못생기게 만들다, 기형으로 만들다 (보통은 외모를); *ošišali makazama pa ga nagrdili* 가위로 이발했는데 그의 모습이 못생겨졌다; *bolest joj nagrdila lice* 그녀의 얼굴은 질병으로 인해 망가졌다(흉측해 보였다) 2. 망치다 (iskvariti, pokvariti); *~ priču* 이야기를 망치다 3. 심각한 부상을 입히다; *beži da te vo ne nagrdi* 황소가 네게 심한 부상을 입히지 않도록 도망쳐라 4. 치명적인 패배를 안기다, 심한 손실을 입히다; *nagrdiše nas Nemci* 독일인들이 우리에게 치명적 패배를 안겼다 5. 파손시키다, 손상시키다(부러뜨려·

N

무너뜨려); ~ *crkvu* 교회를 파손하다 6. 황
폐화시키다, 멸망시키다, 궤멸시키다; ~
zemlju 한 국가를 궤멸시키다 7. (nekoga)
욕하다, 비난하다, 질책하다, 비방하다 8. 창
피하게 하다, 망신스럽게 하다; *niko te na
svetu ne može ~ kao familija* 이 세상 그
누구도 가족처럼 너를 창피스럽게 할 수 있
는 사람은 없다 9. ~ **se** 흉측해지다, 못생겨
지다 10. ~ **se** 창피해하다, 망신스러워하다

nagreznuti *-nem* (完) 1. (물을 흡수하여) 부풀
어오르다 (nabubriti) 2. (물·습기 등에) 푹젖
다 (natopiti se, raskvasiti se)

nagristi *nagrizem* (完) **nagrizati** *-am* (不完) 1.
(표면을·끄트머리를) 조금 물다, 베어 물다;
~ *jabuku* 사과를 한 입 물다 2. (좀벌레 등
이) 갉아 먹다, 손상시키다, 좀먹다; ~ *zrno*
곡물을 갉아 먹다; ~ *list* 잎사귀를 갉아 먹
다; *moljci su nagrizali kaput* 좀나방들이 외
투를 좀먹었다 3. (화학 작용 등으로) 조금
훼손·손상시키다; *sjaj i blistavost metala
nisu mogli ~ ni kiša ni vlaga* 금속의 광택과
광채를 비와 습기도 가릴 수는 없었다 4. 붓
게 하다; ~ *oči* 눈을 붓게 하다 5. (건강을)
해치다 6. (비유적) (도덕적으로) 망가지게
하다, 타락시키다 7. (비유적) 평강하지 못하
게 하다, 불안하게 하다 (onespokojiti);
malo ga nagrize sumnja 의심이 그를 조금
불안하게 한다

nagrizati *-am* (不完) 참조 nagristi

nagrnuti *-nem* (完) **nagrtati** *-ćem* (不完) 1.
(自) (보통은 떼지어, 무리를 지어) 몰려들다
(navaliti, jurnuti); *studenti su nagrnuli u
salu* 대학생들이 홀(강당)으로 몰려들었다;
~ *na vrata* 문으로 몰려가다 2. 떼지어 공격
하다; (비유적) 떼지어 비판하다; *odmah s
vrata nagrnuše psi na njega* 곧바로 개들이
문에서 나와 그를 공격했다; *ceo svet
nagrnuo na njega* 온 세상이 그를 떼지어
비판했다 3. (他) 쌓다, 쌓아 올리다, 쌓아 모
아 놓다(보통은 흙·낙엽·잔가지 등을) 4. ~
se 대규모로 모이다; *začas se oko nje
nagrne čitavo jato ptica* 순식간에 그녀 곁
에 새떼가 모였다 5. ~ **se** 많은 돈이 모이
다; *nagrnuo se para* 많은 돈이 모였다

nagruhati *-am* (完) 참조 nagruvati

nagruvati *-am* (完) 1. (어떤 공간을 가득하게)
채우다, 채워넣다; 쑤셔넣다 (nabiti, napuniti,
natrpati); *dvorište je bilo nagruvano
kirijaškim kolima* 마당은 짐마차로 가득찼
다; *nagruvali su autobus* 버스를 가득채웠다
2. (많이) 모으다 (nakupiti, nagomilati) 3.

기계적으로 외우다, 암기하다 4. ~ **se** (卑俗
語) (목구멍에) 쑤셔 넣다, 많이 먹다
(najesti se); *nagruvao se hleba* 그는 빵을
목에 쑤셔 넣었다 5. ~ **se** 쑤셔 넣어지다;
svi su se nagruvali u auto 버스에 모두 쑤
셔 넣어졌다

naguntati *-am* (完) 1. (他) 따뜻하게 옷을 입히
다, 옷을 많이 입히다 (natrontati) 2. ~ **se**
옷을 많이 입다 3. ~ **se** ~에 달라붙어 쌓이
다; *naguntalo se blato na točkove* 바퀴에
진흙이 쌓였다

nagurati *-am* (完) 1. 밀다, 밀치다, 밀어 넣다,
억지로 쑤셔넣다(집어넣다); *nagurao je
knjige u torbu* 책을 가방에 억지로 쑤셔넣
었다; ~ *stvari u torbicu* 물건들을 가방에
밀어넣다 2. ~ **se** 억지로 쑤셔넣어지다
(nabiti se, natrpati se); *svi su se nagurali u
jednu sobu* 모두가 방 하나에 쑤셔넣어졌다

nagutati *-am se* (完) 1. (많은 양을) 삼키
다; *nagutao se pilula* 많은 약을 먹었다; ~
vode 물을 많이 먹다 2. (비유적) 많은 곤경
(곤란·어려움 등)을 겪다; ~ **se** *straha* 많은
두려움을 느끼다(겪다)

nagvaždati *-am* (不完) 실없는 소리를 하며 수
다를 떨다 (naklapati, blebetati)

naheriti *-im* (完) 1. 비스듬히(nahero) 놓다,
기울어지게 놓다, 기울어지게 하다; 비뚤어
지게 하다, 구부러지게 하다; *momci su već
naherili šešire* 청년들은 벌써 모자를 구부
렸다 2. ~ **se** 기울어지다, 비뚤어지다

nahero (副) 비스듬하게, 기울어지게, 비뚤어지
게, 구불어지게 (nakrivo, nakoso, ukoso);
na glavi mu šubara, natučena ~ 그의 머리
에는 비스듬하게 쓴 털모자가 있다

nahlada 감기 (prehlada, nazeb)

nahladiti se *-im se* (完), **nahlađivati se** *-
đujem se* (不完) 감기에 걸리다 (nazepsti,
prehladiti se)

nahočad (女)(集合) nahoče

nahoče *-eta* (남의 집 앞에, 길거리 등에) 버려
진 영아, 유기된 아이(보통 갓난 아이의)

nahod 버려진 아이, 유기된 아이(보통 갓난 아
이의); *ja drugog roda nemam ni po krvi ni
po bogu, jer sam ja ~* 나는 핏줄이 같은 친
척 아무도 없다, 왜냐하면 나는 버려진 아
이였기 때문이다 **nahotkinja**

nahodati se *-am se* (完) 많이 걷다, 질리도록
걷다; *i vi ste se dosta nahodali noćas?* 당
신도 지난 밤에 많이 걸으셨나요?

nahoditi *-im* (不完) 1. 찾다, 발견하다; (~한
상태에, ~곳에) 있다 (nalaziti, zaticati) 2.

N

(유쾌하지 않은 감정 등이) 엄습하다, 밀려들다, 휩싸이다 (snalaziti, spopadati) 3. ~ se (어떤 장소에) 있다

nahotkinja 참조 nahod; 버려진 아이, 유기된 아이 (여아의)

nahraniti *-im* (完) 1. (충분한 양의) 음식을 주다, 사료를 주다; 충분히 먹게 하다; 양육하다, 사육하다; 먹여 살리다; ~ *dete* 아이에게 음식을 주다; ~ *stoku* 소를 키우다; *prvo treba narod ~ i prosvetiti* 먼저 백성들을 먹여살리고 교육시킬 필요가 있다; *nahranim konje i spremim kola* 말에게 먹이를 주고 마차를 준비시킨다 2. (희망·소원 등을) 만족시키다, 충족시키다; *siguran je da neće ~ želju* 희망을 충족시키지 못할 것을 확신한다 3. ~ se 많이 먹다, 충분히 먹다 4. ~ se (비유적) (어떠한 감정 등으로) 충만되다, 휩싸이다; *nahranio se nesebičnošću* 이타성으로 충만되다; ~ *se novom snagom* 새로운 힘으로 충만되다

nahrupiti *-im* (完) 1. (사람이나 동물이) 무리를 지어 한꺼번에 오다, 떼지어 몰려오다(가다) (navaliti, nagrunuti); (누구를) 공격하다 (nasrnuti, napasti) 2. (한 명 또는 한 두 명이 개인적으로) 갑자기 오다, 예상치 않게 오다, 갑자기 나타나다 (upasti, banuti) 3. (어디론가) 빨리 가다, 서둘러 가다 4. (악천후가) 세차게 몰아치다; (바람이) 휘몰아치다; (강물 등이) 커다란 물줄기가 몰아치다; *za njim nahrupi talas svežega vazduha* 그 뒤로 신선한 공기의 흐름이 휘몰아친다 5. (냄새가) 급격하게 퍼지다 6. (질병이) 갑자기 나타나다, 갑자기 발병하다; (역병이) 갑자기 발생하다 7. (분노가) 갑자기 치밀어오르다

nahuditi *-im* (完) 참조 nauditi; (누구에게) 해를 끼치다, 손상을 끼치다

nahukati *-am* & *-čem*, **nahuknuti** *-nem* (完) 1. ~에 공기를 불어넣다; 후후불어 입김이 서리게 하다; (비유적) (사상·감정 등을) ~에게 불어넣다, 고취하다 2. ~ se 입김이 서리다

nahuškati *-am* (完) (~에 반하는 행동 등을) 선동하다, 부추기다 (natutkati, podbosti); *vi ste moju ženu ... nahuškali protiv mene* 당신은 내 아내가 내게 반하는 행동을 하도록 부추겼다

nahvalice (副) 고의적으로, 의도적으로 (hotimice, namerno)

nahvaličan *-čna, -čno* (形) 의도적인, 고의적인 (nameran, hotimičan)

nahvaliti *-im* (完) 1. (nekoga) ~에 대해 대단히 감사해 하다, 많이 감사해 하다; ~ *svoga pobratima* 자신의 의형제에게 대단히 감사해 하다 2. ~ se (nekoga, nečega) (누구에 대해) 대단히 감사하다는 말을 하다; *ne može dovoljno da se nahvali kako su ga gostili* 감사하다는 말로 표현할 수 없을 정도로 그들은 그에게 손님대접을 했다; *nije se mogao ~ o tome* 그것에 대해 감사의 말을 표현할 수 없었다 3. ~ se 수없이 많이 감사해 하다; ~ *se na sve strane* 사방에서 수없이 많이 감사해 하다

nahvatati *-am* (完) 1. 많이 잡다, 많이 포획하다; ~ *ribe* 물고기를 많이 잡다 2. (그릇에) 모으다 (skupiti, nakupiti); ~ *kišnice* 빗물을 모으다 3. 어떤 감정(공포심·의심 등에)에 사로잡히다; ~ *sumnju* 의심에 사로잡히다, 의심으로 꽉차다 4. ~ se ~에 달라붙다, ~에 쌓이다; *nahvatala se prašina* 먼지가 쌓였다

naići *naiđem*; *naišao, -šla; naići; naišavši* (完) **nailaziti** *-im* (不完) 1. 가까이 가다(다가가다); (어떤 길로, 어떤 방향으로) 가다; (시간·시기·어떤 현상 등이) 시작되다, 오다; (질병이) 나타나다, 시작되다; *naišla blaga zima* 따뜻한 겨울이 시작되었다(왔다); *naiđe magla* 안개가 끼기 시작한다; *naišao jak pljusak* 세찬 소나기가 내리기 시작했다 2. 불어나다, 증가하다 (navreti, nadoći); *dok majci ne naiđe mleko* 어머니의 젖이 불어나지 않는 한; *njemu naiđoše suze na oči* 그의 눈에 눈물이 맺혔다 3. (어떤 장소에) 오다, 도착하다, 다다르다 (doći, dospeti, stići); *naišao je neki nepoznati čovek* 어떤 모르는 사람이 왔다(나타났다) 4. 들르다, 방문하다 (svratiti, navratiti); *naiđoše u naš logor dvojica lekara* 두 명의 의사가 우리 캠프에 들렀다; *naiđite sutra k meni!* 내일 우리집에 들르세요 5. (na nešto) (신발 등이) 맞다, 들어가다 (navući se); *tebi su ove cipele male - neće ti naići na nogu* 네게 이 구두는 작다 - 네 발에 들어가지 않을 것이다 6. (na nekoga, na nešto) (곤경·곤란·불행 등에) 빠지다; (어떠한 정신상태·기분에) 휩싸이다; (어떤 생각에) 사로잡히다; *naiđe ga neka hladovina* 찬 공기가 그를 감싼다 7. (na nekoga, na nešto) 지나가면서 우연히 만나다; 우연히 보다, 발견하다; ~ *na druga iz detinstva* 어린시절의 친구를 우연히 만나다; ~ *na trag* 흔적을 발견하다 8. (na nešto) (장애물 등에) 부딪치다, 맞닥뜨리다; *naišli su na mine* 그들은 지뢰에 맞닥뜨렸다 9. (na nešto) (일·업무·발전 등에서) (어려움

574

에) 부딪치다, 직면하다; ~ na otpor 저항에 부딪치다; ~ na teškoće 어려움에 직면하다 10. (na nešto) (어떤 사람에게서 어떠한 반응·감정·기분 등을) 불러일으키다; ~ na povoljan odziv 긍정적 반응을 일으키다; ~ na odobravanje 승인을 얻다; ~ na osudu 비판을 불러일으키다; ~ na razumevanje 이해를 얻다

naigrati se -am se (完) 춤을 추면서 많은 시간을 보내다, 오랫동안 춤을 추다, 질리도록 춤을 추다

nailazak -ska 도착, 도달 (dolazak); ~ Dragoslava malo me začudio 드라고슬라브의 도착은 내게 좀 이상했다

nailaziti -im (不完) 참조 naići

nailaženje (동사파생 명사) nailaziti

naimati -am & -mljem (不完) 참조 najmiti

naime (副) 즉, 다시 말해 (to jest, dakle)

naimenovati -nujem (完) 1. (어떠한 직위에) 임명하다, 지명하다, 선임하다 (imenovati); ~ za ambasadora 대사로 임명하다; ~ (za) branioca 변호인으로 선임하다 2. 이름을 부르다

naiskap (副) 마지막 한 방울까지; ispiti ~ 마지막 한 방울까지 다 마시다

naivac -vca 나이브화 화가

naivan -vna, -vno (形) 1. 순진한, 천진난만한; (경험이 없어) 때묻지 않은; ~vne oči 순진한 눈 2. (한정형) (회화 경향의) 나이브화의, 그림 교육을 받지 않은; ~vni slikar 나이브화 화가; ~vno slikarstvo 나이브화

naivčina 순진한 사람, 천진무구한 사람

naivka 1. 순진한 여자 2. 순진한 역할을 하는 여배우

naivko naivākā (男) 순진한 남자

naivnost (女) 순수함, 순진함, 천진무구

naizgled (副) 외모(외양·겉모습)로 보건데; ~인 것 같다

naizmak(u) (副) 마지막으로, 끝날쯤에, 끝으로 (na svršetku, pred kraj)

naizmence, naizmenice (副) 교대로, 번갈아

naizmeničan -čna, -čno (形) 교대의, 번갈아 하는, 교체의; (電) 교류의; ~čna struja 교류 전기; ~čni uglovi (數) 엇각

naizust (副) 외어서 (napamet)

naj- (최상급의 접두사) 가장, 제일, 최고의; najbolji 최상의; najjači 최강의

naja (愛稱) (좀 더 젊은 사람들이 보다 나이먹은 여성들에게 친근하게 부르는 말) 아주머니, 이모, 어머니, 할머니 (majka, pomajka, baba)

najade (女,複) (神話) 강의 요정, 나이아드

najahati -šem (完) **najahivati** -hujem (不完) 1. (말·당나귀 등에, 사람의 등에) 뛰어 타다 올라 타다; 말 등에 오르다(올라 타다) (uzjahati) 2. (na nekoga, na nešto) (말을 타고 가면서) 우연히 만나다 3. (비스듬히) 기대다, 기대어놓다, (서로 서로가) 포개지다 (navaliti se, naleći); blokovi od leda sastavljeni su od santi koje najašu jedna na drugu 빙벽 덩어리들은 서로 기대어 포개진 빙산으로 이루어져 있다 4. (비유적) (na nekoga) 끈질기게 요구하다 5. ~ se 오랫동안 말을 타다, 질리도록 말을 타다 6. 기타; ~ kome za vrat 가만히 있게 하질 않다, 귀찮게 하다, 어려운 상황에 빠지게 하다

najam 1. (일정한 보수를 받고 하는) 일, 노동; 고용되어 하는 일 2. (한 일에 대한) 임금, 급여, 급료, 보수, 삯 3. (보통 u najam 또는 pod najam의 구문으로) 임대(賃貸)중 (보통은 주택·토지 등의); dati u (pod) ~ 임대하다, 임대를 주다; uzeti u (pod) ~ 임차하다

najamnī -ā, -ō (形) 참조 najam; 1. 삯을 받는, 고용된; ~ radnik 임금 노동자; ~ radni odnos 고용노동관계 ~ rad 임금 노동 2. 임대의, 임대중인

najamnik 1. 임금 노동자, 고용 노동자 2. 하인, 종 (sluga) 3. (돈을 받고 싸우는) 용병(傭兵); (輕蔑) (돈을 받고 정치적으로) 동원된 사람 4. (부동산에서) 임차인 (zakupnik) najamnica; najamnički (形) ~a vojska 용병 부대

najamnina 1. 임금, 급료, 급여 2. (부동산 등의) 임대료, 임차료 (zakupnina)

najava (도착·출발 등의) 사전 통보, 사전 통지

najaviti -im (完) **najavljivati** -ljujem (不完) 1. 알리다; 공표하다, 고지하다 (objaviti, oglasiti); prelazimo na treću tačku dnevnog reda … najavi sekretar 의제 3번을 다루겠다고 … 비서가 알린다 2. (누구의 도착을) 미리 알리다, 통보하다; lakej je najavljivao goste 하인이 손님의 도착을 알렸다; on je najavio svoj dolazak 그는 자신의 도착을 알렸다 3. (불길한) 징후를 알리다, 전조가 되다; gavranovi najavljuju nesreću 까마귀는 불길한 일의 징후를 알려준다 4. ~ se (자신이 도착·방문한다는 사실을) 알리다, 통보하다; da li ste se najavili? 당신은 당신의 도착을 통지했나요?

najavljivač 알리는 사람; 아나운서, 방송 진행자(보통은 라디오나TV 프로그램, 또는 행사 등에서) **najavljivačica**

N

najavljivati -ljujem (不完) 참조 najaviti

najboljī -ā, -ē (形) 참조 dobar; 최상의, 가장 좋은, 가장 훌륭한, 가장 뛰어난

najedanput, najedared (副) 한 번에, 단숨에; 1. 갑자기, 급작스레, 예상치 못하게; ~ se zagrcnu 갑자기 숨이 막히다; ~ ugleda jednu ženu 갑자기 한 여자를 쳐다보다 2. (점차적이지 않고) 동시에, 한꺼번에; čovek se ne odaje strastima ~ 사람은 욕정을 한꺼번에 표출하지 않는다

najedati -am (不完) 1. 참조 najesti 2. ~ se (좀벌레 등에) 좀먹다, 부식되다, 상하다

najediti -im (完) 1. 화나게 하다, 분노하게 하다, 분개시키다; najmanje sitnica najedi me 가장 사소한 것들이 나를 분노하게 한다 2. ~ se 화내다, 분노하다, 분개하다; umorio sam se i najedio 피곤하여 화가 났다

najednako (副) 똑같이, 동일하게, 균등하게 (podjednako); podeliti ~ 똑같이 나누다

najednoč, najednoć (副) 갑자기, 급작스레, 동시에, 한꺼번에 (najedanput, odjednom)

najednom (副) 1. 갑자기, 급작스레 2. 동시에, 한꺼번에

najedrati -am (完) 1. (신체가) 튼튼해지다, 강건해지다; (힘 등이) 붙어나다, 세지다; (신체가) 급격히 커지다, 성장하다 2. (과일·식물 등이) 즙이 많아지다, 급속히 커지다 3. (목재 등이) 물을 머금어 부풀어 오르다 (커지다)

najedriti -im (完) 참조 najedrati

najesti najedem; najeo, -ela; najeden, -ena; najevši & najedavši (完) najedati -am (不完) 1. (koga) ~에게 충분히 먹을 것을 주다, 충분히 먹고 마시게 하다, 질리도록 먹게 하다; najede ga piva i jestiva 그가 술과 음식을 질리게 먹도록 하다; dobro ga najedem i napijem 나는 그를 잘 먹인다 2. (벌레 등이) 좀먹다, 갉아먹다 ~ lišće 잎사귀를 갉아먹다 3. (보통 피동태로) 부분적으로 부식되다; reljef s figurama već najedenim 부조는 이미 부분적으로 부식되었다; kiselina je najela ovaj metal 산(酸)이 이 금속을 부식시켰다; rđa najeda gvožđe 녹이 철을 부식시킨다 4. (질병·노령으로 인해)(건강이) 망가지다, 무너지다; 허약하게 만들다 5. ~ se 질리도록 먹다, 실컷 먹다, 과식하다 6. ~ se 크게 화내다, 격분하다, 격앙하다 7. 기타; ~ se ludih gljiva 미치다

najezda 1. (민족의) 대규모 이주, 대규모 침입; (군대의) 대규모 공격 2. 대규모·도래(습격); u velikoj ~i turista 관광객들의 대규모 도래 3. (~의) 대규모 출현; odbraniti se od ~e

bacila 간상균의 대규모 출현을 막아내다 4. 다수, 무리 (veliki broj, mnoštvo, gomila): ~e pljačkaša i osvajača 강도와 점령자 무리

naježiti -im (完) 1. (털·머리카락 등을) 쭈뼛 서게 하다, 곤두서게 하다; (피부를) 소름돋게 하다, 오싹하게 하다; ona prekide svoj govor novim grohotom smeha koji me naježi 그녀는 커다란 웃음소리로 자신의 말(연설)을 중단했는데, 그것이 날 소름돋게 하였다 2. (물의 표면) 잔 파도를 일으키다 3. ~ se (추위·두려움·흥분 등으로 인해) 전율을 느끼다, 소름이 돋다, 오싹해지다, 닭살이 돋다 4. ~ se (머리카락 등이) 곤두서다 쭈뼛서다

najgorī -ā, -ē (形) 참조 zao; 최악의, 가장 나쁜; zbrka je na fronti najgore što možete zamisliti 혼란은 전선에서 당신이 생각할 수 있는 것 중 최악이다

najlak (副) 서서히, 천천히 (polako, lagano); Sava i Nikola pođoše ~ peške za njim 사바와 니콜라는 그의 뒤를 천천히 걸으면서 따른다

najlon 1. 나일론; (漁業) 낚시줄 2. (한정사적 용법으로) 나일론의, 나일론으로 만들어진; ~ čarape 나일론 스타킹 najlonski (形)

najlonka (口語) (보통 複數로) 나일론 스타킹

najmanje (副) 1. 참조 malo 2. 최소한, 적어도 (bar, barem); bit ću svaki dan ~ jedan put kod vas 최소한 하루에 한 번은 당신 집에 들르겠습니다 3. 더 더욱 적게 (još manje)

najmiti -im (完) 1. 고용하다, 급여를 주고 일을 시키다; trebaće još ~ žena, pa sve oprati 한 명의 여성을 더 고용해서, 모든 것을 세탁할 필요가 있다; poduzetnik ga najmi, i on se veselo lati posla 소상공인이 그를 고용했으며, 그도 즐겁게 업무를 열심히 하고 있다 2. (부동산 등을) 임차하다 (zakupiti); najmiću kuću, bez ijednog stepenika 계단이 하나도 없는 주택을 임차할 것이다 3. ~ se 고용되다, 고용되어 일하다, 고용인으로서 일하다, 급여를 받고 일하다; Veljko ... se najmi u nekakva Turčina da mu čuva ovce 벨코는 어떤 터키인 집에서 양치기 일을 하고 있다

najmljenik 참조 najamnik; 고용 노동자, 임금 노동자

najmljiv -a, -o (形) (부동산 등을) 임대할 수 있는, 임대를 줄 수 있는 (iznajmljiv); 임차할 수 있는 (zakupljiv)

najmodavac (부동산 등의) 임대인

N

najmoprimac (부동산 등의) 임차인

najposle (副) 1. 참조 posle; 가장 늦게, 가장 후에 2. 마침내 (najzad, napokon, konačno)

najpovlašćenijī *-ijā, -ijē* (形) (숙어로) *klauzula ~e nacije* 최혜국 조항

najpre (副) 우선, 무엇보다 먼저

najprećī, *-ā, -ē* (形) 참조 prek; 가장 시급한, 가장 긴급한; 가장 중요한

najuriti *-im* (完) 1. (nekoga) (어떤 장소·국가로 부터) 쫓아내다, 몰아내다, 추방하다 (oterati, isterati); *mogao nas je prosto ~ iz svoga dvorišta* 그는 우리를 자신의 정원에서 쉽게 쫓아낼 수 있었다; *~ nekoga iz posla* 누구를 직장에서 쫓아내다(해고하다) 2. (다수의 무리를 이루어, 떼를 지어) 몰려들다 몰려 가다 (navaliti, naleteti); *narod najuri na vrata* 군중들이 문으로 몰려들었다 3. 몰다, 몰고 가다 (nagnati, naterati); *najurio je svoga konja na žene i decu* 아이들과 여자쪽으로 자신의 말을 몰았다

najvećī *-ā, -ē* (形) 참조 veliki; 가장 큰, 최장의

najvećma (副) 주로, 가장 많이 (najviše)

najviše (副) 1. 참조 visoko; 가장 높게 2. 참조 mnogo; 주로, 가장 많이

najvišī *-ā, -ē* (形) 참조 visok; 가장 높은

najzad (副) 1. 마침내; 마지막으로 (napokon, naposletku) 2. 무엇보다도

nakačiti *-im* (完) 1. (옷걸이·고리 등에) 걸다, 걸어매다; (단추 등을) 잠그다 (prikačiti, prikopčati) 2. (~의 원인을) ~의 탓으로 돌리다, ~으로 귀착시키다 3. ~ se (nekome) 성가시게 하다, 귀찮게 하다, 못살게 굴다

nakaditi *-im* (完) 1. 향(kad)을 피우다 (okaditi) 2. 연기를 피우다, 그을리다 (nadimiti) 3. 아첨하다 아부하다 (polaskati) 4. ~ se 연기가 나다, 향이 타다

nakajati *-jem* (完) 1. 후회하게 만들다, 복수하다 (osvetiti) 2. ~ se 크게 후회하다

nakalajisati *-šem* (完) 주석(kalaj)을 입히다, 주석 도금을 하다 (okalajisati)

nakalamiti *-im*, nakalemiti *-im* (完) 1. (과수나무를) 접붙이다, 접붙이기를 하다 2. (na nešto) 더하다, 보태다, 추가하다 (dodati, pridodati)

nakaliti *-im* (完) 1. (쇠를) 담금질하다 (okaliti, očeličiti) 2. ~ se (보통은 생사를 걸고 하는 전투에서) 단련되다, 강해지다

nakan *-a, -o* (形) 의도적인, 의향을 가진, 의향이 있는 (nameran); *bio je ~ da napiše ravno sto priča* 더도 덜도 말고 100편의 이야기를 쓰려는 의도를 가졌었다

nakana 의도, 의향 (namera)

nakaniti *-im* (完) 1. 의도하다, ~하려고 마음먹다, ~하려고 하다, ~ 하기로 결정하다 (rešiti, odlučiti); *nakanio da se ženi* 결혼하기로 마음먹었다 2. ~ se 마음먹다, 결단하다; *htio bi da joj nešto usrdno reče, no ne može da se nakani* 그녀에게 진정으로 뭔가를 말하고 싶었으나 결단할 수가 없었다

nakanjivati se *-njujem se* (不完) 참조 nakaniti se; 마음먹다, 결단하다

nakapati *-pljem* (完) 1. 한 방울 한 방울 흐르다(흘러 내리다) 2. (가는 물방울로) 적시다, 뿌리다, 흩뿌리다 (nakvasiti, pokvasiti) 3. (한 방울 한 방울 흘러내려) 모이다 (nagomilati se, nakupiti se); 4. ~ se 방울방울 흘러내리다

nakapnica (빗물을 모아두는) 수조(水槽), 물통 (cisterna, čatrnja); *presušile su ~e u Samarkantu* 사마르칸트의 수조는 다 말라버렸다

nakarada 1. 못생긴 사람, 추하게 생긴 사람, 흉측하게 생긴 사람 (grdoba, rugoba) 2. (영적·도덕적으로) 타락한 사람 3. (종종 複數로) 흉물, 괴기하게 생긴 것; 괴물 4. (문법·어법·상식 등에서) 완전히 벗어나는) 문법파괴, 어법파괴, 상식파괴

nakaradan *-dna, -dno* (形) 1. 매우 흉측한,흉물스런, 못생긴 (ružan, grdan, rugoban); *~dna grdosija* 매우 흉측한 괴물 2. (모습·모양이) 매우 괴기한, 매우 볼품없는; *~dna palata* 매우 볼품없이 생긴 궁전; *~ spomenik* 매우 괴기한 모습의 탑 3. (문법·어법·상식 등에서) 완전히 벗어나는, 문법파괴의, 어법파괴의, 상식파괴의

nakaraditi *-im* (完) nakaradivati *-dujem* (不完) 1. (nekoga, nešto) 흉하게 만들다, 흉측하게 만들다, 괴기스럽게 하다 (nagrditi, unakaraditi); *ona je noćas s vešticama nakaradila našeg konja* 그녀는 어제 저녁 마녀와 함께 우리 말(馬)을 흉한 모습으로 변모시켰다 2. ~ se 흉측해지다, 흉하게 되다

nakaradnost (女) 추함, 흉측함, 볼품없음

nakarikirati *-am* (完) 캐리커처를 그리다; *htio je malo da ga nakarikira* 그 사람을 캐리커처로 그리고 싶은 마음이 조금 있었다

nakarmisati *-šem* (完) (입술에) 립스틱 (karmin)을 바르다

nakašljati se *-am se* (完) nakašljavati se *-am se* (不完) 1. 짧게 조금 잔기침을 하다; (일부러) 잔기침을 하면서 이목을 집중시키다, 잔

기침을 하면서 어떤 신호를 주다 2. 기침을 많이 하다 3. 잔기침을 하면서 목소리를 가다듬다; *kad se neko sprema da počne besediti, on se, obično, pre no što otpočne, malo nakašlje* 연설을 준비할 때, 사람들은 보통 시작하기 전에 조금 잔기침을 하면서 목소리를 가다듬는다

nakaza 1. 신체적 흠을 가진 사람, 불구자, 병신; 매우 흉측하게 생긴 사람, 매우 못생긴 사람 2. 도덕적으로 타락한 사람, 망나니, 불량배 3. (비유적) (통상적인 규범에) 많이 벗어난 것, 일탈; *jezička* ~ 언어 규범 파괴

nakazan *-zna, -zno* (形) 1. 매우 흉한(흉측한), 굉장히 못생긴 (veoma ružan) 2. (어떤 현상·상태·행동 등이) 매우 이상한, 굉장히 기괴한 (izopačen, nakaradan, čudovištan) 3. (보통 언어적 규범에서) 완전히 일탈한 4. 기형적인 (deformisan, izopačen); ~ *parlament* 기형적 의회

nakaziti *-im* (完,不完) 추하게 만들다, 못생기게 만들다; 기괴하게 만들다

nakesiti (se) *-im (se)*, **nakeziti (se)** *-im (se)* (完) 이빨을 드러내 보이면서 인상을 찡그리다

nakicošiti se *-im se* (完) 옷을 잘 차려입다, 멋쟁이(kicoš)처럼 옷을 입다 (doterati se, nagizdati se, udesiti se)

nakidati *-am* (完) (nešto, nečega) (많이·충분한 양을) 따다, 뜯다, 꺾다; ~ *zeleni* 채소를 많이 뜯다; ~ *lubenica* 수박을 많이 따다; ~ *ruža* 장미를 많이 꺾다

nakinđuriti *-im* (完) 1. 멋없이 지나치게 치장하다(장식하다, 옷을 입히다) 2. ~ se 과하고 멋없게 옷을 입다; *što ste se, deco, tako nakinđurili kao da ćete na svadbu?* 얘들아, 왜 그렇게 결혼식장에 가듯이 옷을 화려하게 입었느냐?

nakinjiti *-im* (完) 힘들게 하다, 괴롭히다, 혹사시키다, 못살게 굴다 (namučiti, izmučiti)

nakiseliti *-im* (完) 1. (물에) 담그다 (보통은 빨래를) 2. (많은 양, 충분한 양을) 시게 만들다, 절이다 (ukiseliti, zakiseliti); ~ *kupus* 양배추를 절이다 3. (보어 lice와 함께 쓰여) (비유적) 인상을 찌푸리다(찡그리다); *žene nakiselile lica ... skoro da plaču* 여자들은 거의 울듯이 얼굴을 찌푸렸다

nakiseo *-sela, -selo* (形) 1. 약간 신맛이 나는, 조금 신 냄새가 나는, 조금 신; *~selo vino* 조금 신맛이 나는 포도주; ~ *zadah* 약간 시큼한 냄새가 나는 악취 2. (비유적) (웃음·미소가) 씁스레한 (usiljen, nategnut)

nakisnuti *-nem* (完) 1. (땅 등이) 비에 흠뻑젖

다 2. (無人稱文) (비가) 많이 내리다; *dobro je nakiseo* 비가 충분히 많이 내렸다

nakit 1. (금·은·보석 등으로 만든) 장신구; 보석 (목걸이·팔찌·반지 등의) 2. (비유적) (문학 작품에서의) 미사여구

nakititi *-im* (完) 1. 보석(장신구)으로 치장하다 2. (口語) 화려한 미사여구를 사용하다(말하는데, 글을 쓰는데 있어) 3. 꽃다발(kit)을 만들다 4. (口語) (술을) 과음하다, 너무 많이 마시다 (opiti, napiti) 5. ~ se 몸에 보석을 두르다, 보석으로 치장하다 6. ~ se (口語) (술을) 과음하다, 너무 많이 마시다 7. ~ se (비유적) 모이다 (nakupiti se, skupiti se); *nakitilo se ljudi oko njega kao oko čuda kakva* 그 어떤 기적 주위에 모이듯이 사람들이 그의 주변에 모였다

nakjuče 그제, 엊그제, 그저께 (prekjuče)

nakjučerašnjī *-ā, -ē* (形) 그제의, 그저께의

naklada 1. 출판사, 인쇄회사; 출판인 2. (초판·재판의) 판(版) (izdanje) **nakladni** (形)

nakladnik 출판인, 발행인 (izdavač)

naklanjati (se) *-am (se)* 참조 nakloniti (ss)

naklapalo (男,中) 수다쟁이 (brbljivac, nagvaždalo)

naklapati *-am* (不完) 별별 이야기를 다하다, 수다를 떨다 (brbljati, nagvaždati); *otišle žene k susedi da s njom naklapaju* 여자들은 이웃과 수다를 떨기 위해 이웃집에 갔다

naklati *nakoljem* (完) 1. (많은 수를) 도살하다, 도축하다; (대량) 학살하다, 살육하다 (poklati) 2. (이빨·침으로) 물다, 쏘다 (izbosti, izujedati); *pazi ... kako mu je obraz otekao, kao da su ga osice naklade!* 말벌이 쏜 것처럼 그의 볼이 부었다 3. ~ se (가축·동물·적 들을) 수없이 많이 도살하다 (도축하다, 살육하다)

naklon 상체를 숙여 하는인사(상체와 목을 숙이는); 상체를 앞으로 숙이는것(체조 등의); *moj* ~ (만나거거 헤어질 때의) 내 인사를 받으세요; *napraviti* ~ 인사하다

naklon *-a, -o* (形) 참조 naklonjen; ~ 하는 경향이 있는, ~에 호감을 느끼는

nakloniti *-im* (完) **naklanjati** *-am* (不完) 1. 상체와 머리를 앞으로 숙이다(보통은 인사하기 위해), 상체를 숙여 인사하다; ~ *glavu* 고개를 숙이다, 고개를 숙여 절하다 2. ~ se 상체를 숙여 인사하다 (pokloniti se) 3. ~ se 비스듬히 상체를 앞으로 숙이다 (nagnuti se, nadneti se); *oboje se nakloniše nad slikom* 두 사람은 그림 앞에서 몸을 조금 숙였다 4.

~ se 비스듬히 기대다 (nasloniti se, prisloniti se); *selo se ... naklonilo na podnožje žutog brega* 마을은 노란 언덕의 구릉에 비스듬히 기대고 있었다 5. ~ se (태양이) 석양에 지다, 서쪽으로 기울다; *sunce se ... naklonilo* 태양이 석양에 지고 있었다 6. ~ se ~에 호감을 갖다, ~ 하는 경향이 있다; *završena je velika bitka u kojoj se ratna sreća naklonila na našu stranu* 전쟁의 행운이 우리편으로 기운 대전투가 끝났다; *sreća nam se naklonila* 행운이 우리에게 미소를 지었다

naklonost (女) 1. (~에 대한) 호감, 호의, 정(情) (simpatija, dobro raspoloženje); *pokazivati ~ prema nekome* 누구에 대한 호감을 표시하다 2. ~ 하는 경향, 성향 (sklonost); *~ prema nečemu* ~에 대한 경향 (성향)

naklonjen *-a, -o* (形) 1. 참조 nakloniti (se) 2. ~하는 경향(성향)이 있는, ~에 호의적인(우호적인), ~에 호감이 있는; *sreća ti je ~a* 행운은 네 편이다; *on ti je ~* 그는 네게 호감을 갖고 있다

naklopiti *-im* (完) 1. 떼지어 몰려들다, 떼지어 공격하다; 세차게 몰아치다, 휘몰아치다 (navaliti, nagrnuti, nahrupiti); *sneg je napolju naklopio punom snagom* 밖에 눈이 세차게 내렸다 2. (nad kim, čim) ~ 위에 올려놓다 3. (비유적) (~에) 더하다, 첨가하다, 첨부하다 (nadodati, pridodati) 4. ~ se (음식을) 실컷 먹다, 잔뜩 먹다; ~ *se na jelo* 음식을 실컷 먹다; *malo posle naklopismo se na smrznutu, masnu pečenicu* 우리는 조금 후에 냉동된 기름진 바베큐를 실컷 먹었다 5. ~ se ~에 전념하다, ~에만 신경쓰다 (prionuti) 6. ~ se ~위에 있다, ~ 위로 뻗어 나가다 (nadneti se, nadviti se)

nakljukati *-am* (完) 1. (가금류를) 잘 먹이다, 살찌우다; (비유적) (koga) (누구를) 잘 먹게 하다, 실컷 먹게 하다, 과하게 제공하다(공급하다); *nakljukan novcem* 돈이 너무 많은 2. 쑤셔넣다, 채우다, 채워넣다 3. ~ se (nečega) 과식하다, 실컷 먹다, 배불리 먹다

naknada 1. (손해·손실 등에 대한) 보상, 배상, 변상; 보상금, 배상금 (nadoknada, odšteta, obeštećenje); ~ *štete* 피해 보상 2. 금전적 보전 (업무수행상 발생하는 경비등의); ~ *putnih troškova* 여행경비 보전 3. (부동산·동산 사용에 대한) 임대료, 임차료, 렌트비 (zakupnina) 4. 급여, 급료, 월급 (plata) 5. 기타; *u ~u za to* 그것에 대한 보상으로

naknaditi *-im* (完) **naknađivati** *-đujem* (不完) 1. (피해·손실 등을) 보상하다, 배상하다, 변상하다 (nadoknaditi) 2. 대체하다, 보충하다, 벌충하다 (kompenzovati); ~ *nedostatak snage veštinom* 힘의 부족을 기술로 대체하다(보충하다); *radio sam do tri sahata po ponoći da bih naknadio ono što sam izgubio* 잃어버린 것을 만회하려고 새벽 3시까지 일했다 3. (이전에 실행하지 못한 것들을) 차후에 실현하다(실행하다) 4. 상을 주다

naknadiv, naknadljiv *-a, -o* (形) 보상받을 수 있는; 보충할 수 있는, 벌충할 수 있는, 대체할 수 있는; ~*a šteta* 메꿀 수 있는 손해, 보상받을 수 있는 손해

naknadnī *-ā, -ō* (形) 차후의, 이후의; 추가적인; 차후에 하는 (dopunski; kasniji, docniji); ~ *izbori* 보궐선거; ~ *izveštaj* 보충적인 리포트; ~*a ženidba* 차후에 한 결혼; ~a rekonstrukcija događaja 차후의 사건 재구성

naknadno (副) 추후에, 나중에, 후에 (kasnije, docnije); *drugi lekar ... koji je ~ stigao mogao je samo da utvrdi da je smrt nastupila* 나중에 온 다른 의사는 단지 사망을 확인할 수 있었을 뿐이었다

naknađivati *-đujem* (不完) 참조 naknaditi

nakolmovati *-mujem* (完) (머리카락을) 곱슬곱슬하게 하다, 컬하다; *idem u čaršiju da nakolmujem kosu* 머리를 파머하러 시내에 간다

nakoljac *-oljca; nakoljci, nakoljācā* (선사 시대의) 호상(湖上) 생활자

nakon (前置詞,+G) ~ 후에, 이후에, 뒤에 (iza, posle); ~ *nekoliko dana* 며칠 후에; ~ *nekoliko nedelja* 몇 주 후에; ~ *kiša* 비가 온 후에; ~ *dva-tri koraka* 두 세 걸음 뒤에; ~ *oslobođenja* 해방 후에; ~ *što je otišao* 떠난 후에

nakopati *-am* (完) **nakopavati** *-am* (不完) 1. 파다, 파내다 (많은 양, 충분한 양을) 2. 파서 쌓다, 파서 쌓아 놓다; *gledao sam gde nakopaju veliku gomilu busenja* 어디에 많은 흙더미를 쌓아 놓는지를 쳐다봤다 3. ~ se 많은 시간 동안 파다, 많이 파서 지치다, 지치도록 파다

nakositi *-im* (完) 1. (풀·잔디 등을 많이) 베다, 깎다 2. ~ se 많은 시간 동안 베다(깎다), 많이 베서 지치다, 지치도록 베다

nakositi *-im* (完) 1. 비스듬하게 놓다(세우다), 비스듬히 하다, 한 쪽으로 기울이다, 비뚤어지게 하다 (iskositi, nakriviti) 2. ~ se 기울

N

579

어지다, 비스듬해지다, 한 쪽으로 기울다

nakoso (副) 비스듬히, 비스듬하게, 비뚤어지게, 기울게

nakostrešiti -im (完) 1. (털·머리털·깃털 등을) 곤두세우다, 곤두서게 하다; *ptica nakostreši perje i ... ćuti kao mrtva* 새는 깃털을 곤두세우고는 죽은듯이 가만히 있었다 2. ~ se (털 등이) 곤두서다; *mačka se nakostreši, podigne rep i šikne nosom* 고양이는 털을 곤두세우고 꼬리를 치켜세운 다음 코를 조금 움찔했다; *kosa mu se silno nakostrešila* 그의 머리는 한껏 곤두섰다 3. ~ se (비유적) (싸우려고·다투려고) 갈기를 잔뜩 세우다; *poslali su po njega jer se kneževa žena bila nakostešila i htela da se svađa* 공(公)의 아내가 갈기를 잔뜩 세우고 싸우려고 했기 때문에 그를 데리러 (사람을) 보냈다

nakosutra (=naksutra) (副) 모레, 모레에; *Mića mu je rekao da odlaze* ~ 미차는 그들이 모레 떠난다고 그에게 말했다

nakot (集合) 1.(동물·짐승의) 막 태어난 새끼; *u vodu se baca ... prvi* ~ *kućica* 첫번째로 태어난 강아지를 물에 던진다 2. (비유적)(보통은 조롱·경멸조의) 씨족, 부족, 혈통, 가계 (家系)

nakotiti -im (完) 1. (동물의 암컷이) (많은 수의 새끼를) 낳다; (벌레들이) 부화하다 2. ~ se (동물·짐승·벌레 들이) (많이) 낳다, 증가되다, 불어나다 3. ~ se (보통은 조롱·경멸조로) 눈에 띄게 증가하다, 숫적으로 많이 늘어나다; *nakotilo se činovnika* 관료들의 수가 많이 늘어났다

nakovanj -vnja 1. 모루(대장간에서 뜨거운 금속을 올려놓고 두드릴 때 쓰는 쇠로 된 대); *biti (naći se) između čekića i* ~*vnja* 굉장히 어려운 상황에 놓이다 2. (解) (중이(中耳)의) 침골(砧骨)

nakovati -kujem (完) 1. (쇠를) 벼리다; 벼려서 ~ 으로 만들다 (많은 양을); ~ *novaca* 동전을 주조하다 2. (비유적) 거짓말하다; *znam ja šta si ti ... na mene nakovao* 네가 나한테 어떤 거짓말을 했는지 안다

nakraj (前置詞,+G) 1. ~의 끝에, ~의 가장자리에, ~의 경계에; ~ *varošice držao je kafanu* 시내 끝자락에 주점을 운영했다; ~ *sela* 마을 끝자락에; *sedeti ~ postelje* 침대 끝자락에 앉다 2. ~의 바로 옆에, 바로 근처에 3. 기타; ~ *kraja* 마침내; ~ *sveta* 매우 멀리, 아주 먼; *ni ~ pameti* 생각조차 하지 않았다; *čovek ~ srca* 아주 예민한 사람(모든 것을 모욕으로 받아들이는)

nakrasti *nakradem* (完) 1. 훔치다, 훔쳐 모으다; *nema tko da nakrade* 훔치는 사람이 없다 2. ~ se (많이, 과도하게) 훔치다; *on se nakrao za vreme rata* 그는 전쟁중에 많이 훔쳤다; *nakrao se svega i svačega* 모든 별별 것을 다 훔쳤다

nakratko (副) 1. 한 마디로, 짧게, 간단하게 말해서; *da ti ~ kažem* 간단하게 네게 말하면 2. 짧은 시간 동안; *između oblaka pokazao mesec, ali samo* ~ 구름 사이로 달이 내비치었는데, 그것도 단지 짧은 시간 동안 뿐이었다 3. 곧 (ubrzo, uskoro); ~ *posle toga ona se porodi* 그후 곧 그녀는 출산한다 4. 짧게 (길이로); ~ *odseći* 짧게 자르다 5. 짧게(멀리 떨어지지 않은); *držati uzde* ~ 고삐를 짧게 잡다; *privezati konja* ~ 말을 짧게 묶다

nakrcati -am (完) 1. 가득 채우다; 싣다, 선적하다 (natovariti, ispuniti, napuniti); *od vrha do dna nakrca sanduk jabukama* 궤짝을 꼭대기부터 바닥까지 사과로 채우다; *svako jutro nakrcaju brod vode* 매일 아침 배에 물을 채운다 2. ~ se (많은 수가) 승선하다, 타다(보통은 배·선박 등에) 3. ~ se (많은 양을) 싣다, 가득 채워지다 4. ~ se 빽빽하다, 빽빽해지다, 가 득 차다; *brod se nakrcao* 배가 가득 찼다

nakrenuti -nem (完), **nakretati** -ćem (不完) 1. (한 쪽으로) 기울이다, 기울게 하다; (한 쪽으로) 돌리다; ~ *glavu* 고개를 돌리다; *koza nakrenu glavu i pogleda je* 염소는 머리를 돌려 그녀를 쳐다본다 2. (口語) (잔을) 기울이다; (술을) 마시다 (popiti) 3. ~ se 기울다, 기울어지다, 비뚤어지다

nakresan -a, -o (形) (口語) 술취한 (pijan)

nakresati -šem (完) 1. (나무의 잔가지 등을) 자르다, 가지치기를 하다 2. ~ se (口語) (술에) 취하다, 술을 많이 마시다; 음식을 많이 먹다, 잘 먹다, 과식하다 (napiti se; najesti se); *bio je dobro nakresan pa nije mogao ići* 술에 취해 갈 수가 없었다

nakriv -a, -o (形) 조금 기울어진, 조금 비뚤어진, 조금 구부러진; ~*o drvo* 조금 휜 나무

nakriviti -im (完) **nakrivljavati** -am (不完) 1. (한 쪽으로) 기울이다, 기울어지게 하다, 비뚤어지게 하다, 휘다, 구부리다 (naheriti); ~ *glavu* 고개를 비뚤어지게 하다; ~ *kapu* 모자를 구부리다; ~ *krov* 지붕을 기울게 하다; *gajdaš nakrivio glavu* 백파이프(gajda) 연주자는 고개를 옆으로 구부렸다; *još više nakrivi svoj mali šešir* 아직도 자신의 작은

N

모자를 더 구부리고 있다 2. (얼굴·입 등을) 찡그리다 3. ~ se 휘다, 비뚤어지다, 기울다, 굽다; *ceo mu stas beše neprirodno nakrivljen u stranu* 그의 몸 전체가 부자연스럽게 한 쪽으로 휘었다

nakrivo (副) 조금 비뚤어지게, 조금 기울게; ~ *ozidan dimnjak* 조금 비스듬하게 세워진 굴뚝; ~ *stoji* 조금 기울게 서있는; ~ *nasađen* 기분이 나쁜

nakriž (副) 십자(križ) 모양으로, 십자형으로 (unakrst)

naksutra (副) 모레에 (prekosutra)

nakuburiti se *-im se* (完) 살면서 많은 어려움과 고통을 겪다, 많이 고생하다, 많은 고난을 겪다

nakucati *-am* (完) 1. (못 등을) 두드려 박다 (많이); ~ *klince* 쐐기를 많이 박다; ~ *eksere* 못을 많이 박다 2. (口語) 약간의 돈을 따로 떼내어 저축하다 3. ~ se (건배하면서 술잔을) 부딪치다, 수없이 잔을 부닥치면서 건배하다; *nakucao se čaša, napevao pesama* 잔을 찬찬 부닥치면서 노래를 불렀다 4. ~ se 잘 먹다, 배불리 먹다, 실컷 먹다 5. ~ se 오랫동안 타이핑하다(자판을 두드리다)

nakuhati *-am* (完) 참조 nakuvati

nakukati se *-am se* (完) (여러가지 많은 것을 오랫동안) 불평하다

nakupac *-pca* 중간 상인(재판매를 목적으로 물건을 사는)

nakupati se *-am se* (完) (충분히·많이) 목욕하다, 실컷 목욕하다

nakupina 합쳐져 있는 것, 모여 있는 것; 합체, 총체, 집합체

nakupiti *-im* (完) **nakupljati** *-am* (不完) 1. (많이·충분히) 모으다, 축적하다, 수집하다; 사서 모으다, 매집하다; *otišli su da za plot ... nakupe trnja* 담장용 가시덤불을 모으기 위해 나갔다; ~ *zlata* 금을 모으다; ~ *šljiva* 플럼을 매집하다 2. ~ se (nečega) (많이) 모이다; ~ *se novaca* 돈이 많이 모이다

nakupovati *-pujem* (完) 1. (많이·대량으로) 사다, 구매하다; *štedio sam i nakupovao dosta pašnjaka i oranica* 나는 저축해 많은 목초지와 농경지를 구매했다 2. ~ se (nečega) (많이·질리도록) 사다, (대량으로) 매집하다; *nakupovao se raznih poklona* 여러가지 선물들을 샀다; *ne mogu samo hleba da se nakupujem* 빵만은 대량으로 구매할 수 없었다

nakuvati *-am* (完) (많은 양의) 음식 준비를 하다, 요리하다

nakvasiti *-im; nakvašen* (完) 1. (물 등에) 적시다, 축축하게 하다 (ovlažiti); *on dohvati jedan ubrus ... itiđe u kuću i nakvasi ga* 수건 한 장을 가지고 집에 들어가서 그것을 물에 적셨다 2. ~ se (물 등에) 젖다, 축축해지다

nalagati *-žem* (不完) 1. 참조 naložiti 2. (짐·화물 등을) 싣다, 쌓다, 적재하다 (nabacivati, tovariti)

nalagati *-žem* (完) 1. (의도적으로 일정한 목적을 가지고) 거짓말하다, 거짓을 전하다 2. (~에 대한 거짓을 전함으로써) (죄없는 사람에게) 죄를 뒤집어씌우다, 모함하다, 비방하다 (obediti, opanjkati); ~ *na nekoga* 누구를 모함하다(비방중상하다) 3. ~ se (입만 벌리면) 거짓말하다

nalaktiti *-im; nalakćen* (完) **nalakćivati** *-ćujem* (不完) 1. 팔꿈치(lakat)를 괴다; *nalakti glavu, dršče, u prozor gleda* 머리를 팔로 괴고 앉아 창문을 바라본다; *sedeo je nalakćen na prozor* 창에 팔을 괴고 앉아 있었다 2. ~ se (na što) ~에 팔꿈치를 괴어 기대다

nalaz 1. 발견물, 발견된 것, 발굴물(주로 고고학적 탐사의) (nalazak) 2. (연구·조사 등의) 결과, 결론; *lekarski* ~ 의료진의 소견; *komisijski* ~ 위원회의 결론; *laboratorijski* ~ (의료)검사 결과 3. 발견 (pronalaženje, otkrivanje); ~ *rukopisa* 원고 발견

nalazač 1. 발견자 (잃어버린 것을) 2. 발명자 (pronalazač)

nalazačkī, *-ā, -ō* (形) 발견자의, 발명자의; ~*a nagrada* 발명상

nalazak *-ska; nalasci* 1. 발견; 발견물 (nalaz); *nalasci praistrojiskih oruđa* 선사시대 도구의 발견 2. 발명 (pronalazak)

nalazište 1. 발견된 곳, 발견지; 발굴지; *raspravljaju se problemi o arheološkim* ~*ima* 고적 발굴지 문제들이 논의되고 있다 2. (광물 등의) 매장지, 매장층; 광상(鑛床), 매장물; ~ *zlata* 금 매장층; ~ *nafte* 유전

nalaziti *-im* (不完) 1. 참조 naći; 찾다, 발견하다 2. 어떠한 생각이나 입장을 가지다, ~라고 보다(판단하다·생각하다); *ona je nalazila da je on čovek prijatan* 그녀는 그 사람이 정감이 가는 좋은 사람이라고 생각했다; *ona nalazi da je njegov smeh uvek taktičan* 그녀는 그의 미소는 항상 전술적이라고 생각한다 3. ~ se 참조 naći se; 발견되다 4. ~ se ~에 위치하다, ~에 있다; ~에 머무르다; *selo se nalazi na jugu* 마을은 남쪽에 있다(위치

하고 있다); *tada se nalazio u Beču* 당시에 그는 비엔나에 머무르고 있었다; *označena su mesta gde se koji mineral nalazi* 어디에 어떤 광물이 매장되어 있는지 표시되었다 5. ~ se ~의 소유하에 있다; *obe fabrike nalaze se u njegovom vlasništvu* 두 공장은 그의 소유하에 있다 6. ~ se (어떠한 상태·기분·위치에) 있다; ~ *se u mobilnom stanju* 이동중인 상태이다; ~ *se u veselom (očajnom) stanju* 기분좋은(낙담한) 상태이다; ~ *se u punoj formi* 완벽한 상태이다

nalaznik 발견자, 발견한 사람 (nalazač)

naleći *naležem* (完) **nalegati** *naležem* (不完) 1. (암닭 등이) 알을 품다; 부화시키다 (많은 수를) ~ *kokoš* 암닭이 알을 품다; *ova je kokoš naglegla sila pilića* 이 암닭은 많은 병아리를 부화시켰다 2. ~ se (많이) 부화되다; (비유적) 증가하다

naleći *naležem* & *nalegnem* (完) **nalegati** *naležem* (不完) 1. (몸을) 기대다; 기대어 놓다; ~ *na vrata* 문에 기대다; *otac se sav iskrivio, nalegao na plut* 아버지는 몸을 완전히 숙여서 코르크나무에 몸을 기댔다; ~ *kamen na vrata* 문에 돌을 비스듬히 괴어 놓다 2. ~에 열중이다, ~에 집중하다, ~에 완전히 헌신하다; *starac bi ... ponovo nalegao na posao* 노인은 다시 일에 전념했다 3. (~에, ~까지) 펼쳐지다, 펼쳐 있다 (pružiti se, prostreti se); *debela sena krupna dublja nalegla na cestu* 굵고 큰 풀이 길에 폭넓게 펼쳐 있었다; *na taj sloj nalegao je krečnjak* 석회암이 그 층(層)에 뻗어있었다; *ta su sela nalegla na Taru* 그 마을들은 타라강에 펼쳐져 있었다 4. 몰려들다, 몰려가다, 떼지어 가다; *građani su za njima nalegli u poteru* 시민들은 그를 붙잡기 위해 그의 뒤로 몰려갔다; *svet nalegao u čekaonicu* 사람들은 대기실로 몰려갔다; *svi su nalegli u poteru za lisicom* 모두가 여우를 포획하러 몰려갔다 5. 딱 닫히다, 딱 고정되다; *vrata su nalegla* 문이 딱 들어맞았다; ~ *na sud* (뚜껑이) 그릇에 딱 맞다 6. ~ se 눕다, 누워 쉬다

nalegati *naležem* (不完) 참조 naleći

nalegnuti (se) *-nem (se)* (完) 참조 naleći (se)

nalen *-a, -o* **nalenj** *-a, -e* (形) 다소 게으른, 대체로 게으른, 게으른 경향이 있다

nalepiti *-im* (完) **nalepljivati** *-ljujem* (不完) 1. 풀칠하다, 풀칠하여 붙이다, 풀로 붙이다; ~ *marku (na pismo, na formular)* (편지에, 신청 용지에) 우표(인지)를 붙이다 2. (비유적)

(솜씨없이) 덧붙이다, 기우다; ~ *zakrpu* 헝겊 조각을 덧붙이다 3. ~ se 딱 달라붙다, 찰싹 달라붙다 4. ~ se (비유적) 속다, 함정에 빠지다, 낭패 당하다

nalepnica (소포·화물·서적 등에 붙이는) 라벨, 스티커, 꼬리표 (etiketa); *podneo je dve koverte sa ~ama na kojima je bila ista adresa* 동일한 주소지가 쓰여진 라벨을 붙인 두 개의 봉투를 제출했다

nalet 1. 비행(飛行); 출격, 비행 공격; ~ *aviona (avijacije, bombardera)* 비행기(편대, 폭격기) 비행 2. (바람·폭풍 등의) 휘몰아침; (일반적으로) 번개같이 빠른 이동(움직임); (피·혈액의) 급격한 쏠림; ~ *vetra* 돌풍 3. 습격, 급습; (일반적으로) 공격 4. (~의) 급격한 확산, 급격한 발생; *pred ~om mafije* 마피아의 급격한 확산을 앞두고; *u ~u revolucije* 혁명의 소용돌이에서; ~ *vatre* 비오는 듯한 사격; *u jednom jakom iseljeničkom ~u, i njeni roditelji iselili su se u Tursku* 이주의 회오리 바람 속에서 그녀의 부모님도 터키로 이주했다 5. (질병 등의) 갑작스런 발병; (어떤 감정 등의) 급격한 출현 6. (최고조의, 초절정의) 상태, 단계 7. 급격한 움직임; *jednim ~om* 한 번의 빠른 움직임으로 8. *u ~ima* 때때로, 종종, 이따금

naleteti *-im* (完) **naletati** *-ćem* (不完) 1. 날다, 날아가다; *nalete jato ptica* 새떼가 날아 간다; ~ *na vazdušnu struju* 기류를 날다 2. (바람이) 휘몰아치다 3. (보통은 생각이) 떠오르다, 나타나다 4. (na nekoga, na nešto) (급히 이동하면서 장애물에) 부딪치다 ~ *na staklo* 유리창에 부딪치다; ~ *na neprijatnost* 불쾌함에 직면하다; *on je naleteo na stub* 그는 기둥에 부딪쳤다 5. (비유적) (부주의하게) 난관에 봉착하다, 어려운 상황에 처하다 6. 급습하다, 습격하다, 공격하다; ~ *na nekoga* 누구를 급습하다 7. (na nešto) 얻다, 획득하다 ~ *na bogatstvo* 부를 얻다; ~ *na pegavac* 발진티푸스에 걸리다 8. ~ se 실컷 날다, 오랜 시간 동안 날다, 날면서 오랜 시간을 보내다

nalevati (se) *-am (se)* (不完) 참조 naliti se

nalevo (副) 1. 왼쪽으로; 왼편에; *gledati ~* 왼쪽으로 바라보다; *skrenuti ~* 왼쪽으로 돌다 2. (軍) 좌향좌!

naležati se *-im se* (完) 질리도록 누워 있다, 오랜 시간 동안 누워있다, 많은 시간을 누워서 보내다; *on se naležao dosad u zemlji* 그는 지금까지 땅바닥에 누워 있었다

nalickati *-am* (完) (보통은 야하게) 치장하다,

N

장식하다, 옷을 입다

naličiti *-im* (不完) ~와 닮다, 유사하다 (nekome, nečemu; na nekoga, na nešto) (ličiti, nalikovati); *sve ovo mora ~ na otrcane nemačke pripovetke* 이 모든 것은 진부한 독일 단편소설과 비슷할 것이다

naličiti *-im* (完) (보통은 얼굴에) 색조화장을 하다 (obojiti)

naličje (中) 1. (동전·직물·종이 등의 잘 보여지지 않는) 뒷면, 이면; 안, 안쪽 면; ~ *štofa* 직물의 안쪽; ~ *haljine* 드레스의 안; *okrenuti nešto na ~* 안쪽 면을 바깥으로 나오게 뒤집다 2. (비유적) (감춰지거나 불편하거나 유쾌하지 못한) 면, 쪽; 어두운 면; 이면; *niko ne poznaje i ne sluti ~ slave* 아무도 영광의 어두운 이면을 잘 모를 뿐 아니라 짐작조차 못한다 3. 건물의 뒷면 4. 모습, 모양, 형태 (izgled, lik, oblik) 5. 기타; *lice i ~* 좋은 면과 나쁜 면, 장점과 단점, 동전의 양면

nalik (不變) (na nekoga, na nešto) ~와 비슷한(유사한·닮은); *on je ~ na oca* 그는 아버지와 닮았다; *jako je bio ~ na nju* 그녀와 매우 닮았다; *brazgotina je bila ~ na krst* 흉터는 십자가 모양과 매우 흡사했다; *ni ~* 전혀 닮지 않다, 전혀 비슷하지도 않다

nalikovati *-kujem* (nekome, nečemu; na nekoga, na nešto) (不完) ~와 닮다, 비슷하다

naliti *nalijem*; *nalio, naila; naliven, -ena; nalij* (完) **nalivati** *-am* (不完) 1. (액체 등을) 붓다, 따르다; 따라 붓다, 따라 채우다(그릇 등에); ~ *vode u sud* 그릇에 물을 따르다; ~ *piće u čašu* 술을 잔에 따르다; ~ *kotao* 보일러에 (물을) 채우다 2. 더 따르다 3. (요리에) 물을 축이다, 축축하게 하다, 물기를 주다; ~ *pečenje* 바베큐에 물을 축이다 4. (액체가) 가득하게 하다; *kiša nali brda i doline* 비가 언덕과 계곡을 축축히 적신다 5. (액체가) 스며들다; *nabujala voda pa nalila u lagume* 물이 불어 지하통로로 스며들다 6. (젖소 등의 젖이) 붇다 7. ~ *se* (피·우유 등으로) 가득하다, 꽉차다, 범벅이 되다; *lice mu se nalilo krvlju* 그의 얼굴은 피범벅이 되었다 8. ~ *se* (젖이) 탱탱 붇다 9. ~ *se* (물 등이) 넘치다; (피가) 쏠리다 ; *krv mu se nalila u lice* 피가 얼굴로 쏠렸다 10. ~ *se* (口語) 술을 많이 마시다, 술에 취하다 (napiti se, opiti se) 11. 기타; *kao (mlekom) naliven* 혈색이 좋은, 강건한

naliv-pero 만년필 (stilo, penkalo)

nalog 1. (서면으로 하는) 명령, 지령, 지시

(naredba, zapovest, naređenje); *želim ... da bez gunđanja izvršavate sve moje ~e* 불평 불만없이 내가 하는 모든 명령을 이행하기를 원합니다 2. (行政) 서면 지시(명령), 서면 결제(승락); ~ *za iseljenje* 이주 명령; ~ *za isplatu* 지불 명령; *putni ~* 출장 명령; *izdan je ~ za hapšenje* 체포 영장이 떨어졌다(발부되었다)

naloga 1. 붐빔, 혼잡 (gužva, tiskanje, stiska) 2. (고객·방문객 등의) 대량 유입, 떼를 지어 몰려옴 3. (사람들의) 군중, 다수, 무리 (masa, gomila, mnoštvo)

nalokati se *-ćem se* (完) 1. (고양이 등이) 핥다, 핥아 먹다 (많이), 질리도록 핥아 먹다 2. (輕蔑의) 술을 많이 마시다 (napiti se, opiti se)

nalomiti *-im* (完) 1. 조금 부러뜨리다 (zalomiti); ~ *kost* 뼈를 부러뜨리다, 골절시키다; ~ *rog* 뿔을 부러뜨리다; ~ *zub* 이빨을 부러뜨리다 2. 끝부분(모서리·가장자리)을 깨다(부러뜨리다) (okrnjiti); ~ *staklo* 유리창을 깨다; ~ *šibicu* 성냥 끝부분을 부러뜨리다 3. (여러 조각으로) 부러뜨리다 (nečega); ~ *suvih grana* 마른 가지를 부러뜨리다; ~ *hleba* 빵을 여러 조각 내다 4. ~ *se* 부분적으로 부러지다; 끝부분이 부러지다

naložiti *-im* (完) 1. (석탄·장작 등을 아궁이·난로 등의 불속에) 집어넣다, 올려놓다; ~ *badnjake na vatru* 마른 참나무 가지를 불에 집어넣다 2. 불을 때다, 불을 지피다 (화톳불, 벽난로 등에); ~ *vatru ne smeš ~ žeravicom* 이글거리는 탄으로 불을 지펴서는 안된다 3. 난방하다

naložiti *-im* (完) 명령하다, 명령을 하달하다, 지령을 내리다, 지시하다 (zapovediti, narediti); *ministar prosvete naložio je direktorima svih škola da privremeno obustave nastavu* 교육부장관은 모든 학교의 교장들에게 임시로 휴업하도록 명령하였다; *šef mu je naložio da odmah ode* 상사는 그에게 즉시 떠나도록 지시했다; *propisi nalažu da ~* 규정은 ~을 지시하고 있다

naložnik 정부(情夫) **naložnica**

naludirati se *-am se* (完) **naludovati se** *-dujem se* (不完) 충분히 미친 짓을 많이 하다

nalupati *-am* 1. (달걀을) 깨뜨리다 (많은 수의); ~ *dosta jaja* 수많은 계란을 깨뜨리다 2. 때리다, 구타하다 3. ~ *se* 질리도록 두드리다, 실컷 두드리다; *sutra ću se ~ po koritu* 내일 나는 여물통을 실컷 두드릴 것이다 4. ~ *se* (卑俗語) 실컷 먹고 마시다

naljoljati se *-am se*, **naljoskati se** *-am se* (完)

N

(卑俗語) (술을) 많이 마시다, 술취하다

naljubiti se –im se (完) 실컷 키스하다, 마음껏
키스하다; ne može da ga se naljubi 그에게
실컷 키스할 수 없었다

naljut –a, -o (形) 1. 조금 매운, 약간 매운
(ljutkast); ~a paprika 조금 매운 고추 2. 조
금 화가 난

naljutiti –im (完) 화나게 하다, 화를 돋우다
(rasrditi); bojim se da kuma ne naljutim 대
부의 화를 돋우는 것이 아닌지 걱정이 된다
2. ~ se 화나다

namaći, namaknuti namaknem (完) 1. (반지·모
자 등을) 끼다, 쓰다; (목걸이 등을) 두르다,
걸치다 (navući, nataći); ~ prsten 반지를 끼
다; ~ oklop 철갑을 두르다 2. (막대기·말뚝
등에) 끼우다 (nabosti, nabiti); ~ na kolac
작대기에 끼우다; ~ na koplje 창에 끼우다
3. 끌어 당기다, 끌어 내리다 (natući,
spustiti); namače šešir dublje na oči 모자
를 눈 깊숙이 끌어 내렸다; kapu je na mrko
čelo namaknuo 모자를 이마 깊숙이 끌어
내렸다 4. (보통은 어렵게·힘겹게) 조달하다,
구매하다, 구입하다; ~ u kuću sve što treba
집에 필요한 모든 것을 힘들게 조달하다;
bolje hrane treba joj namaknuti, ona je
bolesna 그녀가 아프기 때문에 좋은 음식을
그녀에게 먹여야 한다 5. (어렵게·힘겹게) (어
떠한 유익·이익을) 얻다, 획득하다, 입수하다;
(음식·돈 등을) 확보하다 6. 물질적으로 돕다
7. 제안하다, 제공하다 주다; 선물하다 ~
priliku 기회를 주다 8. 만들다, 세우다, 건설
하다 (napraviti, sagraditi, podići)

namagarčiti –im (完) 1. 속이다. 기만하다; 속
여 우스운 꼴로 만들다, 곤경에 처하게 하다
(prevariti; nasamariti); i tek ... otkriješ,
namagarčili te drugi 너를 다른 사람들이 속
였다는 것을 이제야 알았느냐 2. ~ se 속아
우스운 모습이 되다

namagnetisati –šem, magnetizirati –am (完)
자성(磁性)을 띠게 하다

namah (副) 1. 즉시 (odmah, smesta) 2. 한번
에, 단숨에, 갑자기 (odjednom, iznenada);
~ jurnuti 갑자기 달려들다; ~ obnevideti 갑
자기 시력을 잃다

namahnuti –nem (完) 1. 손을 흔들다 2. (方言)
(풀 등을) 베다 (nakositi)

namakati –čem (不完) 참조 namočiti; (물 등
에) 적시다, 담그다, 축이다

namaknuti, namaći namaknem; namakao, -
kla (完) namicati –čem (不完) 참조 namaći

namalati, namaljati –am (完) 1. 회칠하다, 회
칠하여 단장하다 (okrečiti) 2. (廢語) 그리다
na firmi ... bio je namalan jedan mladić 간
판에 한 젊은이가 그려졌다

namamiti –im (完) namamljivati –ljujem (不完)
1. (약조·제안·아부·속임수 등으로) 꾀다, 유혹
하다, 유인하다; (미모 등으로) 유혹하다, 꾀
다; ~ u klopku 덫으로 유인하다; lukavo ga
je namamio u ovaj zakutak 교묘하게 그를
이 구석진 곳으로 유인했다 2. ~하도록 부추
키다, 선동하다 (podstaći) 3. ~ se (čime) 유
혹당하다; ~에 끌리다 (향기 등에); namami
se lepim izgledima, te poče Marjan
popuštati 미모에 유혹당해 마란은 느슨해지
기 시작했다 4. ~ se ~에 익숙해지다
(navići se, navaditi se)

namaskirati se –am se (完,不完) 가면(마스크)
을 쓰다, 변장하다

namastir 참조 manastir; 수도원; u stara
vremena bilo je mnogo više ~a 옛날에는
훨씬 더 많은 수도원이 있었다

namastiti –im; namašten & namašćen (完) 기
름·윤활유·광택제(mast)를 바르다

namazati –žem 1. (~의 표면에) (버터·잼 등을)
바르다; ~ hleb 빵에 바르다 2. (부식 등을
방지하기 위해) (윤활유 등을) 바르다, 칠하
다, 기름칠하다; škripi i peva nenamazani
točak na bunaru 기름칠되지 않은 우물 도
르래가 삐그덕거리는 소리를 낸다 3. (크림
등 화장품을) 바르다, 크림을 바르다, 화장하
다; nije zaboravila njušku ~ 코에 크림을
바르는 것을 잊지 않았다 4. ~ se (피부에)
바르다; 화장하다; ~ se lekovitom mašću 약
용 기름을 바르다 5. ~ se 더러워지다
(uprljati se, zamazati se) 6. 기타; ide kao
namazano 별다른 문제없이 아주 수월하게
진행되고 있다, 더 이상 좋은 수가 없다; biti
namazan sa sedam masti (sa svima
mastima) 아주 능수능란하며 교활하다; ~
kome leđa 죽도록 때리다, 실컷 패다

namćor (輕蔑) 완고한 사람, 고집센 사람; 성
마른 사람; 성질 더러운 사람

namćorast –a, -o (形) 고집센, 고집센 사람처
럼 행동하는; 성마른; 성질 더럽게 행동하는

namena (행하는) 목적, 의도; (사용되는·존재하
는) 용도, 이유

nameniti –im (完) namenjivati –njujem (不完)
1. (kome, čemu) (사람·물건을) 어떤 목적에
쓰고자 하다, ~ 할 용도로 제작하다, 예정하
다; preselio se u zgradu koja je bila

N

namenjena za konzulat 영사관용으로 예정
되었던 건물로 이주했다; ~ *đačkoj mladeži*
학생 세대를 위해 만들어지다; *delo*
namenjeno širokim masama 광범위한 대중
을 위해 만들어진 작품; *kome je bilo*
namenjeno? 누구를 대상으로 예정되었느
냐?; ~ *zgradu za stanovanje* 주거용 건물로
예정하다; *ova je knjiga namenjena deci* 이
책은 아이들을 위한 것이다 2. (누구를 염두
에 두고) ~의 뜻으로 말하다, ~ 할 셈으로
말하다; *svi razgovori i sve šale, sve je njoj*
bilo namenjeno 모든 대화와 모든 유머, 그
모든 것은 그녀를 염두에 두고 한 말이었다
3. (선물 등의) ~ 에게 줄 예정이다(용도로
남겨놓다, 용도로 표시하다) 4. 운명을 결정
하다, 행불행을 결정하다 (dosuditi); *kako*
nam je gorku sudbinu nebo namenilo 하늘
이 우리에게 쓰디 쓴 운명을 결정했듯이 5.
(미래의 어떤 역할로) 미리 예정하다, 미리
결정하다, 미리 선택하다; *najmlađu je kćer*
bio namenio za doktora 막내딸을 의사를
만들기로 결정했다; *izabrao sam i namenio*
tebe za mog naslednika 나는 너를 나의 후
계자로 선택하고 결정했다 6. (의무·역할·임무
등을) 주다; *nisu ostvarili ulogu koja im je*
bila namenjena 그들에게 주어진 역할을 수
행하지 못했다

namenski, *-ā, -ō* (形) 특정 용도(목적)로 한정
된; ~ *kredit* 제한적 목적으로만 사용되는
융자; *~a sredstva* 특정용도용 자금; *~a*
industrija 군수산업

namera 1. 의도, 의향; 목적; *imati dobre ~e*
선한 의도를 가지다; *nemati nekakve rđave*
~e 그 어떤 나쁜 의도는 가지고 있지 않다;
postići ~u 목적을 이루다; *bez zadnjih ~* 숨
겨둔 의도없이 2. (法) 범죄 계획(의도), 예모
(豫謀) (umišljaj, predomišljaj) 3. 경우, 상황,
기회 (prilika, slučaj); *našli smo se onako*
po sretnoj ~i 우리는 이렇게 행복한 상황에
놓여 있었다

nameran *-rna, -rno* (形) 1. 의도가 있는, 의향
을 가진, 의사(意思)가 있는; *i on i Đokić*
~rni su da se žene 그와 조키치는 결혼할
의사가 있었다; ~ *sam o tome na drugom*
mestu govoriti 그것에 대해 다른 장소에서
말할 의향이 있다 2. 의도적인, 고의적인
(hotimičan); *~rna greška* 고의적 실수;
~rna paljevina 고의적 방화; *~rna uvreda*
의도적 모욕 3. (文法) 목적 또는 의도를 나
타내는; *~rna rečenica* 목적절

nameravati *-am* (不完) 1. ~할 의도를 지니다

(가지다), ~할 계획이다, ~할 예정이다, ~할
목적이 있다 (kaniti); *šta namerate?* 뭘
의도하시나요?; *šta on namerava da učini?*
그는 뭘 하려고 하느냐?; *on namerava da*
otputuje 그는 떠나려고 생각하고 있다; 2.
(피동태) 이미 예정된(결정된); *nameravana*
ženidba 예정된 결혼식; *nameravani napad*
미리 예정된 공격; *nameravani put* 예정된
여행

nameriti 1. ~할 생각이다, ~할 작정이다, 의도
하다 ~할 계획을 가지다; *da li ćeš izvršiti*
ono što si namerio? 네가 계획했던 것을 실
행할 생각이 있느냐? 2. (어디로) 가다, 떠나
다; *kud si namerio?* 어디 가는 길이냐? 3.
인도하다, 안내하다 (navesti, naneti); *put*
nas namerio na vašu kuću 발길따라 오니
당신 집이군요; *vrag me nameri na veselo*
društvo 악마가 나를 흥겨운 무리로 인도한
다 4. 겨누다, 조준하다, 타킷으로 삼다
(uperiti, nanišaniti, naciljati); *kud nameri,*
tu pogodi! 겨눴다면, 명중시켜라! 5. ~ se
(na nekoga, na nešto) 우연히 만나다, 우연
히 발견하다; *imala je sreću što se namerila*
na takvog čoveka 그러한 사람을 우연히 만
나는 행운이 있었다; *namerio se na nju u*
Beogradu 그녀를 베오그라드에서 우연히
만났다 6. ~ se 우연히 일어나다(발생하다·
생겨나다·있다)

namernik 1. (지나가는 길에 우연히 들른) 객
(客), 여행객 2. (우연히) 만난 사람

namerno (副) 의도적으로, 고의적으로
(hotimično)

namesiti *-im* (完) 1. (많은 양을) 반죽하다 (빵
등을 만들기 위해) 2. ~ se 오랫동안 반죽하
다, 질리도록 반죽하다

namesnik 1. (국왕을 대신해서 통치하는) 섭정
인, 섭정자 (regent); 대리인 (zamenik,
zastupnik); *sultanov ~* 술탄의 대리인;
biskupov ~ 주교 대리인; *ban je ~ kraljev*
반(ban)은 왕의 대리인이다 2. 후계자, 후계
인 (naslednik)

namesnica 참조 namesnik; 섭정인의 부인

namesništvo 1. 섭정인(namesnik)의 직(職)·직
위; 섭정 통치 2. 섭정청(廳), 섭정인의 사무실

namesti *nametem; nameo, -ela; nameten, -*
ena (完) (눈(雪)이) 쌓이면서 휘몰아치다, 매
섭게 내리다, 눈더미를 이루다 (naneti);
vetar je nameo sneg 바람이 눈더미를 만들
었다

namestiti *-im; namešten* (完) **nameštati** *-am*
(不完) 1. (적합한·적당한 장소에) 놓다, 두다;

ovde da namestite krevet ... ovde ogledalo 여기에 침대를 놓으시고 ... 여기에는 거울 을; ~ lampu blizu stola 책상 옆에 램프를 놓다 2. (잘 놓여져 있도록) 손보다, 손질하 다, 적당하게 잘 놓다; (정상적 위치로) 되돌 리다, 환원시키다, 맞추다; (인공관절 등을) 삽입하다, 끼워넣다; sagnula se da šešir namesti pred ogledalom 거울 앞에서 모자 를 손보기 위해 몸을 숙였다; ~ termostat 온도조절계를 맞추다; jesi li namestila kost? 뼈를 맞췄느냐?; ~ slomljenu nogu 골절된 다리를 맞추다; ~ protezu 보조장치를 차다 (끼워넣다); ~ kosu 머리르 손질하다 3. (방 에 가구 등을) 비치하다, 배치하다, 놓다, 들 여 놓다, 장치하다; ~ sobu 방에 (가구 등을) 비치하다; ~ sto za obed 식탁을 놓다; ~ ordinaciju 병원에 장비를 설치하다; stanovala je u zasebnoj kućici koju joj je on najmio i namestio 그녀는 그가 그녀를 위해 임차해서 살림살이를 들여놓은 별도의 집에 거주했다 4. (어려움·곤란 등을) 해결하 다, 화해하다, 조정하다 (poravanati); lasno je ... za novce, sve ćemo to lepo ~ 돈이 면 ... 쉽지, 모두가 그것을 잘 해결할꺼야 5. (의도적·고의적으로) 조작하다 (사건 등을); ~ proces 재판 과정을 조작하다 6. 직(職)에 임명하다(세우다), 앉히다, 취업시키다; želeo je ~ sina na taj položaj 아들을 그 직위에 앉히기를 원하였다; on je namestio sina u banci 아들을 은행에 취직시켰다 7. (비유적) (nekome, nekoga) 곤란하게 하다, 난처하게 하다, 손해를 입히다; 몰래 (음모를) 꾸미다, 작당하다; ~ zasedu 매복하다; ~ klopku 덫 을 놓다; ~ intrigu 음모를 꾸미다; ~ igru 승 부를 조작하다; ~ karte 사기도박을 하다 8. 기타; ~ kljusu (kome) 곤경에 빠뜨리다; ~ (kome) rebra (kosti, leđa) 죽도록 때리다, 구타하다

namesto 1. (前置詞,+ G) ~ 대신에, ~을 대신 하는 (umesto); ti si mi, kćeri, ~ sina 너는 내게 아들을 대신하는 딸이다; ~ više poreza zavodi se jedan opšti 고율의 세금 대신에 하나의 일반 세금이 매겨지고 있다 2. (부사적 용법으로, 접속사 da, što와 함께) ~ 대신에; ~ što lenčari, bolje je da radi 게 으름을 피우는 대신 일하는 것이 낫다

nameštaj 가구; stan s ~em 가구가 비치된 집 (아파트); kućni ~ 가정용 가구; kancelarijski ~ 사무용 가구

nameštaljka (口語) 조작, 조작된 것; 짜고 하 는 것; 기만, 속임수, 트릭 (podvala,

smicalica)

nameštati -am (不完) 참조 namestiti

namešten -a, -o (形) 1. 참조 namestiti; 가구 가 비치된; ~ stan 가구가 비치된 집(아파트) 2. 강요된, 강제된, 부자연스런 (usiljen, izveštačan, neprirodan); ~ osmeh 부자연스 런 미소 3. 조작된, 짜고 치는; posle jednog ~og suđenja 조작된 한 건의 재판 후에

nameštenik (사무실 등에 배치된) 노동자, 담 당자, 피고용인 (službenik, činovnik)

nameštenje 직장, 취업 (radno mesto, zaposlenje); tražiti ~ 구직하다, 직장을 찾다

namet 1. (바람에 날려 쌓인) 눈더미 (smet, nanos); nastupile su zbog snježnih ~a velike prometne nezgode 바람에 쌓인 눈더 미 때문에 커다란 교통 혼잡이 발생했다 2. 세(稅), 세금 및 각종 공과금 (porez, dažbina) 3. (강제적으로 부과되는) 부담, 의 무 4. 기타; udariti (metntuti) ~ na nekoga 누구에게 세금을 부과하다

nametanje 1. (동사파생 명사) nametati 2. 과 세, 부과; 세금 3. 강제, 강요; 강제함

nametati -ćem (完) (대규모로·대량으로) 놓다, 두다, 쌓다; 층을 이루게 하다 (naslagati, natrpati); ~ slame 짚을 많이 쌓아 놓다; malo-pomalo nametali su mu ... toliko tereta na grbaču da se već ni ne može dići 조금씩 조금씩 그의 등에는 많은 짐이 놓여 이제는 일어설 수가 없었다

nametati -ćem (不完) 1. 참조 nametnuti 2. (方言) 경매하다 (licitirati)

nametljiv -a, -o (形) 1. 강제하는, 강요하는; 참견하는; ~ čovek 참견하길 좋아하는 사람; ~o držanje 강제하는 듯한 태도; starac je ljudima i dosadan i ~ 노인은 사람들에게 재 미없고 참견하는 사람이었다 2. 눈에 띄는, 튀는 (uočljiv, upadljiv); ~a veličina 눈에 띄는 크기; ~ način 튀는 방법; ~e boje 눈 에 띄는 색깔 3. (생각 등이) 눈길을 끄는

nametljivac -ivca 참견하길 좋아하는 사람; 강 제하는 사람, 강요하는 사람 (nasrtljivac)

nametljivica; njegovi prijatelj ... sad mu su došli kao nekakvi strani ... ~ivci 그의 친 구들은 ... 이제 그에게는 낯선 ... 참견자로 느껴졌다

nametnik 1. 침입자; 독재자 (nasilnik) 2. 참견 하길 좋아하는 사람 (nametljivac) 3. 기생충 (parazit)

nametnuti -nem (完) **nametati** -ćem (不完) 1. (위로 부터) 씌우다, 내려꽂다, 강제하다 2. 세금(namet)을 부과하다; (힘든 의무를) 부

586

과하다, 지우다 3. (자신의 의지에 반하여 받아드리도록) 강제하다, 강요하다, 부과하다 (naturiti); ~ *gospodara* (타민족·피지배계층의 뜻에 반하여) 통치자를 세우다; ~ *vlast* (민중의 의사에 반하는) 정부를 세우다; ~ *nekome nešto* 누구에게 무엇을 강제하다; ~ *svoj način igre* 자신의 경기 규칙을 강제하다; ~ *svoj stil u odevanju* 자신의 옷 스타일을 적용하도록 강요하다 4. ~ se (nekome) (상대편이 원하지 않음에도 불구하고) ~에 끼어들다, 개입하다, 참견하다 (naturiti se); *nismo ga zvali, on nam se nametnuo* 우리는 그를 부르지도 않았는데 스스로 끼어들었다 5. ~ se 자신에게 남의 이목을 끌다 6. ~ se (의식·생각에) 불현듯 떠오르다; *nametnu mu se čudna misao* 그에게 이상한 생각이 떠올랐다; *nameće mi se misao* 생각이 내게 불현듯 떠오른다 7. ~ se 필요한 것으로 나타나다; *nametnula se potreba za izgradnjom i obnovom zemlje* 국가를 재건할 필요성이 생겼다

namicati *-čem* (不完) 1. 참조 namaći, namaknuti 2. 근근히 살다, 힘들게 겨우 살다 3. ~ se 가까워지다 (približavati se); *namicala se noć* 밤이 가까워졌다

namignuti *-nem* (完), **namigivati** *-gujem* (不完) 1. 윙크하다 2. (nekome, na nekoga) 눈짓하다, 눈짓으로 신호하다

namiguša 추파를 던지는 여자, 바람둥이 여자

namilovati se *-lujem se* (完) 1. 실컷 애무하다, 많이 쓰다듬다; ~ *deteta* 아이를 오랜시간 애무하다 2. (서로가 서로를) 애무하다; *a oni ... namilovali se, naljubili se pa otišli* 그들은 서로 애무하고 키스를 하고는 (어디론가) 사라졌다

namira 1. 참조 namirenje 2. 영수증 (보통은 돈을 수령했다는); *našla sam ~u s tvojim potpisom* 네 사인이 있는 영수증을 찾았다 (발견했다)

namirenje 충족시키는 것, 만족시키는것; 보상, 합의; 보상금, 합의금; 조정; *posle ~a sedoše da večeraju* 합의 후에 저녁식사를 하기 위해 앉았다

namirisati *-šem* (完) 1. (koga, što) (향수 등을) 바르다, 뿌리다; ~ *vrat* 목에 향수를 바르다; *napokon su je ... namirisali i poveli ... u šetnju* 그녀에게 향수를 뿌린 후 산책에 데리고 나갔다 2. 향기(향내)를 맡다, 향기(향내)를 느끼다; 냄새를 맡다, 냄새 나다; *s vetrom je namirisao već višnjeve voćnjake što su cvali* 바람에 실려오는 체리 꽃들의

향내를 맡았다; ~ *duvanski dim* 담배 연기 냄새를 맡다; ~ *krv* 피 냄새를 맡다 3. (비유적) 징후를 느끼다, 예감하다, 예상하다; 냄새를 맡다; *ljudi su namirisali bitku* 사람들은 전쟁을 예감했다; ~ *opasnost* 위험을 예감하다 4. ~ se 향수를 바르다(뿌리다) 5. ~ se 냄새로 충만하다

namiriti *-im* (完), **namirivati** *-rujem* (不完) 1. (누구의 요구·소망 등을) 충족시키다, 만족시키다 (podmiriti); *možeš želje srca svoga* ~ 너는 네 마음속의 소망을 만족시킬 수 있다; ~ *nečija potraživanja* 누구의 요구를 만족시키다 2. 먹이를 주다, 먹을 것을 주다, 음식을 주다; 먹여 살리다; ~ *stoku* 가축을 먹이다; ~ *decu* 아이들을 먹여 살리다; ~ *kuću* 집안을 먹여 살리다; *raspremi sto i namiri decu* 테이블을 정돈하고 나서 아이에게 음식을 준다 3. (~에 대한 모든 일을) 이행하다, 끝마치다; *tek što su namirili pšenicu, stigao je ječam* 그는 밀밭 일을 마치고 나서야 보리밭 일을 할 수 있었다 4. (빚·부채 등을) 갚다, (누구에 대한) 의무를 이행하다; ~ *porez* 세금을 내다 5. (손해 등을) 보상하다 (naknaditi); ~ *štetu* 손해를 보상하다 6. (일정한 나이에) 도달하다, 되다 (ispuniti, navršiti); *kad on namiri pedeset godina, počne nešto uditi* 그가 만 50세가 되었을 때, 뭔가를 갈망하기 시작했다; *namirio je 70 godina* 70세가 되었다 7. 합의하다, 조정하다, 화해하다 (uskladiti, srediti); *dođosmo da vas kao ljude namirimo* 인간적으로 당신과 화해하려고 왔습니다 8. ~ se (소망·바램·요구 등이) 충족되다; 만족하다 9. ~ se (빚·부채 등을) 갚다; *iziđe iz sobe, psujući i govoreći da će se on namiriti kako on zna* 그가 할 수 있는대로 빚을 갚겠다고 말하면서 욕하고 방에서 나갔다 10. ~ se 화해하다, 조정하다, 합의하다

namirnice (女,複) 식품, 식료품

namisao *-sli* (女) 의향, 의도; 목적 (namera, nakana)

namisliti *-im* (完) **namišljati** *-am* (不完) 1. 의도하다, 작정하다, ~ 하기로 결정하다; *on je namislio da ode* 그는 가기로 작정했다 2. (어떠한) 인상을 받다, (어떠한) 생각을 하다

namlatiti *-im* (完) 1. (nekoga) 죽도록 때리다, 구타하다; (전투에서) 박살을 내다, 대승하다 2. (도리깨·막대기 등으로 때려 충분히·많은 양의) (곡물을) 탈곡하다, 타작하다; (과일을) 따다, 털다 3. (비유적) (비교적 손쉬운 방법

587

으로 단시간에) 떼돈을 벌다; ~ *pare* 쉽게
떼돈을 벌다 4. (쓸모없는) 수다를 떨다, 쓸
데 없는 이야기를 많이 하다

namleti *nameljem* (完) 1. (충분히·많은 양을)
갈다 2. (비유적) 실컷 수다를 떨다
(nabrbljati)

namnožiti *-im* (完) **namnožavati** *-am* (不完) 1.
(數를) 증가시키다, 증대시키다; 증식시키다,
번식시키다 (razmnožiti) 2. ~ **se** (숫자가) 증
가하다, 번식하다; *ta se kuća namnožila,
imala je samih muških glava oko trideset*
그 집안은 번창하였다, 남자만 30여명 정도
있었다

namočiti *-im* (完) **namakati** *-čem* (不完) 1. (물
등 액체에) 푹 담그다 (부드럽게 하기 위해),
적시다 (natopiti; pokvasiti); ~ *hleb u kafu*
빵을 커피에 적시다 2. ~ **se** 축축해지다, 젖다

namoditi se *-im se* (完) 유행에 따라 옷을 입
다, (옷을 입는데) 유행을 좇다, 유행따라 옷
을 입다; *što ste se tako namodili?* 왜 그렇
게 유행따라 옷을 입나요?

namoliti *-im* (完) 청하다, 간청하다, 사정하다;
(신(神)에게) 갈구하다, 기도하다, 간청하다

namolovati *-lujem* (完) 회칠하다, 회를 바르다
(namalati)

namorati *-am* (完), **namoravati** *-am* (不完) 강
제하다, 강요하다 (prisiliti, primorati);
namora berberina da otvori vrata 문을 열
도록 이발사를 강요한다

namotaj (철사·실 등의) 한 바퀴 돌림(감음);
한 바퀴, 한 바퀴 돌림(회전·감음)

namotati *-am* (完) **namotavati** *-am* (不完) (실
등을) 감다; ~ *klupko* 실 타래를 감다; ~
kalem 실패를 감다; *namotao oko glave …
čitavu čalmu* 머리에 터번 전체를 두르다

namračiti *-im* (完) 1. (얼굴·눈살 등을) 찌푸리
다, 인상을 쓰다 (namrgoditi, namrštiti); ~
čelo 이마를 찌푸리다; *namračio sam lice,
kako to čini uvređeni čovek* 모욕을 받은
사람이 하듯이 나는 얼굴을 찌푸렸다 2. ~
se 인상을 쓰다, (얼굴 등을) 찌푸리다

namreškati *-am* (完) 1. (물의 표면에) 잔파도
를 일으키다, 잔파동이 일게 하다 (미풍으로
인해); 잔주름(mreška)이 생기게 하다; *tihi
lahor je sasvim sitno namreškao vodu* 산들
바람이 물에 아주 잔물결을 일으켰다;
osmeh joj lako namreškka kožu oko očiju 웃
음으로 인해 그녀의 눈가에 잔주름이 생겼다
2. ~ **se** 잔파도가 일다; (얼굴 등에) 잔주름
이 생기다(지다)

namrgoditi *-im* (完) 1. (얼굴 등을) 찡그리다,
인상을 쓰다 (natuštiti); *namrgodila očice i
čita* 그녀는 눈을 찡그리고 (책을) 읽는다;
bura će ~ i uzburkati naše more 태풍이 바
다에 큰 파도를 일으킬 것이다 2. ~ **se** 인상
을 쓰다, 얼굴을 찡그리다

namrgođen *-a, -o* (形) 참조 namrgoditi; 얼굴
을 찡그린, 인상을 쓴 (namršten)

namrgođeno (副) 인상을 쓰고, 찡그리고

namrknuti *-nem* (完) (얼굴 등을) 찡그리다, 인
상을 쓰다; 주름잡히게 하다

namršten *-a, -o* (形) 참조 namrštiti; 찡그린,
인상을 쓴; ~*o čelo* 찡그린 이마

namršteno (副) 얼굴을 찡그리고, 인상을 쓰고,
불만족스럽게; *jeste, odgovori on ~,
gledajuću u stranu* 옆을 보면서 인상을 찡
그리며 '그래요'라고 대답한다

namrštiti *-im* (完) 1. (얼굴·미간 등을) 찡그리
다, 인상을 쓰다 (불만족스럽게); 주름잡히게
하다; *on baci pogled na kućerinu i namršti
obrve* 그의 시선은 커다란 집으로 향하면서
미간을 찌푸린다 2. ~ **se** 인상을 쓰다, 찡그
리다; 얼굴을 찡그리면서 불만족을 표시하다
3. ~ **se** (비유적) 어두워지다, 어둑어둑해지
다; *nebo se namrštilo* 하늘이 어두워졌다

namrtvo (副) 1. 죽음을 야기할 정도로, 죽도록,
치명적으로(smrtnosno); ~ *prebiti* 죽도록
때리다 2. (비유적) 의식을 잃을 때 까지, 탈
진할 정도로, 잔인하게; ~ *istući* 의식을 잃
을 때 까지 때리다; *najeo se ~* 먹을 수 없
을 때 까지 먹다

namrviti *-im* (完) (많은 양을) 가루로 만들다
(izmrviti); *namrvi pilićima hleba!* 병아리들
에게 빵을 가루로 만들어 줘라!

namrzeti *-im* (完), **namrznuti** *-nem* (koga, što,
na koga, na što) (完) 증오하다, 미워하다;
증오하기 시작하다, 미워하기 시작하다;
*posle je namrzeo austrijske trupe još i
više* 그 이후 그는 오스트리아 군인들을 점
점 더 미워하기 시작했다

namučiti *-im* (完) 많은 고통(어려움·고난)을 주
다, 못살게 굴다, 괴롭히다; *uživao je da
namuči profesore* 선생님을 괴롭히는 것을
즐겼다; ~ *koga mukom* 누구를 괴롭히다 2.
~ **se** 고통을 당하다, 괴로워하다; ~ *se
muka* 커다란 고통(고난, 괴로힘)을 겪다

namukao *-kla, -klo* (形) (목소리가) 쉰, 쉰 목
소리의; (소리·음향 등이) 죽은, 약화된

namusti *namuzem; namuzao, -zla; namuzen,
-ena; namuzavši* (完) (많은 양의) 젖을 짜
다; *namuzla je 50 litara mleka* 그녀는 50리

N

터의 젖을 짰다

nana (愛稱) 1. 엄마, 어머니 (mati, majka) 2. 할머니; 아주머니(나이 많은 친척의) (baka; starija rođaka) **nanin** (形)

nana (植) 민트, 박하; 페퍼민트 nanin (形); ~ čaj 민트차(茶)

naneti *nanesem*; *naneo, -ela*; *nanesen & nanet* (完), **nanositi** *-im* (不完) 1. (여러 번) 가져오다(한 장소에서 다른 장소로); ~ *drva* 장작나무를 가져오다 2. (바람이) 가져오다, 더미를 이루다, 더미를 만들다; *naneo vetar lišće* 바람이 낙엽을 휘몰아왔다; *odjednom nanese vetar miris sveže slame* 갑자기 바람이 싱그러운 짚의 향내를 가져온다; *nanesena (naneta) zemlja* 쌓인 흙더미; ~ *sneg* (바람에 날려) 눈더미가 쌓이게 하다; ~ *peska* 모래더미를 쌓다 3. 얇은 막(층)으로 덮다, 얇은 막을 이루다; ~ *boju* 페인트칠하다 4. (nekome) (손해·손실 등을) 야기하다, 초래하다 (izazvati, prouzrokovati); ~ *štetu* 손실을 초래하다; ~ *uvredu* 모욕하다; ~ *povredu* 부상을 입히다; ~ *bol nekome* 누구에게 아픔을 주다; ~ *sramotu* 창피를 주다 5. (새·닭 등이) (알을) 낳다 6. (우연히) 인도하다, 안내하다, 데려오다(데려가다); *put me je naneo na reku* 길따라 나는 강으로 왔다 7. 기타; *vetar ga naneo* (올 것으로 생각하지 않았는데) 왔다, (예상외로) 왔다; *vrag (đavo, belaj) ga naneo* 누군가 부적절한 시간에 왔을 때, 또는 상식에 반하거나 자신의 이익에 반하는 는 행동을 했을 때 하는 말; *kud god ga noge nanesu* 어디든, 모든 곳에, 사방에; *naneo ga put* 누군가 여행을 하면서 우연히 어딘가에 당도했을 때 하는 말; ~ *(nekome) poraz* (경기 등에서) 패배를 안기다

nanišaniti *-im* (完) 1. (총을) 표적물(목표물)에 겨누다, 조준하다 2. (비유적) (na koga) (누구에게) 시선을 집중하다, 관심을 집중하다

nanizati *nanižem* (完) 1. (구슬·진주 등을) 줄에 꿰다; ~ *biser* 진주를 줄에 꿰다; ~ *dukate* 금화를 줄에 꿰다 2. 일렬로 세우다, 일렬로 정렬시키다 3. (비유적) (통계 자료·사실 등을) 일일이 열거하다(나열하다) 4. (한 명 이상의 사람 또는 동물 등을) 한 방에 죽이다 (사살하다) 5. (비유적) 장식하다 (okititi, ukrasiti) 6. ~ se 일렬로 서다 (앞뒤로, 옆으로) (poređati se)

naniže (副) 1. 밑으로, 아래쪽으로 (nadole); *ići* ~ 아래쪽으로 가다 2. (비유적) 나쁘게, 나쁜 방향으로, 엉망진창으로 (naopako);

otkada je ona u ovaj dom ušla ... sve je pošlo ~ 그녀가 이 집에 들어오고 나서는 모든 일이 나쁜 방향으로 흘러갔다

nanoć (副) 밤에, 밤중에 (tokom noći, noću); *pa dobro, kada misle da beže?* - *sutra nanoć* - *odgovori tiho Žarko* 좋아 그럼, 그들이 언제 도망치려고 생각하지? - 내일 밤중에 - 조용히 자르코는 대답한다

nanos 1. (물이 범람하여 생기는) 충적토; 토사, 세사(물에 쓸려 와서 강어귀·항구에 쌓이는 가는 모래·진흙 등) (naplavina) 2. (바람에 날려 쌓인) 눈더미, 사구(沙丘) 3. (보통 흙·진흙 등의) 침전, 퇴적 **nanosni** (形)

nanositi *-im* (不完) 1. 참조 naneti 2. (누구를) 닮다, ~와 비슷하다

nanositi se *-im se* (完) (nečega) 1. ~을 오랫동안 지니다(지니고 있다); *mnogi otide u hajduke samo da se nanosi lepih haljina* 많은 사람들이 단지 좋은 옷을 입기 위해 하이두크로 들어갔다; *slabo smo se sreće nanosili* 우리는 운이 별로 없었다 2. 기타; ~ *se glave* 오래 살다, 장수하다

nanošenje (동사파생 명사) nanositi; ~ *telesne povrede* 신체의 부상 초래; ~ *boje* 페인트 도포

nanovača 민트(nana)가 들어간 라키야

nanovo (副) 새로이, 또 다시, 이전처럼 (iznova, ponovo, opet, kao ranije); *haide, Jovo,* ~ 다시 한 번 해보자(또 다시 해야 되는 일을 말할 때 쓰는 말)

nanule (女,複) 슬리퍼의 한 종류(바닥이 나무로 되어 있는)

nanjušiti *-im* 1. (보통은 개 등이) 냄새맡다, 냄새맡아 찾다(발견하다); *neki psi počeli su da zavijaju u blizili, kao kad nanjuše stranca* 어떤 개들은 낯선 사람들의 냄새를 맡은 듯 근처에서 짖기 시작했다 2. (비유적) 낌새를 알아차리다 (naslutiti, osetiti); *nemci su sigurno nanjušili pravac njihovog pokreta* 독일군들은 그들의 이동 방향을 확실히 알아차렸다

nanjuškati *-am* (完) (지소체) nanjušiti

naoblačenost (女) 구름이 낌; 구름이 낀 상태, 흐린 날씨

naoblačenje 참조 naoblačenost

naoblačiti *-im* (完), **naoblačivati** *-čujem* (不完) 1. (얼굴·눈살을) 찡그리다, 찌푸리다; ~ *čelo (oči)* 이마(미간)을 찡그리다 2. 기분 나쁘게 하다, 슬프게 하다 3. ~ se (無人稱文) 구름이 끼다, 구름이 드리우다 4. ~ se (비유적)

N

인상을 쓰다, 찡그리다; *nebo se naoblačilo* 하늘에 구름이 드리웠다 5. ~ *se* 슬퍼하다 6. ~ *se* (비유적) 광채를 잃다, 희미해지다

naoblaka 흐림, 구름이 낌 (naoblačenje, naoblačenost)

naobrazba 참조 obrazovanje; 배움, 학식 **naobrazben** (形)

naobraziti *-im* (完) **naobražavati** *-am* (不完) 1. 교육하다, 가르치다 (obrazovati) 2. ~ *se* 교육받다 (školovati se); *to je vrlo naobražen čovek* 그 사람은 매우 교육을 많이 받은 사람이다

naobraženje (동사파생 명사) naobraziti

naočale (女,複), **naočali** (女,複) 참조 naočare

naočare (女,複), **naočari** (女,複) 안경; ~ *za sunce* 선글래스; *gledati kroz crne* ~ 삶의 어두운 면만 보다; *gledati kroz ružičaste* ~ 삶의 좋은 면만 바라보다 **naočarski** (形)

naočarka (動) 킹코브라 (동남아시아산(産); 세계 최대의 독사)

naočarskī *-ā, -ō* (形) 안경의; ~*o staklo* 안경알

naoči (副) 1. 보기에는, 겉으로는, 표면상으로는 (naoko, na izgled); *sve je to* ~ *lepo* 그 모든 것이 보기에는 좋아보였다 2. (전치사의 용법으로, +G) 하루 전에, ~하기 직전에 (dan ranije, neposredno ispred, uoči)

naočigled (副) 1. 눈에 띄게, 두드러지게, 분명하게, 확실하게 (očigledno, primetno, upadljivo); *trava je* ~ *porasla* 풀은 눈에 띄게 자랐다 2. 눈앞에서 (pred očima); *žena ga vara,* ~ *čitavog grada, već godinama* 아내는 벌써 수년 동안 모든 사람들 앞에서 그를 속이고 바람을 핀다 3. 공공연히, 공개적으로 (javno, otvoreno); *nekad se davalo mito* ~, *a sad to ide zgodno ispod ruke* 예전에는 공공연해 뇌물을 주었는데, 이제는 은밀히 주고받는다 4. (전치사 용법으로, +G) ~의 앞에 (ispred, nadomak); ~ *celog svega* 전세계 앞에서

naočit *-a, -o* (形) 1. 눈에 띄는, 잘 생긴, 매력적인, 건장한 (kršan, dopadljiv, zgodan); *momak vit i visok,* ~ 청년은 늘씬하고 키가 컸으며 잘 생겼다 2. 명망있는, 명성있는, 유명한, 영향력 있는 (ugledan, uticajan)

naočito (副) 눈에 띄게, 두드러지게 (primetno, upadljivo)

naočnik 단안경, 외알 안경 (monokl)

naočnjak (보통은 複數로) 눈가리개(말(馬)이 옆을 보지 못하게 가리는)

naodmet (副) (보통은 부정적 구문에서) 불필요한, 쓸모없는, 과잉의; *to nije* ~ 불필요한

것이 아니다

naoko (副) 첫 눈에 보건데, 보아 하니, 외관상, 표면상, 받은 인상에 따르면; ~ *slab* 한 눈에 보건데 허약한; ~ *srećan* 보아 하니 행복한; ~ *sređen život* 표면상 안정된 삶

naokolo, naokrug (副) 1. 빙 둘러서, 원을 이루어 (okolo, ukrug); *tako ozida* ~ *visok zid* 그렇게 빙 둘러 높은 담을 쌓는다; *okolo* ~ 둥글게 둥글게 2. 돌아가는 길로, 순환 도로로; *preko preče,* ~ *bliže* 돌아가는 길이 더 가깝다

naopačke (副) 참조 naopako

naopačkī *-ā, -ō* (形) 참조 naopak

naopak *-a, -o* (形) 1. 부적합한, 부적절한; (사람이) 나쁜, 사악한, 나쁜 짓을 할 수 있는 (nezgodan, neprijatan, neugodan; opak, zao, rđav); *on je bio* ~ *čovek* 그는 나쁜 사람이었다 2. (시대·상황이) 악으로 가득 찬, 평화롭지 못한, 위험한 3. 나쁜 (loš, rđav); ~ *način* 나쁜 방법, ~ *postupak* 나쁜 행동; *što tako sve vidiš* ~*u stranu* 왜 그렇게 모든 것을 나쁜 면만 보느냐? 4. (규칙·규정·규범 등에서) 벗어난, 정도(正道)에서 벗어난, 바람직하지 못한, 잘못된 (pogrešan); ~*a politika* 잘못된 정책; ~*a rečenica* 비문법적인 문장; *to je bio* ~ *zaključak* 그것은 잘못된 결론이었다 5. (진행 방향 등이) 반대인, 정반대의, 거꾸로의 (suprotan, obrnut); ~*im redosledom* (순서가) 역순으로, 거꾸로 6. (안과 밖, 위아래 등이) 뒤집힌 (izvrnut, obrnut); ~*a strana* 이면(裏面), 뒷면

naopako (副) 1. 나쁘게, 나쁜 방법으로, 엉망진창으로, 거꾸로, 부적절하게 (zlo, rđavo); *sve nam ide* ~ 우리의 모든 일이 잘 못 되어 간다; ~ *raditi* 서툴게 일하다, 엉터리로 일하다; *on sve* ~ *razume* 그는 모든 것을 거꾸로 이해한다(잘 못 이해한다) 2. (규정·규칙 등에) 맞지 않게, 틀리게 (pogrešno, krivo); ~ *izgovarati* 틀리게 발음하다; ~ *obuti cipele* 구두를 거꾸로 신다(왼쪽을 오른발에, 오른쪽을 왼발에); ~ *razumeti* 잘 못 이해하다, 틀리게 이해하다 3. (위치·방향 등이) 반대로, 정반대로, 거꾸로 (naopačke); 뒤집어서(위를 아래로, 안을 밖으로 등의); *okrenuti sliku* ~ 그림을 거꾸로 돌리다 4. (신체의) 뒤로, 등쪽으로 (na leđa, pozadi); *odveli su ih panduri svezanih ruku* ~ 경찰들은 그들의 손을 뒤로 묶어 연행했다; *svezati nekome ruke* ~ 손을 뒤로 하여 묶다 5. 거꾸로, 뒤집어 (izvrnuto, prevrnuto);

obući majcu ~ 티셔츠를 뒤집어 입다; *obukao si kaput* ~ 외투를 뒤집어 입었다 6. (감탄사 용법으로) 아~ (jao) 7. 기타; *zlo i* ~ 더 이상 나빠질 수는 없다; *izvrnuti (prevrnuti, okrenuti) ćurak* ~ 행동거지를 바꾸다, 달리 행동하다

naopetovati se *–tujem se* 수없이 되풀이하다

naoružan *–a, –o* (形) 참조 naoružati; 무장한; ~ *do zube* 완전무장한

naoružanje 1. 무장, 군비(軍備); *trka u* ~*u* 군비경쟁 2. 무기, 군사 장비

naoružati *–am* (完), **naoružavati** *–am* (不完) 1. 무장시키다; ~ *vojsku* 군대를 무장시키다 2. (비유적) (지식 등으로) 무장시키다, 갖추게 하다 3. ~ *se* 무장하다; ~ *se do zuba* 완전무장하다 ~ *se znanjem* 지식으로 무장하다; ~ *se strpljenjem* 참고 견디다

naoštriti *–im* (完) 1. (칼날 등을) 갈다, 날카롭게 하다, 예리하게 하다; ~ *nož* 칼을 날카롭게 하다 2. (~의 끝을) 뾰족하게 하다 (zašiljiti); ~ *olovku* 연필심을 뾰족하게 하다 3. (비유적) 분노하게 부추기다, 분노하게 하다 (razjariti, raspaliti, razbesneti) 4. ~ *se* 분노하다, 격분하다 5. ~ *se* (~에 대한) 적대적 입장을 취하다 6. ~ *se* ~ 할 준비가 되다 7. 기타; ~ *jezik (zube) protiv nekoga* 누구를 공격하려고 준비하다

naovamo (副) 1. 이리로, 이쪽으로 이쪽 방향으로; *od pristaništa* ~ 선착장으로부터 이쪽으로; *okreni auto* ~ 자동차를 이쪽으로 돌려 2. 지금까지, 오늘날까지, 현재까지 (do danas); *od rata* ~ 전쟁때부터 지금까지

napabirčiti *–im* (完) (사방에서 조금씩) 줍다, 주워 모으다; *napabirčimo nešto zrnja grahova* 뭔가 콩을 줍다

napaćen *–a, –o* (形) 참조 napatiti; 고통을 당한, 수난을 당한

napad 1. 폭행, 공격, 공격적 행동 (사람을 다치게 하거나 해치는) (atak); ~ *na ličnost* 개인에 대한 공격; *izdržati* ~ 공격을 견디다; *izvršiti* ~ *na nekoga* 누구를 공격하다 2. (軍) 공격, 습격; *artiljerijski* ~ 포격; ~ *raketama* 로케트 공격 3. (스포츠의) 공격 4. (醫) (병의) 발작, 발병; ~ *srca* 심장 발작, 심장마비, 심근경색; ~ *bolesti* 발병; ~ *kašlja* 발작적 기침; *nervni* ~ 신경쇠약; *besa* 발작적인 분노 **napadni** (形); ~ *pravac* 공격 방향

napadač 1. 공격한 사람, 폭행한 사람, 폭행범; 침입자, 침략자 2. (스포츠의) 공격수, 포워드 **napadački** (形)

napadaj 참조 napad

napadan *–dna, –dno* (形) 1. 공격적인 (nasrtljiv, agresivan); ~ *čovek* 공격적인 사람 2. 강한, 강렬한; ~*dna vrućina* 강렬한 더위; ~ *miris* 강한 향기 3. (색상·재봉·모습 등이) 눈에 확 들어오는, 눈에 잘 띄는, 튀는, 강렬한; ~*dna ilustracija* 눈길을 끄는 일러스트레이션; ~*dna kravata* 강렬한 색상의 넥타이; ~ *šešir* 튀는 모자 4. (색깔이) 야한; *oblačiti se* ~*dno* 옷을 야한 색깔로 입다

napadati *–am* (不完) 참조 napasti; 공격하다, 습격하다

napadati *–am* (完) (많은 양이) 내리다(눈·비 등이); *napadalo je mnogo snega* 많은 눈이 내렸다; *sneg je napadao oko 20 santimetara* 눈이 약 20cm 내렸다

napajalište (가축이나 동물들이) 물을 마시러 오는 곳 (강·호수 등의) (pojilo); *presušila su sva* ~*a i jaruge* 가축이 물을 마시는 모든 호수와 도랑이 말랐다

napajati *–jam* (不完) 1. 참조 napojiti; 물을 마시게 하다, 물을 먹이다 2. ~ *se* 참조 napojiti se; 물을 마시다 3. ~ *se* 전기를 얻다, 충전되다

napakostiti *–im* (完) 악의(pakost)적으로 행동하다, 손해(손실)를 입히다

napakovati *–kujem* (完) 1. (짐을) 싸다, 꾸리다 (많은 양을); (박스·가방 등에) 많은 짐을 꾸려 넣다 2. (口語) (nekome nešto) (거짓 증거와 사실 등을 왜곡하여) (하지도 않은 것을) 비난하다, 죄를 뒤집어씌우다

napaliti *–im* (完) 1. 표면을 조금 태우다, 그슬리다 (nagoreti) 2. ~ *se* (口語) (na nekoga) (보통은 피동형으로) (이성에) 대단한 호감을 느끼다, 애정을 느끼다

napalm 네이팜(화염성 폭약의 원료로 쓰이는 젤리 형태의 물질); *napalm-bomba* 네이팜탄

napamet (副) 1. 외워서, 암기하여 (naizust); *naučiti* ~ 암기하다; *znati* ~ 외워서 알다 2. 기억으로, 머릿속으로; *znao je u mraku* ~ *gde stoji koji predmet* 어둠 속에서 어디에 무엇이 있는지 머릿속으로 다 알았다; *raditi* ~ *nečiji portret* 누구의 초상화를 머릿속에 떠올리며 그리다 3. 입으로, 머릿속으로 ~ *računati* 머릿속으로 계산하다 4. 근거없이, 증거없이; ~ *govoriti* 근거없이 말하다 5. 확인하지 않고, 생각없이, 무턱대고; ~ *rekonstruisati* 체크하지 않고 재건하다; ~ *šutnuti loptu* 무턱대고 슛하다

napariti *–im* (完) 1. (따뜻한 것으로) 따뜻하게

N

591

하다; 증기에 노출시키다, 증기를 쐬다 (zapariti) 2. ~ se (증기·뜨거운 물 등으로) 따뜻해지다, 증기를 쐬다 3. 기타; ~ oči (口語) (아름다운 것 등을) 보면서 한껏 즐기다

naparfemirati *-am*, **naparfemisati** *-šem* (完) 향수를 바르다(뿌리다)

napasati *-am* (不完) 참조 napasti; (소·양 등을) 방목하다, 놓아먹이다

napasnī *-ā, -ō* (形) 참조 napastan

napasnik 1. 깡패, 폭력배 (nasilnik, siledžija) 2. 여자를 보면 달려드는 사람, 색욕에 굶주린 사람, (여자를) 집적거리는 사람 (pohotnik) 3. 끊임없이 고통(어려움)을 주는 사람; 방해꾼, 훼방꾼 4. 악마; 말썽을 일으키는 사람 (vrag, đavo, obešenjak) **napasnica**

napast (女) 1. (삶·인생을) 힘들게 하는 것, 고통스럽게 하는 것, 역경, 곤경, 곤란, 곤궁; 불행한 일, 불운한 일 (nevolja, nedaća, zlo); *molite se bogu da nas izbavi od ~* 우리를 악으로부터 구원해 주시길 신에게 기도하세요 2. (집합적 의미로) (다른 사람의 삶을 위협하면서 공격하는) 괴물, 괴물같은 사람 (čudovište, neman) 3. 폭정, 학정, 폭력 (nasilje, tiranija; napad, nasrtaj); *čekati da ~ prođe* 폭정이 지나가기를 기다리다 4. 시험, 유혹 (iskušenje); *tada bih možda došao u ~ i prihvatio je za ruku* 그때 아마도 시험에 들 수도 있었을 것이며 타협했을 수도 있을 것이다; *ne uvedi nas u ~* 우리를 시험에 들지 않게 하소서 5. (~ 에 대한) 강렬한 소망

napastan *-sna, -sno* (形) 1. (사람이) 공격적인, 폭력적인; 귀찮게 구는, 성가시게 하는 (nasrtljiv) 2. (모기·벌 등이) 물려고(쏘려고) 귀찮게 달라드는 3. (언어 등이) 공격적인, 도발적인; 유혹적인, 구미가 당기는; *~sna slika gole žene* 벌거벗은 여인의 유혹적인 그림

napasti *napadnem*; *napao, -ala & napadnuo, -ula*; *napadnut*; *napavši*, *napašću* (完) **napadati** *-am* (不完) 1. 공격하다, 습격하다; *naš bataljon će ~ neprijatelja na spavanju* 우리 대대는 취침중인 적들을 공격할 것이다 2. 비난하다, 비판하다, 모욕적인 말을 퍼붓다; *radi toga događaja napale su ga protivničke novine* 그 사건 때문에 적대적 신문들이 그를 비난했다 3. (어떠한 감정·생각 등이) 몰려들다, 휩싸이다, 사로잡히다 (spopasti, obuzeti); *napala su ga opet neka slutnja* 그는 또 다시 그 어떤 예감에 사로

잡혔다; *šta te je napalo?* 무슨 생각을 그렇게 했었느냐? 4. (어떤 유쾌하지 못한 일 들이) 갑자기 일어나다(생기다) 5. (눈·안개 등이) 많이 내리다, 짙게 내려 앉다; *veliki sneg je najednom napao* 많은 눈이 한꺼번에 많이 내렸다 6. (~하기) 시작하다 (stati, početi); *što si napao tu vikati?* 왜 거기서 고함치기 시작했느냐?

napasti *napasem*; *napasao, -sla*; *napasen* (完) **napasati** *-am* (不完) 1. (소·양 등에게) 풀을 뜯기다, 풀어 먹이다, 방목하다 2. ~ *oči (na nekome, na nečemu)* (~을) 보면서 즐기다, 눈요기하다, 실컷 보다

napastovati *-tujem* (=napastvovati) (不完) 1. (여자를) 욕보이다, 강간하다 (silovati); *juče je napastovao sestru od rođenog strica* 그는 어제 사촌 여동생을 강간했다 2. 공격하다, 습격하다, 때리다 (napadati, udarati); *skitnice su poštene ljude napastvovali kad bi na kojeg naišli* 부랑자들은 길거리에서 만나는 죄없는 사람들을 공격했다 3. (간청·청원 등을 가지고) 귀찮게 하다, 성가시게 하다; (누구에게) 해를 끼치다, 손실을 초래하다

napatiti *-im* (完) 1. 괴롭히다, 고통스럽게 하다, 수난을 당하게 하다 (namučiti); *pa što bi ih napatio glađu* 왜 그들을 굶겨 괴롭히겠는가 2. (가축·가금류 등을) 사육하다, 기르다 (많이·대규모로); 길러 증식시키다(번식시키다); ~ *golubove* 비둘기를 기르다, 비둘기를 길러 번식시키다 3. ~ se 고통을 당하다, 수난을 당하다 4. ~se (동물들이) 번식하다, 증식하다, 숫자가 늘어나다 (namnožiti se, nakotiti se); *napatili se miševi* 쥐들이 숫자가 늘어났다; *napatilo se mnogo gamadi* 해충들이 급격히 늘어났다

napecati *-am* (完) (물고기를) 낚시질하다, 많은 물고기를 낚다

napeći *napečem*; *napeku*; *napekao, -kla*; *napečen, -ena*; *napeci* (完) 1. (충분한 양을, 많은 양을) 굽다; *napekli smo dosta hleba* 우리는 빵을 많이 구웠다 2. (~의 표면이 구울 때) 타다 (nagoreti)

napedikirati *-am* (完) 발톱 손질을 하다

naperiti *-im* (完) (총기·무기 등을) ~쪽으로 향하다, 겨누다, 겨냥하다; ~ *pušku na nekoga* 누구를 향해 총을 겨누다

napešačiti se *-im se* (完) 오래 걷다, 많이 걷다, 피곤하도록 걷다

napet *-a, -o* (形) 1. 참조 napeti 2. (비유적)

위험 요소와 불확실성이 많은; 팽팽한, 긴장
된; 초조한, 긴장한 (uzbudljiv, zategnut,
nestrpljiv); ~a situacija 긴장된 상황; stoji
s pukovnikom u ~im odnosima 대령과는 긴
장 관계이다; u onoj ~oj atmosferi posle
nemačke objave rata Rusiji 독일이 러시아
에 대한 전쟁을 선포한 이후 그렇게 긴장된
상황에서 3. 오만한, 거만한 (nadmen,
naduven) 4. 기타; kao ~a puška ~할 준비
가 완전히 갖추어져 있는 상태에서, 일촉즉
발의 상태에서

napeti napnem; napeo, -ela; napet; napni
(完) **napinjati** -njem (不完) 1. 팽팽하게 하다,
팽팽하게 잡아당기다; ~ kožu na bubnju 북
가죽을 팽팽하게 하다; ~ konopac 노끈을
팽팽하게 잡아당기다; ~ platno za vez 자수
천을 팽팽하게 하다; ~ luk 활을 잡아 당기
다 2. (총의) 방아쇠를 잡아 당기다 3. (근육
을) 긴장시키다; 최대한 사용하다 4. (귀를)
쫑긋 세우다(잘 듣기 위해); 듣는데 집중하
다; ~ uši 귀를 쫑긋 세우다; ~ oči 눈을 부
릅 뜨다, 눈을 크게 뜨다 (잘 보기 위해) 5.
~ se (핏줄 등이) 서다; (근육 등이) 뭉치다
6. ~ se 긴장하다, 초조해하다 7. ~ se 으스
대다, 오만하게 행동하다, 거만하게 행동하
다 8. 기타; ~ nos 화내다
napetost (女) 1. 긴장, 긴장감, 긴장상태; 팽팽
함 2. 오만함, 거만함, 자만심 (oholnost);
suviše je gizde i ~i u tebe 네게는 너무도 자
부심과 오만함이 넘쳐난다 3. (뱃속이) 더부룩
한 상태; (근육·혈관의) 긴장, 솟구친 상태
napev (音樂) 아리아, 영창(詠唱)(오페라에서
악기의 반주가 있는 독창곡); 멜로디; 노래
(arija, melodija, pesma)
napevati se -am se (完) 실컷 노래를 부르다,
노래를 많이 부르다
napici (男,複) 참조 napitak; 음료, 음료수
napijalica 건배, 건배사 (zdravica)
napijati -jam (不完) 참조 napiti
napinjati -njem (不完) 참조 napeti
napipati -am (完) **napipavati** -am (不完) 1. 더
듬다, 손가락으로 더듬어 느끼다, 더듬어 찾
다; u mraku je nekako napipao bravu 어둠
속에서 어떻게 자물쇠를 더듬어 찾았다; ~
nekome puls 누구의 맥박을 짚다 2. (비유
적) 열심히 찾아 발견하다 (pronaći, otkriti,
uočiti); ~ nečiju slabu stranu 누구의 약점
을 찾아 발견하다
napis 1. (신문·잡지 등의) 글, 기사 (članak,
dopis); ovaj današnji ~ u novinama izazvao
je negodovanje 오늘자 신문의 기사는 불만

을 야기시켰다 2. 제목 (natpis, naslov)
napisati -šem (完) 1. 기록하다, 쓰다(문자·부
호·숫자 등으로); ~ ime 이름을 쓰다; ~
obaveštenje 보고서를 쓰다; ~ račun 계산
서를 쓰다; ~ priznanicu 영수증을 쓰다 2.
쓰다(편지·책·토론 등을); ~ roman 소설을 쓰
다 3. 서면으로 작성하다(확인서·인정서·해결
책 등을) 4. 그리다(어떤 표시로) (nacrtati,
ucrtati); ~ krst 십자가를 그리다
napismeno (副) 서면으로; ~ podneti zahtev
서면으로 요청서를 제출하다; ~ dati 서면으
로 주다; potvrditi ~ 서면으로 확인하다
napit -a, -o (形) 1. 참조 napiti 2. 술취한
(pijan)
napitak -tka; napici, napitākā 1. (일반적인) 음
료, 음료수 (물·차(茶)·커피·주스 등의) 2. (약
효가 있는) 물약, 묘약; ljubavni ~ 사랑의
묘약 3. (알콜이 들어있는) 술
napiti napijem; napio, -ila; napit & napijen;
napij (完) **napijati** -jam (不完) 1. 잔을 들어
건배하다 (nazdraviti); zar da skočim ... da
punom čašom napijem vam sreću 당신의
행운을 기원하며 술잔에 가득 따라 건배하기
위해 달려갑니다 2. 술을 마시게 하다, 술을
먹이다; (술을 너무 많이 마시게 하여) 술취
하게 하다 (opiti) 3. 술을 많이 마시다, 실컷
술을 마시다 4. ~ se (물을) 마시다, 갈증을
해소하다 5. ~ se 술 취하다 (opiti se) 6. ~
se (습기 등을) 빨아들이다, 흡수하다; ~ se
vlage 습기를 빨아들이다 7. 기타; ~ se kao
zemlja (majka, ćuskija) 완전히 고주망태가
되다(술에 취해)
naplaćivati -ćujem (不完) 참조 naplatiti; (요
금을) 청구하다
naplakati se -čem se (完) 실컷 울다, 오랫동
안 많이 울다, 울어 슬픔을 털어내다; kad
se naplakala ... devojka je digla glavu 실컷
울고 나서 소녀는 고개를 들었다
naplata 1. (서비스 제공, 상품 판매, 물건의 사
용에 대한) 요금 징수 (naplaćivanje); ~
duga 채무 징수; ~ stanarine 집세 청구; ~
struje 전기세 청구 2. (비유적) (피해에 대
한) 보상, 배상 (satisfakcija)
naplatak -tka; naplaci, naplatākā (보통은 複
數로) (바퀴의 살이 박혀있는) 테, 테두리
naplatiti -im (完) **naplaćivati** -ćujem (不完) 1.
(판매된 물건 요금, 서비스 가격 등을) 청구
하다, 징수하다; 요금을 청구하다(받다); (빚·
채무 등을) 수금하다, 징수하다; (유가증권
을) 현금화 하다; on je došao da naplati

593

N

račun za struju 그는 전기값을 받으러 왔다; *ovakve opravke ne naplaćujemo* 이러한 수리에 대해서는 요금을 받지 않는다; *on će vam sve naplatiti* 그는 모든 것에 대해 비용을 청구할 것이다 2. 상을 주다, 보상하다 (nagraditi); ~ *nekome trud* 누구에게 노력의 댓가를 지불하다 3. (비유적) 복수하다 (osvetiti)

naplativ *-a, -o* (形) (요금 등을) 징수할 수 있는, 받을 수 있는, 현금화 할 수 있는; ~ *diskont* 받을 수 있는 할인율; ~ *trošak* 청구할 수 있는 경비; ~ *ček* 돈으로 교환할 수 있는 수표

naplav (물 등이 범람하여 쌓이는 흙·모래 등의) 충적토, 침전물, 슬러지 (nanos)

naplava 1. (물 등이 범람하여 쌓이는 흙·진흙·모래 등의) 충적토, 침전물, 슬러지 (nanos, naplav) 2. (강물 등의) 범람, 홍수 (poplava, povodanj)

naplaviti *-im* (完) (강물 등이 범람하면서 흙·진흙·모래 등을) 가져오다, 쌓이게 하다, 침전시키다

naplećak *-ćka*, **naplećnik** 1. (옷의) 어깨(부분) 2. (가톨릭 신부들이 미사를 집전할 때 어깨부분에 두르는) 어깨 덮개

naplesati se *-šem se* (完) 오랜시간 춤추다, 실컷 춤추다, 질리도록 춤추다

naplivati se *-am* (完) 오랜시간 수영하다(헤엄치다), 실컷 수영하다, 질리도록 헤엄치다

naploditi se *-im se* (完) 숫적으로 증가하다, 번식하다 (namnožiti se, rasploditi se)

naploviti *-im* (完) 1. (물위를) 떠다니다, 부유하다, 항해하다 2. ~ se 오랫동안 항해하다, 실컷 항해하다

napljačkati *-am* (完) 약탈하다, 강탈하다

napljuvati *napljujem* (完) 침을 뱉다

napoj *-oja* 1. (소·돼지 등에게 사료를 섞어 먹이로 주는) 구정물, 밥찌거기; *baš je spremala ~ za svinje* 돼지에게 줄 구정물을 준비했다 2. 음료, 음료수 (napitak, piće) **napojni** (形)

napojište (소·양 등 가축들이 물을 마시는) 물마시는 곳 (pojilo)

napojiti *-jim* (完) (nekoga, nešto) 1. 물을 주다, 물을 먹이다 (보통은 가축에게); ~ *stoku* 소에게 물을 먹이다 2. (비유적) 적시다, 뿌리다 (natopiti, nakvasiti, politi, zaliti); *krvlju ~* 피로 물들이다; ~ *njive* 초원에 물을 뿌리다 3. ~ se (보통은 가축이) 물을 실컷 마시다, 물을 충분히 먹어 갈증을 해소하

다 4. ~ se (흙·목재 등이) 물기를 흠뻑 먹다, 물기로 축축하다, 물기를 빨아들이다 (navlažiti se) 5. ~ se (비유적) (~에) 고취되다, 사로잡히다, 휩싸이다 (zadahnuti, nadahnuti) 6. 기타; ~ *oči* (아름다운 풍경 등을) 보고 즐기다

napojnī *-a, -ō* (形) 1. 참조 napoj 2. 물을 마시는, 음용(飮用)용의; *~a voda* 마시는 물; ~ *kabao* 음용용 물통 3. (電) 전기 공급의, 전기 공급용으로 사용되는; ~ *kabal* 전기 케이블

napojnica 1. (술집 등에서 종업원들에게 주는) 팁, 봉사료 (bakšiš) 2. 음료(수); 술 (piće, napitak) 3. 건배 (zdravica, napitnica)

napokon (副) 마침내, 맨 마지막에 (na kraju, najposle; najzad); ~ *ga upitaše* 마침내 그에게 물어봤다

napol (副) 참조 napola; 반절로, 절반으로, 반반으로

napola (副) 1. (정확히 같은, 중간인) 반절로, 절반으로, 반반으로; ~ *(po)deliti* 반반으로 나누다; ~ *preseći* 반토막으로 자르다 2. (주로 피동형으로) 반절만; 부분적으로, 상당히; 완전하지 못하게; ~ *popušena cigareta* 반절 정도 피운 담배; ~ *spuštene roletne* 반절 정도 내려진 창문가리개; ~ *već pečeno meso* 벌써 상당히 구워진 고기; ~ *obrazovan* 완전하지 못하게 교육받은; *kuća s ~ srušenim krovom* 상당 부분 무너진 지붕이 있는 집; *govoriti ~ usta* 아주 작은 소리로 말하다; *slušati ~ uha* 귓등으로 듣다 3. (소득을 반반으로 나누는) 소작으로; ~ *raditi* (소득을 반반으로 나누는) 소작으로 일하다; *dati (uzeti) imanje ~* 소작을 주다(경작하다)

napoleonstvo (국민에 대하여 절대권을 가지는) 나폴레옹주의

napoleonovac *-ovca* 나폴레옹주의자

napolica (農) 소작(小作; 소작농과 땅주인이 수확량의 반반을 나눠가지는 농업경제 시스템); *dati imanje u ~u* 소작을 주다

napoličar (V. *-are* & *-aru*) 소작농

napoličariti *-im* (不完) 소작농으로 일하다 (napoličiti)

napoličarstvo 소작관계

napolitanke (女,複) 초콜렛의 한 종류; 초콜렛을 입힌 쿠키의 한 종류

napolje (副) 1. (움직임을 나타내는 동사와 함께, kuda에 대한 대답으로) (집·건물·공간 등의) 바깥으로, 밖으로; *izašao je ~* 그는 (집) 밖으로 나갔다; *izbaciti ~* 밖으로 던지다; *pogledati ~* 밖을 내다보다; *vrata se*

N

otvaraju ~ 문은 바깥으로 열린다; *ispasti* ~
바깥으로 떨어지다 2. (감탄사의 용법으로)
나가!, 꺼져!; ~ 꺼져!, 나가! 3. 기타; *ići* ~
(대변을 보러) 화장실에 가다

napolju (副) 1. (움직임이 없거나 제한된 공간
에서 한정된 움직임을 나타내는 동사와 함께,
gde에 대한 대답으로) ~의 밖에, (집)밖에,
바깥에 (反; *unutra*); ~ *je bilo hladno* 밖은
추웠다; *kiša se ~ prolila kao iz kabla* 밖에
비는 통으로 쏟아붓듯 내렸다; *biti (stajati,
raditi)* ~ 밖에 (있다, 서있다, 일하다) 2. (口
語) 외국에 (*izvan zemlje, u inostranstvu*)

napomaditi *-im* (完) 포마드, 크림(pomada)을
바르다; ~ *kosu* 포마드를 머리에 바르다

napomena 1. 부가적 설명(구두 또는 서면으로
하는), 추가적 언급; 주석; 주해; 각주; *novo
izdanje priprema da izda na svet s ~ama*
주석이 달린 신판을 세상에 출판하려고 준비
하고 있다 2. 비난, 비판, 이의 (*zamerka,
prigovor, primedba*) 3. 주의, 경고
(*opomena, upozorenje*)

napomenuti *-nem* (完), **napominjati** *-njem* (不
完) 1. (지나가는 투로) 언급하다, 말하다 2.
회상시키다, 기억나게 하다 (*podsetiti*) 3. 비
난하다, 비판하다, 이의를 제기하다; 경고하다

napon 1. 팽팽함, 긴장(상태); 장력(張力)
(*napetost, napregnutost*); *preko suza se
odliva duševni ~, inače bi telo presvislo*
눈물로 정신적 긴장감을 완화시켰는데, 그렇
지 않았다면 아마도 실신했을 것이다; ~
klinastog kaiša 팬벨트 장력; ~ *živaca* 신경
의 긴장 2. 노력, 분투 (*napor, trud,
pregnuće*) 3. 전성기, 한창때, 절정기; *biti u
punom ~u* 최고의 전성기이다; *u (punom)
~u života* 인생의 절정기에; *u ~u snage* 힘
의 최전성기에 4. (보통은 複數로) 출산의 진
통, 산고(産苦) 5. (電) 전압; *visoki (niski) ~*
고전압(저전압); *vodovi visokog ~a* 고압선
6. (物) (가스·수증기·액체 등의) 압력
(*pritisak*)

napor 노력, 수고, 분투 (*naprezanje, trud,
nastojanje*); *to iziskuje veliki ~* 그것은 대
단한 노력을 요구한다; *s ~om nešto
(u)raditi* 노력을 기울여 무엇을 하다; *uložiti
~ u nešto* 뭔가에 노력을 기울이다

naporan *-rna, -rno* (形) 커다란 노력을 요구
하는, 힘이 많이 드는, 몹시 힘든; ~ *rad*
힘든 일; *~rno radi* 열심히 일하다

naporedan *-dna, -dno* (形) 1. (두 개 이상의
선이) 평행의, 평행하는; 같은 방향의
(*uporedan, paralelan*); ~ *pravac* 같은 방향

2. 동시에 일어나는 (*istovremen*); *~a
radnja* 동시에 행하는 일; ~ *razvoj* 동시적
발전 3. (文法) 병렬의; *~e rečenice* 병렬문

naporedno (副) 참조 naporedo

naporedo (副) 1. (줄이) 나란히, 평행하여
(*paralelno*); *jašemo* ~ 나란히 말을 탄다; ~
ići 나란히 가다 2. 똑같이, 대등하게
(*ravnopravno, u istoj meri*); *žene su se
borile* ~ *s muškarcima* 여자들도 남자들과
똑같이 싸웠다 3. 동시에 (*istovremeno*); ~
se događati 동시에 일어나다(발생하다)

napose (副) 1. 따로따로, 별도로, 각기
(*posebno, zasebno, odvojeno*); *pozove nas
svakog* ~ 우리 모두를 따로따로 부른다 2.
특별히 (*naročito, osobito*); *malo mari za
poeziju uopšte, za dramu* ~ 일반적으로 시
(詩)에 대해 별로 신경을 쓰지 않는다, 드라
마에 대해서는 특히

naposletku (副) 마침내, 마지막에는 (*najposle,
napokon, najzad*); *kajati se* ~ 마지막에는
후회하다

napostiti se *-im se* (完) 오랫동안 금식(단식·
절식)하다

naprasan *-sna, -sno* (形) 1. 갑작스런, 예상하
지 못한, 급격한; *~sna smrt* 갑작스런 죽음;
~sno umreti 급사하다; *~sna promena* 급격
한 변화 2. (성격 등이) 불같은, 욱하는, 싸우
기 좋아하는, 화를 잘내는 (*naprasit*)

naprasit *-a, -o* (形) 1. (성격이) 불같은, 욱하
는, 화를 잘내는, 걷잡을 수 없는 (*plahovit,
prek, neobuzdan*); *imao je ~u, samovoljnu
narav* 그는 욱하면서 독단적인 성격을 가졌
다 2. (죽음이) 갑작스런, 예상하지 못한; *~a
smrt* 갑작스런 죽음

naprašnik (廢語) (화승총의) 화약을 장전하는
곳(장전된 화약에 불을 붙이는)

naprava 1. (빠르고 간단하게 일을 할 수 있
는) 기구, 도구, 장비, 장치 (*sprava*); ~ *za
plašenje ptica* 새를 겁줄 수 있는 장치 2.
(복잡한 작업을 할 수 있는) 도구, 장비, 기
계 (*aparat, mašina*)

napraviti *-im* (完) 1. 만들다, 제작하다, 제조하
다 (*načiniti, izraditi*); *napravih i zapalih
ciraru* 담배를 만들어 피고 싶다 2. (건물을)
세우다, 건축하다 (*podići, sagraditi*) 3. (목적
등을) 달성하다, 도달하다 실현하다; 행하다,
실행하다; (돈을) 벌다; *neprijatelj hoće
ovde da napravi prodor* 적은 이곳을 돌파
하고 싶어한다; ~ *karijeru* 경력을 쌓다; ~
pokret rukom 손을 움직이다; ~ *pare* 돈을
벌다 4. 준비하다, 기획하다, 조직하다

N

(pripremiti, prirediti, organizovati); ~ svadbu 결혼식을 기획하다; ~ zasedu 매복하다 5. (누구를 ~으로) 만들다; ~ nekoga ludim 누구를 미친 사람으로 만들다; ~ budalu od nekoga 누구를 바보로 만들다 6. (어떠한 상태를) 야기시키다, 초래하다; ~ deficit 적자를 나게 하다; ~ metež 난장판을 만들다; ~ štetu 손해를 보게 하다 7. (어떠한 인상을) 남기다 8. 고장을 제거하다, 수선하다, 수리하다, 고치다 9. (옷 등을) 잘 갖춰 입다; 치장하다, 꾸미다 (opremiti, doterati, udesiti); još je lepše sebe napravila 더욱 더 예쁘게 자신을 치장했다 10. ~ se 치장하다, 단장하다, 꾸미다 11. ~ se 젠체하다, 빼기다, 오만하게(거만하게) 행동하다 12. ~ se ~인척 하다 (učiniti se, predstaviti se); ja se napravim kao da nisam čuo 나는 못들은 체 한다

naprazno (副) 1. 헛되이, 헛되게, 쓸모없이, 쓸데없이(uzalud, beskorisno, ulud); vreme nije prolazilo ~ 시간은 헛되이 흘러가지 않았다; motor je radio ~ 엔진이 공회전했다 2. 이유없이; 목적없이, 목표없이 (bezrazložno, besciljno); prepucavati se ~ 이유없이 서로 비난하다; smejati se ~ 이유없이 웃다 3. 공짜로, 무료로 (besplatno, badava)

naprčiti se –im se (完) 화내다 (rasrditi se, naljutiti se)

naprćiti –im (完) 1. (입·입술을) 앞으로 쭉 내밀면서 모으다; naprći usnice kao da će pljunuti 침을 뱉을 것처럼 입술을 앞으로 쭉 내민다 2. ~ se (입·입술을) 앞으로 내밀면서 모으다 3. ~ se (못마땅해 입술을) 삐죽거리다, 뾰로통 내밀다 (naduriti se); Milka se naprćila ... i okrenula glavu da ga ne vidi 밀카는 입을 삐죽 내밀면서 ... 고개를 돌려 그를 보지 않았다

naprečac (副) 1. 갑자기, 예상치 못하게, 급작스럽게 (iznenada, neočekivano, naprasno); ~ se razboleti 갑자기 아프다; ~ umreti 갑자기 죽다 2. 건성으로, 세세히 살피지 않고, 급하게, 서둘러; ~ doneti odluku 급하게 결정하다; ~ presuditi 세세히 살피지 않고 판단하다

napreći napregnem (完) 참조 napregnuti

napred (副) 1. 앞으로; koračiti ~ 앞으로 발걸음을 내딛다; bacati ~ 앞으로 내던지다; gledati ~ 앞을 보다 2. 앞을 향해(더 좋은 지위·직위·상태 등을 향한); nauka o čoveku ide ~ 인간학은 발전한다 3. (~의) 앞쪽에, 선두에 (ispred); ~ na konju išli su naši

oficiri 말 앞의 선두에 우리의 장교들이 갔다; vrata koja vode iz jedne sobe u drugu ... više su ~ 한 방에서 다른 방으로 나있는 문은 저 앞쪽에 있다 3. 기타; ~, ~ marš! 앞으로, 앞으로 가!

napredak –tka; napreci 진보, 향상, 발전, 발달 (progres); ~ čovečanstva 인류의 발전; kulturni ~ 문화 발전; veliki ~ 커다란 발전; postići ~ 발전을 이루다

napredan –dna, –dno (形) 1. (육체적으로) 잘 성장한, 강건한, 튼튼한, 건강한 (razvijen, jedar, zdrav); (식물 등이) 잘 자라는, 쑥쑥 자라는, 무성한 (bujan); ~dno dete 튼튼하게 자라는 아이; ~dni usevi 잘 자라는 작물 2. (경제적·문화적으로) 발전된, 융성한; 번성하는, 번영하는 선진의; ~ grad 선진 도시; ~dna zemlja 선진국; ~dno domaćinstvo 부유한 가정 3. 점점 더 좋아지는(발전하는); naša lirika je od svih književnih grana najnaprednija 우리의 서정시는 모든 문학분야들 중 가장 발전된 분야이다 4. 진보적인, 혁신적인 (progresivan); ~dne ideje 진보적 사상; ~ pokret (politčar, duh) 진보적 운동 (정치가, 정신) 5. (학습 과정이) 고급의, 상급의; tečaj stranog jezika za početnike i napredne 초급자와 고급자를 위한 외국어 과정

naprednjak (政) 진보주의자; 진보당원

napredovati –dujem (完,不完) 1. 앞으로 나가다 2. (軍) 적진을 돌파하다, 전진하다; Japanske trupe napreduju ... prema Pekingu 일본군들은 베이징을 향해 나갔다; naše trupe napreduju vrlo sporo 우리 군은 매우 느리게 전진하고 있다 3. 발전하다, 향상되다; 성공적으로 진행되고 있다; svaki narod hoće da napreduje 모든 민족들은 발전을 이루려고 한다; kako napreduje posao? 일이 어떻게 진행되고 있는가? 4. (학업에 있어) 발전하다 5. (계급 등이) 진급하다, 승진하다 6. (식물 등이) 성장하다, 자라다; (아이들이) 성장하다, 자라다 7. (숫자으로·부피로·크기로) 증가하다, 커지다; ~ u širini (u širinu) 폭이 커지다; ~ u visinu 높이가 높아지다 8. 확산되다 (proširiti se); raste i napreduje boleština 질병이 확산된다

napregnuće 1. 노력, 분투 (napor) 2. 긴장 (상태) (napregnutost)

napregnut –a, –o (形) 1. 참조 napregnuti (se) 2. (근육이) 긴장한, 긴장된 (napet); ~a artikulacija 혀를 긴장시켜 하는 조음, 협착음의 조음; ~ izraz 긴장한 얼굴(표정); izraz

N

lica i očiju bio mu je ~ 그의 얼굴과 눈 표정은 긴장된 것이었다 3. ~에 최대한 집중한; *~a pažnja* 온 정신을 집중한 주목; *~o posmatranje* 눈을 부릅뜬 관찰(감시) 4. 힘든, 힘겨운, 노력을 많이 기울인 (naporan); *~a borba* 힘겨운 투쟁; ~ *rad* 힘든 일 5. (비유적) 긴장감이 고조된, 긴장감 있는, 생생한, 흥미로운 (uzbudljiv, živ, dramatičan); *~a radnja* 긴장감 있는 동작(연극 등의) 6. (비유적) 긴장된, 긴장감이 감도는; *~i odnosi* 긴장감이 감도는 관계

napregnuti *-nem*; napregnuo, -nula & napregao, -gla; napregnuvši & napregavši (完) **napregati** *-žem* (不完) 1. (근육 등을) 긴장시키다; ~ *mišiće* 근육을 긴장시키다; ~ *telo* 몸을 긴장시키다 2. (어떤 능력·감각 기관 등을) 최대한 사용하다; ~ *snagu* 온 힘을 기울이다; ~ *sluh* 귀를 쫑긋 세우다, 귀를 기울이다; ~ *pažnju* 주의를 집중하다; ~ *oči* 눈을 크게 뜨다, 눈을 부릅 뜨다 (더 잘 보기 위해) 3. ~ **se** (신체의 일부 등이) 긴장하다 4. ~ **se** 온 힘을 다하다, 사력을 다하다 (upeti se, pregnuti) 5. ~ **se** 최대한 노력하다; *treba se* ~ 최대한 노력해야 한다 6. ~ **se** (힘·지력 등을) 집중하다 (usredsrediti se, koncentrisati se)

napregnutost (女) 긴장(상태)

napreklop (副) 접어서 (na preklapanje); *sto* ~ 접는 테이블

naprema (前置詞,+L) 참조 prema

napremase (副) 1. 맞은편에, 건너편에; *gledati* ~ 맞은편을 보다 2. 서로서로; *naći se* ~ 서로가 서로를 만나다

napreskok (副) 1. 생략하면서, 건너뛰면서 (보통은 연설이나 말할 때, 그리고 읽을 때); 듬성듬성, 띄엄띄엄; *pričati* ~ 띄엄띄엄 이야기하다; *čitati* ~ 듬성듬성 읽다 2. 때때로, 이따금 (일정 시간을 건너뛰면서) (povremeno); *svaki dan ili* ~, *naprezdan ... uhvati bolesnika zima* 매일 또는 때때로, 이틀에 한 번씩 ... 환자에게 오한이 엄습한다

napretek (副) 과도하게, 과잉으로, 필요 이상으로 많게; *ima svega* ~ 모든 것이 필요 이상으로 많다; *u takvom vagonu za zatvorenike uvek ima mesta* ~ 그러한 죄수용 객차에는 항상 필요 이상으로 좌석이 넘쳐난다

naprezati *-žem* (不完) 참조 napregnuti

naprezdan (副) 하루 걸러 하루; *ne sude danas nego* ~, *dođite sutra* 오늘은 재판하지 않고 하루 걸러 하루 재판합니다, 내일

오세요

napričati *-am* (完) 1. 많이 이야기하다, 실컷 이야기하다; 많은 것들에 대해 이야기하다 2. ~ **se** 오랫동안 이야기하다, 실컷 이야기하다

napridikovati *-kujem* (完) 많이 이야기하다, 많은 이야기를 들려주다

napripovedati *-am* (完) 많은 것들에 대해 이야기하다(설명하다)

naprositi *-im* (完) 동냥하다, 구걸하다; 동냥하여(구걸하여) 얻다; *uzmu tuđu decu ... pa onda s tom decom koliko sebi naprose* 그들은 다른 사람의 아이들을 입양한 후 그 아이들과 많은 돈을 동냥했다

naprosto (副) 그냥, 그저, 단지; 간단히 말해, 단순히 말해; *to je* ~ *nemoguće* 그것은 간단히 말해 불가능하다; ~ *ne mogu i neću dopustiti* 나는 그냥 할 수 없으며 용인하지 않을 것이다; *prosto* ~ 그냥, 그저 (jednostavno)

naprotiv (副) 반대로, 그와는 반대로

naprovoditi se *-im se* (完) 오랫동안 즐거운 시간을 보내다, 오랜 세월 동안 (자기가 하고 싶은 일을 하면서) 맘껏 즐기다; *Mehmed je mlad ... pa se dugo naprovodio, momkovao* 메흐메드는 젊다 ... 그래서 오랫동안 총각시절을 즐기면서 맘껏 시간을 보냈다

naprslina (무엇이 갈라져 생긴) 금, 틈 (pukotina)

naprsnik 1. (뗄 수도 있는) 와이셔츠의 가슴판; (옷의) 가슴 부분; 조끼 2. 가슴 부분에 다는 장식품

naprsnuti *-nem*; naprsnuo, -nula & naprskao, -sla; naprsnuvši & naprskavši (完) 깨지다, 금가다, 틈이 생기다; (옷·신발이) 헐다, 해지다, 구멍이 생기다; *vaza je naprsla* 꽃병에 조금 금이 갔다

naprstak *-ska*; *-sci* 1. 골무(보통은 금속으로 된) 2. 아주 적은 양(골무에 담길 정도의); *od ~ska rakije pada u bunilo* 아주 적은 양의 라키야에도 아주 환장한다; *daj mi ... ~, samo* ~ *sreće!* 나에게 아주 조금을... 조그마한 행복을 주세요! 3. (植) 디기탈리스 (골무 모양과 비슷한)

napršče *-eta* 아기, 유아, 영아 (아직 엄마의 가슴품속에서 젖을 빠는) (odojče, dojenče)

naprtiti *-im* (完) (자기 등 또는 다른 사람의 등에) 짐을 올려놓다, 짊어지게 하다, 짊어지다

naprtnjača (등에 매는) 배낭; *zaseo putnik ... s ~om preko leđa* 등에 배낭을 맨 여행객이 앉았다

napržica (男,女) 성마른 성격의 사람, 싸우기

N

좋아하는 사람, 다투기 좋아하는 사람
(svađalica)

napržit *-a, -o* (形) (성격이) 불같은, 욱하는,
성마른, 화 잘내는, 다투기 좋아하는
(naprasit, žestok)

napsovati *-sujem* (完) 1. 욕을 퍼붓다, 욕을
많이 하다 (ispsovati) 2. ~ se 오랫동안 욕
하다, 실컷 욕하다

napucati *-am* (完) (스포츠의) 슛하다; ~ *loptu*
슛하다, 공을 차 슛하다

napučiti *-im* (完) **napučivati** *-čujem* (不完) (사
람들을) 이주시키다, 정주시키다, 정착시키다
(naseliti, nastaniti)

napućenost (女) 뾰로통함 (nadurenost,
nadutost)

napući *napuknem* (完) 참조 napuknuti

napućiti *-im* (完) 1. (입·입술을) 앞으로 내밀다,
앞으로 뾰로통하게 내밀다; *devojčica napući*
usta 소녀가 입을 뾰로통하게 앞으로 내민다
2. ~ se (입·입술을) 뾰로통하게 내밀다 (보
통은 화난 표정으로) (naduriti se)

napućivati *-ćujem* (不完) 참조 naputiti; (~로)
보내다

napuderisati *-šem*, **napudrati** *-am* (完) 분
(puder)을 바르다 (보통은 얼굴에)

napuditi *-im* (完) 내몰다, 내쫓다, 몰아내다
(oterati, najuriti)

napuhan *-a, -o* (形) 1. 참조 napuhati 2. 오만
한, 거만한 (uobražen, nadmen); *a najviše*
je kriv onaj ~i gazda ... što misli da je
najpametnijini na svetu 제일 잘못된 사람
은 ... 자기가 세상에서 가장 영리한 사람이
라고 생각하는 오만한 주인이다 3. 헛 바람
이 들은, 과장된, 부자연스런 (bombastičan,
neprirodan)

napuhati *-am & napušem* (完) 1. 참조
naduvati; (공기를) 집어넣다, 불다, 불어넣
다; ~ *loptu* 공에 공기를 집어넣다; ~ *meh*
(gajda의) 가죽포대에 공기를 불어넣다 2.
(비유적) (실제보다) 과장하다; ~ *kakav*
događaj 어떠한 일(행사)을 과장하다 3. ~
se 공기로 가득차다 4. ~ se (비유적) 화내다
(naljutiti se)

napujdati *-am* (完) 1. (개(犬)가 ~을 물도록·쫓
아가도록) 선동하다, 부추기다 (natutkati,
nahuškati); *napujdao je ... kera* 그는 개를
흥분시켰다 2. (비유적) (누구를 속여·기만하
여) 싸우도록 선동하다, 적대적으로 행동하
도록 부추기다

napukao *-kla, -klo* (形) 1. 참조 napuknuti,
napući 2. 금이 간, 깨진; *~kla čaša* 금이 간

잔; *~klo zvono* 금이 간 종 3. (소리가) 불분
명한, 둔탁한, 소리가 깨끗하지 않은
(prokukao)

napuklina (깨진) 틈, 금 (naprslina, pukotina)

napuknuti *-nem*; *napuknuo, -nula & napukao,*
-kla (完) 1. (작은) 금이 가다, (부분적으로·
일부가) 갈라지다, 쪼개지다 (naprsnuti);
drvo samo napukne 나무가 저절로 갈라진
다 2. (비유적) 건강·기력 등을 잃기 시작하
다, 질환 증세를 보이다; (상호 관계가) 부분
적으로 손상되다 3. (비유적) (목소리가) 허
스키해지다, 걸걸해지다, 쉬다 4. (비유적)
(詩的) (noć, zora, dan 등의 명사가 주어로
와서) 동이 트기 시작하다 (početi svitati);
napuče smeđa i meka zora nad tamnicom
감방위로 희미하게 동이트기 시작한다

napumpati *-am* (完) (물·공기 등을) 펌프로 퍼
올리다(퍼내다), 펌프질하다; ~ *vode u*
korito 물을 강 바닥으로 펌프질하다; ~
loptu 공에 펌프질하여 공기를 채우다; ~
gumu automobila 자동차 타이어에 공기를
채우다

napuniti *-im* (完) 1. 가득 채우다, 가득 따르다;
~ *vreću* 푸대를 꽉 채우다; ~ *skladište* 창고
를 채우다; ~ *čašu* 잔에 가득 따르다 2. (비
유적) ~에 사로잡히다, 휩싸이다; ~ *srce*
(dušu) tugom (užasom) 마음이 슬픔으로 가
득차다 3. 풍족하게 공급하다(제공하다, 가지
게 하다); *vidite ... da smo sve turske kuće*
slugama i sluškinjama napunili 모든 터키
가정이 많은 하인들을 거느리도록 한 것을
보세요 4. (총에 총알·화약 등을) 장전하다 ~
pušku 총을 장전하다; ~ *top* 대포를 장전한
다 5. 전염시키다, 병을 옮게 하다 (zaraziti)
6. (~의 안·내부를) 빈 공간없이 가득차게 하
다, ~로 가득차다; *magla napuni doline* 안개
는 계곡에 가득하였다; *miris napuni vagon*
객차는 냄새로 진동하였다 7. (일정한 수·숫
자 등에) 도달하다, 만 ~세가 되다, ~할 나이
가 되다; ~ *50 godina* 만 50세가 되다; ~
godine za penziju 은퇴할 나이가 되다 8. ~
se (~로) 가득하다, 가득차다; ~에 휩싸이다,
사로잡히다; ~ *se vode* (그릇·용기가) 물로
가득하다; ~ *se naroda* (어떤 공간이) 사람들
로 꽉차다; *napunio se čiča panike* 아저씨는
극심한 공포심에 사로잡혔다 9. ~ se (~로)
가득해지다, 덮이다; ~ *se bora* (얼굴이) 주름
이 많아지다, 주름으로 덮이다 10. ~ se (~
이) 되다, (~에) 도달하다(당도하다) 11. ~ se
(卑俗語) 쳐먹다, 많이 먹다 (najesti se,
nažderati se) 12. 기타; ~ *gaće* 굉장히 겁먹

598

다, 매우 두려워하다; ~ glavu (uši) (nekome) 말을 많이 해서 누구를 설득하다 (보통은 거짓말을 동원하여); ~ trbuh 배를 채우다, 많이 먹다, 잘 먹다; ~ džepove 주머 니를 채우다, 부를 축적하다; ~ se imetak 부 를 축적하다, 부자가 되다; napunila mi se glava 항상 나는 너무 바쁘다

napupiti -im (完) 1. (식물이) 꽃봉우리를 맺다 2. (소녀들의 가슴이) 부풀어 오르다, 멍울이 생기다

napustiti -im; napušten (完) **napuštati** -am (不 完) 1. (어떤 장소·건물·공간 등을) 나가다, 떠 나다; (어떤 도시·국가를) 떠나다; ~ sobu 방 에서 나가다(떠나다); ~ zgradu 건물을 떠나 다; ~ otadžbinu 조국을 떠나다; ~ rodno mesto 고향을 떠나다; kad si napustio Koreju? 언제 한국을 떠났느냐? 2. (전장(戰 場)을) 떠나다, 이탈하다 3. (보통은 피동태 로) 사용(이용)을 중단하다, 더 이상 사용(이 용)하지 않다; napušten rudnik 폐광(廢鑛); napuštena koliba 폐가(廢家); ~ namačku interpunkciju treba ~ 독일식 구두점 사용 을 중단해야 한다 4. (nekoga) 더 이상 누구 와 같이 살지 않다, (누구를) 버리다, 저버리 다; 누구와 더 이상 어울리지 않다; ~ muža (ženu) 남편(아내)과 더 이상 같이 살지 않 다, 남편(아내)을 저버리다 5. (nekoga, nešto) (누구로부터·무엇으로부터) 이탈하다, 누구와 더 이상 어울리지 않다; ~ saputnika 동행자와 더 이상 같이 하지 않다; ~ kolonu 대열을 떠나다(이탈하다) 6. (nekoga) (도움 ·지원·지지없이) 남겨두다, 내버려두다; molim Boga da me ne napusti 신에게 나를 혼자 남겨두지 말도록 기도한다; osećao se sam i napušten 그는 홀로 방치된 것처럼 느꼈다 7. (어떠한 업무·직업·활동 등을) 그만 두다, 떠나다; ~ školu 학교를 떠나다(중퇴하 다); ~ službu 업무를 그만두다; ~ posao 직 장을 떠나다(그만두다) 8. (어떠한 계획·인식· 입장·생각 등을) 버리다, 포기하다; ~ raniji stav 이전의 입장을 버리다; ~ nadu 희망을 버리다 9. (단체 등을) 탈퇴하다; ~ partiju (stranku) 탈당하다 10. (아이들이) 마음대 로 행동하도록) 내버려두다; ~ dete 아이를 내버려두다

napuštanje (동사파생 명사) napuštati; ~ bračnog druga 배우자를 버림, 배우자로부 터 떠남(떠나감)

napuštenost (女) 버려진 상태; 내버려짐, 내버 려진 느낌

naputak -tka; naputākā 참조 uputstvo; 설명,

충고, 지령(지시)

naputiti -im (完) 참조 uputiti

naputnica 1. 참조 uputnica 2. (銀行) 우편환 (uputnica, doznaka); (우편환 발송을 위한) 신청 용지

naputovati se -tujem se (完) 많은 시간을 여 행하면서 보내다, 여행을 오랫동안 하다, 질 리도록 여행하다

napuvati -am (完) 참조 napuhati

nar -ovi (植) 석류나무; 석류(석류나무의 열매)

naracija 내레이션; 이야기하기, 서술

naračunati -am (完) 1. 이전의 계산에 더하다, 더하여 계산하다; 더 계산하다 (주로 근거없 이, 부당하게); ~ kamatu 이자를 더 계산하 다 2. 세다, 셈하다; oficiri su se uplašili od pobeglih partizana i naračunali da ih ima više od stotinu 장교들은 탈영한 파르티잔들 을 두려워했는데 100명 이상이 될 것으로 계산하였다(생각했다)

naramak -āmka; naramci, naramākā 어깨에 걸머지고 손으로 잡고 한 번에 옮길 수 있는 짐의 양 (보통은 나무 또는 잔가지 등의); ~ drva 한 짐의 나무

naramenica (보통은 複數로) 1. (군복의 어깨 부분에 계급을 나타내는) 견장 (epoleta) 2. (의복의) 어깨뽕 3. (어깨에 걸쳐 매는) 끈, 줄, 벨트 (가방·소총·배낭 등의) (remen, kaiš, uprtač) 4. (드레스 등의) 어깨끈 (bretela); (바지의) 멜빵 (treger)

naranča, **narandža** (植) 오렌지 나무; 오렌지 (열매) (pomorandža) **narančin**, **narandžin**; ~o drvo 오렌지 나무

narančast, **narandžast** -a, -o (形) 오렌지색의

narančevac, **narandževac** 오렌지 주스, 오렌 지에이드

narasti narastem; narastao, narasla (完) 1. 자 라다, 크다, 성장하다 (키·높이 등이); narasla mu je brada 그의 턱수염이 자랐다; narašće njihova deca 그들의 자녀들은 키가 클 것이 다 2. (신체 등에서) (군살·혹·돌기 등이) 생겨 나다, 자라다; narašće mu rog na glavi 머리 에 뿔이 자랄 것이다 3. (강물 등이) 불다, 불 어나다 (nabujati); brzo su narasli potoci 하 천이 급격히 불어났다; narasla Morava 모라 바 강의 수량이 불어났다 4. (반죽 등이) 부 풀어오르다, 불다 5. (양·부피·규모 등이) 커 지다, 증가하다 (uvećati se); (숫자가) 많아 지다; četa je narasla, još bolje se naoružala i opremila 부대는 커졌으며 더욱 더 잘 무장 하고 장비를 갖췄다; narasle su takse 세금 이 많아졌다 6. 강해지다, 영향력이 커지다;

N

narastao pokret (어떠한) 운동이 발전했다 7. 기타; *narasla mu krila (perje)* 자존감이 높아졌다; ~ *kome preko glave* 못견딜 정도로 조르다(괴롭히다)

naraštaj 1. (비슷한 연령대의) 세대, (동일한 시대에 사는) 세대 (pokolenje, generacija) 2. 젊은 세대; 후손 (podmladak, potomstvo, porod) 3. (인체의) 혹, 돌기, 군살 (izraslina, izraštaj)

narativan -*vna*, -*vno* (形) 내레이션의, 이야기체의, 설명적인; ~ *element* 내레이션적 요소; ~*vna slikovitost* 이야기체의 회화성

narator 내레이터, 이야기하는 사람

naratovati se -*tujem se* (完) 오랜 세월동안 전쟁(rat)을 하다, 지겹도록 전쟁하다, 전쟁을 많이 하다

narav (女) 1. 본성, 천성, 성격, 기질 (karakter, priroda); *živahna* ~ 활발한 성격; *ćudljiva* ~ 이상한 성격; *blaga* ~ 온건한 천성; *čovek dobre* ~*i* 훌륭한 천성을 가진 사람; ~ *mu se promenila, ponaša se vrlo rđavo* 그의 성격이 변하여 매우 안좋게 행동한다 2. 습관 (navika); (複數로) (어떤 공동체의) 풍습 (običaj); *ušlo mu u* ~ 그의 습관이 되었다; *opisivati društvene (naše)* ~*i* 우리 사회의 풍습을 묘사하다; *interesantno je ondašnje* ~*i* 그 당시의 풍습이 흥미롭다 3. (생명체·사물·현상의) 특징, 특성 (karakteristika) 4. 종류, 타이프 (tip, vrsta); ~ *bolesti* 질병의 종류

naravan -*vna*, -*vno* (形) (廢語) 참조 prirodan; 자연의, 천연의, 자연적인, 자연스러운; ~*vna veličina* 자연 그대로의 크기; ~*vno piće* 천연 음료; ~*vna pojava* 자연 현상; ~ *stvar* 자신에게만 자연스런(논리적인, 이해할 수 있는)

naravnati -*am* (完) 1. 평평(ravan)하게 하다, 똑같이 하다 2. (시계 바늘을) 조정하다, 조절하다 3. (빚·채무를) 갚다 (isplatiti, podmiriti) 4. ~ *se* (누구와) 화해하다, 합의하다 (poravnati se, nagoditi se) 5. 기타; ~ *kome leđa (rebra)* 누구를 세게 때리다

naravno 1. (小辭) (상대방이 말하는 것의 정당성, 타당성 등을 나타내는) 물론이지, 당연하지; *dolaziš li? naravno!* 너 오냐? 물론이지! 2. (副) 자연스럽게, 논리적으로 (prirodno, logično, razumljivo)

naravnost (女) 자연적 상태, 자연스러움, 자연적 특성 (prirodnost); *od njega se zahtevala neusiljena* ~ 그에게는 강제되지 않은 자연스러움이 요구되었다

naravoučenje 교훈 (pouka)

naravskī -*ā*, -*ō* (形) (廢語) 참조 naravan

naravski (小辭)(副) 참조 naravno

narazgovarati se -*am se* (完) 실컷 대화하다, 질리도록 대화하다

narcis (植) 수선화

narcisizam -*zma* 나르시시즘, 자기도취증

narcisoidan -*dna*, -*dno* (形) 나르시시즘의, 자기도취의, 자기도취적인

narcist(a) 자기도취자

nareckati -*am* (完) (지소체) narezati; 자르다 (보통은 여러 곳을)

narečje (言) 방언 (dijalekat); *štokavsko* ~ 슈토 방언 **narečni** (形)

nareći *narečem* & *nareknem*; *narekao*, -*kla*; *narečen*, -*ena* (完) (廢語) **naricati** -*čem* (不完) 1. (이름을) 부르다; 호명하다, 언급하다 (nazvati) 2. 정하다, 예언하다 (odrediti, proreći)

naredba 1. 명령, 분부 (nalog); *izdati (izvršiti, poslušati)* ~*u* 명령하다(명령을 시행하다, 명령에 복종하다) 2. (廢語) 조항, 항목 (odredba, klauzula)

naredbodavac -*vca* 명령을 내린 사람, 명령자; *svršio je posao na zadovoljstvo svoga* ~*vca* 그는 명령을 내린 사람이 흡족해 할 만큼 일을 수행했다 **naredbodavni** (形)

narediti -*im* (完) **naređivati** -*đujem* (不完) (nekome) 명령하다; ~ *nekome da učini nešto* 누구에게 무엇을 행하도록 명령하다; *komanda je naredio obimnu istragu* 지휘부는 광범위한 조사를 명령했다; *naredi da stanu* 일어서도록 명령하다; ~ *iseljenje* 이주를 명령하다

narednī -*ā*, -*ō* (形) 1. (시간·순서 등의) 다음의, 그 다음의, 오는~, 다음~; ~ *dan* 그 이튿날 2. (명사적 용법으로) 다음 사람; *neka uđe* ~! 다음 사람 들어오게 하세요!

narednik (軍) (歷) (1860년 이후 세르비아 군 및 유고슬라비아 군의) 선임 하사관

naređati -*am* (完) (=naredati) 1. 한 줄로 세우다, 한 줄로 늘어놓다, 나란히 정렬하다(정돈하다) (postaviti u red, poređati); ~ *jedno do drugog* 나란히 한 줄로 세우다; ~ *knjige* 책을 나란히 세워 정렬하다; ~ *jabuke* 사과를 나란히 세워놓다 2. 하나 하나 언급하다 (숫자를 세다) (nabrojati); ~ *sve optužbe* 모든 비난을 하나 하나 언급하다 3. ~ *se* 한 줄로 서다, 나란히 줄에 서다, 나란히 늘어져 있다; ~ *se uz ogradu* 담을 따라 나란히 놓이다

naređenje (동사파생 명사) narediti; 명령; *izvršiti* ~ 명령을 이행하다

naređivačkī *-ā, -ō* (形) 명령의, 명령적인, 고압적인 (zapovednički); *~im tonom* 명령적인 어조로, 고압적인 톤으로; *~im tonom joj kazuje da mi odmah donese sito* 즉시 내게 체를 가져오도록 그녀에게 명령적인 톤은 말한다

naređivati *-đujem* (不完) 참조 narediti; 명령하다

naresiti *-im* (完) 1. 장식하다, 치장하다, 꾸미다 (ukrasiti, nakititi, okititi) 2. ~ se (자신의 몸을) 치장품으로 장식하다 3. ~ se (머리가) 술(resa)과 비슷하게 달려 있다; *kosa joj se malčice zamrsila i naresila nad čelom* 그녀의 머리카락은 이마위에 레이스처럼 조금 있었다 4. ~ se (눈물·피 등이) 맺히다(막 떨어질 정도로 굵게); *u očima mu se naresiše suze* 그의 눈에는 굵은 눈물방울이 맺혔다

narezak *-ska* (料理) 1. 참조 šnicla; (고기) 커틀릿 2. (치즈·살라미 등의 차게 먹는) 전채 (zakuska, predjelo)

narezati *-žem; narezao, -ala; nareran, -ana* (完) 1. (예리한 칼 등으로 여러 곳에) 흠집을 내다, 자르다; *mlečni sok ... polagano isteče ako se kora tih drveta nareže* 수액이 ... 그러한 나무에 흠집을 낸다면 천천히 흘러나올 것이다 2. (컴퓨터) 디스크에 복사하다 3. 잘게 자르다, 잘게 썰다; ~ *luk* 양파를 잘게 자르다

nargila 물담뱃통(연기가 물을 통하게 된 담뱃대)

nargile *-eta* (中) 참조 nargila

naribati *-am* (完) (많은 물고기를) 낚다

naribati *-am* (完) (口語) 잘게 썰다, 잘게 갈다; ~ *kupus* 양배추를 잘게 썰다

naricaljka 1. (고인(故人)을 추모하는) 애도(의 말); 곡(哭); 애가, 비가(悲歌), 만가(挽歌) 2. 곡(哭)하는 여자, 만가를 부르는 여자 (narikača); *u sprovodima su plakale samo unajmljene ~e* 장례식에서 (돈을 주고 사온) 곡하는 여자들만이 곡을 하였다

naricati *-čem* (不完) 1. (za nekim, nekoga) 통곡하다, 애도하다; ~ *za mrtvim* 고인을 애도하다 2. (비유적) (곡소리를 연상하는 듯한) 슬픈 목소리로 말하다; *naricao je gavran u ogoleloj šumi* 갈가마귀가 발가벗겨진 숲에서 구슬피 울었다

naridati se *-am se* (完) 오랫동안 큰소리로 울다, 계속해서 크게 울다

narihtati *-am* (完) (口語) 조절하다, 조정하다 (podesiti, doterati)

narikača 곡(哭)하는 여자, 애통해 하면서 비가(만가)를 부르는 여자; *pokraj ... potoka primicala se ~ u crnini* 검은 상복을 입고 곡하는 여자가 개울가 옆에 다가갔다

narisati *-šem* (完) 그리다 (nacrtati)

narječje 참조 narečje

narkoman 마약쟁이, 마약 중독자, 마약을 하는 사람 narkomanka

narkomanija 마약중독, 마약복용 습성(욕구)

narkomanka 참조 narkoman

narkotik 마약(헤로인·코카인 등의)

narkotičan *-čna, -čno* (形) 1. 참조 narkotik; 마약의, 마약 성분의; *~čno sredstvo* 마약(품) 2. 마약쟁이의, 마약 중독자의 (narkomanski)

narkotizirati *-am*, **narkotizovati** *-zujem* (完,不完) 1. 마약을 투여하다; 마약에 중독시키다 2. ~ se 마약하다, 마약에 중독되다

narkoza (醫) 마취 상태, 마취; *biti u ~i* 마취 상태에 있다; *biti pod ~om* 마취제의 작용하에 있다; *dati ~u* 마취하다, 마취제를 투여하다

naročit *-a, -o* (形) 다른 것과는 구별되는, 특별한, 특유의, 특징적인; 특별히 선정된; ~ *karakter* 특별한 성격; *~a ćud* 특별난 기질; *~e mere* 특별한 수단; ~ *dan* 특별한 날; *~o rukovanje* 특별한 취급(소포의); *ništa ~o* 별일 없다, 특별한 것이 없다

naročito (副) 1. 특히, 특별히, 특별하게; 먼저; ~ *postupati* 특별하게 행동하다; ~ *značajan* 특별히 중요한; *on je bio ~ ljubazan prema tebi* 그는 네게 특별히 친절했다; *ona je ~ lepa* 그녀는 특별히 예뻤다; *takve stvari dešavaju ~ noću* 그러한 일은 특히 밤에 일어난다 2. 의도적으로, 일부러, 고의적으로 (navlaš, namerno); *on je to ~ udesio* 그는 일부러 그것을 정돈했다

narod 1. 민족 (nacija); *srpski (hrvatski) ~* 세르비아 (크로아티아) 민족; *jevrejski ~* 유대 민족; *~i Istoka* 중동 민족들; *seoba ~a* 민족 이주 2. 백성, 민중; *prost ~* 평민들; *radni ~* 노동자들 3. 주민; ~ *ovoga kraja digao se na ustanak* 이 지역의 주민들이 봉기를 일으켰다 4. 군중, 대중 (masa, svet); *umoran ~ zavlačio se pod šatore* 피곤한 대중들은 텐트 밑으로 들어갔다; *skupio se narod* 사람들이 모였다; ~ *je izašao na ulice* 사람들이 거리로 나왔다 5. (특정 연령대·성별·직업·종교·취향 등을 가진) 사람들; *pravoslavni ~* 정교회 신자들; *stariji ~* 노령층의 사람들 6. 기타; *izabrani ~* 선택받은 민족(성경속의 유대민족); *Liga ~a* (歷) 국제

연맹 narodni, narodski (形)

naroditi -im (完) 1. (아이를) 여러 번 낳다 2. ~ se (많은 수의 아이가) 태어나다

narodnī -ā, -ō 1. 참조 narod; 민족의, 민중의; 민속의, 전통적인; ~ ustanak 민중 봉기; ~e težnje 민족 열망; ~ heroj 인민 영웅; ~a pesma 민속 음악; ~a priča 민간 설화; ~a književnost 민속 문학; ~a nošnja 민속 의상; ~ običaj 민중 풍습; ~ jezik 평민들이 쓰는 말 2. (정치·사법 기관들을 수식하는 한 정사로써); ~a banka 인민 은행(중앙 은행); ~a republika 인민공화국; ~ odbor 인민위원회; ~o pozorište 국립 극장; Narodni front 인민전선; Jugoslovenska ~ armija 유고슬라비아 인민 군대

narodnooslobodilačkī -ā, -ō (形) 민족 해방의; ~a borba 민족 해방 투쟁; ~a vojska 민족 해방군; ~ pokret 민족 해방 운동

narodnost (女) 1. 민족 귀속성; 국적 2. 민족 정신, 민족 의식, 민족성, 민족적 특성; ~ književnog jezika 문어의 민족성 3. (政) 소수 민족 (manjina)

narodnjak 1. (政) (오스트리아헝가리 지배하의 보이보디나와 크로아티아에서의) 국민당원 2. (보통 複數로) (口語) (세르비아의) 가요의 한 종류; 그러한 노래를 부르는 가수

narodnjačkī -ā, -ō (形) 참조 narodnjak; 국민당원의; 민중 가요의; ~a borba 국민당원들의 투쟁; ~a misao 국민당원들의 사상; ~a muzika 국민가요 음악

narodnjaštvo 국민당원들의 사회-정치적 운동(보다 더 민중들과 긴밀한 관계를 맺고자 하는)

narodoljubac -pca 국민(백성)의 이익을 충실히 대변하려는 사람; 애국자 (rodoljub, patriota)

narodoslovlje, narodoznanstvo (廢語) 민속학 (etnologija)

narodskī -ā, -ō (形) 보통 사람들의; ~ stil pričanja 보통 사람들의 이야기 스타일; ~ humor 보통 사람들의 유머; ~ izraz 보통 사람들의 표현 방식

narogušiti -im (完) 1. (깃털·털 등을) 곤두세우다 (naježiti, nakostrešiti) 2. (귀를) 쫑긋 세우다 (잘 듣기 위해) 3. ~ se (깃털·털 등이) 곤두서다 (naježiti se) 4. ~ se (비유적) 솟다; napolju mald mesec povrh nagorušenih planina 밖에 뾰족 솟은 산 꼭대기에 초승달이 걸려있다 5. ~ se (비유적) (사람들이) 전투적이고도 적대적인 입장을 취하다

narojiti se -im se (完) 무리(roj)를 짓다, 떼를 이루다

naručaj 참조 naručje

naručilac -ioca, naručivalac -aoca, narčitelj 주문자, 구매자

naručiti -im (完) naručivati -čujem (不完) (상품 등을) 주문하다; ~ robu 물건을 주문하다; ~ materijal 재료를 주문하다; ~ ručak 점심을 주문하다; ~ kafu 커피를 주문하다; kao naručen (또는 kao naručeno) 원하는대로

naručje 1. (보통은 전치사 u 또는 iz와 함께 사용하여) (두 손으로) 껴안은 위치, 품안, 포옹 (zagrljaj); uzeti dete u ~ 아이를 두 팔로 껴안다; istrgnuti se iz čijeg ~a 누구의 품안에서 벗어나다; 2. (두 팔로 한 번에 옮길 수 있는 양의) 한 무더기 (보통은 잔가지 등의) (naramak) 3. 기타; pasti nekome u ~ 누구의 보호하로 들어가다 (보통은 국가간의 관계에서)

narudžba (G.pl. narudžbī & narudžābā) 주문 (narudžbina, porudžbina); po ~i 주문에 따라; pismena ~ 서면 주문

narudžbenica 주문서 (porudžbenica)

narudžbina 참조 narudžba

narugati se -am se (完) (nekome) 조롱하다, 비웃다 (ismejati)

narukavlje (소매 밑단의) 재봉하여 덧붙여진 부분

naruku (副) (누구에게) 유리하게, 이익에 부합하는 방향으로 ; ići nekome ~ 누구에게 유리한 방향으로 흘러가다; situacija nam ide ~ 상황이 우리에게 유리하게 흘러간다

narukvica 1. 팔찌 2. (보통 複數로) (밑소매 위에 하는) 토씨 3. (機) (두 개의 관·파이프를 연결하는) 너트, 연결 고리 (naglavak, karika)

narumen -a, -o (形) 불그스레한, 상당히 붉은 (rumenkast)

narumeniti -im (完) 1. (붉은 색) 립스틱을 바르다 2. ~ se 립스틱을 바르다

narušilac -ioca: narušilācā, narušitelj 위반자, 위배자, 파괴자, 방해자

narušiti -im (完), narušavati -am (不完) 1. (평화·질서·휴식 등을) 방해하다, 훼방하다, 어지럽히다, 깨뜨리다; ~ javni mir i red 공공안녕과 질서를 어지럽히다; ~ ravnotežu (snaga, odnosa) (힘·관계의) 균형을 깨뜨리다; ~ tišinu 고요함을 깨뜨리다 2. (계약·법률 등을) 위반하다, 위배하다, 준수하지 않다; ~ ugovor 계약을 위반하다(깨다) 3. (보통은 피동형 narušen, -a의 형태로) 해치다 (건강 등을)

naružiti -im (完) 1. (nekoga, nešto) 추하게 하

602

다, 볼품없이 만들다, 흉측하게 하다 (신체적·미적 관점에서) 2. 비난하다 3. ~ se 볼품없이 되다(어울리지 않는 옷을 입어서); 흉하게 되다, 볼품없이 되다 (얼굴 등이)

nasad 1. (암탉 등이 부화시키기 위해 품은) 알 2. 암탉 등이 알을 품도록 하는 것 3. (식물의) 종묘 4. 도끼 자루

nasaditi -im (完) **nasađivati** -đujem (不完) 1. (식물 등을) (많이) 심다 2. (도끼 등에) 자루를 끼우다; ~ motiku 괭이에 자루를 끼우다; ~ sekiru 도끼에 자루를 끼우다 3. (~의 위에) 쓰다, 씌우다 (nataknuti, nadenuti); ~ naočare na nos 코 위에 안경을 쓰다; ~ šešir na glavu 머리에 모자를 쓰다 4. 암탉 등이 알을 품게 하다; ~ kokoš 닭이 알을 품게 하다 5. (卑俗語) 속이다, 기만하다 (prevariti, nasamariti)

nasađen -a, -o (形) 참조 nasaditi; nakratko (nakrivo) nasađen 화난, 언짢은, 심술난

nasamariti -im (完) 1. (말·당나귀 등에) 안장 (samar)을 얹다 2. (비유적) 속이다, 기만하다; 속여 아주 우스운 꼴로 만들다, 속여 바보로 만들다 (namagarčiti) 3. ~ se 속다, 아주 우스운 꼴이 되다

nasamo (副) 1. 다른 사람 없이(다른 사람이 듣거나 보거나 하지 않는), 비밀리에, 단 둘이서; razgovarati ~ 단 둘이서 대화하다 2. 혼자, 홀로, 외롭게; naći se ~ 홀로 발견되다; ostati ~ 혼자 남다

nasankati -am (=nasanjkati) 1. 실컷 썰매 (sanke)를 타게 하다, 질리도록 썰매를 타게 하다 2. (비유적) 기만하다, 속이다 (nasamariti) 3. ~ se 실컷 썰매를 타다, 오랫동안 썰매를 타다 4. ~ se 속다, 기만당하다, 속아 바보가 되다 (nasamariti se)

nasapunati -am, **nasapuniti** -im (完) 비누 (sapun)칠하다(손·발·얼굴 등을 씻을 때); 비누거품을 바르다(면도할 때); ~ lice 얼굴에 비누칠하다; ~ ruke 손에 비누칠하다; nasapunao ga berberin 이발사가 그에게 비누거품을 발랐다

nasecati -am, **naseckati** -am (完) (많은 양을) 잘게 자르다

naseći -čem (完) 1. (많은 양을) 자르다; uvrh stola čitava humka nasečena hleba 책상 위에는 잘린 빵이 산더미처럼 쌓였다 2. 자르다, 자르기 시작하다 (zaseći); malo koje drvo pored puta da nije nasečeno 길 옆에 잘리지 않은 나무는 적다; ~ lubenicu 수박을 자르다

nasedati -am (不完) 참조 nasesti

nasedeti se -im se (完) 오랫동안 앉아 있다

nasejati -jem; nasej (完) (씨를) 뿌리다, 심다, 파종하다 (zasejati); ~ zemlju 밭에 파종하다; stoji zemlja travom nasejana 잔디가 심겨진 땅이 있다

nasekirati -am (完) 1. (nekoga) 근심(걱정)하게 하다, (마음이) 심란스럽게 하다 2. ~ se 근심(걱정)하다, 걱정하다, 심란스러워지다

naseliti -im (完), **naseljavati** -am (不完) 1. 이주시키다, 정주(定住)시키다, 식민(植民)하다 (nastaniti); ~ kraj 지역에 (사람을) 정주시키다 2. ~ se 이주하다, 정주하다; ~ se u gradu 도시에 정착하다

naselje 1. 많은 사람들이 모여 사는 곳(장소); 마을, 부락, 촌락, 도시; 집단 거주지; 식민지 (naseobina, kolonija); srpska ~a u Mađarskoj 헝가리의 세르비아인 마을; stambeno ~ 아파트촌 2. 집들이 3. 기타; bog mu dao rajsko ~ 장례식에서 고인을 추모하며 하는 말

naseljen -a, -o (形) 참조 naseliti; gusto ~ 인구 밀도가 높은; ~o mesto 사람들이 사는 지역

naseljenik 이주자, 정주자 **naseljenica**; **naseljenički** (形); ~o selo 이주자 마을

naseljenost (女) 1. 이주, 정주, 식민(植民) 2. 인구 밀도; gusta (retka) ~ 높은(희박한) 인구 밀도; gustina ~i 인구 밀도; relativna ~ 상대적 인구 밀도

naseljenje (동사파생 명사) naseliti; 이주, 정주

naseobina 1. (보통은 작은 규모의) 마을, 부락, 촌락 (naselje) (naselje, kolonija) 2. 이주자 집단, 이주자 집단 주거기, 촌(村)

nasesti nasednem & nasedem; naseo, -ela; nasedavši (完) **nasedati** -am (不完) 1. 의자 (좌석)에 앉다; kokoške nasele, pa jedna peva na sedalu 닭들이 횃대에 앉았으며 한 마리가 횃대에서 노래를 부른다 2. 층(막)으로 덮다, 층(막)이 내려 앉다 (naslagati se); povrh ovih slojeva naseo je jedri krečnjak 이러한 층 위로 단단한 석회석이 있었다(덧칠되었다) 3. (접합 부분이) 잘 접착되다, 단단히 잘 붙다 4. (선박·잠수함 등이) 해저면에 닿다, 좌초되다 (nasukati se) 5. (비유적) (nečemu, nekome, na nekoga 또는 보어없이) 속다, 기만당하다 (prevariti se, nasankati se); mi nećemo ~ ovim provokacijama 우리는 이러한 도발에 속지 않을 것이다; ~ nečijim lažima 누구의 거짓말에 속다 6. (피가) 몰리다, 범벅이 되다 (nakupiti se); krv mu nasela u glavu 그는

N

머리로 피가 몰렸다 7. 기타; ~ na lepak 헛
된 약속에 속다; nasela mu krv na oči 그는
분노로 인해 평정심을 잃었다

nasićavati (se) -am, **nasićivati (se)** -ćujem (se)
(不完) 참조 nasiti (se); 배부르다, 질리다

nasigurno (副) 확실히, 확실하게; ako ne
ubiješ ti njega, on će tebe ~! 만약 네가 그
사람을 죽이지 않는다면, 그 사람이 널 죽일
것은 확실하다; radio namalo ali ~ 그는 조
금만 일을 했지만 (하면) 확실히 했다;
znajte ~ da se taj tako ne zove 그 사람이
그렇게 불리지 않는다는 것을 확실히 아세요

nasilan -lna, -lno (形) 1. 강제적인, 물리력에
의한 (prisilan, prinudan); ~lno privođenje
강제 집행; ~lna smrt 물리력에 의한 사망,
변사, 횡사; umreti ~lnom smrću 횡사하다,
비명에 죽다; ~lne mere 강제적 조치 2. 강
요된 (nametnut, iznuđen); ~lne granice (외
부 세력에 의해 강제로) 강요된 국경

nasilnik 폭력을 행사하는 사람, 깡패; 압제자
nasilnica; nasilnički (形)

nasilje 1. 폭력, 폭력적 행동; 압제, 폭압;
izvršiti ~ 폭력을 행사하다; odahnuti od ~a
압제로부터 한숨을 돌리다; bez tragova
provale i ~a 폭행과 침입의 흔적없이 2. 강
간 (silovanje)

nasip 둑, 제방; odbrambeni ~ 방벽; potporni
~ 옹벽; vlak se survao niz železnički ~ 열
차가 철둑을 따라 전복되었다

nasipati -am & -pljem (不完) 참조 nasuti; 쏟
아 붓다

nasisati -am & -šem (完) 1. (아기에게) 젖을
물리다 2. ~ se (아기가) 젖을 빨다 3. ~ se
(꿀벌·나비 등이) (액체를) 빨다, 빨아 먹다;
(거머리 등이) 피를 빨아 먹다 4. ~ se (口
語) (술을) 먹다, 쭉 들이키다

nasititi -im; **nasićen** (完) **nasićivati** -ćujem
(不完) 1. 배불리(sit) 먹이다, 배부르게 하다
2. (비유적) (본능·희망·바람 등을) 충분히 만
족시키다, 질리도록 ~하게 하다 3. ~ se 배
불리 먹다, 실컷 먹다, 과식하다 4. ~ se (보
통은 nekoga, nečega 형태의 보어와 함께)
충분히 만족하다, 질리도록 ~하다, ~에 진절
머리를 내다; ~ se života 삶에 진절머리를
내다 5. 기타; ~ oči (~을) 눈요기를 실컷시
키다, 바라보면서 만족하다

naskakati se -čem se (完) 질리도록 점프하다

naskočiti -im (完) **naskakivati** -kujem (不完)
1. 톡 튀어 나오다, 불거져 나오다; modre
mu žilice naskoče pod kožom 피부 밑 푸른
혈관이 튀어 올랐다 2. 수평선 위로 떠 오르

다, 불쑥 솟아 오르다; naskočilo sunce na
istoku 태양에 동쪽에서 솟아 올랐다 3. (na
nekoga, na nešto) 공격하다, 달려들다
(napasti, nasrnuti, navaliti); ljudi bi na nj
naskočili da je izdajnica 사람들은 그녀가
배신자라고 그녀에게 달려들었을 것이다 4.
달려가다, 뛰어가다 (priteći, pritrčati); ~
nekome u pomoć 누구를 도우려 달려가다

naskok 1. 공격, 습격 (nalet, napad, upad);
mi smo majstori u iznenadnim ~cima 우리
는 기습 공격의 명수이다 2. (체조의) 도약,
점프 (skok)

naskoro (副) 곧, 조만간에 (ubrzo, uskoro);
leže kraj dece ... naskoro zahrka! 아이들
옆에 누워 ... 곧 코를 골기 시작한다!

naskroz (副) (주로 skroz-naskroz의 반복합어
형태로) 1. (거의 모든 두께를 관통하는, 거
의 이 끝에서 저 끝까지를 관통하는) 거의,
거의 다 (skorz); probosti ~ 거의 다 관통하
여 찌르다 2. 완전히, 모두, 전부 (sasvim,
potpuno); promašiti skroz-naskroz 완전히
빗나가다

naslada 큰 기쁨(특히 바람·희망 등의 성취로
인한)

nasladiti -im (完), **naslađivati** -đujem (不完) 1.
큰 기쁨(naslada)을 주다, 매우 기쁘게 하다;
~ srce 마음을 기쁘게 하다 2. ~ se (nečim)
큰 기쁨을 누리다(맛보다), 매우 기뻐하다

naslaga 1. (겹겹이 쌓여있는) 더미, 무더기, 층
(層) (gomila, hrpa, sloj); ~ prašine 겹겹이
쌓인 먼지 더미; ~ snega 눈더미; ~ lišća 낙
엽 더미; ~ masti 지방층 2. (지질의) 층; 광
물 매장물; ~ rude 광물층

naslagati -žem (完) 1. (~의 위에 ~을, ~의 옆
에 ~을) 겹겹이 쌓다, 겹겹이 놓다 (많은 양
을); ~ knige 책들을 층층이 쌓아 놓다; ~
odeću 옷을 겹겹이 놓다; ~ drva 나무를 층
층이 쌓아 놓다; ~ tanjire 접시를 많이 쌓아
놓다 2. 침전시키다, 가라앉히다, 파묻히게
하다 (nataložiti, natrpati); bura je ...
zatrpala stanicu i veliki sloj snega
naslagala na nju 폭풍이 정거장에 휘몰아쳐
거대한 눈더미가 쌓였다 3. ~ se 쌓이다, 더
미를 이루다; pčelarskom viljuškom skinu
se poklopci ćelija u kojima se naslagan
med 양봉 포크로 꿀이 쌓여있는 방의 뚜껑
을 제거한다

naslanjati (se) -am (se) (不完) 참조 nasloniti
se; 기울다, 기울이다

nasledan -dna, -dno (形) (보통은 한정형으로)
1. 상속의; ~dno pravo 상속법; ~dna

604

parnica 상속 소송 2. 세습의; ~ *dna monarhija* 세습 군주제; *~dno kneževstvo* 세습 공국; *~dni red* 계승 순서 3. (질병 등의) 유전의, 유전적인; *~dna bolest* 유전병; *~dna sklonost* 물려받은 끼(재주)

naslediti *-im* (完), **nasleđivati** *-đujem* (不完) 1. (재산·작위 등을) 상속받다, 계승하다, 물려받다; ~ *zemlju* 토지를 상속받다; ~ *titulu* 작위를 물려받다; ~ *novac* 돈을 상속받다; ~ *očevinu* 아버지 유산을 물려받다; ~ *presto* 왕위를 계승하다 2. (질환·유전적 특징 등을 부모 등으로부터) 물려받다; ~ *bolest* (유전) 병을 물려받다; ~ *talenat* 재능을 물려받다; ~ *biološke osobine* 생물학적 특징을 물려받다; ~ *reumu* 류마티스를 유전병으로 물려받다 3. (nekoga) (소유권·권리·직위 등을) 대체하다, 물려받다, 계승하다; ~ *kralja* 왕위를 계승하다; ~ *oca* 아버지의 재산을 물려받다; ~ *starog patrijarha* 노령의 총대주교를 대체하다 4. (nešto) ~의 뒤에 오다, ~을 이어받다, 교체하다, 대신하다; ~ *Vizantiju* 비잔틴을 이어받다, ~ *stari sistem* 낡은 시스템을 대체하다

naslednik 상속인, 후계자, 계승자, 전승자; 후임; ~ *prestola* 왕위 계승자; ~ *imanja* 재산 상속인; ~ *titule* 작위 계승자; *pokojnikovi ~ci* 고인의 상속자들 **naslednica**; **naslednički** (形); *~a kvota* 상속의 몫

naslednost (女) (형질)유전, 유전(적 특질); 상속, 세습, 계승; ~ *bolesti* 질병의 유전; ~ *feuda* 봉토의 상속

nasledstvo, nasleđe 1. 상속 재산, 유산 (baština); (이전 시대·사회의) 유산; *ostaviti u ~* 유산을 남기다; *dobiti u ~* 상속을 받다 2. 상속권; *imati pravo ~a* 상속할 권리가 있다; *odreći se ~a* 상속권을 포기하다 3. (직위·타이틀 등의) 계승, 상속; *monarh dolazi na presto po pravu ~a* 군주는 상속권에 따라 왕위에 오른다 4. (生) 유전

nasleđen *-a, -o* (形) 참조 nasladiti

nasleđivanje (동사파생 명사) *nasleđivati*; *zakon o ~u* 상속법

nasleđivati *-đujem* (不完) 참조 nasladiti

naslepo (副) 무턱대고, 보지도 않고; *on je ~ potpisao menicu* 그는 보지도 않고 어음에 서명했다; *igrati šah ~* 체스판을 보지도 않고 체스를 두다

naslikati *-am* (完) 1. 그림을 그리다; 사진을 찍다; *moglo bi se ~ deda s puškom, lulom i torbom* 총을 매고 파이프를 들고 가방을 둘러 맨 할아버지를 그릴 수 있었다; ~ *svetog*

Jovana 성(聖)요한을 그리다 2. 생생하게 묘사하다, 생생하게 표현하다(말로, 문학적으로, 드물게 음악적으로); *u drami nam je pisac živim bojama naslikao njezinu bolest* 드라마에서 작가는 밝은 색으로 그녀의 병을 표현하였다

naslon 1. (의자·소파·벤치 등의) 팔걸이, 등받이; 받침대, 버팀대; ~ *za ruke (noge, glavu)* 팔걸이(발받침, 머리받침); ~ *(od) stolice* 의자 등받이 2. (테라스·교량·계단 등의) 난간 (gelender) 3. 지주, 버팀목, 버팀대 4. (비유적) 지지, 지원, 도움 (oslonac, potpora, podrška) 5. 헛간, 창고, 광 (큰 건물에 붙여 지은, 보통은 주차장, 농기구 창고 등으로 쓰이는) (nadstrešnica) 6. 기댐 (naslanjanje, oslanjanje) 7. 기타; *u ~u na nešto* ~에 기대어, ~ 위에, ~의 기반(기초) 위에; *u naslonu na nekoga* 누구에 기대어, 누구의 지원하에, 누구의 도움하에

nasloniti *-im*; *naslonjen* (完) **naslanjati** *-am* (不完) 1. 기대어 놓다, 기대다 (osloniti, prisloniti); ~ *gredu na zid* 기둥을 벽에 기대어 놓다; ~ *pušku na grudobran* 총을 흉벽에 기대어 놓다; ~ *glavu na jastuk* 머리를 베개에 기대다; ~ *leđa na zid* 등을 벽에 기대다; *nasloni glavu na moje rame* 머리를 내 어깨에 기대 2. (na nešto) ~에 가져다 대다; ~ *uho na vrata* 귀를 문에 가져다 대다 3. ~ *se* (na nešto) (몸을) 기대다; ~ *se na zid* 몸을 벽에 기대다 4. ~ *se* (na nekoga, na nešto) 의지하다; ~에 기대다, ~에 기초(기반)하다; *Vukova reforma lakše bi prošla da se on naslonio na dotadašnju ortografiju* 부크의 개혁이 당시의 정자법에 기초하였다면 훨씬 쉽게 받아들여졌을 것이다; ~ *se na nekoga* 누구에게 의지하다(기대다)

naslonjač (男), **naslonjača** (女) 안락의자(팔걸이·등받이 등이 있으며 가죽이나 천으로 덮여져 있는) (fotelja); ~ *za ljuljanje* 흔들의자

naslov 1. (책·기사·노래 등의) 제목, 제호; ~ *knjige* 책 제목; ~ *članka* 기사 제목; ~ *priručnika* 안내서 제목; ~ *slike* 그림 제목; *pod ~om* 제목 하에 2. (行政) (행정 문서 등에서) 수신 관청명 및 주소

naslovnī *-ā, -ō* (形) 제목의, 제호의; *~a strana* 제1면, 제목면; ~ *list* (책의) 속표지 면; *~a uloga* 제목의 기능(역할)

naslućivati *-ćujem* (不完) 참조 naslutiti

naslušati se *-am se* (完) 오랫동안 듣다, 질리도록 듣다, 충분히 많이 듣다; ~ *lepih pesama* 아름다운 노래들을 많이 듣다; ~

N

svakakih laži 별별 거짓말들을 지겹도록 듣다; *nasluša se jednolikog šuma vode u dolini* 계곡 물의 잔잔한 소리를 오랫동안 듣고 있다

naslutiti *-im; naslućen* (完) **naslućivati** *-ćujem* (不完) (*nešto*) 본능적으로 (뭔가를) 느끼다; 희미하게 (뭔가를) 알아차리다; 예감하다, 예상하다, 예견하다; (predosetiti, predvideti); ~ *istinu* 진실을 희미하게나마 알아차리다; ~ *događaje* 사건을 예감하다; *bilo je stotinu gotovo nevidljivih tragova koje mogu samo ženske oči da naslute i otkriju* 여성의 눈으로만 알 수 있고 발견할 수 있는 보이지 않는 수많은 흔적들이 있었다

nasmehnut *-a, -o* (形) 참조 nasmešen; 조금 (약간) 웃는, 웃음기 있는, 쾌활한, 명랑한, 기분 좋은

nasmehnuti se *-nem se* (完) **nasmehivati se** *- hujem se* (不完) 1. 조금(약간) 웃다, 미소를 짓다 2. (눈(眼)이) 기분좋은 것을 나타내다, 해맑은 표정을 짓다 3. (kome, čemu) 조롱하다, 비웃다

nasmejan *-a, -o* (形) 웃는, 웃음기를 띈; 기분좋은, 유쾌한, 쾌활한; *Zorka se pojavljivala ~a i bleda* 조르카는 웃음기를 띈 창백한 얼굴로 나타났다; *~a oči* 웃음기 띈 눈

nasmejati *-jem* (完), **nasmejavati** *-am* (不完) 1. (누가) 웃도록 하다, 웃게 하다, 웃음을 주다; *niko kao on nije umeo tako da razveseli i nasmeje društvo* 그 누구도 그 사람처럼 사람들을 기분좋게 하고 웃게 하지 못한다 2. ~ *se* 웃다, 웃음을 보이다 3. ~ *se* 실컷 웃다, 많이 웃다 4. ~ *se* (kome) (누구를) 비웃다, 조롱하다 5. 기타; *sreća (sudbina) mu se nasmejala* 행운이 그에게 미소를 지었다

nasmrt (副) 죽도록, 미치도록, 매우 (do ludila, bezumno, veoma jako); *ti si besan na nju u koju si zaljubljen* ~ 너는 네가 죽도록 사랑한 그녀에게 매우 화가났다; ~ *se zaljubio* 죽도록 사랑했었다; ~ *se razboleo* 매우 심하게 아팠다

nasnubiti *-im* (完) 설득하다, ~하도록 부추키다 (nagovoriti, namamiti, pridobiti)

nasoliti *-im* (完) (소금으로) 간하다, 소금을 치다 (osoliti, posoliti)

naspavati se *-am se* (完) 잠을 충분히 자다, 잠을 많이 자다, 잠을 잘 자다 (ispavati se)

naspeti *naspe* (完) (無人稱文 또는 여격형태의 논리적 주어와 함께) 1. 갑자기 (~할) 생각이 나다, ~할 생각이 들다, ~할 마음이 들다; *sad mi nešto naspelo da ti pišem* 네게 뭔가를 써야겠다는 생각이 들었다; *šta mu je naspelo da ide danas* 무엇때문에 그 사람은 오늘 가겠다는 생각이 들었을까?; *naspelo mu je da jede* 그는 먹을 생각이 들었다

naspram, nasprama (前置詞, + G) 1. ~와 반대로, ~와 정반대로 (nasuprot); ~쪽으로 (prema); ~ *vinograda* 포도원 반대쪽으로; *mauzolej je postavljen u parku ~ kneževskog vrta* 영묘는 왕자의 정원을 바라보는 곳에 세워졌다 2. ~에 대한, ~를 향한 (prema); *ljubav ~ starih roditelja* 늙은 부모를 향한 사랑

nasrditi *-im; nasrđen* (完) 1. 화나게 하다, 성나게 하다 (naljutiti, rasrditi) 2. ~ *se* 화내다, 성나다; *Turčin se nasrdio ljuto* 터키인은 굉장히 화를 냈다

nasred (前置詞, + G) ~의 가운데에(중간에); ~의 가운데로 (u sredini, na sredini; u sredinu, na sredinu); *biti ~ vode* 물 한 가운데에 있다; *izići ~ puta* 길 한 가운데로 나가다; ~ *sredine* 한 가운데에, 정중앙에; ~ *sredine avlije ima česma* 정원 한 가운데에 분수가 있다

nasrkati se *-čem se* (完) (nečega) (액체 등을) 홀짝거리며(짭짭거리며) 많이 먹다, 핥아 많이 먹다

nasrljati *-am* (完) 우연히 만나다(조우하다) (nabasati, natrapati)

nasrnuti *-nem* (完) **nasrtati** *nasrćem* (不完) 1. (na nekoga, na nešto) 힘껏(강력하게) 공격하다, 돌진하다 (napasti, navaliti); ~ *svom snagom* 자신의 힘으로 공격하다 2. 비난하며 공격하다, 위협하며 공격하다 3. (na obraz, na čast) (누구의) 명예(명성)을 더럽히다

nasrtač 공격하는 사람, 공격자 (napadač)

nasrtaj 1. (na nekoga, na nešto) 급습, 습격, 공격 (napad; navala, nalet) 2. 침범, 침해; ~ *na privatnu imovinu* 사유재산 침해; ~ *na nečija prava* 누구의 권리 침해

nasrtati *-ćem* (不完) 참조 nasrnuti

nasrtljiv *-a, -o* (形) 1. 공격적인, 공격적 성향의; 다투려고 하는 (agresivan); *glas je bio jako podignut, a ton ~* 목소리는 매우 높았으며, 톤은 공격적이었다 2. 강요하는, 강요 당하는, 강압적인 (nametljiv); *~a tuga* 강요된 슬픔

nasrtljivac *-vca* 1. (누구를) 공격하는 사람, 공격자 2. 강요하는 사람 (nametljivica)

nastajati *-jem* (不完) 참조 nastati

nastajati se *nastojim se* (完) 오랫동안 서있다

nastamba (G.pl. *-ī* & *-ā*) 1. 사는 곳, 거주지; 집, 아파트 (prebivalište; kuća, stan) 2. 마을, 촌락 (naselje, naseobina)

nastanak *-ānka* 1. (군(軍)·국가, 어떠한 운동·과정 등의) 시작, 창설·건국·건군; (낮·밤·계절 등의) 시작 2. 존재의 시작 (postanak); *od nastanka do svoga nestanka* 존재의 시작부터 사멸할 때 까지

nastaniti *-im* (完), nastanjivati *-njujem* (不完) 1. (누구를) 정주시키다, 이주시키다, (거처에) 살게하다 2. 거처로 삼다; ~ *puste predele* 황량한 지역을 거처로 삼다 3. ~ *se* (거주지로 삼아) 정착하다, 정주하다; ~ *se u Beogradu* 베오그라드에 정착하다; *nastanili su se u prizemlju* 그들은 1층에서 살았다

nastati *nastanem* (完) nastajati *-jem* (不完) 1. 형성되다, 만들어지다, 생겨나다, ~이 되다; 시작되다; 나타나다 (formirati se, stvoriti se, postati, započeti); ~ *dugotrajnim procesom* 장기간의 과정을 거쳐 만들어지다; ~ *u ranom periodu razvitka* 발전 초기 단계에서 시작되다; *pozorište je nastalo iz obreda* 극장은 의식으로부터 시작되었다; *nastala velika zabrinutost* 커다란 걱정이 생겨났다; *nastaće muke* 고난이 시작될 것이다 2. (시간·계절 등이) 시작되다, 오다, 접어들다; *nastade jesen* 가을로 접어들었다; *nastaje noć* 밤이 시작된다; *nastalo je proleće!* 봄이 되었다! 3. 시작하다, ~이 되다 (početi, stati); *natade vika* 고함치기 시작하였다; *nastade šapat* 속삭였다; *nastade grljenje i ljubljenje* 껴안고 키스하였다; *nastala je svađa* 다툼이 일어났다

nastava (학교 등의) 수업, 강의 (predavanje, poučavanje); ~ *ima zadatak ... da preda učeniku znanje ... da utiče na razvijanje njegovih sposobnosti* 수업은 학생에게 지식을 전달하고 학생의 능력 개발을 돕는 것을 목표로 한다; *očigledna* ~ 시청각 수업; ~ *stranih jezika* 외국어 수업; ~ *prvog(drugog) stepena* 제 1단계(제 2단계) 수업; *izvođenje* ~*e* 수업 진행; *dodatna* ~ 과외 수업; *dopunska* ~ 보충 수업 nastavni (形)

nastavak *-āvka*; *-āvci* 1. (이미 있는 것의) 연장(된 것), 확장(된 것), 연속(된 것); (소설·영화·드라마 등의) 속편; (어떠한 활동의 중단 후 계속하는) 속개; *logičan* ~ *ranijeg članka* 이전 논문의 (논리적) 속편; ~ *progresa* 발전의 연속; *roman u* ~*vcima* 속편 소설; ~ *razvogora* 대화 속개 2. (스포츠

의) (휴식 시간 후에 계속하는) 후반전, 연장전; *u* ~*vku utakmice* 경기 연장전에서 3. (길이·크기의) 연장, 확장; ~ *dimnjaka* 굴뚝을 연장시킨 것; ~ *ribarsog štapa* 낚시대를 늘인 것 4. (植) (씨앗이 잘 퍼질 수 있도록 씨앗에 나 있는) 가늘고 실 같은 것 5. (文法) 확장 형태소; 어미; *lični* ~ 인칭 어미; ~ *genitiva množine* 복수 생격 어미; *padežni* ~ 격변화 어미; *augmentativni* ~ 지대체 어미; *deminutivni* ~ 지소체 어미

nastaviti *-im* (完), nastavljati *-am* (不完) 1. (어떤 일·행동 등을) 계속하다, 지속하다; ~ *govor* 말을 이어가다; ~ *utakmicu* 경기를 계속하다; *on je nastavio da piše* 그는 계속해서 써내려갔다 2. (뭔가를 연장·확장하는 것으로) 연결하다, 연장하다; 연결해서 늘이다; ~ *cev* 관(管)을 연장하다 3. (가계(家系)를) 이어가다 4. 놓다, 두다 (postaviti, namestiti); ~ *razboj* 베틀을 놓다 5. (요리 등을 하기 위해) 불 위에 올려놓다; ~ *kazan na pečenje rakije* 라키야 증류 통을 불 위에 올려놓다; ~ *lonac* 냄비를 불 위에 올려놓다 6. ~ *se* 계속되다; *bitka se nastavila preko celog dana* 전투를 하루 온 종일 계속되었다; *nastaviće se* 계속될 것이다(다음 회에 계속)

nastavljač 계속해서 하는 사람; 계승자, 후계자; *samo su još neki* ~*i te herojske tradicije uživali izvesnu popularnost* 그러한 영웅적 전통을 계승한 몇 몇 계승자들만이 일정한 인기를 누렸다

nastavnī *-ā, -ō* (形) 참조 nastava; 수업의, 강의의; ~ *plan* 수업 계획, 커리큘럼; ~ *program* 수업 프로그램; ~ *kadar* 강의진; ~ *predmet* 수업 과목; ~*o gradivo* 수업 자료; ~ *jezik* 수업(진행) 언어

nastavnik 선생(님); ~ *matematike* 또는 ~ *za matematiku* 수학 선생님 nastavnica; nastavnički (形)

nastavno-naučnī *-ā, -ō* (形) (숙어로) ~*o veće fakulteta* 대학교무학술평의회

nastirati (se) *-rem (se)* (不完) 참조 nastreti (se); (짚 등을) 펴다, 펼치다, 펼쳐 깔다

nasto (숙어로) *sto* ~ 백퍼센트, 완전히 (potpuno)

nastojanje (동사파생 명사) nastojati; 노력, 시도, 분투

nastojati *-jim* (不完) 시도하다, 노력하다 (truditi se, težiti); *on nastoji da dobije mesto ovde* 그는 여기서 일자리를 얻으려고 노력한다; *nastojao je da ne bude smešan*

607

N

그는 웃기는 사람으로 취급당하지 않기 위해 노력하였다

nastojati se *-jim se* (完) 시작되다, 일어나다, 생겨나다

nastojavati *-am* (不完) 참조 nastojati

nastojnik 참조 nadstojnik; 수위, 경비 (čuvarkuća, pazikuća, domar) **nastojnica**; **nastojnički** (形)

nastradati *-am* (完) 1. (나쁜 결과를) 겪다, 당하다; 대실패를 당하다, 커다란 손해를 입다, 커다란 불행을 겪다 2. 죽다, 사망하다 (umreti, poginuti)

nastrahovati se *-hujem se* (完) 많이 두려워하다, 수많은 공포심에 떨다; *koliko se samo danas namučio i nastrahovao* 오늘만도 얼마나 많이 고생했고 공포심에 떨었던가

nastran *-a, -o* (形) (인식이나 행동 등이) 다른 사람과는 구별되는(다른), 특이한; 이상한, 평범하지 않은, 기괴한 (부정적 의미에서의); (평범하고 정상적인 것과는) 많이 차이나는, 비정상적인 (čudan, nenormalan)

nastranost (女) (행동·인식·생각 등이) 이상함, 기괴함, 특이함

nastrešnica 참조 nadstrešnica; 처마

nastreti *nastrem; nastro, -rla; nastrt* (完) **nastirati** *-em* (不完) 1. (짚 등을 표면에, 층을 이루도록) 펴다, 펼치다, 깔다; 짚·풀 등을 깔다 (짐승의 잠자리로); ~ *slame* 짚을 펴 깔다 2. (짚·모래·톱밥 등으로) 덮다, 깔다 (pokriti, prekriti)

nastrići *nastrižem; nastrigao, -gla; nastrižen* (完) 1. (nekoga) 머리를 조금 깎다(보통은 남자 아이에게, 머리를 깎아주는 대부(kum) 관계의 표시로) 2. (머리를) 조금 깎다

nastrojen *-a, -o* (形) 1. (정신적·사상적으로) (어떠한) 성향의, 경향의, ~하는 경향이 있는; (마음이 ~으로 쏠리는 (orijentisan); *matematički* ~ 수학적 성향이 있는; *kosmopolitski* ~ 범세계주의적 경향의; *biti dobro (rđavo)* ~ 좋은(나쁜) 성향의 2. ~ 한 기분의 (raspoložen); *večeras je baš pesnički* ~ 오늘 저녁은 정말 시인이 된 듯한 기분이다; *neprijateljski* ~ *prema nekome* 누구에게 적대적 감정의

nastrojenost (女) (정신적·사상적) 성향, 기질 (naklonost, sklonost, orijentisanost)

nastrugati *-žem* (完) 강판에 갈다(많은 양을); ~ *hrena* 양고추냉이를 강판에 갈다

nastup (G.pl. *nastupā*) 1. (무대·단상 등 관중·청중 앞으로의) 등단, 등장; (대중 앞의) 출연; ~ *na porornici* 무대 등장(출연); *to je*

njegov prvi ~ *pred publikom* 그것은 그가 대중 앞에 처음으로 선 출연이었다 2. 처신, 행동 (stav, ponašanje, držanje, postupak); *gospodski* ~ 신사적 행동; *odmeren i pametan* ~ 절제되고 현명한 처신; *silovit* ~ 강력한 행동; *takvim nastupom* 그러한 처신으로; *prostački* ~ 거친 행동 3. (역사속의) 출현, 나타남; 시작(시간·계절 또는 대기 현상 등의) (početak, nailazak, nastanak); *s* ~*om liberalizma* 자유주의의 출현과 함께; *s* ~*om dana* 낮이 되면서 4. (질병의) 발작; (감정의) 격발; *imati* ~*e ludila* 정신착란이 발작하다; *epileptični* ~*i* 간질의 발작; *histeričan* ~ 히스테리 발작; ~ *kašlja omeo ga je često usred posluživanja* 그는 자주 기침이 서비스 중에 튀어 나와 애를 먹었다; *u* ~*u ljubomore* 질투심의 폭발에; *čovek u nekom* ~*u, koji zovu i očajanjem, skoči s nekog sprata i ostane mrtav* 절망감에 갑자기 휩싸인 사람은 윗층에서 뛰어내려 사망했다 5. (직책의) 취임 (stupanje, dolazak) **nastupni** (形)

nastupajući *-ā, -ē* (形) 다가오는, 다음의 (sledeći, naredni) ; ~ *dan* 다음 날; ~ *praznici* 다가오는 공휴일; *želimo ti sreću u* ~*oj godini* 내년에는 네게 행운이 깃들기를 바란다

nastupiti *-im* (完), **nastupati** *-am* (不完) 1. (na nešto, u nešto) (이동하면서 어떠한 장소에) 도달하다, 당도하다, 오다; *ja ću ovo baciti u vodu čim nastupim na ćupriju* 나는 다리에 도착하는 즉시 이것을 물에 버릴 것이다 2. 관중(관람객·청취자·시청자) 앞에 서다, 무대에 서다; (kao neko) ~로서 나타나다(서다); ~ *kao posrednik* 중재자로서 나타나다(서다); *na toj olimpijadi nastupila je prvi put i reprezentacija Jugoslavije* 그 올림픽에 처음으로 유고슬라비아 대표단도 참가하였다 3. 공개적으로 자신의 입장(생각)을 밝히다 (istupiti); *oštro* ~ 분명하게 자신의 입장을 밝히다 4. (어떠한 현상·상황이) 되다, 나타나다, 시작되다 (nastati, pojaviti se, desiti se); (시간·계절 등이) 되다, 시작되다, 오다; *nastupilo je zatišje* 침묵이 시작되었다; *čim nastupi proleće* 봄이 되자 마자; *nastupio je i taj čas* 그 시간도 시작되었다; *još nisu nastupili kišni dani* 아직 우기가 시작되지 않았다; *nastupaju ispiti* 시험이 시작된다 5. (직무·직책의) 임무를 수행하기 시작하다, 취임하다; *pre nego sam nastupio službu, ceo dan šetao sam selom* 취임하기 전에 온 종

일 마을을 산책했다 6. (prema kome, čemu)
(~에 대한) 입장을 취하다, 행동하다; *pekar
je ispočetka nastupio prema nama strogo*
빵집 주인은 처음부터 우리에게 엄격한 입장
을 취했다; *on je nastupio arogantno* 그는
거만하게 행동했다 7. (軍) (보통은 不完) 진
격하다, 앞으로 나가다; *pešadija je
nastupala* 보병이 진격했다

nastupnI *-ā, -ō* (形) 1. 참조 nastup 2. 취임
의; ~ *govor* 취임 연설 3. 기타; *~a
groznica* 열병; *~a operacija* 진격 작전; ~
marš 진격 행진

nasuho (副) 참조 nasuvo; 물기 없이, 마른 상
태로

nasukati *-čem* (完) 1. (보트·선박·잠수함 등을)
좌초시키다; (자동차를 낭떠러지 등으로) 전
복시키다; ~ *brod* 배를 좌초시키다 2. (비유
적) (nekoga) 속이다, 기만하다 (prevariti);
nije mu to prvi put da ga pokušavaju ovako
~ 사람들이 이렇게 그를 속이려고 시도한
적이 그에게 처음있는 일이 아니다 3.
(nekoga) 곤경에 처하게 하다, 출구가 없는
상태에 빠지게 하다; ~ *neprijatelja* 적을 곤
경에 빠뜨리다 4. 돌돌 말다, 돌돌 감다
(naviti, namotati); ~ *konac* 실을 감다 5. ~
se (배·선박 등이) 좌초되다; *tanker se
nasukao* 유조선이 좌초되었다; *najzad se
nasuka skela na pesak* 결국 나룻배는 모래
밭에 처박혔다 6. ~ **se** (비유적) 실패하다
(propasti, ne uspeti); *bio je uveren da se
stvar nasukala* 일이 성공하지 못할 것이라
고 믿고 있었다 7. ~ **se** 감기다, 돌돌 말리
다 8. ~ **se** 모이다 (nakupiti se, skupiti se);
*u dva sata gomila Cigana nasukala se u
bolničko dvorište* 두 시에 한 무리의 집시
들은 병원 마당에 모였다

nasumce (副) 참조 nasumice

nasumice (副) 1. 아무렇게나, 되는대로, 닥치
는대로, 대충, 아무런 생각없이, 아무런 근거
없이; *bežati (ići)* ~ 아무데나 도망치다(가
다); *pucati* ~ 닥치는대로 쏘다; ~ *izabrati*
대충 선택하다; ~ *pominjati izdaju* 아무런
근거없이 배신을 언급하다; ~ *graditi* 아무런
서류도 없이 건설하다

nasuprot (副) 1. 반대로, 거꾸로, 맞은편에 2.
(小辭의 기능으로) 반대로 (naprotiv)

nasuprot (前置詞,+ G,D) 1. 맞은편에, ~을 향
하여 (preko puta, naspram, prema); *sedeo
je ~ ocu na kraju stola* 그는 테이블 가장자
리 아버지 맞은편에 앉았다 2. ~ 대신에
(namesto, umesto) 3. 반대로; ~ *tome* 그것

과는 반대로; ~ *mojim savetima* 내 충고와
는 정반대로

nasusret (副) 1. (운동의 방향) ~ 쪽으로, ~ 을
향하여; *kad je Stojan stupio u kuću ...
majka Smiljina ... pođe mu veselo* ~ 스토얀
이 집안으로 발걸음을 들여놓았을 때 ... 어
머니 스밀리나는 ... 즐거운 마음으로 스토얀
쪽으로 갔다 2. 이쪽 저쪽으로 교대로 3. 기
타; *izići* ~ *čemu* ~을 만족시키다, 충족시키
다; *izišao je* ~ *njenim željama* 그는 그녀의
바람을 충족시켰다

nasušan, *-šna, -šno* (形) 없어서는 안되는, 꼭
필요한; 일상의, 나날의 (preko potreban,
neophodan); *~šna potreba* 일상적 수요(필
요); *borba za ~šni hleb* 일상적 양식을 얻기
위한 투쟁

nasuti *naspem* (完) **nasipati** *-am* & *-pljem* (不
完) (nešto) 1. (물·술 등을) 가득 따르다; ~
sudove 그릇에 가득 따르다; ~ *čašu* 잔에
가득 따르다 2. (그릇 등에) 따르다, 붓다
(naliti); ~ *nekome šolju čaja* 누구의 찻잔에
따르다 3. (모래·자갈 등을) 깔다, 깔아 덮다;
~ *put* 길에 깔다; ~ *rupe* 구멍을 채워넣다;
sa staza nasutih šljunkom se dizala para
자갈이 깔린 오솔길에게 아지랑이가 피어올
랐다; *put je nasut peskom* 길에 모래가 깔
려 있었다

nasuvo (副) (= nasuho) 1. 마르게, 건조하게,
물기없이, 물을 사용하지 않고; *obrijati* ~ 물
을 사용하지 않고(비누칠하지 않고) 면도하
다 2. 헛되이, 쓸데없이 (uzalud, badava);
platio ~ *dvesta dinara za ogledalo!* 쓸데없
이 거울값으로 이백 디나르를 지불했다

naš *-a, -e* (1일칭 복수 소유형용사) 1. 우리
의; ~ *narod* 우리 민족; *~a kuća* 우리집 2.
(명사적 용법으로) (말하는 사람의) 우리 편
의 사람들, 같은 진영의 사람들 3. 기타; *~e
gore list* 동포, 동향인(zemljak); *~e je* 1)우
리 의무이다(권리이다) 2)우리 시대이다(정부
이다, 자유이다); *~i smo* 주저할(망설일) 필
요가 없다; *po ~im (po ~u)* 우리 방법으로,
우리 풍습에 따라

našaliti se *-im se* (完) 1. 농담하다; *smeju se,
neki put se i našale* 그들은 웃곤 종종 농담
도 하였다 2. (s kim) 누구를 우스갯 대상으
로 삼아 농담하다, 조롱하다, 비웃다; *znala
se i sa mnom kadgod našaliti* 언제라도 나
를 희롱의 대상으로 농담할 줄 알았다 3. 농
담하면서 많은 시간을 보내다, 지겹도록 농
담하다; *večerali su i dosta se našalili i
narazgovarali* 저녁식사를 하고 많은 시간을

N

농담하면서 대화를 하였다

našarati *-am* (完) 1. 문양(šara)으로 장식하다, 문양을 만들다(캔버스·뜨개질·자수 등의); 형형색색으로 칠하다 (šarati); ~ *krst* 십자가를 문양으로 장식하다; ~ *peškir* 수건에 문양을 수놓다; ~ *jaja* 계란을 알록달록하게 색칠하다 2. (뜨개질·자수 등에) 문양을 만들다 (그리다) (보통은 솜씨없게); ~ *pticu* 엉성하게 새 모양의 문양을 그리다(수놓다) 3. 휘갈겨쓰다(읽지 못하게, 지저분하게); ~ *ime prstom na prozorskom oknu* 손가락으로 창틀에 알아볼 수 없게 이름을 쓰다

našepuriti se *-im se* (完) (공작새·칠면조 등이) 꼬리털을 펼치면서 깃털을 곤두세우다; *onda se nekako našepuri, spusti nogu, i zabode glavu pod krilo* 그리고는 깃털을 곤두세우고 다리를 내리고는 머리를 날개 밑으로 처박는다

našetati se *-am se* (完) 오랫동안 산책하다, 질리도록 산책하다

našijenac *-nca* 참조 našinac

našinac *-nca* 우리 사람; 동향인, 동포, 같은 나라 출신의 사람 (naš čovek, zemljak)

našinka

naširoko (副) 1. 넓은 지역에서, 광범위하게, 넓게 (široko); *bio je ~ poznat po svojoj hrabrosti* 그는 자신의 용감성으로 널리 알려졌다; *raskorači se ~* 보폭을 넓게 내딛다 2. 상당히, 상당하게, 많이 (u velikoj meri, široko, uveliko); *ovu konstrukciju Vuk ~ upotrebljava* 이러한 구문을 부크는 광범위하게 사용한다 3. 상세하게, 자세하게 (opširno, podrobno, iscrpno, potanko); *nastavi ~ pričati o istinskoj ljubavi svoga sina* 그는 자기 아들의 진정한 사랑에 대해 자세하게 계속해서 이야기한다; *neću da ti ~ kazujem* 네게 자세히 말하지는 않을 것이다 4. 기타; *nadaleko i ~* 매우 광범위하게, 매우 넓은 지역에서; *nadugačko (nadugo) i ~* 상세하게, 자세하게

našiti *našijem; našiven, -ena; našiť, našij* (完), **našivati** *-am* (不完) 1. (~에 덧대) 바느늘하다; 덧대다; ~ *naramenice* 견장을 바느질하다; ~ *nove epolete* 새 견장을 붙여 바느질하다 2. (많은 양을) 바느질하다

naškī *-ā, -ō* (形) 우리의(우리 민족의, 우리 언어의, 우리 나라의)

naški (副) 1. 우리 말로, 우리 언어로; *govoriti ~* 우리 말로 말하다; *na ~* 우리말로 2. 우리 방법으로, 우리 식으로, 우리 풍습(관습)대로; ~ *nagraditi* 우리 방식으로 상을 주다; ~

se upitati za zdravlje 우리 식으로 건강을 묻다

naškoditi *-im* (完) (kome, čemu) 피해(손해)를 끼치다; 해를 입히다; *nije mogao naći bolju zgodu da naškodi manastiru* 수도원에 해를 끼칠 더 좋은 기회를 찾을 수 없었다; *ona ne bi ni za šta na svetu učinila nešto što bi njemu naškodilo* 그녀는 그에게 해를 끼칠 그 어떤 일도 하지 않을 것이다

naškrabati *-am* (完) (輕蔑) (알아 볼 수 없을 정도로) 갈겨 쓰다, 개발새발 쓰다

našljemati se *-am se*, **našljokati se** *-am se* (完)(卑俗語) 술을 취하도록 마시다, 술을 많이 마시다, 술이 떡이 되도록 술을 쳐먹다 (opiti se, napiti se)

našminkati *-am* (完) 화장하다

našta (=našto) (副) 무엇 때문에, 왜

naštampati (完) 인쇄하다; 출판하다; *rukopis toga Vukova članka nije naštampan* 부크의 그 육필원고는 출판되지 않았다

našte (副) (숙어로) ~ *srca* (~ *srce*) 공복으로, 공복 상태에서, 빈 속으로; *ja sam toliko mogao ~ srca popiti koliko trojica vas* 나는 공복 상태에서 너희들 세 명이 마시는 만큼은 마실 수 있다

naštetiti *-im* (完) 손해(피해)를 입히다(끼치다); *naštetio si nama, zemlji* 너는 우리들에게, 조국에 피해를 입혔다

naštimati *-am*, **naštimovati** *-mujem* (完) (보통은 피아노 등을 악기를) 조율하다

našto (副) 참조 našta

naštrikati *-am* (完) 뜨개질하다 (isplesti)

natáći *nataknem* (完) 참조 nataknuti

natakariti *-im* (完)(輕蔑) 1. (맞지 않는 것을) 입다, 쓰다, 신다, 걸치다(엉성하게·볼품없이); ~ *naočare na sunce po oblačini* 흐린 날씨에 (어울리지 않게) 선글라스를 끼다; ~ *neke cipelčine* 큰 신발을 (헐렁하게) 신다; ~ *šešir* 아무렇게나 모자를 쓰다 2. ~ *se* 급하게(서둘러) 옷을 입다, 서둘러 채비를 하다

nataknuti *-nem; natakao, -kla & nataknuo, -nula; nataknut* (完) **naticati** *-čem* (不完) 1. ~을 입다(쓰다·끼다·걸치다) (metnuti na nešto, navući, naglaviti); ~ *nož na pušku* 총에 착검하다; ~ *prsten na prst* 손가락에 반지를 끼우다; ~ *jaram na volove* 멍에를 소 등에 얹다; ~ *crevo na slavinu* 수도꼭지에 고무호스를 끼우다; ~ *kapu na glavu* 머리에 모자를 쓰다; ~ *naočare na nos* 코에 안경을 걸치다; *tada joj brat natakne opanke na noge* 그때 그녀의 오빠는 신발을

610

신었다 2. 찌르다, 끼우다 (nabosti, nabiti); *natakli ga živog na kolac* 그것을 산채로 막대기에 끼웠다; ~ *jagnje na ražanj* 쇠꼬챙이에 양을 끼우다 3. (비녀 등을 머리에) 꽂다 (uvući, udenuti, prodenuti); ~ *u kosu ukrasnu iglu* 장식핀을 머리에 꽂다 4. (깊숙이) 쓰다, 신다, 입다; *crvena kapa natakla mu se do klempavih ušiju* 빨간 모자를 축 처진 귀까지 푹 눌러썼다 5. 기타; ~ *na nos* ~에 대해 누구를 비난하다

natalitet 출산율 (反; mortalitet)

nataložiti -*im* (完) 침전시키다, 침전물이 생기게 하다; ~ *mulj* 뻘흙을 침전시키다; ~ *sedimente* 퇴적물이 생기다 2. ~ se 뻘이 생기다, 침전되다; *nataložene naslage* 침전층 3. ~ se (침전물처럼) 쌓이다; *prašina se nataložila* 먼지가 켜켜이 쌓였다

natanko (副) 1. 가늘게, 얇게 (tanko); ~ *prostreti* 얇게 펼치다; ~ *razviti (testo)* (밀가루 반죽을) 얇게 하다 2. 상세하게, 자세하게 (do sitnice, potanko) 3. 재고가 바닥날 정도로; *i čaj došao* ~ 차(茶)도 거의 떨어졌다; *biti* ~ *s brašnom* 밀가루가 거의 떨어지다

natapati (se) -*am (se)* (不完) 참조 natopiti se; 녹다, 녹아내리다

nataroš (廢語) 참조 beležnik; 서기(書記)

natašte (副) 공복(空腹)으로, 배(腹)가 빈 상태로 (našte); 허기져; *uzeti lek* ~ 공복에 약을 먹다; ~ *je i lav zlovoljan* 사자는 배가 고파 성질이 사나웠다

natčovečan -*čna*, -*čno*, **natčovečanskī** (形) 초인적인; ~ *napor* 초인적인 노력

natčovek 초인(超人), 슈퍼맨

natčulan -*lna*, -*lno* (形) (보통 한정형으로) 1. 오감(五感)이 미치지 않는, 초자연적인 (natprirodan); ~*lni svet* 초자연적인 세계 2. 추상적인, 영적인 (misaon, uman, apstraktan)

natečaj 참조 konkurs; 공개 경쟁; 시합 **natečajnī**, **natječajnī** (形)

natećI *nateknem* & *natečem*; *natekao*, -*kla*; *natekavši* (完) 1. (몸이) 붓다, 부어오르다; *noge ... natekoše u zglobovima* 다리 관절이 부었다 2. 얻다, 획득하다; 부(富)를 축적하다 3. 흘러가 모이다

natećI *nategnem* (完) 참조 nategnuti

nateg 참조 natega

natega 1. 가늘고 길쭉한 조롱박 (통에서 액체 등을 퍼올리는데 사용하는); 사이펀, 흡입관 2. 통의 테를 조이는 도구(기구) 3. (植) 박의 일종

natega 노력, 수고; 어려움 (napor, trud; muka, teškoća); *s* ~*om* 어렵게, 힘겹게

nategača 참조 natega; 1. 가늘고 길쭉한 조롱박 (통에서 액체 등을 퍼올리는데 사용하는); 사이펀, 흡입관 2. 통의 테를 조이는 도구(기구)

nategljaj (물·술 등 액체를 한 번에 마실 수 있는) 한 모금 (gutljaj)

nategnut -*a*, -*o* (形) 참조 nategnuti; 긴장된, 팽팽한; ~*i odnosi* 긴장관계; ~*o ponašanje* 굳은 행동; *razgovori su bili isprva nešto nespretno* ~*i* 대화는 처음부터 뭔가 부자연스럽게 긴장감이 흘렀다

nategnuti -*nem*; *nategnuo*, -*ula* & *nategao*, -*gla*; *nategnuvši* & *nategavši* (完), **natezati** -*žem* (不完) 1. (잡아당겨) 팽팽하게 하다; 팽팽히 당기다(화살줄 등을); (총의) 공이치기를 잡아당기다 (zategnuti, rastegnuti, napeti); ~ *žicu (konopac)* 철사(실)을 잡아당겨 팽팽하게 하다; ~ *luk* 화살줄을 팽팽히 당기다; ~ *strunu* 현을 팽팽히 당기다; *nategnuta puška* 공이치기가 뒤로 젖혀진 총 2. (비유적) 왜곡하다; ~ *istinu* 사실을 왜곡하다; ~ *pravdu* 정의를 왜곡하다 3. 길게 쭉 잡아빼다, 잡아늘이다 (istegnuti, izdužiti, izvući); *nategne vrat da bolje vidi* 잘 보기 위해 목을 쭉 잡아늘였다 4. (uši, za uši) 잡아당기다; *nategnem ga za uši* 나는 그의 귀를 잡아당긴다 5. (nešto 또는 보어 없이) 술 병(잔)을 잡고 마시다; *kad nategne čokanj, on zabaci glavu i pije dugo* 라키야병을 잡고 마시면, 머리를 처박고 오랫동안 마신다 6. ~ se (천이) 팽팽하다, 팽팽히 잡아당겨지다; (얼굴·주름살·피부 등이) 팽팽하다 7. ~ se 긴장하다 (napregnuti se, napeti se)

natekao -*kla*, -*klo* (形) (몸 등이) 부은

nateklina (몸의) 부은 곳 (otok, oteklina)

natenane (副) 천천히, 서두르지 않고, 차분히, 당황하지 않고; 상세히, 자세히 (polako, mirno; potanko, natanko, detaljno); ~ *posmatrati* 서두르지 않고 바라보다; ~ *puniti lulu* 천천히 (담배) 파이프를 채워넣다; ~ *raspredati o nečemu* ~에 대해 차분히 해결하다

natenani, **natenanu**, **natenahni** (副) 참조 natenane

natentati -*am* (完) 1. 권유하다, 부추기다, 꼬드기다 (보통은 부정적 의미로); *na pljačkanje košnica dječake je prvi natentao stari Jovandeka* 벌통을 훔치자고 소년들을

맨 먼저 꼬드긴 사람은 나이가 많은 요반데 카이다 2. 강제하다, 강요하다 (nametnuti, naturiti)

naterati *-am* (完), **nateravati** *-am*; **naterivati** *-rujem* (不完) 1. ((가축 등을) 몰다, 몰아가다; 쫓다, 쫓아내다, 몰아내다; (바람이 눈·비 등을) 몰고 오다; *nateram svinje u voće* 돼지를 과일이 있는 곳에 몰고간다; ~ *stoku u šumu* 소를 숲으로 몰고가다; *oluja iznenadno natera krupne kišne kapi na prozorska okna* 돌풍이 갑자기 굵은 빗방울을 창틀로 몰고왔다 2. (어떠한 상태가) 되게 하다, (어떠한) 계기를 마련해주다 (보통은 심리적으로 힘든 상태의); *tako bolnim glasom pripovedao je svoju patnju da je svima suze na oči naterao* 그렇게 구슬픈 목소리로 자신의 고난을 말해 모든 사람의 눈가에 눈물이 맺히게 했다; ~ *nekoga u plač* 누구를 울게 만들다; ~ *rumenilo u lice* 얼굴이 붉어지게 하다 3. 어쩔수 없이 ~하게 하다, 강제하다, 강요하다, 종용하다 (prinuditi, primorati); *naterao ga je da popije nekoliko čaša sode* 소다물 몇 잔을 마시도록 종용했다; ~ *na bekstvo* 도망가도록 강요하다; ~ *poslušnost* 복종하게 하다; ~ *na rad* 일을 하게 하다 4. 찌르다, 푹 쑤셔넣다 (nabiti); *Trifun natera kapu na oči* 트리푼은 모자를 눈 바로 위까지 푹 눌러쓴다; *kao da mu je neko naterao nož u stomak* 누군가 그의 배를 칼로 찌른 것처럼 5. 일정한 숫자에 이르게 하다(원하는 숫자만큼), 증가시키다; *za dva meseca naterasmo na hiljadu glava* 2개월 후에 우리는 천두(千頭)까지 증가시켰다

natezati *-žem* (不完) 1. 참조 nategnuti 2. (s nečim) 고생하다, 고통을 겪다; ~ *s matematikom* 수학 때문에 고생하다 3. ~ se 참조 nategnuti se 4. ~ se (s nečim) 고생하다; ~ *se sa statistikom* 통계와 씨름하면서 고생하다 6. ~ se 말다툼하다, 언쟁하다, 옥신각신하다; *dugo smo se natezali s Milanom* 밀란과 오랫동안 언쟁했다 7. ~ se (가격을) 흥정하다; *natezao se sa seljacima pazarajući od njih stoku* 농민들로부터 가축을 사면서 그들과 흥정했다

naticanje, natjecanje (동사파생 명사) naticati se; 경쟁, 시합

naticati *-čem* (不完) 참조 nataknuti, nataći

naticati *-čem* (不完) 1. 참조 nateći 2. ~ se 경쟁하다, 시합하다 (nadmetati se, takmičiti

se); *nekolicina se naticala u skoku iz mesta* 몇 몇 사람들이 제자리높이뛰기 시합을 했다; ~ *se u skakanju* 점프 시합을 하다

natikač (男), **natikača** (女) 1. 털실로 짠 양말 (목이 짧고 자수로 장식된) (nazuvak); *na ~e ... mati je našarala pticu* 털실로 짠 양말에 어머니는 새를 넣어 장식했다 2. 신발의 한 종류(바닥에 얇은 가죽을 대고 위에는 털실로 짠) 3. 슬리퍼 (주로 목제로 된)

natirati *-em* (不完) 참조 natrti

natiskati *-am* (完), **natiskavati** *-am*, **natiskivati** *-kujem* (不完) 1. 밀다, 밀어넣다, 밀어 쑤셔넣다, 밀어 꽉꽉 채우다 (natrpati, nabiti); ~ *ljude u kakav prostor* 사람들을 어떠한 공간에 밀어넣다; ~ *zatvornike u ćeliju* 많은 수의 죄수들을 감방에 빽빽이 집어넣다; ~ *torbe* 가방에 쑤셔넣다 2. 인쇄하다, 출판하다 (naštampati, odštampati) 3. ~ se (많은 수가) 빽빽이 모이다; *oko njih natiskali se borci* 그들 주변에 많은 전사들이 밀려들었다

natisnuti *-nem*; natisnuo, -nula & natiskao, -sla; natisnuvši & natiskavši (完) 1. (떼를 지어) 몰려가다, 몰려들다 (navaliti, nadreti); *pazi kako su natisli, kukala im majka!* 어떻게 그들이 몰려들었는지 유념하라고 어머니는 그들에게 불평했다! 2. (보어 u beg, trkom 등과 함께) 급히 가다, 서둘러 가다, 도망치다; *uzbunjeni seljaci, videći da se već beži, natiskoše i sami kud koji* 당황한 농민들은 그 사람이 벌써 도망치는 것을 보고는 사방으로 도망쳤다 3. (koga) 뒤를 쫓다, 뒤쫓다, 추적하다, 추격하다 4. ~ se (보어 za nekim과 함께) 뒤쫓다, 추적하다, 추격하다 5. ~ se (감정 등이) 엄습하다, 밀려들다 6. ~ se (떼를 지어, 많이) 모이다, 밀려들다 (natiskati se); *svet se natisne oko njega* 사람들이 그 주변으로 몰려들었다

natjecalac *-aoca* 참조 natjecatelj; 경쟁자, (시합) 참가자

natjecanje (동사파생 명사) natjecati se; 경쟁, 시합

natjecatelj 경쟁자, (시합) 참가자 (takmičar); ~*i su se vježbali deset mjeseci prije početka igara* 시합 참가자는 경기 시작전 10개월 동안 연습했다

natjecati se *natječem se* (完) 1. 시합하다, 경쟁하다, 겨루다, 시합에 참가하다 (nadmetati se, takmičiti se); ~ *u brzini* 속도 경쟁을 하다; ~ *za kup* 컵을 놓고 시합하다 2. 경매(공개입찰)에 참여하다

natječaj 참조 natečaj; *raspisati* ~ 대회(시합)를 발표하다; ~ *je otvoren 15 dana od dana objavljivanja* 대회는 대회발표일로부터 15일 동안 진행된다 natječajni (形); ~*a komisija* 경기위원회, 선정위원회

natječajnɪ -*ā*, -*ō* (形) 참조 natječaj, natečaj

natkati -*am* (드물게 *natkem*) (完) 1. (많은 양의 피륙을) 짜다 2. 짜서 만들다; *on je to zamislio, zasnovao, ispreo, natkao* 그는 그것을 생각하고, 기초를 다지고 윤곽을 만들어 냈다

natkloniti -*im* (完) 위에서 덮어 씌우다, 뒤덮다

natkolenica (다리의) 윗 부분(무릎 윗 부분); 허벅지, 넓적다리, 대퇴부; *laktovima se odupro o* ~*e* 팔꿈치를 허벅지에 괴었다

natkonobar (호텔 등의) 웨이터장(長), 수석 웨이터

natkriliti -*im* (完), natkriljivati -*ljujem* (不完) 1. 위로부터 덮어 씌우다, 뒤덮다 (natkriti); ~ *postelju* 침대를 덮어 씌우다; *crkvica natkriljena velikim orahom* 커다란 호두나무로 뒤덮인 작은 교회 2. ~보다 더 높다 (nadvisiti); *Gučevo je natkrililo Loznicu* 구체보산은 로즈니짜보다 더 높다 3. ~을 능가하다, ~을 뛰어 넘다 (nadmašiti, prevazići); *prvi uspeh natkrilio je njihovo očekivanje* 최초의 성공은 그들의 기대를 뛰어 넘었다 4. ~ se ~위에 솟다(솟아 있다), ~위에 펼쳐지다 (nadneti se); *nebo se natkrililo nad morem* 하늘은 바다 위에 펼쳐졌다; *fašizam se natkrililo nad mnoge zemlje Evrope* 파시즘은 유럽의 많은 국가들 위에 떠돌았다

natkriti *natkrijem* (完) natkrivati -*am* (不完) 1. 지붕을 덮다(씌우다), 가리개 등으로 위를 뒤덮다 (보통은 사방으로 터진 공간에서) 2. (일반적으로) 뒤덮다 (zakloniti); ~ *oči šakom* 손바닥으로 눈을 가리다

natkrovlje, natkrovnica 참조 nadstrešnica; 처마

natmuren -*a*, -*o* (形) 1. 언짢은 표정의, 뚱한 표정의, 찡그린; 우울한, 침울한, 기분이 좋지 않은 (namrgođen, turoban, mrzovoljan, sumoran); ~ *izgled* 뚱한 표정; ~*o raspoloženje* 우울한 기분; ~ *čovek* 침울한 사람 2. 구름이 엷게 낀, 흐린, 어둠침침한 (siv, smračan, natušten); *zabrinuto je pogledao još uvek* ~*o nebo* 아직까지도 흐린 하늘을 걱정스럽게 바라보았다

natmuriti -*im* (完) 1. 얼굴을 찡그리다, 인상을 쓰다 2. ~ se 인상을 쓰다, 얼굴을 찡그리다

3. ~ se (날씨·하늘 등이) 흐려지다, 구름이 끼다, 어두워지다, 옅은 구름이 끼다

nato (副) 그 이후에 (posle toga); ~ *se njegov otac ponovo oženio* 그 후 그의 아버지는 재혼했다

natociljati -*am* (完) 속이다, 기만하다 (prevariti, nasamariti)

natočiti -*im* (完) 1. (술 등 액체를) 따르다, 따라 붓다; ~ *vodu (vino, rakiju)* 물(포도주, 라키야)을 (잔·병 등에) 따르다 2. (술 등 액체를 그릇에) 가득 따르다, 따라 가득차게 하다; ~ *čašu* 잔에 가득 따르다; ~ *flašu* 병에 가득 따르다

natopiti -*im* (完), natapati -*am* (不完) 1. (물 등에) 푹 적시다, 푹 젖게 하다 (namočiti, nakvasiti); ~ *maramicu* 손수건을 푹 적시다 2. 담그다, 담가 놓다(물 등에 옥수수·콩 등을 불리기 위해, 발효시키기 위해) 3. (충분히 많은 양의) 물을 주다(뿌리다) (zaliti, navodniti); ~ *vinograd* 포도밭에 많은 물을 주다; ~ *vrt* 정원에 충분한 양의 물을 뿌리다; ~ *cveće* 꽃에 충분한 양의 물을 주다 3. (밀랍·금속 등을) 녹이다, 녹게 하다 (많은 양을); ~ *voska* 왁스를 녹이다; ~ *masti* 지방을 녹이다; ~ *olova* 납을 녹이다 4. 충만하게 하다, 가득하게 하다, 베어들게 하다, 스며들게 하다 (prožeti, ispuniti); *vonj duvana ... je tu natopio čitav prostor* 담배 냄새가 방에 가득했다; *lice natopljeno ljubavlju* 사랑으로 가득한 얼굴; *natopljen romantizmom* 낭만주의 정신으로 가득한; *natopljen tugom* 슬픔으로 가득한 5. ~ se 푹 젖다

natovariti -*im* (完) 1. (~에) 짐을 싣다, 적재하다; ~ *cementa na kola* 자동차에 시멘트를 싣다; ~ *vreće na konja* 자루를 말에 싣다; ~ *nešto na kola* 뭔가를 자동차에 싣다 2. (자신의 어깨·등에 짐을) 지다, 매다, 짊어지다 (uprtiti) 3. (운송수단·운송용 동물 등에 짐을 싣다; ~ *konja* 말에 짐을 싣다; ~ *kamion* 트럭에 짐을 싣다; ~ *traktor* 트랙터에 짐을 싣다 4. (nekome) (비유적) 누구에게 부담을 지우다; ~에게 (잘못·죄 등을) 뒤집어씌우다, 전가하다; ~ *nekome na vrat (leđa, pleća)* 누구에게 부담을 지우다 5. ~ se 짐을 지다(매다); *natovareni rancima* 배낭을 짊어진

natpevati -*am* (完) 1. 노래를 더 잘 부르다 2. ~ se 노래 대회에 나가다

natpijati se -*jam se* (不完) 누가 더 술을 더 잘 마시는지 시합하다

613

natpis 1. (현판·금석 등에) 새겨진 글; *nadgrobni ~* 비문(碑文) 2. (책·기사·노래 등의) 제목 (naslov); *ovaj svezak lirskih stihova ne označuje svojim ~om sadržaj pesama* 이 서사시 노트의 제목은 시의 내용을 의미하지는 않는다 3. (편지·소포 등의) 주소 (adresa); *~ na pismu* 편지의 주소

natpisati *–šem* (完), **natpisivati** *–sujem* (不完) 1. (~의 위에) 적다 (보통은 이미 적힌·인쇄된 텍스트 위에); *~ primedbu iznad teksta* 텍스트 위에 이의 사항을 적다 2. (廢語) 주소를 적다 3. *~ nekoga* ~보다 잘 쓰다, ~보다 필체가 좋다; *ko mi nadgovori Čupića i natpiše Molera, daću mu šta god hoće* 추피치보다 말을 잘하고 몰레르보다 글씨를 잘 쓰는 사람에게는 원하는 그 무엇이라도 줄 것이다

natpiti *natpijem* (完), **natpijati** *–jam* (不完) ~보다 술을 더 잘 마시다

natplivati *–am* (完) ~보다 수영을 더 잘하다, 수영 경기에서 승리하다(이기다)

natpop 대처승려장(長), 수석대처승려(pop)

natporučnik (軍) (군계급의 일종으로) 중위장(長), 수석중위 (중위와 대위 사이의)

natpričati *–am* (完) ~보다 이야기를 더 잘 하다, 구연대회에서 이기다 (nadgovoriti)

natprirodan *–dna, –dno* (形) 초자연의, 초자연적인; *~dna pojava* 초자연적 현상; *~dna sila* 초자연적 힘; *~dna veličina* 자연에서는 존재하지 않는 어마어마한 크기

natprosečan *–čna, –čno* (形) 평균 이상의, 보통 이상의; *~čna vrednost* 평균 이상의 가치; *~čna lepota* 보통 이상의 아름다움; *~ rezultat* 평균 이상의 결과; *~ kvalitet* 평균 이상의 품질

natrabunjati *–am* (完) 허튼 소리를 많이 하다, 의미없는 말을 주절주절거리다 (trabunjati)

natrag (副) 1. 뒤로, 거꾸로 (nazad); *ići ~* 뒤로 가다; *krenuti ~* 거꾸로 움직이다 2. 원래 있던 그 자리로, 원점으로; *vratiti (uzeti, staviti) nešto ~* 원점으로 돌려놓다; 3. 뒷걸음질치며, 등지고(natraške); *ne valja ići ~ jer će umreti mati* 뒷걸음질치며 가는 것은 좋지 않다 왜냐하면 어머니가 죽을 것이기 때문에(민중 속설 중의 하나) 4. 이전 상태로; *ne može se ~* 이전 상태로 되돌아갈 수는 없다 5. 뒤에, 뒤쪽에 (pozadi); *u njegovoj kući je bilijar, kupatilo; tamo ~ čitav park* 그의 집에는 당구장과 목욕탕이 있으며 뒤쪽으로는 공원이 있다

natraga (方言) 참조 potomstvo; 후손

natrapati *–am* (完) 1. (na nekoga, na nešto) 우연히 조우하다 (nabasati); (보통은 어떤 유쾌하지 못한 것과 관련되어) 우연히 ~와 관련을 맺다; *~ na ludaka* 어쩌다보니 미친 놈과 관련을 맺다 2. 어디선가 갑자기 나타나다 (banuti); *natrapa odnekud jedan eskadron konjice* 갑자기 어디선가 기마부대가 나타난다 3. 우연히 발견하다; *natrapa na jedan od onih čudnih Gebesovih članaka* 괴벨스의 기괴한 기사 중의 하나를 우연히 발견하다

natraške (副) 1. 뒤로, 뒤쪽으로, 뒷걸음질치며 (unazad); *ići ~ kao rak* 게처럼 뒷걸음치며 가다; *povlačio se prema desnim vratima idući ~* 뒷걸음칠치며 오른쪽 문을 향하여 물러갔다 2. 등뒤로; *vezan ~* 등뒤로 묶인 (결박된) 3. 거꾸로, 역순으로 (naopako, naopačke); *~ čitati* 거꾸로 읽다 4. 좋지 않게, 나쁘게 (kako ne valja, naopako, rđavo); *od jutros mi nešto sve pošlo ~!* 나는 아침부터 뭔가 모든 일이 잘 안되었다!; *sve si ovo ~ uradio* 모든 일을 너는 엉터리로 했다; *sve je ispalo ~* 모든 일이 잘 안되었다

natražan *–žna, –žno* (形) 반동의, 반동적인, 복고적인, 시대에 뒤떨어진, 역행하는 (reakcionaran, nazadan, zaostao); *~žna i nenaučna shvatanja bioloških problema bila su oborena* 반동적이고 비과학적인 생물학적 문제 인식은 폐기되었다; *~žna snaga zakona* (法) 법률의 소급적용

natražnjak (사회·정치적 진보·변화에 대한) 반동주의자, 수구주의자 (reakcionar)

natrbuške (副) 배를 깔고 (potrbuške)

natrčati *–im* (完), **natrčavati** *–am* (不完) 1. (na koga, na što) 달려가 ~에 부딪치다(충돌하다) 2. 뛰어가다, 달려가다, 쇄도하다 (dojuriti, dotrčati) 3. ~보다 더 잘 달리다, 달리기에서 이기다(승리하다) 4. (비유적) 함정에 빠지다, 기만당하다, 속다 (nasesti, nasamariti se) 5. ~ se 지겨울 정도로 오랫동안 달리다, 피곤할 정도로 많이 달리다 6. ~ se 뛰어다니며 일할 정도로 바쁘다

natresati *–am* (不完) 1. (먼지 등을) 털다, 털어내다 (istresati, tresti); *natresala je posteljinu na verandi žureći se ispred kiše* 비가 오기 전 서둘러 베란다에서 침대보를 털었다 2. ~ se 화(분노)를 표출하다, 거칠게 행동하다, 소리를 지르다(보통은 자신보다 약자인 사람에게) (brecati se, osecati se)

natreskati se *–am se* (完) 술을 많이 마시다,

술취하다 (napiti se, opiti se)

natresti *-sem* (完) 1. 나무를 흔들어 (과일을) 따다, 흔들어 떨어뜨리다 2. ~ se (na nekoga, nad nekim) 소리를 지르다, 고함치다

natrgati *-am* (完) (많은 양의 꽃·잎사귀·과일·가지 등을) 뜯다, 따다, 꺾다

natrij, natrijum (化) 나트륨 **natrijev, natrijski** (形)

natrljati *-am* (完) (nekoga, nešto) 1. 문질러 바르다; 마사지하다(손바닥 등으로 치료·미용 목적으로) 2. 기타; ~ *nekome nos* 누구를 질책하다(나무라다)

natroje (副) 세 부분으로, 세 개로 (na tri dela); *slomiti* ~ 세 동강으로 부러뜨리다

natron (化) 수산화나트륨, 가성 소다

natrontati *-am* (完) 1. (nekoga) 너무 껴 입히다, 너무 두껍게 입히다; ~ *dete* 아이를 너무 껴 입히다 2. (nešto) 너무 많이 쑤셔 넣다, 너무 많이 넣다 (natrpati, pretrpati); *zidovi su bili natrontani ćilimima drečećih boja* 벽에는 눈에 잘 띄는 색깔의 벽양탄자로 가득했다 3. ~ se 옷을 너무 많이 껴입다

natrpan *-a, -o* (形) 1. 참조 natrpati 2. 과도하게 장식된(많은); *~a šara* 너무 많이 들어간 문양; *haljina ~a ukrasima* 장식이 너무 많은 드레스 3. 붐비는, 만원의 (prepun, zakrčen); *pripremala se da pređe na drugu stranu ~e ulice* 그녀는 혼잡한 거리의 반대편으로 건너가려고 하였다

natrpati *-am* (完) 1. 쑤셔넣다, 밀쳐넣다; ~ *stvari* 물건들을 쑤셔넣다; ~ *baruta* 화약을 쑤셔넣다; ~ *kofer* 가방에 쑤셔넣다 2. 두서없이 광범위하게 나열하다 (nabacati) 3. (사람들을 좁은 공간에) 밀어넣다, 쑤셔넣다 (potrpati, nagurati) 4. ~ se 빽빽하다, 만원이다 5. ~ se 과식하다, 너무 많이 먹다

natrti *natrem & natarem; natro, natrla; natrt & natrven; natrti & natari* (完) **natirati** *-rem* (不完) 1. (nešto nečim) (크림 등을 손바닥으로) 문질러 바르다; ~ *vratne žile sirćetom* 목 힘줄에 식초를 문질러 바르다 2. (반죽 등에) 밀가루를 바르다

natruckati se *-am se* (完) 많이 흔들리다, 많이 흔들려 고생하다(비포장도로에서 마차 등을 타고 오면서)

natruliti *-im* (完) 썩기(부패하기·상하기) 시작하다

natruniti *-im* (完) 1. 가루·부스러기(trunje)를 뿌리다 (naprašiti); *natruniše mi ranu puharom od cirarete i onda je zavezah maramom* 내 상처에 담배 가루를 조금 뿌린 후 천으로 묶었다; ~ *meso sitnom solju* 고기에 가는 소금을 뿌리다 2. 부스러기로 더럽히다(오염시키다); ~ *mleko* 우유에 부스러기를 떨어뜨리다 3. (nešto) (비유적) (이질적 요소를 도입하여 본래의 자기 것·특성 등을) 망치다, 해치다, 손상시키다; *moraju ... biti vrlo oprezni da ne natrune svoj jezik tuđicama* 외래어로 자신들의 언어를 훼손시키지 않기 위해 매우 조심해야 한다 4. (명예·평판 등을) 손상시키다, 훼손하다; ~ *nečiji dobar glas* 누구의 평판을 훼손시키다; ~ *nekome poštenje* 누구에 대한 존경심을 훼손하다 5. ~ se 가루·부스러기로 더럽혀지다(가득하다); *kosa mu je natrunjena senom* 그의 머리카락은 지푸라기로 가득했다

natrunjen *-a, -o* (形) 1. 참조 natruniti 2. (čime) ~의 영향력이 느껴지는, ~의 영향을 받은; ~으로 가득 찬; ~ *dijalektizmima* 사투리의 영향을 받은

natruo *-ula, -ulo* (形) 1. 썩기(부패하기) 시작한, 부분적으로 썩은(부패한); *~ulo grožđe* 썩은 포도; *~ulo drvo* 썩기 시작한 나무; *~ula jabuka* 부분적으로 썩은 사과 2. (비유적) (도덕적으로) 타락하기 시작한, 망가지기 시작한; *~ulo društvo* 부패한 사회

natucati *-am* (完) 두드려(때려) 잘게 부수다 (많은 양을)

natucati *-am* (不完) 1. 더듬더듬 글자를 읽다 (잘 알지 못해), 간신히 글자를 읽다; *ona ne zna dobro da čita, tek ponešto natuca* 그녀는 잘 읽지 못하며, 겨우 몇 몇 글자를 더듬더듬 읽는다 2. 말을 잘 못하다 (외국어를); *Konrad je natucao nešto srpski, i njime se služio* 콘라드는 세르비아어를 잘 못하지만 사용한다; *on natuca nešto talijanski* 그는 이탈리아어를 조금 말할줄 안다; *on natuca malo francuski* 그는 프랑스어를 조금 말한다 3. 잘 알지 못하면서 ~에 대해 말하다; *počeo je da nešto natuca o Marksovoj teoriji* 잘 알지도 못하면서 막스 이론에 대해 뭔가 이야기하기 시작했다 4. 알리다, 통지하다, 통고하다 (nagoveštavati); *Vi njoj onako izdaleka počnite ~ kako sam se ja ... u nju zaljubio* 당신은 내가 얼마나 그녀에게 빠졌는지를 조금 떨어져서 그녀에게 말하기 시작합니다

natučen *-a, -o* (形) 1. 참조 natući 2. 가득한, 가득찬, 밀집한 (pun, prepun, nabijen); *vlažne grane ... su bile već tako reći ~e pupoljcima i listićima* 물이 오른 가지에는 벌써 꽃몽우리와 작은 잎사귀로 가득했다고 말할 수 있었다 3. (비유적) 장난기로 가득한,

N

익살로 가득한 (vragolast, pun dosetki, duhovit)

natući *natučem* (完) 1. 대량으로 죽이다(살해하다), 사냥하다; *ulazili su u stepu da natuku ... stepskih ptica, jelena i koza* 그들은 초원지대의 새와 사슴 그리고 염소들을 사냥하려고 스텝지역에 들어갔다 2. (모자·옷 등을) 입히다, 씌우다; 모자를 쓰다 (nabiti, navući, nataći); *i njemu su takvu kapu natukli* 그에게도 그러한 모자를 씌웠다; ~ *kapu na uši* 모자를 귀까지 푹 눌러 쓰다 3. 찡그리다, 인상을 쓰다 (namrštiti, naborati); *čelo nad obrvama natuče* 그는 눈썹위 이마를 찡그리다 4. 가득하게 하다, 가득차게 하다 (napuniti, natrpati) 5. 멍들게 하다 (nagnječiti); *i leva je ruka bila natučena* 왼쪽 손도 멍들었다 6. ~ se 실컷 때리다, 맘껏 때리다 7. ~ se 실컷 마시고 먹다; *nisam se ja natukla kruha i vina* 나는 빵과 포도주를 실컷 먹지 못했다

natuknica 1. 암시, 넌지시 말함 (aluzija) 2. (사전 등의) 표제어 (odrednica) 3. (演劇) (연극에서 배우의 연기 시작을 알리는) 신호, 큐 (šlagvort)

natuknuti *-nem* (完) 암시하다, 넌지시 알려주다; ~ *o nečemu* ~에 대해 암시하다 (넌지시 알려주다); *oprezno, tek je natuknuo zašto je došao* 그는 조심스럽게 왜 왔는지를 이제서야 넌지시 말하였다

natura 1. 자연 (priroda) 2. 성격, 기질 (narav, ćud, karakter) 3. 기타; *u ~i (platiti, dati, dobiti)* (현금대신) 현물로 (지불하다, 주다, 받다)

naturalan *-lna, -lno* (形) (인위적이 아닌) 자연의, 자연속에서 자라는, 자연적인 (prirodan); *-lna privreda* (상업적 목적이 아닌 공동체의 필요를 충족시키기 위한) 자급 경제

naturalije (女,複) 1. 농산품; 자원, 원자재 2. 생필품

naturalist(a) 1. (예술 등의) 자연주의자 2. 박물학자

naturalistčan *-čna, -čno*, **naturalističkī** *-ā, -ō* (形) 1. 자연주의의, 자연주의적인 2. 자연의, 자연적인 (prirodan)

naturalizacija 1. (낯선 환경에의) 적응; (동식물의) 이식(移植) 2. (法) (다른 나라의 국적을 취득하는) 귀화(歸化)

naturalizam *-zma* (문학·예술의) 자연주의

naturalizirati *-am*, **naturalizovati** *-zujem* (完, 不完) 1. (외국인을 자국민으로) 귀화시키다,

국적을 부여하다 2. (동식물을 새로운 환경에) 적응시키다, 풍토에 익도록 하다, 토종화시키다 3. ~ se (새로운 환경에) 적응하다, 풍토에 익다, 토종화되다 4. ~ se (다른 나라 국적을 취하여) 귀화하다

naturiti *-im* (完), **naturati** *-am* (不完) 1. 강제하다, 강요하다, 억지로 ~시키다; ~ *svoju volju nekome* 누구에게 자신의 뜻을 강요하다; ~ *svoje ideje* 자신의 아이디어를 강요하다 2. (모자·옷 등을) 쓰다, 입다 (navući, namaći); (수갑·올가미 등을) 채우다, 씌우다 (staviti, metnuti); *on naturi kapu i odjuri* 그는 모자를 쓰고 뛰어간다 3. ~ se (보통은 보어 za vođu, za gospodara 등과 함께) 강제되다; *četnici ... u nekim mestima ... hoće da se nature kao vlast* 어떤 곳에서는 체트니크들을 권력으로 받아들이도록 요구되었다; *on nam se naturio* 그는 우리에게 강요하였다 4. ~ se (za nekim) 뒤쫓다, 뒤쫓아 뛰어가다, 추격하다 (pojuriti); *pisar ... stade da beži, Marko se naturi za njim* 서기는 도망가려고 일어났으며 마르코는 그의 뒤를 뒤쫓아간다 5. ~ se (nekome) (생각·느낌 등에) 사로잡히다, 휘감기다 6. ~ se (어려움·고통·불행 등이) 몰려들다, 밀려들다

natuštiti *-im* (完) 1. (이마·눈썹 등을) 찡그리다, 인상을 쓰다 (namrštiti, nabrati) 2. ~ se (보통 소나기가 내리기 전의 날씨가) 흐려지다; (하늘에) 먹구름이 끼다, 어두워지다; (구름이) 끼다, 몰려들다 *nebo se natuštilo, rekao bi sad će pljusak udariti* 하늘에 구름이 몰려드는 것을 보니까 이제 소나기가 올 것 같다 3. ~ se 얼굴(인상)이 찡그려지다, 찌푸리다

natutkati *-am* (完) ~하도록 부채질하다(선동하다·부추기다) (nahuškati, podstaći); ~ *psa na decu* 아이를 물도록(공격하도록) 개를 몰아세우다

natvrd *-a, -o* (形) 다소 딱딱한, 조금 딱딱한

naučan *-čna, -čno* (形) 1. (보통은 한정형으로) 학문의, 학술의, 학문상의; 과학의, 과학적인; *~čna istraživanja* 학문적 연구; *~čni krugovi* 과학계; *~čni rad* 학술 업적; *~čna istina* 과학적 사실; *~čno otkriće* 과학상의 발견; *~čni saradnik* 연구원 2. 배운, 교육받은, 학식이 있는 (učen, školovan); *slabo ~* 교육을 별로 받지 않은

naučen *-a, -o* (形) 1. 참조 naučiti 2. 교육받은, 학식있는 (učen, obrazovan); *Nedić je bio vrlo pametan i ~ čovek* 네디치는 매우 영리하고 학식있는 사람이다

naučenjak 참조 naučnik; 학자, 과학자

naučiti *-im* (完) 1. 배우다, 공부하다; ~ *strani jezik* 외국어를 배우다; ~ *sviranje na klaviru* 피아노 연주를 배우다 2. 외우다, 암기하다 (upamtiti, zapamtiti); ~ *pesmu napamet* 시를 외우다 3. ~에 익숙해지다, ~하는 버릇이 생기다 (naviknuti); *nisu ljudi naučili da ga takvog vide* 사람들은 그 사람을 그렇게 보는 것이 익숙하지 않았다 4. (nekoga) 가르치다; *otac me naučio da igram šah* 아버지는 내게 체스를 가르치셨다; ~ *nekoga da puši* 누구에게 담배를 가르치다 5. ~ se (čemu, na što) 배우다; *Vuk se od dobra oca nauči knjizi srpskoj i talijanskoj* 부크는 훌륭한 아버지로부터 세르비아어 책과 이탈리아어 책을 배운다 6. 기타; ~ *koga pameti* (보통은 위협과 공갈로) 현명하게 행동하도록 하다; ~ *koga redu* (보통은 위협적 방법을 동원하여) 받아들일 수 있는 행동을 하게 하다

naučnik 1. 학자, 과학자 (naučenjak) 2. 견습생, 도제 (šegrt)

naučno (副) 학문적으로, 과학적으로; ~ *dokazati* 과학적으로 입증하다; ~ *objasniti* 과학적으로 설명하다

naučnoistraživačkī *-ā, -ō* (形) 과학적 탐구의, 학술 조사의, 학술 연구의; ~ *rad* 학술 업무; *~a ustanova* 학술 연구 기관, 과학 연구 기관

naučno-predavačkī *-ā, -ō* (形) 학술 강의의, 과학 강의의; ~ *kadar* 교수 요원

naučnost (女) 1. 학식 (učenost) 2. 학술성, 학문적 특성, 학문적 가치, 과학적 가치

nauditi *-im* (完) (nekome, nečemu) (~에게) 해를 끼치다, 손해를 끼치다, 부정적 영향을 끼치다 (naškoditi); *hladni vjetar ... bi mi nauditi mogao* 찬바람이 내게 부정적 영향을 끼칠 수도 있다

nauk 1. 충고; 교훈, 가르침 (savet, pouka, lekcija); *to će mi biti za ~* 그것은 나에게 교훈이 될 것이다 2. 교육, 학습, 배움 (škola, školovanje); *kakav ~ takvo i čitanje!* 뿌린대로 거둘 것이다 3. 버릇, 습관 (navika, navada); *teško se to ~ od rođenja menja!* 버릇은 고치기 어렵다, 세 살 버릇 여든까지 간다

nauka 1. 과학; 학문, 학(學); 앎, 학식; *prirodne (društvene) ~e* 자연(사회)과학; *humanističke ~e* 인문학; *političke ~* 정치학; *čista (primenjena) ~* 순수(응용)과학; *kompjuterska ~* 컴퓨터공학; *čovek od ~e* 과학자, 학자, 학식이 있는 사람; *bez muke*

nema ~e 수고하지 않고는 얻는 것도 없다; *stari gospodin beše čovek pun iskustva i ~e* 나이든 신사는 많은 경험과 학식이 있었다 2. 교훈, 가르침 (pouka, lekcija); *od brata molio je ~u* 형에게 가르침을 청하였다 3. (複) 배움, 학업 (školovanje); *on je skoro sa ~ došao* 그는 근래에 학업을 마치고 왔다; *ići na ~e* (고등학교나 대학교에) 진학하다 4. 버릇, 습관 (navika); *nauka je jedna muka, a oduka trista muka* 익숙해지는 것보다 익숙한 것을 버리는 것이 백배 더 어렵다

nauljiti *-im* (完) 기름(ulje)을 바르다, 기름칠하다

naum 참조 namera, nakana; 의도, 의향

nauman *-mna, -mno* (形) (보통 숙어로); *biti ~ ~하기로 마음먹다, 결정하다; *ja sam ~ da otvorim kafanu ovde na trgu* 나는 여기 광장에 커피집을 열기로 마음먹었다; *nisam ja ~ da to učinim* 나는 그것을 하기로 마음먹지 않았다

naumiti (完) ~하기로 마음먹다, 결정하다 (rešiti se, odlučiti se, nakaniti se); *Vi ste kanda ozbiljno naumili da ove godine napustite parohiju?* 혹시 올 해 교구(파로히야)를 떠나기로 굳게 마음먹었나요?

nausnica 1. (보통 複數로) (사춘기에 나기 시작하는) 콧수염(부드러운); *izrastao već momak, počela ga gariti ~* 벌써 청년이 되었으며, 콧수염이 나기 시작했다; *nagario se ~om* 콧수염이 거뭇거뭇 났다 2. 인중(윗입술과 코 사이의 안면부)

naušnica 참조 minđuša

naušnik (방한모의) 귀덮개

nauštrb (副)(+ G) ~에 해롭게, ~에 나쁘게 (na štetu, na račun čega); *to ide ~ zdravlja* 그것은 건강에 해롭다; ~ *svega ostalog* 나머지 모든 것에 나쁘게; *trpili smo ga ... protiv naše volje i ~ naše slobode* 우리의 의지에 반하여 우리의 자유를 침범당하면서 그를 참아왔다

naut (植) 병아리콩 (leblebija)

nautičar 1. (배의) 항해사 2. 해양학교 학생

nautika (배의) 항해, 항해술 (navigacija)
nautički (形); *~a sredstva* 위도와 경도

nautilus (貝類) 앵무조개

nauvek 참조 zauvek; 항상, 영원히

nauzanke (副) 참조 nauznak

nauzimati *-am* (完) (수차례에 걸쳐) 대량으로 모으다(수집하다·쓸어담다); *bio je nauzimao još stvari, pa ih je usput pobacio* 물건들을

더 많이 쓸어 취했으나 가는 길에 그것들을 내던졌다

nauznak (副) 1. 반듯이 누워 (쉬는 동사와 함께), 뒤로(동작 동사와 함께) (naleđuške, poleđuške, na leđa); *ležati* ~ 반듯이 눕다; *pasti* ~ 뒤로 자빠지다 2. 등 뒤쪽으로, 뒤로; *glava joj pade* ~ 그녀의 머리는 등 쪽으로 향했다 3. 등을 붙여서, 거꾸로; *vezati nekoga* ~ *za konja* 누구를 말에 등을 보고 묶다

nauzrujavati se -*am se* (完) 당황스러운 일을 많이 겪다

naužiti se *naužijem se* (完) 1. 만끽하다, 한껏 즐기다; *ovamo je došla ... da se naužije lepota prirode* 그녀는 자연의 아름다움을 만끽하기 위해 이리로 왔다 2. (반어적으로) 당하다, 겪다 (pretrpeti, podneti); *konačno naužio se dosta bede* 마침내 그는 극심한 가난을 겪었다

nauživati se -*am se* (完) (nekoga, nečega 또는 보어없이) (충분히 오랫동안) 한껏 즐기다, 만끽하다; ~ *sunca* 한껏 햇볕을 즐기다

navabiti -*im* (完) 유인하다

navada 습관, 버릇 (navika)

navadice (副) 습관적으로

navaditi -*im* (完) (충분한 양을) 꺼내다(끄집어내다)

navaditi -*im* (完) **navađati** -*am* (不完) 1. (누구를 무엇에) 익숙하게 하다, 익숙케 하다; ~ *ovce u tuđu livadu* 양들을 타인 소유의 풀밭에 익숙하게 하다 2. ~ *se* 익숙해지다, 습관이 되다, ~을 익히다; *navadio se na moju kuću* 그는 내 집에 익숙해졌다; ~ *se na rakiju* 라키야에 익숙해지다

navala 1. (군·민중 들의) 밀어닥침, 밀려듦; (전투·경기 등에서의) 돌격, 공격; *pred* ~*om neprijatelja* 적들의 공격 앞에서; *igrači su u žestokim* ~*ama pravili opasne prodore* 선수들은 격렬한 공격에서 위험한 돌파를 하였다 2.. (관심 증가의 표시로의) 몰려듦, 대규모 유입; 관심 폭발; 과다한 업무; ~ *stranaca* 외국인들의 몰려듦; ~ *na gimnazije* 인문계 고등학교로의 관심 폭발; ~ *kapitala* 자본의 대규모 유입; ~ *kandidata za upis* 후보자들의 등록 폭증; *kod njega je uvek* ~, *a niko neće ... da mu pomogne* 그는 항상 업무량이 너무 많은데 아무도 그를 도와주려하지 않는다 3. 대규모 출현(나타남); ~ *biljnih bolesti* 식물병의 대규모 발생; *pod* ~*om poslova* 폭증하는 업무량하에 4. (피·눈물 등의) 쏟아져 나옴; (물·

바람 등의) 강력한 줄기; (생각·느낌·감정·말 등의) 급작스럽게 튀어나오는 것; 급격한 확산; *pod* ~*om hercegovačkog dijalekta* 헤르체고비나 방언의 급격한 확산하에; ~ *vetra* 돌풍; ~ *svetlosti* 빛의 쏟아짐; ~ *suze* 쏟아지는 눈물; ~ *besa* 쏟아지는 분노; ~ *krvi* 쏟아져 나오는 피; ~ *pitanja* 질문의 홍수 5. (누구의 의지·행동·입장에 대한) 강력한 압박, 강압; 설득 6. (스포츠의) (팀의) 공격수(진); *vođa* ~*e* 공격진 리더; ~ *Crvene Zvezde* 쯔르베나 즈베즈다팀의 공격진 7. (植) 관중(양치식물의 일종)

navalan -*lna*, -*lno* (形) 1. 공격할 준비가 되어 있는, 공격적인 2. (한정형) 공격의 (ofanzivan, napadački); (스포츠의) 공격수의; ~*lni igrač* 공격수

navalice (副) 의도적으로, 고의적으로 (namerno, hotimično); *on je možda mislio da ona to* ~ *čini* 그는 그녀가 의도적으로 그것을 한다고 생각했을 수 있다

navaliti -*im*; *navaljen* (完), **navaljivati** -*am* (不完) 1. 힘들게 ~위에 놓다(쌓다); ~ *kamen na nešto (preko nečega)* ~위에 돌을 놓다(쌓다) 2. 싣다, 적재하다(짐을 말 등에); 쌓다, 수북히 쌓다 (장작을 불에) 3. (비유적) 부과하다, 부담시키다(세금·노역 등을) 4. 기대다, 기대어 놓다, 받쳐 놓다; ~ *kamen na vrata* 문에 돌을 받쳐 놓다 5. 대규모로 공격하다(군대가); (해충이) 대규모로 습격하다; ~ *na nekoga* 누구를 공격하다 6. 서둘러 ~쪽으로 가다, 빨리 ~쪽으로 향하다; 몰려 가다, ~의 뒤를 무리지어 쫓아가다; *navališe za njim* 그의 뒤로 몰려가다; *navališe na vrata* 문으로 몰려가다; *narod je navalio unutra* 사람들이 안쪽으로 몰려들었다; *svi su navalili u voz* 모두가 기차로 몰려갔다 7. 몰려들다(뭔가를 찾아서); *navalili u sud* 법정으로 몰려들었다; *kupci su navalili na robu* 구매자들은 물건을 사러 몰려들었다 8. (많은 수의 사람들이) 찾아오기 시작하다, 방문하기 시작하다; *navališe k njemu* 그에게 사람들이 몰려들기 시작했다 9. (많은 수가) 태어나기 시작하다; *navalila deca* 많은 수의 아이들이 태어나기 시작했다 10. (누구 앞으로) 가져가다, (누구에게) 많은 음식과 술을 제공하다; *navalio s jabukama (s rakijom)* 사과(라키야)를 원없이 주다(제공하다) 11. (모자 등을) 쓰다 (navući, namaći) 12. (질문 등을) 퍼붓다, 끈질기게 조르다; *navalili na njega sa svih strana* 사방에서 그에게 말폭탄을 퍼부었다; ~ *na nekoga molbama* 누구

에게 청원이 쏟아지다; ~ na nekoga pitanjima 누구에게 질문공세를 퍼붓다 13. (미정형 또는 da+동사 현재형의 보어와 함께) 끈질지게(집중하여, 집요하게) ~하기 시작하다; navali čitati 집중하여 읽기 시작하다 14. (na nešto) ~에만 신경쓰다, 전념하다 (prionuti); ~ na posao 일에 전념하다; ~ na jelo 먹는데에만 집중하다 15. (대규모로, 대량으로) 나타나다, (일이) 산더미처럼 쌓이다 16. (자연 현상 등이) 대규모로 나타나다; (물길 등이) 대규모로 몰려들다, 콸콸 쏟아지다; (눈물·피 등이) 콸콸 쏟아지다(흘러나오다) 솟구쳐 나오다; navalila mu krv u glavu 그의 머리에서 피가 솟구쳐 나왔다; krv mu je navalila na nos 그는 코피가 철철 터져 나왔다 17. (냄새·향기가) 급속하게 퍼지다 18. ~ se 기대다, 기대어지다 (nasloniti se, prisloniti se, osloniti se); 기울어지다, 구부러지다, 휘어지다 (nagnuti se, poviti se); ~ se na sto 책상에 기대다; ~ se na jednu stranu 한쪽으로 기울어지다 19. ~ se (비유적) (누구에게) 고통을 주다, 고난을 안겨주다; nešto mi se teško na prsi navalilo 뭔가가 내 가슴에 통증을 준다

navalnI, -ā, -ō (形) 참조 navalan; ~ igrač 공격수

navaljati -am (完) 1. 굴리다, 굴러가게 하다, 굴려 ~에 놓다(세우다); onu kladu odande navaljajte na vatru 저기 저 통나무를 굴려 불 위에 올려놓으세요; ~ trupac na kola 통나무를 차에 굴려 놓다 2. 굴려 쌓다(모으다); ~ burad u kačaru 통을 라키야를 빚는 건물에 굴려 쌓다 3. ~ se (진흙·풀밭 등에서) 실컷 구르다, 마음껏 구르다

navaljivati (se) -ljujem (se) (不完) 참조 navaliti

naveče, **navečer** (副) 저녁에, 어두워질 때, 해질 무렵에 (uveče); sutra ~ 내일 저녁에

navejati -jem (完), **navijati** -jam (不完) 1. (他) (바람 등이 불어) 쌓다, 쌓아 무더기를 만들다; vetar je navejao sneg 바람이 불어 눈더미를 만들었다, 바람이 눈을 쌓이게 했다; ima nasipa koje je s polja povodanj naneo ili vetar navejao 홍수가 들판에서 가져왔거나 혹은 바람이 불어 만들어진 둑이 있다 2. (自) (눈이 바람이 불어) 쌓이다; sneg je navejao 눈이 (바람이 불어) 쌓였다 3. (곡물을) 키질하다

navek (副) 1. 항상 (uvek); sudbina koja navek progoni čestite ljude bacila me na ovaj ležaj 양심적인 사람을 항상 괴롭히는 운명이 나를 이 자리로 떨어지게 했다; ~ go i bos 항상 헐벗은 2. 영원히 (zauvek); nek ~ ljubav uza te me sveže 영원히 사랑이 나를 너와 묶어놓기를

navekovati se -kujem se (完) 오래 살다, 장수하다 (naživeti se)

naveliko (副) 대규모로, 대량으로 (u velikoj meri, u velikim razmerama); svaki dan hapse ~ 매일 대규모로 체포한다

naveseliti se -im se (完) 오랫동안 즐거운 시간을 보내다, 많이 즐거워하다

navesti navedem; naveo, -ela; naveden, -ena; navedavši (完), **navoditi** -im (不完) 1. 인도하다, 안내하다, ~로 이끌다; ~ nekoga na zlo 누구를 악으로 인도하다; ~ razgovor na nešto ~에 대한 대화를 이끌다; ~ nekoga na greh 누구를 악으로 이끌다; ~ na tanak led (na trulu dasku) 위험에 빠지게 하다; ~ na zasedu 함정으로 유인하다; naveo ga put 그에게 길을 안내하다; ~ na drugi put 다른 길로 안내하다 2. 설득하여 ~시키다, ~하도록 설득하다 (nagovoriti, podstaći); ne znam šta ga je navelo da proda kuću, 나는 왜 그 사람이 집을 팔았는지 모른다; ~ na pobunu 봉기를 일으키도록 하다 3. 인용하다, 언급하다; ~ dokaze 증거를 인용하다; ~ primere 예를 인용하다 4. (일정한 방향으로) 물길을 내다, 물길을 돌리다; navoditi vodu na svoj mlin 자기 논에 물대다 5. (일정한 주제로) 대화를 이끌다; 일정한 결론으로 이끌다; naveo je razgovor na Mirka 미르코에 대한 화제로 대화를 이끌었다

navesti navezem; navezao, -zla; navezen, -ena; navešću; navezavši (完), **navoziti** -im (不完) 1. (자동차로) (많이) 운반하다, 배달하다, 나르다; navezli su drva za celu zimu 그들은 겨울 내내 땔 수 있는 장작을 배달했다; ~ drva (kamen, pesak) 장작(석재, 모래)를 나르다 2. (他) (보트 등을) 노를 저어 나가다, 항해해 나가다; ~ čamac na otvoreno more 공해로 보트를 항해해 나가다 3. ~ se (보트 등이) (공해·바다 등으로) 미끌어져 나가다, 떠나가다, 항해해 나가다 (isploviti); brod se navezao na otvoreno more 배가 공해로 떠나갔다 4. ~ se (선박 등이) 바닥에 닿다, 좌초되다 5. ~ se (타고) ~에 당도하다 (도착하다); kroz dugu povorku kola ... navezosmo se u Vukovar 긴 자동차 행렬을 통과하여 ... 부코바르에 당도했다 6. ~ se (자동차가) ~의 옆을(위를, 뒤를) 지나가다;

N

navezli su se na seoski put 그들은 시골길
을 지나갔다

navesti *navezem; navezao, -zla; navezen*
(完) 1. 수(vez)를 놓다, 수로 장식하다; ~
košulju 블라우스를 수로 장식하다, 블라우
스에 수를 놓다 2. (글씨를) 아름다운 필체로
장식하다(잘 쓰다); ~ *veliko slovo* 대문자를
멋지게 잘 쓰다 3. (비유적) 미사여구로 장식
하다, 미사여구를 써서 말하다; *napričaju ti
tako, iskite, navezu, pa zaslade rakijom* 그
들은 너한테 미사여구를 쏟아놓고는 라키야
로 기분을 고양시킨다

navestiti *-im* (完), **naveščivati** *-ćujem* (不完)
1. 알리다, 공포하다, 공표하다 (objaviti,
oglasiti) 2. (보어 rat와 함께 쓰여) 선전포고
하다; (가톨릭 교회에서) (누구의 결혼을) 공
포하다, 광고하다 3. (누구의 도착 등을) 미
리 알리다

navići *naviknem* (完) 참조 naviknuti

navigacija (선박·비행기 등의) 항해, 항행, 항
공; 항해술, 항공학; (plovidba, plovljenje)
  navigacioni, navigacijski (形); ~ *instumenti*
항법 계기, 항해 계기; ~*a karta* 항해도

navigator (선박·비행기 등의) 항해사, 조종사

navijač (스포츠팀 등의) 팬, 응원하는 사람; 지
지자; ~*i su bodrili svoje ljubimce* 팬들은 자
신의 응원팀을 응원했다; *fudbalski* ~ 축구팬;
zagrižen ~ 광적인 팬, 열렬한 팬 **navijački**
(形); ~ *voz* 팬들을 실어나르는 기차

navijati *-jam* (不完) 1. 참조 naviti; (태엽 등
을) 감다, 말다 2. 지지하다, 응원하다;
navijao je da Miloš ostane u Beogradu 밀
로쉬가 베오그라드에 남는 것을 지지했다; ~
za nekoga 누구를 지지하다 3. 기타; ~
vodu na svoj mlin (na svoje vodenicu) 자
기 논에 물대다

navijen *-a, -o* (形) 참조 naviti; *govori kao*
~*a* 그녀는 쉴 새 없이 말하다

navijutak 1. (베틀의) 빔 주변의 실; *sutra ću
biti gotova sa ovim* ~*tkom* 내일까지는 천
짜는 것을 마칠 것이다 2. (실 등의) 감긴 것
(navojak, namotaj)

navika 습관, 버릇 (navada); 습관들이기;
rđava (dobra) ~ 나쁜 (좋은) 버릇; *odučiti
nekoga od* ~*e* 습관을 버리게 하다; *stvarati*
~*u* 습관들게 하다; ~ *je druga priroda* 습관
은 제 2의 천성이다; *po* ~*ci* 습관적으로, *iz*
~*e* 습관적으로, 습관에 의해; *preći u* ~*u* 습
관이 되다; ~ *je jedna muka, a odvika dvije
muke* 습관을 들이는 것도 힘들지만 습관을
버리는 것은 더더욱 힘들다; ~ *na robovanje*

수형생활에의 익숙함; *moć* ~*e* 습관의 힘

navikati (完) *-čem* 1. ~에게 소리지르다(고함
치다), 소리지르기 시작하다(na nekoga) 2.
~ **se** 실컷 소리지르다(고함지르다)

naviknuti, navići *naviknem; naviknuo, -nula
& navikao, -kla* (完), **navikavati** *-am* (不完)
1. (他) 익숙케 하다, 길들게 하다, 버릇들게
하다; ~ *nekoga na strogu disciplinu* 엄격한
규율에 익숙케 하다; *navikla je decu da ležu
rano* 아이들이 일찍 잠자리에 들도록 했다;
~ *dete na redovno pranje ruku* 항상 손을
씻는 것이 습관이 되도록 아이를 가르치다;
~ *sluh na novu muziku* 새로운 음악에 귀가
익숙케 하다 2. (自); 익숙해지다, 습관이 되
다; *ona je navikla na njega* 그녀는 그 사람
에게 익숙해졌다; *on je navikao da sam
sprema doručak* 그는 혼자 아침을 준비하
는 것에 익숙해졌다; *nisam navikao da
pijem* 나는 술을 마시는 것이 익숙하지 않
다; ~ *na novi raspored* 새로운 시간표에 익
숙해지다 3. ~ **se** 익숙해지다, 습관이 되다

naviljak *-iljka; -iljci* (쇠스랑(vile)으로 한 번
에 들어올릴 수 있는 양의) 풀·건초 더미

navirati *-em* (不完) 1. (많은 양의 물이 땅 위
로) 솟구치다, 흘러나오다; 세차게 흐르다,
콸콸 쏟아지다 2. (사람이나 동물들이 집단
으로) 오다, 나타나다; (기류·기상 현상, 단어
·생각·느낌 등이) 세차게 나타나다, 확 덮쳐
오다, 갑자기 생각나다

naviti *-ijem; navio, -ila; navijen, -ena; navit;
navij* (完), **navijati** *-jem* (不完) 1. (실 등을
실패 등에) 감다 (namotati); (머리카락 등
을) 둘둘 말다 (uviti); ~ *kosu* 머리카락을
둘둘 말다; *tanku sam pređu navila* 가는 실
을 (실패에) 감았다 2. (태엽 등을) 감다; (총
등을) 장전하다; (악기의 현을) 팽팽하게 하
다; ~ *sat* 시계의 태엽을 감다; *uvek sam
zaboravila da navijem uru* 항상 시계 태엽
을 감는 것을 잊어버린다 3. (시계 등의 바
늘을) 맞추다 (podesiti); ~ *sat (da zvoni u
pet)* 다섯 시에 자명종이 울리도록 시계를
맞추다 4. 구부리다, 숙이다, 비스듬히 하다,
기울이다; ~ *glavu* 고개를 숙이다; *ona navi
flašu ali Redžep primeti da ne pije* 그녀가
술병을 기울이지만 그녀가 술을 마시지는 않
는다는 것을 레제프가 알아차린다 5. (한 방
향으로) 돌리다, 향하게 하다 6. ~ **se** 구부러
지다, 숙어지다 비스듬하다; *preko našeg
plota navila se jedna jabukova grana* 우리
집 담장을 넘어 사과나무 한 가지가 구부러
져 있었다 7. 기타; *govori kao navijen* 쉬지

않고 말하다

navlačiti -im (不完) 1. 참조 navući 2. 잡아당기다, 끌어당기다; ~ na svoju stranu 자기 쪽으로 끌어당기다 3. ~ se 참조 navući se 4. ~ se 서로 잡아당기다; 씨름하다 5. 기타; navlači mu se mrak (magla) na oči 의식이 흐릿해지다, 눈앞이 깜깜해지다; navlači mu se san na oči 그는 졸립다, 눈이 감기기 시작하다

navlaka 1. (천·가죽 등으로 된) 커버, 덮개; ~ za jastuk 베갯잎; ~ za jorgan 이불보; ~ za nameštaj 가구 커버; ~ na zubu 치관(齒冠), 크라운 2. (악기·무기 등의) 집 3. (얇은) 막 (층); tanušna ~ prašine na prozoru 창문에 내려앉은 먼지층 4. (醫) 백내장 (beona, katarakt); 막(膜) rožnana ~ 각막

navlas (副) 완전히, 완전하게, 전적으로 (potpuno, sasvim); ~ isto 완전히 같은

navlastito (副) 참조 posebno, naročito, osobito; 특히, 특별히

navlaš (副) 1. 일부러, 의도적으로 (hotimice, namerno); ja sam ~ došao ranije, da se izvestim kakav će biti ručak 점심이 어떠할지 알려주려고 일부러 일찍 왔다 2. 특히, 특별히 (osobito, naročito, napose)

navlažiti -im (完) 1. 축축하게 하다, 축이다, 젖게 하다 (nakvasiti) 2. ~ se 축축해지다, 젖다; oči mu se navlažile 그의 눈은 축축해졌다

navod 1. (텍스트 일부분의) 인용, 인용구 (citat); 열거, 나열 (citiranje, nabrajanje); znak ~a 인용부호; u ~ima imena 이름 나열에서 2. 진술, 성명 (izkaz, izjava); 주장, 증거 (tvrdnja, dokaz); istinost nekog ~a 어떠한 진술의 진실성; nepobitan ~ 반박할 수 없는 주장 navodni (形); ~ znak 인용부호, 따옴표

navodadžija (男) 결혼 중매인 (provodadžija) **navodadžijka**; ne traži ~ za ženidbu (장가를 갈 수 있는) 결혼 중매인을 찾지 않는다

navodadžisati -išem (不完) (결혼을) 중매하다 (provodadžisati)

navoditi -im (不完) 1. 참조 navesti; 인도하다, 안내하다 2. ~ se 기울어지다; (걸음걸이가) 비틀거리다

navodnī -ā, -ō 1. 참조 navod; 인용의; ~ znaci 인용부호들 2. 소위, 남들이 말하는, ~라고들 말하는 (tobožnji); ~ razlog 소위 말하는 이유

navodnice (女,複) 인용부호, 따옴표

navodnik 인용부호, 따옴표; staviti pod ~e 따

옴포; 따옴표를 하다

navodniti -im (完) **navodnjavati** -am (不完) 1. (땅에) 물을 대다, 관개하다, 관개시설을 갖추다; navodnjene površine iznose već sada 500 hektara 관개시설을 갖춘 토지는 벌써 500헥타르이다 2. ~ se (눈(眼)이) 축축해지다; oči mu se navodnile 그의 눈은 축축해졌다

navodno (副) 소위, 소위 말하는, ~라고들 하는 (tobože); želi ... održati koaliciju ... navodno radi čuvanja ustava 그는 소위 헌법 수호를 위해 동맹을 유지하기를 바란다; pobegao, ~, s nekom raspuštenicom 그는 사람들이 방탕하다고 말하는 여자와 도망쳤다

navodnjavanje (동사파생 명사) navodnjavati; 관개; veštačko ~ 인공 관개시설

navodnjavati -am (不完) 참조 navodniti

navodnjiv -a, -o (形) (토지가) 물을 댈 수 있는, 관개(灌漑)할 수 있는

navođenje (동사파생 명사) navoditi; 인용; znaci ~a 인용부호

navoj -oja (男) (밧줄·철사 따위의) 한 사리, (실패 따위의) 한 번 감기; (나사의) 나선; unutarnji ~ 안쪽 나선; spoljašnji ~ 바깥쪽 나선

navojak -jka (밧줄·철사 따위의) 한 사리, (실패 따위의) 한 번 감기

navojnī -ā, -ō (形) 참조 navoj; ~ alat 나선을 깎는 도구

navoštiti -im (完) 왁스(vosak)칠하다

navoz 1. 독, 드라이 독, 건선거(항구에서 물을 빼고 배를 만들거나 수리할 수 있는 곳) 2. 나룻터, 선착장, 도선장 (skela) 3. (나룻배로 한 번에 실어나를 수 있는 승객·짐·화물 등의) 양; 정원, 하적량

navozati se -am se (完) 오랜 시간 동안 (차 등을) 타다, 오랫동안 타다, 실컷 타다

navoziti -im (不完) 참조 navesti; 수를 놓다

navraćati -am (不完) 참조 navratiti; 들르다

navraniti -im (完) **navranjivati** -njujem (不完) 검은 색(vran)으로 칠하다(염색하다), 검게 하다; što si kosu navranila, to si mene namamila 네가 머리를 검게 염색한 것이 날 혹하게 했다

navrat (숙어로) u dva (tri) ~a 두(세) 번; u više ~a 여러 번

navratiti -im (完) **navraćati** -am (不完) 1. (지나가는 길에 잠시) 들르다, 방문하다 (svratiti); ~ kod nekoga 누구에게 잠시 들르다; navrati sutra 내일 들러! 2. (물을) 대다, 끌어들이다; (일반적으로) 향하게 하다,

N

621

방향을 ~쪽으로 돌리다; ~ *potok na vodeničko kolo* 물길을 물레방아로 끌어들이다; ~ *vodu na svoj mlin* 자기 논에 물대기; ~ *razgovor na određenu temu* 대화를 일정한 주제로 돌리다 3. 설득하다, (강제로·억지로) ~ 시키다 (nagovoriti); *nemoj da vas đavo navrati da nam zapucate u leđa* 우리의 등 뒤로 총을 쏘게 하는 악마의 속삭임에 넘어가지 마라

navrat-nanos (副) 서둘러, 급히, 급하게 (na brzinu, u velikoj žurbi); ~ *otići* 급히 떠나다

navrbovati *-bujem* (完) (신병 등을) 모집하다, 충원하다, 모병하다

navrći *navrgnem* (完) 참조 navrgnuti

navreti *navrem; navro, navrla* (完), **navirati** *-em* (不完) 1. 떼지어 다니다, 몰려들다, 몰려가다; *ljudi su navirali na trg* 사람들은 광장으로 몰려갔다 2. (눈물·물 등이) 콸콸 쏟아지다; *suze su mu navirale na oči* 그의 눈에서 눈물이 쏟아졌다

navreti *-rim* (完) (물 등이) 끓다, 끓어 넘치다

navrgnuti *-nem* (完) 위에서 던지다; 더하다; *da su još navrgli štogod, i to bi premalo bilo* 그들이 그 무엇을 더하던지 간에 그것은 너무 적을 것이다; *nije se bojao knez da će ga seljaci kamenjem navrći* 대공은 농민들이 그에게 돌맹이를 위에서 던지는 것을 두려워하지 않았다

navrh (前置詞,+ G) ~의 위에(꼭대기에, 윗면에, 가장자리에); ~ *brda* 언덕 꼭대기에; ~ *sela* 마을 끝자리에; *već mi je sve ~ glave* 나는 모든 것에 질렸다

navrnuti *-nem* (完), **navrtati** *-ćem* (不完) 1. (물을) 대다, (물길을 돌려) 끌어들이다 (navratiti); (일반적으로) ~ 향하게 하다, ~ 쪽으로 돌리다; ~ *vodu* 물길을 돌리다, 물을 끌어들이다; *on navrće vodu na svoju vodenicu* 그는 물길을 자기 물방앗간으로 돌린다; ~ *razgovor na druge stvari* 다른 것으로 대화를 돌린다 2. (눈물·피 등이) 흐르다, 흘러내리다 3. (수도 꼭지 등을) 꽉 조이다, 돌려 고정시키다 4. 술병에 입을 대고 꿀꺽꿀꺽 마시다; ~ *čuturicu* 술을 담은 수통에 입을 대고 마시다 5. (다이얼을 돌려) 켜다; ~ *radio* 라디오를 켜다

navrsti *navrzem; navrzao, navrzla* (完) 1. 에워싸다, 포위하다; 몰려들다, 엄습하다; 퍼붓다, 쏟아 붓다; *kiša navrzla* 비가 퍼부었다 2. 실·철사에 끼우다(작고 움푹 들어간 것들을); 매달다 3. ~ **se** (na nekoga) 달려들다, 돌진하다; *na toga mladog kapetana navrzla*

se Ana 그 젊은 대위에게 아나가 달려갔다

navršiti *-im* (完) **navršavati** *-am*, **navršivati** *-šujem* (不完) 1. (나이, 햇 수가) 만 ~ 년이 되다 (napuniti); *on je juče navršio 10 godina* 그는 어제 만 10세가 되었다; ~ *šezdesetu godinu* 60세가 되다; *danas naveršuje 20 godina* 그는 오늘 20살이 된다 2. 끝마치다, 끝내다 (završiti); *hoću da i dalje ostaneš u gradu dok potpuno ne navršiš nauke* 나는 네가 학업을 완전히 끝마칠 때 까지 시내에 계속 머물기를 바란다 3. ~ **se** (나이, 햇 수 등이) ~ 세(해)가 되다; *navršila mu se godina* 그는 (~할) 나이가 되었다; *navršuje se 5 godina od njegove smrti* 그가 사망한지 5년이 된다

navrtanj *-tnja* (男),(機) 너트(볼트에 끼우는) (navrtka, matica za zavrtanj); *zavrtanj ... sasvim uđe u ~* 볼트는 너트에 완전히 들어간다 (反; zavrtanj)

navrtati *navrćem* (不完) 참조 navrnuti

navrteti *-tim* (完), **navrtati** *-ćem* (不完) 1. (드릴 등으로) 구멍을 뚫다 2. (나선이 있는 관 등에 돌려) 꽉 끼우다, (볼트 등으로) 고정시키다

navrtka *-ki, ī &* *-ākā* (機) 너트 (反; zavrtanj)

navući *navučem; navukao, -kla; navučen; navukavši* (完) **navlačiti** *-im* (不完) 1. (옷·신발·모자 등을) 신다, 입다, 쓰다; ~ *rukavice (cipele, čizme)* 장갑(신발, 장화)을 끼다(신다); ~ *maramu na čelo* 이마에 수건을 하다; *navuče šešir i pođe* 모자를 쓰고 간다 2. (많은 양을 수 회에 걸쳐) 가져오다; ~ *drvo* 장작을 가져오다; *navukli su hrane za celu zimu* 겨울 내내 필요한 식량을 가져왔다; *neprijatelj je navukao veliki ratni materijal* 적(敵)은 많은 양의 전투 물품을 가져왔다 3. (누구의 분노·증오 등을) 초래하다, 야기하다 (privući, izazvati); ~ *na sebe sramotu* 자신을 수치스럽게 하다; ~ *sebi bedu na vrat* 가난해지다, 어려워지다 4. 이끌다, 안내하다; ~ *na tanak led* 위험에 처하게 하다 5. (어떤 질병·감기 등에) 걸리다 (dobiti, steći); ~ *bolest* 질병에 걸리다; ~ *kijavicu* 감기에 걸리다 6. ~하도록 시키다, 끌어들이다, 설득하다 (navesti, nagovoriti); *njega navukao đavo na taj prljav posao* 그가 그 더러운 일을 하도록 악마가 시켰다 7. ~ **se** (옷·신발·모자·장갑 등을) 입다, 신다, 쓰다, 끼다 (obući se) 8. ~ **se** 힘들게 끌고 가다(오다); *dosta sam se navukao ... kapetanovih kofera* 대위의 가방을 힘들게 많이 끌고 왔

N

다 9. ~ se (~으로) 덮이다; *nebo se navlači oblacima* 하늘은 구름으로 덮였다; *navukli se oblaci* 구름이 덮였다 10. ~ se (비유적) (어둠이) 깔리다, 내려 앉다 (spustiti se); *u sobi se navuče čitav suton* 방안에 완전한 어둠이 내려 앉았다

nazad (副) 1. (장소를 표시할 때) 뒤로, 뒤쪽으로; 이전 자리로 (natrag), (反; napred); *ići* ~ 뒤로 가다; *okrenuti* ~ 뒤로 돌다; *vratiti* ~ 이전 자리로 돌아가다 2. (시간을 나타낼 때, 전치사의 용법으로, +G) 이전에, 전에 (pre); ~ *dve godine* 2년 전에

nazadak -*tka*; *nazaci* 후퇴, 퇴보, 쇠퇴(사회·경제적 측면의) (nazadovanje, zaostajanje)

nazadan -*dna*, -*dno* (形) 퇴보적인, 퇴행적인; 반동적인, 보수적인; 뒤진, 시대에 뒤떨어진 (zaostao, nesavremen); ~ *čovek* 퇴행적인 사람, 보수적인 사람; ~*dna vlada* 퇴행적(반동적) 정부; ~ *pokret* 반동적 운동

nazadnjak 반동주의자, 보수주의자, 수구주의자 (reakciionar); *nije redak slučaj da nazadnjaci u izvesnim trenucima deklamuju o slobodi* 반동주의자들이 일정한 시점에서 자유에 대해 연설하는 것이 드문 경우가 아니다 **nazadnjački** (形)

nazadnjaštvo 반동주의적 경향, 보수주의적 경향; 반동주의, 보수주의; *borba medu ~om i napretkom još traje* 보수주의의 진보주의간의 투쟁은 아직도 진행된다

nazadovati -*dujem* (不完) 1. 후퇴하다, 후진하다, 뒤로 물러서다 2. 정체되다, 뒤처지다, 발전하지 못하다 (생산·상업·문화 등이)

nazal (言) 비음(鼻音), 콧소리

nazalizacija 비음화

nazalizirati -*am*, **nazalizovati** -*zujem* (完,不完) 비음화시키다

nazalnī -*ā*, -*ō* (形) (비한정형은 매우 드물게) 비음의, 콧소리의

nazatke (副) 1. 뒤로 (unazad, natratke) 2. 등을 대고, 반듯이 누워; *ležati* ~ 반듯이 눕다, 등을 대고 눕다

nazdraviti -*im* (完), **nazdravljati** -*am* (不完) (~을 위해) 건배하다, 축배를 들다; ~ *nekome* 누구를 위해 건배하다; ~ *za nešto* ~을 위해 건배하다

nazdravljač 건배사를 하는 사람, 건배를 제안하는 사람

nazdravlje (副) 1. (술을 마실 때의) 건배!, 위하여! 2. (다른 사람이 기침을 한 후의) 쾌유를 빌어! 3. (口語)(반어적) (기대와 정반대의 일·뭔가 좋지 않은 일이 일어났을 때 결과에

순응하면서) 끝났어!, 그러면 그렇지! (gotovo je, šta bi bi!)

nazeb (男), **nazeba** (女) 감기 (nahlada, prehlada); *rashlada ... može biti i uzrok nazebu* 추위는 감기의 원인도 될 수 있다

nazepsti *nazebem*; *nazebao*, -*bla* (完) 1. 감기에 걸리다 (prehladiti se); *ja sam nazebao, meni ne treba danas ništa do tople postelje* 감기에 걸려 오늘 따뜻하게 누워있는 것 말고는 아무 것도 필요없다 2. ~ *se* 오랫동안 추위에 노출되다, 추위를 견디며 오랜시간을 보내다

nazidati -*am* (完) 1. 증축하다; ~ *sprat* 층을 증축하다 2. (많이) 세우다, 짓다, 건축하다 (보통 주택을); *pet kuća je nazidao za pet godina* 5년 동안 다섯 채의 집을 지었다

nazimče -*eta* (中) (지소체) nazime

nazime -*eta* (1년생 미만의) 새끼 돼지

nazimiti se -*im se* (完) 겨울을 보내다, 오랫동안 추위를 견디다, 추위를 견디면서 오랜시간을 보내다

nazirati -*am* (不完) 비음을 내다, 콧소리를 내다; 비음(콧소리)을 내면서 말하다(노래하다)

nazirati -*em* (不完) 참조 nazreti

naziv 1. 명칭, 용어 (생물·현상·사물·물건 등의); *naučni* ~ 학술 명칭; *stručni* ~ 전문 용어 2. 별칭, 별명 (nadimak) 3. 직함, 타이틀 (titula, zvanje)

nazivati -*am* (不完) 참조 nazvati

nazivlje (集合) naziv; 용어 (terminologija)

nazivnik (數) 참조 imenilac; (수학의) 분모

nazlobrz -*a*, -*o* (形) 악한, 사악스런, 사악한 경향의

naznačiti -*im* (完), **naznačivati** -*čujem* (不完) 1. 표시하다, 마크하다; ~ *datum* 날짜에 마크하다; ~ *pravac kretanja* 이동 방향을 표시하다 2. 정하다, 결정하다 (odrediti); *tačno* ~ 분명하게 정하다 3. 예견하다 (운명·결과 등을) 4. 대충 언급하다; *kao što sam ti naznačio u poslednjem pismu* 최근 편지에서 네게 개략적으로 말한바와 같이

naznaka 1. 간단한 (스펙) 표기; ~ *dnevnog reda, vremena i mesta* 의사일정과 시간 그리고 장소에 대한 간단한 표기 2. (주로 서면상의) 간단한 설명, 간단한 주의 사항

nazobati se -*bljem se* (完) 1. (주로 말(馬)이) (귀리(zob) 등과 같은 사료를) (많이) 먹다; *konji se ječma nazobali* 말들이 보리를 먹었다 2. (닭·새 등이 곡물 등을 많이) 부리로 쪼아 먹다; *nazoblju se grožđa dosita* 새들이 포도를 배불리 쪼아먹었다

N

nazobiti *-im* (完) 1. (말(馬)에게) 많이 (귀리 (zob)를) 먹이다 2. **~ se** (비유적) 많이 먹다, 배불리 먹다

nazočan *-čna, -čno* (形) 참조 prisutan; (특정 시간·장소에) 있는, 참석한, 출석한

nazočnost (女) 참조 prisustvo

nazor (副) 1. 겨우, 간신히, 힘들게 (s mukom, s naporom, jedva); *~ raditi* 간신히 하다; *~ ustati* 힘들게 일어나다 2. 강제로, 억지로 (na silu, silom); *~ odvesti* 강제로 끌고가다

nazor 1. (보통 複數로) 의견, 견해, 생각, 입장; *imati čudne ~e* 이상한 견해를 가지다 2. 이론; *Rusov ~* 루소의 이론

nazovi- (接頭辭) 사이비의, 거짓의, 가짜의, 소위 말하는, 자칭 (nadri, kvazi, pseudo); nazovibrat 자칭 형제; nazovipesnik 자칭 시인; nazoviprijatelj 거짓 친구; nazovirod 자칭 친척

nazreo *-ela, -elo* (形) 약간 익은(숙성된, 성장한), 반쯤 익은(숙성된, 성장한); *~ela šljiva* 약간 익은 슐리바(서양 자두)

nazreti *-em; nazreo, -ela* (完) **nazirati** *-em* (不完) 1. 희미하게(어렴풋이) 보다; 간신히 알아차리다; *nazreo sam ga u gomili* 군중들 속에서 그를 어렴풋이 보았다(간신히 알아차렸다); *kroz pukotine na vratima nazre nebo* 그는 문이 갈라진 틈으로 하늘을 어렴풋이 본다 2. (어렴풋이) 징후를 알아차리다, 예상하다, 예감하다 (primetiti, predvideti, naslutiti, predosetiti); *~ napredak* 발전을 느끼다; *~ nečije namere* 누구의 의도를 알아차리다

nazubiti *-im; nazubljen* (完) **nazubljivati** *-ljujem* (不完) (보통은 피동형으로) 톱니를 만들다, 톱니 모양처럼 만들다; (톱니의) 날을 세우다, 날을 날카롭게 하다; *nazubljeno sečivo* 날세운 도끼; *~ srp* 낫을 갈다, 낫의 날을 날카롭게 갈다

nazubljen *-a, -o* (形) 1. 참조 nazubiti 2. 톱니 (zubac)가 있는, 톱니모양의 (zupčast); *~a vilica u pijavice* 거머리의 톱니처럼 생긴 턱 3. (잎·꽃 등이) 톱니모양의 (reckast)

nazupčati *-am,* **nazupčiti** *-im* (完), **nazupčavati** *-am* (不完) 참조 nazubiti

nazuti *nazujem* (完) **nazuvati** *-am* (不完) (발에 신발 등을) 신다; 신발(양말)을 신다 (obuti); *~ cipele (čizme, papuče, čarape)* 구두(장화·슬리퍼·양말)를 신다

nazuvača, nazuvica (보통 複數로) (보통 겨울에 양말 위에 덧신는 울로 만든) 덧신, 양말 (nazuvak)

nazuvak *-vka; nazuvci* 1. (보통 겨울에 양말 위에 덧신는 울로 만든) 덧신, 양말 (nazuvica) 2. (신발의) 각반 (gamaše)

nazuvnik 구둣주걱 (kaška za cipele)

nazvati *nazovem* (完), **nazivati** *-am* (不完) 1. 명명(命名)하다, 이름을 지어주다, ~라고 부르다 (imenovati); (별명·별칭·특별한 명칭으로) 부르다; *~ dete po ocu* 아버지를 따라 아이의 이름을 짓다, 아버지의 이름을 따라 아이의 이름을 부르다; *kum može bilo koje ime nadenuti detetu, može ga ~ i vukom i cvetom i oblakom* 대부는 아이에게 그 어떠한 이름도 줄 수 있는데, 부크(늑대)라고도 쯔베트(화(花)라고도 그리고 오블라크(운(雲))라고도 이름을 질 수 있다; *svi ga nazivali varalicom* 모두가 그를 사기꾼이라고 불렀다; *on ga je nazvao glupakom* 그는 그 사람을 멍청이라고 불렀다 2. 안부 인사를 말하다(전하다) (pozdraviti); *pozdravi me i nazove mi dobro jutro* 내게 안부 인사를 하고는 좋은 아침이라고 말한다 3. 전화를 걸다, 전화하다; *nazvala ga je ... i rekla mu da se večeras ne mogu videti* 그에게 전화를 해서는 저녁에 만날 수 없다고 말했다 4. **~ se** (새로운·다른) 이름으로 불리다; *pravo ime bilo mu je Jovan Savić, pa kad je prešao u Srbiju, onamo se nazvao Ivan Jugović* 그의 본명은 요반 사비치였으나 세르비아로 건너왔을 때 그는 거기서 이반 유고비치로 불렸다 5. **~ se** (~라는 직함으로) 불리다; 자신을 ~라고 부르다; ~라고 불리다; *grad se nazvao po svom oslobodiocu* 도시는 해방자의 이름을 따서 불렸다 6. 기타; *~ boga* (조우했을 때) 인사하다, 안부 인사를 하다; *~ pravim imenom* 진실을 말하다, ~에 대한 자신의 생각을 말하다; *~ svojom ženom* 자기 아내라고 부르다(결혼하다(남자가))

nažaliti *-im* (完) 1. 유감(애석함·비통함)을 표시하다, 유감스럽다고 말하다; *ja ne mogu dovoljno ~ što je tog dobrog mladića snašla ova beda* 그 훌륭한 젊은이가 이러한 가난에 허덕이는 사실에 충분히 유감을 표시할 수 없다 2. **~ se** 슬퍼하다, 애석해 하다, 비통해 하다

nažao (副) (숙어로만); *dati se (ostati, pasti) ~* 비탄에 빠지다, 비통함에 잠기다, 애석해 하다; *reći nekome ~* 누구를 모욕하다; *učiniti nekome ~* 누구에게 불쾌한 일을 행하다, 모욕하다

nažderati se *-em se* (完)(輕蔑) 1. 과식하다,

N

게걸스럽게 먹다; 과음하다 (najesti se, prejesti se; napiti se); ~ nečega ~을 과식하다 2. (비유적) 화내다, 분노하다 초조해하다 (naljutiti se, nasekirati se)

naždrati se *nažderem se* (不完) 참조 nažderati se

naželti *nažanjem & nažnjem* (完) (농작물 등을 낫으로 베어) 수확하다(많은 양을)

nažigač 1. 거리의 제등(호롱불)을 켜는 사람 2. 라이터

naživeti se *-im se* (完) 1. 오래 살다, 오랫동안 살다 2. 삶을 즐기다, 삶을 즐기며 살다

nažnjeti *nažnjem & nažanjem* (完) 참조 naželti

nažuljati *-am* (完) 1. 굳은 살(žulj)이 생기게 하다 2. ~ se 굳은 살이 박히다

nažuljiti *-im* (完) 참조 nažuljati

nažut *-a, -o* (形) 조금 누르스름한, 색이 누르스름하게 바랜 (žućkast); ~o lišće 약간 노랗게 된 잎사귀; ~i papir 조금 누르스름하게 바랜 종이; ~a tkanica 조금 색이 바랜 천

nažutiti *-im; nažućen* (完) 약간 누르스름해지게 하다

ne (小辭)(부정(否定)을 나타냄) 1. (동사와 함께 사용되어 동사의 의미나 동작을 부정함); *ne znam* 난 모른다; *ne daju* 그들은 주지 않는다; *ne mali, već veliki* 작지 않고 큰; *ne jednom* 한 번이 아닌; *ne bez razloga* 이유없는 것이 아닌 2. (ne samo(da) ~ nego(već) 구문에서) ~뿐만 아니라 ~도; *zna ne samo kako se izgovaraju reči nego kako se i pišu* 그는 단어들을 어떻게 발음해야 되는 것 뿐만이 아니라 어떻게 쓰는 것까지도 안다; *ne da ide konj već kao da leti* 말이 갈 뿐만 아니라 날으는 것과 같이; *on je ne samo darovit, nego i marljiv* 그는 재능이 뛰어날 뿐 아니라 부지런하기도 하다 3. (ne ~, a ~ 구문에서) ~는 커녕 ~도 (못하다) (kamoli); *ne može ni da hoda, a ne da trči za njim* 그 뒤를 쫓아 뛰기는커녕 걷지도 못한다 4. 금지, 명령을 나타냄(nemoj!) 5. 기타; *hteo - ne hteo* 원하던 원하지 않던

ne- (接頭辭) 1. 부정의 의미(복합형용사와 복합명사에서); *nevažan* 중요하지 않은; *nepečen* 구워지지 않은; *neiskren* 솔직하지 않은; *nečovek* 인간쓰레기(사람같지 않은 사람); *nebrat* 원수보다 못한 형제; *nemajka* 모정이라고는 없는 어머니; *neprijatelj* 적(敵) 2. 복합대명사에서 부정(不定) 또는 알지 못하는 것을 나타냄; *nešto* 뭔가; *neki* 그 누군가; *nekakav* 그 어떠한; *nekako* 어떻게든

neadekvatan *-tna, -tno* (形) 적절하지 않은, 부적절한, 부적당한 *~tna oprema* 부적절한 장비; ~ smeštaj 적합하지 않은 숙소

neaktivan *-vna, -vno* (形) 1. 능동적이지 않은, 소극적인, 활발하지 않은 (pasivan); ~ čovek 소극적인 사람 2. (化) 비활성의

neaktivnost (女) 소극적임, 활발하지 않음; 비활성

neandertalac 네안데르탈인

neangažovan *-a, -o* (形)(政) 비동맹의 (nesvrstan); ~e zemlje 비동맹국가들

neartikuliran *-a, -o* neartikulisan *-a, -o* (形) 발음이 분명하지 않은, 알아들을 수 없는; (생각·감정 등이) 불명확한, 불분명한, 모호한; ~ glas 분명하지 않은 소리; ~ odgovor 불분명한 대답

neažuran *-rna, -rno* (形) 1. 정해진 시간에 일을 끝내지 못하는; 정돈되지 않은; 부정확한, 불명확한, 애매한, 모호한 2. (데이터 등이) 업데이트되지 않은

nebesa 참조 nebo; *skidati bogove s nebesa* 무지막지하게 욕하다

nebeskī *-ā, -ō* (形) 1. 참조 nebo; 하늘의; 우주의; ~ svod 창공, 하늘; ~a svetlost 하늘의 밝은 빛; ~o telo 천체(天體); ~a mehanika (天) 천체역학; ~a sfera 천구(天球) 2. (宗) 신(神)의, 하나님의; 천국의 (božanski); ~ duh 성령; ~a sila 하나님의 힘 3. 거룩한, 신성한 (božanstven, divan); ~a devojka 성(聖)처녀, ~a ljubav 거룩한 사랑

nebiran *-a, -o* (形) 1. 고르지 않은; 보통의, 일반적인, 평균의; ~a hrana 보통의 음식; ~o odelo 고르지 않은 옷, 일상복 2. 저속한, 천박한, 상스러운 (grub, vulgaran); ~e reči 저속한 어휘들; prete ~im rečima 상스러운 말들로 협박한다

nebitan *-tna, -tno* (形) 중요하지 않은, 의미없는(beznačajan)

nebnjača (解) 입천장뼈, 구개골

nebo (複) *nebesa* 1. 하늘; *vedro ~* 청명한 하늘; *plavo ~* 푸른 하늘; *mutno ~* 흐린 하늘 2. (宗) 천상, 천국; 신(神), (신의) 섭리 3. 천장 (tavanica); ~ u sobama je iz dasaka 방 천장은 널판지로 되어 있다 4. (왕좌·제단·사제 행렬 위의) 가림막 (baldahin) 5. 기타; *zvezdeno* ~ 별이 빛나는 하늘; *biti na devetom (sedmom)* ~u 그지없이 행복한; *na ~u (nebesima)* 창공에, 천국에; *pod vedrim ~om* 야외에서; *razlikovati se kao ~ i zemlja* 천양지차이다; *otići na ~* 천국에 가

다; *dizati nekoga u nebesa* (찬양·칭찬하여)
비행기를 태우다; *s ~a u rebra* 느닷없이, 난
데없이, 마른 하늘에 날벼락치듯; *kao grom
iz vedra ~a* 마른 하늘에 날벼락치듯이; ~
se otvorilo 하늘에 구멍이 난 듯(비가 퍼붓
는다); *ni na ~u ni na zemlji* 불확실한(불명
확한) 위치에, 그 어디에도 (없다); *pasti s
~a na zemlju* 환상에서 깨어나 현실을 자각
하다; *skidati bogove (svece) s ~a* 욕하다;
severno ~ (天) 북반구; *južno ~* (天) 남반
구; *do ~a (~u pod oblake, u ~)* 매우 높게;
kao da je pao s ~a 1)갑자기 나타나다 2)적
응하지 못하다; *uzdizati do ~a* 과도하게 고
마워하다; *čeka da mu padne s ~a* 하늘에서
(감이) 떨어지기만을 고대하다; *čeka manu s
~a* 일하려고 하지 않다, 쉽게 돈벌려고만
한다; *pod jednim ~om* 같은 나라에서, 같은
지역에서
neboder 고층 건물, 마천루 (oblakoder)
nebog -a (男) 거짓 신(神)
nebog -a, -o (形) 불쌍한, 가여운; 가난한
(jadan, ubog, siromašan)
nebojša (男) 두려워하지 않는 사람, 무서워하
지 않는 사람; 용감한 사람, 용자(勇者)
neborac -orca 민간인; (軍) 비전투요원; *borci
i neborci* 군인과 민간인, 민군(民軍), 모든
사람들 **neborački** (形); *~a dužnost* 비전투
요원의 임무
nebračan -čna, -čno (形) 혼외의
(vanbračan); *~o dete* 혼외 자식
nebraća (集合) nebrat; 적(敵)
nebran -a, -o (形) 따지 않은, 채집하지 않은;
naći se u ~om grožđu 어려운(곤란한·난처
한) 상황에 처하다
nebrat 적(敵), 적대적으로 행동하는 사람
nebriga 1. 부주의; 경솔, 소홀 (nemar, nehat,
nepažnja) 2. 태평, 안락, 걱정없는 상태
(bezbrižnost, spokojstvo, dokolica) 3.
(男)(女) (아무 것도) 걱정하지 않는 사람, 무
사태평한 사람
nebrižan -žna, -žno (形) 1. 걱정없는, 근심없
는; 평온한, 안락한 (bezbrižan, miran,
spokojan) 2. 부주의한, 소홀한 (nebrižljiv)
nebrižljiv -a, -o (形) 1. (그 누구한테도, 그 무
엇에게도) 관심이 없는, 부주의한, 소홀한
(nemaran, nepažljiv) 2. 근심없는, 걱정없는
nebrojen -a, -o (形) 1. (수를) 세지 않은 2.
셀 수 없이 많은, 수많은 (mnogobrojan,
bezbrojan)
nebrušen -a, -o (形) (숫돌 등으로) 갈지 않은,
예리하지 않은, 뭉툭한; ~ *nož* 무딘 칼

nebudan -dna, -dno (形) 깨어있지 않은, 부주
의한, 주의하지 않은 (nepažljiv, neoprezan)
nebudnost (女) 부주의함 (nepažljivost,
neopreznost)
nebulozan -zna, -zno (形) 안개가 낀 듯한, 불
분명한, 흐린, 흐릿한, 모호한 (maglovit,
nejasan, mutan); *~zna ideja* 불분명한 생각;
~zno izlaganje 불분명한 발표
nečastan -sna, -sno (形) 1. 명예롭지 못한,
불명예스러운, 떳떳하지 못한; 정직하지 못
한, 부정직한; *učiniti nešto ~sno* 뭔가 떳떳
하지 못한 일을 하다 2. (명사적 용법으로,
한정형으로) 악마 (đavo, vrag)
nečastiv -a, -o (形)(宗)(迷信) 1. 사악한(악마,
악령 등의); 악마의; *~a sila* 사악한 기운, 사
악한 세력; *~o mesto* 악마의 장소 2. (명사
적 용법으로, 한정형으로) (男) 악마, 마귀
(đavo, vrag, satana, demon)
nečiji -ā, -ē (형용소유대명사) 그 누구의, 누
군가의; *~e krave su ušle* 누군가의 소들이
들어왔다
nečinjen -a, -o (形) (가죽이) 무두질하지 않은
(neuštavljen)
nečist *nečisti* & *nečišću* (女) 1. 먼지, 때, 오
물 (prljavština, nečistoća) 2. (사람·동물의)
분뇨 (izmet, balega) 3. (비유적) 떳떳하지
못한 것(일), 도덕적으로 잘못된 것(일) 4. 해
충 (gad)
nečist -a, -o (形) 1. 더러운, 깨끗하지 못한,
빨지 않은; *~a košulja* 더러운 셔츠 2. 불순
물이 섞인, 순수하지 않은; *~a voda* 깨끗하
지 않은 물; ~ *vazduh* 탁한 공기; *~a
ilovača* 불순물이 섞인 찰흙 3. 규정에서 벗
어난, 불분명한; *jezik je u tim pripovetkama
~ i pun najprostijih pogrešaka* 그 단편소설
의 언어는 (맞춤법에) 맞지 않고 아주 사소
한 오류들이 많았다 4. 정직하지 못한, 떳떳
하지 못한 (nepošten, nečastan); *~e
namere* 떳떳하지 못한 의도 5. 비기독교도
의 (nehrišćanski), 이교도의; ~ *duh (sila)*
악마, 마귀 6. (명사적 용법으로, 한정형) 악
마, 마귀 (đavo, vrag, sotona)
nečistoća, nečistota 1. 더러운 상태, 더러운
것, 불순물, 오물, 때 2. (비유적) 떳떳하지
못한 것, 수치스러운 것, 부끄러운 것
(sramota, nepoštenje)
nečitak -tka, -tko (形) 참조 nečitljiv; 읽을
수 없는, 읽기 어려운
nečitljiv -a, -o (形) 1. 읽을 수 없는, 읽기 어
려운 (nečitak) 2. 이해하기 어려운, (읽기에)
재미없는 (문학 작품들이) (nezanimljiv)

N

nečovečan -čna, -čno (形) 비인간적인, 잔인한, 사악한 (zao, svirep, okrutan)

nečovek (複) neljudi 사악한 사람, 인간 같지도않은 인간, 망나니 같이 행동하는 사람 (hulja)

nečujan -jna, -jno (形) 들리지 않는, 매우 조용한

nečuven -a, -o (形) 1. 유명하지 않은, 잘 알려지지 않은, 무명의 2. 들리지 않는, 조용한 3. 전례가 없는; ~ skandal 전례가 없는 스캔들

nećak nećače; nećaci 남자 조카(형제자매의 아들)

nećaka, nećakinja 여자 조카 (형제자매의 딸)

nećati se -am se (不完) neću라고 말하며 거절하다(부정적으로 대답하다)

nećkati se -am se (不完) 1. (지소체) nećati se 2. 주저하다, 망설이다 (kolebati se, dvoumiti se)

nećudoredan -dna, -dno (形) 비도덕적인, 비양심적인 (nemoralan, nepošten)

nećutljiv -a, -o (形) 둔감한, 예민하지 않은, 느낌이 없는 (neostetljiv, bezosećajan)

nedaća 1. 불운, 불행, 곤란, 곤경 (nesreća, nevolja) 2. 어려움, 실패, 나쁜 결과; pored svih ~ Napoleonovih 나폴레옹의 그 모든 어려움에도 불구하고

nedaleko (副) 멀지 않은 곳에, 가까이에; sednem ~ od onoga gospodina 그 분으로부터 멀지 않은 곳에 앉아있다

nedavnī -ā, -ō (形) (시간적으로) 얼마되지 않아, 최근에 (skorašnji); od ~e kiše bila (se) pretvorila u blato 얼마전에 내린 비로 인해 진창으로 변했다

nedavno (副) 얼마 전에, 최근에 (skoro); ~ dobila je zapaljenje pluća 얼마전에 폐렴에 걸렸다

nedelo 악행, 비행; 범죄 행위, 범행 (zločin)

nedelja 1. 일요일; u ~u 일요일에; ~om 일요일마다 provesti ~u 일요일을 보내다; Cvetna ~ 종려 주일(기독교에서 부활절 직전의 일요일); čista ~ 부활절 단식이 시작되는 첫번째 일요일 ; svetla ~ 부활절 이후 첫번째 일요일; bela (sirna) ~ 부활절 단식 직전의 일요일; velika (strasna) ~ 부활절 직전의 일요일; mlada ~ 만월(滿月)이 지난 후 첫번째 일요일 2. 일주, 주(週) (sedmica, tjedan); u toku ~e 또는 preko ~e 주(週) 중에; od danas za ~u dana 오늘부터 일주일 후; provesti ~u dana 일주일을 보내다; on je bio kod nas ~u dana 그는 우리집에서 일

주일동안 있었다; plaćen je na ~u 주급으로 지급된다

nedeljiv -a, -o (形) 나눌 수 없는, 쪼갤 수 없는, 분리할 수 없는; ~ broj 나눌 수 없는 수; ~a celina 나눌 수 없는 전체

nedeljnī -ā, -ō (形) 참조 nedelja; 일요일의; 주(週)의, 주간(週刊)의, 매주의; ~e novine 일요판 신문; ~ odmor 일주일간의 휴식; ~ časopis 주간지; ~ izlazak 일요 출판

nedeljnik 주간지

nedeljno (副) 매주의; jednom ~ 일 주에 한 번씩

nedirnut -a, -o (形) 손타지 않은, 처음 그 상태 그대로의, 완전히 보전된 (netaknut); ~a priroda 손타지 않고 그 상태 그대로 남아있는 자연; ~o jelo 손대지 않은 음식

nedisciplina 군기이완(부족), 규정 위반

nediscipliniran -a, -o, **nedisciplinovan** -a, -o (形) 규율을 지키지 않는, 규율이 없는, 훈련되지 않은

nedođija (숙어로) otići u ~u 되돌아올 수 없는 곳으로 떠나다

nedogled (눈으로 볼 수 없는) 아주 먼 거리; u ~ 아주 멀리; oblaci plivaju po visoku ~u 구름이 아주 먼 곳에서 왔다 갔다 한다

nedogledan -dna, -dno (形) 1. (볼 수 없이) 끝없이 먼, 끝없는 (beskrajan) 2. 예측할 수 없는, 멀리까지 미치는 (dalekosežan, nepredvidljiv); ta mera može imati ~dnih posledica 그러한 조치는 예측할 수 없는 결과를 가져올 수 있다

nedohvatljiv -a, -o (形) 도달할 수 없는, 붙잡을 수 없는; 접근할 수 없는; ~o nebo 도달할 수 없는 하늘

nedokazan -a, -o (形) 입증되지 않은; 완고한, 고집 센 (tvrdoglav)

nedokaziv -a, -o (形) 입증할 수 없는, 증명할 수 없는; ~a tvrdnja 입증할 수 없는 주장; ~a teorija 증명할 수 없는 이론

nedokučiv -a, -o (形) (=nedokučljiv) 1. 이해할 수 없는, 알 수 없는 (nerazumljiv, neshvatljiv) 2. 접근할 수 없는, 다가갈 수 없는(nepristupačan, nedostupan)

nedolazak -ska 불참, 결석, 결근; 오지 않음 (izostanak); bio je kažnjen za ~ u odborsku sednicu 그는 위원회 회의에 불참하여 징계를 받았다

nedoličan -čna, -čno (形) 부적절한, 부적합한, 부적당한; 정직하지 못한 (nedostojan, nepristojan); isključen je zbog ~čnog ponašanja 그는 부적절한 행동 때문에 배제

N

되었다; *snovi su izraz naših želja, često tajnih ~čnih koje u nama pobeđuje stid* 꿈은 주로 우리들 마음 속에서 부끄러움을 이겨내는 그러한 비밀스럽고 바람직스럽지 못한 소원의 표현이다

nedomašan *-šna, -šno* (形) 붙잡을 수 없는, 다다를 수 없는, 도달할 수 없는 (nedohvatljiv, nedostižan); *imamo mutne prohteve, nejasne i ~šne želje* 우리는 명확하지 않은 희망과 불분명하고 이룰 수 없는 소원을 가지고 있다

nedomišljat *-a, -o* (形) 임기응변이 떨어지는, 수완이 좋지 못한, 적응력이 떨어지는 (nesnalažljiv)

nedonesen *-a, -o* **nedonet** *-a, -o* (形) 예정 보다 일찍 태어난, 조산(助産)의; *~o dete* 조산아

nedonoščad (女)(集合) nedonošče

nedonošče *-eta* (中) 조산아(早産兒)

nedopečen *-a, -o* (形) (고기·빵 등이) 완전히 구워지지 않은, 덜 구워진 (presan, gnjecav); (비유적) 덜 익은, 덜 성숙한, 성숙하지 않은, 덜 준비된 (nezreo); *~o meso* 덜 구워진 고기; *~ političar* 성숙치 못한 정치인

nedopustiv *-a, -o* (形) 용인할 수 없는, 용납할 수 없는, 용서할 수 없는; 일어나서는 안되는; *kod nas (se) dešavaju ~i propusti* 우리 나라에서는 일어나서는 안되는 잘못들이 일어나고 있다; *~ odnos* 용인할 수 없는 관계

nedopušten *-a, -o* (形) 허락되지 않은, 허용되지 않은, 금지된 (nedozvoljen, zabranjen); *isteran je iz mostarske gimnazije zbog ~ih mahinacija sa tuđim novcem* 그는 다른 사람의 돈을 가지고 허용되지 않는 장난을 쳐서 모스타르 학교에서 쫓겨났다

nedorastao *-sla, -slo; -sli* (形) 1. 성년이 되지 않은, 미성년의; *~sla deca* 미성년 아이들 2. ~할 자격이(능력이) 부족한, 능력이 불충분한; 부적당한, 부적합한 (nesposoban); *on je bio ~ za taj posao* 그는 그러한 일을 하기에는 충분치 않았다 3. (누구의) 수준에 못미치는(교양·능력·가치 등이), 덜 떨어진; *~ svome učitelju* 자신의 선생님에게는 못미치는; *svi saveti bili su za njega glupi, svi ljudi ~sli njemu* 모든 충고들은 그에게는 멍청해 보였다 왜냐하면 모든 사람들이 자신에 비하면 덜 떨어졌기 때문이었다

nedorečen *-a, -o* (形) 말을 끝까지 끝마치지 못한, 부분적으로 말해진

nedosetljiv *-a, -o* (形) 적응력이 떨어지는(뛰어나지 못한), 임기응변력이 떨어지는, 수완이 떨어지는 (nesnalažljiv)

nedosežan *-žna, -žno* (形) 다다를 수 없는, 다가갈 수 없는, 접근하기 어려운 (nedostupan)

nedosledan *-dna, -dno* (形) (생각·자세·입장이) 일관되지 않는, 일관성이 없는, 앞뒤가 맞지 않는, 모순된, 상반된, 부합되지 않는

nedoslednost (女) 모순, 상반됨, 일관성이 없음

nedospeo *-ela, -elo* (形) 미숙한, 미성숙한, 익지 않은, 다 자라지 않은 (nedozreo, nezreo)

nedostajati *-jem* (不完) (필요한 것이) 부족하다, 없다, 결핍되다; (실현할 수 없는 것이) 필요하다; 그리워지다, 아쉽다; *nedostaje pet stolica* 다섯 개의 의자가 부족하다; *nedostaje joj životno iskustvo* 그녀에게는 삶의 경험이 필요하다; *nedostaje mi novaca* 나는 돈이 아쉽다; *nedostajete mi* 당신이 그립습니다; *ona mi je mnogo nedostajala* 그녀가 많이 그리웠다; *nije mi ispočetka ništa nedostajalo* 나는 처음부터 아무것도 부족한 것이 없었다

nedostatak *-tka; nedostaci* 1. (~의) 부족, 결핍, 없음; *~ dokaza* 증거 부족 2. 결손, 적자 3. 단점, 결점 (mana)

nedostati *nedostanem* (完) 부족하다, 결핍되다, 없다; *nedostalo mi je šećera* 설탕이 부족해졌다(없어졌다); *nedostaće nam municije* 탄환이 부족해질 것이다

nedostižan *-žna, -žno* (形) 1. 도달할 수 없는, 다다를 수 없는 (nepristupačan); *~žna zvezda* 다가갈 수 없는 별, 붙잡을 수 없는 별 2. 가질 수 없는, 실현할 수 없는 (neostvarljiv); *nešto* ~ 뭔가 실현할 수 없는 3. 성장이 지체된(정체된), 성숙하지 않은, 익지 않은

nedostiživ *-a, -o* (形) 도달할 수 없는, 다다를 수 없는 (nedostižan)

nedostojan *-jna, -jno* (形) 1. (nekoga, nečega) (가치에 있어서) ~할 가치가 없는, ~할 자격이 없는; ~에 어울리지 않는, 적절하지 않은; *biti ~ nečega* ~할 자격(가치)가 없는; *~ svake pažnje* 온갖 주의를 기울일 필요가 없는; *~ svoga poziva* 초청할 가치가 없는; *~ svoga brata* 자기 형제에게 어울리지 않는 2. 나쁜, 부적절한, 정직하지 못한 (nedoličan, loš, nepristojan); *~jno ponašanje* 부적절한 행동

nedostupan *-pna, -pno* (形) 1. 다가갈 수 없는, 접근할 수 없는, 접근하기 어려운; 획득할 수 없는, 가질 수 없는; *~pna planina* 오

이 떨어지는 (nesnalažljiv)

를 수 없는 산; ~ *dokument* 접근하기 어려운 서류; ~ *običnim ljudima* 평범한 사람들에게는 접근할 수 없는 2. 이해할 수 없는, 이해하기 어려운 (nedokučiv, neprihvatljiv) 3. (전화 주파수가) 터지지 않는, 연결되지 않는

nedoškolovan -*vna*, -*vno* (形) 끝까지 교육을 끝마치지 못한, 교육을 받지 못한, 중도에 교육을 마친

nedotupavan -*vna*, -*vno* (形) 우둔한, 멍청한 (glup, tup); *morao sam mu se učiniti strašno glupim*, ~*vnim* 내가 매우 멍청하고 우둔하다는 듯이 그에게 행동해야만 했다

nedoučen -*a*, -*o* (形) 끝까지 교육을 끝마치지 못한, 중도에 교육을 마친, 교육을 받지 못한 (nedoškolovan); *Milan je* ~ *đak* 밀란은 중도에 학업을 그만 둔 학생이다

nedouk 중도에 교육을 그만 둔 사람, 교육을 받지 못한 사람

nedoumica 주저, 망설임; 우유부단함, 당혹, 곤혹 (dvoumljene, kolebanje; nerešljivost); *biti u* ~*i* 주저하다, 망설이다, 당혹스러워하다; *dovesti nekoga u* ~*u* 누구를 당혹스럽게 하다

nedoumlje 참조 nedoumica

nedovoljan -*ljna*, -*ljno* (形) 불만족스런, 만족스럽지 못한, 불충분한, 충분하지 않은; ~*ljna ocena* 불충분한 점수(학년 진급 등의); ~ *iznos* 불만족스런 총액(총계)

nedozreo -*ela*, -*elo* (形) 1. (과일·곡식 등이) 익지 않은, 덜 익은, 설 익은; ~*ela dunja* 덜 익은 모과 2. (정신적·육체적으로) 덜 성숙한, 덜 자란, 미숙한

nedozvoljen -*a*, -*o* (形) 허용되지 않은, 용인되지 않은, 용납할 수 없는, 금지된 (zabranjen, nedopušten, nedopustiv); ~*a trgovina* 밀매매

nedra *nedārā* (中,複) 1. 가슴 (grudi, prsa) 2. (옷의) 가슴, 가슴부분 3. (비유적) ~의 내부 (땅·바다 등의) 4. 기타; *govoriti sebi u* ~ 들리지 않게 조용히 말하다, 중얼거리다; *hraniti guju (zmilju) u* ~*ima* 호랑이 새끼를 키우다, 원수의 새끼를 키우다

nedrag -*a*, -*o* (形) 1. 소중하지 않은, 반갑지 않은, 원하지 않는, 편하지 않은; ~*a gost* 반갑지 않은 손님; ~ *čovek* 불편한 사람; ~*a devojka* 반갑지 않은 처녀; ~*a vest* 반갑지 않은 뉴스 2. (명사적 용법으로, 한정형) 반갑지 않은 사람 3. 기타; *ići (potucati se, prebijati se) od nemila do* ~*a* (삶에 최소한으로 필요한 것도 없이) 아무 것도 없이 살

다, 비참하게 살다

nedrug *nedruzi* & *nedrugovi*, *nedrugā* & *nedrugōvā* 적(敵); 나쁜 친구 (rđav drug, neprijatelj)

nedruštven -*a*, -*o* (形) 비사교적인, 어울리는 것을 좋아하지 않는; 반사회적인

nedruželjubiv -*a*, -*o* (形) 비사교적인, 어울리는 것을 좋아하지 않는; *kao đak, bio je trudoljubiv i* ~ 학생이었을 때 그는 열심히 노력하지만, 비사교적이었다

nedruževan -*vna*, -*vno* (形) 비사교적인, 어울리는 것을 좋아하지 않는

nedugo (副) 1. 곧, 잠시후에, 얼마 후에 (uskoro); ~ *zatim* 곧 2. 잠깐동안, 짧게; ~ *je duvao* 잠깐동안 바람이 불었다

neduševan -*vna*, -*vno* (形) 무정한, 냉정한, 감정이 없는; *činio nam se opak, tuđ*, ~ 그 사람이 사악하고 낯설고 무정한 듯이 우리에게는 보였다

nedužan -*žna*, -*žno* (形) 1. 죄없는 (nevin) 2. 순진한, 천진난만한 (bezazlen, čedan)

nedvojben -*a*, -*o* (形) 의심(dvojba)할 여지가 없는, 확실한, 믿을만한 (nesumnjiv, pouzdan)

nedvosmislen -*a*, -*o* (形) 아주 분명한, 확실한, 의심의 여지가 없는; ~ *stav* 아주 분명한 입장

nedvouman -*mna*, -*mno* (形) 의심의 여지가 없는, 확실한

neefikasan -*sna*, -*sno* (形) 효율(효과)적이지 못한, 비효율적인, 비능률적인, 비효과적인, 성공적이지 못한; *metode individualnog terora pokazale su se ne samo* ~*snim već i štetnim* 개별적 테러 방법은 효과적이지 않을 뿐더러 오히려 손실이 많은 것으로 나타났다

neefikasnost (女) 비효율, 비능률

neekonomskī -*ā*, -*ō* (形) 경제성이 안 맞는, 비경제적인; *konstatovano je da su cene lekovima* ~*e* 약(藥) 가격이 경제성이 없다고 판명되었다

neelegantan -*tna*, -*tno* (形) 우아하지 않은, 세련되지 않은

neelektrolit (電) 절연체(전기를 통과시키지 않는), 부도체 (不導體; 열·전기·소리 등의)

nefritis (病理) 신장염

nega 1. (보통 아이·환자·노인들에 대한) 돌봄, 보살핌 (briga); 간호; ~ *ranjenika* 부상자 간호; ~ *bolesnika* 환자 돌봄(간호); ~ *novorođenčadi* 신생아 돌봄, 육아(育兒); *kućna* ~ 가정 간호(돌봄); *intenzivna* ~ 집

중 간호 2. 손길, 손질; 돌봄, 보살핌(동식물의 재배·사육 과정에서 필요한); *veliku negu tarži prolečna rasada* 봄 묘목들은 많은 손길을 필요로 한다; ~ *čistokrvnih konja* 순종말 관리 3. (건강상·위생상·화장상태 등의) 관리, 케어; ~ *lica* 얼굴 관리; ~ *zuba* 치아 건강관리; ~ *kose* 모발 관리

negacija 1. 부정(否定), 부인, 거절 (negiranje, poricanje); *nesreća ga ne dovodi do ~e volje* 불행이 의지 상실로 까지는 이어지지 않았다 2. (文法) 부정 소사 'ne'

negativ (사진의) 원판, 음화 (反; pozitiv)

negativan *-vna, -vno* (形) 1. 나쁜, 좋지 않은 (loš, rđav); *~vna pojava* 나쁜 현상 2. 성공적이지 못한, 실패의, 만족스럽지 못한, 충분하지 않은 (neuspešan, nedovoljan); ~ *rezultat* 부정적 결과; *~vna ocena* 만족스럽지 못한 점수, 부정적인 점수 3. 호의적이지 않은, 부정적인 (nepovoljan); *~vna kritika* 호의적이지 않은 비평, 부정적인 비평 4. 발전을 저해하는, 해로운, 나쁜 (štetan); *~vna politika* 발전을 저해하는 정책; ~ *uticaj* 나쁜 영향 5. 부정적인; ~ *odgovor* 부정적인 대답 6. 음성(陰性)의, 음성적인; ~ *nalaz* 음성 소견 7. 마이너스의; ~ *poen* 마이너스 점수; ~ *broj* 음수(陰數)

negdanjī *-ā, -ē* (形) 참조 nekadašnji; 이전의; *bojao (se) svojih ~ih prijatelja* 그는 자신의 예전 친구들을 무서워했다

negdašnjī *-ā, -ē* (形) 이전의, 옛날의 (negdanji); *deca spavaju u njenom ~em vajatu* 아이들은 옛날 그녀의 사랑채에서 잠을 자고 있다

negde (副) I. (어떤 공간을 의미) 1. 그 어딘가에, 그 어디에; *daleko u beskrajnoj daljini ostao ~ život* 아주 끝없이 먼곳 그 어딘가에 생명체가 남았다 2. 곳에 따라, 군데 군데 (mestimično, gdegde) 3. 그 어디로, 그 어딘가로 (nekuda, nekamo); *vidi gde je Ibrahim da ga ~ pošaljem* 이브라힘을 그 어딘가로 보내게 그가 어디에 있는지 살펴봐라 II. (시간을 의미) 4. (일정한 시점에 다가올 때) ~경에, ~쯤에 (otprilike); ~ *oko Nove godine* 년초 쯤에; *tek ~ oko podne* 정오경에 5. 한 번 (jednom) 6. 언젠가 (보통은 반복적 의미로) (neki put, ponekad) 7. 기타; *tu* ~ 이쯤해서, 여기쯤에

negibljiv *-a, -o* (形) 움직이지 않는, 휘어지지 않는, 구부러지지 않는 (nepokretan, nepomičan)

negirati *-am* (不完) 1. 부인하다, 부정하다 (의

견·존재·가치 등을) (poricati, odricati); *čovek može osećati averziju prema njoj ... ali ne sme ~ njezino golemo značanje* 그녀에 대한 반감을 느낄 수는 있으나 그녀의 커다란 의미를 부인할 수는 없다 2. 무효화시키다, 무력화시키다, 효력이 없게 만들다; *sve što novo nastaje, negira i potiskuje sve ranije* 새롭게 생겨나는 모든 것들은 이전의 모든 것들을 무력화시키고 몰아낸다

nego (接續詞) I. (接續詞로서) 1. (형용사·부사의 비교급 뒤에서, voleti의 비교급 사용에서) ~ 보다, ~ 라기 보다는; *ovaj kaput je lepši ~ onaj* 이 외투가 저 외투보다 더 예쁘다; *bolje je mudro ćutati ~ ludo govoriti* 정신없이 떠들기 보다는 현명하게 침묵하는 것이 더 낫다; *više voli da priča ~ da radi* 일하기 보다는 말하는 것을 더 좋아한다; *Beograd je već ~ Zagreb* 베오그라드는 자그레브보다 크다; *sve je bilo prijatnije ~ što smo se nadali* 모든 것이 우리가 바랬던 것보다 훨씬 우호적이다; *više je voleo da umre ~ da primi pomoć od njega* 그는 그 사람으로부터 도움을 받느니 차라리 죽기를 더 원했다 2. (pre nego što의 형태로 사용되어) ~하기 전에; *pre ~ što je doneo odluku, dobro je razmislio* 그는 결정을 내리기 전에 신중하게 생각하였다 3. (부정문 뒤에서 사용하며 그 부정의 반대되는 의미를 말할 때) ~ 대신, ~ 하기 보다는 (već); ~ 뿐만 아니라 ~도 (ne samo ~, nego i의 형태로); *nije išao na utakmicu, ~ je radio ceo dan* 경기에 가지 않고 하루 종일 일했다; *to nije crno, ~ belo* 그것은 검은 색이 아니라 흰 색이다; *on ne govori, ~ sluša* 그는 말하지 않고 듣고 있다; *ne smetaš meni ~ njemu* 너는 나한테 방해되는 것이 아니라 그 사람한테 방해가 된다; *on je ne samo darovit ~ i marljiv* 그는 재능이 뛰어날 뿐 아니라 부지런하기도 하다; *on je ne samo popraviio disciplinu u kolektivu ~ i povećao platu radnicima* 그는 공동체의 규율을 향상시켰을 뿐만이 아니라 노동자들의 월급을 증가시켰다 4. ~ 이외에는 (osim, izuzev); *ne idem na selo ~ kada posećujem majku* 나는 어머니를 방문할 때 이외에는 시골에 가지 않는다; *on nije imao ništa drugo ~ svoje dve ruke* 그는 자신의 두 팔 이외에는 아무 것도 가진 것이 없었다 II. 소사(小辭) 5. (이전의 말을 끝내고 다른 주제로 넘어갈 때) 그건 그렇고, 아무튼; *oni nas čekaju na dogovorenom mestu. Nego,*

N

hteo sam nešto da te pitam 그들은 약속된 장소에서 우리를 기다린다. 그건 그렇고, 너 한테 뭐 좀 물어볼께 6. 말해 뭐해!, 두 말 하면 잔소리지! (의심할 필요가 없을 정도로 확실한 것을 말하거나 확실한 것을 강조할 때) (svakako, naravno); *Jeste li uspeli? - Nego!* 성공했어요? - 말해 뭐해 7. 기타; ~ *kako* 또는 ~ *šta* 그렇구 말구(단호함을 강조할 때) (dakako, svakako, dabome); *nije* ~ (口語) 별 일이네!(불평하면서 부정적으로 답할 때) (taman posla, koješta)

negodovati *-dujem* (不完) 불평하다, 불만을 토로하다; *neki su negodovali što je iguman odsutan* 몇몇 사람들은 수도원장이 불참한 것에 대해 불평하였다

negoli (接續詞) 참조 nego; *večeras joj posvećuje više pažnje* ~ *obično* 평상시보다 오늘 저녁에 더 많이 주의를 기울인다

negoriv *-a, -o* (形) 불타지 않는, 불연(不燃)성의 (nezapaljiv)

negostoljubiv *-a, -o* (形) 손님이 오는 것을 좋아하지 않는; (손님에게) 친절하지 않은, 불친절한, 퉁명스런; ~ *domaćin* 불친절한 주인; ~ *doček* 따뜻하지 않은 마중; ~ *prijem* 따뜻하지 않은 환대

negovatelj (누구를) 보살피는 사람, 돌보는 사람, 소중하게 아끼는 사람, 키우는 사람, **negovateljica**

negovati *-gujem* (不完) 1. 보살피다, 돌보다; 간병하다, 간호하다; 키우다, 양육하다; ~ *bolesnika* 환자를 보살피다; ~ *decu* 아이를 돌보다, 아이를 키우다; *ostavlja dete u kući sestrinjoj, a ona se vraća da neguje muža* 그녀는 아이를 자매의 집에 맡겨놓고는 남편을 간병하기 위해 집으로 돌아간다; *svi su je tako negovali* 모두가 그녀를 그렇게 보살폈다 2. (동식물을) 키우다, 사육하다, 재배하다 (gajiti); *ranije su se negovale i pomorandže* 이전에 오렌지도 재배되었다 3. (육체·치아·모발 등을) 케어하다, 손질하다, 위생(건강)에 신경쓰다; *i zubi su joj beli. Vidi se da ih neguje* 그녀는 치아도 새하얗다. 치아를 관리하는 것으로 보인다 4. 보호 발전시키다, 소중히 돌보다, 소중히 보살피다 (razvijati, izgrađivati, gajiti); ~ *osećanja* 느낌을 발전시키다; ~ *jezik* 언어를 소중히 돌보다; ~ *prijateljstvo* 우정(선린관계)를 보호발전시키다 5. ~에 종사하다(예술·학문 등에 창작자·연구자 등으로); ~ *književnost* 문학에 종사하다; ~ *istoriju* 사학(史學)에 종사하다 6. ~ *se* 치장하다, 몸단장하다, 건강에

신경을 쓰다

negve *negāvā* & *negvī* (女,複)(廢語) 족쇄 (okovi)

nehaj 무관심, 신경쓰지 않음, 태만, 둔한, 소홀 (nemarnost, ravnodušnost)

nehajan *-jna, -jno* (形) 무관심한, 심드렁한, 등한시하는, 소홀한 (nemaran, ranodušan)

nehat 부주의, 경솔 (nemar, nebriga, nepažnja); *ubistvo iz ~a* 과실 치사; *svojim ~om mnoge su oterali u smrt* 자신들의 부주의로 많은 사람들을 죽음으로 내몰았다

nehatan *-tna, -tno* (形) 무심한, 무관심한, 등한시하는 (nemaran, nebrižljiv, nepažljiv)

nehigijenskī *-ā, -ō* (形) 비위생적인; ~ *stan* 비위생적인 아파트(집)

nehote, nehoteći (副) 참조 nehotice

nehotice, nehotimice (副) 의도치 않게, 고의성 없이, 우연히 (nenamerno, nevoljno, slučajno); *razbiti šolju* ~ 의도치 않게 잔을 깨다

nehotičan, nehotimičan *-čna, -čno* (形) 비의도적인, 우연한 (nenameran, slučajan)

nehuman *-a, -o* (形) 비인간적인 (neljudski, nečovečan)

nehumanost (女) 비인간적 행동(행위)

neigrač 경기(시합)에 참여하지 않은 사람

neimanje 무일푼, 아무 것도 가진 것 없는 상태; 빈곤, 가난 (nemaština, siromaštvo)

neimar 설계사, 건축사; 건설업자, 건축업자 (arhitekta, građevinar); *video je kuću ... koju je ... gradio kakav talijanski* ~ 그는 어떤 이탈리아 건축사가 건축한 집을 보았다

neimarstvo 건축술, 건설업 (građevinarstvo, arhitektura)

neimenovan *-a, -o* (形) 이름이 밝혀지지 않은, 익명의

neisceljiv *-a, -o* (形) 참조 neizlečiv; 치료할 수 없는, 치료가 어려운, 난치(難治)의

neiscrpan *-pna, -pno* neiscrpiv, neiscrpljiv *-a, -o* (形) 고갈되지 않는, 마르지 않는, 무궁무궁한, 무진장의 (nepresušan, nepresušiv)

neishranjenost (女) (굶주림으로 인한) 비쩍 마름, 수척함

neiskazan *-a, -o* (形) 말하지 않은; 말할 수 없는, 말로 표현할 수 없는; *trpela je ~e muke* 말할 수 없는 고통을 당했다

neiskaziv, neiskažljiv *-a, -o* (말로) 형용하기 어려운, 말로 표현할 수 없는; *umor, neiskaziv umor u svakom deliću tela* 몸 사방곳곳에 이루 말할 수 없는 피로감

neiskorenjiv, neiskorenljiv *-a, -o* (形) 근절할

수 없는

neiskorišćen, neiskorišten -a, -o (形) 사용된 적이 없는, 사용하지 않은

neiskren -a, -o (形) 솔직하지 않은, 부정직한; *ti si meni ~, a ne ja tebi* 내가 너에게 솔직하지 않은 것이 아니라 네가 내게 솔직하지 않다

neiskupljen -a, -o (形) (어음 등이) 회수되지 않은, 상환되지 않은; (전당잡힌 물건을) 도로 찾지 않은, 되찾지 않은 (neotkupljen); *u meni se javlja neumoliv osećaj odgovornosti neiskupljenog duga* 갚지 않은 빚에 대한 끊임없는 책임감이 내 안에 있다; *~i taoci* 몸값을 지불하지 않은 인질

neiskusan -sna, -sno (形) 1. 경험이 부족한; *~ lekar* 경험이 부족한 의사 2. 삶의 경험이 없는; 젊은, 파릇파릇한 (mlad, zelen); *~ mladić* 젊은 청년

neiskušan -a, -o (形) 검증되지 않은, 입증되지 않은, 테스트를 하지 않는 (neoproban, neproveren, neispitan)

neispavan -a, -o (形) 잠을 못이룬, 잠을 자지 않아 피곤한

neispisan -a, -o (形) 1. (종이 등에 글자를 쓰지 않아) 공백의, 빈, 깨끗한, 흰; *pesnik ne može uzeti pero u ruku i sesti pred ~ papir a ne oseti onu tjeskobu* 시인은 그러한 슬픔을 느끼지 않고는 손에 펜을 들고 빈 종이 앞에 앉을 수 없다 2. 쓰여지지 않은, 말해지지 않은 3. 능숙하지 않게 쓰여진(보통은 필체가), (필체가) 좋지 않은 4. (문장이) 다 들어지지 않은 (문법적·문체적으로)

neispitan -a, -o (形) 검증되지 않은, 테스트되지 않은, 조사되지 않은, 탐사되지 않은

neispitljiv -a, -o (形) 설명할 수 없는, 해석할 수 없는, 불가해한 (neobjašnjiv, nedokučiv); *šta je ta ~a stvar u kojoj ja živim, koju ljudi nazivaju vasiona?* 내가 살고 있는 그 불가해한 것, 사람들이 우주라 부르는 것은 무엇인가?

neisplaćen -a, -o (形) (돈·가격 등을) 지불하지 않은

neisporediv -a, -o (形) 비교할 수 없는; 뛰어난, 걸출한, 뛰어넘을 수 없는 (neuporediv); *~a sreća* 비교할 수 없는 행복

neispravan -vna, -vno (形) 1. 고장난; *~ sat* 고장난 시계; *naš radio je ~* 우리 라디오는 고장났다 2. 부정확한, 실수가 있는, 오류가 있는, 잘못된 (netačan, pogrešan); *~ način rada* 잘못된 작업 방식; *~vno vođenje knjiga* 잘못된 부기(방식); *~vno rešenje* 잘

못된 해결(방식) 3. (사람이) 사회적 규범에서 벗어난, 부도덕적인, 타락한, 좋지 않은; *~ postupak* 부도덕적 행동

neispunljiv, neispunjiv -a, -o (形) 실현할 수 없는 (neizvršiv, neostvarljiv); *~a molba* 실현할 수 없는 부탁; *on bi živio u svojoj maloj porodici srećno bez neispunljivih želja* 그는 실현할 수 없는 소원을 갖지 않고 소가족 속에서 행복하게 살기를 원했다

neispunjen -a, -o (形) 1. 실현되지 않은 (neostvaren, neizvršen) 2. 채워지지 않은 (nepopunjen)

neispunjenje 미실행, 불이행 (neizvršenje, neostvarenje); *~ ugovora* 약속 불이행

neistina 거짓, 사실(진실)에 부합하지 않음; 거짓, 속임수 (laž, prevara, obmana)

neistinit -a, -o (形) 사실이 아닌, 진실이 아닌, 거짓의 (lažan, izmišljen)

neistražen -a, -o (形) 탐사되지 않은, 조사되지 않은, 검사되지 않은, 테스트되지 않은; *pred nama je ... pusta i ~a šuma Kurmarija* 우리 앞에는 황량하고 탐사되지 않은 쿠르마리야 숲이 있다

neistrebljiv -a, -o (形) 박멸할 수 없는, 근절할 수 없는 (neuništiv, neiskorenjiv)

neizbežan -žna, -žno, **neizbeživ** -a, -o (形) 도망칠 수 없는, 피할 수 없는, 회피할 수 없는; *društvena revolucija ukazuje kao ~žna potreba* 사회적 혁명은 피할 수 없는 당위성으로 보여진다

neizbrisiv -a, -o (形) 1. 지울 수 없는, 지워지지 않는; 영원히 남는; *~o mastilo* 지울 수 없는 잉크; *~ trag* 지울 수 없는 흔적, 영원히 남는 흔적 2. (기억에서) 지워지지 않는, 지울 수 없는; 영원히 남는; *~a zasluga* 영원히 남는 공훈; *~o sećanje* 지워지지 않는 기억; *~ utisak* 지울 수 없는 인상

neizbrojan -jna, -jno, **neizbrojiv** -a, -o (形) 셀 수 없는, 수없이 많은, 끝없는 (mnogobrojan, bezbrojan); *neizbrojni narod viče i buči* 셀 수 도 없이 많은 사람들이 소릴 지른다

neizdrživ, neizdržljiv -a, -o (形) 지탱하기 어려운, 견디기 어려운, 견딜 수 없는, 참기 힘든, 참기 어려운 (nepodnošljiv, nesnosan); *~ pritisak* 견디기 어려운 압력(압박); *~ bol* 참기 힘든 통증

neizgladiv, neizgladljiv -a, -o (形) 지울 수 없는, 지워지지 않는, 영원한, 영원히 남는 (neizbrisiv, večit); *četiri stotine godina robovanja ... ostavile su duboke i ~e* *tragove* 사백년 동안의 노예생활은 깊고도 영원히 지워지지 않는 흔적을 남겼다

neizgoriv *-a, -o*(形) 타지 않는, 내화성의

neizgovorljiv *-a, -o*(形) 발음하기 힘든(어려운)

neizgrađen *-a, -o*(形) 불완전한, 불충분한, 미완성의 (neusavršen)

neizlečiv *-a, -o*(形) 치유하기 어려운, 불치의, 불치병의; *~a bolest* 불치병, 난치병

neizmenjiv, neizmenljiv *-a, -o*(形) 바뀌지 않는, 변하지 않는 (nepromenljiv)

neizmeran *-rna, -rno*, neizmerljiv *-a, -o*(形) 젤 수 없는, 측량할 수 없는; 끝없는, 막대한, 광대한 (beskrajan, beskonačan); *radost njegova bila je ~rna* 그의 즐거움은 끝이 없었다

neizmirljiv *-a, -o*(形) 화해할 수 없는, 타협할 수 없는; 양립할 수 없는; *takvi postupci su ~i sa interesima međunarodnog proleterskog pokreta* 그러한 행동은 국제 프롤레타리아운동의 이익과 양립할 수 없다

neizmišljiv *-a, -o*(形) 생각조차 할 수 없는, 상상조차 할 수 없는

neizostavan *-vna, -vno*(形) 의무적인, 항시적인 (obavezan, stalan)

neizostavno (副) 의무적으로, 피할 수 없이 (obavezno, neminovno)

neizračunljiv *-a, -o*(形) 계산할 수 없는, 헤아릴 수 없는, 평가할 수 없는

neizraziv, neizražljiv *-a, -o*(形) 말할 수 없는, 말로 표현할 수 없는; *s neizrazivom radošću* 말로 표현할 수 없이 기뻐하며

neizreciv *-a, -o*(形) 말로 표현할 수 없는, 형용할 수 없는 (neopisiv, neiskaziv)

neizvediv, neizvedljiv *-a, -o*(形) 실현할 수 없는 (neostvarljiv)

neizvesnost (女) 불확실성, 불확실한 상황; *biti u ~i* 불확실하다

neizvestan *-sna, -sno*(形) 불확실한, 불분명한; *strah od ~sne skore budućnosti* 가까운 미래의 불확실성에 대한 불안감

neizvežban *-a, -o*(形) 숙련되지 않은, 비숙련의, 훈련받지 않은, 능숙하지 않은; *prvi skokovi ~og konja često su neočekivani* 훈련받지 않은 말들의 초기 점프들은 종종 기대밖이다

neizvodiv, neizvodljiv *-a, -o*(形) 실행할 수 없는, 실행할 수 없는

neizvršiv, neizvršljiv *-a, -o*(形) 실현할 수 없는 (neostvarljiv, neispunjiv)

neiživljen *-a, -o*(形) (자신의 소원·바람 등의 꿈을) 못이룬; 실현되지 않은, 충족되지 않

은; *~a ljubav* 못이룬 사랑

nejač (女)(集合) 허약하고 비실비실한 어린 아이

nejak *-a, -o*(形) 1. 힘없는, 약한, 능력없는 (slab, nemoćan); *~i svet, žene i deca, pošao je na počinak* 부녀자와 아이 등 약한 사람들이 쉬러 갔다 2. 미성년의, 어린; *~a dečica* 어린 아이들 3. (강도·세기 등이) 약한; *~a svetlost* 약한 불빛 4. 별 가치없는, 무게감이 없는; *mislio se da je Čiplić pisac ~ i površan* 치플리치는 무게감이 없는 작가로 간주되었다 5. 가난한, (재정상태가) 허약한, 빈약한 (siromašan, sirotinski); *~o domaćinstvo* 가난한 가정 6. (명사적 용법으로)(中,男)(보통 集合) 허약한 사람, 약자 (弱者); *iznemoglo, bolesno, prestaro i ~o smestih u stari dvor* 병약하고 노약하고 지친 사람들은 구(舊)궁전에 수용되었다 7. 깨지기 쉬운, 파손되기 쉬운 (loman, krhak)

nejasan *-sna, -sno*(形) 명확하지 않은, 분명하지 않은, 불분명한, 불명확한, 불확실한, 모호한

nejasnost (女), nejasnoća 불분명함, 불명확함, 불확실함

nejednak *-a, -o*(形) 1. 같지 않은, 동일하지 않은(크기·세기·숫자 등이); *ispod brave urezano je grbavim, ~im slovima ... ime i prezime* 자물쇠 밑에 울퉁불퉁하고 서로 다른 크기의 문자로 성과 이름이 새겨져 있다 2. 여러가지의, 다양한 (raznovrstan, raznolik); *~a društvena sredina* 다양한 사회 환경

nejednakost (女) 1. 동일하지 않음, 같지 않음, 다양함 2. 사회적 불평등; *mrzeo je nepravdu i ~* 그는 정의롭지 못함과 사회적 불평등을 싫어했다 3. (數) 수량의 차이

nejelo 단식 (gladovanje)

nejestiv *-a, -o*(形) 먹을 수 없는, 못먹는

neka I. (接續詞) 종속절에서 1. 의도·목적절에서; ~하도록(da); *dao sam mu nešto novaca ~ mu se nađe* 나는 그를 돕기 위해 약간의 돈을 그에게 주었다 2. 조건절에서; 만약, 만약 ~이라면 (ako, ako samo); *~ ustanem i dvaput koraknem, oblije me znoj* 일어나서 두 걸음 걷는다면 나는 땀이 흐른다 3. 양보절에서; ~ 이라도, 비록 ~일지라도 (iako); *~ sam mlad i neiskusan, poznajem ja to veoma dobro* 비록 내가 젊고 경험이 없더라도 나는 그것을 매우 잘 알고 있다 II. (小辭) 4. (3인칭 명령형을 나타냄) 명령 또는 희망·바람을 나타냄 (zapovest, želja); *~ dođu* 오라고 해! 5. 축복·저주를 나타냄

N

(blagosiljanje, kletva); ~ *ti je srećno!* 네가 행운이 깃들기를!; ~ *ga đavo nosi!* 악마가 그를 잡아가기를! 6. (반복 사용하여) 협박·책 망 등을 나타냄; *neka, neka! vratiću ja njemu dug!* 냅둬! 진 빚을 갚아줄 테니!; *neka, neka! njoj si učinio uslugu, a meni ne možeš!* 그만해, 그만해! 그녀에게 네가 친절을 베풀었지만, 내게는 못하니까! 7. (현실과의 타협을 나타냄) 하고 싶은대로 그냥 그냥 내버려 둬 (ne mari, nije važno); *nisu nam se odavno javili.* – *neka* 우리에게 연락한지 오래되었어 – 그냥 하고 싶은대로 하라고 해 8. 소극적 사양; 필요없어, 하지마 (nemoj, ne treba); *da ti pomognem* – *neka, hvala, sâm ću* 도와줄까 – 아냐 괜찮아, 고마워, 혼자 할께; *hoćeš li da to uradim?* ~, *ostavi, ja ću* 내가 그걸 할까? 아냐, 냅둬, 내가 할께

nekad, nekada (副) 1. 그 언젠가, 오래 전에, 이전에 (davno, u ranije vreme, pre); ~ *smo i mi bili mladi* 언젠가 우리도 젊었었지 2. 한 번은, 어떤 때는 (jednom, neki put); ~ *donese cveće,* ~ *bombone* 어떤 때는 꽃을 가져오고, 어떤 때는 사탕을 가져왔다 3. 때때로, 종종 (ponekad, katkad)

nekadašnjī, nekadanjī -*ā*, -*ē* (形) 이전의, 옛날의, 이전의 (pređašnji, raniji, bivši)

nekakav -*kva*, -*kvo* (形) 그 어떠한(종류의); *tražio te je* ~ *čovek* 어떤 사람이 너를 찾았어; *imaš li* ~*kvo piće* 그 어떠한 술이라도 있어?; *on je* ~ *učitelj u nekoj maloj školi* 그는 그 어떤 작은 학교에서 그렇고 그런 선생님이다

nekako (副) 1. 어떻게든(동작을 실행할 시 어려운 환경을 나타냄); ~ *pobeći* 어떻게든 도망치다; ~ *se izvući* 어떻게든 빠져나오다 2. 왠지, 왜 그런지(모르겠지만); *nije lepa, ali je nekako sva mila* 그녀는 예쁘지는 않지만 왠지 귀엽다 3. 대략, 대체로(시간이), 가까이 (otprilike, približno); *ali* – *posle nove godine kroz stupce novina počele su sve češće da promiču vesti* 하지만 새해가 좀 지나서부터 신문 지면에서 점점 빈번하게 뉴스를 빠뜨리기 시작했다

nekamo (副) (특정되지 않은) 그 어디로, 그 어딘가로; *otići* ~ 그 어딘가로 떠났다

nekažnjen -*a*, -*o* (形) 처벌받지 않은, 처벌되지 않은; *niko nije* ~ *od svoga vremena* 자기가 살던 시대로부터 벌을 받지 않은 사람은 그 누구도 없었다

nekažnjiv -*a*, -*o* (形) 처벌할 수 없는

nekī -*ā*, -*ō* (形) I. 불특정의 그 어떤 것을 나

타낼 때 1. (불특정의) 그 어떤, 한; ~*a stara knjiga* 그 어떤 오래된 책, 한 권의 고서(古書); ~*a žena čeka* 어떤 한 여자가 기다리고 있다 2. (특정되었으나 충분히 잘 알려지지 않은 것, 보통은 사람을 나타낼 때) 어떤; *to je* ~ *Lukojan, kraljev sinovac* 그 사람은 왕의 조카인 루코얀이가 하는 사람이다 3. (해당 개념의 특성이 불충분하게 알려진 것을 말할 때) 어떤 (nekakav); *čitam* ~*u staru knjigu* 그 어떤 고서를 읽는다 4. (적은 양·작은 크기·의미 등을 말할 때) 보잘 것 없는, 사소한; *imam* ~*u kućicu na selu* 시골에 보잘 것 없는 집을 가지고 있다; *i on je* ~ *vajni stručnjak* 그 사람도 전문가는 전문가인데 별볼일 없는 전문가이다 5. (먼 친척을 나타낼 때) 그 어떤, 먼; *dođe mi kao* ~ *rođak* 그는 내게 먼 친척뻘이 된다 6. 불특정 시기·시대를 나타냄 7. 몇몇의, 약간의 (poneki); *poneti* ~ *dinar* 약간의 돈을 가져가다 II. 8. (숫자와 함께 사용되어) 약, 대강 (otprilike, približno); *posle* ~*ih dvadeset godina* 약 20여년 후에; *pre* ~ *dan* 얼마 전에 몇 일 전에; *radio sam* ~*ih pola sata* 나는 한 반시간 정도 일했다 III. 9. (명사적 용법으로) (행동·버릇 등으로 다른 사람들과 구별되는) 그 어떤 사람; *zašto ne ideš s nama na more? Baš si* ~ 왜 우리와 함께 바닷가에 가지 않겠다는거고 하느냐? 넌 나와 다른 사람이기 때문이야; ~ *to vole vruće* 어떤 사람들은 그것이 뜨거운 것을 좋아한다; ~*ima se koncert dobro, a* ~*ima nije* 어떤 사람들에게는 콘서트가 좋았던 반면 어떤 사람들에게는 좋지 않았다; ~ *su mi rekli da je on lenj* 어떤 사람들은 내게 그가 게으르다고 말했다 10. 기타; ~ *put* 종종, 때때로; *nije bez* ~*e* 이유없는 것은 없다, 어떤 이유가 있다; *tamo* – *그* 어떤(어떤 사람을 무시하거나 과소평가하면서 말할 때); *(kao)* ~*im čudom* 이상한 방법으로, 이상하게; – *đavo* 뭔가 (nešto); *u* ~*o doba (dana, noći)* 매우 늦게; *u* ~ *par* 단숨에

nekmoli (接續詞) (보통은 접속사 'a'와 함께 쓰이는 구문에서) 같지 않은 정도가 클 때를 말할때 1. (앞에서 말한 것의 논리적 결과가 a nekmoli 뒤에 뒤따라올 때) 하물며 (još manje, ponajmanje); *ne može ni da ga vidi, a* ~ *da ga zavoli* 그를 볼 수도 없는데 하물며 그를 사랑하기란 가능하지 않다 2. 더구나, 더군다나 ~는 말할 필요가 없다 (tim više, tim pre, pogotovo); *i junak bi se uplašio,* ~ *mi, obični ljudi* 영웅도 놀랄을 것

N

인데, 우리 같이 평범한 사람들이야 (말할 필요가 없다)

neknjiževan *-vna, -vno* (形) 1. 문학을 알지 못하는, 문학과는 관련없는 2. 문어(표준어)와는 맞지 않는, 비문어적인, 비표준어인; *rečenica je rogobatna, ~vna, skoro nečitljiva* 문장은 투박하고 비문어적이어서 거의 읽을 수가 없다

neko (人稱代名詞)(불특정한 사람을 가르키는) (G. &A. *nekoga*, D. *nekome*, I. *nekim*) 1. 어떤 사람, 한 사람, 그 누구; ~ *kuca* 누군가 노크한다; *rekao sam nekome da te obavesti o tome* 나는 그것을 너한테 알리라고 그 누군가에게 말했다; *da me je ~ pitao* 누군가 내게 물었다 2. 영향력있는 인사, 유력인사; *biti ~ u društvu* 사회의 유력인사이다; *on je ~!* 그는 영향력있는 주요인물이다

nekoč, nekoć (副) 언젠가 (nekad, jednom); *nekoć sam pisao samo za sebe* 그 언젠가 오직 나만을 위해 썼다; *braća živu s majkom u zgradi što je nekoč bio harem* 형제는 언젠가 하렘이었던 건물에서 어머니와 함께 살고 있다

nekojī *-ā, -ē* (代名詞) 참조 neki; (불특정의) 그 어떤

nekolicina 몇 명의 남자; ~ *su se izdvojili* 몇몇 명의 남자들이 헤어졌다; *došla je ~ studenata* 몇 명의 사람들이 왔다

nekoličan (副) 아주 적게 (sasvim malo)

nekolik *-a, -o* (代名詞) 1. 정해지지 않은 크기의 것 2. (다섯 이하의) 적은 수의 사람 또는 사물을 가르킬 때; 몇 몇; ~*a čoveka* 몇 몇 명의 사람; ~*e žene* 몇 몇 명의 여자; ~*a sela* 몇 몇 마을

nekompetantan *-tna, -tno* (形) 1. 권한없는, 관할권 없는 (neovlašćen, nenadležan); *biti izabran od ~tnog tela* 권한없는 기구에 의해 선출되다(선발되다) 2. (~하기에는) 능력이 부족한, 충분한 역량이 없는, 역량이 부족한, 비전문적인 (nestručan); ~ *kritičar* 역량이 부족한 비평가; ~*tno mišljenje* 비전문적인 의견

nekontroliran *-a, -o* **nekontrolisan** *-a, -o* (形) 통제되지 않은

nekorektan *-tna, -tno* (形) 1. (누구에 대한 행동·관계 등이) 올바르지 않은, 부당한, 부적절한; ~ *postupak* 부적절한 행동 2. 맞지 않은, 틀린, 잘못된 (보통은 언어·어법 등이)

nekoristan *-sna, -sno* (形) 유용하지 않은, 쓸모없는, 무용(無用)한

nekoristoljubiv *-a, -o* (形) 이기적이지 않은 (nesebičan); *bio je potpuno ~ u svom književnom stvaranju* 자신의 문학 창작에 있어서 전혀 이기적이지 않았다

nekretnica (天) 붙박이 별, 항성(恒星) (stajaćica)

nekretnina 부동산; *uzeo je velike takse za prodaju robe i prenos ~e* 많은 물품 판매세와 부동산 이전세를 거둬들였다

nekritičan *-čna, -čno* (形) 1. 비판적이지 않은, 무비판적인, *biti ~ prema lepšem polu* 여성에 대해 무비판적이다 2. 믿을 수 없는, 신뢰할 수 없는 (nepouzdan); ~*čni zaključci* 신뢰할 수 없는 결론

nekrolog 사망 기사, 부고(訃告)기사, 사망 광고

nekromantija (죽은 자와의 교령(交靈)으로 미래를 점치는) 점(占), (그러한) 주술 행위

nekrst 세례를 받지 않은 사람, 비기독교도(주로 터키인을 지칭함)

nekršten *-a, -o* (形) 1. 세례를 받지 않은; 비기독교도의 2. 기타; ~*i dani* 성탄절부터 예수공현축일(1월6일)까지의 기간

nektar 1. (神話) 넥타(신이 마시는, 불사(不死)의 힘을 주는) 2. (비유적) 맛있고 단 술, 미주(美酒), 감주(甘酒) 3. (植) 꽃의 꿀, 화밀(花蜜)

nekud, nekuda (副) 어딘가로 (kuda에 대한 대답으로); *ići ~* 어딘가로 가다

nekulturan *-rna, -rno* (形) 교양없는, 배우지 못한; ~*rna osoba* 교양없는 사람; ~ *postupak* 교양없는 행동

nekvalificiran *-a, -o* **nekvalifikovan** *-a, -o* (形) 자격이 없는, 무자격의, 부적격인, 적임이 아닌; *nekvalifikovan radnik* 무자격 노동자, 자격 미달의 노동자, 잡부(雜夫); *sankcija za nekvalifikovane službenike leži u rakama suda* 부적격 직원에 대한 제재는 법원의 손에 달려있다

nelagodan *-dna, -dno* (形) 1. 불편한, 편하지 않은, 유쾌하지 않은, 불유쾌한 (neugodan, neprijatan); ~ *osećaj* 불편한 느낌 2. (몸·건강이) 안좋게 느껴지는, 아픈; *osetio se nešto ~, bolestan* 그는 몸이 어딘지 좋지 않고 아프다고 느꼈다

nelagodnost (女) 1. 불유쾌함, 불편함 2. 통증, 아픈 느낌

nelep *-a, -o* (形) 예쁘지 않은, 아름답지 않은, 못생긴, 추한 (ružan)

neličan *-čna, -čno* (形) 1. (한정형) 비인칭의, 인칭과는 상관없는(동사의 형태에 관한 것으로 미정형, 동형사 등의) 2. 개인과는 상관없

는 (말하는 사람 또는 말하는 대상이 되는 사람과 상관없는)

nelogičan -čna, -čno (形) 비논리적인, 조리에 맞지 않는, 불합리적인

nelojalan -lna, -lno (形) 1. 충성스럽지 못한, 충실하지 못한; 불성실한, 신의없는; često su ~lni i vrlo lukavi 자주 그들은 신의가 없으며 매우 교활하다 2. 불공정한; ~lna konkurencija 불공정 경쟁

nelojalnost (女) 1. 불충, 충성스럽지 못함; 불성실, 신의없음; savet ga je javno ukorio zbog ~i 위원회는 공개적으로 그의 신의없음을 비판했다 2. 불공정

nelomljiv -a, -o (形) 부러뜨릴 수 없는, 부술 수 없는, 부서뜨릴 수 없는

neljubazan -zna, -zno (形) 친절하지 않은, 불친절한, 우호적이지 않은; (표정이) 뚱한 (osoran, natmuren)

neljubaznost (女) 친절하지 않음, 불친절

neljudi (男,複) 참조 nečovek; 사람같지도 않은 사람, 쓰레기 같은 사람, 인간 쓰레기

nem -a, -o (形) 1. 말을 하지 못하는, 벙어리의, 농아(聾兒)의 (mutav) 2. (벙어리처럼) 말을 하지 않는, 침묵하는; 말을 하려고 하지 않는; 말없는; gluv i ~ 귀머거리에 벙어리인; ~i film 무성영화

Nemačka 독일; Nemac, Nemica; nemački (形)

nemajka 나쁜 어머니, 모성이 없는 어머니

nemalac -aoca 재산이 아무것도 없는 사람, 무일푼의 사람 (siromah)

nemalī -ā, -ō (形) 작지 않은, 적지 않은; starac s ~im ponosom gledaše na tu krajcaru 노인은 적지 않은 자부심을 가지고 그 돈을 바라보았다

nemalo (副) 적지 않게, 충분히 많게 (dosta, mnogo); ~ putā 적지 않은 횟수에 걸쳐

neman (女) (神話) 1. (상상속의 커다란 동물로 주변의 모든 것을 파괴하는) 괴물 (čudovište) 2. (인간의 삶을 파괴하는) 괴물 같은 것, 괴수; treba čitavu fašističku ~ dotući, tako da se nikad više ne digne 모든 파시스트적인 괴물 같은 것을 끝까지 타도하여 결코 일어서지 못하게 할 필요가 있다 3. 극악무도한 사람

nemanje (동사파생 명사) nemati; 없음, 결여; ~ pouzdanih podataka 신뢰할만한 통계의 결여

nemar 무관심, 부주의, 등한시 (nebriga, nepažnja, ravnodušnost); otkud taj ~ prema književnosti 문학에 대한 무관심은 어디서 오는 것인가?

nemaran -rna, -rno (形) 태만한, 무관심한, 부주의한, 등한시하는

nemarenje (동사파생 명사) ne mariti

nemarljiv -a, -o (形) (노력하지 않고) 대충대충하는, 부지런하지 않은, 게으른 (nemaran, neradan)

nemarljivost (女) (최선을 다하지 않고) 대충대충하는 태도(행동), 무관심

nemarnost (女) 부주의, 무관심, 냉담; velika ~ 중과실

nemaština (=neimaština) 가난, 빈곤, 무재산; Vuk se žali Milošu na tešku ~u 부크는 밀로쉬에게 너무 너무 가난한 것에 대해 불평한다

nemati nemam (不完)(드물게 完) 없다; 가진 것이 없다; 존재하지 않다; 결석하다, 출석하지 않다; 사라지다, 없어지다; 거행되지 않다, 행해지지 않다; 오지 않다; (시간이) 지나지 않다; ~될 수는 없다; 필요하지 않다; često nema krajcare da kupi cigara 담배 살 돈이 자주 없다; on nema dosta novaca 그는 많은 돈이 없다; on nema srca (duše) 그는 잔인하다; povrh glave nemam krova niti zida 나는 집도 절도 없다; on nema kud 그는 갈 곳이 없다; nemam ništa da izgubim 난 잃을 것이 아무것도 없다; nema nikakva načina da do nje dođem 그녀에게 다가갈 그 어떤 방법도 없다; jedne po jedne zvezdice nema 별이 하나씩 하나씩 사라져 간다; nema predavanja 강의가 없다; nema nastave 수업이 없다; nema posla 일이 없다, 직업이 없다; nema briga 걱정이 없다; nema priredbe 공연이 없다(열리지 않는다); nema nekoliko godina otkad je nabavio iz sveta seme 종자를 구한지 몇 년 되지 않는다(지나지 않았다); nema vraćanja u staro! 과거로의 회귀는 있을 수 없다; u ovom gradu nema pozorišta 이 도시에는 극장이 없다; nema veze 문제 없어, 관계 없어; nema druge 다른 방도가 없다; nema labavo 원하는데로 할 수는 없다, 규정이 있다; nema mu para 그와 견줄 수는 사람은 아무도 없다; nema na čemu '감사'하다는 인사말에 대한 대답으로; nema kada 시간이 없다; nema tome mesta 다른 이유가 없다; nema uticaja 영향이 없다; nema od mene ništa 나는 건강이 매우 안좋다

Nemčadija (集合) 독일 젊은이들

nemčiti -im (不完) 1. 독일인화시키다 (germanizovati) 2. ~ se 독일인화되다

nemeren -a, -o (形) 측량(측정)되지 않은

N

nemerljiv -a, -o (形) 측량(측정)할 수 없는, 잴 수 없는, 매우 큰 (vrlo velik); to bih ja nazvao ~om silom 나는 그것을 측량할 수 없는 힘이라고 명명하고 싶다

nemeš 귀족 (plemić)

nemešag -a 귀족, 귀족층 (plemstvo)

nemešanje (동사파생 명사) mešati se; 불간섭; politička ~a 정치적 불간섭

nemetal 비금속

nemeti -im (不完) onemeti -im (完) 1. 벙어리가 되다, 말할 수 있는 능력을 상실하다; naša usta sad od sreće neme 행복감으로 인해 지금 말을 할 수가 없다 2. 고요해지다, 조용해지다

Nemica 독일 여자

nemica 벙어리(여자); vratila se sirota ~ uz obalu morsku i stigla kući 불쌍한 벙어리 여자가 해변을 따라 집에 돌아왔다

nemilice (副) 1. 무자비하게, 잔인하게, 냉혹하게 (bez milosti) 2. 아낌없이, 아끼지 않고; 풍족하게, 많이 3. 강제로, 억지로, 뜻에 반하여

nemilosrdan -dna, -dno (形) 잔인한, 무자비한, 인정사정없는, 냉혹한

nemilost (女) 불호감, 호의를 갖지 않음, 쌀쌀함, 싫어함, 냉대; pasti u ~ ~의 총애(신뢰)를 잃다, 구박을 당하다; biti u ~i ~의 눈 밖에 나다; ostaviti (prepustiti, predati) na milost i ~ ~의 처분에 맡기다

nemilostan -sna, -sno (形) 잔인한, 잔혹한, 무자비한, 냉혹한

nemilostiv -a, -o (形) 참조 nemilostan

neminovan -vna, -vno (形) 피할 수 없는; šamari su sasvim prirodna i ~vna posledica bednog šegrtskog položaja 뺨을 얻어 맞는 것은 불쌍한 도제의 위치에서는 자연스럽고도 피할 수 없는 결과이다

nemio -ila, -ilo (形) 1. 미운, 증오스런, 보기 싫은; meni je ona bila od prvog časa ~ila 나는 그녀가 처음부터 미웠다 2. 불편한, 거북한, 불쾌한, 언짢은 (neprijatan, neugodan, nepovoljan); ~ događaj 불편한 사건; ~ila vest 좋지 않은 뉴스 3. 잔인한, 잔혹한, 냉혹한 4. 기타; do ~ila (몸이) 부서질 때 까지, 지칠 때 까지; od ~ila do nedraga 아주 비참한

nemir 1. (마음의) 불안, 초조, 근심, 평온하지 않음; Ivo je uzbuđen, pa da prikrije nemir, diže se i pođe k prozoru 이보는 초조했으나 불안을 감추고 일어나서 창가로 갔다 2. 동요, 혼란 (zabuna, pometnja); najvažnije

je ... da se u protivnički tabor unese ~ 가장 중요한 것은 적진에 동요를 일으키는 것이다 3. (보통 複數로) (사회적) 혼란, 폭동, 봉기 (pobuna)

nemiran -rna, -rno (形) 1. 불안한, 초조한, 평온하지 못한; oči su mu postale ~rne i pogled mu je stalno bežao na pod 그의 눈은 불안해졌으며 눈길이 자꾸 바닥을 향했다; ~ duh 불안한 영혼 2. 제 자리에 가만히 있지를 못하는, 끊임없이 움직이는 (바람은 바람에 의해); ~rno lišće 팔랑거리는 잎사귀; ~rna voda 출렁이는 물결 3. 호기심 많은, 부산스런; ~rno dete 부산스런 아이 4. (비유적) 소란한, 혼란한

nemirko nemirākā (男) 부산한 아이, 가만히 있지를 못하는 아이 nemirnica

nemirnjak 1. 참조 nemirko 2. 폭동(nemir)을 일으키는 사람, 반란자, 모반자, 사회 혼란 야기자 (bundžija, buntovnik); slično su prošli i ostali bundžije i nemirnjaci 나머지 봉기자 및 반란자들도 비슷하게 (삶의) 궤적을 그렸다

nemoć -oći (女) (I.sg. nemoći & nemoću) 1. (육체적인) 약함, 힘없음, 허약함; 기진맥진함, 탈진; osetio je najpre ~ u rukama i nogama, pa onda u celom telu 가장 먼저 팔과 다리에서, 그 다음에 온 몸에 힘이 빠지는 것을 느꼈다 2. 불가능 (nemogućnost); potresa me osećanje moje ~i da pomognem čoveku 내가 그 사람을 도와주는 것이 불가능하다는 느낌이 나를 뒤흔든다 3. 능력 부족, 무능력 (nesposobnost); taj spomenik je zapravo dokaz njegove ... stvaralačke ~i 그 조각상은 바로 그의 창작자로서의 무능력을 나타내는 증거이다 4. (어떠한 이론의) 약점 (slabe strane) 5. 기타; velika ~ (病理) 간질; do ~i 지칠 때 까지, 기진맥질할 때 까지, 끝까지

nemoćan -ćna, -ćno (形) 1. (육체적인) 힘이 없는, 약한, 지친, 기진맥진한 2. 불가능한; 무능력한 3. 아픈, 병약한 (bolestan)

nemoguć -a, -e nemogućan -ćna, -ćno (形) 1. 불가능한, 있을 수 없는, 실현될 수 없는, 믿을 수 없는; ~a kombinacija 불가능한 조합 2. 견딜 수 없는 (nepodnošljiv, neizdržljiv); nemogući uslovi rada 견딜 수 없는 노동조건 3. 통상적이지 않은, 색다른, 흔하지 않은 (neobičan, neuobičajen); upotrebljavati nemoguće izraze 색다른 표현을 사용하다 4. 기타; sve moguće i nemoguće 가능한 것과 불가능한 그 모든; učiniti nemoguć(n)im

N

(koga) (누구를) 못하게 하다

nemogućnost (女) 1. 불가능; 불가능한 것; *biti u ~i* (의례적 서신에서) ~할 수 없는 상태이다 2. 탈진, 기진맥진 (tera) *do ~i* 모든 수단을 통해

nemoj *nemojmo, nemojte* (小辭) 1. (부정되는 동사와 함께 또는 그 동사가 없이 사용되어 부정적 명령을 나타냄) ~하지마; *nemoj to da radiš* 그것을 하지마!; *nemojte!* 하지마!; *nemoj da se igraš!* 놀지마!; *nemojte zatvarati vrata* 문을 닫지 마시오! 2. (ama, ma, ta와 함께 쓰이는 구문에서) 놀라움·예상밖이라는 뜻을 표현함 (nije valjda, nije moguće); *umro Jovan. – Ma nemojte kazati* 요반이 사망했다. – 정말로?!

nemoral 부도덕; 부도덕적인 행위

nemoralan *-lna, -lno* (形) 부도덕적인, 비도덕적인 (nepošten, pokvaren, nepristojan); *~lno ponašanje* 부도덕적인 행동

nemoralnost (女) 부도덕성; 부도덕적 행동

nemost (女) 벙어리임, 말을 하지 못함

nemuškī *-ā, -ō* (形) 남자답지 않은, 용감하지 않은, 비겁한

nemuški (副) 남자답지 않게, 비겁하게

nemušt *-a, -o* (보통은 한정형으로) (形) 1. 말을 하지 못하는, 벙어리의; *~i jezik* 동물언어 2. 무성(無聲)의, 표정과 제스처로 행해지는 3. 불분명한, 이해할 수 없는

nenačet *-a, -o* (形) 1. 자르지 않은, 떼어내지 않은, 손대지 않은, 온전한, 통째의; *donese veliki ~i kruh* 자르지 않은 커다란 빵을 가져온다 2. 시작되지 않은 3. (비유적) 자연적인, 손상되지 않은, 건강한 4. 새로운, 새 것의, 한 번도 사용하지 않은

nenadan *-a, -o & -dna, -dno* (形) 1. 갑자기, 예상밖의, 기대밖의, 예기치 않은 (iznenada, neočekivan) 2. (명사적 용법으로) 기대치 않은 사건(사고); 갑작스런 불행

nenadmašan *-šna, -šno,* **nenadmašiv** *-a, -o* (形) 능가할 수 없는, 최고의

nenadoknadiv, nenadoknadljiv *-a, -o* (形) 만회할 수 없는, 벌충할 수 없는, 대체할 수 없는; *~a šteta* 벌충할 수 없는 손해

nenadomestiv *-a, -o* (形) 대신할 수 없는, 대체할 수 없는, 벌충할 수 없는; *nitko nije ~!* 아무도 대신할 수는 없다!

nenaknadiv *-a, -o* (形) 참조 nenadoknadiv

nenameran *-rna, -rno* (形) 고의적이지 않은, 의도적이지 않은, 우연한 (nehotičan, slučajan)

nenametljiv *-a, -o* (形) 1. 강제적이지 않은,

중립의, 절제된 2. 튀지 않는, 눈에 띄지 않는 (neupadljiv); *~ kolorit* 튀지 않는 채색

nenapadan *-dna, -dno* (形) 눈에 띄지 않는, 튀지 않는, 야하지 않은 (neupadljiv)

nenapadanje 공격(전쟁·분쟁)이 없는 상태, 불가침; *ugovor o ~u* 불가침 조약

nenaplativ *-a, -o* (形) 1. (가격 등을) 청구할 수 없는, 징수할 수 없는; *to je moralo da se otpiše kao ~o* 그것은 받을 수 없는 것으로 상계할 수 밖에 없었다 2. 대단히 귀중한, 값을 매길 수 없는; *ceni se njegovo ~o iskustvo* 값을 매길 수 없는 그의 소중한 경험이 높게 평가된다

nenapučen *-a, -o* (形) 참조 nenaseljen; 사람이 살지 않는

nenaravan *-vna, -vno* (形) 참조 neprirodan; 자연스럽지 않은; *on krikne divljim, ~vnim glasom* 그는 거칠고 자연스럽지 않은 목소리로 소리를 지른다

nenarodan *-dna, -dno* (形) 1. 민중정신에 맞지 않은 (nenarodski) 2. 민중의 이익에 반하는, 민중의 의지에 반하는

nenarušiv, nenarušljiv *-a, -o* (形) 범할 수 없는, 침범할 수 없는, 불가침의

nenaseljen *-a, -o* (形) 사람이 살지 않는, 무인의; *~o ostrvo* 무인도

nenasit *-a, -o,* **nenasitan** *-tna, -tno,* **nenasitljiv** *-a, -o* (形) 배부르지 않는; 만족할 줄 모르는 (nezasitljiv, nezajažljiv)

nenatkriljen *-a, -o* (形) 그 누구에게도 뒤지지 않는, 타의 추종을 불허하는, 매우 뛰어난 (nenadmašen)

nenatkriljiv *-a, -o* (形) 능가할 수 없는, 더할 나위 없는, 최고의 (nenadmašiv)

nenavidan *-dna, -dno* (形) 1. 미운, 밉살스런, 가증스런, 싫은 (mrzak, omražen) 2. 시기하는, 질투하는 (zavidljiv, zavidan); *nisam pizmena na sestru, ali sam joj ~dna* 나는 언니(여동생)에게 나쁜 감정이 있는 것은 아니지만 질투심을 느낀다

nenaviknut *-a, -o* (形) 1. ~에 익숙하지 않은 2. 보통이 아닌, 평범하지 않은, 특이한 (neuobičajen, neobičan)

nenazočan *-čna, -čno* (形) 참조 odsutan; 출석하지 않은, 참석하지 않은, 불참한, 결석한; *ja sam stvarno bio ~ u školi* 나는 정말로 학교에 결석했다

nenormalan *-lna, -lno* (形) 1. (심리적·정신적으로) 정상이 아닌, 아픈 2. 이상한, 평범하지 않은, 일상적인 것이 아닌 3. 단점(결점)이 있는

nenormalno (副) 이상하게, 이상한 방법으로 (neobično, čudno); još ima neprijatelja, a bilo bi i ~ da ih nema 아직도 적이 있는데, 적들이 없는 것도 정상적이지는 않을 것이다
nenormalnost (女) 정상적이지 않음, 비정상
neo- (接頭辭) 신(新)-, 네오-; neoromantizam 신낭만주의; neofašizam 네오파시즘; neoklasicizam 신고전주의
neobavešten -a, -o (形) (~에 대해) 알지 못하는 (정보를 갖고 있지 못한, 지식이 없는); ~ o tom pitanju 그 문제에 대해 알지 못하는(보고를 못받은)
neobavezan -zna, -zno (形) 의무가 아닌, 의무적이 아닌
neobazriv -a, -o (形) 부주의한, 경솔한, 신중치 못한 (neoprezan, nepromišljen, nepažljiv)
neobdelan -a, -o (形) 가공되지 않은, 날것의, 원자재의 (neobrađen, neizrađen, sirov)
neobičan -čna, -čno (形) 통상적이지 않은, 평범하지 않은, 흔치 않은, 특이한, 드문; 이상한; ~čna životinja 흔하지 않은 동물, 희귀한 동물; ~ predlog 특이한 제안
neobjašnjiv -a, -o (形) 설명할 수 없는; na neobjašnjen i ~ način dospeo je u Carigrad 설명되지 않고 또 설명할 수 없는 방법으로 짜리그라드에 도착했다
neobligatan -tna, -tno (形) 의무적이 아닌 (neobavezan)
neoboriv -a, -o (形) 1. 쓰러뜨릴 수 없는, 넘어뜨릴 수 없는, 무너뜨릴 수 없는; u ringu je bio ~ 링에서 그를 쓰러뜨릴 수 없었다 2. 반박할 수 없는; ~i dokazi 반박할 수 없는 증거들 3. 단호한, 굳건한 (nepokoljebljiv, odlučan); stvorena je u kući neoboriva odluka da se ta večera održi 그 만찬이 거행될 것이라는 확실한 결정이 집안에 형성되었다
neobrađen -a, -o (形) 1. (토지가) 경작되지 않은, 밭갈이를 하지 않은 2. 만들어지지 않은 상태의, 가공되지 않은, 초기 상태의; nađeno je i kremeno oruđe uz komade ~og kamena 형태를 갖추지 않은 돌과 함께 부싯돌도 발견되었다; ~i proizvodi 원자재
neobrazovan -a, -o (形) 무학(無學)의, 교육을 받지 않은; 교양이 없는 (neškolovan, nekulturan)
neobučen -a, -o (形) 훈련받지 않은 (nepoučen, nenaučen)
neobučen -a, -o (形) 옷을 입지 않은, 옷을 걸치지 않은, 벌거숭이의 (neodeven)
neobuhvatan -tna, -tno (形) 두 팔로 안아 감

쌀 수 없는, 엄청난, 어마어마한, 막대한
neobuzdan -a, -o (形) 제어할 수 없는, 억누를 수 없는, 자제할 수 없는, 주체할 수 없는; ~a mladost 주체할 수 없는 젊음; ~i konji 통제할 수 없는 말들
neobzir 고려(사려)가 없음 (bezbzirnost)
neobziran -rna, -rno (形) 분별없는, 사려가 깊지 못한, 경솔한 (bezobziran)
neocenjiv, neocenljiv -a, -o (形) 평가할 수 없는, 가치를 매길 수 없는
neočekivan -a, -o (形) 기대하지 않은, 예기치 않은, 갑작스런 (iznenadan); nastadoše ~e poteškoće 예상치 않은 어려움이 생겨났다
neodbranjiv, neodbranljiv -a, -o (形) 방어할 수 없는, 막아낼 수 없는; neodbranjivi napad 막아낼 수 없는 공격
neodeljiv -a, -o (形) 나눌 수 없는, 분리할 수 없는
neodgodan -dna, -dno, neodgodiv -a, -o (形) 미룰 수 없는, 연기할 수 없는; 시급한, 긴급한 (neodložan); ~ posao 시급한 일
neodgojen -a, -o (形) 배우지 못한, 교육받지 못한 (nevaspitan)
neodgonetljiv -a, -o (形) 실마리를 풀 수 없는(해결할 수 없는)
neodgovaran -rna, -rno (形) 무책임한, 책임감을 못느끼는
neodgovornost (女) 무책임, 책임을 지지 않음
neodložan -žna, -žno, neodloživ -a, -o (形) 미룰 수 없는, 연기할 수 없는, 시급한, 긴급한 (neodgodan); ukazivala se ~žna potreba zaključivanja trgovačkih ugovora 시급한 무역협정체결 필요성이 대두되었다
neodlučan -čna, -čno (形) 1. 단호하지 못한, 우유부단한 (kolebljiv); bili su ~čni i nisu ništa određeno predlagati 그들은 우유부단했으며 구체적으로 아무것도 제안하지 않았다 2. 결정되지 않은, 무승부의 (neodlučen, nerešen); bilo je nemoguće boriti se deset sati i učiniti bitku ~čnom 열 시간 동안 싸워서 전투의 결과가 나지 않는 것은 불가능했다
neodmeren -a, -o (形) 1. 잘못 측정된, 잘 재어지지 않은(보통은 정상적인 것보다 더 크게) 2. 절제되지 않은 (nepromišljen); ~ izraz 절제되지 않은 표현
neodobravanje 불승인, 부동의
neodoljiv -a, -o (形) 1. 이겨낼 수 없는, 물리칠 수 없는, 어찌할 수 없는 ~a čežnja za pićem 어찌할 수 없는 술에 대한 갈망 2. 매우 매력적인 ~ muškarac 아주 매력적인 남자; otvorila bi mlada grofica širom te

N

žarke, ~e oči 젊은 백작 부인은 그 불타는, 아주 매력적인 눈을 크게 뜨고 싶었다

neodrediv, neodredljiv *-a, -o* (形) 정(定)할 수 없는, 결정할 수 없는; *sudbina je ~a* 운명은 정할 수 없다

neodređen *-a, -o* (形) 1. 정해지지 않은, 분명하지 않은, 명확하지 않은; 불확실한; *on je bio ~i simpatizer u koga nisu imali naročito poverenje* 그는 그들이 특별한 신뢰를 갖지 못한 불확실한 지지자였다 2. 기타; (文法) *~a zamenica* 부정(不定) 대명사; *pridev ~og vida* 부정(不定) 형용사형; *~ odgovor* 애매한 대답

neodrživ, neodržljiv *-a, -o* (形) 지속될 수 없는, 유지될 수 없는, 지탱할 수 없는; 너무 불확실한; *položaj gospodina Klisića bijaše ~* 클리시치씨의 위치(직위)는 아주 불확실하다

neodvojiv *-a, -o* (形) 뗄 수 없는, 떼어낼 수 없는, 분리할 수 없는 (neodeljiv); *poslednje dve rezolucije Ujednjenih nacija ... ~e su jedna od druge* 유엔의 최근 두 결의안은 서로 뗄내야 뗄 수가 없는 것이다

neofašizam *-zma* 네오파시즘

neograničen *-a, -o* (形) 1. 한정되지 않은, 제한되지 않은; 무제한의; *narod ima ~o pravo* 민중은 무제한의 권한을 갖는다 2. (政)(廢語) 절대적인, 전제주의적인 (apsolutan, apsolutistički); *Srbija je postala ~a monarhija* 세르비아는 전제군주국이 되었다

neokaljan *-a, -o* (形) (도덕적으로) 흠결이 없는, 때묻지 않은, 청렴결백한; *godilo mu je da je dobar i pošten, da mu je prošlost ~a* 그가 훌륭하고 양심적이며 그의 과거가 때묻지 않았다는 것이 그의 마음에 들었다; *~o ime* 때묻지 않은 이름

neoklasicizam *-zma* 신고전주의; **neoklasicistički** (形)

neokretan *-tna, -tno* (形) 서투른, 임기응변이 부족한, 융통성 없는 (nespretan, nevešt); *ovde u selu devojke su dosta ~tne, stidljive* 이곳 시골에서는 처녀들이 아주 순진하고 수줍어한다

neokrunjen *-a, -o* (形) 왕관을 쓰지 않은, 왕위 즉위식을 하지 않은

neokrunjen *-a, -o* (形) 옥수수 껍질을 벗기지 않은

neolit 신석기 (反: paleolit)

neolitičkī, neolitskī *-ā, -ō* (形) 신석기의; *~a doba* 신석기 시대, *~o naselje* 신석기 시대의 마을

neologizam *-zma* 신조어

neometan *-a, -o* (形) 방해받지 않은; *dao mu* *je prilike da ~ prevodi Bibliju* 그에게 그 어떤 방해도 받지 않고 성경을 번역할 수 있는 기회를 주었다

neometano (副) 방해받지 않고

neon (化) 네온(Ne)

neonacizam *-zma* 네오나치즘, 신나치주의 **neonacistički** (形)

neonskī *-ā, -ō* (形) 참조 neon; *~o svetlo* 네온 불빛; *~a cev* 네온관, *~a reklama* 네온광고판

neopažen *-a, -o* (形) 주목되지 않은, 주목받지 못한, 알아차리지 못한

neophodan *-dna, -dno* (形) 없어서는 안되는, 반드시 필요한, 필수적인; *nama je ~ lekar* 우리에게는 의사가 필요하다

neophodno (副) 필연적으로

neophodnost (女) 필요성

neopisan *-a, -o* (形) 1. 말로 표현할 수 없는, 형용할 수 없는, 말로 묘사할 수 없는 (neopisiv) 2. 서술되지 않은, 기술되지 않은

neopisiv *-a, -o* (形) 말로 표현할 수 없는, 형용할 수 없는

neopojan *-jna, -jno* (形) 술 취하지 않은, 취할 정도로 술을 마시지 않은

neopojan *-a, -o* (形) (宗) 장례 미사 노래가 불리지 않은; *~ grob* 아주 나이 든 사람, 아주 늙은 사람

neoporeciv, neoporečiv *-a, -o* (形) (말을) 철회할 수 없는, 취소할 수 없는; 부정(否定)할 수 없는, 부인할 수 없는; *predsednik opštine je izdao neoporecive naredbe* 자치 단체장은 철회할 수 없는 명령을 내렸다

neopoziv *-a, -o*, **neopzivan** *-vna, -vno* (形) 돌이킬 수 없는, 취소할 수 없는, 무효화시킬 수 없는; *~a ostavka* 되돌릴 수 없는 사표

neopran *-a, -o* (形) 빨지 않은, 세탁하지 않은, 씻지 않은; 더러운, 깨끗하지 않은; *promatrao je neobrijano, ~o lice* 그는 면도하지도 세수하지도 않은 얼굴을 찬찬히 바라보았다; *~i jezik* 거친 말, 사악한 말

neopravdan *-a, -o* (形) 정당하지 않은, 합당하지 않은, 부당한; *~ izostanak* 무단 결석 (학교의)

neopredeljen *-a, -o* (形) 1. 결정하지 않은, 정하지 않은; *postoje jake skupine nacionalno ~ih muslmana* 민족적 소속감을 아직 결정하지 무슬림들이 많이 있다 2. 확실하지 않은, 애매한

neoprezan *-zna, -zno* (形) 경솔한, 부주의한, 신중치 못한, 조심성 없는 (nesmotren)

neopreznost (女) 경솔함, 부주의

neoprostiv *-a, -o* (形) 용서할 수 없는; ~ *greh* 용서할 수 없는 죄

neopskrbljen *-a, -o* (形) 조달되지 않은, 공급되지 않은; (물질적으로) 안정되지 않은, 보살핌을 받지 못한 (nezbrinut); *imam ženu i još troje ~e dece* 나는 아내와 보살핌을 받지 못하고 있는 세 아이가 있다; *~im smatraju se one porodice ... koje nemaju od ličnog rada ili imanja stalan prihod* 개인 노동 또는 재산으로부터 나오는 상시 수입이 없는 가구는 물질적으로 불안정하다고 간주된다

neorealizam *-zma* 신사실주의, 네오 리얼리즘

neorganskī *-ā, -ō* (形) 1. (化) 무기물의; 생활 기능이 없는, 무생물의; ~*a hemija* 무기 화학 2. (비유적) 관련이 없는, 이질적인, 비유기적인 (nepovezan); *ja sam te ~e sastojke zvao psihološkom lirikom* 나는 그 이질적인 구성 요소를 심리적 서정시라고 불렀다

neosetan *-tna, -tno* (形) 1. (느낄 수 없을 정도로) 매우 미약한, 감지할 수 없는 (vrlo slab); *teška gvozdena kola ... skliznu niz ~ nagib druma* 무거운 철갑차가 매우 완만한 경사의 도로를 미끌어져 간다; *bol je bio gotovo ~* 통증은 거의 없었다 2. 느낄 수 없는 (neosetljiv)

neosetljiv *-a, -o* (形) 무감각한, 둔감한, 감정이 없는, 느낌이 없는; *noge su mu teške, nepomične, sasvim ~e, naduvene do kolena* 그의 다리는 무겁고, 움직일 수 없었으며, 전혀 느낌이 없고 무릎까지 부어 있었다

neoskvrnavljen *-a, -o* (=neoskvrnjen) (形) 더럽혀지지 않은, (신성이) 모독되지 않은 (neokaljan, neobesvećen)

neosnovan *-a, -o* (形) 근거 없는, 사실 무근의

neosporan *-rna, -rno*, **neosporiv** *-a, -o* (形) 다툼의 여지가 없는, 논란의 여지가 없는; 확실한 (siguran, pouzdan); ~ *dokaz* 논란의 여지가 없는 증거

neostvaren *-a, -o* (形) 실현되지 않은, 실행되지 않은; ~*a želja* 실현되지 않은 소망

neostvariv, **neostvarljiv** *-a, -o* (形) 실현할 수 없는, 실행할 수 없는; *svi njeni planovi predstavljaju neostvarive iluzije* 그녀의 모든 계획들은 실현할 수 없는 환상에 불과하다

neosvojiv *-a, -o* (形) 점유할 수 없는, 점령할 수 없는, 난공불락의; ~*a tvrđava* 난공불락의 요새

neotac *-oca* 나쁜 아버지, 아버지의 역할을 다하지 않는 아버지

neotesan *-a, -o* (形) 1. (나무 등이) 다듬어지지 않은, 손질하지 않은, 거칠은 2. (비유적)(輕蔑) 거친, 단순한, 교양없는, 상스러운 (grub, prost, prostački); *gruba, ~a šala* 거칠고 상스러운 농담

neotesanac *-nca* (輕蔑) 거칠고 단순하고 교양없는 사람

neotesanka (輕蔑) 참조 neotesanac; 거칠고 교양없는 여자

neotesanko *neotesānākā* (男)(輕蔑) 참조 neotesanac

neotkloniv, **neotklonljiv**, **neotklonjiv** *-a, -o* (形) 제거할 수 없는, 피할 수 없는; ~*a pogibija* 피할 수 없는 죽음

neotkriven, **neotkrit** *-a, -o* (形) 발견되지 않은, 찾아내지 못한, 미지의 상태로 남은; *do nje dođem kao do neotkrivene pustinje* 마치 미지의 사막에 다가가는 것처럼 그녀에게 다가간다

neotporan *-rna, -rno* (形) (대적·지탱할 만한 힘이) 약한(질병·압력·고난 등에), 견뎌내지 못하는, 저항하지 못하는; *on je u ličnom životu bio kolebljiv, neodlučan, neotporan* 그는 개인적 삶에서 우유부단하고, 결단력과 결기가 없었다; ~ *na vlagu* 습기에 약한; ~ *na veliku hladnoću* 한파(혹한)에 약한

neotrovnica 독(otrov)없는 뱀

neotuđiv *-a, -o* (形) 팔 수 없는, 매도할 수 없는, 양도할 수 있는; ~*a prava* 양도할 수 없는 권리; ~*o dobro* 매도할 수 없는 자산; ~*o vlasništvo* 양도할 수 없는 소유권

neovisan *-sna, -sno* (形) 참조 nezavisan; 독립적인, 독자적인

neovlašćen, **neovlašten** *-a, -o* (形) 권한없는, 인정받지 않은, 독단적인; *pooštrene su sankcije za neovlašćeno bavljenje prodajom vina* 포도주 불법 판매에 대한 제제가 강화되었다

neozbiljan *-ljna, -ljno* (形) 1. 신중치 못한, 경솔한, 경박한, 진지하지 않은; 신뢰할 수 없는 2. (크기·세기·강도 등이) 보잘 것 없는, 하찮은, 시시한

neoženjen *-a, -o* (形) 결혼하지 않은(남자가)

nepamćen *-a, -o* (形) 전례가 없는, 유례가 없는 (nezapamćen)

nepametan *-tna, -tno* (形) 어리석은, 멍청한 (glup); *poslušao je savet ~tnih prijatelja* 그는 어리석은 친구들의 충고를 들었다

nepar 1. 홀수 2. (複) 서로 맞지 않는 사람들; 동등하지 못한 사람들

neparan *-rna, -rno* (形) 홀수의; ~ *broj đaka* 홀수의 학생들; ~ *broj* 홀수

N

nepartijac 비당원, 당원이 아닌 사람(보통은 공산당의)

nepatvoren -a, -o (形) 위조되지 않은, 날조되지 않은; 진본의, 진짜의 (nefalsifikovan, originalan)

nepažljiv -a, -o (形) 부주의한, 경솔한, 사려깊지 못한; psuju ~e domaćice 생각없는 주부들이 욕을 한다

nepažnja 부주의, 경솔; u ~i nagazi ono dugme 부주의함에 그 단추를 밟았다

nepce nebācā (中)(解) 입천장, 구개(口蓋); meko (zadnje) ~ 연구개; tvrdo (prednje) ~ 경구개; nepčani (形); ~ suglasnik 구개자음; ~a kost 입천장뼈, 구개골

nepčanik 구개음, 구개자음

nepisan -a, -o (形) 쓰여지지 않은, 불문(不文)의; ~i zakoni 불문법; ~a pravila 불문율

nepismen -a, -o (形) 1. 읽고 쓸줄 모르는, 문맹의 2. (輕蔑) 서툴게 쓰는, 비문법적으로 쓰는; (문장이) 비문(非文)으로 쓰여진 3. 기본적 지식이 없는; politički ~ 정치적 지식이 없는

nepismenost (女) 문맹(文盲), 무식; 무학(無學)

nepismenjak 문맹인 사람, 읽고 쓸줄 모르는 사람

neplanskī -ā, -ō (形) 비계획적인; 비체계적인

neplatiša (男,女) (빚·채무 등의) 체납자, 채무불이행자

neplivač 수영을 못하는 사람; bazen za ~e 수영을 못하는 사람들을 위한 풀

neplodan -dna, -dno (形) 1. (토지가) 메마른, 척박한, 기름지지 못한; 불임(不妊)의, 아기를 못 낳는 ~dna voćka 척박한 과수원, 수확이 별로 없는 과수원; ~e zemljište 척박한 토지; ~dni brak 불임 결혼 2. (비유적) 헛된, 소용없는 (uzaludan); ~dni napori 헛된 노력

neplodnost (女) (토지의) 불모, 척박함; 불임(不妊), 열매를 못맺음

nepobedan -dna, -dno, nepobediv -a, -o, nepobedljiv -a, -o (形) 이길 수 없는, 무찌를 수 없는 (nesavladljiv)

nepobitan -tna, -tno (形) 반박할 수 없는, 의심할 여지가 없는, 분명한 (očigledan, nesumnjiv); ~ dokaz 반박할 수 없는 증거; ~tna činjenica 분명한 사실

nepodeljen -a, -o (形) 1. 나눌 수 없는, 분할되지 않은 2. (비유적) 만장일치의; ~o mišljenje 만장일치의 의견

nepoderiv, nepoderljiv -a, -o (形) 찢을 수 없는, 찢겨지지 않는

nepodesan -sna, -sno (形) 부적합한, 부적당한, 좋지 않은 (neodgovarajući, nepogodan, nepovoljan); ~ način 적합하지 않은 방법; ~sni uslovi 부적합한 조건

nepodmiren -a, -o (形) 1. (빚·채무 등을) 갚지 않은 2. (소망·필요 등이) 충족되지 않은, 만족되지 않은

nepodmitljiv -a, -o (形) (뇌물로) 매수할 수 없는 (nepotkupljiv)

nepodnosiv, nepodnošljiv -a, -o (形) 참을 수 없는, 견딜 수 없는; ~ bol 참을 수 없는 통증; vrućina je ~a 더위는 견딜 수 없는 정도다

nepodoba 1. 괴물, 괴물같이 생긴 사람, 못생긴 사람 (nakaza, čudovište) 2. 부적합한 것, 부적절한 것

nepodoban -bna, -bno (形) 1. 부적절한, 부적당한, 부적합한 (nezgodan, neprikladan) 2. 교양없는, (도덕적으로) 추한 (nepristojan); ja sam odmah razumeo da sam ~bno delo učinio i zastideo sam se 나는 즉시 내가 부적절한 행동을 했다는 것을 깨닫고는 부끄러워했다 3. 못생긴, 추한, 역겨운 (ružan, gadan) 4. 비슷하지 않은

nepodopština 1. 부적절한 것, 부적합한 것; 부적당, 부적임, 어울리지 않음 2. 소란, 소동, 혼란 (izgred, ispad)

nepodudaran -rna, -rno (形) 1. (비교하는 것과) 다른, 차이가 나는, 일치하지 않는 (različit) 2. (數) 크기가 다른, 면적이 일치하지 않는; ~rni trouglovi 일치하지 않는 삼각형

nepogoda 1. 악천후, 매우 나쁜 날씨, 폭풍 (nevreme, oluja) 2. (비유적) 곤란, 곤경 3. 참사, 재난, 재해; elementarna (prirodna) ~ 자연 재해

nepogodan -dna, -dno (形) 부적절한, 부적합한, 부적당한; doći u ~dno vreme 부적절한 시간에 오다

nepogrešan -šna, -šno, nepogrešiv -a, -o, nepogrešljiv -a, -o (形) 실수하지 않는, 실수할 수 없는

nepojmljiv -a, -o (形) 이해할 수 없는 (nerazumljiv, neshvatljiv); mnogima je to njegovo ponašanje bilo ~o 많은 사람들에게 그의 행동은 이해할 수 없는 것이었다

nepokolebiv, nepokolebljiv -a, -o (形) 우유부단하지 않은, 단호한, 일관된; bio je nepokolebiv u svom otporu 그는 단호히 저항하였다; pravi domoljub je nepokolebljiv 진짜로 조국을 사랑하는 사람은 단호하다

nepokoran -rna, -rno (形) 복종하려고 하지

않는, 순종하려고 하지 않는; 비복종적인, 비순종적인; 반항적인; biti ~ nekome ~에게 반항적이다; video je ... sve što je moglo uzbuditi mladu, ~rnu dušu 모든 것이 젊고 반항적인 사람들을 자극할 수 있다는 것을 보았다(알았다)

nepokretan -tna, -tno (形) 1. 움직일 수 없는, 움직이지 않는; ~tna imovina 부동산 2. 느릿느릿한; 의지가 없는, 무관심한 (trom, bezvoljan, ravnodušan) 3. 변함없이 그대로인

nepokretljiv -a, -o (形) 참조 nepokretan

nepokretnost (女) 부동성; 부동(상태)

nepokriven -a, -o, nepokrit -a, -o (形) 1. 덮여져 있지 않은, 지붕이 없는 2. (스포츠) (상대 선수가) 무방비로 열려있는, 자유롭게 움직이는; u pozadini se vidi naši igrači ... a protivnici su ~i 후방에 우리 선수들이 보이는데 ... 상대편 선수들이 무방비로 자유롭게 움직인다 3. (銀行) 손실보전금(담보금)이 없는

nepokvaren -a, -o (形) 1. 고장나지 않은, 손상되지 않은; (음식이) 상하지 않은 2. (비유적) 심성이 고운, 순진한, 천진난만한 (dobrodušan, bezazlen, naivan); što će reći prost, pravi, ~i seljak? 단순하고 순진한 농부는 뭐라고 말할까?

nepokvariv, nepokvarljiv -a, -o (形) 잘 고장나지 않는; (음식이) 잘 상하지 않는

nepolitički -ā, -ō (形) 정치와는 무관한, 비정치적인

nepomičan -čna, -čno (形) 1. 움직이지 않는, 움직임이 없는; 부동(不動)의 (nepokretan); satnik ... ostaje u barci ~ 중대장은 부동(不動) 상태로 막사에 남아 있다 2. 일관된, 단호한 (nepokebljiv, istrajan)

nepomirljiv -a, -o (形) 화해할 수 없는, 화해하려고 하지 않는; postao mu je ~ neprijatelj 그는 그의 철천지 원수가 되었다

nepomućen -a, -o (形) 1. 탁해지지 않은, 맑은, 투명한, 깨끗한; vrelo je ovde -rekoh- ~a izvor-voda 수원(水源)이 여기인데 완전 깨끗한 수원이라고 말하고 싶다 2. (비유적) 방해받지 않은, 물흐르듯이 흐르는(방해받지 않고 흐르는); predavala se mislima ... sa hiljadu uspomena iz njihovog srećnog i ~og bračnog života 그녀는 ... 행복했으며 그 어떤 방해도 받지 않았던 결혼 생활의 수많은 추억에 잠겼다 3. (비유적) 이성적인, 분별있는; 정신이 말짱한 (razborit, razuman); ~ starac 정신이 말짱한 노인

neponovljiv -a, -o (形) 반복할 수 없는, 되풀이 할 수 없는; 단 한 번 뿐인, 유일무이한, 독창적인

nepopravljiv -a, -o (形) 1. 벌충할 수 없는, 회복할 수 없는, 구제할 수 없는 (nenaknadiv); bura može ... načiniti ~e štete 폭풍은 ... 회복이 불가능한 손실을 가져올 수 있다 2. (자신의 습관·행동·사고방식 등을) 더 좋게 바꿀 수 없는, 어쩔 수 없는; ništa neću za vas uraditi ... jer ste ~i niktovi 나는 당신을 위해서 아무것도 하지 않을 것입니다... 왜냐하면 당신은 도저히 어떻게 해볼 수 없는 인간 쓰레기이니까요; ~a pijanica 어찌 해 볼 수 없는 알코올중독자; ~ lažov 어찌 해 볼 수 없는 거짓말쟁이; ~i optimista 어쩔 수 없는 낙관주의자

nepopularan -rna, -rno (形) 인기가 없는, 비인기의; ~a mera 인 기없는 조치; ~a politika 인기 없는 정책

nepopustljiv -a, -o (形) 유연성(탄력성)이 없는; 용서할 수 없는, 화해할 수 없는; 완고한, 고집 센, 집요한

neporeciv -a, -o, noporečiv -a, -o (形) 부정할 수 없는, 논란의 여지가 없는; 철회할 수 없는 (neosporan, neopoziv)

neporočan -čna, -čno (形) 1. 허물(porok)없는, 나무랄 데 없는, 흠잡을 데 없는; njegovo ponašanje je bilo ~čno 그의 행동은 흠잡을 데가 없었다; ~čno začeće 무원죄 잉태설(성모 마리아가 잉태를 한 순간 원죄가 사해졌다는 기독교의 믿음) 2. (법원의) 전과가 없는 (nekažnjavan)

neposlušan -šna, -šno (形) 말을 잘 듣지 않는, 순종하지 않는, 복종적이지 않은, 반항하는, 저항하는 (nepokoran); kako ćemo kažnjavati ~šne? 어떻게 반항하는 사람들을 처벌할 것인가?

neposredan -dna, -dno (形) 1. (중간에 제 삼자나 매개물 없이) 직접적인 (direktan); ~dni pregovori 직접 협상; ~ uticaj 직접적 영향; ~dni govor (文法) 직접 화법 2. (시간적·공간적으로) 바로 옆에 있는; u ~dnoj blizini 바로 옆에; ~dno posle 직후에 3. 직속의, 직계의; ~dna starešina 직속 상관, ~ predak 직계 조상 4. 솔직한, 진실된, 진심의 (iskren, spontan, prirodan); ~ čovek 솔직한 사람

nepostižan -žna, -žno (形) 도달할 수 없는, 실현할 수 없는; osećam potrebu jasnoće i to je jedan od mojih ~dnih ideala 분명히 할 필요를 느끼는데 그것은 내가 실현할 수 없는 이상의 하나이다

nepostojan -jna, -jno (形) 1. (시간이 흐름에

N

따라) 변하는, 변할 수 있는; ~jna boja 변색 되는 색, 변하는 색상 2. 신뢰할 수 없는, 믿을 수 없는, 변덕스러운 (nepouzdan, prevrtljiv); ~jna osoba 변덕스러운 사람 3. (文法) 출몰(出沒)하는; ~jno 'a' 출몰모음 'a'

nepostojanje 부재(不在), 존재하지 않음, 부족 (nemanje, nedostatak); ~ zakona 법률 부재

nepostojećI -ā, -ē (形) 존재하지 않는, 없는

nepošten -a, -o (形) 정직하지 못한, 부정직한, 불성실한, 부도덕적인

nepoštenje 부정직, 불성실

nepoštovanje 존중하지 않음; 무시; ~ zakona 법률 경시

nepotizam -zma (관직 등용에서의) 친족 등용, 족벌주의

nepotkupljiv -a, -o (形) (뇌물 등으로) 매수할 수 없는 (nepodmitljiv)

nepotpun -a, -o (形) 1. 전체가 아닌, 부분적인 (delimičan); amnestija može biti ... potpuna ili ~a 사면은 전면적이 될 수도 부분적이 될 수도 있다 2. 불충분한, 불완전한 (nedovršen, manjkav, defektan); stariji i mlađi brat ... su mlakih naravi, i nekako ~i 형과 동생은 미지근한 성격인데 뭔가 불충분하다

nepotreban -bna, -bno (形) 불필요한, 필요하지 않은

nepotvrđen -a, -o (形) 확인되지 않은

nepouzdan -a, -o (形) 1. 신뢰할 수 없는, 믿을 수 없는 2. 의심스러운 3. 불확실한

nepoverenje 불신, 의구심; pokazivati ~ prema nečemu ~에 대한 불신을 표시하다; izglasati ~ vladi 정부에 대한 불신임 투표를 통과시키다; posejati ~ 의구심을 불러일으키다; opažalo se međusobno ~ i puna oskudica solidarnosti 상호 불신과 결속감이 전혀 없다는 것이 느껴졌다

nepoverljiv -a, -o (形) (~에 대해) 신뢰감이 없는, 의심스러운, 의구심을 불러일으키는; biti ~ prema nekome (~에 대해) 신뢰하지 않는

nepoverljivost (女) 불신, 의구심

nepovezan -a, -o 1. 상호 연관이 없는; 조직적이 아닌, 조직화되지 않은; ~a akcija 상호 연관성이 없는 행동; ~a igra 손발이 맞지 않는 경기 2. 앞뒤가 맞지 않는, 일관성 없는; ~a izjava 앞뒤가 맞지 않는 성명서

nepovoljan -ljna, -ljno (形) 좋지 않은, 부정적인, 나쁜, 불쾌한; ~ljno mišljenje 부정적 의견; ~ljna vest 좋지 않은 뉴스

nepovrat (男) (보통은 u ~ 형태로) 되돌아 올

수 없는 곳(지역·길); otići u ~ 되돌아올 수 없는 길을 떠나다; doći iz ~a 돌아올 수 없는 곳으로부터 오다

nepovratan -tna, -tno, **nepovratljiv** -a, -o (形) 1. (되)돌아 올 수 없는, 되돌릴 수 없는; sve je ~tno propalo! 모든 것이 완전히 무너졌다!; ~tni dani 되돌아올 수 없는 날들 2. 돌려줄 필요가 없는, 반환의 의무가 없는; ~tni zajam 무상 융자

nepovrediv -a, -o **nepovredljiv** -a, -o (形) 훼손될 수 없는, 손상될 수 없는, 침범될 수 없는; njihova je imovina proglašena ~nepvredivom 그들의 재산은 침해될 수 없는 것으로 선포되었다

nepovredivost (女) 불가침, 침범할 수 없는 것

nepovređen -a, -o (形) 부상당하지 않은, 다치지 않은

nepoznat -a, -o (形) 1. 유명하지 않은, 알려지지 않은, 무명의; ~ čovek 알려지지 않은 사람; ~i junaci 무명 용사들; ~o boravište 알려지지 않은 거처 2. 잘 모르는, 겪어보지 못한, 경험하지 못한; ~ bol 겪어보지 못한 통증 3. (명사적 용법으로, 한정형) (女)(數) 미지수; jednačina s dve ~e 이차방정식 4. (명사적 용법으로, 한정형) (男)(女) 모르는 사람

nepoznavanje 무지, 무식; ~ pravila 규정에 대한 무지; ~ pravne norme 법률에 대한 무지

nepozvan -a, -o (形) 1. 초대받지 못한 2. (비유적) 권한이 없는, 인정받지 못한 (neovlašćen)

nepoželjan -ljna, -ljno (形) 달갑지 않은, 탐탁치 않은, 환영받지 못하는; 기피의; ~ljna ličnost (外交) 기피인물; njegov boravak u Travniku je ~ 그의 트라브니크 거주는 환영받지 못했다

nepraktičan -čna, -čno (形) 1. 실용적이지 않은, 사용하기에 불편한; ~čna odeća 실용적이지 못한 의복; ~čno obrazovanje 비실용적인 교육 2. 비현실적인, 현실적이 못한, 약삭빠르지 못한

neprav -a, -o (形) 불공평한, 공평하지 못한 (nepravedan); biti ~ prema kome 누구에게 공평하지 못하다

nepravda 부정(不正), 불공평; 부정한 행동 2. 무법, 폭력 (bezakonje, nasilje)

nepravedan -dna, -dno (形) 불공평한, 부정의한

nepravI -ā, -ō (形) 진짜가 아닌, 진본이 아닌, 가짜의 (lažan); da bi se razgraničilo pravo od ~og 진짜를 가짜와 구별할 수 있도록

nepravičan -čna, -čno (形) 참조 nepravedan

nepravilan *-lna, -lno* (形) 1. 규칙적이지 않은, 불규칙한; ~ *glagol* 불규칙 동사 2. 사실에 부합하지 않는, 부정확한 3. 원칙에 위배된, 잘못된; ~*lno trošenje sredstva* 잘못된 예산 사용

nepravilnost (女) 1. 불규칙, 변칙 2. 불법, 불법적 행위, 위법적인 일

neprebrodiv *-a, -o* (形) 극복할 수 없는, 이겨 낼 수 없는 (nepremostiv); *postoji često neprohodna provalija i ~i jaz* 종종 극복할 수 없는 간격이 존재한다

neprecizan *-zna, -zno* (形) 정확하지 않은, 부정확한, 애매모호한; ~*zna odredba* 정확하지 않은 조항; ~ *odgovor* 애매모호한 대답

neprečišćen *-a, -o* (形) 1. 깨끗이 치워지지 않은, 청소되지 않은, 해결되지 않은; ~ *problem* 해결되지 않은 문제; ~*i računi* 정산되지 않은 계산; *imali smo dovoljno vremena da sve ~e račune sredimo* 정산되지 않은 계산을 해결할 수 있는 충분한 시간이 있었다 2. 정제되지 않은, 날것의; ~*a nafta* 정제되지 않은 원유

nepredmetan *-tna, -tno* (形) 존재 이유가 없는, 의미가 없는, 불필요한, 과잉의 (bespredmetan)

nepredvidiv *-a, -o* (形) 예측(예상·예견)할 수 없는 (nepredvidljiv); ~*e teškoće* 예측할 수 어려움(난관); *stvari bi mogle okrenuti nekim drugim, ~im pravcem* 일들은 예상할 수 없는 다른 방향으로 진척될 수 있다

nepredviđen *-a, -o* (形) 예상(예측· 예견)되지 않은; 예상외의, 예기치 않은 (neočekivan, iznenadan)

nepregaziv *-a, -o* (形) 건너갈 수 없는, 통과할 수 없는; (비유적) 극복할 수 없는; *zaboravila je ~i jaz koji ih zauvek deli* 그들을 영원히 분리시키고 있는 건널 수 없는 간격이 존재한다는 것을 잊어버렸다

nepregledan *-dna, -dno* (形) 1. 다 볼 수 없는; 커다란, 어마어마하게 큰(넓은), 끝없는 (ogroman, beskrajan); ~*dne šume pokrivale su čitav ovaj prostor* 어마어마하게 넓은 숲이 이 지역 전체를 덮었다 2. 엉망진창으로 구성된(만들어진, 쓰여진), 정돈되지 않은; ~ *tekst* 엉망진창인 텍스트; ~ *sastav* 정돈되지 않은 구성

neprekidan *-dna, -dno* (形) 끊어지지 않는, 계속되는, 연속적인, 지속적인, 중단되지 않는 (neprestan, stalan)

neprekidljiv *-a, -o* (形) 끊어질 수 없는, 계속되는, 중단시킬 수 없는

neprekinut *-a, -o* (形) 끊어지지 않은, 중단되지 않은; 계속되는; ~*a linija* 실선

neprekoračiv *-a, -o* (形) 건너 뛸 수 없는, 넘을 수 없는, 통과할 수 없는; 연장할 수 없는; ~*a pravila* 피할 수 없는 규칙; ~*a suma* 고정 금액(초과할 수 없는); ~ *rok* 한정된 기간

neprekršiv *-a, -o* (形) 범(犯)할 수 없는, 위반할 수 없는 (nepovrediv); *zakon je ~* 법률은 위반할 수 없다

neprelazan *-zna, -zno* (形) 1. 극복할 수 없는 (nepremostiv) 2. (스포츠의) (~의 옆을) 통과할 수 없는, 돌파할 수 없는; ~ *igrač* 철벽 방어수 3. (질병의) 비전염성의; ~*zna bolest* 비전염성 질병 4. (文法) 자동사의; ~ *glagol* 자동사

nepreloman *-mna, -mno*, **neprelomljiv** *-a, -o* (形) 부러뜨릴 수 없는; 확고한, 단호한, 굳건한 (nepokolebljiv, siguran, tvrd)

nepremostiv *-a, -o* (形) 극복할 수 없는, 이겨 낼 수 없는 (nesavladiv, neotklonjiv); ~*a prepreka* 극복할 수 없는 장애물; ~*e teškoće* 극복할 수 없는 난관

nepresahnjiv *-a, -o* (形) 참조 nepresušan; 메마르지 않는; *mlin je stajao na uskom no ~om potočiću* 물레방아는 좁지만 메마르지 않는 작은 개울가에 서 있었다

neprestan *-a, -o* (形) 끊임없는, 끊이지 않는, 계속되는 (neprekidan, stalan); *žive u ~om ratu sa susedima* 이웃나라와 끊임없는 전쟁속에서 살고 있다; *nakon ~a požurivanja svršimo ipak posao* 끊임없이 서두른 후에 일을 완수할 수 있었다

neprestance (副) 끊임없이, 계속해서 (neprestano)

nepresušan *-šna, -šno*, **nepresušiv** *-a, -o*, **nepresušljiv** *-a, -o* (形) 메마르지 않는, 고갈되지 않는, 무궁무진한; ~ *izvor* 마르지 않는 수원(水源); ~*šna energija* 무궁무진한 에너지; *osećala je ... da su njegovi džepovi ~šni rudnici* 그의 주머니는 퍼내도 퍼내도 끝이 없는 광산이라는 것을 느꼈다

neprevediv *-a, -o* (形) 번역할 수 없는, 옮길 수 없는(한 언어에서 다른 언어로) (neprevodiv); *mnoga umetnička dela u jednom jeziku uopće su ~a u drugi* 한 언어로 된 많은 예술 작품들이 다른 언어로 전혀 번역될 수 없다

neprevidljiv *-a, -o* (形) 예상(예견·예측)할 수 없는

neprevodiv, **neprevodljiv** *-a, -o* (形) 번역할

N

645

수 없는

neprevreo *-ela, -elo* (形) 완전히 발효되지 않은; (비유적) 어수선한, 아직 완성되지 않은; *Mirko Božić je ... bio poznat kao svež, smeo, darovit, ali ~ pisac* 미르코 보지치는 참신하고 용기있으며 재주가 많은 작가로 알려져 있지만 아직은 농익지 않은 작가이다

neprevrtljiv *-a, -o* (形) 불안정하지 않은, 안정된, 안정적인, 일관된 (postojan, dosledan); ~ *karakter* 안정적인 성격

nepričljiv *-a, -o* (形) 말수가 적은, 과묵한 (ćutljiv)

nepridržavanje 준수하지 않음, 위반; ~ *propisa* 규정을 준수하지 않음

neprihvatljiv *-a, -o* (形) 받아들일 수 없는, 용인할 수 없는, 인정할 수 없는; *on je smatrao da su njemački uvjeti ~i* 그는 독일의 조건들이 받아들일 수 없는 것 들이라고 생각했다

neprijatan *-tna, -tno* (形) 유쾌하지 않은, 불쾌한, 기분 나쁜, 즐겁지 않은, 불편한 (neugodan); ~ *susret* 즐겁지 않은 만남; ~ *razgovor* 불편한 대화

neprijatelj 1. 적(敵), 원수; *smrtni(zakleti)* ~ 철천지 원수, 불구대천의 원수; ~ *naroda* 인민의 적; ~ *radništva* 노동자 계급의 적 2. (軍) 적(敵), 적군 3. (~의) 반대자 (protivnik); ~ *pušenja* 흡연 반대자; *alkohola* 음주 반대자 4. 해로운 것; *droga kao čovekov* ~ 인류에 해를 끼치는 것으로서의 마약 5. 기타; *spoljni* ~ 외부의 적; *unutrašnji* ~ 내부의 적 **neprijateljica; neprijateljski** (形)

neprijateljskī *-ā, -ō* (形) 참조 neprijatelj; 적의, 적대자의, 적대적인; ~ *napad* 적의 공격; ~*o držanje* 적대적 태도; ~*a propaganda* 적의 흑색선전; ~*e demonstracije* 반대 데모

neprijateljstvo *neprijatēljstāvā* 1. 적대적 관계, 적대감, 적의(敵意); *uviđaše da se među njima počinje otvoreno* ~ 그들간에 공공연한 적대감이 시작된 것이 보였다 2. (複) 전쟁, 전시 작전; *otpočeti* ~ 전시 작전이 시작되다

neprijatno (副) 불쾌하게, 불편하게, 기분 나쁘게

neprijatnost (女) 불유쾌, 불쾌함; 불쾌한 일 (사건); *desila mi se* ~ 나에게 불유쾌한 일이 일어났다

neprijazan *-zna, -zno* (形) 1. 참조 neljubazan; 불친절한 2. 참조 neprijatan; 불쾌한

neprijemčiv *-a, -o* (形) ~ *za nešto* 잘 받아들이지 못하는, 이해하지 못하는, 우둔한, 둔감한 (neprijemljiv); *ovo mesto je ... ~ za vidne utiske i naziva se slepom mrljom* 이 곳은 시각적 인상이 별로인 곳이라 맹점(盲點)이라 불린다

neprikladan *-dna, -dno* (形) 1. 부적절한, 부적합한; ~ *odgovor* 부적절한 대답; ~*dno ponašanje (odelo)* 부적절한 행동(의상); ~*dna šala* 부적절한 농담 2. 서툰, 노련하지 않은, 능숙하지 않은 (nesnalažljiv, nespretan)

neprikosnoven *-a, -o* (形) 1. 최고의, 최상위의, (어떤 것에도) 제한받지 않는, 무제한의, 절대적인 (neograničen, spsolutan); ~*a vlast* 절대 권력; ~*o svetilište* 최고의 성지; ~*a tajna* 절대 비밀 2. (사람에 대해) 건드릴 수 없는, 커다란 권위를 가진, 엄청난 카리스마가 있는; ~*a ličnost* 카리스마가 대단한 인물

neprikosnoveno (副) 완전히, 절대적으로 (potpuno, apsolutno); ~ *vladati* 완전히 통치하다; ~ *svojeglav* 너무 완고한

neprikosnovenost (女) 불가침(성), 신성

neprikriven *-a, -o* (形) 숨기지 않은, 공개적인, 노골적인; *s* ~*om mržnjom* 노골적인 증오심을 가지고; *s* ~*im prezirom* 노골적으로 비웃으면서

neprilagodljiv *-a, -o* (形) 적응할 수 없는; ~에 익숙해 질 수 없는; 경직된, 뻣뻣한 (krut); *najteskobnija samoća čoveka je ona duhovna što postaje od njegova* ~*a karaktera i* ~*a mišljenja* 인간의 가장 힘든 외로움은 그의 융통성 없는 성격과 경직된 사고방식으로부터 시작된다

neprilepčiv *-a, -o* (形) (질병이) 전염되지 않는; ~*a bolest* 비전염 질병

nepriličan *-čna, -čno* (形) 부적절한, 부적당한 (nedoličan, neumestan, nepodesan)

neprilika 1. 불쾌한 일(사건), 곤란한 일, 어려움; *doći u* ~*u* 어려운 일을 당하다; *srećno je isplivao iz mnogih* ~*a* 운좋게 수많은 어려움에서 벗어났다 2. (누구에게) 배우자로서 부적당한 사람

neprimenjiv *-a, -o* (形) 적용할 수 없는, 부적절한, 부적당한; 사용할 수 없는; ~*o pravilo* 적용할 수 없는 규정; ~ *primer* 부적절한 예

neprimetan *-tna, -tno* (形) 알아차릴 수 없는, 눈에 띄지 않는, 겨우 보이는, 느낄 수 없는 (jedva vidljiv, neupadljiv, neosetan); *oko njenih usta titrao je mali* ~ *zagonetni osmeh* 그녀의 입 주변에 수수께끼같은 희미한 미소가 번졌다

N

neprimetljiv *-a, -o* (形) 참조 neprimetan

neprincipijelan *-lna, -lno* (形) 무원칙의, 무원
칙적인, 원칙이 없는; 일관성이 없는

neprincipijelnost (女) 무원칙; 무원칙적 행동;
무일관성

nepripravan *-vna, -vno* (形) 1. 준비되지 않은,
준비가 안된, 준비가 덜 된 2. 갑작스런, 예
상하지 않은

neprirodan *-dna, -dno* (形) 1. 부자연스런, 자
연스럽지 않은; 비정상적인; 평범하지 않은;
u ~dnom položaju 부자연스런 위치에서;
*držali su ... taj svakako dosta ~ brak
vanredno sretnim* 그들은 아주 비정상적인
결혼을 매우 행복하게 유지해 나갔다 2. 인
위적인, 인공적인 (izveštačen, namešten)

nepriseban *-bna, -bno* (形) 1. 당황한, 허둥대
는, 제 정신이 아닌 (zbunjen, izgubljen) 2.
의식을 잃은, 의식이 없는, 기절한
(besvestan, onesvešćen)

nepristao *-ala, -alo* (形) 부적절한, 부적합한,
적합하지 않은 (neprikladan, nepriličan)

nepristojan *-jna, -jno* (形) 1. (자신의 행동에)
부끄러워할 줄 모르는, 뻔뻔스러운, 수치심
이 없는; 교양없는, 무례한; *~ mladić* 뻔뻔스
런 젊은이; *~jno ponašanje* 수치심을 모르는
행동 2. 저속한, 상스런, 음란한 (bestidan);
~jni vicevi 음란한 농담; *~jna pesma* 저속
한 노래

nepristojnost (女) 무례함, 예절에서 벗어남;
상스러움; 무례한 행동

nepristran *-a, -o* (形) 참조 nepristrastan; 편
파적이지 않은, 중립적인; *videlo se da je
svedok bio čovek prostodušan i ~* 증인은
순진하고 편파적이지 않은 사람으로 보였다

nepristranost (女) 참조 nepristrasnost

nepristrasnost (女) 중립(성), 편파적이지 않음,
불편부당(不偏不黨)

nepristrastan *-sna, -sno* (形) 중립적인, 편파
적이지 않은, 불편부당한; *~ posmatrač* 중립
적인 참관인

nepristupačan *-čna, -čno*, nepristupan *-pna,
-pno* (形) 1. 접근할 수 없는, 다가갈 수 없
는, 다다를 수 없는 (nedostižan); *~čna
planina* 접근할 수 없는 산; *tu je u ...
nepristupnoj pešteri skromno i pobožno
živeo* 여기 (사람들이) 접근하기 어려운 동
굴에서 삼가하며 경건하게 살았다 2. (사람
들과 어울리지 않고) 고립된, 폐쇄된, 어울리
지 않는; 오만한, 교만한, 젠체하는; *~čna
osoba* 어울리는 것을 좋아하지 않는 사람;
ona je prema meni bila uvek hladna i

nepristupačna 그녀는 내게 항상 차갑고 오
만했다 3. 이해할 수 없는, 분명하지 않은;
설명할 수 없는 (nerazumljiv, neshvatljiv,
nejasan, neobjašnjiv) 4. (감정에) 예민하지
않은, 무감각한, 무덤덤한, 무관심한

neprisutan *-tna, -tno* (形) 1. 참석하지 않은,
부재(不在)의, 결석의 (odsutan) 2. 딴 데 정
신이 팔린 (rasejan); *~ duhom* 정신이 딴
데 있는

nepriznat *-a, -o* (形) 인정되지 않은, 인정받지
못한

neprobavljiv *-a, -o* (形) 1. 소화되기 어려운
(nesvarljiv) 2. (비유적) 불쾌한, 따분한, 견
딜 수 없는 (neprijatan, nepodnošljiv,
dosadan); *sada je jasno vidio da su oni svi
od reda, i duševno i telesno, teški i ~i* 이
제 줄에 서있는 모든 사람들이 정신적 육체
적으로 힘들고 지친 것을 보았다

neprobojan *-jna, -jno* (形) 관통할 수 없는,
뚫고 지나갈 수 없는, 침투할 수 없는; 방탄
의; *~jno staklo* 방탄 유리; *~i prsluk* 방탄
조끼

neprocenjiv *-a, -o* (形) 1. (가치를) 평가할 수
없는, 아주 귀중한; *u našem životu ...
poezija i umetnost uopšte, imaju ~u
vrednost utehe* 우리의 삶에서 시와 예술은
평가할 수 없는 위로의 가치를 가지고 있다
2. (크기가) 아주 작은

neprodoran *-rna, -rno* (形) 1. 통과(관통·침투)
할 수 없는 (neprobojan) 2. (어려움을 극복
할 정도로) 집요하지 못한, 끈질기지 못한

neproduktivan *-vna, -vno* (形) 비생산적인,
생산적이지 못한

neprohodan *-dna, -dno* (形) 다닐 수 없는, 통
행할 수 없는; *staze ispred kuće postale
~dne od blata i vode* 집앞의 오솔길은 진흙
과 물로 인해 통행할 수 없게 되었다

neprolazan *-zna, -zno* (形) 1. 통과할 수 없는,
길이 없는 (neprohodan, besputan); *da ode
u kakvu ~znu ogromnu planinu, kako će
hraniti?* 길도 없는 그 어떤 커다란 산으로
가는데, 어떻게 음식을 해결할까 2. 영원한
(trajan); *delo ~zne vrednosti* 영원한 가치
를 지닌 작품

nepromašiv *-a, -o* (形) 1. 결코 과녁을 빗맞히
지 않는, 실수하지 않는, 틀림없는, 정확한,
확실한; *~ strelac* 틀림없는 사수(射手) 2. 빗
나갈 수 없는; *~a meta* 빗나갈 수 없는 과녁

nepromenljiv, nepromenjiv *-a, -o* (形) 1. 변하
지 않는, 변할 수 없는; 언제나 같은, 항구적
인 (stalan, trajan); *~ zakon* 2. (文法) 불변

N

647

화의; ~e reči 불변화사

neprometan -tna, -tno (形) 1. 통행량이 적은, 한적한; ~tna ulica 한적한 거리 2. 통행할 수 없는

nepromišljen -a, -o (形) 충분히 생각하지 않고 결정하는; 경솔한, 무분별한, 욱하는 (nesmotren, neodmeren, brzoplet); ~ vladar 신중치 못한 통치자; ~ potez 욱하는 행동

nepromenjiv -a, -o (形) 참조 nepromenljiv

nepromočiv -a, -o (形) (물을) 빨아들이지 않는, 방수(防水)의; ~a tkanina 방수천

nepronicljiv -a, -o (形) 1. 분별할 능력이 없는, 분간 못하는 2. 분별할 수 없는, 분간할 수 없는, 난해한, 수수께끼같은 (zagonetan)

nepropisan -sna, -sno (形) 규정(propis)에 어긋난, 금지된; đak je ~sno odeven 학생은 규정에 어긋나게 복장을 착용했다; uvek je vozio ~snom brzinom 항상 과속으로 (차를) 몰았다

nepropustan -sna, -sno (形) (물·공기·빛 등을) 통과시키지 않는, 침투시키지 않는; 방수의, 방음의

nepropustiv, nepropustljiv -a, -o (形) 1. (물·공기·빛 등을) 통과시키지 않는; 방수(防水)의; ~ za vazduh 공기를 통과시키지 않는; ~ za zvuk 방음의 2. 놓칠 수 없는, 용서할 수 없는; taj koncert je ~! 그 콘서트는 놓칠 수 없는 콘서트이다

neprosvećen -a, -o (形) 교육받지 못한; 계몽되지 않은, 무지한

neprovidan -dna, -dno, **neprovidljiv** -a, -o (形) 1. 빛을 통과시키지 않는; 불투명한, 혼탁한 (mutan); u ~dnom maglama se krije 보이지 않는 안개속에 숨겨져 있다 2. (비유적) 알 수 없는, 이해할 수 없는, 이해하기 어려운, 난해한, 수수께끼 같은 (nerazumljiv, zagonetan); svi su ljudi ~dni, teško je čoveka suditi 모든 사람들은 알 수가 없다, 사람을 판단한다는 것은 어려운 일이다

neprovodnik 부도체(不導體); (전기·열 등을) 통과시키지 않는 것

neproziran -rna, -rno (形) 1. 불투명한, 투명하지 않은 (neprovidan); ~rna voda 혼탁한 물 2. 비밀스런, 비밀리에 행해지는; ~rne mahinacije 비밀스런 음모; ~rna obmana 감쪽 같은 사기

neprozračan -čna, -čno (形) 불투명한 (neprovidan, neproziran); progutaće ga ~rna tama 한 치 앞을 볼 수 없는 어둠이

그것을 삼킬 것이다

neprozriv -a, -o (形) 알 수 없는, 수수께끼 같은, 비밀스런

Neptun (天) 해왕성

neptunij -ija, **neptunijum** (化) 넵투늄 (방사성 원소, Np)

nepun (일정량 보다) 적은, 불충분한, 충분하지 않은; 축소된, 단축된; ~o radno vreme 단축 근무시간; u vojsci me zadržaše ~a četiri meseca 군에서는 나를 4개월 조금 못되게 잡아 두었다

nepunoletan -tna, -tno (形) 미성년의; (비유적) 미성숙의, 성숙하지 않은 (maloletan; nezreo); ona je ... duševno ~tno stvorenje 그녀는 정신적으로 미성숙한 피조물이다

nepušač 비흡연자; ljudi su pušili, vazduh topao i suv gonio je ~e na kašalj 비흡연자들은 덥고 건조한 공기와 흡연자들 때문에 기침을 했다

neracionalan -lna, -lno (形) 1. 비경제적인; 비이성적인, 비논리적인; ~lna potrošnja 비경제적인 소비; ~lno raspolaganje 비이성적인 기분 2. (數) 무리수(無理數)의 (iracionalan); ~ broj 무리수

neracionalnost (女) 비이성적임, 비논리적임

nerad 그 어떤 일도 하지 않고 보내는 시간, 자유 시간, 여가 시간 (besposlica, dokolica); jučerašnji dan propade nam u ~u 어제는 우리들에게는 아무런 일도 없는 한가로운 시간이었다

nerad -a, -o (形) ~할 의지(의향)가 없는, (~을) 꺼리는, 마음이 내키지 않는

neradan -dna, -dno (形) 1. 일하는 것을 싫어하는, 게으른, 나태한 (lenj) 2. 일을 하지 않고 시간을 보내는, 한가하게 보내는 3. (한정형) 쉬는; ~dni dan 휴일; ~dni sati 휴식 시간

neradnik 일하기 싫어하는 사람, 게으른 사람, 게으름뱅이 (besposličar, lenjivac, lenština) **neradnica; neradnički** (形)

nerado (副) 마지못해, 어쩔 수 없이 (bez volje); nerado poslušaše ga drugovi 친구들은 그의 말을 마지못해 들었다; seoski svet ~ daje decu u školu 시골 사람들은 마지못해 아이들을 학교에 보냈다

neranjiv, neranjiv -a, -o (形) 1. 부상당하지 않는, 상처입을 수 없는 (nepovrediv) 2. 해를 당하지 않는, 손해를 입을 수 없는, 손상되지 않는; ~i su samo oni koji nemaju ništa 아무 것도 없는 사람들만 손해를 입지 않는다 3. 부상이 없는 (neranjen)

neraskidiv, neraskidljiv -a, -o (形) 끊어지지

N

않는, 영속적인, 영구적인, 항구적인 (trajan); ~e veze 끊을래야 끊을 수 없는 관계; ~o bratstvo 항구적인 형제애
neraspoložen -a, -o (形) 1. 기분이 좋지 않은, 즐겁지 않은, 우울한; 언짢은 (neveseo, utučen, mrzovoljan); kad sam ~, čini mi se da bih sve ... dao da se vratim u ono doba kad sam bio đak 기분이 안좋을 때는 학생 시절로 돌아가기 위해 모든 것을 돌려주고 싶어진다 2. (prema nekome, nečemu) (~에게) 비우호적인, 적대적인; ~ prema nekome 누구에게 비우호적인; većina sabora bila je ~a prema luteranima 대부분의 의회 의원들은 루터교 신자들에게 비우호적이었다
neraspoloženje 1. 기분 나쁨, 유쾌하지 않음, 우울함; pade u još gore ~ 더 심각한 우울함에 빠진다 2. 적의, 적대감, 비호감; ~ prema nekome 누구에 대한 적대감
nerast (男) (거세하지 않은) 수퇘지
nerastavljiv -a, -o (形) 분리할 수 없는
nerastežljiv -a, -o (形) 뻣뻣한, 잘 휘어지지 않는, 유연하지 않은 (neelastičan, krut, negibak)
nerastopiv, nerastopljiv -a, -o (形) 잘 녹지 않는, 잘 용해되지 않는, 불용해성의
nerasudan -dna, -dno (形) 1. 판단할 능력이 없는, 사리를 분별 못하는, 비이성적인 (nerazuman, nerazborit) 2. 설명할 수 없는, 근거 없는 (neobjašnjiv, bezrazložan)
neraščlanljiv -a, -o (形) (부품 하나 하나로) 분해할 수 없는
neravan -vna, -vno (形) 1. (표면이) 평평하지 않은, 울퉁불퉁한; ~ put 울퉁불퉁한 길; ~ led 평평하지 않은 얼음 2. (힘·가치·평판 등이) 같지 않은; 불공평한; studenti su započinjali tešku i ~vnu borbu 학생들은 힘들고 어려운 싸움을 시작했다 3. (비유적) 변덕스러운, 변화가 심한 (ćudljiv); promenio se prema ženi i kući ... došao ~, svaki dan drukčiji 그는 아내와 집안에 대한 태도가 변하였다. 매일 극과 극을 달렸다
neravnina (표면의) 평평하지 않은 곳, 울퉁불퉁한 곳
neravnomeran -rna, -rno (形) (지속시간·속도·세기 등이) 다른, 동일하지 않은, 서로 다른; 차이 나는 (neujednačen, različit, nejednak); ~ razvoj 서로 다른 발전, 차이 나는 발전; ~rni prinosi 동일하지 않은 수입; ~rnim tempom 동일하지 않은 속도로
neravnopravan -vna, -vno (形) 1. (타인과 권리가 동일하지 않은) 불평등한, 평등하지 않은

neravnopravnost (女) 불평등
nerazborit -a, -o (形) (사고·판단·행동이) 비이성적인, 비합리적인; ~ čovek 비이성적인 사람; ~ postupak 비이성적인 행동
nerazdeljiv -a, -o (形) 나눌 수 없는, 분리할 수 없는; 불가분의 (nerazdvojiv, nedeljiv)
nerazdruživ -a, -o (形) (사람 사이를) 떼어놓을 수 없는, 떨어질 수 없는; oni su ~i 그들은 서로 떨어질 수 없는 사이다; alkohol mu postaje ~im drugom 술은 그와 떨어질 수 없는 친구가 되었다
nerazdvojan -jna, -jno (形) 떼어 놓을 수 없는, 떨어질 수 없는; ~jni drugovi 항상 같이 다니는 친구들, 실과 바늘 같은 친구
nerazdvojiv -a, -o (形) 뗄 수 없는, 분리할 수 없는 (nerazdvojan)
nerazgovetan -tna, -tno (形) 1. (말·대화 등이) 이해하기 어려운, 난해한 (nerazumljiv) 2. 불분명한, 불명확한, 희미한 (nejasan, maglovit, mutan); ~tne misli 불명확한 사고 (思考); ~tna predstava 불명확한 공연 3. (그림 등이) 잘 보이지 않는, 이해되지 않는 4. 보이지 않는, 불투명한, 짙은 (neprovidan, gust); ~tna magla 짙은 안개; ~ mrak 잘 보이지 않는 어둠
nerazjašnjiv -a, -o (形) 설명할 수 없는
nerazložan -žna, -žno (形) 1. 이유(razlog)없는, 근거없는; ~žna ljubomora 이유없는 시기심(질투심) 2. 비이성적인, 비합리적인 (nerazborit); ~ čovek 비이성적인 사람
nerazlučiv, nerazlučljiv -a, -o (形) 뗄 수 없는, 나눌 수 없는, 분리할 수 없는 (nerazdvojan, neodvojiv, nedeljiv)
nerazmer, nerazmjer (=nesrazmer) 불균형
nerazmišljen -a, -o (形) 심사숙고하지 않은, 경솔한
nerazmrsiv -a, -o (形) (실 타래 등을) 풀 수 없는, 끄를 수 없는; 매우 복잡하게 얽힌, 매우 복잡한; 해결할 수 없는 (veoma zapleten); ~ zločin 아주 복잡하게 얽혀 있는 범죄
neraznoriv -a, -o (形) 파괴할 수 없는, 무너뜨릴 수 없는 (neuništiv); 영원한, 항구적인 (trajan); ~o utvrđenje 파괴할 수 없는 요새; teški su joj ~i zidovi, sagrađeni od tamne sadre 석고로 지어진 벽을 그녀는 좀처럼 허물 수 없었다
nerazrešiv -a, -o (形) (= rerazrešljiv) 해결할 수 없는, 풀 수 없는, 설명할 수 없는; ~ problem 해결할 수 없는 문제
nerazrušiv -a, -o (形) 부술 수 없는, 파괴할

수 없는 (nerazoriv)

nerazuman -mna, -mno (形) 1. 비이성적인, 비합리적인 (nerazborit); 경솔한, 심사숙고 하지 않은 (nepromišljen); 정신적으로 미성숙한 (nezreo) 2. (말 등이) 이해할 수 없는 (nerazumljiv, nerazgovetan); zbori nekim ~mnim jezikom 이해할 수 없는 언어로 말한다

nerazumevanje 몰이해; 오해

nerazumljiv -a, -o (形) 이해할 수 없는, 이해하기 어려운; 설명할 수 없는, 비논리적인, 이상한; ~e reči 이해할 수 없는 어휘들; ~e ponašanje 설명할 수 없는 행동

nerazvijen -a, -o (形) 발전되지 않은, 미개발의; ~e zemlje 미개발 국가, 후진국

lerc (鳥類) 유럽밍크(족제비과의 일종); 유럽밍크 가죽(털·모피)

nerealan -lna, -lno (形) 1. 비현실적인; ~ plan 비현실적 계획 2. 실제가 아닌, 공상의, 환상의 (nestvaran, fantastičan)

nered 1. 무질서, 혼란; 엉망, 어수선함, 정리정돈이 안된 상태 2. 소란, 소동, 혼잡, 번잡 (metež, zbrka, pometnja) 3. (複) 폭동, 궐기, 봉기 (pobuna, nemiri)

neredovan -vna, -vno (形) 1. 불규칙적인, 규칙적이지 않은; ~vna isplata 불규칙적인 지불; ~vne penzije 불규칙적인 연금 2. 혼란스런, 폭동(봉기)이 일어난; ~vno stanje 폭동 상태 3. 불안정한, 안정되지 못한, 자리를 잡지 못한 (nesređen); ~ život 불안정한 삶 4. (軍) 비정규군의, 비상비군의; ~vna vojska 비정규군; ~vna jedinica 비정규 부대

neredovito (形) 참조 neredovno; 순서없이, 불규칙적으로; 때때로

neregularan -rna, -rno (形) 1. 변칙적인, 불규칙적인, 비정상적인; ~ gol 변칙적인 골 2. (軍) 비정규군의; ~rna vojska 비정규군

neregularnost (女) 변칙, 불규칙; 반칙, 불법

nerentabilan -lna, -lno (形) 투자한 것에 비해 산출량이 떨어지는, 수익을 못 내는, 수익성이 없는, 경제성이 떨어지는; 무익한; ~o preduzeće 수익성이 없는 회사; ~lne pruge 적자나는 기차 노선

nerešen -a, -o (形) 1. 해결되지 않은; ~ spor 해결되지 않은 분쟁; ~o pitanje 해결되지 않은 문제 2. 주저하는, 결정을 하지 못하는, 우유부단한 (kolebljiv) 3. (스포츠의) 무승부의, 승패를 가르지 못한 ~ rezultat 무승부; utakmica je bila ~a 경기는 무승부로 끝났다

nerešiv, nerešljiv -a, -o (形) 1. 해결할 수 없는, 해결될 수 없는; ~ problem 해결할 수

없는 문제 2. 불확실한, 결정하지 못하는 (nesiguran, neodlučan)

neretko (副) 드물지 않게; 자주 (češće)

neritmičan -čna, -čno (形) 리드미컬하지 않은, 불규칙한 리듬(ritam)의

nerodan -dna, -dno (形) 1. (과수나무가) 열매를 맺지 않는, 수확이 부실한; (토지가) 메마른, 척박한, 농사가 잘 안되는 2. 흉작의, 흉작기의; ~dna godina 흉년, 흉년이 든 해

nerodica 1. 흉년, 흉년이 든 해; 흉작 2. (흉작으로 인한) 굶주림, 기아 (oskudica, glad)

nerodnica 참조 nerotkinja; 석녀(石女), 아이를 낳지 못하는 여자

nerotkinja 석녀(石女)

neruka 불운, 불행 (nesreća, neprilika)

nerv 1. (解) 신경 (živac); očni ~ 시신경 2. (보통은 複數로) (비유적) 심리 상태 3. (비유적) 재능, 소질 (talenat, dar); imati ~ za umetnost 예술적 소질이 있다 4. (비유적) 중요한 것, 주축이 되는 것; 중요한 장소, 의미있는 장소; 어떠한 활동의 중심지 5. (植) (잎의) 잎맥 6. 기타; ići nekome na ~e 누구의 신경을 건드리다; rat nerava 신경전; jaki ~i 강심장, 냉정함; slabi ~i 소심함, 예민함, 민감함; kidati ~e 1)(누구에게) 신경질을 내다 2)(자신에게) 신경질을 내다, 초조해 하다

nervni (形)

nervatura 1. (解) 신경계 2. (植) (잎의) 잎맥

nervčik 신경증 환자, 노이로제 환자

nervirati -am (不完) 1. ~ nekoga (누구의) 신경을 건드리다; 초조하게 하다 (uzrujavati) 2. ~ se 초조해하다

nervni -ā, -ō (形) 1. 신경의 (živčani); ~ sistem 신경 시스템; ~ bolesnik 신경증 환자; ~ šok 신경 쇠약; ~ bojni otrovi 신경가스(독가스의 일종) 2. (비유적) 초조해 하는, 긴장한 (usplahiren)

nervoza 1. (醫) 신경과민 2. 긴장, 초조; otuda i ~ koja je zavladala u kući 집안을 휩싸고 있는 긴장감이 거기로부터 왔다; uvek me uhvati ~ pred put 여행전에 항상 나는 긴장한다

nervozan -zna, -zno (形) 신경이 예민한; 불안해 하는, 초조해 하는, 긴장하는; sve bolesnice su ~zne i nemirne 모든 환자들은 초조해 하고 불안해 한다

nervoznost (女) 초조(감), 긴장(감)

nesabran -a, -o (形) 심적으로 안정되지 못한, 마음(정신)을 집중할 수 없는, (마음이) 혼란스러운 (rasejan, neuravnotežen)

nesabrano (副) 당황스럽게, 혼란스럽게, 건성

N

으로 (rasejano, zbrkano); *gledao je u njega* ~ 그를 당황스럽게 바라보았다

nesaglasan -*sna*, -*sno* (形) 의견이 다른, 의견이 일치되지 않은; 합의되지 않은, 합의를 이루지 못한

nesaglediv -*a*, -*o* (形) 1. 볼 수 없는, 보이지 않는 (nevidljiv) 2. 예측할 수 없는, 예견할 수 없는; ~*e posledice* 예견할 수 없는 결과 3. (지금까지) 볼 수 없었던, 측량(측정)할 수 없을 정도로 어마어마한, 커다란; *raspolaže* ~*im mogućnostima za proizvodnju električne energije* 전기 생산을 할 수 있는 커다란 가능성을 가지고 있다

nesagoriv, nesagorljiv -*a*, -*o* (形) 불에 타지 않는, 내화성의; ~ *materijal* 내화성 재료

nesalomljiv -*a*, -*o* (形) 부러지지 않는; 시종일관한, 굳건한, 단호한 (istrajan, nepokolebljiv); ~ *i čvrst, on je ipak zbrisan olako* 굳건하고 단호했던 그는 손쉽게 제거되었다

nesamostalan -*lna*, -*lno* (形) 독립적이지 않은, 종속적인

nesan -*sna* (名) 불면(증) (nespavanje, nesanica); *zamoren od nesna* 불면으로 인해 피곤한; *patiti od nesna* 불면증으로 시달리다

nesanica 불면(증)

nesavestan -*sna*, -*sno* (形) 양심적이지 않은, 정직하지 않은; 비양심적인, 몰염치한, 부정직한; *njen brat je rđav i* ~ 그녀의 오빠는 사악하고 비양심적이다

nesavitljiv -*a*, -*o* (形) 구부러지지 않는; (성격이) 올곧은, 단호한, 우유부단하지 않은 (nepokolebljiv)

nesavladiv, nesavladljiv -*a*, -*o* (形) 1. 정복할 수 없는; 극복할 수 없는, 이길 수 없는 (nepobediv, neosvojiv) 2. 건널 수 없는 (neprebrodiv); ~*a reka* 건널 수 없는 강 3. 해결할 수 없는, 극복할 수 없는; ~*a teškoća* 극복할 수 없는 어려움

nesavremen -*a*, -*o* (形) 시대에 맞지 않는, 근대적(현대적)이지 않은, 유행이 지난; ~*o oblačenje* 유행에 뒤떨어지는 의복 착용; ~ *nameštaj* 유행이 지난 가구

nesavršen -*a*, -*o* (形) 1. 완벽하지 않은, 불완전한, 결함이 있는 2. 조잡한, 조야(粗野)한, 원시적인, 오래된; ~*a oruđa za rad* 일에 필요한 원시적인 도구

nesebičan -*čna*, -*čno* (形) 이기적이지 않은, 비이기적인; 후한, 넉넉한, 관대한; ~*čna pomoć* 넉넉한 도움

neseser (휴대용) 화장품 가방; (일에 필요한) 도구 상자

neshvaćen -*a*, -*o* (形) 이해되지 못한

neshvatljiv -*a*, -*o* (形) 이해할 수 없는 (nerazumljiv, nepojmljiv)

nesiguran -*rna*, -*rno* (形) 1. 불안정한, 안정되지 못한; 불확실한; 안전하지 못한, 불안전한; ~ *život* 불안정한 삶; ~*rno mesto* 불안전한 장소; ~ *položaj* 불확실한 위치; *on je* ~ *u društvu* 그는 친구들 사이에서 확실한 위치를 차지하고 있지를 못한다 2. 단단하지 못한, 힘이 없는, 약한; 흔들리는, 휘청거리는; ~*rna leđa* 단단하지 못한 등; ~ *korak* 휘청거리는 걸음 3. 믿을 수 없는, 신뢰할 수 없는 (nepouzdan); 자존감이 없는; *biti* ~ *u sebe* 자신에 대해 믿지를 못하다

nesigurnost (女) 불확실, 불안정

nesimpatičan -*čna*, -*čno* (形) 정(情)이 가지 않는, 비호감의; 역겨운

nesin 나쁜 아들(패륜적인, 나쁜짓을 하는)

nesistematičan -*čna*, -*čno* (形) 체계적이지 않은, 비체계적인 (nesistematski); ~ *rad* 체계적이지 않은 작업

nesit (鳥類) 펠리컨, 사다새 (pelikan)

nesit -*a*, -*o* (形) 1. 배부르지 않은, (먹어도 먹어도) 배고픈 (proždrljiv) 2. (비유적) 탐욕스런 (gramziv, nezajažljiv, pohlepan); *nova gospoda su* ~*i lešinari* 새로운 지배자들은 끝없이 탐욕스런 흡혈귀들이다

nesklad 1. 부조화; 불협화음 2. (의견·생각 등의) 불일치; 불화, 다툼

neskladan -*dna*, -*dno* (形) 부조화의, 조화를 이루지 못하는, 불협화음의

nesklon -*a*, -*o* (形) (nekome, nečemu) ~할 마음이 그다지 없는, 내키지 않는; (~에게) 비우호적인, 그다지 좋아하지 않는; (~에게) 정(精)이 별로 없는 (nenaklonjen); *bio je dosta miran i solidan i* ~ *velikim porocima* 그는 너무 평온하고 안정적이었으며 큰 죄를 짓지 않았다

nesklonjiv -*a*, -*o* (形) (어휘가) 격변화가 없는

neskriven -*a*, -*o* (形) 감추지 않은, 숨기지 않은; 명백한, 공개적인, 공공연한 (otvoren, javan); *praćeno je s velikom pažnjom i* ~*im simpatijama svih prisutnih* 모든 참석 인원들의 커다란 관심과 공공연한 애정을 가지고 지켜봐지고 있었다; *s* ~*im zadovoljstvom* 공공연한 만족감을 가지고

neskroman -*mna*, -*mno* (形) 1. 자신을 내세우는, 자만하는 2. (요구·주장 등이) 과한, 지나친, 뻔뻔스러운

N

651

neskrupulozan -zna, -zno (形) (타인에 대한) 배려심(skrupula)이 없는, 부도덕한, 파렴치한 (bezobziran)

neslaganje 의견 충돌(불일치), 알력, 불화, 부조화

neslan -a, -o (形) 1. 소금기가 없는, 짜지 않은; 맛 없는 2. (비유적) 저속한, 천박한, 야한 (nepristojan, vulgaran); ~a šala 야한 농담; ~a dosetka 야한 재담

neslavan -vna, -vno (形) 1. 유명하지 않은, 잘 알려지지 않은 2. 명예·명성과는 무관한; 하기 싫은, 힘든 (nezahvalan, mukotrpan, težak); ~ posao 힘든 일 3. 불명예스런, 수치스런, 비웃음을 들을 만한 (sraman); na ~ način 수치스런 방법으로

neslavenskī -ā, -ō (形) 참조 neslovenski

nesličan -čna, -čno (形) 비슷하지 않은, 유사하지 않은; 서로 다른

nesloboda 자유가 없는 상태; 노예 상태

neslobodan -dna, -dno (形) 자유가 없는, 권리가 제한된; 종속된 (zavisan)

nesloga 의견의 불일치, 불화, 알력, 다툼 (nesuglasica, razdor); neosetno uđe tako ~ u seljačku zajednicu 알력은 농촌 공동체에 그렇게 느끼지 못하게 스며든다

neslovenskī -ā, -ō (形) 비슬라브의; 반슬라브의; ~a narodnost 비슬라브계 주민; ~o poreklo 비슬라브계 계통

nesložan -žna, -žno (形) (보통 複數로) 1. 조화를 이루지 못하는, 화합하지 못하는; ~a braća 사이가 좋지 않은 형제; ~a kuća 화합하지 못하는 집 2. 서로 일치하지 않는, 서로 다른, 모순되는; ~žni elementi 서로 다른 요소들; ~žna mišljenja 서로 다른 생각 3. 불협화음의, 화음이 맞지 않는; ~žni glasovi 화음이 맞지 않는 소리들

neslućen -a, -o (形) 기대치도 않은, 예상 밖의, 상상할 수도 없는; 어마어마한, 커다란 (neočekivan, ogroman); doživeti ~ uspeh 어마어마한 성공을 거두다; ~e mogućnosti 커다란 가능성

nesmanjen -a, -o (形) (힘·세기 등이) 감소되지 않은; s ~om upornošću 감소되지 않은 끈기를 가지고; ~om žestinom 가라앉지 않는 분노로

nesmeo -ela, -elo (形) 용기가 없는, 비겁한

nesmetan -a, -o (形) 누구의 방해도 받지 않는, 자유로운 (neometan, slobodan); ~ prolaz 자유 통과; omogućen je ~ pešački i kolski saobraćaj ulicama 자유롭게 거리를 도보와 자동차로 통행하는 것이 가능해졌다

nesmion -a, -o (形) 참조 nesmeo

nesmisao -sla (男) 무의미한 말, 허튼 소리, 넌센스 (besmislica)

nesmislen -a, -o (形) 참조 besmislen; 의미 없는, 무의미한

nesmislica 참조 besmislica; 무의미한 말, 허튼 소리, 넌센스

nesmišljen -a, -o (形) 1. 깊이 생각하지 않은, 경솔한 (nepromišljen, lakomislen) 2. 이해할 수 없는 (nerazborit, nerazuman)

nesmotren -a, -o (形) 경솔한, 신중치 못한, 무분별한 (neoprezan, nepromišljen)

nesnalažljiv -a, -o (形) 융통성 없는, 변통성 없는, 서툰; bili su bespomoćni i ~i kao deca 그들은 아이들처럼 도움을 받을 수 없고 서툴렀다

nesnosan -sna, -sno, nesnošljiv -a, -o (形) 견딜 수 없는, 참을 수 없는 (nepodnošljiv); ~sna vrućina 견딜 수 없는 무더위

nesocijalan -lna, -lno (形) 비사교적인, 무뚝뚝한; 비인간적인, 이기적인 (nedruštven, nehuman, sebičan); ~ čovek 비사교적인 사람

nesolidan -dna, -dno (形) (일정한 기준을) 충족시키지 못하는; 신뢰할 수 없는, 믿을 수 없는; ~a gradnja 기준 미달의 건물; ~ trgovac 신뢰할 수 없는 상인

nespavač 잠을 자지 않는 사람; 불면증 환자

nespavanje 잠을 자지 않음; 불면(증) (bdenje, nesanica)

nespodoban -bna, -bno (形) 참조 ružan; 못생긴, 추한

nespojiv -a, -o (形) 연결할 수 없는, 연결시킬 수 없는; 모순되는 (protivrečan)

nespokojan -jna, -jno (形) 평안(평강)이 없는, 불안한 (uznemiren, nemiran)

nepokojnost (女), nespokojstvo 평강이 없음, 편안하지 않음

nespolan -lna, -lno (形) 1. 성(性; pol)적인 구별이 없는, 무성(無性)의 2. 무성생식의; bakterije i mnoge jednostavne gljive množe se samo ~lnim načinom 박테리아와 많은 단세포 곰팡이들은 무성생식의 방법으로 증식한다

nesporazum 오해, 착오; došlo je do ~a 오해가 생겼다

nesporskī -ā, -ō (形) 비스포츠적인, 스포츠정신에 반하는

nesposoban -bna, -bno (形) 무능한, 능력이 없는; ~ za rasuđivanje 판단 능력이 없는

nesposobnost (女) 무능, 무능력

nesposobnjak, nesposobnjaković 무능력자,

능력없는 사람

nespreman *-mna, -mno* (形) (~을 위해) 준비되어 있지 않은 (육체적·정신적으로)

nespremnost (女) 준비되지 않음

nespretan *-tna, -tno* (形) 능수능란하지 못한, 미숙한, 솜씨 없는 (nevešt, neumešan); ~ *čovek* 솜씨 없는 사람

nespretnjak, nespretnjaković 서툰 사람, 능수능란하지 못한 사람

nesputan *-tna, -tno* (形) 그 어떤 것에도 묶여 있지(구속되지) 않은, 얽매이지 않은, 아무런 의무도 없는, 자유로운 (slobodan)

nesravnjen *-a, -o* (形) 비교할 수 없는, 능가할 수 없는, 아주 훌륭한 (neuporediv, izvanredan, nenadmašiv); *došao je neki nov učitelj ... čuven sa svoga pevanja i ~og glasa* 어떤 새로운 선생님이 새로 오셨는데 ... 그는 아주 훌륭한 목소리와 노래로 유명하다

nesravnjiv *-a, -o* (形) (~와) 비교할 수 없는 (neuporediv)

nesrazmer (男), **nesrazmera** (女) (~와의) 차이, 불균형, 부조화, 부등(不等); *biti u ~i s nečim* ~와 차이가 나다

nesrazmeran *-rna, -rno* (形) 비율이 맞지 않는, 불균형의, 균형이 맞지 않는, 부조화의

nesrazmerno (副) 균형을 깨뜨릴 정도로, 비교할 수 없게, 부조화스럽게; *~rno veliki* 너무 큰, 균형이 맞지 않게 커다란; ~ *duge ruke* 불균형하게 긴 손; ~ *skuplji* 너무 비싼

nesreća *nesrēćā* 1. 불행, 불운; 불행한 일(사건), 사건, 사고; 어려움, 고난; 해(害), 재해, 손해; *na ~u*, 또는 *po ~i* 불행하게도; *elementarne ~e* 자연 재해; ~ *ga prati* 항상 그에게는 불운이 따른다; ~ *nikad ne dolazi sama nego u jatu* 불행은 혼자 오지 않는다; *saobraćajna ~* 교통 사고; *avionska ~* 항공 사고; ~ *na radu* 산업재해 2. 불행한 사람, 불운한 사람, 고난을 겪는 사람; 무책임하고 진중하지 못한 사람; (비유적) 나쁜 사람, 몹쓸 인간

nesrećan *-ćna, -ćno* (形) 불행한, 불운한; 불행한 결과를 초래하는; 슬픈; ~ *čovek* 불행한 사람; ~ *slučaj* 사고; *~ćna odluka* 불행한 결과를 초래하는 결정; *~čno lice* 슬픈 얼굴 2. (한정형) 무책임한, 진중하지 못한, 사악한; *~čni sine!* 무책임한 아들아!; *~čno planirati* 무책임하게 계획하다

nesrećnik 불행한 사람, 불운한 사람; 불쌍한 사람, 가엾은 사람 **nesrećnica**

nesređen *-a, -o* (形) 무질서한, 어수선한, 혼란한, 불안정한 (neuređen, neregulisan); *trgovini su smetali ... ~i međunarodni odnosi* 불안정한 국제 관계가 무역에 방해되었다

nesretan *-tna, -tno* (形) 참조 nesrećan

nesretnik 참조 nesrećnik

nesretnjak, nesretnjaković 참조 nesrećnik

nesrodan *-dna, -dno* (形) 같은 혈통이 아닌, 친척이 아닌; 다른, 낯선, 생소한, 이질적인 (tuđ, stran)

nestabilan *-lna, -lno* (形) 확고히 서있지 못하는, 움직이는; 불안정한, 불확실한, 변할 수 있는

nestajati *-jem* (不完) 참조 nestati; 사라지다, 없어지다

nestalan *-lna, -lno* (形) 항구적이지 않은, 불안정한, 흔들거리는, 변할 수 있는; *moje su misli ~lne i nove* 내 생각은 변할 수 있으며 새로운 생각이다

nestalnost (女) 불안정, 가변성(可變性) (nesigurnost, promenljivost)

nestanak *-ānka; nestanci, nestanākā* 사라짐, 없어짐; 행방불명 ~ *psa* 개의 행방불명; ~ *struje* 단전(斷電)

nestao *-ala, -alo* (形) 참조 nestati; 1. 사라진, 없어진; *~ale civilizacije* 사라진 문명; *~alo dete* 행방불명된 아이; *~ali auto* 도난당한 차; *~ali kontinenti* 사라진 대륙; *odeljenje za ~ala lica* 행방불명자를 찾기 위한 과(科) 2. (한정형, 명사적 용법으로) 행방불명자

nestašan *-šna, -šno* (形) (어린 아이가) 가만 있지를 못하는, 끊임없이 움직이는, 짓궂은, 말썽꾸러기의, 장난기 있는; *~šno dete* 가만 있지를 못하는 아이, 개구쟁이 아이; ~ *osmeh* 짓궂은 웃음

nestašica 부족, 결핍; 가난, 궁핍 (oskudica, nemanje, pomanjkanje, siromaštvo); ~ *hrane (vode)* 식량(물) 부족; ~ *električne energije* 전기 부족; *on je rastao u bedi i ~i* 그는 가난속에서 성장하였다

nestaško *nestašākā* (男) 개구쟁이 (nemirko, vragolan, obešenjak)

nestašluk 개구쟁이 행동

nestati *-anem* (完) **nestajati** *-jem* (不完) 1. (시야 등에서) 사라지다, 없어지다; 죽다, 사망하다; 도난당하다; *dete je nestao* 아이가 사라졌다, 아이가 실종되었다; *nestao nam je auto!* 우리 자동차가 없어졌다(도난당했다); *prije nestat ću nego se ponizit* 난 굴욕을 당하기 전에 죽을꺼야!; *pola me je nestalo (od straha)* 놀라 죽을 뻔 했다, 너

653

N

무 무서웠다 2. (공급품이) 다 없어지다, 다 떨어지다 (potrošiti se); *nestao nam je novca* 우리는 돈이 다 떨어졌다; *ako vam nestane hrane, javite se* 식량이 다 떨어지면, 연락하세요

nestrpljenje 성급함, 조급함, 초조함, 조바심; *očekivati s ~em* 조바심을 내면서 기대하다; *goreti (izgarati) od ~a* 초조해 죽을 것 같다, 매우 초조해 하다

nestrpljiv *-a, -o* (形) 초조해 하는, 조바심 내는, 성급한, 조급한, 참을성 없는

nestrpljivac *-ivca* 조바심 내는 사람, 참을성 없는 사람

nestručnjak 전문가가 아닌 사람, 비전문가

nestrunjačkī *-ā, -ō* (形) 참조 nestručnjak

nesuđen *-a, -o* (形) ~가 될 뻔한(그렇지만 운명적으로 그렇게 되지 않은), ~를 간절히 원했던 사람; *to je njegova ~a žena* 그 사람은 그의 아내가 될 뻔한 사람이다; *~i muž* 남편이 될 뻔한 사람; *~i lekar* 의사가 될 뻔한 사람(하지만 숙명적으로 의사가 되지 못한)

nesuđenik 남편이 될 뻔한 사람 **nesuđenica**

nesuglasan *-sna, -sno* (形) 참조 nesaglasan; 합의가 되지 않은

nesuglasica 오해, 다툼, 불화, 의견 충돌

nesumnjiv *-a, -o* (形) 분명한, 확실한; 논란의 여지가 없는, 의심할 여지가 없는; 믿을만한, 신뢰할 만한

nesustavan *-vna, -vno* (形) 연관성이 없는; 이해할 수 없는 (nerazumljiv, nepovezan)

nesuvisao *-sla, -slo* (形) 이해할 수 없는 (nerazumljiv); *mucaju u snu ~sle riječi* 잠자면서 알아들을 수 없는 잠꼬대를 한다

nesuvremen *-a, -o* (形) 참조 nesavremen; 현대적이지 않은, 시대에 뒤떨어진

nesvakidanjī, **nesvakidašnjī** *-ā, -ē* **nesvakodnevnī** *-ā, -ō* (形) 일상적이지 않은, 흔치 않은, 드문 (neobičan, izvanredan)

nesvarljiv *-a, -o* (形) 1. 소화시키기 힘든, 소화가 잘 안되는; *~ deo hrane* 음식의 소화시키기 힘든 부분 2. (비유적) 용인하기 어려운, 인정할 수 없는 (neprihvatljiv)

nesvesno (副) 무의식적으로

nesvest (女) 기절, 졸도, 실신, 의식 불명; *pasti u ~* 기절하다, 졸도하다; *ležati u ~i* 혼수 상태로 누워 있다; *do ~i* 과도하게, 너무 많이

nesvestan *-sna, -sno* (形) 1. 의식을 잃은, 이식이 없는, 기절한, 졸도한 (besvestan) 2. 무의식의, 무의식적인 3. (心理) 잠재의식의 4. (비유적) 교육받지 못한, 계몽되지 못한;

정치적 식견이 없는; *takav glas deluje uspešno u širokoj i ~snoj masi puka* 그러한 목소리는 광범위하고 정치적 식견이 없는 대중에게는 성공적으로 작용한다

nesvestica (病理) 현기증, 어지럼증; *imati (dobiti) ~u* 현기증이 있다; *uhvatila me je ~* 현기증이 났다

nesvodljiv *-a, -o* (形) 1. (어떠한 시스템 등에) 적용될 수 없는, 결합될 수 없는; *~ na jednostavne pojmove* 단순한 개념에 결합될 수 없는 2. (數) 약분할 수 없는, 통분할 수 없는; *~ broj* 소수

nesvojstven *-a, -o* (形) (nekome, nečemu) 낯선, 생경한, 이상한; 특정적이지 않은, 독특하지 않은

nesvrstan *-a, -o* (形) (政) (보통은 명사적 용법으로, 複數로) 비동맹의; *~e zemlje* 비동맹국들

nesvrtanost (女) 비동맹국

nesvrstavanje (政) 비동맹

nesvršen *-a, -o* (形) 1. 불완전한, 미완성의 2. (한정형)(文法) 불완료상의; *~i vid* 불완료상

neširenje 비확산; *~ nuklearnog oružja* 핵무기 비확산

neškodljiv *-a, -o* (形) 해롭지 않은

nešta (代名詞) 참조 nešto

neštedice, **neštedimice** (副) 아낌없이, 후하게, 가차없이 (ne štedeći, rasipnički, nemilosrdno)

nešto *nečega* (비한정대명사) I. (명사적 용법으로) 1. 무엇, 어떤 것(일); *~ mu se desilo* 그에게 뭔가가 일어났다; *dete se uplašilo nečega* 아이는 뭔가에 놀랐다; *~ lepo* 뭔가 좋은; *ako bi do nečeg došlo* 무슨 일이 일어난다면; *postati ~* 무엇이 되다 2. 무엇으로 든 (bilo šta, ma šta, štogod) II. (형용사적 용법으로, 명사 생격(G)형과 함께) 3. 작은, 초라한, 아주 적은, 보잘 것 없는 (neugledan, malen); *imam nešto imanjca* 아주 보잘 것 없는 재산이 있다; *~ kućice* 아주 작은 초라한 집; *~ hrane* 약간의 음식 III. (부사적 용법으로) 4. 조금, 약간 (malo, u maloj neznatnoj količini, mali broj); *dođi ~ kasnije* 조금 늦게 와라; *dala joj je ~ brašna u zajam* 그녀에게 밀가루 조금 꿔주었다; *~ me boli glava* 두통이 조금 있다; *od požara je sačuvano ~ stolica* 아주 조금의 의자만 화재에서 살아남았다; *ovaj je ~ bolji* 이것은 조금 더 좋다 5. 어느 정도, 조금 (u izvesnoj meri, donekle, unekoliko); *bavio se ~ učitelj i književnošću* 선생님은

654

어느 정도 문학에도 종사하였다 6. (부사적
용법으로) 무엇 때문에 (zbog nečega); ~ je
tužan 그는 무슨 일 때문에 슬프다 7. (함께
쓰이는 어휘의 동작이 행해질 수 있도록 허
용·가능성을 나타냄) 이를테면, 예를 들자면,
가령 (recimo); da me ~ sada puste kući,
znao bih da živim 가령 지금 내가 집에 들
어가는 것을 허락한다면, 살 수 있는지 알아
보겠다

netačan -čna, -čno (形) 1. (사실에) 부합되지
않은 부정확한, 올바르지 않은, 틀린; ~čno
objašnjenje 부정확한 설명 2. (계측 기계 등
이) 정확하지 않은, 정밀하지 않은, 틀린
(neispravan, neprecizan); ~čna vaga 정확
하지 않은 저울; ~ sat 정확하지 않은 시계
3. (정답 등이) 틀린, 맞지 않는; ~ zadatak
iz matematike 잘못 푼 수학 숙제 4. (시간
약속을) 잘 지키지 않는

netaknut -a, -o (形) (그 누구도) 손대지 않은,
있는 그대로의, 자연 그대로의, 훼손되지 않
은; ~a priroda 훼손되지 않는 자연; ~a
devojka 처녀성을 간직한 처녀

netaktičan -čna, -čno (形) 전략적이지 않은;
(행동에) 요령없는, 눈치없는

netalen(a)t 재능이 없는 사람

netelesan -sna, -sno (形) 실체없는, 비물질적
인(bestelesan, nematerijalan)

netemeljit -a, -o (形) 근거없는 (neosnovan,
neopravdan)

netko (代名詞) 참조 neko

neto (形)(不變) 에누리 없는; 순(純), 정(正); ~
težina 순중량; ~ prihod 순수입; ~ plata 세
후 급여

netočan -čna, -čno (形) 참조 netačan

netolerantan -tna, -tno (形) 관용적이지 못한,
너그럽지 못한, 편협한

netolerantnost (女) 불관용, 편협

netom 1. (接續詞) ~하자 마자, ~하고 나서야
비로서 (čim, tek); posetio sam ih, ~ sam
stigao 도착하고 나서야 비로서 그것들이 생
각났다 2. (副) 조금 전에, 방금 전에, 얼마
전에; 그때 (pre kratkog vremena, malo
pre)

netremice (副) 눈도 깜박이지 않고, 매우 주
의깊게; gledati ~ 뚫어지게 쳐다보다; on me
je slušao ~ 그는 내 말을 매우 주의깊게 들
었다

netres (植) 참조 čuvarkuća; 돌나물과의 풀
(낡은 집의 지붕 등에 남), 긴병꽃풀

netrpeljiv -a, -o (形) 견딜 수 없는, 참을 수
없는; biti ~ prema nečemu ~에 대해 견딜

수 없다; svaka ga je žalba nervirala,
postao je ~ 모든 이의제기에 그는 신경이
날카로워졌다. 그는 견딜 수 없었다

netrpeljivost (女) 견딜 수 없음, 참을 수 없
음; osoran je do ~i 그는 아주 참을 수 없을
정도로 건방지다

neubedljiv -a, -o (形) 설득할 수 없는, 설득력
없는 (neuverljiv); ~ izgovor 설득력 없는
변명

neučtiv -a, -o (形) 무례한, 버릇없는, 공손하
지 않은 (neuljudan, nepristojan); ~o
ponašanje 무례한 행동

neučitivost (女) 무례함, 무례한 행동

neudata (=neudana) (形) (여성형만 사용됨)
(여자가) 결혼하지 않은

neudoban -bna, -bno (形) 편안하지 않은, 안
락하지 않은, 불편한 (neugodan); kuće u
gradovima bile su mračne i ~bne 도회지의
집들은 어둡고 불편하였다

neudovoljen -a, -o (形) 만족스럽지 않은, 불
만족스러운 (nezadovoljan)

neugasiv -a, -o (形) 꺼지지 않는, 끌 수 없
는; 채울 수 없는, 충족시킬 수 없는; ~a žeđ
충족되지 않는 갈증

neuglađen -a, -o (形) 1. 가공되지 않은, 미가
공의; vidim dragi kamen, ~ u zemlji među
drugim mineralima 다른 광물들 사이에서
땅에 있는 보석 원석을 봤다 2. (비유적) 교
육을 받지 못한, 교양없는 (neobrazovan);
bio je to čovek ... ~ ni govorom ni odelom
말투도 의상도 ... 교양이 없는 사람이었다

neugledan -dna, -dno (形) 1. (외모가) 별볼일
없는, 눈에 띄지 않는, 매력적이 못한
(neupadljiv, neprivlačan) 2. 의미없는, 중요
하지 않은 (beznačajan, nevažan)

neugodan -dna, -dno (形) 편안하지 않은, 불
편한 (nezgodan, neprijatan, nelagodan);
ležao je na jednim ~dnim i krvavim
nosilima 그는 피투성이의 불편한 들것에 누
워 있었다

neugodnost (女) 불편함, 편안하지 않음

neugušiv, neugušljiv -a, -o (形) (불을) 끌 수
없는, 감출 수 없는, 억제할 수 없는, 제어할
수 없는 (neprikriven); ~ bes 억제할 수 없
는 분노

neuhvatljiv -a, -o (形) 1. 붙잡을 수 없는 2.
(비유적) 이해하기 어려운, 이해할 수 없는
(neshvatljiv, nedokučiv)

neujednačen -a, -o (形) 1. (다른 것과) 같지
않은, 동일하지 않은; 서로 다른 (različit,
nejednak); ~i oblici 서로 다른 형태 2. 템

N

655

포가 다른; ~ a paljba 발사 간격이 같지 않
은 축포; ~ takt 속도가 다른 박자
neuk -a, -o (形) 1. 교육받지 못한, 무학(無學)
의 (neškolovan, neobrazovan) 2. 능수능란
하지 못한, 서툰; (~에 대해) 알지 못하는
(nevešt, neupućen, neobavešten)
neukloniv, neuklonjiv -a, -o (形) 없앨 수 없
는, 제거할 수 없는, 상시적인; ~e prepreke
상시적인 장애물
neukroćen -a, -o (形) 길들여지지 않은, 훈련
되지 않은; 제어되지 않는, 통제되지 않는
neukus 맛 없음; 멋(풍미)없음
neukusan -sna, -sno (形) 1. 맛있는
(bezukusan, bljutav); ~sno jelo 맛없는 음
식 2. 멋없는, 무미건조한; ~sna odeća 멋없
는 의상; ~ gest 멋없는 제스처
neulovljiv -a, -o (形) 낚을 수 없는, 붙잡을
수 없는, 포획할 수 없는 (neuhvatljiv)
neuljudan -dna, -dno (形) 공손하지 않은, 예
의바르지 못한, 불공손한, 무례한
(nepristojan, neučtiv)
neuljuđen -a, -o (形) 단정치 못한, 말끔하지
않은, 지저분한 (neuredan, nedoteran)
neumeren -a, -o (形) 무절제한; 과도한, 지나
친 (neuzdržljiv, preteran, nenasit); ~a
očekivanja 과도한 기대
neumereno (副) 과도하게, 지나치게; ~ jesti
과도하게 먹다; ~ raditi 과도하게 일하다
neumestan -sna, -sno 부적절한, 부적합한
neumesno (副) 부적절하게, 부적합하게
neumešan -šna, -šno (形) 1. (사람이) 노련하
지 않은, 능수능란하지 않은 (nevešt,
nevičan, nespretan); ~ čovek 능수능란하지
않은 사람, 재주없는 사람 2. 어설프게 된;
~šna akcija 어설펐던 작전
neumitan -tna, -tno (形) 1. 피할 수 없는, 불
가피한 (neizbežan, neminovan) 2. (뇌물로)
매수할 수 없는 (nepodmitljiv, nepotkupljiv)
neumitnost (女) 불가피함 (neizbežnost)
neumoljiv -a, -o (形) 용인할 수 없는, 용서할
수 없는, 허용할 수 없는 (nepopustljiv)
neumoljivost (女) 용인할 수 없음, 불용인
neumoran -rna, -rno (形) 지칠 줄 모르는, 매
우 열심인; ~ je na organizovanju odreda
그는 부대 조직에 지칠 줄 모른다
neumrli -ā, -ō (形) 불사(不死)의, 영원한
(besmrtan, večan); u tim borbama su
borci ... stekli ~u slavu 그 전투들에서 ...
병사들은 영원한 명성을 얻었다
neuništiv -a, -o (形) 파괴(파멸)할 수 없는;
오랫동안 지속되는 (trajan); ~a osoba 파멸

시킬 수 없는 사람; ~a obuća 오랫동안 신
을 수 있는 신발
neuobičajen -jna, -jno (形) 평범하지 않은, 일
상적이지 않은 (neobičan, nesvakidašnji);
služi se jezikom, izrazima pesničkim, ~im
일상적이지 않은 시적 표현의 언어를 사용하
다; ~ postupak 평범하지 않은 행동
neuočljiv -a, -o (形) 눈에 띄지 않는, 남의 주
목을 끌지 못하는 (neprimetan, neopažljiv)
neupadljiv -a, -o (形) 튀지 않는, 눈에 띄지
않는, 평범한; lice mu je ~o, obično 그의 얼
굴은 눈에 띄지 않는 평범한 얼굴이다
neuporabiv, neuporabljiv -a, -o (形) 참조
neuoptrebljiv
neuporediv -a, -o (= neusporediv) (形) 비교
할 수 없는, 비교될 수 없는 (nesravniv)
neupotrebljiv -a, -o (形) 사용할 수 없는; 소
용없는, 쓸모 없는; do kraja rata bila je ova
pruga za okupatore ~a 전쟁이 끝날 때 까
지 점령자들에게 이 철로는 쓸모가 없었다
neupravan -vna, -vno (形) 1. (보통은 한정형
으로) (文法) 간접적인 (posredan,
indirektan); ~vni govor 간접 화법 2. 반대
의, 거꾸로의 (obrnut); ~ proporcionalnost
역비례(逆比例), 반비례
neupućen -a, -o (形) 충분한 경험(지식)이 없
는; (소식·뉴스 등을) 알지 못하는, 깜깜한
(neobavešten); ~a masa 소식 등에 깜깜한
대중
neuputan -tna, -tno (形) 1. (~을) 알지 못하는,
(~에) 경험이 없는, 능수능란하지 않은, 어
설픈; mi smo i ~tni ljudi i otkuda bi znali
svaku majstoriju? 우리는 경험이 없는 사람
들인데 어떻게 모든 장인(匠人)들을 알겠습
니까? 2. 부적절한, 부적합한 (neumestan,
nedoličan); ~ način 부적절한 방법
neuračunljiv -a, -o (形) (法) 정신 박약의, 지
적 능력이 떨어지는, 판단 능력이 떨어지는,
비정상적인 (slabouman, nerasudan,
nerazborit); proglasili su ga za ~og 그를
금치산자로 선언했다
neuračunljivost (女) 정신 박약, 금치산(禁治産)
neuralgija (病理) 신경통
neuralgičan -čna, -čno (形) 1. 참조
neuralgija; 신경통의; ~čni bolovi 신경통증
2. (보통은 명사 tačka와 함께 쓰여) 매우 민
감한(예민한); Nemački ambasador delovao
je na ~čnim tačkama od Beča do Ankare
독일 대사는 비엔나에서 앙카라까지 매우 민
감한 지점들에서 활동했다
neurasteničan -čna, -čno (形) 신경 쇠약의,

신경 쇠약에 걸린

neurastenija (病理) 신경 쇠약(증)

neurastenjskī -ā, -ō (形) 참조 neurastenija; 신경 쇠약의

neurastenik 신경쇠약 환자

neuravnotežen -a, -o (形) 1. 균형이 잡히지 않은, 불균형의 2. 심리적으로 불안정한

neuredan -dna, -dno (形) 1. 단정하지 않은, 지저분한 (aljkav, traljav, nesređen); ~ čovek 단정하지 못한 사람; ~dno odelo 지저분한 옷 2. 불규칙한 (neredovan); ~dno plaćanje 불규칙한 지불

neuredno (副) 무질서하게, 불규칙하게, 지저분하게, 단정치 못하게; ~ je obučena 아무렇게나 옷을 입은; živi ~, opija se, karta, lumpuje 그는 술마시고, 카드를 치며, 방탕하면서 아무렇게나 산다

neuređen -a, -o (形) 정돈되지 않은, 무질서한

neuritis (病理) 신경염

neurohirurgija 신경외과(학)

neurolog 신경학자, 신경과 의사

neurologija 신경학 neurološki (形)

neuropat 신경병 환자, 신경병 소질자

neuropatija 신경 장애, 신경병

neuropatolog 신경 병리학자

neuropatologija 신경 병리학

neuropatološkī -ā, -ō (形) 신경 병리학의

neurotičan -čna, -čno (形) 신경증의, 신경증에 걸린; 매우 신경질적인 (živčan, nervozan)

neurotik (醫) 신경증 환자, 노이로제 환자

neuroza (病理) 신경증, 노이로제

neuručiv, neuručljiv -a, -o (形) 전달할 수 없는

neusiljen -a, -o (形) 강제되지 않은, 부자연스럽지 않은; 자연스런 (neizveštačen, nenamešten, prirodan); dijalog je kod Kočića ~, lak, tečan 코치치 집에서 한 대화는 자연스럽고, 가볍고, 물흐르듯 하였다

neuspeh neuspesi 실패; misija je unapred osuđena na ~ 미션은 실패할 것이 뻔하였다

neuspeo -ela, -elo (形) 1. 성공하지 못한, 실패한 (neuspešan, promašen); ~eli pokušaji 성공하지 못한 시도; ~ roman 실패한 소설 2. 삶에서 실패한; ~ čovek 실패한 사람

neuspešan -šna, -šno (形) 성공적이지 못한, 실패한 (neuspeo, bezuspešan)

neuspio -pjela, -pjelo (形) 참조 neuspeo

neustaljen -a, -o (形) 변하기 쉬운; 불안정한; 상시적이지 않은, 일시적인 (nepostojan, nestalan, prolazan)

neustavan -vna, -vno (形) 1. 헌법에 반하는, 반헌법적인 (protivustavan); ~vna odluka 헌법에 반하는 결정 2. 헌법이 없는; ~vna država 헌법이 없는 국가

neustavljiv -a, -o (形) 멈추게 할 수 없는, 중단시킬 수 없는 (nezaustavljiv, nezadrživ)

neustrašiv, neustrašljiv -a, -o (形) 두려워하지 않는, 용감한, 대담한 (smeo, odvažan, hrabar)

neusvojiv -a, -o (形) 채택할 수 없는, 받아들일 수 없는 (neprihvatljiv)

neutaživ, neutažljiv -a, -o (形) 만족시킬 수 없는, 충족시킬 수 없는, 채울 수 없는 (neutoljiv); ~a žeđ 채워지지 않는 갈증

neutešan -šna, -šno, neutešljiv -a, -o (形) 위로할 수 없는, 위로가 되지 않는, 절망적인 (očajan)

neutoljen -a, -o (形) 만족되지 않는, 채워지지 않는, 충족되지 않는; 실현되지 않은 (nezadovoljen; neostvaren)

neutoljiv -a, -o (形) 만족시킬 수 없는, 충족시킬 수 없는, 채울 수 없는 (nezajažljiv, neumeren); ~a glad 충족시킬 수 없는 굶주림

neutralac 중립적인 사람, 편파적이지 않은 사람

neutralan -lna, -lno (形) 1. (분쟁 등의) 중립적인, 중립의 (neopredeljen, nepristrastan); u Berlinu se verovalo da će Velika Britanija ostati ~lna 베를린 회담에서 영국은 중립적으로 남을 것으로 믿어졌다; ~lna zona 중립지역 2. (繪畵) 중간색의 3. (化) 중성의

neutralisati -šem, neutralizirati -am, neutralizovati -zujem (完,不完) 1. (지대·국가 등을) 중립화시키다; Crno more je bilo neutralizovano 흑해는 중립화되었다 2. (노력 등을) 무력화하다, 상쇄하다 (osujetiti, onemogućiti) 3. (化) 중화시키다

neutralnost (女) 중립(상태)

neutron (物) 중성자

neutronskī -a, -ō (形) 중성자의

neutrum (文法) 중성; 중성 명사

neuveden -a, -o (形) (건물이) 아직 사용되기 전인, 아직 영업에 들어가지 않은; hotel je tek bio sazidan, veliki, luksuzan, ali još ~ i bez stalnih gostiju 호텔은 커다랗고 화려하게 이제 막 지어졌으나 아직 영업전이라 단골 손님도 없다

neuvenljiv, neuvenjiv -a, -o (形) 시들지 않는

neuveo -ela, -elo (形) 신선함을 간직한, 신선한 (svež); majku je volela zbog njene ~ele lepote 여전한 어머니의 아름다움 때문에 어머니를 좋아했다

neuverljiv -a, -o (形) 믿을 수 없는, 신뢰할

N

수 없는, 설득력 없는; *ni da se naljuti na tako presnu i ~u laž* 그렇게 새빨갛고 믿을 수 없는 거짓말에 화도 내지 않는다

neuvijen *-a, -o* (形) (비유적) 솔직한, 진실된, 진심에서 우러난 (otvoren, iskren); ~ *razgovor* 솔직한 대화

neuvijenost (女) 솔직(함), 정직

neuviđavan *-vna, -vno* (形) 주의를 기울이지 않는, 분별없는, 부주의한, 태만한, 경솔한 (nepažljiv, bezobziran)

neuzdržan *-a, -o* (形) 억제되지 않은, 절제되지 않은, 거리낌 없는, 삼가지 않는, 숨기지 않은 (neprikriven); *njene oči su sad izražavale ~u tugu* 그녀의 눈은 이제 억제할 수 없는 슬픔을 나타냈다

neva (愛稱) nevesta; 신부(新婦)

nevaljalac *-alca* 1. 불량배, 깡패, 건달, 아무 짝에도 쓸모없는 사람 (nitkov, pokvarenjak) 2. 말썽꾸러기 아이

nevaljalica 참조 nevaljalac

nevaljalko (男) (愛稱) 개구쟁이, 말썽꾸러기, 짓궂은 아이

nevaljalstvo (中), **nevaljalština** (女) 1. 사악함, 부도덕; *bolno uzdahne zbog njegova ~a* 그의 사악함 때문에 한숨을 쉰다 2. 사악한 짓, 부도덕한 품행, 나쁜 행실

nevaljao *-ala, -alo* 1. 나쁜, 사악한 (loš, rđav, zao); ~ *čovek* 사악한 인간 2. 가만히 있지를 못하는, 말을 잘 듣지 않는, 짓궂은, 말썽꾸러기의 (nestašan, neposlušan); ~*alo dete* 말을 안듣는 아이 3. 사회적 규범에 어긋난, 비도덕적인 (nepošten, nemoralan); ~*alo ponašanje* 비도덕적인 행동; ~*ala žena* 몹쓸 여자

nevarljiv *-a, -o* (形) 속이지 않는, 믿을만한, 신뢰할만한 (pouzdan); *reumatični je bol ~i glasnik vremenskih promena* 류마티스 통증은 기후 변화를 예고하는 믿을만한 신호이다

nevarljiv *-a, -o* (形) 소화가 잘 안되는, 소화가 안되는 (nesvarljiv); ~*a hrana* 소화가 잘 안되는 음식; ~ *sastojak* 소화가 잘 안되는 성분

nevaspitan *-a, -o* (形) 훈육받지 못한, 못 배운, 버릇없는 (neodgojen); ~*o ponašanje* 버릇없는 행동

nevaspitanje 나쁜 훈육, 버릇없음

nevažan *-žna, -žno* (形) 중요하지 않은; 부차적인; *zadržava se suviše na ~žnim mestima* 중요하지 않은 곳에서 너무 지체하고 있다

nevažeći *-a, -ē* (形) 유효하지 않은, 효력을 상실한; ~ *ugovor* 효력없는 계약; ~ *zakon* 효력을 상실한 법률; ~ *novac* 통용되지 않는 돈

nevelik *-a, -o* (形) 크지 않은(규모·수량·가치·세기 등이), 작은 (malen, mali)

neven (植) 마리골드, 천수국(국화과의 꽃)

nevenčan *-a, -o* (形) 결혼하지 않은, 혼인하지 않은; ~*a žena* 사실혼 관계의 아내

nevera 1. (약속·계약의) 위반, 지키지 않음; 신의 없음; 배신, 배반 2. 배신자, 배반자 (nevernik, izdajnik) 3. 믿지 않음, 의심, 불신 (neverica, sumnja) 4. (宗) 이단, 이교(異敎)

neveran *-rna, -rno* (形) 1. 약속을 안지키는; (결혼 서약·사랑의 맹세 등을) 지키지 않는, 불성실한, 부정(不貞)한; *bio je ~ svom gospodaru* 그는 자신의 주군에게 불충했다; *muž joj je bio ~* 남편은 그녀에게 불성실했다; ~ *muž* 바람을 피는 남편; ~*rna žena* 부정한 아내 2. 사실이 아닌, 거짓의, 가짜의 (neistinit, lažan); *u inostranstvo je poslat ~ izveštaj* 외국에 거짓 보고가 발송되었다 3. 불확실한, 믿지 못할, 신뢰할 수 없는 (nesiguran, nepouzdan); ~ *prevod* 신뢰할 수 없는 번역 4. 기타; ~*rni Toma* 모든 것을 의심하는 사람, 아무 것도 믿지 않는 사람

neverica 1. 의심, 믿을수 없음 (neverovanje, sumnja); *sav svet sa ~om i čuđenjem posmatra* 전 세계가 의심과 당혹감을 품고 바라보고 있다; *slušati s ~om* 의심을 품고 듣다 2. 의심스러운 것, 믿을 수 없는 것 3. (男,女) 믿지 않는 사람, 모든 것을 의심하는 사람

nevernik 1. 배교자, 배신자 (izdajnik, verolomnik) 2. (약혼자·배우자에) 충실하지 않은 사람, 바람을 피우는 사람, 결혼 생활을 파탄낸 사람 (brakolomnik) 3. 무신론자; 이교도 **nevernica**

neverovatan *-tna, -tno* (形) 믿을 수 없는, 믿기 힘든; 매우 어마어마한, 아주 큰; ~*tna snaga* 믿을 수 없는 힘, 어마어마한 힘; ~*tna upornost* 믿을 수 없는 끈기; ~ *događaj* 믿을 수 없는 사건; *sa ~tnom lakoćom* 아주 쉽게

neverovatno (副) (종종 다른 부사나 형용사와 함께 사용되어) 믿을 수 없게, 믿기 힘들 정도로; ~ *jak* 믿을 수 없을 정도로 강한

neverstvo (약속·계약의) 불이행, 파기; 배신, 배반; (약혼자·배우자 등에 대한) 부정(不貞), 간통

neveseo *-ela, -elo* (形) 1. 슬픈, 침울한, 우수에 찬 (tužan); ~*ela žena* 침울한 여자; ~*ele*

658

oči 우수에 찬 눈 2. 슬픈 인상을 남기는; ~ *kraj* 비극적인 결말

nevesta 신부(新婦); 새댁(결혼한 지 얼마 안 되는) (mlada)

nevestinskī *-ā, -ō* (形) 참조 nevesta; 신부의

nevešt *-a, -o* (形) 1. 기술이 없는, 능숙능란하지 못한, 서투른 (nespretan); ~ *čovek* 서툰 사람 2. (nekome, nečemu) 누구를(무엇을) 잘 알지 못하는; *vlast ~a narodu* 국민을 잘 알지 못하는 정부 3. 기타; *praviti se* ~ 잘 알지 못하는 것처럼 행동하다, 서툰 것 처럼 행동하다

neveština 기술(기량) 부족, 경험 부족; 서투름

nevezan *-a, -o* (形) 1. 그 어떤 것에도 얽매이지 않은(의무가 없는); *volio sam biti slobodan i* ~ 나는 자유롭고 얽매이지 않은 상태를 좋아했다 2. 자유로운(정해진 프로그램이나 목표가 없는) (slobodan); ~ *razgovor* 자유로운 대화; *~a konverzacija* 프리 토킹 3. 논리적 연관성이 없는, 비논리적인, 의미없는 (besmislen)

nevičan *-čna, -čno* (形) 1. 기술이 없는, 교육 받지(훈련받지) 못한, 경험이 부족한 (nevešt, neobučen, neiskusan); *~čna osoba* 경험이 부족한 사람 2. ~에 익숙하지 않은 (nenaviknut); ~ *mukama* 고난에 익숙하지 않은 3. ~을 알지 못하는 (neupućen); ~ *tome poslu* 그 일에 대해 잘 알지 못하는

nevid 1. 어둠 (mrak, tama); 암실(暗室), 어두운 곳; *oblačak se izgubi u ~u* 구름조각이 어둠속에서 사라진다 2. 볼 수 없음, 시력 상실 (slepilo)

nevidljiv *-a, -o* (形) 보이지 않는; 알아차릴 수 없는; *neka ~a ruka ... kvari mu planove* 그 어떤 보이지 않는 손이 그의 계획을 망가 뜨린다; ~ *bombarder* 스텔스 폭격기

nevidljivost (女) 눈에 보이지 않음, 불가시성 (不可視性)

nevidovan *-vna, -vno* (形) 1. 바라지 않은, 예상하지 않은; 지금까지 볼 수 없었던, 전대미문의; 잘 알려지지 않은 2. 눈에 보이지 않는

neviđen *-a, -o* 1. 이전에는 못 본, 전대미문의, 지금까지 없었던; *kakav je toga jutra nečuven i ~ prizor videla* 그 날 아침 그녀는 지금까지는 볼 수 없었던 아주 이상한 광경을 보았다; *čudo ~o!* 한 번도 그 이전에는 볼 수 없었던 기적! 2. 보이지 않는 (nevidljiv)

nevin *-a, -o* (形) 1. 죄없는, 무죄인, 결백한; *proglasiti ~om* 무죄라고 선포하다 2. 순진

무구한, 때묻지 않은, 도덕적으로 타락하지 않은 (bezazlen, naivan, neiskvaren); *~a duša* 때묻지 않은 영혼; *~i detinji razgovori* 천진무구한 아이들의 대화 3. 성적 경험이 없는, 처녀성(동정)을 간직한; *~a devojka* 처녀성을 간직한 처녀 4. (비유적) 더럽지 않은, 깨끗한 (neuprljan, čist); ~ *sneg* 새하얀 눈

nevinašce *-eta* & *-a* (愛稱) 1. 아주 작은 아이, 천진무구한 아이 2. (비유적) 순진한 사람

nevinost (女) 1. 결백(함), 죄없음 2. 천구무구함, 때묻지 않음 3. (육체적) 순결, 처녀성(동정); *pojas ~i* 정조대

nevisok *-a, -o* (形) 크지 않은, 작은 (onizak, omalen); ~ *rast* 작은 증가; ~ *čovek* 작은 사람

nevojnik 군업무에 종사하지 않는 사람, 민간인 (civil)

nevojničkī *-ā, -ō* (形) 참조 nevojnik

nevolja 1. 불운, 불행; 곤란(곤궁)한 상태, 어려움 (nesreća, neprilika); *biti u ~i* 어려움을 겪다; *i pade čovek u ~u tešku* 매우 어려운 처지에 빠지다; *naći se nekome u ~i* 어려움에 빠진 사람을 돕다 2. (비유적) 불쌍한 사람, 불행한 사람 (nesrećnik) 3. 필요; 해야 함 (nužda, potreba; moranje); *za ~u* 필요해서, 필요하기 때문에; *dati volju za ~u* 어려운 환경에 적응하다; *po ~i* 필요에 의해

nevoljan *-ljna, -ljno* (形) 1. 불운한, 불행한, 어려운, 힘든 처지의 (nesrećan, jadan) 2. 슬픈, 우울한, 침울한 (tužan, setan); *da sam ~ljna kada Milana nema u društvu* 무리에 밀란이 없을 때 난 우울하다 3. (보통은 한정형으로) 무의식적인, 의지와는 무관한 (nesvestan, nehotičan) 4. 바라지 않는, 소망하지 않는 5. (한정형, 명사적 용법으로) (男)) 불운한 사람, 불행한 사람, 불쌍한 사람 (nevoljnik, jadnik); *pomagati ~ljne* 불쌍한 사람을 돕다

nevoljkī *-ā, -ō* (形) 마지못해 하는, 본의 아닌; 불편한, 불쾌한; ~ *pristanak* 마지못해 하는 동의; ~ *postupak* 마지못해 하는 행동; *~o osećanje* 유쾌하지 않은 느낌

nevoljko (副) 1. 의사(意思)에 반하여, 마지못해, 어쩔 수 없이 (nerado); *peva im ~ pesmu* 그들에게 마지못해 노래를 부른다; *primiti nekoga* ~ 누구를 마지못해 맞아들이다 2. 불쾌하게, 불편하게 (neprijatno, neugodno, nelagodno); *biti nekome* ~ 누구에게 유쾌하지 않다

nevoljnik 1. 불행한(불운한) 사람, 곤궁에 처한 사람, 불쌍한 사람, 빈자(貧者) (jadnik,

N

nesrećnik, bednik) 2. 환자, 부상자, 장애인 (bolesnik, ranjenik, invalid) 3. (歷) 비자유인 (주로 중세 영주에 속했던); 죄수, 노예 (sužanj, zatvorenik) nevoljnica; nevoljnički (形)

nevoljno (副) 1. 자신의 의지에 반하여, 의도치 않게; 마지못해, 의사에 반하여; ~ primiti nekoga 마지못해 누구를 받아들이다; ići ~ za nekim 의도치 않게 누구의 뒤를 따라 가다 2. 무의식적으로 (nesvesno); pokreti se vrše ~ 움직임은 무의식적으로 행해진다 3. 불편하게, 불쾌하게, 힘들게 (nelagodno, mučno)

nevreme nevremena 1. 악천후(강한 비바람·돌풍·폭설 등을 동반한) 2. (보통은 전치사 u 를 동반한 A. 형태로) 부적합한 시간, 부적절한 시간, 좋지 않은 시간; doći u ~ 부적절한 시간에 오다; posetiti u ~ 부적합한 시간에 방문하다

nezaboravak (植) 물망초 (spomenak, potočnica)

nezaboravan -vna, -vno (形) 잊지 못할, 잊을 수 없는, 영원히 기억될; 아주 뛰어난; ~ događaj 잊을 수 없는 사건; ~ igrač 아주 뛰어난 선수

nezaboravno (副) 잊을 수 없게, 아주 뛰어나게

nezaboravljen -a, -o (形) 잊혀지지 않은

nezaboravljiv -a, -o (形) 잊을 수 없는

nezaceljen -a, -o (形) 치료되지 않은, 치유되지 않은; ~a rana 아물지 않은 상처

nezaceljiv -a, -o (形) 참조 neizlečiv; 치료할 수 없는, 고칠 수 없는

nezadovoljan -ljna, -ljno (形) 만족스럽지 않는, 불만족스런; on je ~ poslom 그는 일에 불만족스럽다

nezadovoljen -a, -o (形) 만족하지 않은 (nezasićen, neutomljen)

nezadovoljnik 만족할 줄 모르는 사람, 불만족스러워 하는 사람, 불평가

nezadovoljstvo 불만족

nezadrživ -a, -o (=nezadržljiv) (形) 억제할 수 없는, 억누를 수 없는, 제어할 수 없는, 중단시킬 수 없는, 중단할 수 없는; ~ juriš 멈추게 할 수 없는 공격; ~ smeh 멈출 수 없는 웃음

nezadugo (副) 오래지 않아, 곧 (uskoro, ubrzo); ~ posle toga 그 후 곧

nezadužen -a, -o (形) 빚지지 않은, 채무가 없는

nezahvaćen -a, -o (形) 1. 점령되지 않은; (집·토지 등이) 점유되지 않은, 소유자가 없는, 비어 있는 (nezauzet, neposednut); u ono vreme kad je ~e zemlje bilo u izobilju ... niko nije mario da ima 'pravo svojine' 점유되지 않은 토지가 많았을 시절에는 아무도 소유권에 대해 신경쓰지 않았다 2. (비유적) 휩싸이지 않은 (neobuzet)

nezahvalan -lna, -lno (形) 1. 감사해할 줄 모르는, 은혜를 모르는 2. 힘든, 달갑지 않은, 편하지 않은, 유쾌하지 않은 (težak, neugodan, neprijatan); ~lna dužnost 힘든 의무; ~lna uloga 달갑지 않은 역할

nezahvalnik 감사해할 줄 모르는 사람, 은혜를 모르는 사람 **nezahvalnica**

nezainteresiran, nezainteresovan -a, -o (形) (~에) 흥미를 못느끼는, 관심이 없는; seljaci ... su bili potpuno ~i 농민들은 ... 전혀 흥미가 없었다

nezajaziv -a, -o (形) (흐르는 물을) 둑으로 막을 수 없는, 댐을 건설할 수 없는

nezajažljiv -a, -o (形) 채워지지 않는, 만족할 줄 모르는, 탐욕스런 (nenasit, pohlepan); palača je prepuštena na milost i nemilost ~oj rulji 궁궐은 탐욕스런 무리들의 처분에 맡겨졌다

nezakonit -a, -o (形) 1. 불법적인, 법률에 반하는, 법률에 위배되는; ~a odluka 법률에 반하는 결정; ~ ugovor 불법적 계약; ~i poslovi 불법적인 일 2. 사생의, 서출의 (vanbračan); ~o dete 사생아 3. 합법적으로 결혼하지 않고 동거하는, 사실혼의; ~a žena 동거녀, 사실혼 관계인 아내

nezakonskī -ā, -ō (形) 위법의, 불법의; ~ postupak 위법적 행동

nezamećen -a, -o (形) 이목을 끌지 않는, 주목받지 않는 (neprimećen, nezapažen)

nezamenljiv -a, -o (形) 대체할 수 없는, 아주 뛰어난, 매우 훌륭한 (izvrstan, izvanredan)

nezametan -tna, -tno, **nezametljiv** -a, -o (形) 눈에 띄지 않는, 이목을 끌지 않는; nekoliko finih, gotovo nezametljivih bora 몇 몇 아주 미세한, 거의 눈에 띄지 않는 잔주름

nezamisliv, nezamišljiv -a, -o (形) 상상도 할 수 없는, 생각조차 할 수 없는; i čitav njegov teorijski proces ... nezamisliv je bez tog aktivnog odnosa prema stvarnosti 전체적인 그의 이론적 과정은 현실과의 적극적인 관계가 없이는 생각할 수 없는 것이다

nezanimljiv -a, -o (形) 흥미롭지 않은, 재미없는 (neinteresantan)

nezaobilazan -zna, -zno (形) 우회할 수 없는, 피할 수 없는, 한 번은 반드시 맞닥뜨려야만 하는; ~zno pitanje 피할 수 없는 질문

nezapaljiv -a, -o (形) 불에 타지 않는, 내화성의

nezapamćen -a, -o (形) 전대미문의, 유례가 없는, 듣고 본 적이 없는; ~ uspeh 유례없는 성공; ~a vrućina 전례가 없는 더위

nezapažen -a, -o (形) 이목을 끌지 못한, 주목 받지 못한

nezaposlen -a, -o (形) 실직한, 일이 없는, 실업자의; ~ima ulaz strogo zabranjen 직원외 출입금지

nezaposlenost (女) 실업(失業); stopa ~i 실업률

nezarastao -sla, -slo (形) (상처가) 치유되지 않은, 치료되지 않은

nezaražljiv -a, -o (形) 감염되지 않는, 비감염성의

nezasićen -a, -o (形) (化) 불포화의, 포화되지 않은; 충분히 용해되지 않은; ~a masna kiselina 불포화 지방산; ~ rastvor 불포화 용액

nezasit, nezasitljiv -a, -o, nezasitan -tna, -tno (形) 만족할 줄 모르는, 탐욕스런 (nenasit)

nezaslađen -a, -o (形) 설탕을 첨가하지 않은, 무당(無糖)의

nezaslužan -žna, -žno (形) 공(功)이 없는, 기여하지 않은, 공헌하지 않은

nezaslužen -a, -o (形) ~할 가치가 없는, ~을 가질(받을) 자격이 없는; on je tu ženu, koju mu je sudbina dala kao ~u kaznu, voleo bezgranično 그는 운명적인 형벌로써 그에게 주어진 그 여인을 한없이 사랑했다

nezasluženo (副) 불공평하게, 불공정하게 (nepravedno)

nezastareo -ela, -elo (形) 아직도 여전히 사용되는, 아직 낡지 않은, 아직도 유효한

nezastariv, nezastarljiv -a, -o (形) 1. (法) 시효가 소멸되지 않는 2. 늙어가지 않는

nezaštićen -a, -o (形) 1. 보호(수단)이 없는, 무방비의; ~i železnički prelaz 차단장치가 없는 철도 건널목 2. (명사적 용법으로) (男) (타인의) 처분에 맡겨진 사람, 아무런 힘도 없는 사람; teško je ~u, slabu i bespravnu pred onim koji ima u rukama silu i nasilje 손에 권력과 힘을 쥔 사람들 앞에서 아무것도 없는 사람들은 힘들다

nezatajen -a, -o (形) 감출 수 없는, 숨길 수 없는 (neskriven, nezatajiv)

nezatajiv -a, -o (形) 숨길 수 없는, 감출 수 없는

nezatupljen -a, -o (形) 무뎌지지 않은, 날카로운, 예리한 (neistupljen, oštar)

nezaustavan -vna, -vno, nezaustavljiv -a, -o

(形) 억제할 수 없는, 억누를 수 없는, 제어할 수 없는, 중단시킬 수 없는, 멈출 수 없는 (nezadrživ)

nezauzet -a, -o (形) 1. 점유되지 않은, 자유의 2. 사람이 살지 않는 (nenaseljen)

nezauzimljiv -a, -o (形) 점령할 수 없는, 공략할 수 없는, 난공불락의 (neosvojiv)

nezavidan -dna, -dno (形) 전혀 부럽지 않은, 힘든, 어려운, 달갑지 않은 (težak, mučan, neprijatan, neugodan); naći se u ~dnom položaju 어려운 처지에 놓이다

nezavijen -a, -o (形) 숨기지 않은, 공개된, 분명한 (otvoren, jasan, neskriven)

nezavisan -sna, -sno (形) 독립적인, 독자적인 (samostalan); ~sna država 독립 국가; ~sni padeži (文法) 주격과 호격

nezavisnost (女) 독립

nezavit -a, -o (形) 참조 nezavijen

nezazoran -rna, -rno (形) 창피(zazor)하지 않은, 흠잡을데 없는, 본보기의 (besprekoran, uzoran, krasan)

nezbrinut -a, -o (形) 보살핌을 받지 못한, 보호받지 못한 (neobezbeđen); pokojnik je ostavio iza sebe … dvoje ~e dece 고인은 보살핌을 받을 수 없는 두 명의 아이를 남겼다

nezbunljiv, nezbunjiv -a, -o (形) 당황하지 않는, 허둥대지 않는, 차분한

nezdrav -a, -o (形) 1. 건강하지 않은; 아픈, 비정상적인 (bolestan, nenormalan) 2. 나쁜, 해로운 (loš, štetan); ~a ideja 나쁜 아이디어; ~a pojava 나쁜 현상; ~ prohtev 좋지 않은 욕망

nezemaljskī -ā, -ō (形) 이 세상(이승) 것이 아닌, 초자연적인 (natprirodan)

nezgoda 사건, 사고; 어려움, 곤란, 문제 (nevolja, neprilika); meni se opet desila ~ 내게 또 다시 곤란한 문제가 생겼다; desila mi se ~ s autom 내 차가 고장났다; on uvek ima ~e na poslu 그는 직장에서 항상 어려움을 겪는다; saobraćajna ~ 교통 사고

nezgodan -dna, -dno (形) 1. 힘든, 어려운, 유쾌하지 않은, 불편한 (neprijatan, neugodan, težak); ~dno pitanje 불편한 질문; ~dna stolica 불편한 의자 2. 위험한 (opasan); ~dno mesto 위험한 장소 3. 부적절한, 부적합한 (neprikladan, nepogodan); doći u ~dno vreme 부적절한 시간에 오다 4. 다툼을 야기하는, 거친, 불친절한 (grub, neljubazan); ~ čovek 불친절한 사람

nezgrapan -pna, -pno (形) 1. (행동 등이) 어설픈, 서투른; 너무 커다란, 엄청나게 커다란

N

(nespretan; prevelik, ogroman) 2. 부적절한, 부적합한 (neumestan, neuglađen); *nije bilo ~pne šale i poruge* 부적절한 농담과 조롱은 없었다

nezgrapnost (女) 어설픔, 서투름; 거대함, 큼

nezloban *-bna, -bno,* **nezlobiv** *-a, -o* (形) 사악하지 않은

neznaboštvo 무신론 (bezbožništvo)

neznabožac *-šca* 무신론자 **neznabožački** (形)

neznalačkī *-ā, -ō* (形) 참조 neznalički; 알지 못하는 사람의, 무식한 사람의

neznalica (男,女) 1. 아무 것도 모르는 사람, 무식한 사람, 무학자(無學者) 2. (~에 대해) 알지 못하는 사람; *i ~ je mogao razabrati da ona ima kćer za udaju* 알지 못하는 사람도 그녀에게 혼기가 찬 딸이 있다는 것을 눈치챌 수 있었다

neznaličkī *-ā, -ō* (形) 참조 neznalica; 무식한 사람의

neznalički (副) 무식한 사람처럼

neznan 1. 알지 못하는 먼 곳(지역); *čudni hodža došao iz ~i* 기이한 호자(성직자)는 알지 못하는 먼 곳으로부터 왔다 2. 의식이 없는 상태, 의식 불명, 기절, 혼절 (nesvest)

neznan *-a, -o* (形) 알지 못하는, 무명의 (nepoznat); *~i junak* 무명 용사; *grob ~og junaka* 무명 용사의 묘

neznanac *-nca,* **neznanko** (男) 낯선 사람, 이방인 (tuđinac)

neznanstven *-a, -o* (形) 과학적이지 않은, 비과학적인 (nenaučan)

neznanje 1. 무식, 무지, 무학(無學); *~ pravne norme* 법규범에 대한 무지 2. (~에 대해) 알지 못함

neznatan *-tna, -tno* (形) 1. 작은 (malen, sitan) 2. 별 가치 없는, 별 의미 없는, 대수롭지 않은, 사소한

nezreo *-ela, -elo* (形) 1. (과일·곡식 등이) 익지 않은, 설익은 (zelen); *žvaće još ~ele jabuke* 아직 익지 않은 풋사과를 씹을 것이다 2. 성숙하지 않은, 미성년의 (nedorastao)

nezvan *-a, -o* (形) 초대받지 못한; 원하지 않은; *~ gost* 초대받지 못한 손님; *~om gostu -mesto za vratima* 초대받지 못한 손님은 환영받지 못한다; *~i i nezvani* 모두, 차이없이 이 모두

nezvaničan *-čna, -čno* (形) 비공식적인

nežan *-žna, -žno* (形) (누구에 대해) 배려심 많은, 친절한, 상냥한; 민감한; 온화한, 유순한, 온순한; (건강이) 허약한; 부드러운, 섬세한, 미세한; *~žna koža* 부드러운 가죽, 부드러운 피부; *~žnim glasom* 감미로운 목소리로; *on je ~ muž* 배려심 깊은 남편이다; *~žni pol* 여성

neželjen *-a, -o* (形) 원하지 않은; 초대받지 않은; *primio je ~e goste* 그는 원하지 않은 손님을 받았다

neženja (男) 결혼하지 않은 남자, 총각; 노총각; *prose je ... sve ~e grada Beograda* 베오그라드의 모든 총각들이 그녀에게 청혼한다; *okoreo (okoreli) ~* 노총각(결혼에 관심 없는)

neženjen *-a, -o* (形) 결혼하지 않은(남자가), 독신의

nežnost *nežnošću* (女) 부드러움, 섬세함, 온화함, 배려심 많음; 친절함, 상냥함

ni (接續詞, 小辭) I. 연결 접속사 1. (여러가지를 나열하는 부정문에서) ~도 ~도 아닌; *nisu bili zadovoljni ni hranom, ni smeštajem, ni ponašanjem osoblja* 그들은 음식도, 잠자리도, 그리고 직원들의 태도도 맘에 들지 않았다; *ni on ni ja ne učimo francuski* 그 사람도 나도 프랑스어를 공부하지 않는다; *ona nije ni daravita ni marljiva* 그녀는 재능이 뛰어난 것도 부지런한 것도 아니다 2. (보통은 먼저 'niti'가 온 후 그 다음에 'ni'가 오는 복합종속절에서, 불가능한 것, 고려의 대상도 되지 않는 것을 나타냄) ~ 할 수 없을 뿐만 아니라 ~도 할 수 없다; *ona niti može da shvati takvu strahotu ni da se pomiri s njom* 그녀는 그러한 공포를 받아들일 수 없을 뿐만 아니라 그것과 타협할 수도 없다 II. 부정의 의미를 강조하는 소사 3. (최소한의 수단·방법·가능성을 부정할 때) ~ 조차도; *nije to ni pomena vredeo* 언급할 가치 조차도 없었다; *strahovala je da se neće nikad ni udati* 앞으로 결혼조차 하지 않을 것을 걱정했다; *ni videli ga ni čuli nismo* 우리는 그를 본 적도 들은 적도 없다 4. 부정(不正)대명사의 접두사로; *ni od koga* 그 누구로부터도 (아니다); *ni u čemu* 그 어느 곳에서도 (아니다) III. 5. 기타; *ni glave ni repa* 뭔지 모른다, 명확하지 않다, 명청하다; *ni kriv ni dužan* 완전히 무죄이다, 전혀 죄가 없다; *ni rod ni pomozbog* (누구와는) 아무런 관련도 없다; *ni traga ni glasa* 흔적도 없이 사라지다

ni- (接頭辭) 1. 부정대명사에서; niko, ništa, nikakav 2. 부정부사에서; nigde, nijedanput, nimalo

nicati *ničem* (不完) 참조 niknuti, nići; 싹이 나다, 발아하다; 생겨나다; 자라다

662

nice (副) 1. 참조 ničice; 얼굴을 밑으로, 배를 깔고; *ležao je netko ~ na snijegu* 누군가 눈위에 배를 깔고 누워있었다; *omladina pada ~ pred grob svoga velikoga učitelja* 청년들은 자신들의 위대한 스승의 묘 앞에서 깊은 존경을 표하였다 2. 밑으로, 아래로 (dole, na tlo)

ničice (副) 1. 곤두박질로, 얼굴을 밑으로 (licem dole) 2. (주로 pasti 동사와 함께 쓰여) 머리가 땅에 닿도록 (존경의 표시로로), 머리를 조아리며; *pasti ~* 머리가 땅에 닿도록 인사하다

ničijī *-ā, -ē* (부정소유대명사) 그 누구의 것도 아닌; *~a zemlja* (軍) (두 국가·적군 사이의, 어느 측에도 속하지 않는) 중간 지대, 무인 지대

nići *niknem* (完) 참조 niknuti

nigda (副) 참조 nikad; 결코, 한 번도; *~ niste videli duh bez tela* 몸이 없는 귀신을 한 번도 본 적이 없습니다; *to se ne dogodi ~* 그것은 결코 일어나지 않는다

nigde (副) (위치의 변화가 없는) 그 어디에도 (~하지 않다, 없다); *~ se čovek ne može sakriti od buke i šuma tih voda* 그 물들이 내는 시끄러운 소리로부터 그 어디에도 숨을 수 없다

Nigerija 나이지리아; Nigerilac; Nigerijka; nigerijskī (形)

nihilist(a) 허무주의자 nihilistkinja

nihilistčan *-čna, -čno*, nihilistčkī *-ā, -ō* (形) 허무주의의, 허무주의자의

nihilizam *-zma* 허무주의, 니힐리즘

nijansa (G.pl. *-ā* 또는 *-ī*) (의미·소리·색상·감정상의) 미묘한 차이, 뉘앙스

nijansirati *-am* (完,不完) (~에) 뉘앙스를 주다; *on je uvek znao tako plodno ~ svoje osećaje* 그는 그렇게 풍부하게 자신의 감정에 미묘한 차이를 주는 것을 언제나 알았다

niječan *-čna, -čno* (形) 참조 odričan; 부정(不正)의, 부정하는

nijedan *-dna, -dno* 1. (형용대명사 용법으로, 존재·현존·참석을 부정할 때) 아무도 ...(않다·없다); *~ prijatelj* 그 어떤 친구도 ... (않다); *~ razlog* 그 어떤 이유도 ... (없다) 2. (한정사적 용법으로, 보통은 명사 호격과 함께) (輕蔑) 가장 나쁜 (najgori, nikakav); *skote ~!* 짐승 같은 놈!; *kukavico ~dna!* 가장 못난 겁쟁이! 3. 기타; *jedan kao ~, jedna kao ~dna!* 한 사람은 아무런 의미도 없다, 한 개는 충분하지 않다

nijedanput, nijedared, nijednom (副) 한 번 도 ... 아니다; 결코 (nikad)

nijek 부정, 부인; odricanje, negiranje

nijekati *niječem* (不完) 부정하다, 부인하다 (odricati, negirati); *u njemu je tvrdnja koju ja neječem* 내가 부정하는 주장이 거기에 있다

nijem 참조 nem

nijemjeti *-im* 참조 nemiti

nijemstvo 1. 독일 정신, 독일의 혼, 독일 의식 2. (대문자로) 독일인, 독일 민족

nikad(a) (副) 결코 ... (아니다), 한 번도 ... (아니다); *on ~ nije kod kuće* 그는 한 번도 집에 있지 않다

nikakav *-kva, -kvo* (代名詞) 1. (형용대명사로, 존재·현존·참석을 부정할 때) 그 어떠한; *~kvo biće* 그 어떠한 생명체도 ... (아니다); *~kva sila* 그 어떠한 힘도 ... (아니다); *ni za kakve pare ne bih to radio* 돈을 아무리 많이 주더라고 그 일은 하고 싶지 않다; *kakve ciratete pušite?* – *nikakve* 어떤 담배를 피우나요? – 그 어떤 담배도 (안 피워요) 2. (한정사적 용법으로) 나쁜, 형편없는; 별 가치 없는 (loš, rđav; bezvredan, najgori); *~kvi konji* 형편없는 말들; *~kve cipele* 형편없는 신발들; *on je ~ čovek* 그는 형편없는 사람이다; *ovaj štof je baš ~* 이 피륙은 정말 형편없다

nikako (副) 1. (부정과 함께 쓰여) 결코 ... (않다); *to ~ ne može biti* 그것은 결코 될 수 없다; *on to ~ ne može naučiti* 그는 그것을 결코 배울 수 없다; *on ~ nije zadovoljan* 그는 결코 만족하지 않는다 2. 매우 나쁜, 별로 (vrlo loše, slabo); *kako si? Nikako* 어떻게 지내? – 아주 별로야; *kako ste se proveli na putu? ~!* 어떻게 여행은 잘 하셨나요? 아주 별로요

nikal *-kla*, nikalj *-klja* (化) 니켈

nikamo (副) (부정문에서) 그 어디로도, 그 어디에도, 그 어떤 방향으로도 (nikud)

nikelirati *-am* (完,不完) 니켈 도금하다 (niklovati)

nikl *nikla* (化) 니켈

niklen *-a, -o* (形) 니켈로 된, 니켈로 만든; *~ sat* 니켈 시계; *~ novac* 니켈로 만든 동전

niklovati *-ujem* (完,不完) 니켈 도금하다

niknuti, nići *niknem*; *niknuo, -ula & nikao, -kla*; *nuknuvši & nikavši* (完) nicati *ničem* (不完) 1. (식물이) 싹이 나다, 발아하다, (땅속에서) 솟아나다; (치아, 뿔 등이) (피부를 뚫고) 나다, 솟아나다; *~ kao pečurke posle kiše* 우후죽순처럼 자라다; *brzo će niknuti*

N

stručak kupusa 곧 양배추 줄기가 올라올 것이다 2. (비유적) (건물이) 생겨나다, 건축되다; 생겨나다, 태어나다, 시작하다, 기원(起源)하다; 갑자기 나타나다; *umesto parkova, nikli su hoteli* 공원대신 호텔들이 (곳곳에) 생겨났다; *tada je već nikla zamisao da ~* 그때 이미 ~라는 발상이 생겨났다; *Gotski stil je niknuo u Francuskoj* 고딕 양식은 프랑스에서 생겨났다; *odlazi u Bosnu iz koje je nikao* 태어났던 보스니아로 떠났다; *nije ... suosjećao s narodom iz koga je niknuo* 그는 자기 고향 마을 사람들과 공감하지 않았다; *vojnici su nikli iz šume* 군인들이 숲속에서 갑자기 나타났다

niko *nikog(a)* (代名詞) 1. (사람을 나타내는 부정대명사로써) 그 누구도, 아무도; ~ *nije došao* 아무도 오지 않았다; *ni od koga* 그 누구로부터도 2. (명사적 용법으로, 보통은 niko i ništa 형태로) (輕蔑) 별 가치없는 사람, 별로 중요하지 않은 사람; *pokazaće se ko je ~, ko je prostak i kukavica, neko drugi ili on!* 누가 아무런 쓸모가 없는 사람인지, 누가 몰상식하고 겁이 많은지, 전혀 다른 사람인지 바로 그 사람인지 밝혀질 것이다 3. 기타; *proveo se kao ~ njegov* 완전히 악몽의 시간을 보냈다; ~ *i ništa* 아주 형편없는 사람, 아무 짝에도 쓸모없는 사람; ~ *živi* 아무도 ~ (없다, 아니다); *nikom ništa* 아무 일도 일어나지 않았다

nikogović 1. 하층민 출신의 사람, 천민의 자식 2. 인간 쓰레기 (nitkkov, gad)

nikoji *-ā, -ē* (형용대명사) (부정문에서 부정의 의미를 강조함) 그 어떤, 아무것도 (nijedan, nikakav); ~*a stvar nije večita* 아무것도 영원한 것은 없다, 권불십년이요 화무십일홍이라; *ima puno stvari na svetu koje se ne mogu za ~ novac nabaviti* 이 세상에는 그 어떤 돈으로도 살 수 없는 많은 것들이 있다

nikotin 니코틴

nikud(a) 아무데도 ... (없다·않다), 어디에도 ... (없다·않다) (장소의 변화를 동반하는); *vezani smo, ~ ni makac* 우리는 묶여 있어 조금도 움직일 수 없다; *iz te kože ~* 그 어떤 변화도 불가능하다, 현재 위치에서 벗어날 탈출구가 없다

nilski *-ā, -ō* (形) 나일강의; ~*a dolina* 나일 계곡; ~ *konj* (動) 하마

nimalo (副) (강조의 의미로) 조금도, 전혀; *pre ona nije bila ~ strašivica* 전에 그녀는 전혀 겁쟁이가 아니었다; ~ *duše u njega doista nema!* 그에게는 따뜻한 마음이 조금도 없다

nimb (=**nimbus**) 1. (성인의 머리 주변에서 나타나는) 후광, 원광(圓光) (oreol, aureloa) 2. (비유적) 명예, 명성

nimfa 1. (神話) (그리스 로마 신화의) 님프, 요정 (vila) 2. (비유적) 미인, 아름다운 여인 (lepotica)

nimfoman 색마(色魔); *govore za njega da je ~* 사람들은 그가 색마라고 말한다

nimfomanija (여성의) 색정증(色情症), 색정광(色情狂)

nimfomanka (여성인) 색마(色魔)

ninati *-am* (不完) 1. (전후좌우로) 흔들다 (njihati, ljuljati); *mati je ninala na krilu najmlađe od petero* 어머니는 다섯째 중 가장 어린 막내를 무릎에 놓고 살살 흔들었다 2. 쓰다듬다, 어루만지다 (maziti, tetošiti) 3. ~ se 흔들리다; *u samoći tvojoj cvijet se voljko nina* 네 외로움 속에서 꽃이 살랑살랑 흔들린다

niotkud(a) 그 어디로부터도 ... (아니다·없다); *videli su da im nema ~ pomoći* 그 어디에서도 도움을 받을 수 없다는 것을 알았다; *ne dolaze glasi ~* 그 어디에서도 소문이 들려오지 않았다

nipodaštavati *-am* (不完) 낮춰 보다, 얕보다, 깔보다, 경시하다 (potcenjivati, omalovažavati); *Turci nalaze reči kojima umanjuju i nipodaštavaju značaj toga događaja* 터키인들은 그 사건의 의미를 축소하고 깔볼 수 있는 어휘를 찾는다; *on nas sve nipodaštava* 그는 우리 모두를 얕잡아본다

nipošto (副) 결코, 조금도 ... (아니다) (nikako, nimalo); *tvoja je dužnost melem levati u stare, ~ nove rane otvarati* 네 의무는 옛 상처를 치유하는 것이지 결코 새로운 상처를 내는 것은 아니다; ~ *nije trpeo neurednost* 그는 정돈되지 않은 상태를 조금도 견디지 못했다

nirvana 1. (宗,哲) (불교에서의) 열반; 초탈 2. (비유적) 텅 빔, 공허 (praznina, ništavilo); *ja znam dobro; sve na svetu da je ništa i ~* 이 세상의 모든 것이 아무 것도 아니며 공허한 것이라는 사실을 나는 잘 알고 있다

niska (D.sg. *-sci*; G.pl. *nizākā & niskī*) 1. (끈·줄·노끈 등에 일렬로 꿴) 끈으로 꿴 것, 염주처럼 꿴 것; ~ *perli* 진주을 꿴 것 2. (사람·자동차 등의) 한 줄, 일렬, 일대(一隊)

nisko (比 *niže*) (副) 1. 낮게(지면으로부터); *nebo je viselo ~ kao težak zastor* 하늘은 마치 무거운 커튼처럼 낮게 걸려 있었다 2.

(보통 비교급 형태로) (사회계층·직위 등의) 하급의, 하층의 3. 비열하게, 저열하게 (nečasno, podlo) 4. 낮은 목소리로 5. 기타; ~ *padati* (도덕적 측면에서) 낭떠러지로 굴러 떨어지다

niskoća 참조 niskost

niskofrekventnī *-ā, -ō* (形) 저주파의; ~ *pojačavač* 저주파 증폭기

niskogradnja 토목공사(도로·교량·터널 등의)

niskokvalitetan *-tna, -tno* (形) 저질의, 품질이 낮은

niskonaponskī *-ā, -ō* (形) 저전압의; ~*a mreža* 저전압선망. ~*a struja* 저전압 전기

niskost (女) 1. 저열함, 비열함; 저열한 행동, 비열한 행동 2. (사회 계층의) 낮음

niskotlačan *-čna, -čno* (形) 낮은 압력(tlak)의, 저압의; ~*čni parni kotao* 낮은 압력의 증기 보일러

niskoturažan *-žna, -žno* (形) 저회전의(크랭크 축의); ~*žni motor* 저회전 모터

Niš 니쉬(세르비아의 도시명); **Nišlija** (男); **Nišlijka**; **niški, nišlijski** (형)

niša 1. (建築) 벽감(壁龕) (조상(彫像) 등을 두기 위한, 벽의 움푹 들어간 곳) 2. (軍) (참호의) 움푹 들어간 곳

nišador (化) 염화 암모니아

nišan 1. (총 등의) 가늠쇠(자), 조준기; *prednji* ~ 앞가늠쇠; *zadnji* ~ 뒷가늠쇠; *optički* ~ 광학 조준기 2. (공격의) 표적, 목표물, 타겟 (meta, cilj); *po ceo dan s toga brega, oni iz pušaka gađaju* ~, *postavljen tamo na drugom bregu* 그들은 하루 온종일 이 쪽 언덕에서 반대편 언덕에 세워진 표적을 향해 총을 쏘고 있다 3. 기타; *razgovarati preko* ~*a (s kim)* (누구와) 총구를 겨누다; *spustiti* ~ 요구사항을 많이 줄이다; *uzeti na* ~ *(koga, šta)* ~에게 총구를 겨누다 **nišanski** (形); ~*a mušica* 총구쪽에 있는 가늠쇠; ~*a sprava* 조준 장비; ~*a meta* 목표물, 타겟

nišandžija (男) 사수(射手), 포수 (strelac); ~ *na topu* 포수(砲手)

nišaniti *-im* (不完) **nanišaniti** (完) (총 등을 표적물을 향해) 겨누다, 겨냥하다; ~ *na nekoga* 누구를 겨누다

nišanjenje (동사파생 명사) nišaniti; 겨냥, 겨눔; ~ *oružjem* 무기로 겨냥함

ništ *-a, -o* (形) (廢語) 1. 가난한, 빈곤한, 궁핍한 (siromašan, ubog) 2. (명사적 용법으로, 한정형으로만) 빈자(貧者), 가난한 사람; ~*i duhom* (宗) 영혼이 가난한 자

ništa *ničega, ničemu, ničim* 1. (부정대명사)

그 무엇도, 아무 것도 ... (아니다, 없다); ~ *nije kupio* 그는 아무 것도 사지 않았다; *ni od čega* 그 무엇으로부터도 ... (아니다); *sve ili* ~ 전부 아니면 전무 2. (副) 조금도, 결코 (nikako, nimalo) 3. (명사적 의미로) 가치가 없는 것, 의미가 없는 것 4. 기타; *bolje išta nego* ~ 아무 것도 못 얻는 것보다는 뭔가 조금이라도 얻는 것이 낫다; *nije bez* ~ 뭔가가 있었다, 무슨 일이 일어났었다; *nije mu on (ona)* ~ 그 사람은 (그의) 친척이 아니다; *nije mi* ~ 좋아(šta ti je에 대한 대답으로); *niko i* ~ 쓸모없는 사람, 무가치한 사람; ~ *od njega (nema)* 그의 건강이 아주 나쁘다, 곧 사망할 것이다; ~ *pod bogom nema* 그는 알거지이다(가난하다); ~ *za to, ne čini* ~, *to nije* ~ 걱정하지마, 모든 것이 좋아(괜찮아); *uveče trista, ujutro* ~ 약속은 많이 하지만, 아무 것도 지켜지지 않는다; *sve je otišlo* ~ 모든 것이 헛되이 날아갔다; *nikom* ~ 아무 일도 일어나지 않은 것처럼

ništarija (男,女) 1. 가치없는 사람, 쓸모없는 사람 2. (보통은 複數로) 쓸모없는 것(물건), 사소한 것, 하찮은 것

ništav *-a, -o* (形) 참조 ništavan

ništavan *-vna, -vno* (形) 1. 가치없는, 쓸모없는 (bezvredan, beznačajan); ~ *razgovor* 무가치한 대화; ~ *dokaz* 가치없는 증거 2. (法) 효력이 없는, 무효의 (nevažeći); *oglašuju se ~vnim sva rešenja o otpuštanju, penzionisanju ... državnih službenika donesena pod okupacijom* 점령하에서 내려진 공무원들의 ... 해고 및 은퇴에 대한 모든 결정은 무효로 선언되었다

ništavilo 1. 텅 빈 공간; 공백, 여백 2. 아무 것도 아님, 가치 없음, 무가치; 아무 짝에도 쓸모없는 인간

ništavnost, ništavost (女) (法) 무효, 효력 상실

ništica 참조 nula; 제로

ništičav *-a, -o* (形) 제로(0)의; 가치없는, 쓸모 없는; *dosađivao sam se u takozvanom vršenju svojih ~ih dužnosti* 나는 소위 내가 짊어진 아무 쓸모없는 의무를 다하는데 진절머리가 났다

ništiti *-im* (不完) 1. 죽이다, 살해하다, 섬멸하다, 전멸시키다, 파멸시키다 (ubijati, uništavati); ~ *neprijatelje* 적을 섬멸하다; ~ *stanovništvo* 주민을 전멸하다 2. (~의 존재를) 일소하다 없애다, 폐지하다; 무너뜨리다, 쓰러뜨리다, 파괴하다 (obarati, rušiti); *revolucija je rušila feudalizam, ništila vekovne privilegije* 혁명은 봉건주의를 무

N

너뜨리고 수 세기 동안 지속된 특혜를 폐지했다 3. (法) 효력을 상실시키다, 무효화시키다 (poništavati); *već nekoliko obaveza - koje su imale zakonsku snagu - država je ništila novim zakonima* 법적 효력을 지녔던 몇 몇 의무들을 이미 국가는 새로운 법률로 무효화시켰다 4. ~ se 죽다, 전멸되다 (uništavati se); *bog nas je stvorio da se u miru živimo, ne da se u nemiru ništimo* 신은 우리를 평강속에서 살도록 만들었지, 불안속에서 파멸하도록 만들지는 않았다 5. ~ se 사라지다, 없어지다 (gubiti se, iščezavati)

nit (女) (l.sg -*i* & *niću*) 1. 실 (konac); *svilena* ~ 명주 실, 비단실, 견사(絹絲); ~ *paučine* 거미줄; *svetleća* ~ 빛줄기 2. 연결, 접속 (veza, spojnica) 3. (~의) 연속적인 흐름, 연속(성, 상태) (tok, kontinuitet); ~ *misli* 생각의 흐름; ~ *događaja* 사건의 흐름 4. 기본적인 주된 사상(생각) (osnovna, glavna misao); *glavna* ~ 주된 생각 5. (~의) 구성 부분, 요소 (sastavni deo, element) 6. 기타; *Arijadnina* ~ 아리아드네의 실타래(어려운 난관에서 벗어날 수 있는 수단(방법)); *visiti o tankoj ~i* 커다란 위험에 직면하다, 목숨이 경각에 달리다; *držati sve ~i u (svojim) rukama* 모든 것을 자신의 손아귀에서 컨트롤하다; *crvena* ~ 주요 생각(사상); *uvesti u tanke ~i* 궁지에 빠지게 하다

nit (接續詞,小辭) 참조 ni, niti

niti 1. (부정문의 연결접속사, 나열할 때) ~도 ~도 ... (아니다, 없다); ~ *jede* ~ *spava* 먹지도 않고 자지도 않고; ~ *čuje*, ~ *dobro vidi* 들리지도 않고 잘 보지도 못한다; ~ *se sunčao*, ~ *se kupao* 일광욕을 하지도 않고 그렇다고 수영을 하지도 않았다; ~ *ja* ~ *on nećemo da ti pomognemo* 나도 그도 너를 돕지 않을 것이다; *ne dolazi mi više,* ~ *ću ti ja dolaziti* 내게 더 이상 오지마, 나도 너한 테 가지 않을꺼야 2. (小辭) ~ 조차도 (ni, čak ni); *ne prosuti ~ jedne kapi* 물 한 방울조차 흘리지 않다

nitko *nikoga* 참조 niko

nitkov -*a* 저열한 사람, 비열한 인간, 아무 짝에도 쓸모없는 인간 (nevaljalac, podao čovek); *svaki zelenaš i* ~ *mogao je sebi kupiti za nekoliko groša titulu 'veliki narodni rodoljub'* 모든 고리대금업자들과 비열한 사람은 푼돈으로 '위대한 애민자'라는 작위를 살 수 있었다 **nitkovski** (形)

nitkovluk 비열함, 저열함 (podlost, niskost);

비열한 행동, 저열한 행동

nitkovskī -*ā*, -*ō* (形) 참조 nitkov; 비열한 인간의

nitna 리벳, 대갈못 (zakivak, zakovica)

niton (化) 니톤 (라돈의 옛이름)

nitovati -*tujem* (完,不完) 리벳(nitna)으로 고정시키다

nitrat (化) 질산염, 질산칼륨, 질산 소다

nitrid (化) 질화물(窒化物)

nitrit (化) 아질산염

nitrogen (化) 질소 (azot)

nitrogenī -*ā*, -*ō* (形) 질소의

nitroglicerin (化) 니트로글리세린

nivelacija 1. 땅을 고름, 평평하게 함 (poravnavanje, ravnanje) 2. 고저 측량 3. 평등화 (izjednačavanje, izravnavanje)

nivelirati -*am*, **nivelisati** -*šem* (完,不完) 1. (땅을) 고르다, 평평하게 하다 2. 고저를 측량하다 3. (~의) 차이를 없애다, 똑같게 하다, 평등하게 하다

nivo -*oa* (男) 1. 수평, 수평면; 높이; ~ *vode* 수면 높이 2. (비유적) (가치·질 등의) 수준, 단계, 레벨; ~ *kulture* 문화 수준; ~ *svesti* 의식 수준; ~ *šuma* 소음 정도; ~ *zvuka* 소리 레벨 3. (지위·계급 등의) 위치, 레벨; *susreti na raznim ~oima* 여러 레벨에서의 만남 4. 기타; *ispod ~oa* 수준 이하의; *razgovor na najvišem ~ou* 최고위급 대화

niz *nizovi* 1. (사람·사물들이 옆으로 늘어서 있는) 열, 줄; ~ *kuća* 집들이 일렬로 죽 늘어서 있는 것; ~ *drveta* 나무들이 일렬로 늘어서 있는 것; ~ *ljudi* 사람의 줄 2. 연속, 연쇄, 일련; ~ *pitanja* 일련의 질문들 3. (~의) 다량, 다수; ~ *istaknutih stručnjaka* 저명한 전문가 다수; *dugi* ~ *godina* 오랜 많은 세월 4. (數) 수열, 급수; *aritmetički (geometrijski, harmonijski)* ~ 등차수열(등비 급수, 조화수열); *beskonačni* ~ 무한 급수

niz, niza (前置詞,+ A.) 1. (위쪽에서 아랫쪽으로의 움직임을 나타냄) ~을 따라서; ~ *brdo* 언덕을 따라서; ~ *kameni zid* 돌담길을 따라; *niza stepenice* 계단을 따라서; ~ *reku* 강물줄기를 따라; ~ *grlo* 목줄기를 따라; ~ *ulicu* 길을 따라 2. (가까운 곳에서 먼 곳으로의 움직임을 나타냄); *uvukao bi ruke u džepove i šetao uz sobu niz sobu, sumoran i zamišljen* 주머니에 손을 집어 넣고 침울하게 생각에 잠겨 방을 왔다 갔다 했다; *idući uz ulicu* ~ *ulicu, pažljivo su razgledali izloge* 길을 왔다 갔다 하면서 주의깊게 전시품을 감상했다 3. (위에서 아래로 걸려있

N

는 것, 달려있는 것, 처져있는 것을 말할 때); *stajao je mirno, s rukama ~ telo* 팔을 늘어뜨린채 가만히 서 있었다

niz (男,女) 낮은 곳, 저지대 (nizina); *tako se spustimo nizbrdicom u niz* 그렇게 우리는 언덕을 따라 낮은 곳으로 내려왔다

nizak *niska, -o; niži* (形) 1. (높이가) 낮은, (키가) 작은; ~ *mladić* 키가 작은 젊은이; ~ *sto* 높이가 낮은 테이블; ~ *plafon* 낮은 천장 2. (높이·수량·가치 등이 평균보다) 낮은, 적은; ~ *vodostaj* 낮은 수면; *niski prinosi žitarica* 곡물의 낮은 수확량; *niska cena* 낮은 가격; ~ *standard* 낮은 수준; ~ *pritisak* 낮은 압력; *niska ocena* 낮은 점수 3. (비교급, 최상급으로만) (계급·직위 등이) 낮은, 하위의; 하등의(발달 정도가); *niži starešina* 하위 책임자; *niži službenik* 하위 공무원, 하급 직원; *niže životinje* 하등 동물 4. (사회 계층의) 하층의; *najniži sloj* 최하층 계급 5. 치사한, 질낮은, 비열한 (nemoralan, podao, nečastan); ~ *postupak* 비열한 행동; *niska kleveta* 악의적 모략; *niski nagoni* 비열한 본능 6. (목소리가) 굵은, 낮은; *govoriti niskim glasom* 낮은 목소리로 말하다

nizam *-a* (歷) (集合) 터키제국의 정규군(야니체르 제도가 폐지된 후 1826년 조직된); 그 조직에 소속된 병사(군사)

nizamskī *-ā, -ō* (形) 참조 nizam

nizašta, nizašto (副) 아무런 이유없이, 괜히, 헛되이 (ni zbog čega, bez potrebe, bez razloga, uzalud); ~ *se naljutio* 아무런 이유 없이 화내다; *neću trošiti pare* ~ 괜히 돈을 낭비하지 않을 것이다

nizati *nižem; nižu; nižući* (不完) **nanizati** (完) 1. (구슬·진주 등을) 실·줄에 꿰다; ~ *perle* 진주를 실에 꿰다 2. 한 줄로 세우다 (redati); *ljudi su prolazili danju i noću, nizali vreće pune peska, kopali lagume* 사람들은 밤낮으로 돌아다니면서 모래가 가득한 마대자루를 한 줄로 놓고 터널을 팠다 3. 하나씩 하나씩 열거하다(나열하다), 술술 말하다 (nabrajati); ~ *reči* 단어를 하나 하나 열거하다; ~ *stihove* 시구를 술술 말하다; ~ *uspomene* 추억을 하나 하나 열거하다 4. 하나 하나 이루다(달성하다), 하나씩 해 나가다; ~ *pobede* 일련의 승리를 하나씩 하나씩 쟁취하다 5. ~ *se* 줄줄이 한 줄로 세워지다 (놓이다), 일렬로 죽 늘어서다; *od Okića k zapadu nižu se kranjske planine* 오키치로부터 서쪽으로 크라네 산맥이 줄줄이 펼쳐진다; *bele kućice su se nizale s obe strane*

ulice 하얀 조그만 집들이 길 양쪽으로 죽 늘어섰다 6. ~ *se* 하나 하나 순서대로 나타나다; 하나 하나 순서대로 일어나다; *događaj su se nizali velikom brzinom* 일들이 매우 빨리 하나씩 하나씩 일어났다

nizbrdan *-dna, -dno* (形) (아래로) 경사진, 비탈진; 내리막의

nizbrdica 1. 내리막길, 비탈길(아래쪽으로); 경사면, 비탈진 면(아래쪽으로) 2. (일반적인) 경사 (nagib, strmica) 3. 기타; *koliko uzbrdica, toliko nizbrdica* 산이 높으면 골이 깊다; *biti (nalaziti se) na ~i života* 삶의 내리막길에 있다; *poći ~om* 잘못된 길을 들다, 망하기 시작하다

nizbrdit *-a, -o* (形) 참조 nizdrdan

nizbrdo (副) 내리막으로, 밑으로 (nadole); (비유적) 좋지 않게, 나쁘게 (nepovoljno, naopako); *krenula su (pošla su) kola* ~ 일이 나쁜 방향으로 진행되었다; *poći (krenuti)* ~ 나쁜 방향으로 가다, 망하기 시작하다

nizija (地質) 평원(해발 200m까지의) (反; visija)

nizina 1. 저지(低地), 저지대; *ljudi u ~ama* 저지 주민 2. (비유적) (사회 계층의) 하층; 하위 직위

nizinskī *-ā, -ō* (形) 참조 nizina; 저지(低地)의, 저지대의

Nizozemska *-oj* 참조 holandija; 네덜란드; **Nizozemac; Nizozemka; nizozemskī** (形)

nizvodnī *-ā, -ō* (形) 물이 흐르는 방향의; ~*a vožnja* 물의 흐름에 따른 운전

niže 1. (副) nisko의 비교급; 더 낮게, 더 적게 2. (前置詞,+ G) ~의 아래로 (ispod, pod); *sišli su na put* ~ *kuće* 그들은 집 아래 길로 내려왔다

nižerazrednī *-ā, -ō* (形) (초·중·고의) 저학년의; (품질이) 저급의

niže rednī *-ā, -ō* (形) 품질이 낮은, 저급의; 가치가 낮은, 낮은 가치의

nižī *-ā, -ē* (形) nizak의 비교급; 더 낮은, 더 작은

no (接續詞) 1. (역접 접속사로서) 하지만, 그러나 (ali); *vredan je,* ~ *spor* 그는 부지런하지만 느리다; *to je bio težak posao,* ~ *ja sam ga obavio* 힘든 일이었지만 나는 그것을 해냈다 2. ~ 대신에 (nego, već); *ne luduj,* ~ *se smiri* 열광하지 말고 진정해 3. (비교를 나타내는 접속사로서) ~ 보다 (nego, od); *bolji je* ~ *svi ostali* 모든 사람들 보다 더 나았다

no (小辭) I. 1. (강조를 나타냄) 오~, 아~; *no, to je izvrsno!* 아, 그것은 훌륭해! II. 2. (감탄사의 용법으로) (의문문 앞에서); *no, tako kažeš?* 그래, 그렇게 이야기하느냐? 3. (보통은 구별되어 사용되어, 진정시키거나 용기를 북돋구나 완화된 경고의 표시로); *no, no, nemojte se tako ljutiti* 아니, 아니, 그렇게 화내지마세요!; *no, no, pričekaj malo* 아니, 아니, 조금 기다려! 4. (긍정적 대답의 강조에서) 물론이지 (*naravno, kako da ne, nego, nego šta*); *ima li sve što treba? – ima, no!* 필요한 것 모든 것이 있어? 있어, 있구 말구!

nobelovac *-vca* 노벨상 수상자

nobl 1. (形)(不變) 귀족의, 고귀한, 고결한 (*otmen*) 2. (副) 고귀하게, 고결하게, 세련되게, 우아하게, 품위있게 (*otmeno*)

nobles (男), **noblesa** (女) 1. 귀족(계층) (*plemstvo*); *sav ~ toga mesta bio je zastupljen* 그 지역의 모든 귀족들은 대변되었다 2. 고귀함, 고결함 (*otmenost*); (사회 계층의) 최상류층; 우아한(품위있는) 움직임

noć *noći, noću; noći, noćī* (女) 1. (해가 떨어진 이후부터 다음 날 해가 뜰 때까지의) 밤, 야간; *izgubiti se u ~i* 밤중에 사라지다 2. (비유적) 불운, 불행, 멸망; 속박, 노예상태 (*nesreća, propast; ropstvo*) 3. 기타; *laku ~* 안녕히 주무십시오, 잘 자거라, 안녕히 가(계)세요 (밤의 취침·작별 인사); *spušta se ~* 어두워진다; *tamo gde je i bog rekao laku ~* 매우 멀리; *obogatio se preko ~* 하루 아침에 벼락부자가 되다; *kasno u ~* 한밤중 까지; *gluva (duboka) ~* 한 밤중에; *progutala ga je ~* 그는 흔적도 없이 사라졌다; *pod ~* 저녁에; *polarna ~* 극야현상(극지방에서 해가 몇 일씩 떠오르지 않는); *uzeti ~ na glavu* 밤을 보호책으로 이용하다

noćaj (詩的) 참조 noćište

noćas (副) 1. 어제 밤에 2. 오늘 밤에 3. 내일 밤에

noćašnjī *-ā, -ē* (形) 어제 밤의, 오늘 밤의, 내일 밤의

noćca (詩的) noć의 지소체

noćenje (동사파생 명사) noćiti; 숙박

noćevati *-ćujem* (不完) 참조 noćiti

noćište 숙박소, 숙박 장소; *zadržati nekoga na ~u* 숙박하도록 누구를 붙잡다; *ostati negde na ~u* 그 어딘가에서 숙박하며 머물다; *pasti na ~* 숙박장소에 도착하다, 숙박하다

noćiti *-īm* (完,不完) 1. 밤을 보내다, 숙박하다; *noćio sam jednu noć kod njega* 그의 집에서 하룻 밤을 잤다 2. ~ **se** 밤이 되다, 어두

워지다 (*smrkavati se*); *već se noćilo* 벌써 어두워졌다

noćnī *-ā, -ō* (形) 밤의, 저녁의; ~ *mir* 밤의 평온(고요함); ~ *život* 밤 생활; *~o bdenje* 야간 경비

noćnik 1. 밤에 길을 떠나는 사람, 밤 여행자; 밤생활을 하는 사람 2. 밤 바람, 저녁 바람 3. 야간 경비원 (*noćobdija*) 4. 몽유병자 (*mesečar*)

noćobdija (男) 1. 야간 경비원 2. 밤 생활을 하는 사람

noću (副) 밤에; *putovati ~* 밤에 길을 떠나다; *raditi ~* 밤에 일하다; *danju i ~* 밤낮으로

noćurak *-rka; noćurākā* 1. (植) 분꽃 2. (植) 비닐바늘꽃 3. (昆蟲) 귀뚜라미 (*cvrčak*)

noga (D.sg. *nozi*; G.pl. *nogū* 드물게 *nogā*) 1. (신체의) 다리 2. 발 (*stopalo*); *ima velike ~e* 발이 크다 3. (가구 등의) 다리; *udariti se o ~u stola* 테이블 다리에 부딪치다 4. (언덕·산·바위·돌 등의) 밑부분 (*podnožje*) 5. 기타; *beži (trči) što ga ~e nose* 할 수 있는 한 빨리 도망쳐라(달려라); *biti na ~ama* 서 있다, 움직이다, 항상 돌아다니다; *biti s nekim na ratnoj ~zi* 누구와 적대적 관계이다; *boriti se (braniti se) rukama i ~ama* 모든 수단을 총동원하여 싸우다(방어하다); *vući ~u za ~om* 힘들게 걷다(가다), 다리를 질질 끌며 걷다; *gori mu zemlja (tlo) pod ~ama* 커다란 곤란(위험)에 처하다; *gubiti tlo pod ~ama* 더 이상 안전하지 않다; *dići (dignuti) nekoga na ~e* 누구를 일으켜 세우다; *dobiti (steći) ~e* 도난당하다, 없어지다; *doći na ~e (nekome)* ~에게 간청하러 오다; *dočekati se na ~e* 어려운 위치에서 노련하게 빠져나오다; *živeti na visokoj ~zi* 풍요롭게 살다; 호화로운 삶을 살다; *zabadati trn u zdravu ~u* 문제를 일으키다; *izmiče se tlo ispod ~u (pod ~ama), gubiti tlo pod ~ama* 더 이상 안전하지 않다(확실하지 않다); *ići kuda oči vode i ~e nose* 정처없이 아무데나 가다; *jedva se drži na ~ama* 간신히 서있다; *jednom ~om je u grobu* 곧 사망할 것이다; *ko nema u glavi, ima u ~ama* 멍청하면 몸이 고생한다; *kriti kao zmija ~e* 매우 세심하게 숨기다; *lomiti ~e* 힘들게 걷다; *ljudska (čovečja) ~ nije tamo kročila (stupila)* 거기에는 인간의 발걸음이 닿지 않았다; *na ~e!* 일어서!; *na ravnoj ~zi* 동등하게; *na sigurnim ~ama* 확실한 바탕위에서; *na staklenim ~ama* 허약한, 불확실한, 불안정한; *~e mu se odsekle* 매우 놀랐다; *~u*

668

pred ~u *(ići, koračiti)* 느리게 (가다); *oboriti s ~u* (흥분·질병의 결과로) 서있지 못 할 정도로 허약해지다; *od malih ~u* 어려서 부터; *održati se na ~ama* 견디다, 무릎을 꿇지 않다; *pasti nekome pred ~e* 누구에게 항복하다, 무릎꿇고 간청하다; *povući ~u ~* 을 시작하다; *podmetnuti nekome ~u* 누구 에게 나쁜짓을 하다, 해를 끼치다; *potući (poraziti) do ~u* 완전히 물리치다(패퇴시키 다); *protegnuti ~e* 오랫동안 앉아 있은 후 움직이다(거닐다); *put pod ~e (uzeti)* 즉각 가다(움직이다) (보통은 명령으로); *spasti s ~u* 피곤해지다, 일에 지치다; *stati na ~e* 독 립하다; *stati ~om za vrat* 누구를 완전히 짓 이기다(파멸시키다); *u laži su kratke ~e* 거 짓은 금방 탄로난다; *ustati na levu ~u* (보통 은 별 이유없이) 기분이 나쁘다

nogara (中)(複), **nogare** (女)(複) 참조 nogari
nogari (男)(複) 1. 가대(架臺), 버팀다리; 톱질 모탕 2. 이젤, 화가(畵架) 3. 삼각대; *sakrila iza ~a na kojima stoje izvešani kaputi* 외투 가 걸려 있는 삼각대 뒤로 숨었다
nogat *-a, -o* (形) 1. 긴 다리의 2. 큰 발의
nogavica 1. (바지의) 다리(부분) 2. (複)(方言) 바지 (gaće, pantalone, čakšire, hlače)
nogetina (지대체)(輕蔑) noga, nožurda; 다리, 발
nogica (지소체) noga; (보통은 어린 아이의 다 리·발을 지칭함)
nogomet 참조 fudbal; 축구
nogometaš 참조 fudbaler; 축구 선수 **nogometaški** (形)
nogometnī *-ā, -ō* (形) 참조 nogomet; 축구의
nogostup 1. 길(걸어서만 다닐 수 있는) (staza, putanja) 2. (올라탈 수 있는) 발판(자동차에 설치된)
noj *noja; nojevi* (動) 타조
nojev *-a, -o* (形) 참조 noj; 타조의; *~e jaje* 타조 알; *~o pero* 타조 깃털
nokat *-kta; nokti, nokātā & noktijū* 1. (解) 손 톱, 발톱 2. (짐승 등의) 발톱; 발굽 (kopito, kandža) 3. 기타; *boriti se ~ktima i mislima* 육체적 정신적으로 모든 힘을 다하다(목적 달성을 위해); *gristi ~kte* 화내다; *dogoreti (doći) do ~kata* 상황이 절망적이다; *držati se uz koga kao ~ uz meso* 확고하게 누구와 함께 하다; *živeti (paziti se) s kim kao ~ i meso* 누구와 궁합이 잘 맞다, 서로 떨어질 수 없는 사이다; *zabosti (zakopati, udariti) ~ u ledinu* 도망치다; *za konjski ~* 거의; *zaći za ~kte* 1)손끝발끝이 매우 시리다 2) 힘든(어려운) 처지에 놓이다; *znati nešto u*

~ 잘 알다, 정확히 알다; *imati duge ~kte* (prste) 손버릇이 나쁘다, 도벽이 있다; *(i)sisati iz svojih ~ata (prstiju)* 조작하다, 왜곡하다; *na ~ (ispiti, popiti)* 단숨에 (마시 다); *ne biti vredan čijeg ~kta (malog prsta)* 누구와 비교할 수 없다, 누구보다 열악하다; *ni (koliko je) crno ispod ~kta (pod ~ktom)* 조금도 ~아니다, 손톱밑의 때만도 못하다; *ode i belo ispod ~kta* 가진 것을 다 쓰다; *pasti kome u ~kte* 누구의 수중에 떨어지다; *podrezati kome ~kte* 누구를 길들이다(온순 하게 하다); *s ~kta, kao s ~kta* 즉시; *sa svojih deset ~ata (prstiju)* 자신의 손으로, 그 누구의 도움도 없이; *umešati svoje ~kte* 불쑥 끼어들다
nokaut (권투의) 녹아웃, 케이오(K.O.); *pobediti ~om* 케이오로 이기다; *tehnički ~* TKO
nokautirati *-am* (完) (권투의) 녹아웃시키다, 케이오시키다
nokle *-ī* (女,複) 음식의 한 종류(반죽을 수저로 떼어 음식에 넣어 끓이는, 수제비와 비슷한)
noklice (女,複) (지소체) nokle; *~ od krompira* 감자로 된 수제비
nokšir (야간에 침실에서 사용되는) 요강
noktić (지소체) nokat
nomad 유목민
nomadskī *-ā, -ō* 참조 nomad; 유목민의; *~o pleme* 유목민 부족
nomenklatura (학술적) 명명법, 학명(學名); *dvojna (binarna) ~* (生物) 이명법(二名法; 속명(屬名)과 종명(種名)을 나타내는 명명법)
nominalan *-lna, -lno* (形) 명목상의, 이름뿐인; *~lna vrednost* 명목상 가치; *~lna nadnica* 명목상 임금
nominativ (文法) 주격 **nominativni**, **nominativski** (形); *~ oblik* 주격 형태
nominirati *-am* (完,不完) (중요한 역할·수상자· 지위 등의 후보자로) 지명하다, 추천하다; (특정 일을 하도록) 임명하다, 지명하다; *na čelo svake ekipe nominira se kapetan* 모든 팀의 우두머리로 주장이 임명된다
nomokanon 교회 법전(정교회의) (krmčija)
nonkonformist(a) 비(非)국교도
nonkonformizam *-zma* (특히 영국의 국교를 추종하지 않는) 이교, 비국교
nonparel (印刷) 6포인트 활자
nonsens 무의미한 말, 허튼 소리, 넌센스 (besmislica, glupost)
non-stop 1. (形)(不變) 중단없는, 쉼없는, 논스 톱의 (neprekidan); *šest sati ~ vožnje* 여섯

N

시간 동안의 쉼없는 운전 2. (副) 쉼없이, 쉬
지 않고 (bez prekida, neprekidno);
otvoreno ~ 휴식없이 계속 열려있는 3. (명
사적 용법으로) (男) 365일 24일 계속 영업
하는 가게(상점)

nonšalantan *-tna, -tno* (形) 무관심한, 태연한,
관심이 없는

nor *-ovi* (鳥類) 가마우지(바닷가에 사는 새의
일종)

nordijac *-ijca* 북유럽 사람, 스칸디나비아 사
람 **nordijka**; **nordijski** (形); ~*o skijanje* 노
르딕 스키

norma (G.pl. *normī*) 1. 표준, 규범, 기준 2. 노
르마(노동 기준량), (노동자가 하루 몫의 임
금을 받는데 필요한 일의) 책임량, 할당량;
postići (prebaciti) ~u 책임량에 다다르다(할
당량을 초과하다)

normala 1. (數) 수직선, 수직면 (vertikala) 2.
평상적인 상태, 평균

normalac *-lca* (廢語) 초등학교 학생
(osnovac)

normalan *-lna, -lno* (形) 1. 보통의, 평범한,
정상적인; ~*lne prilike* 보통의(정상적인) 상
태 2. (정신 상태가) 정상인 3. 기타; ~*a
škola* (廢語) 초등학교

normalizirati *-am*, **normalizovati** *-zujem* (完,
不完) 1. 표준(기준·규범)을 정하다 2. 정상화
하다 3. ~ **se** 정상화되다

normalnost (女) 정상임, 정상 상태

Normani (男,複)(歷) 노르만족(8-9세기의)

normanskī *-ā, -ō* (形) 노르만족의; ~ *osvajači*
노르만족 정복자들

normativ (보통은 複數로) 표준(기준·규범)을
정하는 것

normativan *-vna, -vno* (形) 규범적인; ~*vna
gramatika* 규범 문법

normirac *-rca* 1. 노르마(노동 기준량)를 정하
는 사람 2. 노르마(노동 기준량)를 평가하는
사람

normiranje (동사파생 명사) normirati; ~
ruskog jezika 러시아어의 규범화(표준화)

Norveška *-oj* 노르웨이 **Norvežanin**;
Norvežanka; **norveški** (形)

nos *nosovi* & *nosevi* 1. (解) 코; (돼지 등의)
코, 주둥이; *prćast (kukast, kriv)* ~ 들창코
(매부리코, 삐뚤어진 코) 2. (파이프·호스·주
전자 등의) 주둥이, 분출구 3. 기타; *govoriti
kroz* ~ 콧소리를 내며 말하다; *vući nekoga
za* ~ 누구를 바보로 만들다, 누구를 속이다;
dobiti preko ~a (po ~u) 질책을 듣다;
ostati duga ~a 바보가 되다; *imati dobar* ~

za nešto ~에 대한 훌륭한 감각을 가지고 있
다; *spustiti (opustiti, obesiti)* ~ 실망하다,
낙담하다; *ići nekome uz* ~ 누구를 괴롭히
다; *dići* ~ 우쭐거리다, 젠체하다; *zatvoriti
nekome vrata pred ~om* 집안에 못들어오게
하다; *padati na* ~ *s posla* 일에 지치다;
zabadati ~ *u sve* 모든 일에 간섭하다(참견
하다); *natrljati* ~ *nekome* 누구에게 야단치
다(꾸짖다)

nosac *-sca* 참조 nosač

nosač 1. (짐을 나르는) 짐꾼, 포터 2. (건축물
의) 기둥, 받침 (stub, greda); ~ *krova* 지붕
기둥; ~ *stepenice* 계단 기둥 3. (複) (자동차
지붕위의) 캐리어 4. (解) 환추(環椎; 머리를
받치는 제1경추골(頸椎骨)) 5. 기타; ~
aviona 항공모함; ~ *raketa* 로켓발사선;
raketni ~ 추진로켓(1단계 로켓)

nosačkī *-ā, -ō* (形) 짐꾼의, 포터의; ~ *posao*
짐꾼일; ~*o zanimanje* 짐꾼업; ~*o odelo* 짐
꾼복

nosak *-ska* (지소체) nos

nosak 코가 큰 사람, 코쟁이 (nosonja)

nosak *-ska, -sko* (形) (옷 등의) 오래 입을 수
있는 (trajan)

nosan 코가 큰 사람, 코쟁이; ~ *dugorepi* (動)
코주부원숭이

nosat *-a, -o* (形) 큰 코의, 코가 큰

nosati *-am* (不完) 1. 이리저리 가지고 다니다
(들고 다니다, 데리고 다니다); 힘들게 가지
고 다니다; ~ *dete* 아이를 업고 다니다; ~
teret 짐을 가지고 다니다; ~ *veliku putnu
torbu* 커다란 여행용 가방을 가지고 다니다
2. ~ **se** (s nečim) ~을 힘들게 가지고 다니다
(휴대하다); ~ *se s teretom* 짐을 힘들게 가
지고 다니다; ~ *se s puškom* 총을 힘들게 휴
대하고 다니다 3. ~ **se** 씨름하다, 싸우다, 투
쟁하다 4. ~ **se** 유지하다, 지탱하다 (držati
se, održavati se); *ja se jedva na nogama
nosam* 나는 간신히 두 다리로 서있다

noseć *-a, -e* 1. (여성형으로만) 임신한; *u
nevolji je, ~a, a bez novaca i muža* 임신하
였으나 돈도 없고 남편도 없는 곤궁한 처지
이다; ~*a žena* 임신한 여성 2. (한정형으로
만) 하중을 받는(떠받치는); ~*i stub* 하중을
떠받치는 기둥; ~*i zid* 하중을 받는 벽

nosić (지소체) nos

nosila (中,複) (환자·부상자를 싣는) 들것

nosilac *-ioca*; *nosilācā* 1. 운반인, 나르는 사
람; (특히 의식에서 무엇을) 나르는 사람, 운
반인; ~*ioci zastava* 기수(旗手)들 2. (병원균
의) 보균자; *vi ste* ~ *bacila kolere* 콜레라

보균자입니다 3. (메달·훈장 등의) 수상자, 보유자, 소유자; ~ nekog prava 권리 보유자; ~ ordena 훈장 포상자; ~ zvanja 작위 보유자 4. 지지자, 주창자 (pobornik, zastupnik); on se od početka istakao kao ~ demokratske ideje 그는 처음부터 민주주의 사상 지지라라고 말했다; ~ realizma 사실주의 주창자 5. (정당의 선거 명부 등에서 제일 위에 있는, 지도자·명망자로서) ~ izborne liste 정당선거명부 제 1순위 후보자

nosilica, nosilja 알을 낳는 암탉

nosiljka (D.sg. -ljci, G.pl. nosiljākā & -ī) (고관대작을 태우고 다닌) 가마

nositi -im; nošen (不完) 1. 휴대하다, 들고 가다, 가지고 가다, 업고 가다, 지고 가다; žena nosi dete na rukama 여자는 아이를 손에 안고 간다; ~ kofer 여행용 가방을 휴대하다; on nosi samo jedan kofer 그는 단 하나의 가방만 가지고 간다;; ~ voće bolesniku 환자에게 과일을 가지고 가다; revolucija nosi promene 혁명은 변화를 동반한다 2. (물줄기, 바람 등이) 휩쓸어 가다, 쓸고 가다; 나르다, 운반하다; ~ čamac (plivača) (물줄기가) 보트(수영하던 사람)를 휩쓸어 가다; ~ prašinu (바람이) 먼지를 쓸어 가다; vetar nam nosi prašinu o oči 바람이 우리 눈에 먼지를 몰고 온다; ~ putnike 여행객을 운반하다; ~ robu 짐을 운반하다; ~ teret 짐을 운반하다; ~ ranjenika 부상자를 운반하다; ~ džak 포대를 휴대하다 3. (비·바람 등이) 품고 가다, 가져 오다; južni vetar nosi kišu 남풍이 비를 가져 온다(비를 몰고 온다) 4. 하중을 받다(견디다), 무게를 지탱하다; ovaj brod nosi nekoliko hiljada tona 이 배는 몇 천 톤의 화물을 운반한다 (총적재량은 몇 천 톤에 이른다); debeli stubovi nose taj most 두꺼운 기둥들이 그 다리를 지탱한다 5. (비용·책임 등을) 부담하다, 지다; vlada će za gradnju ~ sve troškove 정부가 건설 비용을 모두 부담할 것이다; ~ odgovornost 책임을 지다 6. (옷·신발을) 입다, 신다, (안경·장신구 등을) 쓰다, 차다, 끼다; ~ kaput 외투를 입다; ~ čizme 부츠를 신다; ~ prsten 반지를 끼다; ~ štap 지팡이를 짚다; ~ naočare 안경을 쓰다 7. (수염·머리 등을) 기르다; ~ brkove i bradu 콧수염과 턱수염을 기르다; ~ dugu kosu 긴 머리카락을 가지다 8. (몸에) 이물질이 있다, (의식속에 무엇인가가) 남아 있다, 뭔가를 영원히 기억하다; ~ zrno u nozi 다리에 탄환이 박혀 있다; ~ nešto u sećanu 기억속에 뭔가

가 있다 9. (특질·특징·특성을) 갖다, 지니다; ~ ime 이름을 지니다; ~ beleg 표시가 있다 10. (지갑 ·주머니등의 특정한 위치·장소에) 간수하다, 보관하다; ~ pare u novčaniku 지갑에 돈을 가지고 다니다; ~ maramicu u džepu 주머니에 손수건을 가지고 다니다 11. (새·닭 등이) 알을 낳다; ova kokoška nosi svaki dan 이 암탉은 매일 알을 낳는다; ~ jaja 알을 낳다 12. 임신하고 있다; teško ~ 힘들게 임신하고 있다; žena nosi dete devet meseci 여자는 태아를 9개월간 뱃속에 품고 있는다 13. ~ se 싸우다, 다투다; 씨름하다 (boriti se, sukobljavati se, rvati se); ~ se s decom 아이들과 씨름하다(돌보면서) 14. ~ se (옷 등을) 입다, 착용하다; ona se lepo nosi 그녀는 옷을 잘 입는다 14. 기타; beži što ga noge nose 최대한 빨리 도망쳐라; koliko me grlo nosi 최대한 크게(큰 목소리로); viče koliko ga grlo nosi 큰소리로 고함을 친다; đavo da ga nosi, neka ga đavo nosi 지옥에나 가라; nosi se! (辱說) 꺼져!; ~ glavu u torbi 커다란 위험에 놓이다; ~ dušu u nosu 생명을 겨우 유지하다, 겨우 살아가고 있다; nositi se mišlju ~ 할 생각이 있다, ~하려고 하다; u zubima da te nosi 매우 강하다; što pas laje, vetar nosi 아무도 그의 말을 안 듣는다; ~ kožu na pazar 목숨이 경각에 달렸다; ko nosi, ne prosi 있는 사람은 구걸하지 않는다

nosiv -a, -o 1. 휴대가 쉬운(수월한), 들고 다닐 수 있는 2. (비유적) 영감을 주는, 고무하는

nosivost (女) 1. (선박·항공기·트럭 등의) 총하중 중량; (교량 등의) 총하중 중량 2. (암탉 등 가금류의) 총산란력; povećati ~ kokošaka 암탉의 산란 능력을 향상시키다

nosnī -ā, -ō (形) 1. 참조 nos; 코의; ~a šupljina 비강(鼻腔) 2. (言) 비음의 (nazalni); ~ suglasnik 비음

nosnica 참조 nozdra; 콧구멍; miris je dospeo do njegovih ~a 냄새는 그의 코에까지 다다랐다

nosnjača (解) 코뼈

nosonja (男) (卑語) 코쟁이, 코가 큰 사람, 큰 코를 가진 사람

nosorog (N.pl. -ozi) (動) 코뿔소

nostalgičan -čna, -čno (形) 향수(鄕愁)의, 향수를 불러 일으키는

nostalgija 향수(鄕愁); uhvatila ga je ~ za kućom 그는 고향에 대한 향수에 사로잡혔다

nostrificirati -am, **nostrifikovati** -kujem (完, 不完) (외국 학위를) 인증하다, 인가하다

N

nostrifikacija (외국 학위의) 인증, 인가

noša (어린 아이들이 사용하는) 휴대용 변기

nošenje (동사파생 명사) nositi; ~ oružja 총기 휴대

nošnja (G.pl. nošnjā & -ī) 1. (한 지역 또는 국가의 특정적인) 의복, 의상; narodna ~ 민속 의상 2. 임신(상태) (bremenitost)

nošurina (지대체) nos

nota 1. (音樂) 음, 음표, 악보; (비유적) 톤, 어조 2. (외교상의) 문서; diplomatska ~ 외교 문서; protestna ~ 항의 문서; kod njih je uvek sve na ~e 그들은 항상 상당히 공식적이다

notacija (音樂) 기보(記譜)법; (특수한 문자·부호 따위에 의한) 표시법, 표기법(체스 등의); šahovska ~ 체스 표기법

notalnī -ā, -ō (形) 노트의, 악보의; ~o sviranje 악보 연주

notar (歷) 서류 발행 관리; 공증인

notaroš 참조 notar

notes 수첩 (džepna beležnica, podsetnik)

notesić, noteščić (지소체) notes

notica 1. (지소체) nota 2. 간단한 기록 3. 짧막한 기사, 단신(短信) (보통은 신문의)

notificirati -am, notifikovati -kujem (完,不完) (공식적으로) 알리다, 통지하다, 통고하다 (obavestiti)

notirati -am (完,不完) 1. 기록하다, 메모하다 (beležiti, zapisivati) 2. 가치가 있다, 값어치가 있다; danas ... na žitnoj berzi kanadsko žito notira jeftinije od domaćeg 오늘... 곡물 시장에 캐나다산 곡물은 국산 곡물보다 싸다

notnī -ā, -ō (形) 노트의, 악보의; ~ znak 악보 표시; ~ sistem 악보 체계

notoran -rna, -rno (形) 유명한(부정적 의미에서의), 악명높은; ~ alkoholičar 유명한 술주정뱅이; kao da ne znaju ono što je ~rno, o čemu govori u kuhinji čitava posluga 모든 하인들의 입에 오르내리는 그 악명높은 것을 모르는 것 처럼 (행동한다, 말한다)

nov -a, -o (形) 신(新), 새로운, 최근의; 새로 생긴, 신생의, 신작의; 신종의; 새로 온, 신임(新任)의; 새로 시작되는, 다음의; 현대적인; 새로운 것; ~a kuća 새 집, 새로 지은 집; ~o odelo 새 옷; ~a reč 새로 생긴 어휘; ~ roman 신작 소설; tada je u dvoranu ušla ~a osoba 그때 대회의실에 새로 부임한 사람이 들어왔다; imamo ~ov direktora 신임 사장이 부임했다; nastupala su ~a vremena 새로운 시대가 도래했다; ~ dan 그 다음날, 새 날; punila je tanjir ~im kolačima 접시에

새로 구운 케이크로 채웠다; ~ običaj 새로운 습관(관습); ~a književnost 현대 문학; staro nestaje, ~o se rađa 옛 것은 사라지고 새로운 것은 만들어진다; šta ima ~o? 새로운 것 있나요?; Nova godina 신년; ~ novcat 완전히 새로운, 한 번도 사용하지 않은; okrenuti ~u stranu (~i list) 새로운 장을 펼치다, 일을 시작하다, 이전과는 완전히 다르게 행동하다; primati (uzimati) ~o za gotovo 곧이곧대로 믿다, ~을 액면가 그대로 믿다; srećna Nova godina 새해 인사(새해 복 많이 받으세요)

novac novca; novci, novācā (보통은 집합명사적 의미로) 1. 돈, 화폐; 동전; sitan ~ 잔돈; lažni ~ 위조 화폐; krupan ~ 고액권; novci su u tvojim rukama, pa kad ti nestane, a ti kaži! 돈은 네 손에 있으니까, 떨어지면 말해!; on skuplja stare ~vce 그는 옛날 동전을 수집한다; kovati ~ 동전을 주조하다; imaš li ~aca(~vca) za to? 그것을 할 돈이 있느냐?; teško je živeti bez ~vca 돈없이 살기는 힘들다; rasipati ~ 돈을 낭비하다 2. 재산, 부, 자본 (imovina, bogatstvo, kapital) 3. 기타; biti pri ~vcu 현금을 몸에 지니고 있다; kupovati za gotov ~, plaćati gotovim ~vcem 현금으로 지불하다; ležati na ~vcu (na parama) 어마어마한 부자이다; ni za koje ~vce 얼마나 많은 돈을 받던지 (~않다); ~ kaplje (sa svih strana) 돈이 넘쳐난다, 돈을 잘 번다; ostavljati ~ na stranu 돈을 아끼다, 저축하다 rasipati ~ 돈을 낭비하다; čuvati (skupljati) bele ~vce za crne dane 곤궁한 날을 대비하여 돈을 저축하다; beli ~ 은화(銀貨); za male ~vce 값싸게; kupovati za gotov ~, plaćati gotovim ~vcem 현금으로 지불하다; ~ dušogubac 돈욕심 때문에 사람이 망가진다; čovek od ~vca 부유한 사람

novačenje (동사파생 명사) novačiti; 신병 모집, 신규 모집, 채용, 보충

novačiti -im (不完) 1. 신병(novak)을 모집하다 (징집하다) (regrutovati) 2. (비유적) (신입 회원 등을) 모집하다, 뽑다 (vrbovati, pridobijati); glumce novače po Evropi 유럽 전역을 대상으로 배우들을 모집한다 3. 뭔가 새로운 것을 도입하다

novajlija (男) 1. (어떤 일을 이제 막 하기 시작한) 초보자, 초심자; on je bio vojnik i ~ u policiji 그는 군인이었는데 이제는 경찰 초보자이다 2. (어떤 곳 또는 어떤 직장에 갓 도착한) 신입자(新入者), 신참자; dobro

N

došao ~! 잘 왔어 신입!

novak 1. 참조 novajlija 2. 신병 (nov vojnik) 3. (초등학교의) 신입생 (novi đak) 4. (方言) 초승달 (nov, mlad mesec)

novaštvo (수사·수녀의) 수련 기간

novator (새로운 뭔가를) 새로 도입하는 사람; 개혁자, 혁신자, 도입자

novatorstvo 새로운 것의 도입; 개혁, 혁신, 쇄신, 일신

novcat *-a, -o* (=novcit) (形) (보통은 숙어로) *nov* ~ 완전히 새로운(새 것의), 한 번도 사용하지 않은

novčan *-a, -o* (形) (보통은 한정형으로) 1. 돈의, 금전적인; ~*a pomoć* 금전적 지원; ~*a kazna* 벌금형; ~*i poslovi* 금융거래; ~*a uputnica* 우편환; ~*a sredstva* 재원, 재력; ~*a jedinica* 화폐 단위; ~*i sistem* 통화(화폐) 제도; ~*o tržište* 금융 시장; ~*i kurs* 환율; ~*a privreda* 화폐 경제

novčanica 지폐(紙幣) (banknota); ~ *od 100 dinara* 100디나르짜리 지폐; *lažne (faksifikovane)* ~*e* 위조 지폐

novčanik 지갑 (buđelar)

novčarka 참조 novčanik

novčić 1. (지소체) novac 2. 잔돈, 소액의 돈 (sitan novac)

novela 1. 단편 소설 2. (法) (법 등의) 개정, 수정; *narodna skupština na predlog vlade ... izglasala je zakonsku novelu* 의회는 정부의 제안으로 법률 개정안은 통과시켰다

novelist(a) 단편 소설(novela) 작가 **novelistica, novelistkinja**

novelistika 단편 문학

novembar *-bra* 11월 (studeni)

novembarskI *-ā, -ō* (形) 11월의; ~*a hladnoća* 11월의 추위

novina 1. 새로운 것(품목), 새로운 현상, 새로운 정신, 오리지날(원본), 신선한 것 2. 새로운 발명(품), 새로운 방법, 변화, 개혁 3. (廢語) 새로운 소식, 뉴스 (novost)

novinar (신문·방송의) 기자 **novinarka**

novinarskI *-ā, -ō* (形) 참조 novinar; 기자의; ~*o udruženje* 기자협회; ~ *komentar* 기자의 코멘트; ~*a legitimacija* 기자 신분증; ~ *život* 기자의 삶; ~*a patka* 가짜 뉴스(보통은 신문에 보도된); ~*a loža* 기자석(席)

novinarstvo 저널리즘

novine (女,複) 신문; *jutarnje* ~ 조간 신문; *večernje* ~ 석간 신문; *nedeljne* ~ 주간 신문; *izdavač* ~*ā* 신문 발행인; *zidne* ~ 벽신문, 대자보; *petparačke* ~ 선정적 신문(충분히

확인되지 않은 뉴스 등을 보도하는); *službene* ~ 관보(官報)

novinskI *-ā, -ō* (形) 참조 novine; 신문의; ~ *papir* 신문 용지; ~ *članak* 신문 기사; ~*a agencija* 통신사; ~*a reklama* 신문 광고

novinstvo (集合) 신문; 언론

Novi Sad 노비사드(세르비아의 도시명); **Novosađanin**; **Novosađanka**; **novosadski** (形)

novitet (패션계의) 새로운 것, 새로운 제품, 신제품, 새로운 현상; *modni* ~ 패션계의 새로운 현상

Novi Zeland 뉴질랜드; *na* ~*om* ~*u* 뉴질랜드에서; **Novozelanđanin**; **Novozelanđanka**; **novozelanski** (形)

novo- (接頭辭) 새로운-, 신(新)-

novodobijen, novodobiven *-a, -o* (形) 새로 얻은, 새로 획득한

novodošavšI *-ā, -ē* (形) 새로 온, 새롭게 도착한

novodošlica (男,女) 새로 온 사람, 신입자

novogodišnjI *-ā, -ē* (形) 신년의, 새해의; ~*a jelka* 신년 트리; ~*a pesma* 신년 노래

novogradnja 신축 건물

novoimenovan *-a, -o* (形) 새롭게 임명된, 신규 임명된; ~*i ambasador* 신규 임명된 대사; ~*i član odbora* 신규 임명된 위원회 위원; ~*i biskup* 신규 임명된 주교

novoizgrađen *-a, -o* (形) 신축된, 새롭게 건설된; ~*i put* 새롭게 건설된 도로; ~*a fabrika* 신축 공장

novokain 노보카인 (치과용 국부 마취제; 상표명)

novonastalI *-ā, -ō* (形) 새롭게 생긴(생겨난)

novoosnovan *-a, -o* (形) 새로 설립된; ~*i fakultet* 새로 설립된 대학; ~*a država* 새로 창설된 국가; ~*i klub* 새로 설립된 클럽

novopečen *-a, -o* (形) 1. 방금(막) 구워진 2. (비유적) 새, 새로운, 이제 막 ~이 된; *povede svoga* ~*og prijatelja* 자신의 새 친구를 안내한다; ~*i student* 이제 막 대학생이 된 학생

novopronađen *-a, -o* (形) 새롭게 발견된; ~*i lek* 새롭게 발견된 약

novorođen *-a, -o* (形) (아이가) 이제 막 태어난; (비유적) (태양이) 이제 막 나타난

novorođenčad (女)(集合) novorođenče; 신생아

novorođenče *-eta* (中) 신생아

novosadskI *-ā, -ō* (形) 참조 Novi Sad; 노비사드의

novost (女) *novošću* 1. 새로운 소식, 뉴스, 새로운 일(사건); *ima li* ~*i s fronta?* 전선으로

부터 뉴스가 있느냐? 2. 뭔가 새로운 것 (기존의 것과는 다른) (nešto novo); *još se uvede jedna ~ u manastir* 아직 수도원에 뭔가 새로운 것 하나가 도입중이다

novoštokavskī *-ā, -ō* (形) 노보슈토캅스끼의

novotar 새로운 것을 도입하는 사람, 개혁자 (reformator); *to je najsmeliji i najmoćniji ~ svoga doba* 그 사람은 자기 시대의 가장 용감하고 가장 영향력있었던 개혁가이다

novotarija 새로운 것; 무가치한 새로운 물건

novoupisan *-a, -o* (形) 새로 등록한; 처음으로 등록한

novozavetnī, novozavetskī, *-ā, -ō* (形) 신약의

nozdra (G.pl. *nozdārā & nozdrī*) 콧구멍(두 개 중 하나의)

nozdrva 참조 nozdra

nozdrvnī *-ā, -ō* (形) 콧구멍의; *bada palcem ~u rupu* 손가락으로 콧구멍을 판다(후빈다)

nož (*noževi*, 드물게 *nožī*) 1. 칼, 나이프; *kuhinjski ~* 부엌 칼; *lovački ~* 사냥 칼; *džepni ~* 주머니 칼, 포켓 나이프; *švedski ~* 칼날이 튀어나오는 나이프; *mesarski ~* 푸줏간 칼; *hirurški ~* 수술용 칼; *~ na pušci* (총에 꽂는) 총검 2. (기계에 부착된 절단용의) 날, 칼날 3. 기타; *biti s kim na krv i ~* 누구와 철천지 원수이다, 격렬한 적대관계이다; *boriti se na krv i ~* 유혈이 낭자하게 싸우다, 온 힘을 다해 싸우다; *dočekati na ~* 거칠게 공격하다; *imati ~ pod vratom* 목에 칼이 들어오다, 커다란 위험에 처하다; *klati tupim ~em* 고통스럽게 하다, 학대하다, 괴롭히다; *~ u leđa zabi(ja)ti* 등뒤에 칼을 꽂다, 배신하다 *po oštrici ~a (kretati se, ići)* 칼날 위를 걷다, 항상 위험하다; *staviti ~ pod grlo* 목에 칼을 겨누다, 코너에 몰아넣다; *posvađati se na ~eve* 격렬하게 다투다; *umreti pod ~em* 수술중 사망하다; *~ sa dve oštrice* 양날의 칼

nožar 칼을 만드는(파는, 가는) 사람

nožetina (지대체) noga

nožetina (지대체) nož

nožica (지소체) noga

nožice (女,複) 가위 (makaze, škare)

nožić (지소체) nož

nožnī *-ā, -ō* (形) 칼의

nožnī *-ā, -ō* (形) 다리(noga)의

nožnica (종종 複數로) (칼·검을 넣는) 칼집

nožurda, nožurina (지대체) noga

nu (자주 -de, -der 등의 소사(小辭)와 함께 쓰여) (古語) I. 1. (感歎詞) (무엇인가를 가르키며 이목을 끌 때) 여기, 봐!, 아 (evo, eto,

gle); *~, kako se osušilo grožđe* 여기, 포도가 얼마나 말랐는지 2. (명령형과 함께, 강조를 나타냄); *nude, Marko, pročitaj to pismo!* 마르코야, 그 편지를 읽어봐! II. 3. (역접 접속사) 하지만 (ali); *Ivo htede izići, ~ toga časa dođe majka* 이보가 나가려고했지만 그 순간 어머니가 왔다 III. 4. (소사(小辭)) (누군가 또는 무엇인가가 일·사건 등에 참여하고 있는 것을 나타냄) (evo, eto, eno); *~, pismo je gotovo* 여기, 편지 다 썼어

nućkati *-am* (不完) 참조 nutkati

nudilac *-ioca* 입찰자, 응찰자 (ponuđač)

nudilja 간호사 (bolničarka)

nudist(a) 나체주의자, 누디스트 **nudistkinja**; **nudistički** (形); *~a plaža* 누디스트 해변; *~o naselje* 누디스트 캠프

nuditelj 참조 nudilac

nuditi *-im* (不完) 1. (물건·서비스 등을) 제공하다; (물품을) 팔려고 내놓다; *~ piće* 술을 제공하다; *~ novac* 돈을 제공하다; *trgovci nude robe turistima* 상인들은 물건들을 관광객들에게 팔려고 내놓는다; *ponudila me je kafom* 그녀는 내게 커피를 내놓았다; *nudila je goste kafom* 손님들에게 커피를 권했다 2. (생각 등을) 제안하다, 권하다; *~ posao* 일을 제안하다; *~ savez* 동맹을 제안하다 3. 보살피다, 돌보다 (보통은 환자들을) (negovati) 4. (경매에서) 값을 부르다; 입찰에 응하다, 응찰하다; *ko nudi više?* 그 이상으로 응찰하는 사람? 5. *~ se* (nečim) (술·음식을) 서로 권하다 6. *~ se ~*을 하겠다고 나서다, 신청하다; *~ se kao prevodilac* 통역자로 신청하다; *nudi nam se prilika* 우리에게 기회가 왔다; *ako se prilika nudi* 만약 기회가 된다면 7. *~ se* (보통은 보어 pogledu와 함께) 주목을 끌다, 눈에 띄다 8. 기타; *~ ruku* 청혼하다

nudizam *-zma* 누디즘, 나체주의

nuđenje (동사파생 명사) nuditi

nujan *-jna, -jno* (形) 슬픈, 우울한, 침울한 (neveseo, setan, tužan)

nukati *-am* (不完) 참조 nuditi

nuklearan *-rna, -rno* (形) 핵의, 원자력의; *~rna fizika* 핵물리학 *~rno oružje* 핵무기; *~rna energija* 원자력 에너지; *~rna fisija (fuzija)* 핵분열(융합)

nukleus (원자)핵

nula 1. 영(零), 제로 2. (비유적) 쓸모없는 인간, 잉여인간; 쓸모없는 것 3. 기타; *apsolutna ~* 절대 영도; *ošišati na ~u* (머리를) 완전히 빡빡 밀다; *pasti na ~u* 가치 (명

N

예·명성·전재산 등을)를 잃다 (상실하다);
pozitivna ~ 손익분기점 제로; *svesti na* ~*u*
무가치하게 만들다, 가치가 없게 하다
nularica 1. 곱게 빻은 밀가루 2. 빡빡 머리를
미는 이발 기계
nultī *-ā, -ō (形)* 영(零)의, 제로의
numera 1. 수, 숫자; 숫자 표시 (broj, brojka)
2. 독주(독창) 부분 (오페라 등의); *pevačka*
~ 독창 부분 3. 기타; *porasla mu je* ~ 그의
가치(명성)가 올랐다
numeracija 번호 붙이기, 넘버링
numeričkī *-ā, -ō (形)* 수의, 숫자로 나타낸;
~*a vrednost* 수치, 수치 값
numerirati *-am,* numerisati *-šem (完,不完)* 번
호를 매기다(붙이다)
numizmatičar 화폐 연구가
numizmatik 참조 numizmatičar
numizmatika 화폐 연구 numizmatički *(形)*
nunati *-am,* nuniti *-im (不完)* 참조 ljuljati; (전
후좌우로 부드럽게) 흔들다
nuncij *-ija,* nuncije *-ja (男)* 로마 교황 대사
nurija *(廢語)* 참조 parohija; 가장 작은 단위의
교구
nusprostorija 다용도실(부엌, 욕실 등의)
nutarnjī *-ā, -ē (形)* 참조 unutarnji; 안의, 내
부의
nutkati *-am (不完)* (지소체) nuditi; 끈질기게
제공하다 (제안하다, 제시하다); 주장하다
(insistirati)
nutrina 1. 내부, 내부 공간 (unutrašnji
prostor) 2. 복부 (utroba); 사람의 정신 세계
nuz, nuza *(前置詞,+ A.)* 1. ~과 함께, ~의 옆의
(곁의) (uz, pored) 2. ~을 따라 (niz)
nuz- *(接頭辭)* 부수적인, 부차적인, 부(副)의;
nuzzarada 부수입; nuzzanimanje 부업
nuzgred *(副)* 참조 uzgred; ~하는 도중에, 우
연히, 어쩌다가
nuzgredan *-dna, -dno (形)* 부차적인, 부수적
인 (uzgredan, sporedan)
nuzzanimanje 부업
nuzzarada 부수입
nužan *-žna, -žno (形)* 1. 필요한, 꼭 필요한
(neophodan, potreban) 2. 피할 수 없는, 불
가피한 (neizbežan, neminovan); ~ *poraz* 피
할 수 없는 패배; ~ *krah* 피할 수 없는 파국
3. 기타; ~*žni deo (法)* 유류분(유언에 상관
없이 상속되는)
nužda 1. 어려움, 곤란; 곤궁, 가난 (nevolja,
beda) 2. 필요, 필요성 (potreba); *biti u* ~*i*
필요하다; *u slučaju* ~*e* 필요한 경우에; ~
zakon menja 환경에 따라 자신의 의사에 반
하는 일도 해야 한다 3. 대소변 (배출);
velika ~ 대변 (배출); *mala* ~ 소변 (배출)
nuždan *nužna, nužno (形)* 참조 nužan
nužnik 변소, 화장실 (zahod, klozet)
nužnost *(女)* 필요, 필요성, 불가피성, 피할 수
없음; ~ *rada* 노동의 필요성; ~ *smrti* 죽음
의 확실

N

Nj nj

nj njega(on, ono의 대격형)의 단축형, 전치사 (na, nada, poda, preda, uza, za) 뒤에서만 사용됨; *za (pada, poda, preda, uza)* ~ 그를 위해 (위에, 밑에, 위에, 함께); *ja nikad ne mislim na* ~ 나는 결코 그를 생각하지 않는다

njaka (擬聲語) (당나귀의 울음소리)

njakanje (동사파생 명사) njakati

njakati *njačem* (不完) njaknuti *-nem* (完) (당나귀·나귀 등이) 시끄럽게 울다; *magarac njače* 당나귀가 시끄럽게 운다

nje ona의 생격(G.) 형태

njedra 참조 nedra; 가슴

njega on, ono의 생격(G.) 및 대격(A.) 형태

njegov 1. (on, ono의 형용소유대명사) 그의, 그것의; ~ *kaput* 그의 외투; ~*a knjiga* 그의 책; ~*o vreme* 그의 시대; ~*a pomoć* 그의 도움 2. (존경·존중의 표시로) (통치자·군주·왕·고위 성직자 등의 직위·직함·작위 등과 함께) ~*o visočanstvo* 각하, 전하 3. (명사적 용법으로) (男,複) 말해지는 사람의 친척·친구·동지 등을 나타냄; (女) 말, 의지, 결심 (reč, volja); *videćemo da li će se* ~*a poštovati* 그의 뜻이 존중될 것인지 한 번 보자 4. 기타; *na* ~*u* 그의 뜻(의지)에 따라; ~ *je da* ~ ~는 그의 의무(임무)이다; ~*o je bilo da vam to na vreme kaže* 그것을 당신에게 적절한 시점에 말하는 것은 그의 의무였다

njegovatelj 참조 negovatelj

njegovati *-gujem* (不完) 참조 negovati

Njemačka 참조 Nemačka

njemu on, ono의 여격(D.) 및 처소격(L) 형태

njen, njezin *-a, -o* (소유형용사) 그녀의

nježan *-žna, -žno* (形) 참조 nežan

nježnost (女) 참조 nežnost

njih oni의 생격(G) 및 대격(A)

njih 참조 njihaj

njihaj 한 방향으로 한 번 흔들림 (요람 등이 흔들릴 때 제 자리로 돌아오기 이전의)

njihalica 1. (벽시계의) 추, 시계추 (klatno); *zidni staronjemački sat s dugačkom* ~*om* 긴 시계추가 있는 옛 독일 벽시계 2. 시계추가 있는 벽시계

njihalo (벽시계의) 추, 시계추 (njihalica)

njihalka (D. *-ci*; G.pl. *-ki*) 흔들거리는 장치(흔들 의자 등의) (ljuljaška); *stolica* ~ 흔들 의자

njihati *njišem & njiham*; *njiši & njihaj* (不完)

1. (전후좌우로 똑같은 진폭으로 왔다 갔다 하도록) 살랑살랑 흔들다 (klatiti, ljuljati, zibati); ~ *dete* 아이를 살랑살랑 흔들다(요람이나 무릎에서); ~ *grane* 나뭇가지를 살랑살랑 흔들다(바람이) 2. (머리 등 신체부위를) 흔들다 3. ~ se 살랑살랑 흔들리다 (ljuljati se, klatiti se)

njihov *-a, -o* oni의 소유형용사; 그들의

njijati *-jam* (不完) 참조 njihati

njiknuti *-nem* (完) 참조 njištati

njim, njime on, ono의 조격(I) 형태

njima on, ona, ono의 여격(D), 조격(I), 처소격(L) 형태

njin *-a, -o* 참조 njihov

njisak *-ska* (말(馬)의) 낮은 울음 소리

njiska (D. *njisci*) (말(馬)의) 낮은 울음 소리 (njiskanje, njištanje, rzanje)

njiskav *-a, -o* (形) 말 울음 소리와 비슷한; ~ *glas* 말 울음 소리와 비슷한 목소리

njiskati *-am* (不完) njisnuti *-nem* (完) (말이 히이잉하고 조용히) 울다 (rzati)

njištati *-im* (不完) 참조 njiskati

njiva (G.pl. *njivā*) (경작하는) 밭, 들판, 경작지 (oranica)

njivetina (지대체) njiva

njivica (지소체) njiva

njoj ona의 여격(D) 형태

njokalica (卑語) (사람의) 주둥이, 낯짝

njom ona의 조격(I) 형태

njorka (鳥類) 1. 바다쇠오리; *velika* ~ 큰바다오리(펭귄 비슷하게 생긴 멸종 동물); *mala* ~ 큰부리바다오리, 가위제비갈매기 2. (複數) 바다오리과(科)

nju ona의 대격(A) 형태

njuh 1. 후각 (čulo mirisa) 2. (비유적) 능력, 재주 (발견하는, 예견하는, 알아차리는); *imati* ~*a za nešto* ~할 능력이 있다

Njujork 뉴욕; Njujorčanin; Njuorčanka; njujorški (形)

njupa, njupaža (口語) 음식 (hrana)

njupati *-am* (不完)(口語) 1. 먹다 (jesti) 2. ~ se 걱정하다, 근심하다 (sekirati se)

njušiti *-im* (不完) 1. 냄새맡다, 냄새맡으려고 코(njuška)를 킁킁거리다; *to samo tebe psi njuše* 개들이 너만을 냄새맡는다 2. (비유적) 예견하다, 예상하다, 미리 알아차리다 3. ~ se (동물이) 냄새맡다

njuška (D. *-šci*; G.pl. *-ški*) 1. (동물의) 코, 주둥이 2. (輕蔑) (사람의) 낯짝, 주둥이 3. (輕蔑) 비웃음거리의 사람, 재수없는 놈 4. 기타; *dati nekome po* ~*šci* 누구의 주둥이를

때리다, 낯짝을 때리다; *zavezati* ~*u* 주둥이
를 닫다, 침묵하다
njuškalo (男,中) (輕蔑) 염탐꾼, 꼬치꼬치 캐고
돌아다니는 사람
njuškati *-am* (不完) (지소체) njušiti
njušketina (지대체) njuška
njuškica (지소체) njuuška
njušnī *-ā, -ō* (形) 참조 njuh; 후각의

Nj

O o

o (前置詞,+A,+L) 1. (+A) (옷·모자 등을 걸어 두는 걸이에 거는 동작을 표시) ~에; (+L) (옷·모자 등이 어디에 걸려 있는 상태를 표시); *obesiti nešto ~ kuku (klin)* 걸이에 무엇을 걸다(달아매다); *to visi ~ ekseru* 그것은 못에 걸려 있다; *život mu visi ~ koncu* 그의 목숨이 경각에 달렸다 2. (+A) (기대고 있거나 기울어진 것을 버티고 있는 버팀목·버팀대 등을 나타냄); (충돌하거나 닿는 대상·사물) ~에; *lupiti glavom ~ zid* 벽에 머리를 찧다(부딪치다); *odupreti se ~ kamen* 바위에 기대다; *brod je udario ~ stenu* 배는 바위에 부딪쳤다; *udario se nogom ~ sto* 다리를 책상에 부딪쳤다; *pala je i udarila glavom o pod* 넘어져 머리를 바닥에 부딪쳤다; *ogrešiti se ~ zakon* 법을 위반하다 3. (+A) (투쟁의 목적·목표를 나타냄) ~을 위해 (oko, za) *boriti se ~ vlast* 권력을 잡기 위해 투쟁하다 4. (+L) (말·연설·생각·걱정 등의 대상을 나타냄) ~에 대한, ~에 대해; *govoriti ~ roditeljima* 부모에 대해 이야기하다; *pisati ~ pozorištu* 극장에 대해 쓰다; *misliti ~ budućnosti* 미래에 대해 생각하다; *briga ~ deci* 아이들에 대한 걱정; *vest ~ nesreći* 사건 사고에 관한 소식; *reč je (radi se) ~ novim propisima* 새 규정에 관한 것들 5. (+L) (소비를 하는 것, 동사의 동작을 가능케 하는 것을 나타냄) *putovati ~ svom trošku* 자신의 경비로 여행하다, 자기 돈으로 여행하다 6. (+L) (가까운 시간, 근처의 시간을 나타냄) ~ 경에, ~ 즈음에 (oko, prilikom) ~ *Novoj godini* 신년(新年) 즈음에; *o prazniku* 공휴일 경에; ~ *raspustu* 방학 즈음에

o (感歎詞) 오 오~

o- (ob-, oba-, op-) (接頭辭: 동사에 붙어) 1. 어떤 물체를 둘러싸거나 빙 도는 행동; *obići, okružiti, obasuti, obasjati, okaditi, opevati, očuvati* 2. 어떠한 상태로 인도하거나 어떤 특징을 야기하는 행동; *okrepiti, osakatiti, ogladneti, ohrabriti, oslepiti* 3. 첨부, 부가 등을 나타냄; *okititi, osramotiti, oceniti, ocariniti* 4. 새끼의 출산, 열매의 결실 등을 나타냄; *oprasiti se, ojagnjiti se* 5. 접촉을 나타냄; *ogrepsti, oprljiti, okrznuti, očešati* 6. 일의 불완전한 완료, 의미의 `축소 등을 나

타냄; *obamreti, obleniti se, obariti*

o (小辭) (부사적 용법에서) (연속되는 문장에서 반복의 의미로) 어떤 때는~, 그리고 또 어떤 때는 (čas..., čas, sad..., sad); *nervozna je kao na iglama: o vrti se, o gleda kroz prozor* 그녀는 바늘 방석에 앉은 것 처럼 좌불안석이었다; 어떤 때는 방안을 빙빙 돌고 또 어떤 때는 창문너머 바라보고

oaza 오아시스 (사막의 물과 나무가 있는 곳)

oba (男,中) **obe** (女) (數詞) 둘 다, 양쪽 모두, 양쪽 다 (i jedan i drugi); *oba brata* 두 형제 모두; *obe kuće* 두 집 모두

obad (昆蟲) 1.등에 (소나 말의 피를 빨아 먹는); *goveđi ~* 쇠등에 2. (곤충의) 침(針) (žaoka)

obadva (男,中) **obadve** (女) (數詞) 둘 다, 양쪽 모두, 양쪽 다 (i oba)

obadvoje *-voga, -oma; -oji, -ojih* (=oboje) (數詞) 둘 다, 둘 모두 (혼성(混性)의 경우, 단수는 사용되지 않는 복수 명사의 경우 등에서); ~ *dece* 두 어린이; ~*a vrata* 양쪽 문

obadvoji 참조 oboji

obadvojica 참조 obojica

obajati *-jem* (完) ~에게 주술을 걸다 (소위 질병 치료, 악운 등의 축출을 위해)

obajatiti *-im* (完) (식품 등이) 신선함을 잃다, 상해 가다, (빵 등이) 딱딱해지다

obal, obao *obla, -lo* (形) 둥근, 둥그스런 (okruglast, okrugao)

obala 1.해안, 해변; 강안, 강변; 호숫가; *ploviti uz ~* 해안을 따라 항해하다; ~ *reke* 강변; *Azurna ~* 코트다쥐르 (프랑스 남동부, 지중해 연안의 휴양지) **obalni, obalski** (形); ~*a artiljerija* 연안 포대; ~*a plovidva* 연안 교통 2. 생(生) 담장 (živa ograda, živica)

Obala slonovače 코트 디 부아르, 아이보리 코스트

obalaviti *-im* **obaliti** *-im* (完) 누런 콧물과 침 등으로 더럽히다; *rukavom obriše obalavljenu usnu* 소매로 누런 콧물로 더러어진 입술을 닦는다

obaliti *-im* (完) **obaljivati** *-ljujem* (不完) 1. 쓰러뜨리다, 넘어뜨리다 (oboriti, srušiti); *vetar je obalio drvo* 바람이 나무를 쓰러뜨렸다 2. (가격을) 낮추다 (spustiti, sniziti, smanjiti) 3. ~ se 넘어지다

obalnī, obalskī *-ā, -ō* (形) 참조 obala

obaljivati 참조 obaliti

obamreti *-em* (完) **obamirati** *-em* (不完) 1. 깊은 혼수 상태에 빠지다, 기절하다, 혼절하다 2. 마비되다, 경직되다, 굳어지다 (utrnuti,

O

ukočiti se); *obamro je od straha* 그는 두려운 나머지 몸이 굳었다 3. 차례 차례 죽다 (umreti jedno za drugim) 4. (비유적) 사라지다, 없어지다 (nestati, iščeznuti)

obamrlica (病理) 혼수(昏睡), 기절, 졸도 (nesvestica, nesvest)

obamrlost (女) 1. 경직, 마비 (ukočenost) 2. (病理) 질식 (gušenje)

obangaviti *-im* (完) 1. (自) 절뚝거리다, 절름거리다 (postati bangav, ohromiti); *magarac je obangavio* 당나귀는 발을 절뚝거렸다 2. (他) (nekoga) 절뚝거리게 하다, 절뚝거리게 만들다

obao *obla, oblo* (形) 참조 obal

obarač (男) **obarača** (女) 1. 방아쇠 (okidač, oroz) 2. 쓰러뜨리는 사람, 넘어뜨리는 사람, 전복시키는 사람; ~ *prepreka* 장애물을 쓰러뜨리는 사람; ~ *cena* 가격 인하를 하는 사람

obaranje (동사파생 명사) obarati

obarati *-am* (不完) 참조 oboriti

obaren *-a, -o* (形) 삶은; ~*o jaje* 삶은 계란

obariti *-im* (完) (펄펄 끓는 물에) 삶다, 찌다; ~ *zelen* 야채를 삶다; ~ *krompir* 감자를 삶다

obasezati *-žem* **obasizati** *-žem* (不完) 포함하다, 함유하다 (opsezati, obuhvatati)

obasipati *-am* & *-pljem* (不完) 참조 obasuti

obasjati *-am* (完) **obasjavati** *-am* (不完) 1. 빛을 비추다, 조명하다, 밝게 하다 (obasuti sjajem, osvetliti); *reflektori obasjavaju nebo* 반사경이 공중에 빛을 비추고 있다; *obasjan suncem* 햇빛을 받은, 햇빛을 받아 밝은; *lice joj je bilo obasjano srećom* 그녀의 얼굴은 행복감에 환했다 2. 빛나다, 밝아지다 (sinuti); *još nije obasjalo sunce* 아직 동이 트지 않았다 3. ~ se 빛나다, 환하게 빛나다 (zasijati, zablistati; ozariti se); *njegovo lice se čudesno obasja* 그의 얼굴은 이상하리만치 환하게 빛난다

obastreti *-rem*; *obastro, obastrla*; *obastrt* (完) **obastirati** *-em* (不完) 1. 덮다, 뒤덮다 (obaviti, prekriti) 2. ~ se 뒤덮이다; *nebo se obastrlo oblacima* 하늘이 구름으로 뒤덮였다

obasuti *obaspem*; *obasut* (完) **obasipati** *-am* & *-pljem* (不完) 퍼붓다, 쏟아 붓다; 아낌없이 주다; ~ *nekoga poklonima* 누구에게 선물 공세를 펼치다; ~ *pitanjima* 질물을 퍼붓다; ~ *psovkama* 욕설을 퍼붓다; ~ *nekoga pažnjom* 누구에게 끊임없는 관심을 표명하다

obaška (副) 1. 따로따로, 별개로 (odvojeno, posebno) 2. ~은 고려하지 않고 (ne uzimajući u obzir), ~은 말할 것도 없이; ~ *troškovi* 비용은 고려하지 않고

obavest (女) 통지, 통보, 통고 (obaveštenje)

obavestiti *-im*; *obavešten* (完) **obaveščivati** - *ćujem* **obaveštavati** *-am* (不完) 1. 통지하다, 통보하다, 알리다; ~ *nekoga o nečemu* ~에 대해 누구에게 알리다; *dobro obavešteni krugovi* 정통한 소식통 2. ~ se 통보받다, 통지받다

obaveštač 통보자, 통지자, 알리는 사람

obaveštajac *-jca* 정보기관 직원, 정보원 **obaveštajka**

obaveštajnī *-ā, -ō* (形) 1. 비밀리에 정보를 수집하여 보고하는; ~*a služba* 정보기관; ~ *oficir* 정보 장교; ~*a mreža* 정보망, 정보기관망; ~ *izveštaj* 정보 보고서; ~ *podaci* 정보 자료 2. 홍보의, 보도의; ~ *biro* 홍보처, 홍보 사무소 3. (文法) ~*a rečenica* 평서문

obavešten *-a, -o* (形) 1. 참조 obavestiti 2. (정보에) 정통한, 잘 알고 있는; ~*i krugovi* 정통한 소식통

obaveštenje 통지, 통보, 통고, 보고; ~ *o nečemu* ~에 관한 통보; 정보, 보도, 소식, 자료 (informacija, vest, podatak)

obaveza 의무, 책무; *vojna* ~ 국방 의무; *poreska* ~ 납세 의무; *društvena* ~ 사회 책무

obavezan *-zna, -zno* (形) 1. 의무적인, 책임이 있는; *on je* ~ *da to uradi* 그는 그것을 할 의무가 있다 2. 강제적인, 의무적인, 필수적인; ~*zna lektira* 필독서; ~*zno školovanje* 의무교육; ~*zna vojna služba* 의무적인 군복무

obavezati *-zna, -zno* (形) 참조 obavezati; *on je* ~ *ugovorom* 그는 계약(관계)에 묶여있다

obavezati *-žem* (=obvezati) (完) **obavezivati** - *zujem* (不完) 1. (끈으로) 묶다, 매다, 동여매다 2. 의무(책무)를 지우다, 강요하다, 의무로서 받아들이게 하다 3. ~ se 의무로 받아들이다; *on se obavezao da završi taj posao* 그 일을 다 끝마치는 것을 약속했다

obaveznik 의무자, 책무자 (=obveznik)

obavezno (副) 반드시, 꼭, 의무적으로; *dođiti* ~! 꼭 오세요!

obaveznost (女) 1. 의무, 책임, 책무 2. 의무감, 책무감

obavijati *-am* (不完) 참조 obaviti

obavijen *-a, -o* (形) ~에 싸인, ~에 둘러싸인; ~ *tajnošću* 비밀에 둘러싸인

obaviti *obavijem*; *obavijen, -ena*; *obavit* (完) **obavijati** *-jam* (不完) 1. 싸다, 감싸다, 둘둘 말다 (omotati, namotati, zaviti); *paket je obavijen lepom hartijom* 소포는 예쁜 종이로 포장되었다 2. (두 손으로) 안다 3. 사방으로 덮어싸다 (prekriti, pokriti sa svih

O

strana) 4. ~ se 덮다, 감싸다, 둘둘 말다; *obavila se ćebetom* 그녀는 담요를 덮어쓰고 있었다

obaviti *-im; obavljen* (完) **obavljati** *-am* (不完) 실행하다, 이행하다, 집행하다, 수행하다 (izvršiti, uraditi, izvesti); *on obavlja dužnost blagajnika* 그는 출납원 직(職)을 수행하고 있다; ~ *poslove* 일을 실행하다; ~ *zadatak* 임무를 실행하다; ~ *formalnosti* 정해진 절차를 실행하다; ~ *sahranu* 장례를 집행하다; ~ *manevar* 기동연습을 하다

obazreti se *-rem se; obazreo se, obazrela se* (完) **obazirati se** *-em se* (不完) 1. 뒤돌아보다, 바라보며 지나가다 2. (na nekoga, na nešto) (~에) 관심을 가지다; 고려하다 (povesti računa); *on se ne obazire ni na koga* 그는 그 누구에게도 관심을 가지지 않는다 3. 보살피다, 관심을 가지다 (pobrinuti se, postarati se)

obazriv *-a, -o* (形) 1. 신중한, 조심스런 (oprezan) 2. 이해심이 많은, 많이 배려하는 (pun obzira, pažljiv); *ne biste li moguće bili obazreviji spram vaše gospođe suputnice?* 인생의 반려자인 당신의 부인에게 좀 더 배려할 수는 없었습니까?

obazrivost (女) 신중, 신중함 (opreznost)

obdan (副) 낮에, 낮 동안에 (predko dana, danju)

obdanica 낮 (아침부터 저녁까지의 시간); *došli smo samo na ~u* 우리는 낮 동안만 잠시 왔다

obdanište 유치원 (zabavište)

obdaren *-a, -o* (形) 1. 참조 obdariti 2. 재능있는, 재주 많은 (darovit, nadaren, talentovan); ~*o dete* 재능 있는 아이; *on je ~ za muziku* 그는 음악에 재능이 있다

obdarenost (女) 재능, 소질 (darovitost)

obdariti *-im* (完) **obdarivati** *-rujem* (不完) ~ *nekoga nečim* 누구에게 무엇을 선물(dar)로 주다 (darivati); *priroda ga je obdarila dobrom naravi* 자연은 그에게 좋은 성품을 주었다

obdelati *-am* (完) **obdelavati** *-am* (不完) 참조 obraditi

obdukcija 검시(檢屍), 부검; *izvršiti* ~ 부검하다 **obdukcioni, obdukcijski** (形)

obećanik (廢語) 약혼자 (verenik, zaručnik) **obećanica**

obećanje 약속, 맹세, 서약; *dati* ~ 약속하다; *održati* ~ 약속을 지키다; ~ *ludom radovanje* 약속을 너무 믿을 필요는 없다

obećati *-am* (完) **obećavati** *-am* (不完) 1. 약속하다; ~ *nešto nekome* 누구에게 약속하다; *ona je već obećana* 그녀는 이미 약혼했다; *obećana zemlja* 약속의 땅, 기회의 땅 2. ~ se 결혼 약속을 하다, 결혼 승낙을 하다; *da se nisi obećao kojoj drugoj?* 다른 그 어떤 여자에게 결혼 약속을 하지는 않았겠지?

obed 식사; 하루 중 가장 잘 먹는 식사, (주로) 점심, 점심 식사

obediti *-im* (完) **obeđivati** *-đujem* (不完) 죄를 뒤집어씌우다, 비방하다, 중상모략하다 (oklevetati)

obednī *-ā, -ō* (形) 참조 obed; 식사의

obedovati *-dujem* 식사를 하다; 점심을 먹다

obeđivati *-đujem* (不完) 참조 obediti

obeharati *-am* **obehariti** *-im* (完) (과수의) 꽃 (behar)이 만개하다 (rascvetati se)

obeleti *-im* (完) 1. 하얘지다, 하얗게 되다 (postati beo) 2. 흰 머리가 나다, 머리카락이 하얘지다, 새치가 나다 3. 기타; *duša mi obelela (oči mi obelele) od čekanja* 매우 오랫동안 기다리고 있다

obeležiti *-im* (完) **obeležavati** *-am* **obeleživati** *-žujem* (不完) 표시하다, 흔적을 남기다; 기록하다; *čuvaj se onog kog je Bog obeležio* 이상한 사람을 조심하라!

obeležje 1. 표, 표시 (beleg, znak) 2. 청혼 선물 (청혼한 표시로 남자가 여자에게 선사하는), 기념 선물; *hoću da te ženim. Našao sam ti već i curu, samo da damo* ~ 널 결혼시키겠다. 신부감은 이미 찾았고 단지 약혼 선물만 주면 된다 3. 징표 4. 특징 (karakteristika)

obelisk 오벨리스크, 방첨탑(方尖塔)

obeliti *-im* (完) 1. 참조 beliti 2. 하얗게 하다, 하얗게 만들다 3. 누구에 대해 좋은 말을 하다; *nemojte Lazu ocrniti, nego obelite* 라자 (Laza)에 대해 나쁜 말을 하지 말고 좋게 이야기 해 주세요 4. 회칠하다, 회를 칠하다 (okrečiti) 5. (눈이) 내리다 6. 벗기다, 뜯어 먹다 (oguliti, oglodati) 7. 기타; *ni (zuba)* ~ 한 마디도 이야기하지 않다, 입을 벙긋도 하지 않다; ~ *obraz* 평판을 확인하다, 평판을 높이다; *obeljeni grobovi* 위선자

obelodaniti *-im* (完) 1. 여론에 공개하다; (비밀 등을) 밝히다, 누설하다, 폭로하다 2. 확인하다, 명확히 하다 (dokazati, potvrditi); ~ *nečiju krivicu* 누구의 잘못을 확인하다 3. 찾다, 발견하다 (otkriti, pronaći) 4. ~ se 공개되다 5. ~ se 나타나다, 발견되다 (pojaviti se, predstaviti se) ober, oberkelner 웨이터장(長), 헤드 웨이터 (glavni konobar)

oberučke (副) 1. 양손으로, 두손으로 2. (비유적) 기꺼이, 흔쾌히 (od sveg srca, vrlo rado); ~ je prihvatio našu ponudu 흔쾌히 우리의 제안을 받아들였다

obesceniti -im (完) obescenjivati -njujem (不完) 1. 굴욕감을 느끼게 하다, 창피를 주다 (poniziti) 2. 과소평가하다 (potceniti)

obeshrabriti -im (完) obeshrabrivati -brujem (不完) 용기를 잃게 하다, 낙담시키다, 소심하게 하다, 겁먹게 하다

obesiti -im (完) 1. 걸다, 달아매다 (okačiti); ~ pušku o rame 총을 어깨에 걸치다; ~ kaput o vešalicu 외투를 옷걸이에 걸다 2. 헐겁게 하다, 헐렁하게 하다 (olabaviti, opustiti); lađa sa dva bela jedra je krila obesila jer nije vetra 두 개의 흰 돛이 있는 배는 바람이 없어서 돛들을 헐렁하게 했다 3. 떨구다, 숙이다 (spustiti, pognuti); ~ glavu 고개를 떨구다 4. 교수형에 처하다; ~ osuđenika 죄인을 교수형에 처하다 5. 기타; ~ kome što o vrat (비유적) ~에게 어렵고 힘든 일을 미루다(하게 하다); ~ se kome o vrat 열광적으로 포옹하다, ~에게 짐이 되다; ~ nos (brke, glavu) 풀이 죽다, 낙담하다; ~ o (na) klin (posao, zvanje) 무시하다, 경시하다, 등한시하다; ~ o veliko zvono 공표하다, 널리 알리다; u kući obešenog ne govori se o užetu 유쾌하지 않은 일을 상기시키는 그 어떤 이야기도 할 필요가 없다

obeskućiti -im (完) 1. 집을 빼앗다, 극도로 가난하게 만들다 (raskućiti) 2. ~ se 집을 잃다, 가난해지다 (raskućiti se)

obeskuražiti -im (完) 1. 용기를 잃게 하다, 소심하게 하다 (obeshrabriti) 2. ~ se 용기를 잃다, 소심해지다

obesmrtiti -im (完) 1. 영원불멸하게 하다, 영원하게 하다 2. ~ se 영원불멸하게 되다, 영원하게 되다

obesnažiti -im (完) obesnaživati -žujem (不完) 무효화시키다, 효력을 상실케 하다 (poništiti); viši sud je obesnažio presudu 상급 법원은 (하위 법원의) 판결을 무효화 시켰다; ~ dokaz 증거를 채택하지 않다

obespokojiti -im (完) obespokojavati -am (不完) 평온치 못하게 하다, 당황스럽게 하다, 마음이 편치 않게 하다; obespokojavajuće vesti 근심스럽게 만드는 소식

obespraviti -im (完) (법적으로 보장된) 권리를 박탈하다; ~ nekoga ~의 권리를 박탈하다

obest 1. 반항, 반발심; 말을 듣지 않음 (razuzdanost); uraditi nešto iz ~i 반항심으로 무언가를 하다 2. (행동 등이) 거침 3. 거만함 (oholnost)

obestan -sna, -sno (形) 1. 반항적인, 쉽게 반발하는 2. 거친, 길들여지지 않은 (osion, surov) 3. 거만한, 오만한 (ohol, nadmen)

obesvetiti -im (完) obesvećivati -ćujem (不完) 성물(聖物)을 훼손하다 (oskrnaviti)

obeščastiti -im; obeščašćen (完) obeščašćivati -ćujem (不完) 1. 불명예스럽게 하다, 모욕하다, 욕보이다 (poniziti, uvrediti, okaljati) 2. 처녀성을 빼앗다 (lišiti devičanstva)

obeščašćenje 명예 훼손, 명예 손상 (uvreda časti)

obešenica 1. 목 맨 여자, 목을 매어 자살한 여자 2. 질이 좋지 못한 여자, 타락한 여자 3. 장난기가 많은 여자 (živahna, vragolasta ženska osoba)

obešenik (=obešenjak) 목 맨 남자, 목 매 자살한 남자; 교수형에 처해진 남자

obešenjak 1. 참조 obešenik 2. 행동이 좋지 못한 사람, 망나니 (pokvarenjak, nevaljalac) 3. 장난기가 많은 남자, 말썽꾸러기, 개구장이 (duhovit, vragolast muškarac)

obešenjakluk, obešenjaštvo 장난, 장난기 (vragolija, nestašluk)

obeštećenje 피해 보상, 피해 배상; ratno ~ 전쟁 피해 배상

obeštetiti -im (完) obeštećivati -ćujem (不完) 피해를 보상하다, 피해를 배상하다; ~ nekome štetu, ~ nekoga za štetu ~에게 피해를 배상하다

obešumiti -im (完) obešumljivati -ljujem (不完) 숲을 파해치다, 나무를 잘라내 숲을 파괴하다

obezbediti -im (完) obezbeđivati -đujem (不完) 1. 안전하게 하다, 확실하게 하다, 위험으로부터 보호하다; ~ radnike od nesreće 사고의 위험으로부터 노동자를 보호하다; ~ budućnost 미래를 확실하게 하다 2. 생활에 필요한 물질(돈)을 확보하다; ~ decu (ženu) 아이들(아내)의 생활에 필요한 것들을 확보하다 3. 공급하다, 제공하다, 대주다, 확실하게 확보하다 (nabaviti, pripremiti, osigurati nešto); ~ nekome nešto ~에게 ~을 공급하다; ~ sobu u hotelu 호텔 방을 잡다

obezbeđenje 1. 안전, 경호; mere ~a 경호 방법 2. (軍) 경호 부대, 호위 부대

obezbrižiti -im (完) 근심 걱정을 털어내다; 안전하게 하다, 확보하다 (osloboditi briga;

O

681

obezbediti, osigurati)

obezglaviti -im; obezglavljen (完) **obezglavljivati** -ljujem (不完) 1. (koga) ~의 목을 베다 2. (비유적) 지도자 (지도부)를 제거하다 3. (비유적) 혼란에 빠뜨리다, 당황하게 하다 (zbuniti, upaničiti) 4. ~ se 지도자가 없는 상태가 되다 5. ~ se 당황하다, 혼란에 빠지다

obezličiti -im (完) **obezličavati** -am (不完) 개인의 특성을 없애다, 개성(個性)을 제거하다

obeznaditi -im; obeznađen (完) 1. 희망을 빼앗다 2. ~ se 희망을 잃다

obeznaniti -im (完) **obeznanjivati** -njujem (不完) 1. 실신시키다, 기절시키다 2. ~ se 실신하다, 기절하다, 의식을 잃다

obezobličiti -im (完) 형태(oblik)가 없어지게 하다

obezobraziti se -im se (完) 염치(obraz)가 없어지다, 몰염치해지다; 거만해지다, 교양없이 행동하다

obezoružati -am (完) **obezoružavati** -am (不完) 1. 무장을 해제 시키다 (razoružati) 2. (적합한 행동 또는 설득 등으로) 저항을 제거하다, 저항을 무력화 하다

obezubiti -im (完) 이(齒; zub)가 없는 상태로 남다 (ostati bez zuba)

obezumiti -im (完) 1. 판단력(um)을 상실케 하다, 이성을 잃게 하다, 당황하게 하다 2. 미치다, 돌다 (poludeti) 3. ~ se 이성을 상실하다, 판단력을 잃다, 미치다 (izgubiti pamet, izubezumiti se, poludeti)

obezvrediti -im (完) 1. 무가치하게 하다, 쓸모없이 만들다 2. 과소평가하다, 가치를 부정하다

obgristi -rizem (完) 바깥 부분을 물다 (깨물어 먹다) (okolo izgristi)

obgriliti -im (完) **obgrljavati** -am **obgrljivati** -ljujem (不完) 1. 포옹하다, 껴앉다 (zagrliti) 2. (廢語) 받아들이다 (prihvatiti, usvojiti)

običaj 1. 관습, 풍습 2. 버릇, 습관 (navika); biti u ~u 관습적이다; izaći iz ~a 그만 사용되다; imati ~ 습관이 있다, 버릇이 있다; narodni ~i 백성들의 풍습; pravni ~i 법관습; preko ~a 자신의 습관과는 반대로, 통상적이지 않게; držati (održavati) ~e 풍습을 지키다; po ~u 풍습대로, 관습대로, 습관대로; preći u ~ ~에 익숙해지다

običajan -jna, -jno (形) 1. 관습의, 풍습의, 습관의; ~jno pravo, ~jni zakon 관습법, 풍습법 2. 보통의, 통상의 (uobičajen, običan)

običan -čna, -čno (形) 1. 평범한, 보통의; 일

상적인; ~čni ljudi 평범한 사람들; ~ dan 일상적인 날; ~čno odelo 일상복 2. 익숙한 (naviknut) 3. (동식물 이름을 나타내는 명사의 일부로서)

običavati -am (不完) 습관이 있다; 습관적으로 하다, 일상적으로 하다, 자주 하다

obično (副) 주로, 보통, 일반적으로, 통상적으로

obići obiđem; obišao, obišla; obiđen (完) **obilaziti** -im (不完) 1. (어느 곳을) 빙빙돌다, 원을 그리며 걷다; ~ kuću 집을 돌다 (돌아보다) 2. (어떤 사람이나 그 무엇을 피하기 위해) 우회하다, 돌아가다 3. 피하다, 비켜가다 (zaobići, izbeći); ~ prepreke 장애물을 피하다; obilazi kao kiša oko Kragujevca 빙빙돌려 말하다 4. 많은 곳을 통과하여 지나가다, 이곳 저곳을 돌아다니다; on je obišao ceo grad, ali nije našao taj artikal 그는 도시 전체를 돌아다녔으나 그 물건을 찾지 못했다 5. 방문하다 (posetiti); ~ druga 친구를 방문하다 6. 이상유무를 확인하다, 이상유무가 있는지 빙 둘러보다; ~ sve spomenike 모든 기념지를 둘러보다 7. 둘러보다, 구경하다 (razgledati)

obigrati -am (完) **obigravati** -am (不完) 1. 춤추면서 ~의 주변을 돌다 (igrajući obići oko čega) 2. (비유적) 아양떨다, 비위를 맞추다, 아첨하다; ~ oko nekoga, ~ nekoga 누구에게 아첨하다; obigravao je oko bogatih rođaka 돈많은 친척의 비위를 맞추다 3. 기타; obigravati čije pragove, obigravati koga 사정하면서(애걸하면서) 누구를 찾아다니다

obijač (주거 침입) 강도 (provalnik)

obijati -am (不完) 1. 참조 obiti 2. 어슬렁거리다 (tumarati, vrzmati se) 3. (옥수수의 알을) 따다

obilan -lna, -lno (形) 1. 풍요한, 풍부한, 많은 2. 밀집한, 빽빽한, 숱이 많은 (bujan, gust) 3. 비옥한 (plodan)

obilat -a, -o (形) 1. 참조 obilan 2. (方言) 넓은, 큰 (prostran, komotan)

obilazak -ska; -asci 1. 방문; ~ bolesnika 환자 방문; ~ spomenika 기념지 방문 2. 순시, 순찰, 시찰 (razgledanje; pregled, smotra); krenuti u ~ fabrike 공장 시찰에 나서다

obilazan -zna, -zno (形) 우회의 (zaobilazan, okolni)

obilaziti -im (不完) 참조 obići

obilaženje (동사파생 명사) obilaziti; ~ istine 진실 회피

obilovati -lujem (不完) 1. (nečim, u nečemu) 풍부하다, 많이 있다; ova reka obiluje

O

ribava 이 강에는 물고기가 많이 있다; *ovaj kraj obiluje rudama* 이 지역은 광물이 풍부하다; *Mačva je obilovala u jabukovim i šljivovim voćima* 마츠바 지역은 사과와 플럼 나무가 많이 있었다 2. 급속히 성장하다 (발전하다)

obilje 풍요, 풍부, 풍성 (izobilje)

obim 1. 규모, 범위, 부피, 용적, 크기 (zapremina, veličina, opseg); ~ *knjige* 책의 범위 2. 세기, 강도(強度); 크기 (intenzitet, dimenzije, količina); *bio je moguć odlazak u gradove u većem ~u* 훨씬 더 큰 규모로 도시로의 진출이 가능했다

obiman *-mna, -mno* (形) 큰 규모의, 대규모의, 많은 (opsežan, obilan, koji ima velik obim); ~ *opis* 광범위한 묘사, *~mna žetva* 대규모 수확; *~mno pismo* 장문의 편지

obimati *-am* & *-mljem* (不完) 참조 obuhvatati, zahvatati

obirak *-rka*; *-rci* 이삭 (pabirak)

obisnuti *-nem*; obisnuo, *-ula* & obiskao, *-sla* (完) 1. (포옹하면서) 매달리다 (obesiti se, okačiti se) 2. (o koga, o kome) 꼭 껴안다 3. 몰려들다 (saleteti, nagrnuti) 4. 기울이다, 기울게 하다, 비스듬히 하다 (nagnuti se, poviti se) 5. ~ se 포옹하며 매달리다

obistiniti *-im* (完) **obistinjavati** *-am* **obistinjivati** *-njujem* (不完) 1. 입증하다, 증명하다, 확인시키다 (dokazati, potvrditi); *da bi to svoje kazivanje obistinio, istresao je jednu nadušak* 자신의 말을 입증하기 위해 한 입에 단숨에 마셨다 2. 실현하다, 달성하다, 실행하다 (ispuniti, ostvariti); *nisu uspele da obistine svoje namere* 자신들의 목적을 실현할 수 없었다 3. ~ se 실현되다, 달성되다, 입증되다; *moj san se obistinio* 내 꿈은 실현되었다; *tvoja su se predosećanja obistinila* 네 예감이 적중했다

obitavalac *-avoca* 주민, 거주민 (stanovnik, žitelj)

obitavalište 거주지, 주거지 (pribivalište, stanište)

obitavati *-am* (不完) 거주하다, 살다, 머무르다 (stanovati, boraviti, živeti)

obitelj (女) 1. 가족 (porodica, familija) 2. 일가, 친척 (loza, rodd) 3. (같은 수도원의) 수도승들 4. 수도원 5. 같은 직업을 가진 사람들의 무리

obiti obijem; obijen, *-ena*; obit (完) **obijati** *-jam* (不完) 1. (자물쇠로 채워진 것을) 강제로 열다, 부수고 들어가다, 침입하여 강도질하다 (provaliti); ~ *radnju* 가게문을 부수고 들어가다; ~ *bravu* 자물쇠를 부수다 2. 단단히 걸어 잠그다 (okovati, čvrsto zatvoriti) 3. (우박·폭력 등이) 망가뜨리다 (potući, uništiti); *tuča će nas* ~ 싸움질이 우리를 망가뜨릴 것이다; *ove godine obi nas grad* 올해에 우박이 다 망가뜨렸다 4. (보통 그 무엇인가를 찾아서) 계속해서 많은 곳을 돌아다니다; *obije sav komšiluk da joj ko da veliko korito* 그녀는 커다란 빨래통을 찾아 온 이웃을 다 돌아다닌다 5. 기타; ~ *vrata* (pragove) 도움을 청하면서 많은 사람을 찾아 다니다

objasniti *-im* (完) **objašnjavati** *-am* **objašnjivati** *-njujem* (不完) 1. 설명하다, 명확하게 하다; ~ *lekciju* 과(科)를 설명하다 2. ~ se 명확해지다, 분명해지다 3. ~ se 상호 토론하다; *oni su se objašnjavali pola sata* 그들은 반시간이나 상호 토론하였다 4. ~ se (무인칭문에서) (머릿속의) 분명해지다; *objasnilo mi se* 분명해졌다

objašnjenje 1. 설명, 해설 (tumačenje, razjašnjenje) 2. (설득과 해명을 동반하는) 대화; 말다툼

objašnjiv *-a, -o* (形) 설명할 수 있는

objašnjivati *-njujem* (不完) 참조 objasniti

objava 1. (정부의 서면 또는 구두의) 선언, 선포, 공표; 공고; ~ *rata* 전쟁 선포 2. (개인의) 증명서 (여행·외출 등의); *vojnička* ~ (군인의) 외출.외박 증명서 3. 시작, 나타남 (nastanak, pojava, nagoveštaj)

objaviti *-im* (完) **objavljivati** *-ljujem* (不完) 1. 선언하다, 선포하다; 공표하다, 발표하다 (보통 많은 사람들에게); *objavili su nam rat* 그들은 우리에게 전쟁을 선포했다 2. 출판하다, 펴내다; ~ *članak (knjigu)* 논문 (책)을 출판하다 3. (廢語) ~로 선언하다 (za kog ili što), 임명하다; *knez je objavljen za punoletnoga* 대공(大公)은 성인(成人)이 되었다고 선포되었다 4. ~ se 나타나다, 알려지다 (pojaviti se, iskrsnuti, postati poznat)

objavnica 1. (軍) 전방 감시 초소, 전방 관측소 2. 서면 통고

objediniti *-im* (完) **objedinjavati** *-am* (不完) 1. 결합하다, 통합하다, 통일하다, 합치다, 일체가 되게 하다 (ujediniti, sjediniti, spojiti) 2. ~ se 통합되다, 통일되다, 결합되다, 일체가 되다

objek(a)t objekta 1. 토픽, 논제, 주제; ~ *razgovora* 대화의 주제 2. 물건, 물체, 건물, 건조물; *fabrički* ~ 공장 건물; *građevinski* ~

O

건축 건물; *vojni* ~ 군시설 3. (文法) 목적어
4. (哲) 대상(對象), 객체(客體)
objektiv (카메라의) 렌즈
objektivan *-vna, -vno* (形) 1. 객관적인, 편견
이 없는, 선입관이 없는 2. 실제의, 사실의
objektivitet 객관성, 객관적 타당성, 객관적 실
재(성)
objektivizam *-zma* (哲) 객관주의
objektivnost (女) 객관성, 타당성
objutriti (se) *-tri (se)* (= odjutriti se) (完) (無
人稱文) 아침이 되다
objužiti *-i* (完) (無人稱文) 남풍이 불어 따뜻해
지다, 따뜻해지다 (otopliti)
oblačak (지소체) oblak; 조각 구름
oblačan *-čna, -čno* (形) 1. 구름의, 구름이 낀,
구름이 잔뜩 낀; *promenljivo ~čno* 곳에 따
라 구름이 낀 2. (비유적) 어두운, 침울한, 음
침한, 음울한 (mutan, mračan, tmuran)
oblače *-četa* (詩的) (지소체) mali oblak,
oblačić; 조각 구름
oblačina 1. (지대체) oblak 2. 구름이 낀 음울한
날씨 (oblačno, tmurno vreme)
oblačionica (극장 등의) 휴대품 보관소
(garderoba)
oblačiti (se) *-im (se)* (不完) 참조 obući (se)
oblačiti *-im* (不完) 1. 구름으로 뒤덮다, 구름이
끼게 하다; *vedriti i* ~ 전지전능하다, 전권(全
權)을 가지다, 통치하다, 다스리다; *onaj što
vedri i oblači* 신(神) 2. ~ se 구름이 끼다;
napolju se sve više oblači 바깥에 점점 더
많이 구름이 낀다
oblačnost (女) 흐림, 구름이 낌
obladati *-am* (完) **obladavati** *-am* (不完) 참조
ovladati
oblagati (se) *-žem (se)* (不完) 참조 obložiti (se)
oblagati *-žem*; *oblagan* (完) **oblagivati** *-gujem*
(不完) 비방하다, 죄를 뒤집어 씌우다; 속이
다, 기만하다 (oklevetati, obmanuti)
oblagoroditi *-im*; *-rođen* (完) **oblagorođavati**
-am **oblagorođivati** *-đujem* (不完) 품질을 개
량하다, 품종을 개선하다 (učiniti
blagorodnim, oplemeniti); *sveže i zeleno
povrće je mahom divlje bilje, pa ga je
poljoprivrednik postepeno oblagorodio* 푸
른 채소들은 일종의 야생 식물이어서 농민들
이 그것들의 품종을 단계적으로 개량했다
oblak 1. 구름 2. (비유적) 자욱한 먼지, 자욱한
연기 3. (비유적) 수심, 근심의 빛 (얼굴에
나타나는) 4. 기타; *biti u ~cima (s glavom u
oblacima, s nogama na zemlji)* 환상속에 살
고 있다; *zapamtiti kao lanjski* ~ 금방 잊어

버리다; *zidati (graditi) kule u ~cima* 사상누
각을 짓다, 모래성을 짓다; *na* ~ 잠깐동안 오
는 비(雨); *navukao mu se* ~ *(oblaci) na čelo
(na oči)* 인상을 쓰다, 얼굴을 찌푸리다; *pod
~e (leteti)* 높이 (날다); *provala (prolom)
~a* 퍼붓는 소나기; *raster(iv)ati ~e* 다른 사
람을 기분좋게 하다
oblakinja (숙어로 사용); *vila* ~ 구름 요정, 구
름에서 사는 요정
oblakoder 마천루, 초고층 빌딩 (neboder)
oblanda 1. (製藥) 오블라토 (먹기 어려운 가루
약을 싸고 있는 녹말로 만든 반투명의 얇은
종이 모양의 것) 2. 살짝 구운 얇은 과자 3.
기타; *zavijati u ~u* 실제 모습이나 진짜 의도
를 숨기다, ~인체 하다; 좋지않은 인상을 누
그려뜨리다
oblaporan *-rna, -rno* (形) 게걸스럽게 먹는,
(음식에) 욕심많은, 탐욕스런 (proždrljiv)
oblast 1. 지방, 지역, 지대 (기후·수질·식물 분
포 등의) 2. (보다 넓은) 행정 단위 3. 지역,
지방 (동일한 언어, 문화의) 4. (활동·연구 등
의) 범위, 영역, 분야; *on je istaknut
stručnjak u svojoj ~i* 그는 자신의 연구 분
야에서 명성이 높은 전문가이다 5. (신체의)
부위, 국부
oblast *-a, -o* (形) 둥그스름한, 약간 둥근 (koji
je pomalo obal, okrugljast)
oblata 참조 oblanda
oblatiti *-im*; *oblaćen* (完) 1. 진흙(blato)을 튀기
다, 진흙을 튀겨 더럽게 만들다; (명예 등을)
더럽히다, 실추시키다, 훼손시키 (okaljati) 2.
~ se (진흙이 묻어) 더러워지다, 진흙이 묻다
oblaziti *-im* (不完) 참조 obilaziti
obleniti se *-im se* (完) 게을러지다 (postati len,
oleniti se)
oblepiti *-im* (完) (진흙 등이) 덜레덜레 붙다;
착 달라붙다 (젖은 옷, 젖은 깃털 등이); 붙
이다, 풀칠하여 붙이다; ~ *zid plakatima* 벽
보로 벽을 도배질하다
obleteti *-im* (完) **obletai** *-ćem* (不完) 1. 빙빙
선회하다, 뛰며 선회히다 2. (不完만) ~ *oko
nekoga* 아첨하다, 비위를 맞추다
obli *-ā, -ō* (形) 참조 obao
oblica 1. (베어진) 둥근 원통 모양의 나무 2.
(數) 원기둥 (valjak) 3. (비유적) 둥글둥글한
뚱뚱한 여자
obličast *-a, -o* (形) 1. 원통 모양의 2. (비만으
로인해) 둥글둥글한
obličje 모양, 형태, 외관, 모습 (oblik; lik,
izgled, spoljašnost)
obličkī *-ā, -ō* (形) 모양의, 형태의

O

obličnī -ā, -ō (形) 외모의, 외관의; 육체적인

obličnī -ā, -ō (形) 원통 모양의 (koji se odnosi na oblice)

obligacija 1. 의무, 책무, 책임 (obaveza; obaveznost; dužnost) 2. 어음, 채권; 차용증 (obveznica, zadužnica)

obligatan -tna, -tno (形) 의무적인, 필수적인

obligatoran -rna, -rno (形) (法) 법으로 규정된, 구속력이 있는

oblik 1. 모양, 형상, 형태; 외관, 외모; u ~u ~ 의 형태로(kao, nalik); bez ~a 추한, 찌그러진 2. (보통 複數로) 몸의 일부, 몸 3. 형태, 방법; 종류, 타이프 (vid, način; vrsta, tip) 4. 형식, 외형 (예술 작품의) 5. (文法) 형태, 어형 oblički, oblični (形)

oblikovati -kujem (完,不完) 1. 꼴을 이루다, 형태를 만들다, 형성하다; ~ cene 가격을 형성하다 2. ~ se 형태가 되다, 형성되다

oblina 1. 둥그스럼함; 포동포동함 2. 곡면

obliš (魚類) 가자미의 일종

obliti oblijem; oblit, -a & obliven, -ena (完) oblivati -am (不完) 1. 푹 젖게 하다, 적시다; oblio ga je hladan znoj 식은 땀으로 푹 젖었다; sav obliven krvlju 피로 완전히 젖었다 2. ~ se 푹 젖다, 흠뻑 젖다

obliti -im (完) 1. 둥글게 하다, 둥글게 만들다 2. ~ se 둥글게 되다 (postajati obao, zaobljavati se)

oblizati -žem; obliži (完) 1. (~의 주변을) 핥다, 빨다; on razdražljivo obliže sasušene usne 그는 매마른 입술을 초초하게 축이고 있다 2. (비유적) 키스하다 (izljubiti, celivati) 3. (비유적) 만지다, 접촉하다 (dotaći, dodirnuti)

oblizivati -zujem (不完) 1. 참조 oblizati 2. (불·파도 등이) 할퀴고 지나가다, 삼키다, 집어삼키다 (obuhvatati, zahvatati); plamen sve oko nje liže i oblizuje, ali ne može da je zahvati 불길이 그 주변의 모든 것을 삼키고 있지만 그것을 집어삼킬 수는 없다 3. 에둘러 말하다 4. ~ se 혀로 입술을 핥다 (축이다) 5. ~ se (음식을 바라보며) 군침을 흘리다 6. ~ se (비유적) 아첨하다, 비위를 맞추다 7. ~ se (비유적) 학수고대하다

oblizniti (se) -im (se) (完) 1. 쌍둥이를 낳다 2. 쌍둥이로 태어나다

obliznuti -nem (完) 주변(가장자리)을 핥다 (빨다) (liznuti unaokolo)

obližnjī -ā, -ē 1. 근처의, 이웃의, 가까이에 있는 2. (일가 친척의) 가까운

oblo (副) (方言) 직접적으로, 공개적으로, 솔직히 (neposredno, otvoreno)

oblog (男) obloga (女) 1. 압박붕대, 습포(濕布) (zavoj); hladne ~e 실수 후에 따르는 질책 2. (바퀴의) 테두리

oblomovština 게으름, 나태; 무기력, 권태 (lenjost, bezvoljnost)

oblost -i (女) obloća 참조 oblina

obložen -a, -o (形) 1. 참조 obložiti 2. ~ jezik 설태(舌苔)가 낀 혀

obložiti -im (完) oblagati -žem (不完) 1. ~을 대다, ~로 감다; 압박붕대를 하다(감다) 2. 덮다, 씌우다, 감싸다, 싸다 (pokriti, prekriti); ~ sobu drvetom 방에 나무 판자를 두르다; ~ zidove tapetama 벽에 벽지를 바르다

oblučje 안장 앞머리

obluk 1. 아치 (luk, svod) 2. 참조 oblučje

oblutak -tka; obluci (물흐름의 작용으로 둥글게 된) 조약돌, 몽돌 (valutak)

obletnica 기념일 (godišnjica)

obljuba 1. 성교(性交), 성행위 (polni akt); ~ sa maloletnim licem 미성년자와의 성행위 2. 강간(强姦) (silovanje)

obljubiti -im (完) 1. 성행위를 하다, (강제로) 성교를 하다; ~ ženu 아내와 강제로 성행위를 하다; devojku je momče obljubilo, pa otišlo preko mora nadaleko 청년은 처녀와 잠자리를 하고는 바다 건너 멀리 떠났다 2. 키스하다 (izljubiti) 3. (廢語) 좋아하다 (zavoleti koga)

obljubljen -a, -o (形) 1. 참조 obljubiti 2. 사랑받는, 총애받는 (voljen, omiljen)

obljutaviti -im (完) 1. 맛이 없어지다 (postati bljutav) 2. 따분해지다, 재미없어지다, 단조로워지다

obnjuškati -am (完) obnjuškivati -kujem (不完) 1. (~의 주변을) 냄새맡다 2. 느끼다, 감지하다 (osetiti, nanjušiti nešto)

obmana 1. 기만, 사기, 속임 (podvala, prevara) 2. 환상, 환영, 환각, 착각 (varka, opsena, iluzija)

obmanljiv -a, -o (形) 기만의, 사기의, 속임수의 (varljiv)

obmanjivač 사기꾼, 기만자 (prevarant, varalica)

obmotač 참조 omotač

obmotati -am (完) obmotavati -am (不完) 참조 omotati

obnarodovati -dujem (完) 선포하다, 공표하다 (법률·칙령 등을); 출판하다, 발표하다; ~ novi ustav 신헌법을 선포하다

obnavljač 원상회복 시키는 사람; 혁신자

O

obnavljanje (동사파생 명사) obnavljati
obnavljati -am (不完) 참조 obnoviti
obnažiti -im (完) obnaživati -žujem (不完) 1.발
가벗기다, (몸을) 노출시키다 (razgolititi,
ogoliti) 2. (칼 등을) 칼집에서 빼다 3. ~ se
발가벗다
obnemeti -im (完) 말을 못하게 되다, 벙어리가
되다 (onemeti, zanemeti)
obnemoći obnemognem (完) 무능력해지다, 무
능력하게 되다 (postati nemoćan, onemoćati)
obneti -nesem (完) obnositi -im (不完) ~을 지
니고(가지고) ~의 주변을 돌다 (보통은 의식·
의례 등에서)
obnevideti -im (完) 1.시력을 잃다 (부분적 혹
은 완전히) (oslepeti) 2. (비유적) 상황을 잘
파악하지 못하다 (흥분한 결과)
obnoć (副) 밤에, 저녁에 (noću, po noći, preko
noći)
obnositi -im (不完) 1. 참조 obneti 2. 비방하다,
중상하다 (klevetati) 3. 누리다, 가지다 (명
예·명성·지위 등을)
obnošenje (동사파생 명사) obnositi
obnova 부흥, 복구, 부활, 재건
obnovitelj, obnovilac -ioca 재건하는 사람, 복
구하는 사람, 부활시키는 사람, 부흥시키는
사람 obnoviteljka
obnoviti -im (完) obnavljati -am (不完) 1. 복구
하다, 재건하다; (보수·개조 등으로) 새롭게
단장하다; ~ crkvu 교회를 복구시키다 2. 다
시 새롭게 시작하다; Peću patrijaršiju je
obnovio veliki vezir Sokolović 페치 총대주
교구를 대재상 소콜로비치가 복구시켰다;
vlada je bila prisiljena da obnovi proces 정
부는 절차를 다시 밟아야만 했다 3. 기억을
되살리다, 회상하다 4. ~ se 다시 시작되다,
계속되다 (nastaviti se) 5. ~ se 기억하다, 회
상하다 (setiti se) 6. ~ se 개선되다, 새롭게
다시 태어나다 (정신적, 영적으로)
obnovljiv -a, -o (形) 재건할 수 있는, 복구할
수 있는
oboa oboe (樂器) 오보에; on svira na ~i 그는
오보에를 연주한다
obod 1. (모자의) 챙, 차양; 가장자리, 테두리;
~ šesira 모자의 차양; ~ točka 바퀴의 테두
리 2. 틀 (okvir, ram) 3. 가장자리, 변두리,
모서리 (ivica, rub) 4. (전등, 램프 등의) 갓
(štitnik, senilo, zaslon) 5. (도시·마을의) 교외,
변두리 (periferija)
obodac oboca; oboci, obodaca (보통 複數로)
(廢語) 귀걸이 (naušnica, minđuša)
obodriti -im (完) obodravati -am (不完) 용기를

북돋우다, 용기를 내게 하다; 응원하다, 성원
하다
obogaćavati (se) -am (se) obogaćivati (se) -
ćujem (se) (不完) 참조 obogatiti (se)
obogaljiti -im (完) (수족을) 병신으로 만들다,
절름발이로 만들다 (učiniti koga bogaljem)
obogatiti -im (完) obogaćavati -am
obogaćivati -ćujem (不完) 1. 부유하게 하다,
부자가 되게 하다; 풍성하게 하다, 풍요롭게
하다 2. 향상시키다, 발전시키다; 보다 값지
게 (중요하게, 완전하게) 하다; ~ svoje
znanje 자신의 지식을 풍성하게 하다; ~
rečnik 사전에 새로운 단어 등을 첨가하다
3. (우라늄 등을) 농축시키다; obogaćeni
uranijum 농축 우라늄 4. ~ se 부자가 되다
oboist(a) 오보에 연주자
obojadisati -šem (完) 색칠하다, 채색하다
(obojiti)
obojak -jka; obojci 발목과 발바닥을 감싸주는
뜨개질한 천 (목이 없는 신발(opanak)을 신
었을 때 하는); grditi na pasje obojke 심하
게 질책하다; kom -jci, kom opanci 복불복
(福不福)이다; udaren ~jkom 이상한, 별난,
정상적이 아닌
oboje (集合數詞) 참조 obadvoje
obojen -a, -o (形) 1. 참조 obojiti 2. 유색인종
의 3. 기타; ~i metali 비철금속(금·은·동 등);
~a metalurgija 비철금속업
obojenost (女) 1. 색칠함; 다양한 색체성(性)
(šarenilo, raznobojinost) 2. 특성, 특질
(specifičnost, karakterističnost)
obojica (女) 남자 두 명; ~ su visoki 두 명의
남자는 키가 컸다
obojiti -im (完) 1. 색칠하다, 채색하다 2. (비유
적) 특정한 색조를 주다, 특정한 뉘앙스를
주다 3. (비유적) 말에 덧붙이다 (말의 효과
를 높이기 위해) 4. ~ se 색깔을 띠다 5. ~ se
화장하다
obol 1. (歷史) 고대 그리스의 은화 (1/6 드라
크마) 2. (비유적) 적선(積善), 헌금, 기부;
daje svoj ~ sirotinju 가난한 자에게 약간의
적선을 하다
oboleti -im (完) obolevati -am (不完) 병에 걸
리다, 병들다, 앓다; ~ od tuberkuloze 결핵
을 앓다; ~ živčano (mentalno) 정신병을 앓
다; ~ zbog gladovanja 영양실조 때문에 병
에 걸리다
oboljenje 1. (동사파생 명사) oboleti 2. 병, 질
병, 질환 (bolest); kožno ~ 피부병; ~ creva,
crevno ~ 장(腸)질환; gljivično ~ 곰팡이 질
병; nasledno ~ 유전병; srčano ~ 심장 질환

obor 1. 우리, 축사; 담으로 둘러싸인 공간(가축 사육을 위한); ~ *za svinje* 돼지우리; *u ovom božjem ~u* 이 세상에서 2. 집안 마당, 안뜰 3. (비유적) 무리 (skupina, jato)

oborina 강설, 강우 (padavina)

oboriti *-im* (完) **obarati** *-am* (不完) 1. 쓰러뜨리다, 넘어뜨리다, 자빠뜨리다, 추락시키다; *kola su oborila ženu* 자동차가 여인을 치어 쓰러뜨렸다; ~ *drvo* 나무를 쓰러뜨리다 2. 밑을 향하게 하다, 숙이다 (눈길·머리 등을); ~ *oči (glavu)* 눈길 (고개)를 숙이다 3. (정부·정권을) 전복하다, 타도하다; ~ *vladu* 정부를 타도하다 4. (가격을) 내리다, 인하하다 5. (비유적) 낙제시키다, 유급시키다 (학생을) 6. 이겨내다, 극복하다 (졸음·질병·술 등을) 7. (기존의 기록을) 갱신하다; ~ *rekord* 기록을 갱신하다 8. (잘못·죄 등을) 다른 사람에게 덮어 씌우다, ~탓으로 돌리다; ~ *krivicu na nekoga* 잘못을 누구 탓으로 돌리다 9. (닻·돛 등을) 내리다 (baciti, spustiti) 10. 마시다, 다 마시다 11. (해·달이) 지다, 기울다 12. 기타; ~ *vatru* (화기로) 사격하다; ~ *nizbrdo* 파괴하다, 파멸시키다, 후퇴시키다; ~ *s nogu* 두 발로 서지 못할 정도로 쇠약하게 하다 (병·술 등으로); ~ *sidro* 닻을 내리다, 어떤 곳에 항구적으로 머물다; ~ *srce kome* 겁먹게 하다, 놀래다; ~ *suze (suzama)* 눈물을 흘리게 하다, 눈물을 흘리다, 울다; ~ *u prah* 완전히 황폐화시키다, 가루로 박살내다 13. ~ **se** 서로 상대편을 쓰러뜨리다 14. ~ **se** 습격하다, 공격하다 (navaliti, nasrnuti)

oborje (集合名詞) 참조 obor

oborknez (歷) (=oberknez) (몇 개의 마을을 책임지는) 촌장, 우두머리 (오스만 터키 시절 세르비아의)

obositi *-im* (完) 맨발이 되다, 가난해지다; *narod je ogolio i obosio* 백성들은 굶주렸다 (도탄에 빠졌다)

obospolan *-lna, -lno* (形) 양성(兩性)의, 남녀 혼성의; ~*lna škola* 남녀공학 학교

obosti *obodem; obo, obola; oboden, -ena* (完) 1. (말에) 박차를 가하다 2. 참조 bosti; 찌르다

obostran *-a, -o* (形) 서로의, 상호의, 양편의; *po ~om dogovoru* 상호 합의에 따라; ~*a želja* 양쪽 모두의 희망

obožavalac *-aoca* **obožavatelj** 지지자, 후원자, 팬, 신봉자, 추종자 **obožavateljka**

obožavati *-am* (不完) 1. (신처럼) 숭배하다, 숭앙하다; *oni obožavaju mnogo bogova* 그들은 많은 신들을 숭배한다 2. 경모하다, 동경하다, 사모하다, 좋아하다

obračun 1. (일이 끝난후, 일정한 시점이 경과한 후의) 결산, 청산; 계산, 회계; *napraviti* ~ 결산하다 2. 충돌, 무력의 사용 (sukob); *krvav* ~ *s policijom* 경찰과의 유혈 충돌; ~ *policije s demonstrantima* 시위대와 경찰의 충돌 3. 의견의 심각한 대립 (논쟁에서의)

obračunski (形); ~ *zavod* 어음 교환소, 어음 결재소; ~ *promet* 어음 교환(은행 상호간의)

obračunati *-am* (完) **obračunavati** *-am* (不完) 1. 결산하다, 청산하다 2. ~ *se s kim* ~와 결산하다 3. ~ **se** 싸움하다, 충돌하다; ~ *se fizički* 육체적으로 충돌하다, 주먹질하다 4. ~ *se s nekim* ~에게 무력을 사용하다; *policija se grubo obraručala s demonstrantima* 경찰은 거칠게 시위대를 대하였다

obračunavanje (동사파생 명사) obračunavati (se)

obračunavati (se) *-am (se)* (不完) 참조 obračunati (se)

obraćati (se) *-am (se)* (不完) 참조 **obratiti (se)**

obraćenik 개종자 (종교의)

obrada 1. 밭갈이 (파종에 즈음한); ~ *celog imanja je izvršena kako valja* 전 토지의 밭갈이는 잘 되었다 2. 가공, 가공처리, 공정; 각색, 개조, 개작; *u rodovskoj zajednici razvili su se različiti zanati: ... ~ kovina* 가족 공동체에서는 금속 가공을 포함한 각종 수공업이 발전되었다; ~ *čini najznatniji deo višeg umetničkog dela* 각색은 많은 예술품에서 가장 중요한 부분이다; *narodne pesme u ~i* 개작된 민요 3. 준비 작업 (pripremni radovi za izradu čega); ~ *rukopisa za štampu* 출판 원고 작성

obradatiti *-im* (完) 턱수염(obrada)이 나다; 턱수염을 기르다; *gle samo kako je obrkatio i obradatio* 턱수염과 콧수염을 기른 것좀 봐!

obradba 참조 obrada

obraditi *-im; obrađen* (完) **obrađivati** *-đujem* (不完) 1. 경작하다, 밭을 갈다, 땅을 갈다; ~ *zemlju* 땅을 갈다; *obrađen pod psenicom* 밀이 경작된 2. (교육적으로) 일정한 성과를 내다; *neki predmet, kao račun, obrađen je slabo* 산수와 같은 어떤 과목들은 잘 못했다; ~ *plan* 계획을 상세하게 세우다; ~ *rukopis* 원고를 끝마무리질 하다 3. 가공하다, 가공처리하다 (preraditi; radom usavršiti); (소설 등을) 개작하다, 각색하다; ~ *metal* 금속을 가공처리하다; ~ *roman* 소설을 각색하다 4. 정리하다, 정돈하다, 깨끗이하다 (urediti, srediti); ~ *zabeleške* 기록을 정리하다 5. (조롱조의) 설득하다 (ubediti, uveriti);

O

politički ~ 설득하다

obradiv, obradljiv *-a, -o* (形) 경작할 수 있는, (밭을) 갈 수 있는; *sva ~a zemlja krasno je obrađena* 경작할 수 있는 모든 땅은 잘 갈 아졌다

obradovati *-dujem* (完) 1. 즐겁게 하다, 기쁘 게 하다 2. ~ **se** 즐거워하다, 기뻐하다

obrađivač 가공하는 사람, 처리하는 사람; 밭 을 가는 사람

obrađivati *-đujem* (不完) obraditi

obramben *-a, -o* (形) 참조 odbramben

obramica, obramnica 1. 막대기 (어깨에 걸쳐 짐을 나르는) 2. 어깨에 매는 통(가방)

obrana 참조 odbrana

obraniti *-im* (完) 참조 odbraniti

obraniti *-im* (完) 상처를 입히다, 부상 당하게 하다

obrasti *obrastem; obrastao, obrasla* (完) **obrastati** *-am* **obrašćivati** *-ćujem* (不完) 1.(他) (털·풀·식물 등이) 자라서 뒤덮다, 지나 치게 자라다; *trava je obrasla grob* 풀이 너 무 자라 무덤을 뒤덮었다; *kosa mu je obrasla glavu skoro do obrva* 머리카락이 거의 눈썹을 덮을 정도로 자랐다 2. 자라서 뒤덮다, 무성해지다; *drvo obrasta mahovinom* 나무는 이끼로 뒤덮였다; *lice mu je obraslo u bradu (bradom)* 그의 얼굴 을 턱수염으로 뒤덮였다

obraščić (지소체) obraz

obrašćivati *-ćujem* (不完) 참조 obrasti

obrat 1. 변화, 격변, 전환 (preokret, promena, obrt); *možda bi se u njoj desio ~, kakvi se vrlo retko dešavaju* 아마 그녀에게 변화가 있는 것 같은데, 그러한 것은 매우 드문 일 이다 2. 움직임, 동작 (pokret) 3. 숙어, 성구 (成句), 관용구 (izraz, fraza, obrt); *ovde bi našao lepu reč, onde lepu misao ili* ~ 여기 서는 아름다운 말을, 거기서는 좋은 생각 혹 은 숙어를 찾을 수 있을 것이다 4. (달의) 변 화, 바뀜 (obrtaj, mena)

obratan *-tna, -tno* (形) 반대의, 거꾸로의 (obrnut, suprotan); ~ *pravac* 반대 방향; *poslati pismo ~tnom poštom* 편지를 받은 당일날 바로 회신하다

obrati *oberem* (完) 1. (열매 등을) 따다, 수확 하다; ~ *(zelen) bostan* 힘겹게 (아주 나쁘게) 시간을 보내다, 악몽같은 시간을 보내다 2. 위에서부터 걷어내다 (우유의 피막 등을) 3. 고르다, 선택하다 (izabrati, odabrati)

obratiti *-im; obraćen* (完) **obraćati** *-am* (不完) 1.~쪽으로 향하다, 돌리다; 방향을 바꾸다

(시선·얼굴·주의 등을); ~ *pažnju na nešto* ~ 에 주의를 돌리다; ~ *leđa* 등을 돌리다 2. 향 하게 하다, 보내다 (upraviti, uputiti); ~ *nekoga na pravi put* 올바른 길로 향하게 하 다 3. 바꾸다, ~으로 변하게 하다 (pretvoriti, zameniti); *bog bi bio pravedan kad bu mu suze u biser obratio* 하느님이 그 의 눈물을 보석으로 변하게 한다면 참으로 공정할텐데 4. 개종(改宗)시키다 5. ~ **se** *nekome* ~에게 말하다 (요구·청원 등을); ~ *se nekome sa molbom* 청원사항을 누구에게 들고 가다 6. ~ **se** 개종하다; 바꾸다 (믿음· 확신·생활 방식 등을)

obratnik, obratnica (地理) (남,북)회귀선 (povratnik)

obratno (副) 거꾸로, 반대로; 반대 방향으로, 역 방향으로; *on je prvo išao u Rim pa u Pariz, ili* ~ 그는 먼저 로마에 갔다가 파리에 갔거나 아니면 그 반대로 갔다; *to se može i ~ protumačiti* 그것은 반대로도 해석될 수 있다

obraz 1. 볼, 뺨; *rumeni* ~ 붉으스레한 볼 2. 모양, 모습, 형태 (izgled, lik) 3. (비유적) 명 예, 영예 (čast); 자부심, 자존심 (ponos); 체 면, 면목; *baciti (metnuti)* ~ *pod noge, izgubiti (pogaziti)* ~ 명예를 잃다; *imati ~ debeo kao đon* 체면이나 부끄러움이 없다; *nemati ni stida ni ~a* 체면이고 뭐고 없다; ~ *je, red je* 명예롭다; *okaljati (ocrniti)* ~ 명예 를 훼손시키다; *osvetlati* ~ 자존심을 높여주 는 일을 하다, 자랑스러운 일을 하다; *pao nam mraz na* ~ 창피를 당했다; *pojuri mu krv u ~e, pošla mu vatra u* ~ 얼굴이 확 달 아 오르다; *udariti kome na* ~ 명예를 손상시 키다 (훼손시키다); *uzeti* ~ *(kome)* 불명예스 럽게 하다; *crni ti* ~ *bio* (욕설) 창피한 줄이 나 알아!; *čovek meka ~a* (심성이) 무른 사 람; *čovek od ~a, čovek čista* ~ 평판이 좋은 사람; *čovek crna obraza* 체면이고 뭐고 없 는 사람

obrazac *-asca* 1. 예, 본보기, 견본 (primer, uzor) 2. 양식, 서식, 신청용지; *popuniti* ~ 용지를 기입하다 3. (數) 공식, 식(式) (formula) 4. (文法) 품사의 어형 변화표

obrazina 1. (지대체) obraz 2. 크고 추한 얼굴 3. 마스크, 가면 (maska); *biti pod ~om, metnuti (uzeti)* ~ *u* ~인체 하다, 자신의 진짜 의도를 숨기다

obrazlagati *-žem* (不完) 참조 obrazložiti

obrazloženje 1. (동사파생 명사) obrazložiti 2. 원인 나열, 이유 설명; 원인, 이유, 설명 (davanje, iznošenje razloga; razlozi,

688

objašnjenje)

obrazložiti -im (完) **obrazlagati** -žem (不完) 원인·이유를 나열함으로써 (자신의 주장을) 강화하다; 정당화하다; 설명하다; ~ molbu 부탁의 이유를 설명하다; ~ svoj postupak 자신의 행동을 정당화 하다

obrazovan -vna, -vno (形) 교육받은; fakultetski ~ čovek 대학 교육을 받은 사람

obrazovanje 교육 (obrazovanost); steći ~ 교육을 받다; obavezno ~ 의무 교육

obrazovati -zujem (完,不完) 1. 형성하다, 구성하다, 만들다 (načiniti, stvoriti, formirati); ~ komitet 위원회를 구성하다 2. 교육하다, 훈육하다 3. ~ se 형성되다, 만들어지다, 구성되다 4. ~ se 교육받다

obrazovnī -ā, -ō (形) 교육의

obrecnuti se -nem se (完) **obrecivati se** -cujem se (不完) 1. 화내면서 (거칠게·퉁명스럽게) 말하다 2. (na nekoga) 고함치다, 소리치다 (podviknuti, izderati se, oseći se)

obreći obrečem & obreknem; obrekao, -kla; obrečen, -a (完) **obricati** -čem (不完) 1. 약속하다 (obećati) 2. ~ se nekome 결혼을 약속하다

obred (종교의) 의식, 의례; 예배식, 성찬식; pravoslavni ~ 정교 의식; katolički ~ 가톨릭 의례; po istočnom ~u 동방 의례에 따라

obrediti -im (完) **obređivati** -đujem **obređavati** -am (不完) 1.차례로 방문하다, 순서대로 하다 (obići po redu, redom uraditi što) 2. ~ se 차례차례 마시다, 순서대로 먹다 (popiti jedan za drugim, poslužiti se po redu); obredili su se vinom 그들은 차례로 포도주를 마셨다

obrednik 1.(종교의) 의식서, 의례서 (trebnik) 2. 의례집전 성직자

obremeniti -im (完) 누구에게) 짐(breme)을 지우다, 부담을 주다 (opteretiti)

obresti (se) obretem (se), obreo (se), obrela (se) (完) 1. 찾다, 발견하다 (naći se, pronaći, otkriti) 2. ~ se (어디선가 갑자기) 발견되다, 나타나다 (stvoriti se, pojaviti se negde iznenada) 3. ~ se 돌아서다 (okrenuti se, obrnuti se) 4. ~ se ~로 변하다, ~로 바뀌다 (pretvoriti se)

obrezanje (宗) 할례

obrezati -žem (完) **obrezivati** -zujem (不完) 1.(반듯하지 않은 끝부분을) 자르다, 잘라내다, 잘라 가지런히 하다; 어린 새싹(새순)을 자르다 (과수·덩굴·나무 등의) 2. (종교의식으로서) 할례하다

obrezivanje 1. (동사파생 명사) obrezivati 2. 할례 (보통 종교의식으로서의)

obricati -ćem (不完) 참조 obreći

obrijati -jem (完) 1. 면도하다 2. (비유적) 수염을 깎는 징계를 내리다, 정교회 성직자로서의 자격을 박탈하다 3. (비유적) 기만하다, 속이다, 사취하다 (prevariti, opljačkati); ~ bez britve 기만하다, 속이다, 입에 침도 안 바르고 거짓말하다 4. ~ se 면도하다

obris 1. 윤곽, 윤곽선 2. 밑그림, 초벌 그림, 스케치

obrisač 참조 brisač; dobiti ~ 창피를 당하다

obrisati -šem (完) 1. 지우다; 깨끗이 하다, 제거하다 2. 수치심을 주다, 창피하게 하다; 심히 꾸짖다 (nagrditi, osramotiti); ~ nos (kome) 창피를 주다, 수치심을 느끼게 하다

obrkatiti -im (完) 콧수염(brk)이 나다, 콧수염을 기르다

obrlatiti -im (完) **obrlaćivati** -ćujem (不完) 1. (설득하여) 자기편으로 끌어들이다 2. 뒤덮다 (obuzeti, obuhvatiti)

obrnut -a, -o (形) 1.참조 obrnuti 2. 완전히 다른, 정반대의; u ~oj razmeri 반비례로; to je kod nas ~o 그것은 우리 나라에서는 정반대이다; ~im redom 역순(逆順)으로

obrnuti -nem (完) **obrtati** -ćem (不完) 1. 돌리다 (okrenuti); ~ glavu (ključ) 머리(열쇠)를 돌리다; ~ naopako 반대로 (거꾸로) 돌리다; glave neće da obrne 처다보려고도 하지 않다; ~ koplje 싸움하는 것을 그만두다; ~ pleća 도망가다, 등을 돌리다; ~ drugi list 다른 방법으로 (행동하기) 시작하다 2. 진행 방향을 바꾸다, 다른 방향으로 향하게 하다; Berlinski ugovor je Austriju obrnuo na istok 베를린 협정은 오스트리아를 동방으로 향하게 만들었다 3. ~쪽으로 향하다 4. 바꾸다 (promeniti, izmeniti); ~ tugu na veselje 슬픔을 기쁨으로 바꾸다 5. 대화의 주제를 바꾸다; ~ razgovor na drugu temu 대화를 다른 화제로 돌리다 6. 시작하다 (nastati, početi) 7. ~ se 돌다, 돌아서다; 돌아서 바라보다 8. ~ se 변하다 (promeniti se); sve se obrnula 모든 것이 바뀌었다 9. ~ se 누구의 편에 서다

obrnuto (副) 반대로, 거꾸로 (nasuprot, suprotno)

obrok 1. 식사 2. (비유적) 할부, 분할 불입 (rata, otplata); plaćati u ~cima 분할 불입하다 obročni (形)

obronak -nka; obronci 완만한 경사면 (산, 언덕의)

O

689

obroniti -*im* (完) obronjavati -*am* (不完) 1. (바닷물·바람 등이) 부식시키다, 침식하다, 무너뜨리다 (porušiti); *voda je obronila obalu* 물이 해안을 침식시켰다 2. 푹 적시다, 흠뻑 적시다 (zaliti, obliti) 3. ~ se 무너지다, 함몰되다 (srušiti se)

obrst 크림, 유지(乳脂) (pavlaka, kajmak)

obrstiti -*im*; obršćen (完) 잎과 어린 가지들을 다 먹어 치우다

obrt 1. (손끝의 기술을 요하는) 직업, 수공업 (zanat, zanatstvo) 2. 전환, 변화 (preokret, promena); *zbunjeni ovim neočekivanim ~om oficiri nisu znali u prvi mah šta rade* 이러한 예기치 않은 변화에 당황한 장교들은 그들이 무엇을 하는지를 첫 눈에 알지를 못했다; *stvari su uzele rđav ~* 일이 잘 안되는 방향으로 흘렀다 3. (돈·자본의) 유통, 회전 (opticaj); *pustiti u ~* 유통시키다; ~ *kapitala* 자본 회전 4. (연간) 매출액, 거래액, 총매상고 (promet); ~ *preduzeća je udvostručen* 회사 매출액이 두 배로 뛰었다 5. 회전 (obrtaj, okretanje); *napraviti ~* 회전하다 6. 숙어, 성구(成句), 관용구 (izraz, fraza)

obrtaj 1. 1회전, 회전, 선회 (okret); *mašina radi 100 ~a u minuti* 기계는 분당 100회전한다 2. 전환, 변화 (obrt)

obrtaljka (機械) 크랭크, 회전축

obrtanje (동사파생 명사) obrtati

obrtati -*ćem* (不完) 1. 참조 obrnuti; ~ *kabanicu* 생각 (신념·믿음·자세 등)을 바꾸다; *ni glave ne obrće* 전혀 관심이 없다, 쳐다 보려고도 하지 않는다; *obrće (drugi) list* 달리 행동하다, 처신을 바꾸다 (보통 더 나쁘게, 보다 엄격하게) 2. (s kim) 처신하다, 행동하다 (postupati); (koga) 속이다, 기만하다 (zavaravati, varati); ~ *koga oko malog prsta* 누구에 대해 커다란 영향력을 가지다, 누구에 대해 자기 마음대로 하다 3. 유통시키다, 회전시키다 (prometati) 4. ~ se 돌다 (obrnuti se) 5. ~ se 회전하다, 주변을 돌다; *otkada je svet obrće*, 지구가 돌기 시작한 이후,; *gledam onog konja, koji se obrće oko one motke* 그 막대기 주변을 빙빙 돌고 있는 말을 바라보고 있다; *poče mu se svest ~* 어지럼증이 일었다

obrtnica 장인(匠人) 면허장, 가내공업 면허증

obrtnik 장인(匠人), 숙련공, 명장(名匠), 기술자 (zanatlija)

obrub (천·옷의) 단; (일반적으로) 가장자리, 변두리, 모서리

obrubiti -*im*; obrubljen (完) obrubljivati -*ljujem* (不完) 1. 가장자리를 자르다 (obrezati, opseći) 2. 가장자리를 감치다; 둘러싸다, 에워싸다, 가장자리를 맞대고 있다

obruč 1. 테 (금속·나무의); 고리 (halka, beočug) 2. 굴렁쇠; *terati ~*, *igrati se ~em* 굴렁쇠를 굴리며 놀다 3. (비유적) 원, 환(環) (krug, kolut) 4. (비유적) ~을 둘러싸고 있는 사람들의 무리 5. (비유적) (軍) 포위 (opkoljavanje, okruženje); *probiti ~* 포위를 돌파하다; *zatvoriti ~* 포위하다; *stezati ~ oko koga ~*의 주변을 죄어 들어가다, ~에 대해 압박을 가하다

obrukati -*am* (完) 1. 창피하게 하다, 망신시키다 (osramotiti) 2. ~ se 창피당하다, 망신당하다

obrušavanje (동사파생 명사) obrušavati (se); *bombardovanje iz ~a* 급강하 폭격

obrušavati -*am* obrušivati -*šujem* (不完) 1. 참조 obrušiti 2. ~ se 참조 obrušiti se 3. ~ se 급강하하다 (보통 전투기에 대해)

obrušiti -*im* (完) obrušavati -*am* obrušivati -*šujem* (不完) 1. 쓰러뜨리다, 넘어뜨리다; 무너뜨리다, 부수다 (oboriti, srušiti) 2. ~ se 부서지다, 무너지다 (srušiti se)

obrušivač (급강하할 수 있는) 경폭격기

obrušivati -*šujem* (不完) 참조 obrušavati

obrva 눈썹; *nabrati (skupiti, namrštiti) ~* 얼굴을 찡그리다, 눈살을 찌푸리다; *pripeti se na ~e* 보다 잘 보이도록 눈을 크게 뜨다

obrvni, obrvski (形)

obrvati -*am* (完) 이기다, 압도하다, 정복하다; (감정 등이) 사로잡다, 휩싸다 (savladati, nadvladati, obuzeti, osvojiti); *more mu obrva srce* 바다는 그의 마음을 사로잡았다; *san ga je obrvao* 그는 깊은 잠에 빠졌다

obrvica, obrvka (지소·애칭) obrva

obrvnī, obrvskī -*ā*, -*õ* (形) 눈썹의

obučavanje (동사파생 명사) obučavati

obučen -*a*, -*o* (形) 참조 obući; *ukusno ~* (옷을) 개성있게 잘 입은

obučen -*a*, -*o* (形) 참조 obučiti

obučiti -*im* (完) obučavati -*am* (不完) 1. 가르치다, 훈련시키다; ~ *nekoga u zanatu* 기술 훈련을 시키다; ~ *vojnike u pucanju* 병사들에게 사격훈련을 시키다 2. ~ se 배우다, 훈련받다

obuća 신발 (구두·운동화·슬리퍼 등의); *ne biti vredan nekome ~u odrešiti* 쓸모없는, 필요 없는, 아무런 값어치도 못하는

obućar 제화공(製靴工), 구두 수선업자

obućarka, obućarski (形); ~*a radnja* 제화점

O

obućarka 1. 참조 obućar 2. obućar의 아내
obućarnica 제화점, 구두 가게
obućarskī -ā, -ō (形) 제화공의; ~ zanat 제화업
obućarstvo 제화업(製靴業)
obući obučem (完) oblačiti -im (不完) 1. (옷을)
걸치다, 입히다 (자기의 몸에, 또는 타인의
몸에); ~ odelo 옷을 입히다; ~ mantiju 성직
자가 되다, 승려가 되다; ~ uniformu 군인이
되다 2. (신발을) 신다 (obuti) 3. 덮다, 뒤덮
다 (pokriti) 4. ~ se 옷을 입다; (비유적) 푸
르러지다, 잎으로 무성해지다; bilo je već
toplo proletno vreme, Šuma se već sva
obukla 벌써 따뜻한 봄 날씨였다. 숲은 이미
전부 푸르렀다 5. 옷을 조달하다; ona se
oblači u Parizu 그녀는 파리에서 옷을 사 입
는다
obudoveti -im (完) 과부가 되다, 홀아비가 되
다 (postati udov ili udova)
obuhvaćati -am (不完) 참조 obuhvatati
obuhvat 1. 포위, 에워쌈 (obuhvatanje,
opkoljavanje); nemci su napravili veliki ~
sa svih strana 독일군들이 사방에서 포위했
다 2. 범위 (opseg) obuhvatni (形)
obuhvatan -tna, -tno (形) 1. 광범위한, 범위가
넓은 (opsežan, obiman) 2. (한정 형용사) 포
위의, 에워싸는; ~tni pokret 에워싸는 동작;
~tni manevar 포위 작전; ~tni napad 포위
공격
obuhvatiti -im; obuhvaćen (完) obuhvatati -am
(不完) 1. 두 팔을 벌려 포옹하다, 양팔로 둘
러싸다 (obgrliti, uhvatiti unaokolo); ~ drvo
나무를 두 팔로 감싸다 2. 둘러싸다, 포위하
다, 에워싸다 (opkoliti) 3. 사로잡다, 압도하
다 (obuzeti, zahvatiti); obuhvatio me je
strah 나는 공포심에 사로잡혔다 4. 이해하
다 (shvatiti, razumeti) 5. 포함하다;
razgovori će ~ tri teme 대화는 세 개의 주
제를 다룰 것이다
obujam -jma 규모, 범위, 용적, 크기 (obim,
opseg)
obujmiti -im (完) obujmljivati -ljujem (不完) 1.
포옹하다, 양팔로 감싸다 (obuhvatiti,
zagrliti); rukama obujim sina 양팔로 아들을
감싸 안다 2. 사로잡다, 압도하다 (obuzeti,
zahvatiti)
obuka 훈련, 교육; vojna ~ 군사 훈련;
predvojnička ~ 교련 수업(학교의);
obumirati -em (不完) 1. 참조 obumreti,
obamirati 2. 소멸하다, 쇠퇴하다 (odumirati)
oburvati -am (完) oburvavati -am (不完) 1.무
너뜨리다, 쓰러뜨리다 (srušiti, oboriti) 2. 사

로잡다 (ophrvati, obuzeti) 3. ~ se 무너지
다, 쓰러지다
obustava 중지, 중단; ~ rada 작업의 중지; ~
vatre 전쟁 중지; privremena ~ 일시 정지
obustaviti -im; obustavljen (完) obustavljati -
am (不完) 1. 중지시키고, 중단시키다, 보류하
다, 정지시키다 (prekinuti, zaustaviti); ~ rad
작업을 중단시키다 2. ~ se 중지되다, 정지되
obuti obujem; obuven, -ena (完) obuvati -am
(不完) 1. (신발·양말 등을) 신다, 신기다; ~
cipele (čarape, čizme) 구두(양말, 부츠)를
신다; ~ konja 말에 편자를 박다 2. ~ se
(신발·양말 등을) 신다; ona se sama obula
그녀는 스스로 신을 신었다
obuzdati -am (完) obuzdavati -am (不完) 1. (감
정·욕망 등을) 억제하다, 누르다, 제어하다;
~ (svoj) jezik 말조심하다, 말을 될 수 있으
면 적게 하다 2. ~ se 자제하다
obuzeti obuzmem; obuzet (完) obuzimati -am
(不完) 1. 두 팔로 안다, 포옹하다 (zagrliti)
2. 정복하다 (zauzeti, osvojiti) 3. (비유적)
(보통 어떠한 감정이) 사로잡다, 휩싸다;
obuzela me je tuga 나는 슬픔에 휩싸였다;
obuzet mislima, on to nije primetio 생각에
골똘히 빠져 그는 그것을 알아채지 못했다;
obuzet panikom 공포심에 휩싸여
obuzrorčiti -im (完) (koga s čega) 고소하다,
기소하다; 비방하다, 중상하다 (okriviti;
oklevetati)
obvesti obvedem (完) obvoditi -im (不完) 원을
그리면서 이끌다 (안내하다) (provesti
unaokolo); obveo ih je oko zgrade 건물 주
위를 돌면서 그들을 안내했다; obvede ih
sveštenik triput oko stola pevajući, pa im
skide vence 노래를 부르면서 성직자는 그
들을 테이블 주변을 세 번 돌게 하고는 그들
에게서 왕관을 벗겼다
obvesti obvezem (完) 동그랗게 수를 놓아 장
식하다 (ukrasiti unaokolo vezom)
obveza 참조 obaveza
obvezati -žem (完) obvezivati -zujem (不完)
참조 obavezati
obveznica 1. 채권, 공채; ~ narodnog zajma
국채 2. 어음, 차용 증서
obveznik 의무자, 의무가 있는 사람; vojni ~
국방 의무자; poreski ~ 납세 의무자;
menički ~ 어음 발행인
obvoditi -im (不完) 참조 obvesti
obzidati -am (不完) 벽으로 둘러싸다 (가로막다)
obzir 1. 고려, 이해, 배려, 존중; uzeti u ~ 고

O

려하다, 배려하다, 심사숙고하다; *on je pun ~a* 그는 이해심이 많다; *imati ~a prema kome* 누구를 배려하다; *s ~om na nešto ~*을 고려하여, ~을 배려하여; *bez ~a na nešto ~* 와는 상관없이, ~을 고려하지 않고 2. 뒤돌아봄; *pobeći bez ~a* 뒤도 돌아보지 않고 도망치다 3. 동기(動機), 원인 (povod, razlog, motiv) 4. 의견, 견해, 관점 (stanovište, gledište)

obziran *-rna, -rno* (形) 1. 주의깊은, 사려깊은, (남을) 배려하는 (pažljiv, koji ima obzira); *ton kritike je takođe dosta ~* 비판하는 어투도 역시 많이 배려하는 어투였다 2. 조심스런, 신중한 (oprezan)

obzirati se *-em se* (不完) 참조 obazreti se

obznana 1. 선포, 공포; 선언, 발표, 알림 2. 주의, 경고 (opomena, upozorenje) 3. (대문자로) (歷史) 공산당 활동 금지 명령 (1920년 슬로베니아-크로아티아-세르비아 왕국 정부가 선포한)

obznaniti *-im*; *obznanjen* (完) **obznanjivati** *-njujem* (不完) 1. 선언하다, 공표하다, 발표하다, 공고하다 (obnarodovati, objaviti, oglasiti) 2. 말하다, 통지하다 (kazati, javiti)

obzor (=obzorje) 1. 시야 (視野) (vidokrug, vidik) 2. 수평선 (horizont)

obzorje 1. 참조 obzor 2. (비유적) 이해 (shvatanje)

oca (애칭) otac

ocakliti *-im* (完) 에나멜 (유약)을 바르다, 유리같이 반짝이다 (pokriti caklinom); *grad je bio sav ocakljen od kiše* 시내는 비가 내려 유리알 같이 반짝였다

ocariniti *-im* (完) (수입품에) 관세를 부과하다, 관세를 매기다

ocat *octa* 식초 (sirće) **ocatni, octeni** (形)

ocean 참조 okean

ocedan *-dna, -dno* (形) (경사진 지역이) 물을 쉽게 배출시키는 (ocedit)

ocediti *-im*; *oceđen* (完) **oceđivati** *-đujem* (不完) 1. 물기를 제거하다(없애다), 방수하다, 배수하다 2. 짜내다 3. 마시다 (popiti, ispiti) 4. (보통 피동 형용사 형태로) 허약해지다, 비쩍 여위다, 기진맥진해 하다 5. *~ se* 서서히 물기가 없어지다 (짜내어)

ocena 1. 평가, 판단; *po mojoj ~i* 내 판단으로는; *po gruboj ~i* 대략적인 평가로는; *povoljna ~ knjige* 좋은 서평 2. 점수 (학교의)

oceniti *-im*; *ocenjen* (完) **ocenjivati** *-njujem* (不完) 1. 점수를 주다, 점수를 매기다 (학생·

선수들에게); *~ đake* 학생들의 점수를 매기다 2. 가치를 평가하다; *bogatstvo mu se ne da oceni* 그의 부(副)는 평가할 수 없을 정도로 어마어마하다 3. 평가하다, 사정(査定)하다; 판단하다; *~ od oka* 대략적으로 평가하다; *~ godine* 나이를 어림하다

ocenjivač 평가자, 평가사, 사정(査定)인, 평가하는 사람 **ocenjivački** (形); *~ odbor* 사정위원회

ocenjivati *-njujem* (不完) 참조 oceniti

ocepiti *-im*; *ocepljen* (完) **oceplivati** *-ljujem* (不完) 1. 추가로 예방접종하다 (dovršiti cepljenje, vakcinaciju) 2. 찢다, 찢어버리다 (otcepiti) 3. (나무를) 접목하다 4. (비유적) 치다, 때리다 (udariti) 5. *~ se* 찢어지다 (otcepiti se)

oceubica (男) **oceubilac** *-ilca* 아버지 살해범, 부친 살해범

oceubilački *-ā, -ō* (形) 아버지 살해범의

oceubistvo 아버지 살해, 부친 살해

oci 참조 otac

ocrniti *-im* (完) 1. 검게 하다, 검은 색을 칠하다 2. (비유적) 고통을 주다, 슬픔을 주다, 불행하게 하다 (unesrećiti) 3. 비방하다, 중상하다 (oklevetati); 창피를 주다, 명예 등을 훼손시키다 (osramotiti, obrukati); *~ obraz* 명예를 훼손하다 4. *~ se* 명성이 훼손되다 5. *~ se* 슬픔에 젖다 (보통 가까운 사람의 사망으로)

ocrt 윤곽, 윤곽선 (obris, kontura)

ocrtati *-am* (完) **ocrtavati** *-am* (不完) 1. 그리다, 스케치하다 (naslikati) 2. 묘사하다 (opisati) 3. *~ se* (희미하고 불분명하게) 나타나다, 보이다; *obrisi se ocrtavaju na horizontu* 윤곽선이 수평선에 희미하게 나타난다

ocrveniti *-im* (完) 붉게하다, 붉어지게 하다; 빨간색으로 칠하다

octen *-a, -o* (形) 참조 ocat

ocvasti *-atem*; *ocvao* (完) 1. 꽃이 피다 (ocvetati, postati cvetan) 2. (꽃이) 시들다, 지다 (prestati cvasti, precvetati)

ocveće (植) 꽃덮개, 화피(花被)

očaditi *-im* (= očađaviti, očađiti) (完) 1. 그을음으로 더럽게 하다 2. *~ se* 그을음이 묻어 더러워지다

očaj 절망, 자포자기; *iz ~a* 절망감에; *pasti u ~* 절망하다; *do ~a* 필사적으로 (u najvećoj meri, do krajnjih granica)

očajan *-jna, -jno* (形) 1. 절망적인, 자포자기의; *~ čovek* 낙담한 사람 2. 아주 나쁜, 아주 형

O

692

편없는 (veoma rđav, loš, užasan); *ona ima ~jnu frizuru* 그녀는 형편없는 머리 스타일을 하고 있다 3. 필사적인 (očajnički); ~ *borba na život i smrt* 생사의 문제가 달린 필사적인 투쟁; ~ *napor* 필사적인 노력

očajanje 참조 očaj

očajavati *-am* (不完) 절망하다, 상실감에 빠지다, 자포자기하다, 모든 희망을 잃다

očajničkī *-ā, -ō* (形) 필사적인, 목숨을 건; ~ *pokušaj* 필사적인 시도; ~a *borba* 목숨을 건 전투

očajnik 절망에 빠진 사람; 필사적인 사람

očale (女,複) **očali** (男,複) 안경 (naočare)

očarati *-am* (完) 1. 마법을 걸다 (opčarati, začarati, omadijati); *očarala ga je različitim biljem* 그녀는 여러가지 식물로 그에게 마법을 걸었다 2. 매혹하다, 유혹하다; *moje neobično prikazivanje potpuno je očaralo moje slušateljice* 나의 특별한 프리젠테이션은 청중을 사로잡았다

očaravati *-am* (不完) 참조 očarati

očas (副) 1. 당장, 즉시; 곧, 얼마 안되어 (odmah, smesta; za trenutak, za jedan časak); *plati, pa ~ biti biti sve u redu* 돈을 내, 그러면 바로 모든 것이 다 좋아 질 테니; *nakupi se ~ puna soba ljudi* 얼마 안되어 방 안 가득 사람들이 모였다 2. 방금 전에, 조금 전에 (malo pre)

očekivanje (동사파생 명사) očekivati; *naša se ~a nisu ispunila* 우리의 기대는 실현되지 못했다; *iznad (preko) ~a* 기대 이상으로; *protiv ~a* 기대와는 반대로

očekivati *-kujem* (不完) 기대하다, 예상하다, 기다리다; *to nisam od njega očekivao* 나는 그것을 그 사람에게서 기대하지 않았다; *očekivao sam da ćeš doneti novac* 네가 돈을 가져 올 것이라고 기대했었는데; *očekuju ga svaki čas* 그의 도착을 항상 기다리고 있다; *očekujem samo zgodnu priliku* 적당한 기회만을 기다리고 있다

očeličen *-a, -o* (形) 참조 očeličiti; 주조된, 단련된, 강건한, 단단한

očeličiti *-im* (完) 1. 철을 주조하다 강철로 만들다 2. 단단하게 만들다, 강고하게 하다; 강고해지다, 강해지다, 단단해 지다 3. ~ se 강해지다, 강고해지다; *u toku rata se narodna vojska očeličila* 전쟁동안에 인민군은 강고해졌다

očemeriti *-im* (完) 1. 쓰게(čemeran) 하다, 쓰디 쓰게 하다; 고통스럽게 하다, 힘들게 하다 (učiniti čemernim; učiniti mučnim); ~

život 삶을 힘들게 하다 2. 써지다, 쓰디 써지다 (postati čemeran)

Očenaš (교회의) 주기도문; *znati nešto kao ~* 암기할 수 있을 정도로 확실히 알다

očepiti *-im*; *očepljen* (完) 1. (발을) 밟다 2. 병마개를 따다 (otčepiti) 3. 치다, 때리다 (udariti) 4. (비유적) 모욕하다 (uvrediti); (법·법규 등을) 범하다, 위반하다

očerupati *-am* (完) 1. 깃털을 뽑다; *imala je kožu kao očerupana guska* 그녀는 깃털이 뽑힌 거위와 같은 피부를 가졌었다 2. (비유적) (금품을) 사취하다, 사기치다

očešati *-em* (完) 1. 찰과상을 입히다, 살짝 긁어 흠집을 내다, 살짝 스치고 지나가다 (okrznuti, ogrepsti, dotaknuti); ~ *nekoga* 누구를 살짝 스치다; *očešao sam ga laktom* 팔꿈치로 그를 살짝 스쳤다 2. ~ se (o nekoga) 찰과상을 입다, 살짝 닿다

očešljati *-am* (完) 1. 빗질하다, 빗질하여 다듬다 (머리·양모 등을); ~ *bradu i brkove* 턱수염과 콧수염을 다듬다 2. (비유적) 써레질하다, 평평하게 하다 (izravnati, izdrljati) 3. ~ se 빗질하여 머리를 단정히 하다

očetkati *-am* (完) 솔(četka)로 깨끗이 하다, 손질하다

očev *-a, -o* (形) 아버지의, 아버지를 닮은; ~a *slika* 아버지의 그림; ~ *sin* 아버지를 닮은 아들

očevidac *očevica* 증인

očevidan *-dna, -dno* (形) 명백한, 분명한, 대번에 알 수 있는

očevina 아버지로부터 물려 받은 상속재산 (보통 농지 등의)

oči *očiju* 참조 oko

očica 고리, 매듭 (양말 등의) (petlja, okce)

očica (植) 앵초과의 한해살이풀 또는 두해살이풀

očice (女,複) (지소·애칭) oči

očigledan *-dna, -dno* (形) 분명한, 명백한; 의심의 여지없는

očijukati *-am* (不完) 사랑스런 눈길을 보내다, 사랑스럽게 바라보다, 추파를 던지다

očin *-a, -o* (形) 아버지의 (očev); ~ *greh* 압지의 죄; ~a *volja* 아버지의 뜻

očinskī *-ā, -ō* (形) 1. 아버지의 2. (비유적) 온화한, 부드러운, 사랑으로 가득한 (blag, nežan, pun ljubavi)

očinski (副) 아버지로서

očinstvo 1. 부자(父子) 관계 2. 아버지로부터 물려받은 상속 재산 (očevina)

očistiti *-im* (完) 1. 깨끗이 하다, 청소하다; ~ *sobu* 방을 청소하다; ~ *sto* 책상을 깨끗이

O

하다; ~ tanjir 접시를 깨끗이 비우다, 다 먹
어 치우다 2. (비유적) 순혈종으로 하다, 품종
을 개선하다 (oplemeniti, oblagoroditi); ~
krv kome 혈통을 개량하다 (혼인 관계 등으
로) 3. 장애(물)를 제거하다 4. 해방시키다
(osloboditi od koga ili čega) 5. 떠나다, 도망
치다 (napustiti, pobeći, umaći); ~ noge 도망
치다 5. ~ se 깨끗해지다, 투명해지다, 맑아
지다; nebo se očistilo 하늘이 맑아졌다 6.
~ se 고결해지다, 속죄하다, 도덕적으로 깨끗
해지다 7. ~ se (죄·잘못·단점 등에서) 벗어나
다 8. ~ se 도망치다, 떠나다; bolje da se ja
na vreme očistim odatle 내가 여기서 적절한
시기에 떠나는 것이 좋겠다 9. ~ se (공간 등
이) 텅비다 (postati prazan, isprazniti se);
čim zazvoni, učioniced se začas očiste 종이
울리자 마자 교실은 순식간에 텅 비었다

očit -a, -o (形) 분명한, 명백한 (očevidan,
očigledan)

očitati -am (完) 1. 노래를 부르다 (보통 미사·
의례·예배에서) (otpevati, odslužiti); ~
molitvu 기도를 읽다 2. (nekome) 터놓고
이야기하다, 면전에 대놓고 이야기하다, 질
책하다, 꾸짖다 (reći otvoreno, u lice;
izgrditi); ~ kome bukvicu (lekciju, vakelu)
꾸짖다, 잔소리하다 3. 읽다 (pročitati)

očitovati -tujem (完,不完) 1. 보여주다, 나타내
다, 제시하다 (pokazati, ispoljavati,
manifestovati); Austrija nam je u svakoj
prilici očitovala svoje zlo raspoloženje 오스
트리아는 기회가 있을 때 마다 자신들의 악
의를 우리에게 표출했다 2. 진술하다, 말하다,
인정하다 (izjaviti; priznati); kako da vam
ljubav beskrajnu očitujem? 어떻게 하면 영
원한 사랑을 당신에게 말할 수 있을까요?

očjī -ā, -ē (形) 눈의 (očni); ~a klinika 안과
병원

očnī -ā, -ō (形) 눈의; ~ vid 시력; ~a klinika
안과 병원; ~ kamen (化學) 황산구리

očnjak 송곳니, 견치

očuh (複 očusi) 계부(繼父), 의붓아버지

očupati -am (完) 1. 뽑다, 뽑아내다, 뽑아 없애
다 (털·깃털 등을); po drveću vise oderani
zečevi i očupane kokoške 나무마다 가죽이
벗겨진 토끼와 털이 뽑힌 닭들이 걸려 있다
2. 잡아뜯다, 쥐어뜯다 (otrgnuti, otkinuti);
htedoh da očupam parče svoga mesa 나는
내 살의 일부를 쥐어뜯고 싶다 3. 얻어내다,
뽑아내다, 뜯어내다 (izvući, iskamčiti, uzeti);
nadala se da će do zime i dve bunde od
ljubavnika ~ 그녀는 돌아오는 겨울까지는

정부(情夫)로부터 두 벌의 모피 코트를 뽑아
낼 수 있을 것으로 희망했다

očuvati -am (完) 1. 유지하다, 보관하다 (나쁜
상태가 되지 않고 같은 상태 또는 좋은 상태
로); možemo ~ svoje telo od iznemoglosti
자신의 몸을 탈진 상태로부터 유지하다 2.
돌보다; ~ dete 아이를 돌보다; ~ mladu
biljku 어린 식물을 돌보다 3. 지켜내다, 막
아내다, 보호하다; ~ od nevolje 어려움으로
부터 지켜내다, ~ od zla 악한 것으로부터 보
호하다 4. 지속하여 유지하다 5. ~ se 유지
하다, 유지되다 (망가지는 것으로부터, 생명
과 건강을)

očvrsnuće 단단해짐

očvrsnuti -nem; očvrsnuo, -nula & očvrsao, -
sla (完) **očvršćavati** -am očvršćivati -ćujem
(不完) 1. 고체화되다, 굳어지다, 단단해지다
(액체, 무른 상태에서); 목화(木化)되다;
biljna sluzevina kad dođe u dodir s
vazduhom očvrsne u gumu ili smolu 식물즙
(汁)은 공기와 닿으면 수지(樹脂)로 변한다
2. 강해지다, 강건해지다, 견고해지다 3. 거
칠어지다 4. 강건하게 만들다; zajednički
život očvrsnuo je te ljude 공동 생활은 그들
을 강하게 만들었다

oćelaviti -im (完) 대머리가 되다

oćopaviti -im (完) 1. 절름거리다, 절름발이가
되다 (postati ćopav) 2. 불구로 만들다, 절름
발이로 만들다 (učiniti ćopavim)

oćoraviti -im (完) 1. 애꾸눈이 되다, 한쪽 눈이
안보이게 되다 (postati ćorav) 2. 애꾸눈으로
만들다 (učiniti ćorav)

oćut 느낌, 기분, 감(感) (oset, osećaj); ~ boli
아픈 느낌 **oćutan** (形)

oćutati -im (完) 1. 말을 하지 않다, 침묵을 지
키다; 대답하지 않다 2. 잠시 침묵을 지키다
(poćutati neko vreme)

od (前置詞, +G.) 1. (보통 전치사 do와 함께 쓰
여) ~부터 (장소·시간·범위); ~ kuće do škole
집에서부터 학교까지; ~ jutra do mraka 아침
부터 저녁까지; ~ rođenja 태어나서부터; ~
sada (tada) 지금부터 (그때부터) 2. 이탈,
분리, 멀어짐 등을 나타냄; pobeći ~ kuće
(neprijatelja) 집에서 (적으로부터) 도망치다
3. 원천(源泉), 가능케 하는 것 등을 나타냄
(izvor čega, ono što nešto omogućava);
živeti ~ imanja (zarade) 있는 재산으로 (벌
어) 먹고살다; tražiti ~ prijatelja 친구한테
요구하다 4. 원인, 이유, 동기(動機) 등을 나
타냄; strah ~ kazne 형벌에 대한 두려움;
plašiti se ~ neprijatelja 적을 두려워하다;

O

umreti ~ gladi 아사(餓死)하다; *trese se ~ zime* 한기(寒氣)로 인해 떨다; *umirati ~ dosade* 심심해 죽다 5. 기원(起源), 출처(出處) 등을 나타냄 (poreklo, poticanje); *Todor od Beograda* 베오그라드 출신 토도르; *roman ~ nepoznatog pisca* 무명작가의 소설; *čovek ~ dobrog roda* 좋은 집안 출신의 사람 6. 재료, 도구 등을 나타냄 (građa, gradivo, material); *kuća od brvana* 널판지 집; *sto ~ drveta* 나무 책상; *novac ~ zlata* 금화; *braća su se dogovarala šta da učine od one proklete mašine* 형제는 그 재수없는 기계로 무엇을 할 것인지 합의를 이루었다 7. 전체를 이루는 하나의 구성품, 다수(多數)에 속하는 하나 임을 나타냄; *cev ~ puške* 총열; *prozor ~ kuće* 집의 창문 8. ~의 (~에 속하는); *gnezdo od sokolova* 매의 둥지 9. 종류, 품질, 등급, 직업 등을 나타냄; *stvari ~ vrednosti* 값어치 있는 물건; *čovek ~ reči* 약속을 지키는 사람; *čovek ~ pera* 글재주 있는 사람; *čovek ~ zanata* 장인(匠人) 10. 목적, 용도를 나타냄 (namena, služba); *lopta ~ odvojke* 배구 공; *konj ~ megdana* 전투용 말; *ključ ~ vrata* 문 열쇠 11. 측량, 계량 (mera, iznos); *čovek ~ 40 godina* 40 먹은 사람; *teret ~ tri kilograma* 3 킬로 무게의 짐; *stan ~ tri sobe* 방이 세개인 아파트 12. (廢語) (方言) ~에 관한, ~에 대한 (o); *pesma od kraljeva* 왕에 관한 노래 13. 방법 (način); *govoriti ~ srca* 진심으로 말하다; *klicati ~ svega srca* 정말로 기뻐하며 소리를 지르다 14. (비교급과 함께 사용되어) ~보다, ~중에; *bolji ~ njega* 그보다 더 좋은(훌륭한); *brži ~ strele* 화살보다 더 빠른; *najbolji ~ svih* 모든 사람들 중에 가장 훌륭한; *on je veći ~ nje* 그는 그녀보다 키가 크다; *on je najpametniji ~ svih* 그는 모든 사람들 중에서 가장 영리하다 15. ~날짜의, ~부의; *pismo ~ 5.maja* 5월 5일 부의 편지

od- (d,t앞에서는 o-, 자음무리 앞에서는 oda-, 무성자음(s,š예외) 앞에서는 ot-) (接頭辭) (복합동사와 동사 파생어에서) 1. 이탈, 분리, 멀어짐, 제거, 제외 등을 나타냄 (odvajanje, udaljevanje, odstranjivanje); otkinuti, odbrojiti, odabrati, otići, odbaciti 2. 단순동사가 나타내는 것에 대한 응답, 대답 또는 그와 정반대 되는 뜻을 나타냄; odazvati se, odgovoriti, odmoći 3. 행동이나 행위의 완전한 완료, 어떠한 상태의 종결을 나타냄; odraditi, odsvirati, odbolovati, odspavati 4. (복합 부사에서) 시발점, 시작 또는 방향 등

을 나타냄; odavde, odasvud, oduvek

odabiranje (동사파생 명사) odabirati (se); *veštačko ~* 품종 개량을 위한 인위적 선택 (가축, 식물 중에서); *prirodno ~* 자연 선택 (생존 경쟁에서 보다 잘 적응하는 품종들의)

odabirati (se) *-am (se)* (不完) 참조 odabrati (se)

odabran *-a, -o* (形) 1. 참조 odabrati (se) 2. 품질이 좋은, 좋은 품질의, 양질의 (kvalitetan)

odabranik 선택된 사람, 선택받은 사람 (izabranik)

odabrati *-berem* (完) **odabirati** *-am* (不完) ~중에서 고르다, 선택하다 (izabrati)

odagnati *-am* (完) **odgoniti** *-im* (不完) 1. 내쫓다, 내몰다, 쫓아내다, 추방하다 (oterati) 2. 내떨치다, 털어내다 (odbaciti, odbiti) ~ *zle misli* 사악한 생각을 내떨치다; ~ *brige* 근심 걱정을 털어내다

odahnuće 안도의 한숨

odahnuti *-nem* (完) 안도의 한숨을 내쉬다; ~ *dušom* 안도의 한숨을 내쉬다

odaja 1. 방 (soba) 2. 공간 (prostorija)

odaja (비밀 등의) 폭로, 누설; 배반, 배신 (odavanje, potkazivanje; izdaja); ~ *tajne* 비밀 누설

odakle (副) 어떻게, 어떠한 방법으로; 어느 곳으로부터, 어느 방향으로부터; ~ *ste?* 어디 출신입니까?

odalamiti *-im* (完) 세게 치다, 때리다, 찰싹 때리다 (snažno udariti, zveknuti, tresnuti)

odaliska *-sci & -ki, -sākā & -ā & -ī* 하렘에서 일하는 하녀

odan *-a, -o* (形) 1. 참조 odati (se) 2. 충실한, 신의가 두터운, 헌신적인 (privržen, veran); ~ *saradnik* 신의있는 동업자; ~ *prijatelj* 신의있는 친구; ~ *podanik* 충실한 식민(植民); ~ *kao pas* 개처럼 충실한 3. ~하는 경향(성향)이 있는, ~에 약한; *on je ~ piću (kocki, karatama)* 그는 술(도박, 카드)를 좋아한다

odande (副) 거기로부터의, 거기 출신의, 그쪽으로부터의 (od onog mesta, sa onog mesta, iz onog mesta, odonud); *Micko ih se seća i javlja im se ~* 미쯔코는 그들 생각이 나서 거기에서 그들에게 전화한다; *eno, ~ idu oblaci* 저기 봐, 구름이 저리 가고 있어

odanost (女) 헌신, 충직함 (privrženost, vernost)

odapeti *odapnem, odapni, odapeo, -ela, odapet* (完) **odapinjati** *-em* (不完) 1. 긴장(팽팽함·경직성·뻣뻣함)을 늦추다(누그러뜨리다);

695

~ *strele* 활을 쏘다 2. (총 등을) 발사하다, 쏘다; 당기다 (ispaliti; okinuti); *oni su odapeli zadnji metak* 그들은 마지막 총알을 발사했다 3. (비유적) 망설임없이 급하게 말하다; 생각없이 말하다; *tu sam ja! - odapeo je odmah Pinki kao iz puške* 여기요! -하고 핀키가 속사포처럼 말했다; ~ *u sve mehove* 소리를 지르다, 야단법석을 떨다 4. (卑俗語) 죽다, 뒈지다 (umreti, poginuti); ~ *na ispitu* 시험에 떨어지다; ~ *papcima* 죽다

odar *odra* 1. 관대(棺臺;사자(死者)를 장례식 때까지 놓는); *mrtvački* ~ 2. (廢語)(方言) 침대, (모든)잠자리 (ležaj uopšte, krevet)

odasipati *-am & -pljem* (不完) 참조 odasuti

odaslanik 대표자, 대리인, 대의원, 사자(使者) (izaslanik, poslanik)

odaslati *odašljem & odašaljem* (完) **odašiljati** *-ljem* (不完) 보내다, 파견하다, 파송하다 (poslati, uputiti)

odasuti *odaspem; odasut* (完) **odasipati** *-am & -pljem* (不完) 따르다, 따라 나누다 (sipajući odvojiti, od osnovne mase, količine; odliti); ~ *malo vode od čaše* 잔에서 물을 조금 따르다

odasvud(a) (副) 사방으로부터 (sa svake strane, iz svakog pravca)

odašiljač 1. 발송자, 화주(貨主), 무엇인가를 보내는 사람 (pošiljalac) 2. (電波) 송신기 (predajnik)

odati *-am* (完) **odavati** *-odajem* (不完) 1. (말·행동 등으로) 표하다, 표명하다, 나타내다 (iskazati, izraziti); ~ *priznanje* 인정하다; ~ *počast (poštovanje)* 존경(경의)을 표하다; ~ *hvalu* 감사함을 표하다 2. 발산하다, 방출하다, 내뿜다; ~ *toplotu* 열을 발산하다; ~ *zvuk* 소리를 내뿜다 3. 드러내다, 노출시키다; (비밀 등을) 폭로하다, 누설하다; ~ *planove* 계획을 노출시키다; ~ *namere* 의도를 누설하다; ~ *tajnu* 비밀을 누설하다 4. 배반하다, 배신하다; ~ *drugove* 친구를 배신하다 5. ~ se (자신의 감정, 생각 등을) 드러내다, 표하다; (자신의 비밀을) 말하다, 누설하다 6. ~ se 헌신하다, 온 힘을 쏟다; ~ *se nauci* 학문에 온 힘을 쏟다; ~ *se sportu* 운동에 정진하다 7. ~ se ~을 탐닉하다, ~을 좋아하다, ~에 약하다; ~ *se piću (kocki)* 술(도박)을 탐닉하다

odatle (副) 1. 거기서부터, 그곳으로부터 (sa (iz) toga mesta) 2. 그것으로부터, 그것을 기반으로 (바탕으로) (na osnovu toga); *odatle je zaključila da on ima s njom neke nečiste namere* 그녀는 그것으로부터 그는 그 어떤

불순한 목적이 있다고 결론지었다

odavanje (동사파생 명사) odavati (se); ~ *tajne* 비밀 누설

odavati *odajem* (不完) 1. 참조 odati 2. ~한 인상을 남기다, 표하다, 표현하다; *lice njezino odavalo je veliku odlučnost* 그녀의 얼굴은 대단히 결연한 인상을 남겼다

odavde (副) 여기서부터 (od (sa) ovog mesta)

odavna, odavno (副) 오래부터, 오래전부터, 오랫동안; *mi se ~ znamo* 우리는 오랫동안 알고 지내는 사이이다; *voz je ~ otišao* 열차는 벌써 오래전에 떠났다

odazvati *-zovem; odazvan & odazvat* (完) **odazivati** *-am & -vljem* (不完) 1. 따로 한 쪽으로 부르다; ~ *nekoga na stranu* 한 쪽으로 부르다 2. ~ se 부름에 대답하다, 응답하다; *Olga te zove; odazovi joj se!* 올가가 너를 부르잖아, 대답해!; ~ *se pozivu suda* 법원의 소환에 응하다 3. ~ se (간청·소망 등을) 만족시키다, 들어주다; ~ *se na apel* 간청을 들어주다; ~ *se na poziv* 초청에 응하다 4. ~ se (대화에서) 대답하다, 맞장구를 치다

odbaciti *-im; odbačen* (完) **odbacivati** *-cujem* (不完) 1. 내던지다, 팽개치다; ~ *oružje* 무기를 내던지다 2. 버리다, 유기(遺棄)하다, 저버리다, 포기하다; ~ *ženu* 아내를 버리다 3. 거절하다, 거부하다; ~ *predlog* 제안을 거절하다; ~ *molbu* 청원을 거절하다 4. 태워주다; *on nas je odbacio do stanice* 그는 우리를 역에까지 태워주었다 5. 더 멀리 던지다, 던지기 대회에서 이기다 (prebaciti)

odbeći odbegnuti *odbegnem* (完) **odbegavati** *-am* (不完) 1. (허락·승인없이) 달아나다, 도망치다, 피신하다, 피난하다, 떠나다; (가족의 허락없이) 결혼하다 (여자가); ~ *od svojih* 가족을 떠나다; ~ *od muža* 남편으로부터 도망치다 2. (廢語) ~ *nekoga* 버리다, 남겨두다 (napustiti, ostaviti)

odbegao *-gla, -glo* (形) 1. 참조 odbeći 2. 도주한, 도망친; ~*gli vojnik* 탈영병; ~*gla devojka* 가출(家出)소녀

odbijanje (동사파생 명사) odbijati (se); ~ *poziva* 초청 거절; ~ *svetlosti* 빛의 반사; ~ *deteta od sise* 이유(離乳)

odbijati (se) *-am (se)* 참조 odbiti (se)

odbirati (se) *-am (se)* 참조 odabirati (se)

odbitak *-tka; odbici, odbitaka* 공제, 삭감; ~ *od plate* 월급에서의 공제; *po odbitku troškova* 경비를 공제함에 따라; *po odbitku poreza* 세금 공제에 따라

odbiti *odbijem* (完) **odbijati** *odbijam* (不完) 1.

두드려 깨뜨리다(부수다), ~로부터 떼어내다; *on je odbio komad zida* 그는 벽의 일부를 두드려 부셨다; ~ *grlić sudu* 그릇의 목을 깨뜨리다 2. 공제하다, 삭감하다, 떼어내다; ~ *od zbira* 합계에서 공제하다, ~ *od plate* 월급에서 공제하다; ~ *od ukupne sume* 총계에서 삭감하다 3. 물리치다, 되받아치다; ~ *loptu* 공을 되받아치다; ~ *napad* 공격을 받아치다, 역공하다; ~ *neprijatelja* 적을 물리치다 4. 부정적으로 대답하다, 응하지 않다, 퇴짜놓다, 수용하지 않다, 받지 않다; ~ *molioca* 청원인을 물리치다; ~ *poklon* 선물을 받지 않다 5. 동의하지 않다, 부정적으로 말하다 (ne saglasiti se, odreći) 6. (멀리) 떨어뜨리다, 떼어놓다 (odmaći, udaljiti); ~ *krevet od zida* 침대를 벽에서 떼어놓다; ~ *dete od sise* 아이를 젖에서 떼어놓다 7. (보통 명령형으로) (멀리) 떨어지다; *odbij od kola* 차에서 떨어져; odbij od mene 나한테서 떨어져 8. (담배를 피면서) 연기를 뿜어내다 9. (시계가) 땡땡 울리다; *crkveni sat odbi ponoć* 교회 시계가 자정을 알린다 10. 기타; ~ *krivicu na koga* 잘못을 누구의 탓으로 돌리다; ~ *krake* 걸어서 피곤해지다; odbiti kome rogove 점잖게 행동하도록 강요하다 (닦달하다) 11. ~ se (충돌하여) 튕겨져 나가다; 반영되다; 반향하다, 울리다 12. ~ se 떨어져 나가다 (otrgnuti se, odvojiti se) 13. ~ se (멀리) 떨어지다 (odmaći se, udaljiti se); *odbio se od vrata da ne sluša* 엿듣지 않으려고 문에서 떨어졌다 14. ~ se (많은 것, 전체에서) 떨어지다, 떼어내다 (odvojiti se od kakve mase, celine) 15. ~ se (세상 등과) 거리를 두다, 숨어 살다 (otuđiti se, povući se); ~ *se od sveta* 세상과 등지다; ~ *se od porodice* 가족들과 거리를 두고 살다 16. ~ se 의욕(흥미 등을) 잃다, 상실하다

odblesak *-ska* 1. 반사 빛, 반사광; ~ *vode na mesečini* 물에 반사된 달빛

odboj *-oja* 되튐, 되튀기 (odbijanje)

odbojan *-jna, -jno* (形) 1. 부정(否定)적인, 불친절한, 냉담한 (negativan, neljubazan, hladan); ~*jno vladanje* 불친절한 행동; *odgovoriti ~jno* 부정적으로 답하다 2. (한정 형용사로서) 반사하는, 반영하는; ~*jni ugao* 반사각; ~*jni udarac* 반격, 카운터블로; ~*jni zrak* 반사광; ~*jna sila* 되튀는 힘

odbojka (스포츠) 배구

odbojkaš 배구 선수 **odbojkašica**; **odbojkaški** (形); ~*a utakmica* 배구 경기

odbojnik (자동차·열차등의) 범퍼, 완충장치

odbojnost (女) (심리적·감성적인) 거리감; *oduvek je osećala izvesnu ~ prema tog čoveka* 그녀는 항상 그 사람에 대해 일정한 거리감을 느꼈다

odboksovati *-sujem* (完) 권투를 하다; ~ *10 rundi* 10라운드 권투 경기를 하다

odbolovati *-lujem* (完) 내내 병치레를 하다, 병치레를 하며 살다; ~ *godinu dana* 일년 내내 병치레를 하다

odbor (행정 관청 등의) (소)위원회; *gradski ~* 시위원회; *izvršni ~* 집행위원회; *nadzorni ~* 감독위원회; *uređivački ~* 편집위원회; *inicijativni ~* 운영위원회; *verifikacioni ~* 검증위원회

odbornik (소)위원회 위원; 시(군, 구)의원, 지방의회 의원 **odbornica**; **odbornički** (形)

odbrajati (se) *-am (se)* (不完) 참조 odbrojati (se), odbrojiti (se)

odbrana 1. 방어, 방위; *uzeti u ~u, ustati u ~u* 방어하다; *nužna ~* 정당 방위; *poslednja ~* 예비(豫備)역에 해당하는 나이의 사람 (청소년, 노인 등의), 최후의 방어책 2. (논문 등의) 심사; ~ *doktorske disertacije* 박사 논문 심사 3. 방어력(사람, 장비 등의) 4. 변호인(피의자의) 5. (스포츠) 수비 **odbramben** (形)

odbraniti *-im* (形) 1. 막다, 막아내다, 방어하다, 수비하다, 보호하다, 지키다; ~ *od optužbe* 비난을 막아내다; ~ *gol* 골문을 지키다 2. (논문) 심사를 성공적으로 마치다, 논문을 방어하다

odbrati (se) *odberem (se)* (完) 참조 odabrati (se)

odbrojati *-jim; odbrojan* **odbrojiti** *-im* (完) **odbrajati** *-am* **odbrojavati** *-am* (不完) 수를 세다, 수를 세면서 따로 떼어놓다; ~ *određenu sumu novca* 일정한 액수의 돈을 따로 떼어놓다; *odbrojani (odbrojeni) su mi dani* 살 날이 얼마 남지 않았다

odbrojavanje (동사파생 명사) odbrojavati; ~ *do nule* 카운트다운

odbrundati *-am* (完) 중얼거리면서(투덜거리면서) 대답하다, 중얼거리면서(투덜거리면서) 말하다 (odgovoriti brundajući, izreći brundajući)

odbrusiti *-im* (完) 1. 숫돌에 갈다; (비유적) 평평하게 하다 2. 신경질내면서(화내면서, 거칠게) 대답하다 3. (비유적) 급하게 가다(떠나다)

odbubnjati *-am* (完) 1. 북을 연주하다, 북을 치다 2. (비유적) 중얼거리면서 말하다(대답하다) (odbrundati)

odebljati *-am* (完) 1. 뚱뚱해지다, 살이 찌다 2.

O

유연성이 없어지다 3. (목소리가) 굵고 나지
막해지다 4. ~ se 뚱뚱해지다, 살이 찌다
odeća 의복, 의류, 옷 (odelo); **odevni** (形); ~*a
knfekcija* 기성복
odeklamirati -*am* **odeklamovati** -*mujem* (完) 낭
송하다, 낭독하다, 읊다 (izvršiti deklamaciju)
odelit -*a*, -*o* (形) 1. 나뉘어진, 연결되지 않은,
분리된 (odvojen, nepovezan, zaseban) 2.
다른 것과는 구별되는, 특별한, 개별적인
odeliti -*im* (完) 1. (전체·공동체 등에서) 분리시
키다, 떼어내다, 나누다 (izdvojiti, razdvojiti,
rastaviti) 2. 분가(分家)시키다; ~ *sinove* 자
녀들을 분가시키다; ~ *brata* 동생을 분가시
키다 3. 누구에게 ~의 일부를 주다(배정하
다); *opština može odeliti pojedinom svom
članu neki deo opštinske zemlje* 지방자치
단체는 단체의 임원들에게 자치단체 토지의
일부를 줄 수 있다
odelo 1. 옷, 의복; *gotovo* ~ 기성복; *jahaće* ~
승마복 2. 남성복 상의, 양복 상의; *svečano*
~ 행사복; *sašiti* ~ (양복점에서) 양복을 짓다;
~ *za svaki dan* 평상복
odeljak -*ljka* 1. 구획, 칸막이; ~ *fioke* 서랍의
칸막이; ~ *novčanika* 지갑의 나눠진 부분 2.
(유럽 열차의) 칸막이한 객실 (두 줄의 좌석
이 마주보고 복도와의 사이에 문이 있음) 3.
(책의) 장(章); 문단, 단락 4. (회사 등의) 과
(科); *poreski* ~ 세무과; *carinski* ~ 관세과
odeljati -*am* & -*ljem* (完) 대패질하여 다듬다
(만들다) (deljanjem obraditi, napraviti)
odeljen -*a*, -*o* (形) 1. 참조 odeliti (se) 2. 특별
한, 특수한, 각별한 (naročit, osobit)
odeljenost (女) 고립, 격리, 분리, 차단
(podvojenost, izolovanost)
odeljenje 1. (조직·단체·관공서·회사 등의) 과
(課); *on radi u* ~*u računovodstva* 그는 경리
과에서 일한다; *šef* ~*a* 과장; ~ *za kadrove,
personalno* ~ 인사과; *pravno* ~ 법무과 2.
공간, 칸, 실(室) (건물 내부의) (prostorija);
mašinsko ~ 기계실; *kuhinja je bila najbolje*
~ *u kući* 부엌은 집에서 가장 좋은 공간(방)
이었다 3. (초등학교의) 반(班), (대학의) 과
(科); ~ *za istoriju* 역사학과 4. (軍) 분대
odeljivati (se) -*ljujem (se)* (不完) 참조 odeliti (se)
odenuti -*nem*; *odeven*, -*a* & *odenut*, -*a* (完)
 odevati -*am* (不完) 1. 옷을 입히다 (obući
nekoga) 2. ~ se 옷을 입다
oderati -*em* (完) 1. 껍질을 벗기다 2. 표면에
흠(흠집)을 내다 (zagrepsti) 3. 찢다, 잡아뜯
다 (pocepati, otcepati, otkinuti) 4. (비유적)
(값을) 바가지를 씌우다 (naplatiti preteranu

cenu) 5. 기타; ~ *grlo (vičući)* 목이 쉬다 (소
리를 질러); ~ *koga živa*, ~ *kome kožu* 바가
지를 씌우다; 착취하다, 악랄하게 이용하다
odevati (se) -*am (se)* (不完) 참조 odenuti (se)
odgađati -*am* (不完) 참조 odgoditi
odgajalište (= odgailište) 1. 사육장, 양육장; ~
živine 가축 사육장; ~ *stoke* 소 사육장 2.
교육 기관 (odgojni, vaspitni zavod)
odgajiti -*im* (完) **odgajati** -*am* (不完) 1. 기르다,
재배하다, (동물 등을) 사육하다; (아이를) 키
우다; *dok odgajimo svih naših devet sinova,
nećemo se više mučiti* 우리의 아홉명의 자
식들을 키우는 동안 더 이상 고생하지는 않
을 것이다 2. 가르치다, 교육시키다
(vaspitati, naučiti)
odgajivač 1. (동·식물 등의) 재배(업)자, 사육
(업)자; ~ *šećerne repe* 사탕무우 재배자; ~
konja 말 사육자 2. 선생 (vaspitač)
odgalopirati -*am* (完) 전속력(galop)으로 달리다
odglumiti -*im* (完) 1. (드라마에서) 역(役)을 연
기하다 2. (비유적) ~인척 하다 (거짓 감정을
보여주면서); *suznim očima odglumi
nesrećnog* 눈물젖은 눈으로 불행한 척 한다
odgoda 연기(延期), 뒤로 미룸 (odgađenje,
odlaganje); *vrlo je važan i hitan posao
kojemu nema* ~*e* 연기할 수 없는 매우 중요
하고 급박한 일
odgoditi -*im*; *odgođen* (完) **odgađati** -*am* (不完)
연기하다, 뒤로 미루다 (odložiti); *predlaže
da se rasprava odgodi* 토론을 연기하자고
제안한다
odgoj -*oja* (유아기의) 교육, 훈도(薰陶), 훈육,
양육 (vaspitanje); *porodični* ~ 가정 교육;
fizički ~ 육체 교육
odgojen -*a*, -*o* (形) 1. 참조 odgojiti 2. 점잖은,
예절바른; *na sporedna vrata uđe jedan lepo
~ gospodin* 옆문으로 한 명의 점잖은 신사
분이 들어간다
odgojilište 교육 기관 (odgojni, vaspitni zavod)
(odgajilište)
odgojitelj 선생 (vaspitač) **odgojiteljica**
odgojiti -*im* (完) 1. 기르다, 양육하다 2. 키우
다, 가르치다, 훈육하다; ~ *dete* 아이를 키우
다(훈육하다)
odgojivač 참조 odgajivač
odgonetati (se) -*am (se)* & -*ćem (se)* 참조
odgonetnuti (se)
odgonetka 수수께끼(zagonetka)의 (정)답
odgonetljiv -*a*, -*o* (形) 수수께끼를 맞출 수 있
는 (풀 수 있는)
odgonetnuti -*em* (完) **odgonetati** -*am* & -*ćem*

O

(不完) 수수께끼를 풀다; ~ zagonetku 수수께끼를 풀다

odgoniti -im (不完) 참조 odagnati

odgovarajući -ā, -ē (形) 1.참조 odgovoriti 2. 적합한, 적당한, 알맞은, 어울리는; ~a cena 적당한 가격; ~e mere 적합한 방법

odgovarati -am (不完) 참조 odgovoriti

odgovor 1. 대답, 회답, 응답; ~ na pitanje 질문에 대한 대답; dobiti nepovoljan (negativan) ~ 부정적인 답을 얻다; u ~u na ~에 대한 대답에서 2. (비유적) 변호, 변론 (odbrana, zaštita)

odgovoran -rna, -rno (形) 1. 책임있는, 책임을 지는; ~rni urednik 책임 편집인; ja ne mogu biti ~ što na dva mesta nije bilo mosta 두 곳에 다리가 없었던데 대해 나는 책임이 없다 2. 중요한, 영향력 있는, 유력한 (važan, uticajan, rukovodeći; kad dođu na ~rne položaje... 그들이 주요 직위에 올랐을 때... 3. (구어체) 양심적인, 부지런한 (savestan, marljiv)

odgovarati -am (不完) 1. 참조 odgovoriti 2. ~에 적합하다, ~을 충족시키다 (희망, 바람, 요구조건 등을), ~에 일치하다, 마음에 들다, 적합하다; ovaj stan nam ne odgovara 이 아파트는 우리에게 적합하지 않다; to ne odgovara njegovom karakteru 그것은 그의 성격과 맞지 않는다; ova boja vam odgovara 이 색상이 당신에게 잘 어울립니다 3. 보장하다, 담보하다; ja odgovaram svojom časti da vam nijedan čovek neće učiniti nikakve neugodnosti 단 한 사람도 그 어떠한 불편함을 귀하에게 끼치지 않을 것이라는 것을 내 명예를 걸고 보장합니다 4. 책임을 지다, ~에 대한 혐의로 재판에 회부되다; ~ za posledice 결과에 대해 책임을 지다; došlo je vreme da i on odgovara za svoja nedela 자신의 악행에 대해 그도 책임져야 할 시간이 되었다 5. (나이든 사람의 말을) 무시하다, 말대꾸하다; deca ne treba da odgovaraju roditeljima 아이들은 부모들에게 말대꾸해서는 안된다 6. ~ se 소명(疏明)하다, 해명하다 (braniti se, pravdati se); i on je morao doći na sud da se odgovara 그도 법원에 소명하기 위해서 와야만 했다

odgovoriti -im (完) **odgovarati** -am (不完) 1. 대답하다, 응답하다; ~ nekome na pitanje 누구의 질문에 대답하다; ~ na pismo 편지에 답장하다 2. 반응하다 (reagovagti; odazvati se) 3. (nečemu); 만족시키다, 충족시키다 (요구, 기대, 의무 등을), 임무를 완수하다;

čini sve što može da odgovori službenoj dužnosti 그는 직무를 완수하기 위해 할 수 있는 모든 일을 다하고 있다 4. 단념시키다, 그만두게 하다 (odvratiti) 5. 정당화하다, 핑계거리를 찾다; 보호하다, 변론하다 (opravdati, odbraniti); vrlo je vešto umeo ~ selo pred vlašću 그는 권력앞에서 아주 능숙하게 마을을 보호할 수 있었다

odgovornost (女) 책임, 책임감; moralna ~ 도덕적 책임감; materijalna ~ 금전적 책임; krivična ~ 형사적 책임; snositi ~ 책임을 지다

odgraničiti -im (完) 한정하다, 제한하다 (razgraničiti)

odgristi odgrizem (完) **odgrizati** -am (不完) 물어뜯다, 물어끊다

odgrizak -ska 1. 한 입 (odgrizen zalogaj) 2. (음식의) 한 입 베어 먹은 곳

odgrizati -am (不完) odgristi

odgrmeti -im (完) 1. 큰 소리로 말하다, 우레같은 소리를 내다 2. 큰 소리를 내며 지나가다

odgrnuti -nem (完) **odgrtati** -ćem (不完) 1. 윗부분(층)을 걷어내다, 파내다 (눈, 흙 등 푸석푸석한 것 등의) (razgrnuti) 2. 벌거벗다, 맨 몸을 들어내다 (obnažiti) 3. ~ se 윗 옷을 벗다

odgudeti -im (完) 구슬레를 연주하면서 노래를 부르다

odgurati -am (完) **odguravati** -am **odgurivati** -rujem (不完) 1. 밀어 움직이다, 밀어내다, 떠밀어내다 (odmaći); ~ sto 책상을 밀어내다; ali drugi ga ljudi odguraju 하지만 다른 사람들이 그를 떠밀어낸다 2. (비유적) 난관을 극복하고 도달하다(성취하다)

odgurnuti -nem (完) 1. (한 번의 동작으로) 밀다, 밀어내다 (odmaći) 2. (비유적) 내치다, 내던지다; 무시하다, 경시하다 (odbaciti; zanemariti, zapostaviti)

odgušiti -im (完) **odgušivati** -šujem **odgušavati** -am (不完) 1. 막힌 것(닫힌 것)을 제거하다, 뚫다 (otpušiti) 2. (비유적) 압박(압력)을 완화시키다 (경감시키다) 3. 돌파하다, 뚫고 나가다 (probiti se)

odići, odignuti odignem; odigao, -gla & odignuo; odignut (完) 1. 조금(약간) 들어올리다 (malo podići) 2. ~ se 약간 들어올려지다 3. ~ se (비유적) 습관을 버리다, 멀어지다 (udaljiti se, odviknuti se od čega); hajduštvo mu razvezalo i ruke i noge, ali se odigao od matere zemlje 하이둑 생활은 그의 손발을 자유롭게 했으나 고향으로부터 멀리 떨어져 생활해야 했다

O

odići *odiđem* (完) **odilaziti** *-im* (不完) 1. 떠나다, 흩어지다 (otići, razići se); *za jedan i po čas odiđe sav narod* 한 시간 반이 지난 후에 모든 사람들이 떠난다 2. (물 등이) 흐르다, 흘러가다 (oteći)

odigrati *-am* (完) **odigravati** *-am* (不完) 1. 경기를 하다 (끝까지), 춤을 추다; ~ *kolo* 콜로 춤을 추다; ~ *partiju šaha* 체스 경기를 하다; ~ *utakmicu* 시합을 하다 2. (무대에서) 역(役)을 하다, 공연하다; *u ovoj školi nikad nije odigran kakav komad* 그 어떤 연극도 이 학교에서 공연되지 않았다 3. (음악을) 연주하다; *odigrala je na klaviru dve vežbe* 두 번의 피아노 연습을 했다 4. 춤추면서 한 쪽 구석으로 가다 5. 기타; ~ (*važnu, svoju*) *ulogu* 어떤 사건의 전개과정에 영향을 끼치다, 주요 상수의 역할을 하다; ~ *svoje* 자신의 영향력을 상실하다, 압력을 받다, 따돌림을 당하다 5. ~ *se* 발생하다, 일어나다 (dogoditi se, desiti se); *nisu ni zamišljale da bi se drugačije mogao ~ taj susret* 그들은 그렇게 그러한 만남이 이루어질 줄은 생각치도 못했다; *to se odigralo za tren oka* 그것은 눈깜짝할 사이에 일어났다

odijum 반감, 증오 (mržnja; odvratnost)

odilazak *-ska* 참조 odlazak

odilaziti *-im* (不完) 참조 odići

odio (男) 1. (행정 관청 등의) 과(課) (odsek, odeljenje); *administrativni* ~ 행정과; ~ *za prosvetu* 교육과; *finansijski* ~ 재무과 2. (軍) 분대 3. 작은 칸(공간), (열차의) 쿠페 4. (책의) 장(章)

odiozan *-zna, -zno* (形) 밉살스런, 불쾌한, 싫은, 마음에 들지 않는 (odvratan, mrzak, gadan)

odisati *-šem* (不完) 1. 안도의 한 숨을 내쉬다 (uzdisati) 2. 냄새가 나다, 냄새를 내뿜다 3. (비유적) ~으로 꽉 차다, 냄새를 풍기다 (biti prožet, ispunjen čime; zračiti); *njihova škola odisala je tipičnim duhom nemačke klasične gimnazije* 그들의 학교는 전형적인 독일 인문고등학교의 정신으로 꽉 차 있었다 4. (아지랑이 등이) 뭉개뭉개 피어오르다 (dizati se, pušiti se); *sa zemlje je odisala laka para* 땅에서 열은 아지랑이가 피어올랐다

odiseja 장기간의 모험(여행); *njegov život obična je činovnička* ~ 그의 삶은 평범한 관료의 삶이었다

odiskona (副) 태고적부터, 먼 옛날부터 (od najdavnjih vremena)

odista (副) 참으로, 정말로 (doista, stvarno)

odistinskī *-ā, -ō* (形) 정말의, 참말의, 진짜의, 실재의 (istinski, pravi, stvaran); *izgledali smo kao* ~ *ljubavnici* 우리는 진짜 연인같았다

odjahati *odjašem* (完) **odjahivati** *-hujem* (不完) 1. 말을 타고 가다(떠나다) 2. 말에서 내리다 (sjahati) 3. (konja) 말을 몰다 (말에 타 있는 상태로) 4. (od konja) 말에서 누구를 내려주다

odjava 퇴거(철수·취소) 신고; ~ *boravka* 퇴거 신고 (反: prijava)

odjaviti *-im* (完) **odjavljivati** *-ljujem* (不完) 1. (기존에 신고된 계약관계의 중단, 해고 등을) 통지하다, 통보하다; 취소하다, 철회하다, 취하하다 ~ *kuću pomoćnicu* 가정부의 고용사실을 취소하다 2. 대답하다, 응답하다 (odazvati se, odgovoriti) 3. ~ *se* 인사말에 답례하다; 대답하다 4. ~ *se* (신고) 리스트에서 지우다

odjedanput, odjedared, odjednom (副) 1. 동시에 (u isti mah, istovremeno) 2. 갑자기, 예기치않게 (iznenada, neočekivano)

odjedriti *-im* (完) 돛(jedro)을 올리다, 배를 타고 떠나다, 항해를 떠나다 (otploviti)

odjek 1. 메아리, 반향 2. (비유적) 반영, 반사 (odraz, izraz) 3. (비유적) (여론 등의) 반응, 반향 (odziv, interesovanje)

odjeknuti *-nem* (完) **odjekivati** *-kujem* (不完) 1. 반향하다, 울리다, 울려 퍼지다; *odjeknuo je pucanj* 총소리가 울렸다 2. 깊게 숨을 들이쉬다 (duboko uzdahnuti, jeknuti) 3. 깊은 인상을 남기다; *to će silno ~ među vašim biračima* 그것은 유권자들 사이에서 커다란 반향을 불러 일으킬 것이다; *ova vest je odjeknula kao bomba* 이 뉴스는 폭탄과 같이 커다란 반향을 일으켰다

odjesti *odjedem* (完) 1. 음식의 일부분을 먹다 2. 먹는 것을 마치다, 다 먹다 (svršiti jelo)

odjuriti *-im* (完) 1. 뛰어가다, 뛰어 도망치다 (otrčati; pobeći) 2. 쫓아내다 (oteratri)

odjužiti *-im* (完) 따뜻해지다, 남풍(南風)의 영향으로 추위가 약해지다 (서리 등), 녹기 시작하다(눈·얼음 등이); *topao zimski dan, pa sneg odjužio* 따뜻한 겨울 날씨로 눈이 녹기 시작했다

odlagati *-žem* (不完) 참조 odložiti

odlaknuti *-nem* (完) (kome) 1. 짐을 가볍게 하다, 부담을 덜다 (olakšati, smanjiti teret; ublažiti tegobe); *moram da odlaknem sebi* 짐을 덜어야 한다 2. (논리적 주어가 여격으로 표시된 무인칭문에서) 안도감을 느끼다, 안도의 한숨을 쉬다; *Gojku malo odlaknu kad ostade sam* 고이코는 혼자 남아 있을

O

때 안도감을 느낀다

odlamati (se) -am (se)(不完) 참조 odlomiti (se)

odlanuti -em (完) 1. 참조 odlaknuti; *meni je odlanulo* 나는 부담을 덜었다; *sestro moja, odlani mi tugu* 누이여, 내 슬픔을 덜어주오 2. (통증이) 사라지다, 없어지다 (uminuti, prestati)

odlazak -ska 출발 (polazak)

odlaziti -im (不完) 참조 otići

odlediti -im; *odleden* (完) **odleđivati** -đujem (不完) 1. 얼음을 녹이다, 얼음을 제거하다; ~ *frižider* 냉장고의 얼음을 없애다 2. ~ se 얼음이 녹다 (otopiti se, raskraviti se); *odledilo mu se srce* 그의 마음속의 얼음이 녹아 내렸다

odlegati (se) -že (se) (不完) 들리다, 울리다; *naši (se) glasovi nadaleko odležu* 우리 목소리는 멀리까지 들린다

odlemiti -im; *odlemljen* (完) **odlemljivati** -ljujem (不完) 납땜(lem)으로 붙은 것을 납땜질로 나누어 놓다

odlepiti -im (完) **odlepljivati** -ljujem (不完) 1. (풀로 붙인 것을) 떼다, 떼어내다; ~ *marku* 우표를 떼다 2. ~ se (풀로 붙인 것이) 떨어지다, 떼어지다; *marka se odlepila* 우표가 떨어졌다 3. (비유적) ~ se 멀어지다, 분리되다 (odvojiti se, udaljiti se); *nisu hteli da se odlepe od granice* 그들은 국경에서 좀처럼 떠나려고 하지 않았다; *avion se odlepio od piste* 비행기는 활주로를 이륙했다

odleteti -im(完) **odletati** -ćem (不完) 1. 날아가다 (leteći otići); 뛰어가다 (otrčati, odjuriti) 2. 해고되다, 해직되다; 직위해제되다 3. (빨리 움직이는 과정에서) 떨어져 나가다

odlevak -evka (고래의) 물뿜는 구멍

odležati -im (完) **odležavati** -am (不完) 1. 투병으로 들어눕다 (odbolovati); *on je odležao nekoliko meseci* 그는 몇개월간 병으로 들어 누웠다 2. 투옥생활을 하다; *za kaznu je odležao u samici dva nedelja* 2주간 독방에서 징계생활을 했다 3. 숙성되다 (포도주 등이)

odličan -čna, -čno(形) 1. 아주 훌륭한, 뛰어난 (izvanredan); ~ *stručnjak* 뛰어난 전문가; ~čna *knjiga* 훌륭한 책 2. 성적이 아주 좋은; ~ *đak(student)* 뛰어난 학생 3. 평판이 아주 좋은 (veoma cenjen, ugledan)

odličit -a, -o (形) 특수한, 특별한 (osobit, naročit)

odličje 1. 훈장 (orden); *imam ~ za hrabrost* 용맹 훈장이 있다 2. 특색, 특징 (posebno obeležje, odlika)

odličnik 저명 인사, 유명 인사; 고위 인사

odlično (副) 훌륭하게, 뛰어나게

odlika 1. 특색, 특징 2. 인정, 감사 표시; 훈장 (pohvala, priznanje; orden) 3. 뛰어난 성적 (실적·업적); *položio je sa ~om* 뛰어난 성적으로 합격했다

odlikaš 우등생, 성적이 아주 뛰어난 학생 **odlikašica**

odlikovanje (동사파생 명사) odlikovati (se)

odlikovanje (보통 국가 원수가 수여하는) 훈장, 메달 (orden, medalja); *predati ~* 훈장을 수여하다

odlikovati -kujem (完,不完) 1. 훈장을 수여하다; ~ *nekoga ordenom* ~에게 훈장을 수여하다 2. 경의를 표하다 3. 특징 지우다, 구별 짓다 4. ~ se 구별되다, 식별되다; *njegova dela se odlikuju lepim stilom* 그의 작품들은 아름다운 스타일로 (다른 작품들과) 구별된다 5. ~ se 우수한 성적을 올리다; *bio je uredan đak i uspeo čak da se odlikuje* 그는 성실한 학생이었으며 뛰어난 성적도 올릴 수 있었다

odliti odlijem (完) **odlivati** -am (不完) 1. 조금 따르다, 조금 따라 붓다; *odlio je malo supe* 그는 수프를 조금 따랐다 2. (물 등 액체가) 흘러가게 하다 3. ~ se (물 등 액체가) 세어 나가다, 흐르다

odliv 1. 물 등 액체가) 흐름, 흘러감, 빠져 나감; ~ *stanovnoštva (intelektualaca)* 인구(두뇌) 유출 2. 감소 (opadanje, osipanje, smanjenje) 3. 썰물 (oseka) 4. 출혈 (krvavljenje, krvarenje); ~ *krvi* 출혈 5. 주조; 주조물; ~ *zvona* 종(鐘) 주조; ~ *topova* 대포 주조

odlivak -vka 1. 금속 주조물 2. 참조 odliv

odlomak -omka 1. 떨어져 나간 조각, 부서진 조각 2. (전체의) 일부분; ~*mci iz knjige* 책의 일부

odlomiti -im; *odlomljen* (完) **odlamati** -am (不完) 1. 부러뜨리다; *odlomi mi komad!* 분질러 나한테 좀 줘! 2. ~ se 부러지다; *ja nisam odlomio naslon divana, odlomio se sam* 내가 소파 등받이를 부시지 않았어, 저절로 부숴졌어!; *odlomila se drška od bokala* (유리) 주전자의 손잡이가 깨졌다

odložiti -im (完) **odlagati** -žem (不完) 1. 연기하다, 뒤로 미루다; ~ *ispit (put)* 시험(여행)을 연기하다 2. 한 쪽에 놓다, 내려놓다 (staviti na stranu, spustiti); ~ *oružje* 무기를 내려놓다 3. (윗 옷, 상의를) 벗다 (svući) 4. (方言) (불을) 때다 (naložiti, potpaliti)

701

O

odloživ -a, -o (形) 연기할 수 있는, 뒤로 미룰 수 있는

odlubiti -im; odlubljen (完) odlubljivati -ljujem (不完) 1. 나무껍질을 벗기다, 껍질을 벗기다 (odvojiti lub, oljuštiti) 2. ~ se 껍질이 벗겨지다

odlučan -čna, -čno (形) 1. 단호한, 확고한, 굳게 결심한 (nepokolebljiv) 2. 결정적인, 중요한, 중대한 (odlučujući, presudan); u ~čnom trenutku 결정적 순간에 3. (드문 경우) 명확한, 분명한 (nesumnjiv, očigledan)

odlučiti -im (完) odlučivati -čujem (不完) 1. 결정하다, 결심하다; on je odlučio da ode 그는 떠나기로 결정했다 2. (koga) 설득하다, 설득하여 ~하게 하다 (privoleti) 3. ~ se 결심하다; on se odlučio na taj korak 그는 그런 행보를 결심했다

odlučivanje (동사파생 명사) odlučivati; ~ u preduzećima 회사에서의 결정; sa pravom ~a 결정권을 가지고

odlučnost (女) 단호함, 확고함, 결연함 (nepokolebljivost)

odlučujući -ā, -ē (形) 결정적인, 중요한; ~a uloga 결정적 역할

odluka 1. 결정; 결심, 결단, 결의; 결론; odluka je pala 결정되었다; doneti ~u 결정하다; ostati pri ~ci 결정을 충실히 지키다 2. 결정적인 사건(일) 3. 결단성, 과단성 (odlučnost, rešenost)

odlunjati -am (完) 헤매다, 떠돌아다니다, 방랑하다 (odlutati); stari njegov pas odlunja 그의 늙은 개는 떠돌아다닌다; umrla mu mati zarana a otac odlunja 그의 어머니는 일찍 세상을 뜨고 아버지는 세상을 떠돌아 다닌다

odlutati -am (完) 떠돌아다니다, 방랑하다, 유랑하다 (odskitati)

odljud 비인간(非人間), 사회의 낙오자, 쓰레기 같은 사람 (nečovek, nitkov, gad)

odljuditi se -im se; odljuđen (完) 사회의 낙오자가 되다, 쓰레기 같은 사람이 되다

odljutiti se -im se (完) odljućivati se -ćujem se (不完) 화를 풀다, 진정하다

odmaći, odmaknuti odmaknem; odmaknuo, -ula & odmakao, -kla (完) odmicati -čem (不完) 1. 치우다, 제거하다, 없애다, 멀찌기 거리를 띄우다, 멀리하다 (izmaknuti, udaljiti, otkloniti); odmakni stolicu od kamina 의자를 벽난로에서 치워라 2. 떠나다, 멀어지다 (otići, udaljiti se); ~ od kuće 집에서 떠나다; do podne je već bio prilično odmakao 정오경까지는 이미 어느정도 멀리 갔다 3. (하늘에) 높이 뜨다; sunce se odmaklo 해가 중천에 떴다 4. 발전하다, 진보하다 (izmaći napred, razviti se, isprednjačiti); evropa je već daleko odmakla od svojih početaka 유럽은 초기에 비하면 이미 굉장히 발전했다 5. (시간이) 상당히 흐르다, 지나다; vreme je odmaklo 시간이 상당히 지났다 6. ~ se 멀어지다, 떨어지다; odmakni se od njega 그에게서 떨어져!

odmagač 방해꾼, 훼방꾼

odmagati -žem (不完) 참조 odmoći

odmagliti -im (完) (口語) 빠르게 가다, 사라지다 (otići brzo, pobeći, izgubiti se); deca su odmaglila u školu, koja se nalazi daleko 아이들은 멀리 있는 학교에 쏜살같이 갔다

odmah (副) 1. 즉시, 즉각, 당장 (smesta) 2. 바로 코앞의 (거리상의); ~ do kapije 대문 바로 옆의

odmahivati -hujem (不完) 1. 참조 odmahnuti 2. 밀다, 떠밀다 (gurati) 3. 손을 흔들다 (인사의 표시로) 4. ~ se (동의하지 않는 표시로) 가로젓다

odmahnuti -nem (完) odmahivati -hujem (不完) (부정, 동의하지 않음 등의 의미로)손을 가로젓다, 머리를 가로젓다, 어깨를 들썩이다; ~ glavom 고개를 가로젓다

odmak (시·공간의) 거리, 간격, 사이 (rastojanje, razmak, udaljenost)

odmaknuti -nem (完) 참조 odmaći

odmalena (副) 어려서부터 (izmalena)

odmamiti -im (完) odmamljivati -ljujem (不完) 유인해 가다 (mameći odvesti, odvući); ~ životinju 동물을 유인하다; odmamili su nam najbolje ljude 그들은 우리의 가장 뛰어난 사람들을 유인해 갔다

odmaralište 휴게소, 휴양소

odmarati (se) -am (se) (不完) 참조 odmoriti (se)

odmaršírati -am (完) 행진해 가다; 빠른 걸음으로 가다

odmastiti -im (完) (드문 경우) 보복하다, 복수하다 (osvetiti se, odmazditi)

odmazda 복수, 보복, 앙갚음 (osveta)

odmena 1. 교체품, 대체제; 교체자, 교대자 (zamena) 2. 교체, 변화, 바꿈 (promena, izmena)

odmeniti -im (完) odmenjivati -njujem (不完) 1. 교대하다, 교체하다 (임무 등의 수행을); ~ nekoga 누구를 대체하다 2. ~ se 교체하다, 교대하다 (직장 등에서) (smeniti, zameniti)

odmeravati (se) -am (se) (不完) odmeriti (se)

odmeren -a, -o (形) 1. 참조 odmeriti 2. 동일

702

한, 고른 (ravnomeran, ujednačen); ~im se koracima uputio ravno 동일한 보폭으로 반듯히 갔다 3. 균형잡힌, 이성적인, 절제된, 신중한 (uravnotežen, trezven, uzdržljiv, staložen); to je bio čovek ~og držanja 절제된 행동을 하는 사람이었다; njegove su reći bile dobro ~e 그의 말은 잘 절제되어 있었다
odmerenost (女) 절제, 균형, 균형감
odmeriti -im (完) odmeravati -am (不完) 1. 재다, 측정하다 (길이·무게 등을) 2. (상벌·보수 등을) 주다, 할당하다; ~ kaznu 벌을 주다 3. (보통 očima, pogledom, od glave do pete 등과 함께 쓰여) 매우 주의깊게(신중히) 처다보다, 날카롭게 바라보다 4. 치다, 때리다 (zadati udarac, udariti); ~ šamar 뺨을 때리다 5. 기타; ~ snage 힘을 겨루다, 결투하다 6. ~ se 서로 상대방을 뚫어지게 바라보다 7. ~ se 전투하다, 충돌하다
odmet 참조 odmetak; to nije na ~ 그것은 버릴 것이 아니다, 폐기물이 아니다
odmetak -tka 버리는 것, 폐기물 (otpadak)
odmetati (se) -ćem (se) 참조 odmetnuti (se)
odmetnik 배반자, 배신자, 변절자; 배교자 (otpadnik); 봉기자 (정부·기존 질서에 반해 일어난) (buntovnik); ~ od društva 사회로부터 쫓겨난 사람 odmetnica; odmetnički (形)
odmetništvo 배교(背敎), 배신(背信), 변절, 탈당; 봉기, 궐기
odmetnuti -nem (完) odmetati -ćem (不完) 1. 봉기(궐기)를 조장하다 (선동하다) (podbosti, podbuniti) 2. 내던지다, 던지다 (odbaciti, odložiti) 3. 더 멀리 던지다, 표적보다 멀리 던지다 (prebaciti) 4. 빼다, 제하다 (oduzeti, smanjiti); ja tu niti mogu dodati ni ~ 나는 여기에 더하거나 뺄 수 가 없다 5. ~ se (정부·법률·사회 등에 대항하여) 일어나다, 봉기를 일으키다; ~ se u hajduke 하이두크가 되다 6. ~ se 멀어지다, 떠나다 (udaljiti se, otuđiti se); ~ se od nekoga (nečega) ~을 떠나다
odmicač (숙어로); mišić ~ (解) 외전근(筋)
odmicati -ćem (不完) 참조 odmaći
odmila (副) 애정을 담아, 사랑스럽게 (누구한테 사랑스럽게 말할 때)
odmileti -im (完) 기어가다, 기어나가다, 포복해 가다 (mileći se udaljiti, otpuziti)
odminuti -nem (完) (통증이) 사라지다, 없어지다 (proći, prestati, uminuti); kad se nebo malo razvedri, bolovi odminuše 날씨가 청명해지면 통증이 사라진다
odmitingovati -gujem (完) 집회를 하면서 시간

을 보내다, 집회로 시간을 보내다
odmoć -oći (女) 방해, 훼방 (反: pomoć); to mi nije pomoć, nego ~ 그것은 나를 돕는 것이 아니라 방해하는 것이다
odmoći odmognem (完) odmagati -žem (不完) ~ nekome 방해하다, 훼방하다
odmoliti -im (完) 1. 간청하다 2. 기도문(청원문)을 다 읽다 3. (迷信) (기도하면서) 빌어 병을 내쫓다
odmor 1. 휴식, 휴양; bez ~a 쉼없이, 쉬지 않고; večni (večiti) ~ 영면(永眠); aktivan ~ 능동적 휴식 2. (학교의) 방학, (직장의) 휴가; školski ~ 학교 방학; godišnji ~ 연가(年暇); biti na ~u 휴가중이다 3. (詩) 행간의 휴지 (cezura)
odmoran -rna, -rno (形) 1. 쉰, 휴식을 취한; 신선한, 힘이 넘치는 (koji se odmorio; svež, krepak); on se oseća ~rnim 그는 휴식을 취했다는 느낌이다 2. (토지가) 오랫동안 경작되지 않고 휴경된
odmorište 1. 휴게소, 휴양소; večno ~ 무덤, 묘지 2. 층계참 (層階站; 층계의 중간에 있는 좀 넓은 곳)
odmoriti -im (完) odmarati -am (不完) 1. 쉬다, 휴식하다, 휴식을 취하다, 휴양하다 (反: umoriti); ~ noge(oći) 다리(눈)를 쉬게 하다 2. ~ se 쉬다, 휴식을 취하다; on mora da se odmori 그는 휴식을 취해야 한다
odmornik 1. 휴가자, 휴가중인 사람, 연가(年暇)중인 사람 2. (쉴 수 있는) 소파, 침대의자 (otoman, kanabe, divan) 3. (詩) 행간의 휴지 (prekid, cezura)
odmotati -am (完) odmotavati -am (不完) 1. (감긴 것을) 풀다, 끄르다 (razmotati); ~ konac (klupče) 실(타래)을 풀다; ~ uže 밧줄을 풀다; ~ paket 소포를 풀다 2. ~ se 풀리다 (razmotati se); 펼쳐지다 (raširiti se)
odmrsiti -im; odmršen (完) odmršavati -am (不完) 1. (얽힌 실, 묶인 것 등을) 풀다, 끄르다 (razvezati, rasplesti, raspetljati, razmrsiti); ~ čvor 매듭을 풀다 2. ~ se 풀리다; situacija se konačno odmrsila 상황이 마침내 풀렸다 (해결되었다); klupče se odmrsila 실타래가 풀렸다
odmrznuti -nem; odmrznuo & odmrzao, -zla; odmrznut (完) odmrzavati -am (不完) 1. (눈·얼음 등을) 녹이다, 해동하다 (raskraviti, otkraviti, otopiti); ~ frižider 냉장고의 성애를 제거하다 2. ~ se (눈·얼음 등이) 녹다; cevi su se odmrzle 파이프가 녹았다
odnatrag, odnatraške (副) 뒷 면에서부터, 뒤

O

에서부터 (sa zadnje strane, ostrag, otpozadi)

odnegovati -gujem (完) 1. 기르다, 키우다; 양육하다 (odgajiti, othraniti); ~ biljku 식물을 키우다; ~ tuđe dete 다른사람의 아이를 키우다 2. 보살피다, 잘 가꾸다, 좋은 상태로 유지하다; imao je fine odnegovane ruke 그는 잘 가꾼 손이 있었다

odnekle, odnekud(a) (모르는) 어딘가로부터; on je ~ došao 그는 어딘가로부터 왔다

odneti odnesem; odnet, -a & odnesen, -a; odneo, odnela (完) **odnositi** (不完) 1. 가져가다; ~ svoje stvari 자신의 물건을 가져가다; ~ knjigu u biblioteku 책을 도서관에 가져가다; ~ pobedu 승리하다 2. (메시지 등을) 전달하다 3. (체스·카드 등에서) 상대편의 말을 따 먹다 4. 가지고 가다, 빼앗아 가다, 못쓰게 만들다 (razneti, uništiti, upropastiti); nekome je granata odnela ruku, nogu ili čak i glavu 폭탄이 손과 발 심지어는 목숨까지 앗아갔다 5. 기타; kao rukom odneto (odneseno) 빠른 시일내에 완전히 회복된 (치료된); odnela mutna voda 일이 실패로 끝났다, 흔적도 없이 사라졌다; odneo vrag šalu 상황이 심각해졌다; odneo ga đavo 망했다, 일이 실패로 끝났다; ~ gaće na štapu 아무 것도 남지 않다 (빈털털이가 되다); ~ pamet kome (보통 사랑으로 인해) 제 정신이 아니게 하다, 눈이 멀게 하다

odnos 1. 관계, 상관관계; ~ uzroka i posledica 인과관계 (因果關係) 2. (사람들 상호간의) 관계, 인간관계; biti u dobrim (rđavim) ~ima 좋은(나쁜) 관계이다; ekonomski ~i 경제관계; dobrosusedski ~i 선린(善隣)관계; biti u radnom ~u 고용관계이다; prekinuti ~e 관계를 끊다; u ~u na koga (nešto) ~와 관련하여 3. 연관성, 상호관련성; ~ snaga (정치) 역학관계 4. 남녀관계; polni ~ 성관계 5. (數) 비율 (razmera)

odnositi -im (不完) 1. 참조 odneti 2. ~ se prema nekome (~에 대해) 행동하다, 대하다, 처신하다 (ponašati se, držati se); svi su se odnosili prema nama sa njježnošću 모두 우리에게 관대하게 행동했다(대했다) 3. ~ se na nešto (nekoga) 관련되다, 관계가 있다 (ticati se); ovo se i na nju odnosi 이것은 그녀와도 관련이 있는 것이다

odnosnī -ā, -ō (形) 1. 관계의, 관련있는 2. (文法) 관계사의, 관계절을 이끄는; ~a zamenica 관계대명사; ~ rečenica 관계절

odnosno 1. (前置詞, + G) ~ 관하여, ~에 관해

서는; ~ vašeg pisma 당신의 편지에 관해서; sudbina Srbije zavisila je od pogodbe na koju se budu složile Rusija i Francuska odnosno Turske 세르비아의 운명은 터키와 관련하여 러시아와 프랑스간의 담판에 달려 있었다 2. (分司) 바로 그, 즉; 혹은 (upravo, to jest; ili); to će uticati na potrošače, ~ na prodaju 그것은 소비자들에게, 즉 판매에 영향을 미칠 것이다

odnošaj 참조 odnos

odobravanje (동사파생 명사) odobravati (se)

odobravati -am (不完) 참조 odobriti

odobrenje (동사파생 명사) odobriti; 승인, 허가, 허락; tražiti ~ 승인을 요구하다; dati ~ za što ~에 대해 승인하다

odobriti -im (完) **odobravati** -am (不完) 1. 승인하다, 인가하다, 재가하다; ~ nečiji rad 누구의 작업을 승인하다; ~ plan 계획을 인가하다 2. 허가하다, 허락하다; ~ detetu da ide u bioskop 아이가 극장에 가는 것을 허락하다

odobrovoljiti -im (完) **odobrovoljavati** -am (不完) 1. (다른 사람이) 기분이 좋아지게 하다, 기분 좋게 하다 (raspoložiti) 2. ~ se 기분이 좋아지다

odocniti -im (完) 늦다 (zadocniti, zakasniti)

odojak -ojka (동물의) 아직 젖을 빠는 새끼 (보통은 새끼 돼지)

odojčad (集合) odojče

odojče -eta 1. 아직 젖을 빠는 아기 2. 참조 odojak

odojiti -im (完) (아기에게) 젖을 주다, 젖을 빨게 하다; 젖을 빨려 키우다

odoka (副) 대강, 대충, 대략적으로 (otprilike, nasumce)

odoleti -im (完) **odolevati** -am (不完) (공격·저항·병 등을) 이겨내다, 극복하다, 물리치다; ~ neprijatelju 적의 (공격을) 물리치다; ~ iskušenju 유혹을 이겨내다; ~ bolesti 병마를 극복하다; ~ srcu 자제하다

odoljen (植) 쥐오줌풀

odoljiv -a, -o (形) 이겨낼 수 있는, 극복할 수 있는

odomaćiti -im (完) **odomaćivati** -čujem (不完) 1. (자신의 것으로) 받아들이다, 수용하다; ~ običaj 풍습을 수용하다 2. 잘 알고 익숙하게 하다 3. ~ se 자기 집처럼 편하게 느끼다; (풍습·환경·생활에) 익숙해지다; (동식물이) 번장하여 서식하다; 항시적으로 사용되다; 뿌리를 내리다; ja sam se već sasvim odomaćio u vašoj kući 나는 벌써 당신의 집에 익숙해졌어요, 당신의 집이 편안하게 느

O

꺼집니다; *ove su se reći odomaćile* 이 어휘들은 국어화되었다 (널리 사용되고 있다) 3. ~ se 집에 거주하다, 집에 살다; 가정을 꾸리다

odonomad, odonomadne (副) 최근에, 근래에, 요즘에 (onomad, pre tri-četiri dana, ovih dana)

odontitis 치염(齒炎) (zapaljenje, upala zuba)

odontologija 치과학

odonud(a) (副) 거기로부터, 그 (쪽)방향에서, 거기에서 (iz onog pravca, sa one strane; od onog mesta, odande); *odovud-* ~ 하여튼, 여하간; 어떻게 해서 (nekako, na neki način; ipak, najzad)

odora 1. 옷, 의복; 예복, 관복 (보통 행사용의) (odelo, haljine; uniforma) 2. (方言) 약탈품 (사람들로부터 빼앗은) (plen, pljačka)

odorati *-em* (完) 1. (남의 땅을 침범하여) 밭을 갈다 2. 밭을 다 갈다 (završiti oranje) 3. (다른 사람의 밭을 갈아 주면서) 진 빚을 갚다

odostrag(a) (副) 뒤에서, 뒤에(ostrag, pozadi)

odovud(a) 1. (副) 여기서부터, 이 방향에서 (odavde, od ove strane, iz ovog pravca) 2. (前置詞, + G) (方言) 여기서부터, ~부터

odozdo(l), odozdola (副) 1. 밑에서부터 (od dole, s donje strane); 밑에 (dole, na donjoj strani); *kolač je ~ izgoreo* 케이크는 밑에서부터 탔다 2. (비유적) 밑으로부터, 하층민으로부터, 일반 국민들로부터; *vlast mora da sluća ~* 정부는 밑으로부터의 목소리를 들어야 한다

odozgo(l), odozgora (副) 위에서부터, 위에 (s gornje strane, od gore; na gornjoj strani, gore); *gledati (na koga)* ~ 거만해지다, 우쭐대다, 깔보다, 위에서 내려다 보다

odračunati *-am* (完) **odračunavati** *-am* (不完) 제하다, 빼다, 공제하다 (odbiti, oduzeti)

odraditi *-im* (完) **odrađivati** *-đujem* (不完) 1. (빚 등을) 일하여 갚다; ~ *štetu* 피해입힌 것을 일하여 갚다 2. (가능한 일, 필요한 일 등을 끝까지) 마치다, 해치우다

odrana (副) 어려서부터 (odmalena)

odranije (副) 일찍이, 일찍부터, 벌써부터 (iz ranijeg vremena, otpre, izranije); *Milan ga je znao ~* 밀란은 그를 벌써부터 알고 있었다

odranjati (se) *-am (se)* (不完) 참조 odroniti (se)

odrapiti *-im*; *odrapljen* (完) **odrapljivati** *-ljujem* (不完) 1. (보통 매·회초리로) 세게 때리다 2. 바가지를 씌우다; 높은 형량을 선고하다 3. 단호하게 말하다, 탁 터놓고 말하다; 거만하게 대답하다

odrastao *-sla, -slo* 1. 참조 odrasti 2. 성장한, 다 큰 3. (명사적 용법, 한정사적으로) **odrasli**; 성년, 어른

odrasti *-astem; -stao, -sla* (完) **odrastati** *-am* (不完) 크다, 자라다, 성장하다 (porasti); *on je odrastao u Americi* 그는 미국에서 자랐다; *odrasti na pasulju* 가난하게 성장하다

odrati (se) *oderem (se)* (完) 참조 oderati (se)

odraz 1. (거울 등의) 영상, (물 등에 비친) 그림자 2. 반사광, 반사열, 반향음; 반사작용 (odsjaj, odblisak); ~ *svetlosti* 빛의 반사; *teorija* ~a 반사작용 이론; *ugao* ~a 반사각 3. (어떤 영향의 결과로써) 반사, 반영, 투영 4. (스포츠) 땅을 차고 도약할 때의 발의 자세 **odrazni** (形) ~*o mesto* 도약 지점, 발판 (넓이 뛰기, 높이 뛰기 등의)

odraziti *-im*; *odražen* (完) **odražavati** *-am* (不完) 1. (빛·소리 등을) 반사하다, 반향하다; (수면 등이) 반사시키다; (거울 등이) 상을 비치다, 반영하다; ~ *svetlost (zvuk)* 빛 (소리)을 반사시키다 2. (상황·상태 등을) 반영하다, 나타내다 3. ~ se 반사되다, 반향되다; 반영되다; *suša će se ~ na cene (na cenama)* 가뭄은 가격에 반영될 것이다 4. ~ se (스포츠) 도약하다, 뛰어오르다

odrečan *-čna, -čno* (形) 부정(否定)의, 부정적인 (negativan; 反: potvrdan); ~ *odgovor* 부정적인 대답

odreći *odreknem & odrečem; odreci; odrečen, -a; odrekao, odrekla* (完) **odricati** *-čem* (不完) 1. 부인(否認)하다, 부정하다 (poreći, pobiti, osporiti); *on odriče svoju krivicu* 그는 자신의 잘못을 인정하지 않는다; *ono što rekoh, ne odrekoh!* 내가 말한 것은 지킨다 2. 거절하다, 거부하다 (odbiti); *on je odrekao da izađe u šetnju* 그는 산책나가기를 거절했다; ~ *kome prijateljstvo* ~와의 우의관계를 단절하다 3. ~ se 포기하다, 단념하다 (lišiti se, odbaciti); ~ *se nasleđe* 상속을 포기하다; ~ *se prestola* 왕위(王位)를 포기하다; ~ *se svih prava* 모든 권리를 포기하다 4. ~와의 관계를 부인하다, (보통 부모자식, 형제남매간 등의 관계를) 의절(義絶)하다; ~ *se dece* 자식과의 관계를 단절하다; *ona je ćerka bogatog trgovaca, ali je otac odrekao kad je pobegla* 그녀는 부유한 장사꾼집 딸이었다 하지만 그녀가 가출했을 때 그녀의 아버지는 그녀와 의절했다

odred (軍) 1. (일시 임무를 지닌) 대(隊), 반(班); *jurišni* ~ 돌격대; *izviđački* ~ 정찰대; *zaštitni* ~ 수비대 2. (전함의) 대(隊) (skup,

O

skupina) **odredski** (形)

odreda (副) 차례차례로 (jedno za drugim, redom); *počela je vojska i žandarmerija da legitimiše sve ~* 경찰과 군병력은 모든 사람을 차례차례 검문하기 시작했다

odredba 1. (법률·계약등의) 규정, 조항 2. 명령 (naredba, naređenje) 3. (文法) 수식 어구, 한정사

odredbenica (文法) 수식 어구, 한정사

odredište 목적지, 행선지, 도착지

odrediti *-im*; *određen* (完) **odreðivati** *-đujem* (不完) 1. 정하다, 결정하다, 명확하게 하다; 결심하다; ~ *unapred* 먼저 결정하다; ~ *pojam* 개념을 확실히 하다; ~ *mesto i vreme* 장소와 시간을 결정하다; ~ *zakonom* 법률로 정하다; ~ *vrednost* 가치를 결정하다; ~ *cene* 가격을 매기다 2. (약·치료법 등을) 처방하다, 지시하다; ~ *nekome lek* 약을 처방하다 3. 지명하다, 임명하다, 내정하다; ~ *nekoga za komandanta* 누구를 사령관으로 지명하다; *on je određen za državnu reprezentaciju* 그는 국가대표팀의 일원으로 지명되었다; *nju su odredili da nosi zastavu* 그녀가 국기를 들고 가는 것으로 결정했다 4. ~ *se* 마음먹다, 결심하다, 결정하다 (zauzeti svoj stav, oprediliti se)

odrednica (사전의) 표제어 (natuknica); *zasebna ~* 별도의 표제어

određen *-a, -o* (形) 1. 참조 odrediti 2. 확실한, 분명한 (jasan, nedvosmislen); *~o držanje* 분명한 태도; *~o izjašnjenje* 확실한 설명 3. 어떤, 일정한 (neki, izvestan); *u ~om stepenu* 일정한 단계에서 4. (文法) 한정의, 한정하는; *~i pridevski vid* 한정 형용사 어형

određenje 1. 목적, 목표; 결심, 결정; 용도 (cilj, opredeljenje, namena) 2. 운명, 숙명 (sudbina, predestinacija)

određivanje (동사파생 명사) određivati

određivati *-đujem* (不完) 참조 odrediti

odrenī *-a, -ō* (形) 관대(棺臺: odar)의

odrešan *-šna, -šno* **odrešit** *-a, -o* (形) 굳게 결심한, 단호한, 불굴의, 의연한 (odlučan)

odrešen *-a, -o* (形) 자유로운, 구속을 받지 않는; ~ *stih* 자유시; *~e ruke* 자유스럽게 행동하고 결정할 수 있는 독립성

odrešiti *-im* (完) **odrešivati** *-šujem* (不完) 1. (묶인 것을) 풀다, 끄르다 (odvezati, razvezati); ~ *kesu* 돈 주머니를 끄르다; ~ *jezik* 침묵을 깨다, 말하기 시작하다 2. (속박·의무·죄 등으로부터) 자유롭게 하다 3. 딱딱하고 단호하게 말하다 4. ~ *se* 풀리다

(odvezati se, razvezati se); 떨어지다, 분리되다 (odeliti se, odvojiti se) 5. ~ *se* 선물을 주다 (dati dar, pokloniti)

odrešitost (女) 단호함, 의연함

odrešnica 면죄부

odreti *odrem & oderem*; *odro, -rla*; *odrt* (完) 참조 oderati

odrezak *-ska* 1. 잘라낸 부분, 한 조각(쪽), 부분 (komad, kriška) 2. (數) 선분(odsečak linije) 3. 쿠폰 (떼어서 쓰는 표) (kupon, talog) 4. 스테이크용으로 얇게 썬 고기 (šnicla); *bečki ~* 비엔나식 고기 튀김

odrezati *-žem* (完) **odrezivati** *-zujem* (不完) 1. 자르다, 잘라내다 (režući odvojiti, odseći); *jednog dana će mi ~ i glavu* 언젠가는 내 머리도 자를 것이다 2. 상호관계를 단절시키다, 고립시키다 (izolovati); ~ *četu od bataljona* 중대를 대대(大隊)로부터 고립시키다 3. 분명히 결정하다 (규정하다) 4. 단호하게 말하다(대답하다)

odricanje (동사파생 명사) odricati

odricati (se) *-čem (se)* 참조 odreći (se)

odričan *-čna, -čno* (=odrečan) (形) 부정의, 부정적인; *~čna rečenica* 부정문

odrina (보통 집 앞의 포도 덩굴로 만들어진) 그늘, 시원한 곳 (čardaklija, venjak, senica, hladnjak)

odrinuti *-nem* (完) 밀다, 밀어내다, 압착하다 (odgurnuti, oturiti, otisnuti)

odrljaviti *-im* (完) (세수도 하지 않아 눈에 눈꼽이 낄 정도로) 꾀죄죄해지다 (postati drljav)

odrobijati 1. (일정기간) 수감 생활을 하다, 감옥 생활을 하다 2. 중노동을 하다 (수감중에)

odrod 변절자, 배신자, 배교자 (otpadnik, renegat, onaj koji se odrodio)

odroditi *-im* (完) **odroðavati** *-am* **odroðivati** *-đujem* (不完) 1. (자신의 일가 친척, 민족으로부터) 소원하게 하다, 멀어지게 하다, 떨어지게 하다 2. ~ *se* 소원해지다, 멀어지다 (일가 친척·민족·국가 등에서) (izroditi se)

odron 1. 낙석(落石); 낙석지 2. (方言) 힘들고 고된 일 (težak, naporan posao)

odroniti *-im* (完) **odronjavati** *-am* (不完) 1.(흙·돌 등을) 떨어뜨리다, 굴리다 2. (눈물을) 흐르게 하다, 흘리게 하다 3. ~ *se* (흙·돌 등이) 떨어지다, 굴러 떨어지다; *odronila se velika stena* 큰 암석이 굴러 떨어졌다; *ovde se često odronjava* 이곳에는 자주 낙석이 떨어진다

odronjavanje (동사파생 명사) odronjavati

O

odronjavati (se) -am (se) (= odronjivati (se))
참조 odroniti (se)
odrpan -pna, -pno (形) 1. 참조 odrpati 2. (옷이)
남루한, 초라한; 찢어진, 해진, 누덕누덕한
odrpanac -nca 누더기 옷을 입은 사람; 헐벗
은 사람
odrpati -am (完) 1. 잡아당겨 찢다, 갈가리 찢
다 (pocepati) 2. 할퀴다, 할퀴어 상처를 내
다 (ogrepsti, izgrepsti) 3. 꼬집다 (ištipati)
4. ~ se 찢어지다 (pocepati se)
odrt -a, -o (形) 1. 참조 odereti (se) 2. (옷 등
이) 해진, 낡은 (istrošen, oronuo) 3. (드물게
비유적으로) 심기가 불편한, 트집만 잡으려
하는 (rđavo raspoložen, čandrljiv, muščav)
odrtina (輕蔑) 1. 낡은 옷, 해진 옷; 누더기
(dronjak, rita) 2. 늙은 말, 늙고 힘이 없는
말 (raga, kljusina) 3. 폐허, 잔해, 파괴된 것
(razvalina, ruševina)
odrubiti -im (完) odrubljivati -ljujem (不完) 1.
자르다, 잘라내다 (odseći, odrezati); ~
glavu 목을 베다 2. 떼어내다 (otkinuti) 3.
(비유적) (종종 숙어로; ~ kao na panju) 무뚝
뚝하고 날카롭게 대답하다 (응수하다)
odručiti -im (完) (보통 구령에 따라) 팔을 양
옆으로 뻗다 (옆사람과의 거리를 재기 위해)
odrvenelost (女) 단단함, 딱딱함; (비유적) 경
직성 (마음의)
odrveneti (se) -im (se) (完) 1. 목화(木化)되다,
단단해지다, 딱딱해지다 (postati drven,
drvenast) 2. 뻣뻣해지다, 굳어지다 (ukočiti
se)
održač (숙어로 사용); ~ veze 연락관, 연락장교
održaj (法) (일정기간 지속된) 불법점유; steći
pravo svojine po osnovu ~a 점유에 근거하
여 소유권을 획득하다
održati -im (完) održavati -am (不完) 1. 보존
하다, 보전하다, 간직하다; 유지하다, 지탱하
다, 지키다 (sačuvati, očuvati); ~ običaje 풍
습을 보존하다; ~ ravnotežu 균형을 유지하
다; ~ prijateljstvo 친선관계를 지탱하다; ~
rok isporuke 인도 기한을 지키다; on
održava tačno rokove isplata 그는 지불기한
을 정확히 지킨다; ~ red 질서를 유지하다; ~
obećanje(reč) 약속을 지키다; ~ pobedu
(megdan) 승리하다; ~ korak ~와 나란히 가
다, 뒤처지지 않다; održavati put (kuću) 도
로(집)을 유지관리하다 2. (행사 등을) 거행
하다, 개최하다, 주최하다 (prirediti, obaviti);
~ miting 미팅을 개최하다; ~ takmičenje 대
회를 거행하다; ~ smotru 사열식을 거행하다
3. (연설·강연 등을) 하다; ~ predavanje 강연

하다 4. (어려움·시련 등을) 이겨내다, 견디다
5. ~ se 유지되다, 보전되다, 간직되다; ~ se
u snazi 효력이 유지되다; ~ se na nogama
서 있다; ona se lepo održava 그녀는 자기자
신을 잘 유지관리하고 있다; i pored svih
teškoća on se ipak održao 그 모든 어려움
에도 불구하고 그는 잘 견뎌냈다 6. ~ se 이
겨내다, 견뎌내다, 극복해 내다; vojnici su se
održali 병사들은 자신들의 위치를 잘 지켜
냈다; on se jedva održao u službi 그는 간신
히 직장에서 견디어냈다 7. ~ se 개최되다,
거행되다; kad se održavaju ispiti? 언제 시험
이 있는가?; kad će se održati kongres? 언
제 행사가 개최되는가?
održavanje (동사파생 명사) održavati (se);
troškovi ~a 유지보수비
odsad(a), od sada (副) 지금부터
odsadašnjī -ā, -ē (形) 지금부터의, 앞으로의,
미래의
odsecati (se) -čem (se) (不完) 참조 odseći (se)
odsečak -čka 1. 잘라진 부분 (odsečen deo
čega, odvojen komad) 2. (數) 선분(線分),
(원의) 호(弧)
odsečan -čna, -čno (形) 1. 퉁명스런, 무뚝뚝한,
단호한 (oštar, odlučan, energičan) 2. (한정
사적 용법에서) 기한의 (odsek)
odseći odsečem; odseci; odsekao, -kla;
odsečen, -a 1. 자르다, 잘라내다, 절단하다;
~ komad hleba 빵 한 조각을 자르다; ~
granu 나뭇가지를 자르다; ~ nogu 다리를
절단하다 2. (통신·공급을 차단하여) 고립시
키다, 단절시키다 (odvojiti, odeliti,
razdvojiti); Nemci su opkolili Pariz i
potpuno ga odsekli od pozadine 독일은 파
리를 포위하여 후방과 완전히 단절시켰다 3.
(종종 숙어로; ~ kao na panju) 무뚝뚝하고
단호하게 말하다 4. 기타; kao odsečena
grana 죽은, 생명이 없는; 외로운; ~
pogledom 째려보다, 날카롭고 엄격하게 바
라보다; svoju 결론내다; odsečen od
svega 완전히 고립된, 외로운; odsečena
glava (nečija) 같은, 동일한; ~와 매우 닮은;
odsečene su mi ruke (일을 할 수 없을 정도
로) 수족이 잘렸다 5. ~ se (na koga) ~에게
소리치다, 고함치다; čim što kažu, ja se
odsečem na njih 그들이 말하자 마자 나는
그들에게 고함을 친다
odsedati -im (完) 1. (일정한 시간동안) 앉다,
앉아 있다; posle ručka odsede u razgovoru
čitav sat 점심 식사후에 한 시간 동안 이야
기하면서 앉아 있다 2. 징역형을 살다

O

707

odsedlati *-am* (完) odsedlavati *-am* (不完) (말에서) 안장(sedlo)을 벗기다; ~ *konja* 말의 안장을 벗기다

odsek 1. 부분 (전체의 일부로서); (서적의) 장(章); (音樂의) 악절; (시간의) 기간 2. (대학교·기관 등의) 과(課); *odsek za anglistiku (germanistiku)* 영어과 (독일어과); ~ *za studentska pitanja* 학생과; *šef ~a* 과장 3. 비탈, 사면(斜面), 경사지; (바다를 향하여 경사진) 대륙 내의 지역

odseliti *-im* (完) odseljavati *-am* (不完) 1. (koga, što) 이주시키다 2. ~ se 이주하다, 이사하다; *odselio se iz Pariza* 파리에서 이사했다

odseljenik 이주자, 이주민 (iseljenik)

odsesti *odsednem* (完) odsedati *-im* (不完) 1. (보통 며칠간) 투숙하다, 머물다; 임시로 체류하다; ~ *u hotelu* 호텔에 투숙하다 2. 말에서 내리다, 말에서 내려오다 3. ~ se 무너지다, 떨어져 내리다 (srušiti se, odroniti se)

odsev (빛의) 반사 (odsjaj, odblesak)

odsevati *-am* (不完) (빛을) 반사하다

odsipati *-am* & *-pljem* (不完) 참조 odasipati

odsjaj 1. (빛의) 반사 (odblesak, odsev) 2. 어스레한 빛, 미광(微光) (slaba, bleda svetlost)

odsjajivati *-jujem* (不完) 1. 빛나다, 빛을 내다 2. (감정이) (눈에) 살짝 나타나다, 비치다;(얼굴·눈이) (감정으로) 빛나다; *iz njegovih crnjih očiju je svetlio razum i odsjajivala duša* 그의 검은 눈에 이성이 빛났으며 그의 영혼이 비치었다

odskočiti *-im* (完) odskakati *-čem* odskakivati *-kujem* (不完) 1. 뛰어오르다, 점프하다; ~ *u stranu* 옆으로 뛰어오르다 2. 말에서 내리다 (sjahati) 3. 갑자기 열리다, 확 열리다 (naglo se otvoriti) 4. (천체 운동에서 해·달·별 등이)솟아오르다, 떠오르다, 뜨다 (popeti se, dići se); *dan je odskočio visoko* 해가 중천에 떠올랐다 5. (비유적) 불어나다, 증가하다 (nići, porasti); *usevi su već bili odskočili* 곡물이 이미 풍작이 되었다 6. 껑충껑충 뛰어가다 7. (멀리뛰기 경기에서) 다른 사람보다 더 멀리 뛰다 (nadskočiti) 8. 튀다, 되튀다; *metak je odskočio* 총알이 튀었다 9. 뛰어나다, 눈에 띄다; ~ *svojim inteligencijom* 지능이 뛰어나다

odskočnī *-ā, -ō* (形) 도약의, 뛰어오르는; *~a daska* 도약판, 발판

odskok 되뜀, 반동

odskora, odskoro (副) 최근부터, 최근에, 근래부터, 근래에 (nedavno); *on je ~ ovde* 그는 최근부터 여기에 있다

odslikati *-am* (完) odslikavati *-am* (不完) 그림으로 나타내다(보여주다), 그림 그리다 (naslikati)

odsoliti *-im* (完) odsoljavati *-am* (不完) (바닷물을) 탈염하다, 담수화하다

odsoljenje (동사파생 명사) odsoliti; 담수화, 탈염(脫鹽)

odsoljivač 담수화 기기

odsluženje (동사파생 명사) odslužiti; ~ *vojnog roka*, ~ *vojske* (의무) 군복무

odslužiti *-im* (完) odsluživati *-žujem* (不完) 1. (일정 기간 동안) 시중들다, 봉사하다; *odslužila im preko leta, pa su je pustila da odahte* 그녀는 여름내내 그들을 시중들었기 때문에 그들은 그녀가 좀 쉴 수 있도록 했다 2. (군역 등의 의무를) 다 하다, 복무하다, 근무하다; *odslužio je vojsku* 그는 군복무를 했다 3. (교회에서) 종교의식을 거행하다 4. (보통 'svoje'와 함께 사용되어) 사용되지 않다, 수명을 다하다, 완전히 낡다 (오랫동안 사용하여); *ovaj auto je odslužio svoje* 이 자동차는 수명을 다했다

odspavati *-am* (完) (잠깐 동안, 한 동안) 잠자다, 눈을 붙이다; *mora da legne i odspava nekoliko sati* 누워 몇 시간 동안 자야 한다

odstajati *-tojim* (完) (한 동안) 서 있다, (끝까지, 끝날 때 까지) 서 있다; ~ *službu u crkvi* 교회에서 예배가 끝날 때 까지 서 있다

odsto (不變) 퍼센트, 백분(율) (%); *dajemo 25 ~ popusta* 25% 할인 제공

odstojanje (시·공상의) 거리, 간격 (daljina, razmak; udaljenost); *držati nekoga na ~u* 누구와 거리를 두다; *držati se na ~u od nečega* ~와 거리를 두다; *jurišno ~* (軍) 보통 50~100미터의 거리를 둔 간격 (공격 시 시선); *na pristojnom ~u* 적당한 간격을 두고; *biti (ostati) na ~u (s nekim, prema nekome)* ~와 거리를 두다 (냉정하게, 접근하지 못하게, 친해지지 않도록)

odstojati *-im* (完) 1. 참조 odstajati; ~ *celu noć na nogama* 밤새 내내 서있다; *noćas ću ja ~ stražu pod oružjem* 오늘 저녁은 내가 무장 경계를 서겠다 2. 조금 서있다 (postojati malo) 3. (어느 지점에서) 떨어져 있다; ~과 전혀 어울리지 않다

odstrag(a) (副) 뒤에서(부터), 후방에서(부터) (sa stražnje strane, na stražnjoj strani, pozadi)

odstraniti *-im* (完) 1. 제거하다, 없애다, 치우다 (ukloniti); ~ *zavesu* 커튼을 (한쪽으로)

O

걷다 2. (학교에서) 제적시키다, 추방하다, 내
쫓다 (isključiti, isterati); ~ ljude iz sale 사
람들을 홀에서 쫓아내다; ~ nameštaj iz sobe
방에서 가구들을 치우다 3. 떼어놓다, 멀리
하다 (odvojiti, udaljiti); ona je samo htela
da ga malo odstrani od svoje ćerke 그녀는
단지 그를 자기 딸에서 떼어놓기를 원했다
odstrel (들짐승) 사냥 (총을 쏘아 하는)
odstup 1. (어떤 직위·직책의) 사임, 사직, 사퇴
(odstupanje, uzmicanje) 2. 탈퇴
(napuštanje)
odstupanje (동사파생 명사) odstupati; 일탈,
예외; od tog pravila nema ~a 그 법칙에서
예외는 없다
odstupiti -im (完) **odstupati** -am (不完) 1. 후퇴
하다, 퇴각하다, 물러나다 (povući se); naša
vojska odstupa 아군(我軍)이 퇴각한다 2.
조금 떨어져 있다, 떨어지다 (odmaći se,
stati malo dalje); odstupi dva koraka 그는
두 발짝 떨어져 있다 3. 포기하다, 단념하다
(odustati, popustiti); ~ od optužbe 기소를
포기하다 4. 양보하다 (ustupiti) 5. (비유적)
사직하다, 사임하다, 사표를 내다 6. (koga)
멀어지다, 떠나다; 일탈하다 (odmetnuti se,
odvojiti se, napustiti)
odstupnī -ā, -ō (形) 후퇴의, 퇴각의; ~ marš
퇴각 행렬
odstupnica 1. 퇴로(退路), 후퇴할 수 있는 가
능성; vojsci je odsečena ~ 군의 퇴로가 차
단되었다; preseći ~u nekome ~의 퇴로를
차단하다 2. 후퇴, 퇴각 (odstupanje,
povlačenje) 3. 사임, 사퇴, 탈퇴 4. 포기, 단
념 (의도, 생각 등으로부터의) (odustajanje,
odricanje)
odsudan -dna, -dno (形) 결정적인, 중대한, 아
주 중요한 (odlučujući, presudan); ~dna bitka
아주 중요한 전투; ~dni čas 결정적 순간
odsukati -čem (完) **odsukivati** -am, **odsukivati**
-kujem (不完) 1. (꼬인 것, 얽힌 것, 묶인 것
을) 풀다, 끄르다 2. ~ se (얽힌 것, 꼬인 것
등이) 풀리다, 끌리다 3. ~ se (배가) 얕은 물
에서 빠져 나오다
, nemanje); ~ strpljenja 참을성의 부족
odsustvovati -vujem (不完) 참석하지 않다, 불
참하다; 결석하다, 결근하다
odsutan -tna, -tno (形) 1. 부재(不在)의, 자리
에 없는, 결석의 2. (비유적) 얼빠진, 제정신
이 아닌 (nepribran, rasejan); svi imaju ~
odsustvo 1. 부재(不在), 불참, 결석, 결근
(izostanak, neprisutnost, odsutnost); suditi
u ~u 궐석재판을 하다 2. (공무원·회사원 등

의) 휴가의 허락; obiti ~ , uzeti ~ 휴가를 얻
다; biti na ~u 휴가중이다; porodiljsko ~ 출
산 휴가 3. 부족, 결핍, 없음 (nedostatak,
nemanje); ~ strpljenja 참을성의 부족
odsuti odspem (完) 참조 odasuti
odsvakud(a) (副) 사방에서 (odasvud(a))
odsvirati -am (完) 1. 연주를 다 마치다, 연주
를 끝마치다 2. (연주하여, 휘슬을 불어) 신
호하다, 신호를 주다; upravo su odsvirali
ustajanje 바로 방금전에 기상 신호가 울렸
다; ~ kraj utakmice 경기 종료 휘슬이 울리
다 3. (구어체) (보통 'svoje'와 함께 숙어로);
~ svoje 자신의 (인생)경력을 마치다 (좋지
않게), 기회를 놓치다; ti si odsvirao svoje,
nemaš se više čemu nadaš 너는 네 기회를
헛되이 했다, 더 이상 뭘 바라고 말고 할 것
이 없다 4. 오랫동안 사용(연주)하여 고장나
다; ti si prazna i dosadna kao odsvirana
gramofonska ploča 너는 고장난 축음기 판
처럼 너무 따분해
odsvojan -jna, -jno (形) (法) 몰수의, 압수의
odsvud(a) (副) 참조 odasvud(a); 사방으로부터
odšarafiti -im (完) 나사(šaraf)를 빼다
odšetati -am & -ćem (完) 1. 산책하러 가다,
산책하며 가다 2. 산책하다, 산책을 다 마치
다 3. ~ se 산책하며 가다(어디로, 어디까지)
odšiti -jem (完) 1. 실밥을 따다(뜯다·트다), 바
느질 된 곳을 뜯다 2. ~ se 실밥이 터지다
odškrinuti -nem (完) 조금 열어놓다, 반절쯤
열어놓다 (upola, malo otvoriti); ~ vrata 문
을 조금 열어놓다
odšrafiti -im (完) 나사를 빼다 (=odšarafiti)
odštampati -am (完) 인쇄를 마치다, 출판물로
인쇄하다, 출판하다(책·신문 등의 형식으로)
odšteta 배상(금), 보상(금); 변상; ratna ~ 전
쟁 배상금; isplata ~e 배상금 지불 **odštetni**
(形)
odšuljati (se) -am (se) 살금살금 나가다 (otići
šuljajući se)
odučiti -im (完) **odučavati** -am (不完) 1. 습관
을 버리게 하다; pokušavali su da ga oduče
od te navike 그들은 그가 그러한 버릇을 버
리도록 시도해 보았다 2. ~ se 버릇을 버리
다 (odviknuti se)
odudarati -am (不完) 다른 것(사람)과 너무 다
르다(성격·특성 등이), ~와는 전혀 어울리지
않다 (veoma se razlikovati); ta kuća
odudara od drugih 그 집은 다른 집들과는
너무 다르다
odug -a, -o **odugačak** -čka, -čko (形) 다소 긴,
약간 긴

O

odugovlačiti -im (不完) 1. (일 등을) 질질 끌다; *on odugovlači sa odgovorom* 그는 대답을 질질 끌고 있다; ~ *parnicu* 소송을 질질 끌다 2. ~ **se** 지지부진하다; *to se odugovlači* 그것은 지지부진한 상태다

oduhati -am & -šem (完) 참조 oduvati

oduhotvoravati se -am se (不完) 활기 넘치다, 생기 넘치다 (ispunjavati se duhom, oživljavati)

oduhoviti -im; *oduhovljen* (完) 1. 정신적(영적)으로 하다; 고상하게 하다 2. ~ **se** 영적이 되다, 영성으로 꽉차다

odujmiti -im (完) 1. 입에서 떼다 (odvojiti od usta) 2. 다 마시다 (otpiti) 3. (계산에서) 빼다, 계산하지 않다 (oduzeti u računanju) 4. 중단하다 (prekinuti, prestati)

oduka 습관을 버림, 습관 포기 (odvikavanje); *lakša je nauka od ~e* 습관되는 것보다 그 습관을 버리는 것이 더 어렵다

odulariti -im (完) 1. 고삐(ular)를 풀다 (skinuti ular, osloboditi ulara) 2. ~ **se** 고삐가 풀리다; (비유적) 고삐가 풀리다, 제어할 수 없게 되다

oduljati -am (完) 더 길어지다 (odužati)

oduljiti (se) -im (se) (完) 더 길어지다 (odužiti (se))

odumiranje (동사파생 명사) odumirati; ~ *države* 국가의 쇠퇴

odumreti *odumrem* (完) **odumirati** -em (不完) 1. 마비되다, 경직되다, 굳어지다 (두려움·공포·충격 등으로) (obamreti, oduzeti se) 2. (비유적) 의미를 잃다, 기능을 상실하다, 서서히 사라지다 3. 사라지다, 없어지다, 죽다 (izumreti, iščeznuti, pomreti)

odunuti -nem (完) 참조 oduvati

odupirač 걸쳐 놓는 것, 걸이 (ono čime se neko, nešto odupire); ~ *za noge* 발을 (편하게) 올려 놓는 것

odupreti *oduprem* (完) **odupirati** -em (不完) 1. 힘으로 밀어부치다; 기울여 놓다 (silom upreti; nasloniti); *ona prikupi svu snagu, odupre rukama u njegova prsa i gurnu ga* 그녀는 있는 힘껏 그의 가슴을 밀어냈다 2. ~ **se** 기대다 (opreti se); *on se odupre laktovima o jastuke i diže se sa duseka* 그는 팔꿈치로 베개를 디디고 침대에서 일어난다 3. ~ **se** 저항하다, 맞서다 (pružiti otpor); ~ *se neprijatelju* 적에 저항하다 4. ~ **se** 반대하다 (usprotiviti se, suprostaviti se); *ona je stala pred majku i izjavila da želi da uči baletsku školu. Majka se najpre odlučno*

oduprla 그녀는 어머니 앞에 서서 발레 공부를 하고 싶다고 말했으나, 어머니는 다짜고짜 강력히 반대했다

oduran -rna, -rno (形) 불쾌한, 혐오감을 일으키는; 구역질나는, 역겨운, 정나미가 떨어지는, 정말로 싫은 (gadan, odvratan, neprijatan, neugodan); *vračarica je stara odurna po licu i po odelu* 점쟁이는 얼굴과 옷 등이 정말로 정떨어지는 할머니였다

odustati *odustanem* (完) **odustajati** -em (不完) 1. (od čega) 포기하다, 단념하다, 그만두다; ~ *od namere* 의도를 포기하다; ~ *od zahteva* 요구를 포기하다; ~ *od takmičenja* 기권하다(경기를); ~ *od studija* 학업을 포기하다; ~ *od puta* 여행을 포기하다; ~ *od kupovine* 구입을 포기하다 2. (사람·집 등을) 떠나다, 버리다 (otići od koga ili čega, napustiti) 3. 마음을 바꾸다; *on je obećao, a sad je odustao* 그는 약속했지만, 지금은 마음을 바꿔먹었다

odušak -ška 1. 휴식, (잠시 동안의) 쉼; 중지, 중단 (prekid, predah, odmor, pauza) 2. (감정 등의) 배출구, 표현 수단

oduševiti -im; *oduševljen* (完) **oduševljavati** -am (不完) 기쁘게 하다, 즐겁게 하다; 감격시키다, 흥분시키다, 열광하게 하다; ~ *nekoga nečim (za nešto)* 기쁘게 하다; *on ih je oduševio za taj plan* 그는 그 계획으로 그들을 기쁘게 했다

oduševljen -a, -o (形) 참조 oduševiti; *on je ~ tim filmom* 그는 그 영화에 만족했다

oduševljenje (대)만족, (대)흡족, 열광, 감격 (veliko zadovoljstvo, zanos, razdraganost)

oduška 1. (=odušak) 쉼, 휴식; *raditi bez ~e* 쉬지않고 일하다 2. 통풍구, 환기창, 빛이 들어오는 창

odušnī -ā, -ō (形) 1. 통풍구의, 환기창의; ~ *kanal* 환기 채널; ~ *cev* 통풍관 2. (비유적) 감정 배출의

odušnik, odušnica 통풍구, 환기창, 빛이 들어오는 창

oduvati -am; *oduvaj* (完) 훅 불어 없애다 (제거하다), 날려 보내다, 불어 흩날리다, 불어 깨끗이 하다 (duvajući ukloniti, oterati, skinuti); *vetar mi je oduvao šešir* 바람이 내 모자를 날려 보냈다

oduvek (副) 처음부터 (od najranijeg vremena, odvajkada)

oduzdati -am (完) **oduzdavati** -am (不完) 1. 굴레를 벗기다 (skinuti uzde) 2. ~ **se** 말을 듣지 않다, 누구의 말도 들으려 하지 않다

oduzet -a, -o (形) 1. 참조 oduzeti; 빼앗긴, 몰
수된 2. (醫) 뇌졸중(중풍)에 걸려 마비된
oduzeti oduzmem (完) oduzimati -am & -
mljem (不完) 1. 빼앗다 (보통 강제로, 혹은
본인의 의사에 반하여), 몰수하다, 박탈하다;
~ novac nekome ~의 돈을 빼앗다; ~ vlast
nekome ~의 권력을 박탈하다; ~ reč
nekome ~의 발언권을 박탈하다, 발언권을
주지 않다; ~ život 살해하다; ~ obraz 불명
예스럽게 하다; ~ pamet 미치게 하다; ~
nekome hleb 밥벌이를 빼앗다, 못살게 하다;
~ vid 눈이 안보이게 하다, 눈을 멀게 하다
2. (數) 빼다, 빼기를 하다; ~ 5 od 10 10에서
5를 빼다 3. ~ se (醫) 뇌졸중(중풍)으로 마
비되다; oduzela mu se leva strana tela 뇌졸
중으로 인해 신체의 왼쪽이 마비되었다 4. ~
se 말할 수 있는 능력을 상실하다, 말을 할
수 없게 되다; oduzeo mu se jezik (od straha)
(두려움으로 인해) 말을 할 수 없었다
oduzetost (女) (醫) 마비, 불수(不隨); 중풍
(uzetost, paraliza)
oduzimanje 1. (동사파생 명사) oduzimati 2. (數)
빼기
oduzimati -am & -mljem (不完) 참조 oduzeti
odužati -am (完) (=oduljati) 길어지다 (보통 낮
·밤·시간 등이)
odužiti -im (完) oduživati -žujem (不完) 1. 길
게 하다, 늘이다, 잡아당기다; on je užasno
odužio svoj govor 그는 자신의 연설을 너무
지루하게 길게 했다 2. ~ se 길어지다, 늘어
지다, 늘어나다; razgovor se odužio 대화가
길어졌다; odužilo mi se vreme 시간이 질질
길어졌다
odužiti -im (完) oduživati -žujem (不完) 1. 빚
을 갚다; 채무(책임)를 이행하다; ~ dug 빚을
갚다 2. ~ se 빚을 갚다; on nam se odužio
za uslugu 그는 우리가 베푼 호의를 갚았다
oduživati -žujem (不完) 참조 odužiti
odvabiti -im (完) 꾀어내다, 유혹해 내다
(vabeći odvesti, odmamiti)
odvaditi -im (完) 꺼내다, 꺼내 따로 놓다;
odvadi polovinu šećera i kafe, pa ode da
sakrije 설탕과 커피의 반을 꺼내 그것을 숨
기러 가다
odvagati -am & -žem (完) 1. 저울(vaga)로 (무
게를) 달다 2. (비유적) 고려하다, 재다, 평가
하다, 판단하다 (razmotriti, prosuditi,
proceniti)
odvajati (se) -am (se) (不完) 참조 odvojiti (se)
odvajkada (副) 처음부터, 오래전부터 (oduvek,
od davnina, odavna)

odvaliti -im (完) odvaljivati -ljujem (不完) 1.
(강제로) 부수다, 부수고 들어가다, 쪼개다;
~ deo zida 벽의 일부를 부수다; ~ komad
stene 암석의 일부를 쪼개다 2. 밀다, 밀치
다, 밀어내다 (otisnuti, odgurati) 3. (비유적)
약탈하다, 강탈하다 (oguliti, pljačkati) 4. 치
다, 때리다 (udariti, opaliti, ošinuti); ~
šamar 따귀를 때리다; ~ po ušima 귓가를
때리다 5. 부적절한 말을 하다, 멍청한 말을
하다, 별별 말을 다 하다; 굵고 낮은 목소리
로 말하다; baš je odvalio 정말 멍청한 말을
했다 6. 시행하다, 이행하다, 완수하다 (빠르
게, 정력적으로); kao pravi radnik odvali
svoj deo posla 진짜 일꾼처럼 자신의 일을
(빨리) 한다 7. (조롱조의) 벼락출세를 하다,
빠른 승진을 하다 8. 기타; ~ kamen (teret)
sa srca nekome 근심걱정을 덜게 하다, 안
도하게 하다; kao od brega odvaljen 아주 건
강한, 아주 왕성한
odvaljati -am (完) 데굴데굴 굴러가다 (udaljiti
valjajući, otkotrljati); ~ bure (kamen) 통(돌)
이 데굴데굴 굴러가다
odvaljivati (se) -ljujem (se) (不完) 참조
odvaljiti (se)
odvažan -žna, -žno (形) 용감한, 용맹한, 용기
있는, 대담한, 과감한 (hrabar, smeo); ~
čovek(postupak) 용감한 사람(행동); ~ duh
과감한 정신
odvažiti se -im se (完) 용기를 내다, 과감해 지
다; ~ na nešto ~에 용기를 내다; na takav
podvig Milan nije mogao da se odvaži 밀란
은 그러한 위업에 용기를 낼 수 없었다
odvažno (副) 용기있게, 용감하게, 과감하게
(hrabro, smelo); ~ istupiti (odgovoriti) 용기
있게 앞으로 나오다 (대담하다)
odveć (副) 너무나, 지나치게 (suviše)
odvejati -em (完) 1. (낟알·겨 등을) 까부르다,
키질하다 2. (비유적) 바람과 같이 사라지다
odveslati -am (完) 노를 저어 (멀리)가다
odvesti odvedem; odveo, -ela; odveden (完)
odvoditi -im (不完) 1. (어떤 장소에) 데리고
가다; ~ dete u školu 아이를 학교에 데리고
가다; ~ volove u pašu 소떼를 풀밭으로 끌고
가다 2. 멀리하다, 멀어지게 하다; 제거하다;
~ sa mesta nesreće 불행을 쫓아내다 3. (강
제로) 끌고 가다, 납치하다; ~ zarobljenike
포로를 끌고 가다; ~ u zatvor 감옥에 처넣다
4. (물길, 물의 흐름을) 돌리다, 흐르게 하다
5. 집중하다 (눈길을); ~ pogled 집중해서 바
라보다 6. 이끌다 (보통 좋지 않은 위치 등
으로)

O

711

odvesti *odvezem*; *odvezao, -zla*; *odvezen* (完) **odvoziti** *-im* (不完) 1. (차 등에 태워) 데려다 주다, 데리고 가다; *odvezao me je tamo jedan prijatelj* 한 친구가 나를 그곳에 데려다 주었다; ~ *putnike do aerodroma* 여행객들을 공항까지 데려다 주다; ~ *otpatke na deponiju* 쓰레기를 쓰레기 매립장에 버리다 2. (차를) 운전해 가다 3. ~ **se** 운전을 하고 가다, 차로 가다; *on se odvezao na posao svojim novim automobilom* 그는 새 차를 몰고 직장에 갔다

odvezati *-žem* (完) **odvezivati** *-zujem* (不完) 1. 풀다, 끄르다, 매듭을 풀다; ~ *jezik (reč)* 말하다, 말하기 시작하다 2. ~ **se** (매듭 등이) 풀리다

odvezivati *-zujem* (不完) 참조 odvezati

odvići *odviknem* (完) 참조 odviknuti

odvijati *-jam* (完) 1. 내몰다, 내쫓다, 뒤를 쫓다 2. ~ **se** 도망치다 (bežati);

odvijati *-jam* (完) 1. 참조 odviti 2. ~ **se** (비유적) 일어나다, 발생하다, 전개되다 (dešavati se, razvijati se); *drama se odvija na otvorenom moru* 드라마는 확트인 바닷가에서 일어난다; *događaj se odvijaju neočekivano brzo* 사건은 예상치 못한 속도로 빠르게 진행된다

odvika 습관의 포기(단절) (oduka)

odvikati *-čem* (完) 1. 큰 소리로 말하다 2. 고함치다, 소리치다 (odviknuti)

odvikavati *-am* (不完) 참조 odviknuti, odvići

odvikivati *-kujem* (不完) 참조 odvikati

odviknuti *-nem* (完) **odvikivati** *-kujem* (不完) (부름에) 소리쳐 응답하다; 큰 소리로 대답하다; ~ *nekome* 큰 소리로 응답하다

odviknuti, odvići *odviknem*; *odviknuo, -ula & odvikao, -kla*; *odviknut* (完) **odvikavati** *-am* (不完) 1. (他) 습관(버릇)을 버리게 하다 (odučiti); ~ *dete od sisanja prsta* 아이가 손가락을 빠는 버릇을 버리게 하다 2. ~ **se** 습관(버릇)을 버리다; *odvikla se od pušenja* 그녀는 담배를 끊었다; *odvikao se da spava posle ručka* 그는 점심 식사후 잠자는 습관을 버렸다

odviše (副) 너무 많이, 과도하게 (preko mere, suviše, odveć, preterano)

odviti *odvijem* (完) **odvijati** *-am* (不完) 1. (감긴 것, 말린 것 등을) 풀다, 끄르다, 펴다, 펼치다 (포장 등을) 끄르다, 풀다; ~ *paket* 소포를 끄르다; ~ *zavoj* 붕대를 풀다 2. (나사 등을) 풀다, (안전핀 등을) 빼다, 뽑다; ~ *šraf* 나사를 풀다; *on je odvio bombu i bacio je u*

potok 그는 안전핀을 뽑아 수류탄을 개울에 던졌다 3. ~ **se** (감긴 것, 말린 것, 조여진 것 등이) 풀리다 4. ~ **se** (비유적) 나타나다 (ukazati se, pojaviti se) 5. ~ **se** (비유적) 일어나다, 발생하다, 진행되다, 발전하다 (desiti se, zbiti se, razvijati se); *taj istorijski obračun odvio se u Engleskoj* 그 역사적 충돌은 영국에서 일어났다; *stvari se nepovoljno odvijaju za nas* 일이 우리에게 유리하지 않게 진행되고 있다; *događaj se odvio munjevito* 사건이 번갯불에 콩 볶아먹듯 빨리 진행된다

odvjetnik 참조 advokat; 변호사 **odvjetnica**; **odvjetnički** (形); ~ *ispit* 변호사 시험; ~ *pripravnik* 변호사 시보

odvjetništvo 참조 advokatura

odvlačiti *-im* (不完) 참조 odvući

odvod 배수로, 방수로, 하수구, 하수 시설; *čistiti* ~ 배수로를 깨끗이 청소하다 **odvodni** (形); ~*a cev* 하수관

odvoditi *-im* (不完) 참조 odvesti

odvodnī *-ā, -ō* (形) 배수의, 하수의; ~ *kanal* 배수로; ~*a cev* 배수관

odvodnica 1. 배수로, 배수관 (odvodnik) 2. (解) 동맥 (arterija)

odvodnik 1. 배수로, 배수관 2. (電氣) 도체(導體)

odvodniti *-im* (完) **odvodnjavati** *-am* (不完) 배수하다, 방수하다

odvodnjavanje (동사파생 명사) odvodnjavati; *kanal za* ~ 배수로

odvojen *-a, -o* (形) 1. 참조 odvojiti; 분리된; *(voditi)* ~ *život* 가족과 떨어져 살다 (보통 다른 도시에서, 직장때문에) 2. 별다른, 특정적인 (drukčiji, osobit; originalan); *nije primetila ništa ~o ni naročito na ovom čoveku* 그녀는 이 사람에게서 별다른 특별한 것을 느끼지 못했다

odvojenik (전염성 질병으로 인해) 격리된 환자; 나병 환자

odvojenost (女) 분리; ~ *crkve od države* 국가와 교회의 분리

odvojiti *-im* (完) **odvajati** *-am* (不完) 1. 분리하다, 떼다, 떼어놓다; ~ *kukolj od pšenice* 밀에서 빈 쭉정이를 가려내다(골라내다); ~ *izvesnu sumu* 일정액을 떼어놓다; ~ *dobro od rđavog* 선량한 사람을 악인으로부터 떼어놓다; ~ *na stranu* 저축하다; *on ne može ~ oči(pogled) od nje* 그는 그녀에게서 눈길을 뗄 수가 없다 2. 옆에 두다, 한쪽에 나두다 (ostaviti na stranu); *ona odvoji ručak za* *staricu* 그녀는 노파을 위해 점심을 한 쪽에 놓았다 3. 특정으로 알아채리다, 구별하다 4. ~ se 떨어지다, 분리되다; *odvojili smo se od grupe* 우리는 그룹에서 분리되었다; *malter se odvojio od zida* 벽에서 시멘트가 떨어졌다; *ovde se put odvaja* 여기서 길이 분리된 다 5. ~ se 헤어지다, 떠나다; *on nije imao snage da se odvoji od nje* 그는 그녀와 헤어질 힘이 없었다

odvojiv -*a*, -*o* (形) 분리할 수 있는, 뗄 수 있는; 분리되는

odvoziti -*im* (不完) 참조 odvesti

odvraćati -*am* (不完) 참조 odvratiti

odvraćenica (植) 나도 민들레(국화과의 여러해살이풀)

odvratan -*tna*, -*tno* (形) 혐오감을 일으키는, 구역질나는, 역겨운, 메스꺼운 (gadan, gnusan); *miris duvan mu je* ~ 그에게 담배 냄새는 역겹다

odvratiti -*im*; *odvraćen* (完) **odvraćati** -*am* (不完) 1. 다른 쪽으로 돌리다; ~ *lice* 얼굴을 돌리다 2. 제거하다, 없애다, 제하다 (otkloniti, odstraniti, odbiti); *Zeus od svog sina odvrati smrt* 제우스는 자기 아들에게서 죽는 것을 제거했다 3. 포기하도록 하다, 단념시키다; ~ *nekoga od nečega* 누가 무엇을 포기하도록 하다 (단념토록 하다) 4. 방지하다, 중단시키다 (sprečiti, zaustaviti); ~ *nesreću* 불행을 방지하다 5. 비슷한 방법으로 되돌려 주다(되갚다); ~ *ravnom merom* 같은 방법으로 되갚다 6. 빚을 갚다, 부채를 상환하다 7. 응답하다, 대답하다 8. (물의) 흐름을 돌리다, 물길을 바꾸다; ~ *vodu* 물의 흐름을 바꾸다

odvratnost (女) 극도의 불쾌감, 역겨움, 혐오감

odvrgnuti, **odvrći** *odvrgnem* (完) **odvrgavati** -*am* (不完) 쫓다, 내쫓다; 물리치다, 퇴짜 놓다 (oterati, odagnati; odbaciti, odbiti)

odvrnuti -*nem* (完) **odvrtati** -*ćem* (不完) 1. (수도 꼭지, 가스관 등을) 열다, (램프 등을) 켜다; ~ *slavinu* 수도꼭지를 열다; ~ *lampu* 램프를 켜다; ~ *dugme na radiju* 라디오를 켜다 2. 나사를 풀어 빼다 (odšrafiti) 3. 자물쇠를 풀다, 열쇠로 열다 (otključati, otvoriti) 4. 돌리다, 다른 쪽(방향)으로 돌리다 (obrnuti) 5. ~ se (죄여진 것 등이) 풀리다 6. ~ se 돌아서다, 떠나다 (okrenuti se, udaljiti se, otići)

odvrtač 드라이버 (šafciger, odvijač)

odvrteti -*im* (完) 데굴데굴 굴러가다, 빙글빙글 구르다

odvrtka 드라이버 (odvijač, odvrtač, šafciger)

odvući *odvučem*; *odvukao*, -*kla*; *odvučen* (完) **odvlačiti** -*im* (不完) 1. 끌다, 끌고가다; *odvukli su auto* 그들은 자동차를 견인했다 2. 강제로 데리고 가다 3. 빼앗아가다; ~ *kupce* 손님을 빼앗아 가다; *on mi je odvukao mušterije* 그는 내 고객을 빼앗아 갔다 4. 겨우(간신히) 움직여 떠나다(가다)

odzad, **odzada** (副) 뒤에서, 뒤로부터 (sa zadnje strane)

odzdraviti -*im*; *odzdravljen* (完) **odzdravljati** -*am* (不完) 인사에 답하다 (말, 혹은 모자 등을 벗어서) (otpozdraviti); *kad te neko pozdravi, red je da mu odzdraviš* 누가 너에게 인사를 하면, 네가 그 인사에 답할 차례이다

odziv 1. 응답, 대답; 감응, 반응; *knjiga je naišla na dobar* ~ *kritike* 그 책은 좋은 반응을 얻었다; *masovan* ~ 대규모 반응 2. 메아리, 반향 (odjek, jeka) 3. 응락, 수락 (참가 요청에 대한) 4. 평판, 평가 (mišljenje, ocena) 5. (軍) 군호, 암호, 응답 신호; *nemoj da pitaš šta je* ~, *nego ubij odmah* 암호가 무엇인지 묻지 말고 즉시 사살하라

odzivati -*am* & -*vljem* (不完) 참조 odazvati

odzvanjati -*am* (不完) 참조 odzvoniti

odzvati -*zovem* (完) 참조 odazvati

odzvoniti -*im* (完) **odzvanjati** -*am* (不完) 1 (방울·종 등이) 울리다, 울다, 울려 신호를 주다; *sat je odzvonio ponoć* 시계는 자정을 알렸다 2. (음성 등이) 울리다, 울려 퍼지다, 반향하다 (odjeknuti, razlići se) 3. 기타; *odzvonilo mu je* 그는 망했다, 그는 파국을 맞았다

odžačar 굴뚝 청소부 (dimničar)

odžak 1. 굴뚝 (dimnjak) 2. 벽난로 (kamin) 3. 집 (kuća, dom) 4. (비유적) 가문, 가정 (보통 명문 귀족의) 5. 기타; *kao da je kroz* ~ *prošao* 거무튀튀한; *na* ~*u* 집에, 집에서 (kod kuće); *neće mu se više* ~ *pušiti* 그는 망할 것이다(그의 집 굴뚝에서 더 이상 연기가 피어오르지 않을 것이다)

odžaklija 1. (벽난로·화롯불터에 연결된) 굴뚝 (odžak)이 있는 방 2. 벽난로 3. (男) 명문 귀족집안 사람 (odžaković, kolenović)

odžaković 귀족; 귀족집안 출신의 사람, 명문 세도가 출신의 사람 (kolenović, kućić)

ofanziva, **ofenziva** (軍) 공격, 공세 (napad, navala) **ofanzivan** (形)

ofarbati -*am* (完) 색칠하다 (obojiti)

oficij -*cija* (男,單) **oficije** (女,複) (敎會) 1.예배 2. 예배서, 기도서

O

713

oficiozan -zna, -zno (形) 반(半)공식적인 (poluslužben, poluzvaničan)

oficir (육·해·공군의) 장교, 사관; aktivni ~i 현역 장교; rezervni ~i 예비역 장교 oficirski (形); ~ klub 장교 클럽; ~ kor 장교단

oficirstvo 장교직(職), 장교 계급

oformiti -im; oformljen (完) oformljavati -am (不完) 형태를 만들다, 꼴을 이루다, 만들다

ofsajd (蹴球) 오프사이드

oftalmolog 안과 의사, 안과 전문의

oftalmologija 안과학

oftalmološkī -ā, -ō (形) 안과 의사의, 안과학의

ofucati se -am se (完) (오래 사용하여) 해지다, 낡다 (pohabati se, otrcati se)

ofuriti -im (完) 1. (끓는 물, 증기 등으로) 데게 하다 2. ~ se 데다; ~ se vrelom vodom 뜨거운 물에 데다

ogaditi -im (完) ogađivati -đujem (不完) 1. 역겹게 하다 ~ nekome nešto ~에게 ~을 역겹게 하다 2. ~ se 역겨워지다 ogadila mi se ta žena 나는 그 여자가 역겨워졌다

oganj ognja; ognjevi & ognji 1. 불 (vatra) 2. 탄환, 총알 (metak) 3. 화재 (požar); 불길 (plamen) 4. (비유적) 집, 가정 (kuća, dom) 5. 폭염; 고열(체온의) 6. 불을 켤 수 있는 물건 (라이타, 부싯돌 등의) 7. 기타; goreti na sto ognjeva 수많은 위험과 어려움에 처하다; da(va)ti ~ (화기의) 불을 내뿜다, 사격하다; živi ~ 아주 활동적이고 소중한 가치가 있는 사람; ~ nebeski 천둥과 번개, 폭염(暴炎); ~ pakleni 지옥의 고통; ognjem i mačem 모든 수단과 방법을 동원하여; planuti kao ~ 분노가 폭발하다; preda(va)ti nešto ognju 불사르다; prosuti ~ 화기를 쏘다(발사하다)

ogar 사냥개의 한 종류

ogaraviti -im (完) 1. 그을음(gar)으로 더럽히다 2. (보통 콧수염이) 얼굴에 털이 나다 3. 피부가 거무스름하게 되다(햇볕에 타서) 4. (비유적) 명예를 훼손시키다 5. 기타; pušku nije ogaravio 전투는 없었다, (총을) 사격하지 않았다

ogariti -im (完) 참조 ogaraviti

ogavan -vna, -vno (形) 역겨운, 메스꺼운, 구역질나는 (gadan, odvratan, oduran, gnusan)

ogazditi (se) -im (se) (完) 주인(gazda)이 되다, 부자가 되다, 부유해지다 (obogatiti se)

ogibljenje (자동차의) 충격 완충장치

ogladneti -im (完) 굶주리다, 배고파지다

oglas 광고; 고지, 통지, 공고 (공무의); dati ~ u novine, objaviti ~ u novinama 광고를 싣다, 광고를 개재하다; mali ~i 단문 광고;

tražiti posao preko ~a 광고를 통해 일자리를 찾다 oglasni (形); staviti taj oglas na ~u tablu 그 공고를 공고판에 붙이시오

oglasiti -im; oglašen (完) oglašavati -am oglašivati -šujem (不完) 1. 알리다, 공표하다, 공고하다 2. 광고하다, 광고를 싣다(신문 등에) 3. 종을 쳐 누구의 죽음을 알리다 4. 선언하다, 공표하다 (proglasiti); ~ rat 전쟁을 선포하다 5. 약혼 혹은 성혼을 선포하다 (성직자가) 6. 사망을 선포하다 (성직자가) 7. ~ se 소문이 나다, 소문이 들리다; oglasila se u Mostaru lepa devojka i prosilo je trista prosilaca 아름다운 처녀에게 300여명이 청혼했다는 소문이 모스타르에 났다

oglasnī -ā, -ō (形) 광고의

oglašavati (se) -am (se) (不完) 참조 ogalsiti (se)

oglašen -a, -o (形) 1. 참조 oglasiti 2. 잘 알려진, 유명한 (glasovit, čuven)

oglašenje (동사파생 명사) oglasiti (se)

oglašivati (se) -šujem (se) (不完) 참조 oglasiti (se)

oglav (男) oglava (女) (마구의) 굴레 끈 (말 머리에서 재갈에 걸친 끈)

oglavičiti (se) -im (se) (完) 끝이 말리다 (양배추가); moj se kupus lepo oglavičio 내 양배추는 끝이 잘 말렸다

oglavina 참조 oglav

oglavlje 1. 머리수건 (머리에 두르는) 2. 머리에 하는 보석 3. 참조 oglav

ogled 1. (과학) 실험 (eksperiment); izvršiti ~ 실험하나 ogledni (形); ~a škola 시범학교; ~ stan 견본주택, 모델하우스 2. 에세이, 시론 (試論), 평론

ogledalce -eta (지소체) ogledalo

ogledalo 1. 거울; gledati se u ~ 거울에 비친 자신의 모습을 보다 2. (잔잔한) 수면(水面); 거울같이 생긴 것(모양이나 빛을 반사하는 것이) 3. (비유적) 반영, 투영 (odraz); ~ privrednih aktivnosti 경제활동의 반영 4. 기타; krivo ~ (찌그러진 상(像)을 맺는) 울퉁불퉁한 거울

ogledanje (동사파생 명사) ogledati (se)

ogledati -am (不完) 1. 거울을 보다, 거울속의 자신의 모습을 바라보다 2. (s čim) 비교하다 (porediti) 3. 반영되다, 투영되다; oblaci su se ogledali u jezeru 구름이 호수에 비쳤다

ogledati -am (完) 1. 면밀하게 살피다, 점검하다, 조사하다 (pregledati, razgledati) 2. 시도하다 (pokušati, oprobati, okušati) 3. ~ se 시합하다, 겨루다, 경쟁하다 4. ~ se 주변을 보다, 자기 주위를 보다 5. ~ se 거울 등에

714

비치다

oglobiti *-im* (完) 1. 벌금형에 처하다, 벌금을 부과하다 (kazniti globom) 2. 부과하다; *reci ti meni koliko da me oglobiš za sanduk?* 궤 짝값으로 얼마를 요구하느냐?

oglodati *oglođem*; *oglođi* (完) 1. (뼈에 붙은 고기를) 뜯다, 뜯어 먹다 2. (비유적) (힘·정력·생기 등을) 소진시키다 3. (비유적) 소진시키다, 탕진시키다 (모든 것을)

ogluha (法) 불응 (법원 소환에 대한), 부재(不在), 궐석(闕席); *u ~si* 부재중에, 궐석의

ogluhnuti *-nem* (完) 귀가 멀다, 귀가 들리지 않게 되다 (ogluveti)

oglupaveti *-im* (完) 참조 oglupaviti

oglupaviti *-im* (完) 아둔하게(glup) 만들다, 멍청하게 하다; 아둔해지다, 멍청해지다; *govorilo se da je posve oglupavio od te zaljubljenosti* 사랑에 눈이 멀어 사리분별을 못한다고 한다; *~ nekoga* 누구를 바보로 만들다

oglupeti *-im* (完) 멍청해지다, 우둔해지다

oglušiti *-im* (完) 1. 귀가 멀다, 귀가 들리지 않다 2. 귀가 들리지 않게 하다 3. ~ se 들리지 않는 척하다, 의도적으로 듣지 않다 4. ~ se 듣지 않으려 하다, 조금도 귀를 기울이지 않다(청원·부탁 등에); *~ se o molbu* 부탁에 전혀 귀를 기울이지 않다; *~ se o uredbu* 규정을 완전히 무시하다

ogluveti *-im* (完) 1. 귀가 멀다 2. 너무 조용해지다 (potpuno se utišati)

ognjen *-a, -o* (形) 1. 불의, 화염의 (koji se odnosi na oganj, vatren); *~o oružje* 화기(火器) 2. 빨간, 불 색깔의 (crven) 3. (비유적) 불 같은 (žestok) 4. (눈길·눈(眼) 등이) 작열하는, 불타오르는, 타는 듯한, 불 같은 5. 희열로 가득 찬

ognjica 1. (몸의) 열, 고열 (groznica) 2. (돼지에 걸리는) 질병의 한 종류 3. (植) 데이지 (국화과(菊花科)에 속하는 여러 원예식물)

ognjičav *-a, -o* (形) 열이 있는 (grozničav)

ognjilo (편자 모양의) 강철 (돌에 쳐서 불을 지피는); *šilo za ~* 같은 방법으로 보복하다, 가는 말이 고와야 오는 말이 곱다

ognjište 1. (옛 농가의) 화롯불(oganj)터 2. 벽난로 (kamin) 3. (비유적) 생가(生家); *ugasiti ~* 멸문(滅門)시키다; *ugasilo mu se ~* 그의 가문은 대(代)가 끊어졌다 4. 조국, 모국, 고국 (zavičaj, domovina, otadžbina) 5. 중심지, 본산지 (žarište)

ogoleti *-im* (完) ogoljavati *-am* ogoljivati *- ljujem* (不完) 1. 벗다, 발가벗다, 나체가 되

다 2. (동식물의) (털·가죽·껍질·잎 등이) 벗겨지다, 떨어지다 3. (비유적) 가난해지다, 빈털터리가 되다 4. (비유적) 공허해지다, 허전해지다, 기쁨이 사라지다

ogoliti *-im*; *ogoljen* (完) 1. 벗기다, 발가벗기다 (껍질·털·옷 등을) 2. 가난하게 만들다, 빼앗아가다, 착취하다 3. (비유적) 있는 그대로 보여주다 (아무런 포장도 없이), 있는 그대로 밝히다

ogoliti *-im*; *ogolićen* (完) 발가 벗기다 (ogoliti); *sa ogolićenih brda voda dolazi naglo* (나무가 없어) 헐벗은 언덕으로부터 물이 급격히 흘러내린다

ogorak *-rka* 불에 타는 것 (나무·촛불·담배 등의)

ogorčati *-am* (完) ogorčavati *-am* ogorčivati *- čujem* (不完) 1. (맛 등이) 쓰다 (postati gorak) 2. 쓰게 하다, 힘들게 하다; *ogorčao mi je život* 그가 내 인생을 힘들게 만들었다

ogorčen *-a, -o* (形) 1. 참조 ogorčiti (se) 2. 격렬한, 화난 (žestok, uporan; ljut); *~a borba* 격렬한 전투; *~ protest* 격렬한 데모; *~ neprijatelj* 미쳐 날뛰는적(敵)

ogorčenost (女) 화남, 분노

ogorčiti *-im* (完) 1. 매우 힘들고 불쾌하게 하다 2. 화나게 하다 3. ~ se 화나다

ogorčivati *-čujem* (不完) 참조 ogorčati

ogoreti *-im* (完) (불에) 타다

ogovarač 다른 사람을 나쁘게 말하는 사람, 비방자 **ogovarača**; **ogovarački** (形)

ogovaratelj, ogovarateljica 참조 ogovarač

ogovarati *-am* (不完) 1. (다른 사람에 대해) 나쁜 말을 하다, 비방하다, 중상하다 (kuditi, opadati); *oni vole da odgovaraju svoje susede* 그들은 자기 이웃들을 즐겨 비난한다 2. (方言) (다른 사람의 행동을) 변명하다, 정당하다 (pravdati, braniti) 3. ~ se 상호 비방하다

ograda 1. 울타리, 담장; *živa ~* 생(生)담장(울타리); *jezik za ~u!* 조용히 해!, 말하지 마! 2. 방벽, 난간 (다리·계단·낭떠러지 등의) 3. 담으로 둘러싸인 공간 (가축 축사 등의) 4. (비유적) 경계, 장애물 (pregrada, ograda) 5. (비유적) 유보, 제한, 한도, 조건 (ograničavanje, rezerva); *rekao je to, ali uz ~u (s ~om)* 좀 거리를 두고(유보적으로) 그것에 대해 말했다; *bez ~e* 기탄없이, 솔직하게

ogradica (지소체) ograda

ograditi *-im*; *ograđen* (完) ograđivati *-đujem* (不完) 1. 울타리를 치다, 담장을 쌓다 2.

715

O

분리하다, 떼어내다 (odvojiti) 3. 둘러싸다, 에워싸다 (opkoliti, okružiti) 4. (집 등을) 짓다, 세우다, 쌓아 올리다 (sagraditi, sazidati, podići) 5. ~ se (담장 등으로 인해) 분리되다, 격리되다 6. ~ se 와는 일정한 간격을 유지하다 (의견·견해 등에)

ogranak -nka; -nci, -naka 1. 곁가지, 잔가지 (나무의) 2. (산의) 지맥, (강의)지류, (철도·도로 등의) 지선 3. 분가(分家), 방계(傍系) 4. (은행 등의)지부, 지국, 지점

ogranak -nka (해)돈이

ograničavajući -ā, -ē (形) 제한하는; ~ činilac 제한 요소

ograničavati -am (不完) 참조 ograničiti

ograničen -a, -o (形) 1. 참조 ograničiti; 제한된, 한정된, 유한한; društvo sa ~im jamstvom 유한회사 2. 정신적으로 박약한 3. 작은, 사소한, 보잘것 없는; 마음이 좁은 (mali, malen); broj takvih reči je jako ~ 그러한 어휘 수는 극히 적다

ograničenje (동사파생 명사) ograničiti; važiti bez ~a 예외없이 유효하다; ~ građanskih prava 선거권 제한(형벌의 일종)

ograničiti -im (完) **ograničavati** -am (不完) 1. 제한하다, 한정하다, ~에 한계를 두다 2. ~ se 자신의 활동 범위 등을 제한하다

ogranuti ograne (完) 1.(해가) 뜨다, 동이 트다, 빛나다 (sinuti, zasijati); svanu i organu sunce 동이 텄다 2. 빛나다, 반짝이다 (obasjati) 3. (비유적) 오다, 시작하다 (osvanuti, doći, nastati); sada je evo ogranulo proleće 이제 봄이 되었다

ograšje (詩的) 1. 전투, 전쟁, 싸움 (okršaj, bitka, boj) 2. 전장(戰場) (bojno polje)

ogrbaviti -im (完) 곱사등이 되다, 꼽추가 되다 (postati grbav); pre vremena je ostareo i bore dobio i ogrbavio 그는 제 나이보다 늙고 주름이 생기고 등이 굽었다

ogrebati -bljem & -em (完) 참조 ogrepsti

ogrebenati -am (完) 소모(梳毛: 양모의 짧은 섬유는 없애고 긴 섬유만 골라 가지런하게 하는 일)를 다 마치다 (završiti grebenanje)

ogrebina 1. 참조 ogrebotina 2. (複數 형태로) 양모를 가지런히 고르는 작업 후에 나오는 부스러기 (strugotine, ostružine)

ogrebotina 할큄, 긁음;할퀸 상처(자국);생채기

ogrejati -em (完) 1. 따뜻하게 하다 (불·태양 등이) (zagrejati); gde me je prvo sunce ogrejalo 내가 태어난 곳에, 고향에; da i mene (tebe, nas) sunce ogreje 내(네, 우리)게도 행운이 있기를(있었으면), 쥐구멍에도

해뜰날이 있기를; ~ dušu 정신적으로 편안함 (안도감)을 느끼다; ~ stolicu 오랜시간 동안 (직장에서) 일하다 2. (비유적) 기분좋게(만족스럽게) 하다 3. (해가) 뜨다, 떠오르다 4. ~ se 자신을 따뜻하게 하다, 불을 쬐다

ogrepsti -ebem; ogrebao, -bla; ogreben, -a (完) 1. 할퀴다, 긁다 (손톱 등 날카로운 물체로) 2. 소모(梳毛)하여 깨끗하게 하다, 깨끗이 소모(梳毛)질 하다 3. ~ se 긁히다, 할퀴다, 할퀴어 상처가 나다

ogrešiti -im (完) 1. 다른 사람이 죄를 짓게 하다 2. ~ se (o koga, o šta) 죄를 짓다; ~ se o svoju decu 자기 자식들에게 죄를 짓다; ~ se o domovinu 조국에 죄를 짓다 3. ~ se (o šta) (법·규정 등을) 범하다, 위반하다; ~ se o zakon 법을 위반하다; ~ se o lekarsku etiku 의사 윤리를 위반하다

ogrev 1. 연료 (석탄·기름·장작 등의) **ogrevni** (形); ~o drvo 화목(火木) 2. 난방 (grejanje, zagrevanje) 3. (태양의) 일출, 떠오름

ogreznuti -nem; ogrezao, -zla & ogreznuo, -ula (完) 1. 가라앉다, 침몰하다, 빠지다 (potonuti); ~ u blato 진흙에 빠지다 2. (피·눈물·거품 등으로) 범벅이 되다, 투성이가 되다; ~ u krvi 피범벅이 되다; ~ u suzama 눈물투성이가 되다 3. 완전히 가려지다 4. (비유적) (빈곤·무지·죄 등에) 빠지다 (utonuti); ~ u nemoralu 도덕적 타락에 빠지다

ogristi -izem (完) **ogrizati** -am (不完) (주변을 빙둘러) 물다, 물어뜯다, 베어먹다

ogrizak -ska 한 입 베어 내뱉은 것 (남긴 것); dečko pojede krušku i baci ~ 소년이 배를 먹으면서 한 입 내뱉는다

ogrizina (보통 複數로 사용) 남은 음식물 (사람 혹은 동물이 먹다 만)

ogrlica 1. (와이셔츠·블라우스 등의) 깃, 칼라 (okovratnik) 2. 목걸이 3. (개 등의) 목줄; ~ za psa 개 목걸이

ogrlina 말의 목에 거는 마구(馬具)의 한 부분

ogrnuti -nem (完) **ogrtati** -ćem (不完) 1. (몸을 완전히 덮을 것으로) 뒤덮다, 덮어 싸다 (추위·비 등으로부터 보호하기 위해); ~ nekoga zastavom 국기로 누구를 뒤덮다 2. ~ se 뒤덮어쓰다 (외투 등을)

ogroman -mna, -mno (形) 거대한, 막대한, 굉장히 큰 (vrlo velik)

ogromnost (女) 거대함, 막대함

ogroz, ogrozd (植) 구스베리, 서양까치밥나무 (의 열매)

ogrtač 외투; 소매없는 외투, 망토 (mantil)

716

ogrtati (se) -ćem (se) 참조 ogrnuti (se)

ogrubelost (女) 거칠음, 난폭함, 투박함 (사람의 성품이)

ogrubeo, -ela (形) 거친, 거칠거칠한, 투박한; ~ele ruke 거친 손

ogrubeti -im (完) 거칠어지다, 뺏뺏해지다, 굳어지다

ogubaviti (se) -im (se) (完) 나병에 걸리다, 나병 환자가 되다 (postati gubav)

oguglalost (女) 무관심, 무덤덤, 개의치 않음 (ravnodušnost, otupelost)

oguglati -am (完) ~ na nešto (곤란·어려움·유쾌하지 않은 것들에 대해) 무감각해지다, 무덤덤해지다: ~ na patnje 고통에 무덤덤해지다

oguliti -im (完) 1. (가죽·껍질 등을) 벗기다 2. (비유적·조롱조의) 완전히 껍데기를 벗겨 먹다 (금전상의) (opleniti, opljačkati, očerupati)

oguraviti -im (完) 등이 휘어지다, 곱사등이 되다 (postati gurav)

ogušaviti -im (完) 갑상선종(甲狀腺腫)에 걸리다 (postati gušav)

ogvozdeniti 단단해지다, 굳어지다

oh (感歎詞) 여러가지 감정과 느낌을 나타냄 (즐거움·만족·슬픔·분노 등의)

oha (感歎詞) 워 (소·말 등을 멈추게 할 때에 내는 소리)

ohladiti -im; ohlađen (完) 1. (열기를) 식게 하다, 차갑게 하다 2. (어떤 사람을) 시원하게 하다, 상쾌하게 하다 3. 냉정을 되찾게 하다, 이성을 되찾게 하다 4. (누구에 대해) 차가워지다, 쌀쌀해지다 5. ~ se 차가워지다 6. ~ se 시원해지다 (그늘에서, 바람에 의해, 음료 등으로) 7. ~ se 차분해지다, 냉정해지다, 이성적으로 되다 8. ~ se 죽다, 사망하다 9. 기타; još se pokojnik (umrli) nije ni ohladio 너무 일찍, 무덤이 마르기도 전에; ohladilo mi se srce 너무 깜짝 놀랐다; ohladile mu se pete 그가 죽었다, 사망했다

ohladneti -im (完) 1. 차가워지다 2. (날씨가) 추워지다 3. (누구에 대해) 냉정해지다; ohladnelo mu srce 무감각해지다, 흥미를 잃다

oho (感歎詞) 어! (당황·놀라움 등을 나타낼 때)

ohol -a, -o (形) 오만한, 거만한, 건방진, 도도한 (uobražen, nadmen, gord)

oholiti se -im se (不完) 거만하게(오만하게, 도도하게, 건방지게) 행동하다; 젠체하다 (šepuriti se, praviti se važan)

oholost (女) 거만함, 오만함, 도도함 (nadmenost, gordost, uobraženost)

ohrabrenje (동사파생 명사) ohrabriti

ohrabriti -im (完) ohrabrivati -rujem (不完) 1. 용기를 북돋우다 (불어넣다), 격려하다 2. ~ se 용기를 내다, 용감해지다

ohrapaviti -im (完) (손·피부 등이) 거칠어지다 (postati hrapav)

ohrometi -im (完) 절름발이가 되다, 절뚝거리다; ohromio u jednu nogu 한 쪽 다리를 절름거렸다

oivičiti -im (完) oivičivati -čujem (不完) 1. 가장자리를 감치다, 옷단을 대다 (obrubiti); ~ crtež 그림의 가장자리를 감치다 2. 둘러싸다, 에워싸다, 경계를 하다 (ograničiti, okružiti); ~ imanje 농장에 울타리를 두르다

oj (感歎詞) 1. (누구를 부를 때) 어이! 2. (부름에 대답할 때) 어! 3. (여성들이 부르는 민요에서) 추임새로 쓰임

ojačati -am (完) 1. 강해지다, 더 강해지다; opet je vetar ojačao 다시 바람이 강해졌다; dete je posle bolesti naglo ojačalo 아이는 병을 앓은 후 급격히 강해졌다 2. (nekoga, nešto) (경제·정치·재정적) 영향력을 강화시키다, 증가시키다; ~ privredu 경제력을 강화시키다; ~ političke partije 정당들을 강화시키다 3. (정신적으로) 강하게 하다; vera u Boga ga je ojačala 신(神)에 대한 믿음은 그를 (영적으로) 강하게 만들었다 4. 강화하다, 보강하다 (pojačati, upotpuniti); pojedini rodovi vojske upotpunjeni su i ojačani potrebnom ratnom spremom 군의 몇몇 병과는 필요한 전투 장비를 갖춰 강화되고 보강되었다

ojačavati -am (不完) 참조 ojačati

ojaditi -im (完) 1. 불행(jad)하게 만들다, 불쌍하게 만들다, 가난하게 만들다, 비참하게 만들다; složili su se da ga ojade još više i unište posve 그를 더욱 더 불행하게 만들어 모든 것을 파괴하기로 의견을 같이 했다; rat je mnoge ojadio 전쟁은 많은 사람들을 비참하게 만들었다(파멸시켰다) 2. 슬프게 만들다, 기분을 잡치게 하다; ta će ga vest ~ 그 뉴스는 그를 슬프게 할 것이다 3. ~ se 불쌍해지다, 불행해지다, 망하다, 파멸하다, 가난해지다; 슬퍼하다

ojadelica 촌충(기생충의)

ojađenost (女) 슬픔, 비애; 불행 (nesreća)

ojagnjiti -i (完) (=ojanjiti) 양을 낳다, 양이 태어나다

ojariti -i (完) 새끼 염소를 낳다, 새끼 염소가 태어나다

ojed (男), ojedina (女) (사타구니의) 닿으면 쓰리고 아픈 곳 (많이 걸은 결과)

ojesti se -edem se (完) ojedati se -am se (不

O

完) 1. 사타구니가 쓰리고 아프다 (많이 걸
어); 피부가 벗겨져 쓰리고 아프다; *beba se
jako ojela ispod ruku* 아이의 팔 밑이 많이
쓰리고 아팠다 2. (비유적) 닮다, 낡다;
automobil sa ojedenim gumama 다 닳은 타
이어가 달린 자동차

ojutriti (se) *-i (se)* (完) (無人稱文) 동이 훤히
트다, 날이 훤히 밝다; *ojutrilo je (se)* 날이
훤히 밝았다

ojužiti *-i* (完) **ojužavati** *-a* (不完) (無人稱文) (날
씨가) 따뜻해지다, 온화해지다 (따뜻한 남풍
이 불어); ojužilo je 따뜻해졌다

oka (廢語) (무게 등의) 단위의 한 종류
(1.28kg)

okačenjak 가만히 있지를 못하는 아이, 개구장
이, 말썽꾸러기 아이 (obešenjak)

okačiti *-im* (完) 걸다, 달아매다, 달다; ~ *šešir
o (na) čiviluk* 옷걸이에 모자를 걸다; ~ *sliku
na zid* 벽에 그림을 걸다; ~ *se nekome o
vrat* 누구의 짐(부담)이 되다

okaditi *-im* (完) 향(kad)을 피우다 (보통 종교
의식중에)

okajati *-em* (完) **okajavati** *-am* (不完) 후회하
다, 회개하다, 참회하다; 속죄하다; ~ *grehe*
죄를 회개하다

okalajisati *-išem* (完) 주석(kalaj)을 입히다, 주
석 도금하다

okaliti *-im* (完) 1. (담금질하여) 단단하게 하다,
경화(硬化)하다; ~ *sekiru* 도끼를 단단하게
하다 2. ~ se 단단해지다, 강해지다

okaljati *-am* (完) 1. 더럽히다, 더럽게 만들다
(uprljati, zaprljati) 2. (명예·명성·이름 등을)
훼손시키다, 더럽히다, 손상시키다; ~ *obraz
(čast, ime)* 평판(명예, 이름)을 더럽히다

okameniti *-im* (完) 1. 석화(石化)시키다, 단단
하게 하다 2. 돌처럼 되다; *stajati kao
okamenjen* (놀라·무서워) 돌처럼 꼼짝않고
뻣뻣해져 있다

okamenotina 1. 석화(石化)된 물체 2. (비유적)
석화된 어휘(표현)

okamina 참조 okamenotina

okance 1. (지소체) okno 2. 작은 창 유리

okance (지소체) oko

okaniti se *-im se* (完) 1. (čega) (~을) 내려놓
다, 멈추다, 중단하다 (ostaviti se, proći se);
neka se boja i borbe okani odmah 싸움을
즉각 중단하도록 해; ~ svađe 다툼을 중단하
다 2. (koga) (어떤 사람을 그냥 있게) 내버
려두다; *ama, okani me se, čoveče!* 날 그냥
내버려둬! 3. 기타; ~ *ćorava (jalova, prazna)
posla* 헛되고 쓸모없는 일을 하는 것을 멈추

다, 위험한 일을 하는 것을 멈추다

okapati *-pljem* & *-am* (不完) 1. (물방울 등 액
체가) 뚝뚝 떨어지다 2. 고분분투하다, 전력
을 다해 하다; *okapa nad knjigom* 책을 열심
히 읽다 3. 죽다 (자연사가 아닌) (skapati)

okarakterisati *-šem*, **okarakterizirati** *-zujem*
(完) 특징지우다

okarina (樂器) 오카리나 (흙으로 구워 만든 구
적(鳩笛)

okasniti *-im* (完) 늦다, 늦게 도착하다
(zakasniti)

okast *-a*, *-o* (形) 시력이 좋은, 눈이 큰 (okat)

okašljati *-em* (完) 기침하다

okat *-a*, *-o* (形) 1. 시력이 좋은, 눈이 큰 2. 눈
(眼) 모양의 무늬가 있는

okazionalan, *-lna*, *-lno*, **okazionī** *-ā*, *-ō* (形) 1.
이따끔의, 가끔의 (slučajan, neredovit);
okaziona prodaja 비정기 판매 2. 특별한 경
우를 위한; ~ *red reči* 특별한 경우의 어순
(語順)

okce *-a* & *-eta* 1. (지소체) oko 2. 그물코 (그
물의) 3. (벌집의) 구멍 4. 눈접 (접붙이기의);
kalem s ~em 눈접붙이기

okean 대양, 해양; *Veliki (Tihi) ~* 태평양; *na
Atlantskom ~u* 대서양에서 **okeanski** (形)

okeanograf 해양학자

okeanografija 해양학

okeanografskī *-ā*, *-ō* (形) 해양학자의, 해양학의

okefati *-am* (完) 솔질하다, 털다, 털어 없애다
(očistiti kefom, očetkati)

oker 1. 황토 (그림 물감의 원료) 2. 황토색, 오
커색

okerast *-a*, *-o* (形) 황토색의 (crvenkastžut,
žućkast)

okićen *-a*, *-o* (形) 참조 (okititi); 장식된, 치장된

okidač (총포의) 방아쇠 (oroz, obarač)

okidanje (동사파생 명사) okidati; *mehanizam
za ~* 발사 메커니즘

okidati *-am* (完) 참조 okinuti

okilaviti *-im* (完) 1. 탈장(脫腸)되다 (dobiti
kilu, postati kilav) 2. (비유적) 허약해지다,
무력해지다 3. ~ se 힘든 일을 하면서 고생
하다

okinuti *-nem* (完) **okidati** *-am* (完) 발사하다,
방아쇠를 당기다; ~ *revolver* 연발권총을 발
사하다

okisnuti *-nem*; *okisao*, *-sla* & *okisnuo*, *-nula*
(完) 1. (비에) 흠뻑 젖다 (pokisnuti); *okisao
kao miš* 완전히 흠뻑 젖다 2. (비유적) (술에)
만취하다 (napiti se)

okišati (se) *-a (se)*, **okišiti se** *-i (se)* (完) (無人

718

稱) (비가) 끊임없이 쏟아지다, 끊임없이 퍼
붓다
okititi *-im; okićen* (完) 장식하다, 치장하다, 예
쁘게 꾸미다 (꽃 등으로)
okivati (se) *-am (se)* (不完) 참조 okovati (se)
oklada 참조 opklada: 내기, 걸기; *raditi kao
za ~u* 아주 열심히 지속적으로 일하다
oklagija (밀가루 반죽을 미는) 밀대
oklamaš, oklamiš 모든 것을 공짜로 원하는 사
람, 남의 돈으로 살려는 사람, 기식자(寄食
者), 식객(食客) (muktadžija)
oklembesiti *-im* (完) 1. (고개 등을) 숙이다, (눈
을) 내리깔다; *šta si oklembesio nos?* 왜 고
개를 숙였느냐? 2. ~ **se** 떨구다; *Zaspala je
valjda usput pa se oklembesila majci na
ruku* 그녀는 도중에 잠들어 어머니의 품안
에 안겨 있었다
oklepan *-a, -o* (形) 써서 낡은, 닳아 해진
(istrošen, oronuo); 노쇠한, 쇠약해진 (načet
godinama)
oklevalo (中,男) 주저주저하는 사람, 결단력이
부족한 사람, 우유부단한 사람
oklevati *-am* (不完) 주저하다, 망설이다
oklevetati *-am & -ećem* (完) 중상모독하다
okliznuti se *-nem se* (完) **oklizati se** *-am se*
(不完) 미끄러지다; *dete se okliznuo i palo*
아이가 미끄러져 넘어졌다; *auto se okliznuo*
자동차가 미끄러졌다
oklop 1. (歷) 갑옷, 철갑 2. (군함 등의) 장갑
(裝甲), 철갑판 **oklopni** (形)
oklopiti *-im; oklopljen* (完) 1. 갑옷을 입히다,
장갑시키다 2. ~ **se** 갑옷을 입다, 장갑하다
oklopnī *-ā, -ō* (形) 장갑된; *~a divizija* (軍) 기
갑사단; *~o vozilo* 장갑차; *~ (železnički) voz*
장갑열차; *~e jedinice* 기갑부대
oklopnica 1. 장갑선, 전함 (oklopnjača) 2. (複
數로) 열대어종의 한 종류 (Cataphracti)
oklopnik 1. (歷) 기갑 기병 2. (비유적) 기갑 기
차 3. (複數로) (動) 아르마딜로 (남미산의 야
행성 포유 동물)
oklopnjača 장갑선, 전함 (oklopnica)
okluziv (音聲學) 폐쇄음, 파열음 **okluzivan** (形)
okniti *-im & oknijem; oknjen & okniven; okni
& oknij* (完) 헤너 물감 (kana)으로 물들이다
(손톱·머리 등을); *okniveni nokti* 물들인 손톱
okno 1. 창문의 유리; 창문 2. (鑛山) 수갱(竪
坑), 수직 갱도
oko *oči; očiju* 눈(眼); 시야, 시력; *golim ~m*
나안(裸眼)으로, 맨 눈으로; *igra mu ~* 눈길
이 흔들리다; *dokle ~ dopire* 시야가 닿는 곳
까지; *oko za oko* 눈에는 눈으로; *baciti ~ na*

nekoga 바라보다, 쳐다보다; *biti nekome trn
u ~u* 눈엣가시가 되다; *gledati ispod ~a
(očiju)* 몰래 엿보다, 신뢰할 수 없다; *zapeti
nekome za ~* 누구의 눈길을 사로잡다; *uzeti
nekoga na ~* 감시하다, 망보다; *ne skidati
~a s nekoga* 눈에서 떼지 않고 바라보다;
nisam mogao skinuti ~a s nje 그녀에게서
눈을 뗄 수 없었다; *u četiri ~a* 배석자 없이
단 둘이; *više vrede četiri ~a nego dva* 백짓
장도 맞들면 낫다; *slepo ~* (解) 관자놀이;
kurje ~ 티눈, 못; *momak od ~a* 잘생긴 젊
은 청년; *čuvati kao ~ u glavi* 매우 소중히
보관하다 (간수하다); *proceniti od ~a* 대략
평가하다; *zažmuriti na jedno ~ (na dva ~a)*
관대히 봐주다, 눈감아주다; *biti nekome na
~u (očima)* 지근거리에 있다; *budno ~,
budnim ~m* 부릅뜬 눈으로; *vaditi kome oči*
누구에게 적대적으로 행동하다; *vrana vrani
oči ne vadi* 나쁜 사람은 나쁜 사람에게 악을
행하지 않는다; *gledati krivim ~m* 악의적으
로(적대적으로) 바라보다; *gutati očima* 한없
이 열망하면서 바라보다; *daleko od očiju,
daleko od srca* 눈에서 멀어지면 마음에서도
멀어진다; *dva ga se oka ne mogu nagledati*
(두 눈으로 바라볼 수 없을 정도로) 너무 아
름답다 (훌륭하다); *koliko (što) bi ~m trenuo*
순식간에, 순간적으로; **oční** (形); ~ *lekar* 안
과 의사; ~ *vid* 시력; *~a jabučica* 눈알, 안구
(眼球)
oko 1. (그물의) 눈 2. (감자의) 눈
oko (前置詞, + G) 1. (~을 완전히 에워싸는·둘
러싸는) ~의 주위에, 주변에, 빙둘러, 사방에;
sede gosti ~ stola 손님들이 테이블에 빙둘
러 앉는다; *nosi šal ~ vrata* 목에 목도리를
하다 2. (~의 주변을 우회해서 지나가는)
Zemlje se kreće ~ svoje ose 지구는 지구축
을 중심으로 돌고 있다; *zaobiđe ~ kuće* 집
주변을 우회해 간다 3. (사람들의 모임·행동
등의 중심) ~을 중심으로; *političke snage
okupljaju se ~ nacionalnih stranaka* 제정치
세력들은 민족중심의 정당들을 중심으로 집
결한다 2. (수사와 함께) 약, 대략;; *ovo
prase je teško ~ 10 kila* 이 새끼 돼지는 약
10여 킬로 나간다 3. (원인·이유 등을 나타냄)
~ 때문에, ~을 두고; *svađati se (tući se) ~
nečega* ~때문에 말다툼하다 (싸움하다);
posvađaše se ~ devojke 그들은 여자 때문
에 다퉜다; *pogađati se ~ nečega* ~때문에
옥신각신하다 4. (부사적 용법으로, 숫자와
함께 쓰여) 약, 대략, ~ 경에 (približno); *~ 2
sata* 두 시 경에 *zakasniću ~ pet minuta* 대

략 5분 정도 늦을 것이다; *dete ima ~ sedam godina* 아이는 일곱 살 정도 먹었다; *stan ima ~ 200 kvadrata* 아파트는 약 이 백 평 방미터이다 5. ~의 근처에, 주변에 (pored, u blizini); *stanuje negde ~ Slavije* 슬라비야 주변에 살고 있다

oko, okol *okola* (方言) 1. 진영, 캠프, 야영지, 막사 (logor, tabor) 2. 가축 막사

okolica 참조 okolina

okolina 1. 주위, 주변, 근처, 부근 (어떤 장소의) (kraj, predeo); *avioni stalno bombadujju ... našu ~u* 비행기들은 끊임없이 ... 우리 주변을 폭격한다 2. 이웃 사람들, 주위 사람들(sredina) 3. 주민 (어떤 지역 주변의) (stanovništvo)

okoliš 주위, 주변, 근처, 부근 (okolina)

okolišenje (동사파생 명사) okolišiti; *bez ~a* (말을 돌리지 않고) 직접적으로, 탁 터놓고, 솔직하게

okolišiti *-im* (不完) **okolišati** *-am* & 드물게 - *šem* (不完) 1. 돌아가다, 빙돌아 가다 2. (비유적) (말을) 직접적으로 말하지 않다, 에둘러 말하다 3. **okolišiti** (完) (方言) 둘러싸다, 에워싸다, 포위하다 (opkoliti, okružiti, ograditi)

okolišnī *-ā, -ō* (形) 주위의, 주변의 (okolni)

okolnī *-ā, -ō* (形) 1. 주위의, 주변의, 근처의 2. 우회의 (zaobilazan)

okolnost (女) (보통 複數로) 주변 사정, 상황, 환경; *olakšavajuće(otežavajuće) ~i* 참작할 수 있는(어려운) 상황; *pod takvim ~ima* 그러한 상황하에서

okolo (副) 1. (종종 naokolo, uokolo 와 짝을 이뤄 강조 용법으로) 주변에, 주위에; *šešir mu ~-naokolo ukrašen perjem* 그의 중절모는 빙둘러 깃털로 장식되었다; *ide ~ i ogovara* 주변을 다니면서 비방하고 다닌다 2. 우회하여, 빙돌아 (naokolo, zaobilazno); *ti idi pravo, ja ću ~* 너는 똑바로 가, 나는 돌아 갈께 3. (전치사적 용법으로, +G) 주위에, 주변에 (oko, ukrug); *sede ~ stola* 테이블 주변에 앉는다

okomak *-omka; -mci* 1. (알맹이를 떼어내고 남은) 옥수수 속대 (kočanj, kukuruzina) 2. (언덕의) 내리막 길 (nizbrdica)

okomica 1. (언덕의) 내리막 길 (nizbrdica, okomak) 2. 수직선 (vertikala)

okomice (副) 수직으로, 깍아지른 듯한, 가파르게

okomit *-a, -o* (形) 1. 경사가 급한, 가파른, 깍아지른 듯한; *~a padina* 가파른 경사; *~ put*

가파른 길 2. (數) 수직의

okomiti *-im* (完) 1. ~로 향하게 하다, 방향을 돌리다 (usmeriti, okrenuti pravcu čega); *on se trudio da nađe krivca izvan sebe i da na njega okomi njihovu žaoku* 그는 자기 자신 밖에서 잘못을 찾아 그들의 가시돋친 말을 그 사람에게 돌리려고 노력했다; *~ oko na nekoga* 어떤 사람을 바라보다(쳐다보다) 2. 수직으로 (세워) 놓다 3. ~ se (na koga) 공격하다, 습격하다, 돌진하다

okomiti *-im* (完) 옥수수 알을 따다

okomito (副) 수직으로

okončati *-am* (完) **okončavati** *-am* (不完) 1. 마치다, 끝마치다, 끝내다; 종료하다; *~ život* 자살하다, 죽다, 생을 마치다 2. ~ se 끝나다

okopati *-am* (完) **okopavati** *-am* (不完) (주변 흙을 파서 나무에) 흙을 돋우다 (서리 혹은 추위로부터 나무 등을 보호하기 위해)

okopiliti se *-im se* (完) 사생아를 낳다, 사생아로 태어나다; *okopili se devojka pa puca bruka* 여자아이가 사생아로 태어나서 난리가 났다

okopneti *-nim* 1. (얼음·눈 등이) 녹다, 녹아 없어지다(사라지다); *da je sneg, već bi okopnio!* 눈이었다면 벌써 녹았을텐데! 2. (비유적) 육체적으로 허약해지다, 마르다 3. (비유적) 거의 사라지다, 없어지다

okoran *-rna, -rno* (形) 1. 무뚝뚝한, 퉁명스런; 날카로운 (oštar); *~ glas* 퉁명스런 목소리 2. 잔인한 (okoreo, okrutan, nemilostiv) 3. 거친 (재료의 표면 등이) (grub)

okoreo *-ela, -elo* (形) 1. 참조 okoreti 2. (병·습관 등이) 뿌리 깊은, 만성의, 상습적인, 오래된: *~ela pijanica* 만성적 알코올중독자; *~ zločinac* 상습범; *~ kockar* 상습 도박범; *~ lopov* 상습 절도범; *~ ljubavnik* 오랜 정부 (情夫) 3. 껍질이 생긴 (없은), 단단해진 (skorušen, stvrdnut, sasušen)

okoreti *-im* (完) 1. (~ se) 껍질(kora)이 생기다 (덮이다), 단단해지다 2. (~se) 민감하지 않게 되다, 둔해지다, 거칠어지다; *ruke su joj okorele* 그녀의 손이 거칠어졌다 3. (비유적) (나쁜 습관 등에) 빠지다, 익숙해지다, 중독 되다; *oni su okoreli u porocima* 그들은 악행에 익숙해졌다

okorio *-rjela* (形) 참조 okoreo

okoristiti se *-im se* (完) **okorišćavati se** *-am se*, **okorišćivati se** *-ćujem se* (不完) (nečim 또는 보어 없이) ~ 이익을 얻다(취하다), 이용하다 (izvući korist, iskoristiti); *okoristio se tuđom nevoljom* 타인의 곤란을 이용하여

이익을 취하다

okosit -a, -o (形) 무뚝뚝한, 퉁명한; (목소리가) 거친, 쉰, 날카로운 (oštar, osoran)

okositi -im (完) 1. (풀 등을) 베다 (pokositi, poseći); mačem travu okosite 칼로 풀을 베시오 2. 후다닥 달려가다(돌진하다), 잡으러 쫓아가다 (naglo pojuriti); ~ na pušku 전투 준비를 하다 3. ~ se na koga 무뚝뚝하게(퉁명하게) 말하다 4. ~ se 공격하다, 습격하다 (napasti, navaliti)

okosnica 1. 골격, 해골 (kostur, skelet) 2. (비유적) ~의 주요 부분, 핵심 부분; 기본적 사상; ~e polufinalnih turnira sačinjavali su majstori 준결승™ 리그의 핵심적 요소는 (그 부분의) 전문가들이 준비했다

okoštati (se) -am (se) (完) okoštavati (se) -am (se) (不完) 뼈로 변하게 하다, 골화(骨化)시키다(하다), 뼈처럼 굳게하다(굳어지다)

okoštavanje (동사파생 명사) okoštavati

okoštavati -am (不完) 참조 okoštati (se)

okot 한배 새끼 (개·돼지 등의)

okotiti -i; okoćen (完) 1. (짐승 등이) 새끼를 낳다; ženka okoti zimi po jedno ili dva mečeta 암컷이 겨울에 한 두마리의 곰 새끼를 낳는다 2. (卑俗語) 아이를 낳다

okov (보통 複數로) 1. 수갑, 족쇄, 차꼬; baciti nekoga u ~e 징역형을 선고하다; on joj je ~ oko vrata 그녀에게 그는 짐이다; vući (nositi) ~e 징역형을 살다; raskinuti (razbiti, slomiti) ~e 징역에서 벗어나다 2. (비유적) 속박, 구속

okovati -kujem (完) okivati -am (不完) 1. (못·금속 틀 등으로) 단단히 고정시키다 2. 족쇄(수갑·차꼬)를 채우다; ~ nekoga 족쇄를 채우다 3. (금·은을) 표면에 입히다, 덧칠하다, 도금하다; ~ u zlato 도금하다 4. (비유적으로) 구속하다, 속박하다, 자유를 박탈하다

okovratnik 1.(와이셔츠, 외투 등의) 칼라, 깃 2. 넥타이, 나비넥타이 (kravata, mašna)

okoziti -i (完) 새끼 염소를 낳다

okrabuljati -am okrabuljiti -im (完) ~에게 가면(krabulja)을 씌우다, 변장(위장)시키다

okraćati -am (完) (=okračati) 짧아지다 (postati kratak, skratiti se); dani nešto okraćali 날(낮)이 조금 짧아졌다

okrajak -ajka; okrajci 1. 가장자리, 변두리, 끝자리 (kraj, ivica) 2. (빵의) 꽁다리; 꼭지, 끝 (vrh) 3. 자투리 땅 (끝자리에 있어 경작하지 않는) 4. 주위, 주변 (okolina, kraj) 5. 여백, 책장의 가장자리(인쇄되지 않고 남아 있는) 6. 꽁초(담배의) (pikavac, opušak)

okrastati (se) -am (se) (完) 딱지(krasta)가 앉다

okrastaviti (se) -im (se) (完) 참조 okrastati se

okrasti -adem; okraden (完) 훔치다, 도둑질하다

okratak -tka, -tko (形) 다소 짧은

okrečiti -im (完) 1. 석회칠하다, 하얗게 바르다 2. 얼굴에 하얗게 바르다(화장품을) 3. 감추다, 숨기다 (진짜 색깔을 보여주지 않고)

okrenuti -nem (完) okretati -ćem (不完) 1. 돌다, 돌리다, ~의 방향을 바꾸다, 향하게 하다; ~ leđa nekome ~에게서 등을 돌리다; okrenuo ga je protiv brata 그는 형제에게 등을 돌렸다; ~ automobil 차를 유턴하다; ~ pečenje (굽는) 고기를 뒤집어 놓다; ~ ključ 열쇠를 돌리다; ~ sve naopako 모든 일이 엉망진창이 되다; biti okrenut prema ~을 향해 돌다; ~ drugi list 전혀 다르게 행동하다; ~ glavu u pravcu nečega ~을 향해 고개를 돌리다; ~ kabanicu(kaput) prema(po) vetru 시류(時流)에 편승하다, 시류에 편승하여 행동하다; ~ na zlo 악(惡)을 택하다; ~ natrag točak istorije 역사의 수레바퀴를 돌리다; ~ novu stranicu istorije 새로운 역사의 장을 펼치다; ~ pamet kome 매혹시키다; ~ srećom 부정적으로 활동하기 시작하다 2. ~ se 돌다; ~ se protiv nekoga ~에 적대적으로 돌아서다; ~ se u postelji 돌아눕다; Zemlja se okreće oko svoje osovine 지구는 지축을 중심으로 돈다; ~ se na bolje (gore) 좋아지다(나빠지다); svi su se okretalia njegovim novim autom 모든 사람이 그 사람의 새 자동차 주변을 돌았다(쳐다보기 위해) 3. ~로 바뀌다, 시작하다; ~ tugu na veselje 슬픔이 기쁨으로 바뀌다; okretoše na pesmu 그들은 노래를 부르기 시작했다; on tada okrete na šalu 그는 그때 농담을 시작했다 4. (전화 번호를) 돌리다, 전화를 걸다; ~ broj 전화 번호를 돌리다

okrepa 1. 강장제 2. (口語) 술

okrepiti -im; okrepljen (完) okrepljivati -ljujem (不完) 1. 강하게 하다, 튼튼하게 하다; 원기를 회복시키다, 힘을 차리게 하다, 신선하게 하다; malo sam ga okrepio kafom i konjakom 커피와 코냑으로 약간 그가 기운을 차리게 했다 2. ~ se 강해지다, 튼튼해지다, 원기를 회복하다, 힘을 차리다; ~ se hladnom vodom 찬 물을 마시고 기운을 차리다

okrepljenje (동사파생 명사) okrepiti

okrepljiv -a, -o (形) 원기를 회복시키는, 힘을 돋우는

okrepljivati -ljujem (不完) 참조 okrepiti

O

okresati –šem 1. (나무·콧수염 등의 윗부분을) 자르다, 잘라내다; 다듬다, 손질하다 *kao okresana grana* 1)생명이 없는 것처럼, 2)외로운 2. (비유적) 욕하다, 저주를 퍼붓다 (opsovati, prokleti)

okret 1. 회전, 선회, (방향)전환 2. 회전하는 장소(곳), 선회하는 곳(장소)

okretaljka (機) 크랭크, 회전축 (obrtaljka)

okretan –tna, –tno (形) 1. 임기응변이 좋은, 융통성 있는, 재주 있는, 재치있는 (spretan, snalažljiv, vešt) 2. 빠른, 재빠른 (허가) 3. 축을 중심으로 도는 (문 등의); *~tna igra* 빙빙도는 춤 (왈츠·탱고 등의); *~tna stolica* 회전 의자; *~tna vrata* 회전문

okretanje (동사파생 명사) okretati; ~ *automobila* 자동차의 U턴

okretati –ćem (不完) 참조 okrenuti; *kolo sreće okreće se* 행운은 돌고 돈다

okretnica 1. (鐵道) 전차대(轉車臺), 회전대 2. (버스 등의) 회차장, 도는 곳

okretnost (女) 임기응변, 융통성, 재치, 민첩함 (spretnost, snalažljivost, pokretljivost)

okrilatiti –im (完) 1. 날개를 얻다, 날개가 생기다 2. (비유적) 강해지다, 힘을 얻다 (ojačati, osnažiti)

okriliti –im (完) 1. 날개를 달아 주다; (비유적) 용기를 북돋우다, 격려하다, 기운을 북돋우다 2. 덮다, 덮어 씌우다, 씌우다, 보호하다 (zakriliti, pokriti, zaštititi) 3. ~ se 날개를 얻다, 날개를 달다 (okrilatiti)

okrilje 1. 보호, 옹호, 비호, 방호 (zaštita, čuvanje, odbrana) 2. 방패, 방어물 (zaklon, štit) 3. 날개 (보통은 민중시에서 'krilo'의 강조 의미로)

okriviti –im; okrivljen (完) **okrivljivati** –ljujem **okrivljavati** –am (不完) 비난하다, 책망하다, 잘못했다고 죄를 씌우다; *okrivljen je da je bio saučesnik u ubistvu* 살인 공범자로 기소되었다

okrivljen –a, –o 1. 참조 (okriviti) 2. –i (명사적 용법으로) 피고, 피고인(okrivljenik)

okrivljenik 피고, 피고인 **okrivljenica**

okrižnica (船舶) 돛활대, 개프, 사형(斜桁) (종범(縱帆) 상부의) (križ)

okrnjak okrnjka; okrnjci, okrnjaka 부서진 조각, 파편; 일부분, 남은 것

okrnjiti –im (完) 1. 파손시키다, 부수다, 부러뜨리다, 손상시키다 (učiniti krnjim, oštetiti); ~ *zub* 이빨을 부러뜨리다; ~ *nekome ugled* 누구의 명예를 손상시키다 2. 감소시키다, 차감하다, 빼다, 제하다 (smanjiti, odbiti,

oduzeti) 3. ~ se 손상되다, 파손되다 4. ~ se 감소되다, 차감되다

okrpiti –im (完) (=okrpati) 1.(해진 곳에 다른 천을 대고) 기우다, 깁다 (zakrpiti) 2. (비유적) 충분하다, 충분이 있다; 보전시키다, 메우다 (doteći, biti dovoljno); *neće ga ni stotinarka* ~ 그는 100디나르로도 충분하지 않을 것이다 3. (비유적) 완화시키다, 감소시키다 (olakšati, umanjiti); *našu nevolju slabo će* ~ *svi melemi iz bolnice* 병원에 있는 모든 약들도 우리의 고통을 그리 감소시키지는 못할 것이다 4. ~ *nekoga* 공격하다, 비판하다 (napasti, nagrditi); *kapetana orkpe u dopisu u novinama* 신문 기사에서 캡틴을 비판한다

okršaj (軍) 소규모 접전(接戰), 작은 충돌 (manji boj, čarka)

okrug 1. (광역 행정단위인, 우리나라의 도농행정통합단위에 해당됨) 군(郡), 도(道) 2. (보통은 숙어로) *vojni* ~ (軍) 관구, 군단 (군(軍)의 광역 행정단위인); *izborni* ~ (광역) 선거구 3. (~을 중심으로 펼쳐진) 지역 4.(둥근 형태를 가진) 사물, 물건, 장치 5. 기타; *u* ~ 빙둘러 (kružno, unaokolo) **okružni** (形)

okrugao, –gla; –gli (形) 1. 둥근, 공 모양의, 원형의; *~gli sto* 원형 테이블, 원탁회의 (직위에 상관없이 아무 좌석에나 앉을 수 있는) 2. 통통한, 토실토실, 살찐 (debeo, debeljuškast) 3. (비유적) (목소리가) 굵은, 굵직한 4. (숫자, 금액이) 영(0)으로 딱 떨어지는

okruglast –a, –o (形) 포동포동한, 토실토실한, 통통한; 둥그스름한

okruglina 1. 둥금 2. (비유적) 조화, 둥글둥글한 것 (harmoničnost, prijatnost, sklad)

okruglo (副) 1. 둥글게, 공 모양으로 2. (금액·숫자가) 딱 떨어지게 3. 둥글둥글하게, 모나지 않게, 조화롭게; (목소리가) 굵직하게, 굵게 (skladno, harmonično; dubokim glasom)

okruglost (女) 둥금

okruniti –im; okrunjen (完) 1. (표면 등으로부터) 떼내다, 떼어내다; 잘게 부수다, 가루로 만들다 2. 옥수수 알을 떼내다 3. 기타; *hteti okrunjeno* 노력없이(고통없이) ~ 하기를 바라다; *on hoće sve okrunjeno* 그는 모든 것이 다 저절로 되기만을 바란다 4. ~ se; *zubi su mi se okrunili* 내 이빨이 부러졌다

okruniti –im; okrunjen (完) 1. 왕관을 씌우다, 왕위에 등극시키다 (krunisati) 2. 장식하다, 치장하다 (ukrasiti, nakititi) 3. (비유적) 마치다, 끝마치다 (보통 성공적으로, 만족스럽게,

행복하게) 4. ~ se 왕좌에 오르다, 왕위에 등극하다 (krunisati se)

okrunjivati (se) -njujem (se) (不完) 참조 okruniti (se)

okrupnjati -am (完) **okrupnjavati** (不完) 커지다, 거대해지다, 강해지다

okrutan -tna, -tno (形) 잔인한, 잔혹한, 무자비한 (nemilosrdan, surov, svirep)

okrutnik 잔인한 사람, 잔혹한 사람; 폭군, 전제군주, 압제자 (tiranin)

okrutnost (女) 잔인함, 잔혹함, 무자비함 (surovost, nemilosrdnost, svirepost)

okruženje (동사파생 명사) okružiti; (軍) 포위, 에워쌈

okružiti -im (完) **okruživati** -žujem (不完) 1. 원을 만들다, 원을 그리다 (zaokružiti) 2. 둘러싸다, 에워싸다, 포위하다 (opkoliti) 3. (보통 숙어로) ~ nekoga pažnjom (brigom i sl) 분위기를 만들다 (보통 기분 좋게, 즐겁게, 유쾌하게); ~ pogledom (okom) 사방에서 쳐다보다 4. ~ se 자기 주변에 모으다; trebalo bi se ~ novim ljudima 새로운 인물들을 자기 주변에 모을 필요가 있다

okružnī -ā, -ō (形) 참조 okrug; ~ sud 광역(고등) 법원; ~ načelnik 광역지방단체(okrug)장; ~ javni tužičac 고등검찰청장

okružnica 회람, 공람 (cirkular)

okrvaviti -im; okrvavljen (完) 피를 흘리다, 피를 흘리는 부상을 입다 (iskrvaviti); ~ gaće (hlače) 전투(전쟁)에서 피를 흘리다; ~ ruke 살해하다

okrznuti -nem (完) 스치다, 스쳐 지나가다, 스쳐 약간의 부상을 입다; metak ga je okrznuo 총알이 살짝 스쳐갔다; ~ okom (pogledom) nekoga 흘끗 쳐다보다, 잠깐 보다

oksalnī -ā, -ō (形) (숙어로); ~a kiselina (化) 수산(修酸)

oksid (化) 산화물(酸化物); ~ sumpora 황산화물

oksidacija (化) 산화(酸化) (작용)

oksidirati -am **oksidisati** -šem (完, 不完) 1. 산화(酸化)하다 (시키다), 녹슬게 하다, 녹슬다 2. ~ kosu 머리를 밝은 색으로 염색하다

oksigen, oksigenij -ija, **oksigenijum** 산소 (kiseonik)

oksira 요충 (기생충의 한 종류)

oktan (化) 옥탄 **oktanski** (形)

oktant 8분원 (45도의 호(弧))

oktava 1. (音) 옥타브, 8도 음정 2. (韻律) 8행 시구 3. (宗) 축제일부터 8일째 날

oktet (音) 8중주, 8중창, 8중주곡(단)

oktobar 10월 **oktobarski** (形); ~a revolucija

10월 혁명

oktogon 8각형, 8변형

oktopod (動) 문어, 낙지 (hobotnica)

oktroirati -am **oktroisati** -šem (完) (헌법을) 위로부터 강요하다(강제하다); oktroirani (oktroisani) ustav 강요된 헌법 (군주가 의회와의 사전 협의없이 시행한)

okućiti -im (完) 1. 가정을 이루게 하다, 결혼시키다 2. ~ se 가정을 이루다, 결혼하다

okućnica 1. 집에 딸린 토지(농지), 집주변의 토지(농지); 남새밭 2. 집단농장에 가입할 때 개인이 소유하는 농지 및 그 부속건물 3. 농가(農家)가 타인에게 양도할 수 없는 최소한의 토지(농지) (okućje)

okuka 1. (도로·강 등의) 굴곡, 굽이, 커브 (krivina, zavoj); opasna ~ 위험한 커브 2. (비유적) 굴곡, 어려움 (preokret, teškoća)

okukati -am (完) ~ nekoga 슬퍼하다, 애도하다

okular 접안경, 접안렌즈

okulist(a) 안과의사 (oftalmolog)

okulistika 안과학 (oftalmologija)

okultan -tna, -tno (形) 1. 신비스러운, 불가해한 (tajanstven, mističan); ~tne nauke 신비한 학문 2. 숨어있는, 감춰져 있는, 육안으로 보이지 않는 (skriven, prikriven); ~tno krvarenje u crevima 육안으로 보이지 않는 장(腸)출혈

okultizam -zma 신비주의, 신비요법 (점성술, 수상술(手相術), 신지학(神智學) 등의)

okumiti -im (完) 1. ~를 대부(代父: kum)로 삼다, 세례를 주다 2. ~ se ~의 대부(kum)가 되다

okup 모여 있는 것, 모임, 집회 (skup, zbor); na ~u 모두 다 함께 모여 있는, naći ćeš ih na ~u 그들 모두가 한 장소에 있는 것을 볼 것이다

okupacija 1. (무력)점령, 점거; ratna ~ 무력 점령 2. (法) 점유 3. (비유적) 직업, 일, 취업

okupacioni (形): ~e snage 점령군; ~a uprava 점령군 사령부

okupati -am (完) 1. 목욕시키다, 몸을 물에 담그다 2. (물로) 흠뻑 적시다 (zaliti, oprati) 3. (비유적) 쩔게 하다, 꽉차게 하다 (obuhvatiti, obasuti); čitav oltar je okupan mirisnim dimom tamjana 제단 전체가 향내로 가득찼다 4. 기타; ~ u krvi 피를 많이 흘리게 하다, 살인을 많이 하다 5. ~ se 목욕하다 6. ~ se 쩔다, 꽉차다 7. 숙어; ~ se u znoju 땀으로 범벅이 되다; ~ se u krvi 과다출혈하다, 살인을 많이 하다; ~ se u suzama 눈물 범벅이 되다; 많이 울다

O

okupator 점령자, 점령군 **okupatorski** (形); ~*a vojska* 점령군

okupirati -*am* (完) 1. (무력으로) 점령하다, 점거하다; ~ *gradove i sela* 도시와 마을들을 점령하다 2. (생각·관심 등으로) 꽉차다, 채우다 (obuzeti, zaokupiti); *samo je kratko vreme ga je okupirala briga za stan* 그는 잠깐동안 집 걱정을 했다 3. (장소를) 차지하다, 점거하다, 사용하고 있다; *sve su prostorije okupirane od zadruge* 모든 공간을 협동조합이 사용하고 있다

okupiti -*im* (完) **okupljati** -*am* (不完) 1. (한 곳에, 한 장소에 많이) 모으다, 모이게 하다; ~ *decu (oko sebe)* (자기 주변에) 아이들을 모이게 하다 2. (비유적) 일치단결시키다(공동의 활동 목적을 위해); ~ *pristalica* 지지자들을 일치단결시키다 3. ~ *se* (한 장소에) 모이다, (~을 중심으로) 모이다; ~ *se na sastanku* 회의에 모이다; ~ *se radi zajedničke molitve* 공동 기도를 위해 모이다

okuražiti -*im* (完) 용기를 북돋우다, 격려하다 (ohrabriti, osmeliti, učiniti kuražnjim)

okus 1. 맛(쓴맛·짠맛·단맛 등의), 미각 (ukus) 2. 시식, 맛보기 (proba, kušanje) **okusni** (形)

okusiti -*im* (完) 1. 맛보다, 맛을 보다 2. 시식하다, 맛보다(아주 조금); *on neće ni da okusi pivo* 조금도 맥주를 마시려하지 않는다 3. (비유적) 경험하다, 체험하다, 경험하여 알다; *silno mu se prohtelo da još jednom okusi taj raskalašeni život* 다시 한 번 그런 방탕한 생활을 하고자 하는 욕망이 강하게 일었다

okusiti -*im* (完) 짧게 하다, 짧게 자르다 (potkusiti, potkratiti, učiniti kusim)

okušati -*am* (完) **okušavati** -*am* (不完) 1. 맛보다 (음식·술 등을)(oprobati, isprobati) 2. 시험하다, 검사하다, 검증하다 (proveriti, ispitati); ~ *snage* 힘을 한 번 겨뤄보다 3. 시도하다, 한 번 해보다 (pokušati) 4. 경험하다, 체험하다 5. ~ *se* 맛보다, 경험해 보다, 시험해 보다; *on se okušao na svim poljima umetnosti* 그는 모든 예술 분야에서 일을 한 경험이 있다

okužiti -*im* (完) 1. (역병·전염병에) 감염시키다 2. (다른 사람에게) 나쁜 영향을 주다 3. ~ *se* 감염되다

okvalificirati -*am* **okvalifikovati** -*kujem* (完) 자격을 주다, ~할 자격이 된다고 간주하다

okvasiti -*im* (完) 1. 젖게 하다, 축축하게 하다 (nakvasiti, ovlažiti); ~ *grlo* 목을 적시다(보통 술로), 술을 마시다 2. ~ *se* 젖다, 축축해지다 3. ~ *se* 취하다, 술에 취하다

okvir 1. 틀(사진·거울 등의), 테두리 (ram) 2. (軍) (총 등의) 탄창 3. 한계, 범위, 영역, 활동 분야; *to ne ulazi u ~ tvoje teze* 네 논문에서 다룰 것이 아니다 **okvirni** (形)

okviriti -*im* (完) **okvirivati** -*rujem* (不完) 틀(okvir)에 넣다, 틀을 하다 (uramiti)

okvirnī -*ā*, -*ō* (形) 1. 틀의 2. (비유적) 대략적인, 대체적인, 전반적인, 개괄적인; ~ *zakon* 개괄적 법률; ~ *ugovor* 대략적인 합의; ~*a suma* 대략적 액수(총액)

olabaviti -*im* (完) (自, 他) 느슨해지다, 느슨하게 하다

olaj 아마씨 기름 (lanene ulje)

olajati -*jem* (完) **olajavati** -*am* (不完) 비방하다, 비방중상하다, 저주하다 (oklevetati)

olak -*a*, -*o* (形) 1. 상당히 가벼운, 다소 가벼운 2. (비유적) 표피적인, 깊게 생각하지 않는, 오락적인, 가벼운; ~*e literature* 가볍게 읽을 수 있는 책들 3. (비유적) 경솔한, 가볍게 생각하는, 쉽게 생각하는 (nesmotren, nepromišljen, lakomislen) 4. (비유적) 천박한, 도덕적으로 가벼운 (보통 여자들에 대해)

olako (副) 1. 쉽게, 어렵지 않게; *proći* ~ 어렵지 않게 통과하다 2. 아주 적게, 표나지 않게 3. 경솔하게, 깊게 생각하지 않고

olakotan -*tna*, -*tno* (形) (보통 한정적 용법으로 사용) 고려할만한, 참작할만한, 가볍게 하는 (olakšavajući); -*tna okolnost* (정상) 참작할만한 사유

olakšanje 1. (동사파생 명사) olakšati 2. 경감, 완화 (통증·고통 등의)(poboljšanje) 3. (정신적·심리적) 안도, 안심; *osetiti* ~ 안도감을 느끼다

olakšati -*am* (完) **olakšavati** -*am* (不完) 1. 짐을 덜다, 가볍게 하다 (rasteretiti); ~ *teret* 짐을 덜다; *olakšavajuće okolnosti* 용이하게 하는 환경들; ~ *breme* 낳다, 출산하다 2. 용이하게 하다, 쉽게 하다; ~ *posao nekome* 일을 용이하게 하다 3. 가벼워지다, 적어지다, 무게가 줄어들다 4. 완화시키다, 경감시키다; ~ *bol* 통증을 완화시키다 5. 안도시키다, 안심시키다; ~ *dušu (duši)*, ~ *srcu (srce)* 안도시키다 6. ~ *se* 재귀동사 (olakšati) 7. ~ *se* (음식을) 토하다; 대변을 보다

olakšica 1. 안도, 안심 2. 가볍게 하는 것, 용이하게 하는 것, 부담을 덜어주는 것 (세금·고통·어려움·부담 등으로부터); 부양책, 지원책; 할인, 삭감; *poreska* ~ 세금 면제, 세무 지원; ~*e za izdržavanje članove porodice* 가족생계부양 지원책; *priznati (pružiti)* ~*u* 면제해주다, 부담을 덜어주다

O

oleandar –dra oleander (植) 서양협죽도 (지중
해 지방산의 유독 식물)

olein (化) 올레인 (올레산의 트리글리세리드
(triglyceride)); 지방의 유상(油狀) 부분
oleinski (形); ~a kiselina 올레인산(酸)

oleniti se –im se, olenjiti se –im se (完) 게을
러지다, 나태해지다 (postati lenj)

olepiti –im (完) olepljivati –ljujem (不完) 1. 바
르다, 붙이다 (모르타르·진흙 등을) (oblepiti);
moramo kuću malo ~ 집에 조금 시멘트를
발라야 한다 2. 풀칠하여 붙이다 (zalepiti)

oličavati –am (不完) 참조 oličiti

oličenje (동사파생 명사) oličiti

oličiti –im (完) oličavati –am (不完) 의인(擬人)
화하다, 인격화하다, 인간으로 표현하다; 구
체화하다, 구현하다; 나타내다, 상징하다

oliganj –gnja (動) 오징어 (lignja)

oligarh 과두정치의 독재자, 과두정 지지자

oligarhija 과두정치, 소수독재정치

oligarhijskī –ā, –ō (形) 과두정치 독재자의, 과
두정 지지자의, 과두정치의

olimpijac –jca 올림픽 참가자, 올림픽 선수

olimpijada 올림픽 경기; učestvovati na ~i 올
림픽에 참가하다 olimpijadski (形)

olimpijskī –ā, –ō (形) 올림픽의; ~ pobednik 올
림픽 승자; ~o selo 올림픽 선수촌; ~e igre
올림픽 경기

olinjao –ala, –alo 1. 참조 (olinjati (se)) 2. (形)
낡아빠진, 헐어빠진, 허름한, 해진, 누더기의;
~ala bunda 낡은 모피코트

olinjati (se) –am (se) (完) 1. 털이 빠지다; (새·
개·고양이 등이) 털갈이하다; zec je već do
polovine olinjao 토끼는 벌써 반절이나 털갈
이를 했다 2. 얇아지다, 낡다, 낡아지다, 해
지다 (사용한 결과)

olistati –am (完) (봄에) 새 잎이 나다 (나무의)

olizati –žem (完) 핥다, 핥아 먹다, 깨끗이 핥다

ološ (集合) 1. 인간 쓰레기, 쓰레기 같은 인간
집단 (šljam) 2. 용도폐기된 것 (물건) 3. 쓰
레기 (물에 떠 내려가는)

olovan –vna, –vno (形) 1. 납의, 납으로 만들어
진; ~ krov 함석 지붕; ~vna kugla 납덩어리
2. (비유적) 납처럼 무거운, 납처럼 회색인 3.
(비유적) 곤한, 깊은 (잠이); 짙은, 앞이 보이
지 않는 (gust, neproziran)

olovka 연필; hemijiska ~ 볼펜; ~e u boji 컬러
펜

olovnica 1. 측연(測鉛; 배의 무게를 가중시키
기 위한); 측연선(測鉛線) 2. (植) 갯길경잇과
의 식물 (열대산;약용)

olovo 납(鉛) ~ težak kao ~ 납덩이처럼 무거운;

belo ~ 주석(kalaj); prosipati na nekoga
prah i ~ 엄하게 꾸짖다, 심하게 질책하다;
ćutati kao ~om zaliven 입을 꼭다물고 한
마디도 말하지 않다 olovan (形); ~vno belilo
백연(白鉛)

olovohromat (化) 크롬산납

olovokarbonat (化) 탄산납

olovosulfid (化) 황산납

oltar (宗) (교회의) 제단, 제대(祭臺), 성찬대;
dati (metnuti, staviti) što na ~ čega (희생양
으로) 제단에 올리다, 희생시키다; dovesti
pred ~ 혼인으로 관계를 맺다, 결혼으로 이끌
다; stati (izaći) pred ~ 결혼하다 oltarski (形)

oluja 1. 폭풍, 강풍, 사나운 바람 (보통 천둥·
번개·비를 동반한); digla se (počela je) ~ 폭
풍이 일었다 2. (비유적) 소란, 소동; 심한 심
적 동요 olujni (形); ~ oblaci 천둥번개를 동
반한 구름; ~o raspoloženje 격한 감정(기분)

oluk oluci (지붕의) 홈통, 함석 물통 (물이 흘
러 내리는) (žleb)

olupati –am (完) 1. 때려부수다, 깨뜨리다, 부
수다 2. ~의 표면에서 벗겨내다, 때어내다
(벽에서 시멘트 등을)

olupina 1. 부서진 것(물건), 깨진 것(물건); 파
편, 잔해; ~ automobila 자동차 잔해; ~ lađe
배의 잔해; brodska ~ 난파선 2. 껍질

olupiti –im (完) 1. 껍질을 벗기다 (oljuštiti);
벗겨내다, 때어내다 (시멘트 등을 벽에서); ~
zid 벽을 벗겨내다 2. 깨뜨리다, 부수다, 쳐
부수다 (olupati, razbiti)

olužiti –im (完) 잿물(lug)에 담그다, 잿물로 세
탁하다

oljušten –a, –o 참조 (oljuštiti); ~ pirinač 도정
된 쌀

oljuštiti –im (完) 1. 껍질을 벗기다, 껍질을 제
거하다; (표면에서) 떼어내다, 벗기다 2. (비
유적) 강탈하다, 빼앗다 (opljačkati) 3. ~ se
껍질이 벗겨지다; (표면층이) 벗겨지다

oljutiti –im (完) 1. 음식에 매운 재료(양념)를
넣다, 맵게 하다; ~ jezik (usta) 입안에 불나
다 2. ~ se 매운 맛을 느끼다, 맵게 되다

om oma; omovi (電) 옴 (전기 저항의 단위; 기
호 Ω)

omaciti –i (完) 1.고양이가 새끼를 낳다 2. ~ se
고양이 새끼가 태어나다

omaći, omaknuti omaknem; omaknuo, –nula;
omakao, –kla (完) omicati –čem (不完) 1. 사
라지다, 없어지다 (nestati) 2. 미끄러지다 3.
(方言) (총을) 발사하다, 쏘다 4. ~ se 미끄러
지다, 미끄러 넘어지다, (okliznuti se,
iskliznuti); omakla mu se noga pa je pao 발

725

이 미끄러져 넘어졌다; *omakao se sa skele* 비계에서 미끄러져 떨어졌다 **5. ~ se** (참았던 눈물이) 떨어지다, 주르륵 흐르다 **6. ~ se** (총이) 우연히 발사되다; *to mu se omaklo* 그는 무심결에 그것을 발설했다

omađijati *-am* (完) 요술을 걸다, 마법을 걸다; *omađijale su ga veštice* 마녀들이 그에게 마법을 걸었다

omahnuti *-nem* (完) **omahivati** *-hujem* (不完) **1.** 흔들다, 휘두르다; ~ *sabljom* 칼을 휘두르다 **2.** (비유적) 흉작이 되다 (곡물·작물이); *omahnula je letina* 농작물이 흉작이 되었다 **3.** (비유적) 속이다, 거짓말하다, 사취하다 (izneveriti, prevariti, slagati)

omakinja 한 살 먹은 암컷 말 (omica)

omaknuti *-nem* (完) 참조 omaći

omalen *-a, -o* (形) 아주 작은, 다소 적은, 좀 작은 (dosta malen)

omaliti *-im* (完) **omaljivati** *-ljujem* (不完) **1.** 적게 하다, 작게 하다, 감소시키다 (smanjiti, umanjiti) **2.** 작아지다, 적어지다, 감소하다 (smanjiti se); *detetu je već omalio kaput* 아이에게 외투가 벌써 작아졌다 **3. ~ se** 작아지다 (옷·신발 등이)

omalovažavanje (동사파생 명사) omalovažavati: 평가 절하, 과소 평가, 무시, 경시; *s ~m* 경시(무시)하면서

omalovažiti *-im* (完) **omalovažavati** *-am* (不完) 과소평가하다, 평가절하하다 (potcenti); 무시하다, 멸시하다, 경시하다 (pokazati nepoštovanje)

omaljivati *-ljujem* (不完) 참조 omaliti

omama 1. 취함;취한 상태;극도의 흥분, 열중, 도취 **2.** 멍한 상태, 혼수 상태, 기절 상태 **3.** (醫) 마취

omamiti *-im*; **omamljen** (完) **omamljivati** *-ljujem* (不完) **1.** 취하게 하다; *ljudi omamljeni alkoholom* 술에 취한 사람들 **2.** 기절시키다, 혼절시키다, 인사불성에 빠지게 하다 (onesvestiti, ošamutiti) **3.** (비유적) 흥분시키다, 도취시키다, 기쁘게 하다, 열광시키다, 미치게 하다 (zaneti, oduševiti; zaluditi) **4.** (廢語) 유혹하다 **5. ~ se** 취하다

omamljiv *-a, -o* (形) 취하게 하는, 열광시키는, 도취시키는, 흥분시키는, 사로잡는, 유혹하는

omamljivanje (동사파생 명사) omamljivati

oman (植) 국화과의 키가 큰 여러해살이 식물

Oman 오만

omanuti *-nem* (完) omahnuti

omanjī *-ā, -ē* (形) **1.** 아주 적은, 다소 적은 (omalen) **2.** (비유적) 자잘한, 보잘것 없는

(sitan, manje značajan); *mi, ~ majstori, radili smo samo ono što njegova radionica nije mogla da primi* 우리같이 보잘 것 없는 기술자들은 그의 공장이 적용할 수 없는 것들만 했다

omanjiti *-im* (完) 참조 omaniti

omasoviti *-im* (完) **omasovljavati** *-am* **omasovljivati** *-ljujem* (不完) **1.** (회원·정원 등을) 숫자상으로 늘리다, 대규모로 늘리다; 많은 사람들이 참석하게 하다 **2. ~ se** 많은 사람들이 몰리다(모이다, 있다); *pokret otpora se brzo omasovio* 저항운동에 곧 많은 사람들이 몰렸다(모였다)

omastiti *-im*; **omašćen** & **omašten** (完) **omašćivati** *-ćujem* (不完) **1.** 기름을 바르다, 기름을 치다; ~ *šerpu* 냄비에 기름을 바르다; ~ *pleh* 팬에 기름칠을 하다; *skidao je svoj omašćeni šešir* 기름때가 낄은 모자를 벗었다; ~ *brk (bradu)* 기름진 음식을 먹다, 산해진미를 먹다; ~ *džep* 돈을 벌다 **2.** 피를 흘리다, 피로 범벅이 되다 (okrvaviti); ~ *konopac (vešala, uže)* 교수형에 처하다; ~ *kolac* 사형에 처하다 **3.** 색칠하다, 페인트칠하다 (obojiti) **4. ~ se** 기름(기)으로 범벅이 되다; 기름진 음식을 먹다, 산해진미를 먹다; (비유적) 막대한 이득을 취하다

omašiti *-im* (完) **1.** (과녁·목표물을) 맞히지 못하다, 빗맞히다, 못맞히다 (promašiti) **2.** 흉작이 들다 (곡물이)

omaška *-šaka* & *-i* **1.** 실수, 착오, 잘못 (서둘어서 일어나는, 우연한) **2.** 빗나감 (목표물에서) (promašaj)

omatoreo *-ela, -elo* (形) 나이 먹은, 늙은

omatoriti *-im* (完) 늙다, 나이가 먹다, 노인(늙은이)이 되다 (ostareti)

omazati *-žem* (完) (기름 등을) 바르다, 칠하다 (표면에 얇게)

omča **1.** 고리, 올가미 **2.** (교수형의) 목매는 밧줄 **3.** (複) 그물, 덫, 올가미 (짐승을 포획하는)

ome *-eta* (集合 *omad*) 한살 배기 암컷 말

omečiti *-im* (完) **1.** 연하게 하다, 부드럽게 하다 (omekšati) **2.** 멍들게 하다, 타박상을 입히다 (nagnječiti, prignječiti) **3.** (포도의) 즙을 짜다 **4. ~ se** 타박상을 입다 **5. ~ se** 감동하다, 동정심(이해심)을 나타내다 **6.** (方言) 강한 열망을 느끼다

omeđak *omećka* 낮은 울타리, 낮은 담장, 조그마한 울타리 (나무 등이 심어진) (mala međa)

omeđašiti *-im* (完) 경계표(석)를 세우다 (postaviti međaše, omeđiti)

omeđiti -im (完) omeđavati -am, omeđivati -đujem (不完) 1. 경계를 짓다 2. ~ se 울타리로 둘러싸다

omega 오메가 (그리스어의 마지막 글자); alfa i ~ 처음과 끝, 모든 것; od alfe do ~e 처음부터 끝까지, 모든 것

omeknuti -nem; -nuo, -nula & -kao, -kla (完) 조금 부드러워지다

omekšati -am (完) omekšavati -am (不完) 1. 부드러워지다, 연해지다, 말랑말랑해지다, 유들유들해지다; 관대해지다, 유연해지다 2. 부드럽게 하다, 부드럽게 만들다

omelo 1. (페치카, 화로 주변의 재 등을 닦아내는) 헝겊, 걸레; devete peći ~ (žarilo) 매우 먼 친척, 사돈의 팔촌 2. (비유적, 냉소적) 부랑자, 떠돌이 (skitnica, uličarka)

omen 전조, 조짐, 징조

omer 1. 측정, 계량, 측량 (mera, merenje) 2. 비율 (odnos, srezmera, proporcija)

omeriti -im (完) omerati -am (不完) 1. 재다, 측정하다, 측량하다, 계량하다 (izmeriti); ~ ledinu 땅에 쓰러지다 (넘어지다); ~ snagu (jedan drugome) 힘을 겨루다 2. 계산하다, 추산하다, 추정하다, 판단하다 (izračunati, proceniti)

omesti ometem; omeo, omela; ometen (完) ometati -am (不完) 방해하다, 훼방놓다, 훼방하다, 지체시키다; ~ nekoga u radu 일하는 것을 방해하다; ~ saobraćaj 교통을 혼란시키다; nešto ga je omelo da dođe 그 무언가가 그가 오는 것을 막았다

omesti ometem (完) 깨끗이 하다, 닦아내다, 훔치다 (počistiti, pobrisati); ~ sobu 방을 훔치다

ometati -am (不完) 참조 omesti

omica 한 살 배기 암말

omicati se -čem se (不完) 참조 omaći se, omaknuti se

omileti -im (完) 소중해지다, 귀중해지다, 애지중지해지다, 즐거움이 되다, 마음에 들다 (postati mio, drag); on nam je svima omileo 우리 모두에게 그는 귀여움을 받았다 (소중해졌다); omilelo mu je da ne radi 그는 일을 하지 않는 것이 편해졌다

omiliti -im (完) 소중하게 하다, 즐겁게 하다, 유쾌하게 만들다; uspeli smo da mu omilimo školu 우리는 그가 학교를 좋아하게끔 만들었다

omiljen -a, -o 1. 참조 omiliti 2. (形) 좋아하는, 사랑받는, 인기 있는

ominozan -zna, -zno (形) 불길한, 나쁜 징조의, 험악한 (zlokoban, preteći)

omirisati -šem (完) 1. 냄새를 맡다 (nanjuštiti); ~ barut 전쟁에 참가하다, 참전하다 2. 냄새를 풍기다 (namirisati)

omisliti -im (完) 1. 결정하다, ~ 생각에 다다르다 (namisliti, rešiti se); omislio kupiti koje vlastelinstvo u Hrvatskoj 크로아티아의 영주직(職)을 사기로 결정했다 2. ~ se 생각을 바꾸다, 이전의 결정을 번복하다, 마음을 바꾸다 (predomisliti se) 3. ~ se 생각해 내다, 기억해 내다 (dosetiti se, domisliti se)

omladina (集合) 청년, 젊은이들; radna ~ 청년 노동자들; zaštita dece i ~ 청소년 보호

omladinski (形); ~a akcija 청년 운동

omladinac 청년단체회원 omladinka

omlatiti -im (完) 1. 타작하다, 탈곡하다, 도리깨질하다 2. 열매를 털다 (나무에서) 3. 깨뜨리다, 부수다 (때려)

omlet 오믈렛 (음식의 한 종류)

omlitaviti -im (完) 1. 축 늘어지다, 원기(꼿꼿함)가 없어지다, 기력이 없어지다, 흐느적거리다 (postati mlitav) 2. 느슨하게 하다, 이 완시키다, 늘어지게 하다 (učiniti mlitavim)

omlohaveo -vela, -velo (形) 축 늘어진, 흐느적거리는 (koji je postavo mlohav, mlitav)

omlohaviti -im (完) 1. 흐느적거리다, 축 늘어지다 (postati mlohav, omlitaviti) 2. 축 늘어지게 하다, 흐느적거리게 하다 (učiniti mlohavim)

om-metar -tra 옴계, 전기 저항계

omnibus 승합 자동차, 버스; ~ ~ -film 옴니버스 영화

omogućiti -im (完) omogućavati -am omogućivati -ćujem (不完) 가능하게 하다, 할 수 있게 하다; lepo vreme nam je omogućilo da odemo na izlet 좋은 날씨덕에 우리는 소풍을 갈 수 있었다; rođaci su mu omogućili da produži studije 친척들 덕분에 그는 학업을 계속할 수 있었다

omometar -tra 옴계, 전기 저항계 (om-metar)

omorika (植) 가문비 나무, 전나무 omorićni (形)

omorina 후텁지근한 날씨, 습기가 많은 날씨

omot 1. 편지 봉투; 포장지, 포장하고 있는 것 2. 책 표지

omotač 1. 덮개, 포장지, 감싸고 있는 것 (omot); spoljni ~ Zemlje 지구의 겉표면 2. (生) 막(膜); moždani ~ 뇌막, 수막; ~ ćelije (stanice) 세포막 3. (數) 측면 (원뿔의)

omotati -am (完) omotavati -am (不完) 싸다, 감다, 돌돌 말다 (zaviti, uviti); ~ nekoga

O

oko malog prsta 누구에게 친절하게 대하다
(행동하다) 2. 덮다, 뒤덮다, 덮어싸다
(prekriti, pokriti) 3. (비유적) 끌어들이다, 유
혹하다

omraza 증오(심), 원한, 미움, 반감 (mržnja)

omraziti *-im* (完) 1. 증오하다, 미워하다 2. 증
오심을 불러 일으키다, 증오하게 하다 3. ~
se 서로 미워하다(증오하다)

omražen *-a, -o* 1. 참조 omraziti 2. (形) 증오
심을 불러 일으키는, 미운, 밉살스런, 싫은,
마음에 들지 않는

omrčiti *-im* (完) 1. 어둡게 칠하다, 검게 칠하
다 (obojiti u mrko, crno) 2. 더러워지다 (어
둔 색, 검은색이 묻어) 3. (총을) 쏘다, 발사
하다

omrći *omrknem* (完) 참조 omrknuti

omrestiti se *omresti se* (完) (물고기, 새 등이)
알을 낳다, 산란하다

omrknuti, omrći *omrknem*; *omrknuo* &
omrkao, -kla (完) **omrkavati** *-am* (不完) 1.
(어디에서, 누구의 집에서) 밤을 지새다, 밤
을 보내다 (zanoćiti); *omrknuo je usred
šume* 그는 숲 한 가운데에서 밤을 지샜다
2. 어둠속에 사라지다, 어둠에 감춰지다 3.
(어둠이) 깔리다, (날이) 어두워지다 4. (무인
칭문에서) 어두워지다, 깜깜해지다; *tada mi
omrkne pred očima* 그때 눈앞이 깜깜해졌다

omrsak *-ska* 1. 기름진 음식, 기름기 많은 음
식 (mrsno jelo, mrsna hrana) 2. 단식후 최
초로 먹는 기름진 음식

omrsiti *-im* (完) 1. 기름진 음식을 먹다, 기름
진 음식을 먹이다(주다) 2. (그릇·냄비 등을)
기름기로 더럽히다 3. (ruke) 손에 피를 묻
히다, 자신의 손으로 누구를 죽이다(살해하
다); ~ *uže* 교수형에 처하다 4. ~ se 기름진
음식을 먹다

omršaj 1. (단식 후) 기름진 음식을 먹기 시작
하는 날; 그날에 준비된 향연 2. 기름진 음
식 (omrsak)

omršati *-am* (完) 마르다, 여위다, 살이 빠지다

omršaviti *-im* (完) 마르다, 여위다, 살이 빠지다

omrznuti *-nem*; *omrznuo* & *omrzao, -zla*;
omrznut (完) 1. (koga, na koga) 미워하다, 증
오하다, 싫어하다; *omrzao je tast Momira* 장
인은 모미르를 미워했다; *omrzao je posao* 그
는 일을 싫어했다 2. 밉살스러워지다, 미워지
다, 싫어지다, 증오의 대상이 되다 (postati
mrzak); *starac joj je potpuno omrznuo* 노인
은 그녀의 미움의 대상이 되었다; *omrznuo
mu je život* 그는 삶이 싫어졌다

on 3인칭 남성 단수; 그, 그 사람, 그것

ona 3인칭 여성 단수; 그녀, 그 사람, 그것

onaj *ona, ono* 1. 그 (사람, 것) 2. (시간을 나타
내는 명사와 함께) 다음의 (idući, sledeći,
naredni) 3. (명사적 용법에서) 그 (언급하기
를 꺼리는 명사의; 중병, 악마, 싫어하는 사
람 등의)

onakaraditi *-im* (完) (외관·외모·미관 등을) 흉
하게 만들다, 추하게 만들다, 망가뜨리다
(učiniti nakaradnim, unakaraditi)

onakav *-kva, -kvo* (指示代名詞) 1. 그러한; *ja
hoću ~ šešir* 나는 그러한 모자를 원해; *ja
volim ~kvu olovku kakvu vi imate* 나는 당
신이 가지고 있는 그러한 종류의 볼펜을 좋
아합니다 2. (특성을 강조하기 위한) 그러한

onakaziti *-im* (完) 흉하게 하다, 추하게 만들다
(učiniti nakaznim, unakaziti)

onako (副) 1. 그렇게, 그러한 방법으로; *i
ovako i ~* 하여튼, 어쨌든, 여하한 방법으로
든; *ovako ~ ~* 이렇게도 해보고 저렇게도 해
보고; *malo ~* 분별력이 별로 없는, 적절치
않은 2. 그냥, 별 이유없이; *zašto si to
uradio? ~* 왜 그것을 했느냐? 그냥

onamo (副) 1. 거기에; *ovamo ~* 이리 저리로 2.
그 방향에, 그쪽에 3. 그때에, 그 당시에

onanija 자위, 자위행위, 수음(手淫)
(masturbacija)

onanirati *-am* **onanisati** *-šem* (不完) 자위를 하
다, 자위행위를 하다, 수음하다

onda (副) 1. 그때에, 그 당시에 (u ono doba,
za ono vreme); *ovda ~ ~* 때때로, 종종, 가끔
2. 그리고, 그 이후에 (posle toga, zatim);
seća se ~ kako je došao k bolesnom ocu 그
리고 병든 아버지에게 어떻게 갔는지를 기억
했다 3. 그외에, 그밖에 (osim toga, uz to) 4.
그리하여, 그래서, 그러면; 그 경우에, 그때
에 (prema tome, dakle; u tom slučaju, tada);
kad ne umeš bolje, ~ nemoj da kritikuješ?
네가 더 잘 할 수 없으면 비난하지 마라

ondašnjī *-ā, -ē* (形) 그 당시의, 그때의

ondatra (動) 사향뒤쥐, 머스크랫

onde (副) 1. 거기에 (tamo 보다 더 먼 곳의);
ovde ~ ~ 여기저기에 2. 그 당시에 (onda)

ondulacija (인위적) 웨이브, 파마(머리카락의);
napraviti ~u 웨이브를 주다, 파마를 하다

ondulirati *-am* (不完) (머리에) 웨이브를 주다

one ona의 복수(複數)

onemeti *-im* (完) 벙어리가 되다, 말을 잃어버
리다 (postati nem)

onemoćati *-am* (完) 1. 기진맥진해지다, 힘이
빠지다, 약해지다, 무력해지다 (istrošiti se)
2. (nekoga) 힘이 빠지도록 하다, 기진맥진

하게 하다; *glad ga onemoćao* 그는 허기져 기진맥진해졌다

onemogućiti *-im* (完) **onemogućavati** *-am* **onemogućivati** *-ćujem* (不完) 불가능하게 하다, 할 수 없게 만들다, 방해하다, 저해하다; *njega su onemogućili neprijatelji* 반대자들이 그를 방해했다; *oni su mu onemogućili putovanje* 그들이 그가 여행을 할 수 없게 만들었다

oneraspoložiti *-im*; **oneraspoložen** (完) **oneraspoložavati** *-am* (不完) 1. 기분을 상하게 하다, 기분 나쁘게 하다; 낙담시키다, 우울하게 하다; *oneraspoložila ga je neizvesnost* 불확실성이 그의 기분을 상하게 했다 2. ~ *se* 기분이 나빠지다, 우울해지다; *on se oneraspložio* 그는 기분이 나빠졌다

onesposobiti *-im*; **onesposobljen** (完) **onesposobljavati** *-am* (不完) 무능력하게 하다, 능력을 상실시키다; *automobilska nesreća ge je onesposobila za rad* 교통사고로 인해 그는 노동 능력을 상실했다; ~ *mašine* 기계를 부수다; ~ *minu* 지뢰를 제거하다

onesvesnuti *-nem*; *onesvesnuo*, *-nula* & *onesvesao*, *-sla* (完) 기절하다, 혼절하다, 정신을 잃다 (onesvestiti se)

onesvestiti *-im*; *onesvešten* & *onesvešćen* (完) 1.~ *nekoga* 기절시키다, 혼절시키다, 정신을 잃게 하다; *on je ležao onesvešćen* 그는 정신을 잃고 쓰러져 있었다 2. ~ *se* 기절하다, 혼절하다, 정신을 잃다; *on se onesvestio od gubitka krvi* 그는 출혈 때문에 정신을 잃었다

oni 그들 (3인칭 복수 대명사)

oniks (鑛) (줄무늬가 있는) 마노(瑪瑙)

onizak *-ska. -sko* (形) 조금 짧은, 다소 낮은

onisko (副) 다소 낮게, 많이 낮게

onkologija (醫) 종양학

onkraj 1.(前置詞, + G) (누가 혹은 무엇이 저 맞은편에 있는 것을 나타냄) 저 끝에, 저 맞은편에, 저 반대쪽에; *grob je iskopan na pustom groblju ~ gradskih vrata* 묘지는 시 정문의 정반대쪽에 있는 일반 공동묘지에 쓰여졌다 2. (副) 저쪽에, 저 맞은편에, 저 반대쪽에; *onkraj momak se pojavi* 저 맞은편에 청년이 나타난다 3. 기타; ~ *brave* 감옥에서, 감방에서; ~ *groba* 죽고 나서

ono (代名詞) 그것

ono (分司) 1. (허용·허락의 의미로); 정말로, 진짜로 (doduše, istina) 2. (부가적 의미의 종속

절 뒤에서 독립절로의 전환의 의미로); 하지만, 그렇지만, 그럼에도 불구하고 (ipak)

onolickī, onolicnī, onoličkī, onolišnī *-ā, -ō* (形) 그렇게 적은 (onako mali)

onolikačkī *-ā, -ō* (形) (지대체) onoliki; 그렇게 큰 (거대한, 어마어마한)

onolikī *-ā, -ō* (形) 1. (수량 지시대명사) 그렇게 많은(큰), 크기가 같은(동일한); ~ *grad, a nemaju ni bioskopa* 그렇게 큰 도시에 영화관도 없다; *kako može da ishrani ~og psa* 그렇게 큰 개를 어떻게 기를 수 있을까?; *on je doneo ~ kofer, koliki je njemu potreban* 그는 자신에게 필요한 크기의 가방을 가져왔다 2. 매우 큰, 매우 많은 (veoma veliki, mnogobrojan, silan); *šta će mu ~e kuće?* 그에게 그렇게 큰 집들이 뭐가 필요해?; *kako može da ishrani ~e pse?* 그렇게 많은 개들을 어떻게 다 사육할 수 있을까?

onoliko (副) 1. 그렇게 많이, 동일하게 (u onoj meri, onako mnogo); *šta će mu ~ olovaka?* 그렇게 많은 볼펜이 뭐가 필요해?; *daj mi ~ nocaca, koliko možeš* 네가 줄 수 있는 만큼의 돈을 내게 다오; *oni ne pate ~ mi* 그들은 우리가 고통을 받는 만큼의 고통을 겪지 않는다; *ostaće ~ koliko traje viza* 비자가 유효한 만큼 머무를 것이다 2. 매우 많은, 풍요롭게, 풍족하게 (veoma obilno, bogato); *on ima ~ novaca!* 그는 돈이 꿩장히 많다; *častili smo se ~* 융숭하게 대접받았다

onolišnī *-ā, -ō* (形) 참조 onolicki

onomad (副) 1. 며칠전에, 얼마전에, 최근에 (pre neki dan, nedavno) 2. 그제 (prekjuče)

onomadašnjī *-ā, -ē* (形) 며칠전의, 얼마전의, 최근의; 그제의

onomadne (副) 참조 onomad

onomastika 고유명사학, 명명학(특히 사람 이름에 대한 연구)

onomastikon, onomastik(on) 고유명사집, 성명학 사전

onomatopeja 의성어

onomatopejskī, onomatopoetskī *-ā, -ō* (形) 의성어의

onovčiti se *-im se* (完) 현금화하다

onovremenī *-ā, -ō* (形) 그때의, 당시의 (ondašnji, tadašnji)

onozemaljskī *-ā, -ō* (形) 1. 그 나라의, 그 지역의 (tamošnji) 2. (宗) 천상의, 저승의 (vanzemaljski, nebesski)

ontogeneza, ontogenija (生) 개체(個體) 발생(론)

ontologija (哲) 존재론, 본체론 **ontološki** (形)

onuda, onud(a) (副) 그 방향으로, 그 길로

O

onjušiti –im (完) 1. 냄새맡다 (omirisati) 2. 예측하다, 예감하다, 조사하다 (predosetiti, ispitati, istražiti); ~ opasnost 위험을 예감하다(예측하다)

op(a) (感歎詞) 참조 hop(a); (위로) 뛰어!; 어이쿠!

opačina 악행, 비행(非行); 사악

opadač 비방자, 비방하는 사람, 중상모략하는 사람 (klevetnik); odmah nam pade na pamet da je on taj niski ~ 즉시 우리 머릿속에 그 사람이 비열한 중상모략가라는 생각이 떠올랐다

opadanje (동사파생 명사) opadati; 비방, 중상모략

opadanje (동사파생 명사) opadati: 떨어짐, 낙하, 추락, 강하, 하강; ~ lišće 낙엽이 떨어짐; ~ kose 탈모; ~ cena 가격의 하락

opadati –am (不完) 참조 opasti

opajdara (輕蔑) 사악한 여자, 악의에 찬 여자; 품행이 단정치 못한 여자 (zla žena, bestidnica, nevaljalica)

opak –a, –o; opačiji (形) 1. 사악한, 악의에 찬; 잔인한, 잔혹한 (zao, rđav, nevaljao; surov, strašan); ~ čovek 사악한 인간 2. (병이) 위험한, 중한, 치료가 어려운; ~ bol 심한 통증; ~a želudačna bolest 중한 위장병 3. (의사 표현이) 날선, 격렬한 (oštar, žučan); ~a prepirka 격렬한 말싸움; ~ svađa 격렬한 다툼

opaklija (긴) 양모 망토 (코트)

opal (鑛) 오팔, 단백석(蛋白石)

opaliti –im; opaljen (完) opaljivati –ljujem (不完) 1. 태우다, 그슬리다; opalilo ga je sunce 그는 태양에 탔다 2. (쐐기풀이) 쏘다, 찌르다; kopriva mi je opalila nogu 쐐기풀에 다리가 쏘였다 3. 발사하다, 쏘다 (화기를); ~ mitraljez 자동소총을 발사하다; ~ metak iz puške 소총을 발사하다 4. 때리다; ~ nekome šamar 빰을 때리다 5. 빼앗아가다, 착취하다 (oguliti, opljačkati); i mene će ~ za naknadu advokatskih troškova 변호사 비용으로 많은 돈이 들어갈 것이다 6. ~ se 금이 가다 (바람, 습기 등으로); 빨개지다 (zacrveneti se)

opametiti –im (完) 1. 현명하게 하다, 이성적으로 만들다 2. ~ se 현명해지다, 이성적으로 되다

opanak –nka; opanci 1 (보통 복수로) 가죽 신발 (세르비아 농부의 전통 신발로 발목 근처를 끈 등으로 동여매는); kome ~nci, kome obojci 복불복(福不福)이다; izići iz ~nka (opanaka) 1)농민계급 출신이다, 2)낡은 것 (시대에 뒤떨어진 것)에서 벗어나다; izuti

~nke 죽다, 사망하다; znati koga u starim ~ncima ~를 오래전부터 잘 알다; na pasji ~ izgrditi (ispsovati) 심하게 꾸짖다, 아주 심한 소리를 하다; potkovati kome ~nke ~에게 악행을 저지르다; pritegnuti ~ (nke) 먼 여행 준비를 하다, 멀리 떠날 채비를 하다, 신발끈을 죄어매다 (멀리 여행을 떠나기 위해) 2. 농민 (seljak)

opančar 신발(opanak)을 만드는 사람, 제화공

opančarski (形)

opančić (지소체) opanak

opanjkati –am (完) opanjkavati –am (不完) (nekoga) 비방하다, 중상모략하다, ~에 대해 나쁘게 이야기하다 (oklevetati, ocrniti)

opao –la, –lo 1. 참조 opasti; 쓰러지다, 떨어지다; ~lo lišće 떨어진 낙엽 2. 낡은, 오래된 (istrošen, trošan, dotrajao) 3. 기진맥진한, 탈진한, 기운이 쇠한, 허약한 (iscrpen, iznemogao, oslabeo); ~lo zdravlje 허약해진 건강; ~la snaga 탈진된 기운

opapriti –im (完) 1.고추(paprika)를 넣어 양념하다, 후추를 넣다, 맵게 하다 (zaljutiti) 2. (매운 양념 혹은 음식으로) 얼얼하게 하다, 화끈거리게 하다 (입·혀 등이); ~ jezik 혀가 얼얼거리다

oparati –am (完) 째다, 잡아찢다 (바느질로 붙어있는 것을)

opariti –im (完) 1. 데게 하다 (끓는 물, 증기로); ~ ruku vrućom vodom 뜨거운 물에 손을 데다 2. 증기를 발생시키다; kao oparen 빠르게, 쏜살같이 (도망가다, 떠나다) 3. 피부가 붉은 색을 띠다, 검게 되다 (해·바람 등으로) 4. ~ se 데다, 화상을 입다

opariti se –im se (完) 현금화 하다 (onovčiti se)

opasač (보통 군인들의) 요대, 혁대 (총을 차는) (pojas, kaiš)

opasan –sna, –sno (形) 1. 위험한, 위태로운; ~ poduhvat 위험한 작전 2. (사람 등이) 위험스러운, 사악한 (zao, prek, opak); ~ čovek 위험한 사람 3. (口語) 노련한, 능수능란한, 수완이 좋은; ~sna koketa 수완이 좋은 요염한 여자; ~ zavodnik 노련하게 여자를 호리는 사람

opasati –šem (完) opasivati –sujem (不完) 1. 허리에 차다, 허리에 두르다; (허리에) 벨트를 하다, 벨트를 차다 2. 휘감다 (stegnuti); u grudima mi se učini teško kao da me je zmija opasala 마치 뱀이 휘감고 있는 것처럼 가슴이 꽉 막힌다 (답답하다) 3. 둘러싸다, 에워싸다, 둘러막다 (okružiti, opkoliti) 4. 충만시키다 (힘·기운 등으로) 5. 암컷과 교미하

O

다 (말·사슴 등이) 6. ~ se 허리띠를 차다

opaska -i 1. (짧은) 성명, 의견, 주해 (kratka izjava, napomena) 2. 주의, 주목 (opaženje, zapaženje)

opasno (副) 위험하게; brod se ~ nagnuo 배는 심하게 기울었다

opasnost (女) 위험, 위험성; biti u ~i 위험에 처하다; izložiti se ~i 위험에 노출되다; biti van ~i 위험에서 벗어나다; ~ po život 생명에 위험한; ~ od požara 화재 위험; ~ od izbijanja epidemije 전염병 발생 위험; znak ~i 위험 신호

opasti opasem; opasao, -sla (完) (가축이) 풀을 뜯다, 풀을 뜯어 먹다; ovce su opasle livadu 양들이 풀을 뜯어 먹었다

opasti opadnem; opao & opadnuo (完) opadati -am (不完) 1. 떨어지다 (낙엽·과일 등이); opada lišće 잎이 떨어진다; opala mu je kosa 그는 머리카락이 빠졌다, 탈모가 되었다 2. 줄어들다, 떨어지다 (수면의 높이가) 3. 떨어지다, 줄어들다 (가치·세기·의미 등이); opale su cene mesa 고기값이 떨어졌다; posao je prilično opao 일감이 상당히 떨어졌다; opalo mu je zdravlje 그의 건강이 나빠졌다; opao je moral 도덕성이 떨어졌다 4. 줄어들다 (체중이) 5. (他) 비방하다, 중상모략하다 (oklevetati, opanjkati)

opat (宗) 수도원장

opatica (宗) 1. 수녀원장 2. 수녀 (redovnica, kaluđerica)

opatija (宗) 수도원 (samostan, manastir)

opatijskī -ā, -ō (形) 수도원의

opaučiti -im (完) 1. 치다, 때리다 (udariti, ošinuti, odalamiti); opauči ga štapom po leđima 몽둥이로 그의 등을 때리면서 2. (비유적) 속이다 (nadmudriti, prevariti koga)

opaziti -im (完), opažati -am (不完) 1. 알아차리다 (존재·출석 등을); ona ga nije ni pogledala ni opazila ga nije 그녀는 그 사람을 보지도 않았을 뿐만 아니라 그가 있다는 것조차 알지도 못했다 2. (일반적으로) 알아차리다, 인지하다, 감지하다 (primetiti) 3. 느끼다 (osetiti) 4. 인지하다, 인식하다, 알다, 알아차리다 (postati svestan čega); opazio sam da ja u tom poslu nikako nevredim 그러한 일에서 내가 아무런 가치가 없다는 것을 알았다 5. 말하다, 언급하다 (napomenuti, reći); neka on sam kaže svoje ime! - opazi učitelj 그가 스스로 자신의 이름을 말하게 해! –라고 선생님이 말했다

opažaj 인지, 감지 (감각기관을 통해 알아차리는 것)

opažanje (동사파생 명사) opažati

opažljiv -a, -o (形) 1. 인지할 수 있는, 감지할 수 있는 (koji se može opaziti, osetiti); razlike između ritma njegovih pesama slabo su ~e 그의 시들에서 리듬의 차이는 거의 느낄 수 없다 2. 인지력을 가진, 통찰력이 있는; daroviti i oštro ~i pisac 재능이 뛰어나고 예리한 통찰력이 있는 작가

opcija (취사)선택, 선택권; (商) 선택권, 옵션

opčarati -am (完) opčaravati -am (不完) 매혹시키다, 유혹하다 (očarati, zaneti, opčiniti)

opčiniti -im (完) 1. 마법을 걸다, 요술을 걸다, 호리다, 매혹시키다 (omađijati, začarati) 2. ~으로 가득차다 (zaneti, obuzeti, opsesti); u to vreme opčini ga žeđa za slavom 그 당시 그는 명예욕으로 가득했다 3. 기타; ~ žito 체로 곡물을 걸러내다

općenit -a, -o (形) 1. 대략적인, 대강의, 일반적인 (načelan, uopšten, nekonkretan); ~ zaključak 대략적인 결론; ~ odgovor 일반적인 대답 2. 일반적인, 공동의 (opšti, zajednički)

općenje (동사파생 명사) općiti

općī -ā, -ē (形) 참조 opšti

općina 참조 opština

općinar 참조 opštinar

općinskī -ā, -ō (形) 참조 opštinski

općiti -im (完) 참조 opštiti

opeći opečem, opeku; opekao, -kla; opečen; opeci (完) 1. (他) 불에 데게 하다, 화상을 입히다; 타다 (햇볕에); ~ prste 좋지 않은 일을 겪다, 곤란을 당하다 2. (自) 강하게 작열하다, 쨍쨍 내리쬐다 (햇볕이) 3. ~ se 화상을 입다, ~에 쏘이다; ~ se na koprivu 쐐기풀에 쏘이다 4. ~ se (비유적) 실패하다, 성공하지 못하다; 손해를 입다(보다) 5. ~ se (입술이) 트다

opeka 벽돌 (cigla); šuplja ~ 속이 빈 벽돌

opeklina 참조 opekotina

opekotina 화상(火傷)

opelo 장례 미사 (사자(死者)를 매장하기 이전에 행하는 교회 미사 예식으로 성경을 읽고 노래를 부르는); izvršiti ~ nad samrtnikom 사자(死者)를 앞에 두고 장례 미사를 거행하다

opelješiti -im (完) (koga) (돈을) 사취하다, 강탈하다, 뜯어내다 (노름·사기 등을 통하여)

opepeliti -im (完) 1. 재(pepeo)를 쏟아붓다 (비유적) 흰머리가 나다, 새치가 나다; obadve sestre vreme je opepelilo 시간이 지나면서 두 자매는 머리가 희어졌다 2. 재

O

731

로 만들다; *ne da (se) ni* ~ 심지어 그것에 대해 듣지도 않으려고 하다, 그것에 대해 말조차 않으려고 하다 3. ~ se 재가 묻어 더러워지다

opera 1. 오페라, 가극; *šaljiva* ~ 코믹 오페라; *bili smo u ~i* 오페라를 감상하였다 2. 오페라 극장, 오페라 하우스; *gradi se nova* ~ 새로운 오페라 극장이 건설중이다 **operski,** **operni** (形); ~ *pevač* 오페라 가수; ~*e arije* 오페라 아리아

operacija 1.(醫) 수술, 외과 수술; ~ *krajnika* 편도선 수술; *izvršiti ~u nad nekim, podvrgnuti nekoga ~i* 수술하다 **operacioni** (形); ~*a sala* 수술실 2.(軍) 작전, 군사 행동; *rutinske ~e* 통상적 작전; *izvoditi ~e* 작전을 수행하다 3. (商) 운용, 시행, 실시 4. (數) 연산

operacijskī –*ā*, –*ō* (形) 작전의; ~*a zona* 작전 구역; ~ *dnevnik* 작전 일지; ~ *pravac* 작전 방향

operater 1. 영화 촬영기사; 영사실 기사 2.(醫) 외과의사, 외과의

operativa 1. (결정·업무 등의) 집행기관, 실행기관, 집행자, 실행자 2. 실습, 연습

operativan –*vna*, –*vno* (形) 1. 수술의 2. 집행의, 실행의; ~*vni plan* 실행 계획, 집행 계획 3. 실제적인 4. 작전의, 작전 임무의; ~*vne jedinice* 작전 부대; ~*vna zona* 작전 구역; ~*vna karta* 작전용 지도

operator 1. 외과의사 (hirurg) 2. 영화 촬영기사, 영사실 기사 (operater) 3. (數) 연산 기호, 연산자

opereta 희가극, 오페레타

operirati –*am* **operisati** –*šem* (完, 不完) 1.(醫) 수술하다; *on je bio juče operisan od slepog creva* 어제 그는 맹장수술을 받았다; ~ *nekome krajnike* 편도선 수술을 하다 2. 실행하다, 집행하다 3. 사용하다; 다루다, 조종하다; ~ *oružjem* 무기를 다루다; ~ *traktorom* 트랙터를 운전하다 4. (軍) 작전을 수행하다; ~ *protiv neprijatelja* 적에 대한 작전을 펼치다 5. ~ se 수술을 받다

opernatiti –*im* (完) 1.(自) 깃털(perje)이 나다, 깃털로 덮이다; (비유적) 성장하다, 강건해지다; *on je narastao do momka, opernatio* 그는 청년으로 성장하고 건장해졌다 2. (他) 덮다 (pokriti, zaodeti čim); *sneg je odmah opernatio sve drveće* 눈은 순식간에 모든 나무들에 수북히 쌓였다

opernī, operskī –*ā*, –*ō* (形) 오페라의; ~*a predstava* 오페라 공연; ~ *dirigent* 오페라 지휘자

operušati –*am* (完) 1. 깃털을 뽑다 (očerupati) 2. 옥수수 껍질을 벗기다 3. (과일을) 털다 (과수나무에서) 4. (비유적) 무작정 빼앗다, 강탈하다 (bezobzirno uzeti, opljačkati)

operutati –*am* (完) 1. 참조 operušati 2. ~ se (피부가) 벗겨지다

opervaziti –*im*; *opervažen* (完) **opervazivati** – *zujem* (不完) 가장자리를 감치다, 옷단 (pervaz)을 대다; 경계를 맞대다, 접경하다, 맞대다, 면하다 (optočiti prevazom, oivičiti, obrubiti)

opet (副) 1. 다시, 또 다시, 되풀이하여 (ponovo, još jedanput); *on će doći* ~ 그는 또 올 것이다; ~ *ista pesma* 또 다시 같은 노래 2. (접속 용법으로) 그러나, 아무튼, 여하간 (a, pak); (승낙·허락의 의미로)그렇지만, 그럼에도 불구하고; *on se toliko sekirao, a* ~ *se sve dobro svršilo* 그가 많이 걱정했으나 모든 일이 잘 마무리되어졌다; *mada nije mnogo znao, je položio ispit* 많이 알지는 못했으나 여하간 시험에 통과되었다.

opetovati –*tujem* (完, 不完) 되풀이(opet)하여 말하다, 반복하여 말하다 (ponoviti, ponavljati)

opevati –*am* (完) 1. 찬송하다, 찬미하다 (pesmom proslaviti) 2. 장례 미사에서 노래를 부르다

ophod 1. (천체의) 공전(公轉) 2. 한 장소에서 다른 장소로의 이동, 방문

ophoditi –*im* (不完) 1. 공전(公轉)하다 (ići oko čega, obilaziti); ~ *oko Sunca* 태양을 공전하다 (행성이) 2. 이곳 저곳을 가다, 차례로 방문하다 3. ~ se 행동하다, 처신하다, 대하다 (ponašati se); ~ *se prema nekome*; *on se prema tastu ophodio kao dobar sin* 그는 장인에 대해 효자처럼 처신했다

ophodnī –*ā*, –*ō* (形) (숙어로) ~*o vreme* 공전주기(公轉週期) (천체의)

ophodnja 1. 공전 2. (宗) 행렬, 행진 (procesija, litija) 3. (山林) 산림이 조성되어 배어지기까지의 기간 4. (軍) (廢語) 순찰 (patrola)

ophođenje (동사파생 명사) ophoditi (se); *on ima vrlo lepo* ~ 그는 아주 훌륭하게 행실을 한다; *način* ~*a prema nekome* 누구에 대한 행동 방식

ophrvati –*am* (完) 참조 obrvati; *ophrvan tugom* 슬픔에 사로잡힌, 슬픔에 싸인

opij (男) 참조 opijum

opijat 아편제(濟)

732

opijati -am (不完) 1. 참조 opiti; 술을 많이 마
시게 하다 2. ~ se 술을 많이 마시다, 알코올
중독자가 되다

opijenost (女) 1. 취함, 취한 상태 2. 흥분 상
태, 열중, 도취 (zanos, zanenost)

opijum 아편 opijumski (形); Opijumski rat 아
편 전쟁

opiljak -ljka; -ljci, -ljaka 톱밥, 쇳가루

opip 1. 접촉, 만짐, 손을 댐 (dodir, doticaj,
pipanje); čulo ~a 촉각; prijatan na ~ 접촉감
이 좋은 2. 촉각

opipati -am (完) opipavati -am (不完) 만지다,
촉감으로 알다, 더듬다; ~ bilo (puls) 1)맥박
을 재다 2) 의사(감정 상태)를 타진하다; ~
kome rebra 죽도록 구타하다(때리다); ~
teren 상황(사정)을 조사하다, 현장조사하다
3. ~ se (보통 자신의 아픈 곳을) 촉진하다,
만져보다

opipati -am (完) 뽑아 분리하다, 발라내다,
(깃털·털·뼈에서 고기 등을); stara opipa
meso s kosti i deli ga deci 노파는 뼈에서 고
기를 떼어내어 아이들에게 나눠주었다

opipljiv -a, -o (形) 1. 만질 수 있는, 만져서 알
수 있는 2. 실제의, 실체적인, 물질적인
(stvaran, materijalan) 3. 분명한, 명백한
(jasan, očevidan); to je činjenica očigledna
i ~a 그것은 너무나 분명한 사실이다

opirati (se) -em (se) (不完) 참조 opreti se

opis 기술(記述), 서술, 묘사; lični (osobni) ~
인상 설명 (경찰서 등에서 신원파악에 필요
한); dati ~ 묘사하다; živ (detaljan, tačan) ~
생생한 (상세한, 정확한) 기술

opisan -sna, -sno (形) 기술(記述)적인, 서술적
인; ~sni pridev 서술 형용사; ~sna
gramatika 기술문법

opisati -šem (完) opisivati -sujem (不完) 1. 기
술하다, 서술하다, 묘사하다; ne može se ~
말로 표현할 수 없다 2. 원을 그리다; ~
krug oko trougla 삼각형에 외접원을 그리다;
jastreb je svojim snažnim krilima opisao
mnogo krugova 매는 힘찬 날개로 많은 원
을 그렸다

opismeniti -im; opismenjen (完) opismenjavati
-am opismenjivati -njujem (不完) 1. 글을 읽
고 쓸 줄 알게 가르치다; ~ nepismene 문맹
자에게 글을 알게 하다(가르치다) 2. ~ se 글
을 읽고 쓸 줄 알게 되다, 글을 배우다; on
se opismenio u vojsci 그는 군대에서 글을
배웠다

opit 1. 실험, 테스트; ~ je izvršio nad
miševima 쥐를 대상으로 실험을 했다;

napraviti ~ na (sa) životinjama 동물실험을
하다 2. 경험

opiti opijem; opijen & opit (完) opijati -am (不
完) 1. 술을 취할 정도로 많이 마시게 하다
2. (醫) 의식을 못차리게 하다, 마취시키다 3.
(비유적) 열광시키다, 도취시키다 4. ~ se 술
취하다; ~ se kao zemlja (kao majka, na
mrtvo ime) 떡이 되도록 (술을) 마시다, 기
억을 못할 정도로 (술을) 마시다 4. ~ se 열
광하다, 도취되다

opklada 내기, 걸기 (oklada); sklopiti ~u 내기
를 하다

opkladiti se -im se (完) 내기(걸기)를 걸다;
hajde da se opkladimo u 100 dinara 백 디
나르 내기를 하자

opkoliti -im; opkoljen (完) opkoljavati -am &
-ljujem (不完) 1. 둘러싸다, 에워싸다
(okružiti) 2. (軍) 포위하다; ~ tvrđavu 성곽을
포위하다 3. (비유적) 압박하다, 죄여오다
(pritisnuti) 4. ~ se 포위되다, 에워싸이다, 둘
러싸이다 5. ~ se ~에 흠뻑 빠지다; opkolio
se nekim sitnicama, radio je danju i noću 자
잘한 일에 흠뻑 빠져 밤낮으로 일했다

opkop (軍) 1. 참호 (šanac, rov) 2. (방어용) 방
벽 (bedem, zid)

opkopati -am (完) opkopavati -am (不完) 1. 참
조 okopati 2. 참호를 파다, 참호로 빙두르다

opkoračiti -im (完) opkoračavati -am (不完) 1.
한 발을 내디디다, 한 발을 걸치다; ~ bicikl
자건거에 한 발을 걸쳐 놓다 2. (비유적) 압
박하다, 죄다 (pritisnuti, stignuti, stegnuti)

opkružiti -im (完) 참조 okružiti

oplakati -čem (完) oplakivati -kujem (不完) 1.
눈물을 흘리며 슬퍼하다(애도하다); ~
nekoga 누구의 죽음을 눈물을 흘리며 애통
해하다; oplakivati svoju sudbinu 자신의 운
명을 슬퍼하며 눈물흘리다 2. 울다, 울음을
터뜨리다 (zaplakati, rasplakati se)

oplakati -čem (完) 빨다, 세탁하다 (oprati,
isprati)

oplakivati -kujem (不完) 참조 oplakati

oplaknuti -nem (完) 1. 헹구다, 가시다, 씻어내
다; oplakni času! 컵을 헹궈라!; nebo je
bilo bez oblaka i plavilo se kao da je
oplaknuo 하늘은 구름 한 점 없이, 마치 씻
어낸 듯 청명했다 2. 기타; ~ grlo 목을 축이
다, 술을 마시다

oplata 1. 틀 (okvir, ram) 2. (造船) 선체 외판;
bočna ~ 측판; ~ palube 갑판 3. (建) 거푸집
4. (바퀴의) 굴렁쇠

oplata 아마(亞麻)천 (platno od kučina)

O

oplavak -vka 나무토막, 나뭇가지, 막대기, 몽둥이

oplaveti -vim (完) 파랗게 되다, 파래지다

oplaviti -im (完) 파란색으로 색칠하다, 파랗게 만들다

oplaviti -im (完) 홍수가 나다, 물로 넘치다 (poplaviti); voda oplavi kraj i odnese useve 홍수가 나서 파종이 씻겨 내려갔다

oplećak -ćka; -ćci 짧은 여성용 윗옷 (보통 가슴부분에 수로 장식되어짐)

oplemeniti -im; oplemenjen (完) oplemenjavati -am oplemenjivati -njujem (不完) 1. (누구를) 고상하게 하다, 고귀하게 하다, 기품있게 하다; 보다 우수하게 만들다 2. 품종을 개량시키다 (동식물의) 3. ~ se 고귀해지다, 보다 우수해지다, 보다 좋아지다

oplemenjenje (동사파생 명사) oplemeniti; ~ pasmine 품종 개량

opleniti -im (完) 1. 약탈하다, 강탈하다, 초토화시키다 (opljačkati, poharati) 2. (비유적) 매혹시키다, 마음을 빼앗다 (zaneti, očarati, omađijati); nikad me nije oplenilo žensko oko 나는 여성의 눈에 마음을 빼앗긴 적이 한 번도 없다

oplesniviti (se) -im (se) (完) 곰팡이가 피다, 곰팡내가 나다 (postati plesniv, buđati (se))

oplesti opletem; opleo, -ela; opleten, -ena (完) opletati -ćem (不完) 1. 뜨다, 뜨개질하다; oplete čarape i rukavice 양말과 장갑을 뜨개질한다 2. (머리·끈등을) 땋다, 꼬다; ~ kosu 머리를 땋다; ~ mrežu 그물을 만들다 3. (비유적) 채찍질하다, 때리다 (ošinuti, udariti); opleo je dečaka prutom preko leđa 채찍으로 소년의 등을 때렸다; ~ nekoga jezikom 심하게 나무라다, 욕하다 4. (비유적) 이야기하다 (raspričati se)

opleviti -im (完) 잡초를 뽑다, 잡초를 제거하다

oplićati -am (完) (수심(水深)이) 얕아지다 (postati plići); reka je oplićala 강의 수심이 얕아졌다

oplitati -ćem (不完) 참조 oplesti

oploditi -im (完) 1. 수태시키다, 임신시키다; 수정시키다 2. (토지를) 비옥하게 만들다, 기름지게 하다; ~ zemlju 땅을 비옥하게 하다 3. (비유적) 열매를 맺다 4. (비유적) 발전시키다, 풍요롭게 하다 (razviti, obogatiti)

oplodnī -ā, -ō (形) 참조 oplodnja

oplodnja 수정, 수태, 생식, 번식; veštačka ~ 인공 수정 oplodni (形); ~ organi 생식 기관; ~a moć 번식력, 생식력; ~e ćelije 생식 세포

oplođavanje (동사파생 명사) oplođavati (se)

oplođenje (동사파생 명사) oploditi (se)

oplođivati (se) -đujem (se) (不完) 참조 oploditi

oploviti -im (完) 항해하다

opljačkati -am (完) 강탈하다, 빼앗다

opljunuti -nem (完) (손바닥에) 침을 뱉다; ~ dlanove 열심히 일하다

opna 1. (解) (얇은) 막: moždana ~ 뇌막, 수막; bubna ~ 고막 (귀의); mrežasta ~ 망막 (눈의) 2. 막, 얇은 막

opnast -a, -o (形) 막모양의 (sličan opni)

opnen -a, -o (形) 막의 (koji se odnosi na opnu)

opnokrilci (男,複) 막시류(膜翅類)의 곤충 (벌과 같이 2쌍의 투명한 날개를 가진)

opoganiti -im (完) 1. 더럽히다 (učiniti poganim, uprljati, zagaditi) 2. (비유적) 손상시키다, 훼손시키다 (okaljati, osramotiti, oskrnaviti)

opoj 1. 취하게 하는 힘(정도) (opojna moć) 2. (비유적) 열광, 도취 (opijenost, zanos, ushićenje) 3. 취하게 하는 물질 (술·마약 등의); u piće je stavio neki jaki ~ 술에다 취하게 하는 강한 그 무엇인가를 넣었다

opojan -jna, -jno (形) 1. 취하게 하는 (알코올 음료·마약·강한 냄새 등의); nikad nije okusio nikakva ~jna pića 그는 한 번도 취하게 하는 술을 마신적이 없다; ~ miris 강한 냄새 2. (비유적) 열중케 하는, 흥분시키는, 매력적인, 매혹적인

opojati -jem (完) 장례 미사를 거행하다, 장례식에서 장례 노래를 부르다

opojen -a, -o (形) 술취한; 흥분한, 도취한

opojiti -im (完) 참조 opiti

opomena 1. 주의, 경고 (upozorenje); poslušati ~u 경고를 귀 기울여 듣다; poslednja ~ 마지막 경고 2. 비난, 질책, 힐책 (prekor, ukor) 3. 견책, 경고 (가장 낮은 수준의 징계) 4. 독촉장 (podsećanje, sećanje); slati nekome ~e za neplaćene račune 내지 않은 고지서에 대한 독촉장을 보내다

opomenuti -nem (完) opominjati -em (不完) 1. 상기시키다, 일깨우다 (podsetiti); ~ nekoga da nešto uradi 무언가를 하도록 상기시키다 2. 경고하다, 주의를 주다 (upozoriti); opominjem te da ga se čuvaš 그를 조심할 것을 너에게 경고한다 3. 질책하다, 비난하다, 힐책하다 (prekoriti, ukoriti) 4. 기억을 상기시키다 (izazvati sećanje, uspomenu na nešto)

O

oponašati -am (不完) 흉내내다, 따라하다, 모
방하다 (imitirati, podražavati); ~ nekoga
누구를 흉내내다
oponent (논쟁·경쟁·경기 따위의) 대항자, 상대,
적수 (protivnik)
oponirati -am (不完) ~ nekome (nečemu) (누구
의 의견·입장 등에) 반대의견을 표하다, 반대
하다, 맞서다 (suprostavljati se, protiviti se)
opor -a, -o (形) 1. (맛이) 시고 떨떠름한
(trpak); ~o vino 시고 떫은 맛이 도는 포도
주 2. (냄새가) 강렬한, 강한 (jak, oštar,
težak) 3. 목소리가 쉰, 허스키한 (hrapav,
grub) 4. 날카로운, 신랄한; 불친절한, 불쾌
한 (oštar, jedak, neljubazan, neprijatan); po
njegovoj ~oj kritici 그의 날카로운 비판에
따라; bilo je u mom glasu nešto vrlo ~o 내
목소리에 매우 불쾌한 그 무언가가 있었다
5. 둔감한, 뻣뻣한, 엄격한 (neosetljiv, krut,
strog); ~ čovek 둔감한 사람 6. 힘든, 고통
스런 (mučan, tegoban); oni su provodili ~ i
težak život 그들은 힘든 삶을 살았다
oporan -rna, -rno (形) 1. 저항하는, 저항력이
있는; 굳은, 단단한, 견고한, 확고한 2. (맛이)
시큼하고 떫은 (opor, trpak)
oporavak -vka (건강의) 회복, (병의) 완쾌
oporavilište 요양소, 휴양소
oporaviti -im (完) oporavljati -am (不完) 1. (건
강을) 회복시키다, 원기를 되찾게 하다;
oporaviće ga odmor 휴식을 취함으로써 건
강(힘)을 되찾을 것이다 2. ~ se 건강을 되찾
다, (병에서) 회복되다; ~ se od rana 부상으
로부터 회복되다 3. ~ se 되찾다, 회복하다
(두려움, 흥분 등으로부터 원래 자신의 모습
으로); ~ se od udara 충격으로부터 회복하다
4. ~ se 물질적으로 부유해지다 (회복하다);
pitanje je bilo da li ćemo se ~ od rata 문제
는 우리가 전쟁으로부터 회복할 수 있냐는
것이었다
oporavljenik 회복기의 환자 oporavljenica
oporeći oporečem & oporeknem; oporeci &
oporekni; oporečen, -ena (完) oporicati -
čem (不完) 1. (약속,약조 등을) 취소하다, 철
회하다 (poreći, odreći); ~ iskaz 진술을 철
회하다 2. 부정(否定)하다, 부인하다
(demantovati) 3. ~ se 부인하다, 인정하지
않다 4. ~ se 자가당착에 빠지다, 자기모순에
빠지다
oporezanik 납세 의무자
oporeziv, oporežljiv -a, -o (形) 과세할 수 있
는, 세금을 부과할 수 있는, 세금이 붙는
oporezovati -zujem (完) oporezivati -zujem

(不完) 과세하다, 세금을 부과하다
oporicati -čem (不完) 참조 oporeći
oporiti -im (完) 참조 oparati
opornjak 1. 저항자, 맞서는 사람 2. (解) 장간
막(腸間膜) (trbušna maramica)
oportun -a, -o (形) 1. 시기가 좋은, 〈때가〉
알맞은 2. 형편에 맞는, 적절한, 적합한
oportunist(a) 기회주의자 oportunistički (形)
oportunizam -zma 기회주의
oporučitelj 유언자 (zaveštač) opuručiteljica
oporučiti -im (完) oporučivati -čujem (不完) 유
언으로 남기다, 유언으로 증여하다
(zaveštati)
oporuka 유언장, 유서 (zaveštanje, testament)
oposum (動) 주머니쥐
opošteniti se -im se (完) 정직해 지다, 솔직해
지다, 성실해 지다
opovrgnuti, opovrći opovrgnem; opovrgnuo, -
ula & opovrgao, -gla; opovrgnut;
opovrgnuvši & opovrgavši (完) 부인하다,
부정하다, 반박하다(어떤 의견을); ~ teoriju
이론을 부정하다; mnoge stare vojne teorije
sada su opovrgnute 많은 낡은 군사 이론이
지금은 부정되고 있다(폐기되었다)
opozicija 1. 반대, 저항 (suprotnost,
protivljenje, otpor) 2. (政) 야당, 반대파;
opozicioni; ~ lider 야당 지도자 3. (天文) 충
(衝) (태양과 행성이 지구를 사이에 두고 정
반대로 있을 때) 4. 기타; večita ~ 항상 반대
만 하는 사람
opozicionar, opozicioner 1. 야당 당원, 야당
지지자 2. 저항자, 반대자 (buntovnik,
protivnik)
opozicionī -ā, -ō (形) 야당의, 야당 성향의
opozit, opozitum 1. (言) 반의어, 반대어 2. 반
대, 정반대 (suprotnost, protivnost)
opoziv (대사 등의) 소환, 초치; 탄핵 (일반 투
표에 의한 공무원의 해임); 취소, 철회; (결함
제품의) 회수; ~ ambasadora 대사 소환; ~
ugovora 계약 취소; ~ naredbe 명령 철회
opozivati -am & -vljem (不完) 참조 opozvati
opozvati -zovem; opozvan (完) opozivati (不完)
1. 소환하다; ~ ambasadora 대사를 소환하
다 2. 무효화시키다; ~ ugovor 계약을 무효
화시키다; ~ testament 유언을 철회하다 3.
(한 말을) 취소하다, (약속·명령 등을) 철회하
다 4. (공무원 등을) 탄핵하다, 직위해제하다
oprasiti -i (完) (암퇘지가) 새끼 돼지 (prase)를
낳다; krmača mi oprasila sedmero 돼지가
새끼를 7마리 낳았다
oprašiti -im (完) oprašivati -šujem (不完) 1. 먼

O

735

지를 털다(털어내다); *oprašila je odelo i preobukla se* 옷의 먼지를 털어내고 옷을 갈아 입었다 2. 흙을 돋우다, 흙을 북돋우다 (포도원·옥수수·감자 등의) 3. (植) (꽃에) 수분(受粉)시키다 4. 밀가루처럼 가루눈이 내리다 5. ~ se 먼지가 쌓이다 (zaprašiti se) 6. ~ se 먼지를 털다 (isprašiti se)

opraštati (se) *-am (se)* (不完) 참조 oprostiti (se)

oprati *operem* (完) 1. 씻다, 빨다, 세척하다; ~ *grlo* 목을 축이다, 술을 마시다; ~ *jezik vinom* 포도주를 마시다; ~ *jezik* 별별 말을 다 말하다, 주절주절 말하다 2. (비유적) 막 아내다, 방어하다; 구원하다; (죄·불명예 등을) 털어내다, 벗어나다; *time je oprao čast svoga bratstva* 그걸로 자신의 형제애를 지켜냈다; *pa gledaj da što pre opereš sramotu* 가급적 빨리 불명예를 씻어낼 수 있는 방안을 강구해라; ~ *obraz* 불명예에서 벗어나다; ~ *ruke* 손을 씻다 (책임감 등으로부터) 3. 비난하다 (izgrditi, iskritikovati); ~ *koga u javnosti (novinama)*, ~ *kome glavu* 비난하다, 질책하다 4. ~ se 씻다 5. ~ se 정당화하다, (불명예, 잘못 등으로부터) 벗어나다

oprava 1. 옷 (odelo, odeća, haljina) 2. 전투장비, 무기 3. (말(馬)에 사용하는) 마구(馬具) (konjska oprema) 4. 승인서(허락서), 서류

opravdan *-a, -o* (形) 1. 참조 opravdati (se); 정당화된, 정당한, 적합한, 합법적인; ~ *izostanak* 이유있는 결석(불참); *smatrao je sasvim opravdanim da još iste večeri zaključi ugovor* 당일 저녁 계약서를 체결하는 것이 지극히 당연하다고 생각했다

opravdanje (동사파생 명사) opravdati; 이유, 근거, 설명 (razlog, obrazloženje, objašnjenje, dokaz); *moj život više nema smisla ni* ~ 나의 삶은 더 이상 의미가 없다; *ovakvom postupanju nije potrebno naročitog ~a* 이러한 행동에는 특별한 설명이 필요치 않다

opravdati *-am* (完) **opravdavati** *-am* (不完) 1. (koga) (의심·죄목 등으로부터) 벗어나게 하다, (누구를) 변호하다; ~ *optuženog* 피고를 변호하다 2. 정당화하다, 설명하다 (행동 등을); ~ *izostanak* 결석에 합당한 이유를 대다; *opravdao je svoj nedolazak bolešću* 아파서 못왔다고 설명했다; *ne može da nađe dovoljno razloga da opravda svoj jučerašnji postupak* 자신의 어제 행동을 정당화해줄 만한 충분한 이유를 찾을 수 없었다 3. 옳은 것을 증명하다 (생각·의견 등이), 기대가 옳

았음을 보여주다; *ja ću uložiti sve svoje sile da poverenje vaše opravdam* 당신의 믿음이 옳았음을 증명하기 위해 나의 모든 힘을 다 하겠습니다; *opravdaću vaše poverenje u mene* 나에 대한 당신의 신뢰가 옳았다는 것을 보여줄 것입니다 4. ~ se 벗어나다 (의심·죄목 등으로부터), 자신을 정당화하다; *braća krenu u Rim da se opravdaju kod pape* 형제는 교황청의 의심으로부터 벗어나기 위해 로마로 출발했다

opraviti *-im* (完) **opravljati** *-am* (不完) 1. 수리하다, 수선하다, 고치다 (고장난 것을) (popraviti) 2. 보내다, 파견하다, 가게 하다 (poslati, uputiti) 3. 갖추다, 장비를 갖추다 (spremiti, opremiti) 4. (옷을) 입다, (신발을) 신다 (odenuti, obući) 5. 하다 (uraditi, napraviti) 6. 준비하다, 장만하다 (음식, 술 등을) 7. ~ se (옷을) 차려 입다, 성장(盛裝)하다; *danas se opravila kao na kakvu svadbu* 오늘 마치 결혼식에 가는 것처럼 차려 입었다 8. 가다, 떠나다 (uputiti se, krenuti)

opravka *-i* & *-aka* 수리, 수선 (opravak, popravka)

oprečan *-čna, -čno* (形) 반대의, ~에 반하는, 반대되는 (suprotan, protivan); ~*čna mišljenja* 반대 의견들

opredeliti *-im*; *opredeljen* (完) **opredeljivati** *-ljujem* (不完) 1. 결정하다, 결심하다, 정하다; *narod je sam opredelio pravac svoga razvitka* 국민들은 자신들의 발전 방향을 스스로 결정했다 2. 결정하게 하다, 영향을 주다, ~에 기울게 하다; *takav ishod stvari opredelio ga je da ode iz grada* 그러한 일의 결과는 그가 도시를 떠나도록 결정하는데 영향을 주었다 3. ~ se 결정하다, 선택하다 (여러가지 가능성 중에); *on mora da se opredeli za jednu ili drugu stranu* 그는 이쪽 편인지 아니면 저쪽 편인지를 선택해야만 한다; *on se opredelio za medicinu* 그는 의과대학에 진학하기로 결정했다; *svakom narodu treba dati mogućnost da se sam opredeli* 모든 민족들에게 스스로 결정할 수 있게끔 해야 한다

opredeljenje (동사파생 명사) opredeliti 1. (여러 가능성 중의) 하나의 선택(결정); ~ *za borbu* 투쟁하기로 한 선택 2. 결정, 확정 (utvrđivanje) 3. 임무 (zadatak, zaduženje) 4. 운명, 숙명; *nemoj epizodu života smatrati opredeljenjem* 삶의 뒷이야기를 숙명으로 보지마라

opredeljiv *-a, -o* (形) 결정할 수 있는, 정할

수 있는 (odredljiv)

opregača 앞치마 (pregača, kecelja)

opreka 반대, 정반대, (말의)모순; 충돌 (protivnost, protivrečnost, suprotnost; sukob); *to je u ~ci sa mojim principima* 그 것은 나의 원칙과 정반대이다(충돌된다); *naići na ~e* 반대에 직면하다; *doći u ~u* 충 돌에 이르다

oprema 1. 장비, 비품, 설비, 용품; *sportska ~* 스포츠 용품 2. 무기; *vojna ~* 군 장비 3. (신부가 신혼집에 가지고 가는) 물품 (옷·가 구 등의); *devojačka ~* 신부의 혼수

opremanje (동사파생 명사) opremati

opremiti *-im; opremljen* (完) opremati *-am* (不 完) 1. (~에게 필요한 것을) 갖추어 주다, 공 급하다; *~ radionicu* 작업장의 설비를 갖추다 (설치하다); *~ đaka za školu* 학교에서 필요 한 학용품을 학생이 갖추게 하다 2. (신부에 게 결혼에 필요한 혼수품을) 장만해 주다 3. 성장(盛裝)시키다 (obući, odenuti, urediti)

opremljenost (女) 설비(장비)된 상태; 설비, 장 비; *tehnička ~* 기계 설비 상태

opresija 압제, 억압, 탄압, 학대 (ugnjetavanje, tlačenje, tiraniziranje)

opresti *opredem; opreo; opreden, -ena* (完) 1. (실을) 잣다, (실을) 잣는 것을 다 마치다 2. 그물(실)로 에워싸다(포위하다)

opreti *oprem; opro, oprla* (完) opirati *-em* (不 完) 1. 기대다, 괴다, 기울이다 (odupreti, osloniti); *malo posle opre ruke o kolena* 조 금 후에 팔을 무릎에 괴었다 2. 응시하다, 바 라보다 (시선을); *Stanoje pogled u zemlju opro* 스타노예는 땅을 바라봤다 3. *~ se* 기대 다 (osloniti se, nasloniti se) 4. *~ se* 반대하 다, 저항하다 (usprotiviti se, suprotstaviti se)

oprez 조심, 신중 (위험을 피하기 위한); 신중 한(중립적) 자세 (budnost, smotrenost; uzdržljivost); *biti na ~u* 신중하게 처신하다

oprezan *-zna, -zno* 신중한, 조심성 있는, 조심 하는 (budan, smotren; uzdržljiv); *budi ~!* 조 심해(신중해)!

opreznost (女) 조심, 신중 (oprez); *~ je majka mudrosti* 신중함이 지혜의 어머니이다, 신중 한 것이 현명한 것이다; *bio je poznat i cenjen zbog svoje ~i* 그는 자신의 신중함 때문에 유명하며 존경을 받는다

oprijateljiti se *-im se* (完) 1. 친교를 맺다, 친 구가 되다 (sprijateljiti se) 2. 사돈지간이 되 다 (혼인을 통해)

oprištiti se *-im se* (完) 종기(prišt)가 나다, 종 기로 뒤덮이다

oprljiti *-im* (完) 1. 화상을 입히다 (불, 뜨거운 물 등으로); *~ prste* 손가락에 화상을 입히다 2. (보통 서리가 잎·식물 등을) 상하게 하다, 말라 비틀어지게 하다; *već je mraz list oprljio* 이미 서리로 인해 잎이 말라 비틀어 졌다

oprljotina 화상 (opekotina, opeklina)

oproban *-bna, -bno* (形) 시험을 거친, 검사필 의, 검증된, 경험이 풍부한

oprobati *-am* (完) 1. 검사하다, 시험하다, 확인 하다 (proveriti); *~ novi traktor* 새로운 트랙 터를 시험하다; *~ snage* 힘(세력)을 한 번 테스트해 보다 2. 맛보다, 시음하다, 시식하 다 (음식·음료 등을); *~ sve slasti života* 인 생의 모든 즐거움을 맛보았다 3. 시도하다, 해보다 (pokušati) 4. *~ se* 맛보다, 경험하다; 시도하다; *~ se u (na) nečemu* 시도해 보다

oprosnī *-ā, -ō* (形) 작별의, 고별의 (oproštajni); *~a audijencija* 작별(이임) 알현; *~a poseta* 작별 방문

oprosnica 1. 이별곡, 작별 노래 2. 고별 공연, 작별 공연 (극단·배우·가수 등의)

oprost 1. (의무로부터의) 석방, 면제, 해방, 벗 어남 2. 용서, 눈감아 줌 3. 작별, 작별 인사

oprosni (形)

oprostiti *-im; oprošten* (完) oproštati *-am* (不 完) 1. 용서하다, 눈감아 주다 (잘못·실수 등 을); *~ nekome grešku* 누구의 잘못을 용서 하다; *~ život* 목숨을 살려주다 2. 작별(고별) 인사를 하다 (보통 죽음을 앞두고); *oproštena molitva* 임종 미사 3. (명령형으로) 용서하다; *bože (me) oprosti* 신이여, 용서하 소서 4. 면제시키다, 벗어나게 하다, 석방시 키다; *njemu su oprostili kaznu* 그의 벌을 면 해주었다; *~ dug* 빚을 면제해주다 5. *~ se* 작 별인사를 나누다; *~ se života(sa životom, sa ovim svetom)* 죽다 6. *~ se* 벗어나다, 석방 되다, 면제되다; *~ se nečega* ~로부터 벗어 나다

oproštaj 1. 용서 (amnestija); *moliti za ~* 용서 를 빌다; *~ grehova* 죄 사함 2. 작별 인사; 작별, 고별; *prirediti nekome ~* 작별 파티를 주최하다; *otišao je bez ~a* 작별인사없이 떠 났다 **oproštajni** (形); *~ govor* 고별 연설; *~a večera* 작별 만찬; *~o pismo* 유서(보통 자 살의) 3. 면제, 탕감, 벗어나게 함 (의무 등의)

oproštenje 1. 용서 2. 면제, 탕감, 벗어나게 함

oprsje 1. (옷의) 가슴 부분 2. 가슴부위의 피부

opršnjak 1. 원피스의 가슴 부분 2. 턱받이 (식 사시 음식이 옷에 묻는 것을 방지하기 위한)

opruga 1. 용수철, 스프링 (feder) 2. (비유적)

O

내부동력(內部動力; pokretačka unutrašnja snaga)

opružač (=opruživač) (解) 신근(伸筋)근육, 폄근육 (무릎, 팔꿈치의) (反: savijač)

opružiti -im (完) opružati -am (不完) 1. 쭉 펴다, 내뻗치다; ~ noge 다리를 쭉 펴다; ~ telo 몸을 쭉 뻗다 2. 늘리다, 확장하다 (povećati, izdužiti) 3. 급히 가다 (žurno se uputiti) 4. (몽둥이로) 세게 때리다 5. ~ se 큰 대자로 뻗다(눕다); pusti me da se samo malo opružim 조금만 쭉 펴고 누워있게 가만히 좀 내버려둬 6. ~ se 늘어서 있다; vozovi opružili se u dugoj liniji 기차가 길게 줄지어 늘어서 있다

opržiti -im (完) 1. 화상을 입히다, 화상을 입게 하다 (opeći, ožeći, opaliti) 2. 태우다 (spaliti)

opsada (軍) 포위, 포위공격; dići ~u 포위를 풀다(해제하다) opsadni (形); ~a linija 포위선; ~e sprave 포위용 장비; ~o stanje 군통치수단(상태)

opsaditi -im; opsađen (完) opsađivati -đujem (不完) 포위하다, 에워싸다, 둘러싸다 (opsesti, opkoliti)

opsadnik, opsađivač 포위자, 포위군

opsađivati -đujem (不完) 참조 opsaditi

opscen -a, -o (形) 유쾌하지 못한, 불쾌한, 창피한, 염치없는, 몰염치한 (neprijatan, sramotan, bestidan)

opscenost (女) 불쾌, 몰염치

opseći opsečem (完) opsecati -am (不完) 도려내다, 잘라내다, 자르다 (주변을)

opseći opsegnem (完) 참조 opsegnuti

opsedati -am (不完) 참조 opsesti

opsednuti -nem (完) 참조 opsesti

opseg 1. 넓이, 크기, 규모 (širina, veličina) 2. 범위, 영역; 활동 범위 (okvir, delokrug) 3. (數) 부피 (obim)

opsegnuti, opseći opsegnem; opsegao, -gla & opsegnuo, -nula (完) 잡다, 붙잡다; 다다르다, 당도하다 (obuhvatati, zahvatati; dosegnuti); hteo je da opsegne što veći vidokrug 보다 많은 시야를 확보하려고 했다

opsena 1. 사기, 속임, 현혹 (zavaravanje, obmana) 2. 환영, 환상, 환각 (priviđenje, utvara)

opsenar 마술사 (mađioničar) opsenarka; opsenarski (形)

opseniti -im (完) opsenjivati -njujem (不完) 1. 눈멀게 하다, 눈이 안보이게 하다 (zaslepiti) 2. 속이다, 현혹시키다 (zavarati, prevariti)

opservacija 관찰, 관측 opservacioni (形)

opservator 관찰자, 관측자 (posmatrač, osmatrač)

opservatorij -ija, opservatorija, opservatorijum 관측소 (천문·기상·지진 등의) opservatorijski (形)

opservirati -am (不完) 관측하다, 관찰하다

opsesija 강박, 강박관념 (manija)

opsesivnī -ā, -ō (形) 강박관념의, 강박관념을 불러 일으키는

opsesti opsednem & opsedem; opseo; opsednut (完) opsedati -am (不完) 1. 포위하다, 에워싸다, 둘러싸다 (opkoliti, okružiti); ~ tvrđavu 성곽을 포위하다 2. (망상 등이) 사로잡다, 붙잡다 (obuzeti, zaokupiti); biti obuzet idejom 골몰히 생각에 사로잡힌 3. (악마 등이) 사람 몸속에 들어가다

opsezati -ežem (不完) 참조 opsegnuti

opsežan -žna, -žno (形) 광범위한, 방대한 , 대규모의(obiman, opširan, dalekosežan); ipak preuzme ~žne mere 결국 광범위한 조치를 취하다; spis je bio vrlo ~ 리스트는 매우 포괄적이었다

opskakivati -kujem (不完) 1. 참조 opskočiti 2. ~의 주변을 뛰어 오르다 (몇 번이고, 반복하다)

opskrba 생필품 보급(공급) (opskrbljivanje, snabdevanje)

opskrbitelj 공급자, 공급하는 사람 (snabdevač)

opskrbiti -im; opskrbljen (完) opskrbljivati -ljujem (不完) (일생생활에 필요한 것들을) 공급하다, 보급하다, 조달하다; (누구를) 물질적으로 돌보다 (snabdeti, obezbediti); nekada je ova pijaca mogla da opskrbi gradić 이 시장이 이전에는 조그마한 도시에 모든 물건들을 공급할 수 있었다

opskrbljivač 참조 opskrbitelj (snabdevač)

opskuran -rna, -rno (形) 1. 어두운, 암흑의, 야만적인 (mračan, primitivan); zaostavšina iz opskurnih srednjih vekova 중세 암흑 시대의 유물 2. 알려지지 않은, 유명하지 않은, 무명의, 익명의 3. 악명높은, 의심스런, 문제가 있는 (ozloglašen, sumnjiv, problematičan); ~rni ljudi 소문이 나쁜 사람들 (문제가 있는 사람들)

opskurant 반계몽주의자 (mračnjak, nazadnjak)

opskurantizam -zma 반계몽주의, 몽매주의 (mračnjaštvo)

opslužiti -im (完) opsluživati -žujem (不完) 1. 차례로 접대하다(시중들다), 돌아다니면서

O

접대하다(서빙하다); ~ goste pićem 손님들에게 음료수를 서빙하다 2. 근무하다, (군역 등의 의무를) 완수하다, 필하다 (odslužiti, izvršiti, ispuniti)

opsovati opsujem (完) 욕하다, 상스러운(점잖 하지 못한) 말을 하다

opstanak -nka 존재, 실재, 생존, 살아남음; borba za ~ 생존 투쟁; svaki narod brani svoj opstanak 모든 민족들은 자신들의 생존을 위해 투쟁한다

opstati opstanem (完) **opstajati** -em (不完) 살아남다, 생존하다

opstojati -im (不完) 있다, 존재하다, 생존하다 (biti, postojati, održavati se)

opstruirati -am, **opstruisati** -šem (完,不完) ~ nešto 방해하다, 훼방하다

opstrukcija 방해, 장애; 방해물, 장애물; (회의 등의) 의사 방해

opširan -rna, -rno (形) 1. 광범위의, 광범한, 긴 (구두 혹은 서면 보고 등의) (opsežan); ~rno pismo 긴 편지 2. 말이 많은, 장광설의; ne budite tako ~rni 그렇게 장광설을 늘어놓지 마십시오 3. 오래 지속되는 (dugotrajan) 4. 광범위한, 분량이 많은 (opsežan, obiman)

opšiti opšijem (完) **opšivati** -am (不完) 1. 가장자리를 감치다, 옷단을 대다 2. 깁다, 대어 깁다 (obložiti) 3. 테를 두르다 (oplatiti)

opštenje (동사파생 명사) opštiti

opštepoznat -a, -o (形) 잘 알려진

opštī -ā, -ē (形) 일반적인, 보통의, 전반적인, 전체적인; ~e dobro 일반선(善); ~e pravo glasa 보통투표권; ~e mesto 일반석(席); ~a pojava 일반적 현상; ~e pravilo 일반적 규칙; lekar ~e prakse 일반의(醫), 가정의학과 의사; ~e poznata činjenica 잘 알려진 사실; ~a vojna obaveza 보편적 군의무

opština 지방자치단체 (면·읍·군·구 등의); 공동체, 공동 사회, 지역 사회; crkvena ~ 교구 (敎區) opštinski (形); ~ odbor 지역 위원회; ~ sud 지역 법원; ~o sindikalno veće 지역 노동조합 평의회

opštinar 지방자치단체 평의회 위원

opštinskī -ā, -ō (形) 참조 opština

opštiti -im (不完) 관계를 유지하다, 소통하다, 서로 어울리다

opštost (女) 일반성, 보편성, 일반적임

optakati -čem (不完) 참조 optočiti

optativ (文法) (소망·바람 등을 나타내는) 기원법

opteći -ečem (完) 1. (빙둘러) 흘러 내려가다 2. 둘러싸다, 에워싸다 (opkoliti, okružiti)

opterati -am (完) 쫓다, 뒤쫓다, 쫓아내다, 몰아내다 (빙빙 돌아)

opterećen -a, -o (形) 1. 참조 opteretiti (se) 2. (떨쳐내기 어려운 것에, 나쁜 것 등에) 사로잡힌, 꽉 찬 (prožet, obuzet, obsednut); nasledno ~ 유전성 (선천성) 병을 가지고 태어난

opterećenje 1. 짐, 적재 화물, 부하, 하중 (teret, tovar); ~ kola 차량 화물 2. 부담, 작업량; poresko ~ 세 부담; radno ~ 노동 작업량 3. 부담, 과중한 것(이해하기, 극복하기 어려운 것 등의) 4. 노력 (napor) 5. 사로잡힘, ~으로 꽉 참 (obuzetost, opsednutost, prožetost) 6. 방해물, 장애물

opteretiti -im (完) **opterećivati** -ćujem (不完) 1. 짐을 싣다, 적재하다 (보통 많은 양을) (natovariti); ~ kola 차에 짐을 싣다 2. 부담을 주다, 부과하다 (의무 등을), 곤란하게 하다 (요구·제한 등을 함으로서); ~ dažbinama 세금을 부과시키다; ~ poslom 업무를 과도하게 부여하다; ~ nekoga nečim 힘들게 하다, 어렵게 하다; ~ želudac 과식하다 3. (시스템 등에) 부하가 걸리게 하다

opticaj 순환, 유통 (보통 화폐의) (kretanje, krušenje); pustiti u ~ 유통시키다, 발행하다; biti u ~u 유통중이다, 사용중이다

opticati -čem (不完) 1. 참조 opteći 2. 유통시키다, 순환시키다, 돌게 하다 (돈·화폐 등이)

optičar 안경사, 안경상(商)

optika 1. 광학(光學) 2. 광학 도구, 광학 기계 optički (形); ~a sprava 광학 도구; ~a varka 착시(錯視); ~o sočivo 렌즈

optikus (解) 시신경

optimalan -lna, -lno (形) 최적의, 최상의, 최선의

optimist(a) 낙관론자, 낙천주의자

optimističan -čna, -čno **optimistički** -ā, -ō (形) 낙관적인, 낙천적인, 낙천주의의

optimizam -zma 낙천주의, 낙관론

optimum 최적 조건

optirati -am (完, 不完) (국적을) 고르다, 선택하다

optočiti -im; optočen (完) **optakati** -čem (不完) 1. 가장자리를 감치다, 옷단을 대다 (obrubiti, oivičiti) 2. 둘러싸다, 에워싸다, 감싸다 (opkoliti, okružiti)

optok 1. 옷단, (천·옷의) 가두리 (obrub, pervaz) 2. 순환 (opticanje, cirkulacija); ~ krv 혈액 순환

optrčati -im (完) **optrčavati** -am (不完) 1. 뛰어가다, 뛰어 돌다, 주변을 뛰다; deca su optrčala jezero 어린이들은 호수 주변을 뛰

O

었다 2. 급히 가다, 급히 지나가다; *kad je videla da joj sin ne dolazi na večeru, optrčala je celu varoš* 그녀는 자기 아들이 저녁을 먹으로 오지 않은 것을 알고는 동네 전체를 정신없이 뛰어 다녔다

optužba 1. 비난 (kritika, okrivljavanje) 2. 기소(장); 고소(장), 고발(장) (tužba); *izneti ~u protiv nekoga (na sudu)* 법원에 ~에 대한 고소장을 내다; *osloboditi ~e* 죄명에서 벗어나게 하다, 무죄로 하다; *predmet ~e* 기소건

optužen -*a*, -*o* (形) 1. 참조; *optužiti; ~za nešto (zbog nečega)* 기소된 2. *~i* 피고 (optuženik)

optuženik 피고, 피고인 **optuženica; optuženički** (形); *~a klupa* 피고석; *sesti na ~u klupu* 피고석에 앉다

optužilac -*ioca* **optužitelj** 검사 **optužiteljka** (tužilac)

optužiti -*im* (完) **optuživati** -*žujem* (不完) 비난하다, 책망하다; 고발하다, 기소하다; *~ nekoga za ubistvo* 살인혐의로 기소하다; *~ pred javnošću* 여론에 비난하다

optužnī -*ā*, -*ō* (形) 기소의, 고발의, 비난의; *~ materijal* 기소 자료; *~ govor* 기소 성명

optužnica 기소장, 고발장; *podići ~u protiv nekoga* 기소장을 발부하다, 기소하다

opun -*a*, -*o* (形) 살찐, 포동포동한, 토실토실한 (opunačak); *~ obraz* 포동포동한 볼

opunomoćen -*a*, -*o* (形) 참조 opunomoćiti; 전권을 위임받은, 전권을 가진(받은)

opunomoćenik 전권을 위임받은 사람 (대리인)

opunomoćiti -*im* (完) **opunomoćavati** -*am* (不完) 전권을 위임하다, 전권을 주다

opunomoćstvo 전권(全權), 전권을 위임받은 기관 (punomoć)

opus (音樂) 작품 번호

opusteti -*im* (完) 텅비다, 버려지다, 유기되다 (postati pust, ostati pust)

opustiti -*im*; **opušten** (完) **opuštati** -*am* (不完) 1. 달다, 달아매다, 달아놓다, 달랑거리게 하다 (obesiti); *osloni se leđima na zid, i opusti ruke među noge* 등을 벽에 기대고 손을 다리 사이에 편히 놓아라 2. 느슨하게 하다, 풀다 (olabaviti, popustiti); *~ telo* 몸의 긴장을 풀다; *~ mišiće* 근육을 풀다 3. 부드럽게 되다, 물러지다 (postati mekši, omekšati) 4. 떨어뜨리다, 떨구다, 내려놓다; *~ nos* 고개를 폭 숙이다 5. *~ se* 늘어지다, 떨어지다, 축 처지다 (spustiti se); *naglo se opuste ramena* 갑자기 어깨가 축 처졌다; *posle operacije on se nekako sav opustio* 수술후

그는 어쩌 좀 완전히 늘어졌다 6. *~ se* 긴장을 풀다, 힘을 빼다; *on mora da se opusti* 그는 몸의 긴장을 풀어야 한다

opustiti -*im*; **opušćen** & **opušten** 황폐화시키다, 주민이 전혀 살지 못하게 하다

opustošenje 황폐화시킴, 약탈; *~ grada* 도시의 황폐화(침략, 약탈)

opustošiti -*im* (完) **opustošavati** -*am* (不完) 황폐시키다, 철저하게 파괴하다 (uništiti): *~ sela* 마을을 파괴하다

opušak -*ška*; -*šci* 담배 꽁초 (pikavac, čik)

opuštanje (동사파생 명사) opuštati; 휴식, 편히 쉼

opuštati (se) -*am (se)* (不完) 참조 opustiti

opušten -*a*, -*o* 참조 opustiti

oputa (가죽 신 (opanak)을 만드는데 사용되는) 가늘고 긴 가죽 끈(줄); *veže(krpi) liku za ~u* 그는 몹시 가난하다

ora 적기(適期), 적절한(적합한) 시기(때) (zgodno vreme, pravi, zgodan čas)

oracija 연설 (beseda, govor)

orač 1. 경작자, 농부, 농사꾼, 밭가는 사람 2. 밭을 가는 동물(보통 황소 또는 말) **oračkī** (形); *~ poslovi* 농사꾼의 일

oraćī -*ā*, -*ē* (形) 1. 밭을 가는, 밭을 갈 수 있는; *~a zemlja* 경작지 2. 밭을 가는데 사용되는; *~ pribor* 밭을 가는 도구(장비)

orada (魚類) 도미 (komarča, lovrata)

orah *orasi* 호두나무, 호두; *tvrd ~* 융통성 없는 사람, 완고한 사람; 힘든 일 **orahov** (形); *~o drvo* 호두나무; *~o ulje* 호두 기름

orahovača 1. 호두주(酒) (호두를 넣어 만든 라키야) 2. 호두 케이크 (호두를 넣어 만든)

orahovina 호두나무 (목재로서의); *nameštaj od ~e* 호두나무 목재로 만든 가구

orakul(um) 신탁(神託) (고대 그리스의); (비유적으로) 대단한 권위

oralan -*lna*, -*lno* (形) 구두의, 구술의 (usmeni); *~ uzimanje leka* 경구복용(약의)

oran -*rna*, -*rno* (形) (참조) orati; 밭이 갈린, 경작된

oran -*rna*, -*rno* (形) *~*하고 싶은, (마음이) 내키는 (voljan, raspoložen, horan); *~ za nešto ~*하고 싶은; *nikad nisam više bio orniji za piće* 이보다 더 술마시고 싶은 적은 없었다

orangutan (動) 오랑우탄

oranica 경작지 **oranični** (形); *~a površina* 경작 면적

oranžada 오렌지 주스

oranžerija 유리 온실 (staklena bašta, staklenik)

oranjaviti *-im* (完) 1. 상처를 입히다, 부상을 입히다; (비유적으로) 아프게 하다 2. 부상당하다, 상처를 입다 3. ~ se 상처를 입다, 부상을 입다

oranje 1. (동사파생 명사) orati; 경작, 밭을 감 2. 경작지 (oranica)

orao *orla; orlovi* (男) 1. (鳥類) 독수리; *riblji ~* 물수리; *dvoglavi ~* 쌍두독수리; *crni ~* 검독수리; *~ kliktaš* 항라머리검독수리; *~ krstaš* 흰죽지수리; *porečni ~*, *~ ribar* 물수리; *~ zmijar* 개구리매독수리; orlovski (形) *~o oko* 독수리 눈; *~ nos* 매부리코; *~ pogled* 마음속을 꿰뚫어보는 듯한, 날카로운 시선; *priterala (naterala) orla zla godina da zimuje među kokoškama* '어려운 위치에 처한 사람은 평상시에는 거들떠 보지도 않던 일을 받아들여야만 한다'고 할 때 표현하는 말 2. (비유적) 영웅 (junak, heroj) 3. (시적 표현) 전쟁 깃발

orapaviti *-im* (完) 참조 ohrapaviti

oraspoložiti *-im* (完) 1. 기분좋게 하다, 기분좋게 만들다 2. ~ se 기분이 좋아지다

oraš (숙어로) *~ njorac* (鳥類) 비오리

orašak *-ška* 1. (지소체) orah 2. (植) 육두구(肉豆蔲) 나무 (oraščić)

orašar 1. (動) 동면쥐류(쥐같이 생겼으나 꼬리에 털이 많은 작은 동물; 호두 열매나 개암나무 열매 등을 먹음) 2. 호두를 즐겨먹는 사람 3. 호두를 파는 사람

oraščić 1. (植) 육두구(肉豆蔲) 나무 2. (지소체) orah

orašje 호두밭, 호두 과수원

orati *orem* (不完) (밭을) 갈다, 경작하다, 쟁기질하다; *ni orao ni kopao* 아무런 일도 하지 않았지만 원했던 것을 얻었다

orator 연설가, 웅변가 (besednik, govornik)

oratorij *-ija* oratorijum 1. (音樂) 오라토리오, 성가극 2. 기도실, (작은) 예배당, 소예배당 (병원·교도소 등의)

oratorskī *-ā*, *-ō* (形) 연설가의, 웅변가의

oratorski (副) 연설가(웅변가)처럼, 연설가적 방법으로; *osećao je potrebu da počne nekako pesnički i ~* 그는 아무튼 시적이면서도 웅변적으로 시작할 필요성을 느꼈다

oratorstvo 웅변술 (besedništvo)

orazumiti *-im* (完) 1. 정신차리게 하다, 정신이 들게 하다 (urazumiti) 2. 정신적으로 성장하다; 의미를 이해하다 3. ~ se 정신을 차리다, 이성적으로 되다; *orazumi se, vrati se zakonitoj ženi* 정신차리고 네 조강지처에게 돌아가라

orbit (男) orbita (女) 1. (天) 궤도; *stići u Mesečevu ~u* 달궤도에 진입하다; orbitalni (形) *~ let oko Zemlje* 지구궤도 비행; *~a stanica* 우주 정거장 2. 영향권, 세력권 (krug, sfera uticaja)

orden 훈장

ordenje (集合) 훈장

ordija 1. 군, 군대 (vojska) 2. 떼, 군중, 무리 (gomila, rulja)

ordinacija 1. 진료소, 진료실, 의원(醫院); *otvoriti ~u* 개원하다, 의원을 열다 2. 사무실, 사무소 (poslovna prostorija uopšte)

ordinacijski (形); *~a oprema* 병원 장비; *~o radno vreme* 병원 진료시간

ordinaran *-rna*, *-rno* (形) 보통의, 평범한, 일상의; 명백한, 분명한; *~rna budala* 명백한 바보

ordinarijus 1. 정교수로서 학과장직을 맡은 교수 2. (병원의) 과장

ordinata (數) 세로 좌표

ordinirati *-am* (不完) 의원의 의사로서 근무하다, 진료하다; *Ante ordinira svako posle podne* 안테는 매일 오후에 진료한다

ordonanc (軍) 전령, 당번병 (지휘관 또는 본부에 배속된)

orehnjača 호두가 들어있는 피타(빵)

oreol (男) oreola (女) 후광, 광환(光環) (성자의 머리 뒤에 있는 둥그런 빛)

organ 1. (인체내의) 장기, 기관; *~i za disanje* 호흡기관; *~i za varenje* 소화기관; *~ čula (vida)* 청각(시각) 기관; *polni ~i* 생식기; *govorni ~i* 발성기관 2. (공공·사회·정치 등 각분야의) 기관; *~i javne bezbednosti* 치안기관 3. (공공·사회·정치 등 각 분야 기관들에서 근무하는) 기관원; *carinski ~i* 세관원; *istražni ~i* 수사 기관원 4. (단체·정당 등의) 기관지(紙) 5. (樂器) 오르간 (orgulje)

organdin 오건디 (얇은 모슬린 천) *oba prozora sa spuštenim zavesama od ~a* 오건디 천으로 만들어진 커튼이 처진 양(兩) 창문

organist(a) 오르간 연주자 (orguljaš) organistkinja

organizacija 조직, 단체, 기구; *Organizacija ujedinjenih nacija* 유엔 (OUN 혹은 UN); *Organizacija za ekonomsku saradnju i razvoj* 경제협력개발기구 (OECD); *Organizacija za ishranu i poljoprivredu* 식량농업기구 (FAO) organizacioni (形)

organizam *-zma* 1. 유기체, 생물체 2. 유기적 조직체, (신체의)장기 집합체 3. (비유적) 기구, 조직, 단체 (organizacija, ustanova)

O

741

organizator 조직자, 창시자, 주최자
organizatorka; organizatorski (形) ~e
sposobnosti 조직자로서의 능력
organizirati -am organizovati -zujem (完), (不完) (어떤 일 또는 조직을) 준비하다, 조직하다, 체계화하다, (일의) 체계를 세우다
organskī -ā, -ō (形) 1. (인체) 장기의, 기관의; ima po svoj prilici ~u manu srca 아마도 심장에 결함이 있는 것 같다 2. 유기체로 만들어진, 유기의; ~a hemija 유기화학 3. 서서히 생기는, 저절로 생기는, 자연스런 (pravi, prirodan)
orgazam -zma (성적, 쾌감의) 절정, 오르가슴
orgija 진탕 먹고 마시며 떠들썩하고 난잡하게 노는 잔치
orgijastičan -čna, -čno orgijastičkī -ā, -ō 형 (形) 방탕한, 질펀한, 떠들썩하게 먹고 마시는 (razuzdan, raskalašan)
orgijati -am (不完) 질펀한 잔치를 하다, 질펀한 잔치로 시간을 보내다
orguljar, orguljaš 오르간 연주자 orguljašica
orguljati -am (不完) 오르간을 연주하다
orgulje (女,複)(樂器)오르간; svirati ~ (na ~ama) 오르간을 연주하다
orhideja (植) 난초 (kaćun)
oribati -am (完) 참조 ribati; ((보통 솔로)문질러 닦다, 문질러 깨끗이 하다)
original 1. 원본; ~i dokumenata 서류 원본 2. (비유적) 특이한 사람, 독특한 사람 (neobičan čovek)
originalan, -lna, -lno (形) 1. (복사본이 아닌) 원본의 2. 원래의, 본래의, (čist, prirodan); ~ voćni sok 아무것도 섞이지 않은 과일주스; ~lna šljivovica 플럼으로만 빚은 라키아 3. 독창적인; ~ stil 독창적인 스타일; ~lna poezija 독창적인 시; ~lna ideja 독창적인 아이디어; ~lno rešenje 독창적인 해결 방안
originalnost (女) 독창성
orijaš 거인, 덩치가 큰 사람 (div, gorostas)
orijent 1. 동(東), 동쪽 2. (대문자로) 동양, 동방, 중동 orijentalski, orijentalan (形) 동양의, 동방의; ~lni jezici 동양어 (터키어, 아랍어, 페르시아어, 산스크리트어 등의)
orijentacija 1. 방향, 방향설정, 위치설정, 정위 (定位) orijentacioni (形); ~a tačka 표석, 지표 2. 사상적 지향, 목표지향, 입장 (ideološko opredeljenje, stav)
orijentalac 동양인, 중동인 orijentalka
orijentalan -lna, -lno orijentalskī -ā, -ō (形) 참조 orijent
orijentalist(a) 동양학자, 동양언어학자

orijetalistika 동양학; odsek za ~u 동양학과 orijentalistički (形)
orijentir 표석(標石), 지표(地標)
orijentirati -am (完, 不完), orijentisati -šem (完, 不完)1. 방향을 잡게 하다, 향하게 하다, 적응하게 하다 2. ~ se 방향을 잡다, 적응하다, 향하다; on ume dobro da se oprijentiše 그는 잘 적응할 수 있다; on se orijetisao na medicinu 그는 의학으로 진로를 결정했다; preduzeće se orijentiše na izvoz 기업은 수출로 방향을 잡았다 (수출에 힘을 썼다)
oriti se -im se (不完) 메아리가 울리다, 반향되다, 울리다 (razlegati se, odjekivati)
oriz (方言) 쌀 (pirinač, riža)
orkan 1. 허리케인, 태풍 (uragan) 2. (비유적) 강렬한 느낌, 활활타오르는 감정 orkanski (形)
orkestar -tra 오케스트라, 관현악단; simfonijski(kamerni, gudački) ~ 심포니 (실내, 현악) 오케스트라; duvački ~ 관악 오케스트라; svirati u ~tru 오케스트라에서 연주하다
orkestracija 관현악 편곡(법), 악기 편성법
orkestrirati -am (完, 不完) (음악을) 오케스트라용으로 편곡하다
orlić (지소체) orao
orlon 올론 (합성 섬유); 올론 실(천)
orlov -a, -o (形) 1. 참조 orao; 독수리의; ~o gnezdo 독수리 둥지; ~o krilo 독수리 날개 2. (植) ~i nokti 인동, 인동초, 인동덩굴
orlovskī -ā, -ō (形) 1. 독수리의; ~o gnezdo 독수리 둥지 2. 독수리 같은, 날카로운 (시선·눈매·시력이) 3. 독수리 부리 모양의 (코가); lice s orlovskim nosom 매부리코를 가진 얼굴
orlušić (지소체) orao (orlić)
orlušica 독수리 암컷, 암컷 독수리
orlušina (지대체) orao
orljī -ā, -ē (形) 독수리의 (orlovski)
orma 마구(馬具)
orman 찬장, 장롱; 장식 선반, 수납장; 캐비닛 (ormar, plakar); kuhinjski ~ 찬장; ~ za knjige 책장; čelični ~ 금속(제) 캐비닛
ormančić (지소체) orman
ormar 참조 orman
ornament 장식, 장신구, 장식품 (ukras, ures, šara)
ornamentalan -lna, -lno (形) 장식의, 장식용의 (ukrasni, dekorativan)
ornamentika 장식품의 집합체, (어떤 시대나 환경을 나타내는) 특징적인 장식 스타일; narodna ~ 민중들이 즐겨쓰는 장식;

orijentalna ~ 동양적 장식; *barokna* ~ 바로
크적 장식
ornat 제의(祭衣), 제의복(사제가 의식 집전 때
입는 예복); *u punom ~u* 계급과 등급을 알리
는 모든 표시를 메단 의복을 입고; *u punom*
~u, čekao je pred crkvenim vratima otac
Sava 사바 신부가 제의복을 입고 교회 문앞
에서 기다리고 있었다
ornitolog 조류학자
ornitologija 조류학
ornitološkī *-ā, -ō* (形) 조류학의, 조류학자의
oro 원무(圓舞)(손을 맞잡고 노래나 반주에 맞
춰 원을 그리면서 추는 춤) (horo)
orobiti *-im* (完) orobljavati *-am* (不完) 약탈하
다, 강탈하다 (opljačkati, poharati) (robiti);
orobiti su čoveka koji je išao s robom na
pijacu 장에 물건을 가지고 가던 사람을 강
탈했다
oročenī *-ā, -ō* (形) 정기(定期)의, 기한이 정해
진; ~ *račun* 정기예금
oročiti *-im* (完) oročavati *-am* (不完) 정기예금
하다
oroditi *-im* (完) orožavati *-am* orođivati *-*
đujem (不完) 1. 인척관계를 맺게 하다 (보통
혼인으로) 2. ~ se 인척관계를 맺다 (혼인으
로); *želi da se orodi s junačkom porodicom*
영웅 집안과 혼인관계를 맺기 원한다
oronuo *-la, -lo* (形) 1. 참조 oronuti 2. 쓰러져
가는, 다 허물어져 가는, 낡은, 힘없고 허약
한 (istrošen, dotrajao); *zgrede su ~le* 건물
들은 다 쓰러져 간다; *prošli smo pored ~lih*
zidova 다 허물어져 가는 담장옆을 지났다
oronuti *-nem* (完) 1. 허약해지다 (고령·질병으
로 인해) (oslabiti); 지치다, 힘이 다 빠지다
(malaksati, iznemoći) 2. 허물어져 가다, 쓰
러져 가다, 붕괴되기 시작하다
orositi *-im; orošen* (完) orošavati *-am* (不完)
1. (비가) 매우 조금 내리다, (비가) 약간 뿌
리다 2. 적시다, 축축하게 하다 (ovlažiti,
pokvasiti) 3. ~ se 적셔지다, 축축해지다;
orosila se lica kao lišća kad ga kiša nakvasi
비를 약간 맞고는 낙엽처럼 얼굴이 젖었다
oroz 1. 장닭, 수탉 (petao) 2. 방아쇠 (obarač)
orožaviti *-im* (完) 뿔(rog)이 나다
ortačiti *-im* (不完) 1. (누구와) 협업하다, 파트
너 관계이다; *on ortači sa svima hajducima*
그는 모든 하이두크와 협력한다 2. (koga s
kim) 누구를 누구와 협력관계를 맺게 하다
3. ~ se 협력관계를 맺다, 파트너로서 협력하
다
ortak (사업적인) 동반자, 협력자, 파트너

ortakinja; ortački (形)
ortakluk 파트너쉽, 협력관계
ortakovati *-kujem* (不完) 협업하다, 파트너로
일하다
ortarstvo 참조 ortakluk
ortodoksan *-sna, -sno* (形) 1. 정통의, 정통파
의 (종교적 의미에서); *u Španiji je vera*
jezovita, -sna, svirepa 스페인에서 종교는
핵심적이고 정통적이며 잔인하다 2. 전통적
인 (istinski, pravi); *klasični ili ~sni način*
veslanja pobuđuje znatizželju veslača 노를
젓는 전통적 방법은 노젓는 사람의 호기심을
유발한다
ortodoksija (이론·종교 등의) 정설, 통설
ortoepija 정음학(正音學), 바른 발음법
ortoepski (形)
ortografija 철자법, 맞춤법, 정자법
ortografski (形) (pravopis)
ortoped 정형외과 의사
ortopedija 정형외과 ortopedski (形); ~*a*
gimnastika 기형교정 체조; ~*a pomagala* 기
형교정 장비; ~ *zavod* 정형외과 병원
oruđe 1. 연장, 도구, 공구 (naprava, alat);
kameno ~ 석기 도구; *koštano* ~ 뼈로 만들
어진 연장; *rudarsko* ~ 광산 도구; *ribolovna*
~*a* 어업 도구; ~*a za rad* 작업 도구; *slepo* ~
(nečije) 충견, 꼭두각시 (어떤 사람의 뜻에
따라 맹목적으로 행하는 사람) 2. (신체의)
기관 (organ); *govorno* ~ 발음 기관 3. 무기
(oružje)
orumeneti *-im* (完) 붉어지다 (postati rumen)
oružan *-a, -o* (形) 1. (무기로) 무장한
(naoružan); ~*a sila (snaga)* 군, 군대 2. 무
력의; ~*i sukob* 무력 충돌 3. 전쟁의
oružana 무기고, 병기고 (arsenal)
oružanje (동사파생 명사) oružati (se); 무장
oružar 총기 제작자 (puškar)
oružati *-am* (不完) 1. 무장시키다 (naoružati) 2.
~ se 무장하다
oružje 1. 무기; *vatreno* ~ 화기(火器), 총기;
hladno ~ 흉기(칼·도끼 등의); *odbrambeno*
~ 방어용 무기; *biološko (hemijsko)* ~ 생(화
학) 무기; *atomsko (nuklearno)* ~ 핵무기; ~
glatkih cevi 활강(滑腔: 총신안에 강선이
없는) 무기; *latiti se ~a (skočiti na ~, ustati*
na ~) 무장봉기하다; *baciti (položiti)* ~ 무기
를 내려놓다(반납하다); *zveckati ~em* 전쟁
으로 위협하다 (pretiti ratom); *izbiti nekome*
~ *iz ruku* 무장해제하다 2. 군(軍), 군대
(vojska, armija) oružni (形)
oružneti *-im* (完) 추해지다, 볼품없이 되다

O

743

(postati ružan)

oružnica 1. 무기고, 병기고 (arsenal) 2. 군수 공장 3. 총기대, 무기대 (stalak ua držanje oružja)

oružnik 경찰관 (žandarm)

oružnjeti -nim (完) 참조 oružneti

os (複) osovi 혹은 osi) 참조 osa; 말벌

os (女) 축 (상상의, 가공의) (osovina) Zemljina ~ 지구축; rotaciona ~ 회전축; ~ trougla 삼각축

os (보리 등의) 까끄라기 (osje)

osa (昆蟲) 말벌 osinji, osji (形); ~e gnezdo 말벌집

osa 1. 축 (osovina) 2. (數) 축; apscisna ~ 횡축; koordinatna ~ 좌표축; brojna ~ 수직선

osakatiti -im (完) osakaćivati -ćujem (不完) 1. (인체를 심하게) 훼손하다, (특히 팔·다리를 절단하여) 불구로 만들다 2. (비유적) 잘라내다, (서투른 솜씨로) 망치다 3. ~ se 불구가 되다

osam (數詞) 여덟, 팔

osama 1. 고독, 외로움, 고독한 삶 (samoća, usamljenost); ~ mu je bila teška 그는 외로움이 힘들었다; na ~i (razgovarati, sastati se) 혼자, 외로이 2. 고립된 곳(장소)

osamariti -im (完) 1. 길마(samar)를 얹다 (말· 당나귀에) (metnuti, staviti samar (na konja, magarca)); Avram ~i magarca 아브람은 당나귀에 길마를 채운다 2. (비유적) 꾸짖다 (izgrditi, naružiti)

osamdeset (數詞) 팔십, 여든

osamdesetī -ā, -ō (序數詞) 여든번째의

osamdesetina 1. (女) 1/80의 2. (副) 약 팔십의, 대략 여든의

osamdesetogodišnjak 팔십세의 노인, 여든살 먹은 사람

osamdesetogodišnjī -ā, -ē (形) 여든살의

osamdesetogodišnjica 팔십 주년; ~ od rođenja 팔십 주년 생일

osamiti -im, osamljen (完) osamljivati -ljujem (不完) 1. 고립시키다, 혼자있게 하다 (usamiti) 2. ~ se 고립되다, 홀로되다; 홀로 떨어지다, 분리되다

osamljenik 외로운 사람, 고립된 사람, 주로 혼자 지내는 사람 (usamljenk) osamljenica; osamljenički (形)

osamnaest (數詞) 십팔(18), 열여덟

osamnaestī -ā, -ō (序數詞) 십팔번째의, 열여덟번째의

osamostaliti -im (完) osamostaljavati -am osamostaljivati -ljujem (不完) 1. 독립시키다,

자립시키다, 홀로 서게 하다; težili su da svoju zemlju ekonomski podignu i politički osamostale 그들은 자신들의 국가를 경제적으로 부흥시키고 정치적으로는 독립시키기를 간절히 원했다 2. ~ se 독립하다, 자립하다

osamsatnī -ā, -ō (=osamčasovni) (形) 여덟(8) 시간 동안의, 여덟시간 동안 지속되는; ~o radno vreme 여덟시간의 근무 시간

osamsto (數詞) 팔백(800)

osamstogodišnjica 팔백주년 기념

osamstotī -ā, -ō (序數詞) 팔백번째의

osana 1. 유대인들의 예배 노래 2. (感歎詞) 호산나(특히 기독교나 유대교에서 하느님을 찬미하는 소리) (zdravo!, dobro došao!)

osaš 1. (鳥類) (꿀벌 유충을 먹는) 벌매 2. 나비의 일종

osao osla, osle; oslovi & osli, osala (男) 당나귀, 나귀 (magarac)

osavremeniti -im (完) osavremenjivati - njujem (不完) 근대화하다, 현대화하다 (modernizovati)

oscilacija 진동; 진폭 oscilacioni (形); ~o kretanje (규칙적인) 진동 운동

oscilator (物) 진동자

oscilirati -am oscilovati -lujem (不完) 1. (物) (두 지점 사이를) 왔다 갔다 하다(진동하다); 전파·전자파 등이 진동하다 2. (감정·행동이 양극을) 계속 오가다, 왔다 갔다 하다 (klatiti se, njihati se, kolebati se, treperiti); glas mu je prestao da oscilira između basa i soprana 그의 목소리에 베이스와 소프라노 간 왔다 갔다 하는 불안정이 사라졌다; te čestice nisu u potpunom miru, već trepere(osciliraju) 그 입자는 가만히 있는 것이 아니라 움직인다

osebujan -jna, -jno (形) 특이한, 독특한, 특수한 (karakterističan, osobit, poseban, naročit)

osecati se -am se (不完) oseći se -čem se (完) (na koga) 꽥 소리치다, 고함치다, 땍땍거리다 (okositi se, obrecnuti se, izderati se na koga)

osečnī -ā, -ō (形) 썰물(oseka)의; ~a struja 썰물때

osećaj 1. 느낌, 감정, 감각; 촉감, 감촉; ~ ljubavi 사랑의 감정(느낌); ~ tuge 슬픈 감정; ~ hladnoće 한기(寒氣); lični ~i 개인 감정; imati ~ za harmoniju(red) 조화(질서)감이 있다; gajiti ~ prijateljstva prema nekome 누구에 대한 우정을 가꿔 나가다; ~ dužnosti 의무감; on nema nikakvog ~a za

744

svoju porodicu 그는 자기 가족에 대한 그 어떤 감정도 없다; ~ *mirisa* 후각; ~ *ukusa* 미각; ~ *ravnoteže* 평형감각 2. 의도, 바람, 소망 (namera, želja, htenje); *sve sam ja to radio s najboljim ~ima* 나는 그 모든 것을 가장 좋은 의도로 했다

osećajan *-jna, -jno* (形) 1. 감각의; *~jne ćelije* 감각세포; *~jni moždani centri* 감각 뇌중추 2. 감정의 (emotivan) 3. 민감한, 예민한 (osetljiv); *on je nežan i* ~ 그는 부드러우면 서 민감하다

osećajnost (女) 감성, 감정 (čuvstvenost, emocionalnost)

osećanje 1. 느낌, 감정 (osećaj); ~ *dužnosti* 의무감; *moralno* ~ 도덕심 2. 인상 (utisak, naslućivanje)

osećati *-am* (不完) 참조 osetiti; 느끼다; ~ *kao riba u vodi* 물만난 물고기처럼 활개치다; ~ *se kao kod svoje kuće* 아무런 거리낌이나 망설임없이 편하다(편하게 행동하다)

oseći *-čem* (完) 1. 참조 odseći; 자르다. 2. (方 言)감소되다, 떨어지다 (smanjiti se, opasti); *osekla voda* 수위가 떨어졌다, 물이 빠졌다 3. ~ *se* (na koga) 꽥 소리치다, 퉁명스럽게 말하다, 땍땍거리다 (okositi se, obrecnuti se, izderati se na koga)

oseći (se) *oseknem (se)* (完) (물이) 빠지다, 썰물이 되다

osedelǐ *-ā, -ō* (形) 백발의, 흰머리가 난, 머리 카락이 회어진

osedeti *-im* (完) 참조 sedeti; 흰머리가 나다, 머리(카락)이 하얘지다; *zbog tebe sam osedeo* 너 때문에 내 머리가 희여졌다

osedlati *-am* (完) **osedlavati** *-am* (不完) (말에) 안장을 얹다 (staviti sedlo)

osek 참조 oseka; 썰물, 간조; *ostati na ~u* 손실(손해·피해)을 보다, 무시(경시)를 당하다, 좌초되다

osek 일정금액 지불(세금), 정해진 금액 지불 (dažbina, plaćanje određeno za ukupan iznos) (paušal)

oseka 썰물, 간조 (바닷물의) **osečni** (反: plima)

oseknuti (se) oseći (se) *-nem (se)*; *-nuo & osekao, -kla* (完) 1. (물이) 빠지다, (수면이) 떨어지다, 썰물이 되다 (opasti, povući se) 2. (비유적) 텅비게 하다, 공허하게 하다 (isprazniti, opustošiti); *osekne mu duša naglo, pa se počne polako vraćati* 정신이 하나도 없다가 천천히 정신이 들기 시작한다 3. (코를) 풀다 (ubrisati, useknuti)

oseknuti *-nem* **oseći** *-čem*; *-oseknuo &*

osekao, -kla (完) 1. 날카로운 소리가 나다 2. ~ *se* 날카롭게 소리치다, 고함지르다 (obrecnuti se, podviknuti)

osekom (副) 모두 다 합쳐, 통틀어, 총액으로 (sve zajedno, ujedno, paušalno); *sultanu plaćaju (danak)* ~ 술탄에게 모두 다 합쳐 지불한다

osem (前) 참조 osim

osemeniti *-im* (完) **osemenjavati** *-am* (不完) (인공)수정시키다

osenčati *-am* **osenčiti** *-im* (完) **osenčavati** *-am* (不完) 그늘지다, 그늘지게 하다, 어둡게 하다; ~ *crtež* 그림을 어둡게 그리다

oseniti *-im* (完) 그늘지게 하다 (osenčiti)

oset 참고 osećaj, osećanje; 느낌, 감정

osetan *-tna, -tno* (形) 1. 느낄 수 있는, 인지할 수 있는, 감지할 수 있는 (priemtan) 2. 상당한, 대단히 큰 (dosta velik, znatan); *neprijatelj je pretrpeo ~tne gubitke* 적은 상당한 손실을 입었다; *~tne razlike* 상당한 차이

osetilan *-lna, -lno* (形) 감각의, 감각적인; ~ *organ* 감각 기관; *~lni nervi* 감각 신경

osetilo 감각, 감각 기관; ~ *vida* 시각, 시각 기관; ~ *sluha* 청각, 청각 기간

osetiti *-im* (完) **osećati** *-am* (不完) 1. 느끼다, 감각을 느끼다; ~ *bol(tugu, radost)* 아픔(슬 픔, 기쁨)을 느끼다; ~ *prijateljstvo prema nekome ~*에 대한 우정을 느끼다; *u vazduhu se oseća da je proleće blizu* 봄이 가까이 왔 음을 공기에서 느낄 수 있다 2. 겪다, 경험 하다, 체험하다; ~ *rat(glad)* 전쟁(굶주림)을 겪다, 전쟁의 기운을 감지하다; ~ *na svojoj koži* 몸소 체험하다, 몸소 겪다 3. ~ *se* 느끼 다; ~ *se dobro* 좋다(기분이, 몸 상태 등이); ~ *se zdravim (bolesnim, umornim, srećnim)* 건강하다고(아프다고, 피곤하다고, 행복하다 고) 느끼다; ~ *se pozvanim da to kaže* 그것 에 대해 말하라고 초대(소환)받은 느낌이었 다; ~ *se kao budala* 바보처럼 느끼다; *osećati se kao riba u vodi & osećati se u svom elementu* 아주 자연스럽게 느끼다, 물 만난 물고기처럼 느끼다 4. 기타; *ovde nešto oseća* 여기에 어떤 냄새가 난다; *oseća se kao da nešto gori* 뭔가 타는 냄새 가 난다; *oseća se na dim* 연기 냄새가 난다

osetljiv *-a, -o* (形) 1. (na nešto) 민감한, 예민 한; *ona je ~a na nežnost* 그녀는 부드러움 (다정함)에 민감하다; *on je* ~ *na kritiku* 그는 비판에 민감하다; *biti ~ na oblačenje* 의상에 민감하다; ~ *čovek* 민감한 사람 2. 미묘한,

O

섬세한; ~a razlika 미묘한 차이 3. 다정한, 다정다감한; ~ muž 다정다감한 남편 4. 주의를 요하는, 위험한; ~ posao 주의를 요하는 일; nailazimo na ~o mesto 위험한 장소에서 있다

osetljivost (女) 민감성, 민감함, 예민성

osevci osevaka (보리·밀 등의) 겨 (mekinje)

osica (지소체) os, osa; žitna ~ (곤충) 잎벌 (밀대에 알을 낳아 대를 누렇게 병들게 하는)

osičar (鳥類) (꿀벌 유충을 먹는) 벌매

osigurač 1. (電氣) 안전 퓨즈; istopljeni ~ 녹아 내린 퓨즈 2. (軍) 안전핀 (총기·수류탄 등의)

osiguran -rna, -rno (形) 1. 참고 osigurati 2. 확실한, 안전한, 보증된 (siguran, bezbedan)

osiguranik 피보험자 (反: osiguravač)

osiguranje 1. 보험; imovinsko ~ 자산보험; transportno ~ 운송보험; zaključiti ~ života 생명보험을 체결하다; uzeti ~ za auto 자동차보험을 들다; kombinovano ~ 종합보험; ~ od odgovornosti 책임보험; obavezno ~ 의무보험; socijalno ~ 사회보험; zdravstveno (invalidsko) ~ 건강(장애)보험; penzijsko ~ 연금보험 2. 보호, 방어, 안전 확보; ~ granice 국경의 안전 확보 3. (軍) 첨병대

osigurati -am (完) osiguravati -am (不完) 1. 확실하게 하다; 안전하게 하다 2. 보험을 들다 3. 안전하게 하다

osiguravač 보험자, 보험 회사

osiguravajućī -ā, -ē (形) 보험의 ~ zavod (~a kuća) 보험회사

osiguravati -am (不完) 참조 osigurati

osiliti -im (完) 1. (自) 강해지다 (postati jak, snažan), (他) 강해지게 하다 (ojačati, osnažiti (koga)) 2. ~ se 건방져지다, 오만해지다, 안하무인이 되다 (postati osion, ohol, držak)

osim (前置詞, + G) 1. (제외의 의미로)~ 이외에는, ~ 말고는 (sem); ništa nema ~ nekoliko novčića 몇 푼의 동전 이외에는 아무것도 없다 2. (부가·첨가의 의미로) ~ 이외에도 말고도; na ispitu je ~ znanja potrebna i sreća 시험에서는 지식 이외에 운도 필요하다 3. (소사(小辭)적 용법으로, ~ toga의 형태로) 그 외에; ~ toga, ja se i ne bavim sportom 그 외에, 나는 스포츠를 하지 않는다 4. (접속사적 용법으로, ~ ako의 형태로, 조건문에서) ~ 하는 한 (ukoliko); doći ću ~ ako ne budem sprečen 못 올 사정이 없는 한 오겠다 5. (부사적 용법으로, ~ što, ~ kad의 형태로) ~할 때 말고는 (제외의 의미), ~

이외에도 (부가·첨가의 의미); pobeda je vredna ~ kad je nezaslužena 승리는, 공헌하지 않은 때를 말고는, 가치가 있다

osinjak 1. 벌집, 말벌집 (gnezdo osa); dirnuti u ~ 벌집을 건드리다, 성질이 나쁜 사람을 건드리다 2. (비유적) 위험한 지역(곳), 위험한 사람들의 모임, 부정적 기운의 중심지 3. (方言) 부스럼, 종기 (čir, prišt)

osinjī -ā, -ē (形) 말벌의; ~e'gnezdo 말벌집; ~ roj 말벌떼

osion -a, -o (形) 거만한, 건방진, 오만한 (drzak, silovit, goropadan)

osionost (女) 오만함, 거만함, 건방짐

osip 발진, 뾰루지 (여드름, 종기 등의)

osipanje (동사파생 명사) osipati; 퍼붓음, 쏟음

osipati -am (不完) 참조 osuti

osiromašiti -im (完) osiromašavati -am osiromašivati -šujem (不完) 1. (他) 가난하게 만들다, 빈곤하게 하다 2. (自) 가난해지다, 빈곤해지다

osiroteti -tim (完) 1. 고아가 되다, 부모를 잃다 (아이가) 2. 가난해지다 (osiromašiti)

osirotiti -im (完) 고아가 되게 하다; 어려운 처지에 놓이게 하다, 불행하게 하다

osje (集合) 1. (보리 등의) 까끄라기 (os, iglice na klasu) 2. (포유동물의) 억센 털 (oštre, čvrste dlake u sisara)

oskoruša 1. (植) 능금나무과(科)의 마가목속 (屬)(Sorbus)의 일종 2. 그 열매

oskrnaviti -im (完) oskrnavljivati -ljujem (不完) 신성을 모독하다(더럽히다), (신성한 것을) 훼손하다

oskudan -dna, -dno (形) 빈약한, 결핍한, 불충분한, 풍부하지 못한 (nedovoljan, nepotpun, štur, slab; potrebit, siromašan, ubog); ~ obed 빈약한 식사; reka je bila ~dna vodom 강은 물이 충분치 않았다

oskudevati -am (不完) 1. (čim, u čemu) 부족함을 겪다, 부족하다, 충분히 있지 않다, 결핍되다; Egipat je oskudevao kovinama 이집트는 금속이 부족하였다; ovaj kraj oskudeva vodom (u vodi) 이 지역은 물이 부족하다; vojska je oskudevala u svemu 군(軍)은 모든 것이 부족하였다 2. 가난하게 살다

oskudica 부족, 결핍 (nemanje, nedostatak čega, nemaština, siromaštvo); živeti u ~i 가난하게 살다; vremenska ~ 시간 부족 (cajtnot)

oskudno (副) 불충분하게, 부족하게 (nedovoljno, slabo)

oskudnost (女) 부족, 결핍 (oskudica,

746

nemanje, nedostatak)

oskupsti *oskubem*; *oskubao*, *-bla*; *oskuben*, *-a* (完) 뜯다, 뽑다, 잡아뽑다 (*očupati*, *počupati*)

oskrvnitelj (신성을) 모독하는 자, 훼손하는 자

oskvrnuti *-nem* **oskvrniti** *-im* (完) **oskvrnjivati** *-njujem* (不完) (신성을) 손상시키다, 훼손시키다, 더럽히다, (명예를) 모욕하다 (*uprljati*, *okaljati*, *osramotiti*, *obeščastiti*)

oskvrnjenje (신성)모독, (명예)훼손, 더럽힘

oslabeti *-im* (完) 약해지다, 힘이 없어지다

oslabiti *-im* (完) 1. (他) 약해지게 하다, 쇠약하게 하다, 허약하게 하다 (*učiniti slabim*, *nemoćnim*) 2. (他) (묶여 있거나 조여져 있는 것을) 느슨하게 하다, 이완시키다 (*popustiti*) 3. (自) 약해지다, 허약해지다, 쇠약해지다

oslabljenje 쇠퇴, 약해짐, 허약해짐, 힘의 상실; 이완, 느슨해짐, 느려짐; ~ *mišića* 근력 쇠퇴; ~ *spojnice* 연결부의 이완

oslabljivač (寫眞) 감력액(減力液)

oslad (男,女) (植) 털미역고사리, 다시마일엽초 무리

osladak *-atka*, *-atko* (形) 상당히 많이 단

oslajati *-im*; *oslađen* (完) **oslađivati** *-đujem* (不完) 1. 달게 하다, 달게 만들다 2. 편안하게 하다, 쉽게 하다, 수월하게 하다; *ovaj događaj mladome junaku osladi vojničku službu* 이 사건은 젊은 영웅들이 군 생활을 하는데 수월하게 한다; *osladi mu gorki život* 그의 쓰디 쓴 삶을 편안하게 만든다 3. ~ *se* 단 것 (맛있는 것)을 먹다 (마시다); *hajde da svratimo u poslastičarnicu da se osladimo* 단 것을 먹으러 제과점에 들르자 4. ~ *se* 달아 지다 (음식·술 등이); *osladio mi se život* 내 삶이 편안해졌다 5. ~ *se* 마음에 들다 (*svideti se*, *dopasti se*) *tebi se osladila para, zarobila te* 너는 돈의 노예가 되었다

oslaniti *-im* (完) 1. 짜게 하다 (*učiniti slanom*) 2. ~ *se* 짜지다

oslanjati *-am* (不完) 참조 osloniti

oslepeti *-im* (完) 시력을 잃다, 장님이 되다; *ja ću* ~, *ja imam kataraktu* 나는 시력을 잃을 것이다, 백내장이 있다

oslepiti *-im* (完) 시력을 잃게 하다, 장님이 되게 하다; ~ *kod očiju* 누구를 문맹으로 버려 두다

oslepljiv *-a*, *-o* (形) 시력을 빼앗는, 눈을 멀게 하는, 눈을 뜰 수 없을 정도인 (*zaslepljujući*)

oslepljivati *-ljujem* (不完) 참조 slepiti

oslica 당나귀(osao) 암컷 (*magarica*)

oslić 1. (지소체) osao; 어린 당나귀, 당나귀 새

끼 (*mlad osao*, *magarčić*) 2. (魚類) 명태, 생태, 대구

oslikati *-am* (完) 1. 생생하게 묘사하다 2. 그림으로 장식하다, 그림을 그리다; ~ *zid* 벽에 그림을 그리다

oslobađati *-am* (不完) 참조 osloboditi

oslobodilac *-ioca* 해방자 (= osloboditelj)

oslobodilački (形); ~*a borba* 해방을 위한 투쟁; ~ *pokret* 해방 운동; ~ *rat* 해방 전쟁

osloboditelj 해방자 **osloboditeljka**

osloboditi *-im*; *oslobođen* (完) **oslobađati** *-am* (不完) 1. 해방시키다, 자유롭게 하다, 풀어주다 ~ *roba* 노예를 해방시키다; ~ *nekoga od nečega* 누구를 무엇으로부터 자유롭게 하다; ~ *grad* (*narod*, *zemlju*, *zarobljenike*) 도시 (국민, 국가, 포로)를 해방시키다 2. 석방하다, 방면하다, 무죄 선고하다, 죄를 벗겨주다; *sud ga je oslobodio* 법원이 그를 석방하였다 (죄를 벗겨 주었다) 3. 벗어나게 하다, ~ (*od*) *nevolje* 어려움에서 벗어나게 하다; ~ *muka* 괴로움에서 벗어나게 하다 4. 면제시키다 (의무 등으로부터); ~ *poreze* 세금을 면제시키다; ~ *od dugova* 빚을 탕감시켜 주다 5. 용기를 북돋우다; *oslobodite vašu čeljad da se ne plaše uzalud* 쓸데없이 겁먹지 않도록 당신 가족들에게 용기를 북돋아 주세요 6. ~ *se nečega* ~으로부터 벗어나다, 해방되다, 독립하다; ~ *se muka* 고통에서 벗어나다; *zatvorenik se oslobodio veza* 죄수는 속박에서 벗어났다; ~ *se ropstva* 노예상태로부터 벗어나다; ~ *se rđave navike* 나쁜 버릇으로부터 벗어나다; ~ *se bremena* (*poroda*) 낳다, 출산하다

oslobođenje 1. 해방; *borba za* ~ 해방 투쟁; ~ *od negativnog nasleđa* 부정적인 유산으로부터의 벗어남(해방), ~ *iz okova* 감옥으로부터의 해방 2. 면제; ~ *od carine* 관세 면제

oslon, **oslonac** *-nca* 1. 지주, 버팀목, 버팀대 (*podpirač*, *potpora*) 2. (의자·벤치 등의) 팔걸이 (*naslon*); *dohvati rukom za* ~ *klupe* 손으로 의자의 팔걸이를 붙잡다 3. 기반, 바탕, 토대, 근거 4. (힘·능력 등의) 원천, 지주; *crkva je bila glavni* ~ *feudalnog uređaja* 교회는 봉건제도가 지탱될 수 있는 원천(지주)였다 5. 기댐, 의지 (*oslanjanje*, *naslanjanje*); *bez* ~*a na prirodu i njene nauke nema preporoda ni u literaturi* 자연과 자연 과학에 기대지 않고는 문학에서조차 부흥이 없다

osloniti *-im*; *oslonjen* (完) **oslanjati** *-am* (不完)1. (他) 기대다, 기대어 놓다, 괴다

O

747

(prisloniti, nasloniti); ~ dasku na zid 벽에 판자를 기대어 놓다 2. 기대다, 의지하다; Vi ste oni na koje će narod ~ sigurnost naše zemlje 당신이 바로 우리 국민들이 나라의 안정을 기댈 사람입니다 3. ~ se 기대다; osloni se leđima na zid 등을 벽에 기대; ~ se na sreću 행운(운)에 기대다 4. ~ se 의지하다, 믿다, 기대다; on se oslanjao na mene 그는 내게 의지했다; ~ se na inostranu pomoć 외국의 원조에 의지하다

osloviti -im (完) **oslovljavati** -am (不完) 1. 말하다, 말을 걸다, 이야기하다 (obratiti se kome rečima); starije ljude treba učtivo oslovljavati 나이 많은 사람들에게는 공손한 말투로 이야기해야 한다 2. 이름(직위)을 부르다 (obratiti se kome nekim imenom, titulom); ne znam kako da vas oslovim 뭐라 불러야할 지 모르겠어요; čudio se kad su ga prvi put oslovili sa deda 처음으로 그들이 그를 할아버지라 불렀을 때 어리둥절했다

osluškivač 몰래 엿듣는 사람, 도청하는 사람, 도청자 (prisluškivač)

oslušnuti -nem (完) **osluškivati** -kujem (不完) 1. 귀를 바짝대고 엿듣다; oslušnuo je ima li koga u sobi 방에 누가 있는지 가만히 귀를 대고 들었다 2. 주의깊게 듣다

osmak 1. 8학년 학생 2. 8살 먹은 소년

Osmanlija (男) 터키인 (14-20세기 초까지 터키인을 지칭한) **osmanlijski** (形)

osmatrač 1. 정찰병, 척후병 2. 참관인 (posmatrač) 3. (軍) 정찰기, 정찰용 비행기 **osmatrački** (形); ~a patrola 정찰(대); ~a kula 관측탑, 감시탑

osmatračnica 관측소, 감시소 (posmatračnica)

osmatranje (동사파생 명사) osmatrati; poslati u ~ 정찰을 보내다

osmatrati -am (不完) **osmotriti** -im (完) 1. 관찰하다, 바라보다, 지켜보다, 살펴보다; ~ okolinu 주변을 살펴보다 2. 평가하다, 점검하다, 조사하다 (razmotriti, pretresti, oceniti); sastaju se narodni predstavnici da osmotre dosadašnji rad 국회의원들이 지금까지의 일을 점검하기 위해 회의한다 3. 보다, 바라보다 (spaziti, uočiti, ugledati, videti)

osmeh 미소, 웃음

osmehnuti se -nem se (完) **osmehivati se** -hujem se (不完) 웃다, 미소짓다; vladika se osmehne zadovoljan 주교가 만족스럽게 미소짓는다; na njega se još jednom osmehne sreća 행운이 다시 한 번 그에게 미소짓는다

osmeliti -im (完) 1. 용감하게 하다, 용기를 북돋우다 (učiniti smelim, ohrabriti) 2. ~ se 용감해지다, 용기를 얻다

osmerac 1. 8음절 시 (stih od osam slogova) 2. (스포츠) 8인조 조정용 배 **osmerački** (形)

osmero (대부분 不變化; 複 osmeri, -e, -a) (= osmoro); ~ dece 여덟 아이; ~a vrata 여덟 개의 문

osmero- (接頭辭) 여덟의

osmerokut (=osmorougao) 팔각형

osmešak -ška 웃음, 미소 (osmeh)

osmeškivati se -kujem se (不完) 웃다, 미소짓다 (osmehivati se)

osmī -ā, -ō (序數詞) 여덟번째의

osmica 1. 숫자 '8' 2. (버스·트램 등의 번호) 8번 버스(트램) 3. (廢語) 8일째 되는 날

osmina 1. 1/8의 분량 2. 8절지(인쇄 용지의 크기를 나타내는) 3. (音樂) 8분음표 4. 8명으로 구성된 그룹(단체)

osminka 참조 osmina

osmisliti -im (完) **osmišljavati** -am (不完) 1. 의미를 부여하다, ~을 이해하다; nije uspeo da osmisli jednu ideju 하나의 사상(아이디어)를 이해하지 못했다 2. ~ se 이해하다

osmo- (接頭辭) 복합어의 접두사로 여덟(8)개로 이루어진 것을 뜻함; osmogodišnji 여덟 살의, 팔년의

osmočasovnī -ā, -ō (形) 여덟 시간의; ~ radni dan 여덟시간 동안의 노동일

osmočiti -im (完) 1. 양념하다, 양념을 넣다 (음식에), 맛있게 하다 (začiniti smokom, uciniti smočnim); Ala je osmočio večeru 얼마나 저녁을 맛있게 했는가; (비유적) često bi on svoj govor latinskim smokom osmočio 그는 종종 라틴어를 섞어 감칠맛나게 이야기를 했다 2 (조금) 맛보다, 먹다 (prezalogajiti, okusiti) 3. 적시다, 담그다 (okvasiti, skvasiti, smočiti) 4. ~ se 맛있게 먹다, 맛있는 음식을 먹다

osmodnevnī -ā, -ō (形) 8일의, 8일 동안의

osmogodišnjī -ā, -ē (形) 1. 여덟 살의 2. 8년 동안의, 8년 동안 지속되는; ~ škola 8년제 학교; ~ period 8년간의 기간

osmogodišnjica 8주년

osmoletka, osmoljetka 8년제 (초등)학교

osmoletnī -ā, -ō (形) 참조 osmogodišnji

osmoliti -im (完) 수지(smola)를 바르다(칠하다)

osmorica 여덟 명 (남자)

osmoro (集合數詞) 8, 여덟 (=osmero)

osmoro- (接頭辭) (=osmero); osmorostruk 8중; osmorokrak 여덟 개의 다리

osmosatnī -ā, -ō (形) 8시간의, 8시간 지속되는

osmosložan -žna, -žno (形) 8음절의

osmospratnica 8층 건물

osmostran -a, -o (形) 팔(8)각형의; ~ stub 팔각형의 기둥

osmoškolac (초등)8학년 학생 osmoškolka

osmotriti -im (完) 참조 osmatrati

osmotskī -ā, -ō (形) 삼투(渗透)의; ~ pritisak 삼투압

osmougao -gla osmougaonik 팔각형

osmoza (생물 또는 화학의) 삼투(渗透)

osmrtnica 1. 사망확인서 (smrtovnica) 2. 추모가(歌), 추모 연설, 추모 기사 (nekrolog) 3. (사망자를 위한) 타종

osmuditi -im (完) 1. (불로) 그슬리다 (보통 털을), 데다, 화상을 입다 (oprljiti) 2. (쇄기풀에) 쏘이다 (ožeći, opeći koprivom i sl.)

osnažiti -im (完) osnaživati -žujem (不完) 1. (他) 강화시키다, 강력하게 만들다, 튼튼하게 하다 (učiniti snažnim, jakim; ojačati, okrepiti) 2. (주장이나 생각을) 공고하게 하다 3. 법적 효력을 발휘하게 하다 (판결·결정·칙령의) 4. (自) 강해지다, 강화되다 (postati snažan) 5. ~ se 강해지다

osnežiti -im (完) (무인칭문으로); opet je osnežilo 또다시 눈이 내렸다

osnivač osnivalac -aoca osnivatelj 설립자, 설립자, 창립자, 창설자 osnivački (形)

osnivanje (동사파생 명사) osnivati; 설립, 창립, 창설

osnivati -am (不完) 참조 osnovati

osnov 1. (=osnova) 토대, 기초, 기부(基部), 기저(基底); 기초, 기반, 바탕; ~i nauke 과학의 토대; promeniti iz ~a 철저히 바꾸다; iz ~a 완전히 (potpuno, sasvim); imati dobar ~ (iz neke nauke, struke) (어떤 학문에 대한) 기본 지식이 잘 돼있다 2. 이유, 근거 (razlog, opravdanje); bez ~a 근거없이; na ~u tih podataka 그러한 통계에 근거하여; s ~om ~라는 이유로 (s razlogom, s pravom) 3. 근거, 증거 (dokaz, argument)

osnova 1. 참조 osnov (1); 토대, 기초, 기반; u ~i 근본적으로, 실재로 (u suštini, stvarno) 2. (=osnovica) (數) (도형의) 밑변, (대수의) 밑, 기수(基數); (軍) 근거지, 기지, 베이스 캠프 (baza, uporište, oslonac) 3. (文法) 어간(語幹); infinitivna ~ 동사 원형 어간 4. 계획 (plan) 5. (직물의) 날실

osnovac 초등학교 학생(1~8학년생)

osnovan -a, -o (形) 1. 참조 osnovati 2. 이유 있는, 합당한; moje prve sumnje su bile i

suviše ~e 나의 첫 의심은 너무나도 당연한 것이었다

osnovan -vna, -vno (形) 기초적인, 기본적인, 토대의, 근본적인; ~vna škola 초등학교; ~vni broj 기수(基數); ~vna pravila 기본 법칙; ~vne boje 기본색; ~vne potrebe 기본적인 주요(필요); ~vni sastojici 기본 성분

osnovati -nujem (完) osnivati -am (不完) 1. 설립하다, 설치하다, 창립하다, 창시하다, 수립하다, 만들다, 이루다, 형성하다 (ustanoviti, formirati, stvoriti); ~ porodicu 가정을 이루다; ~ grad 도시를 만들다; ~ državu 국가를 건국하다 2. 날실을 감다 (naviti pređu za tkanje)

osnovica 1. (=osnov) 토대, 기반, 바탕; bez ~e 이유없이, 근거없이, 부당하게 (bez razloga, neopravdano) 2. (幾何) 밑변

osnutak osnuci 1. 설립, 창립, 창립 (osnivanje, utemeljenje) 2. 뜨개질의 시작 (뼈대) (početak, osnova u tkanju)

osoba 사람 (čovek, lice); soba za dve ~e 2인용 방; pravna (juridička) ~ 법인; po ~i 1인당

osoben -a, -o (形) 1. 특별한, 특수한 (poseban, zaseban, specijalan); ~ zahtev 특수한 요구 2. 자신만의, 독특한, 평범하지 않은, 이상한, 다른 것과 구별되는 (svojstven, originalan, neobičan, čudan) ~ način života 독특한 삶의 방식; ~ stil 자신만의 스타일

osobenjačkī -ā, -ō (形) 이상한

osobenjak 괴짜, 기인, 별난 사람, 독특한 사람

osobina 특징, 특색, 특질; dobra (rđava) ~ 좋은(나쁜) 특징

osobit -a, -o (形) 1. 현저한, 뛰어난, 특별한 (izuzetan, izvanredan); ~o poštovanje 특별한 존경; ~ trud 엄청난 노력; ručak je bio ~ 오찬이 아주 훌륭했다 2. 특수한, 특별한 (naročit, specijalan, poseban)

osobito (副) 특히, 특별히 (naročito); ~ zadovoljan 특별히 만족한; ~ zainteresovan 특히 흥미로운

osoblje (集合) 직원, 스테프 (회사·단체 등에 고용되어 있는 사람들의 집합체)(personal); ~ fakulteta 대학 교직원; komandno ~ broda 선박의 지휘부

osobnī -ā, -ō (形) 1. 개인의, 개인적인, 사적인 (lični); ~ dohodak 개인 수입; bio je ~ prijatelj s ministrom 장관과 사적인 친구였다 2. 승객용의; ~ automobil 승용차; ~ voz 승객 열차; ~ lift 엘리베이터 (화물용이 아

O

닌) 3. (文法) 고유의; ~a imenica 고유 명사

osogriz (植) (유럽산(産)) 꿀풀과(科)의 식물

osoj, osoje 응달, 그늘이 지는 곳(장소) osojan (形); (反: prisoje)

osojan -jna, -jno (形) 그늘진, 응달진 (反; prisojan)

osokoliti -im (完) 1. 용기를 북돋워주다, 응원하다 (ohrabriti, obodriti); uspeh je osokolio sve ustanike 성공이 모든 봉기자들에게 용기를 북돋워 주었다 2. 구별되다, 식별되다, 보여주다 (어떤 행동으로); mnogo je puta Petar osokolio u tim napadima 페타르는 그 공격에서 많은 것을 보여 주었다 3. ~ se 용감(용맹)해 지다

osoliti -im (完) 1. 소금을 치다, 소금으로 간하다 (posoliti) 2. (비유적) 설득하다; 현명하게 하다; ne da se (ni) ~ 들으려고 조차 하지 않는다; ~ kome pamet 가르치다; ~ kome čorbu(poparu) 곤란하게 만들다, 대단히 난처하게 하다; ~ stomak 짠 음식을 먹다 3. ~ se 짠 것을 먹다(마시다) 4. ~ se 이성적이 되다, 냉철해 지다 (urazumiti se)

osoran -rna, -rno osorljiv -a, -o (形) 거친, 성마른 (grub, nabusit, oštar)

osornost (女) 거침, 성마름

osovina 1. 축, 차축, 회전축, 굴대; bregasta ~ 캠축; pogonska ~ 동력축 2. (비유적) 중심, 중심지, 센터; 지주, 받침대 (središte, težište, centar; oslonac, glavna snaga); osovinski (形) 3. (歷) (2차 대전의) 추축국 (독일과 이탈리아의); sile ~e 추축국

osovinica 축, 샤프트; pomoćna ~ 보조축

ospa (醫) 1. 여드름, 종기, 발진 (피부에 나는) (bubuljica, čirić, mehurić na koži); dete se po telu osulo crvenom ospom 아이의 온 몸에 붉은 발진이 뒤덮였다 2. (보통 複數로) 천연두, 수두 (boginje)

ospica (지소체) ospa: 여드름, 종기, 발진; (複) (醫) 홍역; male ~e, vodene ~e 수두(水痘)

ospičav -a, -o (形) 마마자국이 있는, (얼굴이) 얽은 자국이 있는 (rohav, boginjav)

osporiti -im (完) osporavati -am (不完) 분쟁을 일으키다, 반박하다, 이의를 제기하다, 시비를 걸다, 잘잘못을 따지다; ~ nekome pravo na nešto ~에 대한 누구의 권리에 대해 이의를 제기하다; osporavati testament 유언에 대해 이의를 제기하다

osposobiti -im (完) osposobljavati -am (不完) 1. ~을 할 수 있는 능력을 갖추게 하다, 훈련시켜(가르쳐) ~을 할 수 있도록 하다, ~을 할 수 있도록 준비시키다(대비시키다); ~

kadrove 직원의 능력을 향상시키다; ~ nekoga za život 살아갈 수 있는 능력을 갖게 하다; ~ kuću za stanovanje 살 수 있도록 집을 수리하다; on je za taj deo posla osposobio Simu 그는 시마가 그 일의 일부를 할 수 있도록 훈련시켰다; ~ železničku prugu 철로를 수리 보수하다(열차가 다닐 수 있도록); ~ auto za put 길을 떠날 수 있도록 자동차를 수리하다 2. ~ se 능력을 갖추다, 훈련받다, 배우다; narodu je trebalo vremena da se za samoupravu osposobi 국민들은 자치에 대한 훈련을 받을 수 있도록 시간이 필요했다

osposobljenje (동사파생 명사) osposobiti; ~ vozila 차량의 수리 수선 (운행을 위한)

osramotiti -im (完) 1. 수치스럽게 하다, 치욕스럽게 하다, 망신 당하게 하다, 불명예스럽게 하다 (obrukati, okaljati) 2. (처녀·여성들의) 순결을 빼앗다 3. 부끄럽게 하다 3. ~ se 치욕을 당하다, 불명예스럽게 되다

osrčje, osrđe (醫) 심막, 심낭 (srčana kesa)

osrednjī -ā, -ē (形) (가치·크기 등의) 중간의, 평균의, 적당한, 적절한; ~a daljina 적당히 떨어진 거리; ~a brzina 적당한 속도

ostajati -jem (不完) 참조 ostati; oči su ostajale (na nekome) 눈길이 머물 정도로 예뻤다, 특출나게 눈에 띄었다

ostalī -ā, -ō (形) 1. 남은, 나머지의; ~o vreme 나머지 시간; ~a hartija 나머지 종이; ~e knjige 나머지 책; između ostalog, među ostalima 그외에도, 아무튼 2. -e, -a (複) 나머지 사람들, 기타 다른 사람들; mi ćemo u šetnju, a šta će raditi ~? 우리는 산책갈 예정인데 다른 사람들은 뭘할꺼지?

ostanak -nka 1. (이미 있던 곳에 머무는) 잔류, 머무름, 머묾; on je bio protiv moga ~nka u Parizu 그는 내가 파리에 머무는 것에 반대했다; dobar (srećan) ~ 안녕(떠나갈 때 남아 있는 사람에게 하는 인사) 2. 나머지 (ostatak) 3. 후손 (potomak, potomstvo)

ostareo, -ela, -elo (形) 늙은; ~ela majka 노모, 늙은 어머니; ~ela lica 늙은 사람, 노인

ostareti -im (完) 1. 늙다, 늙어가다 (postati star) 2. (비유적) 값어치가 없어지다, 유행이 지나다

ostario 1. 참조 ostareo 2. 참조 stareti 3. 참조 ostariti

ostatak ostaci 1. 나머지, 잔류물, 찌꺼기; posmrtni ostaci (사자(死者)의) 유해; račun bez ~tka (수학의 나눗셈에서) 나머지없이 딱 떨어지는 경우 2. 유가족

O

ostati *ostanem; ostani & ostaj* (完) **ostajati** - *jem* (不完) 1. (다른 곳에 가지 않고) 그대로 있다, 머무르다; 장소(위치)를 바꾸지 않고 그대로 있다; ~ *kod kuće* 집에 머무르다 2. (유산등으로) 남다, 그대로 있다; *sve je ostalo po starom* 모든 것이 그대로 남아 있었다, 옛날 그대로였다; *pismo je ostalo na klupi* 편지는 벤치에 그대로 있었다; *vrata ostaju preko noći otvorena* 문은 밤새 열린 채로 있다; ~ *nezapažen* 주목을 받지 못한 상태로 있다; *ta mu je kuća ostala od oca* 그 집은 아버지로부터 물려받았다 3. (자신의 의견이나 견해를) 유지하다, 계속 가지고 있다; *on je ostao pri svome mišljenju* 자기의 견해를 일관되게 지키고 있었다; *on ostaje pri tome* 그는 그 견해를 지키고 있다 4. 뒤떨어지다 (izostati, zastati) 5. ~가 되다 (postati); ~ *bogalj* 병신이 되다; ~ *udovica* 과부가 되다; ~ *sakat* 절름발이가 되다, 불구가 되다 6. 살아 남다 (preživeti); *mislila sam da nećeš* ~ *(živa)* 네가 살아 남지 못할 것으로 생각했다 7. 기타: *neka mu ne ostane žao (na mene)* 나중에 나한테 화를 내지 않았으면 좋겠어; *ne* ~ *dužan* 같은 방법으로 갚다; *ostaj(te) zdravom (zbogom)* 안녕, 안녕히 계세요 (작별 인사); ~ *bez krova nad glavom* 집을 잃다, 길거리로 나앉다; ~ *bez hleba(kruha)* 굶다, 굶주리다; ~ *bez reči* 말문이 막히다(놀라서, 황당해서 등등); ~ *kratkih rukava* 성공하지 못하다, 실패하다; ~ *na božjoj volji (milosti)* 되는대로 맡기다; ~ *na visini* 자신의 존엄(체통)에 신경을 쓰다, 자신의 가치를 유지하다; ~ *na mestu mrtav* 죽다; ~ *na životu* 살아 남다 (사고를 당했지만); ~ *na nogama (pred kim)* 기립하다 (존경의 표시로); ~ *na papiru* 실현되지 못하다; ~ *na pola puta* 시작한 것을 다 마치지 못하다(마무리짓지 못하다); ~ *na prestolu* 여전히 국가를 통치하다; ~ *na cedilu* 원했던 것(기대되던 것)을 얻지 못하다; ~ *o dlaci živ (o koncu mu je glava ostala)* 죽을 뻔 하다, 겨우 살아 남다; ~ *okom u oko* 양자 대면하다; ~ *po strani* 개입하지 않다, 무시되다, 중요치 않게 여겨지다; ~ *praznih ruku* 아무 것도 얻지 못하다; ~ *svoj* 독립을 유지하다; ~ *skrštenih ruku* 아무런 조치도 취하지 않다; ~ *slep na očiju* 문맹이다, 아무 것도 배우지 않다; ~ *suh* 돈을 다 쓰다, 돈이 한 푼도 남지 않다; ~ *čitave kože* 부상을 당하지 않다; *pusta ostala* 저주할 때 쓰는 말; *reče i ostade živ* 쓸데없는

말을 지껄이다

ostava 1. (보통 부엌 옆에 있는) 식료품 저장실 (špajz) 2. 보증금, 저당 물품 (돈·주식 등의) (deopozit) 3. 저축액, 저금 (ušteđevina)

ostavilac -*ioca* (法) 1. 유언자, 유언을 남기는 사람, 유산을 남기는 사람 (zaveštalac) 2. 보증금을 위탁하는 사람, 저당 물품을 저당잡히는 사람

ostavina 유산 (ostavština, zaostavština); **ostavinski** (形); ~ *postupak* 상속권에 대한 법정 수속(절차)

ostavište 보관소, 물품 보관소

ostaviti -*im* (完) **ostavljati** -*am* (不完) 1. 놓다, 두다, 남겨두다; 손에서 놓다; *on je ostavio knjigu na stolu* 책을 책상에 놔뒀다; *zašto si ostavio lampu da gori?* 왜 램프를 켜놓은 채로 놓아 두었느냐?; *ostavio vrata otvorena* 문을 열린체 놔 두었다; *osstavio sam ga daleko za sobom* 멀찍이 그를 추월했다, 그를 한참 능가했다; *ostavimo to na stranu* 그것을 한쪽에 놔둔다; *ne* ~ *ni traga* 흔적도 없다; *nemojte sve uzeti, ostavite i meni nešto* 전부 가져가지 말고 내게도 조금 남겨놔; *ostavljam da biraš* 네가 골라봐 2. 홀로 놔두다, 가만 내버려 두다; *ostavi tu životinju* 그 동물을 가만 내버려둬; *ostavi me na miru* 날 좀 가만 내버려둬 (가만히 조용히 있게) 3. 그만하다, 중단하다; *svi ostavimo čitanje i pogledasmo u njega* 책을 읽는 것을 중단하고 그 사람을 쳐다봤다 4. ~하는 것과 단절하다, 중단하다, 그만두다; ~ *piće (duvan)* 금주하다(금연하다) 5. 버리다, 떠나다 (여자 친구, 남자 친구 등을); ~ *ženu* 부인을 버리다(차 버리다); ~ *školu* 학교를 포기하다; *ostavlja me strpljenje* 나는 인내심이 동났다; *ostavlja me snaga* 힘이 다 빠졌다 6. (koga, što) 잃다 (능력·권한·자격 등을) 7. 유산으로 남기다, 주다, 선물하다 8. 남겨 두다; *ostavio je iza sebe mladu ženu, staru majku* 유족으로 젊은 아내와 노모를 남겨 놓았다 9. 잊다, 놔두다 (zaboraviti); *ostavio sam ključ u bravi, kišobran u kafani* 나는 자물쇠에 열쇠를, 카페에 우산을 놓고 왔다 10. ~하게 하다 (prepustiti, poveriti kome da što radi); *ostavi ga da govori* 그가 말하도록 내버려 둬; *nemoj* ~ *da se peć ohladi* 난로가 꺼지게 하지마 11. 기타; *ostavi ga duša* 죽다; *ostavi ga san* 잠을 잘 수가 없다; *ostavi ga pamet (sećanje)* 미치다; *ostavile ga oči* 잘 보지 못한다, 못 보다; *ostavimo to* 그것에 대해 더 이상 언급하지

O

않다; ~ *(koga) na prosjačkom štapu* 물질적
으로 완전히 망하게 하다; ~ *koga na cedilu*
곤란하게 하다, 난처한 입장에 처하게 하다;
~ *(ovaj) svet* 죽다, 사망하다; ~ *(kome)*
široko polje 폭넓은 재량권을 주다; ~
(svoje) kosti negde 고향(조국)에서 멀리 떨
어진 곳에서 죽다 12. ~ se *(čega)* 중단하다,
그만두다, 포기하다; ~ *se pera* 절필하다, 문
학활동을 중단하다

ostavka 사직, 사임; 사표, 사직서(원); *podneti*
~u *(na položaj ministra)*사직서를 제출하다,
사직하다; biti u ~ci 사직한 상태이다

ostavljač 1. 재산을 물려주는 사람, 피상속인
(zaveštalac) 2. 맡기는 사람, 위탁자

ostavljati *-am* (不完) 참조 ostaviti

ostavština 유산, 상속받은 재산, 상속
(zaostavština)

ostentativan *-vna* (形) (과시하기 위한 목적의)
허세 부리는, 과시하는, 여봐라는 듯한
(razmetljiv); *dohvatio nekakve kapljice pa*
ih s ~vnom obilatošću sipao u čašu 어떤 술
병을 집어서는 술잔에 철철 넘치게 따랐다

ostelogija (醫) 골(骨)해부학, 골학(해부학의 한
분야) **ostelološki** (形)

osteopatija (醫) 정골(整骨)요법, 접골요법

osteoporoza (病理) 골다공증

osti (女,複) 작살 (ostve)

ostija (宗) (가톨릭교에서 성찬식 때 신부가 주
는) 제병

ostracizam *-zma* 참조 ostrakizam: 추방, 배
척, 도편 추방, 오스트라시즘 (고대 그리스의)

ostrag (副) 뒤에, 뒤에서, 후방에(에서); *on*
uvek ide ~ 그는 항상 뒤따라 간다

ostraguša (廢語) 1. 후장(後裝)식 장총 (뒤에서
장전하는) 2. (卑俗語) 엉덩이, 궁둥이
(zadnica)

ostrakizam *-zma* (고대 그리스의)추방, 배척,
도편 추방, 오스트라시즘

ostrići *-žem*; *ostrigu*; *ostrižen*; *ostrigao, -gla*
(完) 1. 털을 자르다(깍다) (사람·동물의)
(ošišati, podšišati); ~ *do kože (glave)* 털(머
리카락)을 끝까지(완전히) 자르다 2. 자르다,
잘라 내다 (odseći, odrezati) 3. ~ se (승려의)
머리를 깍다

ostriga (動) 굴(조개류의) (kamenica)

ostruga 1. 박차 (mamuza); *zabode svome*
belcu ~e u trbuh 자기 백마에 박차를 가하
다 2. (植) 블랙베리 (kupina) 3. 수탉의 다리
에 나 있는 낫모양의 날카로운 발톱

ostrugaš (動) (숙어로) *vivak* ~ 물떼새, (특히
북아프리카 주변에 있는) 발톱날개댕기물떼
새; *snežni* ~ 긴발톱멧새 (지구의 최북단에
사는)

ostrugati *-žem* (完) 대패질하다, 대패질하여
평평하게게 하다; ~ *turpijom* 줄로 다듬다

ostružine (女,複) 대팻밥, 줄밥 (대패질로 나온
것) (strugotine, ogrebine)

ostrvce *-ca & -eta* (지소체) ostrvo; 섬, 작은 섬

ostrviti *-im*; *ostrvljen* (完) 1. 미쳐 날뛰게 만들
다, 몹시 흥분하게 하다, 광분하게 하다 2. 더
럽히다, 더럽게 하다 (특히 피(血)로) 3. ~ se
~에 온 정신이 팔리다, ~에 얼빠져 있다, 간
절히 원하다 (namamiti se, polakomiti se) 4.
~ se 피에 굶주리다, 광분하다, 미쳐 날뛰다

ostrvljanin *-ani* 섬사람, 섬주민 **ostrvljanka**
(otočanin)

ostrvlje (集合) ostrvo (otočje); 군도(群島), 제
도(諸島)

ostrvo 섬; *na pustom* ~u 무인도에서 **ostrvski** (形)

ostvarenje (동사파생 명사) ostvariti; 실현, 실
행, 성취, 이룸

ostvariti *-im* (完) **ostvarivati** *-rujem* (不完) 1.
(소원·바람·계획 등을) 이루다, 성취하다, 실
현하다, 현실화시키다; ~ *plan* 계획을 이루다;
~ *dobitak* 이윤을 내다; ~ *uspeh* 성공하다 2.
~ se 실현되다, 성취되다, 이루어지다
(obistiniti se)

ostvariv *-a, -o*, **ostvarljiv** *-a, -o* (形) 실현 가
능한, 이룰 수 있는, 실현 가능한 (izvodljiv)

ostvarivanje (동사파생 명사) ostvariti: 실현,
이행, 실행

ostvarivati *-rujem* (不完) 참조 ostvariti

ostve *ostava & ostvi* (女,複) (고래 등을 잡는
데 쓰는) 작살 (harpun); *loviti ribu ostvama*
작살로 물고기를 잡다

ostvište 작살 손잡이 (držak za ostve)

osuda 1. 선고, 판결, 평결, 결정 (법원이나 관
계 기관의; ~ *je pala* 선고(판결)가 났다;
pročitati ~u 판결문을 낭독하다; ~ *na smrt*
사형 선고; *uslovna* ~ 집행유예 2. 비판, 비
난, 부정적 평가; *naići u* ~u 비판(비난)을 받
다 3. 평가, 판단; *prema tvojoj* ~i 네 판단에
따르면

osuditi *-im*; *osuđen* (完) **osuđivati** *-đujem* (不
完) 1. 선고하다, 판결하다 (법정에서), 유죄
판결을 내리다; ~ *nekoga na smrt* ~에게 사
형선고를 내리다; ~ *na tri godine strogog*
zatvora 3년의 징역형을 선고하다; ~ *za teža*
krivična dela 중범죄에 대해 단죄하다; ~ *u*
odsutnosti 궐석재판하다; *on nije osuđivan*
그는 전과가 없다, 그는 유죄판결을 받은 적
없다; *on je ranije osuđivan zbog krađe* 그는

O

이전에 절도혐의로 형을 받았다 2. 비난하다,
비판하다; ~ postupak vlasti 정부의 행동을
비판하다 3. 강제하다 (na što) (primorati);
on je osuđen na siromaštvo 그는 가난하게
살 팔자였다, osuđen na neuspeh 실패할 운
명이었다
osuđenik 죄수; ~ na smrt 사형수 **osuđenica**;
osuđenički (形)
osuđivati -đujem (不完) 참조 osuditi
osuješen 참조 osujetiti
osujetiti -im (完) **osuješivati** -ćujem (不完) 좌
절시키다, 실행하지 못하게 하다, 수포로 돌
아가게 하다, 헛수고가 되게 하다; ~ plan 계
획을 좌절시키다; ~ otmicu aviona 비행기
납치를 좌절시키다; tim savezom Elgleska je
osujetila jačanje Njemačke 그 동맹으로 영
국은 독일의 팽창을 좌절시켰다
osuka (解) 복막(腹膜) (trbušna opna,
maramica)
osumnjičenik 피의자
osumnjičiti -im (完) 의심하다, 수상쩍어 하다,
혐의를 두다 (누구에 대해); 참조 sumnjičiti
osušiti -im (完) 1. 말리다, 건조시키다; ~ veš
세탁물을 건조시키다; ~ kosu 머리를 말리다
2. 마르다 (osušiti se) 3. (비유적) (술잔을)
비우다, 쭉 들이키다; ~ kome opanke 죽이
다, 살해하다 (ubiti) 4. ~ se 마르다, 물기가
없어지다, 건조해지다; grlo mu se osušilo 그
는 목이 바싹바싹 타들어갔다 5. (비유적) ~
se 비쩍 마르다 (몸이) 6. ~ se (비유적) 사
라지다, 없어지다 (nestati) 7. 기타; ~ kome
opanke 누구를 죽이다(살해하다); osušila
mu se ruka 그 손으로 더 이상 아무 것도
못하게 그의 손이 마비나 되어 버려라 (저주
의 말)
osuti ospem; osuo, -ula; osut (完) **osipati** -am
(不完) 1. (총알·돌맹이·저주·욕설 등을) 퍼붓
다, 쏟아 붓다 (obasuti, preliti); ~ nekoga
psovkama ~에게 욕설을 퍼붓다; ~ drvlje i
kamenje (na koga), ~ paljbu (na koga) 갖은
욕설과 험담을 퍼붓다 2. (비·눈 등이) 퍼붓
기 시작하다; osula je kiša 비가 퍼붓기 시작
했다 3. 뒤덮다 (obuzeti, obrasti); otkriju
lica, osuta bradama 그들은 턱수염으로 뒤
덮여진 얼굴들을 드러낸다 4. 시작하다
(stati, početi); zatim se opet ospe pričati o
starim ljudima 또다시 노인들에 대해 이야
기 하기 시작했다 5. ~ se 뒤덮이다; sve mu
se telo osulo 그의 온 몸이 발진으로 뒤덮였
다; sav se osuo po licu 얼굴 전체에 (주근깨
가) 가득했다; nebo se osulo zvezdama 하늘

에 별이 꽉 찼다 6. ~ se 메아리가 울리다,
반향되다 (zaoriti se); osuše se puške i s
jedne i s druge strane 총소리가 이쪽에서도
저쪽에서도 울린다 7. ~ se 떨어지다, 흩어지
다, 많이 감소되다 (raspasti se, rasturiti se,
brojno se smanjiti); sneg se osuo s krova
눈이 지붕에서 떨어졌다; neprijatelj nas je
potisnuo, neki odredi su se osuli 적들이 우
리를 압박하여, 어떤 분대들은 거의 전멸했
다 8. (不完) ~ se 허물어지다, 무너지다, 부
서지다; zid se osipa 벽이 무너진다 9. ~ se
꽥 소리치다, 소리를 지르다 (oseći se,
okositi se na koga); Turci ospu se na njega
što im se meša u posao 터키인들은 자신들
의 일에 끼어드는 그에게 소리를 꽥 질렀다
osvajač 점령자, 정복자 **osvajački** (形); ~
planovi 정복 계획; ~ rat 정복 전쟁
osvajanje (동사파생 명사) osvajati: 점령, 정복
osvajati -jam (不完) 참조 osvojiti
osvanuti -nem (完) **osvanjivati** -njujem (不完)
1. 동이 트다, (날이) 새다, (하늘이) 밝아오다
(svanuti); dan je osvanuo 날이 밝았다; zora
je osvanula kad se probudio 깨어났을 때에
는 날이 밝았다; otkako je položila ispit, njoj
je osvanulo 시험에 합격한 이후 그녀에게는
새로운 날이 시작되었다 2. (비유적) 나타나
다 (pojaviti se); osvanuće i njemu crni
petak 그에게도 어려움이 찾아올 것이다 3.
날을 새다, 밤샘을 하면서 새벽을 맞다;
koliko je puta osvanuo čitajući! 책을 읽으면
서 몇 번이나 날을 샜는가!; putovao je cele
noći i osvanuo je na Cetinju 밤새 여정을 계
속해 쩨티네에서 아침을 맞았다
osvećen 참조 osvetiti
osvećenje (宗) (동사파생 명사) osvetiti: 봉헌
식, 헌당식, 성화(聖化), 신성하게 함, 성스럽
게 함; ~ crkve 교회 헌당식
osvećivati -ćujem (不完) 참조 osvetiti
osvedočiti -im (完) 1. 증거를 제시하다(보여주
다), (증거·진술 등이) 확실하다고 입증하다
(확증하다); Vi ste junaci! prva bitka je to
osvedočila 여러분들은 영웅들입니다. 최초
의 전투가 그것을 확실히 보여줍니다 2. ~
se 확신하다, 확신을 가지다 (uveriti se); ~
se u nešto ~에 대해 확신하다; imate lepu
priliku da se o svemu osvedočite 모든 것에
확신을 가질 수 있는 좋은 기회가 있습니다
osvestiti -im; osvešten & osvešćen (完)
osvešćivati -ćujem (不完) 1. (의식 등을) 회
복시키다, (혼수 상태에서) 깨어나게 하다; ~
nekoga (혼수상태에서 깨어나) 정신을 차리

O

753

게 하다 2. (비유적) 정신을 차리게 하다, 제
정신으로 돌아오게 하다, 이성적이 되게 하
다 (urazumeti) 3. ~ se (무의식에서) 깨어나
다, 정신을 차리다, 의식을 회복하다
osveštati *-am* (完) **osveštavati** *-am* (不完) 1.
봉헌식을 하다, 헌당식을 거행하다, 신성하
게 하다, 성스럽게 하다 (osvetiti) 2. (비유적)
관례화하다, 전통을 삼다 (tradicijom
utvrditi, usvojiti); *novo demokratsko doba
oturio stare, osveštane običaje* 새로운 민주
적 시대는 낡은 전통적 관습들을 사라지게
만들었다.
osveta 복수, 앙갚음, 보복; *krvna ~* 유혈의 복
수를 되풀이하는 두 씨족[가족]간의 불화; *~
za nešto* ~에 대한 복수 (形)
osvetiti *-im*; *osvećen* (完) **osvećivati** *-ćujem*
(不完) 1. 신성하게 하다, 성스럽게 하다, ~을
축성祝聖하다, 봉헌하다; *~ crkvu* 교회를 봉
헌하다; *~ vodu* 물을 축성(祝聖)하다 2. ~을
시성(諡聖)하다, 성자의 반열에 올리다
osvetiti *-im*; *osvećen* (完) **osvećivati** *-ćujem*
(不完) 1. 복수하다, 보복하다, 원수를 갚다;
~ nekoga ~에게 복수하다 2. *~ se* (nekome)
복수하다; *ja sam mu se osvetio za ovo* 나는
그에게 이것에 대해 복수했다
osvetlati *-am* (完) 1. 광나게 닦다, 광내다, 번
쩍거리게 청소하다(깨끗이 하다), 빛나게 하
다, 빛내다 (uglačati); *~ obraz (lice, čast)*
명성(명예)을 드높이다(빛내다) 2. *~ se* 옷을
잘 입다 (doterati se)
osvetliti *-im* (完) **osvetljavati** *-am* (不完) 1. 빛
을 비추다, 밝게 하다, 조명을 비추다, 불을
밝히다 2. (비유적) 설명하다, 해석하다, 조명
하다, 실례로써 명확히 하다 (objasniti,
protumačiti); *Njegoševo pesimističko
shvatanje života trebalo bi malo bolje ~* 네
고쉬의 삶에 대한 비관적 견해를 좀 더 자세
히 조명할 필요가 있다; *nastojaćemo na
ovim stranicama ~ događaj* 이 장(章)에서
우리는 사건에 대해 조명하도록 하겠다; *~
primerima* 예를 들어 설명하다
osvetljaj 밝음, 빛남
osvetljenje 1. 조명 기구, 가로등; *električno ~*
전기 조명 기구; *ulično ~* 가로등 조명 시스
템 2. (비유적) 모습, 외관, 형태 (izgled,
izraz, lik) 3. 조명 (iluminacija, bakljada);
*uveče je bilo ~, i opet muzika, uz zapaljene
buktinje* 저녁에 훤히 불이 밝혀지고 또 다
시 음악이 흐리고 햇불이 불타올랐다
osvetljiv *-a, -o* (形) 복수심에 불타는, 보복적
인 (osvetoljubiv)

osvetnī *-ā, -ō* (形) 복수의 (osvetnički)
osvetnik 복수자, 복수하는 사람, 원수를 갚는
사람 **osvetnički** (形); *~a žeđ* 복수에 대한 일
념, 증오심에 불타는 복수심
osvetoljubiv *-a, -o* (形) 복수심에 불타는, 보
복적인
osvetoljubivost (女) **osvetoljublje** (中) 복수심,
복수를 향한 갈망
osvežavajući *-ā, -ē* (形) (심신을) 상쾌하게 하
는, 기운을 북돋우는, 원기를 회복시키는; *~a
pića* 비알콜성 음료수, 탄산 음료수
osvežavati *-am* (不完) 참조 osvežiti
osveženje (동사파생 명사) osvežiti; 1. 원기를
북돋움, 원기 회복, 피로 회복, 기운나게 함
2. (날씨)시원해짐, 서늘해 짐
osvežiti *-im* (完) **osvežavati** *-am* (不完) 1. 원
기를 회복시키다, 기운을 북돋우다, 피곤을
가시게 하다 (okrepiti); *večernja šetnja
osvežila ih i ulila im novu snagu* 저녁 산책
은 그들의 원기를 회복시키고 새로운 힘을
불어넣어 주었다 2. 되뇌이다, 새롭게 하다
(obnoviti, utvrditi); *hteo bih malo ~ svoje
poznavanje klasika* 내 자신의 클래식에 대
한 지식을 새롭게 하고 싶다 3. (無人稱文으
로) (날씨가) 서늘해지다, 시원해지다;
napolju je osvežilo 밖의 날씨가 시원해졌다
(서늘해졌다) 4. *~ se* 원기를 회복하다, 기운
을 차리다 (okrepiti se)
osvit, **osvitak** *-tka* 1. 새벽, 여명, 동틀 녘
(svanuće, svitanje); *u ~* 새벽에, 동틀 녘에
2. (비유적) 초기, 처음으로 나타남 (prva
pojava, pomol, začetak)
osvitati *-ćem* (不完) 참조 osvanuti
osvoditi *-im* (完) 둥근 천장(svod) 모양으로
만들다, 아치 천장(svod) 모양으로 마무리하
다
osvojiti *-im* (完) **osvajati** *-am* (不完) 1. 점령하
다, 점거하다, 정복하다; *~ grad* 도시를 점령
하다; *~ vrh planine* 산 정상을 정복하다 2.
불법적으로 점하다, 탈취하다, 빼앗다
(prisvojiti, oteti, ugrabiti); *~ kuću* 집을 탈
취하다 3. (누구의 마음·애정·관심 등을) 얻
다, (시합 등을) 이기다, 획득하다; *~ publiku*
관중들의 마음을 얻다; *~ čitaoce* 독자들의
사랑을 얻다; *~ pažnju* 주목을 끌다; *devojku
je osvojilo momkovo bogatstvo* 청년의 부
(富)가 처녀의 관심을 끌었다; *~ prvo mesto*
일등하다; *~ prvenstvo* 선수권 대회에서 우
승하다 4. 사로잡다, 이기다, 정복하다
(savladati, obuzeti); *s večera bi ga osvojio
san* 그는 저녁부터 잠이 쏟아졌다; *zima je*

osvojila 겨울이 되었다 5. 덮다, 뒤덮다 (prekriti); *osvojila ih kosa i dlaka* 머리카락과 털로 뒤덮였다; *trava i voda osvojili su ceo teren* 풀과 물로 온천지가 뒤덮였다 6. (技術) (생산과정을) 마스터하다; ~ *novu tehnologiju* 새로운 기술을 마스터하다

osvojiv -*a*, -*o* (形) 정복할 수 있는, 얻을 수 있는, 획득할 수 있는 (osvojljiv)

osvrnuti -*nem* (完) **osvrtati** -*ćem* (不完) 1. 돌리다; ~ *glavu* 고개를 돌리다 2. ~ se 고개를 돌려 뒤를 바라보다(쳐다보다), 고개를 돌리다; *otišao je a da se nije ni osvrnuo* 그는 떠나가면서 뒤돌아보지 않았다 3. ~ se (비유적) 회상하다, 돌이켜 생각해보다; *kad se na tu svoju prošlost osvrnem*, 내 자신의 과거를 돌이켜보면 4. ~ se (na nekoga, na nešto) 간략하게 언급하다; *osvrnulo se na njega više hrvatskih listova* 많은 크로아티아 신문들이 그에 대해 간략히 언급했다 5. ~ se 주목하다, 다루다, 취급하다; *u svojoj studiji on se osvrnuo i na Puškinovo poreklo* 그는 자신의 논문에서 푸쉬킨의 출신에 대해서도 주목했다(취급했다); ~ *se na neke aktuelne probleme* 그는 현안에 대해서도 주목했다

osvrt 1. 뒤를 돌아봄 2. 간략한 리뷰, 논평 (kratak prikaz, beleška); ~ *na knjigu* 간단한 서평

ošamariti -*im* (完) 참조 šamariti; 따귀를 때리다

ošamutiti -*im*; *ošamućen* (完) **ošamućivati** -*ćujem* (不完) 1. 거의 기절시키다, 실신시키다 (일반적으로 머리 등을 주먹 등으로 가격하여); *kada se nekoliko puta zaredom okrećemo na istu stranu, nastaje vrtoglavica koja nas ošamuti* 연속으로 몇 번 같은 방향으로 돌으면 기절할 정도의 현기증이 일어난다 2. 놀라게 하다, 아연실색케 하다, 황당하게 만들다, 헷갈리게 하다; *u prvi mah ošamuti je Mladenova drska smelost* 처음에 믈라덴의 오만에 가까운 용기가 그녀를 놀라게 한다

ošančiti -*im* (完) 빙둘러 참호(šanac)를 파다, ~을 참호로 두르다

ošantaviti -*im* (完) 절름발이가 되다 (postati šantav); *i ti ćes* ~ 너도 절름발이가 될꺼야

ošarati -*am* (完) 1. 알록달록하게 하다, 알록달록하게 색칠하다 (išarati) 2. (포도가) 익기 시작하다, 알록달록해지다

ošepaviti -*im* (完) 절름발이가 되다 (postati šepav, ošantaviti)

ošinuti -*nem* (完) 1. 가늘고 낭창낭창한 것으로 때리다 (회초리·채찍 등으로); ~ *konja* 말에

채찍질하다 2. 세게 때리다 (보통 예기치 않게, 주먹, 무기, 총탄이); *ošinem ga šakom iza ušiju* 나는 그의 귀 뒤를 세게 때린다; *kao gromom(munjom) ošinut* 번개치듯이, 벼락치듯이 3. (口語) 빠른 걸음으로 가다, 사라지다; *naljutio se Mileta pa ošinuo drugom kao da beži* 밀레타는 화를 내고는 도망치듯이 친구에게 후다닥 갔다 4. (비유적) 비난하다, 책망하다, 견책하다 (ukoriti) 5. 기타; *kao gromom (munjom) ošinut* 또는*kao da ga je grom ošinuo* 벼락을 맞은 듯한, 혼비백산한; ~ *pogledom (okom, očima)* 날카롭게 쳐다보다; ~ *repom* 잠깐동안 나타나다 (좋지 않은 것들이)

ošišati -*em* (完) 참조 šišati; 1. 이발하다, 머리를 깍다 2. 속이다, 기만하다; 약탈하다, 강탈하다 (podvaliti, opljačkati)

ošit 1. (解) 횡격막 (dijafragma) 2. 벽, 칸막이 판, 대발 (방과 방 사이의, 나무나 가는 나무를 엮어 만든)

ošlifovati -*fujem* (完) 1. 평평하게 하다, 매끈하게 하다, 다듬다 (uglačati, izbrusiti) 2. (비유적) 공손한 태도로 가르치다 3. 누구를 자기편으로 만들다(합의·설득하여); *njega je Brko već ošlifovao, on je za našu stvar* 이미 벌써 브르코가 그를 설득하여 우리편으로 만들었다, 그는 우리의 일에 찬성한다

ošljī -*ā*, -*ē* (形) 당나귀(osao)의, 나귀의

oštar -*tra*, -*tro* 1. 날카로운, 뾰족한, 예리한; ~ *nož* 날카로운 칼; ~ *sluh* 예민한 청각; ~ *vid* 예리한 시각; ~*um* 예리한 지성; ~ *jezik* 신랄한 말; ~ *bol* 격심한(격심한) 통증; *oštri vrhovi* 뾰족한 봉우리들 2. (추위·바람 등이) 매서운, 살을 에는 듯한; 엄한, 엄격한; (사람·표정 등이) 무서운, 험악한, (냄새가) 코를 찌르는; ~ *vetar* 매서운 바람; *oštre crte lice* 험악한 얼굴(표정); ~ *pogled* 날카로운 시선; ~ *miris* 지독한 냄새; ~*tra kritika* 신랄한 비판; ~*tra kazna* 엄격한 처벌; *oštrom tonom* 신랄한 목소리로; ~*tra zima* 살을 에는 듯한 추위의 겨울 3. (數) 예각의; ~ *ugao* 예각 4. 숙어로; *biti* ~ *na peru, imati* ~*tro pero* 기지 넘치게 쓰다 (보통 비평을); ~*tra voda* (化) 중수(重水): 칼슘-카보네이트, 마그네슘-카보네이트를 많이 포함하고 있는)

oštećen -*a*, -*o* (形) 참조 oštetiti; 손해를 입은, 권리가 침해된, 피해를 입은; 손상된, 훼손된, 망가진; *fizički* ~*o lice* 육체적 장애를 가진 사람

oštećenik 장애인; (法) 피해자

oštećenje (동사파생 명사)oštetiti; 손상, 고장,

755

망가짐 (kvar, povreda, šteta)

oštećivati *-ćujem* (不完) 참조 oštetiti

ošteniti *-i* (完) 참조 šteniti; 새끼를 낳다 (보통 개들에 사용)

ošteta 1. (이미 입은) 손해, 손실, 피해; 고장 (šteta, kvar) **oštetni** (形); ~ *zahtev* 손해배상 청구 2. 배상(금), 보상(금) (odšteta)

oštetiti *-im*; *oštećen* (完) **oštećivati** *-ćujem* (不完) 1. 손해(손실)를 입히다, 피해를 입히다; 고장내다; *oštetili ste državu i suprostavili se njenim zakonima* 당신은 국가에 손실을 끼치고 국가 법률에 맞섰습니다; *oštetile su mu motor bombom* 그녀들은 폭탄으로 그 사람의 오토바이에 손상을 입혔다 2. 부상 입히다, 다치게 하다 (povrediti, raniti)3. ~ se 손해를 보다; 부상을 당하다

oštrač 1. (칼·가위 등을) 날카롭게 가는 사람 (brusač) 2. 날카롭게 가는 도구(연장); ~ *za olovke* 연필깎이; ~ *noževa* 칼을 가는 도구

oštrenje (동사파생 명사) oštriti; 날카롭게 함

oštrica 1. (칼·도끼 등의) 날; *hodati(ići, kretati se) po ~i noža* 칼날 위를 걷다, 항상 조마조마한 상태에 처해 있다 2. 뾰족한 끝 (šiljat vrh) 3. (비유적) 신랄한 말, 일격을 가하는 말 (토론·논쟁 등에서) 4. (植) 사초속(屬)의 식물 (oštrika)

oštrika (植) 사초속(屬)의 식물 (oštrica)

oštrimice (副) 날카로운 면으로 (oštrom stranom, sečimice); *udario ga sekirom* ~ 도끼의 날카로운 면으로 그를 내리쳤다

oštrina 1. 날카로움, 예리함; ~ *noža* 칼의 예리함; ~ *razuma* 이성의 예리함; ~ *sluha* 귀의 예리함; ~ *jezika* 말의 예리함(재치넘치지만 비꼬는 투의); ~ *pera* 필체의 예리함 2. (비유적) 긴장 상태 3. 얼굴의 날카로운 선 4. 무뚝뚝함, 거만함, 오만함 (목소리의) 5. 분명함, 정확함, 확실함 (jasnost, tačnost, sigurnost) 6. 한기, 서늘함 (hladnoća, svežina); *sunce pomalo greje, ali se oseća* ~ *u vazduhu* 햇볕이 약간 났지만 아직 공기 중에는 한기가 느껴진다 7. 어려움, 곤란 (teškoća, neprilika) 8. 투혼, 투지 (borbenost, žestina)

oštriti *-im* (不完) **naoštriti** *-im* (完) 1. 날카롭게 하다; 갈다(brusiti), 뾰족하게 하다(šiljiti); ~ *nož* 칼을 갈다; ~ *nož na nekoga* ~에 대한 투쟁(전투)을 준비하다; ~ *pero* 지면(紙面)상의 비평(논쟁)을 준비하다; ~ *jezik* 연설(논쟁)에 대비하다; *tek je počeo britvu da oštri* 이제 막 면도칼을 갈기 시작했다; ~ *brkove* 만족감을 표시하다 2. (비유적) 보다 분명하게

하다 (činiti jasnijim, izrazitijim); 보다 좋게 하다, 보다 민감하게 하다, 보다 세밀하게 하다 (činiti boljim, osetljivijim, finijim) 3. 떼어내다, 제거하다 (새의 부리에 대해); *vrane su oštrile knjunove o trvde, suhe grude* 까마귀들은 부리에서 딱딱하게 마른 흙덩어리를 떼어냈다 4. 깨어나게 하다, 각성시키다 (buditi, podsticati); *borba je oštrila svest radnih masa* 투쟁은 노동자 계급의 의식을 각성시켰다; ~ *um* 의식을 각성시키다 5. ~ se 준비하다, 대비하다 (spremati se)

oštrodlak *-a*, *-o* (形) 털이 뻣뻣한, 뻣뻣한 털의

oštrokondža 사나운 여자, 입이 괄괄한 여자, 성잘내고 화잘내는 여자 (ljuta, zla, svadljiva žena)

oštrokutan *-tna*, *-tno* (形) 예각(鋭角)의 (oštrougaoni)

oštrook *-a*, *-o* (形) 날카로운 눈의

oštroperac *-rca* (歴史) 미늘창(도끼와 창을 결합시킨 모양의 무기) (halebarda)

oštrougaonī *-ā*, *-ō* (形) 예각의 (kosougli)

oštrouman *-mna*, *-mno* (形) 영민한, 현명한, 명민한, 예민한 (dosetljiv, duhovit); *trebalo je tražiti ~mnog i mudrog čoveka* 영민하고 현명한 사람을 찾아야 했는데

oštroumlje (中), **oštroumnost** (女) 영민함, 명민한, 현명함 (dosetljivost, duhovitost)

oštrovidan *-vna*, *-vno* (形) 눈이 날카로운

ošugati *-am*, **ošugaviti** *-im* (完) 옴을 옮기다 (zaraziti šugom); *jedna šugava ovca celo stado ošuga* 옴붙은 한 마리의 양이 양 무리 전체에 옴을 옮긴다

ošuriti *-im* (完) 펄펄끓는 물에 데쳐 털을 뽑다 (돼지, 닭 등의)

ošutjeti *-im* (完) (na nešto) 응하지 않다, 응답하지 않다 (ne odazvati se)

otac *oca, oče, ocem; očevi & oci, otaca* 1. 아버지, 부친; *on nema oca* 그는 아버지가 안 계신다; *on liči na oca* 그는 아버지를 닮았다; *on se umetnuo na oca* 그는 아버지를 닮았다; *kakav* ~, *takav sin* 부전자전 **očev** (形) 2. (複) 선조, 조상 (predak, praotac); *njihovi očevi su braća* 그들의 선조는 형제였다 3. (宗) 신부(神父) 4. (비유적) 처음 시작한 사람, 처음 주창한 사람, 설립자, 창립자 (začetnik, pokretač, osnivač); *on je ~ ovoga udruženja* 그는 이 단체의 설립자이다 5. 기타; *gradski(opštinski) oci* 시의원(구의원); *duhovni* ~ 1)신부, 성직자 2)교육자 3) 어떤 이데올로기 혹은 철학의 시조(창시자);

narodni oci 국회의원; *od zla oca a od gore majke* 전혀 교육을 받지 않은, 교양이 하나도 없는, 완전히 무식한; ~ *porodice (obitelji)* 가장; *čuvati od (s) oca na sina* 대대손손 내려오는 보물처럼 간직하다

otačkī *-ā, -ō*(形) 아버지(선조)로부터 물려받은, 대대로 내려오는 (očinski)

otada (副) 그때부터; ~ *ga je nagovarao svaki dan* 그때부터 매일 그를 설득했다

otadžbina 조국, 모국 otadžbinski (形) (domovina, zavičaj)

otajstvo 1. 비밀, 기밀 (tajna) 2. (宗) 성찬(식), 성체(성사), 기밀(機密): 세례·부고(傅膏)·성체·혼배·통회(痛悔)·신품(神品)·성부(聖傅)의 일곱 가지임) (sakremenat, tajna); *sveto* ~ 성찬, 성체 배령

otakati *otačem*(不完) 참조 otočiti; 따르다, 따라 붓다 (어떤 그릇에서 다른 그릇으로)

otale (副) 거기서부터, 그것으로부터 (odatle)

otaljati *-am*(完) otaljavati *-am*(不完) 어렵게 완수하다, 힘들게 이행하다 (어떤 일, 임무 등을)

otančati *-am*(完) otančavati *-am*(不完) 1. 가늘어지다, 얇아지다; 좁아지다; *otančale kabanice ne mogu da spreče hladnoću* 얇아진 외투는 추위를 막을 수 없었다 2. 마르다, 살이 빠지다 (izmršaviti); *naša deca su otančala kao igle* 우리의 아이들은 마치 바늘처럼 삐쩍 말랐다 3. 가난해지다, 빈곤해지다 (osiromašiti) 4. 약해지다, 쇠약해지다 (oslabiti) 5. ~ *se* (속이 다 보이도록) 얇아지다

otanjiti *-im*(完) otanjivati *-njujem*(不完) 1. 얇게 만들다, 가늘게 만들다 2. ~ *se* 얇게 되다, 가늘게 되다

otapalo (化) 용제, 용매

otapati *-am*(不完) 참조 otopiti; 녹이다, 용해하다

otarasiti *-im*; *otarašen*(完) otarasavati *-am*(不完) 1. 털다, 털어내다, 제거하다, 떼어내다 2. ~ *se* (koga, čega) 털어내다, 제거하다, 떼어내다; *želeo je da se što pre otarasi bolesnog* 가능한 한 빨리 환자를 떼어내기를 원했다

otava 가을 풀, 가을에 베는 풀 (jesenja trava, trava koja se pod jesen kosi); *pokošena je livada, a nada se obilatoj* ~*i* 목초지의 풀을 베었는데, 더 무성한 가을 풀이 기대된다

otcepiti *-im*; *otcepljen*(完) otcepljivati *-ljujem*(不完) 1. 찢다, 찢어내다; 뽀개다 (장작 등을); *ana mi je otcepila list od knjige* 아나는 내 책의 책장을 찢었다 2. 나누다, 분리시키다, 갈라놓다; *pokušava da otcepi dalmatinske partizane* 달마치아 지역의 빨치산들을 갈라놓으려고 시도한다 3. ~ *se* 쪼개지다, 나뉘어지다, 나뉘다

otcepljenje (동사파생 명사) otcepiti; 탈퇴, 분리; *pravo* ~*a* 탈퇴할 수 있는 권리, 탈퇴권; ~ *jednog krila organizacije* 단체에 속했던 한 지회의 탈퇴(분리)

oteći oteknem & otečem(完) oticati *-čem* (不完) 1. 흘러가다, 흘러내려 가다; *otekla je sva voda* 모든 물이 흘러내려 갔다 2. (손·발 등이) 붓다, 부풀다, 부풀어 오르다, 팽창하다; *otekla mu je noga* 발이 부었다

otegljiv *-a, -o*(形) 신축성 있는, 탄력성 있는, 늘어날 수 있는

otegnut *-a, -o*(形) 늘어진; ~ *glas* 질질끄는 목소리; ~ *zvuk sirene* 사이렌의 늘어지는 소리

otegnuti *-nem*; otegnuo, -ula & otegao, -gla; otegnut(完) otezati *-žem*(不完) 1. 쭉 펴다, 펼치다; 쭉 뻗다; 늘이다, 길게 하다, 연장하다; *vreme mu se strašno oteglo* 시간이 한없이 늘어졌다; ~ *testo* 밀가루 반죽을 늘이다 2. 질질 끌다, 길게 늘이다 (목소리를); *otezati u govoru* 질질 끌면서 말하다, 말을 질질 끌다 3. 쭉 펴다, 반듯이하다 (istegnuti, ispraviti); *dva-tri puta otegnu vratom da proguta pljuvačku* 침을 삼키려고 2-3번 목을 쭉 폈다 4. 연기하다 (odložiti); *tu im se nešto dogodilo, te su opet otegli polazak* 그들에게 무슨 일이 일어나서 또 다시 출발을 연기했다 5. 잡아 당기다 (귀·입 등을) 6. (卑俗語) 죽다, 숨을 토하다 (izdahnuti, umreti) 7. 기타; ~ *papke, sve četiri* 죽다; *stvar se oteže* 사안이 질질 늘어진다 8. ~ *se* 늘어나다, 길어지다 9. ~ *se* (팔·다리를) 쭉 펴고 눕다, 큰대자로 눕다

otegotan *-tna, -tno*(形) 악화시키는, 어렵게 하는; ~*tna okolnost* 악화시키는 주변 환경

otegovati *-gujem*(不完) 악화시키다, 나쁘게 하다, 어렵게 하다, 부담을 주다

oteklina (몸의) 부은 곳 (공처럼 부풀어 오른)

oteliti *-im*(完) 송아지(tele)를 낳다; *njemu se i vo oteli* 모든 것이 뜻대로 이루어지다, 모든 것이 잘 되어간다, 너무너무 행복하다

oteloviti se *-im se*(完) otelovljati se *-am se*(不完) 육화(肉化)되다, ~에게 육체의 형태가 부여되다 (dobiti telesni oblik)

oterati *-am*(完) oterivati *-rujem*(不完) 1. 쫓다, 쫓아내다 (어떤 장소로부터); *otac ga otera, pa na molbu materinu opet primi* 아버지가 그를 (집에서) 쫓아내지만 어머니의

O

간청에 그를 다시 (집에) 들였다 2. 해고하다, 쫓아내다 (otpustiti); *oterao je jednog dugogodišnjeg pomoćnika i uzeo drugog* 오랫동안 일하던 조수를 쫓아내고는 새로운 조수를 맞아 들였다 3. 운반해 가다, 몰고 가다; ~ *kola* 자동차를 몰고 가다 4. 기타; ~ *daleko* 1)대단한 성공을 거두다, 높은 위치에 까지 다다르다 2)초과하다; ~ *nekoga u grob* ~의 죽음을 야기시키다, 누구를 죽음으로 몰다; ~ *nekoga u ludilo* ~를 미치게 만들다; ~ *u progonstvo* 망명하게 하다

oteretiti *-im* (完) 참조 opteretiti

otesan *-sna, -sno* (形) 다소 조이는, 다소 끼는, 다소 좁은; *odelo je kupljeno iz druge ruke, ~sno je* 옷을 (직접 안사고) 다른 사람이 사서 옷이 좀 조인다

otesati *otešem* (完) 1. 다듬다, 손질하다 (나무·돌 등을 까귀 등을 사용하여); *kraj kapije stajao je odavno bel kamen, otesan glatko* 대문 옆에는 매끈하게 다듬어진 돌이 오랫동안 서있다 2. (비유적) 날카롭게 대답하다, 무뚝뚝하게 대답하다; *naglo se okrenu prema njemu te mu otesa* 그를 향해 획 돌아서더니 무뚝뚝하게 대답했다 3. ~ se (비유적) 예의바르게 행동하다

oteščati *-am* (完) **oteščavati** *-am* (不完) 참조 otežati; 어렵게 만들다, 곤란하게 만들다, 힘겹게 하다

otešnjati *-am* (完) **otešnjavati** *-am* **otešnjivati** *-njujem* (不完) 좁아지다, 조여지다 (postati tesan)

otešnjivati *-njujem* (不完) 참조 otešnjati

oteti *otmem; oteo, -ela; otet* (完) **otimati** *-am* & *-mljem* (不完) 1. (他) 강제로 (남의 것을) 빼앗다, 탈취하다, 가로채다 (ugrabiti); ~ *nekome nešto* ~의 것을 빼앗다; ~ *zaboravu (od zaborava)* 잊혀지지 않게 하다; ~ *iz usta (reč, misao)* 다른 사람이 똑같이 말하기 전에 말하다; ~ *(kome) ispred nosa* 다른 사람이 똑같은 것을 원하는 찰나에 그것을 빼앗다; ~ *mah* 만연하다, (분위기 등이) 우세하다, 유행이다 (prevladati, zavladati); ~ *kome hleba* 최저생계수단을 빼앗다, (남의) 밥통 그릇을 빼앗다; *oteto prokleto* 불법적 수단으로 얻은 것은 행복을 가져다주지 않고 불행의 씨앗이 된다 2. 유괴하다, 납치하다; ~ *dete* 어린아이를 납치하다; ~ *avion* 비행기를 하이재킹하다 3. (自) 시작되다, 나타나다; *u to doba mrkla noć otela* 그 당시에 어두운 밤이 시작되었다 4. ~ se (완력을 사용해서) 벗어나다, 떨쳐내다, 도망치다; *jedva*

se od seoskih pasa otela 시골 개들로부터 간신히 도망쳤다; *nisam nikako mogla oteti se mislima* 결코 그 생각을 떨쳐낼 수 없었다; ~ *se napadaču* 공격자로부터 도망치다 5. ~ se (비유적) 건강을 회복하기 시작하다, 병을 떨쳐내다; ~ *se bolesti* 병에서 회복하다; *možda i nije tifus, nego samo jači grip. Vidiš, Pero se već oteo* 아마도 역병이 아니고 지독한 독감였을 꺼야. 봐, 벌써 페로가 병을 틸고 일어났잖아 6. ~ se (금전적으로) 부유해지다, 튼튼해지다; *nikako da stanemo na svoje noge, nikako da se otmemo* 도저히 생활할 수 없어, 도저히 돈을 벌 수 없어 7. ~ se 벗어나다 (시야, 주목 등에서) 8. (不完만) 싸우다, 겨루다, 경쟁하다 (boriti se, takmičiti se); ~ *se o nekoga* ~를 놓고 싸우다; *otimaju se o nju* 그녀를 놓고 그들이 경쟁한다; *za to se krvimo i otimamo stotinama godina* 그것을 위해 수백년 동안 피를 흘리면서 싸운다

otezati *-žem* (完) 참조 otegnuti

otežati *-am* 1. (他) 어렵게 하다, 어렵게 만들다; ~ *nekome rad* ~에게 일을 어렵게 만들다; ~ *život* 삶을 힘들게 하다; *saobraćaj je otežan* 교통이 막힌다 2. (自) 어렵게 되다

othoditi *-im* (完) 떠나다, 떠나가다 (odlaziti) (反: dohoditi)

othraniti *-im* (完) 양육하다, 기르다 (hraneći odgojiti)

oticati *otičem* (不完) 참조 oteći; 흘러가다, 흘러내려가다

otići *odem & otidem & otiđem; otišavši; otišao, -šla* (完) **odlaziti** *-im* (不完) 1. (어떤 곳에서) 떠나다, (자리를) 뜨다; ~ *od kuće* 집을 떠나다; ~ *iz službe* 사직하다 2. 방문하다; ~ *kod nekoga u goste* 누구의 집에 손님으로 방문하다, ~의 집을 방문하다 3. 떠나다, (길·여행을) 떠나다, 나서다; ~ *na put* 길을 떠나다, 여행을 떠나다 4. (na što) ~에 헌신하다, 온 힘을 쏟다; *otišao je na zanat* 수공업에 온 힘을 쏟다 5. ~가 되다, ~의 길로 떠나다; ~ *u advokate* 변호사가 되다; ~ *u učiteljice* 선생님이 되다 6. (반대편, 상대편으로) 가다, 합류하다, 투항하다, 넘어가다; *on je otišao ogorčen u opziciju* 그는화가 나서 야당에 합류했다 7. 지나가다 (proći, proteći); *u što mi je otišao život* 무엇을 위해 내 인생을 보냈나?; *mladost je otišla* 청춘은 지나갔다 8. 사라지다, 없어지다; 죽다 (poginuti, umreti) 9. 소비되다, 사용되다 (utrošiti se, potrošiti se) 10. 전달되다, 퍼지

O

다 (razglasiti se)11. 빠지다, 가라앉다, 침몰하다 (propasti, upasti, potonuti); *pukne led i jedna mu noga ode u vodu* 얼음이 깨져 발 하나가 물에 빠졌다 12. 기타; ~ *bestraga* 흔적도 없이 사라지다; ~ *bogu na istinu (na računj,* ~ *na onaj svet* 죽다, 사망하다; ~ *na bubanj* 경매하다, 경매로 팔다; ~ *niz vodu* 결실을 맺지 못하다, 실현되지 않다; ~ *pod led* 실패하다; ~ *pod crnu zemlju,* ~ *pod ledinu* 죽다, 사망하다; ~ *pored sebe* 용변을 보다; ~ *praznih ruku (šaka)* 아무것도 얻지 못하다, 빈손으로 가다, 과업을 완수하지 못하다*;* ~ *u vazduh* 폭발하다, 헛되이 끝나다; ~ *u vetar* 사라지다, 실패하다; ~ *u grob* 죽다, 사망하다; ~ *u (na) komade* 산산히 부서 지다, 폭발하다; ~ *u penziju* 퇴직하다; ~ *u svet* 돈을 벌러 외국(타향)으로 떠나다; ~ *u staro gvožđe* 퇴물이 되다, 쓸모없이 되다; ~ *u tuđe ruke* 다른 사람의 손에 넘어가다; *ode (otišlo) do vraga (đavola)* 모든 것이 잘못되었다; ~ *kao jagmu (kao halvu)* 순식간에 다 팔리다; *ode glava* 목숨을 잃다; ~ *po nekoga* ~를 데리러 가다; ~ *za nekoga* 시집 가다; ~ *u zaborav* 잊혀지다; ~ *nebu pod oblake* 창공을 높이 날다

otimač 약탈자, 강탈자, 점령자; 납치범, 유괴범 **otimački** (形)

otimačina 1. 약탈, 강탈 (otimanje, grabež; pljačka) 2. 약탈품, 강탈품

otimačkī *-ā, -ō* (形) 참조 otimač; 약탈자의, 강탈자의

otimanje (동사파생 명사) otimati; 약탈, 강탈

otimariti *-im* (完) 참조 timariti; (말의 털을) 빗질하다, 솔질하다

otimati *-am* & *-mljem* (不完) 참조 oteti

otipkati *-am* (完) 타이프하다, 타자하다 (타이핑 기계로) (otkucati)

otirač 1. 닦아 내는 것, 수건 (peškir, ubrus) 2. 흙털이, 도어매트 (현관문 앞에 있는); *pas je spavao na* ~*u* 개가 흙털이 위에서 잤다; *probirač nađe* ~ 까다롭게 가리는 사람이 가장 나쁜 것을 얻는다(가진다)

otirati *-em* (不完) 참조 otrti; 닦다, 닦아내다

otisak *-ska; otisci* 1. 흔적, 자국 (보통 단단한 물체가 무른 물체를 눌러 생기는); *otisci prstiju* 지문(指紋) 2. (학술 잡지 등의) 발췌 인쇄물, 발쇄(拔刷) 리프린트판; *poseban* ~ 별쇄본, 발쇄본 3. (비유적) 반영, 투영; 중요한 표시 (odraz; bitna oznaka) 4. *vodeni* ~ (종이의) 비침 무늬, 워터마크

otisnuti *-nem; otisnuvši* & *otiskavši; otisnuo,*

-nula & *otiskao, -sla; otisnut* (完) 1. 밀다, 밀쳐내다 (odgurnuti, odbaciti); *brzo otisne lađu u vodu* 재빨리 배를 물로 밀어낸다 2. 쫓아내다, 추방하다 (pognati, poterati) 3. 보내다, 파송하다 (poslati, uputiti); *otisnuo je dvojicu momaka za njim da ga povrate* 그 사람을 도로 데려오도록 두 명의 청년을 보냈다 4. 흔적(자취)을 남기다 5. 인쇄하다, 발행하다 (odštampati); *pokazuju sveže komade otisnutih proglasa narodu* 국민에게 보내는 이제 막 인쇄된 선언문을 보여주었다 6. ~ se (멀리) 멀어지다, 떨어지다 (odbiti se, odmaći se); 가다, 항해하다 (krenuti, zaploviti); *komanduje da se brod otisne* 배가 출항하도록 명령했다 7. ~ se 떠나다, ~을 향해 가다 (poći, zaputiti se); *odlučio se da se otisne u svet radi sticanja znanja* 지식을 얻기위해 세상으로 나가기를 결정했다 8. ~ se 떨어지다, 굴러 떨어지다, 붕괴되다, 무너지다 (odvaliti se, odroniti se); *od kule se ćošak otisnuo* 첨탑의 한 쪽 모퉁이가 무너졌다 9. ~ se 미끄러지다, 떨어지다 (ispasti, iskliznuti); *iz zadrhtale mu ruke otisnuo se pehar* 그의 떨리는 손에서 (우승)컵이 미끄러졌다 10. ~ se 밀쳐내다 (odbaciti se); *igrač treba se nogama otisne od vode* 선수는 발로 물을 차야만했다

otkačiti *-im* (完) **otkačivati** *-čujem* (不完) 1. (걸린 것, 매달린 것 등을) 벗겨 내다, ~에서 떼어내다, 집어 들다; *on otkači svoj kratak zimski kaputić, obuče ga* 그는 자신의 짧은 겨울 외투를 옷걸이에서 집어 들고는 입었다; ~ *ogrlicu* 목걸이를 풀다 2. 떼어내다, 분리하다 (odvojiti); ~ *vagon* 객차를 분리하다 3. ~ se 분리되다, ~에서 벗어나다; *izgleda da smo se konačno otkačila od neprijatelja* 적으로부터 마침내 벗어난 것 같다

otkad(a), otkada 1. (副) 언제부터, 얼마나 (오랫동안); *otkad si tu?* 언제부터 여기 있었니? 2. 아주 오랫동안 (자주 'ko zna'와 함께)(언제 동사의 행동이 이루어졌는지 알 수 없을 정도로 오래된); *otvorio sam ko zna otkada zatvoren prozor* 오랫동안 닫혀있던 창문을 열었다 3. (접속사 용법으로) ~이래, ~ 이후; ~ *smo došli* 우리가 도착한 이후(이래)

otkako (副) (접속사 용법으로) ~이래, ~이후 (otkada); ~ *je sveta i veka* 태초이래, 태고적부터 (od vajkada, od početka sveta)

otkasati *-am* **otkaskati** *-am* (完) 1. 빠른 걸음 (kas)으로 가다, 뛰다시피 걷다, 총총걸음으로 가다 2. (말 등이) 속보로 달리다

O

759

(odjahati u kasu) 3. 뛰다, 뛰어가다 (otrčati, odjuriti)

otkati –am (드물게 otkem & očem) 뜨개질하다, 뜨개질을 다 마치다 (završiti tkanje)

otkaz 1. 통지(서), 통보, 통고 (계약관계 파기에 관한); (계약, 임차 등의) 해약 통고(서), (해고·철거 등의) 예고, 사전 통보; *dobiti (dati)* ~ 해고 통지를 받다(하다); *podneti (dati)* ~ 사임(사직)하다; ~ *ugovora* 계약 파기 **otkazni** (形); ~ *rok* 계약 해지 통보 기한 2. 거절; 정지, 고장 (odbijanje); ~ *motora* 엔진 고장

otkazati –*žem* (完) **otkazivati** –*zujem* (不完) 1. (계약의 파기, 사직, 해고 등에 대해) 통지하다, 통보하다; 해고하다, 사직하다, 해약하다; *oni su mu otkazali službu* 그들은 그를 해고했다; *on im je otkazao službu* 그는 사표를 제출했다; ~ *stan* 아파트 임대차 계약을 취소하다 2. 취소하다, 철회하다; ~ *predavanje* 강연을 취소하다; ~ *ugovor* 계약을 취소하다; ~ *prijateljstvo* 친선관계(우정)를 철회하다; ~ *čas* 수업을 취소하다 3. 고장나다; *auto nam je otkazao* 자동차가 고장났다; *otkazale su kočnice* 브레이크가 고장났다 4. 거절하다, 거부하다 (odreći, odbiti); *on nam je otkazao pomoć* 그는 우리에게 도움을 주는 것을 거절했다

otkinuti –*nem* (完) **otkidati** –*am* (不完) 1. 잡아떼다, 떼어내다, 뜯어내다; (꽃 등을) 꺾다, 따다; ~ *dugme* 단추를 떼다; ~ *cvet* 꽃을 꺾다; ~ *granu* 가지를 꺾다; ~ *oči (pogled)* 바라보는 것을 멈추다; *otkinulo mi se dugme* 단추가 떨어졌다; *otkinuo se od porodice* 가족과 떨어져 있었다 2. 공제하다, 빼다, 감하다; ~ *od plate* 월급에서 공제하다; ~ *od usta* 덜 먹다(돈을 모으기 위해)

otkivati –*am* (不完) 참조 otkovati

otklanjati –*am* (不完) 참조 otkloniti; 제거하다, 치우다, 없애다

otklanjati –*am* 무릎을 꿇고 기도하는 것을 마치다, 기도를 마치다 (보통 무슬림들의 경우에 사용) (obaviti, završiti klanjanje pri molitvi)

otkapati –*pljem* & –*am* (完) (물 등 액체가) 한 방울 한 방울씩 흘러 새다 (kapljući iscuriti)

otkapati –*am* (不完) (흙 등을) 파다, 파내다

otklečati –*im* (完) 일정 시간 동안 무릎을 꿇고 있다 (기도할 때 등의)

otklon 1. 탈선, 일탈(逸脫); *ugao* ~*a* (物) 굴절각 2. 거절, 거부 (odbijanje)

otkloniti –*im*; **otklonjen** (完) **otklanjati** –*am* (不

完) 1. 제거하다, 없애다; ~ *opasnost* 위험을 제거하다 2. 거절하다, 거부하다 (odbiti, odbaciti); *odlučno je otklonio da isprazni prostorije* 공간을 비우라는 것을 단호히 거절했다 3. 치우다, 없애다(udaljiti, skloniti, ukloniti); *mati otkloni decu, ispričavši mu šta je bilo* 어머니는 그 사람에게 무슨 일이 있었는지 말해 주고서는 아이들을 숨겼다; ~ *zavese s prozora* 창문에서 커튼을 없애다; ~ *kosu s čela* 이마에서 머리카락을 없애다

otklonjiv –*a*, –*o* **otklonljiv** –*a*, –*o* (形) 제거할 수 있는, 없앨 수 있는

otklopiti –*im*; **otklopljen** (完) **otklapati** –*am* (不完) 1. 뚜껑을 열다 (podići poklopac) 2. 열다 (otvoriti); *otklopio je oči i pogledao uvis* 그는 눈을 뜨고 위를 바라봤다 3. (포개져 있는 것을) 떼놓다, 분리하다

otključati –*am* (完) **otključavati** –*am* (不完) 자물쇠를 열다(잠겨 있는 것을)

otkočiti –*im* (完) **otkočivati** –*čujem* (不完) 1. 브레이크를 풀다 2. (자유롭게 작동할 수 있도록)자물쇠를 풀다; ~ *revolver* 리볼버 권총의 자물쇠를 풀다

otkop (광산 등의) (굴착된) 구멍, 구덩이, 파내려간 곳 (mesto gde se kopa)

otkopati –*am* (完) **otkopavati** –*am* (不完) 파서 발굴하다; ~ *grob* 무덤을 발굴하다; ~ zidine 성벽을 발굴하다

otkopčati –*am* (完) **otkopčavati** –*am* (不完) 1. 단추를 풀다 2. (묶인 것, 걸린 것을) 풀다, 끄르다

otkopina 발굴지, 발굴된 지역, 발굴된 물건 (iskopina)

otkos (밀·풀 등의) 한 번 벤 분량 (낫을 한 번 휘둘러 베는), 벤 줄 (낫으로 베는 사람 뒤에 흔적으로 남는)

otkotrljati –*am* (完) **otkotrljavati** –*am* (不完) 1. 데굴데굴 굴러가다, 데굴데굴 굴려 밀어내다, 데굴데굴 굴리다; ~ *bure* 통을 데굴데굴 굴리다 2. ~ *se* 데굴데굴 굴러가다; *lopta se otkotrlja u baštu* 공이 정원으로 데굴데굴 굴러갔다; *jedva su uzdržali kola da se ne otkotrljaju nizbrdo* 자동차가 내리막길로 굴러가지 않도록 간신히 멈추게 했다

otkoturati –*am* (完) 참조 otkotrljati

otkovati –*am* (完) **otkivati** –*am* (不完) 1. 족쇄 (okov)를 풀어주다, ~의 사슬에서 풀어주다, 속박을 풀다 2. (낫을) 예리하게 하다, 날카롭게 하다, 낫의 날을 갈다; ~ *kosu* 낫을 예리하게 하다

otkraviti –*im*; **otkravljen** (完) **otkravljivati** –

O

ljujem(不完) 1. (언 것을) 녹이다; (차가운 것을) 따뜻하게 하다 (odmrznuti, zagrejati); *koliko sam puta na luli otkravio* 몇 번이나 담배 파이프에 손을 녹였던가 2. (열·온기로) 녹이다; *sunce otkravi sneg* 태양이 눈을 녹인다 3. ~ se 해동되다, 녹다, 녹아내리다; *Jelica se rasplaka, otkravi se i njemu led sa srca* 옐리짜가 울음을 터뜨려 그의 마음에 있던 얼음도 녹아 내렸다

otkresati *-šem* (完) 1. 자르다, 잘라내다, 다듬다 (kresati); ~ *u brk* 탁 터놓고 이야기하다, 공개적으로 이야기하다 2. (비유적) 날카롭게 대답하다, 무뚝뚝하게 대답하다

otkriće 발견, 발견된 것; 발명(품)

otkriti *otkrijem*; *otkriven* & *otkrit* (完) **otkrivati** *-am* (不完) 1. 덮개를 벗기다(열다), 가려진 것을 벗기다, 커버를 벗기다; 벌거벗기다, 나체로 만들다; ~ *glavu* 머리에 쓴 것을 벗다(모자 등의); ~ *lice* 얼굴에 쓴 것을 벗다 2. 열다 3. (새로운 사실 등을) 알아내다, 발견하다; ~ *nečiju tajnu* 비밀을 알아내다; ~ *lek protiv raka* 항암제를 발견하다; ~ *Ameriku* 새로운 사실을 알아내다(발표하다); ~ *zakopano blago* 땅 속에 묻힌 보물을 발견하다 4. (비밀 등을) 밝히다, 폭로하다; *jedan osuđenik je otišao i celu stvar otkrio upravniku* 한 제소자가 교도소장에게 가서 사건 전체를 폭로했다 5. 보여주다 (pokazati); ~ *karte* 카드를 까 보이다, 진짜 얼굴을 보여주다; ~ *srce* 자기의 진짜 감정이나 생각을 말하다

otkrivač 발견자, 폭로자; 발명자 (otkrivalac)

otkrivati *-am* (不完) 참조 otkriti

otkrivenje 1. 참조 otkriće 2. (宗) (성서, 특히 요한복음에 계시된 세상 운명에 대한) 신의 뜻의 계시 (otkrovenje)

otkrovenje 1. 참조 otkriće 2. (宗) (성서, 특히 요한복음에 계시된 세상 운명에 대한) 신의 뜻의 계시

otkucaj 1. 두드림과 그 소리 (보통 타자기를 칠 때의) 2. 고동, 맥박

otkucati *-am* (完) **otkucavati** *-am* (不完) 1. 타자기를 두드리다, 타이핑하다; ~ *pismo* 편지를 타자기로 치다 2. 자판기를 두드려 신호를 보내다 3. (시계가 일정한 시간이 흘러갔음을) 종을 쳐 알려주다, 종을 치다, 타종하다

otkud(a), otkuda (副) 1. 어떻게, 어떤 방법으로, 어디서 (odakle, od čega, kako, na koji način) 2. 왜, 어떠한 이유로 (zbog čega, zašto); *otkuda ti ovako kasno?* 왜 이렇게 늦었니?

3. 어디로부터 (odakle); *otkud* - *otud* 여기저기서

otkup 1. (~에 대한) 댓가; (인질 등의) 몸값 2. (곡물·가축 등을 대량으로 구매하는) 수매 (otkupljivanje, kupovina); *seljak daje državi žito na* ~ 농부는 정부에 곡물을 수매하도록 한다; **otkupni** (形); ~*a cena* 수매가(收買價) 3. 판매 (prodaja); *ponudim svoja tri pukopisa na* ~ 내가 쓴 세가지 원고를 팔려고 내놨다

otkupiti *-im*; *otkupljen* (完) **otkupljivati** *-ljujem* (不完) 1. 몸값을 지불하다, 몸값을 지불하고 석방시키다; ~ *oteto dete* 납치된 아이의 몸값을 지불하고 석방시키다 2. 수매하다, 사다, 구입하다; ~ *nečije memoare* ~의 비망록을 사다(구입하다); ~ *žito od seljaka* 농부로부터 곡물을 수매하다; ~ *pravo na objavljivanje romana* 소설 출판권을 구매하다

otkupljenik 몸값을 치루고 풀려난 사람 **otkupljenica**

otkupnina (~에 대한) 댓가, 몸값 (otkup)

otkvačiti *-im* (完) 참조 otkačiti; (걸린 것, 매달린 것 등을) 벗겨 내다, ~에서 떼어내다, 집어 들다

otmen *-a, -o* (形) 1. 세련된, 우아한, 품위있는 (fin, uglađen); *kći morala je učiti najotmenije ponašanje* 딸은 가장 품위있는 행동을 배워야만 했다 2. 귀족의, 명망있는 집안의 (gospodstven, aristokratski, ugledan)

otmica 1. 납치; 보쌈 (결혼할 목적으로 여성을 납치하는); *vazdušna* ~ 항공 납치; *osujetiti* ~*u aviona* 항공기 납치를 좌절시키다 2. 강탈, 약탈 (otimanje, otimačina)

otmičar 납치범 **otmičarka**

otočanin *-ani* 섬 주민, 섬 사람 (ostrvljanin)

otočić (지소체) otok

otočiti *-im* (完) **otakati** *-čem* (不完) 1. (액체를) 따르다, 따라 붓다 (다른 그릇으로) (izliti; pretočiti); *on je otočio vino* 그는 포도주를 따라부었다 2. 떨구다, 내려놓다 (opustiti, spustiti) 3. (도끼 등을) 날카롭게 하다, 예리하게 하다

otočje (集合) otok (ostrvlje); 군도(群島), 제도(諸島)

otok 섬 **otočki, otočni** (形) (ostrvo)

otok 1. (몸의) 부은 곳, 붓기, (타박에 의한) 혹 2. 물의 빠짐 (oticanje)

otoka (강의) 지류 (rukavac); 배수로, 배수관 (odvodnik)

otoman 터키식 긴 의자(쿠션을 댄 의자)

O

otopina 용액 (rastvor)

otopiti -im; otopljen (完) otapati -am (不完) 1. (他) 녹이다, 용해하다; sunce je otopilo sneg 태양이 눈을 녹였다; ~ frižider 냉장고에 낀 얼음을 녹이다 2. ~ se 녹다 (rastopiti se, rastvoriti se)

otopliti -im (完) otopljavati -am (不完) 1. 따뜻해지다(날씨가) 2. 따뜻하게 하다, 가열하다 (učiniti toplim, zagrejati); sunce otopli vazduh 태양이 공기를 따뜻하게 하다

otpad 1. (집합적 의미의) 쓰레기, 폐품, 폐물; to ide u ~ 쓰레기로 분류할꺼야 2. 배신, 변절 (otpadništvo, otpadanje)

otpadak -tka; otpaci 1. 쓰레기, 폐기물; kanta za ~tke 쓰레기통 2. (輕蔑) 인간 쓰레기; društveni ~ 사회 쓰레기

otpadanje (동사파생 명사) otpadati; 떨어짐

otpadati -am (不完) 참조 otpasti

otpaditi se -im se (完) 멀어지다, 떨어져 나가다, 분리되다 (odvojiti se, otuđiti se); što ste se vi otpadili od kneza? 무슨 이유로 공(公)으로부터 멀어졌어요?; tako se on sasvim otpadi od kuće 그렇게 그는 집에서 완전히 멀어졌다

otpadnī -ā, -ō (形) 1. 쓰레기의, 배출의; trovanje velikih količina ribe otpadnim industrijskim vodama 산업 폐수에 의한 대규모 물고기 중독; ~ gasovi 배출 가스; ~a voda 산업 폐수 2. 나쁜 (rđav, loš)

otpadnik 배신자, 변절자 (odmetnik, izdajnik) otpadnica; otpadnički (形)

otpadništvo 배신, 변절 (odmetništvo, izdajništvo)

otparati -am (完) 1. ~의 솔기를 풀다 (꿰매진 것의) (rašiti) 2. (비유적) 남의 땅을 침범하여 밭을 갈다 (odorati od tuđe zemlje) 3. ~ se 터지다 (꿰매진 솔기가)

otpasati -šem (完) 1. (허리의) 띠를 풀다, 혁띠를 풀다 2. ~ se (혁띠를) 끄르다, 풀다; otpasao sam se i legao spavati 혁띠를 풀고 잠을 자기 위해 누웠다

otpasti otpadnem (完) otpadati -am (不完) 1. ~로부터 떨어지다; otpalo ti je dugme 네 옷의 단추가 떨어졌다; otpale ti ruke (usta) (저주, 경멸의 말을 할 때) 팔 떨어져 나갔냐! (다른 사람이 일을 잘 못할 때) 2. 사라지다, 없어지다 (nestati, prestati); nevolje i brige otpadnu odmah 근심과 걱정이 즉시 사라진다; kad budeš počeo da radiš, otpašće sve brige 네가 일하기 시작하면 모든 근심이 사라질 것이다 3. ~의 몫으로 떨어지다, ~의

몫으로 나가다; na taj stan otpada polovina moje plate 내 월급의 반이 그 아파트로 나간다; na svakoga je otpao po komad kobasice 한 사람당 소시지 한 개가 할당되었다 4. 빨리 가다, 뛰어가다 (brzo otići, otrčati) 5 포기하다, 도망치다, 떨어져 나오다 (odvojiti se, odustati, pobeći); ~ od vere 종교를 포기하다

otpečatiti -im (完) (봉인된 것을) 개봉하다 (raspečatiti); ~ pismo 편지를 개봉하다

otperjati -am (完) 재빨리 떠나다 (brzo otići); kuvarica ima slobodan dan i već je otperjala nekud u selo 요리사는 쉬는 날에 시골 어딘가로 벌써 재빨리 떠났다

otpetljati -am (完) otpetljavati -am (不完) 매듭(petlja)을 풀다, 얽힘을 풀다 (odmrsiti);

otpevati -am (完) 1. 노래하다, 노래를 부르다, 노래를 다 부르다 (dovršiti pevanje); (장닭이) 울다; slušamo pevačice, pljeskamo im kad dobro otpevanju 우리는 여가수들의 노래를 듣고 있으며, 그들이 노래를 다 부르면 박수를 친다; petlovi odavno otpevali zoru 장닭들은 이미 오래전에 새벽을 알리면서 꼬기요를 불렀다; ~ pesmu, ~ svoje 1)더 이상 ~할 능력이 없다(~할 상태가 아니다) 2)죽다, 사망하다 2. 노래로 대답하다 (odgovoriti pevanjem); pevaj druže, da ti otpevamo 노래를 불러봐, 우리가 노래로 대답할게

otpiliti -im (完) 톱(pila)으로 자르다, 톱질하다 (otesteriti)

otpirač (경찰관이나 도둑이 쓰는) 곁쇠, 맞쇠, master key의 일종 (kalauz)

otpis 1. (빚의) 탕감, 삭제, 대손 상각 2. 서면 대답 (pismeni odgovor) 3. (통치자의) 명령 (naredba)

otpisati -šem (完) otpisivati -sujem (不完) 1. 편지로 대답하다, 서면으로 대답하다 (받은 편지에 대해); opet je tako dugo pismo svojoj sestri otpisala 또 다시 장문의 편지를 언니에게 썼다; ~ na pismo 편지에 편지로 답하다 2. (빚을) 탕감시키다, 면제해 주다; ~ dug 빚을 탕감하다 3. (명단 등에서)지우다, 삭제하다; on je bio otpisan kao političar 그는 정치인으로서 생명이 끝났었다 4. 서면상으로 비난하다

otpiti otpijem (完) otpijati -am (不完) 1. (~의 일부분을, 조금) 마시다; otpij da se ne prospe! 넘쳐흐르지 않도록 좀 마셔!2. 건배에 응하면서 마시다; ~ na zdravicu 건배에 따라 마시다

otplakati -čem (完) 1. (일정 시간 동안) 울다;

O

pusti je nek otplače; biće joj lakše 울게 내
버려 둬, 좀 나아질꺼야! **2.** 슬퍼하며 울다,
울면서 슬퍼하다 **3.** 울면서 가다
otplata 1. 할부금, 분할불입금 (rata, obrok);
svaka dva meseca nosim ~u za uzete knjige
매 2개월 마다 할부 책값을 가져간다;
prodavati (kupiti) na ~u 할부로 팔다 (사다);
otplatni (形) **2.** (보통은 할부로 산 물건값의)
지불, 지출 (odmazda)
otplatiti -*im*; *otplaćen* (完) **otplaćivati** -*ćujem*
(不完) **1.** 할부금을 지불하다, 할부로 갚아
나가다 (isplatiti u ratama); *kasnije ću ja ~
svoje dugove* 내 자신의 채무를 조금씩 나
눠서 갚아 나갈 것이다; ~ *nameštaj* 가구값
을 할부로 갚다 **2.** 복수하다, 되갚다
(osvetiti se, uzvratiti); *rekla je takvu frazu
kojom bi mu otplatila za bol koju joj je zadao*
그녀에게 준 고통을 그 사람에게 되갚을 말
을 했다
otplativ -*a*, -*o* **otplatljiv** -*a*, -*o* (形) (할부금을)
지불할 수 있는
otplivati -*am* (完) 헤엄쳐 멀어져 가다, 멀리
헤엄쳐 가다
otploviti -*im* (完) 항해해 멀리 가다, 멀리 항
해해 가다; *sinoć otploviše ribari daleko* 어
제 저녁 어부들이 멀리 항해해 갔다 **2.** 헤엄
쳐 멀리 가다 (otplivati)
otpljunuti -*nem* (完) (자기자신으로부터 최대한
멀리) 침을 뱉다; *otpljunuo je žestoko* 침을
탁 뱉었다
otpočeti *otpočnem*; *otpočet* (完) **otpočinjati** -
em (不完) 시작하다 (početi)
otpočinak -*nka* 휴식, 휴양 (odmor, počinak); *u
kući otpočinka nema* 집에서는 쉴 수가 없다
otpočinuti -*nem* (完) **otpočivati** -*čujem* (不完)
쉬다, 휴식하다
otpočinjati -*am* (不完) 참조 otpočeti
otpojati -*em* & -*im* (完) (宗) 노래를 부르다,
노래를 다 부르다 (svršiti pojanje, otpevati);
hor je otpojao celu liturgiju 성가대는 미사
가 진행되는 동안 전부 노래를 불렀다
otpor 저항, 반항, 반대; *pružati (dati) ~* 저항
하다; *aktivan (pasivan, oružani) ~* 적극적(수
동적, 무력) 저항; *slomiti ~* 저항을 분쇄하다;
električni ~ 전기 저항; *toplotni ~* 열전도율
otporan -*rna*, -*rno* (形) 저항하는, 저항력이 있
는; (물건이 액체·가스 등을) 통과시키지 않
는, 불침투성의; (물건 등이) 견고한, 질긴;
ova koža je ~rna na vlagu 이 가죽은 습기
에 잘 견딘다, 내습성(耐濕性)이다; ~ *na
toplotu* 내열성(耐熱性)의; ~ *na vatru* 내화성

(耐火性)의; ~ *protiv udara* 충격에 잘 견디
는, 내진성(耐震性)의
otpornik 1. 저항하는 사람 **2.** (電氣) 저항기;
저항 상자, 가변 저항기
otpornost (女) 저항(성); ~ *prema bolesti* 질병
에 대한 저항(성)
otporučiti -*im* (完) **otporučivati** -*čujem* (不完)
메시지를 전달하다(대답으로서), 답하다 (메
시지에 대해); *pozvasmo ga da se preda, ali
nam otporuči da se živ predati neće* 우리
는 그에게 투항하라고 메시지를 전달했지만
살아서 투항하는 일은 없을 것이라고 우리에
게 답했다
otporuka (받은 메시지에 대한) 응답 메시지
(odgovor na poruku)
otpozdrav (인사에 대한) 응답 인사, 답례 인사
(odgovor na pozdrav)
otpozdraviti -*im*; *otpozdravljen* (完)
otpozdravljati -*am* (不完) **1.** (nekome,
nekoga) 인사에 응답하다, 답례 인사를 하
다; ~ *jedan drugog* 서로 인사하다 **2.** (軍)
경례하다
otpratiti -*im*; *otpraćen* (完) **otpraćati** -*am* (不
完) **1.** 배웅하다 (ispratiti); ~ *na onaj svet*, ~
u grob 죽이다, 살해하다; ~ *na poslednji put*
장례식에 참석하다; ~ *pogledom (očima)* 눈
으로 배웅하다 **2.** 보내다, 발송하다, 파견하
다 (poslati, otpraviti, otpremiti)
otpravak -*vka* 소포 (pošiljka); (관계자들에 발
송하는) 법원 결정문 사본
otpraviti -*im*; *otpravljen* (完) **otpravljati** -*am*
(不完) **1.** 보내다, 발송하다 (poslati,
otpremiti, uputiti) **2.** 쫓아내다, 제거하다, 없
애다 (ukloniti, oterati, odstraniti); 해고하다
(otpustiti (iz službe)); *ti hoćeš da me
otpraviš odavde* 나를 여기서 내쫓고 싶은
거지; *sutradan nije došao na posao, jer je
sigurno znao da će ga ~* 다음날 그는 자신
을 해고할 것이라는 것을 확실히 알고 출근
하지 않았다 **3.** 하다, 행하다, 이행하다
(obaviti, uraditi)
otpravljač 1. (물건) 발송인; (사람을 보내는)
파견인; ~ *vozova* 열차 배차인, 열차의 발차
담당자 **2.** (電波) 송신기, 전달 장치
(odašiljač, otpremnik)
otpravljanje (동사파생 명사)otpravljati; 발송,
보냄, 파견
otpravljati -*am* (不完) 참조 otpraviti
otpravnik 1. (일정한 권한을 가진) 대리인, 권
한대행; ~ *poslova* (外交) 대사대리 **2.** (물건)
발송인; (사람을 보내는) 파견인; ~ *vozova*

열차의 발차 담당자

otpravništvo 1. 지사(支社), 지점(支店) (predstavnišvo, agentura) 2. (물건·사람 등을 보내는) 발송과(부) (ekspedicija)

otpre (副) 이전부터, 이전처럼

otpregnuti otpreći *otpregnem; otpregnuo, -ula & otpregao, -gla* (完) (말 등의) 마구(馬具)를 끄르다 (ispregnuti, ispreći)

otprema 발송, 보냄; 수송, 운송, 수송 허가증 **otpremni** (形); ~ *troškovi* 수송(운송) 비용

otpremiti *-im; otpremljen* (完) **otpremati** *-am* (不完) 1. 보내다, 발송하다, 우송하다 (poslati, uputiti, otpraviti); ~ *pošiljku* 소포를 보내다 2. 해고하다, 배웅하다 (otpustiti, ispratiti); *Hanka otpremi te ljude* 한카가 그 사람들을 배웅한다

otpremnica 운송장, 발송장, (육지 운송 등의) 선하증권

otpremnik 1. (물건, 사람의) 발송자, 하주(荷主) **otpremnički** (形) 2. (電波) 송신기 (odašiljač)

otpremnina 1. 퇴직 수당, 해직 수당, 위로금 (해고할 때 주는) 2. 발송비, 운송비

otpremništvo 참조 otpravništvo

otpretati *-ćem* (完) (활활 타도록) 불붙은 석탄에서 재를 제거하다(털어내다); ~ *vatru* 불쏘시개로 불을 뒤적뒤적하다

otprhnuti *-nem* (完) 날아가다, 날개짓하며 날아가 버리다; *na to mesto sleteo vrabac, cvrkutnuo i otprhnuo* 그 자리에 참새가 내려 앉아 짹짹거리고는 날아가 버렸다

otprilike (副) 대략, 대체로, 약

otpučiti *-im* (完) 단추(puce)를 풀르다(끄르다) (otkopčati, raskopčati)

otpuhnuti *-nem* (完) **otpuhivati** *-hujem* (不完) 1. 훅 불다, 훅 불어 날려 보내다; *on je prašinu otpuhnuo s dlana* 그는 손바닥의 먼지를 훅 불었다 2. 콧방귀를 뀌다 (유쾌하지 못하다는 표시로)

otpusnī *-ā, -ō* (形) 석방의, 방면의; *~a lista* (bolesnika) 퇴원증

otpusnica 방면(放免)서류(퇴원증, 해고 통지서, 전역증, 출소증 등의)

otpust 1. (장소·속박에서의) 해방, 석방, 퇴원, 출소, 해고 (otpuštanje, otkaz); ~ *iz vojske* (군)소집 해제; ~ *iz bolnice* (병원)퇴원 2. 휴식 (odmor); *cigani koji su za vreme večere svirali, dobiše kratak* ~ 저녁 시간에 연주한 집시들은 짧은 휴식 시간을 얻었다 3. (宗) 용서 (oproštaj, oproštenje); *molitva za otpust greha* 죄사함을 위한 기도

otpustiti *-im; otpušten* (完) **otpuštati** *-am* (不

完) 1. 가도록 놓아주다, 보내다; 배웅하다 (otpraviti, ispratiti); ~ *kočijaša* 마부를 보내다(놓아 주다); ~ *šofera* 운전수를 보내다; *revizor otpusti decu kućama* 감독관은 아이들이 집에 돌아가도록 해줬다 2. 석방하다, 방면하다 (osloboditi); ~ *uslovno* 집행유예로 석방하다 3. (교도소 등에서)출소시키다, (군에서) 제대시키다; ~ *iz zatvora* 감옥에서 출소시키다; ~ *iz vojske* 소집 해제하다, 제대시키다 4. (직장 등에서) 해고하다; ~ *radnika* 노동자를 해고하다; ~ *s posla (iz službe)* 해고하다 5. 내뿜다, 흐르게 하다; *pripalio je cigar i otpustio prvi dim* 담배에 불을 붙이고는 첫 연기를 내뿜었다 6. 묶인 것을 풀다 (완전히 혹은 부분적으로) 7. 매달려 있게 하다 (opustiti) 8. 느슨하게 하다 (olabaviti); *otpustio konjima vođice* 말의 고삐를 늦추었다 9. 멎다, 완화되다 (propustiti); *hladnoća je otpustila* 추위가 멎췄다 10. ~ *se* 놓치다 (손에서, 잡고 있던 것을), 떨어지다, 풀리다 (묶인 것이); *otpustila se i pala* 손을 놓쳐 넘어졌다 11. ~ *se* 느슨해지다; (요리) 말랑말랑해지다, 흐물흐물해지다; *puding se otpustio* 푸딩이 흐물흐물해졌다 12. ~ *se* 통제력을 잃다

otpušač 코르크 마개 따개 (vadičep)

otpušiti *-im* (完) **otpušavati** *-am* (不完) 코르크 마개를 뽑아내다, 마개를 따다

otpuštanje (동사파생 명사) otpuštati; 해고; ~ *radnika* 노동자 해고

otpuštati (不完) 참조 otpustiti

otpuštenik 출소자, 퇴원자, 해고자

otputovati *-tujem* (完) 1. 길(여행)을 떠나다, 떠나다(다른 곳, 다른 나라로, 보통 교통편을 이용하여); *krajem avgusta otputovala je delegacija* 8월 말에 대표단이 떠났다 2. (비유적) 죽다, 사망하다; ~ *na onaj svet* 저세상으로 떠나다

otpuzati *-žem* **otpuziti** *-im* (完) 기어가다

otrag, otraga (副) 뒤에서, 뒤로부터; 뒤로, 후방으로 (odostrag; unazad)

otrcan *-a, -o* 1. 참조 otrcati; (옷이) 낡은, 해진; *~o odelo* 낡은 옷 2. 식상한, 진부한, 새로운 것이 아무것도 없는, 알맹이 없는; *~i vicevi* 식상한 위트; *~e fraze* 진부한 관용구

otrcati *-am* (完) **otrcavati** *-am* 1. (他) (옷 등을) 닳아 해지게 하다, 떨어지게 하다 (pohabati, izlizati, iskrzati) 2. ~ *se* (옷 등이) 해지다, 낡아지다

otrčati *-im* (完) **otrčavati** *-am* (不完) 뛰어가다; *dete opet otrča u igru* 아이들은 또 다시 놀

O

러 뛰어갔다

otrebine (女,複) 고물, 쓰레기, 해지고 낡은 것 (otpadak, odbirak)

otrebiti -im (完) 1. 깨끗하게 하다, 털어내다, 키질하다; ~ grah (pasulj) 콩을 깨끗이 하다; ~ žito od pleve 왕겨로부터 곡물을 골라내다, 곡물을 키질하다; ~ od vašiju 이를 털어내다; Vrapci su sav park otrebili od gusenica 참새들이 숲에서 송충이들을 박멸했다 2. (비유적) 따다, 수확하다 (obrati, pobrati) 3. 껍질을 벗기다, 껍질을 까다 (oguliti, oljuštiti); ~ jabuku (krompir, orahe) 사과 (감자, 호두) 껍질을 벗기다

otresati -am (不完) 참조 otresti; 흔들어 떨구다, 털어내다

otresit -a, -o (形) 1. (행동이) 개방적인, 자유로운(otvoren, slobodan); 유능한, 능력있는, 명석한(bistar, sposoban) 2. 거친, 성마른, 날카로운 (osoran, oštar); bila sam svojeglavna, ~a 고집이 세고 거칠었다

otresti otresem (完) otresati -am (不完) 1. 흔들어 떨어뜨리다 (나무에서 과일 등을); ~ voće sa drveta 나무에서 과일을 흔들어 떨어뜨리다 2. 흔들어 털다, 털어내다; ~ blato (prašinu) 흙(먼지)을 털다 (신발·옷에서); ~ sneg s cepela 구두의 눈을 털다 2. 날카롭게 (거칠게·무뚝뚝하게) 말하다 (oštro progovoriti, odbrusiti); ne zna zašto ga uznemiruje pa otrese 왜 그 사람을 성가시게 하고 거칠게 말하는지 모른다 3. 말하다 (održati, izreći); Pop je otresao najlepšu zdravicu 신부는 가장 적당한 안부인사를 말했다 4. 기타: ~ rukama 흥분하여(화를 내며) 거절의 손짓을 하다 5. ~ se 털다, 털어내다; skoči, otrese se, kao pas, celim telom 폴짝 뛰어 마치 개처럼 온 몸을 흔들어 털어내다 6. ~ se 벗어나다, 해방되다 (oprostiti se, osloboditi se, otarasiti se); nije se mogao ~ sirotinje 가난을 벗어날 수 없었다; ~ se gonilaca 추격자로부터 벗어나다; ~ se misli 생각을 떨쳐내다

otrezniti -im; otrežnjen (完) otrežnjavati -am otrežnjivati -njujem (不完) 1. 술이 깨게 하다 (učiniti treznim); 정신이 들게 하다, 정신차리게 하다; ~ nekoga 술이 깨게 하다(정신차리게 하다) 2. ~ se 술이 깨다, 정신이 들다, 제 정신으로 돌아오다

otrgnuće (동사파생 명사) otrgnuti; ~ teritorije 영토 분할

otrgnuti -nem; -nuo, -nula & -gao, -gla (完) 1. 떼어내다, 떼어 분리하다; 꺾다, 따다; ~

cvet (ružu) 꽃(장미)을 꺾다; ~ plod 열매를 따다 2. 힘으로(완력으로) 분리시키다, 떼어놓다, 나누다; ~ deo imanja 재산의 일부를 나누다 3. 홱 낚아채다, 홱 잡아채다 4. (드물게) 잡아뽑다, 빼다 (izvući, isukati) 5. 시작하다 (početi) 6. 숙어: ~ od zaborava 잊혀지지 않게 하다 7. ~ se (묶인 줄, 속박 등에서) 풀리다, 벗어나다; otrgao se pas 개가 줄에서 풀렸다; čovek se od posla ne može ~ se 사람은 일에서 벗어날 수 없다 8. ~ se (누구와) 관계를 단절하다, 소원해지다, 멀어지다; Pera ne samo što joj se nije vratio, nego se sasvim otrgao 페라는 그녀에 돌아오지 않았을 뿐만 아니라 완전히 (그녀와)관계를 단절했다

otromboljiti se -im se (完) 축 처지다, 늘어지다 (opustiti se, oklembesiti se)

otromiti -im (完) 1. 느릿느릿해지다, 잘 움직이지 않게 되다, 잘 움직일 수 없게 되다 (postati trom); noge mu otromile i teško mu bilo hodati 다리가 잘 움직이지 않아 걷는 것이 힘들어졌다 2. 수동적으로 되다, 활력(흥미)을 잃다 3. ~ se 움직임이 둔해지다; telo malakše, otromi se, čovek se jedva kreće 몸은 축처지고 둔해져 겨우 움직일 수 있다

otrov 1. 독(毒), 독약; bojni ~i (군사용)화학 무기; sipati ~ (na koga, protiv koga) 사악하고 격렬하게 공격하다 2. (비유적) 사악한 사람 (zla, opaka osoba)

otrovan -vna, -vno 1. 독성의, 독이 있는; ~vni sastojci 독성 성분; ~vna zmija 독사; ~vni gas 독성 가스 2. (비유적) 사악한, 악의적인 (opak, zao); ~vna kleveta 악의에 찬 저주 3. (비유적) 너무나 아픈 (pun gorčine); ostao je nem i nepomičan u svome ~vnom bolu 너무나 큰 통증으로 말도 못하고 움직이지도 못하게 되었다

otrovati -rujem (完) 1. 독을 묻히다, 독을 주입하다; ~ strelu 화살에 독을 묻히다; ~ hranu 음식에 독을 넣다 2. 독살하다 3. (비유적) 나쁜 영향을 끼치다, 망쳐놓다 4. 분노케 하다, 화나게 하다 (ogorčiti) 5. ~ se 독약을 먹고 자살하다 6. ~ se 감염되다 (okužiti se, zaraziti se)

otrovnica 1. (動) 독사; ~e cevozubice 살모사 2. (비유적) 사악한 여자 3. (植) 독버섯 4. (한정사적 용법으로, 주로 동식물의 명칭으로) zmija ~ 독사; gljiva ~ 독버섯; strela ~ 독화살

otrovnik 사악한 사람(남자)

765

O

otrovnjak 1. 사악한 사람 (otrovnik) 2. (한정사적 용법에서) 독이 나오는 송곳니

otrpeti *-im* (完) 1. (저항없이, 말없이) 겪다, 당하다 (손해·모욕 등을); ~ *uvredu* 모욕을 겪다, 모욕당하다 2. 견디다, 참다, 인내하다 (불편·손해 등을); *životinje šumske i ptice nisu znale kako će ~ zimu* 숲속의 동물과 새들은 겨울을 어떻게 이겨낼지 몰랐다

otrti *otrem & otarem; otri & otari; otro, -rla; otrt, -a & otrven, -a* (完) **otirati** *-em* (不完) 닦아내다, 없애다, 비벼 털어내다, 깨끗이 하다 (닦아·털어); ~ *blato s cepela* 신발에서 흙을 털어내다; *Nola otare znoj sa čela* 놀라는 이마의 땀을 털어낸다

otući *otučem* (完) 1. 치다, 때리다; (때려, 쳐서) 부상을 입히다, 손상을 입히다, 망가뜨리다; ~ *lonac* 냄비를 쭈그려뜨리다 2. 망가뜨리다, 손실을 입히다 (우박 등이) 3. 겉표면을 떼어내다(쳐서); ~ *žbuku sa zida* 벽의 시멘트를 떼어내다 4. 타작하다 (omlatiti); ~ *grah* 콩을 타작하다

otud(a) (副) 1. 그 방향으로부터, 그쪽으로부터, 그곳으로부터 (odatle); ~ *vodi put* 그쪽으로부터 길이 나 있다 2. 그렇게, 그 방법으로 (tako, na taj način); *pročitao sam sve, pa ~ znam kako je bilo* 나는 모든 것을 읽었으며, 그렇게 해서 (과거에) 어떠했는지를 안다 3. 그래서, 그렇게 (stoga, zato); *ništa ne znam, pa ~ neću ništa ni reći* 아무것도 모르기 때문에 아무 말도 하지 않겠다 4. 기타; *i ~ i odovud* 사방에서, 이곳 저곳에서, 이쪽 저쪽으로; *otud-odovud* (口語) 점차적으로, 점진적으로, 조금씩 조금씩

otuđen *-a, -o* 1. 참조 otuđiti 2. 변질된, 바뀐, 이상한 (promenjen, stran, čudan); *nekakvim ~im glasom nazva dobar dan* 약간 이상한 목소리로 인사를 하다

otuđenost (女) (사람들 사이의) 거리감, 이질감, 소원(疏遠)함

otuđenje (동사파생 명사) otuđiti; 1. (사람들간의 밀접함의) 소원(疏遠), 단절 2. 소유권 이전(양도); ~ *imanja* 재산 양도

otuđiti *-im* (完) **otuđivati** *-đujem* (不完) 1. (koga) 소원하게 만들다, 멀어지게 만들다; ~ *od rodnog kraja* 고향 마을에서 멀어지게 하다 2. (소유권 등을) 양도하다, 넘겨주다; ~ *imanja* 재산을 양도하다 3. ~ *se* (od koga, kome) 소원해지다, 멀어지다 4. ~ *se* 흥미 (관심)를 잃다, 분리되다, 유리되다; *sada je osetio kako se bio već otuđio životu* 이미 삶과 유리되었다는 것을 이제 느꼈다

otupeo *-ela, -elo* (形) 1. 무딘, 둔감한 (tup, neosetljiv) 2. 무딘, 날카로움을 잃은

otupelost (女) 둔함, 둔감, 무감각

otupeti *-im* (完) 1. 무감각해지다, 무뎌지다 2. 날카로움을 잃다, 무뎌지다 3. 영적으로 메마르다, 총명함을 잃다

otupiti *-im; otupljen* (完) **otupljivati** *-ljujem* (不完) 1. 무디게 하다, 날카로움을 잃게 하다 (istupiti); ~ *oštrinu* 날을 무디게 하다 2. 무감각하게 하다; *to trčanje joj dosadi, umori je, otupi* 그러한 달리기는 그녀를 따분하고, 피곤하고, 무감각하게 만든다 3. 어리석게 만들다 (zaglupiti) 4. 기타; ~ *zube (govoreći, grdeći)* (과도하게) 이야기하다(질책하다)

otupljivati *-ljujem* (不完) 참조 otupiti

oturiti *-im* (完) **oturati** *-am* (不完) 1. 밀어내다, 밀쳐내다 (odgurnuti) 2. 버리다, 내던지다 (pometnuti, baciti) 3. 벗어 던지다 (zbaciti, skinuti)

otužan *-žna, -žno* (形) 1. (음식이) 맛없는 (bljutav, koji je bez ukusa); (음식이) 너무 기름진, 소화시키기 버거운 2. (냄새가) 불쾌한, 고약한, 구역질나는; ~ *miris* 고약한 냄새, ~ *zadah* 구역질나는 악취 3. 따분한, 단조로운 (dosadan); *kišan i ~ bio je dan* 비내리는 따분한 날이었다

otvarač (병·통조림 등의) 따개; ~ *za boce* 병따개; ~ *za konzerve* 통조림 따개

otvaranje (동사파생 명사) otvarati; 오프닝, 개막, 시작; ~ *izložbe* 전시회 오프닝; *sredstvo za* ~ (醫) 완하제(緩下劑; 배변을 쉽게하는 약)

otvarati *-am* (不完) 1. 참조 otvoriti 2. (醫) 윤하하다(쉽게 배변하게 하다)

otvor 1. 틈, 구멍 (rupa); (인체의) 구멍; ~ (na palubi) (갑판의) 승강구, 해치 2. (醫) (方言) 설사 (proliv); 완하제(배변을 쉽게 하는)

otvoren *-a, -o* 1. 참조 otvoriti; ~ *grad* 비무장 도시, 자유 도시; *~a kuća* 공개되는 집, 오픈 하우스; *~a rana* (醫) 개방창(開放創), 열린 상처; ~ *slog* 개음절; *~o pismo* 공개서신; *~a kola* 무개차(無蓋車); *igrati ~ih karata (s ~im kartama)* 진실을 공개적으로 말하다, 아무것도 감추지 않고 공개하다; *imati ~u kuću* 항상 친절히 손님을 맞이하다; *imati ~a vrata (za nešto)* 확실한 성공을 거두다; *imati ~u kavernu* 급성결핵을 앓다; *ići ~ih očiju* 예기치 않은 상황에 대비하고 조심하다; *momak ~e glave* 명석한 두뇌의 청년; *dočekati ~a srca (~ih ruku)* 따뜻하게(진심으로) 마중하다; *ostati ~ih usta* 깜짝 놀라

다; ~o pitanje 현안, 아직 해결되지 않은 문
제; ~o more 공해(公海); pod ~im nebom 야
외에서; slušati ~ih usta 집중해서 듣다 2.
솔직한, 터놓은, 숨김없는 (iskren); ~e
besede, ~ na besedi 진실된 연설 3. (색깔의)
밝은, 연한 (svetao); ~a boja 밝은 색
otvoreno- (복합어의 접두사로) (색깔이) 밝은,
연한; otvorenoplav 담청색의, 밝은 청색의;
otvorenožut 연노랑, 밝은 노랑의
otvorenost (女) 개방성, 솔직함
otvoriti -im (完) otvarati -am (不完) 1. 열다; ~
prozor (vrata, školu, sednicu, izložbu, račun)
창문(문, 학교, 회의, 전시회, 구좌)을 열다;
~ kredit 차관(융자)을 제공하다; ~ vatru
(paljbu, pucnjavu) 1)사격하다, 발포하다 2)
공격하다, 비판하기 시작하다; ~ stečaj 파산
을 선언하다; ~ apetit 1)식욕을 돋우다 2) 흥
미(동기)를 유발하다; ne dati (kome) oka ~
숨돌릴 틈을 주지 않다; ~ vidike 견문(시야)
을 넓히다; ~ dušu (srce) 솔직해지다, 진심
을 터놓다; ~ karte 진짜 목적을 공개하다; ~
pitanje 어떤 문제에 대해 검토를 시작하다,
토론하다; ~ usta (침묵을 깨고)말하기 시작
하다 2. 켜다, 틀다; ~ svetlost (radio,
televizor, slavinu, vodu) 불 (라디오, TV, 수
도꼭지, 물)을 켜다
otvrdnuti -nem; otvrdnuo, -nula & otvrdao, -
dla (完) otvrdnjavati -am (不完) 1. (自) 딱딱
해지다, 단단해지다 (postati tvrd); 확고해지
다, 단호해지다 (postati odlučan); 거칠어지
다, 뻣뻣해지다 (ogrubeti) 2. (他) 확고하게
하다, 단호해지게 하다
otvrdoglaviti -im (完) 완고해지다, 고집이 세
지다
OUN 약어(Organizacija ujedinjenih nacija)
ovacija (보통 複數로) (열렬한) 박수, 환호;
burne ~e 열렬한 환호; praviti ~e 커다란
박수를 치다
ovaj ova, ovo 1. (지시 대명사) (가까운 거리 혹
은 시점을 나타낼 때) 이~; ~ put 혹은
ovoga puta 이번에는; ~e zime 이번 겨울; iz
~vih stopa 즉시, 당장 (odmah, smesta); ~
svet 이 세상, 이승; ~e ruke 이 종류 2. (앞
서 방금 말한 것을 언급할 때) 이-, 그-;
imao je jedinca sina. Ovaj sin je bio vrlo
vredan 그는 단 한 명의 아들이 있었다. 그
아들은 매우 부지런했다; Senat je
imenovao ... sudiju ... i ovaj je birao kralja
원로원이 ... 판사를 임명했으며 ... 그 판사
가 왕을 선출했다 3. (口語) (삽입 어구로서)
어, 저; SAD imaju, ~, 50 država 미연합국은

50개의 국가로 이루어져 있다
ovakav -kva, -kvo (形) 이러한, 이러한 종류의;
ona hoće ~ šešir 그녀는 이런 종류의 모자
를 원한다; na ~ način 이러한 방법으로
ovako (副) 이렇게, 이러한 방법으로; i ~ i
onako 이러나 저러나 방법으로
oval 타원형
ovalan -lna, -lno (形) 타원형의
ovamo (副) 이리로, 이쪽으로; dođi ~! 이쪽으
로 와!
ovan ovna, ovne; ovnovi 1. (動) 양(숫양)
ovneći, ovnujski (形) 2. (歷) (로마군이 사용
하던) 공성 망치, 파성퇴(과거 성문이나 성
벽을 두들겨 부수는 데 쓰던 나무 기둥같이
생긴 무기) 3. (天) 양자리, 백양궁(황도 십이
궁의 첫째 자리)
ovaploćen 참조 ovaplotiti; 구체화된, 구현된
ovaploćenje (동사파생 명사) ovaplotiti; 구체
화, 구현, 체화(體化)
ovaplotiti -im; ovaploćen (完) ovaploćavati -
am (不完) 체화(體化)하다, 구체화 하다, 구
현하다 (oteloviti, oživeti, oličiti); niko ne
može ~ istoriju o Hamletu kao što je to
Šekspir učinio 아무도 셰익스피어처럼 햄릿
이야기를 구현할 수 없다
ovapniti -im (完) ovapnjivati -njujem (不完) 1.
석회를 바르다, 회칠하다 (obeliti vapnom,
okrečiti) 2. (醫) 뼛뼛해지다, 굳어지다
ovapnjenje (동사파생 명사) ovapniti; 경화; ~
žila 동맥경화(증) (arterioskleroza)
oavrij -ija (解) 난소(卵巢) (jajnik)
ovas ovsa (곡물) 귀리 ovsen (形) ~a kaša 오
트밀 (zob)
ovca 1. (動) 양, 암양; čuvati ~e 양을 돌보다;
stado ovaca 양우리; zalutala (izgubljena) ~
길잃은 양; kao ~ 백발의, 완전히 머리가 하
얀; ovčji, ovčiji (形); ~a koža 양가죽; ~e
meso 양고기; ~e boginje (醫) 수두 2. (비유
적) (종교)신자 3. (비유적) 소심한 사람, 겁
많은 사람
ovčar 1. 목자(牧者), 양치기 ovčarica, ovčarka
2. pas ~ 양치기 개, 목양견(牧羊犬);
nemački ~ 독일 세퍼드 ovčarski (形); ~
pas 양치기 개
ovčara 양사, 양우리 (tor)
ovčarica, ovčarka 참조 ovčar
ovčarnica 참조 ovčara
ovčarnik 양우리, 양 외양간
ovčarskī -ā, -ō (形) 양치기의, 목자의
ovčarstvo 양목축업
ovčetina, ovčevina 양고기 (ovčje meso)

O

ovčica 1. (지소체) ovca 2. 권운(卷雲), 새털구름 3. 바다 물고기의 일종 4. 무당벌레의 일종

ovčijī -ā, -ē (形) 양(羊)의

ovčina 1. (지대체) ovca 2. 양가죽 (ovčja koža)

ovčjī -ā, -ē (形) 양의

ovda (副) (廢語) 그때에, 그 당시에 (onda, tada); ~-onda 때때로, 가끔

ovdašnjī -ā, -ē (形) 이곳의, 이지역의; mi smo ~ 우리는 이곳 사람들이다; ~ seljaci 이지역 농부들

ovde (副) 여기, 여기에, 이지역의

ovećī -ā, -ē (形) 다소 큰

ovejan -a, -o (형) 1. 참조 ovejati; 키질한, 까부른 2. (비유적) 순혈의, 순종의, 진짜의 (čisti, pravi); sve sam ~i Srbin 나는 모든 면에서 순혈의 세르비아인이다 3. 수완이 좋은, 약삭빠른 (snalažljiv, prepreden); ~i lopov 약삭빠른 도둑

ovejati -em; ovej (完) 키질하다, 까부르다(키로)

ovekovečiti -im (完) ovekovečavati -am ovekovečivati -čujem (不完) 영구화하다, 영속시키다, 영원성을 부여하다, 불멸하게 하다; spomenik mu je senat podigao da ovekoveči njegove pobede 상원의원은 그의 승리를 영원히 기리기 위해 그의 동상을 건립했다

ovenčati -am (完) ovenčavati -am (不完) 1. 화환으로 장식하다(아름답게 하다); ona priča kako su omladinci ovenčali njega 그녀는 젊은이들이 어떻게 그에게 화환을 걸었는지 말하였다 2. (화환처럼) 둘러싸다, 에워싸다; ta su polja takođe bila ovenčana brdima 그 들판은 언덕으로 둘러싸였다; ovenčan slovom 영광스러운 3. (보통 숙어로) ~ krunom 왕관을 쓰다, 왕위에 오르다(오르게 하다)

overa 공증, 사실 증명(직인을 찍어)

overiti -im (完) overavati -am (不完) 공증하다, 사실임을 증명하다(직인을 찍어)

oveseliti -im (完) 흥겹게 하다, 흥이 나게 하다, 즐겁게 하다

oveštao -ala, -alo (形) 1. 닳아 해진, 써서 낡은, 헌 (ostareo, pohaban); njegov ~ali kaput 그의 낡은 외투 2. (비유적) 식상한, 진부한 (otrcan, banalan); ~le fraze 진부한 문구

ovi 참조 ovaj

ovisan -sna, -sno (形) 참조 zavisan; 매달린, 달린, 의존적인, 종속적인. ~에 따른; ~sno o nečemu ~에 달린; Mali seljaci prodaju svoju robu te postaju ~sni o trgovcima 소농들은 자신들의 농산품을 판매함으로써 상

인들에게 종속된다

ovisiti -im (完) (o nečemu) 종속되다, ~에 따라 달라지다, ~에 달려있다; to ovisi o tebi 그것은 너에게 달려있다

ovisnost (女) 의존, 달려 있음 (zavisnost)

oviti ovijem (完) ovijati -am (不完) 1. 둘둘말다, 감싸다, 싸다 (omotati, obaviti); ~ tajnom 비밀로 하다, 알려지지 않게 하다 2. (비유적) 사로잡다, 휩싸이게 하다 (obuzeti) 3. ~ se 뒤덮히다, 감싸이다; magle su se ovile gorama oko vrhunca 산봉우리들은 안개로 휩싸여 있었다

ovjes (자동차의) 완충 장치, 현가 장치

ovladati -am (完) ovladavati -am (不完) 1. ~ nečim; 점령하다 (zauzeti, osvojiti, zavladati); neprijatelj je uspeo da ovlada polovinom grada 적들은 도시의 절반을 점령하는데 성공했다 2. 완전히 지배하다(점령하다) (preovladati); ovladala je duboka jesenska tiha noći 가을밤의 쥐죽은듯한 정막이 감돌았다 3. 지배하다, 통제하다, 장악하다 (savladati, pobediti, oboriti); ~ nekim (sobom) 누구를(자기 자신을) 컨트롤하다 4. 휩싸이게 하다, 사로잡다 (obuzeti); gnev mu je srcem ovladao 그의 마음은 분노로 가득찼다 5. 통달하다, 능숙하게 잘 알다

ovlastilac -ioca ovlastitelj 위임자, 인가자, 허가자

ovlastiti -im; ovlašćen & ovlašten (完) ovlašćivati -ćujem (不完) 인가하다, 재가하다, 권한을 부여하다

ovlaš (副) 1. 피상적으로, 표면적으로, 거의 알아챌 수 없게 2. 헐겁게, 느슨하게 (묶다·연결하다) 3. 무심코, 아무 생각 없이, 지나가는 투로 (uzgred, mimogred, uz put)

ovlašan -šna, -šno (形) 1. 표면적인, 얄팍한, 대강의, 대충의; ~šna skica 대충 그린 스케치 2. 가벼운, 약간의; ~ dodir 가벼운 터치

ovlašćen -a, -o 참조 ovlastiti; ~o lice 담당자, 피위임자

ovlašćenik 권한을 위임받은 사람, 피위임자, 대리인

ovlašćenje 1. (동사파생 명사) ovlastiti; 권한 위임 2. 위임장

ovlašćivati -ćujem (不完) 참조 ovlastiti

ovlašno (副) 참조 ovlašan

ovlašten -a, -o (形) 참조 ovlašćen

ovlaštenik 참조 ovlašćenik

ovlaštenje 참조 ovlašćenje

ovlažen -a, -o (形) 참조 ovlažiti; 축축한, 습기찬

O

768

ovlažiti -im (完) 1. 적시다, 축축하게 하다, 물을 축이다 2. 축축해지다

ovnečī -ā, -ē (形) 참조 ovan; 양의 (ovnujski)

ovnetina, ovnovina 양고기(ovčetina)

ovnujskī -ā, -ō (形) 참조 ovan; 양의

ovo 참조 ovaj; ~ dete (leto) 이 아이 (이번 여름); ~ je lepa slika 이것은 아름다운 그림이다; ~ su moji đaci 이 사람들이 내 학생들이다

ovo- (복합형용사를 만드는 접두사) ovogodišnji 올 해의, ovozemaljski 이승의

ovoj -oja 덮개, 포장지, 감싸고 있는 것 (omot, omotač); jajni ~ (解) 양막 (태아를 싸는)

ovojak -jka (植) 총포(總苞)

ovojnica 1. 참조 ovojak 2. (動) 장막(漿膜: 포유류, 조류, 파충류의 배(胚)의 맨 바깥쪽을 싸고 있는 막)

ovoličkī -ā, -ō ovolicnī -ā, -ō ovoličkī -ā, -ō (지소체) ovoliki; 이 크기의, 이 숫자의; ~o dete 이 정도 크기의 아이; ona je ~a 그녀의 키는 이 정도다; ~ automobili 이정도 사이즈의 자동차; od ovolicnog (znati, poznavati) 어려서부터, 어린시절부터 (알다)

ovolikačkī -ā, -ō (지대체) ovoliki

ovolikī -ā, -ō (形) 1. 이 크기의, 이정도 크기의; 이정도 숫자의; ~a kuća, a ima samo jedan lift 이정도 크기의 집에 단 한 개의 엘리베이터만 있다; ~a usta (na koga) 말이 많은 (보통 어떤 사람을 비판하면서)

ovoliko (副) 이정도로, 이정도 양의; ni ~ 눈꼽만치도 ~아니다; po ~ (prodati, kupiti) 이 가격에 (팔다, 사다)

ovolišnī -ā, -ō 참조 ovolicki

ovostranī -ā, -ō (形) 이쪽의, 이편의; ~a obala 이쪽편의 기슭(해안)

ovozemaljskī -ā, -ō (形) 이세상의, 이승의

ovraniti -im (完) 검게(vran) 하다, 검게 칠하다 (učiniti što vranim, ocrniti)

ovratnik 1.(와이셔츠, 외투 등의) 칼라, 깃 (okovratnik) 2. 넥타이, 나비넥타이 (kravata, mašna); 목에 맨 스카프

ovrći ovršem; ovrsī; ovrhavšī; ovrhao, ovrhla; ovršen (完) 탈곡(타작)을 마치다, 탈곡하다, 타작하다 (završiti vršidbu)

ovrha (法) (채권 등의) 강제 집행, (판결 등의) 집행 (egzekucija)

ovrhovoditelj (법원 명령을 집행하는) 집행관

ovsen -a, -o (形) 참조 ovas; 귀리의

ovsenica 1. 귀리빵, 귀리로 만든 빵 2. (植) 쇠미기풀

ovsik (植) 참새귀리속(屬)의 다년초 (klasača)

ovsište 귀리밭

ovuda (副) 이리로, 이쪽으로, 이 길로 (ovim putem, u ovom pravcu)

ovulacija 배란(排卵) ovulacioni, ovulacijski (形); ~ bolovi 생리통

ozad(a) (副) 뒤에서, 뒤에 (odostrag, ostrag) (反: spreda)

ozakoniti (完) ozakonjavati -am (不完) 법제화하다, 합법화하다

ozaren -a, -o 참조 ozariti; 빛나는; lice joj je bilo ~o radošću 기쁨에 그녀의 얼굴은 빛났다; sav je ~ 완전히 기뻐 들떠있다

ozarenost (女) (행복감 등으로 얼굴에 나타나는) 빛, 광채

ozariti -im (完) ozaravati -am (不完) 1. 빛나다, 광채가 나다 (obasjati) 2. (비유적) 행복하게 하다, 기쁘게 하다 (razveseliti, usrećiti) 3. ~ se 기분이 좋아지다

ozbiljan -ljna, -ljno (形) 1. 신중한, 진지한; ~ čovek 진지한 사람 2. 중요한, 의미있는 (važan, značajan) 3. 적당한, 적절한, 적합한 (pogodan, valjan, dobar); on nam je najozbiljni kandidat za ministra finansija 그는 우리의 가장 적합한 재무장관 후보이다 4. 실재의, 사실의, 진짜의 (stvaran, istinski, pravi); ~ događaj 실제 사건; ~ljna ljubav 진정한 사랑; ~ rat 실재 전쟁; ~ napredak 상당한 발전 5. 심각한, 심상치 않은, 위중한; ~ problem 심각한 문제; ~ljna bolest 위중한 병; situacija je napeta i ~ljna 상황이 긴박하고 심각하다

ozbiljnost (女) 신중함, 진지함

ozdo, ozdol(a), ozdolj (副) 밑으로부터 (odozda)

ozdravelī -ā, -ō (形) (건강이) 회복된

ozdraviti -im (完) ozdravljati -am (不完) 1. 건강해지다, 건강을 회복하다 2. 회복시키다, 치료하다; ~ nekoga ~를 치료하다

ozdravljenik 건강을 회복한 사람, 병에서 나은 사람

ozdravljenje (동사파생 명사) ozraviti; 회복

ozebao -bla, -blo 1. 참조 ozepsti; 감기에 걸린 (prehlađen); čekati (nekoga, nešto) kao ~blo sunce 간절히 기다리다

ozeblina (醫) 동창(凍瘡: 추위로 말미암아 피부가 얼어서 생기는 상처)

ozelenelī -ā, -ō (形) (녹색으로) 우거진

ozeleneti -im (完) (녹색으로) 우거지다, 푸르러지다

ozeleniti -im (完) 1. (초록으로) 우거지게 하다, 푸르게 하다 2. 나무를 심다, 녹화사업을 하

O

769

다, 숲을 가꾸다 (pošumiti)

ozepsti *ozebem*; *ozebao, ozebla* (完) 감기에 걸리다 (dobiti nazeb)

ozgo, *ozgor(a), ozgore* (副) 위로부터 (odozgo)

ozib 지렛대 (poluga, ćuskija)

ozidati *-am* & *oziđem* (完) 1. (건물을) 짓다, 건설하다, 건축하다 (sazidati, sagraditi, podići); ~ *kuću* 집을 짓다 2. 벽으로 둘러싸다 (obzidati)

ozim (男, 女) 겨울 작물, 한냉 작물

ozimac *-mca* 겨울 작물(보리 등의)

ozimče *-eta* 태어나서 처음으로 겨울을 나는 가축 (송아지·망아지 등의)

ozimī *-ā, -ō* (形) 겨울 작물의; ~ *usevi* 겨울 작물

ozimica 겨울 작물에서 나는 곡물 (밀 등의)

ozimiti *-im* (完) (무인칭문의) (겨울이) 시작되다, (추위가) 시작되다; *ozimilo je* 추워졌다

ozleda 부상, 상처 (povreda, rana); *zadobiti ~u* 부상당하다

ozlediti *-im*; *ozleđen* (完) **ozleđivati** *-đujem* (不完) 1. 부상을 입히다, 손상시키다 (povrediti, oštetiti) 2. ~ se 부상을 입다

ozledljiv *-a, -o* (形) ~에 취약한, 연약한(신체적·정서적으로 상처받기 쉬움을 나타냄) (ranjiv, osetljiv)

ozlobiti se *-im se* (完) 악의(원한)을 품다 (ispuniti se zlobom), 화내다 (naljutiti se)

ozloglasiti *-im*; *ozloglašen* (完) **ozloglašavati** *-am* (不完) ~의 명성(명예)을 훼손시키다, 헐뜯다, 중상모략하다; 나쁜 소문을 퍼뜨리다

ozloglašen *-a, -o* 1. 참조 ozloglasiti; 명예가 훼손된 2. 악명높은, 평판이 안좋은

ozlojediti *-im*; *ozlojeden* (完) **ozlojeđivati** *-đujem* (不完) 1. 성나게 하다, 화나게 하다; 격분시키다 (najediti, naljutiti, ogorčiti) 2. ~ se 성내다, 화내다, 격분하다

ozlovoljiti *-im*; *ozlovoljen* (完) 1. 짜증나게 하다, 약오르게 하다, 화나게 하다, 기분나쁘게 하다 (učiniti zlovoljim) (反; odobrovoljiti) 2. ~ se 짜증나다, 약오르다, 화나다, 기분이 나빠지다

označen *-a, -o* (形) 참조 označiti; 표식된 (markiran)

označiti *-im* (完) **označavati** *-am* (不完) 1. (표·기호 등으로) 표시하다; ~ *reč akcentom* 단어에 악센트를 표시하다 2. 가르키다; ~ *nešto rukom* 손으로 뭔가를 가르키다

oznaka 1. 표, 표시, 표지; 상징, 흔적 (znak, simbol); ~ *fabrika* 공장 표지; ~ *cene* 가격표; *putna* ~ (도로의) 이정표 2. 특징 (odlika, karakteristika)

oznaniti *-im* (完) 참조 obznaniti; 선언하다, 발표하다, 공표하다

oznojiti *-im* (完) 1. ~ *nekoga* 땀나게 하다, 땀흘리게 하다 2. ~ se 땀을 흘리다 3. ~ se (창틀·컵에) 물방울이 맺히다, 김이 서리다

ozon (化) 오존 **ozonski** (形)

ozonirati *-am* (完, 不完) 1. 오존으로 포화시키다 2. (물·공기 등을) 오존으로 정화시키다

ozračje (지구의) 대기 (stmosfera)

ozvaničiti *-im* (完) 공식화하다, 합법화하다, 법률로서 인정하다

ozvučiti *-im* (完) 1. 소리로 꽉차게 하다 (ispuniti zvukom); *pronašli bismo neko jezero ozvučeno od ptica* 새소리로 꽉찬 훗수를 찾고 싶다 2. (機) 스피커 시스템을 갖추다

ožaliti *-im* (完) 1. (고인에 대해 애통함을 표시하면서) 울다, 애도하다, 슬퍼하다 2. (누가 죽을 것이라 생각하면서) 애석해 하다, 애통해 하다

ožalostiti *-im* (完) 애통하게 하다, 슬프게 하다

ožalošćen *-a, -o* (形) 참조 ožalostiti; 애통한, 슬픈; ~*a porodica* 슬픔에 젖은 가족(고인들의)

ožariti *-im* (完) 1. 태우다, 그슬리다, 타다 (opaliti, ožeći, opeći); *smeće je kose, a lica rumena, nešto suncem ožarena* 갈색 머리에, 얼굴은 붉고, 햇볕에 약간 탔다 2. 빛나다 (obasjati, osvetliti, ozariti) 3. 불붙이다, 점화하다 (upaliti, užariti) 4. ~ se 빛나다, 광채가 나다 (sinuti, zasijati, ozariti se) 5. ~ se 화상을 입다, 따끔거리다, 쓰리다 (opeći se); *išao sam bos kroz koprive, te sam se ožario* 맨발로 쐐기풀밭에 들어가서 발이 땅끔거렸다

ožbukati *-am* (完) 모르타르(žbuka)를 바르다, 회반죽을 바르다

oždrebiti *oždrebi* (完) 망아지(ždrebe)를 낳다

ožeći *ožežem* & *ožegnem* (完) 1. 화상을 입히다, 따끔거리게 하다, 따갑게 하다 (불·쐐기풀 등에); *ruku sam nedavno strašno ožegao* 얼마전에 손에 화상을 입었다; *ožegla me je kopriva* 쐐기풀에 따가웠다 2. 때리다, 불러일으키다 (udariti, raspaliti); *ožeže konja podobro štapom* 말에 채찍질한다 3. ~ se 화상을 입다, 따끔거리다, 쏘이다; ~ *se na koprivu* 쐐기풀에 쏘이다

oždedneti *-im* (完) 갈증나다, 목말라지다 (postati žedan)

ožeg 쇠부지깽이 (žarač)

ožega, ožeglina, ožegotina 화상(火傷)
(opekotina)
oženiti *-im*(完) 1. koga 장가들이다, 장가를 가
게 하다, 결혼시키다 (남자) 2. ~ se 장가가다,
결혼하다(남자)
oženjen 참조 oženiti; 결혼한, 장가간 (남자)
ožica 숟가락 (žlica, lažica, kašika)
ožigosati *ožigošem* (完) 스탬프(인장)를 찍다
(obeležiti žigom, žigosati)
ožilaviti *-im* (完) 1. 질기게 하다, 질겨지다
(učiniti žilavim) 2. ~ se 질겨지다
ožiljak *-ljka* 흉터, 상흔
oživelî *-ā, -ō*(形) 참조 oživeti; 활기를 되찾은,
활기찬, 되살아난
oživeti *-im* (完) **oživljavati** *-am* (不完) 1. 살아
나다, 되살아나다; 활기를 되찾다, 새로운 힘
을 얻다 2. 살아나게 하다, 활기를 되찾게
하다, 소생시키다
oživiti *-im*; *oživljen* (完) 살아나게 하다, 활기
를 불어넣다, 깨어나게 하다
oživljavati *-am* 참조 oživeti
oživotvorenje 실현, 구현; (宗) 현현(顯現), 성
육신(成肉身) (ostvarenje, oličenje)
oživotvoriti *-im* (完) 생명을 불어넣다, 실현하
다, 구현하다
ožučiti *-im*(完) 1. 담즙(žuč)을 내어 쓰게 하다
2. ~ se 쓰다
ožujak *ožujka* 3월 (mart) **ožujski** (形)
ožuljiti *-im* (完) (신발 등이) 너무 끼다(꽉 죄어
아프게 하다), 굳은 살이 박히게 하다
(načiniti žulj, nažuljati)
ožut *-a, -o* (形) 노르스름한, 누르스름한
ožutelî *-ā, -ō* (形) 노래진, 누르스름해진
ožuteti *-im* (完) 누르스름해지다 (postati žut,
požuteti)
ožutiti *-im* (完) 노랗게 하다, 노란색으로 칠하
다 (učiniti žutim, obojiti žutom bojom)

O

P p

pa I. (接續詞) 1. (시·공간상의 연속적인 것을 나타내거나, 순서·중요성·세기 등의 순서를 나태냄) 그리고, 그 다음에, 그 후에 (순접관계); *prvo ću čitati ja, ~ ti* 먼저 내가 읽은 다음에 네가 읽어라; *prvo je došao on ~ ona* 먼저 그가 도착한 후 그녀가 왔다; *najšpre se poslužuju gosti ~ domaći* 제일 먼저 손님들을 접대한 후 다음에 식구들을 접대한다; *posmatra sliku, ~ drugu, ~ tako sve redom* 하나의 그림을 본 후 다른 그림을 보고, 그리고 그렇게 순서대로 (본다) 2. (앞 문장에서 말한 결과로 나타나는 문장을 연결함) 그래서 (결과를 나타냄); *oni su odrasli na Aljasci, ~ su otporni na zimu* 그들은 알래스카에서 자랐기 때문에 추위에 강하다; *nestalo nam je novaca, pa smo morali da se vratimo kući* 돈이 떨어져 집으로 돌아올 수 밖에 없었다; *bole ga noge ~ jedva hoda* 그는 다리가 아파서 겨우 걷는다 3. (앞문장에서 말한 것으로는 전혀 기대하지 않았던 결과를 나타내는 문장을 연결할 때) 하지만, 그렇지만, (역접관계); *bogat je, ~ ipak je nesrećan* 부자이지만 행복하지 않다; *mnogo sam radio, ~ nisam ništa postigao* 많은 것을 했음에도 불구하고 아무것도 이루지 못했다 II. (小辭) 4. (강조를 나타냄) 심지어는, ~조차 (čak, štaviše); *niko ga ne voli ~ ni rođeni otac* 아무도 그를 좋아하지 않는다 심지어는 친아버지 조차 (그를 좋아하지 않는다) 5. (부추킴·선동을 나타냄) 그러면, 그렇다면; *baš hočeš da ideš, ~ idi* 정말로 가기를 원하는구나, 그럼 가 6. (감탄적 표현을 나타내거나, 문장에서의 표현을 강조하거나 말하는 것의 확실함을 나타냄) *da li i ti mene voliš? ~ naravno!* 너도 나를 좋아하느냐? 그럼 물론이지! 7. (독립적으로 사용되어) (화자가 완전히 끝마치지 않은 문장을 계속하라는 뜻으로 의문적 어조로) 그래서?, 그래서 어찌 되었는데? 계속 말해 봐!; *ja sam ga nagrdio ... pa? pa šta je bilo onda?* 나는 그를 꾸짖었지 ... 그래서? 그래서 어찌 되었는데? 8. (독립적으로, 또는 다른 단어와 함께 사용되어) (반어적으로 강조하거나 별로 중요하지 않다는 것을 나타낼 때) 중요치 않아, 의미없어, 별로 (nije važno, nema značaja); *platio sam to skupo.*

Pa šta? (pa šta onda?) ionako si pun para 그것을 비싸게 샀어. 그래서 뭐, 너 돈 많잖아 9. 의심이나 불신을 나타냄(경시·무시를 나타내는 말과 함께) 하여튼; *i ti si mi ~ neki stručnjak, nemaš pojma ni o čemu* 너도 하여튼 어떤 전문가라는데, 아무것도 모르겠아 10. (늘어지는 형태의 paaa로) (그렇게 될지 안될지를 모르는 불확실함을 나타냄) 글쎄; *da li si položio ispit? paaa, ne znam baš sigurno* 너 시험에 합격했어? 글쎄~~, 잘 모르겠어

pabirak *-rka; -rci* (보통 複數로) 이삭, 낙과 (추수나 수확후 들판에 떨어져 남아 있는)

pabirčiti *-im* (不完) napabirčiti (完) 1. 이삭을 줍다 2. (비유적) (여기 저기 있는 것을) 모으다

pacificirati *-am* (完, 不完) (전쟁이 일어났거나 반란·봉기가 일어난 지역에) 평화를 정착시키다, 평화롭게 하다; (전쟁·반란·소요 등을) 진정시키다, 가라앉게 하다

Pacifik 태평양; *na ~u* 태평양에서 pacifički (形)

pacifikator 평화중재자(조정자), 화해조정자 (mirotvorac)

pacifist(a) 평화주의자, 평화애호주의자

pacifistički *-ā, -ō* (形) 평화주의의, 평화주의자의

pacifizam *-zma* 평화주의

pacijent 환자

packa *-ckī; pacaka* 1. (회초리로 손바닥을) 때림; *~ po prstima* 손가락 마디를 때림(벌로서); *dobiti ~e po dlanovima* (회초리로) 손바닥을 얻어맞다 2. 회초리 그 자체 3. 잉크 얼룩, 얼룩(일반적인) (mrlja)

pacolovka 쥐덫

pacov (動) 1. 쥐 (štakor); *vodeni ~* 물쥐; *mrki ~* 검은 쥐; *selac* 시궁쥐; *kancelarijski ~* 경험많고 노련한 사무실 직원 2. (비유적) 도둑 (kradljivac)

pačad *-adi* (女) (집합명사) 쥐(pače)

pačati se *-am se* (不完) *~ u nešto* ~에 간섭하다(참견하다); *ne pačaj se u tuđe poslove* 남의 일에 참견마!; *ne pačajmo se u njihove poslove!* 그들의 일에 우리는 상관하지 말자

pačavra 1. (접시 닦는) 헝겊, 행주 (sudopera) 2. (일반적인) 더러운 걸레 3. 있으나 마나한 사람, 무가치한 사람 (ništarija)

pače *-eta* (中) 오리 새끼, 새끼 오리; *ružno ~* 미운 오리 새끼 pačiji, pačji (形)

pače (女,複) (음식) 아스픽(육즙으로 만든 투명한 젤리. 차게 식혀 상에 냄, 돼지머리 누른 것같이 생김) (hladetina, piktije)

772

pače (副) 심지어, 정말이지 (기대한 것보다 또는 말한 것 보다 더 크고 더 강한 것이 올 때) (dapače, štaviše, čak)

pačetvorina (幾何) 평행사변형 (paralelogram)

pačić -a (지소체) pače; 오리 새끼

pačjī -ā, -ē (形) 참조 pače; 오리의; *biti ~e pameti* 지적 한계를 지닌, 멍청한

pačuli -ija (植) 파출리(동남아시아산 식물)

paćenik 1. (인생에서) 많은 곤란과 고통을 겪은 사람, 많은 어려움을 겪은 사람 (mučenik, patnik) 2. 중환자

pad *padovi* 1. (物) (중력에 의한) 낙하, 떨어짐; *~ s drveta* 나무에서의 떨어짐 2. 추락, 낙하; *~ aviona* 비행기 추락 3. 허물어짐 (rušenje, obrušavanje); *zgrada sklona ~u* 허물어질 것 같은 건물 4. 붕괴, 멸망, 몰락 (poraz, propast, slom); *~ vlade* 정부 붕괴 5. (가치의) 감소, 하락 (smanjenje, sniženje); *~ vrednosti novca* 화폐 가치의 하락; *~ cena* 가격 하락; *~ temperature* 기온의 하락 6. (시험에서의) 실패, 낙방 (neuspeh); *~ na ispitu* 시험에서의 낙방; *sad je kao ubijen bio posle ~a na majorskom ispitu* 소령 진급 시험에서 낙방한 지금 그는 마치 죽은 것 같았다 7. (비유적) 시작 (spuštanje, nastajanje); *stihoh pre ~a mraka* 어두어지기 전에 도착했다 8. (비유적) (도덕적) 타락 (srozavanje, propadanje, dekadencija); *~ morala* 도덕적 타락 9. 기울기, 경사 (nagib, kosina, strmina); *~ terena* 운동장의 기울기

padalica 1. (天) *zvezda ~* 운석 (meteor) 2. 낙과(落果) (사과 등의)

padanje (동사파생 명사) padati; 떨어짐

padati -am (不完) 참조 pasti; *padajuća bolest* 간질 (padavica)

padavica (病理) 간질 (epilepsija)

padavičar 간질 환자 (epileptičar, epileptik) **padavičarka**

padavičav -a, -o (形) 간질의, 간질병의

padavine (女,複) 강우, 강수량, 강설량

padež -žom (文法) 격(格); *to je drugi ~* 그것은 다른 이야기이다; *gađati se ~ima* 격을 틀리게 말하다, 비문법적으로 이야기하다 **padežni** (形)

padina 경사, 기울기; 경사지; (산)비탈, 경사면; *~ brda* 언덕 경사; *strma ~* 급한 경사(지)

padišah 대왕, 제왕, 황제 (이란의 Shah, 터키의 Sultan, 식민지 인도에서의 영국 왕)

padobran 낙하산; *spustiti se ~om, skočiti s ~om* (낙하산을 타고) 낙하하다

padobranac 1. 공수 부대원; 낙하산을 타고 뛰어내리는 사람 **padobranski** (形); *~a škola* 공수 학교 2. (비유적) (口語) 낙하산 (연줄을 타고 임명되어 내려 온 사람)

padobranstvo 낙하

paf (形) (不變) (너무 놀라서) 아연실색한, 너무 황당한, 말이 안나오는 (iznenađen, ošamućen); *biti ~* 아연실색하다; *ostati ~* 너무 황당해하다

paf (擬聲語) 탁, 빵 (뭔가 세차게 충돌하거나 꺾일 때 나는 소리)

pafta 1. 금속 고리 (총의) 2. (부녀자 혹은 성직자들이 허리에 하는) 허리띠 3. 허리띠의 금속 버클

paganin 이교도, 비기독교도, 다신교도, 무신론자 **paganka; paganski** (形)

paganizam -zma **paganstvo** 이교, 다신교, 무신론

pagar -a & -gra (魚類) 붉돔, 붉은 도미

paginacija (책 등에) 페이지 매기기, (매겨진) 페이지 번호

paginirati -am (完,不完) (책 등에) 페이지를 매기다

pagoda 탑 (아시아 국가 사찰의)

pahalica 참조 pajalica

pahulja (보통 複數로) 1. (새의) 솜털 (paperje); (사람 얼굴의) 솜털 2. 눈송이; *krupne (sitne) ~e* 함박 눈송이(싸라기 눈송이); *kukuruzne ~e* 콘플레이크 3. (植) 큰조아재비

pahuljast -a, -o (形) 1. 솜털이 많은, 솜털로 뒤덮인, 솜털 비슷한 2. 눈송이 모양의

pahuljica (보통 複數로) (지소체) pahulja

pahuljičav -a, -o **pahuljičast** -a, -o (形) 솜털 모양의, 솜털이 많은

pajac 1. 어릿광대; 코메디언 2. 인형(장난감으로서의)

pajalica 먼지떨이(깃대에 깃털이 달려 있는) (pahalica); *perjana ~* 깃털로 만든 먼지떨이

pajdaš 친구 (drug, drugar) **pajdašica**

pajiti -im (不完) (유아들의 언어) 코하다, 잠자다 (spavati)

pajtaš 참조 pajdaš; 친구

pak -ovi (하키의) 퍽

pak (接續詞) 1. 참조 pa; 그리고, 그래서, 그러고 나서, (역접 관계를 나타내는)하지만 2. (小辭, 의문문의 인토네이션을 강조하는; *Knez je udao kćer za Milana. Pak što?* 대공(大公)은 딸을 밀란에게 시집보냈다. 도데체 왜?

pakao -kla 지옥; 지옥 같은 곳, 생지옥; *grom*

P

i ~ (욕설·저주) 지옥에나 가라!; *vrućina kao u ~klu* 찌는듯한 더위 **pakleni** (形); *raditi ~im tempom* 초스피드로 일하다; ~*a mašina* 시한폭탄

paket 패키지, 꾸러미; 소포; *softverski* ~ (컴) 소프트웨어 패키지 **paketni, paketski** (形)

paketić (지소체) paket

Pakistan 파키스탄 **Pakistanac; Pakistanka; pakistanski** (形)

pakla 참조 paklo

paklen *-a, -o* (形) 1. 참조 pakao; 지옥의; ~*a kazna* 지옥의 형벌; ~*a strava* 지옥에 대한 두려움 2. 참혹한, 참담한, 끔찍한, 소름끼치는 (užasan, težak); ~*a mašina*, ~*i stroj* 시한폭탄 3. 사악한 (opak, zloban); ~ *plan* 사악한 계획; ~*e spletke* 사악한 음모

paklica (=paklić) (지소체) pakla, paklo; 지옥

paklić (지소체) pakla, paklo; 지옥

paklo 꾸러미; (담배 등의) 보루; ~ *cigareta* 담배 보루

pakoleč (女) (植) (方言) (먹을 수 있는) 나물, 봄나물

pakosnik 사악한 사람, 나쁜 사람

pakosno (副) 사악하게, 악의를 가지고, 심술궂게 (zlobno)

pakost (女) 악의, 적의; 원한, 앙심; *kao za ~* 앙심을 품은 것처럼, 심술궂게; *iz ~i* 악의적으로

pakostan *-sna, -sno* (形) 악의 있는, 적의 있는, 심술궂은, 악의적인; ~ *čovek* 악의적인 사람; ~ *osmeh* 사악한 미소

pakostiti *-im* (不完) **napakostiti** (完) ~ *kome* 악의적으로 행동하다, 앙심을 품고 보란듯이 행동하다

pakovanje 1. (동사파생 명사) pakovati; 포장하기 2. 포장; *poklon u lepom ~u* 예쁜 포장지로 포장된 선물

pakovati *-kujem* (不完) 1. **spakovati** (完) 싸다, 포장하다, 짐을 꾸리다; ~ *kofer* 가방을 꾸리다; ~ *se* 떠날 준비를 하다, 짐을 싸다 2. **napakovati** (完) ~ *nekome* (비유적) ~에 대해 음모를 꾸미다

pak-papir 포장지

pakt *-ovi* (국가간의) 협정, 조약; 구두 동맹(두 사람간 또는 두 그룹간의) *severno-atlantski* ~ 북대서양 조약; *sklopiti* ~ 조약을 맺다; ~ *o nenapadanju* 불가침 조약

paktirati *-am* (完,不完) 협정(조약)을 맺다, 동맹을 맺다; ~ *protiv nekoga* ~에 대항하여 동맹을 맺다

pakujac *-ujca* (植) 매발톱꽃

pala 1. (배를 젓는) 노의 날(넓적한 부분) 2. (方言) 삽 3. (스포츠) 배트, 방망이

palac *palca; palci, palaca* 1. 엄지 손가락, 엄지 발가락 2. (길이 단위) 인치

palac *paoca; paoci & palcevi* (수레바퀴의) 바퀴살, (차바퀴의) 살, 스포크

palacati *-am* **palucati** *-am* (不完) 1. 혀를 날름거리다 (보통 뱀이); *zmija palaca jezikom* 뱀이 혀를 낼름거린다; *podiže nos i paluca jezikom* 고개를 들고는 혀를 낼름거린다 2. (불길이) 날름거리다; *kandilo paluca* 성화 램프의 불이 날름거린다 3. (비유적) 혓바닥을 놀리다, 수다를 떨다

palaco (男) 참조 palača; 궁, 궁전

palača 1. (= palata) 궁, 궁전; ~ *mira* 평화의 궁전 2. (廢語) (方言) (특수한 목적으로 화려하게 장식한) 방

palačinka *-ci & -ki; -i & -palačinaka* (요리) 팬케이크; *američke ~e* 핫케이크

paladin 용감한 전사 (특히 아서왕과 칼 대제의 12용사의 한 사람), 충직한 부하

palamar 1. 배에서 사용하는 굵은 동아줄 (debelo brodsko uže) 2. 쐐기, 못 (klin, čavao)

palamida 1. (植) 캐나다엉겅퀴 2. (漁) 고등어 (skuša)

palanački *-ā, -ō* (形) 1. 참조 palanka; 지방 소읍지의

palačanin *-ani* 지방 소읍지 사람; 마음이 좁은 사람, 협소한 사람 **palačanka**

palanka *-i & palanaka* 지방 소읍지 **palanački** (形); ~ *život* 소읍지 생활

palata 궁, 궁궐, 궁전; *banska* ~ 반(ban)이 사용하는 궁; *kristalna* ~ 크리스탈 궁전

palatal (言) 구개음 **palatalni** (形)

palatalizacija (言) 구개음화

palatalizirati *-am* (完,不完) **palatalizovati** *-zujem* (完,不完) 구개음화시키다; ~ *suglasnik* 자음을 구개음화하다

paldum (말의) 엉덩이띠 (마구의 일부로써)

palenta (料理) 폴렌타(이탈리아 요리에 쓰이는, 옥수수 가루로 만든 음식) (kačamak)

paleograf 고문서학자

paleografija 고문서학

paleografski *-ā, -ō* (形) 고문서학자의, 고문서학의

paleolit, paleolitik 구석기 시대 **paleolitski** (形); ~ *čovek* 구석기 시대 사람

paleontologija 고생물학, 화석학 **paleontološki** (形)

Palestina 팔레스타인 **Palestinac; Palestinka;**

774

palestinski (形)

paleta 1. 팔레트 2. (비유적) 색상 (ton boja)

palež 1. 방화(放火) 2. 화재 (požar) 3. 화재가 난 곳, 불난 곳 (požarište)

palī -ā, -ō (形) 1. 전투(전쟁)에서 죽은(사망한; ~ borci 전투에서 사망한 용사들; ~ junak 희생 영웅; (비유적) ~a žena 몸을 버린 여자, 타락한 여자 2. (명사적 용법으로) 전투 (전쟁)에서 희생당한 사람, 전쟁 희생자

palica 원통형의 나무 막대기로 여러 용도로 사용됨 1. (땅을 짚는데 사용되는) 지팡이 (štap) 2. (가축몰이용으로 사용되는) 나뭇가지, 회초리 3. (마·소의 멍에를 달구지를 연결하는) 챗대, 채장 4. (지휘용의) 지휘봉; dirigenstska ~ 지휘자의 지휘봉 5. (경찰 장비로써의) 곤봉, 몽둥이 (pendrek); policijska ~ 경찰 곤봉 6. (직위·권위의 상징으로의) 홀 (笏), 권장(權杖); vladarska ~ 제왕의 홀; kardinalska ~ 추기경 권장(지팡이) 7. (스포츠) (육상의) 바통; (야구의) 배트, 방망이; štafetna ~ 계주용 바통; bejzbol ~ 야구 배트 8. 기타; vaspitna ~ (口語) 경찰 곤봉(pendrek); tanak, suh kao ~ 삐쩍 마른

palidrvce -ca & -eta (廢語) 성냥 (šibica, žigica)

palijativ 1. 통증 완화제, 일시적 처방약 (병의 근본 원인을 치료하지 않는) 2. 미봉책, 임시변통, 임기응변책 (polumera)

palijativan -vna, -vno (形) 통증 완화제의; 미봉책의, 임기응변책의, 임시변통의; ~vna mera 미봉책, 임기응변책

palikuća (男) 방화범 (potpalivač)

palilac -ioca (=palitelj) 중화기 사수(병); ~ mina 발파공(發破工)

palimpsest 지워진 글자 위에 다시 글자를 쓴 오래된 양피지

palisad (男), palisada (女) (軍) (방어용의, 끝을 뾰족하게 깎은) 말뚝 방책, 말뚝 울타리, 목책(木柵)

paliti -im (不完) 1. 불을 지피다, 불꽃이 일게 하다; ~에 불을 붙이다(난방을 하거나 밝게 하기 위해); ~ peć 난로에 불을 붙이다; ~ sveću 촛불을 켜다, 촛불에 불을 붙이다 2. ~을 불에 태워 없애다, 태우다; ~ korov 잡초를 태우다; ~ stare krpe 오래된 걸레를 태워 없애다 3. 담배에 불을 붙이다, 담배를 태우다(피다) 4. (햇볕에 타서) 화끈(따끔)거리게 하다, 쓰리게 하다; rana je palila 상처가 후끈거렸다 5. (스위치 등을) 올리다, 켜다; ~ svetko(lampu) 전등(램프)을 켜다; ~ radio 라디오를 켜다 6. (엔진 등을) 켜다, 시동을 걸다; ~ kola 자동차의 시동을 걸다 7. (총·대포 등의 화기를) 쏘다, 발사하다; ~ pušku 총을 쏘다; ~ u vazduh 공중에 쏘다 8. (날카롭고 좋지 않은 느낌·맛을) 느끼게 하다; 자극하다; luk pali oči 파가 눈을 톡 쏘았다; ova rakija je jaka, pali (grlo) 이 술은 독해 목이 후끈후끈하다 9. (비유적) 흥분하게 하다, 들뜨게 하다 (uzbunjivati, pobunjivati); Vi palite duhove, zanosite mladež 당신은 마음을 들뜨게 하고, 젊은이들을 열광시키는군요; suze naroda pale jače 눈물은 민중들을 더 세게 흔들었다 10. ~ se 불타다, 불붙다, (불로 인해) 환하게 빛나다; vatre se retko pale same 불은 드물게 자연적으로 붙는다; zvezde se na nebu pale 하늘에서 별들이 빛난다 11. ~ se (비유적) 빛나다, 광채가 나다(기쁨·환희 등으로 인해); pale mu se obrazi i oči 그의 양볼과 눈은 광채가 난다 12. ~ se (口語) (기분·분위기 등으로 인해) 흥분되다, 고양되다; publika se sve više pali i uzbuzuje 관중은 더욱 더 흥분한다 13. 기타; ~ i žariti 무제한적 권한을 제 멋대로 사용하다, 제 멋대로 행동하다, 제왕과 같이 행동하다; ~ se na nekoga (일반적으로 성적(性的)으로) 누구에게 흥분하다; to ne pali 그것은 별로 효과가 없어; ~ vruće šamare 화끈거릴 정도로 세게 따귀를 때리다; ta puška ne pali 그러한 행동으로는 성공할 수 없다

palma (植) 종려나무, 야자나무; ~ pobede 1등; palmin, palmov (形); ~o ulje 야자기름; palmova grančica; 종려나무의 잎 (승리의 상징)

palpitacija (심장의) 고동, 가슴이 두근거림

paluba (배의) 갑판; glavna (donja) ~ 주(아랫) 갑판; vođa ~e 갑판장; baciti preko ~e 떠나다, 던지다; bacio je preko ~e svoje liberalno-demokratske ideale 자신의 자유-민주 정신을 포기했다

palucati -am (不完) 참조 palacati

paljba -i & -a (軍) 일제 사격; baražna ~ 대포(大砲) 집중사격, 탄막(彈幕) 사격; izvršiti počasnu ~ (24발의) 예포를 쏘다; otvoriti ~ 사격을 개시하다; topovska (puščana) ~ 대포(소총) 사격; automatska (rafalna) ~ 자동소총 일제 사격; otvoriti (osuti) ~u na koga 비난을 퍼붓다

paljenica 1. 번제 제물 (보통 동물의) 2. 불탄집, 화재가 난 집

paljenje (동사파생 명사) paliti; 점화, 시동 (자동차의); ~ motora 엔진 시동; ~ eksploziva

P

775

폭발물의 폭발

paljevina 1. 화재, 불 (požar) 2. 탄 것, 화재로 소실된 것 3. 방화 4. 화재로 소실된 숲의 장소(곳) 5. 일제 사격 (paljba)

pamćenje (동사파생 명사) pamtiti; 기억; *on ima dobro ~* 그는 좋은 기억력을 가지고 있다; *drži me ~* 내 기억력은 여전하다; *izdalo ga je ~* 그의 기억력은 쇠퇴했다

pamet (L. *-i*; I. *-i & pameću*) (女) 1. 판단력, 사고력; 이성, 지적 능력; *zdrava ~* 상식 2. 재능 (talenat); *~ za matematiku* 수학적 재능 3. (비유적) 영리한 사람, 총명한 사람 4. (개인이나 사회의) 관념, 이데올로기 (ideologija, znanje); *politička ~* 정치적 이데올로기; *zapadnoevropska ~* 서구의 관념 5. 기억, 추억 (sećanje, pamćenje, uspomena) 6. 기타; *beri ~!* 이성 좀 찾아!, 정신 좀 차려!; *biti (držati, imati) na (u) ~i* 생각하다, 숙고하다; *biti kokošje (pačje) ~i* 정상적으로 사고할 능력이 없는, 명청한, 어리석은; *biti lake (ženske) ~i* 신중치 못한, 가볍게 생각하는, 변덕이 죽 끓는듯한; *blizu ~i* 영리한, 논리적인; *daleko je od ~i* 무의미한, 불가능한; *čovek kratke, male ~i* 지적능력이 떨어지는 사람, 정신박약한 사람; *došlo (palo) mu je na (u) ~i* 제 정신을 차리다, 의욕을 찾다; *doći (dozvati se) (k) ~i* 이성적이 되다, 제 정신을 찾다; *duga kosa, kratka ~* 여자들은 피상적으로 생각하고 판단한다; *gde ti je bila ~* 어떻게 그렇게 명청한 행동(판단)을 할 수 있었는가?; *imati više sreće nego ~i* 실력보다는 행운이 더 따랐다; *izašlo mi je iz ~i* 잊어버렸다; *izvan ~i (biti, doći), izići iz ~i* 판단능력을 잃다; *ne ide mi iz ~i* 공정하게 (객관적으로) 판단하다; *ne biti pri svojoj ~i* 미치다, 제 정신을 잃다; *pala mu je na ~ genijalna ideja* 위대한 생각이 떠올랐다; *palo mi je na ~ da nisam vratio knjigu* 책을 반환하지 않았다는 생각이 떠올랐다; *nije mi ni na kraj ~i!* 그러한 생각은 결코 없다; *brada porasla, ~ ne donela* 나이만 먹었지 아무 생각이 없다; *male (plitke) ~i* 명청한; *dovesti nekoga (k) ~i, uterati nekoga u ~* 정신차리게 하다; *soliti nekome ~ ~*에게 자신의 생각을 불어넣다, 좋은 점 만을 이야기하여 ~를 속이다; *steći ~* 제 정신을 차리다; *vrana mu je popila ~* 정상적으로 사고할 능력이 되지 않다; *tu staje ~* 그것을 믿을 수 없다, 그것은 불가능한 것이다; *sve hoda po staroj ~i* 모든 것이 옛날에 있었던 그대로 일어난다;

teško onome ko za tuđom ~i 다른 사람을 따라하던 사람들에게는 어렵다 (창의적이지 못한 사람들은 어려움을 겪는다); *u ~ se* 잘 생각해!, 정신차려!; *večna mu ~!* 영원히 기억하라!

pametan *-tna, -tno* (形) 영리한, 총명한; 이성적인; 현명한; *~tnome i jedna reč dovoljna* 영리한 사람에게는 한마디 말도 충분하다; *ala si ~!* 아, 정말 너 미쳤구나!, 어떻게 그렇게 (명청하게) 말할 수 있느냐!, 어떻게 그렇게 (명청하게) 할 수 있느냐!; *ni pametnu teci, ni ludu ostavi!* 네 도움이 필요치 않은 사람에게는(혹은 그 도움을 이용할 줄 모르는 사람에게는) 아무것도 돕지마!; *~tniji popušta* 고집부릴 필요는 없다, 현명한 사람은 유연한 자세를 취한다

pametar 1. 기억력이 좋은 사람 (pamtilac) 2. 영리한 사람, 총명한 사람 3. 현명한 사람, 현자(賢者) (mudrijaš) 4. 연대기 작가; (사건의) 기록자 (letopisac)

pametnjaković 영리한 척하는 사람; 명청이

pametovati *-tujem* (不完) 1. 기억하다 (držati u pameti, pamtiti) 2. 개념을 이해하다, (충분히) 이해하다; 생각하다 (shvatiti; razmišljati) 3. 영리한 척 하다 (pravti se pamet) 4. 충고하다 (savetovati)

pamflet (특정 주제에 관한) 팸플릿 (소논문)

pamfletist(a) (특정 주제에 관한) 팸플릿 (소논문) 집필자

pampa 팜파스: 남미, 특히 아르헨티나의 대초원

pampur (병·통 등의) (코르크) 마개 (zapušač)

pamtiti *-im* (不完) upamtiti, zapamtiti *-im* (完) 기억하다, 잊지 않다; *to ću ~ do veka* 그것을 죽을 때 까지 잊지 않을 것이다; *on ništa ne pamti* 그는 아무것도 기억하지 못한다; *od kako sebe pamtim* 내가 기억하는 한; *on dobro pamti taj događaj* 그는 그 사건을 잘 기억하고 있다; *on je dobro upamtio taj događaj* 그는 그 사건을 잘 기억하고 있었다

pamtivek (부사적 용법으로만) *od ~a* 태고적부터, 먼 옛날부터, 아주 오래전부터; 항상 (odiskona, odvajkada, oduvek)

pamučan *-čna, -čno* (形) 참조 pamuk; 면의, 면으로 된; *~čno odelo* 면옷, 면으로 만든 옷; *~čna tkanina* 면직물; *~čna košulja* 면셔츠; *~čna polja* 목화밭; *~čno ulje* 목화씨 기름; *~čna industrija* 면화 산업

pamuk 1. (植) 목화 2. 목화 솜, 면화; 면직물, 무명 3. 기타; *mekan kao ~* 아주 연하디 연한 마음; *ovijati koga ~om* ~에 대해 아주 세심하게 행동하다; *piti (sisati, vaditi) kome*

P

krv (dušu) na ~ (사람 좋은 척 하면서 지속적으로 눈치채지 못하게) 괴롭히다

panaceja 만병통치약

panađur (方言) 장(場), 시장; 전시회, 박람회 (sajam, vašar)

panađurište 전시회장, 박람회장; 장터 (sajmište, vašarište)

Panama 파나마 **Panamac; Panamka; panamski** (形)

panama 1. 천의 일종(리넨, 아마 섬유) 2. ~ - šešir 파나마 모자 (파나마풀을 잘게 쪼개 만든 남성용 여름 모자) 3. (비유적) 초대형 사기사건 (공무원에 대한 뇌물을 동반한)

pancir 1. (歷) 갑옷 2. (軍) 장갑차 (탱크 등의), (군함 등의) 장갑(裝甲), 철갑(판) 3. 방탄 조끼 4. (動) (거북·악어 등의) 껍질 **pancirni** (形); ~*a granata* 철갑탄 (총탄·포탄이 방어물(장갑)을 관통하는); ~*a košulja* 방탄 조끼

panda (動) 판다

pandan (짝·상대로서) 어울리는 사람(것), 짝, 쌍 (par)

pandemija (病理) (전염병의) 대유행, 전국적 (세계적) 유행병

pandur 1. 마을의 치안 경비원; (경멸적 의미로) 짭새, 경찰 (policajac) 2. (비유적) 노예; (압제자의 폭압을 실행에 옮기는) 앞잡이, 졸개 **pandurski** (形)

pandža (맹수·맹조류 등의) 발톱 (kandža, čaporak)

panegirik 감사하는 말(글), 칭송하는말(글)

panel-ploča (문이나 벽에 붙이는 목재·유리·금속으로 된 사각형) 판

paničan -*čna*, -*čno* (形) 공황의, 극심한 공포에 빠진, 겁에 질린; ~ *strah* 겁에 질린 공포; ~*čna vest* 공황 상태에 빠지게 하는 뉴스

paničar 쉽게 공황상태에 빠지는 사람; (대중의 불안감을 조성하기 위해) 유언비어를 퍼뜨리는 사람 **paničarka**

paničiti -*im* (不完) **upaničiti** (完) 공황상태에 빠지다(빠지게 하다)

panika (갑작스러운) 극심한 공포, 공황; *obuzet* ~*om* 패닉(공황상태)에 사로잡힌; *sejati* ~*u* 공포심을 퍼뜨리다

pankreas (解) 췌장 (gušterača)

pano -*oa* (男) (그림이 그려진) 널빤지; (널빤지 등에 그려진) 대형 사이즈의 그림; 벽화

Panonija 파노니아 **panonski** (形)

panoptikum 밀랍 인형 박물관

panorama 파노라마, 전경(全景) **panoramni, panoramski** (形)

pansion 1. 보육-교육 기관 (식사 및 잠자리 그리고 기타 생활용품이 제공되는) 2. (호텔의) 식사가 제공되는 방 3. 완벽한 부양 (숙식 및 숙박, 보호 등이 제공되는)

pansionat (식사 및 잠자리 그리고 기타 생활용품이 제공되는)보육-교육 기관 (보통 어린 소녀들을 위한)

pansioner (호텔의) 식사가 제공되는 방에 머무르는 손님; 완벽한 부양이 제공되는 곳에 머무르는 사람 (pansion 2. 3.) **pansionerka**

panslavist(a) 범슬라브주의자 **panslavistički** (形)

panslavenskī -*ā*, -*ō* (形) 범슬라브주의의

panslavizam -*zma* 범슬라브주의

panslovenskī -*ā*, -*ō* (形) 범슬라브주의의

pantalone (女,複) 바지 (hlače, čakšire); *dugačke* ~ 긴바지; *kratke* ~ 반바지; *ko u ovoj kući nosi* ~ 누가 이 집의 가장(家長)인가?

panteist(a) 범신론자(汎神論者) **panteistički** (形)

panteizam -*zma* 범신론(汎神論)

panteon 1. (그리스·로마의) 만신전(萬神殿), 판테온 2. (한 나라의 위인들을 한데 모셔 놓은) 합사전(合祀殿)

panter (남), **pantera** (女) (動) 흑표범, 검은 표범 **panterski** (形)

pantljičara (기생충) 촌충; 갈고리 촌충

pantljika (가늘고 기다란) 띠 같은 것, 장식 리본, (장식용) 끈 (vrpca); *staviti novu* ~*u* 새 리본을 끼우다 (타자기에)

pantomima (연극) 판토마임

pantomimičar 판토마임 배우 **pantomimičarka**

pantominika (의사 소통을 위한) 손짓 발짓 (pantomima)

pantofle (女,複) 슬리퍼 (papuče)

pantufle (女,複) 참조 pantofle

panzion 참조 pansion

panj *panja*; *panjevi* & *panji* 1. (나무의) 그루터기; *sedeti (stajati) kao* ~ 꼼짝도 하지 않고 앉아 있다(서 있다); *srubiti (uništiti) do* ~*a* 완전히 (끝까지) 자르다 (파괴하다); *stari* ~ 힘없고 허약한 노인 2. 통나무 받침, 통나무 도마 (자르거나 쪼개기 위한); *mesarski* ~ 정육점 도마; *jagnjetina s* ~*a* 쇠꼬챙이에 끼워 구운 후 도마에 놓고 잘라 파는 양고기; *odseći (preseći) kao na (po)* ~*u* 재빨리(빨리) 대답하다, 결정하다, 해결하다 3. 치관(齒冠; 이의 잇몸 밖으로 드러난 부분) 4. (비유적) 다리 (늙거나 병들어서 유연성을 상실한) 5. (비유적) 피붙이가 없이 홀로 남은 사람 6. (비유적) 출생, 가계도(家系圖)

P

(poreklo, loza od koje ko potiče)

panjić (지소체) panj

panjina 1. (지대체) panj **2.** (비유적) 늙고 병든 사람 (star, oronuo čovek)

panjkati -am (不完) **opanjkati** -am (完) 신랄히 비난하다, 비방하다, 중상모략하다; *znam i ja šta je maćeha, mučila te, kinjila te, panjkala u oca, ogovarala po selu* 나도 계모가 뭔지는 안다, 널 괴롭히고, 널 학대하고, 아버지를 비난하고 온 마을을 다니면서 비난했다

paoci (男,複) 참조 palac; (수레바퀴의) 바퀴살

paočanica 브레이크 (kočnica)

paočiti -im (不完) 제동을 걸다, 브레이크를 밟다, 속도를 줄이다 (kočiti točak)

papa (男) (가톨릭교의) 교황 **papinski, papski, papin** (形)

papa 아빠

papa (幼兒語) (빵, 걸은 죽 등의) 맘마, 밥 (jelo, hrana)

papagaj (鳥類) **1.** 앵무새 (papiga); *naučiti nešto kao ~* 앵무새처럼 배우다 **papagajski** (形); *~a bolest* 앵무병 **2.** (비유적) 앵무새처럼 남의 말을 따라하는 사람

papak -pka; *papci, papaka* **1.** (말·소·돼지 등의) 굽, 발굽 **2.** (비유적) (사람의) 발가락 **3.** 나머지, 잔해 (ostatak); *neće ostaviti ~pke* 흔적을 남기지 않다; *otegnuti ~pke (~pcima)* (卑俗語) 죽다, 뒈지다; *otkriti ~pke* 자신의 카드를 보여주다, 누설하다; *pružati svuda svoje ~pke* 모든 것을 참견하다(간섭하다); *saviti ~pke* 물러서다, 한쪽으로 비켜서다; *skupiti ~pke* 겁먹다, 도망치다; *tu su njegovi ~pci* 그가 이것에 간섭한 흔적이 있다; *zabosti ~pke u ledinu* 죽다; *zlatni ~* (弄談) 돼지 고기, 돈육(豚肉)

papar -pra 후추 (biber); *dati nekome papra* (비유적) ~에게 자신의 능력(권한)을 보여주다, ~를 처벌하다; *stući koga u ~* 죽이다, 살해하다, 박살내다

papatač (昆蟲) 등에모기(쌍시류의 작은 흡혈 곤충); 모래파리 (흡혈성 파리)

papati -am (不完) (幼兒語) 맘마 먹다, 먹다 (jesti)

papazjanija 1. (料理) (고기와 각종 야채로 만든) 수프 같은 음식 **2.** (비유적) 소란, 소요, 혼란, 엉망진창 (zbrka, darmar)

paperjast -a, -o (形) **1.** 솜털(paperje)로 뒤덮인 **2.** 솜털 같은, 아주 부드러운, 폭신한

paperje (集合) (새의) 솜털; (사람 얼굴의) 솜털, 잔털; (식물 씨의) 잔털; 솜털같이 부드러운 것

papica (지소체) papa; 아빠

papica (幼兒語) (지소체) papa; 맘마, 식사 (jelo, hrana)

papiga 참조 papagaj; 앵무새

papila 1. 여드름, 종기 **2.** (혀의) 미뢰(味蕾)

papilota, papilotna (모발용의) 컬 클립, 컬 핀 (vikler)

papin -a, -o (形) 참조 papa; 교황의; *~ blagoslav* 교황의 축복

papinskī -ā, -ō (形) 교황의 (papski); *~a država* 교황국(國)

papir 1. 종이; *novinski ~* 신문용지; *tabak ~a* 종이 한 장; *~ za pisanje* 필기용 종이; *~ s kockama (~ na kocke)* 모눈종이; *~ sa šmirglom* 사포(沙布, 砂布); *toaletni (higijenski) ~* 화장실용 화장지; *prozirni ~* 투명용지; *~ na linije (s linijama)* 줄쳐진 종이; *masni ~* 납지(蠟紙), 파라핀 종이; *baciti (staviti) na ~* 쓰다, 적다; *(mrtvo slovo) na ~u ostati* 문서상으로만 남아 있다 (실현되지 않은 상태로); *~ sve podnosi (trpi)* 종이에 쓰는 것과 그것을 실행하는 것은 별개의 문제이다 **papirnat, papirni** (形) **2.** (複數로) 서류, 문서 **3.** 지폐(紙幣) (보통 고액권의); *vrednosni ~i (~i od vrednosti)* 증권, 채권 (hartija)

papirić (지소체) papir; 종이 조각

papirnat, papirnī -ā, -ō (形) 참조 papir; 종이의

papirnica 종이 가게; 문방구, 문구점

papirničar 종이 가게를 운영하는 사람

papirus 1. (植) 파피루스 (나일강 유역의 수생 식물) **2.** 파피루스 종이 **3.** 파피루스 고문서 (古文書)

papiti -im (不完) (幼兒語) (=papati) 맘마 먹다, 먹다 (jesti)

papkari (男,複) 유제(有蹄)동물, 발굽 동물 (말, 소 등의) (životinje koje imaju papke); *lihoprsti ~* 기제목류 동물(奇蹄目類: 맥·코뿔소·말 등); *takoprsti ~* 우제(偶蹄)목류 동물: 소·양·염소·사슴 등

paponjak -onjka **1.** (方言) 참조 papak; (동물들의) 굽, 발굽 **2.** (植) 어수리속(屬)에 속하는 약용식물 (medveđi dlan)

papovati -pujem (不完) 교황(자격)으로 통치하다

papraca (植) 차꼬리고사리 (옛날 우울증약으로 사용했음)

paprat(女) (植) 고사리류, 양치류

papratina 1. (지대체) paprat **2.** 고사리 (bujad) **3.** 고사리밭 (papratište)

P

papratište 고사리밭
papratka (植) 개고사리속의 일종
papratnjača 1. 고사리밭 2. (植) 양치류, 양치
식물
papren *-a*, *-o* 1. 후추(papar)를 친, 후추로 양
념한; *~o jelo* 후추를 친 음식 2. (말·문장이)
날카로운, 신랄한, 정제되지 않은; *~a šala*
정제되지 않은 농담 3. 성마른, 화난, 날카로
운 (ljut, oštar) 4. 매우 값비싼, 고가의
(vrlo skup); *~e cene* 고가(高價)
paprenica 후추(papar) 용기 (식탁위에 있는)
(bibernjača)
paprenjača (植) 살구버섯
paprenjak 1. 후추(papar)가 들어간 케이크 2.
(植) 참조 paprenjača; 살구버섯
paprica 1. (물방앗간의) 윗맷돌에 고정시킨 철
제 지지대; (물방앗간 맷돌에) 갈려고 하는
곡물을 투입하도록 연결관 관(파이프) 2. (비
유적) 성질이 거칠고 불 같은 사람 (nagao,
ljut, žestok čovek) 3. (植) 아르니카(국화과
의 약용 식물); 서양가새풀 (톱풀)
paprika (植) 고추, 피망, 파프리카; *ljuta ~* 매
운 고추; *aleva ~* 고추가루; *slatka ~* 피망,
파프리카; *~ peče* 고추가 맵다; *crven kao ~*
새빨간; *ljut kao ~* 빨리 화를 내는
paprikaš (고기 덩어리가 들어간, 고추로 양념
한 기름지고 진한) 수프, 스튜; *pileći ~* 닭
스튜; *goveđi ~* 소고기 스튜; *napraviti od
koga ~* 때리다, 구타하다
papriti *-im* (不完) zapapriti (完) 음식에 후추
(papar)를 넣고, 음식에 고추(paprika)를 넣
다; *~ nekome čorbu* ~에게 문제(어려움)를
야기하다
papskī *-ā*, *-ō* (形) 참조 papa; 교황의
papuča 1. (집안에서 신는) 슬리퍼 2. (열차·마차
등의) 승강용 발판 3. (자동차 등의) 브레이크
슈; *kočnična ~* 브레이크 슈 4. 페달 5. 기타;
biti pod ~om (口語) 엄처시하에 있다; *držati
(koga) pod ~om* (누구를) 손아귀안에 장악하
다; *u ~ama* (집안에서와 같이) 편안하게
papučar 1. 슬리퍼를 만드는 사람 2. 호색가,
난봉꾼 (ženskaroš) 3. 공처가, 공처가 남편
papučica (지소체) papuča; *gospina ~* (난초과
의) 개불알꽃; *~ obična* 짚신벌레
papučič 공처가 (papučar)
papudžija (男) 참조 papučar
papula (감자·콩·곡물 등을 삶거나 짓이겨 만든) 죽
par (L. *paru*; pl. *parovi*, *parova* & *pari*,
parovima) 1. (같은 종류의 2개로 된) 한 쌍
(켤레); *~ rukavica* 장갑 한 쌍; *~ čizama*
장화 한 쌍; *pet pari cipela* 구두 다섯 켤레;

~ po ~, *na* (u) *parove*, *po parovima* 두 명
씩 두 명씩, 두 개씩 두 개씩; *mladi ~* 새로
결혼한 한 쌍; *bračni ~* 부부(夫婦); *~ nepar*
홀짝 (놀이의 종류) 2. (성질·능력 등에서)
~와 대등한 사람, ~와 유사한 사람; ~와 필
적하는 사람; *on nije tvoj ~* 그 사람은 너와
어울리지 않는다; *nema mu ~a* 그와 필적하
는 사람이 없다 3. (不變化) 약간, 조금
(nekoliko); *ostadosmo ovde ~ dana* 몇 일
이곳에 머물겠다
par 짝수 (反: nepar)
par (숙어로만 사용) 순간 (moment, trenutak,
čas); *u jedan ~* 한번에 (odjednom); *u neki
~* 마침내 (napokon)
para 증기, 스팀, 수증기; 아지랑이; *raditi
punom ~om* 최선을 다해 일하다 parni (形);
pod ~om (biti) 언제라도 출발할 준비가 되
어있는(증기선, 기차 등이), 술취한
para 1. (화폐 단위) 빠라 (1디나르의 1/100) 2.
(보통 複數로) (口語) 돈 (novac); *bacati
(prosipati) ~e* 돈을 뿌리다 (헤프게, 낭비하
여); *bez ~e* 공짜로, 무료로 (besplatno,
badava); *bele~e za crne dane* (čuvati) 벌
이가 좋을 때 어려운 때를 대비하여 저축하
다; *isterati* (izbiti, uhvatiti) *~u*, *naplatiti
(napraviti, zgrnuti) ~e* 많은 돈을 벌다, 떼
돈을 벌다; *Judina ~* 배신하면 배신한 사람
에게 주기 위해 준비한 돈; *kao crvenu ~u
(poznaju ga)* 모두가 그를 알아본다; *kao ~u
na dlanu, kao probijenu ~u u kesi
(poznavati koga)* 매우 잘 (알아보다);
krvava ~ ~ (죽을 둥 살 둥) 힘들게 번 돈;
lepe (puste, teške) ~e (zaraditi) 매우 많은
돈을 (벌다); *ležati na ~ama* 돈방석에 앉다,
매우 큰 부자가 되다; *lisa ~* 놀이의 한 종류
(줄을 긋고 돈을 그 줄에 더 가까이 던지는
사람이 이기는 게임); *na (u) ~u (isplatiti,
vratiti)* 전부 (지불하다, 갚다); *ni dve ~e
(ne vredi)* 가치가 전혀 없는, 무가치한; *ni
kršene (prebijene, probijene, šuplje) ~e
nemati* 돈이 한 푼도 없다, 무일푼의; *pada
~* 돈을 많이 벌다, 돈벼락을 맞다; *~u na
~u (stavljati)* 열심히 저축하다; *tvrd na ~i*
매우 절약하는, 구두쇠처럼 돈을 잘 안쓰는;
za ~e dobiti koga ~를 매수하다, ~에게 뇌
물을 주다
parabelum 권총의 한 종류 (탄알이 많이 들어
가는)
parabola 1. 우화(寓話), 비유(담) 2. (數) 포물선
paraboličnī *-ā*, *-ō* (形); 1. 포물선의; *~ let* 포
물선 비행; *~a putanja* 포물선 궤도 2. 포물

선 모양의; ~o ogledalo 포물선 모양의 거울
paraboloid (數) 포물면 paraboloidni (形)
parada 1. (軍의) 열병; 행진, 퍼레이드; *ići
na ~u* 행진하다, 퍼레이드하다; *vojna ~* 군
열병, 군사 퍼레이드 2. 행사복, 행사 의복
(svečana odeća); *oficir u punoj ~i* 정복을
착용한 장교 3. (스포츠) 골키퍼가 멋있게 골
을 방어하는 동작 paradni (形) 4. 기타; *lepa
~!* (부적절한 행동·언사 등에 대해) 참, 가지
가지 하는 군!
paradajz 토마토; *plavi ~* 가지; *sok od ~a* 토
마토 주스 (crveni patlidžan, rajčica)
paradigma 1. 전형적인 예, 실례, 모범, 본보기
(uzor, primer) 2. (文法) 어형 변화표 (명사
변화, 동사 변화 등의)
paradirati -am (不完) 1. 퍼레이드하다, 행진하
다, 열병하다 2. 자랑하다, 과시하다 (부·지
식·옷 등을); *on paradira svojom erudicijom*
그는 자신의 지식을 자랑한다
paradan -dna, -dno (形) 1. 퍼레이드의, 행진
의; 행사의, 행사용의; *~dni marš* 열병 행진;
~dna uniforma 퍼레이드 유니폼; *~dni
korak* (군대 등에서) 무릎을 굽히지 않고 다
리를 높이 들어 걷는 행진 보조 2. 과시용의,
보여주기 위한
paradoks 역설, 패러독스, 모순된 말
paradoksalan -lna, -lno (形) 역설의, 역설적인,
궤변을 늘어놓는
paraf (이름·명칭의) 머리글자, 이니셜; (축약된,
단순화된) 서명 (행정 문서 등의); *staviti
svoj ~* 서명하다, (문서·초안 등에) 이니셜로
서명하다
parafin 파라핀 parafinski (形)
parafirati -am (完,不完) 이니셜(paraf)로 서명
하다
parafraza (특히 이해를 더 쉽게 하기 위해) 다
른 말로 바꾸어 표현한 것
parafrazirati -am (完,不完) parafrazovati -
zujem (不完) (특히 이해를 더 쉽게 하기 위
해) 다른 말로 바꾸어 표현하다, 부연하다
paragraf 절, 단락, 패러그래프
Paragvaj 파라과이; Paragvajac, Paragvajka;
paragvajski (形)
parajlija (男) 부자 (bogataš)
paralaža (男,女) 거짓말쟁이 (laža, lažov)
paralela 1. (數) 평행선; *povući (napraviti) ~u
između* ~사이에 평행선을 긋다 2. (地理) 위
도 3. 유사 작품(문학 작품의) (inačica) 4.
비교 (poredba, poređenje)
paralelan -lna, -lno (形) 1. 평행의 2. ~에 대
응하는 (상응하는); 같은 방향의; 유사한, 비

슷한
paralelizam -zma 1. (數) 평행 관계 (위치) 2.
일치 (두 현상 간의) 3. (修辭學) 대구법(對句
法), 평행체 4. (형이상학) (심신) 병행론
paralelogram (數) 평행사변형
paralelopiped (數) 평행육면체
paralisati -šem (完,不完) parlizirati -am,
paralizovati -zujem (不完) 마비시키다, 무기
력하게 하다
paralitičar, paralitik (신체의 일부 또는 전체
가) 마비된 사람, 마비 환자
paraliza 1. (醫) 마비 (obuzetost); *dečija ~* 소
아마비; *cerebralna ~* 뇌성마비;
progresivna ~ 근위축증 2. (비유적) (노동
능력 등의) 상실
paralizirati -am, paralizovati -zujum (不完) 참
조 paralisati
parametar -tra (數) 보조 변수, 매개 변수, 파
라미터
paramparčad (集合) paramparče; 조각, 파편;
razbiti nešto u ~ 산산조각내다; *pocepati
nešto u ~* 조각조각 찢다; *raditi na
paramparčad* 계획없이 일하다, 무계획적으
로 일하다
paramparče -eta 조각, 파편 (주로 깨진, 부숴진)
paran -rna, -rno (形) 짝수의; *~rni broj* 짝수
paranoid, paranoik 편집증 환자, 편집광
paranoja (病理) 편집증 paranoičan (形)
parapet (교량·도로·옥상 등에 있는) 난간
(추락을 방지하기 위한) 2. (軍) (성곽의) 흉
벽(胸壁)
paraplegičar 대마비(양측 하지 마비) 환자
paraplegija (病理) 대마비, 양측 하지 마비
parasit 참조 parazit; 기생충
parastos (宗) (正敎) 추모미사, 추도식 (고인을
기리는) (pomen, zadušnice)
parataksa (文法) 병렬(접속사 없이 절·구를 늘
어놓는 것)
parati -am (不完) 1. oparati 솔기를 타다, 실
밥을 뜯어 내다 (rašivati); *~ porub* (바지의)
단을 타다 2. (醫) (사체를) 해부하다 3. 찢다,
잡아 뜯다 (kidati, cepati) 4. 뜯어내다, 찢다
(단단히 붙어있는 것을 날카로운 물건으로)
5. (손톱·발톱 등으로) 할퀴다 6. (정적·평화·
어둠 등을) 깨다, 방해하다; *paralo je
seosku tišinu strašno* 시골의 평온함을 깨
뜨렸다 7. (비유적) (보통 영혼, 마음 등을 나
타내는 보어(補語)와 함께) 자극하다, 거슬리
다, 아프게 하다; *dreka mi para uši* 고함이
내 귀에 거슬린다; *ova svetlost mi para oči*
이 불빛이 내 눈을 피곤하게 한다; *srce mi*

se para 내 마음이 아프다

paratifus (病理) 파라티푸스 **paratifusni** (形)

paravan (보통 천으로 된) 칸막이, 칸막이 천; 병풍

paravojska 민병대

parazit 1. 기생충 2. (비유적) (輕蔑) 기식자, 식객, 다른 사람에 얹혀사는 사람 **parazitski** (形)

parazitizam *-zma* 1. (生態學) 기생 2. 기식

parazitnī *-ā, -ō* (形) 참조 parazit; 기생충의 **parazitologija** 기생충학

parazitskī *-ā, -ō* (形) 참조 parazit; 기생충의

parba 1. 소송 (parnica) 2. 말다툼, 다툼 (prepirka, svađa)

parcela 1. (토지의) 구획 2. (토지 등기 단위의) 필지

parcelirati *-am* **parcelisati** *-išem* (完,不完) (토지를) 구획으로 나누다, 필지로 나누다

parcijalan *-lna, -lno* (形) 일부의, 부분적인, 불완전한; ~*lna istina* 부분적인 사실

parcov (動) 참조 pacov; 쥐

parčad (女) (集合) parče; 조각, 부분

parče *-eta* 조각, 일부 (komad, komadić); *na ~etu hartije* 종이 조각에; ~ *imanja* (토지) 재산의 일부; *divno (lepo)* ~ 아름다운 사람 (보통 여자를 가르킴); *masno* ~ 매우 유용한, 매우 좋은(적합한); *na* ~ *raditi* 삯일하다; ~ *(svoga) krova* 자기 자신의 집(아파트); ~ *(svoga) hleba* 살아남기 위한 돈(수단)

parčetati *-am* (不完) 조각조각 찢다 (자르다) (komadati)

pardon 1. 용서, 관대; *kod njega nema ~a!* 그에게서 너그러움이란 없다; *to je bez ~a* 그것은 용서할 수 가 없다; 2. (감탄사 용법으로) 미안합니다!, 죄송합니다!

parenteza 삽입어구 (괄호 또는 대시로 표시한); 괄호 (zagrada)

parenje (동사파생 명사) pariti; 교미, 짝짓기 (동물의); *doba ~a* 짝짓기 철

parenje (동사파생 명사) pariti; (물 등 액체가) 비등(沸騰), 끓음, 수증기화

pareza (病理) 부전(不全)마비, 경도(輕度) 마비

parfem 향수; 향기, 향내

parfimerija 향수 가게, 화장품 가게

parfimirati *-am* **parfimisati** *-šem* (完,不完) 향수를 뿌리다, 향수를 바르다; ~ *se* (자신의 몸에) 향수를 뿌리다

parfumerija 참조 parfimerija

parica (지소체) par; 켤레, 쌍; *ta cipela nije ~ ovoj (ove)* 저 구두 한 짝은 이것의 짝이 아니다

parica (지소체) par; 순간 (čas, trenutak); *oboje su bili dobri domaćini, pazili su na svaku ~u* 두 사람 모두 훌륭한 주인(호스트)이었으며 매 순간 세심하게 배려했다

parija (男) (歷) (인도의) 파리아, 천민; (비유적) (아무런 권리도 없는) 최하층민

parip 1. 말(馬) (konj) 2. (비유적) 건장하지만 우둔하고 완고한 사람

parirati *-am* (完, 不完) 1. (공격을) 쳐내다, 막다, 막아내다, 피하다, 받아넘기다; *oni su pokušali da pariraju svojim partnerima oštrom igrom* 그들은 상대편의 공격을 날카로운 경기를 함으로써 막아내려고 시도했다 2. (비유적) 이의를 제기하다 (소송에서 상대편 논리, 증거에)

pariskī, pariškī *-ā, -ō* (形) 참조 Pariz; (프랑스) 파리의

paritet 1. 동등함, 동등성, 등위(等位) 2. (다른 나라 통화와의) 평가(平價), 일정한 비율, 패리티 **paritetan** (形)

pariti *-im* (不完) 1. (他) 쌍(짝)을 지어주다, 교미시키다, 짝짓기 시키다 2. ~ *se* 짝짓기 하다, 교미하다 (동물이) (spariti)

pariti *-im* (不完) 1. 뜨거운 물을 끼얹다 (도축된 가축의 털이나 깃털을 뽑기 위해) 2. 증기를 쐬다 (살균·치료 등을 위해); ~ *oči* (zenice, srce) 보고 즐기다 3. 증발시키다, 증기로 만들다 4. ~ *se* 땀을 흘리다, 찌는듯한 더위에 노출되다 (견디다)

Pariz (프랑스 수도) 파리 **Parižanin** *-ani*; **Parižanka**; **pariski, pariški** (形)

park *-ovi* 1. 공원; 유원지, 놀이동산; *zabavni* ~ 놀이동산; *nacionalni* ~ 국립공원 2. 주차장, 버스 차고; *vozni (automobilski, kamionski)* ~ 기차 (버스, 트럭) 차고 **parkovski** (形)

parket 1. 원목마루, 나무마루, 조각 나무 세공의 마루 2. (극장의) 1층 앞쪽 좌석 (parter); *sedeti u ~u* 1층 앞자리 특등석에 앉다 **parketni, parketski** (形); ~ *pod* 나무마루 바닥

parketirati *-am* (完,不完) 나무마루를 깔다, 원목마루를 깔다

parking 1. 주차 (parkiranje) 2. 주차장 (parkiralište); *na ~u* 주차장에

parking-časovnik 주차장에 설치된 계기판 (주차시간을 나타내는)

parking-plac, parking-prostor 주차장, 주차공간

parking-sat 주차장 계기판

parkiralište 주차장

P

parkiranje (동사파생 명사) parkirati; 주차
parkirati -am (完,不完) (차를) 주차시키다; ~
auto 자동차를 주차시키다
parlamen(a)t -nta 의회, 국회 parlamentaran
(形)
parlamentar (양진영간의) 협상 대표자
parlamentarac 1. (의회의) 의원, 국회의원 2.
참조 parlamentar
parlamentaran -rna, -rno (形) 국회의, 의회의;
~rni izbori 국회의원 선거; ~rna većina 의
회 다수; ~rna monarhija 입헌군주주의;
~rna praksa 의회 관행
parlamentarizam -zma 의회 정치, 의회 제도,
의원 제도
parlog 경작하지 않는 포도밭; 비경작지, 휴경지
parložiti -im (不完) zaparložiti (完) 포도밭을
경작하지 않고 그냥 놔두다; 휴경하다
parmezan -ana 파르메산(産) 치즈(아주 단단
한 이탈리아 치즈. 보통 이탈리아 음식 위에
갈아서 얹어 먹음)
Parnas 파르나소스(그리스 중부에 있는 산으
로, Apollo와 Muses가 살았다 하여 문예의
상징이 됨)
parnī -ā, -ō (形) 증기의, 증기기관의; ~o
kupatilo 한증막; ~ valjak (도로 공사용의)
스팀롤러; ~ kotao 증기 보일러; ~a mašina
(기차의) 증기 기관
parnica 소송, 고소 (parba); dobiti (izgubiti)
~u 소송을 이기다(지다); povesti ~u protiv
nekoga ~에 대해 소송을 걸다, 고소하다;
građanska ~ 민사 소송 parnički, parnični
(形) ~ troškovi 소송 비용
parničar 소송자, 소송 당사자; 소송을 남발하
는 사람
parničiti se -im se (不完) 소송하다, 소송을 걸
다, 고소하다; ~ se s nekim ~와 소송하다
parničkī, parničnī -ā, -ō (形) 참조 parnica;
소송의; ~a taksa 소송 인지대; ~ spisi 소송
목록
parnjača 1. 증기 제분소 2. 증기선(船) 3. 증기
기관차
parnjak 1. 동갑, 동갑내기 (vršnjak) 2. ~와
짝을 이루는 사람, ~와 짝을 이뤄 일하는 사
람, 파트너(일을 함께 하는)
parobrod 증기선(船); putnički ~ 증기 여객선;
teretni ~ 증기 화물선; rečni ~ 내륙 증기선
parobrodski (形)
parobrodarstvo 증기선 항해(항행)
parobrodskī -ā, -ō (形) 참조 parobrod; 1. 증
기선의; ~a stanica 증기선 선착장 2. 증기
선 항해의 (parobrodarski); ~o društvo 증

기선 운항 협회; ~a kompanija 증기선 해운
사(社)
parodija 패러디(다른 것을 풍자적으로 모방한
글·음악·연극 등) parodijski (形)
parodirati -am (不完) 패러디하다
parog 참조 parožak
parog 갈고리
paroh, 複 parosi (正教) 성직자 (가장 작은 단
위의 교구를 관할하는)
parohija (正教) 1. 가장 작은 단위의 교구
(paroh가 長임) 2. paroh가 거처하는 집
parohijski (形)
parohijan 교구(parohija)민(民) parohijanka
parohijskī -ā, -ō (形) 참조 parohija; 교구의;
~a crkva 교구 교회; ~o pravo 교구권
paroksizam -zma (격한 감정의) 발작, 폭발;
(병의) 발작
parola 1. (軍) 암호, 암호말 2. 슬로건, 구호,
모토 (deviza, geslo)
paromlin 증기 제분소
paronim 1. 어원(語源)이 같은 단어 (예;
govor-govoriti-govornik-dogovor) 2. (어
의·철자가 다른) 동음어 (예; grâd-gräd)
parostroj 증기 기관
parovod 증기관 (cev, naprava koja vodi paru)
parožak -ška; -šci 1. 사슴 뿔의 가지 2. (쇠
스랑·갈퀴 등의) 발
parožan -žna, -žno (形) 참조 parožak; 사슴
뿔의; ~žni preživari 사슴과(科) 동물;
partaja (廢語) 1. 당(黨), 정당 (partija,
stranka) 2. 아파트 주민, 다세대 가구 주민
(stanar)
parter 1. (지상보다 약간 높은) 1층 (prizemlje)
2. 극장 1층의 뒷줄 좌석 혹은 1층의 전좌
석 3. (스포츠) (레슬링의) 파테르 (벌칙으로
바닥에 엎드린 자세)
parti -ija (男) 파티, 잔치 (zabava, žur)
particip (文法) 분사, 형동사 (glagolski pridev)
participni, participski (形)
participacija 참가, 참여, 동참 (sudelovanje,
učestvovanje)
participirati -am (不完) 참가하다, 참여하다,
동참하다 (učestvovati)
participnī, participskī -ā, -ō (形) 분사의, 형동
사의
partija 1. (政) 당(黨), 정당 (stranka);
komunistička ~ 공산당; liberalna ~ 자유당;
socijaldemokratska ~ 사회민주당 2. 단체,
그룹 (다수와 별개인 소수의) 집단, 무리;
prva ~ bolesnika je otpuštena 1차 환자 그
룹은 퇴원했다 3. 부분, 일부; budžetska ~

예산의 일부; *već je stigla prva ~ novih automobila* 벌써 신차의 첫번째 일부가 도착했다; *svaka ~ prispelih knjiga je odmah rasprodata* 입고된 책 전부가 즉시 팔렸다 4. 게임, 경기; *~ šaha* 체스 경기; *~ bilijara* 당구 게임 5. (音樂) 파트; *solo ~* 솔로 파트 6. (dobra, sjajna 등의 보어와 함께) (口語) 결혼 조건에 딱 좋은 사람, 배우자감으로 딱 좋은 살감; *bogata i lepa, bila je dobra ~ za svakog muškarca* 그녀는 돈도 많고 예뻐 모든 남성들이 원하는 배우감이었다

partijac 공산당원 **partijka**

partijaš 1. 정당의 당원, 당원 2. 공산당원 (partijac)

partijnost (女) 당 정강정책에의 일치(합치) (보통은 맑스-레닌주의의)

partikula (文法) 소사(小辭), 독립적인 의미가 없고 홀로 사용되지 않는 것, li, -god, -no, -zi 등) (rečca)

partikularan *-rna, -rno* (形) 1. 부분적인 (delimičan); *nije govor o ~rnim povredima* 부분적인 부상에 관한 것이 아니다(전신 부상이다) 2. 특별한 (poseban)

partikularizam *-zma* 배타주의, 자기중심주의, 당파주의

partitivan *-vna, -vno* (形) 일부의, 부분의; *~vni genitiv* 부분 생격

partitura (音樂) 악보

partizan 1. 게릴라 대원, 빨치산, 유격대원, *otići u ~e* 빨치산 활동에 가담하다 **partizanka**; **partizanski** (形) 2. (廢語) (특정 지도자·집단·사상의) 열렬한 지지자, 신봉자

partizanskī *-ā, -ō* (形) 빨치산의, 파르티잔의; *~ rat* 게릴라전; *~e jedinice* 빨치산 부대; *~a pesma* 파르티잔 노래

partner 파트너 1. (배우자·동거 상대 같은) 동반자, 파트너 (bračni drug) 2. (사업) 파트너, 동업자 3. (춤·게임 등을 함께 하는) 파트너

partnerstvo 동반자 관계, 동업자 관계; 동업, 동참

parveni *-ija* (男) 졸부, 벼락부자, 벼락출세자, (skorojević); **parvenijksi** (形)

pas *psa, pse & psu; psi, pasa* 1. (動) 개, 견 (犬); *lovački (ovčarski) ~* 사냥개(목양견), *psi čuvari* 경비견; *psi lutalice* 유기견, 떠돌이 개; *~-tragač* 탐지견 2. (비유적) (輕蔑) (언행이 남의 비웃음을 살 만한, 품행이 형편없는) 개새끼, 주구(走狗); 경찰의 첩자 3. 기타; *morski ~* 상어 (ajkula);; *ima ih kao kusih (kusatih) ~a* 그것들은 굉장히 많다; *jalovi ~ (landarati, lutati)* 목적없이(정처없

이) 떠돌다; *kao ~ (mučiti se, lagati, raditi, živeti, biti gladan)* (개처럼)매우 많이 (고생하다, 거짓말하다, 일하다, 살다, 배고프다); *kao ~ na vašar (upasti)* 초대받지 않은 곳에 가다; *kao ~ na lancu* (묶인 개처럼) 아무런 자유도 없이; *kao ~ za petu nogu (mariti za koga)* 아무런 관심(돌봄)도 기울이지 않다; *kao ~ i mačka (živeti, gledati se)* 원수처럼 (살다, 보다); *kao psa (baciti dete, ubiti koga)* 잔인하게 (아이들 내팽개치다, 죽이다); *umoran kao ~* 매우 피곤한; *na psu rana, na psu i zarasla* 그것은 별 영향없이 지나갈 것이다; *ni ~ s maslom ne bi pojeo* (어설프고 불명확해)아무도 그 말을 믿지 않을 것이다; *~ i na zvezde laje* 사악한 사람은 선한 사람에게도 악담을 한다; *pas koji mnogo laje ne ujeda* 짖는 개는 물지 않는다; *~ ti se mesa najeo* (욕설, 저주) 개가 네 육체를 뜯어 먹을꺼야; *~ laje, vetar nosi* 어떤 사람이 ~의 말에 귀기울이지 않을 때 사용하는 말; *ponašati se kao ~ s lanca* 거칠게 행동하다

pas *pasovi* 1. 허리띠, 혁띠, 벨트 (opasač); *bolji je dobar glas nego zlatan ~* 돈보다는 평판이 중요하다; *doterati koga do ~a* 물질적으로 곤란한 상태에 처하게 하다; *prekinuti ~* 관계를 청산하다, 이혼하다 2. 허리 (struk); *zadenuti koga za ~* 보다 앞서다 (nadmudriti koga) 3. (비유적) (方言) 세대, 대 (집안의 할아버지, 아버지, 아들 세대 등을 나타내는) (koleno) 4. 비슷한 연령층의 사람, 세대 (동시대의 같은 세대) (naraštaj)

pas 1. (스포츠) 패스, 공의 연결 2. (댄스의) 스텝 3. (카드 게임 등의) 패스, 통과 (자기 순서를 건너 뛰고)

pasat 무역풍 (북반구에서는 북동풍, 남반구에서는 남동풍이 적도 방향으로 일정하게 부는 바람)

pasati *-šem* (不完) 1. 허리에 차다, 허리에 두르다, 허리띠를 하다; *~ kecelju (sablju)* 앞치마를 두르다 (검을 허리에 차다) 2. *~ se* (칼·총 등을) 허리에 차다

pasati *-šem* (不完) 알맞다, 적합하다, 잘 어울리다 (pristajati, dolikovati)

pasati *-am* (不完) (가축을) 목초지로 몰고 가다, 풀을 뜯기다

pasaž 1. 통로, 복도 (양쪽편에 가게가 있고 지붕이 덮여진) (prolaz) 2. (음악의) 악절 3. (책의) 구절

pas-čuvar 경비견

pasha *-hi* (宗) 유월절 (이집트 탈출을 기념하는 유대인의 축제) **pashalni** (形)

pasiflora (植) 시계꽃

pasija 1. 열정, 강렬한 희망; 관심, 취미 2. (예수의 고난과 죽음을 그린) 음악 작품 **pasionski** (形); *~e igre* 예수의 고난을 그린 연극

pasijans 혼자서 하는 카드 게임의 일종; 솔리테르, 페이션스

pasioniran *-a, -o* (形) (보통은 한정형으로) 열정적인, 격정적인, 열렬한, 열심인 (zanesen, oduševljen, strastven); *~i igrač karata* 카드에 홀딱 빠진 카드 게임자; *~i skupljač starina* 고물 수집에 홀딱 빠진 사람

pasirati *-am* (完,不完) 1. (不完) 알맞다, 적합하다, 어울리다 (dolikovati, pasovati) 2. (체 같은 것을 받쳐) 물기를 빼다, 거르다 3. (스포츠) 패스하다, 공을 연결하다 4. 지나가다, 통과하다 5. (廢語) 발생하다, 일어나다

pasište 목초지 (pašnjak, paša)

pasiv (文法) 수동태, 피동태

pasiva (회사·단체의) 채무, 부채, 차입금 (反: aktiva)

pasivan *-vna, -vno* (形) 1. 비활동적인, 활발하지 못한; (일어나는 일에 대해) 무관심한 (neaktivan, neradan, ravnodušan); *~vna organizacija* 활발하지 못한 조직(단체); *~ svet* 무관심한 대중 2. (부정의·폭력 등에) 피동적으로 대응하는, 저항하지 않는; *~ posmatrač* 피동적인 참관자; *~ otpor* 피동적 저항 3. (한정형) 적자의, 적자가 난, 부채(채무)가 있는; *~o poslovanje* 적자 영업; *~vni bilans* 적자 4. 낙후된, 개발되지 않은 (nerazvijen, zaostao, siromašan); *~ kraj* 낙후 지역 5. (文法)(한정형) 피동태의 수동태의 (trpni); *~vna konstrukcija* 피동구문; *~vni glagoli* 피동태 동사

pasjakovina (植) 갈매나무, 양갈매나무 (pazdren)

pasjaluk 1. 비열한 계략, 사악한 계략; 사악함, 비열함, 악의, 적의 (pakost, zloća, zloba) 2. 악한, 사악한 사람, 개 같은 놈

pasjī *-ā, -ē* (形) 1. 개의; *~a kućica* 개집 2. 개 같은; (비유적) (아주 나빠서) 끔찍한, 형편없는; *~ život* 개같은 생활, 끔찍한 삶; *~e vreme* 아주 나쁜 날씨; *~a narav* 개같은 성격, 더러운 성격; *~ dani* 복중, 삼복더위 때 (7월 말 ~ 8월 초) 3. (俚說) *~ sin* 개새끼, *~a kći* 개같은 년 4. 기타; *ko ne ume preskakivati plotove neka ne ide u ~e svatove* 어떤 일에 대해 이해하지 못하는

사람은 그 일을 하지 마라; *koliko do ~e šape (držati do koga ili čega)* 전혀 관심이 없다, 아무런 관심도 쏟지 않다; *na ~e ime, na ~ opanak, na ~e obojke (grditi, ispsovati koga)* 신랄하게 (질책하다, 욕하다); *~a zima* 아주 매섭고 혹독한 겨울; *~im zubima (postići, izraditi nešto)* 아주 힘들고 고생하여 (이뤄내다, 해내다)

paska *-ki* 1. 돌봄, 보살핌, 보호 (briga, staranje) 2. 감독, 감시; *staviti pod ~u* 감독하에 놓다 3. ~에 대한 정신 집중 (usmerenost, usredsređenost) (反; brzopletost, nepromišljenost)

paskvica (植) 배풍등류의 독초; 노박덩굴류의 덩굴 식물

paskvil (男), **paskvila** (女) (공공 장소에 게시된) 익명의 풍자시; 풍자문

pasmina (동식물의) 품종 (soj); *plemenita ~* 순종

pasmo *pasama* (실·밧줄 등의) 타래 (povesmo)

pasoš 1. 여권 **pasoški** (形); *~o odeljenje* 여권과 2. *stočni ~* 가축 증명서 (가축의 소유권·혈통·병력 등을 기록한) 3. 기타; *potpisati kome ~* 퇴학시키다, (직장에서) 퇴출시키다

pasošarnica 여권과, 여권 발행 사무소

paspul, paspual (유니폼 바지에 있는 다른 색깔로 들어가 있는) 단, 줄 (porub)

pasta 1. 반죽한 것; 치약; 광택제; *~ za zube* 치약; *~ za cipele* 구두약; *~ za parket* 나무 마루를 닦는 광택제 2. 페이스트 (밀가루에 버터·물 또는 우유를 넣어 반죽한 것으로 파이나 요리에 사용) (testo, testenina)

pastel (男), **pastela** (女) 1. 파스텔(크레용); 파스텔화 2. 짧은 산문작품(독자들에게 파스텔화 같은 인상을 남기는)

pasterizacija (우유·육류·야채 등의) 저온살균(법)

pasterizirati *-am,* **pasterizovati** *-zujem* (完,不完) (특히 우유를) 저온살균하다

pasteta 참조 pašteta 빵에 발라 먹거나 요리를 하기 위해 고기,생선 등을 으깨어 반죽같이 만든 것 (보통 통조림이나 튜브에 들어있음); *~ od žigerice* 닭의 간으로 만들어진 파쉬테타

pasti *padnem; pao, pala; padni; pavši, pašće* (完) **padati** *-am* (不完) 떨어지다, 넘어지다, 추락하다; (비·눈 등이) 내리다; 감소하다, 하락하다; (어둠이) 깔리다, (해·별 등이) 떨어지다; (비행기·새 등이) 내려앉다, 착륙하다; (전투 등에서) 사망하다; (도시·진지 등이) 함락되다; (국가·정부 등이) 몰락하다, 붕괴되다; 일어나다, 발생하다, 나타나다 *~ s* *drveta* 나무에서 떨어지다; *kiša pada* 비가 내린다; *pašće sneg* ~눈이 내릴 것이다; *pale su cene* 가격이 하락했다; ~ *u borbi* 전투에서 사망하다; ~ *u nesvest* 정신을 잃다; ~ *u očaj* 낙담하다; *red je pao na tebe* 네 차례가 왔다; *završena reč je pala u deo profesoru Jovanoviću* 폐막사는 요바노비치 교수가 하게 되었다; ~ *u nemoral* 타락하다; *pogled mu je pao na mene* 그의 시선은 나를 향했다; ~ *pod stečaj* 파산하다; ~ *u zaborav* 잊다, 망각하다; ~ *nauznak* 뒤로 넘어지다; *barometar je pao* 지표가 떨어졌다; ~ *s konja* 말에서 떨어지다, 낙마하다; *ceo je teret pao na mene* 모든 부담이 나한테 돌아왔다; ~ *ničice* 무릎을 꿇고 구걸하다, 패배를 인정하다, 항복하다; ~ *na kolena* 무릎을 꿇다, 항복하다; ~ *u zasedu(zamku)* 매복에 걸리다, (함정에 빠지다); *vlada je pala* 내각이 붕괴되었다; *pala je magla* 안개가 끼었다; ~ *na ispitu* 시험에서 떨어지다; ~ *u grešku* 실수를 하다; ~ *s nogu* (많이 뛴 결과 피곤하여) 쓰러지다; ~ *nekome u ruke* ~의 손(수중)에 떨어지다; ~ *u plač* 울다; ~ *u ropstvo* 생포되다, 노예가 되다; ~ *u zanos* 열광의 도가니에 빠지다; *kao da je s meseca (s neba) pao* 마치 하늘에서 떨어진 것처럼(아무것도 모르다); *kao da je s vešala pao* 매우 겁먹은, 굉장히 놀란; *kocka je bačena, kocka je pala* 주사위는 던져졌다; *neće mu ni vlas s glave* ~, *nije mu pala ni vlas s glave* 그에게 그 어떤 나쁜일도 일어나지 않았다; *nije s kruške pao* 미치지 않았다; *pala je krv* 살해되었다; *pala mu(konju) zob u noge* 게을러졌다; *pala mu koprena (mrena, zavesa) s očiju* 그때까지 불명확하던것이 명확하고 분명해졌다; *pala mu krv (mrak) na oči* 판단력을 상실하다, 미치다; *pala mu sekira u med* 예기치 않게 많은 것을 얻다, 좀처럼 있을 수 없는 큰 행운을 차지하다; *palo mu srce u gaće, palo mu srce u pete* 너무 겁먹은; *pao kao muva na med* 쉽게 유인하였다; *pao mu kamen sa srca* 짓 누르던 짐에서 벗어나다; *pao mu mraz na obraz* 부끄러워하다, 부끄러움에 얼굴이 빨개졌다; ~ *bolestan*, ~ *bolovati* 아프다, 병들다; ~ *mrtav od smeha* 포복절도하다; ~ *na čija leđa (teret, vrat)* ~의 짐이 되다, ~에게 얹혀 살다; ~ *na lepak* 사기꾼의 희생양이 되다, 사기당하다; ~ *na niske (tanke) grane*, ~ *na nisku prečagu* 1)가난해지다, 망하다, 2)도덕적으로 타락하다; ~ *na pamet*,

~ *na um* 생각나다; *pasti sa zla na gore*, ~ *s prosulje na žeravu* 설상가상이다, 어려운 처지에서 더 나쁜 처지로 떨어지다; ~ *u grob* 죽다, 사망하다; ~ *u more*, ~ *u vodu* 사라지다, 없어지다, 망하다; ~ *u oči* 주목을 끌다; ~ *u postelje* 아프다, 병치레하다; ~ *u reč kome* ~의 말을 끊다

pasti *pasem; pasao, pasla; pasen; pašće* (不完) **popasti** (完) 1. (소·양 등이) 풀을 뜯다, 풀을 뜯어 먹다; *ovce pasu* 양들이 풀을 뜯고 있다 2. (他) (소·양 등을) 방목하다, 놓아 먹이다, 풀을 뜯기다; ~ *stoku* 소를 방목하다 3. 기타; *da nema nosa travu bi pasao po pameti* 지적능력에서 동물과 큰 차이를 보이지 않는다 (우둔하고 멍청한); *ne bih mu dao guske* ~ 총명함과 능력이 없다 (떨어진다); *nismo zajedno koze (ovce, svinje) pasli* 우리는 함께 자라지 않았다 (죽마고우가 아니다); ~ *oči, očima* 눈을 즐겁게 하다

pastila 알약, 정제

pastir 1. 목자(牧者), 양치기 **pastirka**; **pastirski** (形) 2. (비유적) 목자(牧者), 목사 (개신교의)

pastirčad (女) (集合) pastirče

pastirče -*eta* (지소체) pastir

pastirica 1. 여자 목자(牧者), 여자 양치기 2. (비유적) (젊은 목사들을 훈육하기 위한) 책, 서적 3. (鳥類) 할미새

pastirka 참조 pastir

pastirskī -*ā*, -*ō* (形) 참조 pastir; 양치기의

pastor (宗) (개신교) 목사

pastorak -*rka* 1. 의붓아들 (계부·계모에게) 2. (비유적) 보호나 관심을 받지 못하는 사람, 구박당하는 사람

pastorala (14-18세기 유럽에서 문학, 그림, 음악에서 유행한) 목가곡, 전원곡; 목가시, 전원극

pastoralan -*lna*, -*lno* (形) 1. 목가적인, 전원적인; ~ *motiv* 목가적 모티브; ~*lna poezija* 전원시, 목가시; ~*lna igra* 전원극 2. 목자의, 성직자의; ~*lna konferencija* 목회자 회의

pastorčad (女) (集合) pastorče

pastorče -*eta* (지소체) pastorak, pastorka; 의붓자식 (의붓아들, 의붓딸)

pastorka, pastorkinja 의붓딸 (계부·계모에게)

pas-tragač 수색견(犬)

pastrma 훈제하여 말린 고기 (쇠고기·양고기·돼지고기 등의)

pastrma (魚) 송어

pastrmka 참조 pastrma; 훈제하여 말린 고기

pastrmka 1. 참조 pastrvka; 송어 2. 껍질이

P

얼룩덜룩한 배(kruška)
pastrnak, pastrnjak (植) 참조 paškanat
pastrva (魚) 송어 (pastrvka)
pastrvka (魚) 1. 송어 2. (複) 연어과 물고기
pastuh, pastuv (動) 종마(種馬), 씨받이용 수컷
pastva 1. (宗) (集合) 회중, 신자들, 신도들 (성
직자에게) 2. 영적 인도 (성직자들의 신도들
에 대한)
pasulj 콩, 강낭콩; *čorba od ~a* 콩죽, 콩으로
만든 수프; *gdedati u prazan ~* 점을 치다
(콩으로); *odrasti na ~u* 가난하게 자라다(강
낭콩죽만 먹고 자라다); *prazan ~* 강낭콩죽
(고기가 첨가되지 않은); *prosto kao ~* 아주
단순한
pasuljište 콩밭
pasus 단락, 절 (paragraf, pasaž)
pas-vodić 안내견(犬); *~ slepih* 맹인 안내견
paša (女) 1. (가축의) 방목, 놓아먹임, 풀을 뜯
김 (pasenje, napasanje) 2. 초원, 목초지;
isterati na ~ 목초지로 몰고 가다 (pašnjak,
pasište) 3. (비유적) 눈을 즐겁게 함, 보면서
즐기는 것 (naslađivanje, uživanje pri
gledanju)
paša (男) (歷) (오스만 제국, 이집트 등 몇 몇
이슬람 국가의) 관직의 명칭, 파샤(주지사,
군사령관) *daje se posluživati kao ~* 파샤처
럼 떠받들어지다, 지극정성을 다한 보살핌을
받다; *pravi je ~* 매우 부유한; *živi kao ~* 매
우 풍유롭고 호화스럽게 살다
paša (男) (애칭) pašanac, pašenog; 동서 (처
제의 남편)
pašaluk (歷) 1. (오스만 제국의) 가장 큰 행정
-영토 단위, 파샬루크 (오스만 제국 황실 혹
은 내각 바로 밑에 위치하고 있으며, 파샤
(paša)가 장(長)임) 2. 파샬루크에 주둔하고
있는 군대(부대) 3. 파샤의 권력
pašanac *-nca* (=pašenog) 동서 (처제의 남편)
paščad (女) (集合) pašče; 강아지, 개
pašče *-eta* 1. 강아지; 개 2. (輕蔑) 사람
(čovek); 아이 (dete); *kao ~ živeti* 개처럼
살다, 온갖 고생을 하며 살다
pašenog *-že; -zi* (= pašanac) 동서 (처제의
남편)
pašinica 파샤(paša)의 부인(아내)
paškanat (植) 파스닙(배추 뿌리같이 생긴 채
소) (pastrnak)
pašnjak 초원, 목초지 (pasište) **pašnjački** (形);
~o stočarenje 목초지 목축업
pašnjarstvo 목축업
pašo *-a, -e* (男) 참조 paša; 동서 (처제의 남
편)

pašovati *-šujem* (不完) 1. 파샤(paša)의 직무
를 수행하다 2. (비유적) 파샤처럼 다스리다
(통치하다); *i tako sada caruje i pašuje
celim krajem po svojoj volji* 그렇게 지금
전지역을 자기 맘대로 파샤처럼 다스리고 있
다 3. (비유적) 파샤처럼 살다, 아주 풍요롭
고 호사스럽게 살다
pašteta (음식) (고기·간·생선·야채 등을 갈아
가공한) 음식의 한 종류, 파슈테타 (보통 통
조림이나 튜브에 들어있음); *~ od žigerice*
(닭)간으로 만든 파슈테타; *~ od gušče
džigerice* 거위 간 파슈테타; *~ s mesom* 고
기 파슈테타
paštiti se *-im se* (不完) 1. 서두르다 (žuriti se)
2. 시도하다, 노력하다 (nastojati, truditi se)
paštrnak, paštrnjak 참조 pastrnak, paškanat;
파스닙(배추 뿌리같이 생긴 채소), 서양방풀
나무
pat 1. (方言) 계약, 합의 (ugovor, pogodba) 2.
(체스, 카드 게임 등에서) 교착상태, 수가 막
힘 (그래서 승자 없이 게임이 끝나게 되는
상태) **patni** (形)
pat (擬聲語) 꽥꽥 (오리의 울음 소리)
pata (숙어로만 사용) *~-karta* 수가 막힌 상태
(카드게임에서)
pata (方言) 1. (애칭) patka; 오리 2. 벌레
(insekat)
patak *-tka; -tku; -tkovi & paci, -tkova &
pataka* 1. (鳥類) 숫오리 *Paja ~* 도널드 덕
(만화 영화에 나오는) 2. (비유적) 뒤뚱거리
며 걷는 사람
pataren *-a*, **patarenac** *-nca* 보고밀교도, 보고
밀교 신자
patent 1. 특허, 특허권(증); *imati ~ na nešto*
~에 대해 특허권이 있다 **patentni** (形) 2.
(한정사적 용법으로, 반복합어에서)특허받은;
~-peći 특허받은 난로; *~-olovka* 특허받은
볼펜; *~-zatvarač* 특허받은 병마개; *~-
brava* 예일 자물쇠(도어용의 원통형 자물쇠)
3. (왕의) 칙령, 명령 (naredba, dekret, ukaz)
4. (보통 여자의 옷에 달린) 지퍼
(rajsferšlus)
patentirati *-am*, **patentovati** *-tujem* (完,不完)
1. 특허를 받다; *~ izum* 발명 특허를 내다 2.
(비유적) ~에 대한 배타적 권리를 획득하다
patentni *-ā, -ō* (形) 참조 patent; 특허의 *~
ured* 특허 사무소
paternitet 부계(父系), 아버지쪽 혈통; 부권(父
權)
patetičan *-čna, -čno* (形) 감동적인, 감격시키는,
흥분시키는 (dirljiv); *~ govor* 감동적 연설

patetika 감동, 감격; 흥분, 열광 (zanos)

paticvrk 1. (方言) (鳥) 노랑촉새(멧새과) (strnadica) 2. 난쟁이, 소인(小人) (patuljak, kepec)

patike (女,複) 1. (굽이 없는) 집안에서 신는 슬리퍼 2. 운동화; teniske ~ 테니스화

patina 얇은 막(피막) (녹색이나 붉은색의 층, 주로 금속 표면에 공기와 습기 등의 영향으로 생기는)

patisak -ska (方言) 중단, 멈춤 (prestanak, prekid)

patisak -ska 1. (이미 출판된 출판물의) 리프린팅, 증쇄 2. (불법적인) 복사, 복사 출판물

patiti -im; paćen (不完) 1. ~ od čega 병을 앓다; 심한 육체적 통증을 앓다; mnogo je patio od glavobolje 두통으로 많이 고생했다; ~ od bolesti 병을 앓다, 병으로 고생하다 2. (정신적·도덕적) 고통을 겪다, 아픔을 느끼다; zar možemo stati kad nam duša pati 우리가 심적 고통을 당할 때 멈출 수는 있다 3. 고통을 겪다, 불공평을 겪다, 어려움 (곤궁)을 겪다 4. (他) ~ nekoga 몹시 괴롭히다, 고통을 주다; patila je maćeha pastorku glađu i golotinjom 계모는 의붓딸을 헐벗고 굶주리게 해 괴롭혔다 5. ~ se 괴로워하다, 고통을 겪다 (mučiti se); ranjenici se pate jer nema zavoja ni lekova 부상자들은 붕대도 없고 약도 없어 고통을 당했다

patiti -im (不完) 1. (가축 등을) 기르다, 사육하다, 먹이를 주다 (odgajati) 2. ~ se 번식하다, 부화하다 (množiti se, leći se)

patka -ki; pataka 1. (鳥類) 오리; divlja ~ 야생오리; domaća ~ 집오리; ~ kašikara 넓적부리; ~ krčuga 발구지 (오리속); ~ krža 쇠오리; i patka na ledu posrne 원숭이도 나무에서 떨어진다; korača kao sita ~ 갈지자로 걷다, 뒤뚱뒤뚱 걷다; ubiti masnu ~tku 돈을 잘 벌다 2. (비유적) 헛소문, 유언비어; možda je sve to novinarska ~ 이 모든 것이 기자가 지어낸 유언비어일 수도 있다

patlidžan (植) 가지속(屬)의 각종 식물; crveni ~ 토마토 (rajčica, paradajz); crni (plavi) ~ 가지; crven kao ~ 매우 빨간 (보통 코, 얼굴이); pržen ~ 볶은 가지

patnik 고통받는 사람, 고통을 당하는 사람

patnica; patnički (形) (patilac)

patnja (보통 정신적인) 고통, 괴로움, 아픔 (bol, muka)

patogen -a, -o (形) 발병시키는, 병원(病原)의; ~e bakterije 병원성 박테리아

patoka 1. 약한 라키야 (라키야를 증류시킬 때 가장 나중에 나오는 약한 도수의) 2. (化) 주정 (酒精)

patolog 병리학자

patologija (醫) 병리학

patološkī -ā, -ō (形) 병리학의, 병리학자의; ~ proces 병리 과정

patos 1. 열광, 흥분, 광희 (jako oduševljenje, zanos, uzbuđenost) 2. 흥분된 어조, 높은 톤의 목소리 (보통 연극 등에서)

patos (나무 등의) 바닥 (pod); zemljani ~ 흙바닥

patosati -ošem (完,不完) 바닥을 깔다 (어떤 공간의); ~ sobu 방 바닥을 깔다

patricid 아버지 살해, 부친 살해

patricij -ija (고대 로마의) 원로원 의원; (중세의) 귀족, 지위가 높은 사람 patricijka; patricijski (形)

patrijarh 1. (宗) (正敎) 총대주교; carigradski ~ 짜리그라드 총대주교; ~ srpske pravoslavne crkve 세르비아 정교회 총대주교 2. 족장, 부족장 3. 장로; 가부장(家父長) 4. (학파 등의) 창시자; 개조(開祖) (osnivač, utemeljivač); Dobrovski je ~ slavistike 도브롭스끼는 슬라브학의 창시자이다

patrijarhalan -lna, -lno (形) 보수적인, 오래된 (konzervativan); ~lni običaji (pogledi, pojmovi) 보수적인 풍습(시각, 개념); ~lno vaspitanje 보수적 교육; ~lna sredina 보수적 환경

patrijarhat 가부장제 사회 (남자 중심의 사회)

patrijaršija (宗) 1. 총대주교구, 총대주교 관할 지역 2. 총대주교가 관할하는 교회 행정; 그 행정 본부가 있는 건물 patrijaršijski (形)

patrimonij -ija (法) (=patrimonijum) (아버지로부터 물려받은) 상속재산, 세습재산, 유산 (očevina, očinstvo)

patriot(a) 애국자 (rodoljub) patriotkinja; patriotski (形)

patriotičan -čna, -čno (形) 애국적인, 애국자의 (patriotski)

patriotizam -zma 애국, 애국심 (rodoljublje); lokalni ~ 애향심 (사회 전체의 이해관계와는 무관한)

patriotskī -ā, -ō (形) 애국의, 애국적인, 애국자의; ~e pesme 애국적 시

patrkalj -klja, patrlj 참조 patrljak

patrljak -ljka 1. (나뭇가지·나무 줄기 등이 꺾이거나 잘리고 난 후) 말라 남아 있는 것, 그루터기 2. 잘린 팔, 잘린 다리 (팔·다리의 절단되고 남은 부분) 3. (잘리거나 부러지거

787

P

나 닳고 난 뒤에) 남은 부분

patrola 순찰, 순시; 순찰대, 정찰대; 경비정, 초계정; 정찰기, 초계기; 경찰 순찰차; *ići u ~u* 순찰 나가다 **patrolni** (形); *~a kola* 순찰차

patroldžija (男) (廢語) 순찰자, 경찰, 포졸 (žandarm, noćobdija)

patrolirati *-am* (完,不完) 순찰하다 ~ *ulicama* 도로를 순찰하다

patron 1. (宗) (한 가족, 도시 등의) 수호 성인 (守護聖人) 2. 후원자, 보호자 (pokrovitelj, zaštitnik) 3. (歷) (고대 로마의) 평민 보호 귀족 4. (회사의) 경영자, 소유자 (그 회사에서 일하는 노동자들에 대해) (poslodavac, vlasnik preduzeća)

patrona 후원자, 보호자

patrona 1. 탄약, 탄약통, 화약통 2. 탄약과 모양이 비슷하게 생긴 것 3. 전구 소켓의 금속 부분 (전구가 들어가는)

patronat 1. 후원, 보호, 찬조 (pokroviteljstvo, zaštitništvo); 후원 위원회 (pokroviteljski odbor); *pod ~om* 후원하에 2. (nad nekim, nad nečim) ~에 대한 보호권, 관리감독권; *preuzeti ~ nad nečim* ~에 대한 관리감독권을 차지하다 3. (고대 로마의) 평민 보호 기관

patronaža 참조 patronat

patronesa 참조 patron; 후원자, 보호자 (보통 자선단체의) (pokroviteljica, zaštitnica)

patronim, patronimik (아버지나 조상의 이름에) 접사를 붙여 얻은 성씨(姓氏)(예; Petar → Petrić) **patronimički** (形)

patuljak 1. 난쟁이, 소인(小人) (kepec); *Snežana i sedam ~a* 백설공주와 일곱 난쟁이 2. 중요하지 않은 사람 3. 사소한 것 (nešto sitno, maleno)

patuljast *-a, -o* 난쟁이처럼 작은; *~i psi* 애완용의 작은 개

patuljica 참조 patuljak; 여자 난쟁이

patvorina 위조품, 모조품, 가짜 (falsifikat, krivotvorina, imitacija)

patvoriti *-im* (不完) 위조하다, 날조하다, 모조하다 (krivotvoriti, falsifikovati) 2. 흉내내다, 모방하다 (imitirati)

pauci (男,複) 1. 거미 2. 거미강 (절지 동물의 한 강(綱)) 3. (魚) 바다 물고기의 일종 (지느러미에 독을 숨기고 있음)

paučina 1. 거미줄; *jesenska (jesenja) ~* 가을철 공중에 나부끼는 거미줄; *kao muva u ~u (pasti)* 갑자기 ~의 권력하에(손아귀에) 떨어지다; *pala je ~ na nešto* 벌써 잊혀진 것

이다, 오래전에 한물 간 것이다 2. (비유적) 거미줄 같은 것 3. (비유적) 종속시키는 것

paučinast *-a, -o* (形) 1. 거미줄 모양의 2. 거미줄 투성이의

paučljiv *-a, -o* (形) 거미줄 투성이의, 거미줄로 뒤덮인

pauk 거미; (口語) 견인차 **paukov** (形); *~a mreža* 거미줄

paun *pauni & paunovi, pauna & paunova* 1. (鳥類) 공작; *gord kao ~* 몹시 뽐내는, 득의 양양하여, 크게 자랑하여 2. (반복합어에서 형용사적 용법으로) 공작의; **paunica**; **paunov** (形)

paunčad (女) (集合) paunče

paunče *-eta* (지소체) paun; 공작, 작은 공작

paunica 1. (鳥類) 참조 paun; 공작 암컷 2. (비유적) 몸치장하기를 좋아하는 여자

paunov *-a, -o* (形) 참조 paun; 공작의

paunovci (男,複) 산누에나방(과)

pauper 가난한 사람 (아무것도 없는), 빈곤자, 구호대상자

pauperizacija (지배 계급의 악랄한 착취 등으로 인한 대규모) 빈곤화

pauperizam *-zma* (노동자 계급의 착취로 인한) 빈곤, 궁핍

paus-papir 투사지 (투사에 쓰이는 투명한 종이)

paušal 균등액, 정액, 일정액; *plaćati po ~u* 정액(일정액)으로 지불하다

paušalan *-lna, -lno* (形) 정액의, 일정액의, 균등액의; *~ dohodak* 균일한 수입; *~lna cena* 정가; *mi plaćamo struju ~lno* 우리는 전기값으로 일정액을 정해 지불한다; *~lno mereno* 대강 측정된; *~lne ocene* 일괄적 평가

pauza 1. 중지, 중단; 막간, 휴식 시간; *u ~i, za vreme ~e* 쉬는 시간에; *napraviti ~u* 잠시 쉬다 2. (音樂) 쉬는 부분, 쉼표; *polovinska (četvrtinska) ~* 2분(4분) 쉼표

pauzirati *-am* (不完) 휴식을 취하다, 쉬다, 잠간 중단하다

pavijan (動) 비비, 개코원숭이

paviljon (動) 1. 가건물, 가설 건축물; 부속 건물 2. 전람회 건물 **paviljonski** (形)

pavlaka 크림, 파블라카 (우유의 겉 표면에 생기는 진하고 기름진 층)

Pavlovljev *-a, -o* (形) 파블로프의; *~ refleks* 파블로프 반사

pazakup (法) 참조 podzakup; 임대, 임대 계약

pazar 1. 매매, 사고 파는 것, 상거래; 흥정; 매출, 매상; *dnevni ~* 일일 매상(매출); *napraviti ~* 팔다, 흥정하다; *nema tu ~a* 흥

정할 여지가 없다; *izneti, iznositi na* ~ 1)팔
려고 내놓다 2)(비유적) 대중에 널리 알리다;
nositi glavu (kožu) na ~ 커다란 위험에 처
하다; 2. 시장, 재래시장 (trg, tržište, pijaca);
subotom se ide na ~ 적기에 적합한 곳에
있어야 한다 3. 파는 물건 4. (물건을 판) 돈,
수익 5. (方言) 시장이 서는 날 (pazarni dan)
6. 기타; ~*-ljubav* 흥정할 때 판매자도 구매
자도 화낼 필요는 없다 ; *tvrditi* ~ 겉으로는
거절하지만 속으로는 간절히 원하다

pazarište 시장 (pijaca)

pazariti *-im* (完,不完) **pazarivati** *-rujem* (不完)
1. 사고 팔다, 매매하다; 사다, 팔다 2. (不完
만) 매매시 흥정하다

pazarnī *-ā, -ō* (形) 시장의; ~*a gužva* 시장바
닥의 북새통; ~ *dan* 장날, 시장이 서는 날

pazdren (植) 서양산황나무, 양갈매나무

pazikuća (男) (집의) 관리인, 잡역부; 문지기
(domar, nastojnik, čuvarkuća)

pazitelj 파수꾼, 경비원 **paziteljka**

paziti *-im* (不完) 1. 조심하다, 주의하다; *on
pazi šta radi* 그는 무엇을 하는지 조심한다;
pazi kad voziš 운전할 때 조심해, 조심해 운
전해 2. (na koga, na što) 주의깊게 바라보
다(지켜보다); 감시하다; *čuvajte se! Na
svaku vašu stopu paze* 조심하세요! 당신의
한 발짝 한 발짝을 그들이 지켜보고 있어요;
~ *na decu* 아이를 주의깊게 바라보다(지켜
보다); *ona vrlo mnogo pazi na sebe (na
svoj izgled)* 그녀는 자기 자신에게(자신의
외모에) 너무 많이 신경을 쓰고 있다; ~ *na
zdravlje (novac)* 건강(돈)에 많은 관심을 가
지다; ~ *na čije prste* 훔치지 않도록 (속이
지 않도록) 감시하다; *pazi svoga posla* 자신
의 일에나 신경써, 남의 일에 참견하지마;
ona me je slušala pazeći mi pravo u zenicu
그녀는 내 눈을 똑바로 쳐다보면서 내 말을
들었다 3. (koga, što) 보살피다, 돌보다; ~
decu 아이를 돌보다; ~ *kao oči u glavi,* ~
kao malo vode na dlanu 애지중지하다 4.
존중하다, 존경하다 (poštovati, uvažavati);
pamti da su te pazili kao čoveka 그들이 너
를 사람으로서 존중했다는 사실을 기억해 5.
~ *se* 조심하다 (čuvati se) 6. ~ *se* 서로 상
대방에 대해 관심을 보이다; 사랑하다, 좋아
하다 (voleti se)

pazuh (男), **pazuho** (中) (解) 겨드랑이; *pod
~om (ispod ~a)* 겨드랑이 밑에 **pazušni** (形)

pazvuk (강한 자극 후에 귀에) 남아있는 소리,
맴도는 소리

paž *-ževi* 1. (중세 귀족출신의) 수습 기사(騎士)

2. (러시아 제국시절 귀족출신 자제들이 다
닌) 군사학교 생도

pažljiv *-a, -o* (形) 1. 신중한, 주의 깊은, 조심
스런; ~ *posmatrač* 주의 깊은 관찰자 2. 사
려깊은, (남을) 배려하는 *biti* ~ *prema
nekome* ~에 대해 사려깊은; ~ *prema
ženama* 여성에 대해 배려하는

pažnja 1. 주의, 주목, 관심; *obratiti* ~*u na
nešto* ~에 대해 주목하다; *skrenuti (obratiti,
svratiti) nečiju* ~*u na nešto* ~에 관심을 돌
리게 하다; *odvratiti nekome (nečiju)* ~*u od
nečega* ~으로부터 누구의 관심을 돌리다;
pokloniti nekome ~*u* ~에게 관심을 돌리다;
biti(naći se) u centru ~*e* 집중적 주목을 받
다 2. 관심, 배려, 고려; *iz* ~*e prema njoj* 그
녀에 대한 배려심에서

pčela 벌, 꿀벌; *vredan kao* ~ 매우 부지런한;
roj ~ 벌떼 **pčelinji, pčelin** (形); ~ *vosak* 밀
랍(蜜蠟)

pčelar 양봉업자, 양봉가 **pčelarski** (形)

pčelariti *-im* (不完) 양봉하다

pčelarstvo 양봉, 양봉업

pčelica (지소체) pčela; 벌, 꿀벌

pčelin *-a, -o* (形) 참조 pčela; 꿀벌의, 벌의

pčelinjak (꿀벌의) 벌통 (košnica)

pčelinjī *-ā, -ē* (形) 참조 pčela; 꿀벌의

pean 1. (고대 그리스의, 특히 아폴론신에 대한)
감사의 노래 2. 찬가, 환희의 노래; 승리의
노래

pec (感歎詞) (幼兒語) (뜨거움을 경고할 때 사
용하는) 호~호~, 뜨거워

pecač 낚시꾼, 낚시하는 사람 (pecaroš,
ribolovac) **pecački** (形); ~ *pribor* 낚시 도구;
~*a dozvola* 낚시 허가

pecaljka *-ci & -ki, -i* 낚시대

pecanje (동사파생 명사) pecati; 낚시; *ići na
~* 낚시하러 가다

pecanje (동사파생 명사) pecati; (벌레의)쏨,
찌름, 물음; 따끔거림, 따가움, 후끈거림

pecar 양조장에서 일하는 사람, 양조장 주인

pecara 증류주 양조장 (특히 라키야의)

pecaroš 낚시꾼 (pecač, ribolovac) **pecaroški**
(形); ~ *štap* 낚시대

pecati *-am* (不完) 낚시질하다; ~ *na crve* 구더
기를 미끼로 사용하여 낚시질하다

pecati *-am* (不完) 1. 쏘다(침을), 물다(모기 등
이) 2. (말로써) 집적거리다, 치근대다, 괴롭
히다 (peckati) 3. ~ *se* 집적거리다, 서로 상
대방을 괴롭히다, 괴롭히다

pecavka 1. (害蟲) 쇠파리 (피를 빨아 먹는) 2.
집적대는 말 (농담) (peckalica)

pecivo 1. (集合) 구운 제품 (케이크·비스켓·빵 등) 2. (고기 등을) 구운 것, 바베큐 한 것 3. (빵 등을)구운 것, 빵 (작은)

peckalo (中,男) 집적거리는 사람, 귀찮게 하는 사람, 치근대는 사람, 괴롭히는 사람

peckati -am (不完) (말로써) 괴롭히다, 집적거리다, 귀찮게 굴다, 치근대다 (bockati, zajedati, zadirkivati)

peckav -a, -o (形) 괴롭히는, 집적거리는, 치근대는, 귀찮게 구는

pecnuti -nem (完) 참조 pecati; 1. 집적거리다, 치근대다, 괴롭히다 2. (침을) 쏘다, 물다 (모기가) 3. 화끈거리다, 쑤시다, 쓰리다

peča 1. (전체, 전부의) 일부분, 일부, 조각 (komad, deo čega) 2. 거인(巨人), 영웅적인 사람 (veliki, naočit čovek; valjan, junački soj) 3. 머리 스카프 (povezača) 4. (무슬림 여성들의) 베일

peča (보통 複數로) 검버섯 (보통 죽기전에 나타나는)

pečal (女,男) 1. 슬픔, 비통, 애통 (tuga, žalost, seta, čemer) 2. 극도의 가난, 빈곤, 곤궁 (velika beda)

pečalan -lna, -lno (形)슬픈, 애통한, 비통한 (tužan, snužden, setan)

pečalba 어렵고 힘든 일, 노동, 중노동; (고향·고국을 떠나 타지에서 하는) 노동 ići u (na) ~u (타향으로) 일하러 가다; 계절노동

pečalbar 1.외국(타지) 노동자 2. (일반적으로) 중노동자

pečaliti -im (不完) 1. 슬프게 하다; 슬퍼하다 2. (힘들게 일을 해) 돈을 벌다 3. ~ se 슬퍼지다, 슬퍼하다

pečat 도장, 인장, 스탬프; državni ~ 옥새, 국새; čuvar državnog ~a (몇몇 서양의) 법무장관; knjiga (pisma) sa sedam ~a 이해할 수 없는 그 어떤 것, 커다란 비밀; ~ ćutanje (šutanje) 침묵; Solomonov ~ 육각별 (이스라엘 상징의); staviti pod ~ 밀봉하다; udariti ~ 도장을 찍다; ~ od voska 밀랍 봉인 pečatni (形)

pečatiti -im (不完) zapečatiti (完) 1. 밀랍 봉인하다 2. ~ se (비유적) 유연성을 상실하다, 뻣뻣해지다 (kočiti se)

pečatnī -ā, -ō (形) 참조 pečat; 도장의 ~ prsten 도장 반지

pečatnik (손잡이가 있는 금속 판 모양의) 도장, 인장 (문장·이름의 약자 등이 새겨짐)

pečatorezac -esca 도장(인장)을 파는 사람, 인장업자

pečatoreznica 도장가게, 인장가게, 스탬프 가게

pečen -a, -o (形) 1. 참조 peći; 구워진; ~a zemlja 테라 코타, 점토를 구워서 만든 토기류; ni ~ ni kuvan 이것도 저것도 아닌, 이렇게도 저렇게도 될 수 있는, 불분명한; ~ i kuvan (biti kod koga) ~와 아주 친밀한 사이다; ~e rane 화상 (opekotine); ~i dani 해가 쨍쨍 내리쬐는 여름날; ~ sam, ~i smo 나와는 (우리와는) 일이 끝났다 (부정적 의미로) 2. (비유적) 경험많은, 능숙한, 숙련된, 검증된, 유능한 (iskusan, vičan, isproban, vešt) 3. (명사적 용법으로) 옳바르고 바른 말 (prava, pametna reč)

pečenica 1. (料理) 구이, 바베큐된 고기; 바베큐된 새끼 돼지 (pečenje) 2. (돼지의) 허리 부분 고기; 고기 덩어리 3. 구이용으로 정해진 동물 (보통 행사 때); božićna ~ 크리스마스에 잡기 위해 키운 동물(새끼 돼지, 어린 양 등) 4. (植) 버섯의 일종 5. (魚類) 잉어과의 식용어; 도미류 (deverika, sinj)

pečenka 1. 구이, 바베큐된 고기 (pečenica, pečenje) 2. (農) (먹는)배의 일종

pečenje (동사파생 명사) pećiti (se)

pečenje (동사파생 명사) peći se)

pečenje 구이, 바베큐 (pečenica, pečenka); jagnjeće ~ 양 바베큐; svinjsko ~ 돼지 바베큐

pečurka -i & pečuraka 1. 버섯; (複數로) 버섯류; nicati kao ~e posle kiše 우후죽순처럼 생겨나다 2. (비유적) 버섯 모양의 것; atomska ~ 핵폭탄 폭발후 번지는 버섯 모양의 구름 기둥 3. (비유적) 별 가치가 없으면서도 짧은 시간만 가치가 있는 것

pečurkast -a, -o (形) 버섯 모양의

peć peći, peći & peću (女) 1. 페치카, 화로, 난로, 스토브; ložiti ~ 화로에 불을 지피다; kaljeva ~ 타일 화로; hlebna ~ 빵 굽는 화덕; električna ~ 전기 난로; ~ na ugalj 석탄 화로 2. 빵을 굽는 화로에서 한 번에 구워낼 수 있는 빵의 양 3. 노, 용광로; visoka ~ 고로(高爐) 4. 기타; devete i omelo (žarilo) 매우 먼 친척, 사돈의 팔촌; od mnogo ~i hleba jesti 거지처럼 하염없이 방랑하다

pečar 1. 화로(peć)를 만들고 수선하는 사람 2. 페치카(화로)에 불을 지피고 청소하는 사람; 페치카 당번 3. (方言) 빵을 만드는 사람 (pekar, hlebar)

peći pečem, peku; pekao, pekla; pečen, -ena; peci; pekavši (不完) ispeći (完) 1. (고기를) 석쇠·그릴·숯불에) 굽다, 바베큐하다; (빵 등을) 굽다; ~ ribu 생선을 굽다; ~ krompir 감자를 굽다; ~ meso 고기를 굽다; ~ hleb 빵

P

을 굽다; *pečene ševe (pečeni golubovi)
padaju iz neba* 아무런 노력도 없이 무엇인
가를 얻다; ~ *koga istiha (na laganoj, tihoh
vatri)* 조용히 (조금씩 조금씩) 무엇으로 키
워나가기 위해 준비시키다 2. (술 등을) 빚다,
담다, 만들다 (불로 가열하여); ~ *rakiju* 라키
야를 만들다; *takvu mi rakiju peci* 내게 그
렇게 말해, 내가 원하는 것은 바로 그거야 3.
(도자기 등을) 굽다; ~ *posuđe* 그릇을 굽다;
~ *glinu* 찰흙을 굽다; ~ *keramiku* 세라믹을
굽다 4. (3인칭으로만) 타오르다, 지글거리다
(태양이); *danas sunce peče* 오늘은 태양이
쨍쨍 내리쬔다 5. 따끔거리다, 화끈거리다,
쓰리다, 쑤시다; *peče ga rana* 상처가 따끔
거린다; *peče me jezik od bibera* 후추를 먹
어 혀가 화끈거린다; *kopriva peče* 쐐기풀에
닿으면 따끔거린다; *peče me nešto u
stomaku* 나는 배가 쓰리다 6. (정신적으로)
고통을 주다, 괴롭히다, 못살게 굴다 (gristi,
mučiti); *peče ga savest* 양심의 가책을 받다;
*nju peče sramota zbog držanja njenog
drugog sina* 그녀는 둘째 아들의 행동때문
에 창피함을 느낀다 7. ~ se (불에) 구워지다;
ti se peci kako znaš 네 재주껏 잘 해봐! 8.
~ se 햇볕에 타다 9. ~ se 양심의 가책을 받
다
pećica (지소체) peć; 화로, 페치카
pećina 1. (자연) 동굴, 굴 **pećinski** (形); ~
čovek 혈거인(穴居人) (특히 석기시대의) 2.
(비유적) 소굴, 피난처 (의심스러운, 사악한
사람들의)
pećinast -a, -o (形) 동굴과 비슷한, 굴 같은;
굴이 많은
pećka *pećaka* (지소체) peć; *hladna ~, mokri
obojci* 나쁜 환경에서는 결과도 나쁘다; *ne
budi svakoj ~i žarilo* 남의 일에 참견하지
마라
pećnica 빵굽는 화덕; 오븐 열판 (고기·생선
등을 굽는)
ped *pedi* & *peđu, pedi; pedi* (女) peda 참조
pedalj; (길이 단위) 뼘
pedagog 교육학자
pedagogija 교육학
pedagoškī -ā, -ō (形) 교육학의 교육학자의;
viša ~a škola 사범학교 (전문대 레벨의)
pedal, *pedala* 페달; ~ *za gas* 가속페달; ~
kvačila (kočnice) 클러치(브레이크)페달
pedalj -dlja (길이 단위) 뼘; *ni ~* 한 뼘도 ~하
지 않다
pedant 사소한 내용을 꼬치꼬치 따지는 사람,
규칙만 찾는 사람; 하찮은 일에 얽매이는 사

람, 형식주의자 (cepidlaka, formalist)
pedantan -tna, -tno (形) 꼬치꼬치 따지는, 꼼
꼼한, 규칙만 찾는; *čica ~ kakav je bio,
nastojao je da sve stvari do poslednje
sitnice utovare na voz* 그렇게 꼼꼼했던 아
저씨는 하찮은 물건들까지 모두 열차에 실으
려고 노력했다
pedanterija (부정적 의미로) 지나치게 규칙을
찾음, 세세한 것에 얽매임, 심한 형식주의
(cepidlačenje, sitničarstvo)
pedel (학교의) 사환, 잡역부, 청소부, 수위, 문
지기 (školski podvornik)
peder 남자 동성애자, 호모, 게이
pedeset (數詞) 50, 오십
pedesetak -eci 약 50; ~ *ljudi* 50여명의 사람
pedesetero (집합 수사) 참조 pedesetoro; 50
명의 사람
pedesetī -ā, -ō (序數) 50번째의
pedeseto- (복합어의 접두사로) 50의, 쉰의;
pedesetogodišnjak 쉰살 먹은 사람
pedigre -ea, **pedigri** -ija, **pedigrij** -ija (男) (보
통 순혈종의 개, 말 등의) 족보, 혈통서
pedijatar -tra 소아과 전문의
pedijatrija 소아과 **pedijatrijski** (形)
pediker 참조 pedikir
pedikir 1. 발 및 발톱 관리사 2. 발관리
(pedikiranje)
pedikiranje (동사파생 명사) pedikirati; 발관리
pedikirati -am (不完) 1. ~의 발 관리를 하다,
발톱 관리를 하다 2. ~ se 발(발톱) 관리를
받다
pedolog 토양학자, 육아학자
pedologija 1. 토양학 2. 육아(育兒)학
pedometar -tra 계보기, 만보계 (걸음의 수를
재는 기구)
pega -gi 1. 점, 반점; *konj s belom ~om na
čelu* 이마에 하얀 점이 있는 말; *žuta ~* (눈
망막의) 황반(黃斑); *slepa ~* (눈 망막의) 맹
점, 맹반; *Sučeve ~e* 태양흑점; *i na Suncu
ima pega* 이 세상에서 완벽한 것은 없다 2.
얼룩 (mrlja, fleka) 3. (얼굴의) 주근깨;
~ *na koži* 피부에 난 주근깨 4. (複數로) 반
점, 자국 (질환의 표시로); ~ *od boginje* 마
마 자국, 곰보 자국
pegav -a, -o (形) 점이 있는, 점이 많은; 주근
깨 투성이의; (얼굴이) 많이 얽은; ~ *tifus* 발
진티푸스
pegavac -avca 1. (病理) 발진티푸스 2. 점박
이 독수리
pegavica 1. 포도나무의 일종; 그 열매 2. 배
(kruška)의 일종 3. (植) 쇠서풀 4. 누에 전

791

염병 5. *krvna* ~ (病理) 자반병(紫斑病; 피부
에 반점이 나타나는)

Pegaz 1. (그리스신화) 페가수스(날개가 있는
천마(天馬)로 시신(詩神) Muses가 타는 말)
2. (天) 페가수스자리

pegica (지소체) pega

pegla 다리미 (glačalo, utija)

peglanje (동사파생 명사) peglati; 다림질, 다
리미질; *daska za* ~ 다림질판

peglati *-am* (不完) ispeglati (完) 다림질하다,
다리미질하다; ~ *odelo* 옷을 다리미질하다;
tako ja peglam (口語) 난 그렇게 되길 원해,
그렇게 할 수 있어

peglaj *-aja* 다림질 가게

peh 재수없음; 불운, 불행 (nezgoda,
neprilika, maler); *imati* ~ 재수가 없다

pehar 1. 굽이 높고 큰 술잔 2. (스포츠) 컵,
우승컵

peharnik (歷) 봉건영주의 궁에서 술을 관장하
며 행사에서 술을 따른 사람

pehist(a) (口語) 재수없는 사람, 재수 옴붙은
사람

pehlivan *-a* (男) 참조 pelivan

pejorativ (文法) 경멸어

pejorativan *-vna, -vno* (形) 경멸적인, 멸시의;
~*vno značenje* 경멸적 의미

pejzaž 1. 지역 (predeo, kraj); *zagorski* ~ 산
간 지역; *vojvođanski* ~ 보이보디나 지역 2.
(繪畵) 풍경, 풍치, 풍광, 경치; *divan* ~ 아름
다운 풍경

pejzažist(a) 풍경화가; 자연을 그리는 작가

pekar 제빵사, 제빵업자 (hlebar) **pekarski** (形)

pekara, pekarnica 제과점, 빵집

pekarskī *-ā, -ō* (形) 참조 pekar; 제빵사의; ~
zanat 제빵업; ~*a lopata* 제과점에서 빵 구
울 때 쓰는 긴 삽 모양의 도구

Peking (중국의 수도) 베이징; **Pekinžanin;
Pekinžanka; pekinški** (形)

pekmez 잼 (džem)

pekmeza 버릇없는 아이, 제멋대로 행동하는
(여자)아이 (maza, čepa)

pekmezar 1. 잼(pekmez)을 만드는 사람; 잼
장수 2. (비유적) 의지가 약한 사람; 버릇없
는 사람

pekmezast *-a, -o* (形) 잼(pekmez)과 비슷한;
굳건함(지속성)이 없는

peksimit 잘 구어진 빵, 바삭바삭 잘 구워진
빵 (두 번 구운) (dvopek)

pektin 팩틴(익은 과일에 함유되어 있는 탄수
화물) **pektinski** (形); ~*a kiselina* 팩틴산

pektoralan *-lna, -lno* (形) 가슴의

pelagra (病理) 펠라그라병 (피부병의 일종)

pelc *pelcom*; *pelcovi* 모피, 모피 코트 (krzno)
pelcani (形); ~ *kaput* 모피코트

pelcer 접목, 접눈, 접가지 (kalem, cep)

pelcovati *-cujem* (不完) 1. 백신주사를 놓다,
전염병 예방주사를 놓다 2. ~ se 백신주사를
맞다

pelen (=pelin) 1. (植) 쑥, 쑥속의 총칭 2. 쑥
액 3. 쓴맛; 분노, 분개 (gorčina, jad, čemer)

pelena (보통 複數로) 기저귀; *poviti dete u* ~*e*
아기에게 기저귀를 채우다; *menjati* ~*e* 기저
귀를 갈다; *izaći iz* ~*a* 어른이 되다, 성숙해
지다, 독립적으로 되다; *od* ~ 아주 어려서부
터; *u* ~*ama* (*biti*) 덜 성숙한

pelengaće (女,複) 무릎 밑에까지 내려오는 거
친 천의 남성용 바지

pelerina (보통 모자가 달려있는)소매없는 외투,
망토

pelikan (鳥類) 펠리컨

pelinkovac *-vca* 베르무트(포도주에 고미제·향
료·브랜디·설탕 등을 섞어 만든 혼성포도주)

pelir 얇다란 반투명 용지 (카본 복사용 등)

pelir-papir 참조 pelir

pelivan 1. 곡예사, 줄타기 광대 (서커스단의);
dva ~*a na jednom konopu* (*užetu*) *igrati ne
mogu* 한 사람이 할 일을 두 사람이 할 수
는 없다 2. 희극인, 코메디언 (komedijaš) 3.
영웅, 기사 (junak, vitez) 4. 훌륭한 말, 좋은
말 (dobar, valjan konj za jahanje)

pelud (植) 꽃가루, 화분(花粉) (pollen)

peljar (선박) 도선사(導船士: 배의 출입항을 안
내하는 사람) (brodski pilot)

peljati *-am* & *-em* (不完) 도선(導船)하다

pena (비누 등의) 거품, 포말; 입거품;
preživati suve ~*e* 맛있게 먹는 모습을 지켜
보다; *ubirati* ~*u* 최상품을 사다; *vazdušna* ~
거품제재 (화재 진압용); *morska* ~ 해포석
(海泡石); ~ *od belanaca* (계란)흰자위 거품;
머랭(달걀 흰자위와 설탕을 섞은 것. 또는
이것으로 구운 과자)

penal 1. 벌금, 위약금 2. (축구) 페널티킥

penast *-a, -o* (形) 1. 거품이 일어나는, 거품이
많은 2. 거품 모양의, 거품과 비슷한

pendrek 경찰봉

pendže *-eta* (보통 複數로) (구두 등의) 바닥,
밑창 (don)

pendžer 창, 창문 (prozor)

pendžetirati *-am* (完,不完) 구두에 밑창(바닥)
을 대다

penetracija 1. 침입, 침투, 관통 2. (문화·경제
등의) 침투, 진출, 보급

peni -ija (男) 페니, (영국의) 화폐단위
penicilin (제약) 페니실린
penis (解) 페니스, 음경, 남근(男根)
peniti -im (不完) 1. 거품을 내다; 거품이 나다 (peniti se) 2. ~ se 거품이 나다, 거품이 생기다; ovaj sapun se odlično peni 이 비누는 거품이 잘 난다 3. ~ se (비유적) 화를 내다; ~ se od besa 분해 화를 내다, 격노하다
penkala 참조 penkalo
penkalo 만년필 (naliv-pero)
pension 참조 pansion
pensionat 참조 pansionat
pentagon 1. 오각형 2. (대문자로) 미국방부
pentametar -tra (韻律) 오보격, 강약 오보격
pentrati se (不完) (힘들게) 오르다, 올라가다 (penjati se)
penultima (文法) 어미로부터 두번째 음절
penušati (se) -am (se) (不完) 거품(pena)을 내다, 거품이 나다 (peniti (se))
penušav -a, -o (形) 거품이 생기는, 거품이 이는; ~a krema za brijanje 면도용 거품; ~o pivo 거품이 이는 맥주
penušiti se -im se (完) 참조 penušati se
penzija 연금; invalidska (porodična, starosna) ~ 장애(유족, 노령) 연금; pukovnik u ~i 퇴역 대령, 예비역 대령; penzioni, penzijski (形); ~o osiguranje 연금 보험; ~ fond 연금 펀드
penzion 참조 pansion
penzionat 참조 pansionat
penzioner 연금 생활자, 퇴직 생활자 penzionerka; penzionerski (形)
penzionirati -am (完,不完) penzonisati -šem (完,不完) ~ nekoga ~를 퇴직시키다, 은퇴시키다
penjač 1. 오르는 사람, 올라가는 사람 2. (魚類) 등목어(登木魚: 동남 아시아 원산의 버들붕어과의 물고기)
penjačica 1. 오르는 여자, 올라가는 여자 2. (植) 덩굴 식물 (puzavica)
penjalica 1. 정글짐(아이들이 타고 오르내리며 놀 수 있도록 만든 철봉 구조물) 2. 화물 크레인 (teretna dizalica) 3. (植) 덩굴 식물
penjati -em (不完) 참조 peti
penjavica (植) 여주(박과(科): 열대지역 호박의 일종)
penjoar (여자용) 화장옷; (헐렁한) 실내복
peonija (植) 모란, 작약(božur)
pepelište 1. (화롯불·난로 등의) 재를 모아놓는 곳 2. (타고 남은) 재 3. 잿터, 화재터 (zgarište)

pepeliti -im (不完) opepeliti (完) 재를 뿌리다
pepelnica (植) (특히 포도등의) 오이듐에 의한 가루 곰팡이(병)
pepeljak -ljka 1. (과실, 잎의 표면에 생기는) 흰 가루, 과분(mašak) 2. (밀에 생기는) 녹병, 녹병균(gara)
pepeljara 재털이
pepeljast -a, -o 1. 잿빛의 2. 재의
pepeljav -a, -o 1. 잿빛의 (pepeljast) 2. 재로 뒤덮인, 재가 뿌려진; Pepeljava sreda 재의 수요일, 사순절의 첫날 (가톨릭에서 참회의 상징으로 머리에 재를 뿌린 데서 유래함)
pepeljiti se -im se (不完) 재를 뒤집어쓰다
pepeljuga 1. 재를 뒤집어 쓴 여자; 무시받고 천대받는 여자 2. (動) 독사, 북살무사 3. (鳥類) 매의 일종 4. (植) 명아주, 명아주속 초본의 총칭 5. 빨래터에서 양잿물을 받는 천
Pepeljuga 신데렐라
pepeljuša (植) 곽향, 개곽향
pepeo -ela 1. 재; bacati kome ~ u oči 속이다, 기만하다; dići se iz ~ela 잿속에서 일어나다 (다 파괴된 것을 극복하고 복구하다); posipati glavu ~elom 악행을 후회하다; prebirati po ~elu uspomena 과거에 겪었던 일을 회상하다; pretvoriti (razbiti) u prah i ~ (철저히) 완전히 파괴하다; uskrsnuti iz praha i ~ela 다시 일어나다(잿더미에서) 2. (비유적) 시신, 시체; 유해
pepermint (植) 페퍼민트, 서양박하
pepita, pepito (形) (不變化) 체크무늬인, 바둑판 무늬인; ~ štof 체크무늬 직물
pepsin (化) 펩신(단백질 분해 효소)
perač 1. 빨래하는 사람, 깨끗이 청소하는 사람; ~ vozila 세차하는 사람; ~i ulica 길을 물청소하는 청소부 peračica; ~ rublja 세탁부(婦) 2. ~ vetrobrana (자동차) 앞유리 워셔
peraćī -ā, -ē (形) 세탁의, 세탁용의; ~ sapun 세탁비누
perad (女) (集合) 가금(家禽), 사육 조류 (닭·칠면조·오리 등의) (živina, živad)
peradarnik (가금류를 키우는) 우리, 닭장 (peradnjak)
peradarstvo 가금류 사육(업) (živinarstvo)
peraja (女), peraje (中) (보통 複數로) 1. 지느러미(물고기의); leđno (grudno, trbušno, stražnje, repno) ~ 등(가슴, 배, 뒷, 꼬리)지느러미 2. (돼지 등의) 뻣뻣한 털, 강모(剛毛) (čekinja)
perajari (男,複) (動) 기각류 (鰭脚類) 바다표범·물개·바다수달을 포함하는 육식성 해산 포유류의 한 아목으로 발이 지느러미로 된 동물)

793

P

perast -a, -o (形) 1. 지느러미 모양의, 지느러미 비슷한; ~ list 지느러미 모양의 잎사귀 2. 지느러미의

perce -eta (지소체) pero; 깃털

percepcija 지각, 인지, 인식

perčin 땋아 늘인 머리, 꼰 머리; 머리카락; 갈기(말의); držati koga za ~ 자신의 영향권하에 두다

perda 베일, 커튼 (veo, zavesa, zastor); staviti (metnuti) kome ~u na oči 속이다, 기만하다

perda (=perde) 칸막이벽 (pregrada)

perde -a & -eta 1. (=perda) 칸막이벽 2. (廢語) 백내장 (katatrakt)

perec (男), pereca (女) 프레첼 (막대 모양 또는 B자 모양으로 묶은 짭짤한 크래커의 일종)

perfek(a)t -kta (文法) 과거시제 perfektni (形)

perfektan -tna, -tno (形) 완전한, 완벽한

perfektivan -vna, -vno (形) (文法) 완료상의 (svršen); ~vni glagol 완료상 동사; ~vni vid 완료상

perfektivnost (女) 완벽함, 완전함

perfidan -dna, -dno (形) 배신하는, 배반하는, 남을 속이는; 사악한, 악의있는, 교활한 (neveran, veroloman; zloban, podmukao); ~ čovek 배신하는 사람; ~dna intriga 사악한 음모; ~dna kampanja 나쁜 캠페인

perfidija, perfidnost (女) 배신, 배반; 사악함, 교활함

perforacija (醫) 1. (질환의 결과) 구멍이 남 2. 절개; 구멍, 천공, 관통 (otvor, rupa)

perforirati -am (完,不完) 구멍을 내다, 천공하다; perforirana traka 천공된 테이프

pergamen(a)t -nta 1. (새끼 양의 가죽으로 만든) 양피지; 양피지 사본(문서) 2. (방수·방지(防脂)용) 황산지

periferan -rna, -rno, periferičan -čna, -čno (形) 1. 교외의, 변두리의, 도심밖의; ~rna ulica 변두리 도로 2. (비유적) 문제 따위가) 중요하지 않은, 말초적인, 지엽말단의; ~ događaj 지엽말단의 사건

periferija 주위, 주변; 교외, 변두리, 외곽, 부근, 근교; ~ grada 도시 근교, 교외 ; ~ sela 마을 변두리; oni žive na ~i 그들은 교외에 산다

periferijskī -ā, -ō (形) 교외의, 근교의; 주변의, 주위의; ~ položaj 주변부; ~ nervi 말초신경; ~o naselje 교외 마을

perifraza 완곡어법, 에둘러 말하기, 우회적 표현 perifrastičan (形)

perigej (天) 근지점(近地點; 달이나 인공 위성이 궤도상에서 지구에 가장 가깝게 접근하는 점)

perika 가발; nositi ~u 가발을 쓰다

perimetar -tra 주위, 주변 (periferija)

perina 오리털 이불

period 1. 기간, 시기 (doba); ~ od pet do desete godine 다섯 살부터 열살 때 까지의 기간(시기); u tom ~u 그 기간동안 2. (발전의) 단계, 기(期); (역사상 특색이 있는) 시대, 시기; ~ sazrevanja 성숙기; ~ romantizma 낭만주의 시대 3. (化) (원소의) 주기 4. (物) (진동 등의) 주기; (天) 주기(周期) periodski (形)

perioda 1. 참조 period; 기간, 시기, 시대; ~ Zemljine rotacije 지구공전 주기; ~ komete 혜성 주기 2. (여성의) 월경 (menstruacija)

periodičan -čna, -čno, periodičkī -ā, -ō (形) 주기적인, 정기적인; ~čno polaganje računa 정기적인 영수증 제출; ~čna kriza 주기적인 위기; ~čna funkcija (數) 주기 함수

periodika (집합) 정기간행물, 잡지 (časopis)

periodizacija 시기 구분, 시대 구분; ~ istorije 역사의 시대 구분

periodnī, periodskī -ā, -ō (形) 주기적인, 정기적인; ~a pivišica plate 봉급의 주기적 인상; (化) ~ sistem (elemenata) (원소의) 주기율표

perionica 세탁소, 세탁방; nositi veš u ~u 빨래를 세탁소에 가지고 가다

perionica-samousluga 자가세탁 서비스

peripetija 1. (희곡·소설에서) 사태의 격변, 줄거리의 역전, 운명의 급변 2. (複數로) 온갖 어려움, 시련, 격변 (zgode i nezgode, doživljaji)

periskop (잠수함 등의) 잠망경

peristil (建築) (건물, 안뜰을 둘러싼) 주랑(柱廊), 주열(柱列); 주열에 둘러싸인 안뜰

peritonit (病理) 복막염

perivoj 뜰, 정원, 꽃밭, 공원 (cvetnjak, vrt, park)

perjan -a, -o (形) 털(깃털)로 만들어진, 털(깃털)로 꽉 찬

perjanica 1. (모자·머리 등의) 깃털 장식 (peruška) 2. (비유적) 친구들 사이에서 가장 뛰어난 사람, 친구들 사이의 자랑거리가 되는 사람, 군계일학 3. (方言) 오리털 이불 (perina) 4. (植) 줄맨드라미, 줄비듬

perjanik (歷) 1. 모자에 깃털을 꼽고 다니는 사람; 깃털달린 헬멧을 쓴 병사 2. 몬테네그로 대공(大公)의 경비대원

perjati -am (不完) 1. (아마를 빗는) 빗을 청소하다 2. 뛰어 다니다, 뛰다, 도망치다 (trčati, bežati) **3.** 펄럭이다 (lepršati); *suknje joj perjaju od radosna skakanja* 기뻐 껑충껑충 뛰어 치마가 펄럭인다

perje (集合) pero; (조류의) 털, 깃털; *biti u rđavu ~u* 나쁜 상태이다; *kititi se tuđim ~em* 다른 사람의 지적재산을 훔치다, 표절하다; *krasiti se (kititi se) lažnim ~em* 실제보다 좋게 보이다; *pokislo mu (palo mu) ~* 성공하지 못해 풀이죽다(낙담하다); *raste mu ~* 발전하고 있다; *dokopati se u ~* 복지 행복을 취하다

perkal 퍼케일(침대보용으로 쓰이는 면직물)

perkusija 1. 타악기 **2.** (醫) 청진 (의사가 몸을 두드려서 진단하는) **perkusioni** (形)

perkutirati *-am* **perkutovati** *-tujem* (不完) 청진하다 (의사가)

perla 진주 (biser)

perlica 1. (지소체) perla; 진주 **2.** (複數로) 구슬 목걸이

perlinka (鳥類) 뿔닭(아프리카의 사막 초지(草地)산) (biserka)

perlon 펄론 (나일론의 일종)

permanentan *-tna, -tno* (形) 영구적인, 영속적인, 항구적인, 영원한 (trajan, stalan); *~tna služba* 영구적인 부서

permutacija 교환, 치환, 대체, 교체 (promena, izmena)

pernat *-a, -o* (形) 깃털이 난; 깃털로 뒤덮인; 깃털로 장식된

pernī *-ā, -ō* (形); *~ buzdovan* 전곤(戰棍; 머리에 큰 못이 많이 박힌 곤봉 모양의 중세 무기)

pernica 1. 필통, 연필통 **2.** 오리털 이불 (perina) **3.** (植) (민들레 등의) 관모

pero 1. 깃털; *ni ~* 조금도 ~하지 않다 (nimalo) **2.** 펜; 깃펜; *baciti ~ u trnje* 절필하다, 글쓰는 일을 그만두다; *držati ~ u ruci* 글쓰는 일에 종사하다; *oštriti ~ na koga* 누구에 대한 서면 공격을 준비하다; *biti oštar na ~* 신랄하게 쓰다; *potezom ~a odlučiti* 망설임없이 결정하다; *prihvatiti se (latiti se) ~a, uzeti ~ u ruke* 쓰기 시작하다; *rukovati ~om* 글쓰는 일에 종사하다; *s ~a na ~* 첫장부터 끝장까지; *to je izašlo ispod njegova ~a* 그가 그것을 썼다; *voditi ~* 회의록을 기록하다; *zabosti ~ u ledinu* 절필하다, 쓰는 것을 그만두다; ; *biti čovek(majstor) od ~a, biti jak na ~u, vladati dobrom ~om* 훌륭한 작가이다 **3.** (비유적) 작가, 문학가 (pisac, književnik); (문학적, 학문적) 작품; 글쓰는 일; 문제; *jači je na ~u nego na jeziku* 연설

가보다는 작가가 더 강하다; *govoriti u ~* 구술하다, 받아쓰게 하다 **4.** 식물의 칼모양의 잎; 꽃잎 **5.** (스카프 등의) 맨 끝; 옆 (strana, bok, krilo) **6.** (보통 뼈로 만든) 피크 (현악기 연주시 줄을 퉁기는) (trzailica, terzijan) **7.** 용수철, 스프링 (feder, okruga) **8.** (삽·쟁기날 등) 농기구의 뾰족한 부분; 열쇠 홈; 철퇴 못

peroksid (化) 과산화물, 과산화수소

perolak *-a, -o* (形) (숙어로만 사용); 깃털처럼 가벼운 *~a kategorija* (권투의) 페더급

peron (기차역, 버스 터미널 등의) 플랫폼, 승강장; *voz ulazi na prvi ~* 기차가 1번 플랫폼에 들어온다 **peronski** (形) *~a karta* 기차역 승강장으로 나갈 수 있는 티켓

peronospora (植) 식물의 녹병균 (포도나무 등의) (plamenjača)

perorez 주머니칼, 접칼, 포켓 나이프 (džepni nožić)

perovođa (男) 서기 (zapisničar)

persiflaža 희롱, 놀림

persiflirati *-am* (完,不完) 희롱하다, 놀리다

Persija, Perzija 페르시아; **Persijanac, Perzijanac; Persijanka, Perzijanka; persijki, perzijski** (形)

persona 사람, 인물 (osoba, ličnost); 저명인물, 유명한 사람 (istaknuta ličnost)

personal 1. (集合) (관청·회사·군대 등의) 전 직원, 인원 **personalni** (形); *~o odeljenje* 인사과 **2.** (歷) (왕·군주의) 개인 보좌관

personalac *-lca* 인사담당 직원, 인사과 직원

personalan *-lna, -lno* (形) 개인의, 사적인; *~lna svojina* 개인 자산, 사유 재산

personalije (女,複) 개인 정보

personificirati *-am,* **personifikovati** *-kujem* (完,不完) (사물을) 의인화하다, 인격화하다, 체현(구현)하다

personifikacija 의인화, 인격화, 체현, 구현, 화신 (oličenje, otelovljenje)

perspektiva 1. 1. 투시도; 원근법 **2.** 시각, 견해, 관점, 시점 **3.** (멀리 바라보이는) 전망, 조망 **4.** (비유적) 미래; 미래의 성공에 대한 희망(바람·가능성) (budućnost) **5.** 기타; *biti(imati) nešto u ~i* 보이다; *iz ptičje ~e* 높이서(멀리서) 바라본; *iz žablje ~e* 밑에서 위로 바라본

perspektivan *-vna, -vno* (形) **1.** 원근법의; 멀리 보이는; *~ vidik* 멀리 보이는 풍경 **2.** 전도유망한, 촉망되는, 전망이 좋은, 가능성이 높은; *~ plivač* 전도유망한 수영선수

P

peršin 참조 peršun; 파슬리

peršun (植) 파슬리; *idi u ~* (약한 욕) 저리 꺼져, 넌 아무 짝에도 쓸모가 없어; *razume se kao koza u ~* 아무것도 모르다

pertla 끈; 신발끈, 구두끈; *vezati ~e* (신발)끈을 묶다

Peru *-ua* 페루; Peruanac, Peruanka; peruanski (形)

Perun (神話) (슬라브 신화의) 페룬(최고의 신으로 천둥과 번개의 신)

perunika (植) 붓꽃; 붓꽃속의 총칭

perušati *-am* (不完) operušati (完) 1. (닭·오리 등 가금류의) 깃털을 뽑다, 깃털을 뜯다 (perutati, peruljati) 2. 옥수수 껍질을 벗기다 3. (비유적) 약탈하다, 착취하다, 강탈하다 (guliti, izrabljivati, pljačkati); *na ovom našem svetu sve jedno drugo pljačka, peruša i tamani* 이세상에서 모든 사람들은 서로가 서로를 약탈하고, 홀딱 벗겨먹고 망하게 한다 4. (비유적) 비난하다, 공격하다 (kritikovati, napadati)

perušina 1. 뽑힌 깃털, 뜯겨진 깃털 2. 옥수수의 껍질 (komušina, peruša, oljvina)

peruška 1. 깃털 (perce) 2. 깃털 먼지털이 3. 깃털 장식 (perjanica) 4. (鳥類) 박새, 박새속의 각종 새

perut (女) 1. (머리의) 비듬 2. 뽑힌 깃털, 뜯겨진 깃털 (perušina); 가금류 (perad) 3. 깃털 (pero)

perutati *-am* (不完) 1. 깃털을 뽑다 (perušati, peruljati) 2. (드물게) 깃털과 같이 날다, 흩날리다 (눈이) 3. ~ se 비듬이 생기다; *koža se peruta* 피부가 일어난다

perutav *-a, -o* (形) 비듬이 있는, 비듬이 많은

pervaz 1. 가장자리, 변두리 (obrub, optok, porub) 2. 경계, 경계선 3. 창틀, 문틀, 문턱

pervaziti *-im* (不完) 둘러싸다, 에워싸다 (obrubljivati, opkoljavati)

perverzan *-zna, -zno* (形) 1. (病理) 변태의, 도착의 (izopačen); 그릇된, 잘못된, 비뚤어진 (pokvaren) 2. 자연스럽지 못한, 이상한, 평범하지 않은 (neprirodan, nastran, neobičan)

perverzija, perverzitet 1. (성적인) 도착, 변태 2. 성정(性情)의 비뚤어짐

perzer, perzijaner 1. 페르시아산 양모로 짠 여성용 겨울 외투 2. 페르시아산 양모로 짠 카페트

pesak *-ska* 1. 모래; 모래밭 2. 기타; *bacati kome ~ u oči* 속이다, 기만하다; *graditi (zidati) na ~sku* 사상누각을 짓다; *ima ga*

P

kao ~ska (u moru) 굉장히 많다, 너무 흔하다; *~ u bubrezima* (醫) 신장 결석; *sipati ~ u more* 헛된 일을 하다; *turati glavu u ~ pred čime* 외면하다; *džak s ~skom* 샌드백

pesimist(a) 비관론자, 염세주의자

pesimističan *-čna, -čno*, pesimistički *-ā, -ō* (形) 비관적인, 회의적인, 부정적인, 염세적인 (mračan, beznadan, zloslutan); ~ *čovek* 비관론자; ~ *pogled na život* 삶에 대한 비관적 시각; *~čna pesma* 염세주의적 노래

pesimizam *-zma* 비관주의, 염세주의

peskar 1. 모래채취업자, 모래판매업자 2. 참조 peščanik

peskavica (植) 호로파 (葫蘆巴: 콩과(科); 열매는 카레 조미용)

peskovit *-a, -o* (形) 모래의, 모래 성분의; ~*a obala* 모래사장; ~*a pustinja* 모래 사막

peskulja, peskuša 모래흙

pesma *-sama* 1. 노래; *crkvena ~* 찬송가; *narodna ~* 민요; *vojnička ~* 병사의 노래; *Pesma nad ~ama* (구약 성서의) 아가(雅歌; 솔로몬의 노래); *uz ~u* 노래와 더불어; *koledska (koledarska) ~* 크리스마스 캐롤 2. 시(詩); *izabrane ~* 시선집; *zbirka ~sama* 시선집; *lirska narodna ~* 서정적 민중시; *epska ~* 서사시 3. 기타; *drugu ~u pevati* 1) (이전과는) 다르게 행동하다 2) 다르게 말하다; *istu ~u pevati* 항상 똑 같은 말만 하다(일하다); *kakvu je ~u zapevao!* 도대체 무슨 말을 한거야!; *labudova ~* 마지막 무대(작품·시·논문) (음악가·배우·작가·학자 등의 죽음이나 은퇴 전의 최후의 작품 또는 상연); *neka samo peva svoju ~u* 자기가 원하는 것만 하라고 해; *pesmi je kraj!*; *stara, ista ~* 이미 귀에 익숙하고 진부한 것

pesmarica (유명한 시의) 시선집

pesmopisac, pesmotvorac 시인(詩人) (pesnik)

pesnica 주먹; *pokazati kome ~u* 위협하다

pesnik 시인(詩人) *dvorski ~* 계관시인 pesnikinja; pesnički (形)

pesništvo 시, 시가, 시 예술

pest (女) *pesti & pešću*; *pesti* 주먹 (pesnica)

pesticid 농약, 살충제

pestić (植) 암술 (tučak)

pestovati *-tujem* (不完) (다른 사람의 아이를) 키우다, 양육하다 (dadiljiti)

peš *-a*; *-evi* 남자 웃옷의 뒷자락 (특히 야회복, 모닝코트 등의)

peš *-a*; *-evi* (魚類) 둑중개(민물고기의 일종)

pešačenje (동사파생 명사) pešačiti; 걷기, 걷는 것 (hodanje)

796

pešačiti -im (不完) 걷다, 걸어 가다

pešačkī -ā, -ō (形) 1. 보행자의; 보행자용의; ~ prelaz 횡단보도; ~a zona 보행자 전용 구역 2. (軍) 보병의

pešadija (軍) 보병 (infanterija) pešadijski (形); ~ puk 보병 연대

pešak 1. 보행자, 걸어다니는 사람 pešački (形) 2. (軍) 보병 병과의 병사 3. (체스) 폰, 졸 (pion, pijurac)

peščan -a, -o (形) 모래의, 모래 성분의, 모래 빛깔의; ~a plaža 모래사장, 백사장; ~i sat 모래 시계; ~i prud 모래톱, 사구(沙丘) 모래 언덕

peščanik 1. 사암(沙巖), 모래흙 2. 모래밭, 모래 상자 3. 모래 시계

peščar 1. 사암(沙巖), 모래흙 2. 모래채취업자, 모래판매업자 3. 모래에서 사는 게(račić)의 일종

peščara 1. 모래가 섞인 땅; 모래 사막 2. (昆蟲) 딱정벌레의 일종

pešice, peške (副) 걸어서, 도보로; ići ~ 걸어서 가다

peškeš 선물 (dar, poklon)

peškir 1. 수건 (ručnik, ubrus) 2. 터번(이슬람 교도나 시크교도 남자들이 머리에 둘러 감는 수건) (turban)

peškirče -eta (=peškirčić) (지소체) peškir

peškirčić, peškirić (지소체) peškir

peškirčina (지대체) peškir

peštera 참조 pećina, 굴, 동굴, 소굴

pet (數詞) 5; ni ~ ni šest, ni ~ ni devet 주저함없이, 즉시

peta 1. (解) 뒤꿈치, 발꿈치; Ahilova ~ 아킬레스건; baciti pod ~e 짓밟다, 경멸하다, 업신여기다; biti (nalaziti se, ići) kome za ~ama ~의 뒤를 바짝 따르다; biti kome trn u ~i ~에게 커다란 장애물이 되다; brusiti (podbrusiti, izvući, izmaknuti, okrenuti)~e, dati ~ama krila (vetra, vatru) ~에 상관없이 도망치다; devete ~e zveketalo 아무런 가치가 없는 물건; držati što pod ~ama ~을 완전히 통제하다(장악하다); gori mu pod ~ama, žeravica mu je pod ~ama 발등에 불이 떨어지다, 위험이 그를 위협하고 있다; lizati kome ~e 아부를 많이 하다; ne stoji mu srce u ~i 용감한; nije mu to ni u ~i 그것을 생각하지 않는다; od glave do ~e, od ~e do glave 머리부터 발끝까지, 완전히; ohladiti ~e, otegnuti ~e (卑俗語) 죽다; potprašiti kome ~e (강제로, 본인의 의사에 거슬러) 도망가게 하다; prilepiti se kome uz

~e ~에게 찰싹 달라붙다; sišlo mu srce (sišla mu duša) u ~e 매우 놀라다, 매우 겁먹다 2. (구두의) 힐, 굽 (potpetica, štikla)

petak -tka 금요일; u ~ 금요일에, svakog ~tka 매 금요일에; ~tkom 금요일마다; Veliki ~ 성(聖) 금요일(부활절 전의 금요일. 예수가 십자가에 못 박힌 날을 기억하기 위한 날); crni ~ 불행한 날, 재수없는 날; čisti ~ 사순절의 첫 금요일; izvarao ljude pa nikome ni ~tka 그가 사람들을 수없이 속였어도 그에게 아무 일도 일어나지 않았다; mišji ~ 카니발(축제) 주간의 금요일; od ~tka do subote 매우 짧은 시간 동안; o Đurinu ~tku 결코 ~아니다 (nikad); svetkom i ~tkom 쉼없이, 쉬지 않고

petak 1. 5 단위의 동전 (petača) 2. 5년 된 말 (馬) 3. 5 아코브 크기의 통 (1아코브=약 50 리터)

petao -tla, -tli & -tlovi, -tala & -tlova (男) 1. 장닭, 수탉; crveni ~ 화재, 불; pustiti crvenog petla kome pod krov ~의 집을 불사르다 2. (비유적) 쉽게 흥분하고 화내는 사람 3. (複數로) 장닭의 울음 (새벽의) 4. 풍향계 (처마밑의 장닭 모양의)

petarda 폭죽, 폭음탄

peteljka (植) 줄기, 대

peterac (韻律) 오보격(步格)(의 시), 강약 오보격

petero 참조 petoro; 5

peteto- (=peto-, petoro-) (복합어의 접두사) 5; peterodnevni 5일간의; peterospratnica 5층 건물

petī -ā, -ō (序數) (形) 5번째의; ~ točak, ~ kolo 여분(餘分), 전혀 불필요한 것

peti pojem; peo, pela (不完) (廢語) 참조 pevati; 노래하다

peti, penjati penjem; peo, pela & penjao, penjala; penji (不完) popeti popnem; popeo, popela (完) 1. (높게) 들어 올리다; popni ga na leđa 그를 등위에 올려 2. 증가시키다 (povećavati, povisivati); panično su saopštavali vesti o dolasku partizana, penjali njihov broj od sto na dvesta 그들은 파르티잔의 도착을 당황스럽게 알렸는데 그들의 숫자는 백명에서 이백명으로 증가되었다 3. (텐트를) 치다 (razapinjati); ~ šator 텐트를 치다 4. 두 다리를 묶다 (말 등의 짐승이 달아나지 못하도록) (sapinjati) 5. ~ se 오르다, 올라 가다; ~ se uz stepenice 계단을 오르다; ~ se na konja 말에 올라 타다; ~ se uzbrdo 언덕을 오르다; penju se cene

P

797

가격이 오르다; *zemljište se blago penje* 땅이 완만하게 오르막이다; *voda se stalno penje* 수위(水位)가 끊임없이 상승하고 있다; ~ *se na drvo* 나무에 오르다; *popeti se na presto* 왕위에 오르다; ~ *se kome na glavu* ~에게 따분해지다; *popeti se do grla* 참을 수 없게 되다; ~ *se na leđa* ~에게 빌붙다

petica 1. (지소체) peta; 뒷꿈치, 발꿈치 2. (구두의) 힐, 굽 (peta)

petica 1. 숫자 5 (V) 2. (트램·버스·카드 등의) 5번 3. 5 단위 화폐 (5달러, 5 디나르 등) 4. 5점 (5점 만점의 5점)

peticija 청원(탄원·진정)(서) (zahtev, molba)

petina 1. 1/5 2. 다섯 명의 남자 (petorica)

petit (활판) 8포인트 크기의 활자

petlić 1. (지소체) petao; 수탉 2. (비유적) 거드름부리는 젊은이(청년·소년)

petlov -a, -o (形) 수탉의, 장탉의

petlovan 1. (지소·애칭) petao 2. (鳥類) *barski* ~ 흰눈썹뜸부기

petlja 1. 고리, 매듭, 코(뜨개질 등의); *pošla joj je* ~ *na čarapi* 그녀의 스타킹 올이 나갔다 2. 8자 매듭, (도로의) 입체교차로 3. 올가미 (obruč); *biti jake* ~*e, imati* ~*u* 용감한; *biti slabe* ~*e* 나약해지다; ~ *mu je popustila* 용기를 잃다; *stajati na slaboj* ~*i* 확신을 잃다, 불확실해지다; *stegnuti (stisnuti)* ~*u* 용기를 내다

petljanac -nca 음모자, 음모를 꾸미는 사람

petljancija 참조 petljanija

petljanica (여자) 음모자

petljanija (=petljarija) 1. 불필요한 간섭(참견) 2. 음모 (intriga) 3. 어설프게 된 일, 잘못된 일 4. 어려움, 곤란, 곤란한 상황, 문제 (neprilika, tegoba) 5. 수다, 수다를 떪 (brbljarija)

petljati -am (不完) 1. 고리를 만들다, 매듭을 짓다 2. (u nešto) ~에 끌어들이다(복잡한 일 등에); *mene u te tvoje kombinacije ne petljaj* 나를 너의 그 조합에 끌어들이지 마라 3. 음모를 꾸미다 4. 두리뭉실 말하다, 돌려말하다; 거짓말하다; *samo nešto petlja, nikako da pređe da stvar* 두리뭉실 말만 하고는 구체적으로는 전혀 말하지 않는다 5. 더듬거리며 말하다, 말을 더듬다 6. 어설프게 일하다, 서툴게 일하다, 부산을 떨며 일하다 (šeprtljati); 어슬렁거리다, 빈둥거리다; *ceo dan nešto petlja u garaži* 온종일 주차장에서 뭔가를 만지작 거렸다; ~ *oko slavine* 수도꼭지를 가지고 씨름하다 7. 어렵게 살다, 힘들게 살다 8. ~ *se* 간섭하다,

참견하다, 끼어들다 9. ~ *se* 주위를 뱅뱅돌다 (vrteti se, motati se); *deca se neka poplašila, pa se sakrivaju i petljaju oko nas* 아이들은 겁을 먹어 우리 주변에 숨어 맴돌고 있다 10. ~se ~을 가지고 씨름하다, 고생하다 (baviti se, mučiti se); *on se večito petlja s novcem* 그는 평생 돈을 가지고 씨름한다 (돈 때문에 고생한다); *petljala se ceo dan s decom* 하루종일 아이와 씨름했다; *ceo dan se petlja s tim automobilom, ali ne može da nađe kvar* 하루종일 자동차와 씨름했지만 고장난 곳을 찾을 수 없었다

petljavina 1. 어려움, 곤란, 곤란한 처지 (neprilika, poteškoća) 2. 어설프게 일하는 사람, 서툴게 일하는 사람

petnaest (數詞) 15(십오)

petnaestak 약 15

petnaestero 참조 petnaestoro

petnaestī -ā, -ō (序數) 15번째의

petnaestica 1. 숫자 15 2. (트램·버스 등의) 15번

petnaestina 1/15

petnaestorica 15명의 남자

petnī -ā, -ō (形) 뒤꿈치(peta)의, 발꿈치의; *iz* ~*ih žila* 온 힘을 다해; *truditi se (raditi) iz* ~*ih žila* 자신의 온 힘을 다해 노력하다

peto- (接頭辭) 5, 다섯

petoboj (스포츠) 5종경기; *moderni* ~ 근대 5종경기

petočasovnī -ā, -ō (形) 5시간의, 다섯 시간의

petodinarka 5디나르 화폐(동전)

petodnevnī -ā, -ō (形) 5일간의; ~*a ekskurzija* 5일간의 여행

petogodišnjī -ā, -ē (形) 5년의, 5년간의; ~ *plan* 5개년 계획

petogidišnjica 5주년

petohiljadarka 5000디나르 지폐

petokatnica 참조 petospratnica; 5층 건물

Petoknjižje (宗) 모세 5경

petokolonaš 제5열원, 배반자, 반역자, 스파이 **petokolonaški** (形)

petokolonaštvo 1. 제5열, 스파이들 2. 제5열 활동, 스파이 행위, 반역 행위

petokrak -a, -o (形) 다섯개의 다리(krak)가 있는, 다섯 꼭지점의; ~*a zvezda* 5각형 별

petoletka 5년 계획, 5개년 계획

petoliz, petolizac -isca 아첨꾼, 아부쟁이, 알랑거리는 사람(~의 발꿈치를 핥는 사람)

petomesečnī -ā, -ō (形) 5개월의, 5개월 동안 계속되는

petori -e, -a (複) 5벌의, 5쌍의 (복수로만 사

용되는 명사, 혹은 쌍을 이루는 명사와 함께); ~e makaze 5개의 가위; ~a kola 5대의 차

petorica 다섯 명의 남자

petorka 1. (集合) 5명; mina je pala usred ~e, dvojicu je ubila a preostale ranila 폭탄이 5명의 한 가운데 떨어져 2명이 죽고 나머지는 부상당했다 2. 5 아코브 크기의 통 (1아코브=약 50리터) (petakinja)

petoro (集合數詞) 5명(성별구별없이); ~ dece 5명의 아이들

petoro- (接頭辭) 5, 다섯

petosatnī -ā, -ō (形) 5시간의

petosložan -žna, -žno (形) 5음절의

petospratnica 5층 건물

petostopan -pna, -pno (形) (韻律) 오보격의

petostruk -a, -o (形) 5겹의, 다섯겹의

petougao -gla, **petougaonik** 오각형 **petougaoni, petougli** (形)

petparačkī -ā, -ō (形) 5파라(1파라=1/100디나르)의; (비유적) 값어치가 없는, 가치가 없는; ~ roman 삼류소설; ~e novine 삼류신문; ~ ukus 싸구려 취향; ~a literatura 저속한 작품

petrificirati -am (完,不完) 1. 석화(石化)시키다, 굳어지게 하다 (okameniti); (비유적) 변하지 않게 하다; naš jezik je gotovo petrificiran u rečnicima i gramatikama 우리의 언어는 거의 어휘와 문법에서 변화가 없었다 2. ~ se 석화(石化)되다

petrolej 석유

petrolejskī -ā, -ō (形) 석유의; ~a polja 유전(油田); ~a industrija (proizvodnja) 석유 산업(생산); ~a kompanija 석유 회사; ~a lampa 석유 램프

petrolejka -jcī; -jki 석유 램프

petrolejskī -ā, -ō (形) 참조 petrolej

petroleum 참조 petrolej; 석유

petrovac (植) 1. 용아초(龍牙草)(oskorušica) 2. 카밀레, 캐모마일(국화과 약용 식물) 3. 샘파이어(유럽의 해안 바위들 위에서 자라는 미나릿과 식물. 잎은 허브로 이용됨)

petrovača (植) 나리(속), 백합(속)

petrovsko cveće 1. 용아초 (petrovac) 2. 나리, 백합 (petrovača) 3. (植) 데이지 (volovsko oko); 서양가새풀 (hajdučka trava)

petsto (數詞) 500

petstotī -ā, -ō (序數) 500번째의

petunija (植) 피튜니아(정원에 심는 화초의 하나)

pevac -vca 1. 수탉, 장탉 (petao) 2. 노래를 잘 부르는 사람, 가수; 새(ptica)

pevač -a 1. 가수 2. 시인 (pesnik) 3. 노래부르는 새 (ptica); **pevačica**; **pevački** (形)

pevanija 1. 노래하기, 노래부르기 (pevanje) 2. 시(詩), 시전집 (pesma, zbirka pesama)

pevanka 1. 노래 (pesma) 2. 노래하기, 노래하며 즐기는 파티 (pevanje, zabava s pevanjem)

pevanje 1. (동사파생 명사) pevati; 노래하기 2. 노래; čas ~a 노래 시간 3. 시, 시짓기

pevati -am (不完) otpevati (完) 1. 노래하다, 노래부르다; ~ pesmu 노래부르다; ~ uz klavir (uz pratnju klavira) 피아노 반주에 맞춰 노래하다; ptice pevaju 새들이 지저귄다; ~ u horu 합창하다; ~ bas 바리톤으로 노래하다; ne peva mi se 노래부르고 싶지 않아; ~ čiju notu ~의 생각을 대신하다; ~ istu pesmu 자신의 의견을 견지하다; sreća ti pevala!, majka ti pevala! 행운이 깃들기를!; sve mi peva 모든 일이 잘 되어간다 2. 찬양하다, 찬송하다; ~ junake 영웅을 찬양하다 3. 시를 짓다, 시를 읊조리다

pevnica 교회의 성가대 자리(위치)

pevnuti -nem (完) 1. 노래를 조금 부르다 (사람·새들이); (노래를) 흥얼거리다, 콧노래를 부르다 2. (숲·시냇물 등이) 웡웡거리다, 옹옹거리다, 찰랑거리다

pevucav -a, -o (形) (=pevuckav) 흥얼거리는, 콧노래를 부르는; 웡웡거리는

pevuckati -am (不完) 1. 콧노래를 부르다, (노래를) 흥얼거리다 2. 종종 노래하다 (새들이) 3. (비유적) 웡웡거리는 소리를 내다 4. 시인처럼 가끔씩 시를 노래하다

pevuckav -a, -o (形) 참조 pevucav; 흥얼거리는

pevušiti -im (不完) 콧노래를 부르다, 흥얼거리다 (pevuckati)

pica (料理) 피자

picerija 피자 가게

piće 1. (동사파생 명사) pijenje; 마시기 2. 음료, 음료수 (napitak); 술, 알코올; bezalkoholno ~ 비알콜음료수; alkoholno ~ 술; jaka (teška, žestoka) ~a 독주(毒酒); biti odan ~u (podati se ~u, dati se na ~) 술을 너무 많이 마시다, 술꾼이 되다; odreći se ~a 술을 끊다; slab na ~u 술을 좋아하는, 술앞에서는 맥을 못추는; jak na ~u 술을 좋아하지 않는, 술을 잘 안마시는; uhvatilo ga ~ 술을 마셨다

pidžama 잠옷

P

799

pigmej 1. 피그미 족의 사람 (중앙아프리카의 키 작은 흑인종) 2. (비유적) 키도 작고 재주도 없으며 별 소용도 없는 사람 **pigmejski** (形)

pigment 1. (동물·식물 등에 자연 상태로 존재하는) 색소 2. 안료, 물감 재료

pigmentacija (피부·머리카락·나뭇잎 등의) 색소

pihtije 참조 piktije; 아스픽

pijac 참조 pijaca

pijaca 1. 광장 (trg) 2. 시장; *bublja ~* 벼룩시장; *stočna ~* 가축시장; *radna ~, ~ rada* 노동시장; *~ automobila* 중고자동차 시장; *ići na ~u* 시장에 가다 3. 거래, 매매, 매매업, 매매물건 **pijačni** (形)

pijaćɪ *-ā, -ē* (形) (숙어로) *~a voda* 식음수, 마실 수 있는 물

pijan *-a* (形) 술 취한; *držati se (uhvatiti se) koga ili čega kao ~a plota* 맹목적으로 맹종하다(따르다), *mrtav ~, trešten ~, propisno ~, ~ kao čep (kao sekira, kao klen, kao batina, kao metla, kao panj, kao ćuskija, kao zemlja, kao majka zemlja, kao majka, kao duga, kao smuk)* 완전히 취한, 의식을 잃을 정도로 취한

pijanac 1. 술꾼, 술주정뱅이, 자주 술을 마시는 사람 (alkoholičar) 2. 술 취한 사람

pijančiti *-im* (不完) (습관적으로) 술을 마시다; 폭음하다, 취하도록 술을 마시다

pijančura 참조 pijandura

pijandura (男,女) (輕蔑) 술꾼, 술주정뱅이 (pijanac, pijanica)

pijanica (男,女) 참조 pijanac

pijanino (男) 피아노 (주로 직립형 피아노) (klavir)

pijanist(a) 피아니스트, 피아노 연주자 **pijanistica, pijanistkinja**

pijanka 술 파티, 술잔치

pijano 1. (男) 피아노 2. (副) (音樂) 여리게 (tiho, ne glasno, ne gromko)

pijavica 1. (害蟲) 거머리; *konjska ~* 말 거머리 2. (비유적) 남의 고혈을 빨아먹는 사람, 악랄한 착취자, 고리 대금업자

pijavka 1. (거머리·모기 등의 피를 빨아먹는) 주둥이, 빨대 (sisaljka) 2. 거머리 (pijavica)

pijedestal 1. (기둥·동상 등의) 받침대, 대좌(臺座), 주각(柱脚); *dizati na ~ (koga)* 과도하게 감사해 하다 (비행기를 태우다); *govoriti s ~a* 내려보면서(깔보면서) 이야기하다; *sići s ~a* 자신의 권위를 잃다, 자신의 높은 지위를 상실하다 2. (비유적) 사회적 주요 직위

pijenje (동사파생 명사) piti; 마시기

pijetet 존경심, 존중; *osećati (imati) ~ prema nekome ~*에 대한 존경심을 가지다

pijetizam *-zma* 경건파, 경건주의 (17세기 독일의 루터 교회에서 일어난 종교 운동)

pijuckati *-am* (不完) (지소체) piti; 조금 마시다, 한 모금 마시다

pijuk 곡괭이 (budak, trnokop)

pijuk 1. (擬聲語) 삐악삐악, 짹짹 (병아리나 새 끼새가 내는 소리) 2. (피리·기계 등에서 나는)삑~ 하는 소리

pijukati *-čem* (不完) pijuknuti *-nem* (完) 1. 삐악삐악 울다, 짹짹 울다 2. 삑~ 소리를 내다 (피리·기계 등의)

pijukavac *-vca* 1. (鳥類) 물떼새 2. (植) 자소과(科) 광대수염속(屬)의 1년초

pik *-ovi* (카드) 스페이드 **pikov** (形) *~a dama* 스페이드 퀸

pik 증오, 적개심, 적의; 적대관계 (mržnja, neprijateljstvo); *imati ~ na koga (na što)* 1) 누가 잘못되기를 바라다, ~을 고장내다 2) ~를 얻기를 바라다, 갖기를 바라다

pik (船舶) 개프, 비낌 활대

pik 전투(경기)가 시작되는 곳

pik (感歎詞) 1. 끝!, 더 이상 말하지 마! (tačka, dosta, gotovo); *neću da čujem za nj, pa ~!* 그녀에 대해 듣고싶지 않아, 끝 (더 이상 말하지 마!) 2. 무효야!, 탈락! (ne vredi, ne važi)

pikador (투우의) 창잡이, 피카도르 (말 위에서 창으로 투우를 찌름)

pikantan *-tna, -tno* (形) 1. (맛과 향이)얼얼한, 매운, 톡 쏘는 2. (비유적) 흥미로운, 흥미진진한; 자극적인, 자유분방한; 흥분시키는, 매력적인; 재치넘치는, 기지있는; *~tna šala* 흥미로운 농담

pikanterija (약간은 야한) 흥미로운 농담, 저속한 농담

pikati *-am* (不完) piknuti *-nem* (完) 1. 발로 차다, 발로 밀어내다; *~ loptu* 공을 차다 2. (完만) (부리·침 등으로) 쪼다, 쏘다 3. (完만) 'pik'라고 말하다

pikavac *-vca* 1. (담배의) 꽁초 (čik, opušak) 2. (口語, 輕蔑) 꼬마, 난쟁이

pike *-ea & -eta* 피케(가로로 고랑이 지거나 무늬가 도드라지게 짠 면직물)

piket 1. 피케트 (둘이서 하는 카드놀이의 일종) 2. (軍) (군대의) 초소, 초계병 3. 피켓, 감시원 (노동 쟁의 때 다른 사람들이 공장 등에 일하러 들어가지 못하도록 하는 감시원, 또는 그런 감시) 4. (특히 울타리에 박는 끝이

뾰족한) 말뚝

piketirati -am (完,不完) (직장 등의 입구에서) 피켓(팻말)을 들고 시위하다

pikirati -am (完,不完) 1. (na nekoga)못살게 굴다, 귀찮게 하다, 집적거리다; 모욕하다; ~ na nekoga ~를 집적거리다 2. (비유적) (na nekoga, na nešto) ~을 갖기를 원하다, 얻기를 원하다; ~ na kolače 케이크를 원하다; ~ na bolje radno mesto 좋은 직장을 갖기를 원하다 3. (전투기) 급강하하여 공격하다, 타켓에 사격하면서 급강하하다; ~ na brod 급강하하면서 배를 공격했다

piknik 소풍, 피크닉; ići na ~ 소풍가다

piknikovati -kujem (不完) 소풍가다, 피크닉가다

piknuti -nem (完) 1. 참조 pikati; 발로 차다 2. (부리·침 등으로) 쪼다, 쏘다 3. '피크'라고 말하다

piknja 참조 tačka; 점, 마침표

pikola 1. (方言) 소녀 (devojčica) 2. 피콜로, 작은 플루트 3. 작은 하모니카

pikolo -la; -li (男) 1. 식당 웨이터의 조수, 허드렛일을 하는 웨이터 2. (音) 작은 플루트 (pikola)

piksa, piksla 1. (주로 둥근 모양의) 상자 2. 재떨이 (pepeljara)

piktijast -a, -o (形) 아스픽(piktije)같은, 젤리 같은

piktije (女,複) (料理) 아스픽(육즙으로 만든 투명한 젤리. 차게 식혀 상에 냄, 돼지머리 누른 것 같이 생김) (aspik, hladetina)

piktografija 그림 문자, 상형 문자; 그림(상형) 문자의 사용에 의한 기록법

pila 톱 (testera); ručna ~ (한 손으로 켜는) 작은 톱; lančana ~ 전동 쇠사슬 톱

pilac -lca 1. 술을 마시는 사람 2. (方言) 술고래, 술주정꾼 (pijanica)

pilac -lca 참조 pile; 병아리

pilad (女) (集合) pile; 병아리

pilana 제재소 (strugara)

pilar 제재소 노동자; 제재업자 (testeraš)

pilav -a (男) 1. 필라프 (닭고기 혹은 양고기를 넣고 버터로 볶은 쌀밥), 볶음밥; jagneći (pileći) ~ 양고기(닭고기) 볶음밥 2. (方言) 언쟁, 말다툼 (pir, svadba)

pile -eta; pilići 1. 병아리; 닭고기; nadeveno (pohovano) ~ 속을 채운 (빵가루를 입혀 튀긴) 닭고기; ~ na roštilju (구운) 통닭; pečeno ~ (구운) 통닭; crno ~ 골칫덩어리, 말썽꾸러기; zaplesti se kao ~ u kučine 옴짝달싹 못하게 되다, 빠져나올 구멍이 없이

엉키다 **pileći** (形); ~e pečenje 통닭구이, 통닭 바베큐; ~a čorba 닭고기 수프 2. (보통 複數로) 어린 아이 3. (愛稱) ~ moje! 자기야!, 내 새끼!

pilence -eta 1. (지소체,애칭) pile; 병아리; biti mekan kao ~ 순종적인, 말을 잘 듣는 2. (비유적) 나약한 아이; 겁많은 사람; 예쁜 소녀

piletina 닭고기

pilež (集合) 병아리; pilad, pilići

pilica (方言) 1. 병아리 2. (비유적) 어린 소녀

piličar 1. 병아리 사육업자, 병아리 판매업자; voz ~ (병아리 사육업자들을 태우기 위해 모든 역마다 정차하는) 완행열차 2. 병아리 도둑 3. 닭장 (pilićak)

pilići (複) 참조 pile; 병아리

pilon 1. (고대 이집트 사원의) 탑문 2. (고압선용의) 철탑 3. (교량·다리 등의) 큰 기둥

pilot 1. 비행사, 조종사, 파이럿; 도선사(導船士); automatski ~ 자동비행장치; drugi ~ 부조종사 pilotski (形) 2. (한정사적 용법으로) 시범적인, 시험적인 (eksperimentalan, probni); ~-balon 풍속과 풍향을 측정하기 위해 뜨워놓은 고무 풍선; ~ emisija 시험 방송

pilotaža (비행기의) 비행술, 비행기술

pilotina 톱밥 (strugotina, piljevina)

pilotirati -am (不完) (비행기를) 조종하다, (배를) 도선하다; ~ avionom(brodom) 비행기를 조종하다, 배를 도선하다

pilula 알약, 정제; ~ protiv glavobolje 두통약; ~ za spavanje 수면제; gorka ~ 쓰라린 기억(사실·경험); progutati gorku ~u 쓰라린 일(불쾌한 일, 모욕)등을 참다(침묵하다), 자신의 의지와는 반대로 어떤 일을 행하다

piljak -ljka 1. (둥글둥글하고 매끈한) 몽돌, 조약돌; visiti o svom ~ljku 스스로의 생계를 책임지다 2. (다섯 개의 작은 돌을 가지고 노는) 어린아이들의 놀이; ~ belogrli (鳥類) 흰턱제비

piljar (광장 등에서의) 야채 청과물 상인; 노점상 piljarica; piljarski (形)

piljarnica (노점) 야채 청과물 가게

piljariti -im (不完) (노점상으로 광장에서) 야채 청과물을 팔다

piljarski -ā, -ō (形) 참조 piljar; ~a radnja 청과물 가게, ~ posao 야채 청과물 매매업

piljevina 톱밥 (strugotina, pilotina)

piljiti -im (不完) upiljiti (完) (u nekoga, u nešto) 뚫어지게 쳐다보다, 빤히 바라보다, 째려보다; ~ u nešto ~을 뚫어지게 바라보다

P

pinakoteka 공공화랑(公共畵廊) (javna galerija slika)

pinceta 핀셋, 족집게

pinč -evi 소형견의 일종 (짧은 털, 긴 귀와 꼬리가 특징인)

ping-pong 탁구 (stoni tenis)

pingpongaš 탁구선수

pingvin (鳥類) 펭귄

pinija (植) 남유럽 및 지중해 연안의 소나무의 일종 (꼭대기가 우산 모양임)

pinta 파인트 (액량, 건량 단위. 영국에서는 0.568리터, 일부 다른 나라들과 미국에서는 0.473리터)

pinuti -nem (完) 한 모금 마시다, 조금 마시다

pion 1. (체스) 폰, 졸(卒) (pešak) 2. (비유적) 졸개, 부하

pionir 1. 개척자, 선구자 2. (軍) 공병(工兵) 3. (단체의), 피오니르, 어린이 단원 (7-14세 사이의) pionirka; pionirski; ~ grad 피오니르 캠프

pipa (수도·가스 등의) 꼭지 (pipac, slavina)

pipac 1. (수도·가스 등의) 꼭지 (slavina) 2. (昆蟲) 더듬이, 촉수 (pipak)

pipak -pka; -pci, -paka 1. (昆蟲) 더듬이, 촉수 (ticalo); (가재·게 등의) 집게발; (문어의) 발; on je tu umešao svoje ~pke 그는 여기에 관여했다 2. (머리의) 타래, 머리채 (pramen kose)

pipalica (지뢰 등의) 탐침기, 찌르는 바늘, 꼬치

pipanje (동사파생 명사) pipati; 만지기; čulo ~a 촉감

pipati -am (不完) pipnuti -nem (完) 1. 만지다, 더듬다; (촉감으로) 느끼다 (dodirivati); ~ nekome puls ~의 맥박을 짚다; ~ po mraku 어둠속에서 더듬다; ~ teren 현장을 조사하다 2. 느릿느릿 움직이다(일하다), 굼벵이처럼 움직이다(일하다), 서두르지 않다 3. 주의깊게 지켜보다(쳐다보다), 세세하게 조사하다

pipati -am (不完) opipati (完) (과일·곡물 등을) 따다, 꺾다 (čupati, trgati); ~ hleb 빵을 분지르다; ~ grozd 포도를 따다

pipav -a, -o (形) 1. (일이) 굼뜬, 느릿느릿 일을 하는, 일에 서투른; ~ na poslu 일이 굼뜬, 일에 서툰 2. (일이) 지루한, 지겨운, 싫증나는, 따분한; ~ posao 지루하고 싫증나는 일

pipavac -vca (輕蔑) 일을 굼뜨게 하는 사람 pipavica

pipeta 피펫(극소량의 액체를 계량하거나 옮기는 데 쓰는 화학 실험용 가는 관), 점적관 (點滴管)

pipica (지대체) pile; 병아리

pipirevka 1. 민속 춤의 일종; igrati ~u pred kim ~에게 완전히 복종하다 2. (여성에 대해) 골칫거리, 문제 (muka, nevolja); Kajo, ~o moja, odi bliže, odi do mene! 내 골칫덩이 카야야, 이리 가까이 와, 내 옆으로 와!

pipkati -am (不完) (지소체) pipati; 만지다, 더듬다

pipničar (술집의) 바텐더 (podrumar, pivničar)

pipnuti -nem (完) 참조 pipati; 만지다, 더듬다

pipun (方言) 멜론 (dinja)

pir pirovi 1. 연회, 잔치, 향연, 축하연 (svečanost, proslava, gozba); krvavi ~ 피비린내 나는 전투, 전쟁; srebrni ~ 은혼식 (銀婚式; 결혼 25주년); zlatni ~ 금혼식(金婚式; 결혼 50주년) 2. 결혼 피로연

pir (植) 1. 밀의 하위 품종중의 하나 2. 귀리 (ovas) 3. 개밀 (볏과 잡초의 일종) (pirevina)

piramida 1. (數) 각뿔; pravilna ~ 정각뿔 2. (歷) (이집트의) 피라미드 3. 피라미드 형태의 물건; 피라미드식 조직

piramidalan -lna, -lno (形) 1. 각뿔 형태의, 피라미드 형태의 2. (비유적) 큰, 거대한, 장대한 (silan, velik)

pirat 1. 해적 (gusar) 2. 저작권 침해자, 불법 복제자

piratstvo 1. 해적행위, 해적질 2. 저작권 침해, 불법 복제

pire -ea (男) (料理) 퓌레 (보통 감자를 으깨어서 죽같이 만든); ~ od krompira 으깬 감자 (삶은 감자를 으깬 뒤 흔히 버터와 우유를 섞은 것); ~ od spanaća 시금치 죽

pireks 파이렉스 (흔히 요리 기구 제조에 쓰이는 강화 유리)

pirevina (植) 개밀 (볏과 잡초의 일종)

pirinač -inča 벼; 쌀 (riža) pirinčani (形); ~o polje 논, 벼 재배지역

pirit (鑛) 황철석(黃鐵石)

piriti -im (不完) pirnuti -nem (完) 1. (미풍이) 불다, 약하게 불다; piri povetarac 약한 바람이 분다; znati odakle vetar piri 어떤 행동의 원인이나 이유를 알다 2. (입으로) 후후 불다; ~ u vatru (불씨를 살리려고) 후후 불다 ~ u vetar 쓸데없는 말을 하다, 아무 소용없는 일을 하다 3. (비유적) 선동하다, 부추키다

pirjaniti -im (不完) ispirjaniti (完) 약한 불에 끓이다; ~ meso 고기를 약한 불에 약간 끓이다 (dinstati)

pirkati -am (不完) 1. (지소체) piriti; (바람이) 약간 불다 2. (지소체) prati; 깨끗이 하다, 청소하다

P

pirnik 1. (결혼식의) (남자)하객, 손님 2. (남자)
불청객
pirnuti -nem (完) 참조 piriti
pirog (男), piroga (女) (카누) 통나무배
pirog (料理) 피로그 (고기·치즈·계란 등을 안
에다 집어넣은 빵의 일종)
piroman (병적인) 방화광
piromanija (병적인) 방화벽(防火癖)
pirošci (男,複) 참조 piroške
piroške (女,複) piroški -ožaka (男,複) (料理)
피로시키 (러시아식 파이의 일종)
pirotehničar 불꽃 기술자, 불꽃 제조자
pirotehnika 불꽃제조술
pirov -a, -o (形) ~a pobeda 피로스의 승리
(지나친 희생을 치르고 얻은 승리)
pirovati -rujem (不完) 1. 축하연(pir)을 열다,
연회를 열다 2. 결혼식 피로연을 하다
pisac -sca; pisci 작가, 소설가; ~ pesama 작
곡가; ~ romana 소설가; dečji ~ 어린이 동
화 작가 piščev (形)
pisaći -ā, -ē (形) 필기용의; ~a mašina 타자기;
~ pribor 필기도구; ~ sto 책상; ~ papir 필
기용 종이
pisak -ska; pisci & piskovi 1. (목관·금관악기
등의) 입에 대는 부분 (소리를 내는) 2. 날카
로운 소리, 날카로운 외침 (주로 아이들이나
새들의); 쉿소리, 쇳긁히는 소리, 삐걱대는
소리; 휙~하는 바람소리; ~ lokomotiva 기
관차의 울음소리 3. (담뱃대의) 입에 대는 부
분 4. (주전자 등의) 주둥이
pisaljka 연필 (olovka)
pisamce -a & -eta (지소체) pismo
pisanica (알록달록 색칠한) 부활절 계란
(šareno ukršnje jaje)
pisanka 노트 (sveska)
pisanje 1. (동사파생 명사); 쓰기 2. (문학분야)
쓰는 일 3. (학교 과목의) 쓰기
pisar 서기, 필경사; 주사보 (공직의 최하위 직
위의); policijski ~ 경찰 주사보; sudski ~
법원 주사보 pisarski (形)
pisarica (輕蔑) 서기, 필경사 (pisar, pisarčić)
pisarnica 사무실, 사무소 (kancelarija)
pisati -šem (不完) napisati (完) 1. (펜으로 글
자·숫자 등를) 쓰다, 기록하다, 적다; ~
olovkom 연필로 쓰다; ~ mašinom (na
mašini) 타이핑하다 2. (책·작품 등을) 쓰다,
집필하다; ~ knjigu 책을 쓰다(집필하다) 3.
(nekome) 편지를 쓰다, 편지를 보내다; ~
ministarstvu ~ 부처(部處)에 편지를 쓰다;
~ nekome pismo ~에게 편지를 쓰다; oni
pišu jedan drugome 그들은 서로 편지를 쓴

다 4. (無人稱文으로 적혀 있다, 쓰여 있다;
piše to u knjigama 그것은 책에 적혀 있다;
u novinama piše 신문에 ~라고 쓰여 있다;
pise mu na čelu (na licu, u pogledu, u
očima) 얼굴에 쓰여 있다 5. (쓰는 것을) 업
(業)으로 삼다, 직업으로 삼다; ~ po
novinama 신문에 글을 쓰는 것을 업으로 삼
다; ~ pozorišne kritike 연극 비평을 쓰다,
연극 비평을 업으로 삼다 6. 기타; krvlju
(krvavo) ~ 1) 혈서를 쓰다, 진정으로(진심
을 담아) 쓰다 2) 펜으로 싸우다; lep kao
pisan 아주 아름다운(예쁜), 그림처럼 아름
다운; nije pisano za tebe(za nas) 너(우리)
를 위한 것이 아냐, 네(우리) 머리로는 이해
할 수 없어; pisano je (u knjizi sudbine) 정
해져 있어, 운명처럼 정해져 있어; ~ nešto
nekome u zaslugu ~을 누구의 공으로 인정
하다; ~ nešto nekome u greh ~를 ~의 잘
못으로 간주하다; ~ po vodi, ~ kukom
po(na) ledu 헛된 일을 하다; slabo (zlo,
crno) nam se piše 좋은 일은 없을 것이다,
나쁠꺼야
piska -ci & -ki 째지는 듯한 예리한 소리, 날
카로운 외침 (주로 아이들이나 새들의); 쉿
소리, 쇳긁히는 소리, 삐걱대는 소리; 휙~하
는 바람소리
piskaralo (輕蔑) (문학적 소질이 없는) 삼류 작
가, 사이비 작가, 엉터리 작가 (škrabalo)
piskarati -am (不完) 1. (輕蔑) (문학 작품을)
엉터리로 쓰다, 삼류 소설을 쓰다 (밥벌이를
위해) 2. 서기일을 하다, 필경사 일을 하다 3.
때때로 조금씩 쓰다
piskav -a, -o (形) 1. 쉿소리나는, 째지는 듯한
소리의 (목소리 등이); ~ glas 째지는 듯한
목소리 2. (言語學) 치찰음의; ~i suglasnici
치찰음
piskor (魚類) 하천에 산란하는 유럽산(産)의
칠성장어
piskor (植) 인스티티아 자두 (벚나무속(屬)나
무의 열매로 작고 둥글며 단맛이 있는 빨간
열매)
piskut 날카로운 소리, 날카로운 외침; 쉿소리,
쇳긁히는 소리 (pištanje, piska)
piskutav -a, -o, piskutljiv (形) 날카로운 소리
의, 쉿소리의, 째지는듯한 소리의, 쇳긁히는
소리의
pismen -a, -o (形) 1. 글로 쓰여진, 서면의;
~a prijava 서면 신고; ~o saopštenje 서면
발표; ~a žalba 서면 이의신청; ~i ispiti 필
답고사 2. 읽고 쓸 줄 아는; ~ čovek 읽고
쓸 줄 아는 사람

803

P

pismena (中,複) 글자, 문자, 알파벳 (slovo); *crnim ~ima zapisati* 커다란 불행(난관)으로 기억하다; *zlatnim ~ima upisati* 아주 중요하게 기억하다, 오랫동안 언급될 것으로 기억하다

pismenica (廢語) 1. 알파벳, 글자 2. 문법 (gramatika)

pismeno 1. 글자, 문자, 철자 (slovo) 2. (드물게) 필기술, 쓰는 기술

pismeno (副) 서면으로 (反: usmeno); ~ *utvrditi* 서면으로 확인하다

pismenost *-i & -ošću* (女) 1. 글을 읽고 쓸 줄 아는 능력 2. 글을 아름답게 쓰는 기술, 문학작품을 쓸 줄 아는 능력

pismo 1. 편지, 서한, 메시지; *poslovno ~* 사업에 관한 편지; *preporučeno (ekspresno) ~* 등기(속달) 우편; *avionsko ~* 항공 우편; *ubaciti ~ u poštansko sanduče* 편지를 우편함에 넣다; *predati ~ na poštu* 편지를 우체국에 전달하다; *~ sa preporukom* 추천서; *ljubavno ~* 연서(戀書); *garantno ~* 보증서 2. 알파벳, 글자, 문자; *ćrilsko(latinsko) ~* 치릴(라틴) 문자; *koso ~* 이탤릭체; *glagolsko(hijeroglifsko, klinasto) ~* 글라골(상형, 설형(楔形)) 문자 3. 서(書); *Sveto ~* 성서(聖書) 4. 증명서, 면허증, 허가증; *cehovsko ~* 장인 면허 (길드의); *kalfensko ~* (도제 수습을 마친) 장인 면허증(길드 조직의)

pismonoša (男) 우체부 (poštar, listonoša)

pismoslikar 간판공 (가게의 간판을 쓰는) (firmopisac)

pismo-telegram 야간 발송 전보 ((다음 날 아침에 배달되며 요금이 쌈)

pisnuti *-nem* (完) 뭔가를 말하려고 하다, 입을 떼다 (progovoriti); *da nisi pisnuo!* 너는 입술조차 떼지 않았다

pisoar (남자용의) 소변기

pista 1. (비행기) 활주로 2. (육상·사이클 등의) 트랙, 경주로

pistacija 피스타치오(녹색의 작은 견과류)

pistelj 해삼 (trp, morski krastavac)

piston 1. 뇌관, 도화선 2. 금관 악기의 펌프식 조음 밸브 장치; 트럼펫

pišati *-am* (俗語) 쉬하다, 오줌 누다 (mokriti)

piščev *-a, -o* (形) 참조 pisac; 작가의

pišiv *-a, -o* (形) 무의미한, 무가치한, 가치없는 (pišljiv)

piškota (料理) 단 케이크의 한 종류; 비스킷 (bisket)

pišljiv *-a, -o* (形) 1. (과일 등이) 벌레먹은, 벌레가 많은 (pušljiv, crvljiv); *ja ti velim da je jabuka što si joj dao ~a bila* 너한테 말하는데 네가 그녀에게 준 사과는 벌레먹은 것이었다 2. (비유적) 가치없는, 무가치한, 무의미한 (nevredan, beznačajan); *ne vredi ~a boba* 아무런 가치도 없다; *ne dati ni ~a para* 아무것도 주지 않다

pišmaniti se *-im se* (完,不完) 마음을 바꾸다 (변덕 등으로 인해) (predomišljati se, kolebati se)

pišmolj (魚類) 대구의 일종인 작은 물고기

pištalica 1. 호각, 호루라기 (pištaljka, zviždaljka) 2. (鳥類) 짹짹우는 새 (제비와 유사한)

pištalina 늪, 습지, 습지대

pištaljka 호각, 호루라기 (pištaljica)

pištanje (동사파생 명사) pištati

pištati *-im* (不完) 1. 짹짹거리다, 찍찍울다 (동물이나 새들이); *pilići pište* 병아리들이 삐악삐악거린다; *pišti kao guja u procepu* 거칠게 항의하다 2. 고함지르다, 꽥 소리치다 (아픔, 놀람 등으로 인해) (vrištati, vriskati) 3. 높은 고음의 째지는듯한 소리를 내다 (악기, 호루라기 등의) 4. 끽·쩩 하는 소리를 내다 (마찰·부딪침 등으로 인한) 5. 휙~(홱~) 하는 소리를 내다 (바람 등이) 6. 고함치다, 말하다 (째지는듯한 소리로) 7. 윙윙거리다 (zujati, šumiti)

pištav *-a, -o* (形) 1. 째지는듯한 소리의, 쇳소리의 (piskav, zviždav) 2. 때때로 폭발하는

pištolj 권총; *hitac iz ~a* 권총에서 발사된 총알; *go kao ~* 완전히 벗은, 완전히 나체의; *~~-matura* (간단한) 성숙 테스트

pištoljina 참조 pištalina; 늪, 늪지, 습지

pita (料理) 파이, 케이크의 한 종류 (속에다 소를 넣은 다음 밀가루피를 돌돌만 납작한 모양의); *kore za ~u* 파이 피; *slatka ~* 단맛 파이; *slana ~* 짠맛 파이

Pitagorina teorema (數) 피타고라스의 정리

pitagorovskī *-ā, -ō*, **pitagorskī** (形) 피타고라스의

pitak *-tka, -tko* (形) 1. 음료로 적합한, 마실 수 있는; *~tka voda* 마실 수 있는 물 2. 좋은, 적합한, 쾌적한 (koji je dobar, prijatan, ugodan)

pitalica 우유병 (갓난아기들이 우유를 빠는)

pitalica 1. 수수께끼 2. 자주 물어보는 여자 (žena pitač)

pitanje 1. (동사파생 명사) pitati; 물어보기 2. 질문, 의문; *postaviti nekome ~ ~*에게 질문하다; *odgovoriti na ~* 질문에 대답하다;

P

znak ~a 물음표(?); *biti pod ~em* 확실하지
않다; *doći u ~, dovesti što pod ~ (u ~)* 불
확실하게 하다, 위험에 처하게 하다; *praviti
iz čega ~* 불확실성의 해결을 요구하다;
škakljivo ~ 대답하기 어려운(난처한) 질문;
unakrsna ~a 상호 대질 심문; *pokrenuti ~*
문제(의문)를 제기하다 3. 문제 *manjinsko ~*
소수민족 문제; *nacionalno ~* 민족문제;
žensko ~ 여성문제; *~ časti* 명예에 관한 문
제;; *glava je u ~u* 죽느냐 사느냐의 문제이
다; *bolno ~* 해결하기 아주 어려운 문제;
čvorno ~ 가장 중요한 문제; *istočno ~* 과도
하게 중요시된 문제(일); *otvoreno ~* 현안
(문제), 미해결 문제; *sporno ~* 논란이 있는
문제; *tekuće ~* 현안(懸案), 당면한 문제
pitati *-am* (不完) **upitati** (完) 1. 묻다, 질문하
다; *nastavnik njega ništa nije pitao* 선생님
은 그에게 아무것도 묻지 않았다; *~ đaka
zadatak* 학생들에게 숙제에 대해 질문하다;
*~ nekoga za savet ~*에게 도움의 말을 물어
보다; *bog te pita, pitaj boga* 아무도 모른다;
ko te pita 걱정하지마, 너하고 아무런 상관
도 없다; *pitaću te (pitaćemo se) posle
(sutra, drugi put) za zdravlje* (위협의 말)
몸 조심해!
pitati *-am* (不完) 1. 음식을 입에 떠먹이다 2.
(가축·동물을) 사육하다, 키우다 (toviti,
gojiti)
piti *pijem; pio, pila; pit; pijen, -ena; pij* (不完)
popiti (完) 1. (물·커피 등을) 마시다, (보어없
이) 술을 마시다; *~ vodu* 물을 마시다 *~
kafu* 커피를 마시다; *~ čašu vina* 포도주 한
잔을 마시다; *ne zna se ni ko pije ni ko
plaća* 어수선하다, 각자 자기 멋대로 행동한
다; *~ bratimstvo* 의형제를 맺으며 건배하다;
~ daću ~ za dušu 고인을 기리며 술을 마시
다; *~ gorku čašu* 불행(고난)을 참고 견디다;
~ krv, dušu (na pamuk) 누구를 혹사시키다,
*~*의 고혈을 빨아먹다; *~ u čije zdravlje ~*의
만수무강을 기원하며 술을 마시다; *to mu
pije mozak* 끊임없이 그것에 대해 생각하다;
to ne pije vode kod mene 그것은 나한테는
아무런 가치도 없다 2. 흡수하다, 빨아들이다
(upijati) 3. 빨다, 빨아 먹다 (sisati) *kao da
su ga guje pile (tako je rđav u licu)* 마치 뱀
이 빨아먹은 것처럼 (그의 얼굴이 나쁘다); *~
lulu* 담배를 피다 4. (비유적) 허약하게 하다,
짜다, 다 소비하다, 메마르게 하다 5. 숨을
들이쉬다; 냄새를 맡다
pitom *-a, -o* (形) 1. (사람에 의해) 길들여진,
훈련된, 사육된; *~a životinja* 길들여진 동물;

~ zec 집토끼; ~ golub 집비둘기 2. 경작된,
재배된, 양식된, 배양된; *~a ruža* 개량 장미;
~a zemlja 경작지; *~a voćka* 재배 과일; *~o
cveće* 재배 꽃 3. (비유적) 유쾌한, 아름다
운, 좋은 (prijatan, lep); *~ kraj* 아름다운 지
역 4. (성격이) 유순한, 온순한; 평온한 5.
(식물의 이름에서) *~ bor* 파니아 소나무; *~
detelina* 자주개나리; *~ šipak* 석류나무; *~
kesten* 유럽종 밤(栗)
pitomac *-mca* 1. 기숙학교 학생, 기숙기관 소
속 청소년; *~ Zavoda za popravljanje
maloletnika* 소년원 원생; **pitomica** 2. 장학
생 (stipendist); *državni ~* 국가장학생 3.
(경찰·군대 등의) 간부 후보생, 사관 후보생;
~ Vojne akademije 사관학교 생도
pitomica 참조 pitomac
pitomina 1. 아름다운 지역, 아름다운 나라
(pitom kraj, pitoma zemlja) 2. 길들임, 다루
기 쉬움 (pitomost) 3. (비유적) 유순함, 온순
함, 친절함, 공손함 (blagost, ljubaznost,
učtivost)
pitomiti *-im* (不完) **pripitomiti** (完) 1. 길들이
다, 사육하다 2. 훈육하다, 양육하다
(odgajati, prosvećivati)
pitomo (副) 온순하게, 유순하게, 친절하게, 공
손하게, 평온하게
pitomost (女) 온순함, 유순함, 공손함, 평온함,
친절함
piton 1. (動) 비단뱀 2. (그리스 신화) 피톤 (아
폴로가 델피에서 퇴치한 거대한 뱀)
pitoreskan *-kna, -kno* (形) 그림 같은, 그림
같이 아름다운 (slikovit, živopisan); *~ kraj*
그림같이 아름다운 지역
piva 참조 pivo; 맥주
pivar 맥주 양조업자; 맥주 판매업자 **pivarski** (形)
pivara 맥주공장
pivarstvo 맥주 양조업
pivnica 1. 지하실 (포도주 등을 보관하는), 와
인 셀러 (podrum, konoba) 2. 술집, 바
pivničar 1. 와인 셀러 관리인 2. 술집 종업원,
바텐더
pivo 맥주 **pivski** (形); *~a čaša (flaša)* 맥주잔
(병)
pizma 원한, 미움, 증오, 적의, 앙심, 악의
(omraza, mržnja, neprijateljstvo, zloba);
provoditi ~u 적의를 가지고 행동하다, (고의
적으로) 괴롭히다; *terati ~u (na koga)* 미워
하다, 증오하다; *učiniti nešto iz ~e* 앙심을
먹고 행하다
pizmen *-a, -o* (形) 악의 있는, 적의 있는, 심
술궂은, 악의적인 (pakostan, neprijateljski)

P

pižama 참조 pidžama; 잠옷

pjaca 참조 pijaca

pjan 참조 pijan

pjesanac –nca (魚類) 모샘치 (미끼로 쓰는 잉어과(科)의 작은 물고기)

pjestovatište 유치원

plac –a, –em; –evi 1. 땅, 토지, 부지 (건축물을 올릴 수 있는); prazan ~ 빈땅; kupiti ~ 땅을 사다 2. 시장 (pijaca, tržište); ići na ~ 시장에 가다 3. 공간, 장소 (prostor, mesto); dati (ustupiti) kome ~ 누구에게 공간을 제공하다

placa 참조 pijaca

placenta 1. (解) 태반(胎盤) 2. (植) 태좌(胎座; 암술의 한 부분으로, 씨방 안에 밑씨가 붙는 자리)

plač 울음; Zid ~a 통곡의 벽; briznuti (grunuti, udariti, pasti, provaliti) u ~ 울음을 터뜨리다, 통곡하다; dolina ~a 이승, 이 세상; 이승에서의 삶; izmoliti što ~em 울면서 애원하다; napuniti kuću ~em ~와 함께 많이 울다; naterati koga u ~ ~를 울게 만들다; savladati ~ 눈물을 멈추다

plačan –čna, –čno (形) 1. 울고 있는, 울먹이는 2. 눈물이 가득한, 글썽한 3. 눈물을 자아내는 4. 슬픈 (tužan, žalostan); čitalac oseća da su to ~čne duše koje je život povredio 그것은 삶이 다치게 한 슬픈 영혼이라는 것을 독자는 느낀다 5. 비참한 (jadan, bedan)

plačevan –vna, –vno (形) 1. 우는 것과 비슷한, 눈물을 흘리는 모양의; 눈물을 자아내는; ~vna vrba 수양버들; ~ do(l), ~vna dolina 이승, 이 세상 2. (비유적) 민감한, 연민의, 동정심 있는 (osetljiv, bolećiv); 슬픈 3. 비참한, 비참한 외모의

plačidrug 함께 슬퍼해 주는 친구, 동고동락을 같이 하는 친구; seljaci izabrali za kralja svoga ~a 농민들을 왕으로 자신들의 아픔을 이해해 주는 사람을 선택했다

plačljiv –a, –o (形) 1. 자주 우는, 사소한 것에도 우는, 울음에 헤픈 2. 울음소리와 비슷한; ja čujem sa mora ~e zvuke 나는 바다에서 울음소리와 비슷한 소리를 듣는다

plačljivac –vca 걸핏하면 우는 사람

plaća 참조 plata; 월급, 봉급, 급여

plaćanje (동사파생 명사) plaćati; 지불; sa ~em u dinarima 디나르화로의 지불

plaćati –am (不完) 참조 platiti

plaćenik 1. 피고용인, 고용되어 일하는 사람, 돈을 받고 일하는 사람 2. (외국 군대에 고용된) 용병 (najamnik)

pladanj –dnja; –dnji & –dnjevi 1. (원형 또는 타원형의 가장자리가 조금 높게 솟은, 테이블위에 놓여 있는) 쟁반, 접시 (poslužavnik); bakreni ~ 구리 접시; duboki ~ 깊은 접시; plitki ~ 얕은 접시; ~ čorbe 수프 접시 2. 이발소 표시(하얀색과 빨간색의 불빛이 빙글빙글 돌아가는) 3. 기타; dobiti što kao na ~dnju 별다른 노력과 수고없이 쉽게 얻다; ležati kao na ~dnju 모든 것을 아주 쉽고 분명하게 볼 수 있다(이해할 수 있다)

plafon 1. 천장 (tavanina); visoki ~ 높은 천장; niski ~ 낮은 천장; ~ sobe 방의 천장 2. (비유적) 최고점, 정점(頂點), ~의 최대 한계, 상한선; probiti ~ plata 월급의 최대 상한선을 깨다(돌파하다); dostići ~ nečega ~의 정점에 도달하다

plagijat 표절, 표절행위; počiniti ~ 표절하다; otkriti ~ 표절행위를 발견하다

plagijator 표절자, 표절행위자

plagirati –am (完,不完) 표절하다

plah –a, –o (形) 1. 겁많은, 무서워하는 2. 빠른, 재빠른; 급격히 불어난 (bujan); ~a kiša 폭우 3. 격렬한, 맹렬한, 거친; 불 같은 성격의, 성마른, 화를 잘 내는, 욱하는 성격의; ~a narav 욱하는 성질; ~ konj 야생마 같은 성격의 말

plahovit –a, –o (形) 1. 급격한, 급격히 불어난 (bujan) 2. (성격이) 불 같은, 억제할 수 없는 (vatren, neobuzdan)

plahta 1. 침대보 (krevetski čaršav) 2. 식탁보 (stoljak, čaršav) 3. 자동차 덮개(커버)

plajvaz 연필, 필기도구 (olovka, pisaljka)

plakalac –aoca 우는 사람 **plakalica**

plakar 붙박이 장(찬장·옷장·장식장 등의)

plakat (男), **plakata** (女) 포스터, 벽보; lepiti ~e 포스터를 붙이다; posmrtni ~ 부고 (전봇대 등에 붙이는)

plakati plačem (不完) 1. 울다; ~ od radosti 기뻐 울다; ~ za kim ~를 위해 울다; plače loza 액(液)을 배출하다; ~ iza glasa 소리내어 엉엉울다; ~ kao kiša, kao ljuta godina 많이 울다; ~ tugu, žalost 슬퍼하다, 애도하다; to je bogu ~ 애석한, 유감스러운 것이다 2. ~ se (무인칭문) 울고 싶다

plakati plačem (不完) 1. 행구다, 씻다 (prati, ispirati); ~ sudove 그릇을 씻다 2. 적시다 (kvasiti, močiti)

plakatirati –am (完,不完) 포스터를 붙이다

plaketa (부조가 된) 패(상패·기념패·우승패 등의); srebrna ~ 은상패; pobednička ~ 우승상패

P

plaknuti (se) –*nem (se)*(完) 참조 plakati (se)

plam –*ovi*(詩的) 참조 plamen

plamen –*a; plamenovi & plameni* 1. 불꽃, 불길, 화염, 화재 (oganj, požar, vatra); *kuća je u ~u* 집이 화염에 휩싸였다 2. 조명 (osvetljenje) 3. (눈의) 반짝임, 섬광; (얼굴의) 홍조, 붉으스레함 4. (비유적) 열정, 정열, 흥분, 흡족함 (strast, oduševljenje, zanos)

plamen –*a, -o*(形) 1. 불의, 불타고 있는, 이글거리는; *~a peć* 불이 활활타고 있는 난로 2. 환한, 빛나는 (svetao, sjajan, blistav) 3. (비유적) 뜨거운 (vreo, vruć) 4. 불 같은, 열정적인, 정열적인 (plahovit, vatren, strastven)

plamenac –*nca*(鳥類) 홍학, 플라밍고

plamenak –*nka*, **plamenčić** (지소체) plamen

plamenik (땜질, 용접 등에 쓰이는) 토치램프; *acetilenski ~* 아세틸렌 토치램프

plamenit –*a, -o*(形) 불타오르는, 불타고 있는 (plamen)

plamenjača 1. 한 여름의 무더위 (pripeka) 2. (植) 밀의 녹병 (곰팡이병)

plamičak –*čka* (=plamečak) (지소체) plamen; 불꽃, 불길

plamsaj 1. 섬광 (blesak) 2. (비유적) (갑자기 강렬하게) 돌출, 나타남

plamsati –*am* **plamteti** –*im*(不完) 1. 불타오르다, 불길에 휩싸이다, 화염에 휩싸이다; 환해지다 (불길에·화염에); *vatra je plamsala, pucketala* 불은 탁탁소리를 내며 타올랐다 2. 강렬히 빛나다 3. (얼굴이) 달아오르다, 홍조를 띠다, 빛나다 (흥분하여); 발전되다, 급격히 불어나다 (razvijati se, bujati)

plan –*ovi* 1. 계획, 안(案), 방법, 구상; *petogodišnji ~* 5개년 계획; *~'nastave* 커리큘럼, 교과 과정; *~ proizvodnje* 생산 계획; *ispuniti ~* 계획을 완수하다; *imati u ~u* 계획하다; *investicioni ~* 투자계획; **planski**(形) *~a privreda* 계획경제 2. 지도; *~ grada* 도시 지도 3. 평면도, 설계도, 배치도; *~ mosta(kuće)* 교량(가옥) 설계도

plandište (가축이 낮에 쉬는) 시원한 장소(곳)

plandovati –*dujem*(不完) 1. 정오경 시원한 곳에서 휴식을 취하다 (가축이) 2. (가축을) 시원한 장소에서 보살피다 3. 하는 일 없이 시간을 보내다, 시간을 낭비하다 (bezposličiti, dangubiti, izležavati se)

planer 도시계획 설계자, 입안자

planet (男), **planeta** (女) (天) 행성 **planetni** (形)

planetarij –*ija*, **planetarijum** (天) 플라네타륨, 별자리 투영기

planetnī –*ā, -ō*(形) 참조 planeta; 행성의; *~ sistem* 행성계(行星系)

planika (植) 아르부투스 나무 (철쭉과의 상록수로 딸기 비슷한 열매가 열린다)

planimetrija (測量) 면적 측정

planina (높은·큰) 산(山); *nabrane (vulkanske, gromadne) ~e* 습곡 (화산, 지괴)산맥; *Stenovite ~e* 록키산맥; **planinski** (形)

planinac –*nca* 1. 산사람, 산에 사는 사람 (planinštak, goranin, gorštak) 2. 여름에 산에 가축을 방목하여 키우는 사람 3. (軍) 산악부대원 **planinkinja, planinka**

planinar 산악 등반가 (alpinista) **planinarka**; **planinarski**(形)

planinarenje (동사파생 명사) planinariti; 등산

planinariti –*im*(不完) 산에 오르다, 등산하다, 등반하다

planinarka 참조 planinar

planinarskī –*ā, -ō*(形) 참조 planinar; 등산가의

planinarstvo 등산, 등반

planinčica (植) 금매화 (스푼 모양의 꽃잎으로 된 담황색 꽃이 핌)

planinka 1. 참조 planinac 2. (植) 참조 planika

planinskī –*ā, -ō*(形) 참조 planina; 산의; *~ potok* 산 속의 개울; *~e jedinice* (軍) 산악부대; *~o zemljište* 산악지형; *~ venac* 산맥; *~a bolest* 고산병, 산악병

planiranje (동사파생 명사) planirati; 계획; *~ porodice* 가족계획

planirati –*am*(不完) 1. 설계하다, 설계도를 그리다; *~ park* 공원을 설계하다 2. 계획하다, 계획을 세우다; *on je planirao da putuje u Evropu* 그는 유럽을 여행할 계획을 세웠다 3. (바닥·땅 등을) 평평하게 하다, 평평하게 고르다 4. (비행기가) 천천히 하강하다

plankton 플랑크톤

planski (副) 계획대로; *ustanak se ~ širio po svim krajevima* 봉기는 계획대로 전지역으로 확산되었다

plantaža 대규모 농장, 식민지 농장; *~ duvana(pamuka)* 담배(목화) 농장; *~ šećerne trske* 사탕수수 농장 **plantažni** (形); *~ voćnjak* (상업적인) 대규모 과수원

planuti –*nem* (完) 1. (순식간에) 불붙다, 타오르다; *vatra je brzo planula* 불이 순식간에 타올랐다; *kuća je planula* 집이 순식간에 불붙었다 2. 빛나다, 불을 밝히다 (zasvetleti se, zasijati) 3. (얼굴이) 급작스레 빨개지다, 홍조를 띠다 (흥분 등으로); *obrazi su mu*

807

P

planuli 그의 뺨이 갑자기 빨개졌다 4. (화기가) 발사되다, 불을 뿜다 (puknuti, opaliti); *puška je planula* 총이 불을 뿜었다 5. 갑자기 나타나다, 급작스레 시작되다, 갑자기 발발하다; *rat je planuo* 전쟁이 갑자기 발발했다 6. 빨리 퍼지다, 순식간에 전파되다; *vest o tome da je Romel ubijen, planula je munjevito* 롬멜이 살해되었다는 뉴스는 번개처럼 빨리 퍼졌다 7. 갑자기 흥분하다, 욱하다; *on je planuo, i počeo da se dere na nas* 그는 갑자기 욱하여 우리에게 소리지르기 시작했다 8. 소비되다, 없어지다, 사라지다 (potrošiti se, nestati); *prvo izdanje je planulo za nekoliko dana* 초판은 몇일 사이에 다 팔려나갔다

plasirati *-am* (完,不完) 1. (어떤 곳에) 놓다, 두다 (smestiti); *izabra položaj ... i naredi da se tu plasiraju topovi* 위치를 선정하고 그곳에 대포를 설치하도록 명령했다; *on je dobro plasirao sina* 그는 좋은 일자리에 자기 아들을 심었다 2. 투자하다 (uložiti, ulagati); *sve je plasirao u strane dobre valute* 모든 것을 외환에 투자했다 3. (물건을) 판매하다, 시장에 진출시키다; *bila su potrebna nova tržišta, na koja bi tvorničari mogli ~ svoje industrijske produkte* 생산자들이 자신들의 생산품을 판매할 새로운 시장이 필요했다 4. (스포츠) 쏘다, 슈팅하다 (uputiti); *on izvrsno plasira loptu u sam golmanov gornji ugao* 그는 아주 능숙하게 공을 골키퍼의 위쪽 모서리에 슈팅한다 5. ~ **se** (어떠한) 위치를 차지하다 (사회·직장 등에서), 입상하다(스포츠 등에서); *on se dobro plasirao* 그는 입상했다

plasman 1. (스포츠 등의) 순위; *igrači se bore za što bolji ~* 선수들은 보다 좋은 순위를 놓고 겨룬다; *on je postigao dobar ~* 그는 좋은 성적을 거두었다 2. (물건의) 판매, 진출; ~ *robe* 물건의 판매 3. 투자; ~ *kapitala* 자본 투자 4. (스포츠의) 슛한 공의 방향

plast *-ovi* 1. 건초더미, 노적가리 (원추형으로 쌓아 올린) 2. (비유적) 더미, 무더기 (velika količina, hrpa, gomila čega)

plastelin 소상용 점토, 모형제작용 점토

plastenik (화초·채소 등을 재배하기 위한) 비닐 하우스

plastičan *-čna, -čno* (形) 1. 플라스틱의, 비닐의; ~ *čna masa* 플라스틱; ~ *čna bomba* 플라스틱 폭탄 2. 모양이 마음대로 되는, 소조(塑造)할 수 있는, 가소성의; 소조된 3. 성형력이 있는, 조형력이 있는, 모양을 만드는 4.

성형의; ~ *čna hirurgija* 성형수술 5. 잘 균형잡힌; ~ *čna statua* 균형잡힌 조각상 6. (미술) 조형의, 조각의, 조소의; ~ *čna umetnost* 조형 예술

plastika 1 플라스틱; *to je pravljeno od ~e* 그것은 플라스틱으로 만들어졌다 2. (美術) 조각술, 조형술; *antička ~* 고대 조각술 3. 조각(품); *grčka ~* 그리스 조각; *renesansna ~* 르네상스 조각 4. 표현, 생생함 (izrazitost, živopisnost)

plastiti *-im* (不完) **uplastiti** *-im* (完) 건초더미 (plast)를 쌓다; *na livadama su ljudi seno plastili* 사람들이 초원지에 건초더미를 쌓았다

plastron 1. 셔츠의 가슴 부분 (grudni deo košulje) 2. 넓은 넥타이 (široka kravata)

plašćenje (동사파생 명사) plastiti; 건초더미 쌓기

plašilo 허수아비 (보통 새를 쫓는) (strašilo)

plašiti *-im* (不完) **uplašiti** (完) 1. 겁먹게 하다, 놀라게 하다, 두려워하게 하다, 무서워하게 하다 (strašiti) ~ *nekoga (nečim)* ~를 겁먹게 하다 2. ~ **se** 겁먹다, 놀라다, 무서워하다; *ne ~im se ja za život, da znaš! Nisam ja kukavica* 나는 죽는 것을 두려워하지 않아, 네가 알다시피! 난 겁쟁이가 아니야

plašljiv *-a, -o* (形) 1. 겁많은, 무서워하는 2. (비유적) 벌벌떠는; 약한, 불확실한 (slab, nesiguran, nestalan)

plašljivac *-vca* 1. 겁쟁이 (strašljivac); **plašljivica, plašljivka**

plašljivko (男) 참조 plašljivac

plašnja 무서움, 두려움, 공포 (strah, strepnja)

plašt *-om & -em; -evi & -ovi* 1. 망토, 소매 없는 외투 2. (가톨릭 성직자의) 미사복의 일부 (권위의 상징으로서의 망토), 대례복 3. 마스크, 베일, 가면 (maska, krinka)

plata 월급, 봉급, 급료; *mesečna ~* 월급; *osnovna ~* 기본급; *odbiti od ~e* 월급에서 차감하다 **platni** (形)

platac *placa* 지불인, (어음 따위의) 지불인; *jemac~~* (熟語) 보증 서는 사람이 자주 돈을 물어내야만 한다

platan (男), **platana** (女) (植) 플라타너스, 버짐나무

platež (돈의) 지불, 지급; plaćanje

platežnī *-ā, -ō* (形) 1. 참조 platež; 지불의, 지급의; ~ *nalog* 지급 결의서; ~ *o sredstvo* 지불 수단 2. 유료인, 유급의; ~ *posao* 유급직 (有給職)

platforma 1. (교단·연단 등의) 단 (podijum) 2.

(기차역의) 플랫폼, 승강장 3. (비유적) (정당
의) 강령, 정강, 정강정책

platica (지소체) plata; 월급, 봉급

platica 널판지; *prilaz je bio preko jedne
ledine i potoka na kome nije bilo mosta, ali
je bila ~* 입구는 황무지와 개울 저쪽에 있었
는데, 개울에는 다리 대신 널판지가 있었다

platina 백금, 플래티너

platinskī *-ā, -ō* (形) 백금의; *~a dugmad* 백금
단추; *~a igla* 백금 바늘

platiša (男) 지급인, 지불인 (platilac); *on je
dobar ~* 그는 돈을 잘 지불한다; *nije ni ~
ni vratiša* 그는 돈을 잘 내지 않을 뿐더러
빌린 돈도 잘 갚지 않는다

platiti *-im*; *plaćen* (完) **plaćati** *-am* (不完) 1.
(돈을) 지불하다, 내다, 납부하다; *~ račun*
값을 지불하다; *~ kelneru za ručak* 웨이터
에게 점심값을 지불하다; *~ dug* 빚을 갚다;
~ porez 세금을 납부하다; *~ radnika* 노동
자에게 급여를 지불하다; *~ na rate* 할부로
지불하다; *~ u gotovu* 현금으로 지불하다 2.
(횟값 등을) 치르다; *~ za neverstvo* 배신의
대가를 치르다; *to ćeš skupo ~* 넌 값비싼
댓가를 치를꺼야!; *skupo ~ neznanje* 알지
못한 것에 대한 혹독한 대가를 치르다 3. 기
타; *~ nešto glavom (životom)* 목숨을 잃다,
목숨으로 대가를 치르다

plativ *-a, -o* (形) 지급 가능한, 지급할만한

platka 파산, 도산 (bankrot); (비유적) 카드게
임에서 돈을 다 잃은 사람; *biti u ~i* 파산하
다, 돈을 다 잃다; *izvući se iz ~e* 파산 위기
에서 벗어나다

platna (레인지의) 열판 (ringla)

platnar 리넨(아마포) 제조업자; 리넨(아마포)
판매업자

platnen *-a, -o* (形) 참조 platno; 리넨의, 아마
포의, 천의; *~a košulja* 리넨 셔츠

platnī *-ā, -ō* (形) 참조 plata; 월급의, 급료의;
지불의, 지급의; *~ spisak* 봉급지급 명부, 종
업원 명부; *~ bilans* 지출입수지(收支); *~
promet* (銀行) 매입채무회전율

platno 1. 리넨, 아마포; *grubo ~* 거친 리넨;
bled kao ~ 아주 창백한 2. (畵) 캔버스, 화
포(畵布); (캔버스에 그린) 유화 3. 칸막이,
칸막이 벽; *(bioskopsko) ~* (영화관) 스크린
4. (배의) 돛 (jedro)

plato *-oa* (男) 1. 고원 (visoravan) 2. (춤·연극·
연설 등을 할 수 있게 조금 높게 세운) 단 3.
(면적이 적은 조그마한) 평지; *~ ispred
crkve* 교회 앞의 조그마한 광장

platonizam *-zma* 1. 플라톤 철학 2. (비유적)

정신적 연애

platonskī *-ā, -ō* (形) 1. 플라톤의, 플라톤 철학
의 2. (육체적 사랑을 초월한) 정신적 사랑의;
~a ljubav 플라토닉 사랑, 정신적 사랑 3.
관념적인, 비실천적인 (apstraktan)

plav *-a, -o*; *plavlji* (形) 1. (色) 파란, 푸른, 청
색의; *~e oči* 파란 눈; *~o nebo* 푸른 하늘;
~a traka (정기 여객선의 대서양 횡단 기록
에 대한) 블루 리본상; *~a knjiga* 청서(青書;
의회나 정부의 보고서); *~i kamen* 황산 구
리 2. 금발의 (머리카락의); *~a kosa* 금발
머리 3. (한정 형용사로서) 몇 몇 식물의 명
칭에서; *~a tuberoza* (植) 아가판투스, 자주
군자란; *~i patlidžan* (植) 가지; *~o drvo* (植)
로그우드(콩과의 관목)

plavac 1. 누런 털의 말(馬) 2. 검붉은 색깔의
포도주의 한 종류

plavac 부석(浮石; 물에 뜨는 돌) (plovučac)

plavan *-vna, -vno* (形) 1. 자주 범람하는, 물
에 잠기는; *treba izabrati teren koji nije
močvaran ili ~* 늪지이거나 물에 잠기지 않
는 지역을 선택할 필요가 있다 2. 푸른, 파
란 (plav)

plavet (女) 청색, 푸른색, 남색; 창공, 창해(滄海)

plavetan *-tna, -tno* (形) 참조 plav; 파란, 푸
른; *~tni kamen* 황산 구리; *kit ~tni* 흰긴수
염고래

plaveti *-im* (不完) **poplaveti** (完) 1. 파랗게 되
다, 청색으로 되다 2. *~ se* 파란색이 나타나
다, 파란색으로 구별되다; *u daljini se
plavelo more* 멀리서 푸른 바다가 나타났다

plavetnilo 참조 plavet

plavičast *-a, -o* (形) 엷은 남빛의, 푸른빛을 띤

plavilo 1. 참조 plavetnilo 2. 청분 (青粉;천
이 누렇게 찌드는 것을 방지하기 위한 세탁
용 보조제)

plaviti *-im* (不完) **oplaviti** (完) 1. 푸르게 하다,
파랗게 하다 2. 청분(plavilo)으로 세탁하다

plaviti *-im* (不完) **poplaviti** *poplavljen* (完) 1.
범람시키다, 물에 잠기게 하다, 침수시키다
2. ~으로 넘치게 하다; (감정·느낌 등으로)
사로잡다, 휩싸다; *često moju dušu plavi
neumitna sumnja* 피할 수 없는 의심이 자주
내 마음에 가득하다

plavka 1. 금발의 여인 (plavojka) 2. (動) 누렁
소 3. (農) 포도주의 한 종류; 푸른 플럼
(plava, modra šljiva)

plavkast *-a, -o* (形) 참조 plavičast; 푸른빛을
띤, 엷은 남색의, 군데군데 파란

plavo (副) 파랗게, 푸르게, 청색으로; *~
obojen* 파랗게 색칠된

P

plavo 청색, 남색, 푸른색, 하늘색 (plavetnilo, modrina); *on voli ~* 그는 푸른색을 좋아한다

plavojka 1. 금발의 여인, 금발 여자 (plavuša) 2. (動) 누렁소

plavokos *-a, -o* (形) 금발 머리의

plavokrvan *-vna, -vno* (形) 귀족 혈통의, 명문 출신의, 귀족 출신의

plavook *-a, -o* (形) 푸른 눈의, 파란 눈의

plavuša 금발의 여인, 금발 여자 (plavojka)

plavušav *-a, -o* 금발이 약간 섞여있는, 금발기가 있는 (malo, ponešto plav)

plaz *-ovi* 1. 기어감 (plaženje, gmizanje) 2. 절벽, 낭떠러지 (padina, strmina) 3. 썰매의 미끄러지는 부분, 날 (salinac) 4. 쟁기의 왼쪽 손잡이

plaziti *-im* (不完) 1. 기다, 기어가다 (puziti); 구불구불 천천히 움직이다; *puž plazi* 달팽이가 기어간다; *otrovne zmije plazile su* 독사들이 천천히 기어갔다; *kroz dolinu plazi železnica* 기차가 계곡을 따라 구불구불 천천히 간다 2. (비유적) 사방으로 퍼지면서 천천히 움직이다; *oko kuće plazile su bele magle* 집주변에 하얀 안개가 뭉개뭉개 피어올랐다 3. 미끄러져 내려오다, 미끌어지다; *počeli su ~ ogromni ledenjaci na sve strane* 커다란 얼음덩이가 사방으로 떨어지기 시작했다 4. (땅·벽 등의 위를)타고 뻗어나가다 (식물이); *ruža plazi uza zid* 장미가 벽을 타고 올라간다 5. 천천히(서서히) 지나가다 (시간이) 6. 아첨하다, 아부하다 (ulagivati se, dodvoravati se); *~ pred šefom* 상사앞에서 아첨하다 7. 혀를 쏙 내밀다; *~ jezik* 약올리다, 놀리다, 혀를 쏙 내밀고 조롱하다

plazma 1. (解,生) 플라스마, 혈장; *krvna ~* 혈장 2. (生) 원형질; (원래) 세포질

plaža 해변, 백사장; 해수욕장; *na ~i* 해변에서; *peščana ~* 백사장

plebejac *-jca* 1. 서민, 평민 (反: plemić) 2. (고대 로마의) 평민 **plebejka**; **plebejski** (形)

plebiscit 국민 투표 (referendum) **plebiscitan**, **plebiscitaran** (形)

plebs (集合) 민중, 대중; 서민

pleća (中,複) 목과 팔사이의 등 윗부분, 어깨; *dati ~* 치다, 때리다; *nositi što na svojim ~ima ~*에 관한 모든 것을 자신이 짊어지다; *okrenuti(obrnuti) ~ od koga (od čega)~*으으부터 등을 돌리다; *skinutu (zbaciti) s ~* 내려놓다, *~*으로부터 해방되다; *stisnuti ~ (~ima)* 어깨를 으쓱하다 (모르겠다는 표시로; 어쩔 수 없이 받아들인다는 표시로)

plećat *-a, -o* 어깨 폭이 넓은

pleće 1. (등쪽의) 목과 팔사이의 등 윗부분; *govoriti preko ~a* 건방지게(오만하게, 깔보면서) 말하다; *nema ga ni u ~* 아무데도 나타나지 않는다 2. (비유적) (양쪽으로 열어젖혀지는 문 등의) 한쪽 문짝

plećka *-ki, -aka & -ki* 1. 어깨뼈, 견갑골(肩甲骨); *položiti na obe ~e* 1)(레슬링에서) 양 어깨를 바닥에 닿게 하다, 2)완전한 승리를 거두다 (lopatica) 2. (양·소의) 정강이살

pled (여성용) 격자무늬 어깨걸이, 숄

pledirati *-am* (不完) 간청하다, 호소하다, 탄원하다; 변호하다, 변론하다 *~ za nekoga ~*를 위해 변호하다; *plediram na red i mir* 질서와 평화를 주장하다(호소하다)

pledoaje *-ea* (男) (법정에서 변호사의 최후의) 변론

pleh (금속으로 된) 얇은 판, 판금; (굽기용의) 금속성 요리그릇; *~ za kolače (za tortu, za pitu)* 제빵(케이크, 파이)용 용기 **plehan**, *-a, -o* (形)

plejada 1. (7인의) 저명한 사람들의 한 무리; *~ pesnika* 7인의 유명한 시인 집단 2. (天) **Plejade** 플레이아데스 성단

pleme *-ena; plemena* 부족, 종족; *indijanska ~ena* 인디언 부족들 **plemenski** (形); *~o društvo* 부족 사회

plemenik 부족원, 종족원

plemenit *-a, -o* (形) 1. 고귀한, 존경스런; 마음이 너그러운, 아량이 넓은; *~ čovek raduje se svakom dobru drugog čoveka* 고귀한 사람은 다른 사람에게 일어난 모든 좋은 일에 기뻐한다 2. 귀족의, 귀족적인; *~o društvo* 귀족계급 사회 3. 순혈의, 순종의, 순계의; *~ konj* 순종 말; *~a pasmina* 순수품종; *~a pšenica* 순수 밀 4. 아주 뛰어난, 최고의, 멋진 (미·아름다움·우아함 등이); *~i metali* 보석(백금·금·은 등의)

plemenitaš 귀족 **plemenitašica** (plemić)

plemenitost (女) 1. 고귀함, 고결함 2. 관대함, 아량의 넓음 3. 순혈성 4. 우수함, 뛰어남

plemenskī *-ā, -ō* (形) 부족의, 종족의; *~a mržnja* 부족간의 증오(심)

plemić 귀족 **plemićkinja, plemkinja; plemićki** (形); *~o poreklo* 귀족 출신

plemstvo 귀족, 귀족계급; 귀족 칭호; *dobiti ~* 귀족 칭호를 획득하다; *feudalno ~* 봉건 귀족; *visoko (nisko) ~* 고위(하위) 귀족

plen 약탈품, 강탈품, (특히) 전리품; *ratni ~* 전리품

plenaran, *-rna, -rno* (形) (회의 등의) 전원 출

석의; ~rna sednica 본회의, 전체 회의, 총회
plenidba 1. (타인 재산의) 강탈, 약탈 2. (法) 압류(세금미납에 따른)
pleniti -im (不完) 1. 약탈하다, 강탈하다; ~ stoku 가축을 약탈하다 2. (法) (재산을) 압류하다; (신문, 잡지 등을) 압수하다, 몰수하다 3. 강한 인상을 주다; 마음을 사로잡다, 매혹하다; ~ ljude ljubaznošću 친절함으로 사람들의 마음을 사로잡다; ~ pogled (oči) 누구의 눈길을 사로잡다, 주목을 끌다
plenum 총회, 전체 회의; ~ Saveza književnika 문학가 동맹 총회
pleonastičan -čna, -čno, **pleonastičkī** -ā, -ō (形) 용어법(pleonazam)의, 용어법적인, 같은 의미의 어휘가 너무 많이 반복된
pleonazam -zma 용어법(冗語法: 강조나 수사적 효과를 높이기 위하여 논리적으로는 불필요한 말을 덧붙이는 표현 방법)
ples -ovi 춤, 무용 (igra, igranka); mrtvački ~ 죽음의 춤; trbušni ~ 밸리 댄스; krabuljni ~ 가면을 쓰고 추는 춤; ritualni ~ 종교의식의 춤; **plesni** (形); ~a sala (škola) 댄스 홀 (무용 학교); ~ tečaj 무용 교습(수업)
plesač 무용수, 댄서 (igrač); ~ po konopcu 줄타기 곡예사 **plesačica; plesački** (形)
plesan -sni (女) 1. 곰팡이 (buđa), (植) 털곰팡이 (식물병의) 2. (비유적) 해로운 것, 부정적인 것
plesati -šem (不完) 춤추다, 댄스를 하다; ~ kako ko svira ~의 뜻대로(뜻에 따라) 일하다; ~ oko nekoga 아부하다, 아첨하다, ~의 곁을 따라 다니며 비위를 맞추다
plesnī -ā, -ō (形) 참조 ples; 춤의, 무용의
plesniv -a, -o (形) 곰팡이 핀, 곰팡이가 많은, 곰팡내 나는 (buđav)
plesniviti (se) -im (se) (不完) uplesniviti (se) (完) 곰팡이(plesan)가 피다, 곰팡내가 나다 (buđati)
plesti pletem; pleo, plela; pleten, -ena (不完) 1. (털실 등으로) 뜨다, 짜다, 뜨개질하다; ~ čarape (džemper) 양말(스웨터)를 뜨다; ~ mrežu 그물을 짜다 2. (머리카락 등을) 꼬다, 땋다, 엮다; ~ kosu 머리를 땋다; ~ bele vlasi, ~ sede 노처녀로 남다; ~ uže 밧줄을 꼬다; ~ konopac (kome, za koga, za čiju vrat) 누구를 교수형에 처할 준비를 하다; ~ venac 화환을 만들다; ~ gnezdo 둥우리를 만들다 3. 음모를 꾸미다; on nešto plete protiv mene 그는 나에 대해 어떤 음모를 꾸미고 있다 4. 조리없이(못 알아듣게, 불분명하게) 말하다; ja vas ne razumem, vi

pletete bez kraja i konca 당신말을 못알아 듣겠어요, 한도 끝도 없이 못 알아듣게 말하네요 5. ~ se (덩굴나무가) 감아 올라가면서 자라다; 진행되다 6. ~ se (일정한 목적을 가지고) 참견하다, 간섭하다; on se u sve plete 그는 모든 일에 참견한다 7. ~ se 어쩔줄 몰라하며 이리저리 왔다갔다 하다 8. ~ se 의미없는 말을 하다, 불분명하고 비논리적인 말을 하다, 연결되지 않게 말하다 on se pleo kod svake reči 그는 말 한마디 한마디를 연결되지 않게 말했다 (당황하여, 술취해, 질환으로)
pleša (머리의)탈모된 부분, 머리가 빠진 곳 (ćela)
plešiv -a, -o (形) 1. 머리가 빠진, 탈모된, 대머리의 (ćelav) 2. (언덕·산 등이) 민둥머리의, 나무가 없는, 헐벗은
pletač (털실 등으로) 뜨는 사람, 짜는 사람 **pletački** (形)
pletaćī, pčetićī -ā, -ē (形) 뜨개질용의, 편물용의; ~a igla 뜨개질 바늘
pletar 1. 참조 pleter 2. (얇은 나뭇가지 등으로 엮은) 바구니(광주리)업자 **pletarica**
pletara 1. (가는 나뭇가지 등으로 얼기설기 엮은 볼품없는) 오두막, 움막 2. (가는 나뭇가지 등을 엮어 만든) 그릇, 광주리 3. (엮어 만든) 써레 (drljača, brana)
pletarstvo (가는 나뭇가지 등을 엮어 만드는) 바구니(광주리) 제조(업)
pletenica 1. 땋은 머리, 꼰 머리 (kurjuk, kika) 2. (가는 나뭇가지 등을 엮어 만든) 오두막, 움막 3. 꽈배기 형태의 빵 4. 엮어 만든 것 (울타리·지붕 등)
pletenka 1. 병 모양으로 엮어 만든 것 (opletena boca) 2. 엮어 만든 바구니(광주리)
pletenjača 1. 뜨개질 바늘 2. (方言) 울로 뜬 내복(속셔츠) (maja)
pletenje (동사파생 명사) plesti; 뜨개질, 엮기
pleter 1. (가는 나뭇가지 등으로 엮어 만든) 울타리, 벽 2. (가는 나뭇가지 등으로 엮어 만든) 움막, 오두막 3. 엮어 만든 것
pleternī -ā, -ō (形) 엮어 만들어진
pleternica 가는 나뭇가지 등으로 엮어 만든 오두막
pletićī -ā, -ē (形) 참조 pletaći; 뜨개질용의, 편물용의
pletija 뜨개질 하는 사람, 엮는 사람; 직공(織工)
pletivo 1. 엮은 것, 꼰 것, 뜬 것, 짠 것 2. 뜨기, 짜기, 엮기 (pletenje)
pleura (解) 늑막, 흉막(胸膜) (porebrica, plućna maramica)

811

P

pleuritis (醫) 늑막염, 흉막염

pleva 1. 겨, 왕겨 2. (비유적) (무엇인가가) 많음 (mnoštvo čega); 아무런 값어치가 없는 것; kao ~ (biti, imati čega) 굉장히 많은; on ima novaca kao pleve 그는 돈이 굉장히 많다; kao ~u razvejati 사방으로 전파하다(퍼뜨리다)

plevač 제초자, 잡초를 뽑는 사람 (직업으로서)

plevačica 1. 참조 plevač; 여성 제초자 2. 제초기

plevara 겨(왕겨)를 저장하는 움막

pleviti -im (不完) opleviti (完) 잡초를 뽑다, 풀을 없애다, 제초하다; ~ baštu 정원의 잡초를 뽑다

plevna, plevnja 겨(왕겨·밀짚·사료용 풀)를 저장하는 움막 (plevara)

pličina 참조 plićak; doći na ~u (plićak), naći se na ~i 어려운(힘든) 위치에 처하다

plićak -a (강·개울 등의) 물이 얕은 곳 (gaz); deca gaze po ~u 아이들이 물의 얕은 곳을 따라 걷는다

pličati -a (不完) opličati (完) (강·개울 등의) 물이 얕아지다; voda je ~ala i opet mu došla do pojasa 물이 얕아져서 또다시 허리까지 내려왔다

plijenor (鳥類) 뿔논병아리 (바다새의 일종)

plik -ovi (화상 등으로 인한) 물집, (손발의) 물집

plikast, plikovit -a, -o (形) 물집(plik)같은, 물집으로 뒤덮인

plikavac -vca (軍) (썩거나 헐어서 문드러지는) 미란성(糜爛性) 독가스

plikovica (病理) 천포창(天疱瘡: 수포가 생기는 피부 질환)

plima 밀물, 만조 (反: oseka); nadolazi ~ 만조가 오다

plin -ovi 가스 prirodni (zemni) ~ 천연가스; bojni (otrovni) ~ 군사용 독가스 plinski (形)

plinara 가스 공장, 가스 제조소

plinomer 가스 계량기(사용량을 측정하는)

plinovit -a, -o (形) 가스의, 가스 성분의, 가스 상태의, 기체의; ~o stanje 가스 상태

plinovod 가스관

plinskī -ā, -ō (形) 참조 plin; 가스의

plinuti -nem (完,不完) 1. 갑자기 쇄도하다, 쏟아지다; 갑자기 나타나다 (시작하다); ako udari vojska i pline po šumi, gde ćeš se onda sakriti 군대가 갑자기 공격하여 숲 전체에 쏟아져 들어온다면 어디에 숨을것이냐 2. (물 등이) 쏟아지다 범람하다, 흥건히 젖다; plinula voda po polju 온 들판에 물이

범람했다; bojište je plinulo u krvi 전장터는 피로 흥건했다 3. 사방으로 퍼지다; neopisana radost joj ~ula po licu 말할 수 없는 즐거움이 그녀의 얼굴에 퍼졌다

plise -ea (男) plisej -eja (男) (스커트 등의) 주름, 플리트

plisirati -am (完,不完) ~에 주름을 잡다

pliska (鳥類) 할미새, 할미새과의 총칭

pliskavica 1. (動) 돌고래 (delfin, dupin) 2. (鳥類) (민간 신앙의) 운명을 예견한다는 새

pliš -a 플러시 천(실크나 면직물을 우단보다 털이 좀 더 길게 두툼히 짠 것) plišan, -a, -o (形); ~a haljina 플러시 천 원피스

plitak -tka, -tko; plići 1. 얕은, 얄팍한; 낮은, 평평한 (反: dubok); ~tka voda 얕은 물; ~tke cipele (굽이) 낮은 구두; ~tki tanjir 얕은 접시; biti ~tkog džepa (buđelara, kese) 지갑이 얇은(돈이 없는); kao davo u ~tkoj vodi (zlopatiti se) 항상 걱정하면서 어렵게 살다 2. (인품·생각 등이) 천박한, 깊이가 없는, 피상적인; ~tka misao 천박한 사상

plitica 1. (깊이가) 얕은 그릇(공기) (činija, čanak) 2. 얕은 깊이 (plitka udubina)

plitičara (植) 이끼류의 한 종류

plitkost (女), plitkoća 얕음, 천박

plitkoum, -a, -o, plitkouman -mna, -mno (形) 지식이 얕은

plitkoumnik 지식이 얕은 사람

plivač 1. 수영선수; 수영할 줄 아는 사람 plivačica; plivački (形); ~ bazen 수영장 2. 부표 (수위를 표시하는)

plivalište (강·개울 등의) 수영을 할 수 있도록 표시된 장소, 수영 허가 지역

plivanje (동사파생 명사) plivati; 수영; čas (obuka) ~a 수영 수업; prsno ~ 평영

plivaonica 참조 plivalište

plivati -am (不完) 1. 수영하다, 헤엄치다; ~ kraulom 크롤(자유형)영법으로 수영하다; pliva kao sekira 수영을 못하다; ~ protiv struje, ~ uz vodu (다수의 의견이나 감독자의 지시를 거역하고 자신의 뜻대로 행동하다(일하다); ~ sa strujom (niz vodu, u dugu) 빛을 너무 많이 지다, 시류에 편승하다; ~ u krvi 유혈이 낭자한 채 싸우다; ~ u suzama 많이 울다 2. (물 등 액체 표면에) 뜨다, 떠다니다, 부유(浮遊)하다; meso pliva u masti 고기는 기름 덩어리위에서 둥둥 떠다닌다; ulje pliva na vodi 기름은 물에서 뜬다; ~ kao bubreg u loju, ~ u masti 풍요롭게(여유롭게) 살다 3. (공중에) 날다, 날아다니다; gledao je kako ~aju laste u vazduhu 제비

P

812

가 공중에 날아다니는 것을 바라보았다 **4.** (비유적) 사라지다, 없어지다 (izmicati, odmicati, odlaziti, nestajati); *čini mi se da ništa ne suvišno ne plaćam, a novac samo pliva* 내 생각으론 너무 많이 돈을 사용하는 것 같지는 않고 돈이 단지 사라질 뿐이다 **5.** (u čemu) 꽉차다; *soba pliva u oblaku dima* 방은 연기로 꽉찼다

ploča 1. 보드, 판, 명판(銘板), (벽 등에 거는) 현판; *oglasna ~* 게시판, 공고판, 알림판; *spomen-~* 기념 현판; *šahovska ~* 체스판; *školska ~* 흑판, 칠판 **2.** (금속 등의) 평판 (平板), 타일; *betonska ~* 시멘트 판; *kamena ~* 석판; *krovna ~* 너와; *šlep-~ (panel-~)* 합판 **3.** (축음기의) 레코드, 음반; *snimiti na ~u* 음반을 녹음하다 **4.** (레인지의) 열판 (ringla) **5.** 도로 포장용 돌맹이 (ulični pločnik) **6.** 편자 (potkova, potkovica)

pločanī *-ā, -ō* (形) 판의, 판으로 된; 판같은; *~ kitovi* (動) 수염고래

pločara 1. (方言) 너와(ploča)로 덮여진 집, 너와집 **2.** (複) (魚類) 거북복 (바닷 물고기의 일종)

pločica (지소체) ploča; *krvne ~e* (醫) 혈소판; *motorna (pokretačka) ~* (解) 운동종판(運動終板) 운동 신경의 말단이 근섬유와 접하는 부위를 '신경근 접합부'라고 하고, 특히 이 부위의 근섬유막을 '운동 종판'이라고 함)

pločnik 1. (도로 포장용 돌로 포장된) 보도, 인도 (trotoar); 포장도로 (asfalt, kaldrma) **2.** 묘비 (nadgrabna ploča)

plod *ploda; plodovi* **1.** 열매, 과일 (rod, voće) **2.** 배(胚); (보통 임신 8주까지의) 태아 **3.** (비유적) (정신적·육체적 노동의) 결과 (rezultat)

plodan *-dna, -dno* (形) **1.** (식물·과일의) 열매가 많이 열리는; 다산의, 아이를 많이 낳는; *~dne voćke* 열매가 많이 열리는 과수; *~dna žena* 아이를 많이 낳은 여자 **2.** 비옥한; *~dna zemlja (ravnica, dolina)* 비옥한 토지 (평야, 계곡) **3.** (비유적) 다산의, 다작의, 풍작의; *~ pisac* 다작의 작가; *~dna godina* 풍년이 든 해

plodina 1. 열매, 과수, 곡물, 곡식 (plod, rod) **2.** 씨, 씨앗 (seme) **3.** (곡물의) 녹병, 녹병균 (gara)

ploditi *-im* (不完) **1.** 열매를 맺다 **2.** 수태시키다, 임신시키다; 수정시키다; (토지를) 비옥하게 만들다 **3.** ~ se 증식하다, 번식하다; *zečevi se plode brzo* 토끼는 빨리 번식한다

plodnica 1. 다산한 여자, 아이를 많이 낳은 여

자 **2.** (植) 씨방 (plodnik) **3.** (解) 태반(胎盤) (posteljica, pometina, plodva)

plodnik (植) 씨방 (속씨식물의 암술이 주머니 모양으로 되어 속에 밑씨를 품고 있는 부분이며 익으면 열매가 되는 곳)

plodnost (女) 비옥함, 다산, 풍부; 다산성, 번식력

plodonosan *-sna, -sno,* **plodotvoran** *-rna, -rno* (形) 풍요한, 풍성한, 다산의; 열매를 맺는

plodored (農) 윤작

plodovit *-a, -o* (形) 열매를 맺는, 비옥한, 다산의 (plodan, plodonosan, rodan)

plodožderci (男,複) (動) (과일을 먹고 사는) 큰 박쥐

ploha *-hi & -si* **1.** 표면, 겉면, 겉표면 **2.** (數) 면, 표면

plomba 1. 봉, 봉인; 봉랍(封蠟), 봉연(封鉛) **2.** (치아에 생긴 구멍에 박는) 봉; *ispala mu je ~* 충치를 치료한 봉이 떨어져 나갔다

plombirati *-am* (完,不完) **1.** (문서 등을) 봉인하다, 봉랍하다 **2.** (충치의 구멍을) 막다, 메우다, 봉해 넣다; *~ zub* 이빨을 때우다

plosan *-sni* (=pljosan) (男) 평평한 부분(곳), 편평한 쪽 (plosno mesto)

plosan *-sna, -sno* (=pljosan) (形) 평평한, 평탄한, 편평한; 납작한

ploska 1. (=pljoska) 납작한 형태의 병 (보통 라키야를 담아 놓거나 휴대하는) **2.** (魚類) 잉어과의 식용어 (sinj, deverika)

plosnat *-a, -o* (形) (=pljosnat) 참조 plosan; 평평한, 편평한

plosnatice (女,複) (魚類) 가자미, 가자미과 어류

plošan *-šna, -šno* (形) 면(ploha)의, 이차원의; *~šni uglovi* (數) 면각(面角)

ploštimice (副) (=pljoštimice) (칼·검의) 편평한 면으로; *stanu vojnici da udaraju kundakom, a on ~ sabljom* 군인들은 개머리판으로 때리는 것을, 그는 칼의 편평한 면으로 때리는 것을 멈췄다

ploština 참조 ploha; 표면, 겉면; 면

plot *-ovi*; 담, 담장, 울타리 (널판지나 가는 나뭇가지 등을 엮어 만든); *ograditi ~om* 나뭇가지를 엮어 울타리를 치다; *držati se svog ~a* 남의 일에 참견하지 않다; *graditi ~ove preko koga* 누구를 고려하지 않다, ~에게 전혀 관심을 가지지 않다; *jevtino meso - čorba za ~* 싼게 비지떡; *kao pijan ~a, kao slepac ~a (držati se, uhvatiti se koga, čega)* ~으로부터 떨어지지 않고 들러붙어 있다; *poginuti za ~om (kraj tuđeg ~a)* 식구들로부터 외면당한 체 외롭게(쓸쓸히) 죽다; *uz*

~ pritisnuti koga ~를 막다른 골목으로 몰
아넣다; za ~ (baciti koga, što) ~를 보살피
지 않다, 인정사정없이 잔인하게 내치다;
živi ~ 빽빽히(촘촘히) 심은 나무(덤불)로 된
울타리, 생울타리
plot (女) 1. 몸, 신체, 육체 (telo) 2. (비유적)
욕정, 욕망, 성욕 (ljubavna strast)
plotica (魚類) 잉어과의 민물고기
plotun (대포, 특히 예포의) 일제 사격(발사);
izvršiti počasnu paljbu sa 15 ~a 15발의 예
포를 발사하다; počasni ~ 예포 plotunski (形)
plovac -vca (낚시의) 찌, (그물 등의) 부표
plovak (물위에 띄우는) 부표(浮標); kablovski
~ 케이블 부이(부표) (수중 케이블의 위치를
표시)
plovan -vna, -vno (形) 1. 항해할 수 있는, 배
가 다닐 수 있는, 가항(可航)의; ~vna reka
배가 다닐 수 있는 강 2. (물위에) 떠있는
plovan -a (男) 참조 patak; 숫오리
plovče -eta 참조 pače; 어린 오리새끼
plovčijī, plovčjī -ā, -ō (形) 오리(plovka)의;
~e pečenje 오리구이; ~e jaje 오리알
plovidba 1. 항해, 운항; 출항; rečna ~ 하천
운항; obalska ~ 연안 항해; duga ~ 장거리
항해; mala ~ 단거리 항해 2. 유람선 여행,
크루즈 여행
plovilo (물위에) 떠있는 것, 떠다니는 것 (ono
što pliva)
ploviti -im (不完) 1. 항해하다, 항행하다, 출항
하다; brod plovi na istok 배는 동쪽으로 항
해한다; ~ protiv struje (시류에 편승하지 않
고) 역류하다; ~ sa strujom 시류에 편승하
다 2. (보통 배를 타고) 여행하다 3. (물위에)
뜨다, 떠다니다, 부유(浮遊)하다
plovka -kī, -i & -vaka (鳥類) 오리 (patka)
plovčiji, plovčji (形)
plovučanac -čca, plovućanac -ćca 참조
plavac; 부석(浮石); 물에 뜨는 돌)
plovuše (女,複) 물새(특히 오리와 거위 등의)
pluća (廢語) 참조 pluće
plućaši (男,複) 1. 유폐류(有肺類) 달팽이(아가
미 대신에 폐(肺)로 공기 호흡을 하는) 2.
(뱀장어와 같은) 어류의 한 종류 (강에 물이
말라 물이 없어도 폐의 기능을 부레가 하는)
pluće (解) 1. 폐, 허파; upala (zapaljenje) ~a
폐렴 2. 폐엽(肺葉) (plućno krilo) plućni (形)
plućnī -ā, -ō (形) 폐의, 허파의; ~a maramica
늑막, 흉막(胸膜); ~ bolesnik 결핵환자
plućnjak 1. (植) 지치과(科)의 식물 (폐병에 효
능이 있다고 하는 약간의 식물) 2. (動) 참조
plućaši

plug -ovi 1. (밭을 가는) 쟁기; drveni ~ 나무
쟁기; železni ~ 쇠쟁기; deveti u ~u (biti);
držati koga kao devetog u ~u 너무 많다,
가치가 없다; ~에게 아무런 중요성을 부여하
지 않다; ~ volova 소 두마리; ~ zemlje (소
두마리가 끄는 쟁기로) 하루동안 밭을 갈 수
있는 만큼의 토지 2. (제설용) 눈가래 (쟁기
모양의); sa šina je uklonjen sneg
specijalnim ~om 특수 눈가래를 사용하여
선로에서 눈을 치웠다 plužni (形)
plural (文法) 복수(複數) (množina) (反:
singular) pluralni (形)
pluralizam -zma (哲) 다원론, 다원주의
plus 1. (數) 더하기 (+) (反: minus); dva ~
dva 2 더하기 2 2. (不變) 그리고, 거기에 더
해 3. (不變) (온도의) 영상 4. (口語) 유리한
점, 이점; ~에 대한 우위, 우세; terenske
teškoće su se pokazale kao ~ za
neprijatelja 현장에서의 어려움은 적에게 유
리한 점으로 나타났다
pluskvamperfek(a)t -kta (文法) 대과거, 과거
완료 (davno prošlo vreme)
plut (植) 참조 plutnjak; 코르크나무
pluta (=pluto) 코르크, 코르크나무의 껍질;
nosio je sa sobom plovce od ~e 코르크로
만들어진 부표를 지니고 갔다 plutni (形)
plutača 1. 부표(浮標: 해로, 항로 등을 표시하
는) 2. 구명대(帶) (튜브 모양의)
plutati -am (不完) 1. (물위에) 뜨다, 떠다니다,
부유(浮遊)하다 (plivati); nekom tonu pluta,
a nekom ~aju olova 누구는 하는 일마다 다
잘되고 누구는 되는 일이 하나도 없다 2.
(하늘에) 떠다니다
plutnjak 1. (植) 코르크나무 2. (植) 수련
(lokvanj)
pluto 참조 pluta; 코르크, 코르크나무의 껍질;
lak sam bio kao ~ 나는 코르크처럼 가벼웠다
plutokracija, plutokratija 금권(金權)정치, 부호
정치 (vladavina bogatih)
plutokrat(a) 금권정치가 plutokratski (形)
plutonij -ija, plutonijum (化) 플루토늄(Pu)
plužiti -im (不完) 쟁기(plug)로 밭을 갈다
(orati)
plužnī -ā, -ō (形) 참조 plug; 쟁기의; ~ lemeš
쟁기 보습, 쟁기날; ~ crtak 쟁기날
pljačka 약탈, 강탈, 강도질 (otimačina)
pljačkaš 약탈자, 강탈자, 날강도 pljačkašica;
pljačkaški (形)
pljačkati -am (不完) opljačkati (完) 약탈하다,
강탈하다, 노략질하다; ~ banku (radnju) 은
행(가게)을 털다; ~ nekoga do gole kože ~

의 껍질을 벗겨 먹다

pljas (擬聲語) (=pljes) (때릴 때 나는, 혹은 물이 튀길 때 나는) 철썩, 짝~; 팀벙, 철벅

pljaska 철썩(짝)하는 소리, 팀벙(철벅)하는 소리

pljasnuti *-nem* (完) **pljaskati** *-am* (不完) 철썩 때리다(치다), 탁(털썩) 떨어지다, 철썩 부딪치다

pljes (=pljas) (擬聲語) (때릴 때 나는, 혹은 물이 튀길 때 나는) 철썩, 짝~; 팀벙, 철벅

pljesak *-ska* 1. 물이 튈 때 나는 소리; ~ *vesala po vodi* 노젓는 소리 2. 박수 (aplauz)

pljeskati *-am* & *plješćem* (不完) 1. 철썩(찰싹) 소리나게 때리다; 쩍쩍 소리를 내며 씹다; 팀벙 소리를 내며 물을 튀기다 2. 박수를 치다

pljeskavica (料理) 햄버거의 한 종류 (잘게 갈은 고기를 둥그런 모양으로 만들어 숯불에 구운 다음 그 고기를 넣어 만든 햄버거)

pljesniv 참조 plesniv; 곰팡이가 핀, 곰팡내 나는

pljesnuti *-nem* (完) 1. 참조 pljeskati; *što bi pljesnuo dlanom o dlan* 눈깜짝할 사이에, 순식간에 2. 철썩(쾅) 소리를 내며 떨어지다 (무너지다)

plještati *-im* (不完) (비·우박 등이) 후두두 소리내며 내리다

pljosan *-sni* (女) (=plosan) (男) 평평한 부분 (곳), 편평한 쪽 (plosno mesto)

pljosan *-sna, -sno* (形) (=plosan) 평평한, 편평한

pljoska 참조 ploska

pljosnat *-a, -o* (形) (=plosnat) 평평한, 편평한; *~o stopalo* 평발

pljosnoglavac *-vca* (動) 군소 (연체동물의 한 종류로 '바다의 토끼' 혹은 '바다의 달팽이'라고도 한다)

pljoštimice (副) (=ploštimice) (칼·검의) 평평한 면으로; *udariti ~* 칼의 편평한 면으로 때리다

pljoštiti *-im*; *pljošten* (不完) **spljoštiti** (完) 평평하게 하다, 편평하게 만들다

pljucati *-am* (不完) 참조 pljuvati; 침을 뱉다

pljuckati *-am* (不完) (지소체) pljucati

pljucnuti *-nem* (完) (약간의 침을 단 한 번) 침을 뱉다

pljunut *-a, -o* 1. 참조 pljunuti; 침 뱉어진 2. (비유적) ~를 완전히 닮은, 판박이인; *sin mu je nalik na njega, i naravi je pljunuti otac* 그 사람의 아들은 그를 닮았는데 성격은 자기 아버지와 판박이처럼 똑닮았다; *on je ~i otac* 그는 자기 아버지와 붕어빵처럼 닮았다

pljunuti *-nem* (完) **pljuvati** *pljujem* (不完) 1. (침 등을) 뱉다 2. 침을 바르다; *što pljuješ toliko prste kad prevrćeš list?* 페이지를 넘길 때 손가락에 왜 그리 침을 많이 바르냐? 3. (koga, po kome, po čemu) 업신여기다, 깔보다 (prezirati); *sada pljujete po svemu* 이제 모든 것을 없신여기는군요 4. (na koga, na što) (卑俗語) 침을 뱉다, 경멸하다; *on je pljunuo na sve što je nama drago* 그는 우리에게 소중한 모든 것을 경멸했다 5. 기타; *pljuvati kome u lice, pljuvati u obraz čiji* 누구의 얼굴에 침을 뱉다, 모욕하다; *pljuvati na datu reč* 양심에 거리낌없이 약속을 짓밟다; *~ pa lizati* 과소평가하고 나서는 높게 평가하다, 비난하고 나서는 감사해 하다; *možeš mi pljunuti pod prozor* 너는 나한테 아무것도 할 수 없다; *pljuni pa zalepi* 잘못된 무엇인가를 말할 때 사용됨; *pljunuti istinu kome (u lice)* 누구에게 솔직하게 사실(진실)을 말하다

pljus 참조 pljusak; 소나기

pljus (擬聲語) 풍덩, 철썩 (물에 빠질 때 나는 소리)

pljusak *-ska*; *-sci* & *pljuskovi* 1. 소나기; 억수, 폭우; ~ *s grmljavinom* 천둥번개를 동반한 소나기 2. 철썩(풍덩)하는 소리 (물이 무언가에 부딪치는, 파도가 해안을 때리는)

pljuska 따귀 (šamar); *udariti (opaliti) nekome ~u* ~의 따귀를 때리다

pljuskati *-am* (不完) 따귀를 때리다

pljuskati *-am* (不完) 참조 pljusnuti

pljuskavica 1. 소나기 (pljusak) 2. (파도의) 철썩 때림(침) (zapljuskivanje talasa) 3. (醫) (複) 헤르페스, 포진 4. (植) 고추나물(갈퀴망종화를 포함), 고추나물속(屬)의 초본 또는 관목의 총칭 (노란 꽃이 피고, 잎에는 투명한 얼룩점이 있음)

pljusnuti *-nem* (完) **pljuskati** *-am* (不完) 1. (물을) 철썩하고 튀기다; ~ *lice vodom* 얼굴에 물을 튀기다; ~ *rukom po vodu* 손으로 물을 튀기다; *more pljuska o stenje* 파도가 암벽에 철썩하고 부딪쳤다 2. (비가) 쫙하고 쏟아지다, 소나기가 내리다; *kiša pljuska po krovu* 비가 후두둑 소리를 내며 지붕을 때렸다 3. (개울물 등이) 콸콸 소리를 내며 흘러가다 4. (배에서) 물을 퍼내다; ~ *vodu iz barke* 나룻배에서 물을 퍼내다 5. (물을) 출렁이게 하다, 물결이 치게 하다 6. ~ *se* 손바닥으로 물을 모아 뿌리다 7. ~ *se* (흔들리거나 부딪쳐서 그릇의 물이) 흘러내리다, 흘러다 8. 출렁이다 (brukati se, talasati se);

815

P

voda se morem svuda oko nas pljuska 온
바다가 출렁인다
pljusnuti *-nem* (完) **pljuskati** *-am* (不完) ~의
뺨을 때리다, 따귀를 때리다
pljušt (植) 담쟁이덩굴 (bršljan)
pljuštati *-im* (不完) (비가) 끊임없이 엄청나게
쏟아지다, 퍼붓다; *voda ~i na usta (kome)*
군침을 흘리다(음식을 보고 먹고 싶어)
pljuvačka *-ki* 침, 타액; *gutati ~u* 침을 삼키다
(음식을 먹고 싶어); *progutati ~u* 질책을 받
다, 비난을 받다 **pljuvačni** (形); *~e žlezde*
침샘
pljuvačnica, pljuvaonica 타구(唾具; 침뱉는 그
릇)
pljuvanka 참조 pljuvačka; 침, 타액
pljuvati *-ljujem* (不完) 참조 pljunuti
pljuvotina 뱉은 침 (ispljunuta grudvica
pljuvačke)
pneumatičan *-čna, -čno* (形) (=pneumatski)
공기의, 공기 작용에 의한; (타이어 등이) 압
축 공기가 채워진; *~ čekić* 압축 공기 망치;
~čni dušeci 공기 매트리스
pneumatik 타이어, 공기 타이어 (guma)
pneumatika 공기 역학, 기학(氣學)
pnumatskī *-ā, -ō* (形) 참조 pneumatičan
pneumonija (病理) 폐렴 (upala, zapaljenje
pluća)
po (前置詞; + A, L와 함께); I. (+A) 1. 동사
동작의 목적·목표를 나타냄; *on je otišao ~
novine* 그는 신문을 가지러(사러) 갔다 2. 시간
의 지속을 나타냄; *po svu noć bogu se moli*
밤새 내내 신에게 기도한다; *~ čitave dane*
낮동안 계속; *~ ceo dan sedi i radi* 하루 온
종일 앉아 일한다 3. 방법 및 조건을 나타냄;
stalo mu je bilo do svađe ~ svaku cenu 어
떠한 희생을 치르더라도 다투고 싶었다; *ni
~ koju cenu* 결코 ~하지 않다 4. (대격으로
오는 사람의) 이해관계를 나타냄; *kaži sve
po redu, biće bolje ~ te* 모든 것을 차근차
근 순서대로 말해, 너한테 좋을꺼야; *štetan
(koristan) ~ njega* 그 사람에게 나쁜(좋은)
5. 가격을 나타냄; *prodavao ih (stare knjige)
đacima po dobre pare* 헌책을 학생들에게
좋은 가격을 받고 팔았다 6. 대격으로 오는
어휘의 몇 배(몇 곱절)를 나타냄; *seoba se
činila čitavim gomilama, tako da su ~ cela
sela ostajala prazna* 모든 사람들이 이주를
했기 때문에 마을 전체가 텅텅 비었다; *~
peti put* 다섯 배로 II. (+L) 1. 동사의 행동
이 행해지는 장소 및 공간을 나타냄; *voda

se prosula ~ podu 물을 바닥에 흘렸다;
udario ga štapom ~ glavi 막대기로 그의 머
리를 때렸다; *šetaju ~ parku* 공원을 산책하
다; *počeši me ~ ledima* 내 등좀 긁어줘;
sneg je pao ~ brdima 산간지역에 눈이 내
렸다 2. 처소격으로 오는 명사의 바로 직후
를 나타냄; ~의 직후에 (posle, nakon); *~
svršetku rata* 종전 직후에; *bila je sva
nesrećna i očajna prvo vreme ~ povratku*
귀국(귀향) 후 초기에는 모든 것이 행복하지
않았고 절망적이었다 3. 동사의 행동이 행해
지는 방법을 나타냄; *~에 따라; *upamti da
drugi put ništa ne radiš samostalno ~
svojoj glavi* 두 번 다시는 네 생각대로 아무
것도 하지말도록 명심해라 4. 동사의 행동이
나 상태가 이뤄지는 수단, 간접적 매개체를
나타냄; *čini se ~ govoru da je stranac* 발음
으로 보건대 그 사람은 외국인이다 5. ~에
따라 (prema); *živeti ~ principima* 원칙대로
살다; *~ planu* 계획에 따라; *~ mom
mišljenu* 내 생각에는; *ja imam ~ zakonu
pravo da* 나는 법에 따라 ~ 할 권한이 있다
6. 친인척 관계, 혹은 다른 관계를 나타냄;
imam ~ mužu dobroga prijatelja u Veniciji
베네치아에 남편의 좋은 친구가 있다 7. ~과
관련해서, ~을 고려하여, ~에 대해서 말하자
면 (s obzirom na koga ili što, što se tiče
koga ili čega); *~ njoj se mogla cela kuća
da odnese, ništa ona ne bi primetila* 집 전
체를 가져간다 해도 그녀는 알아채지 못할꺼
야 8. 출신·출처·기원을 나타냄 (poreklo,
ishod); *brat ~ ocu i majci* 부계 및 모계쪽
의 형제 (친사촌, 외사촌) 9. 동사 동작의 목
적·의도를 나타냄 (svrha, namera); *mislim
da putujemo ~ istom poslu* 동일한 사업건
때문에 출장가는 것으로 생각한다 10. 동사
의 동작이 행해지는 모범·모형·모델을 나타
냄 (uzor); *vrlo veliki deo svojih pesama
ispevao je ~ narodnim pesmama* 민중시를
모델로 하여 자신의 많은 시를 지었다 11.
기타; *razume se ~ sebi* 그것은 말할 필요도
없다; *je li ~ volji još nešto* 원하시는 것이
또 뭐 있습니까?; *on ~ sebi sudi* 그는 자신
의 경험에 근거해 판단한다; *život ~ starom*
옛 방식에 따른 생활; *Kanada je druga
država ~ prostranstvu u svetu* 캐나다는 면
적에 있어 세계 두번째의 국가이다
po (小辭) 1. 동사 동작의 연속성과 계속성
(uzastopnost); *patrola je napredovala
oprezno korak ~ korak* 순찰대는 한발짝 한
발짝 조심스럽게 앞으로 나갔다; *dan ~ dan*

P

816

i mesec prođe 하루하루 그리고 한 달이 지나간다 2. 동사 동작이 서서히(천천히) 이뤄지는 것을 나타냄 (postupnost); *zrno ~ zrno, eto pogača* 낟알 한알 한알이 모여 여기 빵이 되었다; *iver ~ iver odvaljuj* 한 조각 한 조각 쪼개!; *tamo se zida kuća ~ kuća* 저기에 집이 한 채씩 한 채씩 지어지고 있다; *on čita stranu ~ stranu* 그는 한 쪽 한 쪽 책을 읽는다 3. 동사 동작이 행해지는 방법 (način); *to je ~ beogradski* 그것은 베오그라식이다 4. 동사 동작이 행해지는 순서 (raspored) 5. 동사 동작의 반복; ~ 마다; ~ *drugi put* 두 번째 마다; ~ *stoti put* 백 번째 마다; ~ *koji put* 몇 번째 마다 6. 각각, 각자, 각; *dao sam im svima ~ jabuku* 그들 모두에게 사과 하나씩을 주었다; *popili smo ~ čašicu rakije* 우리는 라키아 한 잔씩 마셨다; *evo svakome ~ čašica* 모두에게 잔 하나씩 있다

po (명사적 용법으로) (不變) 반(半), 반절 (pola, polovina); *čovek i ~* 멋진 사람, 훌륭한 사람; *devojka i ~* 멋진 처녀; *slušati na ~ uha* 귓등으로 듣다; *raditi što bez ~ muke* 쉽게(어렵지 않게, 힘들이지 않고) 일하다; *ne vredi ni ~ lule duvana* 전혀 가치가 없다; *mesec i po dana* 한 달 반, 달반

po- (接頭辭) 1. (복합명사가 지니는 뜻이 부분적으로 나타남(전체가 아니고); *pokćerka* 의붓딸, 수양딸, 양녀; *pomajka* 유모(乳母), 양어머니 2. (복합형용사, 복합 부사에서) 해당 형용사, 부사의 뜻을 완화시킴; *podobar* 대체로 좋은; *povelik* 다소 큰; *pogust* 다소 밀집된; *poviše* 다소 많은; *poistiha* 다소 조용한 3. (복합동사에서) 1) 동사 동작(상태)의 시작; *poleteti* 이륙하다; *potrčati* 뛰기 시작하다 2) 동사의 동작이 끝까지 이뤄짐을 나타냄; *pocrniti* 검게 하다 (검게 칠하다); *pojesti* 남김없이 먹다; *pokupiti* 전부 모으다 3) 조금 행해진 동작 혹은 상태; *poigrati* 춤을 조금 추다, 잠깐동안 춤추다; *poležati* 잠깐동안 누워있다; *pospavati* 조금자다, 잠깐동안 자다 4) 연속적으로 행해진 혹은 행해지고 있는 동작; *popisati* 하나씩 하나씩 순서대로 기록하다, (표·명부·목록 등에) …을 기입(기재)하다; *poprodati* 하나씩 하나씩 내다 팔다; *povezati* 다함께 모두 순서대로 묶다 5) 많은 주체가 행한 동작, 혹은 많은 객체에 대해 행해진 동작; *posedati* (많은 사람들이) 앉다; *poskakati* (많은 사람들이) 점프하다; *pokidati* 잡아 뜯다 6) 파생동사가 파생된

명사의 뜻으로 변화시킴 (promena); *posrbiti (se)* 세르비아인화 되다; *ponemčiti (se)* 게르만화 되다; *poseljačiti (se)* 농꾼이 다 되다 7) 표면에서 행해지는 동작; *pogladiti* 손바닥으로 쓰다듬다, 평평하게 하다; *poprskati* 표면에 (물을) 뿌리다

pobacati -am (完) 1. (하나 하나 차례대로) 던지다, 내던지다; *zar niste sve u peć ~ali?* 정말로 모든 것을 난로에 내던지지는 않았겠죠? 2. (차례차례) 내쫓다, 강제로 내쫓다

pobaciti -im (完) (태아를) 유산하다; *bila je trudna pa od pucnjave topova ~ila dete* 임신했었지만 대포 소리 때문에 아이를 유산했다

pobačaj 유산, 임신 중절

pobadati -am (不完) 참조 poboosti

pobakriti -im (完) 동(銅)으로 입히다, 구리 도금하다

pobaučke, pobauljke (副) 손과 발로, 네발로 (na nogama i na rukama, četvoronoške);

pobeći *pobegnem; pobegao, -gla* (完) 1. 뛰어가다, 뛰쳐 나가다 (otrčati); *pobegao na ulicu* 거리로 뛰쳐 나가다 2. (보다 안전한 곳으로) 도망치다, 내빼다 (prebeći); ~ *preko granice* 국경을 넘어 도망치다; *~iz vojske* 탈영하다 3. 숨다 (sakriti se); ~ *pod sto* 테이블 밑으로 숨다 4. 떠나다; ~ *od muža* 남편으로부터 도망치다, 남편에게서 떠나다; ~ *iz preduzeća* 회사를 떠나다; ~ *od nauke* 학문을 떠나다 5. (nekome nešto) 사라지다, 떠나다, 놓치다; *pobegao mi je voz* (내가 타려고 하던) 열차가 떠났다; *pobegla mi je misao* 생각이 사라졌다 6. 기타; *ne moći ~ iz svoje kože* 자신의 성격이나 상태를 바꿀 수 없다; ~ *od sirotinje* 약간의 부자가 되다; *pobegla (mi, mu) reč iz usta* 우연히(우발적으로) 말하다

pobeda 1. (전쟁에서의) 승리, 승전; (경기에서의) 우승; *Pirova ~* 너무 많은 희생을 치른 승리; *izvojevati (odneti) ~u* 승리하다 2. 우월, 우세 (nadmoć, preimućstvo)

pobedan -dna, -dno (形) 승리한, 이긴; 승리의

pobedilac -ioca 승리자, 우승자 (pobeditelj, pobednik)

pobeditelj 승리자, 우승자 (pobedilac)

pobediti -im; *pobeđen* (完) **pobeđivati** -đujem (不完) (전쟁·경기 등에서) 승리하다, 이기다; 극복하다; ~ *neprijatelja* 적에게 승리하다; ~ *u borbi* 전투에서 이기다; ~ *bolest* 질병을 극복하다; ~ *strah* 두려움을 이겨내다; ~ *mrak (pomrčinu)* 어둠(무식, 미신)에서 벗어나다

P

pobediv, pobedljiv -a, -o (形) 이길 수 있는

pobednik (=pobedila, pobeditelj) 승리자, 우승자 olimpijski ~ 올림픽 우승자; ratni ~ 전쟁 승리자; ekipni ~ 우승팀 pobednica; pobednički (形)

pobedonosan -sna, -sno (形) 1. 승리를 약속하는, 승리를 가져오는; ~sna kombinacija brojeva 당첨될 수 있는 숫자 조합 2. 승리한, 이긴; 승리의; ~sna revolucija 승리한 혁명; ~ rat 승리한 전쟁

pobeđenik 패자(敗者)

pobeđivati -đujem (不完) 참조 pobediti

pobegnuti -nem (完) 참조 pobeći; 도망치다

pobegulja 남편을 피해 친정으로 도망치는 여자; 가출하여 남자친구의 집으로 도망친 여자 (begunica)

pobeleti -im (完) 1. 희여지다, 하애지다; 흰머리가 나다 2. (두려움·걱정 등으로) 창백해지다, 하얗게 질리다 3. 흰눈으로 덮이다

pobenaviti -im (完) 판단능력을 상실하다, 미치다; 멍청해지다(postai benav)

pobesneti -im (完) 1. 광견병에 걸리다, 광견병을 앓다; oni su kao ~eli psi 그들은 마치 광견견에 걸린 개 같았다; ~ela životinja 광견병에 걸린 동물들 2. (비유적) 화내다, 분노하다, 격노하다 (rasrditi se) 3. 요동치다, 격랑이 일다; vidimo uvek jezero, ponekad ~i 때때로 물결이 요동치는 호수를 항상 바라본다; pobesnelo more 바다가 출렁였다 4. 거칠어지다, 거만해지다, 오만해지다

pobiberiti -im (完) 후추(biber)를 뿌리다

pobijati -am (不完) 참조 pobiti

pobirati -am (不完) 참조 pobrati

pobiti -jem; pobijen, -ena; pobij (完) pobijati -am (不完) 1. (말뚝 등을 땅 속에) 박다, 꽂다, 찌르다 (zabosti, zabiti); pobi beg zelen bajrak na livadu pa pod bajrak sakupio vojsku 베그는 녹색 깃발을 초원에 꽂았으며 그 깃발 아래 병사들을 집합시켰다 2. 패퇴시키다, 이기다, 무찌르다 3. (많은 사람을) 죽이다, 살해하다 4. 때리다, 구타하다 (istrebijati, istući) 5. (천재지변이) 망치다, 황폐화시키다 (uništiti); grad je pobio useve 우박 때문에 곡물을 다 망쳤다; ~ svu letinu 모든 수확을 망치다 6. (비유적) (가치·가격 등을) 낮추다, 감소시키다 (smanjiti, sniziti); Austrija je pobila vrednost svojih banknota od jedan na petinu 오스트리아는 자국의 화폐가치를 1/5로 낮췄다 7. (타인의 의견·비난 등에) 반박하다, 반론을 펴다; ~ tvrđenje 주장에 반박

하다 8. ~ se (서로) 치고 받다, 싸우다 (potući se) 9. 기타; ~ se s pameću 상식적이지 못하다, 상식에서 벗어나다

poblizu 1. (副) 근처에, 다소 가깝게, 조금 가깝게; nisam baš iz Sarajeva, nego ~ odande 나는 사라예보 출신은 아니고 그 근처 출신이다 2. (前置詞,+ G) 옆의, 근처의 (pored); selo ~ te ulice zove se ~ 그 길 근처의 마을은 ~라고 불리는 마을이다

pobliže (副) 1. (비교급) poblizu; 좀 더 더 가깝게 (反; podalje) 2. 좀 더 상세히, 좀 더 정확히 (potanje, tačnije); ispričati ~ 좀 더 자세히 말하다

pobočan -čna, -čno (形) 1. 옆의, 측면의 (koji je s boka); ~čna soba 끝방; glas iz ~čne sobe 측면 방에서 나는 소리 2. 직계가 아닌, 방계의; produži dinastiju po ~čnoj liniji i po ženskoj strani 왕조를 방계 혈통과 여성 혈통으로 연장하다; ~čna porodična linija 가족방계혈통

pobočke (副) 옆으로, 측면으로; okrenuvši se ~, navuče pokrivač na glavu 옆으로 돌고서는 얼굴 가리개를 끌어당겼다

pobočnica 1. (軍) (부대·함대의) 측면 2. (비유적) 부차적인 생각(사상) 3. 여성 보좌관 (žena pobočnik, pomoćnica)

pobočnik 1. (軍) 부관 2. 보좌관 (pomoćnik u službi)

pobojati se -im se (完) pobojavati se -am se (不完) 1. 두려워하다, 무서워하다, 깜짝 놀라다 2. 의심하다

poboleti (se) -im (se) (完) 1. 병이 나다, 병에 걸리다, 병치레를 하다 (postati bolestan, razboleti se) 2. (많은 사람들이 차례차례) 병이 나다; mnogo se sveta pobole 많은 사람들이 병에 걸린다

pobolevati (se) -am (se) (不完) 참조 poboleti

poboljī -ā, -ē (形) 다소(약간) 더 좋은 (ponešto bolji, malo bolji)

poboljšanje (동사파생 명사) poboljšati; 개량, 개선, 향상

poboljšati -am (完) poboljšavati -am (不完) 1. 개량하다, 개선하다, 향상시키다, 발전시키다 2. ~ se 개선되다, 개량되다, 향상되다, 발전되다

poboraviti -im (完) (잠시, 한동안) 머무르다, 머물러 있다

poboraviti -im (完) 1. (많은 사람들이 많은 것을) 잊다, 다 잊어버리다 (zaboraviti); znao sam ali sam sve poboravio 알았지만 다 잊어 버렸다; odavna su prijatelji poboravili *onaj dan kad su se združili* 친구들은 그들이 어울리던 그 시절을 오래전에 잊어버렸다 2. ~ se 잊혀지다, 망각되다

pobornik 지지자, 후원자, 주창자, 변호자, 운동가 (branitelj)

pobosti *pobodem*; *pobo, -ola*; *poboden, -ena* (完) **pobadati** *-am* (不完) 1. (순서대로, 차례차례)꽂다, 박다, 찌르다 (zabosti); *činilo se da su zvezde pobodene nasumce po nebu* 별들이 하늘에 흩뿌려져 박힌 것 같다 2. 꽂다, 박다; *na grob je nečija ruka pobola prost krst* 누군가 무덤에 단순한 형태의 십자가를 꽂아 놓았다; ~ *zastavu* 깃발을 꽂다; *izvući pobodena koplja* 평화(평화 상태)를 깨뜨리다 3. 뿔로 들이받다; *goveda pobola ovce* 황소가 양을 뿔로 들이받았다; ~ *volove* 싸움을 지원하다(지지하다) 4. ~ se (서로) 싸우다

pobožan *-žna, -žno* (形) 1. 신앙심이 깊은, 독실한, 경건한 2. 신앙심과 관련된

pobožnik, pobožnjak 신앙심이 깊은 사람

pobra *-e* (男) (=pobre, pobro)(애칭) pobratim; 의형제

pobrati *poberem* (完) **pobirati** *-am* (不完) 1. (꽃·과일 등을) 따다, 꺾다, 수확하여 따다 (obrati); ~ *cveće (jabuke)* 꽃을 꺾다, 사과를 따다 2. (흩뿌려진 것을) 모으다 (skupiti); 전부 모으다 (sabrati); ~ *prosuto zrnevlje* 엎질러 쏟은 곡물을 모으다 3. 거두다, 걷어 모으다 (pokupiti); ~ *sav porez od građana* 시민들로부터 세금 전부를 거두다 4. (짐을) 꾸리다 (spakovati); ~ *svoje stvari i otputovati* 자신의 물건을 챙겨 떠나다 5. (지식·지혜 등을) 얻다; ~ *mnoge stvari iz knjiga* 책에서 많은 것을 얻다 5. 기타; ~ *aplauz (pljesak)* 박수를 받다; ~ *lovorike* 큰 성공을 거두다; ~ *kajmak* 가장 큰 이익을 얻다; ~ *šamar* 얻어맞다, 따귀를 맞다

pobratim 의형제, 형제 같은 친구; (서로 피를 섞는 의식 등으로 맺어진) 혈맹자

pobratimski (形)

pobratimiti *-im* (完) 의형제를 맺다

pobratimstvo 의형제 관계, 혈맹자 관계

pobrđe 구릉지역, 산기슭의 언덕진 지역

pobrinuti se *-nem se* (完) 돌보다, 책임지고 맡다, 유의하다, 신경쓰다, 관심을 두다; (povesti brigu, postarati se); *sad mi treba samo da se još ~em za zimnicu* 이제 겨울 김장만 신경쓰면 된다

pobrisati *-šem* (完) 1. 닦아내다, 털어내다; ~ *prašinu* 먼지를 털어내다 2. (쓰여진 것을) 지우다

pobrkati *-am* (完) 1. 혼란스럽게 하다, 혼란을 야기시키다; *u njegovoj glavi podigla se bura i ~ala mu misli* 그의 머리속이 혼란스러워 생각이 흐트러졌다 2. (실·머리털 등을) 엉키게 하다, 얽히게 하다 3. 방해하다 4. 판단능력과 이성을 상실케 하다 5. ~ se 당황하다, 어리둥절해 하다, 헷갈리다 (zbuniti se); *ja sam se pobrkao tim vašim nazivima* 나는 당신의 그러한 명칭에 혼란스러웠다 6. ~ se 혼동하다 (pomešati se)

pobrljati *-am* (完) 더럽히다, 진흙투성이로 만들다 (uprljati, umrljati)

pobrljaviti *-im* (完) 혼동하다, 혼란스러워하다, 어리둥절해하다 (smesti se, smutiti se)

pobro 참조 pobra

pobrojati *-im*, **pobrojiti** *-im* (完) 1. (하나하나 모두) 세다; *podoficiri ~li sve bolesne* 하사관들은 아픈 사람들 모두를 한 명 한 명 다 세었다 2. (하나 하나) 열거하다; *ne mogu vam ~ koliko sam lepih dana u Crnoj Gori video* 몬테네그로에서 얼마나 좋은 날들을 보았는지 일일이 열거할 수 없다

pobrzo (副) (比; *pobrže*) 좀 빨리, 다소 빨리

pobuda (결정·행동의) 동기, 동인(動因), 모티브 (motiv); *čista* ~ 순수한 동기; *etička* ~ 도덕적 동기; *humana* ~ 인도적 모티브; *estetska* ~ 미적(美的) 모티브; *iz vlastite ~e* 자기 자신의 뜻으로; *sebične* ~ 이기적 동기

pobudaliti *-im* (完) 1. 바보 멍청이(budala)가 되다; 미치다 2. 어리석은 짓을 하다 (učiniti budalom)

pobuditi *-im*; *pobuđen* (完) **pobuđivati** *-đujem* (不完) 1. 권유하다, 권유(설득)하여 ~하게 하다, ~할 마음이 내키게 하다 (podstaći); ~ *nekoga na neki postupak* ~에게 어떤 행동을 하게끔 하다; *šta te je pobudilo da to kažeš?* 무엇이 네가 그것을 말할 마음이 생기게 했는가?; *on se našao pobuđen da odgovori* 그는 대답을 해야만 한다는 생각이었다 2. (감정·주의·관심 등을) 유발하다, 야기하다; ~ *pažnju (interesovanje)* 주목(흥미)을 끌다; ~ *opšte negodovanje* 총체적 불만을 유발하다; ~ *sumnju* 의심을 야기하다 3. ~ se 생기다, 발생하다, 나타나다 (nastati, pojaviti se); *pobudila se u njemu radoznalost* 그는 호기심이 생겼다

pobugariti *-im* (完) **pobugarivati** *-rujem* (不完) 불가리아인화시키다, 불가리아화하다

pobuna 1. 반란, 반역, 폭동, 봉기 (ustanak,

P

buna); ~ *na brodu* 선상 반란 2. 소요, 소란, 소동 (nemir, metež)

pobuniti *-im* (完) **pobunjivati** *-njujem* (不完) 1. 반란(반역·봉기·폭동)을 일으키도록 선동하다; *patrijarh Čarnojević pobuni narod srpski protiv Turaka* 차르노예비치 총대주교는 세르비아 국민들이 오스만에 대항해 봉기를 일으키도록 선동했다 2. 소란(소요·소동)을 일으키다; 혼란스럽게 하다, 혼란을 야기하다 3. 혼탁하게 하다 (보통 물을) (uzmutiti) 4. ~ **se** 반란(폭동·봉기)을 일으키다 5. ~ **se** 당황하다 (uznemiriti se) 6. ~ **se** 불만(불만족)을 표현하다

pobunjenik 1. 봉기자, 반란자, 폭동자 (ustanik, buntovnik) 2. 불만자, 불만을 표출하는 자 (nezadovoljnik) **pobunjenički** (形)

pobusati *-am* (完) **pobušavati** *-am* (不完) 관목 (덤불)으로 덮다 (pokriti busenjem); *Pobusani ponedeljak* (正敎) 부활절 이후 두 번째 월요일(무덤의 흙을 돋아 주는; Družičalo)

pocepan *-a, -o* (形) 참조 pocepati; 찢어진, 뜯어진, 닳아 해진, 써서 낡은; *~o odelo* 닳아 해진 옷; *~e cipele* 너덜너덜해진 구두

pocepanac *-nca* 누더기를 걸친 사람

pocepanko (男) 참조 pocepanac

pocepanost (女) (政) 파벌주의, 당파심; *namesništvo bacilo je u narod klicu partijske ~i* 섭정은 민중들에게 당파적 파벌주의 씨앗을 뿌려놓았다

pocepati *-am* (完) 1. 찢다, 조각조각 찢다; *Radovan je u ovoj situaciji pocepao svoj dnevnik kako ne bi neprijatelju pao u ruke* 라도반은 이 상황에서 자신의 일기장이 적의 손에 넘어가지 않도록 찢었다 2. (여러 개로) 쪼개다, 뽀개다, 분리하다, 나누다 3. 갈라지게 하다, 틈이 생기게 하다 4. 닳아 해지게 하다, 써서 낡아지게 하다 (dotrajati); *biti pocepan* 닳아 해진 옷을 입다 5. 칼로 자르다 6. 신랄하게 비판하다, 아주 부정적으로 평가하다

pocepotina 째진 틈, 터진 금, 갈라진 금

pociknuti *-nem* (完) **pocikivati** *-kujem* (不完) 비명을 지르다, 꺅하고 소리치다 (cikom se oglasiti, vrisnuti)

pocikuša 비명지르는 여자, 꺅하고 소리치는 여자 (ona koja pocikuje)

pocinčati *-am*, **pocinkovati** *-kujem* (完) 아연 (cink)도금하다 (pokalajisati)

pocrkati *-am* (完) **pocrkavati** *-am* (不完) 1. (동물이) (한 마리 한 마리 차례 차례) 죽다

(uginuti); (卑語) (사람이)죽다; *sve mu svinje pocrkaše od šapa* 그의 돼지는 구제역으로 (한 마리 한 마리씩 차례로) 죽었다 2. (비유적) 주체할 수 없는 열망(바람)에 사로잡히다(휩싸이다); ~ *od ljubavi* 강렬한 사랑의 열망에 휩싸이다 3. 기타; ~ *od smeha* 웃겨 죽을뻔 하다, 포복절도하다

pocrneti *-im* (完) 1. 검어지다, 검게 되다 (postati crn); *posle požara polje je pocrnelo* 화재 이후에 들판은 검게 변하였다 2. (피부가) 타다, 검어지다, 갈색으로 변하다; ~ *na moru* 바다에서 피부가 타다(검어지다)

pocrniti *-im* (完) 검게 하다, 검어지게 하다; *devojka krejonom pocrnila obrve* 처녀는 크레용으로 눈썹을 검게 칠했다

pocrnogorčiti se *-im se* (完) 몬테네그로인화되다, 몬테네그로화되다

pocrpsti *-rpem* (完) 퍼내다; ~로부터 도출하다(얻다), ~에 도달하다 (crpući povaditi, doći do čega); ~ *vodu iz bunara* 우물에서 물을 퍼내다; ~ *znanja iz knjiga* 책들로부터 지식을 얻다

pocrveneti *-im* (完) 1. 빨갛게 되다 (postati crven); *makovi su pocrveneli* 양귀비는 빨갛게 되었다 2. (얼굴이) 빨개지다, 홍조를 띠다 (홍분·창피 등으로); ~ *od stida* 부끄러움에 (얼굴에) 홍조를 띠다

pocrveniti *-im* (完) 빨갛게 되게 하다; *stid mu pocrveni lice* 부끄러움은 그의 얼굴을 빨갛게 만들었다

pocupkati *-am* (完) **pocupkivati** *-kujem* (不完) 사뿐히 점프하다, 살짝 점프하다

pocupnuti *-nem* (完) (춤을 추면서) 살짝 점프하다

počaditi *-im* (完) (=počađiti) 매연이나 그을음으로 검게 되다 (postati čađav)

počađaveo *-a, -o* (形) 매연(그을음)으로 뒤덮인 (koji je ispunjen čađu, čađav)

počađaveti *-im* (完) 그을음(매연)으로 뒤덮이다

počađaviti *-im* (完) 매연이나 그을음으로 검게 되다 (postati čađav); *zidovi sobe od vlage su ožutili, počađavili* 방안의 벽들은 습기로 인해 누렇고 검게 변했다

počasnī *-ā, -ō* (形) 명예의, 명예상의, 명예직의, 영예의; ~ *član* 명예 회원; ~*a straža* (četa) 의장대; ~ *konzul* 명예 영사; ~ *građanin* 명예 시민; ~ *predsednik* 명예 의장

počasnica 1. 건배의 노래 2. 건배의 노래를 부르는 여자

P

počast 존경, 존중, 경의; *odati (ukazati) nekome* ~ 누구에게 경의를 표하다, *sahranjen je s najvećim ~ima* 최고의 경의를 받으며 장례되다

počastiti *-im; počašćen* (完) 1. 경의를 표하다, 존경을 표하다, ~를 영광스럽게 하다, 영예를 주다; *još me niste počastili svojim posetom* 당신은 나에게 당신을 맞이할 영광을 아직 주시지 않았어요 2. ~를 대접하다, 손님으로 맞이하다; 한턱 내다; ~ *goste pečenjem* 바베큐로 손님을 대접하다; *često nije ni čekao da ga drugi ~e* 그는 다른 사람들이 돈을 낼 기회조차 대부분 주지 않았다 3. ~ *se* 잘 먹고 잘 마시다, 과분한 대접을 받다; *kod kumova smo se bogovski počastili* 대부의 집에서 우리는 과분한 대접을 받았다

počastvovati *-vujem* (完) 존경하다, 경의를 표하다, 영예를 주다 (*počastiti*); *kralj ih je počastvovao svojim dolaskom* 왕은 손수 방문함으로써 그들에게 경의를 표했다

počekati *-am* (完) (잠시) 기다리다; *počekaće roditelji godinu dok diplomiram* 부모님은 나의 대학 졸업 일 년을 기다리실 것이다

počelo 1. 요소, 성분 (element) 2. 원리, 원칙, 주의 (načelo, osnovno pravilo)

počerupati *-am* (完) 1. (깃털 등을) 잡아뜯기 시작하다, 잡아뽑기 시작하다 (*početi čerupati*) 2. 가벼운 언쟁을 하다 3. ~ *se* 머리채를 잡고 서로 싸우기 시작하다; *dečaci su se počerupali* 소년들은 머리채를 잡고 서로 싸우기 시작했다

počesto (副) 다소 자주 (比; *počešće*)

počešati *-em* (完) (가려운 곳을 가볍게) 긁다, 긁적긁적하다; ~ *dlan* 손바닥을 긁다; *jedan od njih ~a glavu i reče smešeći se* 그들중 한 명이 머리를 긁적긁적하고 웃으면서 말을 했다; *počešaće se gde te ne svrvi* 네가 원하지 않은 엉뚱한 것을 얻을 것이다(네 의도와는 상관없이)

počešljati *-am* (完) 1. 머리를 빗다, 빗질하다; *frizer je počešljao ženu* 미용사는 여자의 머리를 빗질했다 2. ~ *se* 머리를 단정히 빗다, (자신의) 머리를 단정하게 빗질하다; *počešljao sam se novim češljem* 나는 새 빗으로 머리를 단정히 빗질했다

početak *-tka; počeci; početaka* 1. (~의) 시작 부분, 앞 부분; ~ *pesme* 노래의 첫 부분; ~ *takmičenja* 경기의 시작 부분; *od ~tka* 처음부터; *počni iz ~tka* 처음부터 시작해; *svaki ~ je težak* 모든 시작은 어렵다 2. (시간의)

초(初), 초기; ~ *godine* 년초(年初); *~tkom godine* 연초에; *u(na) ~tku* 처음에; *~ci ljudske rase* 인류의 초기 3. 시발점 (polazna tačka); ~ *puta* 도로의 시발점 4. 원인, 근원 (uzrok, izvor); ~ *sukoba* 충돌 원인; ~ *bolesti* 병의 근원 5. 기타; *usta kao čarapin* ~ 커다란 입; *od ~tka do kraja* 처음부터

početi *počnem; počeo, -ela; počet* (完) **počinjati** *-em* (不完) 시작하다, 착수하다; 시작되다, 나타나다; 다시 처음부터 시작하다; ~ *iz(od) početka* 처음부터 시작하다; ~ *čas(pregovore)* 수업(협상)을 시작하다; *čas je počeo* 수업이 시작되었다; *počela je kiša* 비가 내리기 시작했다

početnī *-ā, -ō* (形) 참조 *početak*; 시작의, 초기의; ~ *kurs* 초급단계; ~ *koraci* 초기 행보; *~a brzina* (軍) (탄환의) 초속(初速), 포구 (砲口)속도, 총구 속도

početnica 1. 참조 *početnik*; 초급자(여자) 2. 초급 독본 (가나다라를 배우는)

početnik 초보자, 초심자 (novajlija, začetnik); *za ~e* 초보자를 위한 **početnica; početnički** (形)

počinak *-nka* 1. 휴식, 휴양 (mirovanje, odmaranje); 잠깐동안의 휴식 2. 잠, 수면 (san, spavanje); *poći na* ~ 잠자러 가다; *večni* ~ 영면 3. 휴양소, 휴게소; 잠자리

počiniti *-im* (完) 1. (여러 일을 연속해서)하다, 행하다; *on je više krađa i pohara u okolini počinio, samo što ga nisu uhvatili* 그가 이 근 지역에서 많은 절도와 파괴 행위를 했지만 그를 붙잡지는 못했다; ~ *mnoge greške* 많은 실수를 저지르다; ~ *mnoga nedela* 많은 악행을 저지르다 2. 완전히 이행하다 (potpuno, sasvim izvršiti); *nije grad mnogo štete počinio* 우박은 그렇게 많은 피해를 주지 않았다; ~ *greške* 실수를 하다; ~ *samoubistvo* 자살하다

počinuti *-nem* (完) 1. 쉬다, 휴식을 취하다 (odmoriti se); *braća su htela da počine, jer je umoran od puta* 형제는 그가 여행길에 피곤했기 때문에 휴식을 취하기를 원했다 2. 죽다, 사망하다 (umreti, preminuti) ~ *večnom snom* 영면하다, 사망하다; 묻히다, 장례를 치르다 (biti sahranjen, upokojiti se); *on na kristalnom svetlom bregu hoće da počine* 그는 투명하게 빛나는 언덕에 묻히고 싶다 3. (새들이) 내려오다, 하강하다, 땅에 앉다 (spustiti se, sleteti) 4. (밭을) 휴경하다, 경작하지 않다

počinjati *-am* (不完) 참조 *počiniti*

P

počistiti -im (完) 1. 깨끗하게 하다, 청소하다 (očistiti); ~ metlom kuću 빗자루로 집을 청소하다 2. (비유적) (음식을) 깨끗하게 비우다, 다 먹다 (pojesti se); ~ hranu sa tacne 접시의 음식을 깨끗하게 비우다 3. (비유적) 뿔뿔이 흩어지게 하다, 도망치게 하다 (rasterati); ~ neprijatelje s bojnog polja 전장에서 적을 쓸어내다 4. 거세하다 (uštrojiti, uškopiti, ujaloviti); ~ vepra 숫돼지를 거세시키다

počivalište 1. 쉴 수 있는 곳; 침대 (krevet) 2. (숙어로) poslednje ~ 무덤 (grob)

počivati -am (不完) 1. 참조 počinuti; 쉬다, 잠자다; ~ večnim snom 영면하다; počivao u miru (božjem) 신의 품안에서 평화롭게 잠들다; ~ na lovorikama 과거의 향수(영광)에 젖어 살다 2. ~에 있다, ~에 위치하다 (nalaziti se); budućnost sveta počiva u čvrstoj volji država i naroda da ~ 세계의 미래는 ~하려는 국가와 사람들의 확고한 의지에 놓여있다; na srcu mi počiva 내 마음속에 있다; ruka mi počiva na stolu 내 손은 책상위에 있다 3. ~를 향하다 (biti usmeren, upravljen na koga); pogled mi počiva na prijateljičnom licu 내 시선은 (여자)친구의 얼굴에 꽂혀 있다 4. ~에 기초하다 (osniviti se, temeljiti se); Marksizam počiva na ideji materijalizma 막시즘은 유물론에 기초하고 있다

počivši -ā, -ē (形) 고인의, 고인이 된; moj ~ otac 고인이 된 내 아버지

počurlin (鳥類) 중부리도요

počupati -am (完) 1. (하나씩 하나씩 모두) 뽑다; ~ osušene sadnice 말라죽은 묘목을 뽑아내다 2. ~ se (보통은 머리끄덩이를 잡고) 서로 싸우다; žene su se počupale na ulici 여자들은 길거리에서 머리끄덩이를 부여잡고 싸웠다

počuti -čujem (完) 1. (잠깐) 듣다 2. 기타; čuj i počuj! 듣고 기억해!

počvrkaš, počvrkašica (鳥類) 되새류(부리가 짧은 작은 새)

poćerka 양녀, 수양딸

poći pođem; pošao, -šla, -šlo; pođi (完) polaziti -im (不完) 1. 떠나다, 출발하다, 가기 시작하다, 향하다 (početi ići, krenuti); ~ prema kući 집을 향해 가기 시작하다; ~ na put 여행을 떠나다; voz je pošao 열차는 출발했다 2. (어떤 장소에서) 떠나다, 멀어지다 (otići); ~ od kuće 집에서 떠나다; nismo pošli ni pet koraka, a on nas pozva 우리가

다섯 발자국도 떼지 않았는데, 그가 우리를 불렀다; 3. (어떤 방향으로) 향하다, 향하여 가다; dve zemlje su pošle ka ujedinjenju 두 나라는 통일을 향해 갔다 4. (na nekoga) (누구를) 공격하다 (napasti, navaliti); Srbi pođoše na Turke 세르비아인들이 터키인들을 공격했다 5. (손으로) 잡다, 붙잡다, 움켜쥐다 (uhvatiti, mašiti se, doseći); ~ rukom za pušku 손으로 총을 움켜쥐다 6. (비유적) 퍼지다, 확산되다 (raširiti se, rasprostreti se); glas je pošao kroz narod 소문은 백성들 사이로 확산되었다 7. ~에 헌신하다, ~하기로 굳게 결심하다 (dati se, odlučiti se); ~ na velike nauke 위대한 학문에 헌신하기로 결심하다 8. (za kim, nečim)~의 뒤를 따르다 (ugledati se); pođite i vi za prijateljem, posetite ambulantu 당신도 친구의 뒤를 따라, 진료소를 방문하세요; ~ za nečijim primerom 누구의 본보기를 따르다 9. 일어나기(발생하기, 진행되기) 시작하다; sve nam se pošlo kako ne treba 필요치 않은 방면으로 일이 진행되기 시작했다; pošlo je naopako (nizbrdo) 일이 잘못되었다; pošlo je sve po starom 모든 일이 이전의 그 일과 동일하게 되었다 10. 기타; ~ za nekoga (muškarca) 누구에게 시집가다; ~ za rukom 성공하다; pošlo mu je za rukom da napiše sonet 그는 소네트(14행시)를 쓰는데 성공했다; ~ od pretpostavke 가정(假定)에서 출발하다; ~ od nekog gledišta 어떤 관점에서 출발하다; pošla je vatra u obraze 얼굴이 빨갛게 달아올랐다(부끄러움으로 인해)

poćutati -im (完) (잠시, 일정시간 동안) 침묵하다, 침묵을 지키다

pod -a; -ovi 바닥 (patos); mozaički ~ 모자이크 바닥; parketski ~ 나무 바닥; zemljani ~ 흙 바닥; pasti na ~ 바닥에 떨어지다(넘어지다)

pod (前置詞, +A, I) I. (+A) (위치의 변화가 있으며 kuda, kamo에 대한 대답으로) 1. 밑으로, 아래로; seo je ~ drvo 나무 밑에 앉았다; zavukao se ~ auto 차 밑으로 들어갔다 2. 밑에, 아래에 (놓여진 위치나 상태 (stanje, položaj)); sud je sve metnuo ~ strog nadzor 법원은 모든 것을 엄격한 감독하에 놓았다; pozvati ~ oružje 징집하다, 징발하다 3. 바로 밑에, 근처에, 가깝게 (mesto, prostor); došli smo ~ sami manastir 수도원 바로 밑으로 왔다 4. 무렵, 쯤, 가까이 (어떤 일이나 현상이 일어나는 바로 그 시기 혹은 그 직전의, kada에 대한 질문에 대한

P

대답으로); ~ *jesen* 가을 무렵; ~ *kraj* 끝날 때쯤; ~ *starost* 노년기에; *poludeti ~ stare dane* 늘그막에 미치다 5. (행해진 동작의) 방법, 성격, 특징 (kako로 묻는 질문에 대한 대답으로); *rekosmo im ~ prisegu* 그들에게 맹세후 말했다; *leti se naimala ~ nadnicu* 여름에 일당을 받고 일했다; *raditi ~ nadnicu* 일당을 받고 일하다; *uzeti ~ zakup* 임차하다; *to je ~moranje* 그것을 반드시 해야만 한다 6. (진품을 가품으로, 값비싼 것을 값싼 것으로 바꾸는) ~ 대신에 (mesto, namesto, u zamenu); *daju rđavu robu ~ dobru* 좋은 물건 대신에 나쁜 물건을 주다; *prodajem stari šešir ~ nov* 새 모자 대신 옛날 모자를 판매한다 7. (가정이나 실제로 비교를 하는) ~처럼, ~한 것 처럼 (kao da, tačno kao); *nepročitano slovo ~ zagonetku leži* 마치 수수께끼처럼 읽혀지지 않은 문자가 있다 8. 기타; *baciti ~ noge* 거절하다; II. (+I.) (위치의 변화가 없으며, 의문대명사 gde로 묻는 질문에 대한 대답으로) 1. ~ 밑에; *bilo je to ~ jednom jelom* 그것은 전나무 밑에 있었다; *vide joj urisane sitne bore ~ očima* 그녀의 눈 밑에 잔주름들이 보인다; *on sedi ~ drvetom* 그는 나무 밑에 앉아 있다 2. ~하에, 밑에 (상태를 나타냄); operisati ~ narkozom 마취하에 수술하다; *njegov povratak dočekao je ~ katancem* 감금 상태에서 그의 귀환을 맞이했다; ~ *sumnjom* 의심하에; priznati ~ *pritiskom* 압력하에 인정하다; ~ *nadzorom* 감독하에; biti ~ *znakom pitanja* 의문이다; *spomenik ~ zaštitiom države* 국가의 보호하에 있는 문화재 3. (옷·모자·무기 등을) 입은 (쓴, 찬) 상태에서; *voleo je da gleda sa svoga doksata ~ fesom na glavi* 그는 페즈모(술이 달린 터키 모자)를 쓰고 자기 집 발코니에서 보는 것을 좋아했다; ~ *oružjem* 무기를 들고 (차고); *doći ~ plaštom* 망토를 입고 오다 4. ~에(서) (특성이 나타나는 분야), (어떠한 동작을 행할 수 있는 조건 또는 환경 등의) ~ 하에서; ~ *mnogim njegovim rečenicama probija jedna konzervativno buržoaska ideologija* 그의 많은 글에서 보수적이며 부르조아적인 이데올로기가 나타난다; ~ *akcentom* 악센트에서; *spremam sam da to radim ~ mailm uslovima* 약간의 조건하에서 그것을 할 준비가 되어있다; ~ *izgovorom* 변명하에; ~ *mojom zaštitom* 나의 보호하에; ~ *zakletvom* 맹세하에; ~ *lokalnom anestezijom* 부분마취하에 5. (누구의) 치하

에서; ~ *Karađorđem se Srbija oslobađa* 카라조르제 치하에서 세르비아는 해방된다 5. 근처에, 바로 밑에; *pobegao je u Crnu Goru, i nastanio se ~ Ostrogom* 몬테네그로로 도망쳐 오스트로그 수도원 밑에 자리를 잡았다; ~ *Beogradom* 베오그라드 근처에 6. ~때문에, ~으로 인해 (usled, zbog); *Satra srpska država je propala ~ turskom najezdom* 중세 세르비아는 터키의 공격으로 인해 멸망했다 7. (농작물·식물 등이) ~을 심은, ~로 뒤덮인; *pred nama se prostiralo polje ~ kukuruzima* 우리 앞에는 옥수수 밭이 펼쳐졌다; *livada ~ korovom* 잡초로 뒤덮인 풀밭

pod(a)- (接頭辭) (무성자음 앞에서는 pot-) I. 동사와 함께 1. 밑으로부터, 밑부분에서의 동작(행위); *podbočiti* 손으로 머리를 괴다 (받치다); *podložiti* 밑에 두다; *podmetnuti* 받치다, 밑에 놓다; *podvučiti* 밑으로 당기다 2. 밑에서 위로의 움직임, 방향; *podskočiti* 위로 약간 점프하다 3. 동작의 강화·보충; *podbosti* (말에) 박차를 가하다; *podstaknuti* (불 등이 잘 타오르도록) 뒤적거리다 4. 몰래·비밀리에 하는 동작; *podmititi* 뇌물을 주다; *potkazati* 비밀을 누설하다 5. 동작(상태)의 반복·되풀이; *podmladiti se* 회춘하다; *podljutiti se* (상처가) 악화되다 6. 권력(힘)의 확장, 종속시킴; *podjarmiti* 복종시키다, 종속시키다; *podvrgnuti* 노출시키다, 드러내 놓다 7. 지속동사의 완료동사화; *pothraniti* 음식을 주다, 먹이다 II. 명사, 형용사와 함께 1. 밑의, 하위의, 하부의; *podnožje* 하단; *podzemlje* 지하; *potkop* 편자; *podmorski* 바다밑의; *potkožni* 피부밑의 2. ~의 밑에 있는 것; *podbradak* 턱; *potkolenica* 무릎아래 다리 3. (전체의) 부분; *pododeljak* (책의) 소단락, 소챕터; *pododbor* 소위, 소위원회 4. 부(副); *potporučnik* 소위; *potpresednik* 부통령, 부위원장; *potpukovnik* 중령 5. ~로부터 받아들여진 사람; *podstanar* 세입자; *podsvojče* 양자(養子) 6. 비슷하지만 약간 다른 것; *podsvest* 잠재의식; *podjednak* 비슷한

podadmiral 해군 중장

podagra (病理) 통풍(痛風) (giht, kostobolja)

podal -dla, -dlo (形) 참조 podao; 비열한, 음흉한

podalek -a, -o (形) 다소 먼 (比; podalji)

podalji -ā, -ē (形) 1. 참조 podalek; 다소 더 먼 2. 시간(시기)적으로 멀리 떨어진 3. 먼 친척의, 먼 친척관계의; ~ *rođak* 먼 친척

podanak -nka 1. (언덕·산 등의) 바로 아래 지

823

역; (기둥·동상 등의) 하부 (podnožje čega)
2. (植) 새싹, 순, 움, 눈 (식물의) (izdanak)
3. (植) 근경(根莖: 뿌리와 비슷하게 땅속으로 뻗어 나가는 식물의 땅속줄기
podanak -nka 1. 부가물; 부록, 추가, 첨가(물) (dodatak, dometak) 2. 세금, 조공, 공물 (danak, porez)
podanik 1. 국민, 백성 (državljanin) 2. (歷) 봉건영주에게 조공을 바치는 사람, 농노 **podanica; podanički** (形)
podanstvo 1. 시민권, 공민권 (državljanstvo) 2. 농노상태
podao -dla, -dlo (形) (=podal) (성격·행동 등이) 비열한, 야비한, 음흉한 (nepošten, podmukao); ~ postupak 비열한 행동
podariti -im (完) 1. 선물하다 2. 상을 주다 (nagraditi)
podašan -šna, -šno (形) 기꺼이 주는, 아낌없이 주는, 인심 좋은, 통이 큰 (izdašan, darežljiv); ~šne ruke (biti) 아낌없이 주다
podatak -tka; podaci, podataka 데이터, 통계, 정보, 자료; na osnovu ~tka 데이터에 기반하여; skupiti ~tke 자료를 모으다; obrada ~a 데이터 가공; lični ~ci 개인 정보
podatan -tna, -tno (形) 1. 가공하기 수월한, (물체가) 구부릴 수 있는, 나긋나긋한; ~ materijal 가공하기 쉬운 재료; ~tna zemlja 경작이 수월한 땅 2. (비유적) 복종적인, 순응적인, 고분고분한; (여자가) 쉽게 내밀한 관계를 허용하는, 쉬운 여자의 (popustljiv, povodljiv); ~tna žena 복종적인 여자, 쉽게 성관계를 맺을 수 있는 여자 3. 기꺼이 주는, 아낌없이 주는, 인심 좋은, 통이 큰 (podašan, izdašan, darežljiv); ~tne ruke (biti) 아낌없이 주다 4. 풍요로운, 풍부한 (bogat, obilan)
podati -am (完) **podavati** podajem (不完) 1. (손에서 손으로) 건네다, 건네주다; ovo pismo podajte Mariji 이 편지를 마리야에게 건네주세요 2. 선사하다, 선물하다 (podariti, pokloniti); ~ slobodu 자유를 선물하다 3. 기회를 주다, 가능하게 하다 4. (여성을) 시집보내다 (udati); podaj devojku za tog momka! 처녀를 저 사람에게 시집보내! 5. (동물에게 먹을 것을) 주다, 사료를 주다; teraj svinje pa im podaj kukuruza 돼지를 한데 몰아 옥수수를 줘라 6. (목적어로 오는 명사의 동작을 이행하다); ~ ime 이름을 주다, 명명하다; ~ primer 본보기로 삼다; ~ savet 조언하다; ~ znak 경고하다; ~ ruku kome 1)손을 내밀다 2)도와주다; ni uzmi ni

podaj 별다른 특징이 없는 사람에게 하는 말 8. ~ se (압력에) 굴복하다; 항복하다, 무릎을 꿇다; Srbija se nije podala Austriji 세르비아는 오스트리아에 굴복하지 않았다 9. ~ se (누구와) 성관계를 맺다; nije mu se htela ~ 그녀는 그 사람과 성관계를 맺지 않으려고 했다
podatljiv -a, -o 참조 podatan
podavati podajem (不完) 참조 podati
podaviti -im (完) 1. (많은 사람을) 질식시켜 죽이다; (많은, 전부를) 죽이다, 살해하다 (pobiti, uništiti); ~ u gasnim komorama 가스실에서 질식시켜 죽이다 2. (사람·물건을) 익사시키다; 물속에 가라앉히다, 침몰시키다, 물속에 집어 넣다 3. (비유적) 가로막다, 저지하다 (sprečiti); podavila je revolucionalnu štampu 혁명적 출판물들을 질식시켰다 4. ~ se 질식하다, 질식하여 죽다 (zagušiti se); 침몰하다; ~ se od prašine 먼지에 숨이 막히다 5. ~ se (물에 빠져) 익사하다
podaviti podavijem, **podviti** podvijem (完) **podavijati** -am, **podvijati** -am (不完) 1. 끝을 구부리다, 끝부분을 밀어넣다(접다); ~ porub (옷의) 가장자리를 접다 2. 다리를 꼬다 3. 다리 사이로 꼬리를 내리다; podavio je rep i otišao 그는 꼬리를 내리고 도망갔다 4. 소매를 걷어 올리다 (zasukati) 5.. 손을 십자로 놓다, 팔짱을 끼다; ~ ruke na prsima 가슴에 팔짱을 끼고 있다
podbaciti -im (完), **podbacivati** -cujem (不完) 1. 밑으로 던지다; podbacio mi je novine pod vrata 신문을 문 밑으로 던졌다 2. 몰래 (비밀리에) 놓다, 던지다; neko je meni podbacio mađije pa nemam dece 누군가 내게 몰래 주술을 걸어 나는 아이가 없다 3. 목표(물)보다 못미치게 던지다; oba metka su podbacila 두 탄환은 목표물에 미치지 못했다 4. (희망·기대를) 저버리다, 속이다, 기만하다; orkestar je podbacio 오케스트라는 기대를 저버렸다; žetva je podbacila 수확은 기대 이하였다; podbacila je na ispitu 그녀는 시험에서 기대를 충족시키지 못했다; ~ na utakmičenju 경기에서 기대를 충족시키지 못하다
podbacivanje (동사파생 명사) podbacivati; (농구에서) 점프볼; ~ na centru 센터라인에서의 점프볼
podbačaj 1. 목표물에 맞지 않음 (사격에서 총알이 목표물에 못미쳐) 2. 보잘것 없는 성공, 기대에 못미침; uzrok ovoj pojavi je ~ u

P

proizvodnji u mnogim krajevima 이런 현상의 원인은 많은 지역에서 기대에 못미치는 생산이다

podbadač 선동가

podbadati *-am* (不完) 참조 podbosti; 자극하다, 선동하다

podbel, podbeo *podbela* (植) 머위

podbiti *podbijem* (完) **podbijati** *-am* (不完) 1. 밑에서 못질하다, 밑에서 못질로 고정하다; *nosi prave gradske cipele podbijene čavlima* 밑에서 못질된 전형적인 도시형 슬리퍼를 신고 다닌다; ~ *krov* 지붕을 평평하게 하다 2. 밑에서 찌르다; *nekome su podbili igle pod nokte* 손톱밑을 바늘로 찔렀다 3. 발바닥에 못이 박히다 4. 지줏대(받침대)를 받치다; ~ *zid* 벽에 지줏대를 받치다 5. 사로잡다, 휩싸다 (obuzeti); *umukne starac, podbio ga znoj* 노인은 침묵을 지키며 식은땀을 흘렸다 6. 밑에서 잡아 뜯다(껶다)

podbočiti *-im* (完) 1. 손(손바닥)으로 머리를 받치다(괴다) 2. 지탱하다, 받치다, 뒷받침하다 (podupreti, potkrepiti) 3. (비유적) 용기를 북돋우다, 격려하다; 선동하다, 부추키다 (ohrabriti, podstreknuti) 4. ~ *se* 손으로 기대다, 손으로 옆구리를 지탱하다

podbosti *podbodem*; *podbo, podbola*; *podboden, -ena* (完) **podbadati** *-am* (不完) 1. 말에 박차를 가하다; ~ *konja* 말에 박차를 가하다 2. 선동하다, 부추키다; ~ *nekoga na neposlušnost* 불복종 운동을 부추키다 3. 분노를 일으키게 하다 4. ~ *se* 옆구리에 손을 대다, 손으로 옆구리를 지탱하다

podbradač *-a* (男), **podbradača** (女) 1. (머리에 쓰고 턱(brada)밑에서 묶는) 손수건 (marama) 2. 헬맷 끈 (턱밑에서 묶는)

podbradak *-tka*; *podbraci* 턱 (brada); 이중턱 (podvoljak; 살이 많아 이중으로 겹쳐보이는 턱)

podbraditi (se) *-im (se)* (完) **podbrađivati (se)** *-đujem (se)* (不完) 1. 머리에 수건을 쓰고 턱밑(podbradak)에 묶다 2. 헬맷끈을 턱밑에 묶다

podbrusiti *-im* (完) 숫돌(brus)로 갈다; ~ *pete* 도망가다, 도망치다

podbuhao *-hla, -hlo* (形) 참조 podbuo; 부은, 부어오른

podbuhnuti *-nem* (完) 붓다, 부풀어 오르다 (oteći, naduti se)

podbuniti *-im*; *podbunjen* (完) **podbunjivati** *-njujem* (不完) 1. 비밀리에 봉기(buna)를 선동하다; 비밀리에 부추키다(선동하다) 2. 불

만(분노)을 야기하다

podbuo *-ula, -ulo* (形) 부은, 부어오른 (naduven, otekao, nabrekao)

podcrtati *-am* (完) 밑줄을 긋다, 밑에 선을 긋다

poddijalek(a)t 하위 방언

podebeo *-ela, -elo; podeblji* (形) 1. 약간 뚱뚱한 2. (비유적) 다소 무례한, 예의에서 조금 벗어난

podela 1. (재산 등의) 분할, 분배, 배분, 나눔; ~ *plena* 전리품 분배; ~ *darova* 선물 분배; ~ *rada* 노동 分配; ~ *vlasti* 권력 분립; ~ *na grupe* 그룹으로 나눔 2. (분할된) 부분 (전체의 일부분으로서); ~ *vremena na sate* 시계의 시간 분할 3. 동냥, 보시 (milostinja) 4. 분류, 구별 (klasifikacija); *izvršiti ~u dece prema(po) uzrastu* 나이로 아이들을 나누다

podeliti *-im* (完) 1. (두 개의 큰 부분으로) 양분하다, 나누다; (사람들 각자의 몫을) 나누다, 나누어 주다, 분배하다; ~ *plen* 전리품을 나누다; ~ *imovinu* 재산을 분할하다; ~ *plate* 월급을 주다, 월급을 나누어 주다 2. (자신의 몫을 다른 사람에게) 주다, 나눠주다; 동냥하다, 보시하다; ~ *zalogaje* 한 입 나눠주다 3. (선물·인정(認定) 등을) 주다, 수여하다 (dati, predati, dodeliti); ~ *odličja* 훈장을 수여하다; *kralj im je za njihove zasluge ... podelio zemlje* 왕은 그들의 공적에 토지를 하사했다 4. (직위·직책·업무 등을) 할당하다, 배정하다, 배치하다 (rasporediti); ~ *ministarske položaje* 장관직을 나누다(배정하다) 5. (누구와 감정 등을) 공유하다, 공감하다; ~ *tugu* 슬픔을 같이 나누다; *gorku vašu tugu podeliću s vama* 당신의 쓰라린 아픔을 당신과 함께 하겠어요 6. (數) 나누다, 나누기를 하다 7. ~ *se* 분리되다, 분할되다; *vojska se podelila na dve strane* 군대는 양편으로 나뉘었다; 8. (입장·의견 등을) 달리하다, 나뉘다; *stranke se podeliše po pitanju Kosova* 정당들은 코소보 문제에 입장을 달리했다; *društvo se podelilo na tri odeljenja* 사회는 세 그룹으로 나뉘었다 9. 기타; ~ *megdan* 결투하다, (일반적으로) 싸우다; ~ *reč* (口語) 발언권을 주다; ~ *šakom i kapom* 매우 많이 주다, 풍족하게 주다

podeljivati *-ljujem* (不完) 참조 podeliti

poderan *-a, -o* (形) 1. 참조 poderati; 찢어진 (pocepan) 2. (목소리가) 쉰 (promukao) 3. (오래 사용하여) 낡은, 해진 (otrcan)

poderanac 누더기를 걸친 사람 (dronjavac, odrpanac)

poderati *-em* (完) 1. (오래 사용하여, 아무렇게

P

나 사용하여) 찢어지다, 낡다, 해지다 (pocepati); ~ cipele 구두가 낡다 2. 조각으로 쪼개지다(부러지다) 3. ~ se 찢어지다 (pocepati se); kaput se poderao 외투가 찢어졌다 4. ~ se (비유적) 늙어 병약해지다 5. 기타; poderana vreća 낭비벽이 있는 사람, 돈이 있어도 항상 풍족하다고 생각하지 않는 사람

poderina (=poderotina) 1. 낡고 해진 옷, 누더기 옷 (dronje, tralje, prnje) 2. (옷의) 해진 곳, 구멍 3. 갈라진 틈

poderotina 1. 참조 poderina 2. 쉰 목소리 (istrošen, promukao glas)

podesan -sna, -sno (形) 적합한, 적당한, 알맞은, 어울리는; 유용한 (prikladan, pogodan, zgodan; koristan); ~ momenat 적당한 순간

podesiti -im; podešen (完) podešavati -am (不完) 1. ~에 맞게 조절하다(조정하다), ~에 맞추다, ~에 적합하게 하다, ~과 조화를 이루게 하다; ~ svoje postupke prema situaciji 자신의 행동을 상황에 맞게 맞추다; mali brod ... nije ... bio podešen za polarna putovanja 소형 선박은 극지 여행에 알맞게 되어있지 않았다 2. 정확하게 정하다(계량하다); ~ mehanizam sata 시계의 메커니즘을 정확하게 맞추다 3. ~ se 일어나다, 발생하다 (desiti se,zbiti se); podesilo se da se sretnu 그들이 만나는 일이 벌어졌다

podešavač (기계·기구의) 조정(조절)장치, (라디오 등의) 튜너

podešavanje (동사파생 명사) podešavati; 조정, 조절, ~에 맞춤; ~ daljine (frekvencije) (주파수) 간격 조정

podetinjiti (se) -im (se) (完) podetinjavati (se) -am (se) 어린아이처럼 되다(나이가 들어); oglušila je, oslepila napola i podetinjila sasvim 귀가 안들리고 눈은 반절은 멀어 완전히 어린애처럼 되었다

podglavak -vka 1. (=podglavnjak) 횡으로 놓인 나무(벽난로 등에서 횡으로 놓고 거기에 나무를 쌓은 후 불을 지피는) 2. 배개 (podglavač)

podglavlje 1. 머리 놓는 곳 (침대에서 머리를 놓도록 약간 올라온 부분) 2. 베개 (jastuk, uzglavlje)

podgorac -rca 산악지역 사람, 산밑에 사는 사람

podgorina, podgorje 산악지역, 산밑 지역

podgovoriti -im (完) podgovaravati -am (不完) (몰래, 비밀리에) 꼬드기다, ~하도록 부추키다 (podbuniti); ~ nekoga na gluposti ~가

멍청한 짓을 하도록 꼬드기다

podgraditi -im (完) podgrađivati -đujem (不完) 1. (터널·갱도 등에서 흙이 무너지지 않도록) 보강재(podgrada)를 세우다, 지줏대를 세우다 2. (~의 바로 옆에, ~의 밑에) 증축하다

podgrađe 도시 주변의 주택지; 교외(근교)의 마을 (predgrađe)

podgrađivati -đujem (不完) 참조 podgraditi

podgrejati -em (完) podgrejavati -am (不完) 1. (조금) 따뜻하게 하다, 데우다; sunce podgrejalo 해가 조금 따뜻하게 했다, 해가 조금 났다 2. (식은 것을) 데피다, 데우다; hoću da ~em večeru 저녁 식사를 다시 데피려고 한다; ~ supu 수프를 다시 데우다 3. (비유적) (이미 지나간 이야기, 사건 등을) 되살리다; ~ stare svađe 오래된 싸움을 되살리다 4. ~ se 데펴지다, 활성화되다, 되살려지다 5. ~ se 술을 마시다, 술로 몸이 따뜻해지다; ~ se rakijom 라키야로 몸을 데피다

podgrevci podgrevaka (男,複) 데워진 음식

podgristi podgrizem; podgrizao, -zla, -zlo; podgrizen, -ena (完) 1. ~의 밑으로부터 먹어들어가다 (상하게 하다, 부식시키다); daske su izjedene i podgrizene od crvi 널판지는 벌레 먹었다; rđa je podgrizla most 녹이 다리를 먹어들어갔다 2. 손상시키다, 망쳐놓다, 망가뜨리다; zašto mi podgrize mladost i unesreći me? 왜 그는 내 청춘을 망가뜨려 나를 불행하게 만드는가?

podgrlac -rlca (解) 후두 podgrlačni (形)

podgurkivati -kujem (不完) 1. (~에게 어떤 신호를 보내거나 주목하면서) 여러 번 밀다(밀치다) 2. ~ se 서로 밀치다

podgurnuti -nem (完) ~밑으로 밀다(밀치다), ~의 밑에 놓다(두다); ~ kofer pod krevet 침대밑으로 가방을 밀어넣었다; ~ cedulju pod vrata 종이쪽지를 문밑으로 넣었다

podičiti -im (完) 1. 영광스럽게 하다, 자랑스럽게 하다 (proslaviti) 2. ~ se 자랑스러워하다, 영광스러워하다 (pohvaliti se); ~ se uspehom 성공을 자랑스러워하다

podići podiđem; podišao, -šla; podiđi (完) podilaziti -im (不完) 1. ~의 밑에(으로) 가다; podišao sam pod drvo 나무밑으로 가다; ~ pod most 다리밑으로 지나가다 2. 가까이 오다(가다), 가까워지다, 접근하다 (doći blizu, približiti se); reka je bila podišla do pod same ograde oko bašta 강물은 정원담장 바로 밑까지 접근했다; vojska je podišla s leđa 군대가 후방에서 접근했다 3. (감정

826

등이) 휩싸다, 사로잡다 (obuzeti, spopasti); *podiđe ga nekakav strah i jeza* 그는 두려움과 전율에 사로잡혔다; *podilaze me mravci (mravi, žimarci)* 오한을 느꼈다 4. (kome) 아부하다, 아첨하다; 아부하여 (누구의) 환심을 사다; ~ *ženi* 여자의 환심을 사다

podići, podignuti, *podignem*; *podigao, -gla & podugnuo, -ula*; *podignut* (完) **podizati** - *žem* (不完) 1. 올리다, 들어 올리다, 높이 들다; ~ *poklopac* 뚜껑을 열다; ~ *zavesu* 커튼을 올리다; ~ *ruku na sebe* 자살을 시도하다; ~ *glavu* 거만하게 행동하다; ~ *teret s prvog na drugi sprat* 일 층에서 이 층으로 짐을 들어올리다 2. (바닥에 흘린 것을, 떨어진 것을) 집다, 줍다, 주어 모으다; ~ *papir* 종이를 줍다 3. (넘어진 것을) 세우다, 일으켜 세우다; ~ *stolicu* 의자를 세우다; ~ *ogradu* 담장을 세우다; ~ *dete* 아이를 일으켜 세우다 4. (비유적) 일으켜 세우다 (병을 이겨내도록 돕다, 치료를 돕다); (사람·동물·작물 등을) 키우다, 양육하다; 사육하다; 재배하다; *ja znam da će on mene* ~ 그가 나의 병을 낫게 해줄 것이라고 믿는다; *bio je vezan za tu poluslepu majku koja ga je podigla seljački* 그는 자신을 농부의 방식대로 키워준, 눈이 거의 먼 어머니와 연결되어 있었다; ~ *decu* 아이를 키우다 5. 자극하다, 격려하다 (podstaći); *podigao bataljone na juriš* 보병부대가 진격하도록 북돋우었다 6. (명사가 의미하는 동작을) ~하도록 하다; ~ *bunu* 폭동을 일으키다; ~ *buku(graju, larmu)* 시끄럽게 하다; ~ *zdravicu* 건배하다, 건배잔을 올리다; ~ *protest* 시위하다; *optužnicu protiv nekoga* 기소하다, 기소장을 발부하다 7. 세우다, 짓다, 건축하다, 건설하다 (izgraditi, sagraditi); ~ *kuću* 집을 세우다; *kućica je podignuta negde prošloga veka* 집은 지난 세기쯤에 세워졌다; ~ *školu(spomenik, zid)* 학교(동상, 담)를 세우다 8. 높이다, 높게 하다, 높게 쌓다; 드높이다 (명성·가치 등을); ~ *nasip za pola metra* 제방을 50센티 더 높이다 9. (가격·월급 등을) 올리다, (목소리를) 높이다; *~cene(plate)* 가격(월급)을 올리다 10. (기분 등을)고양시키다, 고취시키다; ~ *raspoloženje* 기분을 고취시키다 11. 개선시키다, 좋은 상태로 만들다, 발전시키다 12. (덮여있던 것을) 걷어내다; ~ *blokadu* 봉쇄를 풀다 13. (은행 창구 등에서) (돈을) 인출하다, 꺼내다; ~ *novac iz banke* 은행에서 돈을 인출하다; ~ *zajam* 대출을 받다; ~ *paket (s pošte)* (우체국에서)

소포를 수령하다 14. ~ *se* 오르다; ~ *se na brdo* 언덕에 오르다 15. ~ *se* (태양·달 등이) 떠오르다 16. ~ *se* (식물이) 자라다, 크다, 성장하다 17. ~ *se* (비유적) 개선되다 (popraviti se) 18. ~ *se* 일어나서 가다, 가다 19. ~ *se (na koga)* (공격·비난 등으로)~에 대항하여 일어나다; *svi seljaci su se podigli na me, kamemovati me hteti* 모든 농부들이 내게 대항하여 일어났으며 나에게 돌을 던지려고 했다 20. ~ *se* 봉기하다, 궐기하다 21. ~ *se* 시작되다, 나타나다; *oko toga se podigla među njima oštra prepirka* 그것에 관해 그들사이에서 격렬한 논쟁이 일어났다 22. ~ *se* 더 높은 명성(직위·명예)를 얻다 23. ~ *se* (기분이) 좋아지다, 활발해지다

podij *-ija* **podijum** (연설자, 지휘자 등이 올라서는) 단(壇), 대(臺); 연단, 지휘대

podilaziti *-im* (不完) 참조 podići

podina 1. (지대체) pod; 바닥; *ostati na goloj ~i* 완전 빈털털이로 오갈데도 없는 상태로 남다 2. 산기슭의 언덕, 산밑 언덕 (podnožje) 3. (方言) 보(책상보·침대보 등의), 카페트 (prostirač, prostirka)

podisati *-šem* (完) (잠깐) 숨을 쉬다

poditi *-im* (不完) 바닥을 깔다 (patosati)

podivljati *-am* (完) 1. 흉폭해지다, 난폭해지다 (postati divalj); *konji su podivljali* 말(馬)들이 난폭해졌다 2. 잔인해지다, 무자비해지다 3. (사람·사회 등을) 등지다, 비사교적으로 되다 4. 격노하다, 노발대발하다 (pomahnitati); ~ *od besa* 분해 미쳐날뛰다

podizač 기중기, 잭 (물건을 들어 올리는)

podizanje (동사파생 명사) podizati; 들어 올림; ~ *novih kadrova* 신입사원 교육(훈련)

podizati *-žem* (不完) 참조 podići; 들어 올리다

podjariti *-im* (完) **podjarivati** *-rujem* (不完) 1. 불을 돋우다, 불을 세게 하다 2. (비유적) (사람 등을) 분노로 흥분시키다, 선동하여 광포하게 하다 3. ~ *se* (불이) 활활타오르기 시작하다

podjarmiti *-im*; *podjarmljen* (完) **podjarmljivati** *-ljujem* (不完) 1. (소에) 멍에(jaram)를 씌우다; ~ *volove* 소에 멍에를 씌우다 2. 복종시키다, 종속시키다, 예속시키다 (podvlastiti); ~ *neprijatelja* 적을 복종시키다; ~ *narod* 백성들을 예속시키다 3. 자신의 영향권하에 완전히 놓다 4. ~ *se* 복종하다, 종속되다, 예속되다

podjednak *-a, -o* (形) 비슷한; 동일한; ~ *dobitak* 동일한 소득; ~ *neuspeh* 비슷한 실패; *kreće se auto ~om brzinom* 자동차는

P

827

동일한 속도로 달린다

podjesti -jedem (完) **podjedati** -jedam (不完)
참조 podgristi; 갉아먹다, ~의 밑으로부터
먹어들어가다, 부식시키다

podjezičnī, -ā, -ō (形) 혀밑에 있는; ~a žlezda
(解) 혀밑 샘

podlac 비열한(치졸한·야비한·음흉한) 사람
(podao čovek) **podlački** (形)

podlagati -žem (不完) 참조 podložiti

podlaktica (解) 팔뚝(손목에서 팔꿈치까지의)

podlaktiti se -im se; *podlakćen* (完)
podlakćivati se -ćujem se 팔꿈치(lakat)로
괴다, 팔꿈치를 괴다

podlanica 1. (解) 손바닥 2. 한 뼘(엄지 손가락
과 새끼 손가락을 편 길이) 3. (魚類) 황금빛
반점이 있는 몇몇 종의 바닷물고기의 총칭
(지중해산(産)의 감성돔과(科)의 청돔 따위)
(komarča, lovrata)

podlaštvo 비열함, 야비함, 음흉함; 비열한(야
비한, 음흉한) 행위(행동)

podleći, podlegnuti podlegnem; podlegao, -
gla & podlegnuo, -nula (完) **podlegati** -žem
(不完) 1. (밑에) 눕다, 누워 있다; ~ pod
drvo 나무밑에 눕다 2. (비유적) ~하에 굴복
하다, 무릎을 꿇다, 복종하다, 순종하다 (누
구의 영향력, 권력 등에); 진압되다, 패배하
다, 지다 (biti savladan, pobeđen); *ja nisam
moralno podlegnuo* 도덕적으로 나는 타락
하지 않았다; *on podleže vojnoj obavezi* 그
는 군역 의무가 있다; *on je podlegao u
borbi s republikancima* 그는 공화주의자들
과의 투쟁에서 패배했다; ~ *iskušenju
(uticaju)* 시험(영향)에 굴복하다; ~ *pod
pritiskom* 압력에 굴복하다 3. (비유적) 죽다,
사망하다 (umreti); ~ *povredama* 부상으로
인해 죽다

podlepiti -im (完) **podlepljivati** -ljujem (不完)
(풀로)붙이다 (밑에서부터); *prozori su bili
hartijom podlepljeni* 유리창은 종이로 붙여
져 있었다

podleteti -im (完) 1. (밑으로) 날다, 날아 ~
밑으로 오다; *vrapci podletešе ispod strehe*
참새들이 처마 밑으로 날아온다 2. ~ 밑으로
들어가다; ~ *pod auto* 자동차 밑으로 들어가
다

podlistak -ska; -sci (신문의) 문예란의 기사;
시사 평론 기사 (feljton)

podliti podlijem; podlio, -ila; podliven, -ena;
podlij (完) **podlivati** -am (不完) 1. (밑으로부
터) 쏟다, 붓다, 따르다 (물 등을); *prvog
dana u zatvoru pod njega su podlili vodu*

교도소 수감생활 첫날 그의 (발)밑으로 물을
쏟았다 2. (표면을) 적시다, (내부로부터) 흘
러나오다; *voda je podlila podrum* 지하실은
물로 흥건했다(밑에서 솟아 오른 물로); *oči
podlivene krvlju izgledale su više tužne
nego otporne* 충혈된 눈은 저항적이기보다
는 슬픈 것이었다 3. ~ se (물기·눈물이) 젖
다, 충만되다; *voda se podlila pod nameštaj*
가구밑은 밑에서 새 나온 물로 흥건했다 4.
기타; ~ *kome vodu* 아첨하다, 듣기 좋은 말
을 하다

podliven -a, -o (形) 참조 podliti

podloga (D. -lozi) 1. 밑에 깔린 것 (단단함,
지속성, 지탱 등을 목적으로), 바닥, 받침대;
(建築) 지반, 토대, 기초; ~ *u cipeli* 신발 바
닥; ~ *za zgradu* 건물 토대 2. (園藝) (접목의)
대목(접을 붙일 때 그 바탕이 되는 나무) 3.
(비유적) 기초, 토대, 바탕, 근본 (temelj); ~
teorije 이론의 기초 4. 담보 (jamstvo,
zalog); *dati nekome pozajmicu bez* ~e 담
보없이 누구에게 돈을 빌려주다 5. 기타;
biti tuđa ~ 다른 사람의 도약판이 되다(자신
을 기반으로 다른 사람이 뜻을 이룰 때);
zlatna ~ 화폐발행의 담보가 되는 금(金)

podlokati -če (完) **podlokavati** -am (不完) (하
천 등이) (토지·암석 등을) 침식시키다, 쓸어
가다; *voda je podlokala obalu* 바닷물이 해
안을 침식시켰다; *more podloče obalu* 바다
가 해안을 침식한다

podlost (女) 비열함, 야비함, 치사함; 비열한
(야비한·치사한) 행동; *ljudska* ~ 인간의 비
열함; *obogatio se jednom* ~šću 그는 비열
한 행동으로 부자가 되었다

podložak -ška 1. 참조 podloga; 밑에 깔린 것
2. 패드 (컴퓨터 마우스 등의) (podmetač)

podložan -žna, -žno (形) 1. 종속된, 복속된,
예속된; *biti* ~ *nečijem uticaju* 누구의 영향
하에 복속되다; *žena će muža učiniti
mekšim i sebi* ~žnim 아내는 남편을 휘어잡
아 자신의 말을 잘 듣도록 할 것이다 2. (명
사적 용법으로) 종속된 사람, 예속된 사람 3.
~에 항상 노출된, ~을 피할 수 없는; ~의
경향(성향)이 있는; *biti* ~ *bolesti* 질병에 노
출된; *on je* ~ *kazni* 그는 형벌을 피할 수 없
다; *biti* ~ *smrti* 죽음에 노출된

podložica 1. (지소체) podloga 2. (解) 좌골 (엉
덩이뼈의 아래 부위를 차지하는 굴곡진 좌우
한 쌍의 뼈로 앉았을 때 바닥에 닿으며 몸을
지탱함) (sednjača)

podložiti -im (完) **podlagati** -žem (不完) 1. 밑
에 놓다(두다) (podmetnuti) 2. (비유적) 복종

P

시키다, 종속시키다, 예속시키다 (pokoriti, potčiniti) 3. 불을 지피다 (naložiti, zapaliti); ~ *vatru* 불을 지피다

podlužje 관목; 덤불 지역, 작은 숲 (šibljak, zemljište pod lugom)

podljutiti se *-ti se* (完) (상처·부상이) 악화되다 (pogoršati se); *podljutila mu se rana* 그의 상처가 악화되었다

podmaći, podmaknuti *podmaknem*; *podmakao, -kla* & *podmaknuo, -ula*; *podmaknut*; *podmakni* (完) **podmicati** *-čem* (不完) 1. (밑으로) 가까이 가져가다, 밑에 가져다 대다; ~ *jastuk pod glavu* 머리밑에 베개를 가져다 대다; *on je podmaknuo njoj stolicu da sedne* 그는 그녀가 앉도록 의자를 그녀에게 가져다 주었다; *podmakni mi lavor!* 대야를 내게 갖다 대! 2. 밑에 놓다(두다) (podvaliti, podmetnuti)

podmazati *-žem* (完) **podmazivati** *-zujem* (不完) 1. 기름을 치다, 윤활유를 바르다; ~ *auto* 자동차에 윤활유를 바르다; *ide kao podmazano* 아무런 문제없이 아주 잘 진행되다 2. (비유적) 뇌물을 주다, 매수하다 (podmititi, potkupiti); ~ *novcem* 돈을 주고 매수하다

podmeče *-eta* (남의 집 문 앞에) 놓여진 아이, 버려진 아이 (podmetnuto dete)

podmet (文法) 주어 (subjekat)

podmetač 1. 밑에 깔린 것, 받침대 (podloga); ~ *za glavu* (의자 등의) 머리받이; ~ *za čaše* 잔받침 2. 줄그어진 종이 (반듯하게 쓰기 위한 용도로) 3. 음모자(꾼)

podmetak *-tka* 1. 밑에 깔린 것 (podloga); 받침, 받침대 2. 신발을 만들 때 밑에 까는 판 (칼질할 때); 요람의 밑바닥에 까는 나무판 3. (남의 집 문 앞에) 놓여진 아이, 버려진 아이 (podmetnuto dete)

podmetnuti *-nem* (完) **podmetati** *-ćem* (不完) 1. 밑에 놓다(두다); ~ *jastuk pod glavu* 머리밑에 베개를 놓다; ~ *nosila pod ranjenika* 부상자 밑에 들것을 놓다 2. (사기치기 위해) 몰래 놓다(두다), (폭탄 등을) 설치하다, 장치하다; *neko mu je podmetnuo novac* 누군가 몰래 (그의 가방에) 돈을 숨겨 놓았다; ~ *požar* 방화하다; ~ *eksploziv* 폭발물을 설치하다 3. (비유적) 잘못(악행)을 ~의 탓으로 돌리다 4. ~ *se* ~에 의존적이 되다, 종속되다 5. ~ *se* (축구에서) 발을 걸다, 태클하다 6. ~ *se* (여성이) 의도적으로 성관계를 가지다; *ona mu se sama podmetnula* 그녀는 의도적으로 그와 성관계를 가졌다 7. 기타; ~

nekome nogu 다리를 걸다, 방해하고 훼방놓다; ~ *čavče pod goluba* 속이다, 좋은 것 대신 다른 것(나쁜 것)을 주다

podmicati *-čem* (不完) 참조 podmaći

podmićivati *-ćujem* (不完) 참조 podmititi; 뇌물을 주다, 매수하다

podmignuti *-nem* (完) **podmigivati** *-gujem* (不完) (몰래·살짝) 윙크하다; ~ *devojci* 처녀에게 몰래 윙크하다

podmirenje (동사파생 명사) podmiriti; 충족(시킴), 만족(시킴); ~ *potreba* 필요를 만족시킴

podmiriti *-im* (完) **podmirivati** *-rujem* (不完) 1. 충족시키다, 만족시키다 (zadovoljiti); ~ *svoje potrebe* 자기자신의 필요를 충족시키다 2. 기대를 만족(충족)시키다; *na prvom mestu ministar podmiri svoje prisne prijatelje i rođake* 장관은 자기의 아주 친한 친구들과 친척들의 요구를 들어주는게 최우선이었다 3. 가축에게 먹이를 주다(사료를 주다); ~ *krave* 소에게 사료를 주다 4. (부채를) 갚다, 청산하다 (isplatiti); ~ *dugove* 빚을 청산하다; ~ *račun* 청구서의 금액을 지불하다 5. 보상하다, 배상하다, 변상하다 (naknaditi); ~ *štetu* 피해를 보상하다 6. ~ *se* ~에 대해 만족해 하다; *kada su se jelom podmirili, on ih je vinom poslužio* 그들이 음식을 배불리 먹었을 때 그는 포도주를 내왔다 7. (民俗) 살해된 사람의 가족들에게 변상금으로 돈을 주고 화해하다

podmititi *-im*; *podmićen* (完) **podmićivati** *-ćujem* (不完) 뇌물을 주다, 매수하다 (potkupiti, potplatiti)

podmitljiv *-a, -o* (形) 매수할 수 있는

podmitljivac *-vca* 매수할 수 있는 사람, 뇌물 수령자

podmladak *-tka* 1. 젊은 세대, 젊은이 (mladež) 2. 어린 가축(동물); *pačji* ~ 오리 새끼

podmladiti *-im*; *podmlađen* (完) **podmlađivati** *-đujem* (不完) 1. (더) 젊게 하다; *sreća ga je podmladila za 10 godina* 행복이 그를 십년 더 젊게 만들었다 2. ~ *se* 젊어지다, 젊게 느끼다, 젊어 보이다 3. ~ *se* 세대교체가 되다 4. 기타; *podmladilo se nebo* 청명한 하늘에 조각 구름이 몰려들면 비가 올것이라고 믿을 때 하는 말

podmornica 잠수함

podmornički *-ā, -ō* (形) 잠수함의; ~ *rat* 잠수함전(戰); ~ *napad* 잠수함 공격; ~*a baza* 잠수함 기지

podmorničar 잠수함 승무원

P

829

podmorskī -ā, -ō (形) 수중(水中)의; ~ kabl 수중 케이블

podmukao -kla, -klo (形) 1. 사악한, 악의적인, 심술궂은 (zlonameran, pakostan); ~ čovek 사악한 사람 2. 나쁜 징후의, 위험을 알리는; ~kla grmljavina 나쁜 날씨를 알리는 천둥소리 3. 목이 쉰, 불분명한, (목소리를) 알아듣기 어려운 (nejasan, mukao, prigušen)

podmuklica 사악한 사람, 악의적인 사람

podmuklost (女) 사악함, 심술궂음

podnaduo -ula (形) 부은, 부풀어 오른

podnaduti se podnadnem se & podnadujem se; podnaduven, -ena & podnadut, -a (完) 붓다, 부어 오르다 (oteći)

podnajam (방 등의) 전대(轉貸)(podzakup)

podnapiti se podnapijem se; podnapio se; podnapijen & podnapit (完) 1. 적당히 (조금) 마시다 2. 전부 다 마시다

podnarednik (軍) 하사 (2차 세계대전 이전의)

podnaslov (책 등의) 부제

podnašati -am (不完) 참조 podnositi

podne (不變) 정오, 12시; tačno u ~ 정확히 12시; do ~ 정오까지; po (posle) ~ 오후; pre ~ 오전; oko ~ 정오경에 podnevni (形)

podneblje 1. 창공 (prostor pod nebom, nebeska visina) 2. 지역, 국가 (kraj, zemlje); čovek iz drugog ~a 다른 지역 출신의 사람, 타향 사람 3. 기후 (klima); kontinentalno ~ 대륙성 기후; tropsko ~ 열대성 기후

podnesak -ska; -sci 청원서, 탄원서; tajni ~ 비밀 청원서; predati ~ 청원서를 제출하다; napisati ~ 탄원서를 쓰다

podneti podnesem; podneo, -ela; podnet & podnesen (完) podnositi -im (不完) 1. (손에 들고) 가져 가다(오다); podnesi novine bliže lampi 신문을 램프 가까이 가져와라; ~ stolicu gostu 손님에게 의자를 가져가다 2. ~의 밑에 놓다(두다) 3. (비유적) (검토·평가 등을) 부탁하다, 제안하다; (구두상·서면상) 제출하다, 건네다; ~ ostavku 사직서를 제출하다; ~ tužbu 고소장을 접수하다; ~ prijavu 신고서를 접수하다; ~ raport 보고서를 제출하다; on je podneo zakletvu vernosti kraljici 그는 여왕에게 충성 서약서를 제출했다 4. 감내하다, 감당하다, 감수하다, 참다, 참고 견디다 (izdržati što neugodno, teško); 당하다 (otrpeti, pretrpeti); ~patnje (bol) 고생(아픔)을 감내하다; ~ troškove 비용을 부담하다; on nju ne podnosi! 그는 그녀를 못견뎌한다; ~ žrtvu 희생당하다 5. 기타; ~ na tanjiru

(tacni) 밥상을 다 차려주다(아무런 노력과 어려움없이 원하는 것을 할 수 있도록)

podnevak -vka podnevnik 자오선, 경선(徑線) (meridijan) podnevački (形)

podnevnī -ā, -ō (形) 참조 podne; 정오의; ~o sunce 정오의 태양; ~e vesti 정오 뉴스

podnica 1. 마루널 2. 마루의 솟은 부분, 단 (壇), 대(臺) (podijum) 3. 기초, 기반, 토대 (osnovica, baza)

podnimiti -im (完) 1. 기대다, 괴다 (보통 팔로 머리를); ~ glavu rukama 손으로 머리를 기다 2. 팔짱을 끼다; 허리(옆구리)에 손을 대다 3. ~ se 머리를 손으로 괴다; podnimio se na ruku 머리를 손으로 괴고 있었다 4. ~ se 옆구리에 손을 괴다

podno (前置詞,+ G) ~의 밑에 (u donjem delu, ispod nečega) (反) iznad); ~ brda 언덕 밑에; ~ vrba 버드나무 밑에

podnoktica (病理) 조갑 주위염(爪甲周圍炎), 생인손 (손톱 주위 피부의 화농성 질환)

podnosilac -ioca 제출자, 제안자; ~ molbe 신청자; ~ žalbe 이의 제기자; ~ referata 보고서 발표자

podnositelj -a 참조 podnosilac

podnositi -im (不完) 참조 podneti

podnoška podnožaka 1. (보통 複數로) 페달, 발판 (발로 눌러 기계의 시동을 거는) 2. (이 발용 의자 등의) 발 얹는 대, 발판

podnošljiv -a, -o, podnosiv -a, -o (形) 견딜 수 있는, 견딜 만한, 감내할 만한; ~ bol 견딜 만한 통증

podnožak -ška 1. 참조 podnoška; 발판 2. (열차 등의) 승강용 발판 3. 받침대, (조각상 등의) 대좌(臺座), 주각(柱脚), (탁자 등의) 다리 (podloga, postolje) 4. (현관 문앞의) 흙털이 (otirač)

podnožje 1. (어떤 물체의) 하부, 밑부분; (조각상 등의) 대좌(臺座), 주각(柱脚); (탁자 등의) 다리 (postolje); ~ spomenika 동상의 대좌, ~ kreveta 침대 다리 2. (언덕·산 등의) 바로 아랫 지역, 구릉 3. (의자 등의) 발판, 발 얹는 대 (podnoška)

podnožnik 1. 발판, 발 얹는 대 (podnoška) 2. (열차 등의) 승강용 발판 (podnožak)

podnu (前置詞,+ G) 참조 podno; ~의 밑에

podoba 1. ~과 형태(모양)이 비슷한 것 2 ~의 사진(형상) (slika, lik, oblik); ~ mog brata 내 형제의 사진 2. 형상, 형태, 모양 (spodoba)

podoban -bna, -bno (形) 1. ~와 비슷한, ~을 닮은 (sličan, nalik); čovek ~ divu 디바(주

P

830

연 여배우)를 닮은 사람; *niz pleća spušta se kosa ~bna zlatu* 어깨를 타고 금과 같이 반짝이는 머리가 흘러내린다 2. 적절한, 적합한, 알맞은, 좋은 (povoljan, prikladan, zgodan); ~ *trenutak* 적기, 적당한 시기 3. 능력있는, 역량있는, 유능한 (sposoban)

podobar *-bra, -bro* 1. 다소 좋은, 대체로 좋은; 다소 힘있는(강한) 2. 다소 큰(커다란)

podobriti *-im* (完) 1. (더) 좋게 하다, 개선하다, 고치다 (poboljšati); ~ *karakter* 성격을 (좋게) 고치다 2. ~ se (더) 좋아지다, 개선되다

podočnjaci (男,複) 눈밑 다크 서클 (보통 주름지고 검은 부분)

pododbor 소위, 소위원회, 분과 위원회

podoficir (軍) 하사관, 부사관 **podoficirski** (形)

podoj 1. 모유 수유 2. (어머니가 아기에게) 한 번 수유하는 양

podojiti *-im* (完) 1. 젖을 먹이다, 모유 수유하다; ~ *bebu* 아기에게 모유 수유하다 2. (소·양 등의) 젖을 짜다

podoknica 세레나데 (남자가 밤에 애인집 창문 밑에서 부르거나 연주하는 음악)

podolje 계곡 (dolina)

podosta (副) 다소 많게, 대체로 많게; ~ *uraditi* 약간 많이 일하다

podozrenje 의심, 의혹, 혐의 (sumnja); *to izaziva* ~ 그것이 의혹을 불러일으킨다

podozrevati *-am* (不完) (koga, što) 의심하다, 수상히 여기다 (sumnjati); *podozreva da mu je žena neverna* 그는 그의 아내가 바람을 피지 않는지 의심한다

podozriv *-a, -o* (形) 1. 의심스러운, 의심을 불러일으키는, 수상쩍은 (sumnjiv); ~ *osmeh* 수상쩍은 미소 2. 의심을 잘 하는 (sumnjičav); ~*i smo prema statistici, posebno turističkoj* 우리는 통계, 특히 관광통계에 의심을 가지고 있다; *biti* ~ *prema nečemu* ~에 대해 의심하다(의심을 가지다)

podraniti *-im* (完) 아침 일찍 일어나다 (poraniti, uraniti)

podrasa 혼혈 민족

podrasti *podrastem* (完) 다소(약간) 성장하다, 크다 (dosta, prilično uzrasti)

podrazdeo *-ela*, **podrazdio, podrazdjel** 하위 분류 (분류한 것에서 다시 분류한 것)

podrazred (生) 아강(亞綱; 동식물 분류법의)

podrazumevati *-am* (不完) ~을 의미이다, ~의 뜻이다, ~라는 의미로 받아들이다(이해하다); *nije izričito rečeno, ali se samo sobom podrazumeva* 명확히 말해지지는 않았으나 이해는 된다; *šta se danas podrazumeva*

pod nazivom Vojvodina 오늘날 보이보디나라는 명칭은 무엇을 의미하는가?; *šta on podrazumeva pod ovim?* 그는 이것을 무엇이라고 이해하는가?; *to se podrazumeva* 그것은 (말하지 않아도) 이해되는거지

podražaj 자극, 자극제

podražavalac *-aoca* 모방자, 모방하는 사람, 흉내내는 사람

podražavati *-am* (不完) (koga, 드물게 kome) 따라하다, 모방하다, 흉내내다 (imitirati); *pesnici podražavaju jedan drugog* 시인들은 서로가 서로를 따라한다

podražiti *-im* (完) **podraživati** *-žujem* (不完) 1. (신체 기관을) 자극하다 (nadražiti); *to mu je podražilo žuč* 그것이 그 사람의 담낭을 자극했다 2. (의도적으로) 흥분시키다, 격앙시키다 (namerno razdražiti); *evo se svađaju, a mi ih podražimo brže* 사람들이 서로 다투고 있는데, 우리들이 그 사람들을 쑤셔거렸다

podred (生) 아목(亞目; 동식물 분류법의)

podrediti *-im*; *podređen* (完) **podređivati** *-đujem* (不完) (nešto nečemu) 종속시키다, 복종시키다, 예속시키다 (potčiniti); *on je pojedinca podredio državi* 그는 개인을 국가에 종속시켰다; *podređena rečenica* (文法) 종속절

podređenost (女) 종속(예속·복종) 관계, 종속 (예속·복종)적 위치

podremati *-am & -mljem* (完) 1. 잠깐 졸다 (자다) 2. (모두, 한 명씩 한 명씩 모두) 자다

podrepac *-pca* 참조 podrepaš

podrepak *-pka* (말 등 동물들의) 궁둥이 (꼬리 밑에 있는 신체의 일부)

podrepaš (= podrepac) (輕蔑) 아첨꾼, 아부꾼 (ulizica, udvorica)

podrepina, podrepnica 1. 말꼬리 밑으로 돌려서 말안장에 매는 끈 2. (輕蔑) 아부꾼, 아첨꾼 (podrepaš)

podrepnik, podrepnjak 말꼬리 밑으로 돌려서 말안장에 매는 끈 (podrepina)

podrezati *-žem* (完) **podrezivati** *-zujem* (不完) 1. (머리·손톱·나무 등을) 깎아 다듬다, 깎아 손질하다; ~ *kosu(nokte)* 머리(손톱)를 깎아 다듬다 2. (비유적) 약하게(힘이 빠지게, 위험하지 않게) 하다; ~ *silu* 힘빠지게 하다 3. 기타; ~ *kome krila(nokte, rukave)* 힘(권능, 능력)을 제거하다; ~ *pero* 글 쓸 준비를 하다, 집필을 준비하다

podrhtaj 1. 떨림, 흔들림, 진동 2. (비유적) (감정, 신체 등의) 동요, 흔들림, 떨림

831

P

podrhtati *podrhćem* & *podrhtim* (完)
podrhtavati *-am* (不完) 약간(조금) 떨리다,
움찔하다; (감정의 동요, 추위 등으로) 떨다,
오들오들 떨다
podrig 트림
podrignuti *-nem*; *podrignuo, -ula* & *podrigao,*
-gla (完) podrigivati *-gujem* (不完) 트림을
하다
podrijetlo 참조 poreklo; 기원, 출처
podriti *podrijem*; *podriven, -ena* (完)
podrivati *-am* (不完) 1. ~의 밑을 파다, 토
대를 허물다(무너뜨리다), 파괴하다, 붕괴시
키다 2. 능력을 약화시키다, 쇠퇴시키다
podrivač 1. 땅을 갈아엎는 농기구 2. 질서 파
괴자
podrivačkī *-ā, -ō* (形) 전복시키는, 파괴적인;
~a delatnost 파괴 활동
podrivanje (동사파생 명사) podrivati; 파괴,
붕괴; *~ discipline* 규율 파괴
podroban *-bna, -bno* (形) 상세한, 자세한
(detaljan, iscrpan); *od nje je dobio ~bne*
izveštaje o svemu 그는 그녀로부터 모든
것에 대한 상세한 보고서를 받았다
podrobiti *-im* (完) 1. 잘게 부수다; 잘게 부숴
수프 등에 넣다 (udrobiti) 2. 조각내다, 잘게
나누다 (usitniti) 3. (비유적) 산산조각을 내
다, 박살내다
podrobnost (女) 상세(함), 자세함 (pojedinost)
podroniti *-im* (完) podronjavati *-am* (不完) 1.
~의 밑으로 잠수하다; *ja sam podronio i*
zagolicao ga pa tabanima 나는 그 사람 밑
으로 잠수로 헤엄쳐 가 발바닥을 간지럽혔다;
podmornica je podronila 잠수함이 잠수했
다 2. (물 등이 바위 등을) 침식시키다
(podlokati)
podrovati ~의 밑을 파다(먹어 들어가다), 침
식시키다 (načiniti rov pod čim, potkopati,
podlokati)
podrpan *-pna, -pno* (形) 참조 podrpati; (옷
등이) 찢어진, 해진
podrpati *-am* (完) 1. (오래 사용하여, 아무렇게
나 사용하여) 찢어지다, 낡다, 해지다
(poderati, pocepati) 2. *~ se* 찢어지다, 해지다
podrška *-šci* 지지, 지원, 후원; *~ akciji* 활동
에 대한 후원(지지); *vatrena ~* 열렬한 지지
podrtina 1. (부서진 것의, 파괴된 것의) 잔해,
폐허 (집·성곽 등의) 2. 갈라진 틈, 째진 틈
(poderotina) 3. (비유적) 병들고 힘없는 노
인
područje 1. 영토; 지역, 지방; 지대, 지구; 영
역; *u ovom ~u* 이 지역에서; *bezvodno ~* 물

이 없는 지역; *ribolovno ~* 어업지역 2. (활
동의) 영역, 분야 (학문, 경제, 스포츠 등의)
podruga 참조 poruga; 조롱, 조소, 비웃음
podrugati se *-am se* (完) 비웃다, 조롱하다,
조소하다
podrugivač (=podrugivala) 비웃는 사람, 조롱
하는 사람
podrugivačkī *-ā, -ō* (形) 비웃는 사람의
podrugivačkī *-ā, -ō* (形) 조롱하는 듯한, 비웃
는 듯한, 조소하는 듯한
podrugivati se *-gujem se* (不完) 참조
podrugati se
podrugljiv *-a, -o* (形) 1. 걸핏하면 비웃는(조
소하는, 조롱하는); *~ čovek* 걸핏하면 비웃
는 사람 2. 비웃는 듯한, 조롱하는 듯한; *~*
tekst 비웃는 듯한 텍스트; *~ pogled* 조롱하
는 듯한 눈길
podrugljivac *-vca* 비웃는 사람, 조소하는 사람
podrugljivost (女) 비웃음, 조롱, 조소
podrugnuti se *-nem se* (完) podrugivati se *-*
gujem se (不完) *~ nekome(nekim) ~*를 비
웃다, 조롱하다; *on se svemu podruguje* 그
는 모든 것을 비웃는다
podrum 1. 지하실 2. (지하의) 와인 저장고, 오
크통 보관소; *vinski ~* 와인 지하 저장고 (形)
3. 주류 판매소; 술가게, 술집(보통 옛 여관
의 지하에 있는) 4. 마구간, 외양간 (staja,
konjušnica)
podrumar 1. 와인 저장고 전문가 (pivničar) 2.
술집 주인 3. 와인 저장고에 관한 책
podrumarstvo 와인 저장고 사업, 오크통 보관
소업
podrumskī *-ā, -ō* (形) 1. 지하실의; *~ ključ* 지
하실 열쇠; *~e prostorije* 지하실 공간 2. 와
인 저장고 전문가의, 와인 저장고업(業)의
podruštviti *-im*; *podruštvljen* (完)
podruštvljavati *-am* (不完) 사회화하다
(socijalizirati)
podružnica (= podružina) 지점, 지사, 지부,
지국 podružni (形)
podržati *-im*; *podržao, -ala*; *podržan*; *podrži*
(完) podržavati *-am* (不完) 1. (잠시·잠깐동안)
잡다(잡고 있다), 들다(들고 있다); *~ teret*
짐을 들고 있다; *Pera dohvati njenu ruku,*
podrža je malo, pa se saže i poljubi je 페라
는 그녀의 손을 잠시 붙잡고 몸을 숙여 손에
키스를 한다 2. (비유적) 지지하다, 지원하
다, 후원하다, 돕다; 찬성하다; *~*
pobunjenike 봉기자들을 지지하다; *~ ideju*
생각을 지지하다 3. 보존(보전)하다, 지탱하
다, 유지하다 (održati); *~ vatru u peći* 난로

P

의 불을 유지하다 4. 계속하다, 지속하다, 이
어지다 (potrajati); *to je značilo da će zima
~ još duže* 추운 겨울이 아직도 더 오랫동안
계속된다는 것을 의미했다 5. ~ se 서로가
서로를 지지하다
podržavalac *-aoca* 지지자, 후원자, 지원자
podržavati *-am* (不完) 참조 podržati
podržaviti *-im* (完) 국유화하다; ~ *privredu* 경
제를 국유화하다
podržavljenje (동사파생 명사) podržaviti; 국
유화
podsećati *-am* (不完) 참조 podsetiti
podseći *podsećem, podseku; podsekao, -kla;
podsećen, -ena; podseci* (完) **podsecati –
am** (不完) 1. 자르다, 잘라내다; 밑으로부터
자르다; ~ *stablo* 나무를 자르다 2. 흐름을
중단시키다(끊다), 단절시키다; *meni se
podsečena nada za ovakvim životom* 이러
한 삶을 꿈꿨던 내 희망은 무너졌다 3. ~ se
(숙어로만 사용됨) *podsekoše mu se
noge(kolena)* 깜짝놀라(공포에 질려) 다리에
힘이 쭉 빠졌다, 아무것도 할 수 없음을 느
끼다 4. 기타; *;~ granu na kojoj se sedi* 힘
(권력)의 원천을 빼앗기다, 자기자신에 반하
는 행동을 하다; ~ *kome rogove* 저항을 분
쇄하다, 굴복시키다
podsekretar 부(副)서기
podsetiti *-im* (完) **podsećati** *-am* (不完) 생각
나게 하다, 상기시키다, 회상시키다, 일깨워
주다, 떠올리게 하다; *on me je podsetio na
oca* 그는 나에게 내 아버지를 생각나게 만
들었다; *podseti me da ne zaboravim* 잊어
버리지 않도록 내게 상기시켜줘!
podsetnica ~을 회상시키는 것, 상기시키는 것;
암시, 단서
podsetnik (해야 할 일을 적어놓은) 목록
podsiriti *-im* (完) **podsiravati** *-am,* **podsirivati**
-rujem (不完) (우유를 고체와 액체로) 분리
시키다, (우유를) 응유시키다 (usiriti)
podskakivati *-kujem* (不完) 참조 podskočiti
podsmeh 비웃음; 조롱, 경멸; *biti (služiti) na
(za)* ~ 조롱당하다; *izložiti(izvrći) koga ~u*
누구를 비웃다, 조롱하다
podsmehnuti se *-nem se,* **podsmejati se** *-jem
se* (完) **podsmehivati se** *-hujem se,*
podsmejavati se *-am se* (不完) 1. 비웃다 2.
조금 웃다, 약간 웃다 (osmehnuti se,
nasmešiti se)
podsmešlljiv *-a, -o* (形) 1. 비웃는, 조소하는,
조롱하는 (podrugljiv) 2. 비웃는 것을 좋아
하는, 비웃는 경향이 있는

podstaći, podstaknuti *podstaknem; podstakao,
-kla* & *podstaknuo, -ula; podstaknut* (完)
podsticati *-čem* (不完) 1. (불이 잘 타오르도
록) 뒤적거리다, 후후 불다; ~ *vatru* 불을 뒤
적거리다 (활활타오르도록) 2. (비유적) 격려
하다, 불러 일으키다, 부추기다, 선동하다
(obodriti, pobuditi, podbosti, podjariti); ~
nekoga protiv nekoga 누구를 누구에 대항
하도록 부추기다; ~ *nekoga da nešto uradi*
무언가를 하도록 격려하다
podstanar (집·아파드 등의) 세입자, 임차인
podstanarka;
podstanarskiï -a, -ō (形) 임차인의, 임차인의; ~
ugovor 임차 계약
podstanica 지서, 분서; (우체국 등의) 분국
podstava (옷·신발 등의) 안, 안감 (postava)
podstavak *-vka* (동상·조각상 등을 올려놓거
나 받치거나 하는 평평한 금속 판의) 대(臺)
podstaviti *-im* (完) **podstavljati** *-am* (不完) 1.
(옷·신발 등의 안쪽에) 안(안감)을 대다
(postaviti); ~ *kaput krznom* 외투에 모피
를 안감으로 대다 2. 밑에 놓다(두다)
(podmetnuti)
podsticaj 자극, 격려, 고무; 자극제
podsticati *-čem* (不完) 참조 podstaći
podstreći *podstreknem* (完) 참조 podstreknuti
podstrek 선동, 부추김 (podsticaj)
podstrekač 선동가, 교사자 (huškač); ~ *bune* 봉
기의 선동자 **podstrekačica; podstrekački** (形)
podstreknuti, **podstreći** *podstreknem;
podstreknuo* & *podstrekao, -kla* (完)
podstrekavati *-am* (不完) (na što) (보통은
부정적이고 나쁜 의미로) 부추기다, 선동하
다 *ko drugoga navede ili podstrekne na
izvršenje krivičnog dela smatra se kao da
ga je učinio* 다른 사람이 범죄행위를 저지르
도록 부추긴 사람은 그사람이 그 범죄 행위
를 한 것으로 간주된다
podstrešica, podstrešje 처마(streha)밑 공간
(prostor pod strehom)
podstrići *podstrižem, podstrigu; podstrigao, -
gla; podstrižen, -ena; podstrizi* (完)
podstrizati *-am* (不完) (머리카락 등을) 밑에
서 조금 자르다(깎다), 다듬다; ~ *kosu* 머리카
락을 조금 자르다; ~ *bradu* 턱수염을 다듬다
podstrig 1. (양털 깎기로 얻어진) 양털, 양모
2. (宗) (정수리 부분에 둥글게 깎은) 둥근
삭발 자리 (가톨릭 성직자들의); 성직자 임
명 안수식
podstrizati *-am* (不完) 참조 podstrići
podsuknja 속치마

P

podsvajati -jam (不完) 참조 podsvojiti; (아이를) 입양하다

podsvest (女) 무의식, 잠재 의식

podsvestan -sna, -sno (形) 무의식의, 잠재 의식의 (nagonski, instinktivan); ~sna slutnja 본능적인 예감; ~sno osećanje 무의식적 느낌

podsvojče -eta 입양아 (posvojče)

podsvojiti -im (完) podsvajati -am (不完) (아이를) 입양하다, 양자(양녀)로 삼다 (usvojiti)

podsvojkinja 양녀, 입양한 딸 (posvojkinja)

podšav -ava & -šva 1. (치마 등의) 단 (obrub) 2. (구두의 등 부분에서 앞끝을 덮는) 앞쪽 등가죽 (naglavak)

podšef 부지배인, 부사장, 차장, 대리 (zamenik šefa)

podšišati -am (完) podšišavati (不完) (머리를) 조금만 자르다, 다듬다 (podrezati kosu)

podšiti podšijem (完) podšivati -am (不完) (밑으로부터) 바느질하다, 꿰매다, 봉합하다

podučiti -im (完) podučavati -am (不完) 가르치다; ~ nekoga nečemu ~에게 ~을 가르치다; ~ zanatu 기술을 가르치다; ja ga poučavam u matematici 나는 그에게 수학을 가르친다

podudaran -rna, -rno (形) 일치하는, 합치하는; ~ interes 일치되는 이해관계

podudaranje (동사파생 명사) podudarati se; 일치, 합치

podudarati se -am se (不完) ~와 일치하다, 합치하다, 조화를 이루다, 부합하다; taj se oblik podudara s ovim 그 모양은 이것과 일치된다; izjave se ne podudaraju 성명은 부합되지 않는다

podudarnost (女) 일치, 합치, 부합

podugačak -čka, -čko (形) 다소(조금) 긴

poduhvatati -am (不完) 참조 poduhvatiti

poduhvat (=pothvat)프로젝트; 기획, 안(案), 연구 과제; hirurški ~ 수술 프로젝트

poduhvatan -tna, -tno (形) 융통성 있는, 수완이 좋은, 임기응변이 뛰어난 (poduzetan, snalažljiv)

poduhvatiti -im (完) poduhvatati -am, poduhvaćati -am (不完) 1. (밑을, 밑으로부터) 잡다(붙잡다) 2. 사로잡다, 휘감다, 감싸다 (obuhvatiti); požar poduhvati na sve strane 불(화재)이 사방으로 번진다 3. ~ se (nečega) (실현시키기 위해) 열과 성을 다하다, 온 힘을 쏟다, 노력을 기울이다; (일 등을) 떠맡다, 맡다 (latiti se); poduhvatio se da samoučkom radom stekne što više

obrazovanja 그는 독학으로 가능하면 더 많이 배우려고 열과 성을 다했다

poduka 1. 가르침, 지도, 교육(po(d)učavanje); mladi knez uz takvu ~u nije mnogo naučio 젊은 공(公)은 그러한 가르침으로는 그리 많이 배우지 못했다 2. 교훈 (poučan savet); ovaj slučaj neka im služi kao ~ 그들이 이 케이스를 교훈으로 삼도록 해!

podulje (副) 좀 더 오래; gosti bi mogli ~ ostati 손님들은 좀 더 오랫동안 머물 수 있다

poduljī -ā, -ē (形) 다소 긴(오랜), 좀 더 긴(오랜)

Podunavlje 다뉴브 유역 (dunavski basen)

podupirač 1. 버팀목, 버팀대, 받침목, 받침대 (podporanj, potporanj) 2. 지지자, 후원자

podupreti poduprem; podupro, -rla; poduprt (完) podupirati -em (不完) 1. (허물어지지 않도록 ~의 밑에·옆에) 버팀목(받침목)을 받치다; ~ zidove 벽을 버팀목으로 받치다; ~ strop 천장을 받침목으로 받치다 2. 괴다, 받치다; ~ rukama glavu 손으로 머리를 괴다; Ivan podupro glavu šakom 이반은 손바닥으로 머리를 받쳤다 3. (비유적) 지지하다, 후원하다; ~ pobunu 봉기를 지지하다 4. ~ se (몸을) 기대다 (nasloniti se, osloniti se); ~ se o zid 몸을 벽에 기대다 5. ~ se 손으로 머리를 받치다 6. ~ se (비유적) 지지를 받다

podušan -šna, -šno (形) 1. 양심(duša)에 따른, 진정에서 우러난, 양심적인 (savestan, pošten, častan); činite, braćo, što je ~šno 형제여, 양심으로 행하십시오 2. (한정형) 참조 podušje; ~šne molitve 사자(死者)를 위한 추모 미사

podušje (宗) 1. (사자(死者)를 추모하는) 추모 미사 2. (장례 혹은 추도 미사후) 무덤에 남아있는 술과 음식

podušnice (女,複) 1. (解) 귀밑샘, 이하선(耳下腺) 2. (病理) 이하선염, 귀밑샘염, 볼거리 (zauške)

poduzeće (= preduzeće) 1. 프로젝트 (poduhvat, pothvat) 2. 회사; trgovačko ~ 무역 회사

poduzetan -tna, -tno (形) 융통성있는, 재주있는, 임기응변이 능한 (dovitljiv, snalažljiv)

poduzeti poduzmem (完) poduziamti -am (不完) 1. 착수하다, 시작하다; (일 등을) 떠맡다, 맡다 (preduzeti); ~ puno akcija 수많은 액션을 취하다; ~ mere sigurnosti 안전상의 조치를 취하다; ~ korake 필요한 모든 조치를 취하다 2. 사로잡다, 휘감다, 감싸다 (zahvatiti, obuzeti, prožmati); poduze ga jeza 그는 오한이 들었다

poduzetnik 소상공업자; (원청기업과의 계약에 따라 일을 진행하는) 하청인, 하청 회사 (preduzetnik, preduzimač)

poduže (副) 좀 더 길게(오래); *vi se možete uveriti, ako ostanete ~ kod nas* 우리 집(나라)에 좀 더 오래 머무신다면 그것을 확신하실 수 있을 겁니다

podužī *-ā, -ē* (形) 다소 긴(오랜); *~ odmor* 다소 긴 휴식; *~a daska* 좀 긴 널판지

podužiti *-im* (完) poduživati *-žujem* (不完) 길게 하다, 길이를 늘이다, 시간을 늘이다

podvajati *-am* (不完) 참조 podvojiti; 나누다, 분리하다, 양분하다

podvala 1. 사기, 기만, 속임(수) (prevara, obmana) 2. (建築) ~의 밑에 받쳐 놓는 받침대, 받침목

podvaladžija (男) 사기꾼, 협잡꾼 (prevarant)

podvaliti *-im* (完) podvaljivati *-ljujem* (不完) 1. (kome) 속이다, 기만하다, 사기치다; *~ kupcu* 구매자를 속이다; *~ na kartama (na ispitu)* 카드 게임에서 속이다, 시험을 컨닝하다 2. ~의 밑에 받침대를 받치다

podvaljak *-ljka* 1. 이중 턱 (podvoljak) 2. 신체에 있어 살이 겹쳐 주름처럼 겹치는 부분

podvarak *-rka* (料理) 양배추 절임과 고기를 같이 넣고 끓인 음식

podveče(r) (副) 해질 무렵에, 땅거미가 질 무렵에

podvesti *podvedem; podveo, -ela; podveden, -ena* (完) podvoditi *-im* (不完) 1. (~의 밑으로) 이끌다, 인도하다; *~ pod most* 다리 밑으로 이끌다 2. (kome) (여성을) 매춘으로 이끌다, 여성을 남성과 잠자리를 같이 하게 하다 3. (비유적) ~의 하위 부류로 분류하다; *~ pod kategoriju* ~카테고리로 분류하다 4. *~ kobilu konju* 암말을 숫말과 교미시키다

podvesti *podvezem; podvezao, -zla; podvezen, -ena; podvešću* (完) podvoziti *-im* (不完) (~의 밑으로) 운전하다(몰다); *~ kola pod most* 다리 밑으로 운전하다

podveza 1. (무릎 밑의) 양말을 묶어 매는 끈; 고무 밴드(양말을 무릎 근처에서 묶는) 2. 머리에 쓰는 여성용 스카프의 일종

podvezati *-žem* (完) podvezivati *-zujem* (不完) 1. (밑으로부터) 묶다, 동여매다; *~ ranu* 상처를 동여매다 2. (비유적) 계약하다, 계약을 체결하다; (융자를 받기 위해) 담보를 제공하다 3. ~ se 옷을 단단히 동여매다 4. ~ se (이행할 것에 대해) 보증하다, 서약서를 제출하다

podvig 1. 위업(偉業), 업적, 공적, 역작, 성취

물; *to je pravi ~* 그것은 대단한 위업이다 2. (보통 複數로) 모험, 치기어린 행동, 장난 (pustolovine, nastašluci); *mladići razgovaraju ponajviše o devojkama i podvizima* 젊은 청년들은 여자와 치기어린 행동에 대해 가장 많이 이야기한다

podvijati *-am* (不完) 참조 podaviti; 끝을 구부리다

podviknuti *-nem* (完) podvikivati *-kujem* (不完) 1. 크게 소리치다; *čim prođe kraj kafane, a oni mu podviknu* 카페 지역을 벗어나자마자 그들은 그에게 소리쳤다 2. (kome) (분노·불만족의 표시로) 소리지르다, 고함치다; (큰 소리로) 야단치다, 비난하다, 고함지르다; *narednik podviknu pijanim ženama i one se malo rastezneše* 선임하사가 술취한 여자들에게 소리를 질러 그 여자들은 조금 술에서 깨어났다 3. (koga) 큰 소리로 명령하다

podviti *podvijem* (完) 참조 podaviti; 끝 부분을 구부리다

podvlačiti *-im* (不完) 참조 podvući; 밑으로 끌어당기다

podvlastiti *-im; podvlaščen* (完) podvlašćivati *-ćujem* (不完) 복종시키다, 종속시키다, ~의 지배하에 놓이게 하다; *~ narod* 백성들을 복종시키다

podvodač, podvodnik 1. 뚜쟁이, 매춘 알선업자 (svodnik) 2. (처녀를 꾀어) 성관계를 갖고자 유혹하는 사람, 꼬시는 사람 (zavodnik)
podvodačica, podvodnica

podvodan *-dna, -dno* (形) 1. 습지의, 늪지의; 물에 잠긴 2. 홍수가 나기 쉬운 3. (한정 형용사) 물속의, 수중의; *~dni električni vod* 수중 전기선 4. (비유적) 숨겨진, 비밀의 (potajan, skriven)

podvoditi *-im* (不完) 참조 podvesti

podvodnica 참조 podvodač

podvodništvo 매춘 알선업

podvođač, podvođačica 참조 podvodač

podvođenje (동사파생 명사) podvoditi

podvojiti *-im* (完) podvajati *-am* (不完) 1. 두 개로 나누다(분리하다) (razdvojiti); *naša je kultura bila podvojena* 우리 문화는 양분되었다 2. 두 배로 강화하다, 두 배로 증가시키다, 배가(倍加)시키다 (udvostručiti) 3. 의심하다 (posumnjati) 4. ~ se 나뉘다, 분리되다

podvoljak *-ljka* 이중 턱 (podvaljak)

podvorba 1. 섬김, 모심, 시중을 듦, 봉사 (dvorenje, usluga) 2. 음식 (ono što se poslužuje, jelo) 3. (集合) 하인, 종복(從僕)

P

(posluga)

podvorenje 1. 섬김, 시중을 듦, 모심, 봉사 (usluženje, podvorba, usluga); *podvorenje koje naš knez čini sultanu vređa naš narodni ponos* 우리 대공(大公)이 술탄의 하인 노릇을 하는 것은 우리의 민족적 자긍심을 짓밟는 것이다 2. 방문, 선물 (poseta, poklon); *doći na ~ nekome* 누구를 방문하다, 누구에게 존경을 표하다

podvoriti *-im* (完) 1. 시중들다, 섬기다, 모시다 (poslužiti); *jadna njegova majka! dva meseca leži i muči se, a nikoga kod nje da je podvori osim njega* 그 사람의 어머니가 불쌍하다! 두 달간 드러누워 고생을 하고 있지만 그 사람 말고는 아무도 그녀의 시중을 드는 사람이 없다 2. 손님에게 봉사하다, 손님을 맞다, 손님을 접대하다 (pogostiti)

podvornica 1. 하녀, 여급, 가정부, 식모 (poslužiteljka, dvorkinja); *pojurila je ~ s metlom* 하녀가 빗자루를 들고 뛰어갔다 2. 집에 딸린 토지(농지), 집주변의 토지(농지); 남새밭 (okućnica)

podvornik 1. 하인, 종, 노복(奴僕) 2. (건물의) 관리인, 잡역부, 사환; *školski ~* 학교 소사

podvostručiti *-im* (完) **podvostručavati** *-am*, **podvostručivati** *-čujem* (不完) 1. 두 배로 증가시키다, 배가(倍加)시키다 2. ~ se 두 배로 되다

podvoz 1. 운송수단 (kola); *dati ~* 운송수단을 제공하다 2. 운송, 수송 (voženje, vožnja); 운송비, 수송비 (podvoznina); *~ robe* 화물 수송; *platiti za ~* 운송비를 지불하다 **podvozni** (形)

podvoziti *-im* (不完) 참조 podvesti

podvoznī *-ā, -ō* (形) 참조 podvoz; 운송의, 수송의; *~o sredstvo* 운송 수단; *~a tarifa, ~ troškovi* 운송비, 수송비;

podvoznica 선하증권 (B/L)

podvoznina 운송비, 수송비

podvoznjak 지하도 (反; nadvoznjak)

podvratiti *-im* (完) **podvraćati** *-am* (不完) 참조 podvrnuti

podvŕći, podvrgnuti *podvrgnem; podvrgnuo, -ula & podvrgao, -gla* (完) **podvrgavati -am** (不完) 1. (여격으로 오는 명사가 뜻하는 동작을 누구 또는 어떤 것에) 하다, 행하다; *~ analizi (kritici)* 분석(비판)하다; *~ ispitivanju* 조사하다; *~ kazni* 징계하다; *~ reviziji* 회계감사하다; *~ zakonu* 법률을 강제하다 2. (여격 명사가 의미하는 동작을) 당하게 하다, 겪게 하다; *~ nekoga kritici* 비

난을 받게 하다; *~ nekoga operaciji* 수술을 받게 하다; *~ nekoga lekarskom pregledu* 의사의 진료를 받게 하다 3. ~ se (어떠한 일(행동)의 대상이 되어) ~을 몸소 겪다, 당하다; *~ se ispitu* 시험을 보다; *~ se operaciji* (환자가) 수술을 받다 4. ~ se (누구의 뜻·권력에) 복속되다, 예속되다 (potčiniti se, pokoriti se)

podvrnuti *-nem* (完) **podvrtati** *-ćem* (不完) 1. (끝을 안쪽 혹은 밑으로) 접다, 접어 올리다, 구부리다 (zavrnuti, uvrnuti); *~ rukav* 소매를 걷다 2. 돌리다 (obrnuti, okrenuti)

podvrsta 하위 부류

podvrtati *-ćem* (不完) 참조 podvrnuti

podvući *podvučem, podvuku; podvukao, -kla; podvučen; podvuci* (完) **podvlačiti** *-im* (不完) 1. (밑으로) 넣다, 끌어당기다, 잡아당기다; *~ noge pod pokrivač* 덮개 밑으로 발을 집어넣다; 2. 밑줄을 긋다 (potcrtati); *~ rečenicu crvenom olovkom* 빨간 볼펜으로 문장에 밑줄을 긋다 3. 강조하다 (naglasiti); *u govoru je podvukao značaj mira* 그는 연설에서 평화의 중요성을 강조했다 4. ~ se ~ 밑으로 들어가다(빨려 들어가다); *~ se pod jorgan* 담요 밑으로 파고 들어가다 5. ~ se 살금살금 기어 가까이 다가가다 6. ~ se ~의 밑에 나타나다 7. 기타; *~ pogled* 시선을 밑으로 깔다; *~ rep* (卑俗語) 자신의 행동을 부끄러워하다(창피해하다); *~ se kome pod kožu* 아첨하여 (목표로 한 것을) 얻다, 호감 (환심)을 사다

podzakup (집 등 부동산의) 재임대, 재임차, 전대(轉貸)

podzakupac *-pca* 재임대인, 재임차인, 전대인 (轉貸人)

podzemaljskī *-ā, -ō* (形) 땅밑의, 지하의 (podzemni)

podzemlje 1. 땅밑, 지하; (그리스 신화) 지하 세계; *u ~u je metro* 땅밑에는 지하철이 다닌다; *Prometej silazi u ~* 프로메테우스가 지하 세계로 내려간다 2. (건물의) 지하실 3. (현 질서를 파괴시키기 위한) 지하조직, 비밀조직; (도시의 빈민층 사람들이 살고 있는) 빈민촌; *revolucionarno ~* 혁명지하조직 4. 불법(비밀) 상태 4. 음모 (spletka, intriga)

podzemnī *-ā, -ō* (形) 1. 땅밑의, 지하의; *~a železnica* 지하철; *~ hodnik* 지하 통로; *~a voda* 지하수 2. (비유적) 불법적인, 지하의 (ilegalan, protivzakonit); *shvatio je da je sad moguća samo ~a trgovina* 지금 현재는 불법무역만이 가능하다는 것을 깨달았다; *~a*

organizacija 불법지하조직 3. 음모의
(zakulisan, intrigantski)

podzid 옹벽

podzidati *-am* & podziđem (完) 옹벽(podzid)
을 세우다, 옹벽을 세워 튼튼하게 하다

podžeći *podžežem, podžegu* & *podžegnem*;
podžegao, -gla; podžežen, -ena; podžezi
(完) **podžizati** *-žem* (不完) 1. 밑으로부터 불
태우다(불사르다) (potpaliti) 2. (비유적) 부추
기다, 선동하다

pođoniti *-im* 신발에 바닥(밑창)을 대다

poema 1. 시(詩); *elegična (junačka,
rodoljubiva)* ~ 애가체(영웅, 애국)시; ~
ljubavi(smrti, sreće) 사랑(죽음, 행복)의 시
2. (비유적) 찬미, 칭송; ~ *radu* 노동 찬양

poen *-ena* (스포츠) 포인트, 점수 (bod);
pobediti na ~e 판정승을 거두다; *pobeda na
~e* 판정승; *odlujući* 결정적 포인트

poengleziti *-im; poengležen* (完) 1. 영국인화
하다 2. ~ se 영국인화되다

poenta 1. (이야기 등의) 논점, 핵심 2. 일격을
가하는 말, 급소를 찔러 꼼짝 못 하게 하는
말 (토론·논쟁 등에서) (oštrica, žalac, žaoka)

poenter 1. (경기의) 기록원 2. (動) 포인터(사
냥개의 한 종류)

poentirati *-am* (完,不完) 핵심(논점)을 강조하다

poet *-a*, **poeta** *-e* (男) 시인 **poetski** (形)

poetičan *-čna, -čno* (形) 1. 시의, 시적인 2.
시흥이 넘치는, 시적 감성이 풍부한

poetičkī *-ā, -ō* (形) (=poetski) 시의, 시적인;
~ *zanos* 시적 흥분(열광)

poetika 시론(詩論), 시학(詩學)

poetizacija 시화(詩化)

poetizirati *-am* ~을 시화(詩化)하다, 시로 표
현하다

poetskī *-ā, -ō* (形) 참조 poet, poezija; 시(詩)
의, 시인의; ~ *jezik* 시인의 언어; ~ *stil* 시
형식

poezija 1. (문학 형식으로서의) 시(詩); *epska
~* 서사시; *lirska ~* 서정시; *patriotska ~* 애
국적인 시 2. (집합적) 시 (한 시대의, 한 작
가의) (pesma) 3. 시론(詩論), 시학(詩學)
(poetika)

pofrancuziti *-im; pofrancužen* (完) 1. 프랑스
인화하다, 프랑스화하다 2. ~ se 프랑스화되
다, 프랑스인화되다

pogača 1. 빵의 일종(이스트를 사용하지 않고
부엌 아궁이에서 구운 둥글고 평평한 모양의
빵); *dati kome ~u za proju* 덜 비싼(귀한)
물건을 갖기 위해 더 비싼(귀한) 것을 내주
다; *jesti (lomiti) s kim jednu ~u* ~와 같이

살다(동거하다); *tražiti (hteti) hleba kod
(pored) ~e, tražiti preko hleba ~u* 가진 것
에 만족하지 않다 (더 많은 것을 요구하다)
2. (方言) 케이크의 일종 (보통 부활절에 먹
는 둥근 모양의); *uskršnja ~* 부활절 케이크

pogačica 1. (지소체) pogača 2. 케이크의 한
종류 (치즈, 구운 돼지껍질 등이 들어간 둥
근 모양의)

pogađač 무슨 일이 일어날지 잘 알아맞추는
사람; 점장이, 예언자

pogađanje (동사파생 명사) pogađati

pogađati *-am* (不完) 참조 pogoditi

pogan (女) 1. (동물의) 배설물 (balega, izmet)
2. 오물, 쓰레기 (nečist, smeće); *ljudska ~*
인간 쓰레기 3. (비유적) 사악한 사람, (도덕
적으로) 타락한 사람 4. 구역질 나는 것

pogan *-a, -o* (形) 1. 더러운, 불결한 (prljav,
nečist); ~ *zatvor* 더러운 교도소 2. (비유적)
사악한, 비열한, 나쁜 (pokvaren, opak,
rđav); 역겨운, 추한, 혐오감을 불러 일으키
는 (gadan, ružan); 화가 난, 노하여 펄펄 뛰
는 (besan, goropadan); ~ *čovek* 사악한 사
람; *biti ~a jezika (~ih usta), biti ~ na
jeziku* 말다툼하기 좋아하는, 빈정대는; ~
bolest 성병(性病)

poganac 1. 사악한 사람 (zlikovac) 2. 종교가
없는 사람, 무신론자 (nevernik, bezverac)
3. (醫) 종기, 부스럼 (opasan čir, prišt)

poganija (集合) 1. 사악한 사람들, 인간 쓰레기
2. 역겨운 동물 (gadne, odvratne životinje)
3. 불결, 더러움; 오물, 쓰레기 (nečistoća,
gad, gnus)

poganin 이교도, 비기독교도, 다신교도, 무신
론자 (paganin) **poganka; poganski** (形)

poganiti *-im* (不完) **opoganiti** *-im* (完) 1. 불결
하게 하다, 더럽히다 (kaljati, prljati) 2. (동
물이) 배설물을 싸다, 똥을 싸다; *golubovi
su ~ili stepenice* 비둘기들이 계단에 배설물
을 싸놓았다 3. (비유적) 성물(聖物)을 훼손
하다, 신성을 더럽히다 (kaljati, skrnaviti
svetinju, obesvećivati što)

poganka 참조 poganin

poganluk 1. 방탕한 생활, 타락함; *sada
vladaju kuga i pomor, božja kazna za
ljudske ~e* 지금 흑사병과 역병이 창궐하는
데 이것은 인간의 타락함을 징계하는 하나님
의 벌인 것이다 2. 점잖지 못한 말(어휘),
욕설 (psovka) 3. 이교(異教) 4. 더러움, 불
결함 (poganština)

poganstvo 1. (=paganstvo) 이교, 다신교, 무
신론 2. 타락한 행동, 범죄 (pogano delo,

P

zločin)

poganština 1. 더러움, 불결함 (nečistoća, prljavština) 2. 이교(異敎) (poganstvo) 3. (輕蔑) 사악한 사람, 인간 쓰레기 (pogan čovek, nevaljalac)

pogasiti *-im* (完) 1. (전부, 차례차례 모두) 끄다, 소등하다; ~ *sve sijalice* 모든 전구를 소등하다; ~ *vatru* 불을 끄다 2. (일·작업 등을) 멈추게 하다, 중단시키다 3. (비유적) 무력화시키다, 무디지게 하다 (zatrti, umrtviti); *ona strašna noć pogasila je u njoj svu snagu i otpornost* 그 무서웠던 밤은 그녀 안에 있던 모든 힘과 저항의지를 무력화시켰다

pogaziti *-im* 1. 밟다, 짓밟다; ~ *travnjak* 잔디밭을 밟다; (자동차로) 치다, 짓밟다; ~ *poešaka* (자동차가) 보행인을 치다 2. (전쟁에서) 정벌하다, 복속시키다; 포획하다, 노예로 만들다; ~ *kraljevstvo* 왕국을 정벌하다; ~ *raju* 비무슬림 백성들을 노예로 만들다 3. 경시하다, 무시하다; 버리다 (zanemariti, odbaciti); ~ *običaje* 풍속을 경시하다 4. (비유적) 무참히 짓밟다, 수치(창피)스럽게 하다; ~ *čast* 명예를 무참히 짓밟다 5. (비유적) (도덕률·법 등을) 위반하다 ~ *obećanje* 약속을 위반하다; ~ *zakon* 법률을 위반하다

pogdegde, pogdegod (副) 여기저기로, 여기저기에서, 이곳 저곳에서 (tu i tamo, ovde-onde)

pogdekad (副) 때때로, 가끔씩 (ponekad)

pogdeko 누군가 (poneko)

pogdekojī *-ā, -ē* 드물게 누군가 (retko koji, poneki, samo koji)

pogibao *-bli* (女) 1. 위험 (opasnost) 2. 파멸, 멸망 (propast, uništenje)

pogibelj (女) 위험 (pogibao, pogibija)

pogibeljan *-ljna, -ljno* (形) 위험한 (opasan); ~ *napad* 위험한 공격

pogibija 1. 위험 (opasnost, pogibao) 2. 살해, 처형, 죽음 (ubistvo, smaknuće, smrt) 3. 참담한 패배, 참패; 대참사, 파국 (težak poraz, katastrofa)

poginuti *-nem* (完) 참조 ginuti

pogladiti *-im* 참조 gladiti

poglavar (국가·교회 등의) 장(長), 우두머리; (종족의) 추장, 족장; ~ *crkve* (가톨릭·정교회 등의) 주교, 대주교; *zemaljski* ~ 지방정부의 장(長)

poglavarstvo 1. 장(長) (poglavar) 2. 당국 (vlast, uprava)

poglavica (男) 1. 장(長), 우두머리 (poglavar, starešina) 2. (종족의) 추장, 족장; ~

plemena 부족장; *indijanski* ~ 인디언 추장

poglavit *-a, -o* (形) 1. 주요한, 주된, 가장 중요한; ~ *zadatak* 가장 중요한 임무 2. 훌륭한, 뛰어난, 명성이 자자한 (ugledan, odličan, znatan)

poglavito (副) 1. 주로, 대부분은; *trgovao je* ~ *slaninom* 주로 베이컨 장사를 했다 2. 특히 (osobito, naročito)

poglavlje (책·논문 등의) 장(章) (glava, deo, odeljak)

pogled 1. 시선, 바라봄; 눈빛, 눈짓; *baciti* ~ *na nešto* ~을 바라보다; *gutati nešto* ~*om* 눈빛으로 강렬하게 원하다; *oboriti* ~ *zemlji* 시선을 깔다, 부끄러워하다; *nežan* ~ 부드러운 눈빛; *ljubav na prvi* ~ 첫 눈에 반한 사랑; *pratiti* ~*om* 지켜보다; *ludački* ~ 광기어린 눈빛; *jednim* ~*om* 한 번 훑어봄으로써; *krvnički* ~ 살인자 눈빛; *izazivački* ~ 도발적인 눈빛; *pokajnički* ~ 후회하는 눈빛; *menjati s nekim* ~*e* 누구와 눈짓을 교환하다; *meriti nekoga* ~*om* 외모로 판단하다; *preseći koga oštrim* ~*om* ~에게 자신의 불만을 표시하다; *skrenuti kome* ~ *na što* 누구의 시선을 돌리다; *u nekom (svakom)* ~*u* 어떤 점 (모든 점)에서; *u tom* ~*u* 그 점에 대해서는; *u* ~*u čega* ~에 대해서는(~에 관해서는) 2. 시각(視覺), 시력 3. 시야(視野); 경관, 풍광, 경치; *divan* ~ *na more* 바다가 보이는 아주 멋진 경치; *čovek širokih* ~*a* 시야가 넓은 사람 4. 견해, 의견 (mišljenje, shvatanje); *njegov* ~ *na brak* 그의 결혼관; ~ *na svet* 세계관; ~ *na život* 인생관 *izložiti svoje* ~*e* 자신의 견해를 밝히다; *napredni* ~ 진보적 견해; *religiozni* ~ 종교관

pogledati *-am* (完) 1. 보다, 바라보다, 쳐다보다; ~ *kroz prozor* 창문을 통해 바라보다; ~ *nekome u oči* 누구의 눈을 바라보다; *on to mora* ~ *u svojim knjigama* 자신의 책에서 그것을 확인해야 한다; ~ *na sve strane* 사방을 쳐다보다; *oštro* ~ 날카롭게 바라보다; ~ *čaši (bokalu) u dno* 잔(술병)을 비우다, 다 마시다; ~ *istini u oči* 공개적으로 사실을 인정하다; ~ *koga krivim okom (ispod oka, krivo, popreko)* 삐딱하게 보다, ~에 대한 자신의 불만이나 미워하는 것을 표시하다; ~ *kome kroz prste* ~의 잘못(실수)을 관대하게 용서하다, 관대하게 대하다; ~ *oči u oči* 직면하다; *treba junački smrti u oči* ~ 영웅적으로 투쟁할 필요가 있다 2. 뒤돌아보다 (obazreti se, osvrnuti se); ~ *oko sebe* 자신의 주변을 되돌아보다

P

pogledati -am (不完) 기대하다, 바라다, 예상하다 (očekivati, izgledati)

pognati -am & poženem (完) 1. 쫓다, 쫓아내다, 압박하다 (oterati, potisnuti); ~ Turke 터키인들을 쫓아내다 2. 뛰게 하다 3. 말을 타고 추적하다(추격하다, 쫓아 가다) 4. 몰다, 몰고 가다; ~ na sajam volove 시장에 소들을 몰고 가다 5. (사냥감을) 쫓다, 추적하다; ~ zeca 토끼를 몰다, 토끼몰이를 하다

pognut -a, -o (形) 참조 pognuti; 앞으로 기울어진(숙여진)

pognuti -nem (完) 밑으로 숙이다(굽히다), 구부리다 (sagnuti, zgrbiti); ~ glavu (šiju) 고개를 숙이다, 압력에 굴복하다

pogodak -tka; pogoci, pogodaka 1. (탄환 등의 목표물에의) 명중; pun ~ 완전 명중; ~ u metu 타켓 명중 2. (복권 등의) 당첨

pogodan -dna, -dno (形) 편리한, 알맞은, 적당한, 적합한, 잘 어울리는 (zgodan, podesan, prikladan); ~dno vreme 편리한 시간; ~dna tema 적합한 주제; ~dna boja 잘 어울리는 색깔

pogodba 1. 흥정(cenkanje, pogađanje); ~ je dugo trajala 흥정은 오래 계속되었다 2. (협상의 결과로써의) 합의 (dogovor); sklopiti ~u 합의하다 3. 주변 사정, 상황, 환경 (prilika, okolnost) 4. 상호간의 사랑, 관용 (međusobna ljubav, snošljivost)

pogodben -a, -o (形) 합의(pogodba)의, 동의의; ~i način (文法) 조건법; ~a rečenica (文法) 조건문

pogoditi -im; pogođen (完) **pogađati** -am (不完) 1. (탄환·포탄·화살 등을) (목표물에) 맞히다, 명중시키다, 적중시키다; ~ metu 목표물을 맞히다; ~ u centar 중심에 명중시키다; on je pogađao koš sa svakog odstojanja 그는 모든 거리에서 (농구 바스켓에) 골인시켰다; ~ koga u slabu stranu ~의 약점을 공격하다 2. 감동시키다, 마음을 움직이다, 마음에 영향을 주다(긍정적이든 부정적이든); mene je pogodila vaša iskrenost 당신의 진실함이 나를 감동시켰다; njega je pogodila majčina smrt 어머니의 죽음이 그 사람을 뒤흔들었다; ~ u živac (u žilicu, u srcu) 강렬한 인상을 남기다, 가장 민감한 곳을 건드리다 3. 손상시키다, 피해를 입히다 (oštetiti, okrnjiti); to pogađa naše interese 그것은 우리의 이익을 침해한다; poplava je pogodila ovu pokrajnu 이 지역이 홍수 피해를 당했다 4. 알아맞히다; 추측하다; pogodi, ko je to! 누군지 한 번 알아맞춰봐!

5. (na što, u što) ~에 빠지다, 예기치 않게 ~에 직면하다; ~ u jamu 구멍에 빠지다; nije došla u pravi čas jer je pogodila baš na ljutu svađu 그녀는 격렬한 말다툼이 한창인 부적절한 시간에 도착했다; ~ zatvor 감옥에 가다, 징역형을 선고받다 6. 찾다, 발견하다 (탐사의 결과로) (naći, pronaći); ne možemo da pogodimo put 길을 찾을 수가 없다; ~ pravi put 올바른 길을 찾다 7. 흥정하다, 가격을 정하다; ~ meso 고기값을 정하다 8. 고용하다 (najmiti); ~ majstore 기술자를 고용하다 9. ~ se 합의하다, 의견의 일치를 이루다; 가격에 대해 합의하다; dve zemlje se pogode 양국(兩國)이 합의한다 10. ~ se 고용되다, 취직하다 (najmiti se); pogodio se kog nekog majstora I počne raditi 어떤 기술자 집에 고용되어 일하기 시작한다 11. ~ se (無人稱文) (꿈을) 이루다, 성취하다 (ispuniti se, ostvariti se); sanjao je i pogodilo se 꿈을 꿨으며 그것이 이루어졌다

pogodnost (女) 1. 특권, 특전 2. 편리함 3. (세금, 부담 등의) 감면, 삭감 (olakšica)

pogodovati -dujem (不完) ~ nekome 긍정적으로 작용하다, 용이하게 하다, 이롭게 하다, 도와주다; ta atmosfera je pogodovala da se razvije u mladim dušama interes za javne poslove 그러한 분위기는 젊은이들이 공공의 일에 관심을 가지는 것에 긍정적으로 작용했다; vreme pogoduje setvi 날씨가 파종에 알맞다

pogon 1. (物)(機) 동력, 추진력; (동력을 생산하는) 기관; benzinski ~ 휘발유 동력; električni ~ 전기 동력; vodeni ~ 수력; atomski ~ 원자력; kola se pokreću kakvim unutrašnjim ~om 자동차는 내연기관으로 움직인다; podmornica na atomski ~ 원자력 잠수함; avion na mlazni ~ 제트 비행기 2. (공장의) 구역, 부서; rukovodilac (šef) ~a 구역장 3. (자동차의) 구동 장치(방식); na obadve osovine 사륜구동; prednji ~ 전륜구동; zadnji ~ 후륜 구동 4. (기계 등의) 운전; 운영, 조업(操業) (rad, funkcionisanje); pustiti u ~ 가동시키다; staviti motor u ~ 엔진을 켜다; biti van ~a 사용되지 않고 있다 5. 운송비, 수송비 6. (사냥의) 몰이; lov ~om 사냥 몰이 **pogonski** (形); ~a snaga 추력(推力), 추진력; ~a osovina 구동축

pogonič (사냥의) 몰이꾼

pogoniti -im (完) (소 등을) 몰다, 몰고 가다; (사냥감을) 몰다

P

pogorditi -im (完) 1. 자부심을 갖게 하다 2. ~
se 자부심을 갖다, 오만해지다, 거만해지다
pogorelac -lca 1. (자신의) 집이 불탄 사람 2.
(비유적) 가난한 사람, 빈자(貧者) (siromah)
pogoreti -rim (完) 1. 태우다, 불사르다;
mladić mi je sinoć pogoreo sva drva 한 젊
은이가 어제 저녁에 땔감 모두를 태웠다 2.
화재로 집과 재산을 다 잃다, (집과 재산이)
화재로 다 소실되다 3. (햇볕에) 화상을 입다
4. (한동안) 타다, 불타다; 완전 전소되다;
selo je pogorelo 마을이 불탔다; *za vreme*
rata su dva puta pogoreli 전시에 두 번이나
완전 전소되었다; ~ *od stida* 많이 부끄러워
하다
pogoršati -am (完) **pogoršavati** -am (不完) 1.
악화시키다 (反; poboljšati); ~ *situaciju* 상
황을 악화시키다 2. ~ se 악화되다; *zdravlje*
mu se pogoršalo 그의 건강은 악화되었다
pogospoditi se -im se (完) 신사(gospodin)가
되다
pogostiti -im; *pogošćen* (完) 1. (~를 손님으로
서) 맞이하다, (음식·술 등을 내어) 대접하다,
환대하다 (ugostiti); ~ *namernika* 객(客)을
대접하다 2. 존경을 표하다, 영광스럽게 하
다 (počastiti); *primili ste nas časno,*
pogostili dobrom rečiju 당신은 우리를 따뜻
하게 맞아 주셨고 덕담으로 우리를 빛내주셨
습니다
pogotovo, pogotovu (副) 1. 특히 (osobito,
naročito); *ja bih i onako ćutao, a ~ ako bih*
bio u njegovih koži 나는 그냥 침묵했을꺼야,
특히 내가 그의 입장에 있었다면 말할것도
없고 말야 2. 완전히 (gotovo); *zatekao je*
svoju kuću ~ pustu 그는 완전히 허물어진
자신의 집을 발견했다
pogovor 1. (책 말미의 작가 혹은 발행인 등의)
후기, 맺음말; 에필로그; *piščev ~* 작가 에필
로그 2. 사소한 이의, 이론 (manji prigovor,
zamerka); *bez ~a (biti, ići, slušati)* 조그마
한 다툼(의심)도 없이, 조건없이; *u mlađega*
~a nema 나이어린 사람들은 (나이많은 사
람들의 말에) 토를 달지 않고 순종해야 한다
pogovoriti -im (完) 1. 말하다 (prozboriti,
reći); *o njemu valja malo više ~* 그 사람에
대해 좀 더 많이 말할 것이다 2. (이미 앞서
말한 것을) 되풀이 말하다 3. 암송하다
(izgovoriti, izrecitovati); ~ *sve pesme*
napamet 모든 시들을 외어 암송하다 4. 부
정적으로 말하다, 질책하다 (zameriti)
pograbiti -im (完) 1. 재빨리 낚아채다(거머쥐
다) 2. 빼앗다, 강탈하다, 약탈하다 (ugrabiti,

oteti, prisvojiti); *ovo su ··· od sirotinje*
pograbili i pootimali 이것들은 ··· 가난한 사
람들로부터 빼앗은 것이다 3. 갑자기 사로잡
다, 휩싸다 (naglo zahvatiti, obuzeti); *u*
jedan mah kao da ju je pograbila
vrtoglavica 그녀가 갑작스런 현기증을 느낀
것과 같은 찰라 4. 갈퀴질하다; *uzme grablje*
da bi pograbio prosuto seno 여기저기 널린
풀을 긁어 모으기 위해 갈퀴를 잡았다
pograbljati -am, **pograbuljati** -am (完) 갈퀴질
하다, 갈퀴로 긁어 모으다; ~ *seno* 건초를
갈퀴질하여 긁어 모으다
pograničan -čna, -čno (形) 국경의; ~čni
sukobi 국경 충돌; ~čni *stražar* 국경 수비대;
~ *prelaz* 국경 통과; ~ *promet* 국경 무역
pograničar 국경 수비대원
pograničnik 국경 수비대, 국경 수비대원
pogrbaviti -im, **pogrbiti** -im (完) 1. 꼽추를 만
들다; *deda je zdrav, samo ga je malo*
starost pogrbila 할아버지는 건강하지만 노
령으로 인해 허리가 약간 굽었다 2. ~ se 꼽
추가 되다, 허리가 굽다 (노령·질환·짐 등으
로 인해); *natovario Pero na sebe vreću*
soli, pogrbio se pod njom 페로는 등에 소
금 푸대를 짊어져 꼽추처럼 되었다; *malo se*
pogrbavio, ali je ipak izgledao kao naročit
starac 등이 약간 휘었지만 건강한 노인처럼
보였다
pogrčiti -im (完) 구부리다, 숙이다, 웅크리다
(poguriti, zgrčiti); *Nikola pogrči leđa kao*
da se brani od nečega 니콜라는 무엇을 막
는 것처럼 등을 구부렸다
pogrčiti -im (完) 1. 그리스인(Grk)화 하다, 그
리스화 하다 2. ~ se 그리스인이 되다, 그리
스인화 되다
pogrda 1. 무례한 말; 욕, 욕설 (psovka);
izgovarati ~ 욕하다 2. 수치, 창피; 모욕
(sramota; uvreda) 3. 모욕과 경멸을 당할
만한 사람
pogrdan -dna, -dno (形) 모욕적인, 경멸적인;
추한, 보기 흉한, 못생긴 (uvredljiv, ružan,
gadan); ~dno *značenje* 경멸적인 의미
pogrditi -im (完) **pogrđivati** -đujem (不完) 1.
흉하게 만들다, 일그러뜨리다, 기형으로 만
들다 (nagrditi); *nemoj svoga ~ lica* 자기
얼굴을 흉하게 만들지 마라 2. 욕하다, 욕설
을 퍼붓다, 험한 말을 하다 (izgrditi,
ispsovati) 3. 창피하게 하다, 망신시키다
(osramotiti, obrukati); ~ *porodicu* 가족을
망신시키다 4. (명예·신성 등을) 손상시키다,
훼손시키다, 더럽히다, 모욕하다 (okaljati,

P

oskrvnuti); ~ *svetinju* 성스러움을 모욕하다
5. 큰 피해를 주다
pogreb 장례, 장례식; 장례 행렬 (sahrana,
pogrebna pratnja); *ići na* ~ 장례식에 가다
pogrebni (形); ~ *zavod* 장례식장, 영안실;
~*a kola* 영구차; ~ *marš* 장례 행렬
pogrebnik 장의사
pogrepsti *pogrebem* (完) 1. 관을 땅에 묻다,
장례식을 치르다 (sahraniti) 2. 파묻다, 묻어
두다 (zatrpati) 3. (비유적) (망각에) 묻다,
잊혀지게 하다
pogrepsti *pogrebem* 1. (날카로운 물체로) 긁
다, 긁어 상처를 내다, 할퀴다 2. (표면을 긁
어) 벗겨내다, 긁어내다 (sastrugati) 3. 급하
게(서둘러) 떠나다
pogrešan *-šna, -šno* (形) 잘못된, 틀린; *poći*
~*šnim putem* 잘못된 길을 가다
pogrešiti *-im* (完) 1. 잘못을 하다, 실수를 하
다; ~ *put* (길을 잃고) 해매다 2. 명중시키지
못하다, 맞히지 못하다
pogrešiv *-a, -o*, pogrešljiv *-a, -o* (形) 잘못하
기 쉬운, 틀리기 쉬운
pogreška (D. *-šči;* G.pl. *-šaka*) 1. (행동, 글
등에서) 실수, 잘못 (omaška, promašaj,
propust) 2. 단점, 부족함 (mana,
nedostatak)
pogrešno (副) 실수로, 틀리게; ~ *razumeti* 잘
못 이해하다
pogrmuša (鳥類) 검은머리솔새, 검은머리꾀꼬
리 무리 (crnoglavka)
pogrmušica (鳥類) 쇠흰턱딱새
pogrom (인종·종교를 이유로 행해지는) 집단
학살 (제정 러시아의 유대인 대학살에서 비
롯됨)
pogrudnica (解) 가슴막, 늑막, 흉막 (grudna,
plućna maramica)
pogrudvati se *-am se* (조금, 잠시) 눈싸움 하다
pogruziti *-im; pogružen* (完) 1. ~을 (물 등 액
체에) 완전히 가라앉히다, 담그다 2. ~ *se*
(비유적) (일 등에) 완전히 몰두하다; ~ *se*
u misli 생각에 몰두하다
pogružiti *-im; pogružen* (完) pogružavati *-am*
(不完) 1. 구부리다, 숙이다, 웅크리다
(zgrbiti, zguriti, sagnuti); ~ *leđa* 등을 구부
리다; ~ *glavu* 고개를 숙이다 2. (비유적) 압
박하다, 짓누르다, 강요하다 (pritisnuti,
prignječiti); *srca su nam tugom pogružena*
우리의 마음은 슬픔으로 짓눌렸다; ~ *srce*
가슴(마음)을 짓누르다 3. ~ *se* (*čemu*) ~에
완전히 몰두하다(빠지다)
poguban *-bna, -bno* (形) 1. 죽음을 초래하는,

파멸을 가져오는(초래하는) (smrtnosan); ~
sukob 파멸을 가져올 수 있는 충돌 2. 아주
위험한; 매우 해로운 (opasan, štetan)
pogubište 처형 장소, 사형집행 장소
pogubiti *-im; pogubljen* (完) 1. (nekoga) 처형
하다, 사형을 집행하다; 죽이다, 살해하다; ~
u dvoboju 결투에서 죽이다; ~ *za kaznu* 형
벌로 처형하다 2. (모두 다, 차례차례 모두)
잃다 3. 판단능력을 상실하다, 어리둥절해
하다, 당황하다 4. 파멸시키다 (upropastiti)
5. ~ *se* 잃어버리다, 상실하다, 사라지다, 없
어지다 6. 기타; *kao da je glavu pogubio*
(*kao da su glave pogubili*) 이성적 판단 능
력을 상실한 사람을 일컬을 때 사용하는 말
pogubljenik 사형수, 사형을 언도받은 사람
pogubljenje 처형, 사형집행
poguliti *-im* (完) 1. 껍질을 벗기다, 가죽을 벗
기다 2. 뽑다, 잡아뽑다 (iščupati)
poguren *-a, -o* (形) 참조 poguriti 2. 굽은,
구부러진, 구부정한
pogureno (副) 구부정하게; *išla je baba* ~
oslanjajući se na štap 할머니는 지팡이를
짚고 구부정하게 걸어갔다
poguriti *-im* (完) 1. 휘게 하다, 구부러지게 하
다; *tri godine straha pogurile njena leđa* 3
년간의 두려움이 그녀의 등을 휘게 만들었다
2. ~ *se* 웅크리다, 등을 구부리다, 허리를 구
부리다; *kako je bio visok, pogurio se da*
prođe kroz vrata 키가 컸기 때문에 문을 지
나려고 허리를 굽혔다 3. ~ *se* 등이 굽어지
다 (보통 질환, 노환 등으로); *bio je omalen,*
poguren 그는 작고 등이휘었었다
pogurnuti *-nem* (完) 밀다, 밀치다, 떠밀다
(pogurati)
pogušiti *-im* (完) 1. (많은 사람을) 질식시켜
죽이다; (많은, 전부를) 죽이다, 살해하다 2.
~se 질식하다
pohaban *-a, -o* (形) (오래 사용하여) 해진, 떨
어진 (istrošen, otrcan); ~ *kaput* 다 떨어진
외투
pohabati *-am* (完) 1. (오래 사용하여) 해지다,
떨어지게 하다; 고장나게 하다 2. ~ *se* 해지다,
떨어지다; 고장나다; *pantalone su se*
pohabale od starosti 바지가 오래되어 해졌다
pohađač, pohađalac *-aoca* 참가자, 참여자; 방
문자; (정기적으로 수업에 참여하는) 학생,
수강생, 청강생 (pohodilac, posetilac)
pohađati *-am* (不完) 1. 방문하다 (posećivati,
obilaziti) 2. (정기적, 규칙적으로) 참가하다,
출석하다; (학교 등에) 다니다; ~ *gimnaziju*
고등학교에 다니다; ~ *večernje tečajeve* 야

간 과정에 다니다; ~ *školu* 학교에 다니다

pohajdučiti *-im* (完) 1. (누구를) 하이두크 (hajduk)로 만들다 2. ~ se 하이두크(hajduk) 가 되다

pohapsiti *-im*; *pohapšen* (完) (모두를, 많은 사람을) 감옥(haps)에 투옥하다, 체포하다; *naređeno je da se odmah pohapse neki ljudi* 일단의 사람들을 즉시 체포하라는 명령이 떨어졌다

pohara 약탈, 강탈; 유린, 황폐 (pljačka, otimanje; pustošenje)

poharati *-am* (完) 1. 약탈하다, 강탈하다 (opljačkati) 2. 유린하다, 황폐화시키다, 초토화하다 (opustošiti, uništiti); *bube su poharale krompir* 벌레들이 감자를 초토화시켰다 3. ~ se 닳아 해지다; 고장나다 (istrošiti se, uništiti se)

poharčiti *-im* (完) 1. (다, 모두) 소비하다, 쓰다 (potrošiti, istrošiti, utrošiti) 2. (비유적) (기회 등을) 놓치다 (propustiti) 3. ~ se (많이, 전부) 쓰다, 소비되다

pohitati *-am* (完) 1. 서두르다, 서둘러 가다, 뛰어 가다 (potrčati, pojuriti); *trkači pohitaše stazom* 달리기 선수들은 트랙을 있는 힘껏 뛰어 갔다 2. (일을 다 마치도록) 서두르다; *deca su pohitala s pisanjem zadataka* 아이들은 숙제를 서둘러 했다 3. 잡다, 붙잡다 (uhvatiti, prihvatiti)

pohlepa, pohlepnost (女) 탐욕, 욕심 (požuda, gramzivost); ~ *za novcem* 돈에 대한 탐욕

pohlepan *-pna, -pno* (形) 탐욕스런, 욕심 많은 (gramziv, lakom); *biti ~ za novcem* 돈에 탐욕스런

pohlepnost (女) 참조 pohlepa

pohod 1. (~ 향한) 출발 (odlazak, polazak kuda); *u svom jutarnjem ~u susreo je rođaka* 아침에 어디를 갈 때 친척을 만났다 2. 방문 (poseta, obilazak); *ići nekome u ~* 누구를 방문하다 3. (軍) 출정, 군 작전; *na peprijatelja* 적을 토벌하기 위한 출정; *ruski ~ protiv fašista* 파시스트에 대항한 러시아군의 출정; ~ *na Severni pol* 북극을 향한 출정 4. (비유적) (~와의 대결에서 승리를 위한)조직적 활동(운동)

pohode (女,複), **pohodi** (男,複) 1. 참조 pohod; 방문; *iči (doći) u ~* 방문하다 2. 친정식구들의 첫 방문 (신부가 결혼한 후 처음으로 신부집을 찾는); *ići u ~ ćerci* 시집간 딸의 집에 처음으로 방문하다

pohoditi *-im* (完,不完)1. 방문하다; ~ *prijatelje* 친구를 방문하다; ~ *Rim* 로마를 방문하다 2.

(좋지 않은 일이 결과로써) 생기다, 발생하다; ~에 수반하다, 따르다 (snaći, zadesiti); *pohodile nas zle godine* 불행한 해가 우리에게 일어났다

pohodnik 방문자 (pohodilac, posetilac)

pohota 1. 강렬한 정욕(육욕·색욕); *ugledavši mladu ženu osetio je ~u* 그는 젊은 여자를 보고나서는 강렬한 정욕을 느꼈다 2. 탐욕, 욕심 (gramzivost, pohlepa); ~ *za novcem* 돈에 대한 욕심

pohotan *-tna, -tno* (形) 1. 육욕의, 색욕의, 정욕의; 강한 정욕(육욕·색욕)을 느끼는; ~ *ljubavnik* 강한 색욕을 느끼는 정부(情夫) 2. 탐욕스런, 욕심많은; ~ *škrtica* 탐욕스런 수전노

pohotljiv *-a, -o* (形) 음탕한, 호색의; 색욕이 많은, 육욕이 강한, 정욕을 내뿜는

pohotljivac *-vca* 색욕에 굶주린 사람, 육욕이 많은 사람, 난봉꾼, 호색한 (pohotnik)

pohotnik 참조 pohotljivac

pohovati *-hujem* (不完) (料理) (~에 밀가루와 계란을 입혀) 튀기다; *pohovane teleće šnicle* 밀가루와 계란을 입혀 튀긴 송아지 고기전(煎)

pohrana 보관 (čuvanje, držanje)

pohraniti *-im* (完) **pohranjivati** *-am* (不完) 1. 보관하다, 보존하다 (파손·손상 등을 방지하기 위해) (sačuvati); *tu su pohranjena njegova pisma* 그 사람의 편지들이 여기 잘 보관되어 있다 2. (마음 속, 기억 등에) 간직하다; *sve je to pohranjeno u mojoj duši* 모든 것이 내 마음 속에 고이 간직되어 있다 3. (조금, 약간) 먹이다, 음식을 주다 (malo nahraniti); *zapovedi da se namažu kola i konji pohrane* 달구지를 손질하고 말에 먹이를 조금 주라고 명령한다

pohrišćaniti *-im*; *pohrišćanjen* (完) 크리스찬으로 만들다

pohrliti *-im* (完) 서두르다, 서둘러 가다, 급히 가다 (pohitati, požuriti (se))

pohrvatiti *-im*; *pohrvaćen* (完) 1. 크로아티아인화 하다 2. ~ se 크로아티아인화 되다

pohuliti *-im* (完) 1. 모독하다, 창피를 주다, 불명예스럽게 하다 (osramotiti, obrukati); *pohulili su veru predaka* 그들은 선조의 종교를 모독했다 2. ~ se 망나니 (건달·불량배, 인간 쓰레기)가 되다 (postati hulja, nitkov, ništarija)

pohvala 감사, 감사의 말

pohvalan *-lna, -lno* (形) 감사의, 감사할만한; *~lno mišljenje* 감사하다는 생각; *kritičari*

P

imaju ~ običaj da usmeno iznose stavove 비평가들은 구두로 입장을 표명하는 감사할 할만한 관습을 가지고 있다

pohvaliti *-im* (完) 1. (koga, što) 감사해 하다, 사의를 표하다; ~ *učenika* 학생에게 감사해 하다 2. ~ se (자신에게, 자신의 성공에) 자랑스러워하다 (podičiti se); *mogu se ~ bratovljevim dostignućem* 나는 형제의 업적이 자랑스럽다

pohvalnica 감사의 편지; 감사장, 공로장

pohvalno (副) 감사해하면서, 고마워하면서; ~ *govoriti* 고마워하면서 말하다

pohvaljivati *-ljujem* (不完) 참조 pohvaliti; 감사해 하다, 사의를 표하다

pohvatati *-am* (完) 1. (차례차례 많은 것을 전부) 잡다, 붙잡다; ~ *lopove* 도둑들을 다 하나 하나 검거하다 2. 점령하다, 점거하다, 차지하다 (zauzeti, zaposesti); *pohvata vojska važne klance i bogaze* 군대가 주요 계곡과 골짜기를 점령한다 3. (말·소 등에) 마구(馬具)를 채우다 (upregnuti, zapregnuti) 4. (비유적) (질환·병 등이) 걸리다, 발생하다, 엄습하다 (spopasti, obuzeti) 5. ~ se 서로 손에 손을 잡다; ~ *se u kolo* 원무(圓舞)에서 서로가 서로의 손을 맞잡다

poigrati *-am* (完) **poigravati** *-am* (不完) 1. (조금, 잠시) 춤추다; (심장이) 쿵쾅쿵쾅 뛰다 (기쁨의); ~ *u kolu* 콜로를 조금 추다 2. (말(馬)이) 춤추다 3. ~ se (놀이를 하면서) 놀다; ~ *se s decom* 아이들과 놀다; ~ *se lutkama* 인형을 가지고 잠시 놀다 4. (비유적) 떨리다, 떨리기 시작하다 (zatreptati); *glas mu poigrava od radosti* 기쁨에 그의 목소리가 떨리기 시작했다

poimati *-am* & *-mljem* (不完) 1. 참조 pojmiti; (성질·의미 등을) 이해하다, 파악하다 2. 받다, 받아들이다 (uzimati, primati); *dizala je umornu glavu prema otvorenu prozoru da poima svež vazduh* 신선한 공기를 들이마시기 위해 머리를 창문쪽으로 들었다

poimence (副) 1. 이름을 대고, 이름으로 (po imenu); *navoditi* ~ 이름을 부르며 인용하다; *prozivati* ~ 이름을 부르다; *ja sam ~ imenovala svaku kuću, čoveka* 나는 모든 집과 사람들을 이름을 붙여 불렀다 2. 특히, 무엇보다 (osobito, naročito, pre svega)

poimeničan *-čna, -čno* (形) 이름의, 이름 명단의; ~ *spisak* 이름 명단

poimeničiti *-im* (完) **poimeničavati** *-am* (不完) (文法) (동사·형용사 등을) 명사화하다 (supstantivirati); *tako je i reč matematika*

poimeničen pridev 그렇게 어휘 'matematika'도 명사화된 형용사이다

poiskati *-štem* (完) 1. (필요한 것을 얻으려고) 요청하다, 요구하다 (zaiskati, zatražiti); *ko mu prvi poište, on mu pokloni ili pozajmi* 그에게 먼저 요청하는 사람에게 그는 선물을 하던지 아니면 빌려줄 것이다 2. (잃어버린 것을) 찾다, 찾아 헤매다, 수색하다 (potražiti)

poistovetiti *-im* (完) 1. ~와 똑같게(동일하게) 하다; *vi ste poistovetili metod rada partije sa metodom rada vojnih štabova* 당신은 당의 운영방법을 군사령부의 방법과 동일하게 했어요 2. ~ se ~와 똑같이(동일하게) 되다

poizdaleka (副) 다소(조금) 먼 곳으로부터

poizdalje (副) 다소(조금) 먼 곳에서; *početi* ~ 빙빙돌려 말하다, 우회적으로 말하다

poj *poja* 1. 전례(典禮)성가, 노래 (주로 교회의) 2. 새의 지저귐; ~ *slavuja* 나이팅게일새의 지저귐 3. (비유적) 작시(作詩)능력

pojac *-jca*, **pojač** *-ača* 가수 (pevač); 교회에서 노래(전례 성가)를 부르는 사람; 합창단원

pojačalo 증폭기, 앰프 (pojačivač)

pojačanje (동사파생 명사) pojačati; 강화, 보강

pojačati *-am* (完) 1. 강화하다, 증강시키다, 보강하다; ~ *stražu* 경계를 강화하다 2. (소리를) 키우다, 증폭하다; ~ *muziku* 음악소리를 키우다 3. ~ se 강화되다, 증강되다, 보강되다

pojačavač 증폭기, 앰프 (pojačalo); *mikrofonski* ~ 마이크 앰프; ~ *napona* 전압 증폭기

pojačivač 참조 pojačavač

pojadati se *-am se* (完) 불평하다, 불만을 말하다, 투덜대다, 푸념을 늘어놓다 (požaliti se, potužiti se)

pojagmiti *-im* (完) 1. (~하려는 열망에) 재빨리 잡다(붙잡다) (u jagmi uhvatiti, razgrabiti) 2. ~ se (za čim) (모든 것을 다 취하려고(다 쓸어담으려고)) 서둘러 가다, 돌진하다; ~을 놓고 겨루다(다투다); *rasipaju novac da se zatim opet pojagme za njim* 돈을 흥청망청 낭비하고는 또 다시 돈을 쫓는다

pojahati *pojašem* (完) 1. 말(馬)등에 오르다, 말등에 앉다 (uzjahati) 2. 말을 타다, 말을 타고 가다

pojam *pojma; pojmovi* 1. 개념, 관념; 2. (~에 대한) 기본적 지식 3. (보통 複數로) 시각, 생각, 견해, (shvatanje, pogled na što); *njegovi su se pojmovi o ženidvi sasvim razlikovali od pojmova oca njegova* 결혼에 대한 그의 시각은 아버지의 그것과는 완전

P

딴판이었다 4. (~에 대한) 의견, 생각 5. 기타; *nemati pojma o nečemu* ~에 대해 아무 것도 모르다; *on je ~ za sebe* 그는 다른 사람들과는 다르다, 그는 괴짜이다; *ubiti koga u ~* 누구의 알지 못함을 증명하다(보여주다)

pojanje (동사파생 명사) pojati; 노래 부르기

pojas *pojasevi & pojasi* 1. 벨트; 허리띠, 혁띠; *~ za spasavanje* (사람을 물에 떠 있게 하는) 구명대 ; *~ nevinosti (vernosti)* (歷) 정조대; *dete pod ~om* 복중 태아, 뱃속아이; *stezati se u ~u* 허리띠를 졸라매다(절약·가난 등의 이유로); *zadenuti (zataknuti) koga za pojas* 능가하다, 뛰어넘다 (능력, 중요도 등에서); *zasvirati i (sviralu) za ~ zadenuti* 적당히 할 필요가 있다, 한도를 넘지 않아야 한다 (특히 여흥 등의) 2. (인체의) 허리, 허리의 잘록한 부분 (struk) 3. (띠모양의) 환상선 (環狀線) 4. (地理) 선; *tropski ~* 회귀선 5. (보통 환상(環狀)의) 지대, 지역, 지구; *granični ~* 국경 지역; *odbrambeni ~* 방어선; *ledeni (umereni, žarki) ~* 빙설대(온대, 열대) 지역

pojata 1. 마구간, 외양간; 우사, 축사 (štala) 2. 헛간, 광 (건초를 저장하는) (šupa za seno) 3. (시골 집의) 별채, 딴채 (주로 신혼부부를 위한) (klet, vajat)

pojatak 1. 작은 방 (협동농장의 여러채의 집들이 있는 곳에서 부부가 따로 잠을 자는) 2. 작은 방 (kiljer, komorica)

pojati *-jem* (不完) 1. (성당 등에서) 성가를 부르다, 기도문을 읊조리다 2. (새들이) 지저귀다, 노래를 부르다 3. 시를 읊조리다

pojav 1. 현상; 사건, 경우, 일어나는 일, 발생하는 일 (događaj, slučaj); *ljudi su u svakom ~u koji nisu umeli da objasne prirodnim putem videli višu silu* 사람들은 자연적 방법으로 설명할 수 없는 모든 경우에 초자연적인 힘을 보았다 2. 나타남, 출현 (prisutnost); *videlo mu se na licu da ga ~ apotekarov nije milo dirnuo* 약사가 출현한 것이 그에게 그리 달갑지 않았다는 것이 그의 얼굴에 나타났다 3. 환상, 환영

pojava 1. (=pojav) 현상, 사건; 발생; *prirodna ~* 자연 현상; *česta ~* 빈번한 현상 2. 나타남, 출현 3. 사람, 인물 (lik, prilika, figura); *čudna ~* 기괴한 인물; *ženska ~* 여자 4. 망상을 가진 일부 사람들에게 보이는 죽은 사람의 모습; 유령, 허깨비, 귀신 (priviđenje, utvara) 5. (연극의) 막; *prva ~* 제 1막

pojaviti se *-im se* (完) 1. ~에 나타나다, ~에 있다, 존재하다; *~ na televiziji* 텔레비전에 나오다; *za njom se pojavila na vratima najstarija joj kći* 그녀 뒤에 그녀의 큰딸이 문에 있었다; *sunce se pojavilo* 해가 나타났다 2. (~의 결과로) 나타나다, 생기다, 발생하다; *posle desetak minuta u stolarnom rukama se pojavi kavez koji je izradio* 십여분 후에 목수의 손에 작업한 새우리가 들려 있다 3. (책 등이) 출판되다, 발표되다, 세상에 나오다; *pojavila se knjiga* 책이 출판되었다 4. 생기다, 발생하다, 나타나다, 출현하다, 시작되다 (nastati, ponići, iskrsnuti); *pojavio se korov* 잡초가 생겨났다

pojedinac *-nca; pojedināca* (다른 사람없이) 한 사람, 개인; *svaki ~* 모든 각 개인; *~nci nisu odobravali ovu odluku* 어떤 사람들은 이 결정을 승인하지 않았다; *samo se ~nci ne slažu* 단 몇 명만이 의견을 달리한다

pojedinačan *-čna, -čno* (形) 각각의, 개개의, 개별적인, 별개의; 개인의; *bilo je ~čnih primedbi* 별개의 이의제기가 몇 개 있었다; *komad bi potpuno propao da nije bilo ~čnih dobrih scena* 만약 별개의 좋은 장면들이 없었다면 연극은 완전히 실패했을 것이다; *svaka ~čna slika* 모든 각각의 그림들; *uzeti ~čno* 개별적으로 취하다

pojedinačno (副) 개별적으로, 별개로, 독립적으로

pojedince (副) 참조 pojedinačno; 개별적으로, 별개로, 독립적으로

pojedinī *-ā, -ō* (形) 어떤, 일부의; *~ drugovi* 어떤(일부) 친구들

pojedinost (女) 1. 별개의 사건(현상); 개별성, 별개성 2. (별로 중요하지 않은) 상세함, 세세함, 세부 사항 (potankost); *ulaziti u ~i* 상세하게 들어가다

pojednostaviti *-im* (完) **pojednostavljivati** *-ljujem* (不完) 단순화하다 (uprostiti)

pojeftiniti *-im* (完) **pojeftinjavati** *-am*, **pofeftinjivati** *-njujem* (不完) 1. (값을) 인하하다, 값을 내리다; *trgovci pojeftinili neku robu* 상인들이 어떤 물건의 값을 내렸다 2. 값이 내리다, (가격 등이) 인하되다; *hrana je pojeftinila* 음식값이 싸졌다

pojeftinjenje (동사파생 명사) pojeftiniti; 가격 인하

pojenje (동사파생 명사) pojiti; (물 등을) 마심

pojesti *pojedem* (完) 1. (음식을 남김없이, 모두) 먹다; *~ pečenje* 바베큐를 다 먹다 2. (곤충·벌레 등이) 갉아먹다, 좀먹다; *haljinu su pojeli moljci* 좀벌레가 옷을 좀먹었다 3. (비유적) (경비 명목으로) 다 쓰다, 소비하다

(potrošiti); ~ *zajam* 융자금을 다 쓰다 4. (비유적) 망치다, 멸망시키다, 파멸시키다 (upropastiti, uništiti); *mene su pojeli zlobnici* 악의적인 사람들이 나를 파멸시켰다 5. (비유적) (비난하여) 괴롭히다, 못살게 굴다, 갈구다; *muž je ženu pojeo grdnjama* 남편은 심한 말로 아내를 못살게 굴었다 6. 당하다 (모욕·수모 등을) (istrpeti, pretrpeti); ~ *mnogo batina* 많은 매를 맞다 7. ~ se 해지다, 떨어지다 (pohabati se, pocepati se, potrošiti se); *materijal se pojeo* 직물이 해졌다 8. ~ se (불공정·불운 때문에) 상심하다, 괴로워하다; ~ *se od muke* 고통 때문에 괴로워하다 9. 기타; *da ga pojedeš* (口語) (아이가) 너무 귀엽과 사랑스러울 때 하는 말; *ni pas s maslom ne bi pojeo* 아무런 가치도 없고 의미도 없는 것을 말할 때 하는 말; *pojeo ga mrak (noć, pomrčina)* 살해당했다, 사라졌다; *pojeo vuk magarca (magare)* 아무런 일도 일어나지 않은 것처럼; ~ *koga (što) očima* 한 눈 팔지않고 바라보다; *prste da pojedeš* 둘이 먹다 하나가 죽어도 모를 만큼 음식이 맛있다고 말하고 싶을 때 사용; ~ *vatru* 갈굼을 당하다, 심한 말을 듣다

pojilište 참조 pojilo

pojilo 1. (가축이나 동물들이) 물을 마시러 오는 곳 (강·호수 등의) 2. (가축이 마시는) 물 (보통 겨 등이 섞여있는) (napoj)

pojiti -*im*; *pojen*; *poj* 1. (가축에게) 물을 먹이다; *napojili konje pa sad poje krave* 말에게 물을 먹이고 지금은 소에게 물을 먹인다 2. 술을 먹이다; ~ *prijatelja rakijom* 친구에게 라키야를 먹이다 3. 여러가지 각종 약을 먹이다 4. 적시다 (natapati); *kiša poji polje* 비가 들판을 적신다 5. ~ se 축축해지다, 젖다

pojmiti -*im* (完) 이해하다, 깨닫다 (razumeti)

pojmljiv -*a*, -*o* (形) 이해할 수 있는 (shvatljiv, dokučljiv, razumljiv)

pojmovnī -*ā*, -*ō* (形) 참조 pojam; 개념의; ~ *preciznost* 개념적 정확성

pojuriti -*im* (完) 1. 뛰어가기 시작하다 2. (자동차로) 서둘러 가다, 급히 가다 ; *seo sam u njihov auto, pojurio u bolnicu* 그의 자동차에 타고는 병원에 서둘러 갔다; *pojurio je na stanicu* 터미널에 서둘러 갔다 3. 빨리 흐르다, 몰리다(poteći, navaliti); *krv mi pojuri u obraze* 피가 볼에 몰린다 4. (他) (koga, što) ~을 쫓기 시작하다 (početi goniti, pognati)

pokač (魚類) 칠성장어

pokaditi -*im* (完) 1. 향(kad)을 조금 피우다; ~

sobu 방에 향을 피우다 2. (비유적) 아첨하다, 아부하다 (polaskati)

pokadšto (副) 때때로, 이따금 (ponekad)

pokajanje 참회, 회개, 속죄

pokajati -*jem*; *pokaj* (完) 1. 참회하다, 회개하다, 속죄하다 2. (koga, što) 복수하다 (osvetiti) 3. ~ se 후회하다, 참회하다, 회개하다; *ona se je u taj čas već i pokajala što je izrekla ono pitanje* 그녀는 이미 벌써 그 시각에 그 문제를 말한 것을 후회했다

pokajnik 후회자, 참회자, 고해자 **pokajnica**; **pokajnički** (形)

pokal 1. (손잡이가 있는 길쭉한) 잔(병) (bokal) 2. (우승컵 등의) 컵 (pehar); *pobednički* ~ 우승컵

pokaluđeriti -*im* (完) 1. 수도승이 되게 하다 2. ~ se 수도승이 되다

pokapati -*pljem* & -*am*; *pokaplji* & *pokapaj* (完) 1. (koga, što) 한 방울 한 방울 적시다 2. (自) 한 방울 한 방울 떨어지다(새어 나오다)

pokarabasiti -*im*, **pokarabusiti** -*im* (完) 다투기 시작하다, 말다툼을 시작하다; ~ *s nekim* ~와 다투기 시작하다; *on je tamo pokarabasio* 그는 저기서 다투기 시작했다

pokarati -*am* 1. 조금 질책하다(꾸짖다, 비난하다) (ukoriti, prekoriti); ~ *decu* 아이들을 꾸짖다 2. 벌하다, 벌을 주다 (kazniti) 3. ~ se 다투다, 말싸움하다 (posvađati se); ~ *se s komšijom* 이웃과 다투다; *Marija se pokarala jutros s susedom* 마리야는 아침에 이웃과 다퉜다

pokatkad (副) 때때로, 이따금 (pokadšto)

pokatoličiti -*im* (完) **pokatoličavati** -*am* (不完) 1. 가톨릭 신자로 만들다 2. ~ se 가톨릭 신자가 되다

pokazan -*zna*, -*zno* (形) (文法) 지시하는; ~*zne zamenice* 지시대명사

pokazatelj 지표, 지수, 색인, 인덱스

pokazati -*žem* (完) **pokazivati** -*zujem* (不完) 1. (kome što) 보여주다, (볼 수 있도록) 제시하다; ~ *muzej* 박물관을 보여주다; ~ *pasoš* 여권을 보여주다; *pokaži mi kako se rukuje ovom mašinom* 이 기계를 어떻게 다루는지 나한테 보여줘; *ni nosa (senku) da pokaže*; 완전히 은퇴했다, 콧배기도 내보이지 않는다; ~ *čudo* 기적을 행하다; ~ *(dugi) nos (figu, šipak)* 조롱하다, 비웃다; ~ *gola rebra* 자신의 약점을 보여주다; ~ *jezik* 혀를 쏙 빼밀고 약올리다; ~ *svoje karte* 자신의 의도(목적)을 알려주다; ~ *leđa kome* ~로부터 등을 돌리다; ~ *prst kome* ~에 대한 자신의 호의를

P

845

표시하다; ~ *pesnicu* 자신의 힘을 과시하다; ~ *primer* 예(본보기)를 보여주다; ~ *prstom na koga* 손가락질하다(부정적 의미로); ~ *rogove* 1) 두 손가락을 펴보임으로써 누구에 대한 조롱을 표시하다 2) 강력히 저항하다; ~ *zube* 저항하다 2. (손가락 등으로 방향 등을) 가르키다; *pokažite im put do sela* 마을로 가는 길을 그들에게 가르켜 주세요; *igla pokazuje na sever* 침(針)이 북쪽을 가르킨다; ~ *(rukom) vrata kome* (즉시 나가라는 표시로) 문을 가르키다 3. (비유적) (증거 등을) 제시하다 (dokazati) 4. (감정·상태 등을) 나타내다, 드러내다 5. ~ se 나타나다, 출현하다, 보이다; *predsednik se pokazao na balkonu* 대통령이 발코니에 모습을 보였다; *ona se pokazala kao odlična sekretarica* 그녀는 자신이 훌륭한 비서임을 보여줬다; ~ *se hrabrim* 용감함을 보여주다 6. ~ se (無人稱文) 분명해지다; *pokazalo se da sam ja bio u pravu* 내가 옳았음이 분명해졌다

pokazivač 1. 보여주는 사람, 가르키는 사람 2. 계기 (지표, 상태 등을 보여주는); ~ *pravca skretanja* 방향회전 표시등

pokćeriti *-im* (完) 수양딸로 삼다, 양녀를 입양하다

pokćerka 양녀, 수양딸 (poćerka)

poker (카드게임) 포커

pokidati *-am* (完) 1. (모든 것을) 끊다, 중단하다; ~ *kanap* 노끈을 끊다 2. (고정되어 있던 것을) 잡아뜯다, 뜯어내다 3. 찢다; ~ *listove knjige* 책의 페이지를 찢다 4. (모든 것을) 파괴하다, 부수다, 붕괴시키다 5. ~ se 끊어지다, 중단되다 (prekinuti se, raskinuti se); ~ *se od smeha* 웃음소리로 인해 중단되다

pokipeti *pokipi* (完) 1. 끓기 시작하다, 끓어오르기 시작하다, 끓어넘치기 시작하다; *malen lončić brzo pokipi* 작은 냄비는 빨리 끓기 시작한다 2. (비유적) (분노 등이) 뒤끓다, 끓어오르다, 한계에 다다르다

pokisao *-sla, -slo* (形) 1. (비를 맞아) 완전히 젖은 2. (비유적) 우울한, 침울한, 의기소침한 (snužden, sumoran)

pokiseliti *-im* (完) 1. (물 등 액체에) 담그다; ~을 간물에 절여 보존하다 (nakvasiti, namočiti); ~ *konoplju* 삼을 물에 담그다 2. 식초를 뿌리다; ~ *salatu* 샐러드에 식초를 뿌리다 3. ~ se 물에 불어 부드러워지다, 간물에 절여지다

pokisnuti *-nem; -nul, -nula & pokisao, -sla* (完) 1. 비에 흠뻑 젖다; ~ *do kože* 비에 흠뻑 젖다 2. (비유적) 우울해지다, 침울해지다, 의기소침해지다 3. 기타; *pokislo mu perje* 그는 우울해졌다, 이전의 그가 아니다

poklade (女,複) 1. 사육제, 카니발; 참회 화요일 (사순절이 시작되는 전달로 사육제의 마지막 날) **pokladni** (形); ~*a pesma* 카니발 노래 2. (정교회의) 단식(post) 직전의 날

pokladovati *-dujem* (完,不完) 사육제를 보내내, 카니발을 하면서 보내다

poklanjati *-am* (不完) 참조 pokloniti

poklapati *-am* (不完) 참조 poklopiti

poklati *pokoljem* (完) 1. (차례차례 많이)죽이다, 참살하다, 학살하다; *sve pospa kao poklano* 모두가 깊은 잠에 빠져있다 2. ~ se 죽임을 당하다, 참살당하다, 학살당하다 3. ~ se 서로에게 부상을 입히며 서로 싸우다

poklecaj 무릎꿇은 자세

poklecavati *-am*, **poklecivati** *-cujem* (不完) (다리가) 후들후들 떨리다; 비틀거리다

poklecnuti *-em* (完) 1. (잠시) 무릎을 꿇다 2. (다리가) 휘청거리다, 후들후들 떨리다 3. (비유적) 허약해지다, 쇠약해지다

pokleknuti *-nem; pokleknuo, -nula & poklekao, -kla* (完) 1. 무릎을 꿇다 (kleknuti) 2. (비유적) (풀이) 눕다; *po planini trava pokleknula* 산 전역에 풀이 누웠다 3. (비유적) 쇠약해지다, 약해지다, 탈진하다 (malaksati, onemoćati, oslabiti) 4. (비유적) 포기하다, 단념하다; 항복하다, 굴복하다; *on je pokleknuo pri prvoj teškoći* 그는 첫번째 난관에서 포기했다; ~ *pred ciljem* 목표를 눈앞에 두고 포기했다

poklepati *poklepljem & -am* **pokleptati** *poklepćem* (完) (낫을) 예리하게 하다, 날카롭게 하다, 낫을 날을 갈다 (pokovati, otkovati)

poklič, poklik 1. 고함, 외침; *ratni* ~ 함성 2. 모토, 슬로건 (geslo, parola)

pokliknuti *-nem* (完) 소리치다, 고함지르다, 외치다, 환호성을 지르다; ~ *od radosti* 기뻐 고함지르다

poklisar 1. 대사(大使) (ambasador) 2. 사자 (使者), 특사 3. (廢語) (국회)의원, 대의원 (poslanik)

poklisarstvo 대사관 (ambasada)

pokliznuti (se) *-nem* (se) (完) 1. 미끌어지다 (okliznuti); ~*se na ledu* 얼음판에서 미끌어지다 2. (비유적) 잘못하다, 실수하다 (pogrešiti) 3. (비유적) (시험에) 떨어지다, 불합격하다; ~ *se na ispitu* 시험에서 떨어지다

poklon 1. 선물 (dar); *dobio je knjigu kao* ~

선물로 책을 받았다; *dati na* ~ 선물로 주다; *kupiti* ~ *za nekoga (nekome)* ~를 위해 선물을 사다; *božični* ~*i* 크리스마스 선물; ~*u se ne gleda u zube* 선물이 좋다느니 나쁘다느니 불평해서는 안된다 2. (가볍게 고개나 상체를 숙여 하는) 인사; *učiniti* ~ 인사를 하다

poklonik 1. 순례자 (hodočasnik, hadžija) 2. (어떤 종교의) 신도, 신자 (vernik) 3. 지지자, 팬 (obožavalac) 4. (여성에게 구애하는) 구애자 5. 아부꾼, 아첨자 (udvorica, ulizica)

pokloniti *-im; poklonjen* (完) **poklanjati** *-am* (不完) 1. 선물하다, 선물을 주다 (darovati); ~ *nešto nekome* ~에게 ~을 주다; ~ *čedo kome* 출산하다, 아이를 낳다; ~ *glavu (život)* 목숨을 살려주다; ~ *ruku kome* (여자가 남자의) 청혼을 승낙하다; ~ *tabanima vatru* 발바닥에 불이 날 정도로 내빼다 2. (시간·시선 등을) 주다, 돌리다; *sada tome neću više moći* ~ *vremena* 이제 그것에 더 이상 시간을 투자할 수 없다; *komisija je posebnu pažnju poklonila njegovom radu* 심사위원회는 그의 작품에 특별한 관심을 보였다 3. (koga) 시집보내다, 결혼시키다 (딸·여동생 등을); *hoće li mi Ružu* ~*?* 루자를 나한테 시집보낼 것인가? 4. ~ *se* (목·상체를 가볍게 숙여) 인사하다 (감사·존경·인사의 표시로); (종교적 대상에) 절하다; 항복하다, 굴복하다

poklopac *-pca* (냄비·관 등의) 뚜껑, 덮개; *biti svakom loncu* ~ 모든 일에 간섭하다; *svaki lonac nađe* ~ 짚신도 제짝이 있다; *grkljani* ~ (解) 후두개(喉頭蓋)

poklopiti *-im* (完) **poklapati** *-am* (不完) 1. 뚜껑을 덮다; ~ *lonac* 냄비의 뚜껑을 덮다; ~ *sanduk* 관뚜껑을 덮다 2. 가리다, 가려 안보이게 하다; *veliki oblak poklopi sunce* 커다란 구름이 태양을 가린다 3. (비유적) (어둠·고요함 등이) 뒤덮다, 휘감다; *noć poklopila grad* 밤이 도시를 뒤덮었다 4. (비유적) (완전히) 사로잡다, 휩싸다 (obuzeti); *tuga će* ~ *dušu* 슬픔이 영혼을 완전히 사로잡을 것이다 5. (비유적) (누구의 주장을) 반박하다; ~ *nekoga u razgovoru* 대화에서 누구의 주장을 반박하다 6. ~ *se* (부품 등을 조립하는데 있어) 잘 들어맞다, 딱 들어맞다 7. ~ *se* (의견 등이) 일치하다, 부합하다 (uskladiti se, podudariti se); *mišljenja su se poklopila* 의견이 일치되었다; *njihove aktivnosti su se vremenski poklopile* 그들의 활동은 시간상으로 일치되었다 8. 기타; ~ *nos* 1)무시당한(모욕당한) 느낌을 받다 2)

(kome) 누구를 무시하다

poknjiškī *-ā, -ō* (形) 책에 쓰인 것 같은

pokoj 1. 평온, 고요 (mir, tišina); *za* ~ *duše* 영혼의 평온을 위해 2. 휴식, 안식 (odmor); (정신적·육체적으로) 편안히 쉼; *nemati mira ni* ~*a* 편안히 쉴 수 없을 정도로 문제투성이다 3. 죽음, 영면 (srmt, večni mir); *večni* ~ 죽음 4. 기타; *staviti koga u stanje* ~*a* 퇴직시키다

pokojī *-ā, -ē* (代名詞) 그 어떤 (poneki); ~ *put* 때때로

pokojnī *-ā, -ō* (形) 1. 고인(故人)의, 죽은 사람의 2. (명사적 용법으로) 고인(故人) (pokojnik) 3. (비유적) 움직임이 없는 (nepokretan) 4. (비유적) 오래전에 사라진, 없어진

pokojnik 고인(故人), 죽은 사람, 사망한 사람 **pokojnica; pokojnički** (形)

pokolebati *-am* (完) 1. 흔들리게 하다; 당황하게 하다 2. (方言) 배신하다, 배반하다 3. (~ se) 주저하다, 망설이다; 우유부단해지다

pokolenje 1. 세대(世代); 동시대의 사람들 (generacija, naraštaj) 2. 새로운 세대, 후손 (potomstvo)

pokolj 학살, 대학살

pokoljenje 참조 pokolenje

pokondiriti se *-im se* (完) 우쭐대다, 으스대다 (uzoholiti se); *pokondirena tikva* 우쭐대는 사람, 거드름피는 사람

pokop 장례(식); 매장

pokopati *-am* (完) **pokopavati** *-am* (不完) 1. (시체를) 매장하다, 땅속에 묻다, 장사 지내다 2. (비유적) 멸망시키다, 파멸시키다 (satrti, uništiti); 잊혀지게 하다 3. (전부 차례차례)파다, 파내다 (iskopati); ~ *krompir* 감자를 캐다 4. 조금 파다 (malo kopati)

pokor 1. 치욕, 수치, 불명예; 수치스런 행동 (sramota); ~ *i sramota* 수치, 치욕 2. 혼란, 혼동, 폭력 (nered, nasilje); *čudo i* ~ 대혼란 3. 살인, 폭력 (ubijanje, tučnjava) 4. 어려움, 곤란, 불운, 불행 (nevolja, nesreća) 5. 복종, 순종 (podložnost, pokornost) 6. 못된 사람

pokora 1. 곤란, 곤경, 어려움 (muka, nevolja) 2. 후회, 참회, 속죄 (pokajanje); 죄의 고백 (ispovest) 3. 혼란, 혼동 4. (비유적) (다른 사람에게) 짐(부담)이 되는 사람 5. 기타; *čiji je greh onoga je i* ~ 모든 사람은 자신의 행동에 책임을 져야 한다

pokoran *-rna, -rno* (形) 복종적인, 순종적인, 말을 잘 듣는 (podložan, poslušan); ~*rnu* *glavu sablja ne seče* 빨리 환경에 적응하고 유들유들하게 행동하는 사람을 일컫는 속담; *vaš ~rni sluga* (편지의 말미에 쓰는) 당신의 충실한 종

pokoriti *-im* (完) **pokoravati** *-am* (不完) 1. 복속시키다, 예속시키다, 복종시키다 (potčiniti, podvlastiti) 2. ~ **se** 복종적(순종적)이 되다; 복종하다, 준수하다, 따르다; ~ *se zakonima* 법률을 준수하다

pokoriti *-im* (完) 1. 치욕스럽게(수치스럽게, 부끄럽게, 불명예스럽게) 하다 (osramotiti) 2. ~ **se** 수치스러워하다, 부끄러워하다

pokornik 참회자, 후회하는 사람 (pokajnik) **pokornica; pokornički** (形)

pokornost (女) 복종, 순종

pokositi *-im* (完) 1. 낫(kosa)으로 베다, 낫질하다; ~ *livadu* 목초지의 풀을 베다 2. 죽이다, 살해하다 (모든 사람을 차례차례로) 3. 쓰러뜨리다, 넘어뜨리다 (oboriti, srušiti); ~ *fudbalera* 축구선수를 쓰러뜨리다 4. 멸망시키다, 파멸시키다 (satrti, uništiti, upropastiti); ~ *neprijatelja* 적을 멸하다 5. 큰 부상을 입히다, 중상을 입히다

pokosnica (解) 골막(骨膜); *zapaljenje ~e* (病理) 골막염

pokost (女) 래커(도료); 옻칠 (lak)

pokoškati se *-am se* (完) 1. 말다툼하다, 언쟁하다 (posvađati se, sporečkati se) 2. 서로 싸우다 (porvati se, pobosti se)

pokožica (解) (피부의) 표피; (植) 상피, 겉껍질

pokraćI *-ā, -ē* 1. (비교급) pokratak 2. 조금 짧은

pokraj (前置詞,+ G) 1. ~의 옆에(서), 가까이, ~을 따라; *trčati ~ reke* 강 옆에서 뛰다; *stajati ~ kuće* 집 근처에 서 있다 2. ~이외에 (osim, pored); ~ *toga nema ni novaca* 그 이외에도 돈도 없었다; ~ *slikarstva, on i piše* 그는 그림 이외에도 글도 쓴다 3. (기대 또는 예상과 반하는) ~에도 불구하고; *toliko radi ali i ~ toga nema novaca* 그렇게 일했는데도 불구하고 돈이 없다; ~ *truda, nije uspeo* 그는 노력에도 불구하고 실패했다

pokrajina 1. (행정구역으로서의) 도(道), 주(州), 성(省) (provincija) 2. (수도·대도시에 대해서) 지방 **pokrajinski** (形); ~*a vlada* 지방정부, 주정부; ~*e reči* 지방 사투리

pokrasti *pokradem; pokraden; pokrao, -ala* (完) 1. (모든 것을 차례차례) 훔치다, 도둑질하다; ~ *novac* 돈을 훔치다; ~ *robu* 물건을 훔치다 2. 강탈하다, 빼앗다 (opljačkati); ~

banku 은행을 털다

pokratak *-tka, -tko* (形) 다소(조금) 짧은

pokrenuti *-nem* (完) **pokretati** *-ćem* (不完) 1. (한 장소에서) 조금 움직이다 (pomaknuti, pomeriti); ~ *noge* 발을 움직이다 2. (엔진·기계 등을) 켜다, 시동을 걸다, 작동시키다; ~ *mašinu* 기계의 시동을 걸다 3. (문제 등을) 제기하다, 심의에 부치다; ~ *pitanje penzija u skupštini* 의회에서 연금 문제를 다루기 시작하다(심의하기 시작하다) 4. (비유적) (~을) 자극하다, 고무하다, 선동하다; ~에 나서다; ~ *revoluciju* 혁명에 나서다; ~ *na akciju* 행동에 나서다; *rusko-japanski rat pokrenuo je revolucionarne snage naroda ruske imperije* 노-일전쟁은 러시아제국 국민들의 혁명 세력을 자극했다 5. (비유적) (어떠한 감정을) 일깨우다 불러 일으키다; ~ *ljubav u nekome* 누구에 대한 사랑의 감정을 불러일으키다 6. (소송을) 시작하다, 소송에 나서다; ~ *parnicu* 소송을 제기하다 7. (신문·잡지 등을) 발행하다 발행하기 시작하다; ~ *novine* 신문을 발행하기 시작하다; *pokrenuli smo humoristički časopis* 우리는 유머 잡지를 발행하기 시작했다 8. ~하기 시작하다 (započeti); ~ *razgovor* 대화를 시작하다; ~ *diskusiju* 토론을 시작하다; *krivični postupak protiv koga* ~에 대해서 형사 절차를 시작하다 9. 기타; *pokrenula mi se žuč* 나는 매우 화가 났었다; *led se pokrenuo* 마침내 일이 진행되었다; ~ *krake* 떠나다; ~ *verom* 배교(背敎)하다; *pokrenulo mi se srce* 내 마음이 움직이기 시작했다, 나는 감동을 받았다

pokrepati *-am* (完) (차례차례 전부) 죽다 (동식물이)

pokret 운동; 움직임; *radnički* ~ 노동 운동; ~ *vojske* 군의 움직임; *staviti u* ~ 동작시키다; ~ *pristalica mira* 평화 애호가 운동; ~ *otpora* 저항 운동; *narodno oslobodilački* ~ 인민해방운동

pokretač 1. (技術) 시동기(始動機), 스타터 2. 창립자, 설립자, 발기인; 후원자, 기안자; ~ *novina* 신문 발행인 **pokretački** (形); ~*a snaga* 원동력

pokretan *-tna, -tno* (形) 1. 움직이는, 움직일 수 있는, 이동의, 이동할 수 있는; ~*tne stepenice* 에스컬레이터; ~*tna biblioteka (izložba)* 이동 도서관(전시회); ~*tna imovina* 동산(動産) ~*tni most* 도개교(들어 올릴 수 있는 다리); ~*tni samoglasnici* 출몰 모음; ~*tna meta* 이동표적; ~*tna zaprečna* *vatra* 이동 탄막 사격 2. 움직이게 하는; ~tna sila 원동력, 구동력

pokretanje (동사파생 명사) pokretati; ~ novog časopisa 새로운 잡지의 발간

pokretati -ćem (不完) 참조 pokrenuti

pokretljiv -a, -o (形) 움직일 수 있는

pokretljivost (形) 이동성, 기동성

pokretnina 동산(動産) (反; nepokretnina)

pokriće (商) 보증금, 담보금, 손실보전금 (부채, 채무 변상을 위해 맡겨 놓는); za ~ troškova 비용 보증금용(用)의; izdao je ček bez ~a 손실보전금없이 수표를 발행하다

pokrilci -laca (男,複) (昆蟲) 겉날개, 시초(翅鞘)

pokriti pokrijem; pokriven, -ena (完) **pokrivati** -am (不完) 1. 덮다; (감추거나 보호하기 위해) 씌우다, 가리다; 덮개를 하다; (단점 등을) 숨기다; ~ glavu šeširom 얼굴을 모자로 가리다; ~ lice velom 얼굴을 베일로 가리다; ~ sto čaršavom 책상에 책상보를 씌우다; sneg je pokrio zemlju 땅에 눈이 덮였다 2. (요금·비용 등을) 감당하다, 부담하다, 지불하다; ~ troškove 비용을 부담하다; ~ dug 빚을 갚다 3. 지붕을 하다; ~ kuću 집에 지붕을 씌우다 4. (자갈·모래 등으로) 뒤덮다, 덮다; ~ snegom 눈으로 덮이다 5. (식물로) 뒤덮이게 하다, (식물이) 자라게 하다; ~ zelenilom 초록 식물로 뒤덮이게 하다 6. 감추다, 숨기다 (zastreti, zakloniti); 은폐하다; magla pokrila šumu 안개가 숲을 숨겼다; ~ bes 분노를 숨기다 7. ~ se (담요 등을) 덮다; ~ se ćebetom 담요를 덮다 8. ~ se 덮이다; (모자 등을) 머리에 쓰다 9. 기타; pokrila ga (crna) zemlja 그는 죽었다; ~ se ušima 풀이 죽어 잘못을 인정하다; ~ se slavom 명성(명예)을 얻다, 유명해지다; ~ se ćutanjem 침묵하다

pokriv -a, -o (形) 1. 다소 굽은, 다소 휜 2. 다소 잘못이 있는, 좀 죄가 있는

pokrivač 1. 덮는 것 (이불, 스카프 등의); 덮개, 가리개; krevetski ~ 침대보; ~ za nameštaj 가구 덮개; snežni ~ 덮인 눈 2. 지붕 이는 사람 3. 지붕 (krov)

pokrivalo 덮는 것; 덮개, 가리개 (pokrivač)

pokrivati -am (不完) 참조 pokriti

pokrmačiti -im (完) (쓰면서 잉크로) 더럽히다, 얼룩을 묻히다

pokrojiti -im (完) (차례차례 전부) 옷을 짓다, 재단하다

pokropiti -im (完) (작은 물방울들로 전부) 끼얹다, 뿌리다, 축축히 적시다 (pokvasiti)

pokrov 1. (덮개처럼) 덮고 있는 것, 감싸고 있

는 것; (지붕·천구처럼) 덮고 있는 것 2. (집의) 지붕 3. (시체를 덮고 있는) 천; od poroda (povoja) do ~a 태어나서 죽을 때까지 4. 관 뚜껑; (냄비 등의) 뚜껑 5. 기타; ukrao bi i Bogorodičin ~ 훔칠 수 있는 것은 모두 훔치고 싶다

pokrovac -vca 1. 참조 pokrivač, pokrivalo 2. 참조 pokrov

pokrovitelj 후원자, 후견인, 보호자, 비호자 (protektor, zaštitnik patron) **pokroviteljka**, **pokroviteljica**

pokroviteljstvo 후원, 비호, 보호, 옹호

pokrstiti -im; pokršten (完) 1. 세례를 베풀다, 크리스트교도화시키다 2. ~ se 세례를 받고 크리스트교도가 되다

pokrštavanje (동사파생 명사) pokrštavati; 크리스트교도화

pokrštenik, pokrštenjak 세례를 받은 사람, 크리스트교로 개종한 사람

pokrviti se -im se (完) 유혈이 낭자하게 싸우다, 격렬하게 다투다

pokucati -am (完) 1. (문을 몇 번) 두드리다, 노크하다; pokucala sreća i na moja vrata 나에게도 행운이 찾아왔다; pokucaće on opet na moja vrata 그 사람은 또 다시 나에게 도움을 청할 것이다 2. (큰 통의 금속테두리를 단단하게 고정시키기 위해) 망치로 두드리다 3. (차례차례 모든 것을) 두드리다

pokućanstvo 실내 가구, 가정용 가구 (pokućstvo)

pokućar 1. (집안 일을 하는) 하인; 집사 2. 집에서 키우는 동물; pas ~ 집에서 기르는 개, 집지키는 개; vrabac ~ (집)참새 3. 집집마다 돌아다니며 물건을 파는 행상 (pokućarac)

pokućarac 보부상, 행상, 집집마다 돌아다니며 물건을 파는 행상 (pokućar)

pokućariti -im (不完) 1. 집안일을 하다; nedeljom i praznikom pre podne pokućario je 일요일과 공휴일 오전에 집안일을 했다 2. 집집마다 돌아다니며 물건을 팔다

pokućarka 집집마다 돌아다니며 소문을 퍼뜨리고 다니는 여자

pokuće 참조 pokućstvo; 실내 가구, 가정용 가구

pokućnī -ā, -ō (形) 가정용의, 집안에서 사용하는 (kućni)

pokućstvo 실내 가구, 가정용 가구

pokuda 비난, 질책, 책망, 견책 (prekor, pogrda)

pokudan -dna, -dno (形) 1. 비난(질책·책망)할 만한 2. 비난하는, 질책하는, 책망하는 3. 모

P

욕적인, 경멸적인 (pogrdan)

pokuditi *-im* (完) 1. 비난하다, 질책하다, 책망하다 (反; pohvaliti) 2. ~ se 자책하다 3. ~ se 불평하다, 불만을 털어놓다 (požaliti se, potužiti se)

pokuhati *-am* (完) 참조 pokuvati

pokuljati *-am* (完) 1. 세차게 흘러 나오기 시작하다, 분출하기 시작하다; *voda je pokuljala iz cevi* 물은 관에서 세차게 흘러나오기 시작했다 2. (비유적) 대규모로 쏟아져 나오다; *navijači pokuljaju sa stadiona* 응원객들이 경기장에서 갑자기 쏟아져 나온다

pokunjen *-a, -o* (形) 1. 참조 pokunjiti 2. 낙담한, 실망한, 풀죽은, 기죽은; *otići ~e glave (~a nosa)* 대단히 실망하여 떠나다

pokunjiti *-im* 1. 낙담시키다, 실망하게 하다; 풀죽게 하다, 기죽게 하다 (skunjiti se, snužditi se); *bol ga pokunji* 아픔(통증)이 그를 실의에 빠지게 했다 2. 고개를 떨구다 (부끄러움·수치·실패 등으로) 3. ~ se 낙담하다, 실망하다, 풀죽다, 기죽다

pokupiti *-im* (完) 1. (차례차례 모두) 모으다; (한 장소에 모두) 모이게 하다, 모으다 2. 빼앗아 가다, 약탈해 가다; 징수하다, 징발하다; ~ *porez* 세금을 징수하다; ~ *nekome stado* 누구의 소떼를 약탈해 가다 3. 체포해 끌고 가다, 체포하다 (uhapsiti); *policija pokupi lopove* 경찰이 도둑놈들을 체포해 끌고갔다 4. (입술을) 꽉다물다 5. ~ se (모두 한 장소에) 모이다 (okupiti se, skupiti se); *pokupiše se ljudi na trgu* 사람들이 광장에 모였다 6. ~ se 줄어들다, 오므라들다 (zgrčiti se); ~ *se zbog bolesti* 병 때문에 몸이 오므라들다; ~ *se posle pranja* 빨래후에 옷이 오므라들다 7. ~ se 떠나다, 준비해 떠나다; *pokupiše se iz kafane* 카페에서 떠났다

pokupovati *-pujem* (完) (차례차례 전부 다) 사다, 구입하다

pokus 1. 실험, 시험, 테스트 (eksperiment, proba, opit) **pokusni** (形); 2. (극장의) 리허설, 예행 연습 (proba) 3. 시도 (pokušaj)

pokusati *-am* (完) (스푼으로 게걸스럽게 남김 없이) 다 먹다

pokusnī *-ā, -ō* (形) 참조 pokus; ~ *balon* 여론의 반응을 떠보기 위한 뉴스; ~ *pilot* 실험비행; ~ *rad* (직장에서의) 테스트 근무; ~ *kunić* 실험 대상

pokusurati se *-am se* (完) 대차를 청산하다, 셈을 청산하다 (obračunati se)

pokušaj 시도, 기도; ~ *ubistva(krađe)* 살인(절

도) 미수; ~ *krivičnog dela* 범행 미수

pokušati *-am* (完) **pokušavati** *-am* (不完) 1. 시도하다, 기도하다, 시험삼아 ~해보다, ~해보다; ~ *sreću* 운에 걸고 한 번 해보다 2. 점검하다, 체크하다 (proveriti, isprobati) 3. 사용하다, 적용하다 (upotrebiti, primeniti); ~ *sve načine* 모든 방법을 시도해보다 4. (음식을) 맛보다 (probati)

pokuvati *-am* (完) 1. (차례차례 전부) 요리하다 2. 조금 요리하다

pokvaren *-a, -o* (形) 1. 참조 pokvariti 2. 썩은, 아픈 (bolestan); ~ *zub* 썩은 이빨; ~ *želudac* 탈난 위장 3. 정확하지 않은, 어설픈 (nepravilan, loš); *govorio je ~im ruskim jezikom* 정확하지 않은 러시아어로 말했다 4. 도덕적이지 못한, 타락한, 부패한, 비뚤어진 (nemoralan)

pokvarenjak, pokvarenjaković 도덕적으로 타락한 사람, 나쁜 놈, 저열한 사람 **pokvarenica; pokvarenjački** (形)

pokvariti *-im* (完) 1. 망치다, 망가뜨리다, 고장내다, 손상시키다; (건강 등을) 엉망으로 해치다 (反; popraviti); ~ *bravu* 자물쇠를 고장내다; ~ *mašinu* 기계를 고장내다 ~ *raspoloženje* 기분을 망치다; ~ *želudac* 위장을 해치다 2. (도덕적으로) 타락시키다, 잘못된 길로 빠뜨리다; *pokvario ga zlo društvo* 나쁜 패거리들이 그를 타락시켰다 3. (일 등을) 망가뜨리다, 어긋나게 하다; ~ *plan* 계획을 망가뜨리다 4. 방해하다, 훼방놓다 5. ~ se 고장나다, 망가지다; 타락하다

pokvarljiv *-a, -o* (形) 고장나기 쉬운, 망가지기 쉬운; (음식이) 부패하기 쉬운

pokvasiti *-im* (完) 1. (물을 뿌리거나 뿜어) 적시다, 축축하게 하다 (navlažiti, okvasiti, pomočiti); ~ *grlo* 술을 조금 마시다, 목을 조금 축이다 2. (물렁물렁하게, 부드럽게 하기 위해) 물에 담그다 (천·씨앗 등을); ~ *seme* 씨앗을 담그다 3. (성공 등을) 경축하다, 축하하다 (술을 마시면서)

pol (=po) (副) 반(半), 반절 (pola); *ni ~ groša (ne vredi)* 아무런 가치도 없다

pol 1. (천체, 지구의) 극(極); *Severni (Južni)* ~ 북극(남극) **polarni** (形); ~ *krug* (남,북의) 극권; *~a svetlost* 오로라, 북극광 2. (物) 극; *pozitivan (negativan)* ~ 양극(음극) 3. (서로 반대되는)양극단

pol *polovi* 성(性), 성별, 성별 특징; *lepi(lepši, nežni, slabi)* ~ 여성; *jaki* ~ 남성 **polni** (形)

pola (副) 반(半), 반절, 절반; ~ *kile* 반 킬로; *pročitao je ~ knjige* 책의 반절을 읽었다;

P

850

na ~ puta 여정의 중간에서; *u ~ cene* 반값
으로; *u ~ noći* 한밤중에; *na ~ koplja* 반기
(半旗)의 위치에; *~ pet* 네시 반; *~ sata* 반
시간; *~ Evrope* 유럽의 반; *mudrome je i ~
uha dosta* 현명한 사람에게는 많이 이야기
할 필요가 없다 (잘 알아듣는다); *ni ~ ga
nema* 반쪽이 될 정도로 여위었다; *sa ~
jezika* 말을 더듬는 (두려움·흥분 등으로 인
해); *u ~ (reči, posla, sna)* 한 중간에
polagacko (副) 1. 서서히, 천천히 (polako,
sporo) (反; brzo, naglo) 2. 조금씩 조금씩,
단계적으로 (malo-pomalo, postepeno)
polagač 1. 예금자; 공탁자 2. 설치자
(polagatelj); *~ mina* 기뢰 부설함
polagan *-a, -o* (形) 1. 느린 (spor); *~o
kretanje* 느린 움직임 2. 단계적인
(postepen); *~a slovenizacija* 단계적인 슬라
브인화
polagano (副) 1. 천천히, 느리게 (polako,
sporo, lagano) (反: brzo, naglo); *~ ići* 천천
히 가다 2. 서서히, 단계적으로 (malo-
pomalo, postepeno); *~ sazrevati* 조금씩 조
금씩 성숙하다
polaganost (形) 1. 느림 2. 단계적
polaganje (동사파생 명사) polagati; *~ kabla
(kablova)* 케이블 부설; *~ mina* 지뢰 부설
polagati *polažem* (不完) 참조 položiti; *~
prugu* 철로를 부설하다; *~ na (što)* 중요도
를 부여하다, 중시하다; *~ pravo na nešto ~*
에 대한 권한을 갖다(소유하다)
polak *-a, -o* (形) 다소(좀) 느린
polako (副) 1. 느리게, 천천히 (反: brzo) 2. 조
용히 (potiho) 3. 단계적으로 (malo-pomalo)
polakomiti se *-im se* (完) 경솔해지다 (postati
lakouman)
polakše (副) (비교급) polako; 좀 더 느리게
polakši *-ā, -ē* (形) 좀 더 가벼운
polanda (魚類) 가다랑어
polaritet 1. (物) 극성, 양극성 (양극·음극의);
magnetni ~ 자석의 극성 2. (비유적) (생각·
의견 등의) 정반대
polarizacija 1. (物) 양극성화(化) 2. (비유적)
양진영화, 양극단화; *~ glasača* 유권자의 양
극단화 polarizacioni, polarizacijski (形)
polarizirati *-am*, polarizovati *-zujem* (不完)
(物) 극성을 띠게 하다
polaran *-rna, -rno* (形) 1. (한정형) 극의, 극지
방의; *~rna klima* 극지 기후; *~rni medved*
북극곰; *~rna stanica* 극지 연구소 2. (비유
적) 정반대의
polarnica 1. (남극·북극의) 극권 (polarnik) 2.

(天) 북극성
polarnik (남극·북극의) 극권
polaskati *-am* (完) (nekome) 아첨하다, 아부
하다
polatiniti *-im* (完) **polatinjavati** *-am*,
polatinjivati *-njujem* (不完) 1. 가톨릭교도화
하다 2. 미사에 라틴어를 도입하다 3. 이탈
리아화시키다, 이탈리아인화하다
polazak *-ska; -sci* 출발; *~ voza* 기차의 출발
polazište 출발점, 출발지
polaziti *-im* (不完) 참조 poći; 떠나다, 출발하다
polaznī *-ā, -ō* (形) 출발의, 출발하는; *~a
tačka* 출발점
polaznik 1. (처음 시작하는) 학생, 초급자; *~
tečaja* 과정을 시작하는 사람 2. 참조
polažajnik
polažajnik 크리스마스에 맨 처음 오는 손님
(polaznik)
polaženje (동사파생 명사) polaziti
poleći, polegnuti *polegnem; polegnuo, -ula &
polegao, -gla; polegnut; polezi* (完) 1. (他)
눕히다; (自) (전부 차례차례) 눕다; (3인칭으
로만) 놓여 있다; *~ ranjenika na nosila* 부
상자를 들것에 눕히다; *polegao je na zemlju*
땅바닥에 누웠다; *ljudi polegnuše po podu*
사람들이 바닥에 누웠다 2. (모두, 많은 사람
이) 잠자러 가다; *uveče svi polegoše* 저녁
에 모두 잠자러 갔다 3. (조금, 잠깐동안) 누
워 있다; *~ malo* 조금 눕다 4. (풀·털 등이)
눕다, 누워 있다; *polegla je trava* 풀이 누워
있었다 5. 열심히 일하다; *~ po ralu* 열심히
쟁기질하다 6. (비유적) ~에 내려앉다;
oblaci su polegli po šumi 구름이 숲에 내려
앉았다 7. 지배하다, 확산하다 (zavladati,
nastupiti); *mir polegnu po sobi* 평화가 방
안에 퍼진다 8. *~ se* 눕다 (leći, ispružiti
se); *~ se na ležaj* 침대에 눕다 9. *~ se ~*에
상체를 기대다; *~ se grudima na zid* 가슴을
벽에 기대다
poledica (氣象) 얼음비(雨); *pao je na ~i* 얼음
비에 미끄러져 넘어졌다; *oprezno su jahali
po ~i* 얼음비를 맞으며 조심스럽게 말을 탔다
poleđice, poleđuške (副) 등을 대고 위를 향하
여; *~ ležati* 등을 대고 눕다
poleđina 이면(裏面), 뒷면; *~ knjige* 책의 이
면; *~ čeka* 수표의 뒷면
polegati *-žem* (完) 1. (모두 차례차례) 눕다 2.
(모두) 잠자러 가다; *svi su već polegali* 이
미 모두 잠자리에 들었다
polegnuti *-nem* (完) 참조 poleći
polemičan *-čna, -čno* (形) 논쟁의, 논쟁적인,

P

851

논쟁거리의, 논쟁을 좋아하는; ~ duh 논쟁
정신; ~ tekst 논쟁적인 텍스트
polemičar 논객, 논쟁가
polemika 논쟁; književna ~ 문학적 논쟁;
oštra ~ 격렬한 논쟁
polemisati –šem (不完) polemizirati –am,
polemizovati –zujem (不完)논쟁하다
polen 꽃가루, 화분(花粉)
polen –a, –o (形) 다소(좀) 게으른
polenta (料理) 폴렌타(이탈리아 요리에 쓰이는,
옥수수 가루로 만든 음식) (palenta,
kačamak)
polet 1. 이륙, 도약, 비상(飛上) (비행기, 새 등
의) 2. (비유적) 열광, 흥분 (zanos,
oduševljenje, ushićenje); raditi s ~om 열정
적으로 일하다 3. (비유적) 빠른 성장, 급격
한 발전; ekonomski ~ 급격한 경제 성장
poletan –tna, –tno (形) 1. 열정적인, 열광적인,
흥분한 2. 아주 활발한 (živahan); ~ ritam
아주 경쾌한 리듬
poletan –tna, –tno (形) 1. 날으는, 비상(飛上)
용의; ~tna pista 활주로 2. 탐욕스런, 욕심
많은 (pohlepan, požudan)
poletanje (동사파생 명사) poletati; 이륙, 도약,
비상(飛上)
poletar, poletarac –rca 1. 갓 날기 시작한 어
린 새 2. (비유적) (막 어떤 일을 배우기 시
작한) 초심자, 풋내기, 신출내기
poleteti –tim (完) poletati –ćem (不完) 1. 날아
오르기 시작하다, 날다, 날아오르다; s krova
mi polete jato golubova kružeći oko moje
glave 지붕에서 비둘기가 날아올라 내 머리
위를 빙빙돌았다 2. (비행기가) 이륙하다;
avion polete 비행기가 이륙한다 3. (버려진
것이) 공중에 날려 떠다니기 시작하다; sve
je poletelo u vazduh 모든 것이 공중으로
날아갔다 4. (일정한 방향으로) 날아가다; ~
ka severu 북쪽으로 날아가다 5. 돌진하다,
빠르게 달리다; ~ na nekoga 누구를 공격하
다; kola su poletela drumom 자동차가 매우
빠르게 거리를 지나갔다 6. 빠르게 솟구치다
7. 빠르게 흐르다 8. 쏟아지다; suze mi
poleteše 나는 눈물이 쏟아졌다 9. 땅에 떨
어지다, 무너지다 (srušiti se); odsečena
glava polete 베어진 머리가 땅에 떨어졌다
10. 기타; neće mu ni dlaka (vlas) ~ (s
glave) 그에게 그 어떤 나쁜 일도 일어나지
않을 것이다; da mu ne poleti glava (s
ramena) 그가 죽지 않도록; ~ kome u oči
씩씩거리면서 누구를 공격하다
poletno-sletnī –ā, –ō (形) 이착륙의; ~a staza

활주로
poležati –im (完) 1. (잠시동안) 누워 있다, 누
워 지내다 2. (일정기간) 교도소에 수감되다
poli- (복합명사에서) 많은, 다중(多重)의 뜻을
나타냄; poligamija 중혼, politeizam 다신론
poliandrija 일처다부제
polica 선반, 시렁; ~ za knjige 책꽂이; dići
momka(devojku) na ~u 신랑감(신부감)으로
소개하다; zube na ~u (staviti) 굶주리다;
skočiti na ~u 결혼할 차례가 되다 (형·언니
가 결혼한 후에); skočiti na visoku ~u 높은
자리에 오르다, 고위직에 오르다
polica 보험 증권, 보험 증서
policajac 경찰관
policija (女) 경찰
policijskī –ā, –ō (形) 경찰의; ~ agent (pas) 경
찰관(견); ~a stanica 경찰서; ~ čas 야간 통
행금지; ~a država 경찰국가
poličarka 자매들과 맨 처음으로 시집가는 여자
poličica 1. (지소체) polica 2. 판자, 널빤지
polić 반 리터짜리 용기 (포도주 등의)
poliedar –dra (幾何) 다면체; pravilan ~ 정다
면체
polifonija (音樂) 다성(多聲) 음악, 대위법
polifonijskī –ā, –ō (形) 대위법의
poligam 일부다처주의자, 부인이 여럿인 남자
poligamija 일부다처제
poligamskī –ā, –ō (形) 일부다처제의
poligamist(a) 일부다처주의자, 부인이 여러 명
인 사람
poligeneza 다원(多原) 발생설
poliglot(a) 여러 언어를 사용하는 사람
poliglotskī –ā, –ō (形) 참조 poliglot(a)
poligon 1. (幾何) 다각형 (mnogougaonik);
pravilan (konveksni) ~ 정(볼록) 다각형 2.
(軍) 사격장, 사격 연습장
poligonalan –lna, –lno (形) 다각형의
poligraf 1. (다방면의 글을 쓰는) 작가 2. 등사
기, 복사기 3. 거짓말 탐지기
polijelej (교회의) 샹들리에
poliklinika (병원의) 외래 환자 진료실
polilej 참조 polijelej
polimorfan –fna, –fno (形) 여러 형태로 나타
나는, 다양한
polinom (數) 다항식 polinomni (形)
poliomijelitis (病理) 척수 회백질염(灰白質炎),
척수성 소아마비
polip 1. (動) 폴립 (히드라, 산호류 같은 원통
형 해양 고착 생물) 2. (病理) 폴립, 용종
polipsati –šem (完) (마지막 한 마리까지 다)
죽다; polipsaće stoka žedna 목마른 소들은

다 말라 죽을 것이다

polirati -am (完,不完) 1. (표면을) 매끄럽게 하다 2. 윤나게 하다, 광택이 나게 하다 3. ~ se (행동 등이) 품위 있게 되다, 세련되다

polisa 보험 증권, 보험 증서 (polica)

polisemija (言) 다의성, 뜻의 다양성

polisindet (修辭學) 연속해서 여러 개의 접속사를 사용하는 것

poliskleroza (病理) 다발성 경화증

poliš 윤, 광택; 광택제; ~ za automobile 자동차 광택제

politbiro -oa (男) (공산당 중앙위원회 집행기구인) 정치국

politehničar 종합기술전문학교 학생

politehnički -ā, -ō (形) 종합기술전문학교의

politehnika 종합기술전문학교

politeist(a) 다신론자 **politeistički** (形)

politeizam -zma 다신론 (mnogoboštvo) (反: monoteizam)

politi polijem; polio, -ila; poliven, -ena; polij (完) **polivati** -am (不完) 1. 물을 뿌리다, (화초 등에) 물을 주다; ~의 손에 물을 따르다 (세수할 때); ~ vodom 물을 뿌리다; Milica poli ocu da se umije 밀라짜는 아버지가 세수하도록 아버지 손에 물을 따른다; ~ cveće(baštu) 꽃(정원)에 물을 주다; kao (vodom) poliven 당황한, 어리둥절한 2. 적시다; kiša će ~ njive 비가 초원를 적실 것이다 3. (비유적) (눈물·땀 등으로) 범벅이가 되게 하다; poliju me iznenada suze kao kiše 나는 갑자기 눈물이 주르르 흘렀다; polio me znoj 나는 땀범벅이가 되었다 4. (비유적) 쏟아지다(zapljusnuti); 휩싸이다 (obuzeti, obuhvatiti); ~ mecima 탄환세례를 퍼붓다 5. ~ se 물 등을 자신에게 끼얹다; ~ se vodom 물을 자기자신에게 끼얹다 6. ~ se 사방으로 넘쳐 흘리다 (obliti se)

politčan -čna, -čno (形) 정치적인 (politički)

politčar 정치가, 정치인 **politčarski** (形)

politčiti -im (不完) 정략적 정책을 펼치다, 정략적 정치를 하다, 선동 정치를 하다

politčki -ā, -ō (形) 정치의, 정치적인; ~a borba 정치 투쟁; ~a organizacija 정치 단체; ~a partija 정당; ~ osuđenik 정치범; ~a situacija 정치 상황; ~ protivnik 정적; ~a ekonomija 정치경제학; ~ komesar 정치위원(군 부대의); ~ azil 정치적 망명

politčki (副) 정치적으로; ~ delovati 정치적으로 행동하다(처신하다)

politika 정치; 정책; spoljna ~ 외교정책; ~ sile 힘의 정치; baviti se ~om 정치에 종사

하다; ~ naše stranke 우리 당의 정책; ekonomska (kolonijalna, prosvetna) ~ 경제(식민지, 교육) 정책; socijalna ~ 복지 정책 **politički** (形)

politikanstvo 정략적 정치, 선동 정치

politikant 정략적 정치가, 선동적 정치가, 부패한 정치가 **politikantski** (形); ~a smicalica 정략적 정치가의 속임수

politir 1. 광택(윤)을 내는 사람 **politirski** (形) 2. (가구의) 겉 표면 (광택이 나는) (politiran furnir)

politirati -am (完,不完) (가구의 표면에) 광택을 내다 (polirati)

politizirati -am (不完) 1. 정치에 종사하다, 정치 활동을 하다 2. 정치화하다, 정치색을 띠게 하다 3. (충분한 지식도 없이) 정치에 대해 논하다

politra, politrenjak, politrenjača 0.5리터 짜리 병

politura 1. 광택용 액체, 에나멜(도료) 2. 가구(家具)를 에나멜로 칠해 광택이 나는 표면 3. (비유적) 겉 표면; 아름다운 외관(외모)

polivalentan -tna, -tno (形) (化) 다원자가의, 다가의

polivanje (동사파생 명사) politi; ~ ulica 거리 물청소

polivati -am (不完) 참조 politi

polivinil (化) 폴리비닐

polizati -žem (完) 1. 조금 핥다 2. 끝까지 핥다; ~ tanjir 접시를 끝까지 핥아 먹다 2. (비유적) (卑俗語) 부정하다, 부인하다; 취소하다, 철회하다 (poreći, oporeći); neću ~ svoju reč 나는 자신의 말을 주워담지는 않을 것이다

polka 폴카(2박자의 경쾌한 춤)

polnī -ā, -ō (形) 성(性)의; ~ organi 성기; ~o opštenje 성교; ~ odnosi (organi) 성관계 (성기); ~ nagon 성적 본능, 성충동; ~a zrelost 성적 성숙

polo -la (男) (스포츠) 폴로

polog 1. 보증금, 예치금, 공탁금 (depozit) 2. 밑알 (알을 잘낳게 하기 위해 둥지에 넣어두는 알)

polokati poločem (完) 게걸스럽게 꿀꺽꿀꺽 다 마시다

polomiti -im (完) 1. (조각조각) 깨뜨리다, 부수다; ~ tanjir 접시를 깨다; ~ ogradu 담장을 군데군데 부수다 2. (차례차례 모두) 부러뜨리다 3. (비유적) (전투에서) 전멸시키다, 파멸시키다 (pobiti, uništiti); ~ neprijatelja 적을 멸하다 4. ~ se 부러지다, 부숴지다; noge se polomiše zbog pada 넘어져 다리가

853

P

부러졌다 5. ~ se (비유적) 많이 노력하다; *polomiše se oko nas* 그는 우리 문제로 많은 노력을 했다 6. 기타; ~ *kome kosti(rebra)* 세게 구타하다; ~ *kome krila* 누구의 날개를 꺾다, 능력을 상실시키다; ~ *noge* 많이 걷다

polonez (男), **poloneza** (女) 폴로네즈(폴란드의 3박자의 느린 춤; 그 곡)

polonij *-ija*, **polonijum** (化) 폴로늄 (원소 기호 Po)

polonist(a) 폴란드어문학 전문가

polonistika 폴란드어문학

polonizirati *-am* **polonizovati** *-zujem* (完,不完) 폴란드인화하다, 폴란드화하다

polovan *-vna, -vno* (形) 1. 중고의, 헌 (反: nov); *~vni automobili* 중고 자동차 2. 완전하지 않은, 하다 만, 부분적인, 끝까지 완수되지 않은 (nepotpun, nedovršen, polovičan) 3. 반반씩 섞인 (mešan)

polovče *-eta* (지소체) polovina; 반(半)

polovica 참조 polovina

polovičan *-čna, -čno* (形) 반절의, 완전(완벽)하지 않은; ~ *uspeh* 반절의 성공; *~čne mere* 완벽하지 않은 조치; *~čno znanje* 얕은 지식; *~čno vreme* (化) 반감기(半減期)

polovina 1. 반(半), 반절; *prva* ~ 전반 2. 중간, 한 가운데 (시간·공간의); ~ *leta* 한 여름

polovinka (音樂) 이분음표

poloviti *-im* (完) (많이, 전부) 사냥하다

poloviti *-im* (不完) **prepoloviti** *-im* (完) 반(半)으로 나누다(쪼개다)

polovnjak (곡물 무게의) 한 단위

položaj 1. 위치, 장소; *lep* ~ 아름다운 위치; *napasti neprijateljski* ~ 적의 진지를 공격하다; ~ *naše zgrade* 우리 건물의 위치; *geografski* ~ 지리적 위치 2. (비유적) 지위, 직위 (rang); *dominantan* ~ 우월적 지위; *čovek od ~a* 고위층에 있는 사람; *on zauzima važan ~ u našoj ustanovi* 그는 우리 기관에서 중요한 위치를 차지하고 있다; *nije za taj* ~ 그 직위에 적합하지 않다 3. (처해 있는) 상황, 상태; 생활 수준; *dovesti nekoga u neprijatan* ~ 누구를 유쾌하지 않은 상황에 처하게 하다; *nalazi se u nezgodnom ~u* 어려운 상황에 처하다; ~ *Balkana* 발칸의 상황 4. 입장, 태도 (stav, odnos) 5. 지위, 권리 (status, pravo); *Trst je dobio ~ slobodne luke pod talijanskom upravom* 트리예스트는 이탈리아의 지배하에서 자유항의 지위를 획득했다 6. (신체의) 자세; *klečeći (ležeći, sedeći)* ~ 무릎꿇은(누운, 앉은) 자세 7. 기타; *biti na visini (svog)*

~*a* 가장 엄격한 조건도 충족시키다; *čovek od ~a* 사회에서 중요한 역할을 하는 사람, 사회에서 강력한 영향력을 가지고 있는 사람

položajnī *-ā, -ō* (形) 참조 položaj

položen *-a, -o* (形) 1. 참조 položiti; 놓여진 2. 한 쪽으로 기운, 기울어진 (kos); *~a slova* 이탤릭체 글씨

položiti *-im* (完) **polagati** *polažem* (不完) 1. 놓다, ~을 눕혀 놓다; ~ *u krevet* 침대에 놓다 (눕히다); ~ *nekoga na zemlju* 땅에 눕히다; *položili su ranjenika na nosila* 그들은 부상자를 들것에 눕혔다; ~ *osnovu* 기초를 튼튼히 세우다 2. 매장하다, 묻다 (sahraniti, pokopati) 3. (가축에게 먹이를) 주다(놓다) 4. (돈을 은행에) 예금하다, 맡기다; ~ *novac u banku* 돈을 은행에 예금하다; *novac bude položen u banku na tekući račun* 돈을 은행의 수시입출금 통장에 예금할 것이다 5. 지불하다, 갚다 (podmiriti, isplatiti); ~ *otplatu* 할부금을 지불하다 6. 보증금(공탁금)으로 맡기다; ~ *kauciju* 보증금을 공탁하다 7. 최종 형태를 확정하다; ~ *granice Srbije* 세르비아의 국경선을 확정하다 8. (完만) (시험 등을) 통과하다, 합격하다; (不完만) (시험을) 보다; *on polaže ispite u junu* 그는 6월에 시험이 있다; *položio je* 그는 시험에 합격했다 9. ~ se 자기위해 눕다 10. 기타; ~ *krst* 십자가를 긋다(원본이라는 표시로 서명한 곳에); ~ *kamen temeljac* 초석을 놓다; ~ *oružje* 무기를 내려놓다, 항복하다; ~ *oko po pušci* 타켓을 겨냥하다; ~ *račun o čemu* 보고서를 제출하다, 회계 결산서를 제출하다; ~ *zakletvu* 선서하다; ~ *utok protiv nečega* 하급기관의 결정에 대해 상급기관에 항소(상고)를 하다

položiti *-im* (完) 1. (많은) 불을 지피다 2. 차례로 모든 것을 태우다; ~ *sav ogrev* 모든 연료를 때다

poltron 1. 아부꾼, 아첨꾼 (ulizica, puzavac); *ti ljudi su postali ~i i dvorske ulizice* 그 사람들은 궁중의 아첨꾼이 되었다 2. 게으름뱅이 (lenština)

položnica 1. (植) 휘묻이(하여 번식시킨 식물) 2. 보증금(공탁금) 확인서

polu- (복합어에서) 반(半), 반절의 뜻을 나타냄; polukugla 반구; polubrat 이복형제

poluautomatskī *-ā, -ō* (形) 반자동의; *~o oružje* 반자동 무기

polubog 1. 반신반인 (사람과 신 사이에서 태어난) 2. 굉장한 실력자(권력자)

poluboginja 반신반인의 여자

P

polubrat 이복형제, 이부(異父)형제

polucilindar -dra, polucilinder 중산 모자

polucrnac 물라토(백인과 흑인 사이에 태어난 제 1대 혼혈아)

poludesno (副) 반우향우 방향으로

poludeti -im (完) 1. 미치다, 돌다 2. (za kim, za čim) 무척 원하다, 너무너무 좋아하다; ~ za devojkom 아가씨에 완전 반하다

poludivljī -ā, -ē (形) 반야생의

poludnevnī -ā, -ō 반나절의, 한나절의

poludrem 졸음, 기면 상태

poludreman -mna, -mno (形) 거의 자는, 조는

polufabrikat 반제품, 반가공품

polufinale -la 준결승 polufinalni (形)

poluga 1. 지레, 지렛대; (기계·차량 조작용의) 레버; dvokraka(jednokraka) ~ 이중(단일)레버 polužni (形) 2. (비유적) 힘, 원동력 (pokretna sila, snaga) 3. 막대기 모양의 것; zlato u ~ama 금괴

poluglas 참조 poluglasnik; 반모음

poluglasan -sna, -sno (形) 시끄럽지도 조용하지도 않은; ~sno 혹은 ~snim tonom 평상시 목소리 톤으로

poluglasnik (言) 반모음, 축약모음; ~ prednjeg(zadnjeg) reda 전설(후설) 축약모음; ~ u slabom(jakom) položaju 약위치(강위치)에 있는 축약모음

polugo, -ola, -olo, polugol (形) 반나체의

polugodišnjī -ā, -ē (形) 반년마다의, 연2회의, 반기의; ~ kurs 반년 코스; ~ ispit 기말고사; ~ parastos 반년마다 열리는 추모미사

polugodište 1. 학기(6개월의); prvo(drugo) ~ 1(2)학기 2. 반년

polugođe 참조 polugodište

polugotov -a, -o (形) 완전히 끝나지 않은, 반절만 끝난; ~ proizvod 반제품

poluistina 부분적 사실

polukat 중이층(다른 층들보다 작게 두 층 사이에 지은 층) (polusprat)

polukrug -ovi 1. (幾何) 반원 2. 반원 모양의 것; okrenuti se u ~, napraviti ~ U턴 하다

polukružan -žna, -žno (形) 반원의, 반원 모양의; ~ luk 반원 모양의 활

polukrvan -vna, -vno (形) (말의) 혼혈의, 잡종의; ~ konj 잡종말(馬)

polukrvnjak (동물의) 잡종

polukugla 반구(半球)

polulevo (副) 반좌향좌 방향으로

polulopta 반구(半球)

polumajmuni (男,複) 원원류(原猿類: 여우원숭이, 안경원숭이 등)

polumera 어중간한 조치, 임시변통의 수단, 단호하지 않은 조치, 충분히 급진적이지 않은 수단

polumesec 1. 반달, 초승달 2. 한 달 중의 중간 3. (비유적) 무슬림 세계

polumesečnī -ā, -ō (形) 1. 반달의, 초승달의 2. 한 달 중의 중간의; ~ časopis 한 달에 2번 나오는 잡지

polumrak 어스름, 어둑어둑함 polumračan (形)

polumrtav -tva, -tvo (形) 거의 죽은, 반은 죽은; 거의 기진맥진한; 거의 정신이 없는; on je ~ od umora 그는 피곤으로 인해 거의 죽을 지경이다

polunag -a, -o (形) 반나체의 (polugo)

polunesvest (女) 의식이 반쯤 나간 상태, 몽롱한 상태

polunesvestan -sna, -sno (形) 의식이 반쯤 희미해진, 정신이 몽롱한

polunoćnica 크리스마스 이브 미사 (예배) (ponoćnica)

poluobrazovan -vna, -vno (形) 제대로 교육받지 못한

poluokrugao -gla, -glo (形) 반원의, 반원 형태의; ~glo okno 반원 형태의 창틀

poluostrvo, polutotok 반도(半島); on živi u ~u 그는 반도에 산다; Korejsko ~ 한반도

poluotvoren -a, -o (形) 반쯤 열린, 약간 열린; ~a vrata 반쯤 열린 문

polupati -am (完) (조각조각으로) 부수다, 박살내다; ~ prozore 창문을 박살내다

polupijan -a, -o (形) 거나하게 취한 (pripit)

polupismen -a, -o (形) 겨우 읽고 쓸 수 있는; 반문맹의; 읽을 수는 있으나 쓸 수는 없는

poluplatno (책 제본의) 리넨으로 쌓여진 책 표지의 한 종류

polupokret 반회전, 180도 회전

poluprečnik 반지름, 반경

polupreradevina 반제품

poluprovodnik 반도체

poluprsten 반원; (발전기의) 정류자편(整流子片)

poluraspad (物) vreme ~a 반감기

polusan -sna 얕은 잠, 잠이 들듯 말듯한 상태 (dremež); on je bio u ~snu 그는 막 잠에 들려고 했다

polusan, -a, -o (形) 얕은 잠의

polusena, polusenka 완전히 어두컴컴하지 않은 그늘, 약간 빛이 드는 그늘

polusestra -tara 이복자매, 이부(異父)자매

polusirov -a, -o (形) 반 날것의(음식 등이)

poluslužben -a, -o (形) 반공식적인

polusmeh 웃을 듯 말 듯 한 미소, 희미한 미소

P

polusprat 중이층(다른 층들보다 작게 두 층 사이에 지은 층) (polukat)

polusvest (女) 혼미한 의식, 반의식(半意識)

polusvestan -sna, -sno (形) 의식이 몽롱한, 의식이 혼미한, 반의식의

polusvet 화류계, 화류계 사람

polušinjel 반코트

polutama 어스름, 어둑어둑함 (polumrak)

polutan 1. 혼혈; 잡종 (mešanac, bastard, melez) 2. 자웅동체, 암수 한 몸 (dvopolac, hermafrodit) 3. (비유적) 덜 성숙한 사람, 이류인 사람 polutanka; polutanski (形)

polutar (地) (=polutnik) 적도 (ekvator)

polutina 반(半), 반절 (polovina)

polutka 1. 둥근 것의 반(반절); ~ jabuke 사과의 반쪽; ~ tablete 약(藥)의 반절 2. (축구·하키 등의) 연결수, 링커 (spojka); desna (leva) ~ 오른쪽(왼쪽) 링커

poluton -ovi 1. (音樂) 2분 음표 2. (美術) (색상의) 미묘한 차이

poluvod (軍) 소대(vod)의 반

poluvodič 반도체 (poluprovodnik)

poluvokal (言) 반모음 (poluglasnik)

poluvreme poluvremena 1. (스포츠) 경기의 반(전반전, 후반전 등의); u prvom(drugom) ~emu 전(후)반전에 2. (物) 반감기

poluznanje 얕은 지식, 표피적 지식

poluzreo -ela, -elo (形) 완전히 무르익지 않은, 덜 성숙한

poluzvaničan -čna, -čno (形) 반공식적인 (poluslužben); ~ list 반관영 신문

polužica 1. (지소체) poluga; 작은 지렛대 2. (解) 팔꿈치내의 작은 뼈

poluživ -a, -o (形) 1. 혼절한, 아직은 살아있는 2. (음식이) 덜 익은; ~o meso 덜 익은 고기

polužnī -ā, -ō (形) 참조 poluga; 지렛대의

poljačak -čka (植) 박하의 일종

Poljak 폴란드 사람(남자) Poljakinja

poljak 1. 밭(polje) 경비원 (=poljar) 2. (軍) 포병, 포수

poljana 들, 들판, 밭

poljanče -eta (지소체) poljana

poljar 밭 경비원 (poljak)

poljarica 1. 밭 경비원(poljak)의 아내 2. (鳥類) 밭종다리

polje 1. 들, 들판; 평원; 밭; ravno polje 평원; kukuruzno ~ 옥수수 밭; obrađivati ~ 밭을 갈다(경작하다) 2. (무언가) 광활하게 펼쳐진 곳; ledolomci napredovali polagano, razbijajući s naporom ledena polja 쇄빙선은 광활한 얼음을 깨면서 서서히 전진해 나

갔다 3. (어느 용도로 계획된) 지면, 땅, 사용지; minsko ~ 지뢰밭 4. (비유적) 분야, 활동 범위, 영역 (delokrug, oblast); književno ~ 문학 분야; kulturno-prosvetno ~ 교육문화 분야; naučno ~ 학문적 영역; vidno ~, ~ vida 시계(視界) 5. (物) (전기·자기(磁氣) 등의) 장(場), 계(界); električno ~ 전기장; magnetsko ~ 자기장 6. (안쪽이 아닌) 밖, 바깥 7. 기타; bojno ~, ~ od megdana, ~ smrti, ~ časti 전장(戰場), 전쟁터; otvoreno (slobodno, široko) ~ 방해받지 않고 활동할 수 있는 가능성; naići na plodno ~ 일할 수 있는 좋은 조건(환경)을 찾다; obrnuti razgovor na deseto ~ 완전히 다른 것으로 화제를 돌리다; široko ti ~ 네가 원하는 것을 마음껏 해라; ko zna bolje, rodilo mu (široko mu) ~ 더 잘할 수 있는 사람은 자기 마음껏 그 능력을 발전시킬 수 있다

poljeće 참조 polugodište

poljoprivreda 농업, 농사

poljoprivrednī -ā, -ō (形) 농업의, 농사의; ~dni proizvod 농산품; ~dna površina 농작면적; ~dni radnici 농꾼; ~dne sprave 농사장비

poljoprivrednik 농민, 농부, 농업인 poljoprivrednica; poljoprivrednički (形)

Poljska 폴란드 Poljak; Poljkinja, Poljakinja; poljski (形)

poljskī -ā, -ō (形) 1. 들의, 들판의; 야생의; ~o cveće 들꽃; ~ miš 들쥐 2. 밭의; ~ radovi 밭일 3. 야전의, 야외용의; 쉽게 조립하고 이동시킬 수 있는; 임시의; ~a bolnica 야전 병원; ~ krevet 간이 침대, 야전 침대; ~a stolica 야외용 식탁; ~ zahod (임시로 설치한) 야외 화장실; ~a uniforma 야전 유니폼 ~a artiljerija 야전 포병(대); ~top 야포

poljskī -ā, -ō (形) 폴란드의

poljubac -pca 키스, 입맞춤; ~ u obraz 볼에 하는 키스; poslati nekome ~ 누구에게 키스의 동작을 하다: Judin ~ 유다의 키스, (친절을 가장한) 배신 행위

poljubiti -im (完) 1. 키스하다, 입맞춤하다; ženu 아내에게 키스하다; ~ ikonu 이콘에 입맞추다 2. ~ se (서로) 키스하다 3. 기타; ~ ledinu (zemlju) 넘어지다; ~ pa ostaviti 내버려두다(okaniti se); ~ sablju 칼에 찔려 죽다

poljuljati -am (完) 1. 흔들다 (좌우로, 상하로); ~ kolevku 요람을 흔들다 2. 불안정하게 하다, 불안하게 하다, 흔들리게 하다; ~ veru u Boga 신에 대한 믿음을 흔들다; ~ režim 정

P

권을 불안정하게 하다; ~ nečije uverenje 누구의 믿음을 흔들리게 하다 3. ~ se 흔들리다; ~ se u stavu 입장이 흔들리다

pomaći, pomaknuti *pomaknem*; *pomakao, -kla & pomaknuo, -ula*; *pomaknuť*; *pomakni* (完) **pomicati** *-čem* (不完) 1. (위치·장소 등을) 바꾸다, 옮기다; ~ *divan bliže prozoru* 소파를 창가에 가깝게 옮겨놓다 2. 앞으로 이동시키다, 발전하게 하다 (unaprediti); *proizvodnju* 생산을 발전시키다 3. 이동시키다, 움직이게 하다; ~ *kola* 자동차를 이동시키다 4. ~ se 바뀌다; 움직이다; *pomakni se* 비켜!, 움직여! 5. ~ se 미끄러지다 (omaknuti se, skliznuti)

pomada (화장용) 크림; ~ *za ruke(lice)* 손(얼굴) 크림

pomadžariti, pomađariti *-im* (完) **pomadžarivati** *-rujem* (不完) 1. 마자르인화하다, 헝가리인화하다 2. ~ se 마자르인화되다, 헝가리인화되다

pomagač 1. 도와주는 사람, 조력자, 조수; 도움이 되는 것 2. (축구 등의) 하프백 (half); *levi(desani)* ~ 왼쪽(오른쪽) 하프백

pomagalo 도와주는 도구(장치), 보조장치(도구); *ortopedska ~a* 정형외과적 보조장치

pomagati *-žem* (不完) 참조 pomoći; ~ *rukama i nogama* 있는 힘을 다해 돕다; *triput bog pomaže* 처음으로 한 후 낙담하거나 절망할 필요가 없다 (삼 세번이다)

pomahnitati *-am* (完) 1. 미치다, (정신적으로) 돌다; 극도로 신경질적이 되다; ~ *od besa* 광적으로 분노하다, 분노로 인해 돌아버리다 2. 미치게 하다, (정신적으로)돌게 만들다

pomajka 수양어머니

pomak 1. (자세·위치의) 변화, 움직임; 자세 바꿈 (pomicaj); ~ *noge* 약간의 다리 바꿈 2. (비유적) 진전, 발전 (약간의) (napredak); ~ *u pregovorima* 협상에서의 약간의 진전; ~ *nabolje* 좋은 방향으로의 진전

pomaknuti *-nem* (完) 참조 pomaći

pomalen *-a, -o* (形) 다소(좀) 작은

pomalo (副) 1. 적게, 아주 조금; *davala je detetu* ~ *hleba pa* ~ *mesa* 아이에게 빵과 고기를 아주 적게 주었다 2. 어느 정도, 부분적으로; *on je već počeo* ~ *da izlazi* 그는 이미 어느 정도 외출을 시작했다 3. 기타; *malo-~*조금씩 조금씩, 서서히

pomaljati *-am* (不完) 참조 pomoliti; 밖으로 불쑥 내밀다, 보여 주다; *i sunce svoje pomalja lice* 해도 자신의 얼굴을 쑥 내밀었다

pomama 1. 분노, 격분, 격노, 격앙(bes, besnilo, ludilo); 극도의 흥분 상태 2. 강렬한 열망, 욕망 (얻고자 하는, 성취하고자 하는); ~ *za novcem* 돈에 대한 강렬한 욕망; ~ *za osvetom* 복수에 대한 강한 열망 3. (性的인) 강렬한 성욕, 욕정, 색정; *trava od* ~*e* 그 풀의 즙을 마시면 강한 성욕을 불러 일으키는 풀; *izazivati* ~*u muškaraca* 남성의 성욕을 자극하다

pomaman *-mna, -mno* (形) 1. 미쳐 날뛰는, 극도로 흥분한, 극도로 분노한; (행동이) 아주 거친, 오만방자한; ~ *mladić* 극도로 흥분한 청년; ~ *Japanac* 오만방자한 왜놈 2. 탐욕스런, 욕심이 한도 끝도 없는 (nenasit, proždljiv)

pomamiti *-im* (完) **pomamljivati** *-ljujem* (不完) 1. 미쳐 날뛰게 만들다, 격분시키다, 격앙시키다 2. ~ se 격분하다, 격앙하다, 분노하다, 미쳐 날뛰다; ~ *se od besa* 화가 나 미쳐 날뛰다 3. ~ se (za kim, za čim) 강렬한 욕정(욕망)을 느끼다; ~ *se za devojkom* 처녀에게 강한 욕정을 느끼다 4. (바람·파도 등이) 거칠어지다, 세지다; *talasi se pomamiše* 파도가 거칠어졌다

poman *-mna, -mno* (形) 주의깊은, 신중한 (pažljiv)

pomanji *-a, -e* (形) 1. (비교급) pomalen 2. 약간 작은

pomanjkanje 1. 부족, 결핍; 부족한 것, 결핍된 것, 필요한 것; ~ *hrane* 식량 부족 2. (方言) 단점, 결함 (mana, greška)

pomanjkati *-am* (完) **pomanjkavati** *-am* (不完) 1. 부족하다, 결핍되다, 충분히 있지 않다; *pomanjkalo im je hleba* 그 사람들에게는 빵이 충분치 않았다 2. 허약해지다, 쇠약해지다 3. 죽다 (poginuti, lipsati, crknuti) 4. 잘못을 저지르다, 죄를 범하다

pomast (女) (의식용의, 약용의) 방향성 연고, 발삼, 향유; *poslednja (zadnja)* ~ (宗) (임종 직전의 사람에게 바르는) 성유(聖油), 종부성사, 병자성사

pomastiti *-im*; *pomašćen & pomašten* (完) 향유를 바르다, 기름을 바르다 (omastiti, obijiti, pomazati)

pomazanik 기름(향유)을 바른 사람; ~ *božji (gospodnji, kraljevski)* 왕좌 즉위식에서 교회 의식에 따라 성유를 바르고 즉위한 통치자(왕)

pomazanje (宗) 성유(聖油)를 바르는 의식

pomazati *-žem* (完) **pomazivati** *-zujem* (不完) 1. 그리스(윤활유)를 바르다 (namazati); ~ *pleh (mašću)* 냄비에 기름을 둘러치다 2. 기

857

P

름기(기름층)를 제거하다 3. 성유(聖油)를 바르는 의식을 거행하여 통치자(왕)로 즉위시키다; *pomazana glava* 기름부음을 받은 자 (주교, 총대주교, 성직자) 4. (宗) 종부성사 의식을 거행하다

pomeljarina 도정료, 도정비 (밀가루로 지불하는) (ujam)

pomen 1. (어떤 사람 혹은 사건 등에 대한) 기억, 회상 (sećanje) 2. 언급, 거론 (spominjanje); *to nije vredno za ~a* 그것은 언급할 가치가 없다 3. 기념식; (고인에 대한) 추도식, 추모식 4. 기타; *davati(držati) kome ~* 1)고인에 대한 추억을 말하다 2) 장례식을 거행하다; *o tome nema ni ~a* 1)그것에 대해서는 흔적조차 없다 2)그것에 대해서는 전혀 말을 할 수 조차 없다

pomenuti *-nem* (完) **pominjati** *-em* (不完) 1. 언급하다, 거론하다 (spomenuti); *ne pominji mi* 내게 말하지마! 2. (boga, sveca) 도와줄 것을 기도하다 3. (산 사람의 건강 혹은 죽은 사람의 안식을)기원하다, 기도하다 4. 회상하다, 상기하다 (opomenuti se, setiti se) 5. 기타; *pomenulo se ne povratilo se* 뭔가 비극적이고 무서운 것에 대해 말할 때 사용됨

pomerač (총포에 있는) 가늠자

pomeriti *-im* (完) **pomerati** *-am* (不完) 1. (위치·장소를) 옮기다, 바꾸다; 이동시키다; *pomeri stolicu!* 책상을 옮겨라!; *~ nameštaj* 가구의 위치를 바꾸다; *~ ruku* 손의 위치를 바꾸다 2. (비유적) 결정하는데 흔들리게 하다(주저하게 하다, 망설이게 하다); *neće je ~ u nameri* 그녀의 의도를 흔들리게 할 수 없을 것이다 3. (비유적) 미치다; *malo je pomerio* 그는 조금 미쳤다 4. *~ se* 움직이다, 비키다; *pomeri se bliže meni* 내게 좀 더 가까이 와!; *~ se u redu* 줄에서 움직이다 5. 기타; *~ pamet kome* 누구를 미치게 만들다; *~ pameću (umom)* 미치다

pomesti *pometem*; *pomeo, -ela*; *pometen* (完) **pometati** *-ćem* (不完) 1. 당황스럽게 하다, 어리둥절하게 하다, 헷갈리게 하다 (zbuniti, smutiti); *nešto me pomelo* 뭔가가 나를 당황스럽게 만들었다 2. (누구의 의도를) 헝클어지게 하다, 꼬이게 하다; 방해하다, 저해하다, 훼방놓다 (omesti, zasmetati, poremetiti); *~ koga u računu, ~ kome račune* 계획을 꼬이게 만들다 3. (put) 길을 잘못들다, 길을 잃다, 헤매다 (zalutati) 4. *~ se* 당황하다, 어리둥절해 하다, 헷갈리다 5. *~ se* 헝클어지다, 엉망진창이 되다; *žovot se pomelo* 인생이 꼬였다; *~ se u govoru*

(u računu) 말이 꼬이다, 계산을 엉터리로 하다 6. *~ se* 실수하다 (pogrešiti) 7. 기타; *~ nekoga u računu, ~ nekome račune* 누구의 계획을 망치게 하다(꼬이게 하다)

pomesti *pometem* (完) 1. 쓸어 청소하다, 쓸어 담다; *~ sobu* 방을 빗질하다(빗질하여 청소하다); *~ rukom novac* 손으로 돈을 쓸어 담다 2. 죽이다 (ubiti, pokositi); *~ iz mitraljeza* 자동소총으로 죽이다 3. (無人稱文) 얼어 죽이다 (ubiti hladnoćom)

pomešati *-am* 1. 섞다; 흔들어 섞다; (카드를) 섞다; *~ šljunak i pesak* 자갈과 모래를 섞다; *~ vino i vodu* 포도주와 물을 흔들어 섞다; *~ karte* 카드를 섞다 2. 혼동하다 (pobrkati); *~ imena junaka* 영웅들의 이름을 혼동하다 3. *~ se* 섞이다, 혼합되다; *~ se ekseri i čiode* 못과 핀이 섞이다 4. *~ se* 결합되다, 어울리다 (spojiti se, udružiti se); *pomešali se navijači dva tima* 두 팀의 응원단들이 어울렸다

pometati *-ćem* (不完) 참조 pomesti

pometati *-ćem* (完) (모든 것을 차례차례) 놓다

pometati *-ćem* (不完) 참조 pometnuti

pometen *-a, -o* (形) 당황한, 어리둥절한 (zbunjen)

pometnuti *-nem* (完) **pometati** *-ćem* (不完) 1. 한쪽으로 놓다, 옆으로 치우다; *pometnu karabin pored sebe* 그들은 카빈총을 자기 옆에 놓는다 2. 잊어버리다, 내던지다, 내팽겨치다; 포기하다, 거절하다, 폐지하다 (zaboraviti, odbaciti); *~ običaj* 풍습을 버리다; *pometnuše ime tvoje* 네 이름을 잊어버렸다 3. (태아를) 유산하다 (pobaciti)

pometnja 1. 당황, 당혹, 어리둥절, 헷갈림 (zbunjenost, konfuzija, smetenost); *~ u odbrani* 논문심사에서의 당황 2. 혼란, 혼동, 무질서 (nered, gužva, zbrka); *~ u državi* 국가 혼란; *~ u glavi* 머릿속에서의 혼동 3. 잘못된 생각, 실수, 잘못 (nepravilno, pogrešno mišljenje, zabluda, pogreška)

pomicati *-čem* (不完) 참조 pomaći

pomičan *-čna, -čno* (形) 1. 움직이는, 움직일 수 있는 (pokretljiv); *~čni kotur* 이동 도르래 2. 변화에 쉽게 적응할 수 있는; 융통성 있는, 임기응변이 뛰어난 (okretan, živahan)

pomijara (부엌 그릇을 씻어낸) 구정물 통; 구정물이 빠져나가는 구멍

pomije (女,複) 설겆이한 더러운 물, 구정물

pomilovanje (法) 사면; *tražiti(dobiti) ~* 사면을 청구하다(사면이 되다)

pomilovati *-lujem* (完) 1. (사랑스럽게, 부드럽

게) 쓰다듬다; ~ po glavi 머리를 쓰다듬다 2. (반어적으로) 때리다, 가격하다, 부상을 입히다 (udariti, ozlediti); eto tu me je pomilovala granata 여기서 나는 폭탄으로 부상을 입었다 3. (法) 사면하다; on je bio pomilovan 그는 사면되었다; ~ zatvorenika 죄수를 사면하다 4. (교회) 은총(은혜)을 베풀다, 자비를 베풀다; neka ti Bog pomiluje dušu 신이 너에게 은혜를 베풀기를! 5. ~ se 서로가 서로를 쓰다듬다 6. ~ se 서로 사랑하다 (zavoleti se)

pominjati -em (不完) 참조 pomenuti

pomirba 1. 화해 (pomirenje) 2. (비유적) 조화, 조정, 화합, 일치 (sklad, skladivanje)

pomirbenī -ā, -ō (形) 화해의; 조화의; ~ sud 조정 법원

pomirenje 화해 (izmirenje); pružiti ruku ~a 화해의 손을 내밀다

pomirisati -šem (完) 1. 냄새를 맡다; (동물이) 냄새를 맡다; ~ barut 전쟁의 낌새가 느껴지다 2. (비유적) ~을 알게되다; 알아채다, 깨닫다 (doznati, saznati)

pomiriti -im (完) 화해시키다 (분쟁 당사자들을)

pomirljiv -a, -o (形) 1. 화해적인; 평화적인, 평화를 원하는; ~a politika 평화 정책 2. 조정할 수 있는, 화해할 수 있는

pomirljivost (女) 화해 정신

pomisao -sli (l. pomišlju & -sli) (女) 1. 생각, 사상, 사고 활동의 소산 (misao, ideja); doći na ~ 생각에 다다르다 2. (어떠한 일·활동에 대한) 생각; 의도 (zamisao, namera); blizu smo ~sli da tako uradimo 우리는 그렇게 하려는 생각에 가깝다 3. 기타; ni ~ o tome ~에 대한 생각을 해 본 적이 없다; s ~sli na to 그것을 생각하면서

pomisliti -im (完) 1. 생각하다, 상상하다; pomisli šta se desilo 무슨 일이 일어났는지 생각해봐!; ~ na prijatelja 친구에 대해 생각하다 2. 결론을 맺다, 결론을 내리다 (zaključiti); pomislio je da je vreme za akciju 행동에 나설 시간이라고 결론을 내렸다 3. 기타; ni (u snu) ~ 꿈속에서조차 생각하지 않다

pomišljati -am (不完) 참조 pomisliti

pomladiti -im; pomlađen (完) **pomlađivati** -đujem (不完) 젊게 하다, 세대교체를 하다 (podmladiti)

pomlatiti -im; pomlaćen (完) 1. (모두 차례차례) 죽이다, 살해하다; ~ iz mitraljeza 자동소총으로 다 고꾸라뜨리다 2. (몽둥이 등으로 쳐서 완전히 혹은 많은 부분을) 파손시키

다, 파괴하다 3. ~ se (서로) 치고 받다, 싸우다 (pobiti se, potući se)

pomleti pomeljem (完) (전부) 빻다, 찧다

pomno (副) 주의깊게, 신중하게 (pažljivo, oprezno)

pomnožiti -im (完) 1. 배가(倍加)시키다, 증가시키다 (povećati, pojačati) 2. (數) 곱하다

pomnja 1. 주목, 관심 (pažnja) 2. 돌봄, 보호 (briga, staranje, brižljivost) 3. 주의, 신중 (opreznost)

pomnjiv -a, -o (形) 신중한, 조심스런 (pažljiv)

pomoć -oći (女) 1. 도움, 조력(助力), 원조; 지원금; ~ u novcu (novčana ~) 금전적 도움; pružati nekome ~ 도움을 주다; bez ~i 도움 없이; moliti za ~ 도움을 간구하다; biti na (od) ~i 도움이 되다; zvati u ~ 도움을 청하다; u ~! 도와줘!; prva ~ 응급 처치; hitna ~ 비상 구조대; kola hitne ~i 앰뷸런스; socijalna ~ 사회 구제; priteći (priskočiti) u ~ 도우러 달려가다; brza ~, dvostruka ~ 즉각적인 도움은 2배의 도움이 된다; blagajna (kasa) uzajamne ~i (노동조합의)상호협동 기금 2. (軍) 구원군 3. 치료법; ima li ~i ovoj bolesti? 이 병을 치료할 수 있는 치료 방법이 있는가?; nema ~i 치료할 방법이 없다

pomoći pomognem; pomogao, -gla; pomognut; pomozi (完) **pomagati** -žem (不完) 1. 돕다, 도와주다; ~ nekome (nekoga) ~를 돕다; ~ nekome novčano 물질적으로 돕다; pomogao sam mu da se izvuče iz nezgode 곤란에서 벗어날 수 있도록 그를 도왔다; on mu je pomogao da postigne svoj cilj 그는 그 사람이 자신의 목적을 달성할 수 있도록 도왔다; on ne ume sebi da pomogne 그는 그 자신을 어떻게 도울지 몰랐다; aspirin će ti ~ 아스피린이 너한테 도움이 될 것이다; pomozi mi da skinem kaput 내가 외투를 벗을 수 있도록 나 좀 도와줘!; ništa ti to ne pomaže 그것은 너한테 아무런 도움도 안된다; on me je pomopgao savetima 그는 나한테 도움말을 줌으로써 나를 도왔다; Bože pomozi! 신이여, 도와주소서!; pomozi se sam, pa će i Bog ~ 신은 최선을 다하는 사람을 돕는다; pomozi bog!, bog ti pomogao! 인삿말에 쓰임 2. (상황·사태를) 개선하다 3. ~ se (누구로부터) 도움을 받다; ~ se od suseda 이웃으로부터 도움을 받다 4. ~ se 재산을 증식하다, 재산을 불리다; u ratu se pomognu 그들은 전쟁 중에 재산을 증식했다

pomoćnī -ā, -ō (形) 보조의, 보조적인, 부수적

P

인; ~ *radnik* 조수;~*a kočnica* 보조 브레이
크; ~*a sudija* 배석 판사; ~ *glagol* 보조 동
사; ~ *zvučnik* 보조 스피커; ~*o sedište* 보
조 회의장

pomoćnica 1. 참조 pomoćnik; (여자) 조수, 도
우미; *kućna* ~ 가사 도우미 2. (植) 까마중(가
지과의 한해살이 풀) 3. (植) 가지과(茄子科)

pomoćnik 1. 조수, 보조자, 도와주는 사람 2.
(한 단체의 장(長)을 보좌하는 사람) 차관보,
차장, 계장; ~ *ministra* 차관보 3. (도제 수습
을 마친) 장인 (자신의 공방이 없이 월급을
받는) (kalfa)

pomoću (前置詞,+G) ~의 도움으로, ~의 도움
을 받아; *uspeh* ~ *novaca* 돈을 기반으로
한 성공; ~ *radnika* 노동자의 도움으로

pomodan *-dna, -dno* (形) 1. 유행의, 유행하는,
최신식의; 유행을 따르는; ~*dne haljine* 유행
하는 원피스; ~ *kišobran* 유행하는 우산; ~
mladić 유행을 따르는 젊은이 2. 패션의;
~*dni salon* 패션 살롱; ~*dna trgovina* 패션
무역

pomodar *-ara* 멋쟁이, 유행을 따라 몸치장을
하는 사람 **pomodarski** (形)

pomodarka 유행을 따르는 여자, 멋쟁이 여자

pomodreo *-ela* (形) 푸르스름한, 푸른빛을 띤

pomodreti *-im* (完) 푸르러지다 (postati
modar)

pomokriti *-im* (完) 1. 오줌을 적시다; 축축하
게 하다 2. ~ **se** 오줌을 누다

pomol *-ola* 나타남, 출현; 당도, 도착
(pojavljivanje, dolazak); *na* ~*u* 목전에, 면
전에, 직전에 (na vidiku, pred očima, tu
blizu); *nema ga ni na* ~*u* 그 사람은 보이지
도 않는다; *rat je na* ~*u* 전쟁 직전이다

pomoliti *-im* (完) **pomaljati** *-am* (不完) 1. 보여
주다 (충분히 볼 수 있지만 부분적으로만); 2.
~ **se** (눈 앞에) 보이다, 나타나다 3. (비유적)
시작되다, 나타나다 (nastati, otpočeti) 4. 기
타; *ne sme* ~ *nosa(glave)* 밖으로 (한 발짝
도) 나가서는 안된다

pomoliti *-im* (完) (koga) ~에게 간곡히 부탁하
다, 간청하다

pomologija 과수 원예학

pomor (사람·가축 등의) 갑작스런 집단적 죽음
(전염병·기아 등으로 인한)

pomorac *-rca* 선원(船員) (mornar)

pomorandža *-i* 오렌지, 오렌지 나무
(narandža)

pomoriti *-im* (完) 1. (대량으로) 죽이다, 전멸
시키다 (역병·기아·가뭄 등으로) (načiniti
pomor); *ove godine nesrećna vrućina*

pomori mnogo dece 올 해의 극한 무더위는
많은 아이들을 사망에 이르게 하고 있다 2.
매우 피곤하게 하다 (jako zamoriti)

pomorje 해안, 연안; 해안 지방, 연안 지방
(primorje)

pomorskī *-ā, -ō* (形) 1. 해상의, 해사(海事)의,
항해의; ~*a milja* 해리(海里); ~*o pravo* 해상법,
해사법; ~*a trgovina* 해상 무역; ~*a akademija*
해양대학; ~*a država* 해상 국가; ~*e
komunikacije* 해상 통신; ~ *desant* 해상 상륙;
~ *plen* 해상 노획품; ~*o osiguranje* 해상 보험;
~ *saobraćaj* 해상 교통 2. 선원의

pomorstvo 항해, 항행; 항해술

pompa 장려(함), 장관, 화려(함)

pompezan *-zna, -zno* (形) 장려한, 화려한
(raskošan, pun pompe)

pomračenost (女) 어둠, 암흑; ~ *uma* (svesti)
판단력 상실, 이성 상실

pomračenje 1. (동사파생 명사) pomračenje;
어둠, 암흑 2. (天) (일식, 월식의) 식(蝕);
Sučevo (Mesečevo) ~ 일식(월식)

pomračiti *-im* (完) 1. 어둡게 하다, 깜깜하게
하다 2. (天) (달·지구 등이 다른 천체를) 가
리다 3. 희미하게 보이게 하다; *suze mi
pomračile vid* 눈물이 앞을 가렸다 4. 판단
능력을 상실하다 5. 슬프게 하다 6. ~ **se** 어
두워지다; 식(蝕)이 일어나다 7. ~ **se** 희미하
게 보이다 (육체적·정신적 충격으로); 판단능
력을 상실하다 8. ~ **se** 침울해지다, 우울해
지다

pomrčati *-či* (完) 1. 어두워지다 2. 희미하게
보이다, 잘 보이지 않다 3. 기타; *pomrčala
mu je zvezda* 그는 권력을 잃었다; *večno
mu je pomrčalo sunce* 그는 죽었다

pomrčina 1. 어둠, 깜깜함 (potpun mrak) 2.
곤란, 어려움, 악몽 (tegoba, mora) 3. (天)
(일식, 월식의) 식(蝕) 4. 기타; *dospeti u* ~*u*
체포되다; *pojela (progutala) ga* ~ 비밀리에
살해되었다

pomreti *pomre; pomrvši & pomrevši; pomro,
pomrla* (完) 1. (모두 차례차례) 죽다; (자손
없이) 죽다 2. (비유적) (식물이) 시들어 죽다,
말라 죽다 (uvenuti, svenuti)

pomrknuti *-nem* (完) 1. 어두워지다, 캄캄해지
다 (pomračiti se, potamneti) 2. (시력이) 약
해지다, 어둠침침해지다 3. 눈살을 찌푸리다,
얼굴을 찡그리다 (namrštiti se, smrknuti se);
~ *očima (pogledom)* (불쾌·불찬성 등의 표
시로) 눈살을 찌푸리다

pomrsiti *-im* (完) 1. (엉망으로) 뒤다, 꼬다, 뜨
다 (뜨개질·머리 등을) 2. ~ **se** (엉망진창으로)

P

860

꼬이다; (비유적) 당황하다, 어리둥절해 하다
3. 기타; ~ konce (račune) nekome 누구의
계획(의도)을 망가뜨리다; pomrsila mu se
pamet 그는 정신이 돌았다, 미쳤다
pomučiti se -im se (完) 애쓰다, 노력하다; ~
na poslu 직장에서 노력하다; ako se malo
pomučiš, rešičeš i tu jednačinu 약간만 더
노력한다면 이 방정식도 풀 수 있을 것이다
pomućeno (副) 당황하여 (smućeno, zbunjeno,
uznemireno); gledao je otac ~ 아버지는 당
황하여 바라보았다
pomusti pomuzem; pomuzao, -zla; pomuzen
(完) (젖소·양 등의) 젖을 짜다
pomutiti -im; pomućen (完) 1. 탁하게 하다,
혼탁하게 하다, 뿌옇게 만들다, 불투명하게
하다; (눈을) 뿌옇게 하다; ~ vodu 물을 흐리
다(혼탁하게 하다); ~ oči 눈을 가리다(뿌옇
게 하다) 2. (비유적) 당황하게 하다, 불분명
하게 하다; (정신이) 혼탁하게 하다, 미치게
하다 3. ~ se 혼탁해지다, 불투명해지다 4.
~ se 당황하다
pomutnja 혼란, 혼동; 당황, 당혹, 어리둥절
(pometnja, smetenost, zabuna, zbrka)
ponaj- (接頭辭) 거의 가장 (최상급의 뜻을 완
화시켜주는); ponajbolji 거의 가장 좋은
ponajboljī -ā, -ē (形) 거의 가장 좋은; nijedan
nije naročito dobar, ali on je još ~ 특별히
좋은 사람은 아무도 없으나 그래도 그가 그
중에서 낫다
ponajgorī -ā, -ē (形) 거의 가장 나쁜
ponajlepšī -ā, -ē (形) 거의 가장 예쁜
ponajpre (副) 거의 가장 빠르게
ponajvišī -ā, -ē (形) 거의 가장 큰
ponaosob (副) 특별히, 별도로, 따로, 떨어져
(posebno, zasebno, odvojeno); stajati ~ 떨
어져 서 있다
ponapiti se -pijem se (完) 거의 취하도록 마
시다, 얼큰하게 마시다
ponapred (副) 1. 조금 앞으로 2. 특히, 특별히
(osobno, naročito)
ponarasti ponarastem (完) 1. 크다, 성장하다
(porasti) 2. 증가하다 (namnožiti se,
povećati se)
ponaroditi -im (完) ponarođivati -đujem (不完)
1. 인민화시키다, 국민화시키다; trebalo je ~
vojsku 인민군대화할 필요가 있다; Vuk je
ponarodio našu kulturu 부크가 우리의 문화
를 전국민화시켰다 2. ~ se 인민화되다, 전
국민화되다
ponašanje (동사파생 명사) ponašati (se); 행
동, 행위, 태도

ponašati se -am se (不完) 행동하다, 처신하다
ponavljač (학교에서의) 유급생
ponavljanje (동사파생 명사) ponavljati; 반복,
되풀이
ponavljati -am (不完) 참조 ponoviti; 반복하다,
되풀이하다
ponećkati se -am se (完) 아니오(ne)를 말하
다; 거절하다, 거부하다, 부정하다 (odbiti,
odreći)
ponedeljak -ljka, ponedeljnik 월요일; u ~ 월
요일에, ~ljkom 월요일 마다
ponegde (副) 1. 어디선가 (na nekim mestima)
2. 여기 저기 (ovde-onde, tu i tamo)
ponekad (副) 이따금, 때때로 (s vremena na
vreme, katkad, kadikad)
ponekī -ā, -ō (不定代名詞) 그 어떤; ~a kola
ili ~ seljak prođe ulicom 그 어떤 자동차인
지 아니면 어떤 농군인지가 거리를 지나간다;
~ to vole vruće 어떤 사람들은 그것이 뜨거
운 것을 좋아한다
ponemčiti -im (完) 1. 독일인화 하다 2. ~ se
독일인화 되다
ponestajati -je (完,不完) 1. (完) 하나씩 하나씩
사라지다(없어지다); ponestajalo mu robe
그의 물건이 하나씩 없어졌다 2. (不完) 서서
히 (조금씩 조금씩) 사라지다(없어지다);
ponestaje mu novca 그는 돈이 조금씩 조금
씩 없어졌다
ponestati -ane (不完) (거의, 많이) 없어지다,
사라지다; 사라지다, 없어지다, 존재하지 않
다; rezervna hrana je već ponestala 예비
식량이 거의 없어졌다
ponešto -nečega (代名詞) 1. 그 어떤 약간의
(nešto malo); ~ je pisao 그는 (뭔가를) 조
금 썼다 2. 그 어떤 것 (nešto, neki
predmet); u ponečem se prevario 그는 그
무엇에 속았다 3. (부사적 용법으로) 조금,
약간 (pomalo)
poneti ponesem; poneo, -ela; ponesen, -ena
& ponet, -a (完) 1. 가지고 가다 (손으로 들
고, 짊어지고); on je poneo na put dva
kofera 그는 두 개의 가방을 가지고 길을
떠났다; čovek ponese kišobran kad je
oblačno 구름이 끼면 우산을 가지고 간다;
~ kišobran u šetnju 산책에 우산을 가지고
가다 2. 전달하다 (메시지 등을) 3. 뺏어가다,
채어가다; vetar mu je poneo šešir s glave
그의 모자는 바람에 날라갔다 4. 임신하다
(zatrudneti); oseti da je ponela 임신했다는
것을 느낀다 5. (식물 등이) 열매를 맺다; i
vinogradi nisu ove godine poneli 포도밭도

P

올 해에 흉작이었다 6. (옷을) 입다 (obući); (안경을) 쓰다; (턱수염·콧수염을) 기르다; ~ mantil 코트를 입다; ~ čizme 장화를 신다; ~ naočare 안경을 쓰다 7. 감당하다, 부담하다 (임무·비용·하중 등을); ~ napad 공격을 감당하다 8. ~ se 공중을 날아다니기 시작하다, 떠다니기 시작하다; ponelo se lišće 낙엽이 공중을 떠다녔다 9. ~ se 균형을 잃다 (상실하다), 균형을 잃고 비틀거리다; ponese se zbog slabosti 허약함으로 인해 균형을 잃고 비틀거린다 10. ~ se 오만해지다, 방자해지다; slava ga ponela 명성으로 인해 그는 오만해졌다 11. ~ se s nekim 싸우다, 다투다; poneli se borci po ringu 격투선수들은 링에서 싸웠다 12. ~ se 행동하다, 처신하다; on se lepo poneo 그는 잘 처신했다 13. 기타; đavo ga poneo, jadi ga poneli, vile ih ponele (口語) 귀신이 그를 잡아갔다 (심하지 않은 저주의 말로써 사용됨); ~ glavu na pazar 목숨이 경각에 처하게 하다; ~ (sa sobom) u grob 비밀을 무덤에 까지 가지고 가다; sede pletenice ~ 시집을 가지 않고 처녀로 살다; sreća ga ponese 그는 큰 성공을 거두었다

poni -ija (男) (動) 조랑말
ponići, poniknuti poniknem; ponikao, -kla & poniknuo, -ula (完) ponicati -čem (不完) 1. (식물이) 발아하다, 싹트다 2. (비유적) 태어나다 (roditi se); on je poniknuo u jednom delu srpskog naroda koji je bio verski ganjan 그는 종교적 박해를 받았던 세르비아의 한 마을에서 태어났다; on je ponikao iz radničke porodice 그는 노동자 집안 출신이다 3. (비유적) 생겨나다, 나타나다 (nastati, pojaviti se); naš književni jezik je ponikao u pocetku našeg oslobođenja 세르비아 문어는 세르비아 해방기 초에 싹을 트기 시작했다 4. (고개·시선을) 떨구다 (낙담하여, 실망하여) 5. 쓰러지다, 무너지다 (pasti, srušiti se); on poniče u napadu 그는 공격에 쓰러졌다

ponikao -kli (女) 싹, 새싹, 움
poniklati -am poniklovati -lujem (完) 니켈 도금하다
ponirati -em (不完) 1. (강·강물이) 흐르다가 없어지다(사라지다), (뭍으로) 스며들다 (바다나 호수로 흘러 들어가지 않고); ova reka ponire u zemlju 이 강은 육지에서 사라진다 2. (비유적) 깊숙이 들어가다, 몰두하다 (연구 등에); nije nikad dulje ponirala svojim duševnim okom u to društvo 그녀는 그 사

회를 자신의 내면의 눈으로 그렇게 깊숙히 바라본 적이 없었다

poništaj (法) (법률·협정 등의) 폐지, 철폐; ~ ugovora 계약 폐지; ~ zabrane 금지(규제) 철폐
poništavač 1. ~ kolona (타자기의) 지움 키 2. (티켓) 천공기 (버스 등에 설치된)
poništenje (동사파생 명사) poništiti; 취소, 파기, 무효화; ~ braka 혼인 무효
poništiti -im (完) poništavati -am (不完) 1. 무효로 하다, 효력을 상실케 하다; 취소하다, 폐지하다; ~ porudžbinu 주문을 취소하다; ~ presudu 판결의 효력을 상실시키다; ~ brak 혼인을 무효화 하다; ~ kartu (버스)티켓을 개표하다 2. 비참하게 하다, 처참하게 하다, 어렵게 하다; bolest ga je poništila 병이 그를 처참하게 만들었다 3. ~ se 모욕당하다, 굴욕감을 느끼다 (poniziti se, klonuti duhom); u dobru se ne ponesi, a u zlu se ne poništi 일이 순조롭게 되어갈 때 오만하게 행동하지 말고 일이 잘못되어 갈 때 기죽지 마라
ponizan -zna, -zno (形) 복종적인, 순종적인, 말을 잘 듣는; sluga ~ (廢語) 공손한 인사말의 표현법
poniziti -im; ponižen (完) ponižavati -am (不完) 1. 낮추다, 낮게 하다 (sniziti, spustiti); ~ ton 목소리의 톤을 낮추다 2. (비유적) 무시하다, 경시하다, 모욕하다, 모독하다, 명예(명성·존엄성)를 훼손시키다; ~ roditelje 부모를 무시하다 3. ~ se 모욕당하다, 경시되다, 무시되다
poniže (副) 조금 더 낮게
ponižen -a, -o (形) 1. 참조 poniziti (se) 2. (명사적 용법으로) 무시당한 사람, 멸시당한 사람, 모욕당한 사람
ponoć (形) 한밤중, 자정; u ~ 자정에; pre ~i 자정전(前)에 ponoćni (形); ~a misa 자정 미사
ponoćarka (숙어로만 사용); veštica ~ (迷信) 자정에 나타나는 마녀
ponoćnica, polunoćnica 자정 미사
ponoćnica (숙어로만 사용됨); vila ~ 자정에 나타나는 요정
ponor 1. (땅의) 깊게 갈라진 금(곳), 심연(深淵), 나락; pasti u ~ 끝없는 낭떠러지로 떨어지다, 나락으로 떨어지다 2. 강이 사라지는 곳 (강 표면의 물이 사라지고 물이 땅 속으로 스며드는 곳) 3. (하늘·바다의) 끝없는 깊이, 나락 4. (비유적) 멸망, 타락, 파산, 죽음 (propast, pogibija) 5. (비유적) 메울 수 없는 간격(차이·불화 등의)

P

ponornica 끝이 없어진 강 (바다나 호수로 흘러들어가지 않고 도중에서 소멸되는 건조지대의 강)

ponos 1. 자부심, 자랑스런 마음, 뿌듯한 기분; *imati ~* 자부심을 가지다; *osešati ~* 자부심을 느끼다 2. 자만심, 우월감, 교만

ponosan -*sna*, -*sno* (形) (=ponosit) 1. 자랑스런, 자랑으로 여기는; 자부하는; *biti ~ na nešto* ~에 자랑스런 2. 거만한, 교만한 (ohol, gord)

ponositi se -*im se* (不完) ~을 자랑으로 생각하다, ~에 자부심을 느끼다; *on se ponosi svojim sinom* 그는 자기 아들에 자부심을 느낀다

ponošljiv -*a*, -*o* (形) 자랑하기 좋아하는; 교만한, 거만한 (ohol, gord)

ponova (副) (=ponovo) 다시, 또 다시 (opet, još jednom, iznova)

ponovac (학교의) 유급생

ponovan -*vna*, -*vno* (形) 반복되는, 되풀이되는, 재(再)-; ~ *upis u školu* 학교 재등록

ponoviti -*im* (完) ponavljati -*am* (不完) 1. 반복하다, 되풀이하다, 또 다시 하다; ~ *odgovor* 대답을 되풀이하다; ~ *prekršaj* 위반을 반복하다; *stalno ponavljati jedno te isto* 똑 같은 일을 끊임없이 되풀이하다 2. 복습하다 (opetovati); ~ *lekcije* 학과를 복습하다 3. 유급당해 같은 학년을 또 다니다; ~ *razred* 유급하다 4. 이전 상태로 돌려놓다, 복구하다 5. (口語) 새로운 물품을 구입하다; ~ *decu (odelom)* 아이들에게 새 옷을 입히다 6. ~ se 되풀이되다, 반복되다; *istorija se ponavlja* 역사는 반복된다 7. ~ se 새 것을 사다 (보통 옷, 의복의 일부를); *ponovili su se* 그들은 새 옷을 입었다

ponovljen -*a*, -*o* (形) (동사파생 명사) ponoviti; 반복된, 되풀이된; *Ponovljeni zakon* (聖書의) 신명기 (출애굽기·민수기 등의 내용이 반복됨)

ponovno (副) (=ponova) 또 다시

ponovo (副) 또, 또 다시

pontifikal -*a* (宗) (가톨릭의) 주교집전 미사

pontifikalan -*lna*, -*lno* (形) 주교집전 미사의

pontifikat (宗) (가톨릭의) 교황의 직책(임기)

ponton (軍) (부교용) 배(목선·철선 등의)

pontonir (軍) 가교병(架橋兵); 부교(浮橋) 가설자

pontonski -*ā*, -*ō* (形) 참조 ponton; ~ *most* 부교(浮橋)

ponuda 1. 제안, 제의; *dobiti (prihvatiti) ~u* 제안을 받다(수용하다) 2. (經) 공급(량); *zakon ~e i potražnje* 수요공급 법칙 3. (환자·병자를 위한) 음식, 식사; *nositi ~e bolesniku* 환자에게 음식을 가져가다 4. (民俗) 무덤에 가져가 놓고 오는 것 5. 경매(입찰)에서의 가격 경쟁

ponuditi -*im* (完) 제안하다, 제의하다; ~ *ruku (srce)* (여성에게) 청혼하다

ponuđač 입찰자(경매를 주관하는)

ponukati -*am* (完) 용기를 북돋우다, 성원하다, 격려하다 (pobuditi, obodriti, podstreknuti); *ponuka ih da mu ispričaju sve* 그에게 모든 것을 말하라고 그들을 격려한다(부추킨다)

ponutrica 1. (인체의) 장기(臟器), 내장기관 (utroba) 2. (도축된 동물의) 내장 3. 안, 안쪽 부분 (건물·꽃 등의)

ponjava 1. 침대보 (plahta) 2. 양모로 거칠게 짠 담요(모포) (guber)

ponjušiti -*im* (完) (코를 가까이 대고) 냄새를 맡다

poočim 양부(養父), 양아버지, 수양아버지

poodavna, poodavno (副) 아주 오래전에; *to je bilo ~* 그것은 아주 오래전에 있던 일이었다

poodmaći, poodmaknuti *poodmaknem*; *poodmakao*, -*kla* & *poodmaknuo*, -*ula*; *poodmaknut*; *poodmakni* (完) poodmicati -*čem* (不完) 1. 멀리 떠나다, 멀어지다 (공간적·시간적으로); ~ *od grada* 시내에서 멀어지다; *jesen je poodmakla* 가을이 멀리 떠났다; *čovek (žena) poodmaklih godina* 나이가 상당히 많은 사람(여자) 2. (일·발전 등이) 진척되다, 진행되다; 발전하다, 진일보하다; *teza mu je već prilično poodmakla* 그의 논문은 이미 상당히 진척되었다; *Jugoslavia je poodmakla u rukometu* 유고슬라비아는 핸드볼에서 발전하였다 3. ~ se 멀어지다

poodrasti *poodrastem* (完) 좀 더 성장하다(크다) (prilično odrasti); *pa kad ti svi unuci poodrastu, a ti ćes tek onda videti da ti je zemlje malo* 손주 모두 좀 더 크면, 그때야 비로소 네 땅이 적다는 것을 알 것이다

pooholiti se -*im se* (完) 거만해지다, 오만해지다 (uzoholiti se)

poorati -*rem* (完) 밭을 갈다 (끝마치다); *imao je dve njivice pa je i njih poorao i zasejao* 두 개의 밭이 있어 그 땅을 갈고 파종을 마쳤다

pooštren -*a*, -*o* (形) 1. 참조 pooštriti (se); 날카로운, 날이 갈린 2. (비유적) 강화된, 보강된, 증강된 (pojačan) 3. 기타; ~*i zatvor* 독방 수감 생활; ~*a takmičenja* 경쟁이 심한 경기

pooštriti -*im* (完) pooštravati -*am* (不完) 1.

863

(모두 차례차례) 날카롭게 하다 (칼날·끝 등을) 2. (비유적) 더 팽팽하게 하다, 더 긴장되게 하다, 더 엄하게 하다; 더 강하게 하다; ~ *mere* 조치를 강화하다; ~ *disciplinu* 규율을 강화하다; ~ *uslove za upis* 등록 기준을 강화하다 3. ~ se 긴장감이 팽팽해지다, 엄격해지다; *situacija se pooštrava* 상황이 더 긴박해진다

pooženiti se −*im* se (完) (모두 차례로) 결혼하다 (남자가); *i narasli su svi za posao, pooženili se* 모두 직업을 가질 정도로 다 성장하고 결혼했다

pop −*a*, −*ovi* 1. (宗) (가톨릭·정교의) 세속적 성직자, 대처승 (svetovni sveštenik) 2. (카드 놀이의) 잭(Jack) 3. 기타; *besposle* ~ *i jariće krsti* 하릴 없는 사람이 쓸데없는 일을 하면서 노닥거린다; *ima i nad* ~*om* ~ 권력위에 권력있다(모든 권력 위에 더 높은 권력이 존재한다); *reći* ~*u* ~, *a bobu bob* 모든 사물의 이름을 정확히 말하다, 솔직하고 열린태도를 취하다; *slati koga od* ~*a do kovača* 사람을 뺑뺑이 돌리다 (사람을 이리 가라 저리가라 하면서 고생시키다)

popa (男) (愛稱) pop **popin** (形); ~*o prase* (植) 큰조아재비(양질의 목초)

popabirčiti −*im* (完) 이삭을 줍다

popac −*pca* (昆蟲) 귀뚜라미 (zrikavac, cvrčak)

popadati −*am* I. (完) 1. (차례로) 떨어지다; *popadale su jabuke* 사과가 하나씩 하나씩 떨어지다 2. (모두 차례로) 쓰러지다, 죽다 (전장에서, 병으로); ~ *na zemlju* 땅에 하나씩 쓰러지다 3. (모두, 많이) 떨어지다 (시험에서) 4. (비유적) 쓰러지다, 기진맥진하다 (피로로 인해); (조금씩 조금씩) 사라지다, 없어지다; *popadiće iluzije* 환상이 사라질 것이다 II. (不完) 참조 pasti

popadija 대처승(pop)의 아내

popak −*pka* (昆蟲) 참조 popac

popaliti −*im* (完) (차례로, 하나 하나) 태우다, 불사르다; ~ *kuće* 집을 한 채씩 불사르다

popara 1. 음식의 한 종류 (오래된 빵을 주사위 모양으로 잘게 썰어 끓는 물과 우유에 넣고 끓여 죽과 같이 만든) 2. 곤란, 어려움 (nevolja, neugodnost) 3. 기타; *dobiti* ~*u* 질책 당하다; *skuvati kome* ~*u* 누구를 곤경에 빠뜨리다

popariti −*im* (完) 1. 끓는 물을 붓다(퍼붓다) 2. 화상을 입히다, 데게 하다; *otići kao poparen* 허둥대며(당황하며, 낙담하며) 떠나다

popart 팝 아트 (1960년대 부터의 전위적 미술 운동)

popasti *popadnem*; *popao* 1. (보통 많은 양이) ~의 표면에 내리다(떨어지다), 내려 표면을 덮다; *prašina je popala po nameštaju* 먼지가 가구에 내려 앉았다; *po livadi popao sneg* 풀밭에 눈이 내려 앉았다 2. (낡아) 떨어지다 (문짝 등이); *na kući su popali prozori* 집의 창문들이 떨어졌다 3. 넘어지다 4. 꽉 붙잡다, 웅켜 쥐다; (비유적) 사로잡다; *popadnu ga upravo paklenske muke* 그는 바로 지옥과 같은 고통에 사로잡혔다

popasti *popasem* (完) 1. (일정 기간, 잠시) 풀을 뜯다, 풀을 뜯어 먹다 (소·양 등이); *ovce malo popasu* 양들이 조금 풀을 뜯고 있다 2. (모든 풀을) 뜯다, 뜯어 먹다; *ovce popasu livadu* 양들이 풀밭의 풀을 다 뜯어 먹는다

popaša 1. 초원, 목초지 (paša, pašnjak) 2. 목초지에서 가축에게 풀을 뜯게 하는 댓가로 지불하는 것(비용)

popašan −*šna*, −*šno* (形) 탐욕스런, 욕심많은 (pohlepan)

popci (男,複) 참조 popac; 귀뚜라미

popče −*eta* (지소체) pop

popečitelj (歷) (세르비아공국 시절의) 장관 (ministar)

popekanja (男) (지대체, 경멸조의) pop

popelin 포플린 (골지게 짠 부드러운 천)

popeti *popnem* (完) 참조 peti; 1. (높게) 들어 올리다 (podignuti, uzdignuti) 2. (텐트를) 치다, 올리다 (razapeti) 3. (비유적) (월급·가격을) 올리다, 상승시키다 4. ~ se (높이) 치켜들리다; (높은 곳에) 오르다, 올라 가다 5. ~ se (달이) 뜨다, 솟다 6. ~ se 승진하다; (가격이) 오르다 7. 기타; ~ *se do grla* 참을 수 없을 정도가 되다; ~ *se na glavu* (*na vrh glave, na vrat, na leđa*) *kome* 자신의 목적 달성을 위해 누구를 이용해 먹다; ~ *se na presto* 왕좌에 오르다, 왕이 되다

popevati −*am* (不完) (기도문을) 읊조리다, 성가를 부르다

popevati −*am* (完) (조금) 노래하다

popevka 전례(典禮) 성가, (단순하고 반복적인 곡조의) 성가

popin −*a*, −*o* (形) 참조 popa

popina (男) (지대체, 경멸조) pop

popipati −*am* (完) 1. (조금, 약간) 만지다, 더듬다 2. (손으로) 더듬어 확인하다

popis 1. 리스트, 목록 (인구·가축·물품 등의); ~ *imena* 이름 목록; ~ *zaostavšine* 유산 목록 2. 인구 조사; ~ *stanovništva* 인구 조사 3.

재고 조사; (세금·부채 등을 징수하기 위해 작성하는) 압류 목록; *napraviti* ~ 재고 조사를 하다, 재고 목록을 작성하다 popisni (形)

popisati *-šem* (完) **popisivati** *-sujem* (不完) 1. 목록을 작성하다, 목록에 등재하다, 재고조사를 하다; ~ *članove* 가족 인구조사를 하다 2. 압류하다, 압수하다 (konfiskovati); ~ *imovinu* 재산을 압류하다

popisivač 목록 작성자; 인구 조사 조사원

popisivati *-sujem* (不完) 참조 popisati

popisnī *-ā, -ō* (形) 참조 popis

popišati *-am* (完) 오줌을 누다(싸다)

popišmaniti se *-im se* (完) 1. (나쁜 방향으로) 갑자기 입장(태도·결정)을 바꾸다, 마음을 바꾸다, 돌변하다 (predomisliti se) 2. (합의·약속 등을) 위반하다

popiti *-pijem* (完) 1. (모두, 끝까지) 다 마시다 2. 술을 마시다; ~ *rakiju* 라키야를 마시다 3. 술에 취하다 (opiti se) 4. 술에 (재산을) 탕진하다; ~ *kuću* 술 먹는데 집을 탕진하다 5. (액체를) 흡수하다, 빨아들이다 (upiti, usisati) 6. (비유적) 기진맥진하게 하다, (힘 등을)완전히 소진하다 (iscrpsti, izmožditi)

popiti *-im* (不完) 1. 대처승(pop) 안수를 주다 (rukopolagati za popa) 2. ~ *se* 대처승(pop) 이 되다

poplaćati *-am* (完) (순서대로, 하나 하나) 지불하다; *poplaćan sve što moram* 지불해야 할 것은 모두 지불했다

poplakati *-čem* (完) (조금, 잠시) 울다

poplakati *-čem* (完) (모든 것을 차례로)헹구다, 헹구어 내다, 씻어내다 (isplaknuti, proprati sve redom)

poplašiti *-im* (完) 1. 두렵게 하다, 무섭게 하다 2. (사방으로) 도망치게 하다; ~ *ovce* 양들을 사방으로 도망치게 하다 3. ~ *se* 두려워하다, 무서워하다

poplatiti *-im* (完) 1. (차례로 전부) 지불하다, 갚다 2. 내다, 지불하다 (platiti)

poplava 홍수, 침수, 범람

poplaveti *-im* (完) 푸르러지다, 파래(plav)지다

poplaviti *-im* (完) 1. 파랗게 만들다, 푸르게 하다 2. 파랗게 되다, 푸르러지다 (poplaveti)

poplaviti *-im* 1. (강·호수 등이) 범람하다; 홍수가 나다 2. (비유적) 범람하다, 넘쳐나다; *za kratko vreme tuđice bi poplavile naš književnik jezik* 짧은 기간 동안 외래어가 우리 문어에 범람할 것이다

poplavljen *-a, -o* (形) 홍수가 난, 물에 잠긴, 침수된; ~*a polja* 물에 잠긴 들판; ~*e ulice* 침수된 거리

poplavljenik 침수피해를 당한 사람, 수재민

popleniti *-im* (完) (전부 차례차례) 빼앗다, 약탈하다, 강탈하다

poplesati *-šem* (完) (조금, 잠시) 춤추다

poplesniviti *-im* (完) 곰팡이가 피다, 곰팡이로 뒤덮이다, 곰팡내가 나다

poplesti *popletem* 1. (차례차례 전부, 많이) 뜨다, 짜다, 뜨개질하다 2. (조금, 잠시) 뜨다, 짜다, 뜨개질하다 3. ~ *se* 발이 ~에 걸려 넘어지다

poplin 참조 popelin

poplivati *-am* (完) 수영하기 시작하다; (잠시) 수영하다

popločati *-am* (完) **popločavati** *-am* **popločivati** *-čujem* (不完) (벽돌·돌·타일 등을) 도로에 깔다, 포장하다; 판자(타일)(ploča)를 대다; ~ *ulicu* 돌로 도로를 포장하다

poplućnica 늑막, 흉막 (plućna maramica)

poplljeskati *-am* & *-šćem* (드물게 *-štem*) (어깨를) 손바닥으로 치다; 박수치다 (환호성·찬성의 표시로)

popljuvati *popljujem* (完) 1. 침을 뱉다, 침을 탁 뱉다 2. (비유적) 무시하다, 경시하다, 야단치다, 모욕하다, 경멸하다 (poniziti, pogrditi, osramotiti)

popoditi *-im* (完) **popođavati** *-am,* **popođivati** *-đujem* (不完) 바닥(pod)을 깔다(놓다)

popodne *popodneva; popodnevi, popodneva* 오후; *celo* ~ 오후 내내 **popodnevni** (形)

popođavati *-am* (不完) 참조 popoditi

popola (副) 반으로, 절반으로; *podeliti* ~ 반으로 나누다

poponac *-onca* (植) 서양메꽃

popov *-a, -o* 참조 pop

popovanje (동사파생 명사) popovati

popovati *-pujem* (不完) 1. 환속 신부(pop) 역할을 하다, 환속 신부 활동을 하다 2. 설교하다; *ja sam tebi sto puta rekao da mi ne popuješ* 날 가르치려 하지 말라고 너에게 수천번 이야기했다 3. 철학적인(어려운) 이야기를 하다 (raspravljati, mudrovati)

popovina 1. 환속 신부(pop)의 수입 2. 환속 신부 직위

popovka 1. (鳥類) 머리가 큰 야생 오리 2. (植) 먹물버섯

popovskī *-ā, -ō* (形) 참조 pop

popovstvo 1. 대처승(pop)의 직무 2. 대처승단(團)

popovština 1. 대처승(pop)의 도덕률 2. 대처승단(團)

poprašiti *-im* 가루를 흩뿌리다 (posuti

P

prahom)

popratiti *-im* (完) 1. ~까지 동행하다, 수행하다 (dopratiti, otpratiti) 2. (어떤 일·사건 등과 관련하여 분노·유감 등을) 표출하다; *kad je svršio da peva, poprati ga buran pljesak publike* 노래를 마쳤을 때 관중들의 열렬한 박수가 터졌다 3. (일이) ~을 수행하다, 따라서 일어나다, ~과 동시에 일어나다 4. (音樂) 반주하다

popratnī *-ā, -ō* (形) 수행하는, 동반하는, 수반되는, 부수적인 (propratni); *~a naredba* 부수적인 명령; *~a pojava* 동반 현상

popratnica 1. 부수적 현상 2. 선하 증권, 선적 송장(送狀)

popravak *-vka* 1. 수리, 수선 (popravka); ~ *pegle* 다리미 수선 2. (교도소의) 갱생, 재활, 재건 3. 개선, 개량 (poboljšanje) 4. *dobiti ~ iz nečega* ~에서 낙제점수를 받다

popravilište 소년원

popraviti *-im; popravljen* (完) popravljati *-am* (不完) 1. 수선하다, 수리하다, 고치다, (잘못된 것을) 똑바로 바로 잡다; ~ *auto (radio)* 자동차(라디오)를 고치다 2. 개선하다, 향상시키다, 다듬다; ~ *kvalitet nečega* ~의 질(품질)을 향상시키다; ~ *stil* 스타일을 개선하다; ~ *kravatu* 넥타이를 반듯이 매다; ~ *kosu* 머리를 다듬다 3. (잘못·실수 등을) 교정하다, 수정하다, 정정하다, 똑바로 잡다; ~ *grešku* 실수를 교정하다; ~ *tekst* 텍스트를 수정하다; ~ *matematiku (fiziku)* 수학(물리) 성적을 향상시키다 4. ~ *se* 개선되다, 향상되다, 좋아지다, 반듯해지다, 교정되다, 고쳐지다 5. ~ *se* 건강이 회복되다; 살이 찌다 (병치레 후) 6. ~ *se* 관계를 개선하다, 화해하다

popravka 1. 수리, 수선; *auto je na ~vci* 자동차는 수리중이다 2. 교정, 수정 (원고 등의) 3. (교도소의) 교화 4. 개선, 향상 (poboljšanje); *radnička komora će se starati za ~u položaja radničke klase* 노동자 평의회는 노동자 계급의 지위 향상을 위해 노력할 것이다

popravljač 1. 수선공, 수리공 2. 재시험을 보는 학생

popravljati *-am* (不完) 참조 popraviti

popravljiv *-a, -o* (形) 수선할 수 있는, 수리할 수 있는

popravnī *-ī, -ī* (形) (사람을) 교정하는, 교화하는; (시험 성적 등을)교정하는, 재시험의; ~ *zavod* 교도소; ~ *ispit* 재시험

poprečan *-čna, -čno* (形) 1. 가로질러 놓여 있는, 횡단하는; *~čni presek* 횡단면, 단면도; *~čna linija* (축구 등의) 엔드 라인 2. 평균의, 중간의 (prosečan, osrednji); *šezdeset godina, to je već visoka brojka nad poprečnom dobom ljudskoga života* 60살 – 그것은 인생의 반환점을 넘는 많은 나이다

poprečnica (幾何) 횡단선 (presečnica, transverzala)

popreko (副) 가로질러, 횡단하여, 대각선으로, 비스듬히; *gledati nekoga ~* 흘깃 쳐다보다, 의심쩍은 마음으로(불신하는 태도로) 쳐다보다; *uzduž i ~* 사방에서 (svuda, na svim mestima)

popretiti *-im* 1. 협박하다, 위협하다; ~ *nekome* 누구를 협박하다 2. 위협적 제스처를 취하다

popričati *-am* (完) 1. (잠시) 이야기하다, 말하다; (중요하지 않은 여러가지 일에 대해) 대화하다 2. (차례차례 모든 것을) 이야기하다, 말하다

popričuvati *-am* (完) (잠시동안) 보관하다

popriličan *-čna, -čno* (形) 다소 긴 (povelik)

poprimiti *-im* (完) (어떠한 모습·형태·성질·특성 등을) 가지다, 띠다, 얻다, 취하다; *Markov trg je opet poprimio svoj obični lik* 마르코 광장은 다시 평상시의 모습을 띠게 되었다

poprište 1. (행위·사건의) 장소, 현장; 경기장; *na ~u* 현장에서 2. 활동, 활동기

poprostačiti se *-im se* (完) 상스러워지다, 추잡해지다, 천박해지다, 야만적이 되다

poprsje 1. (사람의 목부터 허리까지의) 흉부; 상반신 2. (동상의) 반신상, 흉상 (bista); (허리까지의) 그림, 초상화 (portret) 3. (가슴을 보호하는) 갑옷

poprskati *-am* (完) (액체 등을) 흩뿌리다, 분무기로 뿌려 축축하게 하다; ~ *rublje* 옷(감)에 물을 뿌리다; ~ *lozu* 장미에 물을 주다

poprskati *-am* (完) (압력 등으로) 깨지다, 금이 가다 (차례로) (popucati)

poprug (말에 안장이나 짐을 묶는) 뱃대끈 (kolan)

popucati *-am* (完) 1. 깨지기(금가기, 끊어지기, 갈라지기, 터지기) 시작하다; *konci su popucali* 실이 끊어지기 시작했다 2. (차례로) 금가다, 깨지다 (prsnuti) 3. 끊어지다 (pokidati se, potrgati se) 4. 기타; ~ *od smeha (jeda, brige, muke, žalosti)* 웃음(분노, 걱정, 어려움, 슬픔)이 폭발하다

popularan *-rna, -rno* (形) 인기 있는, 대중적인, 일반적인; *~rno predavanje* 인기 강좌

popularizacija 대중화, (populariziranje)

popularizator 대중화하는 사람

popularizirati -am, popularizovati -zujem, popularisati -šem (完, 不完) 대중화하다, 많은 사람들에게 알리다; ~ nauke 과학을 대중화하다

popularnost (女) 인기

popularizam -zma (政) 포퓰리즘, 인기영합주의

popuna 보강, 보충 (popunjavanje, pojačanje); ~ radnih mesta 빈 일자리 보충; odmah posle ove bitke izvršena je reorganizacija i ~ naših jedinica 그 전투 직후에 우리 부대의 재편성과 보강이 이뤄졌다

popuniti -im (完) popunjavati -am (不完) 1. 채우다, 채워 넣다, 메우다, 가득하게 하다 (ispuniti); ~ obrazac 용지를 기입하다; učitelji su štampane blankete ispravno popunili i svojeručnim potpisom utvrdili 선생님들은 인쇄된 빈칸을 올바르게 채워넣고 서명하여 확인했다; u bolnici je svih dvadeset postelja popunjeno 병원의 20병상은 꽉 찼다 2. 보강하다, 보충하다, 채워 넣다 (dopuniti, upotpuniti, naknaditi); ~ prazninu 빈 곳을 채워 넣다; ~ upražnena radna mesta 빈 일자리를 보충하다; četa je popunila 중대는 (병력을) 보충하였다 3. ~ se 채워지다, 메워지다 4. ~ se 살찌다 (ugojiti se)

popust 1. 할인, 세일(sale); ~ od 20 odsto 20% 할인; dati ~ 할인해 주다; daćemo vam 5 odsto ~a 5%의 할인을 해드리겠어요 2. 긴장 완화, 약화

popustiti -im; popušten (完) popuštati -am (不完) 1. (긴장 등을) 이완시키다(이완되다), 느슨하게 하다(느슨해지다), (나사 등이) 풀리다; 이전의 딱딱함을 상실하다, 유연해지다; (태도 등이) 유연해지다; (힘이) 약해지다; ~ kaiš 벨트를 느슨하게 하다; disciplina je popustila 규율이 이완되었다; ovaj feder je popustio 이 용수철이 약해졌다; hladnoća je popustila 추위가 누그러졌다; bolovi su popustili 통증이 약해졌다; bura (groznica) popušta 폭풍(열)이 잦아든다; kvalitet je popustio 품질이 나빠졌다 2. (반대를) 누그러뜨리다, 보다 타협적이 되다; 관대해지다, 양보하다; niko neće da popusti 아무도 양보하려고 하지 않는다; ~ nekome ~에게 관대해지다; ~ pred zahtevima 요구에 좀 더 타협적이 되다 3. (육체적으로) 약해지다, 쇠약해지다 (oslabiti); popustilo mu je zdravlje 그의 건강이 나빠졌다; on je sasvim popustio 그는 완전히 쇠약해졌다 4. (가격

을) 낮추다, 인하하다 5. ~ se 항복하다, 포기하다, 복종하다 (predati se, prikloniti se) 6. 기타; ~ uzde i đemove 보다 많은 자유를 주다; ~ oganj (vatru) na koga iz puške 누구에게 총을 쏘기 시작하다

popustljiv -a, -o (形) 용인할 수 있는, 허용할 수 있는; 타협할 수 있는, 타협적인 (pomirljiv)

popušiti -im (完) 1. (담배를) 피우다 (피는 것을 끝마치다); brat popuši 20 cigareta dnevno 형은 하루에 20개비의 담배를 피운다 2. (잠시, 조금) 담배를 피다; on popuši i ode 그는 담배를 피고는 간다 3. 흡연에 (돈을) 다 소비하다; on popuši svoj mesečni dohodak 그는 자신의 월수입을 담배로 다 소비한다

popuškarati se -am se (完) (간헐적으로) 서로 총질하다

popuštanje (동사파생 명사) popuštati; 이완, 완화; ~ zategnutosti (政) 긴장 완화, 데탕트

popuštati -am (不完) 참조 popustiti

poput (前置詞, + G) ~처럼, ~와 비슷한, ~와 같은; dragulj je blistao ~ sunca 보석은 태양처럼 빛났다

poputnina 1. (여행을 떠날 때 가져가는) 음식과 술 2. 여비 (putni trošak)

popuznuti -nem (完) 1. 미끌어지다 (pokliznuti, skliznuti) 2. (비유적) 실수하다, 잘못하다 3. ~ se 미끌어지다

pora 1. (보통 複數로) 모공(毛孔) 2. (암석 등의) 작은 구멍, 세공(細孔)

poraba 참조 upotreba; 사용

poradi (前置詞, + G) 1. (의도·목적을 나타냄) ~을 위해 (radi); ide na pripreme ~ takmičenja 경기를 위해 준비하러 가다 2. (원인을 나타냄) ~ 때문에 (zbog); svađa se s mužem ~ laži 그녀는 남편과 거짓말 때문에 말다툼한다 3. 기타; ići ~ sebe 볼일을 보러 가다(화장실에)

poraditi -im (完) 1. ~하려고 애써 노력하다 2. (어떤 일을) 하다 3. (차례로 모든 것을) 하다, 이행하다, 완료하다 4. (조금, 잠시) 일하다

poradovati se -dujem se (完) (~ 때문에) 즐거워하다; poradovala se svetlu životu 빛나는 삶을 즐거워했다

porađanje (동사파생 명사) porađati (se); 출산

porađati -am (不完) 1. 참조 poroditi; (아이를) 낳다, 출산하다 2. (koga) (누구의)출산을 돕다

poramenice (女,複) (바지 등의) 멜빵 (比 naramenice; 견장)

poraniti -im (完) 1. 이른 아침에 일어나다(기

P

867

상하다), 아침 일찍 일어나다; *jutros sam poranio* 나는 아침에 일찍 일어났다; *sunce je poranio* 해가 일찍 떴다 2. 일찍 도착하다(나타나다) 3. 일찍이 떠나다, 일찍이 ~을 하다

porast 성장, 증가, 상승; ~ *cena* 가격 상승; *dete je u ~u* 아이는 성장중이다; *voda je u ~u* 물이 불어나고 있다; *stopa ~a industrijske proizvodnje* 산업생산증가율; ~ *nacionalnog dohotka* 국민소득 증가

porasti *porastem; porastao, -sla* (完) 1. (사람·동식물 등이) 자라다, 성장하다; *dečak je porastao* 소년은 컸다; *brada mu porasla* 그의 턱수염이 자랐다 2. 성숙하다, 무르익다; *deca porastu* 아이들이 성숙해져 간다 3. 어린 시절을 보내다, 자라다; ~ *u bedi* 가난하게 자라다 4. 증가하다 (숫적·양적·가치 등이); *porasli su prihodi* 수입이 늘어났다; *reka je porasla* 강물이 불었다 5. (비유적) 밖으로 나오다, 밖으로 보이다 6. 기타; ~ *u (pred) čijim očima* (누구에게) 좋은 평판을 얻다; *živi bili veliki porasli* 1)아이들(청년들)에게 하는

poratnī *-ā, -ō* (形) 전후의 (posleratni)

poravnanje (동사파생 명사) poravnati; (法) 조정, 화해; *prinudno ~* 강제 조정; *sudsko ~* 법정 화해

poravnati *-am* (完) 1. 평평하게 하다, 평탄하게 하다, 평탄하게 고르다; ~ *teren* 땅을 고르다 2. 직선으로 맞추다(가지런히 하다), 일렬로 정렬시키다 3. (法) (논쟁 등을) 해결하다, 합의를 보다, 조정하다; ~ *spor* 분쟁을 해결하다(조정하다) 4. ~ *se* 평평(평탄)해지다 5. 직선으로 가지런히 되다 6. ~ *se* ~와 동등해지다, 어깨를 나란히 하다 7. ~ *se* (法) (소송, 분쟁 등이) 합의되다, 해결되다, 조정되다 8. 기타; ~ *korak s kim* ~와 보조를 맞추다, 따라가다; ~ *kosti (leđa, rebra) kome* 실컷 두들겨 패다

poravniti *-im* (完) 평평하게 하다, 평탄하게 하다

poraz 패배; 실패; *pretrpeti ~* 패배하다, *zadati (naneti) nekome ~* 패배시키다

porazan *-zna, -zno* (形) 파멸적인, 파멸을 초래하는, 몰락시키는; 비참한, 처참한; ~ *rezulitat* 비참한 결과; ~ *uticaj* 파멸적 영향; ~*zna kritika* 결정적 타격을 가하는 비판; ~*zne činjenice* 비참한 사실

porazbijati *-am* (完) (모든 것을 차례로) 깨다, 부러뜨리다

porazbolevati se *-am se* (完) (모든 사람이 차

례로) 아프다, 병을 얻다

porazgovarati *-am* (完) 1. (일정 시간) 이야기하다 2. (koga) (누구를) 조금 위로하다 3. ~ *se* (일정 시간) 이야기하다

poraziti *-im; poražen* (完) **poražavati** *-am* (不完) 1. 물리치다, 패퇴시키다 (전투·시합·경기 등에서) 2. 대경실색하게 하다, 기절시키다 (zaprepastiti, preneraziti, ošamutiti); *vest nas je porazila* 뉴스를 듣고 우리는 대경실색했다 3. 깜짝 놀라게 하다, 강한 인상을 주다 (긍정적 의미로) (iznenaditi); *poražen neobičnom lepotom* 평범하지 않은 아름다움에 깜짝놀랐다

porcelan 자기(磁器), 자기 제품, 자기 그릇 (porculan)

porcelanskī *-ā, -ō* (形) 참조 porcelan; 자기의

porcija 1. 식사(obrok); (음식의) 1 인분; *dupla ~* 2인분; ~ *sladoleda* 아이스크림 1인분 2. 음식 그릇 (posuda, sud za jelo) 3. 기타; *dobiti svoju (zasluženu) ~u* 죄지은 만큼 벌을 받다

porculan 자기(磁器), 자기 제품, 자기 그릇 (porcelan) **porculanski** (形)

porđati *-am* (完) 1. 녹슬다 2. (비유적) 쇠약해지다, 허약해지다 (질환으로 인하여) 3. (비유적) 도덕적으로 타락하다

porebarke (副) 옆으로 (bočno, pobočke); 옆으로 기울어지게

porebrica (解) 1. 늑막, 흉막 2. 갈비살

porečje (강의) 유역

poreći *porečem & poreknem; porekao, -kla; porečen, -a; poreci* (完) **poricati** *-čem* (不完) 1. (발언 등을) 철회하다, 취소하다; ~ *iskaz* 진술을 철회하다; *što rekoh ne porekoh* 내가 한 말은 주워담지 않을 것이다; ~ *svoje reči* 자신의 말을 철회하다 2. 부인하다, 부정하다; *ne može se ~* 부정될 수 없다; *ja ne poričem da ~* 나는 ~을 부인하지 않는다 3. 폐지하다 (ukinuti, odbaciti)

pored I. (前置詞, + G) 1. (바로 옆의 장소와 이동 방향) ~옆에, ~옆으로, 근처의, 근처에 (do, pokraj, pri, uz); *on sedi ~ mene* 그는 내 옆에 앉는다; *on je prošao ~ mene* 그는 내 옆을 스쳐 지나갔다; *put ide ~ reke* 길을 강을 따라 나있다 2. (추가·부가를 나타냄) ~이외에도; ~ *ostalog* 그 이외에도; ~ *bola osećao je i tugu* 아픔 이외에도 그는 슬픔도 느꼈다 3. (용인·승인을 나타냄) ~에도 불구하고; *i ~ mana, knjiga ima vrednosti* 단점에도 불구하고, 책은 가치가 있다 4. ~이외에 (sem, osim); *on nema ništa ~ te kuće*

그는 그 집 이외에는 아무것도 없다 5. (원인) ~때문에 (poradi, zbog) II. (副) ~와 함께, 병행하여 (uporedo, naporedo)

poredak *-tka; poreci, poredaka* 1. 순서, 차례 2. (사회·자연의) 질서, 규칙; *društveni* ~ 사회 질서; *utvrđen* ~ 확립된 질서; *javni* ~ 공공 질서 3. 관례, 관습, 풍습 (običaj)

poredak *-tka, -tko* (形) 좀 드문, 다소 드문 (prilično redak)

poredba 1. 비교 (poređenje, upoređivanje) 2. (文法) 비교(급) (komparacija)

poredben *-a, -o* (形) 1. 비교의; *~a gramatika* 비교 문법, *~a anatomija* 비교 해부학 2. (文法) 비교의, 비교급의

porediti *-im* (完) 1. 정리정돈하다, 깨끗이 하다 2. ~ se 정리정돈되다

porediti *-im* (完) 1. (koga s kim) 비교하다, 견주다 2. (文法) (형용사, 부사를) 비교급으로 만들다; ~ *pridev* 형용사를 비교급으로 하다 3. ~ se (ko s kim) 비교되다; *on se stalno poredi sa mnom* 그는 항상 나와 비교된다

poređati *-am* (完) 줄 세우다, 늘어 세우다

poređenje 1. (동사파생 명사) porediti (se); 비교 2. (文法) 비교 (poredba, komparacija); ~ *prideva* 형용사 비교급

poređivati *-đujem* (不完) 참조 porediti; 비교하다

poreklo 1. 출처, 기원; *voditi* ~ *od* ~로부터 기원하다 2. (가문·계급·민족 등의) 가계(家系), 혈통, 가문, 출신; *on je čovek seljačkog ~a* 그는 농부의 아들 출신이다; *on je po ~u Rus* 그는 러시아 혈통이다; *on je ~om iz francuske* 그는 프랑스 출신이다 3. 기원, 시초 (početak, izvor)

poremećaj 1. (기계 등의) 고장, 파손; 장애 2. (질서의) 파괴, 붕괴; ~ *u redu vožnje* 운행 질서 붕괴; *umni* ~ 정신 장애; *govorni* ~ 언어 장애; *~i krvotoka* 혈액순환 장애

poremećen *-a, -o* (形) 참조 poremetiti; 질서가 어지럽혀진, (정신적) 장애가 있는

poremećenik 정신적 장애가 있는 사람

poremetiti *-im* (完) 1. (질서 등을) 어지럽히다, 혼란스럽게 하다, 교란시키다; ~ *pameću* 미치다, 정신 이상이 되다 2. 방해하다, 훼방놓다 3. ~ se 교란되다, 당황해 하다, 어리둥절하게 하다 4. ~ se 미치다, 정신 이상이 되다

poreski *-ā, -ō* (形) 참조 porez; 세금의; *~a politika* 세무 정책; ~ *zakon* 세법(稅法); *~a uprava* 세무서; *~a glava* 납세 의무인; ~ *sistem* 납세 시스템; *~a stopa* 세율(稅率); ~ *obveznik* 납세 의무인

poretko (副) 다소 드문, 좀 드문

porez 세(稅), 세금, 조세; *skupljati (plaćati)* ~ 세금을 징수하다(납부하다); ~ *na dohodak (na promet, na nasleđa, na imovinu, na zemljište)* 소득세(소비세(물품세), 상속세, 재산세, 토지세); *neposredni (posredni)* ~ 직접세(간접세); *dopunski* ~ 누진 소득세; *ide to kao* ~ 매번 정기적으로 발생하다

poreza 참조 poreza; 세, 세금

porezati *-žem* (完) 1. (칼 등 날카로운 물체로) 부상을 입히다, 상처를 내다 2. (모든 것을 차례로) 자르다, 절단하다 3. (원피스를) 재단하다 4. 세금을 매기다(정하다) 5. ~ se (칼 등으로) 베다, 상처가 나다

porezni *-ā, -ō* (形) 참조 porez; ~ *ured* 세무서

poreznik 세금 징수원

porezovnik 세금 납부인, 납세 의무인

porfir 반암(斑岩)

porfira 1. 자줏빛, 자줏빛깔 2. (왕·통치자들이 행사 등에 입었던) 자줏빛깔의 긴 옷

poribiti *-im* (完) **poribljavati** *-am* (不完) ~ *(reku)* (호수·강 등에) 치어(稚魚)를 풀어 물고기가 많게 하다

poricati *-čem* (不完) 참조 poreći

poriluk (植) 부추 (praziluk)

porinuće (동사파생 명사) porinuti; (선박 건조 후 행하는) 진수(進水)

porinuti *-nem* (完) **porivati** *-am* (不完) 1. 밀다, 밀치다; 던지다 (gurnuti, baciti) 2. (새로 만든 배를 바다·강 등에) 진수시키다; ~ *brod* 배를 진수시키다 3. (方言) 쓰러지다, 넘어지다 (srušiti se, pasti)

poriti *-im* (不完) 뜯다, 잡아 찢다, 자르다 (parati); *noževima sad ljušti krompire i pori ribu* 칼로 감자 껍질을 벗기고 생선을 자른다

poriv 1. 본능 (nagon, instinkt) 2. (마음의) 충동, 일시적 감정 3. (~을 하고 싶은) 충동

porivati *-am* (不完) 참조 porinuti

pornografija 포르노물, 외설물 (사진·그림·테이프 등의)

pornografski *-ā, -ō* (形) 포르노물의; ~ *časopis* 포르노 잡지

porobiti *-im* (完) **porobljavati** *-am* (不完) 1. 노예로 만들다, 노예로 삼다; ~ *ljude* 사람들을 노예로 삼다 2. 점령하다 (osvojiti, okupirati); ~ *zemlju* 나라를 점령하다 3. 약탈하다, 강탈하다 (opljačkati, openiti, poharati) 4. 손해를 입히다, 망하게 하다(물질적으로) 5. ~ se 노예가 되다

porobljivač 압제자, 억압자; 사람들을 노예처

P

869

럼 부리는 사람 (nasilnik)

poročan -čna, -čno (形) 1. 죄(porok)를 짓기 쉬운, 악행을 저지르기 쉬운, 죄많은; ~ život 죄 많은 인생 2. 죄받을, 죄가 되는

porod 1. 출생, 태어남 (pođenje); od ~a do pokrova 태어나서 죽을 때 까지; ~ sina 아들의 태어남 2. 출산 (porođaj); ženin ~ 아내의 출산 3. 아이, 후손 (dete, potomstvo); 새끼 (동물의); čuvati svoj ~ 자기 아이를 지키다; životinjski ~ 동물 새끼 4. (일반적인) 사람

porodica 1. 가족, 가정 (familija, obitelj); glava ~e 가장(家長) 2. 집단, 단체 (같거나 비슷한 목적·목표를 가진) 3. (生) (동식물 분류에서의) 과(科) 4. (言) jezička ~ 어족(語族)

porodičnī -ā, -ō (形); ~čno ime 성(性), 성씨; ~čni život 가정 생활; ~čno stablo 가계(家系); ~čna zadruga 가족원으로 구성원으로 하는 협동농장; ~čno pravo 친족법

porodilište 산과(産科) 병원, 조산원

porodilja 임신부, 산부(産婦), 임산부

porodiljskī -ā, -ō (形) 임신부의, 산부의; ~a groznica 산욕열(産褥熱: 출산이나 유산 뒤 여성 생식기관의 감염으로 인해 생기는 열); ~o odsustvo 출산 휴가

porodiljstvo 산과학(産科學)

poroditi -im (完) porađati -am (不完) 1. (koga) (아이를) 낳다, 출산하다; ~ sina 아들을 낳다; Marija porodila kćerku i godinu dana potom umrla 마리아는 딸을 낳은 지 일년 만에 죽었다 2. (不完만) (koga) ~의 출산을 돕다 3. ~ se 출산하다, 낳다; nakratko posle toga ona se porodi. Rodila je muško dete 그후 곧 그녀는 출산했다. 사내아이를 낳았다 4. ~ se 태어나다; on je imao sina najmlađeg koji se porodio iznenada 그는 갑자기 태어난 막내 아들이 있었다

porođaj 출산, 분만; prevremeni ~ 조산(早産); ~ na vreme (출산 예정일과 일치하는) 출산; lak (težak, nasilni) ~ 순산(난산, 유도 분만) porođajni (形); ~ bolovi 산통(産痛)

porok 죄, 비행(非行), 악행, 나쁜 품행, 부도덕, 타락 행위

porositi -im (完) 1. (비가) 이슬(rosa)처럼 내리다, 이슬비가 내리다; 이슬이 내리다; kiša je porosila 비가 이슬처럼 내렸다 2. 조금 적시다(축축하게 하다) (malo pokvasiti)

porota (法) 배심원단; velika ~ 대배심; predsednik ~e 배심장, 배심원 대표 porotni (形); ~a sudija (한 사람의) 배심원

porotnik (한 사람의) 배심원 porotnica;

porotnički (形)

porozan -zna, -zno (形) 작은 구멍(pora)이 많은, 다공성의, 구멍 투성이의 (šuplljikav, rupičast); ~ materijal 작은 구멍이 많은 재료

porta 1. 문, 대문 (특히 교회·성당의) (vrata, kapija) 2. 교회 정원(뜰) 3. (기관·회사 등의) 안내실, 수위실 (portirnica) 4. (歷) Visoka ~ 오스만제국의 조정(정부)

portabl (形) (不變) 휴대용의, 가지고 다닐 수 있는; ~ mašina 포터블 타자기

portal (궁전·성당·큰 건물 등의) 정문, 대문

portfelj 1. 손가방, 서류 가방(피혁 제품의) 2. 지갑(피혁의) 3. (金融) (개인·기관의) 유가 증권 보유 일람표 4. (政) 장관직(職); ministar bez ~a 무임소 장관

portik 주랑 현관, 포르티코(특히 대형 건물 입구에 기둥을 받쳐 만든 현관 지붕)

portikla (아기의) 턱받이

portir (호텔·기관 등의) 문지기, 수위, 경비; glavni ~ (호텔 등의) 급사장, 수위장; ostavite ključ kod ~a 열쇠를 수위실에 맡겨 놓으세요 portirka; portirski (形)

portirnica 1. 수위실, 경비실 2. (호텔의) 안내 데스크, 리셉션 (recepcija)

portmone -ea (男) 지갑 (novčanik)

porto 화물 운송료; porto-franko (不變) 보세항(保稅港); porto-marka (운송료에 미달되는 우표를 붙였거나 안붙였을 경우 화물 수취인으로부터 그 대금을 받도록 우체국에서 붙이는 우표)

portparol 대변인 (glasnogovornik); ~ skupštine 국회 대변인

portret 초상화

portretirati -am portretisati -šem (不完) 1. 초상화를 그리다 2. (비유적) (어떤 사람의 모습·성격 등을) 말로 생생하게 묘사하다

portretist(a) 초상화가 portretistkinja

Portugalija, Portugal 포르투갈 Portugalac; Portugalka; portugalski (形)

porub (천·옷 등의) 단; popustiti (napraviti) ~ 단을 내다(접다, 만들다)

porubiti -im (完) 1. 단(porub)을 만들다, 가장자리를 감치다 (obrubiti); ~ nogavice 바지 가랭이의 단을 만들다 2. 가장자리를 자르다 (obrezati)

poručilac -ioca 주문자, 구매자 (naručilac)

poručiti -im (完) poručivati -čujem (不完) 1. 메시지를 전달하다; ~ nekome ~에게 메시지를 전하다; poručio sam mu da me čeka u pet sati 5시에 나를 기다리라는 메시지를 그에게 보냈다 2. 주문하다; ~ ručak 점심을

870

P

주문하다 3. (po koga, za koga) 메시지를 통해 초대하다(부르다); *poručio sam po njega* 그를 초대한다는 메시지를 전했다
poručnik (軍) 중위
porudeti *-im* (完) 적갈색(rud)이 되다, 붉어지다 (pocrveneti, porumeniti)
porudžbina 주문 (narudžba, narudžbina)
poruga 1. 조롱, 조소; 모욕적인 언행, 비웃음; *biti predmet ~e* 조롱의 대상이다 2. (비유적) 비웃음거리가 된 사람, 조롱의 대상이 된 사람
porugati se *-am se* (完) 조롱하다, 비웃다; ~ *nekome* ~를 조롱하다
poruka 메시지; *poslati ~u* 메시지를 전달하다
porumeneti *-im* (完) 장미빛(rumen)이 되다, 붉어지다
porumeniti *-im* (完) 장미빛으로 물들이다
porusiti *-im* (完) 1. 러시아인화 하다 2. ~ se 러시아인화 되다
porušen *-a, -o* (形) 1. 참조 porušiti (se); 무너진, 부서진 2. 비참한, 처참한, 쇠약한, 쇠퇴한, 허물어진
porušiti *-im* (完) 1. 부수다, 무너뜨리다, 허물다; (건물을) 철거하다; ~ *sve ograde* 모든 담장을 철거하다 2. 죽이다 (ubiti, usmrtiti); *puškom ~ pet napadača* 다섯 명의 공격자를 총으로 죽이다 3. (비유적) 약해지게 하다, 사라지게 하다; 병약하게 하다, 쇠약하게 하다 4. 방해하다, 막다, 못하게 하다 5. ~ se 무너지다, 부숴지다, 허물어지다 6. ~ se 병약해지다, 허약해지다
poružneti *-em* (完) 추해지다 (postati ružan)
porvati se *-em se* (完) 1. 씨름하다, 레슬링하다 2. (유혹·곤란·어려움 등과) 씨름하다, 싸우다, 안간힘을 쓰다
posada 1. (비행기·배 등의) 승무원, 탑승원 2. (軍) (요새, 마을 등에 주둔한) 주둔군, 수비대 (garnizon) 3. 포위, 포위 공격 (opsada)
posaditi *-im; posađen* (完) 1. (씨앗·나무 등을) 심다 (zasaditi); ~ *papriku* 파프리카를 심다; ~ *orah* 호두나무를 심다 2. (자리에) 앉히다, 앉게 하다 3. (어디에 누구를/무엇을) 놓다, 두다 (namestiti, smestiti) 4. 박다, 꽂다 (pobiti, pobosti) 5. ~ se 앉다 (sesti) 6. 기타; ~ *iza brave* 체포하다, 구금하다; ~ *se na glavu* 불가능한 일을 하려 하다
posađivati *-đujem* (不完) 참조 posaditi
posahnuti *-nem* (完) (물기가) 마르다, 메마르다 (usahnuti, posušiti se, sasušiti se)
posakrivati *-am* (完) (어떤 물건들을 전부 하나하나) 숨기다, 감추다, 은폐하다; ~ *igračke*

장난감을 하나씩 하나씩 전부 숨기다
posao *posla; poslovi* (男) 1. (육체적·정신적인) 일, 노동, 작업; *fizički (umni) ~* 육체(정신)노동; *imati (mnogo) ~sla* (매우) 바쁘다; *on ima ~sla u gradu* 그는 시내에 볼 일이 있다; *latiti se ~sla* 일에 착수하다; *imati ~sla s nekim* ~와 (해결되지 않은) 일이 있다; *mešati se u tuđa ~sla* 남의 일에 참견하다; *kako ide ~* 요즘 일이 어떻게 되어가지?; *uložiti svoj novac u nekakav ~* 자신의 돈을 어떤 사업에 투자하다; *on zna svoj ~* 그는 자신이 해야 될 일을 안다; *državni ~slovi* 국가 사업; *ministar spoljih ~slova* 외무장관; *gledaj svoja ~sla* 네 일이나 잘해; *Sizifov ~* 시지프스의 일 (끊임없이 죽도록 하지만 아무런 결과도 성취할 수 없는); *đavolja ~sla* 매우 복잡한 일; *ćorav ~* 잘 되어가지 않는 일; *čudna mi ~sla* 그것은 내게 전혀 중요하지 않은 일이다 2. 직업, 일터, 일자리, 직장; *kojim se ~slom bavite?* 어떤 일을 하세요?; *putovati ~slom* 출장으로 돌아다니다; *tražiti ~* 일자리를 찾다, 구직활동을 하다; *ostati bez ~sla* 일자리를 잃다; *otići na ~* 출근하다 3. 임무, 책무, 의무; *zadati nekome ~sla* ~에게 임무를 부여하다; *đački ~ je učenje* 학생의 임무는 공부하는 것이다 4. 관계, 상호 관계; *on nema nikakvih ~sla s tim* 그는 그것과 아무런 상관이 없다; *taman ~sla!* 결코 아니다, 아무런 상관이 없다 5. (노력·노동·활동의) 성과, 성적 6. 행동, 행위 (postupak) 7. 합의 (pogodba, sporazum, dogovor)
posavetovati *-tujem* (完) 조언하다, 충고하다
poseban *-bna, -bno* (形) 1. 분리된, 별개의, 나뉘어진 2. 특별한, 특수한
posebice (副) 1. 분리되어, 별개로, 따로 따로 (posebno, zasebno, pojedinačno) 2. 특별하게, 특수하게 (naročito, osobito)
posebno (副) 1. 별개로, 분리하여 2. 특별하게
poseći *posečem; posekao, -kla; posečen, -a; poseci; posekavši* 1. (날카로운 무기로 베어) 죽이다, 베다 (ubiti, usmrtiti); ~ *protivnika* 적을 칼로 베다 2. 베다, 베어 상처를 내다; ~ *prst* 손가락을 베다 3. 도축하다, 도살하다 (zaklati); ~ *svinje* 돼지를 도축하다 4. 자르다 (odseći) 5. (비유적) 파멸시키다, 망하게 하다 6. 깜짝 놀라게 하다 (zaprepastiti); *ostati kao posečen* 날벼락 맞은 듯이 (깜짝 놀란듯이) 있다; *posekoše mu se noge* 놀라 옴짝달싹 못하다
posećivati *-ćujem* (不完) 참조 posetiti; 방문

P

하다

posed 1. 재산 (imovina); (집·토지 등의) 부동산 재산 2. 소유 (posedovanje) 3. 기타; *biti u ~u čega* 가지다, 소유하다; *doći u ~ čega ~*을 얻다, 획득하다; *uvesti u ~* (法) 피상속인이 상속재산을 자신의 재산으로 등기하다

posedati *-am* (不完) 참조 posesti

posedati *-am* (完) (한 명씩 한 명씩 순서대로) 앉다

posedeti *-im* (完) 머리(카락)가 희여지다 (postati sed)

posedeti *-im* (完) (잠시 동안, 조금) 앉아 있다

posediti *-im* (完) 머리(카락)가 희게 하다

posednik 주인, 소유주, 소유자 (vlasnik, gospodar); *~ zemlje* 땅 주인

posednuti *-nem* (完) posesti

posedovati *-dujem* (不完) 소유하다, 갖다, 보유하다

posegnuti *-nem*; *posegnuo, -ula & posegao, -gla* (完) **posezati** *posežem* (不完) 1. (za čim) (손 등을 뻗쳐) ~을 잡다, 집다; *~ za kašikom* 숟가락을 집다; *gazda posegne za drugom manjom knjigom u kojoj su dužnici pobeleženi alfabetskim redom* 주인은 손을 뻗어 채무자들의 이름이 알파벳 순서로 적힌 다른 조그만 노트를 집었다 2. (rukom na koga) 누구를 때리려고 손을 치켜 들다 3. (za koga) 보호하다, 방어하다, 지키다; *ja bih tako i za njega posegao* 나는 그렇게 그 사람도 보호하고 싶다 4. (za kim, za čim) 얻으려고 (획득하려고·가지려고) 노력하다; *odlučio sam da posegnem za srećom* 행복해지려고 마음먹었다 5. ~쪽으로 가다, 향하다 (uputiti se, krenuti se, poći) 6. 시도하다, 기도하다 (pokušati)

posejati *-jem* (完) 1. 씨를 뿌리다, 파종하다; *retko posejan* 별로 없는, 드문 2. (비유적) 쏟아 붓다 (posuti); 흩뿌리다

posek 1. 학살, 도륙, 대학살 (pokolj, seča) 2. (方言) 칼날 3. (돼지) 도축

posek (겨울나기를 위해 도축하는) 돼지; 그 고기

poseklina 벤 곳, 상처 (posekotina)

posekotina 1. 벤 곳, 자상(刺傷), 열상(裂傷) (poseklina) 2. (方言) 잘린 가지 (posečeno granje)

poselo (저녁에 집에서 갖는) 모임 (여흥 혹은 시간을 보내기 위해); (시골 마을의 청년들이 일이 없는 늦가을 혹은 겨울에 모여 시간을 보내는) 모임

poseljačiti *-im* (完) 1. *~ nekoga* 농부로 만들

다, 농꾼으로 살게 하다 2. *~ se* 농꾼이 되다, 시골 사람이 되다

posesivan *-vna, -vno* (形) 1. 소유의 2. (文法) 소유격의, 소유를 나타내는; *~vna zamenica* 소유 대명사

posesti *posednem & posedem*; *poseo, -ela*; *posednut* (完) **posedati** *-am* (不完) 1. 앉다; (많은 사람이 차례로) 앉다; *~ busiju* 잠복하다, 매복하다; *posjela cura* 노처녀 (usedelica) 2. (koga) (누구를) 앉히다; *~ na stolicu* 의자에 앉히다 3. (konja, na konja) (말 위에) 오르다, 앉다, (말을) 타다 4. (軍) 점령하다; *~ teritoriju* 영토를 점령하다 5. (비유적) 휩싸다, 가지다 (obuzeti, ovladati)

posestrima 의자매; *grad ~e* 자매 도시

posestrimiti *-im* (完) 의자매 관계를 맺다

posestrimstvo 의자매 관계

posestriti *-im* (完) 자매 관계를 맺다

poseta 방문, 순방; 구경; *učiniti (uzvratiti) ~u* 방문하다(답방하다); *kurtoazna ~* 예우를 갖춘 방문, 의례적 방문, 예방; *kućna ~* 가정 방문; *prijateljska ~* 친선 방문; *~ rođacima* 친척 방문; *~ Beogradu* 베오그라드 방문

posetlilac *-ioca* 방문객, 순방객

posetiti *-im*; *posećen* (完) **posećivati** *-ćujem* (不完) 방문하다, 순방하다; *~ nekoga ~*를 방문하다; *~ koncert* 콘서트에 가다

posetnica 1. 명함 (vizitkarta) 2. 여자 방문객

posev 파종, 씨 뿌리기 (setva)

posezati *posežem* (不完) 참조 posegnuti

positi se *-im se* (完) 1. 강건해지다 (postati silan), 강해지다 2. 오만해지다, 방자해지다, 건방져지다 (poneti se, poholiti se)

posilni *-noga* (男)(軍)(廢語) 당번병

posinak *-inka*; *-inci, -inaka* 1. 양자, 양아들, 수양 아들 2. (方言) 아들의 의형제; 의형제의 아들

posiniti *-im* (完) 양아들로 삼다, 양자로 들이다 (아들과 똑 같은 권리를 갖는)

posip 모래(잉크를 말리는 용도의)

posipati *-am & -pljem* (不完) 참조 posuti

posiriti *-im* (完) 치즈를 뿌리다

posiroteti *-im* (完) 고아가 되다; 궁핍해지다, 가난해지다

posisati *-am & -išem* (*posisaj & pisiši*) 1. 조금 (젖을) 빨다 2. 빨아들이다, 빨아 흡수하다

posizati *-žem* (不完) 참조 posegnuti

poskakati *-čem* (完) 1. (차례로) 점프하다, 뛰어오르다, 솟구치다; *gosti poskakaše sa stolica* 손님들이 차례로 의자에서 솟구쳤다 2. (표면으로 솟아) 나오다, 나타나다;

P

poskakali im čirevi po koži 종기들이 온 피부에 생겼다

poskakivati *-kujem* (不完) 참조 poskočiti

poskapati *-am* & *-pljem* (完) (차례로) 죽다 (poginuti, uginuti jedan za drugim)

poskidati *-am* (完) 1. (차례차례 모두) 벗기다, 벗겨내다 2. ~ **se** 벗겨지다 3. 기타; ~ *zvezde s neba* 1)불가능한 일을 하다, 인간의 한계를 뛰어넘는 일을 하다 2) 엄청 많은 욕을 하다

posklanjati *-am* (完) (전부, 많이, 차례로) 치우다, 한 쪽으로 치우다

poskočica, poskočnica 원무(kolo)에서 깡총깡총 뛰며 부르는 노래

poskočiti *-im* (完) 1. 점프하다, 위로 뛰어오르다, (조금) 점프하다; ~ *od sreće* 기뻐 점프하다 2. (위로) 성장하다, (가격 등이) 오르다; *cena poskočila* 가격이 올랐다 3. (침대에서) 일찍 일어나다 4. 빨리 뛰어가다 5. 봉기하다, 궐기하다 (pobuniti se)

poskočnica 참조 poskočica

poskok 1. (살짝 뛰는) 점프 2. (動) 독사, 살무사

poskoro (副) 곧, 조만간에 (uskoro)

poskup *-a*, *-o* (形) 다소(약간) 비싼

poskupeti *-im* (完) **poskupljavati** *-am* **poskupljivati** *-ljujem* (不完) (값이) 비싸지다, 인상되다

poskupiti *-im* (完) **poskupljavati** *-am* **poskupljivati** *-ljujem* (不完) (값을) 올리다, 인상하다

poskupljavati *-am* (不完) (값이) 오르다, 비싸지다; (값을) 올리다, 인상하다

poskupljenje (동사파생 명사) poskupiti; 가격의 상승(오름); ~ *benzina* 휘발유 가격의 상승

poskupljivati *-ljujem* (不完) (값이) 오르다, 상승하다; (값을) 올리다, 인상하다

poskura (정교회 예배 의식에서의) 제례용 빵 (nafora)

poslagati *-žem*; *poslaži* (完) (하나 하나, 차례차례) 쌓다, 놓다; ~ *knjige* 책을 쌓다; *položili smo je u plitki grob, poslagali busenje, navalili kamenje* 낮게 판 무덤에 그녀를 묻고 흙을 조금씩 돋운 다음 돌을 쌓았다

poslanica 1. 서간, 편지; (보통 운문의) 서간체 작품 2. (통치자의 국민·입법부에게 보내는) 메시지; (교회 수장의 성직자들에게 보내는) 메시지 3. (신약 성서의) 사도 행전

poslanik 1. (의회의) 의원, 국회의원; *narodni* ~ 국회의원 2. (外交) 공사(公使); *ruski* ~ 러시아 공사; *opunomoćeni* ~ 전권 공사

poslanički (形)

poslaništvo 참조 poslanstvo

poslanstvo 1. (外交) 공사관 2. 메시지, 임무 (poruka, zadatak, misija) 3. 사절단

poslastica 1. 단 것, 사탕, 단 디저트 (slatkiš) 2. 맛있는 음식 3. (비유적) 좋아하는 것, 특별히 사랑스러운 것, 기쁨을 주는 것

poslastičar 디저트 제조자, 디저트 판매자 **poslastičarka**

poslastičarnica 디저트 가게 (사탕, 펜 케이크, 케이크 등을 판매하는)

poslati *pošaljem* & *pošljem*; *pošalji* & *pošlji*; *poslan* & *poslat* (完) 1. (메시지·임무 등을 주어 어디로) 보내다; 파견하다, 파송하다; ~ *po prijatelja* 친구를 데리러 보내다; ~ *po vodu* 물을 사러 보내다 2. 보내다, 발송하다; ~ *pismo* 편지를 보내다; ~ *poruku* 메시지를 보내다 3. (로켓 등을) 발사하다; ~ *granatu* 포탄을 발사하다; ~ *raketu* 로켓을 발사하다 4. (말·제스처 등으로) 희망(바람 등)을 표현하다; ~ *poljubac* 키스를 보내다

posle 1. (副) 후에, 이후에, 나중에 (kasnije, docnije); *koliko se ljudi* ~ *kaju* 얼마나 많은 사람들이 나중에 후회하는지 2. (副) 후에 (godina, mesec 등의 대격과 함께); ~ *godinu(mesec) dana* 일 년 후에 3. (前置詞, + G) ~이후에, 후에; ~ *sreće dolazi tuga* 행복 후에 불행이 찾아온다; *najvažniji* ~ *kralja je premijer* 왕 다음에 가장 중요한 사람은 수상이다; ~ *toga* 그 이후에

posle- (복합 형용사의 첫 부분으로); *posleizborni* 선거후의; *posleponoćni* 자정 후의

posledica 결과; *uzrok i* ~ 원인과 결과; *imati za* ~*u* 결과로 ~를 초래하다; *bez rđavih* ~ 나쁜 결과없이

posledičnī *-ā*, *-ō* (形) 결과로서 생기는; ~*čna rečenica* 결과문

poslediplomski *-a*, *-o* (形) 참조 postdiplomski 석사과정의, 대학원의; ~*e studije* 석사과정의 공부

poslednik 후임자, 후계자; *pravni* ~ 법적 후계자

poslednjī *-ā*, *-ē* (形) 1. 마지막의, 끝의, 최후의; ~ *put* 마지막 한 번; ~ *slog* 끝 음절; *odati nekome* ~*u poštu* ~에게 마지막 경의를 표하다(고인에게); *ko se* ~ *smeje, najslađe se smeje* 마지막 웃는 자가 이기는 자이다 2. (인생의) 말년의, 임종의 3. (시간적으로) 바로 직전의; *u* ~*e vreme* 최근에 4.

873

P

최근의, 최신의; ~ih godina 최근 몇 년; ~ modni hit 최근 패션 유행 5. 최종의, 최후의; borićemo se do ~eg čoveka 마지막 최후의 일인까지 싸울 것이다 6. 가장 사소한, 가장 나쁜(저열한); to mi je ~a briga 그것은 나에게 있어 걱정거리도 안된다; ~ rang društva 사회 최하층; to voće je ~njeg kvaliteta 그 과일은 최하품이다; bolje prvi u selu nego ~ u gradu 용꼬리보다는 뱀의 머리가 낫다

poslenik 노동자 (radnik) **poslenički** (形); ~a pesma 노동가(歌)

poslepodne -eva; -evi 오후; ostao je čitavo ~ 그는 오후 내내 남아 있었다

poslepodnevnī -ā, -ō (形) 오후의

posleratnī -ā, -ō (形) 전후(戰後)의; u ~om periodu 전후 기간에

poslodavac -vca 고용인, 고용자, 사용자; 고용 사업체(기업) **poslodavački** (形)

poslorimac 피고용인, 노동자, 근로자 **posloprimački** (形)

poslovan -vna, -vno (形) 사업의, 일의, 사업상의, 비즈니스의; ~vni interesi 사업상 이해관계; ~vne veze 비즈니스 관계; ~vni sastanak 비즈니스 미팅; ~vno vreme 영업시간, 근무 시간; ~vna prostorija 사업장; ~vni svet 비즈니스 세계

poslovanje (동사파생 명사) poslovati; 영업, 사업

poslovati -lujem (不完) 1. (어떤 일을) 하다, 일하다; ~ po kući 집에서 일하다 2. 사업하다, 운영하다, 영업하다; to preduzeće je dobro poslovalo 그 회사는 잘 운영되었다 3. 누구와 사업파트너 관계이다, 파트너 관계를 맺다; ~ s nekim preduzećem 어떤 회사와 파트너 관계이다

posloveniti -im (完) 1. 슬로베니아화 하다, 슬로베니아인화 하다 2. ~ se 슬로베니아화 되다, 슬로베니아인화 되다

poslovica 속담; narodne ~e 민중 속담

poslovičan -čna, -čno (形) 속담의, 속담 형태로 표현된; postati ~ 속담 형태로 표현되다, 속담화되다

poslovičkī -ā, -ō (形) 속담의, 속담의 특색이 있는

poslovnica 사무실, 사무소 (kancelarija, ured, biro)

poslovnik 규율집; (의회·국회 등의) 운영집, 규약집, 규정집

poslovno (副) 사업상, 사업상으로 (službeno, zvanično); putovati ~ 사업상 여행하다, 출

장가다

poslovnost (女) 비즈니스적 특성

poslovođa (男) 1. 사무장(事務長), 지배인, 관리인, 매니저; ~ odeljenja 팀장, 과장 2. (직장·회사 등에서) 주임, 감독, 십장; ~ radionice 작업실 주임; građevinski ~ 건설현장 감독

posluga 1. 봉사, 서비스, 접대, 시중 (usluga); u ovoj se kući može dobiti hrana, pranje i ~ 이 집에서 식사와 세탁, 서비스를 받을 수 있다 2. (집합적) 접대원, 종업원; 하인, 종복 (호텔·찻집·집안의); 보조요원 (기관·단체 등의); u kući je nova ~ 집에 새 종복이 있다 3. (軍) (집합적) 분대; 조, 반 ~ topa 대포 분대

posluh 1. 듣기, 청취 (slušanje) 2. 복종, 순종 (poslušnost, pokornost); uskraćivanje građanskog ~a 시민 불복종 3. (宗) (가톨릭·정교의) 순종, 복종 (성직자들의 주교·교구장 들에 대한)

poslušan -šna, -šno (形) 말을 잘 듣는, 복종적인, 순종적인 (pokoran); ~ kao psi 맹목적으로 복종하는

poslušati -am (完) 1. (조금, 잠시) 듣다; ~ ploče na gramofonu 축음기의 음반을 조금 듣다 2. (귀를 쫑긋 세우고) 듣다, 주의깊게 듣다, 경청하다 (osluhnuti); ~ šapat 귀속말을 귀를 쫑긋 세우고 듣다 3. (명령 등에) 복종하다, 순종하다; ~ starijeg 나이 많은 사람의 말을 듣다; ~ roditelje 부모의 말을 듣다 4. 간청(부탁 등을)을 듣고 해결해 주다, 돕다; dete u bakinoj kući posluša što treba 아이는 할머니 집에서 필요한 것을 돕는다

poslušnost (女) 복종심, 순종심; slepa ~ 맹목적인 복종심

poslužavka 하녀, 식모, 가정부

poslužavnik 쟁반

posluženje (동사파생 명사) poslužiti; 서비스, 시중, 접대 2. (손님을 위해 내어 놓은) 음식 및 음료; kakvo ~ planiraš za tvoj žur? 파티에서 어떤 음식을 준비할 계획인가?; izneti ~ gostima 손님들에게 음식을 내놓다

poslužitelj 1. (기관 등에서 공문서 등을 배달하는) 전달자, 전령 (kurir) 2. (음식 등을 시중드는) 웨이터 3. 하인, 종 (sluga, služitelj) **poslužiteljka**

poslužiti -im (完) **posluživati** -žujem (不完) 1. 봉사하다, 시중들다, 섬기다, 서비스하다 2. ~로 이용되다, ~하는데 도움이 되다; ovaj čovek neka vam posluži kao primer! 이 사람은 당신에게 본보기가 될 수 있다; za

874

nekoliko minuta posluži me luda sreća 몇 분 후에 말도 안되는 행운이 내게 왔다 3. (*čime*) 식사 시중을 들다; 음식물을 제공하다(권하다, 내놓다), 대접하다; ~ *goste vinom* 손님들에게 포도주로 대접하다 4. (~ 으로서) 근무하다, 복무하다; (형기를) 복역하다 5. ~ se (제공된 음식 등을) 취하다, 먹다; *posluži se!* 자, 음식을 들어! 6. ~ se 이용하다, 사용하다, 적응하다 (upotrebiti, primeniti); *pođi odmah, ili ćemo se poslužiti silom* 즉시 떠나가지 않으면 완력을 사용할꺼야; ~ *se prilikom* 기회를 이용하다

posmatrač 1. 관찰자, 관측자 (gledalac, motrilac) 2. (회의 등의) 옵서버, 입회인 **posmatračica**; **posmatrački** (形)

posmatračnica 관측 장소 (posmatralište)

posmatrati *-am* (不完) 주의깊게 바라보다, 관찰하다

posmicati *-čem* (完) 1. (하나 하나) 제거하다, 없애다; (전부, 많이) 죽이다; ~ *snajperiste* 스나이퍼를 한 명씩 제거하다 2. (하나 하나) 다 먹다 3. 흩뿌리다, 퍼붓다 (rasuti, rasturiti)

posmrčad (女) (集合) posmrče; 유복자

posmrče *-eta* 유복자(遺腹子)

posmrtnī *-ā, -ō* (形) 1. 사후의; ~*tna izložba* 사후 전시회; ~*tno delo* 유작(遺作) 2. 사후에 일어나는; ~*tni govor* 장례 연설; ~*tni oglas* (신문 등의) 사망 광고

posmrtnica 1. 부고, 사망 광고(기사) (umrlica) 2. 장례 행진

posmrtnina 1. (사후의) 유물 2. (유가족에게 주는) 부의, 부의금

posnī *-ā, -ō* (形) 참조 postan; 단식의, 절식의

posoliti *-im*; **posoljen** (完) 1. 소금을 치다; ~ *meso* 고기에 소금을 치다 2. (비유적) 강조하다 (istaći, naglasiti) 3. 날카롭게(예리하게) 대답하다

pospan *-a, -o* (形) 1. 졸리는, 졸리는 듯한 2. 잠들게 하는; ~ *žubor vode* 졸리게 하는 졸졸거리는 물소리 3. 잠든 4. 잠든 듯한, 움직이지 않는 (nepokretan, nepomičan); ~ *jablan* 움직이지 않는 양버들 5. 힘이 없는, 나약한, 느린느릿한

pospanac 잠꾸러기, 잠보 **pospanica, pospanka**

pospanko (男) 잠꾸러기, 잠보 (pospanac, spavalo)

pospanost (女) 졸림

pospati *-im* (完) (차례로) 잠들다; (조금) 잠자다

pospavati *-am* (完) (조금) 자다, 잠깐 동안 자다, 졸다

pospešiti *-im* (完) **pospešivati** *-šujem* (不完) 서두르다, 빨리 하다 (ubrzati, požuriti, uskoriti, pohitati); ~ *korak* 발걸음을 재촉하다; ~ *proces* 프로세스를 서두르다; *veselo srce pospešilo korak* 흥겨운 마음이 발걸음을 재촉했다

pospešno (副) 1. 서둘러, 급히, 빨리 (brzo, hitno, žurno) 2. 유익하게, 유용하게 (povoljno, korisno)

posprdan *-dna, -dno* (形) 비웃는, 조롱하는, 조소하는, 모욕적인 (podrugljiv, porugljiv, uvredljiv); ~ *osmeh* 비웃는 웃음; ~ *tekst* 모욕적인 텍스트

pospremiti *-im* (完) **pospremati** *-am* (不完) 1. 정리정돈하다; *ja ću ~ stan* 나는 집을 정돈할꺼야 2. 몸단장을 시키다; *morala je da umije i pospremi svog dečaka* 그녀는 자기 아들을 세수시키고 옷을 깨끗이 입혀야 했다

posramiti *-im*; **posramljen** (完) 1. ~ *nekoga* 부끄럽게 하다, 수치스럽게 하다, 치욕스럽게 하다 (osramotiti) 2. 당혹스럽게 하다 3. ~ se 수치스러워 하다, 치욕스러워 하다 (postideti se)

posrbiti *-im*; **posrbljen** (完) **posrbljavati** *-am* **posrbljivati** *-ljujem* (不完) 1. 세르비아화 하다, 세르비아인화 하다 2. ~ se 세르비아화 되다, 세르비아인화 되다

posrebriti *-im* 1. 은도금하다 2. 은색을 띠며 반짝거리다

posred (前置詞, + G) 1. (생격으로 오는 명사가 나타내는 장소·공간의 상대적인 중심·가운데를 나타냄) ~의 가운데에; ~ *kuće* 집 가운데에; ~ *čela* 이마 가운데에 2. (생격으로 오는 명사가 나타내는 시간의 상대적인 중간 지점을 나타냄) ~ 중간쯤에, ~한창일 때; ~ *zabave* 파티가 한 참 무르익을 때에; ~ *godine* 일 년중 중간쯤에 3. 기타; ~ *srede* 정중앙에, 정중간에; *pogoditi ~ srede* 정중앙을 명중시키다

posredan *-dna, -dno* (形) 간접적인, 직접적이지 않은, 우회적인 (indirektan); *na ~ način* 간접적인 방법으로; ~*dni govor* (文法) 간접화법

posredi (副) (前置詞, + G) 1. (副) (숙어로만 사용) *biti ~* ~라는 문제이다, 문제는 ~이다 (biti u pitanju); *ja mislim da je ~ nešto drugo* 나는 다른 문제라고 생각한다; ~ *je ubistvo* 살인 사건이다; *šta je ~?* 무엇이 문제인가? 2. (前置詞) ~ 사이에

posrednik 1. 중재자, 중개자, 매개자 2. 매개

다, 졸다

P

물 posrednica

posredništvo 중재, 조정; 중재인의 일(사무·직무)

posredno (副) 간접적으로, 우회적으로

posrednost (女) 간접성, 비직접성

posredovati –dujem (不完) 중재하다, 조정하다, 중재자의 역할을 하다; ~ u prodaji 판매를 중개하다; ~ za nekoga ~를 위해(~의 편에서) 중재하다

posredstvom (前置詞, +G) ~을 통해, ~의 도움으로, ~덕분에; ~ sile 무력을 통해; ~ zalaganja svih službenika 모든 직원들의 노력 덕분에

posrkati posrčem (完) 1. (접접 소리를 내며) 먹다, 마시다 (완전히 끝까지 다); ~ čorbu 수프를 접접거리며 먹다 2. (담배를) 피다 (ispušiti); ~ nargilu 물담배를 피다 3. 숨을 들이마시다 (udahnuti); ~ vazduh 공기를 들이마시다 4. (쓰여진 것을) 읽다 5. (자신의 것으로) 받아 들이다, 흡수하다; ~ mudrost iz knjiga 책에서 지혜를 흡수하다

posrnuti –nem (完) posrtati posrćem (不完) 1. ~에 발부리가 걸리다, 채어 비틀거리다, 비틀대며 걷다, 발을 헛디디다 2. (땅에) 쓰러지다, 넘어지다 3. 막 뛰어 가다, 서둘러 가다 4. (비유적) (오래되어·낡아) 한쪽으로 기울다 (집·건축물 등이); 힘이 쭉 빠지다, 기진맥진해 하다; 가난해지다, 허약해지다, 약해지다; 이완되다; ~ pred teškoćama 어려움 앞에서 비틀거리다; ~ od bolesti 병으로 약해지다 5. (경제적으로) 망하다, 가난해지다 radnici će posrnuti 노동자들은 빈곤해질 것이다 6. 죄를 짓다; (도덕적으로) 타락하다

posrtaj (발부리가 걸려) 넘어짐, 비틀거림, (발을) 헛디딤; 잘못된 행동

posrtanje (동사파생 명사) posrtati; ~ broda 배의 흔들거림

posrtati –ćem (不完) 참조 posrnuti

post posta 1. (宗) 단식, 금식, 절식; svakog ~a tri dana dosta 모든 것은 그 한계선이 있다; veliki (časni) ~ 사순절(부활절을 앞둔) 2. 단식 기간 3. 굶주림, 배고픔 (glad, gladovanje)

post- (복합어의 첫부분으로) 후- (iza, posle)

postaja 1. 정류장, 정류소, 정거장 (stanica, stajalište; autobuska ~ 버스 정거장; železnička ~ 기차 정거장 2. (대중교통수단의) 정류장 간의 거리 3. (산책·소풍 등의) 머뭄, 체류 4. 기타; milicijska ~ 경찰서; samrtnička ~ 영안실, 시신 안치실

postajati –jem (不完) 참조 postati

postajati postojim; postoj (完) 1. (조금, 잠깐)

머물다, 서 있다 (zaustaviti se) 2. (잠시) 시간을 보내다 (누구와 함께) 3. 서서 잠시 기다리다 4. (잠시) 지속되다

postajkivati –kujem (不完) 참조 postajati

postamen(a)t (조각상·동상 등의) 대좌(臺座), 주각(柱脚) (podnožje, postolje)

postan posna, posno; posni (形) 1. 단식의, 금식의; ~sno vreme 금식 기간 2. 기름기 없는(고기와 유제품 성분을 함유하지 않은) (反: mrsan); ~sno jelo 기름기 없는 음식; ~ dan 기름기 없는 음식을 먹는 날 3. 배고픈, 굶주린 (gladan, prazan) 4. (토지가) 메마른, 척박한; 저칼로리의; ~ gas 저칼로리 가스 5. (비유적) 시무룩한, 슬픈, 따분한 (neveseo, tužan, dosadan)

postanak –anka 기원, 발생, 출현, 나타남; 초기(발전, 기원 등의); ~ kulture 문화 기원; od ~nka do kraja 처음부터 끝까지

postanje 1. 기원, 발생 (postanak) 2. (성경의) 창세기

postar –a, –o (形) 다소 늙은(낡은, 오래된)

postarati –am (完) 1. 늙게 하다; briga ga je postarala 근심걱정이 그를 늙게 했다 2. ~ se 늙다

postareti –im (完) 늙다, 늙어지다 (ostareti)

postarijī –ā, –ē (形) 좀 더 늙은(낡은, 오래된)

postariti –im (完) 좀 더 늙게 하다

postati postanem (完) postajati –em (不完) 1. 기원하다, 발생하다, 시작하다, 나타나다 (nastati, pojaviti se, stvoriti se); ~ od nečega ~로 부터 기원하다; Zemlja je postala pre više eona 지구는 수많은 영겁 이전부터 시작되었다 2. ~이 되다; ovde postaje hladno 이곳은 추워진다; on je postao predsednik 그는 대통령이 되었다 3. (잠시, 조금) 멈춰서다, 서 있다; (잠시) 지속되다

postava 1. (옷·신발 등의) 안감 (podstava) 2. ~의 밑에 댄 것 3. ~의 앞에 놓여진 음식 4. (라키야를 만들 때 통에서 한방울씩 똑똑 떨어지는 술을 담는) 그릇 5. (스포츠) (하키 등의) (일정 시점에) 경기에 출전하는 팀 멤버; prva ~ je dala gol 첫 번째 팀 멤버가 골을 넣었다; prva (druga, treća) ~ 첫 번째(두 번째, 세 번째) 팀 멤버 6. (물건이나 사람의) 배치, 배열, 순서; koreografska ~ 안무 순서; ~ šahovskih figura 체스 말의 배치

postaviti –im; postavljen (完) postavljati –am (不完) 1. (세워)놓다, (세워)두다; ~ stolicu kraj prozora 의자를 창문 끝에 놓다; ~ sebi cilj 목표를 세우다; ~ rok 기한을 정하

876

P

다; ~ zahtev 요구 사항을 제시하다; ~ dijagnozu 진단하다; ~ rekord 기록을 세우다; ~ temelj 초석을 놓다; ~ pitanje 질문하다; ~ jednačinu 방정식을 세우다; ~ zasedu 매복하다; ~ mašinu 기계를 설치하다; ~ vojnike u stroj 병사들을 줄세우다; ~ granicu 한계를 정하다; ~ spomenik 동상을 세우다; ~ stražu 경비를 세우다 2. (직책에) 임명하다, 지명하다; on je postavljen za šefa 그는 책임자로 임명되었다; on je postavljen u zvanju redovnog profesora 그는 정교수로 임명되었다 3. (옷·신발 등에) 안감을 대다; (벽·기둥 등을 안으로부터) 싸다; ~ kaput krznom 외투에 모피로 안감을 대다 4. ~ se 놓여지다, 세워지다; ~ se na glavu 그 무엇인가를 저지하기 위해 가능한 모든 것을 행하다 5. ~ se 줄세워지다

postavka 1. 가정, 가설, 추측, 전제 (pretpostavka, hipoteza) 2. 기본 원칙, 규칙 (osnovno pravilo, načelo) 3. 진열, 전시 (박물관, 전시회 등의) 4. (연극의) 상연, 연출

postavljanje (동사파생 명사) postavljati; (세워)놓음, 둠

postavljati -am (不完) 참조 postaviti

postavljen -a, -o (形) 참조 postaviti; ~e rukavice 안감을 댄 장갑

postdiplomac 대학원생

postdiplomskī -ā, -ō (形) 대학원의, 석사과정의; ~e studije 대학원의 석사과정; ~a stipendija 대학원 장학금

postelja 1. 침대 (krevet); pasti u ~u, biti prikovan za ~u (질병·노령으로 인해) 누워지내다; dići se iz ~e 자리를 털고 일어나다 (병에서 회복되다); raspremiti ~u (잠자기 위해 침대의) 자리를 준비하다 **posteljni** (形) 2. (비유적) 강바닥, 하상

posteljica 1. (지소체) postelja; 작은 침대 2. (解) 태반

posteljina 침대보

possteljnī -ā, -ō (形) 참조 postelja; 침대의

posteljnica (植) 관중(貫衆)

postenak (植) 1. 바늘패랭이꽃속(屬)의 내한성(耐寒性) 다년초(줄기는 가늘고, 분홍색 또는 엷은 자색 꽃이 핌) 2. 초롱꽃속(屬)

postepen -a, -o (形) 점진적인, 단계적인 (polagan)

posterioran -rna, -rno (形) (순서·시간적으로) ~ 보다 뒤의, 뒤에 오는 (kasniji, pozniji)

posthuman -mna, -mno (形) 1. 사후의; 유복자의; ~mno dete 유복자 2. (작품이) 저자 사후에 출판된; ~mno delo 유작(遺作)

postići, postignuti postignem; postigao, -gla & postignuo, -ula; postignut (完) **postizati** -žem (不完) 1. (희망·목표 등을 노력 끝에) 달성하다, 도달하다, 얻다, 획득하다; ~ cilj 목표에 도달하다; ~ uspeh 성공하다; ~ novi rekord 신기록을 달성하다 2. (발전을) 이루다, (어느 속도에) 다다르다, (성공을) 거두다; mi smo lepo postigli za ovo kratko vreme 우리는 이 짧은 시간에 커다란 성공을 거두었다 3. (스포츠) 득점하다, 골을 넣다; ~ gol 골을 넣다 4. (어떤 일이 어떤 사람에게) 일어나다, 발생하다; postigla ga je velika nesreća 그에게 커다란 불행이 일어났다 5. (의미·중요도 등을) 이해하다, 깨닫다; on je postigao ono što je propustio 그는 자신이 실수한 것이 무엇인지를 깨달았다

postidan -dna, -dno (形) 1. 수줍은, 수줍어하는, 부끄러워하는 (stidljiv); ~dna devojka 수줍어하는 처녀 2. 창피한, 창피스런, 수치스런 (sraman, sramotan); ~dna pesma 수치스런 노래

postideti se -im se (完) 부끄러워하다, 수줍어하다; ~ postupka 행동을 부끄러워하다

postignuće 성공, 성취; 업적 (dostignuće)

postignuti -nem (完) 참조 postići

postiti -im (不完) 1. 단식하다, 금식하다 (고기·유제품 등을 피하고) 기름기 없는 음식을 먹다; ~ petkom 금요일마다 금식하다 2. 빵과 물만 먹다(죄수들에 대한 형벌로써) 3. 굶주리다 (gladovati); poste oni godinama zbog bede 가난으로 인해 그들은 수년간 굶주리고 있다

postizati -žem (不完) 참조 postići

postizavati -am (不完) 참조 postići

postižan -žna, -žno, **postižljiv** -a, -o (形) 도달할 수 있는, 달성할 수 있는 (dostižan)

posto 퍼센트, 백분(율) (odsto)

postojan -jna, -jno (形) 1. 끊임없는, 중단없는, 지속적인 (neprekidan); ~ san 지속적인 수면; ~jna sumnja 끊임없는 의심 2. 변함없는, 항구적인, 불변의; 확고한, 흐트러짐이 없는; ~jna politika 변함없는 정책; ~jna volja 확고한 의지

postojanost (女) 확고함, 불변함

postojanje (동사파생 명사) postojati; 존재, 생존, 현존, 실재

postojati postojim; postojao, -ala; postoj (不完) 1. 존재하다, 현존하다, 실재하다; 있다; to ne postoji 그것은 존재하지 않는다, 그러한 것은 없다; ideja pravde postoji vekovima 정의 사상은 수 세기 동안 실재

877

P

하고 있다 2. 살다 (živeti); *godinama postoji na ovom svetu taj čovek* 수 년간 그 사람은 이 세계에 살고 있다

postojati *-im*; **postoj** (完) 서다, 서 있다 (postajati)

postojbina 1. 본향(本鄕) ~ *Sasa je Nemačka* 색슨족의 본향은 독일이다 2. 조국, 모국 (zavičaj, domovina)

postojeći *-ā, -ē* (形) 있는, 존재하는, 현존하는; ~ *poredak* 현존 질서; *~e stanje* 현 상태; ~ *društveni i ekonomski sistem* 현존하는 사회경제 시스템

postol *-a* (男), **postola** (女) (보통 복수 형태로) 구두, 신발 (cipela)

postolar 구두 제조공, 구두장이 (cepelar, obućar) **postolarski** (形) ~ *obrtnik* 구두 제조공

postolje 1. (동상·조각상 등의) 대좌(臺座), 주각(柱脚) 2. 지주대, 받침대; ~ *topa* 대포 받침대 3. 삼발이, 3각가(三脚架) (nogari)

postotak *-tka*; *postoci, postotaka* 퍼센티지, 백분율 (procenat) **postotni** (形); *sto* ~ 완전하게, 완벽하게

postponirati *-am* **postponovati** *-nujem* (不完) 연기하다, 뒤로 미루다

postpozicija (文法) 후치, 뒤에 놓음 (反: prepozicija) **postpozitivan** (形); ~ *član* 후치 관사

postradati *-am* (完) 1. 손해(손실)를 입다, 물질적 피해를 보다; ~ *u požaru* 화재 손실을 입다 2. (사고, 재해 등으로) 죽다 (poginuti); ~ *u sudaru automobila* 자동차 충돌 사고로 죽다; *pomoć postradalima od zemljotresa* 지진 희생자들에 대한 원조

postrance (副) 옆으로, 옆에; 비스듬히; 옆구리쪽으로; ~ *raširiti ruke* 옆으로 팔을 벌리다; ~ *pada kiša* 비스듬히 비가 내리다; ~ *ležati* 옆으로 눕다

postreljati *-am* (完) (차례로, 모두) 사살하다 (총을 쏘아); ~ *zarobljenike* 포로들을 차례로 모누 사살하다

postrići *postrižem, postrigu*; *postrigao, -gla*; *postrižen, -ena*; *postrizi* (完) **postrizati** *-žem* (不完) 1. (가위·면도칼 등으로) 자르다, 깎다; ~ *kosu* 머리를 자르다; ~ *žbunje* 덤불을 깍다 2. (차례로) 자르다 3. (koga) (宗) 삭발하다, 삭발식을 거행하다 4. ~ *se* 삭발하다, 출가하다, 수도승이 되다 5. 기타; ~ *kome krila* ~의 날개를 꺾다

postrig 1. (양 등의 털을) 깎음, 깎는 것 (striža); ~ *ovaca* 양의 털을 깍음 2. (수도승의) 삭발, 삭발식 3. (비유적) 출가한 수도원, 삭발식을 한 수도원

postrojavanje (동사파생 명사) postrojavati; 줄을 세움

postrojavati *-am* (不完) 참조 postrojiti

postrojba (軍) (군대·함대 등의) 대형, 진형; (비행기의) 편대 (stroj, formacija)

postrojenje 1. (재료의) 구성, 성분, 구조 (sastav, sklpo građe) 2. 장치, 기구, 설비, 기계 3. 공장 (fabrika)

postrojiti *-im* (完) **postrojavati** *-am* (不完) 1. 줄을 세우다, 대형을 이루게 하다; ~ *đake u red* 학생들을 줄 세우다; ~ *vojnike* 병사들이 대형을 이루게 하다 2. ~ *se* 줄을 서다, 대형을 이루다

postskript, postskriptum (편지의) 추신 (P.S.), (책 등의) 후기

postulat 1. 가정, 가설 2. 요구 (zahtev)

postulirati *-am* (完) ~이라고 가정하다

postupak *-pka*; *-pci, -paka* 1. 행동, 행위; *korektan* ~ 공정한 행동 2. (~에 대하는) 처신, 태도, 행위; ~ *prema nekome (s nekim)* ~에 대한 처신; ~ *prema (sa) ratnim zarobljenicima* 전쟁포로에 대한 처우 3. (일 처리의) 과정, 절차; *zakonski* ~ 법률 절차; *pokrenuti krivični* ~ *protiv nekoga* ~에 대한 형사처벌 절차를 시작하다; *vodi se krivični* ~ *protiv njega* 그에 대한 형사소송 절차가 진행중이다; *sudili su mu po kratkom (skraćenom) ~pku* 그를 즉결처분했다; *izborni* ~ 선거 절차; *vanparnični* ~ 법정밖 절차; *disciplinski* ~ 징계 절차

postupan *-pna, -pno* (形) 점진적인, 단계적인 (postepen)

postupanje (동사파생 명사) postupati; 행동, 행위, 처신, 태도

postupiti *-im* (完) **postupati** *-am* (不完) 1. 행동하다, 행하다, 실행하다; *hrabro (glupo)* ~ 용감하게 (멍청하게) 행동하다; *pravilno* ~ 옳바로 행동하다(처신하다); *ne znam kako ću da postupim* 어떻게 행동해야 할시를 모르겠다 2. ~ *prema nekome (s kim)* 처신하다, 행동하다, 대하다; *rđavo (dobro)* ~ 아주 잘못(잘) 처신하다 3. 다루다, 취급하다; ~ *s nečim (nekim)*; *s oružjem treba oprezno postupati* 무기를 조심스럽게 다뤄야 한다; *on postupa s time kao da je njegovo* 그는 그것이 마치 자신의 것인 양 취급한다; *nepažljivo postupati s pisaćom mašinom* 부주의하게 타자기를 다루다

postupnik 재판절차법; *građanski (krivični)* ~

민사소송절차법(형사소송절차법)

posuda 1. (음식) 그릇, 접시 (sud) 2. 유골함 (화장된 재를 담아 놓는) 3. 요강 (noćni lonac, nokšir, vrčina)

posudba 빚, 대출 (zajam)

posuditi -im (完) **posuđivati** -đujem (不完) 1. 빌려주다; ~ *nekome* ~에게 빌려주다; ~ *prijatelju novce* 친구에게 돈을 빌려주다 2. 빌리다; ~ *od nekoga* ~으로부터 빌리다; ~ *novce od prijatelja* 친구에게서 돈을 빌리다

posuđivanje (동사파생 명사) posuđivati; ~ *riječi* 어휘 차용

posuđe (集合) posuda; 그릇, 용기, 접시; *zemljano* ~ 도기 그릇; *kuhinjsko* ~ 부엌 그릇

posuđivati -đujem (不完) 참조 posuditi

posukati *posučem* (完) 1. 조금 구부리다(말다) 2. 돌진하다, 서둘러 급히 가다, 갑자기 달려 들다 3. (vlagom) 축축하게 하다, 물방울이 맺게 하다

posukljati -am (完) 1. (콸콸) 흘러나오다, 분출 하다 (pokuljati) 2. 돌진하다, 서둘러 가다 (posukati)

posumnjati -am (完) (u što, o čemu) 의심하기 시작하다

posumračiti se -či se (完) 어두워지기 시작하 다, (조금) 어두워지다; *posumračilo se* 어두 어졌다, 해가 떨어졌다

posustao, -tala, -talo, -tali (形) 참조 posustati; 완전히 기진맥진한, 탈진한, 피곤한

posustati *posustanem* (完) **posustajati** -em (不完) 1. 완전히 기진맥진하다, 탈진하다 2. 실망하다, 낙담하다

posušiti -im (完) 1. (전부) 마르게 하다, 건조 시키다 (osušiti); ~ *mladice voće* 과일을 건 조하다 2. (비유적) 탈진시키다 (iscrpsti) 3. ~ se (비쩍) 마르다, 여위다; ~ *se od bolesti* 병 때문에 여위다 4. ~ se (전부) 마르다 (물 기가)

posuti *pospem; posuo, -ula; posut; pospi* (完) **posipati** -am (不完) 1. 뿌리다, 흩뿌리다; ~ *stazu šljunkom* 트랙에 마사토를 뿌리다; ~ *kolače šećerom* 케이크에 설탕을 뿌리다; 2. (물 등 액체를) 뿌리다, 끼얹다, 흠뻑 적시다 (politi, obliti tečnošću); ~ *pod vodom* (화초, 화단 등에) 물을 주다; *posuo se benzinom* 휘발유를 끼얹다 3. ~으로 두툼하게 덮다; *cveće je posulo breg* 꽃들이 언덕을 가득 덮었다 4. (비가) 퍼붓다 5. 기타; ~ *se prahom po glavi*, ~ *se pepelom* 비통해하다, 공개적으로 참회하다 (고대 히브류 사회의

의식에서)

posuvratiti -im; *posuvraćen* (完) **posuvraćati** -am (不完) 1. (소매 등을) 걷다, 둘둘 말다, 말아 올리다; ~ *rukave* 소매를 걷어 올리다 2. (비유적) 망가지다, 일그러지다, 찌그러지 다 (izokrenuti (se), izopačiti (se), pokvariti (se))

posvaditi -im (完) 참조 posvađati

posvađati -am (不完) 1. 다투게 하다, 말싸움 을 하게 하다, 언쟁을 붙이다 (zavaditi); ~ *dva druga* 두 친구 사이에 언쟁을 붙이다 2. ~ se 다투다, 말싸움하다, 옥신각신하다

posvajati -am (不完) 참조 posvojiti; 채택하다, 취하다

posve (副) 1. 완전히, 전적으로 (sasvim, potpuno); *biti ~ siguran* 전적으로 확신하다 2. 과도하게, 지나치게 (odviše, suviše); *biti ~ sujetan* 지나치게 거만하다

posvećen -a, -o (形) 참조 posvetiti; (u što, u čemu) ~에 헌신적인, 온전히 ~에 몰두하고 있는, ~에 전념하는; ~ *u filozofiju*, ~ *u filozofiji* 철학에 몰두하는

posvećivati -ćujem (不完) 참조 posvetiti

posvednevnī -ā, -ō (形) 매일 일어나는, 일상 적인 (svakodnevni, svakidašnji)

posvedočiti -im (完) 1. (법정에서 증인·목격자 로서) 증언하다 2. 증거를 제시하다 (dokazati); *posvedočio je na sudu o zločinu* 법정에서 범죄 증거를 제시하다

posvemašnī -ā, -ō, **posvemašnjī** -ā, -ē (形) 완전한, 완벽한 (potpun)

posveta 1. (宗) (주교 등의) 서품식, 시성식 (諡 聖式) (osvećenje) 2. 헌신, 전념; (저서 등의) 헌정; 헌납, 봉납; ~ *knjige* 책의 헌정 3. (책 의) 감사의 말, 서문; *dati ~u* 감사의 말을 쓰다

posvetiti -im; *posvećen* (完) **posvećivati** - ćujem (不完) 1. (종교 의식을 통해) 축성하 다; 신성하게 하다; ~ *mučenika* 순교자를 축성하다 2. 사제로 임명하다, 서품식을 거 행하다; ~ *nekoga za sveštenika* 성직자로 임명하다 3. (kome, čemu) 헌신하다, 전념하 다, 몸바쳐 일하다; 헌정하다; ~ *nekome knjigu* ~에게 책을 헌정하다; ~ *svoj život nečemu* 자신의 일생을 ~에 바치다; ~ *pažnju nečemu* 온통 ~에 관심을 쏟다 4. (비유적) ~ *nekoga u tajnu* ~에게 비밀을 누 설하다; ~ *nekoga u posao* 일에 관심을 갖 게 하다 5. ~ se 성(聖)스러워지다 6. ~ se 헌신하다, 종사하다; ~ *se slikarstvu* 미술에 종사하다 7. 기타; *posvetile ti se reči!* 누군

P

가에게 좋은 소실을 알릴 때 하는 말; *posvetila ti se ruka!* 누가 누구를 복수했을 때 그 행동을 허용·허락할 때 하는 말; *sav se posvetio* 성자와 같이 비쩍 마르다

posvetliti *-im* (完) 밝게 하다, 흰하게 하다, 불을 밝히다

posvinjiti *-im* (完) 1. 더럽히다 2. ~ *se* 돼지가 되다, 돼지로 변하다

posvoditi *-im* (完) 아치 형태(svod)를 만들다, 둥근 천장을 만들다

posvojan *-jna*, *-jno* (形) 소유의 (prisvojan); ~*jna zamenica* 소유 대명사

posvojčad (女) (集合) posvojče

posvojče *-eta* 양자, 양녀, 입양한 자녀

posvojenik 양자, 양아들, 입양한 아들 (usvojenik) **posvojenica**

posvojiti *-im* (完) **posvajati** *-am* (不完) 1. 강탈하다, 자기멋대로 자신의 것으로 삼다 (prisvojiti); ~ *imanje* 재산을 강탈하다 2. 자신의 것으로 받아들이다, 자신의 것으로 채택하다; ~ *ideje* 아이디어를 받아들이다 3. (아이를) 입양하다; ~ *dete* 아이를 입양하다

posvršiti *-im* (完) **posvršavati** *-am* (不完) (끝까지) 끝마치다, 완수하다, 완결하다, 마무리 짓다

posvud, posvuda (副) 1. (gde?에 대한 대답으로) 어디나, 모든 곳에, 도처에 (svuda, svagde); ~ *je vladao mir* 평화가 모든 곳에 찾아왔다 2. (kamo? Kuda?에 대한 대답으로) 모든 곳에, 도처로, 어디든지 (svakamo, svukud); *ptice lete* ~ 새가 도처로 날아간다

posvudan *-dna*, *-dno* (形) 어디에나 존재하는, 도처에 있는

poša (지대체) popadija; 대처승(pop)의 아내

pošalica 농담, 농담이 섞인 재치있는 응답

pošaliti se *-im se* (完) 1. 농담스런 말을 하다, (조금) 농담하다; (어떤 사람을 대상으로) 농담하다; ~ *s prijateljem* 친구와 농담하다; *uživao je da se pošali s profesorima, da ih namagarči* 그는 교수들을 바보로 만드는 농담을 즐겼다 2. 기타; ~ *se glavom* (목숨이 달릴 정도로) 위험천만한 농담을 하다

pošast (女) 1. (치사율이 높은) 전염병, 역병 (주로 가축의) (epidemija, pomor) 2. (비유적) 불운, 불행, 멸망, 치명적인 것 (nesreća, propast); *lopovi su* ~ *za grad* 도둑들은 도시의 (입장에서는) 불행이다

pošćenje (동사파생 명사) postiti; 단식 (하기), 금식 (하기)

pošećeriti *-im* (完) 1. 설탕을 치다, 설탕을 뿌리다; ~ *krofne* 도넛에 설탕을 뿌리다 2. (비

유적) (무엇이) 마음에 들게 하다, 매력적이되게 하다; *reditelj je pošećerio predstavu* 감독은 작품이 사람들의 마음을 끌도록 만들었다

pošetati *-am* (完) (조금, 잠깐) 산책하다, 거닐다; *pošetali smo po parku* 우리는 공원을 조금 걸었다

pošiljač, pošiljalac *-aoca* 발송인, 하주(荷主)

pošiljati *-em* (不完) 참조 poslati; 보내다, 발송하다

pošiljka 보내진 것 (편지·소포·돈 등의); *preporučena* ~ 등기 소포; *novčana* ~ 우편환; *uručiti* ~*u* 소포를 배달하다; ~ *s pouzećem* 대금 교환 인도 (COD)로 보낸 소포

pоšir1 *-ā*, *-ē* (形) 좀 넓은

pošiti *pošijem*; *pošit*, *-a*, *-o* & *pošiven*, *-ena*, *-eno* (完) 1. 바느질을 다 마치다, 꿰메는 것을 완료하다; ~ *suknju* 치마를 바느질하다 2. (모든 것을 차례로) 꿰메다, 바느질하다; ~ *svu dugmad* 모든 단추를 달다 3. (짚 등으로) 지붕을 이다

pošiziti *-im* (完) 1. 미치다 (postati lud) 2. (za čim) ~에 미치다, ~을 강렬히 원하다 3. (za kim) ~에 미치다, (누구를) 미치도록 좋아하다 4. (na što) ~에 분노하다, 매우 화를 많이 내다

poškakljati *-am* & *-em* (完) 1. (많은 사람, 전부) 간지럽히다; ~ *po tabanima* 발바닥을 간지럽히다 2. (냄새가) 코 끝을 간지럽히다; *miris mleka me je poškakljao* 우유냄새가 내 코끝을 간지럽혔다 3. (비유적) 감동시키다 (dirnuti); *poškakljala ih je njena nevinost* 그녀의 무고함이 그들을 감동시켰다

poškropiti *-im* (完) (물 등을) 뿌리다, 흩뿌리다; 퍼붓다 (poprskati)

pošljunčiti *-im* (完) **pošljunčivati** *-čujem* (不完) 자갈(šljunak)로 덮다, 자갈을 퍼붓다

pošpricati *-am* (完) 뿌리다, 흩뿌리다 (poprskati, poškropiti); ~ *vodom* 물을 뿌리다

pošta 1. 우체국, 우체국 건물; *na* ~*i* 우체국에서; *predati pismo na* ~*i (na* ~*u)* 우체국에서 편지를 보내다 2. 우편, 우편물; *ima li danas kakve* ~*e* 오늘 우편물이 있나요?; *obratnom* ~*om* 반송 우편으로; *poštar donosi* ~*u* 우체부가 우편물을 가져온다; *avionskom* ~*om* 항공 우편으로; ~ *iz Evrope ide nekoliko dana* 유럽에서 오는 우편물은 몇 일 걸린다

pošta 존경, 경의 (poštovanje, počast); *odati*

~u nekome (minutom ćutanjem) (1분간의 침묵으로) 경의를 표하다; poslednja (zadnja) ~ 마지막 인사 (고인에게 보내는)

poštanskī -ā, -ō (形) 참조 pošta; 우편의, 우체국의; ~o sanduče 우편함, 메일 박스; ~ fah 사서함; ~a marka 우표; ~ činovnik 우체국 직원; ~ žig (우편물의) 소인; ~ šalter 우체국 창구; ~ džak 우편 행낭; ~ golub 통신에 이용하는 비둘기; ~ broj 우편 번호

poštapalica, poštapaljka 1. 버팀, 지지물; 부양자, 부양하는 사람; 지지자, 후원자, 원조자 (oslonac) 2. (비유적) (필요없이 반복하여 사용하는) 의미없는 말(단어) (uzrečica)

poštapiti se -im se (完) **poštapati se** -am se & poštapljem se (드물게) (不完) 1. 지팡이 (štap)에 의지하다, 지팡이를 짚고 걷다 2. (비유적) 강해지다, 튼튼해지다, 원기를 회복하다 (okrepiti se, potkrepiti se); kako govori engleski? on se (u govoru) poštapa gestovima 영어를 어떻게 말해? 그는 제스처의 도움을 받아 말한다

poštar 1. 우편 배달부, 우체부 2. 우체국 직원
poštarica, poštarka; poštarski (形)

poštarina 우편 요금, 우송료; oslobođeno ~e 무료 우편

poštarskī -ā, -ō (形) 참조 poštar; ~a torba 우편 행랑

pošteda 1. (어렵고 힘든 일로 부터의) 보호; (짧은) 임시 병가; devojčica treba mnogo više i nege i ~ nego dečko 소녀들은 소년들 보다 훨씬 더 많은 보살핌과 보호가 필요하다 2. (동물) 보호 (사냥·멸종으로부터의) 3. 기타; bez ~e 무자비하게 (nemilosrdno)

poštedeti -im (完) 1. 절약하다, 아끼다; (목숨을) 구하다 (sačuvati); ~ zalihe šećera 설탕의 재고를 절약하다; ~ kome život ~의 목숨을 구하다 2. (위험한 것, 힘든 것, 불쾌한 것 등으로부터) 보호하다, 지키다

pošten -a, -o (形) 1. 양심적인, 정직한, 도덕적으로 깨끗한; (돈을) 정직하게 번; 정당한; ~a zarada 정당한 급료; ~a imovina 정직하게 번 재산 2. 훌륭한, 평판이 좋은 3. 기타; na ~u reč, ~e mi reči 맹세코, 명예를 걸고

pošteno (副) 1. 양심적으로, 명예롭게, 올바르게, 정당하게 2. 많이 (mnogo, u velikoj meri); on se ~ napio 그는 많이 마셨다; ~ smo potrošili 돈을 많이 썼다; ~ smo proveli 많은 시간을 보냈다

poštenjačina (男,女) (지대체) poštenjak; 양심적인(올바른) 사람

poštenjak, poštenjaković 매우 양심적은(올바른·성실한) 사람

poštenje 1. 정직함, 솔직함, 성실함 2. 명성, 명예, 좋은 평판 3. 처녀성, 순결성 (처녀의)

poštivati -am (不完) 참조 poštovati; 존중하다, 존경하다

pošto I. (接續詞) 1. ~후에, 이후에 (kad, čim); ~ je pročitao novine, ugasio je svetlo 신문을 읽고 난 후, 그는 불을 소등했다 2. ~이기 때문에 (jer, budući da, zato što); ~ si došao kasno, nećeš dobiti večeru 네가 늦게 왔기 때문에 너는 저녁을 굶어야 할 것이다 II. (副) 3. (가격 등의) 얼마나?; ~ je ta haljina? 그 원피스는 얼마냐?; ~ si platio tu fotelju? 그 소파를 얼마 주고 샀는가?; ~ jaja? 계란이 얼마예요? 4. 기타; ~-poto, ~ bilo, ~-zašto 가격이 얼마일지라도, 가격에 상관없이; ~ je ceo svet 세상을 다 줄지라도; pa ~ je život 목숨을 잃는다 해도

poštokaviti -im; poštokavljen (完) 슈토캅스키 (štokavski)화 하다

poštovalac -aoca **poštovatelj** 숭배자, 추종자, 신봉자, 지지자; (연예인 등의) 팬 (obožavalac); ~ muzike 음악 애호가
poštovateljica, poštovaljka

poštovan -vna, -vno (形) 1. 참조 poštovati 2. 존경스러운, 존경받는, 훌륭한 3. (연설·편지 등에서) 친애하는, 존경하는; ~i gospodine 존경하는 ~씨

poštovanje 1. (동사파생 명사) poštovati; 존경, 존중, 경의; s (dubokim, najvećim) ~em 깊은 경의를 표하며; gajiti (osećati) ~ prema nekome ~에 대한 존경심을 갖다; odati ~ nekome ~에게 존경심을 표시하다 2. (만나거나 헤어질 때의 인사말)

poštovatelj 참조 poštovalac; 추종자, 신봉자, 지지자

poštovateljica, poštovateljka 참조 poštovalac

poštovati -tujem (完,不完) 1. 존경하다, 존중하다, 높게 평가하다; ~ roditelje 부모님을 존경하다 2. (법률 등을) 복종하다, 준수하다, 따르다; ~ pravila (zakone) 규율(법률)을 준수하다 3. ~ se 서로가 서로를 존중하다; naše se porodice decenijama poštuju 우리 가족은 오랫동안 서로를 존중해 왔다

pošumiti -im; pošumljen (完) **pošumljavati** -am, **pošumljivati** -ljujem (不完) (황무지·밭 등을) 산림으로 만들다, 조림(造林)하다, (나무를 심어) 숲을 만들다; ~ goleti 벌거숭이 산들을 울창산 숲으로 조성하다

pošunjiti se -im se (完) 실망하다, 낙담하다, 풀이 죽다 (pokunjiti se, snužditi se)

른·성실한) 사람

P

881

potaći *potaknem* (完) 참조 podstaći

potaja 1. 비밀, 비밀인 상태, 내밀(內密) (tajnost) 2. 비밀 장소, 은닉처, 비밀 대피소 3. 기타. *iz ~e, u ~i* 비밀리에, 비밀스럽게, 남몰래

potajan *-jna, -jno* (形) 기밀의, 비밀의, 내밀의, 은밀한; 숨어서 활동하는, 남몰래 하는; *~jno skrovište* 비밀 은신처; *~jna ljubav* 남몰래 하는 사랑

potajice (副) 남몰래, 비밀스럽게 (potajno)

potajnica 1. 숨겨진 것, 감춰진 것 2. 은닉처, 비밀 장소; *razbojnička ~* 강도들의 비밀 아지트 3. (가끔씩, 때때로 마르는) 수원(水源), 샘 4. 가짜 임신 5. (植) 유럽산 개종용의 일종(미나리냉이속(屬)의 식물) 6. (魚) 미꾸리지의 일종 (legbaba) 7. (病理) 열, 열병

potajnik (경찰의) 비밀 첩자, 밀고자 (dostavljač)

potajno (副) 비밀스럽게, 남몰래; *~ pratiti* 몰래 미행하다

potaknuti, potaći *potaknem* (完) 참조 podstaknuti, podstaći

potalijaniti *-im* potalijančiti *-im* (完) 이탈리아화 하다; 이탈리아인화 하다

potaman *-mna, -mno* (形) 조금 어두운

potaman (副) 뜻대로, 마음 먹은대로, 필요한 그대로 (po volji, kako treba); *sve mu je ~* 모든 일이 잘 되어간다

potamaniti *-im* (完) 1. (하나 하나 차례로 모두) 죽이다, 살해하다, 도살하다, 말살하다; *~ pacove* 쥐를 박멸하다 2. (비유적) (남김없이 모두) 다 마시다, 다 먹다; *~ kolače* 케이크를 다 먹다 3. *~ se* 서로 죽이다

potamneti *-im* (完) 어두워지다 (postati taman)

potamniti *-im*; *potamnjen* (完) 1. 어둡게 하다 2. (비유적) 약하게 하다, 망치다 (oslabiti, pokvariti)

potamo (副) 좀 멀리, 좀 더 더 멀리 (podalje); *~ te, ~ se* 비켜!, 저리 좀 가!, 저리 비켜!

potanak *-nka, -nko*; *potanji* 1. 좀 (다소) 가는; *~nka svila* 가는 비단 2. 상세한, 자세한 (podroban, iscrpan, detaljan); *~nka analiza* 상세한 분석; *~ izveštaj* 상세한 보고서

potančati *-am* (完) 얇게 하다

potanko *potanje* (副) 1. 상세하게, 자세하게; *opisati ~* 자세하게 묘사하다 2. 좀 나쁘게 (dosta slabo, loše, rđavo)

potankost (女) 상세함, 자세함 (podrobnost, detalj); *~ objašnjenja* 설명의 상세함

potanjī *-ā, -ē* (形) 참조 potanak

potanjiti *-im* (完) 얇게 하다 (potančati)

potapati *-am* 참조 potopiti; 가라앉다, 침몰하다

potapkati *-am* (完) 1. (보통 어깨 등을) 두드리다 (우정 등의 표시로); *~ po ramenu* 어깨를 토닥 토닥 두드리다 2. 가볍게 몇 번 두드리다; *~ prstom po stolu* 손가락으로 테이블을 몇 번 톡톡 두드리다

potapšati *-em* (完) 참조 potapkati

potaša (化) 칼리, 탄산칼륨

potceniti *-im* (完) potcenjivati *-njujem* (不完) 1. 과소평가하다, 평가절하하다; *kritičari su potcenili njegovu poeziju* 비평가들은 그의 시를 과소평가했다 2. 무시하다, 경시하다; *potcenimo me je i cinično posmatrao* 그는 나를 무시하고 비웃듯이 바라보았다

potcrtati *-am* (完) 1. 밑줄을 긋다 (보통 어떤 단어 밑에); *~ reči u tekstu* 텍스트의 단어에 밑줄을 긋다 2. (비유적) 강조하다 (istaknuti, naglasiti); *u govoru je potcrtao nužnost saradnje* 연설에서 협력의 필요성을 강조했다

potčasnik 참조 podoficir; 하사관

potčiniti *-im* (完) potčinjavati *-am* (不完) 1. 복종시키다, 예속시키다, 정복하다; (자신의) 지배하에 두다, 통치하에 두다 (pokoriti); *Turci su potčinili srpsku državu* 오스만 터키는 세르비아를 예속시켰다; *~ nekoga svojoj vlasti* ~를 자신의 지배하에 예속시키다; *~ svoje strasti* 자신의 감정을 컨트롤하다 2. *~ se* 복종되다, 예속되다, 정복되다 (pokoriti se, podrediti se); *~ se nekome ~* 에게 복종하다

potčinjenost (女) 복종(종속·예속) 상태, 종속적(예속적) 위치

potčovek (인종주의) 이류(삼류) 민족에 속하는 사람

potčučanj *-čnja* (훈련) 반 쭈그려 앉기

poteći *potečem, poteku & poteknem*; *potekao, -kla*; *poteci & potekni* (完) poticati *-čem* (不完) 1. (액체가) 흐르기 시작하다, 분출하다, 세차게 흘러 나오다; *potekla mu je krv iz nosa* 그의 코에서 피가 흘렀다; *iz očiju joj potekoše suze* 그녀는 눈물을 펑펑 흘렸다; *svet je potekao sa svih strana* 많은 사람들이 사방에서 쏟아져 나왔다 2. 나타나다, 시작되다, 기원하다 (pojaviti se, nastati, roditi se); *on potiče iz dobre porodice* 그는 좋은 집안 출신이다; *ovaj rukopis potiče iz 14. veka* 이 원고는 14세기 것이다; *ideja potiče od mene* 아이디어는 내게서 나왔다; *realizam je potekao u XIV veku* 사실주의는 14세기에 나타났다

3. 뛰어가다, 서둘러 가다, 급히 가다 (jurnuti, potrčati); ~ *nekome u pomoć* ~를 도와주러 급히 가다

poteći *potegnem* (完) 참조 potegnuti

poteg 1. 잡아 당기기, 끌기 **2.** (액체를 한 번) 마시기, 삼키기, 들이켜기 **3.** (총의) 발사, (주먹 등의) 일격, 타격, 찌름 (udarac, zamah, pucanj); ~ *nožem* 칼로 찌름; ~ *iz puške* 총의 발사 **3.** (저울의) 추 (teg)

potega 1. 무게, 중량 (težina) **2.** (비유적) 짐, 적하 (teret, tegoba)

potegača 1. (통에서 액체를 빨아 내는데 사용하는) 사이펀 (nategača) **2.** (漁業) 저인망, 트롤망 (그물의 한 종류) **3.** (끌어당기는데 사용하는) 끈, 사슬; (기 계양기의) 끈 (기를 올리는)

potegliti *-im* (完) **1.** 끌다, 끌어당기다, 세게 잡아끌다 **2.** (힘들고 고된 일을) 맡다 **3.** 서둘러 가다, 급히 가다 (pohitati, požuriti) **4.** 기타; *povuci-potegli* 힘들고 고된 일

potegnuti, poteći *potegnem*; *potegao, -gla & potegnuo, -nula*; *potegnut* (完) **potezati** *-žem* (不完) **1.** 끌다, 끌어당기다, 잡아끌다; ~ *mrežu* 그물을 끌어당기다; ~ *nekoga k sebi* ~를 자기쪽으로 끌어당기다; *potegni pantalone!* 바지를 위로 올려!; *biće (bilo je) potegni-povuci* 힘들고 고된 일이 될 것이다, 격렬한 전투였다; ~ *na svoju dušu* 맹세하다, 서약하다; ~ *parnicu* 소송을 제기하다 **2.** 열심히 일하다; *potegao je on za sve njih* 그는 그들 모두를 위해 열심히 일했다 **3.** 삼키다, 마시다; ~ *iz flaše* 병째 마시다; ~ *gutljaj* 한 모금 먹다; ~ *dim (iz cigarete)* (담배) 연기를 마시다; *on je večeras dobro potegao* 오늘 저녁 잘 마셨다 **4.** 꺼내다, 끌어내다 (izvući) **5.** (주먹·칼·총 등으로) 치다, 때리다, 가격하다, 찌르다, 쏘다; ~ *rukom na nekoga* ~를 손으로 때리다; ~ *nožem na nekoga* ~를 칼로 찌르다; ~ *iz puške na nekoga* ~를 총으로 쏘다 **6.** (어떤 방향으로) (손을) 쭉 펴다 **7.** (물건을) 뽑아내다, 꺼내다, 빼내다; ~ *nož (pištolj)* 칼(권총)을 뽑다 **8.** 급히 가다, 서둘러 가다; *kud ste potegli s tolikom decom* 그렇게 많은 아이들을 데리고 어딜 그리 급히 갔어요? **9.** ~ *se* 멀어지다 **10.** ~ *se* 부주의하게 (우연히) 발설하다 **11.** ~ *se* 예상외로 오래 계속되다 **12.** ~ *se klipka* ~와 힘을 겨루다

potencija 1. 잠재력; *on ima veliku ~u* 그는 커다란 잠재력이 있다 **2.** (數) 거듭제곱, 3제곱 **3.** (生) 세포의 분열 능력

potencijal 1. 잠재력, 가능성, 저력; *ratni* ~ 전력(戰力); *privredni* ~ 경제적 잠재력 **2.** (전기) 전위(電位), (물리) 포텐셜; *eletrični (gravitacioni, magnetski)* ~ 전위(중력 포텐셜, 자위) **2.** (文法) 조건절 (kondicional)

potencijalan *-lna, -lno* (形) 잠재적인, 잠재력의, 가능성의; *~lna snaga* 잠재력

potencirati *-am* (完,不完) **1.** 증가시키다, 배가시키다, 강화시키다 (pojača(va)ti, uveća(va)ti); ~ *sukob* 충돌을 증가시키다 **2.** (數) 거듭제곱을 하다, 세제곱하다 **3.** ~ *se* 증가되다, 강화되다, 배가되다

potentan *-tna, -tno* (形) (사람의 심신에 미치는 영향이) 강한, 강력한; (힘이) 센, 강한

potentnost (女) (사람의 심신에 영향을 미치는) 힘; (약 등의) 효능

potepati *se -am se* (不完) **potepsti se** *-pem se* (完) **1.** ~에 발부리가 걸리다, 채어 비틀거리다, 비틀대며 걷다 (spotaknuti se, posrnuti) **2.** 정처없이 떠돌다, 방랑하다, 방황하다, (천천히) 저벅저벅 걷다 (skitati se)

potepuh 방랑자 (skitnica)

potera 1. 추격, 추적 (도망자·탈주자 등을 체포·사로잡기 위한) (gonjenje); *dati se u ~u za nekim* ~를 쫓기 시작하다 **2.** 추적대, 추격대; *član ~e* 추격대원 **3.** (비유적) ~ *za nečim* ~에 대한 열망, 갈망 (jaka želja)

poterati *-am* (完) **poterivati** *-rujem* (不完) **1.** (소떼·양떼·자동차 등을) 몰다(몰기 시작하다); ~ *stoku na pašu* 소떼를 목초지에 몰고 가다; *poterala ga sreća* 행운이 그를 쫓아왔다(그에게 행운이 깃들기 시작했다); ~ *parnicu* 소송을 제기하다 **2.** (사람을) 몰아붙이다, 압박하다, ~하게끔 하다, 압력(압박)을 가하다; *ako ga ne poteraš, neće nikad završiti* 그를 몰아붙이지 않는다면 그는 일을 결코 마무리하지 않을거야; ~ *konja* 말을 몰아붙이다 (빨리 가도록); ~ *galop* 말을 빨리 달리다 **3.** 추적하다, 추격하다 (추적하기 시작하다); ~ *lopova* 도둑을 쫓기 시작하다; ~ *trag* ~의 뒤를 밟기 시작하다 **4.** 발아하다, 싹트다, 움트다; *poterali su pupoljci* 봉오리가 움트기 시작했다; *biljke su poterale pupoljke* 초목들이 싹트기 시작했다 **5.** 쫓아내다, 추방하다; *poterati lisicu, a isterati vuka* 설상가상이다, 여우를 피하니까 호랑이를 만난다

poternica 수배령, 체포 영장; *raspisati ~u za nekim* 체포 영장을 발부하다; *interpolova* ~ 인터폴 수배

potes (소·양 등을 풀어 먹이는) 목초지, 풀밭

P

(자연적 경계·담장 등으로 경계지어진)

potesan *-sna, -sno* (形) 좀 꽉끼는(비좁은, 빡빡한, 조이는); ~ *hodnik* 좁은 복도

potesniti *-im*; *potešnjen* (完) **potešnjavati** *-am*, **potešnjivati** *-njujem* (不完) 1. 꽉조이게 (비좁게, 빡빡하게) 하다; ~ *haljinu* 드레스를 꽉조이게 만들다; *odelo se potesnilo* 옷이 작아졌다 2. (비유적) 빡빡해지다, 어려워지다, 힘들어지다

poteško (副) 조금 힘들게(어렵게); *on se ~ kretao* 그는 좀 힘들어하면서 움직였다

poteškoća 1. 노력, 수고 (napor) 2. (複數로) 어려움, 난관, 장애 (nezgode, smetnje, prepreke, teškoše); *mučiti se sa ~ama* 어려움으로 고생하다

potešnjavati *-am* (不完) 참조 potesniti

potešnjī *-ā, -ē* 참조 potesan; 좀 더 꽉 조이는

potešnjivati *-njujem* (不完) 참조 potesniti

potez 1. (그림의, 수학의, 경계를 이루는) 선 (線), 줄, 라인 (crta, linija); ~ *na papiru* 종이의 선(줄) 2. (손 또는 어떤 물체의) 동작, 움직임 (수영의 젓기, 테니스의 치기, 조정의 젓기, 주먹의 치기, 펜의 휘두름 등); ~ *pera* 펜의 움직임; *jednim ~om (u jednom ~u) četkice* 붓을 한 번 휘두름으로 3. (보통 예기치 못한) 행동, 행위 (어떤 목적을 가지고 행해진); *povući genijalan ~* 천부적인 행동을 하다; ~ *(u šahu)* (체스 말의) 움직임; *lakomislen ~* 경솔한 행동; *prenagljen ~* 허둥대는 행동; *učiniti ~* 행동에 옮기다 4. 기타; *jednim ~om (napisati)* 1)단숨에 (쓰다) 2)단번에 결정하다; *u glavnim (krupnim) ~ima (prikazati)* 주요 특징을 간단하게 보여주다

potezati *-žem* (不完) 참조 potegnuti; 잡아끌다, 잡아당기다

poteznī *-ā, -ō* (形) 잡아당기는, 끄는, 끌어당기는; ~*a žica* 지뢰선, 올가미 철사; *mina ~znog dejstva* 와이어가 설치된 지뢰

potežak *-ška* 1. 좀(다소) 무거운 2. (비유적) 우둔한, 둔한, 답답한, 굼뜬, 느린; ~ *u mišljenju i akciji* 생각과 행동에서 다소 굼뜬 3. 모욕적인 (uvredljiv); *uputiti poteške reči* 모욕적인 말을 하다

poteže (副) 좀(다소) 힘들게; *ići će ~* 다소 힘들게 갈 것이다

potežī *-ā, -ē* (形) 좀 더 무거운

pothraniti *-im*; *pothranjen* (完) **pothranjivati** *-njujem* (不完) 1. (조금) 음식을 주다, 충분한 음식을 주지 않다; *dete je pothranjeno* 아이는 영양실조에 걸렸다 2. (음식을 많이 먹여)

살찌우다, 뚱뚱하게 하다; ~ *nekoga ~*를 살찌게 하다; *tovom ~ svinje* 사육하여 돼지들을 살찌웠다 3. 부양하다, 먹여살리다, 키우다, 양육하다; 사육하다 (othraniti, odgajiti) 4. (비유적) 강화하다, 강력하게 하다, 튼튼하게 하다 (pojačati, osnažiti); ~ *mržnju* 증오심을 증대시키다; ~ *sumnju* 의심을 키우다; *ta politika je pothranila krizu* 그러한 정책은 위기를 증대시켰다 5. ~ **se** (풍성한 음식 때문에) 뚱뚱해지다, 살찌다; 강건해지다; *prase se pothranilo kukuruzom* 돼지들은 옥수수로 사육되었다; *naša se bolest zbog bede pothranila* 우리의 병은 가난으로 인해 늘어났다

pothranjen *-a, -o* (形) 참조 pothraniti; (음식을) 충분히 섭취하지 못한; 영양실조의

pothranjenost (女) 영양 실조(부족)

pothvat 참조 poduhvat; 프로젝트, 기획, 안

pothvatiti *-im* (完) 참조 poduhvatiti

potica (料理) 롤, 롤빵; ~ *nadevena orasima* 호두가 들어있는 롤빵

poticaj 참조 podsticaj; 자극제, 자극(고무·격려); *dati ~* 자극하다, 자극을 주다; *životni ~* 삶의 자극

poticati *-čem* (不完) 참조 potaknuti, potaći; 자극하다, 격려하다, 선동하다, 부추키다

poticati *-čem* (不完) 참조 poteći; ~출신이다, 기원하다, ~로부터 나타나다

potiho (副) 좀(다소) 조용하게

potiljača (解) 뒷머리뼈, 후두골(後頭骨) (zatiljača)

potiljak *-ljka* 뒤통수 (zatiljak); *drži ~!* (軍) 횡대로 정렬!; *na ~ izići* 따분하게 하다, 지루하게 하다, 귀찮게 하다; *u ~!* (軍) 종대로 정렬!; *pašćeš na ~ kad čuješ ovu novost!* 이 소식을 들으면 놀라 자빠질 것이다!

potirati *-em* (不完) potrti; 문지르다, 비비다

potisak *-ska* (밑에서 위로) 들어올리는 힘, 밀어올리는 힘; *snaga ~ska* 양력(揚力); ~ *vode* (물의) 부력(浮力) **potisni** (形)

potisnuće (心理) 억압

potisnuti *-nem*; *potisnuo, -ula & potiskao, -sla* (完) **potiskivati** *-kujem* (不完) 1. (밑으로) 누르다, 압박하다, 압착하다 2. (누구를) 밀어내다, 한쪽으로 비켜나게 하다, 뒤로 물러나게 하다; *svojim laktima i čepanjem umeo ... je ~ sve ispred sebe i levo i desno* 그는 자신의 팔꿈치와 발로 짓밟아 자기 앞에 서있던 모든 사람들을 좌우로 밀쳐낼 수 있었다 2. (어떤 곳·장소에서) (압박해) 후퇴하게 하다, 몰아내다; ~ *neprijatelja*

P

iz grada 적을 도시에서 몰아내다 3. (감정 등을) 억누르다, 억제하다; ~ *suze* 눈물을 억누르다; ~ *svoja osećanja* 자신의 감정을 억제하다 4. (밑에서 위로) 들어올리다 (podići); *pritisak vode potisne brod s dna* 수압이 배를 밑바닥에서 들어올린다

potiše (副) 좀 더 조용히

potišten -*a*, -*o* (形) 1. 종속된, 예속된, 정복된, 기본적 인권을 유린당한; ~ *naraštaj* 인권을 유린당한 세대 2. (비유적) 실망한, 낙담한, 우울한, 풀죽은; ~*a devojka* 우울한 처녀; ~ *pogled* 실망한 시선

potka 1. (직물의) 씨, 씨줄, 실 2. 기초를 이루는 요소 (osnova, osnovica)

potkačiti -*im* (完) 1. 밑에서부터 잡다(걸다, 때리다) (zahvatiti, zakačiti, udariti odozdo); ~ *pesnicom* 주먹으로 밑으로부터 때리다; ~ *nogom* 발로 차다 2. (비유적) (말로) 공격하다; ~ *u govoru* 말로 공격하다

potkati -*am* (드물게 *potkem, počem*) 1. (옷감·카펫·바구니 등을) 짜다, 엮다, 짜서(엮어서) 만들다 (utkati) 2. 밑으로부터 짜다(엮다)

potkazati -*žem* (完) **potkazivati** -*zujem* (不完) 알리다, 통보하다; 밀고하다, 누설하다, 배신하다, 고발하다; ~ *nekoga policiji* 경찰에 ~를 밀고하다; ~ *saborca* 동지를 배신하다

potkazivač 밀고자, (경찰 등의) 정보원 (dostavljač)

potkazivati -*zujem* (不完) 참조 potkazati

potkečiti -*im* (完) (던진 물체로) 맞추다, 치다, 때리다; ~ *loptu nogom* 발로 공을 차다

potkinuti -*nem* (完) **potkidati** -*am* (不完) 1. 밑으로부터 떼어내다 (잘라내다) 2. 발을 걸어 넘어뜨리다(쓰러뜨리다) 3. ~ *se* 밑으로부터 부서지다(잘리다)

potkititi -*im* (完) 밑에서부터 치장하다(장식하다)

potkivač 편자공, 제철공(蹄鐵工; 편자를 만들거나 이것을 마소의 굽에 다는 일을 하는 사람); *susretne (se) sa ~ima i kovačima* 편자공들과 대장쟁이들과 만난다; **potkivački** (形); ~*a radnja* 제철공의 작업장

potkivačnica 제철공의 작업장(대장간)

potkivanje (동사파생 명사) potkivati

potkivati -*am* (不完) 참조 potkovati

potklobučiti se -*im se* (完) 표면에 거품 (klobuk)이 일다, 거품이 나다; *zid se potklobučio od vlage* 벽은 습기 때문에 표면에 거품이 일었다

potkolenica 1. (解) 하퇴 (下腿: 무릎 관절과 발목과의 사이) 2. (複數로) 무릎까지 올라오

는 양말 (dokolenice) 3. (方言) (무릎 밑의) 양말을 묶어 매는 끈; 고무 밴드(양말을 무릎 근처에서 묶는) (podveza)

potkolo (生) (생물 분류학상의) 아문(亞門)

potkomandir (軍) 부지휘관, 부사령관

potkontinent 아(亞)대륙 (인도, 그린란드의)

potkop (보통 건물·지하의) 수직 통로, 수갱; (광산) 수갱(竪坑)

potkopati -*am* (完) **potkopavati** -*am* (不完) 1. (구멍 등을) 파다, 파내다, ~의 밑에 구멍을 파다; ~ *zid* 벽 밑에 구멍을 파다 2. (비유적) 토대를 허물다 (약화시키다), 손상시키다, 훼손시키다; ~ *akciju* 활동의 정당성을 훼손하다; ~ *nečiki autoritet* ~의 권위를 훼손시키다; ~ *zdravlje* 건강을 해치다

potkošulja 속셔츠, 내복, 내의, 런닝셔츠

potkov (~의 밑 또는 옆에 때려 박는) 금속틀, 금속판; ~ *kundaka* 개머리판에 박힌 금속판; ~ *čizme* 부츠 밑에 붙인 금속판

potkova 1. (말발굽 밑에 박는) 편자 2. (비유적) 편자와 모양과 형태가 비슷한 것

potkovati -*kujem* (完) **potkivati** -*am* (不完) 1. (말굽 등에) 편자를 박다; (신발에) 스파이크를 박다; ~ *konja* 말에 편자를 박다; ~ *cipele* 구두에 스파이크를 박다; 2. (못·금속틀 등으로) 단단히 고정시키다; ~ *kundak* 개머리판에 금속판을 대다; ~ *čizme(cizme)* 부츠(구두)에 징을 박다; *i vraga bi na ledu potkovao* 아주 예외적으로 능수능란하다 3. (비유적) 확고히 하다, 확실히 하다, 굳건이 하다 (učvrstiti, utvrditi); *Evropa je danas potkovala sve razume i sve pameti čitavih sloljeća* 유럽은 오늘날 수 세기 동안 모든 이성과 지성을 굳건히 했다 4. ~ *se* (비유적) (지식·경험·명성 등을) 얻다, 쌓다; ~ *se znanjem* 많은 지식을 얻다(쌓다) 5. 기타; ~ *tabane* 발바닥을 때리다; ~ *opanke* 해를 끼치다; ~ *u sve četiri* (완전히, 전부) 공급하다, 조달하다; *i vraga bi na delu potkovao* 아주 능수능란하며 임기응변에 뛰어나다

potkovica (지소체) potkov; 편자 (potkovica)

potkovičar 1. 편자를 박은 동물(짐승) 2. (動) 편자 박쥐 (눈주위에 편자 모양의 형태가 있는 박쥐의 일종)

potkovičast -*a*, -*o* (形) 편자 모양의; ~ *elektromagnet* 말굽 자석

potkožnī -*ā*, -*ō* (形) 피하(皮下)의, 피하에 있는; (주사를) 피하에 놓는; ~ *sloj* 피하층; ~*o tkivo* 피하 근육; ~*a injekcija* 피하 주사

potkožiti se -*im se* (完) 1. 배불리 먹다 (najesti se) 2. 살찌다, 비만해지다 (ugojiti

P

885

se) 3. (비유적) 부유해지다, 부자가 되다 (obogatiti se)

potkožnjak 1. (病理) 종기, 부스럼 2. (기생충) 메디나 선충, 메디나 사상충, 메디나충

potkraćivati *-ćujem* (不完) 참조 potkratiti; 밑으로부터 자르다(짧게하다)

potkradati *-am* (不完) 몰래 훔치다, 조금씩 조금씩 훔치다, 지속적으로 훔치다

potkraj I. (前置詞,+ G) ~끝에, 말미에, 마지막에 (시간적으로); ~ *života bio je sasvim popustio* 인생의 황혼기에 그는 너무 왜소해졌다; ~ *godine* 연말에 II. (副) 마지막에, 마지막으로 (na kraju)

potkrasti *potkradem*; *potkraden*, *-ena*; *potkrao*, *-ala* (完) 1. 몰래 훔치다 2. ~ **se** 눈치채지 못하게 접근하다, 몰래 기어가다; *potkrao se pod prozor* 몰래 창밑으로 기어갔다; ~ *se do nekoga* 누구에게 몰래 다가가다 3. ~ **se** (알아채지 못하게) 생기다, 나타나다; *potkralo se veče* 어느덧 저녁이 되었다; *ovde se potkrala greška* 여기서 실수가 생겼다

potkratiti *-im*; *potkraćen* (完) **potkraćivati** *-ćujem* (不完) 1. 밑에서부터 자르다 (짧게 하다), 다듬다; ~ *kosu* 머리를 다듬다; ~ *konju rep* 말의 꼬리털을 자르다 2. ~ **se** 밑에서부터 잘리다 3. 기타; *jezik mu se potkratio* 말을 할 수가 없었다 (흥분·당황·두려움 등의 이유로); *noge mu se potkratile* 서 있을 수가 없었다 (피곤·당황·흥분·두려움·슬픔 등의 이유로)

potkrepiti *-im*; *potkrepljen* (完) **potkrepljivati** *-ljujem* (不完) 1. 힘이 솟게 하다, 원기를 회복하게 하다 (음식·음료 등으로); *rakija ga potkrepi* 라키야가 그의 원기를 회복시킨다; ~ *mlekom* 우유로 원기를 회복시키다 2. 공고하게 하다, 군건하게 하다, 강화하다, 확실하게 하다, 뒷받침하다 (učvrstiti, utvrditi, potvrditi); ~ *tvrdnju* 주장에 힘을 실어주다; ~ *zaključke primerima* 예를 들어 결론을 뒷받침하다 3. 강화하다, 보강하다 (pojačati, potpomoći); ~ *vojsku ljudstvom* 병력으로 군대를 강화시키다 4. ~ **se** (휴식·음식 등으로)원기를 회복하다, 기운을 되찾다, 활기넘치다; ~ *se rakijom* 라키야를 마시고 힘을 되찾다; *potkrepio se, sad može da nastqavi put* 기운을 되찾았다, 이제 가던 길을 갈 수 있다 5. ~ **se** (물질적으로) 풍요로워지다 6. 기타; ~ *imenom* 서명하다, 서명으로 확인하다; ~ *što štapom* 몽둥이로 ~을 받아들이도록 강요하다

potkresati *-šem* (完) **potkresavati** *-am* (不完) 1. (보통 밑에서부터) 조금 자르다, 다듬다, 잘라 내다 (머리· 나뭇가지 등을); ~ *kosu* 머리를 자르다; ~ *živicu* 생울타리를 치다(다듬다) 2. (비유적) 줄이다, 감축하다, 축소하다 (smanjiti, umanjiti); ~ *budžet* 예산을 축소하다; ~ *platu* 월급을 줄이다 3. 기타; ~ *krila kome* ~의 날개를 꺾다, (누구의) 힘을 꺾다

potkriti *-jem* (完) ~의 밑에 숨기다

potkrižati *-am* (完) 1. 밑줄을 긋다 (podvući, potcrtati) 2. 펜으로 십자가 (križ)를 긋다 3. 슬라이스로 자르다

potkrovlje 지붕밑 층, 다락, 다락방; *u ~u* 다락방에서 **potkrovni** (形)

potkrovnica 다락방 (potkrovlje)

potkrpiti *-im*; *potkrpljen* (完) **potkrpljavati** *-am* **potkrpljivati** *-ljujem* (不完) 1. 밑에다 덧대어 깁다, 수선하다 2. (비유적) ~ *koga* (금전적으로 구멍난 것을) 때우다, 손실을 매꿔주다

potkućnica (집에 붙어있는) 밭, 땅 (보통 담장이 둘러쳐진)

potkupiti *-im*; *potkupljen* (完) **potkupljivati** *-ljujem* (不完) 매수하다, 뇌물을 주다 (podmititi); ~ *parama* 돈으로 매수하다; ~ *lepim rečima* 좋은 말로 자기편으로 끌어들이다

potkupiti *-im*; *potkupljen* (完) **potkupljati** *-am* (不完) 1. (밑에서부터) 모으다, 줍다 (땅에 떨어진 것을); ~ *opalo voće* 떨어진 과일을 땅에서 줍다 2. 팽팽하게 하다, 조이다, 당기다 (prikupiti, pritegnuti); ~ *dizgine* 고삐를 조이다 3. ~ *nekoga* 공격하다 (napasti, navaliti na koga); ~ *puščanom paljbom* 총을 쏴 공격하다

potkupljiv *-a*, *-o* (形) 뇌물로 매수할 수 있는 (podmitljiv)

potkupljivač 뇌물 공여자, 뇌물을 준 사람; ~ *svedoka* 증인을 매수한 사람

potkupljivati *-ljujem* (不完) 참조 potkupiti; 뇌물을 주다, 뇌물을 줘 매수하다

potkusiti *-im* (完) 짧게 하다, 자르다 (potkratiti, skratiti); ~ *rep psetu* 개의 꼬리를 자르다

potkusuriti *-im* (完) **potkusurivati** *-rujem* (不完) 1. 거스름돈(kusur)을 주다, 셈하다, 결산하다, (계산·빚 등을) 지불하다 2. ~ **se** 셈하다, 청산하다

potkusurivanje (동사파생 명사) potkusurivati; 셈, 결산; *služiti kao moneta za* ~ 대체재로

사용하다

potlačitelj 압제자, 억압자, 독재자 (tlačilac)

potlačiti _-im_ (完) **potlačivati** _-čujem_ (不完) 1. 밟다, 짓밟다; 정복하다, 정벌하다; _staru majku s konjem potlačio_ 늙은 어머니를 말로 짓밟았다 2. 억압하다, 탄압하다, 억누르다, 압박하다

potleuša 오두막집, 다 쓰러져가는 낡고 허름한 집

potleušan _-šna, -šno_ (形) 오두막집의, 다 쓰러져가는 낡고 허름한 집의

potleušen _-a, -o_ (오두막집처럼) 허름한, 황폐한, 낡아빠진, 헐어빠진

potleušičar 오두막집(potleuša)에 사는 사람

potmuo _-ula, -ulo_ (形) 1. (소리가) 둔탁한, 쉰(주로 저음의); ~ _glas_ 쉰 목소리; _~ula grmljavina_ 우르렁거리는 천둥 소리 2. 분명하지 않은; 비밀의, 비밀스런; _~ula zavera_ 비밀 음모; ~ _govor_ 분명하지 않은 연설 3. 어두운, 어두컴컴한; ~ _oblak_ 어두컴컴한 구름 4. 우울한(침울한) 표정의, 인상을 쓰고 있는 (namršten); ~ _čovek_ 어두운 표정을 한 사람 5. 곰팡이가 핀

potmuran _-rna, -rno_ (形) 다소 어두컴컴한(음산한·침울한·혼탁한)

potoč (女) 1. 추적, 추격, 뒤쫓음 (gonenje) 2. 추적단, 추격단

potočara (개울의) 물방앗간, 물레방앗간

potočarka 1. (鳥類) 물새의 한 종류 2. (動) 물뱀의 한 종류 3. (植) 물냉이 (krstovnik)

potočić (지소체) potok; 실개울

potočnī _-ā, -ō_ (形) 개울의; _~a pastrmka_ 민물 송어

potočnica (植) 물망초

potok 1. 개울, 냇가, 시내; _kupati se na(u) ~u_ 개울가에서 수영을 했다; _stoka pije na~u (sa ~a)_ 소가 냇가에서 물을 마신다; _planinski ~_ 계곡물 2. (비유적) (흐르는 액체의) 다량, 엄청난 양; ~ _lave_ 엄청난 양의 용암; ~ _krvi_ 콸콸 쏟아져 나오는 피 3. (부사적 용법으로, 조격으로) 대규모로, 다량으로 (obilno, u velikoj količini); _vino teklo ~om_ 포도주는 콸콸 흘렀다

potom (副) 1. (시간과 관련하여) 그후, 이후, 뒤에, 나중에 (zatim, posle toga); _maturirali smo, ~ upisali gimnaziju_ 우리는 중학교를 졸업하고 나서 고등학교에 입학했다 2. (열거) 그리고, 그 뒤에 (iza toga, zatim); _pomenuću oca, majku, ~ braću_ 아버지 어머니에 대해 이야기하고 나서 형제에 대해 이야기할게 3. 기타; _o tom ~!_ 그것에 관한

이야기는 나중에 (하자)!

potomak _-omka_ 후손, 후예, 자손

potomiti _-im_ (完) 억압하다, 압박하다; 강탈하다, 빼앗다 (pritisnuti; prisvojiti, uzeti)

potomstvo (집합적) 후손, 자손

potonuti _-nem_ (完) 1. (물 속으로) 가라앉다, 침몰하다; _brod je potonuo proletos_ 배는 봄에 침몰했다 2. (액체나 부드러운 물질 아래로) 가라앉다, 빠지다, 파묻히다; ~ _u močvaru_ 늪지에 빠지다; ~ _u dušeke_ 매트리스에 파묻히다 3. (비유적) 안보이게 되다; 사라지다, 없어지다; _jahač potonu za breg_ 말탄 사람은 언덕 뒤로 사라진다; _tuga u njemu će_ ~ 그 사람 안에 있는 슬픔은 사라질 것이다 4. (일·생각 등에) 완전히 몰두하다, 몰입하다 5. 기타; _kao da su ti (mu) sve lađe potonule_ 네가 모든 것을 다 잃은 것처럼 (네 배가 전부 침몰한 것 처럼)

potonjī _-ā, -ē_ (形) 1. (시간상의) 이후의, 그후의 (kasniji); _prvi naseljenici su naselili doline, ~ i planine_ 처음 이주자들은 계곡에 정착했으나 나중 사람들은 산에도 정착했다 2. 마지막의, 맨 끝의, 후자의 (poslednji); _Jovan i Petar. Ovaj ~ mi je veći prijatelj_ 요반과 페타르다. 후자가 더 좋은 내 친구이다 3. 기타; _od prve do ~e_ 처음부터 끝까지; _u ~, u ~u_ 맨 끝에

potop 1. 대홍수; (聖經) 노아의 대홍수 (povodanj) 2. (비유적) 다량; 쇄도, 범람; _~ radosti_ 기쁨의 쇄도; ~ _mrava_ 개미 천지 3. 기타; _posle mene ~_ (자기가 죽은 후의 일에 관하여) 뒷일은 될 대로 되라

potopiti _-im_; _potopljen_ (完) **potapati** _-am_ (不完) 1. 침몰시키다, 가라앉히다; ~ _lađu_ 배를 침몰시키다; _torpedo je potopio brod_ 어뢰는 배를 침몰시켰다 2. 침수시키다, 홍수가 나다 (poplaviti); ~ _dno čamca_ 배의 바닥을 침수시키다 3. (비유적) 삶을 파괴하다, 생활을 망가뜨리다; _tuga je potopila njegovu nadu_ 슬픔이 그의 희망을 망가뜨렸다 4. 물 속에 담그다, (액체 등에)흠뻑 적시다; ~ _veš_ 빨래를 물에 담그다; ~ _hleb u mleko_ 빵을 우유에 담그다; ~ _platno vodom_ 천을 물에 흠뻑 적시다 5. ~ _se_ (물 속에) 침몰하다; 익사하다; _brod se potopio_ 배가 침몰했다

potpadati _-am_ (不完) 참조 potpasti

potpala 1. (불을 지피기 위한) 자잘한 나무, 종이 2. 불을 지핌; _drvo za ~u_ 불쏘시개용 나무 3. (비유적) 자극, 격려; 부추김, 선동 (podstrek, sticaj, poticaj); ~ _nezadovoljstva_ 불만을 부추김

P

887

potpaliti *-im*; *potpaljen* (完) potpaljivati *-ljujem* (不完) 1. 불을 붙이다(지피다); ~ *drvo* 나무에 불을 붙이다; ~ *peć* 난로에 불을 지피다 2. ~ *kuću* 집에 불을 지르다; ~ *komšiju* 이웃집을 태우다 2. (총·대포 등을) 발사하다, 쏘다; ~ *vatru* 불을 뿜기 시작하다 3. (비유적) 선동하다, 부추키다, 불러일으키다; ~ *nekoga* ~를 선동하다; ~ *neprijateljstvo (svađu)* 적개심(다툼)을 부추키다; *ona ga je potpalila za kupovinu kuće* 그녀는 그가 집을 사도록 부추켰다

potpaljivač 1. 불지르는 사람, 방화범 2. 선동가, 교사자, 부추키는 사람 (huškač); ~ *rata* 전쟁 선동가 3. 불타는 것 (폭발물)

potpaljivati *-ljujem* (不完) 참조 potpaliti

potpasač (醫) 탈장대(脫腸帶): 탈장된 부분을 제자리에 고정시키는 데 쓰는 벨트)

potpasati *-šem* (完) potpasivati *-sujem* (不完) 1. 허리띠(pas)를 졸라 매다 2. (비유적) 경계선을 맞대다 (oivičiti, optočiti); *ulica je potpasana prugom* 거리는 철로와 경계를 맞대고 있다 3. ~ se 자신의 허리띠를 졸라 매다 4. ~ se (비유적) 꼭 필요한 것을 공급받다(조달받다)

potpasti *potpadnem* (完) potpadati *-am* (不完) 1. ~의 밑으로 떨어지다; ~ *pod sto* 테이블 밑으로 떨어지다 2. ~의 영향력 아래에 놓이다, ~의 밑에 놓이다, ~의 지배하에 놓이다, ~에 속박되다(종속되다·예속되다); ~ *pod uticaja prijatelja* 친구의 영향력하에 놓이다; ~ *pod zakon* 법의 지배를 받다; *Srbija je potpala pod tursku vlast* 세르비아는 터키의 지배하에 놓였다

potpetica (신발·구두 등의) 뒤꿈치, 굽 (peta, štikla)

potpiriti *-im* (完) potpirivati *-rujem* (不完) 1. 불이 타오르게 밑에서 후후 불다 2. (비유적) 선동하다, 부추키다, 불러일으키다 (podjariti, podstaknuti)

potpis 서명, 사인; *staviti svoj* ~ 서명하다; *bez ~a* 서명없이, 서명이 없는

potpisati *-šem* (完) potpisivati *-sujem* (不完) 서명하다, 사인하다; ~ *ugovor (menicu)* 계약(어음)에 서명하다

potpisnik 서명인, 서명자 potpisnica *zemlje ~e* 서명 국가

potplaćivati *-ćujem* (不完) 뇌물을 주다, 뇌물로 매수하다

potplat 구두 바닥, 신발 바닥 (đon, pence)

potplata 1. 참조 potplat 2. (조끼의) 안감 (podstava)

potplatiti *-im*; *potplaćen* (完) potplaćivati *-ćujem* (不完) 뇌물을 주다, 뇌물로 매수하다 (podmititi, potkupiti)

potplatiti *-im*; *potplaćen* (完) 구두에 밑창 (potplat)을 꿰매다, 구두에 바닥을 대다 (pođoniti)

potplotuša (植) 개박하

potpomagač 조력자

potpomoći *potpomognem* (完) potpomagati *-žem* (不完) 1. (금전적·정신적으로) 도와주다, 원조하다; ~ *roditelje* 부모를 도와주다; ~ *prijateljima* 친구들을 도와주다; ~ *novcem* 금전적으로 도와주다 2. ~ se 서로 돕다; *drugovi se potpomognu u nevolji* 친구들은 어려울 때 서로 돕는다 3. ~ se 용기를 얻다, 강해지다 (ojačati se, ohrabriti se); *potpomagao se tuđeim idejama* 나는 타인의 아이디어로 힘을 얻었다

potpora 1. 받침대(목), 지지대 (podupirač, potporanj) 2. 지지, 도움, 원조, 지원 (podrška, pomoć); 금전적 도움; *pružiti moralnu ~u* 정신적 지지를 하다(보내다) 3. (軍) 지원 부대

potporanj *-rnja* 지지대, 받침대 (podupirač)

potpornī *-ā, -ō* (形) 1. 받치는, 지지하고 있는; 지지대의, 받침대의; ~ *lukovi* 플라잉 버트레스(대형 건물 외벽을 떠받치는 반 아치형 벽돌 또는 석조 구조물); ~ *stub* 지지 기둥; ~ *zid* 지지벽 2. 원조하는; ~ *fond* 원조 펀드

potporodica (生物) 아과(亞科; 생물 분류의 한 형태)

potporučnik (軍) 소위

potprašiti *-im* (完) potprašivati *-šujem* (不完) 1. (전장식 소총에) 화약을 장전하다; 2. 코담배를 들이마시다 3. (비유적) ~에게 해로움(곤란)을 끼치다 4. 기타; ~ *pete* 도망치다; ~ *kome pete (tabane)* ~를 도망치게 만들다, 내빼게 하다; ~ *kome tur* 구타하다, 때리다; ~ *nekome ~* ~에게 냉정(냉혹·몰인정)하다

potprdica 조롱, 조소, 비웃음; 조롱하는 말, 비웃는 말 (podsmeh, izrugivanje)

potprdnuti se *-nem se* (完) potprdivati se *-dujem se* (不完) 조롱하다, 조소하다, 비웃다 (porugati se, podsmehnuti se); ~ *na račun poznanika* 지인을 조롱하다

potpredsednik 부(副)통령, 부장(副長), 부위원장, 부총장

potpredsedništvo 부통령실, 부위원장실, 부총장실

potprištiti se *-im se* (完) 종기(prišt)로 뒤덮이다 (opriištiti se, podmehuriti se) potprsnik, potpršnjak 코르셋(허리가 잘록해 보이게 하는 여성용 속옷)

potprug (말의) 뱃대끈(안장을 고정시킴)

potpukovnik (軍) 중령

potpun -a, -o (形) 완전한, 전부 갖추어져 있는, 전체적인; 가득한, 충만한, 빽빽이 찬; 절대적인; ~ krah pregovora 협상의 완전한 결렬; ~ pomračenje sunca 개기일식; ~ vlast 절대권력; ona je ~a žena u svakom pogledu 그녀는 모든 면에서 완벽한 여자이다

potpuniti -im (完) potpunjavati -am (不完) 꽉 채우다, 가득하게 하다, 충만하게 하다, 완전하게 하다, 완벽하게 하다; ~ kolekciju maraka 우표수집을 보충하다; ~ vojsku novim jedinicama 새부대로 군대를 충원하다

potpunost (女) 가득함, 충만함, 완벽함; u ~i 완전히, 전적으로, 완벽하게, 철저히

potpuri -ija (男) (音樂) 포푸리 곡, 혼성곡 (여러 작곡가의 여러가지 음악을 별 연관성 없이 연결한)

potpustiti -im (完) 1. 모든 것을 ~의 밑에 내려놓다 2. 도구로서 사용하다, 이용하다; (어떤 사람을) 고용하다

potraga 1. (성취하고자 하는 것의) 추구 2. 추격, 추적, 쫓음 (potera); u ~zi za (kim, čim) ~을 쫓는 중이다; ~ za nestalom osobom 실종자 수색; policijska ~ 경찰의 추적; ~ za zlatom 금을 찾아 돌아다님

potrajati -jem (完) (일정 시간 동안) 지속되다, 이어지다; kriza je potrajala godinu dana 위기는 일 년 동안 지속되었다

potratiti -im (完) 1. (돈 등을) 낭비하다, 헛되이 사용하다, 헤프게 쓰다 2. (비유적) 시간을 헛되이 사용하다 (낭비하다) 3. 파괴하다, 무너뜨리다, 망치다 (uništiti, upropastiti, pokvariti)

potražiti -im (完) (뭔가를 찾아내기 위해) 찾다, 수색하다, 탐색하다, 뒤지다; 추구하다; 얻으려고 하다; ~하려고 노력하다; 구하다; ~ rešenje 해결책을 찾다

potraživač 찾고 다니는 사람, 수색자, 탐색자; ~을 추구하는 사람, 요구하는 사람

potraživanje (동사파생 명사) potraživati; 수색, 탐색

potraživati -žujem (不完) 참조 potražiti

potražnja (商) 수요; ponuda i ~ 수요와 공급; ~ funte 파운드화(貨) 수요

potrbušice (副) 참조 potrbuške

potrbušina 1. 뱃살 2. (解) 복막(腹膜)

potrbuške (副) 엎드려서, 배를 깔고; ležati ~ 엎드려 눕다

potrbušnica 1. (解) 복막(腹膜) 2. 뱃살

potrci -rka (男,複) (鳥類) 느시과(두루미목에 속하는 조류의 일종)

potrčati -im; potrčao, -čala (完) 1. (도망하면서) 달리기 시작하다; čim poče kiša, potrčasmo pod trem 비가 내리기 시작하자마자 우리는 돌출현관 속으로 뛰기 시작했다 2. (조금·일정시간) 뛰다, 달리다; potrčali smo deset minuta 우리는 십 분간 뛰었다; ~ za nekim ~의 뒤를 따라 달려가다 3. (~을 할 목적으로) 서둘러 가다; ~ po novine 신문을 사러 빨리 가다; svi su potrčali da kupe karte 모두가 티켓을 사기 위해 서둘러 갔다 4. (비유적) (소문 등이) 사방으로 빨리 퍼지다 5. 서둘러 ~을 하다

potreba 1. 필요, 필요성; osećati ~u za nečim ~에 대한 필요성을 느끼다; po ~i 혹은 zavisno od ~e 필요에 따라; u slučaju ~e 필요한 경우; nema ~e 필요없다; po ~i službe 기관의 필요성에 따라 2. 필요한 것, 필요한 물건; 욕구, 요구, 수요; svakodnevne ~e 일상생활에서의 필요한 것; kad iskrsne ~ 수요가 생기면; podmiriti ~u 요구를 만족시키다; školske ~e 문구류 3. 빈곤, 궁핍, 빈궁

potreban -bna, -bno (形) 필요한, 필수적인, 없어서는 안 될; 피할수 없는; biti ~ 필요하다; njemu je ~ zimski kaput 그에게 겨울 외투가 필요하다; ~ joj je savet 그녀에게는 도움말이 필요하다; ne smatram za ~bno da ~이 필요하다고는 생각하지 않는다

potrebit -a, -o (形) 1. 필요한 (nužan); sve ~o imamo u magacinu 필요한 모든 것은 창고에 가지고 있다 2. 가난한, 부족한, 없는, 충분히 없는

potrebovati -bujem (完) 1. 필요하다, 필요성이 있다; ~ novaca 돈이 필요하다; ~ ljubavi 사랑이 필요하다 2. (~을 하도록) 요구하다, 요청하다

potrefiti -im (完) 1. (탄환 등으로 표적 등에) 명중시키다, 맞추다 2. (운좋게, 우연히) 알아맞히다, 발견하다 3. 적기에 도착하다, 필요한 그대로 행하다

potrepština (보통 복수로) 필요, 필요성; 필요한 것, 필요한 물건 (potreba); medicinske ~e 의료용품; kućne ~e 생활용품

potrepuša (植) 꽃의 일종; crvena ~ 끈끈이대나무

potres 1. (충돌·폭발 등의 결과로의) 흔들림; ~ mozga 뇌진탕; ~ nerava, nervni(živčani)

~ 신경쇠약 2. (비유적) 충격, 쇼크; (사회-정치 시스템의) 급격한 변동; *doživeti veliki ~* 커다란 쇼크를 받다; *revolucija je svojim ~om uništila višu klasu* 혁명은 급격한 사회적 충격으로 상류층을 몰락시켰다 3. (연설 등의) 목소리의 흔들림 4. (地質) 지진 (zemljotres); *juče je zabeležen ~ u Grčkoj* 어제 그리스에서 지진이 기록되었다

potresan *-sna, -sno* (形) 1. (한정형) 지진의; *~sno područje* 지진 지역; *~sni talas* 지진파 2. (마음을) 동요시키는, 충격적인; *~ ispovest* 충격적인 고백

potresen *-a, -o* (形) 참조 potresti; 떨리는, 흔들리는; *daj mi ruku da je poljubim – odgovori on ~im glasom* 입을 맞출 수 있도록 손을 좀 달라고 그는 떨리는 목소리로 대답했다

potresti *potresem; potresao, -sla; potresen, -ena* (完) **potresati** *-am* (不完) 1. 흔들다, 흔들기 시작하다; *~ tle* 땅을 뒤흔들다 2. (과수 나무 등을) 흔들어 털다 3. (비유적) (확신·신념·믿음 등을) 뒤흔들다, 흔들리게 하다, 당황하게 하다; *nju je ta vest veoma potresla* 그 뉴스는 그녀를 매우 당황하게 했다 4. (마음 등을) 뒤흔들다(비극적으로); *priča nas je jako potresla* 이야기는 우리에게 가히 충격적이었다 5. **~ se** 흔들리다; *zidovi su se potresli* 벽이 흔들렸다

potrgati *-am* (完) 1. (하나씩 하나씩 차례로) 떼어내다, 뜯어내다, 잡아뜯다 (otkinuti, pokidati); *~ listove knjige* 책장을 한 장씩 한 장씩 뜯다 2. 찢다; 망치다, 못쓰게 만들다, 버리다 (pocepati; oštetiti, uništiti); *~ bluzu* 블라우스를 찢다

potrgnuti *-nem; potrgao, -gla* (完) **potrzati** *-žem* (不完) 1. 잡아뽑다, 잡아당기다; *~ sablju* 검을 뽑다 2. (화제 등을) 꺼내다 (토론하기 위해, 결정하기 위해); *~ pitanje* 문제를 꺼내다

potrk 1. 뜀, 뛰기, 달리기 (trčanje, trka); *od njega već nema ~a* 그는 이미 더 이상 달릴 수 없다 (나이 등으로 인해) 2. 공격, 습격, 타격, 구타 (nalet, navala, napad, udarac)

potrkalište 1. 운동장, 육상 경기장 2. (육상, 경마 등의) 트랙

potrkuša (輕蔑) 1. 매춘부, 도덕적으로 타락한 여자 2. 소문(낭설)을 퍼뜨리는 사람

potrnuti *-nem* (完) (차례로 모두) (불 등을) 끄다, 소등하다

potrostručiti *-im* (完) 세 배로 증가시키다

potrošač 소비자 **potrošački** (形); *~a zadruga* 소비자 조합; *~ kredit* 소비자 융자

potrošak *-ška* 1. 소비하는 것, 소비품 ((u)trošak) 2. 소비 (potrošnja)

potrošan *-šna, -šno* (形) 1. 소비되는, 사용되는; *~šni materijal* 소비재, 소비 품목 2. 쉽게 소비하는, 낭비벽이 있는; *oduvek je bio veoma ~ čovek* 항상 낭비벽이 심한 사람이었다

potrošarina 소비세 (trošarina)

potrošiti *-im* (完) 1. 소비하다, 사용하다; *~ energije* 에너지를 사용하다; *~ namirnice* 식료품을 소비하다 2. (~을 하면서) 시간을 보내다; *~ mladost u kocku* 청춘을 도박으로 보내다

potrošljiv *-a, -o* (形) 1. 쉽게 소비할 수 있는 2. 쉽게 소비하는, 낭비벽이 있는

potrošnja 소비; *roba široke ~e* 소비재, 일반 생필품; *~ uglja (vode)* 석탄 (물) 소비; *masovna ~* 대량 소비

potrovati *-rujem* (完) 1. (차례로 모두) 독살하다, 독을 넣다; 식중독에 걸리게 하다; *~ pacove* 쥐를 (쥐약으로) 잡다 2. **~ se** 독살되다; 식중독에 걸리다; *ljudi se potrovali iperitom* 사람들은 독가스에 독살되었다

potrpati *-am* (完) 1. (많은 것을) 쌓다, 두다, 아무렇게나 쌓아 놓다(무질서하게); *potrpali su na mene kapute i bunde* 내게 외투와 모피코트를 아무렇게나 쌓아 놓았다 2. (차례로 모두, 많이) 쑤셔 넣다; 꽉꽉 넣다(집어넣다); *potrpaše nas u voz* 우리를 기차에 막 쑤셔 넣었다

potrpeti *-im* (完) (고난·불행 등을) 당하다, 겪다, 경험하다 (일정 기간 동안)

potrti *potrem & potarem; potri & potari; potrvši & potrevši; potro, -rla; potrven, -ena & potrt* (完) **potirati** *-em* (不完) 1. (조금) 문지르다, 비비다; 비벼 털어내다 2. (모든 것을 차례로) 짓밟다, 밟아 뭉개다, 짓밟아 이기다; 밟아 부러뜨리다, 깨뜨리다; *goveda su potrla žito* 소들을 곡식을 밟아 뭉갰다 3. (오랫동안 사용하여 여러군데) 해지게 하다, 떨어지게 하다 4. 박멸하다, 섬멸하다, 파괴하다, 폐허로 만들다 (uništiti, utamaniti); *~ mrave* 개미를 박멸하다; *~ tvrđavu* 요새를 파괴하다 5. **~ se** 조금 비비다(문지르다); *potarem se po obrazu* 나는 내 뺨을 조금 문지른다 6. **~ se** 탈진되다, 기진맥진해지다, 자신을 망가뜨리다 (satrti se, uništiti se); *potarem se radeći noću* 나는 밤에 일하면서 내 자신을 망가뜨리고 있다

potruditi se -im se (完) ~하려고 노력하다

potruliti -i (完) (차례로 모두) 부패하다, 썩다, 상하다 (물건이)

potrunuti -e (完) 참조 potruliti

potucalo (中) 방랑자, 유랑자, 떠돌이 (skitnica, skitalica)

potucati -am (完) 1. (차례로 모두) 압착하여 깨뜨리다, 부딪쳐 깨뜨리다; za Uskrs je svima potucao jaja 부활절에 모두가 계란치기를 했다 2. (차례로) 거세하다 (동물 숫컷의) 3. ~ se 싸우다, 물어뜯다 (개들이) 4. ~ se 계란을 맞부딪쳐 계란 윗부분을 깨다; ~ se ukršnjim jajima 부활절 계란으로 서로 계란치기를 하다

potucati se -am se (不完) 1. 정처없이 떠돌다, 헤매다, 어슬렁거리며 거닐다, 방랑하다, 방황하다 (lutati, skitati se); ~ se od nemila do nedraga 집이 없어 이리저리 떠돌다, 산전수전을 다 겪다; ~ se po tuđim pragovima 이 집 저 집 다니면서 구걸하다 2. 직장을 자주 바꾸다, 직업을 자주 바꾸다 (이 직장에서 저 직장으로); potucam se od gazde do gazde 나는 직장을 자주 바꾼다

potući potučem; potukao, -kla; potučen (完) 1. 때리다, 구타하다; (적·상대방 등을) 패퇴시키다, 무찌르다, (시합 등에서) 이기다; poljoprivredna stranka je na prvim izborima do nogu potučena 농업당은 처음 선거에서 무참히 패배했다; ~ u kuglanju 볼링에서 승리하다; demokrate su na izborima potučeni od liberala 민주당은 선거에서 자유당에 패배했다 2. (모두, 많은 사람을) 죽이다, 살해하다 (usmrtiti, pobiti); razbojnici potukoše putnike 강도들이 여행객들을 살해했다 3. (수확 등을) 망치다, 망가뜨리다, 손상시키다, 피해를 입히다 (기후 재해 등으로); oluja je potukla vinograde 돌풍이 포도밭을 망가뜨렸다 4. (주로 피동 형태로) 낙담하다, 실망하다, 기가 죽다 5. (어떠한 주장, 믿음 등이) 틀렸다고 주장하다, 뒤엎다 6. ~ se 서로 치고 받다; ~ se zbog devojke 여자 때문에 서로 치고 받다

potukač 방랑자, 유랑자, 떠돌이 (potucalo)

potuliti -im; potuljen (完) 1. (앞으로, 밑으로) 숙이다, 굽히다 (pognuti, sagnuti); ~ glavu 고개를 숙이다 2. (빛·불 등을) 줄이다, 반절 끄다 (umanjiti, prigušiti); ~ svetlo 불을 줄이다; sedeli su pokraj potuljene vatre 그들은 반은 꺼진 모닥불 곁에 앉았다 3. ~ se 웅크리다 (skupiti se, pogrbiti se); čovek se potulio od stida 그 사람은 부끄러워 몸을

웅크렸다 4. ~ se (불이) 거의 꺼지다; vatra s pred jutro potulila 불은 아침경에 거의 꺼졌다

potuljen -a, -o (形) 1. 참조 potuliti 2. 휜, 굽은 (zguren, poguren) 3. 빛을 잃은, 빛나지 않는, 꺼진 4. 어두운, 어두컴컴한, 희미한 (mutan, tmuran); ~o jutro 어두컴컴한 아침 5. 눈에 띄지 않는, 숨겨진 (neprimetljiv, sakriven)

poturati -am (不完) 참조 poturiti

poturčenik, poturčenjak 터키인화된 사람 (오스만 시절 이슬람으로 개종한)

poturčiti -im (完) 1. 터키인화 하다 2. ~ se 터키인화 되다, 무슬림으로 개종하다

poturica (女,男) 1. 터키인화된 사람(이슬람으로 개종한) (poturčenik); ~ gori od Turčina 터키인화된 사람이 진짜 터키인보다 더 나쁘다 2. 배교자, 배신자, 배반자 (otpadnik, odmetnik, izdajica)

poturiti -im (完) poturati -am (不完) 1. ~의 밑에 놓다(두다) (podmetnuti); ~ točkove pod kola 자동차 밑에 바퀴를 달다; ~ ključ ispod vrata (pod ćilim) 문 밑에 (양탄자 밑에) 열쇠를 두다 2. (비유적) (누구의 부주의를 이용하여) 소문을 퍼뜨리다(기만하기 위해); dok smo bili na odmoru poturili nam aferu 우리가 휴가 중일 때 그들은 우리에게 스캔들을 퍼뜨렸다

potušiti -im (完) (전등불 등을) 끄다, 소등하다

potutkač 선동가, 교사자 (huškač)

potužiti se -im se (完) 불평하다, 불만을 말하다, 투덜대다 (požaliti se); žena se potužila na muža 아내는 남편에 대해 불평했다

potvarati -am (不完) 참조 potvoriti

potvora 비방, 중상모략 (kleveta, obeda)

potvoriti -im (完) potvarati -am (不完) 중상모략(potvora)하다, 비방하다 (oklevetati, obediti koga)

potvrd -a, -o (形) 1. 좀(다소) 딱딱한, 단단한; ~ kamen 단단한 돌 2. (돈이) 다소 인색한, 다소 구두쇠 기질이 있는 (škrt); ~ u parama 돈에 있어서 인색한

potvrda 1. 확인; 확증, 증거, 뒷받침; klimnu glavom kao ~u 확인의 표시로 고개를 끄덕이다 2. 증명서, 확인서, 공증서; zvanična ~ 공식 확인서

potvrdan -dna, -dno (形) 긍정적인, 적극적인 (pozitivan); ~ odgovor 긍정적 답변; ~dna rečenica 긍정문; ~ stav prema životu 삶에 대한 긍정적 자세

potvrditi -im; potvrđen (完) potvrđivati -

P

891

đujem (不完) 1. 확인하다, 인정하다, 증명하다; ~ prijem 수령을 확인하다; ~ reč delom 행동으로 말을 증명하다 2. 문서로 확인하다 (보증하다), 증명하다, 승인하다, 재가하다; ~ ugovor 계약을 승인하다 3. ~ se 확인되다

potvrđi -ča, -če (形) 좀 더 단단한(확고한, 딱딱한)

potvrđivati -đujem (不完) 참조 potvrditi

poubijati -am (完) (차례로 모두, 많은 사람을) 죽이다, 살해하다; ~ mnogo neprijateljskih boraca 많은 적군을 살해하다

poučak -čka 1. 교훈; 격언, 금언 2. (논리학, 수학) 정리, 공리; Pitagorin ~ 피타고라스의 정리; matematički ~ 수학의 정리

poučan -čna, -čno (形) 교훈적인; ~čno predavanje 교훈적인 강의; ~čno delo 교훈적인 작품

poučiti -im (完) poučavati -am (不完) (교훈적인 말을 이야기하며) 가르치다, 교훈을 주다, 교훈적으로 가르치다, 가르침을 주다; pouči me šta da radim 내가 무엇을 해야 하는지 가르침을 주세요

poudati -am; poudat & poudan, poudavati -dajem (完) 1. (차례로 한 사람 한 사람 모두) 시집을 보내다, 출가시키다; oni su poudali ćerke 딸들을 차례차례 모두 시집을 보냈다 2. ~ se (차례로 한 사람 한 사람 모두) 시집을 가다, 출가하다; sve su mu se sestre poudale 그 사람의 누나와 여동생은 차례로 모두 시집을 갔다

pouka 1. 교훈, 교훈적인 말; izvući ~u 교훈을 얻다 2. 교훈적 가르침

pouljiti -im (完) 기름(ulje)을 붓다(따르다)

poumaći poumaknem; poumakao, -kla & poumaknuo, -ula (完) poumicati -čem (不完) 탈출하다, 탈주하다, 도주하다, 도망치다

poumirati -em (完) (차례로 전부 혹은 많은 사람들이) 죽다; starci su poumirali za tri meseca 노인들은 3 개월 동안 차례로 한 명씩 사망했다

poustati poustanem (完) (모두) 일어나다 (의자 등에서)

pouzak -ska, -sko (形) 좁(다소) 좁은, 좀(다소) 꽉끼는; ~ moreuz 좁은 해협

pouzan -a, -o (形) 참조 pouzak

pouzdan -a, -o (形) 1. 믿을만한, 믿음직한, 믿을 수 있는, 신뢰할 만한, 신뢰할 수 있는; ~ čovek 믿음직한 사람; ~o obaveštenje 신뢰할 만한 정보 2. 확실한, 명백한, 논쟁의 여지가 없는 (siguran); ~ dokaz 명백한 증거; ja to ~o znam 나는 그것을 확실하게 알고 있다

pouzdanik 1. 신뢰할 만한 사람, 믿을 수 있는 사람 2. (파산 기업 등에 파견되는)임시 관리자

pouzdano (副) 확실하게, 믿을 수 있게, 확신할 수 있게 (uverljivo, poverljivo, sigurno)

pouzdanje 자기 확신, 자존감; 믿음, 신념; on nema ~a 그는 자존감이 없다; s nepokolebljivim ~em 흔들리지 않는 신념을 가지고

pouzdati se -am se (完) pouzdavati se - davam se & -dajem se (不完) ~ u nekoga ~에게 신뢰(믿음)를 표시하다, ~에게 의지하다

pouzeće 착신 지불(우편물 수령시 우편료를 지불하는) (COD); poslati pošiljku (s) ~em 소포를 착신 지불로 발송하다; stići ~em 착신 지불로 도착하다

pouzimati -am & -mljem (完) (차례로 하나씩 하나씩) 취하다, 갖다

použi -ā, -ē (形) 참조 pouzak

použinati -am (完) 간식(užina)을 먹다

povabiti -im (동물들을) 불러 모으다, 불러 모아 데리고 가다

povaditi -im (完) (차례로 하나 하나) 끄집어내다; oči da povade 아주 격렬하게 다투다 (눈알을 파낼 기세로)

povaliti -im; povaljen (完) povaljivati -ljujem (不完) 1. (다른 사람을) 쓰러뜨리다, 넘어뜨리다 (완력으로, 때려서) (oboriti, srušiti); ~ na macke (na klupu) 채찍질하다, 매질하다, 때리다 2. (나무·식물 등을) 쓰러뜨리다; 눕게 하다 3. (화기의 탄환으로) 쓰러뜨리다, 죽이다; (가축을) 도축하다 4. (口語) 성교하다, 성행위를 하다 (objubiti) 5. ~ se (사지를 대자로 펴고) 눕다 (휴식, 수면을 위해)

povampiriti se -im se (完) povampirivati se - rujem se (不完) 1. 흡혈귀(vampir)가 되다 (povukodlačiti se) 2. (비유적) 흡혈귀처럼 또 다시 나타나다(등장하다); povampirile su se stare strasti 오랜 욕정이 또 다시 꿈틀거렸다

povarošiti se -im se (完) (시골 사람이) 도시 생활에 익숙해지다, 도시민처럼 옷을 입다, 도시민처럼 행동하다

povazdan (副) 1. 하루 온 종일 (celog dana); od te večeri Marija je boravila gotovo ~ kraj bolesnika 그 날 저녁부터 마리야는 거의 하루 온 종일 환자의 옆에 있었다 2. 계속, 끊임없이, 항상 (neprestano, stalno); ~ boluje 끊임없이 병치레를 하다

povečerje 1. 늦은 저녁 시간 2. (軍) 소등 나팔, 취침 나팔; svirati ~ 취침 나팔을 불다 3. (宗) (교회의) 저녁 예배, 야간 미사

P

povećati -am (完) **povećavati** -am (不完) 1. (수량·크기·범위 등을) 늘리다, 증가시키다, 확대하다, 확장하다, 넓히다 (uvećati); ~ platu 월급을 올리다; ~ razliku 차이를 크게 하다 2. ~ se 커지다

poveć̄i -ā, -ē (形) 참조 povelik; 좀(다소) 큰

povećalo 돋보기, 확대경

povelik -a, -o (形) 좀(다소) 큰

povelja 1. (歷) (국왕의) 칙허(勅許)장 (봉건 영주 등에게 권한과 특혜를 부여하는) 2. 헌장 (憲章); ~ Ujedinjenih nacija 유엔(UN)헌장 3. 감사장, 공로장

povenuti -nem; povenuo, -ula & poveo, -ela (完) 1. (꽃 등이) 시들다, 지다, 떨어지다 (uveniti); povenulo cveće 꽃이 시들었다 2. (비유적) (색이) 바래다, 생기가 없어지다; povenulo lice 안색이 창백해졌다, 얼굴에 생기가 없어졌다 3. 사라지다, 없어지다, 희미해지다, 쇠약해지다 (iščileti, nestati, propasti)

poveravati -am (不完) 참조 poveriti

poverenik 1. 신뢰를 받는 사람 2. (위원회의) 위원; (관청의) 국장, 청장, 장관; 커미셔너; (punomoćnik, opunomoćenik); ~ na berzi 주식시장 이사장; kraljevski ~ 왕의 판무관

povereništvo 1. 대표부, (정부·기관의) 청, 처, 국 2. 지부, 지사

poverenje 믿음, 신뢰; 신임; imati ~ (~a) u nekoga (u sebe) ~에 대한 신뢰가 있다; pokloniti nekome ~ ~에게 신뢰감을 주다; izigrati nečije ~ ~의 믿음을 악용하다; reći nešto u ~u 믿고 말하다; dati (izglasati) ~ vladi 정부에 대한 신임투표를 통과시키다; on uživa moje puno ~ 그는 나의 절대적인 신임을 받고 있다; opravdati nečije ~ ~의 신임에 보답하다

poverilac -ioca 채권자 (zajmodavac, kreditor)

poveriti -im (完) **poveravati** -am (不完) 1. (보관 등을) 맡기다, 위탁하다, 신탁하다; ~ decu 아이를 돌봐달라고 맡기다; ~ nakit 보석을 맡기다 2. (비밀 등을 누구에게) 말하다, 털어놓다; ~ tajnu nekome 누구에게 비밀을 이야기하다 3. (임무 등을 실행하도록) 위임하다, 위탁하다; ~ zadatak 임무를 맡기다 (위임하다) 4. ~ se 신뢰하다, 신임하다

poverljiv -a, -o (形) 1. 흉금을 터놓은, 솔직한, 진솔한 (otvoren, iskren); ~ razgovor 진솔한 대화 2. 믿을만한, 신뢰할만한, 믿음을 주는; ~a istraga 신뢰할만한 조사; ~ čovek 믿을만한 사람 3. (다른 사람을) 쉽게 믿는,

쉽게 신뢰하는 (lakoveran) 4. 비밀의, 기밀의, 은밀한; ~a dokumenta 기밀 서류; ~ izveštaj 비밀 보고서

poverovati -rujem (完) 믿다, 신뢰하다

povesmo 1. (실·방적 등의) 타래 2. 울, 삼, 대마 (vuna, kudelja, lan) 3. 타래와 비슷한 모양의 것

povesnica 참조 povest; 역사 (istorija, povijest)

povesničar 역사가, 역사학자 (istoričar)

povest 참조 povijest; 역사 (istorija); o tome ~ ćuti 이야기를 하지 않는 것이 좋을 때 하는 말 (그것에 대해 역사는 침묵한다); ~ bolesti 병력(病歷); ući u ~ 역사로 기록되다, 사람들의 뇌리에 남다

povesti povedem; poveo, -ela; poveden, -ena; povešću (完) 1. (길·방향 등을) 안내하다, 인도하다; 동행하다 2. (지도자로서 방향을 제시하며 제일 앞에) 가다, 인도하다; ~ narod 민중을 이끌다(인도하다) 3. 선동하다, 부추기다; ~의 동기(계기)가 되다 4. (명사와 함께 쓰여 그 명사가 의미하는 것을) 시작하다, 실행하다; ~ parnicu 소송을 걸다; ~ istragu 조사하기 시작하다; ~ pregovore 협상하다 5. (경기에서) 주도권을 잡다, 리드를 하다; on je poveo sa starta 그는 시작부터 리드를 했다 6. ~ se ~의 뒤를 따라가다, ~를 모델(모범)로 삼다; poveo se za prijateljem 그는 친구를 본보기로 삼아 행동했다 7. ~ se 균형을 잃고 비틀거리다; pijanac se poveo 술취한 사람이 비틀거렸다 8. 기타; ~ devojku 처녀를 자기 부인으로 삼다, 처녀와 결혼하다; ~ računa o čemu ~에 대해 고려하다; ~ očima, ~ oči za čim 바라보다, 쳐다보다

povesti povezem; povezao, -z la; povezen, -ena (完) 1. (사람·물건 등을 자동차 등에 태워) 데려다 주다, 데리고 가다, 가지고 가다, 실어 가다; ~ kolima prijatelja 자동차로 친구를 데려다 주다 2. ~ rukom (preko čega) (손을 뻗어) ~을 향해 가르키다 3. ~ se (운송수단을 타고) 가다 (krenuti, poći)

povešati -am (完) 1. (차례로 모든 것을 여러 곳에) 걸다, 걸어놓다, 널다; ~ rublje 빨래를 널다 2. (nekoga) (한 번에 많은 사람을) 교수형에 처하다; ~ kažnjenike 죄수들을 교수형에 처하다

povetarac -rca 산들바람, 미풍

povez 1. (책의) 제본, 장정, 표지 (korica); u kožnom (planetnom) ~u 가죽(천) 제본인 2. 끈, 띠 (poveza) 3. 붕대 (zavoj) 4. 묶음

P

893

(vezanje)

povezača 1. (여자들이 머리에 둘러쓰는) 두건, 머릿수건 2. (무슬림들의) 터번 3. (장례식에서 십자가에 걸어놓는) 하얀 천

povezanost (女) 연결, 관계, 관련, 이음, 결합

povezati -žem (完) **povezivati** -zujem (不完) 1. (모두 차례로) 묶다, 단단히 붙잡아매다, (두건 등을) 동여매다, (붕대 등을) 감다, 묶다; ~ nekoga u lanac 누구를 쇠사슬에 묶어매다; povezasmo konje 말들을 서로 묶어매다 2. (책·서적 등을) 제본하다, 장정하다, 합본하다; ~ knjigu 책을 제본하다 3. 관련시키다, 결부시키다; događaj su povezani jedan sa drugim 사건은 서로 연결되어 있다 4. (입·눈 등을) 봉하다, 틀어막다 5. (비유적) 상관관계를 갖게 하다 6. (비유적) 의무를 지게 하다, 구속시키다 (obavezati); Jovan je pisare povezao obligacijama dajući im na zajam manje sumice 요반은 서기(書記)들에게 소량의 돈을 빌려주면서 그들을 구속시켰다 7. ~ se 묶여지다; (두건을) 쓰다 8. ~ se s nekim ~와 상관관계를 갖다, 상호연결되다, 관련되다

povezivati -zujem (不完) 참조 povezati

povijati -jam 1. (不完) 참조 poviti; 싸다, 감다 2. (完) ~를 쫓기(추격하기) 시작하다 3. ~ se 싸이다, 감싸이다 4. ~ se (먼지 바람 등이) 일다, 일어나다; (원을 그리며) 날다 5. 기타; ~ ~ se prema vetru 시류에 영향하다

povijenost (女) 굽음, 비뚤어짐, 구부러짐

povijest (女) 역사 (istorija); nastavnik ~i 역사 선생; ~ umjetnosti 미술사

povijestan -sna, -sno (形) 역사의, 역사적인 (istorijski); ~sni trenutak 역사적 순간

povijuša (植) 덩굴 식물 (담쟁이덩굴 등의)

povik 고함, 외침 (uzvik, usklik, poklič)

povika 울부짖음(분노·불만 등의); bilo je mnogo ~e(~a) na taj zakon 그 법률에 대한 불만족의 외침이 대단히 많았다

povikati -čem, **poviknuti** -nem (完) **povikivati** -kujem (不完) 1. 외치다, 고함치다, 큰 소리로 말하다; svi povikaše „Bravo!" 모두가 „부라보"라고 외쳤다 2. 큰 소리치다, 큰 소리로 비난하다(공격하다, 나무라다, 꾸짖다) 3. (koga) 큰 소리로 부르다; ~ nekoga u pomoć 큰 소리로 도움을 청하다; on povika sluge 그는 하인들을 큰 소리로 불렀다 4. (na koga) 큰 소리로 명령하다; otac povika na sina da pomogne gostu 아버지는 아들에게 큰 소리로 손님을 도와주라고 명령한다

povinovati se -nujem se (完,不完) 복종하다,

준수하다, 따르다, 응하다, ~을 지키다; ~ zakonu (ocu) 법률을 준수하다 (아버지의 뜻에 따르다)

povisilica (音樂) 반음 올린 음; 올림표(#)

povisiti -im; povišen (完) **povisivati** -sujem, **povišavati** -am (不完) 1. 높이다, 올리다, 증대시키다 (povećati); ~glas 목소리를 높이다 (화·분노 등으로); ~ plate 월급을 인상하다 2. 보다 더 행복하게(부유하게) 하다 3. 승진시키다, 진급시키다 (unaprediti) 4. (音樂) 반음 올리다, 반음 높이다

povisok -a, -o (形) 좀(다소) 높은

povišavati -am (不完) 참조 povisiti

poviše 1. (副) 좀 더 많이, 좀 길게, 좀 더 크게; ~ od litra 1리터 보다 많이; ~ od godine 1년 보다 길게 2. (前置詞, +G) ~의 위에 (iznad čega, nad čim); ~ brda 언덕 위에; ~ stola 테이블 위에

povišenje (동사파생 명사) povisiti; 높임, 올림; ~ plata 월급 인상

povišī -ā, -ē (形) 좀(다소) 높은; 좀 더 큰

povišica 증가분, 증가량; 월급 인상, 인상; dobiti (dati) ~u 월급 인상분을 받다(주다)

poviti povijem; povijen, -ena & povit; povio, -ila; povij (完) **povijati** -jam (不完) 1. 싸다, 감싸다, 두르다, 감싸서 보호하다; ~ u hartiju 종이로 두르다 2. (아기를) 포대기로 싸다, 강보에 싸다, 기저귀를 채우다; ~ dete 아이를 강보에 싸다; ~ dete u pelene 아이에게 기저귀를 채우다 3. 붕대를 감다, 붕대로 싸다 4. 굽히다, 휘다, 숙이다; ~ granu 나뭇가지를 굽히다; grane se povijaju 나뭇가지가 휘어진다; povila se od starosti 나이를 먹어 몸이 굽어졌다; povija se prema vetru 시류에 편승하다 5. (k sebi) (자기쪽으로) 포옹하며 잡아당기다, 잡아당겨 포옹하다; ~ devojku k sebi 자기쪽으로 잡아당겨 처녀를 포옹하다 6. ~ se 굽어지다, 휘어지다 (saviti se, pognuti se, sagnuti se); povila se trava 풀이 누웠다; poviše se leđa 등이 굽다

povjerba 1. 믿음, 신뢰 (povera) 2. 참조 povjerbina; (재산의) 위탁, 신탁; ostaviti u ~u 신탁하다, 위탁하다

povjerbina (法) (재산의) 위탁, 신탁

povjesnica 역사 (povijest, istorija)

povjesničar 역사가, 역사학자 (istoričar)

povjesničkī -ā, -ō (形) 역사의, 역사적인 (povijestan, istorijski)

povlačenje (동사파생 명사) povlačiti; 철수, 퇴각, 후퇴; ~ trupa na polazne položaje 출

P

발 위치로의 부대 철수
povlačiti _-īm_ (不完) 참조 povući
povlačnī _-ā, -ō_ (形) 당기는, 끌어당기는; _~a mreža_ 트롤망(網), 저인망
povladiti _-īm_ (完) 승인하다, 승락하다, 허용하다, 허가하다, 용인하다 (odobriti)
povlađivati _-đujem_ (不完) 참조 povladiti
povlaka 1. 크림, 파블라카 (우유의 겉 표면에 생기는 진하고 기름진 층) (pavlaka) 2. 줄, 선, 라인 (crta, linija); 하이픈 (-) (crtica) 3. 덮개, 씌우개, 커버 (navlaka) 4. 베일, 가리개 (koprena, veo, preves); 면사포; _pala mu je ~ na oči_ 눈앞이 캄캄해졌다
povlastica 1. 특권, 특전 2. 특별 요금 혜택, 할인 요금 혜택; _imati ~u na vozu_ 기차 특별 할인 요금 혜택이 있다; _imati ~ u hotelu_ 호텔 특별 요금 혜택을 받다; _~ za vožnju (železnicom, brodom)_ 기차(선박) 탑승 할인 요금 혜택
povlastiti _-īm; povlašćen & povlašten_ (完) **povlašćivati** _-ćujem_ (不完) 1. 특권을 부여하다; _povlašćena vožnja_ 할인요금 운행 2. 권한을 부여하다; _povlašćeno lice_ 권한을 부여받은 사람, 담당자; _ulaz je dozvoljeno samo povlašćenima!_ 일반인 출입 금지
povlašćenje (동사파생 명사) povlastiti; _klauzula najvećeg ~a_ 최혜국대우 조항
povod 1. 이유, 원인, 동기, 동인(動因), 계기 (어떤 일의 출발점 혹은 어떠한 행동의 원인으로 작용하는 것); _bez ikakvog ~a_ 아무런 이유도 없이; _imati ~_ 이유(계기)가 있다; _dati nekome ~ (čemu, za što)_ ~에게 ~의 계기를 주다, 야기시키다; _~ za rat_ 전쟁의 동인; _~ za ostavku_ 사퇴 이유; _neposredan ~_ 직접적 동인 2. 경우; _tim ~om_ 그 경우에
povod 1. (말·소 등을 맨) 밧줄, 끈 (povodac); _voditi konja u ~u_ 끈을 매 말을 끌고 가다 2. 개줄 (사냥에 데리고 갈 때); _psi u ~u_ 개줄을 한 개들
povodac _povoca; povoci, povodaca_ (말·소 등을 맨) 밧줄, 끈
povodanj _-dnja_ 1. 홍수, 침수 (poplava); _veliki ~_ 대홍수 2. 범람 (외래어의 범람 등의)
povoditi se _-īm se_ (不完) **povesti se** _povedem se_ (完) 1. 비틀거리다, 비틀거리며 걷다 (음주 등으로 인해) 2. _~ za (kim, čim)_ ~의 뒤를 따르다, ~를 모델(본보기)로 삼아 그대로 따르다; _povodio se za ocem_ 그는 아버지를 모델로 삼아 처신했다
povodljiv _-a, -o_ (形) 1. 감수성이 예민한, ~의 영향을 받기 쉬운 2. 친절한, 상냥한, 기꺼이

도와주는 (susretljiv, prijazan) 3. 매력적인, 유혹하는 (zavodljiv)
povodnica (植) 미나리아재비, 젓가락나물
povodom (前置詞,+ G) ~과 관련하여, ~에 즈음하여; _šta možeš reći ~ nove knjige?_ 새 책과 관련하여 어떤 말을 할 수 있지?; _~ stogodišnjice njegove smrti_ 그의 서거 100주년에 즈음하여
povoj 1. 붕대 (zavoj); _platneni ~_ 천 붕대 2. (갓난 아기를 싸매는) 천, 강보, 포대기 3. 기타; _biti (nalaziti se) u ~u (u ~ima)_ 발전의 초기 단계이다; _astronautika je još u ~u_ 우주 항공학은 아직 걸음마 단계이다; _izaći iz ~a_ 독립적이 되다; _od ~a do pokrova_ 태어나서 죽을 때 까지
povojče _-eta_ 아주 갓난 아이, 강보에 싸인 아이
povoljan _-ljna, -ljno_ (形) 1. 만족스러운, 흡족한, 적합한, 알맞은, 좋은, 유리한, 양호한; _~ljni uslovi_ 좋은 조건; _~ljna plata_ 만족스런 월급; _~ljno mišljenje_ 유리한 의견; _~ utisak_ 좋은 인상 2. 선의의
povor 1. 구부러진 곳, 굴곡부, 연결부 (pregib, zglob, zglavak) 2. 척추, 등뼈 (kičma, hrptenica, hrptenjača)
povorka (일렬로 나란히 이동하는 생물의) 줄; 행렬, 행진; 행렬 기도식; _ići u ~ci_ 행렬하다; _napraviti ~u_ 행렬을 이루다; _na čelu ~e_ 행렬의 선두에; _pogrebna ~_ 장례 행렬
povraci _povrataka_ (男,複) 참조 povratak; 늦은 오후 (가축떼들이 목초지에서 집으로 돌아오는)
povraćaj 1. 돌아감, 되돌림 (vraćanje) 2. (醫) (병의) 재발 3. 기타; _~ građanske časti_ 복권(rehabilitacija)
povraćanje (동사파생 명사) povraćati; 구토 (riganje, bljuvanje)
povraćati _-am_ (不完) 참조 povratiti
povrat 1. 참조 povratak; _na ~e_ 뒤로 2. (法) 범죄 재발; zločin u ~u 재발 범죄 3. (양복상의의 접혀 있는) 옷깃 (zavratak, rever)
povratak _-tka; povraci, povrataka_ (물건 등의) 반환, 되돌려줌; (출발점 등으로의) 복귀, 귀환, 되돌아옴, 되돌아감; (원래 상태로의) 복귀, 회귀; _u (na) ~u_ 되돌아가는 길에; _~ iz rata_ 전쟁 이전으로의 회귀; _~ kući_ 집으로 돌아옴 **povratan** (形); _~tna karta_ 왕복 티켓; _~tnom poštom_ 반송 우편으로; _uz ~tni recepis_ 배달 증명서와 함께
povratan _-tna, -tno_ (形) 1. 참조 povratak; _~tna vožnja_ 왕복 운행 2. (병이) 재발하는, 되풀이되는, 반복되는; _~tna groznica_ 간헐

열, 말라리아열 3. (文法) 재귀의; ~tni glagoli 재귀 동사; ~tne zamenice 재귀 대 명사 4. (技) ~tna veza 피드백 5. 소급의, 소급적용의; ~tno delovanje 소급 작용, 소 급력

povratič (植) 쑥국화

povratiti -im; povraćen (完) **povraćati** -am (不完) 1. (받은 것, 취한 것을) 되돌려주다, 반환하다, 반품하다; povrati mu sva primljena pisma (그녀는) 받았던 모든 편지 들을 그에게 돌려준다 2. (음식물 등을) 토하 다, 구토하다 (izbljuvati); sve je povratio 그는 모든 것을 토했다 3. (잃어버린 것, 파 괴된 것 등을 이전 상태로) 복구하다, 재건 하다, 회복하다, 되찾다; ~ poverenje 신용 을 회복하다; ~ red 질서를 회복하다 4. 돌 아가다(오다); ~ kući 집으로 돌아가다 5. 되 갚다 (uzvratiti) 6. (인공호흡법 등으로) 소생 시키다; ~ nekoga (iz nesvesti) (혼절상태로 부터) 정신을 차리게 하다; ~ nekoga u život 1) 정신차리게 하다 2) 치료하다 7. ~ se 되돌아오다 8. ~ se 회복되다 (건강이) 9. 기타; spomenulo se, ne povratilo se (뭔가 좋지 않은 것이) 있었지만 다행히 다 지나갔 다 (더 이상 반복되지 않았다)

povratnica 1. 배달 증명서 (povratni recepis) 2. (醫) 병의 재발 (recidiva)

povratnik 1. 복귀자, 귀환자, 귀국자 2. (타자 기의) 백스페이스 키 3. (범죄의) 재범자(교 도소로 돌아온) 4. (地) 회귀선(回歸線); severni (južni) ~ 북(남)회귀선 5. (軍) (포를 발사한 다음 포열을) 발사 이전 상태로 되돌 려 주는 장치

povrće (集合) 야채, 채소

povreda 1. 부상, 상해; naneti ~u nekome ~ 에게 부상을 입히다; ~ mozga 뇌 부상 2. 위반 (법률·규율·규칙 등의); ~ zakona 법률 위반; ~ vazdušnog prostora 영공 침범; ~ ustava 헌법 위반; ~ ugovora 계약 위반 3. 손상, 상해

povrediti -im; povređen (完)**povređivati** - đujem (不完) 1. 부상을 입히다, 상처를 입히 다, 다치게 하다; ~ nogu 다리를 다치게 하 다; ~ ranu 상처를 내다; ~ protivničkog igrača 상대편 선수에게 부상을 입히다 2. 위반하다 (법률, 규율 등을); ~ zakon 법률 을 위반하다 3. 모욕하다, 정신적 고통을 주 다 (uvrediti); ~ nečiji ponos 누구의 자존심 을 건드리다; ~ rečju 말로 모욕하다 4. 손상 시키다, 훼손하다; ~ interese 이익을 훼손하 다 5. ~ se 자해하다

povremen -a, -o (形) 간헐적인, 단속적인, 가 끔의; oni ~o dođu kod nas 그들은 우리에게 가끔씩 온다; ~a paljba topova 간헐적인 대 포 소리

povremeno (副) 가끔씩, 이따금, 간헐적으로

povrh (前置詞, +G) 1. ~의 위에 (iznad); magla ~ vode 물안개; obući kaput ~ odela 양복 위에 외투를 입다 2. ~이외에 (osim, pored toga); ~ toga 그 이외에; ~ svega 그 모든 것 이외에; susedi smo a ~ toga I kumovi 우리는 이웃일 뿐만 아니라 대부이 기도 하다

povrnuti -nem (完) 1. 되돌려주다 (povratiti) 2. 이전 상태로 되돌리다 3. 반송하다 4. 되 풀이하다 5. 대답하다 6. 윗쪽으로 들어올리 다

površ (女) 1. 표면 (površina) 2. (地) 고원(高 原) (visoravan)

površan -šna, -šno (形) 1. 표면의, 표면에 있 는 2. (비유적) 피상적인, 추상적인, 외관상 의, 신중치 못한, 얕은, 가벼운

površina 1. 표면, 겉면, 표층; ~ vode(mora) 물(바다)의 표면 2. (비유적) 외관, 외모 3. (數) 면, 평면; ~ trougla 삼각형의 면; loptina ~ 구면(球面) 4. (어떤 용도의) 지역, 구역; naselje treba da ima prostorije za društveni i zabavni život, zelene ~e itd. 마 을은 사회 생활과 오락 생활을 위한 공간, 그리고 녹지 등이 필요하다; obradiva ~ 경 작할 땅; setvena ~ 파종 면적 5. 기타; doći (isplivati, probiti se) na ~u 관심의 한 복판 에 서다, 유명해지다, 중요해지다, 유행하다; držati se (ostati) na ~i, plivati po ~i 사회 적 위신(명망)을 지키다; izbaciti (uzdići) nekoga ili nešto na ~u 유명해지게 하다, 명 성을 얻게 하다, 중요한 것이 되게 하다

površinskī -ā, -ō (形) 참조 površina

površinski (副) 피상적으로, 추상적으로

površje 표면, 표층, 겉면 (površina)

površno (副) 1. 겉으로, 표면적으로 (na površini) 2. 급하게, 서둘러 (na brzu ruku, letimično) 3. 피상적으로, 추상적으로, 깊이 없이, 대충, 대강 (ovlaš, nedovoljno); novine su pisale o tome, ali ~ 신문은 그것 에 대해 기사를 썼지만 피상적으로 썼다

povrtar 야채상, 채소재배업자 (povrćar)

povrtarstvo 채소(야채)재배업 (povrćarstvo, baštovanstvo)

povrtnjak 채원(菜園), 채소밭

povrveti -im (完) 1. 떼를지어 몰려오기 시작 하다, 쏟아져 오다; svet je povrveo iz kuća

사람들이 집에서 쏟아져 나오기 시작했다 2. (한 장소에 많은 수가) 모이다, 모여들다, 들끓다

povučen *-a, -o* (形) 1. 참조 povući 2. 은거하는, 남과 잘 어울리지 않는, 내성적인; ~ *čovek* 조용한 사람

povući *povučem, povuku; povukao, -kla; povučen, -ena* (完) **povlačiti** *-im* (不完) 1. 당기다, 끌어당기다; 끌어내다; *povuci uže!* 밧줄을 끌어당겨!; ~ *nekoga za kosu (uši)* ~의 머리(귀)를 당기다; ~ *obarač* 방아쇠를 당기다 2. (줄·선 등을) 긋다; 확정하다, 설치하다; ~ *granicu* 경계선을 긋다; ~ *liniju* 줄을 긋다 3. 취소하다, 철회하다, 무효로 하다; ~ *naredbu* 명령을 취소하다; ~ *reči* 자신이 한 말을 철회하다; ~ *novčanice iz opticaja* 화폐 유통의 화폐량을 줄이다 4. 숨을 들이쉬다; (음료 등을) 마시다, 들이 마시다; ~ *gutljaj* 한 모금 마시다; ~ *dim* 연기를 들이마시다 5. 끌어당기다, 유혹하다 (privući, primamiti) 6. 철수시키다, 소환하다; 후퇴시키다, 퇴각시키다; ~ *ambasadora (trupe)* 대사를 소환하다 (부대를 철수하다); *neprijatelj se povlači* 적들이 퇴각한다; ~ *se od posla* 퇴임하다, 은퇴하다; *on se povukao iz političkog života* 그는 정계에서 은퇴했다 7. 힘들고 어려운 일을 하면서 견디어내다, 고통을 감내하다; *potrebno je znati šta je on sobom povukao u naporima naučnika za rešenje toga pitanja* 그 문제를 해결하기 위해 과학자로서 노력하면서 그가 어떤 어렵고 힘든 일을 참고 견뎌냈는지를 알 필요가 있다 8. 야기하다, 초래하다, ~의 원인이 되다; ~ *u grob* ~의 죽음을 초래하다 9. ~ *se* (za kim, čim) 그 뒤를 따라 가다 10. 기타; *povuci-potegli* 아주 어렵게(힘들게); ~ *dušu u se* 침묵하다, 말을 하지 않다; ~ *kraći(devlji) kraj* (어떤 일·소송·다툼 등에서) 일이 잘 풀리지 않다; ~ *nogu* ~하기 시작하다; ~ *oči (očima) po kome ili čemu* 인상을 찡그리고 쳐다보다(바라보다); ~ *posledice (konsekvence)* 결과에 대해 책임을 지다; ~ *rogove* 태도를 누그러뜨리다; ~ *nekoga za jezik* 실토시키다, 진술을 강제로 (억지로) 받아내다; ~ *nekoga za nos* 속이다, 기만하다

poza 자세, 포즈; *u ležećoj ~i* 누운 자세로; *zauzeti ~u* 포즈를 취하다

pozabaviti se *-im se* (完) 1. (일정 기간) 오락(zabava)을 하면서 시간을 보내다; ~을 하다; ~을 하면서 시간을 보내다; *on se* *pozabavio oko bašte* 그는 정원에서 일을 했다 2. ~에 관심을 가지다; ~에 종사하다; ~ *sa decom* 아이들을 돌보다

pozaboraviti *-im* (完) **pozaboravljati** *-am* (不完) 1. (조금·부분적으로) 잊다, 망각하다; ~ *jezik* 말을 조금 잊다 2. (완전히, 모든 것을 차례로) 잊다, 망각하다; ~ *prijatelje* 친구를 완전히 잊다

pozadevati *-am* (完) (하나 하나) 찌르다, 꿰찌르다

pozadi 1. (副) 뒤에, 뒤쪽에 (odostrag, ostrag); *sedeti* ~ 뒤에 앉다; *ostaviti koga* ~ 앞서 나가다 (걸음·업무 등에서) 2. (前置詞, + G) 그 뒤에 (iza); ~ *vrata* 문 뒤에; ~ *kolone* 행렬 뒤에

pozadina 1. (풍경·무대 등의) 배경; (사건 등의) 배경, 배후 사정; *na svetloj ~i* 밝은 배경에서; *šta je u ~i cele te intrige?* 그 모든 음모의 배경에는 무엇이 있느냐? 2. (軍) 배후, 후방; *raditi u ~i* 1)후방에서 일하다 2)은밀히(숨어서) 일하다; *baciti (potisnuti) koga u ~u* 한직(閑職)으로 몰아내다 3. 뒷면, 이면 (naličje); *na ~i medaljona* 메달의 뒷면에

pozadugo (副) 좀(다소) 오랫동안

pozajmica 1. 빚, 융자, 대출금, 차용금; 차관; *dati nešto na (u) ~u* 빌려주다; *uzeti nešto od nekoga na(u) ~u* 빌리다 2. (文法) 차용어 3. (歷史) (봉건시대의)봉토(封土), 영지(領地) (feud)

pozajmiti *-im; pozajmljen* (完) **pozajmljivati** *-ljujem* (不完) 1. (kome) 빌려주다; ~ *novac* 돈을 빌려주다 2. (od koga, u koga) 빌리다; ~ *od brata* 형제로부터 빌리다

pozajmljenica (文法) 차용어

pozajmljivati *-ljujem* (不完) 참조 pozajmiti

pozakoniti *-im* (完) 법제화하다

pozamanterija (=pozamenterija) (장식용 끈, 레이스, 선, 단추 등의) 세공 기술; 그러한 물건(액세서리, 장신구 등의)

pozamašan *-šna, -šno* (形) 좀(다소) 긴, 좀(다소) 무거운

pozan *pozna, pozno* (形) 1. 이후의, 이후에 일어나는; ~*zni naraštaj* 후속 세대 2. 늦은 (kasan); *pozna jesen* 늦가을; ~*zni usevi* 늦은 수확

pozatvarati *-am* (完) (하나 하나) 닫다, 폐쇄하다

pozauna (樂器) 트롬본 (trombon)

pozauzeti *pozauzmem, pozauzimati -am & -mljem* (完) (하나 하나 차례로 모두) 차지하

P

897

다, 획득하다, 점령하다

pozavaditi se -*im se* (完) 서로 싸우다, 상호간에 다투다, 언쟁을 벌이다

pozavađati -*am* 1. (모든 사람들을 차례로) 다투게 하다, 언쟁을 벌이게 하다 2. ~ *se* 서로 언쟁하다

pozavideti -*dim* (完) (kome na čemu) 시기하다, 질투하다; ~ *prijatelju na uspehu* 친구의 성공을 시기하다

pozder 1. (아마·아마포의) 조각, 조각 천, 부스러기 2. (비유적) 아무런 가치도 없는 것, 아무 쓸모 없는 것; 쓸모없는 인간 3. (기생충의) 요충

pozdrav 1. (만나고 헤어질 때의) 인사; (편지 말미에 쓰는) 안부의 말; *s srdačnim ~om* 행복(성공)을 빌며 (편지의 말미에); *isporuči Milanu naše najlepše ~e* 밀란에게 우리의 안부를 전해줘!; *oproštajni ~* 작별 인사 2. (軍) 거수경례; 예포(禮砲); ~ *nadesno!* 우로 봐!; *svečani ~!* 받들어 총!

pozdraviti -*im* (完) **pozdravljati** -*am* (不完) 1. 안부 인사를 하다; 안부 인사를 전하다; *on nije hteo da me pozdravi* 그는 나에게 인사를 하려고 하지 않았다; *oni se nisu ni pozdravili* 그들은 서로 아는체조차 하지 않았다; *pozdravi ženu i decu* 네 부인과 아이들에게 안부를 전해줘! 2. (비유적) 환영하다, 환호를 보내다; *oduševljeno ~ neku odluku* 어떤 결정을 기뻐하며 환영하다 3. (軍) 거수경례를 하다, 예포를 발사하다 4. ~ *se s nekim* ~와 인사를 나누다 5. 기타; *pozdravi se s tim parama!* 그 돈은 잊어버려라!

pozdravnī -*ā*, -*ō* (形) 인사의, 안부 인사의, 환영 인사의; ~ *govor* 환영사

pozejtiniti -*im* (完) 기름(zejtin)을 붓다, 기름을 치다

pozeleneti -*nim* (完) 녹색(zelen)으로 되다, (숲 등이) 우거지다, 푸르러지다

pozemljuša (회칠되지 않고 돌로만 지어진) 조그만 집, 오두막

pozer 폼잡는 사람, 잘난 척 하는 사람

pozicija 1. (사회적) 위치, 입장 2. (몸의) 자세 3. (軍) 요지, 진지 4. (체스 등의) 말의 배치, 위치 (선수 등의) 5. 현악기의 손가락 누르는 곳 6. (비유적) (어떤 문제에 대한) 견해, 관점, 태도

pozicionī -*ā*, -*ō* (形) 참조 pozicija

pozirati -*am* (不完) 1. (모델로서) 포즈를 취하다, 자세를 취하다; ~ *slikaru* 화가에게 포즈를 취하다 2. 잘난 척 하다, 중요한 인물인

척 하다

pozitiv 1. 긍정적인 것, 건설적인 것 2. (寫眞) 양화 (positive) 3. (文法) (형용사 비교형의) 기본형, 원급(原級)

pozitivan -*vna*, -*vno* (形) 1. 긍정의 (potvrdan, afirmativan) (反; odričan, negativan) 2. 실재의, 실제적인, 실증적인, 사실에 기초한 3. 긍정적인, 적극적인, 건설적인 4. 양성(陽性)의; ~*vni brojevi* 양수 5. 흑자의; ~ *bilans* 흑자 대차대조표 6. (法) 실정적인, 유효한, 효력을 발휘하고 있는; ~ *zakon* 실정법

pozitivist(a) 1. 실증주의자, 실증철학자 2. 긍정론자

pozitivizam -*zma* (哲) 실증주의, 실증 철학
pozitivistički (形)

pozitura 포즈, 자세 (poza)

poziv 1. (서면상의, 구두상의) 초대, 초청; 요청; (주로 서면상의) 소집, 소환, 통지; 소환장, 소환 영장, 출두 명령서, 호출장; (전화) 통지; ~ *za pomoć* 도움 요청; *telefonski ~* 전화 통지; ~ *za vojsku* 군 징집 영장; ~ *na sud* 법원 소환; ~ *na igru* 댄스 초대; ~ *na večeru* 만찬 초대 2. (軍) 소집, 징집; *vojni ~* 군대 영장 3. 신청, 도전, 도전장; ~ *na dvoboj* 결투 신청 4. 직업, 전공 (zvanje, struka, profesija); *lekarski ~* 의사라는 직업; *odati se nekom ~u* 직업에 충실하다; *po ~u* 직업으로서; *kakav si ~ izabrao* 어떤 직업을 선택했느냐? **pozivni** (形)

pozivac -*ivca* (軍) 소집병, 징집병
pozivač 참조 pozivar
pozivar 소환장(출두 명령서)을 전달하는 사람
pozivati -*am* & -*vljem* (不完) 참조 pozvati
pozivnī -*ā*, -*ō* (形) 1. 전화 통화의; ~ *telefonski broj* (전화의) 지역 번호 2. 직업의; ~*o obrazovanje* 직업 교육; ~*a sudija* 직업 판사

pozivnica 초대장, 초청장

pozlaćen -*a*, -*o* (形) 참조 pozlatiti; 금도금된, 금색의

pozlaćivati -*ćujem* (不完) 참조 pozlatiti

pozlata 1. 금박층, 금박을 한 얇은 층 2. (비유적) 금색, 황금색

pozlatiti -*im*; *pozlaćen* (完) **pozlaćivati** -*ćujem* (不完) 1. 금도금하다, 금박을 입히다 2. (비유적) 금색으로 빛나게 하다; *sve će to narod ~* 국민들이 그 모든 것을 인정해 줄 것이다 3. 선행(아름다운 일)을 하다 4. ~ *se* 황금색을 띠다 5. 기타; *pozlatila ti se usta, ruka ti se pozlatila* 어떤 사람이 선행(아름

P

다운 일)을 했을 때 하는 말

pozleda 부상, 상처 (povreda)

pozlediti *-im* (完) **pozleđivati** *-đujem* (不完) 1. 상처를 입히다, 부상 입히다 (povrediti) 2. 모독하다, 마음에 상처를 내다 3. 손상시키다, 고장내다

pozliti *-i* (完) (無人稱文) (kome) (건강이) 급격히 나빠지다, 악화되다; *njemu je pozlio* 그는 건강이 악화되었다

poznanik 아는 사람, 지인(知人) **poznanica**

poznanstvo 1. (다른 사람과의) 아는 사이, 안면이 있는 사이, 낯익은 사이; *napraviti(sklopiti, učiniti)* ~ 안면을 트다, 통성명을 하다, 서로 인사하다; *postići (steći) što po* ~*u* 친한 사이임을 이용하여 ~을 얻다(획득하다) 2. 지인(知人), 알고 지내는 사람 (poznanik)

poznanje 알게 됨, 깨닫게 됨 (saznanje); *drvo* ~*a* 선악과 나무

poznat *-a, -o* (形) 1. 참조 poznati 2. 알고 있는, 익숙한; *ta mi je melodija* ~ 나는 그 멜로디를 알고 있다; ~*e činjenice* 알려진 사실 2. 유명한, 저명한, 잘 알려진; ~ *pesnik* 유명한 시인 3. (명사적 용법으로) 지인(知人)

poznati *-am* (完) 1. 알다, 알아보다, 알아채다, 깨닫다, 인식하다; ~ *nekoga po hodu (imenu)* 걸음걸이(이름)로 ~를 알아채다 2. (koga) ~를 알게 되다, ~와 인사를 나누고 아는 사이가 되다; ~ *prijatelja* 친구를 알게 되다 3. 이해하다, 깨닫다, 인지하다 4. 평가하다, 판단하다 5. 인정하다 6. ~ se ~와 알게 되다 7. ~ se 깨닫게 되다 8. 기타; ~ *u glavu (u dušu)* (누구의) 모든 것을 속속들이 잘 알다

poznavalac *-aoca* 잘 아는 사람, ~에 정통한 사람; 소식통, 관계자, 당국자; ~ *francuske istorije* 프랑스 역사 전문가

poznavanje 1. (동사파생 명사) poznavati; ~ *prirode* 자연 탐구 (초등학교의) 2. 지식, 학식 (znanje)

poznavati *poznajem* (不完) 1. 알다, ~을 알고 있다; *poznajete li ga?* 그 사람을 아세요?; *on odlično poznaje klasičnu filozofiju* 그는 고전 철학에 정통하다; *u svojoj mržnji nije poznavala granica* 그녀의 증오심은 한도 끝도 없다 2. ~ se 서로 알고 있다, 서로 인사하다 3. 기타; ~ *u prste (kao svoj džep, kao svoj buđelar)* 속속들이 잘 알다; *ne* ~ *šale* 매우 엄격하다; ~ *u glavu (dušu)* 누구를 속속들이 잘 알다

pozno (副) 1. 늦게, 늦은 시간에; ~ *uveče* 늦은 저녁에 2. (비교급으로) 좀 늦게; *poznije je ustao* 그는 좀 늦게 일어났다 3. (예정보다) 늦게; *makao i* ~, *uspeo je* 비록 늦었지만 그는 성공했다

pozobati *pozobljem* (完) 1. (곡물을 하나 하나) 쪼아 먹다, 쪼다; ~ *pšenicu* 밀을 쪼아 먹다 2. 기타; *pravi se kao da je pozobao sve znanje ovoga sveta* 이 세상의 모든 것을 아는 것처럼 행동하다; *kokoši ti mozak pozobale* 별별 말을 다 하다, 이성을 잃다; ~ *okom (očima)* 뚫어지게 쳐다보다; *đavo vas pozobao!* 악마가 널 콕콕 쪼아먹을꺼야! (저주의 말)

pozor 1. 주목, 주의; 관심 (pažnja) 2. 광경 (prizor) 3. (軍) 차려!; (스포츠) 준비!

pozorište (연극·공연의) 극장 (kazalište); *narodno* ~ 국립극장, 인민극장; *ići u* ~ 극장에 가다; ~ *pod vedrim nebom* 야외 극장; *putujuće* ~ 유랑 극단

pozorišnī *-ā, -ō* (形) 참조 pozorište; ~ *producent* 연극 제작자; ~*a publika* 극장 관객; ~*a zgrada* 극장 건물; ~ *komad* 공연, 연극; ~ *oglasi* 연극 광고; ~ *umetnici* 연극 배우; ~*a škola* 연극 학교

pozorje (廢語) (연극의) 장면 (prizor, scena)

pozornica 무대; *na* ~*i* 무대에서; *stupiti na društvenu* ~*u* 사회 무대에 서다; *sići s* ~*e javnog života* 공인으로서의 활동을 청산하다; *skinuti s društvene (političke)* ~*e* 사회 (정계)에서 활동을 못하게 하다 **pozornički** (形)

pozornik 경찰, 경찰관 (policajac)

pozorno (副) 주의깊게, 신중하게 (pažljivo)

pozornost (女) 주목, 주의; 관심 (pažnja); *izazvati (privući)* ~ 주목을 끌다

pozvan *-a, -o* (形) 1. 참조 pozvati; 초대된, 초청된; 소환된, 호출된; ~ *je u goste* 그는 손님으로 초대되었다; ~ *na odgovornost* 책임을 진 2. 의무가 있는 (obavezan, dužan); 능력이 있는, ~할 역량이 있는 (sposoban); ~할 정당한 권한이 있는, 법적 자격을 가진, 관할권을 가진 (merodavan, nadležan); *on nije* ~ *da ti daje savet* 그는 네게 충고를 할 능력이 안된다

pozvati *pozovem* (完) **pozivati** *-am* & *-vljem* (不完) 1. (목소리·몸동작·손짓 등으로) 부르다, 불러오다, 오라고 부르다; 요구하다 *pozovi decu* 아이들을 불러!; ~ *u kolo* 콜로를 추도록 부르다 2. 초대하다, 초청하다; ~ *na večeru* 만찬에 초대하다 3. 전화를 걸다; ~ *telefonom* 전화하다 4. (싸움·결투 등을)

899

P

청하다, 걸다, 도전하다; ~ na dvoboj 결투를 청하다; ~ na takmičenje 경기를 신청하다 5. 소환하다, 호출하다, 출두를 명하다; 소집하다; ~ nekoga u (na) sud 법원에 출두를 명하다; ~ svedoke 증인을 소환하다 6. (군대에) 징집하다, 징병하다; ~ u vojsku 군대에 징집하다 7. ~ se (na koga, na što) 인용하다, 원용하다; časopis se poziva na dobro obaveštene krugove 잡지는 소식에 정통한 소식통을 인용했다 8. 기타; ~ koga na odgovornost ~에게 자신의 행동에 책임을 질 것을 요구하다

pozvizd (鳥類) 마도요

pozvizduša (鳥類) 알락오리

pozvoniti -im (完) 1. (몇 번) 벨을 울리다, 벨을 누르다; ~ na vratima 현관문의 벨을 몇 번 누르다 2. 전화벨을 울리다

požaliti -im (完) 1. 동정심을 느끼다, 연민을 느끼다; ~ sirotinju 고아에게 연민을 느끼다 2. 유감으로 생각하다 3. ~ se 유감(연민·동정심)을 표하다, 불만을 토로하다; ~ se na sina 아들에 대해 불만을 토로하다

požar 1. 큰 불, 화재; izbio je ~ 화재가 발생했다; ~ hvata maha 불이 크게 번진다 2. (비유적) 눈부신 발전(도약), 엄청난 발전; 불타오르는 감정(사랑·질투·증오 등의); ~ strasti 주체할 수 없는 욕정

požarnī -ā, -ō (形) 참조 požar; 화재의; 불을 내는, 화재를 일으키는; ~a komanda 소방국; ~a signalizacija 화재 경보 시스템

požarni -nog(a) (男) (軍) 화재 감시병

požarnik 소방대원 (vatrogasac)

požderati -em (完) (輕蔑) (게걸스럽게, 탐욕스럽게) 먹다, 쳐먹다

požeći požežem, požegu; požegao, -gla; požežen, -ena; požezi (完) 1. 불지르다, 태우다 (zapaliti) 2. 강한 갈증(žed)을 불러 일으키다 3. (비유적) 강한 욕구를 불러 일으키다; 선동하다, 부추키다 (podstaknuti, podbosti na što)

požega, požegača (農) 댐선 플럼(서양자두의 일종으로 특히 달콤하고 큼직함)

poželeti -lim; poželjen (完) 원하다, 기원하다, 바라다; ~ uspeh 성공을 기원하다, ~ dug život 무병장수를 기원하다; ~ srećno putovanje 사고없는 여행을 바라다

poželjan -ljna, -ljno (形) 원하는, 바라는, 기대하는, 호감가는

poženiti -im (完) 1. (모두 차례로) 결혼시키다 (남자들을); ~ sinove 아들들을 차례로 결혼시키다 2. ~ se 결혼하다 (남자들이)

požeti požanjem & požnjem; požanji & požnjī; požeo, -ela & požnjeo, -ela; požnjeven, -a & požet, -a (完) 수확을 다 마치다, 추수를 다 마치다, 수확하다, 추수하다; ~ lovore (slavu) 명성(명예)을 얻다; ~ uspeh 성공하다

poživeti -im (完) 1. 살다, 살기 시작하다 2. (일정기간) 살다; ~ mnoge godine u miru 오랫동안 평화롭게 살다; on je lepo poživeo 그는 잘 살았다

poživinčiti -im (完) 1. 짐승(živinče)처럼 되게 하다 2. 짐승처럼 되다; ~ u logoru 수용소에서 짐승처럼 되다

poživiti -im (完) 생명을 부지시키다(연장시키다, 보존시키다), 건강을 허용하다; da te Bog poživi 신의 가호가 있기를

požnjeti požanjem & požnjem (完) 참조 požeti: posejati vetar, ~ buru 되로주고 말로 받다(악행 등의), 부주의한 행동으로 중대한 결과를 초래하다

požrtvovan -a, -o (形) 희생적인, 헌신적인

požrtvovanost (女) požrtvovanje 희생, 헌신

požuda 1. 열망, 갈망, 갈구 2. 욕심, 탐욕 (pohlepa) 3. (육체적) 욕망, 정욕, 육욕, 색욕 (pohota)

požudan -dna, -dno (形) 1. 열망하는, 갈망하는, 갈구하는 2. 욕심많은, 탐욕스런 (pohlepan) 3. 육욕의, 색욕의, 음탕한 (pohotljiv)

požudeti -im (完) 1. 열망하다, 갈망하다, 갈구하다, 간절히 원하다 2. 욕심내다, 탐욕을 부리다

požuriti -im (完) 1. 서둘러 가다, 급하게 가다; ~ stazom 오솔길을 서둘러 가다 2. 서두르다, 급하게 서두르다 (빨리 하려고, 마치려고); ~ s pisanjem 집필을 서두르다 3. (nekoga) 재촉하다; ~ radnike 노동자들을 재촉하다

požurivati -rujem (不完) 참조 požuriti

požurnica 재촉장, 독촉장, 계고장

požuteti -im (完) 노랗게 되다

pra- (복합어의 첫 부분으로) 1. 최초의, 원시의, 원래의, 원(原); prajezik 조어(祖語); praslovenski 원슬라브인들의 2. 증조(曾祖)의, 증손(曾孫)의; prababa 증조할머니, praunuk 증손자

prababa 증조할머니

prabiće 원시 생명체

pračovek praljudi 원인(猿人), 원인류; neandertarski ~ 네안데르탈인 pračovečji (形)

praća 1. 참조 praćka; 고무줄 새총 2. (말 안
장의) 등자

praćakati se -am se (不完) **praćaknuti se** -
nem se, **praćnuti se** -nem se (完) (빠져나가
기 위해 온 몸을) 꿈틀거리다, 바둥거리다,
몸부림치다, 펄떡거리다; rebe se praćakaju
u mreži 물고기들이 그물에서 펄쩍펄쩍 뛴다

praćenje (동사파생 명사) pratiti; 추적, 따라감,
관찰; ~ literature 참고문헌 참조;
automatsko ~ 자동 추적; ~ mete 타켓 추
적

praćka 고무줄 새총 (praća)

praćkati se -am se (不完) 1. 고무줄 새총을
쏘다, 투석기를 발사하다 2. 참조 praćakati
se

praćnuti se -nem se (完) 참조 praćakati se

pradavnī -ā, -ō (形) 옛날의, 아주 오래된, 태
고적부터의, 고래(古來)의; ~ jezik 고대 언
어; ~ običaj 고대 풍습

praded 1. 증조 할아버지 2. 선조 (predak)
pradedovski (形)

pradeda (男) 참조 praded

pradedovskī -ā, -ō (形) 참조 praded; 선조의

pradoba (中) (보통은 不變化) 1. 태고 시대 2.
(地質) 선(先)캄브리아기(期)

prag -ovi 1. 문지방; na ~u ~하기 직전에;
preći (prekoračiti) ~, stupiti preko ~a 집안
으로 들어서다 2. (鐵道) 침목 3. (비유적) 집
(dom, kuća); 고향 (domovina); 입구(ulaz);
(사건·상황이 발생하기) 직전의 시간;
svakom je drag svoj prag 모든 사람들에게
자신의 집은 소중하다 4. 기타; obijati
(obilaziti) tuđe ~ove, potucati se po tuđim
~ovima 구걸하면서 이집 저집을 돌아다니
다, 이집 저집 구걸하면서 다니다; čistiti
(mesti) pred svojim ~om 남의 일에 간섭하
지 않고 자기일만 하다

Prag 프라하; **Pražanin**; **Pražanka**; **praški** (形)

pragmatičan -čna, -čno (形) (=pragmatički)
실용적인, 실제적인

pragmatičar 실용주의자, 실용적인 사람

pragmatika 1. 노사간의 관계를 규정한 예규
(규정) 2. (言) 화용론(話用論)

pragmatist(a) 실용주의자, 실용주의 찬성론자

pragmatizam -zma 실용주의

prah 1. 먼지 (prašina); zvezdani ~ 우주 먼지;
otresti ~ s nogu ~와 관계를 완전히 단절하
다 2. 가루, 분말, 미세 입자; baciti kome ~
u oči 속이다, 사취하다; mlečni ~, mleko u
~u 분유; oboriti (obratiti, pretvoriti,

smrviti, satrti, samleti) u ~ 완전히 파괴하
다; otići (pasti, srušiti se) u ~ 망하다; pasti
u ~ pred kim ~앞에 엎드리다, 무릎을 꿇다,
~의 우세함을 인정하다; cvetni ~ 화분(花粉)
3. 화약, 화약 가루 (barut); nije primirisao
praha 전쟁에 참여하지 않았다 4. 시신, 시
체, 유해; mir ~u njegovu! (장례식에서) 영
면하소서! 5. 순간적인(일시적인, 찰나적인)
것; 가난함, 빈곤함

praistorija 선사(先史)

praizvedba (연극 등의) 초연 (premijera)

prajezik 조어(祖語) **prajezičan, prajezički** (形)

prakolevka 원거주지, 원서식지 (pradomovina)

praksa 1. 실제; 관행, 관례; u ~i 실제에서는;
skupština je u svoj rad uvela novu ~u 의회
는 새로운 관례를 자신의 업무에 도입했다
2. (변호사·의사 등의) 개업, 영업, 업무;
privatna (lekarska, advokatska) ~ 개인 (의
사, 변호사) 개업(영업, 활동) 3. 실무 실습,
실습, 실제 훈련, 인턴 과정; studenti preko
leta idu na ~u 학생들은 여름에 인턴 훈련
에 간다; đaci su praksu obavili u fabrici
aviona 학생들은 비행기 공장에서 실습을
했다 4. 경험 (iskustvo); ~ je pokazala da
경험은 ~라는 사실을 말해주고 있다;
svakodnevna ~ 매일 겪는 일

prakticirati -am (不完) 1. (의사로서) 인턴 과
정을 밟다, 실무 실습을 하다 2. 경험을 쌓
다, 실재에 적용하다

praktičan -čna, -čno (形) 1. 실제의, 실제적인;
s ~čne tačke gledišta 실제적 관점에서 2.
실제에 적용가능한, 실용적인, 유용한

praktičnost (女) 실현 가능성, 현실성, 실용성

praktikant 실무견습생, 인턴 사원 (pripravnik,
vežbenik); 초보자

praktikovati -kujem (不完) (=prakticirati) 1.
실습하다, 수련하다, 인턴으로 활동하다;
praktikovao sam ja u toj firmi dve godine
나는 그 회사에서 2년 동안 인턴을 했다 2.
실제 현실에 적용하다(응용하다), 실행하다;
vojska praktikuje dvodnevne vežbe 군(軍)
은 2일간 훈련을 실행한다 3. 관례가 있다,
관례대로 하다; pisci su praktikovali da
nove tekstove štampaju u periodici 작가들
은 새 글들을 계간지에 싣는 관례를 따랐다

praktikum 실습 (전문대학 등의)

pralina 프랄린(설탕에 견과류를 넣고 졸여 만
든 것. 보통 초콜릿 안에 넣는 재료로 씀)

pralja 세탁부(婦)

praljudi 참조 pračovek; 원인(猿人)

praljudskī -ā, -ō (形) 참조 pračovek

P

pram (詩的표현) 참조 pramen

pramac -mca (선박·보트 등의) 선수(船首), 이물, 뱃머리 (kljun, prova) (反; krma)

pramajka 1. 시조(始祖)할머니 2. 증조할머니 (prababa)

pramaterija 최초의 물질 (자연계에 존재할 것으로 생각되는)

pramati pramatere (女) 참조 pramajka

pramen -ena; -eni & -enovi 1. (머리·풀 등의) 타래, 다발; ~ kose 머리채 2. 가늘고 긴 줄, 줄기 (안개·햇빛·빛·비 등의); ~ svetla 한 줄기 빛 3. 조각, 부스러기

pramenje (集合) 참조 pramen; 다발, 타래

prangija 1. 포, 대포 (신호탄을 쏘아 올리는), 예포 2. (비유적) (輕蔑) 완고한 사람, 고집센 사람

pranica 1. (醫) (여성들의) 월경, 생리 (menstruacija) 2. (病理) (여성들의) 백대하, 냉

pranje (동사파생 명사) prati 1. 세탁, 씻음; ~ veša 옷세탁; ~ ruku 손을 씻음; hemijsko ~ 드라이 크리닝 2. (醫) 월경, 생리; belo ~ 백대하, 냉

praonica 세탁소 (perionica)

praotac praoca; praoci, praotaca 시조(始祖)할아버지; naš ~ (聖經) 아담; praotački (形); ~ greh (聖經) 원죄

prapočetak -tka 기원, 근원, 최초의 시작

praporac -orca 1. 종, 방울 2. (비유적) 내공이 없는 사람, 속이 빈 사람(것) 3. (輕蔑) (다른 사람에게) 굴복한 사람, (다른 사람의) 휘하에 있는 자(者)

prapostojbina 본향(本鄕), 본래의 고향; 본래의 조국(고국)

prapotopskī -ā, -ō (形) 태고적인, 태고의,대홍수(potop) 이전의

praprababa 증조의 증조할머니

prapraded 증조의 증조할아버지

praroditelj 시조(始祖)할아버지 (praotac)

prasac -sca, prašče; prasci, prasaca 1. (動) 숫돼지 (krmak) 2. 새끼 돼지; 숫컷 새끼 돼지 3. (비유적) 더러운 사람, 도덕적으로 타락한 사람

prasad (女) (集合) prase; 새끼 돼지, 애저(愛豬)

prasak -ska 1. 강렬한 폭발음, 강한 충돌음; 큰 웃음소리; ~ groma 천둥번개 소리; ~ smeha 큰 웃음소리 2. (감정 등의) 급격한 표출

prase -eta; prasići (動) 새끼 돼지, 애저(愛豬); morsko ~ (몸집이 통통하고 꼬리가 거의 없는) 기니피그, 모르모트; bodljikavo ~ 호저 (豪豬; 몸에 길고 뻣뻣한 가시털이 덮여 있는 동물); popino ~ (植) 큰조아재비(건초·목초용); praseći (形); ~e pečenje 새끼돼지 구이

prasence -eta (지소체) prase; 새끼 돼지

prasetina 돼지 고기

prasica 1. 암돼지 (krmača) 2. (비유적) (輕蔑) 도덕적으로 타락하고 돼지처럼 뚱뚱하며 더러운 사람(남자, 여자)

prasići (男,複) 참조 prase

prasiti prasi (不完) oprasiti oprasi (完) 1. (암돼지가) 새끼 돼지를 낳다 2. ~ se 새끼 돼지가 태어나다; svinje se prase jednom godišnje 돼지는 일년에 한 번 새끼를 낳는다

praska 1. (일련의) 폭발, 폭발음 2. 야단치는 소리, 고함 소리 (grdnja, vika)

praskati -am (不完) 참조 prasnuti; (폭탄 등이) 터지다, 폭발하다

praskav -a, -o (形) 1. (폭발의) 불꽃이 튀는, (폭발 섬광이) 번쩍 번쩍하는; ~a eksplozija 섬광이 번쩍이는 폭발; ~ vatromet 섬광이 번쩍이는 불꽃 2. 폭발의, 폭발성의, 폭발하기 쉬운 (eksplozivan); ~a živa (化) 뇌산(雷酸)수은, 뇌홍 Hg(CNO)₂ (회색 결정(結晶); 주로 상업상,군사상의 기폭약(爆藥)으로 쓰임); ~i glasovi (suglasnici) 파열음; ~i gas(plin) 폭발 가스 3. (비유적) (성격이) 불같은, 격정적인, 거친; ~ čovek 불같은 성격의 사람

praskavica 로케트의 일종(비행시 폭발 가스를 내뿜는)

praskozorje 새벽, 동틀 녘; u ~ 새벽에

Praslaveni (男,複) 원(原)슬라브인들

praslavenskī -ā, -ō (形) 원슬라브인들의

praslika 원형(原型), 프로토 타입

Prasloveni (男,複) 원(原)슬라브인들, 원슬라브족

praslovenskī -ā, -ō (形) 원슬라브인들의, 원슬라브족들의

prasnuti -nem (完) praskati -am (不完) 1. 커다란 소리를 내며 폭발하다 (터지다) (eksplodirati); prasnuo je grom 천둥이 꽝하고 쳤다; pred kućom prasnu mina 집 앞에서 지뢰가 (커다란 소리를 내면서) 터진다 2. 커다란 소리를 내며 무너지다(부러지다); u krovu prasnu greda 지붕에서 서까래가 커다란 소리와 함께 무너졌다 3. (비유적) 갑자기 나타나다(발생하다); 급격하게 콸콸쏟아지다; 갑자기 흥분하여 소리치다; 갑자기

902

P

세계 치다(때리다); *neočekivano prasnu pljusak* 갑자기 소나기가 퍼붓는다; ~ *u smeh (smehom)* 웃음이 터졌다; ~ *od ljutnje (jeda)* 분노가 터지다; ~ *u plač* 울음 보가 터지다

prastanovnik 원거주민,원주민

prastar *-a, -o* (形) 아주 오래된, 먼 옛날의; *~a vremena* 고대 시대; *~a tradicija* 아주 오래된 전통

prasvet 태고적 세계

prašak *-ška* 1. 가루, 분말, 파우더; *sapunski* ~ 분말 세제(세탁용의); ~ *za pecivo* 베이킹 파우더 2. 먼지 (*prašina*) 3. 분말 약제; ~ *protiv glavobolje* 두통약

prašan *-šna, -šno* (形) 1. 먼지의, 먼지로 덮인, 먼지 투성이의; *~šna knjiga* 먼지 투성이의 책 2. 가루 형태의, 분말 형태의

praščić (지소체) *prase*; 새끼 돼지

prašenje (동사파생 명사) *prašiti*

prašenje (동사파생 명사) *prasiti*

prašićak *-ćka* (鳥類) 제비물떼새

prašina 먼지, 먼지 같은 것; *ima ~e* 먼지가 있다; *vetar diže ~u* 바람이 먼지를 일으킨다; *oblak od ~e* 먼지 구름; *atomska* ~ 원자재(灰), 죽음의 재; *dići ~u oko nečega* ~에 대해 소란을 야기하다; *baciti(bacati) kome ~u u oči* 속이다, 기만하다, 사취하다; *pasti u ~u* 잊혀진 사람이 되다; *postati prah i* ~ 1)잊혀진 사람이 되다 2) 죽다

prašiti *-im* (不完) **poprašiti** *-im* (完) 1. 먼지를 일으키다; *motori praše po putu* 오토바이들은 길에서 먼지를 일으킨다 2. (비유적) 서둘러 가다, 도망치다; *dečak praši putem* 소년은 길을 따라 도망친다 3. (비유적) (*koga*) 뒤쫓다, 쫓아내다 (*goniti, terati*); (*što*) 털다, 털어내다, 먼지를 털다 4. (農) 땅을 잘게 바수다; *traktorom prašimo njivu* 우리는 트랙터로 밭의 흙을 잘게 바순다 5. ~ *se* 먼지 구름이 일어나다; *put se praši od vozila* 길에 자동차로 인해 먼지 구름이 일어난다 6. ~ *se* (아주 미세한 입자 형태로) 흩뿌려지다 7. 기타; ~ *kome tur* ~를 죽도록 때리다(패다); *raditi što da se sve praši* 아주 열정적으로(먼지가 풀풀 일어날 정도로) 일하다

praškast *-a, -o* (形) 가루 같은; ~ *ugljen* 가루 갈탄

praškī *-ā, -ō* (形) 참조 *Prag*; 프라하의

prašljiv *-a, -o* (形) 먼지가 많은, 먼지 투성이의 (*prašan*)

prašnica (植) (꽃 수술의) 꽃밥

prašnik (植) (꽃의) 수술

prašnik (옛날에 사용하던 머스킷 총의 화약을 장전하는) 약실(藥室) (*čanak*)

prašnjav *-a, -o* 1. 먼지의, 먼지로 뒤덮인, 먼지 투성이인; ~ *sto* 먼지로 뒤덮인 테이블 2. 가루의, 분말의

praštati *-am* (不完) 1. (누구의 잘못을) 용서하다; ~ *nekome* 누구를 용서하다; *praštajte!* 용서하세요; *društvo prašta mladima njihove prestupe* 사회는 청년들의 범죄행위를 용서해 준다 2. (비유적) (기회 등을) 놓치다 (*propuštati*); *gurman dobroj hrani nikad ne prašta* 미식가는 맛있는 음식을 결코 놓치지 않는다 3. ~ *se* (작별 인사를 하며) 헤어지다; *ljubavnici se dugo praštaju* 내연남녀는 오랫동안 작별인사를 하며 헤어진다 4. 기타; ~ *se sa životom* 죽다

praštiti *-im* (不完) 큰 소리를 내며 폭발하다 (터지다) (*praskati*)

prašuma 1. 원시림, 밀림, 정글; *afrička* ~ 아프리카 원시림 2. (~의) 많은 양, 다량; ~ *podataka* 많은 데이터량, 다량의 데이터

prašumskī *-ā, -ō* (形) 원시림의, 밀림의, 정글의

pratećī *-ā, -ē* (形) 1. 수반되는, 부수적인; ~ *orkestar* 뒤따르는 경적소리(교통혼잡시 첫 번째 경적 다음에 연이어 뒤따르는) 2. (軍) 지원(부대)의; ~ *bataljon* 지원 대대; *četa ~ih oruđa* 중화기 중대

prati *perem; prao, -ala; pran & prat; peri* (不完) **oprati** *operem* (完) 1. (물로) 씻다, 씻어 내다; 세탁하다, 설거지하다; ~ *lice* 세수하다; ~ *veš* 세탁하다, ~ *sudove* 설거지하다 2. (醫) 소독하다, 세척하다; *alkoholom ~ ranu* 알코올로 상처를 소독하다; ~ *želudac* 위를 세척하다 3. ~ *se* 씻다; *čovek se mora ~ svaki dan* 사람은 매일 씻어야 한다 4. ~ *se* (비유적) (자신을) 정당화하다, 변명하다; *dečak se morao ~ pred ocem zbog loših ocena* 소년은 나쁜 점수를 아버지 앞에서 해명해야 했다 5. 기타; *ne peri crne krave!* 너무 많은 것을 이야기하지 마!; ~ *jezik* 1)(술을) 마시다 2)많이 이야기하다; ~ *ruke od čega* ~에서 손을 털다(씻다); *ruka ruku pere* 1)서로 돕다 2)서로가 서로의 비행을 덮다(감싸다)

pratilac *-ioca* 1. 수행원; 동행자, 동반자; 안내원; *životni* ~ 배우자, 인생의 동반자 2. (비유적) 동반되는 현상; *temperatura je ~ gripe* 열은 감기에 동반되는 현상이다 3. (天) (행성 주위를 도는) 위성 (*satelit*); *Mesec ~ Zemlje* 달은 지구의 위성이다 4.

P

(音樂) 반주자 **pratilački** (形)
pratilja 1. 참조 pratilaca; 여성 수행원(동반자) 2. (미인 대회 등의) 차점자, 2위 입상자
pratiti *-im* (不完) 1. ~와 함께 가다, 수행하다, 동행하다; 배웅하다; *svaki dan pratim devojku* 나는 매일 여자친구와 동행한다; *pratim kćer na stanicu* 나는 역까지 딸을 배웅한다 2. ~와 동시에 일어나다(발생하다), 따라서 일어나다(발생하다); *tuču prate povrede učesnika* 주먹다짐은 참가자의 부상을 가져온다 3. 뒤따르다, 뒤따라가다, 따르다; ~ *u korak (u stopu)* 바짝 뒤따르다 4. 주의깊게 듣다(보다), 관찰하다, 지켜보다, 주시하다, 읽다; *oni prate svaki njegov korak* 그들은 그의 모든 행동을 주시하고 있다; ~ *izlaganje* 발표를 듣다; ~ *očima (budnim okom)* 주의깊게 지켜보다; ~ *uhom* 듣다, 청취하다 5. (音樂) 반주하다; ~ *nekoga na klaviru* 누구의 노래에 맞춰 피아노 반주하다 6. 미행하다, 뒤를 쫓다; *detektiv je pratio osumnjičenog* 형사는 혐의자를 미행한다 7. 기타; ~ *do groba* 살아 있는 동안 헤어지지 않다
pratljača (=prakljača) (빨래할 때 빨래감을 두드리는데 사용한) (가는 나무를 엮어 만든) 빨래 채
pratnja 1. 수행, 수반, 동행, 동반; 수행원단; *uvek je bio pored žene – ta ~ je trajala godinama* 항상 부인 옆에 있었다 – 그 동행은 수 년간 지속되었다; *oružana ~* 무장경호; *patrijarhova ~* 총대주교 수행원단 2. 무장경호단; *predsednikova ~* 대통령 경호단 3. (音樂) 반주; *pevati uz ~u klavira* 피아노의 반주에 맞춰 노래하다 4. 장례행렬; *mrtvačka ~* 장례행렬 5. (軍) 지원부대
praunučad (女) (集合) praunuče; 증손주
praunuče *-eta* 증손주
praunuk 증손자
praunuka 증손녀
prav *-a, -o* (形) 1. 곧은, 똑바른, 일직선의, 굽지 않은; ~*a linija* 일직선; ~*im putem* 일직선 도로를 따라; ~*a kosa* 직모; *biti zdrav i* ~ 아주 좋은 건강상태를 유지하다 2. (비유적) 잘못된 것이 없는, 옳은; 정직한, 올바른, 성실한; *ja sam* ~ *i sud će me osloboditi* 나는 죄가 없기 때문에 법원이 나를 석방시킬 것이다 3. 사실 그대로의, 객관적인; ~*o stanje* 있는 그대로의 상태 4. 적합한, 적당한, 상황(상태)에 맞는; *stići u* ~*o vreme* 적기(適期)에 도착하다 5. (數) 정(正); ~ *ugao* 직각

prava (數) 일직선; *horizontalna (paralelna, veretikalna)* ~ 수평(평행, 수직)선
pravac *-vca* 1. 방향, 방위(方位), ~쪽; *u magli smo naslutili* ~ 안개 속에서 우리는 방향을 어렴풋이 알아챘다; ~ *Beograd-Niš* 베오그라드-니쉬 방향; *u kome su* ~*vcu otišli?* 어느 쪽으로 갔느냐?; *u istom (suprotnom)* ~*vcu* 같은(반대) 방향에서; *u pogrešnom* ~*u* 잘못된 방향에서; *u oba* ~*vca* 양쪽으로 2. (발전·전개해 나가는) 방향; ~ *razvitka romana* 소설 전개 방향 3. (사상·행동 따위의) 경향, 추세, 동향; *književni* ~ 문학 경향 4. (數) 일직선 5. 기타; *uzeti dobar* ~, *poći (udariti) dobrim* ~*vcem* 방향을 잘 잡다, 잘 되어 가다
pravcat *-a, -o* (形) (보통 pravi pravcati의 형태로) 바로 그, 진정한 (pravi, istinski); *prava* ~*a istina* 완전한 사실, 100% 진실; *ti si pravi* ~*i heroj* 너는 진정한 영웅이다
pravce (副) 올바로, 똑바로, 일직선으로; 직접적으로, 직선적으로, 곧장
pravda 1. 정의, 공정; 공정성, 공평성; *optuženi se poziva na* ~*u* 피고인은 공정성을 제기한다 2. 사법당국 (pravosuđe); *lopov je u rukama* ~*e* 절도범은 사법당국의 손에 놓여 있다 3. 소송; 다툼 (parnica; svađa, prepirka); *sa susedom smo* ~*u započeli* 이웃과 소송을 시작했다 4. 진리, 사실 (istina); *deca* ~*u govore* 아이들이 사실을 말하고 있다 5. 기타; *davati (deliti, krojiti, osecati, suditi, vršiti)* ~*u* 재판하다, 판결을 내리다; *izvršiti* ~*u nad kim* 형(사형)을 집행하다; *na* ~*i (boga), na božju* ~*u* 죄 없이, 무고하게; *po* ~*i* 정말로, 진실로
pravdati *-am* (不完) 1. (koga) ~의 정당성을 입증하다, (행동을) 정당화하다, 변호하다; *kad bih pogrešio, deda me je pravdao kod roditelja* 내가 잘못이라도 한다면, 할아버지가 부모님에게 나를 변명해 주었다 2. (會計) 수입과 지출을 서류로 입증하다; ~ *troškove* 비용을 입증하다 3. ~ *se* 정당화하다, 변명하다; *kad su me optužili, pravdao sam se bolešću* 사람들이 날 비난했을 때, 나는 아팠다고 변명했다 4. ~ *se* 다투다, 말다툼하다 (svađati se, prepirati se); *ne volim da se pravdam sa ženom* 나는 아내와 다투는 것을 좋아하지 않는다 5. ~ *se* 소송하다 (suditi se, parničiti se); *išli su na sud da se pravdaju* 그들은 소송하러 법원에 갔다
pravdoljubac *-upca* 정의를 사랑하는 사람, 진실을 지키려는 사람

P

pravdoljubiv -a, -o (形) 정의를 사랑하는, 정의를 위해 투쟁하는; ~ advokat 정의를 지키기 위해 투쟁하는 변호사

pravdoljublje 정의심, 정의감

pravedan -dna, -dno (形) 1. 정의에 기초한, 정의로운, 옳은, 공정한; ~ sud 정의로운 법원; ~ rat 정의로운 전쟁; ~dna odluka 올바른 결정 2. 정의를 사랑하는, 정의를 위해 투쟁하는 (pravdoljubiv); ~ čovek 정의로운 사람 3. 당연한, 마땅한 (opravdan); ~ bes 당연한 분노 4. 죄없는, 순결한 (nevin)

pravednik 1. 공평무사한 사람 2. (종교 원리에 충실한) 고결한 사람 3. 기타; spavati snom ~a 평온하게 잠들다

pravednost (女) 정당성, 공정성, 공평성

pravek 상고(上古)시대 (najstarija doba)

pravī -ā, -ō (形) 참조 prav

pravī -ā, -ō (形) 1. 실제의, 사실의, 진짜의 (stvaran, istinski, realan); ~o stanje stvari 사건의 실제 상태; pokazati ~o lice 진짜 얼굴을 보여주다; ~a ljubav 진실한 사랑; ~a radost 기쁨 그 자체; ~ bezobrazluk 뻔뻔함 그 자체; ~ dijamant 진품 다이아몬드; ~a budala 진짜 바보 2. 적합한, 적당한, 알맞은 (odgovarajući, pogodan); stići u ~o vreme 적기에 도착하다; upotrebiti ~u reč 적합한 단어를 사용하다; to je ~ put 올바른 방법이다; na ~om ste putu 올바른 길에 서 있습니다 3. (數) 정(正)의; ~ razlomak 진분수

pravica 참조 pravda

pravičan -čna, -čno (形) 옳은, 올바른, 정당한, 공정한 (pravedan)

pravičnost (女) 공정, 공평 (pravednost)

pravilan -lna, -lno (形) 1. 규칙적인, 규칙(규정)에 맞는; 올바른, 정확한; ~ izgovor 올바른 발음; ~lna promena 규칙적인 변화 2. 사실에 부합하는, 올바른 (istiniti, tačan); ~lna pretpostavka 올바른 가정; ~ stav 사실에 부합하는 입장 3. 균형잡힌; ~lna figura 균형잡힌 상(像) 4. 규칙적인, 일정한, 고른, 동일한 (ravnomeran, ujednačen); ~lno udaranje srca 규칙적인 심장 박동 5. 올바른, 적합한, 적당한 (odgovarajući); ~ raspored 적합한 시간표; ~ potez 필요한 행동

pravilnik 규정집, 규칙서

pravilo 규정, 규칙, 원칙; (보통 복수로) 규정집; zlatno ~ 가장 중요한 규정; morsko ~ 불가능한 규정; Pitagorino ~ 피타고라스 정리; po ~u, u ~u 보통, 일반적으로, 대체로;

držati se ~a 규정을 지키다; svako ~ ima izuzetke, od svakog ~a ima izuzetaka 모든 법칙은 예외가 있다; ~ desne ruke (物) 오른손 법칙

praviti -im (不完) napraviti -im; napravljen (完) 1. ~을 만들다, 제작하다, 건설하다, 조립하다;(예술 작품 등을) 창작하다, 창조하다; ~ aluziju 환상을 만들다; ~ buku(larmu) 시끄럽게 하다; ~ posete (brze pokrete) 방문하다 (빨리 움직이다); ~ supu (večeru) 수프(저녁)를 요리하다; ~ police 책장을 만들다; ~ dobre fotografije 좋은 사진을 찍다; ~ kolekciju 수집하다; ~ gluposti 어리석은 짓을 하다; ~ intrige 음모를 꾸미다; ~ slatke (kiselo) lice 귀여운(씁쓸한) 얼굴 표정을 짓다; ~ pogreške(planove) 실수를 하다 (계획을 세우다); ~ primedbe 이의제기를 하다; ~ veliki račun 많이 소비하다; ~ scenu 무대를 만들다; ~ smetnje(prepreke) 방해하다; ~ masne šale 야한 농담을 하다; ~ tajnu od nečega 비밀로 하다; ~ utisak na nekoga ~에 대한 인상을 받다; ~ zabunu 당황하게 하다; ~ nekog budalom 누구를 바보로 만들다; ~ nekoga smešnim ~를 웃기는 사람으로 만들다; put pravi luk 길이 굽어진다; ~ obračun 정산하다; ~ probe 예행연습하다; ~ dugove (troškove) 빚을 지다 (소비하다); ~ kule u vazduhu 헛된 일을 하다, 사상누각을 짓다; ~ od komarca magarca 침소봉대하다; ~ račun bez krčmara 유효하지 않은 일을 하다 2. 야기하다, 초래하다; ~ štetu 손해(손실)를 입히다 3. ~ se ~인체 하다; ~ se važan 중요한체 하다, 젠체하다; ona se pravi da to ne primećuje 그녀는 그것을 알아채지 못한 것처럼 행동한다; ~ se lud 미친 것 처럼 행동하다; ~ se bolestan 아픈 것 처럼 행동하다

pravnī -ā, -ō (形) 참조 pravo; 법의, 법률의; ~ postupak 법절차; ~ fakultet 법학대학

pravnik 1. 법률인, 법률 전문가 2. 법학대학 학생 pravnički (形)

pravo 1. 법, 법률; građansko (krivično, prirodno, državno, ustavno) ~ 민법(형법, 자연법, 헌법); javno (privatno, upravno, trgovačko) ~ 공법(사법, 행정법, 상법); porodično ~ 가족법; bračno ~ 혼인법; student ~a 법학과 학생; on je na ~ima, on studira ~ 그는 법학을 전공한다 2. 권(權), 권리; građanska ~a 시민권; biračko ~, ~ glasa 투표권; ~ na rad (obrazovanje,

P

zaštitu zdravlja) 노동권 (교육을 받을 권리, 건강권); ~ *nasleđivanja* 상속권; ~ *veta* 비토권; ~ *jačeg*, ~ *pesnice* 강자의 논리, 주먹의 논리; ~ *samoopredeljenja* 자결권; ~ *predstavljanja* 대표권; ~ *svojine* 소유권; *s kojim(kakvim)* ~*om?* 어떤(무슨) 권리로?; *imati* ~ *na nešto* ~에 대한 권리가 있다; *s* ~*om* 정당하게, 합법적으로; *ti imaš* ~, *ti si u* ~*u* 네가 맞다; *on ima* ~ *da* 그는 ~할 권리가 있다

pravo (副) 1. 똑바로(일직선으로), 반듯이, 곧장, 직접적으로; *ići* ~ 반듯이 곧장 가다, *dođi* ~ *kod nas* 우리집으로 곧장 와!; ~ *da ti kažem, to mi se ne dopada* (말을 돌리지 않고) 솔직히 말하면, 내 마음에 들지 않아; *gledati* ~ *u nečije lice* ~의 얼굴을 똑바로 쳐다보다 2. 올바르게, 맞게, 옳게; *to si* ~ *rekao!* 네가 그것을 옳게 말했어

pravobranilac 변호사 (advokat); *javni* ~ (행정단체 등에 속하면서 그 단체의 재산 관계를 다루는 기관의) 변호사

pravobranilaštvo 공익 변호사(pravobranila) 사무실

pravocrtan -*tna*, -*tno* (形) 직선의, 직선으로 된

pravokrilci (男,複) (昆蟲) 직시류의 곤충, 메뚜기목(目)의 곤충

pravokut 참조 pravougaonik; 직사각형

pravokutnī -*ā*, -*ō* (形) 직사각형의

pravokutnik 참조 pravougaonik; 직사각형

pravolinijskī -*ā*, -*ō* (形) 직선의, 일직선의; ~*o kretanje* 일직선 이동

pravopis 철자법, 정자법(正字法) (ortografija)

pravopisnī -*ā*, -*ō* (形); ~*a komisija* 정자법 위원회; ~*a reforma* 정자법 개혁; ~*e greške* 철자법 실수; ~*o pravilo* 정자법 규칙

pravoslavac 정교회 신자

pravoslavan -*vna*, -*vno* (形) 정교회의; ~*vna crkva* 정교회

pravoslavlje 정교회

pravosnažan -*žna*, -*žno* (形) 유효한, 효력 있는, 효력을 미치는; *kazna je postala* ~*žna* 벌칙이 효력을 발휘했다

pravosnažnost (形) 효력의 유효, 효력 발휘

pravosuđe 1. 사법부, 사법당국; **pravosudni** (形); ~ *ispit* 사법 시험; ~ *organ* 사법 기관 2. (법원의) 판례

pravougao -*gla* 참조 pravougaonik; 직사각형

pravougaonik 직사각형

pravougaonī -*ā*, -*ō* (形) 직사각형의

pravouglī -*ā*, -*ō* (形) 1. 직사각형의 2. 직각의,

직각을 이루는; ~ *trougao* 직각 삼각형

pravoverac -*erca* (어떤 종교의) 신도 (pravovernik); **pravoveran** (形)

pravovremen -*a*, -*o* (形) 시기적절한, 때맞춘, 적기(適期)의 (pravodoban); ~ *dolazak voza* 열차의 정시 도착; ~*a intervencija doktora* 의사의 시기적절한 개입

pravozastupnik 법률 대리인, 변호사 (advokat, odvjetnik)

prazan -*zna*, -*zno* (形) 1. (그릇 등이) 빈, 든 것이 없는, 속이 빈, 알맹이가 없는; (좌석 등이) 비어 있는; ~ *prostor* 빈 공간; ~*zna soba(boca)* 빈 방(병); *otići* ~*znih šaka* 빈 손으로 떠나다; ~ *izgovor* 말뿐인 변명; ~ *plac* 빈 땅, 공터; ~ *stan* 빈 아파트, 사람이 살지 않는 아파트; ~*zno mesto* 빈 자리; ~*zne fraze* 무의미한 문구; *presipati (pretakati) iz šupljeg u prazno* 헛된 일을 하다, 아무 쓸모없는 일을 하다 2. (자동차 변속기의) 중립의; *na* ~*zno* 중립으로; ~ *hod* 공회전

praziluk (植) 부추(poriluk, vlasac)

praznik 1. 공휴일, 휴일; *doći na* ~ 공휴일에 쉬기 위해 오다; *nova godina je* ~ *u celom svetu* 신년 년초는 모든 나라에서 공휴일이다 2. (宗) 절(節), 기념일; *Božić je hrišćanski* ~ 크리스마스는 크리스트교의 기념일이다 3. (複數로) (학교의) 방학 (raspust); *školski* ~ 학교 방학 **praznički**, **prazničan** (形); ~*o raspoloženje* 공휴일 분위기

praznina 1. 빈 공간, 공동(空洞); 틈, 구멍, 간격; *popuniti* ~*u* 구멍을 메우다; *pun* ~ 많은 구멍(틈) 2. 공백, 공허, 텅 비어 있음; ~ *doma* 집의 텅 빔; ~ *razgovora* 대화의 공허, 공허한 대화 3. (비유적) 결핍, 부족, 결여, 미비, 단점 (nedostatak, mana); *pravna (zakonska)* ~ 법적 공백(법적 미비); *teorija ima jednu ozbiljnu* ~*u* 이론은 한가지 중요한 단점이 있다

prazniti -*im* (不完) **isprazniti** (完) (그릇 등에 든 것을) 비우다; ~ *kutiju* 상자를 비우다; ~ *čašu za čašom* 연거푸 잔을 비우다; *akumulator se prazni* (자동차)배터리가 방전되고 있다

praznoglavac -*avca* 머리가 텅 빈 사람, 멍청한 사람

praznogovorljiv -*a*, -*o* (形) 빈 말을 많이 하는, 쓸데없는 말을 많이 하는

praznohod (자동차 변속기의) 중립, 공회전

praznorečan -*čna*, -*čno*, **praznorečiv** -*a*, -*o*

(形) 말이 많은, 장황한, 빈 말을 많이 하는, 쓸데없는 말을 많이 하는

praznoruk -a, -o (形) 빈 손의; 빈털터리의; 가난한; *doći (vratiti se) ~o* 빈 손으로 오다 (돌아오다)

praznoslov 수다쟁이

praznoslov -a, -o (形) 말많은, 수다를 떠는

praznosloviti -im (不完) 1. 빈 말을 떠들어대다, 쓸데없는 말을 떠들어대다, 수다를 떨다 (blebetati) 2. (쓸 때) 철자를 빼먹고 쓰다

praznoslovlje 수다, 수다를 떨음 (blebetanje)

praznov 1. 아무것도 가진 것이 없는 사람, 가난한 사람 (siromah) 2. 멍청한 사람, 머리가 텅 빈 사람 (praznoglavac)

praznovati -nujem (不完) 1. 공휴일(praznik)을 쇠다(경축하다, 기념하다); 기념일을 경축하다; ~ *praznik* 공휴일을 기념하다 2. 일하지 않고 쉬다; *oni danas praznuju* 그들은 오늘 쉰다

praznoveran -rna, -rno (形) 미신의, 미신을 믿는, 미신적인; 초자연적 힘을 믿는 (sujeveran); ~*rna žena* 미신을 믿는 여자; ~ *običaj* 미신적 풍습

praznoverje 미신 (sujeverje)

Pražanin 참조 Prag; 프라하 시민

praživotinje (女,複) (生物) 원생 동물, 단세포 동물

pražnjenje (동사파생 명사) prazniti; ~ *akumulatora* 배터리 방전

prcoljak -ljka 1. 작고 왜소한 사람 2. 보잘것 없는 물건, 하찮은 물건

prčiti se -im se (不完) 1. 거만하게(건방지게) 행동하다, 젠체하다, 과시하다 (oholiti se, dizati nos) 2. (na koga) 화내다 (ljutiti se) 3. (동물이) 짝짓기 하다, 교미하다

prčkarija 하찮은 것

prčkati -am (不完) 1. (땅 등을) 파다; ~ *nos* 코를 후비다; ~ *ranu (po rani)* 상처를 후벼 파다 2. (하찮은 것을 찾기 위해) 샅샅이 뒤지다(찾다) (čeprkati)

prčvar 1. 싸구려 식당 주인 2. 그저 그런 요리사

prčvariti -im (不完) 싸구려 식당(prčvarnica)을 운영하다, 싸구려 음식을 준비하다

prčvarnica 싸구려 식당

prčast -a, -o (形) 들창코의

prćenje (동사파생 명사) prćiti; (입술 등을) 삐죽거림, 씰룩거림

prćenje (동사파생 명사) prtiti

prćija (廢語) (결혼) 지참금, 지참 예물 (신부가 신랑에게 가져가는) (miraz)

prćiti -im (不完) naprćiti -im (完) 1. (못마땅해 입술을) 삐죽거리다, 뿌루퉁 내밀다 2. ~ se (코가) 씰룩거리다, (코가 위로) 들려지다

prdačina 조롱, 조소, 비웃음 (sprdnja, podsmeh)

prdačiti se -im se (不完) 조롱하다, 조소하다, 비웃다

prdavac -vca 1. (鳥類) 흰눈썹뜸부기 2. 아무 쓸모가 없는 사람; 겁쟁이

prdeti -im (不完) 1. (큰 소리를 동반한) 방귀를 뀌다 2. (卑俗語) (za koga, za što) 내팽개치다, 돌보지 않다 (ne mariti, ne brinuti)

prdež 방귀

prdnuti -nem (完) (卑俗語) 방귀(prdež)를 뀌다

pre 1. (前置詞, + G) (시간적으로) ~전에, ~이전에; (공간적으로) ~앞에; ~ *ručka (rata)* 점심(전쟁) 전에; ~ *vremena* 시간 이전에, 너무 일찍; ~ *svega* 무엇보다도 먼저; ~ *njega* 그 사람 앞에 2. (副) 전에, 이전에, 일찍; *on je ~ došao* 그는 일찍 도착했다; *što ~* 가능한 한 빨리; *što ~, to bolje!* 빠르면 빠를수록 좋다; ~ *ili kasnije* 조만간; *utoliko ~ što* (접속사 역할로서) ~이니까 더욱 더; ~ *nego* 하기 전에; ~ *nego što kupim kuću, hoću da je i vi vidite* 내가 집을 사기전에 당신도 그 집을 보기를 원합니다; *on je završio zadatak, ~ nego ja* 그는 나보다 먼저 숙제를 끝마쳤다 3. (前置詞) 전에 (godina, mesec 등의 A와 함께); ~ *godinu dana* 일년 전에; ~ *nekoliko dana* 며칠 전에

pre- (接頭辭) 너무, 매우, 과도한 등의 뜻을 가짐; prejak 너무 강한(너무 힘이 센), prebogat 매우 부유한, prekasno 너무 늦게

pre- (동사에 붙는 接頭辭로서) 1. (장소의 변화, 운동, 움직임의 방향, 한 쪽으로부터 다른 반대편 쪽으로의 움직임, 가로지름, 관통하는 것을 나타냄); preseliti se 이사하다; prebaciti (preko ograde) (담장 넘어) 던지다; preleteti (관통하여) 날다 2. (위치의 변화, 한 상태에서 다른 상태로의 변화); prevrnuti 뒤집다, 뒤집어엎다; preokrenuti 되돌리다; preliti 따르다, 따라 붓다; pretopiti 녹이다 3. (일의 반복 (처음과 똑같이 혹은 개선하여)); preraditi 개정하다, 수정하다; preinačiti 바꾸다, 고치다 4. (일의 과도함을 나타냄 (그 결과 상태나 결과가 나빠짐)); prekuvati 너무 삶다; prepeći 너무 굽다, prejesti se 과하게 먹다 5. (두 개로의 분리); prelomiti 두동강내다; pregraditi 분리막을 설치하다; preseći 끊다, 단절하다 6.

907

P

(체류, 일 등을 계속해서 지속적으로 함) (내내, 계속); prezimiti 겨울을 나다; prenoćiti 밤을 보내다; prespavati 계속해서 잠을 자다; prekriti 덮다, 숨기다; pretražiti 샅샅이 뒤지다 7. (일·작업 등의 짧은 지속성); predahnuti 한숨돌리다, 숨을 가다듬다; preglodati 갉아 구멍을 내다 8. (일의 완료); preboleti 병을 앓다(그후 회복되다); prebrojiti 수를 다 세다

prebaciti *-im; prebačen* (完) **prebacivati** *- cujem* (不完) 1. (~위로) 내던지다; ~ *loptu preko ograde* 담장 위로 공을 내던지다 2. ~보다 더 멀리 던지다 (시합 등에서); *bacivši kuglu prebacio je konkurente* 투포환을 상대 선수들 보다 멀리 던졌다 3. (발·손 등을) 위에 놓다, 포개다; *prebacivši jednu nogu preko druge* 한 다리를 다른 다리위에 꼬고서는 4. (필요한 양 보다) 많이 주다, 더 주다; (해야될 일 보다) 많이 하다; *vratih mu dug i prebacih malo* 그에게 채무를 갚고 싶고 좀 더 주고 싶다; ~ *plan* 계획보다 더 많이 하다 5. (다리 등을) 놓다, 건설하다, 걸쳐 놓다; ~ *most preko reke* 강에 다리를 놓다 6. (사람·물건 등을) 운송하다, 수송하다, 옮기다, 나르다; ~ *nekoga do stanice* 누구를 역까지 데려다주다; ~ *iz Beograda u Novi san kamionom* 베오그라드에서 노비사드로 트럭으로 운송하다 7. (화제 등을) 돌리다, 바꾸다; (책임·의무 등을) 떠넘기다; ~ *razgovor na drugu temu* 대화를 다른 화제로 돌리다; ~ *obaveze na drugog* 의무를 다른 사람에게 떠넘기다 8. (kome) 비난하다, 책망하다, 나무라다; *ona mu prebacuje lenjost* 그녀는 그의 게으름을 비난한다; ~ *nekome zbog kukavičluka* 누구의 비겁한 행동을 비난하다 8. 초과하다; *prihodi prebacuju rashode* 수입이 지출보다 많다 9. ~ *se* (한 장소에서 다른 장소로) 옮겨지다, 이동하다, 넘어가다; *odande se prebacio u Beograd* 여기서 베오그라드로 넘어갔다 10. ~ *se* (비유적) 속아 넘어가다 (prevariti se); *da se mi sami ne prebacimo* 우리 스스로 속지 않아야 한다 11. ~ *se* (한계 등을) 넘다, 초과하다 12. 기타; ~ *preko glave (leđa)* 1)무엇을 끝마치다(완수하다) 2)겪다, 감당하다, 감내하다; *prebacio sam i ovaj ispit preko glave* 나는 이 시험도 다 끝마쳤다; *prebacio sam preko leđa tri godine robije* 나는 3년간의 교도소 생활도 감당했다; *vino se prebacilo* 포도주가 상했다

prebačaj 1. (사격 등에서) 탄환이 목표물 위로 날아감 2. (정해진 업무량보다의) 초과; ~ *plana* 계획 초과; ~ *norme* 기준 초과

prebdeti *-im* (完) 뜬눈으로 밤을 꼬박 새다, 밤새 뜬눈으로 보내다; ~ *celu noć* 온 밤을 꼬박 새다

prebeći, prebegnuti *prebegnem; prebegao, -gla & prebegnuo, -ula* (完) **prebegavati - am** (不完) 1. (~을 넘어) 도망가다; ~ *preko granice* 국경을 넘어 도망치다 2. (반대 진영으로, 적대진영으로) 넘어가다, 합류하다; ~ *neprijatelju* 적진으로 넘어가다

prebeg 1. (국경을 넘은, 적진으로 도망친) 도망자, 탈주자, 투항자 (begunac) 2. (국경을 넘는, 적진으로의) 도주, 탈주; ~ *iz Turske u Grčku* 터키에서 그리스로의 도주; ~ *iz jedne u drugu stranku* 한 정당에서 다른 정당으로 넘어감

prebegavati *-am* (不完) 참조 prebeći

prebeglica (男,女) (국경을 넘은, 적진으로 도망친) 도망자, 탈주자 (prebeg)

prebegnuti (完) 참조 prebeći

prebijanje (동사파생 명사) prebijati; ~ *dugova* 부채 정산

prebijati *-am* (不完) 참조 prebiti

prebijen *-a, -o* (形) 참조 prebiti; *bez ~e pare* 돈 한 푼 없이, 무일푼으로; *to ne vredi ni ~e pare!* 아무런 가치도 없다

prebirati *-am & -em* (不完) 1. 참조 prebrati 2. 깨끗이 하다, (더러운 것을) 제거하다, 없애다 (trebiti, uklanjati); ~ *pasulj* 콩을 깨끗이 하다; ~ *vaške* 이를 없애다 3. 뒤적이며 무엇인가를 찾다; ~ *po torbi* 가방을 뒤적이며 무엇인가를 찾다 3. (과거의 일, 추억, 인상 등을) 회상하다, 되새겨 생각하다; ~ *po uspomenama* 추억을 회상하다 4. (탁자 등을 가볍게) 두드리다, 치다; (현악기의 줄, 피아노의 건반 등을) 손가락으로 튕기다(두드리다); ~ *prstima preko žica* 손가락으로 현을 튕기다 5. 노래하다 6. 단조롭게 말하다 (읊조리다)

prebiti *prebijem; prebijen, -ena & prebit; prebij* (完) **prebijati** *-am* (不完) 1. 부러뜨리다, 두동강내다; ~ *osovinu* 축을 두동강내다 2. 죽도록 때리다, 사정없이 때리다, 세게 때리다 (isprebijati); ~ *protivnika* 상대편을 죽도록 때리다 3. 죽이다, 살해하다 (ubiti) 4. (비유적) 갑자기(단숨에) 중단시키다 (흐름·상태·지속을) 5. (피동 형용사 형태로) (정신적·육체적으로) 구타당한, 맥풀린; 허약해진, 기진맥진한; *dolazi kući sav prebijen, posle*

908

rada 일을 하고 나서 완전히 기진맥진한 상
태로 집에 온다 6. (부채 등을) 정산하다; ~
dug 빚을 정산하다 7. ~ se (팔·다리 등이)
부러지다; 절단되다, 불구가 되다; *pao je s
konja i prebio se* 그는 말에서 떨어져 팔다
리가 부러졌다 8. ~ se 한 순간에 바뀌다 9.
기타; ~ *kao mačku*, ~ *kao vola (u kupusu)*
매우 때리다, 죽도록 때리다; *ni prebijene
pare (nema, ne vredi)* 아무것도 없다 (아무
런 가치도 없다); *prebijati se od nemila do
nedraga* 살아가는데 필요한 기본적인 것을
갖추지 못했다, 어려운 처지가 되다

prebivalište 거주지, 사는 곳

prebivati *–am* (不完) 1. 살다, 머물다, 거주하
다 (stanovati, živeti, boraviti); ~ *u stanu*
아파트에 살다; ~ *u kući* 주택에 살다 2. ~
에 있다 (nalaziti se)

preblag *–a, –o* (形) 너무 순한, 너무 관대한;
~ *postupak* 너무 관대한 행동

prebledeti *–im* 너무 창백(bled)해 지다, 너무
핼쑥해지다 (두려움·질환 등으로 인해); ~ *od
straha* 두려움으로 완전 창백해지다

prebogat *–a, –o* (形) 1. 굉장히 부유한; ~
trgovac 거상(巨商) 2. 굉장히 풍부한(많은)
3. 값비싼; ~ *prsten* 값비싼 반지

preboj *–oja* 얇은 내부 벽, 얇은 칸막이 벽

prebol (환자의 질환으로부터의) 회복, 치유
(ozdravljenje); *rana od ~a* 치료할 수 있는
상처; *rana bez ~a* 치료할 수 없는 상처

preboleti *–im* (完) **prebolevati** *–am* (不完) 1.
(병으로부터) 낫다, 회복하다 (ozdraviti,
izlečiti se); *čovek je preboleo žuticu* 그 사
람을 황달을 이겨냈다 2. 이겨내다, 극복하
다, 잊다 (preživeti, pregoreti, zaboraviti);
~ *prvu ljubav* 첫 사랑을 잊다 3. 기타; ~
dečje bolesti 초기의 어려움을 극복하다

preboraviti *–im* (完) 한동안 머물다(체류하다)

prebrajati *–am* (不完) prebrojati

prebranac 강낭콩; 강낭콩 요리

prebrati *preberem*; *prebran* (完) *prebirati* *–
am* & *–em* (不完) 1. 깨끗이 하다, (더러운
것을) 제거하다, 키질하다; ~ *grah* 콩을 고
르다 2. (마음에 드는 것을, 보다 좋은 것을)
고르다; *od grupe mladih igrača, prebrani
su najtalentovaniji* 젊은 선수들 중에서 가
장 재능있는 선수들이 선발되었다 2. 샅샅이
뒤지다(수색하다) (pretražiti, pretresti);
policija je prebrala kvart tražeći lopove 경
찰은 절도범들을 찾으면서 그 지역을 샅샅이
수색하였다 3. (okom) 바라보다, 쳐다보다
(pregledati, razgledati)

prebrinuti *–nem* (完) 근심걱정을 극복하다(이
기다); ~ *brigu* 근심을 이겨내다; ~ *ispit* 시
험 걱정을 덜다(이겨내다)

prebrisati *–šem* (完) 1. 닦다, 닦아 깨끗이 하
다; ~ *prašinu* 먼지를 닦다 2. (쓰여진 것을)
지우다; ~ *rečenicu s table* 칠판에서 문장들
을 지우다 3. (비유적) 중요하지 않은 것으로
(별가치가 없는 것으로) 간주하다; 잊다, 잊
어버리다 (zaboraviti); ~ *uspomene* 추억을
잊다 (추억을 더 이상 유효하지 않은 것으로
간주하다)

prebroditi *–im*; *prebrođen* (完) 1. 배(brod)로
강(바다)을 건너다; 걸어서 얕은 개울을 건
너다; ~ *reku* 강을 건너다; ~ *na konju gaz*
말을 타고 얕은 개울을 건너다 2. (힘들게)
건너다, 통과하다; ~ *najteži deo puta* 도로
의 가장 험한 지역을 통과하다 3. (비유적)
이겨내다, 극복하다 (병마·난관 등을)
(savladati); ~ *teškoće* 난관을 극복하다

prebrodiv *–a, –o* (形) 1. (개울·강 등이) 걸어서
건널 수 있는 2. 극복할 수 있는, 이겨낼 수
있는 (savladiv); *~a teškoća* 극복할 수 있
는 어려움

prebrojati *–jim*; *prebrojan* (完) **prebrojavati** *–
am*, **prebrajati** *–jam* (不完) 1. (모두) 다 세다;
~ *učesnike* 참가자들을 세다; ~ *novac* 돈을
세다 2. (처음부터) 다시 세다; ~ *opet novac*
처음부터 돈을 다시 세다; ~ *glasove* 재검표
하다 3. ~ se (出) 세다 4. 기타; ~ *kome
kosti (rebra)* 세게 때리다, 실컷 두들겨 패
다; *na prste se mogu ~* 손가락으로 꼽을 정
도다

prebrojiti *–jim* (完) 참조 prebrojati

prebrz *–a, –o* (形) 너무 빠른

prebukirati *–am* (完) (호텔·골프 등의) 예약을
너무 많이 받다; *prebukiran hotel* 예약이
꽉 찬 호텔

precedens 선례, 전례 (presedan)

precena 1. 너무 높은(비싼) 가격 2. 과대 평
가

preceniti *–im*; *precenjen* (完) **precenjivati** *–
njujem* (不完) 1. 너무 비싼 값을 매기다 2.
과대평가하다; *precenio je Milana* 그는 밀란
을 과대평가했다

preci (男,複) 참조 predak; 선조, 조상

precizan *–zna, –zno* (形) 정확한, 정밀한, 꼼꼼
한; *~zni podaci* 정확한 통계; *~zna
mehanika* 정밀한 기계; *~zno brušeno* 곱게
빻아진

precizirati *–am* (完,不完) 정확하게 하다, 정확
하게 말하다; ~ *uslove* 조건을 정확하게 말

P

909

하다
preciznost (女) 정확성, 정밀성, 엄밀성
precrt 복사, 복제 (kopija)
precrtati -am (完) precrtavati -am (不完) 1.
(지도·그림 등을 투명한 종이 밑에 받쳐 놓
고) 투사하다, 그대로 베끼다 2. (보통 틀린
단어 위에) 줄을 긋다, 줄을 그어 지우다
precvetati -am (完) precvetavati -am (不完) 1.
꽃이 너무 활짝 피다 2. (비유적) (꽃·젊음 등
이) 시들다, 지다 (uvenuti)
preča (체조) 철봉 (vratilo)
prečac -čca & -aca 1. 지름길 (prečica) 2기
타; na ~ 급하게, 서둘러, 단번에; na ~
umreti 갑자기 죽다, 돌연사하다
prečaga 1. (사다리의) 가로대 (prečanica) 2.
빗장, 가로장 3. (解) grudna ~ 횡격막, 가로
막 4. 기타; pasti na nisku ~u 별 가치가 없
는 것이 되다, 별로 중요하지 않은 것이 되
다
prečanica (사다리의) 가로대 (prečaga)
prečanin -ani 1. 저 건너 반대편 쪽에 사는 사
람 2. 사바강과 두나브강 저편에 사는 사람
(보이보디나 지역 사람) prečanka
prečasnī -ā, -ō (形) 1. 공경할 만한, 존엄한,
덕망 있는, 신망 있는 (보통은 가톨릭 성직
자들에게); ~ otac 신부님 2. (명사적 용법으
로) 가경자(可敬者) 로마 가톨릭에서 시복
후보자에게 잠정적으로 주는 호칭)
preče (副) 1. 가로질러, 지름길로; preko ~,
naokolo bliže 멀리 돌아가는 것이 더 가까
울 수 있다 2. 더 가깝게, 더 중요하게
(bliže, važnije); vama svima ~ kumstvo od
javnog dobra 당신들 모두에게는 공공의 안
녕보다 개인적 관계가 더 중요하다
prečī -ā, -ē (形) 비교급 prek
prečica 1. 지름길 (prečac); ići ~om 지름길로
가다, 가로질러 가다 2. (植) 석송(石松)
prečist -a, -o (形) 매우 깨끗한, 너무 순결한
prečistač 필터; ~ vazduha 공기 필터; ~ ulja
오일 필터
prečistiti -im; prečišćen (完) prečišćavati -
am (不完) 1. (다시 한 번, 또 다시) 정제하
다, 제련하다, 불순물을 제거하다; ~ naftu
원유를 정제하다 2. (애매모호한 것을 없애)
분명히 하다, 명확하게 하다; ~ pojmove 개
념을 분명히 하다; ~ račune 1)계산을 명확
하게 하다, 정산하다 2)누구와 싸우다
prečiti -im (不完) 1. 장애물(방해물)을 놓다;
방해하다, 저해하다, ~을 막다(가로 막다) 2.
~ se 장애물이 가로 놓이다 3. ~ se 반대하
다, 저항하다 (opirati se, protiviti se)

prečka (D. -čkī; G.pl. -čākā & -ī) 1. (사다리
의) 가로대 2. 빗장, 가로장 3. (체조) 철봉
4. (스포츠) (골대의) 크로스 바 (골 기둥을
가로지르는)
prečnica (지소체) prečka
prečnik 1. (數) 지름, 직경 2. (타자기의) 종이
누르개쇠
prečuti prečujem (完) 못 알아듣다, 잘 듣지
못하다; otvorio knjigu i zaneo se u nauku
tako da je dva poziva očeva prečuo 책을
보며 공부에 몰두하여 두 번에 걸친 아버지
의 전화 벨 소리를 못들었다
preći pređem; prešao, -šla; pređen; pređī;
prešavši (完) prelaziti -im (不完) 1. (길·강
등을) 건너다, 횡단하다, 가로지르다; ~ reku
(preko reke) 강을 건너다; ~ ulicu (preko
ulice) 길을 건너다 2. 가다, 이동하다, 건너
가다, 이사하다; ~ iz Beograda u Zagreb 베
오그라드에서 자그레브로 이사했다; ~ na
stvar 문제의 핵심으로 들어가다 3. ~쪽으로
가다, 들어가다; stoka je prešla njihovu
njivu 소떼가 그들의 목초지로 들어갔다 4.
(경계선 등을) 넘다; 초과하다, 초월하다; (나
이 등을) 넘다; on je prešao dozvoljenu
sumu 그는 허용된 양을 초과했다; ~ meru
(granicu) 한계선을 넘다 5. 살펴보다, 조사
하다; ~ knjigu (materijal, probleme) 책(재
료, 문제)을 살펴보다 6. (적진·반대편으로)
가다, 건너가다, 옮기다; ~ neprijatelju 적진
에 가담하다; ~ u drugu stranku 다른 정당
으로 옮겨가다 7. (직업을) 바꾸다; (학년 등
의) 옮겨가다, 승진하다 8. (아픔이) 가시다,
지나가다 9. 가치가 없어지다, 사용되지 않
다 10. (口語) ~ nekoga ~을 속이다 11. 가
다; ~ 1500 metara za 4 minuta 4분 안에
1500미터를 가다 12. 기타; ~ s predmeta
na predmet 이 주제에서 저 주제로 바꾸다;
~ ćutke preko nečega 아무런 일이 없었던
듯 전혀 관심을 가지지 않다, 잊어버리다;
on je prešao preko toga(uvrede) 그는 모독
을 무시했다; vlast je prešla u druge ruke
정권이 다른 사람 손으로 넘어갔다; ~ očima
preko nečega ~을 훑어보다, 바라보다, 쳐
다보다; ~ rukom preko nečega (~의 표면을)
손으로 쓸다; ~ (čim preko čega) on baci na
divan šešir, štap i rukavice, pređe rukom
preko čela 그는 소파에 모자, 지팡이 그리
고 장갑을 던지고는 손으로 이마를 쓸었다;
pređimo na drugu temu 주제를 바꾸자; ~ u
napad 공격으로 바꾸다; ~ u viši razred 고
학년이 되다; ~ s kolena na koleno 세대에

P

910

서 세대로 이어지다(넘어가다); *ova boja prelazi u žuto* 이 색은 누런색으로 변한다; *ova bolest prelazi na ljude* 이 질병은 사람에게 전염된다; ~ *u glavi (u mislima, u pameti)* 회상하다, 상기하다; ~ *u krv* 습관이 되다, 제 2의 천성이 되다; ~ *u čije ruke,* ~ *na koga* ~에게 속하다

prećutan *-tna, -tno* (形) 암묵적인, 무언의; ~ *sporazum* 암묵적 합의

prećutati *-im,* **prećuteti** *-im* (完) **prećutkivati** *-kujem* (不完) 1. 침묵하다, 침묵을 지키다, 전혀 말을 하지 않다 2. (말을 하지 않고) 숨기다, 감추다; ~ *incident* 사고를 감추다; ~ *činjenice* 진실을 감추다

pred, preda (前置詞) 1. (+A) ~앞으로, ~앞에 (위치의 변화가 일어남; kuda로 묻는 의문문에 대한 대답으로); *preda nj je izašla žena* 그녀 앞으로 한 여자가 나왔다; *on je otišao* ~ *kuću* 그는 집 앞으로 나갔다 2. (+A) ~을 앞두고, 앞에; 무렵에, ~쯤에 (시간표시, kada로 묻는 질문에 대한 답으로); ~ *rat* 전쟁 전에; ~ *veče* 저녁 무렵에 3. (+I) ~앞에 (위치의 변화가 일어나지 않음, gde로 묻는 질문에 대한 대답으로); *on sedi* ~ *kućom* 그는 집 앞에 앉아 있다; ~ *vratima* 문 앞에; *odgovarati* ~ *sudom* 판사 앞에서 대답하다 4. (+I) ~에 직면한 (시간적으로 바로 앞에 있는); *biti* ~ *ispitom* 시험이 바로 코앞에 있다; *biti* ~ *streljanjem* 총살형에 직면하다 5. (+I) ~때문에 (행동의 원인·이유); ~ *ovom činjenicom* 이러한 사실 때문에 6. 기타; *nogu* ~ *nogu (ići)* 천천히(조심스럽게) (가다), 한 걸음 한 걸음 (가다); ~ *koga ići* (대화체) ~의 도착을 기다리다, 마중하다; *preda se ne dati kome* ~의 우위를 허용하지 않다

pred- (predu-) (接頭辭) 1. (동사와 함께) (본동사보다 앞서 행하는 동작, 혹은 이후에 행해지는 동작을 미리 결정하거나 예견하는 의미를 가짐); *predbeležiti* 미리 쓰다(표시하다); *preduhitriti* 능가하다; *predvideti* 예견하다 2. (형용사와 함께) ~보다 앞서 일어나는; *predispitni* 시험 전의; *predvečernji* 초저녁의; *pretprošli* 더 이전의 3. (명사와 함께) 앞에 놓여 있는 공간(장소) *predsoblje* 대기실, 맨 앞의 작은 공간; ~보다 앞서서 오는 것 *predjelo* 전채 요리; ~보다 더 높은 지위, 감독 *predvodnik* 리더, 지도자, 대표

predah 1. (한 번의) 호흡 2. 휴식, (일의) 멈춤 (잠시 동안); *u* ~*u rada, Petar bi gasio žeđ* 작업이 멈췄을 때, 페타르는 목을 축이고 싶

었다 3. 기타; *bez* ~*a (raditi)* 쉬지 않고 (일하다)

predahnuti *-nem* (完) 1. (한 번) 호흡하다, (한 번) 숨을 들이마시고 내쉬다 2. 안도하다, 안도감을 느끼다 3. 휴식을 취하다, (휴식을 취하기 위해) 잠시 동안 일을 멈추다

predaja 1. 전달, 배달 (isporuka, dostava); ~ *paketa (telegrama)* 소포 (전보) 배달; *rok* ~*e* 배달 기간 2. (업무의) 인계 3. (상·학위 등의) 수여; ~ *diploma (odlikovanja, nagrada)* 졸업증서 (훈장·상훈 등의) 수여 4. 항복, 투항; *pozvati nekoga na* ~*u* 투항할 것을 요구하다; *potpisati* ~*u* 항복문서에 서명하다 5. 대대로 전해져 내려오는 이야기; 전설 (predanje, legenda); *usmena* ~ 구전 전설

predajnik (무선의) 송신기, 발신기; *kratkotalasni* ~ 단파 송신기

predak *pretka; preci, predaka* 선조, 조상 **pretkinja**

predan *-a, -o* (形) 1. 참조 predati; 전달된, 건네진 2. 충실한, 헌신적인, 믿을만한 (odan, privržen, veran); *on je* ~ *svome poslu* 그는 자신의 일에 헌신적이다; *ona sad nema* ~*nijeg pokrovitelja i prijatelja nego što je taj starac* 그녀는 현재 그 노인보다 더 믿을만한 후원자겸 친구는 없다 3. 열심인, 부지런한 (marljiv); ~ *radnik* 부지런한 노동자 4. 열정적인, 온 힘을 쏟는 (oduševljen, zanesen); *u mladosti* ~ *borac za slobodu, u zrelijim godinama zatirač narodne slobode* 젊어서는 열정적인 자유수호자가 노년에는 민중들의 자유 파괴자였다

predaniti *-im* (完) 날(日)을 보내다(지내다), 낮을 보내다(지내다)

predanje 대대로 전해 내려오는 이야기; 전설, 일화 (predaja); *po* ~*u* 일화에 따르면

predati *predam; predaju, predao, -ala; predan & predat; predaj* (完) **predavati** *predajem* (不完) 1. 전하다, 전달하다, 넘겨주다, (업무 등을) 인계하다; 배달하다; ~ *paket (telegram)* 소포 (전보)를 배달하다; ~ *pismo (na poštu)* (우체국에서) 편지를 보내다(부치다); ~ *zločinca sudu* 범죄인을 법원에 인계하다; ~ *palicu* (계주에서) 바통을 넘기다; ~ *bogu dušu* 죽다, 사망하다; ~ *kome reč* 발언권을 주다 2. 수여하다, 하사하다; ~ *diplomu (nagradu)* 증서 (상)을 수여하다 3. (적에게) 항복하다, 투항하다; (경기 등을) 포기하다; ~ *partiju* 경기를 포기하

P

911

다; *vojnici su se predali neprijatelju* 병사들
은 적진에 항복했다 4. ~ se *nečemu* ~에 헌
신하다, 열심이다, 열과 성을 다하다, 탐닉하
다; *on se predao poslu* 그는 자신의 일에
열심이었다; ~ se *piću* 알코올 중독이 되다
5. (不完만) 가르치다, 강의하다; *predavati
matematiku* 수학을 강의하다; *predavati na
fakultetu (u gimnaziji)* 대학 (인문고등학교)
에서 가르치다 6. (돌봄을) 일임하다, 맡기다
7. (서류 등을) 제출하다, 송부하다; ~ *tužbu*
고소장을 제출하다 8. (보어 혹은 여격 형태
의 목적어를) 하다, 행하다, 실현하다; ~
grobu (grobnici, materi zemlji) 장례 지내다;
~ *javnosti* 발표하다, 공표하다; ~ *ognju* 불
사르다; ~ *zaboravu* 망각하다; ~ *račune* 정
산하다; ~ *raport* (軍) 보고하다
predavač 강사, 강연자 **predavački** (形)
predavanje 1. 강의; *održati* ~ 강의를 개최하
다, 강의하다 2. 수업; *ići na* ~a 수업하러 가
다; *držati* ~a 강의하다, 수업하다
predavaonica 강의실
predavati *predajem* (不完) 참조 predati
predbaciti *-im* (完) **predbacivati** *-cujem* (不完)
이의를 제기하다 (prigovoriti, zameriti,
prebaciti)
predbeležba 1. 미리 표시한 메모(표기) 2. 예
약, 부킹
predbeležiti *-im* (完) **predbeleživati** *-žujem*
(不完) 1. 미리 적다(적어놓다), 미리 기록하
다 2. 예약하다
predbježan *-žna, -žno* (形) 예비의, 일시적인,
잠정적인 (prethodan, privremen); ~
proračun 잠정적 평가
predbračnī *-ā, -ō* (形) 혼전(婚前)의
predbrojati *-im* **predbrojiti** *-im* (完) (신문 등
을) 구독하다, (인터넷·유료 TV채널 등을)
가입하다 (pretplatiti)
predbrojka (신문 등의) 구독신청, (유료 채널
등의) 가입 (pretplata, abonman)
predbrojnik (신문 등의) 구독신청자, (유료 채
널 등의) 가입자 (pretplatnik, abonent)
predenica (植) (덩굴식물) 실새삼
predenje (동사파생 명사) presti; (실을) 잣는
것, 방적
predeo *-ela* 1. 지역, 지방, 장소; *ptice zimi
sele u toplije predele* 새들은 겨울에 따뜻
한 곳으로 이동한다 2. 경치, 풍치, 풍광
(pejzaž)
predestinacija 운명 예정설
predestinirati *-am* (完) ~으로(~하도록) 운명
짓다, 미리 정하다

predgovor 서문, 머리말
predgovornik (집회 등에서) ~보다 앞서 발언
한 사람
predgrađe 교외, 교외에 위치한 마을; *živeti u*
~*u* 교외에 거주하다
predigra 1. (드라마·오페라 등의) 서막, 서곡;
(스포츠의) 본 경기 이전의 연습 경기;
artiljerijska ~ 포 공격 준비 2. (비유적) (중
요한 사건 등의) 서곡, 서막; 징후
predika 1. (교회의) 설교 (prodika) 2. 설교
(조의 잔소리); *očitati kome* ~u 심하게 나무
라다(꾸짖다, 잔소리하다)
predikaonica (교회의) 연단, 설교단
(propovedaonica)
predikat (文法의) 술부(述部), 술어(述語);
predikativan, predikatni, predikatski (形)
predilac *-ioca* 실 잣는 사람, 방적공 (prelac)
predilica 방적기, 방적 기계
predilja (여자) 실 잣는 사람, 여방적공
predio 참조 predeo
predionica 실 잣는 작업장, 방적 공장
predispit 예비 시험 (본 시험 이전의)
predisponiran *-a, -o* (形) ~하는 성향을 갖는,
~하기 쉬운, ~에 민감한; (병 등에) 잘 걸리
는, 취약한; ~ *za slikara* 화가적 성향을 가
진; ~ *za žuticu* 황달에 걸리기 쉬운
predistorija 1. 선사 시대 2. (어떤 것이 생겨
나거나 발생하기) 이전의 시대; ~
romantizma 낭만주의 이전의 시대
predistraga 예비 조사(본 조사 이전의)
predizbornī *-ā, -ō* (形) 선거 이전의, 선거전의;
~*a kampanja* 선거 캠페인; ~ *sastanak* 선
거 회의
predivo 1. (직물·편물용의) 실, 방적사(絲)
(pređa); *vuneno* ~ 소모사, 방모사 2. (실을)
잣는 것 (predenje) 3. 거미줄 (paučina);
paukovo ~ 거미줄 4. (植) 아마(亞麻) (lan)
predjel 참조 predeo
predlagač 제안자, 제청자
predlagati *predlažem* (不完) 참조 predložiti
predlog 1. 제안, 제의; *podneti (izneti)* ~ 제
안하다; *povući* ~ 제안을 철회하다 2. (文法)
전치사 **predloški, predložni** (形); ~*a
konstukcija* 전치사구
predložak *-ška* 견본(품), 모델 (uzorak,
model)
predložiti *-im* (完) **predlagati** *predlažem* (不完)
1. 제안하다, 제의하다; 제청하다; ~ *nekome
nešto* ~에게 ~을 제안하다; *on nam je
predložio da idemo u bioskop* 그 사람이 영
화를 보러 가자고 제안했다; ~ *nekoga za*

P

predsednika ~를 대통령으로 제청하다 2. 서면(書面) 제출하다, (서류 등을) 첨부하여 제출하다

predmet 1. 물건, 물체 (stvar); *metalni* ~ 금속제 물건; *veliki* ~ 큰 물체 2. (관심을 끌 만한, 연구를 해 볼 만한) 물질로서 존재하는 모든 것, 3. (논의 등의) 주제(대상·화제), (다뤄지고 있는) 문제(사안); ~ *analiza* 분석의 대상 4. (학교 등의) 과목, 교과목; *glavni* ~ 주요 과목; *školski* ~ 학교 교과목; *fakultativni (pomoćni)* ~ 선택(부수) 과목 5. (法) 건(件), 사건; (한 사람, 사건, 주제에 대한) 서류; ~ *optužbe* 고소 사건; ~ *podsmeha* 비웃음거리 6. (文法) 목적어 (objekat)

predmetak *-tka*; *-eci* (文法) 접두사 (prefiks)

predmetnī *-ā, -ō* (形) 참조 predmet

prednacrt 초안(草案); ~ *zakona* 법률 초안

prednapregnutī *-ā, -ō* (形) (콘크리트가) 강철선을 넣어 압축 응력을 받은; ~ *beton* 콘크리트 (강철선을 넣어서 강화한 것)

prednost (女) 이점, 장점, 어드밴티지; 선호, 애호; 우선(권) (prvenstvo, preimućstvo); *imati* ~ *nad (pred) nečim* ~에 대해 어드밴티지(우선권)가 있다; *dati* ~ *nečemu* ~에 대해 우선권을 주다

prednjačiti *-im* (不完) 1. (~보다) 앞서 가다, 앞에 가다; ~ *u koloni* 행렬의 앞에 서서 가다 2. 앞장 서다, (앞장서서) 이끌다(안내하다); *u oslobodilačkoj borbi naroda Jugoslavije prednjačila je radnička klasa* 해방 전투에서 유고슬라비아의 민중들을 이끈 것은 노동자 계급이었다 3. 뛰어나다, 특출나다; *on prednjači svemu* 그는 모든 면에서 뛰어나다; ~ *u poslu* 업무에서 가장 뛰어나다

prednjak 1. (~보다) 앞장서 가는 사람; *vojnik u koloni ide za svojim ~om* 행렬에서 병사는 앞 사람 뒤에 간다 2. (그룹의) 리더, 대표; (직장에서) 가장 실적이 좋은 사람 3. 앞니 (sekutić) 4. (文法) (복문의) 종속문 (주절에 앞서 나오는 종속절)

prednjī *-ā, -ē* (形) 앞의, 앞쪽의; ~*a strana* 앞면; ~ *zub* 앞니; ~ *pogon* 전륜구동; ~*a osovina* 앞차축

prednjonepčanī *-ā, -ō* (形) (음성학) 경구개음의; ~ *suglasnik* 경구개음

predobar *-bra, -bro* (形) 매우 좋은, 너무 훌륭한

predočiti *-im* (完) **predočavati** *-am* (不完) 1. (분명하게·생생하게) 보여주다, 제시하다;

rečima ~ *događaj* 말로 생생하게 사건을 보여하다 2. (주의를 기울이도록) 지적하다, 언급하다; 경고하다 (upozoriti); ~ *nekome nešto* ~에게 ~을 지적하다

predodrediti *-im*; **predodređen** (完) **predodređivati** *-đujem* (不完) 미리 정(결정)하다; *on je tu kuću predodredio svome sinu* 그는 그 집을 자신의 아들에게 주기로 미리 결정했다

predodžba (무엇에 대해 마음속으로 갖게 되는) 생각, 견해 (predstava); ~ *oproštaja* 작별에 대해 가지고 있는 생각

predohrana 위험 제거 수단(방법), 보호물(책) (zaštita)

predohraniti *-im* (完) **predohranjivati** *-njujem* (不完) (미리) 예방하다, 보호하다 (sačuvati)

predominacija 우위, 우세 (prevlast, nadmoć)

predominantan *-tna, -tno* (形) 우세한, 우위의, 지배적인; 두드러진, 보다 주요한 (nadmoćan, pretežan, prvenstven, (naj)znatniji); ~ *cilj* 주요 목표

predominirati *-am* (不完) (수적·양적으로) 지배적이다, 두드러지다; (영향력·중요도 면에서) 우위를 차지하다, 지배하다, 우세하다

predomisliti se *-im se* (完) **predomišljati se** *-am se* (不完) 1. (자신의) 의견(생각·결심)을 바꾸다, 마음을 바꾸다; *prvo je pristao, ali se posle predomislio* 처음에는 동의하였으나 후에 마음을 바꿨다; *ona se stalno predomišlja* 그녀는 계속 이랬다 저랬다 한다 2. (不完만) 주저하다, 망설이다 (kolebati se)

predomišljaj 1. 사전 계획 2. (法) 예모(豫謀), 고의; *ubistvo s ~em* 계획적 살인, 모살(謀殺)

predosećaj (본능적인) 예감, 육감

predoosećanje (동사파생 명사) predosećati; (본능적인) 예감, 육감 (predosećaj)

predosetiti *-im* (完) **predosećati** *-am* (不完) 예감하다; ~ *budućnost* 미래를 예감하다; ~ *bolest* 질병을 예상하다

predostrožan *-žna, -žno* (形) 조심스러운, 신중한 (smotren, oprezan)

predostrožnost (女) 조심(성), 신중(성); 예방책, 예방 조치(수단) (opreznost); *mere* ~*i* 예방책

predračun 예비 정산, 임시 견적

predradnja 예비 작업 (본 작업에 앞서 행해지는)

predrag *-a, -o* (形) 너무 소중한

predraonik (農具의) 위로 베는 보습, 삼각 보

P

913

습(쟁기의)

predrasuda 편견; *pun* ~ 너무 많은 편견

predrasudan *-dna, -dno* (形) 편견의

predratnī *-ā, -ō* (形) 전쟁 전(前)의, 전전(戰前)의; ~*o stanje* 전쟁 이전의 상태; ~ *roman* 전쟁 이전의 소설

predrevolucionaran *-rna, -rno* (形) 혁명 이전의

predriblati *-am* (完) predriblovati *-lujem* (不完) 1. (스포츠) (상대편 선수를) 제치고 드리블하다 2. (비유적) 속이다, 기만하다

predručenje (미용 체조) 손을 앞으로 올리기

predsedavajući *-ćega* (男) (이사회 등의) 의장

predsedavati *-am* (不完) (회의·의식 등을) 주재하다, 주도하다, 진행하다; *toj sednici predsedavao je potpredsednik* 그 회의를 부통령이 주재했다; *predsedavajući sudija* 주심 판사, 재판장

predsednik 1. (회의·총회·모임 등에서) 진행자, 주재자; 장(長), 의장 2. (각급 기관·단체 등의) 장(長); ~ *suda* 법원장; ~ *opštine* 구청장, 군수; ~ *gradske skupštine* 시장, 시의회 의장 3. (국가·정부 등의) 수장; 대통령, (국회)의장; ~ *republike* 공화국 대통령; ~ *vlade* 총리, 수상; ~ *skupštine* (국회) 의장 predsednica; predsednički (形)

predsedništvo 1. 대통령단, 의장단, 총재단; 그 사무실 2. 대통령직, 의장직, 총재직; 대통령

predsezona (관광·스포츠 등) 시즌 전

predskazanje 1. 징조, 조짐 (predznak); *rđavo* ~ 나쁜 징조 2. 예언 (proročanstvo)

predskazati *-žem* (完) predskazivati *-zujem* (不完) 예언하다, 예견하다; ~ *budućnost* 미래를 예언하다

predsoblje 현관 앞 전실(前室); *čovek* ~*a* 현관에서 주인(상관)을 대기하는 사람

predstava 1. (무엇에 대해 마음속으로 갖게 되는) 생각, 견해 (predodžba); *imati potpuno pogrešnu* ~*u o nečemu* ~에 대해 완전히 잘못된 생각을 가지다 2. 개념, 인식, 이해, 앎 (pojam, saznanje, shvatanje); *imati* ~*e o čemu* 무엇에 대해 알고 있다 3. (연극 등의) 공연, 상연; *pozorišna* ~ 극장 공연; ~ *počinje u 8 sati* 연극은 8시에 시작한다; *pripremati* ~*u* 연극을 준비하다

predstaviti *-im*; *predstavljen* (完) predstavljati *-am* (不完) 1. (마음속으로) 상상하다, 생각하다; *profesor nije mogao da predstavi da ja ne znam* 교수님은 내가 모른다고는 생각(상상)할 수 없었다; *ona*

predstavlja stvari bolje (boljem) nego što su* 그녀는 사건을 실제보다 좋게 생각한다 2. 소개하다, 인사시키다; ~ *nekoga nekome* 누구를 누구에게 소개시키다 3. 보여주다, 제시하다 (pokazati, prikazati); *Srbe su u komadima predstavljali kao junake* 그들은 연극에서 세르비아인들을 영웅으로 묘사했다 4. (~에 대한 자료를) 말하다, 진술하다, 보여주다; *ja ću vam* ~ *situaciju na sledeći način* 나는 다음과 같은 방법으로 상황을 설명할 것입니다 5. ~ se ~로 나타내지다, ~로 보여지다; *pisac se predstavio kao slikar palanke* 작가는 소읍지의 화가로 나타내졌다; *pokušali su da se predstave kao liberalni ljudi* 그들은 자신들을 자유주의자로 보여지도록 시도했다 6. ~ se 자신을 소개하다, (인사할 때) 자신의 이름을 말하다 7. ~ se 생각이 떠오르다, 생각이 나타나다; *u mislima mi se predstavio mlađim nego što jeste* 우리는 실제보다 젊다는 생각이 마음속에 떠올랐다

predstavka 진정서, 탄원서, 청원서 (주로 정부나 각 기관 등에 제출하는); *podneti* ~*u* 진정서를 제출하다

predstavljač 연기자, 배우 (glumac)

predstavljanje (동사파생 명사) predstavljati; (자기) 소개; 표현, 표시; 대변, 대표; *lažno* ~ 거짓 소개 (자신의 직업, 나이 등의)

predstavljati *-am* (不完) 1. 참조 predstaviti 2. (극장에서) 공연하다, 상연하다; ~ *komediju* 코메디를 공연하다 3. (누구를) 대리하다, 대표하다 (zastupati); ~ *sultana* 술탄을 대리하다; ~ *pokrajinu u skupštini* 국회에서 자치주를 대표하다; ~ *zemlju* 국가를 대표하다

predstavnik 대표(자), 대리인 predstavnica; predstavnički (形); ~ *dom* (미국 의회 등의) 하원(下院); ~*o telo* 대의 기관

predstavništvo 1. 지사, 지부, 지점; *oni imaju* ~ *u Londonu* 그들은 런던에 지사를 두고 있다 2. (외교) 공관 (대사관·영사관 등의), 대표부; *diplomatsko (trgovačko)* ~ 외교 공관 (무역 대표부)

predstojati *-ji* (完) (無人稱文) ~ 앞에 놓여 있다, 눈앞에 닥치다; *danas nam predstoji najteži deo puta* 오늘 우리앞에 도로의 가장 어려운 부분이 놓여 있다; *predstoji mu naporna duga noć* 그에게 힘들고 긴 밤이 눈앞에 닥쳤다

predstojećī *-ā, -ē* (形) 임박한, 다가오는, 눈앞에 닥친; ~ *praznici* 다가오는 공휴일; ~

914

kongres 다음 번 총회
predstojnik (단체·조직의) 장(長), 수장 (starešina, poglavar, šef) **predstojnica**
predstraža (軍) 전초 부대, 선발대 **predstražni** (形); ~ *odred* 전초 분대
predškolskī *-a, -ō* (形) 취학전의; *~o vaspitanje* 취학전 교육
predtakmičenje 오픈 경기 (본 경기에 앞서 진행되는)
predubeđenje (보통 부정적인) 선입견, 선입관 (preduverenje)
predubok *-a, -o* (形) 너무 깊은
predug *-a, -o* **predugačak** *-čka, -čko* (形) 너무 긴
preduhitriti *-im* (完) 1. ~ *nekoga* (다른 사람보다) 한 수 앞서다, 한 술 더 뜨다, 먼저 하다; *preduhitrio sam ih svojim rešenjem* 나는 그들 보다 먼저 해결책을 제시했다 2. (어떠한 조치가 행해지기 이전에) 먼저 제거하다(저지하다, 막다), 미연에 방지하다; *preduhitrio sam njihovo odbijanje naredbom* 나는 그들의 거절을 명령함으로써 미연에 막았다 3. 서둘러 하다(행하다); *kritičar je izrekao preduhitren sud* 비평가는 서둘러 한 평을 말했다
predujam *-jma* 1. (임금·지불금 등의) 선불, 선수금, 착수금, 계약금 (avans, akontacija) 2. (法) 보증금, 공탁금
predujmiti *-im* (完) 선불(선수금·착수금·계약금)을 지불하다; 선불(선수금·착수금·계약금)을 받다
predumišljaj 참조 predomišljaj
preduprediti *-im* (完) **predupređivati** *-đujem* (不完) 1. 미연에(적기에) 막다(예방하다, 저지하다, 방지하다); ~ *nesreću* 사고를 미연에 방지하다 2. 미연에(적기에) 알리다, 통지하다 (예방·저지·방지하기 위한 목적으로), 경고하다 (upozoriti)
preduslov 전제 조건, 선결 조건 (preduvjet)
predusresti *predusretnem*; *predususreo, -ela*; *predusretnut* (完) **predusretati** *-ćem* (不完) 1. (누구와) 만나다 (presresti); ~ *na putu* 길에서 만나다 2. 친절하게(상냥하게·우호적으로) 마중하다, 맞이하다, 영접하다; *ona me je vrlo lepo predusrela* 그녀는 아주 친절히 나를 영접했다 3. (비유적) 미연에 막다(방지하다·저지하다·예방하다); ~ *bolest* 미연에 병을 예방하다
predusretljiv *-a, -o* (形) 정중한, 친절한, 상냥한 (ljubazan); ~ *mladić* 친절한 청년
predusretljivost (女) 정중함, 친절함

preduvjet 전제 조건, 선결 조건 (preduslov)
preduzeće 회사, 기업; *raditi u ~u* 회사에서 일하다; *osnovati* ~ 회사를 설립하다; *ona radi u ~u za izvoz mesa* 그녀는 육류 수출 회사에 다닌다; *upravljanje ~ima* 회사 경영; ~ *za istraživanje* (여론 등의) 조사 회사; *trvoginsko* ~ 무역 회사; *saobraćajno* ~ 운송 회사; *izdavačko* ~ 출판 회사; *~a prehrambene industrije* 식품 가공 회사; ~ *transporta* 수송 회사; *spoljnotrgovinsko* ~ 무역 회사
preduzetan *-tna, -tno* (形) 융통성 있는, 적응력이 뛰어난, 재주 있는 (preduzimljiv)
preduzeti *preduzmem*; *preduzet* (完) **preduzimati** *-am* (不完) (행동·조치 등을) 취하다, 착수하다; (일 등을) 떠맡다, 맡다 (poduzeti); ~ *mere (korake)* 조치를 취하다; ~ *put* 여행을 떠나다, 길 떠날 채비를 하다; *Dragan preduzme posao od Sime* 드라간은 시마로부터 일을 인수한다
preduzetnik 소상공인; 하청 기업인
preduzimač 하청 기업인, 하청업자
preduzimljiv *-a, -o* (形) 1. 부지런한, 열심인 (vredan, marljiv) 2. 융통성 있는, 임기응변이 뛰어난, 재주 있는 (snalažljiv, preduzetan) 3. 오만한, 거만한 (drzak)
predvajati *-am* (不完) 참조 predvojiti; 둘로 나누다
predveče(r) 1. (名) 늦은 오후, 초 저녁 2. (副) 날이 어둑어둑해질 때에, 땅거미가 질 때에
predvečerje 1. 초 저녁, 늦은 오후 2. (종교 축일, 명절 등의) 전날 밤, 이브 3. (어떠한 사건이 일어나기 직전의) 시간; *u ~ rata* 전쟁 직전에 4. (宗) (교회의) 저녁 예배, 저녁 미사
predvečernjī *-ā, -ē* (形) 초 저녁의, 늦은 오후의; *~e senke* 늦은 오후의 그림자
predvideti *-im*; *predviđen* (完) **predviđati** *-am* (不完) 예견하다, 예상하다; ~ *zemljotres* 지진을 예견하다; ~ *smrt* 죽음을 예상하다; *predviđeni troškovi* 예상된 경비
predvidiv, predvidljiv *-a, -o* (形) 예견되는, 예상할 수 있는; *~a situacija* 예상할 수 있는 상황
predvodilac *-ioca*, **predvoditelj** (사회적 운동, 군대 등의) 지도자, 지휘관 (predvodnik)
predvoditi *-im* (不完) 1. 경영하다, 운영하다, 지휘하다, 인솔하다, 선도하다, 이끌다, 통솔하다; ~ *četu* 중대를 지휘하다; ~ *delegaciju* 사절단을 인솔하다 2. 선두에 서다; *na tabeli "Zvezda" predvodi ostale ekipe* "즈

P

915

베즈다"가 랭킹순위에서 다른 팀들에 앞서
있다

predvodnica 1. (軍) 전초 부대, 첨병대
(prethodnica) 2. 참조 predvodnik

predvodnik 1. (사회적 운동, 군(軍) 등의) 지
도자, 리더, 지휘관 (vođa); ~ vojske 군 지
휘관 2. 선도자, 선두에 선 사람; ~ mladih
snaga 청년 세대의 리더 3. (동물 무리 등의)
맨 선두에 선 동물, 길잡이 동물; bik ~ 소떼
들 중 맨 선두에 선 길잡이 소; ovan ~ 양떼
들 중 맨 앞에 선 길잡이 양

predvojiti -im (完) **predvajati** -am (不完) 둘로
나누다(쪼개다) (razdvojiti)

predvojnički -ā, -ō (形) 징집 전의, 징병 전의,
군 입대 전의; ~a obuka (대학 등의) 교련
훈련

predvorje 1. (건물의 정문 출입구 앞에 있는)
공간; ~ crkve 교회 정문 앞의 공간 2. (공
공기관 건물의) 현관, 현관 홀 (vestibil); ~
fakulteta 대학의 현관 홀 3. 전실(前室), 현
관 (predsoblje); ~ stana 아파트 현관 4.
(비유적) 서문, 머리말 (predgovor); ~
knjige 책의 서문

predznak -ci; 1. 조짐, 전조, 징후, 징조; rđav
~ 불길한 징조 2. (數) 부호, 기호 (+, - 등
의)

predznanje 사전 지식; neophodno ~ 필요한
사전 지식

predželudnik (動) 선위(腺胃; 새의 위(胃)의
한 부분. 봉긋하고 얇게 생긴 부분으로 모래
주머니의 앞에 있음)

pređa 1. (직물·편물용의) 실, 방적사 (울·아마
포·무명 등의) 2. (漁業) 그물의 한 종류 3.
거미 줄 (paučina)

pređašnjī -ā, -ē (形) 1. 이전의, 전(前)의; 앞
의; ~a vremena 이전의 시대; ~ susret 이
전의 만남; sin ~njeg kralja 선왕의 아들; o
tome sam pisao u ~njem pismu 그것에 대
해 나는 앞 편지에서 썼다 2. (文法) 과거의;
~e svršeno vreme 과거완료 시제, 아오리
스트(aorist); ~e nesvršeno vreme 과거미
완료시제 (imperfekat)

pređica 1. (지소체) pređa 2. (벨트·혁띠의) 버
클

prefabrikat 가공품, 가공 물품 (prerađevina)

prefabrikovati -kujem (完) (공장에서) 가공하
다

prefarbati -am (完) 다시 칠하다

preferans 카드 게임의 한 종류 (32장의 카드
를 가지고 3명이 하는)

preferencijal (보통 複數로) (양국 사이에 주는)

무역 특혜, 관세 특혜

preferencijalan -lna, -lno (形) 우선권이 있는,
우선적인, (관세 따위가) 특혜의; ~lna carina
특혜 관세; ~lna cena 우대 가격

preferirati -am, preferisati -šem (完,不完) ~
을 더 좋아하다(원하다), 선호하다

prefiks (文法) 접두사 (predmetak)

prefiksacija (文法) 접두사 첨가; dobijen ~om
접두사 첨가로 얻어진

prefinjen -a, -o (形) 너무 정제된, 너무 섬세
한, 너무 민감한; ~ ukus 너무 섬세한 입맛;
~a dikcicja 너무 다듬어진 어법; ~o
osećanje 너무 섬세한 감정

prefrigan -a, -o (形) 매우 영리한, 상황 판단
이 빠르고 기민한; 매우 교활한 (prepreden)

pregača 1. 앞치마 (kecelja) 2. (비유적) 가정
주부 3. 기타; visiti na (o) ~i 근심걱정이다;
misliš da će deca vazda visiti na tvojoj ~i?
아이들이 항상 네 치마꼬리만 잡고 있을 것
이라고 생각하느냐?

pregalac -aoca 근면 성실한 사람, 열심인 사
람

pregalaštvo 열심, 열성, 근면 성실

pregalj preglja; pregljevi & preglji (動) 진드
기 (기생충의 일종인)

preganjati -am (不完) 1. 참조 pregnati; 쫓다,
쫓아내다, 뒤쫓다 2. ~ se 서로 뒤쫓다;
deca se preganjaju oko drveta 아이들은 나
무 주위에서 서로 쫓고 쫓는다 3. ~ se (비
유적) 언쟁하다, 말다툼하다 (prepirati se);
~ se oko nečega ~을 놓고 말다툼하다;
nemam vremena da se do podne
preganjam s tobom 정오까지는 너와 언쟁
할 시간이 없다; supružnici se često
preganjaju zbog novca 부부는 돈 때문에
자주 다툰다 4. ~ se 경쟁하다, 다투다
(nadmetati se, takmičiti se); junaci se
preganjaju 영웅들이 서로 경쟁한다

pregaziti -im (完) 1. (물을 건너) 건너다, 저쪽
으로 건너다, 건너가다; ~ reku (걸어) 강을
건너가다 2. (자동차로) 밟다, 짓밟다; ~
pešaka 보행자를 치다(짓밟다); 3. 확실하게
승리하다(이기다), 패퇴시키다; „Zvezda" je
pregazila „Partizana" „즈베즈다"가 „파르티
잔"에 완승을 거두었다 4. 근절시키다, 절멸
시키다, 몰살하다 (satrti, uništiti); ~
neprijatelja u boju 전투에서 적을 완전히
몰살하다 5. 기타; pregazilo ga je vreme
(život) 그는 시대에 뒤떨어진 고물이 되었다,
그는 나이가 먹어 무능력해졌다

pregib 1. (몸·팔·다리 등을) 굽힘, 숙임

(pregibanje); ~ *ruke* 팔의 구부림 2. 굽은 곳, 구부러진 곳, 굴곡부, 만곡부 3. 관절, 연결부 (zglob); *ruke su ga bolele u ~ama* 그는 팔의 관절부가 아팠다 4. (廢語) (文法) 변화 (명사의, 동사의)

pregibač (解) 굴근 (몸을 구부리는 데 사용되는 근육)

pregibati *-am* & *-bljem* (不完) 1. (몸을) 숙이다, 구부리다 (savijati); ~ *kolena* 무릎을 구부리다 2. ~ se 숙여지다, 구부려지다 (savijati se); *telo se pregiba pri svakom oštrijem pokretu* 몸은 급격히 움직일 때 마다 굽혀진다 3. ~ se 인사하다, 절하다 (klanjati se); (文法) (명사가) 변화되다, 어형이 바뀌다

pregladneti *-im* (完) 1. (오랫동안 먹지 못해) 매우 배가 고프다 2. (오랫동안 갖고 있지 못해) 가져야 할 강한 필요성을 느끼다; ~에 굶주리다; ~ *od ljubavi* 사랑에 굶주리다

preglas (言) 모음 조화, 모음 동화

preglasati *-am* (完) **preglasavati** *-am* (不完) 1. 투표에서 이기다; *opozicija je preglasala vladine poslanike* 야당은 여당 국회의원들을 투표에서 이겼다 2. 투표하다, 투표로 결정하다; *poslanici su preglasali mnoštvo zakona* 국회의원들은 많은 법률들을 투표로 결정했다

pregled 1. 경관, 전망, 조망; *odavde imamo dobar ~ okoline* 여기에서 주변 경관을 잘 볼 수 있다 2. (의사의) 진료, 진찰; 조사, 분석; *lekarski ~* 의사 진료; ~ *bolesnika* 환자 진찰; ~ *mokraće* 소변 분석 3. 개관; 논평, 비평, 리뷰; ~ *jugoslovenskih književnosti* 유고슬라비아 문학 개관; ~ *vesti* 뉴스 논평; ~ *romana* 소설의 개관; ~ *istorije* 역사 개관 4. (모든 것이 제대로 되어 있는지 확인하기 위한) 점검, 검사, 검토, 대조 (kontrola, proveravanje); *carinski ~* 세관 검사; ~ *zadataka* 숙제 검사; *tehnički ~* (자동차의) (정기) 검사; ~ *računa* 회계 감사; *sanitarni ~* 위생 검사; *izvršiti ~* 검사하다, 점검하다; *puška na ~!* (軍) 검사, 총! 5. 견본, 모델 (uzorak, model)

pregledač 검사자, 검열관, 조사관

pregledan *-dna, -dno* (形) 쉽게 볼 수 있는; 분명한, 이해할 수 있는 (jasan, razumljiv)

pregledati *-am* (完) **pregledavati** *-am* (不完) 1. 조사하다, 검사하다, 점검하다; ~ *račune* 영수증을 점검하다; ~ *zadatke* 숙제(임무)를 점검하다; ~ *vojsku* 부대를 사찰하다; ~ *auto* 자동차 검사를 하다 2. (의사가) 진료하

다, 진찰하다; ~ *bolesnike* 환자를 진찰하다; *lekar ga je pregledao* 의사가 그를 진찰했다 3. (대충) 훑어보다; ~ *novine* 신문을 훑어보다

preglodati *preglođem* (完) 물어뜯다, 물어뜯어내다

preglup *-a, -o* (形) 너무 멍청한, 너무 너무 어리석은

pregnantan *-tna, -tno* (形) 1. 중요한, 상당한, 의미있는 (važan, znatan, značajan); ~ *zadatak* 중요한 임무; ~ *cilj* 의미있는 목표 2. 짧고 간결한, 분명한, 명확한, 재치있는

pregnati *-am* (完) 쫓다, 쫓아내다, 추방하다 (preterati, pognati, oterati)

pregnuće 열심, 노력, 분투 (napor)

pregnuti *pregnem; pregao, -gla* & *pregnuo, -ula* (完) **pregibati** *-am* & *-bljem* (不完) 숙이다, 구부리다, 굽히다 (saviti, sagnuti)

pregnuti *-nem* (完) 1. (~하는데) 모든 힘을 쏟아 붓다, 열과 성을 다하다; ~하기 시작하다; ~ *na posao* 일에 온 힘을 기울이다; ~ *sve snage* 온 힘을 쏟아 붓다 2. 결정하다, 결정되다; ~ *na putovanje* 여행을 결정하다 3. 용기를 내다, 용감해지다 (odvažiti se, osmeliti se)

pregojiti se *-im se* (完) 너무 뚱뚱해지다, 과도하게 비만해지다

pregoniti *-im* (不完) 1. 참조 pregnati 2. 과도하게 쫓다, 추격하다; ~ *konja* 말을 뒤쫓다 3. (비유적) 한계(경계선)를 넘다, 과장하다, 과도하게 ~하다; ~ *u piću* 술을 지나치게 마시다 4. ~ se (매매에서) 유리한 위치를 점하려고 노력하다; *oko kuće se cenjka i pregoni već tri nedelja* 주택을 두고 흥정을 하며 벌써 3주 동안 유리한 위치를 점하려고 노력하고 있다 5. ~ se 언쟁하다, 다투다 (prepirati se, svađati se)

pregor 희생 (타인을 위한) (požrtvovanje)

pregoreti *-im* (完) **pregorevati** *-am* (不完) 1. (불·전구 등이) 다 타다, 과열되어 고장나다; *sijalica je pregorela* 전구가 나갔다; *gomila pregorelih kostiju* 완전히 불에 탄 뼈의 한 무더기 2. (음식 등이) 새까맣게 타다; *hleb je pregoreo* 빵이 다 탔다; *pečenje je pregorelo od jake vatre* 바베큐가 너무 강한 불 때문에 다 탔다 3. 지글지글 끓다, 활활 타오르다, 작열하다 (태양이); *sunce je pregorelo ovih dana* 태양이 요 며칠 작열했다 4. (비유적) 강렬한 열망(바람·희망)에 사로잡히다 5. (비유적) 서서히 회복하다, 이겨내다, 극복하다 (손실·사고·불행·모독 등

917

을); ~ *uvredu* 모독을 이겨내다; ~ *štetu* 손
해를 극복해 내다 6. 희생하다; *on je sve
pregoreo za tebe* 그는 너를 위해 모든 것
을 희생했다 7. 기타; *pregorele noge do
kolena* 걸어다닐 수 없게 되었다, 하반신 마
비가 되었다; ~ *sebe*, ~ *svoj život* 죽음을
무릅쓰다, 목숨을 맡기다; *pregorela je
krava* (송아지가 젖을 빨지 않고 젖도 짜지
않아) 젖이 마른 젖소를 말할 때 사용하는
말

pregovarati *-am* (不完) 협상하다, 교섭하다; ~
o nečemu ~에 대해 협상하다

pregovor (보통 複數로) ~*i* 협상; *voditi* ~*e* 협
상하다, 교섭하다

pregovarač 협상자, 교섭자 **pregovarački** (形);
~ *duh* 협상 정신; ~ *sto* 협상 테이블; ~*o
ovlašćenje* 협상 권한 위임

pregrada 1. (하나의 공간을 두 개의 공간으로
분리시키는) 얇은 벽, 칸막이 2. (비유적) 다
른 것과 분리시키는 것; 장애물 3. 칸, 나눔,
분리 (pregrađivanje, pregradnja); ~ *(u
fioci)* (서랍) 칸

pregradak *-tka* 1. 칸막이 (pregrada) 2. 칸
(책장·금고 등의)

pregraditi *-im*; *pregrađen* (完) **pregrađivati** *-
đujem* (不完) 1. 칸막이로 분리하다. 칸막이
를 세우다; (칸막이 등으로) 막다, 분리하다;
~ *put stablom* 통나무로 길을 막다; ~ *sobu*
방을 분리하다; ~ *reku* 강에 댐을 건설하다
2. (아파트 등을) 리모델링하다 (adaptirati);
~ *prostor u stanu* 아파트의 공간을 리모델
링하다

pregrejati *-em* (完) **pregrevati** *-am*,
pregrejavati *-am* (不完) 1. 너무 데피다; ~
mleko 우유를 너무 데피다 2. ~ *se* 너무 데
워지다; *supa se pregrejala* 수프가 너무 데
워졌다

pregristi *pregrizem*; *pregrizao*, *-zla*;
pregrizen, *-ena* (完) **pregrizati** *-zam* (不完)
1. 깨물어 끊다(자르다); ~ *konac* 실을 깨물
어 끊다 2. (비유적) 조금 먹다; *nešto* ~ 뭔
가를 조금 먹다 3. 기타; ~ *jezik* 갑자기 침
묵하다; *pregrizao jezik* 뭔가 모욕적이고 좋
지 않은 말을 하는 사람을 나무랄 때 하는
말

pregrmeti *-im* (完) 1. 천둥이 멈추다, 천둥소
리가 멈추다; *pregrmelo je* 천둥 번개가 멈
췄다 2. (비유적) (곤란·어려움 등을) 겪다,
당하다 (pretrpeti, preživeti); *pregrmeli
smo ono najteže* 우리는 가장 힘든 일을 겪
었다; ~ *nesreću* 불행을 겪다; ~ *rat* 전쟁을

겪다

pregršt (女, 드물게 男) 1. 한 줌, 한 웅큼 2.
(비유적) 아주 적은 양; 소수의 사람들

pregrupirati *-am*, **pregrupisati** *-šem* (完) (조
직을) 재편성하다, 재정비하다; (그룹·집단을)
다시 나누다, 재분류하다

prehistorija 참조 preistorija; 선사(先史), 선
사 시대 **prehistorijski** (形)

prehlada 감기 (nazeb)

prehladan *-dna*, *-dno* (形) 너무 추운 (차가운);
~*dno piće* 너무 차가운 음료; ~*dno jutro* 너
무 추운 아침

prehladiti *-im*; *prehlađen* (完) **prehlađivati** *-
đujem* (不完) 1. 너무 차갑게 하다; ~ *nešto*
식히다, 차갑게 하다; *prehlađena voda* 너무
차가운 물 2. 너무 차가워지다 3. ~ *se* 감기
에 걸리다

prehrana 식품, 음식 (hrana); 음식을 주고 받
는 것; 부양, 부양금 (izdržavanje, ishrana);
prirodna ~ 모유 수유; *umjetna* ~ 분유 수
유; **prehramben** (形); ~*a industrija* 식품 산
업

prehraniti *-im* (完) 1. ~에게 음식(먹을 것)을
주다, 먹여 살리다; (가족을) 부양하다; ~
decu 아이에게 먹을 것을 주다 2. 너무 많
이 먹이다(건강에 해로울 정도로) 3. ~ *se* 음
식물을 섭취하다

preimenovati *-nujem* (完) 다른 이름(명칭)으
로 부르다, 개명하다, 고쳐 부르다; ~ *ulicu*
거리의 명칭을 바꾸다(개칭하다)

preimućnost (女) 참조 prednost

preimućstvo 1. 이점, 장점, 어드밴티지; 우선,
우선권 (prednost); *dati* ~ *nekome* ~에게
어드밴티지를 주다; ~ *mladih ljudi* 젊은 사
람들의 이점 2. 특혜, 배타적 권리
(povlastica, privilegija); ~ *plemića* 귀족의
특혜

preinačiti *-im* (完) **preinačavati** *-am*,
preinačivati *-čujem* (不完) 바꾸다, 변경하다,
고치다, 수정하다 (izmeniti, promeniti); ~
plan 계획을 바꾸다; ~ *presudu* 판결을 뒤
집다; ~ *odluku* 결정을 바꾸다

preispodnī *-ā*, *-ō* **preispodnjī** *-ā*, *-ē* (形) 가장
나쁜, 최악의 (najgoriji); ~*a budala* 세상에
서 가장 멍청한 놈

preispoljnī *-ā*, *-ō* (形) 참조 preispodni

preistorija 선사(先史), 선사 시대
preistorijski (形)

preizdati *-am* (完) 재출판하다, 재발행하다

prejahati *-šem* (完) 1. 말을 타고 건너다(건너
가다); ~ *razdaljinu* 먼 거리를 말을 타고 가

다; ~ *polje* 들판을 말을 타고 가다 2. 피곤
할 정도로 말을 오래 타다, 말을 오래 타서
피곤해지다 3. (일정 시간) 말을 타다; ~
popodne 오후에 말을 타다

prejak *-a, -o* (形) 너무 강한(힘 센); *ovaj
duvan je* ~ 이 담배는 너무 독하다

prejaziti *-im* (完) 수로(水路;jaz)를 내다(만들
다); 댐을 건설하다; ~ *reku* 강에 댐을 건설
하다

prejesti se *prejedem se* (完) **prejedati se** *-am
se* (不完) 너무 많이 먹다, 과도하게 많이 먹
다, 과식하다; *prejeo se* 과식했다

prejudicirati *-am* (完, 不完) 1. 편견을 갖다,
미리 앞서 결론짓다 2. (~에 대한 판단에)
해를 끼치다

prek *-a, -o*; 比 *preči* (形) 1. 가로놓인, 횡단
의 (反; uzdužan); *krenuti prečim ulicama*
횡단도로로 가다 2. 가로지른, 가장 짧은
(najkraći); ~*i put* 지름길; *on je rekao da
ide naokolo, a ovo je ~i put* 그는 돌아간다
고 말하지만 이 길은 가장 빠른 길이다 3.
직접적인, 갑작스런 (neposredan, nagao); *u
slučaju ~e opasnosti za javnu sigurnost* 공
공질서에 직접적인 위협의 경우; ~*a smrt* 급
작스런 죽음; ~*i sud* 즉결 재판, 약식재판,
(전지(戰地)에서 여는) 임시 군법 회의 4. 급
한, 긴급한 (hitan); *imam ja prečega posla*
더 급한 일이 있다; ~*a potreba* 긴급한 필요
5. 중요한, 더 값진 (važan, koji je veće
vrednosti); *komšija je nekad preči od brata*
이웃사촌이 형제보다 더 소중한 시절도 있었
다; ~*i prijatelj* 소중한 친구 6. 욱하는 성질
의, 화를 잘 내는; *nisu ga voleli jer je bio
gord,* ~ *i nepristupačan* 사람들이 그를 좋
아하지 않았는데 거만하고 성질을 잘 내며
비사교적이었기 때문이다 7. 거친, 잔인한,
무자비한 (grub, surob, nemilostiv); ~*a
odluka* 잔인한 결정 8. (명사적 용법으로)
욕설 (psovka)

prekalajisati *-šem* (完) 주석(kalaj)도금하다

prekaliti *-im*; *prekaljen* (完) **prekaljivati** *-
ljujem* (不完) 1. (쇠붙이 등을) 담금질하다,
(쉽게 깨지거나 하지 않도록) 더 단단하게
(질기게) 만들다, 강화하다; ~ *gvožđe* 무쇠
를 담금질하다 2. (비유적) (힘든 것, 어려움
등을 이겨낼 수 있도록) 단련하다, 담금질
하다, 훈련하다, (사람을 더) 강인하게 만들
다; ~ *dušu* 정신을 단련시키다; ~ *telo* 육체
를 단련하다 3. ~ **se** 단련되다, (쉽게 깨지거
나 하지 않도록) 더 단단하고 질기게 되다,
강화되다; *prekalio se u ratu* 전쟁이 그를

더 강인하게 만들었다; *mladić se prekalio
na mukama* 젊은이는 고통속에서 단련되었
다 4. ~ **se** 담금질되다, 담금질되어 더 단단
해지다; *gvožđe se prekalio* 무쇠는 담금질
되어 더 단단해졌다

prekaljen *-a, -o* (形) 1. 참조 prekaliti; 담금
질 된 2. 악명 높은, 악명이 자자한, 고질적
인 (ozloglašen, nepopravljiv); ~ *lopov* 악
명 높은 도둑 3. 경험 많은, 검증된, 노련한;
~ *borac* 경험 많은 전사; ~ *pilot* 노련한 비
행 조종사

prekardašiti *-im* (完) (~을) 과도하게 하다, 과
하게 하다 (preterati)

prekasno (副) 너무 늦게

prekid 1. (일시적인) 중단, 휴식, 휴가, 쉬는
시간; 단절; *bez ~a* 쉬지 않고; ~ *veza* 관계
단절; ~ *vatre* 휴전; ~ (diplomatskih)
odnosa (외교)관계 단절; ~ *struje* 단전(斷
電); *raditi na ~e (s ~ima)* 단속적으로 일하
다; *(veštački)* ~ *trudnoće* (인공) 중절 2. 끊
어진(단절된) 곳; *sigurno je prekinuta žica,
moram da tražim* ~ 줄이 끊어진 것이 확실
하다, 끊어진 곳을 찾아야겠다

prekidač (전기) 스위치; 회로 차단기, 전기 차
단기

prekinuti *-nem* (完) **prekidati** *-am* (不完) 1.
끊다, 자르다 (raskinuti, preseći); ~ *konac
(kanap, pertlu)* 실 (노끈, 신발 끈)을 끊다
2. 중단하다(시키다), 정지하다(시키다) 멈추
다; ~ *rad (muziku, saobraćaj)* 작업(음악,
차량 운행)을 중단하다(시키다); ~
diplomatske odnose 외교 관계를 단절하다;
~ *nekoga* 방해하다; ~ *struju* 전기를 끊다
3. (관계·교우 등을) 중단하다, 끊다; ~ *s kim*
~와의 관계를 끊다 4. (평화·고요·침묵 등을)
깨다 5. (말·연설 등을) 중단시키다, 방해하
다; ~ *govor* 연설(발언)을 중단시키다 6. 건
강을 급격하게 해치다, 심장마비를 겪다; (엔
진이) 꺼지다, 접화하지 않다; *motor
prekida* 엔진이 꺼진다 (힘없는 소리를 내며)
7. ~ **se** 끊어지다, 중단되다; *žica gitare se
prekinula* 기타줄이 끊어졌다 8. ~ **se** 갑자
기 말을 멈추다, 한 순간에 입을 꽉 다물다
9. 기타; ~ *dinar,* ~ *paru* 유혈 복수를 멈추
다, 화해하다; ~ *štap nad kim* ~에 대해 최
종적인 판결을 내리다; *prekinuti snošaj* 질
외 사정하다; *prekide mu se dah (reč),
prekide se živ(a)* 엄청난 공포(두려움)를 느
끼는 사람에게 하는 말; *prekide joj se život*
힘이 다 떨어져 간다; *prekide mu se pupak*
그에게 예기치 않은 나쁜 일이 일어났다;

P

prekinuti se od smeha 포복절도하다

prekipeti *-pi* (完) 1. 끓어 넘치다; *prekipelo je mleko* 우유가 끓어 넘쳤다 2. (비유적) (분노 등이) 폭발하다, 치밀어 오르다; *on je prekipeo, i svašta joj je kazao* 그는 분노가 폭발하여 그녀에게 별별 말을 다 했다; *prekipelo mi je* 나는 분노가 끓어 올랐다

prekivati *-am* (不完) 참조 prekovati; (쇠 따위를) 다시 불리다

prekjuče(r) 그제, 그저께

preklad 난로(화로) 안의 장작 받침쇠(대)

preklane, preklani (副) 재작년에 (比較 lane; 작년에)

preklanjati *-am* (不完) 참조 **prekloniti** (고개·나뭇가지 등을) 구부리다, 숙이다, 굽히다

preklanjskī *-ā, -ō* (形) 재작년의

preklapalo 말을 많이 하는 사람, 수다쟁이 (brbljivac)

preklapati *-am* (不完) 1. 참조 preklopiti; 접다 2. (비유적) 별별 말을 다 하다, 수다를 떨다; ~ *koješta* 별별 것에 대해 수다를 떨다 3. (비유적) 이의를 제기하다, 비판하다, 잘못된 것을 지적하다 4. ~ se 겹치다, 포개지다

preklati *prekoljem* (完) 1. (목을 따서) 죽이다, 살해하다; ~ *ovcu* 양을 목을 따 죽이다 2. (비유적) 찌르는 듯한 격렬한 통증을 느끼다 (žignuti, sevnuti); *nešto ga bolno prekla pod pasom* 그는 혁대 밑에 뭔가가 찌르듯 아프다 3. (비유적) 황폐화시키다, 멸망시키다, 파멸시키다 (upropastiti, uništiti)

preklinjati *-em* (不完) (맹세하면서) 간청하다, 애원하다, 부탁하다

prekloniti *-im* (完) **preklanjati** *-am* (不完) 1. (머리·나뭇가지 등을) 구부리다, 숙이다, 굽히다 (sagnuti, saviti); ~ *glavu* 머리를 숙이다 2. ~ se 머리를 숙여 존경을 표시하다, 절하다 (pokloniti se) 3. ~ se *nekome* 굴복하다, 항복하다 (pokoriti se, potčiniti se)

preklopiti *-im*; *preklopljen* (完) **preklapati** *-am* (不完) 1. 접다, 접어 포개다; ~ *okovratnik* 깃을 접다 2. (뚜껑 등을) 덮다 3. ~ se 겹치다, 포개지다

preklopnī *-ā, -ō* (形) 접을 수 있는; ~ *most* 도개교(들어올릴 수 있는 다리); ~ *bicikl* 접이식 자전거

preklopnik 1. (라디오의) 다이얼 2. 전기 스위치 (šalter)

preknjižiti *-im* (完) **preknjižavati** *-am* (不完) (한 계좌에서 다른 계좌로) 송금하다, 계좌 이체하다

preko (前置詞, +G) 1. 건너서, 가로질러 (한 쪽에서 다른쪽(반대쪽) 방면으로의 이동 혹은 위치를 나타냄); ~ *ulice (reke)* 길(강) 건너; ~ *puta* 길 반대편에 2. ~ 이상의, ~이 넘는 (한도·경계·기준·일정량 이상의); *voda će mu biti ~ glave* 수면은 그의 머리보다 높아질 것이다; ~ *mere* 과도하게; ~ *ramena* 어깨보다 높게; ~ *sto godina* 백 년 이상의 3. ~ 동안, ~(하는)중에 (시간의 지속을 나타냄); ~ *leta (godine, dana)* 여름(일년, 낮) 동안 4. ~에 반(反)하여, 반대로, 상반되게; *on je to uradio ~ moje naredbe* 그는 내 명령에 반하여 그것을 했다; ~ *volje (srca)* 마지못해, 의사에 반하여 5. ~을 통해, ~의 도움으로, ~로 (일을 수행하는 수단·방법을 나타냄); ~ *telefona* 전화로; ~ *televizije (radija)* 텔레비전(라디오)를 통해; *isposlovati nešto ~ veza* 연줄을 통해 ~하다; *upoznali su se ~ pisama* 편지를 통해 서로 알게 되었다; ~ *štampe* 출판물(신문)을 통해 6. ~ 이외에 (예외를 나타냄) (osim); *nemamo ništa ~ onoga što vam je poznato* 당신이 알고 있는 것 이외에 우리는 아무것도 없다 7. 기타; ~ *reda* (순서를 지키지 않고)새치기로, 순서가 뒤바뀌어; *preći ~ nečega* 용서하다; *meni je sve već ~ glave!* 더 이상은 곤란해!; *traži hleba ~ pogače* 그는 가진 것에 만족하지 않고 더 많은 것을 원한다(요구한다)

preko (比; *preče*) (副) I. 1. 분명히, 솔직하게, 직접적으로 (jasno, otvoreno, direktno); *kaži mi sve, čisto i ~, bez okolišenja* 내게 모든 것을 말해, 있는 그대로 솔직하게, 말 돌리지 말고 2. 무조건적으로, 반드시; 아주, 매우 (bezuslovno, neophodno; jako, izrazito); *vama je ~ nužno da dobijete zajam* 당신은 융자를 받는 것이 무조건 필요합니다 3. 아주, 상당히 (veoma, u velikoj meri); *sve je to ~ obično* 그것은 상당히 보편적이다 4. 갑자기, 급히, 단번에 (naglo, odjednom, iznenada); *on ~ poginu* 그가 갑자기 죽었다 5. 화를 내며, 분하여, 적의적으로 (ljutito, srdito, neprijateljski); ~ *pogledati* 화난듯이 쳐다보다 6. 냉소적으로 무시하듯이 (s omalovažavanjem, prezirno); ~ *odgurnuti od sebe* 자기로부터 무시하듯이 밀쳐내다 7. 독단적으로, 자의적으로, 잔인하게 (samovoljno, nemilosrdno); ~ *suditi* 자의적으로 심판하다 II. (위치·장소 또는 한 쪽에서 다른 쪽으로의 이동을 말할 때) 8. 맞은편에, 건너편에; *kuća je stojala ~, kraj* *puta* 가옥은 건너편, 길 끝에 서 있었다; *on je bio ~* 그는 건너편에 있었다 9. 맞은편 쪽으로, 건너편 쪽으로; *brod vozi ~ i nazad* 선박을 맞은편 쪽으로 몰다가 되돌아온다 10. (전치사 od와 함께) ~의 맞은 편에; *baš ~ od hotela nalazi se bazen* 호텔 바로 맞은 편에 풀장이 있다; *između prozora i vrata starinski divan, preko od njega mala peć* 창문과 문 사이에 오래된 소파가 있으며, 그 소파 반대편에 작은 벽난로가 있다 11. (명사적 용법으로) 맞은편, 건너편; *doplivali su do ~a* 그들은 맞은편까지 헤엄쳐 갔다 12. 기타; *~ preče naokolo bliže* 지름길이 험한 길이 될 수 있다, 지름길로 간다고 빨리 당도하는 것은 아니다; *duž i ~, i ~ i uzduž* 사방에서

prekoatlantskī *-ā, -ō* (形) 대서양 횡단의, 대서양 건너편의; ~ *letovi* 대서양 횡단 비행

prekobrojan *-jna, -jno* (形) 필요 이상의, 여분의

prekomanda (軍) 전임(轉任), 전속, (인사) 이동

prekomandirati *-am,* **prekomandovati** *-dujem* (完) 전임시키다, 이동시키다; ~ *oficira* 장교를 전임시키다

prekomeran *-rna, -rno* (形) 과도한, 지나친; ~ *zahtev* 과도한 요구; *~rna aktivnost* 과도한 활동

prekomorac *-rca* 바다 건너 저쪽편에 살고 있는 사람

prekomorskī *-ā, -ō* (形) 바다 건너의, 바다 너머에 사는(있는); 바다를 항해하는, 대양 횡단의; ~ *brod* 대양 횡단 선박; *~a plovidba* 대양 횡단 항해; ~ *čaj* 물건너 온 차(茶); *prekomorske zemlje* 바다 건너의 외국; *~e rastinje* 물 건너온 식물

prekonoć (副) 1. 밤사이, 밤 동안; ~ *se razboleo* 그는 그 밤 사이 병이 났다 2. (비유적) 하룻 밤 사이에, 단번에, 단숨에 (brzo, naglo); *ne može promeniti ~* 눈 깜짝할 사이에 바꿀 수는 없다

prekonosirati *-am* (不完) (非文語) ~ *nekome* 끊임없이 잔소리하다 (잘못을 지적하다, 이의를 제기하다)

prekontrolirati *-am,* **prekontrolisati** *-šem* (完) 감독하다, 감시하다

prekookeanskī *-ā, -ō* (形) 대양 너머의, 대양 너머에 있는; 대양 횡단의; ~ *brod* 대양 횡단 선박; *~o putovanje* 대양 횡단 여행

prekopati *-am* (完) 1. 땅을 파 뒤집다 (흙을 잘게 부수다); ~ *njivu* 밭을 갈다 2. (땅을)

파다, 파헤치다; ~ *kanal* 수로를 파다 3. (비유적) 파헤치다, 조사하다; ~ *dokumentaciju* 서류를 파헤치다(무엇인가를 찾으면서)

prekopirati *-am* (完) 필사하다, 베껴쓰다

prekoputa 1. (前置詞, + G) 건너편에, 맞은편에, 마주보는; *on sedi ~ mene* 그는 내 맞은 편에 앉아 있다 2. (副) 건너편에, 맞은 편에; *otišao je ~ da mi nešto kupi* 그는 내게 뭔가를 사주려고 건너편으로 갔다; *sedi tu ~* 거기 맞은 편에 앉아!

prekor 책망, 질책, 비난 (ukor)

prekoračenje (동사파생 명사) prekoračiti; 선(한계·경계)을 넘음; 초과, 위반, 침해, 침범; ~ *zakona* 법률 위반; ~ *budžeta* 예산 초과; ~ *rokova* 기한 초과

prekoračiti *-im* (完) **prekoračavati** *-am,* **prekoračivati** *-čujem* (不完) 1. 넘다, 뛰어넘다, 건너뛰다; ~ (*kućni*) *prag* 문지방을 넘다 (집 안으로 들어가다); ~ *rupu na putu* 길에서 구멍을 건너뛰다 2. (비유적) 선(경계선·한계선)을 초과하다, 넘다, 초월하다; ~ *granicu* 범위를 뛰어넘다; ~ *najvišu dozvoljenu brzinu* 허용된 최대 속도를 초과하다(과속하다) 3. (법률 등을) 짓밟다, 위반하다 (narušiti, pogaziti); ~ *zakon* 법률을 위반하다

prekoramenice (女,複) (바지) 멜빵, 어깨끈 (naramenice)

prekoran *-rna, -rno* (形) 질책하는, 책망하는, 비난하는; ~ *pogled* 질책하는 시선

prekoredan *-dna, -dno* (形) 비순차적인, 특별한; *~dna sednica* 임시(특별, 비정기) 회의

prekoriti *-im* (完) 비난하다, 책망하다, 질책하다 (ukoriti, pokuditi)

prekositi *-im* (完) (풀 등을) 베다, 깎다 (자기 소유가 아닌 남의 초원에서)

prekostojnice (女,複) (船泊) 초과 정박(碇泊); 일수(日數) 초과료

prekosutra (副) 모레, 모레에 (preksutra)

prekosutrašnjī *-ā, -ē* (形) 모레의

prekovati *-kujem* (完) **prekivati** *-am* (不完) (쇠 따위를) 다시 불리다; 고쳐 만들다

prekovremenī *-ā, -ō* (形) 초과 시간의, 초과 근무의, 시간외 근무의; ~ *rad* 시간외 근무, 잔업 근무

prekraćivati *-ćujem* (不完) 참조 prekratiti; (길이·시간·지속 시간 등을) 짧게 하다, 단축하다

prekrajati *-am* (不完) 참조 prekrojiti; (옷을) 고치다

prekrasan *-sna, -sno* (形) 1. 너무 아름다운 2.

P

매우 좋은(뛰어난) 3. 비범한

prekratiti *-im; prekraćen* (完) **prekraćivati** *-ćujem* (不完) 1. (길이·시간·지속 시간 등을) 짧게 하다, 단축시키다, 감소시키다; ~ štap 지팡이를 짧게 하다 2. 중단시키다 (prekinuti); ~ *život* 삶을 중단시키다 3. 기타; ~ *vreme igranjem karata* 시간이 빨리 지나가게 카드놀이를 하다

prekrcati *-am* (完) **prekrcavati** *-am* (不完) 1. 짐을 옮겨 싣다; ~ *robu na drugi brod* 화물을 다른 선박에 옮겨 싣다 2. (짐을) 과적하다, 중량을 초과하여 싣다; ~ *brod* 배에 짐을 과적하다 3. ~ **se** 차를 바꿔타다, 환승하다

prekrenuti *-nem* (完) **prekretati** *-ćem* (不完) 1. 돌리다, 선회하다 (위를 아래쪽으로, 안쪽을 바깥쪽으로 등) (obrnuti); ~ *lonac* 냄비를 돌리다; ~ *kola* 자동차를 전복시키다 2. (한 그릇에서 다른 그릇으로) 따르다 (preliti, pretočiti) 3. ~ **se** 돌다, 뒤집어지다 (한 쪽에서 다른 반대 쪽으로) 4. ~ **se** 넘어지다, 쓰러지다 (pasti, oboriti se)

prekret 1. 회전, 선회, (방향)전환 (okret, obrt) 2. 선회 지점, 반환 지점 3. (비유적) 전환기, 급격하고 근본적인 변화가 일어나는 시점 (preokret)

prekretan *-tna, -tno* (形) 전환의, 반환의, 선회의; *~tna tačka* 전환점

prekretnica 1. 사거리, 갈림길 (raskrsnica, raskršće) 2. (비유적) 전환점, 전환기, 급격한 변화의 시기 (preokret, zaokret); *istorijska ~* 역사적 전환기; *za mene je narodnooslobodilačka borba je bila ~ života* 나에게 민중해방 전쟁은 인생의 전환점이었다

prekriliti *-im* (完) **prekriljivati** *-ljujem* (不完) 1. 완전히 덮다(뒤덮다), 가리다; *oblaci su prekrili nebo* 구름이 하늘을 완전히 가렸다; *mrak je prekrilio grad* 어둠이 도시를 뒤덮었다 2. (표면에) 펼쳐지다, 퍼지다 (raširiti se, rasprostraniti se); *ptice prekrilile polje* 새들이 들판을 완전히 뒤덮었다

prekriti *prekrijem; prekrit, -a & prekriven, -ena* (完) **prekrivati** *-am* (不完) 1. 덮다, 씌우다, 가리다 (위로부터); *prekrio se preko glave* 머리에 뒤집어 쓰다; *sneg je prekrio polja* 눈이 들판을 완전히 덮었다 2. 숨기다, 감추다 (prikriti, sakriti); ~ *pogrešku smehom* 잘못을 웃음으로 숨겼다 3. (비유적) (감정 등이) 휘감다, 휩싸다 (obuzeti, zahvatiti); *srce joj prekri tuga* 슬픔이 그의

마음을 휘감았다

prekrivač 덮는 것, 덮어 씌우는 것; 덮개, 가리개 (pokrivač)

prekrivati *-am* (不完) 참조 prekriti

prekrižiti *-im* (完) 1. 십자가를 긋다, 성호를 긋다 (prekrstiti) 2. 십자 모양으로 놓다, 교차시키다 3. 가로질러 가다, 대각선으로 가다 4. X표로 표시하다 (틀렸다는 의미로) 5. 기타; *sedeti prekriženih ruku* 팔짱을 끼고 앉아 있다, 아무런 일도 하지 않다; ~ *nekome puteve* 누구의 의도에 훼방놓다

prekrmiti *-im* (完) (동물에게) 꼴을 먹이다, 먹이를 주다, 사료를 주다; 사육하다, 키우다; ~ *stoku preko zime* 겨울동안 가축에게 먹이를 주다

prekrojiti *-jim* (完) **prekrajati** *-am*, **prekrojavati** *-am* (不完) 1. (옷을) 고치다, 고쳐 다시 만들다; ~ *haljinu* 드레스를 고쳐 다시 만들다 2. (비유적) 바꾸다, (이전과) 다르게 하다(만들다) (izmeniti); ~ *plan* 계획을 바꾸다

prekrstiti *-im; prekršten* (完) **prekrštati** *-am*, **prekrštavati** *-am* (不完) 1. 십자가를 긋다, 성호를 긋다 2. 십자 모양으로 놓다, 교차시키다; ~ *ruke* 팔짱을 끼다 3. ~ *nekoga* ~에게 세례를 주다; ~ *nevernika* 무신자에게 세례를 주다 4. ~ *nekoga* ~에게 새 이름을 주다, ~를 새로운 이름으로 부르다; *prekrstiti su ga u Popa* 사람들은 그를 pop이라는 새로운 이름으로 불렀다 5. ~ *nekoga* (성격·습관 등을) 바꾸다, 바뀌도록 만들다 6. 설득시키다 (nagovoriti) 7. (기독교로) 개종시키다; ~ *katolike* 가톨릭 신자들을 개종시키다 8. ~ **se** (od čega) (비유적) 매우 이상하게 생각하다, 섬뜩해 하다, 몸서리치다, 충격을 받다 9. 기타; ~ *ruke* (팔짱을 끼고 앉아) 아무 일도 안하다; ~ *nekome ruke* 장례를 지내다; *ne znati se ni ~* 매우 멍청하고 우둔한, 낫 놓고 기역자도 모르는; ~ **se** *od čuda*, ~ *se i desnom i levom* 매우 이상해하다 (놀라다)

prekršaj 1. (규정·법규 등의) 위반, 위배 *učiniti ~* (법률 등을) 위반하다 2. (法) 경범죄; *sudija za ~* 즉결 심판 판사 3. (스포츠) 반칙, 파울 **prekršajni** (形)

prekršćivati *-ćujem* (不完) 참조 prekrstiti

prekršilac *-ioca*, **prekršitelj** (법률·규정 등의) 위반자, 경범죄자; ~ *zakona* 법률 위반자

prekršiti *-im* (完) 1. (두 개, 두 부분으로) 부러뜨리다; ~ *granu* 가지를 부러뜨리다 2. (흐름을) 막다, 끊다; (누구의 말을) 끊다; (말

을) 멈추다, 중단하다 3. (법률·규정·명령 등을) 위반하다, 위배하다, 범하다 4. (의무·약속 등을) 지키지 않다; ~ *obećanje (reč)*약속을 어기다

prekrštati *-am*, **prekrštavati** *-am* (不完) 참조 prekrstiti

prekrupa 1. 거칠게 빻아진 밀가루 (griz); *hleb od ~e* 거친 밀가루로 만든 빵 2. 잘게 쪼갠 곡물(가축 사료용의) (jarma)

preksinoć (副) 그제 저녁에

preksinoćnī *-ā, -ō*, **preksinoćnjī** *-ā, -ē* (形) 그제 저녁의

preksutra (副) 모레, 모레에

preksutrašnjī *-ā, -ē* (形) 모레의

prekucati *-am* (完) **prekucavati** *-am* (不完) 1. (환자를 청진하고 두드려봐) 진찰하다 2. 타이프를 다시 치다, 타이핑을 다시 하다

prekuhati *-am* (完) **prekuhavati** *-am* (不完) 참조 prekuvati

prekup (되팔기 위한) 구매, 구입, 매입; *pravo ~a* (法) 환매(還買) 옵션

prekupac *-pca* 중간상, 중개인

prekupiti *-im*; *prekupljen* (完) **prekupljivati** *-ljujem* (不完) 사다, 되사다 (재판매하기 위해)

prekuvati *-am* (完) **prekuvavati** *-am* (不完) 1. 또 다시 삶다 (요리하다); ~ *vodu* 물을 다시 끓이다 2. 너무 삶다, 너무 많이 익히다 (요리 등을); ~ *čorbu* 수프를 너무 오래 끓이다 3. (음식을) 소화시키다 (svariti, probaviti); ~ *hranu u želucu* 위에서 음식을 소화시키다 4. (비유적) 이해하다 (shvatiti, razumeti); ~ *ideje* 아이디어를 이해하다

prekvalificirati *-am*, **prekvalifikovati** *-kujem* (完, 不完) 1. (필요한 교육·시험·훈련 등을 거쳐) 새로운 자격(증)을 부여하다; 재교육시키다, 재훈련시키다; ~ *radnike* 노동자들을 재교육시키다 2. 재분류하다 3. ~ *se* 재교육을 받다, 재훈련을 받다

prekvalifikacija (새로운 직무, 직업 등에 적합한) 재훈련, 재교육

prelac *-lca* 1. (방적 공장 등의) 방적공, 실 잣는 사람 (prelja) 2. (비유적) 여자의 비위를 잘 맞추는 남자 3. (昆蟲) 누에나방; *smrekov ~* 얼룩매미 나방; *dudov ~* 누에나방

prelamač 식자공 (meter); ~ *sloga* (인쇄소의) 식자공

prelamača 총의 일종 (산탄총·엽총 등과 같이 총을 꺾어 장전하는 총)

prelamanje (동사파생 명사) prelamati; ~

svetlosti 빛의 굴절

prelamati *-am* (不完) 참조 prelomiti

prelat (가톨릭, 영국 성공회의) 고위 성직자 (주교·수도원장 등의)

prelaz 1. 횡단, 건넘, 가로지름 (prelaženje); *zabranjen je ~!* 횡단금지!; ~ *preko reke* 도하(渡河); ~ *na dnevni red* 의사일정으로 넘어감 2. 건널목, 통과 지점, 건너는 곳; *pešački ~* 횡단보도; *pružni ~!* (철도와 도로 등의) 철도 건널목; *nezaštićeni železnički ~* 차단기 없는 철도 건널목 3. 국경, 국경선 (granica); *granični ~* 국경, 국경선 4. (색상 등의) 뉘앙스 (preliv, nijansa) 5. (비유적) (口語) 사기, 속임수 (prevara, trik); *nadmudrili su nas - koji to to ~!* 그들은 우리를 속였다 - 어처구니없는 사기였다!

prelazak *-ska* 1. 횡단, 건넘, 가로지름 (prelaženje) 2. 건널목, 통과 지점, 건너는 곳 3. (다른 장소, 단체, 직장 등으로의) 이동; (스포츠 선수의) 이적; (여행 중의) 환승; ~ *učenika* 학생 전학

prelazan *-zna, -zno* (形) 1. 이동의, 횡단의, 건너는; *~zno mesto* 횡단 장소; *~zna stanica* 환승 정거장 2. 통과하는, 합격의; *~zna ocena* 합격점 3. 과도적인, 과도기의, 변천하는; *~zna faza* 과도기적 단계; *~zna doba dečaka (dovojčice)* 소년(소녀)의 사춘기 4. 전염되는, 전염성의; *~zna bolest* 전염병 5. (文法) 타동사의; ~ *glagol* 타동사

prelaziti *-im* (不完) 참조 preći

prelaženje (동사파생 명사) prelaziti; 통과, 횡단, 건넘

prelci (男,複) (單 prelac) (動) 누에나방과의 각종 나방

prelep *-a, -o* (形) 너무 아름다운, 매우 예쁜

preleteti *-im* (完) **preletati** *-ćem* (不完) 1. 날다, 날아가다; ~ *okean* 대양을 날아가다; ~ *iznad nečega* ~위를 날다(날아가다) 2. (koga što) ~위를 날다, 날아가다; 날라가듯 지나가다(뛰어가다); *pred podne avioni nas preleteše* 정오경에 비행기들이 우리 위를 날아갔다 3. 빠르고 쉽게 ~하다(완수하다); ~ *četkicom platno* 빗으로 천을 빠르게 빗질하다 4. 흘낏 보다, 휙 보다; (책 등을)휙 훑어보다, 대충 훑어보다; ~ *stihove* 시를 대충 훑어보다 5. (시간·세월이) 휙 지나가다, 쏜살같이 지나가다; *prelete godina!* 세월이 쏜살같이 지나간다, 한 해가 휙 지나간다 6. 갑자기 나타나다 (얼굴이나 생각에); *osmeh prelete licem* 얼굴에 한 순간 웃음이 돈다 7. 지나간 일이 생각나다; ~ *kroz sećanja*

P

회상을 통해 지나간 일이 생각나다 8. 급격
히 확산되다(퍼지다); *vest prelete
Beogradom* 소식이 베오그라드에 급격히 확
산되었다 9. 과녁 위를 날아가다; *strela
prelete cilj* 화살은 목표물 위를 날아간다
10. 기타; ~ *pogledom (očimaa, okom) po
čemu, preko čega* ~을 흘낏 보다; ~
prstima preko dirki 손으로 건반을 치다
preležati *-im* (完) 1. (일정 시간동안) 누워 지
내다, 눕다; ~ *dva dana* 이틀동안 누워 지내
다 2. (감옥에서) 누워지내다; ~ *pet godina
u apsu* 감옥에서 5년 동안 지내다 3. 아프
다, 병고를 치르다, 병환을 앓다 (preboleti);
on je preležao velike boginje 그는 천연두
를 앓았다
preliminaran *-rna, -rno* (形) 예비의, 전(前)의
(prethodni, pripremni); *~rni razgovori* 사
전 면담(대화); *~rni izbori* 예비 선거
prelistati *-am* (完) **prelistavati** *-am* (不完) 1.
(책 등을) 대충 넘겨보다, 휙휙 훑어보다; ~
knjige (novine) 책 (신문)을 대충 훑어보다
2. (비유적) 평가하다 (oceniti, proceniti)
preliti *prelijem; prelio, -ila; preliven, -ena;
prelij* (完) **prelivati** *-am* (不完) 1. (한 그릇에
서 다른 그릇으로) 따르다; ~ *vino iz bureta
u bure* 통에서 통으로 포도주를 따르다; ~
vino 포도주를 따르다; ~ *supu u činiju* 수프
를 그릇에 따르다; ~ *sos preko mesa*, ~
meso sosom 고기 위에 소스를 뿌리다 2.
(비유적) 누구에게 자신의 생각(감정)을 주입
하다(쏟아붓다); *svu je svoju dušu u tu
pesmu prelio* 그는 자신의 모든 정신을 그
시에 쏟아부었다 3. 넘치도록 따르다; ~
šolju 잔이 넘치게 따르다; ~ *čašu vinom* 포
도주를 잔에 넘치도록 따르다 4. 녹여 다시
만들다, 개주(改鑄)하다, 고쳐 만들다; ~
topove u zvona 대포를 녹여 종으로 만들다;
~ *zvona u topove* 종을 녹여 대포를 만들다
5. 덮다, 뒤덮다 (pokriti, prekriti); *magla
preli polje* 안개가 들판을 뒤덮는다 6. ~ *se*
(어떤 그릇으로부터) 넘쳐 흐르다, 넘쳐 흘
러 나오다; *čaša se prelila od mnogo vina*
잔들은 많은 포도주들로 넘쳐 흘렀다; *reka
se prelila* 강물이 범람했다 7. ~ *se* (표면을)
뒤덮다, 퍼지다 (raširiti se); *magla se preli
po ulici* 안개는 길을 따라 퍼진다 8. ~ *se*
점차 다른 것으로 변하다; *glas se prelio u
šapat* 큰 목소리는 점차 속삭임으로 변했다
9. 기타; ~ *grob* 무덤에 (십자 형태로) 술을
뿌리다; ~ *kupovinu*, ~ *za srećna pazara* 매
매를 체결한 이후에 한 잔 하다(매매 당사자

들끼리)
preliv 1. (액체를) 따름, 따르는 것 2. (料理)
소스, 드레싱; 치는 것, 축축하게 축여주는
것; ~ *za premazivanje* (고기를 구우면서
촉촉하게 하기 위해 치는) 육즙; ~ *za salatu*
샐러드 드레싱 3. (의미·소리·색상·감정 등의)
미묘한 차이, 뉘앙스 **prelivni** (形)
prelivati (se) *-am (se)* (不完) 1. 참조 preliti
(se); 넘치다, 흘러 넘치다; ~ *se* 풍부하다,
풍족히 있다; *njemu se preliva* 그는 주체하
지 못할 정도로 돈이 많다 2. 빛을 내다, 빛
내다, 반짝이다; 한 색깔에서 다른 색깔로
변하다; *kapi se prelivaju na suncu* 모자는
햇볕을 받아 반짝인다 3. 기타; *prelivati iz
šupljeg u prazno* 헛된 일을 하다, 아무런
쓸모없는 대화를 하다
prelo 1. (시골의 청년들이 늦가을이나 겨울 저
녁에 놀거나 작업을 하기 위해 모이는) 저녁
모임(회합), 마실 2. 방적 도구, 실 잣는 도
구 3. 방적, 실을 잣는 것 (predenje) 4. 실
잣는 사람, 방적공 (prelac)
prelobati *-am*, **prelobovati** *-bujem* (完) (蹴球)
~의 머리위로 공을 차다; ~ *golmana* 골키퍼
머리위로 공을 차다
prelom 1. 부러짐, 깨짐; 부러뜨림, 깨뜨림; 부
러진 부위, 깨진 부위; 골절; ~ *kosti* 골절
(骨折); *komplikovani (zatvoreni)* ~ 복합(단
순) 골절; ~ *kičme(ruke)* 척추(팔) 골절 2.
(비유적) 전환, 전환점(기) (preokret,
prekretnica)
preloman *-mna, -mno* (形) 1. 중대한, 결정적
인; *ovaj trenutak je za mene* ~*!* 이 순간이
내게는 아주 중요한 시점이다; *~mni
trenutak (~mna tačka)* 전환점 2. (物) *~mni
ugao* 굴절각
prelomiti *-im* (完) **prelamati** (不完) 1. 부러뜨
리다 (두 부분으로), 두 동강 내다; ~ *štap*
지팡이를 부러뜨리다; ~ *nogu* 다리를 부러
뜨리다 2. 급격히 변화시키다 (성격·습관·생
각·의도 등을); ~ *sinovljenu dušu* 아들의 정
신상태를 한 순간에 변화시키다(바꾸다) 3.
기진맥진케 하다, 탈진시키다 (육체적·정신적
으로); ~ *kopače* 갱부를 탈진시키다 4. 결정
하다 (odlučiti, rešiti); *on prelomi i reče šta
namerava* 그는 결정하고는 무엇을 의도하
고 있는지 말했다 5. (出版) (인쇄를 위해)
짜다, 조판하다; ~ *stranicu* 페이지를 조판하
다; ~ *slog* 식자(植字)하다; *prelomljen* 조판
된, 식자된 6. 굴절시키다; *svetlost se
prelama* 빛은 굴절된다 7. ~ *se* (두 동강으
로) 부러지다, 꺾이다; *grana se prelomi pod*

P

snegom 나뭇가지는 눈 밑에서 부러진다 8. ~ se (심하게·급격히) 구부려지다; ~ *se u pasu* 허리가 심하게 숙여지다 9. (급격히) 변하다; *njen život se prelomi preko noći* 그녀의 삶은 하루 아침에 급격히 변하였다 10. ~ se 결정하다 *čovek se prelomio u sebi i pošao kući* 그 사람은 마음속으로 결정하고는 집으로 갔다 11. (음색·색상 등이) 변하다; *glas mu se neočekivano prelomi* 그의 목소리는 예기치 않게 변한다 12. 기타; ~ *preko kolena* (신중히 생각하지 않고) 성급히 결정하다; ~ *pušku* (탄환을 장전하기 위해) 총허리를 꺾다, 총을 장전시키다; ~ *veru (verom)* 약속을 어기다, 약속을 지키지 않다; ~ *grb* 거친 거절의 표현으로 팔꿈치를 굽히다; *prelomio jezik!* 욕설이나 점잖지 못한 말을 할 때 사용하는 저주; ~ *štap nad kim* ~와 모든 관계를 단절하다

preludij *-ija*, **preludijum** 1. (음악의) 서곡, 전주곡 2. (비유적) 도입부, 시작 (uvod, početak); ~ *borbe* 전투의 시작

prelja 1. 참조 prelac; 실 잣는 여자, 여자 방적공 2. 물레 (preslica) 3. (動) 누에나방

preljub 1. 참조 preljuba 2. 참조 preljubnik

preljuba 간통 (brakolomstvo); *ne čini ~e!* 간통하지 마라!

preljubnik 간통자, 간통한 사람 **preljubnica**; **preljubnički** (形)

prema (前置詞, +D,L) I. (+D.와 함께) 1. (이동·움직임 등을 나타낼 때, 때때로 부사와 함께) ~ 쪽으로, ~을 향하여 (kretanje, pokret); *on ide ~ meni* 그는 내쪽으로 오고 있다; ~ *Beogradu* 베오그라드 방향으로; *voziti ~ gradu* 시내쪽으로 운전하다; *krenuti ~ jugu* 남쪽으로 향하다; ~ *unutra* 안쪽을 향하여; *okrenuti se ~ nekome* 누구 쪽으로 돌아서다 2. (주의·주목·감정·기분 등이 향하는 방향을 나타냄) ~쪽으로, ~을 향하여; *osećati ljubav ~ nekome* 누구에게 사랑을 느끼다; *pogledati nešto ~ svetlosti* 밝은 쪽을 향해 ~을 바라보다; *biti pažljiv (dobar, surov) ~ nekome* ~를 배려하는 (~에게 좋은, 잔인한); *iz ljubavi (mržnje) ~ nekome* ~에 대한 사랑(증오심) 때문에 II. (+L.와 함께) 3. (~와 반대편의 장소·위치를 나타낼 때) ~의 맞은 편에; *kuće su im jedna ~ drugoj* 그들의 집들은 길건너 맞은 편에 마주보고 있다; *on sedi ~ meni* 그는 나를 향해 앉아 있다; *vojske stoje jedna ~ drugoj* 군대는 서로를 향해 배치되어 있다 4. (관계·비교 등의) ~에 있어, ~에게, ~와

비교해 볼 때, ~에 비해; *Šta je Mario ~ tebi!* 네게 있어 마리오는 무엇인가?!; *šta si ti ~ njemu?* 그에게 있어 너는 어떠한 존재인가? 5. (비율·비례 등을 나타낼 때) ~대(對); *odnos je jedan ~ sto* 비율은 1대 100이다; *tri ~ jedan* (스포츠의) 3대1 6. (일치·합치·조화 등을 나타낼 때) ~에 적합한, ~에 알맞은, ~에 맞는, ~와 (의견이) 일치하는, ~와 조화를 이루는; *izabrao sam ženu ~ sebi* 나는 내게 맞는 아내를 선택했다; *on je našao druga ~ sebi* 그는 자신에게 알맞은 친구를 찾았다; ~ *našim potrebama* 우리의 필요에 적합한, 우리의 필요에 따라; ~ *zasluzi* 공헌도에 따라 7. (어떠한 일이 일어나거나 발생하는 출발점·토대·근원을 나타낼 때) ~에 따르면, ~에 의하면, ~에 따라 8. 기타; ~ *njegovom mišljenju* 그의 의견에 따르면; *postupiti ~ naređenju* 명령에 따라 행동하다; ~ *tome* 따라서; *prema svecu i tropar* 자기 하기에 달렸다

premac *-mca* 1. 경쟁자, 경재 상대, 라이벌 (suparnik) 2. (비유적) 대등한 사람, 필적할 만한 사람 (지식·출신·직분 등에서); *nema mu ~mca* 그에게 필적할 만한 사람이 없다

premaleće 봄 (proleće)

premalen *-a*, *-o* (形) 1. 너무 작은(적은) 2. (비유적) 무의미한, 중요하지 않은 (beznačajan)

premalo (副) 너무 적은

premarati *-am* (不完) 참조 premoriti

premastan *-sna*, *-sno* (形) 1. 너무 기름진 2. (비유적) 너무 많은; ~*sna cena* 터무니없는 가격

premašiti *-im* (完) **premašivati** *-šujem* (不完) 1. ~보다 멀리 던지다, 다른 사람보다 멀리 던지다, ~을 넘겨 던지다 2. 능가하다, 뛰어넘다; ~ *rekord* 기록을 깨다(갱신하다)

premaz 코팅재, 코팅층; ~ *pleh* 페인트 코팅; *predosnovni ~* (목재·금속의) 밑칠

premazati *-žem* (完) **premazivati** *-zujem* (不完) 1. 다시 한 번 코팅하다(바르다); ~ *pleh puterom* 팬에 버터를 한 번 두르다; ~ *staru boju* 오래된 페인트 위에 다시 한 번 칠하다 2. (겉 표면에) 덧입히다, 코팅하다, 바르다; ~ *brod lakom* 선박에 래커를 바르다; ~ *hleb puterom* 빵에 버터를 바르다; ~ *tortu čokoladom* 케이크에 초콜릿을 입히다; ~ *smolom (lakom)* 송진(래커)으로 코팅하다; ~ *lice ratnim bojama* 얼굴을 위장 물감으로 바르다; ~ *pod* 바닥에 왁스칠하다; ~ *oči nekome* 누구를 속이다 (기만하다, 사취

P

925

하다); ~ *zube nekome* (비유적 의미로) 기름을 치다, 아부하다, 아첨하다, 아부하여 환심을 사다; *premazan svim mastima* 매우 영악한(교활한)

premda (接續詞) 그러나, 하지만, ~에도 불구하고, 비록 ~이긴 하지만 (iako, mada); *otišao je ~ je obećao da će ostati kod kuće* 집에 머물것머물 것 약속했음에도 그는 떠나갔다

premeditacija 참조 predomišljaj; 미리 생각함, 예모(豫謀)

premeravanje (동사파생 명사) premeravati; 측정, 측량, 계량; ~ *zemlje* 토지 측량

premeriti *-im* (完) **premeravati** *-am* (不完) 1. (치수·무게·용량 등을) 재다, 측정하다, 측량하다; ~ *put* 길을 측량하다; ~ *sobu* 방을 재다; ~ *brašno* 밀가루 무게를 달다 2. (비유적) *(koga, što)* ~을 눈짐작으로 평가하다 기타; ~ *koga zlatom (dukatima)* 누구의 가치를 있는 만큼 가치를 쳐주다

premestiti *-im* (完) **premeštati** *-am* (不完) 1. (한 곳에서 다른 곳으로) 옮기다, 옮겨놓다; ~ *ležaj* 침대를 옮기다; ~ *televizor kraj prozora* 텔레비전을 창가로 옮기다 2. (다른 직장·학교·거주지 등을) 바꾸다, 이동시키다, 전근(전학) 가도록 조치하다, 이주시키다; ~ *nekoga u London* 누구를 런던으로 전근조치하다; ~ *iz Beograda u Zemun* 베오그라드에서 제문으로 옮기다 3. 위치를 바꾸다; ~ *gume* 타이어의 위치를 바꿔 달다 (앞바퀴를 뒷바퀴로) 4. ~ se 자세를 바꾸다; ~ *se s noge na nogu* 다리의 자세를 바꾸다 5. ~ se 위치(장소)를 바꾸다

premestiv *-a, -o* (形) (다른 곳으로) 옮길 수 있는

premeštaj 1. (장소의) 이동, 바꿈 2. (근무지·근무처·근무 부서의) 이동, 전근, 전출; *tražiti ~* 전출을 요구하다

premeštati *-am* (不完) 참조 premestiti

premeštenje (동사파생 명사) premestiti

premet 1. (미용체조) 옆으로 재주넘기 2. (文法) (위치·순서 등의) 도치, 전도 (inversion) 3. (言) 음위 전환, 자위(字位) 전환(단어 내의 음이나 철자 순서가 바뀌는 것) (metateza)

premetač 1. (감춰진 것을 찾는) 수색하는 사람, 조사하는 사람, 조사관 2. 가방 (torba)

premetačina 1. (공식적인) 수색, 조사; *izvršti ~u stana* 가택을 수색하다; *dozvola za ~u* 수색 영장 2. 이주, 이사 (premetanje, preseljavanje) 3. 흩트림, 엉망진창으로 함

(preturanje, prevrtanje)

premetnuti *-nem* (完) **premetati** *-ćem* (不完) 1. (한 장소에서 다른 장소로) 옮기다, 옮겨놓다, 바꾸다, 이동시키다; ~ *nameštaj* 가구를 옮기다 2. ~위로 걸치다, ~위에 놓다(포개다); ~ *nogu preko noge* 다리를 포개다 3. ~보다 더 멀리 던지다, ~이상으로 던지다 (prebaciti) 4. (감춰진 것을, 숨겨진 것을) 찾다, 수색하다, 뒤지다; ~ *stan* 아파트를 수색하다 5. (아래위, 안과 속을) 뒤집다 (okrenuti, prevrnuti) 6. 쓰러뜨리다, 무너뜨리다 (oboriti, srušiti) 7. ~ se 뒤집히다, 뒤집어지다 8. ~ se 부딪치다, 충돌하다 (sudariti se, sukobiti se) 9. 기타; ~ *preko glave* (인생의 굴곡을) 겪다, 당하다, 경험하다; ~ *veru* 배신하다, 배반하다

premija 1. (성공적인 임무, 업무의 수행에 따른) 상, 상금, 성과금 2. (월급 이외의) 보너스, 격려금 3. (보험회사에 정기적으로 납부하는) 보험료; *uplatiti ~u* 보험료를 납부하다 4. (복권의) 당첨금; *dobiti ~u* 당첨금을 받다

premijer (정부의) 수상, 총리

premijera (영화의) 시사회, 개봉; (연극·음악의) 초연 공연; *ići na ~u* 시사회에 가다

premijskī *-ā, -ō* (形) 상금(premija)의, 성과급의; ~ *sistem nadnica* 일당 성과급제

premilostan *-sna, -no*, **premilostiv** *-a, -o* (形) 너무 자애로운, 너무나 자비스러운

preminuti *-nem* (完) 1. 죽다, 사망하다 (umreti) 2. (시간이) 지나가다 3. 사라지다, 없어지다, 부족해지다 (nestati, premaći se, uzmanjkati); *preminu mu volja za igrom* 그는 놀 마음이 사라졌다

premio *-ila, -ilo* (形) 너무 소중한, 너무 사랑스런; *do ~ile volje* 원하는만큼

premirati *-am* (完,不完) 상(premija)을 주다, 상금을 주다

premirati *-em* (不完) 참조 premreti; 기절하다, 혼절하다, 정신을 잃다

premisa 가정, 전제 (pretpostavka)

premišljati *-am* (不完) **premisliti** (完) 1. 숙고하다, 곰곰이 생각하다, 깊게 생각하다 2. ~ se 주저하다, 망설이다

premlad *-a, -o* (形) 너무 어린

premlatiti *-im*; **premlaćen** (完) 1. 실컷 때리다, 죽도록 때리다 (pretući) 2. 때려 죽이다

premnogo (副) 너무 많은

premoć (女) 우세, 우위; 탁월; ~ *na moru* 해군력의 우세, 해양에서의 우위

premoćan *-ćna, -ćno* (形) 우월한, 우세한

premog (植) 아칸서스; 잎엉겅퀴, 가시엉겅퀴

P

premoriti -im (完) premarati -am (不完) 1. ~ nekoga ~를 매우 피곤하게 만들다 2. ~ se 매우 피곤해지다, 기진맥진해지다

premostiti -im; premošćen & premošten (完) premošćivati -ćujem (不完) 1. ~위에 다리를 놓다; ~ reku 강에 다리를 놓다 2. (비유적) 극복하다, 이겨내다 (장애물··방해물··어려움 등을); ~ prepreke 장애물을 극복하다

premotati -am (完) premotavati -am (不完) 1. 되감다 (이미 감겨져 있던 것을 다른 곳으로); ~ konac s kalema na klupko 실을 실패에서 타래로 감다 2. 재포장하다 (prepakovati); ~ paket 소포를 재포장하다 3. 붕대를 바꾸다, 붕대를 다시 매다; 기저귀를 갈다; ~ ranu 상처에 붕대를 다시 감다

premreti premrem; premro, -rla (完) premirati -em (不完) 1. 기절하다, 혼절하다, 정신을 잃다 2. (순간적으로) 몸이 굳어지다 (두려움··놀람 등으로); ~ od straha 두려움때문에 몸이 굳어지다; ~ od sramote 수치심으로 치를 떨다; ~ od iznenađenja 깜짝 놀라다

premrežati -am (完) premrežiti -im (不完) 1. 그물(mreža)을 치다; ribari premreže zaliv 어부들이 만(灣)에 그물을 친다 2. (~ 위에, ~에) 망을 치다; pauci premreže po stazu 거미들이 오솔길에 거미줄을 친다

premrznuti -em (完) 1. 너무 꽝꽝 얼다 2. (두려움 등으로) 몸이 얼어붙다(굳어지다); premrzli smo čekajući te 너를 기다리면서 얼어 죽을뻔 했다; premrznuo je kad ju je video 그녀를 보는 순간 그는 몸이 얼어 붙었다; premrznuo sam od same te pomisli 바로 그 생각 때문에 몸이 굳어졌다

premudar -dra, -dro (形) 1. 매우 현명한, 너무 지혜로운 2. (반어적) 현명한 체 하는

prenagao -gla, -glo (형) 너무 급격한, 너무 빠른

prenagliti (se) -im (se) (完) prenagljivati (se) -ljujem (se) (不完) 너무 서두르다, 너무 급하게 행동하다

prenagljen -a, -o (形) 너무 급한, 너무 빠른

prenapet -a, -o (形) 너무 긴장된, 너무 팽팽한

prenapeti prenapnem; prenapeo, -ela (完) 1. (줄·상황 등을) 팽팽하게 하다; (사람·신경 등을) 과도하게 긴장시키다 ~ luk 활을 팽팽히 당기다 2. ~ se 과도하게 긴장하다, 너무 팽팽해지다; žice se prenapele 줄이 팽팽히 당겨졌다

prenapreći prenapregnem (完) 참조 prenapregnuti

prenapregnut -a, -o (形) 참조 prenapet; 너무 긴장된, 너무 팽팽한

prenapregnutost (女) 과도한 긴장

prenapregnuti se -nem se; prenapregnuo se & prenapregao se, -gla se (完) prenaprezati se -žem se (不完) 과도하게 긴장하다, 너무 팽팽해지다

prenapučenost (女) 참조 prenaseljenost; 인구 과밀, (인구의) 과밀도

prenapučiti -im (完) 참조 prenaseliti (se)

prenaseliti -im (完) prenaseljavati -am (不完) (도시 등을) 인구 과잉으로 하다, 과밀화시키다

prenaseljenost (女) 인구 과밀, (인구의) 과밀도

prenašati -am (不完) 참조 prenositi

prenatrpan -a, -o (形) 너무 꽉 채워진, 너무 쑤셔 넣은; (사람들이) 너무 붐비는, 초만원의

prenatrpati -am (完) 꽉 채워 넣다, 쑤셔 넣다 (pretrpati, nagomilati)

prenavljati se -am se (不完) 부자연스럽게 행동하다; ~인체 하다, 가장하다

prenebreći prenebregnem (完) 참조 prenebregnuti

prenebregnuti -nem; prenebregnuo, -ula & prenebregao, -gla (完) prenebregavati -am (不完) 경시하다, 도외시하다, 등한시하다, 소홀히 하다 (zanemariti); ~ učenje (obaveze) 공부 (의무)를 소홀히 하다

prenebrezati -žem (不完) 참조 prenebregnuti

prenemagati se -žem se (不完) ~인체 하다, 가장하다 (pretvarati se, prenevljati se)

preneraziti -im; preneražen (完) preneražavati -am (不完) 1. 깜짝 놀라게 하다, 놀라 기절초풍하게 하다 (zaprepastiti, zapanjiti); prenerazi ga njen bolesni izgled 그녀의 아픈 모습이 그를 기절초풍케 만들었다 2. ~ se 몹시 놀라다, 놀라 기절초풍하다

prenesen -ena, -eno (形) 1. 참조 preneti; 옮겨진, 이동된 2. (비유적) 비유적인, 은유적인 (metaforičan, alegoričan); ~o značenje 은유적 의미

preneti prenesem; preneo, -ela; prenet & prenesen, -a (完) prenositi -im; prenošen (不完) 1. (한 장소에서 다른 장소로) 옮기다, 옮겨 놓다, 가지고 가다; ~ dete preko potoka 아이를 개울 건너편으로 데려가다; prenesi ovamo tu stolicu 그 의자를 이쪽으로 가져와!; ~ stvari u nov stan 물건들을

P

새 아파트에 옮기다 2. (장소를) 옮기다, 이
동하다, 이전하다 (premestiti); ~ *tekst s
papira u svesku* 텍스트를 종이에서 공책으
로 옮기다 3. (재산·권력 등을) 넘겨주다,
양도하다, 이전하다; ~ *novac u drugu banku*
타은행으로 돈을 송금하다; ~ *imanje sa
sestre na brata* 재산을 자매에게서 형제로
넘기다; ~ *vlast na skupštinu s vladara* 권
력을 통치자에서 국회로 이양하다); ~ *na
nov račun* 새로운 계좌로 보내다; ~ *na
nečije ime* 누구의 명의로 보내다 4. (열·전
기·소리 등을) 전도하다, 전달하다, 전송하다;
(전통 등을) 전수하다; (방송을) 송출하다, 방
송하다; ~ *tradicije* 전통을 물려주다; *ova se
osobina prenela i na sina* 이러한 특성은 아
들에게도 전수되었다; *zvuk se prenosi
brzinom od*… 소리는 …속도로 전달된다; ~
nekome poruku 누구에게 메시지를 전달하
다; ~ *emisiju* 방송을 전송하다; ~ *vest
(utakmicu)* 뉴스를 내보다다 (경기를 중계하
다) 5. (병 등을) 옮기다, 전염시키다; ~
bolest 병을 옮기다 6. ~ *nekome* 누구에게
전달하다, 알리다; *prenesi mu da je on
izabran* 그에게 그가 선출되었다는 소식을
전달해! 7. (하중 등을) 짊어지다, 감당하다,
이겨내다 (podneti, izdržati, pretrpeti) 8.
(數) ~ *broj* (수를) 한 자리 올리다 9. ~ se
(위치·상황·시간·입장 등을) 바꿔 생각하다,
역지사지(易地思之)하다 ; *prenesi se u moj
položaj* 내 입장에서 바꿔 생각해봐! 10. (짐
을) 지게 하다, 떠넘기다; ~ *obavezu na
nekoga* 누구에게 의무를 떠넘기다(지우다)
prenizak *-ska, -sko* (形) 너무 낮은
prenizati *-žem* (完) **prenizivati** *-zujem* (不完)
1. (한 줄에 꿰어진 구슬을 다른 줄에) 옮겨
꿰다 2. 다른 방식으로 구슬을 꿰다; 다시
구슬을 꿰다; ~ *perle* 진주를 다시 꿰다
prenoćište 1. 밤에 잠을 잘 수 있는 곳(공간·
건물), 밤에 휴식을 취할 수 있는 곳(공간·건
물), 잠자리; *imate li ~ za mene?* 내가 잠잘
수 있는 방이 있나요? 2. (밤 사이의) 잠, 휴
식; *ostati na ~u* 밤에 휴식을 취하다, 잠을
자다(밤 사이에)
prenoćiti 1. 잠을 자면서 밤을 보내다, 밤에
잠을 자다; ~ *u hotelu* 호텔에 투숙하다; *ja
vam savetujem da prenoćite ovde* 여기서
주무시기 권합니다 2. 밤 동안 ~에 있다
prenos 1. (한 장소에서 다른 장소로의) 운송,
운수, 수송, 이송, 옮김; ~ *ranjenika* 부상자
수송 2. (法) (재산 등의) 이전, 이양, 넘겨줌;
(계좌 등의) 이체; ~ *novca (imanja, vlasti)*

계좌 이체(재산의 이전, 권력 이양) 3. (전통
등의) 물려줌, 계승, (병의) 전염, 감염; ~
tradicija 전통의 전수, ~ *bolesti* 병의 전염
4. (소리·열 등의) 전도, 전달; ~
zvuka(svetlosti) 소리(빛)의 전달 5. (방송
등의) 방송, 송출, 중계; ~ *na radiju (preko
radija)* 라디오 방송(중계); ~ *na televiziji
(preko televizije)* 텔레비전 방송(중계) 6.
(機) 동력 전달(자동차의) **prenosan** (形);
~*sni mehanizam* 동력전달 장치(자동차의)
prenosan *-sna, -sno* (形) 1. 참조 prenos; 옮
겨진, 옮길 수 있는 2. 비유적인, 은유적인
(prenesen)
prenosilac *-ioca* 1. 옮기는 사람, 운반하는 사
람; 이전시키는 사람 2. (전염병 등의) 보균
자, 감염자; (병원체의) 매개체; ~ *bolesti* 질
병 보균자(매개체)
prenositi *-im* (不完) 참조 preneti; *prenosi ga
pamet* 그는 몽상(공상, 헛돈 공상)에 젖어
있다
prenosiv *-a, -o* (形) 옮길 수 있는; ~ *teret* 옮
길 수 있는 짐
prenosnik 1. 참조 prenosilac 2. 스피커, 메가
폰, 확성기 (zvučnik, megafon)
prenošenje (동사파생 명사) prenositi; 이전,
양도, ~ *hartija* 주식 양도
prenošljiv *-a, -o* (形) 참조 prenosiv
prenuti *-nem* (完) 1. ~ *nekoga* (깊이 잠든 사
람을) 깨우다; (몽상·환상 등에서 깨어나) 정
신차리게 하다; ~ *iz sna* 누구를 잠에서 깨우
다 2. ~ se (잠에서) 깨어나다; (환상 등에서)
깨어나 정신차리다
prenje 논쟁, 언쟁 (정반대의 종교 원리를 가
진 사람들 간의)
preobilan *-lna, -lno* (形) 너무 많은, 너무 풍
부한, 과다한; ~*lna ishrana* 과도한 영양
preoblačiti *-im* (完) 참조 preobući; 옷을 갈아
입다
preobratiti *-im*; *preobraćen* (完) **preobraćati**
-am (不完) 1. (다른 형태나 기능으로) 바꾸
다, 변화시키다 (preokrenuti, promeniti); ~
štap u polugu 지팡이를 지렛대로 변화시키
다 2. (宗) (종교를) 바꾸다, 개종시키다; ~ *u
drugu veru* 다른 종교로 개종시키다; ~
ateistu u vernika 무신론자를 신자로 귀의시
키다 3. ~ se *u nešto* ~으로 완전히 바뀌다,
탈바꿈되다, 변형되다; 완전히 다른 모양(형
태)을 하다; *dobro se preobrati u zlo* 선이
악으로 바뀐다 4. ~ se 생각이 바뀌다, 신앙
을 바꾸다; *od civila preobratio se u ratnika*
그는 민간인에서 전사로 바뀌었다

928
P

preobrazba 참조 preobražaj

preobraziti *-im* (完) **preobražavati** *-am* (不完) 1. 다른 형태(모양·모습)를 띠게 하다, 모양(형태)을 바꾸다; *snegovi i smetovi su svu okolinu preobrazili. Sve je to dobilo drugi oblik* 폭설은 모든 주변의 모습을 바꿔놓았다. 모든 것이 다른 모습이었다; *jutro preobrazi pejzaž* 아침은 풍경을 다른 것으로 바꾼다 2. ~ *u nešto* ~로 바꾸다 (promeniti, pretvoriti); *hotel su preobrazili u kockarnicu* 호텔을 도박장으로 개조했다 3. ~ se 새로운 형태를 띠다, (모양·형태 등이) 바뀌다; ~ *se u nešto* ~로 바뀌다; *lutke će se ~ u leptire* 인형은 나비로 바뀔 것이다; *kad sinu sunce, polje se preobrazi* 해가 반짝일 때 들판의 모습은 바뀐다

preobražaj 1. (모습·형태 등의) 변화, 변형, 변태 (promena, izmena, metamorfoza); ~ *leptira traje više dana* 나비의 변태는 수 일이 걸린다 2. 개혁, 개조 (preuređenje, reforma); ~ *ekonomije* 경제 개혁

preobražavati *-am* (不完) 참조 preobraziti

preobraženje 1. (동사파생 명사) preobraziti; (모양, 형태의) 변화, (다른 것으로의) 변화, 바뀜 2. (宗) (대문자로) (성서) (산 위에서의) 그리스도의 변용(變容), 현성용(顯聖容); (가톨릭) 현성용 축일 (8월 6일)

preobrnuti *-nem* (完) **preobrtati** *-ćem* (不完) 1. 뒤집다 (위아래, 안과 밖 등을) (preokrenuti); ~ *kaput* 외투를 뒤집다 2. (비유적) 완전히 바꿔 놓다, 완전히 탈바꿈시키다

preobući *preobučem, preobuku*; *preobukao, -kla*; *preobučen, -ena*; *preobuci* (完) **preoblačiti** *-im* (不完) 1. 옷을 갈아 입다(입히다); ~ *nekoga* 누구의 옷을 갈아 입히다 2. (못알아보일 정도로, 다른 사람으로 보일 정도로) 옷을 입히다 3. (비유적) 완전히 바꾸다 (izmeniti, promeniti) 4. ~ se 옷을 갈아 입다; *idi, preobuci se* 가서 옷을 갈아 입어!

preobuka 옷을 갈아 입음, 옷을 갈아 입는 것; *obaviti ~u* 옷을 갈아 입다

preodenuti *-nem* (完) **preodevati** *-am* (不完) 1. 옷을 갈아 입히다 (preobući) 2. ~ se 옷을 갈아 입다

preokrenuti *-nem* (完) **preokretati** *-ćem* (不完) 1. 뒤집다, 거꾸로 하다(위아래, 안과 밖), 돌리다(다른 방향, 반대 방향으로, 밑에서 위로 등으로); ~ *odelo* 옷을 뒤집다; ~ *čaše* 잔을 뒤집다; ~ *tanjir naopako* 접시를 거꾸로 뒤집다 2. (비유적) 변화시키다, 바꾸다, 완전히 다르게 하다; *poraz preokrenu vojnike* 패배는 병사들을 완전히 바꿔놓았다 3. (비유적) (말·약속 등을) 바꾸다; 의무를 포기하다, 배반하다, 배신하다, 속이다; *ako preokrene i ne ispuni reč biće neprilika* 말을 뒤집고 지키기 않는다면 상황이 어려워질 것이다; ~ *nečije reči* 누구의 말을 왜곡하다 4. ~ se 뒤집어지다, 뒤집히다 5. ~ se (비유적) 완전히 바뀌다, 완전히 다른 것이 되다 (izmeniti se, preobrnuti se); *on se preokrenuo za 180 stepeni* 그는 180도 사람이 바뀌었다

preokret 1. (사건 등의 새로운 방향으로의) 전환, 전개, 전환점; *neočekivani* ~ 예기치 않은 전개; ~ *u borbi* 전투의 전환점 2. 급속한 변화; (정치 사회적 환경의) 급격하고 근본적인 변화; ~ *u duši* 마음의 급격한 변화; *istorijski* ~ 역사적 대전환

preokretati *-ćem* (不完) 참조 preokrenuti

preokupirati *-am* (完) (생각·걱정 등이) 뇌리를 사로잡다, 머리속에서 떠나지 않다, 과도하게 너무 많이 집착하다

preopterećenje (동사파생 명사) preopteretiti

preopteretiti *-im*; *preopterećen* (完) **preopterećavati** *-am*, **preopterećivati** *-ćujem* (不完) 너무 많이 짐을 싣다, 과적하다; 과도한 부담을 주다, 과부하가 걸리게 하다; ~ *brod* 선박에 너무 많은 짐을 싣다; ~ *decu zadacima* 아이들에게 숙제로 너무 많은 부담을 주다

preorati *-em* (完) **preoravati** *-am* (不完) 1. 다시 한 번 (또 다시) 밭을 갈다, 쟁기질하다 (끝마치다); ~ *njivu* 밭을 갈다 2. (다른 사람 소유의 밭을) 경계를 넘어 갈다 3. 더 많이 (밭을) 갈다, 더 많이 쟁기질하다; *da li je krava konja preorala* 소가 말보다 더 많이 밭을 갈았느냐?

preorijentacija 방향 전환

preorijentirati *-am*, **preorijentisati** *-šem* (完, 不完) 1. (일·업무 등에서) 새로운 방향으로 향하게 하다, 새로운 방향을 추구하다, 새로운 방침(방향)을 주다; ~ *prevredni tok* 새로운 경제 흐름을 추구하다 2. ~ se (일·업무 등에서) 새로운 방향을 추구하다; *preduzeće se preorijentiše na proizvodnju projektila* 회사는 미사일 생산으로 방향을 틀었다

preosetljiv *-a, -o* (形) 너무 민감한(예민한)

preostajati *-jem* (不完) 참조 preostati; 남다, 남아 있다

preostatak *-tka*; *-aci* (남아 있는) 나머지; (지

나간, 사라진) 흔적

preostati *preostanem* (完) **preostajati** *-jem* (不完) 남다, 남아 있다; *ništa mi drugo ne preostaje nego da ...* ~외에는 내게 남은 것이 하나도 없다; *meni je preostalo još samo 20 dolara* 나에게 아직 남아 있는 것은 20달러 뿐이다

preosvećeni *-oga*, **preosvešteni** *-oga* (男) (宗) 정교회 주교의 직함(타이틀)

preoteti *preotmem* (完) **preotimati** *-am* (不完) 1. 또 다시 빼앗다(강탈하다, 탈취하다) 2. 빼앗다, 강탈하다 3. 완전히 지배하다, 통제하다, 장악하다 (ovladati, prevladati); ~ *mah (maha)* ~보다 우세하다, ~보다 우위인 위치를 점하다

prepad 1. 갑작스런 공격, 습격; 강탈; *izvršiti* ~ 강탈하다, 습격하다; *osvojiti selo na* ~ 마을을 습격하여 점령하다; ~ *na nekoga* ~에 대한 습격; ~ *tenkovima* 탱크를 앞세운 기습 2. (비유적) 병의 급작스런 발병 3. 기타; *na* ~ *(uzeti, oteti)* 지체 없이, 시간 낭비 없이, 예기치 않게, 갑자기 (얻다, 강탈하다)

prepadati *-am* (不完) 참조 prepasti

prepakovati *-kujem* (完) **prepakivati** *-kujem* (不完) 재포장하다, 다시 포장하다; ~ *paket* 소포를 재포장하다

prepametan *-tna, -tno* (形) 매우 영리한

prepapriti *-im* (完) 양념을 너무 많이 하다

preparandija (歷) 사범학교 (*učiteljska škola*)

preparat 1. (化) (실험실에서 실험에 사용하기 위해 준비한) 재료, 물질, 성분; (약·화장품 등으로 사용하기 위한) 조제용 물질, 성분; *kozmetički* ~ 화장품 성분 2. 동식물 조직의 일부(분자 실험, 혹은 시청각 교육을 위해 준비하는)

preparator 실험실 재료 등을 준비하는 사람; (실험실, 박물관 등의) 교육용 재료 등을 전문적으로 준비하는 사람; ~ *životinja* 동물 박제사(剝製師)

preparirati *-am* (完,不完) 1. 준비하다 (실험실이나 박물관 등의 교육용 재료, 물질 등을) 2. (동물을) 박제하다; ~ *fazana* 꿩을 박제하다 3. ~하도록 설득하다, 설득하여 ~시키다

prepasati *-šem* (完) 허리에 두르다(차다); ~ *kecelju* 앞치마를 허리에 두르다

prepast (女) 경악, 당황 (jako iznenađenje, zaprepašćenje); *na* ~ *svih okupljienih iskapi čašu do dna* 모였던 모든 사람들이 경악하게 그는 잔을 끝까지 비웠다

prepasti *prepadnem*; *prepadao & prepadnuo*; *prepadnut*; *prepašću* (完) **prepadati** *-am* (不

完) 1. 공격하다, 습격하다, 기습하다; 강탈하다; ~ *banku* 은행을 강탈하다(습격하다) 2. 많이 놀라게 하다, 경악하게 하다, 무척 당황하게 하다 (uplašiti, preplašiti); *njegov glas iz mraka me prepade* 어둠속에서의 그의 (갑작스런) 목소리는 나를 기절초풍하게 만들었다 3. ~ *se* 잔뜩 겁먹다; ~ *se od nečega* ~에 잔뜩 겁먹다

prepatiti *-im* (完) (질병·고통·슬픔·결핍 등에) 너무 많이 시달리다, 너무 고통받다

prepečenica (두 번 증류된) 라키야, 독주(毒酒)

prepeći *prepečem, prepeku*; *prepekao, -kla*; *prepečen, -ena*; *prepeci* (完) 1. (라키야 등을) 다시 한 번 증류하다; ~ *rakiju* 라키야를 두 번 증류하다 2. 너무 오래 굽다 (빵 등을); ~ *hleb (meso)* 빵(고기)을 너무 오래 굽다 3. (태양이 피부 등을) 태우다 (opalti, ispeći) 4. (벽돌 등을) 두 번 굽다; ~ *ciglu* 벽돌을 두 번 굽다 5. (비유적) 올바르게 가르치다(교육시키다); *učio se tamo, u isto vreme, za popa, advokata i doktora. Nije šala – toga mora, dakle, da su temeljito prepekli* 그는 거기서, 동시에 신부, 변호사, 의사 수업을 받았다. 농담이 아니다 – 따라서 그들은 아주 철저히 그를 교육시켰다 6. ~ *se* (너무 구워) 건조하고 단단해지다; *hleb se prepekao, kao kamen je* 빵이 너무 구워져, 마치 돌덩이 같다

prepeka 1. 무더위 (jaka vrućina, žega) 2. (두 번 이상 증류된) 라키야 (prepečenica)

prepelica (鳥類) 메추라기 **prepeličiji**, **prepeličji** (形)

prepeličar (動) 스패니얼(메추라기(prepelica) 사냥에 사용되는 사냥개)

prepeličijī, **prepeličjī** *-ā, -ē* (形) 참조 prepelica

prepešačiti *-im* (完) 걷다, 걸어가다

prepev (자유롭게 불려진, 운문으로 불려진) 노래, 시

prepevati *-am* (完) 1. 노래하다; 시적으로 표현하다; ~ *pesme Puškina na srpski* 푸쉬킨의 시를 세르비아어로 노래하다 2. 노래를 편곡하다, 노래를 고쳐 부르다 3. 노래하면서 시간을 보내다; ~ *celu noć* 밤새 노래를 하다

prepijati *-am* (不完) 참조 prepiti; (술 등을) 과음하다, 너무 마시다

prepiliti *-im* (完) 톱(pila)으로 자르다, 톱질하다

prepirati *-am* (不完) 참조 preprati; 다시 세탁하다

prepirati se *-em se* (不完) 말다툼하다, 언쟁하다, 옥신각신하다 (svađati se)

prepirka 언쟁, 말다툼, 옥신각신, 티격태격; ~ *oko nečega* ~에 대한 언쟁

prepis 1. 필사(본), 복사(본) (kopija); 등본, 증명서; ~ *diplome* 졸업 증명서 2. (法) 재산 증여(분할, 상속) 문서

prepisati *-šem* (完) **prepisivati** *-sujem* (不完) 1. (원본을) 다시 쓰다, 베껴쓰다, 필사하다, 복사하다; ~ *načisto* 깨끗이 필사하다 2. (의사가 환자에게) 처방하다, 처방전을 쓰다; ~ *lek* 약을 처방하다 3. (na koga) 재산 증여(분할·상속) 문서를 쓰다; *prepisala je polovinu svega imanja na njega i naskoro se udala za njega*; 전재산의 절반을 그에게 증여한다는 문서를 작성하고는 곧 그와 결혼했다 4. (시험에서) 컨닝하다, 보고 베끼다; *on je prepisivao na ispitu* 그는 시험에서 컨닝했다

prepisivač 필경사(筆耕士), 필사생(筆寫生)

prepisivati *-sujem* (不完) 참조 prepisati

prepiska 1. 편지 교환, 서신 교환 (dopisivanje); *biti u ~ci s nekim* 누구와 서신 교환을 하다 2. (~와 주고 받은) 모든 편지; 서신교환집(集)

prepiti *prepijem* (完) **prepijati** *-am* (不完) (술 등을) 과음하다, 너무 많이 마시다

preplakati *-čem* (完) 울다, 울며 시간을 보내다; ~ *celo veče* 밤새도록 울다

preplanuo, *-ula*, *-ulo* (形) 참조 preplanuti; (햇볕에) 그을린, 탄; *vratio se s mora ~ od sunca* 햇볕에 탄채로 바다에서 돌아왔다; *čovek ~ula lica* 얼굴이 햇볕에 그을린 사람

preplanuti *-nem* (完) 1. (햇볕에) 타다, 그을리다; *preplanuo si od sunca* 너는 햇볕에 탔다 2. 너무 구워지다, 타다 (izgoreti, pregoreti); *hleb preplanu u peći* 빵이 화로에서 너무 구워진다 3. (koga, što) 화상을 입히다, 따끔거리게 하다, 따갑게 하다 (ožeći, opržiti) 4. (비유적) 흥분시키다, 들뜨게 만들다, (강한 감정을) 불러일으키다

preplašiti *-im* (完) 1. ~ *nekoga* 깜짝 놀라게 하다 (uplašiti, prestrašiti) 2. ~ *se* 깜짝 놀라다; ~ *se u mraku* 어둠속에서 깜짝 놀라다

preplatiti *-im*; *preplaćen* (完) **preplaćivati** *-ćujem* (不完) 너무 많이 지불하다, 필요 이상으로 지불하다; ~ *račun* 돈을 너무 많이 지불하다

preplaviti *-im* (完) 1. 물에 잠기다(잠기게 하다), 침수시키다; 범람하다(시키다) 2. (비유적) (어떤 것이 대량으로) 넘쳐나다, 물밀듯이 밀려들다, 쇄도하다; *gamad preplavi sobu* 벼룩이 방안에 가득하다 3. (비유적) (감정·생각이) (불현듯 강하게) 밀려들다, 쇄도하다 (obuzeti, zahvatiti); *pobedna radost preplavi muškarce* 승리의 기쁨이 남자들에게 밀려왔다; *ženu preplavi tuga* 아내에게 슬픔이 물밀 듯 밀려온다

preplesti *prepletem*; *prepleten*, *-a* (完) **prepletati**, **preplitati** *-ćem* (不完) 1. 땋다, 꼬다, 엮다 (oplesti); ~ *terasu lozom* 포도덩굴로 테라스(지붕)를 엮다; ~ *prste* 손가락을 꼬다 2. 치다, 때리다 (udariti, opaliti); ~ *štapom* 지팡이로 치다 3. (비유적) 풀리지 않게 뒤얽다; ~ *uticaji su prepleteni nerazmrsivo* 영향력은 풀리지 않게 서로 얽혀 있다 4. ~ *se* 엉키다, 뒤엉키다, 꼬이다 (isprekrštati se, uplesti se, zamrsiti se); *niti su se preplele u čvor* 실이 매듭으로 뒤얽혔다

preplet 서로 뒤섥힌 것, 서로 얽힌 것, 서로 엮인 것, 서로 꼬인 것, 서로 섥힌 것

prepletati *-ćem* (不完) (=preplitati) 참조 preplisti

preplivati *-am* (完) **preplivavati** *-am* (不完) 헤엄쳐 (강·개울·저수지 등을) 건너다; ~ *reku* 헤엄을 쳐 강을 건너다

preploviti *-im* (完) 항해하여 (강·바다 등을) 건너다; ~ *okean* 대양을 항해하다

prepodne *-neva*; *-nevi* (男) 오전; *svako ~* 매일 오전 **prepodnevni** (形) *~a sednica* 오전회의

prepodoban *-bna*, *-bno* (形) 1. 성(聖) ~ (svet, presvet); *ponaša se kao ~bna Marija* 성모 마리아 처럼 행동한다(되게 비싸게 굴다); *praviti se kao ~bnim Josifom* 도덕적으로 깨끗하고 흠결없는 것처럼 행동한다 2. (명사적 용법으로) 성인(聖人)

prepoka (解) 심낭, 심막

prepoloviti *-im* (完) 1. 두 동강 내다, 두 부분으로 나누다; *bez tebe biti znači mene ~* 네가 없는 것은 내 몸의 한 쪽이 무너지는 것과 같다 2. 반절로(절반으로) 줄이다; *prepolovila bi brigu* 걱정을 절반으로 줄일 수 있을텐데

prepona 1. 장애물, 방해물 (prepreka, smetnja) 2. (스포츠의) 허들; *trka na 110 metara s ~ama 110m* 허들 경주 3. (보통 複數로) (解) 사타구니 *preponski* (形)

preponaš 허들 경주자 **prepaonaški** (形)

preporod 부흥, 부활, 소생; 부흥기, 르네상스

P

(renesans); ~ *našeg kluba* 우리 클럽의 부
흥
preporodan *-dna, -dno* (形) 1. 부흥시키는, 부
활시키는, 소생시키는 2. (한정적 용법으로)
부흥의, 부활의, 르네상스의
preporoditi *-im*; *preporođen* (完) **preporađati**
-am (不完) 1. 부흥시키다, 부활시키다, 소생
시키다; ~ *privredu* 경제를 부흥시키다; ~
pozorište 극장을 부활시키다 2. ~ se 활발
해지다, 생동감이 넘치다, 되살아나다, 좋아
지다; *posle ženidbe Marko se preporodio*
결혼 후에 마르코는 새 사람이 되었다;
privreda se preporodila u trećem kvartalu
경제는 3분기에 되살아났다
preporođaj 참조 preporod
preporučiti *-im*; *preporučen* (完)
preporučivati *-čujem* (不完) 1. 추천하다, 천
거하다 (말로써 혹은 서면으로); ~ *nekoga* ~
를 추천하다 2. 권장하다, 권고하다, 권하다,
조언하다, 충고하다; ~ *nekome da ode na*
more 바다로 가도록 누구에게 권하다; *on*
nam je preporučio da ne putujemo 그는 우
리에게 길을 떠나지 말도록 충고했다 3. (우
편물을) 등기로 보내다; ~ *pismo* 편지를 등
기로 보내다; *preporučeno pismo* 등기 우편;
preporučena pošiljka 등기 소포 4. ~ se 헤
어지다, 헤어지며 인사하다 (rastati se,
oprostiti se); *preporuči mi se i ode niz*
ulicu 그는 나와 헤어지고 난 후 길을 따라
갔다 5. 기타; ~ *svoju dušu (bogu)* 고해성
사를 하다(보통 임종을 앞두고)
preporučljiv *-a, -o* (形) 권장할 만한, 추천할
만한, 권할 만한; ~ *potez* 권장할 만한 조치
(행동)
preporuka 1. 추천, 천거; 추천장; *napisati ~u*
추천서를 쓰다 2. 권고, 권장, 조언 (savet);
dati ~u za učenje 공부에 대한 조언을 하다
3. 등기; 등기 우편, 등기 소포; ~ *pisma* 우
편 등기; *poslati pismo kao ~u* 등기우편으
로 편지를 보내다
prepotentan *-tna, -tno* (形) 1. 너무 강력한,
너무 우세한 (nadmoćan) 2. 건방진, 오만한,
거만한, 자만심으로 가득한, 독단적인
(drzak, nadut, samovoljan); *nekad sam bio*
i nestrpljiv, ~ 나도 그 언젠가 참을성이 없
고 오만한 시절이 있었다
prepotopnī, prepotopskī *-ā, -ā* (形) 1. 노아의
대홍수(potop) 이전의; 사라진, 멸종된
(izumrli); *~a životinja* 멸종 동물 2. (비유적)
아주 오래된, 아주 구식인, 현대적이지 않은
(zastareo, staromodni, nesavremen)

prepoviti *prepovijem*; *prepovio,* *-ila*;
prepovijen, -ena & prepovit; *prepovij* (完)
prepovijati *-am* (不完) 1. 다시 싸다(감싸다,
두르다) 2. 기저귀를 갈다; ~ *bebu* 아기의
기저귀를 갈다
prepoznati *prepoznat* (完) **prepoznavati** *-*
znajem (不完) 1. (외모 등의 변화로 인해 겨
우·간신히) 알아보다, 알아채다; *nismo se*
videli godinama ali sam je nekako
prepoznao 우리는 수년 동안 보지를 않았지
만 나는 그녀를 어떻게 알아보았다 2. (많은
사람들 중에서) 알아차리다; *ja ga*
prepoznajem po hodu 나는 걸음걸이로 그
를 알아봤다; *prepoznao bih ga među*
hiljadu ljudi 나는 수많은 사람들 중에서 그
사람을 알아볼 수 있을 것이다 3. ~ se 서로
다시 알아보다
prepoznavanje (동사파생 명사) prepoznavati;
알아봄, 인식, 식별
preprata (교회 좌석의 남녀로 구분된) 부분,
구역; *muška* ~ 남성 구역; *ženska* ~ 여성
구역
preprati *preperem* (完) **prepirati** *-am* (不完)
재세탁하다, 다시 빨다, 다시 씻다; ~ *veš* 빨
래를 다시 빨다
prepraviti *-im* (完) **prepravljati** *-am* (不完) (결
점·단점·부족한 점등을 제거하고) 고치다, 수
선하다, 리모델링하다; ~ *odelo* 옷을 수선하
다; ~ *stan* 집을 수선하다; ~ *garažu u stan*
차고(車庫)를 아파트로 리모델링하다; ~
haljinu 옷을 고치다; ~ *ime na čeku* 수표의
이름을 바꾸다
prepravka 수리, 수선, 개작(改作), 고침
(prerada, promena)
prepravljati *-am* (不完) 참조 prepraviti
preprečiti *-im* (完) **preprečavati** *-am,*
preprečivati *-čujem* (不完) 1. 가로질러 (무
엇인가를) 놓다; ~ *stablo preko puta* 길 한
가운데 통나무를 눕혀 놓다; ~ *brvno preko*
potoka 두꺼운 널판지를 개울을 가로질러
놓다, 개울을 널판지로 막다 2. (통행로·접근
로를) 막다, 차단하다, 봉쇄하다; ~ *izlaz* 출
구를 차단하다 3. (실행을) 못하게 하다, 좌
절시키다, 수포로 돌아가게 하다, 막다
(sprečiti, osujetiti, onemogućiti); ~
nekome put 누구의 길을 가로막다; ~
bekstvo 도주를 좌절시키다 4. 지름길로 가
다, 횡단하여 가다; ~ *polje* 들판을 가로질러
가다 5. ~ se (장애물·방해물 등이) 가로 놓
이다; *u grlu mu se prepričila koska* 씨가
그의 목에 걸렸다

P

prepreden *-a, -o* (形) 매우 교활한, 매우 영리
한 (veoma lukav); ~ *kao lisica* 여우처럼 교
활한; ~ *osmeh* 교활한 웃음; ~ *postupak* 교
활한 행동
prepredenjak 매우 교활한 사람
prepredenjaković 참조 prepredenjak
prepreka 1. 장애물, 방해물 (zapreka); *naići
na ~e* 장애물을 만나다; *zaobići ~e* 장애물
을 돌아가다 2. 곤란, 어려움, 방해
(smetnja, teškoća)
prepričati *-am* (完) prepričavati *-am* (不完)
(듣거나 말해지는 것을) 각색하여 말하다(이
야기하다), 각색하다 ; *prepričano za decu*
어린용으로 각색된; ~ *roman (film)* 소설(영
화)을 각색하다
preprodaja 재판매, 전매(轉賣)
preprodati *-am*; *preprodan & preprodat* (完)
preprodavati *-dajem* (不完) 재판매하다, 되
팔다, 전매(轉賣)하다
preprodavac, preprodavalac *-oca* 재판매인,
전매인(專賣人)
preprodavati *-am* (不完) 참조 preprodati
preprositi *-im* (完) ~ *nekome devojku* (이미
다른 사람으로부터 청혼을 받은 처녀에게)
청혼하다
preprtiti *-im* (完) 눈길을 밟아 길(prtina)을 내
다
prepržiti *-im* (完) 1. (기름에) 너무 튀기다; (일
반적으로) 튀기다, 볶다; ~ *jaje* 계란 프라이
를 너무 익히다 2. 다시 튀기다 3. ~ se 너
무 튀겨지다, 너무 볶아지다; *na jakoj vatri
gljive se prepržiše* 센 불에서 버섯이 너무
볶아졌다
prepući, prepuknuti *prepuknem*; *prepuknuo,
-ula & prepukao, -kla* (完) 갈라지다, 찢어
지다, 금가다, 쪼개지다; 터지다, 폭발하다;
srce mu prepukne 1) 그는 슬픔을 주체할
수 없었다, 가슴이 미어졌다(슬픔으로) 2) 갑
자기 죽다, 급서하다(슬픔으로); *prepuklo joj
je srce* 그녀는 가슴이 미어졌다
prepumpati *-am* (完) 바람을 너무 많이 집어
넣다, 너무 부풀리다
prepun *-a, -o* (形) 너무 많은, 너무 꽉 찬; *~o
mu je srce* 그는 가슴이 벅차 오른다;
zadatak je ~ grešaka 숙제에 틀린 것이 너
무 많다
prepuniti *-im*; prepunjen (完) prepunjavati *-
am* (不完) 1. (용량을 넘겨) 꽉 채우다; ~
kutiju igračkama 장난감으로 상자를 꽉 채
우다; ~ *šolju* 잔이 넘치게 따르다 2. ~ se
꽉 차다; *srce joj se prepunio tugom* 그녀의

마음은 슬픔으로 가득찼다 3. 기타;
prepunio si čašu! 네가 해도 해도 너무 했
다!, 너무 많이 나갔다; *prepunila se čaša*
더 이상 참을 수 없다(견딜 수 없다), 인내
의 한계를 넘었다!
prepustiti *-im*; prepušten (完) prepuštati *-am*
(不完) 1. (~에게 ~을) 양보하다, 맡기다, 위
임하다; *prepusti to meni (vremenu,
sudbini)!* 그것을 나한테(시간에, 운명에) 맡
겨!; 2. (무엇을 어떻게 하던지) 내버려 두다,
간섭하지 않고 하는 대로 내버려 두다; ~
nekoga (samom) sebi 그 사람을 그냥 내버
려 둬(무엇을 어떻게 하던지 간에 상관하지
않고) 3. ~ se (nekome, nečemu) 포기하다,
항복하다 (predati se)
preračunati *-am* (完) preračunavati *-am* (不完)
1. 모두 합산하다; 다시 계산하다; ~ *dugove*
채무를 모두 합산하다 2. 재계산하다, 다시
계산하다; *preračunaj izdatke još jednom* 다
시 한 번 경비를 계산해봐! 3. 환산하다 (한
단위에서 다른 단위로); ~ *cenu u dinarima*
가격을 디나르화(貨)로 환산하다 4. ~ se (계
산에서) 실수하다, 실수를 범하다, 잘못 계산
하다; *mi smo se mogli u vremenu ~* 우리는
시간을 잘못 계산할 수 있었다
prerada 1. 각색, 각본; ~ *romana* 소설의 각색
2. 수정, 변화; *to zahteva potpunu ~u* 그것
은 전면적인 수정을 요한다 3. 정제, 제련,
가공 처리; ~ *nafte* 원유 정제; ~ *drva* 목재
가공; ~ *mesa* 육류 가공; ~ *ribe* 생선 가공;
~ *voća i povrća* 야채 및 과일의 통조림화
(化)
preradba 참조 prerada
preraditi *-im*; prerađen (完) prerađivati *-
đujem* (不完) 1. (영화·연극·TV용으로) 개작
하다, 각색하다, 각본하다; ~ *roman za film*
소설을 영화 시나리오로 각색하다 2. 바꾸다,
수정하다, 변경하다; *prerađeno izdanje* 개정
판 3. 가공하다, 정제(정련)하다; ~ *naftu* 원
유를 정제하다; ~ *kožu* 피혁을 가공하다 4.
~ se 과로하다, 너무 많은 시간을 일하다
prerađevina 가공품, 가공 생산품; *mesne ~e*
육류 가공품
prerađivač 가공업자, 가공생산업자
prerađivački (形); ~a *industrija* 가공 산업
prerađivati *-đujem* (不完) 참조 preraditi
preran *-a, -o* (形) 너무 이른; ~ *polazak* 매우
이른 출발
prerasti *prerastem*; *prerastao, -sla* (完)
prerastati *-am* (不完) 1. (키가) 더 크다, 더
크게 성장하다; *on je prerastao oca* 그는 아

P

버지보다 키가 더 커졌다 2. (식물 등이) 무성하게 자라다, 자라서 뒤덮다; *ovo džubine je suviše preraslo* 이 덤불은 너무 무성하게 자랐다 3. (비유적) (정신적·경제적으로) 성장하다, 발전하다; ~으로 변하다; *demonstracije su prerasle u revoluciju* 시위는 혁명으로 변했다 4. 뛰어넘다, 초과하다; ~ *očekivanja* 기대를 뛰어넘다

prerezati *-žem* (完) **prerezivati** *-zujem* (不完) 자르다 (두 개로, 두 부분으로)

prerija (북미 지역의) 대초원

preriljati *-am* (完) 삽(rilj)으로 땅을 파다

prerisati *-šem* (完) 참조 precrtati; 투사하다, 그대로 베끼다(원본을 밑에 두고)

preriti *prerijem*; *preriven*, *-ena* & *prerit*; *prerij* (完) **prerivati** *-am* (完) 1. 땅을 파 뒤집다, 땅을 파 나가다 (한 쪽 끝에서부터 다른 쪽 끝까지) 2. (비유적) 철저히 뒤지다 (한 쪽에서부터 시작하여 차례로)

preroditi *-im* (完) 1. 많은 열매를 맺다, 과도한 결실을 맺다; *ja ću polovinu cveća skinuti da ne prerodi* 너무 많은 열매가 맺지 않도록 절반의 꽃을 따낼 것이다; *jabuke su prerodile ove godine* 사과는 올 해 많이 열렸다 2. 다시 태어나게 하다, 소생시키다, 부활시키다 (preporoditi) 3. ~ se (열매가) 많이 열리다; 다시 태어나다; *tamo u crkvi se on prerodio* 거기 그 교회에서 그는 다시 태어났다

prerogativ (男), **prerogativa** (女) (法) (국가 기관, 고위 공직자의) 고유 권리, 특별하고 배타적인 권리; 특권, 대권(大權); *predsednikovi ~i* 대통령의 특권

preručiti *-im* (完) **preručivati** *-čujem* (不完) 1. (액체 등을) 옮겨 담다, (이 그릇에서 저 그릇으로) 따르다, 옮겨 따르다; ~ *vino* 포도주를 옮겨 따르다 2. (~에게) 인계하다, 넘겨주다, 이양하다, 양도하다 (izručiti, predati)

prerušiti *-im* (完) **prerušavati** *-am* (不完) 1. 옷을 갈아 입히다; 변장시키다 (preobući, preodenuti); *oni su ga prerušili u policajca* 그들은 그를 경찰로 변장시켰다; ~ *u vojnika* 군복으로 갈아 입히다, 군인으로 변장시키다 2. ~ se 옷을 갈아입다; 변장하다 (preobući se); ~ *se u prosjaka* 거지옷을 입다, 거지로 변장하다 3. ~ se 병약해지다, 허약해지다; ~ *se u nešto* ~처럼 변장하다(옷을 입다)

presa 1. (機) 프레스, 압축기; *hidraulična ~* 유압식 압축기; *vinska ~* 포도 압축기(즙을 짜내는) 2. 일간지, 신문, 언론; 인쇄, 인쇄기;

štamparska ~ 출판 인쇄기

presad (식물·나무 등의) 묘목, 묘종

presada 참조 presad

presaditi *-im*; *presađen* (完) **presađivati** *-đujem* (不完) 1. (나무·식물 등을) 옮겨 심다, 이식하다; ~ *orah* 호두나무를 심다; ~ *rasad* 묘목을 옮겨 심다 2. (비유적) (직원·사람 등을) 새로운·다른 자리로 이동배치하다; ~ *službenika na novu dužnost* 직원을 새로운 자리로 이동배치시키다 3. (비유적) (인체의 장기를) 이식하다; ~ *srce (bubreg)* 심장(신장)을 이식하다 4. (비유적) 전파하다, 도입하다 (사상 등을) (preneti, uvesti); ~ *ideje* 아이디어를 전파하다; *A ja volim da korisne stvari i ustanove presadim i kod nas* 나는 유용한 것들과 기관 등을 우리 나라에도 전파되도록 하는 것을 좋아한다

presađivanje (동사파생 명사) presađivati; ~ *srce* 심장 이식

presađivati *-đujem* (不完) 참조 presaditi

presahnuti *-nem*; *presahnuo* & *presahao* (完) **presahnjivati** *-njujem* (不完) 1. 마르다, 매마르다, 물기가 싹 마르다 (샘·우물 등이) (presušiti, isušiti se); *potok je krajem leta presahnuo* 개울이 여름이 끝날 무렵 말랐다 2. (안구가) 건조하다, 촉촉함을 잃다; *oči mu presahnuše od tuge* 그의 눈은 슬픔으로 인해 촉촉함을 잃었다 3. 사라지다, 없어지다, 멈추다 (prestati, nestati); *u meni su presahnula sećanja* 나는 기억이 사라졌다

presaldumiti *-im* (完) **presaldumljivati** *-ljujem* (不完) 1. (강·개울 등을 걸어서 또는 배를 타고) 건너다, 건너가다 (prebroditi); ~ *reku* 강을 건너다 2. (비유적) (다른 쪽, 다른 편, 반대 진영으로) 넘어가다; 생각을 바꾸다 3. ~ *nekoga* 설득하다; *presaldumio sam da ga pođe sa nama* 우리와 함께 가자고 그를 설득하였다 4. ~ se 생각을 바꾸다; *presaldumio sam se, putovaću mada nisam planirao* 난 생각을 바꿨어, 비록 계획하지는 않았지만 떠날꺼야 5. ~ se (uz koga) ~와 함께 하다, ~의 편에 서다; *svi se presalumiše uz vođu* 모두 지도자와 함께 했다

presamititi *-im*; *presamićen* (完) **presamićivati** *-ćujem* (不完) (상체를) 구부리다, 숙이다, 웅크리다 (saviti, presaviti); ~ *leđa* 등을 구부리다; *sav se presamitio* 완전히 웅크렸다

presan *-sna*, *-sno* (形) 1. 날것의, 별 맛이 없는; 안삶아진, 안익혀진, 안구어진, 소금을

P

치지 않은; 덜삶아진, 덜 익혀진, 덜 구어진; ~sno meso 날고기; ~sno jaje 날달걀; ~sna šnicla 덜 익혀진 전(煎); ~sno jelo 양념이 안된 음식 2. 미가공의, 가공되지 않은; ~sna laž 새빨간 거짓말 3. 진부한, 저속한 (banalan, vulgaran); ~sna drama 진부한 드라마; ~sna priča 저속한 이야기 4. 교양없는, 무학(無學)의, 단순한 (nekulturan, neobrazovan, prost); ~ karakter 단순한 성격

presaonica 프레스 공장

presar 프레스공(工)

presaviti *presavijem* (完) **presavijati** *-am* (不完) 1. 두 번 (이중으로) 구부리다(숙이다, 접다); ~ *pismo* 편지를 두 번 접다; ~ *ćošak od stranice* (책의) 페이지를 접다 2. ~ **se** 두 번 (이중으로) 구부려지다(숙여지다, 접히다); (등·목이) 완전히 굽다; *Nana se već presavila od tuge i nevolje* 나나는 절망과 고난으로 인해 이미 완전히 등이 굽었다; *papir se presavio od starosti* 종이는 오래되어 접혔다 3. ~ se (비유적) 복종하다, 순종하다 (pokoriti se, potčiniti se); *on se osećao suviše star, tvrd i krut da bi se mogao ~ i prilagoditi* 순종적이고 유연해지기에는 너무 늙고 완고하다고 느꼈다

presbiro *-oa* (男) (정부 등의) 홍보 담당 부서, 공보처(국)

presecanje (동사파생 명사) presecati; 절단, 자름; ~ *vrpce* 테이프 절단 (개막식 등의)

presecati *-am* (不完) 참조 preseći

presečnī *-ā*, *-ō* (形) 절단(presek)의; ~*a tačka* 자르는 점

preseći *presečem, preseku; presekao, -kla; presečen, -ena; preseci* (完) **presecati** *-am* (不完) 1. (두 도막으로) 자르다; 이등분하다, 양분하다; ~ *drvo* 나무를 자르다; ~ *vrpcu* 테이프를 커팅하다 (개막식 등의) 2. 가로질러 가다, 횡단하다; ~ *kroz šumu* 숲을 가로질러 가다; ~ *ulicu* 길을 가로질러 가다 3. 차단하다, 중지시키다, 중단시키다, 가로막다, 방해하다 (어떠한 행동, 발전 등을) (sprečiti, omesti, prekinuti, zaustaviti); ~ *linije snabdevanja* 공급선을 차단하다; ~ *put nekome* ~의 길을 가로막다; ~ *krvotok* (혈액) 순환을 방해하다; *žena preseče put muškarcu* 여자가 남자의 길을 가로 막는다 4. (관계·우정 등을) 끊다; *Pera preseče s Verom* 페라는 베라와의 관계를 끊었다 5. (~의 말·발언을) 끊다, 중단시키다; ~ *nekoga u govoru* 누구의 발언을 중단시키다

6. (술·담배 등을) 끊다 7. (카드 놀이의) 카드를 떼다 8. (無人稱文)(비유적) 매우 아프다; *nešto me preseše u grudima* 난 가슴이 많이 아프다(무엇인가가 자르는 것처럼) 8. ~ se (갑자기 일정 기간) 활동을 중단하다, 멈추다; *presekao sam se u sred posla* 나는 일을 한참 하다 말고 일을 중단했다 9. 기타; *presekao mu se glas* 그는 거의 말을 할 수 없었다; *noge su mu se presekle* 다리에 힘이 다 빠졌다 (깜짝 놀라서); *presekao joj se dah* 그녀는 거의 숨을 쉴 수 없었다 (두려움에); ~ *čvor,* ~ *mačem* 단 번에 해결하다 (어려운 문제를); ~ *koga okom (pogledom)* ~를 째려보다; ~ *natanko* 경솔하게 결정하다; *treba ~ repu u korenu* 적기에 적합한 조치를 취해야 한다

presedan 선례, 전례; *bez ~a* 전례없이(있는)

presedati *-am* (不完) (교통편을) 갈아타다, 환승하다

presedeti *-im* (完) 1. (일정시간 혹은 일정 시간까지) 앉아 있다, 앉아서 시간을 보내다; (일하면서, 공부하면서) 앉아 있다; ~ *noć* 밤새 앉아 있다; *celu noć je presedeo za pisaćim stolom* 밤새 책상에 앉아 공부했다 (일했다) 2. 너무 오랫동안 앉아 있다(머무르다); *celo smo leto presedeli kod kuće* 여름 내내 집에 머물러 있었다

presedlati *-am* (完) **presedlavati** *-am* (不完) 1. 안장을 다시 얹다, 안장을 고쳐 얹다 2. (비유적) 의견(견해·시각)을 바꾸다; (한 업무에서 다른 업무로) 옮기다, 바꾸다

presednuti *-em* (完) 참조 presesti

presegnuti *-em* (完) **presezati** *-žem* (不完) 너무 멀리(한계·경계를 넘어) 뻗치다; *uticaj je presegao daleko izvan granice* 영향은 국경을 훨씬 넘어 뻗쳤다

presejati *-em* (完) **presejavati** *-am* (不完) 1. 다시 씨를 뿌리다, 다시 파종하다 2. 밀가루를 체로 다시 거르다

presek 1. 절단, 커팅 2. 절단면; *poprečni* ~ 횡단면; *uzdužni* ~ 종단면 3. (비유적) (어떠한 현상·발전·사상 등에 대한) 개관, 리뷰, 시각 (pregled); *istorijski* ~ 역사적 시각 3. (시간적) 간격; *u* ~*u jedne godine* 1년 간격을 두고 4. (詩) 행(行)중 휴지(休止) (cezura)

preseliti *-im* (完) **preseljavati** *-am* (不完) 1. 이주시키다; ~ *porodicu iz Beograda u Zemun* 베오그라드에서 제문으로 가족을 이주시키다 2. ~ se 이주하다, 이사하다; ~ *se u novu kuću* 새 집으로 이사하다 3. ~ se (철새 등이) 이동하다; *laste su se preselile*

935

na jug 제비가 남쪽으로 떠났다 4. 기타; ~ *se u (na) drugi svet* 저 세상으로 떠나다, 죽다

preseljenje (동사파생 명사) preseliti; 이주, 이사

presesti *presednem* (完) **presedati** *-am* (完) 1. 옮겨 앉다, 자리를 바꾸다; ~ *na divan* 소파에 옮겨 앉다 2. (버스·기차 등을) 옮겨타다, 갈아타다; *u Zagrebu je preseo za Pariz* 자그레브에서 파리행으로 갈아탔다 3. 목에 걸리다 (말(言),음식 등이); 아프다; *ako toliko jedeš, preseśće ti* 그렇게 많이 먹으면 몸이 부대낄 것이다 4. 망가지다, 나빠지다; *meni je na tom izletu sve preselo* 그 피크닉에서 모든 것이 엉망진창이 되었다; *zbog kiše nam je preseo put* 비 때문에 우리의 여행은 망가졌다

presezati *-žem* (不完) 참조 presegnuti

presija 압력, 압박, 강요 (pritisak)

presijati *-jem* (完) 참조 presejati

presijavati *-am* (不完) 참조 presejavati

presijavati *-am* (不完) 1. 반짝반짝 빛을 내다 (svetlucati); *sunce presijava kroz krošnje* 해가 나무 꼭대기 사이로 반짝거린다 2. ~ se 반짝거리다, 반짝반짝 빛나다 (sijati se); *voda se presijava na suncu* 물이 햇빛을 받아 반짝인다

presipati *-am* & *-pljem* (不完) 1. 참조 presuti 2. (koga čime) 쏟아 붓다, 아낌없이 주다

presisati *-šem* (不完) 1. 참조 (presahnuti); 마르다, 매마르다 (샘·우물 등이)

presit *-a*, *-o* (形) 배부른, 과식한; *biti* ~ *nečega* ~에 물릴 정도로 지긋지긋하다; *osećati smo da je Italija sita i presita rata* 이탈리아는 전쟁이 지긋지긋할 것이라고 느꼈다

presititi *-im*; *presićen* (完) **presićivati** *-ćujem* (不完) 1. (너무 많아) ~을 물리게 하다, 질리게 하다, 신물나게 하다; ~ *pečenjem* 바베큐에 신물나게 하다 2. (비유적) 넘쳐나게 하다; *književnost je presićena lošom poezijom* 문학은 질낮은 시들로 넘쳐난다 3. ~ se 너무 많이 먹다, 과식하다 ~ *se čorbom* 수프를 너무 많이 먹다 4. (비유적) (너무 많아) 질리다; ~ *se ljubavlju* 사랑에 질리다, 사랑이라면 지긋지긋하다

presizanje (동사파생 명사) presizati; 무단 침입(침범·출입); ~ *na zemljište suseda* 이웃집 땅 침범

presizati *-žem* (不完) 무단 침입(출입)하다

preskočiti *-im* (完) **preskakati** *-čem*, **preskakivati** *-kujem* (不完) 1. 뛰어 넘다, 뛰어 건너다; ~ *potok (preko potoka)* 개울을 뛰어 넘다; ~ *visinu od 500 sm.* 500센티미터의 높이를 뛰어 넘다 2. (비유적) (텍스트를) 빠뜨리다, 누락시키다, 생략하다; 놓치다, 건너뛰다(책 등을 읽을 때); ~ *poglavlje* 장(章)을 건너뛰다 3. ~보다 더 높이 뛰다, 더 멀리 뛰다; ~ *ostale skakače* 다른 선수들 보다 더 높이(멀리) 뛰다 4. ~를 능가하다; ~보다 먼저 승진(진급)하다 (nadmašiti, nadvisiti); *znanjem je preskočio ostale službenike* 그는 지식으로는 다른 직원들을 능가했다; ~ *kolege u kancelariji* 사무실의 동료들보다 먼저 승진하다 5. 빠르게 훑어보다; *preskoči pogledom obalne pećine* 해변 동굴을 빠르게 훑어본다

preskok 1. (~위를) 뛰어넘음, (~위로의) 점프 2. (체조) 뛰어넘기; ~ *(preko) konja* 뜀틀 뛰어넘기

preskup *-a*, *-o* (形) 너무 비싼 (가격이)

preslab *-a*, *-o* (形) 너무 허약한(빈약한)

presladak *-tka*, *-tko* (形) 너무 단, 너무 달콤한, 너무 귀여운

presladiti *-im*; *preslađen* (完) **preslađivati** *-đujem* (不完) 너무 달게 하다; *nisi valjda opet presladila kafu?* 또다시 커피를 너무 달게 한 것은 아니지?

preslagati *-žem* (不完) 참조 presložiti; 또다시 쌓아 놓다

preslan *-a*, *-o* (形) 너무 짠

preslavan *-vna*, *-vno* (形) 너무 명성이 자자한

preslica 1. 물레 2. (植) 속새류의 총칭 (속새, 쇠뜨기 등)

presličica 1. (지대체) preslica 2. (植) 무스카리(백합과(科)의 구근(球根)식물)

preslikati *-am* (完) **preslikavati** *-am* (不完) 1. (그림 등을) 베끼다, 베껴 그리다 2. (문학작품에서) 자연을 사실에 가깝게 묘사하다

preslišati *-am* (完) **preslišavati** *-am* (不完) 1. (증인·피의자 등을) 심문하다, 조사하다 (saslušati) 2. (누구의 지식을) 구두로 체크하다(확인하다), 구두로 시험을 치르다; ~ *iz matematike* 구두로 수학 시험을 치르다; ~ *nekoga nešto* ~에게 ~을 묻다; *treba da ga preslišam matematiku* 나는 그에게 수학 시험을 쳐야만 한다 3. ~ se 구두 시험을 보다; *preslišavaju se za ispit* 서로 묻고 답하면서 시험준비를 한다

presložiti *-im* (完) **preslagati** *-žem* (不完) 다

P

936

시 쌓아 놓다; ~ knjige sa police u orman 책들을 책장에서 가져다 장에 다시 쌓아 놓다

preslušati -am (完) **preslušavati** -am (不完) 1. (증인·피의자 등을) 심문하다, 조사하다 (prelsišati) 2. (전부, 끝까지) 다 듣다; ~ ploču 음반을 끝까지 다 듣다

presnac (이스트가 들어가지 않은) 빵의 일종

presolac -olca (치즈를 담궈 놓는) 소금물

presoliti -im (完) **presoljavati** -am (不完) 1. 너무 많이 소금을 치다, 과도하게 소금을 넣다; ~ gulaš 굴라쉬에 소금을 너무 많이 치다 2. (비유적) 과하게 하다, 지나치게 하다 (preterati); presolio je malo priču, ne verujem mu više 그는 이야기에 양념을 너무 많이 쳤다, 더 이상 그를 믿지 않는다 3. (비유적) 변화시키다, 바꾸다; njega ne mogu ~, jer on je i bio i ostaje slobodni mislilac 그 사람은 영혼이 자유로운 사람이라서 내가 그를 바꿀 수는 없다

presovati -sujem (完, 不完) 누르다, 압박하다 (pritiskati, pritisnuti); ~ cveće 꽃을 눌러 납작하게 만들다; ~ lišće u herbarijumu 식물 표본집의 잎사귀를 누르다

prespavati -am, **prespati** -im (完) 1. (밤에) 잠을 자다, 잠을 자며 밤을 보내다 (prenoćiti); ~ u hotelu 호텔에서 잠을 자다 2. 잠자다; ~ noć 밤에 잠을 자다; to treba ~ (구어체에서) 그것을 묻어 놓다, ~에 대해 지금 당장 결정하지 않고 충분히 심사숙고한 이후 결정하게끔 그 결정을 미루다 3. (일정 시간 동안) 잠자다; već deo puta prespavao sam hodajući 이미 여정의 많은 부분을 걸으면서 잠을 잤다 4. (일부 동물들이) 겨울잠을 자다, 잠을 자면서 겨울을 보내다 5. (잠자고 있어) 듣지 못하다, 못듣다, 깨닫지 못하다; propisno sam zaspao i prespavao budilicu 규정에 따라 잠이 들어 자명종 소리를 듣지 못했다; ~ ručak 잠자고 있어 점심 때인지 알지를 못했다 6. (장기간 동안) 조용히 살다 (은거 상태로)

presrećan -ćna, -ćno (形) 너무 행복한

presresti presretnem; presreo, -ela (完) **presretati** -ćem (不完) 1. (길을 가는 중에 누구를 발견하고는 가서) 만나다; on me presretne na ulici 그는 나를 거리에서 만났다 2. (중간에) 가로채다; presrela ih je neprijateljska četa 적군이 그들을 가로챘다; milicija je slučajno presrela lopove 경찰이 도둑놈들을 가로챘다

presretač (비행기) 요격기

presretan -tna, -tno (形) 참조 presrećan

presretati -ćem (不完) 참조 presresti

prestajati -jem (不完) 참조 prestati

prestajati prestojim (完) ~내내 서 있다; ~ celu predstavu 공연 내내 서 있다; ~ putovanje u vozu 서서 기차로 여행하다; 기차 입석으로 서서 여행하다

prestajkivati -kujem (不完) (보통 숙어로) ~ s noge na nogu 매시간 몸의 중심을 한 쪽 다리에서 다른 쪽 다리로 움직이다(이동시키다)

prestanak -anka 멈춤, 중지, 중단; bez ~anka 멈추지 않고, 중단없이; ~ kiše 비 그침; ~ radnog odnosa 근로관계의 중지

prestar -a, -o (形) 너무 늙은, 너무 낡은, 너무 오래된

prestareti -im (完) 너무 낡다, 너무 늙다; on je prestareo i oronuo 그는 너무 늙어 허약해졌다

prestati prestanem (完) **prestajati** -em (不完) 멈추다, 중단하다, 중지하다; prestala je kiša 비가 멈췄다; časopis je prestao da izlazi 잡지가 더 이상 출판되지 않았다; prestani s tom drekom! 그 고함소리 좀 내지마!; sneg je prestao 눈이 멈췄다

prestaviti -im (完) (끓이기 위해) 불위에 올려놓다

prestaviti se -im se (完) 죽다, 사망하다 (umreti)

presti predem; preo, -ela; preden, -ena (不完) 1. (실을) 잣다; ~ vunu 울을 잣다 2. (콧수염을) 비비 꼬다 (uvijati, zavijati) 3. (거미가) 거미줄을 치다; pauci predu, detlić kljuje 거미는 거미줄을 치고 딱따구리는 콕콕 쫀다 4. (고양이가) 저음의 소리를 내다, 가르랑거리다 5. (비유적) 조용히 말하다, 부드러운 음성으로 콧노래를 흥얼거리다

prestići, prestignuti prestignem; prestignuo, -ula & prestigao, -gla (完) **prestizati** -žem (不完) 1. (~를) 추월하다, 앞지르다; ~ nekoga ~를 앞지르다; autobus je prestigao bicikliste 버스는 자전거를 탄 사람을 추월한다 2. (~보다) 먼저 하다, 한 수 앞서다; hteo dam da pišem bratu, ali me otac pristiže i posla pismo 나는 형에게 편지를 쓰려고 했는데, 아버지가 나보다 먼저 써서 편지를 보냈다 3. (비유적) (~보다) 더 큰 성공을 거두다, 더 높은 지위에 오르다; mnoge kolege su me prestigle u službi 많은 동료들이 나보다 승진을 앞서 했다 4. 뛰어넘다, 초월하다, 능가하다 (nadmašiti, ndvisiti)

P

prestiž 명망, 명성, 신망 (ugled); *novinarski ~* 기자의 명성; *pitanje ~a* 신망의 문제; **prestižni** (形)

presto *-ola; -oli* 왕좌, 옥좌; 왕위, 보위; *stupiti (sesti, popeti se) na ~* 왕위에 오르다; *zauzeti ~* 통치를 시작하다; *izgubiti ~* 권좌를 잃다; *svrnuti (skinuti) s ~ola* 왕위에서 추출하다; **prestoni, prijestolni** (形)

prestojati *-jim* (不完) 참조 prestajati

prestonaslednik 왕위 계승자 **prestonaslednica**

prestolje 1. 참조 presto; 왕위, 왕좌 2. (비유적) 권좌, 권부 3. (비유적) 시각, 견해 (gledište)

prestonica (한 나라의) 수도(首都)

prestrašiti *-im* (完) 1. 두려워하게 하다, 무서워하게 하다 (uplašiti, prepasti); *~ decu* 아이들이 무서워하게 하다 2. *~ se* 두려워하다, 무서워하다; *~ se od nepoznatog* 낯선 사람을 두려워하다; *~ se u mraku* 어둠속에서 두려워 하다

prestraviti *-im; prestravljen* (完) **prestravljivati** *-ljujem* (不完) 매우 두려워하게 하다, 너무 무서워하게 하다

prestrog *-a, -o* (形) 너무 엄격한; *~ čovek* 너무 엄한 사람

prestrojiti *-im* (完) **prestrojavati** *-am* (不完) 1. (보통 군대에서) 다시 대형을 이루다, 다시 줄을 세우다; *~ vod* 소대를 다시 편성하다 2. *~ se* (자동차 운전시) 차선을 바꾸다; *prestrojio se na levu traku* 왼쪽 차선으로 바꿨다

prestrugati *-žem* (完) 톱질하다, 톱질하여 자르다; *~ dasku* 톱질하여 널판지를 자르다

prestup 1. 건넘, 뛰어넘음; *načiniti ~ s skoku u dalj* 멀리뛰기하다 2. 위반, 위배, 침해, 침범; *moralni ~* 도덕적 타락 행위, 도덕에 반하는 행위 3. (法) 위반 행위, 범죄 행위; *krivični ~* 범죄 행위

prestupak *-pka* 1. (경계·문지방 등을) 넘음, 건넘 2. 참조 prestup

prestupiti *-im* (完) **prestupati** *-am* (不完) 1. (한계·경계·문지방 등을) 넘다, 넘어서다, 뛰어넘다 2. (비유적) (자신의 활동 범위를 넘어) 다른 분야로 진출하다 3. (法) 위반하다, 범하다 (prekršiti); *~ propis* 규율을 위반하다; *~ granicu* 국경을 침범하다

prestupnī *-ā, -ō* (形) 1. 건너는, 뛰어넘는; *postoji ~a zona, koja se ne sme dodirnuti ili prekoračiti* 밟거나 건너뛰어서는 안되는 도약 지점이 존재한다 2. (法) 위반의, 침범

의, 침해의 3. 기타; *~a godina* 윤년(4년마다 한 번씩 366일이 있는 해)

prestupnik 위반자, 범법자 **prestupnica**; **prestupnički** (形)

presuda 1. (法) 판결, 평결, (형의) 선고; *doneti (izreći) ~* 판결하다; *oslobađajuća ~* 무죄 선고; *pravosnažna ~* 효력을 발생하는 판결 2. 평가 (문학 작품, 예술품 등에 대한) (ocena); *kritičarska ~* 비평가의 평가 3. 기타; *salomonska ~* 솔로몬의 판결, 현명한 판결

presudan *-dna, -dno* (形) 1. 최종적인, 결정적인 (odlučujući, konačan); *~dna odluka* 최종 결정; *~dna uloga* 결정적 역할 2. 중요한, 아주 중요한 (bitan, najvažniji); *zdravlje je ~dno i u pitanjima duševnog i moralnog napredovanja u narodu* 건강이 사람들의 정신 발달과 도덕 발전에서 가장 중요하다; *njegovo mišljenje nije ~dno* 그의 생각은 그리 중요하지 않다

presuditi *-im* (完) **presuđivati** *-đujem* (不完) 1. (kome) (재판에서) 판결하다, 판결을 내리다; (어떤 문제에 대해) 판단하다; *kad bi se seljaci delili, njega bi se pozivali da im presudi* 농부들이 서로 분열되었을 때 그들에 대해 판결하도록 그를 불렀을 것이다 2. (가치·중요성 등의) 더 큰 무게를 지니다 (prevagnuti, pretegnuti); *presudilo je naše poverenje u književnost* 문학에 대한 우리의 믿음이 더 컸다

presudno (副) 결정적으로, 아주 중요하게; *~ uticati* 결정적으로 영향을 미치다; *~ delovati* 아주 중요하게 작용하다

presušiti *-im* (完) **presušivati** *-šujem* (不完) 1. 마르다, 건조해지다 (presahnuti); *proračunali su da će Sredozemno more ~* 지중해가 마를 것이라고 계산했다; *kanal je u avgustu presušio* 하천이 8월에 매말랐다 2. (젖소 등의) 젖이 마르다; *krave mu presušiše* 그의 젖소들은 젖이 말랐다(젖이 나오지 않았다) 3. (술 등을) 다 마시다, 마셔 없애다 4. (비유적) (돈 등이) 사라지다, 없어지다, 마르다; *izvori materijalnog života gotovo su sasvim presušili* 돈이 나올 구멍이 완전히 사라졌다 5. 너무 말리다, 과도하게 건조시키다; *~ šljive* 서양자두를 너무 말리다; *~ pečenje* (너무 오래 구어) 고기가 바삭바삭하다

presuti *prespem; presuo, -ula; presut; prespi* (完) **presipati** *-am* (不完) 1. (한 그릇에서 다른 그릇으로, 한 장소에서 다른 장소

P

938

로) 옮겨 붓다, 옮겨 따르다; ~ vino iz bureta u flaše 포도주를 통에서 병으로 옮겨 붓다; presipati iz šupljeg u prazno 쓸데없는 잡담을 하면서 시간을 보내다(낭비하다) 2. (그릇 등이) 넘쳐 흐르게 따르다

presvet -a, -o (形) 1. 너무 신성한 2. (명사적 용법으로) (가톨릭) 성체, 제병(祭餠) (성찬용의 빵)

presvetao -tla, -tlo (形) 1. 너무 밝은, 매우 빛나는 2. (한정 형용사) (고관대작, 성직자들의 칭호에 붙어) 성스런, 귀하신; (명사적 용법으로) 각하; ~ car 고귀한 황제; ~ vladika 성스런 주교; presvetli priđe oltaru 각하가 제단에 다가간다

presvisnuti -nem (完) 의식을 잃다, 실신하다, 기절하다 (obneznaniti se)

presvlačenje (동사파생 명사) presvlačiti; 옷을 갈아 입음

presvlačionica 탈의실, 옷을 갈아 입는 곳

presvlačiti -im (完) 참조 presvući; 옷을 갈아 입다

presvlaka 1. (침대 등의) 커버, (이불의) 홑청, (베개) 잎; ~ za krevet 침대보; ~ za jastuk 베갯잎; ~ za nameštaj 가구 커버 2. 갈아 입는 옷; pokojnikova ~ 수의(壽衣) 3. 옷의 안감 (postava) 4. 잠옷, 나이트 가운 5. 옷을 갈아입음 (presvlačenje); obaviti ~ 옷을 갈아 입다

presvlakuša 잠옷, 나이트 가운 (presvlačica)

presvući presvučem, presvuku, presvukao, -kla; presvućen, -ena; presvuci (完) presvlačiti -im (不完) 1. 옷을 갈아입다; ~ odelo (haljinu) 양복 (드레스)을 갈아입다 2. ~ nekoga 누구의 옷을 갈아입히다 (preobući); ~ dete 아이의 옷을 갈아입히다 3. 커버 (보)를 갈아 씌우다; ~ krevet 침대보를 갈아 씌우다 4. (옷의) 안감을 대다; ~ kaput 외투에 안감을 대다 5. ~ se 옷을 갈아입다; presvukao se 그는 옷을 갈아입었다 6. (昆蟲) 탈바꿈하다; 탈피하다; gusenice se presvlače više puta dok ne postanu leptiri 애벌레는 나비가 되기 까지 수 회 탈바꿈한다; zmije se presvlače dok rastu 뱀은 성장하면서 탈피한다

preša 1. 서두름, 급함 (žurba, hitnja, hitnost); nije ~ 급한 것은 아니다, 서둘 필요는 없다; silna mu je ~ 그는 정말 급했다; na ~u 황급히, 급하게, 서둘러 2. (方言) 필요 (nužda, potreba)

preša 압착, 누름 (presa)

prešan, -šna, -šno (形) 눌려진, 압착된

prešan -šna, -šno (形) 1. 긴급한, 급한 (hitan) 2. 필요한 (potreban)

prešarati -am (完) 1. 알록달록하게 하다 2. (쓰여진 것 위에) 줄을 많이 긋다, 많은 줄을 긋다

preširok -a, -o (形) 너무 넓은

preštampati -am (完) preštampavati -am (不完) 재인쇄하다, 다시 인쇄하다

prešutan -tna, -tno (形) 참조 prećutan; 암묵적인, 무언의

prešjuteti -im (完) prešućivati -ćujem (不完) 참조 prećutati; 침묵하다

pretakati pretačem (不完) 1. 참조 pretočiti; (한 그릇에서 다른 그릇으로) 옮겨 붓다, 옮겨 따르다 2. 기타; ~ iz šupljeg u prazno 아무런 가치도 없는 일을 하다, 쓸데없는 이야기를 하면서 시간을 보내다

pretanak -nka, -nko (形) 너무 얇은, 너무 가는

pretapati -am (不完) 참조 pretopiti

pretati -ćem (不完) zapretati -ćem (完) (화롯불이 꺼지지 않게) 재로 불을 덮어 두다; ~ vatru 불을 재로 덮다

preteča (男) 1. (다른 사람의 활동을 준비해 주는) 예비자, 예비 준비자, 전신(前身); 선도자, 선구자; ja sam bio samo ~ ovog velikog čoveka 나는 이 거인의 예비자에 불과했다; Sava Mrkalj je vukov ~ 사바 므르칼은 부크의 예비자이다 2.; 전조, 징후

preteći pretegnem (完) 참조 pretegnuti

preteći preteknem & pretečem, preteku; pretekao, -kla; pretečen, -ena (完) preticati -čem (不完) 1. 추월하다, 앞지르다, 따라잡다 (prestići); taj auto nas je pretekao dva puta 그 자동차를 우리를 두 번 추월했다 2. (경쟁자 등을) 앞지르다, … 을 능가하다; on me je pretekao 그는 나를 능가했다 3. 흘러들다 (흘러 한 곳에서 다른 곳으로)

preteći -ćem (完) (아주 풍부해) 쓰고도 남다, 남아 있다; nije preteklo hleba 남은 빵이 없었다; ova hrana je pretekla od večere 저녁을 먹고도 이 음식이 남았다; preteklo je nešto vina posle slave 종교축일 이후에도 포도주가 남았다

preteći -a, -ē (形) 위협의, 위협적인, 협박하는; ~e pismo 협박 편지; ~a tišina 불길한 고요

preteg (男), pretega (女) 1. (저울 등의) 추, 무게 추 2. (비유적) 가중치, 중요성(도), 영향력, 우세, 우월; ovo znanje daje mu

P

ogroman ~ nad starim naraštajem 이러한 지식은 그에게 구세대에 대한 엄청난 우월성을 부여한다

pretegnuti, preteći *pretegnem; pretegnuo, -ula & pretegao, -gla* (完) **pretezati** *-žem* (不完) 1. 무겁게 하다, (무게로) 한 쪽으로 기울게 하다; ~ *na jednu stranu* 한 쪽으로 기울게 하다 2. 한 쪽으로 움직이다; *glava joj je velika a vrat tanak, pa ona pretergne čas napred, čas natrag* 그녀의 머리는 크지만 목은 가늘어서 머리가 한 번은 앞으로 한 번은 뒤로 움직인다 3. 더 큰 의미(중요성)를 가지다, 더 무겁다, 무게가 더 나가다; *njegova reč uvek preteže* 그의 말은 여전히 무게를 지닌다

pretek (숙어로만 사용됨) *imati na ~ (~u)* 충분히 많다

pretek (숙어로만 사용됨) *poći (potrčati) u (na) ~* 앞질러 가서 누구를 기다리다

pretekst 구실, 핑계 (izgovor, povod); *pod ~om* ~라는 구실하에, ~라는 핑계로

pretenciozan *-zna, -zno* (形) 야심적인, 야망찬

pretendent 야망가, 야심자, ~을 노리는 사람 **pretendentkinja**

pretendirati *-am*, **pretendovati** *-dujem* (完,不完) 1. 야심을 품다, ~을 노리다; ~ *na presto* 왕위에 대한 야심을 품다; ~ *na neki položaj* 어떤 지위(직위)를 노리다 2. (승인·용인·허용을 받으려고) 시도하다 (자신의 특수성·권리 등을 주장하면서); ~ *na nagradu* 상을 받으려고 시도하다

pretenzija 야망, 야심; *imati ~e na nešto* ~에 대해 야심을 갖다; *teritorijalne ~e* 영토에 대한 야망

preteran *-rna, -rno* (形) 1. 참조 preterati 2. 과도한, 지나친 (prevelik, previsok, prekomeran, preuveličan); *~a cena* 과도한 가격 3. ~에 너무 집착하는, 광적인; *bio je ~ katolik i nepopravljiv autokrat* 광적인 가톨릭 신자로서 도저히 어떻게 할 수 없는 독재자였다

preterati *-am* (完) **preteravati** *-am*, **preterivati** *-rujem* (不完) 1. 추방하다, 쫓아내다; ~ *neprijatelja iz zemlje* 나라에서 적을 몰아내다 2. (소·양떼 등을) 몰다, 몰아가다; ~ *ovce preko reke* 강건너편으로 양떼를 몰다 3. (비유적) (어떤 일을 하는데 있어) 지나치게 하다, 과도하게 하다; *preterao je u lovu na lopve* 그는 지나치게 절도범을 잡으려고 했다; ~ *u poslu* 과로하다, 일을 너무

많이 하다; ~ *u pušenju* 담배를 너무 많이 피우다; ~ *u zahtevima* 과도한 요구를 하다 4. (비유적) 과장하다, 침소봉대하다; ~ *sve* 모든 것을 과장하다; *preterah u opisivanju lepota Rima* 로마의 아름다움을 너무 과장하여 표현했다

preterit (言) (동사의) 과거형, 과거 시제

pretežak *-ška, -ško* (形) 너무 무거운; 너무 어려운

pretežan *-žna, -žno* (形) 우세한, 우월한, 지배적인 (dominantan)

pretežno (副) 대부분이, 다수(多數)가, 주로, 일반적으로 (u većem broju, uglavnom); ~ *đaci bavili su se sportom* 많은 수의 학생들이 운동을 했다

prethistorija 참조 predistorija; 선사(先史), 선사 시대

prethodan *-dna, -dno* (形) (시기적으로 이야기 중인 사건 등의) 전(前)의, 이전(以前)의, (이야기 중인 시간) 바로 앞의; *za takav čin treba mnogo ~dnih poslova* 그러한 행위를 위해서는 이전에 (해야만 하는) 많은 일들이 필요하다

prethoditi *-im* (完) (~의 앞에) 앞서 가다, 앞서 발생하다; ~ *nečemu* ~보다 먼저 일어나다(발생하다); ~ *primerom* 본보기(선례)가 되다

prethodnica 1. (軍) 본대(本隊)보다 앞장서는 선두 부대, 선발대, 전초대 2. 전임자 (여자) prethodnik 3. 전조, 예후, 징후, 징조 4. 기타; *zvezda ~* 길잡이 별

prethodnik 1. 앞장서 걷는 사람, 앞장서 가는 사람 2. 전임자 3. (양떼의) 앞장서 무리를 이끄는 양 (predvodnik)

prethodno (副) 전에, 이전에, (~보다) 먼저

preti *prem, pru* (不完) (廢語) 1. 고소하다, 고발하다 (tužiti) 2. ~ *se s kim* 언쟁하다, 다투다 (prepirati se, svađati se) 3. ~ *se* (法) 소송하다, 소송을 진행하다

preticanje (동사파생 명사) preticati; (자동차 등의) 추월; *zabranjeno je ~!* 추월 금지!

preticati *-čem* (不完) 참조 preteći

pretičak *-čka* (사용하고도 남은) 나머지, 여분 (ostatak, suvišak)

pretilina 1. (과도한) 비만 (debljina) 2. 풍요로움, 비옥함, 생식력 (obilje, plodnost)

pretilost (女) 참조 pretilina; 비만

pretinac *-inca* 서랍 (fioka, ladica); *poštanski ~* 사서함

pretio *-ila, -ilo; pretlji* (形) 1. 뚱뚱한, 비만의 (gojazan) 2. (비유적) 풍부한, 많은 (bogat, obilan)

pretipkati _-am_ (完) 참조 prekucati; 재타이핑
하다, 타이핑을 다시 하다

pretiskati _-am_ (完) 재출판하다, 다시 출판하
다 (preštampati)

pretiskivati _-kujem_ (不完) 참조 pretiskati

pretisnuti _-nem_ (完) 참조 pritisnuti

pretiti _-im_ (不完) **zapretiti** _-im_ (完) 1. 위협하
다, 협박하다; ~ u pismu 편지에서 위협하다;
on nam preti 그가 우리를 위협한다; _pretiti_
nekome pogledom 시선으로 누구를 위협하
다; ~ _nekome smrću_ ~에게 죽을 것이라고
협박하다; ~ _kaznom_ 처벌할 것이라고 위협
하다 2. 경고하다 (upozoravati); ~ _prstom_
detetu 손가락으로 아이에게 경고하다 3.
(나쁜 일, 위험 등의) 전조를 보이다, 조짐을
보이다; _toj zemlji preti glad_ 기아 사태가 그
나라에 일어날 조짐을 보인다; _preti kiša_ 폭
우가 쏟아질 징후가 있다

pretkinja 참조 predak; (여자) 선조, 조상

pretklijetka 참조 pretkomora; (심장의) 심방

pretkomora (解) (심장의) 심방; _desna (leva)_
~ 우(좌)심방

pretkongresnī _-ā, -ō_ (形) 회의 전(前)의; ~a
atmosfera 회의 전 분위기

pretkuće, pretkućnica 앞마당, 앞뜰

pretkutnjak 앞어금니

pretljī _-ā, -ē_ (形) 참조 pretio

pretnja 1. 위협, 협박, 공갈; ~ _upotrebom sila_
무력을 사용한 협박; _ispuniti ~u_ 위협을 행
동에 옮기다; _uzaludne ~e_ 헛된 협박; _pod_
~om 위협하에 2. 잠재적 위협(위험); _nad_
nas se nadvila ratna ~ 우리에게는 전쟁의
잠재적 위험이 드리워져 있다

pretočiti _-im_ (完) **pretakati** _-čem_ (不完) 1. (한
그릇에서 다른 그릇으로) 따르다, 옮겨 따르
다; ~ _vino_ 포도주를 따르다; (비유적) _htela_
je što pre iz sebe ~ _svoje znanje u dete_ 그
녀는 가능한 한 빨리 자신의 지식을 아이들
에게 전해주기를 희망했다 2. (다른 것으로)
바꿔 놓다, 변형시키다; ~ _sećanja u reči_ 기
억을 말로 바꿔 놓다 3. ~ se 흐르다, 흘러
새다 (izliti se, preliti se) 4. ~ se 바뀌다;
ljutnja mu se pretočila u reči ohrabrenja
그의 분노는 격려의 말로 바뀌었다

pretopiti _-im_ (完) **pretapati** _-am_ (不完) 1. 녹
여 다시 만들다, 개주(改鑄)하다; ~ _vosak_
밀랍을 녹이다, ~ _zvona u topove_ 종을 녹여
대포를 만들다 2. (비유적) 변형시키다, 다른
것으로 만들다, 완전히 탈바꿈시키다 3. (민
족을) 동화시키다; ~ _jedan narod u drugi_ 한

민족을 다른 민족으로 동화시키다 4. ~ se
완전히 다른 형태가 되다, (다른 것으로) 변
형되다, 바뀌다 5. ~ se 동화되다; _deca se_
brzo pretapaju 아이들은 빨리 동화된다; ~
se u Amerikance 미국인화 되다

pretorijanac _-nca_ 1. (歷) (고대 로마 황제의)
근위병 2. (비유적) (정권의 보루로서의) 용
병부대원

pretovar (화물의) 환적; ~ robe 화물 환적

pretovariti _-im_ (完) **pretovarivati** _-rujem_ (不
完) 1. 환적하다; ~ robu 화물을 환적하다 2.
짐을 너무 많이 싣다, 과적하다; ~ magarca
당나귀에 짐을 너무 많이 싣다; ~ kola 수레
에 너무 많은 짐을 싣다 3. (일·의무 등의)
너무 많은 부담을 지우다; ~ đaka 학생에게
너무 많은 부담을 지우다; ~ želudac 과식하
다 3. ~ se 과식하다 (prejesti se); _psi se_
pretovarili jelom i spavaju 개들은 많이 먹
은 후 잠을 자고 있다

pretpaljenje (내연 기관의) 조기 점화

pretplaćivati _-ćujem_ (不完) 참조 pretplatiti

pretplata (신문·잡지·서적 등의) 구독, 구독료;
~ na časopis 잡지 구독(료) **pretplatni** (形)

pretplatiti _-im; pretplaćen_ (完) **pretplaćivati** -
ćujem (不完) 1. (신문·잡지 등을) 구독하다,
구독료를 지불하다, (유로 채널 등에) 가입하
다; on je pretplaćen na časopis 그는 잡지
를 구독한다 2. 구독하게 하다, 구독자로 만
들다; ~ nekoga na novine 누구를 신문 구
독자로 만들다 3. ~ se 구독자가 되다

pretplatnik 구독자, 가입자(정기적으로 요금을
지불하는); ~ci električne energije 전기 소
비자; telefonski ~ 전화 가입자; ~ na
časopis 잡지 구독자

pretposlednjī _-ā, -ē_ (形) 끝에서 두 번째의; ~
slog 끝에서 두 번째 음절

pretpostaviti _-im_ (完) **pretpostavljati** _-am_ (不
完) 1. (~일거라고) 생각하다, 추정하다, 추측
하다; ja sam pretpostavio da nije kod kuće
나는 그가 집에 없다고 생각했다 2. (누구를,
무엇을) ~보다 위에(앞에) 놓다;
pretpostavljena vlast 상급 권력 3. (비유적)
(~을) ~보다 우선시하다, 더 좋아하다, 더
높게 평가하다, 더 선호하다; ~ rad zabavi
노는 것보다 일을 더 우선시하다 (중요시하
다)

pretpostavka 가정, 가설; 추측, 추정; ~
nevinosti 무죄 추정의 원칙

pretpostavljeni _-oga_ (男) 상급자, 상사, 상관,
윗사람 (starešina); naređenje ~og 상급자
의 명령(지시)

pretpraznički -ā, -ō (形) 공휴일(휴일) 이전의, 명절 전(前)의 ; ~o raspoloženje 공휴일 전의 분위기; ~o veče 공휴일 전의 밤

pretprodaja 예매

pretprošlī -ā, -ō (形) 1. 지지난번의; ~ e subote 지지난 토요일 2. (文法) ~o vreme 대과거 (pluskvamperfekat)

pretraga 1. 찾기, 수색; (컴퓨터의) 검색; ~ terena 현장 수색; ~ prtljaga 짐가방 조사 2. (醫) 검사 (ispitivanje); ~ krvi 혈액 검사; ~ mokraće 소변 검사; liječnička ~ 의료 검사

pretražiti -im (完) pretraživati -žujem (不完) 1. (샅샅이) 수색하다, 뒤지다, 찾다; (컴퓨터의) 검색하다; ~ džepove 주머니를 샅샅이 뒤지다 2. (학문적 목적으로) 조사하다; ~ šumu 숲을 조사하다

pretrčati -im (完) pretrčavati -am (不完) 1. (달려) 통과하다, 통과하면서 달리다; ~ ulicu (preko ulice) 거리를 달려 지나가다 2. 달리다 (일정 시간 동안); pretrčao sam čitav dan 나는 하루 종일 달렸다; pretrčao je 100 metara za 12 sekundi 그는 100 미터를 12초에 달렸다 3. (달려) 앞지르다

pretrebiti -im (完) pretrebljivati -bljujem (不完) 1. (모든 불필요한 것을 떼어내) 깨끗이 하다, 씻다, 다듬질하다, 손질하다 2. 다시 깨끗이하다 (키질하다) (ponovo otrebiti)

pretres 1. 수색, 조사; Advokat Kuzman doveo policiju pa hoće u kuću da izvrši ~ 변호사인 쿠즈만은 경찰을 데려와서는 집을 수색하려고 했다; carinski ~ 세관 조사 2. (비유적) 토론, 토의; uzeti u ~ 토론에 부치다; zakoni će biti upućeni narodnoj skupštini na ~ 법률들은 의회의 토론에 부쳐질 것이다 3. (法) (법원의) 심리 공판

pretresanje (동사파생 명사) pretresati

pretresti pretresem; pretresao, -sla; pretresen, -ena (完) pretresati -am (不完) 1. 털다, 탈탈 털다 2. (통풍을 하고 햇볕을 쐬게 하면서) 털다, 털어내다; ~ postelju 침대보를 탈탈 털다 3. 수색하다, 뒤지다; ~ nekoga (stan) 누구를 (집을) 수색하다; kapetan naredi da se pretrese kuća 대장은 집을 수색하라고 명령했다 4. (만져가면서, 뒤집어서) 찾다, 뒤지다; ~ džepove 주머니를 뒤지다 5. (비유적) 토론하다 (평가하거나 결론을 도출하기 위해) 6. (낡은 부품을) 완전히 교체하다(바꾸다) ~ krov kuće 집의 지붕을 새로하다

pretrgnuti -em (完) pretrzati -žem (不完) 1.

부러뜨리다, 두동강을 내다 2. (일·흐름·발전 등을) 중단하다, 중지하다 (prekinuti, zaustaviti, obustaviti); morao je školu ~ 그는 학업을 중단해야만 했다 3. (누구의 말을) 끊다, 중단시키다 (preseći, prekinuti) 4. (우정·우호적 관계를) 끊다, 중단하다, 단절하다; on je ... u to doba već pretrgao s Delkom 그는 ... 그 시절 이미 델카와의 관계를 끊었다 5. ~ se 끊어지다, 부러지다, 두동강나다 6. ~ se (활동·일 등이) 중단되다, 중지되다; igra se pretrgla na trenutak 연극은 잠시 중단되었다 7. ~ se (비유적) (건강 등이) 허물어지다, 무너지다, 기진맥진하다, 지치다 (과로·힘든 일 등으로 인해) (slomiti se, prekinuti se); kačar je umro dosta rano; pretrgnuo se ... od rada 통 제조업자는 굉장히 일찍 죽었다, 일로 ... 지쳤었다 8. ~ se 허약해지다 (iskilaviti se) 9. ~ se 사라지다, 없어지다 (nestati); naiđoše ... i teški dani i pretrgnu se i poslednja para u džepu 힘든 날들이 시작되었으며 ... 주머니에 있던 마지막 돈들도 없어진다

pretrka (스포츠의) 예비 경주(본 경주 이전의); (경주·시합의) 예선

pretrnuti -nem (完) 1. (충격·놀람 등으로) 망연자실케 하다, 멍해지다 2. 오싹해지다, 소름끼치다; ~ od zime 추위로 인해 오싹해지다; ~ od straha 두려움으로 인해 소름끼치다

pretrpati -am (完) pretrpavati -am (不完) 1. 너무 과다하게 채우다(쑤셔 넣다), 꽉꽉 채우다; ~ kofer 여행 가방을 꽉꽉 채우다; ~ tramvaj 트램에 너무 많은 사람을 태우다; ~ zidove hrama ukrasima 교회의 벽에 장식을 너무 많이 채워넣다 2. 너무 많은 양을 쌓아놓다, 과적하다 3. ~ se (비유적) 과도한 부담을 지다; ~ se poslovima 과중한 업무에 치이다; ~ se dugovima 과도한 채무에 시달리다

pretrpeti -im; pretrpljen (完) 1. (변화·불행 등을) 겪다, 당하다; (질병·고통·슬픔·결핍 등에) 시달리다, 고통받다; ~ promenu 변화를 겪다; ~ brodolom 난파를 당하다; ~ neuspeh 실패를 경험하다; ~ srčani udar 심장마비를 겪다; ona je mnogo pretrpela od njega 그녀는 그 사람으로부터 많은 시달림을 당했다 2. 참다, 견디다, 인내하다; deco moja!, slušajte se, pretrpite jedno drugo! 내 사랑하는 아들 딸들아! 듣거라, 서로 참고 견디어라! 3. ~ se 인내하다, 참고 견디다; pretrpite se malo, pa ćemo da

P

vidimo 조금만 참으면 우리가 서로 볼 수 있을 거예요

pretući *pretučem, pretuku; pretukao, -kla; pretučen, -ena; pretuci* (完) 1. (주먹·몽둥이 등으로) 실컷 때리다, 죽도록 때리다 (premlatiti); ~ *na mrtvo ime* 죽도록 때리다 2. 때려 죽이다

pretumbati *-am* (完) (무엇을 찾느라고) 헤집다, 헤집어놓다; ~ *stvari* 물건들을 헤집어놓다

preturiti *-im* (完) **preturati** *-am* (不完) 1. (옆으로) 쓰러뜨리다, 넘어뜨리다; ~ *vaznu* 꽃병을 쓰러뜨리다 2. (무엇을 찾아서 어떤 곳을 엉망으로 만들며) 뒤지다, 헤집다 (ispreturati); ~ *sobu* 방을 (엉망진창으로 만들어 놓으면서) 샅샅이 뒤지다; *preturati po fioci* 서랍을 뒤지다 3. (~위로, ~넘어) 내던지다, 쑥 내밀다; ~보다 더 멀리 던지다; *preturio ga je preko grede u more* 그것을 돌 위로 해서 바다에 내던졌다 4. (새로운 곳, 장소 등으로) 이동시키다, 이주시키다, 주둔시키다, 옮기다; *sasvim iznenada na desnu stranu preturi 1000 Rusa* 전혀 예기치 않게 1000명의 러시아인을 오른편으로 이주시킨다 5. (~위로) 날아가다 (preleteti); *jedna granata preturi preko bataljona* 포탄 한 발이 대대 위로 날아간다 6. (비유적) ~ 살(歲)을 넘기다, ~의 나이보다 더 먹다; *prema prosednoj kosi i brkovima moglo bi se reći da je preturio četrdeset godina* 흰 머리와 콧수염으로 봤을 때 마흔 살을 넘겼을 것으로 생각된다 7. (살면서) ~을 겪다, 경험하다, 당하다; ~ *rat* 전쟁을 겪다; ~ *preko glave* 온갖 일을 다 겪다, 산전수전을 다 경험하다 8. (대화·주먹 등을) 교환하다, 주고 받다 9. ~ *se* (옆으로) 쓰러지다, 넘어지다 10. ~ *se* (다른 것으로) 변하다; *mogu se bolesti pretvoriti u zapaljene pluća* 병들은 폐렴으로 진행될 수 있다

pretvaralo 참조 pretvornik

pretvaranje (동사파생 명사) pretvarati

pretvarati *-am* (不完) 참조 pretvoriti

pretvoran *-rna, -rno* (形) 위선의, 위선적인 (dvoličan, licemeran); *naročito je štetno prisiljavanje na javno priznanje krivice, ono stvara pretvorne i podmukle ljude* 죄를 공개적으로 인정하라고 강요하는 것은 특히 해롭다, 그것은 위선적이고 사악한 인간들을 만든다

pretvorba (다른 것으로의) 바꿈, 탈바꿈 (pretvaranje u nešto drugo)

pretvorica (男,女) 참조 pretvornik

pretvoriti *-im* (完) **pretvarati** *-am* (不完) 1. (형태·외견·구조 따위를) 바꾸다, 변형(변용)시키다; (상태·성질·기능 따위를) 완전히 바꾸다, 전환하다; ~ *zlato u novac* 금을 돈을 바꾸다; ~ *žalost u radost* 슬픔을 기쁨으로 바꾸다; ~ *u pepeo* 재로 만들다; *Beograd je pretvoren u ruševine* 베오그라드는 폐허로 변하였다 2. ~ *se* ~로 되다, 다른 상태로 변하다, 다른 모습(형태)을 띠다; *voda se pretvaral u led* 물은 얼음으로 변하였다; *prašina se pretvara u blato kad pad kiša* 비가 내리면 먼지는 진흙으로 변한다 3. (不完만) ~ *se* ~인체 하다; *pretvara se da ne čuje* 들리지 않는체 하다 4. ~ *se* (uho, oko, pažnja, smeh 등의 명사와 함께) 완전히 ~에 몰두하다(집중하다); *sve se pretvorilo u oko i uho* 모든 것이 눈과 귀로 변하였다 (보고 듣는 것에 완전히 몰두했다)

pretvoriv, pretvorljiv *-a, -o* (形) 1. (다른 것으로) 바꿀 수 있는, 변화(변형)될 수 있는 2. 위선의, 위선적인, 위선적으로 행동할 수 있는 (lažan, licemeran)

pretvornik 1. 변환기 2. 위선자

preudaja 재혼(여성의)

preudati *-am* (完) **preudavati** *-dajem* (不完) 1. (딸 등을) 재혼시키다; ~ *ćerku* 딸을 재혼시키다 2. ~ *se* (여성이) 재혼하다; *ona se preudala* 그녀는 재혼했다 (이혼, 사별 이후)

preudesiti *-im; preudešen* (完) **preudešavati** *-am* (不完) 1. 개조하다, 리모델링하다; ~ *kuću* 가옥을 개조하다; ~ *garažu u stan* 차고를 아파트로 개조하다 2. ~ *se* 몸치장을 하다, 옷치례하다

preuraniti *-im* (完) **preuranjivati** *-njujem* (不完) 너무 일찍 ~을 하다; ~ *s odlukom* 너무 성급하게 결정하다, 결정을 너무 서두르다; *preuranjeni zaključci* 서무 성급한 결론

preurediti *-im* (完) **preuređivati** *-đujem* (不完) 개조하다, 개편하다, 개작하다, 각색하다, 리모델링하다; ~ *sobu* 방을 고치다; *on je pokušao da to delo preuredi za pozornicu, da od njega stvori komediju* 그는 그 작품을 극장 상연용으로 개작하여 코메디 작품화하려고 시도했다

preuređenje (동사파생 명사) preurediti; 재편성, 재정돈; 개편, 개작, 각색; 리모델링 (preustrojstvo, preobražaj, reorganizacija)

preustrojiti *-im* (完) **preustrojavati** *-am* (不完) 재조직하다, 재편성하다, 개편하다 (preurediti)

preuveličati *-am* (完) **preuveličavati** *-am* (不

P

完) 너무 과장하다, 너무 침소봉대하다

preuzetan -tna, -tno (形) 오만한, 건방진, 주
제넘은, 자신을 너무 높게 평가하는(실제보
다)

preuzeti preuzmem; preuzeo, -ela; preuzet
(完) **preuzimati** -am (不完) 1. 받아들이다,
수용하다, 채택하다 (uzeti, primiti); od
Persijanaca su šahovsku igru preuzeli
Arapi 아랍인들은 페르시아인들로부터 체스
경기를 받아들였다 2. 빼앗다, 취하다, 강탈
하다, 점령하다 (prisvojiti, oteti, osvojiti,
zauzeti); ~ tuđu teritoriju 타국의 영토를 빼
앗다 3. 인수하다, 인계받다; ~ kola 자동차
를 인수하다; ~ robu od nekoga 누구로부터
물건을 수령하다 4. (일 등을) 맡다, (책임을)
지다; ~ nešto na sebe ~을 자신이 떠맡다;
~ dužnost 의무를 지다; ~ odgovornost za
nešto ~에 대한 책임을 지다

prevaga 우세, 우월; 지배적 위치, 우월적 위
치; dobiti (imati, odneti, uzeti) ~u nad (kim,
čim) 우세하다, 우월적 지위를 차지하다

prevagnuti -nem (完) **prevagivati** -gujem (不
完) 1. (무게·가치·중요도 등이) 더 나가다;
(비유적) 우세하다, 우위를 점하다
(nadvladati); ~ nad nečim ~에 대해 우위를
점하다; nije se moglo znati koji li će
stranka ~ 어느 정당이 승리를 할 것인가
알 수가 없다 2. (시간·세월 등이) 지나다,
흘러가다 (minuti, proći); podne prevagnulo,
a Juriško osetio glad 점심 시간이 지나 유
리쉬코는 배고픔을 느꼈다

prevaliti -im (完) **prevaljivati** -ljujem (不完) 1.
(옆으로) 쓰러뜨리다, 넘어뜨리다; (무거운
것, 움직이지 않는 것을) 뒤집다, 뒤집어엎다;
~ stolicu 의자를 쓰러뜨리다 2. (걸어서, 혹
은 차를 타고) 가다, 지나가다, 통과하다 (먼
곳에 떨어져 있는 곳을); prevalio je već
petnaesti kilomotra, a ima jos pet do
trgovišta 벌써 15km를 지나 왔지만 시장까
지는 아직도 5km가 남았다 3. (태양이) 지다,
~뒤로 숨다; još malo, pa će i sunce ~ za
planinu 아직 조금만 더 있으면 해가 산너머
로 숨을 것이다 4. (시간이) 흘러가다, 지나
가다 (proći, proteći, minuti); i podne
prevali davno, a žega još mori jako 정오도
오래전에 지났지만 무더위는 아직도 여전하
다 5. (일정한 나이를) 지나다, 넘다; on je
već prevalio dvadeset godina 그는 이미
20살이 넘었다 6. 기타; ~ oči na koga 눈알
을 부라리다 (위협 등의 의미로); ~ preko
glave 온갖 일을 다 겪다 (어렵고 힘든 일

등을); ~ preko jezika (zuba) 겨우 (힘들게)
입을 떼다(말하다); ~ sirće 나쁜 짓을 하다
(사기·절도 등의) 7. ~ se 돌아 눕다; spavač
se u snu prevalio ka zidu 잠을 자는 사람은
잠을 자는 중에 벽쪽으로 돌아 누웠다 8. ~
se 쓰러지다, 넘어지다; posečeni bor se
prevalilo preko puta 베어진 소나무는 길
건너편쪽으로 쓰러졌다 9. ~se 기대어 앉다
10. ~ se (사지를 쭉 펴고) 눕다

prevaljati -am (完) **prevaljivati** -ljujem (不完)
1. (한 장소에서 다른 장소로) 굴리다, 굴려
옮기다; ~ bure 통을 굴려 옮기다 2. ~ se
굴러가다; vezani zatvorenik se prevaljao
preko ćelije 포박된 죄수는 감방을 데굴데
굴 굴렀다

prevaljivati -ljujem (不完) 1. 참조 prevaliti 2.
참조 prevaljati

prevara 1. 기만, 사기, 사취 (obmana,
podvala) 2. 사기꾼

prevarant 사기꾼, (게임에서) 속임수를 쓰는
사람 (varalica); ~ u igri 카드판의 사기꾼

prevariti -im (完) 1. 속이다, 기만하다, 사취하
다 (obmanuti); kockar je prevario ostale
igrače 놀음꾼은 나머지 다른 경기자(놀음꾼)
를 속였다 2. 약속을 어기다; 기대(희망)를
저버리다; prevario sam roditelje da ću
položiti ispite 나는 시험을 패스하겠다는 부
모님에 대한 약속을 어겼다; mislili su da ću
uspeti, ali ja sam ih prevario 그들은 내가
성공할 것이라고 생각했으나 나는 그들의 기
대를 저버렸다 3. (아내·남편을) 속이다, 간
통하다; muž prevari ženu sa susetkom 남
편은 아내를 속이고 이웃집 여자와 바람을
피웠다 4. (비유적) 휘감다, 휩싸이게 하다
(obuzeti); san me je prevario 나는 잠이 쏟
아졌다 5. (비유적) (총 등 화기가) 불발되다;
pištolj prevari u kritičnom trenu 권총은 중
요한 순간에 불발된다 6. ~ se 잘못 생각하
다(반응하다), 당황하다, 헷갈리다; prevario
sam se u pogledu svojih moći 나는 내 자
신의 능력을 잘못 생각했다 7. ~ se (비유적)
경솔해지다 (polakomiti se); prevario se
vuk na mamac 늑대는 미끼에 경솔해진다 4.
기타; ~ vreme 시간을 단축시키다; ~ zoru
(mrak) 여명 전에(어둠 전에) 일어나다(일하
다, 완료하다); ~ glad 약간 먹다(허기를 느
끼지 않을 정도로); ~ oči kome ~의 눈길을
피하다, ~을 속이다; domišljao sam se da
stražaru prevarim oči 경비의 눈을 속일 방
법을 생각했다

prevariti -im (完) **prevarivati** -rujem (不完)

너무 오래 삶다(끓이다) (prekuvati)
prevarljiv *-a, -o* (形) 1. (쉽게) 속일 수 있는 2. 기만하는, 현혹하는
prevashodan *-dna, -dno* (形) 매우 훌륭한·뛰어난·빼어난, 탁월한 (izvrstan, izvanredan, odličan); *on je završio osnovnu školu s ~dnim uspehom* 그는 아주 뛰어난 성적으로 초등학교를 마쳤다
prevaspitati *-am* (完) **prevaspitavati** *-am* (不完) 재교육시키다, 재훈련시키다; *mislio je da svojom religijom prevaspita čoveka* 자신의 종교를 통해 그 사람을 재교육시키려고 생각했다
prevaspitljiv *-a, -o* (形) 재교육할 수 있는
prevazići *prevaziđem; prevazišao, -šla; prevaziđen, prevađi* (完) **prevazilaziti** *-im* (不完) 1. (~을) 능가하다, 초월하다; (누구보다) 뛰어나다 (nadvisiti, nadmašiti); *~ takmace* 라이벌을 능가하다; *~ očekivanja* 기대를 뛰어넘다 2. 이겨내다, 극복하다, 해결하다 (nadvladati, savladati); *~ probleme* 문제들을 극복하다; *~ svake mere* 모든 한계을 극복하다
preveć (副) 과도하게, 지나치게 (iznad svake mere, preterano)
prevejan *-a, -o* (形) 임기응변이 좋은; 교활한, 영리한 (okretan, snalažljiv, umešan; prepreden, lukav)
prevelik *-a, -o* (形) 너무 큰
preventirati *-am* (不完) 막다, 예방하다, 방지하다
preventiva (전염병) 확산 방지책, 예방책
preventivan *-vna, -vno* (形) 예방의, 방지의; *~vne mere* 예방 조치; *~vna cenzura* 출판 전 검열; *~vna medicina* 예방 의학; *~vni rat* 예방 전쟁; *~vna sredstva* 예방 수단
preveriti *-im* (完) **preveravati** *-am* (不完) 1. 개종(改宗)하다; 개종시키다 2. 배교(背敎)하다; 배반하다, 배신하다 3. 약속을 어기다 4. *~ se* (자신의) 종교를 버리다, 개종하다 5. *~ se* 약속을 어기다
preves (新婦의) 면사포, 베일; 얼굴 가리개 (prevez)
prevesiti *-im* (完) 1. 베일로 얼굴을 가리다, 베일을 쓰다 2. (천 등을) 걸다, 걸어 놓다
prevesti *prevedem; preveo, -ela; preveden, -ena; prevešću* (完) **prevoditi** *-im; prevođen* (不完) 1. (~을 넘어, ~을 건너) 인도하다, 안내하다, 이끌다; *~ preko ulice* 길 건너편으로 인도하다; *~ preko reke* 강 저편으로 이끌다; *žurili smo da stignemo do*

kuće jednoga druga koji će nas ~ preko planine 우리는 산 넘어 우리를 인도하는 한 친구의 집에까지 도착하기 위해 서둘렀다; *~ žednog preko vode* (아주 교묘하게 알아차리지 못하도록) 속이다 2. (한 장소에서 다른 장소로) 이동시키다, 옮기다, 이주시키다; *Patrijarh Čarnojević prevede u Madžarsku 37,000 familija* 차로노예비치 총대주교는 37,000여 가구를 헝가리로 이주시켰다 3. (다른 직위, 다른 임무 등으로) 이동시키다, 전근시키다; (다른 종교로) 개종시키다; *~ iz pešadije u konjicu* 보병에서 기병으로 전보시키다; *~ iz hrišćanstva u islam* 크리스트교에서 이슬람으로 개종시키다 4. (학교 등에서) 학년이 올라가다; 승격시키다, 승진시키다; *~ u viši razred* 고학년으로 올라가다; *~ u viši čin* 승진하다 5. (한 언어에서 다른 언어로) 옮기다, 번역하다; *~ s jednog jezika na drugi* 한 언어에서 다른 언어로 번역하다 (옮기다); *doslovno* ~ 직역하다; *~ roman s francuskog na srpski* 소설을 프랑스어에서 세르비아어로 번역하다
prevesti *prevezem; prevezao, -zla; prevezen, -ena; prevešću* (完) **prevoziti** *-im; prevođen* (不完) 1. (교통 수단을 사용하여) (한 장소에서 다른 장소로) 운송하다, 수송하다, 실어 나르다; *vodeničar će nas ~ preko reke* 방앗간 주인이 우리를 강 건너편에 실어다 줄 것이다; *~ preko zaliva* 만(灣)을 통해 운송하다; *~ nameštaj u nonu kuću* 가구를 새 집으로 배달하다; *taksi nas je prevezao do stanice* 우리는 택시로 역까지 갔다
prevez 1. (新婦의) 베일, 면사포 (preves) 2. 허리띠 (허리에 몇 번 두른 후 거기에 총을 꽂아 넣는)
previd (보이지 않는) 실수, 간과 (propust)
prevideti *-im* (完) **previđati** *-am* (不完) 1. 못 보고 넘어가다, 못보고 지나치다, 간과하다 (ne videti, ne opaziti); *~ detalj* 상세한 것을 못보고 지나가다; *~ prijatelja* 친구를 못보고 지나가다 2. 보다, 쳐다보다 (pregledati, razgledati); *odu u magazu da previde novu robu* 그들은 신상품을 보기위해 창고로 가고 있다
previjalište (보통 군부대의) 응급 치료소(부상자나 환자들에게 붕대를 감는 장소)
previjati *-am* (不完) 참조 previti
previranje (동사파생 명사) previrati; (정치·사회적) 동요, 소요, 혼란, 들끓음
previrati *-em* (不完) 1. 참조 prevreti 2. (발효

P

되어) 끓다, 부글부글 끓어오르다

previsiti *-im* (完) **previšavati** *-am* (不完) (~보
다) 훨씬 더 뛰어나다, 훨씬 능가하다; 훨씬
높이 있다

previsok *-a, -o* (形) 너무 높은

previše (副) 너무 많이, 과도하게

previti *previjem*; *previo, -ila*; *previjen, -ena*
& *previt*; *previj* (完) **previjati** *-am* (不完) 1.
접다, 접어 포개다; ~ *pismo* 편지를 접다 2.
(관절을) 구부리다, 숙이다 (saviti); ~ *ruku*
(*nogu*) 팔(다리)을 구부리다 3. (상처 등에)
붕대를 감다, 붕대를 대다; 붕대를 갈다(새
것으로) ~ *ranu* 상처에 붕대를 감다; ~
ranjenika 부상자에 붕대를 감다 4. ~ se (몸
을) 수그리다, 자신의 몸을 활같이 휘다 5.
~ se (비유적) 복종하다, 따르다 (pokoriti se)
6. 기타; ~ *tabak* 고소장을 접수하다, 고소하
다

prevlačiti *-im* (不完) 참조 prevući

prevladati *-am* (完) **prevlađivati** *-đujem* (不完)
1. 정복하다, 압도하다, 제압하다; 휩싸다,
사로잡다 (nadvladati, savladati); *prevladao*
me san 나는 잠에 휩싸였다; *bol ga je*
prevladao 통증이 그를 압도하였다 2. 다수
가 되다, 권력을 잡다; *u to vreme kod nas*
su već Madžari prevladali u upravi 그 시기
에 우리 동네에서는 이미 헝가리인들이 행정
에서 다수를 점하였다

prevladavati *-am* (不完) 참조 prevladati

prevlaka 1. 코팅, (얇은) 막; *srebrna (zlatna)*
~ 은(금) 도금 2. (천으로 만든) 덮개, 보호
천 (pokrivač) 3. (내려앉은, 가라앉은) 층; ~
prašine 먼지 층 4. (地理) 지협(地峽; 섬과
육지를 연결하거나, 섬과 섬 사이를 연결하
는 좁고 잘록한 땅); *Korintska* ~ 코린트 지
협

prevlast (女) 1. 지배, 우세, 우월, 권력, 권세;
u borbi o ~ *između kralja i feudalne*
vlastele kralj ostaje pobednikom 왕과 봉건
영주간의 권력 싸움에서 왕이 승리자로 남았
다; ~ *u vazduhu* 제공권 2. 우선권, 어드밴
티지 (prednost, preimućstvo, pretežnost)

prevod 번역, 번역물; ~ *s jednog jezika na*
drugi 한 언어에서 다른 언어로의 번역
prevodni (形)

prevodilac *-ioca* 번역가, 통역사 **prevodilački**
(形); ~ *kadar* 통번역가 요원; ~ *rad (posao)*
통번역 업무; ~*a veština* 통번역 기술

prevodilaštvo 통번역 업무(사무)

prevoditi *-im* (不完) 참조 prevesti

prevodljiv *-a, -o* (形) 번역할 수 있는, 번역

가능한

prevodnica (운하·강에 설치된) 수문, 갑문 (선
박 등을 밑에서 위로 끌어 올리는)

prevođenje (동사파생 명사) prevoditi; 번역하
기, 번역

prevoj *-oja* 1. 상처에 붕대 감기; *noga ga je*
prestala boleti nakon ~a, samo se ukočila
붕대를 감고 난 후 통증이 사라진 그의 다리
는 저렸을 뿐이다 2. 붕대 (zavoj) 3. 주름
(살), 구김(살) (nabor, bora) 4. (도로·강 등
의) 굽이, 굽은 곳, 커브 (okuka); *put je pun*
~*a* 길에는 많은 커브길이 있다 5. (地理)
(두 산봉우리를 잇는) 등마루, 산등성이;
planinski ~ 산등성이 6. (言) ~ *(vokala)* 모
음 전환(교체)

prevornica (문 등의) 빗장, 걸쇠 (zasun, reza)

prevoz 1. 운송, 수송; 운송 수단, 수송 수단;
~ *robe* 물품 수송; *stiže mi* ~ 내가 탈 버스
(기차)가 도착한다 **prevozni** (形) 2. (하천·강
등의) 선착장

prevozač, prevozilac *-ioca* 1. 짐마차꾼; 운송
업자, 수송업자 2. 나룻배 사공; 도선업자

prevoziti *-im* (不完) 참조 prevesti

prevoznī *-ā, -ō* (形) 참조 prevoz; ~ *troškovi*
수송 경비; ~*o sredstvo* 운송 수단

prevoženje (동사파생 명사) prevoziti

prevraćati *-am* (不完) 1. 참조 prevratiti 2.
(책을 읽으면서 책장을) 넘기다 (prevrtati,
okretati)

prevrat 1. 급격한 변화 (preokret); ~ *u nauci*
과학의 대변화 2. 쿠데타; 혁명 (revolucija)
prevratni (形)

prevratiti *-im*; *prevraćen* (完) **prevraćati** *-am*
(不完) 1. 돌다, 돌리다, ~쪽을 향하게 하다,
뒤집다 (okrenuti, obrnuti, preokrenuti); ~
vodu na svoju vedenicu 자기 논에 물대다
(자신의 이익에 맞게 행동하다) 2. 완전히(근
본적으로) 다른 것으로 바꿔놓다 3. (종교·믿
음·약속 등을) 배신하다, 배반하다, 배교하다,
짓밟다

prevratnī *-ā, -ō* (形) 참조 prevrat

prevratnik 혁명가, 혁명론자, 혁명당원
prevratnički (形)

prevrći, prevrgnuti *prevrgnem*; *prevrgnuo, -*
ula & *prevrgao, -gla* (完) **prevrgavati** *-am*
(不完) 1. (한 장소에서 다른 장소로) 옮기다,
옮겨놓다, 이전(이주)시키다, 전직시키다
(prebaciti, premestiti); *prevrglo me*
kasnije od neredovne vojske k 4. bataljonu
나를 나중에 비정규군에서 제 4대대로 배치
시켰다; ~ *preko glave* (힘들고 어려운 일

P

등을) 켜다, 당하다, 경험하다 2. 쓰러뜨리다, 넘어뜨리다; (oboriti, srušiti) 3. ~ se 옮겨지다, 이전되다, 전달되다 (prebaciti se, preneti se)

prevremen -a, -o (形) 임시적인, 정상 시기보다 빠른, 예상 시기보다 이른

prevreo -ela, -elo (形) 1. (물이) 끓는, 펄펄 끓는 2. (술 등이) 독한 (jak) 3. (비유적인) 열정적인, 정열적인, 불 같은 (vatren, strastan, temperamentan) 4. (인생의) 성숙한, 원숙한

prevreti prevrim, prevru (完) **previrati** -am (不完) 1. (물 등이) 끓다, 끓어넘치다; (비유적) 더 이상 참을 수 (견딜 수) 없을 정도가 되다; meni je počelo da previre 나는 더 이상 참을 수 없을 정도로 화가 났다 2. 발효되다, 발효가 다 되다 3. (비유적) (정신적 혼란과 위기 후에) 안정을 찾다, 심란한 마음을 가라앉히다

prevrnuti -em (完) **prevrtati** -ćem (不完) 1. 쓰러뜨리다, 넘어뜨리다; 전복시키다 (preturiti, oboriti); ~ bokal (čašu, bocu, stolicu) 주전자 (잔, 병, 의자)를 쓰러뜨리다; auto se prevrnuo 자동차가 전복되었다 2. (옷 등을) 뒤집다; ~ kaput 외투를 뒤집다 3. (다른 쪽으로, 반대쪽으로) 돌리다, ~을 향하다; prevrni se na leđa 등을 돌리다 4. (책장을) 넘기다 (okrenuti); ~ stranicu 페이지를 넘기다 5. (땅을) 갈다, 갈아엎다 (preorati); ~ zemlju 땅을 갈다 6. (눈동자를) 돌리다 (어떠한 심신 상태의 표현으로서); ~ očima 눈동자를 돌리다 7. 뒤지다, 수색하다, 찾다 (preturiti, pretražiti); (비유적) 완전히 바꾸다 (potpuno izmeniti); ~ skladište 창고를 뒤지다 8. (종교·믿음·약속 등을) 배신하다, 배반하다, 짓밟다 (izneveriti, prekršiti); ~ verom 배교(背敎)하다 9. 지금까지와는 반대의 입장을 취하다, 반대 진영으로 넘어가다; ~ kabanicu 자신의 견해를 바꾸다 10. (비유적) 파괴하다, 부수다 (uništiti, upropastiti) 11. 미치다 (poludeti); u selu je svet govorio da je Jeremija prevrnuo 마을에서는 예레미야가 미쳤다고 말했다 12. 기타; ~ kome džepove 약탈하다, 강탈하다; ~ jezik (jezikom) 말하기 시작하다 (침묵후에); ~ kabanicu 자신의 생각(신념)을 바꾸다, 배신하다; ~ nebo i zemlju 가능한 모든 일을 다하다; ~ kome pamet (mozak) 누구를 미치게 하다; ~ tanjir (sahan) kome 음식을 주지 않다; prevrnulo se vino 포도주가 상했다

prevrstati -am (完) **prevrstavati** -am (不完) 재분류하다; 재조립하다, 다시 짜맞추다

prevršiti -im (完) **prevršavati** -am, **prevršivati** -šujem (不完) 1. (한도·경계 등을) 넘다, 초과하다; ~ svaku meru 도가 지나치게 하다; reka je prevršila obale 강이 강변을 범람하였다 2. (넘쳐 흐르도록) 따르다, 꽉채우다; (나이를) 꽉채우다, 넘다, 지나다; ~ pubertet 사춘기를 지나다 3. (無人稱文에서) 참을 수 없게 되다, 따분해지다 (dozlogrditi, dodijati); devojici je prevršilo, izjavila je da ne želi dalje da služi 처녀는 더 이상 견딜 수 없어, 더 이상 근무를 하지 않겠다고 말했다

prevrtač (鳥類) 비둘기, 비둘기의 일종

prevrtati -ćem (不完) 참조 prevrnuti

prevrtljiv -a, -o (形) 1. 쉽게 되돌릴 수 있는 2. (비유적) 변덕스러운, 믿을 수 없는, 신뢰할 수 없는; 불안정한, 위험한 (nepouzdan, varljiv; nesiguran, opasan); ~ čovek 변덕스러운 사람, 신뢰할 수 없는 사람

prevrtljivac -vca 믿을 수 없는 사람, 신뢰할 수 없는 사람

prevrtljivost (女) 불안정

prevući prevučem, prevuku; prevukao, -kla; prevučen, -ena; prevuci (完) **prevlačiti** -im (不完) 1. (관통하여, 가로질러) 끌다, 끌어당기다; (한 장소에서 다른 장소로) 끌다, 끌어당기다, 끌어 옮기다; ~ preko ulice 길을 가로질러 끌다; ~ sanduk iz hodnika u sobu 상자를 복도에서 방으로 끌어 옮기다 2. (표시하면서) 줄을 긋다 (펜으로); onda su kamenom prevukli preko prašine da označe start 먼지위에 출발선을 표시하기 위해 돌로 줄을 그었다 3. 덮개를 씌우다, 커버를 씌우다; ~ stolicu kožom 의자를 가죽으로 씌우다 4. 덮다, 뒤덮다 (pokriti, prekriti) 5. ~ se 천천히 움직이다 6. ~ se (čime) ~으로 덮이다 7. ~ se 펼쳐지다

prezadužen -a, -o (形) 1. 너무 할 일이 많은, 너무 의무가 많은 2. 너무 빚이 많은

prezadužiti -im (完) **prezaduživati** -žujem (不完) 1. 너무 과중한 빚을 지게 하다; od oca mu je lepo imanje preostalo, ali ga je on u svojoj lakomislenosti brzo prezadužio 그는 아버지한테 많은 재산을 물려받았지만 자신의 경솔함으로 곧 많은 빚을 지게 되었다 2. ~ se 과중한 빚을 지다, 빚에 허덕이다

prezasićen -a, -o (形) 너무 포화된, 너무 흠뻑젖은; ~ vazduh 너무 습도가 높은 공기; ~a otopina 소금기가 너무 많이 녹아 있는

P

947

용액

prezati *prežem* (不完) 1. 말에 끌채를 채워 수레를 끌도록 하다, 소에 멍에를 씌우다 (쟁기질을 하도록) 2. ~ se (소·말 등을 나란히 세워) 서로 묶다 (쟁기질 등을 하도록)

prezati -am (不完) 1. 무서워하다, 두려워하다 (bojati se, plašiti se); ~ od nečega ~을 두려워하다; nije prezao pred takvom ludošću baš ni najmanje 그러한 광기앞에서 전혀 조금도 두려워하지 않았다 2. ~에 대한 두려움에 움찔하다(몸서리치다); nekoliko puta u toku noći stric je prezao iza sna 삼촌은 밤사이 잠을 자면서 몇 번 몸을 떨었다 3. ~을 피하다, 회피하다, 꺼리다; on ni od čega ne preza! 그는 아무것도 꺼리지 않는다

prezauzet -a, -o (形) 너무 바쁜

prezent 1. (文法) 현재, 현재시제; prezentski (形) ~ oblici 현재형 형태

prezent 선물 (dar, poklon)

prezentacija 1. (신제품, 작품 등에 대한) 발표, 설명회, 프레젠테이션 2. (銀行) (어음의) 제시, 제출 (지급을 요구하는); ~ menice 어음 제출

prezentirati -am (完,不完) 1. 선물하다, 선물을 주다 (pokloniti, darivati); ~ dedetu igračku 아이에게 인형을 선물하다 2. 발표하다, 설명회하다, 프레젠테이션을 하다; ~ proizvod 생산품을 프레젠테이션하다 3. (의견 등을) 제안하다, 제시하다 (predložiti); ~ ideje 아이디어를 제시하다

prezervativ (피임용) 콘돔 (kondom)

prezid 칸막이, 칸막이 벽

prezidati -am (完) prezidivati -đujem (不完) 1. 칸막이하다, 칸막이 벽을 세우다; ~ sobu 방에 칸막이 벽을 세우다 2. 허물고 새로 짓다; ~ peć 벽난로를 허물고 새로 만들다

prezidiji -ija (=prezidijum) 1. 대통령단, 총재단, 수뇌부 (predsedništvo) 2. (사회주의 국가들의) 국가 수뇌부, 상임 간부회; 그 구성원

prezidijum 참조 prezidij

prezimari (男,複) (單; prezimar) 겨울잠을 자는 동물

prezime -ena 성(姓), 성씨

prezimenjak 동성인(同姓人), 성씨가 같은 사람(친척이 아닌)

prezimiti -im (完) prezimljavati -am, prezimljivati -ljujem (不完) 1. 겨울을 보내다, 겨울을 나다; prezimio sam kod milosrdnih ljudi 자비심 많은 사람들 집에서 겨울을 보냈다 2. (동물이) 겨울잠을 자다

prezir 무시, 경시, 업신여김, 깔봄

preziran -rna, -rno (形) 무시하는, 경시하는, 업신여기는, 깔보는; ~ osmeh 비웃는 웃음

prezirati -em (不完) 참조 prezreti

prezivati se -am se (不完) 성씨(姓氏)가 ~라 불리다; on se preziva Jovanović 그의 성씨는 요바노비치이다

prezivka 참조 prozivka; 출석 부름, 출석 조사, 점호

prezl (男), prezla (女) 빵부스러기, 빵가루

preznojiti -im (完) preznojavati -am (不完) 1. ~ nekoga 땀나게 하다 2. ~ se 땀이 많이 나다, 너무 많이 땀을 흘리다

prezren -a, -o (形) 1. 참조 prezreti 2. 무시받을 만한, 경시받을 만한, 업신여김을 받을 만한

prezrenje (동사파생 명사) prezreti; 무시, 경시, 업신여김, 깔봄 (prezir)

prezreo, -ela, -elo (形) 1. 너무 익은 2. (비유적) 너무 성숙한; 너무 일찍 성숙한

prezreti *prezrem; prezreo* (完) prezirati -em (不完) 무시하다, 경시하다, 업신여기다, 깔보다, 경멸하다; ~ opasnost 위험을 가볍게 여기다; ~ roditelje 부모를 업신여기다

prezreti *prezrim* (完) prezrevati -am (不完) 너무 익다

prezriv -a, -o (形) 무시당하는, 업신여기는, 경시당하는 (preziran)

prezvati *prezovem* (完) (이름을) 부르다

prežaliti -im (完) 1. (~에 대해) 슬퍼하는 것을 멈추다; ~ umrloga 고인에 대한 슬픔을 멈추다; ~ gubitak 손실에 대한 애석함을 멈추다 2. 더 이상 ~에 대한 사랑을 느끼지 않다, 연을 끊다, 잊다; nije mi više sin, prežalih ga 더 이상 내 아들이 아니다, 그를 잊고자 한다

prežeti *prežanjem & prežnjem; prežeo, ~ela & prežnjeo, -ela; prežet & prežnjeven, ~ena; prežnji & prežanj* (完) 풍성한 수확을 거두다

prežeti *prežmem; prežeo, -ela; prežet; prežmi* (完) 또 다시 압착하다, 다시 쥐어짜다

preživač 참조 preživar; 되새김 동물

preživak -vka (소 등의) 되새김질, 되새김질 거리

preživar 반추 동물, 되새김 동물; parožni ~i 사슴과 동물

preživati -am (不完) 1. (소 등이) 되새김질하다; krave preživaju 소가 되새김질한다 2. (비유적) 씹어 잘게 부수다(부드럽게 하다);

on sedi i preživa 그는 앉아서 뭔가를 씹고 있다 3. (비유적) 똑 같은 일을 지루하게 반복하다(되풀이하다)

preživeo *-ela, -elo* (形) 1. 무관심한, 무감각한, 무신경한; *oboje izgledaju dosta stari, ~eli i iznureni teškom borbom života* 두 사람은 힘든 삶으로 인해 너무 늙고 무표정하고 쇠진되어 보였다 2. 오래된, 낡은, 현대적이지 않은, 유행에 뒤떨어진 (zastareo, nesavremen); *~ele ideje* 시대에 뒤떨어진 아이디어

preživeti *-im*; *preživljen* (完) **preživljavati** *-am* (不完) 1. (삶·시대를) 살다; 살아남다, 생존하다, 존속하다 2. (어떤 장소에서) 여생을 보내다, 죽을 때 까지 살다; *došao sam da ovde preživim poslednje mesece života* 나는 몇 개월간의 여생을 보내기 위해 여기에 왔다 3. ~보다 더 오래 살다, ~보다 더 오래 지속하다; *~ rat* 전쟁에서 살아남다; *~ decu* 자기 자식보다 더 오래 살다; *žena je za dve godine preživela plemenitoga druga* 여인은 소중한 자신의 친구보다 2년 더 오래 살았다 4. (어려움·곤란 등을) 겪다, 경험하다, 당하다 (izdržati, pretrpeti); *~ promenu* 변화를 겪다; *on je preživeo dva rata* 그는 두 번의 전쟁을 겪었다; *on sve to preživljava snažnije nego drugi* 그는 다른 사람보다 그 모든 것을 더욱 강렬하게 경험했다 5. (비유적) 구식이 되다, 유행이 지나다; *ova moda je odavno preživela* 이러한 유행은 벌써 오래전에 지나갔다

prežvakati *-čem* & *-ćem*, **prežvatati** *-ćem* (完) 1. (음식 등을) 씹다, 씹어 잘게 부수다 2. 또 다시 씹다 3. (비유적) 한 말을 하고 또 하고 하다, 수차례 반복해 말하다 4. (비유적) 비판적으로 판단하다, 곱씹다

prežvatati *-ćem* (完) 참조 prežvakati

prgav *-a, -o* (形) 화를 잘 내는, 성을 잘 내는, 성격이 불 같은 (naprasit, razdražljiv, plahovit, žestok); *~ momak* 걸핏하면 화를 내는 청년

prgavac *-vca* 화잘내는 사람, 성격이 불 같은 사람

prhak *-hka, -hko*; *prhkiji* (形) 1. (흙 등이) 무른, 푸석푸석한, 단단하지 않은; (직물 등의 짜임이) 성긴, 촘촘하지 않은 (rastresit, sipak); *~hka zemlja* 푸석푸석한 흙 2. 쉽게 흩어지는 (없어지는, 사라지는)

prhati *-šem* (不完) 참조 prhnuti

prhnuti *-nem* (完) 1. (새·나비 등이) 날개 치며 훨훨 날다; *zatrese ptica granu pa prhnu*

dalje 새들이 나뭇가지를 휙 차고 오른 후 훨훨 날아갔다 2. (산산조각이 나) 사방으로 날아가다 3. 휙 지나가다, 휙 날라가다 4. 빨리 가다, 뛰다, 뛰어가다, 서둘러 가다; *Ana prhne u drugu sobu, donese gitaru* 아나는 다른 방에 뛰어가서 기타를 가져온다

pri (前置詞, +L) 1. (거리상으로) 가까이, ~에서 가까이에, ~옆에 (blizu, kod, uz, neposredno, pored); *~ samom ulazu* 바로 입구에서; *~ kraju ulice* 길 끝머리에서; *držati ~ ruci* 손에 쥐고 있다; *kuće su ~ stranama* 집들은 옆에 있다; *biti nekome ~ ruci* 1)손 안에 있다 2)도움이 되다; *~ dvoru* 궁전에; *~ stolu* 테이블에; *~ samom putu* 바로 길옆에 2. (어떤 사람의 수중에 있는) ~에 있는, ~을 소유하고 있는, ~을 가진, ~을 지닌; *prilokom predaje njegova odela bolaničkom magacinu popisali smo sve stvari koji su se našle ~ njemu* 병원 재고창고에 그의 옷을 반환할 때 우리는 그 곳에 있던 모든 물건들의 재고 목록을 작성했다; *svaka žena dobije na venčanje po jedan nožić koji će vazda ... ~ sebi nositi* 모든 여인네들은 결혼식에서 작은 단도를 하나씩 받았는데 … 그것을 항상 몸에 지니고 다녔다; *imaš li novaca ~ sebi* 너 수중에 돈 지니고 있는 것 있어?; *biti ~ novcu* 돈이 있다; *biti ~ svesti* 의식이 있다; *biti ~ (zdravoj) pameti* 온전한 정신이다; 3. ~에 속하는, ~에 부속되어 있는; *bio je činovnik pri županiji* 그는 주파니야 소속 관리였다; *biti ~ snazi* 부대에 배치되어있다; *biti ~ piću* 술에 취하다 4. (시간상으로) ~하는 동안에, ~중에, ~할 때; *~ radu je zabranjen razgovor!* 작업시간 동안 대화 금지!; *~ jelu* 먹는 동안, 식사 동안; *~ kraju razgovora* 대화의 말미에; *~ vožnji* 운전중에; *~ čitanju referata* 보고서를 읽는 동안에; *~ zalasku sunca* 일몰 동안에(중에); *~ sudaru je povređeno 10 lica* 추돌사고에서 10명이 부상을 입었다; *biti ~ razgovoru* 대화중이다 5. ~에도 불구하고; *~ svem tom* 그럼에도 불구하고; *~ svem poslu* 모든 일에도 불구하고 6. ~이외에, 덧붙여; *on je bistar, i ~ tom marljiv* 그는 총명할 뿐만 아니라 부지런하기도 하다 7. 기타; *on ostaje ~ svojoj izjavi* 그는 자신의 발언을 견지하고 있다; *čitati ~ sveći* (svetlosti dana) 촛불을 밝혀(햇빛에) 책을 읽다; *on je ostao ~ svome mišljenju* 그는 자신의 의견을 견지하고 있다

pri- (接頭辭) I. (동사와 함께) 1. (접근, 다가옴,

P

접촉); *pristupiti* 다가가다, 접근하다; *primaknuti* 보다 가까이 옮기다; *pristati* 상륙하다, 가입하다 2. (부착, 결합, 조립) *pričvrstiti* 붙이다, 부착하다; *prišiti* 꿰매다; *privezati* 묶다; *prilepiti* (풀로) 붙이다 3. (압착, 응축, 압박; 위쪽 방향에서 아랫 방향으로); *prignječiti* 누르다; *pritisnuti* 누르다, 압박하다 4. (추가, 부가, 보충) *pribrojiti* 더하다, 포함하다; *pridružiti* 가입하다; *priključiti* 포함시키다; *priliti* 더 따르다; *pridati* 더 주다 5. (일정한 결과까지의 행동 (행위)); *prigotoviti* 준비하다 (어느 정도까지); *primorati* 강제하다,강요하다; *prinuditi* 강제하다; *priučiti* 익숙해지다 6. (목적지까지의 움직임); *privesti* ~쪽으로 인도하다(안내하다); *prignati* ~쪽으로 몰다; *prići* ~쪽으로 다가가다 7. (자기 방향쪽으로의 행동, 자기의 이익을 위한 행동); *primamiti* 유혹하다; *privući* 끌어당기다; *prisvojiti* 얻다, 획득하다 8. (완전하지 못한 행동); *prigušiti* (소리를) 죽이다; *priškrinuti* (문 등을) 살짝 열어 놓다 II. 명사와 함께 1. (가장자리, 변두리, ~의 주변, 경계); *pribrežje* 언덕지대, 해변가; *primorje* 해변, 해안; *prigorje* 산록지대 2. (부수(부차)적인 것, 도움이 되는 것(사람)); *prikumak* (결혼식에서) 대부(代父; kum)를 돕는 사람; *prikolica* (오토바이, 자동차 등의) 사이드 카; *primirje* 휴전 III. 형용사와 함께 1. (~의 주변에 있는, ~와 경계를 이루는); *pribrežan* 해변의, 해안의; *pridvoran* 궁중의; *primorski* 해안의, *prizemni* 지상의, 일층의 2. (상당히 비슷한, 상당히 정확한, 상당히); *približan* 상당히 가까운, 거의 근사치의; *priglup* 상당히 어리석은; *priličan* 상당한; *priprost* 상당히 단순한

prianjati *-am* (不完) 1. 참조 prionuti; (풀 등으로) 붙여지다, 부착되다 2. (što) (붕대 등을) 감다 (privijati); 붙이다, 결합하다, 접합하다 (spajati, sjedinjavati) 3. (za kim) ~의 뒤를 따르다, 뒤를 밟다

pribadača 참조 čioda; (옷 등을 고정시키는데 사용하는) 핀

pribadati *-am* (不完) 참조 pribosti

pribaviti *-im* (完) **pribavljati** *-am* (不完) 1. (노력하여, 힘들여) 얻다, 획득하다; 조달하다, 공급하다; *pribavi ti sebi kućicu, pak onda ženicu po srcu svome* 네 집을 먼저 장만한 후에 네 맘에 드는 아내를 들여라 2. 확실하게 하다, 확보하다 (osigurati, obezbediti); *~ kome slobodu* 누구의 자유를 확보하다

pribeći, pribegnuti *pribegnem; pribegao, -gla*

& *pribegnuo, -ula* (完) **pribegavati** *-am* (不完) 1. 피하다, 도망치다, 도망쳐 ~에 숨다; *kad je propala bosanska država, pribegoše u gornje strane* 보스니아에 함락당했을 때 사람들은 (산) 윗쪽으로 도망쳤다 2. (kome, čemu) (목적달성의 수단 또는 방법으로) ~에 기대다, 의지하다, 사용하다, 이용하다; (문제 해결의 수단으로) ~에 기대다, ~을 이용하다; *~ sili* 폭력에 의존하다; *u tom slučaju valja ~ takmičnom rešavanju bacanjem iz ugla* 그러한 경우에는 구석에서 던지는 경기 규칙을 이용할 것이다

pribeleška *-žaka & -i* (간단한) 메모, 노트, 필기, 기록; *praviti (hvatati) ~e* 노트하다, 메모하다, 기록하다

pribeležiti *-im* (完) **pribeleživati** *-žujem* (不完) 1. 노트하다, 필기하다, 기록하다, 메모하다 2. (어떠한 표시로) 표시하다; *aparat je pribeležio pritisak od 100 stepeni* 기기는 100도의 압력을 표시했다(가르쳤다)

pribežište 피신처, 도피처, 은신처

pribirati *-am* (不完) 참조 pribrati

pribiti *pribijem* (完) **pribijati** *-am* (不完) 1. (못으로) 박다, 단단히 고정시키다; *~ ekserčićima* 못으론 단단히 고정하다 2. 단단히 붙이다, 단단히 결합시키다 (tesno povezati, priljubiti); *~ čoveka uz čoveka* 사람과 사람간을 단단히 묶다 3. *~ se* ~의 의견(견해)에 동조하다(동의하다); *~ se k ruskome smatranju* 러시아의 시각에 동의하다 4. *~ se (uz koga, nešto)* (~과) 밀착 결합되다(고정되다, 붙어있다); *čvrsto se ~ ~*에 바싹 다가 앉다(눕다), 힘차게 껴앉다; *pribio se uz zemlju* 그는 땅바닥에 찰싹 달라붙었다 5. *~ se uz koga ~*와 떨어지지 않고 항상 같이 하다, ~에게 찰싹 달라붙다; *i od toga časa pribio se uz nas i postao nerazdvojen* 그 순간부터 우리에게 찰싹 달라붙어 뗄레야 뗄 수 없었다

približan *-žna, -žno* (形) (숫자 등의) 대강의, 대략의, (사실 등에) 대체적으로 정확한, 비슷한, 유사한; *~žna veličina* 대체적으로 비슷한 사이즈; *~žna šteta* (실제 손해와) 대략적으로 비슷한 규모의 손해; *~žna vrednost* 대략적인 가치

približiti *-im* (完) **približavati** *-am*, **približivati** *-žujem* (不完) 1. (~에) 다가가다(오다), ~에 가까이 놓다; *približi fotelju kaminu* 그는 안락의자를 벽난로에 가까이 가져간다; *~ industrijska preduzeća izvorima sirovine* 산업체를 원료 생산지에 가까이 배치하다 2.

(~의 필요성에) 밀접시키다, 가까이 다가가
게 하다; ~ školu i vaspitanje životu 학교교
육과 인성교육을 삶에 밀접시키다 3. (시
간적으로) 가까이 오다; ~ dan pobede 승리
의 날이 가까이 오다 4. (~와의 사이를) 가
깝게 하다, 친밀하게 하다 5. ~ se 가까이
오다, 접근하다; voz se približuje 기차가 다
가온다; pas se približio plenu 개는 먹이감
에 접근하였다 6. ~ se ~와 비슷해지다, 유
사해지다; težio je da se približi velikim
majstorima proze 산문의 거물들과 비슷해
지려고노력했다
približno (副) 대략, 거의 (otprilike, gotovo,
zamalo); procentiti ~ 대략 평가하다
priboj 1. 거의 항상 강한 바람에 노출되어 있
는 지점 (물의) 2. 하수도가 시작되는 지점
3. 공고문을 붙이는 벽, 대자보벽 4. (方言)
양우리, 양 외양간 (ovčarnik) 5. (植) 제라늄
(zdravac)
pribojavati se -am se (不完) ~ nečega 약간
두려워하다 (무서워하다, 당혹감을 느끼다);
seljaci su se pribojavali jedan drugoga 농
민들은 서로를 약간 두려워했다
pribor 1. (일정한 목적으로 사용되는) 장비, 용
품, 도구; (특수 목적용의 도구·장비) 세트;
kancelarski ~ 사무용품; sportski ~ 스포츠
용품; lovački ~ 사냥용 도구; ~ za jelo 식사
도구; ~ za pisanje 필기 도구; ~ za brijanje
세면 도구; ~ za pecanje 낚시 용품 2. (解)
계(系), 계통(系統), 시스템 (sistem); živčani
~ 신경계통 ; ~ za varenje 소화기계통; ~
za disanje 호흡기계통; ~ za izlučivanje 내
분비계통
pribosti pribodem; pribo, -ola; priboden, -
ena (完) **pribadati** -am (不完) 1. (핀·압정 등
날카로운 것으로) 단단히 고정시키다, 핀으
로 고정시키다; ~ obaveštenje na oglasnu
tablu 게시판에 공고문을 붙이다; ~ leptira
čiodom 나비를 핀으로 고정시키다 2. (비유
적) 뚫어지게 쳐다보다, 응시하다; ~ oči na
zid 시선을 벽에 고정시키다, 벽을 뚫어지게
쳐다보다 3. (비유적) (비아냥거리며 심술궂
게) 이야기하다
pribran -a, -o (形) 1. 참조 pribrati 2. 선택된,
채택된 (odabran, izabran) 3. 침착한, 차분
한, 평정심을 유지하고 있는 (sabran,
ozbiljan, sređen, uzdržljiv); ostati ~ 침착하
게 있다
pribrati priberem; pribran (完) **pribirati** -am
(不完) 1. (사방에서 사람들을) 모으다, 불러
모으다, 소집하다 (prikupiti, sabrati);

patrole su pribrale malo vojnika 순찰대는
약간의 병사들을 불러 모았다 2. (여러 사
람들로부터, 여러 소스로부터) 조금씩 조금
씩 모으다 (많던 적던 간에); ~ bogat
materijal o aferi 스캔들에 대한 많은 자료
들을 모으다 3. (흩어진 것을) 모으다 4. 정
리하다, 정돈하다 (srediti); pribra torbičicu
na pođe polako kući 가방을 정리한 후 천천
히 집으로 간다; on sede da pribere svoje
raštrkane misli 그는 앉아 자신의 여러가지
생각을 정리한다 5. ~ se (한 곳에) 모이다,
집합하다; vojska se pribrala k Beogradu 군
은 베오그라드쪽으로 집합하였다 6. ~ se 침
착해지다, 차분해지다, 심란한 마음을 가라
앉히다; zbunjene mase još se uvek nisu
pribrale 흥분한 대중들은 아직도 마음이 가
라앉지 않았다 7. ~ se 사라지다, 없어지다
(premaći se, nestati)
pribrežje 1. 언덕배기 (strana nekog brega) 2.
해안, 해변; 강안, 강변 (obala)
pribrojati -jim, **pribrojiti** -jim (完) (더하여) 셈
하다; ~에 포함시키다
pricepiti -im (完) **priceplivati** -ljujem (不完)
(나무 등을) 접목하다, 접붙이기를 하다
(nakalamiti, navrnuti)
priča 1. 이야기; uvek ista ~ 항상 같은 이야
기이다 2. (複) (주로 헛된) 소문, 풍문
(glasine); nemoj da prenosiš te glupe ~e
그 멍청한 헛소문을 퍼뜨리지 말아라 3. (대
대로 내려오는) 구전 이야기, 민담, 동화
(bajka, gatka); bio je oran za ~u 그는 동화
를 이야기하고 싶었다 4. 단편 운문 소설 5.
그 어떤 좋은 것(훌륭한 것) 6. 기타; bapske
~e 과장되고 허풍이 곳곳에 베어있는 이야
기; dugo je to ~ 할 말이 많은 이야기;
pričam ti ~u 쓰잘데기 없는 이야기이다; ~
za sebe 그것은 별도의 이야기이다; to je
već ~ 그것은 이미 모든 사람들의 안주거리
이다(모든 사람들에게 알려진 것이다); vesti
~u 재미있게 잘 이야기하다; za ~u 흥미롭
게, 평범하지 않게; kao u ~i 동화속의 이야
기처럼
pričalo 수다쟁이
pričati -am (不完) **ispričati** -am (完) 1. (이야
기·사건 등을) 이야기하다, 이야기를 들려주
다; pričala je kako je Hanibal sa slonovima
došao u Italiju 한니발이 코끼리 군단과 어
떻게 이태리에 도달했는지에 대해 이야기했
다; ~ Markove konake 오랫동안 광범위하
게 별별 말을 다하다; pričao nam je o svom
putu 그는 우리에게 자신이 걸어온 길을 이

P

야기했다 2. (비아냥조의) 말하다, 이야기하다 (govoriti); (경멸조의) 사실이 아닌 것을 말하다, 말로 속이다; (보통 경찰의 강압적 방법에 의해) 비밀을 누설하다; *on voli da priča* 그는 이야기하는 것을 좋아한다 3. (無人稱文으로) *priča se* (사람들이) 쑥덕거린다 4. 기타; ~ *Markove konake* 끝없이 이야기하다, 광범위하게 별별 이야기를 다 하다

priček 1. (숙어로) *na (u)* ~ 외상으로; *nemačke firme daju njemu sprave na* ~ 독일 회사들은 그에게 장비를 외상으로 준다 2. 영접, 응접, 마중 (doček)

pričekati *-am* (完) 1. (잠시동안) 기다리다; *pričekaj malo* 좀 기다려!; *pričekaću ga* 그를 (조금) 기다릴거야; ~ *sa štampanjem* 인쇄를 기다리다, 출판을 기다리다 2. 마중하다, 영접하다 (dočekati, primiti pri dolasku)

pričest (女) (宗) (가톨릭의) 성체배령, 영성체, 성찬식

pričestiti *-im; pričešćen* (完) **pričešćivati** *-ćujem* (不完) 1. (宗) ~ *nekoga* 성체배령을 주다, 영성체를 하다 2. ~ *se* 성체배령을 받다, 영성체를 받다

pričešće 참조 pričest

pričešćivati *-ćujem* (不完) 참조 pričestiti

pričiniti *-im* (完) **pričinjavati** *-am* (不完) 1. 야기하다, 초래하다, 불러일으키다 (izazvati, učiniti); ~ *nekome bol* ~에게 통증을 유발하다; ~ *štetu* 손실을 입히다; ~ *nekome prijatnost* ~에게 호감을 주다; ~ *zadovoljstvo* 만족감을 주다 2. ~ *nekome* 영향을 미치다(주다); *taj lek mi je odlično pričinio* 그 약은 내게 아주 잘 들었다 3. (u što) ~을 ~로 바꾸다(고치다, 변경시키다) (preinačiti, pretvoriti); *hteo bih da praznu sobu pričinim u magazin za brašno* 빈 방을 밀가루 창고로 바꿔 사용하고 싶다 4. ~ *se* ~인체 하다; ~ *se gluvim* 귀머거리인체 하다, 들리지 않는체 하다 5. ~ *se* ~인 것 처럼 보이다, ~인 것 같다; *to mu se samo pričinilo* 그것을 단지 그에게 그렇게 보였다; *Mihailu se pričinilo da vreme prolazi mnogo sporije* 미하일로에게는 시간이 무척 느리게 가는 것 같았다 6. ~ *se* (환상·환영으로) 보이다; *njemu se pričinjavaju duhovi* 그는 귀신이 보인다

pričljiv *-a, -o* (形) 말하기 좋아하는, 수다스러운 (govorljiv)

pričuti *pričujem* (完) (멀리서) 희미하게 부분적으로 듣다 2. ~ *se* 겨우 들리다 3. ~ *se* 들리는 것 같다; *možda im se to samo*

pričulo 그들에게 그것이 들렸을 수도 있다

pričuva 1. (필요시 사용하려고 남겨둔) 비축물, 예비물, 저장품 (zaliha, rezerva) 2. (軍) 예비 부대, 지원 부대; 예비군 3. 저장고, 창고, 비축고 (skladište, stovarište)

pričuvati *-am* (完) 1. (필요시나 유사시 사용하기 위해) 비축하다, 저장하다, 저축하다; ~ *nešto para* 얼마간의 돈을 저축하다; *braćo, pričuvajte metke!* 동지들, 탄환을 아끼시오! 2. (일정 기간, 잠시동안) 지키다, 보호하다, 감시하다, 보전하다; ~ *decu (kofer, sedište)* 아이를 돌보다 (가방을 지키다, 자리를 지키다) 3. ~ *se* 몸조심하다, 조심하다; ~ *se od nečega* ~을 조심해요!; *pričuvaj se ti njega* 그 사람을 조심해!

pričvrljiti *-im* (完) 1. 불을 옮겨 붙이다 (pripaliti, prižeći); ~ *uglen na lulu* 석탄불을 담뱃대에 옮겨 붙이다 2. 낙인을 찍다 (žigosati) 3. ~ *se* 압착되다, 눌리다 (pritisnuti se, stisnuti se)

pričvrstiti *-im; pričvršćen* (完) **pričvršćivati** *-ćujem* (不完) 1. 단단히 고정하다, 묶다; ~ *tablu za zid* 칠판을 벽에 단단히 고정시키다 2. (無人稱文) (상태·상황이) 어려워지다, 나빠지다

pričvršćivač 1. 고정장치, 잠금장치 2. (타이프의) 시프트 잠금장치

prići *priđem; prišao, -šla; prišavši; priđen; priđi* (完) **prilaziti** *-im* (不完) 1. 다가가다(오다), 접근하다; *prišao je milicioneru* 경찰에게 다가갔다; *voz je prilazio stanici* 기차는 역에 다가갔다; *on nam nije prišao* 그는 우리에게 다가오지 않았다; ~ *ruci* 허리를 숙여 손에 입을 맞추다 2. 가입하다, 합류하다, ~로 넘어가다 (pristupiti, udružiti se); ~ *republikancima* 공화당원에 가입하다

prid (男), **prida** (女) (사고 팔 때 등의) 프리미엄, 덤

pridati *-am; pridan & pridat* (完) **pridavati** *-dajem* (不完) 1. 주다, 더 주다, 가득 붓다 (따르다); ~ *više pažnje* 더욱 더 많은 관심을 주다 2. (사고 팔 때) 덤(prid)으로 주다, 프리미엄을 주다; *kući je pridata i garaža* 가옥에 차고가 덤으로 주어졌다 3. (~에 중요성·의미·가치·무게 등을) 두다, 부여하다; ~ *važnost nečemu* ~에 중요성을 두다; ~ *vrednost stručnosti* 전문성에 가치를 부여하다 4. 덧붙이다, 첨부하다, 첨가하다 (말하면서, 쓰면서) 5. (軍) 배속시키다; ~ *četi* 중대에 배속시키다; *pridat je bio blagajniku i pomagao mu* 그 사람은 매표소 직원에게 배

속되어 그를 도왔다 6. (方言) (korak, brzina, noge 등의 명사 등과 함께 쓰여) 서 두르다, 서둘러 가다

pridaviti *-im* (完) **pridavljivati** *-ljujem* (不完) 1. 교살하다, 목졸라 죽이다 2. (비유적) 기력을 쇠하게 하다; *njega su godine pridavile i već nemoćan* 세월의 무게가 그를 짓눌러 이미 그는 무능력해졌다

pride (副) 덤으로; *dati (tražiti) ~* 덤으로 주다 (요구하다)

pridenuti *-nem* (完) **pridevati** *-am* (不完) 1. (핀 등으로) 고정시키다, 달다, 붙이다; *hteo je da pridene orden* 훈장을 (옷에) 달려고 했다 2. 별명을 붙여주다 (주로 경멸조의); *~ nekome nadimak* ~에게 별명을 붙이다 3. ~에 대해 말을 돌리지 않고 말하다, ~에 대해 직설적으로 말하다 4. *~ nekome nešto* (~에 중요성·의미·가치·무게 등을) 두다, 부여하다; *~ stvarima nepostojeće osobine* 사물들에 존재하지 않는 특성을 부여하다

pridesti *pridenem* (完) 참조 pridenuti

prideti *pridedem* (完) 참조 pridenuti

pridev (文法) 형용사; *opisan (prisvojan) ~* 서술(소유) 형용사 **pridevski** (形)

pridevak *-evka* 별명 (주로 경멸조의) (nadimak)

pridevati *-am* (不完) 참조 pridenuti

pridići, pridignuti *pridignem; pridignuo, -ula & pridigao, -gla* (完) **pridizati** *-žem* (不完) 1. (조금, 그리 높지 않게) 들어 올리다, 들다; *~ kutiju* 상자를 들어 올리다 2. (koga) (비유적) ~의 기분(분위기·상황)을 좋게 하다 (끌어 올리다); *prijatelji su ga pridigli iz očaja* 친구들이 낙담한 그의 기분을 끌어 올렸다 3. 기르다, 양육하다, 키우다 (odgojiti, othraniti); *oni su ga pridigli* 그들이 그를 키웠다 4. *~ se* 조금 일어나다, 조금 들어올려지다; *ležao je i nije mogao da se pridigne* 그는 자리에 누워 조금도 일어설 수 없었다 5. *~ se* 좋은 상태(상황)가 되다; *~ se materijalno* 물질적으로 좋아지다; *~ se iz tuge* 슬픔에서 털고 일어나다 6. *~ se* 병을 털고 일어서다, 건강이 조금 회복되다; *sačekaće sa svadvom dok se ja ne pridignem* 내가 병을 털고 일어날 때 까지 결혼식을 연기할 것이다

pridika 참조 predika; 1. (교회의) 설교 2. (설교조의) 잔소리; *držati nekome ~e* 누구에게 잔소리하다; *majka mi svaki dan drži ~e* 어머니는 매일 내게 잔소리를 하신다

pridikovati *-kujem* (不完) 참조 predikovati;

설교하다, 잔소리하다

pridizati *-žem* (不完) 참조 pridići

pridobiti *pridobijem; pridobio, -ila; pridobit & pridobiven, -ena* (完) **pridobivati** *-am* **pridobijati** *-am* (不完) 1. 자신의 편으로 끌어당기다 (끌어오다); *~ nekoga* 누구를 자신의 편으로 끌어들이다; *on ga je pridobio za sebe (za svoju stvar)* 그는 그 사람을 자신의 편으로 끌어들였다 2. 얻다, 획득하다 (dobiti, steći); *pridobili su slobodu* 그들은 자유를 얻었다

pridoći *pridođem; pridošao, -šla; pridošavši* (完) **pridolaziti** *-im* (不完) 1. 도달하다, 당도하다, 도착하다; *turcima je pridošla pomoć* 터키인들에게 도움이 당도했다 2. (누구 이후에) 이주자로 오다, 이주하다; *oni su pridošli u naš kraj u prošlom veku* 그들은 지난 세기에 우리 지역으로 이주했다 3. 나타나다, 시작하다 (nastati, pojaviti se); *u isti mah pridođu mišićni grčevi s velikim bolom* 굉장한 아픔과 동시에 근육에 쥐가 났다 4. (수면(水面) 등이) 불어나다, 올라가다; *pridošli su potoci* 하천의 물이 불어났다 5. (비유적) (돈이) 들어오다 (ući, unići)

pridodatak *-tka* 참조 dodatak; 보충(물), 추가(물), 부가(물)

pridodati *-am & -dadnem & -dadem; pridodao, -ala; pridodan & pridodat; pridodaj (došljak); on je ~ iz Bosne* 그는 보스니아에서 온 이주자이다 2. (미팅·회의 등에) 늦게 도착한 사람, 나중에 온 사람; *~ iz susednog kupea* (기차) 옆칸에서 나중에 온 사람

pridodavati *-am* (不完) 1. (작은 부분을 큰 전체에) 덧붙이다, 편입시키다; *~ zemlju imanju* 토지를 재산에 편입시키다 2. (말·글에) 덧붙이다, 더하다

pridolazak *-ska* 1. 도달, 당도, 도착 (dolazak, prispeće); *~ neprijateljskih trupa* 적 병력의 당도 2. (어떤 발전과정에서) 나타나는 것, 시작되는 것; 현상 3. 기타; *~ vode* 수위 상승

pridolaziti *-im* (不完) 참조 pridoći

pridošlica (男,女) 1. (다른 곳에서 온) 이주자, 이민자

pridružiti se *-im se* (完) **pridruživati se** *-žujem se* (不完) 1. *~ nekome* ~와 어울리다 (함께 하다), 가입하다, 가담하다, 합류하다; *u vozu će nam se ~ politički komesar* 열차에서 정치위원이 우리와 합류할 것이다; *~ drugovima* 친구들과 어울리다 2. ~의 편에 서다, ~의 의견에 동조하다, ~의 사상을 받

아들이다; ~ *Aristotelu u filozofiji* 아리스토텔레스의 철학을 받아들이다, 아리스토텔레스의 철학에 동조하다

pridržaj, pridržanje (法) (채권자의) 유치권(留置權)

pridržati *-im*; *pridržao, -ala*; *pridržan*; *pridrži* (完) **pridržavati** *-am* (不完) 1. 가지고 있다, 유치하다, 억류하다 2. (잠시 손·팔 등으로) 잡고(쥐고·들고·안고·받치고) 있다; *pridrži mi kaput* 외투좀 가지고 있어봐!; ~ *nekome vrata* ~를 위해 문을 잡고 있다 ~ *ženi kaput* 여인의 외투를 잠시 들고 있다 3. 보유하다, 보관하다, 고수하다, 유지하다 (održati, očuvati, sačuvati); ~ *(sebi) pravo* 권리를 유지하고 있다 4. ~ se 꼭 붙잡다, 잡다; ~ *se za nekoga* ~를 붙잡고 있다 (넘어지지 않도록); ~ *se grane* 가지를 붙잡다 5. (不完만) ~ se ~누구의 뒤를 따라가다; 누구를 본보기로 삼다; *ona se pridržavala njegovih koraka* 그녀는 그의 발걸음을 뒤따라 갔다 6. (不完만) ~ se (법률·규칙 등을) 준수하다, 지키다, ~의 틀안에서 행동하다; ~ *se zakona (propisa, pravila, običaja)* 법률(규율, 규칙, 관습)을 준수하다

pridržavač 1. 소지자, 소유자, 보유자 2. (타이프의) 종이누르개쇠

pridušiti *-im* (完) 참조 prigušiti

pridušivač 참조 prigušivač; (총기의) 소음기

pridvoran *-rna, -rno* (形) 1. 궁중의, 궁정의, 궁중에 속한 (dvorski) 2. (비유적) 교양있는, 품위있는, 세련된, 고상한 (fin, uglađen)

pridvorica (男,女) 1. (특히 과거 왕을 보필하던, 궁정에 출사하는) 조신(朝臣) (dvoranin, dvoranka) 2. (비유적) 아첨꾼, 아첨쟁이 (laskavac, ulizica)

pridvornik (특히 과거 왕을 보필하던, 궁정에 출사하는) 조신(朝臣) (pridvorica)

prigibati *-am* & *-bljem* (不完) 참조 prignuti

priginjati *-em* (不完) 참조 prignuti

priglavak *-vka* 1. 양말의 밑바닥 부분 2. (보통 複數로) (털실 등으로 발목까지 올라오도록 짠) 양말

priglaviti *-im* (完) **priglavljivati** *-ljujem* (不完) 1. (단단히) 잠그다, 매다, (움직이지 않게) 고정시키다 (utvrditi, pritvrditi) 2. 양말 (priglavak)을 짜다

prigluh *-a, -o* (形) 참조 prigluv

priglup *-a, -o* (形) 매우 우둔한, 너무 멍청한

prigluv *-a, -o* (形) 귀가 너무 안들리는, 귀가 거의 먼, 난청의

prignati *prignam* & *priženem* (完) **prigoniti** -

im (不完) 1. (동물을) ~쪽으로 몰다, 몰고가다 (dognati, priterati); ~ *ovce ka vodi* 물가쪽으로 양떼를 몰다 2. 강제하다, 강요하다, 어쩔수 없이 ~하게 하다 (nagnati, prisiliti, naterati); *siromaštvo ga prignalo da ode u svet* 가난이 그를 (밥벌이 하러) 세상으로 내몰았다

prignuti *-nem* (完) **prigibati** *-am* & *-bljem* (不完) 1. 밑으로 구부리다(숙이다) (nagnuti, sagnuti); ~ *glavu* 고개를 숙이다 2. (비유적) 부러뜨리다, 두 동강 내다, 꺾다 (prelomiti, slomiti); *taj jas je prignuo njenu volju* 그러한 비애가 그녀의 의지를 꺾었다 3. 설득하다 (nagovoriti, privoleti) 4. ~하기 시작하다 (prionuti) 5. ~ se 구부리다, 숙이다 6. 기타; ~ *uvo* 정신을 집중하여 듣다; ~ *glavu (šiju, koleno) pred kim* 복종하다, 누구의 권위(권력)를 인정하다

prignjaviti *-im* (完) 1. 누르다, 압박하다, 압착하다 (pritisnuti, prignječiti) 2. (비유적) 따분해지다 (postati dosadan)

prignječiti *-im* (完) **prignječivati** *-čujem* (不完) 1. 위에서 누르다, 압착하다; *jorgan ga je prignječio* 이불이 그를 압박하였다 2. 눌러 부상을 입히다, 압사시키다; *auto ga je oborio i prignječio mu je nogu* 그는 자동차에 치여 넘어져 다리를 짓눌려 다쳤다; ~ *prstom vašku* 손가락으로 이를 눌러 죽이다 3. (누구에게) 압력을 가하다, 압박하다; *kaplar ga je prignječio ucenama* 하사는 협박하면서 그에게 압력을 가했다

prigoda 1. 적기(適期), 좋은 기회 (prilika, zgoga, povoljan trenutak); *nadao se da će doći ~ da se opet nasamo sastaju* 그는 단둘이 만날 기회가 올 것을 기대했다 2. 사건, 일어나는 일 (događaj) 3. 기타; *u ~i* 적기에, 때맞춰; *koristiti se ~om* 기회를 잘 활용하다; *~om čega* 어떠한 일이 일어났을 때에; *tom ~om* 그때에

prigodan *-dna, -dno* (形) 1. 적절한, 적합한; *nekoliko ~dnih reči* 약간의 적절한 어휘들 2. 우연한, 예기치 않은 (slučajan) 3. 특별한 기회의, 어떠한 행사와 관련된; *~dna pesma* 특별한 행사 때 부르는 노래; *~dna nastava* 특별 수업

prigodice (副) 가능할 때에, 적절할 때에; 필요할 때에; 어떤 기회에

prigodnica 어떠한 행사에서 불려지는 노래

prigodom (前置詞,+ G) 참조 prilikom; ~ 경우에, 즈음하여

prigon (사냥) *lov ~om* 몰이 사냥

prigoniti -im (不完) 참조 prignati

prigorje 산록지대, 산 끝자락 지대; 구릉지역, 산기슭의 언덕지역

prigorka (한정사적 용법으로만 사용) (시적으로) 산의 (gorska, planinska); vila ~ 산악 요정

prigotoviti -im (完) prigotovljavati -am (不完) 준비하다, 준비를 완료하다, 비상상태로 대기하다 (pripremiti)

prigovarati -am (不完) 참조 prigovoriti

prigovor 비난, 질책, 책망, 나무람; 이의, 반대 (prekor, ukor); staviti ~e 이의를 제기하다; biti bez ~a 이의없이, 반대없이

prigovoriti -im (完) prigovarati -am (不完) 1. 비난하다, 질책하다, 책망하다, 나무라다 (prekoriti, ukoriti, osuditi); ~ nekome ~를 질책하다; ćerku kara, snasi prigovara 딸을 꾸짖지만 실제로 그가 꾸짖으려고 하는 것은 며느리이다(그가 실제로 뭐라고 꾸짖는 것은 바로 너다) 2. 이의를 제기하다, 반대하다

prigrabiti -im (完) prigrabljivati -ljujem (不完) 1. 꽉 붙잡다, 움켜쥐다 2. (완력으로, 교활함으로) 빼앗다, 탈취하다; ~ imanje 재산을 빼앗다 3. 권력을 찬탈하다, 권력을 잡다; ~ vlast 권력을 찬탈하다(잡다)

prigrada (女), prigradak (男) (건물의 본관에 대한) 별관, 별채, 부속 가옥; manastirski ~ 수도원 별채

prigraditi -im (完) prigrađivati -đujem (不完) 증축하다, 별관을 짓다, 부속 가옥을 올리다 (dograditi, dozidati)

prigradskī -ā, -ō (形) 교외의; ~ saobraćaj 시외 운송; ~ pojas 교외 벨트; ~o područje 교외 지역; ~a naselja 교외 마을

prigraničnī -ā, -ō (形) 국경의, 국경 마을의 (pogranični)

prigrejati -em (完) prigrevati -am, pregrejavati -am (不完) 1. (일정한 온도까지 조금만 미지근하게) 데피다, 데우다 (podgrejati); ~ ručak 점심을 데피다 2. (태양이) 뜨거워지다, 펄펄 끓다, 지글거리다

prigrliti -im (完) 1. 껴안다, 포옹하다 (사랑의 표시로); ~ dete 아이를 껴앉다 2. 손으로 잡다(껴안다) 3. 헌신하다, 온 마음으로 ~을 하다; ja ne odvratih ništa, već priglrlih svoj posao 나는 그 어떤 것도 거절하지 않을 뿐만 아니라 자신의 일에 헌신할 것이다 4. 자신의 것으로 받아들이다, 자기편으로 편입시키다; ~ Miloša kao druga 밀로쉬를 친구로 받아들이다 5. (기꺼이) 받아들이다, 수용하다; devojke su prigrlile njegove ideale 아가씨들은 그의 이상을 받아들였다

prigrljaj 포옹, 껴안음 (zagrljaj)

prigrnuti -nem (完) prigrtati -ćem (不完) 1. (곡물·흙 등을) 모으다, 긁어 모으다, 모아 쌓다 (zgrnuti); ~ zemlju oko sadnice 묘목 주변에 흙을 긁어 모아 쌓다 2. 자기쪽으로 끌어 당기다 3. 몰려가게 하다 (učiniti da ko nagrne kuda); ~ ovamo narod 이곳으로 사람들이 몰려오게 하다 4. (몸을 완전히 덮을 정도로) 뒤덮다, 덮어 싸다 (추위·비 등으로부터 보호하기 위해) (ogrnuti); ~ plašt 망토를 뒤집어 쓰다

prigustiti -im (完) priguščivati -ćujem (不完) (상황·상태가) 심각해지다, 위험해지다, 어려워지다 (postati gusto, opasno); sad mi je već prigustilo 나는 이미 어려운 상태에 빠졌다

prigušiti -im (完) prigušivati -šujem (不完) 1. 질식시키다, 숨막히게 하다 2. (순간적으로 매우 흥분하여) 숨이 막히게 하다 3. (비유적) (소리를) 죽이다, 약화시키다, 완화시키다 (oslabiti); ~ smeh (glas) 웃음 소리 (말소리)를 죽이다; ~ muziku 음악 소리를 줄이다; inekcija je prigušila bolove 주사제는 통증을 완화시켰다; ~ radio emisiju 라디오 신호를 방해하다

prigušivač 1. (차량 엔진 등의) 소음기, 소음 장치 2. (권총 등의) 소음기 3. (라디오) 방해 전파 발신기 4. (트럼펫의) 약음기 (sordina) 5. (자동차 엔진의) 공기 흡입 조절 장치 (saug)

prigušivanje (동사파생 명사) prigušivati; ~ stanice 라디오 신호 방해

prigušnik (자동차 엔진의) 공기흡입조절장치 (saug)

prihod 소득, 수입, 세입, 수익 (zarada, dohodak); koliki je vaš godišnji ~? 당신의 연수입이 얼마입니까?; devizni ~ 외화 세입

prihoditi -im (不完) (廢語) 다가가다(오다), 접근하다 (prilaziti, pristupati, dolaziti)

prihraniti -im (完) prihranjivati -njujem (不完) 1. (일정 기간 동안) 부양하다, 먹여살리다; ja sam te obukla, ja sam te pridigla, ja sam te prihranila, a ti eto sada tako! 내가 너를 입혀주고 키워주고 먹여살렸더니 요즘 네가 이모양이구나! 2. ~ bebu 아이에게 (모유 이외에) 이유식을 주다

prihvaćati -am (不完) 참조 prihvatiti

prihvatilište 피신처, 대피처, 수용소, 보호소; ~ za izbeglice 난민 수용소

prihvatiti -im (完) prihvatati -am (不完) 1. (주

어지는 것·제공되는 것 등을) 받다; ~ *kesu sa duvanom* 담배 봉지를 받다 2. 잡다, 붙잡다, 꽉붙잡다; *oni ga prihvatiše i staviše mu lisice na ruke* 그들은 그를 붙잡아 그의 손에 수갑을 채웠다 3. (어떠한 상태가) 휘감다, 휩싸이게 하다 (obuhvatiti, obuzeti); *san ga je prihvatio* 그는 잠이 쏟아졌다 4. (나이 등이) 몇 살이 되다 (dosegnuti, napuniti); *kad prihvati dvanaest godina*, 12살이 되었을 때 5. (찢어진 것을) 꿰매다 (ušiti, zašiti); ~ *iglom* 바늘로 꿰매다 6. (잠 깐동안) 맡다, 보관하다; *prihvati ovaj paket* 이 짐을 잠시 보관해줘! 7. 동의하다, 받아들이다, 수용하다, 용인하다; *niko nije prihvatio njegov plan* 아무도 그의 계획을 받아들이지 않았다; ~ *predlog (ponudu, posao)* 제안(일)을 받아들이다; *prihvatio je starešinstvo* 장(長)의 임무를 받아들이다; ~ *stvari onakve kakve su* 사물을 있는 그대로 받아들이다 8. (피신처·피난처·도움 등을 제공하면서) 받아들이다, 수용하다; ~ *nekoga* 누구를 수용하다 9. (금전적, 정신적으로) 도와주다, 원조하다 (održati, potpomoći) 10. ~ se *za nešto* ~을 쥐다, 잡다, 붙잡다; *on vidi da se ona prihvati za dovratak da ne padne* 그는 그녀가 넘어지지 않으려고 문설주를 잡는 것을 보았다 11. ~ se 달라붙어 있다, ~의 표면에 덮여 있다; ~에게 찰싹 달라붙다; *prihvatio se Petra* 그는 페타르에게 찰싹 달라붙어 있었다; *sneg se prihvatio zemlje* 눈은 지표면에 덮여 있었다 12. ~se *nečega* ~하기 시작하다; *opet se šale prihvatiše* 또다시 농담을 하기 시작했다; ~ *se jela* 먹기 시작하다; ~ *se posla* 일하기 시작하다 13. ~ se *nečega* ~까지 도달하다, 당도하다; *ode ... niz polje zeleno, prihvati se planine* 초록 평원을 지나 산에 도달했다 14. ~ se 몇 살이 되다; *danas si se prihvatio dvadesete godine* 오늘 너는 20살이 되었다 15. 기타; ~ *dušu (goli život)* 정신을 차리다 (힘을 회복하다); ~ *menicu* 어음에 보증 서명하다; ~ *reč (besedu)* 대답하다, 응답하다; ~ *rukavicu* 도전을 받아들이다, 결투에 응하다; ~ *sve u svoje ruke (šake)* 모든 일을 혼자 다 하다; ~ *šalu* 농담에 농담으로 답하다 *prihvatila ga je sreća* 그는 행복하다; ~ *se pera* 집필을 시작하다; ~ *se ruke* 손에 입을 맞추다

prihvatljiv –*a*, –*o* (形) 용인할 수 있는, 받아들일 수 있는, 허용할 수 있는; ~*o rešenje* 받아들일 수 있는 해결책

prihvatnī –*ā*, –*ō* (形) 수용의, 보호의; 수용소의, 보호소의; ~*a bolnica* 수용 병원; ~ *centar* 수용소, 보호소; ~ *logor* 수용소; ~*a stanica* 수용소, 보호소

prija (자주 이름과 함께 사용되며 악센트와 명사 변화를 하지 않는 경우가 많음) 1. (愛稱) 참조 prijateljica; *prija Mara* 친구 마라 2. 안사돈 (며느리의 친정어머니, 사위의 친어머니 등의) **prijin** (形)

prijamnī –*ā*, –*ō* (形) 참조 prijemni

prijan (愛稱) prijatelj

prijašnjī –*ā*, –*ē* (形) 1. 이전의, 전에 있었던 (pređašnji) 2. 바로 직전의 (prethodni) 3. 전과 같은, 이전과 같은

prijatan –*tna*, –*tno* (形) 즐거운, 기분 좋은; 상쾌한, 유쾌한; ~ *čovek* 신선한 느낌을 주는 사람; ~*tno osećanje* 유쾌한 느낌; ~*tna spoljašnost* 잘 생긴 외모; ~ *ručak!* 즐거운 점심

prijatelj 1. 친구; *prisan (iskren, dobar)* ~ 절친한 (진솔한, 훌륭한) 친구; *pravi* ~ *se poznaje u nevolji* 어려울 때 친구가 진정한 친구이다; *desni* ~ 가장 친한 친구; *kućni* ~ 집안끼리 왕래하는 사이의 친구; ~ *na rečima* 아첨쟁이, 아부꾼 2. 지지자, 후원자, 동조자 (branilac, privrženik, pristalica); *nije nikad bio* ~ *parade* 퍼레이드 지지자가 결코 아니었다; ~ *muzike (umetnosti)* 음악 (예술) 애호가 3. 바깥사돈 (며느리 혹은 사위의 친아버지) (反; prija); *ići (doći) u* ~*e* (시집간 딸 집으로) 친정아버지의 첫 방문 4. 정부(情夫) (ljubavnik)

prijateljevati –*ljujem*; prijateljevao (不完) ~ s *kim* ~와 친하게 지내다, ~와 친구로 지내다

prijateljica 참조 prijatelj

prijateljiti se –*im se* (不完) 1. ~와 친구가 되다, ~와 친구 관계를 맺다 2. ~와 인척 관계를 맺다, ~와 인척(prijatelj)이 되다

prijateljovati –*ljujem* (不完) 참조 prijateljevati

prijateljskī –*ā*, –*ō* (形) 친구의, 친구 사이의; 친절한, 우호적인, 상냥한, 다정한; *na* ~ *način* 우호적 방법으로; ~ *savet* 친구로서의 충고; ~*a poseta* 친선 방문; *biti s kim na* ~*oj nozi* ~와 친밀한(밀접한) 사이다; ~*a utakmica* 친선 경기; ~ *raspoložen prema kome (čemu)* ~에 대해 우호적이다

prijateljstvo 1. 우정, 친교, 친선; *debelo* ~ 아주 친밀한 친구 사이; *pakt (ugovor)* o ~*u* (양국간의) 친선 협약 2. 애정, 애정 관계

prijati –*am* (不完) 1. (남을) 유쾌하게 하다, 기

P

분좋게 하다, 기쁘게 하다; *to mi ne prija* 내게 그것은 유쾌하지 않은 일이다; *to prija očima* 그것은 보기에 좋다 2. (주로 무인칭 문으로) ~에게 좋다, 즐겁다, 만족감을 주다, ~의 입맛(취향)에 맞다; *ostani kod svojih sve dotle dok ti bude prijalo* 네가 기분이 좋아질 때 까지 네 집에 머물러 있어라; *ovo jelo mi ne prija* 이 음식은 내게 맞질 않는다; *ovo vino nam baš prija uz pečenje* 우리에게 이 포도주는 구이와 아주 잘 맞는다 3. ~의 건강에 맞다(적합하다); *ovaj lek će ti ~* 이 약은 네게 잘 맞을 것이다

prijatno (副) 1. 즐겁게, 편안하게, 안락하게 (ugodno) 2. (식사 전의 인삿말) 맛있게 드세요!

prijatnost (女) 유쾌함, 기꺼움, 안락함, 편안함

prijava 1. (행정 기관, 경찰 등에) 등록, 신고; *vršiti ~u dobrovoljaca* 의용군에 자원 신고하다 **prijavni** (形); ~ *formular (rok)* 신고 양식서 (기간) 2. 신고 양식서, 등록 양식서; *ispuniti (podneti) ~u* 신고 양식서를 기입하다(제출하다) 3. (범죄에 대한 서면상·구두상의) 신고; *podneti (dostaviti) policiji ~u protiv nekoga* ~에 대해 경찰에 고발하다; *podneti krivičnu ~u protiv nekoga* 기소하다

prijavitelj (=prijavljivač) 1. 신고자, 등록자 2. (경찰 등의) 정보원, 첩보원 (doušnik)

prijaviti *-im* (完) **prijavljivati** *-ljujem* (不完) 1. (손님·방문객 등의 도착을) 사전에 알리다, 미리 통고하다 (najaviti); ~ *posetu* 방문을 알리다(통고하다) 2. (당국에 서면상·구두상으로) 신고하다, (서류 등을) 제출하다; ~ *za carinu (na carini)* 세관 신고를 하다 3. (경찰에) 신고하다; ~ *nekoga policiji* 누구를 경찰에 신고하다; *ona sve prijavljuje šefu (kod šefa)* 그녀는 모든 것을 상사에게 보고한다 4. (수도·전기 등의 고장을) 신고하다; *odmah smo prijavili nestanak struje* 우리는 즉시 전기의 단전을 신고했다 5. ~ *se* 등록하다, 신청하다; 보고되다; ~ *se za ekskurziju* 여행을 신청하다; ~ *se kod sekretarice* 비서실에 보고되다 6. ~ *se* 부름(초청)에 응하다; ~ *se u vojsku* 군대 징집에 응하다

prijavljivač 참조 prijavitelj

prijavnī *-ā, -ō* (形) 참조 prijava; 신고의, 등록의; ~ *formular* 신고 양식서; ~ *rok* 신고 기간; ~ *ured, ~o odeljenje* 거주지 등록 사무소

prijavnica 1. 신고 양식서, 등록 양식서 2. 거

주지 등록 사무소

prijazan *-zna, -zno* (形) 우호적인, 정감있는; 상냥한, 친절한 (ljubazan, srdačan, prijatan); ~ *glas* 상냥한 목소리; ~ *osmeh* 친절한 미소

prijazan *-zni* (女) 친절, 상냥함, 배려심, 정(情), 정감(情感), (ljubaznost, predusretljivost, naklonost)

prijem 1. 리셉션, 환영 연회, 축하 연회; *prirediti ~ u nečiju čast* 누구를 위해 환영 연회를 열다; *biti na ~u kod nekoga* 누구의 집에서 거행한 파티에 있다 2. (어떠한) 환영 반응, 호응, 평판; 받아들임, 수락; *knjiga je naišla na izvanredan ~* 서적에 대한 반응은 아주 뜨거웠다; *dobar ~ kod čitalaca* 독자들의 좋은 반응; *hladan ~ predstave u Beogradu* 베오그라드 공연의 차가운 반응 3. 수령, 영수, 받음; *odmah po ~u* 수령 즉시; *potvrditi ~ pisma* 편지의 수령을 확인하다 4. 받아들임, 가입, 입장, 입학, 입회; ~ *kandidata* 후보자의 가입; ~ *studenata na fakultet* 학생의 대학 입학 5. (機) (라디오, 전화 등의) 수신; *kratkotalasni ~* 단파 수신 **prijemni** (形)

prijemčiv *-a, -o* (形) 쉽게 수용하는(받아들이는)

prijemljiv *-a, -o* (形) 1. 참조 prijemčiv 2. 용인할 수 있는, 허용할 수 있는, 받아들일 수 있는 (prihvatljiv)

prijemnī *-ā, -ō* (形) 참조 prijem; ~*o odeljenje* 접수처 (병원의); ~ *ispit* 입학 시험; ~*a služba* (호텔의) 리셉션

prijemnica 수령증, 인수증; *poštanska ~* 우편 수령증

prijemnik 1. (機) (라디오·TV 등의) 수신기, 수상기; *kratkotalasni ~* 단파 수신기; *radio-~* 라디오 2. 수령인, 수취인 (primalac, prijamnik)

prijepor 다툼, 언쟁, 분쟁 (spor, raspra)

prijeporan *-rna, -rno* (形) 논란의 여지가 있는, 다툴 수 있는; ~*rna stvar* 논쟁의 여지가 있는 사건

prijin *-a, -o* (形) 참조 prija

prikačiti *-im* (完) 1. 걸어 고정시키다, 걸어 연결시키다; ~ *vagone* 객차를 연결시키다; ~ *broš* 브로치를 달다; *crvenu zvezdu si na kapu prikačio* 빨간색의 별을 모자에 달다 2. (핀 등으로) 단단히 고정시키다 (pridenuti); (매달린 상태로) 달아매다; ~ *orden na grudi* 훈장을 가슴에 달다; ~ *sliku na zid* 그림을 벽에 걸다

P

prikaz 1. 도표, 표, 도식, 그래픽 (숫자, 혹은 그래픽으로 나타내는); *tabelarni* ~ 도표로 나타냄 2. 보고, 보고서 (서면상, 구두상의); ~ *bitke* 전투 보고서 3. (책·연극·영화 등에 대한) 논평, 비평 (recenzija); ~ *knjige (drame)* 서평 (드라마 비평)

prikaza 1. 환영, 환상, 망상; 유령, 헛깨비; *nije znao da li je to bila* ~ *ili zbilja* 그는 그것이 환상이었는지 실제이었는지 몰랐다 2. 외모, 외관, 모습

prikazanje 1. 참조 prikaza; 환상, 환영, 망상 2. 종교적 내용의 중세 드라마

prikazati *-žem* (完) **prikazivati** *-zujem* (不完) 1. 묘사하다, 서술하다, 표현하다; 설명하다 2. 보여주다, 나타내다; *otpočeo je izdavanje narodnih pesama da prikaže bogatstvo narodnog jezika* 문어의 풍요로움을 보여주기 위해 민중시집 출판을 시작했다 3. (연극,공연 등을) 개최하다, 무대에 올리다, (영화 등을) 상영하다; ~ *film* 영화를 상영하다; ~ *komad* 연극을 상연하다 4. (책, 연극 등에 대해) 논평하다, 비평하다; 감수하다; ~ *knjigu (film)* 책 (영화)을 비평하다; *povoljno* ~ 호평하다 5. *(kome)* 소개하다 (predstaviti); *Zorka prikaza Miloša svojoj majci* 조르카는 밀로쉬를 자기 어머니에게 소개한다 6. ~ se 자기 자신을 소개하다 7. ~ se (어느 현장, 장소 등에) 나타나다, 보이다, 등장하다; (연극, 공연 등에서) 어떠한 역할로 등장하다 8. ~ se (환상·환영·꿈 등에서) 보이다; *te noći prikazala mu se u snu ona lepotica* 그날 밤 그의 꿈속에서 그 미녀가 보였다

prikazivač 1. 논평가, 비평가 (recenzent); ~ *knjige* 서평가 2. 극장주, 영화 배급업자

prikazivanje (동사파생 명사) prikazivati; ~ *filmova* 영화 상영

prikazivati *-zujem* (不完) 참조 prikazati

prikeljiti *-im* (完) 참조 prilepiti; 풀(kelj)로 붙이다, 풀칠하다

prikivati *-am* (不完) 참조 prikovati

prikladan *-dna*, *-dno* (形) 1. (필요·요구 등에) 적합한, 적절한, 잘 어울리는 (pogodan, zgodan, podesan); ~ *situaciji* 상황에 적절한; ~ *poklon* 적당한 선물 2. 호의적인, 호감이 가는; 눈에 띄는, 두드러진; 잘 생긴 (lep, naočit, simpatičan)

prikladnost (女) 적당함, 적합함, 어울림

priklanjati *-am* (不完) 참조 prikloniti

priklapati *-am* (不完) 참조 priklopiti

priklati *prikoljem*; *priklan*; *prikolji* (完) 1. (다

치거나 병든 동물을) 도살하다, 도축하다 2. 목을 따다, 목을 찌르다 3. (비유적) 최후의 일격을 가하다; *to pitanje priklalo je sad Jurišića, i jasno mu je samo jedno* 그 질문은 유리쉬치에게 최후의 일격을 가했으며 이제 모든 것이 분명해졌다 4. 기타; ~ *koga ispod repa* (卑俗語) 교묘히 속이다, 눈뜨고 코를 베어가다

prikleštiti *-im* (完) 1. 펜치(klešte)로 꽉 누르다(조이다) 2. 눌러 다치게 하다 (prignječiti); ~ *prst vratima* 손가락이 문에 끼어 다치다 3. ~으로 확실히(단단히) 누르다 4. 같은 곳 (장소)에 있도록 강제하다 5. (비유적) 사방으로부터 누르다(압박하다), 출구가 없이 압박하다; 포위하다; ~ *nekoga* 누구를 꼼짝 못하게 하다; *on je priklešten* 그는 궁지에 몰렸다

prikloniti *-im* (完) **priklanjati** *-am* (不完) 1. (밑으로) 구부리다, 숙이다; ~ *glavu* 고개를 밑으로 숙이다; *skrstila je ruke... priklonila glavu* 팔짱을 끼고는 고개를 숙였다; ~ *glavu pred kim (čim)* ~앞에서 고개를 숙이다, 복종하다 2. ~에 기대다; ~ *uho čemu* 주의깊게 듣다, ~에 관심을 쏟다 3. 피신처 (피난처)를 제공하다 4. (비유적) (누구의 편으로) 끌어들이다; 설득하다 (privoleti, nagovoriti); *priklonila me je svojoj teoriji* 그녀는 나를 자신의 이론으로 설득했다 5. ~ se 상체를 숙여 인사하다 (pokloniti se); *skidoše kape, prikloniše se do zemlje* 모자를 벗어 땅까지 상체를 숙여 인사를 했다 6. ~ se 기울어지다; *žito se malko priklonio suncu* 곡식은 태양쪽으로 조금 기울어졌다 7. ~ se 피난처(피신처)를 발견하다 8. ~ se 패배를 인정하다; 반대(저항)하는 것을 중단하다; 환경에 적응하다 9. ~ se 헌신하다, 집중하다, 전념하다 (odati se, predati se, posvetiti se čemu); *bio odlučio da se sasvim prikloni muzici* 완전히 음악에 전념하기로 결심했다

priklopiti *-im* (完) **priklapati** *-am* (不完) 1. (열려진 것을) 닫다; *došla je opet do vrata... priklopila ih pomno i vratila se* 다시 문가지 와서는 조심히 문을 닫고는 돌아갔다 2. (조금, 부분적으로) (뚜껑 등을) 덮다 (poklopiti); ~ *lonac poklopcem* 뚜껑으로 냄비를 반쯤 덮다 3. (잠시) 감다, 닫다; ~ *oči* 눈을 잠시 감다; ~ *usta* 입을 잠시 닫다; *nepoverljivo je pogledao kroz priklopljene trepavice* 실눈을 뜨고는 믿을 수 없다는 듯 바라봤다 4. (비유적) 뒤덮다 (natkriti); *dim*

je priklopio ulicu 연기가 거리를 뒤덮었다
5. ~ se 닫히다, 덮이다; *vrata su se priklopila* 문이 닫혔다

priključak *-čka* 1. (전기·전화 등의) 연결, 접속; *dvojni ~* (전화 한 선에) 두 개의 번호를 부여하여 연결한 전화; *električni ~* 전기 연결; *telefonski ~* 전화 연결 2. 이음, 연결, 접속; *~ kabla na prijemnik* 케이블을 교환기에 꽂는 것, 케이블의 교환기 연결

priključenje (동사파생 명사) priključiti; 연결, 접속

priključiti *-im* (完) **priključivti** *-čujem* (不完) 1. 잇다, 연결하다, 접속하다; *~ se matičnoj letelici* 모선(母船)과 도킹하다 2. ~에 붙이다(합하다), ~에 첨부하다; *Pravopisni rečnik će biti priključen uz Pravopis* 정자법 사전은 정자법 책에 첨부될 것이다; *~ gramofon na radio* 축음기를 라디오에 달다; *priključili su ga prvoj četi* 그를 1중대에 편입시켰다 3. (라디오 등을) 켜다 (uključiti); *~ šporet* 레인지를 켜다 4. *~ se nekome ~* 와 합쳐지다, ~에 합류하다; 가입하다, 입회하다, 가담하다; *preporučili smo im ... da se priključe nama* 우리는 그들에게 우리에게 합류할 것을 권했다 5. ~ se ~의 편에 서다, ~와 뜻을 함께 하다

priključnī *-ā, -ō* (形) 연결하는, 접속하는, 이어주는; *~ vod* 연결관; *~ aparati* 연결 장치 (설비)

priključnica (전기) 콘센트, 소켓

prikočiti *-im* (完) 브레이크를 밟다, 속도를 줄이다

prikolica (자동차·오토바이 등의) 사이드카, 트레일러; *motocikl s prikolicom* 사이드카가 달린 오토바이

prikomandirati *-am*, **prikomandovati** *-dujem* (完) (軍) (다른) 중대에 배속시키다, (다른) 부대에 배속시키다 (pridati)

prikopčati *-am* (完) 1. (옷의) 단추를 잠그다, 걸쇠(kopča)로 고정시키다 (zakopčati) 2. 단단히 고정시키다(매다) (prikačiti)

prikosnik (해양) (이물의) 제2 비낌 돛대

prikovati *-kujem* (完) **prikivati** *-am* (不完) 1. (사슬 등으로) 묶다, 매다, 동여매다; ~에게 족쇄(수갑, 차꼬)를 채우다; *~ lancima* 쇠사슬로 묶어 놓다 2. 못 (핀·쐐기 등)으로 박다, 못 등으로 고정시키다; *sedeo je kao prikovan* 꼼짝도 하지 않고 앉아 있었다 3. (비유적) (어떠한 자세로) 움직이지 않고 꼼짝못하게 하다; *muževi su već petnaest dana prikovani uz dom i štalu* 남편들은 이

미 15일 동안 집과 마굿간에만 붙어있다 4. (비유적) (눈·시선 등을) 꼼짝도 않고 주시하다, 응시하다; *duboki stid je moj pogled prikovao za zemlju* 너무 부끄러워 나는 땅만을 응시하고 있었다

prikraćivati *-ćujem* (不完) 참조 prikratiti

prikradanje (동사파생 명사) prikradati se; 비밀스럽게 다가감, 눈치채지 못하게 접근함

prikradati se *-am se* (不完) 참조 prikrasti se

prikrajak *-jka* 1. 구석, 모퉁이 2. 가장자리, 변두리, 경계 지역 (rub, ivica) 3. (사람들이 잘 다니지 않는, 개발이 덜된) 변두리 (kraj) 4. (비유적) 은폐된 곳, 잠복, 매복 (busija, zaseda) 5. 한직(閑職); 외곽; *ja ću tu borbu gledati iz ~jka* 나는 그 전투를 은폐된 곳에서 바라볼 것이다

prikrasti se *prikradem se*; *prikrao, -ala*; *prikraden, -ena* (完) **prikradati se** *-am se* 몰래 다가가다, 눈치채지 못하게 접근하다; 천천히 알아차리지 못하게 오다; *~ nečemu* ~에 몰래 다가가다; *nismo opazili da se prikrao u kuću* 우리는 집에 몰래 접근하는 것에 그리 주의를 기울이지 않았다

prikriti *prikrijem*; *prikriven, -ena*; *prikrit*; *prikrij* (完) **prikrivati** *-am* (不完) 1. (감추기 위해, 숨기기 위해) 가리다, 덮어 가리다, 은닉하다; *oblak je prikrio sunce* 구름이 태양을 가렸다 2. 숨기다, 감추다; *~ begunca (partizane, zločina)* 도망자 (빨치산, 범죄자)를 숨기다; *~ istinu (činjenice)* 진실(사실)을 감추다

prikucati *-am* (完) 1. 못(쐐기)을 박다 2. (약하게) 몇 번 두드리다 3. *~ se* (비유적) 엉덩이를 붙이고 꼼짝도 않고 일하다; *ima ispit sutra, pa se prikucala uz stlicu i ne ustaje* 그는 내일 시험이 있어 의자에 엉덩이를 붙이고는 일어나지도 않는다

prikučiti *-im* (完) 1. 다가가다(오다), 접근하다 (približiti) 2. (비유적) (완력으로, 강제로) 빼앗다, 강탈하다 3. *~ se* (시간상·공간상으로) 가까워지다; *~ se stanu* 집에 가까워지다 4. *~ se* (비유적) 친밀해지다, 가까운 사이가 되다; *Grčka se prikučila Srbiji* 그리스가 세르비아와 가까워졌다

prikumak *-mka* (民俗) 대부(kum)의 조력자, 대부를 도와주는 사람 (결혼식·세례식 등에서의)

prikupiti *-im* (完) **prikupljati** *-am* (不完) 1. (흩어져 있던 것을) 모으다, 한 데 모으다; *~ novac* 돈을 모으다; *~ podatke* 데이터를 모으다 2. (느슨한 것을) 죄다, 조이다

P

(pritegnuti, zategnuti) 3. (한 곳을) 응시하다, 바라보다 4. (사람들을) 모으다, 불러 모으다, 집합시키다; (한 장소로) 모으다; ~ svatove 하객들을 불러 모으다 5. (권력을) 집중시키다; *sva je vlast bila prikupljena kod jednoga čoveka* 모든 권력이 한 사람에게 집중되었다 6. (육체적, 정신적 힘을) 모으다, 집중시키다; ~ *snagu* 힘을 모으다 7. ~ *se* (사방에서 한 곳에) 모이다; *ostale trupe … su se uoči tog dana bile prikupile u selu* 나머지 병력들은 그날 직전에 마을에 모였다 8. ~ *se* ~와 밀착되다, 딱 달라붙어 있다 (priljubiti se); *prikupila se uz muža* 그녀는 남편에게 딱 달라붙어 있었다 9. ~ *se* 정상적인 상태로 돌아오다, 정신을 차리다, 힘과 용기를 내다; *prikupio se malo i odgovorio im na postavljeno pitanje* 조금 정신을 차리고 그들이 제기한 질문에 답하였다

prilagati *–žem* (完) 하나의 거짓말에 또 다른 거짓말을 더하다, 또 다시 거짓말하다

prilagoditi *–im; prilagođen* (完) **prilagođavati** *-am* (不完) 1. 상황 (환경·조건 등에) 적응시키다; ~ *ponašanje prema društvu* 사회에 맞게 행동하다; ~ *umetničko stvaralaštvo duhu vremena* 시대정신에 맞게 예술 창작을 하다 2. ~ **se** 적응하다; ~ *se situaciji* 상황에 적응하다

prilagodljiv *-a, -o* (形) 쉽게 적응할 수 있는

prilagođavanje (동사파생 명사) prilagoditi; 적응; *sposobnosti ~a* 적응력

prilagođavati *-am* (不完) 참조 prilagoditi

prilaz 1. 접근, 진입, 다가감(옴); 접근법, 처리 방법; ~ *problemu* 문제로의 접근 방법; *zabranjen ~!* 접근 금지 2. 접근로, 진입로; ~ *stadionu* 운동장으로의 진입로; ~ *selu* 마을 진입로 **prilazni** (形); ~ *mostovi (putevi)* 진입 교량(도로)

prilazak *-ska* 참조 prilaz

prilaziti *-im* (不完) 참조 prići

prilaženje (동사파생 명사) prilaziti

prileći, prilegnuti *prilegnem; prilegnuo, -ula & prilegao, -gla; prilegnut; prilezi* (完) **prilegati** *-žem* (不完) 1. (잠깐) 눕다 (휴식을 위해, 질병 등으로 인하여); (조금) 자다; *čaršija je bila prazna, a gazde im prilegle, kao obično, posle ručka* 시내는 한산했으며, 주인은 평상시처럼 점심 식사후 잠을 자기 위해 누웠다 2. 엎드리다 (숨기 위해) 3. ~ 쪽으로(방향으로) 구부리다, 숙이다; 눕다, 누워 있다; *pas je prilegao sasvim uz travu* 개는 완전히 풀밭에 엎드려 있었다; *gornji deo trebad sasvim da prilegne na donji* 윗부분은 아랫 부분과 완전히 딱 맞다

prilepak *-pka* 1. ~에 딱 붙어 있는 것; 부속물, 부가물, 첨부물, 종속물; 부속지, 종속지, 부가지 2. (動) (바위에 단단히 들러붙는) 삿갓조개류 3. (植) 끈끈이대나물 (uročica); 동자꽃의 일종(너도개미자리과(科)에 속하는 다년초) 4. 기타; *jezici s prilepcima* (言) 교착어 (한국어·터키어 등의)

prilepčiv *-a, -o* (形) (병이) 전염성의, 전염되는 (zarazan, prelazan)

prilepiti *-im* (完) **prilepljivati** *-ljujem* (不完) 1. (풀 등으로) 붙이다; ~ *marku na pismo* 편지에 우표를 붙이다 2. 꽉 눌러 ~에 달라붙게 하다 (붙여 놓다); *vetar mu prilepi klepaste uši* 바람 때문에 그의 축 늘어진 귀는 찰싹 달라붙었다; ~ *kome ćušku (šamar, zaušnicu)* 따귀를 때리다 3. (비유적) 특성 (별명 등)을 주다 (붙이다) 4. ~ **se** 붙다, 달라 붙다; 딱 달라 붙다; ~ *se nekome* ~와 떨어지지 않다 5. 기타; *jezik mu (joj) se prilepio za zube* 말이 입에서 떨어지지 않다, 입을 꾹 닫다; ~ *kome poljubac* 누구에게 열정적으로 키스하다; ~ *se uz koga kao čičak (krlja, krpelj, za stopalo, uz pete)* ~와 멜래야 뗄 수 없이 딱 달라붙어 있다; ~ *se uz svaku suknju* 치마를 두른 여자는 모두 좋아하다, 여자를 너무 밝힌다; *prilepio mu se trbuh sa leđa (želudac o trbuh)* 그는 피골이 상접해 있다, 그는 비쩍 말랐다

prileteti *-im* (完) **priletati** *-ćem* (不完) 1. ~쪽으로 날다, 날아가다; *ptica je priletela gnezdu* 새는 둥지로 날아갔다 2. (비유적) ~ *kome* ~에게 뛰어가다, 달려가다; ~ *u pomoći* 도와주러 달려가다

priležan *-žna, -žno* (形) 근면한, 성실한 (marljiv)

priležnica 참조 priležnik; 1. 동거녀 (suložnica); *primora ga … neka se zakonito venča sa svojom ~om* 합법적으로 자신의 동거녀와 결혼하도록 그를 강제하고 있다 2. 창녀, 난잡한 여자 (bludnica, prostitutka)

priležnik 동거남 (suložnik)

priležništvo 동거, 혼외 동거 (suložništvo)

priličan *-čna, -čno* (形) 1. 온당한, 적합한, 적당한 (prikladan, podesan, zgodan); ~ *talent* 적합한 재주; *kakav je film? ~čno* 어떠한 영화였지? 대체로 만족스런 (영화였으)

P

2. 상당한 (아름다운, 상당히 좋은, 상당히 큰), 만족스런 (특성·수량·힘·세력 등이); ~čno imanje 상당한 재산

priličiti (se) -im (se) (不完) 1. 적합하다, 알맞다 (용인된 관습, 직위·상태·나이 등에); ~ nekome ~에게 적합하다(알맞다) 2. (무인칭 문으로, se와 함께 혹은 se가 없이) ~할 필요가 있다; 용인되다, 허용되다; to se ne priliči 그것은 필요가 없다; studentima (se) ne priliči takvo ponašanje 학생들에게 그러한 행동은 허용되지 않는다

prilično (副) 1. 참조 priličan 2. 충분히, 패, 상당히; ~ dobar 패 좋은; on je ~ zakasnio 그는 상당히 늦었다; kiša ~ pada 비는 상당히 많이 내린다; ~ je hladno 상당히 추운

prilika 1. 기회, 때, 좋은 기회, 적기(適期) (prigoda, zgoda); 경우 zgodna (dobra) ~ 좋은 기회; ako se bude pružila ~ 만약 기회가 주어진다면; iskoristiti (ugrabiti, propustiti) ~u 기회를 이용하다 (잡다, 잃다); tom ~om 그 경우에; prvom ~om 첫 기회에; za svaku ~u 모든 경우를 위해 2. 동인(動因), 계기 (어떤 일의 출발점 혹은 어떠한 행동의 원인으로 작용하는 것) (povod) 3. (複數로) (일, 사건 등을 둘러싼) 환경, 상황, 정황, 조건 (uslovi, okolnosti); životne ~ 삶의 환경; ratne ~e 전시 상황; pod istim ~ama 동일한 조건하에서; prema ~ama 조건에 따라 4. (무언가 나타나는, 눈 앞에 나타나는) 현상, 조짐, 전조 (predznak) 5. (사람의) 형상, 모습; 사람 (lik, osoba); u mraku je video neke ~e 어둠속에서 그는 몇 몇 사람의 모습을 보았다 6. 그림 (slika) 7. 유령, 헛깨비 8. 기타; drugom ~om 다음 번에; lep kao ~ 아주 예쁜, 그림과 같이 예쁜; na ~u ~ 모양의, ~와 비슷한; na svoju sliku i priliku 자신과 비슷한; on je slika i ~ svog oca 그는 자기 아버지와 판박이다 po ~ci 대략, 대충; po svoj ~ci 아마도 ~인 것 같다(~처럼 보이다), 모든 것을 종합해 판단컨대; našla slika ~u 유유상종

prilikom (prilika의 造格으로 전치사처럼 사용됨, +G); ~에 즈음하여, ~할 때에 (시간·지속·완료 등을 나타냄); ~ njegove posete 그의 방문에 즈음하여; ~ debate 토론에 즈음하여; ~ velikih praznika 대명절에 즈음하여

prilikovati -kujem (不完) 1. ~와 비슷하다, 유사하다 2. 적당하다, 적합하다, 어울리다 (dolikovati, pristojati se, priličiti)

priliti prilijem; prilio, -ila; priliven, (-ena;

prilij (完) **prilivati** -am (不完) 더 따르다, 더 붓다 (dosuti, doliti)

priliv 1. (물 등 액체의) (대규모로) 밀려옴(듬); ~ krvi 혈액의 유입 2. 밀물, 만조 (plima) 3. (비유적) (많은 사람·자금·물건 등이) 밀어닥침, 밀려듬, 유입; ~ sredstava na račun 예금으로의 자금의 유입; devizni ~ 외화 유입

prilivati -am (不完) 참조 priliti

prilog 1. (보통 인도적 목적의) 기부금, 기금, 성금, 헌금 (doprinos); dati ~ za nešto (u koristi nečega) ~을 위해 기부금을 내다; ~ nečemu ~에 대한 기부 2. (신문·잡지 등의) 증보판, 부록, 보충판 3. (편지에) 동봉된 것, (서류 등의) 첨부, 첨부물 4. 유리, 이익; u ~ nečemu (nečega) ~의 이익이 되도록 (~을 위해); govoriti u ~ nečemu (nečega) ~을 위해 발언하다; ići u ~ nečemu ~에 이익이 되다; to ide tebi u ~ 그것은 네게 유리하게 작용할 것이다 5. (文法) 부사 (副詞); ~ za vreme (mesto, način, količinu) 시간 (장소, 방법, 수량) 부사; sadašnji ~ 동부사 현재; **priloški** (形) 6. (料理) (샐러드와 같이, 주 요리에 곁들이는) 곁들임 요리; 반찬

priložak -ška 첨부, 첨부물; 증보판, 부록 (prilog)

priložiti -im (完) **prilagati** -žem (不完) 1. ~에 놓다, 두다; ona je htela ~ badnjake na ognjište 그녀는 (크리스마스 이브 장식에 사용된) 마른 참나무 가지를 화롯불터에 놓으려고 했다 2. 기부하다, 기부금을 내다, 성금을 내다; ~ crkvama 교회에 헌금을 내다; ~ novac za poklon 선물로 돈을 기부하다 3. 동봉하다, 첨부하다; ~ pismu fotografije 편지에 사진을 동봉하다; ~ dokumenta uz molbu 청원서에 서류를 첨부하다; uz knjigu je priložena bibliografija 참고목록이 책에 첨부되었다

priložnik 기부자, 헌금자 (prilagač)

pri(ježan -žna, -žno (形) 근면한, 성실한 (marljiv)

priljuban -bna, -bno (形) 1. 헌신적인, 충실한 (odan, privržen) 2. 착 달라붙은, 붙어 있는, 밀착된

priljubiti -im; priljubljen (完) **priljubljivati** -ljujem (不完) 1. 완전히 밀착시키다, 딱 달라붙게 하다; priljubio je lice uz zemlju 얼굴을 땅에 완전히 밀착시키다; ovaj deo treba da bude potpuno priljubljen uz osnovu 이 부분은 토대와 완전히 접착되어 있어야 한다 2. (비유적) ~에게 친근함을 느끼다; 좋아하다, 사랑하다 (zavoleti); priljube ga sva

P

961

vlastela 모든 영주들이 그를 좋아했다 3.
묶다, 묶어 놓다, 묶어 매다 (privezati); *ona
me nije mogla ~ uz sebe* 그녀는 나를 그녀
자신과 묶어 놓을 수가 없었다 4. **~ se** 딱
달라붙다, 밀착되다 (prisloniti se, pribiti se)
~ *se uz stenu* 암석에 찰싹 달라붙어 있다;
mokra košulja mu se priljubila uz telo 젖은
셔츠가 몸에 찰싹 달라붙어 있었다 5. **~ se**
열심이다, 헌신적이다 *(za (uz) koga, što)*; ~
se za učenje 공부에 열중하다; **~** *se uz
učiteljicu* 여선생에게 매우 헌신적이었다

prima 1. (樂器) 제 1바이올린 2. (한정사적 용
법으로, 不變化) 완벽한, 최고의, 가장 좋은
(savršen, najbolji); ~ *roba* 특등품

primabalerina 프리마 발레리나(발레단의 여자
주역 무용수)

primaći, primaknuti *primaknem*; *primakao, -
kla & primaknuo, -ula*; *primaknut*;
primakni(完) **primicati** *-čem* (不完) 1. 보다
가깝게 옮겨놓다; *primakni fotelju bliže
kaminu* 소파를 벽난로에 보다 가까이 옮겨
놓아라! 2. **~** 가까이 놓다, 누구 바로 앞에
놓다 3. **~ se** (시간상·공간상으로) 가까워지
다, 점점 더 가까이 오다; *noć se primiče* 밤
이 가까워 온다; ~ *se zidu* 벽에 가까워지다;
trupe su se primakle gradu 병력이 도시에
점점 더 가까이 왔다

primadona 프리마 돈나(오페라·오페라단의 주
역 여성 가수)

primak (植) 갈퀴덩굴속(屬)의 풀; *žuti* ~ (植)
개솔나물(꼭두서니과(科) 갈퀴덩굴속(屬)

primaknuti *-em* (完) 참조 primaći

primalac *-aoca* 수령인, 수취인, (어떤 것을)
받는 사람; **~** *penzije* 연금 수령인
primateljka

primalja 산파, 조산사 (babica)

primamiti *-im* (完) **primamljivati** *-ljujem* (不完)
유혹하다, 매혹하다, 유인하다, 꾀다;
ljubazan poziv primamio ga je da dođe 사
근사근한 목소리로 그가 오도록 유인했다

primamljiv *-a, -o* (形) 매혹적인, 유혹적인, 매
력적인, 마음을 끄는

primamljivač 유혹하는 사람, 매혹하는 사람

primamljivati *-ljujem* (不完) 참조 primamiti

primanje 1. (동사파생 명사) primati; *stanica
za* ~ 수신기 (라디오 등의) 2. 응접, 접대,
영접 (doček, prijem); *soba za* ~ 응접실; ~
gostiju bilo je srdačno 손님 응대는 따뜻했
었다 3. 리셉션, 환영 연회, 축하 연회
(prijem); *bio je pozvan na* ~ *kod
ambasadora* 대사관저의 리셉션에 초대되었

다 4. (보통 複數로) 수입, 소득; *mesečna
~a*

primar (物) 제 1차 코일

primaran *-rna, -rno* (形) 1. 최초의, 초기의
(prvobitan, prvotan); ~*rne ćelije* 초기 세포
2. 주요한, 가장 중요한 (glavni, najvažniji)

primarij *-ija* **primarijus** 수석 의사, 과장 의사

primaš 제 1바이올린 연주자 (집시 악단의)

primat (랭킹·중요도에 있어서의) 제 1의 위치,
1인자의 자리; ~ *u struci* 전공 분야에서의
제 1인자 위치

primateljka 참조 primalac; (여자) 수령인, 수
취인

primati (se) *-am (se)* (不完) 참조 primiti (se)

primati (男,複) 영장류 (고릴라·침팬지 등의)

primećivati *-ćujem* (不完) 참조 primetiti

primedba 1. 주석, 주해 (napomena, opaska);
~*e na tekst* 텍스트에 대한 주해 2. 질책,
비난, 책망; 이의, 이의 제기 (prigovor,
zamerka, prekor); *šef mu je napravio ~u*
상관이 그를 책망했다 3. (무엇을 하거나 사
용하는 데 필요한 자세한) 설명 (uputsvto,
uputa)

primena 적용, 응용; 사용 (sprovođenje,
ostvarivanje; upotreba); ~ *leka* 약의 사용;
korisna (praktična) ~ 유용한(실제적인) 적
용; *u ~i* 실제에 있어; ~ *veštačkog đubriva*
인공 비료의 사용

primeniti *-im* (完) **primenjivati** *-njujem* (不完)
적용하다, 응용하다; 사용하다; ~ *zakon na
nešto* ~에 법률을 적용하다; ~ *u praksi* 실
제에 적용하다; ~ *nove metode na nešto* ~
에 새로운 방법을 적용하다; ~ *teoriju u
praksi* 이론을 실제에 적용하다; *primenjena
umetnost* 응용 미술(예술)

primenljiv *-a, -o* (形) 적용할 수 있는, 응용할
수 있는; 사용할 수 있는

primer (설명·증명을 위한) 예, 사례, 보기; (대
표적인) 본보기, 전형; *na* ~ 예를 들자면;
dati ~ 예를 제시하다; *uzeti nekoga za* ~
(kao ~) 누구를 예로서 들다; *poslužiti kao*
~ 예로서 기능하다; *navesti* ~ 예를 들다

primerak *-rka* 1. 책(冊), 권(卷), 부(部);
knjiga je štampana u 10,000 ~a 책은 만 부
가 인쇄되었다 2. 견본, 샘플 (primer)

primeran *-rna, -rno* (形) 본보기의, 모범적인
(uzoran); ~*rno ponašanje* 모범적인 행동; ~
đak 모범적인 학생

primesa 혼합(물), 섞인 것; (혼합물의) 성분

primešati *-am* (完) **primešavati** *-am* (不完) 섞
다, 혼합하다; 섞어 더하다; ~ *u supu malo*

P

kajmaka 약간의 생크림을 수프에 섞다; ~ *istini hiljadu laži* 사실에 수 많은 거짓말을 덧붙이다

primetača (民俗) 여성의 조끼 (여름에는 블라우스 위에, 겨울에는 원피스 밑에 입는)

primetan *-tna, -tno* (形) 쉽게 눈에 띄는, 쉽게 눈에 들어오는 (uočljiv, upadljiv)

primetiti *-im; primećen* (完) **primećivati** *-ćujem* (不完) 1. ~을 알아차리다, 인지하다, ~이라는 것을 깨닫다 (opaziti, spaziti) 2. 말하다, 언급하다 (reći, kazati, spomenuti); *ona je molećivo primetila da bi trebalo da razgovaramo* 그녀는 우리가 대화할 필요성이 있다고 사정하듯 말했다 3. ~ *nekome* 질책하다, 비판하다, 이의를 제기하다 (prigovoriti, zameriti); *on joj je primetio što stalno zakašnjava* 그는 그녀에게 그녀가 항상 늦는다고 질책했다 4. 주석을 달다; (~에 대한) 의견을 말하다(napomenuti, obratiti pažnju); ~ *na predlog* 제안에 주석을 달다 5. 기타; *biti primećen* (다른 사람의) 주목을 끌다, 성공하다; *njegove prve pripovetke bile su primećene* 그의 초기 단편소설들은 주목을 끌었다

primetljiv *-a, -o* (形) 참조 primetan; 쉽게 눈에 띄는

primicati *-čem* (不完) 참조 primaći

primirisati *-šem* (完) 1. (조금) 냄새가 나다, 냄새를 풍기다; 냄새를 맡다; *i ja sam primirisala u cveće od papira* 나도 종이로 만든 꽃의 냄새를 맡았다 2. 기타; *on nije ni primirisao hemiju* 그가 화학에 전혀 소질에 없었다; *nećeš ti to ni ~* 너는 전혀 그것을 알 수도 없을 것이다

primiris (약한) 냄새

primiriti *-im* (完) 1. (koga) (사람·기분 등을) 진정시키다, 가라앉히다, 차분하게 하다, 달래다; *primirili smo ih* 우리는 그들을 진정시켰다; ~ *bolove* 통증을 가라앉히다 2. ~ **se** 가라앉다, 차분해지다, 침착해지다

primirje 휴전(협정), 정전(협정); *sporazum o ~u* 휴전협정, 정전협정

primisao *-mišlju; -isli* (女) 1. 숨겨진 생각(의도) (보통 나쁜 의미의) (skrivena misao, tajna namera); *bez ikakve skrivene primisli bio sam izgovorio jednu završenu rečenicu svog najintimnijeg monologa* 아무런 숨겨진 생각없이 나 자신의 가장 사적인 독백의 마지막 한 문장을 말했다 2. 예술 사상, 학문적 사상 3. 충고 (savet) 4. 바람 (želja) 5. 사상, 사고(思考) (misao)

primitak *-tka; -ici* 1. (발송된 것, 주어진 것 등의) 수령, 수취, 받음 (prijem, primanje); *odbila je da potpiše ugovor o ~tku novca* 그녀는 돈을 수령했다는 문서에 서명하는 것을 거절했다 2. 수입, 소득 (prihod, dohodak)

primiti *-im; primljen* (完) **primati** *-am* (不完) 1. (보낸 것, 제공된 것 등을) 받다, 수령하다, 수취하다; 받아들이다; 수용하다; (학교, 단체 등에 회원으로) 등록하다, 가입하다; ~ *pismo* 편지를 받다; ~ *ponudu* 제안을 받다; ~ *mito* 뇌물을 받다; ~ *(na sebe) odgovornost* 자신이 책임을 지다; ~ *nekoga u kuću* 집에 사람을 들이다; ~ *nekoga na univerzitet (u školu)* 대학(학교)에서 신입생을 받아들이다; *hladno (toplo)* ~ 차갑게 (따뜻하게) 영접하다; ~ *gosta* 손님을 받다(영접하다, 대접하다); ~ *predlog (menicu, robu, molbu, hrišćanstvo)* 제안 (어음, 물건, 부탁, 기독교)를 받아들이다; *nigde ga ne primaju* 아무곳도 그를 받아주지 않는다; *ona je talenat za slikarstvo primila od majke* 그림에 대한 소질을 어머니에게서 물려받았다; ~ *platu* 월급을 받다 2. 수용하다; *ovaj stadion prima 30,000 gledalaca* 이 경기장은 3만 명을 수용한다; *taj brod može da primi 80 tona tereta* 그 선박은 80톤의 화물을 실을 수 있다; ~ *savet* 충고를 받아들이다 3. (不完만) (새로운 것을 어떤 방식으로) 받아들이다, 이해하다, 깨닫다; *dete lakše prima nego čovek* 아이들은 어른보다 쉽게 받아들인다 4. (법률 등을) 채택하다, 받아들이다; ~ *zakon (veru, navike)* 법률 (종교, 습관)을 채택하다 5. 흡수하다, 빨아들이다; *nije mu dopuštala da puši u sobi da predmeti ne prime miris duvana* 물건들에 담배 냄새가 스며들지 않도록 그가 방에서 담배를 피는 것을 허용하지 않았다 6. (엔진이) 시동걸리다 7. 기타; *bog neće da me primi* 내가 죽을 수가 없다; *bog ga primio* 죽었다; *bitku (borbu)* ~ ~의 공격에 전쟁으로 대응하다, 응전하다; ~ *boga* 누구의 안부인사에 응답하다; ~ *dužnost* 책무를 수행하다; *primila ga zemlja* 안장되었다; ~ *dete* (산파가) 아이를 받다; ~ *veru* 종교를 받아들이다; ~ *jabuku* (처녀가) 청혼을 받아들이다; ~ *k sebi (žena muškaraca)* 굴복하다, 항복하다, 무릎을 꿇다; ~ *k srcu* 가슴으로 받아들이다; ~ *za šalu (uvredu)* 농담(모욕)으로 받아들이다; *primi to k znanju (na znanje)* 그것을 외

P

어라; ~ *na noć (na konak)* 잠자리를 제공하
다; ~ *prsten* 약혼하다; ~ *raport (izveštaj)*
리포트(발표)를 듣다; *naš lekar prima od 3
do 5* 의사는 3시에서 5시까지 환자를 받는
다

primitivac -*vca* 1. 원시인 2. 교양없는 사람,
배우지 못한 사람, 거칠고 제멋대로인 사람
3. (美術) 나이브화 화가

primitivan -*vna*, -*vno* (形) 1. 원시의, 원시적
인, 원시 사회의; ~*vna plemena* 원시 부족
2. 못배운, 배우지 못한, 교양이 없는; ~
komšija 못배운 이웃 3. 거칠게 만들어진,
질낮은 재료로 만들어진; *kupatilo im je
~vno* 그들 집의 욕실은 대충 만들어졌다 4.
기타; ~*vna umetnost* 원시 부족민들의 예술

primjerice (副) 예를 들어, 예를 들자면

primog (植) 아칸서스(지중해 연안 지방에 자
생하는, 가시가 있는 다년초 식물)

primopredaja 인수인계

primopredajnik 송수신 겸용 라디오

primorac -*rca* 1. 해안가 주민 2. (大文字로)
구유고슬라비아 해안가(몬테네그로·크로아티
아·슬로베니아) 주민 **primorka**; **primorkinja**

primorati -*am* (完) **primoravati** -*am* (不完) 강
제하다, 강요하다 (prisiliti, prinuditi); ~
nekoga na nešto ~에게 ~을 강제하다

primorje 1. 해안가, 해변가 **primorski** (形) 2.
(大文字로) 구유고슬라비아 지역 해안가

primorkinja 참조 primorac

primorskī -*ā*, -*ō* (形) 참조 primorje; 해안가
의, 해변가의

primus 휴대용 석유 화로

prinadležati -*im* (不完) ~에 속하다, ~의 것이
다 (pripadati, potpadati); *dete prinadleži
društvu, a ne svojim roditeljima* 아이들은
자신들의 부모가 아닌, 사회에 속하는 것이
다

prinadležnost (女) 1. 부속물, 속하는 것; *kuća
sa svim ~ima* 모든 부속물을 포함한 가옥 2.
수입, 소득, 월급 (primanje, plata)

princ (呼) *prinče*; *prinčevi* 왕자, 대공(大公);
~ *iz bajke, začarani* ~ 동화속의 왕자, 백마
탄 왕자 **prinčev**, **prinčevski** (形)

princeza 공주, 왕자비 **princezin** (形)

princip (歷) (廢語) 통치자, 지배자 (poglavar,
vladar, gospodar)

princip 1. 원리, 원칙, 법칙; ~*i Vukovog
književnog jezika* 부크의 문어 원칙 2. (도
덕·정치상의) 방침, 신조 (pravilo, geslo,
deviza); *njihov ~ je bio ne ostavljati
renjegog druga* 그들의 신조는 부상당한 친

구를 방치하지 않는 것이었다 3. 기타; *iz ~a*
자신의 신념(원칙)에 따라; *po ~u, na ~u* 원
칙상; *u ~u* 원칙적으로, 원론적으로; *čovek
od ~a* 원칙주의자, 원칙론자

principijelan -*lna*, -*lno* (形) 원칙적인, 원론적
인; ~ *sporazum* 원칙적 합의; ~*lno* 원칙적
으로, 원론적으로

principijelnost (女) (원칙의) 일관성

prinčev -*a*, -*o* (形) 참조 princ; 왕자의

prineti *prinesem*; *prineo*, -*ela*; *prinet* &
prinesen (完) **prinositi** -*im* (不完) 1. 가까이
가져오다(가다); *prinesi stolicu stolu* 의자를
책상에 보다 가까이 가져와라; ~ *mikrofon k
sebi* 마이크를 자기자신에게 가까이 하다 2.
가져다 주다, 가져다 건네주다 (uručiti); ~
čašu ocu 잔을 아버지에게 가져다 주다 3.
공헌하다, 이바지하다, 일조(一助)하다, 도와
주다 (doprineti, potpomoći) 4. 기타; ~ (*k
obrazu*) *pušku* (총을) 겨누다; ~ (*na*) *žrtvu*
희생시키다; *nije ni ~* ~와 비교할 수 조차
없다

prinos 1. (재산으로부터 나오는) 수입, 소득;
(곡물의) 수확 (prihod); *zakon o
opadajućim ~ima* 수확 체감의 법칙 2. 참조
doprinos; 공헌, 기여; 기부금 3. (신부의)
지참금 (miraz)

prinosilac -*ioca* 가져오는 사람, 가까이 가져
오는 사람; ~ *žrtve* 희생자, 희생당하는 사람

prinositi -*im* (不完) 참조 prineti

prinosnica (宗) (신께 바치는) 공물, 제물

prinova 1. 신생아 2. (직장 등의) 신입자, 신참
3. (말(言)의) 신생 어휘 4. (이전에 없던) 새
로운 것 (novina)

prinoviti -*im* (完) 1. (집에) 새 가구를 들여놓
다 2. (집에) 새로운 사람을 데려오다

prinuda 강제, 강요 (prisiljavanje,
primoravanje); *pod ~om* 강요하에, 강제로

prinudan -*dna*, -*dno* (形) 강제의, 강제적인; ~
rad 강제 노역; ~*dno sletanje* 강제 착륙; ~
otkaz 강제 사직; ~*dno poravnanje* 강제 조
정; ~*dna uprava* 법정관리; *uvesti ~dnu
upravu u preduzeću, staviti preduzeće pod
~dnom upravu* 기업에 법정관리를 시행하다

prinuditi -*im* (完) **prinuđavati** -*am*, **prinuđivati**
-*đujem* (不完) 강제하다, 강요하다; ~
nekoga na nešto 누구에게 ~을 강제하다; ~
sebe 자기자신을 강제하다; *bio sam
prinuđen da tako postupim* 그렇게 행동하
도록 강요를 받았다; *to ju je prinudilo da
stekne i neko poznavanje engleskoga
jezika* 그것은 그녀가 영어에 대한 지식을

P

갖어야만 하도록 했다

priobalnī *-ā, -ō* (形) 해안의, 연해의, 강안의; 연안의; *~e vode* 연안의 물

prionuti *-nem* (完) **prianjati** *-am* (不完) 1. ~에 딱(철썩) 달라붙다 (prilepiti se, priljubiti se, pripiti se) *~ za (uz) nešto* ~에 딱 달라붙다 2. ~에만 신경쓰다, 전념하다, 열과 성을 다 하다; *~ na posao* 일에만 신경쓰다; *~ za srce nekome* 사랑하다, ~의 마음을 얻다; *~ očima za (uz) što* 눈도 깜박거리지 않고 뚫어지게 응시하다 3. 시작하다 (početi, stati) 4. 대답하다, 응답하다 (odgovoriti, uzvratiti)

priopćiti *-im*, **priopštiti** *-im* (完) 참조 saopštiti; 발표하다

prioritet 우선, 우선권; 우선 사항 (prednost); *imati ~ nad nečim* ~에 비해 우선권이 있다; *dati ~ nečemu* ~에 우선권을 주다

pripadati *-am* (不完) 참조 pripasti

pripadnik 구성원, 일원, 멤버(특정 집단에 속하는 사람); 회원, 당원; *~ manjine* 소수민족 주민 **pripadnica**

pripadnost (女) 소속, 속함; *verska ~* 종교적 소속

pripaliti *-im* (完) **pripaljivati** *-ljujem* (不完) 불을 붙이다, 점화하다, (불을) 지피다, 때다; *nekome cigaretu* ~의 담배에 불을 붙이다; *on voli da pripali (cigaretu) posle ručka* 그는 점심 식사후 담배 피우는 것을 좋아한다; *~ sveću* 촛불에 불을 붙이다

pripasati *-šem* (完) **pripasivati** *-sujem* (不完) 허리에 차다, 허리에 두르다; (허리에) 벨트를 하다, 벨트를 차다 (opasati); *~ mač (kecelju)* 검(劍)을 허리에 차다 (앞치마를 입다(허리에 두르다))

pripasti *pripadnem*; *pripao, -ala & pripadnuo, -ula*; *pripadnut*; *pripašću* (完) **pripadati** *-am* (不完) 1. 쓰러지다, 넘어지다; *~ na kolena* 무릎을 꿇다 2. (不完만) ~에 속하다, ~의 소유이다, ~의 것이다; *njemu pripada celo to ogromno imanje* 그 엄청난 재산은 그의 소유이다; *kome pripada ova knjiga?* 이 책은 누구의 것이냐?; *on ne pripada našoj grupi* 그는 우리 그룹에 속하지 않는다; *oni pripadaju našoj porodici* 그들은 우리 가족의 일원이다 3. (不完만) ~할 만하다, ~을 받을 만하다, ~을 누릴 자격이 있다; *njemu ne pripada tolika plata* 그는 그만한 월급을 받을 만한 자격이 없다(자질이 못된다); *njemu pripada hvala* 그는 감사를 받을 만 하다 4. ~라는 느낌이 들다; *meni uvek pripada muka kad vidim krv* 피를 보면 항

상 구역질이 난다 5. ~에게 가다, 떨어지다; *prvo mesto je pripalo Milanu* 일등은 밀란이 했다

pripaša 1. (판매 목적이 아닌) 집에서 소비하기 위해 기르는 가축(가금류) 2. 참조 paša; 방목, 목초지

pripaziti *-im* (完) 1. (일반적으로) 알아차리다, 인지하다, 감지하다 (opaziti, spaziti) 2. 지키다, 보호하다, 감시하다 (pričuvati); *~ kofer (dete)* 가방 (어린이)을 지키다 3. (na koga, na što) (잠시 동안) ~에 주의하다, ~에 신경을 쓰다, 주목하다; *~ na sebe* 자기 자신을 돌보다 4. *~ se* 조심하다, ~에 대해 주의하다; *~ se od nekoga* 누구를 조심하다

pripeći *pripečem, pripeku & pripeknem*; *pripekao, -kla*; *pripečen, -ena*; *pripeci* (完) 1. 데우다, 데피다, 따뜻하게 하다 (ugrejati, zagrejati); *sedne ledima okrenut vatri da ih pripeče* 등을 따뜻하게 하려고 불을 등지고 앉는다 2. 굽다 (ispeći); *tako, sad samo da se pripeče prase* 지금 애저(愛豬)만 굽고 있다 3. (태양이) 이글거리기 시작하다, 작열하다; *pripeklo je sunce!* 태양이 이글거리기 시작했다

pripeka 무더위, (태양의) 작열, 이글거림; *kuda ćeš sad po ovoj ~ci* 이렇게 더운데 어딜 가려고 하느냐?

pripev 1. 후렴, 반복구 (시나 노래의 각 절 끝의) (refren) 2. 항시적으로 반복하는 것

pripevati *-am* (不完) 1. 참조 pripevati (完) 2. ~의 노래를 들으면서 조금 따라 부르다; *on je svirao i pevao, a pripevao mu je, visoko, Milan* 그는 연주하면서 노래를 불렀는데, 밀란은 그의 노래에 맞춰 높은 음으로 노래를 조금 따라 불렀다

pripevati *-am* (完) 노래하다, 노래하기 시작하다

pripevka 노래, 짤막한 노래

pripijati se *-am se* (不完) 참조 pripiti se;

pripisati *-šem* (完) **pripisivati** *-sujem* (不完) 1. 덧붙여 적다(기록하다) (dopisati) 2. (원인 등을) ~의 탓으로 돌리다; (죄·불명예 등을) ~에게 돌리다, 씌우다, 전가하다, ~의 탓으로 하다; *~ krivicu nekome* 잘못을 누구의 탓으로 돌리다 3. (누가 어떠한 성질·특성을 가진 것으로) 묘사하다, 간주하다 4. (서면으로) ~에게 유산을 남기다 (zaveštati)

pripit *-a, -o* (形) 조금 술을 마신, 조금 (술에) 취한 (polupijan, podnapit); *po njegovu licu i govoru očito je videlo da je doista ~* 그 사람의 얼굴과 말로 보았을 때 정말로 술을

P

마셨다는 것을 확실히 알 수 있었다; *u ~om stanju* 조금 취한 상태에서

pripit 질문, 질의 (pitanje, upit)

pripitati *-am* (完) **pripitivati** *-tujem* (不完) **1.** 지나가는 투로 질문하다(상세한 대답을 기대하지 않으면서); *godilo joj je kad su je sinovi ponešto pripitali* 아들들이 그녀에게 뭔가에 대해 물어봤을 때 그녀는 기뻤다 **2.** 묻다, 질문하다 (raspitati); *pripitaj za taj put u selu* 그 길에 대해서는 마을에 가서 물어봐라

pripiti *-pijem* (完) **1.** 조금 술을 마시다 (음식과 함께), (음식과 함께) 반주를 하다 **2.** ~ **se** 조금 술에 취하다

pripiti se *-pijem se* (完) ~에 딱 (찰싹) 달라붙어 있다 (priviti se, priljubiti se, prionuti); *sestre bi se tada pripile jedna uz drugu* 자매는 그 때 서로 딱 달라붙었을 것이다

pripitivati *-tujem* (不完) 참조 pripitati

pripitkivati *-kujem* (不完) (지소체) pripitivati

pripitomiti *-im*; *pripitomljen* (完) **pripitomljavati** *-am*, **pripitomljivati** *-ljujem* (不完) **1.** (동물을) 길들이다 (opitomiti, ukrotiti); ~ *životinju* 동물을 길들이다 **2.** 자신의 편으로 끌어당기다 (pridobiti koga); *domišljao se kako da pripitomi nepoverljiva komšiju* 믿을 수 없는 이웃을 어떻게 하면 자기 편으로 끌어들일 수 있을지 골똘히 생각했다 **3.** ~ **se** 길들다, 길들여지다 **4.** ~ **se** 온순해지다, 유순해지다; *ona je bila divlja kao devojčica, ali se sada malo pripitomila* 그녀는 소녀처럼 말괄량이였으나, 지금은 조금 온순해졌다

priplod, priplodak *-tka* **1.** 개체의 증가 (번식으로 인한); *stoka za klanje i priplod* 도살용 소와 번식용 소 **2.** 소득, 수입; 이자, 이자소득 (dobiti, kamata) **3.** 수확(량), 추수(량) (rod, letina)

priplodan *-dna, -dno* (形) 번식용의; *~dno grlo* 번식용 소; *~dni bik* 번식용 황소; *~dna stanica* 번식지

priploditi se *-im se* (完) (사육으로 인해) 번식하다, 개체수가 증가하다 (prirasti, namnožiti se)

pripojasnice (女,複) 탄약 벨트(탄약 등을 넣을 수 있도록 벨트에 여러개의 주머니 등을 단) (fišeklija)

pripojiti *-jim* (完) **pripojavati** *-am* (不完) **1.** (서로) 묶다, 연결하다, 결합하다 (sastaviti, svezati, spojiti); ~ *dve žice* 두 개의 철사줄을 연결하다 **2.** ~의 구성 성분으로 포함시키

다; 병합하다, 합병하다; 가입하다; *Dangić je predlagao da se istočna Bosna formalno pripoji Srbiji* 단기치는 동부 보스니아를 세르비아에 공식적으로 합병할 것을 제안했다; *on se pripojio našem društvu* 그는 우리 단체에 가입했다 **3.** 딱 붙이다, 밀착시키다 (priljubiti); ~ *garažu uz kuću* 차고(車庫)를 가옥에 밀착시키다 **4.** ~ **se** 합병되다, 병합되다

pripomagati *-žem* (不完) 참조 pripomoći

pripomenuti *-nem* (完) 말하다, 언급하다 (napomenuti, reći, kazati)

pripomoć (女) 작은 도움 (manja pomoć)

pripomoći *pripomognem* (完) **pripomagati** *-žem* (不完) (조금) 도와주다 (potpomoći)

pripovedač **1.** 구전문학을 들려주는 사람; 이야기꾼 **2.** 단편 소설 작가

pripovedačkī *-ā, -ō* (形) (단편 소설적인) 이야기를 들려주는 사람의, 이야기꾼의; *~e sposobnosti* 이야기꾼적 재능

pripovediti *-im* (完) **pripovedati** *-am* (不完) 이야기하다, 이야기를 들려주다, 서술하다 (ispričati)

pripovednī *-ā, -ō* (形) 단편 소설적 요소를 갖춘

pripovest, pripovijest (女) 참조 pripovetka

pripovetka *-ki & -ci, -vedaka & -i* **1.** 단편 소설; 구전 문학 **2.** (단편 소설, 구전 문학 등을) 이야기 해주는 것

priprata (교회의) 앞뜰, 현관; (교회 정면의) 주랑(柱廊)

priprava **1.** 준비, 대비 (priprema) **2.** (軍) 기동 대기부대 **3.** 전쟁 장비

pripravan *-vna, -vno* (形) (어떤 상황 등에 즉시 대응할) 준비가 된, 대비가 된, 즉시 대응할 수 있는; *biti ~ za nešto* ~에 준비된; *~vno stanje* 준비 상태, 비상 상태; *staviti u ~vno stanje* 비상 상태를 걸다, 경계 태세를 걸다, 경보를 발하다

pripraviti *-im* (完) **pripravljati** *-am* (不完) 준비하다(시키다), 대비시키다; ~ *jelo* 음식을 준비하다

pripravljati *-am* (不完) 참조 pripraviti

pripravnik (업무 분야의) 시보 (試補), 인턴 (praktikant); *advokatski* ~ 변호사 시보 (law clerk); *carinkski* ~ 세관 인턴; **pripravnički** (形) ~ *staž* 수련 기간, 인턴 기간

pripravnost (女) 준비 상태, 비상 상태, 경계 상태; *vojska je u stanju ~i* 군(軍)은 비상 대기 상태이다

priprema (~ 할) 준비, 대비 (priprava); *u ~i* ~의 준비로, 준비 상태의

pripreman *-mna, -mno* (形) 1. 준비된, 대비된 (gotov, spreman, pripravan) 2. (한정형용사) 준비의, 대비의; *~mni komitet* 준비 위원회; *~mna faza* 준비 단계

pripremiti *-im* (完) **pripremati** *-am* (不完) 1. 준비하다(시키다), 대비하다(시키다); *~ zemljište za setvu* 파종을 위해 땅(토지)을 고르다; *~ kola za put* 여정을 떠나기 위해 차를 정비하다; *unapred ~* 미리 준비시키다(대비시키다); *~ jelo* 음식을 준비하다 2. *~ se* 준비가 되다, 대비하다; *~ se za put* 길 떠날 준비가 되다

pripretiti *-im* (完) 위협하다 (zapretiti)

priprost *-a, -o* (形) 1. 단순한, 순진한 (bezazlen, prostodušan) 2. 복잡하지 않은, 단순한 (jednostavan, koji nije složen) 3. 무학(無學)의, 배움이 없는 (neobrazovan, neuk)

priprtiti *-im* (完) 짐을 등에 지다, 짐을 등에 올리다 (uprtiti)

pripucati *-am* (完) 사격하기 시작하다, 총을 쏘기 시작하다

pripust 1. 교미를 위해 암컷을 수컷에 놓아 주는 것 (보통 암말·암소 등을); 방사(房事) 2. (입장의) 승낙, 응낙, 허락

pripustiti *-im* (完) 1. (접근·근접·입장 등을) 승인하다, 승낙하다, 허락하다, 허용하다 2. (~을 통과하여 지나가도록) 허용하다 3. (교미를 위해) 암컷을 숫컷에 데려오다 (보통 암말, 암소 등을), 방사(房事)하다

priračunati *-am* (完) 더하다, 더하여 계산하다, 포함시키다

priraslica (病理) 유착, 유착증(癒着症; 생체 조직이 점점 커져 다른 조직에 붙는 병리 현상) (sraslost)

prirast 성장, 증가 (크기·수량·정도의); *~ stanovništva* 인구의 증가; *~ svinja* 돼지 수의 증가

prirasti *prirastem; prirastao, -sla* (完) **priraščivati** *-ćujem* **prirastati** *-am* (不完) 1. 성장하여 ~와 붙다 (srasti); *uvek su hodali zajedno kao prirasli blizanci* 그들은 마치 샴 쌍둥이처럼 항상 같이 다녔다 2. 성장하다, 증가하다 (uzrasti, odrasti, narasti); *Ninko je već prirastao pa je pomagao u radu* 닌코는 벌써 커서 일을 도왔다; *stanovništvo je priraslo za 20 odsto* 인구는 20% 불어났다 3. 열매를 맺다 (priploditi se, roditi); *moraju davati* ⋯

desetinu od svega što priraste 수확량의 십분의 일을 주어야만 한다 4. *(za što)* ~을 좋아하다, 밀접한 연관을 맺다; *bio je stari učitelj nekako prirastao za selo* 노선생님은 시골을 좋아하게 되었다 5. 기타; *~ (k) srcu (za srce)* 좋아하다; *on mi je prirastao (k) srcu* 나는 그를 좋아하게 되었다

priraštaj 1. (출산으로 인한) 성장, 증가 (보통 인구에 대해); *stopa prirodnog ~a* (인구의) 자연 증가율; *negativan ~* 마이너스 성장 2. (數) 증분(增分)

priredba 공연, 퍼포먼스

prirediti *-im; prireden* (完) **priređivati** *-đujem* (不完) 1. (어떤 일을) 준비하다, 마련하다; 기획하다, 계획하다; *~ banket u nečiju čast* 누구를 위해 연회를 마련하다; *~ izložbu* 전시회를 준비하다; *~ priredbu* 공연을 준비하다; *~ nekome iznenađenje* 누구에게 뜻밖의 행사를 준비하다; *~ auto za put* 길을 나서기 위해 자동차를 손보다 2. (음식을) 준비하다, 요리하다 3. 기타; *~ izdanje* 최종 원고를 넘겨주다

priređivač 기획가, 조직자, 오거나이저, 주최자 **priređivački** (形); *~ odbor* 기획 위원회

priređivati *-đujem* (不完) 참조 prirediti

prirepak *-pka; -pci, -paka* 1. 기생 동물(식물); 기생충 같은 인간, 기생충 2. (輕蔑) 아첨쟁이, 알랑거리는 사람 (laskavac, ulizica, udvorica)

prirez (기본 세금에 덧붙여 부과되는) 부수적 세금

priročnī *-ā, -ō* (形) 참조 prirok; (文法) 술부(述部)의

prirod 수확(량), 추수(량) (letina, rod)

priroda 1. 자연, 자연계; 자연 상태; *poznavanje ~e* 자연 공부; *~ i njeni zakoni* 자연과 그것의 법칙; *živeti u ~i* 자연 상태에서 살다, 시골에서 살다; *uživati u ~i* 자연을 즐기다; *vratiti se ~i* 자연으로 돌아가다; *čedo (dete, sin, kći) ~e* (도시의 문명에 오염되지 않고) 자연속에서 커나가는 아이들 2. 천성, 본성, 본질 (suština, osnovno svojstvo); *čovečja ~* 인간의 본성; *duhovna ~* 영적 본질; *po ~i* 본질적으로, 천성적으로; *druga ~* 제 2의 천성 (습관으로 체득되는) 3. 성격, 기질, 특징, 특질 (karakter, ćud, narav); *stvaralačka ~* 창작가적 기질 4. 기타; *mrtva ~* (美術) 정물화; *predmet hitne ~e* 매우 긴급하고 시급한 사안; *od ~e, po ~i* 태어나면서부터, 존재하면서부터; *davati u ~i* (현금이 아닌) 현물로 주

P

967

다

prirodan *-dna, -dno* (形) 자연의, 자연적인, 자연스러운; *~dno cveće* 생화(生花); *~dna smrt* 자연사(사고사가 아닌); *~dne nauke* 자연 과학; *~dni nagon (dar)* 천성적 본능 (천부적 재능); *~dna stvar* 자연적인 것; *~dna veličina* 실제 사이즈(크기); *~dni rod* (文法) 자연적 성(性)

prirodnjak 자연주의자 prirodnjački (形)

prirodnjaštvo 자연(현상) 탐구

prirodopis 자연 과학, 자연 현상에 대한 학문 prirodopisni (形)

prirodopisac 자연 서적 저자(집필가)

prirodoznanstvo 참조 prirodopis

prirođen *-a, -o* (形) 1. 타고난, 선천적인 (urođen); *~a bolest* 선천성 질환 2. (다른 나라의) 국적을 취득한, 시민권을 취득한; 귀화한; *rodom japanac, on je ~ korejac* 일본인으로 태어난 그는 귀화한 한국인이다

prirođenje 귀화, 국적 취득, 시민권 취득

prirok (文法) 술부(述部) (predikat) priročni (形)

priručan *-čna, -čno* (形) 1. 손쉽게 이용할 수 있는, 적합한, 적당한 (pogodan, prikladan); *~čne oruđe* 손쉽게 이용할 수 있는 도구 2. 정보의, 정보를 제공하는 (informativan); *~čna knjiga* 편람, 안내서; *~čna gramatika* 문법 개론서 3. 손 안에 있는; *~čna biblioteka* 손 안의 도서관

priručje (계단 등의) 난간

priručnik (짧은) 편람, 안내서, 참고 도서; *~ za turiste* 관광 안내서

prisajediniti *-im* (完) prisajednjavati *-am* prisajednjivati *-njujem* (不完) 합치다, 합병하다, 병합하다 (sjediniti, spojiti)

prisan *-sna, -sno* (形) 1. 친한, 친밀한, 가까운, 관계가 밀접한 (친구, 친척의); *~ drug* 친한 친구 2. 개인적인, 은밀한, 사적인 (lični, osobni, intiman); *po svojim prisnim osećajima on je bio među nama stranac* 내 개인적 느낌으로 그는 우리들 사이에서 제 3자였다 3. (명사적 용법으로) 친척 (rođaci, srodnici); *naučio je to od svojih ~snih* 그는 그것을 자신의 친척들로부터 배웠다

priseban *-bna, -bno* (形) 1. 침착한, 차분한; *bio sam uvek ~ i hladnokrvan* 나는 항상 침착했으며 냉철했다 2. 이성적인 (razuman); *jesi li ti ~?!* 너 네 정신이야?!

prisebnost (女) 침착함, 차분함

prisećati se *-am se* (不完) 참조 prisetiti se

priseći, prisegnuti *prisegnem; prisegnuo, -*

ula & *prisegao, -gla* (完) prisezati *-žem* (不完) 맹세(prisega)하다, 서약하다, 선서하다

prisedati *-am* (不完) 참조 prisesti

prisega 참조 zakletva; 맹세, 서약, 선서; *kriva ~* 위증(죄)

prisegnuti *-nem* (完) 참조 priseći

prisen (빛이 약하게 들어오는) 그늘, 응달 (polusena)

prisenak *-enka* 1. 참조 prisen 2. (부분적으로 드리워진) 그늘; *biti u ~enku* 그늘이 드리워지다

prisesti *prisednem; priseo, prisela; prisednut* (完) prisedati *-am* (不完) 1. (잠시, 조금) 앉다, 앉아 있다; *dok se one pentraju po drvetima, ja prisednem na klupu* 그녀들이 나무를 타고 오르는 동안, 나는 잠시 벤치에 앉는다 2. 무릎을 꿇다, 무릎을 꿇고 앉다 (pokleknuti) 3. 매복하다, 잠복하다 3. ~옆에 앉다, ~와 함께 앉다 4. (無人稱文) (먹은 것이) 목에 걸리다; *priseo mu je od straha zalogaj u grlu* 두려움으로 인해 먹은 것이 목에 걸렸다 5. (無人稱文) (여격 형태의 논리적 주어와 함께 사용되어) (~ 때문에) 불쾌함을 느끼다, 기분이 나쁘다; *priselo mi je sve što sam među njima rekao* 나는 그들 사이에서게 말한 것 때문에 기분이 나빴다

prisetiti se *-im se* (完) 1. ~ *nečega* 기억하다, 기억나다, 생각나다; *prisetio se stare pesme* 옛 노래가 생각났다 2. 생각을 바꾸다, 마음을 고쳐 먹다 (predomisliti se); *poslao ju je u komšiluk, pa se prisetio i naredio joj da se vrati* 그녀를 이웃에 보냈지만, 생각을 바꿔 돌아오도록 그녀에게 명령했다

prisezati *-žem* (不完) priseći

prisežnik 참조 porotnik; 배심원

prisilan *-lna, -lno* (形) 강제의, 강제적인 (prinudan); *~ rad* 강제 노역

prisiliti *-im* (完) prisiljavati *-am* (不完) 강제하다, 강요하다 (prinuditi, primorati)

priskočiti *-im* (完) priskakati *-čem* (不完) 1. ~ *nekome* (~에게) 뛰어가다, 쏜살같이 달려가다; *sluge priskočiše i skidoše mu čizme* 하인들은 뛰어 달려가 그의 장화를 벗겼다; *~ u pomoć* (도움이 절실히 필요할 때) 도와주다, 도와주러 가다

priskrbiti *-im; priskrbljen* (完) priskrbljivati *-ljujem* (不完) (힘들게·렵게) 구하다, 얻다, 조달하다 (pribaviti, obezbediti); *ja sam im priskrbio karte* 나는 그들에게 티켓을 어렵

게 구해주었다

prislačak (식사 후의) 디저트 (desert)

prislanjati -am (不完) 참조 prisloniti

prislon 1. (계단 등의) 난간; stepenični ~ 계단 난간 2. (의자의) 팔걸이, 등받이; ~ na stolici 의자의 팔걸이 3. (비유적) 지원 (potpora, podrška)

prisloniti -im; prislonjen (完) **prislanjati** -am (不完) 1. 기대다; prisloni glavu na moje rame 머리를 내 어깨에 기대어라!; prislonio se uza zid 벽에 (몸을) 기대었다; prislonjen uz sto 테이블에 기댄; ~ pušku uza zid 총을 벽에 기대어 놓다; ~ uho na vrata 귀를 문에 가져다 대다 2. (문 등을) 약간 열어 놓다; ~ vrata (kapiju) 문 (대문)을 약간 열어 놓다

prisluškivač 1. 도청기 2. 도청하는 사람

prisluškivalo 참조 prisluškivač

prisluškivanje (동사파생 명사) prisluškivati; 도청; (telefonsko) ~ (전화) 도청; uređaj za ~ 도청 장치

prisluškivati -kujem (不完) 도청하다; ~ telefonske razgovore 전화 대화를 도청하다

prislušknī -ā, -ō (形) 도청의, 도청하는; ~ uređaj (aparat) 도청 장치

prislužiti -im (完) **prisluživati** -žujem (不完) 1. (성상 앞의, 혹은 무덤 앞의) 촛불을 밝히다, 촛불을 켜다; ~ sveću nekome ~의 명복을 빌다 2. 명절(공휴일·종교 축일)을 쇠다(지내다); kako će seljak ~ slavu? 농부는 어떻게 슬라바를 쇨 것인가? 3. ~할 만 하다, ~할 가치가 있다 (zaslužiti)

prismotra (의심스러운 사람에 대한) 감시, 감독 (nadzor); biti pod ~om 감시하에 있다; staviti nekoga pod ~u 감시하에 놓다

prismrdeti -im (完) 1. 악취가 풍기다, 나쁜 냄새가 나기 시작하다 2. 기타; ne sme ni ~ 나타나서는 안된다, 코빼기도 보여서는 안된다

prisnī -ā, -ō (形) 참조 prisan

prisniti se (kome šta) 꿈 속에 보이다; prisnilo mu se da je kod kuće 그는 집에 있는 꿈을 꿨다

prisnost (女) 친밀함, 절친함, 가까움

prisoj, prisoje 양지(陽地), 빛이 드는 곳(장소) (反; osoj); u ~u 양지에서 **prisojan** (形)

prisojkinja, prisojnica 독사 (자주 양지에 있기 때문에)

prispeće 도착 (dolazak)

prispeti -em (完) **prispevati** -am (不完) 1. 도착하다, 도달하다, 다다르다 2. (일정한 시간이 경과된 이후) ~한 상태가 되다; 익다, 성숙하다; 적합해지다, 알맞게 되다; ~ za udaju 시집갈 나이가 되다; ~ za vojsku 군대갈 나이가 되다; prispela je raž 호밀이 익었다 3. 지급 기일이 되다(당도하다); prispela mu je menica 어음 지급일이 돌아왔다

pristajati -jem (不完) 1. 참조 pristati 2. (za kim) 항상 ~와 같이 다니다; 항상 곁에 붙어있다; po selu se govorilo da Jure za njom pristaje, a da ga i ona lepo gleda 유레가 그녀 곁에 항상 붙어 있고 그녀도 그를 사랑스런 눈으로 본다고 온 마을에 소문이 돌고 있다

pristalica (男,女) 1. 지지자, 추종자, 신봉자, 후원자, 주창자; ~ smrtne kazne 사형 주창자; ~ radničkog pokreta 노동 운동 지지자 2. (연예인·운동 선수 등의) 팬

pristanak -anka 동의, 승인, 허락; dati (svoj) ~ 동의하다; dobiti ~ 승인을 획득하다

pristanište 1. 부두, 선창; na ~u 선창에서 2. (버스·트램 등의) 정류장, 터미널 (stanica) **pristanišni** (形); ~a zgrada 터미널 건물 3. 대피소 (pribežište) 4. 편히 쉴 수 있는 곳 (삶의 목적을 성취한 이후의)

pristanje (동사파생 명사) pristati; ~ kosmičkih brodova 우주선 도킹

pristao -ala, -alo (形) 1. 참조 pristati 2. 적합한, 적당한, 알맞은 (prikladan, pogodan, podesan, zgodan); ~ala ozbiljnost 적합한 신중함 3. 잘생긴; 예쁜, 아름다운; 호감이 가는 (lep, naočit, prijatan, simpatičan); bio je uvek najpristaliji 그는 항상 가장 잘생겼었다

pristaša (男) 참조 pristalica

pristati pristanem (完) **pristajati** -jem (不完) 1. 서다, 멈추다, 멈춰 서다 2. (선박·비행기·자동차 등이) (해안을 따라, 다른 선박 등과 나란히) 대다; 정박하다, 도킹하다; uz našu lađu pristade čamac 우리 배와 나란히 보트가 정박한다; kapetan je pristao u maloj luci 선장은 작은 항구에 배를 댔다 3. (비유적) 안착하다, 정착하다 (smiriti se); ~ u luci hrišćanske filozofije 크리스트교 철학이라는 항구에 안착하다 4. (na što) 승인하다, 동의하다, 허락하다 (dati pristanak, odobriti); ona odmah pristade na sve 그녀는 즉시 모든 것에 동의했다 5. (uz koga) (누구와) 함께 하다, (누구를) 지도자로 받아들이다; celo selo je pristalo uz njega 온 마

P

을은 그를 지도자로 받들었다, 그와 함께 하였다; ~ uz nečiju stranku 누구의 정당에 입당하다; ~ uz nečije mišljenje 누구의 의견에 동조하다 6. (za kim) ~의 뒤를 따라가다, ~와 함께 나란히 가다; za mladom pristao mladoženja 신랑 뒤를 신부가 뒤따라 갔다 7. 적절하다, 적합하다 ~에 알맞다; za nov književni jezik mogao je ~ samo taj pravopis 새로운 문어로서 그 정자법만이 가능하다 8. (za kim) za mladom pristao mladoženja 신랑뒤를 신부가 뒤따라 갔다

pristav (歷) 1. 사무 보조원 (특히 법원의); sudski ~ 법원 사무 보조원; poreski ~ 세무 보조원 2. (집안의) 하인 3. (가축을 돌보는) 일꾼

pristaviti -im (完) **pristavljati** -am (不完) 1. (요리를 하려고, 삶으려고, 구우려고) 불에 올려놓다; ~ supu 수프를 불에 올려놓다; ~ kafu 커피를 (불에) 올려놓다 2. 놓다, 두다 (어떠한 위치에); Milan pristavi šaku uz uvo 밀란은 손바닥을 귀에 댄다

pristići, **pristignuti** pristignem; pristignuo, -ula & pristigao, -gla (完) **pristizati** -žem (不完) 1. (걸어서, 뛰어서) 오다 2. (어떤 장소까지) 도달하다, 도착하다 3. 추월하다, 앞지르다; oni će nas ~ 그들이 우리를 추월할 것이다 4. (삶의 어느 단계에) 도달하다; sestra koja je pristigla za udaju 시집갈 나이가 된 누이

pristojan -jna, -jno (形) 1. 예의 바른, 품위 있는, 공손한, 정중한; govoriti ~jnim glasom 공손한 목소리로 말하다; budi ~! 공손해져라!; to nije ~jno! 그것은 무례한 짓이다; ~jno ponašanje 공손한 행동 2. 적당한, 적합한, 알맞은 (podesan, podoban, prikladan, zgodan); treba mu prirediti ~ doček 그를 (의전에) 알맞게 맞이할 필요가 있다; on je iz ~jne porodice 그는 괜찮은 집안 출신이다 3. 만족스런, 완전히 충분한, (수준·질이) 괜찮은; ~ život 만족스런 생활; ~jna plata 괜찮은(만족스런) 월급; on ~jno zarađuje 그는 괜찮게 돈벌이를 한다

pristojati se -i se (完) (無人稱文으로) ~에 적합하다, 적당하다, 알맞다, 어울리다 (priličiti, dolikovati); to se (ne) pristoji 그것이 적합하다 (적합하지 않다); tebi se ne pristoji 너에게는 어울리지 않는다

pristojba 세(稅), 요금 (어떤 일이나 서비스에 붙는) (taksa, dažbina); poštanska ~ 우편 요금; prevozna ~ 운송 요금; kupoprodajna ~ 매매세

pristojnost (女) 예의, 예의범절, 예절, 예의바름; pravila ~i 예의범절, 에티켓; to je najobičnija ~! 그것은 가장 보편적인 예의이다

pristran -a, -o (形) 참조 pristrastan; 편파적인

pristranost (女) 참조 pristrasnost

pristrastan -sna, -sno (形) 편파적인, 편견을 가진, 편향된; ~ sud 편파적인 법원

pristup 1. 접근(로), 진입(로); imati ~ do tajnih dokumenata 비밀 서류에 접근하다; oni imaju ~ na predavanja 그들은 수업을 들을 권리가 있다; ~ slobodan! 자유 입장! **pristupni** (形); ~ putevi 접근로 2. (책·연설 등의) 서문, 머리말, 도입부; ~ u knjizi 책의 서문 3. 기타; nema ~a kome ~에게 다가갈 수 없다(다가갈 접근로가 봉쇄되었다)

pristupačan -čna, -čno (形) 1. 접근할 수 있는, 다가갈 수 있는; 입장할 수 있는, 진입할 수 있는; taj vrh nije ~ 그 봉우리에는 접근할 수 없다; ~čno zemljište 접근할 수 있는 토지 2. 이용할 수 있는 3. 이해하기 쉬운 (shvatljiv); ~ način za prenošenje znanja 이해하기 쉬운 지식전달 방법 ova knjiga je ~čna samo stručnjacima 이 책은 전문가들만이 이해할 수 있다 4. 편안히 다가갈 수 있는, 오만하지 않은, 건방지지 않은; otac Sava je postao ~ kao dete 사바 신부(神父)는 아이와 같이 편안히 다가갈 수 있는 사람이었다

pristupačnost (女) 접근성, 접근 가능성

pristupan -pna, -pno (形) 1. (말·글에서) 서두의, 서론의, 서문의, 도입부의; 취임의, 개회의; ~pna beseda 취임 연설, 개회 연설; ~pno predavanje 첫 공개 강연 (새로 취임한 교수의) 2. 참조 pristupačan

pristupiti -im (完) **pristupati** -am (不完) 1. (걸어서) 다가가다, 접근하다; ~ nekome ~에게 다가가다; ~ ruci 손에 입을 맞추다 2. 항해 다가가다, 상륙하다, 배를 대다(육지에, 연안에); čamac pristupi obali 보트는 해안에 다가간다 3. 보다 밀접한 관계를 맺다; Jugoslovenska vlada je pristupila bliže Italiji i Mađarskoj 유고슬라비아 정부는 이태리와 헝가리와 보다 긴밀한 관계를 맺었다 4. 가입하다, 가담하다, 입회하다; ~ organizaciji 조직에 가입하다; ~ ekološku pokretu 환경운동에 가입하다 5. ~을 하기 시작하다, 일하기 시작하다; ~ nekom poslu 어떤 일을 하기 시작하다; ~ pitanju 질문하다

pristupnica (단체·정당 등의) 가입 원서, 가입 신청서, 입당 원서

pristupnina (가입할 때 내는) 가입비, 회비 (ulaznica)

pristupnost (女) 접근

prisustvo (특정한 곳에) 있음, 존재(함), 참석; ~ duha 냉정, 침착

prisustvovati -vujem (不完) (일정한 시간에 일정한 장소에) 있다, 존재하다, 참석하다, 출석하다; ~ sudaru 추돌 현장에 있다; ~ kongresu (predavanjima) 회의(강연)에 참석하다

prisutan -tna, -tno (形) 1. (일정 장소에) 있는, 출석한, 참석한; biti ~ duhom 침착을 유지하다, 당황하지 않다 2. (複) (명사적 용법으로) 참석자, 출석자; 참석한(출석한) 사람; zahvalio se ~tnicima 참석자들에게 감사해하다

prisutnī -ā, -ō (形) 참조 prisutan

prisutnost (女) 참조 prisustvo

prisvajač 약탈자, 강탈자

prisvajanje (동사파생 명사) prisvajati; 약탈, 강탈, 탈취

prisvajati -am (不完) 참조 prisvojiti

prisvetliti -im (完) 조금 불을 밝히다, 조금 훤하게 하다 (malo posvetliti)

prisvojan -jna, -jno (形) (文法) 소유의; ~ pridev 소유 형용사; ~jna zamenica 소유 대명사

prisvojilac -ioca 약탈자, 강탈자, 탈취자 (prisvajač)

prisvojiti -im (完) prisvajati -am (不完) 1. 불법적으로 빼앗다, 약탈하다, 강탈하다, 탈취하다; ~ oružje 무기를 탈취하다 2. 입양하다 (usvojiti); ~ dete 아이를 입양하다 3. 소유하다 4. (k čemu) ~로 병합하다, 합병하다 (pripojiti)

prišanuti -nem (完) 참조 prišapnuti

prišapnuti -nem (完) prišaptavati -am (不完) 속삭이다, 소곤거리다, 귓속말을 하다

prišarafiti -im; prišarafljen (完) prišarafljivati -ljujem (不完) 나사(šaraf)를 조이다 (zašarafiti)

prišinuti -nem (完) 조금(약간) 채찍질하다

prišipetlja 1. 따분한 사람 (dosadna osoba) 2. 능수능란하지 못한 사람, 솜씨가 서투른 사람 3. 남에게 빌붙어 먹고 사는 사람, 기식자 (prirepak)

prišiti prišijem; prišiven, -ena; prišit; prišij (完) prišivati -am (不完) 1. 바느질하다, 깁다; (단추 등을) 달다; ~ zakrpu 천을 대어 깁다; ~ dugme 단추를 달다 2. (비유적) (보통 불쾌한 말을) 던지다, 더하다, 말하다; 별명을 붙이다; 뺨을 때리다, 따귀를 때리다; ~을 누구의 탓으로 돌리다, 비난하다, 비방하다; prišili su mu ubistvo 그들은 그에게 살인죄를 뒤집어 씌웠다 3. ~ se (비유적) (누구에게 달라붙어 떨어지지 않다, 항상 붙어 다니다; prišio mu se neki debeljko 그에게 어떤 뚱보가 붙어 떨어질 줄 몰랐다 4. 기타; ~ za majora (pukovnika) 소령(대령)으로 진급하다(승진하다); ~ kome krpicu (rep) ~에게(~에 대해) 조롱하는 말을 하다, 좋지 않은 말을 하다

priškrinuti -nem (完) (문을) 조금 살짝 열어놓다; ~ vrata 문을 조금 열어놓다

prišljamčiti se -im se (完) (누구에게) 딱 달라붙어 떨어지질 않다

prišrafiti -im; prišrafljen (完) prišrafljivati -ljujem (不完) 1. 나사를 조이다 2. (비유적) 규율을 세우다, 나사를 조이다

prišt prišta, prištem & prištom; -evi (病理) 종기, 부스럼 (čir); crni ~ 탄저병

prištedeti -im; prišteđen (完) prišteđivati -đujem (不完) 1. 절약하다, 저축하다, 아끼다 (uštedeti) 2. 보호하다 (sačuvati); možda si mislio da je bolje ako ne dođeš i devojci prištediš sramotu 네가 오지 않음으로써 아가씨를 창피함에서 보호해주는 것이 더 좋다고 생각했을 수도 있다; prištedi me neprijatnosti 날 불유쾌한 것으로부터 보호해 줘

Priština 프리쉬티나 (코소보의 수도) Prištevac; Prištevka

prištinuti -nem (完) 누르다, 압박하다, 압착하다, 밀착하다 (pritisnuti, prignječiti); prištine mu nogom nogu 그 사람은 그의 발을 발로 누른다; ~ prste vratima 문으로 손가락을 압착하다

prištiti se -im se (不完) (피부에) 종기(prišt)가 나다

prišuljati se (完) prišuljavati se -am se (不完) 참조 prišunjati se

prišunjati se -am se (完) prišunjavati se -am se (不完) 알아채지 못하게 다가가다(오다), 몰래 접근하다; ~ nekome s leđa ~에게 뒤에서 살금살금 다가가다

pritaći, pritaknuti pritaknem (完) ~ vatru 불을 뒤적이다 (활활 타오르도록)

pritajiti -im (完) pritajivati -am (不完) 1. (비밀로) 숨기다, 감추다 (sakriti, prikriti); ~ radost 기쁨을 감추다; pritajim dah da bolje

971

P

čujem 보다 잘 듣기 위해 숨소리를 죽인다 2. ~ se 목소리를 죽이다

priteći *priteknem* & *pritečem*, *priteku*; *pritekao*, *-kla*; *priteci* & *pritekni* (完) **priticati** *-čem* (不完) 1. 뛰어가다, 달려가다 (dotrčati, dojuriti); ~ *u pomoć nekome* ~를 도우러 뛰어가다, 즉시 도와주다 2. (물 등이) 넘치다, 흘러 넘치다, 범람하다 (izliti se); *voda pritiče* 물이 넘친다 3. (비유적) (돈·음식 등이) 넘쳐나다, 충분히 있다, 풍부하다; *novac je priticao sa svih strana* 돈이 사방에서 쏟아져 들어왔다

priteći *pritegnem* (完) 참조 pritegnuti

pritega 1. 무게, 중량 (težina, opterećenje) 2. (무엇을 고정시키거나 하는 데 쓰이는) 추; *stolarska* ~ (목수가 사용하는) 추; ~ *na brodu* 선박 평형수

pritegnuti, **priteći** *pritegnem*; *pritegnuo*, *-ula*; *pritegao*, *-gla*; *pritegnut* (完) **pritezati** *-žem* (不完) 1. 팽팽하게 하다, 단단히 조이다; ~ *šraf (kaiš)* 나사(벨트)를 조이다; ~ *uzde* 고삐를 조이다; ~ *pertle* 신발끈을 단단이 조여매다 2. (~을 행하도록) 압력을 가하다; *pritegao sam je i mislim da će to brzo uraditi* 그녀를 압박했으며 곧 그녀가 그것을 행할 것으로 생각한다 3. (이빨로 강하게) 꽉 깨물다; ~ *zubima orah* 이빨로 호두를 꽉 깨물다(깨물어 까다) 4. ~ se (혁띠를) 죄다; *obuče pantalone pa se pritegne u pojasu* 바지를 입고서 허리띠를 졸라맨다

priterati *-am* (完) **priterivati** *-rujem* (不完) 1. ~로 몰다, 몰고 가다; ~ *stoku k vodi* 물가로 소를 몰다; ~ *čamac obali* 보트를 해안가로 몰고 가다 2. 강제하다, 강요하다 (primorati, prisiliti, prinuditi); ~ *do duvara (uz duvar)*, ~ *uz zid (k zidu)*, ~ *u ugao* 출구가 없는 어려운 상황에 빠뜨리다

pritesniti *-im*; *pritešnjen* (完) **pritešnjavati** *-am* (不完) 1. 비좁은 공간에 밀어 넣다(놓다·두다); *orman smo pritesnili između zida i prozora* 우리는 장롱을 창문과 벽 사이 비좁은 공간에 밀어 넣었다 2. 누르다, 압박하다, 압착하다, 밀착하다 (prikleštiti, prignječiti); *biti pritešnjen sa svih strana* 사방에서 압력을 받다 3. (비유적) 어려운(난처한) 위치에 놓이게 하다, (이동 등을) 제한하다, ~하지 못하게 하다; ~ *nekoga uza zid* 출구가 없는 어려운 상황에 빠뜨리다; *Turci su ih pritesnili sa svih strana* 터키인들이 그들을 사방에서 압박했다

pritezati *-žem* (不完) 참조 pritegnuti

pritežavati *-am* (不完) 소유하다; ~의 주인이다

priticati *-čem* (不完) 참조 priteći

pritisak *-ska* 압력, 압박; *pod ~skom* 압력하에; *vršiti* ~ *na nekoga* ~에 압력을 가하다; *pod ~skom javnosti* 여론의 압력하에; *atmosferski* ~ 기압; ~ *ulja (krvi)* 유압(혈압); *dijastolski (sistolski)* ~ 확장기(수축기) 혈압; *krvni* ~ 혈압

pritiskač 누르개; 서진(書鎭), 문진(文鎭); ~ *za jezik* (의사의) 혀 누르는 기구, 압설자(壓舌子)

pritisnuti *-nem*; *pritisnuo* & *pritiskao* (完) **pritiskati** *-am* & *pritišćem*, **pritiskivati** *-kujem* (不完) 1. 누르다 (위에서 밑으로); *pritisni ovde prstom* 손가락으로 여기를 눌러; ~ *(na) dugme* 단추를 누르다; ~ *zvono* 초인종을 누르다 2. (압력·압박 무게 등으로) 누르다; (비유적)(보통 어떠한 감정이) 사로잡히게 하다, 휩싸이게 하다; *bio je pritisnut brigom* 그는 온통 걱정거리에 휩싸였다; *pritisli su nas poslom* 그들은 우리를 업무로 압박했다 3. (비유적) 억압하다, 탄압하다, 억누르다 (potlačiti); 어려운 처지에 놓이게 하다; ~ *uza zid (koga)* 출구가 없는 난처한 상황에 빠드리다 4. 몰려가다, 들끓다; *narod je pritisnuo trg* 대중들이 광장에 몰려들었다 5. (비유적) 뒤덮다 (prekriti, pokriti); *vojska je pritisnula polje* 군대가 들판을 뒤덮었다

pritka (콩줄기가 타고 올라가는) 막대기; 받침목 (kolac, motka)

pritok (男), **pritoka** (女) 1. (강·하천의) 지류 2. (비유적) 밀려옴(듦) (priliv, navala); *oseti još snažniji* ~ *ljubavi prema svojem vladaru* 자기 군주에 대한 더욱 더 강한 사랑이 밀려옴을 느낀다

pritrčati *-im* (完) (누구에게) 뛰어가다 (dotrčati); *dete je pritrčao majci* 아이는 어머니에게 뛰어 갔다; ~ *u pomoć* 도우러 뛰어가다

pritrpeti (se) *-im (se)* (일정 기간) 견디다, 참다, 인내하다, 겪다, 당하다; ~ *bol* 통증을 견디다; *pritrpi se malo!* 좀 참아!

prituliti *-im* (完) 1. (빛·불 등이) 약해지다, 약하게 하다; (빛·불 등을) 끄다 2. (비유적) (소리·광택·느낌 등이) 약해지다, 희미해지다; ~ *strasti* 욕정이 약해지다

pritužba 1. 불평, 불만, 항의, 투덜거림; *zbog toga je bilo mnogo svađe i ~žaba* 그것 때문에 많은 다툼과 불만이 있었다 2. (法) 진

P

정서, 청원서

pritužiti *-im* (完) 1. (koga) 고소하다, 고발하다; *tako nas je pritužila direktoru da smo pušili* 우리가 담배를 피웠다고 교장선생님에게 고자질했다 2. (kome) 따분해지다 (dojaditi, dosaditi); *meni je ovo sve već pritužilo!* 나는 이 모든 것이 벌써 따분해졌다 3. ~ **se** 불평하다, 항의하다; 고소하다, 고발하다

pritvarati *-am* (不完) 참조 pritvoriti

pritvor (일시적인) 감금, 구금 (zatvor, haps); *bio je u ~u* 그는 구금되었다; *kažnjen je sa mesec dana ~a* 그는 한 달간의 구금형을 받았다; *staviti nekoga u kućni ~* 가택연금하다; *istražni ~* 구속 수사

pritvoran *-rna, -rno* (形) 위선의, 위선적인, 진실되지 못한 (neiskren, lažan, licemeran); *~ osmeh* 거짓 웃음, 위선적인 웃음

pritvorica (男,女) 위선자 (licemer, licemerka)

pritvoriti *-im* (完) **pritvarati** *-am* (不完) 1. (일시적으로) 구금하다, 감금하다 (uhapsiti) 2. (문 등을) 조금 열어 놓다, 조금 닫다; ~ *vrata* 문을 조금 열어 놓다

pritvornost (女) 위선

pritvrditi *im; pritrvrđen* (完) **priotvrđivati** *-đujem* (不完) 1. 단단하게 하다, 딱딱하게 하다, 고정시키다; (자리·지위 등을) 확고히 하다, 공고히 하다, 확실하게 하다 2. (약속 등을) 확인하다 (potvrditi); *reci još jednom, neka se pritvrdi* 다시 한 번 말해 봐, 확실히 해

priučiti *-im* (完) **priučavati** *-am* (不完) 1. 습관이 되게 하다, 익숙하게 하다; ~ *nekoga na nešto* 누구를 무엇에 익숙하게 하다; *priučili su ga da čita i piše* 그들은 그가 읽고 쓰는 것에 익숙해지도록 했다 2. 가르치다 (naučiti, poučiti) 3. ~ **se** *na nešto* 익숙해지다

priugotoviti *-im* (完) 준비하다, 대비하다 (pripremiti)

priupitati *-am* (完) 참조 pripitati; 문득 묻다, 지나가는 투로 질문하다

priušak *-ška* 따귀, 따귀를 때림, 빰을 때림 (ćuska, zaušnica, šamar)

priušiti *-im* (完) 따귀를 때리다, 빰을 때리다

priuštiti *-im* (完) **priuštavati** *-am* (不完) 마음껏 ~하게 하다, 허용하다; 바라다, 원하다 (dopustiti, zaželeti); ~ *nekome zadovoljstvo* ~를 만족시키다; ~ *sebi nešto* 자신에게 ~을 허용하다; *to ne mogu sebi ~* 그것을 자신에게 허용할 수는 없다

privabiti *-im* (完) 1. (동물을) 유인하다; ~ *ribe* 물고기들을 유인하다 2. 유인하다, 유혹하다, 꾀다; ~ *mušterije* 고객을 유인하다

privaliti *-im* (完) ~에 가까이 굴리다; 굴리다, 굴러가다(오다); ~ *kamenje na vrata pećine* 돌을 동굴 입구로 굴리다

privatan *-tna, -tno* (形) 사적인, 개인적인; (공기업이 아닌) 민간의, 민영의, 사립의; 사유의, (특정) 개인 소유의; 사생활의; *~tna praksa* 개인 영업(개업) (변호사·의사 등의); *~tva svojina* 사유재산; *~tna škola* 사립 학교; *~tni razgovor* 사적 대화; *~tno društvo* 비공식 단체; *~tno pravo* 사법(私法)

privatizacija 민영화, 사영화, 사유화

privatnik 자영업자, 개인사업자

privenčati *-am* (完) 1. 결혼시키다 2. (남자가) 결혼하다, 아내로 맞이하다; *carevu sam kćerku privenčao* 황제의 딸을 아내로 맞이했다

privesak *-ska* 1. 펜던트(목걸이 줄 등에 걸게 되어 있는) 2. 부가적인 것, 추가적인 것

privesiti *-im* (完) 걸다, 매달다, 달아매다, 걸어매다 (okačiti); ~ *zlatan lančić na sat* 시계에 금줄을 달다

privesti *privedem; priveo, -ela; priveden, -ena; privešću* (完) **privoditi** *-im; privođen* (不完) 1. 누가 어느 장소까지 도착하게 하다, 안내하다 (보통 수행하여, 길을 안내하여, 방향(길)을 알려줘); ~ *koga krevetu* 누구를 침대로 데리고 가다; ~ *koga u štab* 누구를 본부로 안내하다 2. 연행하다 (경찰이 경찰서로) 3. (누구에게 무엇을) 주다, 가져오다, 제공하다 4. ~하게 하다 (전치사와 같이 혹은 전치사 없이 어떤 명사들과 함께 사용되어); ~ *kraju* 마치다, 끝내다 (dokrajčiti); ~ *pameti* 총명하게 하다; ~ *svesti* 정신이 들게 하다; ~ *u delo* 실현하다; ~ *u delo san* 꿈을 실현하다

privesti *privezem; privezao, -zla; privezen, -ena; privešću* (完) **privoziti** *-im* (不完) ~에 가까이 몰고 가다 (차량 등을); *prevezi kola stepeništu!* 자동차를 계단으로 몰고 와!

privetrina 바람이 불어오는 쪽 (방면), 바람받이

priveza 묶는 것(끈·노끈·줄 등의), 밧줄, 로프

privezak *-ska* 참조 privesak

privezivati *-žem* (完) **privezivati** *-zujem* (不完) 1. (끈·노끈·줄 등으로) 묶다, 묶어 놓다(두다); ~ *konja uz kolac* 말을 말뚝에 묶어 놓다; ~ *pertle (ruke)* 신발끈 (손)을 묶다; ~ *čamac* 배를 묶어 놓다 2. 돌돌 감아 묶다;

P

973

~ *ranu* 상처를 묶다 3. (비유적) (발길을) 묶다, 묶어 두다, 못가게 잡아 놓다, 오래 머물도록 잡아 놓다; *privezala me bolest za posltelju* 아파서 침대에 누워있어야만 했다; *privezen za postelju* 아파서 누워있는, 자리보전을 하고 있는 4. 상호 관계를 굳건히 하다(형성하다), 누구(무엇)에 헌신적이 되게 하다; ~ *Srbe za portu* 세르비아인들이 터키 조정에 헌신적이 되게 하다 5. ~ se *(uz koga, za koga)* 누구에게 헌신적이 되다; *on se zbiljski za nju privezao* 그는 그녀에게 정말로 헌신적이었다 6. ~ se *(za što)* ~으로부터 떨어지지 않다, 헌신적으로 ~을 하다; 어디에 머무르다; ~ *se za matematiku* 수학에 온 힘을 쏟다; ~ *se za rodni grad* 고향에 머무르다 7. ~ se 가까워지다, 어울리다, 사귀다, 상호 관계를 맺다; *privezali su se jedno za drugo* 서로가 가까워졌다

priveznica 1. (묶는) 줄, 끈 2. (모자 등의) 테두리 끈

privići *-viknem* (完) 참조 priviknuti

privid 1. 환영, 환상, 환각 (prikaza, utvara) 2. 허상(虛像), 헛된 믿음, 망상, 헛된 희망

prividan *-dna, -dno* (形) 1. 환영의, 환상의, 환각의 2. 허황된, 거짓의, 가짜의, 가식적인; ~ *mir* 거짓 평화; *~dna jednakost* 거짓 평등

privideti se *-im se* (完) **priviđati se** *-am se* (不完) 환상(환영)이 보이다, 헛것이 보이다; *njoj se priviđala njena majka* 그녀는 어머니의 환영을 보았다

priviđenje 환영, 환상, 망상, 헛것

privijati *-am* (不完) 참조 priviti

privikavati *-am* (不完) 참조 priviknuti

priviknuti, privići *priviknem*; *privikavši & priviknuvši*; *privikao, -kla & priviknuo, -ula* (完) **privikavati** (不完) 익숙해지다, 길들다, 습관이 되다; *uši su im bile privikle tim šumovima* 그들은 그러한 소음에 익숙해졌다

privilegij *-ija* (男), **privilegija** (女) 특권, 특혜, 특전

privilegirati *-am,* **priviligisati** *-šem,* **privilegovati** *-gujem* (完,不完) 특권(특혜·특전)을 주다; *on je privilegovan* 그는 특혜를 받았다; *privilegovani položaj* 특권적 위치

priviriti *-im* (完) **privirivati** *-am* (不完) 1. (~의 안쪽을) 살짝 보다; (작은 틈으로) 엿보다, 훔쳐보다; *Milan je privirio kroz prozor* 밀란은 창문을 통해 엿봤다 2. (햇볕이) 들다, 들어오다 3. (비유적) 이해하다, 깨닫다;

video sam da je vrlo malo privirio u nemačku kulturu 독일의 문화를 아주 조금 이해했다는 것을 알았다 4. (口語) 가는 길에 잠깐 들르다; *nije smeo da priviri u Beograd* 베오그라드에 잠시 들를 수가 없었다

priviti *privijem* (完) **privijati** *-am* (不完) 1. (붕대를) 감다; ~ *ranu* 상처에 붕대를 감다 2. ~ *nekoga na grudi* 포옹하다, 가슴에 안다 3. 귀를 갖다 대다; *privi uho uz vrata da bolje čuje što* ~을 좀 더 잘 들으려고 귀를 문에 갖다 대었다 4. ~에 첨부하다 5. ~ se ~에 완전히 밀착하다, 착 달라붙다; *ciknula ... i privila se uz ćaću* 꽥 소리를 지르고는 ... 아버지에게 착 달라붙었다 6. ~ se (피신처를 찾아) 누구에게 착 달라붙다 7. 기타; *na ranu bi ga privio* (사람이) 좋은, 소중한, 고귀한

privlačan *-čna, -čno* (形) 1. 매력적인, 매혹적인, 멋진; *~čna žena* 매력적인 여자 2. 끌어당기는; *~čna sila* (物) 끌어 당기는 힘, 인력, 구심력

privlačiti *-im* (不完) privući

privlačljiv *-a, -o,* **privlačiv** *-a, -o* (形) 참조 privlačan

privoditi *-im* (不完) 참조 privesti

privola 동의, 승인, 찬성 (pristanak)

privoleti *-im* (完) **privolevati** *-am* (不完) 1. (koga) 설득하다; ~ *nekoga na nešto* ~에게 ~을 하도록 설득하다; *privoleli su me na kupovinu kola (da kupim kola)* 자동차를 사도록 나를 설득했다; *privoleo ju je na udaju* 시집가도록 그녀를 설득했다 2. 동의하다, 승인하다, 동감을 표하다 3. (kome) (누구에게) 자신의 호감을 표시하다, 누구의 편을 들다 4. ~ se 동의하다, 승낙하다 5. ~ se (~으로) 결정하다, (~을) 선택하다 (odlučiti se, opredeliti se) 6. ~ se 적응하다 (prilagoditi se)

privoz 1. 운반(運搬), 운송 2. 수송 기차, 운송 기차

privoziti *-im* (不完) 참조 privesti

privoženje (동사파생 명사) privoziti

privrebati *-am* (完) 비밀리에 알아내다, 숨어 지켜보다

privreda 경제; 산업; *ratna* ~ 전시 경제; *dirigovana (kontrolisana)* ~ 통제 경제; *stočarska* ~ 축산업; *socijalistička* ~ 사회주의 경제; **privredni** (形)

privrediti *-im* (完) **privređivati** *-đujem* (不完) 1. 돈벌이를 하다 2. (경제 단위로서) 경제

P

활동을 하다

privrednī *-ā, -ō* (形) 참조 privreda; *~a reforma* 경제 개혁; *~a ravnoteža* 경제 균형; *~ cirkus* 경제 주기; *~ sistem* 경제 시스템; *~ prosperitet* 경제적 번영; *borba protiv ~og kriminala* 경제 범죄와의 전쟁; *~ prestupi (prekršaj)* 경제 범죄 (위반); *~a sudovi* 경제 법원; *~o pravo* 상법; *~a delegacija* 경제 사절단; *~ krugovi* 재계; *~a rehabilitacija* 경기 회복; *Savezna ~a komora* 연방상공회의소

privrednik 경제인, 비즈니스맨

privređivanje (동사파생 명사) privređivati; *uslovi ~a* 경제 활동의 조건들; *privatni sektor ~a* 경제 활동의 사적 영역

privređivati *-đujem* (不完) 참조 privrediti

privremen *-a, -o* (形) 일시의, 임시의, 일시적인, 임시적인, 잠정적인; *~a registracija* 임시 등록; *~a vlada* 임시 정부

privrnuti *-nem* (完) **privrtati** *-ćem* (不完) 방향을 바꾸다(전환시키다) (navrnuti)

privržen *-a, -o* (形) 충실한, 헌신적인 (odan, veran); *on je ~ svome bratu* 그는 자기 형 (동생)에 헌신적이다; *~i pristalica* 열성적인 지지자

privrženik 지지자 (pristalica); *~ci agrarne reforme* 농업 개혁의 지지자

privrženost (女) 헌신, 충실(함); *bezrezervna ~* 전적인 헌신; *~ nečemu* ~에 대한 헌신 (충실)

privući *privučem, privuku; privukao, -kla; privučen, -ena; privuci* (完) **privlačiti** *-im* (不完) ~쪽으로 끌다(끌어당기다); *privuci krevet bliže prozoru* 창가로 침대를 끌어당겨!; *~ nekoga k sebi* 자기쪽으로 누구를 끌어당기다 2. (마음·주목 등을) 끌다; *~ pažnju* 주목을 끌다 3. *~ se* 당겨지다 4. *~ se* (비밀스럽게, 눈치채지 못하게) 다가가다, 접근하다 (prikrasti se); *privukao se da bi čuo razgovor* 대화를 듣기 위해 몰래 다가갔다

prizeman *-mna, -mno* (形) 1. 지상의, 1층의; *~mna kuća* 1층 집; *~mna soba* 1층 방 2. (비유적) 낮은; 나쁜, 비도덕적인 (nizak, rđav, nemoralan); *~mno žbunje* 낮은 덤불; *~mni požar* (대규모의 산불과 구별해서) 관목[잡목] 지대의 화재

prizemljast *-a, -o* (形) 낮은, 키 작은; *~a biljka* 키 작은 식물

prizemlje 1층, 지상층; *živeti u ~u* 1층에 살다

prizeman (形); *~ stan* 1층 아파트

prizetiti *-im* (完) 1. (사위를) 데릴사위(zet)로 맞아들이다(받아들이다) 2. *~ se* 처가집에 들어가 살다, 데릴사위로 들어가다

prizidati *-am* (完) 증축하다, *~* 옆에 부속건물을 짓다; *uz grčku crkvu s desne strane prizidan je rimski oltar* 오른쪽의 그리스 교회 옆에 로마의 제단이 지어졌다

priziv 1. 부름 (zov, pozivanje) 2. (法) 항소 (抗訴), 상고(上告); *uložiti ~* 항소하다, 상고하다

prizivač 1. (法) 상고인, 항소인 2. 영혼 (귀신)을 불러내는 사람

prizivati *-am* (不完) 참조 prizvati

prizma 1. (幾何) 각기둥 2. 프리즘, 분광기; *gledati (posmatrati) kroz ~u* 비객관적으로 바라보다

prizmatičan *-čna, -čno* (形) 각기둥의, 각기둥 모양의

priznanica 영수증

priznanje 1. (동사파생 명사) priznati 2. 인정, 승인; 사회적 인정 (존경); *odati (dobiti) nekome ~ za nešto* ~에 대해 인정을 하다 (받다); *to je naišlo na opšte ~* 전반적 승인을 받았다; *~ duga (očinstva)* 부채 (부친임을) 인정; *~ vlade* 정부의 승인 3. 자백, 고백

priznati *-am; priznat & priznan* (完) **priznavati** *-znajem* (不完) 1. (사실임을) 인정하다; *~ krivicu (grešku)* 잘못했다는 것 (실수)을 인정하다; *zločinac nije priznao* 범인은 (자신의 범죄 사실을) 인정하지 않았다 2. (합법적임을) 동의하다, 인정하다; *to je naišlo opšte ~* 그것은 전반적인 인정을 받았다; *~ vlast* 정권을 인정하다 3. 친자임을 인정하다; *~ dete* 친자임을 인정하다 4. (누구의 공헌 등을) 인정하다; *~ nekome zaslugu* 누구의 공헌임을 인정하다 5. 고백하다, 자백하다; *ko priznaje, pola mu se prašta* 자신의 죄를 자백하는 자는 (신에 의해) 절반의 죄가 사함을 받는다

prizor 1. 경관, 풍치, 광경; *stravičan ~* 무서운 광경 2. (영화·연극 등의) 장(場), 장면; *prvi ~ drugog čina* 2막 1장

prizrak 환상, 환영

prizvati *prizovem; prizvan* (完) **prizivati** *-am* (不完) 1. (오라고) 부르다, 초대하다 2. 기도하다, 간구하다 (pomoliti se); *~ boga u pomoć* 신에게 도움을 청하다 3. (전치사 + 상태를 나타내는 추상명사와 함께) ~이다, 어떠한 상태에 있다; *~ u pamet, ~ u sećanje* 회상하다; *~ k svesti* 정신차리다 4.

P

975

(감정·기억·이미지를) 떠올려 주다, 환기시키다; (주문·마법으로 악마를) 불러내다; ~ duhove 영혼들을 불러내다; ~ uspomene 추억을 회상하다

prizvuk 1. 말투, 어투; u ~u njenog glasa bilo je nečega neprijateljskog 그녀 말투에는 적대적인 어투가 베어 있었다 2. (색채·음조·의 미·감정 등의) 뉘앙스 (nijansa); u njihovom glasu oseća se ~ žalosti 그들의 목소리에는 유감의 뉘앙스가 풍겼다

prižariti -im (完) (태양 등이) 이글거리다, 작열하다 (pripeći); danas je prižarilo sunce 오늘은 태양이 이글거렸다

prižeći prižežem, prižegu; prižegao, prižegla; prižežen, -ena; prižezi (完) 1. 불 붙이다 (pripaliti, zapaliti); ~ kandilo 램프에 불을 붙이다 2. 타다, 태우다 (pregoreti) 3. 작열하다, 이글거리다 (pripeći); sunce prižeglo kao da bode (피부가) 따끔따끔할 정도로 태양이 이글거렸다

prižega 폭염(暴炎) (pripeka)

priželjkivati -kujem (不完) 간절히 바라다, 소망하다, 소원하다

priženiti 1. 데릴사위로 삼다, 데릴사위로 맞아들이다; priženili su slugu 하인을 데릴사위로 삼다 2. ~ se 데릴사위가 되다

prižgati -am (完) 1. (태양 등이) 작열하다, 이글거리다 (pripeći, pripeći) 2. 힘껏 때리다

prižmiriti -im, **prižmuriti** -im (完) 1. 눈을 반쯤 감다, 눈을 가늘게 뜨다, 실눈을 뜨다 2. (잠시) 눈을 감다 3. 기타; ~ jednim okom 못 본 척 하다 (누구를 봐주기 위해)

prkos 1. 반항, 저항; 앙심; s ~om 반항적으로; uraditi nešto uz (u) ~ nekome ~에 대한 반항으로 ~을 하다; iz ~a 반항심에서, 오기로; u ~ ~에도 불구하고 2. (植) 채송화; 쇠비름속(屬) 식물의 통칭

prkosan -sna, -sno (形) 반항의, 반항적인, 앙심을 품은

prkositi -im (不完) 반항하다, 저항하다, 맞서다; ~ nekome ~에게 반항하다; ~ opasnosti (zakonima) 위험(법률)에 맞서다; ~ vremenu (godinama) 세월 (나이)에 맞서다

prkosnik 반항적인 사람

prkošenje (동사파생 명사) prkositi; ~ vlastima 정부에 대한 저항

prlj 1. 말뚝(한쪽 끝이 뾰족한) 2. (식물 등을 받쳐주는, 줄기 식물 등이 뻗어 올라가는) 받침대 3. (植) 헬레보레(미나리아재비과 식물로 독초의 하나. 커다란 녹색, 흰색, 보라색의 꽃이 핌)

prljati -am (不完) **isprljati** -am (完) 1. 더럽히다 (mrljati, kaljati) 2. (평판·명예·명성 등을) 더럽히다, 훼손시키다, 오점을 남기다; ~ čast 명예를 훼손하다; ~ ime 이름을 더럽히다 3. ~ se 떳떳하지 않은 일을 하다; neće on da se prlja 그는 떳떳하지 않은 일을 꺼린다

prljav -a, -o (形) 1. 더러운, 지저분한; ~i sudovi 더러운 그릇; ~e ruke 더러운 손; ~a košulja 지저분한 셔츠 2. (색깔이) 회색의, 우중충한, 어두운 (siv, mutan); ~a sedoća njene kose 그녀의 회색빛 새치 머리 3. (도덕적으로) 떳떳하지 못한, 추잡한, 불명예스러운 (nečastan, nepošten, pokvaren); ~ posao 떳떳하지 못한 일; ~ postupak 불명예스런 행동

prljavac -vca 더러운 사람, 불결한 사람 prljavica

prljavko (男) 참조 prljavac

prljavština 1. 쓰레기, 오물 (đubre, smeće, nečistoća) 2. 떳떳치 못한 행동, 추잡한 행위

prljiti -im (不完) **oprljiti** -im (完) 1. (짐승의 털 등을) 불로 그슬리다, 뜨거운 물로 튀기다 2. (태양이) 뜨거운 햇볕을 방출하다, 작열하다; s neba prlji sunce 하늘에서 해가 뜨거운 햇볕을 쏟아낸다 3. 심한 통증이나 아픔을 야기하다 4. ~ se 화상을 입다

prljotina 1. 더러운 자국(흔적), 오점 (mrlja) 2. 탄 것 (nagoreli predmet) 3. (비유적) 창피, 수치 (sramota)

prljuša 모래흙

prndelj (昆蟲) 박각시 나방과(科)의 나방

prnja (보통 複數로) 1. 누더기, 넝마; 다 떨어진 옷 (dronjak); obukao je kaluđerske ~e u manastiru 수도원에서 수도승이 입는 누더기 옷을 입었다 2. (비유적) 가난뱅이, 빈털터리; 도덕적으로 타락한 사람, 불명예스런 사람; 아무런 값어치도 없는 것

prnjar 넝마주이

prnjav -a, -o (形) 1. (옷이) 낡은, 해진, 찢어진 (otrcan, pocepan, poderan); ~a kapa 다 떨어진 모자 2. 아무런 가치도 없는, 무가치한 (beznačajan, ništavan) 3. 쓰러져 가는, 다 허물어져 가는, 낡은, 힘없고 허약한 (oronuo, onemoćao) 4. 가난한, 빈털터리의 (bedan, siromašan)

prnjavac 누더기를 걸친 사람, 다 찢어진(해진) 옷을 입고 있는 사람

prnjavor 수도원 재산 (마을을 포함한)

pro (副) ~에 찬성한, ~을 위한 (za)

P

pro- (接頭辭, +외래어 명사) 1. 부(副), 대리 (代理); prokonzul 부영사; prodekan 부학장 2. 친(親); profašist(a) 친파시스트; prokomunistički 친공산주의자의 3. (시간·공간상의) 전(前), 이전(以前); prognoza 예상, 예보; prolog 프롤로그; proklitika 후접어, proscenij (극장에서 커튼 앞의) 앞 무대
pro- (接頭辭) I. (동사와 함께) 1. (동작의 시작) progovoriti 말하다, 말하기 시작하다; proraditi 일하다, 일하기 시작하다 2. (짧은 기간) prospavati (잠시) 잠자다 3. (옆으로, 비껴서, 관통하여, 통하여, ~ 사이로) 일어나는 동작, 행위; proći 지나가다 4. (동작의 완료) pročitati 읽다, 다 읽다 5. (손해·손실의 결과; 틈·구멍·깨짐 등의 결과를 초래); probušiti 구멍내다, proseći 자르다; propasti 망하다 6. (철저함·광범위함); prokuvati 오랫동안 삶다, proučiti 철저히 공부하다 II. (명사·형용사와 함께) 1. 불충분함; prohladan 서늘한; prosed (머리카락이) 희끄무레한; provedrica 구름이 약간 긴 청명한 날씨
proanalizirati -am (完) 분석하다, 분석을 다 끝마치다
proba 1. 시험, 검사, 테스트; 실험; atomska (nuklearna) ~ 핵실험; napraviti ~u 시험하다; staviti na ~u 시험하다; izdržati ~u 시험을 견디내다(이겨내다) **probni** (形) 2. (과학) 실험 (ogled, pokus) 3. 시도 (맛보기, 옷 입어보기 등의), (옷 등의) 가봉 (pokušaj); ~ haljine 원피스를 입어보기 4. (연극·오페라·음악회 등의) 리허설, 연습, 예행연습; generalna ~ 최종 리허설 5. (자동차의) 임시 번호판 **probni** (形); ~a tablica 임시 번호판
probaciti -im (完) (~ 사이를 통과하여) 던지다; ~ loptu kroz obruč 고리 사이로 공을 던지다
probadati -am (不完) 참조 probosti
probadi (男,女,複) (醫) 찌르는 듯한 격렬한 통증
probati -am (完,不完) 1. 시험하다, 테스트하다; ~ serum 혈청 테스트하다 2. 시도하다; ~하도록 노력하다 (pokušati); ja ću da to probam da završim 그것을 끝마치도록 한번 해볼께 3. (옷·신발 등을) 입어보다, 신어보다; (음식을) 맛보다, 시음하다, 시식하다; ~ haljinu 드레스를 입어보다; ~ jelo 음식을 맛보다; ~ vino 포도주를 시음하다 4. (연극·오페라 등을) 리허설하다, 예행연습하다; ~ scenu 장면을 예행연습하다 5. 기타; ~ glas

(누구의 능력·담력 등을) 테스트하다
probava 참조 varenje; (위에서의 음식물) 소화 **probavan** (形); ~vni sistem 소화 시스템
probaviti -im (完) **probavljati** -am (不完) 1. (시간을) 보내다, (어느 장소 일정 시간을) 머물다, 체류하다 (proboraviti); koliko ste vremena probavili u Parizu? 얼마나 오랫동안 파리에 계셨나요? 2. (위에서 음식물을) 소화시키다 (svariti)
probavljiv -a, -o (形) 참조; svarljiv; 소화시킬 수 있는
probavljivost (女) 소화성(율)
probdeti -im (完) (밤새) 깨어있다, 잠을 자지 않고 있다
probekrijati se -am se (完) 주정뱅이 (bekrija)가 되다, 하는 일 없이 빈둥거리는 생활을 하다; ~ celu platu 월급 전부를 술 마시는데에 쓰다; ~ celu zimu 겨울 내내 술만 마시다
probesediti -im (完) 말하다, 말하기 시작하다 (progovoriti)
probigora 참조 probisvet 방랑자, 떠돌이, 아무짝에도 쓸모없는 사람
probijač 천공기(穿孔機), 편치
probijanje (동사파생 명사) probijati; ~ tunela 터널 구멍 뚫기
probijati -am (不完) 참조 probiti
probir 선택, 선발 (probiranje, izbor)
probirač 까탈스러운 사람 (cepidlaka); ~ nađe otirač 여러가지 가리기를 좋아하는 사람이 가장 최악의 것을 고른다
probirati -am (不完) 참조 probrati; 고르다, 선택하다
probirljiv -a, -o (形) 까다로운, 가리는 게 많은
probisvet 방랑자, 떠돌이, 뜨내기 (protura, skitnica, pustolov, bitanga)
probitačan -čna, -čno (形) 유익한, 유용한 (koristan); da li je podela na deset klasa bolja i ~čnija za učitelje? 10반으로 나누는 것이 선생님들에게 보다 유용하고 좋은 방법인가?
probitak -tka; probici, probitaka 참조 korist; 유용, 유익
probiti probijem; probijen, -ena; probit; probij (完) **probijati** -am (不完) 1. ~에 구멍을 내다, 파내다, 구멍을 뚫다; ~ prozor u zudu 벽에 창문을 내다, ~ rupu kroz zid 벽에 구멍을 내다; ~ tunel kroz stenje 암벽을 뚫고 터널을 만들다 2. 뚫고 들어가다, 침투하다; sunčev zrak probi kroz prozorčić i

P

pade joj na lice 햇살이 작은 창문으로 들어와 그녀의 얼굴에 비춰졌다; *mastilo je probilo hartiju* 잉크가 종이에 스며들었다 3. 돌파하다, 타파하다; 깨다, 부수다 (존재하던 상태·상황 등을 타개하면서); *partizani su probili obruč* 파르티잔들이 포위망을 돌파했다; *front je probijen* 전선이 무너졌다; *reka je probila nasip* 강물이 제방(강둑)을 무너뜨렸다; ~ *neprijateljske redove* 적진을 돌파하다; ~ *zvučni zid* 음속을 깨다 4. (표면 위로) 나타나다, 드러나다, 나오다; *probio mu je zub* 아이의 이빨이 나오기 시작했다; *krv je probila kroz košulju* 피가 와이셔츠 위로 배어 나왔다; *probili su pupoljci* 싹(꽃봉우리)이 돋아나기 시작했다 5. 길을 내다, 길을 열다; *istina je napokon probila put* 진실은 마침내 길을 열었다 6. (비유적) 성공하다 7. ~ se (장애물·어려움 등을) 극복하다, 이겨내다; *on se odlično probio* 그는 잘 극복했다 8. 기타; 기타; ~ *fond (plafon)* 통상적인 한계를 뛰어넘다 (월급·가격 등의); ~ *glavu (uši) kome* (똑 같은 말을 반복함으로써) 지루하게 하다, 따분하게 하다; ~ *led* 첫번째 어려운 관문을 통과하다; ~ *tišinu* 정적(고요함)을 깨다; nemati ni prebijene pare

problem (다루거나 이해하기 힘든) 문제; *rešiti* ~ 문제를 해결하다; *lični (socijalni)* ~ 개인적(사회적) 문제; *ekonomski* ~ 경제적 문제

problematičan *-čna, -čno* (形) 문제가 있는, 문제가 많은; *~čno nasledstvo* 문제있는 상속; *~čna parnica* 복잡한 소송; ~ *zaključak* 문제있는 결론; ~ *umetnik* 문제적 작가

problematika 제(諸)문제; *društvena* ~ 사회적 제문제; ~ *prirodnih nauka* 자연과학의 제문제; ~ *sela* 농촌의 제문제

probnī *-ā, -ō* (形) 참조 proba; ~ *let* 시험 비행; ~ *balon* (대중의 반응을 알아보기 위한) 시안(試案), 제안

probod (보통 複數로) 참조 probadi; (醫) 찌르는 듯한 격렬한 통증

proboj 1. 구멍, 틈 (망치 등으로 두드려 만든) (otvor) 2. (軍) (적진의) 돌파; ~ *fronta* 전선 돌파; ~ *obruča* 포위망 돌파

probojac *-ojca* 1. 참조 probijač; 천공기 2. 쇠부지깽이

probojan *-jna, -jno* (形) 1. 뚫고 들어갈 수 있는, 관통할 수 있는; *~jna studen* (뼛속까지) 스며드는 추위 2. 스며드는 (물·빛 따 위)

probojnost (女) 침투력, 투과력

probosti *probodem; probo, -ola; proboden, -ena* (完) **probadati** *-am* (不完) 1. (칼같이 뾰족한 것으로) 찌르다; ~ *kutiju* 상자를 찌르다 2. (비유적) 온 몸이 심하게 쑤시다; *probode me ispod rebra* 갈비 아래가 쑤시듯 아프다 3. ~ se (가슴이나 복부를 찔려) 죽다, 부상당하다 4. 기타; ~ *dušu (srce)* 아프게 하다; ~ *pogledom* (누구를) 날카롭게 쳐다보다

probrati *proberem* (完) **probirati** *-am* (不完) 1. 고르다, 선택하다; ~ *grožđe* 포도를 고르다; ~ *jabuku iz korpe* 바구니에서 사과를 고르다 2. 고르다, 골라내다(불필요한 것들을 없애고 깨끗하게); *žito je probrano od grahorice* 살갈퀴풀에서 곡물이 골라졌다 3. (不完만) 까탈스럽다, 까탈스럽게 고르다; *ova deca probiraju jela* 이 아이들은 까탈스럽게 음식을 고른다

probrčkati *-am* (完) 1. 물장구를 치다 2. ~ se 물장난하다, 사방으로 물을 튀기다

probuditi *-im* (完) 1. (잠에서) 깨다, 깨어나다 (razbuditi) 2. (감정·감흥 등을) 불러일으키다, 일깨우다 (podstaći, izazvati); ~ *ljubav* 사랑을 불러일으키다; ~ *sećanja* 기억을 일깨우다

probuncati *-am* 1. 잠꼬대하다 2. 잠꼬대 같은 소리를 하다

proburaziti *-im* (完) 1. (뾰족한 도구로) 찌르다, 뚫다, 박다 (주로 배(trbuh)를); *proburazio je tamničara jednom naoštrenom turpijom* 날카롭게 간 줄로 간수를 찔렀다 2. (비유적) 급작스럽게 온 몸을 휩싸다 (추위 등이) *mene proburazi iznenada neka zima* 갑자기 한기가 몸을 감쌌다

probušiti *-im* (完) 구멍을 내다, 구멍을 뚫다; ~ *loptu* 공에 구멍을 내다

procediti *-im; proceđen* (完) **proceđivati** *-đujem* (不完) 1. 거르다, 걸러내다 (깨끗하게 하기 위해); ~ *supu* 수프를 거르다 2. (술 등 액체를) 간신히 천천히 마시다; *jedva procedio kroz grlo čašicu rakije* 라키아 한 잔을 겨우 마시다 3. (비유적) 재다, 측정하다, 평가하다 (odmeriti, odvagnuti, proceniti) 4. (~ kroz zube) 느리고 불분명하게 이야기하다; ~ *psovku* 잘 알아듣지 못하게 욕을 하다 5. ~ se 걸러지다

procedura 절차, 과정 (어떤 일을 늘 하던대로 하는, 제대로 하는); *istražna* ~ 수사 절차; *sudska* ~ 재판 절차 **procedualan** (形)

proceđivati *-đujem* (不完) procediti

procena (가치·업적·본질에 대한) 평가, 판단;

P

978

prema prvim ~ama 첫번째 평가에 따르면; *izvršiti ~u štete* 손해 평가를 하다; *zadovoljni su ~om kuće* 그들은 집 가격의 평가에 만족한다

procen(a)t 1. 백분율, (백분율로 나타낸) 비율; 퍼센트 2. 이자 (kamata) **procentni** (形)

procenitelj, procenjivač (토지, 건물 등의) 평가인, 감정인

proceniti *-im*; *procenjen* (完) **procenjivati** *-njujem* (不完) 1. (가치·가격 등을) 매기다, 평가하다; ~ *štetu* 손해를 평가하다 2. (의미·가치 등을) 평가하다; ~ *razdaljinu* 거리를 판단하다 3. (옳은지 그른지를) 평가하다, 판단하다; ~ *situaciju* 상황을 판단하다

procenljiv, procenjiv *-a*, *-o* (形) 평가할 수 있는, 판단할 수 있는

procentnī *-ā*, *-ō* (形) 참조 procen(a)t

procentualan *-lna*, *-lno* (形) 비율의, ~에 비례하는

procenjivač 참조 procenitelj

procep 1. (특히 바위·지면·벽면의) 길게 갈라진 틈 (raspuklina, pukotina); *naslonio pušku u ~ kamena i pritajio se* 총을 바위의 갈라진 틈에 기대어 놓고는 숨었다 2. (비유적) 분란, 분규 (rascep, razdor); 매우 어려운 처지; *u kući je zbog njegovog ponašanja došlo do ~a* 그의 행동 때문에 집안에 분란이 생겼다 3. 매우 힘든 상황, 출구가 없는 상황; *prvo izdan i poražen, doveden je u tragičan ~* 그는 먼저 배신당하고 패배하여, 비참하고 매우 힘든 상황에 처했다 4. (뱀이나 작은 동물을 포획할 때 사용되는) 끝이 Y자로 갈라진 나무 5. 기타; *pišti kao guja u ~u* 거칠게 항의하다; *stavljati koga u ~* 누구를 어려운 처지에 놓다

procepiti *-im*; *procepljen* (完) **procepljivati** *-ljujem* (不完) 1. 쫙 찢다 (세게) 2. (길게) 쪼개다 (rascepiti) 3. ~ **se** 찢어지다, 쪼개지다 4. ~ **se** 쩍 소리지르다

proces 1. 과정, 절차; 진행, 진전; *proizvodni* ~ 생산 과정 2. (sudski) ~ (법원의) 심리 공판, 재판; 소송; ~ *komandantima vojske* 군지휘관 재판; *građanski* ~ 민사 소송; *krivički* ~ 형사 소송; *politički* ~ 정치적 소송 **procesni** (形)

procesija 1. (교회의) 행렬, 행진 2. (사람·동물 등의) 줄, 행렬

procesnī *-ā*, *-ō* (形) 참조 proces

procesor (컴퓨터의) 프로세서, 처리기; *centralni* ~ 중앙 프로세서; ~ *za obradu teksta* 워드 프로세서

procrtati *-am* (完) **procrtavati** *-am* (不完) (지도, 그림 등을 투명한 종이 밑에 받쳐 놓고) 베끼다, 투사하다

procuriti *-im* (完) **procurivati** *-rujem* (不完) 1. 새기 시작하다 2. (지붕 등이) 새다, 누수되다; *bure je procurilo* 통이 샜다

procvasti *-atem*; *procvao* (完) 꽃이 피다 (procvetati)

procvat 1. (꽃이) 핌, 개화(開花); *ruža je u ~u* 장미가 피었다 2. (비유적) (어떤 일의) 도약, 도약기, 발전; *on je bio u punom ~u svojih umnih sposobnosti* 그의 지적 능력이 만개하였다

procvetati *-am* (完) 1. 꽃이 피다, 꽃이 피기 시작하다 2. (비유적) 아름다워지다; 명랑하고 쾌활해지다; *otkako se udala, procvetala je* 시집을 가고 난 이후 그녀는 명랑하고 쾌활해졌다 3. (비유적) 발전하다 (razviti se); *industrija je odjednom procvetala* 산업은 한 순간 발전하였다 4. (바다가) 해초로 덮이다; *u Istri je i ove godine more procvetalo* 이스트라는 올 해에도 바다가 해초로 뒤덮였다

procvileti *-im* (完) 1. 흐느껴 울기 시작하다, 징징거리기 시작하다 2. 쉰소리로 말하다, 쉰소리로 말하기 시작하다

pročačkati *-am* (完) 1. 후비다, 후벼 파기 시작하다(코·귀·이 등을); ~ *uvo* 귀를 후비기 시작하다; ~ *lulu* 곰방대를 후비다(깨끗이 청소하다) 2. (불 등을) 뒤적거리다 (활활타도록) (pročarkati, pročeprkati); ~ *štapom mravinjak* 지팡이로 개미집을 뒤적이다 3. 샅샅이 찾기 시작하다, 샅샅이 수색하기 시작하다; *policija je pročačkala njegovo ime* 경찰은 그의 이름을 샅샅이 찾기 시작했다

pročarati *-am*, **pročarkati** *-am* (完) 1. (불이 활활 타오르도록) 뒤적거리다 2. 후벼 파기 시작하다(코·귀·이 등을)

pročaršijati se *-am se* (完) 도심지(čaršija)에서 시간을 보내다, 시내를 거닐다; *ostanite ovde dan-dva, provešću vas svuda, malo ćemo i da se pročaršijamo* 여기에서 하루이틀 머무세요, 제가 당신을 여러 곳에 모시고 다닐께요, 시내도 구경하고요

pročelje 1. (테이블의) 주빈석, 메인 테이블 (회의·연회에서 의장·주빈의 좌석); *sesti u ~ stola* 테이블 주빈석에 앉다 2. (건물의) 정면, 앞면; ~ *hrama* 교회의 전면; ~ *knjige* 책의 앞면 3. (비유적) 지도적 지위(직위), 지도적 역할 (vodeće mesto); *samo odabranici imaju ~a ljudskoga društva* 선

P

979

택된 사람들만이 인간 사회의 지도적 지위를 갖는다

pročelnik 장(長;과장, 부장, 사장 등의) (šef); ~ odeljanja 과장

pročešljati -am 1. (머리·수염 등을) 빗다, 빗질하다 2. (koga) 이 잡듯이 뒤지다, 비난을 쏟아붓다, 비판하다; doktora su na sastanku dobro pročešljali 회의에서 의사를 엄청 털었다(의사에게 비난을 엄청 퍼붓었다) 3. 샅샅이 뒤지다, 샅샅이 수색하다; pročešljali su ceo Beograd, ali ga nisu našli 전 베오그라드를 샅샅이 뒤졌으나, 그를 찾지는 못했다

pročistiti -im; pročišćen (完) **pročišćavati** - am (不完) 1. 깨끗이 하다, 청소하다 (očistiti); ~ kuću 집을 청소하다; ~ pušku 총을 손질하다(청소하다) 2. (길의 눈(雪)·장애물 등을) 치우다, 없애다; kamion se zaglavio jer ekipa nije pročistila put 트럭은 청소팀이 길을 치우지 않아 꼼짝 못하게 되었다 3. (두려움·슬픔 등의 감정을) 깨끗이 없애다, 덜어주다

pročitati -am (完) 1. 읽다, 다 읽다; ~ novine 신문을 (다) 읽다 2. (비유적) (상대방의 의도·감정 등을) 읽다, 간파하다 3. 기타; ~ sudbinu 운명(미래)를 예언하다; ~ ruku (dlan) 손금을 보다, 점을 치다

pročitavati -am (不完) 참조 pročitati

pročuti -čujem (完) 1. 듣다; 들리게 하다 2. 조금 듣다, 부분적으로 듣다; pročuo bi onoga što mu je žena govorila 그는 아내가 말한 것을 조금만 듣고 싶었다 3. ~ se 들리다, 소문이 나다; šta će biti ako se ovo pročuje? 만약 이것이 소문이 나면 무슨 일이 일어날까?; posle žamora pročuje se smeh 웅성거림 후에 웃음소리가 들렸다 4. ~ se 유명해지다; on se pročuo po celom Beogradu 그는 전 베오그라드에서 유명해졌다

pročaskati -am (完) (잠시, 일정 시간) 이야기를 나누다, 담소를 나누다 (porazgovarati)

pročerdati -am (完) 1. (돈·재산 등을) 소비하다, 낭비하다, 탕진하다 2. (비유적) (쓸데없는 일에, 무가치한 일에) 시간을 낭비하다

pročeretati -am (完) 참조 pročaskati

proći prođem; prošao, -šla; prošavši; prođi (完) **prolaziti** -im (不完) 1. 지나다, 가다, 통과하다 (옆으로, 관통하여, 통하여, ~을 따라); tuda prolazi glavni put 저기로 주(主)도로가 지나간다; prolaziti ulicom 길을 따라 가다; ~ pored (mimo, kraj) ~옆을 지나

가다; ~ kroz nešto ~을 통과하여 가다; ekseri su prošli 못이 통과하였다; brod je prošao Bosforom 배는 보스포르 해협을 통과하였다; reka prolazi kroz grad 강은 시내를 관통한다; na svom putu je prošao kroz Beograd 여행길에 베오그라드를 지나갔다; krv je prošla kroz kaput 피는 외투로 배어나왔다; ~ kroz kapija 정문을 통해 지나가다 2. (세월·기간 등이) 지나다, 흐르다, 만료되다; vreme brzo prolazi 시간은 빨리 지나간다; prošlo je pet 다섯(시가) 지났다; otada je prošlo 10 godina 그 때부터 10년이 흘러갔다; prošao je rok za podnošenje žalbe 이의 제기 기간이 만료되었다; prošla je zima 겨울이 흘러 지나갔다; sad mu je prošla temperarura 지금은 그의 체온이 내렸다; prošao je bol 통증이 사라졌다; bilo pa prošlo 과거는 과거이다 (언급할 필요가 없다, 더 이상 고려의 대상이 아니다) 3. 성공적으로 마치다; 어떠하다, ~하다; kako ste prošli na putu 여행은 어떻게 잘 하셨나요?; dobro smo prošli 무사히 잘 마쳤다; kako si prošao na ispitu? 시험은 잘 봤어?; proći kao bos po trnju 비참하게 (시간을) 보내다; ~ sa malom kaznom 약간의 벌금만 물다; prošlo je bez polivanje krvi 피를 흘리지 않고 잘 마무리 하다; ~ peti razred 5학년을 무사히 마치다 4. (법안·제안 등이) 통과하다, 채택되다; vaš predlog je prošao 귀하의 제안이 채택되었다; moje izvinjenje je prošlo 나의 사과는 받아들여졌다 5. (버스·기차 등이) 지나가다, 통과하다; voz je prošao selo 기차는 마을을 통과했다; prošli smo ih 우리는 그들을 앞질렀다; prošao me je bol od zuba 치통이 가라앉았다; sad me je prošao strah 공포심이 사라졌다 6. 살펴보다, 조사하다; ~ gradivo 자료를 살펴보다; ~ beleške 기록을 살펴보다 7. (소문 등이) 퍼지다, 확산하다 (raširiti se); prođe glas po narodu 사람들 사이에 소문이 퍼지다 8. (잠간 동안) 휩싸다 (obuzeti, prožeti); prođe ga nekakva milina 그 어떤 만족감이 그를 휩싼다 9. ~ se 거닐다, 산책하다 (prošetati se); ~ po sobi 방을 거닐다 10. ~ se (nekoga, nečega) ~ 하는 것을 멈추다(중단하다); (사람, 물건을) 그대로 두다, 내버려두다; ~ se politike 정계활동을 중단하다; prođi me se! 날 좀 내버려둬!; prođi se briga 걱정을 그만 해! 11. 기타; ~ dobro 무사히 잘 하다, 성공하다; ~ kroz čije ruke (preko čijih ruku) 협조하다, 협동하다; ~

P

kroz glavu (glavom) 제 정신을 차리다; ~
kroz gvožđe i vatru 힘든 세월을 보내다; ~
kroz sito i rešeto 산전수전을 겪다; ~ *kroz
šibe* 집중 공격(비판)을 받다; ~ *mimo
(pored, pokraj, kraj) koga kao mimo
(pored, pokraj) turskog groblja* 소 닭 쳐다
보듯 지나가다 (아무런 관심도 두지 않고 ~
의 옆을 스쳐 지나가다); ~ *na miru* 손상되
지 않고 남아 있다; ~ *zlo (po zlu, slabo,
rđavo), ~ kao Janko na Kosovu, ~ kao
zelena trava* 성공하지 못하다, 실패하다

prodaja 판매; *biti u ~i* 판매용; *imati nešto na
(za) ~u* 판매할 그 무언가가 있다; ~ *na
malo (veliko)* 소매(도매) 판매

prodajnī *-ā, -ō* (形); 판매의; *~a cena* 판매가;
~i kurs (환전의) 판매가 (selling rate)

prodati *-am*; *prodao, -ala*; *prodan & prodat*;
prodaj (完) **prodavati** *-dajem* (不完) 1. 팔다,
판매하다; ~ *u bescenje (u pola cene)* 헐값
으로(반값으로) 팔다 2. (비유적) 배반하다,
배신하다; *znam ko me je prodao* 누가 나를
배신했는지 알고있다 3. 바꾸다, 교환하다
(razmeniti, zameniti) 4. ~ *se* 돈을 받고 상
대 진영으로 넘어가다 5. 기타; ~ *dušu
đavolu (vragu)* 악마에게 영혼을 팔다; ~ *na
bubanj (na doboš)* 경매로 팔다; *kako čuo,
tako prodao* 들은대로 (다른 사람에게) 말하
다; ~ *rog za sveću* 고의적으로 속이다

prodavac 상인, 판매인(자)

prodavač 참조 prodavac prodavačica

prodavalac *-oca* 참조 prodavac

prodavaona 참조 prodavaonica

prodavaonica 참조 prodavnica; 가게, 상점

prodavati *prodajem* (不完) 참조 prodati

prodavnica 상점, 가게 (radnja)

prodefilirati *-am*, **prodefilovati** *-lujem* (完) 열
병하다, 열병식을 거행하다

prodekan (대학의) 부학장

prodenuti *-nem* (完) **prodevati** *-am* (不完) (좁
은 구멍이나 틈을 통하여) 끌어 당기다; (바
늘 귀에) 실을 꿰다

proder 탈장 (kila, hernija)

proderati *-derem*; *proderao, -ala* (完) 1. (오
랜 사용으로 인해) 해지게 하다, 닳게 하다;
~ *čarape* 양말이 해지다; ~ *šešir* 중절모가
닳다 2. 찢다, 조각조각 찢다 3. 구멍을 내
다 4. (번개가) 치다 5. ~ *se* 해지다, 닳다
(낡아); 찢어지다; *vreća se proderala* 포대
가 찢어졌다 6. ~ *se (na nekoga)* 소리치다,
고함지르다

proderotina (오래 사용하여) 해진 곳, 닳은 곳

prodevati *-am* (不完) 참조 prodenuti

prodika 1. (교회의) 설교 (predika, propoved)
2. 질책, 책망 (grdnja, moralna pouka)

prodiran *-rna, -rno* (形) 1. (눈·시선이) 날카로
운, 꿰뚫어 보는 듯한 (prodoran); ~ *pogled*
날카로운 시선; *~rne oči* 꿰뚫어 보는 듯한
눈 2. 스며드는

prodirati *-em* (不完) 참조 prodreti

prodiskutirati *-am* **prodiskutovati** *-tujem* (完)
논의하다, 의논하다, 상의하다, 토론하다

prodo(l) *-ola* (男) **prodo(l)** *-oli* (女) 계곡, 골
짜기 (dolina, draga, proseka, uvala)

prodobriti se *-im se* (完) (사람이) 좋아지다,
더 좋아지다, 반듯해지다, 훌륭해지다

prodor 1. 침입, 침투 (prodiranje); ~ *kroz
odbranu* 적진 깊숙한 침투 2. (망치 등으로
두드려 만든) 구멍, 틈 (otvor); ~ *u zidu*
벽의 구멍 3. (軍) (적진의) 돌파 (proboj);
napraviti ~ fronta 전선을 돌파하다 4. (내
륙 깊숙이 들어온) 바다의 일부 5. 계곡, 골
짜기 (prodo(l))

prodoran *-rna, -rno* (形) 1. 침입하는, 침투하
는; (눈·시선이) 날카로운, 꿰뚫어 보는 듯한
(oštar, pronicljiv); ~ *igrač* (상대진영에) 침
투하는 선수; ~ *glas* 날카로운 목소리; ~
pogled 예리한 시선 2. (비유적) ~ *čovek* 성
공하려고 단단히 작정한 사람

prodremati *-am* & *-mljem* (完) 잠깐 졸다,
선잠자다; ~내내 졸다; ~ *koncert* 음악회 내
내 졸다

prodreti *prodrem*; *prodro, -rla*; *prodrt*;
prodri (完) **prodirati** *-em* (不完) 1. 뚫고 나
가다, 돌파하다; *voda je prodrla nasip* 물은
제방을 뚫고 샜다; *sunčev zrak je prodro
kroz oblake* 햇빛 줄기는 구름을 뚫고 나갔
다 2. 스며들다, 침입하다, 침투하다; *krv je
prodrla kroz košulju* 피는 셔츠에 스며 나
왔다 3. 뚫다, 뚫고 들어가다, 밀고 들어가다,
헤치고 나가다; ~ *do srži problema* 문제의
핵심까지 파고 들어가다; ~ *kroz
odbrambenu liniju* 방어선을 뚫고 나가다; ~
do ministra 장관에게까지 가다; ~ *u
zgradau* 건물까지 밀고 들어가다 4. (두려움
등이) 온몸을 감싸다, 휩싸다; *prodre me
svežina večeri* 저녁의 서늘함이 온 몸을 감
쌌다; *u njega je prodrla tuga* 그는 슬픔에
휩싸였다 5. (본질·핵심을) 이해하다; *želi da
prodre u zagonetke života* 그는 삶의 본질
을 이해하기를 원했다

prodrmati *-am* (完) 1. (몇 번) 흔들다
(zatresti); *prodrmao je starčevu ruku* 그는

노인의 손을 몇 번 흔들었다 2. (비유적) 많이 당황하게 하다 (uznemiriti); *taj događaj prodrmao je njihove duše* 그 사건은 그들을 매우 당황하게 했다 3. ~ se (몇 번) 흔들리다; *naš se vagon prodrma* 우리 객차는 몇 번 흔들린다 4. (비유적) ~ se 매우 당황하다, 많이 당혹해하다; *i starije žene su se prodrmale* 노파들도 많이 당황했다

prodrmusati -am (完) 1. (몇 번) 흔들다 (prodrmati) 2. (弄談의) 실컷 때리다(두드리다, 패다) 3. (비유적) 비판하다

prodrt -a, -o (形) 1. 참조 prodreti; *~a vreća* 돈을 함부로 낭비하는 사람 2. (목소리가) 쉰 목소리의, 허스키한 (hrapav, promukao)

produbiti -im; *produbljen* (完) **produbljivati** -*ljujem* (不完) 1. (감정·관계·지식 등을) 깊게 하다, 강화하다, 심화시키다; ~ *veze* 관계를 더욱 심화시키다 2. ~ se 깊어지다, 심화되다, 강화되다; *bore na licu su mu se produbile* 그의 얼굴의 주름은 더 깊게 패였다; *njihovo se prijateljstvo produbilo* 그들의 우정은 더욱 깊어졌다

producent (연극·영화·음반·프로그램 등의) 제작자(사), 프로듀서; ~ *filmova* 영화 제작사

producirati -am (完,不完) 1. 생산하다, 제작하다, 제조하다, 만들다 2. (영화·연극 등을) 제작하다 3. ~ se 보여주다

produhati -am & -*šem* (完) **produhavati** (不完) 참조 produvati

produhoviti -im (完) **produhovljivati** -*ljujem* (不完) 영(duh)적으로 충만시키다; *bol ga je produhovila* 통증이 그를 영적으로 충만시켰다

produkcija 1. (공장·산업의) 생산, 생산량 (proizvodnja); *dnevna* ~ 일일 생산량; ~ *zlata* 금 생산 2. 지적 생산물, 문학 작품, 예술 작품 3. (영화·연극의) 제작; ~ *filmova* 영화 제작 **produkcioni** (形)

produkovati -*kujem* (不完) 참조 producirati

produkt -ata 1. 생산물, 제품, 상품; ~ *široke potrošnje* 생필품 2. 지적 노동의 산물, 문학적·예술적 산물; ~ *fantazije* 판타지물 3. (보통 複數로) 식가공 제품; *mlečni ~i* 유제품 4. (비유적) (~의) 결과물, 산물 (posledice, rezultat čega)

produktivan -*vna*, -*vno* (形) 1. (상품·작물을 특히 대량으로) 생산하는, 산출하는; ~ *rad* 생산 노동; ~*vno sredstvo* 생산 수단 2. 결실 있는, 생산적인

produktivnost (女) 생산성

produljiti -im (完) **produljivati** -*ljujem* (不完) 참조 produžiti; 길게 하다, 늘이다; (기간 등을) 연장하다

produljiv -a, -o (形) 늘일 수 있는, 길게할 수 있는 (produživ)

produljivati -*ljujem* (不完) 참조 produljiti

produvati -am (完) **produvavati** -am (不完) 1. 훅 불다, 훅 불어 깨끗이 청소하다; ~ *cev* 훅 불어 관을 깨끗이 하다 2. (바람이) 불다; *produvao me je vetar* 바람이 나한테 불어왔다; *grad je produvala košava* 도시는 바람(코샤바)가 불었다 3. (몇 번) 크게 숨을 쉬다

produžavač 참조 produživač

produžavati -am (不完) 참조 produžiti

produženje (동사파생 명사) produžiti; ~ *menice (vize)* 어음(비자) 연장

produžetak -*eci* 1. 연장, 연속, 계속, 지속; ~ *vize* 비자 연장; ~ *priče* 이야기의 계속; ~ *za struju* (전기의) 연장 코드 2. (스포츠의) 연장(전)

produžiti -im (完) **produžavati** -am, **produživati** -*žujem* (不完) 1. 길게 하다, 늘이다; ~ *suknju(kaput)* 치마(코트)의 길이를 길게 하다 2. (시간을) 연장하다; ~ *vizu (rok plaćanja)* 비자 (납부 기한)를 연장하다 3. 계속 쭉 진행하다(가다), 계속하다; *molim vas, produžite* 계속 쭉 가세요(진행하세요); ~ *razgovor* 대화를 계속하다; ~ *bolovanje* 병가(病暇)를 연장하다 4. ~ se 계속되다, 지속되다; *put se produžavao danima* 여행은 몇 날 몇 일이고 계속되었다; *ovo se nešto produžilo* 이것은 어쩐지 끌리는 것 같다 (길어서 질질 끌리는 것 같다)

produživač 마진 릴리스 (타자기의)

prođa 판매, 매상 (prodaja, promet); *imati dobru ~u* 판매가 잘 되다, 매상이 많이 오르다; *ova roba ima dobru ~u* 이 상품은 잘 팔린다; *ovaj film ima dobru ~u* 이 영화는 관객이 많다

prođavoliti -im (完) 1. 말썽꾸러기(davo)처럼 행동하다 2. ~ se 말썽꾸러기가 되다

profa (男) (愛稱) profesor; 교사, 교수

profan -a, -o (形) 1. 세속적인, 통속적인 (svetovan); ~ *čovek* 세속적인 사람; ~*o zadovoljstvo* 세속적 만족 2. 신성 모독적인, 불경스런 3. 전문 지식이 없는, 깊이가 없는, 문외한의

profanacija 신성(神聖) 모독, 신성을 더럽힘 (oskvrnuće, obesvećenje, svetogrđe)

profanirati -am **profanisati** -*šem* (完,不完) 신성을 모독하다, 신성을 더럽히다; 저속하게

하다, 통속화 시키다 (obeščastiti, obesvetiti)

profašist(a) 친파시스트주의자 profašistkinja

profašistički -ā, -ō (形) 친파시스트주의의, 친파시스트주의자의

profašizam 친파시스트주의

profesija 직업, 직종

profesionalac 직업 선수, 직업적인 사람, 전문가

profesionalan -lna, -lno (形) 직업의, 직업적인; ~ političar 직업 정치인; ~ revolucionar 직업 혁명가; ~ svirač 직업 연주가; ~lna bolest 직업병; ~lna tajna 영업 비밀, 사업상의 비밀

profesionalizam -zma 프로 근성, 전문가적 기질, 전문성

profesor 교사, 교수 profesorka, profesorica; univerzitetski (sveučilišni) ~ 대학 교수; redovni ~ 정교수; vanredni ~ 부교수; gimnazijski ~ 고등학교 교사 profesorski (形); ~a zbora 교수 회의

profesura 교수직

profil 1. 옆얼굴, 옆모습 2. (건물 등의) 횡단면, 단면도 3. (직업을 특징하는) 주요 특징, 전형적 특징 4. 윤곽, 윤곽선 (obris, kontura) 5. (차바퀴·타이어의) 접지면,트레드

profilaksa (질병의) 예방, 예방 의학

profilaktičan -čna, -čno (形) (질병) 예방의, 예방 처치의, 예방 의학의; ~čna vakcinacija 예방 주사; ~čni lekovi 예방약

profiniti -im; profinjen (完) 1. (말·태도 등을) 세련되게 하다, 우아하게 하다, 품위있게 하다 2. ~ se 세련되다, 우아해지다, 품위있어지다

profinjen -a, -o (形) 참조 profiniti; 세련되, 우아한, 품위있는

profircati -am (完) 바느질하다 (prošiti)

profit (금전적인) 이익, 수익, 수입 (dobitak, zarada); izvući ~ 이익을 얻다; čisti ~ 순수익

profiter 부당 이익자, 폭리 획득자; ratni ~ 전쟁을 기회로 삼아 이익을 취하는 사람

profitirati -am (完,不完) 이익을 얻다, 이득을 취하다; jedni su ratovali, a drugi su od toga profitirali 어떤 사람들은 전쟁을 하고, 다른 사람들은 그 전쟁에서 돈을 벌었다

profućkati -am (完) 1. (돈·재산 등을) 헛되이 낭비하다, 탕진하다 (proćerdati); ~ novac 돈을 낭비하다; ~ mladost 젊음을 탕진하다 2. (비유적) 실패하다, 잘못된 길로 가다

proganjati -am (不完) 참조 progoniti; 박해하

다, 학대하다; 못살게 굴다, 귀찮게 굴다, 괴롭히다

proglas 1. (정부·정당 등의 주요 사건들에 대한) 성명(서), 선언(서) 2. 선동 삐라, 격문 (agitacioni letak)

proglasiti -im (完) proglašavati -am (不完) 1. 선언하다, 선포하다, 공표하다; njega su proglasili pobednikom 그를 승자로 선언했다; on se proglasio carem 그는 자신을 황제로 선포했다; on je proglašen za počasnoga doktora 그에게 명예박사 학위가 수여되었다; ~ nepoželjnom ličnošću 그를 기피인물로 발표했다; ~ nekoga mrtvim 누구의 사망을 발표하다; ~ ustav 헌법을 선포하다 2. (직위 등에) 임명하다 (imenovati); danas posle podne proglasiću vas službenim kandidatom 오늘 오후에 당신을 공식 후보로 임명할 것이다

proglašenje (동사파생 명사) proglasiti; ~ ustava 헌법 선포; ~ (koga) za kralja 왕위 등극 선포

progledati -am (完) 1. 보다, 보기 시작하다; 시력을 회복하다; štenci nisu još progledali 강아지들은 아직 보지 못하였다; posle operacije je progledao 수술후에 시력을 회복하였다; ~ kome kroz prste 관대하게 대하다, 너그럽게 봐주다 2. 눈을 뜨다, 깨어나다 3. 알아차리다, 깨닫다, 인식하다 (shvatiti); situaciju je jasno progledao 상황을 명확하게 인식하였다

proglodati proglođem (完) (앞니로) 쏠다, 갉아먹다, 갉아 구멍을 내다

prognanik 유배자, 망명자, 추방된 사람 (izgnanik) prognanica; prognanički (形)

prognanstvo 망명, 유배, 추방 (progonstvo)

prognati -am & proženem (完) progoniti -im (不完) 1. (가축 등을) 쫓다, 쫓아내다, 몰다, 몰고가다; prognaše deca čopor goveda na pašnjak 아이들이 소떼를 목초지로 몰았다 2. 추방하다, 유배시키다 (국외로, 사람이 살지 않는 곳으로); prognan je iz zemlje 그는 국가에서 추방되었다

progneviti -im (完) 1. 화(gnev)가 나게 하다, 화를 돋우다 2. ~ se 화가 나다

prognosticirati -am (不完) 예측하다, 예보하다

prognostičar 예보자, 예측자

prognoza 예측, 예보; ~ vremena 일기 예보

prognozirati -am 예측하다, 예보하다

progon 박해, 압제; 추방, 유배; 쫓음

progonilac -ioca; progonilaca (=progonitelj) 1. 박해자, 압제자 2. 추적자

983

progoniti *-im* (不完) 참조 prognati

progonstvo 추방, 망명, 유배; *otići u ~* 망명을 떠나다; *oterati u ~* 추방하다; *živeti u ~u* 망명생활을 하다

progoreti *-im* (完) **progorevati** *-am* (不完) 1. (불에) 타다, 불에 타 구멍이 나다; *košulja mu je progorela od cigarete* 그의 와이셔츠는 담뱃불로 인해 탔다(구멍이 났다); *~ grede* 들보가 탔다 2. (햇볕에) 타다, 그을리다

progovoriti *-im* (完) **progovarati** *-am* (不完) 1. 말하다, 말하기 시작하다; *dete je progovorilo* 아이는 말하기 시작했다; *ne progovoriti ni reči* 말을 한 마디도 하지 않다 2. (말·제스처 등으로) 말하다, 자신의 감정을 표현하다 3. 기타; *Bog iz tebe progovorio* 네가 말한 것이 실현되었다(입증되었다); *progovoriće na lakat* 그의 입을 다물게 할 수는 없다 (그를 침묵시킬 수는 없다); *progovorila je krv* 1)이성이 아닌 감정이 앞섰다 2)선조(조상)와 비슷했다

program (업무 수행·전개를 위한) 계획, 프로그램; (라디오·텔레비전의) 프로, 프로그램; (연극·콘서트 등에 대한 안내를 담은) 프로그램; (컴퓨터의) 작동 프로그램; (공연·행사 등의) 진행 순서, 프로그램; *~ nuklearnog razvoja* 핵 개발 프로그램; *istraživački ~* 연구 프로그램; *~ putovanja* 여행 계획; *kupiti ~* (공연) 프로그램을 사다; *prva tačka ~a (na ~u)* 공연의 첫 번째 순서; *biti na ~u* 프로그램에 있다, *školski ~* (학교의) 커리큘럼; *~ iz fizike* 물리 프로그램; *izvršti (napisati, napuniti, startovati) ~* 프로그램을 완수하다 (쓰다, 보충하다, 시작하다)

programer (컴퓨터의) 프로그래머

programirati *-am* (完,不完) 프로그램을 짜다

progres 발전, 발달, 진행, 진보, 향상; 전진, 진척; (앞으로·무엇을 향해) 감, 나아감 (napredak); *društveni ~* 사회 발전; *tehnički ~* 기술 발전

progresija (數) 수열(數列); *aritmetička ~* 등차 수열; *geometrijska ~* 등비 수열

progresivan *-vna, -vno* (形) 1. (제도·주의·방침 등이) 진보적인, 전진적인; 발전하는, 향상하는; *~vna paraliza* (病理) 전신 마비; 매독에 의한 진행성 마비·치매 2. 점진적인, 꾸준히 진행되는; (세금이) 누진적인, 등급을 매긴; *~vno oporezivanje* 누진 과세; *~ porez* 누진세

progristi *progrizem*; *progrizao, -zla*; *progrizen, -ena* (完) **progrizati** *-am* (不完) 1. 물어 (뜯어) 구멍을 내다, 물어뜯다; *moljac mi je progrizao haljinu* 나방이 내 드레스를 좀먹었다; *crv je progrizao tikvu* 벌레가 호박을 갉아먹었다 2. (오랫동안 사용하여) 구멍이 나다; (화학 작용으로 인해) 구멍이 나다; *kiselina je progrizla plastiku* 산(酸)이 플라스틱에 구멍을 냈다 3. (토지·암석 등을) 침식시키다 (podlokati)

progrmeti *-im* (完) 1. 천둥이 멈추다, 천둥 소리가 멈추다 (prestati grmeti) 2. 천둥 소리를 내며 지나가다, 큰 소리를 내며 지나가다, 천둥 소리를 내다; *nisko iznad kuće... silovito progrmi dvokrilni avion* 집 위에 낮게 떠서... 천둥 소리를 내며 비행기가 날아갔다; *najgore je progrmelo* 최악의 사태는 지나갔다; *tenkovi su progrmeli* 탱크는 요란한 소리를 내며 지나갔다

progrušati *-am* (完) 1. 흰머리가 나게 하다, (머리가) 회색으로 되게 하다, 희끄무레하게 만들다 2. 머리가 회색으로 되다, 희끄무레해지다 3. 시들기 시작하다 4. *~ se* 흰머리가 나다, (머리가) 회색으로 물들다, 희끄무레해지다 5. (비유적) (하늘이) 부분적으로 구름이 끼다 6. *~ se* (우유가) 응유되다, 덩어리지다, (피 등이) 응결되다, 응고되다; *mleko se progrušalo* 우유가 응유되었다

progunđati *-am* (完) 투덜거리다, 툴툴거리다, 툴툴거리면서 말하다 (불만·불평 등을)

progurati *-am,* **progurnuti** *-nem* (完) 1. 밀다, 밀어 넣다, 쑤셔 넣다; *žicu kroz cev* 관으로 철사를 밀어 넣다; *~ dugme kroz rupicu* 단추를 단추구멍에 밀어 넣다 2. (비유적) (실현·실천·해결 등을) 밀어붙이다, 밀고 나가다; *~ sovstveni nacrt zakona u parlamentu* 국회에서 자신의 법률 초안을 밀어붙이다 3. (비유적) (난관·어려움·질병 등을) 이겨내다, 극복하다; *jedva progurasmo zimu* 우리는 간신히 겨울을 이겨냈다

progutati *-am* (完) 1. (음식 등을) 먹다, 삼키다 2. (비유적) (홍수 등이) 삼키다, 집어 삼키다; 파괴시키다; *more ga je progutalo* 바다가 그를 삼켰다; *vatra je progutala šumu* 화재가 숲을 삼켰다 3. (비유적) (부당함·불쾌함 등을) 묵묵히 참고 견디다, 삼키다; 겪다, 당하다; *~ uvredu* 모욕을 묵묵히 견디다; *~ tajnu* 비밀을 침묵으로 지키다; *~ batine* 매질을 (묵묵히) 당하다 4. (비유적) (많은 관심을 가지고) 매우 빨리 읽다; 말을 흐리다, 불분명하게 말하다; *~ knjigu* 책을 아주 빨리 읽다; *hteo si još nešto da kažeš, ali si progutao* 너는 뭔가 더 말하려고 했지만 말

을 흐렸다 5. 기타; *kao da je metlu (banderu, motku) progutao* 뻣뻣해지다, 굳어지다; *progutala ga je raka* 죽었다; *progutao ga je mrak (noć, pomrčina, tama)* 영원히 사라졌다, 살해당했다; ~ *jezik* (꿀먹은 벙어리 마냥) 말을 하려 하지 않는 사람을 이르는 말; ~ *koga očima (pogledom)* 뚫어지게 바라보다 (눈도 깜짝하지 않고 쳐다보다, 관심을 가지고 바라보다); ~ *pilulu* 묵묵히 참다, 견디다 (모욕·부당함 등을); ~ *udicu* 뇌물을 받다, 낚시밥에 걸리다; ~ *žabu* 불편함을 겪다

proharčiti *-im* (完) (돈·재산 등을) 낭비하다, 탕진하다, 소비하다 (proćerdati, profućkati, spiskati)

prohibicija (법에 의한) 금지 (주류의 생산 및 판매 등의) **prohibicioni** (形)

prohibicionist(a) (특히 주류 판매) 금지론자

prohibitivan *-vna, -vno* (形) (법으로) 금지하는; ~*vna carina* (수입을 불가능하게 하는) 보호 관세(율)

prohladan *-dna, -dno* (形) 조금 추운, 서늘한

prohladiti *-im* (完) **prohlađivati** *-đujem* (不完) 조금 추워지다; *kad vreme prohladi...* 날씨가 서늘해지면

prohod 1. 산책, 산보 (šetnja) 2. (교회의) 행렬, 행진 (procesija, litija) 3. 다닐 수 있는 길 (prohodan put)

prohodan *-dna, -dno* (形) 다닐 수 있는, 통행할 수 있는; ~ *put* 통행이 가능한 도로

prohodati *-am* (完) 1. (아이가) 걷기 시작하다 2. 가다, 다니다 3. 왔다 갔다 하다, 돌아다니다; *prohodao je nekoliko časova po sobi* 온 방을 몇 시간 동안 왔다 갔다 했다 4. (동물을) 걷게 하다, 산책시키다 (유연성을 강화하기 위해); ~ *konja* 말을 걷게 하다 5. ~ se 산책하다 (prošetati se)

prohteti se *prohte se & prohtedne se* (完) (無人稱文으로) ~하고픈 강한 욕망(열망)을 느끼다(갖다); *njemu se prohtelo da putuje u Evropu* 유럽을 여행하고픈 강한 열망을 느꼈다; *meni se prohtelo pivo* 나는 맥주가 아주 마시고 싶었다

prohtev 1. (~하고픈 강한) 열망, 욕망, 갈망; *zadovoljiti* ~ 욕망을 충족시키다; *imati velike* ~*e* 커다란 욕망을 가지다 2. 식탐(食貪)

prohujati *-jim* (完) 1. (휙 소리를 내며) 휙 지나가다; *meci su prohujali visoko nad našim glavama* 탄환은 우리 머리 위로 높게 휙 지나갔다; *prohujalo s vihorom* 바람과 함께

사라지다 2. (비유적) 사방으로 빨리 퍼져 나가다, 확산하다; *smeh je kao zaraza prohujao iz kupeja u kupe* 미소는 마치 전염병처럼 쿠페에서 쿠페로 퍼져 나갔다 3. (비유적) (시간이) 지나가다, 흘러가다; *prohujali dani mladosti i sreće* 젊은 날과 행복한 날들이 빨리 지나갔다

proigrati *-am* (完) **proigravati** *-am* (不完) 1. (카드 등의) 도박판에서 돈을 잃다 (prokockati); ~ *imanje* 도박판에서 재산을 잃다 2. (비유적) (기회 등을) 잃다, 상실하다; 손해(손실)를 보다; ~ *šansu* 기회를 상실하다 3. (일정 시간) 춤추다; 춤추기 시작하다; ~ *celu noć* 밤새 춤을 추다

proiguman 전(前)수도원장 (bivši iguman)

proishoditi *-im* (不完) 1. (~로부터) 기원하다, 시작하다; *on tvrdi da čovek proishodi od Adama i Eve* 사람은 아담과 이브로부터 기원한다고 말한다 2. (~의 결과로서) 나타나다

proisteći *-čem & -teknem*; *proistekao, -kla*; *proteci & protekni* (完) **proisticati** *-čem* (不完) 참조 proizići

proizaći *proizađem* (=proizići) (完) 1. (~로부터) 기원하다, 시작하다; *čovek je proizašao iz majmuna* 인간은 원숭이로부터 유래한다 2. (~의 결과로써) 나타나다; *ti stavovi su proizašli iz njegovog načina života* 그러한 입장은 그의 삶의 방식에서 나온다

proizići *-iziđem*; *-izišao, -izišla*; *-iziđi* (完) **proizlaziti** *-im* (不完) 1. 기원하다, 나오다, 유래하다; *on proizlazi iz bogate porodice* 그는 부유한 집안 출신이다 2. (~의 결과로서) 나타나다; *nesreća je proizašla iz nesporazuma* 불행은 의사소통의 불일치로 생겨났다

proiznaći *proiznađem* (完) 찾다, 발견하다 (pronaći, iznaći)

proiznalaziti *-im* (不完) 참조 proiznaći

proizvesti *proizvedem*; *proizveo, -vela*; *proizveden, -ena* (完) **proizvoditi** *-im* (不完) 1. ~의 원인이 되다, ~을 야기시키다, 유발시키다; *mogao bi* ~ *opasne povrede* 위험한 부상을 야기시킬 수 있다 2. (어떠한 감정·인상 등을) 야기시키다, 남기다; ~ *utisak na nekoga* ~에 대한 인상을 남기다 3. 승진시키다, 진급시키다; ~ *pukovnika u generala* 대령을 장군으로 진급시키다; *on se sam proizveo za direktora* 그는 자기 자신을 디렉터로 임명했다 4. 생산하다, 제조하다, 만들다; ~ *robe za tržište* 시장에 내다 팔 물

P

건을 만들다; ~ *automobile* 자동차를 생산하
다 5. ~ *se (s kim)* 일어나다, 발생하다
(dogoditi se, zbiti se)
proizvod 1. 제품, 상품, 생산물, 생산품; ~*i*
široke potrošnje 생필품; *izneti nov ~ na*
tržište 시장에 신제품을 출하하다 2. (보통
複數로) 식품; *agrarni (mlečni, prehrambeni)*
~*i* 농산물(유제품, 가공식품) 3. (數) (곱하기
하여 얻은) 결과 4. (어떤 원인에 의해 생긴)
결과; (스포츠 경기·대회·선거 등의) 결과
proizvoditi –*im* (不完) 참조 proizvesti
proizvodnik 참조 proizvozač
proizvodnja (공장의, 한 산업 분야의) 생산,
생산량; ~ *čelika (olova, šibica)* 철강 (납,
성냥) 생산(량); ~ *plastične mase* 플라스틱
제품의 생산; *sredstva za ~u* 생산 수단;
domaća (svetska) ~ 국내(세계) 생산
proizvodni (形); ~ *troškovi* 생산비; ~*e*
snage 생산력(자본과 노동 등의)
proizvozač 생산자, 제조자
proizvoljan –*ljna*, –*ljno* (形) 자의적인, 임의적
인, 제멋대로인; 전횡을 일삼는, 독단적인;
근거 없는, 사실 무근의; ~*ljna optužba* 근거
없는 비난; *zamisli neki ~ broj* 임의의 숫자
를 생각해 봐!; ~*ljno rešenje* 독단적인 해결
proja 1. 빵의 한 종류(프로야); 옥수수 빵 2.
(植) 수수, 기장 (proso)
projahati –*šem* (完) **projahivati** –*hujem* (不完)
1. 말을 타고 가다, 말을 타고 지나가다; ~
kraj kuće 집 근처를 말을 타고 지나가다 2.
(他) ~ *konja* (말위에 타고 있으면서) 말을
조금 걷게 하다
projaviti –*im* (完) ~ *ovce* 말을 목초지로 몰고
가다
projedati –*am* (不完) 참조 projesti
projedriti –*im* (完) (~옆을) 항해해 가다, 요트
를 타고 가다
projek(a)t –*kta* 1. (...할) 계획, 기획, 안(案),
프로젝트; ~ *ugovora* 계약 초안; *imati u ~u*
계획하다, 기획하다 2. (건축물 등의) 설계도,
평면도; (기계 등의) 도해(圖解) (nacrt); ~
kuće 집의 평면도
projekcija 투사도, 투영도; 투사, 투영, 영사;
(투사된) 영상 **projekcioni** (形); ~ *aparat* 영
사기
projektant 1. 기획자, 기안자, 설계자 2. 건축
사 **projektanski** (形); ~ *biro* 설계 사무소
projektil (軍) (총알같은) 발사체, 미사일;
dirigovani ~*i* 유도 미사일; ~ *sa*
radiovođenjem 무선 조종 미사일; ~
vazduh-vazduh 공대공 미사일; *balistički* ~

대륙간 탄도 미사일
projektirati –*am*, **projektovati** –*tujem* (完,不完)
1. 설계도면을 그리다, 평면도를 그리다; ~
kuću (most) 주택 (교량)의 설계도를 그리다
2. 기획하다, 안(案)을 만들다; ~ *zakon* 법률
의 초안을 만들다 3. 계획하다; *šta si*
projektovao za iduće leto? 내년 여름 계획
을 어떻게 짰느냐?
projektivnī –*ā*, –*ō* (形) ~*a geometrija* 사영(射
影) 기하학
projektor 영사기, 프로젝터; ~ *za filmove* 영
화 영사기 **projektorski** (形)
projesti –*jedem* (完) **projedati** –*am* (不完) 1.
부식시키다; *rđa je projela čelik* 녹이 강철
을 부식시켰다 2. 먹기 시작하다 3. ~ *se* 욕
창이 나다 (환자가 오랫동안 누워있어) 4. ~
se 많이 먹기 시작하다, 식욕이 생기다;
projelo mi se 먹고 싶은 마음이 굴뚝같았다
projicirati –*am* (完,不完) ~ *film* (영화) 영사기
로 영화를 스크린에 비추다, 영사하다
projunačiti se –*im se* (完) 영웅(junak)이 되다
projuriti –*im* (完) **projurivati** –*rujem* (不完) 1.
(~옆을) 급히 지나가다; *projurio je pored*
mene 내 옆을 급히 갔다; *metak mu je*
projurio kroz glavu 총알이 그의 머리 위로
스쳐 지나갔다 2. (시간이) 빨리 지나가다,
쏜살같이 지나가다; *projuri sati i nabrzo*
svanu zora 시간이 빨리 지나 곧 동이 튼다
3. (어떤 공간·지역을) 급히 지나다;
projurivši nekoliko brda, puče pred nama
početak ravnice 몇 개의 언덕을 지나고 나
서, 우리 앞에 평원의 시작이 펼쳐진다 3.
쫓다, 쫓아내다 (prognati, proterati)
prokapati –*am* & –*pljem* (完) **prokapljivati** –
am **prokapljivati** –*ljujem* (不完) 1. (iz čega,
nečim) (自) (액체가) 뚝뚝 떨어지기 시작하
다; *krv joj iz rebara prokapala* 그녀의 갈비
에서 피가 뚝뚝 떨어지기 시작했다 2. 눈물
을 흘리다, 울다 3. (他) 적시다, 뚝뚝 떨어
뜨리다 (natopiti, nakvasiti); *moj krov neće*
~ 우리집 지붕은 새지 않을 것이다
prokartati –*am* (完) 1. (카드 게임에서, 노름에
서) 돈을 잃다; ~ *imanje* 카드놀이로 재산을
다 날리다 (proigrati, prokockati) (反;
iskartati 카드 게임에서 돈을 따다) 2. ~ *se*
카드를 치기 시작하다; 카드 도박꾼이 되다;
prokartali su se oko ponoći 자정 무렵에 카
드를 치기 시작했다
prokasati –*am* (完) 1. (~옆을) 말이 속보(kas)
로 지나다 2. (조금, 잠시동안) 속보하다
prokašljati –*am* (完) 1. 기침하기 시작하다 2.

(일정 기간) 기침하다; ~ *celu noć* 밤새 내내
기침을 하다 3. ~ se 조금 기침하다 4. ~ se
(잔 기침을 함으로써) 이목(주목)을 끌다 5.
~ se (기침함으로써) 목을 가다듬다
prokaza 1. (病理) 수증(水症) (vodena bolest)
2. 나병, 문둥병 (guba)
prokazati *-žem* (完) prokazivati *-zujem* (不完)
1. (당국에) 밀고하다, 고발하다 (주로 정치
적 반대자를) (denuncirati); ~ *nekoga* 누구
를 밀고하다 2. 폭로하다, 누설하다 (odati)
3. (앞으로 일어날 일을) 미리 말하다 4. ~se
누설되다, 폭로되다 5. ~ se 모든 사람들에
게 알려지다
prokazivač 밀고자, 고발자 (denuncijant)
prokazivati *-zujem* (不完) 참조 prokazati
prokažen *-a*, *-o* (形) 1. 나병의, 문둥병의
(gubav, leprozan) 2. (비유적) 외면당하는,
배척당하는; ~ *od društva* 사회로부터 배척
당한
prokelj (植) 꽃상추의 일종 (샐러드용)
prokisao *-sla*, *-slo* (形) 흠뻑 젖은; ~ *do srži*
완전히 흠뻑 젖은
prokiseo, *-ela*, *-elo* (形) 신, 시큼한
prokisivati *-sujem* (不完) prokisnuti
prokisnuti *-nem*; prokisnuo, *-ula* & prokisao,
-sla (完) prokisivati *-sujem* (不完) 1. (비를
맞아) 흠뻑 젖다; ~ *do srži* 완전히 흠뻑 젖
다; *kao prokiselo pseto (vući se)* 마치 비맞
은 개처럼 (천천히, 아주 힘들게 걷다); *kao
prokisli vrabac (držati se)* 비맞은 참새처럼
(아주 풀죽어 있다) 2. (지붕이) 새다, 빗물이
새다; *krov nam je prokisao* 우리집 지붕이
샌다
prokisnuti *-nem*; prokisnuo, *-ula* & prokisao,
-sla (完) prokisivati *-sujem* (不完) 시어지
다, 시큼해지다 (ukisnuti); *mleko je
prokislo* 우유가 시큼해졌다
prokišnjavati *-am* (不完) 참조 prokisnuti; (비
에) 흠뻑 젖다, (지붕이) 새다
proklamacija 선언, 선포; 선언서, 성명서
proklamirati *-am*, proklamovati *-mujem* (完,
不完) 선언하다, 선포하다 (proglasiti,
objaviti)
proklet *-a*, *-o* (形) 1. 참조 prokleti 2. 저주받
은, 가증스러운 구역질나는 (odvratan,
mrzak); *ništa mi ne ide od ruke, kao da
sam* ~ 저주받은 것처럼 내게 잘 되어가는
것이 아무 것도 없다 3. 자기자신만을 생각
하는, 이기적인 (sebičan); *suviše je* ~ *da bi
kome ostavio imanje* 그가 누군가에게 재산
을 남겨놓기에는 너무나도 이기적이다 4.

(口語) (뭔가를 책망·질책하거나 비난할 때의)
빌어먹을; *nažuljale su me* ~*e čizme* 빌어먹
을 놈의 부츠가 너무 내 발에 꽉 끼었다 5.
기타; ~ *bio (bila)!* 망할 놈의 (대노하였을
때 말하는); ~*o ti bilo!*
prokleti *prokunem*; prokleo, *-ela*; proklet (完)
proklinjati *-em* (不完) 1. 저주하다, 악담하
다 2. (분노를 폭발시키면서) 비난하다, 혹평
하다, 책망하다
prokletinja 1. 사악한 사람, 저주받은 사람 2.
저주받은 곳(땅·장소) 3. 저주
prokletnik, prokletnica 1. 사악한 사람, 저주
받은 사람; 악마; *on je* ~ *koga je svet
prokleo* 그는 세상이 저주를 퍼부은 저주받
은 사람이다 2. 낙담한 사람, 희망을 잃은
사람; *vekovi prolaze, a mi* ~*tnici i dalje
robujemo* 세월은 흘러가는데, 우리들 희망
을 잃은 사람들은 계속 노예생활을 하는구나
3. 많은 난관(어려움)을 초래하는 사람 4.
(口語) (질책하면서) *kud ćeš* ~*tniče? - hvata
me baba za kaput* 어디 갈 나쁜 놈아 어딜 가?
-라고 하면서 할머니가 내 외투를 잡았다
prokletstvo 1. 저주, 증오; *baciti* ~ *na nekoga*
~를 저주하다 2. 불운, 불행 (nesreća);
pratilo ga je ~ 불운이 그를 따라다녔다 3.
불운(불행)을 야기하는 사람; *on je* ~ *za naš
narod* 그는 우리 민족의 불행의 씨앗이다 4.
(종종 감탄사로써 사용되어) 빌어먹을, 제기
랄, 가증스런; ~*! opet se pokvario lift!* 빌어
먹을, 또 엘리베이터가 고장났군!
proklijati *-a* (完) 1. (식물이) 싹이 트다(돋다),
눈이 나다, 봉우리가 맺다 2. 크다, 자라다,
성장하다 (izrasti) 3. (비유적) 나타나다; 발
전하다 (nastati, izbiti, razviti se);
proklijalo je mnogo novih teorija 많은 새로
운 이론들이 나타났다
proklijavati *-am* (不完) 참조 proklijati
proklinjati *-em* (不完) 참조 prokleti
proklitika (言) 후접어 proklitički (形)
proključati *-am* (完) 1. (물 등이) 끓다, 끓기
시작하다 2. (비유적) (물 등이) 콸콸 쏟아지
기 시작하다, 콸콸 흐르기 시작하다; 흐르
다 3. (비유적) (감정이) 급격히 들끓다;
ogorčenje je ponovo proključalo 분노가 또
다시 들끓었다 4. (비유적) 소란스러워지다,
들끓다, 술렁이다 (uskomešati se); *selo je
proključalo* 마을이 소란스러워졌다
prokljuvati *-ljujem* (完) (새 등이) 부리(kljun)
로 쪼다, 부리로 쪼아 (껍질에) 구멍을 내다
prokljuviti *-im* (完) 1. 부리로 쪼다
(prokljuvati) 2. (비유적) 조사하여 알아내다;

이해하다; *prokljuvio je šta Ana o tome misli* 아나가 그것에 대해 어떻게 생각하는지를 알아냈다 3. ~ **se** (알려지지 않았던 사실들이) 알려지다 (saznati se, proučiti se); *prokljuvilo se da su oni lekari* 그들이 의사이다는 것이 알려졌다 4. ~ **se** 부화하다, 알에서 깨다; *pile se prokljuvilo iz jajeta* 병아리가 알에서 알을 깨고 나왔다

proknjižiti -*im* (完) 경리(회계) 장부에 기입하다

prokockati -*am* (完) 1. 노름해서 잃다 (proćerdati); *prokockao je dve plate* 그는 노름해서 2개월치 월급을 잃었다 2. ~ **se** 노름하기 시작하다; *prvo su igrali i pevali, a uveče su se i prokockali* 먼저 그들은 게임을 하고 노래를 불렀으며, 이후 저녁에 노름을 하기 시작했다 3. 노름꾼이 되다; *on se prokockao u četrdesetoj godini* 그는 40대에 노름꾼이 되었다

prokola 1. (자른 것의) 큰 부분, 큰 쪽 (예를 들자면 양파의) 2. 양배추 (싱싱한 것 혹은 절인 것의)

prokomentarisati -*šem*, **prokomentirati** -*am* (完) 논평하다, 견해를 밝히다

prokontrolirati -*am*, **prokontrolisati** -*šem* (完) 감독하다, 감시하다; 통제하다, 제어하다

prokop 수로(水路), 도랑, 해자(垓子), 배수로; 참호 (rov, kanal, jarak)

prokopati -*am* (完) **prokopavati** -*am* (不完) 1. 도랑을 파다, 참호를 파다 2. (비유적) 알아내다; 뒤적이다; *prokopao je Milan sve knjige da bi to saznao* 밀란은 그것을 알기 위해 모든 책들을 뒤졌다

prokrasti se *prokradem se* (完) 1. 살금살금 가다, 몰래 가다; *nekoliko demonstranata uspelo da se prokrade kroz kordon* 몇 몇 시위대원들은 저지선을 뚫고 나가는데 성공했다; *prokrade se na prstima i pobeže* 발가락으로 살살 가서 도망친다 2. 눈치채지 못하게 나타나다; *suza...pokrade se niz lice stare gospode* 눈물이... 노부인의 얼굴을 타고 조금 흘러내린다; *kroz lišće se prokralo sunce* 잎 사이로 해가 살며시 나타난다

prokrčiti -*im* (完) **prokrčavati** -*am*, **prokrčivati** -*čujem* (不完) 1. (나무 뿌리를 파내면서) 깨끗이 다 없애다, 깨끗하게 하다; (땅을) 경작할 준비를 하다, 농사지을 수 있게 준비하다; ~ *šumu* 숲을 잘라내다(깨끗이 없애다) 2. (비유적) (어려움·장애물·방해물 등을) 제거하다, 없애다, 싹 쓸어버리다 3.

기타; ~ *put* ~에 적당한 조건을 만들다; ~ *sebi put* 목적을 실현하다, 주요 위치에 오르다

prokrijumčariti -*im* (完) 1. 밀수하다, 밀반입(출)하다 (prošvercati); ~ *oružje* 무기를 밀수하다 2. (비유적) (허용되지 않은 방법으로) 하다, 행하다, 실행하다; ~ *ispite* 부정한 방법으로 시험을 보다 3. ~ **se** 몰래(알아차릴 수 없게) 들어가다, 빠져 나가다; ~ *se na tuđi teritoriji* 밀입국하다

prokrstariti -*im* (完) 1. (유람선 등이) 항해하다, 천천히 다니다 2. (어떤 분야의) 많은 책을 읽다; *prokrstario je po starijoj književnosti* 고전문학을 많이 읽다

prokšen -*a*, -*o* (形) 1. (아이가) 버릇없는, 응석받이로 자란 (razmažen, mazan) 2. 거만한, 오만한 (drzak, obestan)

prokuhati -*am* (完) **prokuhavati** -*am* (不完) 참조 prokuvati

prokukati -*am* (完) 1. 흐느껴 울기 시작하다, 통곡하기 시작하다 2. (잠시·일정 기간) 흐느껴 울다 3. (~ 옆을) 흐느껴 울면서 지나가다

prokula 1. (植) (보통 複數로) 양배추의 일종 2. (植) 브로콜리

prokulice (女,複) (지소체) prokule

prokuljati -*am* (完) 1. 세차게 흘러나오다, 분출하다 (수증기·연기·액체 등이) 2. (비유적) 갑자기 나타나다 (생각·감정 등이); *u njegovoj glavi prokuljaše vrele misli* 그의 머릿속에 격정적인 생각들이 쏟아져 나왔다 3. (사람들이) 쏟아져 나오다; *iz bioskopa je prokuljala reka ljudi* 극장에서 수많은 사람들이 쏟아져 나왔다

prokunjati -*am* (完) 1. (잠깐) 졸다 (prodremati) 2. (잠시, 일정 기간) (보통 아프기 전에) 몸에 힘이 없는 상태로 지내다 3. 하는 일 없이 시간을 보내다

prokupac -*pca* 포도주의 한 종류 (Prokuplje 지방에서 생산되는)

prokupati se -*am se* & **prokupljem se** (完) (잠시) 목욕하다, 수영하다

prokurator 1. (歷) (로마 황제의) 행정 장관 (upravitelj) 2. 대리인, 대행자 (opunomoćenik)

prokuratura 검찰 (javno tužilaštvo)

prokurist(a) 경영자, 지배인, 관리인, 매니저 (회사·은행 등의)

prokušati -*am* (完) **prokušavati** -*am* (不完) 확인하다, 시험하다, 검사하다, 점검하다, 조사하다 (iskušati, isprobati, proveriti); *naredi* *da se automat prokuša* 자판기를 점검하라고 명령했다

prokuvati -am (完) **prokuvavati** -am (不完) 1. (오랫동안) 삶다, 끓이다; ~ *vodu* 물을 끓이다 2. (뜨거운 물에) 삶다, 뜨거운 물로 소독하다; ~ *veš* 빨래를 삶다; ~ *instrumente* 물에 도구들을 끓여 소독하다 3. (비유적) 데피다 (podgrejati, ugrejati)

prolajati -*jem* (完) (개 등이) 짖기 시작하다

prolamati -am (不完) 참조 prolomiti

prolaz 1. 통행, 통과; 출입; *zabranjen ~!* 출입금지; *biti na ~u* ~를 통과하는 중이다; *on ima slobodan ~ u skupštinu* 그는 국회에 자유롭게 출입할 수 있다; *prvenstvo ~a* 통행권 2. 통로, 도로, 복도; *napraviti ~* 통로를 내다 3. (나란히 난 두 도로를 연결시키는) 횡단로, 건널목 4. 성공 (uspeh); *njegove šale su imale dobar ~ u našem društvu* 그의 농담은 우리 모임에서 좋은 반응이 있었다; *on ima ~ u političkom napredovanju* 그는 정치적 발전에서 좋은 결과가 있다

prolazak -*ska* 통과, 통행; ~ *kroz klisuru* 협곡 통과; *biti na ~sku* 통과 중이다 (여행 중에); *pri ~sku kroz tunel* 터널을 통과하는 중에; ~ *zime* 겨울이 지나감; ~ *bolesti* 질환이 지나감

prolazan -*zna*, -*zno* (形) 1. 지나다닐 수 있는, 통과할 수 있는 (prohodan); *teško ~ trgovački put* 지나다니기 어려운 상거리 2. 일시적인, 지나가는, 영구적이지 않은 (privremen); ~*zna pojava* 일시적 현상 3. (시험 점수가) 합격할 수 있는; ~*zna ocena* 합격 점수

prolaziti -*im* (不完) 참조 proći

prolaznik 통행인, 지나가는 사람 **prolaznica**

prolaženje (동사파생 명사) prolaziti

proleće 1. 봄(春); *svakog (ovog, prošlog) ~a* 매년(이번, 작년) 봄에; *u ~* 봄에; *udovičko ~* 미망인이 된 후 첫번째 봄 2. (부사적 용법으로, 조격의 형태로) 봄에; *Novi vezir stiže u Bosnu ~em* 신임 총독은 봄에 보스니아도 도착한다 3. 기타; *jedna lasta ne čini ~e* 한 마리의 제비가 봄을 가져오지는 않는다 (한가지로 모든 것을 일반화시켜서는 안된다) **prolećni** (形)

prolegomena 서론, 서문, 머리말

proleniti se -*im se* (完) (=prolenjiti se) 게을러지다

prolepšati se -*am se* (完) **prolepšavati se** -*am se* (不完) 더 예뻐지다, 더 좋아지다; *vreme se prolepšalo* 날씨가 좋아졌다; *ona se prolepšala* 그녀는 더 예뻐졌다

proletarijat 프롤레타리아 계급, 무산자 계급, 노동자 계급

proletarizirati -am **proletarizovati** -*zujem* (完, 不完) 1. 프롤레타리아화 하다 2. ~ *se* 프롤레타리아화 되다

proletati *prolećem* (不完) 참조 proleteti

proleter 프롤레타리아, 무산자(노동자) 계급의 한 사람; ~*i svih zemalja, ujedinite se!* 만국의 노동자여, 단결하라! **proleterski** (形)

proleteti -*im* (完) **proletati** -*ćem* (不完) 1. (~옆을, ~위를) 날아가다, 날아 지나가다; *metak je proleteo pored mene* 총알은 내 옆으로 날아갔다; ~ *kroz oblak* 구름속으로 날아가다 2. (비유적) 빨리 지나가다, 사방으로 번져 나가다; ~ *kroz glavu* 머릿속을 스치고 지나가다 3. (비유적) 갑자기 나타났다 사라지다; (시간이) 빨리 지나가다; *vreme do večere proleteo je kao vetar* 저녁까지의 시간은 바람처럼 빨리 지나갔다; *proletelo je godinu dana* 일 년이 금세 지나갔다

proletnī -*ā*, -*ō* (形) 참조 proleće; 봄의

proletnica 1. (植) 봄에 꽃이 피는 식물 2. 봄밀 3. (植) 알프스 민들레

proletnjī -*ā*, -*ē* (形) 참조 proleće; 봄의

proletos (副) 지난 봄에 (같은 해의 지난 봄에); *oženio sam se ~* 나는 지난 봄에 결혼했다 (여름이나 가을에 말함)

proletošnjī -*ā*, -*ē* (形) 지난 봄부터의

proliće (피 등의) 흘림 (prolivanje)

prolistati -am (完) 1. 잎(list)이 나오다 2. (책의) 페이지(list)를 넘기다, (책 등을) 대충 넘겨보다, 휙휙 훑어보다 (prelistati); *malo je prolistao knjigu pred ispit* 그는 시험을 앞두고 책을 조금 훑어봤다

proliti *prolijem*; *prolio*, -*ila*; *proliven*, -*ena*; *prolij* (完) **prolivati** -am (不完) 1. (액체 등을) 쏟다, 흘리다; *prolićeš kafu!* 커피를 흘릴것이다; ~ *krv* 피를 흘리다 2. 쏟다, 따르다 (prosuti) 3. ~ *se* (갑자기 대규모로) 쏟아지다 (비가); *kiša se prolila kao iz kabla* 통에서 쏟아지는 것처럼 비가 쏟아졌다; *prolila se voda iz šerpe na pod* 물이 냄비에서 바닥으로 쏟아졌다 4. ~ *se* 사방으로 번지다 (퍼지다); *selom se prolio zvuk zvona* 사이렌 소리가 마을로 퍼졌다; *dušom mu se prolila lagodnost* 편안함이 그의 마음에 퍼져 나갔다 5. ~ *se* 나타나다 (pojaviti se) 6. 기타; *prolila mu se duša* 가장 사적이고도

989

가장 비밀스런 이야기를 단 번에 모두 말하다 7. 기타; ~ *krv kome* 부상을 입히다, 살해하다; ~ *(svoju) krv za koga* 누구를 위해 헌신하다(희생하다); ~ *mozak kome* 죽이다, 살해하다; ~ *reči* 빨리 말하다, 말을 빨리하다

proliv 1. 소나기 (pljusak) 2. (病理) 설사 (dijareja, protoč)

prolivanje (동사파생 명사) prolivati; 쏟음, 퍼붓음; ~ *krvi* 유혈, 유혈 사태

prolivati *-am* (不完) 참조 proliti

proliven *-a, -o* (形) 1. 참조 proliti; 쏟은, 쏟아진, 흘린 2. 수다스런, 말이 많은 (brbljiv)

prolog 서문, 서막, 프롤로그

prolokati *-čem* (完) 1. (하천 등이) (토지·암석 등을) 침식시키다 (podlokati, potkopati, izriti); *tamo voda prolokala put* 저기는 물이 길을 침식시켰다 2. 술을 마시다; *taj bi mogao da proloče dve flaše rakije* 그 사람은 라키야 두 병을 마실 수 도 있을 것이다 3. 술을 마시는데 돈을 쓰다; *sve što zaradi, on proloče* 그는 번 돈을 모두 술을 마시는데 쓴다 4. ~ *se* (물길 등에 의해) 침식되다, 침식당하다; *putevi nam se svi prolokali, ne mežeš ni peške da prođeš* 길이 모두 침식되어 도보로도 갈 수 없다 5. ~ *se* 술에 중독되다, 술을 많이 마시다

prololati se *-am se* (完) 하는 일 없이 빈둥거리며 지내다, 한량 생활을 하다 (postati lola)

prolom 1. 깨짐, 파열, 폭발; (커다란) 폭발음, 파열음; ~ *pušaka* 총소리 2. (갑자기 많이 쏟아지는) 폭우; ~ *oblaka* 폭우 3. 흔들림, 경련 (potres); *dugo je trajao taj ~ u njemu* 그것의 흔들림은 오래 지속되었다 4. 깨진 곳, 구멍, 틈새 (otvor); *gledao je kroz ~* 그는 구멍을 통해 보았다 5. (나무를 베어내고 생긴) 숲의 시원함(깨끗함)

prolomiti *-im* (完) **prolamati** *-am* (不完) 1. 깨뜨리다, 부수다, 쪼개다; ~ *stenu* 바위를 부수다; ~ *tišinu* 침묵을 깨뜨리다; glasan vrisak prolomi noć 시끄러운 외침이 밤(의 고요함)을 깨뜨린다 2. 돌파하다, 뚫고 나가다 (prodreti, provaliti) 3. 산산조각내다 (rasparčati) 4. 무너지다, 부서지다 5. ~ *se* (소리 등이) 울리다, 울려퍼지다, 반향하다; *prolomila se grmljavina* 천둥소리가 울렸다; *aplauz se prolomio dvoranom* 박수소리가 강당에 울려 퍼졌다; *sva se gora prolomi od vike i pucanja* 고함과 총소리로 인해 온 산이 울렸다 6. (비구름이) 폭우를 쏟아내다; *oblaci su se prolomili i natopili zemlju* 구

름이 폭우를 쏟아 부어 대지를 흥건히 적셨다

prolongacija (기한의) 연장, 연기; ~ *menice* 어음 연장

prolongirati *-am* (完,不完) (기한을) 연장하다, 연기하다, 미루다, 지연시키다; ~ *dug* 채무를 연장하다; ~ *menicu* 어음을 연장하다

proludirati se *-am se* (完) (잠시동안) 신중치 못한 행동을 하다, 멍청한 짓을 하다, 미친 짓을 하다

prolumpati *-am*, **prolumpovati** *-pujem* (完) 1. (카페 등에서) 술마시며 노래하면서 시간을 보내다; *prolumpovao je celu noć* 그는 밤새 내내 술마시며 노래하며 보냈다 2. (카페 등에서) 술마시며 노래하면서 돈을 쓰다(낭비하다); *prolumpovao je celu platu* 그는 술에 모든 월급을 썼다 3. ~ *se* 술마시고 떠들면서 인생을 보내다

prolutati *-am* (完) (일정 기간 동안) 배회하다, 방랑하다, 떠돌아 다니다, 어슬렁 거리다

proljevak *-vka* (植) 큰 물고추풀속의 초본

promaći, promaknuti *promaknem; promakao, -kla & promaknuo, -ula; promaknut; promakni* (完) **promicati** *-čem* (不完) 1. ~ 속으로 집어넣다 2. (~옆으로) 빠르게 가다, 빠르게 지나가다; ~ *mimo kuće* 집 옆을 지나가다; *promakao je pored nje* 그는 그녀 옆을 빠르게 지나갔다 3. (시간이) 지나가다, 흘러가다 (minuti, proći); *noć će ~, a šta onda?* 밤은 지나갈 것이다, 그러면 그 다음에는? 4. ~ *(se)* 못 보고 넘어가다, 빠뜨리다 *promakle su ti (se) neke greške* 그들은 너의 몇 몇 실수 등을 못 보고 넘어갔다; *slušao je svaku reč da mu ne bi nešto promaklo* 뭔가를 놓치지 않기 위해 그의 말 한 마디 마디 모두를 (주의깊게) 들었다 5. (보통 不完) (비·눈 등이) 내리기 시작하다; *promiče kiša (sneg)* 비(눈)가 내리기 시작했다 6. 승진시키다, 진급시키다

promaja (두 개의 창문을 통해 맞치는) 맞바람; *sedeti na ~i* 맞바람을 맞고 앉아 있다; *ovde je ~* 이곳은 맞바람이 친다

promajan *-jna, -jno* (形) 맞바람이 치는, 맞바람이 부는

promaknuti *-nem* (完) 참조 promaći

promaljati *-am* (不完) 참조 promoliti; 불쑥 내밀다, 불쑥 나오다

promangupirati se *-am se* (完) 하는 일없이 지내다, 건달처럼 지내다, 어슬렁 거리며 놀고 먹다

promarširati (完) 행진하다, 행진하며 지나가

다

promašaj 1. (화살·총알 등이) 비켜감, 빗나감; *dva puta je pucao i oba puta je bio ~* 두 번 사격해 두 번 모두 과녁에서 비켜 나갔다 2. 실수 (greška, omaška, propust); *napraviti ~* 실수하다 3. 실패 (neuspeh); *njihova veza je čist ~* 그들의 관계는 완전히 잘못된 것(실패)이다

promašen *-a, -o* (形) 1. 참조 promašiti 2. ~ *čovek* 무능력한 사람, 성과가 없는 사람; ~ *brak* 실패한 결혼; ~ *život* 실패한 인생; *~o zanimanje* 실패한 직업

promašiti *-im* (完) **promašivati** *-šujem* (不完) 1. (과녁 등을) 빗맞히다; ~ *metu* 과녁을 빗맞히다 2. (비유적) (선택에서) 실수하다; 실패하다; ~ *u životu* 인생에서 잘못된 선택을 하다; *vic je promašio* 위트는 적절치 않았다; ~ *zanimanje* 직업을 잘못 선택하다, 직업 선택을 잘못하다

promatrač 참조 posmatrač; 참관인, 옵서버 **promatrački** (形); *~a stanica* 관측소

promatračnica 관측소

promatrati *-am* (不完) 참조 promotriti

promećuran *-rna, -rno* (形) 참조 promućuran; 명석한, 기략이 풍부한, 수완이 비상한 (bistar, snalažljiv, dovitljiv)

promemorij *-ija* (男), **promemorija** (女) (外交) 비망록, 외교 각서

promena 1. 교체, 교환, 바꿈 (menjanje); ~ *brzine* 속도 변화; ~ *pravca* 방향 교체; ~ *gume* 타이어 교체; ~ *odela* 의상 교체 2. 변화, 변동 (izmena); ~ *u vremenu* 날씨의 변화; ~ *godišnjih doba* 계절의 변화; ~ *na bolje (gore)* 좋게 (나쁘게) 변함; *bez ~e* 변화없이; ~ *koraka* (軍) 발바꿈 3. 상호 교체, 상호 교환; ~ *novca po zvaničnom kursu* 공식 환율에 따른 화폐 교환 4. (文法) 명사의 어형 변화, 동사의 어형 변화; *imenička ~* 명사 변화; *glagolska ~* 동사 변화; *jaka (slaba) ~* 강변화(약변화)

promenada 1. 산책로, 산책 장소 (šetalište) 2. 산책 (šetnja, šetanje)

promeniti *-im* (完) 1. 바꾸다, 변화시키다; *nije mu ostalo drugo nego da promeni život* 삶을 변화시키는 것 이외에는 아무런 방법이 없었다; ~ *dlaku* 육체적 외모를 완전히 다 바꾸다; ~ *veru (verom)* 개종하다 2. 교체하다, 교대하다; *promenio sam sijalicu* 전구를 갈아졌다; *majstor je promenio deo i sad radi kao nov* 기술자가 부품을 교체했는데 지금은 마치 새 것 처럼 작동한다 3. (교통

수단을) 갈아 타다, 환승하다; *da bi stigao tamo, moraš ~ tri autobusa* 거기에 가기 위해서는 세 번 환승해야된다; 4. (잔돈으로) 바꾸다; (외화를) 환전하다 5. ~ *se* 바뀌다, 변화되다; *nije se promenio, izgleda isto kao u mladosti* 그는 변하지 않았다, 마치 젊었을 때와 똑같이 보인다; *od tada se sasvim promenio prema ženi* 그때부터 그의 아내에 대한 태도는 완전히 바뀌었다 6. (다른 사람으로) 교체되다, 대신하다; *ako je žena nerotkinja mogla se ~* 아내가 석녀(石女)라면 아내를 바꿀 수도 있을 것이다 7. 기타; *~svet(om), život(om)* 죽다, 사망하다; ~ *dlaku* 외모를 완전히 바꾸다

promenljiv *-a, -o* (形) 1. 바뀌기 쉬운, 가변적인, 불안정한; 바뀔 수 있는; *~o vreme* 불안정한 날씨 2. (文法) (어미가) 변화된, (어형이) 굴절되는; *~e reči* 변화되는 어휘

promenjivati *-njujem* (不完) 참조 promeniti

promer 지름, 직경 (prečnik, dijametar)

promeriti *-im* (完) **promerati** *-am*, **promeravati** *-am* (不完) 1. (길이·무게 등을) 재다, 측정하다 2. (비유적) 평가하다, 판단하다; *nije promerio svoje postupke* 그는 자신의 행동을 평가하지 않았다 3. 예리하게 쳐다보다, 응시하다; *kad je ušao, promerili su ga od glave do pete* 그가 들어갔을 때, 그들은 그를 머리끝부터 발끝까지 쳐다보았다

promešati *-am* (完) 잘 섞다 (dobrno izmešati); ~ *karte* 카드를 잘 섞다; ~ *supu* 수프를 잘 뒤적여 섞다

promeškoljiti se (일정 기간, 잠시) 꿈틀거리다, 몸부림치다, 꿈틀거리며 나가다

promet 1. (운송 수단에 의한 사람·화물 등의) 운송, 수송; *vazdušnji ~* 항공 운송; *železnički ~* 열차 수송; *poštanski ~* 우편 왕래; *kopneni ~* 육상 수송 2. (거리의) 왕래, 통행; *na ulici nema ~a, nema pokreta, nema života* 거리에 왕래가 없고, 움직임도 없고, 살아움직이는 아무런 것도 없다 3. 거래, 상거래; 매출, 매상; *robni ~* 상품 거래; *čekovni ~* 수표 거래; *novčani ~* 현금 거래 4. 유통, 순환 (opticaj); ~ *lažnih novčanica* 위조화폐의 유통 5. 기타; ~ *hrane* (生) 신진 대사; *pustiti u ~* 유통시키다; *pustiti nove novčanice u ~* 신권을 유통시키다; *porez na ~* 물품거래세 **prometni** (形); *~a nesreća* 교통 사고; ~ *znak* 교통 표지

prometalo 1. 운송 수단; *gradsko ~* 대중 교통 수단 2. 수완이 비상한 사람 3. (직조기의)

P

991

북 (čunak)

prometan *-tna, -tno* (形) 1. 운송의, 수송의; 교통의 (saobraćajni); ~*tni znakovi* 교통 표지판; ~*tno sredstvo* 운송 수단; ~*tna milicija* 교통 경찰 2. (한정사형) 유통의; ~*tni kapital* 유통 자본 3. 복잡한, 번잡한; ~*tna ulica* 번잡한 도로

Prometej (그리스 신화) 프로메테우스

prometejskī *-ā, -ō* (形) 프로메테우스 같은(개인적이고 독창적이며 권위에 복종하지 않는 태도를 나타냄); ~*a duša* 프로메테우스적인 정신; ~*a pobuna* 프로메테우스적인 반란

prometnī *-ā, -ō* (形) 1. 참조 promet 2. 참조 prometan

prometnuti *-nem* (完) **prometati** *-ćem* (不完) 1. 꿰다, (~을 통과시켜 잡아당기다); ~ *konac kroz ušicu igle* 실을 바늘귀에 꿰다 2. 바꾸다, ~로 변화시키다; ~ *proizvode u novac* 제품을 현금화하다 3. 유통시키다, 통용시키다 4. ~ *se* ~으로 바뀌다; *vetar se prometnuo u vihor* 바람은 회오리 바람으로 변하였다

promicati *-čem* (不完) 참조 promaći

promileti *-im* (完) 1. 기어가기 시작하다 2. 나타나다, 기어서 나타나다; *promile crv* 벌레들이 기어 나타난다

promincla 박하(mint) 맛이 나는 사탕(캔디)

prominentan *-tna, -tno* (形) 중요한, 유명한; 현저한, 눈에 잘 띄는, 두드러진; 톡 튀어나온, 돌출된; ~ *nos* 돌출된 코; ~*tne ličnosti* 중요한 인물

prominuti *-nem* (完) 1. 지나가다, 옆을 지나가다 (mimoići) 2. 나타난 후 바로 사라지다(없어지다); *prominulo je tri godine od tada* 그때부터 삼 년에 지나갔다; *prominula je radost* 기쁨이 사라졌다

promisao *-sla* (男), 드물게 *-sli* (女) 1. 간파, 파악, 알아챔, 눈치챔 (무엇이 일어날 지, 의도·생각 등의) 2. (宗) (신의) 섭리; *božja ~* 신의 섭리

promiskuitet 여러 명이 상대를 가리지 않는 성행위, 난교(亂交)

promisliti *-im* (完) **promišljati** *-am* (不完) 1. ~ *o nečemu* ~에 대해 생각하다, 숙고하다; *promisli malo o tome* 그것에 대해 조금 숙고해봐 2. ~ *se* 생각하다, 숙고하다

promišljen *-a, -o* (形) 1. 참조 promisliti 2. 여러 모로 깊이 생각한, 숙고한, 용의주도한 (논법 등의); ~ *potez* 깊이 생각한 행동; ~ *odgovor* 숙고한 대답

promocija 1. 학위 수여식(주로 박사학위의),

(교수의) 임용식; ~ *nekoga za počasnoga doktora* 명예 박사 학위 수여식 2. 승진, 진급 (unapređenje) 3. (단체 등의) 창립식, 발기인 대회; *govorio je na ~i stranke* 정당 창립식에서 발언했다 4. (상품 등의) 판촉 행사; ~ *novog modela automobila* 자동차 신형 판촉 행사

promoliti *-im* (完) **promaljati** *-am* (不完) (~을 통해) 불쑥 내밀다, 돌출 시키다; ~ *glavu kroz prozor* 창문으로 머리를 내밀다; ~ *glavu iz vode* 물 밖으로 머리를 내밀다 2. 보여주다, 보이다, 나타나다; ~ *lice* 얼굴을 보여주다; *ne sme (iz kuće, bunkera) nosa da promoli* (집 밖으로) 코빼기도 비쳐서는 안된다 3. ~ *se* (~밖으로) 나오다, 삐져 나오다 (proturiti se, isturiti se) 4. ~ *se* 보이다, 나타나다 (postati vidljiv, pokazati se); *promolio se proplanak pred našim očima* 우리 눈앞에 넓지 않안 빈터가 나타났다 5. ~ *se* 나타나다 (pojaviti se, ispoljiti se); *kroz lišće se promolio sunce* 잎사귀 사이로 해가 나타났다

promotriti *-im* (完) **promatrati** *-am* (不完) 1. 주의깊게 쳐다보다, 샅샅이 살펴보다, 샅샅이 조사하다; ~ *od glave do pete* 머리끝에서 발끝까지 샅샅이 살펴보다 2. 면밀히 검토하다 (내용·결과·상태 등을); *promotrili su posledice takve situacije* 그들은 그러한 상황의 결과를 면밀히 검토했다

promovirati *-am*, **promovisati** *-šem* (完,不完) 1. (박사) 학위를 수여하다, 학위 수여식을 거행하다; ~ *nekoga za počasnoga doktora* ~에게 명예 박사 학위를 수여하다 2. 승진 시키다, 진급시키다 3. 프로모션을 거행하다, 홍보하다; ~ *stranku* 당을 홍보하다

promozgati *-am* (完) **promozgavati** *-am* (不完) 숙고하다, 심사숙고하다, 곰곰이 생각하다; *nisu dobro promozgali* 그들은 잘못 생각했다; *promozgaću o tome* 그것에 대해 생각해 볼게

promrmljati *-am* (完) 중얼거리다, 웅얼거리다, 중얼거리면서 말하기 시작하다

promrsiti *-im* (完) 1. 엉키게 하다, 얽히게 하다 (poremetiti, pobrkati, zamrsiti); ~ *kosu* 머리를 엉키게 하다 2. 웅얼거리다, 중얼거리다, 불분명하게 말하다; *kroz san je promrsio nešto kroz zube* 잠자는 중에 알아들을 수 없는 말을 했다 3. (피상적으로 대강) 이야기하다, 대화를 나누다

promrzlica, promrzlina (몸의) 동상에 걸린 곳; *on je dobio ~e* 그는 동상에 걸렸다

promrznuti *-nem; promrznuo, -ula &*
promrzao, -zla; promrznut (完) 1. (추워서)
몸이 얼다, 얼어 붙다 (smrznuti se);
promrzle su nam noge 다리가 얼어붙었다;
pomrzao sam 나는 몸이 얼어 붙었다 2. 얼
음이 얼다, 얼음처럼 되다 (slediti se, postai
kao led); *sneg je bio promrzao* 눈이 얼어
붙었다 (얼음이 되었다)

promucati *-am* (完) 말을 더듬다, 더듬거리며
말하다; 더듬거리며 말하기 시작하다

promući *promuknem* (完) 참조 promuknuti

promućkakti *-am* (完) 1. (액체를) 흔들다, 흔
들어 섞다; *pre upotrebe dobro ~* 사용하기
전에 잘 흔들어 섞으시오 2. (비유적) 생각하
다, 숙고하다 (promozgati, promisliti);
promućkaj dobro o tome 그것에 대해 잘
생각해

promućuran *-rna, -rno* (形) 능수능란한, 임기
응변이 좋은, 수완이 비상한 (bistar,
snalažljiv, dovitljiv); *~ trgovac* 수완이 좋
은 상인

promukao, *-kla, -klo* (形) (목소리가) 쉰, 쉰
목소리의 (hrapav, prigušen); *~kli glas* 쉰
목소리

promuklost (女) 목이 쉼

promuknuti *-nem; promuknuo, -ula &*
promuako, -kla (完) 목이 쉬다, 쉰 목소리
가 되다; *promukao je* 그는 목이 쉬었다;
promuknuo joj je glas 그녀의 목은 쉬었다

promumlati *-am,* **promumljati** *-am* (完) 1. 불
분명하게 말하다, 또렷하지 않게 말하다 2.
묵직한 굉음을 내면서 날아 가다

promutiti *-im; promućen* (完) 섞다, 혼합하다,
배합하다

pronaći *pronađem; pronašao, -šla* (完)
pronalaziti *-im* (不完) 1. (찾아, 수색하여 누
구를·무엇을) 찾아 내다, 발견해 내다; *jedva*
sam ga pronašao 간신히 그를 찾아 냈다 2.
우연히 발견하다, ~이 뜻밖에 눈에 띄다;
pronašao je nekakav novčanik na ulici 거
리에서 우연히 지갑을 발견했다 3. (연구·조
사를 하여 세상에 없었던 것을) 발견하다,
발명하다; *pronašao je telefon* 전화기를 발
명했다; *~ barut* 화약을 발명하다; *pronašao*
je uzroke dečje paralize 소아마비의 원인을
발견했다 4. (당시까지 존재가 알려지지 않
은 것을) 발견하다; *Ameriku je pronašao*
Kolumbo 아메리카를 콜롬부스가 발견했다
5. 생각해 내다, (어떠한) 생각에 다다르다;
~ dobar razlog 좋은 이유(변명)를 생각해
내다 6. (육체적 정신적) 힘을 모으다; *~ u*

sebi dovoljno smelosti 충분한 용기를 내다
(모으다) 7. 결론에 다다르다; (현실이 어떻다
는 것을) 깨닫다, 알아차리다, 인식하다, 자
각하다 8. (시간을) 별도로 내다; *pronađi*
vremena za mene 내게 시간을 내줘

pronalazač 발명가

pronalazačkī *-ā, -ō* (形) 발명가의; *~ duh* 발
명가 정신; *~o pravo* 발명특허권

pronalazak *-ska* 1. 발견 (pronalaženje) 2. (이
전에 없었던, 존재하지 않았던 것의) 발견,
발명, 발명품 (izum); *~ leka* 약품의 발견; *~*
baruta 화약 발명; *~ Amerike* 아메리카 발
견; (비유적) *čiji je ovo ~!* 이것이 누구의 생
각이지!

pronalaziti *-im* (不完) 참조 pronaći

pronalaženje (동사파생 명사) pronalaziti

pronalažljiv *-a, -o* (形) 발명할 능력이 있는,
발견할 능력이 되는

proneti *pronesem; proneo, -ela; pronet &*
pronesen (完) **pronositi** *-im* (不完) 1. 가져
가다, 가져 오다, 운반하다; *~ sto kroz*
hodnik 복도를 통해 책상을 운반하다;
proneli su ranjenika 부상자를 운반했다;
zvuk se pronosi kroz vazduh brzinom od...
소리는 공중에서 ...속도로 전파된다 2. (소식
·풍문·소문 등을) 퍼뜨리다; *~ glas* 소문을
퍼뜨리다; *pronela se vest* 뉴스가 퍼졌다;
pronose se glasovi 소문이 퍼진다 3. (암탉
이) 알을 낳기 시작하다; *ova kokoška je*
već pronela 이 암탉은 벌써 알을 낳기 시
작했다 4. 기타; *~ rodu glas* 유명해지다, 명
성을 얻다

pronevaljaliti se *-im se,* **pronevaljaniti se** *-im*
se (完) 1. (아이들이) 짓궂어지다, 심술궂어
지다, 못된짓만 골라하다 2. 도덕적으로 타
락하다, 문란한 짓을 하다 (pokvariti se,
moralno pasti); *svi su čuli koliko se ta*
žena pronevaljalila 그 여자가 얼마나 도덕
적으로 타락했는지 모두가 들었다

pronevera (위탁금, 공금 등의) 도용(盜用), 횡
령, 착복; 사기, 사취

proneverilac *-ioca,* **proneveritelj** (위탁금·공금
등의) 도용자(盜用者), 횡령자, 착복자

proneveriti *-im* (完) **proneveravati** *-am* (不完)
1. (위탁금·공금 등을) 횡령하다, 착복하다,
도용하다 (prisvojiti, utajiti); *~ novac* 돈을
횡령하다 2. 속이다, 기만하다

pronicav *-a, -o* (形) 통찰력 있는, 안목이 있
는, 꿰뚫어 보는

pronicljiv *-a, -o* (形) 참조 pronicav;
pronicljivi ljudi brže i lakše dolaze od

P

pojave do suštine 통찰력 있는 사람들은 현상으로 부터 본질까지 보다 빨리 파악한다

proniću proniknuti *proniknem; proniknuo, -ula; pronikao, -kla* (完) **pronicati** *-čem* (不完) 1. 싹(새싹)이 나다, 발아하다, 자라기 시작하다; *putevima je proniknula detelina* 길에 토끼풀이 자라기 시작했다 2. (비유적) (밖으로) 나오다, 나타나다 3. 침입하다, 침투하다, 뚫고 들어가다, 관통하다; *~ u srž problema* 문제의 핵심에 들어가다 4. *~ nešto* 꿰뚫어 보다, 간파하다, (문제의) 핵심을 간파하다; *proniknuo je u njegov karakter* 그 사람의 성격을 꿰뚫어 보았다

proniknuti *-nem* (完) 참조 pronići

pronominalan *-lna, -lno* (形) (文法) 대명사의 (zamenički); *~lna deklinacija* 대명사 격변화

pronositi *-im* (不完) 참조 proneti

pronjušiti *-im*, **pronjuškati** *-am* (完) 1. (잠시) 냄새를 맡다; *~ vazduh* 공기 내음을 맡다; *pas je pronjušio unaokolo, a zatim nastavio da spava* 개는 주변을 냄새맡고는 계속해 잠을 잤다 2. (비유적) (냄새를 맡아) 알아내다, 찾아내다, 찾다; *ja ću to ~* 내가 곧 그것을 알아낼께

propadanje (동사파생 명사) propadati

propadati *-am* (不完) 참조 propasti

propaganda (조직적인) 선전 (활동), 선동; *neprijateljska ~* 적의 선전선동; *vršiti ~u* 선전활동을 하다; *ekonomska ~* 광고; *odeljenje za ~u* 홍보과 **propagandni** (形) *~ materijal* 선전 자료; *~ film* 홍보 영화; *~a brošura* 홍보 책자

propagandist(a) 1. 선전원 2. 광고 전문가 **propagandistički** (形)

propagandnī *-ā, -ō* (形) 참조 propaganda

propagator 선전원 **propagatorka; propagatorski** (形)

propagirati *-am* (完,不完) 선전하다, 선전 선동하다

propagisati *-šem*, **propagovati** *-gujem* (完,不完) 참조 propagirati

propalica (男,女) 1. 돈을 물쓰듯 쓰는 사람; 낭비하는 사람, 파산자 2. 도덕적으로 타락한 사람, 아무짝에도 쓸모없는 사람, 망나니 같은 사람, 건달 (hulja, nitkov)

propan (化) 프로판(가스)

propao *-ala, -alo* (形) 1. 참조 propasti 2. (물질적으로) 망한, 파산한 3. 도덕적으로 타락한, 문란한; *~ čovek* 문란한 사람, 방탕한 사람 3. 희망이 없는, 목표를 상실한, 무능력

한; *~ala veličina* 목표를 상실한 거목(거인)

propasirati *-am* (完) (체 등으로) 거르다 (procediti)

propast (女) 1. 심연(深淵), 나락 (bezdan, ponor); *s obe strane puta su strahovite propasti i strmeni* 길 양편에는 무시무시한 낭떠러지가 있다 2. (비유) 커다란 차이(간극) 3. 처절한 파괴, 파멸 (자연재해, 재난 등의 결과로); 커다란 불운-(불행); *očekujemo neku veliku ~* 그 어떤 커다란 파멸을 기대한다 4. (물질적·도덕적) 파멸, 추락, 타락; *materijalna ~ naroda* 백성들의 물질적 파멸; *moralna ~ činovnika* 관료들의 도덕적 타락 5. 죽음 (smrt); *ljudi ginu a za njihovu ~ svet neće da zna* 사람들이 죽는데 그들의 죽음을 세상은 알지 못할 것이다 6. (존재의) 멈춤, 중단 (prestanak, prekid postojanja) 7. 손해, 손실 (gubitak, šteta) 8. 기타; *baciti (gurnuti, povući, survati, svaliti) u ~* 멸망시키다, 파멸시키다; *doći (ići, stići) na ivicu (na rub) ~i* 매우 어렵고 위험한 상태에 다다르다; *osuđen biti na ~* 망할 운명이다, 빠져나갈 출구가 없는 상태에 있다; *srljati u ~* 결과에 상관없이 위험한 상황에 놓이다

propasti *propadnem; propao & propadnuo; propadnut; propašću* (完) **propadati** *-am* (不完) 1. (밑으로) 떨어지다, 낙하하다, 추락하다; *~ kroz rupu* 구멍으로 떨어지다; *~ u sneg do pojasa* 허리 높이까지의 눈위로 떨어지다 2. (낡아·오래되어) 무너지다, 붕괴되다, 허물어지다; *krov je propao* 지붕이 무너졌다 3. (옷·신발 등이) 구멍이 나다, 해지다, 못 쓰게 되다; *nameštaj je propao od dima* 가구는 연기로 인해 상태가 엉망이 되었다; *čarape su propale* 양말이 구멍이 났다 4. (얼굴·볼 등이) 홀쭉해지다 (omršaviti); (건강이) 나빠지다; *zdravlje mu je propalo* 그의 건강이 나빠졌다; *oko mu je propalo* 그의 눈이 나빠졌다 5. (비유적) 성공하지 못하다, 실패하다; (시험에서) 떨어지다; (이전의 가치나 중요성 등을) 상실하다; *planovi su propali* 계획은 실패로 돌아갔다; *komad je propao* 공연은 성공하지 못했다; *sve je propalo!* 모든 것이 실패로 끝났다; *~ na ispitu* 시험에 떨어지다; *posao je propao* 협상은 실패로 끝났다 6. 황폐화되다, 몰락하다, 붕괴되다 7. (재산을 잃어) 망하다, 몰락하다, 파산하다; *to preduzeće je propalo* 그 회사는 망했다; *finansijski ~* 재정적으로 파산하다; *piši propalo je* 아무런 희망도 없다, 최종적으로 실패하다; *što je propalo,*

propalo 이미 엎질러진 물이다 (뒤늦게 후회해야 아무 쓸모가 없다); *ta šansa je propala* 그 기회는 사라졌다 8. (도덕적으로) 타락하다, 망가지다; *moralno ~* 도덕적으로 타락하다 9. (눈에서) 보이지 않다, 사라지다, 없어지다 (iščeznuti, nestati); *~ bez traga* 흔적도 없이 사라지다; *nestao je kao da je u zemlju propao* 땅속으로 꺼진 것 처럼 그는 아무런 흔적도 없이 사라졌다; *~ u san* 잠들다 10. (사고·질병·전쟁 등으로) 죽다, 사망하다 (stradatik, poginuti, izginuti, uginuti); *ako te uhvate, propao si!* 그들이 너를 붙잡는다면 너는 죽었다!; *mnogi ljudi propadaju u ratu* 많은 사람들이 전쟁에서 죽는다 11. 기타; *u zemlju da propadnem* 너무 창피하여 몸둘바를 모를 때 사용하는 말; *kao da je u zemlju propao* 갑자기 사라지다(없어지다); *~ ututanj* 헛되이 죽다

propatiti *-im* (完) 1. (질병·고통·가난 등에) 시달리다, 고통받다; *~ zbog ljubavi* 사랑 때문에 고통받다; *~ celo detinjstvo* 어린 시절 내내 고생하다 2. 고생하다, 죽다; *vojska je mnogo propatila od pegavca* 군은 발진티푸스로 인해 많이 죽었다

propeće 참조 raspeće; (예수가 못 박혀 있는) 십자가상

propeći *propečem & propeknem* (음식을) 굽다 (ispeći)

propeler 프로펠러

propelo (예수가 못 박혀 있는) 십자가상 (raspeće, praspelo)

propešačiti *-im* 걷다, (잠시) 걷다

propeti *propnem; propeo, -ela; propet* (完) **propinjati** *-em* (不完) 1. 위로 올리다, 위로 들어올리다 2. (형벌의 한 종류로) 십자가에 못박다 3. 괴롭히다, 힘들게 하다 (izmučiti) 4. *~ se* 일어나다 (ustati) 5. *~ se* 까치발로 서다; *~ se na prste* 까치발로 서다 6. *~ se* 오르다, 올라가다 7. *~ se* (말 등이) 뒷다리로 서다; *konj se propeo* 말이 뒷다리로 섰다

propevati *-am* 1. 노래하기 시작하다 2. (비유적) 기쁨으로 충만하다; *sina ću oženiti i kuća će mi ~* 아들을 장가 보내면 집안은 기쁨으로 충만할 것이다 3. (비유적) 멜로디처럼 울리기 시작하다; *propevaše zvona* 초인종이 울렸다

propijati *-am* (不完) 참조 propiti

propijukati *-čem* (完) 1. (새 등이) 짹짹거리기 시작하다 2. (잠시, 일정 기간 동안) 짹짹거리다; *ono pile je ceo dan propijukalo* 그 병

아리는 하루 종일 삐약거렸다

propinjati *-em* (不完) 참조 propeti

propirati *-am* (不完) 참조 proprati

propis 1. 규정, 규칙; 조례, 법규; *zakonski ~* 법규; *slediti ~e* 규정을 따르다; *pridržavati se ~a* 규정을 준수하다 2. 충고 (savet, uputstvo); *~e lekara treba poštovati* 의사의 충고는 존중되어야 한다 3. 명령, 지시 (naredba, zapovest); *~ o zabrani ulaska u fabriku* 공장 진입 금지에 대한 명령(지시) 4. (일반적인) 규정, 코덱스; *oblači se po ~u* 규정에 따라 의복을 착용해라

propisan *-sna, -sno* (形) 규정에 따른, 명령에 따른; *~sno parkiran* 규정에 따라 주차된 2. (口語) 진짜의, 정말의; *~a budala* 진짜 바보

propisan *-a, -o* (形) 1. 참조 propisati 2. 정해진, 일정한 (određen, tuvrđen)

propisati *-šem* (完) **propisivati** *-sujem* (不完) 1. 규정하다, 정하다; 명령하다, 지시하다 (narediti, odrediti); *~ pravila* 규칙을 규정하다; *ovde je sve propisano* 여기에 모든 것이 규정되어 있다 2. (약·치료 방법을) 처방하다; *~ lek* 약을 처방하다

propisnik 규정집, 조례집, 법규집

propisno (副) 1. 규정대로, 규정에 따라 2. (口語) 매우 정도가 심하게, 매우 많이; *~ nas je izgrdio* 아주 심하게 우리를 질책했다

propištati *-im* (完) 1. (동물, 새 들이) 꽥꽥거리기 시작하다, 짹짹거리기 시작하다 (početi pištati); *propištalo je pile* 병아리가 삐약거리기 시작했다 2. 고함치다 3. (한동안, 잠시) 고함치다 4. 기타; *propištaće mu majčino mleko* 매우 힘든 고난이 그를 기다리고 있다

propitati *-am* (完) **propitivati** *-tujem* (不完) 1. (누구의 지식을 테스트하기 위해) 질문하다, 묻다; *~ učenike* 학생에게 질문하다 2. *~ se* 물어보면서 알아가다

propiti *propijem* (完) **propijati** *-am* (不完) 1. 술마시는 데에 돈을 쓰다(사용하다); *~ platu* 술마시는데 월급을 다 쓰다 2. *~ se* 알코올 중독이 되다

propitivati *-tujem* (不完) 참조 propitati

propitkivati *-kujem* (不完) 참조 propitivati

proplakati *-čem* (完) 1. 울기 시작하다; 눈물을 흘리다 (아파서·슬퍼서·감동하여) 2. (일정 시간 동안) 울다; *celu noć je proplakala* 그녀는 밤새 울었다 3. 기타; *kamen da proplače (i kamen bi proplakao)* 커다란 슬픔이나 아픔을 나타내고자 할 때 사용됨

proplanak *-nka* (보통 숲의 가운데, 혹은 가장

P

자리의 넓지 않은) 빈터

proplesti *propletem* (完) 땋다, 꾜다, 엮다

proplivati *-am* (完) 1. (~옆을) 헤엄치다, 헤엄 쳐 가다; ~ *kraj stene* 암석 옆을 헤엄쳐 가 다; ~ (*kroz*) *nešto* ~을 통과해 헤엄쳐 가다 2. (비유적) 서두르지 않고 천천히 지나가다 3. 수영하기 시작하다, 헤엄치기 시작하다

propljuvati *–ljujem* (完) 1. (침 등을) 뱉다, 내 뱉다; 내뱉기 시작하다 2. 기타; ~ *krv* 1) 결 핵을 앓다, 2) 많은 고생을 하다, 어려움을 많이 겪다; *ja ću s tobom krv* ~ 나는 네 문 제로 많은 어려움을 겪게 될 것이다

proporcija (전체에서 차지하는) 비, 비율; *direktna* (*obrnuta*) ~ 정비례(반비례)

proporcionalan *-lna*, *-lno* (形) (~에) 비례하는; ~ *nečemu* ~에 비례하는; ~*lni porez* 누진세; ~*lni izborni sistem* 비례 선거제(정당의 득 표율에 따라 의석을 배분하는)

proporcionalnost (女) 비례성; (數) 변동, 변분; *direktna* (*obrnuta*) ~ 순변분(順變分) (역변 분(逆變分))

propoved (女) 1. (교회의) 설교 (predika); *održati* ~ 설교하다; *očitati kome* ~ 질책하 다, 책망하다; ~ *u pustinji* 헛된 일 2. 연설 (beseda)

propovedaonica (교회의) 설교단, 강론단; *govoriti s* ~*e* 설교하다; *popeti se na* ~*u* (설교하려고) 설교단에 오르다

propovedati *-am* (不完) 1. (교회에서) 설교하 다; ~ *o nečemu* ~에 대해 설교하다 2. (청중 들이 어떠한 종교를 받아들이도록) 설파하다, 전도하다; ~ *ideje* 아이디어를 설파하다

propovednī *-ā*, *-ō* (形) 참조 propoved

propovednik (어떠한 종교의) 전도사, 설파자, 설교자

propozicija 1. 제안, 제의 (predlog) 2. (論理學 의) 명제(命題), 주장 (tvrdnja, sud) 3. 전제 조건, 가정 (premisa) 4. 계획, 의도 (namera, plan) 5. (스포츠의) 룰, 규정

propraćati *-am* (不完) propratiti

proprati *properem* (完) **propirati** *-am* (不完) 1. (비누 성분을) 씻어내다, 헹구다 2. (보통 적 은 양의 빨래를) 빨다, 세탁하다; *iznese dečje rublje i pođe do jezera da ga propere* 아이들의 속옷을 가지고 세탁하러 호수에 간다

propratiti *-im* (完) **propraćati** *-am* (不完) 1. 배웅하다, 수행하다 (ispratiti, otpratiti) 2. (솔로로 부르는 노래 혹은 악기를) 따라하다, 반주하다 3. (비유적) (웃음·제스처 등으로) 수반하다; ~ *reči gestovima* 말과 함께 제스

처를 취하다; ~ *govor aplauzom* 연설을 박 수로 맞이하다; ~ *rukopis primedbama* 원고 에 코멘트를 하다

propratnī *-ā*, *-ō* (形) (징후 등이) 수반하는, 부 수적인; (편지 등의) 동봉한, 첨부한; ~*o pismo* 선적서류, 송장(送狀); ~*tna pojava* (醫) 부작용

propratnica (선박 회사의) 선적 서류, 송장(送 狀)

proprtiti *-im* (完) 1. (발로 밟아) 눈길(prtina) 을 내다 2. (비유적) 힘들게 말하다 3. ~ *se* 눈길이 나다

propržiti *-im* (完) 1. (짧은 시간 동안) (기름에) 튀기다 2. 불로 구멍을 내다

propuh 참조 promaja; 맞바람

propuhati *-am* & *propušem* (完) 참조 produvati

propuknuti *-nem* (完) 1. 갈라지다, 금이 가다; 깨지다, 부서지다 2. 뼈에 금이 가다

propulzija (物) 추진, 추진력; ~ *rakete* 로케트 의 추진력

propusnī *-ā*, *-ō* (形) 투과시키는, 통과시키는; ~ *otvor* 투과 구멍; ~*a moć* 투과력 (일정한 시간에 사람 혹은 어떤 사물을 투과시킬 수 있는 능력)

propusnica 출입허가증, 통행증

propust 1. 허용, 용인 2. 통행, 통과 3. (도로 의) 배수로 (cev, oluk, žleb) 4. 누락, 생략; 경시, 등한시; 실수

propustiti *-im*; *propušten* (完) **propuštati** *-am* (不完) 1. 지나가게 하다, 통과시키다, 투과 시키다, 침입하게 하다; ~ *vlagu* 습기를 투 과시키다; ~ *svetlost* 빛을 통과시키다; ~ *mastilo* (종이가) 잉크를 투과시키다; ~ *meso kroz mašinu za mlevenje* 고기를 분 쇄기에 집어넣다; ~ *nekoga kroz šake* (*ruke*) 때리다, 구타하다; *naš krov propušta kišu* 지붕이 (비에) 샌다; ~ *kroz zube* (알아들을 수 없을 정도로) 불분명하게 말하다 2. (기계 사이로 통과시켜) 짜다, 짜내다 (액체 등을); ~ *sok kroz cediljku* 압착기로 주스를 짜다 3. 입장 (통과·도주 등)을 허용하다; *stažer...nas je propustio u kuću* 경비는 우 리가 집안에 들어가도록 허락했다; *propusti dame!* 숙녀들이 입장할 수 있도록 놓아줘! 4. 지나가도록 길을 비켜주다, 양보하다 5. (학년이 올라가는 것을) 허용하다 6. (문장· 말 등을) 생략하다, 빠뜨리다, 누락하다; ~ *nekoliko redova* 몇 줄을 생략하다; *mi smo propustili da ih pozovemo* 그들을 초대한다 는 것을 깜박했다; *propušteno slovo* 생략된

글자 7. (기회 등을) 놓치다; ~ *priliku* (*voz*) 기회(열차)를 놓치다; ~ *igru* 경기를 놓치다 8. (엔진이) 점화되지 않다; *motor propušta* 엔진이 점화되지 않는다

propustljiv *-a, -o* (形) 쉽게 투과시키는; *~a zemlja* 물이 쉽게 빠지는 땅

propušiti *-im* (完) 흡연하기 시작하다, 담배를 피우기 시작하다

propuštati *-am* (不完) 참조 propustiti

proputovanje (동사파생 명사) proputovati; 경유 (어떤 지역에서 머무르지 않고 교통 수단을 이용하여지나가는 것); *na ~u kroz Beograda* 베오그라드 경유 여행에

proputovati *-tujem* (完) 경유하다 (교통 수단을 이용하여 어떤 장소에 머무르지 않고); *ne poznajem Pariz jer sam samo proputovao* 파리를 단지 경유했기 때문에 파리에 대해서는 잘 알지 못한다; *~ kroz Pariz* 파리를 경유하다; *~ pored ~*옆을 경유하다

proračun 1. 추정치, 추산; *grub ~* 대략적인 추산; *po mom ~u* 내 추산에 따르면 2. 계산 **proračunski** (形)

proračunat *-a, -o* (形) 1. 참조 proračunati 2. 계산적인, 계산된; *~a osoba* 계산적인 사람; *~o ponašanje* 계산된 행동

proračunati *-am; proračunan & proračunat* (完) proračunavati *-am* (不完) 1. 계산하다, 추산하다, 추정하다; *~ sve troškove* 모든 경비를 추산하다 2. 판단하다, 평가하다 3. ~ se (상호간에) 결산하다

proračunljiv *-a, -o* (形) 계산적인, 추정할 수 있는, 추산할 수 있는; *~a osoba* 계산적인 사람; *~a vrednost* 추산 가치

proraditi *-im; proraden* (完) 1. 세밀하게 검토하다(조사하다); ~ *materijal* 자료를 철저히 검토하다 2. 일하기 시작하다, 작동(가동)하기 시작하다; *hotel je proradio prošlog leta* 호텔은 지난 여름에 영업을 시작했다; *sat je opet proradio* 시계가 다시 가기 시작했다 3. (잠시 동안, 일정 기간 동안) 일하다; ~ *ceo dan* 하루 종일 일하다; *sutra ću vazdan ~ s decom, pa kraj!* 내일 아이들과 일을 하면 그 다음부터는 끝이다! 4. ~ se 성실해지다, 부지런해지다

prorasti *prorastem; prorastao, -sla* (完) **prorastati** *-am* (不完) 1. (~사이에서, ~을 뚫고) 생기다, 자라기 시작하다 2. (감자·양파 등이) 발아하다, 싹이 나다 3. (čime) (풀·수염 등으로) 덮이다, 수북해지다; *lice mu je već proraslo bradom* 그의 얼굴은 벌써 수염으로 덮였다

prorašće 1. 식물 (bilje) 2. 관목, 덤불 (šiblje, grmlje)

proratnī *-ā, -ō* (形) 호전적인, 전쟁을 선동하다; ~ *govor* 전쟁을 선동하는 연설

proreći *prorečem & proreknem* (完) **proricati** *-čem* (不完) 예언하다

prored 1. (파종 등의) 줄간 간격 2. (印刷) 행간 간격; *s duplim ~om* 두 배의 행간 간격으로

prorediti *-im; proreden* (完) **proredivati** *-dujem* (不完) 1. 성기게 하다, 묽게 하다, 드물게 하다, 희박하게 하다; ~ *redove* 줄을 성기게 하다; ~ *čorbu* 수프를 묽게 하다(수프에 물을 타다) 2. 솎다, 솎아내다; ~ *šumu* 숲을 솎아내다 3. (수·양을) 줄이다; ~ *direktne vozove* 직행 열차의 수를 줄이다; *kriza je proredila goste po kafanama* 위기로 인해 카페 손님이 줄었다

prorednik (타이프의) 행간 조절 막대

proredivati *-dujem* (不完) 참조 prorediti

prorektor (대학교의) 부총장

prorešetati *-am* (完) 1. (체 등으로) 거르다, 체로 치다 2. (체에 있는 구멍과 같이) 많은 구멍을 내다, 구멍을 뻥뻥내다 (총알로) 3. 철저하게 조사하다, 세밀하게 검토하다(조사하다) 4. 신랄한 비판을 하다

prorez 1. (좁고 기다란) 구멍, 틈, 트임; *puške se čiste metalnom šipkom sa ~om u koji se stavlja krpica* 걸레를 꽂은 금속 꽂을대로 총을 청소한다 2. (목과 어깨를 드러낸) 깊이 판 옷깃 (여성복의) (dekolte) 3. 바지의 앞 트임 부분 (단추를 채우는)

prorezati *-žem* (完) **prorezivati** *-zujem* (不完) 1. 잘라 틈 (구멍)을 내다 2. 자르다; (醫) 자르다, 도려내다

proricati *-čem* (不完) 참조 proreći

proriti *prorijem; proriven, -ena & prorit; prorij* (完) 구멍을 파다 (izriti)

proročanskī *-ā, -ō* (形) 예언자의, 예언의, 예언적인

proročanstvo 1. (宗) 예언 (previđanje, predskazanje); ~ *se obistinilo* 예언이 실현되었다 2. 예언된 것

proročište (고대 그리스의) 신탁소; *delfijsko* ~ 델피의 신탁소

prorok 1. (宗) 예언자, 예지자, 선지자; *knjiga na ~a (na ~e)* 예언서 2. 예언자, 앞날을 예견하는 사람; *niko nije ~ u svojoj zemlji* 아무도 자기들 무리에서는 그 공로나 위대함을 인정받지 못한다 3. (대문자로) 마호메트 (이

P

슬람의)

prorokovati -kujem (完,不完) 예언하다, 예견하다 (predvideti, predskazati)

prorovati prorujem (完) 구멍을 파다

prosac -sca, prošče; prosci, prosaca (남자) 구혼자, 청혼자 (prosilac)

prosankati se, prosanjkati se -am 1. (조금, 잠시동안) 썰매를 타다 2. (~옆을) 썰매를 타고 지나가다

proscenij -ija, **proscenijum** (극장에서 커튼과 오케스트라 사이의) 앞 무대

prosecati -am (不完) 참조 proseći

prosečan -čna, -čno (形) 평균의, 평균적인, 보통의, 평범한; ~čna zarada 평균 수입; ~čovek 평범한 사람; ~čni ljudski vek 평균 인간 수명; ~čna temperatura 평균 기온

prosečnost (女) 평균; 보통, 평범

proseći prosečem, proseku; prosekao, -kla; prosečen; proseci (完) **prosecati** -am (不完) 1. 자르다; ~ nožem 칼로 자르다 2. (나무를 베고 암석 등을 치워) 길을 내다; ~ put 길을 내다; ledolomac proseca led 쇄빙선을 얼음을 부셔 항로를 개척한다 3. (땅·토지 등을) 나누다, 분리시키다 4. (현 상태를) 갑자기 깨다; (관계를) 끊다, 단절하다; ~ druženje 교우를 끊다(단절하다) 5. (생각·아이디어 등이) 갑자기 떠오르다 (sinuti); proseče mu mozgom ta misao 그런 생각이 그의 머리에 번쩍 떠오른다

prosed -a, -o (形) (머리카락이) 약간 희끗희끗한, 반백(半白)의

prosedeti -im (完) 1. (잠시동안) 앉아 있다; (일을 하면서 일정 시간) 앉아 있다; ~ ceo dan 하루 종일 앉아 있다 2. (교도소의) 형을 살다, 수감생활을 하다 3. (유아들이 성장하여 처음으로) 앉기 시작하다

prosediti -im (完) 머리가 희끗희끗해지다

prosejati -jem (完) **prosejavati** -am (不完) 1. 체로 치다, 체로 거르다; ~ brašno 밀가루를 체로 거르다 2. (비유적) 엄격한 평가를 하다, 엄격한 비판을 하다; mnogo sudova, mišljenja, shvatanja treba kritički da se proseje 수많은 판단과 의견 등은 비판적으로 평가를 받아야 한다

prosek 1. (날카로운 것으로) 자른 부분, 구멍 2. (지면·바위 등의) 길게 갈라진 틈 (proselina, raselina) 3. 평균; ispod ~a 평균 이하의; u ~u 평균적으로

proseka 1. (산불 예방을 위해, 경계 표시를 위해) 숲의 나무를 베어 좁고 길게 벌채가 된 지역 2. (지면·바위 등의) 길게 갈라진 틈

(prosek)

prosektor (해부학 교실에서 해부학 교수를 도와 시신을 자르는) 해부학 교수의 조수

prosektura (병원의) 해부실

proselina (지면·바위 등의) 길게 갈라진 틈

proseminar 예비 세미나 (학부 학생들이 나중에 세미나에 참석할 수 있도록 미리 준비시켜 주는)

prosen -a, -o (形) 1. 수수의, 기장의; ~o zrno 수수 알맹이; ~a kaša 수수죽 2. 수수와 비슷한

prosenica, prosenjak 수수빵

prosfora (正敎) 이스트가 들어있지 않은 밀가루 빵 (예수의 이름과 예수의 몸을 상징하는 표시 등이 새겨져 있으며 정교의 교회의 성찬식에서 신도들에게 나누어 주는)

prosica (病理) 땀띠

prosidba 구혼, 청혼 **prosidben** (形)

prosijati -am, **prosinuti** -nem (完) **prosijavati** -am (不完) 1. 빛나기 시작하다, 반짝이기 시작하다 (početi sijati); kroz oblake prosijava sunce 구름너머 태양이 반짝인다 2. (기쁨·만족 등으로) 빛나다 3. ~ se 빛나다, 반짝이다; u daljini se prosijava okean 멀리서 바다가 반짝인다

prosijati -jem (完) 참조 prosejati

prosijavati -am (不完) 참조 prosijati

prosilac -ioca 구혼자, 청혼자 (prosac)

prosinac -inca 참조 decembar; 12월; **prosinački** (形)

prosinuti -nem (完) 1. 빛나기 시작하다, 반짝이기 시작하다 (prosijati) 2. (비유적) (생각 등이) 갑자기 나타나다; 쾌활해지다, 명랑해지다, 만족해지다

prosipati -am & -pljem (不完) 참조 prosuti

prositelj (廢語) 청원인, 진정인 (molilac, molitelj)

prositi -im (不完) 1. 간청하다, 청원하다 2. (1인칭 단수나 복수로만) ~하여 주세요 (정중히 부탁하거나 명령할 때); prosim(o) da budemo tišina 좀 조용히 해 주세요 3. 청혼하다, 구혼하다 (남자가 여자에게) 4. 구걸하다, 동냥하다

prosjače -eta; prosjačići (지소체) prosjak; 거지, 어린 거지

prosjačiti -im (不完) 구걸하다, 동냥하다

prosjajivati -jujem (不完) 참조 prosjajiti

prosjak 1. 거지, 동냥아치 2. 매우 가난한 사람, 빈털터리; nemamo više ništa, prosjaci smo 우리는 아무것도 가진 것이 없어, 빈털터리야 **prosjački** (形); doći do ~og štapa

998

가난해지다; *dovesti nekoga do ~og štapa* 누구를 물질적으로 망하게 하다

prosjati *-am* (完) 참조 prosijati; 빛나다, 빛나기 시작하다

proskitati *-am & proskićem* (完) 1. (일정 기간 동안, 잠시) 배회하다, 방랑하다, 어슬렁거리다; *celo leto je proskitao po šumi* 여름 내내 숲에서 어슬렁거리며 지냈다 2. ~ **se** 방랑자가 되다, 일하지 않고 어영부영지내다

proskribirati *-am*, **proskribovati** *-bujem* (完, 不完) 1. 정권에 위험인물로써 딱지를 붙이다; ~에게서 법률의 보호를 박탈하다 3. 공공연하게 낙인찍다

proskrpcija 1. (歷) (고대 로마에서) (정치적 이유로 인한) 추방(사형·재산 몰수)인 이름을 적은 리스트; 파문(破門), 추방 2. 법률 보호의 박탈; 공공연한 낙인찍기

proskura (宗) 참조 prosfora

proslava 1. 축하 행사, 축하연; ~ *praznika* 공휴일 축하 행사; ~ *godišnjice* 기념일 행사; *pozvati goste na ~u* 축하연에 손님들을 초대하다; *biti na ~i* 축하연에 있다 2. 명예, 명성 (čast, slava); *dižite čaše u ~u naše slavljenice* 우리의 호스티스의 명예를 위해 잔을 들어올리세요

proslaviti *-im* (完) **proslavljati** *-am* (不完) 1.축하 행사를 거행하다, 식을 거행하여 기념하다; 기념하다, 축하하다 ~ *praznik* 공휴일을 기념하다; ~ *rođendan* 생일을 기념하다 2. ~ *nekoga* (누구를) 유명하게 만들다, 명예(명성)를 얻게 하다; *on je ovu zemlju proslavio* 그는 이 나라를 영예롭게 만들었다; *taj pronalazak ga je proslavio* 그 발명이 그를 유명하게 만들었다 3. ~ **se** 유명해지다, 명성을 얻다; (반어적) 악명을 떨치다

proslavljen *-a, -o* (形) 1. 참조 proslaviti 2. 유명한, 잘 알려진

prosleediti *-im* (完) **prosleđivati** *-đujem* (不完) 1. (~의 뒤를) 따라가다, 뒤쫓아 가다 2. 앞으로 계속 가다(나아가다); (하던 말을) 계속하다; ~ *svojim putem* 가던 길을 계속해 가다 3. (서류 등을 지체없이) 보내다, 전달하다, 전송하다; ~ *dokument* 문서를 전송하다

proslov 1. 서문, 머리말 (predgovor) 2. 인사말 (행사 등의)

prosloviti *-im* (完) 1. (무슨 말을 하려고) 입을 열다, 말하기 시작하다 2. 말하다

prosnī *-ā, -ō* (形) 청혼의, 구혼의; ~ *dar* 청혼 선물

proso (植) 수수, 기장, 서(黍) *prosen* (形)

prospavati *-am* (完) 1. (일정 시간 동안) 잠자

다 2. (비유적) 일을 하지 않고 빈둥빈둥 시간을 보내다, 쓸데없는 일로 시간을 허비하다, (중요한 일을) 경시하다; *tako mogu govoriti samo...ljudi koji su dvadeset godina prospavali* 사람들은 20년 동안 쓸데없는 일만 하면서 보냈다고 말할 수 있겠다

prospekt *-ata* 1. (인쇄된) 안내서, 홍보물 (팸플릿 등의) 2. (...할) 계획, 기획, 안(案); *šta imate u ~u* 어떤 계획이 있나요? 3. 대로(大路)

prospektivan *-vna, -vno* (形) 선견지명이 있는, 미래를 내다 볼 줄 아는

prosperirati *-am* (完,不完) 번영하다, 번창하다, 발전하다, 성공하다

prosperitet 번영, 번창; *materijalni ~* 물질적 번영; *privredni ~* 경제적 번창

prost *-a, -o; prostiji* (形) 1. 단순한, 복잡하지 않은, 쉬운, 평이한; *ovaj mehanizam je ~* 이 기계 장치는 단순하다; *~a rečenica* 단문; *~i problemi* 단순한 문제; *iz ~og razloga* 단순한 이유로; ~ *kao pasulj* 대단히 쉬운, 누워 떡먹기; *~a godina* 평년(1년이 365일인); *pitanje je ~o* 질문은 간단하다; *~a većina* 단순 다수(과반수에는 미치지 못하나 당선(결정)에 필요한 최저한을 넘는 표수) 2. 평범한, 보통의, 일반적인; ~ *narod* 일반인; ~ *vojnik* 일반 병사 3. 거친, 세련되지 못한, 정제되지 않은, 공손하지 않은, 저속한, 상스러운; *~o ponašanje* 거친 행동; *to se ovde smatra vrlo ~o (~im)* 이곳에서 그것은 매우 상스러운 것으로 간주된다; *~e reči* 상스러운 단어; *~i vicevi* 저속한 유머 4. 교활하지 않은, 순진한, 단순한; 순수한 5. 날것의, 가공되지 않은 6. 장식이 없는, 꾸밈이 없는; 비싸지 않은, 싼; ~ *kovčeg* 장식이 없는 관; *~a odeća* 값싼 옷 7. (도로 등이) 텅 빈, 뻥 뚫린 8. (od nečega) ~로 부터 자유로운, 해방된, 벗어난; ~ *od predrasuda* 편견으로부터 벗어난 9. 기타; *biti na ~oj nozi* 감옥에서 출소하다; ~ *broj* (數) 소수(素數; 1과 자신으로만 나누어지는 숫자); *~a godina* 평년(1년 365일이 있는); *~im okom* 나안(裸眼)으로, 맨눈으로; *prosta mu duša!, neka mu je ~o* 신이 그를 용서하시길!

prostak (행동이) 거친 사람; 교양과 상식이 없는 사람; 서민, 평민 **prostakinja**; **prostački** (形)

prostakluk 상스러운 것, 천박한 행동, 거친 행동

prostaštvo 참조 prostakluk

P

999

prostata (解) 전립선
prostatitis 전립선염
prostenjati *-em* (完) 1. (일정 기간 동안) 신음
하다, 신음 소리를 내다 (stenjati) 2. 신음
소리를 내면서 말하다(말하기 시작하다)
prostirač 1. 보(침대·책상 등의) (prostirka) 2.
카페트, 양탄자 3. 도어 매트(문간에 깔아
놓는 신발 바닥 닦개)
prostirati *-em* (不完) 참조 prostreti
prostirka 1. 보(침대·책상 등의) (prostirač) 2.
보와 비슷한 것 (눈이 덮인 것, 안개가 덮인
것 등의) 3. (가축이나 사람이 자기 위해 깔
아놓은) 짚, 낙엽
prostiti *-im* (完) praštati *-am* (不完) 1.
(nekoga, nekome) (죄·잘못 등을) 용서하다,
사면하다; *prosti me (mi), ako možeš* 용서
해 줄 수 있다면 날 용서해줘 2. ~ se (~와)
헤어지다, 작별하다 (rastati se) 3. 기타;
bog da mu dušu prosti! (장례식 등에서 고
인에 대해 말할 때) 신이 그의 영혼을 용서
하시길!; *bože mi prosti, bože prosti, bog da
prosti* 신이여, 용서하소서! (앞으로 하려는
말을 정당화하려고 문장속에 넣어서 하는
말); *prosti(te) na kojoj ste* (상대편의 말을
끊을 때 하는) 미안하지만, 죄송하지만
prostitucija 매춘, 성매매
prostituirati *-am* prostituisati *-šem* (完,不完)
매춘하다, 매춘부로 일하다
prostitutka 매춘부 prostitutski (形)
prosto (副) 간단히, 간단하게; 단지, 그저; ~
ne znam šta ću s njim 그와 무엇을 할 수
있을 것인지 모른다; ~ *je umro od straha*
두려움으로 사망했을 뿐이다
prostodušan *-šna, -šno* (形) 순진한, 단순한,
솔직한 (iskren, otvoren); ~ *čovek* 순진한
사람
prostodušnost (女) 순진함, 단순함, 솔직함
prostonarodan *-dna, -dno* (形) 평범한 사람의
prostor 1. 공간; 빈틈, 여지, 공간; *nema ~a
za sve* 모든 사람들이 들어갈 자리가 없다;
radi uštede ~a 공간 절약을 위해; *poslovni
~* 사무 공간; *životni ~* (나치스의 이념이었
던) 생활권; *prazan ~* 빈공간; *otvoren
(zatvoren) ~* 야외(실내); *stambeni ~* 거주
지역; *vazdušni ~* 영공; prostoran (形); *~rni
metar* 입방 미터 2. 떨어진 거리 (두 사람간,
두 물체간의)
prostoran *-rna, -rno* (形) 1. 참조 prostor 2.
넓은, 널찍한, 공간이 넓은 (prostran); *~rna
radionica* 넓은 작업실 3. (한정형) 공간의;
~rno planiranje 공간 계획; *~rna umetnost*

공간 예술
prostorija 1. 공간, 방; *stan sa tri ~e* 방 세
칸이 있는 아파트 2. (보통 複數로) 사무실;
poslovne ~e 사무실, 사무 공간 3. 공간
(prostor)
prostornost (女) 공간, 공간성; 광활함
prostoručan *-čna, -čno* (形) (숙어로 사용)
~čno crtanje (도구의 도움을 받지 않고) 맨
손으로 그린 스케치
prostosrdačan *-čna, -čno* (形) 솔직한, 순진한,
단순한 (prostodušan); ~ *postupak* 순진한
행동
prostota 1. 단순함, 간단함, 평이함; *dopadala
mu se ~ tih ljudi* 그는 그들의 단순함이 마
음에 들었다 2. 이해 (razumljivost
shvatljivost); ~ *Frojdovih tumačenja* 프로
이트 해석의 이해 3. 거침, 세련되지 못함,
공손하지 못함; *nervirala ga je njegova ~*
그의 불공손함이 그의 신경을 건드렸다 4.
저속함, 상스러움 5. 교육받지 못한 평민 대
중
prostran *-a, -o* (形) 1. 널찍한, 넓은, 광활한;
~o polje 광활한 들판 2. (옷 등이) 헐렁한;
~a kabanica 헐렁한 비옷; *~e čizme* 헐렁한
부츠 3. 긴, 오래 계속되는, 오랫동안 지속되
는; ~ *dan* 긴 날 4. 광범위한, 포괄적인
(sveobuhvatan); *~o znanje* 광범위한 지식
5. 기타; *biti ~e ruke* 아낌없이 주는, 손이
큰
prostranost (女) 널찍함, 넓음
prostranstvo 참조 prostor
prostrel 1. (醫) 탄저병 2. (植) 겐티아나
prostreliti *-im* (完) 1. (화살이나 총알이) 꿰뚫
다, 관통하다 2. 기타; ~ *očima (pogledom)*
날카롭게(예리하게) 누구를 바라보다(쳐다보
다)
prostreo *-ela* (男) 참조 prostrel; 탄저병
prostreti *prostrem; prostro, prostrla; prostrt
& prostrven; prostrvši & prostrevši* (完)
prostirati *-em* (不完) 1. (개어진 것, 포개진
것 등을) 펴다, 펼치다 (보통 잠자리나 앉을
것을), 깔다; ~ *krevet* 침대를 펴다; ~
čaršav na sto (po travi) 책상에 책상보를
펴다(풀밭에 깔개를 펴다) *kako prostreš,
onako ćeš i spavati* 뿌린대로 거둘 것이다
2. (테이블보를 깔거나 나이프·포크 등을 세
팅해 놓고) (식사를) 준비하다, 놓다; *čim bi
ušli kod nje, ona bi prostirala sto* 그녀의
집에 들어가자 마자 식사준비를 할 것이다
3. (koga) 넘어뜨리다, 쓰러뜨리다; 죽이다 4.
놓다, 두다 (položiti, staviti); *žandarmi*

mrtva hajduka prostreše po zemlji 경찰들이 죽은 하이두크를 땅바닥에 놓았다 5. ~ se 펼쳐지다; *odavde do planine prostire se ravnica* 여기서부터 산까지 평원이 펼쳐진다; *magla se prostrla po dolini* 안개는 계곡에 쫙 깔렸다 6. ~ se (팔 다리를) 쭉 펴다, 몸을 뻗고 눕다; *prostro se na krevet* 침대에 큰 대자로 누었다; *~se prema guberu* 자신의 능력에 맞춰 살다 7. ~se (총알 등에) 땅에 쓰러지다; *pogodi ga metak, on se porstre ne pustivši ni glasa* 그는 총알에 맞아 한 마디도 뱉지 못하고 땅에 쓰러졌다

prostrugati *-žem* (完) 자르다, 절단하다, 깎다 (톱질·끌질·대패질 등으로)

prostrujati *-jim* (完) 1. (바람·공기 등이) 흐르다, 관류하다 2. 흐르기 시작하다 3. (비유적) 퍼지다, 유포되다 (소문·뉴스 등이) 4. (어떠한 생각·느낌 등이) 획 하고 스쳐 지나가다

prostudirati *-am* (完) 면밀히 관찰하다(고찰하다, 연구하다), 철저히 연구 조사하다

prosuditi *-im* (完) **prosuđivati** *-đujem* (不完) 심사숙고하여 판결하다(판단하다, 평가하다, 결정하다)

prosuđivanje (동사파생 명사) prosuđivati; *pogrešno* ~ 잘못된 판단(판결·평가·결정)

prosulja 참조 tiganj; 프라이팬

prosušiti *-im* (完) 1. (조금, 약간) 말리다 2. 완전히 말리다 3. ~ se 마르다, 시들다 (풀이)

prosuti *prospem*; *prosuo*, *-ula*; *prosut*; *prospi*; *prosuvši* (完) **prosipati** *-am* (不完) 1. 쏟다, 쏟아 붓다, 따르다 (액체·자잘한 것 등을); ~ *vodu (šećer)* 물 (설탕)을 쏟아 붓다; ~ *vino na stoljak* 테이블보에 포도주를 쏟다; *prospi mleko* 우유를 쏟아라; ~ *pepeo (đubre)* 재(쓰레기)를 버리다 2. (비유적) 많이 주다, 쏟아 붓다; ~ *udarce* 주먹 세례를 퍼붓다 3. (말 등을) 퍼붓다 4. (소문 등을) 퍼뜨리다 5. 쏟아 부어 비우다; ~ *flašu (šolju, pepeljaru)* 병(잔, 재떨이)를 비우다; *prosuo je flašu na ćilim* 병에 들어있는 것을 양탄자에 흘리다 6. 기타; ~ *suze* 눈물을 쏟다; ~ *bujicu reči* 말을 쏟아내다; ~ *novac (pare)* 1) 돈을 펑펑쓰다(낭비하다) 2) 뇌물 공세를 펼치다; ~ *kuću (imanje, zemlju)* 돈을 탕진하다; ~ *svetlo(st) na koga (na što)* ~에게 빛을 비추다, (비유적) 설명하다, 해석하다; ~ *oganj (vatru) iz puškaka*, ~ *puške (topove)* (화기를) 발사하다; ~ *krv kome* 누구를 찌르다; ~ *krv za koga* 누구를 위해 희생하다; *smuti i prospi* 쓸모없는 행동

prosuziti *-im* (完) 1. 눈물을 흘리다, 울다 2.

(비유적) 진액이 나오다 (장미 등을 자를 때)

prosvanuti (完) **prosvitati** *-će* (不完) 동이 트다, 여명이 밝다; *prosvanula je zora* 여명이 밝았다; *prosvanulo mi je* 좀 더 좋아진 것처럼 느낀다

prosvećen *-a, -o* (形) 1. 참조 prosvetiti 2. 학식있는, 교양있는; 깨우친, 계화된, 계몽된; ~*i apsolutizam* 계몽전제주의; ~ *apsolutista* 계몽전제군주

prosvećenost (女) 계몽, 깨우침, 일깨움; *doba* ~*i* (18세기의) 계몽주의 시대

prosvećivanje (동사파생 명사) prosvećivati; 계몽

prosvećivati *-ćujem* (不完) 참조 prosvetiti

prosveta 교육; *ministarstvo* ~*e* 교육부

prosvetitelj 계몽가; 계몽주의자 **prosvetiteljski** (形)

prosvetiti *-im*; *prosvećen* (完) **prosvećivati** *-ćujem* (不完) (설명하여) 이해시키다, 깨우치다, 가르치다; 계몽하다; ~ *mase* 대중을 계몽하다

prosvetliti *-im* (完) **prosvetljavati** *-am* (不完) 1. 밝게 하다, 빛을 비추다 2. 밝아지다 3. 계몽하다, 교화하다 4. 기타; ~ *pamet (um)* 깨닫게 하다, 현명하게 하다

prosvetnī *-ā, -ō* (形) 참조 prosveta; ~ *savet* 교육 평의회, 교육 위원회

prosvirati *-am* (完) 1. (총알이) 성~하고 날라가다 (머리위로 혹은 옆으로); ~ *nekome metak kroz glavu* 누구의 머리 위로 총알이 날아가다; *metak prosvira iznad naših glava* 총알이 우리 머리 위를 성~하고 지나간다 2. (머리를) 총으로 쏴 죽이다 3. (총알이) 구멍을 내다, 뚫고 지나가다; *metak mu je prosvirao čelo* 총알이 그의 이마를 뚫고 지나갔다 4. (돈을) 소비하다, 낭비하다, 탕진하다

prosvirati *-am* (完) 1. (잠시 동안, 조금) 연주하다; ~ *ceo dan* 하루종일 연주하다 2. ~ *nekoliko puta program* 몇차례 프로그램을 연주하다 3. 연주하기 시작하다

prosvitati *prosviće* (不完) 참조 prosvanuti

prosvjed 1. 항의, 이의 제기; 항의서, 이의 신청서 2. (어음 등의) 지급 거절

prosvjedovati *-dujem* (完,不完) 1. 항의하다, 이의를 제기하다 (protestovati) 2. (약속 어음 등의) 지급을 거절하다; ~ *menicu* 어음 지급을 거절하다

prosvjetar 교육자; 교사, 선생

prosvetljavati *-am* (不完) 참조 prosvetiti

prošaptati *prošapćem* (完) 속삭이다, 소곤소

P

1001

곤 이야기하다, 귓속말을 하다

prošaputati -am (完) 참조 prošaptati

prošarati -am (完) 1. 알록달록하게 하다; 장식하다, 꾸미다; ~ bluzu crvenim nitima 블라우스를 빨간색 실로 장식하다 2. 여러가지 서로 다른 것으로 채우다(채워 넣다) 3. 이리저리 왔다갔다 하면서 날아가다; lasta prošara nebom 제비가 하늘을 이리저리 날라다녔다 4. ~ se 알록달록해지다; 주근깨로 덮여 있다 5. ~ se (비유적) 섞여있다

prošašaveti -ašavim (完) 미치다 (postati šašav)

prošće (集合) proštac

prošek 포도주의 한 종류 (말린 포도로 담은 디저트 와인)

prošenica 청혼(구혼)받은 여자; 약혼한 여자 (verenica, zaručnica)

prošenje 1. (동사파생 명사) prositi 2. 구혼, 청혼

prošetati -am & prošećem (完) 1. (일정 시간, 조금) 걷다, 거닐다, 산책하다 2. (누구를) 걷게 하다, 거닐게 하다, 산책하게 하다 (그 뒤를 따라가면서); ~ goste po gradu 손님을 시내 산책시키다

prošEvina 구혼, 청혼 (prosidba)

prošibati -am (完) 1. 회초리(šiba)로 때리다, 채찍질하다 2. 빨리 지나가다, 급히 가다 (proleteti, projuriti, brzo proći)

proširiti -im (完) proširivati -rujem (不完) 1. 넓히다, 확장하다; ~ ulicu (put) 도로를 넓히다(확장하다) 2. (옷 등의) 폭을 크게 하다; ~ suknju (haljinu, pantalone) 치마(원피스, 바지)의 통을 넓히다 3. (활동 범위, 영향력 등을) 확장하다, 확대하다, 늘리다, 확충하다; ~ obim rada 작업의 범위를 넓히다; prošireno izdanje 증보판; ~ svoje znanje 자신의 지식을 넓히다; ~ svoju radnju 자신의 가게를 확장하다; proširena reprodukcija 확대 재생산 4. ~ se 확장되다, 확대되다, 넓어지다 5. ~ se (소문·냄새 등이) 퍼지다, 확산되다; proširio se glas 소문이 퍼졌다

proširivanje (동사파생 명사) proširivati

prošišati -am (完) 1. (약간) 머리를 자르다, 이발하다 2. (~옆을, ~위를) 빠르게 지나가다; avion je prošišao nebom 비행기가 하늘을 빨리 날아갔다 3. 구멍을 내다, 뚫고 지나가다

prošiti prošijem; prošiven & prošit (完) prošivati -am (不完) 1. 바느질하다, 꿰매다 2. (비유적) (총알로 여러 곳에) 벌집을 내다

prošlī -ā, -ō (형) 지나간, 이전의, 바로 앞의; ~e godine 작년에; ~og leta 지난 여름의; ~ put (~og puta) 지난 번에; na ~oj stranici 바로 앞 페이지에서; ~o vreme (文法) 과거 시제; davno ~o vreme (文法) 과거 완료 시제

prošlogodišnjī -ā, -ē (形) 작년의

prošlost (女) 과거; čovek s mračnom ~šću 어두운 과거가 있는 사람

prošnja 1. 구걸 (prosjačenje); ići u ~u 구걸하러 가다 2. 간청, 부탁 (molba) 3. 청혼, 구혼 (prosidba, prošenje)

proštac prošca & proštaca; prošci, proštaca (보통 담장에 쓰이는) 한 끝이 뾰족한 가는 막대기(널판지); pasti (pljesnuti, pljosnuti) kao ~ 큰 대(大)자로 쓰러지다; stajati kao ~ 똑바로(뻣뻣이) 서있다; tanak kao ~ 장대 같이 길쭉한(뻣뻣한)

proštenje 1. 용서, 사면 (oprost, oproštaj, oproštenje) 2. 교회 축일 (crkvena slava)

prošuljati se, prošunjati se -am se (完) 살금살금 (조심조심) 움직이다; išao je voz sa ugašenom svetlošću i bez velike buke prošuljao se prema stanici 기차는 불을 소등하고 가면서 큰 소리를 내지 않고 역으로 천천히 움직였다

prošvercati -am (完) 참조 prošvercovati

prošvercovati -cujem (完) 밀수하다, 밀반입(출)하다 (prokrijumčarati); ~ robe preko granice 국경 넘어 물건을 밀수하다

prota (男) (=proto) (正敎) 대사제, 사제장

protaći, protaknuti protaknem; protaknuo & protakao; protaknuvši & protakavši; protaknut (完) ~을 꿰뚫다, 관통하다

protagonist(a) 1. (연극·영화·책 속의) 주인공 2. (정책·운동의) 주창자

protaknuti -nem (完) 참조 protaći

protavoriti -im (完) (잠시, 일정 기간 동안) 가난하게 살다, 근근이 먹고 살다, 겨우 입에 풀칠을 할 정도로 빈곤하게 살다; ~ mnogo godina u malom mestu 소읍지에서 많은 세월을 가난하게 살다

protaza (文法) (조건문의) 조건절

proteći protečem, proteku & proteknem; protekao, -kla (完) proticati -čem (不完) 1. 흐르기 시작하다 2. (~옆을, ~을 통과하여) 흐르다, 흘러가다; reka protiče kroz dolinu 강은 계곡을 지나 흘러간다 3. 스며들다 4. (액체 등이) 새다, 새나오다 (procuriti); bure je proteklo 통이 샜다 5. (비유적) (시간·기간·사건 등이) 지나다, 경과하다, 만료되다; protekla je već godinu dana 벌써 일

년이 지났다; *demonstracije su protekle bez prolivanja krvi* 시위는 유혈 사태없이 지나갔다 6. (비유적) 나오다, 나타나다, 시작하다 (*pojaviti se, nastati, proizići*); *sve je to iz prakse proteklo* 모든 것이 실제에서 나왔다

proteći *protegnem* (完) 참조 protegnuti

protegliti *-im* (完) (손·발을) 쭉 펴다, 쭉 뻗다 (*ispružiti, otegnuti, protegnut, istegnuti*)

protegljast *-a, -o* (形) 키가 크고 마른, 날씬한, 쭉뻗은; *~o lice* 길쭉하고 마른 얼굴; *~ suv čovek* 크고 마른 사람

protegnuti, proteći *protegnem; protegao, -gla & protegnuo; protegnut* (完) **protezati** *-žem* (不完) 1. (팔·다리·목 등을) 쭉 뻗다, 뻗치다, 쭉 펴다; *cvrčak je progegnuo tanke nožice i zapevao* 귀뚜라미는 가는 다리를 쭉 펴고 울기 시작했다 2. 몸을 쭉 펴고 눕다, 큰 대(大)자로 눕다 3. (잡아당겨) 늘이다, 연장하다; (잡아당겨) 팽팽하게 하다; *protegne nit, namota je na vreteno* 실을 잡아 늘여 물레가락에 감는다; *~ remen* 벨트를 팽팽히 잡아 당기다 4. (비유적) (지속 시간 등을) 연장하다, 연기하다, 늘리다; *ala se protegla ova zima* 이번 겨울은 오래 계속되었다 5. (비유적) (활동 범위 등을) 확대하다, 확장하다, 적용하다; *ono ne mogu na sebe ~* 이것은 자기 자신에게 적용할 수 없다; *ja bih mobilizaciju protegnuo i na žene* 동원령을 여성들에게까지 확대 적용하고픈 마음이다 6. *~ se* 자신의 몸을 쭉 펴다 7. *~ se* 다다르다, 이르다, 펼쳐지다; *jezoro se proteže 50 kilometara na jug* 호수는 남쪽으로 50km까지 뻗어있다 8. *~ se* (*na nekoga, nešto*) ~에 확산되다, 퍼지다 (*proširiti se*); *bilo mu je stalo da se naš književni jezik protegne na sva narod* 그는 우리 문어가 모든 국민들에게 확산되기를 바랐다 9. 기타; *~ noge* (조금) 산책하다; *~ papke* (口語) 죽다

protein 단백질 **proteinski** (形)

protekcija 보호, 비호, 옹호, 후원 (불법적인); *imati ~u* 비호를 받다; *dobiti mesto ~om* 인간관계에 힘입어 직장을 얻다; *veze i ~* 연줄(부정적인 의미로; 혈연·학연·지연 등의)

protekcionaš 보호(비호·옹호)를 받는 사람 **protekcionaški** (形)

protekcionist(a) 1. 참조 protekcionaš 2. 보호주의 찬성자, 보호 무역론자

protekcionizam *-zma* 1. (貿易) 보호주의 2. 인사 정실주의 (연(緣)에 의해 사람을 채용하는)

protekli *-ā, -ō* (形) 지난, 이전의; *~e godine* 작년에

protektor 1. 후원자, 보호자 (*pokrovitelj, zaštitnik*) 2. 신탁통치국 3. (機) (차바퀴·타이어의) 접지면,트레드; *~ na gumi* 타이어의 접지면

protektorat 신탁 통치

protepati *-am* (完) (아기가 말을 배우기 시작하면서) 옹알이하다, 옹알거리기 시작하다 (*početi tepati*)

proteranik 추방당한 사람

proterati *-am* (完) **proterivati** *-rujem* (不完) 1. (~을 통과하여, ~옆을) 몰다, 몰고가다 (가축 등을); *~ stoku kroz varoš* 시내를 지나 소를 몰고 가다 2. (못·쐐기 등을) 박다; *~ klin kroz dasku* 못을 널판지에 박다 3. 추방하다, 쫓아내다, 방출하다, 제명하다, 면직시키다; *~ iz zemlje (iz škole)* 나라밖으로 (학교에서) 추방하다 4. (비유적) 힘들게 (어렵게) 말하다 5. 기타; *~ ćef* 자신의 희망 (소망)을 이루다; *~ kera* (술을 마시면서) 마음껏 실컷 놀다

protest 1. 항의, 반대, 이의(제기); 시위; *uložiti (odbaciti) ~* 이의를 제기하다 (이의를 각하하다) **protestni** (形); *~ miting* 항의 집회 2. (法) (어음의) 지불(인수) 거절 증서

protestant 1. 신교도, 프로테스탄트 2. 시위자 **protestantkinja; protestantski** (形)

protestantizam *-zma* 신교, 프로테스탄트주의

protestirati *-am* **protestovati** *-tujem* (完,不完) 1. 항의하다, 이의를 제기하다; *~ protiv nečega* ~에 항의하다 2. (어음 등을) 지급 거절하다; *~ menicu* 어음 지급을 거절하다

protestni *-ā, -ō* (形) 참조 protest; 항의의; *~a skupština* 항의 총회; *~a rezolucija* 항의 결의안; *~a povorka* 항의 행렬

protestovati *-tujem* (完,不完) 참조 protestirati

protetika (醫) 보철(학) (의족·의안·의치 같은 것을 제작해서 끼우는 것)

proteza 1. (의족·의안·의치 같은) 인공 기관(삽입물); 보철; 의치 2. (言) 첨두음(添頭音), 첨두자 (*uzda-vuzda, opet-jopet* 등의) **protetički** (形)

protezati *-žem* (不完) 참조 protegnuti

proteže *-ea; -ei* (男) 피보호자; 부하

protežirati *-am* (完,不完) 우선권을 부여하다

proticati *-čem* (不完) 참조 proteći

protinica 사제장 (prota)의 아내

protisnuti *-nem* (完) **protiskivati** *-kujem* (不完)

P

1. (좁은 곳에) 밀어넣다, 집어넣다 2. (kroz zube) (비유적) 간신히(힘들게) 말하다; jedva je kroz zube protisnuo nekoliko reči 그는 겨우 몇 마디를 간신히 말했다 3. ~ se (억지로) 비집고 들어가다(통과하다); *jedva se protisla do izlaza* 그는 간신히 출구까지 비집고 갔다

protiv I. (전치사,+ G) 1. ~과는 반대로, 거슬러 (방향); *išao je sporo i mučno ~ jakov vetra* 거센 바람을 안고 힘들게 갔다; *ploviti ~ struje* 물살을 거슬러 올라가다(항해하다) 2. ~에 대항하여, ~에 맞서 (의견 등의); *on traži oružje ~ nas* 그는 우리들에 맞서 무기를 찾았다; *oružana borba pokazala je jasno... ko je za, a ko je protiv okupatora* 무장 충돌은 누가 점령자 편인지, 누가 반대 편인지를 분명하게 보여줬다; *~ moje volje* 내 의지와는 반대로; *boriti se ~ nekoga ~* 에 맞서 투쟁하다 3. (약품 등의) ~용; *lek protiv glavobolje* 두통약; *sredstvo ~ gamadi* 해충제; *inekcija ~ besnila* 광견병 주사 4. ~의 반대편에, ~의 건너편에; *on naredi da se obrate svih deset topova ~ velikih vrata grada i da se svi odjednom ispale* 그는 10문의 모든 대포들을 성문으로 향하게 하고 동시에 포사격을 하도록 명령했다 5. (경기 등의) ~ 상대로; *Srbija igra ~ Italije* 세르비아는 이탈리아를 상대로 경기한다 II. (副詞로서) 반대로, 거꾸로 (protivno, suprotno); *govoriti ~* 반대로 이야기하다; *raditi ~* 거꾸로 일하다; *za i protiv* 찬성과 반대; *ko je ~?* 반대인 사람? ; *ako nemate ništa ~, ja ću zapaliti lulu* 반대하지 않는다면 담배를 한 대 피우겠다; *imate li vi nešto ~, ako ja sad krenem kući?* 내가 지금 집에 가는 것에 반대 의견이라도 있나요?

protiv- (接頭辭로서) 반(反)-, 대(對)-, 항(抗)-, 방(防)-, 역(逆)-; *protivtuberkulozni* 항결핵의; *protivdržavni* 반국가적인; *protivzakonit* 법률에 위배되는; *protivotrov* 해독제의

protivan *-vna, -vno* (形) 1. 반대의, 마주보고 있는, 반대 방향의; *iz ~vnog pravca* 반대 방향으로부터; *na ~vnoj strani* 반대 편에서 2. 정반대의, 완전히 다른; (의견 등이) 다른, 정반대인; *on je ~vnog mišljenja* 그는 다른 의견을 가지고 있다; *on je ~ svemu što je novo* 그는 새로운 모든 것에 반대하는 입장이다

protivargumen(a)t 반론, 반박

protivatomskī *-ā, -ō* (形) *~a zaštita* 핵방어

protivavionskī *-ā, -ō* (形) 방공(防空)(용)의, 대공(對空)의; *~a odbrana (artiljerija)* 대공 방어(대공 미사일)

protivdejstvo (약의) 중화작용; 반작용

protivdiverzantskī *-ā, -ō* (形) 반사보타주의; *~a dejstva* 반사보타주 작전

protivdokaz 반대 증거

protivdržavnī *-ā, -ō* (形) 반국가적인

protivhemijskī *-ā, -ō* (形); *~a zaštita* 화학전 방어

protiviti se *-im se* (不完) **usprotiviti se** (完) 반대하다, 동의하지 않다, 저항하다; *~ ratu* 전쟁에 반대하다; *uništavali su eskardone koji su im se protivili* 그들에게 저항했던 기마부대를 말살했다; *~ odluci suda* 법원의 판결에 동의하지 않다

protivkandidat 상대 후보

protivkorak 대책, 대응책, 대항책

protivljenje (동사파생 명사) protiviti se; 반대; *~ odluci* 결정에의 반대

protivmera 대책, 대응책, 대항책; *preduzeti ~e* 대책에 착수하다

protivnapad 역습, 반격

protivnarodan *-dna, -dno* (形) 국민 이익에 반하는, 반민족적인, 반국민적인

protivnik 반대자, 상대자, 경쟁자 **protivnica**; **protivnički** (形); *~a ekipa* 상대팀; *~a stranka* 상대당; *~a strana* 상대(반대) 진영

protivno 1. (前置詞,+ D) ~과는 반대로; *~ njegovom naređenju* 그의 명령과는 반대로 2. (副) 반대로, 거꾸로

protivofanziva 역공, 반격

protivoklopnī *-ā, -ō* (形) 대(對)전차용의; *~e mine* 대전차지뢰

protivotrov 해독제

protivodmornički *-ā, -ō* (形) 대(對)잠수함의; *~a odbrana* 대잠수함 방어

protivpožarnī *-ā, -ō* (形) 소방(消防)의; *~a aparat* 소방 장비; *~o odelo* 소방복

protivpravnī *-ā, -ō* (形) 불법의, 법에 반(反)하는; *~a delatnost* 불법 행위

protivpredlog 대안(對案), 역제안

protivprirodan *-dna, -dno* (形) 자연스러운 것이 아닌, 부자연스런, 비정상적인

protivpropisan *-sna, -sno* (形) 규정(규율)에 어긋나는

protivraketnī *-ā, -ō* (形) 대(對)미사일용의, 미사일 방어용의; *~a zaštita* 대미사일 방어(망)

protivrazlog (이전의) 이유에 반(反)하는 이유

protivrečan *-čna, -čno* (形) 모순되는 (suprotan, oprečan); *~čne izjave* 모순적인

성명; ~čna mišljenje 모순적인 생각

protivrečiti -im (不完) 1. 반대로 말하다, 반박하다, 부정하다, 부인하다; ~ nekome 누구의 말을 반박하다 2. ~와 반대이다; činjenice protivreče vašim izjavama 사실은 당신의 진술과는 반대이다; razvoj događaja protivreči predviđenom 사건의 진행과정은 예상과는 정반대로 진행되고 있다

protivrečje 모순; 반대되는 말; teza je puna ~a 논문은 모순 덩어리이다; došlo je do ~a 의견의 차이가 있었다

protivrečnost (女) 참조 protivrečje

protivrednost (女) 등가(等價)액

protireformacija 반개혁, (개혁에 대한) 반대 개혁

protivrevolucija 반혁명 **protivrevolucionaran** (形)

protivsredstvo 1. 대책 2. 해독제

protivstaviti -im (不完) 대립시키다 (suprotstaviti); dve teze protivstavljeni su jedna drugoj 두 명제는 서로 대립된다

protivstruja 역류, 반류(反流)

protivteg 균형추, 평형추

protivtelo 항체(抗體) (antitelo)

protivtenkovskī -ā, -ō (形) 대(對)전차의; ~ top 대전차포; ~a odbrana 대전차 방어

protivteža 균형추, 평형추 (protivteg)

protivtorpednī -ā, -ō (形) 대(對)어뢰의; ~a mreža 대어뢰망

protivtužba (法) 맞고소; podneti ~u 맞고소하다 **protivtužbeni** (形)

protivu (前置詞) 참조 protiv

protivudar, protivudarac -rca 반격; (권투의) 카운터펀치, 카운터블로

protivusluga 호의에 대한 호의, 답례; učiniti ~u 답례를 하다

protivustavan -vna, -vno (形) 위헌의, 위헌적인, 반헌법적인

protivvazdušnī -ā, -ō (形) 방공(防空)의 (protivavionski)

protivvrednost (女) 등가(等價)액

protivzakonit, protivzakonskī -ā, -ō (形) 불법의, 불법적인

protivzapoved, protivzapovest (女) (이전의 명령과 상반되는) 명령

protkati -am & protkem & pročem (完) **protkivati** -am (不完) 1. 엮다, 짜다; 섞어서 짜다, 엮어서 짜다; materijal je protkan zlatnim nitima 재료는 황금실로 짜졌다 2. ~로 충만하다, 스며들다; roman je protkan humorom 소설은 위트로 충만하였다

proto 참조 prota; 대사제, 사제장

proto- (接頭辭) 최초의-, 원래의-, 원시의-

protoč 설사 (proliv)

protočiti -im (完) 1. 퍼붓다, 쏟아 붓다 2. 꽉 차다, 가득하다, 충만하다 (ispuniti) 3. 설사 (protoč)하다

protođakon 가장 나이가 많은 부제(副祭; đakon)

protojerej 대사제, 사제장, 수석 사제

protoka (植) 피마자, 아주까리

protokol 1. 청원 대장(臺帳), 우편물 대장(臺帳); krivični ~ 범죄 기록부 2. 회의록; uzeti koga na ~ 누구의 발언을 회의록에 기록하다; voditi ~ 기록하다; sastaviti ~ 회의록을 작성하다 3. (外交) 조약 원안, 조약 의정서; 외교 의례, 의전; 의전국(局); po ~u 의전에 따라; šef ~a 의전장(長); akt ~a 면세 인가서 (한 나라의 외교부가 타국의 외교관들에게 발행하는) **protokolarni** (形)

protokolirati -am, **protokolisati** -šem (完,不完) 기록하다, 기재하다

proton (物) 양성자, 양자

protoplazma (生) 원형질

protopop 사제장, 수석 사제 (protojerej)

prototip 1. 원형(原型), 최초 타이프; ~ domaćeg automobila 국산자동차의 최초 타이프 2. (文學) 실제 인물, 실존 인물 (작가에게 작품을 구상할 수 있도록 모델이 된)

protraćiti -im (完) 1. (비이성적으로) 소비하다, 낭비하다, 탕진하다 2. (시간을) 낭비하다, 허비하다

protrčati -im; protrčao (完) **protrčavati** -am (不完) 1. (~옆을, ~을 통과하여) 달리다, 달려가다, 달려 지나가다; ~ kroz hodnik 복도를 뛰어가다 2. 빨리 가다, 서둘러 가다 (projuriti, proleteti) 3. (소리가) 울리다, 반향하다 (odjeknuti) 4. (시간·세월이) 매우 빨리 지나가다 5. ~ se (한동안, 일정 기간 동안) 달리다, 뛰다

protresti -sem; protresao, -sla; protresen (完) **protresati** -sam (不完) 1. 흔들다; 털다, 털어내다; kad se malo pokvari sat, ja ga protresem...pa on opet radi 시계가 좀 고장나서 시계를 좀 흔들면...시계가 다시 간다; ~ ćebe 모포를 털다 2. (차 등이) 흔들거려 누구를 피곤하게 하다 3. 철저히(샅샅이) 조사하다

protrljati -am (完) 문지르다, 비비다, 마시지하다 (손가락·손바닥·손수건 등으로); protrljaj mi malo vrat 내 목을 좀 문질러봐; probudi se čovek, protrlja čelo 그는 잠에서 깨어나

P

이마를 부빈다

protrnuti -nem (完) 1. (두려움으로) 오싹해지다; (너무 당황하여, 놀라) 움싹달싹 못하다, 경직되다, 마비되다 2. (추위) 몸이 경직되다

protrti protrem & protarem; protro, -rla; protrt & protrven; protri & protari (完) 1. (잠시·잠깐) 문지르다, 비비다 2. 문지르다, 마사지하다 (protrljati); Jula mu protre trbuh i bolesti nestade 율라가 그의 배를 쓰다듬자 아픔이 사라진다

protu- (接頭辭) 참조 protiv-

protuha 참조 protuva

protukandidat 참조 protivkandidat

protumačiti -im (完) 해석하다, 설명하다; ~ sadašnje prilike 현상황을 설명하다(해석하다)

protumjera 참조 protivmera

protunalog 참조 protivnalog

protunapad, protunapadaj 참조 protivnapad

protunaredba 참조 protivnaredba

protuotrov 참조 protivotrov

protupravan (形) 참조 protivpravan

protupredlog 참조 protivpredlog

protuprirodan (形) 참조 protivprirodan

protupropisan (形) protivpropisan

proturač (소문 등의) 유포자, 살포자, 전파자; ~ lažnih čekova 위조 수표 살포자

proturaketnī -ā, -ō (形) 참조 protivraketni

protureformacija 참조 protivreformacija

proturevolucija 참조 protivrevolucija

proturiti-im (完) proturati -am (不完) 1. (강제로) 밀치다, 밀어 넣다, 관통시키다(한쪽 끝에서 다른 쪽 끝으로); ~ koplje kroz jabuku 창으로 사과를 관통시키다; ~ prste kroz kosu 손가락으로 머리를 빗질하다 2. (밖으로) 내밀다, 내놓다; voz je krenuo i putnik proturio glavu kroz prozor 기차가 떠나자 여행자는 창문 밖으로 얼굴을 내밀었다 3. 누구를 어떠한 직위나 위치로 밀다 4. (보통은 금지된 것들을) 몰래 유통시키다; ~ lažne novčanice 위조지폐를 살포하다 5. (소문·뉴스 등을) 유포하다, 살포하다, 퍼뜨리다; ~ lažne vesti 유언비어를 살포하다 6. (보통은 정상적이지 않은 것들을) 성공적으로 판매하다; ~ robu 물건을 잘 유통시키다 7. ~ se 밀치고 통과하다(나아가다); ~ se kroz gomilu 한 무리의 사람들을 밀치고 통과하다 8. ~ se (u nekoga, u nešto) ~로 변하다; ~ se u novu ličnost 새로운 사람으로 변하다

protuteža 참조 protivteža

protuva 방랑자, 떠돌이 (pustolov, probisvet)

protuvrijednost (女) 참조 protivvrednost

protuzakonit -a, -o (形) 참조 protivzakonit

protuzračnī -ā, -ō (形) 참조 protivvazdušni

protužiti -im (完) 비통해 하다, 슬퍼하다 (početi tužiti)

proučiti -im (完) proučavati -am (不完) 1. 공부하다 2. (학문적으로) 연구하다 3. (누구를 면밀히 관찰하여) 잘 알게 되다 4. 주의깊게 관찰하다, 눈여겨 살펴보다 5. (方言) 읽다, 다 읽다 (pročitati)

prouzročiti -im (完) 야기하다, ~의 원인이 되다

prouzrokovati -kujem (完,不完) 야기하다, ~의 원인이 되다

prova (선박·보트 등의) 선수(船首), 이물, 뱃머리 (pramac); okrenuti ~u 반대로 일하기 시작하다

provala 1. 파열, 폭발 (내부 압력의 상승 결과로서의) 2. (軍) (적진) 돌파 3. 분출, 표출 (사랑·증오·통증 등의); ~ smeha 웃음의 폭발; ~ gneva 분노의 폭발 4. (훔치기 위해 닫힌 것·잠귀진 것을 강제로 열고 진입하는) 건물 침입, 주거 침입; izvršiti ~u (주거를 침입해) 절도를 하다 5. 심연 (ponor, provalija) 6. (비유적) 커다란 견해차 (zavada) 7. 구멍, 틈 (otvor) 8. (비밀 불법 단체의) 배신, 배반; 적발 및 소탕 (그러한 불법단체의, 배신의 결과로서) 9. 기타; ~ oblaka 폭우, 세차게 내리는 소나기

provalija 1. 땅의 깊게 갈라진 금(곳), 심연(深淵), 나락, 낭떠러지 2. (비유적) 매우 많은 수량(양); u ćeliji ~ tišine i niko nikom disanje nije čuo 방에는 커다란 정적에 휩싸였으며 아무도 그 누구의 숨결도 듣지 못했다 3. 텅 빈 공간 4. 재난, 재해, 참사; 엄청난 재앙, 불행; 커다란 의견 차이

provaliti -im (完) provaljivati -ljujem (不完) 1. 부수다, 박살내다, 산산이 깨뜨리다; ~ vrata (zid) 문(벽)을 부수다 2. 침입하다, 난입하다; 침략하다; lopovi su provalili u stan 도둑들이 집에 침입했다; provalili su u našu zemlju 그들은 우리 나라를 침략했다; stan mu je bio provaljen 그의 아파트는 털렸다 3. (내부의 압력 등으로) 구멍을 내다, 통로를 내다; ~ rupu u zidu 벽에 구멍을 내다 4. 갑자기 세차게 분출하다 (울음·눈물·강렬한 감정 등이) ; iz njega provali grčevit plač 그는 주체할 수 없이 울었다 5. (軍) 돌파하다 6. (불법 비밀단체의 활동을) 적발하다; mene niko od drugova nije provalio 친구들

중 아무도 나(의 활동)을 적발해내지 못했다 7. (隱語) 이해하다 (shvatiti); *nisam provalio kraj filma* 나는 영화의 끝 부분을 이해하지 못했다

provalnik 도둑, 빈집털이범 **provalnica**; **provalnički** (形)

provaljati -am (完) 1. 굴려 이동시키다(옮기다); ~ *bure* 통을 굴려 옮기다 2. 조금 굴리다

provaljivati -ljujem (不完) 참조 provaliti

provedba 실행, 수행, 이행, 집행 (provođenje, izvršenje)

provediv -a, -o (形) 참조 izvodiv: 실행할 수 있는, 이행할 수 있는, 수행할 수 있는

provedriti se -im se (完) **provedravati se** -am se (不完) (하늘이) 맑아지다

provejati -jem (完) **provejavati** -am (不完) 1. (곡물을) 키로 거르다, 키질하다 2. (눈(雪)이) 흩날리다; *sneg je provejao kroz krila* 눈이 날개 사이로 흩날렸다 3. 쏜살같이 달려가다 4. (비유적) (~으로) 만연하다, 휩싸이다 (ispuniti, prožeti); *kroz poemu provejala duh revolucije* 혁명 정신이 시에 가득했다

provenijencija 기원, 출처, 유래 (poreklo, izvor); ~ *robe* 물건의 출처; ~ *vesti* 뉴스의 출처

provera 확인, 점검

proveren -a, -o (形) 확인된, 시험을 거친; 경험 많은, 능숙한; ~*i piloti* 경험 많은 비행사

proveriti -im (完) **proveravati** -am (不完) (정확성·사실성·가치 등을) 확인하다, 체크하다; ~ *iskaz (potpis)* 진술 (서명)의 사실여부를 확인하다; ~ *nekoga* 누구를 테스트해 보다; *proverili su ga u nekoj manje važnoj misiji* 그들은 덜 중요한 임무로 그를 시험해봤다

proveseliti se -im se (完) (일정 시간 동안) 즐거운 시간을 가지다(보내다)

provesti provedem; proveo, -ela; proveden, -ena; provešću (完) **provoditi** -im (不完) 1. (~을 지나, ~옆으로) 인도하다, 안내하다, 이끌다, 데리고 가다; ~ *kroz šumu (kroz muzej, pored kuće)* 숲을 지나(박물관을 지나, 집 옆을 지나) 안내하다; ~ *nekoga po gradu* 누구를 도시 이곳 저곳으로 안내하다; ~ *nekoga do granice (na stadion)* 국경까지 (경기장으로) 누구를 데리고 가다 2. 설치하다, 가설하다; ~ *struju (cev)* 전기를 끌어오다 (관을 가설하다) 3. 실행하다, 이행하다; ~ *mere* 조치를 취하다 4. (시간을) 보내다; ~ *dan* 하루를 보내다; ~ *život uludo* 헛되이 인생을 보내다; ~ *mladost* 청춘을 보내다;

kako provodiš svoje slobodno vreme 네 여가 시간을 어떻게 보내느냐?; *proveo je vreme u prijatnom društvu* 그는 유쾌한 모임으로 시간을 보냈다 5. ~ **se** (자신의 시간을) 보내다; *kako ste se proveli na putu?* 여행은 잘 하셨나요?; *lepo smo se proveli* 우리는 좋은 시간을 보냈다 6. 기타; ~ *se kao bos po trnju* 안절부절하지 못하고 시간을 보내다, 유쾌하지 못하게 시간을 보내다; *rđavo se provesti* 어려운 시간을 보내다

provesti provezem; provezao, -zla; provezen, -ena; provešću (完) **provoziti** -im (不完) 1. (운송·수송 수단을) 몰다, 운전하다; 운송하다, 수송하다; ~ *kroz grad* 시내를 관통하여 운전하다; *provezao nas je pored opere* 오페라 하우스 옆으로 우리를 태워다 주었다; *provezli su nas po gradu* 시내 곳곳에 우리를 태워줬다 2. ~ **se** (운송·수송 수단에) 타다, 타고 가다; *provezli smo se pored opere* 오페라 하우스 옆으로 우리는 타고 갔다

provesti provezem; provezao, -zla; provezen; provešću (完) 수(vez)를 놓다, 수로 장식하다

provetriti -im (完) **provetravati** -am (不完) 1. 통풍시키다, 환기시키다; ~ *sobu (krevet)* 방 (침대)을 환기시키다 2. ~ **se** 바람을 쐬다, 통풍하다

providan -dna, -dno (形) 1. 투명한, 속이 훤히 들여다보이는, 빛이 투과하는; ~ *led* 속이 훤히 비치는 얼음 2. 맑은, 청명한 (bistar, vedar); ~*dna noć* 청명한 밤 2. (비유적) 쉽게 이해할 수 있는, 분명한, 명백한; ~*dna aluzija* 분명한 암시

provideti -im (完) 1. ~을 통해 바라보다(쳐다보다), 시력을 회복시키다; *provideo je na operisano oko* 수술한 눈을 통해 보다 2. 알아차리다, 깨닫다; 꿰뚫어보다, 간파하다; ~ *nekoga (nečije intrige)* 누구를(누구의 음모를) 꿰뚫어보다 3. 예견하다, 예상하다 4. (필요한 것들을) 공급하다, 조달하다 (snabdeti, opskrbiti) 5. ~ **se** (無人稱文으로) 겨우 보이다; *tek se providi, još je svuda tmina* 이제 겨우 보이는데 아직 사방이 어둡다

providenje 1. (宗) (신의) 섭리 2. 예상, 예견

provijant 식료품, 식품 (특히 병사들의 생활에 필요한)

provijati -jem (完) 참조 provejati; 키질하다

provincija 1. (행정 단위인) 주(州), 도(道) 2. (宗) 대교구 3. (수도 외의) 지방

P

provincijalan, provincijski (形)
provincijalac 지방 거주민; (조롱조의) 시야가
좁은 사람, 시골뜨기, 촌놈, 무지렁이
provincijalka
provincijalan -lna, -lno, provincijskī -ā, -ō
(形) 1. 지방의 2. (비유적) 시야가 좁은 3.
지방 구어(口語)의, 지방 사투리의; ~lne
reči 지방 사투리어
provincijalizam -zma 1. 지방주의; (輕蔑) 편협
성, 고루함 2. (言) 지방 사투리, 방언
proviriti -im (完) provirivati -rujem (不完) 1.
(틈·구멍으로) 엿보다, 들여다보다, 훔쳐보다;
~ u sobu 방을 엿보다 2. 볼 수 있게 되다,
보여지다, 나타나다; sunce je tek provirilo
태양은 이제서야 얼굴을 내밀었다 3. 불쑥
내밀다; provirivje joj kombinezon 그녀의 속
옷이 삐져 나왔다
provizija 수수료 (중개·위탁 등의)
provizoran -rna, -rno (形) 이전의; 임시의, 일
시적인, 잠정적인; 조건부의; ~rno rešenje
임시 해결
provizorij -ija, provizorijum 임시 상태, 임시
방편적인 해결
provlačiti -im (不完) 참조 provući
provladin -a, -o (形) 친(親)정부적인
provocirati -am (不完) isprovocirati -am (完)
성나게 하다, 짜증나게 하다; 도발하다, 자극
하다, 자극하여 ~시키다, 야기시키다
provod 1. 장례 행렬 (sprovod) 2. (교회의) 행
렬, 행진 (procesija, litija) 3. 오락 (zabava,
razonoda); prijatan ~! 재미있게 노세요!; tu
nema mnogo ~a 여기서는 별로 할 일이 없
다
provodadžija (男) 결혼 중매인, 중매쟁이, 뚜
쟁이 provodadžika, provodadžinica
provodadžiluk 중매
provodadžirati -am, provodadžisati -šem (完,
不完) 중매하다, 중매를 서다; ona im je
provodadžisala 그녀가 그들을 중매했다
provodati -am (不完) 1. 인도하다, 안내하다,
이끌다 2. 말을 걷게 하다 (경주 후에, 또는
산책으로); ~ konje 말을 걷게 하다
provodič 안내인, 가이드 (vodič)
provoditi -im (不完) 1. 참조 provesti; 안내하
다, 인도하다, 이끌다 2. (경주 후 체온을 서
서히 식히기 위해) 말을 걷게 하다 3. (物)
(전기를) 통과시키다, 도체(導體)가 되다
provodnik (전기의) 도체(導體)
provokacija 도발, 자극, 도발하는 것 (izazov,
izazivanje) provokacioni (形)
provokativan -vna, -vno (形) 도발적인, ~을

유발시키는
provokator (불안·무질서·폭동 등의) 선동가
provokatorski (形)
provoz 수송, 운송
provozati se -am se (完) (조금) 타고 가다
provoziti -im (不完) 참조 provesti
provrći, provrgnuti provrgnem (完) 1. (~을
넘어) 던지다 (probaciti, prometnuti) 2. 다
른 곳에 놓다, 옮기다, 옮겨놓다 3. 반박하다,
부정하다
provredniti se -im se (完) 부지런해지다, 성실
해지다, 근면해지다
provreti provrim, provru; provreo, -ela (完)
1. 끓기 시작하다 (početi vreti, proključati)
2. (액체 등이) 스며나오기 시작하다 (početi
izvirati); nešto mu provri u žilama 그의 혈
관에서 뭔가가 흘러나온다 3. (비유적) 힘차
게 흐르다
provrgnuti -nem (完) 참조 provrći
provrteti -im (完) provrtati provrćem (不完)
구멍을 뚫다, 구멍나게 하다
provrveti -im (完) 1. 떼지어 몰려다니기 시작
하다 (početi vrveti); pčele su provrvele iz
košnice 벌들은 벌통으로부터 떼지어 움직
이기 시작했다 2. (비유적) 갑자기 몰려들다;
mrak je provrveo 어둠이 갑자기 몰려왔다
provući -čem (完) 1. (좁은 구멍이나 틈을 통
하여) 끌어 당기다; ~ konac kroz ušicu igle
바늘귀에 실을 꿰다 2. (~사이로) 끌어 옮기
다, 끌어 운반하다; ~ rukom kroz kosu 손
으로 머리를 쓸다 3. ~ se (좁은 통로·구멍·
틈을 통해) 빠져나가다; provukli su se kroz
uzan otvor 그들은 좁은 틈을 통해 빠져나
갔다 4. ~ se 눈치채지 못하게 지나가다, 살
금살금 지나다 (prokrasti se, ušuljati se) 5.
~ se (어려움 등을) 능란하게 극복하다; 시
험에 합격하다(통과하다); kako je prošao na
ispitu? Jedva se provukao 시험을 어떻게
봤지? 겨우 시험에 합격했다 6. ~ se kroz
nešto ~에 스며들다(침투하다)
proza 산문(散文) (反; stih) prozni (形); ~
pisac 산문 작가
prozaičan -čna, -čno (形) 1. 참조 proza; 산
문의 2. 비즈니스의, 실제적인, 실용적인
(poslovan, praktičan); ja sam čovek ~, ti si
pesnik 나는 실용적인 사람이고 너는 시인
이다 3. 보통의, 평범한, 일상적인, 흥미롭지
않은 (običan, svakidašnji); ~ razgovor 일
상적인 대화; ~ dan 평범한 날
prozaik, prozaist(a) 1. 산문 작가 2. 실용적인
사람 3. 평범한 사람

1008

prozapadnī -ā, -ō (形) 친(親)서방적인

prozboriti -im (完) 1. 말하다, 말하기 시작하다 (progovoriti, reći, kazati) 2. 자신의 의견(견해)을 말하다 3. 말하기 시작하다 (početi govoriti)

prozeb 1. 감기 (nazeb, prehlada) 2. 동상(凍傷), 동상에 걸린 곳

prozebao -zebli (女) 참조 prozeb; 동상(凍傷)

prozeblina 참조 prozeb; 동상(凍傷)

prozelit 1. (종교로의) 새 귀의자, 개종자 2. (~의) 열렬한 새 지지자

prozepsti prozebem; prozebao, -ebla (完) (추위로 인해) 몸이 얼다, 몸이 뻣뻣이 굳다; prozeble ruke 언 손

proziran -rna, -rno (形) 1. 투명한 (providan) 2. (눈·시선 등이) 날카로운, 꿰뚫어보는듯한 (prodoran)

prozirati -em (不完) 1. 참조 prozreti 2. ~ se 동이 트다, 여명이 밝다 (svanjivati se, daniti se) 3. ~ se 겨우 보이다; proziru mu se uši 매우 허약한, 병약한 4. ~ se (~을 통해) 보이다

proziv 1. 이름을 부름, 출석을 부름; 점호 (prozivka) 2. (복권 추첨에 있어) 추첨 번호를 외치는 것

prozivanje (동사파생 명사) prozivati

prozivati -am & -zvljem (不完) 참조 prozvati

prozivka 참조 proziv; jutarnja (večernja) ~ 아침(저녁) 점호

prozivnik (교사의) 출석부

prozliti se -im se (完) 1. 사악해지다, 악랄해지다 (postati zao); prozlio se narod 사람들이 사악해졌다 2. 고장나다, 나빠지다 (pokvariti se); veme se prozlio 일기가 나빠졌다

proznī -ā, -ō (形) 참조 proza; 산문의

prozodija (詩) 운율 체계, 운율학 prozodijski (形)

prozor 1. 창, 창문; stajati na ~u 창문에 서다; doći na ~ 창가에 오다; gledati kroz ~ 창문 너머로 바라보다; brodski ~ (선박·항공기 측면의) 둥근 창 2. (안이 들여다 보일 수 있게 만든) 가느다란 틈 3. (비유적) 공강 시간 (학교의, 과목과 과목 사이에 아무 것도 없는) 4. 기타; baciti što kroz ~ 아무 생각없이 (무엇을) 바라보다; moći pljunuti kome pod ~ 누구에게 손해(손실, 모욕)를 입힐 수 없다; slepi ~ 벽에 창문형태로 유리가 끼워져 있으나 열 수 없게 만든 창문

prozorče, prozorčić (지소체) prozor

prozorskī -ā, -ō (形); ~o okno 창문 유리; ~ kapak 창문 셔터, 창호 셔터

prozračan -čna, -čno (形) 투명한 (providan)

prozračiti -im (完) prozračivati -čujem (不完) 1. 통풍시키다, 환기시키다 (provetriti); otvori prozor i sobu prozrači 창문을 열고 방을 환기시켜라 2. 빛을 투과시키다, 투명하게 하다 3. ~ se 신선한 바람을 쐬다; izašao je napolje da bi se prozračio 바람을 쐬기 우해 밖으로 나왔다 4. ~ se 통풍되다, 환기되다; soba se prozračila 방이 환기되었다

prozreti prozrem & prozrim; prozreo; prozret, prozri (完) prozirati -em (不完) 1. (~을 뚫고, ~속으로) 바라보다, 쳐다보다; noću sam neumorno stražario da prozrim kroz mrak susedne sobe 어둠을 뚫고 옆집 방을 보려고 피곤할 줄도 모르고 뚫어지게 바라보았다 2. (~의 생각·의도 등을) 간파하다, 알아차리다, 파악하다; odmah je prozreo očevu nameru 그는 아버지의 의도를 즉시 알아차렸다; ~ njihove planove 그들의 계획을 간파하다

prozujati -im (完) 1. 윙윙거리기 시작하다 2. (총알·모기 등이) 획 소리를 내며 지나가다, 윙윙거리며 날아가다; metak mu je prozujao iznad glave 총알이 그의 머리 위를 획 소리를 내며 지나갔다; prozuje rojevi divljih pčela 야생 말벌떼들이 윙윙거리며 날아간다 3. 빨리 지나가다 4. (어떤 곳에 오래 머무리지 않고) 시간을 보내다; prozujaćemo po prodavnicama 가게들을 후딱 다녀올께 5. (머릿속에 생각들이) 스치고 지나가다, 번뜩 떠올랐다가 사라지다; to mu je samo prozujalo kroz glavu 그것은 그의 머릿속에 스치고 지나갔다

prozuknuti prozukne; prozukao, -kla (完) 1. (음식이) 시어지다; 상하다 2. (목소리가) 쉬다, 목이 쉬다 (ohrapaviti, promuknuti); glas mu prozukao od lumpovanja 그의 목소리는 술마시며 노래를 불러댔기 때문에 쉬었다

prozvati prozovem (完) prozivati -am & prozivljem (不完) 1. 이름을 붙이다, 별명을 붙여주다, ~이라고 부르다 (imenovati); ~ nekoga 누구를 ~이라고 부르다 2. 이름을 부르다 (보통 학교 수업에서 학생들의 이름을); ~ đake 출석을 부르다 3. 비난하다, 비판하다 (kritikovati); niko nije prozvao novinara koji ga je udario 아마도 그를 때린 기자를 비판하지 않았다 4. ~ se ~라고 불리다, ~라는 이름을 얻다 5. ~라는 별명으

로 불리다; *sam se prozvao Srba* 그는 자신을 세르비아인이라고 불렀다 6. ~ se ~라고 선포되다; *prozvao se kraljem* 그는 왕으로 선포되었다

prozviždati *-im* (完) 1. 휘파람을 불며 (~옆을) 지나가다 2. 휘파람을 불기 시작하다 3. (총알이) 휙하고 (~을) 통과해 지나가다; *prozviždaću ti metak kroz čelo* 네 이마를 총알로 뚫어버릴꺼야

prožderati *-em* (完) 참조 proždreti

proždreti *-em*; *proždro, -rla*; *proždrt*; *proždrvši & proždrevši* (完) **proždirati** *-em* (不完) 1. 게걸스럽게 먹다, 걸신들린 듯 먹다 (동물들이, 사람에 대해 비속적 표현으로); *on proždre hranu* 그는 음식을 게걸스럽게 쳐먹었다; ~ *nekoga očima* 집어삼킬듯이 누구를 바라보다 2. (비유적) 불에 태워 없애다 3. 파괴하다, 파멸시키다 (uništiti, upropastiti); *vatra je proždrla šumu* 화재가 숲을 삼켰다

proždrljiv *-a, -o* (形) 1. 게걸스럽게 많이 먹는; (음식 등의) 결코 충분하지 않은, 물리지 않는; ~*i skakavci* 닥치는대로 갉아 먹는 메뚜기; ~ *bogataš* 욕심이 끝이 없는 부자 2. (비유적) 많이 빨리 읽는; ~ *čitač* 독서에 열중한 독자 3. 커다란 관심을 가지고 집어 삼킬듯이 바라보는; ~ *pogled* 집어삼킬듯 바라보는 시선

proždrljivac 게걸스럽게 많이 먹는 사람, 대식가, 식충이 **proždrljivica, proždrljivka**

prožeći *prožežem, prožegu*; *prožegao, -gla*; *prožežen*; *prožezi* (完) 1. (불로) 태우다, 불사르다 2. 찌르다 (probosti) 3. 불길에 휩싸인듯한 느낌을 불러 일을키다

prožeti *prožmem*; *prožeo, -ela*; *prožet*; *prožmi* (完) **prožimati** *-am & -mljem* (不完) 1. (어떠한 느낌·확신·생각 등으로) 가득차게 하다, 채우다, 충만하다, 스며들다, 사로잡다, 휩싸다; *njega je prožeo smrtni strah* 죽음의 공포심이 그를 사로잡았다; ~ *roman humorom* 소설은 유머로 충만하였다; ~ *sobu mirisom* 방이 냄새로 가득하다; *njihova je politika prožeta duhom hladnoga rata* 그들의 정책은 냉전 정신으로 가득했다 2. 온 몸에 흐르다, 온 몸을 감싸다 (전율·오한·추위 등이); *prožme je drhtavica* 전율이 그녀를 휩싼다 3. 침입하다, 침투하다, 뚫고 들어가다 (probiti, prodreti, proniknuti) 4. 적시다, 흠뻑 적시다, 담그다 (natopiti); *drvo je prožeto vodom* 나무는 물에 적셔졌다

prožeti *prožanjem & prožnjem*; *prožeo & prožnjeo*; *prožet & prožnjeven*; *prožnji & prožanji* (完) (농작물 등을) 거두다, 수확하다

prožeti *prožmem* (完) (물 등을) 짜다, 짜내다; ~ *rublje* 빨래를 짜다

proživeti *-im* (完) **proživljavati** *-am* (不完) 1. (한동안 어느 장소에서) 살다, (삶을) 살다; *on je lepo proživeo* 그는 잘 살았다; ~ *deset godina na Havajima* 10년동안 하와이에서 살다; *proživeo je nekoliko godina u inostranstvu pa se vratio* 그는 몇 년간 회국에서 살다가 귀국했다 2. 당하다, 경험하다, 겪다 (preživeti, doživeti); *proživeli su veliku bedu* 그들은 대단한 궁핍을 겪었다

proživotariti *-im* (完) 힘겹게 (어렵게· 빈궁하게) 살다; ~ *život* 힘든 삶을 살다

prožmati *prožmem* (完) 참조 prožeti

prožvakati *-čem & -ćem* (完) 1. (음식 등을) 씹다, 꼭꼭 씹다, 잘게 씹다; ~ *nešto* 무언가를 잘게 꼭꼭 씹다 2. 천천히 이야기를 하다

prpa 1. 뜨거운 재, 물과 섞인 재 2. 톱밥 3. 염소의 배설물 4. (옥수수의) 걸은 죽 5. (方言) 하는 일없이 빈둥거리는 사람 6. (비유적) 어려움, 곤란, 곤경, 어려운 환경 (teškoća, nezgodna situacija); *biti (naći se) u ~i* 궁지에 처하다, 어려운 처지에 있다; *imati u ~u* 어려움이 있다

prpac *-pca* (民俗) (가뭄이 들었을 때 나뭇가지와 나뭇잎을 몸에 두르고 동네를 다니며 비를 기원하는 노래를 부르는) 소년들의 우두머리

prpoljak *-ljka* (꺾꽂이를 하기 위해) 자르거나 꺾어 흙 속에 꽂아 뿌리를 내리게 하는 식물의 가지, 줄기, 잎 따위

prporuša (民俗) 가뭄이 들었을 때 나뭇가지와 나뭇잎을 몸에 두르고 동네를 다니며 비를 기원하는 노래를 부르는 소년

prporuška (民俗) prporuša가 부르는 노래

prsa (中,複) **prsi** (女,複) *prsiju, prsima* 1. 가슴 (grudi) **prsni** (形) 2. 유방 (dojke) 3. 기타; *boriti se prsa u prsa* 백병전(육박전)을 벌이다; *biti se (busati se, lupati se) u prsa* 자랑하다, 떠벌리다, 허풍을 떨다; *kokošija* ~ (醫) 새가슴; *odbojiti od* ~ (유아에게 젖 물리는 것을) 젖을 떼다; *s* ~ (*udariti*) 앞에서(때리다)

prsak *-ska* (물보라가 나갈 때 튀는) 물방울, (웅덩이 등의 물이 텀벙 칠 때의) 튀기는 물방울

prsat *-a, -o* (形) (남자가) 가슴이 넓은, (여자

가) 가슴이 풍만한

prsi (女,複) 참조 prsa; *odbiti od prsiju* (아이가) 젖을 떼다; *s prsi (udariti)* 앞에서 (정면에서) (反; s pleća 뒤에서, 등쪽에서)

prsiti se *-im se* (不完) 거들먹거리다, 젠체하다, 잘난체하다, 과시하다; *pukovnik i njegovi oficiri prsili su se i otpozdravljali levo i desno* 대령과 그와 함께 온 장교들은 거들먹거리면서 좌우로 (사람들에게) 손을 흔들었다

prskalica 1. 스프링클러, 물뿌리개; *baštenska* ~ 정원 스프링클러; *vinogradska* ~ 포도원 스프링클러 2. 분무기 3. (호스·파이프 등의) 뿜어내는 주둥이, 발사구, 분사구, 노즐

prskanje (동사파생 명사) prskati; (물의) 뿌림

prskanje (동사파생 명사) prskati; 터짐, 폭발; ~ *gume* 타이어의 펑크

prskati *-am* (不完) **poprskati** *-am* (完) 1. (물 등을) 주다, 뿌리다, 흩뿌리다 (물보라 형태로); ~ *baštu prskalicom* 스프링클러로 정원에 물을 주다 2. 분무하다, 분무기로 뿌리다; ~ *zidove bojom* 페인트를 벽에 분무하다; ~ *pamuk* 면화에 살충제를 뿌리다 3. (물 등을) 튀기다; *prska dok govori* 말할 때 침을 튀긴다; ~ *nekoga (na plaži)* (해변에서) 누구에게 물을 뿌리다; ~ *blatom* 진흙탕을 튀기다 4. 분출하다 (한방울씩, 혹은 콸콸); *iz posekotine prskala je krv* 베인 곳에서 피가 한 방울씩 흘러나왔다

prskati *-am* (不完) 1. 참조 prsnuti 2. 기만하다, 속이다 (varati, obmanjivati)

prskavac *-avca* (植) 봉선화

prskotina 1. 조각, 파편 2. (보통 複數로) (물보라의) 물방울

prslučak *-čka,* **prsluče** *-četa,* **prslučić** 1. (지소체) prsluk 2. (여성의) 브래지어

prsluk 1. 조끼 2. (여성의) 브래지어 (grudnjak) 3. 기타; *puca mi* ~ 나는 전혀 관심이 없다; *puca njemu* ~ *za tobom* 그는 너에 대해 전혀 관심이 없다

prsnī *-ā, -ō* (形) 참조 prsa; 가슴의; ~*o plivanje* 평영, 개구리 수영; *200 metara* ~*o* 200미터 평영

prsnuti *-nem* (完) **prskati** *-am* (不完) 1. (물·흙탕물 등을) 끼얹다, 튀기다; ~ *nekoga u lice (vodom)* 누구의 얼굴에 (물을) 끼얹다; ~ *nekoga blatom* 누구에게 흙탕물을 튀기다 2. (물줄기 등이) 솟구치다, 세차게 분출하다 (briznuti); *prsnuo je iz zemlje mlaz nafte* 땅에서 석유 줄기가 솟구쳤다; *varnice prskaju* 불꽃이 튀었다

prsnuti *-nem; prsnuo, -ula & prskao, prsla* (完) **prskati** *-am* (不完) 1. 터지다, 폭발하다, 산산조각나다 (보통 강력한 폭발음과 함께); ~ *u paramparčad* 산산조각나다, 완전히 박살나다; *moj snovi su prsli kao sapunski mehurići* 나의 꿈들은 비누거품처럼 산산이 조각났다 2. (과도하게 팽팽하여) 툭 끊어지다, 부러지다; *žica je prsla* 철사가 끊어졌다; *prsnuo je kanap* 실이 끊어졌다 3. 도망치다, 달아나다; ~ *kud koji* (도망칠 수 있는 곳이면 어디로든지) 도망하다; *da odakle pukne, svi bi prsnuli kao zečevi* 어딘가 터진다면 토끼처럼 모두 도망칠 것이다 4. (소리 등이) 울리다, 울려퍼지다; (웃음 등이) 폭발하다, 터지다; *u hodniku prsnu smeh* 복도에 웃음소리가 들렸다 ; ~ *u smeh* 웃음보가 터지다 5. 활활 타오르기 시작하다, 불붙다, 타오르다 6. (비유적) 분노하다, 격노하다; *star čovek prsne i za najmanju sitnicu* 노인은 아주 사소한 것에도 분노한다

prsobran 1. (築城) 흉벽(흙부대를 쌓아올린 방어벽) 2. 가슴 보호용 갑옷

prst (男) (L. *prstu*; G.pl. *prsti & prstiju*) 1. 손가락, 발가락 2. (장갑·양말 등의) 손가락, 발가락; *rukavice bez* ~*iju* 벙어리 장갑; *čarape sa* ~*ima* 발가락 양말 3. 기타; *biti čistih* ~*iju (imati čiste prste u čemu)* 더러운 일에 관여하지 않다; *biti s kim kao* ~ *i nokat* 누구와 불가분의 관계이다(아주 긴밀한 관계이다); *biti raširenih* ~*iju (imati široke* ~*e)* 낭비하는 사람; *gledati (paziti) kome na* ~*e* 훔치는 것을 감시하다; *go kao* ~ 아무것도 가진 것이 없는, 빈털털이인; *dobiti po* ~*ima* 처벌을 받다, 어려움(곤경)을 겪다; *zabadati (zavlačiti) u nešto svoje prste, metati (stavljati)* ~ *u tuđa vrata* 괜히 남의 일에 간섭하다; *imati (držati) nešto u malom* ~*u, zanti (poznavati) nešto u* ~*e (kao svojih pet* ~*iju)* 자세히 잘 알다; *oni znaju zakonik u* ~*e* 그들은 법전을 아주 상세히 잘 알고 있다; *imati dugačke* ~*e* 도벽(盜癖)이 있다; *isisati nešto iz* ~*a (prstiju), iz malog* ~*a* 아무런 근거도 없이 말하다(꾸며내다, 날조하다); *ići na* ~*ima* 발을 들고 조심조심 가다; *krstiti se s tri prsta* 정교도이다; *lizati* ~*e* 맛있게 먹다; *na (u)* ~*e se može izbrojati (nabrojati)* 손가락으로 꼽을 정도로 적다; *nije ni (malim)* ~*om maknuo (mrdnuo)* 손가락도 까딱하지 않았다 (아무런 일도 하지 않았다); *neću ga ni* ~*om (do)taći* 그에게 그 어떤 나쁜 일을 하지 않

1011

P

을 것이다; *ne vidi se ni ~ pred okom* 어둠
이 짙게 드리웠다, 아무것도 보이지 않는다;
ne vidi dalje od ~a pred nosom 아주 편협
한 시각을 가진 사람을 이르는 말; *omotati*
koga oko ~a 능수능란하게 누구를 속이다
(가지고 놀다); *pokazivati koga na ~om*
(prstima) 나쁜 선례로 누구를 들다;
(pro)gledati kome kroz ~e 누구에 대해 관
대하게(너그럽게) 대하다; ~ *božiji,* ~
sudbine (proveđenja) 1) 경고 (opomena,
upozorenje) 2) (누구의 삶에) 결정적인 사
건; *~e da poližeš (pojedeš)* 맛있게 먹는다
는 것을 강조하고 싶을 때 사용하는 말; *~e*
k sebi! 그것을 만지지 마!; *sam kao* ~ 완전
히 혼자인, 가족도 친척도 없는; *stati kome*
na ~e 누구의 의도를 좌절시키다; *staviti ~*
na čelo 생각에 빠지다; *staviti ~ na usta* 조
용히 가만히 있으라고 경고하다; *udariti*
koga po ~ima 누가 뭔가를 하려는 것을 못
하게 하다 (palac 엄지 손가락, kažiprst 검
지 손가락; srednji prst 가운데 손가락,
domali prst 약지 손가락; mali prst 새끼 손
가락)
prstast *-a, -o* (形) 손가락 모양의, 손가락과
비슷한
prsten *-ena; prsteni & prstenovi* 1. 반지;
nositi ~ 반지를 끼고 다니다; *verenički ~*
약혼 반지; *venčani ~* 결혼 반지 (burma) 2.
약혼 (veridba); *devojka pod ~om* 약혼한
여자 2. (반지 모양의) 환(環), 고리
prstenak 1. (지소체) prsten 2. (植) 국화과(科)
로마카밀레속(屬)의 초본
prstenast *-a, -o* (形) 반지 모양의
prstenče, prstenčić (지소체) prsten
prstenovati *-nujem* (完,不完) 1. ~ *devojku* (약
혼녀에게) 약혼 반지를 주다, 약혼하다 2. ~
pticu (가금류 등의 다리에) 고리를 끼우다 3.
~ *se* 약혼하다, 약혼자(약혼녀)가 되다
prstenjak (=prstenik) 반지를 끼는 손가락
prstenje (집합명사) prsten; 반지
prstić (지소체) prst
prstnī *-ā, -ō* (形) 참조 prst; 손가락의
pršiti *-im* (不完) 1. (자잘한 눈이) 내리다; (비
가) 보슬비가 내리다, 이슬비가 내리다 2.
펄럭이다, 나부끼다, 흔들리다 (viti se,
vijoriti se, lepršati se); *prši zastava na*
vetru 바람에 기가 펄럭인다 3. (새 등이) 훨
훨 날다, 훨훨 날아가다 (prhati); ~ 주위를
빙빙돌다 4. (냄새·소리 등이) 사방으로 퍼지
다; *prši miris jela i pića* 음식과 술 냄새가
사방으로 퍼진다

pršljen *-ena; -eni & -enovi* (解) 척추, 척추
골, 등골뼈; *vratni (grudni, slabinski, krsni,*
repni) ~ 목등뼈 (흉추, 요추, 엉치등뼈, 꼬
리뼈)
pršljenast *-a, -o* (形) 척추 모양의
pršnjak *-aka* 1. (민속 의상의 일부로서의) 모
피 조끼; 조끼; (여성의) 브래지어 2. 마구(馬
具)의 일부로서 말의 가슴에 채우는 끈
prštati *-im* (不完) 1. (툭 소리를 내면서) 부러
지다, (부러지면서) 툭 하는 소리를 내다;
pršte grede na trošnoj zgradi 낡은 건물에
서 대들보가 툭 소리를 내면서 부러진다 2.
조각 조각 부러뜨리다, 잘게 부수다 3. 사방
으로 튀다 (불꽃·물방울 등이); *varnice*
pršte 불꽃이 사방으로 튄다; *pršte talsi*
udarajući o hridi 파도가 바위에 부딪치면서
산산이 부숴진다 4. (액체 등이) 솟구치다,
쏟아져 나오다 5. 세차게 분출하다 (느낌·감
정 등이) (ispoljavati se); *iz njegovih očiju*
više nije prštalo ono večito ushićenje 더
이상 그의 눈에서 그 영원한 열정이 뿜어져
나오지 않았다 6. 잘게 부수다 (drobiti,
kršiti); *pršti koru hleba u rukama* 손에 있
는 빵의 껍질을 잘게 부순다
pršut 참조 pršuta
pršuta 1. 말린 훈제 고기 (돼지 고기, 소고기
등의) 2. (비유적) 마른 사람
prten *-a, -o* (形) 1. 리넨의, 삼의, 대마의
(lanen, konopljan); *~a vreća* 리넨 포대 2.
가난한, 빈곤한 (jadan, kukavan)
prtenka, prtenjača, prtenjara 리넨 가방
prtilica 양모로 만든 끈 (여인네들이 나무 등
을 나르는)
prtina 눈을 발로 밟아 만든 (좁은) 길, 눈길;
otišao pasjom ~om 악(惡)은 물러났다(흘러
갔다, 지나갔다)
prtiti *-im* (不完) uprtiti, naprtiti (完) 1. (등에)
지다, 짊어지다, 업다; *~ nešto na leđa* 등에
무엇을 짊어지다; *vojnici stadoše ~ svaki*
svoju opremu 군인들은 각자 자기 장비를
짊어매기 위해 섰다 2. (비유적) (어떠한 의
무·업무·책무 등을) 떠맡다 3. ~ *se* (자신의
등 위에) 올려놓다, 짊어지다; *puni robu*
kupljenom robom i prti se 산 물건을 가방
에 넣고는 짊어맨다 4. ~ *se* (남의 일에) 간
섭하다, 참견하다 (mešati se, upletati se u
tuđi posao); *znaš da se ne prtim u tuđe*
poslove 내가 남의 일에 간섭하지 않는다는
것을 알지
prtiti *-im* (不完) proprtiti (完) 1. 눈길(prtina)
을 만들다; ~ *put (u snegu)* (눈을 헤치고)

P

길을 만들다 2. 통로를 만들다
prtljag (여행용) 짐, 수화물; *nosač ~a* (특히 기차역·공항·호텔의) 짐꾼, 포터, 짐 운반인; *ručni ~* 기내 반입 수화물, 휴대 가능 수화물 **prtljažni** (形)
prtljaga 참조 prtljag
prtljanac *-nca* 1. (남의 일에) 참견하는 사람, 간섭하는 사람 2. 수다쟁이, 말 많은 사람 (brbljavac, šeprtlja)
prtljati *-am* (不完) 1. 힘들게 살다, 어렵게 살다, 근근이 살다 (kojekako živeti, kuburiti, tavoriti); *prtlja i kuburi prezadužen* 그는 빚에 허덕이며 근근이 어렵게 산다 2. 꾸물거리며 일하다, 어설프게 (엉성하게) 일하다, 아무렇게나 불성실하게 일하다 (šeprtljiti, petljati) 3. 별 별 말을 다하다, 수다를 떨다, 말을 많이 하다 (koješta govoriti, blebetati, brbljati, buncati) 4. (~에 누구를) 끌어들이다; *ljutio se što ga prtljaju u poslove koji ne voli* 좋아하지 일에 그를 끌어들여 화가 난다 5. 재빨리 떠나다 (brzo odlaziti); *prtljaj odavde!* 여기에서 떠나라! 6. **~ se** (nečim) ~을 가지고 씨름하다; *stalno se petljao sa štapovima, deljao ih ukrašava* 그는 지팡이를 멋있게 장식하려고 대패질하면서 지팡이를 가지고 씨름했다
prtljažnik (자동차의) 트렁크 (gepek)
prucati se *-am se* (不完) 1. (발로) 차다 (ritati se) 2. (빠져나가기 위해 온 몸을) 꿈틀거리다, 바둥거리다, 몸부림치다, 펄떡거리다 (praćakati se, bacakati se)
pruci 참조 prutak
prućati se *-am se* (不完) 참조 prucati se
pruće (집합명사) prut; 회초리
prućiti se *-im se* (完) 1. (누운 상태에서) 팔다리를 쭉펴다, (팔·다리를) 쭉펴고 눕다, 큰 대(大)자로 눕다; *~ na krevet* 침대에 큰 대자로 눕다 2. 쓰러지다, 넘어지다 3. 확장되다, 뻗어나가다 (pružiti se, raširiti se)
prud *-ovi* (강·바다 표면의) 모래 퇴적층, 자갈 퇴적층 (sprud)
prudište (물속에) 많은 모래나 자갈이 있는 곳
prudnik (植) (약용식물의) 명아주
prudovit *-a, -o* (形) (강·바다 표면에) 모래 퇴적층이 많이 있는; 얕은
pruga 1. (기차·트램 등의) 철로, 선로 (šina); *želešnička (tramvajska) ~* 기차 (트램) 선로 **pružni** (形); *~ prelaz* 철도 건널목 2. 노선 (기차·버스 등의); (정기) 항로, 선로; *na ~zi Beograd-Zagreb* 베오그라드-자그레브 노선; *ta ~ je ukinuta* 그 노선은 폐지되었다

3. 장비 시스템 (전신주·케이블 등의); *telefonska ~* 전화선 4. (육상 등의) 트랙 5. 경계선 중간 지역에 있는 지역, 공간 6. 주름, 주름살 (bora, nabor) 7. 밭고랑, 보습자리 8. (보통 複數로) 줄무늬; *tkanina na ~e* 줄무늬 천; *materijal sa crvenim ~ama* 빨간 줄무늬가 있는 재료 9. (사람들이) 길게 늘어선 줄
prugast *-a, -o* (形) 줄무늬의; *~o odelo* 줄무늬 옷; *~a kravata* 줄무늬 넥타이
Prusija 프러시아; **Prus**; **pruskinja**; **pruski** (形)
prut *-ovi* 1. (가늘고 낭창낭창한) 회초리; *vrbin ~* 버드나무 회초리 2. 낚시대 (pecaljka) 3. 회초리 모양의 것(가늘고 긴) 4. 기타; *drhtati (ceptati) kao ~* 오들오들 떨다, 덜덜 떨다; *dobiće on ~om* 그는 회초리로 맞을 것이다
prutak *-tka*, *pruci* 1. (지소체) prut 2. (얼굴에 있는) 맞은 자국
prutak *-tka, -tko* (形) 낭창낭창한, 쉽게 구부릴 수 있는, 휘기 쉬운 (gibak, savitljiv)
prutić (지소체) prut; *čarobni ~* 요술 막대기
pružanje (동사파생 명사) pružati; 베풂음; *~ pomoći* 도움을 줌
pružiti *-im* (完) **pružati** (不完) 1. (손 등을) 앞으로 내밀다, 쭉 펴다, 한껏 뻗다; *~ ruke (noge)* 손(발)을 내밀다 2. 주다, 전달하다, 제공하다; 선물을 주다; *pruži mi so* 내게 소금 좀 줘! 3. (어떤 일정한 명사와 함께 쓰여 그 명사가 나타내는 행위를 뜻한다); *~ dokaz* 증명하다, 증거를 제시하다; *~ savet* 충고하다, 도움말을 주다; *~ zaštitu* 보호하다; *~ pomoć* 도와주다; *~ otpor* 저항하다; *~ jezik* 매우 빠르게 많이 이야기하다; *~ korak* 서두르다, 서둘러 가다; *~ priliku* 기회를 주다; *~ ruku kome* 1)손을 내밀다 (악수를 하거나 걷는 것을 돕기 위해) 2)도와주다 3)화해하다 4) 누구에게 시집가다 4. **~ se** (사지를 쭉 펴고) 눕다, 큰 대(大)자로 눕다; *~se na krevet* 침대에 큰 대자로 눕다 5. **~ se** 펼쳐지다; *reka se pružila u nedogled* 강은 (저 멀리) 보이지 않는 곳까지 펼쳐졌다
pružnī *-ā, -ō* (形) 참조 pruga; 선로의, 철로의
prvačiti *-im* (不完) 1. (처음으로) 밭을 갈다, 경작하다 (그동안 경작하지 않은 땅을) 2. 앞장 서다, 앞에 가다 (prednjačiti)
prvak 1. (어떤 분야의) 최우수자, 1등 2. (스포츠의) 우승자, 챔피언, 우승팀; *~ države* 국내 챔피언; *svetski ~* 세계 챔피언; *~ u skoku u vis* 높이뛰기의 일인자 3. 저명 인

P

사, 유명 인사; *prvaci naše države imaju ugled u narodu* 우리 나라의 저명 인사들은 국민들 사이에서 평판이 높다 4. 지도자, 정치 지도자 (vođa); *politički ~* 정치 지도자; *~ demokratske stranke* 민주당 지도자 5. 1학년 학생(학교의)

prvašnjī -*ā*, -*ē* (形) 1. 이전의, 직전(前)의 (pređašnji, raniji); *vratio sam se na ~e mesto* 나는 직전 장소로 돌아왔다 2. 초기의 (početni, prvobitni); *naši ~i vođe naroda nisu bili sebični* 우리 국민들의 초기 지도자들은 이기적이지 않았다

prvenac -*enca* 1. 첫째 아이, 첫째 아들, 장자(長子) 2. (비유적) 첫번째 것, 첫 작품 3. 맨 처음 증류되어 가장 품질이 좋은 라키야 4. 맨 처음 받은 꿀 5. 지도자 (prvak, vođa) 6. (植) 선갈퀴

prvenaštvo 장자상속권

prvenče -*eta* (지소체) prvenac

prvenstven -*a*, -*o* (形) 1. 맨 처음의, 최우선의; *od ~e važnosti* 제일 중요한; *pravo ~e kupovine* 우선 구매권; *~ cilj* 최우선 목표 2. 이전의, 예전의, 원래의, 본래의 3. (스포츠) 선수권의

prvenstveno (副) 우선적으로, 먼저; 특히, 주로; *ptice se gaje ~ zbog ljubavi* 무엇보다도 좋아하기 때문에 새를 기른다

prvenstvo 1. (~의) 1등, 1등 자리 2. 우선(권); 우세, 우월 (prednost, prevlast, premoć); *imati ~ prolaza (prolaska)* 통행 우선권이 있다 3. (스포츠의) 선수권, 선수권전; *učestvovati u ~u države u tenisu* 전국 테니스 선수권전에 참가하다; *osvojiti prvo mesto u ~u* (혹은 *osvojiti ~*) 선수권전에서 우승하다

prvī -*ā*, -*ō* (形) 1. 제 1의, 제 1차의, 최초의, 맨 먼저의, 처음의; *~ put* 처음으로; *ljubav na ~ pogled* 첫눈에 반한 사랑; *~ po činu (rangu)* 최고위 계급의; *na ~om mestu treba sačuvati hladnokrvnost* 무엇보다도 냉정함을 유지할 필요가 있다; *u ~ mah* 즉시; *~om prilikom* 첫 기회에; *~ sprat* 유럽식 1층(한국식 2층); *~a pomoć* 응급 처치, 구급약; *Prvi Maj* 노동절; *~ pokušaj* 첫번째 시도; *prvi svetski rat* 제 1차 세계대전; *~ krstaški rat* 제 1차 십자군 전쟁; *~ sneg* 첫눈 2. 맨 앞의 3. 바로 옆의; *~e komšije* 바로 옆에 사는 이웃 4. (말이나 글에서) 직전의, 바로 위의 5. (명사적 용법으로) 1일 (한 달에 처음 시작하는) 6. 기타; *nije u ~oj mladosti* 나이먹은 사람을 은유적으로 표현

할 때 사용하는 말; *na ~om koraku (~im koracima)* 맨 처음에; *~ među prvima* 최고로 잘 하는, 가장 뛰어난; *~ greh* (宗) 원죄; *~u reč voditi (~u violinu voditi)* ~에서 주(主)이다, 주 역할을 담당하다

prvina 1. 처음으로 나타난 것 (일어난 것, 생긴 것); *nije mu to ~!* 그에게 그것은 처음이 아니다 2. (보통 複數로) 최초의 작품, 초기 작품 3. 처음 수확한 곡식(곡물) 4. 처음 증류되어 나온 라키야 5. (부사적 용법으로, 전치사와 함께) 처음부터, 처음에는 (iz početka, isprva); *iz ~e su nas napali snažno* 처음부터 우리를 강력하게 공격했다; *s ~e se nije znalo o čemu se radi* 처음에는 무엇에 관한 것인지 알려지지 않았다

prvo (副) 첫째, 먼저, 무엇보다 먼저; *~ ispeci, pa reci* 먼저 생각하고 말해라!

prvobitan -*tna*, -*tno* (形) 1. (인류가 시작한) 태고적의, 아주 오래된 2. (발전·발생의) 초기의; *~tni komunizam* 초기 공산주의; *~tna zajednica* 초기 공동체; *~tna domovina Slovena* 초기 슬라브인들의 거주지 3. (원상태로 그대로 있는) 원래의, 본래의; *~tna verzija* 오리지널 판 4. 이전의, 전(前)의, 옛날의; *tvoj ~ stan* 너의 이전 아파트 5. 맨 처음의, 맨 먼저의, 제 1차의; *~tni zahtev* 맨 처음 요구; *~tni ugovor* 처음 계약

prvoborac -*rca* 제 2차 세계대전 당시 맨 먼저 파르티잔에 입대한 병사 **prvoborački** (形)

prvobratučed 사촌 형제 (친가쪽의) **prvobratučeda** 사촌 자매 (친가쪽의)

prvogodišnjak (대학의) 1학년 학생 (brucoš)

prvokategornik (체스의) 제 1카테고리에서 활동하는 체스 선수

prvoklasan -*sna*, -*sno* (形) 최고 수준의, 제 1등급의, 아주 뛰어난; *~sno meso* 1등급 고기; *~sni kvalitet* 뛰어난 품질; *~ glumac* 최고 수준의 배우

prvoligaš 1부 리그에서 활동하는 클럽 혹은 선수 **prvoligaški** (形)

prvom (副) 처음으로, 최초로 (prvi put)

prvomajskī -*ā*, -*ō* (形) 노동절의

prvorazredan -*dna*, -*dno* (形) 최고 수준의, 아주 뛰어난, 아주 중요한, 최우선의; *~dni događaj* 아주 중요한 행사 (prvoklasan)

prvoredan -*dna*, -*dno* (形) 가치에 있어 최고인, 최고의 가치인, 최상급의 (prvoklasan)

prvorodnī, prvorođenī -*ā*, -*ō* (形) 첫째로 낳은; *~ greh* 원죄(아담으로부터 물려받은)

prvorodstvo (집안의) 초생자(初生者), 맏이

prvorotka, prvorotkinja 초산부(初産婦), 처음

P

으로 애를 낳은 여자

prvosedelac *-eoca* 원주민 (starosedelac)
prvosedelački (形)

prvostepenī *-ā, -ō* (形) 1. 주요한, 가장 중요한, 일급의; ~ *zadatak* 가장 중요한 과제 2. (관할 지역의) 가장 낮은, 초등의; ~ *sud* 1심 법원

prvosveštenik, prvosvećenik 사제장, 대사제, 수석 사제

prvotan *-tna, -tno* (形) 참조 prvobitan

prvotimac (스포츠팀의) 1군 선수

prznica (男,女) 화 잘 내는 사람, 분쟁을 일으키는 사람 (prgav čovek, svađalica)

pržen *-a, -o* (形) 참조 pržiti

prženica 1. 프렌치토스트(우유와 달걀을 섞어 푼 것에 식빵을 적셔 프라이팬에 구운 것) 2. 커다란 프라이팬 (커피·밤 등을 볶는) 3. 화 잘 내는 사람, 다투기를 좋아하는 사람 (prznica, svadljivac)

prženje (동사파생 명사) pržiti

pržina 모래 (pesak)

pržionik 커피 볶는 장치 (둥근 통 모양의)

pržiti *-im* (不完) (기름 등에) 튀기다, 부치다; (불 위에) 굽다; (커피 등을) 볶다; ~ *na zejtinu* 기름에 튀기다; ~ *hleb* 빵을 굽다; ~ *kafu* 커피를 볶다; ~ *krompir* 감자를 튀기다; ~ *na žaru* 숯불에 굽다, 석쇠로 굽다 2. (햇볕에) 태우다, 그슬리다 3. (비유적) 고통스럽게 하다, 힘들게 하다 (mučiti, satirati); *pomisao na tebe prži mi um* 너에 대한 생각은 나를 힘들게 한다 4. ~ **se** (햇볕에) 피부를 태우다, 일광욕하다; *oni se ne moraju* ~ *na suncu* 그들은 햇볕에 일광욕할 필요가 없다

pržolica (버터나 기름에 튀긴) 고기

pržulja 1. 참조 pržionik 2. 얕고 길다란 그릇 (양고기를 구울 때 사용하는)

pržun 참조 pržionik

psalam *-lma* 1. (구약 성서의) 시편 2. 찬송가 **psalmski** (形)

psalmist(a) 찬송가 작가; 시편 작가

psalmopevac 찬송가를 부르는 사람

psalmskī *-ā, -ō* (形) 참조 psalam

psaltir 시편 (성경의 일부로서의)

psar 사냥개 관리인

psarnica 개집 (나무로 만든)

psećī *-ā, -ē* (形) 1. 참조 pas; 개의; ~ *sine!* (욕설) 개새끼! 2. (비유적) 매우 힘든 (괴로운, 고통스러운), 견딜 수 없는, 인내할 수 없는 (vrlo mučan, težak, nepodnošljiv); ~*a zima* 매우 혹독한 겨울

psetance *-a & -eta* (지소체) pseto; 어린 개

psetarna, psetarnica 강아지

pseto (動) 1. 개, 강아지 (pas, mladi pas) 2. (비유적) 망나니, 난봉꾼; 쥐새끼 같은 놈; ~ *jedno!* 쥐새끼 같은 놈! 3. 기타; *veran kao* ~ 한없이 충직한

pseudo- (前置詞) 거짓의, 가짜의, 사이비의

pseudonim (특히 작가의) 필명

psi (男,複) 참조 pas

psić (지소체) pas

psiha *-hi* 마음, 정신, 심령, 영혼

psiha *-hi* 화장대, 경대

psihičkī *-ā, -ō* (形) 참조 psiha; 심적인

psihički (副) 심적으로

psihijatar *-tra* 정신과 의사

psihijatrija 정신 의학, 정신과 **psihijatrijski** (形)

psihika 마음, 정신, 프시케(의식적·무의식적 정신 생활의 전체)

psihoanalitičar 정신 분석학자, 정신 분석 전문의

psihoanaliza 정신 분석

psiholog 심리학자

psihologija 심리학

psihološkī *-ā, -ō* (形) 심리의, 심리적인

psihopat, psihopata 사이코패스(폭력성을 동반하는 이상 심리 소유자)

psihopatija 정신병, 정신병질 **psihopatski** (形)

psihopatologija 정신 병리학

psihopatskī *-ā, -ō* (形) 참조 psihopatija

psihoterapija 정신요법, 심리요법, 정신치료

psihoterapist(a) 정신요법 의사, 심리요법 의사

psihoza 정신병

psina 1. (지대체) pas 2. (비유적) 망나니, 난봉꾼; 쥐새끼 같은 놈 (pseto) 3. 심술궂은 장난, 몹쓸 장난 (obešenjakluk); *napraviti ~u* 심술궂은 장난을 치다

psoglav (神話) 개의 머리를 가진 괴물

psorijaza (醫) 건선, 마른버짐

psovač 욕쟁이 **psovački** (形)

psovati *-sujem* (不完) 1. 욕하다, 욕을 하다; *on psuje kao kočijaš* 그는 아주 심하게 욕을 한다 2. ~ *nekoga* 모욕적인 말을 하다, 질책하다, 야단치다, 꾸짖다; *majka je psovala dete zbog slabih ocena* 어머니는 낮은 점수를 받아 온 아이를 야단쳤다; ~ *nekome majku* 어머니를 빗대 욕하다

psovka 욕, 욕설

pšenica 밀, 소맥; *jara* ~ 여름밀; *ozima* ~ 겨울밀 **pšenički** (形)

P

1015

pšeničnik 소맥 빵, 밀가루 빵

ptica (鳥類) 새; *noćna* ~ 올빼미같이 밤에 활
동하는 사람; ~ *selica* 철새; ~ *grabljivica*
맹금(독수리·매·올빼미 등); ~ *pevačica* 명금
(鳴禽: 고운 소리로 우는 새); *vodena* ~, ~
plovuša 물새, *izumrle* ~*e* 절멸조, 멸종된
새; *barske* ~*e* 물새(특히 오리와 거위),
planinske ~*e* 산새; ~ *zloslutnica* 나쁜 소식
을 전해주는 새; ~ *se poznaje po perju* 외
모가 모든 것을 말한다; *fina* ~ 내숭떠는 사
람, 교활한 사람; *Jupiterova* ~ (神話) 독수
리; *kao* ~ *na grani (biti, živeti)* 1)아무것에
도 매이지 않고 자유롭게 살다 2)한 장소에
너무 짧게 머무르다; *kao* ~ *nebeska (živeti)*
아무 걱정없이 (살다); *ptica koja blati svoje*
gnezdo 자기 자신의 나라나 민족에 대해 나
쁘게 말하는 사람을 이르는 말; *svaka* ~
svome jatu leti 유유상종(類類相從)이다
ptičiji, ptičji (形)

ptičar 1. 새 사냥꾼 2. 새 사냥개 **pričarski**
(形)

ptiče *-eta; ptićići* (지소체) ptica; 새끼 새, 어
린 새

ptičica (지소체) ptica

ptičiji *-ā, -ē* (形) 참조 ptica; ~*e gnezdo* 새둥
우리; ~ *let* 새의 비행; ~*e mleko* (植) 베들
레헴의 별 (별 모양의 흰 꽃이 피는 나릿과
(科)의 구근 식물); ~*a trava* (植) 점나도나
물: 패랭이꽃과(科) 점나도나물속(屬) 잡초의
총칭

ptičurina (지대체) ptica

ptić 1. 새끼 새; 새 2. (비유적) (보통 複數로)
어린 아이

PTT (略語) 우편, 전신 그리고 전화 (Pošta,
telegraf i telefon)

pub *-ovi* (카드의) 잭

pubertet 사춘기 **pubertetski** (形)

pubertetlija (男) 사춘기 소년

publicirati *-am*, **publikovati** *-kujem* (完,不完)
1. (서적 등을) 발행하다, 출판하다; ~ *knjigu*
책을 출판하다 2. (대중들에게) 알리다, 발표
하다

publicist(a) 언론인 (novinar, žurnalist)
publicistkinja

publicistika 저널리즘 (žurnalistika)

publicistkinja 참조 publicista

publicitet *-eta* 언론의 관심(주목)

publika 1. 관중, 관람객, 시청자, 청취자 2.
(口語) 대중 (narod, puk); *čitalačka*
(pozorišna, književna) ~ 독서(연극, 문학)
에 관심을 갖고 있는 대중; *široka* ~ 일반
대중

publikacija 출판, 발행; 출판물, 발행물

publikovati *-kujem* (完,不完) 참조 publicirati

pucač (스포츠) (축구 등의) 슈터, (사격의) 사
수(射手)

pucad (女) (집합명사) puce; 단추

pucalina (=pucaljka) 딱총나무(zov, bazgovina)
로 만든 장난감 총

pucaljka 참조 pucalina

pucanj *-cnja; pucnji & pucnjevi* 1. (탕 하는)
총소리 2. 퍽, 딱 하는 소리 (때리는, 회초리
를 휘두르는) 3. 쾅 (벼락치는)

pucati *-am* (不完) 참조 pući

puce *-eta; puca, puceta & putaca* 1. (뼈·금속·
돌 등으로 된 것으로 보통 둥근 모양을 한)
장식 단추 2. (포도의) 씨, 씨앗; (다른 과일
의) 씨; *kao* ~ *(zdrav, zreo)* 아주 건강이 좋
은 (아주 잘 익은)

puckarati *-am* (不完) 금 가다, 갈라지다, (탁탁)
터지다, (타오르는 불이 내는 소리와 같이)
탁탁 소리를 내다; *vatra puckara* 불이 탁탁
소리를 내며 타오른다

puckati *-am* (不完) (지소체) pucati; *motor*
pucka 엔진이 털털거리는 소리를 낸다

pucketati 참조 puckarati

pucnuti *-nem* (完) **puckati** *-am* (不完) 참조
pući

pucnjava (화기의) 발사, 총격; 총소리

puč *-evi* 정부 전복 시도, 쿠데타 시도

puč 갈라진 틈(금), 구멍 (pukotina, rupa)

pučanin *-ani* 평민, 서민 **pučanka**

pučanstvo 참조 stanovništvo; 인구

pučina 1. 공해(公海); 외양(外洋), 외해; *na ~i*
공해에서 2. 끝없는 우주 공간; *nebeska* ~
창공(蒼空) 3. (일반적인) 광활한 공간(면적)

pučina (지대체) puk; 대중, 민중

pučist(a) 쿠데타(puč) 주동자(참가자)

pučkī *-ā, -ō* (形) 인민(puk)의, 주민의, 대중의
(narodni); ~ *govor* 일반 대중의 말; ~*a*
muzika 대중 음악; ~*a škola* 초등학교

pučkoškolac 초등학생

pući, puknuti *puknem; pukao, -kla & puknuo;*
puknut (完) **pucati** *-am* (不完) 1. 금이 가다,
갈라지다; 부러지다, 깨지다; 터지다, 파열하
다; *led puca* 얼음이 깨지기 시작한다; *koža*
puca 피부가 튼다; *guma mu je pukla* 타이
어가 펑크났다; *balon je pukao* 풍선이 터졌
다; *pukla je osovina* 축이 부러졌다; *pukla*
je žica 철사가 끊어졌다; *puklo mu je slepo*
crevo 맹장이 터졌다; *zidovi pucaju* 벽에
금이 가고 있다; *najeo se da pukne* 배가 터

1016

질만큼 과식했다; *puklo joj je srce za njim* 그를 향한 사랑으로 그녀의 가슴이 터졌다; ~ *od besa* 격노하다; ~ *prstima* 손가락 마디를 꺾어서 딱딱 소리를 내다; ~ *jezikom* 혀를 차다; ~ *bičem* 찰싹하고 채찍질하다; *pukla je bomba* 폭탄이 터졌다 2. (퍽·딱 등의) 날카롭고 예리한 소리가 나다; (총소리의) 탕하는 소리가 나다, 총을 쏘다; *pucati iz puške (pištolja, topa)* 총(권총, 대포)을 쏘다; *pucati na koga* 누구에게 총을 쏘다; *pucati u nevine ljude* 무고한 사람들에게 총을 쏘다; *pucati u vazduh* 하늘에 대고 총을 쏘다; *igrač puca na vrata* (스포츠) 선수가 골문을 향해 슛을 하다; *gromovi pucaju* 천둥이 친다 3. 한순간에 눈앞에 펼쳐지다; *pred nama je pukao prekrasan vidik* 우리 앞에 너무 아름다운 풍경이 펼쳐졌다 4. 갑자기 나타나다; *na istoku pukla zora* 동쪽에서 여명이 밝아왔다 5. 사방으로 퍼지다 (소리·소문·소식 등이); *daleko je bio pukao glas o toj lepoti* 그 미모에 대해서는 멀리까지 소문이 퍼져나갔다 6. (심장이) 멈추다, 뛰는 것을 멈추다; (말이) 죽다; *puče mu srce* 그의 심장이 멈춘다 7. 기타; *kud puklo da puklo* 무슨 일이 일어났던 괘념하지 않다; ~ *od smeha* 큰소리로 웃다; *puče mi prsluk!* 나는 전혀 상관하지 않는다!; *on puca od zdravlja* 그는 지극히 건강하다; *puklo je pred očima* 한순간 분명해지다

pućiti *-im* (不完) **napućiti** (完) (불만족·모욕 등의 표현으로) 입술을 뿌루퉁 내밀다

pućkati *-am* (不完) 1. (담배·파이프 등을) 뻐끔뻐끔 피우다, 빨다; ~ *lulu* 파이프 담배를 뻐끔뻐끔 피우다 2. (na koga) 무시하다, 경시하다, 아무런 관심도 두지 않다 3. (na koga) 선동하다, 부추기다 (pujdati)

pućpulik (男), **pućpura** (女) 메추라기 (prepelica)

pućpurikati *-čem* (不完) 메추라기가 (푸치-푸리치) 울다

pudar 포도밭 관리인

pudarica 1. 여자 포도밭 관리인 2. 포도밭 관리인 (pudar)의 부인

pudariti *-im* (不完) 포도밭 관리인(pudar)의 역할을 하다, 포도밭 관리인(pudar)이다

pudarka 포도밭 관리인(pudar)의 고무줄 새총

pudarnica 포도밭 관리인(pudar)의 오두막

puder (화장품의) 분(粉), 파우더; *staviti* ~ 분을 바르다

puderisati *-šem* (不完) **napuderisati** (完) 1. 분(粉)을 바르다, 파우더를 바르다; ~ *dete*

posle kupanja 목욕후 아이에게 분을 바르다 2. ~ **se** (얼굴에) 분을 바르다

pudrati *-am* (不完) **napudrati** (完) 참조 puderisati

puding 푸딩; ~ *od čokolade (vanile)* 초콜렛 (바닐라) 푸딩

puditi *-im* (不完) 무서워하게 하다, 두려워하게 하다 (plašiti); 쫓아내다 (terati, odgoniti)

pudl *-ovi*, **pudla**, **pudlica** (動) 푸들; *pokoran i ponizan kao* ~ 노예처럼 종속된

pudljiv *-a*, *-o* (形) 무서워하는, 두려워하는, 벌벌떠는 (strašljiv, plašljiv)

pudrati *-am* (不完) 참조 puderisati

pudrijera 분(粉)통, 파우더 박스

puf *-ovi* (등받이와 팔걸이가 없는) 둥그런 의자

puf (感歎詞) 1. 흥! (콧방귀의; 부정·거절의 뜻으로) 2. 쿵 (뭔가가 떨어지는 소리의)

pufer 1. (기차나 철로의) 완충 장치 2. (化) 완충제; 완충액

pufna (화장용) 분첩(粉貼)

puh *-ovi* 1. (動) 동면쥐류(쥐같이 생겼으나 꼬리에 털이 많은 작은 동물) 2. (비유적) (비속어) 잠만자는 게으름뱅이

puhač 참조 duvač; 금관(목관)악기 연주자

puhaćī *-ā*, *-ē* (形) 참조 duvački; 금관악기의, 목관악기의

puhalica, **puhaljka** 참조 duvalica; 풀무

puhati *-am* & *-šem* (不完) 참조 duvati; *okreni kako puše* 1)바람이 부는 방향으로 돌아라 2)환경에 적응해라; ~ *na visoko* 높은 직위를 지향하다; ~ *preko ramena na nekoga* 누구를 업신여기다; ~ *s kime u iste diple (u jedan rog, u istu tikvu)* 누구와 완전한 조화를 이루다, 같은 생각을 가지다; ~ *u (prazne) šake (dlanove)* 빈털터리로 남다

puhnuti *-nem* (完) 참조 dunuti; *puhnulo mu u glavu* 갑자기 생각(계획)이 떠오르다

pujdati *-am* (不完) 부추기다, 선동하다, 집적거리다 (dražiti, huškati, podbadati); ~ *psa na nekoga* 누구를 물도록 개를 부추기다

pujkati *-am* (不完) 참조 pujdati

puk 1. (한정사 prosti와 함께) (한 나라의) 노동 계급, 피지배 계층; 인민, 민중 **pučki** (形); ~*a škola* 초등학교 2. (특정 국가·지역의) 국민, 주민들 3. 떼; *mravlji* ~ 개미떼 4. *pukovi* (軍) 연대; *pešadijski* ~ 보병 연대 **pukovski** (形)

pukao *-kla*, *-klo* (形) 1. 참조 pući 2. 흔들리는, 떨리는 (drhtav); *ona ga je molila ... pomalo ~klim glasom* 그녀는 조금 떨리는

목소리로 그에게 사정했다

pukī *-ā, -ō* (形) 1. (뒤에 오는 명사의 의미를 강조함); *~a formalnost* 순전히 형식적인 것; *~ slučaj* 아주 단순한 경우; *~a izmišljotina* 완전히 날조된 것 2. 아주 비슷한, 똑같은, 동일한, 실재의, 정말의, 사실의 3. 중요하지 않은, 아무것도 아닌, 하찮은 (neznatan, ništavan)

puklina 갈라진 틈(금) (pukotina)

puknuti *-nem* (完) 참조 pući

pukotina 1. 갈라진 틈(금); (좁은) 틈, 구멍 2. (비유적) 빈 공간; 부족, 결핍 (šupljina, praznina, nedostatak); *javila se i prva ~ u toj hipotezi* 그러한 가정에서 단점도 처음 나타났다 3. 불협화음, 갈등 (nesklad, spor, razdor); *u tome prijateljstvu počeše se javljati i prve pukotine* 그 우정에서도 최초의 갈등이 나타나기 시작했다 4. 기타; *sav je od ~e* 그 어떤 비밀도 (비밀로) 지킬 수 없다

pukovi (男,複) 참조 puk; (軍) 연대

pukovnija (廢語) (軍) 참조 puk; 연대

pukovnik (軍) 대령 pukovnički (形)

pukovskī *-ā, -ō* (形) 참조 puk; (軍) 연대의; *~ štab* 연대 본부; *~a muzika* 연대가(歌)

pulatast *-a, -o* (形) 점이 많은, 주근깨 투성이의

pulen *-ena* 피교육생, 생도, 제자, 문하생 (pitomac, gojenac); *oni su ~i toga trenera* 그들은 그 트레이너의 문하생들이다

pulenta 참조 palenta; (料理) 폴렌타(이탈리아 요리에 쓰이는, 옥수수 가루로 만든 음식)

pulman 풀먼식 호화침대 객차 (기차의)

pulmonalan *-lna, -lno* (形) (解) 폐(肺)의

pulover 풀오버(앞이 트여 있지 않아서 머리 위에서부터 끌어당겨 입는 울·면 스웨터)

pulpa 1. (과일·채소의) 과육 2. (解) 치수(齒髓; 치강 속에 가득 차 있는 부드럽고 연한 조직)

puls 1. 맥, 맥박; 맥박을 재는 신체 부위; *izmeriti (opipati) nekome ~* 누구에 대해 누가 어떠한 생각을 하고 있는지 능란한 방법으로 알아내다; *pulse mu je ubrzan (usporen)* 그의 맥박은 빨라졌다(느려졌다); *napipati kome ~* 누구에게 가장 민감한 부분을 찾다 2. (비유적) (삶·어떤 활동 등의) 리듬, 템포; *~ života* 생활 리듬

pulsirati *-am* (不完) (심장·맥박·혈관 등이) 고동치다, 진동하다

pult *-ovi* 1. (악보 등을 올려놓는) 대(臺) (stalak); *dirigentski ~* 지휘대; *ispod ~a* 몰래, 비밀리에 2. (도구·연장 등을 놓는) 도구

대, 연장대; 상품 진열대

pulverizacija 가루로 됨(로 만듦); 분쇄

pulverizator 분쇄기

pulverizirati *-am*, pulverizovati *-zujem* (完,不完) 가루로 만들다, 분쇄하다

puma (動) 푸마

pumpa 펌프, 양수기; *~ za vodu (ulje)* 물(기름) 펌프; *benzinska ~* 주유소 pumpni (形); *~a stanica* 주유소

pumpati *-am* (不完) 1. 펌프질하다, (물 등 액체 등을) 펌프로 퍼올리다 2. 공기를 펌프질하다, 펌프로 공기를 주입하다 3. (비유적) …에서 단물을 빨아먹다; (남에게서) ~을 착취하다 (eksploatisati); *~ nekoga* 누구로부터 단물을 빼먹다; *pumpao je svoje roditelje ceo život* 그는 평생 자기 부모님의 등골을 빼먹었다 4. 권유하다, 설득하다, 바람을 넣다 (nagovarati); *pumpa me da to uradim* 내가 그것을 하도록 바람을 넣었다

pumpnī *-ā, -ō* (形) 참조 pumpa

pun *-a, -o* (形) 1. (~이) 가득한, 충만한, 빽빽이 찬, (내용물이) 가득 찬; *sala je ~a sveta* 홀은 사람들로 꽉 찼다; *čaša je ~a vina* 잔은 포도주로 가득하다; *~ mesec* 보름달; *šolja je ~a puncata* 컵은 (컵의) 끝까지 가득 찼다; *~ prašine* 먼지가 많은 2. 통통한, 포동포동한, 풍만한, 살찐; *~a žena* 살찐 여자; *~e grudi* 풍만한 가슴 3. 전부의, 전체의, 완벽한; *~a godina je prošla* 일년이 통째로 다 지나갔다; *~ sat* 한 시간 전부; *~ krug* 원; *on nema ~ih pet dinara* 그는 5디나르 전부가 있는 것은 아니다; *on ima ~ih trideset godina* 그는 30살이 꽉 찼다; *~ mesec* 한 달 내내 4. (속도·힘 등의) 최대의, 최고의 (najveći, najviši, maksimalan); *konji su jurili u ~om kasu* 말들은 최대 속도로 달렸다 5. 기타; *dupkom ~, ~ kao oko (šipak)* 꽉 찬, 끝까지 꽉 찬; *iz ~a grla, ~im glasom (kleti, psovati)* 큰소리로 (욕하다); *~ sebe* 오만한, 거만한; *~a glava (koga, čega)* ~에 대한 생각으로 머리가 꽉 찬; *~e gaće (pantalone) imati, ~ tur imati* 커다란 공포심을 겪다; *~a kapa* 참고 견딜 수 없는 상태; *~a srca, s ~im srcem* 많은 사랑으로, 즐거운 마음으로; *~a su mu usta koga (čega)* 누구(무엇)에 대해 매우 자주 그리고 많이 이야기하다; *~e ruke (šake) posla* 일이 너무 많다; *~im jedrima (~om parom)* 온 힘을 다해, 최고 속도로; *~om šakom (~im šakama) davati* 매우 많이 그리고 자주 주다; *u ~om jeku* 최대의, 최고의

P

punac −nca 참조 tast; 장인(丈人) punčev (形)
punačak −čka, −čko, punačan −čna, −čno (形) (지소체) pun; 통통한, 포동포동한
punca 타인기(打印器), 압인기(押印器)
puncat −a, −o, puncit −a, −o (形) 참조 pun; pun ~ 끝까지 꽉 찬
punč −evi 펀치 (술·설탕·우유·레몬·향료를 넣어 만드는 음료); ~ od ruma 럼 펀치
punčev −a, −o (形) 참조 punac
punđa 쪽(을 찐 머리)
punica 참조 tašta; 장모(丈母)
punina 참조 punoća
puniti −im (不完) napuniti −im (完) 1. 가득 채우다; ~ rezervoar benzinom 연료통을 휘발유로 가득 채우다; ~ stomak hranom 배를 음식으로 가득 채우다; ~ do vrha 꼭대기까지 채우다; ~ džepove novcem 돈으로 호주머니를 채우다; ~ dvoranu 강당을 꽉 채우다; dupke ~ 만원(滿員)이다; oči mu se pune suzama 그의 눈은 눈물이 글썽인다; ~ kome glavu (mozak, uši) nečim ~에 대해 너무 많이 이야기하다; ~ oči 보고 즐기다 2. (총 등을) 장전하다; ~ pušku (top) 총(대포)을 장전하다 3. (배터리 등을) 충전하다; bateriju 배터리를 충전하다 4. (음식에) 소를 넣다, 채우다; ~ pile 닭에 속을 채우다; ~ seckanim mesom 잘게 다진 고기를 채우다 5. (나이 등이) 차다, 도달하다; on je juče napunio 10 godina 그는 어제 만 10살이 되었다
punkcija (醫) (복수(腹水) 등 액체를 신체에서) 주사 등으로 빼냄
punkt 1. 마침표, 점 (문장, 약어 등에서의) 2. 절, 단락 (paragraf) 3. (軍) (방어) 지점, (검문) 초소; 기지; kontrolni ~ 검문소 4. (특정한) 지점, 장소; ~ za snabdevanje 공급 지점
punktirati −am (完,不完) 1. (문장에) 구두점을 찍다 2. (醫) 주사 등으로 인체에서 액체를 빼내다
punktuacija 구두점, 구두법
punktualan −lna, −lno (形) 시간을 지키는, 시간을 엄수하는
puno (副) 1. 많이, 매우 많이 (수량·숫자 등이); ~ puta 수없이 많이; on ~ čita 그는 많이 읽는다; ~o sveta 많은 사람들 2. 매우 (vrlo, jako); ~ se radovati 매우 기뻐하다 3. 완전히 (potpuno) 4. 필요 이상으로, 과도하게 많게 (suviše, više nego što treba); ~ platiti cipele 신발값으로 불필요하게 지불하다

punobrojan −jna, −jno (形) 많은 수의; naša ekipa je ~jna 우리 팀은 많은 수의 인원으로 구성되어 있다
punoća 1. 뚱뚱함, 비만 2. (~의) 최고(최상) 단계, 완전함, 완벽함 3. (감정·느낌의) 충만함, 풍부함; u srcu oseti neku ~u 가슴에 그 어떤 충만함을 느낀다
punoglavac −vca (動) 올챙이
punokrvan −vna, −vno (形) 1. (자신의 몸 속에) 피가 많은, 많은 피가 있는 2. 건강한, 강건한, 힘센 3. 다양한 경험을 한, 여러가지 경험을 한; ~ život 많은 것을 경험한 인생 4. 순혈의, 순종의; ~ konj 순혈의 말
punokrvnjak 순혈종 말(馬)
punoletan −tna, −tno (形) 성년의 (反; maloletan)
punoletnik 성년 남자 punoletnica (反; maloletnik)
punoletnost (女) 성년(成年)
punoletstvo 참조 punoletnost
punomastan −sna, −sno (形) 지방질의, 지방질이 많은; ~sno mleko 전유(全乳) (지방분을 빼지 않은)
punomoć (女) (=punomoćje) 위임장, 대리장
punomoćje 참조 punomoć
punomoćnī −ā, −ō (形) (전권을) 위임을 받은
punomoćnik 전권을 위임받은 사람
punomoćstvo 참조 punomoć
punopravan −vna, −vno (形) 시민적 권리를 모두 가진, 모든 권리가 있는
punovažan −žna, −žno (形) (법적·공식적으로) 유효한, 적법한, 정당한
punovlasnī −ā, −ō (形) 1. 전권(全權)을 가진; ~ knez u okrugu 군(郡)에서 전권을 가진 공(公) 2. 전권을 위임받은
punjač 충전기
punjen −a, −o (形) 참조 puniti; 꽉 찬, 소가 들어있는; ~e paprike 소가 들어있는 파프리카; ~e životinje 박제 동물; ~a ptica 예쁘지만 멍청한 여자
punjenje (동사파생 명사) puniti; barutno ~ 화약 충전
pup 1. 참조 pupak; 배꼽 2. 봉오리 (잎·꽃 등의) (pupoljak)
pupa 1. 배꼽 (pupak) 2. (幼兒語) 배(腹) (trbuh)
pupak −pka; pupkovi 1. (解) 배꼽 pupčani (形); ~a vrpca 탯줄 2. 배(腹) (trbuh) 3. (~의) 중심 (središte) 4. 작은 언덕, 언덕배기 (brežuljak, uzvisina); artiljerija tuče zemljišnji ~ neposredno ispred nas 포대는

P

1019

우리 바로 앞에 있는 작은 언덕배기를 포격
한다 5. (植) 배꼽, 꼭지 6. 기타; ~ zemlje
(口語) 자기가 세상의 중심이라고 생각하는
사람

pupak 봉오리 (꽃 등의) (pupoljak, pup)

pupator (植) 가지속(屬)의 각종 식물

pupav *-a, -o* (形) 커다란 배(腹)를 가진, 배가
나온 (pupast, trbušast)

pupavac *-vca* 배가 나온 사람

pupavac (鳥類) 후투티(머리에 관모가 있고 부
리가 긴 새)

pupčanī *-ā, -ō* (形) 참조 pupak

pupčanica 1. (解) 탯줄 2. (鳥類) 발구지 (야생
오리의 한 종류)

pupčanica 산파(産婆), 조산사 (babica,
primalja)

pupčast *-a, -o* (形) 볼록한, 볼록 나온
(ispupčen, trbušast, konveksan); ~ *trbuh*
볼록한 배; *vid se može popraviti sa ~im
staklima* 시력은 볼록 렌즈로 교정될 수 있
다

pupčić (지소체) pupak; 배꼽

pupčić (지소체) pupak; 봉오리

pupčiti *-im* (不完) 봉오리를 피다, 봉오리가 나
오다 (pupčati, pupati)

pupila 고아 (siroče)

pupila (解) 눈동자, 동공(瞳孔) (zenica)
pupilaran (形)

pupiti *-im* (不完) **napupiti** (完) 싹이 나다, 꽃
봉오리를 맺다

pupkovina 탯줄 (pupčanica)

puplin 포플린(튼튼하게 짠 면직물의 하나)

pupoljak *-ljka* 싹, 꽃봉오리, 눈

pupoljčić (지소체) pupoljak

pura 1. 삶은 옥수수 가루로 만든 음식, 폴렌
타 (kačamak, palenta, žganci) 2. 옥수수 가
루

pura 칠면조 암컷 (ženka turana, ćurka, tuka)

puran (動) (숫컷) 칠면조 (ćuran, tukac)

pure *-eta; purići* (지소체) pura

purenjak 1. (굽기에는) 덜 여문 옥수수 2. 구
운 옥수수 속대

purgativ (藥) 완하제(緩下劑), 하제, 장(腸) 청
소제 **purgativan** (形); ~*vno dejstvo* 완하제
효능

purgatorij *-ija*, **purgatorijim** (宗) (가톨릭의)
연옥

purger 도시민 (농촌에 사는 사람과 대비하여)
(građanin)

purica (지소체) pura; (암컷) 칠면조

purijī, purjī *-ā, -ē* (形) 칠면조의; ~*e meso* 칠

면조 고기; ~*e jaje* 칠면조 알

purist(a) 순수주의자

puristički *-ā, -ō* (形) (언어의) 순수주의자의

puristanac 1. 청교도적인 사람, 철저한 금욕주
의자 2. 청교도

puristanizam *-zma* 1. 청교도주의 2. 철저한
금욕주의

puritanskī *-ā, -ō* (形) 청교도적인, 금욕주의적
인

puriti *-im* (不完) (보통 옥수수를) 굽다; ~
kukuruz 옥수수를 굽다

purizam *-zma* (언어의) 순수주의

purka (암컷) 칠면조 (pura, ćurka) **puriji, purji**
(形)

purpur 1. 자줏빛; (한정사적 용법으로) 자줏빛
의 2. (廢語) 자줏빛이 도는 비싼 옷, 자줏빛
깔 천

purpuran *-rna, -rno* (形) 자줏빛의

pusa 키스 (poljubac)

pusat 1. 무기 (oružje) 2. 마구(馬具)

puslica (料理) (계란의 흰자와 설탕으로 만든)
머랭; ~*e od badema* 아몬드 머랭

pust *-a, -o* (形) 1. 텅 빈, 비어있는, 버려진,
사람이 살지 않는, 사람들이 떠나 버린; ~*o
ostrvo* 무인도; ~*a kuća* 폐가(廢家), 공가(空
家); ~*e ulice* 인적이 끊긴 거리; *grad je
pust, svi su otišli na letovanje* 도심지는 텅
텅 비었다, 모든 사람들이 여름 휴가를 갔다;
~*a sela* 사람들이 떠나버린 마을 2. 거친,
야생의, 길들여지지 않은; ~*a deca* 거친 아
이들; *lud i* ~ 미친 3. 헛된, 쓸모없는; ~*i
snovi* 헛된 꿈; ~*a želja* 헛된 바람; ~*a
obećanja* 헛된 약속 4. (음식이) 양념이 되
지 않은, 맛없는; ~*a hrana* 맛없는 음식 5.
거친, 척박한 (divalj, neplodan) 6. 고립된,
외딴 (zabačen) 7. 강건한, 굳건한, 용감한
(tvrd, čvrst, hrabar); ~*i Krajnici* 용감한 크
라이나 사람들 8. 매우 아름다운 (vrlo lep,
krasan, divan); ~*o more* 아름다운 바다 9.
거만한, 오만한 (obestan, drzak,
pustopašan) 10. 황폐화된, 약탈당한 (적으
로부터) (opustošen, poharan, opljčkan) 11.
~을 빼앗긴, ~이 없는

pust (男,女) 펠트, 모전(毛氈) (filc)

pusta 고립된 지역, 버려진 땅, 사람이 살지도
경작도 안하는 땅

pustahija (男,女) 1. 강도, 산적 (hajduk,
razbojnik); *šumski* ~ 산적 2. 오만하고 거
만한 사람, 깡패, 폭력적인 사람 (nasilnik,
siledžija)

pustahijstvo, pustahiluk 1. 강도질, 산적질 2.

오만, 거만, 제멋대로 하는 행동 (nasilje, obest, svojevolja)

pustara 1. 평원, 초원 2. 농장 (majur, salaš) 3. 사막; 척박한 지역 (pustinja)

pusteti *-im* (不完) opusteti (完) 텅비다, 버려지다

pustinik 참조 pustinjak

pustinja 1. 사막 2. 사람이 떠난 지역, 사람이 살지 않는 지역; *glas (vapaj) u ~i* 아무런 소용이 없는 외침, 메아리없는 부르짖음 3. 외로움, 고독, 쓸쓸함 (usamljenost, samoća); *~ moga srca* 내 마음의 외로움 **pustinjski** (形)

pustinjak 1. (종교적 이유로 사람들과의 모든 접촉을 피하고 사막으로 은둔한) 은둔자 2. 칩거자, 은둔자 (여러가지 이유로 사람들과의 접촉을 피하는) **pustinjački** (形)

pustinjaštvo 은둔자의 삶, 고독속의 삶

pustinjski *-ā, -ō* (形) 참조 pustinja

pustiti *-im; pušten* (完) **puštati** *-am* (不完) 1. 놓다, 놓아주다, 마음대로 가게 놓아주다; 허용하다, 허락하다; *pusti mi ruku* 내 손 놔; *pusti me u bioskop* 극장에 가게 놓아줘; *pusti ih da idu kući* 집에 가게 그들을 놓아줘; *pustio sam ga da ide* 가도록 그를 놓아주었다; *otac ga nije pustio da studira* 아버지는 그가 공부하도록 놓아주지를 않았다; *~ decu kući* 아이를 집에 돌려보내주다 2. (동물 등을) 풀다, 풀어놓다 3. (높은데서 낮은데로) 내리다, 내려놓다; *~ ruke* 손을 내리다; *~ uže* 밧줄을 내리다 4. 떨어뜨리다; *avion je pustio bombe* 비행기는 폭탄을 투하했다 5. (감옥 등에서) 놓아주다, 방면하다, 석방하다; *~ iz zatvora* 감옥에서 석방하다; *~ uslovno, ~ uz kauciju* 집행유예로 석방하다, 보석금을 받고 석방하다 6. (화폐 등을) 유통시키다; *~ novac u opticaj* 돈을 유통시키다 7. (라디오 등을) 켜다, 틀다, (엔진을) 켜다, 시동걸다; *~ radio (televiziju)* 라디오(텔레비전)을 켜다; *~ slavinu* 수도꼭지를 틀다; *~ motor* 엔진을 켜다; *pusti motor da se zagreje* 예열되도록 엔진을 켜놔라; *~ ploču* 레코드판을 틀다 8. (피·빛 등을) 흘리다, 투과시키다 9. (수염 등을) 기르다, 자라게 내버려두다; *od žalosti pusti bradu da slobodno raste* 슬픔으로 인해 턱수염이 기르도록 내버려두었다 10. (식물 등이) 잎이 자라다, 뿌리를 내리다; *~ koren* 뿌리를 내리다 11. (不完만) (물 등이) 새다; *~ vodu* 물이 새다; *čamac pušta (vodu)* 배가 샌다 12. ~ se 내버려두다, 포기하다, 반대하지 않

다 (prepustiti se); *zar da se kao žena pustim da mi ruke svežu* 아내로서 내 손을 묶는 것을 내버려둘까 13. ~ se 열심이다, 몰두하다 (predati se, zaneti se); *~ se u neka duboka razmatranja* 그 어떤 깊은 생각에 빠지다 14. ~ se ~을 하기 시작하다 (upustiti se); *~ se u borbu s čudovištem* 괴물과의 싸움을 시작하다 15. ~ se 원무(圓舞)에서 이탈하다; *mlada se pusti i tako njih dvoje dođoše da igraju jedno do drugog* 신부가 원무 대열에서 이탈해 그들 두 명이 춤추러 왔다 16. ~ se (어디로) 가다, 향하다 (uputiti se); *~ se u neznan svet* 미지의 세계로 가다(떠나다) 17. 기타; *ne ~ glasa* 입을 뻥긋도 하지 않다; *ne ~ koga s oka* 누구에게서 잠시도 눈을 떼지 않다; *pusti* 내버려 둬!; *pusti me (na miru)* 날 좀 내버려둬!; *~ vetar* 방귀뀌다; *~ glas (grlo)* 큰소리로 노래하다; *~ glasa o sebi* 안부를 전하다; *~ ispod suđenja* 법적인 책임을 벗어나게 해주다; *~ kome buvu u uši* 걱정스럽게 하다; *~ korak* 성큼성큼 걷기 시작하다; *~ kroz zube* 힘들게 말하다 (보통 내키지 않게 인정하면서); *~ reč* 발표하다, 공표하다; *~ suzu* 눈물을 흘리다; *~ srcu maha (na volju)* 자신의 행동에 완전한 자유를 주다; *~ svoju mladicu* 자기 가족을 꾸리다; *~ u svet* 신문에 발표하다; *~ uzde kome* 완전한 자유를 주다; *~ pijavice* (거머리가 피를 빨아 먹도록) 거머리를 붙이다 (고혈압 처방으로써); *~ u prodaju* 판매하다; *~ u pogon fabriku* 공장을 가동하기 시작하다; *~ put (most) u saobraćaj* 도로(교량)를 개통시키다; *ovaj štof pušta boju* 이 천은 색이 빠진다; *svoje pipke* 비밀리에(몰래) 모든 것을 컨트롤하다, 모든 것에 영향을 끼치다; *~ se maticom (strujom, niz struju, niz vodu), ~ se niz vetar* 자신의 행동거지를 힘있는 사람에게 (권력있는 사람에게) 맞추다

pustolina 1. 사람이 살지 않는 지역, 고립된 지역, 황량한 지역; *kraška ~* 카르스트의 황량한 지역 2. 빈 공간, 공동(空洞) (praznina, pustoš); *~ neba* 하늘의 빈 공간 3. 거만한 (거친) 사람

pustolov 1. 모험가 (avanturista) 2. 자신의 사적 이익을 위해서는 비도덕적인 일도 마다하지 않는 사람, 협잡꾼, 모사꾼 **pustolovka**

pustolovan *-vna, -vno* (形) 모험가의; 모험적인

pustolovina 1. 모험 (avantura); *~e starog pomorca* 늙은 선원의 모험; *ljubavne ~e* 사

P

랑의 모험 2. 위험한 프로젝트; *ušao je u krvavu i čudovišnu ratnu ~u dok je rat još izgledao kao probitačan* ~ 전쟁이 아직 유익한 일로 보였을 때 유혈의 기괴한 전쟁에 돌입했다 3. 척박하고 경작되지 않은 토지, 황무지, 불모지 (pustopoljina) 4. 고립되고 사람이 별로 살지 않는 지역

pustolovka 참조 pustolov (avanturistkinja)

pustopašan *-šna, -šno* (形) 1. 오만한, 건방진, 제멋대로인 (obestan, raspušten, razuzdan); ~ *mladić* 제멋대로인 청년; ~ *postupak* 오만한 행동 2. 모험으로 가득한; *~šne priče* 모험으로 가득한 이야기 3. 목자(牧者)가 없는

pustopolje, pustopoljina 황무지, 불모지

pustoruk *-a, -o* (形) 1. 빈손의 (praznoruk) 2. 흥청망청 재산을 탕진하는, 낭비하는; *bio je štedljiv, a ne* ~ 그는 흥청망청 낭비를 하지 않고 절약했다

pustoš (女) 1. 황무지, 불모지; 황폐화된 지역; *orkan rata je za sobom ostavio* ~ 전쟁의 광풍은 그 뒤로 황폐함을 남겼다 2. 파괴, 황폐화 (pustošenje, uništavanje); *sačuvati šume od ~i* 황폐화로부터 숲을 보호하다 3. 외로움, 고독, 공허(空虛) (praznina, samoća); *duhovna* ~ *našega vremena* 우리 시대의 정신적 공허

pustošan *-šna, -šno* (形) 1. 파괴의, 파괴적인; ~ *rat* 파괴적인 전쟁 2. 황폐화된, 폐허화된 (razrušen, opustušen); *moja duša plače pri pogledu na ~šnu zemlju* 내 영혼은 폐허화된 국가를 보며 슬피 운다 3. 사람이 살지 않는 4. (땅 등이) 척박한, 흉작의, 열매를 맺지 않는; *neplodne i ~šne godine* 흉년

pustošiti *-im* (不完) 1. 파괴하다, 황폐화시키다, 폐허화시키다; *vatra je pustošila šumu* 화재가 숲을 황폐화시켰다 2. 도덕적 힘을 무력화시키다, (창조적 작업에) 무능력하게 만들다

pušač 흡연자; *kupe za ~e* (열차의) 흡연칸 **pušačica; pušački** (形)

pušaći *-ā, -ē* (形) 흡연의, 흡연용의; ~ *pribor* 흡연용 도구 (재털이, 라이터 등의)

puščanī *-ā, -ō* (形) 참조 puška; 총의; ~ *metak* 총알; ~ *cev* 총열

puščerina, puščetina (지대체) puška

pušenje (동사파생 명사) pušiti; 흡연; ~ *zabranjeno!* 흡연 금지

pušionica 흡연실; ~ *opijuma* 아편 흡연실, 아편굴

pušiti *-im* (不完) 1. (담배 등을) 피우다; ~

cigaretu 담배를 피우다; ~ *na lulu* 파이프에 담배를 피우다; ~ *opijum* 아편을 피우다 2. ~ *se* 연기가 나다; 연기만 내며 약하게 타다; *vrh Vezuva neprestano se puši* 베수비오산 정상은 끊임없이 연기가 피어 오른다 3. ~ *se* (비유적) 심하게 화를 내다, 격노하다; *tužili su ga, neka se puši* 그를 고발했다, 화내려면 내라고 해 4. 기타; *da se sve puši* (어떠한 일의 최고 강도를 강조하고 싶을 때) 아주, 세게, 강하게 (veoma, jako); *neće mu se više odžak pušiti* 그는 살아남지 못할 것이다(살해의 위험을 말할 때); *puši se glava (mozak) od čega (briga, poslova)* (걱정·일 때문에) 머리가 혼란스럽다

puška 라이플총, 소총, 엽총, 산탄총; *pucati ~om (iz ~e)* 소총을 쏘다; *mašinska (vazdžšna)* ~ 자동 소총 (공기총); *lovačka* ~ 사냥총; ~ *dvocevka* 2연발식 엽총; *otkazala mu je* ~ 그의 소총은 불발되었다; *biti pod ~om* 군복무하다; *baciti (ostaviti) ~u* 전투를 중지하다, 전투없이 항복하다, 군복무를 그만두다; *biti kao nabita (napeta, zapeta)* ~ (~을) 준비하고 있는; *dati pušci vatru* 총을 발사하다; *go kao* ~ 그 어디에도 아무것도 없는; *nositi ~u* 군복무하다; *kao tane iz ~e (poleteti)* 지체없이 대답하다; *ispaljena* ~ 아무런 쓸모(가치)가 없는 물건; *mala* ~ 권총; *na pušci živeti* 전쟁하여 먹고 살다; *omrčiti ~e* 아무런 전투 경험이 없다; *pozvati pod ~u* (군에) 징집하다, 소집하다; ~ *je pukla* 결정적 순간이 시작되었다; ~ *mi,* ~ *ti* 내가 너를 죽이든지 아니면 네가 나를 죽이든지; *~u na gotovs* (軍) 발사 총!; *zauzeti (osvojiti) što bez ~e* 전투없이 점령하다

puškar 총기 제작자; 총기상

puškarenje (동사파생 명사) puškarati; 산발적 교전

puškarati *-am* (完,不完) 1. 산발적으로 총을 쏘다 2. 총으로 쏴 살해하다(죽이다), 사살하다 3. ~ *se* 산발적으로 서로 상대편에 총을 쏘다, 산발적으로 교전하다

puškarnica 1. 총안(銃眼), 구멍 (벽이나 참호 등에 총으로 사격을 하기 위해 뚫어놓은) 2. 총포 제작소

pušketina (지대체) puška; 총, 소총

puškomet (소총의) 탄환 비행 거리

puškomitraljez (軍) 자동 소총

puškomitraljezac *-esca* 자동소총수

pušljiv *-a, -o* (形) 연기가 나는

pušljiv *-a, -o* (形) (=pišljiv) 1. (과일 등이) 상

한, 벌레먹은; ~a repa 상한 비트 2. (비유적) 겁많은, 무서워하는 (plašljiv, strašljiv) 3. 별로 중요하지 않은 (크기 혹은 가치 등에서) (neznatan, beznačajan); ~o vreme 무가치한 시간; ~a zarada 의미없는 벌이 4. 기타; ne vredi ni ~a boba 전혀 가치가 없는

pušnica 참조 sušnica; (과일·고기 등의) 건조실

pušničar 건조업자 (과일·고기 등을 말리는)

puštati -am (不完) 참조 pustiti

puštenica 1. 이혼한 여자, 이혼당한 여자, 쫓겨난 여자 (raspuštenica) 2. (감옥에서) 석방된 여자

puštenik (감옥에서) 석방된 사람

put putem (드물게 putom); putevi & putovi 1. 길, 도로; ~ za Beograd 베오그라드로 향하는 길; preki ~ 지름길; vodeni ~ 수로(水路); ići svojim ~em 자신의 길을 가다; kružni ~ 순환도로; seoski (kolski) ~ 시골길(자동차 길); dete je na ~u 아이가 뱃속에 있다, 임신중이다; roba je na ~u 물건은 수송중이다; kuda vodi ovaj ~? 이 길은 어디로 나있나?; ~ ka sreći 행복으로 향하는 길; prokrčiti ~ 길을 내다, 길을 깨끗이 청소하다; najkraći ~ 최단거리 길; srednji ~ 중도(中道); tim ~em 그 길로, 그 길을 따라; mirnim ~em 평화적 방법으로; naći ~a i načina 어떤 방법을 찾다; ići pravim (pogrešnim) ~em 올바른(잘못된) 길로 가다; ~ do uspeha 성공으로 가는 길; Mlečni ~ 은하, 은하수; svi ~evi vode u Rim 모든 길은 로마로 통한다 2. 여행; ići na ~ 여행을 떠나다; srećan ~! 여행 잘 다녀오세요 (여행을 떠나는 사람에게 하는 인사말); službeni ~ 공무(公務), 출장; ~ u oba pravca 왕복 여행; on je na ~u 그는 여행중이다, 그는 오고 있다; ~ oko sveta 세계 일주; svadbeni (venčani) ~ 신혼여행, 허니문 3. 기타; baciti (metnuti) granu na ~, stavljati smetnju na ~, stati na ~ kome, preseći (zatvoriti) ~ kome 방해하다, 차단하다, 저지하다, 못하게 하다; čovek srednjega ~a 중도적 입장의 사람, 확고한 의견이 없는 사람; izvesti na ~ koga 키우다, 양육하다, 가르치다; nije bilo ~a to činiti 그것을 할 필요가 없었다; ~ pod noge, ~ za uši 즉시(곧바로) 길을 떠나다 (보통 명령으로서); preko ~a 길 건너편에; s ~a 길에서 비켜!; svoga si puta 자신의 길을 가라, 자신의 일을 봐라; stati (ostati) na pola ~a 시작한 일을 끝까지 마치지 못하고 중간에서

그만두다; uzeti ~ pod noge 걸어서 떠나다

put 1. 번, 번째; prvi ~ 첫번째; po stoti ~ 백 번째에; nekoliko (više) ~a 몇 번째 (수차례); dva ~a 두 번; prošli ~ (prošlog ~a) 지난 번; idući ~ (idućeg ~a) 다음 번; ovaj ~ (ovog ~a) 이번; svaki ~ 매번; drugi ~ 다음 번, 다음 기회에 2. 곱하기; 3 ~a 2 je 6 3 곱하기 2는 6이다

put (女) ~i & ~ju 1. 육체, 몸; osećati jedrinu njezine ~i 그녀의 육체의 풍만함을 느끼다 2. 안색, 혈색; 피부색 3. 기타; ~ i krv (moja, tvoja), ~ od puti (moje, tvoje) 아이 (내, 네)

put (前置詞, +G) ~을 향하여, ~쪽으로, ~방향으로; ~ škole 학교쪽으로(학교 방향으로)

putanja 1. (사람, 동물 들이 밟아 만들어진) 길, 좁은 길 2. 궤도; Zemljina (Mesečeva) ~ 지구(달)

putar 도로 유지보수 노동자

putar (=puter) 버터 (maslac)

putarina 도로 통행료 (drumarina)

putast -a, -o (形) (말(馬)의) 발굽위에 길(put) 모양의 하얀 표시가 있는 (putonog)

puteljak (지소체) put

putem (put의 조격(造格)으로 전치사적 용법으로, +G) ~로, ~방법으로; ~ pravde 법적 방법으로; on je dobio posao ~ oca 그는 아버지를 통해 직장을 얻었다

puten -a, -o (形) 육욕(肉慾)의, 색욕(色慾)의, 성욕(性慾)의; 색욕이 많은, 육욕이 강한, 음탕한 (strastven, pohotljiv); devojke ~e u ljubavi 사랑에 굶주린 여자; ~ glas 음탕한 목소리

putenost (女) 호색, 음탕

puter (=putar) 버터 (buter, maslac)

putešestvije 길; 여행 (put, putovanje)

putić (지소체) put

putir (宗) (미사 때 포도주를 담는) 성배

putište 1. 길, 도로; 도로망 2. (유제 동물의) 발목

putnī -ā, -ō (形) 참조 put; 1. 길의, 여행의; ~a karta 여행 티켓; ~a isprava 신분증, 여권 2. (명사적 용법으로) 여행객 (putnik)

putnica 1. 여권 (pasoš) 2. (여자) 여행객 3. (腹) (動) 철새 4. 기타; potpisati ~u kome 추방하다

putnik 1. 여행객, 승객; trgovački ~ 순회(출장) 판매원, 외판원; slepi ~ 밀항자, 밀입국자, 무임 승객 2. 기타; ~ namernik (누구의 집에 우연히 들르는) 나그네 여행객(때때로 나그네 여행객의 편의를 위해 주인이 자신의

P

1023

부인이나 딸을 하룻밤 같이 재우기도 함),
아내의 정부(情夫) **putnica**; **putnički** (形); ~
voz 여객용 기차

puto 족쇄, 차꼬; *lupati kao ~ o lotru* 쓸데없
이 말을 많이 하다 (지껄이다)

putokaz 이정표, 도로 표지

putonog, putonogast *-a, -o* (形) 1. 발굽위에
길(put) 모양의 하얀 표시가 있는; ~ *konj*
하얀 모양의 발굽이 있는 말 2. (비유적) 영
리한, 똑똑한, 현명한

putopis (文學) 여행기 **putopisni** (形)

putopisac 여행(기) 작가

putovanje (동사파생 명사) *putovati*; *bračno ~*
신혼 여행; *službeno ~* 출장; *kružno ~* 크루
즈 여행; ~ *na hadžiluk* 순례, 성지 참배

putovati *-tujem* (不完) 여행하다, 이동하다; ~
morem (železnicom, avionom) 배편으로(기
차로, 비행기로) 여행하다; ~ *poslom* 일로
출장을 가다; ~ *u Srbiju (po Srbiji)* 세르비
아를(세르비아 방방곳곳을) 여행하다; *koliko
se putuje odavde do Zagreba?* 여기서 자그
레브까지는 얼마나 걸리는가?; *kada
putujete?* 언제 떠나죠?; *putuj!* 떠나라!; ~
oko sveta 세계일주를 하다; *dugo je
putovao* 오랫동안 여행했다; *on je mnogo
putovao* 그는 여행을 많이 했다; ~ *u maglu*
안갯속을 해매다, 출구가 보이지 않다; *putuj
igumane!* 너 없이도 잘할 수 있으니까 마음
놓고 떠나라, 너는 더 이상 필요없는 존재니
까 떠나라

putovođa (男) 길잡이, 안내인, 가이드 (*vodič*)

putujućI *-ā, -ē* (形) 여행하는, 방랑하는, 떠돌
아다니는; ~*e pozorište* 유랑극단; ~*a
biblioteka* 이동 도서관

putunja 1. (등에 매는) 광주리 (포도를 수확해
나르는); *čovek s drvenom ~om na leđima*
등에 나무 광주리를 맨 사람 2. 포도주용 통
의 한 종류

puvalo 자화자찬하는 사람 (*hvalisavac,
uobraženko*); *mrtvo ~* 자화자찬만 하면서
아무런 일도 않고 게으름만 피는 사람

puvaljka 참조 *duvalica*; 풀무

puvati *-am* (不完) 참조 *duvati*; (바람이) 불다

puzačica (植) 덩굴 식물

puzati *pužem* (不完) 1. (파충류 등이) 기다, 살
살 기다 2. (무릎으로, 네다리로, 배를 대고)
기다, 기어가다, 천천히 움직이다 3. 천천히
움직이다, 천천히 흐르다, 천천히 퍼지다 4.
오르다, 올라가다 (*penjati se*)

puzav 1. 기는, 기어다니는 (*gmizav*); ~ *crv*
기어다니는 벌레 2. (~을 타고) 올라가는;

~*e bilje* 덩굴식물 3. (비유적) 아첨하는, 굽
신거리는

puzavac *-avca* 1. 파충류 (*gmizavac*) 2. (비유
적) 아첨하는 사람, 굽신거리는 사람 3. (鳥
類) 동고비 4. (植) 덩굴식물

puzavica 1. (鳥類) 동고비 2. (植) 덩굴식물;
ruža ~ 덩굴장미

puzećke, puzećki (副) 기면서, 기어가듯이, 느
릿느릿

puziti *-im* (不完) 1. 기다, 기어가다; *dete je
puzilo prema meni* 아이는 내게 기어왔다 2.
(비유적) 굽신거리다, 아첨하다, 살살 기다;
mrzeo je ljude koji pred vlašću puze 권력
앞에서 살살 기는 사람을 증오했다 3. 기어
오르다 (나무·암석 등을); *deca su puzila uz
bandere* 아이들은 전봇대를 타고 올랐다

puznuti *-nem* (完) 참조 *puziti, puzati*

puž *pužévi* 1. (動) 달팽이 **pužev, puževlji** (形)
2. (解) 달팽이관 3. (비유적) (卑俗
語) 의지가 약하고 도덕적 가치도 낮은 사람
4. 기타; *ići (vući) se kao ~* 천천히 가다;
uvući se u se kao ~ 활동을 완전히 중단하
다, 완전히 은퇴하다

pužev *-a, -o* (形) 참조 *puž*

puževksI *-ā, -ō* (形) 달팽이 모양의, 달팽이와
비슷한

pužić (지소체) *puž*

P

R r

ra- (接頭辭) 참조 raz-

rabadžija (男) 마차꾼, 짐마차로 짐을 운송(수송)하는 사람 (kiridžija)

rabarbar, rabarbara, raberber (植) 1. 대황(大黃) 2. 대황의 뿌리(하제(下劑)용)

rabat (商) 할인 (popust); 20 posto ~a 20% 할인; nuditi dobar ~ 할인을 잘 해주다

rabatan -tna, -tno (形) 낡은, 해진, 오래된, 다 허물어져 가는 (dotrajao, trošan, star); ~tna kuća 다 허물어져 가는 집

rabijatan -tna, -tno (形) 잔인한, 잔혹한, 악랄한, 노하여 펄펄뛰는 (brutalan, grub, surob, naprasit, goropadan)

rabin (유대교 성직자인) 라비 rabinski (形)

rabinat 라비의 직(신분·직위·집무실)

rabiti -im (不完) 1. 이용하다, 사용하다 (upotrebljavati, koristiti); ~ stvari 물건들을 사용하다 2. (廢語) 하다, 행하다, 수행하다 (raditi, činiti); 힘들고 고생스럽게 일하다

rabijen -a, -o (形) 중고의; ~a vozila 중고 자동차; rabljena roba 사용된 물건, 중고 물건; rabljena knjiga 사용한 책

raboš (廢語) 1. 나무판 (채무 등을 기록한), 계산판, 기록판 2. (하룻 동안의 수입과 지출을 기록한) 일일 계산부(簿) 3. 징계 (교도 당국이 규정 위반 등을 이유로 기결수들에게 부과하는) 4. 기타; kupovati na ~ 외상으로 사다, imati nekoga na ~u 누구와 결산할 일이 있다; zabeležiti koga u (na) ~ 누구를 무엇으로 기억하다 (주로 나쁜 것으로)

rabota 1. (일정한) 적극적 활동 (보통은 ~에 반대하는) kontrarevoluciona ~ 반혁명 활동; prljava ~ 불법 활동; 2. 일, 노동 (보통 육체적인) (rad, posao) 3. (廢語) 강제 노역 (prislini rad, kuluk), 중노동 4. 기타; mahni se ti te ~e 그 일에서 손 떼라(손 털어라); kolaj ~ 별로 힘들이지 않고, 쉽게

rabotar, rabotaš 일용 노동자, 일꾼(육체적의) (argatin, kulučar)

rabotnik 1. 노동자 (radnik) 2. 근무일, 평일 (radni dan)

raca (動) 오리 (patka)

racak (動) 숫오리 (patak)

racija (용의자를 검거하기 위한 경찰의) 현장 급습, 불시 단속; izvršiti ~u 현장을 급습하다

racionalan -lna, -lno (形) 1. 합리적인, 이성적인 2. (數) 유리(有理)의; ~ broj 유리수(有理數)

racionalist(a) 이성주의자, 합리주의자

racionalizacija (생산 공정, 경영 등의) 합리화, 과학적 방법; ~ proizvodnje 생산 합리화; uvesti ~u 과학적 방법을 도입하다

racionalizator (생산의) 과학적 방법을 도입한 사람

racionalizirati -am, racionalizovati -zujem (完, 不完) (경영 등을) 합리화하다, 합리적으로 개선하다; ~ proizvodnju 생산을 합리화하다

racionirati -am, racionisati -šem (完,不完) (특히 식량 등이 부족할 때 공급량 등을) 제한하다, 배급을 주다; ~ namirnice 식료품을 배급하다

racman (動) 숫오리 (patak)

račić (지소체) rak; 게; morski ~ 새우

račijī, račjī -ā, -ē (形) 게의, 게 같은

račiti se -i se (不完) (無人稱文에서) 마음에 들다, ~하고픈 마음이다 (dopadati se, sviđati se); ne rači mi se jesti 먹고 싶은 마음이 없다; gospodi se, kako vidim, ne rače moje reči 그분에게는, 내가 보기에, 내 말이 마음에 들지 않은 모양이다

račnjak (숙어로) morski ~ 바닷가재

račun 1. 산수, 산술, 연산, 계산, 셈 2. (학교 교과목의) 수학 (matematika) 3. (數) 미분, 적분; integralni ~ 적분; diferencijalni ~ 미분; vektorski ~ 벡터 계산법 4. (은행의) 계좌, 구좌; žiro ~ 지로 계좌; tekući ~ 당좌예금 구좌; staviti novac na ~ 예금하다; preneti na nov ~ 새 계좌로 이체시키다 5. 영수증, 계산서, (물건·서비스 등의) 청구액(서); kelner, molim vas ~! 웨이터, 계산서 주세요!; platiti ~ (청구서를) 계산하다; ~ za telefon 전화 요금; ~ za vodu 물값; staviti (metnuti) na nečiji ~ 누구에게 청구하다; poslati ~ 청구서를 발송하다 6. 결산, 회계 (수입과 지출의, 손익의) (obračun); ~ gubitka i dohotka 손익 결산 7. 이익 (korist, dobit, interes) 8. 지출, 경비 (trošak); putovao sam za sebe i o svom ~u 나는 내 자신의 경비로 여행했다; svi su uglavnom živeli na tuđi ~ 모든 사람들이 주로 타인에 빌붙어 살았다 9. 평가, 판단; 의견, 이해 (procena; mišljenje, shvatanje); po mom ~u 내 판단에 따르면; prevariti se u ~u, pogrešiti u ~u 잘못 판단하다 10. 계획, 의도 (plan, namera) 11. (보통 複數로) 해결되지 않은 불화(분쟁) (spor, razmirica);

mi i onako imamo između sebe jedan stari ~ 우리사이에는 오랫동안 해결하지 못한 것이 하나 있다 12. 기타; *voditi ~a (o kome, o čemu)* (~에 대해) 고려하다, 주의를 기울이다, 보살피다; *moramo da vodimo ~a o željama drugih ljudi* 다른 사람들의 희망을 고려해야만 한다; *vodi ~ da ne zakasniš!* 늦지않도록 주의해!; *vodi ~a o vremenu* 시간을 고려해!; *ona vodi ~a o svakoj tvojoj reči* 그녀는 네가 하는 한마디 한마디에 대해 생각한다; *vodi će se ~a o tvom priznanju* 너의 자백은 고려될 것이다; *doći (dolaziti) u ~* 고려하다; *imati (izravnati) s nekim ~e* 누구와 해결되지 않은 분쟁이 있다 (해결하다); *ne ide mu to u ~* 그것은 그들에게 이익이 되지 않는다(적합하지 않다); *otići bogu u ~* 죽다, 사망하다 (umreti); *otići vragu na ~* 죽다 (poginuti); *poz(i)vati na ~ (koga), (za)tražiti ~ (od koga)* 책임을 지라고 요구하다; *pokvariti kome ~e* 누구의 계획(의도)을 불가능하게 하다; *položiti (polagati) ~* (행동에 대해) 설명하다, 대답하다; *raditi nešto za svoj ~* 1) 자신의 이익을 위해 일하다 2)자신의 책임하에 일하다; *~ bez krčmara* 이해 당사자의 참여없이 일방적으로 내려진 결정; *čist ~ duga ljubav* 금전적으로 깨끗한 관계가 영원한 우정을 지속시킨다 **računski** (形)

računalo 1. 계산자, 계산척(尺) (logaritmar) 2. 컴퓨터

računaljka 1. 주판 2. 계산자, 계산척(尺)

računanje (동사파생 명사) računati; *mašina za ~* 계산기

računar 1. 컴퓨터; *analogni (digitalni, elektronski, kućni, lični) ~* 아날로그 (디지털, 전자, 가정용, 퍼스널) 컴퓨터; **računarski** (形); *~ centar* 컴퓨터 센터 2. 회계원, 경리 (računovođa) 3. 수학자 (matematičar)

računarstvo 회계, 경리 (računovodstvo, knjigovodstvo)

računati *-am* (不完) 1. 셈하다, 계산하다 *~ na prste* 손가락으로 계산하다; *to se ne računa* 그것은 계산되지 않는다(고려의 대상이 아니다, 포함되지 않는다); *u glavi (napamet)* 암산하다; *računajući od danas* 오늘부터 계산하여; *on ne ume da računa* 그는 셈을 할 줄 모른다 2. (~로) 여기다, 간주하다, 고려하다 (smatrati); *dece nisu imali, tim su računali seosku decu za svoju* 그들은 아이가 없는 까닭에 동네 아이들을 자기 자식으

로 여겼다; *ja njega ne računam u svoje prijatelje (kao svoga prijatelja)* 나는 그를 내 친구로 여기지 않는다; *on se računa kao favorit* 그는 강력한 후보자로 간주된다 3. 평가하다, (가치 등을)매기다 (procenjivati); *koliko vi računate (za) ovu kuću?* 이 집을 얼마로 평가하나요? 4. (na koga, na što) ~을 셈에 넣다, 염두에 두다, 고려에 넣다; *računaj ne mene* 날 믿어(날 염두에 둬); *možete da računate na moju diskreciju* 나의 신중함을 믿어 주세요 5. (s kim, s čim) 고려하다, 염두에 두다; *on je morao ~ s tom mogućnošću* 그는 그러한 가능성을 염두에 두어야만 했다

račundžija (男) 1. 계산을 잘하는 사람, 수학을 잘하는 사람 2. 계산에 밝은 사람, 모든 것을 이해관계를 쫓아 하는 사람 **račundžijka; račundžijski** (形)

računica 1. 산수책 2. 셈, 계획, 의도, 이익 (račun, plan, namera; interes); *po mojoj ~i* 나의 계산에 따르면; *pogrešna ~* 잘못된 계산; *imati svoju ~u* 자신의 계획이 있다

računodavac 참조 računopolagač

računoispitač 회계감독관 (revizor)

računovodstvo 1. 회계, 부기 (knjigovodstvo) 2. 회계과, 경리과

računovođa (男) 회계원, 경리원 (knjigovođa)

računskī *-ā, -ō* (形) 참조 račun; 1. 셈의, 계산의 2. 이해관계에 기반한; *~ brak* 정략 결혼

račva (보통 複數로) (줄기가) 두 갈래로 분기된 나무

račvast *-a, -o* (形) 두 갈래로 갈라진 (dvokrak); *~o drvo* 두 갈래로 분기된 나무

račvati se *-am se* (不完) 두 갈래로 분기(分岐)되다; *put se račva* 길이 두갈래로 갈라진다

rad *radovi* 1. 노동, 일, 작업; *fizički ~* 육체 노동; *umni ~* 정신 노동; *proizvodni ~* 생산하는 일; *kolektivni ~* 집단 노동; *prinudan ~* 강제 노역; *pustiti u ~* 가동하다; *obustaviti ~* 일을 중단하다; *~ na rečniku* 사전 작업; *težak (naporan) ~* 어려운 (힘든) 일; *~ na parče (komad)* 삯일; *višak ~a* 초과 노동 **radni** (形); *~o vreme* 근무 시간, 영업 시간; *~ narod* 근면한 사람들; *~ dan* 근무일, 영업일; *~ broj* 참조번호(편지 중에서 게시하기 편리하도록 기입한 번호); *~a snaga* 노동력; *~a soba* 작업실; *~ sastanak* 업무 회의; *zbor ~ih ljudi* 노동자 총회; *~a knjižica* 노동 수첩; *~ odnos* 근로관계; *on ima 10 godina ~og staža (iskustva)* 그는 10년간의 근로 경력이 있다; *berza ~a* 노동

시장 2. 작품, 세공품; *ručni* ~ 수공예품 3. (출판된, 저술한) 논문, 저서; *naučni ~ovi* 학술 논문; *seminarski* ~ 세미나 과제물; *doktorski* ~ 박사학위 논문 4. (複數로) 건설, 공사; *izvozač ~ova* 시공업자

rad *-a, -o; radiji* (形) 1. 열망하는, 갈망하는, 기꺼이 ~하려고 하는, ~을 원하는; *svako je bio rad da sazna nešto novo* 모든 사람들은 그 무엇인가 새로운 것을 알아내려고 하였다; ~ *da ide u šetnju* 산책가려고 하는 2. 즐거위하는, 기분이 좋은 (radostan, raspoložen)

rada (植) 국화과(科) 로마카밀레속(屬)의 초본 (prstenak)

radan *-dna, -dno* (形) 근면한, 성실한, 부지런한 (vredan, marljiv, priježan); ~ *domaćin* 성실한 가장(家長)

radar 레이더, 전파탐지기; ~ *za praćenje* 추적 레이더

radarskī *-ā, -ō* (形); *~a antena (mreža)* 레이더 안테나 (망(網)); *~o praćenje* 레이더 추적; *~a stanica* 레이더 기지; *~a kontrola vozila* 자동차 제한속도 측정(장비)

raden *-a, -o* (形) 1. 근면한, 성실한, 부지런한 (radan) 2. (廢語) 일의, 노동의 (radni) 3. (명사적 용법으로) 노동자, 근로자 (radnik)

radenik 참조 radnik; 노동자, 근로자

radi (前置詞, + G) (의도·목적 등을 나타내는) ~때문에, ~를 위해서; ~ *mene* 날 위해서(나 때문에); *boga* ~ 제발, 부디; *on ide u grad* ~ *kupovine* 그는 쇼핑하기 위해 시내에 간다; ~ *novca* 돈 때문에; ~ *dece* 아이들 때문에; ~ *štednje prostora* 공간 절약을 위해; ~ *toga* 그것 때문에

radicirati *-am* (不完) (數) 제곱근을 구하다 (korenovati)

radič 서양 민들레 (maslačak)

radij *-ija*, **radijum** (化) 라듐; *zračenje radijumom* 방사선 치료 radijev, radijumov (形)

radijacija (物) (열·빛·전파·음파 따위의) 복사, 방사, 발산, 발광; 방사물, 방사선; 복사열 *elektromagnetska* ~ 전자기파 방사; *jonizirajuća* ~ 이온 방사; *neutronska* ~ 중성자 방출; *Sunčeva* ~ 햇빛 복사

radijacionī *-ā, -ō* (形) 참조 radijacija; *~a bolesst* 방사능병 (방사능에 노출된 결과로 나타나는)

radijalan *-lna, -lno* (形) 방사상(放射狀)의, 방사상으로 배치된, 복사형(輻射形)의; *~lne gume* 레이디얼 타이어

radijan (數) 라디안, 호도(弧度: 평면각의 단위)

radijanski (形)

radijator 1. 복사 난방기, 라디에이터 2. (자동차의) 방열기, 라디에터터

radije (rado의 비교급) 기꺼이; *ja ću* ~ *ostati kod kuće* 기꺼이 집에 남에 있겠다; *on* ~ *crta nego uči* 그는 공부하기 보다는 그림그리는 것을 더 좋아한다; *šta bi ti* ~ *(hteo)? da idemo na koncert ili u bioskop?* 너는 음악회에 더 가고 싶냐 아니면 영화관에 더 가고 싶냐?

radijev, radijumov (形) 참조 radij

radijus (數) (원·구의) 반지름, 반경 (poluprečnik, polumer) (反; prečnik); *akcioni* ~, ~ *kretanje* (비행기·잠수함 등의) 작전 반경, 행동 반경

radikal 1. (政) 급진주의자, 급진당원, 급진 분자 2. (數) 거듭 제곱근, 근호 3. (化) 기(基), 라디칼

radikalac 급진당원

radikalan *-lna, -lno* (形) 1. 근본적인, 근원적인 2. (개혁 등이) 철저한, 철두철미한, 완전한 3. 급진적인, 과격한, 급진당원의; *~lna vlada* 급진당 정부; *~lna struja* 급진파; *~lna stranka* 급진당 4. (數) 제곱근의, 근호의

radikalizam *-zma* 급진주의

radikand (數) 근호(根號) 속의 수

radilica 1. 근면 성실한 여자 2. (機) 크랭크 축 3. (動) (보통 보어 pčela와 함께) 일벌 4. (한정사적 용법으로) 부지런한, 근면한, 성실한 (vredna, radna)

radilište 1. 작업장, 작업 현장, 건설 현장; *na ~u* 작업 현장에서; *šumsko* ~ 벌목 작업장 2. 일터, 작업실 (radno mesto, radionica)

radin *-a, -o* (形) 1. 참조 radan 2. 참조 radni 3. (명사적 용법으로) 부지런한 사람, 근면한 사람

radinost (女) 1. 근면함, 성실함, 부지런함 2. 활동, 일 (일반적인); *kućna (domaća, narodna)* ~ 수공예품

radio *-ija, -iom*(혹은 *-jem*); *-iji* (男) 라디오; 무선, 무선 통신 장치; *na ~iju, preko ~ija* 라디오에서; *slušati* ~ 라디오를 듣다; *pustiti (otvoriti, upaliti)* ~ 라디오를 틀다; *zatvoriti (ugasiti)* ~ 라디오를 끄다; *metnuti* ~ *tiše (jače)* 라디오 소리를 줄이다(키우다)

radio- (接頭辭) 라디오의-, 무선의; *radio-aparat* 라디오(장치); *radio-vesti* 라디오 뉴스; *radio-stanica* 라디오 방송국;

radio- (接頭辭) 라듐의, 방사능의; *radioaktivan* 방사능의; *radioskopija* x-선 투시; *radiografija* x-선 촬영

R

radioaktivan *-vna, -vno* (形) 방사능의, 방사
능을 가진; *~vni elementi (izotop)* 방사능
성분 (동위 원소); *~vno raspadanje* 방사성
붕괴; *~vno zagađenje* 방사능 오염
radioaktivnost (女) 방사능
radio-amater 아마추어 무선가, 햄
radio-aparat 라디오
radio-emisija 라디오 방송
radio-far 라디오 (신호) 전파, 무선 빔
radiofrekvencija 라디오 주파수
radiogram 무선 전보
radio-igra 라디오 드라마
radio-linija 무선 링크(결합)
radiologija 방사선학, 영상 의학 **radiološki**
(形)
radio-lokacija (비행기, 선박 등의 위치를 찾
아내는) 무선 측위(無線測位), 전파탐지법
radio-mehaničar 라디오 수리공
radionica 1. 작업장, 작업실 2. 워크샵, 연수회
radio-operator 무선 통신사
radio-prenos 라디오 방송, 라디오 중계
radioskopija x-선 투시, 뢴트겐 진찰(검사)
radio-smetnje (女,複) (전파 수신기, 라디오
등의) 잡음
radio-spiker 라디오 아나운서 **radio-**
spikerica, radio-spikerka
radio-stanica 라디오 방송국; *u ~i* 라디오 방
송국에서
radio-talas 전파
radio-tehnika 무선 기술
radio-terapija 방사선 치료
radio-veza 무선 결합(링크)
radirati *-am* (不完) **izradirati** *-am* (完) 1. (쓰여
진 것, 그려진 것 등을) 지우다 2. (보통 동
판에) 식각(蝕刻)하다, 에칭하다, 아로새기다;
radirani portret 에칭된 초상화
radist(a) 무선 송수신 전문가
radiša (男) 부지런히 일하는 사람, 근면 성실
한 사람 (pregalac); *~i i Bog pomaže* 스스
로 돕는자를 하늘도 돕는다; *u ~e svega*
više 열심히 일하는 사람은 점점 더 많이 갖
는다
raditi *-im; radî; rađen* (不完) 1. 일하다, 작업
하다, 노동하다; 근무하다; *~ u fabrici* 공장
에서 일하다; *~ kao učitelj* 선생으로 근무하
다; *šta on radi?* 그는 무슨 일을 하는가? (직
업); *~ nogama i rukama, ~ iz petnih žila* 온
힘을 다해 (열과 성을 다해) 일하다; *~ po*
učinku 성과급에 따라 일하다 2. (기계·기관
(器官) 등이) 움직이다, 작동하다, 잘 돌아가
다; *mašina (sat, motor) odlično radi* 기계

(시계, 엔진)는 잘 작동한다 3. (無人稱文으
로) (o kome, o čemu) ~에 관한 것이다; *o*
čemu se radi? 무엇에 관한 것이냐? (무슨
일이냐?); *u tom romanu se radi o ratu* 그
소설은 전쟁에 관한 것이다; *radi se o tome*
da nemamo novaca 문제는 우리가 돈이 없
다는 것이다; *radi se o glavi* 목숨에 관한 것
이다; *radi se o čijoj koži* 누구에 관한 것이
다 4. (일·행위 등을) 하다, 행하다; 수행하다,
이행하다; *šta radiš?* 요즘 뭐 해? (안부 인사
등으로) ; *on je to dobro uradio* 그는 그것을
잘 행했다; *~ gluposti* 어리석은 일을 행하다;
~ domaći zadatak 숙제를 하다; *~ jalov*
posao 아무 쓸모없는 일을 하다; *radi šta*
hoćeš 하고 싶은 일을 해라(네 마음대로 해);
ko zlo radi, zlo će proći 함정을 판 사람이
그 함정에 빠진다; *~ sve naopačke* 모든 것
을 엉터리로 일하다; *~ ispod žita* 몰래 (비
밀리에) 하다; *~ na parče* 실적(성과)에 따라
상을 받다; *~ po svojoj glavi, ~ na svoju*
ruku 자신의 자유의지에 따라 행하다; *~*
preko kolena (심사숙고하지 않고) 경솔하게
행하다; *~ uz nos* 어깃장나게 (일부러) ~의
뜻에 반해) 행하다 5. (zemlju, imanje) 경작
하다, (땅을) 갈다 (obrađivati); *radimo*
svoja imanja 우리는 우리들의 밭을 경작한
다 6. ~하려고 노력하다(시도하다), 애쓰다;
~하는 방향으로 자신의 활동방향을 맞추다
(truditi se, nastojati); *~ na okupljnju*
omladine 청년들을 모으려고 애쓰다; *~ na*
proširenju proizvodnje 생산을 확대하려고
노력하다; *~ za dobro naroda* 국민들에게 좋
은 방향으로 노력하다(활동하다) 7. 만들다,
제작하다, 생산하다; *~ oruđa od drveta* 나
무로 도구를 만들다; *~ koštane predmete*
뼈로 된 물건을 만들다 8. (口語) (nekoga)
속이다, 기만하다(obmanjivati, varati); *zar*
ne vidiš da te radi? 널 속이는 것이 보이지
않느냐? 9. 발효하다, 발효되고 있는 중이다;
vino radi 포도주가 발효중이다 10. ~ se
(nekome) (無人稱文) ~하고 싶다, 일하고 싶
은 의지(의사)가 있다; *nešto mi se danas ne*
radi 나는 오늘 일하고 싶은 마음이 없어
radkapna (타이어의) 휠 캡
radljiv *-a, -o* (形) 일하기 좋아하는, 부지런한,
성실한 (radan, vredan)
radnî *-â, -ô* (形) 1. 참조 rad; 일의; *~o odelo*
작업복; *~a disciplina* 작업 규칙; *~a soba*
작업실; *~a snaga* 노동력; *~ dan* 영업일 (주
중); *~o vreme* 영업 시간 2. (文法) 능동형
(태)의; *~ glagolski pridev* 능동 동형사; *~o*

stanje 능동형(태)

radnički *-ā, -ō* (形) 노동자의; ~ *pokret* 노동 운동; *~a klasa* 노동 계급; *~o odelo* 작업복; ~ *savet* 노동자 평의회; *~o samoupravljanje* 노동자 자주관리

radnik 노동자, 근로자; 육체 노동자; *fabrički* ~ 공장 노동자; *naučni* ~ 과학자, 학자; *fizički* ~ 육체 노동자; *sezonski* ~ 계절 노동자 **radnica**

radništvo (集合) 노동자, 노동자 계급

radnja 1. 가게, 상점 (dućan, prodavnica); *ići u ~u* 가게에 가다; *tražiti nešto po ~ama* 가게들을 돌아다니며 무엇인가를 찾다; *imati (držati) ~u* 가게를 소유하다(운영하다) 2. 행동, 행위 (akt, čin, pokret; postupak, delo); *refleksna* ~ 반사 행동; *instinktiva* ~ 본능적 행동; *ružna (prljava)* ~ 더러운 행동 3. (數) (보통 한정사 računska와 함께) 연산, 계산; *četiri računske ~e* 사칙연산 4. 저서, 논문 (rad); *objaviti svoju ~u* 자신의 논문을 발표하다 5. (소설·극·영화 등의) 구성, 플롯, 줄거리; *glavna* ~ 주요 플롯; ~ *romana* 소설의 줄거리 6. 사건, 행사, 발생(하는 현상) (događaj, zbivanje)

rado (副) 1. 기꺼이, 기쁘게, 응당히; ~ *slušati muziku* 즐겨 음악을 듣다; ~ *putovati* 즐겁게 여행하다; ~ *pomagati drugima* 기꺼이 다른 사람들을 돕다 2. 기타; ~ *se gledati* 서로 호감을 가지다, 서로 좋아하다

radosnica 1. 흥겨운 노래 2. (한정사적 용법으로) 기쁨, 흥겨움; *suze ~e* 기쁨의 눈물

radosno (副) 즐겁게, 흥겹게, 기쁘게

radost (女) *radosti & radošću* 기쁨, 즐거움, 환희; *on je van sebe od ~i* 그는 기뻐 제정신이 아니다; *opijen ~ošću* 즐거움에 취한; *to njoj čini* ~ 그것은 그녀에게 기쁨을 선사한다; *on ne zna šta će od ~i* 그는 기뻐 어찌할 줄 모른다; *male ~i* 사소한 기쁨; *životna* ~ 인생의 즐거움

radostan *-sna, -sno* (形) 1. 기뻐하는, 기쁨에 휩싸인, 즐거워하는; *biti* ~ 기뻐하다; ~ *čovek* 기뻐하는 사람 2. (누구에게) 기쁨을 주는, 기쁘게 하는, 즐거움을 주는, 즐겁게 하는; *~sna vest* 기쁜 소식

radovati *-dujem* (不完) **obradovati** (完) 1. 즐겁게 하다, 기쁘게 하다, 행복하게 하다; *mene raduje svaki njegov uspeh* 모든 그의 성공이 나를 기쁘게 한다 2. ~ *se* (nečemu) 즐거워하다, 기뻐하다; ~ *se nečijem uspehu* 누구의 성공에 기뻐하다; *radujemo se što ste došli* 당신이 와서 기쁩니다; *ona se*

raduje kad joj deca dobro uče 그녀는 자신의 아이들이 공부를 잘 할 때 즐거워한다; *đaci se raduju kraju školske godine* 학생들은 학년이 끝나가는 것을 기뻐한다

radoznalac *-alca* 호기심이 많은 사람 (znatiželjnik)

radoznalo (副) 참조 radoznao

radoznalost (女) 호기심

radoznao *-ala, -alo* (形) 호기심 많은, (ljubopitljiv, znatiželjan)

radža (男) (옛날 인도의) 왕, 영주

rađanje (동사파생 명사) rađati; ~ *deteta* 아이의 출산; ~ *sunca* 일출; *kontrola ~a* 산아제한

rađati (se) *-am (se)* (不完) 참조 roditi (se)

rađevina 1. 제품, 생산품, 수공예품 (proizvod, rad) 2. 재료, 원자재 (materijal, građa, sirovina) 3. (口語) (輕蔑) 기만, 사기 (obmana, podvala)

raf *-ovi* (벽에 설치된, 가게 등의) 선반, 시렁; (궤짝, 장롱 등의) 칸

rafal 1. (자동 화기의) 연속 사격; *mitraljeski* ~ 자동 소총의 연속적인 사격; *ispaliti* ~ 연속 사격을 하다 **rafalni** (形); *~a paljba* 연속 사격 2. (연속적인) 세찬 바람

rafija (植) 라피아 야자

rafinerija 정제 공장; (원유) 정유 공장, (설탕) 제당 공장, (구리) 제련 공장; ~ *nafte* 정유 공장; ~ *šećera* 제당 공장; ~ *bakra* 제련 공장

rafiniran *-rna, -rno* (形) 1. 참조 rafinirati; 정제된; ~ *šećer* 정제 설탕; *~rna nafta* 정제유 2. (비유적) 세련된, 고상한, 품위 있는

rafinirati *-am* (完,不完) (어떤 물질을) 정제하다, 불순물을 제거하다; ~ *naftu (šećer)* 원유(설탕)를 정제하다; ~ *nekoga* 누구를 세련되게 하다

raga (비쩍 마르고 쓸모 없는)말(馬), (늙은) 말

ragastov (나무로 만들어진) 창틀, 문틀

ragbi *-ija* (男) (스포츠) 럭비

ragbist(a), ragbijaš 럭비 선수

raglan 외투의 한 종류, 래글런 (어깨를 따로 달지 않고 깃에서 소매로 바로 이어지게 되어 있는)

ragu *-ua* (男) 라구(고기와 야채에 갖은 양념을 하여 끓인 음식)

rahitičan *-čna, -čno* (形) 구루병(佝僂病)의

rahitis (病理) 구루병

raj 1. (宗) 천국, 천당 **rajski** (形); *~a ptica* 극락조 2. 아름답고 살기 좋은 곳; 행복, 행복한 나날들 3. 기타; *batina je iz raja izašla*

R

1029

사랑의 매 (훈육 수단으로서의); *ni u ~u nisu svi sveci jednaki* 사람들 사이에서 차이는 항상 존재한다; *izgubljeni ~* 잃어버린 행복

raja 1. (歷) (터키 지배하의) 비무슬림 식민(植民); *~ u Bosni* 보스니아의 비무슬림 식민 2. (口語) 빈민, 가난한 백성, 가난한 사람

rajčica (植) 참조 paradajz; 토마토

rajetin (歷) 비무슬림 식민의 한 사람, 라야 (raja)에 속하는 사람

rajon (=rejon) 1. (시(市)의) 구(區) (opština) 2. (분리된·제한된) 지역, 구역 3. (軍) 병영, 막사

rajsferšlus 지퍼

rajskī *-ā, -ō* (形) 참조 raj

rak *-ovi & raci* 1. (動) 가재, 게; *napredovati kao ~* 뒷걸음질치다; *brz kao ~, spor kao ~* 매우 느린; *crven kao ~* (보통 흥분하여) 매우 붉은 **račiji, račji** (形) 2. (病理) 암; *~ u grlu* 인후암, *~ dojke* 유방암; *~ na plućima* 폐암; *ćelija ~a* 암세포 3. (Rak) (天文) 게자리, 거해궁(황도 십이궁의 넷째 자리)

raka 묘, 무덤 (grob)

raketa 1. 로케트, 미사일; *balistička ~* 탄도미사일; *sistem antibalističkih ~a* 탄도요격미사일 시스템; *~ zemlja-vazduh* 지대공 미사일; *~ srednjeg dometa* 중거리 미사일 **raketni** (形); *~ nosač* (우주선·미사일의) 추진 로켓; *~a rampa* 로켓 발사대; *~ motor* 로켓 엔진 2. (軍) 신호탄 3. 참조 reket; (테니스 등의) 라켓

raketla 신호탄, 조명탄

rakidžija (男) 1. 라키야(rakija)를 빗는 사람, 라키야 제조자 2. 라키야를 즐겨 마시는 사람, 라키야 애호가

rakidžinica 1. 라키야가 빗어지는 건물(곳) 2. 라키야를 마시거나 파는 선술집(가게)

rakija 라키야; *ljuta ~* 독한 라키야; *meka ~* 알콜 도수가 낮은 라키야 **rakijski** (形)

rakijaš 1. 라키야를 즐겨 마시는 사람 2. 라키야 판매자

rakijašnica 라키야를 팔거나 마시는 가게(여관)

rakijati *-am* (不完) 라키야를 마시다 (보통 많이, 자주)

rakijica (지대체) rakija

rakita (植) 고리버들 (버드나무의 한 종류)

rakitovina 고리버들 나무 (잘린)

rakljast *-a, -o* (形) 두갈래로 갈라진, 두갈래로 갈라진 가지의

rakljaš (鳥類) 솔개 (lunja)

raklje (女,複) 두 갈래(Y)로 갈라진 가지; 두

갈래로 갈라진 것

rakoliti se, rakoljiti se *-im se* (不完) (닭이) 꼬꼬댁거리다 (특히 알을 낳거나 병아리들을 이끌고 갈 때); *kokoši su čeprkale i rakolile se* 암탉들이 땅을 뒤적이면서 꼬꼬댁거렸다

rakov *-a, -o* (形) 참조 rak; 게의, 가재의

rakovica (動) 게 (rak)

rakun (動) 미국너구리

ralica 1. (=ralo) 나무 쟁기 (보통 황소에 매달아 밭을 가는) 2. (제설 트럭앞에 달려있어 눈을 치우는) 넓적한 판

ralo 1. 나무 쟁기 (plug) 2. (解) (코의) 서골 (鋤骨) (비중격(鼻中隔)의 대부분을 이루는 뼈)

ralje (女,複) 턱 (보통 커다란 동물의) (čeljust)

ram *-ovi* (나무·금속 등으로 된) 틀, 액자 (okvir)

ramadan, ramazan (宗) 라마단(회교력에서 제9월. 이 기간 중에는 일출에서 일몰까지 금식함)

rame *-ena* 1. (解) 어깨; *~ uz ~* 어깨를 맞대고, 함께; *bacati (se) kamena s ~ena* 투포환(돌) 던지기 시합을 하다; *baciti se konju na ~ena* 말을 올라 타다; *dati glavu s ~ena* 누구(무엇)를 위해 죽다(희생하다), 희생할 준비가 되어 있다; *dok mi je na ~enu glava* 내가 살아있는 동안; *nositi na ~enu glavu* 살다, 살아있다; *od ~ena (presuditi, odgovoriti)* 오래 생각하지 않고 (판단하다, 대답하다); *preko ~ena (pogledati, reći)* 무시하면서(경시하면서) (쳐다보다, 말하다); *slegnuti (slegati) ~enima* 어깨를 으쓱하다; *uvući glavu u ~ena* 풀이 죽다, 기죽다 (공격 등이 예상되어); *prebaciti kaput preko ~ena* 외투를 어깨에 걸치다; *nositi kofer na ~enu* 가방을 어깨에 둘러매고 가다; *na levo (na desno) ~!* (軍) 좌로(우로) 어깨 총 2. (軍) 대포의 장갑 (zaštitni oklop na topu)

ramenica 1. (解) (어깨와 맞닿는) 팔의 윗 부분 2. (바지의) 멜빵

ramenjača 1. (解) 어깨뼈, 견갑골 2. (服飾) 어깨받이, 숄더패드 3. 옷걸이 (vešalica)

rampa 1. (높이가 다른 두 도로·건물 등의 사이를 연결하는) 경사로, 램프; *silazna (uzlazna) ~* (고속도로 등의) 진출입로, 나들목 2. 램프 (화물 적재·항공기 탑승 등을 위한 경사면·경사 계단) 3. 차단기 (철도 건널목, 고속도로 진출입로에 설치된); *spustiti ~u* 차단기를 내리다 4. (軍) 발사대 (로켓, 미사일 등의); *~ za lansiranje raketa, raketna ~* 로켓 발사대 5. (극장) (무대 앞쪽

의) 각광(脚光) **6.** (계단의) 펜스, 난간
rampar (철도) 건널목 차단기를 운용하는 사람
ran *-a, -o* (形) 참조 rani
rana **1.** 상처, 부상; *naneti (preboleti) ~u* 부상을 입히다 (이겨내다); *teška (ljuta) ~* 중상; *živa ~* 아직 아물지 않은 상처; *metnuti (staviti) soli na živu ranu* 상처에 소금을 뿌리다; *otvorena ~* 개방창(開放創), 열린 상처; *~ bez prebola* 치료할 수 없는 상처; *smrtnosna ~* 치명상 **2.** (비유적) 정신적· 심리적 아픈 감정을 불러일으키는 상처 (슬픔· 모욕·두려움·공포·걱정 등의); *otvoriti staru ~u* 과거의 아픈 상처를 건드리다 **3.** (비유적) 어렵고 힘든 상태 (경제적·사회적) **4.** 나무 껍질에 난 상처 (수액·송진 등이 흘러나오는)
ranac *ranci & rančevi* (보통 군에서 사용하는) 배낭; 백팩(back pack)
ranar 상처 치료사 (vidar)
ranč *-evi* 목장, 가축 목장
rančer 목장주, 목축업자, 농부 (stočar, farmer)
randevu *-ua* (男) (보통 애정의) 약속된 만남, 데이트, 만남 장소; *zakazati nekome ~* 누구와 데이트를 약속하다
rang *-ovi* 랭킹, 계급, 계층, 등급, (사회적) 지위, 신분; *po ~u* 랭킹에 따라; *on je stručnjak prvog ~a* 그는 1급 전문가이다
rangirati *-am* **rangovati** *-gujem* (完,不完) 순위를 정하다, 등급을 매기다; 나란히 세우다, 정렬시키다
rang-lista (보통 스포츠의) 순위표, 랭킹 리스트
ranī *-ā, -ō* (形) **1.** (어떤 기간·사건 등의) 초 (창)기의, 이른, 조기의; *u ~u jesen* 이른 가을에 **2.** (보통·예상·계획보다) 빠른, 이른; *krenuli su ~im jutrom* 그들은 이른 아침에 떠났다; *stići ~im vozom* 이른 기차로 도착하다; *~a smrt* 이른 죽음
ranica (지소체) rana; 조그마한 상처
ranica (종종 한정사적 용법으로) 조생종 (과일·곡물 등의)
ranije (副) (rano의 비교급) 일찍이, 이전에; *dođite ~* 좀 일찍 오세요; *~ smo se lepo slagali* 이전에는 우리가 잘 화합을 했다; *ova se ulica ~ drukčije zvala* 이 거리는 이전에는 다른 이름으로 불리웠다
ranijī *-ā, -ē* (形) **1.** (비교급) rani; *~ voz* 이른 기차 **2.** 이전의, 과거의 (prošli, pređašnji); *~ vlasnik* 이전 소유주
ranilac, ranoranilac 일찍 일어나는 사람
ranilist (植) 스타치스, 베토니

raniti *-im* (完) **ranjavati** *-am* (不完) **1.** 부상을 입히다, 상처를 내다; *~ nekoga u nogu* 누구의 다리에 부상을 입히다; *~ nožem* 칼로 부상을 입히다 **2.** *~ se* 부상을 입다; 자해하다; *~ se sekirom* 도끼로 자해하다
raniti *-im* (不完) **poraniti** (完) **1.** 일찍 일어나다, 일찍 떠나다 (직장에, 길을); *seljaci leti rane* 농부들은 여르에 일찍 일어난다 **2.** 기타; *ko rano rani, dve sreće grabi* 일찍 시작하는 사람이 성공한다(많은 것을 얻을 수 있다)
ranka 조생종 과일; 빨리 익은 과일
ranljiv *-a, -o* (形) (=ranjiv) 상처받기 쉬운, 상처받을 수 있는 (povredljiv)
rano (副) **1.** 아침 일찍이, 이른 새벽에; *probudim se ~, pre zore* 나는 동트기 전 이른 새벽에 잠에서 깼다 **2.** 초기에; *~ uveće* 이른 저녁에; *~ u proleće* 초봄 **3.** (정해진 시간보다, 평상시보다) 일찍이; *ustati ~* 일찍 일어서다; *~ doći* 일찍 도착하다; *još je ~* 아직 이르다 **4.** 인생의 초기에 (유년기에, 청소년기에)
ranoranilac 참조 ranilac; 일찍 일어나는 사람
ranžirati *-am* (完,不完) **1.** 배열하다, 배치하다, 정렬시키다 (rasporediti, razmestiti) **2.** (鐵道) (차량을) 다른 선로로 바꾸다; *~ vagone* 객차의 선로를 바꾸다
ranžirnī *-ā, -ō* (形); *~a stanica* (鐵道) 조차장 (操車場)
ranžir-žica (電機) (회로의 절단부를 연결하는) 도선, 점퍼
ranjav *-a, -o* (形) 상처가 많은, 상처투성이인
ranjavati *-am* (不完) 참조 raniti
ranjenica **1.** 참조 ranjenik; (여자)부상자 **2.** (植) 잎을 상처용 약으로 쓰는 약초, (특히) 꿀풀과(科)의 석잠풀
ranjenik **1.** 부상자, 부상당한 사람 **2.** 참조 ranilist
ranjiv *-a, -o* (形) (=ranljiv) **1.** 상처받기 쉬운, 상처받을 수 있는; *~o mesto* 상처나기 쉬운 곳 **2.** (비유적) 민감한 (osetljiv); *~ na grdnje* 질책에 민감한
raonik (쟁기의) 보습, 쟁기날 (lemeš)
rapav *-a, -o* (形) 참조 hrapav
rapidan *-dna, -dno* (形) (속도가) 빠른, 급속한 (brz, nagao); *~ rast cena* 가격 급상승
rapir (남), **rapira** (女) **1.** 레이피어((펜싱 연습용의) 가볍고 가느다란 찌르는 칼) **2.** (廢語) 양날의 칼
raport 보고, 보고서; *javiti se na ~* (軍) 보고하다; *primiti ~ komandanta bataljona* 대대

장의 보고를 받다; *podneti* ~ 보고서를 제출하다

raportirati *-am* (完,不完) 보고하다, 보고서를 제출하다; ~ *pukovniku* 대령에게 보고하다; ~ *komšiji šta se desilo* 무슨 일이 일어났는지 이웃에게 알리다

rapsod (고대 그리스의) 음유(吟遊) 시인, 서사시 낭송자

rapsodičan *-čna, -čno* (形) 서사시의, 서사시풍의

rapsodija 1. (고대 그리스의) 서사시 2. (音樂) 광시곡, 광상곡, 랩소디; *Bramsova* ~ 브람스 광시곡; *Dvoržakova* ~ 드보르작 광시곡; *madžarska* ~ 헝가리 광시곡

raritet 희귀한 것(물품), 진귀한 것(물품); 희귀성; *Britanski muzej voli* ~*e i dobro ih plaća* 대영박물관은 희귀한 물품을 좋아하여 그것들을 고가에 매입한다

rarog (動) (유럽의) 바닷가재 (jastog)

ras- (接頭辭) 참조 raz-

rasa 1. 인종, 인류; *žuta(bela, crna)* ~ 황인종(백인종, 흑인종); *ljudske* ~*e* 인류 **rasni** (形); ~*a diskriminacija* 인종 차별 2. 민족, 국민 (narod) 3. 씨족, 혈족, 일족; 가계, 혈통; *on je druge* ~*e* 그는 다른 혈족의 사람이다; *čiste* ~*e* 순혈통; *ukrštanje* ~ 혈통의 혼혈; *konj od* ~*e* 순혈의 말 4. 특성, 특징, 특질

rasa (성직자·수도승의) 상의(上衣)

rasad (男) **rasada** (女) 묘목, 모종 (특히 야채의) (sadnica); *kupusni* ~ 양배추 모종; ~ *paradajza* 토마토 모종

rasadište 참조 rasadnik; 묘목장, 온상

rasaditi *-im*; *rasađen* (完) **rasađivati** *-đujem* (不完) (식물을 묘목장·온상 등에서 다른 곳으로) 옮겨 심다, 이식하다

rasadnik 1. 묘목장, 온상; *voćni* ~ 과수 묘목장; *lozni* ~ 포도 묘목장 2. (비유적) (소문·질병 등이 퍼져 나가는) 온상; ~ *bolesti* 질병의 온상 3. (비유적) (새로운 사상·아이디어 등의) 전파자 (보통 문화·과학 분야에서의); ~ *zapadne civilizacije* 서구문명의 전파자

rasađivati *-đujem* (不完) 참조 rasaditi

rasan *-sna, -sno* (形) 1. (한정형으로) 인종의; ~*sna teorija* 인종 이론; ~*sna mržnja* 인종 혐오; ~*a diskriminacija* 인종 차별 2. (동물이) 순혈의, 순종의; ~ *konj* 순혈의 말(馬); ~*sna stoka* 순종 소 3. (사람이) 잘생긴, 눈에 띄는, 훤칠한; ~ *momak* 잘생긴 청년

rasaniti *-im* (完) 1. 잠에서 깨우다; ~ *nekoga* 누구를 잠에서 깨우다; ~ *decu umivanjem*

세수로 아이들을 깨우다; ~ *pričom* 이야기하여 깨우다 2. ~ se 잠에서 깨다, 잠에서 깨어나 정신을 차리다

rasap *raspa & rasapa* 몰락, 붕괴, 허물어짐, 무너짐 (rasulo, propadanje, raspad)

rascep 1. 틈, 균열이 간 곳, 갈라진 곳 (pukotina, usek); ~ *na zavesi* 커튼의 찢어진 곳; ~ *na drvetu* 나무의 갈라진 곳 2. 분열; ~ *u stranci* 당의 분열; ~ *u rukovodstvu* 지도부의 균열

rascepati *-am*, **rascepiti** *-im*; *rascepljen* (完) **rascepljivati** *-ljujem* (不完) 1. 찢다, 갈기 갈기 찢다; ~ *pismo* 편지를 찢다; ~ *haljinu* 드레스를 찢다 2. 쪼개다, 나누다, 분열하다; ~ *drvo* 나무를 패다 3. ~ se 찢기다, 쪼개지다; *u stranci su se rascepali* 당은 찢어졌다(분열되었다)

rascepkanost (女) 분열, 파벌, 파벌주의

rascepkati *-am* (完) 갈기 갈기 찢다; ~ *partiju* 당(黨)을 갈기 갈기 찢다

rascepljen *-a, -o* (形) 참조 rascepiti; 갈라진, 찢긴; ~*o kopito* 갈라진 발굽

rascopati *-am* (完) 세게 쳐서 박살내다 (부수다); ~ *nekome glavu* 누구의 머리통을 박살내다; *glavu ću mu* ~ 그의 머리통을 박살내놓꺼야

rascvasti (se) *rascvatem (se)* (完) 꽃이 피다, 꽃이 만개하다, 꽃이 활짝 피다 (rascvetati se); *rascvetala se šuma* 숲에 꽃이 만발했다

rascvetan *-tna, -tno*, **rascvetali** *-a, -o* (形) 꽃이 핀, 꽃이 활짝 핀, 꽃이 만발한

rascvetati se *-am se* (完) **rascvetavati se** *-am se* (不完) 1. 꽃이 피다, 꽃이 만발하다, 꽃이 활짝 피다 2. (비유적) (사업 등이) 번창하다, 활짝 피다; *rascvetala (se) i žarila od radosti* 기쁨에 얼굴이 환해지고 빛났다

raseći *rasečem, raseku*; *rasekao, -kla*; *rasečen, -ena* (完) **rasecati** *-am* (不完) 1. (칼 등 날카로운 것으로) 자르다, 베다; ~ *hleb* 빵을 자르다; ~ *glavu* 목을 베다 2. (날카로운 도구로) 베어내다, 잘라내다, 오려내다 (책에서 책장 등을); ~ *listove časopisa* 잡지의 책장을 베어내다 3. 세금 등을 매기다 4. ~ se (자신의 몸을 칼 등으로) 긋다, 자상(自傷)을 내다; ~ *se po ruci* 팔에 자상을 내다, 팔목을 긋다

rasedlati *-am* (完) **rasedlavati** *-am* (不完) (말 등에서) 안장(sedlo)을 벗기다; ~ *konja* 말에서 안장을 벗겨내다

rasejan *-a, -o* (形) 1. 참조 rasejeati (se); 유

포된, 퍼진, 흩뿌려진 2. (자신의 일·연설·생각 등에) 정신을 집중할 수 없는, 딴 데 정신이 팔린, 건성인; ~*i profesor* 건성인 교수

rasejanac *-nca* 딴 데 정신이 팔린 사람, 건성인 사람

rasejanost (女) 딴 데 정신이 팔림, 건성

rasejati *-em* (完) **rasejavati** *-am* 1. 흩뿌리다, 뿌리다, 퍼트리다 (rasturiti); ~ *seme* 씨를 뿌리다; *rasejane kuće po brdima* 언덕에 산개한 집들; *rasejani grobovi vojnika* 여기저기 흩어져 있는 병사들의 무덤 2. (시간·돈 등을) 낭비하다, 허투로 쓰다; ~ *novac* 돈을 낭비하다 (rasuti, razbacati) 3. (근심·걱정 등을) 내떨치다, 털어내다, 쫓아내다; 즐겁게 하다, 기분좋게 하다 4. ~ se 사방으로 흩어지다; *rasejala se omladina po Evropi* 청년들은 유럽 여러 곳에 흩어졌다

raselina (지면·바위 등의) 갈라진 틈 (rased)

raseliti *-im; raseljen* (完) **raseljavati** *-am* (不完) 1. (사람들을 살던 곳에서 다른 곳으로) 대피시키다, 소개(疏開)시키다; ~ *stanovništvo* 주민들을 소개시키다; *raseljeno lice* 난민, 피난민 2. ~ se 사방으로 이주하다; ~ *se po celom svetu* 전세계로 흩어져 이주하다

rasesti se *rasede se* & *rasedne se* (完) **rasedati se** *raseda se* (땅이) 꺼지다, 갈라지다; *rasela se zemlja* 땅이 꺼졌다(갈라졌다)

rasformirati *-am* (完) 1. (기관·조직 등을) 해체시키다, 해산시키다; ~ *preduzeće* 회사를 해체하다 2. ~ se 해산되다, 해체되다

rashladiti *-im; rashlađen* (完) **rashlađivati** *-đujem* (不完) 1. 식히다, 차갑게 하다, 냉각시키다, 시원하게 하다; ~ *piće* 술을 차갑게 하다; ~ *sobu* 방을 시원하게 하다; *vreme se rashladilo* 날씨가 서늘해졌다 2. (비유적) (흥분 등을) 가라앉히다, 누그려뜨리다 (관심·흥미 등을) 떨어뜨리다; ~ *zanos* 흥분(열광)을 가라앉히다; ~ *želju za nečim* 무엇에 대한 소망을 누그려뜨리다

rashladnī *-ā, -ō* (形) 식히는, 차갑게 하는, 시원하게 하는; ~ *uređaj* 냉장(냉방·냉각) 장치; ~*a moć* 냉장(냉각) 능력

rashlađen *-a, -o* (形) 참조 rashladiti

rashlađivati *-đujem* (不完) 참조 rashladiti

rashod 지출, 비용, 경비 (izdatak, trošak); *nije dobro znao ni koliki mu je prihod, ni koliki* ~ 그는 자신의 수입과 지출이 얼마나 되는지조차 몰랐다

rashodovati *-dujem* (完) 1. (오랜 사용으로) 폐품처리하다, 폐기하다, (못쓰게 되어) 버리

다; ~ *pet pisaćih mašina u preduzeću* 회사의 타자기 다섯 대를 폐기처분하다 2. 비용처리하다, (장부에서) 지우다, 폐기처분하다 3. (군인을) 예비역으로 편입시키다, 전역시키다, 예편시키다; *oficiri rashodovani od kralja Milana vraćeni su ponovo u službu* 밀란왕에 의해 쫓겨난 장교들은 다시 업무에 복귀되었다

rasiniti *-im* (完) (아들의 권리를) 박탈시키다; (아들과) 의절하다, 절연하다, 인연을 끊다; *što žališ tu prokletu zemlju koja te je rasinila?* 너를 저버린 그 망할놈의 나라를 왜 그렇게 안타까워하느냐?

rasipač 참조 rasipnik; 돈을 흥청망청 낭비하는 사람

rasipan *-pna, -pno* (形) 1. (돈·재산 등을) 낭비하는 2. (숙어로) ~*pno sočivo* 발산 렌즈, 분산 렌즈

rasipati *-am* & *-pljem* (不完) 참조 rasuti

rasipništvo (돈의) 낭비, 허비

rasipnik (돈·재산 등을) 흥청망청 낭비하는 사람 (raspikuća) **rasipnica; rasipnički** (形)

rasist(a) 인종주의자, 인종 차별주의자

rasistčkī *-ā, -ō* (形) 인종주의자의, 인종 차별주의자의

rasizam *-zma* 인종주의, 인종 차별주의

raskačkati *-am* (完) 1. (진흙을) 밟다; 진흙을 밟아 질게 만들다; ~ *blato* 진흙을 짓뭉개다 2. (음식이 뭉개지도록) 너무 오래 익히다(삶다), (음식을) 너무 오래 삶아 뭉개지게 하다; ~ *krompir* 감자가 뭉개지도록 오래 삶다

raskakotati *-ćem* (完) 1. (輕蔑) (장소를 불문하고) 지껄이다, 수다를 떨다; *ne smete pred njima reč reći – odmah raskakoću svuda* 그들 앞에서는 말 한마디도 해서는 안됩니다 – 즉시 사방으로 돌아다니며 지껄여댈 것입니다 2. ~ se 수다를 떨기 시작하다

raskalašan *-šna, -šno* (形) 1. 고삐 풀린, 제멋대로인; 점잖지 못한, 음탕한, 음란한 (말·언어 등이); *sva tamnica se ispuni smehom i* ~*šnim rečima* 모든 감옥은 음탕한 말과 웃음으로 넘쳐난다 2. 흥겨운, 즐거운, 기분좋은 (veseo, raspoložen)

raskalašiti *-im* (完) 1. 제멋대로 행동하게 하다, 방탕하게 만들다; ~ *decu lošim vaspitanjem* 잘못된 교육으로 아이들을 제멋대로 행동하게 만들다 2. ~ se 제멋대로 행동하다, 날뛰다, 방탕해지다; *vojska se raskalašila* 군대는 (통제를 받지않고) 제멋대로 날뛰었다

raskalašnik 제멋대로 행동하는 사람

raskaluđer 파계 수도승, 환속 수도승 (이전에 수도승이었던 사람으로 파계당하거나 스스로 환속한 사람)

raskaluđeriti -im (完) 1. 수도승에서 파계시키다, 수도승복을 벗기다; ~ nekoga 누구를 파계시키다; mi ćemo te raskaluđeriti pa venčati 너를 환속시켜 결혼을 시킬 것이다 2. ~ se 수도승복을 벗다, 수도승 생활을 그만하다

raskaljati -am (完) 1. 진창으로 만들다, 진흙 투성이로 만들다; plahe septembarske kišice raskaljale drumove 9월의 폭우는 길거리를 진흙투성이로 만들었다 2. ~ se 진창으로 변하다, 진흙투성이로 되다

raskid 1. (관계·접촉 등의) 중단, 단절; (계약 등의) 철회, 파기, 해지; ~ ugovora 계약의 파기; ~ sa crkvom 교회와의 단절 2. (病理) 탈장 (kila, bruh, hernija) 3. 기타; nisam s (od) ~a 나는 그것에 반대하지 않는다, 동의한다

raskidati -am (不完) 참조 raskinuti

raskidati -am (完) 1. 끊다, 찢다, 뜯다, 단절하다; ~ na komade 조각 조각 끊다 2. ~ se 끊어지다, 찢어지다 3. 기타; ~ se od smeha 많이 웃다; ~ se od tuge 많이 슬퍼하다

raskidljiv -a, -o 찢어질 수 있는, 뜯어질 수 있는, 떼어낼 수 있는; 쉽게 (찢어지는, 뜯어지는, 떼어지는)

raskinuti -em (完) raskidati -am (不完) 1. 찢다, 벗겨내다 (razdvojiti, raskomadati); ~ kožu 가죽을 벗기다; ~ kome srce 누구의 마음을 아프게 하다, 매우 슬프게 하다 2. (관계·연락 등을) 끊다, 중단하다; (계약 등을) 파기하다, 철회하다, 해지하다; ~ ugovor 계약을 파기하다; ~ prijateljstvo 우정관계를 중단하다; ~ s kim 누구와의 관계를 끊다; ~ sa životom 자살하다

raskišati se -a se, raskišiti se -i se (完) 비가 내리기 시작하다, 흐리고 비가 내리기 시작하다; popodne mu se raskišalo 오후에 비가 내리기 시작했다

raskivati -am (不完) 참조 raskovati

rasklapanje (동사파생 명사) rasklapati; sto (krevet) na ~ 접고 펴는 테이블(침대); divan na ~ 접고 펴는 소파

rasklapati -am (不完) 참조 rasklopiti

rasklimati -am, rasklimatati (完) 흔들리게 하다, 헐겁게 하다, 이완시키다 (razdrmati, rasklatiti); već su i vetrovi rasklimali šator moj 벌써 바람이 천막을 뒤흔들었다; ~ zub 이(齒)를 흔들리게 하다 2. ~ se 흔들리다, 이완되다, 느슨해지다

rasklopiti -im (完) rasklapati -am (不完) 1. 분해하다(보통 기계 등을); ~ motor (pušku) 엔진 (총)을 분해하다 2. (접힌 것, 닫힌 것 등을) 펴다, 펼치다, 열다; ~ kišobran 우산을 펼치다; ~ oči 눈을 뜨다

rasklopljiv -a, -o (形) 접고 펼 수 있는, 분해할 수 있는

raskmetiti -im (完) 봉건 영토를 박탈하다, kmet(봉건 영주, 마을 촌장, 대공)의 지위를 박탈하다

rasknežiti -im (完) knez(봉건 영주, 마을 촌장, 대공(大公))의 지위를 박탈하다

raskokati se -am se (完) (옥수수 알이) 불에서 빵하고 소리나다(터지다, 튀다); (불에서 옥수수 알이 튀듯이) 퍼지다, 확산되다

raskokodakati se -dačem se (完) 1. (닭이) 요란스럽게 꼬꼬댁거리기 시작하다, 요란스럽게 울기 시작하다 2. (비유적) 시끄럽게 수다를 떨기 시작하다

raskol 1. 분열 (rascep, razdor) 2. (宗) (歷) 동서교회의 분리(분열); (종파의) 분립

raskolačiti -im (完) (눈을) 크게 뜨다, 휘둥그레하게 뜨다; ~ oči 눈을 크게 뜨다

raskolina 틈, 균열, 갈라진 틈 (rascep)

raskolnik 교회 (종파) 분리론자; 배교자, 배신자 (odmetnik, otpadnik; šizmatik)
raskolnički (形)

raskomadati -am 1. 찢다, 갈기 갈기 찢다; ~ meso 고기를 몇 조각으로 나누다(썰다) 2. 나누다, 분할하다 (한 나라의 영토를 여러 지역으로); ~ carstvo 제국을 조각 조각 몇 개로 나누다 3. ~ se 찢어지다, 나뉘다

raskomotiti -im; raskomoćen (完) raskomoćivati -ćujem (不完) 1. 편안하게 하다, 상의를 벗겨 편하게 하다; ~ nekoga 누구를 편안하게 하다 2. ~ se (편안한 느낌이 들도록) 옷을 벗다 (보통 상의를); izvolite, raskomotite se 상의를 벗고 편안히 계세요 3. 자기 집에 있는 것처럼 편하게 있다(느끼다); ona nikako nije mogla da se oslobodi i raskomoti u njegovoj kući 그녀는 그의 집에서 결코 편하게 있을 수가 없었다

raskopati -am (完) raskopavati -am (不完) 1. 파다, (구멍을) 파내다; ~ grob (baštu) 무덤 (정원)을 파다; ~ kanal 운하를 파다 2. 파괴하다, 부수다 (razoriti, uništiti); ~ nečiju kuću 누구의 집을 부수다; ~ sreću (비유적) 행복을 파괴하다 3. 분해하다 (rasturiti, rastaviti na delove); ~ kola 자동차를 분해

하다; ~ *televizor* 텔레비전을 분해하다

raskopčati *-am* (完) **raskopčavati** *-am* (不完)
(단추 등을) 풀다, 끄르다, (의복을) 풀어 헤
치다; ~ *košulju* 셔츠의 단추를 풀다

raskoračiti (完) 1. 양 다리를 벌리다 2. ~ *se*
(보통 서있는 자세로) 양 다리를 벌리다, 양
다리를 벌리고 서있다; ~ *se nasred puta* 길
한가운데에서 양 다리를 벌리고 서있다 3. ~
se 시간상 멀어지다(지나가다, 흘러가다)

raskoračnī *-ā, -ō* (形) 다리를 벌린, 다리를 벌
린 자세의

raskorak 1. 다리를 벌린 자세 (서있는, 스포
츠 동작의) 2. (비유적) 불협화음, 불화, 부조
화; 격차, 차이, 갭; *raskorak između teorije
i prakse* 이론과 실제 사이의 차이(부조화);
~ *bogatih i siromašnih nacija* 부유한 나라
와 가난한 나라의 차이 3. 기타; *ići u* ~ 발
이 맞지 않다, 보조가 맞지 않다, 엇박자를
이루다; *doći u* ~ (의견 등이) 충돌하다

raskoš (女,男) 사치, 호화로움, 럭셔리 (luksuz)

raskošan *-šna, -šno* (形) 1. 호화로운, 럭셔리
한, 사치스런; ~*šna vila* 호화로운 빌라 2.
아름다운, 빼어난 (krasan, divan, bujan); ~
pogled 아름다운 경치 3. 매우 풍부한, 굉장
히 풍요로운; 육감적인, 관능적인, 풍만한;
~*šno telo* 풍만한 육체

raskovati *-kujem* (完) **raskivati** *-am* (不完) 1.
족쇄(okov)를 끄르다 (풀다); ~ *nekoga* 누구
를 풀어주다; ~ *okove* 족쇄를 풀어주다 2.
(금속을) 벼려 다른 것을 만들다; *prstene
sam tvoje raskovala* 네 반지를 다른 것으
로 만들었다 3. (비유적) (돈 등을) 비이성적
으로 소비하다, 낭비하다, 탕진하다 4. (말의)
편자를 제거하다(빼다); ~ *konja* 말의 편자
를 제거하다 5. ~ *se* (말이) 편자가 없다; (편
자가 풀어져) 느슨해지다, 헐렁거리다

raskralj 전왕, 선왕, 양위를 한 왕; 폐위된 왕,
쫓겨난 왕

raskraljiti *-im* (完) (왕을) 왕위에서 쫓아내다,
폐위시키다

raskraviti *-im; raskravljen* (完) (눈·얼음 등을)
녹이다, (몸 등을) 녹이다; *sunce je
raskravilo sneg* 햇볕이 눈을 녹였다; *sneg
se raskravio* 눈이 녹았다 2. (비유적) 기분
좋게 하다 (odobrovoljiti, raspoložiti); *lepa
vest ga raskravi* 기쁜 소식이 그를 기분 좋
게 한다 3. ~ *se* (눈·얼음 등이) 녹다, 녹아
내리다; *led se raskravio* 눈이 녹았다; *ušli
smo u kuću i raskravili se* 우리는 집안에
들어과 몸을 녹였다 4. (비유적) 기분이 좋아
지다, 분위기가 좋아지다; *društvo se*

raskravilo posle večere 저녁 식사후 모임
의 분위기가 좋아졌다

raskrčiti *-im* (完) 1. (숲·덤불 등을) 베어내 땅
을 깨끗이 하다 (iskrčiti); ~ *goru* 산의 나무
를 깨끗이 베어내다 2. 정리정돈하다, 깨끗
이 치우다 (srediti, raščistiti); ~ *sto* 책상을
깨끗이 치우다; ~ *podrum* 지하실을 깨끗이
치우다 3. (어려움·장애물·방해물 등을) 제거
하다, 없애다, 싹 쓸어버리다 (probiti,
prokrčiti); ~ *put* 깨끗이 싹 쓸어내고 길을
내다; ~ *put do uspeha* (비유적) 성공으로 인
도하는 길을 반듯이 내다

raskrčivati *-čujem* (不完) 참조 raskrčiti

raskrčmiti *-im* (完) (술 등을) 소매로 다 팔아
치우다

raskrečiti *-im* (完) 1. (다리·손가락 등을) 벌리
다 2. (눈을) 크게 뜨다, 동그랗게 뜨다

raskriliti *-im* (完) 1. (날개·팔 등을) 펼치다, 펴
다; ~ *krila* 날개를 펼치다; ~ *kišobran* 우산
을 펼치다 2. (문·창문 등을) 활짝 열다; ~
vrata 문을 활짝 열다; ~ *prozore* 창문을 활
짝 열다 3. (눈을) 크게 뜨다, 동그랗게 뜨다
4. ~ *se* 날개(krilo)를 펴다 5. ~ *se* 열리다

raskrinkati *-am* (完) **raskrinkavati** *-am* (不完)
가면(krinka)을 벗기다, ~의 진짜 모습을 보
여주다; (숨겨져 있는 것, 비도덕적인 것, 불
법적인 것 등을) 폭로하다, 드러내다; ~
zaveru 음모를 폭로하다

raskriti *-jem* (完) 1. (덮인 것을) 들춰내다, 노
출하다 (otkriti); ~ *grudi* 가슴을 노출시키다;
~ *zavese na prozoru* 창문의 커튼을 걷다 2.
(비유적) ~을 폭로하다, 공개하다
(obelodaniti, otkriti) 3. ~ *se* 노출되다, 들춰
지다; *haljina joj se raskrila* 그녀의 드레스
가 열렸다

raskrižiti *-im* (完) (조각으로) 자르다, 썰다
(razrezati, raseći na kriške, na komade); ~
jabuku 사과를 조각으로 자르다

raskrižje 참조 raskrsnica; 사거리

raskrsnica, raskršće 사거리; *na ~i* 사거리에
서

raskrstiti *-im; raskršten* (完) **raskršćavati** *-
am* (不完) 1. ~와 모든 관계를 단절하다;
tvrdo sam se odlučio da raskrstim s njom
그녀와의 모든 관계를 끊기로 확고히 결심했
다; ~ *s udruženjem* 친교를 중단하다 2. 헤
어지다, 작별하다 (rastaviti, odvojiti) 3. (비
유적) (꼬인 것 등을) 풀다, 해결하다
(razrešiti, rasplesti); *kad dođe do svađe,
on je raskrsti* 불화가 일어나면 그 사람이
불화를 해결한다

R

1035

raskršće 참조 raskrsnica; 사거리

raskrupnjati se *-am se* (=raskrupnati se) (完), raskrupnjavati se *-am se* (不完) 커지다, 거대해지다, 강해지다, 강건해지다, 뚱뚱해지다

raskrvariti, raskrvaviti *-im* (完) 1. 피(krv)를 흘리게 하다, 유혈이 낭자하게 하다, 피투성이가 되게 하다; ~ *nekoga* 누가 피를 흘리게 하다; *tukli ga po glavi, ošamutili, raskrvavili* 그들은 그의 머리를 때려 실신시키고 유혈이 낭자하게 만들었다 2. ~ se 피투성이가 되다, 유혈이 낭자해지다; *pao je i raskrvavio se* 넘어져 피투성이가 되었다

raskuća (男,女) 집안 재산을 탕진한 사람(여자) (raspikuća, rasipnik, rasipnica)

raskućiti *-im* (完) raskućavati *-am*, raskućivati *-ćujem* (不完) 집안을 망하게 하다, 집안 재산을 탕진하다; ~ *kuću* 집안 재산을 완전히 탕진하다

raskuhati *-am* (完) raskuhavati *-am* (不完) 참조 raskuvati

raskukati se *-am se* (完) 통곡하면서 울기 시작하다 (rasplakati se); ~ *na očevom grobu* 아버지 묘소에서 울기 시작하다

raskukurekati se *-čem se* (完) (장닭이) 요란스럽게 울기 시작하다

raskuvati *-am* (完) raskuvavati *-am* (不完) 너무 오랫동안 익히다, 너무 오랫동안 삶다 (음식이 흐물거릴 정도로)

raskuženje (동사파생 명사) raskužiti

raskužiti *-im* (完) 소독하다, 살균하다 (dezinfikovati)

raskvasiti *-im* (完) 1. (물 등으로) 축축히 적시다(담그다), 물을 흠뻑 머금게 하다 2. (빛·햇살 등이) 쏟아지다, 퍼붓다

raskvocati se *-am se* & *-čem se* (完) 1. (닭이) 꼬꼬댁거리기 시작하다 (알을 낳기 전에) 2. (비유적) 큰 소리로 말하다 (raspričati se)

raslojiti *-im* 1. 계층(sloj)으로 나누다; ~ *društvo* 사회를 계층으로 나누다 2. ~ se 계층으로 나뉘다; *društvo se raslojilo* 사회는 계층으로 나뉘었다

rasnī *-ā, -ō* (形) 참조 rasan; 인종의, 민족의

raso(l) *-ola* 소금물, 짠물 (kiseli kupus 등을 담아 놓는)

raspačati *-am* (完) raspačavati *-am* (不完) 1. 흩뿌리다, 살포하다; (구매자·중간상 등에게) 판매하다, 전부 팔다, 배분하다 (rasturiti, rasprodati); ~ *knmjige* 책을 판매하다 2. 제거하다, 없애다, 박멸하다 (ukloniti, uništiti)

raspad 부패, 부식; 붕괴, 분해, 분열, 와해

raspadanje (동사파생 명사) raspadati se

raspadati se *-am se* (不完) 참조 raspasti se

raspadljiv *-a, -o* (形) 쉽게 부식(분해, 와해)될 수 있는; ~*a kora* 쉽게 부식되는 껍질

raspakovati *-kujem* (完) (포장·짐 등을) 풀다, 열다, 끄르다; ~ *paket* 소포를 풀다; ~ *stvari iz kofera* 짐가방에서 짐을 푸르다

raspaliti *-im*; *raspaljen* (完) raspaljivati *-ljujem* (不完) 1. (불 등을) 지르다, 불 타오르다; ~ *vatru* 불을 지르다 2. 세게 치다, 때리다; *on raspali šamar mladiću* 그는 젊은이의 뺨을 세게 때렸다; ~ *nekoga po leđima* 누구의 등짝을 세게 때리다 3. (po čemu) (총 등을) 잽싸게 사격하다; (음식이나 술 등을) 정신없이 먹다, 게걸스럽게 먹다; ~ *po neprijateljskim vojnicima* 적군들에게 잽싸게 사격하기 시작하다; ~ *po pečenju i rakiji* 바베큐와 라키야를 허겁지겁 먹고 마시기 시작하다 4. (비유적) (감정·열망 등을) 자극하다, 고무하다, 불러 일으키다 (podstaći, razdražiti); ~ *mržnju (strasti)* 증오심 (정욕)을 불러 일으키다; *to je raspalilo mog oca* 그것이 우리 아버지를 굉장히 자극했다 5. 열정적으로 ~하기 시작하다 (말하기, 일하기, 노래하기 등의); ~ *pevati* 열정적으로 노래 부르기 시작하다 6. ~ se 불타오르다, 활활 타오르다 7. ~ se (비유적) 격노하다, 격앙하다 (razljutiti se); *otac se raspali i poče nas tući* 아버지는 매우 화가나셔서 우리를 때리기 시작한다 8. ~ se (보통 술기운 등에 힘입어) 기분이 매우 좋아지다; *raspališe se za kafanskim stolom* 카페에서 기분이 아주 좋아졌다

raspaljiv *-a, -o* (形) 쉽게 흥분하는, 걸핏하면 화를 내는, 화를 잘 내는

raspaljivati *-ljujem* (不完) 참조 raspaliti

raspar 1. (짝수가 아닌) 홀수 (nepar) 2. (形) (不變) 짝을 이루지 못한, 쌍(雙)이 안맞는 (rasparen)

rasparati *-am* (完) 1. (기워 붙인 것을) 뜯다, (옷 등의) 솔기를 풀다, 실밥을 뜯다; ~ *šav* 솔기를 트다; ~ *odelo* 옷의 솔기를 풀다 2. 찢다, 찢어지다; ~ *pantalone prelazeći preko ograde* 담장을 넘다가 바지를 찢어지게 하다; ~ *ruku* 손의 피부가 찢어지다 3. (조각으로) 자르다, 잘라내다 (rasporiti, raseći, razrezati) 4. ~ se (옷 등이) 찢어지다, (솔기가) 터지다

rasparčati *-am* (完) 1. (여러 부분, 조각으로) 나누다, 분리하다, 가르다; 산산 조각내다 (raskomadati, razdrobiti); *govori o nameri*

Austrije da potpuno Srbiju rasparča 세르비아를 완전히 조각 조각 분할하려는 오스트리아의 의도에 관한 연설들 **2.** ~ se 조각 조각으로 나뉘다(분리되다), 산산조각 나다; *zemlja se rasparčala* 국가는 산산조각 났다

rasparen *-a, -o* (形) 참조 raspariti; *~e šolje* 짝이 안맞는 컵들; *~e čarape* 쌍이 안맞는 양말

raspariti *-im* (完) **rasparivati** *-rujem* (不完) **1.** (쌍을 이루는 물건들이) 쌍을 이루지 못하게 하다, 짝짝이가 되게 하다; ~ *čarape* 짝짝이 양말이 되게 하다; ~ *cipele* 짝짝이 구두로 만들다 **2.** 나누다, 분리하다, 헤어지게 하다 (razdvojiti, rastaviti); ~ *dvoje zaljubljenih* 두 연인들을 헤어지게 하다 **3.** ~ se 짝짝이가 되다 (짝을 이루는 물건 등이)

raspasati *-šem* (完) **1.** ~의 혁띠를 풀다(끄르다); (말의) 안장을 벗기다; ~ *dete* 아이의 허리띠를 끄르다 **2.** 허리에 찬 무기를 풀다(끄르다); ~ *revolver* 허리에 찬 권총을 끄르다 **3.** (비유적) 저항하지 못하게 하다, 약화시키다, 부드러워지게 하다; *godine ga raspasale* 나이가 그를 부드러워지게 했다 **4.** ~ se 허리띠를 풀다 **5.** ~ se 긴장이 풀리다, 편해지다; *sve se raspasalo na izletu* 모두가 야유회에서 긴장이 풀리고 편안해졌다 **6.** ~ se 혼란한 상태가 되다, 질서유지가 되지 않다; *u društvu se sve raspasalo* 사회의 모든 것이 혼란해졌다

raspasti *raspadnem; raspao, -ala; raspadnut* (完) **1.** 썩게 하다, 부패시키다; 붕괴시키다, 무너지게 하다, 와해시키다 **2.** ~ se 분해되다, 부패하다, 썩다; 낡아 떨어지다, 떨어져 나가다; 붕괴되다, 허물어지다, 무너지다; 망가지다; *motor se raspao* 엔진이 다 망가졌다 *leš se raspao* 시체가 부패되었다; *ta se zemlja raspada* 그 나라는 망해하고 있다; *plakata je kao da će* ~ 벽보가 떨어질 것만 같다; *cipele mu se raspale* 그의 신발이 떨어졌다

raspečatiti *-im* (完) **raspečaćivati** *-ćujem* (不完) (봉인한 것을) 열다, 개봉하다, 봉인을 해제하다; ~ *pismo* 편지를 개봉하다

raspečiti *-im* (完) **1.** (다리 등을) 벌리다, 펼치다 **2.** (눈·입 등을) 크게 뜨다, 크게 벌리다 **3.** 제멋대로 하게 하다 (razmaziti); ~ *dete* 아이를 응석받이로 키우다

raspeće 1. 십자가에 매달아 죽이는 것 **2.** (예수가 못 박혀 있는) 십자가상, (예수가 십자가에 못 박혀 있는) 그림; *slika ~a Hristovog* 예수의 십자가상 그림

raspekmeziti se *-im se* (完) **1.** 과도하게 감성적이 되다; 행복한(온화한) 표정을 짓다; *lice mu se sve raspekmezilo od milja* 그의 얼굴은 점점 더 반가움에 행복한 표정을 띠었다 **2.** 병자처럼 행동하다; 허약함(유약함)을 보여주다(나타내다); *žena se raspekmezila pred mužom* 아내는 남편 앞에서 유약하게 행동했다

raspelo 참조 raspeće

raspeti *raspnem; raspeo, -ela; raspet* (完) **raspinjati** *-em* (不完) **1.** 십자가에 못박다; ~ *na krst* 십자가에 매달아 죽이다 **2.** (천막 등을) 치다, 설치하다; *krajem druma raspeo šatora* 길 끝에 천막을 쳤다 **3.** (돛을) 올리다, 펼치다; ~ *jedra* 돛을 올리다 **4.** (단추를) 풀다, 끄르다 **5.** (不完만) 괴롭히다, 못살게 굴다 (mučiti, razdirati); *njega raspinje sumnje* 의심이 그를 괴롭혔다; *raspinje me neizvesnost* 불확실성이 나를 괴롭힌다

raspetljati *-am* (完) **1.** (끈·매듭 등을) 풀다, 끄르다 (razmrsiti); ~ *čvor* 매듭을 풀다 **2.** (어려움·곤란 등에서) 벗어나게 하다, 구원하다 **3.** (불명확한 것을) 해결하다 (rešiti); ~ *problem* 문제를 해결하다 **4.** (단추를) 풀다, 끄르다 **5.** ~ se 풀리다 (razvezati se) **6.** ~ se 빠져 나오다(어려운 상황 등으로부터); *jedva se raspetljao iz tih problema* 그러한 문제들로부터 겨우 빠져 나왔다

raspevan *-a, -o* (形) **1.** 참조 raspevati (se) **2.** 유쾌한, 즐거운, 흥겨운, 기분 좋은 (veseo, vedar); *~a devojka* 기분 좋은 아가씨 **3.** (목소리가) 노래를 부르는 듯한 **4.** 시적 영감이 가득한

raspevati *-am* (完) **1.** 노래가 저절로 나올 정도로 기분을 북돋우다, 기분을 좋게 만들다; ~ *ceo razred* 반 전체를 기분 좋게 만들다 **2.** ~ se 완전히 노래에 심취하다

raspikuća (男,女) (집안의 재산을 거덜낼 정도로) 낭비가 심한 사람(여자) (rasipnik, rasipnica)

raspikućstvo 낭비

raspilaviti *-im* (完) **1.** 이야기하는데 열중하다, 열심히 이야기하다; *otac raspilavio od Adama i Eve* 아버지는 아담과 이브 이야기를 정신없이 했다 **2.** ~ se 자기 집처럼 편안히 있다(느끼다), (상의를 벗고) 편안하게 있다 (raskomotiti se); *uvukao se u njenu kuću, pa se raspilavio kao da je domaćin* 그는 그녀의 집에 들어가서는 마치 집주인인 것 처럼 편안히 있었다 **3.** ~ se (만족감·행복감 등으로) 얼굴이 훤하게 빛나다; *sav se* raspilavio kad je video poklone 선물을 봤을 때 행복감으로 환해졌다; ~ se od sreće 행복감에 얼굴이 환해지다

raspiliti -im (完) 톱(pila)으로 자르다, 톱질하다

raspinjati -em (不完) 1. 참조 raspeti 2. 괴롭히다, 못살게 굴다 (mučiti, razdirati); raspinje ga osećanje nepravde 불공정하다는 느낌이 그를 괴롭히다

raspiriti -im (完) **raspirivati** -rujem (不完) 1. 훅훅 불면서 불을 지피다 2. (비유적) 선동하다, 불러 일으키다; nije mu bilo teško da narodno nezadovoljstvo raspiri u pravi ustanak 민중들의 불만을 봉기로 선동하는 것은 그에게 그리 어려운 일은 아니었다

raspis 1. (行) (산하 기관에 내려 보내는) 회람, 공람 (okružnica, cirkular); ~ svim policijskim stanicama 모든 경찰서에 보내는 회람 2. (廢語) 공고, 알림; (공개)경쟁 (objava, oglas; konkurs)

raspisati -šem (完) **raspisivati** -sujem (不完) 1. 회람(raspis)을 발송하다, 공람을 보내다; ~ svim starešinama da dođu 모든 (기관)장들에게 오도록 회람을 발송하다 2. 공고하다, 포고하다, 고지하다, 발표하다; ~ izbore 선거를 공고하다; ~ konkurs 콩쿠르를 발표하다; ~ poternicu 체포영장을 발부하다; ~ nagradu 사례금(보상금, 현상금)을 걸다 3. ~ se (대량으로) 쓰기 시작하다, (여러 곳에) 쓰기 시작하다; kritičar se raspisao po svim novinama 비평가는 모든 신문에 쓰기 시작했다

raspištoljiti se -im se (完) 느긋하게 쉬다, 편안하게 휴식을 취하다; raspištoljio se na stolici kao dahija 마치 다히야(예니체리 수장)처럼 의자에 앉아 느긋하게 쉬고 있었다

raspitati -am (完) **raspitivati** -tujem (不完) 1. (koga) 질문하다, 묻다, ~에게 여러가지 질문을 하다, 심문하여 알아내다; raspita dečka o drugim stvarima 다른 문제에 대해 소년에게 질문하다 2. 참조 raspitati se 3. ~ se 탐문하다, 질문을 통해 알아내다; raspitivao se da dozna pravu istinu 진짜 사실을 알고있는지 탐문했다

rasplakati -čem (完) 1. ~ nekoga 울게 만들다, 울게 하다 2. ~ se (갑자기) 울음을 터트리다

rasplamsati -am, **rasplamteti** -im (完) **rasplamsavati** -am (不完) 1. 불이 활활 타오르도록 불을 돋우다 (raspaliti, podjariti); ~ vatru 불을 돋우다 2. (비유적) (감정·열망·욕망 등에) 강렬한 동기를 부여하다, 활활 타

오르도록 하다; mržnja na Austriju... rasplamsala je ... osećaj solidarnosti 오스트리아에 대한 증오심은 일체감이 타오르도록 했다 3. ~ se (불이) 활활 타오르다, 활활 타오르기 시작하다 4. ~ se (비유적) 확산되다, 발전하다, 한창 진행되다 (raširiti se, razbiti se, uzeti maha); rasplamsaju se žestoke borbe 격렬한 전투가 확산되었다

rasplašiti -im (完) 1. 겁먹게 하다, 놀라게 하다, 겁을 주어 ~에서 쫓아내다; ~ ovce 양을 겁먹게 하여 쫓아내다 2. ~ se 겁먹다, 놀라다, 놀라 도망치다; ptice se rasplašiše 새들이 놀라 도망갔다

rasplesti rascpletem; raspleo, -ela; raspleten, -ena (完) **raspletati**, **rasplitati** -ćem (不完) 1. (꼰 것, 짠 것 등을) 풀다, 끄르다; ~ kike (punđu) 딴 머리 (쪽)를 풀다 2. (뜨개질한 것, 엉클어진 것, 매듭 등을) 풀다; ~ vunu 울을 풀다 3. (곤란·어려움 등을) 해결하다; (불분명한 것을) 명확히 하다; ~ zločin 범죄를 해결하다; ~ tajnu 비밀을 풀다

rasplet 1. (어려운 것등의) 해결,; (사건 등의) 대단원, 결과, 결말; ~ događaja 사건의 결말; ~ problema 문제의 해결 2. (연극·소설 등의) 대단원, 결말; dramski ~ 드라마의 결말

raspletati -ćem (不完) 참조 rasplesti

rasplinuti -nem (完) **rasplinjavati** -am (不完) 1. 퍼트리다, 확산시키다, 펼치다 (rasuti, rasprostreti, raširiti); ~ miris nečega ~의 냄새를 퍼뜨리다 2. 흩어지게 하다, 산개시키다; ~ neprijatne slike događaja 사건의 좋지 않은 면을 흩어지게 하다(없어지게 하다) 3. ~ se 퍼지다, 확산되다, 펼쳐지다 (razliti se, rasprostreti se, rasuti se); po svemiru se mir rasplinuo 평화가 전 우주로 퍼져 나갔다 4. ~ se 녹다, 눈녹듯 사라지다 (없어지다); sneg će se rasplinuti tek posle 눈은 한참 후에나 녹아 사라질 것이다; rasplinule su se sve njene nade 그녀의 모든 희망은 (눈녹듯) 사라졌다; novac se prosto rasplinuo 돈은 (어디에 썼는지도 모르게) 다 사라졌다 5. ~ se (od sreće, od miline) (행복감 등으로) 얼굴에 온화한 모습을 띠다 6. ~ se u pisanju (u govoru) (집필·말에) 완전히 몰두하다, 완전히 빠져들다

rasplitati -ćem (不完) 참조 rasplesti

rasplod (동·식물의) 번식, 증식 (množenje, rasplođavanje) **rasplodni** (形)

rasploditi -im; rasplođen (完) **rasplođavati** -am (不完) (소·말 등을) 기르다, 사육하다;

(동물·식물 등을) 번식시키다

rasplodnī *-ā, -ō* (形) 참조 rasplod; 번식의; ~*a stoka* 종축(種畜); ~*a stanica* 종축장; *ostaviti za* ~ 종축(종묘)용으로 남겨놓다

rasplođavanje (동사파생 명사) rasplođavati

rasplođavati *-am* (不完) 참조 rasploditi

raspljeskati *-am* & *-ešćem* (完) 1. 철썩쳐서 펴다 (넓히다); ~ *testo* 밀가루 반죽을 철썩 때리면서 넓히다 2. ~ *se* 넓어지다, 펴지다, 평평해지다 (raširiti se, spljoštiti se) 3. ~ *se* 박수를 치다, 박수로 환영하다(승인하다); *raspljeskao se ceo razred* 반 전체가 박수로 환영했다

raspodela 1. 나눔, 분배 (podela, deoba); (經) 분배; ~ *namirnica* 식료품 분배; ~ *dobara* 자산 분배; ~ *dohotka* 수입 분배; ~ *prema radu* 일에 따른 분배 2. 배치, 배열 (raspored, razmeštaj)

raspodeliti *-im* (完) **raspodeljivati** *-ljujem* (不完) 나누다, 분배하다; 배치하다, 배열하다; ~ *hranu* 음식을 나누다; ~ *đake po uspehu* 성적에 따라 학생들을 나누다; ~ *trupe* 부대를 배치하다

raspojasan *-a, -o* (形) 1. 참조 raspojasati se 2. 자유분방한, 고삐풀린, 제멋대로인, 마구 날뛰는, 통제받지 않은 (razuzdan, neubuzdan, nekontrolisan)

raspojasati se *-am se*, **raspojasiti se** *-im se* (完) 1. (자신의 몸에서) 허리띠를 풀다, 혁띠를 벗다 2. (비유적) 자유를 만끽하다, 고삐가 풀리다, 제멋대로 행동하다, 통제를 받지 않다; *omladina se raspojasala* 젊은이들은 제멋대로 행동했다

raspolaganje 1. (동사파생 명사) raspolagati; 소유, 처분권, 지배권 2. 기타; *biti (stajati) na* ~*u, stavljati se na* ~ *(nekome)* 누구를 도와줄 준비가 되어 있다; *staviti (dati) nekome nešto na* ~ 누구에게 처분권(처리권)을 주다; ~ *državnom imovinom* 국가 재산의 처분(권)

raspolagati *-žem* (不完) 1. 소유하다, 보유하다, 가지다; 자신의 지배(관할권)하에 있다; ~ *velikom erudicijom* 많은 지식을 가지다; *prema informacijama kojima raspolažemo* 우리가 가진 정보에 따르면; ~ *sredstvima za odbranu* 방어 수단을 보유하다 2. (자신 마음대로) 이용하다, 사용하다, 처리하다, 관리하다; ~ *novcem* 돈을 관리하다; ~ *vremenom* 시간을 갖다

raspoloviti *-im* (完) 1. 반(半)으로 나누다(쪼개다, 부러뜨리다); ~ *imovinu s nekim* 누구와

재산을 반으로 나누다 2. ~ *se* 두동강나다, 두 개로 쪼개지다(부러지다); *orah se raspolovio* 호두가 두 개로 쪼개졌다 3. 기타; *kao da si jabuku raspolovio* 아주 판박이 같이 똑 같은 (형제·자매의 모습이)

raspoložen *-a, -o* (形) 1. 참조 raspoložiti (se) 2. 기분 좋은, 유쾌한 (vedar, veseo); *biti (dobro)* ~ 기분이 좋은; *biti rđavo* ~ 기분이 나쁜; *bila je vanredno* ~*a* 그녀는 아주 기분이 좋았다 3. ~하는 성향(경향)을 갖는; *bio je neprijateljski* ~ *prema mlađim piscima* 그는 젊은 작가들에게 호의적이지 않았다; *biti* ~ *za nešto* 무엇을 하고픈; *on je* ~ *da ti pomogne* 그는 너를 도와주고 싶어 한다

raspoloženost (女) ~하려는 마음 (의향), 기분, 분위기; ~ *za razgovor* 회담하려는 마음

raspoloženje 1. 마음, 기분; ~ *za rad* 일을 하고픈 마음; ~ *tugu* 슬픈 기분; *biti u* ~*u za nešto* ~을 하고픈 기분; *biti u dobrom (rđavom)u* 기분 좋은 (나쁜) 상태 2. 기분좋은 상태, 기쁨, 즐거움; *prođe ga* ~, *dobra volja* 기쁨과 선의는 지나간다 3. 배치, 배열 (raspored, razmeštaj); *učiniti* ~ 배치하다, 배열하다

raspoložiti *-im* (完) 1. ~ *nekoga* 기분좋게 하다 (razveseliti, razvedriti); *njegoa priča nas raspoloži* 그의 이야기는 우리를 기분좋게 만든다 2. 놓다, 두다, 배치하다, 배열하다 (razmestiti); ~ *stvari po kući* 집에 물건들을 배치하다 3. ~ *se* 기분이 좋아지다; *kad uđe u kafanu, odmah se raspoloži* 술집에 들어서자 마자 바로 기분이 좋아진다

raspoloživ *-a, -o* (形) 이용할 수 있는, 사용할 수 있는, 처분할 수 있는; *sva* ~*a sredstva* 모든 사용 가능한 재정 수단

raspoloživost (女) 이용 가능성, 사용 가능성, 처분 가능성

raspolotiti *-im*; **raspoloćen** (完) 반(半)으로 자르다, 반으로 나누다, 두조각 내다; ~ *nekome lobanju* (口語) 해골을 두조각 내다; ~ *trupac* 통나무를 두 동강내다

raspomamiti *-im*; **raspomaljen** (完) **raspomamljivati** *-ljujem* (不完) 분노 (pomama)케 하다, 격앙시키다, 격노시키다, 미쳐 날뛰게 하다 (razbesniti, razjariti); *nove vesti ga raspomamiše* 새로운 뉴스가 그를 분노케 만들었다

raspon 1. (끝에서 끝까지의) 거리, 간격 2. (建築) 경간(徑間)(교량·아치 등의 지주에서 지주까지); ~ *mosta* 다리 경간 3. 길이, 전장, 범위; ~ *krila* 날개 길이, 날개폭; ~ *glasa* 음

성폭 4. (최대치와 최소치의) 폭, 차이, 간격; ~ *plata* 월급의 폭(차이); ~ *cena* 가격 차이

raspop 환속승, 법복을 벗은 사람

raspopiti -*im*; *raspopljen* (完) (수도승·성직자 등을) 파계하다, 사제직을 박탈하다

raspor 1. (흉기로) 찌름, 부상을 입힘 2. (의상의) 터짐, 틈, 구멍 (razrez, otvor)

raspored 1. 배열, 배치; ~ *soba* 방 배치; ~ *vojnih jedinica* 군부대의 배치; ~ *igrača* 선수의 배치 2. (일·업무 등의) 일정, 스케줄; ~ *časova* 시간표; *po (prema) ~u* 스케줄에 따라

rasporediti -*im*; *raspoređen* (完) **raspoređivati** -*đujem* (不完) 배치하다, 배열하다; 할당하다, 배정하다; 분배하다; ~ *nameštaj* 가구를 배치하다; ~ *đake po grupama* 그룹별로 학생들을 배정하다; ~ *posao* 업무를 할당하다; ~ *hranu* 음식을 배분하다; ~ *vreme* (시간) 스케줄을 짜다; ~ *trupe* 부대를 배치하다

rasporiti -*im* (完) 1. (칼 등 날카로운 물체로) (가죽·내장 등을) 가르다, 따다; *kad je rasporila ribu, našla je u njoj zlatan prsten* 물고기의 배를 땄을 때, 그 속에서 금반지를 발견했다 2. (솔기·실밥 등을) 따다, 트다; *rasporila je pojas, izvadila tri dukata* 허리띠를 터서는 3개의 금화를 끄집어 냈다

rasposlati *raspošaljem* & *raspošljem* (完) (사방으로) 보내다, 파견하다, 발송하다; *rasposlao je čete za hajdukom* 하이두크를 뒤쫓아 부대를 파견했다; ~ *pozivnice* 초대장을 발송하다

raspoznati -*am*; *raspoznat* (完) **raspoznavati** -*znajem* (不完) 1. (누구·무엇인지를) 알아다, 알아차리다, 깨닫다; *nije ju raspoznao u prvi mah* 그는 즉시 그녀를 알아보지 못했다; *raspozna ga odmah* 그를 즉시 알아본다 2. (보이는 현상들 중에서) 차이를 알아채다; ~ *šta je dobro šta loše* 무엇이 좋은 것인지 무엇이 나쁜 것인지 그 차이를 알아채다 3. 인식하게 되다, 깨닫다, 느끼다; *on raspozna sada svu svoju slabost* 그는 이제 자신의 모든 약점을 알게 되었다

raspoznavanje (동사파생 명사) raspoznavati; 알아봄, 알아챔

raspra 1. 말다툼, 언쟁 (spor, sukob, svađa, prepirka) 2. 토론 (rasprava, diskusija); *rezultat ~e* 토론 결과

rasprava 1. (학술) 논문 (članak); *istorijska ~* 역사 논문 2. (法) 공판, 심리 3. 말다툼, 언쟁 (prepirka); *~e u hodniku* 복도에서의 언쟁 4. 토론, 검토, 논의 (razmatranje, raspravljanje) 5. 공청회; *javna ~* 공개 공청회

raspraviti -*im* (完) **raspravljati** -*am* (不完) 1. 심리하다, 검토하다; (분쟁을) 해결하다; ~ *parnicu* 소송을 해결하다(검토하다) 2. (머리를) 빗질하다, (실 등이 꼬인 것을) 풀다; *vidi gde je pređa zamršena i ... raspravi je* 실이 어디서 엉킨 것인지를 확인하고 그것을 풀어라 3. 놓다, 두다, 배치(배열)하다 4. (不完만) 토론하다, 논의하다; ~ *o nečemu ~*에 대해 토론하다 5. ~ **se** 분쟁을 합의하에 해결하다, 합의하다; *mi smo se raspravili i bez vas* 우리는 당신없이도 서로 합의하여 해결했어요 6. (不完만) ~ **se** 논쟁하다, 말다툼하다

raspreći *raspregnem* (完) 참조 raspregnuti

raspredati -*am* (不完) 참조 raspresti

raspregnuti, raspreći *raspregnem*; *raspregao, -gla*; *raspregnut* (完) **rasprezati** -*žem* (不完) (말 등의) 장구(裝具)를 끄르다, 마구를 풀다 (ispregnuti)

raspremiti -*im*; *raspremljen* (完) **rasprematati** -*am* (不完) 1. 정리하다, 정돈하다, 깨끗이 정돈하다; ~ *sto* 책상을 정돈하다; *raspremila je sobu i kujnu* 그녀는 방과 부엌을 깨끗이 치웠다 2. (*postelju*) 잠자리를 준비하다, 침구를 펴다; *već ga je čekala raspremljena postelja* 벌써 그를 위해 침구가 마련되었다 3. (*konja*) 마구(馬具; sprema)를 끄르다 4. ~ **se** (입고 있는) 옷을 가다듬다, 옷매무새를 만지다 5. ~ **se** 잠자리에 들기 위해 옷을 벗다; *posle večere se odmah raspremio i legao* 저녁 식사후 곧장 옷을 벗고 잠자리에 들었다

raspresti *raspredem*; *raspreo, -ela*; *raspreden, -ena* 1. (뜨개질한 것·엉클어진 것·매듭 등을) 풀다, 끄르다; ~ *konopac* 밧줄을 풀다; ~ *pređu* 실을 끄르다 2. (이해하기 어려운 것 등을) 풀다, 해결하다 3. 뻗어나가게 하다, 발전시키다 (razviti, razgranati; ~ *misao u romanu* 소설에서 생각을 풀어나가다 4. ~하기 시작하다 (zapodenuti, zametnuti); ~ *razgovor* 대화를 시작하다; ~ *igru* 경기를 시작하다

raspretati *rasprećem* (完) **raspretavati** -*am* (不完) (숯불 등에서) 재를 걷어내다; 불을 붙이다, 불을 돋우다 (재로 덮여 있던 불씨 등에서); ~ *vatru* 불을 돋우다

rasprezati -*žem* (不完) 참조 raspregnuti

raspričati -*am* (完) 1. 이야기하여 퍼뜨리다,

떠벌리다; *njegovo su junaštvo žene izmislile i raspičale* 여인네들은 그의 영웅담을 지어내 퍼뜨렸다 2. ~ *se* (격한 감정으로, 흥분하여) 이야기하기 시작하다, 떠벌리다; *raspričao se to veče jedan inače čutljiv robijaš* 그날 저녁 평상시에는 과묵한 한 죄수가 흥분하여 이야기를 했다

rasprkač, rasprkivač 분무기

rasprodaja 할인 판매, 세일; *kupiti nešto na ~i* 무엇을 세일에서 사다

rasprodati -am (完) (하나도 남김없이) 팔다, 판매하다, 다 팔아 해치우다; (여러 구매자들에게) 팔다; *knjiga je rasprodata* 책이 매진되었다

rasprostirati (se) -em *(se)* 참조 rasprostreti (se)

rasprostraniti -im; *rasprostranjen* (完) **rasprostranjivati -njujem** (不完) 1. 넓히다, 널찍하게 하다, 확장(확대)하다 (proširiti, uvećati); ~ *cipelu* 신발을 넓히다; ~ *državu* 국가를 확장시키다; ~ *uticaj* 영향력을 넓히다 2. (소문·지식 등을) 퍼뜨리다, 전파하다; ~ *vest* 소식을 전파하다

rasprostranjenost (女) 퍼짐, 분포, 산개; 퍼진 정도, 확산(분포) 범위; ~ *nekog običaja* 어떤 관습의 분포 범위

rasprostreti *rasprostrem*; *rasprostro, -strt* (完) **rasprostirati -em** (不完) 1. (접혀져 있는 것 등을) 펴다, 펼치다 (raširiti); ~ *čaršav preko stola (po travi)* 테이블 위에 테이블보를 펼치다(풀밭에 돗자리를 펼치다); ~ *ćebe* 요를 펴다 2. (소문·소식 등을) 퍼뜨리다 (rasglasiti, razneti); *zato se brzinom munje rasprostrla priča o tom događaju* 그 사건에 대한 이야기는 삽시간에 퍼졌다

rasprosuti *rasprospem* (完) **rasprosipati -am & -pljem** (不完) 1. 쏟다, 쏟아 붓다, 흘리다 2. (소문·이름 등을) 퍼뜨리다, 널리 알리다

rasprskavanje (동사파생 명사) rasprskavati se; 산산조각남, 산산이 깨짐, 파편이 사방으로 튐; ~ *cevi* 관(파이프)의 산산조각

rasprsnuti -nem; *rasprsnuo, -nula & rasprskao, rasprsla* (完) **rasprskati -am** (不完) 1. (산산조각으로) 폭발시키다; 깨다, 부수다; ~ *orah* 호두를 깨다 2. ~ *se* (산산조각으로) 폭발하다; 꽝 소리를 내며 터지다(폭발하다), (산산조각으로) 깨지다; *granata se rasprsla* 폭발물이 폭발했다; *šolja se rasprsla* 컵이 산산조각났다

raspršiti -im (完) 1. 흩뜨리다, 흩어지게 하다, 해산하다, 해산시키다; ~ *pepeo* 재를 흩뜨리

다; ~ *demonstrante* 데모대를 해산시키다; ~ *sumnju* 의심을 떨쳐 버리다; ~ *nečije nade* 누구의 희망을 사라지게 하다; *sunce je raspršilo maglu* 햇볕으로 인해 안개는 사라졌다 2. 소비하다, 낭비하다 (rasuti, potrošiti); *Marija sve što joj muž dade brzo rasprši* 마리야는 남편이 주는 모든 것을 곧바로 쓴다 3. ~ *se* 흩어지다; 사라지다; *rasprši se njen san o tome* 그것에 대한 그녀의 꿈이 산산이 사라졌다

raspršivač 스프레이, 분무기 (rasprašač, rasprašavač)

rasprtiti -im; *rasprćen* (完) 1. (짐·가방 등을) 내리다, 내려놓다, 부리다; ~ *magarca* 당나귀에서 짐을 부리다; ~ *torbu s leđa* 등에서 가방을 내려놓다 2. ~ *se* (자신의 몸에서) 짐을 내려놓다, 짐을 부리다

raspucati -am (完) 1. 깨뜨리다, 부수다, 산산조각내다 2. ~ *se* 여러군데에 수많은 금들이 가다; 깨지다, 산산조각나다; *zid se raspucao* 담에 금이 여러군데 났다

raspuće 참조 raskrsnica

raspući se, raspuknuti se *raspuknem se*; *raspukao se, -kla se & raspuknuo se* (完) 1. 깨지다, 금가다 2. 폭발하다

raspuklina (길게 갈라진) 금 (pukotina)

raspuknuti se -nem se; *raspuknuo se, -nula se & raspukao se, -kla se* 1. (압력·잡아당김 등으로) 찢어지다, 터지다, 금가다; *raspukla se zemlja od suše, raspukao se zreo plod* 가뭄으로 인해 땅이 갈라지고 익은 과일들이 터졌다 2. 열리다, 벌어지다, 넓어지다 (otvoriti se, raširiti se); *na severoistoku ... kotlina se raspukla* 북동부에서 계곡이 벌어졌다 3. 굉음과 함께 무너지다, 폭발하다

raspusnica (성적 의미로) 자유분방한 여자, 난잡한 여자 (raspusna žena, razvratnica)

raspusnik 난봉꾼, 성적으로 자유분방한 사람 (raspustan čovek, razvratnik, bludnik)

raspusništvo 방탕, 육욕에 빠진 생활 (razvrat, bludništvo)

raspust 1. (학교의) 방학; *letnji ~* 여름 방학; *zimski ~* 겨울 방학 **raspusni** (形) 2. (의회의) 폐회, 해산, 휴회, 산회; ~ *skupštine* 의회 해산

raspustan -sna, -sno (形) 과도하게 자유분방한, 방탕한, 음탕한, 음란한 (raskalašan, razvratan, nemoralan); *živeti ~sno* 자유분방하게 살다, 방탕하게 살다; ~*sna knjiga*, ~*sno pismo* (廢語) (남편의 뜻에 따른) 이혼

서류

raspustiti *-im*; *raspušten* (完) **raspuštati** *-am* (不完) 1. (학생들이 학교에서, 군인들이 군대에서) 떠나다; 방학하다; 임시 휴교를 하다 (전염병·휴식 등의 이유로); ~ *školu (đake)* 학교를 자퇴하다 (학생을 퇴학시키다); *raspustio sam svoju školu* 나는 자퇴했다 2. (의회 등의) 휴회하다, 폐회하다, (조직을) 해산시키다, 해체시키다; ~ *skupštinu* 의회를 해산시키다; ~ *stranku* 당을 해산하다 3. 제 멋대로 하게 내버려두다 (razmaziti); ~ *decu* 아이들이 제멋대로 행동하게 내버려두다 3. (말 등의) 장구(裝具)를 끄르다, 마구를 풀다 (ispregnuti) 4. (머리를) 풀다, 끄르다 (rasplesti, pustiti); ~ *kosu* 머리를 (묶지 않고) 풀다 5. (단추 등을) 풀다, 끄르다, 풀어헤치다 (raskopčati, otvoriti) 6. ~ **se** 기강이 해이해지다; 제멋대로 행동하기 시작하다; *osoblje bolnice se raspustilo* 병원 직원들은 제멋대로 행동했다(기강이 해이해졌다 7. ~ **se** (학교가) 방학하다

raspuštenik 1. 이혼남, 이혼한 남자 2. 방탕하고 음란한 생활을 하는 사람 (razvratnik) **raspuštenica**

rasputica 1. 사거리 (raskrsnica, raskršće) 2. 샛길, 지름길; 주(主)도로에서 갈라져 나온 길

rasrditi *-im* (完) 화(srdžba)를 내다 (razljutiti, naljutiti)

rast (男) 1. (신체의) 성장; (수량 등의)증가, 성장; (크기의) 증가; ~ *proizvodnje* 생산 증가; ~ *prihoda* 수입의 증가 2. (사람의) 키, 신장; (식물의) 높이; *čovek visokog (niskog, srednjeg) ~a* 키가 큰 (작은, 중간인) 사람

rast 참조 hrast; 참나무

rastaći, rastaknuti *rastaknem* (完) 떼어놓다 (더 이상 타지 않도록 불에서 나무를)

rastajati se *-jem se* (不完) 참조 rastati se **rastakati** *rastačem* (不完) 참조 rastočiti **rastaknuti** *rastaknem* (完) 참조 rastaći

rastanak *-anka* 작별, 이별, 헤어짐 (razlaz); ~ *sa životom* 죽음, 삶과의 작별; *vreme je za ~* 헤어질 시간이다

rastanjiti *-im* (完) **rastanjivati** *-njujem* (不完) 1. 얇게 만들다 (누르거나 잡아당겨); *podeliti testo na dva dela i ~ ga u veličini pleha* 밀가루 반죽을 두 개로 나눈후 그것을 그릇의 크기로 얇게 만들다 2. 묽게 하다, 희석시키다, 약하게 하다 (농도·빈도 등을)

rastapati *-am* (不完) 참조 rastopiti **rastati se** *rastanem se* (完) **rastajati se** *-jem*

se (不完) 1. 헤어지다, 작별하다, 이별하다; 작별 인사를 하다; ~ *s nekim (od nekoga)* ~와 작별하다; *rastali su se kod mosta* 그들은 다리 근처에서 헤어졌다; ~ *se sa životom* (svetom, dušom) 죽다 2. 사귐(어울림)을 중단하다, 헤어지다, 이혼하다; ~ *od žene* 아내와 헤어지다(이혼하다); *mi smo se ... rastali već odavno* 우리는 이미 오래 전에 헤어졌다 3. ~으로부터 멀어지다(떨어지다, 분리되다); *on se teško rastaje s novcem* 그는 돈에 집착한다; *dobio je naređenje da se ne rastaje od tog dokumenta* 그 서류로부터 떨어져 있지 말라는 명령을 받았다

rastava 1. 분리, 단절 (razdvajanje, raskid) 2. 이혼; ~ *od stola i postelje* 별거(이혼하지 않은)

rastavan *-vna, -vno* (形) (文法) 이접적(離接的)인; ~ *vna rečenica (svezica)* 이접문 (이접적 접속사)

rastavić (植) 속새(쇠뜨기 포함) (konjogriz)

rastaviti *-im*; *rastavljen* (完) **rastavljati** *-am* (不完) 1. (기계·구조물 등을) 분해하다, 해체하다 (rasklopiti, demontirati); ~ *motor* 엔진을 분해하다; ~ *igračku* 인형을 분해하다 2. (구성 성분 등으로) 나누다, 분리하다; ~ *reč na slogove* 어휘를 음절로 나누다; ~ *složenu rečenicu* 복문(複文)을 나누다 3. (친구·연인 등을) 헤어지게 하다, 떼어놓다, 서로 멀어지게 하다, 소원하게 하다, 말다툼하게 하다; ~ *prijatelje* 친구들을 헤어지게 하다; ~ *brata od sestre* 자매로부터 형제를 멀어지게 하다; ~ *zaljubljene* 연인들을 헤어지게 하다 4. 이혼하다, 이혼시키다 (razvesti); *on se rastavio od žene* 그는 아내와 이혼했다; *ona je rastvljena* 그녀는 (남편과) 별거중이다 (아직 이혼은 하지 않음) 5. (의회를) 해산시키다 (raspustiti) 6. (팔등을) 벌리다, 펼치다 (raširiti) 7. 기타; ~ *sa životom (glavom, dušom)* 죽이다, 살해하다; ~ *s konjom* 말에서 떨어뜨리다 (보통 화살 등을 맞춰)

rastavljiv *-a, -o* (形) 분리할 수 있는, 해체할 수 있는, 떼어낼 수 있는 (raščlanljiv)

rastavnī *-ā, -ō* (形) (文法) 이접적(離接的)인; ~ *veznik* 이접적 접속사

rasteći *rastečem* & *rasteknem*; *rastekao, -kla*; *rasteci* & *rastekni* (完) **rasticati** *-čem* (不完) 1. 소비하다, 낭비하다, 탕진하다 (rasuti, potrošiti, proćerdati); ~ *novac (bogatstvo)* 돈(부)을 낭비하다 2. ~ **se** 망하다, 파산하다

(propasti, upropastiti se) 3. ~ se (액체가) 새다, 새기 시작하다, 흐르다, 흘러 나오다; *bure se rasteklo* 통이 새기 시작했다

rasteći, rastegnuti *rastegnem* (完) 참조 rastegnuti

rastegliti *-im* (完) 참조 rastegnuti

rastegljiv *-a, -o* (形) 1. 신축성 있는, 탄력적인, 잘 휘어지는, 유연한; *aluminij je ~ metal* 알루미늄은 신축성 있는 금속이다 2. 잘 쏟아지지 않는 (점성 때문에); *kao ~o ulje* 마치 끈적끈적한 기름처럼 3. (비유적) 융통성 있는, 쉽게 적응하는 (prilagodljiv, povitljiv); *~ pojam* 융통성 있는 개념; *~a definicija* 막연한 정의(定義)

rastegljivost (女) 구부리기 쉬운 성질, 잘 휘어지는 성질

rastegnuti *rastegnem; rastegnuo, -ula & rastegao, -gla; rastegnut* (完) **rastezati** *-žem* (不完) 1. (잡아당기거나 눌러 길이·폭 등을) 늘이다; *~ kožu* 가죽을 늘이다 2. 연장하다, 연장시키다, 늘리다, ~을 오래 끌다, 질질 끌다 (odužiti, razvući); *~ diskusiju* 토론을 연장하다; *~ raspust* 방학을 연장하다; *~ priču* 이야기를 질질 끌다 3. ~ se 늘어지다, 길어지다 *lice joj se rastegnu* 그녀의 얼굴은 늘어졌다

rastenje (동사파생 명사) rasti; 성장, 큼

rasterati *-am* (完) **rasterivati** *-rujem* (不完) 1. 쫓다, 쫓아내다, 몰아내다, 해산하다, 해산시키다, (사방으로) 흩어지게 하다; *demonstrante* 시위 군중을 해산시키다; *policija je rasterala gomilu* 경찰이 군중들을 해산시켰다; *sunce rastera zadnje tamine* 태양이 마지막 어둠을 몰아냈다 2. 흩어지게 하다 (razbiti); *~ maglu* 안개를 흩어지게 하다; *~ oblake* 구름을 흩어지게 하다 3. ~ se (사방으로) 흩어지다

rasteretiti *-im* (完) **rasterećivati** *-ćujem* (不完) 1. (트럭·선박 등에서) (짐을) 내리다; *~ magarca* 나귀에 실린 짐을 부리다; *~ brod* 선박에서 하적하다 2. (부담·의무 등을) 덜어 주다, 감해 주다, 해방시키다, ~에서 벗어나게 하다; *~ mozak* 머리를 쉬게 하다; *onda će vas ... ~ plaćanja odštete* 그러면 당신에게 손해 배상을 감해 줄것입니다; *~ drum* 도로의 통행량을 분산시키다; *~ majku od kućnih poslova* 어머니를 가사일에서 벗어나게 하다 3. ~ se (의무·부하·짐 등을) 벗다, 내려놓다; *~ se obaveza* 자신의 의무에서 벗어나다; *ramena mi se rasteretiše* 내 어깨에서 짐을 내려놨다; *rasteretio se nekih*

R

funkcija 그는 어떤 직책들을 내려놓았다

rasterivati *-rujem* (不完) 참조 rasterati

rastezati *-žem* (不完) 참조 rastegnuti

rasti *rastem; rastao, rasla* (不完) **porasti** (完) 1. (신체 등이) 자라다, 성장하다, 크다; *dete (drvo) raste* 아이 (나무)가 성장하고 있다; *~ u visinu (u širinu, u dužinu)* 높이(폭, 길이)가 커지다 2. (유년 시절, 어린 시절을) 보내다, 성장하다; *u njegovoj kući rasla je Ljubica* 류비짜는 그의 집에서 컸다 3. 성숙하다, 성숙해지다; *zajedno s ustankom rasli su i rukovodioci* 봉기와 함께 지도부도 성숙해졌다 4. (손톱·머리카락 등이) 자라다, 길어나다; *raste mu kosa* 그의 머리카락이 자란다; *njemu kosa brzo raste* 그는 머리가 빨리 자란다 5. (싹 등이) 자라다, 돋다; *već mu raste brada* 그는 벌써 턱수염이 나고 있다 6. (크기·규모·범위·높이·수량 등이) 증가하다, 늘다; *broj studenata raste* 학생의 수가 증가하고 있다; *snežni pokrivač raste* 적설량이 많아지고 있다; *rastu cene, raste temperatura* 가격이 오르고 온도가 상승하고 있다; *naše brige rastu* 우리의 걱정거리는 커지고 있다 7. (수위가) 높아지다, 올라가다 8. (빵 등이) 부풀다, 부풀어 오르다 9. (비유적) 커다란 즐거움(기쁨)을 보여주다, 행복감에 빛나다; *žene su rasle od zadovoljstva* 아낙네들은 만족감에 행복해했다 10. 기타; *raste mu perje (kapa, kika), rastu mu krila* 너무 너무 행복하다, 매우 만족해하다, ~에 자부심이 대단하다; *~ u nečijim očima* 평판 (명예·명성)을 얻다; *rastu mu zazubice* ~에 대한 강렬한 열망을 갖다 (특히 다른 사람들이 먹는 것을 바라보면서)

rasticati *-čem* (不完) 참조 rasteći; 낭비하다, 탕진하다

rastinje 식물, 식물계; 나무 (bilje, biljni svet; drveće)

rastirati *-em* (不完) 참조 rastr(e)ti

rastiti se *-im se* (不完) (새들이) 짝짓기를 하다

rastočiti *-im* (完) **rastakati** *-čem* (不完) 1. 부식시키다, 침식시키다, 갉아 먹다, 좀 먹다; 못쓰게 만들다, 붕괴시키다, 무너지게 하다, 황폐화시키다, 파괴시키다 (razjesti, razoriti, uništiti); *moljci su rastočili kožuh* 나방이 모피 코트를 갉아 먹었다; *~ državu* 국가를 무너지게 하다 2. (재산을) 소비하다, 낭비하다, 탕진하다; *~ imanje* 재산을 탕진하다 3. (각 부품으로) 분해하다, 해체하다; (차에서

1043

바퀴를) 떼어내다; ~ kola 자동차를 분해하다 4. 녹이다, 용해하다 (rastopiti, rastaliti) 5. (한 용기에서 여러 용기로) 따르다, 붓다 (pretočiti); ~ med u tegle 꿀을 여러 병에 따르다

rastojanje, rastoj 1. 거리, 간격 (razdaljina, razmak, udaljenost); između vas ne sme biti veće ~ od dvadeset koraka 너희들 사이의 거리는 20 발짝 이상 떨어져서는 안된다 2. 기타; biti na ~u (누구에게) 거리감을 두다, 신중한 자세를 유지하다

rastopina (참조) rastvor; (化) 용해

rastopiti -im; rastopljen (完) **rastapati** -am (不完) 1. (열을 가해 고체를 액체로) 녹이다, 용해하다; ~ sneg 눈이 녹다; ~ zlato 금을 녹이다 ; ~ šećer 설탕을 녹이다 2. (비유적) 우호적 분위기로 만들다; čisto ga rastopila neka slast 순전히 그 어떤 기쁨이 그의 마음을 녹였다; dušu mi rastopi njena priča 내 마음을 그녀의 이야기가 녹였다 3. ~ se 녹다; rastopila se su u vodi 소금이 물에서 녹았다 4. ~ se ~로 바뀌다, (다른 상태로) 변하다; ko bi mogao pomisliti da se ... može ... njegova ljutina rastopiti u blagu pitomost 그의 분노가 온화함으로 바뀔줄 그 누가 알았겠는가 5. ~ se 사라지다, 없어지다 (nestati, iščeznuti); često se dešavalo da bi se gotovo sav pohranjeni novac rastopio među njegovim prstima 저축된 모든 돈이 그의 손에서 사라지는 일이 자주 일어났었다 6. ~ se (비유적) 행복해 하다, 온화해지다, 상냥해지다, 다정해지다; ~ se od miline 행복감에 마냥 즐거워하다

rastopiv, rastopljiv -a, -o (形) 녹는, 쉽게 용해할 수 있는 (rastvorljiv); ~ u vodi 물에서 쉽게 녹는

rastorokati se -čem se (完) (~에 대해) 수다를 떨기 시작하다, 재잘거리다; (격한 감정으로, 흥분하여) 이야기하기 시작하다; on je plakao i rastorokao se u beskrajnost 그는 울면서 끝없이 이야기하였다

rastovariti -im (完) (짐을) 내리다, 부리다; zarobljenici su rastovarili mazge 포로들은 노새의 짐을 내렸다; pomaže mu da rastovari zob 그 사람이 귀리를 내리는 것을 도와준다

rastrčati se -im se (完) (사방으로) 뛰기 시작하다, 이곳 저곳으로 급히 가다, 서둘러 가다; deca se rastrčaše 아이들은 급히 사방으로 뛰기 시작했다

rastrebiti -im; rastrebljen (完) **rastrebljivati** -

ljujem (不完) (필요없는 것, 남아도는 것들을 없애며) 정리하다, 정돈하다, 깨긋이 하다 (raspremiti, raščistiti); ~ fioku (sobu) 서랍 (방)을 정리정돈하다

rastresati -am (不完) 참조 rastresti

rastresen -ena (形) 1. 참조 rastresti 2. 어지럽게 흐트러진, 아무렇게나 섞여 있는, 무질서하게 뒤섞인 (razbacan, raštrkan); ~e kuće 어질러져 있는 집들 3. 넋놓은, 정신이 딴 데 있는, 얼빠진 (rasejan, nepribran, nervozan); ~ čovek 넋놓은 사람

rastresit -a, -o (形) 1. 결합력(응집력)이 약한, (흙 등이) 단단(탄탄)하지 않은, 푸석푸석한; (직물 등의 짜임이) 성긴, 촘촘하지 않은; ~o zemljište 푸석푸석한 땅; ~ sneg 잘 뭉쳐지지 않는 눈 2. 드문, 성긴 (redak, razmaknut); ~e grane 성긴 가지들 3. 어지럽게 흐트러진, 무질서하게 뒤섞인 (rastresen, rasejen)

rastresti rastresem; rastresao, -sla; rastresen, -ena (完) **rastresati** -am (不完) 1. 흔든다, 흔들리게 하다; 잘게 만들다, 가루로 부수다; jedna nemačka bomba sasvim je rastresla ovu malu kućicu 독일군의 폭탄 하나가 이 작은 집을 완전히 뒤흔들었다(박살냈다) 2. (사방으로) 살포하다, 흩뿌리다, 퍼붓다; ~ sitan novac 작은 금액의 돈을 살포하다(뿌리다) 3. (머리 등을) 빗질하다, 흔들어 펼치다(펴다); ~ bradu 턱수염을 쓸다; ~ kosu 머리를 빗질하다 4. 부수다, 깨부수다 (razbiti, razlomiti); ~ zemlju 땅을 잘게 부수다 5. ~ nekoga (나른함·잠 등에서) 깨어나게 하다, 정신차리게 하다, 정신을 맑게 하다; izvedi ga malo da ga rastreseš 그가 정신을 차리게 밖에 좀 데리고 나가라 6. (마음 등을) 뒤흔들다, 당황하게 하다, 불안하게 하다, 산만하게 하다; vest o majčinoj smrti ga je rastresla 어머니의 사망 소식이 그를 뒤흔들었다 7. ~ se 흔들리다; nameštaj se rasklimao 가구가 흔들렸다 8. ~ se 퍼지다 (raširiti se, razgranati se); grane se rastresle nepotkresane 나뭇가지들이 제멋대로 뻗어나갔다 9. ~ se 정신을 차리다, (잠에서) 깨다 (razdrmati se); izađi malo iz kuće, rastresi se 집밖으로 나가, 졸음에서 좀 깨어나라

rastreti, rastrti rastrem (드물게 rastarem); rastro, -rla; rastrven, -ena & rastrt (完) 1. 펴다, 펼치다 (raširiti, razviti); ~ krila 날개를 펼치다; ~ maramu po stolu 테이블에 스카프를 펼치다 2. 보다 큰(넓은) 공간에 놓

다(두다), 널다; ~ žito po prostirci 멍석에
곡물을 널다; ~ orahe da se suše 호두가 건
조되도록 널다 3. (손으로) 문지르다, 비비다
(protrljati); rastare ... umorne oči 손으로
피곤한 눈을 비볐다 4. 문질러 없애다(지우
다); skupio se tanak sloj ... prašine, a ona
ga rastrla prstom 내려 앉은 먼지를 그녀는
손가락으로 훔쳤다; ~ prstom šminku 손가
락으로 화장을 문질러 지우다 5. ~ se 퍼지
다, 흩어지다 (raštrkati se); kolibe se
rastrle po brdu 오두막집들이 언덕에 흩어
져 있었다

rastrezniti -im; rastrežnjen (完) **rastrežnjivati**
-njujem (不完) 1. ~ nekoga 정신이 들게 만
들다, (술 등에서) 깨어나게 하다, 숙취에서
깨어나게 하다; 침착해지게 하다, 차분해지
게 하다; kafa ga je rastreznila 커피가 그의
정신을 맑게 했다(잠에서 깨어나게 했다);
očeva smrt ga rastrezni 아버지의 죽음이
그를 정신차리게 했다 2. ~ se 제 정신으로
돌아오다, 숙취(잠·흥분)에서 깨어나다; 정상
적인 상태로 돌아오다, 침착해지다, 차분해
지다 (pribrati se)

rastrgnuti -nem; rastrgnuo, -nula & rastrgao,
-gla, **rastrgati** -am (完) **rastrzati** -žem (不
完) 1. (여러 방면으로 잡아당기면서) 조각
조각 찢다, 갈기 갈기 찢다; (짐승들이) 이빨
로 뜯다, 조각내다; vukovi su rastrgli srnu
늑대들이 노루를 갈기 갈기 찢었다; ~
državu (비유적) 국가를 갈기갈기 찢다 2.
완력으로(힘으로) 끊다(절단하다, 벗겨내다),
떼어내다, 분리해내다; zašto ne rastrgneš
te lance? Zašto ne bežiš? 왜 그 쇠사슬을
끊어내지 않냐? 왜 도망치지 않냐?; ~
konopac 밧줄을 끊다 3. ~ se (힘껏 끌어
당겨) 끊어지다, 떨어지다 (raskinuti se,
razdvojiti se); kolo se rastrglo 원무(圓舞)
가 끊어졌다 4. (여러가지 일로 인해) 과도한
부담을 받다 (preopteretiti se); ~ se od
posla 과로하다; ~ se od brige 근심걱정으
로 과도한 부담을 받다; rastrgoh se radeći
ceo dan 하루 종일 일하면서 과로하다

rastriž (옷의) 터짐, 구멍, 틈 (razrez, prorez);
govorio je ... s uživanjem, turajući ruke u
~ na ... čakširama 바지의 터진 곳으로 손을
넣으면서 즐기면서 이야기를 했다

rastrljati -am (完) 1. (크림 등을) 문질러 바르
다; ~ krem 크림을 바르다 (razmazati) 2.
문지르다, 비비다 (protrljati); žustro
rastrlja po bradi 턱수염을 빠르게 문지르다

rastroj 무질서, 혼란, 혼잡, 소동 (nered,

metež, rasulo)

rastrojen -a, -o (形) 참조 rastojiti; ~ čovek
마음이 싱숭생숭한 사람, 마음이 심란한 사
람; ~i živci 쇠약해진 신경

rastrojeno (副) 넋놓고, 다른데 정신이 팔려
(rasejeno, odsutno); ~ gledati 넋놓고 바라
보다

rastrojiti -im (完) **rastrojavati** -am (不完) 1.
질서를 무너뜨리다, 무질서하게 하다; (계획
등을) 방해하다, 엉망진창이 되게 하다, 뒤틀
리게 하다, 차질이 생기게 하다; 파괴하다,
무너뜨리다; nije im pošlo za rukom da
rastroje ustaničke redove 그들은 봉기 대
열을 무너뜨리는데 성공하지 못했다 2. 신경
쇠약에 걸리게 하다, 노이로제에 걸리게 하
다; nespavanje ih je rastrojilo 불면으로 인
해 그들은 신경쇠약에 걸렸다; problemi su
ga rastrojili 문제들이 그를 신경쇠약에 걸리
게 했다 3. ~ se 질서가 무너지다, 붕괴되다,
무너지다 (rasuti se, rasturiti se); vojne
jedinice se rastrojiše 군부대는 질서가 무너
졌다 4. ~ se 신경쇠약에 걸리다, 노이로제
에 걸리다; rastrojen čovek 신경쇠약에 걸
린 사람

rastrojstvo 1. 무질서, 혼란, 분규, 분란; 붕괴,
멸망 (rasulo, nered; raspad); ~ plemstva
부족의 혼란(무질서) 2. 정신 착란, 신경 쇠
약, 노이로제; duševno (umno) ~ 정신 착란;
ukoliko je vreme više prolazilo, utoliko je
više padao u ~ 시간이 가면 갈수록 점점
더 노이로제에 걸렸다

rastrošiti -im (完) 1. 잘게 부수다, 가루로 부
수다 (usitniti, izmrviti); voda ... nosi
rastrošene stene 물은 잘게 부숴진 돌들을
휩쓸어간다; voda rastroši stene 물이 바위
를 잘게 부순다 2. (비유적) 기진맥진케 하다,
탈진시키다, 고생시키다 (izmučiti, iznuriti);
težak život ga je rastrošio 힘든 삶이 그를
힘들게 했다 3. ~ se 잘게 부숴지다; (비유적)
da se nacionalna energija ne bi
rastrošila ... 민족의 저력이 사라지지 않게
하기 위해서는 ...

rastrovati -rujem (完) ~에 해로운 독을 내뿜
다, 독(毒)으로 가득차게 하다, 중독시키다,
감염시키다; ti ljudi još nisu posve
rastrovali sudstvo 그 사람들은 아직 사법
부 전체를 오염시키지 않았다

rastrti rastarem & rastrem; rastro, -rla;
rastrt & rastrven, -ena; rastri & rastari
(完) 참조 rastreti; 비비다, 문지르다

rastrubiti -im; rastrubljen (完) **rastrubljivati** -

R

ljujem (不完) (사방에) 소문내다, 이야기하여
퍼뜨리다 (raspričati, razglasiti); ~ neku
vest 어떤 소식을 퍼뜨리다
rastrzati -žem (不完) 1. 참조 rastrgnuti; 갈기
갈기 찢다 2. (여러가지 열망 혹은 의무 등
으로) 괴롭히다, 못살게 굴다, 시달리게 하다;
rastrzan sa dve tako suprotne strane
sazrevao je rano 그렇게 정반대인 두 편에
서 시달렸던 그 사람은 일찍이 성숙했다
rastumačiti -im (完) 설명하다, 해명하다, 해석
하다 (razjasniti, objasniti, protumačiti);
nije mogla sebi ~ što se to događa s njom
왜 그러한 일이 그녀에게 일어나는지 자신에
게 설명할 수 없었다
rastur 1. 손실, 손해 (나눌 때, 잴 때, 옮길 때
발생하는) (gubitak, šteta); u ovu količinu
nije uračunat ~ prilikom vršidbe 탈곡할 때
발생하는 손실은 이 수량에 계산되지 않았다
2. 멸망, 파멸, 붕괴 (raspad, propast);
svađa između njih donosi sobom ~ države
그들 사이의 다툼은 국가의 파멸을 가져온다;
~ u porodici 가족의 붕괴 3. 무질서 (nered,
razbacanost); ~ u kući 집안의 무질서
rasturač 살포자, 배포자; 배급업자, 유통업자
(raznosač); ~ lažnih novčanica 위조화폐 살
포자; nekad su bili najgrlatiji ~i dobre
knjige 예전에 그들은 가장 영향력이 큰 양
서(良書) 유통업자였다
rasturiti -im (完) rasturati -am (不完) 1. 살포
하다, 퍼뜨리다, 유포시키다, 뿌리다, 분배하
다; ~ letke 전단지를 살포하다; ~ dubre 비
료를 뿌리다 2. 분해하다, 해체하다
(rasklopiti, razmontirati); ~ mašinu 기계를
분해하다 3. (공동체 등을) 분할하다, 나누다,
조각 내다 (raskomadati, rasparčati); ~
imanje 재산을 분할하다 4. 파괴하다, 파멸
시키다, 붕괴시키다, 황폐화시키다, 무너뜨리
다 (upropastiti, uništiti); ~ kuću 집을 파산
시키다; ~ neprijateljska gnezda 적진을 파
괴하다 5. 무효화하다, 해지하다 (raskinuti,
poništiti, pokvariti); ~ ugovor 계약을 무효
화하다; ~ prosidbu 청혼을 취소하다 6. (군
중·단체 등을) 해산시키다, 흩어지게 하다,
뿔뿔이 헤어지게 하다; ~ zbor 모임을 해산
시키다; ~ gužvu 군중들을 해산시키다; ~
verske sekte 종교적 이단을 해산시키다 7.
사라지게 하다, 없어지게 하다, 흩어지게 하
다, 도망가게 하다, 쫓다, 쫓아내다; odmah
rasturi maglu sunce 햇볕이 안개를 즉시 사
라지게 한다; ~ iluzije 환상을 쫓아내다 8.
(사방으로) 보내다, 발송하다; 배치하다, 두

다 (rasporediti); ~ kašike i viljuške po
stolu 테이블에 수저와 포크를 놓다 9. (책
등) 많은 권(券)을 판매하다 (prodati,
rasprodati); ~ ceo tiraž časopisa 잡지 전체
부수를 다 팔다 10. (소문 등을) 내다, 퍼뜨
리다 (razneti, raširiti, razglasati); ~ vest
소식을 퍼뜨리다; on rastura glasove 그는
소문을 퍼뜨린다 11. 어질러 놓다, 엉망으로
만들다; ~ fioku 서랍을 어질러 놓다 12. (사
방에) 내던지다, 내던져 놓다; ~ svoje
knjige po stolu 책상에 자신의 책을 늘어놓
다 13. 쭉 펴다, 쭉 뻗다, 내뻗치다 (opružiti,
protegnuti); ~ noge po kauču 소파에서 다
리를 쭉 뻗다 14. ~ se (다수의 사람들이) 사
방으로 흩어지다, 해산하다; (구름·연기 등이)
사라지다, 없어지다; (소문·소식 등이) 퍼지
다; ~ se sa trga 광장에서 흩어지다; ~ se iz
kafane 카페에서 흩어지다; skupština se
rasturila 국회는 해산되었다 15. ~ se 사라
지다, 없어지다(nestati); magla se rasturila
안개가 걷혔다(사라졌다) 16. ~ se 배치되다,
배분되다 (rasporediti se, podeliti se); ~ se
po fakultetima 대학별로 배치되다(배분되다)
17. ~ se (소문 등이) 퍼지다, 확산되다 glas
o tome se rasturio po narodu 백성들 사이
에서 그 소문은 퍼졌다 18. ~ se 쭉 펴고 눕
다 (opružiti se); ~ se po krevetu 침대에
쭉 펴고 눕다
rastužiti -im (完) rastuživati -žujem (不完) 1.
슬프게 하다 (ožalostiti); vest me je mnogo
rastužila 뉴스가 나를 무척 슬프게 했다 2.
~ se 슬퍼지다, 슬퍼하다; nismo se rastužili
nad krvlju palikuće 우리는 방화범의 피에
슬퍼하지 않았다
rastvarač (化) 용제, 용매, 용액, 솔벤트
(razr021eđivač)
rastvarati -am (不完) 참조 rastvoriti
rastvor 1. (化) 용액; ~ soli 소금 용액;
nezasićeni (presićeni, zasićeni) ~ 불포화
(과포화, 포화) 용액 2. (數) 해결, 해법, 해
(解) (rešenje)
rastvoriti -im (完) rastvarati -am (不完) 1. 펴
다, 펼치다, 열다, 열어 젖히다, (단추 등을)
끄르다, 풀어 젖히다; ~ vrata 문을 열다; ~
knjigu 책을 펴다; ~ oči 눈을 뜨다 2. 용해
시키다, 녹이다, 용액을 만들면서 다른 재료
와 섞다; ~ šećer u vodi 설탕을 물에 녹이
다 3. 묽게 하다 (razblažiti); ~ sok 주스를
묽게 하다 4. ~ se 열리다; vrata se
rastvoriše 문이 열렸다; rastvorio se tvoj
kaput 네 외투가 열렸다 5. ~ se 눈앞에 펼

처지다; *nad njima se rastvori nebo* 그것들 위로 하늘이 펼쳐진다 6. ~ **se** 고백하다, 솔직히 말하다 (ispovediti se); *rastvorila mi se kao sestri* 마치 자매에게 처럼 내게 솔직히 말했다 7. ~ **se** 용해되다, 녹다 (otopiti se); *so se rastvorila u vodi* 소금은 물에 녹았다 8. ~ **se** 사라지다, 없어지다 (izgubiti se); *partija se rastvorila u Narodnom frontu* 당은 인민전선에서 사라졌다 9. 기타; ~ *jaz* 적대적 관계에 이르다; ~ *srce* 진솔하게 모든 것을 이야기하다, 사실대로 말하다, 마음을 열다; *rastvorilo se grlo kome* 침묵을 깼다

rastvorljiv *-a, -o* (形) 1. (액체에) 녹는, 용해성이 있는; *~e materije* 용해성이 있는 물질 2. (부품으로) 분해할 수 있는

rasuda 평가, 판단, 평결; 심사, 고려; 이성 (ocena, sud; razmatranje; razum); *strasti ... ne dopuštaju mirnu, zdravu ~u* 욕망이 평온하고도 건강한 평가를 허락하지 않는다

rasudan *-dna, -dno* (形) 1. 상식적인, 이성적인, 분별있는 (razuman, razborit); *~dna glava* 이성적인 머리 2. (한정형) 정신적인, 지적인, 지능의 (umni, intelektualan); *~dna sposobnost* 지적 능력

rasuditi *-im* (完) **rasuđivati** *-đujem* (不完) (모든 것을 종합하여) 판단하다, 추론하다, 결론을 내리다; ~ *pravilno* 올바로 판단하다; ~ *prema nečemu* ~에 따라 추론하다; *misliš ... da ja nemam mozga da dobro rasudim stvar?* 너는 내가 상황을 올바로 판단할 머리가 없다고 생각하냐?

rasuđivanje (동사파생 명사) rasuđivati; *nesposoban za ~* (法) 무능력의

rasulo 1. 혼란, 혼동, 무질서 (opšta pometnja, haos); ~ *u vojsci* 군대에서의 혼란; ~ *u državi* 국가의 혼란 *posle poraza četnika na Neretvi, u njihovim redovima nastupilo je pravo rasulo* 체트니크의 네레트바 강 전투 패배 이후, 그들의 진영에서 진짜 혼란이 일어났다 2. 파멸, 멸망, 붕괴, 망함 (propast, uništenje); ~ *preti ne samo njihovoj imovini već i porodici* 그들의 재산뿐만이 아니라 그들의 가족에게도 파멸의 그림자가 위협하고 있다; ~ *imovine* 파산, 재산상의 망함 3. 붕괴 (slom, rastrojstvo); *nervno* ~ 신경 쇠약 4. 폐허 (ruševine, razvaline)

rasušiti se *-im se* (完) **rasušivati se** *-šujem se* (不完) 바싹 마르다, 말라 비틀어지다 (나무·목기(木器) 등이)

rasut *-a, -o* (形) 1. 참조 rasuti 2. (비유적) 마음이 어지러운, 혼란스런, 심란스런 (rasejan, rastrojen); *u ~om stanju* 마음이 심란한 상태에서, 넋놓은 상태에서 3. 무너진, 허물어진, 찌부러진, 박살난 (slomljen, satrven); ~*i tereti* 박살난 화물

rasuti *raspem; rasuo, -ula; rasut* (完) **rasipati** *-am* (不完) 1. 따르다, 따라 붓다; 흘리다, 쏟다, 쏟아 붓다 (proliti, prosuti); ~ *šećer (brašno)* 설탕(밀가루)을 쏟다(쏟아 붓다); ~ *suze* 눈물을 쏟다; *brašno se rasulo po podu* 밀가루를 바닥에 흘렸다 2. (사방에) 배치하다 (rasporediti); ~ *vojsku po rovovoma* 참호에 군대를 배치하다 3. 소비하다, 낭비하다, 탕진하다 (ćerdati); ~ *novac* 돈을 낭비하다 3. 산개시키다, 흩어지게 하다; 쫓다, 쫓아내다; ~ *zrake* 빛(광산)을 산개시키다; *deca su se rasula po šumi* 아이들은 숲속 사방으로 흩어졌다 4. 부수다, 파괴하다 (razoriti, uništiti); ~ *zid* 벽을 허물다 5. (어떤 활동에) 투자하다, 힘을 쏟다; ~ *snagu* 힘을 쏟다; ~ *pamet* 지력을 쏟다 6. (소문 등을) 퍼뜨리다, 전파하다 (raširiti) 7. ~ **se** 새어 나오다, 삐져나오다; *rasu se žito iz vreće* 포대에서 곡물이 새어 나온다; *perje iz jastuka se rasu* 베개에서 깃털이 삐져 나온다 8. ~ **se** (넓은 공간에) 퍼지다; *sunčevi zraci rasuše se po sobi* 햇빛이 방에 퍼진다 9. ~ **se** (사방으로) 가다, 떠나다, 흩어지다 (rasturiti se); *generacija maturanata se rasu po svetu* 고등학교 졸업생들은 전 세계로 퍼져 나간다 10. ~ **se** 무너지다, 허물어지다; *zid se rasuo* 벽이 허물어졌다 11. 기타; ~ *se po belom svetu* (빵을 찾아, 벌이를 찾아) 선진국으로 이주하다

rasvanuti (se) *rasvane (se)* (完) (완전히) 날이 새다, 동이 트다 (razdaniti se)

rasveta 조명 (osvetljenje, osvetljavanje; iluminacija); *grad sav plane u vatri neonske ~e* 도시는 네온 불빛으로 완전히 불타오른다; **rasvetni** (形); ~ *plin* 조명 가스

rasvetliti *-im; rasvetljen* (完) **rasvetljavati** *-am* (不完) 1. 빛을 비추다, 조명하다 (jako osvetliti); *sunce joj rasvetlili lice* 햇빛이 그녀의 얼굴을 강하게 비추었다 2. (문제·수수께끼·의심 등을) 풀다, 해결하다, 설명하다; ~ *zločin* 범죄 사건을 해결하다 3. ~ **se** 빛이 비춰지다, 조명하다, 불을 켜다(공간 등의) 4. ~ **se** (비유적) 분명해지다, 풀리다; *u glavi mu se rasvetlio ceo slučaj* 그의 머리

1047

에서 사건 전체가 분명해졌다

rasvetljen *-a, -o* (形) 참조 rasvetliti

rasvit, rasvitak *-tka* 여명, 새벽, 동틀 녘 (osvit, svanuće); *u sam ~ probudi ga kucanje u kućna vrata* 새벽에 대문을 두드리는 소리가 그를 깨웠다

rasvitati se *rasviće se* (不完) 날이 밝다, 여명이 트다, 해가 뜨다

raš- (接頭辭) 참조 raz-

raša 1. 거친 모직물의 일종 2. 치마의 일종 3. 머리 장식

raščepiti *-im* (完) (팔·다리 등을) 펴다, 벌리다 (rastaviti, raskrečiti, raširiti); *~ noge* 다리를 벌리다; *~ usta* 입을 벌리다

raščerečiti *-im* (完) 4등분(čerek)하다; 자르다, 토막내다; *vuci su ovce raščerečili* 늑대들은 양을 토막냈다

raščerupati *-am* (完) **raščerupavati** *-am* (不完) 1. 깃털을 뽑다; *~ kokoš* 닭털을 뽑다 2. 자르다, 절단하다, 토막내다 (iskidati, raskomadati); *lisica je raščerupala kokoš* 여우가 닭을 갈기 갈기 찢었다; *kupi mu pajaca ... a mali Jova ga odmah raščerupa da vidi kakav je iznutra* 그에게 인형을 사줬는데... 꼬마 요바는 안이 어떻게 생겼는지를 보기 위해 그것을 곧바로 토막냈다 3. (머리털 등을) 헝클어 놓다, 텁수룩하게 하다 (raščupaviti); *tvoja je brada gusta, raščerupana i zapuštena* 네 턱수염은 많이 났으나 텁수룩하고 손질이 되지 않았다; *~ frizuru* 머리를 헝클어뜨리다

raščešati *-em* (完) **raščešavati** *-am* (不完) 긁어 상처를 내다, 긁어 부스럼을 만들다; *~ ruku* 손을 긁어 상처를 내다; *~ bubuljicu* 여드름을 긁어 부스럼을 만들다

raščešljati *-am* (完) **raščešljavati** *-am* (不完) 빗질하다, 빗으로 손질하다; *~ kosu* 머리를 빗질하다

raščiniti *-im*; *raščinjen* (完) **paščinjavati** *-am* (不完) 계급(직위; čin)을 박탈하다, 해임하다; *vele da je pravedno raščinjen kao narednik* 선임부사관으로서의 직위를 법에 의거해 박탈당했다고 말해진다

raščiniti *-im*; *raščinjen* (完) **raščinjavati** *-am* (不完) 1. 자르다, 토막내다; *~ jagnje* 양고기를 토막내다 2. (밀도·빈도·농도·세기 등을) 약하게 하다; 희석시키다, 약화시키다, 용해시키다, 묽게 하다; *~ sok* 주스를 묽게 하다 3. 분해하다 (rasturiti, rastaviti); *~ bure* 통을 분해하다 4. (뜨개질한 것·엉클어진 것·매듭 등을) 풀다, 끄르다 (raspresti)

raščistiti *-im*; *raščišćen* (完) **raščišćavati** *-am* (不完) 1. (불필요한 것, 방해되는 것 등을) 치우다, 치워 없애다, 깨끗이 하다 (raskrčiti, očistiti); *potrebno je da raščisti zemljište* 땅을 치울 필요가 있다; *pošla je da raščisti drum* 길을 치우러 떠났다; *~ put (od snega)* 길에서 눈을 치우다; *~ sneg* 눈을 치우다; *~ dvorište* 정원을 깔끔히 치우다; *~ fioku* 서랍 속을 정리정돈하다 2. (문제 등을) 해결하다, 깨끗이 하다, 명확히 하다; *~ pitanje* 문제를 해결하다 3. 해산시키다, 흩어지게 하다, 뿔뿔이 헤어지게 하다; *~ demonstrante* 시위대를 해산시키다; *svi su se raščistili* 모두가 뿔뿔이 헤어졌다 4. (s kim, s čim) ~을 끊다, 중단하다, 단절하다, ~에서 벗어나다; *~ s pićem* 술을 끊다; *~ s kockom* 놀음에서 벗어나다; *raščistićemo s tobom* 너와의 관계를 단절하겠다 5. ~ **se** (하늘·기후 등이) 맑아지다, 청명해지다; *nebo se nije raščistilo* 하늘이 맑아지질 않았다

raščlaniti *-im* (完) **raščlanjavati** *-am*, **raščlanjivati** *-njujem* (不完) 1. 나누다, 분리하다, 분할하다 (rastaviti na članove); *~ u nekoliko delova* 몇 개의 부분으로 나누다 2. 분석하다 (analizirati); *istorijski ~ sva pitanja* 모든 문제들을 역사적으로 분석하다

raščupati *-am*, **raščupaviti** *-im* (完) 1. (머리카락 등을) 헝클어놓다, 텁수룩하게 하다; *gleda ... oznojena lica, raščupane brade* 땀투성이인 얼굴과 텁수룩한 턱수염을 ... 보고 있다; *~ kosu* 머리를 헝클어뜨리다 2. 잡아뽑다 (počupati); *~ korov u povrtnjaku* 채소밭에서 잡초를 뽑다 3. 끊다, 절단하다, 토막내다 (iskidati, iskomadati, rasparčati); *~ teritoriju države* 국가 영토를 토막내다

raščuti se *raščujem se* (完) 1. (소문 등이) 퍼지다, 전파되다 (razglasiti se); *ova se svada ... odmah rašču po selu* 이러한 다툼은 곧 마을 전체에 퍼졌다 2. 유명해지다, 명성이 자자해지다 (postati čuven); *daleko se raščula lepota mladog Crnojevića* 젊은 쯔르노예비치의 잘 생김은 멀리까지 소문이 자자해졌다

raščvariti se *-im se* (完) 1. (마치 čvarak이 불에 녹듯이) 부들부들해 지다, 녹다, 용해하다; *smola se raščvarila ... na vrućini* 송진이 더위에 녹았다 2. (口語) 곁불을 쬐다, (햇볕에) 몸을 녹이다

rašće 식물, 식물계 (rastinje, bilje, flora)

rašćenje (동사파생 명사) rastiti (se); 성장, 자람

rašćerdati -am (完) 소비하다, 낭비하다, 탕진하다 (proćerdati)

rašćeretati se -am se (完) 잡담하기 시작하다, 담소를 나누기 시작하다 (početi ćeretati, razbrbljati)

rašepiriti, rašepuriti -im (完) 1. (거리·간격을) 벌리다, (넓게) 펴다, 펼치다, 넓어지게 하다 (razmaknuti, raširiti); *pokrio je lice dlanom i kroz rašepirene prste gledao široka ... leđa* 손바닥으로 얼굴을 가리고는 손가락 사이로 넓은 등을 바라봤다 2. ~ se 벌려지다, 펴지다, 넓어지다 3. ~ se (비유적) 거만하게 굴다, 젠체하다, 거들먹거리다 4. 기타; ~ *kao paun* 잘난체 하다, 거들먹거리다

raširiti -im (完) **raširivati** -rujem (不完) 1. 폭을 넓게 하다, 광범위하게 하다, (규모·범위 등을) 확대하다(확장하다, 크게하다, 늘리다) 잡아당기다; ~ *čarape* 양말을 잡아당겨 늘리다; ~ *cipele* 구두를 늘리다; ~ *odeću* 옷을 늘리다 2. (접힌 것을) 펴다, 펼치다; ~ *tepih* 양탄자를 펴다; ~ *rublje* 옷을 펴다; ~ *ćebe* 담요를 펼치다 3. (손·날개 등을) 펴다, 펼치다; *raširenih ruku dočekati* 열렬히 (진심으로) 환영하다 4. (눈 등을) 크게 뜨다, 동그랗게 뜨다; *dete raširi oči od čuda* 아이는 기적에 눈을 크게 떴다 5. (소문 등을) 내다, 퍼뜨리다, 전파하다; *deca ... odmah rašire novost po gradu* 아이들은 곧바로 온 도시에 소문을 퍼뜨린다; ~ *zarazu* 전염병을 전파하다

rašiti *rašijem; rašiven, -ena; rašit; rašij* (完) **rašivati** -am (不完) (옷 등의) 솔기를 풀다, 실밥을 뜯다 (rasparati)

rašlja -alja (보트의) 노걸이, 노받이

rašljast -a, -o (形) 두 갈래진, 두 갈래로 갈라진 (rakljast); ~ *štap* (끝이) 두 갈래로 갈라진(Y자 모양의) 막대기

rašlje -alja (女,複) 두갈래로 갈라진 것, 두 갈래 길, 두갈래로 갈라진 가지 (raklje, račve)

rašljika (植) (식물의) 덩굴손; *vinova loza se penje uz druge biljke, hvatajući se za njih rašljikama* 포도 덩굴은 덩굴손으로 다른 식물들을 잡고 올라간다

rašta (副) 1. ~ 때문에, ~ 어떠한 이유로 인해, 왜 (zbog čega, iz kakvog razloga); *nemaš me ~ koriti* 너는 날 비난할 이유가 없다 2. 어떠한 목적으로, ~을 위해 (radi čega, s kikvim ciljem)

raštimati -am, **raštimovati** -mujem (完) 1. (피아노 등 현악기의) 줄·현을 느슨하게 풀다; ~ *violinu* (klavir) 바이올린(피아노)의 현을 느슨하게 풀다 2. ~ se (피아노 등 현악기의) 줄·현이 느슨하게 풀리다(느슨해지다); *klavir je bio malo raštiman* 피아노는 현이 느슨하게 풀렸다

raštrkati -am (完) 1. (사방으로) 흩어지게 하다, 뿔뿔이 헤어지게 하다 (rasturiti); ~ *goveda* 소들을 사방으로 흩어지게 하다 2. ~ se (이리저리) 흩어지다; *svi su se raštrkali* 모두가 이리저리 흩어졌다; ~ se *kud koji* 사방으로 흩어지다

rat -ovi 1. 전쟁; *građanski (svetski, hladni)* ~ 내전 (세계 대전, 냉전); *krstački* ~ 십자군 전쟁; *biološki (odbrambeni)* ~ 세균전 (수호전); ~ *iscrpljivanja (iznuravanja)* 소모전; *otići u* ~ 전쟁에 참여하다; ~ *nerava* 신경전, 심리전; *voditi* ~ 전쟁하다; *objaviti* ~ 전쟁을 선포하다; *biti u* ~*u* 전쟁중이다; ~ *s Tuskom* 터키와의 전쟁(대터키 전쟁); ~ *do istrebljenja* 소탕전; *nekom* ~, *nekom brat* 어떤 사람들은 전쟁으로 희생을 치르는 반면, 어떤 사람들은 그 와중에 이익을 챙긴다; **ratni** (形) 2. (비유적) (해당 당사자들의) 격렬한 공격

rat 곶, 갑(岬) (rt)

rata (빚·월부 등의) 분할불의 1회분, 할부금; *plaćati na* ~*e* 할부 분할하다

ratar 밭을 경작하는 사람, 농부, 농민 (orač, zemljoradnik) **ratarski** (形)

ratarstvo 농업, 경작 (zemljoradnja)

ratificirati -am, **ratifikovati** -kujem (完,不完) 승인(비준·인준)하다

ratifikacija 승인, 비준, 인준

ratište 전장(戰場), 싸움터 (bojšte)

ratluk 단 것(쌀가루와 꿀 등을 섞어 만든 터키적인 것)

ratnī -ā, -ō (形) 참조 rat; ~ *huškač* 전쟁 선동가, 전쟁론자; ~ *sud* 군법 회의; ~ *zarobljenik* 전쟁 포로; ~ *invalid* 상이군인; ~ *zločin* 전범(戰犯); ~ *brod* 군함, 전함; ~*a odšteta* 전쟁 배상; ~*a šteta* 전쟁 피해; ~*a industrija* 군수 산업; ~ *bogataš* 전시의 부당 이득자

ratnik 전사(戰士) (borac) **ratnički** (形)

ratnohuškačkī -ā, -ō (形) 전쟁 선동가의; ~ *krugovi* 전쟁 선동가들의 세계

ratoboran -rna, -rno (形) 호전적인, 전투적인, 공격적인

ratobornost (女) 호전성

ratosiljati se -am se (完,不完) 1. (koga, čega) ~으로부터 벗어나다, ~을 털어내다 (osloboditi se, otarasiti se) 2. 포기하다;

ratosiljao se tih planova 그는 그 계획을 포기했다

ratovanje (동사파생 명사) ratovati

ratovati *-tujem* (不完) 싸우다, 전쟁하다; *ratujuće države* 교전국

ravan *ravni* (女) 1. 평지, 평원, 평야 (ravnica, nizija); *nigde brda na vidiku, pukla ~ i daljina* 언덕은 그 어디에도 없고 탁트인 평원만 눈앞에 펼쳐졌다; *hoćemo li skoro u ~, ili ćemo još dalje u gudure?* 곧 평원에 도착할까요, 아니면 아직 더 협곡을 지나야 하나요? 2. (幾何) 평면, 면; *strma ~* 경사면 3. 기타; *biti u ~ni s nekim ~*와 어깨를 나란히 하다; *stajati na istoj ~vni s kim ~*와 동일해 지다(같아지다)

ravan *-vna, -vno* (形) 1. 평평한, 평탄한; *~vna površina* 평평한 표면; *~ krov* 평지붕; *~vno stopalo* 평발; *~vna zemlja* 평평한 땅 2. 곧은, 똑바른, 굴곡이 없는; *~vna linija* 직선; *~vni redovi* 반듯한 줄 3. 똑같은, 동일한, 단조로운 (ujednačen, ravnomeran, monoton); *ići ~vnim hodom* 같은 발걸음으로 가다; *govoriti ~vnim glasom* 동일한(단조로운) 목소리로 말하다 4. 감정의 표출이 없는, 고요한, 평온한 (miran, tih); *niti je tužan, niti je radostan, no ~ i tup ... kao da se ništa ni desilo nije* 슬퍼하지도 즐거워하지도 않았다, 마치 아무런 일도 일어나지 않은 것 처럼 평온했으며 둔감했다; *~ kao sveća* 똑바른 5. (수량·가치·수준 등이) 동일한, 동등한, 같은 정도의, 같은 높이의; *voda ... je bila tamo ~vna sa nasipom* 물의 높이는 제방의 높이와 같았다 6. 전(全), 전부의, 모든 (pun, ceo, čitav); *~vnu nedelju dana ostao je on u kući* 일주 내내 집에 머물렀다; *~vna dva litra* 2 리터 전부 7. 기타; *nema mu ~vna* 그를 필적할만한 사람이 없다; *biti ~ nekome ~*와 어깨를 나란히 하다; *biti na ~vnoj nozi s nekim ~*와 동등하다; *vratiti ~vnom merom (na ~ način)* 동일한 방법으로 되갚다; *sve mi je ~vno do Kosova* 내게는 매 한가지이다

raved 참조 rabarbar; 장군풀 (약용으로 사용되는 다년생 식물)

raven (植) 대황, 장군풀 (lincura)

ravioli (男,複) 라비올리 (이탈리아식 파스타 요리의 하나)

ravnalo 참조 lenjir; 자(패션을 긋는 기구)

ravnanje (동사파생 명사) ravnati

ravnatelj (기관 등의) 장(長), 디렉터 (direktor, upravitelj, rukovodilac); *~ klinike* 병원장

ravnateljstvo (기관 등의) 최고위 경영 및 감독 부서 (direkcija, uprava); 그러한 부서가 있는 건물

ravnati *-am* (不完) 1. 평평하게(매끈하게) 하다 (poravnati); *~ stoljak* 테이블보를 평평하게 펴다; *~ nabore haljine* 치마의 주름을 펴다 2. ~와 일직선에 세우다; ~와 높이를 맞추다; ~에 맞추다, ~와 똑같게 하다 ; *ravnjajući konja u stroju, on je gledao u oficire* 말을 줄에 맞추면서 그는 장교를 쳐다봤다; *~ korak* 발을 맞추다(다른 부대원의 발과) 3. 동일시하다, 같다고 평가하다; 비교하다; *hvala ti ... što ga ravnaš sa ubicama* 그를 살인마들과 동일시하는 것에 감사할 따름이다; *~ lopove s ubicama* 도둑놈들을 살인범들과 동일시하다 4. (기관·회사 등에서) 장(長)의 직위를 가지다, 장(長)의 역할을 수행하다; 관리하다, 운영하다, 경영하다 (upravljati, rukovoditi); *~ operom* 오페라단 단장을 하다; *~ gimnazijom* 고등학교 교장을 하다; *ravna ... operom u Zagrebu* 자그레브 오페라단을 관장한다 5. (자신이 원하는 방향으로) 향하게 하다, 몰고 가다 (usmeravati); *~ parnicu u korist seljaka* 농부의 이익에 부합하도록 소송을 몰고 가다 6. ~ se (보통 군대에서) 대열을 맞추다, 대열을 맞춰 서다; *na desno, ravnaj se!* (軍) 우로 정렬 7. ~ se (prema kome, čemu) ~을 향하다; (자신의 생각·태도 등을) ~에 맞추다; *~ se prema zvezdama* 별을 향해 일렬로 서다; *~ se prema nekome* 누구에 자신을 맞추다; *~ se po propisu* 규정에 맞추다 8. ~ se (누구와) 동등해지다; *~ se s vođom* 지도자와 동등하다고 평가받다; *~ se s najboljima* 가장 뛰어난 사람과 동등해지다

ravnica 평지, 평원, 평야 (nizija)

ravničar 평지에 사는 사람 (反; gorštak, brđanin) **ravničarka; ravničarski** (形)

ravnina 평지, 평원, 평야

ravno (副) 1. 직선으로, 똑바로 (pravo); *leteti ~ u gol* 골대를 향해 일직선으로 날아가다 2. 지름길로, 곧장 (direktno); *voditi ~ u grad* 시내로 들어가는 지름길로 안내하다 3. (s kim, čim) ~와 같은 높이로; *~ s prsima* 가슴 높이로; *~ s ramenima* 어깨 높이로 4. 꼭대기까지, 꽉차게 (do vrha, puno); *dohvati ... čašu, nalije ravno rakije* 잔을 잡고는 잔에 가득차게 라키야를 따른다; *naliti ~ čašu pića* 술잔 끝까지 따르다, 술잔이 넘칠 정도로 따르다 5. (어깨를) 나란히

(naporedo); *sesti ~ jedan kraj drugoga* 서
로 나란히 앉다 **6.** (더도 덜도 아닌) 정확하
게 (ni manje ni više, tačno); *sad je ~ pet
sati* 지금 정확히 5시이다 **7.** (數) ~ 이다
(=); 4+2 = 6 **8.** 기타; *reći (kazati) ~ u oči
(u lice, u obraz)* 솔직하게 이야기하다; *sve
mi je ~ do Kosova (do mora)* 내게는 매 한
가지이다
ravnodnevnica 주야 평분시 (춘분 또는 추분);
prolećna (jesenja) ~ 춘분(추분)
ravnodušan *-šna, -šno* (形) **1.** 무관심한; 냉정
한 (indiferentan; hladan, spokojan); *biti ~
prema nečemu* ~에 대해 무관심하다; *~
prema devojci* 여자에 별 관심이 없는 **2.**
중요하지 않은, 가치없는, 의미없는
(nevažan, neznačajan); *možda sam ja ...
Ani tako ~ kao stare cipele* 아마도 나는
아냐에게 헌구두처럼 별 가치가 없는 사람인
지도 모르겠다
ravnodušnost (女) 무관심, 냉정
ravnokrak *-a, -o* (形) 같은 크기의 변을 같는,
등변(等邊)의, 같은 길이의 ; *~ trougao* 이등
변 삼각형
ravnomeran *-rna, -rno* (形) 동일한, 일정한,
균등한, 규칙적인, 고른; *~rno disanje* 고른
호흡; *~rna podela rada* 업무의 균등한 분배
ravnopravan *-vna, -vno* (形) 동등한, 평등한,
동일한 권리를 갖는; *~ pred zakonom* 법앞
에서 평등한; *~vni odnosi* 동등한 관계
ravnopravnost (女) 평등, 동등, 대등;
osigurana je ~ svih građana 모든 시민들의
평등함이 보장된다; *rodna ~* 성평등
ravnostran *-a, -o* (形) (幾何) 등변(等邊)의; *~i
trougao* 등변 삼각형
ravnoteža 균형, 평형, 밸런스; *izgubiti
(održati) ~u* 균형을 잃다(유지하다); *biti u
~i* 균형을 이루다; *osećaj ~e* 균형 감각;
izbaciti iz ~e 평정을 잃게 하다
ravnjača **1.** (앞부분에 챙이 달린) 모자의 일종
(윗부분이 평평한) **2.** 수평계 (수평 상태를
확인하는) (libela, razulja) **3.** 평평하게 하는
도구 (연장)
raz- (š, ž 앞에서 **ra-**; đ, dž 앞에서 **raž**; č, ć
앞에서 **raš**; 무성 자음 무리 앞에서 **ras**; 자
음 무리 앞에서 **raza**) 복합 동사 및 그 파생
어의 접두사로서 **1.** (두 개 혹은 그 이상으
로의 분할, 분배, 나눔); *razdeliti* 나누다, 분
할하다; *razbiti* 깨다, 부수다 **2.** (분산·이산·
흩어짐·산란); *razbacati* 사방에 던지다, 흩뿌
리다; *razići se* 흩어지다, 헤어지다 **3.** (기본
의미의 반대, 역(逆)); *raspopiti* (pop을) 파

계하다, 박탈하다; *razviti* 풀다, 끄르다;
razoružati 무장해제하다; *razočarati* 실망시
키다; *razmrsiti* 풀다, 끄르다 **4.** (행동·상태
의 시작(발생)) *rasplakati* 울기 시작하다,
raspljeskati se 박수를 치기 시작하다;
razbesniti se 화내기 시작하다 **5.** ((크기·범
위 등의) 확산, 확대; *razbujati se* (숲 등이)
우거지다, (물 등이) 불어나다; *razdebljati se*
뚱뚱해지다, 비만해지다 **6.** (최고조에 다다
름); *razbuktati se* 확 타오르다
raz 1. (그릇에 담긴 곡물을 그릇의 끝부분과
평평해지도록 깎아내리는) 고르개판, 판자 **2.**
(쟁기의) 볏
razabrati *razaberem*; *razabrao, -ala*;
razabran; *razaberi* (完) **razabirati** *-em* (不
完) **1.** (눈·귀 등으로) 식별하다, 인식하다,
분간하다, 알아차리다 (raspoznati,
razaznati); *~ glasove* 목소리를 알아차리다;
~ konture 형태를 인식하다 **2.** 깨닫다, 이해
하다 (shvatiti, razumeti); *nikako nije
moglo razabrati za kakvu se on ... pravdu
bori* 그가 어떤 정의를 위해 싸우고 있는지
를 결코 이해할 수 없었다; *~ ciljeve nečije
borbe* 누구의 투쟁 목적을 이해하다; *~
uzrok nečije srdžbe* 누구의 분노의 원인을
깨닫다 **3.** 탐문하다 (raspitati se) **4.** 듣다,
알다 (čuti, saznati); *~ nešto o nekome* 누
구에 대해 무엇을 듣다 **5.** 편견(알지 못함)
에서 벗어나게 하다, 교훈을 주다 (poučiti);
~ dete 아이를 편견에서 벗어나게 하다 / 아
이에게 교훈을 주다 **6.** 이성적으로(건강하게)
생각할 수 있는 능력을 되돌려주다;
osvestiti i ~ starca 노인이 정신이 들고 이
성적인 판단을 하도록 하다 **7.** 선택하다, 고
르다 (odabrati, probrati) **8. ~ se** (혼수상태
에서) 정신이 들다, 정신을 차리다
(osvestiti se) **9. ~ se** 정상적 심리 상태로
돌아오다, 안정을 찾다; 위안을 찾다, 소일거
리를 찾다 **10. ~ se** (어떤 방향으로) 향하다,
방향을 찾다 (snaći se, orijentisati se); *~
se u gužbi* 혼잡한 상태에서 방향을 잡다 **11.**
~ se 부풀어 오르다 (빵을 구울 때 빵이)
razagnati *-am* (드물게 *razaženem*) (完)
razagoniti *-im* (不完) **1.** (사방으로) 흩어지게
하다 (rasterati); *~ decu* 아이들을 흩어지게
이리저리 흩어지게 하다; *~ ovce* 양들을 사
방으로 흩어지게 하다 **2.** 떨쳐내다, 떼어내
다 (odstraniti); *~ strah* 두려움을 떨쳐내다;
~ ružne misli 추한 생각을 털어내다 **3. ~ se** 뿔뿔이 흩어지다, 헤
어지다 (razići se, rasturiti se)

razan -zna, -zno (形) (보통 複數 형태로 사용)
다른, 서로 다른, 여러가지의, 갖가지의
(različan, različit); ~zni ukus 서로 다른 맛;
~zni problemi 여러가지 문제들; ~zni ljudi,
~zni ćudi 취향도 가지가지다; ~zne svrhe
여러가지 목적; dva ~zna odela 두 개의 서
로 다른 옷; oni se ~zno oblače 그들은 서
로 다르게 옷을 입는다

razapeti razapnem; razapeo, -ela; razapet
(完) razapinjati -em (不完) 참조 raspeti

razarač 1. 파괴자, 파괴하는 사람 razarački
(形); ~ duh 파괴 정신 2. (軍) 구축함; iz
luke izlazi ~ 항구에서 구축함이 출항한다

razaranje (동사파생 명사) razarati; 파괴
razarati -am (不完) 참조 razoriti

razasipati -am & -pljem (不完) 참조 razasuti

razaslati razašaljem & razašljem; razaslao, -
la; razaslan & razaslat (完) razašiljati -em
(不完) (사방으로, 여러 곳으로) 보내다, 발송
하다 (poslati); ~ pozivnice 초대장을 여러
곳에 발송하다; odmah smo ovu vest
umnožili i razaslali po čitavoj opštini 우리
는 이 뉴스를 복사하여 모든 군(郡)에 보냈
다

razaznati -am; razaznat (完) razaznavati -
aznajem (不完) 1. 알아차리다, 인식하다
(raspoznati, prepoznati); bilo je daleko i
nisam mogla ~ tvoga lica 멀리 있어 네 얼
굴을 알아볼 수 없었다 2. ~의 위치·장소를
확인하다; ~ gde je sakriven novac 숨겨진
돈이 어디에 있는지 확인하다 3. ~에 대해
알다(정보를 받다); 이해하다, 깨닫다; ~
nešto o došljaku 이주자에 대한 (정보를) 알
다; ~ smisao nečije žrtve 누구의 희생의 의
미를 깨닫다 4. (~와 ~ 사이의) 차이를 알아
차리다, 구별하다, 분간하다 (razlikovati); ~
psa od vuka 개와 늑대의 차이를 분간하다

razbacati -am, razbaciti -im (完) razbacivati -
cujem (不完) 1. 흩뿌리다, 흩뜨리다, 어지르
다, (아무곳이나) 내던지다, 내동댕이치다; ~
stvari po sobi 온 방에 물건을 어질러 놓다
2. (口語) (팔·다리를) 편안히 쭉 뻗다; ~
noge 다리를 쭉 뻗다 3. (돈을) 낭비하다,
탕진하다, 헛되이 쓰다; ~ novac 돈을 낭비
하다 4. ~ se (이리저리) 흩어지다 (rasuti
se); ovce se razbacale po polju 양들이 들
판 이곳저곳에 흩어져 있었다 5. ~ se (팔·다
리를) 쭉 펴고 눕다; ~ se u snu 팔다리를
쭉 펴고 잠자다 6. (不完만) ~ se nečim 낭
비하다, 헤프게 쓰다; ~ se novcem 돈을 헤
프게 쓰다; ~ se hranom 음식을 낭비하다;

~ se bogatstvom 재산을 탕진하다

razbacivanje (동사파생 명사) razbacivati

razbacivati -cujem (不完) 참조 razbaciti

razbarušiti -im (完) razbarušavati -am,
razbarušivati -šujem (不完) 1. (머리카락 등
을) 헝클어놓다, 텁수룩하게 하다 (raščupati,
zamrsiti); ~ kosu 머리를 헝클어뜨리다 2.
~ se (머리카락 등이) 헝클어지다, 부시시해
지다 3. ~ se 격노하다, 미쳐 날뛰다
(razbesneti se, podivljati)

razbaštiniti -im (完) razbaštinjavati -am,
razbaštinjivati -njujem (不完) 유산(baština)
을 빼앗다, 상속권을 박탈하다; ~ me ne
možete, nemate razloga ni prava 당신은 내
상속권을 박탈할 수도, 그러한 이유도 권한
도 없습니다

razbeći se, razbegnuti se razbegnem se;
razbegao se, -gla se & razgegnuo se, -
nula se (完) razbegavati se -am se (不完)
(사방으로) 도망치다, 달아나다; ~ na sve
strane 사방으로 도망치다

razbesneti, razbesniti -im (完) 1. 화나게 하다,
화를 돋우다, 격앙시키다, 격분시키다
(razjariti); njega razbesni takva slugina
ravnodušnost 하인의 그러한 무관심이 그를
화나게 만든다 2. ~ se 화내다, 격노하다, 격
분하다 3. ~ se 맹렬해지기 시작하다, 격렬
해지기 시작하다 (폭풍·호우 등 자연 현상
등이); nekad se vetrovi toliko razbesne da
lome sve pred sobom 앞에 있는 모든 것을
휩쓸어 갈 정도로 그렇게 바람이 심하게 분
적도 있었다

razbežati se -im se (完) razbežavati se -am
se (不完) (사방으로) 도망치다, 달아나다, 뿔
뿔이 흩어지다; ostala deca su se razbežala
kao vrapci 나머지 아이들은 마치 참새떼처
럼 사방으로 뿔뿔이 흩어졌다; ~ u šumu 이
리저리 숲속으로 도망치다

razbibriga 1. 오락, 놀이; 오락거리, 소일거리
(raznoda, zabava); služiti nekome za ~u 누
구에게 소일거리로 여겨지다; biti nečija ~
누구의 소일거리이다 2. (女,男) 다른 사람을
즐겁게(심심하지 않게) 해주는 사람(것)

razbijač 1. (무엇인가를) 깨는 사람, 부수는 사
람; ~ kamena 돌을 깨는 사람 2. 혼란과 혼
돈을 야기하는 사람, 질서 파괴자; ~
društva 사회 질서 파괴자; ~ pokreta 운동
파괴자 3. 악한, 불한당, 깡패, 난폭한 사람;
kafanski ~ 선술집에서 활동하는 깡패 4. 강
도, 도둑 (obijač, kradljivac, provalnik)

razbijanje (동사파생 명사) razbijati; ~

1052

jedinstva 단결의 파괴
razbijati *-am* (不完) 참조 razbiti
razbirati *-am* (不完) 참조 razbrati
razbistriti *-im* (完) **razbistravati** *-am,* **razbistrivati** *-rujem* (不完) 1. 맑게(bistar) 하다, 투명하게 하다, 깨끗하게 하다; ~ *vodu* 물을 맑게 하다; ~ *jezero* 호수를 깨끗하게 하다 2. 반짝이게 하다, 빛나게 하다, 활력있게 하다; ~ *oči* 눈을 반짝이게 하다 3. (정신 등을) 맑게 하다, 명쾌하게 하다; ~ *misli* 생각을 분명하게 하다; ~ *um* 정신을 맑게 하다 4. 기분을 상쾌하게 하다 (razvedriti); ~ *zabrinutu majku* 걱정하는 어머니의 기분을 좋게 하다 5. ~ *se* (물 등이) 투명해지다, 맑아지다, 깨끗해지다 6. ~ *se* (날씨가) 맑아지다, 개다, 청명해지다; *vreme se nakon podneva opet razbistrilo* 날씨는 정오 이후 다시 맑아졌다 7. ~ *se* 빛나다 (zablistati); *oči joj se razbistriše* 그녀의 눈이 빛났다 8. ~ *se* (정신이) 맑아지다; *glava mu se razbistrila* 머리가 맑아졌다; ~ *se od pića* 술에서 깨어나다 9. ~ *se* 분명해지다, 명약관화해지다; 해결되다; *događaj na ratištu nisu se sasvim razbistrili* 전황은 그리 완전히 분명해지지는 않았다
razbiti *razbijem*; *razbijen, -ena & razbit*; *razbij* (完) **razbijati** *-am* (不完) 1. 깨다, 부수다 (slomiti); ~ *šolju* (led, prozor, staklo) 컵 (얼음, 창문, 유리)을 깨다; ~ *vrata* 문을 부수다 2. 부상을 입히다, 부러뜨리다, 피범벅이 되게 하다 (가격·추락 등으로 인해) (povrediti, raskrvaviti); ~ *nos* 코를 부러뜨리다, ~ *njušku* 주둥이를 박살내다 3. (적 등을) 무찌르다, 패퇴시키다, 이기다 (pobediti, poraziti); ~ *neprijatelja* 적을 물리치다 4. 무너뜨리다, 붕괴시키다, 훼손시키다, 손상시키다 (narušiti, potkopati); ~ *jedinstvo* 단결을 무너뜨리다; ~ *slogu* 화합을 훼손시키다 5. 흩뜨리다, 흩어지게 하다, 분산시키다 (rasturiti); *razbio vetar gustu maglu* 바람이 짙은 안개를 흩뜨렸다 6. (의심 등을) 쫓아버리다, 일소하다, 없애다, (걱정·공포 등을) 떨쳐버리다; ~ *strah* 공포심을 떨쳐버리다; ~ *sumnje* 의심을 떨쳐내다; ~ *predrasude* 편견을 없애다; ~ *potištenost* 낙담한 마음을 떨쳐내다; *razbio mi se san* 잠이 달아났다 7. (계약 등을) 파기하다, 폐기하다, 무효화하다 (raskinuti, poništiti); *onda ja hoću da razbijem pogodbu: svakom svoje, pa mirno!* 그래서 나는 계약을 파기하길 원한다: 모두가 자신의 것을 가지면 평화로울 것

이다! 8. (고액의 화폐를 잔돈으로) 바꾸다 (razmeniti, usitniti); ~ *hiljadarku* 1000 (디나르)화폐를 작은 돈으로 바꾸다 9. (~을 하는 것으로부터) 마음을 바꾸게 하다, 포기하게 하다; *hteli smo da kopamo kukuruze, pa nas razbi kiša* 우리는 옥수수를 갈아엎으려고 했지만 비로 인해 할 수 없었다 10. ~ *se* 깨지다, 부서지다 11. ~ *se* (넘어져, 부딪쳐) 부상당하다, 죽다; ~ *se o stenu* 바위에 부딪쳐 죽다(부상당하다) 12. ~ *se* 실패하다, 망치다 13. ~ *se* (단체 등이) 깨지다, 분열되다 14. ~ *se* (안개·연기·구름 등이) 걷히다, 사라지다 15. 기타; ~ *san (nekome)* (누구의) 잠을 깨다, 잠을 자지 못하게 하다; *razbio mu se san* 그는 잠이 달아났다
razblažiti *-im* (完) **razblaživati** *-žujem* (不完) 1. (어떤 액체에 물 등을 섞어) 묽게 하다, 희석시키다, 물을 타다 (razvodniti, razrediti); ~ *vino* 포도주에 물을 타다; ~ *mleko vodom* 물로 우유를 희석시키다; ~ *boju* 물감을 희석시키다 2. 완화시키다, 경감시키다 3. (감정 등을) 달래다, 진정시키다, 누그러뜨리다; *taj ju je laskavi kompliment razblažio i protiv njezine volje* 그러한 아첨성 칭찬은 그녀의 반대 의사를 누그러뜨렸다; ~ *nekoga (blagim rečima)* (온화한 말로) 누구를 누그러뜨리다
razblud (男,女), **razbluda** (女) 1. 성욕, 육욕, 정욕 (putenost, blud, čulnost); *odati se ~u (~i)* 정욕에 탐닉하다 2. 달콤함, 기쁨, 즐거움, 만족; 쾌락, 도락 (slast, užitak, milina); *uživati u ~u sna* 잠의 달콤함을 즐기다
razbludan *-dna, -dno* (形) 1. 육욕의, 성욕의, 음탕한, 색을 좋아하는; ~ *čovek* 색을 좋아하는 사람 2. 욕심많은, 탐욕적인; ~ *pogled* 탐욕적인 시선 3. 너무 자유분방한, 제멋대로인; *-dne reči* 너무 자유분방한 말
razbludnik 난봉꾼, 육욕(성욕)에 사로잡힌 사람 **razbludnica**
razbluđenik 참조 razbludnik **razbluđenica**
razboj *-oja* 1. 베틀, 직기; *ručni ~* 수동 베틀; *mehanički ~* 기계 베틀 2. (體操) 평행봉; *dvovinski ~* 2단 평행봉; *vežbe na ~u* 평행봉 운동 3. 전장(戰場), 전쟁터 (razbojište); *krvavi ~* 유혈이 낭자한 전쟁터 4. (方言) 강도질, 도둑질 (obijanje, provala)
razbojište 전장(戰場), 전쟁터, 전투가 벌어진 곳
razbojnik 1. (강탈과 살육을 감행하는) 강도, 약탈자 (pljačkaš); *drumski ~* 노상 강도 **razbojnički** (形) ~*a banda* 갱단; ~*a krađa*

1053

무장 강탈 2. (비유적) 제멋대로 행동하는 사람, 거만한 사람; 제멋대로 행동하는 아이

razbojništvo (무력을 동원한) 강탈, 약탈, 강도질; *uhvatio jednog seljaka ... pod sumnjom da je ... izvršio ~ u jednom selu* 어떤 마을에서 강도질을 한 혐의로 한 농부를 붙잡았다

razbokoriti se *-i se* (完) 덤불(bokor) 모양으로 자라다, 가지를 치며 자라다; *razbokorila se pšenica* 밀이 가지를 치며 자랐다

razboleti se *-im se* (完) **razbolevati se** *-am se* (不完) 아프다, 병에 걸리다, ~에 감염되다; *~ od malarije* 말라리아에 걸리다; *~ se od tuberkuloze* 결핵을 앓다

razbor 1. 이성 (razum); *no tada se opet javio hladan ~* 그때 다시 한 번 냉정한 이성이 나타났다; *raditi nešto po ~u* 이성에 따라 무엇을 하다 2. 차이; 예외 (razlika, izuzimanje); *bez ~a* 차이없이, 예외없이

razborit *-a, -o* (形) 1. 이성적인, 분별있는, 합리적인, 현명한 (razuman, trezven, mudar) 2. 넓은, 널찍한 (širok, prostran)

razbrajati *-am* (不完) 참조 razbrojiti

razbrati *razberem* (完) 참조 razabrati

razbratiti *-im* (完) 1. 형제 관계를 끊게 하다, 불화를 일으키다, 소원하게 하다; *to je ono što nas je razbratilo i iskopalo* 그것이 우리 사이에 불화를 일으키고 관계를 해친 것이다 2. ~ **se** 다투다, 말다툼하다, 형제 관계를 끊다(단절하다)

razbrbljati *-am* (完) 1. (수다를 떨면서) 퍼뜨리다; *~ na sve strane* 사방에 소문을 내다; *~ tajnu* 비밀을 누설하다 (입방정을 떨면서) 2. ~ **se** 본격적으로 수다를 떨기 시작하다; *razbrbljala se o svemu što joj je u pamet dohodilo* 그녀는 머릿속에 떠오르는 모든 것에 대해 입방정을 떨기 시작했다

razbrkati *-am* (完) 1. 섞다, 혼합하다 (razmutiti, izmešati); *~ jaje s brašnom* 계란을 밀가루와 혼합하다 2. 흩뿌리다, 흩뜨리다, (아무렇게나) 내던지다, 내동댕이치다; 저지하다, *~* 못하게 방해하다, 훼방놓다; *~ vatru* 불을 흩뜨리다; *~ dogovor* 약속을 내동댕이치다

razbrojati *-im; razbrojan,* **razbrojiti** *-im* (完) **razbrajati** *-am* (不完) 1. 그룹별 (무더기별)로 세다; 세면서 그룹(쌍)으로 나누다; *~ jabuke* 사과를 (그룹별로) 세다 2. ~ **se** 소리를 내며 세면서 그룹(쌍)으로 나뉘다; *igrači se razbroje u prve i druge* 선수들은 1군과 2군으로 나뉜다

razbubnjati *-am* (完) 1. 북을 두드려 알리다 (선포하다); *~ naredbu* 북을 두드려 명령을 알리다 2. (비유적) (보통 좋지 않은 소문을) 퍼뜨리다, 확산시키다, 소문내다 (razglasiti, rastrubiti)

razbucati *-am* (完) 1. 찢다, 뜯다, 꺾다 (pocepati, iskidati); *~ stoljak* 테이블보를 찢다; *~ košulju* 셔츠를 찢다 2. 갈기 갈기 찢다 (rastrgati, raskomadati); *~ živinu* 닭을 갈기 갈기 찢다 3. 여러 조각으로 조각내다 (rasparčati); *~ državu* 국가를 조각 조각 내다; *~ partiju* 당을 여러 조각으로 조각내다 4. 쳐부수다, 물리치다, 박살내다 (razbiti, slomiti); *~ neprijatelja* 적을 쳐부수다 5. ~ **se** (깃발·돛 등이) 찢어지다

razbuditi *-im; razbuđen* (完) **razbuđivati** *-đujem* (不完) 1. (잠에서) 깨어나게 하다, 깨우다; *oprosti ... ja sam te razbudio* 내가 너를 잠에서 깨워 ... 미안해; *~ oca* 아버지를 깨우다 2. (비유적) 야기시키다, 일깨우다, 각성시키다, 분발케 하다 (izazvati, pokrenuti, podstaći); *~ samilost* 동정심을 일깨우다

razbukati *-čem* (完) 1. (뿔로 들이받아) 흩뜨리다, 사방으로 흩뿌리다; *ružno opsuje krave što su razbukale seno* 건초를 들이받아 사방으로 흩뜨린 소들을 욕한다 2. ~ **se** 소리치다, 고함치다 (razgalamiti se)

razbuktati *-kćem & -tam* (完) **razbuktavati** *-am* (不完) 1. 활활 타오르게 하다, (불을) 지르다; *~ vatru* 불이 활활 타오르게 하다 2. 자극하다, 불타오르게 하다; *~ ustanak* 봉기의 불꽃이 활활 타오르게 하다; *~ strasti* 욕망을 불꽃처럼 일게 하다; *~ mržnju* 증오심이 활활 타오르게 하다 3. ~ **se** 활활 타오르기 시작하다 (početi intenzivno goreti); *vatra se razbuktala* 불이 활활 타오르기 시작했다

razdaljina (시간상, 공간상 떨어져 있는) 거리, 간격 (udaljenost, rastojanje, razmak)

razdaniti (se) *-i (se)* (完) **razdanjivati (se)** *-a (se)* (不完) (無人稱文으로) 동이 트다, 날이 새다, 여명이 밝다 (svanuti); *kad se razdanilo, došlo je mlinar* 날이 밝았을 때 방앗간 주인이 왔다

razdati *-am; razdao, -ala; razdan & razdat; razdaj* (完) **razdavati** *-dajem* (不完) 1. (여러 사람들에게) 모든 것을 나누어 주다 (선물하다); *~ knjige* 책을 나누어 주다; *~ novac* 돈을 나누어 주다 2. 전달하다, 인계하다 (uručiti, predati); *~ pozive* 초대장을 전달

하다; ~ *pošiljke* 소포를 전달하다 3. ~ *se*
(소리가) 퍼지다, 울리다

razdavač 나누어 주는 사람, 배포자, 전달자

razdavati *-dajem* (不完) 참조 razdati

razdelak *-eoka* 1. (전체에서) 분리된 한 부분
(칸·칸막이 등의); *gornji* ~ *ormana* 장의 윗
부분; ~ *sela* 마을의 한 부분 2. (강물이 갈
라지는 경계가 되는) 분수령, 분수계(分水界)
(vododelica, razvođe)

razdeliti *-im*; *razdeljen* (完) **razdeljivati** *-
ljujem* (不完) 1. (부분으로, 그룹으로) 나누
다, 분할하다 (podeliti); ~ *hleb na tri dela*
빵을 세 조각으로 나누다; *kapetan* ...
razdeli srpsku vojsku na tri kolone 대위는
세르비아 군대를 세 줄로 나눴다; ~ *na dva
dela* 두 부분으로 나누다 2. 분리하다, 경계
를 나누다 (odvojiti, razgraničiti); ~ *žito od
kukolja* 곡물을 쭉정이와 분리해내다; ~ *dve
(jednu od druge) pokrajine* 두 지역의 경계
를 나누다(강 등이) 3. (머리의) 가르마를 타
다; ~ *kosu* 머리의 가르마를 타다 4. (여러
사람들에게) 주다, 나누어 주다, 분배하다 ;
(일정 시간 지속되도록 힘 등을) 분배하다,
분산하다; *valja prema vlastitim
sposobnostima* ~ *snagu za vreme trke* 자
신의 능력에 따라 달리기 시간에 힘을 분배
하다 5. ~ *se* 나뉘다; (머리카락 등이) 빠지
다, 떨어지다 6. ~ *se* (단체·조직 등이) 분리
되다, 나뉘다 7. 기타; ~ *se s dušom* 죽다,
사망하다

razdeljak *-ljka* 1. (머리의) 가르마; *imati
(nositi)* ~ *na sredini* 가운데에 가르마가 있
다; *kriv* ~ 비뚤어진 가르마; *češljati kosu
na* ~ 가르마를 타 머리를 빗다 2. 나뉘어지
는 곳(장소), 분기점; ~ *puta* 길이 갈라지는
곳; ~ *potoka* 하천이 갈라지는 곳 3. 칸, 칸
막이 (odeljak, pregradak); ~ *ormana* 장의
칸 기타; *na ~ljke (govoriti)* 한 마디 한
마디씩 끊어 (음절로 끊어) 강조하여 이야기
하다

razdeljiv *-a, -o* (形) 나눌 수 있는, 분리할 수
있는 (deljiv)

razdeljivati *-ljujem* (不完) 참조 razdeliti

razdenuti *-nem* (完) (쌓아 올려진 것을) 허물
다, 풀어 젖히다; ~ *plast* 건초 더미를 허물
다; ~ *snop* 단을 풀어 젖히다

razdeo *-ela* 1. (전체의) 한 부분, 그룹, 카테고
리, 종류 2. (기관 등의) 과(科) (odeljenje,
odsek) 3. (책 등의) 장(章) (poglavlje) 4. 분
할, 분리, 나눔 (podela, deoba) 5. 중단, 중
지, 휴식 (prekid, pauza)

razdeoba 1. 분할, 분리, 나눔 (podela, deoba);
administrativna ~ 행정 분리; ~ *kamenog
doba* 석기시대 구분 2. (재산 등의) 분할
(raspodela); ~ *zemlje* 토지 분할; ~ *imanja*
재산 분할

razder (갈라진) 틈 (pukotina, rascep)

razderati *-em*, **razdreti** *-em* (完) **razdirati** *-
em* (不完) 1. 찢다, 뜯다, 잡아 뜯다
(pocepati, iskidati); *razdere na
paramparčad pismo* 편지를 갈기 갈기 찢다
2. (옷·신발 등을) (오래 사용하여) 닳게 하다,
해지게 하다 (pohabati); ~ *cipele* 오래 신어
신발이 해지다; ~ *bluzu* 오래 입어 블라우스
가 해지다 3. 할퀴다, 긁히게 하다, 손상을
입히다 (zagrepsti, ozlediti) 4. ~ *se* 찢어지
다, 뜯어지다; *haljina se razderala od trnja*
드레스가 가시에 찢어졌다 5. (신발·옷 등이)
해지다 (오랫동안 사용하여) 6. ~ *se* 긁히다,
할퀴다 ~ *se* 소리치다, 고함치다 (na
nekoga) (proderati se, razvikati se); *šta je
ovo? – razdera se Luka i zakrvavljenim
očima pogleda trgovca* 이게 뭐야? 하면서
루카는 소리를 지르면서 충혈된 눈으로 상인
을 바라봤다 8. 기타; ~ *dušu (srce)
nekome* 누구의 마음을 찢어지게 아프게 하
다; ~ *zavesu (koprenu) s čega* 비밀을 폭로
하다

razdesiti *-im*; *razdešen* (完) 1. 흔들리게 하다,
헐겁게 하다 (rastresti, rasklimati) 2. (피아
노 등 현악기의) 현·줄을 헐겁게 하다(그 결
과 음정이 틀린) (raštimovati); ~ *violinu
(klavir)* 바이올린(피아노)의 현을 헐겁게 하
다 3. (비유적) 조화를 깨다(허물다); ~ *dušu*
마음의 평화를 깨다 4. ~ *se* 흔들리다, 헐
거워지다 5. ~ *se* (현악기의) 현이 헐거워지
다 6. ~ *se* (소리 등이) 화음이 맞지 않다

razdevičiti *-im* (完) **razdevičavati** *-am* (不完)
처녀성(devičanstvo)을 빼앗다 (deflorirati)

razdoblje 시대, 시기 (period, doba)

razdor 1. 불화, 알력, 싸움 (nesloga, sukob,
trvenje); *sejati* ~, *bacati seme* ~*a* 불화의
씨앗을 뿌리다 2. 분기되는 곳(장소)
(rascep) 3. 기타; *jabuka (klica, seme)* ~*a*
불화의 씨앗

razdragan *-a, -o* (形) 1. 참조 razdragati 2.
매우 기쁜(즐거운), 기분 좋은

razdraganost (女) 큰 기쁨, 광희, 환희, 황홀
(veselnost)

razdragati *-am* (完) 1. 매우 기쁘게 (즐겁게)
하다, 매우 기분 좋게 하다; ~ *majku* 어머니
를 기쁘게 하다; *njega je taj poset* ...

R

veoma razdragao 그 방문은 그를 매우 기
쁘게 했다 2. ~ **se** 기뻐하다, 즐거워하다
razdražen *-a, -o* (形) 참조 razdražiti; 신경질
이 난, 화난
razdraženo (副) 화내면서, 신경질적으로, 흥분
하여 (uzrujano, srdito); ~ *reći* 신경질적으
로 말하다; ~ *psovati* 화내면서 욕하다
razdražiti *-im* (完) **razdraživati** *-žujem* (不完)
1. 매우 짜증나게 하다, 흥분하게 하다; 화나
게 하다, 분노하게 하다 (jako uznemiriti,
uzrujati; razljutiti, rasrditi); *pucnjava je
razdražila svet* 총소리는 대중들을 흥분케
했다 2. (불유쾌한 어떤 감정·느낌 등을) 자
극하다, 불러 일으키다, 한층 더 강하게 하
다 (podstaći, pobuditi, pojačati); *to mu još
više razdraži žeđ* 그것은 그에게 더욱 더 심
한 갈증을 유발한다 3. ~ **se** 아주 흥분하다,
아주 짜증내다; 화내다, 분노하다
razdraživ *-a, -o* (形) 참조 razdražljiv
razdražljiv *-a, -o* (形) 신경질적인, 짜증내는,
쉽게 화내는(흥분하는); ~ *pas* 쉽게 흥분하
는 개(犬); ~ *čovek* 신경질적인 사람
razdremati *-am* (完) 졸음(dremež)을 쫓다, 잠
을 쫓다; *tvoje priče čisto su me
razdremale* 네 이야기가 (나의) 졸음을 완
전히 쫓아냈다
razdrešiti *-im* (完) **razdrešivati** *-šujem* (不完)
1. 매듭을 풀다; (묶은 것 등을) 풀다, 끄르
다 (razvezati); ~ *zavežljaj* 다발을 풀다; ~
čvor 매듭을 끄르다 2. (비유적) (sa nekoga,
nečega) 주술을 풀다 3. 기타; ~ *jezik* 말하
기 시작하다; ~ *kesu* 돈 보따리를 풀다, 돈
을 쓰기 시작하다
razdreti *-em* (完) 참조 razderati
razdrljiti *-im* (完) 1. 옷을 풀어 젖히다, 단추
를 풀다 (특히 목과 가슴 부분의)
(raskopčati, razgolititi); ~ *košulju* 셔츠의
윗 단추를 풀다; ~ *grudi* 가슴을 풀어 젖히
다 2. 찢다 (rascepati, razderati)
razdrmati *-am* (完) **razdrmavati** *-am* (不完) 1.
흔들리게 하다, 헐겁게 하다 (rasklimati,
rasklatiti); ~ *kolac (zub)* 말뚝 (이빨)을 흔
들리게 하다 2. (nekoga) (누구를) 흔들다,
흔들어 깨우다 (prodrmati); ~ *nekoga iz
sna* 누구를 흔들어 잠에서 깨우다 3. (비유
적) 무기력에서 깨어나게 하다, 활동적이되
게 하다 4. ~ **se** 흔들리다 5. ~ **se** 무기력에
서 깨다, 활발해지다
razdrobiti *-im* (完) 1. 잘게 부수다, 잘게 하다,
가루로 만들다; 조각내다 (usitniti, izmrviti;
rasparčati); ~ *zemlju* 흙을 잘게 부수다; ~

hleb 빵을 잘게 부수다 2. 부수다, 분쇄하다,
파괴하다 (smrviti, uništiti)
razdrt *-a, -o* (形) 1. 참조 razdreti (se); 낡은,
해진, 찢어진 2. (목소리가) 쉰, 허스키한
(promukao, hrapav)
razdruzgati *-am* (完) 잘게 부수다, 가루로 만
들다 (razmrskati, razdrobiti); *trideset
kuršuma čekaju da ti glavu razdruzgaju* 30
발의 탄환이 네 머리를 박살내려고 기다리고
있다
razduhati *-am* & *-šem* (完) 참조 razduvati
razduvati *-am* (完) 1. (바람이) 사방으로 날려
보내다, 흩날리다; ~ *prašinu* 먼지를 날려
보내다 *bura ... će mu ~ sve snove* 폭풍이
그의 모든 꿈을 휩쓸어 갈 것이다; 2. (소문
·유언비어 등을) 침소봉대하여 퍼뜨리다;
neprijatelj je razduvao da smo uništeni 적
은 우리가 멸망했다고 침소봉대하여 퍼뜨렸
다 3. 혹혹 불면서 불을 지피다 (raspiriti,
rasplamteti); ~ *žeravicu* 잉걸불을 혹혹 불
다 4. ~ **se** 강한 바람이 불기 시작하다
razdužiti *-im* (完) **razduživati** *-žujem* (不完)
(koga) 1. ~의 빚을 탕감해 주다, 채무 관계
를 청산시키다 2. (직위·임무 등에서) 해임하
다 3. ~ **se** 빚을 갚다, 빚을 상환하다, 채무
관계를 청산하다; *dok se nerazdužim
staroga duga, neću uzimati novi* 이전의 빚
을 갚지 않는 이상 새로운 빚을 지지는 않을
것이다; ~ **se** *s nekim* 누구와의 채무 관계를
청산하다; *treba prvo jedan drugome da se
razdužimo* 우선 먼저 서로의 채무 관계를
청산할 필요가 있다 4. ~ **se** (임무· 직위 등
에서) 해임되다, 벗어나다
razdvajanje (동사파생 명사) razdvajati
razdvajati *-am* (不完) 참조 razdvojiti
razdvojan *-jna, -jno* (形) 1. 분리의, 분리하는,
경계를 이루는; ~ *zid* 분리 벽 2. 차이(경계)
를 분명히 보여주는 3. 분리되는, 분리할 수
있는
razdvojiti *-im* (完) **razdvajati** *-am* (不完) 1. 가
르다, 나누다, 분리하다 (뭉치·그룹 등으로)
(podeliti); ~ *novac* 돈을 나누다; ~ *četu na
dva dela* 중대를 두 개로 나누다; ~
konopac 노끈을 나누다 2. 분류하다, 분리
하다, 종류별로 나누다 (razvrstati,
razlikovati); ~ *bolesne i zdrave* 건강한 사
람과 아픈 사람을 분리하다 3. (서로 다른
방향으로) 벌리다, 향하게 하다 (razmaći,
raskriliti); ~ *ruke* 손을 벌리다; ~ *zavese*
커튼을 걷다 4. (공간 등을) 나누다, 분리하
다 (odeliti, pregraditi) 5. (서로 싸우는 사람

1056

들을) 떼어 놓다 (razmaći, razvaditi); ~ učesnike tuče 폭력 가담자들을 떼어놓다; ~ siledžije 깡패들을 떼어놓다 6. (관계 등을) 끊다, 단절하다; (공동체 등을) 분할하다, 분리시키다; ostajem ti pobratimom dok nas motika razdvoji 죽음이 우리를 갈라놓지 않는 이상 나는 너의 의형제로 남아있을 것이다; ~ supružnike 부부 사이를 갈라놓다 7. ~ se 나뉘다, 분리되다; vasionski brodovi su se razdvojili 우주선들은 분리되었다; 8. ~ se 절교하다, 절연하다, 다투다, 헤어지다; 이혼하다; razdvojili su se 그들은 헤어졌다; pop-Sima se razdvojio sa svojom ženom 시마는 아내와 이혼했다 9. 기타; ~ se s dušom 죽다, 사망하다

razdvojiv -a, -o (形) 나뉘는, 나눌 수 있는 (rastavljiv, deljiv)

razgađati -am (不完) 1. 참조 razgoditi 2. ~에 대해 생각하다; 상기하다, 기억해 내다; 추측하다

razgalamiti se -im se (完) 시끄럽게 하다, 떠들다; 소리치다, 고함치다

razgaliti -im; razgaljen (完) razgaljivati -ljujem (不完) 1. (nekoga) (슬픔·기분 나쁨 등을) 털어내다, 떨치다; 기분을 좋게 하다, 기쁘게 하다; ~ starca 노인을 기쁘게 하다; ~ srce (dušu) 마음을 달래다, 마음을 기쁘게 하다 2. (nekoga) 기운나게 하다, 생기를 되찾게 하다 (okrepiti, osvežiti) 3. (nešto) (좋지 않은 감정·느낌 등을) 없애다, 가라앉히다, 진정시키다, 완화시키다; ~ vrućinu 더위를 식히다; ~ tugu 슬픔을 진정시키다; brigu 걱정을 덜다; ljudi časom rakije ili hladnog vina tu neobično vrućinu razgale 사람들은 한 잔의 라키야나 찬 물로 예외적으로 더운 더위를 식힌다 4. 나체(裸體)로 만들다, 옷을 벗다 (razgolotiti, obnažiti); ~ grudi 가슴을 내보이다 5. (비유적) 발견하다, 밝히다, 폭로하다 (otkriti, obelodaniti); ~ istinu 진실을 발견하다; ~ tajnu 비밀을 폭로하다 6. ~ se 기분이 좋아지다, 기뻐지다 7. ~ se 원기를 회복하다, 생기를 되찾다; se hladnom vodom 시원한 물로 기운을 되찾다 8. ~ se 옷이 벗어 젖혀지다, 나체로 되다 9. ~ se (보통 無人稱文으로) (하늘이) 맑다, 맑아지다, 청명해지다; mutno nebo se razgalilo 흐린 하늘은 맑아졌다

razgarati se -am se (不完) 참조 razgoreti se

razgaziti -im (完) 1. (눈·진흙 등을) 밟다, 짓밟다, 밟아 자국을 남기다; ~ sneg 눈을 밟다; ~ blato po celoj kući 온 집안에 진흙 자국

을 남기다; ljudi su razgazili sneg 사람들이 눈을 밟았다 2. (장화·신발 등을) 신고 다녀 넓어지게 하다, 편안하게 하다, 길들이다; ~ cipele 구두를 신고 다녀 길들이다 3. ~ se (신발 등을) 신고 다녀 넓고 편안해지다 (길들다)

razgibati -am & -bljem (完) razgibavati -am (不完) 1. (경기 등에 대비하여) 몸을 풀다, 준비 운동을 하다, (근육 등을) 풀다, 이완시키다 (razraditi); ~ noge (ruke) 다리 (팔)를 풀다 razgibajte svoje telo, pođite peške 몸을 풀고 걸어가세요 2. ~ se 몸을 풀다, 준비 운동을 하다

razglabati -am (不完) 1. 참조 razglobiti; (발목 등을) 삐다, 접지르다 2. 장황하게 이야기하다, (쓸데없이 많이) 지껄이다

razglasiti -im; razglašen (完) razglašavati -am (不完) 1. 소식을 전하다 (전파하다); 알리다, 공표하다, 공고하다, 발표하다 (oglasiti, objaviti); ~ nečiji uspeh 누구의 성공을 전하다; ~ venčanje 결혼을 발표하다 2. 헐뜯다, 모략하다, 비방하다 (ozloglasiti) 3. ~ se 소문나다, 잘 알려지다, 유명해지다

razglasnī -ā, -ō (形) 알리는, 공포하는, 발표하는; ~a stanica (공공 장소의) 방송실, 안내실; ~ uređaj (강당·옥외 따위의) 확성 장치, (특정 장소·건물에 설치된) 장내 방송 설비; preko ~e stanice 방송실을 통해

razglašavati -am (不完) 참조 razglasiti

razglašen -a, -o (形) 1. 참조 razglasiti 2. 유명한, 저명한 (poznat, čuven); ~o vino 유명한 포도주

razglaviti -im (完) razglavljivati -ljujem (不完) 1. (단단히 고정되거나 박혀있는 것을) 흔들리게 하다, 헐겁게 하다, 이완시키다 (rasklimati, rasklopiti, rasturiti); ~ nogu stola 책상 다리를 흔들리게 하다; ~ zub pre vađenja 발치(拔齒)하기 전에 이를 흔들다 2. (강제로) 벌리다, 넓히다 3. 기타; ~ vilice (usta) 1)큰 소리로 이야기하다 2)큰 소리로 웃다(입을 크게 벌려)

razgledanje (동사파생 명사) razgledati; ~ muzeja 박물관 관람

razgledati -am (完) razgledavati -am (不完) 1. (사방을) 주의깊게 살펴보다(pregledati); ~ oko sebe 자기 주변을 유심히 살펴보다; ~ salu 홀을 살펴보다; ~ muzej 박물관을 관람하다; ~ grad 도시를 관광하다 2. ~ se 자신의 주변을 살펴보다, 바라보다, 지켜보다 (osvrnuti se, osmotriti)

razglednica 그림 우편 엽서 (도시 풍경 등의

R

사진이 있는)

razglibati se *-a se,* **razglibiti se** *-i se* (完) 진흙 투성이(glibav)가 되다; *kiša jednako lije ... na razglibanu zemlju* 비는 끊임없이 진흙 투성이인 땅에 내린다

razglobiti *-im* (完) **razglobljavati** *-am,* **razglobljivati** *-ljujem* (不完) 1. (관절 등을) 탈구시키다, 삐게 하다 (iščašiti); ~ *koleno* 무릎을 삐다 2. 흔들리게 하다, 헐겁게 하다, 이완시키다 (razmrdati); ~ *ukočene ruke i noge* 경직된 팔과 다리를 이완시키다 3. 분해하다, 해체하다 (rasklopiti, rasturiti, rasuti); ~ *motor* 엔진을 분해하다; ~ *kočnicu* 브레이크를 분해하다 4. 분석하다 (raščlaniti, izanalizirati); ~ *misao* 사상을 분석하다; ~ *rečenicu* 문장을 분석하다 5. ~ **se** (발목 등을) 삐다, 접질리다, 탈구되다 6. ~ **se** 흔들리다, 이완되다, 헐거워지다

razgneviti *-im* (完) **razgnevljivati** *-ljujem* (不完) 1. ~ *nekoga* 화를 내게 하다, 격앙시키다, 격분시키다 (razljutiti, rasrditi); ~ *oca* 아버지를 격앙시키다; *Perica ... lupa štapom po ogradi. Njega to razgnjevi* 페리짜가 막대기로 담장을 친다, 그것이 그의 화를 돋운다 2. ~ **se** 화를 내다, 분노하다, 격분하다; *seljak se razgnevio na sve činovnike* 농부는 모든 관료들에게 화를 냈다

razgodak *-tka* (廢語) 구두점(句讀點)

razgoditi *-im* (完) **razgađati** *-am* (不完) 1. 나누다, 분리하다 (razdvojiti, podeliti) 2. 연기하다, 뒤로 미루다 (odgoditi, odložiti); ~ *ispit* 시험을 연기하다 3. (계약·합의 등을) 파기하다; ~ *dogovor* 약속을 파기하다; ~ *pogodbu* 계약을 파기하다 4. ~ **se** 우정관계를 단절하다, 헤어지다, 다투다

razgolititi *-im; razgoličen* (完) **razgoličavati** *-am* (不完) 1. 드러내다, 발가벗기다, (몸을) 노출시키다 (otkriti, obnažiti); ~ *grudi* 가슴을 드러내다 2. (nekoga, nešto) (비유적) (~ 에 대한 사실을) 폭로하다, 알리다, 발표하다 (razotkriti, obelodanti); ~ *nečiju pokvarenost* 누구의 타락함을 폭로하다 3. ~ **se** 옷을 벗다, 발가 벗다 (obnažiti se, svući se) 4. ~ **se** (비유적) 가면을 벗다, 자신의 본모습을 드러내다

razgon (植) 현삼과(科) 꼬리풀속(屬) 식물의 총칭

razgoniti *-im* (不完) 참조 razagnati

razgoreti *-im* (完) **razgorevati** *-am* (不完) 1. (불이 타 오르도록) 불을 돋우다, 불이 타오르게 하다 (raspaliti, rasplamsati); *opet*

ćemo ~ plamen ustanka 봉기의 횃불을 다시 들어 올릴 것이다 2. ~ **se** 활활 타 오르기 시작하다; *razgorelo se u njihovim srcima čuvstvo ljubavi* 그들의 가슴에 사랑의 감정이 활활 타 오르기 시작했다

razgoropaditi se *-im se* (完) 화를 내다, 격노하다, 격분하다 (razvbesneti se, razljutiti se); *zbog te odluke mali se razgoropadi* 그 결정 때문에 아이가 화를 낸다

razgovarati *-am* (不完) 1. 대화하다, 이야기하다; 토론하다, 의견을 나누다; ~ *s nekim* ~ 와 이야기하다; ~ *o ozbiljnim stvarima* 심각한 사안들에 대해 토론하다 2. (nekoga, nešto) (이야기를 하여) 흥미롭게 하다; *tako je ... starac ... razgovarao svoje goste* 그렇게 노인은 손님들에게 (이야기를 하여) 흥미롭게 했다 3. 위로하다, 격려하다, 힘나게 하다 (tešiti, bodriti); *Abdel pesmom srce razgovara* 아브델은 노래로 마음을 위로했다

razgovetan *-tna, -tno* (形) 쉽게 알아차릴 수 있는, 분명한, 명료한; ~*tne misli* 분명한 생각; *govori ~tno!* 명료하게 말해!

razgovor 1. 대화; *telefonski* ~ 전화 통화; *obaviti* ~ 대화하다, 의견을 나누다; ~ *u četiri oka (u dvoje)* (단 둘 만의) 단독 대화; ~*i o miru* 강화 회담, 평화 회담; *iz ~a smo prešli u polemiku* 우리의 대화는 논쟁으로 번졌다 2. 기타; *nevezan* ~ (주제와) 상관없는 대화; *ima s tobom* ~ 누구를 질책하기 위해 (아랫 사람에게) 면담을 청할 때 하는 말; *nema (ne može biti) o tome ni ~a* 말도 안되는 소리이다, 그것에 대해서는 말할 필요조차 없다

razgovoran *-rna, -rno* (形) 1. 대화의, 말의; ~*rna tema* 대화 주제 2. 일상 언어의, 구어체의 (어휘·표현 등이); ~ *jezik* 구어체 언어 3. 말이 많은, 이야기하기 좋아하는, 수다스러운 (govorljiv, rečiv); ~ *čovek* 이야기하기 좋아하는 사람

razgovoriti *-im* (完) **razgovarati** *-am* (不完) 1. ~ *nekoga* 말로 기쁘게 해주다; 위로하다, 격려하다, 용기를 주다 (razveseliti; utešiti, obodriti); ~ *ožalošćenu majku* 슬픔에 빠진 어머니를 위로하다 2. ~ **se** 대화하다, 잠시 이야기하다; 토론하다; ~ *se o politici* 정치에 대해 잠시 이야기를 나누다 3. ~ **se** 말이 많아지다, 수다를 떨다 4. ~ **se** 대화로 위로를 받다(격려를 받다); *ali se Stojan ne razgovori i ne razveseli* 스토얀은 위로를 받지도 못하고 기분도 좋아지지 않았다

razgovorljiv -a, -o (形) 1. 말많은, 수다스러운, 말하기 좋아하는 (pričljiv); bio je vrlo živahan i ~ 그는 매우 활기차고 말하기를 좋아했다 2. 기분좋은, 유쾌한, 상쾌한

razgovornik 이야기하기 좋아하는 사람; 대화 상대자

razgrabiti -im (完) razgrabljivati -ljujem (不完) 1. (많은 물건을 불법적으로) 취하다, 훔치다, 도둑질하다 (pokrasti); ~ nečiji nakit 누구의 보석을 훔치다 2. (koga) (속이거나 불법적 방법을 사용하여) 누구를 빈털털이로 만들다, 약탈하다, 강탈하다 (opljačkati); ~ nečiju imovinu 누구의 재산을 약탈하다 3. (물건을) 매점(買占)하다, 사재기하다, 싹쓸이하다 (pokupovati); ~ robu 물건을 재빨리 다 사들이다; ~ ulaznice 입장권을 싹쓸이하다

razgradak (나무의) 곁가지, 잔가지 (ogranak)

razgranat -a, -o (形) 참조 razgranati; 가지가 많은, 가지가 무성한; ~o drvo 가지 많은 나무

razgranati -am; razgranat (完) razgranavati -am (不完) 1. (가지·뿌리 등을) 뻗다, 뻗치다 2. 발전시키다, 확장하다, 확대하다, 증대하다 (razviti, raširiti, uvećati); advokat je već ... razgranao poslove 변호사는 벌써 사업을 확장했다; ~ kulturne veze 문화 관계를 발전시키다; ~ špijunažu 스파이망을 확장하다 3. (보통 제스처를 동반하여) 들떠 이야기하다

razgranat -a, -o (形) 가지가 많은, 가지가 무성한, 우거진; ~o drvo 가지가 많은 나무

razgraničiti -im (完) razgraničavati -am (不完) 제한하다, 한정하다, 국한하다; 경계를 긋다, 경계선을 맞대다; ~ posed 땅이 맞닿다; ~ prava 권리를 제한하다

razgrebati -em (完) 참조 razgrepsti

razgrejati -em (完) razgrevati -am, razgrejavati -am (不完) 1. 따뜻하게 하다, 데우다; (따뜻하게 해) 녹이다; ~ mast 쇼트닝을 녹이다; ~ sobu 방을 따뜻하게 하다 2. (비유적) (누구를) 기분 좋게 하다, 기쁘게

하다, 즐겁게 하다; 흥미롭게 하다; njegova ih priča razgreja 그들의 이야기가 그들을 흥미롭게 만든다 3. ~ se 따뜻해지다; 몸이 따뜻해짐을 느끼다; ~ se kraj peći 난로 옆에서 몸을 데피다 4. (비유적) (술기운으로) 기분이 좋다 5. ~ se (비유적) ~에 몰두하다 (zaneti se); ~ se diskutujući 토론에 몰두하다, 토론에 열을 올리다

razgrepsti razgrebem; razgrebao, -bla; razgreben, -ena (完) razgrebati -am (不完) 긁다, 긁어 손상시키다, 긁어 상처를 내다 (ozlediti, ogrepsti); ~ ploču stola 책상의 상판을 긁다; ~ kožu na ruci 손의 피부를 할퀴다; ~ bubuljicu 여드름을 짜다

razgrevati -am (不完) 참조 razgrejati

razgristi -grizem; razgrizao, -zla; razgrizen, -ena (完) razgrizati -am (不完) 1. 씹어 잘게 부수다; (이빨 등으로) 깨물다; ~ bombonu 사탕을 씹어 잘게 부수다; ~ usnu 입술을 깨물다 2. (벌레 등이) 갉아 먹다, 좀먹다 (razjesti, izjesti, rastočiti); ~ drvo 나무를 파먹다 3. (물리적 혹은 화학적 작용으로) 부식시키다, 용해하다 (razoriti, rastvoriti); ~ metal 금속을 부식시키다

razgrnuti -nem (完) razgrtati -ćem (不完) 1. (쌓여져 모여진 것을 넓게) 흩뜨리다, 펴다 (재·불씨 등을); ~ zemlju 흙을 흩뜨리다; ~ pepeo 재를 흩뜨리다; ~ asfalt 아스팔트를 펼치다 2. 풀어헤치다, (단추 등을) 끄르다, 풀다; ~ šal 목도리를 풀어헤치다; ~ košulju 와이셔츠의 단추를 풀다 3. ~ se (옷깃·단추 등이) 풀리다, 풀어 헤쳐지 4. ~ se (안개·구름 등이) 흩어지다, 사라지다

razgruhati, razgruvati -am (完) 1. 깨다, 부수다, 으깨다, 가루로 만들다 (razbiti, zdrobiti, uništiti) 2. ~ se (화기 등이) 아주 강렬하게 쾅쾅거리기 시작하다 3. ~ se 깨지다, 부숴지다, 가루로 부숴지다

razići se raziđem se; razišao se, -šla se; razidi se (完) razilaziti se -im se (不完) 1. (군중들이 사방으로) 흩어지다, 뿔뿔이 헤어지다, 산개하다; svet se razišao 군중들이 흩어졌다; mirno ~ 평화롭게 흩어지다; deca su se razišla 아이들이 뿔뿔이 흩어졌다 2. (소문·소식 등이) 퍼지다, 전파되다; glas se po gradu raziđe brzo 소문은 도시 전체에 금세 퍼진다; zraci se razilaze 빛이 분산된다; mastilo se razišlo po čaršavu 잉크가 테이블 보에 퍼졌다; voda se razišla po celom stranu 물은 사방으로 흘러 내렸다 3. (연기·냄새 등이) 차츰 사라지다, 점점 없어지다;

dok se još nije razišao puščani dim na bojnom polju 아직 전장에서 총포 연기가 사라지지 않았을 때; *oblaci su se razišli* 구름이 서서히 걷혔다; *magla se razišla* 안개가 걷혔다 **4.** (의견·평가 등에서) 불일치하다, 의견을 달리하다; *naša se mišljenja razilaze* 우리의 견해는 서로 다르다; *oni su se razišli u mišljenjima* 그들은 의견이 서로 달랐다 **5.** 헤어지다, 이혼하다; *Pavle ... se razišao sa ženom* 파블레는 아내와 이혼했다 **6.** (기관·단체 등이) 해산하다, 해체되다 (rasturiti se, raspustiti se); *skupština se razišla* 의회가 해산되었다

razigran *-a, -o* (形) **1.** 참조 razigrati **2.** 생기 넘치는, 생기 발랄한; 활발한, 기분 좋은 (živ, veseo, razdragan); *~a devojka* 생기 발랄한 처녀; *nisam video mater tako uzbuđenu, radosnu i ~u* 나는 그렇게 들뜨고 기뻐하고 기분 좋은 어머니를 본 적이 없다

razigrati *razigram* (完) **razigravati** *-am* (不完) **1.** *~ nekoga* 누구를 춤추게 하다; *~ konja* 말이 춤추게 하다, 말이 달리게 하다 **2.** ~을 기쁘게 하다, 즐겁게 하다; *razgovor ... o tom predmetu razigrao je njezinu dušu* 그 테마에 관한 대화는 그녀의 영혼을 즐겁게 했다 **3.** *~ se* 기쁘고 활기차게 춤추다, 춤추는데 몰두하다 **4.** *~se* 기꺼워하다, 즐거워하다; *srce mu se razigrala* 그의 심장은 즐거움에 쿵쾅 쿵쾅 뛰었다

razilazak *-ska* 이별, 헤어짐; 불화, 불협화음 (rasturanje, razlaz; neslaganje, razdor); *vreme je za ~* 헤어질 시간이다

razilaziti se *-im se* (不完) 참조 razići se

razina 1. 높이, 고도 (visina, nivo); *biti u ~i stola* 테이블 높이이다 **2.** (문화·경제 등의) 수준, 단계 (stepen, stupanj); *~ kulture* 문화 수준; *naučna ~* 학문(과학) 수준 **3.** (바다·물 등의) 수면 (površina); *ležati na ~i mora* 바다 수면위에 눕다; *uzburkati ~u jezera* 호수 수면을 출렁이게 하다

razjaditi *-im* (完) **1.** 슬프게 하다 (rastužiti, ražalostiti, ojaditi) **2.** *~ se* 슬퍼지다

razjagmiti *-im* (完) 사재기하다, 싹쓸이하다 (razgrabiti); *~ robu* 물건을 싹쓸이하다; *~ mesta* 자리를 싹쓸이하다

razjapiti *-im* (完) 활짝 열다, 입을 크게 벌리다 (širom otvoriti); *~ vrata* 문을 활짝 열다; *deca razjapila usta kao pilići* 아이들은 마치 병아리처럼 입을 크게 벌렸다; *~ usta (čeljust)* 입(턱)을 크게 벌리다

razjarenost (女) 분노, 격노, 격분 (bes, pomama, jarost)

razjariti *-im* (完) **razjarivati** *-rujem* (不完) **1.** 불을 붙이다, 불이 활활 타오르게 돋우다 **2.** 화를 나게 하다, 분노하게 하다, 격분하게 하다 (razbesneti); *~ učitelja* 선생님의 화를 북돋우다 **3.** *~ se* 화를 내다, 분노하다, 격분하다

razjasniti *-im; razjašnjen* (完) **razjašnjavati** *-am* (不完) **1.** 설명하다, 명약관화하게 하다 (objasniti); *hoće čovek da im razjasni situaciju* 그 사람은 그들에게 상황을 설명하려고 했다 **2.** *~ se* 분명해지다, 이해할 수 있게 되다; *situacija se razjasnila* 상황은 명확관화해졌다; *tajna se razjasnila početkom proleće* 비밀은 초봄에 풀렸다 **3.** *~ se* (자신의 의도, 생각 등을) 해명하다, 설명하다; *došla sam da vam se razjasnim* 당신에게 내 생각을 분명히 말하고자 왔습니다

razjašnjavati *-am* (不完) 참조 razjasniti

razjašnjiv *-a, -o* (形) 설명할 수 있는, 해명할 수 있는

razjedati *-am* (不完) 참조 razjesti

razjediniti *-im; razjednjen* (完) **razjedinjavati** *-am,* **razjedinjivati** *-njujem* (不完) **1.** 분열시키다, 화합을 저해하다, 반목하게 하다; *~ narod* 민족을 분열시키다 **2.** 분해하다, 해체하다 **3.** *~ se* 분열되다, 반목하다

razjedinjenost (女) 분열, 불화

razjediti *-im* (完) **1.** 화나게 하다, 분노하게 하다 (rasrditi, razljutiti, ozlojediti); *~ majku* 어머니가 화를 내게 하다 **2.** *~ se* 화가 나다, 화를 내다

razjednačavanje (동사파생 명사) razjednačavati (disimilacija); *~ suglasnika* 자음 이화(異化)

razjednačenje (동사파생 명사) razjednačiti

razjednačiti *-im* (完) **razjednačavati** *-am* (不完) **1.** (비슷한 것·사건·현상 등을) 다르게 하다, 달리하다 **2.** *~ se* 달라지다, 다르게 되다 (razdvojiti se, razjediniti se) **3.** *~ se* (文法) (음성 등이) 이화(異化)되다

razjesti *razjedem* (完) **razjedati** *-am* (不完) **1.** 손상시키다, 부식시키다; 파손하다, 붕괴시키다, 무너뜨리다 (oštetiti; razoriti, rastočiti); *njihove piramide razjeli vekovi* 긴 세월이 그들의 피라미드를 손상시켰다 **2.** *~ se* 손상되다, 부식되다, 파손되다

razjuriti *-im* (完) **razjurivati** *-rujem* (不完) **1.** (사방으로 많은 사람들 또는 짐승 등을) 흩어지게 하다, 쫓아내다, (rasterati); *~ decu*

아이들을 이리저리 흩어지게 하다; ~ živinu 닭들을 쫓아내다 2. (단체·조직 등을) 해산시키다, 해체시키다 (razgnati, rasterati); ~ aktiviste 활동가들을 해산시키다 3. ~ se (사방으로) 흩어지다; ~ se za poslom 일을 찾아 사방으로 흩어지다

razlabaviti *-im* (完) 1. 헐겁게 하다, 이완시키다, 흔들리게 하다 (popustiti, olabaviti); ~ uže 밧줄을 헐겁게 하다 2. ~ se 헐거워지다, 이완되다, 흔들리다

razlabavljivati *-ljujem* (不完) 참조 razlabaviti

razlagati *-žem* (不完) 참조 razložiti

razlajati se *-em se* (完) 1. 많이 짖기 시작하다; svi su se psi razlajali 모든 개들이 컹컹 짖기 시작했다 2. (비유적) (금지된 것, 상스러운 것 등을) 이야기하기 시작하다

razlamati *-am* (不完) 참조 razlomiti

razlaz 1. (사방으로의) 흩어짐, 분산; (명령어로) 해산 (razilaženje, razilazak); ~ posle sastanka 회의후 해산(뿔뿔이 흩어짐) 2. 이별, 헤어짐; (관계의) 청산, 중단; ~ prijatelja 친구관계의 청산 3. 사거리 (raskrsnica, raskršće)

razleći se razlegne se & razleže se; razlegnuo se & razlegao se, -gla se (完); (소리 등이) 울리다, 반향하다, 울려퍼지다; grom se razlegao 천둥소리가 울렸다; zvuci himne razlegli su se stadionom 애국가 소리가 운동장에 울려퍼졌다; kroz gledište razlegao se krik straha 공포의 비명이 관중석에 울려퍼졌다

razleći se *-eže se* (完) 참조 razležati se: (닭·새 등이) 알을 낳기 시작하다

razleđivač 결빙 방지 장치, 제빙 장치

razlegati se *-žem se* (不完) 참조 razlegnuti se, razleći se

razlegnuti se *-nem se* (完) razleći se

razleniti se *-im se* (完) 게을러지다 (postati lenj)

razlepiti *-im* (完) 1. (풀칠해 붙어 있는 것을) 떼다, 떼어내다 (odlepiti); ~ korice knjige 책표지를 떼어내다 2. (여러 곳에) 붙이다 (izlepiti); ~ oglase po gradu 도시 곳곳에 선전을 붙이다 3. ~ se 떼어지다, 떨어지다

razleteti se *-im se* (完) **razletati se** *-ćem se* (不完) 1. (새떼 등이 사방으로) 날다, 날아가다 2. (다수의 많은 사람들이) 이리저리 뛰어다니다, 사방으로 흩어지다; ~ u potrazi za robom 물건을 찾아 이리저리 뛰어다니다 3. (비유적) (소문·소식 등이) 퍼지다, 확산되다 (proneti se, raščuti se) 4. 이리 저리 날아

다니기 시작하다 5. (어떠한 일에) 몰두하다

razležati se *-ži se* (完) (닭·새 등이) 알을 낳기 시작하다

različak *-čci* (植) 수레국화 (1년생으로 짙은 푸른색의 꽃, 잡초의 일종)

različan *-čna, -čno,* **različit** *-a, -o* (形) 1. 다른, 서로 다른, 일치하지 않은 (neistovetan, drukčiji); dva ~čna pojma 두 개의 서로 다른 개념; oni su potpuno ~čni 그들은 완전히 다르다; ukusi su različiti 취향이 다르다; različiti kao nebo i zemlja 천양지차(天壤之差)인 2. 다양한, 여러가지의 (raznovrstan); ~čna mišljenja 여러가지 의견

razlika 차이, 차이점, 다름; za ~u od ~와 달리; kakva je ~ između ... ? ... 사이에 차이점은 무엇인가?; postoji li ~? 혹은 ima li ~e? 차이가 있는가?; praviti ~u između ... ... 간에 구별짓다; to čini veliku ~u 그것이 커다란 차이를 만든다; u čemu je ~? 차이가 무엇인가?; ~ je u tome... 차이는 ...에 있다

razlikovati *-kujem* (不完) 1. 구별하다, 구분짓다; ~ dobro od zla 선(善)을 악(惡)과 구별하다; ~ laž od istine 거짓을 진실과 구별하다; ~ ljude po nečemu ~로 사람들을 구별하다 2. ~ se 구별되다; veoma se ~ 상당히 구별되다; novi modeli se ni po čemu ne razlikuju od starih 신모델은 구모델과 아무런 차이도 없다

razlistati *-am* (完) 1. (식물이) 푸르게 하다, 우거지게 하다, 잎사귀들이 무성하게 하다; 발전시키다; pokušao sam da razlistam tu šturu misao 그 빈약한 사상을 발전시키려 노력했다 2. (책을) 훑어 보다, 대충 넘겨 보다 (prelistati); ~ knjigu 책을 훑어 보다 3. ~ se 잎사귀가 무성해지다, 잎이 푸르러지다 (prolistati)

razliti razlijem; razlio, -ila; razliven, -ena & razlit; razlij (完) **razlivati** *-am* (不完) 1. 쏟다, 흘리다, 엎지르다 2. (여러 그릇에) 쏟다, 따르다, 붓다; ~ mleko u flaše 우유를 병에 붓다 3. 번지게 하다 4. ~ se 번지다; mastilo se razliva 잉크가 번진다; boje su se razlile 페인트가 번졌다 5. ~ se 쏟아지다, 엎질러지다

razliv (=razljev) 넘침, 범람, 홍수 (izlivanje, izliv)

razlog 1. 이유, 원인, 동기 (uzrok, povod, pobuda, motiv); dati ~ 이유를 대다 (이유를 제시하다); to nije nikakav ~ 그것은 아무런 이유도 되지 않는다; ~zi za i protiv 찬반에 대한 이유; bez (vidljivog) ~a (분명한) 이유

없이; *iz koga ~a?* 어떤 이유로?; *on ima dobar ~ što je tako postupio* 그렇게 행동한 합당한 이유가 있다 2. 근거 (osnova, opravdanje); *malo imate za takve reči ~a* 그렇게 말할 근거가 별로 없습니다; *pobiti ~* 근거를 반박하다; *čovek od razloga* 이성적인 사람 3. 증거, 설명, 변명 (dokaz, objašnjenje); *potkrepiti predlog ~zima* 증거를 제시하여 제안에 힘을 싣다; *prihvatiti (odbaciti) ~e* 설명을 수용하다(수용하지 않다)

razlokati *~čem* (完) (비·급류 등이 길에 물웅덩이(lokva)를 만들어) 길을 파손시키다(손상시키다), 길을 움푹 움푹 파이게 하다; *voda je razlokala put* 물이 길을 움푹 파이게 하다 2. ~ se 길이 움푹 움푹 파이다

razlomak *-mka* 1. (전체의) 일부, 부분 2. (數) 분수; *desetni (decimalni) ~* 소수; *pravi (nepravi, obični, nesvodljiv) ~* 진분수(가분수, 상분수, 기약 분수)**razlomački** (形)

razlomiti *-im* (完) **razlamati** *-am* (不完) 1. (조각으로) 깨다, 부수다, 부러뜨리다, 꺾다 (izlomiti, razbiti); ~ *hleb* 빵을 부러뜨리다; ~ *vrata* 문을 부수다 2. ~ se 깨지다, 부숴지다, 부러지다, 꺾이다 3. ~ se (비유적) (과로·질병·고민 등의 결과) 탈진되다, 기진맥진해 하다 (iznuriti se, iscrpsti se)

razložan *-žna, -žno* (形) 1. 이성적인, 합리적인 (razuman, razborit) 2. 근거있는, 이유있는, 합당한 (osnovan, opravdan); *~žna nada* 근거있는 희망; ~ *zahtev* 합당한 요구

razložiti *-im* (完) **razlagati** *-žem* (不完) 1. (부분·부품·성분 등으로) 분리하다, 분해하다, 떼어내다 (razgraditi, razdeliti); ~ *hemijsko jedinjenje* 화학적 결합을 분해하다 2. 배치하다, 배열하다, 정렬하다 (rasporediti, razmestiti); ~ *tanjir po stolu* 테이블에 접시를 놓다(배열하다) 3. 명확하게 설명하다, 해명하다 (objasniti, razjasniti); ~ *čitav slučaj* 전체 사건을 명확히 설명하다; *da vam ukratko razložim sve ono što je u nauci o zlatu poznato* 금에 대해 과학적으로 알려진 모든 것을 당신에게 간략히 설명하겠습니다 4. 체계적으로 발표하다 (izložiti, saopštiti); *on je razložio svoj plan drugarima* 그는 친구들에게 자신의 계획을 발표했다 5. ~ se (부품·성분 등으로) 분해되다, 분리되다

razlučiti *-im* (完) **razlučivati** *-čujem* (不完) 1. 분리하다, 떼어 놓다 (rastaviti, razdvojiti); ~ *jagnjad od ovaca* 새끼양들을 다 큰 양들과 분리하다; *između oca i majke bila je*

svađa, koja ih je razlučila 아버지와 어머니 사이에는 그들을 헤어지게 한 다툼이 있었다 2. (어떤 기준에 따라) 나누다, 구분짓다 (izdvojiti, odvojiti); ~ *zlo od dobra* 악을 선과 나누다 3. ~ se 분리되다, 나뉘다; *razluči se zemlja na plemena* 국가는 부족으로 나뉜다

razlučiv *-a, -o* (形) (=razlučljiv) 분리될 수 있는

razlučivati *-čujem* (不完) 참조 razlučiti

razlučljiv *-a, -o* (形) 참조 razlučiv

razlupati *-am* (完) 1. (깨지는 것을) 깨뜨리다, 부수다 (polomiti, polupati); ~ *prozor* 창문을 깨뜨리다; ~ *čašu* 잔을 깨뜨리다; *okna davno su razrupana* 창문의 유리는 오래전에 다 깨졌다 2. 부상을 입히다 (povrediti, ozlediti); ~ *glavu* 대갈통을 박살내다; ~ *nos* 코를 부러뜨리다 3. ~ se (유리·잔·자동차 등이) 깨지다, 부숴지다, 찌그러지다 4. ~ se 다치다, 부상을 입다

razljev 참조 razliv

razljutiti *-im*; *razljućen* (完) 1. 화나게 하다, 분노케 하다, 격앙시키다; ~ *oca* 아버지를 분노케 하다 2. ~ se 화를 내다, 분노하다, 격노하다; *ona se razljutila i počela da im govori* 그녀는 화를 내고는 그들에게 말하기 시작했다

razma (선박) 현연(舷緣); 거널뱃전(현측(舷側)의 상연; 현측의 꼭대기와 갑판이 접하는 부분

razmaći, razmaknuti *razmaknem*; *razmakao, -kla & razmaknuo, -ula*; *razmaknut*; *razmakni* (完) **razmicati** *-čem* (不完) 1. (일정한 간격을) 떼어 놓다, 벌리다; *razmaknuo je zavese na oba prozora* 커튼을 양 창문쪽으로 걷었다 2. ~ se 떨어지다, 벌어지다; 펴다, 펼쳐지다; 확대되다, 확장되다, 커지다 3. ~ se (안개가) 걷히다, 사라지다; *oko podne magle se razmakoše* 정오경에 안개가 걷혔다 4. ~ se (날씨가) 청명해지다, 맑아지다, 개다; *sutra će se ujutro vreme sasvim ~* 내일 아침 날씨가 완전해 갤 것이다

razmahati *-šem* (完) 1. 세차게 흔들다, 흔들기 시작하다 (손이나 몸, 혹은 손에 집은 물건 등을); ~ *ruke* 손을 세차게 흔들다; ~ *zastavom* 깃발을 세차게 흔들다 2. 불러일으키다, 자극하다 (podstaći); 가열차게 ~ 하다; *taj događaj razmahao je ... još veću buru* 그 사건은 더 큰 동요를 불러일으켰다; ~ *razvoj* 가열차게 발전시키다 3. ~ se (손을) 흔들다; *nemac se silno razmahao, lice* *mu se rumenilo* 독일인은 손을 힘차게 흔들었으며 그의 얼굴은 상기되었다 4. ~ se (질환·봉기 등이) 확산되다, 퍼지다; *razmahao se naš narodni ustanak* 민중 봉기가 확산되었다 5. ~ se (어떤 일을) 집중적으로 활발하게 하기 시작하다; ~ *se na (u) poslu* 일을 아주 생기넘치게 하기 시작하다

razmahnuti *-nem* (完) **razmahivati** *-hujem* (不完) 치다, 때리다, 타격하다; ~ *nekoga pesnicom* 주먹으로 누구를 치다

razmak (거리상, 공간상의) 거리, 간격; (시간상의) 간격; 휴지 시간, 중단 시간, 휴식 시간; (가치·가격·등급 등의) 차이; ~ *između reči* 단어와 단어 사이의 간격; *vremenski ~* 시차(時差); *na ~u od nekoliko koraka* 몇 발자국 떨어진 거리에서

razmaknica (타자기의) 스페이스 바

razmaknuti *-em* (完) 참조 razmaći

razmatranje (동사파생 명사) razmatrati; *uzeti u ~* 고려하다, 참작하다

razmatrati *-am* (不完) 참조 razmotriti

razmaz 1. 발라진 것 (ono što je razmazano); ~ *maslaca na hlebu* 빵에 발라진 버터 2. (醫) 도말표본 (塗抹標本; 피나 고름, 대변 따위를 유리판에 발라 만든 현미경 표본); ~ *krvi* 혈액 도말표본

razmazati *-žem* (完) **razmazivati** *-zujem* (不完) 1. (표면에) 바르다, 칠하다; ~ *maslac na krišci hleba* 빵 껍질에 버터를 바르다; ~ *krv na ruci* 손에 피를 묻히다 2. 으깨다, 짓이기다 (razdrobiti, zgnječiti); *ciraretu ... zgazi i razmaza nogom* 담배를 발로 밟아 짓이긴다

razmaziti *-im* (完) 응석을 받아주다; (응석을 받아주어) 버릇없이 만들다, 제멋대로 행동하게 하다; 귀여워하다, 애지중지하다; *on me je razmazio dok sam učio od njega* 내가 그로부터 배울 때 그는 나를 귀여워했다

razmažen *-a, -o* (形) 1. 참조 razmaziti 2. 응석받이로 자란, 버릇없는, 버릇없이 자란; ~*o dete* 응석받이 아이

razmeđavati *-am* (不完) 참조 razmeđiti

razmeće, razmeđe (공간·선·순간 등의) 경계, 경계선, 경계점 (međa, granica); ~ *Istoka i Zapada* 동양과 서양의 경계선; ~ *dvaju zemalja* 두 나라의 경계선

razmeđiti *-im* (完) **razmeđavati** *-am*, **razmeđivati** *-đujem* (不完) 경계선을 긋다, 경계하다, 경계선을 맞대다 (razgraničiti); ~ *njive* 초원에 경계선을 긋다

razmekšati *-am* (完) **razmekšavati** *-am* (不完) 1. (짓이겨, 열을 가해, 물을 타) 부드럽게 하다, 물렁거리게 하다; ~ *testo* 밀가루를 반죽하다 2. (마음·태도 등을) 완화시키다, 누그러지게 하다, 온화하게 하다; *već će on njih ~ osmehom* 그는 미소로 그들을 누그러뜨릴 것이다; ~ *nekome srce* 누구의 마음을 풀어지게 하다 3. ~ se (가죽·신발 등이) 부드러워지다

razmena (물물) 교환, 주고 받기, (인적) 교류; ~ *dobara* 재화의 교환; *kulturna ~* 문화 교류; ~ *misli* 의견 교환; ~ *materije* (생리) 물질대사, (신진)대사; *robna ~* 무역, 물물교환; ~ *stručnjaka* 전문가 교류

razmeniti *-im*; *razmenjen* (完) **razmenjivati** *-njujem* (不完) 1. (다른 것과) 교환하다, 맞바꾸다; ~ *hleb za brašno* 빵을 밀가루와 교환하다; ~ *knjige* 책을 맞바꾸다 2. (동일한 것을) ~을 주고 받다, 맞교환하다 맞바꾸다; ~ *zarobljenike* 포로를 교환하다; ~ *ambasadore* 대사를 교환화다; ~ *zdravice* 환영사(건배사)를 주고 받다; ~ *čestitke* 축하의 인사를 주고 받다 3. (의견·입장 등을) 교환하다; ~ *misli* 생각을 교환하다; ~ *iskustva* 경험을 교환하다 4. (고액권을) 잔돈으로 바꾸다 (usitniti); ~ *sto dinara* 백 디나르를 잔돈으로 바꾸다 5. ~ se 서로 바꾸다, 서로 교환하다; ~ *se s nekim za užinu* 누구와 간식을 교환하다; ~ *se s mestima u bioskopu* 극장의 좌석을 서로 바꾸다 6. 기타; ~ *treću (četvrtu) banku* (弄談調의) 나이가 30(40)대에 들어서다

razmenljiv *-a, -o* (形) 바꿀 수 있는, 교환할 수 있는

razmenjati *-am* (不完) 참조 razmeniti

razmenjivati *-njujem* (不完) 참조 razmeniti

razmer (男), **razmera** (女) 1. (보통 複數로) 양, 수량; 크기, 넓이 (mera, količina; prostorna veličina, prostiranje); *koliko je ~ sobe* 방 크기는 얼마나 큰가?; *u velikoj ~i* 대규모로 2. 비(比), 비율(比率) (srazmera, proporcija); *obe su race u istim ~ima zastupljene* 두 인종은 같은 비율로 대변되었다; *u obrnutoj ~i* 역비례로; ~ *karte* (지도의) 축소 비율

razmeran *-rna, -rno* (形) 균형잡힌, 비율이 맞는, 비례하는 (proporcionalan, srazmeran); *temperatura ~rna s pritiskom* 압력에 비례하는 온도

razmeriti *-im* (完) **razmeravati** *-am* (不完) (크기·중량 등을) 재다, 측정하다; 재어(측정하여) 나누다, 분배하다; ~ *brašno* 밀가루를

재다, 밀가루의 무게를 재다

razmesiti _-im_ (完) (밀가루·찰흙 등을) 반죽하다, 섞어 이기다, 치대다; ~ _testo po stolu_ 테이블에서 밀가루를 반죽하다; ~ _testo na jufke_ 만두피용 밀가루를 반죽하다

razmestiti _-im_; _razmešten_ (完) **razmeštati** (不完) 1. (여러 곳에) 배치하다, 배열하다, 놓다 (rasporediti); _razmestio je svoje ljude okolo biskupskog grada_ 자기 사람들을 주교 주변에 배치했다; _nekoliko saksija sa zelenilom razmestila je u prozore_ 몇 개의 식물 화분을 창가에 놓았다; ~ _knjige_ 책을 정돈하다; ~ _vojnike po kućama_ 병사들을 집집마다 배치하다 2. (침대·자리 등을) 펴다, 잠자리를 준비하다; ~ _postelju_ 침대의 잠자리를 준비하다

razmeštaj (여러 곳에) 배치, 배열, 놓음 (raspoređivanje, raspored); _želeo je da se obavesti o sastavu i ~u ... vojske duž granice_ 국경선을 따라 있는 군대의 배치와 구성에 대해 알고 싶어했다

razmeštati _-am_ (不完) 참조 razmestiti

razmetanje (동사파생 명사) razmetati

razmetati _-ćem_ (不完) 참조 razmetnuti

razmetljiv _-a, -o_ (形) 자화자찬의, 떠벌리는, 자랑하는, 거만한, 오만한; _pričala je svojim poznatim, detinjasto ~im tonom_ 그녀는 특유의 어린애 같은 떠벌리는 듯한 톤으로 이야기를 했다

razmetljivac _-ivca_ 제 자랑하는 사람, 허풍선이 (hvalisavac)

razmetljivost (女) 허풍, 뽐냄 (hvalisavost); _njegovo samopouzdanje i ~ imala je tu dobru stranu da je podizala moral kod trupa_ 그의 자신감과 허풍은 군대의 도덕심을 높이는 좋은 면도 있었다

razmetnik 돈을 헤프게 쓰는 사람, 낭비하는 사람 (rasipnik) **razmetnica**

razmetnuti _-nem_ (完) **razmetati** _-ćem_ (不完) 1. 내던지다, 흩뿌리다, 흩뜨리다 (rasturiti, razbacati); ~ _seno_ 건초를 흩뿌리다; _nisam imao snage da jednom rukom razmetnem hitro posteljinu_ 한 손으로 재빨리 침대포를 펼 힘이 없었다 2. 배열하다, 배치하다, 펼치다 (poređati, raširiti, razmestiti) 3. 나누다, 가르다, 떼어놓다 (rastaviti, razdeliti); ~ _stvari na dve gomile_ 물건들을 두 덩이로 나누다; _dugačak sokak na dve strane razmetnuo župu_ 기다란 골목은 지역을 두 편으로 나눴다; ~ _zaruke_ 파혼하다 4. 낭비하다, 돈을 헤프게 쓰다 (rasuti); ~ _imovinu_ 재산을 탕진하다 5. ~ _se_ 뿔뿔이 흩어지다, 헤어지다; _turci se razmetnuli, neko domu, a neko k pazaru_ 터키인들을 뿔뿔이 흩어졌는데, 어떤 사람은 집으로, 또 다른 사람은 시장으로 흩어졌다 6. ~ _se_ 오만해지다, 건방지다, 허풍을 떨다 (osiliti se, raspustiti se)

razmicati _-čem_ (不完) 참조 razmaći

razmileti se _-im se_ (完) (사람·벌레 등이) 우글거리다, 들끓다; 꿈틀거리면서 사방으로 기어가다; _razmileli su se gušteri i zmije_ 도마뱀과 뱀들이 우글거렸다; _na sve strane razmileli se vredni ratari_ 부지런한 농부들이 사방으로 왔다 갔다 했다

razmimoići se _-iđem se_ (完) **razmimoizlaziti se** (不完) 1. 서로 엇갈리다, 서로 교차하다, 스쳐 지나가다, 지나치다 (razminuti se, mimoići se); _naše su se sudbine razmimoišle_ 우리의 운명은 엇갈렸다 2. (의견이) 다르다, 서로 엇갈리다

razmimoizlaženje (동사파생 명사) razmimoizlaziti se; 엇갈림, 의견의 다름

razminirati _-am_ (完) 지뢰(mina)를 제거하다, 지뢰를 없애다

razminuti _-nem_ (完) 1. ~의 옆을 지나다(통과하다, 스쳐 가다) 2. ~ _se_ (서로 반대 방향으로) 지나다, 스쳐 가다 (mimoići se); _te su staze tako uzane da se natovareni konji jedva razminu_ 그 길은 짐을 실은 말들이 겨우 비켜갈 정도로 너무 좁다

razmirica 불화, 다툼, 말다툼, 이견(異見), 의견의 다름 (nesuglasica, raspra, svađa, sukob); _unutrašnje ~e_ 내부 불화(다툼)

razmisliti _-im_ (完) **razmišljati** _-am_ (不完) 1. (한동안) 생각하다, 숙고하다, 고려하다; ~ _o nečemu_ ~에 대해 숙고하다; _sto puta razmislim, a jedanput radim_ 백 번 생각하여 한 번 실행한다 2. (što) 분석하다, 판단하다, 평가하다 (analizirati, oceniti) 3. (不完만) ~ 주저하다, 망설이다

razmišljač 사상가, 생각하는 사람

razmišljanje (동사파생 명사) 참조 razmišljati

razmišljati _-am_ (不完) 참조 razmisliti

razmnožiti _-im_ (完) **razmnožavati** _-am_ (不完) 1. (개체 등을) 늘어나게 하다, 증가시키다; ~ _stoku_ 소의 개체 수가 늘어나게 하다 2. ~ _se_ (개체 등이) 증가되다, 늘어나다, 숫자가 늘어나다; _zečevi se brzo razmnožavaju_ 토끼들은 개체가 빨리 늘어난다

razmontirati _-am_ (完) 분해하다, 해체하다 (어떠한 장치·설비·기계 등을); _videli su_ *razmontiranu lokomotivu* 해체된 기관차를 보았다

razmotati *-am* (完) **razmotavati** *-am* (不完) (감긴 것, 쌓인 것, 꼬인것, 포장된 것 등을) 풀다, 끄르다, 펼치다 (odmotati); ~ *klupko* 실타래를 끄르다; ~ *novorođenče* 신생아를 (포대기에서) 끄르다

razmotriti *-im* (完) **razmatrati** (不完) 조사하다, 분석하다, 면밀히 검토하다, 주의깊게 살펴 보다; *autor razmatra posledice prvog svetskog rata* 저자는 1차 세계대전의 영향을 살펴본다; *razmotrili smo i proučili akt direktora* 우리는 디렉터의 행동을 면밀히 주시하고 분석했다

razmrdati *-am* (完) **razmrdavati** *-am* (不完) 1. (뻣뻣한 것, 경직된 것 등을) 움직여 풀다, 이완시키다, (근육 등을) 풀다 (razgibati); *malo je razmrdao telo, utrnulo od kaiša* 혁띠로 인해 경직된 몸을 조금 풀었다; ~ *noge* 다리를 풀다 2. ~ *se* 몸을 풀다 (razgibati se); *razmrdaj se ... potrči* 몸을 풀고 ... 뛰어라

razmrsiti *-im*; *razmršen* (完) **razmršavati** *-am*, **razmršivati** *-šujem* (不完) 1. (꼬인 것, 얽힌 것 등을) 풀다, 끄르다 (rasplesti); ~ *konce* 실을 풀다 2. (비유적) (이해하기 어려운 것 등을) 설명하다, 명료하게 하다(razjasniti); ~ *šta je istina a šta laž* 무엇이 사실이고 무엇이 거짓인지 분명하게 설명하다

razmrskati *-am* (完) **razmrskavati** *-am* (不完) 1. 박살내다, 가루로 부수다, 찌그러뜨리다; ~ *nekome glavu* 누구의 머리를 박살내다 ; ~ *stenu* 바위를 박살내다 2. ~ *se* 깨지다, 박살나다, 조각 조각나다 (razbiti se, razdrobiti se, smrskati se); *razmrska se boca u sto komada* 유리병이 수없이 많은 파편으로 깨졌다; *čaša pade i razmrska se* 잔이 떨어져 박살난다

razmršavati *-am* (不完) 참조 razmrsiti

razmršivati *-šujem* (不完) 참조 razmrsiti

razmrviti *-im* (完) 1. (가루로) 갈다, 가루로 만들다, 으깨다, 짓이기다 (samleti, razdrobiti, smskati, smrviti); *biljna ulja vade se iz razmrvljenih semenaka* 식물 기름은 으깨진 씨앗으로부터 추출된다 2. 분쇄하다, 부수다, 파괴하다 (satrti, uništiti) 3. ~ *se* (빵·케이크 등이) 가루로 되다

razmrznuti *-nem* (完) (언 것을) 녹이다, 해동(解凍)하다; (언 몸을) 녹이다 (otopiti, otkraviti, raskraviti)

razmućivati *-ćujem* (不完) 참조 razmutiti

razmuljati *-am* (完) (포도 등을) 압착하다, 압착하여 짜내다 (izmuljati); ~ *grožđe u muljači* 압착기에서 포도를 짜내다

razmutiti *-im*; *razmućen* (完) **razmućivati** *-ćujem* (不完) (액체와 함께 섞어) 혼합하다, 용해시키다; ~ *brašno u mleku* 우유에 밀가루를 넣어 반죽하다

razneti *-esem*; *razneo, -ela*; *raznesen, -ena* & *raznet* (完) **raznositi** *-im*; *raznošen* (不完) 1. (사방으로) 가지고 가다; *deca su raznela sve igračke* 아이들이 모든 장난감을 가지고 갔다; *vetar raznosi lišće* 바람이 낙엽을 휘몰아 간다 2. (여러 지역으로) 전하다, 전파하다, 퍼뜨리다, 확산시키다; ~ *glas (vesti, klice)* 소문(소식, 병원균)을 전파하다 3. 배달하다, 전달하다; ~ *novine (mleko, poštu)* 신문 (우유, 우편)을 배달하다 4. (폭발에 의해) 무너지다, 허공으로 솟아 오르다, 산산조각내다, 토막내다; *granata mu je raznela stopalo* 그는 폭발물로 인해 다리를 잃었다 5. 갈기 갈기 찢다; *vuci su razneli ovcu* 늑대들이 양을 갈갈이 찢었다 6. 사라지게 하다, 없어지게 하다; *miris kolača i njeno nasmejano lice razneše mu strah* 케이크 냄새와 그녀의 웃는 얼굴로 인해 그의 공포심이 없어졌다 7. 기타; ~ *na (bablje) jezike (koga)*, ~ *po jezicima (koga)* ~에 대해 안좋은 이야기를 퍼뜨리다

raznežiti *-im* (完) **raznežavati** *-am*, **razneživati** *-žujem* (不完) 1. (마음을) 감동시키다, 감격시키다, 심금을 울리다 (ganuti, tronuti); *krasni prizor prirode nije raznježio njegova srca* 아름다운 자연의 풍경이 그를 감동시키지 못했다; ~ *nekoga suzama* 눈물로 누구의 심금을 울리다 2. 약하게(물렁하게, 부드럽게) 만들다; *nikako nije dobro ~ mlade, zdrave ljude* 젊고 건강한 사람들을 허약하게 만드는 것은 결코 좋지 못하다 3. ~ *se* 감동하다, 감격하다; *raznežio se na ženske suze* 그는 여자의 눈물에 감격했다 4. 허약해지다, 약해지다, 저항력을 잃다, 부드러워지다; *raznežilo mu se zdravlje* 그는 허약해졌다

raznī *-ā, -ō* (形) (보통 複數 형태로) 1. 여러가지의, 다양한; ~ *događaji* 여러가지 사건 2. 서로 다른, 같지 않은 (nejednak, različit); *deca ~og uzrasta* 학년이 다른 아이들

razno (副) 서로 다른 방법으로, 서로 다르게, 다양하게

razno- (接頭辭) 여러가지, 각양각색의, 다양한

raznobojan *-jna, -jno* (形) 여러가지 색의, 형

형색색의, 다채로운 색의, 얼룩덜룩한

raznoglasan *-sna, -sno* (形) 여러가지 소리로 구성된; 불협화음의, 조화를 이루지 못하는 (neusklađen, disharmoničan); *~sne pevanje* 화음이 맞지 않는 노래

raznoimen *-a, -o* (形) 여러가지 이름(명칭)이 있는, 여러가지 방법으로 불리는

raznoličan *-čna, -čno*, **raznolik** *-a, -o* (形) 1. 여러 종류의 (raznovrstan) 2. 서로 다른, 동일하지 않은 (različan, nejednak, drukčiji)

raznorodan *-dna, -dno* (形) 다른 민족의, 이 민족의; 다른 종류의, 이종(異種)의; *država se sastojala od ~dnih naroda, pa ih je hteo povezati verom u jednoga boga* 국가는 이 민족들로 구성되었기 때문에 하나의 동일한 신을 믿는 종교로 결합시키려 하였다

raznosač, raznosilac *-ioca* (우편·소포·신문 등의) 배달부; *~ novine* 신문 배달부; *~ klica* 병균 전파자

raznositi *-im* (不完) 참조 razneti

raznostran *-a, -o* 1. (幾何) 다변(多邊)의; *~ trougao* 부등변 삼각형 2. 다재다능한, 다양한 능력이 있는

raznostraničnī *-ā, -ō* (形) 참조 raznostran; *~ trougao* 부등변 삼각형

raznošenje (동사파생 명사) raznositi; *~ novina* 신문 배달

raznovrstan *-sna, -sno* (形) 여러 종류의, 다양한, 각양각색의, 가지 가지의 (raznolik); *~sne knjige* 여러가지 책

raznovrsnost (女) 다양함, 다양성

raznje- 참조 razne

raznježavati, raznježiti, raznježivati 참조 raznežiti

razobličiti *-im* (完) **razobličavati** *-am*, **razobličivati** *-čujem* (不完) (누구의 부정적인 성격·역할·행동 등을) 폭로하다, 공개적으로 말하다 (razotkriti, raskrinkati, izobličiti); *~ ulogu tajnih agencija* 비밀경찰의 (부정적) 역할을 폭로하다

razobručati *-am*, **razobručiti** *-im* (完) 1. 테 (obruč)를 제거하다 (벗겨내다); *~ bure* 통의 테를 벗겨내다 2. *~ se* (술통 등의) 테가 제거되다

razočaranje (=razočarenje) (동사파생 명사) razočarati; 실망, 낙담

razočarati *-am* (完) **razočaravati** *-am* (不完) 1. 실망시키다, 낙담시키다; 기대에 어긋나게 하다; *ta vest će ga ~* 그 뉴스가 그를 실망시킬것이다 2. *~ se* 실망하다, 낙담하다; *on se malo razočarao* 그는 약간 실망했다; *~*

se u nekoga 누구에게 실망하다; *~ se u organizaciju festivala* 축제 조직위에 실망하다; *~ se u život* 삶에 낙담하다

razočarenje 참조 razočaranje; 실망, 낙담

razodenuti *razodenem* (完) **razodevati** *-am* (不完) 1. 옷을 벗기다 2. *~ se* 옷을 벗다, 탈의하다 (skinuti se, svući se); *devojka se razodenula da legne* 처녀는 자기위해 옷을 벗었다

razodesti *razodenem* & *razodedem; razodeo, -dela; razodeven* & *razodet* & *razodenut* (完) 참조 razodenuti

razoglaviti *-im* (完) 1. (말(馬)의) 굴레 끈 (oglava)을 풀어 주다 2. *~ se* 굴레 끈에서 벗어나다; (비유적) 무질서하게 남다, 시스템이 무너진 상태로 남다

razonoda 여흥, 오락, 레크레이션, 즐거운 시간을 보내는 것; *radi (iz) ~e* 심심풀이로, 오락삼아

razonoditi *-im* (完) **razonođavati** *-am*, **razonođivati** *-đujem* (不完) 1. *~ nekoga* (누구를) 흥겹게 하다, 즐겁게 하다 (zabaviti, raspoložiti); *nju ništa nije moglo ~* 아무것도 그녀를 즐겁게할 수 없었다 2. *~ se* 오락거리(소일거리)를 찾다, ~을 즐기다; *momci i devojke dođoše ... da se razonode i zabave* 청년들과 처녀들이 와서는 ... 즐겁게 논다

razor 파괴, 파멸 (uništenje, razaranje); *~ grada* 도시 파괴

razoran *-rna, -rno* (形) 파괴의, 파괴적인; *~rna snaga* 파괴력; *~ uticaj* 파괴적인 영향; *ima mnogo primera ~rnog delovanja vulkanskih erupcija* 파괴적 화산 폭발 활동의 예가 많이 있다

razorati *-am* (完) **razoravati** *-am* (不完) (밭을) 갈다, 일구다, 쟁기질하다 (uzorati, poorati); *razorali zemlje, nasadili vinograde* 그들은 밭을 갈고 포도나무를 심었다

razoravati *-am* (不完) 참조 razorati

razoravati *-am* (不完) 참조 razoriti

razoren *-a, -o* (形) 1. 참조 razoriti 2. 무너진, 파괴된, 부서진; *~a porodica* 파괴된 가정

razorenje (동사파생 명사) razoriti; 파괴 (razor, uništenje)

razoriti *-im* (完) **razarati** *-am*, **razoravati** *-am* (不完) 1. 파괴하다, 부수다, 무너뜨리다; *~ ceo grad* 도시 전체를 파괴하다 2. (일반적으로) 파괴하다, 망가뜨리다, 해치다 (uništiti, upropastiti); *~ kuću* 집을 분열시키다, 불협화음을 일으키다; *~ zdravlje* 건강

1066

을 망가뜨리다; ~ *brak* 결혼생활을 파탄내다
razoriv, razorljiv -*a*, -*o* (形) 파괴적인, 파괴될 수 있는; 파괴의; ~ *sistem* 파괴될 수 있는 시스템; ~ *plamen* 모든 것을 다 삼킬 것 같은 화재
razornica 파괴하는 여자 **razornik**
razornica 밭 도랑 (밭을 양편으로 갈라놓는, 밭의 중간에 있는)
razortačiti -*im* (完) **razortačavati** -*am*, **razortačivati** -*čujem* (不完) 1. 파트너(ortak) 관계를 끝내다, 협력(협조) 관계를 끝내다 2. ~ *se* 파트너와 협력관계가 끝나다; *upravo su se razortačili* 글은 이제 막 파트너쉽을 끝내고 헤어졌다; *moram se ~ s njim čim iziđe rok* 기한이 되자마자 파트너와 헤어져야 한다
razoružanje (동사파생 명사) razoružati; 무장해제
razoružati -*am* (完) **razoružavati** -*am* (不完) 1. 무장해제시키다; ~ *zarobljenike* 포로들을 무장해제하다 2. (비유적) 태도(입장)를 완화시키다(누그려뜨리다), 무장해제하다; ~ *lepim rečima* 좋은 말로 (상대방의) 태도를 누그려뜨리다 3. (비유적) (누가 무엇을 실행하는 것을) 불가능하게 만들다, 차단하다; *tim podatkom sam ga razoružao* 나는 그러한 통계로 그가 하려는 것을 불가능하게 했다 4. 폭로하다, 공개하다 (razobličiti, razotkriti); *bio je razoružan kao lažov* 그는 거짓말쟁이로 폭로되었다 5. ~ *se* 무장해제되다
razotkriti *razotkrijem*; *razotrkrio*, -*ila*; *razotkrit & razotkriven*, -*ena*; *razotkrij* (完) **razotkrivati** -*am* (不完) 1. (가림막·덮개 등을) 벗기다, 벗겨 내다 (otkriti) 2. (몰랐던 것, 비밀 등을) 알아내다, 찾아내다, 발견하다, 공개하다; ~ *tajnu* 비밀을 알아내다
razračunati -*am* (完) **razračunavati** -*am* (不完) 청산하다, 결산하다; 상세하게(자세하게) 계산하다(계획하다)
razračunavanje (동사파생 명사) razračunavati
razrada 1. (어떠한 주제·생각·계획 등의) 보다 세부적인 작업, 다듬기, 마무리; ~ *detalja* 세부 항목 다듬기 2. (자동차 등의) 길들임; *period* ~*e* 길들이는 시기
razraditi -*im*; *razrađen* (完) **razrađivati** -*đujem* (不完) 1. 세밀하게 가공하다, 가공처리하다, 손질하다(발전시키다); ~ *plan* (*program*) 계획(프로그램)을 보다 세밀히 세우다; ~ *teoriju* 이론을 발전시키다; *jednoga dana ću da tu temu razradim opširnije* 언젠

가는 그 주제를 광범위하게 발전시킬것이다 2. 몸을 풀다, 준비 운동을 하다, 유연하게 하다, 이완시키다 (razgibati, razmrdati); *maše glavom nalevo i nadesno da razradi vratne žile* 목 근육을 풀기 위해 목을 좌우로 움직인다 3. (엔진 등을) 길들이다; ~ *automobil* (*motor*) 자동차(엔진)를 길들이다 4. (집중적인 생산, 경제적 채굴 등을 위해) 준비하다; *nađeni i razrađeni bogati rudnici uglja* 많은 석탄이 발견되어 채굴 준비를 마쳤다 5. ~ *se* 일을 시작하다, 일에 착수하다; *pogledaj kako su se svi razradili* 모두가 어떻게 일을 시작했는지 봐라!
razradovati se -*dujem se* (完) 기뻐하다, 즐거워하다 (obradovati se, razveseliti se)
razreden -*a*, -*o* (形) 1. 참조 razraditi 2. 세밀하고 광범위하게 손질된(발전된)
razrađivati -*đujem* (不完) 참조 razraditi
razrakoliti se -*im se* (完) (닭이) 꼬꼬댁 거리다; (비유적) 활발해지다, 기꺼워하다, 즐거워하다
razranjaviti -*im* (完) 1. (여러 군데를) 상처입게 하다, 부상입히다; ~ *ruke* 팔에 부상을 입히다 2. ~ *se* 부상을 입다, 상처투성이가 되다
razrasti se *razrastem se*; *razrastao se*, -*ala se* (完) **razrastati se** -*am se* (不完) (풍성하게) 크다, 자라다, 성장하다, 발전하다, 증가하다; 강건해지다, 강해지다
razred 1. (초·중·고등학교의) 학년; *on ide u prvi* ~ 그는 1학년이다; *niži* (*viši*) ~ 저(고) 학년 **razredni** (形); ~*a starešina* 담임 교사 2. (학교의) 교실; *ostati u* ~*u* 교실에 머물다 3. (분류상의) 등급, 범주, 카테고리; 사회 계층; (공무원 등의) 급(級), 호봉; (열차 객차의) 등급; *platni* ~ (월급의) 호봉; *karta za prvi* ~ *voza* 기차의 1등급 객차표 4. (생물 분류의) 류(類); ~ *sisara* 포유류; ~ *ptice* 조류
razredba 1. 배치, 배열 (raspored, razmeštaj) 2. 분류 (razvrstavanje, klasifikacija)
razrediti -*im*; *razreden* (完) **razređivati** -*đujem* (不完) 1. 배치하다, 배열하다 (rasporediti, razmestiti) 2. 분류하다, 등급별로 나누다 (razvrstati, klasificirati); ~ *seme* 씨앗을 분류하다
razrediti -*im*; *razreden* (完) **razređivati** -*đujem* (不完) 1. 묽게 하다, 희박하게 하다, 희석시키다, 솎아내다; ~ *voćnjak* 과수원의 나무를 솎아내다; ~ *kafu* 커피를 묽게 하다 2. ~ *se* 묽어지다, 희박해지다, 희석되다; *vazduh se razreduje* 공기가 희박해졌다;

oblaci se razrediše 구름이 적어졌다

razrednī *-ā, -ō* (形) 1. 참조 razred; 학년의 2. (명사적 용법으로) (男,女) 담임 교사 (razrednik, razrednica)

razrednik 담임 교사 (razredni starešina)

razređivač (化) 용제, 용매, 회석시키는 물질

razređivati *-đujem* (不完) 참조 razrediti

razrešiti *-im* (完) **razrešavati** *-am*, **razrešivati** *-šujem* (不完) 1. (~으로부터) 벗어나게 하다, 해방시키다, 해임하다, 자유롭게 하다; (의무 등에서) 면제시키다; ~ *nekoga obaveze* 누구를 의무에서 벗어나게 하다; ~ *jezik* 침묵을 깨다; ~ *dužnosti direktora* 디렉터의 직에서 해임하다 2. 해결하다, 풀다; ~ *zagonetku* 수수께끼를 풀다 3. (계약 등을) 취소하다; ~ *brak* 이혼하다 4. (묶인 것 등을) 풀다, 끄르다; ~ *čvor* 매듭을 풀다 5. ~ *se* (~으로부터) 벗어나다, 해방되다; ~ *se od bremena* 걱정에서 벗어나다

razrešiv, razrešljiv *-a, -o* (形) 해결할 수 있는

razrešivati *-šujem* (不完) 참조 razrešiti

razrešljiv *-a, -o* (形) 참조 razrešiv

razrešnica 1. 면제장 (의무 등의), 면죄부 (업무 등을 정당하게 수행했다는); 해고장, 해촉장, 해임장 2. (죄의) 면죄부

razrez 1. 가늘고 길게 째진 틈; 좁고 길다란 구멍(틈) (prorez, otvor, pukotina) 2. (세금액의) 확정, 결정; 세금; *opštinski* ~ 지방세

razrezati *-žem* (完) 1. 자르다, 가르다 (raseći, prorezati); ~ *na dve polovine* 양분하여 자르다 2. (세금액을) 결정하다, 확정하다 (utvrditi, odrediti); *taj danak među sobom ... po imućnosti razrezu* 그들은 그 세금을 부에 따라 자신들끼리 배분한다

razrikati se *-čem se* (完) 고함치기 시작하다, 아우성 지르기 시작하다 (stati rikati)

razriti *razrijem; razriven & razrit; razrij* (完) **razrivati** *-am* (不完) 1. (땅 등을) 파다 (izriti, raskopati); ~ *baštu* 정원을 파다 2. 파괴하다, 부수다, 허물다, 망하게 하다 (razoriti, upropastiti); ~ *zdravlje* 건강을 해치다; *porodica je ... bila ... potpuno razrivena* 가정은 완전히 해체되었다

razroditi se *-im se* (完) (친인척 관계를) 단절하다, 의절하다

razrogačiti *-im* (完) 눈을 크게 뜨다 (놀라, 감탄하여) (izbečiti, izbuljiti); ~ *oči*, 또는 ~ *se* 눈을 크게 뜨다

razrok *-a, -o* (形) 1. 사시(斜視)의, 사팔뜨기의 (zrikav); *biti* ~ 또는 *imati ~e oči* 사시이다 2. (비유적) 신뢰할 수 없는, 비우호적인, 의심쩍은, 사악한 의도의 (nepoverljiv, nenaklonjen, poprek, zloban)

razrokost (女) 사시(斜視) (zrikavost)

razrožan *-žna, -žno* (形) (의견 등이) 일치하지 않는, 다른, 갈라지는 (nesložan)

razrušiti *-im* (完) **razrušavati** *-am* (不完) 부숴 허물다, 파괴하다, 무너뜨리다 (razoriti, razvaliti); *oni će i tako grad* ~ 그들은 또한 그렇게 도시를 파괴할 것이다

razudati *-am; razudan & razudat* (完) **razudavati** *-dajem* (不完) 1. (차례로 모두) (딸을) 결혼시키다, 시집을 보내다; *sve sam kćeri moje razudao* 딸 모두를 시집보냈다 2. ~ *se* 한 명 한 명 시집가다(결혼하다); *sestre se razudle* 자매들은 차례로 시집갔다 3. ~ *se* (남편과) 이혼하다 (razvesti se); *udala se i razudala se* 시집가서는 이혼했다

razudba (醫) 참조 obdukcija; 검시(檢屍)

razuditi *-im* (完) 1. 조각으로 자르다, 토막으로 자르다 2. (醫) 검시(檢屍)하다

razuđen *-a, -o* (形) 1. 참조 razuditi 2. (地) 들쭉날쭉한, 톱니 모양의; ~*a obala* 들쭉날쭉한(톱니 모양의) 해안

razularen *-a, -o* (形) 억제되지 않은, 통제되지 않은, 제멋대로의

razulareno (副) 제멋대로, 미처 날뛰며 (neobuzdano, besno); ~ *rušiti* 미처 날뛰며 부수다

razum 1. 이성(理性); *zdrav* ~ 상식, 양식, 분별; *hladan* ~ 냉철한 이성; *privesti ~u* 이성적으로 되게 하다, 정신차리게 하다 2. 성격, 성질, 성정(性情), 기질 (ćud, narav)

razuman *-mna, -mno* (形) 이성적인, 합리적인, 분별있는; *ponašati se ~mno* 이성적으로 행동하다; ~ *čovek* 이성적인 사람

razumeti *razumem; razumej & razumi* (完,不完) **razumevati** *-am* (不完) 1. (의미·중요도 등을) 이해하다, 깨닫다; *on razume engleski* 그는 영어를 이해한다; *on ne razume šalu* 그는 농담을 이해하지 못한다; *pogrešno* ~ 잘못 이해하다; *odmah* ~ 즉시 이해하다; ~ *muziku* 음악을 이해하다; ~ *nečiju situaciju* 누구의 상황을 이해하다; *razumem!* (軍) 알겠습니다; *guske te razumele* 아무도 네 말을 이해하지 못할 것이다 (불명확하고 이해할 수 없게 말할 때 사용됨) 2. ~ *se* (*u čemu, u što*) 알다, ~대해 관련 지식(상식)이 있다; *ja se ... u stočarstvu ne razumem* 나는 축산에 대해 알지를 못한다; *bio je trgovac, razumeo se* *u poslove* 그는 상인이었기 때문에 비즈니스에 대해 안다; ~ *se u kućne poslove (u kućnim poslovima)* 가사(家事)에 대해 알다; *da se razumemo* (일·용건 등에 대해) 확실히 해 두자; *po sebi se razume* 분명하다, 명약관화하다; *razume se* 물론, 당연히 (naravno)

razumevanje (동사파생 명사) razumevati; 이해, 이해하는 것; *pokazati ~ za nešto* ~에 대한 이해를 보여 주다

razumevati -*am* (不完) 참조 razumeti

razumljiv -*a*, -*o* (形) 이해할 수 있는

razumno (副) 이해할 수 있는 방법으로, 온당하게, 타당하게, 현명하게; ~ *govoriti* 이해할 수 있게 이야기하다

razumnost (女) 합리적임, 온당함

razuveriti -*im* (完) **razuveravati** -*am* (不完) 1. ~ *nekoga* 잘못된 믿음에 대해 일깨워주다; *ništa ga na svetu ne bi moglo ~* 세상의 그 어느 것도 그의 잘못된 믿음을 일깨워 줄 수 없을 것이다 2. ~ *se* 잘못된 믿음에 대해 깨닫다(인식하다)

razuzdan -*a*, -*o* (形) 제멋대로인, 고삐 풀린, 굴레에서 벗어난, 억제되지 않은, 제어되지 않은 (raspušten, neobuzdan, raskalašan); ~*o dete* 버릇없는 아이, 제멋대로인 아이

razuzdanik 제멋대로인 사람, 고삐 풀린 것 처럼 행동하는 사람, 억제되지 않은 사람

razuzdati -*am* (完) 1. 고삐(uzda)를 풀어주다, 자유롭게 하다; ~ *konja* 말의 고삐를 풀어주다 2. ~ *se* 고삐가 풀리다; 자유분방해지다, 제멋대로 하다; *sin mu se razuzdao* 그의 아들은 고삐 풀린 것 처럼 행동했다

razuzuriti se -*im se* (完) 편하게 있다, (편하게) 옷 등을 벗다 (raskomotiti se, razbaškariti se, raspojasati se); ~ *na krevetu* 침대에 편하게 누워 있다; ~ *u kafani* 카페에서 편하게 있다

razvađati -*im* (完) **razvađati** -*am* (不完) (싸우는 사람이나 다투는 사람들을) 떼어놓다, 분리시키다; 다툼을 중단시키고 진정시키다; ~ *siledžije u tuči* 패싸움하는 깡패들을 떼어놓다

razvađa (다투거나 싸우는 사람들의) 분리, 떼어 놓음

razvađač (싸우거나 다투는 사람들을) 떼어 놓는 사람; 조정자, 중재자

razvađati -*am* (不完) 참조 razvaditi

razvađati -*am* (不完) 참조 razvoditi; 이혼하다

razvalina 1. (보통 複數 형태로) (건물 등이 무너져 내린) 폐허, 잔해 (ruševine); ~ *manastira* 수도원의 잔해 2. (비유적) 매우 노쇠한 사람

razvaliti -*im*; *razvaljen* (完) **razvaljivati** -*ljujem* (不完) 1. 파괴하다, 부수다, 무너뜨리다 (razoriti, srušiti, uništiti); ~ *kuću* 집을 부수다; ~ *gnezdo* 보금자리를 파괴하다 2. 힘으로(물리력으로) 부수다; ~ *vrata* 문을 부수다; ~ *kapiju* 대문을 부수다; ~ *branu* 자물쇠를 강제로 열다 3. (구멍 등을) 파다 (izriti, raskopati) 4. (크게) 벌리다 (raširiti, razjapiti); ~ *usta* 입을 크게 벌리다; *on razvali oči i usta* 그는 눈을 크게 뜨고 입을 쩍 벌린다 5. 펼치다, 펼쳐 놓다; *pred samo pijacom ... već razvalio sto razgolićen kasapin u fesu i viče* 바로 시장 입구에서 ... 웃통을 벗고 모자를 쓴 도축업자가 탁자를 펴고는 소리를 지르고 있었다 6. ~ *se* 부서지다, 무너지다; 벌어지다 7. ~ *se* 편안하게 몸을 대(大)자로 눕히다(뻗다); ~ *se u fotelju* 안락의자에 몸을 편히 눕히다

razvašariti -*im* (完) 1. 시장(vašar)처럼 무질서하게 만들다, 어질러놓다; ~ *po sobi* 방 전체를 어질러놓다 2. ~ *se* 자기 주변을 어질러놓다

razveden -*ena*, -*eno* (形) 1. 참조 razvesti;이혼한 2. 완전히 늘어난, 점점 넓어진; ~ *grlić* 확장된 목구멍; ~ *otvor* 점점 커진 구멍(틈) 3. (地) 들쭉날쭉한, 톱니 모양의 (raščlanjen, razuđen); ~*a obala* 톱니 모양의 해안

razvedenica 이혼녀 (raspuštenica)

razvedriti -*im* (完) **razvedravati** -*am* (不完) 1. (하늘 등을) 청명하게 하다, 맑게 하다; *ovaj će vetar ~* 이 바람으로 인해 하늘이 청명해질 것이다 2. (비유적) ~ *nekoga* 기분좋게 하다 (raspoložiti) 3. ~ *se* (주어가 nebo, vreme 일때, 혹은 무인칭문으로) 청명해지다, 맑아지다, 개다; *nebo se razvedrilo* 하늘이 맑아졌다 4. (비유적) 기분이 좋아지다, 유쾌해지다, 명랑해지다; *razvedrilo mu se lice* 그의 얼굴이 환해졌다; *Boško se razvedri i veselo ga pogleda* 보쉬코는 유쾌해져 그 사람을 기분좋게 바라본다

razvejati -*em* (完) **razvejavati** -*am* (不完) 1. (사방으로) 흩뜨리다, 흩어지게 하다 (바람이); ~ *maglu* 안개를 흩뜨리다, ~ *oblak (maglu)* 구름(안개)을 흩어지게 하다; ~ *prašinu* 먼지를 흩어지게 하다 2. (비유적) 사라지게 하다, 없애다, 무너뜨리다; ~ *nadu* 희망이 사라지게 하다; ~ *sumnju* 의심을 없

애다; ~ *iluziju* 환상을 무너뜨리다 3. ~ se
흩어지다, 없어지다 (바람 등이 분 결과로)
razvenčati *-am* (完) **razvenčavati** *-am* (不完)
1. 혼인 관계를 해소시키다, 이혼시키다; ~
brak 혼인 관계를 해소하다; ~ *mladence* 신
혼부부를 이혼시키다 2. ~ se 이혼하다
(razvesti se); ~ *se od muža* 남편과 이혼하
다
razveseliti *-im* (完) 1. 즐겁게 하다, 유쾌하게
하다, 기분 좋게 하다; ~ *roditelje* 부모님을
즐겁게 해 드리다 2. ~ se 기분이 좋아지다,
유쾌해지다, 즐거워지다 (obradovati se)
razvesti *razvedem*; *razveo, -ela*; *razveden, -
ena*; *razvešću* (完) **razvoditi** *-im*; *razvođen*
(不完) 1. (사방으로, 서로 다른 곳으로) 인도
하다, 안내하다, 데리고 가다; ~ *goste po
sobama* 손님들을 각자 방으로 안내하다; ~
bioskopske posetioce 극장 관객들을 안내
하다 2. (서로 다른 곳으로) 뻗다, 뻗어 나가
다 (razgranati); ~ *puteve* 도로들을 뻗어나
게게 하다; ~ *grane* 가지들이 사방으로 뻗어
나가다; ~ *korenje* 뿌리가 사방으로 뻗다 3.
이혼하다, 이혼시키다; ~ *muža i ženu* 부부
를 이혼시키다; ~ *brak* 이혼하다; ~ *od
muža* 남편과 이혼시키다 4. (대화를) 하다; *i
on razvede s njom gotovo isti razgovor* 그
도 그녀와 거의 동일한 대화를 한다 5. ~ se
이혼하다; *razveli su se* 그들은 이혼했다;
razvela se od muža 그녀는 남편과 이혼했
다 6. ~ se 놓다, 두다, 배열하다, 배치하다
(razmestiti se, rasporediti se)
razvesti *razvezem*; *razvezao, -zla*; *razvezen*;
razvešću (完) **razvoziti** *-im*; *razvožen* (不完)
(운송 수단을 이용하여 여러 곳에, 사방으로)
실어 나르다, 운반하다, 수송하다; ~ *robu* 물
건을 사방으로 실어 나르다; ~ *kućama* 집집
으로 실어 나르다; ~ *goste kućama* 손님들
을 (각자의) 집으로 데려다 주다
razvesti *-ezem* (完) 광범위하게 시작하다 (대
화·말 등을); *posedali u krug oko vatre pa
razveli priče o prošloj ljetini* 불에 빙 둘러
앉아 지난 여름에 대해 많은 이야기를 했다
razvezati *-žem* (完) **razvezivati** *-zujem* (不完)
1. (묶인 것 등을) 풀다, 끄르다; ~ *čvor* 매
듭을 풀다; ~ *konja* 말(馬)의 줄을 끄르다 2.
(비유적) 자유롭게 하다, 속박을 풀어 주다;
열다, *~dušu,* ~ *srce* 마음의 문을 열다 3.
별별 이야기를 다 하다, 광범위하게 이야기
하기 시작하다; ~ *priču* 별의별 이야기를 다
하다; ~ *od pamtiveka* 태고적 이야기부터
이야기하다 4. 기타; ~ *jezik,* ~ *usta* 많이

이야기하다; *razvezao mu se jezik, razvezla
mu se usta* 솔직하고 폭넓게 이야기하기 시
작했다
razviće 발전 (razvitak, razvoj)
razvigorac 1. 춘풍(春風), 봄에 부는 바람 2.
3월 (mart, ožujak)
razvijač 1. (寫眞) 현상제(액) (izazivač) 2. (반
죽을 미는) 밀대, 밀방망이 (oklagija)
razvijati *-am* (不完) 참조 razviti
razvijen *-ena* (形) 참조 razviti; 발전된, 발전
한, 발달한; (몸이) 잘 발달된; *lepo ~a
devojka* 몸매가 좋은 처녀; ~*a zemlja* 선진
국
razvikati *-čem* (完) 1. 소리쳐 알리다, 소리치
다; ~ *nečiji uspeh* 누구의 성공을 소리쳐 알
리다 2. (nekoga) (보통은 나쁜) 소문을 내다,
비방중상하다 (izvikati); ~ *devojku* 처녀를
비방중상하다, 처녀에 대해 나쁜 소문을 내
다 3. ~ se 고함을 많이 치기 시작하다; ~
se na nekoga 누구에게 고함을 치다
razvitak 발전 (razvoj)
razviti *razvijem*; *razvio, -ila*; *razvijen &
razvit*; *razvij* (完) **razvijati** *-jam* (不完) 1.
(포장·감긴 것 등을) 풀다, 끄르다; ~ *paket
(knjigu, poklon)* 소포(책, 선물)를 풀다; ~
omot 포장지를 풀다; ~ *zavoj* 붕대를 끄르
다 2. (돛·깃발 등을) 펴다, 펼치다; ~ *jedra*
돛을 올리다(raširiti, raskriliti, razapeti); ~
zastavu 깃발을 펼치다, ~ *krila* 날개를 펼치
다 3. 발전시키다, 발달시키다; ~ *mišiće* 근
육을 발달시키다; ~ *sposobnosti* 능력을 발
달하다; ~ *zemlju* 국가를 발전시키다; ~
privredu (industriju) 경제(산업)를 발전시키
다 4. 도달하다, 달성하다, 동원하다
(pokrenuti, angažovati, postići)*; ~ brzinu*
(어느 일정 속도에) 다다르다, 속도를 내다
5. (軍) (전투 대형으로; 부대·무기 등을) 배
치하다; ~ *vojsku* 군대를 배치하다 6. (필름
등을) 현상하다 7. ~ *film* 필름을 현상하다 7.
~ se (포장된 것, 묶인 것 등이) 풀어지다 8.
~ se (軍) 배치되다, 진영을 갖추다, 날개를
펴다; *streljački se stroj razvio* 궁수들이 날
개를 폈다 9. 발전하다, 향상되다, 성장하다,
강화되다; ~ *se u momka* 청년으로 성장하다;
~ *se u telu* 몸이 성장하다; ~ *se kulturno*
문화적으로 발전하다 10. ~ se 발생하다, 일
어나다 (zbiti se, desiti se, odigrati se);
sve se razvilo vrlo banalno 모든 것이 매우
평범하게 일어났다
razvlačiti *-im* (不完) 참조 razvući
razvlastiti *-im*; *razvlašten & razvlašćen* (完)

1070

1. 소유권을 박탈하다, 재산(소유물)을 몰수하다; ~ *buržoaziju* 부르조아의 재산을 몰수하다 2. 권좌에서 쫓아내다(밀어내다), 권력을 몰수하다; ~ *vladara* 통치자를 권좌에서 축출하다

razvod 1. ~ (braka) 이혼 2. 분리, 분기, 나뉘어짐; 경계 (razdvajanje, razgraničenje; granica, međa); *urediti* ~ 분리하다, 경계를 나누다 3. 분배, 배치, 배열; ~ *straže* 경비 배치; ~ *akata* 기록물 배치

razvoditi *-im* (不完) 참조 razvesti

razvodnī *-ā, -ō* (形) 1. 참조 razvod; 이혼의 2. (수도관·전기선·난방관 등의) 분기의, 분리의, 나뉘어지는, 분배의; ~*a tabla* 배전반, 전화 교환대; ~ *sistem* 분배 시스템; ~*a mreža* 분배망

razvodnica 1. (解) 대동맥 (aorta) 2. (도로의) 교차점, 합류점 3. (강·물줄기의) 분수계(分水界) (vododelina, vodomeđa) 4. (機) 기계 장치의 레버 (여러 분기된 채널의 개폐를 한 곳에서 하는) 5. 참조 razvodnik; 안내인

razvodnik 1. (교회·극장 등의) 안내인 (손님들을 좌석으로 인도하는) **razvodnica** 2. (軍) 일병 3. (機) (증기 기관의) 레버 (증기 개폐를 담당하는) 4. (植) 식물의 일종

razvodniti *-im*; *razvodnjen* (完) **razvodnjavati** *-am* **razvodnjivati** *-njujem* (不完) 1. (물 등으로) 묽게 하다, 희석하다 (razrediti); ~ *vino* 포도주에 물을 타 희석하다 2. (비유적) (좋은) 특성을 없애다, 약화시키다, 완화시키다; *izbacivanjem više reči, nastojala je da misao engleskog doposnika razvodni* 많은 어휘들을 제거하여 영국 특파원의 의도를 희석시키려 노력했다

razvođe 분수계(分水界) (vododelina, vodomeđa)

razvoj 발전, 발달, 성장, 발육, 진화; *umni* (*fizički*) ~ 정신적(육체적) 발달; *zemlje u* ~*u* 선진국; *linija* ~*a* (軍) 공격 개시선 **razvojni** (形); ~ *put* 발전 과정

razvojačiti *-im* (完) (어떤 지역을) 비무장 지대로 만들다 (demobilisati)

razvoziti *-im* (不完) 참조 razvesti

razvraćati *-am* (不完) 참조 razvratiti

razvrat (성적) 방탕, 난봉, 주색에 빠짐. 육욕 (肉慾)에의 과도한 집착; *živeti u* ~*u* 주색에 빠져 생활하다

razvratan *-tna, -tno* (形) 타락한, 방탕한, 육욕에 과도하게 집착하는, 성 도착증의 (razbludan, pohotljiv, nemoralan)

razvratište 추잡한 성적 행위와 방탕한 행위

등이 빈번히 일어나는 장소(곳)

razvratiti *-im*; *razvraćen* (完) **razvraćati** *-am* (不完) 1. 활짝 열다, 활짝 벌리다 (široko otvoriti, razvrnuti); ~ *usta* 입을 크게 벌리다 2. 제멋대로 행동하게 하다, 비도덕적으로 행동하게 하다, 나쁜 짓을 하게 하다 (raspustiti, iskvariti)

razvratnik 성(性) 도착증 환자, 섹스에 과도하게 집착하는 사람 (bludnik, raspusnik) **razvratnica**; **razvratnički** (形)

razvratnost (女) (性的) 도착, 나쁜 품행, 타락, 비행

razvrći, razvrgnuti *razvrgnem*; *razvrgao, -gla & razvrgnuo*; *razvrgnut* (完) 1. (관계를) 끊다, 단절하다, 중단하다; ~ *veridbu* 약혼을 파혼하다; ~ *brak* 이혼하다; ~ *zajednicu* 공동체를 깨뜨리다; ~ *ugovor* 계약을 파기하다 2. 떼어놓다, 분리하다 (razdvojiti, rastaviti) 3. ~ *se* 헤어지다, 관계를 청산하다 (razići se); ~ *se od muža* 남편과 이혼하다(헤어지다)

razvrgnuće 단절, 중단; 폐지 (prekid, raskid; ukidanje)

razvrtač, razvrtača 확공기, 구멍을 넓히거나 마무리하는 공구

razvrtanje (동사파생 명사) razvrtai; 확공((擴孔)

razvrnuti *-nem*, **razvrteti** *-im* (完) **razvrtati** *-rćem* (不完) 1. (돌려) 이완시키다, 헐겁게 하다, (수도 꼭지 등을) 열다; ~ *slavinu* 수도를 틀다; ~ *zavrtanj* 나사를 돌려 풀다 2. 펴다, 펼치다 (odviti, razmotati); ~ *zamotani lim* 말린 양철을 펼치다 3. 구멍(틈)을 넓히다 (razdrljiti); ~ *okovratnik* 깃의 구멍을 넓히다; ~ *košulju* 와이셔츠의 구멍을 넓히다 4. 활짝 열다(벌리다) (široko otvoriti, razjapiti); ~ *usta* 입을 크게 벌리다; ~ *čeljusti* 턱을 크게 벌리다 5. 강제로(완력으로) 열다; *donesi šta treba da razvrnemo mala vrata* 쪽문을 (강제로) 여는데 필요한 것을 가져와라

razvrstati *-am* (完) **razvrstavati** *-am* (不完) 1. 분류하다, 구분하다, 등급별로 나누다 (svrstati, klasifikovati); ~ *primere* 예들을 구별하다; ~ *biljke* 식물들을 분류하다 2. (軍) 줄을 세우다, 대형을 이루게 하다 (postrojiti); *on je razvrstao svoje vojnike u zbijene redove* 그는 군인들을 좁혀 모여 대형으로 줄을 세웠다

razvrtati *-rćem* (不完) 참조 razvrnuti

razvučen *-a, -o* (形) 1. 참조 razvući 2. 과도

하게 늘어진, 질질 끈, (질질끌어) 활기도 박
력도 없는; 늘어난, 신축성이 없어진; ~*i*
dijalozi 너무 늘어진 대화

razvući *razvučem, razvuku; razvukao, -kla;*
razvučen; razvuci (完) **razvlačiti** *-im* (不完)
1. 잡아당겨 늘이다 (길이·폭 등을)
(*rastegnuti*); ~ *testo* 반죽을 늘이다; ~
gumu 고무줄을 잡아당겨 늘이다; ~ *lice u*
osmeh (비유적) 활짝 웃다; ~ *usne* 입술을
(양 옆으로) 잡아 당기다 2. (너무 자주 잡아
늘여) 신축성을 잃게 하다, 탄력을 잃게 하
다; ~ *čarape* 양말이 늘어나게 하다; ~
bluzu 블라우스가 신축성을 잃게 하다 3. 펴
다, 펼치다 (*raširiti, rasprostreti*); *ona je*
razvukla platno na stolu 그녀는 천을 책상
에 펼쳤다; *sto je razvučen da bi sva deca*
stala (접이식) 테이블은 모든 아이들이 설
수 있도록 펴졌다 4. (시간을) 오래 끌다, 길
게 하다, (필요 이상으로) 오래 끌다
(*produžiti, protegnuti, odužiti*); ~ *posao*
(film) 일 (영화)을 질질 끌다; *ne razvlači*
toliko! 그렇게 오래 질질 끌지마!; *razvučen*
stil 장황한 문체; ~ *predavanje* 강의를 질질
끌다 5. 훔치다, 슬쩍한다; *sve su mi*
razvukli 그들은 내 모든 것을 훔쳐갔다 6.
힘껏 때리다, 힘껏 내리치다; ~ *nekome*
šamar 누구의 뺨을 힘껏 때리다; ~ *nekoga*
po nosu 누구의 코를 힘껏 때리다; ~
pesnicom 주먹으로 세게 치다 7. (사방으로)
끌고 가다, 끌어가다, 가지고 가다; ~ *đubre*
po njivi 비료를 들판 곳곳에 끌어 가지고 가
다; ~ *seno* 건초를 끌고 가다 8. *(dete)* 귀
여워하다, 제멋대로 하게 하다, 버릇없이 굴
게 하다

raž *raži* (女) 호밀 (흑빵의 원료 혹은 가축의
사료로 사용됨) **ražan** *ražani* **ražen** *raženi*
(形); *ražani hleb* 호밀빵; *ražana glavica* (植)
맥각병(麥角病)

ražaliti *-im* (完) 1. ~ *nekoga* 누구를 슬프게
하다 2. ~ se 슬퍼하다, 슬퍼지다; *ražalio*
mu se 그는 슬퍼졌다

ražalostiti *-im; ražalošćen* (完) 1. ~ *nekoga*
슬프게 하다 (*rastužiti, ožalostiti*) 2. ~ se
슬퍼지다, 슬퍼하다

ražalovati *-lujem* (完) 직위해제하다, 직책을
박탈하다 (*raščiniti*); *ražalovani oficiri* 직위
해제된 장교들

ražan *-a, -o* (形) (=ražen) 호밀의; ~ *hleb* 호
밀 빵

ražanj *ražnja; ražnjevi* 1. (나무, 혹은 쇠로 된)
꼬챙이 (바비큐할 때 고기를 꿰 불위에서 돌

리는); *peći na ~žnju* 쇠꼬챙이에 꽂아 굽다,
바베큐하다; *spremati ~, a zec u šumi* 떡 줄
사람은 생각지도 않는데 김칫국부터 마신다
2. (輕蔑) 길다란 총검 (*dugačak bajonet*) 3.
(鳥類) 송곳부리도요

ražariti *-im* (完) 1. (불 등을) 돋우다 (*podstaći,*
raspaliti, razgoreti); *potrčala je na ognjište*
i ražarila vatru 화롯불에 뛰어가서는 불을
돋웠다 2. (불·재 등을) 펴다, 흩뜨리다
(*razgrnuti*) 3. 매우 뜨겁게 하다, 달구다
(*zagrejati, usijati*) ; ~ *gvožđe* 쇠붙이를 달
구다 4. ~ se 뜨거워지다, 달궈지다;
pećica ... već se ražarila 난로는 벌써 뜨거
워졌다

ražeći *ražežem, -egu; ražegao, -gla; ražežen,*
-ena; ražeži (完) 태우다, 불사르다
(*raspaliti, razgoreti, upaliti*)

ražen *-a, -o* (形) (=ražan) 호밀의; ~*a slama*
호밀대; ~*a rakija* 호밀로 빚은 라키야

raženiti *-im* (完) 1. (많은 사람을) 결혼시키다,
장가들이다 (*oženiti, iženiti*) 2. ~ se (많은
사람들이) 결혼하다, 장가가다 3. ~ se 이혼
하다 (*razvenčati se, razvesti se*); *oženio*
se i raženio se! 그는 장가를 가서는 이혼했
다

ražestiti *-im; ražešćen* (完) 1. 격노시키다, 격
분시키다 (*rasrditi, razljutiti, razbesneti*); ~
oca 아버지를 격분시키다 2. ~ se 화를 많이
내다, 격노하다, 격분하다

ražište 호밀(raž)밭

ražnjić 1. 지소체 ražanj; 작은 꼬챙이; *nožem*
rezao je ... sa ~a pečenicu 칼로 꼬치를 썰
었다 2. (보통 複數로) 꼬치(음식의 한 종류);
svinjski (teleći) ~i 돼지고기 (소고기) 꼬치

ražovit *-a, -o* (形) 호밀(raž)이 많은

rbak *rpka; rpci, rbaka* **rbanjak** *-njka* (유리·도
자기 등의) 조각, 파편

rđa *rđi, rđu, rđo; rđe, rđa, rđama* 1. (부식에
의해 생기는) 녹, 부식 2. (植) 녹병 3. (비유
적) 어려움, 곤란; 악 (*muka, nevolja; beda,*
zlo) 4. (비유적) 인간 쓰레기, 아무런 쓸모도
없는 사람 (*nevaljalac, nitkov*); *rđo jedna!*
저 아무런 쓸모도 없는 놈!; *to su ~e* 저들은
인간 쓰레기이다

rđati *-am* (不完) 녹슬다; *gvožđe rđa* 철이 녹
슨다

rđav *-a, -o* 1. (일반적으로) 나쁜, 좋지 않은;
(사람·행위 등이) 부도덕한, 부정한; (언동 등
이) 야비한, 무례한; (사람이) 버릇없는, 행실
이 나쁜; *on je u ~om položaju* 그는 좋지
않은 위치에 있다; ~*o raspoloženje* 엉망인

기분; ~o zidan 엉망으로 지어진, 부실공사된; ~ čovek 사악한 인간; ~e crte karaktera 나쁜 품성; ~o postupanje 야비한 행동 2. (품질·가치가) 불량한, 불충분한, 떨어지는, 결함이 있는; ~ put (울퉁불퉁하여) 엉망인 길; ~a hrana 질이 떨어지는 음식; ~a roba 품질이 나쁜 물건 3. 불쾌한, 유쾌하지 않은, 좋지 않은 (neprijatan, nepovoljan, neugodan); ~a vest 좋지 않은 소식 4. (날씨 등이) 나쁜 (비바람이 세찬, 광풍이 몰아치는 등의); ~o vreme 나쁜 날씨

rđavština 나쁜 것, 나쁜 현상, 나쁜(야비한) 행동, 쓰레기 같은 행동

reagirati -am, **reagovati** -gujem (完,不完) ~ na nešto ~에 반응하다, 반응을 나타내다; ~에 반항하다, 저항하다; javnost je reagovala na porast cena 여론은 가격 인상에 반응하였다; nemačka je na taj sporazum reagirala vrlo oštro 독일은 그 협약에 매우 격렬하게 반응하였다; ~ na način lečenja 치료 방법에 반응하다

reakcija 반응; 반발, 반작용; (醫,化) 반응; (정치상의) 반동, 보수적 경향; lančana ~ 연쇄반응; ~ na nešto 무엇에 대한 반응; hemijska ~ 화학 반응; nuklearna ~ 핵 반응; ~ građana na ove nepopularne mere 이러한 인기없는 수단에 대한 시민들의 반응 (반발)

reakcionar (政) (사회·정치적 진보·변화에 대해 반대하는)반동주의자, 보수주의자, 수구주의자 **reakcionarski** (形)

reakcionaran -rna, -rno (形) 반동의, 반동적인, 보수적인, 후퇴하는, 역행의

reakcioner 참조 reakcionar

reaktivirati -am **reaktivisati** -šem (完,不完) (활동 등을) 재개하다, 재가동하다; 복직시키다; ~ penzionere 연금생활자를 다시 복직시키다; ~ vladu 정부를 재가동하다

reaktivan -vna, -vno (形) 1. 반대 방향으로 작용하는 2. 제트 엔진의, 분사 추진의; avion na ~ pogon 제트 엔진 비행기; ~vni (mlazni) motor 제트 엔진

reaktor nuklearni ~ 핵 원자로

realac -lca (歷) realka에서 공부하는 학생

realan -lna, -lno (形) 1. 실재의, 현실의, 실재하는, 실질적인; ~lne šanse 실질적인 기회; ~lna plata 실제 월급; ~lna mogućnost 실질적 가능성; ~lna vrednost 실질 가치 2. 현실적인, 실제적인; ~ čovek (plan) 현실적인 사람(계획) 3. 기타; ~lna gimnazija 전전

(前戰)의 중학교의 한 형태 (수학·물리·화학 등을 중점적으로 배운); ~lni broj (數) 실수

realist(a) 1. (美術) 사실주의자 2. (哲) 실존주의자 3. 현실주의자

realističan -čna, -čno **realistički** -a, -o (形) 1. 현실적인, 실제적인 (stvaran, realan); ~čna pojava 실제 현상 2. 사실주의의; ~ roman 사실주의 소설

realitet 1. 현실, 실제; 현실적인 것, 실제적인 것 2. (複數로) 부동산 (nekretnine)

realizacija 1. 실행, 실현; do ~e ovog poziva došlo je u junu ove godine 이번 초청은 올 6월에 실현되었다; ~ filma 영화 제작; ~ projekta 프로젝트 실현 2. (부동산·유가 증권 등의) 현금화

realizam -zma 1. (미술·문학 등의) 사실주의, 리얼리즘 2. (哲) 실존론, 실념론 3. 현실주의

realizirati -am **realizovati** -zujem (完,不完) 1. 실현하다, 실행하다, 현실화시키다; ~ plan 계획을 실행하다 2. (부동산, 유가 증권 등을) 현금화시키다

realka (歷) 중학교의 한 종류 (수학·물리·화학 등 정밀 과학을 주로 배우는)

realnost (女) 현실, 현실성, 실제

rebarce -a & -eta 1. (지소체) rebro 2. (보통 複數로) 등갈비 바비큐, 립 (특히 돼지고기나 양고기의) 두툼한 고기 토막, 보통 뼈가 붙은 채 요리해서 먹음 (kotlet)

rebranī -ā, -ō (形) (=rebreni) 참조 rebro; 갈비의, 갈비뼈의

rebrast -a, -o (形) 갈비뼈가 있는, 갈비뼈가 잘 보이는; (직물 등이) 골이 지게 짠, 골이 진; to je školjka s ~om ljušturom 골이 진 껍데기를 가진 조개이다

rebrenica (보통 複數로) 창소 셔터 (갈비뼈 모양의, 목재나 금속으로 된) (žaluzina)

rebro (複) rebra, rebara 1. (解) 갈비, 갈비뼈; prava ~a 진늑골; lažna ~a 가늑골 2. 날카롭게 솟아 오른 바위 (산의); 봉우리 (planinska kosa, greben); planinsko ~ 산봉우리 3. (船舶) 늑재 4. (건축물의) 재목, 대들보, 가로장 (목재나 금속제의) 5. (植) 엽맥 (잎의 주맥); najkrupniji nervi lista zovu se još i ~a, a sitni - vene ili žilice 나뭇잎에서 가장 굵은 선을 엽맥(rebro)라고 하고 가는 선은 실핏줄 또는 힘줄이라고 한다 6. (부채의) 살 7. 기타; ~a mu se vidi 그는 매우 말랐다; biti tankih rebara 가난하다; biti što preko ~a 매우 많은; broje mu se ~a 갈비뼈가 앙상한, 매우 마른; namestiti (polomiti,

R

poravnati, prebrojati) kome rebra 죽도록 누구를 때리다, 구타하다; od sirotinjskih (tuđih) rebara stići (dobiti) 남의 것을 강탈하여 가지다 (얻다); platiti (svojim) ~rima 죽음을 당하다, 목숨을 잃다; s neba pa u ~a 갑자기, 주저함 없이; s ~a odgovarati 거칠게 (날카롭게) 응답하다; udariti nekoga u ~a 옆구리를 찌르다

rebus 1. 수수께기, 수수께끼같은 그림 (어휘 대신 그림·기호·숫자 등으로 암시적으로 나타낸 것) 2. (비유적) 수수께끼, 불명확한 것, 불분명한 것; govoriti u ~ima 수수께끼같은 말을 하다

recenzent 비평가, 평론가, 논평가 (prikazivač, kritičar)

recenzija 1. 비평, 논평; napisati ~u na knjigu 서평을 쓰다; ~ knjige 서평; ~ predstave 연극 비평; ~ muzičkog izvođenja 음악 공연 비평 2. 수정판, 개정판 (redakcija) 3. (교회 슬라브어) 판본; bugarska ~ 불가리아어 판본; ruska ~ 러시아어 판본

recenzirati -am (完,不完) (전문 서적, 미술 등의) 비평을 쓰다, 논평을 쓰다, 비평하다, 논평하다 (prikazati, oceniti)

recepcija 1. (호텔 등의) 로비, 리셉션, 프런트; u ~i 로비에서, 리셉션에서; službenik ~e 프런트 직원, 리셉션 근무자; šef ~e 리셉션 매니저 recepcijski (形) 2. 수령, 받아들임 (primanje, prihvatanje, preuzimanje); ~ gostiju 손님 영접

recepcionar (호텔·사무실·병원 등의) 접수 담당자, 프런트 직원, 리셉션 근무자

recepis (우편·돈·소포 등의) 수령 확인서, 영수 증명서; povratni ~ (발송자에게 보내는) 수령 확인서

recept 1. (의사의) 처방, 처방전 2. (요리의) 요리법, 조리법 3. (비유적) 충고, 지침, 규정 (savet, uputstvo, propis); ~ za dug život 장수(長壽)에 도움이 되는 말; život po ~u iz Biblije 성경의 가르침에 따른 삶

receptivan -vna, -vno (形) 받아들이는, 수용하는; 수용력이 있는, 감수성이 풍부한

recesija 후퇴, 철수; 경기 후퇴, 불황, 침체

recidiv -a (男), recidiva (女) 1. (醫) (병의) 재발 2. (法) (범죄의) 재범 3. (일반적으로 과거의 행동·현상 등의) 되풀이, 재발, 되풀이 되는 현상

recidivist(a) 재범자, 상습범; 되풀이하는 사람

recidivizam -zma 상습적 범행, 상습적 비행

recimo 참조 reći; 이를테면, 예를 들자면; ~ da je sve tako 이를테면 모든 것이 그와 같다

recipijent 1. 수령인, 수취인 2. (醫) 혈액을 수혈받는 환자

reciprocitet 상호주의, 호혜주의; omogućeno je uzajamno oslobođenje od taksa u međunarodnom drumskom saobraćaju na osnovu faktičkog ~a 실제적 상호주의에 입각해 국제도로교통세를 상호 면제하게 되었다

recipročan -čna, -čno (形) 상호간의; (數學) 역의, 역비례의; ~čna vrednost broja 역수; ~čni glagol (文法) 상호재귀동사 (boriti se, svađati se 등의)

recipročnost (女) 호혜주의, 상호주의

recitacija (타인 앞에서 하는 시(詩) 등의) 암송, 낭송, 낭독 recitacioni (形)

recital (=resital) 1. (시 등의) 암송, 낭송, 낭독 (recitacija) 2. (음악의) 독주회, 독창회, 리사이틀

recitativ (音樂) 레시터티브, 서창(敍唱); 오페라·오라토리오 등에서 노래보다 이야기하듯 하는데 중점을 둔 창법)

recitator 암송자, 낭독자 recitatorka; recitatorski (形)

recitirati -am, recitovati -tujem (不完) (청중들 앞에서 시 등을) 낭송하다, 암송하다, 낭독하다

recka (막대 등의) 새김 표시 (urez); udarati ~e 표시해 놓다, 기록해 놓다, (비유적) 누구의 실수나 단점을 기억해 놓다

reckati -am (不完) izreckati (完) (지소체) rezati; 새기다, 새김 표시를 하다, 눈금을 새겨 기록하다

reckav -a, -o (形) (=reckast) 눈금이 새겨진, 새김 표시가 된; 톱니 모양의

reč reči, rečju & reči, rečî; rečima (女) 1. 말, 단어, 어휘; strana ~ 외래어, 외국어의 단어; ružne (proste, vulgarne) ~i 비속어; lepa ~ i gvozdena vrata otvara 말 한마디로 천냥 빚도 갚는다; jednom reči (rečju) 한 마디로; drugim ~ima 다른 말로; ~~dve 한 두마디 말로; ~ po ~ 한 마디 한 마디; prazne ~i 헛된 말; časna (poštena) ~ 명예를 건 약속 (맹세); je li to tvoja poslednja ~? 그것이 네 마지막 말이냐?; jednosložna (dvosložna, višesložna) ~ 단음절어(이음절어, 다음절어); ponoviti od ~i do ~i 한 마디 한 마디 되풀이하다; zastarale (dijaljkatske, pokrajinske) ~i 폐어(방언어, 지방어); izvedena ~ 파생어 2. 약속; dati (održati) ~ 약속하다; prekršiti (datu) ~ 약속을 지키지 않다; on *je čovek od ~i* 그는 약속을 잘 지키는 사람이다 (그는 언행이 일치하는 사람이다) **3.** 이야기, 대화, 논의; *o čemu je ~?* 무엇에 관한 이야기인가?; *vodi se ~ o ratu* 전쟁에 대해 논의가 진행중이다; *upasti nekome u ~* 또는 *prekinuti nekoga u ~i* 이야기를 중단시키다; *voditi glavnu ~* 결정 권한을 가지다, 가장 큰 영향력이 있다; *pozdravna ~* 환영사(환영 연설) **4.** 발언권; *javiti se za ~* 발언권을 신청하다(요구하다); *dati nekome ~* 발언권을 주다; *doći do ~i* 발언권을 얻다 **5.** 기타; *bacati (brbljati, govoriti) ~i u vetar* 헛되이 이야기하다; *bez ~i* 1)기꺼이(즉시) 동의하다 2)암묵적으로, 저항하지 않고; *birati ~i* 신중하게 발언하다; *biti od ~i* 약속을 지키다; *budi na ~i pri kojoj si* (구어체) 무슨 말을 하려고 했는지 잊지 마라 (남의 말을 끊을 때); *izmenjati nekoliko ~i* 몇마디 대화를 나누다; *imati ~i s nekim* 누구와 말다툼하다; *krupna ~, krupne ~i* 설득력 있는 말, 심하게 모독적인 말; *na (golu) ~ (primiti, prihvatiti, poverovati)* 액면 그대로 (사실인지 아닌지 조사하지 않고) 받아 들이다(믿다); *na ~ima biti dobar* 말은 번지르하다(거짓 약속과 말로 좋은 사람인척 하다); *oduzeti ~ (kome)* 발언권을 빼앗다; *povući ~* 발언을 취소하다; *poslednja ~* 1)최종 결정 2)최고의 업적(학문 등의); *pustiti (proneti) ~ o nečemu* 소문을 퍼뜨리다; *~ je o čemu* ~에 관한 것이다; *sloboda ~i* 발언의 자유; *u ~i biti* 어떤 일이 발생하는 바로 그 순간에 그 일에 대해 이야기하다; *uhvatiti koga za ~* 누구의 발언을 기묘하게 이용하다

rečca -i **1.** (지소체) reč **2.** (문법) 소사(小辭; 부사, 접속사 등 어형 변화가 없는 것으로 개인적 입장을 나타내는 단어); *odrična ~* 부정 소사(ne); *upitna ~* 의문 소사(da li, li); *potvrdna ~* 긍정 소사(da)

rečen -*ena*, -*eno* (形) **1.** 참조 reči; *među nama budi ~o* 우리들끼리만 언급될 것이다; *uzgred budi ~o* 지나가는 말투로 언급될 것이다; *~o - učinjeno* 말한대로 행해졌다 **2.** (한정형으로) 해당의, 언급된 (dotični, pomenuti); *više ~i* 위에 언급된, 상기(上記)의

rečenica 1. 문(文), 문장; *potvrdna (odrična, upitna, obaveštajna, uzvična) ~* 긍정문(부정문, 부정문, 의문문, 평서문, 감탄문); *prosta ~* 단문; *proširena ~* 단문(한정사 혹은 보어를 갖는); *složena ~* 복문 **2.** (文法)

절(節); *glavna ~* 주절; *nezavisna (naporedna) ~* 독립절; *zavisna (sporedna) ~* 종속절; *pogodbena (uslovna, kondicionalna) ~* 조건절; *vremenska (načinska, uzročna) ~* 때를 나타내는 절 (방법을 나타내는, 원인을 나타내는 절); *odnosna (izrična, umetnuta, dopusna) ~* 관계절 (목적절, 삽입절, 양보절) **rečenični** (形)

rečetina (輕蔑) reč; 욕, 욕설 (pogrda, psovka)

rečica (지소체) reka

rečica (지소체) reč

rečit -*a*, -*o* (形) **1.** 말을 술술 잘하는, 달변인; *~ čovek* 달변인 사람 **2.** (비유적) 분명한, 명약관화한 (očigledan, ubedljiv); *parkovi su ~ primer našeg nehata* 공원들은 우리 무관심의 분명한 예(例)이다

rečnī -*ā*, -*ō* (形) 강(江)의; *~a voda* 강물; *~a plovidba* 강을 따라 하는 항해

rečnī -*ā*, -*ō* (形) 말의, 단어의

rečnik 1. 사전; *izraditi ~* 사전을 편찬하다; *dvojezični ~ci* 2개 국어로 된 사전; *unazadni (obratni) ~* 역어 사전; *etimološki (istorijski, biografski, medicinski, tehnički) ~* 어원(역사, 인명, 의학, 기술) 사전; *dijalektološki ~* 방언 사전; *~ za široku upotrebu* 일반 사전; *mnogotomni ~* 여러 권으로 된 사전 **rečnički** (形) **2.** (한 개인의, 한 작가의, 한 사회의) 어휘, 용어; *kancelarijski ~* 사무 용어; *akademski ~* 학술 용어; *dečiji ~* 유아들이 사용하는 어휘

reći *rečem & reknem, reku & reknu; rekao, -kla, -klo; rečen, -a, -o; rekavši; reci* (完) 말하다, 이야기하다; *šta je on rekao?* 그가 뭐라고 말했느냐?; *da reknem, da rečem, da rečeš* 확신을 가지고 말할 수 없다; *malo je ~ dobar (mudar, strog)* 너무 좋은(현명한, 엄격한); *među nama (između nas, u poverenju) rečeno* 우리끼리만의 비밀이다, 말을 퍼뜨리지 마라; *može se mirne duše ~* 확실한, 단언할 수 있는; *na to se nema šta ~* 그것은 말할 필요도 없이 확실하다; *ne ~ ni crne ni bele* 말하지 않다, 침묵하다, 자신의 의견을 개진하지 않다; *rekao bih, reklo bi se ~*인 것 같다, ~로 말할 수 있을 것이다; *rekla-kazala* 확실하지 않은 발표, 소문, 유언비어; *~ krivu (reč) na koga* 비난하다; *~ misu* 미사를 거행하다; *~ po istini (po duši)* 솔직하게 이야기하다; *~ poslednju reč* 결정하다; *~ svoje (svoju reč)* 자신의 의견을 말하다; *~ u*

1075

vetar 헛되이 이야기하다(허공에 대고 이야기하다); ~ *u oči (u lice, u brk)* 진심으로, 공개적으로, 용기있게 말하다(고언을 듣는 것을 싫어하는 사람에게); *rečeno-učinjeno* 말한대로 행해졌다, 결정한 대로 행해졌다 (주저함이나 망설임없이); *tamo gde je rekao bog (đavo) laku noć* 산간벽지의, 매우 멀고 외떨어진 지역의; *ispeci, pa reci* 심사숙고한 다음에 말을 해라, 말하기 전에 생각을 해라

red *redovi* 1. 순서, 순(順); 정리, 정돈(된 상태); (사회적) 질서, 치안; *održati* ~ 질서를 유지하다; *ovde vlada* ~ 여기는 치안이 좋다; *po utvrđenom* ~*u* 정해진 순서대로; *dovesti u* ~ 질서를 확립하다, 정돈하다; *napraviti* ~ 질서정연하게 하다; *azbučni* ~ 알파벳 순서; ~ *reči* 어순(語順); *uspostaviti* ~ 치안을 확립하다; *pozvati na* ~ (회의 등에서) 정숙을 명하다 2. 계층, 계급, 등급, (사회적) 지위, 신분; *kaluđerski* ~ 수도승 계층; *društveni* ~ 사회적 계층; *roba prvog* ~*a* 1등품 3. (生物) (동식물 분류상의) 목(目) 4. (數) (보통 複數로) 수열; *aritmetički (geometrijski, harmonijski)* ~ 등차 (등비, 조화) 수열 5. (케이크의) 층 6. (책 등 출판물 등에서의) 줄, 행(行) (*redak*) 7. (똑바로 늘어선, 연속된 것의) 줄, 열; (차례 등을 기다리는 사람들의) 줄, 행렬; *stati u* ~ 줄에 서다; *čekati (stajati) u* ~*u* 줄을 서서 기다리다; *napraviti* ~ 줄을 만들다 8. 순서, 차례; *na tebe je* ~ 네 순서이다; *na koga je* ~*?, ko je na* ~*u* 누구 차례인가?; *preko* ~*a* 새치기로; *on je propustio svoj* ~ 그는 자신의 순서를 놓쳤다 9. (극장 좌석 등의 가로로 놓여져 있는) 줄, 열, 오(伍); *sedeti u prvom* ~*u* 맨 앞줄에 앉다 10. 스케줄, 일정, 예정표; ~*vožnje, vozni* ~ 운행 시간표; ~ *letenja* 비행 시간표 11. (사무 처리의) 정해진 순서; *dnevni* ~ 의사 일정, 의제; *biti na dnevnom* ~*u* 의사일정에 있다; *uneti nešto u dnevni* ~ 의제에 포함시키다 12. (행동 등의) 규정, 규칙, 에티켓, 예의; *on ne zna red(a)* 그는 어떻게 행동을 해야 하는지 모른다 13. (軍) (複數로) 종렬, 오(伍), 대오(隊伍); *zbiti* ~*ove* 대오를 좁히다, 단결하여 똘똘 뭉치다; *izići iz* ~*a* 대오를 이탈하다 14. 기타; *bez (ikakva)* ~*a* 1)규정(질서)을 지키지 않고 2)뒤섞여, 뒤죽박죽으로; *biti od reda* 1)어떻게 행동하고 일을 해야 하는지를 알다 2)규정(도덕적 원칙)을 지키다; *biti prvog* ~*a* 1위 자리를 지키다, 최고의 위치를 차지하다(중요도·가치 등에서); *borbeni*

(bojni, ubojni) ~ 전투 대형; *van (izvan)* ~*a* 매우 많이, 과도하게; *doći na* ~ 순서가 되다; *naučiti (koga)* ~*u* 1)정상적으로 (규정에 맞게) 행동하도록 강제하다 2)(규정 위반 등에 대해) 징계하다; *po* ~*u* 순서대로; *pre* ~*a* (정해진 시간보다) 먼저; ~*a radi* 체면상(풍습·관습·전통 등을 지키기 위한); *svi od* ~*a (iz* ~*a), s reda* 차이없이 모두, 선택없이 모두; *staviti u prvi* ~ 가장 중요한 목표로 정하다; *u prvom* ~*u* 무엇보다 먼저; *u* ~*u* 오케이(동의 등의 표현); *čaršijski* ~ 일반적으로 받아들여진 행동 양식 (한 지역, 사회에서의); *čitati (tumačiti) između* ~*ova* 행간을 읽다

redak *-tka; reci, redaka* (지소체) red

redak *retka, -tko; ređi* (形) 1. 드문드문한, 성긴, 산재하는; (머리카락 등이) 숱이 적은; (커피·수프 등이)묽은, 희박한; (안개·연기 등이) 옅은 (反;gust); *čorba je* ~*tka* 수프가 묽다; ~*tka brada* 몇가닥 없는 턱수염; ~*tki zubi* 성긴 이빨; ~*tka magla* 옅은 안개; ~ *dim* 옅은 연기 2. (시간적으로 자주 있지 않는) 드문, 희박한, 희귀한 (反; čest); *šećer je* ~ *u prodavnici* 설탕은 가게에 드물게 있다 3. 평범하지 않은, 예외적인, 특별한 (neobičan, izuzetan, osobit); ~ *gost* 귀한 손님; ~*tka knjiga* 귀한 책; ~ *događaj* 평범하지 않은 사건; ~ *kao bela vrana* 매위 희귀한

redakcija 1. 편집진; 편집부서(가 있는 장소·공간); ~ *časopisa* 잡지 편집진; *ići u* ~*u* 편집실에 가다 **redakcijski, redakcioni** (形); ~ *odbor* 편집 위원회 2. (원고 등의) 편집; 교정; *predati svoju* ~*u* 자신의 편집본을 넘기다 3. 수정판, 개정판; *prevod iz latinske* ~*e* 라틴어 개정판 번역 4. (교회 슬라브어의) 판본; *srpska* ~ 세르비아어 판본

redaktor 편집인; 교정자 (urednik)

redar 1. (학교의) 당번, 주번(학생); (공동으로 사용하는 공간의) 당직, 당번; (행사 등의) 안전요원, 질서유지 담당자 **redarski** (形) 2. 경찰, 치안담당 공무원 (redarstvenik)

redara 1. (시골 협동농장 등의) 당번(여자) (순번에 따라 보통 일주일동안 음식 장만 등을 담당하는) (reduša) 2. (학교의) 당번, 주번 (여학생) (redar)

redarstvenik 치안담당 기관의 공무원, 경찰

redarstvo 1. 치안담당 기관; 그 기관의 공무원, 경찰 (policija) 2. 당번, 주번의 직(임무)

redatelj 참조 reditelj; (영화 등의) 감독

redati *-am* (不完) **poredati** (完) 참조 ređati; 줄세우다, 일렬로 세우다, 정렬하다, 정돈하

1076

redengot 레딩고트 (앞이 트인 긴 여성용 코트)

redenik (軍) 탄띠, 탄약띠; *svi su bili oružani i opasani unakrst ~icima punim metaka* 모두가 무장을 하고 있었으며 총알이 가득 들은 탄띠를 십자로 매고 있었다

redigirati *-am* **redigovati** *-gujem* (完,不完) (출판을 위해 원고 등을) 편집하다, 교정하다

reditelj (영화 등의) 감독 (režiser) **rediteljka; rediteljski** (形)

rediti *-im; ređen* (不完) 1. 정리하다, 정돈하다, 가지런히 하다; 단장하다 (uređivati); *ona je ... redila po sobi* 그녀는 ... 방을 정돈했다; ~ *kosu* 머리를 단정히 하다 2. (땅을) 갈다, 경작하다 (obrađivati); ~ *vrt* 정원의 땅을 갈다 3. 사제로 임명하다, 성직을 수여하다, 수도승(redovnik)의 지위와 명칭을 수여하다 (zarediti) 4. (고기·귈런·아마 등을) 손질하다 (spremati, priređivati, pripravljati); ~ *zaklano prase* 도축된 새끼 돼지를 손질하다; *braća su ... redila duvan da se bolje osuši* 형제는 잘 건조 되도록 담뱃잎을 손질했다 5. 운영하다, 경영하다 (upravljati, rukovoditi) 6. 순서대로 (하나 하나) 방문하다 7. ~ *se* 치장하다, 단장하다 (udešavati se); *oblači se i redi po ceo dan* 하루종일 옷을 입으며 단장한다 8. ~ *se* 차례로 마시다 (ređati se); *dvaput se rede čašom vina* 포도주잔을 차례로 두 번 마신다

rediti *-im* (不完) 1. 희박하게 하다, 드물게 하다, 묽게 하다 2. ~ *se* 묽게 되다, 희박해지다, 드물어지다, 옅어지다; *magla se dizala i redila* 안개가 걷혀 옅어졌다

rednī *-ā, -ō* (形) 순서를 나타내는; 서수(序數)의; ~ *broj* 서수

rednja 1. 전염병 (epidemija); ~ *u narodu* 국민들 사이에서 퍼지는 전염병 2. 차례, 순번 (red); *sad je moja* ~ 이제 내 차례이다 3. (외모의) 단장, 정리, 정돈 (doterivanje, uređivanje); *ostavi se ~e, radi nešto* 단장은 그만하고 일 좀 해!

redom (副) 순서대로, 차례대로, 하나 하나; *svi su* ~ *došli* 모두 차례대로 도착했다; *sve smo* ~ *pročitali* 우리는 순서대로 모두 읽었다; *sve mi je* ~ *ispričao* 나에게 모든 것을 하나 하나 다 말했다; *i tako* ~ 그렇게 순서대로 (하나 하나씩)

redosled (일·사건 등의) 순서; ~ *događaja* 사건의 순서; ~ *predstava* 공연 순서

redov *-a* (軍) 사병(士兵), 병사; *ja sam ... počeo služiti kao* ~ 나는 사병으로서 군생활을 시작했다

redovan *-vna, -vno* (形) 1. 정기적인, 규칙적인; ~*vna sednica* 정기 회의; ~ *izlazak vojnika* 군인의 정기 외출; ~ *posetilac opere* 오페라 고정 관람객; ~*vna skupština odlučuje o izmenama i dopunama pravila* 정기 국회는 법률의 개정과 수정을 결정한다 2. 일상의, 보통의, 평범한; *srbija je nastavljala* ~ *život* 세르비아는 일상적인 삶을 지속하였다 3. (한정적 용법으로) (대학 교수, 학술원 회원 등의) 정(正)의; ~*vni profesor* 정교수; ~*vni član Akademije* 학술원 정회원; ~*vna vojska* 상비군, 정규군 4. 올바른, 바른 (pravilan, ispravan); *vratiti nekoga na* ~ *put* 누구를 올바른 길로 돌려놓다

redovati *-dujem* (不完) 집안일을 하다; (순서대로 돌아가면서) 당번(redara, reduša)을 맡다; ~ *po kući* 집안일을 하다

redovit *-a, -o* (形) 참조 redovan

redovnik (가톨릭) 수사, 수도사 (fratar, kaluđer, monah); *bio je zaista dobar fratar i tvrd* ~ 그는 정말로 훌륭하지만 완고한 수도사였다 **redovnica; redovnički** (形)

redovništvo 1. 수사(redovnik)의 직(임무) 2. 수사(修士), 수사 계층

redovno (副) 1. 정기적으로, 규칙적으로; *ona nam* ~ *pomaže* 그녀는 우리를 정기적으로 도와준다; *život je počeo* ~ *da teče* 삶은 정상적으로 굴러가기 시작했다 2. 항시적으로, 상시적으로, 항상, 끊임없이 (stalno, neprekidno); *on* ~ *dolazi na čas* 그는 빠지지 않고 수업에 출석한다

reducirati *-am,* **redukovati** *-kujem* (完,不完) 줄이다, 축소하다, 감소시키다; (인력 등을) 줄이다; *reducirani vokali* 약화 모음

redukcija 1. (복잡한 형태의) 단순화; (노동자·직원 수의) 감축, 축소; (일반적으로) 축소, 감소, 삭감; ~ *u saveznom budžetu* 연방 예산의 삭감; ~ *u pozorištu* 극장의 감축 2. (化) (어떤 물질에) 전자 첨가; (어떤 물질에서) 탈산소화 3. (言) 모음 약화; ~ *vokala* 모음 약화 4. (哲) (현상학으로의) 환원

redkukovati *-kujem* (完,不完) 참조 reducirati

reduktor 1. (機) 감속 장치 (톱니바퀴·벨트 등을 통한) 2. (化) 환원장치 (산소·황·염분 등을 제거하는)

reduplicirati *-am* (完,不完) 배가하다, 이중으로 하다, 되풀이하다 (보통 음절·말 등을)

reduplikacija (言) (어휘·음절 등의) 되풀이 (보통 유아어에서의)

reduša 1. (=redara) (시골 협동농장 등의) 당번(여자) (순번에 따라 보통 일주일동안 음식장만 등을 담당하는) 2. (植) 버섯(pečurka)의 일종

redut (男), **reduta** (女) 1. (軍) (공격·위협으로부터 보호받을 수 있는) 보루(堡壘) 2. 가면무도회

rеđati -am (不完) 1. 정렬하다, 정돈하다, (한 줄로) 세우다, 늘어세우다 (redati); ~ knjige na policu 책장에 책을 일렬로 정돈하다; ~ čaše 잔을 정렬하다 2. (하나 하나) 열거하다, 나열하다 (nabrajati, navoditi, nizati); stade mu ~ ko je sve bio kog njega 그의 집에 누가 왔었는지 모든 사람을 하나 하나 열거하기 시작했다 3. 이리저리 왔다갔다 하다 4. ~ se 순서대로 정돈되다(배열되다, 정돈되다); ~ se po veličini 크기에 따라 정돈되다 5. ~ se 줄지어 (서) 있다; rеđala su se sela 마을이 나란히 줄지어 있다; rеđale su se čestitke 축하의 말이 줄줄이 쏟아졌다; deca su se rеđala ispred table 칠판 앞에 아이들이 줄지어 서 있었다 6. ~ se 순서대로(차례로) 마시다 (obrеđivati se)

rеđī -ā, -ē (形) (비교급) redak; 더 드물게, 더 희박하게, 더 묽게

referat (업무·공무의) 보고(서); (전문적·학술적인) 보고서; 조사 보고서, 연구 보고서; (어떤 문제에 대한) 리포트; kongresni ~ 의회 보고서; podneti ~ 보고서를 제출하다, 보고하다; ~ ministra vanjskih poslova 외무장관의 보고서

referendum 국민 투표 (plebiscit); ~ o atomskom naoružanju 핵무장에 대한 국민투표

referent 1. 보고서(referat) 제출자, 구두 보고자, 발표자 2. (지회·지부 등의) 직원, 관리인, 행정관 (službenik, funkcioner); ~ za kadrove 인사 담당 직원; ~ za kadrovsku evidenciju 인사 기록관; pravni ~ 법무 관리관; ~ za saobraćaj 수송 담당관 **referentica, referentkinja**

referirati -am, **referisati** -šem (完,不完) 보고하다, 보고서를 제출하다; on će nam ~ o noćašnjim dogаđajima 그는 우리에게 어제 저녁의 사건에 대해 보고할 것이다; ona njemu sve referiše 그녀는 모든 것을 그에게 알려준다

refleks 1. (빛·열의) 반사, 반사광, 반사열 2. (어떤 일, 사건에 대한) 반향, 반영 3. (生理)

반사 (작용), 반사 운동(행동); uslovni ~ 조건 반사; imati dobre ~e 좋은 반사 운동을 가지고 있다; golman sa izvrsnim ~ima 훌륭한 반사 신경을 가진 골키퍼 **refleksan** (形); ~sne reakcije 반사 반응 4. (言) (이전 음성의) 변화, 발전; 교체; ~ poluglasnika 반모음의 교체(발전); trojaki ~ jata 야트의 세가지 변화형

refleksija 1. (物) (빛·열·소리 등의) 반사, 반향; ~ svetlosti 빛의 반사 2. 심사숙고, 성찰; (철학의) 반성; ~ o životu 삶에 대한 성찰 (반성)

refleksivan -vna, -vno (形) 1. 심사숙고의, 사색에 잠기는, 깊이 생각하는; ~vna poezija 사색적인 시 2. (보통 한정사적 형태로) (文法) 재귀의, 재귀 용법의; ~vni glagoli 재귀동사; ~vne zamenice 재귀 대명사 3. 반사의, 반사적인 (refleksan); ~ pokret 반사 운동

reflektant 지원자, 응모자, 신청자 (kandidat); ~ na (za) posao 구직자; ~ na mesto direktora 디렉터 직위 지원자 **reflektantica, reflektantkinja**

reflektirati -am, **reflektovati** -tujem (不完) 1. (빛·열 등을) 반사하다, (음을) 반향하다; ~ svetlost 빛을 반사하다; ~ zvuk 소리를 반향하다 2. ~을 반영하다, ~을 나타내다 (odraziti); portreti ne reflektuju samo vizuelnu predstavu ličnosti 초상화는 단지 한 개인의 시각적 모습만 나타내는 것은 아니다 3. 심사숙고하다, 곰곰이 생각하다 (misliti, razmišljati) 4. ~ na nešto 바라다, 원하다, 갈망하다, 열망하다; ~ na bolje radno mesto 보다 좋은 직장을 바라다(원하다) 4. ~ se 반사되다, 반영되다; svetlost se reflektuje od površine vode 빛은 물 표면에서 반사된다; svaka faza duhovnog razvoja reflektuje se u oblicima jezika 정신 발달의 모든 단계는 언어 형태에 나타난다

reflektor 1. 서치라이트, 탐조등, 스포트라이트, 반사 조명등; scenski ~ 무대 스포트라이트 2. 반사 망원경

reforma (사회·제도·정치 등의) 개혁, 쇄신; sprovesti ~u 개혁하다; privredna (agrarna, pravopisna) ~ 경제(농업, 정자법) 개혁; ~ sistema 시스템 개혁

reformacija (歷) (16세기의) 종교 개혁

reformator 개혁가 **reformatorski** (形); ~ duh 개혁가 정신

reformirati -am, **reformisati** -šem (完,不完)

1078

개혁하다, 쇄신하다; ~ partiju 당을 개혁하다
다

reformist(a) 개혁론자

reformizam -zma 개혁주의, 개혁 운동

refrakcija (物) (빛의) 굴절

refraktor 굴절 렌즈; 굴절 망원경

refren 1. (시가(詩歌)의, 특히 절 끝의) 반복구; (음악의) 후렴 (pripev) 2. (비유적) 계속해서 반복되는 것

regal 1. 선반, 칸 (특히 인쇄소의 활자들이 칸칸이 나뉘어져 놓여 있는) 2. (音樂) 조그마한 휴대용 오르간 3. (歷) 세, 세금 (보통 천연 광물의 주인에게 그 사용 대가로 지불하는) (porez, prirez)

regalije (女,複) 레갈리아, 왕권의 표상 ((공식 행사 때 입거나 몸에 지니는) 왕권의 상징물들, 예복·휘장등의)

regata 레가타 (조정·요트·보트 경기를 통틀어 이르는 말)

regbi (小辭) (廢語) 말할 수 있을 것이다 (rekao bih, reklo bi se, moglo bi se reći, izgleda)

regeneracija 1. (生) (잃은 부분의) 재생; ~ kostiju 뼈(骨)의 재생 2. (정신적·도덕적인) 갱생, 개심; (일반적인) 쇄신, 재건, 부흥 (preobražaj, preporod); duševna ~ 정신적 갱생

regenerativan -vna, -vno (形) 재생시키는, 개심시키는; 쇄신하는, 개조하는; ~vno tkivo 재생 세포 조직

regenerator 1. (機) 축열(蓄熱) 장치, 축열로 (爐) 2. 재건자, 쇄신가, 혁신가, 부흥가 (obnovitelj, preporoditelj, preustrojitelj)

regenerirati -am, **regenerisati** -šem (完,不完) 재생시키다, 되살아나게 하다; 재건하다, 개조하다, 쇄신하다, 부흥시키다; rep kod zmije može da se regeneriše 뱀에게 있어 꼬리는 재생될 수 있다

regent -ata 섭정자(攝政者) (왕조 국가에서의, 왕이 미성년자일 때, 궐위되었을 때, 병환중일 때의)

regentstvo 섭정(攝政), 섭정 정치

regija (=region) 지역, 지구, 지방, 지대

regimenta (女) (軍) 연대 (puk, pukovnija)

region (=regija) 지역, 지구, 지방, 지대
regionalan (形)

regionalizam -zma 1. 지방 분권 제도(주의), 지역주의 2. (문학·미술 등의) 지방주의

regionalizirati -am, **regionalizovati** -zujem (完,不完) 지역으로 분할하다, 지방 분권화하다
다

registar -tra 1. (성명·사건·출생·결혼 따위의) 등록부, 등기부, 기록부; 호적부; 명부; (문서 수발을 기록한) 수발 장부; ~ imena 성명 리스트; ~ reči 어휘 명부; ~ u arhivu 고문서 수발 장부; ~ privrednih organizacija 경제 단체 등기부 2. (音) (소리·악기의) 음역; (오르간·아코디언 등의) 음전(音栓; 오르간 따위에서, 각종 음관(音管)으로 들어가는 바람의 입구를 여닫는 장치) 3. 색인, 인덱스; azbučni ~ 알파벳 순서에 따른 색인; **registarski** (形); ~a tonaža (船舶) 등록 톤수; ~e tablice 번호판(자동차의); ~ broj 등록 번호 4. (타자기의) 자판

registar-kasa 금전 등록기

registracija 1. (등기부·등록부 등의) 등록; ~ automobila 자동차 등록 2. (사실·사건 등의) 기재, 등록 3. 행정관청에서의 결혼 4. (音) 오르간의 음전의 선택(조정)

registator 1. 등기 담당관; (고문서 보관소의) 기록 담당관; (법정·의회의) 기록 담당자 2. (비유적) 기록하는 사람, 기록자 (zapisivač); ~ događaja 사건 기록자 3. 자동기록기

registatura 등기소, 등기문서 보관소

registrirati -am, **registrovati** -rujem (完,不完) 1. 기록하다, 기재하다, 등록하다, 등기하다; ~ nove članove kluba 클럽의 신입 회원들을 등록하다; ~ auto 자동차를 등록하다 2. (행정관청에서) 결혼하다 3. 오르간의 연주에서 음전을 여러가지로 바꾸다 4. ~ se 등록되다, 등기되다, 기록되다, 기재되다; ~ se kod zavoda za trgovinu 무역청에 등록되다 5. ~ se (읍·면·동 등 행정관청에서) 결혼하다
다

reglaža (기계 등의) 조정, 정비; 조립, 설치 (podešavanje); vršiti ~u prednjeg trapa 앞바퀴 얼라인먼트를 조정하다

regler (기계의) 정비공, 설치공

regres 1. 후퇴, 퇴보, 퇴행, 퇴화 (nazadak, nazadovanje) (反; progres); privreda u ~u 경기 후퇴, 침체되는 경제 2. 보너스, 상여금; ~ za godišnji odmor 연가 보너스 3. (法) 배상, 변상, 보상; (어음 등의) 상환청구(권); pravo na ~ 상환청구권; menični ~ 어음의 상환청구권 **regresni** (形)

regresija 1. (이전 상태로의, 저발전 상태로의) 후퇴, 복귀; 퇴화, 퇴보 (nazadovanje, uzmak) 2. (地理) 해퇴(海退) (反; transgresija) 3. (기억력·능력 등의) 쇠퇴, 감소

regresirati -am, **regresovati** -sujem (完,不完) 1. (예전 상태로) 되돌아가다; 역행하다, 후

R

퇴하다, 퇴보하다 2. 배상(보상·변상)하다 3. ~ se 배상(변상·보상)받다

regresivan -vna, -vno (形) 후퇴하는, 역행하는, 회귀하는, 퇴행하는, 퇴보하는 (反; progresivan); ~vna promena 퇴행적 변화

regresivno (副) 퇴행적으로, 퇴보적으로

regrut (軍) 신병, 징집병, 소집병, 모집병

regrutni, regrutski (形); regrutna komisija 징병 위원회; regrutska obuka 신병 훈련; regrutna knjižica 징병 영장, 징병 카드; upisati se u regrutni spisak 징병 리스트에 등재하다

regrutacija 1. (軍) 징병, 신병 모집 2. (단체·조직 등의) 신입 회원 모집 (vrbovanje)

regrutirati -am, **regrutovati** -tujem (完,不完) 1. 신병을 징집하다(모집하다); ~ u mornaricu 해군에서 신병을 모집하다 2. (회원 등을) 모집하다 (vrbovati); iz škole se regrutiraju novi mladi igrači 학교에서 젊은 새 선수들을 모집한다

regulacija 1. 규정, 규칙; 조례; ~ gradskih ulica 시(市)도로 조례 2. 규제, 통제, 관리 **regulacioni** (形)

regularan -rna, -rno (形) 정상적인, 규칙적인, 정돈된, 정기적인, 정규의 (redovan, propisan, uredan, normalan, pravilan); ~rna vojska (armija) 정규군, 상비군; ~rnim putem 정상적 방법으로

regulator 1. (機) 조절 장치 (일정한 속도·온도·압력 등의) 2. 조정자, 통제관, 조정하는 사람 (usklađivač); ~ poslova 업무 조정관

regulatoran -rna, -rno (刑) 규제하는, 통제하는, 관리하는; ~rno telo za elektronske medije 방송관리위원회; ~rni zakon 관리법, 규제법

regulirati -am, **regulisati** -šem (完,不完) 1. 규제하다, 규정하다, 통제하다, 관리하다; ~ cene 가격을 관리하다; ~ saobraćaj 교통을 통제하다; ~ rečni tok 강의 흐름을 관리하다; ~ vojnu obavezu 병역의 의무를 규정하다; ~ menicu 일정 기간에 자신의 어음을 지불하다, 빚을 청산하다 2. (기계 등을) 조정하다, 조절하다; regulišući zavrtanj (톱니바퀴·나사 등을 굴대에 달기 위한) 고정(멈춤) 나사

regulisanje (동사파생 명사) regulisati; vremensko ~ začeća (생리 주기를 활용한) 주기 피임법

rehabilitacija 1. (정치적, 법적) 복권, 복위, 복직, 명예회복; zakonska ~ 법적 복권 2. (醫) (부상자·장애자 등의) 재활, 재활 치료; ~

invalida 장애인 재활 **rehabilitacioni** (形)

rehabilitirati -am, **rehabilitovati** -tujem (完,不完) 1. (정치적, 법적으로) 복권시키다, 복위시키다, 명예를 회복시키다; ~ političara 정치인을 복권시키다 2. (醫) (환자에게) 재활 치료를 하다; ~ invalida 장애인을 재활훈련하다 3. ~ se 복권되다, 복위되다, 명예를 회복하다

rehav -a, -o (形) (머리카락 등이) 숱이 적은, 성긴, 드문드문한 (redak, razređen); ~a brada 드문드문 난 수염

reinkarnacija (불교의) 환생, 윤회(輪廻)

reinkarnirati -am (完,不完) 환생하다(시키다)

reizbor 재선출, 재선거; 재임명

reizbornost (女) 재선거권, 재선출권, 재임명권

rejon (=rajon) 지대, 지역, 지방, 지구, 구역; industrijski (rudarski, poljoprivredni, stočarski) ~ 산업(광산, 농업, 목축) 지역; ~ koncentracije (prikupljanja) (軍) 집결지, 부대 집결지; pozadinski (zborni, utvrđeni) ~ 후방(집결, 요새) 지역

rejon 레이온, 인견, 레이온 직물

reka 강(江); nabujala reka 범람한 강; uz ~u 상류로, 강을 따라; duž ~e 강을 따라; niz ~u 하류로; široka (velika) ~ 폭이 넓은 (긴) 강; korito ~e 강바닥, 하상(河床); izvor (ušće) ~e 강의 발원지 (두 강이 합쳐지는 곳, 강어귀); preći ~u (preko reke) 도하하다 (강건너); pregaziti ~u 강을 걸어서 건너다 **rečni** (形); ~o korito 강바닥, 하상; ~a obala 강둑, 강기슭; ~ saobraćaj (promet) 하상 교통; ~a dolina 하곡(河谷); ~ tok 강의 흐름

rekapitulacija 1. 요약, 개괄; ~ se vrši kad se ponavlja celokupno gradivo 모든 교재를 전체적으로 되풀이할 때 요점이 정리된다 2. (지나간 일, 사건 등의) 회상; nije imala vremena ... da se preda ... tužnim ~jama prošlih dana 지난 세월의 슬펐던 생각에 빠져 있을 시간이 없었다

rekapitulirati -am (完,不完) 1. 요약하다, 개괄하다, 요점을 되풀이하다 2. (지나간 사건, 사고에 대한 기억을) 더듬다, 회상하다

rekavica (강·개울가의) 물방앗간

rekcija (文法) 지배; glagolska ~ 동사의 격 지배

reket (테니스 등의) 라켓

rekla-kazala 소문, 풍문

reklama 광고, 광고하기; novinska ~ 신문 광고; ~ preko radija (televizije) 라디오(텔레

1080

비전)을 통한 광고; ~ *preko plakata* 빌보드를 통한 광고; *praviti ~u za nešto* ~에 대해 광고하다; *ulične ~e* 거리 광고; *svetleće ~e* 깜박거리는 광고판; *neonska* ~ 네온사인 광고판 **reklamni** (形); *~a agencija* 광고 대행 회사; ~ *leci* 광고 전단지; *~a tabla* 빌보드, 광고판

reklamacija (소비자·구매자·바이어 등의) 불만, 클레임 (품질·대금 결제 등으로 인한); (어떤 결정에 대한) 이의, 이의제기, 항의; *uložiti(napraviti) ~u* 클레임을 제기하다; *odeljenje ~e* 소비자 불만 센터; *komisija za rešavanje ~a na kvalitet obuće ... ima pune ruke posla* 신발 품질불만 해결위원회는 많은 업무가 있다 **reklemacioni** (形)

reklamirati *-am* (完,不完) 1. 광고하다, 선전하다; ~ *kozmetiku* 화장품을 선전하다 2. 이의 (불만·클레임)를 제기하다

reklamnī *-ā, -ō* (形) 참조 reklama; 광고의, 선전의; *~a cena* 광고가(價), 선전가(價)

reklamovati *-mujem* (完,不完) 참조 reklamirati

rekognoscirati *-am* (完,不完) 1. (軍) (적지 등을) 정찰하다, 척후하다 2. (지역 등을) 조사하다, 답사하다; ~ *teren radi arheoloških iskopavanja* 고고학적 발굴을 위해 현장을 조사하다

rekomandirati *-am*, **rekomandovati** *-dujem* (完,不完) 추천하다, 천거하다 (preporučiti)

rekompenzacija 1. 보상, 배상 (odšteta, obeštećenje, zadovoljština) 2. 복수, 보복, 앙갚음 (odmazda, osveta)

rekompenzirati *-am*, **rekompenzovati** *-zujem* (完,不完) 1. 보상하다, 배상하다 2. 복수하다, 보복하다

rekonstruirati *-am*, **rekonstruisati** *-šem* (完,不完) 1. 재건축하다, 개축하다, 다시 짓다; 부분적으로 고치다(변화시키다), 리모델링하다; ~ *stan* 아파트를 리모델링하다 2. 재구성하다, 재현하다, 재건하다 (과거의 기억·증언·흔적 등을 근거로); ~ *događaj* 사건을 재구성하다; ~ *tekst* 텍스트를 재구성하다

rekonstrukcija 재건축, 개축; (기구·조직 등의) 개편, 재조직화; 리모델링; 재현, 재건, 복원, 재구성; ~ *grada* 도시의 재편; *sprema se ~ vlada* 정부 개각이 준비중이다; ~ *događaja* 사건의 재구성

rekonvalescencija (병후의) 건강 회복기

rekonvalescent 회복기 환자

rekord (운동 경기 등의) 기록; *premašiti (nadmašiti)* ~ 기록을 뛰어넘다; *postaviti*

(postići) novi ~ 신기록을 세우다; *svetski ~ u dvorani* 실내 세계신기록; *oboriti* ~ 기록을 깨다; *držati* ~ 기록을 보유하다

rekordan (形); ~ *broj posetilaca* 기록적인 방문객 수

rekorder 1. 기록 보유자 (보통 운동 경기의) **rekorderka** 2. 리코더, 기록 장치, 녹음 장치, 녹화 장치

rekreacija 휴식, 휴양; 오락, 레크레이션; **rekreacioni** (形) ~ *centar* 레크레이션 센터

rekrut (廢語) 참조 regrut; 신병, 소집병, 징집병

rektalan *-lna, -lno* (形) (解) 직장(直腸; rektum)의

rektor 1. (대학의) 총장 **rektorski** (形) 2. (宗) 수도원장, 주임 사제(司祭), (신학교 등의) 교장 3. (歷) (로마 제국의) 관직의 한 직위

rektorat 1. (대학) 총장(rektor)의 직위, 명칭 2. 총장실, 총장의 사무실 **rektoratski** (形)

rektum (解) 직장(直腸)

rekurentnī *-ā, -ō* (形) (數) *~a formula* 점화식

rekvijem 1. (宗) (가톨릭의) 죽은 이를 위한 미사, 추도 미사 2. 진혼곡, 만가(挽歌), 비가, 레퀴엠

rekvirirati *-am* (完,不完) 징발하다

rekvizicija (보통은 전시의) 징발 (재산, 특히 식량, 교통 수단 등의); ~ *stanova (hrane)* 주택(식료품)의 징발

rekvizit (男), **rekvizita** (女) 1. (연극의) 소품; *pozorišni* ~ 연극 소품 2. 스포츠 장비(도구) (옷·공·라켓 등의); *sportski (lovački)* ~ 스포츠 (사냥) 장비 3. (일반적인) 장비(의 일부)

rekviziter (보통 극장에서) 소품을 담당하는 사람(직원)

relacija 1. (사물간의) 관계, 관련 (odnos); ~ *između umetnosti i života* 예술과 삶 사이의 관계 2. (크기의) 비(比), 비율 (srazmera); *ostale nagrade moraju biti u relaciji s prvom* 다른 상들은 일등상과 비율이 되어야 한다 3. (교통의) 노선; *ovaj avion leti na ~i London-Rim* 이 비행기는 런던-로마 노선을 비행한다 4. 이야기, 설화; 진술, 언급

relaksacija 1. 휴식, 휴양 (oporavljanje, odmor) 2. (法) 경감(輕減), 일부 면제, 완화; ~ *kazne* 형벌의 경감 3. (醫) 이완, 완화 (labavljenje, opuštanje); *vežbe disanja i relaksacije za trudnice* 임산부를 위한 이완과 호흡 연습(운동)

relativan *-vna, -vno* (形) 1. 상대적인 (反; apsolutan); *sve je ~vno* 모든 것이 상대적

이다; ~vna većina 상대적 다수 (절대다수를
넘지 않는) 2. (文法) (종속절에서) 관계를
나타내는 (odnosni); ~vna rečenica 관계절;
~vna zamenica 관계 대명사
relativitet 상대성, 관련성, 상관성; teorija ~a
상대성 원리
relativizam -zma 상대주의, 객관적 상대론
relativnost (女) 상대성, 상관성; teorija ~i (物)
상대성이론 (아인슈타인의)
relej -eja 1. (機) 자동 중계기, 중계 장치; (電
氣) 계전기(繼電器); televizijski ~ 텔레비전
자동 중계기 relejni (形) 2. (軍) 통신병
relevantan -tna, -tno (形) 유의미한, 중요한
(značajan, važan, bitan) (反; irelevantan);
~tno ulaganje 중요한 투자; ~tni činioci 주
요 인자
reli -ija (男) (정치적·종교적인) 집회, 대회, 궐
기 대회; (자동차의) 랠리, 경주대회
religija 종교, 종파, ...교(敎); hrišćanska ~ 기
독교; mnogobožačke ~e 다신교; imetak je
njegova ~ 부(富)가 그의 종교이다
religijski (形)
religiozan -zna, -zno (形) 1. 독실한, 신실한,
신앙심이 깊은, 종교적인; ~ čovek 독실한
사람 2. (한정 형태로) 종교의, 신앙의; ~zni
fanatizam 종교적 광신; ~zna mirnoća 종교
적 평강
relikt -ata 1. (환경 변화 이후에도) 살아남은
생물 2. (言語) 고어체의 언어 현상 (보통 살
아졌지만 예외적으로 보존된)
relikvija 1. (크리스트교의) 성유물, 성골(聖骨)
2. (역사적인) 유물, 유적
relikvijar, relikvijarij, relikvijarijum 성해함(聖
骸函), 성골함, 성유물함
reljef 1. (地理) (토지의) 기복, 고저;
Vojvodina je ... pokrajina sa slabo
izraženim ~om 보이보디나는 고저가 심하
지 않은 지역이다 2. (조각·건축 등의) 돋
을 새김, 양각, 부조(浮彫); zidovi su bili
ukrašeni ~ima 벽들은 부조로 장식되었다
reljefan (形); ~fna karta 입체 지도
remek-delo (특히 미술·음악·문학의) 최고 걸
작, 대표작; 명작, 걸작
remen (가죽·천 등으로 된) 끈(줄·띠), 벨트
(kaiš); mašinski ~ 전동 벨트; stegnuti
(stezati) ~ 절약하다, 검소하게 살다
remenar 벨트(remen)를 만드는 사람, (안장을
비롯한) 마구(馬具) 제조인(판매인) (sedlar)
remenik (총기에 달린) 끈, 멜빵
remenje (집합) remen
remeta 1. (종교적 이유로 사람들과의 모든 접

촉을 피하고 사막으로 은둔한) 은둔자 2. 칩
거자, 은둔자 (여러가지 이유로 사람들과의
접촉을 피하는) (pustinjak, isposnik)
remetiti -im (不完) **poremetiti** (完) (평온·휴식·
안녕을) 방해하다, 어지럽히다; (남을) 방해
하다, 훼방 놓다; ~을 교란시키다, 혼란케 하
다; (치안을) 어지럽히다, 소란스럽게 하다;
~ javni red 치안을 어지럽히다; ~ nekoga u
radu 누구의 일을 방해하다; poremetiti
pameću 미치다, 실성하다
remi -ija (男) (보통 체스 등에서의) 무승부,
비기기; igrati ~ 경기가 무승부로 끝나다
remi -ija (男) 카드 게임의 한 종류 (특정한
조합의 카드를 모으는 단순한 형태의 카드놀
이)
remilitarizacija (軍) 재무장
remilitarizirati -am, **remilitarizovati** -zujem
(完,不完) 재무장하다
reminiscencija 회상, 회고
reminiscirati -am (不完) 회상하다, 회고하다,
추억하다
remisija 1. (죄·범죄의) 용서, 사면; (모범수의)
형기 단축 2. (醫) (병세·통증의) 회복, 진정
3. 완화, 경감, 감소 (smanjenje, slabljenje,
opadanje); ~ marljivosti 근면성의 감소
remitent 1. (그 무언가를) 되돌려 보내는 사람,
반환하는 사람, 발송자 (odašiljač, pošiljač)
2. (금전·어음의) 수취인, 수령인
remiza 1. (차를 수리하는) 차고(車庫); (농기구
등을 보관하는)창고, 헛간 (šupa) 2. 덤불 숲
(야생동물들이 적을 피해 숨는) (čestar,
guštara) 3. 되풀이 된 것, 반복된 것 (재방
송, 카운터 펀치 등의)
remizirati -am (完) 무승부로 경기를 끝내다
(보통 체스 경기의); oni su remizirali već
treću partiju 그들은 벌써 세판이나 무승부
를 기록했다
remont 1. 재조립 (보통은 수리·수선 이후의);
대규모 수리, 수선, 정비 (부품 등의 교환을
동반한); odvesti auto na ~ 자동차를 수리하
러 가다; nekvalitetan ~ ... uslovljava
povećanu potražnju rezervnih delova 뛰어
나지 않은 정비는 예비 부품을 더 많이 요긋
한다 2. 기병대 보충을 위한 말의 구입
remonta 훈련되지 않은 젊은 말; dresiraćete
~u koju sam juče kupio 내가 어제 산 말을
훈련시키세요
remontirati -am **remontovati** -tujem (完,不完)
1. (해체한 후 부품을 교환하면서 총체적으
로) 수리하다, 수선하다 (popraviti); ~ peć u
železari 제철소의 로(爐)를 해체 수선하다 2.

(植) 또다시 (두 번째로) 꽃이 피다 3. 기병용 말을 구입하다

remorker 예인선(曳引船), 끌배, 터그보트(다른 배를 끌거나 밀거나 하는 강력한 엔진을 갖춘 작은 배) (tegljač)

remorkiranje (차·배 등의) 예인, 견인

remorkirati *-am* (不完) (차·배 등을) (밧줄·사슬 등으로) 끌다, 예인하다, 견인하다

ren 참조 hren; (植) 양고추냉이; 그 뿌리를 간 양념

rende *-eta* 1. 대패 (나무의 면을 평평하게 깎아내는) (strug, strugača, blanja) 2. 강판 (주방 도구의 일종; 야채 등을 가는) (trenica, ribež)

rendes (口語) 참조 randevu; (보통 애정의) 약속된 만남, 데이트

rendgen 엑스레이, X-레이, X-레이 기기; *ići na* ~ 엑스레이 사진을 찍으러 가다; *poslati nekoga na* ~ 누구를 엑스레이 촬영으로 보내다 **rendgenski** (形)

rendgenizirati *-am*, **rendgenizovati** *-zujem*, **rendgenisati** *-šem* (完,不完) 엑스레이션에 노출시키다, 엑스레이 촬영을 하다, 엑스레이로 검사하다

rendgenolog 방사선 전문의, 영상의학 전문의 **rendgenološki** (形)

rendgenologija 방사선 의학, 영상 의학

rendgenov *-a*, *-o* (形) 참조 rendgen; x-레이의; *~i zraci* 엑스레이션(線); ~ *aparat* 엑스레이 기기

rendgenskī *-ā*, *-ō* (形) 참조 rendgen; 엑스레이의; ~ *snimak*, ~*a slika* 엑스레이 필름; *ići na* ~ *pregled* 엑스레이 진찰을 가다; ~ *zraci* X-레이 선; ~ *aparat* 엑스레이 기기

rendgentehničar 엑스레이 기사

rendisalica, **rendisaljka** (機) 평삭기(平削機), 기계 대패 (blanjalica)

rendisati *-šem* (不完) 1. (음식을) 강판에 갈다; ~ *sir* 치즈를 강판에 갈다 2. 문지르다 3. 평평하게 하다, 대패질하다; ~ *drvo* 목재를 대패질하다; *majstori su rendisali mirisnu čamovinu* 목공들은 향내나는 전나무를 대패질했다

renegat (輕蔑) 배반자, 변절자, 배교자; (과거 자신이 속했던 집단·사회를 떠난) 이탈자 (otpadnik, odmetnik, odrod)

renesansa 1. (14-16세기 유럽의) 르네상스, 문예 부흥(기); (예술의) 르네상스 양식 2. (예술·학문 등의) 부흥, 부활 (preporod)

renome *-ea* (男) (좋은) 평판, 세평; 명성, 명예, 명망 (ugled, reputacija); *steći* ~ 명성을

얻다, 유명해지다

renomiran *-rna*, *-rno* (形) 유명한, 저명한, 명성 있는, 명망 있는 (istaknut, ugledan); ~ *glumac* 유명한 배우; ~ *naučnik* 저명한 학자

renovacija 개혁, 혁신, 쇄신; 수리, 수선; 원기 회복

renovirati *-am* (完,不完) 혁신하다, 쇄신하다; 개조하다, 보수하다, 수리하다, 수선하다; ~ *kuću* 집을 리노베이션하다; ~ *lokal* 가게를 리노베이션하다

renta (자본·토지·주택·국채 등에서 생기는) 수익, 수입 (prihod); *doživotna* ~ 죽을 때 까지 나오는 수입; *zemljišna* ~ 지대(地貸)

rentabilan *-lna*, *-lno* (形) 수입(renta)의, 수익의; 수익성이 좋은, 이익이 되는, 이윤을 내는, 돈벌이가 되는, (돈벌이가) 짭짤한, 쏠쏠한; ~*lno ulaganje* 수익성이 좋은 투자; ~*lna proizvodnja* (돈벌이가) 짭짤한 생산

rentabilnost (女) 수익성, 수익률; *princip* ~*i* 수익성의 원칙

rent-a-kar 렌터카; *uzeti kola kod* ~*a* 렌터카를 빌리다

rentijer 자본 수익(renta)으로 사는 사람, 임대업으로 사는 사람

rentirati se *-a se* (完,不完) 수익을 가져오다, 이익을 내다, 돈벌이가 되다; ~할 만 하다 (isplatiti se, biti unosan (rentabilan)); *taj zanat se rentira* 그 수공업은 (돈벌이가) 짭짤하다

reorganizacija 개편, 재편, 재편성, 재조직화

reorganizator 재편성(재조직)하는 사람

reorganizirati *-am*, **reorganizovati** *-zujem* (完,不完) 개편하다, 재편하다, 재편성하다, 재조직하다 (preurediti, preustrojiti); ~ *privredu* 경제를 개편하다; ~ *vojsku* 군대를 개편하다

reosiguranje 재보험

reostat (電氣) 가감(加減) 저항기

rep *-ovi* 1. (동물의) 꼬리, 꽁지; *mahati* (*mrdati*) ~*om* 꼬리를 흔들다 (움직이다) 2. (비행기 등의) 꼬리, 후미, 끝부분, 뒷부분; (옷·외투·등의) 뒷부분, 뒤에 달려 있는 것, (양복·셔츠의) 자락, 여성복의 긴 치맛자락; *na* ~*u kolone* 줄의 후미에서; *frak ima* ~*ove* 연미복은 긴 자락이 있다 3. (줄서서 차례로 돌아오기를 기다리는) 열, 행렬, 줄 (red, povorka); *da bi čovek popio čašu vina, treba da stoji u* ~*u* 포도주 한 잔을 마시기 위해서는 줄을 서야 한다 4. (그 무엇의) 중요하지 않고 부차적인 부분 (구성 요

1083

R

소); (어떤 그룹이나 단체에서) 중요하지 않은 인물, 덜 중요한 사람 5. (동물의) 두(頭), 두수(頭數) (grlo) 6. 기타; *biti bez glave i ~a, nemati glave ni ~a* 아무런 질서도 없다, 혼란스럽다; *biti (naći se, nalaziti se) na ~u događaja* 사건에 대해 잘 알지 못하다, 사건의 중심밖에 서 있다, 그 사건의 흐름에 영향력을 가지지 못하다; *veži (obesi) ti to mačku o (na) ~* 그것으로 너는 아무것도 할 수 가 없다; *vući ~ za sobom* 나쁜 소문에 휩싸이다; *gristi se za svoj ~* 정신박약이다, 정신적으로 박약한 상태이다; *dati kome po ~u* ~에게 엄격하게 대하다, 누구를 징벌하다; *dići (napeti) ~* 거만하고 공격적으로 행동하기 시작하다; *došao mu je ~ u kljusu* 그의 교활함은 더 이상 통하지 않는다, 마침내 붙잡혔다; *zavlačiti se kome pod ~* (卑俗語) 아첨하다, 아부하다; *izvući mačku ~, povući mačka za ~* 손해(손실)를 입다, 끔찍하게 시간을 보내다; *izvući ~* 거만하게 행동하기 시작하다; *imati svoj ~ i svoju glavu* 끝과 시작이 있다, 의미가 있다, 잘 구성되어 있다; *konjski ~* 1) (植) 속새(쇠뜨기 포함); (植) 나래지치 2)(보통 여자들의) 묶은 머리(말꼬리 모양의), 말총머리; *lastin ~* (動) 산호랑나비; *lisičiji ~* (植) 풀의 한 종류; *mahati (vrteti, pomahivati) ~om* 아부하다, 아첨하다; *mačji ~* (植)큰조아재비; *ne možeš (ga) uhvatiti ni za glavu(uši, uho) ni za ~* 그가 정말로 무엇을 생각하는지 무엇을 원하는지 알 수는 없을 것이다, (지난번에는)이렇게도 말하더니 (이번에는) 저렇게 말한다; *ni ~om da mrdne* 꼼짝도 하지 않는다; *pod(a)viti (podvinuti, podvući, saviti, uvući) ~* 풀죽다, 기죽다, 낙담하다, 실망하다; *prišiti (prikačiti) kome ~* 누구에 대해 나쁜 소문을 퍼뜨리다; *reči s ~om* 이중 의미를 갖는 어휘들 (보통 공손하지 못한 의미의); *(s)vezati se kome za ~* 완전히 누구에게 묶여있다; *stavi (metni, pospi) mu so na ~* (농담조) 차 떠난 다음에 손흔들다; *stati (nagaziti) zmiji na ~* 악(위험)에 노출되다

repa (植) 순무; 비트, 사탕무우; *šećerna ~* 사탕무우; *žuta ~* 당근; *go kao ~* 매우 가난한; *~ bez korena* 출신이 미약한 사람; *treba preseći repu u korenu* 악을 발본색원할 필요가 있다 **repni** (形)

repak *-pka* 1. (지소체) rep 2. (植) 뚝새풀 무리

reparacija 1. 수리, 수선, 보수, 복구; 재생 (popravka, obnova) 2. (複數로) (패전국이

승전국에 지불하는) 배상(금); *ratne ~e* 전쟁 배상금; *platiti ~e* 전쟁 배상금을 지불하다 **reparacioni, reparacijski** (形); *~a konferencija* 배상 회의

reparirati *-am* (完,不完) 1. 수리하다, 수선하다, 보수하다; 재생하다 (popraviti) 2. 배상금을 지불하다

repat *-a, -o* (形) 1. 꼬리(rep)가 있는; *kusi i ~i* 모든 종류의 사람, 누구든지; *~a zvezda* 혜성; *~a laž* 새빨간 거짓말 2. (명사적 용법으로, 한정형) (男) 악마 (đavo, vrag, nečastivi)

repatica 혜성 (kometa)

repatrijacija 본국 송환 (전쟁 포로, 도망자, 난민 등의)

repatrirac 본국 송환자 (povratnik) repatrika

repatrirati *-am* (完,不完) (포로·형사 도피범 등을) 본국으로 송환하다

reperkusija 1. (複數로) (어떤 사건이 초래한, 보통 좋지 못한, 간접적인) 영향, 변화, 반향 (odjek, odraz, posledice); *u samoj Francuskoj stvarenje alžirske vlade će imati snažne ~e* 알제리 정부의 수립은 프랑스 내에서만도 상당한 영향을 가질 것이다 2. (物) (빛의) 반사, (음의) 반향

repertoar (극장의 주간·월간) 상연 목록, 연주 목록, 레퍼토리; (배우·가수 등의) 연주(공연) 가능한 목록; *na ~u* 레퍼토리에

repeticija 반복, 되풀이 (ponavljanje, opetovanje); *hteo je da ... izbegne monotoniju motivske ~e* 그는 모티브 반복의 단조로움을 피하고 싶어 했다

repetirati *-am* (完,不完) 1. 반복하다, 되풀이하다 (ponoviti, opetovati); *~ različite stilove* 다양한 스타일을 반복하다 2. (銃의) 공이치기를 뒤로 당기다, (銃의) 레버를 뒤로 당겨 탄피를 빼내고 새로운 총알을 장전하다

repetirka 반자동 소총; *polužna ~* 레버 액션 방식의 반자동 소총; *~ s obratno-čepnim zatvaračem* 수동식 노리쇠가 있는 반자동 소총

repetitor 1. 가정교사 2. (라디오·TV 신호 등의) 중계기 (relej)

repica (植) 1. (지소체) repa 2. 평지, 유채; *uljana ~* 유채;

repić (지소체) rep

repina (지대체) rep

repište 순무(repa)밭

replika 1. (누구의 발언·의견에 대치되는) 응수, 응답, 말대꾸, 반박, 항변, 반론; *pravo na ~u* 반론권(의회에서의) 2. (그림 등 예술 작

품의) 모조품, 모사화 (kopija, duplikat, odlivak)

repnī -ā, -ō (形) 참조 rep; 꼬리의; ~ pršljen 꼬리뼈; ~o peraje 꼬리 지느러미

repnī -ā, -ō (形) 참조 repa; 순무의; ~ šećer 사탕무우

reponja 1. 꼬리가 있는 동물 (개·늑대 등의); (迷信) 꼬리를 가지고 태어난 사람 2. 악마 (đavo) 3. 가난한 사람, 빈자(貧者) (siromah, odrpanac, bednik, slabić)

reportaža (신문 등의) 리포트, 보도; ~ o nečemu ~에 대한 보도

reporter 기자, 통신원, 리포터 (izvestilac, izveštač) reporterka; reporterski (形)

reportirati -am (完,不完) (신문 등에) 보도하다, 기사를 전하다(쓰다); ~ o nečemu ~에 대해 보도하다

represalije (女,複) (군사적) 보복(행위·공격)

represija 탄압, 억압, 진압

represirati -am (完,不完) 탄압하다, 억압하다, 진압하다

represivan -vna, -vno (形) 억압적인, 탄압적인, 진압하는; ~vne mere 탄압적인 조치

reprezentacija 1. 대표단 (국가·기업·기관 등의) 2. (스포츠·체스 등의) 국가대표팀; fudbalska ~ 축구 국가대표팀; naša državna ~ je ... postigla mnoge ... pobede 우리나라의 국가 대표팀은 많은 승리를 거두었다 3. 품위 유지, 체면 유지(사회생활 등의), 품위 유지비; nije za ~u 그것은 품위유지를 위한 것이 아니다; to je uglavnom samo za ~u 그것은 대부분 단지 체면유지를 위한 것이다 4. (歷) (중세의) 교회 연극, 교회 드라마

reprezentant 대표(자); ~ nekog preduzeća 어떤 회사의 대표 reprezentantica, reprezentantkinja

reprezentativac (스포츠의) 국가대표단 선수, 국가 대표 reprezentativka

reprezentativan -vna, -vno (形) 1. 대표적인, 최상의, 최고의; ~vna zgrada 대표적 건물; ~ časopis 대표적인 잡지; završena je i velika ~vna zgrada 커다란 대표적인 건물도 완공되었다; ~vno izdanje 딜럭스 판; ~vni hoteli 최고급의 호텔 2. 대표의, ~을 대신하는(대리하는) (predstavnički, zastupnički); ~vni sistem (정치제도의) 대의제; ~vno telo 대표 기관 3. (스포츠의) 국가 대표팀의; ~vni igrači 국가대표선수

reprezentirati -am, reprezentovati -tujem (不完) 1. 대표하다, 대리하다; 대표자가 되다, 대리인이 되다(공식적인, 권한을 위임받은,

선출된); ~ svoju jedinicu 자신의 부대(단체)를 대표하다 2. 표본이되다, 전형이 되다, 상징하다

repriza 1. (연극의) 재공연 (초연 후의), (방송의) 재방송 2. (음악의) (소타타 형식의 작곡에서) 재현부, 3악장 (1악장이 반복되는)

reproducirati -am, reprodukovati -kujem (完, 不完) 1. 재현하다, 재생하다, 재생산하다, 복원하다; (음악·드라마 등을) 재상연하다, 재공연하다; ~ zvuk 소리를 재생하다 2. (그림·사진 등을) 복제하다, 모사하다, 복사하다, 복제 등을 통해 대량 생산하다; ~ fotografiju 사진을 복사(복제)하다 3. ~ se 재현되다, 재생되다; (生) 자손(후손)을 생산하다(만들다)

reprodukcija 1. 재현, 재생; (음악, 문학 작품의) 재상연, 재공연 2. 복사, 복제 3. (生) 생식, 번식 4. (經) 재생산; prosta ~ 단순재생산; proširena ~ 확대재생산; ~ kapitala 자본의 재생산 reprodukcioni (形); ~ materijal 재생산재

reprodukovati -kujem (完,不完) 참조 reproducirati

reproduktivan -vna, -vno (形) 재생산의; 재생하는, 재현하는; ~vne umetnosti 재현 예술 (연기·낭송·노래·연주 등의); ~vni umetnik 재현 예술가 (배우·가수·음악가 등의)

reptil 파충류

republika 공화국 (反; monarhija); predsednik ~e 공화국 대통령; aristokratska ~ 귀족 공화국; buržoaska ~ 부르조아 공화국; demokratska ~ 민주 공화국; socijalistička ~ 사회주의 공화국; federativna ~ 연방 공화국 republički (形)

republikanac 공화주의자; 공화당원, 공화당 지지자 republikanka; republikanski (形)

repuh (男), repušina (女) (植) 우엉 (čičak)

reputacija (좋은, 긍정적인) 평판, 세평, 호평; 명망, 신망

rerna 오븐, 레인지 (pećnica)

resa 1. (植) (버드나무 등의) 꽃차례 (나뭇가지 끝에 기다랗게 무리지어 달리는 꽃송이), 꼬리 모양[미상(尾狀)] 꽃차례 2. (解) 목젖, 구개수 (resica) 3. (解) 귓볼 4. (커튼·솔 등의) 레이스, 술 장식 (kita, rojta)

resica 1. (지소체) resa 2. (解) 목젖, 구개수 (口蓋垂); (複數로) 장융모(腸絨毛)

resiti -im (不完) uresiti (完) 1. 장식하다, 꾸미다, 아름답게 하다 (kititi, ukrašavati); biseri resi vrat 진주(목걸이)가 목을 장식하고 있다 2. (누구·무엇에게) 특징적이다 (장

R

점·높은 도덕성 등의) (dičiti, odlikovati)
reskast −a, −o (形) 눈금이 새겨진, 새김 표시
가 된; 톱니 모양의 (izreckan, nareckan,
reckav); ~ lišće 톱니 모양의 잎사귀
reskati −am (不完) (지소체) rezati
reskī −ā, −ō (形) 참조 rezak
reskir 위험, (위해·손해 등을 당할) 우려, 리스
크 (rizik)
reskirati −am (完,不完) 위태롭게 하다, 위험하
게 하다; 위험을 무릅쓰다; ~ životom 자신
의 생명의 위험을 무릅쓰다; ~ život 목숨을
위태롭게 하다; ~ da bude ubijen 살해의 위
협을 무릅쓰다; ko reskira−profitira 위험을
감수하는 사람이 돈을 번다
resko (副) 가슴을 후벼 파듯이, 날카롭게, 신
랄하게, 강하게 (na rezak način); pogledati
~ 날카롭게 쳐다보다; ~ mirisati 시큼한 냄
새를 풍기다
reskoća, reskost (女) 날카로움, 예리함; u
njemu preovlađuje neka intelektualna ~ 그
에게는 그 어떤 지적 예리함이 넘친다
resnat, resast −a, −o (形) 술(resa)이 있는, 술
장식이 붙은
resnatice (女,複) (植) 식물의 한 종류 (레이스
(resa) 모양으로 꽃이 피는 식물)
resor 활동 범위, 권한 범위; 업무 영역; (정부
부처의) 부(部) (장관을 수장으로 하는)
(delokrug); ~ suda 법원의 업무 영역;
uplitanje u tuđi ~ 타인의 활동 영역에 대한
간섭(침해)
resorbirati −am, resorbovati −bujem (完,不完)
흡수하다, 빨아들이다, 스며들다 (upi(ja)ti,
usisa(va)ti)
resorpcija 흡수, 빨아들임 (upijanje,
uvlačenje, usisavanje); ~ hrane 음식의 흡
수; ~ lekova 약의 흡수
respekt 존경, 존중, 경의 (poštovanje,
uvažavanje); svi ga posmatraju s dubokim
~om 모두 그를 깊은 존경심을 가지고 바라
본다
respektirati −am, respektovati −tujem (完,不
完) 존경하다, 존중하다, 배려하다 (uvažiti);
~ nečije želje 누구의 희망을 존중하다(배려
하다); ~ trgovačke ugovore 무역협정을 존
중하다
respiracija 1. 한 호흡 (들이 마심과 뱉음의)
(disanje) respiracioni (形) 2. (물의) 증발,
수증기화, 기체화 (isparavanje)
respirator 1. 인공호흡기 2. (연기·가스 등을
차단하기 위해 쓰는) 마스크, 방독 마스크
restauracija 1. 재건, 수복(修復) (허물어진 것,

파괴된 것 등의); (무너진 사회 질서의) 복원,
복구, 회복; (멸망한 왕조의) 왕정 복고; ~
kapitalizma 자본주의 복구; ~ monarhije 왕
정 복구 2. (미술품·문화재 등의) 복원, 복구,
수리; ~ ikona 이콘(성화) 복원
restauracija 식당, 레스토랑 (restoran)
restaurater 식당 주인 (gostioničar)
restaurator 1. (문화재·미술품 등의) 복원 전문
가, 복구 전문가 2. (무너진 질서의) 회복 주
창자
restaurirati −am, restaurisati −šem (完,不完)
1. 재건하다, 회복하다, 복구하다 (그 어떤
낡은 것, 무너진 것, 파괴된 것 등을); (이전
의 사회 질서 등을) 회복하다 2. (건물·조각·
그림 등을) 복원하다, 복구하다, 수리하다 3.
~ se (재산 상태, 명예 등) 복원되다, 회복되
다
restitucija 1. (이전 상태로의) 회복, 복원 2.
(生) (세포·조직 등의) 재생 (regeneracija)
restituirati −am, restituisati −šem (完,不完) 1.
원래의 상태로 되돌아가게 하다, 원상회복시
키다 2. ~ se 원상회복되다
restl (재료 등의) 나머지, 자투리 (특히 직물의)
restoracija 식당, 레스토랑 (restoran,
restauracija)
restoran 식당, 레스토랑 (gostionica); ručati
u ~u 식당에서 식사하다; mlečni ~ 유제품
식당
restorater 식당 주인 (gostioničar)
restrikcija 제한, 한정, 제약 (ograničenje)
restriktivan −vna, −vno (形) 제한하는, 한정하
는, 제약하는; ~vne mere 제한 조치
resurs (보통 複數로) 자원, 재원(財源), 부(富)
reš (形) (不變) 1. (잘 구워져서, 잘 튀겨져서)
아삭아삭한, 바삭바삭한; ovaj hleb je ~ 이
빵은 바삭바삭하다; ~ korica 바삭바삭한 껍
질 2. (부사적 용법으로) 아삭아삭하게, 바삭
바삭하게 (잘 구워진); ~ pečen hleb 바삭바
삭하게 잘 구워진 빵
rešavanje (동사파생 명사) rešavati; 해결(하
기), 풀기; ~ jednačine (problema) 방정식
풀기 (문제의 해결)
rešavati −am (不完) 참조 rešiti; 풀다, 해결하
다
rešen −a, −o (形) 1. 참조 rešiti; 해결된 2. 단
호한, 확고부동한, 굳게 결심한 (odlučan,
nepokolebljiv); on je ~ za sve 그는 그 모
든 것에 확고부동하다; ~ čovek 단호한
사람
rešenje 1. 결정 (odluka); doneti ~ 결정하다;
solomonsko ~ 현명한 결정, 솔로몬적 결정

1086

(선택) 2. 결과, 결말, 마무리, 끝 (ishod, završetak, kraj); ~ u dogovoru 합의의 결과 3. (行政) 결정문, 판결문 (소송·고소 등의); izdati ~ 판결을 선고하다; sudsko ~ 법원 판결문 4. (수수께끼 등의) 해답, 해법, 해결책; naći ~ problema 문제의 해결책을 찾다; ~ zagonetke 수수께끼의 정답; ukrštenih reči 십자말풀이의 해답 5. (數) 답, 정답, 해답 6. (의무로 부터의) 면제, 해제

rešetača (解剖) 벌집뼈, 사골(篩骨)

rešetar 1. 체(rešeto)를 만드는 사람, 체를 파는 사람 2. (비유적) 잘못이나 비행 등을 (악의적으로) 파헤치는 사람 (cepidlaka)

rešetati -am (不完) prorešetati, izrešetati (完) 1. 체질하다, 체로 걸러내다; ~ pesak (šljunak, žito) 모래(자갈, 곡물)를 체질하다 2. (비유적) (여러 분야의 각종 질문을 하여) 전체적이으로 세밀하게 조사하다(심문하다); ~ kandidata na ispitu 시험에서 응시자들을 세세하게 시험하다 3. (누구에 대해) 미주알고주알 (악의적으로) 이야기하다; žene su rešetale udovicu 여인네들은 과부에 대해 미주알 고주알 나쁘게 이야기했다; ~ dnevne događaje 일상적 사건들에 대해 악의적으로 이야기하다 4. 총알을 퍼붓다, 총알로 숭숭 구멍내다; ~ nekoga (mecima) ~에게 총알 세례를 퍼붓다; ~ nekoga pitanjima 질문 세례를 퍼붓다 5. 고개를 좌우로 젓다

rešetka 1. (쇠)창살, 창살문; 격자(格子), 격자문 ; zatvorske ~e 감옥 창살; iza ~e (rešetaka) 감옥에서; ~e na kavezu 우리의 쇠창살 2. (고기·생선을 굽는) 석쇠 (roštilj); peći na ~ama 석쇠에 굽다 3. (걸러내는) 체 (cediljka); cediti kroz ~u 체로 걸러내다

rešetkast -a, -o (形) 창살 모양의, 격자 모양의; 창살에 갇힌; ~a struktura 격자 구조; turska kuća sa ~im prozorom 격자 모양의 창문이 있는 터키식 가옥

rešeto 1. 체 (곡물 등을 걸러내는) 2. 키 (곡물을 까불어 골라내는) 3. (비유적) 비밀을 지키지 못하는 사람 (입을 나불거려), 입을 나불거리는 사람 4. 기타; biti na situ i na ~u, proći kroz sito i ~ 산전수전을 다 겪다, 많은 경험을 쌓다; levati (sipati) vodu u ~ 헛된 일을 하다; uzeti (staviti) na ~ 엄격하게 시험하다, 신랄하게 비판하다

rešiti -im (完) rešavati -am (不完) 1. 결정하다; (사법적, 행정적으로) 결정하다, 판결하다, 판결을 내리다; ~ nešto 무엇을 결정하다;

šta ste rešili? 어떻게 결정했나요?; ~ molbu 청원에 대해 결정하다; sud je rešio ovaj predmet 법원은 이 사건에 대해 판결을 내렸다; sudbina mi se rešava 내 운명은 결정된다 2. (數) 문제를 풀다, 해결하다; (수수께끼 등을) 풀다; ~ zadatak 숙제를 풀다; ~ zagonetku 수수께끼를 풀다; ~ problem 문제를 해결하다 3. 면제하다, 벗어나게 하다 (osloboditi, razrešiti); ~ dužnosti 의무에서 해방시키다; ~ muka 고통에서 벗어나게 하다 4. ~ se 결정되다, 결심하다; kad se na što rešim, to ne odlažem 나는 결정하면, 그것을 미루지 않는다(질질 끌지 않는다) 5. ~ se (koga, čega) 면하다, 벗어나다; ~ se duga 빚에서 벗어나다 ; ~ se muka 고통에서 벗어나다

rešiv -a, -o (形) 해결할 수 있는; 실현할 수 있는, 실행할 수 있는 (rešljiv; ostvariv, izvodljiv); ~ matematički zadatak 풀 수 있는 수학 과제; navodnjavanje na ovom mestu ~o 이곳에서의 관개(시설)는 실현할 수 있는 것이다

rešljiv -a, -o (形) 1. 해결할 수 있는, 풀 수 있는 (= rešiv) 2. 빠르게 (쉽게) 결정하는

rešma 1. (가구·의복의) 장식, 장식품 (체인 형태의, 그물 형태의) 2. 화려하게 장식된 마구 (馬具) (고삐·굴레 끈·뱃대끈 등의) (ular) 3. 팔찌, 보석 (진주·코랄 등의) (rešmeta)

rešo -oa (男) (전기로 작동하는) 휴대용 요리 레인지 (가열하는); kuvati na ~u 휴대용 료리 레인지로 요리하다(삶다)

retencija 1. (타인 소유 물건의) 유치; 압류, 차압 2. (病理) (분비물이 체외로 배출되지 않고 체내에 남아 있는) 정체, 잔류, 이상 정체; ~ mokraće 잔뇨(殘尿) 3. 기억, 기억력 (pamćenje)

retina (解) (눈의) 망막 (mrežnjača, mrežnica)

retko (副) 1. 띄엄띄엄, 빽빽하지 않게; ~ posaditi 띄엄띄엄 심다; ~ raspoređeni 거리를 두고 배치된 2. (시간상) 드물게, 빈번하지 않게; lajao je pas ~ 개는 드물게 짖었다(거의 짖지 않았다) 3. 드물게, 비범하게, 특별하게 (neobično, izuzetno); ~ sposoban mladić 드물게 능력있는 청년

retkost (女) 1. 희박함, 희귀함 2. 희귀한 물건, 희귀한 현상

retor 웅변가, 수사학자 (govornik, besednik); on nije samo filozof nego i ~ 그는 철학자였을 뿐 아니라 웅변가이기도 하다 retorski (形); ~o pitanje 수사학적 문제

retorika 1. 수사학, 수사법, 웅변술 2. 미사여

구, 미문(美文) **retorički** (形); ~o pitanje 수
사학적 문제

retorta 1. (化) 증류기 (유리·금속·도기로 된,
밑은 둥글고 위는 가늘게 되어 있는) 2. (야
금) 금속 분리용의 원통형 용기 3. 코크스
(석탄 가스) 제조용의 용기

retro- (接頭辭) 뒤로, 거꾸로 등의 의미를 가
짐

retroaktivan ~vna, ~vno (形) (법령 등이) 소급
하는, 소급 적용되는; ~vno delovanje
zakona 법률의 소급 적용; zakon je ~ 법률
은 소급 적용된다

retroraketa 역추진 로케트; ispaliti ~e 역추진
로켓을 발사하다

retrovizor (자동차 등의) 후방 거울, 백미러

retuš (그림·사진·필름·문학 작품 등의) 수정,
보정, 손질, 가필

retuširati ~am (完,不完) 1. (그림·사진 등을)
수정하다, 가필하다, 손보다, 보정하다
(popravljati, doterivati); ~ fotografiju 사진
을 보정하다 2. (비유적) 차후에 추가로 고치
다 (이전에 남겼던 나빴던 인상을)

reuma (口語) (病理) 류머티즘 (reumatizam)

reumatičan ~čna, ~čno (形) 류머티즘의, 류머
티즘에 걸린; ~ bol 류머티즘성 통증

reumatičar 류머티즘 환자 **reumatičarka**

reumatizam ~zma (病理) 류머티즘

reumatskī ~ā, ~ō (形) 류머티즘의; ~a
groznica 류머티즘열

revakcinacija 재접종

revalorizacija (통화 가치의)재평가, (특히) 평
가 절상

revalorizirati ~am, **revalorizovati** ~zujem,
revalvirati ~am (完,不完) (통화 가치를) 재평
가하다, 평가 절상하다

revalvacija (통화 가치의) 재평가, 평가 절상
(revalorizacija)

revan ~vna, ~vno (形) 참조 revnostan; 열심
인, 헌신적인, 전념하는, 근면한, 부지런한

revanš 1. 복수, 보복, 앙갚음 (전투·전쟁의 패
배에 대한) (odmazda, osveta) 2. (이전에 자
기팀을 이긴 팀에 대한) 설욕, 승리 (보통
스포츠·체스 등의); ~ utakmica 설욕전 3.
답례, 되갚음 (어떤 도움·선물·선행 등에 대
한) (uzvrat, oduženje)

revanširati se ~am se (完,不完) 1. ~ nekome
보복하다, 복수하다, 앙갚음하다, 설욕하다
(패전 등에 대해) 2. ~ nekome 갚다, 되갚다
(도움·선물·선행 등에 대해); Vi svakako
morate u Zagreb da vam se makar malo
revanširam 당신의 은혜를 조금이라도 갚을

수 있도록 자그레브에 꼭 오세요

revati ~em (不完) 1. (당나귀가) 시끄럽게 울다
(njakati); magarci revu 당나귀들이 시끄럽
게 운다 2. (卑俗語) 통곡하다, 소리치다, 고
함치다 (jaukati, drečati, derati se) 3. (廢語)
옆으로 가다, 갓길로 가다

revelacija (비밀 등을) 드러냄, 폭로 (otkriće,
objava)

revelin (반달 모양의) 성곽, 성벽, 누벽(壘壁)
(bedem, tvrđava)

rever 1. (양복 상의의 접혀 있는) 옷깃; sede
u sneg i podiže ~ bluze 눈(雪)위에 앉아서
블라우스의 옷깃을 세운다 2. (동전·봉투 등
의) 뒷면 (naličje, poleđina) 3. (軍) (참호·성
벽의) 후면

reverans (허리를 깊이 숙여 하는) 절
(klanjanje)

revers 1. (영수증, 차용 증서 등의) 서면 확인
서 (나중에 되돌려 주겠다고 확약하는) 2.
(동전 등의) 뒷면, 후면 (rever, naličje)

revidirati ~am (完,不完) 1. (회계를) 감사하다;
~ ušteđenu svotu 절약된 총액을 감사하다
2. (이전의 의견·계획을) 바꾸다, 변경하다,
수정하다 (izmeniti, menjati); ~ nagodbu 이
전의 합의를 변경하다; ~ postavke 전제를
바꾸다

revija 1. (軍) 열병(식), 사열(식); 검사, 검열
(smotra,pregled) 2. (문학·미술·오락 성격의)
잡지 (časopis); piše se ne samo po
novinama nego i po književnim ~ama 그는
신문뿐만이 아니라 문학 잡지들에도 기고한
다; zabavna ~ 오락(연예)잡지 3. (노래·음악
·춤 등을 동반하는) 극, 뮤지컬 4. 패션쇼;
modna ~ (~ mode) 패션 쇼

revir 지역, 지대, 구역; 광산 지역 (područje,
predeo, okrug, kraj, basen); kod nas ima
vrlo malo kontrloiranih šumarskih ~ 우리
나라에는 관리되는 숲 지대가 거의 없다시피
한다; direktor je celog rudarskog ~a 그는
전(全)광산지역을 관할하는 디렉터이다

revizija 1. (업무 등의 공식적) 감사, 검사; 회
계 감사 revizioni (形); ~a komisija 감사 위
원회, podvrći ~i 회계감사하다, 감사를 받게
하다 2. 수정, 정정, 개정, 보정(補正)
(izmena, prepravka); ovo svakako nije
jedini razlog za skraćivanje i ~u nastavnih
programa 이것이 물론 수업 커리큘럼을 축
소정정한 유일한 이유는 아니다 3. (法) 재심
리 4. (出版) (인쇄에 들어가기 직전의) 페이
지 조판 교정쇄 (korektura, šif)

revizionist(a) (政) 수정주의자

R

revizionizam *-zma* (政) 수정주의 (사회주의 원칙의)

revizor 감사관; 회계 감사관, 회계사

revkast *-a, -o* (形) (소의 털이) 붉은 색을 띠는 (crvenkast, rumenkast, rið)

revnost (女) 열심, 열중; 성실함, 부지런함 (marljivost)

revnostan *-sna, -sno* (形) 열심인, 열중인, ~에 전념하는; 부지런한, 열심히 일하는 (predan, marljiv); ~ *student* 성실한 학생; ~ *posetilac bioskopa* 영화 광팬; ~ *navijač* (스포츠의) 헌신적인 팬

revolt 1. 분노, 분개, 반감, 증오심(ogorčenje); *ispoljiti* ~ 분노를 표출하다; *gradani izražavaju* ~ *zbog ovih događaja* 시민들은 이러한 일련의 사건들 때문에 분노를 표시한다 2. 폭동, 반란, 봉기 (buna, pobuna, ustanak); *u duši su protestovali, ali su se uzdržavali od otvorenog ~a* 심정적으로는 반대했지만 공개적인 반란은 삼갔다

revoltirati *-am* (完,不完) 1. ~ *nekoga* 격앙시키다, 격분시키다, 분노하게 하다 (ozlojediti, uzbuditi, razjariti); *to ih je strašno revoltirao* 그것이 그들을 매우 격앙시켰다 2. ~ *se* 흥분하다, 격앙되다, 격분하다, 분노하다; ~ *se na njene reči* 그녀의 말에 격분하다

revolucija 1. (政) 혁명; 대변혁; *oktobarska* ~ 10월 혁명; *francuska* ~ 프랑스 혁명; *politička (socijalna, buržoaska, proletarska)* ~ 정치(사회, 부르조아, 프롤레타리아) 혁명; *dići ~u* 혁명을 일으키다 **revolucioni** (形) 2. (天文) 공전, 자전

revolucionar, revolucioner 혁명가; 대변혁가 (학문·문화·미술 등의 분야에서 근본적 변화의) **revolucionarka, revolucionerka; revolucionarski, revolucionerski** (形)

revolucionaran *-rna, -rno,* **revolucionī** *-ā, -ō* (形) 참조 revolucija; 혁명의; *~rni tribunal* 혁명 재판소; *~rna ideja* 혁명적 사상

revolucionarnost (女) 혁명 정신, 혁명성

revolucionirati *-am,* **revolucionisati** *-šem* (完,不完) 혁명을 일으키다; 대변혁을 일으키다

revolver 리볼버, 회전식 연발 권총

revolveraš 무장 강도 (리볼버를 가지고 협박하는)

rez *-ovi* 1. (칼·낫 등의) 날; ~ *noža* 칼날; ~ *kose* 낫의 날 2. 벤 자리, 베인 상처; ~ *na vratu* 목의 베인 상처 3. 좁게 갈라진 틈; ~ *na steni* 바위의 길게 갈라진 틈 4. (머리의) 가르마 (razdeljak); *napraviti* ~ *na sredini*

kose 머리의 한 가운데에 가르마를 내다 5. 자름, 자르기, 벰, 베기; 자를 때 나는 소리 (rezanje, presecanje);; ~ *testera u šumi* 숲에서 나는 (나무를 자르는) 톱 소리; ~ *vetra* 바람이 (공기를 가르는) 소리 6. (한 번의 움직임으로 자른) 조각 (režanj); ~ *slanine* 베이컨 조각 7. (얼굴의) 주름 (bora, brazda) 8. 기타; *carski* ~ 제왕 절개

reza (문이나 대문의) 걸쇠, 빗장 (zavornica, zasun); *staviti ~u* 빗장을 걸다; *metnuti (kome) ~u na usta* 입에 자물쇠를 채우다

rezač 1. 자르는 사람 2. 자르는 도구(무기), 절단기; ~ *za papir* 종이 절단기; ~ *za olovke* 연필깎기

rezak *reska, resko* (形) 1. 날카로운, 째지는 듯한 (소리 등이) (prodoran, oštar) 2. 무뚝뚝한, 퉁명한; 거친, 엄격한 (odsečan, odlučan; grub, strog); ~ *odgovor* 무뚝뚝한 대답 3. (바람·공기 등이) 살을 에는듯한; ~ *vetar* 살을 에는듯한 바람 4. (가격·통증 등이) 강한, 강렬한, 심한 (jak, snažan, težak); *reske boje* 강렬한 색상; *reska svetlost* 강한 빛; ~ *bol* 심한 통증 5. 시큼한 맛이 나는, 시큼한 냄새가 나는; *resko vino* 시큼한 맛이 나는 포도주

rezan *-zna, -zno* (形) 참조 rezati; *~zna građa* 재목, 톱으로 켠 나무, 판재(板材); *~zni alati* 절삭공구

rezanac *-nca; -nci, -naca* (보통 複數로) (밀가루 반죽으로 만든) 면 (국수·당면 등의); *~nci za supu* 수프에 넣는 면

rezati *-žem* (不完) 1. (토막으로) 자르다 (날카로운 도구로) (presecati); ~ *nožem hleb* 칼로 빵을 자르다; ~ *kupus* 양배추를 자르다 2. 수술하다 (operisati); ~ *ranu* 상처를 수술하다; *lekari su odlučili da me režu* 의사들은 날 수술하기로 결정했다 3. 조각하다, 새기다; ~ *u drvetu* 나무에 새기다; ~ *kamen* 돌을 조각하다 4. (꺼칠꺼칠한 질감으로 인해) 불편함을 느끼게 하다, 꽉 끼어 아프다 (žuljati); *reže ga kragna od košulje* 와이셔츠 깃이 그를 불편하게 했다 5. (불필요한 가지를) 치다, 다듬다; ~ *granje* 가지를 치다 6. 물살을 가르다 (배 등이); *brod reže valove* 배가 파도를 가른다 7. 도려 내듯 심한 통증을 느끼게 하다 (probadati); *nešto me reže u prsima* 나는 뭔가가 가슴을 도려내듯이 아프다 8. 살을 에는듯한 추위를 느끼게 하다; 시큼한 맛을 느끼다; *hladan vetar reže* 살을 에는 듯 찬 바람이 분다; *vino je hladno i reže* 포도주는 차가웠고 시

R

큼한 맛이 난다 9. 쩨는 듯한 소리를 내다,
날카로운 소리를 내다; *režu rafali* 자동소총
이 콩볶는 소리를 낸다 10. 무뚝뚝하게 말하
다; *rezao je nemilosrdno da svi čuju* 모두
가 듣도록 무자비하고 무뚝뚝하게 이야기했
다 11. 발췌하다 *rezali su mi članak u
„Politici"* 폴리티카지(紙)의 기사를 내게 발
췌해 주었다 12. 기타; *nosom ~ oblake* 거
만해지다, 거만하게 행동하다; *~ granu na
kojoj sedi* (무의식적으로) 자신의 무덤을 파
는 행위를 하다
rezba 참조 rezbarija; 조각품
rezbar 조각가 (graver); *~ u bakru* 동(銅)조
각가 **rezbarski** (形)
rezbarija 조각, 조각품
rezbariti *-im* (不完) 조각하다, 새기다 (나무·돌
·금속 등에)
rezbarskī *-ā, -ō* (形) 참조 rezbar
rezeda (植) 레세다, 물푸레나무속(屬)의 식물
rezerva (G.pl. *-a,* & *-ī*) 1. 비축, 저장, 축적;
비축품, 저장품, 예비품 (zaliha); *ostaviti u
~i* 남겨놓다, 비축해 놓다; *~e uglje* 비축 석
탄 **rezervni** (形) 2. (金融) (은행 등의) 준비
금, 예비금, 적립금; 유보금 3. (軍) 예비군,
예비 병력; *ja sam oficir u ~i* 나는 예비역
장교이다; *rezervni oficir* 예비군 장교 4.
(스포츠 등의) 후보 선수 (zamena, smena)
5. (보통 bez, s(a), uz 등의 전치사와 함께)
(계획·생각에 대한) 의구심, 거리낌; 조건, 제
한 (uzdržavanje, opreznost; ograda,
ograničavanje, uslov); *uz ~u* 제한적으로;
bez ~e 아낌없이, 기탄없이, 무조건적으로
rezervacija (좌석·객실·티켓 등의) 예약; *~
sobe* 객실 예약; *izvršiti ~u* 예약하다;
mentalna ~ (法) 심중 유보(心中留保) (진술·
선서에서 중대한 관련 사항을 숨기는 일)
rezervat (문화-역사적 중요성의) 특별 보호
구역; (야생 동물의) 보호 구역; (원주민) 보
호 구역; *živeti u ~u* 보호 구역에서 살다
rezerviran *-rna, -rno,* **rezervisan** *-sna, -sno*
(形) 1. 참조 rezervirati, rezervisati 2. (일
정한) 거리를 두는, 의구심을 가진, 꺼리는,
주저하는; *~ čovek* 거리를 두는 사람
rezervirati *-am,* **rezervisati** *-šem* (完,不完) 예
약하다; *~ sobu (mesto, sto)* 방(장소, 테이
블)을 예약하다; *~ sebi pravo da ... ~*하는
권리를 예비해 놓다
rezervist(a) (軍) 예비군
rezervnī *-ā, -ō* (形) 예비의; *~ oficir* 예비역
장교; *~ igrač* 후보 선수; *~ delovi* 예비 부
품; *~a guma* 스페어 타이어

rezervoar 1. 저수지, 저수장; 저수통, 저장통
(액체·기체 등을 담아 놓는), 탱크; *~ za
gorivo* 연료통; *~ za naftu* 석유 저장통 2.
(비유적) 비축품 (zaliha, rezerva)
rezidencija 관저, 공관, 관사
rezident 1. (外交) 외교 공관 (공사관 보다 급
이 낮은) 2. 교민(외국에 살고 있는), 외국거
주 주민 3. 외국에서 활동하는 정보기관의
비밀 요원
rezignacija 1. 단념, 체념, 감수(甘受), (어쩔수
없이 마음 속으로) 받아들임 2. 사직, 사임;
사표, 사직서 (ostavka) 3. 유언장의 공개
rezignirati *-am* (完,不完) 1. 단념하다, 체념하
다, 체념하고 받아들이다, 운명이라고 생각
하면서 받아들이다; *on polako rezignira, ali
se nada* 그는 체념하면서 서서히 받아들이
지만, (여전히) 희망을 가지고 있다 2. 사직
하다, 사임하다, (직·직위 등을) 그만두다 3.
유언장을 공개하다
rezime *-ea* 요약, 개요
rezimirati *-am* (完,不完) 요약하다, 간추려 말
하다, 요약해서 말하다
rezistencija (보통 pasivna와 함께 사용) 저항,
반대 (비폭력의) (otpor, odupiranje);
pasivna ~ 수동적 저항
rezistentan *-tna, -tno* (形) 저항하는 *~ na
nešto ~*에 저항하는
reziti *-i* (不完) (맛이) 시큼한, 시큼털털한;
vino rezi 포도주는 시큼하다
rezolucija 결의안, 결의문; *kongres je doneo
~u* 의회는 결의안을 채택했다
rezolutan *-tna, -tno* (形) 단호한, 확고한, 결
의에 찬, 굳게 결심하고 있는; *~ čovek* 단호
한 사람
rezon 1. 이유; 동기; 근거 (행동이나 태도의)
(razlog, stav, gledište); *~ vlade* 정부의 근
거(입장) 2. 이성, 사리분별, 지성 (razum,
razboritost); *brak iz ~a* 정략 결혼 3. 기타;
imati ~a (biti u ~u) 정당한 이유가 있다; *~
d-etr* 존재 이유
rezonanca, rezonancija 울림, 공명, 공진(共振)
rezonator (악기등의) 공명기, 울림통
rezonirati *-am,* **rezonovati** *-nujem* (不完) (논
리적인 근거에 따라) 판단하다, 추리하다, 추
론하다 (rasuđivati, zaključivati); *svako je
rezonirao da se nadvojvoda ... mora
dočekati kao gost* 대공(大公)은 손님으로서
영접받아야 한다고 모든 사람들이 생각했다
rezonirati *-am* (不完) 1. 반향시키다, 울리게
하다, 메아리치게 하다 (odjekivati) 2. (공명
의 영향으로) 떨리다, 흔들리다 (treperiti)

rezonskī *-ā, -ō* (形) 타당한, 합당한, 사리에 맞는, 합리적인, 근거있는 (razložan, logičan, osnovan, pravilan); *~o držanje* 이성적 태도; *~ postupak* 합리적 행동; *~a odluka* 이성적 판단

rezonski (副) 타당하게, 합당하게, 사리에 맞게, 합리적으로, 근거있게; *~ reagovati* 이성적으로 반응하다

rezultanta 1. (物) (여러 힘이 동시에 작용하여 생겨나는) 합력(合力) 2. (어떤 복잡한 과정의 최종적 결과로써 나타나는) 결과, 현상; *tragičan epilog je prirodna ~ odnosa među tim ljudima* 비극적 에필로그는 그 사람들간 사이에 있던 관계의 자연적 결과이다

rezultat 1. 결과, 결말 2. (數) (계산의) 결과, 답 3. (일의) 성과, 결말; (선거·경기 등의) 결과, 최종 득점, 최종 득표수; *krajni ~* 최종 결과; *kakav je ~?* 결과는 어떻냐? 4. 기타; *bez ~a* 아무런 결과도 없이, 성공하지 못하고

rezultirati *-am*, **rezultovati** *-tujem* (完,不完) (결과로서) 생기다, 발생하다, 일어나다; *~로* 부터 기인하다, 유래하다; *~ iz nečega* ~의 결과로서 생기다; *~ u nešto (nečim)* ~로 끝나다 (귀착되다)

režanj *-žnja; režnjevi* 1. (자른) 조각, ~의 얇은 조각 (kriška); *~ hleba (šunke)* 빵(햄) 한 조각 2. (解) (신체 장기를 떼어낸) 일부분 (뇌·폐·간 등의) 3. (植) (잎사귀·꽃 등의) 뾰족뾰족한 부분 (톱니 모양의) (zubac)

režati *-im* (不完) 1. (동물, 특히 개가) 으르렁거리다 (이빨을 드러내면서); *laju, reže psi sa svih strana na njega* 개들이 사방에서 그에게 짖고 으르렁거린다 2. (비유적) (화난듯이) 말하다, 투덜거리다; (화난듯이, 거만하게, 적대적으로) 대하다, 행동하다 (화를 억지로 참으면서); *starac ... je režao i grickao svoje bele ... brkove* 노인은 자신의 흰수염을 물어뜯으며 화난듯 투덜거렸다

režija 1. (연극·영화 등의) 연출, 감독; *film je sniman u ~i Jovana Petrovića* 영화는 요반 페트로비치의 연출하에 촬영되었다 2. (업무를 집행하는데 발생하는) 경비, 운영비; *visoka ~* 많은 경비 3. 기타; *raditi u sopstvenoj (vlastitoj) ~i* 혼자 일하다, 자신의 경비로 일하다 **režijski** (形)

režim 1. (政) 정권, 체제; 정치 제도(형태), 정체(政體), 통치 방식; *kapitalistički ~* 자본주의 체제(정권); *komunistički ~* 공산주의 체제(정권) 2. 엄격히 정해진 순서, 생활 방식 (교도소·병원등의 식사·휴식 등의); (정해진

목표를 이루기 위해 필요한) 규정·규율 시스템; 규율, 질서; *živeti pod strogim ~om* 엄격히 정해진 규칙하에 생활하다; *~ ishrane* 정해진 식단 3. 연간 평균 수위; *vodeni ~* 연간 평균 수위 4. (일반적인) 시스템, 구조 (sistem, ustrojstvo); *~ nagrada* 표창 시스템 5. 기타; *mokri ~* 자유로운 주류(酒類) 생산 및 판매 정책; *suvi (suhi) ~* 주류 생산 및 판매 금지(정책)

režimlija (男) (보통은 경멸조의) 친정부 인사, 친여권 인사, 관변 인물

režirati *-am* (完,不完) (영화·연극 등을) 연출하다, 감독하다; 감독의 직을 수행하다; *~ film* 영화를 연출하다

režiser (영화·연극 등의) 감독, 연출자 (reditelj) **režiserka**

riba 1. 물고기, 어류(魚類); *morska (slatkovodna) ~* 바다 물고기 (민물고기) 2. (식용의) 어육(魚肉), 생선; *pržena (pečena, kuvana) ~* 튀긴 (구운, 찐) 생선; *dimljena (soljena, sušena) ~* 훈제 (절인, 말린) 생선; *plava ~* 등푸른 생선 (고등어 등의); *bela ~* (은빛을 띠는) 민물 생선 **riblji** (形) 3. (Ribe) (天) 물고기자리 4. 기타; *kao ~ u vodi* 물만난 물고기같이; *ćutati kao ~* 한 마디도 말하지 않다; *krupna ~* 거물; *sitna ~* 하찮은 사람, 잔챙이; *zdrav kao ~* 매우 건강한; *Južna Riba* (天) 남쪽물고기자리; *kao ~ na suvu* 큰 어려움에 처한

ribaćī *-ā, -ē* (形) (북녁) 문지르는데 사용하는; *~a ćetka* (바닥 등을 문질러 닦는 데 쓰는 뻣뻣한) 솔

riban *-bna, -bno* (形) 1. 물고기가 많은, 물고기로 넘쳐나는 2. (한정형 형태로) 물고기의; *žure se ... na kasapnicu ili ~bnu pijacu* 푸줏간 혹은 어시장으로 급히 간다

riban *-bna, -bno* (形) 참조 ribati

ribanac *-nca* (강판에) 잘게 갈아 소금에 절인 배추

ribanje (동사파생 명사) ribati

ribar (직업적인) 어부 *orao ~* (鳥類) 물수리, 바다수리 (물고기를 먹이로 하는); *~ vodomar* (鳥類) 물총새 **ribarski** (形)

ribarče *-eta*, **ribarčić** (지소체) ribar; 어부; 어부의 자식; 젊은(어린) 어부

ribarenje (동사파생 명사) ribariti; 고기 잡음, 낚시질

ribarica 1. 어선, 낚싯배 2. 여자 어부 (ribarka)

ribarina 어업세, 낚시세

ribarskī *-ā, -ō* (形) 참조 ribar; 어부의, 어업

R

의; *~a mreža* 어망; *~ posao* 어업; *~ brod* 어선

ribarstvo 어업; 낚시 (스포츠의 한 분야로)

ribati *-am* (不完) 1. 문질러 닦다, 문질러 청소하다 (보통 솔, 브러쉬로); *~ pod (sto)* 바닥(테이블)을 문질러 닦다 2. (nekoga) (비유적) 신랄하게 비난하다, 질책하다; *ribaće nas ako ne naučimo lekciju* 우리가 공부하지 않으면 우리를 심하게 질책할 것이다 3. (소금에 절일 양배추를) 잘게 썰다, 강판에 갈다

ribe (女,複) 1. 참조 riba; 물고기, 어류(魚類) 2. (大文字로) 물고기자리, 쌍어궁(황도 십이궁의 열두째 자리)

ribež (부엌·주방용) 강판, (양배추를 잘게 가는) 강판 (rende)

ribica 1. (지소체) riba; *zlatne ~e* 금붕어 2. (비유적) 악명높은 사람

ribić 1. (解) 근육 (mišić, muskul); *goveđi ~* 순살코기, 기름기 없는 소고기 2. (鳥類) 제비갈매기 (čigra)

ribiz 참조 ribizla

ribizla (植) 까치밥나무; 그 열매

riblji *-ā, -ē* 참조 riba; 물고기의, 생선의; *~ zejtin* 대구 간유; *~a kost* 생선 가시; *~a čorba* 어육 수프 (fish soup)

ribnjak 양어장

ribogojstvo 1. 양어, 양식 어업 2. 양어 회사

ribokradica (男,女) 불법적으로 물고기를 잡는 사람, 불법 어획자, 밀어자

ribolov 어업(산업의 한 분야로), 낚시 (스포츠의 한 분야로) **ribolovni** (形); *~a oruđa* 낚시 도구

ribolovac *-vca* 1. 어부, 낚시꾼 2. (鳥類) 물총새(강에서 물고기를 잡아먹는, 부리가 긴 새); 물고기를 잡아 먹는 새

ribolovište 낚시터

ribolovstvo 어업

ricinus (植) 아주까리, 피마자; 아주까리 기름, 피마자 기름

ridati *-am* (不完) (울음을 멈추지 않고) 큰소리로 울다

riđ *riđa, riđe; riđi* (形) 1. 녹(rđa) 색깔의, 붉은 색을 띤, 담적갈색의 2. (머리카락이) 밝은 갈색인, 빨간색인; *~a žena* 빨간머리의 여자; *~ konj* 담적갈색의 말

riđa (男) (=riđo) 담적갈색의 말(馬)

riđa (女) 1. 담적갈색의 염소 2. 담적갈색의 암말

riđan 1. 담적갈색의 털을 가진 동물 숫컷 (보통은 말(馬) 혹은 소) 2. 밝은 갈색의 머리를

가진 사람

riđast *-a, -o* (形) 담적갈색의 털을 가진, 담적갈색의

riđo 참조 riđa

riđobrad *-a, -o* (形) 빨간색 수염의

riđoglav *-a, -o* (形) 담적갈색 머리의, 빨간색 머리카락의 (riđokos)

riđokos *-a, -o* (形) 빨간색 머리의

riđovka (動) 북살모사 (독사의 일종) (šarka)

riđuša 담적갈색의 암말 혹은 암소

rigati *-am* (不完) 1. 토하다, 구토하다 (povraćati, bljuvati); *neki su ječali, a neki su već i rigali* 어떤 사람들은 신음 소리를 토해낸 반면 어떤 사람들은 이미 구토한 사람도 있었다 2. 말하다, 내뱉다(보통 듣기 거북한, 욕설·저주 등을); *pljuju jedna drugoj u lice i rigaju psovke* 그 여자들은 서로 상대방의 얼굴에 침을 뱉도 욕설을 퍼붓는다 3. (불·연기 등을) 내뿜다, 분출하다 (총기·화산 등이); *topovi su ... rikali i rigali* 대포들은 큰 소리를 내며 불길을 내뿜었다

rigorozan *-zna, -zno* (形) 엄한, 엄격한, 엄중한, 가혹한, 혹독한 (strog, neumoljiv); *~ sudija* 엄한 판사

Rijeka 리예카; **Riječanin**; **Riječanka**; **riječki** (形)

rik 울부짖음, 으르렁거림, 포효 (보통 황소·사자 등의) (rika); *~ lavoa (topova)* 사자 (대포)의 포효

rika 1. 참조 rik 2. (비유적) (우레·파도·바람 등의) 노호, 굉음; *~ motora* 오토바이 굉음

rikati *-čem* (不完) **riknuti** *-nem* (完) 1. (큰 짐승 등이) 으르렁거리다, 포효하다; *lavovi (topovi) riču* 사자들(대포들)이 포효한다 2. 고함치다, 아우성을 지르다

rikavac *-vca* (病理) 백일해 (급성 호흡기 질환으로 맑고 끈끈한 가래가 나옴)(hripavac)

riknuti *-nem* (完) 참조 rikati

rikošet (어떤 것에 맞고) 튕김, 튀어 나옴 (odskok, odbijanje, odskakivanje); *blende se grade od mekog materijala da bi se izbegao ~* 방벽은 튕김을 방지하기 위해 딱딱하지 않은 재료로 만들어진다

rikošetirati *-am* (完,不完) ~에 맞고 튕겨 나가다

rikša 1. (女) (이륜의) 인력거 2. (男) 인력거를 끄는 사람

rilaš (昆蟲) 주둥이가 빨대같이 뾰족한 곤충 (riličar)

rilica 1. (곤충의) 주둥이 (빨대같이 길쭉한) 2. (비유적) (輕蔑) 입, 주둥이 (usne, usta)

R

riličar 1. 주둥이가 뾰족한 곤충 2. (複數로) 유문류(有吻類)

rilo 1. (코끼리 등 포유동물의) 긴 코; (곤충 등의) 긴 주둥이 (빨대같이 길쭉한) 2. (비유적) (輕蔑) 입, 주둥이 (usne, usta)

rilj 1. 삽 (땅을 깊이 팔 수 있는, ašov의 일종) 2. 흙기, 흙태 (아마 등의 씨를 훑어내는)

riljati -am (不完) preriljati (完) 1. 삽으로 땅을 깊이 파다 (발로 삽을 꾹 누르면서) 2. (돼지가) 주둥이로 흙을 파다 (riti, roviti) 3. (아마의 씨를) 흙태로 훑다

Rim 로마(이탈리아의 수도); svi putevi vode u Rim 모든 길은 로마로 통한다 Rimljanin - ani; Rimljanka; rimski (形); Rimska imperija 로마 제국

rima 운(韻), 압운(押韻), 라임 (slik); napraviti (složiti) ~u 라임을 만들다(맞추다); muška ~ 남성운 (단 하나의 음절만 라임이 맞는; lug – drug, plam –sram 등의); ženska ~ 두 음절에서 라임이 맞는; bleda – seda, ruka – luka); daktilska ~ 세 음절에서 운이 맞는 라임 (tamjana – Damjana, donosi – pokosi 등의)

rimokatolik 로마 가톨릭 신자 rimokatolikinja; rimokatolički (形)

rimovati -mujem (完,不完) 1. 라임을 맞추다, 운을 맞춰 쓰다 2. (비유적) 조화를 이루다, 하모니를 이루다 (složiti se, slagati se) 3. ~ se 운(韻)이 맞다, 라임이 맞다; te se dve reči ne rimuju 그 두 단어는 라임이 맞지 않는다

rimskī -ā, -ō (形) 참조 Rim; 로마의; ~ brojevi 로마 숫자; ~ kalendar 그레고리력

ring -ovi 1. (권투·레슬링 등의) 링 2. (비유적) (활동·세력 등의) 범위, 영역, 서클; članovi istog ~a 같은 서클 속에 있는 사람들

ringeraja 아이들 놀이의 일종 (원을 그리며 노래하고 춤추다가 신호에 따라 웅크리는 놀이)

ringišpil 회전 목마 (놀이공원 등의) (vrteška)

ringla (조리 기구 위의 고리 모양) 열판

ringlov (男), ringlovka -ci & -ki (女) 플럼의 한 종류

ringlšpil 참조 ringišpil

rinoceros (動) 참조 nosorog; 코뿔소

rintati -am (不完) (중노동을 쉬지도 않고) 힘들게 일하다, 죽도록 일하다, 애써 일하다; rintam neprestano kao konj 쉬지도 않고 마치 말처럼 죽도록 일하다

rinuti -nem (完) 1. 밀어내다, 밀쳐내다 (odgurnuti, odbaciti); štapom ~ mrcinu s

puta 막대기로 죽은 동물의 사체를 길에서 치우다; rinu je u propast 그들은 그녀를 멸망으로 밀어넣는다 2. 찌르다, 쑤시다 (zariti, zabosti); njemu ga koplje kroz grudi rine 창이 그의 가슴을 찌른다 3. (배를) 해안으로부터 밀어내다 (porinuti); ~ lađu u more 배를 바다로 밀다 4. 서둘러 가다, 급히 가다 (pohrliti, jurnuti) 5. 박히다 (zariti se, zabiti se); granate rinuše u zemlju 포탄이 땅이 박혔다 6. (na koga, na što) 날다, 날아가다, 껑충 뛰다 (skočiti, poleteti)

rioce -a & -eta (지소체) rilo, rilce; 긴 주둥이

ripče -eta (지소체) riba; 물고기, 작은 물고기

ripida (宗) (正教) (막대 지팡이에 고착되어 있는) 햇빛 모양의 틀로 되어있는 둥근 성상 (聖像)

ripnuti -nem (完) 점프하다 (skočiti)

rips 레프(씨실 방향으로 이랑진 직물) ripsan -ana (形)

ris -ovi (動) 스라소니; (비유적) 화난 사람 risovski (形)

ris -ovi (종이 1000장 단위의) 묶음

ris (解) 발등

ris (갈라진) 틈 (pukotina, procep)

ris 1. 몫, 부분; 식사, 먹을 것 (deo, komad; obrok) 2. 일부 수확물, 수확물의 일부 (일꾼들에게 수고했다고 덤으로 주는)

risač 참조 crtač; 제도공(製圖工)

risaćī -ā, -ē (形) 참조 crtaći; ~ sto 제도 테이블; ~ pribor 제도 도구

risanka 참조 crtanka; 제도 노트

risar 참조 crtač; 제도공(製圖工)

risar 참조 žetelac; (농작물) 수확을 돕는 일꾼

risati -šem (不完) narisati (完) 1. 그리다, 제도하다, 선을 긋다 (crtati, slikati); rišem tako, šaram, pa trčim dedu i babi da im pokažem 그렇게 그리고 색을 칠하고는 할아버지와 할머니에게 보여주기 위해 뛰어간다 2. 상상하다, 공상하다 (zamišljati) 3. 보여주다, 묘사하다, 나타내다 (prikazivati, opisivati)

risk 참조 rizik; 위험, 리스크

riskantan -tna, -tno (形) 위험한, 위험스런 (rizičan)

riskirati -am (完,不完) 참조 reskirati; 위태롭게 하다, 위험하게 하다; 위험을 무릅쓰다

risovina 스라소니 모피

risovskī -ā, -ō (形) 참조 ris; 스라소니의, 스라소니같은

riš 루시 장식

R

rit *rita; ritovi* 늪지, 습지 (보통 갈대가 자란) (*močvara, buruština*)

rit (소의) 엉덩이 살, 우둔살

rit 참조 dupe; 엉덩이, 궁둥이 (*zadnjica*)

rita 1. 누더기 옷, 해진 옷 (*dronjak, prnje*); *ići u ~ama* 누더기를 걸치다 2. 누더기를 걸친 사람, 아무 쓸모없는 사람; 가난한 사람 (*odrpanac, ništarija; bednik*)

ritam *-tma; ritmovi* 리듬; *u ~tmu muzike* 음악의 리듬에 맞춰; *metod ~tma* (생리 주기를 활용한) 주기 피임법

ritati *-am* (不完) ritnuti *-nem* (完) 1. 발로 차다, 발길질하다; *~ nekoga* 누구를 발로 차다 2. *~ se* 발길질하다; *konj se rita* 말이 발길질한다 3. (不完만) 젠체하다, 거들먹거리다, 오만해지다 (*praviti se važan, razmetati se*)

ritav *-a, -o* (形) (옷 등이) 해진, 다 떨어진, 너덜너덜한, 누더기를 걸친 (*dronjav, poderan*); (비유적) 비참한, 불쌍한, 가난한 (*jadan, bedan*); *deca ~* 누더기 옷을 걸친 아이들; *život ~* 비참한 삶

riter 1. (歷) (중세의) 기사(騎士); 나이트 작위, 훈작위(勳爵位) (*vitez*) 2. (비유적) 기사도 정신을 가진 사람

riterskī *-ā, -ō* (形) 기사(騎士)의 (*viteški*)

riterstvo 기사도, 기사의 신분(직위), 기사도 정신 (*viteštvo*)

riti *rijem; riven, -ena; rij* (不完) 1. (두더지·멧돼지 등이) 주둥이로 땅을 파헤치다; (땅을) 파다 (*kopati*); *meci tenkovskih topova rili su zemlju oko nas* 탱크 포탄이 우리 주변을 움푹 팠다 2. (비유적) (~에 반하여) 비밀스럽게 음모를 꾸미다, 획책하다 (*rovariti*) 3. (비유적) 닥치는대로 뒤지다; *~ po ormanu* 옷장 곳곳을 뒤지다

ritica (지소체) rit; 엉덩이

ritmičan *-čna, -čno* ritmičkī *-ā, -ō* (形) 일정한, 주기적인; 리드미컬한, 가락이 맞는

ritmički, ritmično (副) 주기적으로, 일정하게, 리드미컬하게; *~ vežbati* 리드미컬하게 운동하다

ritmika 1. 음률법, 음률학 2. 율동법

ritnuti *-nem* (完) 참조 ritati

ritskī *-ā, -ō* (形) 참조 rit; 늪지의, 습지의; *~e bilje* 습지 식물; *~a šljuka* 습지에 사는 도요새

ritual 1. (종교상의) 의식 절차, (제의적) 의례 (*ceremonija, obred*) 2. 식전서(의식 절차를 밝힌 책)

ritualan *-lna, -lno* (形) 참조 ritual; 의식의, 제례의; *~ ples* 제례무(舞)

riva (方言) 해변 (*obala*)

rival 경쟁 상대, 적수, 라이벌 (*suparnik, protivnik*); *biti ~ nekome, biti nečiji ~* 누구의 라이벌이다

rivalitet, rivalstvo 경쟁, 경쟁 의식, 경쟁 관계

rivati *-am* (不完) 밀다, 밀치다, 밀어 넣다 (*gurati, zavlačiti*)

rivijera 해안, 해변 (*primorje*)

riza 1. 성직자들이 입는 검은색의 평상복, (성직자의) 일상법의(日常法衣); *pred oltarom stoji čovek u dugačkoj rizi* 제단앞에 긴 일상법의(日常法衣)를 입은 사람이 서있다 2. 옷의 치장에 사용되는 (울로 된) 길고 좁은 천

rizi-bizi (料理) 쌀과 완두콩으로 만들어진 음식의 한 종류

rizičan *-čna, -čno* (形) 위험한, 위험스런 (*opasan*)

rizik 위험; *na moj ~* 내책임하에; *prihvatiti ~* 위험을 감수하다

rizikovati *-kujem* (完,不完) 위태롭게 하다, 위험하게 하다, 위험을 무릅쓰다; *~ život za nešto* 무엇을 위해 생명을 무릅쓰다

rizling 백포도의 일종; 그 포도로 만든 포도주 (백포도주의 일종)

rizma *-ama* 참조 ris; (종이 1000장 단위의) 묶음

riznica 1. 금고; 귀중품실, 창고(고가품을 보관하는) 2. 계산대 (*kasa, blagajna*) 3. 무기고 (*oružnica*)

rizničar 금고지기, 보물 보관원; (회사 등의) 회계출납원; *bio je dvorski puškar i ~* 그는 궁중 무기담당관이자 회계출납관이었다

rizom (植) 뿌리줄기, 근경 (*podanak*)

rizoto (男) (料理) 음식의 한 종류, 리소토 (이탈리아식 볶음밥)

riža 참조 pirinač; 쌀

rkač 참조 hrkač; 코고는 사람

rnja (= rnjo, rnjavac) 참조 hrnja; 언청이

rnjav *-a, -o* (形) 참조 hrnjav; 언청이의

rnjavac *-avca, rnjo* (=rnja) (男) 언청이

rob *roba; robovi* 노예; *biti ~ svojih strasti* 자기 욕정의 노예가 되다; *bolje grob nego ~!* 굴복하느니 죽는 것이 낫다! robinja, ropkinja; ropski, robovski (形)

roba 1. (시장에 출시할 목적으로 만든) 물건, 제품, 상품; *suhomesnata ~* 건육품(乾肉品); *tekstilna ~* 직물 제품; *~ široke potrošnje* 소비재 (식품·의류 등의); *uvozna ~* 수입품; *vunena (pamučna, svilena, kožna) ~* 모직 (면, 비단, 가죽) 제품; *poručiti (pregledati,*

poslati, primiti, istovariti) ~u 물건을 주문
하다 (살펴보다, 발송하다, 수령하다, 부리
다); *loša* ~ 질이 떨어지는 상품; *sitna* ~ 집
에서 필요한 자잘한 물건들 (장난감·단추·장
식품 등의), 별로 중요하지 않은 사람(물건)
2. 옷, 의복; 천, 직물 (odeća, odelo;
tkanina) **robni** (形) 3. 기타; *laka* ~ 품행이
단정치 못한 여자, 헤픈 여자
robija 1. (보통 강제 노역을 동반한) 징역;
osuditi nekoga na ~u 징역에 처하다; *biti
na* ~i 징역형을 살다; *osuđen je na
doživotnu* ~u 종신형이 언도된 2. (비유적)
힘든 일; 힘든 삶 3. 곤란, 곤경, 불운
(nevolja, nesreća) 4. (廢語) (봉건 영주들에
대한 농노들의) 의무 노역; 강제 노역
(kuluk)
robijaš 1. (교도소의) 재소자, 죄수; ~ *na galiji*
갤리선(船)의 노예 **robijašica**; **robijaški** (形)
2. (廢語) (농노들의) 의무 노역자; 강제 노역
자 (kulučar)
robijašnica 교도소, 감옥 (zatvor, tamnica)
robijati *-am* (不完) 1. (교도소에서) 징역형을
살다; *robijao je sedam godina u Beogradu*
베오그라드에서 7년간 징역형을 살았다 2.
(nekome, nečemu) (비유적) ~를 위해 일하
다, ~에게 봉사하다; *zetovima robija* 사위들
을 위해 헌신했다
robinja (여자) 노예
robiti *-im* (不完) 1. 노예(rob)로 만들다, 노예
로 삼다 (zarobljavati) 2. (돈·귀중품·물건 등
을) 강제로 빼앗다(탈취하다) (pljačkati) 3.
(方言) (빚의 댓가로) 물건을 빼앗아 가다
roblje (集合) rob; 노예; *trgovina* ~em 노예
무역; *belo* ~ (매춘굴에서 강제로 매매춘하는)
매춘 여성
robnī *-ā, -ō* (形) 참조 roba; 물건의, 상품의,
제품의; ~a *razmena* 교역, 무역; ~a *kuća*
백화점; ~a *dokumenta* 선적 서류, 송장(送
狀); ~a *proizvodnja* 상품 생산; ~ *fond* (물
건의) 비축품; ~ *promet* (물건의) 매출, 매상
robot 로보트
robota 일, 노동; 강제 노역 (rabota, kuluk)
robotnik 강제 노역인 (kulučar)
robovati *-bujem* (不完) 1. 노예로 살다, 노예
가 되다; *po silu roboju njima* 강제로 그들
의 노예로 살고 있다 2. (kome, čemu) ~을
위해 봉사하다, ~의 노예가 되다 3. 징역형
을 살다
robovlasnik (歷) 노예 주인 **robovlasnica**
robovlasništvo 노예 소유
robustan *-sna, -sno* (形) 강건한, 튼튼한, 건

장한 (snažan, čvrstan i sirov)
ročište 1. 만나는 곳, 회합 장소, 모임 장소;
ugovore ~ *gde će se te večeri naći* 그날
저녁 어디서 만날지 회합장소를 합의한다 2.
(法) 법원 심리, 공판, 재판; *pozvati na* ~ 법
원 심리에 소환하다, 법원 출두를 명하다;
određeno je ~ *da se ovaj spor raspravi* 이
분쟁을 심리할 공판이 결정되었다
ročiti *-im* (完,不完) 1. 기간(rok)을 정하다(확
정하다) 2. ~ *nekoga* 정해진 시간에 누구를
부르다(소환하다) 3. ~ se 약속한 시간에 만
나다(회합하다)
rod *roda*; *rodovi* 1. 후손, 자손; (동물의) 새끼;
štuka ... kad nema šta – *jede svoj rod* 강꼬
치고기는 먹이가 없을 때 자기 새끼를 잡아
먹는다 2. 가족, 가계(家系), 혈통(血統), 가
문(家門); 친척, 인척; *biti* ~ *nekome, biti u*
~ *u s nekim* 누구의 친척이다; *blizak (dalek)*
~ 가까운 (먼) 친척; *on je od dobrog* ~a 그
는 훌륭한 가문의 출생이다; *nemati nikoga
od* ~a 친척이 아무도 없다; *biti gospodskog
roda* 귀족 출신이다; ~ *po krvi* 혈족(血族);
~ *po ocu (majci)* 부계쪽 (모계쪽) 친척; *on
mi nije ni* ~ *ni pomozi Bog* 그는 나에게 아
무것도 아니다 (아무런 상관이 없는 사람이
다); ~ *po srcu (biti nekome)* 마치 가까운
친척처럼 느껴진다 3. 곡물, 수확물, 작물
(plod); *donositi* ~ 수확을 맺다; *davati
dobar* ~ 풍년을 맺다 4. (生物) (생물 분류상
의) 속(屬) 5. 종류, 부류 (soj, rasa, vrsta);
ljudski ~ 인류 6. 부족, 종족 (pleme) 7. (軍)
병과(兵科); ~ *vojske* 군 병과 8. (사람·동물
의) 성(性) (pol) 9. (文法) 성 (남성·여성·중성
의); *muški (ženski, srednji)* ~ 남성(여성,
중성); *kojeg je* ~a *ova imenica?* 이 명사의
성은 무엇입니까?
roda (鳥類) 황새; *bela (crna)* ~ 황새(먹황새)
rodin (形)
rodac; *roca*; *roci* 1. 열매를 맺는 나무 (反;
jalovac) 2. 숫컷 황새
rodan *-dna, -dno* (形) 1. 생식력 있는, 가임의;
열매를 맺는, 결실을 낳는, 다산(多産)의; 비
옥한, 기름진; ~*dna godina* 풍년, 풍년이 든
해 2. (보통 한정형으로) 타고난, 친(親), 태
어나면서의 (rođeni); ~*dni grad* 고향; ~*dna
zemlja* 조국; *moja* ~*dna braća* 내 친형제들
rodbina 친척 (rođaci, srodnici, svojbina)
rodbinski (形); *biti u* ~*im vezama* 친척관계
이다
rodbinstvo 친척 관계 (srodstvo)
rodeo *-ea*; *-ei* (男) 로데오(특히 미국에서, 카

1095

우보이들이 사나운 말 타기·올가미 던지기
등의 솜씨를 겨루는 대회)

rodica 1. (여자) 친척 (rođaka, rođakinja) 2.
(方言) (삼촌·외삼촌·고모·이모의) 딸; 사촌
자매

rodilište 참조 porodilište; 조산원, 산과(産科)
병원

rodilja 참조 porodilja; 산부(産婦)

rodin *-a, -o*(形) 참조 roda; 황새의; ~ *kljun*
(植) 쥐손이풀속(屬)

rodina 열매(수확·산출)의 풍성, 풍년, 풍성함,
다산(多産); *ne mogu do njih doći ... od ~e
vine loze* 포도의 풍년으로 인해 그들에게
갈 수가 없다

rodište 출생지, 태어난 곳

roditelj 1. 아버지; 어머니; (비유적) 노인, 교
육시킨 사람, 키운 사람 (staralac, vaspitač,
hralinac) 2. (보통 複數로) 부모(父母);
ostati bez ~a 고아가 되다 **roditeljski** (形) 3.
(비유적) 창시자, 창설자, 설립자 (tvorac,
osnivač, pokretač); ~ *idealističke filozofije*
관념철학의 창시자

roditeljica, roditeljka 어머니 (majka, mati)

roditi *-im; rođen* (完) **rađati** *-am* (不完) 1. (아
이를) 낳다, (여성이) 출산하다; ~ *dete* 아이
를 낳다; *žena ne može lako da rodi* 여성은
쉽게 출산할 수 없다 2. (열매·과실 등을) 맺
다, 산출(産出)하다; *rod rodila rana kruška*
조생종 배가 열매를 맺었다; *ovo drvo rađa
lepe plodove* 이 나무는 좋은 열매를 맺는
다 3. (nečim, 혹은 보어없이) 풍성한 결실
(열매)을 맺다; *šljive su ove godine dobro
rodile* 플럼은 올 해에 풍성하게 열렸다 4.
(nešto) 생겨나게 하다, 잉태시키다; ~
sumnju 의심이 생겨나게 하다; *narod rodi
herojsku vojsku* 인민은 영웅적 군대가 있
게 했다 5. ~ *se* (아이가) 태어나다; 출생이
다; *rodilo se dete* 아이가 태어났다; *rodio
se u Parizu* 그는 파리에서 태어났다; ~ *se
u trgovačkoj porodici* 상인 가정에서 태어
나다 6. ~ *se* 시작하다, 생겨나다, 일어나다
6. ~ *se* (태양이) 뜨다 7. 기타; *a da bi me
ne rodila majka* 어머니가 나를 낳지 않았다
면(백 퍼센트 확신을 할 때 사용함); *kad na
vrbi rodi grožđe* 개구리 수염날 때 (결코 일
어나지도 있을 수도 없는 것을 강조할 때);
kako ga (ju) je mati rodila 완전히 벌거숭이
로; *ne rodi (više), nije rodila majka* (그러한
것은) 존재하지 않는다, 찾을 수가 없다; ~
mečku ~하는 동안 고생하다, 힘들여 ~을
하다; *biti (kao) rođen, roditi se za nešto* ~

을 위해 태어나다; *roditi se pod srećnom
zvezdom* 즐겁게(행복하게) 생활하다; *roditi
se u košulji* (迷信) 천복을 갖고 태어나다;
tresla se gora, rodio se miš 태산 명동에
서일필(泰山 鳴動 鼠 一匹)

rodnī *-a, -ō* (形) 참조 rodan

rodnica (解) (여성의) 질(膣)

rododendron (植) 진달래속(屬) 식물(진달래·
만병초 등의)

rodoljub 애국자 (patriot(a)) **rodoljupka**

rodoljubac *-upca, rodoljupče; rodoljubaca* 참
조 rodoljub

rodoljuban *-bna, -bno* (形) (=rodoljubiv) 조국
을 사랑하는, 애국의, 애국적인, 애국자의

rodoljubiv *-a, -o* (形) 참조 rodoljuban

rodoljublje (中), **rodoljubivost** (女) 애국, 애국
심 (domoljublje, patriotizam)

rodoljupka 참조 rodoljub

rodom (副) 태생으로, 출생으로; *on je ~
Beograđanin (iz Beograda)* 그는 베오그라
드 출생이다

rodonačelnik 1. 시조(始祖) (한 집안·왕조 등
의); ~ *porodice* 집안의 시조 2. (비유적) 선
구자, 창시자, 설립자

rodopis 1. 계보학, 족보학 2. (한 집안의) 계보,
족보, 가계도

rodoskvrnavljenje 참조 rodoskvrnuće

rodoskvrnī *-a, -ō* (形) 근친상간의

rodoskvrnilac *-ioca* **rodoskvrnitelj** 근친상간
범; **rodoskvrnilački** (形)

rodoskvrnuće 근친상간

rodoskvrnjenje 참조 rodoskvrnuće

rodoslov, rodoslovlje 족보학, 계보학
rodoslovan (形)

rodovskī *-a, -ō* (形) 도당(rod)의, 일당의; *~a
zajednica* 도당 사회

rođa 1. (男) (애칭) rod; 친척 (rođak) 2. (女)
(애칭) rođa

rođačiti se *-im se* (不完) (s kim) ~와 친척이
되다, ~와 친척관계를 맺다

rođaj 1. 출산 (porođaj, rađanje) 2. 일출, 월
출 (해·달의); 동이 틈, 여명 3. (비유적) 시
작 (postanak, početak, nastajanje)

rođak 친척, 인척 (srodnik, rod); *bliski (daljni)
~* 가까운(먼) 친척; *~ po ocu (majci)* 아버
지쪽 (어머니쪽) 친척 **rođakinja, rođaka;
rođački** (形)

rođakati *-am* (不完) 1. ~ *koga* 누구를 친척으
로 부르다(칭하다) 2. ~ *se* 서로 친척으로 부
르다

rođakinja 참조 rođak

1096

rođaštvo 친척관계, 인척관계 (srodstvo)

rođen -a, -o (形) 1. 참조 roditi; 태어난 2. (기혼 여성의) 결혼전의; *Vera Simić, ~a Pešić* 결혼전 성이 페시치인 베라 시미치 3. 진짜의 (pravi) 4. (비유적) 귀여운, 사랑스런 (mio, drag, zlatan); *baš je ~ ovaj tvoj sinčić* 네 아들이 정말 귀엽구나 5. 기타; *biti ~ za nekoga (nešto)* ~을 위해 태어난; *kao od majke ~* 옷을 입지 않은, 나체의

rođendan 생일; *slaviti ~* 생일을 쇠다, 생일 잔치를 하다 **rođendanski** (形); *~a torta* 생일 케이크

rođenī -ā, -ō (形) 1. (혈통의) 친(親); ~ *brat* 친형제; ~ *otac* 친아버지; *~a majka* 친어머니; ~ *sin* 친아들 2. 태어난, 출생의; ~ *grad* 출생지, 고향 3. 사랑스런, 사랑하는 (dragi, mili); *od milosti zvao me je* ~ 자비심에서 나를 '사랑스런 (사람)'이라고 불렀다 4. 생 (生)의, 자기 자신의 (vlastit, svoj, sopstven); *moja ~a kuća* 내 생가(生家); *deca se otuđuju i od ~ih roditelja* 아이들은 친부모로부터도 소원해진다

rođenica 1. 어머니 (roditeljica, mati) 2. (愛稱) 사랑스런 (보통 딸에게 말하는) 3. (方言) (형 용사적 의미로) 친(親); *kćeri ~e* 친딸들

rođenje 1. 출생, 출산; *dan ~a* 출생일; *mesto ~a* 출생지 2. (비유적) 시작 (postanak, nastanak); ~ *slike* 그림의 시작; ~ *pesme* 시의 시작

rođo -a & -e (男) 친척 (rođa)

rog *roga*; *rogovi* & 드물게 *rozi*, *roga*, *rozima* 1. (동물의) 뿔, (악마 등 상상속에 존재하는 동물들의) 뿔; (비유적) (아내의 부정행위에) 속은 남편의 상징 *jelenji ~ovi* 사슴뿔; ~ *izobilja* 풍요의 뿔(동물 뿔 모양에 과일과 꽃을 가득 얹은 장식물) 2. (보통 複數로) (곤 충·달팽이 등의) 더듬이 3. (신호 등에 사용 되는) 경적, 뿔피리 4. (樂器) 호른; *šumski* ~ 프렌치 호른 5. 기타; *dati (prodavati) nekome ~ za sveću* 누구를 속이다 (기만하 다); *duvati u jedan (isti) ~ s kim* 누구와 의 견과 행동이 일치하다; *nabiti (nataći, natući) ~ove (mužu)* (아내가 남편을 속이고) 바람 을 피우다; *pokazati (dići) ~ove* 호전적이 되다, 봉기(반란·폭동)을 일으키다; *sterati (sabiti, naterati, staviti) koga u (kozji) ~*, *slomiti (sabiti) ~ove kome* 저지하다, 입을 다물게 하다, 예봉을 꺾다, 파괴하다; *slagati se (bočiti se) kao ~ovi u vreći* 서로 조화를 이루지 않다, 견원지간처럼 맞지를 않다; *uhvatiti bika za ~ove* 단호하고 정력적으로

행동하다(임하다); *vo se drži za ~ove, a čovek za reč* 사람은 자신이 한 말에 대해 책임을 져야 한다

roga (가축, 특히 돼지들이 우리의 담장을 넘 지 못하도록 멍에로써 목덜미 부분에 씌우는 나무로 만든) 뿔 모양의 삼각형 형태의 장비

rogač 1. (植) 캐럽(초콜릿 맛이 나는 암갈색 열매가 달리는 유럽산 나무), 구주콩나무; 그 열매 2. (動) 사슴 (jelenak)

rogalj *roglja*; *rogljevi*, *rogalja* & *rogljeva* 1. (數) 다면각(多面角); *trostrani* ~ (幾何) 삼면 체 2. 끝, 끝자락 (수건 등의) (kraj, završetak, krak, vrh) 3. (집·골목의) 구석, 끝자락, 모퉁이, 막다른 곳 (ćošak); *ona ga na roglju ulice ... ustavi* 그녀가 그를 골목 모퉁이에서 세웠다 4. (複數로) 지붕의 들보 (서까래)

rogat -a, -o (形) 1. 커다란 뿔이 있는; ~ *jelen* 커다란 뿔이 있는 사슴; ~ *đavo* 뿔난 악마 2. 툭 튀어나온, (끝이) 뾰족한 (šiljat) 3. (한정형 형태로, 명사적 용법으로) 악마, 악마 같은 사람, 사악한 사람 (nečastivi, đavo); *~i dolazi samo noću* 악마는 밤에만 온다 4. 기타; *šut sa ~im* 강한자에 맞서는 약자

rogljast -a, -o (形) (數) 다면체(rogalj)의

rogobatan -tna, -tno (形) 세련되지 못한, 투 박한, 거친; 어설픈, 서투른 ; ~ *čovek* 무뚝 뚝한 사람; ~ *stil* 투박한 스타일; ~ *prevod* 어설픈 번역

rogobor (男), **rogobora** (女) 시끄러운 소리, 떠드는 소리 (buka); 소곤거림, 쑥덕쑥덕함 (došaptavanje, buškanje)

rogoboran -rna, -rno (形) 시끄러운, 떠들썩한; 폭동의, 소동의 (bučan; buntovan)

rogonja (男) 1. 긴 뿔을 가진 동물, 큰 뿔이 있는 황소 2. (비유적) 바람난 아내를 둔 남 자, 오쟁이 진 남자; *kažu ... da sam ~, da mi je žena imala kućnog prijatelja* 내 아내 는 집안간의 남자 친구가 있었다며 내가 오 쟁이 진 남편이라고들 말한다

rogov 큰 뿔을 가진 황소

rogoz (植) 부들

rogozina 부들(rogoz)로 엮은 매트 (흙털이 등 의) (hasura)

rogožina 참조 rogozina

rogulja 1. 긴 뿔을 가진 젖소(암소) 2. (方言) 마녀 (veštica)

rogušiti -im (不完) **narogušiti** (完) 1. (귀·털 등 을) 곤두세우다, 쫑긋세우다; ~ *uši* 귀를 쫑 긋 세우다 2. ~ *se (na nešto)* (털·깃털 등이)

곤두서다 (kostrešiti se) 3. ~ se 화내다, 발끈하다, 불만을 표출하다, 투덜거리다 (ljutiti se, buniti se, gunđati); ~ se na nepravdu 정의롭지 못함에 발끈하다 4. ~ se 거만하게 행동하다, 젠체하다 (oholiti se)

rohada 참조 rokada

rohadnī –ā, –ō (形) (체스의) 캐슬링(rohada)의

rohav –a, –o (形) 1. (얼굴에) 마마 자국이 있는, 얽은, 곰보의 (boginjav, ospičav, kozičav); ~o lice 얽은 얼굴, 곰보 얼굴 2. 추한, 괴기스러운 (ružan, nakazan) 3. 평평하지 않은, 울퉁불퉁한 (neravan, hrapav); ~ pločnik 울퉁불퉁한 도로

rohirati –am (完,不完) 참조 rokirati

roj 1. (벌떼의) 꿀벌의 떼, 벌떼; ~ pčela, pčelinji ~ 벌떼 2. (날아가는) 곤충의 떼, 무리 (jato); ~ komaraca 모기 떼 3. (비유적) 무리, 떼, 다수, 군중 (gomila, grupa, mnoštvo); ~ žena 한 무리의 여자들

rojalist(a) 왕정주의자 (monarhist(a))
rojalistički (形)

rojalizam –zma 왕정주의, 왕제(王制)주의 (monarhizam)

rojba, rojidba (꿀벌의) 분봉(分蜂)

rojiti –im (不完) 1. 떼(roj)를 짓다, 무리를 짓다; (비유적) 수없이 낳다 2. ~ se (꿀벌이) 분봉하다; pčele se roje 꿀벌들이 떼지어 다닌다 3. ~ se (비유적) 떼지어 움직이다, 떼지어 모여들다; 군집하다, (바글바글할 정도로) 넘치다; ljudi se već roje oko sudnice 사람들이 벌써 재판정에 많이 몰려들었다 4. ~ se 많은 수를 낳다, 번식하다, 증식하다; dabogda im se rojila dečica po kući 집집마다 아이들을 많이 낳았다; knjige ... se kod nas u poslednje vreme uveliko roje 최근에 우리나라에는 서적들이 많이 출판되고 있다

rojta (실을 꼬아 장식으로 만든) 술, 레이스 (kićanka)

rok roka; rokovi (제한된, 정해진) 기한, 기간; (일반적인) 시기(時期), 시대; poslednji ~ 최종 기한; u ~u od pet dana 5일간의 기간 동안에; u kratkom (najkraćem) ~u 조만간에; u što kraćem ~u 가능한 한 단시간 안에; ispitni ~ 시험 기간; položiti sve ispite u ~u 정해진 기한안에 모든 시험에 통과하다; rok je protekao (istekao, prošao) 기간이 지났다(끝났다); produžiti ~ 기한을 연장하다; po isteku ~a 기간이 지남에 따라; kad je ~ podnošenja (za predaju) molbi? 청원서 제출 기간이 언제이지?; ~ plaćanja

menice 어음지불기한; postaviti ~ 기간을 정하다; garantni ~ 보증 기간; platiti pre ~a 기한 전에 지불하다; istekao je ~ zastarevanja (법률적 효력이 미치는) 유효 기간이 경과하였다; plaćati u ~ovima (na ~ove) 할부로 지불하다; ispuniti ~ 기한내에 의무를 충족시키다 rokovni (形) 2. 군복무 기간; đački ~ 학생들의 군복무기간 (일반인보다 단축 혜택을 받은); služiti (vojni) ~ 군의무에 봉사하다; to mi ide (spada) u ~ službe 그것은 내가 해야 할 일이다

rokada (체스의) 캐슬링 **rokadni** (形)

rokfor 로크포르 치즈(푸른곰팡이가 있고 냄새가 강한 프랑스산 치즈)

rokirati –am (完,不完) (체스의) 캐슬링을 하다, (킹을) 룩으로 지키다

rokoko –oa (男) 로코코, 로코코식 (18세기에 유행한 건축 및 예술 양식. 세부 묘사와 화려한 장식이 특징)

rokoko (形) (不變) 로코코식의

rokovnik (업무일지 형식의) 다이어리, (앞으로 할 일을 적어 넣는) 수첩, 메모장

roktati –ćem (不完) 1. (돼지가) 꿀꿀거리다 2. 투덜거리다, 불평하다 (gunđati) 3. 소리치다 (vikati, derati se) 4. 큰 소리로 웃다 (grohotati)

rola 역할 (uloga)

rola 1. 참조 rolna; 두루마리 (둥글게 말아 놓은) 2. 둥근 앉은뱅이 밥상 (sofra)

rolat (음식) 둥글게 말아 놓은 것(음식); ~ od teletine 송아지 고기를 말아 놓은 것; uviti kao ~ 둥글게 말다

roleta, roletna 창호 셔터

rolna (종이·천 등의) 묶음, 꾸러미 (둥글게 묶은) (truba, bala)

rolo –oa (男) (보통 가게의) 셔터, (드물게 창문의) 창호 셔터

rolšue (女,複) 롤러 스케이트 (koturaljke); voziti se na ~ama 롤러 스케이트를 타다

rolja (시트 등의) 주름 펴는 기계, 압착 롤러

roljati –am (不完) 압착 롤로(rolja)로 다림질하다 (glačati, valjati)

Rom –i 집시

Roma (男) 참조 Rom

roman 1. 소설; istorijski ~ 역사 소설; ljubavni (kriminalni) ~ 애정(범죄) 소설; fantasnični ~ 공상 소설 2. 연애(사건), 정사(情事)

roman (植) 카밀레, 카모마일 (국화과 약용식물)

romanca 참조 romansa

Romani (男,複) 1. (歷) 로마제국의 시민 2. 로
망스어를 사용하는 민족 (이탈리아인, 프랑
스인, 스페인인 등의)
romanist(a) 로망스 언어(문학·역사) 전문가
romanistika 로망스학 (언어·문학·문화·역사 등
의); *odsek za ~u* 로망스학과
romanizirati *-am*, romanizovati *-zujem* (完,不
完) 로마화(化)하다, 로마인화하다, 가톨릭화
하다
romanopisac, romansijer 소설가
romansa 1. (音樂) 로맨스; 감미로운 서정적인
선율의 소곡 2. (文學) 연애 소설, 애정 소설
3. (비유적) 연애, 로맨스, 소설 같은 연애;
연애 사건; *kratka ~ sa ženom* 한 여성과의
짧은 로맨스
romansirati *-am* (完,不完) 소설 형식으로 쓰다,
소설화하다
romanskī *-ā, -ō* (形) 로망스의, 로망스 민족의;
~ jezici 로망스어; *~a kultura* 로망스 문학
romanskī *-ā, -ō* (形) 소설의
romantičan *-čna, -čno* (形) 1. 로맨틱한, 낭만
적인; 연애의, 사랑에 빠진; *~čna
književnost* 낭만주의적 문학 2. 공상적인,
비현실적인 3. 정열적인, 이상적인; *~čna
ljubav* 정열적인 사랑
romantičar 낭만적인 사람, 로맨티시스트; 낭
만주의자 romantičarski (形)
romantičkī *-ā, -ō* (形) 참조 romantičan
romantik 낭만주의자 (romantičar)
romantika 1. 낭만, 정열, 로맨스 정신 2. 낭만
주의
romantizam *-zma* 1. 낭만주의 2. 낭만, 정열
romb *-ovi* (幾何) 마름모 rombičan, rombni,
rompski (形)
romboid 편능형, 장사방형(직사각형같이 생긴
마름모꼴) romboidni (形)
rominjati *-am* 1. 가는 비가 내리다, 이슬비(보
슬비)처럼 내리다; (가는 눈이) 조금씩 내리
다; *kiša rominja* 보슬비가 내린다 2. (비유
적) (음성·소리가) 단조롭게 울리다
romon 1. (비가 내리는, 냇가의 물이 흘러가는)
단조로운 소리, 졸졸 흐르는 소리
(rominjanje, žuborenje) 2. 단조로운 소리,
조용한 말소리, 소곤거리는 소리 3. (소리의)
조화 (sklad, harmonija tonova)
romoniti *-im* (不完) (의성어) (물이) 졸졸졸 소
리 내며 흐르다, 살랑살랑 소리를 내다, (작
은 소리로) 소곤거리다
romor 참조 romon
romorenje (동사파생 명사) romoriti; *čulo se
samo tiho ~ aviona* 단지 비행기의 조용한

소리만이 들렸다
romoriti *-im* (不完) (=romoniti) (의성어) (시냇
물 등이) 졸졸 소리내며 흐르다, (사람·새 들
이) 재잘거리다, 소곤거리다, (나뭇잎 등이)
살랑거리다; *deca romore* 아이들이 재갈거
린다; *nit' romori nit' govori* 그는 단 한 마
디도 말하지 않는다
ronac *-nca* 1. 참조 ronilnac; 잠수부, 다이버
2. (鳥類) 흰죽지, 비오리 (오리의 한 종류) 3.
(昆蟲) 땅강아지 (rovac)
rondati *-am* (不完) (의성어) 1. 간헐적으로 쉬
~석 하는 소리를 내다, 소음을 내다, (으르
렁·우르렁 같은) 소리를 내다; *rondaju
vagoneti* 카트들이 덜컹거리른 소리를 낸다;
komšije rondaju nad glavom 이웃이 윗층에
서 시끄럽게 한다 2. (끊임없이) 투털거리다,
중얼거리다 (gunđati, mrmljati); *majka mi je
rondala da učim* 어머니는 내가 공부하는
것에 대해 끊임없이 투덜거린다
rondela (동그란 형태의) 꽃밭, 화단 (정원·공
원 등의)
rondo *-a; -i, -a* 1. (音樂) 론도, 회선곡(주제가
같은 상태로 여러 번 되풀이되는 형식의 음
악) 2. 원, 동그라미 (krug, kružnica)
rondo *-oa; rondovi, rondoa* (男) 참조
rondela; (동그란) 화단
ronilac *-oca* 잠수부, 다이버 (gnjurac, ronac);
laki ~ 스킨다이버((간단한 보조 장비를 갖추
고 잠수하는 잠수부); *~ na biserne školjke*
진주조개 채취 잠수부 ronilački (形); *~o
odelo* 잠수복
roniti *-im* (不完) 1. 잠수하다, 물속에서 헤엄
치다 2. 수면위로 떠오르다 (izranjati) 3. 스
며들다, 침투(침입)하다, 파고 들다; *~ pod
busen* 흙속으로 스며들다 4. (파도 등이) 침
식시키다 (podlokavati); *more ... roni obale*
바다가 해안을 침식한다; 5. 흘리다, 방울 방
울 떨어지다 (보통 눈물이) (liti, prolivati); *u
noći je zbilja suze ronila* 밤에 많은 눈물을
흘렸다 6. 흐르다, 새다, 내리다 (눈물·비 등
이) (teći, curiti, padati) 7. ~ se 무너지다,
쓰러지다, 넘어지다 (rušiti se, survavati se);
roni se kamenje 암석이 무너진다(떨어진다)
8. ~ se 흐르다, 흘러 나오다, 새다 (teći,
curiti, liti); *suze se rone* 눈물이 흐른다 9.
기타; *tiha voda breg roni* 낙숫물이 바위를
뚫는다 (의지를 가지고 하면 못할 일이 없다)
ropac 참조 hropac; (임종·중병 때의) 힘겹게
숨쉬는 소리, 가래 끓는 소리
ropčad (女) (集合) 어린이 노예
ropče *-eta* 젊은 노예

ropkinja 참조 robinja; 여자 노예

ropotarija 오래된 잡다한 물건, 쓰지않는 오래된 물건들, 고물 같은 물건들

ropskī -ā, -ō (形) 1. 참조 rob; 노예의, 노예 같은; ~ lanci 노예(들에게 채운) 쇠사슬; ~a pokornost 노예적 복종; ~a duša 노예 정신 2. (비유적) 문자 그대로의 (번역에 있어); ~o i loše prevođenje 문자 그대로 번역한 형편없는 번역

ropski (副) 1. 노예같이, 순종적으로 2. (비유적) 맹목적으로; 비판없이

ropstvo 노예 (상태), 예속 상태

roptati -ćem (不完) 약간 큰 소리로 불만(분노·항의)을 표시하다, 불평하다, 투덜거리다 (gunđati, negodovati); ~ na sudbinu 운명을 불평하다

rosa 1. 이슬; jutarnja ~ 아침 이슬 2. (이슬 같은) 물방울, (눈물·땀 등의) 방울 3. 보슬비, 이슬비 4. 기타; mlad kao ~ u podne 늙은, 오래된; medna ~ (잎·줄기에서 나오는) 단물; (진디 등이 분비하는) 꿀; crvena ~ 피

rosan -sna, -sno (形) 1. 이슬에 젖은, 이슬이 많이 맺힌; 축축한; ~sna trava 이슬이 맺힌 풀 2. 이슬 모양의, 자잘한 물방울 모양의; ~sne suze 방울방울 맺힌 눈물 3. (비유적) 아름다운, 아주 멋진, 감탄을 자아내는; 젊은, 강건한 (lep, divan, zanosan; mlad, jedar); ~sno Primorje 아주 멋진 연안; ~sna devojka 아름다운 처녀 4. ~sna tačka 이슬점, 노점(露點)

rositi -im (不完) 1. 이슬이 맺히다; 결로 현상이 나타나다; magla rosi po mokroj zemlji 안개가 축축한 땅에 이슬처럼 맺힌다 2. 보슬비(이슬비)가 내리다, 비가 보슬보슬 내리다; kiša rosi 비가 보슬보슬 내린다 3. 적시다, 축축하게 하다 (vlažiti, kvasiti); ~ papir 종이를 적시다 4. ~ se 축축해지다, 젖다; ~ se od straha 두려움에 (땀에) 젖었다; oči se rose 눈이 축축해진다

rosnat -a, -o (形) 이슬이 맺힌, 이슬에 젖은 (rosan); ~a trava 이슬에 젖은 풀

rosopas(t) (女) (植) 애기똥풀 (양귀비과 식물, 두해살이풀로서 까치다리라고도 함)

rospija 사악한 여자; (성관계가) 난잡한 여자, 잡년 (bludnica)

rostbif 소고기 구이, 로스트 비프

rostfraj (形) (不變) 녹슬지 않는 (은제품의)

rosukati -am & -čem (不完) 이슬이 조금 내리다, 조금 이슬이 맺히다

rosulja 1. 이슬비, 보슬비, 가랑비; 습기; kiša ~ 이슬비 2. 이슬, 습기 (rosa, vlaga);

vetar pun ~ 습한 바람, 습기를 많이 품은 바람 3. (植) (식충식물의) 끈끈이주걱

rošada 참조 rokada; (체스의) 캐슬링

roščić 1. (지소체) rog; 뿔, 작은 뿔 2. 빵의 한 종류 (반달 모양으로 된) (kiflica) 3. (植) 참조 rogač; 캐럽, 구주콩나무

roširati -am (完,不完) 참조 rokirati; (체스) 캐슬링하다, 킹을 룩으로 지키다

roštilj 1. (고기를 숯불에서 구울 때 사용되는) 석쇠; pržiti meso na ~u 고기를 석쇠에서 굽다; meso sa ~a 숯불 석쇠로 구운 고기; biftek na ~u 그릴 스테이크; pile na ~u 바비큐 치킨 2. 고기 (숯불에서 석쇠위에 놓고 구운), 그릴된 고기; jesti ~ 그릴된 고기를 먹다 3. (재가 밑으로 떨어지도록 하기 위해 난로·벽난로 등에서 사용되는) 철망

roštiljijada 석쇠를 사용하여 숯불로 고기를 굽는 음식 경연대회, 그릴 음식 축제

rotacija 1. 회전 (축을 중심으로 한) (obrtanje); ~ Zemlje 지구의 자전 2. (업무·직무 등의) 순환(근무), 로테이션; ~ rukovodećih kadrova 주요 보직의 순환 근무

rotacionī -ā, -ō (形) 회전의, 선회하는, 돌아가는; ~a mašina (인쇄) 윤전기, 인쇄기; ~ papir 신문 인쇄 용지; ~o svetlo (경찰 차량 등의) 경광등

rotirati -am (完,不完) 1. (축을 중심으로) 돌리다, 회전시키다; 돌다, 회전하다; ~ pravu 일직선을 회전시키다 2. (비유적) 교대하다, 교대로 돌아가다, 돌아가면서 하다, 순환 근무하다; igrači ne ritiraju, već imaju svoja stalna mesta 선수들은 자신들의 위치를 서로 교대하지 않으며 자신들의 붙박이 위치가 있다

rotkinja 가임여성, 다산(多産)한 여자

rotkva 1. (植) 무 2. 기타; ~e strugane 그림의 떡(네가 원하는 것은 없다); ~e! ~e ti strugane 네가 바라는 것은 없다, 너한테는 그림의 떡이다

rotkvica 1. (지소체) rotkva 2. (植) 래디쉬, 빨간 무 (작고 둥글둥글한)

rotonda 1. 원형 건물, 원형 홀 (종종 지붕이 둥근) 2. (소매가 없는) 가볍게 두를 수 있는 여성용 망토

roto-papir 신문 인쇄용 용지

rotor (機) (기계·발동기 등의) 회전자, 회전 날개

rov rova; rovovi 1. 길고 깊게 땅을 판 것; (크고 깊은) 구덩이, 갱(坑), 도랑, 해자(垓子); iskopati ~ 해자를 파다 2. (軍) 참호 (šanac)

3. 계곡 (dolina) 4. 지하 통로, 터널 (podrov, tunel) **rovni**, **rovovski** (形); *rovovski rat* 참호전

rovac *-vca* (昆蟲) 땅강아지

rovanje (동사파생 명사) rovati; (땅을) 파는 것

rovar 음모자, 음모를 꾸미는 사람 (spletkar)

rovarenje (동사파생 명사) rovariti; 음모를 꾸밈

rovariti *-im* (不完) 1. 음모를 꾸미다, 모의하다; ~ *protiv nekoga* 누구에 대해 음모를 꾸미다 (spletkariti, intrigirati); ~ *po tuđim zemljama* 다른 나라등에서 음모를 꾸미다 2. 혼동스럽게 하다, 혼란스럽게 하다, 당황스럽게 하다 (uznemiravati); *misli rovare po glavi* 생각들이 머리를 혼란스럽게 한다

rovaš 1. (값어치 등을 표시하는) 기록, 표시; (가치 등을 표시해 둔) 기록판, 나무판 (ravoš); *zerezati (urezati) koga na (svoj)* ~ 복수할 뜻을 가지다, 누구에게 악을 행하다; *imati koga na svom ~u* 누구를 손아귀에 틀어쥐고 있다; *biti na nečijem ~u, doći na nečiji* ~ 누구의 손아귀에 떨어지다 2. 낙인, 표시 (보통 동물의 몸에 누구의 소유인지를 나타내는) 3. 빚, 채무 (dug, zaduženje)

rovašen *-a, -o* (形) 1. 참조 rovašiti 2. (신체적 결함, 특별한 표시등이 있어) 눈에 쏙 들어오는, 눈에 잘 띄는 (upadljiv, uočljiv) 3. 평판이 안 좋은, 안좋은 것으로 소문난, 낙인찍힌 (izvikan, ozloglašen)

rovašiti *-im* (完,不完) 1. 낙인(rovaš)을 찍다, 낙인으로 표시하다 2. (나무판·표시판 등에) 표시하다, 표시해 두다, 기록하다 3. (돌·나무 등에 그림·글자 등을) 새겨넣다, 조각하다 (klesati)

rovati *rujem* (드물게 *rovem* & *rovam*) (不完) 1. (땅을) 파다 (riti, kopati) 2. 음모를 꾸미다, 모의하다 (rovariti, buškati)

rovčica (動) 뾰족뒤쥐 (rovka); *šumske* ~ 숲에 사는 뒤쥐

rovit *-a, -o* (形) 1. (계란의) 부드럽게 삶은; ~*o jaje* 살짝 삶은 계란 2. (병치레를 한 결과) 허약한, 저항력이 약한, 면역력이 약한; *pazi da se ne zaraziš sa tako ~im plućima* 그렇게 면역력이 약한 폐를 가지고 병에 걸리지 않게 조심해라 3. 깨어지기 쉬운, 부서지기 쉬운

rovka (動) 뾰족뒤쥐; *vodena* ~ 물가에 사는 뒤쥐

rovnī *-ā, -ō* (形) 참조 rov; 해자의, 참호의

roza (形) (不變) 핑크색의, 분홍색의, 장미색의

(ružičast); ~ *haljina (šešir)* 핑크색의 드레스(모자); *on sve vidi* ~ *(u ~ bojama)* 그는 모든 것을 핑크색으로 본다(낙관적으로 본다)

rozati *-am* (不完) 1. 주름을 잡다, 주름 잡히게 하다 (borati, gužvati) 2. ~ *se* 모이다 (skupljati se, nabirati se); *samo su im se rozale kaplje ispod trepavica* 속눈썹 밑으로 눈물 방울이 맺혔다

rozbratna (料理) 스테이크용 갈빗살; 등심 스테이크

rozeta 1. 장미 모양의 장신구(장식품) 2. 뱃지 (značka) 3. (建築) 동그란 창문, 원형 창문

rozga (포도 등의) 지지대, 받침목

rožac *rošca* 1. 일사병 (sunčanica) 2. (등에 해골 모양의 무늬가 있는) 탈박각시

rožan *-žna, -žno* 1. 뿔로 만들어진 2. 단단해진, 마른, 건조된

rožast *-a, -o* (形) 뿔 모양의, 뿔 같은; 뿔로 만들어진

rožđanik (迷信) 운명에 관한 서적, 운명서(書) (한국의 토정비결책과 같은)

rožina 1. (지대체) rog; 뿔, 큰 뿔 2. 골화(骨化) 된 조직 (손톱·발톱·발굽 등과 같은)

rožiti *-im* (不完) 1. (풍적·백파이프) 소리를 내다; (벌·바람 등이) 윙윙거리다; *i gajde rože* 백파이프도 소리를 낸다 2. 불평하다, 투덜거리다, 중얼거리다; *maćeha roži na mene* 계모가 나에 대해 불평한다

rožnica 참조 rožnjača

rožnjača (解) (눈의) 각막

rskati *-am* (不完) (口語) (참조) hrskati

rskav *-a, -o* (形) (口語) (참조) hrskav

rskavica (口語) (참조) hrskavica

rskavičav (참조) hrskavičav

rskavičnī *-ā, -ō* (形) 참조 hrskavični

rt *rtovi* 1. (地理) 곶, 갑(岬); *Rt dobre nade* 희망봉 (남아프리카 공화국의) 2. (어떤 물건의) 끝, 꼭대기 (vrh, šiljak)

Ruanda 르완다

rub *rubovi* 1. 가장자리, 모서리, 끝 (ivica, kraj); ~ *ulice* 거리의 끝; *na ~u provalije* 재앙 직전에 2. (옷 등의) 단; ~ *suknje* 치맛단 **rubni** (形)

rubac *-pca* 참조 marama, maramica; 1. (목·머리에 두르는) 스카프, 두건, 수건 2. 손수건

rubalj *-blja* 참조 rublja; (러시아 화폐 단위의) 루블

rubenina 참조 rublje

rubeola (醫) 풍진(風疹; 홍역과 비슷함)

Rubikon 루비콘강; *preći* ~ 루비콘강을 건너다

R

rubin 루비, 홍옥(보석의 한 종류)

rubiti *-im*; *rubljen* (不完) **porubiti** (完) 1. 베다, 자르다 (seći, odsecati); *krvnik glavu rubi* 사형 집행인이 머리를 벤다 2. 새기다, 새겨 놓다, 새김 표시를 해놓다 (zarezivati, reckati); *nožem ~ grančicu* 칼로 가지에 새 김 표시를 하다 3. 단(rub)을 만들다, 가장자 리를 감치다 (porubljivati, oivičavati); *~ suknju* 치마에 단을 감치다

rublja *rublja* (러시아의 화폐단위인) 루블

rublje (集合) 가정에서 혹은 개인적으로 사용 하는 리넨 제품의 집합적 총칭 (침대보·식탁 보·베갯잇·속옷 등의), 속옷; *posteljno ~* 침 대보; *prati ~* 세탁물을 세탁하다; *prljavo ~* 밖으로 알려져서는 안되는 사적인(집안의) 좋 지 못한 일들 (불화·다툼 등의)

rubnī *-ā, -ō* (形) 가장자리의, 변두리의, 단의 (ivični)

rubricirati *-am* (完,不完) 칼럼(rubrika)을 배치 하다(정렬하다), 란을 정렬하다

rubrika 1. (신문·잡지 등의) 란, 세로단, 칼럼; *kulturna ~* 문예란; *sportska ~* 스포츠란 2. (서적의 장·절의) 제명, 제목, 항목(옛날에는 붉은색으로 쓰거나 인쇄했음) 3. (가톨릭) 전 례(典禮) 법규 (본래는 전례서에 붉은 문자 로 기재되어 있던 전례 집행 규정)

ručak *ručka*; *ručkovi* 점심; *prirediti svečani ~* 오찬을 개최하다

ručanica 점심 시간; *od ranog jutra do ~e radimo* 이른 아침부터 점심 시간 때까지 일 한다; *mala ~* 아침 식사; *velika ~* 점심 식 사(가장 풍성하게 먹는)

ručaonica 식당 (trpezarija)

ručati *-am* (完,不完) 점심을 먹다, 점심 식사 를 하다

ruče (女,複) 1. (쟁기에 달린) 손잡이 (ručice, drške) 2. 평행봉 (razboj); *dvovisinske ~* 이단 평행봉

ručetina (지대체) ruka

ručica 1. (지소체) ruka 2. 손잡이; *~ pluga* 쟁 기의 손잡이; *~ noža* 칼 손잡이; *~ lonca* 냄 비 손잡이 3. 팔걸이

ručka 손잡이 (ručica); *tonska ~* (레코드 플레 이어의) 음관(音管), 톤 암

ručje 손목 (doručje)

ručnī *-ā, -ō* (形) 참조 ruka; *~ zglob* 손목, 팔 목; *~ sat* 손목 시계; *~ prtljag* (항공기 기내 까지 가지고 탈 수 있는) 휴대 가능 수하물; *~a bomba* 수류탄; *~ posao* 수공업; *~ rad* 수작업, 수공예품; *~a knjiga* 편람, 안내서; *~ dever* 신부의 손을 잡고 결혼식장에 입장

하는 사람

ručnik 1. 수건 (peškir, ubrus) 2. 냅킨 (salvet)

ručurda (지대체) ruka

rud *-a, -o* (形) 1. 적갈색의, 검붉은색의 (crvenkast, rið); *~o jesenje lišće* 적갈색의 가을 잎사귀 2. (머리칼이) 곱슬곱슬한, 동그 랗게 말린 (kovrčav, kurdav); *~a i vrana kosa* 곱슬곱슬하고 검은 머리

ruda (鑛物) 광석; *gvozdena (bakarna) ~* 철광 석(구리 광석), *olovna ~* 납광석; *nalazište ~e* 광석 매장지 **rudni** (形); *~o blago* 광물 자원

ruda 1. (마차 수레의) 끌채 (큰 수레 양쪽 앞 에 내민 두 개의 나무. 그 끝에 멍에를 걸어 맴) 2. 기타; *istrčavati se (bežati) pred ~u* (조롱조의) 부적절하게 필요 이상으로 간섭 하다(참견하다); *leći na ~u* 체념하다, 운명에 맡기다; *udarila ~ u breg* 커다란 어려움(곤 란)에 처하다; *trčati kao ždrebe pred ~u* 너 무 조급해 하다 **rudni** (形)

rudača 1. 광물, 무기물, 미네랄 (ruda, mineral); *olovna ~* 납 광물 2. (植) 풀의 한 종류

rudar 광부; 광산 전문가, 광산 엔지니어; *beli ~* 소금광산 광부

rudarskī *-ā, -ō* (形) 광부의, 광업의; *~ fakultet* 광업 대학; *~o preduzeće* 광산 회 사; *~o okno* 광산 갱도

rudarstvo 광업

rudeti *rudi* (不完) 적갈색(rud)이 되다, 검붉은 색이 되다, 붉은색이 되다 (rumeneti); *zora rudi* 동이 트기 시작하다, 여명이 밝아오기 시작하다

rudiment 1. 기초, 기본(원리) 2. (生) 퇴화 기 관 (자신의 기능을 상실한)

rudimentaran *-rna, -rno* (形) 1. 근본의, 기본 의, 초보의, 초기의, 기초의, 갓 시작한 (početni, osnovni); *~rno stanje* 초기 상태 2. 미발달의, 미숙한, 퇴화한 (nerazvijen, zakržljao); *~rni organi* 퇴화 기관

rudina 풀밭 (경작되지 않고 풀로 수북이 덮 인), 목초지 (utrina, tratina); *popasli su konji travu na ~i* 말들이 목초지에서 풀을 뜯었다

rudište 광물 매장지; 폐광산

rudnī *-ā, -ō* (形) 광물(ruda)의; *~o blago* 광물 자원; *~ basen* 광산 지역; *~o nalazište* 광물 매장지

rudnī *-ā, -ō* (形) (마차의) 끌채(ruda)의

rudnik 광산 (majdan); *~ uglja* 석탄 광산; *~*

zlata 금광; ~ *olova (cinka)* 납(아연) 광산; *raditi u* ~*u* 광산에서 일하다 **rudnički** (形); ~ *pribor* 광산 장비

rudnjača (植) 주름버섯의 일종

rudokop 1. 광산 (rudnik); *površinski* ~ 노천 광산 2. (廢語) 광부 (rudar)

rudokopnja 광산 채굴, 채광

rug (男), **ruga** (女) 비웃음, 조롱, 조소 (podsmeh, poruga)

rugač (男), **rugalo** (中,男) 조롱하는 사람, 비웃는 사람 **rugačica, rugalica**

rugalac -*aoca* (=rugalo, rugač) 비웃는 사람, 조롱하는 사람; ~ *ne opazi prvih njenih suza* 비웃는 사람은 그녀의 첫 눈물에 주목하지 않는다

rugalica 1. (풍자적인) 구전문학작품 (시(詩)·일화 등의) 2. (여자) 비웃는 사람, 조롱하는 사람

ruganje (동사파생 명사) rugati se; 조롱, 조소, 비웃음, 놀림

rugati se -*am se* (不完) 비웃다, 조롱하다, 조소하다, 놀리다 (podsmevati se, podrugivati se); ~ *nekome* 누구를 비웃다

ruglo 1. 조롱·조소·비웃음의 대상(사람 또는 물건의); *postao je* ~ *svima* 모든 사람의 조롱의 대상이 되었다; *izvrgnuti (izvrgavati, izložiti, izlagati)* ~*u, izneti (iznositi) na* ~, *praviti od nečega* ~ 공개적으로 누구를(무엇을) 과소평가하다(비웃다, 조롱하다) 2. 창피, 수치, 치욕, 불명예 (sramota, bruka)

rugoba 1. 추함, 볼품없음 2. 추한 사람, 볼품없는 사람, 못생긴 사람; *je li moguće da je ona ovu* ~*u ... volela?* 그녀가 이 못생긴 사람을 사랑했다는 것이 가능한가?; *udati se za* ~*u* 못생긴 사람과 결혼하다(여자가)

ruho 1. 옷, 의복, 드레스 (odeća, odelo, haljine); *stajaće* ~ 예복, 예식복; *o svom kruhu i* ~*u (živeti)* 자기 자신의 돈(재산)으로 살다 2. 신부가 시집갈 때 시집에 가져가는 신부 준비물 (침대보·수건·식탁보·의복 등의)

ruina 1. (파괴된 건물의) 잔해, 폐허 (ruševina); ~ *Troja* 트로이의 잔해 2. (비유적) 건강이 망가진 사람, 늙고 병든 사람; ~ *od čoveka* 폐인(廢人) 3. (경제적·재정상의) 파산, 파탄, 파멸

ruinirati -*am*, **ruinisati** -*šem* (完,不完) 1. (도시·건물 등을) 파괴하다, 붕괴시키다, 황폐화시키다 (razoriti, rušiti); ~ *celu prostoriju* 건물 전체를 파괴시키다 2. (경제적으로) 파산시키다, 파멸시키다 3. (건강으로) 망가뜨

리다; *njega je ruinirao alkohol* 술이 그의 건강을 망가뜨렸다 4. (삶의 방식을) 망가뜨리다

ruj (植) 1. 안개나무 2. 붉은색, 장미빛의 붉그스레한 색 (rumenilo); *jesenji* ~ 가을의 붉음, 불타는 가을; ~ *po brdima* 산의 붉음, 불타는 산

rujan -*jna* 참조 septembar; 9월 **rujanski** (形); ~ *ispitni rok* 9월 시험기간

rujan -*jna*, -*jno* (形); 참조 ruj; 노르스름하면서 붉은색이 나는, 검붉은; ~*jna zora* 붉은색을 띤 여명

rujavka (鳥類) 검은머리흰죽지 (오리의 일종)

rujevi (男,複) (植) 옻나무과 나무

ruka *ruci: ruke, ruku, rukama, ruke* (신체의) 손, 팔; *biti na* ~*ci* 돕다, 도와주다; *biti vezanih ruku* (손이 묶여 있어) 자신의 뜻대로 할 수 없다; *biti sreće* ~*e* 모든 일에 있어 성공하다; *gvozdena (železna)* ~ 매우 엄격한; *golih ruku* 빈 손의(아무 것도 가진 것이 없는); *dati komad hleba u ruke* 자신의 손발로 벌어 먹고 살게 하다; *dati u ruke* 누구에게 (경영을) 위임하다; *desna* ~ (*biti*) (누구의) 오른팔이다; *dići* ~*e od koga(čega)* 포기하다; *dići* ~*u na koga* 물리적으로 공격하다, 살해하다, 죽이려 시도하다; *dići* ~*u na sebe* 자살을 시도하다, 자살하다; *držati dizgine u svojim* ~*ama* 고삐를 움켜쥐다, 자신의 손으로 경영하다; *držati konce u svojim* ~*ama, uzeti konce u svoje ruke* 권력(영향력·경영권)을 자신의 손에 움켜쥐다; *duge* ~*e (imati)* 도벽이 있다; *živeti na kratku* ~*u* 열정적(격동적)으로 살다; *(za)tresti čiju* ~*u* 악수하다; *zlatne* ~*e (imati)* 매우 능수능란하다, 하면 하는대로 되는 재주가 있다, 미다스의 손을 가지다; *iz prve* ~*e (kupiti, saznati)* 중개인(중개자)없이 직접 (원생산자로부터) 사다(알아내다); *iz druge, treće* ~*e: iz* ~*e u* ~*u* 손에서 손을 거쳐; *izvan ruke (biti, nalaziti se)* 손이 미치지 않는 곳에 (있다); *izmaći se iz* ~*u* 손에서 벗어나다, 얻지를 못하다, 잃다; *ima tu* ~ *rabota* 무언가 비밀스럽고도 정당하지 못한 일에 관한 것이다; *imati pune* ~*e posla* 매우 일이 많아 바쁘다; *ispod* ~*e* 비밀리에, 비밀스럽게; *(is)pustiti iz* ~*e (*~*u)* 잃다, 상실하다, 놓치다; *ići na* ~*u* 돕다, 도와주다; *ići od* ~*e* 별어려움없이 성공적으로 (일을) 해내다; *(k) sebi* ~*e* 그것에 손대지마, 그것은 네 것이 아냐; *kaljati* ~*e* 옳지 못한 일을 하다, 추잡스럽게 간섭하다; *(kao, dok bi,*

R

što bi) ~om o ~u 매우 빨리, 순간적으로; *kao ~om odneseno* (병·질환이) 빨리 지나갔다; *metnuti (nasloniti) ~u na koga (što)* 누구(무엇)를 정복할 의지(바람·희망)이 있다; *na brzu ~u* 빨리, 재빨리, 빠르게; *na dohvat(u) ~e* 손으로 잡을 정도로 가까이, 엎어지면 코 닿을 정도의; *na laku ~u* 경솔하게, 신중치 못하게; *na levu ~u (o braku)* 결혼식을 하지 않고 결혼생활을 하는, 사실혼; *na ~u, na ~e (dobiti, primiti)* (뗄 것을 모두 떼고) 나머지 순수입을 얻다; *na svoju ~u* 1)괴짜, 별난 사람 2)허락없이, 동의없이; *naći se na (pri) ~ci* 돕다, 도와주다; *nositi na ~ama koga* 누구를 위해 벌써 많은 일을 하다; *obema ~ama (davati)* 많이(풍성하게) 주다; *obesiti ~e* 아무런 일도 하지 않다, 수동적이며 피동적으로 살다; *obrisati ~e* (조롱조의) 아무것도 더 이상 기대하지 않다, 아무것도 얻지 못하다; *od ~e (uraditi nešto)* 우정 때문에 (무엇을 하다); *od ~e do ~e* 손에서 손으로; *odrešiti kome ~e* 누구의 손을 풀어주다, 자유를 주다, 해방시켜 주다; *od svake ~e* 모든 종류의; *(o)krvaviti ~e* 손에 피를 묻히다, 죽이다, 살해하다; *oružanom ~om* 무장한; *pasti (dopasti) u ~e* 우연히 가지게 되다; *pod ~om (nečijom) biti* 1)누구의 소유가 되다, 누구에게 복속되다 2)손에 있다; *pod ~u doći* 누구의 지배하에 놓이다; *poći (polaziti) za ~om* 성공하다; *praznih ~u* 빈손으로, 아무것도 얻은 것이 없는, 성공하지 못한 (기대했던 것을); *prati ~e* 손을 씻다(자신의 책임을 털어내면서); *predati (dati) na (u) ~e* 개인적으로 직접 주다; *preći u druge ~e* 다른 사람의 손에 넘어가다 (소유권이 바뀌매); *pri ~ci (imati, biti)* 소유하고 있다, 가지고 있다; *prići ~ci* 다가가서 손에 입을 맞추다; *prljavih ~u (biti), prljave ~e (imati)* 도벽이 있다; *pružiti ~u (kome)* (도움의, 화해의) 손길을 내밀다; *raširenih (raskriljenih) ~u (primiti, dočekati)* 두팔을 벌려 (기꺼이, 환영의 마음으로) 환영하다; *ruka ruku mije* 서로가 서로를 돕다; *rukama i nogama* 온 힘을 다해, 있는 힘껏; *~u na ~u (utvrditi, ugovoriti nešto)* 확실하게 (결정하다, 약속하다); *~u na srce* 진솔하게, 진중하게; *svrbe (me) ~e* 1)내가 원하는 것을 얻을 수 있을 것이다(보통은 돈) 2)무언가 하기를 원한다; *skrštenih ~u* 팔짱을 끼고, 무관심하게; *slobodnom ~om* 아무런 도구(무기)도 없이 맨 손으로; *srednje ~e* 평균적인; *staviti (metnuti) ~u*

na nešto 자기 것으로 취하다(가지다); *stegnuti (stisnuti) kome ruku* 누구와 다정하게 악수하다; *teške je ~e* 일이 잘 되어가지 않는다, 일이 쉽게 되어가지 않다; *trljati ~e* 좋은 결과로 만족하다; *u jednu ~u ... u drugu ~u* 한편으로는 ... 또 다른 편으로는...; *u najbolju ~u* 가장 좋은 경우에, 최상의 경우에; *u najmanju ~u* 가장 나쁜 경우에, 최악의 경우에; *u neku ~u* 그 어떤 방법으로; *uz čiju ~u* 누구의 도움으로; *uzeti u svoje ~e* 자신이 책임지다(감당하다); *čiste ~e (imati), čistih ~u (biti)* 양심에 거리낄 것이 없는; *čovek dobre ~e* 자신의 재능(행동)으로 행운과 성공을 성취한 사람; *čovek zle ~e* 불행과 실패를 가져오는 사람, 재수없는 사람; *široke (biti)* 아낌없이 (후하게) 주다; *štap (palicu) u ~e (uzeti)* 길을 떠나다, 여정을 떠나다 **ručni** (形); ~ *sat* 손목시계; ~ *rad* 수작업, 수공예품; ~ *prtljag* (항공기 기내까지 가지고 탈 수 있는) 휴대 가능 수하물; *~a kočnica* 핸드 브레이크; ~ *zglob* 손목; ~ *bacač* 바주카포(어깨에 메고 다니는 로켓포)

rukat *-a, -o* (形) 1. 손의, 팔의 2. 긴 팔의; *Marko je ~ čovek* 마르코는 팔이 긴 사람이다 3. 재주가 좋은, 능력있는, 능수능란한 (vešt); *vredna je, ~* 그녀는 부지런하고 능력있다

rukati *–čem* (不完) 크게 으르렁거리다, 포효하다 (사자·곰 등이)

rukav 1. 소매; *kratki ~i* 짧은 소매; *dugi ~i* 긴 소매; *široki ~i* 넓은 소매; *biti kratkih ~a* 1)성공하지 못하다 2)어떠한 목표를 이루기에는 힘(능력)이 부치다; *zasukati (zavrnuti) ~e* 소매를 걷어붙이고 일하다; *kao iz ~a (govoriti)* 막힘없이, 유려하게 (이야기하다); *mrtvi ~* 1)강물이 흐르지 않고 고여있는 강의 지류 2)무관심, 따분함; *širokih ~a (biti)* 인심이 후한, 아낌없이 주는, 손이 큰 2. (강의) 지류 (본류에서 갈라져 나온) (rukavac); *Nil se cepa u više ~a* 나일강은 여러 지류로 나뉜다 3. (地理) 지협(地峽) (prevlaka, zemljouz) 4. (큰 줄기에서 갈라져 나온) 분지(分枝), 가지, 지사 (ogranak, krak)

rukavac *-vca* 1. (강의 본줄기에서 갈라져 나가는) 지류(支流); ~ *dunava* 다뉴브강의 지류 2. 지협(地峽) 3. (지소체) rukav

rukavica 1. 장갑; *vunena ~* 털장갑; *jednoprsna ~* 손가락 하나만 들어가는 장갑 2. 기타; *baciti kome ~u* 누구에게 결투를

신청하다, 도전하다; *gvozdena* ~ 잔인한 투사, 폭력배; *odbaciti (bačenu) ~u* 결투 신청에 응하지 않다; *prihvatiti (primiti) (bačenu) ~u* 결투신청에 응하다; *u ~ama* 공손하게

rukavičar 장갑을 만드는 사람, 장갑을 파는 사람

rukobran 검(劍)의 손잡이에 있는 반달 모양의 손 보호대

rukodelac *-elca* 장인(匠人), 기술자 (zanatlija, obrtnik)

rukodelstvo 수작업, 수공예

rukodrž 1. (어떠한 물건의) 손으로 잡는 부분 (보통은 도구·연장의), 손잡이 (držak, drška, ručica, držalja) 2. 쟁기의 손잡이

rukoljub 손등에 하는 키스

rukomet (스포츠) 핸드볼, 송구(送球); *veliki ~* (축구장 크기의 공간에서 하는) 핸드볼; *mali ~* 실내 핸드볼 **rukometni** (形)

rukometaš 핸드볼 선수 **rukometašica**; **rukometaški** (形)

rukopipljiv *-a, -o* (손으로) 만질 수 있는 (opipljiv); (비유적) 분명한, 명확한 (očigledan, jasan)

rukopis 1. 육필(肉筆), 필적(筆跡), 필체; *čitak ~* 읽을 수 있는 필체; *imao je lep ~* 그는 좋은 필체를 가지고 있었다 2. 원고

rukopisnī *-ā, -ō* (形) 참조 rukopis

rukopoložiti *-im* (完) **rukopolagati** *-žem* (不完) (宗) 사제로 보(補)하다, 성직자로 임명하다 (zarediti); *~ za đakona* 부제로 임명하다

rukosad 묘목장, 종묘장 (과수원·포도밭 등의)

rukotvorac *-rca* 장인(匠人), 손을 사용하여 일하거나 무언가를 만드는 사람

rukotvorina 수제품, 수공예품

rukovalac *-aoca* 경영자, 운영자, 운영 책임자; (기계 등의) 조작자, 운전자; *~ građevinskih mašina* 건설 기계 책임 운영자

rukovanje (동사파생 명사) rukovati; 운영, 조작; 악수; *jednostavan za ~* 간단한 조작 방법; *~ preduzećem* 회사 운영; *čvrsto ~* 힘찬 악수

rukovati *-kujem* (不完) 1. *~ čime* (회사 등을) 운영하다, 경영하다; (기계·장치 등을) 운전하다, 조작하다, 조종하다, 다루다, 움직이다; *~ preduzećem* 회사를 경영하다; *~ puškom (autom, decom)* 총기(자동차, 아이)를 다루다; *~ prikupljanjem priloga* 기부금 모집을 운영하다 2. *~ se* 악수하다

rukovet (女) (I. *rukoveti & rukoveću*, L. *rukoveti*; G.pl. *rukovetī*)1. 한움큼 (수확 때 농부들이 한 손으로 밀 한움큼을 잡고 낫으로 베는); 적은 양, 소량; *ona ima ~ žita da požanje* 그녀는 수확할 수 있는 곡식이 한 옹큼 있다 2. 다발, 뭉치, 묶음 (한 손으로 움켜쥘 수 있는 정도의); *ubrao je ~ cveća* 한 뭉치의 꽃을 꺾었다 3. (비유적) 모음, 모음집 (보통은 노래의) (zbirka)

rukovodećī *-ā, -ē* (形) 선도적인, 주요한, 지도적인, 통솔하는; *~e radno mesto* 경영직; *u ~im krugovima* 지도적 그룹에서

rukovodilac *-ioca* 운영자, 경영자, 책임 운영자, 책임자; *državni ~* 국가 지도자; *~ službe javne bezbednosti* 치안국장; *~ laboratorije* 실험실 실장; *~ finansijskih sektora* 재무부서 책임자; *~ odeljenja* 부서장, 과장; *~ takmičenja* 경기위원장; *~ proizvodnje* 생산담당 책임자

rukovoditi *-im*; *rukovođen* (不完) 1. (nekoga, nečim) 관리하다, 운영하다, 경영하다, 이끌다; *~ državom (preduzećem)* 국가(회사)를 경영하다; *viši oficiri bili su nesposobni da rukovode velikom armijom* 고위 장교들은 대군(大軍)을 운영하기에는 역부족이었다 2. (nekoga) 자극하다, 불러 일으키다, 부추기다 (podsticati); *njega rukovodi nada da ... ~할 희망이 그를 부추긴다*; *kakvi su vas razlozi rukovodili da se prijavite dobrovoljno ...?* 어떠한 이유로 당신은 자발적으로 ... 신청했습니까?

rukovodstvo 1. 운영, 경영, 관리; 지도력, 통솔력; *pod njegovim ~om* 그의 통솔하에 2. (集合) 지도부, 대표부

ruksak 배낭 (ranac)

rukunica 1. 손잡이 (držak, drška); *lonac s ~om* 손잡이가 달린 냄비 2. (보통 複數로) (말 한마리가 끄는 마차의) (어느 한) 끌채 (ruda)

rulada 1. (音樂) 룰라드(장식음으로서 삽입된 신속한 연속음) 2. (料理) 룰라드(얇게 뜬 소고기 조각으로야채 등을 만 미트롤)

rulati *-am* (不完) (공항에서) 활주로를 따라 서서히 움직이다 (이륙전 일정한 속도에 도달하기 위해, 착륙후 속도를 줄이기 위해) (비행기가)

rulet (男), **ruleta** (女) (카지노의) 룰렛

rulnī *-ā, -ō* (形) (숙어로) *~a staza* 유도로(誘導路: 공항에서 활주로로 이어지는 항공기의 통로)

rulja 1. (조직화되지 않은, 훈련되지 않은) (사람들의) 군중, 무리, 떼, 집단 (gomila, svetina) 2. (동물의) 떼, 무리 (krdo, stado) 3. 더미, 무더기 (gomila, hrpa); *~ kamenja*

R

1105

sipa se sa zida 돌 무더기가 담에서 떨어진다

ruljati *-am* (不完) 소리치다, 고함치다, 울부짖다 (derati se, drečati, vikati)

rum 럼주(酒)

rumen (女) (드물게 男) 1. 붉은색, 검붉은색, 장미빛 (rumenilo) 2. (당황하거나 수치스러워) 얼굴이 붉어짐

rumen *-ena, -eno* (形) 붉은색의, 장미빛의; 얼굴이 붉어진 (crvenkast, ružičast); *lice mu je ~o kao jabuka* 그의 얼굴은 마치 사과처럼 붉었다; *~i obrazi* 붉은 뺨; *~o lice* 밝으스레한 얼굴

rumeneti *-im* (不完) **porumeneti** (完) 1. 붉어지다, 검붉은 색이 되다, 빨개지다, 핑크색이 되다; *nebo rumeni* 하늘이 붉어졌다; *jabuke su počele da rumene* 사과가 빨갛게 익기 시작했다 2. 붉게 하다, 빨갛게 칠하다 (rumeniti) 3. ~ *se* 붉어지다; *obrazi joj se rumene* 그녀의 볼은 붉어진다; *lice mu se rumenilo kao letnji plod* 그의 얼굴은 마치 여름철 과일처럼 붉어졌다

rumenika 1. ~ *vino* 적포도주 (crvenika) 2. ~ *jabuka* 빨간 사과 3. (植) 동자꽃의 일종, 전추라의 일종

rumenilo 1. 붉은색, 밝은 빨간색 (rumen); ~ *kože* 피부의 붉은색; ~ *neba* 하늘의 붉은색 2. (붉은 색이 돋게하는) 색조 화장품; 립스틱, 루즈 (crvenilo, ruž); ~ *za lice* 얼굴에 발라 홍조가 돋는 색조 화장품; ~ *za usne* 붉은색 립스틱

rumeniti *-im* (不完) 1. 붉게 하다, 빨갛게 칠하다; *rumeni lice ružem* 얼굴에 루즈를 바르다, 얼굴에 붉은 색조화장품을 바르다 2. ~ *se* 립스틱을 바르다

rumenka 1. (動) 개구리의 한 종류 (다리가 매우 긴) 2. (植) 붉은털의 젖소 3. (農) 빨간색의 배 4. (植) 풀의 한 종류 (lisičiji rep)

rumenkast *-a, -o* (形) 불그스름한, 빨간색이 도는 (crvenkast); ~ *e jagodice* 붉은색이 도는 딸기; ~ *odsjaj na vodi* 물에 반사된 붉은 빛

rumenolik *-a, -o* (形) 불그스레한 얼굴의

Rumunija 루마니아; **Rumun, Rumunj; Rumunka, Rumunjka; rumunski, rumunjski** (形)

runast *-a, -o* (形) 1. 털로 수북한; 양털로 덮인, ~ *rep* 털이 많이 난 꼬리 2. 양털 같은

runda 1. (권투) 라운드, 회 2. 단계, 기(期) (보통은 선거 활동에서) (faza, etapa, krug); *treća ~ pregovora* 3차 회담 3. (모인 사람들에게 한 잔씩 사서 전체에게) 한 차례[순배] 돌리는 술, (1차, 2차 할 때의) 차; *da okrenemo jednu ~u na moj račun?* 이번 잔은 내가 살까?

rundav *-a, -o* (形) 털투성이의, 곱슬곱슬한 털이 많이 있는 (kuštrav); *bela ~a pudlica iskoči na kaldrmu* 흰 털이 수북이 덮인 푸들 강아지가 도로로 뛰어 나간다

rundov *-ova* (動) 곱슬곱슬한 털이 수북한 개

rune (女,複) 룬 문자(나무나 돌에 새겨진 형태로 발견된 고대 북유럽 문자) **runski** (形); ~ *o pismo* 룬 문자

runiti *-im* (不完) 1. 옥수수 속대에서 옥수수 알을 떼어내다 (kruniti) 2. ~으로부터 떼어내다(분리하다); *ispod nje je tekao mutan potok i runio obalu* 그 밑으로 흐린 개울이 흐르면서 둑을 갉아먹었다; *vetar je runio i raznosio prvo, požutelo lišće* 바람은 먼저 노랗게 변색한 잎들이 떨어지게 했다 3. ~ *se* ~에서 떨어지다(분리되다); 가루로 되다, 표면이 부식되어 얇아지면서 없어지다

runka (植) 비쑥 (빗자루의 재료)

runo 1. 동물에 난 수북하고 긴 털 (보통은 양의), 양모, 양털; (한 번에 깎은) 한 마리분의 양털; *skinuti ~* 양털을 깎다; *prodati dva ~a vune* 두 마리분의 양털을 팔다; *zlatno ~* 황금 양모 2. (비유적) 일년치 수확·추수

runolist (植) 에델바이스(알프스 등 높은 산에서 자라는 국화과의 일종)

runja (보통 複數로) 1. (동물이나 사람의) 털 (dlaka) 2. (천 등의) 보풀

runjast, runjat *-a, -o* (形) 참조 runjav

runjav *-a, -o* (形) 1. 털로 덮인, 털투성이의 (dlakav, kosmat); ~ *e ruke* 털로 수북한 팔 2. (천 등의) 보풀이 인; ~ *džemper* 보풀이 일어난 스웨터

rupa 1. 구멍, 구덩이, 웅덩이; 깨진(갈라진, 찢어진)틈; (동물의) 굴; *iskopati ~u* 구멍을 파다 2. 누추하고 초라한 집, 누옥(陋屋) (ćumez); *tražili su bilo kakvu ~u* 누옥이라도 찾았다 3. 약점, 취약한 곳; ~ *u odbrani* 수비에서의 구멍(취약한 곳); ~ *u ekipi* 팀의 약점 4. 기타; *deveta (poslednja, zadnja) ~ na svirali* 전혀 중요하지 않은 (부차적인) 것; *ići mečki (zmiji) na ~u* 섶을 지고 불속에 뛰어들다, 호랑이 굴로 들어가다; *mišja ~* (비유적) 누추한 집, 초라한 집; *sabiti (saterati) u mišju ~u* 막다른 골목으로 밀어 부치다; *zavući se (sabiti se) u mišju ~u* 완전히 물러나다(은퇴하다)

rupčaga, rupetina (지대체) rupa

rupčić (지소체) rubac; 참조 maramica; 손수건

rupica (지소체) rupa; ~ za dugme 단추 구멍

rupičast, pupičav -a, -o (形) 작은 구멍 (rupica)이 있는, 작은 구멍들이 많은; ~a kašika 구멍이 많이 난 수저 (건데기 등을 걸러내는)

rupiti 참조 hrupiti; 갑자기 나타나다, 갑자기 들어오다, 갑자기 돌진하다

ruptura (醫) (장기·근육의) 파열; ~ mеđice pri porodu 출산시(時) 회음부 파열

ruralan -lna, -lno (形) 시골의, 전원의, 시골풍의 (seoski, seljački); ~lna poezija 전원시

rus -a, -o (形) 1. 검붉은, 빨간색의 (crvenkast, ruđ; rumen, rujan); ~a kosa 빨간 머리; ~o vino 적포도주 2. (glava와 함께) 금발의

Rus 참조 Rusija

rusa (植) 애기똥풀 (rosopas)

rusalka (고대 슬라브 신화의) 물의 요정 (najada)

rusificirati -am, rusifikovati -kujem (完,不完) 1. 러시아화(化)하다 2. 러시아인화하다 3. ~ se 러시아인이 되다

Rusija 러시아; Rus; Ruskinja; ruski (形)

Rusin 루테니아인, 우크라이나인, 소러시아인; Risinka; rusinski (形) ~ jezik 루테니아어

rusiti -im (不完) 참조 rusificirati

ruskocrkvenī -ā, -ō (形) 러시아 교회의; ~ jezik 교회 러시아어

ruskoslavenskī, ruskoslovenskī -ā, -ō (形) 교회슬라브어 러시아어 판본의

rusofil 친러시아파(派), 친러시아파 사람

rusofob 반러시아파, 반러시아파 사람

rustikalan -lna, -lno (形) 시골의, 시골적인, 단순한, 소박한; ~ nameštaj 단순한 가구(별다른 장식이 없는); ruševna ~lna crkvica 허물어진 시골 교회

rusvaj 소란, 소동, 혼란, 무질서, 북적거림 (gužva, metež, krš, lom, nered, haos)

rušenje (동사파생 명사) rušiti; ~ zgrade 건물의 철거

rušenje (동사파생 명사) rusiti; 러시아화, 러시아인화

ruševac -evka 검은멧닭

ruševan -vna, -vno (形) 다 허물어져 가는, 금방이라도 무너질듯한, 곧 망가질 듯한

ruševina (보통 複數로) 1. (건물 등의) 폐허, 잔해; ~e dvorca 궁궐의 폐허; u ~ama 폐허에서; raščišćavati ~e 잔해를 깨끗이 청소하다 2. (비유적) (육체적·정신적으로) 피폐한

사람

rušilac -ioca (=rušitelj) 파괴하는 사람, 무너뜨리는 사람, 붕괴시키는 사람; ~ mira 평화의 파괴자

rušilačkī -ā, -ō (形) 파괴적인; ~a tendencija 파괴적 경향; ~ odred (軍) 폭파반; ~ nagon 파괴 본능

rušilački (副) 파괴적으로, 파괴적 방법으로

rušiti -im (不完) 1. 부수다, 무너뜨리다, 허물어뜨리다 (razarati); ~ zgradu 건물을 허물다; ~ zid 담장을 부수다 2. 넘어뜨리다, 쓰러뜨리다 (obarati); ~ igrače 선수들을 쓰러뜨리다 3. (무엇을) 파괴하다, 파멸시키다 (uništavati, upropašćavati); u francuskoj je rovolucija rušila feudalizam 프랑스에서 혁명은 봉건주의를 파괴시켰다 4. 엉망으로 만들다, 못쓰게 하다, 해치다, 방해하다 (narušavati, remetiti, kvariti); ~ mir 평화를 해치다; ~ ugled 평판을 해치다 5. 무효화시키다, 효력을 상실케 하다 6. (직위 등을) 잃게 하다, 망하게 하다; druge je rušio da bi sebe uzdigao 자신이 올라가기 위해 다른 사람을 망하게 했다 7. ~ se 쓰러지다, 넘어지다, 무너지다, 허물어지다, 부셔지다 8. ~ se (육체적·정신적으로) 노쇠해지다, 쇠약해지다; iza nekoliko godina... naglo se počnu ~ seljačke žene 몇 년후 ... 농부의 아내들은 급격히 쇠약해지기 시작했다 9. 기타; sve mostove iza sebe (za sobom) 자신의 과거와 단절하다, ~을 포기하다

rutav -a, -o (形) 털이 많은, 털로 수북이 덮인 (dlakav, runjav, maljav); ~a ruka 털로 수북이 덮인 팔

rutina 규칙적으로 하는 일의 통상적인 순서와 방법; (지루한 일상의) 틀, (판에 박힌) 일상

rutinski (形); ~ poslovi 일상적인 업무

rutiniran -a, -o (形) 일상적인, 몸에 익은, 습관화 된, 능숙한 (uvežban, priviknut); kapetan jednom ~om gestom povukao je sablju 대장은 몸에 익은 한 번의 동작으로 검을 빼들었다

rutinskī -ā, -ō (形) 참조 rutina; 일상적인, 몸에 익은

rutvica (植) 향쑥속(屬)의 식물

ruzmarin (植) 로즈메리(허브의 하나)

ruž -evi (볼이나 입술에 바르는) 연지, 볼연지, 립스틱; ~ za obraze 볼연지; ~ za usne 립스틱

ruža 1. (植) 장미; zimzelena ~ 연중 피는 장미; ~ mesečarka 월계화(月季花); divlja ~ 들장미; bela ~ 백장미; ~ puzavica 덩굴장

미; *voda od ~e* 장미 향수 **ružin** (形) 2. 장미 모양의 장식품 3. (方言) (장닭의) 볏, 관모 (kresta) 4. (비유적) 미(美), 미인(美人) (lepotica) 5. (비유적) 붉은색 (rumenilo) 6. 기타; *nema ~e bez trnja* 모든 장미에는 가시가 있다; *ako je ~, procvetaće* 결국에는 진실을 알게 될 것이다; *~e vetrova* 바람의 방향·풍속 등을 알려주는 장치; *uvele su mu ~e* 그의 전성기는 지나갔다; *cvetaju mu ~e* 전성기를 구가하다(행운과 성공이 동반하는)

ružan *-žna, -žno* (形) 1. 추한, 못생긴 (反; lep); *~žno pače* 미운 오리 새끼 2. 나쁜, 불유쾌한, 좋지 않은 감정(느낌)을 유발하는; *~žno vreme* 나쁜 날씨, *~žna vest* 나쁜 소식 3. 저속한, 천박한, 상스러운; *~žne reči* 상스러운 말, 욕설 4. 성병(性病)의 5. 기타; *rastaviti se (razići se) u ~e* 말다툼 후에 헤어지다, 나쁜 관계로 헤어지다, 원수처럼 헤어지다 (이전에는 좋은 관계였지만); *u ~žnoj boji (svetlosti) predstaviti* 나쁘게 소개하다

ruže (女,複) 딸기코, 주사비(酒皶鼻) (코·이마·볼에 생기는 만성 피지선 염증)

ružica (지소체) ruža

ružičast *-a, -o* (形) 1. 핑크빛의, 검붉은 (rumen, rumenkast); *~e zavese* 핑크빛 커튼; *~a svila* 붉은 비단 2. (비유적) 희망적인, 긍정적인, 낙관적인, 핑크빛의 3. 기타; *gledati na (kroz) ~e naočare* 핑크빛으로 세상을 바라보다, 낙관론으로 바라보다

ružičnī *-ā, -ō* (形) 1. 장미의 (ružin) 2. 장미색의, 검붉은 (ružičast) 3. (비유적) 긍정적인, 낙관적인 (ružičast)

ružičnjak 장미밭, 장미 정원

ružin *-a, -o* (形) 장미의; *~o ulje* 장미 기름; *~ cvet* 장미꽃

ružirati *-am* (完,不完) 빨간색(검붉은색)으로 칠하다, 연지를 바르다, 립스틱을 바르다

ružiti *-im* (不完) **naružiti** (完) 1. 추하게 만들다, 못생기게 만들다; *ružio ga ožiljak* 흉터로 인해 그는 추해졌다 2. 질책하다, 욕하다, 모독하다 (grditi, psovati, vređati) 3. 창피하게 하다, 망신시키다, 욕보이다 (sramotiti, brukati); *ne ruži nam porodicu kod nepoznatog* 모르는 사람 앞에서 우리 가족을 욕보이지 마라 4. *~ se* 욕하면서 서로 싸우다; 다투다; *oni... se, kad se sretnu, ruže* 그들은 만나면 서로 욕하면서 싸운다 5. *~ se* 추해지다

ružnoća 추함, 볼품없음

rvač 레슬링 선수 **rvački** (形); *~a borba, ~ sport* 레슬링 경기

rvalište 레슬링 경기장

rvanje (동사파생 명사) rvati se; 레슬링

rvati se *rvem se; rvao se* (不完) 1. 레슬링하다 2. (어려움과) 씨름하다, 싸우다; *~ s teškoćama* 어려움과 싸우다(씨름하다)

rz 명예, 존경, 신망 (poštenje, obraz, čast)

rzanje (동사파생 명사) rzati

rzati *rže* (不完) (말이 히이잉 하고) 울다

S s

s, sa (前置詞, + G, I) I. 생격(G.)과 함께 1. 기원·시작·출처를 나타낸다(꼭대기, 솟은 곳, 개방된 공간, 표면, 수면, ~의 끝으로 부터), ~에서, ~으로부터; *pao je ~ drveta* 그는 나무에서 떨어졌다; *vraća se ~ koncerta(pošte)* 음악회(우체국)에서 돌아가는 중이다; *~ druge strane* 다른 한편; *sa istoka* 동쪽으로부터; *~ neba* 하늘로부터; *~ kraja* 끝에서부터; *~ leđa* 등에서; *uzmi to sa stola* 책상에서 그것을 집어라; *idi mi ~ očiju!* 또는 *skloni mi se sa očiju!* 당장 내 눈앞에서 사라져!; *~ brda* 언덕으로부터; *to (mu) je palo ~ neba* 그것은 하늘로부터(난데없이) 떨어졌다; *već ~ ulaza videlo se da ...* 입구에서부터 이미 .. 보였다; *~ originala* 원작으로부터 2. (원인·이유·목적을 나타낸다) *~* 때문에 (zbog, radi); *~ tvoje lude glave* 네 어리석음 때문에; *~ tog razloga* 그러한 이유로 인해; *~ navike* 습관 때문에; *dođe do potoka koji je nabujao ~ jesenskih kiša* 가을비로 인해 불어난 개울까지 왔다 3. 행동·동작을 수행한 시간을 한정한다; *bilo je to ~ jeseni ... kad sam pred njima ... čitao ... Narodnog poslanika* 내가 그들앞에서 <인민위원>을 읽은 것은 가을이었다; *s večeri često dolazi k nama* 그는 저녁에 자주 우리에게 왔다 4. 어떠한 일이나 상태의 초기 기간을 한정한다; *~ početka* 시작(처음)부터; *rujna svetlost probi se kroz taj lom zaslepivši mi čula s prvog maha* 처음부터 달빛은 내 모든 감각을 마비시키고는 그 깨진 곳을 통해 들어왔다 5. 일을 어떻게 하는지 혹은 실현하는지 등의 방법을 한정한다 6. 감각을 통해 뭔가를 알아내는 장소를 나타낸다; *gledati ~ prozora* 창에서 바라본다; *ugleda povorku sa hrastove grane* 참나무 가지에서 행렬을 지켜본다 7. (시각·입장 등을 나타내는 단어와 함께) 보는 입장을 한정한다; *u poslu se sve gleda sa stajališta koristi i učinka* 직장에서는 모든 것을 이해 관계와 업적으로 바라본다 8. (čuven, poznat, savršen 등 형용사의 보어로서) 형용사가 의미하는 분야를 나타낸다, ~으로; *bio je čuven sa svoje galantnosti u društvu* 그는 모임에서 관대한 것으로 유명하다 II. **조격(I.)과 함께** 9. (함께 어떠한 일을 하거나 어떠한 상태를 겪는 모임·그룹·단체 등을 나타낸다) ~와 함께; *raditi ~ nekim* 누구와 함께 일하다; *~ njim je rđavo* 그와의 관계가 나쁘다; *požuriti ~ pismom!* 편지를 서두르다!; *ratovati ~ nekim* 누구와 전쟁하다; *~ godinama dolazi mudrost* 나이와 함께 지혜가 찾아온다; *posvađati se ~ nekim* 누구와 다투다; *rvati se ~ nekim* 누구와 씨름하다 10. (장비·비품·용품을 나타낸다) ~을 가지고 (지니고); *sediš na krevetu ~ nožem za razrezivanje knjige* 너는 책을 자를 칼을 가지고 침대에 앉아 있다; *obratićemo se na sve ustanove i osobe s molbom da nam idu na ruku* 우리를 도와달라는 청원을 모든 기관과 사람들에게 하겠다; *iziđe ~ bremenom iz zgrade* 짐을 가지고 건물에서 나온다; *naljutiti se ~ razlogom* 이유가 있어 화를내다 11. (주개념의 특성을 나타냄) ~이 있는, ~을 가지는; *nož ~ drškom od slonove kosti* 상아 손잡이가 있는 칼; *devojka ~ crnom kosom* 검은 머리의 처녀; *o njemu se priča kao o čoveku s istančanim umetničkim iskustvom* 그는 일천한 예술 경험을 가진 사람으로 말해진다 12. 일의 객체(목적물)를 나타냄; *šta je sa tobom?* 네게 무슨 일이 있었느냐?; *šta se desilo ~ tvojim odelom* 네 옷에 무슨 문제가 있었느냐?; *jako je razvijena trgovina s krznom* 모피 무역이 매우 발달되었다; *gazda Nikola je radio sa stokom i kožom* 주인인 니콜라는 소와 피혁 일을 했다 13. 일을 하는 방법을 나타냄; *i ja sam ga slušao ~ nekom pobožnošću* 나 또한 그 어떤 신앙적 경외감을 가지고 그의 말을 경청하였다; *disati ~ naporom* 힘들게 호흡하다; *~ ljubavlju (oduševljenjem, mržnjom)* 사랑으로(기쁨으로, 증오로); *steći (postići, ostvariti) ~ mukom* 힘들여 얻다(다다르다, 성취하다) 14. (도움을 받아 일을 하는 도구를 나타냄) ~을 가지고; *oni vuku ubojne topove, s njima naše obaljuju kule* 그들은 군사용 대포를 꿀어 그것으로 우리의 성곽을 부순다; *ispod prozorića bila je napisana ~ plavom bojom velika zvezda* 창문 밑으로 커다란 별이 빨간색으로 그려져 있었다 15. (~에서 분리되는·나뉘어지는 것을 나타냄) ~로부터 (od); *strah iznenada ovlada Stojanom čim je rastao sa advokatom* 스토얀은 변호사와 헤어지자 마자 공포심에 사로잡혔다; *pozdraviti se ~ nekim* 누구와 인사하다; *oprostiti se ~ nekim* 누구와 작별인사를 하

다; *rastaviti se(razići se)* ~ *nekim* 누구와 헤어지다 16. (주개념과의 관계·비교 등을 나타냄) ~와; *poznato je da je kvalitet literarne produkcije u obratnom razmeru sa kvantitetom* 작품의 질은 양과 반비례한다고 잘 알려져 있다 17. (obzir, pogled 등의 명사 조격과 함께) ~을 고려하여 (imajući na umu); ~ *obzirom na budućnost, razumljiva je težnja severnih država ... da prisvajaju polarne zemlje* 미래를 고려할 때, 북극 국가들이 북극땅을 점유하려는 열망은 이해할 만 하다 18. 이러저러한 상황·상태 즉 그 뭔가 일어나는 것; *dobro je sa zdravljem vladika* 주교는 건강이 좋다 19. (시간·때를 나타냄); *sa zorom* 동틀녘에, 새벽에; *s prvim sumrakom krenuo Lazar* 해질 적에 라자르가 움직였다 20. 수량을 나타내는 부사와 함께 III. **대격(A.)형태의 어휘와 함께 사용되어** 그 무엇인가(그 누군가)가 있는, 혹은 무엇이 행해지는 장소를 나타낸다; *Polje leži ~ onu stranu Bjeloša* 들판은 벨료샤 그 쪽에 있다 21. 기타; ~ *brda ~ dola* 무질서하게, 중구난방으로; ~ *visine (gledati)* 위에서 (내려다보다), 깔보다; ~ *dana u dan* 매일, 날마다; ~ *drage (dobre) volje* 좋은 뜻으로; ~ *kolena na koleno (prenositi se)* 대대손손 (전해져 오다); ~ *koplja (~ pedlja, sa šake)* 창 길이의 (한 뼘 길이의); ~ *noge na nogu (vući se, kretati se)* 간신히 (또는 서두르지 않고) 걷다; ~ *noge na nogu (bacati koga, šta)* 누구(무엇을) 짓밟다(짓이겨놓다); ~ *ove stope* 즉시; ~ *oka, s boka* 어떻게 해서더라도, 어떤 대가를 치르더라도; *sa svega srca* 정말 진심으로, 매우 커다란 만족감으로; *sa šale* 농담으로

s- (유성음앞에서는 z-, ć음 앞에서는 š), **sa-**, **su-** (接頭辭) I. **복합동사에서** 1. ~으로부터의 분리를 의미(odvojiti); saderati, zderati (떼어내다, 벗겨내다); s(a)prati, zguliti 2. (어떤 장소·위치로 부터) 치우는·제거하는·멀리 떨어지게 하는 의미 (udaljiti, ukloniti); skinuti, zbaciti, svrgnuti 3. 높은 곳(장소)에서 낮은 곳(장소)으로의 이동을 의미; spustiti (se), sići, skotrljati (se), svaliti (se), sleteti, sjahati 4. 한 곳에 모으는·모이는·합쳐지는 의미; sastaviti, s(a)kupiti, svezati, skopčati, sazvati 5. 쌓아두는 것을 의미(nagomilati); sabiti, zbiti, zgusnuti 6. 일·행동을 함께 하는 것을 의미 (sudelovati); sprovesti, spratiti (koga), sarađivati (s kim), saosećati 7. (일·행동·동작의 결과로)

어떠한 상태나 특성에 도달함을 의미; sagnjiti, smekšati, smiriti se, suziti 8. 동작이나 상태의 완료를 의미; zbuniti, zgaziti, sašiti, skovati, speći II. **복합명사에서** 9. 개별 사람들의 공동체(집합체) (zajednica); sabor, zbor, skup 10. 동일한 일에 함께 참여한 사람, 누구와 동일하거나 비슷한 상태에 처해 있는 살람; suvladar, suložnik, sapatnik 11. 동일한 공동체에 속한 사람, 동시대인, 어떤 면에서 누구와 같은 사람; sugrađanin, saplemenik, saučesnik, savremenik, suvrsnik 12. 완전히 똑같지는 않지만 속성 등이 유사하거나 혼합적인 성질을 갖는 것; sukrvica, sumaglica, susnežica, sumrak, sujeverje III. **복합형용사에서** 13. 약간만 표현된 특성(특징), 약간(조금)~; sulud, supijan 14. (여자·동물의 암컷이) 배에 태아를 지닌, 임신한; zbabna, zdetna, steona, sjajna IV. **복합부사에서** 15. (사격(斜格)의 명사 혹은 형용사에서 만들어진 부사에서) 동작의 실행 장소 (gde, odakle로 된 질문에서), 방법(kako로 된 질문에서), 시간(kada로 된 질문에서); zdesna, sleva, zdvora, spolja, spreda, zbrda-zdola, sruke, smesta, sprva

sabah 1. (종종 sabah-zora) 새벽, 여명, 이른 아침(해가 뜨기 전인); *od ~a do akšama* 새벽부터 저녁까지 2. (宗) 무슬림들의 새벽 예배

sabajle (副) 이른 아침에, 새벽에, 여명에; ~ *banuti* 이른 아침에 갑자기 오다

sabesednik 대담자, ~와 대담을 나누는 사람, 이야기 상대자 (sagovornik); *nije bio željeni slušalac ili kritičar, čak ni podesan ~ za književne razgovore* 그는 바람직한 청중이나 비평가는 물론 문학적 대화에 어울리는 이야기 상대자도 아니었다 **sabesednica**

sabijač, sabijalica 1. 압축하는 사람 2. (공기)압축기, 콤프레서

sabijanje (동사파생 명사) sabijati; 압축, 압착, 응축

sabijati (se) -am (se) (不完) 참조 sabiti

sabijen -a, -o (形) 참조 sabiti; 압축된, 응축된; ~ *vazduh* 압축 공기

sabir 1. 모음, 채집, 수집 (sabiranje, skupljanje; nabiranje); ~ *jesenjeg roda* 가을 걷이; ~ *obrva* 얼굴을 찡그림 2. 셈, 셈 결과, 덧셈 (zbir)

sabirač 수집가; (세금 등의) 징수원 (skupljač); ~ *narodnih pesama* 민중시 수집가; ~ *bilja*

식물 채집가

sabirak -rka (數) 가수(加數) (adend)

sabiralište 1. 한데 모아놓는 곳; 적치장, 하치장, 매립장; *tovare kamioni smeće ... i odnose ga na ~a gde se ona baca* 트럭이 쓰레기를 싣고는 ... 매립장으로 가지고 간다 2. ~ *vode* 저수지

sabiranje (동사파생 명사) sabirati; (數) 덧셈

sabirati -am (不完) 참조 sabrati

sabiti *sabijem*; *sabijen* 혹은 (方言) *sabiven* & *sabit* (完) **sabijati** -am (不完) 1. (機) (공기·가스 등을) 압축하다, 응축하다; ~ *vazduh* 공기를 압축하다 2. (한 좁은 공간에) 몰아 넣다, 쌓아 놓다; ~ *ovce u tor* 양들을 우리에 몰아 넣다; *svih deset hiljada ljudi sabili su u tri tesne barake* 그들은 만명 모두를 좁디 좁은 세 개의 막사에 몰아 넣었다; ~ *ovce u gomilu* 양떼를 한 무리로 몰아 넣다; *svi su se sabili u taj mali auto* 모두가 그 좁은 자동차에 구겨져 넣어졌다 3. (글·연설·정보 등을) 간략하게 압축하다 (sažeti); ~ *misao (rečenicu)* 사상(문장)을 간략하게 압축하다 4. (공간 등을) 좁히다, 빽빽하게 하다; ~ *redove* 1)(군인 등이) 열 사이를 좁히다, 대열을 좁히다 2) (어떤 조직·단체 등이) 똘똘뭉치다, 결속을 강화하다 5. 기타; *sabijene kako sardine* 발디딜 틈조차 없이 만원인; ~ *koga u mišju rupu (u orahovu ljusku, u tikvu)* 막다른 골목까지 누구를 몰아붙이다; ~ *kome rogove* 누구의 저항(반대)을 무력화시키다, 누구를 길들이다

sabiven -a, -o (形) 참조 sabijen

sablast (女) 1. 환영, 환상, 헛것 (priviđenje, prikaza, utvara); *kuće u magli izgledaju kao ~i* 안개속에서 집들은 마치 환영처럼 보인다 2. 못생긴 것, 추하게 생긴 것; 요물, 괴물 (nakaza, rugoba, avet); *bolest učini od čoveka pravu ~* 병(病)은 사람을 정말 추한 것으로 만든다

sablastan -sna, -sno (形) 1. 귀신(유령) 같은, 귀신(괴물)처럼 생긴, 아주 추하게 못생긴; ~ *izgled* 추한 외모; ~*sno lice* 귀신처럼 생긴 얼굴 2. 무서운, 소름이 돋는; ~*sna kuća* 귀신이 나올 것 같은 집; ~*sna tišina* 뭔가 나올 것 같은 고요함

sablazan -zni (I. -zni & -žnju) (女) 1. 스캔들, 추문; 치욕, 불명예, 수치 (skandal); *kupala se sasvim gola, na opštu ~ ostalih kupača* 다른 일반 수영객들을 욕보이면서 그녀는 완전 나체로 수영을 했다; *pop neće takve ~zni u svojoj parohiji* 신부는 자신의 관구

에서 그러한 스캔들을 원치 않았다 2. (죄를 짓게 하는) 유혹, 시험 (iskušenje); *u manastiru će biti daleko od ~zni* 수도원에서는 유혹과는 동떨어져 있을 것이다 3. 추하게 생긴 것, 못생긴 것: 요물, 괴물 (nakaza, rugoba); *zmija je ~ divne prirode* 뱀은 아름다운 자연의 요물이다

sablažnjiv -a, -o (形) 1. 창피한, 수치스런, 추문의; ~*e priče* 창피한 이야기, 추문; ~ *život* 수치스런 삶 2. 유혹에 잘 빠지는, 시험에 쉽게 드는; ~ *gledalac* 유혹에 잘 빠지는 시청자

sablja 1. (칼집에 넣고 허리에 차는) 검(劍), 칼; *dobiti na ~i* 전쟁에서 이기다, 전쟁으로 정복하다(획득하다); *doći do konja i ~e, dorasti do ~e* 군대에 가서 전투에 참가할 만큼 충분히 성장하다(크다); *zveckati ~om* 전쟁이 일어날 것이라고 하면서 협박하다; *nije ~ za vratom* 직접적 위협(위험)은 없다; *oštriti (brusiti) ~e* 전쟁을 준비하다; ~ *mi je otac i majka* 전쟁 하기위해서 산다, 전쟁으로 먹고 산다; ~ *mi, ~ ti* 검이 분쟁을 해결하도록; *sad moja ~ seče* 이제 내가 권력을 잡았다(내가 칼자루를 쥐었다); *skučiti (staviti) pod svoju ~u* 자신의 휘하에 놓다; *isukati ~u* 칼을 빼다; *ukrstiti ~e* 일전을 겨루다, 싸우다; ~ *dimiskija* 다마스카스의 검 2. (비유적) 용감한 영웅; 병사; 군대, 무력 (武力); *zbori ~ vojevoda Rade* 영웅인 라데 장군이 말한다; *konjička divizija sa oko 1,000 ~balja* 천 여명의 병사로 구성된 기병사단; *režim se oslanjao na ~u* 정권은 무력에 의지하였다 3. (魚類) 황새치(주둥이가 창 모양으로 길고 뾰족한 바닷물고기) 4. (植) 붓꽃 (perunika) 5. 검(칼)과 같은 형태로 생긴 것

sabljak (魚類) 황새치(주둥이가 창 모양으로 길고 뾰족한 바닷물고기) (sablja)

sabljar 1. 검(칼; sablja)을 만드는 사람 2. 검을 차고 다니는 병사

sabljarka 1. (魚類) 민물 잉어의 한 종류 2. (動) 칼모양의 뿔을 가진 염소

sabljast -a, -o (形) 검(칼; sablja)모양의; ~ *list perunike* 칼 모양의 붓꽃잎

sabljaš 1. (廢語) 검(sablja)을 지니고 다니는 사람 (군인·사회적 신분·직위 등의 표시로서) 2. (動) 칼모양의 뿔을 지닌 사슴

sabljica (지소체) sablja

sabljokljunka (鳥類) 되부리장다리물떼새 (칼처럼 휘어진 얇고 평평한 부리를 지닌)

saboj 1. 압축된(응축된, 빽빽하게 모여 있는)

것; 무리, 군중, 떼 2. 압축, 응축 (sabijanje)
sabor 1. (다수의 사람들이 한 장소에 모이는)
모임, 회합 (skup, sastanak); ~ *prosvetnih*
radnika 교육자들의 모임 2. (크로아티아의)
의회 (skupština) 3. (crkveni) ~ 교회 회
의; (정교회에서) 종무원 **saborni** (形); ~*a*
crkva 대성당(주교가 관장하는, 교구 내 중
심 성당) 4. (치마의) 주름 (nabor)
saborac (=suborac) 전우(戰友), 함께 전쟁을
치른 동지
sabornī -*ā*, -*ō* (形) 참조 sabor; ~*a dvorana*
미팅홀; ~*a crkva* 대성당(대주교좌 교회)
sabornica 1. 의회 건물 2. 미팅홀, 회의장
(sabor가 열리는 건물)
saborovati -*rujem* (不完) 1. 의회 회의를 개최
하다(열다, 진행하다) (većati); *već su dva*
dana prošla, a ne saboruje se u saboru 벌
써 이틀이 지났지만 의회에서는 회의가 열리
지 않고 있다 2. 집회를 거행하다, 모임을
갖다 (zborovati)
saborskī -*ā*, -*ō* (形) 참조 sabor; ~ *zastupnik*
모임 대표자; ~*a sednica* 회의; ~ *zaključak*
회합 결과
sabotaža 사보타주; (고의적인) 방해 행위
saboter 사보타주하는 사람, 파괴(방해) 공작
원 **saboterka; saboterski** (形)
sabotirati -*am* (不完) 사보타주하다, 파괴하다,
(고의적으로) 방해하다; ~ *rad* 작업을 사보
타주하다; ~ *proizvodnju* 생산을 사보타주하
다
sabran -*a*, -*o* (形) 1. 참조 sabrati; 모인, 수
집된 2. 침착한, 차분한, 평상심을 유지하고
있는 (pribran); *bio sam neobično miran, ~*
i svestan ... svakog detalja 나는 아주 평온
하고 차분했으며 모든 세세한 것들에 대해
아주 잘 알고 있었다
sabrat (직위·계층·직업에 따른) 친구, 동료; ~
u borbi 투쟁 동료; *sabraća u manastiru* 수
도원 동료
sabrati *saberem* (完) **sabirati** -*am* (不完) 1.
(사람들을 회의에) 소집하다, 모으다 2. (열
매·곡물 등을) 수확하다, 거둬들이다; (물건
등을 한 장소에) 모으다, (정보 등을 여러 사
람들로부터) 모으다, 수집하다; ~ *stvari u*
jednu sobu 물건들을 한 방으로 모으다 3.
(숫자 등을) 더하다 (zbrojiti); ~ *dva i dva* 2
에 2를 더하다 4. (비유적) (생각·힘 등을) 한
데 모으다 5. (미간 등을) 찡그리다, 주름잡
히게 하다 (nabrati, naborati); ~ *obrve* 눈
썹을 찌푸리다 6. ~ se (사람들이 여러 곳에
서 한 장소로) 모이다 7. ~ se (물이) 모이다

8. ~ se 주름잡히다; *pored očnih kapaka*
jako se sabrala koža 눈꺼풀 주변에 주름이
많이 졌다 8. ~ se 침착해지다, 차분해지다
(pribrati se)
sač -*evi* 빵을 굽는 철제 그릇(냄비·팬)
sačekati -*am* (完) **sačekivati** -*kujem* (不完) 1.
(일정한 시간·기간 까지) 기다리다; ~
nekoga na stanici 역에서 누구를 기다리다
2. 던져진 것을 잡다(받다)
sačinilac -*ioca*, **sačinitelj** 1. 제작자, 작성자,
만든 사람, 창작자 (tvorac) 2. (數) 계수
sačiniti -*im* (完) **sačinjavati** -*am* (不完) 1. 만
들다, 작성하다, 제작하다, 창작하다, (편지·
시 등을) 쓰다, (노래를) 작곡하다; ~ *molbu*
청원서를 작성하다; ~ *od raznih materijala*
여러가지 재료로 만들다 2. ~을 이루다, 구
성하다, 형성하다; *delegaciju sačinjavaju ...*
대표단은 ~으로 구성된다
sačma 1. (산탄총의) 산탄 2. 어망의 한 종류;
북(čunak)모양의 손(手)어망 (sačmarica) 3.
밀 분쇄물 (밀가루를 만들기 위한 중간 단계
의) 4. (기름을 짜내기 위해) 분쇄된 씨앗
sačmara 1. 산탄(sačma)주머니, 산탄통 2. 산
탄총, 엽총; *dvocevna ~* 2연발식 엽총
sačmarica 1. 어망의 한 종류; 북(sačma)모양
의 손(手)어망 (sačma) 2. (수렵용의) 산탄총
sačmenī -*ā*, -*ō* (形) 참조 sačma; 산탄의; ~*a*
kutija 산탄통
sačuvati -*am* (完) 1. 보전하다, 보호하다 (파
괴(파손)되지 않도록); ~ *život* 생명을 보호
하다(보전하다); ~ *zdravlje* 건강을 지키다;
~ *čast* 명예를 보전하다; ~ *dostojanstvo* 위
엄을 보전하다 2. (공격당하지 않도록) 지키
다; ~ *granice* 국경선을 지키다; ~ *poredak*
질서를 지키다 3. (훗날에도 있도록) 보관하
다, 보존하다; 저축하다; ~ *stara pisma* 오래
된 편지를 보존하다; ~ *dokumente* 서류들을
보관하다; ~ *novac za stare dane* 노년을 대
비하여 돈을 저축하다 4. (기억·추억들을) 기
억하고 있다; ~ *uspomenu na nekoga* 누구
에 대한 추억을 가지고 있다 5. ~ se 보전되
다, 보호되다, 보관되다 6. ~ se 젊음(젊은
외모)을 유지하다 7. 기타; *bože sačuvaj* 전
혀 원하지 않는 그 무엇에 대해 말할 때 사
용함, 아 이런!; *nije istina da mi seljake*
davimo kamatama, bože sačuvaj! ... Mi
samo po zakonu 우리가 고리로 농민들을
목죈다는 것은 사실이 아니다, 결코 그런 일
은 없고 법률에 따를 뿐이다
saće (集合) 1. 벌집 (sat) 2. (오밀조밀한) 천의
한 종류

saći *sađem* (完) 참조 sići

sad *sadovi* 1. 묘목장, 종묘장 (sadnica) 2. 농장, 농원(식물·나무·채소·꽃 등을 심은); *višnjev* ~ 체리 농장; *~ove i gajeve okititi skulpturama* 정원과 숲들을 조각상으로 장식하다

sad, sada (副) 1. (말하고 있는 시점을 나타냄) 지금, 이제, 오늘날에; ~ *ili nikad* 지금 아니면 절대 못한다 2. (바로 직전의 시점을 나타냄) 방금, 이제 막 (malo pre); *ne znam kud je nestao, sad je bio ovde* 그가 어디로 사라졌는지 모르겠는데, 방금 전까지 여기 있었는데 3. (보통 강조 소사 na와 함께) (아주 가까운 미래를 나타냄) 바로, 즉시 (začas, odmah); *sad ću!* 지금 할께! 4. (sad~, sad~) (동작이나 상태가 가끔씩 반복되는 것을 나타냄) 때로는~ 때로는~ (čas~, čas~) *životarili su sad bolje sad gore* 어떤 때는 좀 좋게 어떤 때는 좀 나쁘게 그렇게 살았다

SAD (不變) 미국(USA)

sadaljka (파종·모종용) 구멍파는 연장, 파종 용구; 파종기 (sadilica)

sadanjī *-ā, -ē* (形) 참조 sadašnji; 현재의

sadašnjī *-ā, -ē* (形) 현재의, 현~, 지금의; *~a vlada* 현정부; *~e vreme* (文法) 동사의 현재형

sadašnjica, sadašnjost (女) 현재 (말하고 있는 그 시점)

sadeljati *-am* & *-em* (完) 대패질하여 가다듬다; 교육시켜 가다듬다

sadenuti *-nem* (完) (=sadesti, sadeti) 쌓아 올리다 (건초를 원추형으로, 곡물을 십자형(+) 등으로); ~ *seno* 건초를 쌓아 올리다; ~ *u stogove* 쌓다, 쌓아 올리다

saderati *-em* (完) (가죽 등을) 벗기다, 벗겨내다, 떼어내다 (zguliti, zderati, sadreti)

sadesti, sadeti *sadedem* & *sadenem* (完) 참조 sadenuti

sadilac *-ioca* 심는(씨를 뿌리는)사람, 재배자 sadilica

sadilica 1. 참조 sadilac 2. (파종·모종용) 구멍 파는 연장, 파종 용구; 파종기 (sadaljka, sadiljka)

sadist(a) 사디스트, 가학성 변태 성욕자 sadistkinja; sadistički (形)

saditi *-im*; *sađen* (不完) posaditi (完) 1. (땅에 씨앗·묘목 등을) 심다, 파종하다; ~ *drvo* (cveće, duvan, kupus, ruže) 나무(꽃, 담배, 양배추, 장미)를 심다; ~ *krompir* 감자를 심다 2. 위치하게 하다, 위치시키다, 놓다, 두

다 (nameštati); *u sredini lađe jarbol sadi* 보트 중앙에 돛대를 두었다; ~ *nekoga u začelje* 누구를 중앙 헤드 테이블에 앉히다; ~ *na konja* 말에 앉히다; ~ *za sto* 책상에 앉히다 3. 기타; *ko s đavolom tikve sadi, o glavu mu se lupaju(lome, razbijaju)* 질 나쁜 사람들과 어울리는 사람은 어려움에 처한다, 나쁜 사람과 어울리는 것 보다는 혼자 있는게 차라리 낫다

sadizam *-zma* (醫) 사디즘, 가학성애(加虐性愛)

sadnī *-ā, -ō* (形) 심는, 묘목의, 파종의; ~ *materijal* 파종 재료

sadnica (묘목장·종묘장의) 묘목, 모종 (sađenica, presadnica)

sadno (前置詞, +G) 밑에서부터, 바닥으로부터 (od dna, odozdo); ~ *reke* 강의 바닥으로부터

sadno (안장에) 쓸린 상처

sadnja 심기, 식재(植栽) (sađenje)

sadra (鑛物) 석고 (gips)

sadrana 석고(sadra) 채굴장

sadrast *-a, -o* (形) 석고 같은, 석고와 비슷한

sadren *-a, -o* (形) 석고로 만들어진 (gipsan); ~ *a figura* 석고상; ~ *a plastika* 석고 조각

sadreti *-em* (完) (가죽 등을) 벗기다, 벗겨내다 (saderati)

sadrug, sadrugar (=sudrug, sudrugar) (직장에서의, 공동 작업에서의, 같은 학교의, 같은 학년의) 동료, 친구; ~ *u školi* 학교 친구; ~ *moje mladosti* 내 젊은 시절의 친구; ~ *iz vojske* 군대 동료

sadružiti *-im* (完) 1. 하나로 한데 모으다, 연합시키다 (ujediniti, združiti) 2. ~ *se* 함께 어울리다; *sa zlim se nemoj* ~ 악과는 어울리지 마라

sadržaj 1. (어떤 것의) 내용, 내용물, 콘텐츠 (sadržina); *za nju je bio taj njezin bračni život bez ~a, prazan, pust* 그녀에게 그녀의 결혼 생활은 내용이 없는 빈껍데기였으며 허무한 것이었다 2. 핵심, 본질, 정수 (suština, jezgra, bit); 내용, 취지; ~ *romana* 소설의 내용; ~ *pesme* 시의 핵심 요지; *kratak* ~ 요약 내용 3. (책·논문 등의) 항목, 목차

sadržajan *-jna, -jno* (形) 내용이 풍부한; 내적 사고가 깊은; 내용의; *on ... je držao kratak ali ... ~ govor* 그는 짧지만 생각해 볼만한 연설을 했다; *u ~jnom pogledu nemaju velikih pretenzija* 내용면에서 바라볼 때 그들은 커다란 야망이 없다

sadržajno (副) 내용적 면에서 바라볼 때, 내용을 고려하여, 내용면에서 볼 때; ~ *je taj dijalog tipičan* 내용적으로 그 대화는 전형

적인 것이었다

sadržatelj 참조 sadržitelj; (數) 분모
sadržati *-im* (完,不完) sadržavati *-am* (不完) 1. (무엇의 안에 또는 그 일부로) …이 들어 있다. 함유하고 있다; *ova flaša sadrži (sadržava) dva litra* 이 병은 2리터 짜리 이다 2. 지키다, 유지하다 (održati); *rekao pa nije svoje reči sadržao* 말은 하였으나 자신의 약속을 지키지 않았다
sadržilac *-ioca* (數) 분모; *najmanji zajednički ~* 최소공통분모 (sadržalac)
sadržina 1. 내용, 내용물, 콘텐츠 (sadržaj); *~ paketa (tašne, kofere, knjige)* 소포(핸드백, 여행가방, 책의) 내용물 2. 용적, 용량, 양; *~ ovog bureta* 이 통의 용량
sađen *-a, -o* (形) 참조 saditi; 심어진, 파종된
sađenje (동사파생 명사) saditi; 심기
safalada 소시지의 한 종류 (짧고 두꺼운)
safir (鑛物) 사파이어, 청옥(靑玉)
saft 즙, 주스 (sok); *moči hleb u ~ pečenja* 그는 빵을 구운 고기 즙에 적신다
sag *sagovi* 양탄자, 카펫 (ćilim, tepih)
sag (보통 숙어로 사용) *~om do zemlje, ~om se sagnuti* 허리를 깊숙이 숙여 절하다
saga *-gi* (특히 노르웨이·아이슬란드의) 영웅 전설 (mit)
sagib 1. 굽음, 굽히기, (몸을) 구부리기 (sagibanje) 2. 굽은 것, 만곡(굴곡)부
sagibati (se) *-am (se)* & *-bljem (se)* (不完) 참조 sagnuti
sagibljiv *-a, -o* (形) 굽어지는, 휘어지는; 유연한
saginjati (se) *-am (se)* (不完) 참조 sagnuti (se)
saglasan *-sna, -sno* (形) 합의를 이룬, 합의된, 의견의 일치를 이룬, 동의된, 협정된, ~에 따라(부합되게); *oni su ~sni u tome* 그들은 그 것에 대해 합의를 이뤘다; *~ propisu* 규정에 따라
saglasiti *-im* (完) saglašavati *-am*, saglašivati *-šujem* (不完) 1. 일치되게 하다, 조화를 이루다; *ona je uspela da nađe odgovarajuće izražaje, koje je saglasila svojim intimnim bićem* 그녀는 자신의 내밀한 본성과 맞는 적당한 표현 방법을 찾아낼 수 있었다; *~ svoja unutrašnja osećanja sa trenutnom situacijom* 자신의 내적 감정을 현 상황과 조화를 이루게 하다 2. *~ se* 합의하다, 동의하다, 의견을 같이 하다 (složiti se, sporazumeti se); *on se saglasio sa tim predlogom* 그는 그러한 제안에 동의했다; *saglasili su se u (o) tome* 그들은 그 점에

합의를 이뤘다

saglasno (副) 합의로, 합의하에, ~에 따라, ~에 부합되게, ~에 일치되게 (sporazumno, podudarno); *~ propisima* 규정에 따라; *raditi ~ sa svojim načelima* 자신의 원칙에 따라 일하다
saglasnost (女) 1. 조화, 일치 (sklad, podudarnost); *~ trouglova* 삼각형의 일치 2. 동의, 허락, 허용, 용인 (pristanak, odobrenje); *usmena ~* 구두 동의; *pismena ~* 서면 동의 *mi dajemo svoju usmenu ~, ali ne potpisujemo* 우리는 구두로 동의는 하지만 서명은 하지 않겠다
sagledati *-am* (完) sagledavati *-am* (不完) 1. 멀리서 뭔가를 보고 알아보다(인지하다, 알아차리다); *~ nekoga u daljini* 누구를 멀리서 알아차리다; *~ planine* 산이 있다는 것을 인지하다 2. 완전히 이해하다 (razumeti, shvatiti); *~ istinu* 진실을 이해하다; *~ posledice* 결과를 이해하다; *~ unapred* 앞서 통찰하다
sagnati *-am* & *saženem* (完) sagoniti *-im*; *sagonjen* (不完) 1. (구석진 공간으로) 몰다, 몰아넣다, 몰아부치다 2. (가축을) ~로 몰다 (uterati);; *~ ovce u štalu* 양을 우리로 몰다 3. (누구를) 위에서 밑으로 내려오게 하다, 끌어내리다, 쫓아내다 (sterati, oterati); *~ ovce sa brda* 양을 언덕 밑으로 몰다
sagnuti *sagnem*; *sagnuo* & *sagao, sagla*; *sagnut; sagni* (完) sagibati *-am*, saginjati *-em* (不完) 1. (밑으로) 구부리다, 숙이다 (pognuti, nagnuti, prikloniti); *~ glavu* 고개를 숙이다(머리를 조아리다); *granje se sagiba pod udarcima vetra* 나뭇가지들은 바람을 맞아 밑으로 숙여진다 2. *~ se* (땅을 향해 밑으로) 굽어지다, 숙여지다 3. *~ se* 누구에게 굴복하다, 복종하다(허리를 숙이다) (pokoriti se); *nije hteo da se sagne pred Italijanima* 그는 이탈리아인들에게 굴복하려고 하지를 않았다
sagnjio *-ila* (形) 참조 gnjio; 썩은, 부패한, 상한
sagnjiti *sagnjijem* (完) 썩다, 부패하다; *kad voće sagnjije, samo će pasti* 과일이 썩으면 스스로 땅에 떨어질 것이다
sago *-a* (男) 사고(사고 야자나무에서 나오는 쌀알 모양의 흰 전분. 흔히 우유와 섞어 디저트를 만들 때 씀) sagov (形)
sago-palma (植) 사고야자(말레이산(産) 야자 나무)
sagoniti *-im* (不完) 참조 sagnati
sagoreti *-im* (完) sagorevati *-am* (不完) 1. (불

에) 타다, 불타다, 타서 없어지다 (izgoreti); *većina organskih spojeva lako sagori* 유기화합물의 대부분은 쉽게 불에 탄다; *drva su sagorela* 나무들이 불탔다 2. (비유적) (과로·중병 등으로) 모든 에너지를 다 쓰다, 에너지를 소비하다, 기진맥진해지다, 피폐해지다, 망가지다 (propasti); ~ *na radu* 일에 에너지를 다 쓰다 (번 아웃되었다) 3. *(što)* 불태우다 (spaliti); ~ *mnogo drva* 많은 나무를 불태우다; *sagoreli su celo selo* 그들은 온 마을을 불태웠다

sagorevanje (동사파생 명사) sagorevati; 연소 (撚燒); *motor sa unutrašnjim ~em* 내연기관

sagorevati *-am* (不完) 참조 sagoreti

sagorljiv *-a, -o* (形) 불에 잘 타는, 불이 잘 붙는, 가연성의 (sagoriv); ~*a marerija* 불이 잘 붙는 재료

sagovornik 대담자, 이야기 상대자; (토론·대화에 참여한 사람)

sagraditi *-im; sagrađen* (完) **sagrađivati** *-đujem* (不完) 1. (건축물 등을) 지어 올리다, 건축하다, 세우다; ~ *kuću* 집을 짓다; ~ *tvornicu* 공장을 세우다; ~ *crkvu* 교회를 건축하다 2. 만들다 (napraviti, sastaviti); *jezik mora biti sagrađen u narodnom duhu* 말은 민중 정신에 입각하여 만들어져야 한다; *čitav svet je sagrađen za sedam dana* 온 세상은 7일 동안 만들어졌다

sagrešenje (종교·도덕적) 죄; 범죄 행위, 위반, 위배 (greh; prekršaj, prestup, zločin)

sagrešiti *-im* (完) **sagrešivati** *-šujem* (不完) 죄를 짓다, 죄를 저지르다; 범죄행위를 저지르다; *kaži ti meni šta si sagrešio, ja ću ti kazati oproštenje* 네가 무슨 죄를 지었는지 내게 말해, 내가 용서의 말을 할께

saguliti *-im* (完) (가죽·껍질 등을) 벗기다 (zguliti, zderati); ~ *kožu* 껍질을 벗기다

sahadžija (男) (方言) 시계점 주인 (časovničar)

sahan (方言) 놋그릇, 양철그릇; 쟁반; *lizati čije ~e* 누구에게 아부하다(아첨하다)

sahara 1. 모래사막 2. (대문자로) 북아프리카의 사하라사막

saharin (化) 사카린

saharoza (化) 자당(蔗糖), 수크로스(사탕수수, 사탕무 따위의 식물에 들어 있는 이당류의 하나)

sahat (方言) 참조 sat; 시계 ~ *kula* 시계탑

sahib, sahibija (男) 주인, 소유자 (gospodar, posednik; domaćin)

sahnuti *-nem* (不完) **usahnuti** *usahnuo & usahao, -hla* (完) 1. 마르다, 건조해지다;

voda sahne 물이 마른다; *ispadaju zubi i sahne jezik* 이가 빠지고 혀가 마른다 2. (식물 등이) 시들다, 마르다 (venuti, ginuti); *ruže sahnu* 장미들이 시든다 3. (비유적) (질환·정신적 고통·힘든 일 등으로 인해) 마르다, 비쩍 여위다 (mršaviti, propadati)

sahrana 장례(식); (시신을 묘에 안치시키는) 매장 (pogreb); *na ~i* 장례식에서; *mnogo je gostiju došlo na ~u* 많은 손님들이 장례식에 왔다

sahranilište 장례지, 매장지

sahraniti *-im* (完) **sahranjivati** *-njujem* (不完) 1. (시신을 무덤에) 묻다(안치하다), 매장하다, 장례식을 치르다 2. (비유적) 기억속에서 지우다, 잊어버리다; ~ *snove* 꿈을 잊어버리다, ~ *misao u boljoj budućnosti* 좀 더 나은 미래에 대한 생각을 기억속에서 지우다 3. (비유적) ~으로부터 보호하다(지키다) (zaštititi); (기억·마음 속에) 고이 간직하다, 보존하다; *da bog sahrani od svake bolesti* 하나님이 모든 질병으로부터 지켜주시기를; ~ *ljubav na dno srca* 마음속 깊이 사랑을 간직하다 4. 죽음으로 몰다, 치명상을 야기하다; *piće ga je sahranilo* 술이 그를 죽음으로 몰았다 5. (비유적) 무너뜨리다, 파괴하다, 말살하다 (uništiti); *crvena armija sahranila je sve nade sila osovine* 적군(赤軍)이 추축국의 모든 희망을 무너뜨렸다 6. ~에 대한 관심을 거둬들이다(그만두다), 경시하다, 무시하다; ~ *čoveka ravnodušnošću* 무관심으로 사람을 무시하다 7. 누가 능동적으로(적극적으로) 활동하는 것을 불가능하게 하다; *ako budem izabran na to radno mesto, sahraniću ga* 내가 그 직위에 선출된다면 그를 매장할 것이다 8. 기타; ~ *sebe (u nečemu)* (어떤 분야에서) 커다란 실패를 하여 더 이상 활동할 수 없을 때 하는 말; ~ *sebe živa* 세상과 모든 관계를 단절하고 살다

saigrač (스포츠) 동료 선수

saizvršilac *-ioca* 공범

sajam *sajma; sajmovi* 전람회, 박람회, 전시회; 자선 바자회, 설명회; *industrijski* ~ 산업 전람회; *stočni* ~ 가축 품평회; ~ *knjiga* 도서 전람회; *ići na* ~ 전람회에 가다 **sajamni, sajamski** (形); ~*e hale* 박람회장

sajdžija (男) 시계수리공 (časovničar)

sajla 쇠줄, 쇠밧줄 (무거운 짐을 들어올리거나 끄는)

sajmar (박람회·전람회 등에) 참가한 사람, 출품자

sajmište 전람회장, 박람회장, (전람회·박람회장

1115

이 있는(있었던))곳(장소); *na ~u* 전람회장에
서

S

sajtlik 참조 satljik; 유리병(1/8리터의 라키야
가 들어가는 술병)

saka 물통(물을 길어가는)

sakaćen *-a, -o* (形) 참조 sakatiti

sakadžija (男) 물장수(물통에다 물을 길어다
파는, 북청물장수와 유사한)

sakaga, sakagija (病理) (動物) 마비저(馬鼻疽;
말이나 당나귀 등 유제류 동물에서 발생하는
전염병의 한 종류)

sakagljiv *-a, -o* (形) 마비저(sakaga)에 걸린

sakat *-a, -o* (形) 1. (손·발의 일부가) 절단된,
불구의, 훼손된; 절름발이의, 절뚝거리는
(bogaljast, kljast); *on sa svojom ~om
rukom polako vrši posao* 그는 불편한 손으
로 천천히 일을 한다; *biti ~ u levu nogu* 왼
발을 절뚝거리는 2. (비유적) 훼손된, 손상된
(oštećen); 미완성의, 불완전한 (nedovršen,
nepotpun); 망가진, 부서진 (iskvaren, loš);
*to je poručivao ... govoreći polagano na
svom ~om turskom jeziku* 그는 잘 못하는
터키어로 천천히 말하면서 그것을 추천했다;
~a odbrana 불완전한 방어; *biti ~ u glavu*
미친

sakatiti *-im;* sakaćen (不完) **osakatiti** (完) 1.
불구로 만들다, (신체 등을) 훼손시키다; *~
nekoga* 누구를 불구로 만들다; *neki su i
stvarno sakatili rođenu decu* 어떤 사람들
은 정말로 친자식들을 불구로 만들었다 2.
(비유적) 훼손시키다, 손상시키다, 엉망진창
으로 만들다; *~ tekst* 텍스트를 못쓰게 만들
다

sakloniti *-im* (完) 참조 skloniti; 보호하다, 지
키다; *Bože sakloni!* 신이여 지켜주세요!

sako *-oa* (男) (남성 양복의) 상의; 재킷

sakraj (前置詞, + G) 참조 skraj; ~으로부터, ~
바로 옆에(서)

sakralan *-lna, -lno* (形) 성례(聖禮)의, 성식(聖
式)의; 신성한; *~lne pesme* 의례가(歌)

sakramen(a)t (宗) 1. 성례(결혼식·세례식·성찬
식 등의 의식) 2. 성체(성찬식의 빵과 포도주)
를 담아 놓는 그릇 **sakramentalan** (形)

sakristija (宗) (교회의) 성구(聖具) 보관실, 제
의실(祭衣室)

sakriti *sakrijem;* **sakriven,** *-a* & **sakrit,** *-a*
(完) 1. (물건 등을) 숨기다, 감추다, 은닉하
다; (감정·느낌 등을) 숨기다, 감추다; *~
nakit* 보석을 숨기다 2. 비밀로 간직하다;
*nagovorila je oca da sakrije strašnu vest
od neveste* 그녀는 끔찍한 소식을 신부에게

비밀로 하도록 아버지를 설득했다 3. ~ se
숨다

sakrivati *-am* (不完) 참조 sakriti

saksija 화분

saksofon (樂器) 색소폰 **saksofonski** (形)

saksofonist(a) 색소폰 연주자

sakupiti *-im* (完) 모으다, 수집하다 (skupiti,
prikupiti); *~ vojsku* 군대를 모으다; *~
novac za nešto* (무엇을 위해) 돈을 모으다

sakupljač 모으는 사람, 수집가 (skupljač)

sakupljati *-am* (不完) 참조 sakupiti

sala 홀 (회의·식사·콘서트 등을 위한 큰 방이
나 건물), 강당 (velika dvorana); *svečana ~*
(행사 등을 거행하는) 대강당; *koncertna ~*
콘서트홀; *plesna ~* 무도회장; *~ za jelo* 식당

salama 살라미 소시지

salamandar *-dra,* **salamander** (動) 도롱뇽
(daždevnjak)

salamura 소금물 (여러가지 양념을 한 물에
고기를 건조시키기 전에 담가 놓는) (raso)

salaš (마을 밖에 있는) 농원, 농장 (주택이나
건물이 있음) **salaški** (形)

salašar 농원(salaš)에서 살면서 일하는 사람
(고용된)

salaškī *-ā, -ō* (形) 참조 salaš

salata 1. (植) 상추, 양상추; *zelena ~* 상추;
glavičasta ~ 둥근 상추 2. (음식의 한 종류
로서의) 샐러드; *napraviti (začiniti) ~u* 샐러
드를 만들다(양념하다); *~ od krompira
(paradajza, krastavaca)* 감자(토마토, 오이)
샐러드; *~ od kupusa* 양배추 샐러드; *ruska
~* 러시아식 샐러드; *mešana ~* 혼합 샐러드;
voćna ~, 또는 *~ od voće* 과일 샐러드

saldirati *-am* (完,不完) (수입과 지출을) 결산하
다, 정산하다; *~ račun* 계산(결산)하다

saldo *salda; saldi, salda* (男) 수입과 지출 (자
산과 채무)간의 차이; 결산, 정산; *negativan
(pozitivan) ~* 적자(흑자) 균형

salebdžija (男) 살렙(salep)을 만들어 판매하는
사람

salep 1. (植) 살렙 (난초(kaćun)의 한 종류) 2.
음료 혹은 차(茶)의 한 종류 (살렙의 구근을
말려 만든 따뜻하고 달작지근한)

saleteti *-im* (完) **saletati** *-ćem* (不完) 1. (*koga*)
공격하다, 습격하다; 달려들다; 포위하다, 에
워싸다; *psi saleteše jadnika sa sviju strana,
a on se samo obrće* 개들이 사방에서 걸인
에게 달려들었지만 그는 단지 돌아설 뿐이었
다 2. (부탁·청원·말 등을) 퍼붓다, 쏟아붓다;
못살게 굴다, 들볶다, 조르다, 귀찮게 조르다,
귀찮게 하다, 성가시게 하다; *~ nekoga*

1116

pitanjima 누구에게 질문공세를 퍼붓다; *saleću me da kupim kola* 자동차를 사라고 나를 못살게 군다 3. (비유적) (잠·생각 등이) 휩싸다, 사로잡다 (obuzeti, spopasti); *sni je saleteše* 그녀는 잠이 쏟아졌다; *salateše je tužne misli* 슬픈 생각들이 그녀를 사로잡았다 4. (땅·표면에) 내려앉다, 착륙하다 (sleteti) 5. ~ se 모이다, 모여들다; *čitavo se selo saletilo ... slavi se svadba* 온 마을이 모여 ... 결혼잔치를 한다

saletljiv *-a, -o* (形) (질문·부탁 등을) 퍼붓는, 쏟아붓는; 귀찮게 구는, 못살게 구는, 성가신

salevati *-am* (不完) 참조 saliti

salina 소금 광산 (solana)

salinac *-nca* (보통 複數 형태로) (썰매·스케이트 등의) 활주부

saliti *salijem*; *salio, -ila, -lo*; **saliven**, *-ena* & *salit* (完) **salivati** *-am* (不完) 1. (액체를) ~에 따르다(붓다); *sve sam suze u jastuk salila* 배개에 모든 눈물을 쏟았다 2. (비유적) ~에 따르다 (쏟아 붓다) (preliti, pretopiti); *hteo je da u stihove salije svoju celu ispovest* 그는 자신의 모든 고백을 시로 승화시키고 싶었다 3. 주조하다; *od svega ··· sakupljenog voska saliju jednu sveću* 모아진 밀랍 전체로 하나의 초를 만든다; ~ *top* 대포를 주조하다; *kao saliven (stas, kaput)* 안성맞춤인 높이(외투) 4. ~ se 흘러 모이다; *salila mi se sva voda na glavu* 모든 물이 내 머리로 흘러 모였다 5. ~ se ~으로 만들어지다; *rastopljeno olovo sali se u zvezdu* 불에 녹인 납은 별로 만들어진다; *salila se nesavršena moja povijest u vredniji spomenik* 불완전한 내 이야기는 가치있는 기념비가 되었다

salitra (化) 초석, 질산칼륨 (šaltira); *čilska ~* (鑛物) 칠레 초산, 질산나트륨

saliven *-a, -o* (形) 1. 참조 saliti 2. 안성맞춤의, 딱 맞는; *to odelo je kao ~o za tebe* 그 양복은 너한데 딱 안성맞춤이다

salmonela (醫) 살모넬라균

salo 1. (사람·동물의 몸에 축적된) 지방, 비계; *skinuti ~* 체중을 빼다; *živeti od tuđeg ~a* 기식하다, 빌붙어 살다 2. (方言) 라드(돼지 비계를 정제하여 하얗게 굳힌 것. 요리에 이용함) 3. 호박의 가운데 부분

salon 1. (손님을 맞는) 응접실, 거실; (열차의 2-3인용의) 특별실; (호텔 등의) 특별 휴게실; ~~*vagon* (열차의) 특별객차 (객차의 반절에는 객실이 그리고 나머지 반절에는 승객들을 위한 공동의 휴식 공간이 있는) 2. (예

술작품 등의) 갤러리, 상점, 가게; ~ *odeće* 의상실; ~ *obuće* 제화점; *krojački ~* 양복점; ~ *automobila* 자동차 전시장(쇼룸) 3. 이발소, 미장원; *frizerski ~* 미장원(헤어샵) 4. 살롱(과거 상류 가정 응접실에서 흔히 열리던 작가, 예술가들을 포함한 사교 모임)

salonski (形)

salotok (病理) 지루(증)(脂漏症) (머리에 비듬이 생기거나 피지선의 분비물이 지나쳐 탈모를 유발하는) (seboreja)

salovnica (解) 피지선(皮脂腺)

saltomortale *-la*; *-li* & (不變) (男) 1. 투신자살 2. (비유적) 생명을 건 극단적 조치(행동), 위험한 조치

salutirati *-am* (完,不完) 1. (특히 군인이) 거수 경례를 하다; ~ *sabljom* 검을 들어 인사하다 2. 예포를 발사하다, 축포를 쏘다; *svaka mu lađa salutira* 모든 배들이 그에게 고동을 울리며 환영의 인사를 했다

salva *-ā* & *-ī* 1. 예포(禮砲), 축포; *ispaliti počasne ~e* 예포를 쏘다 2. (감정의) 폭발, 분출; ~ *smeha* 웃음의 폭발

Salvador 살바도르; **Salvadorac** *-orca*; **Salvadorka**; **salvadorski** (形)

salvet (男), **salveta** (女) 냅킨

salvetica (지소체) salvet

sâm *sama, samo*; *sami* I. 대명사로서 (명사 또는 인칭대명사와 함께) 1. 자기 스스로 (남의 도움없이 독립적으로); 자기 자신을(에게); *ja sam ~ tamo išao* 나는 나 혼자 거기에 갔다; *vi (i) ~i znate* 당신 스스로 잘 알잖아요; ~ *učitelj to ne bi znao* 선생님 스스로 그것을 알 수는 없었을 것이다; *to je već ~o po sebi tužno* 그것 자체가 슬픈 것이다; *vrata su se zatvorila ~a od sebe* 문은 그 스스로 닫혔다; *on je ~ tako želeo* 그는 그 스스로 그렇게 원했다 II. 형용사로서 2. 혼자, 홀로, 단독으로; *on je ~* 그는 그 혼자이다; *išla je ~a* 그녀는 홀로 3. (다른 것이 섞이지 않은) 순수한, (혈통 등이) 순수한, 단지 ~인; *od ~og zlata* 순금으로 만들어진; ~*a istina* 100% 사실; *to su ~e laži* 그것은 새빨간 거짓이다; *ona je ~a koža i kost* 그녀는 뼈와 가죽만 남았다; *ovo mleko je ~a voda* 이 우유는 완전 물이다 3. 바로, 그; *već ~a pomisao na to me nervira* 그것에 대한 생각만으로도 나는 신경질난다; ~ *pogled je dovoljan* 보는 것만으로도 충분하다; *u ~u zoru* 동이 막 틀 무렵에; *na ~ dan venčanja* 결혼식 바로 당일에

S

sam 참조 biti

samac 독신, 미혼남, 독신남; *soba za samca* 독신자용 방 samica; samački (形); ~ *život* 독신생활; ~ *stan* 독신자용 아파트

samar 1. 길마 (짐을 실어 나르기 위한, 말·당나귀의 등에 얹어 놓는) 2. (건설현장에서 인부들이 등에 벽돌 등을 실어 나르는 나무로 된) 지게 3. 기타; *dok je leđa, biće i ~a* 사람이 일할 능력이 있고 의지가 있는 한 그가 할 일이 있을 것이다; *pun je pameti kao ~ svile* 시야가 좁은(멍청한) 사람; ~ *nositi* 타인의 뜻이나 명령에 따라서 일하다(살다)

samardžija (男) 1. 길마(samar)를 만들어 파는 사람 2. (등에 얹은 길마에 짐을 지고 가는 말의) 마부

samarićanin -*ani*, samaritanac 1. 사마리아인 2. 착한 사마리아인(곤경에 처한 사람에게 위로와 도움을 주는 사람), 인정 많은 사람

Samarija 사마리아; Samarićanin, Samaritanac; Samarićanka, Samaritanka

samariti -*im* (不完) osamariti (完) 1. (말·나귀 등의 등에) 길마(samar)를 얹다 2. 속이다, 사취하다; 누구를 착취하다(악용해 먹다); *lukavstvom ih samari kako hoće* 그들을 원하는대로 교활하게 착취한다

samcat, samcāt, samcit, samcīt (보통은 'sam' 과 함께 사용되어 뜻을 강조함) 완전히 혼자 (홀로, 스스로); *ostao je sam ~ na tom svetu* 그 세계에 완전히 혼자 남았다

samica 1. 참조 samac; 독신녀, 미혼녀 2. 수녀들이 사용하는 방 3. (교도소의) 독방

samilost (女) 연민, 동정심, 측은감 (sažaljenje, saosećanje); *duša mu se napunila samilošću prema njoj* 그는 그녀에 대한 동정심으로 가득했다

samilostan -*sna*, -*sno* (形) 가엾게 여기는, 동정심이 많은 (sažaljiv, saosećajan); 인정 많은

samit (政) 정상 회담, 수뇌 회담; *konferencija na ~u* 정상 회담에서의 기자회견

samleti *sameljem*; *samleo*, -*ela*; *samleven* -*ena* (完) 1. (곡물의 낱알 등을) 가루로 갈다, 찧다, 분쇄하다; ~ *kafu* 커피를 갈다; ~ *biber* 후추를 갈다; ~ *ječam* 보리를 찧다 2. (비유적) 별로 쓸데없는 이야기를 하다, 수다를 떨다 (izblebetati); *posle svega ovoga što ste vi tu samljeli, ja osećam kako mi je glava prazna* 당신이 내게 쓸데없는 이야기를 한 후 내 머릿속은 텅빈 것 같은 느낌입니다 3. (비유적) 파멸시키다, 멸망시키다, 근절시키다 (satrti, smrviti, uništiti); *osećati se samleven* 완전히 망한 느낌이다;

~ *ga ispitivanjem* 묻고 또 묻고 하여 그를 완전히 죽여 놓다

samo (小辭) I. (부사적 용법으로) 1. 오직, 오로지, 단지, 겨우, ~뿐; 불과; (강조 용법의) 바로; *ima ~ deset dinara* 겨우 10디나르가 있다; *on ~ uči* 그는 공부만 할 뿐이다; ~ *malo* 겨우 조금; *čekaj* ~ 조금만 기다려; *zašto li je ~ telefonirao!* 왜 그 사람이 전화만 했느냐! 2. (~ što) 겨우 (tek što, jedva što); *uvukao vrat među ramena i ~ što šapće* 목을 어깨 사이로 움츠리고는 겨우 속삭인다 3. (~ da) (동작이나 상태가 완료되기 바로 그 직전의) ~하기 직전의; *one zvezde ~ da se pogase* 꺼지기 바로 직전의 그 별들 II. (접속사의 용법으로) 4. (정반대를 나타내는) 하지만, 그렇지만, 하여튼 (ali, no, ipak, nego); *ja ti mogu baš i prodati, ~ bojim se da ne bude za te skupo* 너한테 팔수는 있지만 그것이 너한테 비싸지 않을까 걱정이다; *ova kuća je lepa, ~ je skupa* 이 집은 아름답지만 너무 비싸다 5. *ne samo, nego i ~ ~*뿐만이 아니라 ~이기도 하다; *ne ~ da je lepa, nego je i pametna* 예쁘기만 할 뿐 아니라 영리하기까지 하다 6. 목적 (namera), 바람(želja)의 강조; *vičem samo da vičem* 소리지르기 위해 소리를 지를 뿐이다; *samo kad bi vam bog propustio!* 언젠가는 신이 당신을 용서하시기를! 7. (ne samo) 만약 ~한다면 (ako)

samo- (복합어의 첫 부분으로) 1. '자신', '스스로', '저절로'의 뜻을 나타냄 2. 자동적으로 이뤄짐을 나타냄

samobitan -*tna*, -*tno* (形) 독자적인, 독립적인; 독창적인 (nezavisan, samostalan; originalan)

samobitnost (女) 독립성, 독자성, 독창성

samoblud (男), samobluđe (中) (성적인) 자위, 자위행위, 수음(手淫) (onanija, masturbacija)

samoća 1. 고독, 고독감, 외로움 (osama, usamljenost); *živeti u ~i* 외롭게 살다; *voleti ~u* 고독을 즐기다 2. 고립된 지역(장소), 외딴 지역; ~ *šumskog predela* 산간 외딴 지역

samodisciplina 자기 훈련(수양), 자제력

samodopadljivost (女) 자애(自愛), 자기애

samoprinos 자발적 헌신, 자발적 기여금, 자발적 봉사활동, 자원봉사; *mesni ~* 지역 발전기금

samodržac -*šca* 전제군주, 독재자 (autokrat) samodržački (形)

samodržavlje 전제 정치, 독재 정치; 전제 군

주국, 독재 국가 samodržavni (形)

samoglasan -sna, -sno (形) 모음의; ~sno r 모음적 자음 r samoglasnički (形)

samoglasnik 모음; ~ prednjeg (zadnjeg) reda 전설(후설) 모음; otvoreni (zatvoreni, dugi, kratki, reducirani, nosni, naglašeni, nenaglašeni) ~ 개모음(폐모음, 장모음, 단모음, 약화모음, 비(鼻)모음, 강세 모음, 비강세 모음) samoglasnički (形)

samohodnī -ā, -ō (形) 스스로 움직이는, 자체 동력으로 움직이는, 자동(自動)의 ; (미사일 등이) 자체 추진의; 자주(自走)식의; ~a artilerija 자주포; jedna grupa sovetskih naučnika krenuće na ~im traktrorima u unutrašnjost Antartika 일단의 소련 과학자들은 자동 트렉터를 타고 남극대륙의 내부로 이동할 것이다

samohran -a, -o (形) 1. (그 어떤 가족도 없이) 혼자서 자신의 생계를 책임져야 하는 사람; ~a majka (이혼하거나 미혼 출산으로) 남편 없이 아이를 기르는 여자 , 싱글맘 2. (비유적) 텅빈, 공허한, 황량한 (prazan, pust); koračao je po svom ~om, neveselom stanu 그는 텅빈, 즐거움이 없는 자신의 아파트를 거닐었다

samohvala (女), samohvalisanje (中) 자화자찬, 자기 자랑; njegov razgovor ... je bio pun ~e 그의 말은 자화자찬으로 가득했다

samohvalisav -a, -o (形) 자화자찬의, 자랑의; ~ govor 자화자찬의 말

samoindukcija (電氣) 자기 유도

samoinicijativa (자발적 의지로 하는 어떤 일의) 제 1보, 발단, 시작

samoizolacija 자발적 고립

samokritika 자아비판, 자기비판

samokritičkī -ā, -ō, samokritičan -čna, -čno (形) 참조 samokritika; 자아비판의, 자기비판의; umetnici su retko samokritični 예술가들은 드물게 자기비판적이다

samolepljiv -a, -o (形) (풀을 붙이지 않아도) 붙일 수 있는, 들러붙는

samoljub, samoljubac -pca 에고이스트, 자기중심주의자, 이기주의자

samoljubiv -a, -o (形) 이기적인, 자기 중심적인; ~a misao 자기 중심적인 생각

samoljublje 이기주의, 이기적임, 자기 본위; taština i ~ 오만과 이기주의

samonavođenī -ā, -ō (形) (미사일 등의) 자동 유도의, 자동 유도장치를 단; ~ projektil 자동유도미사일

samonavođenje 자동 유도

samonikao -kla, -klo (形) 1. (사람이 씨를 뿌리지 않았지만) 스스로 발아한, 자연적으로 자라난; ~klo grmlje 자연적으로 자라난 관목; između drveta ... rastao je ~kli bagrem 나무 사이로 자연적으로 생겨난 아카시아나무가 자랐다 2. (비유적) 자연적으로 생겨난, 독창적인, 오리지널한; 비계획적으로 생겨난 (prirodan, originalan; neorganizovan); pored ... ~klih ulica rađale se bedne, skoro smešne ... kuće 자연히 생긴 길 옆에 보잘 것 없는 하찮은 집들이 생겨났다

samoobmana 자기 기만; ljudi žrtve obmane i ~e 기만과 자기 기만의 희생물인 사람들

samoobožavanje 자만심, 자부심

samoobrana 참조 samoodbrana; 자기 방어, 정당방위

samoobrazovan -vna, -vno (形) 독학의

samoobrazovanje 독학(獨學)

samoodbrana 자기 방어, 정당방위

samoodbramben (形); ~e mere 자기 방어 조치(수단)

samoodređenje 참조 samoopredelenje 민족자결권

samoodricanje 자기희생

samoodržanje, samoodržavanje 자기 보호; 생존 본능; nagon ~a (za ~) 생존 본능

samoograničenje 자가 제한, 자기 제한

samooplodnja, samooplođenje, samooplođivanje (植) 자가 수정, 자화 수분; (動) 자가 생식

samoopredelenje (政) 민족 자결권; pravo ~a, pravo na ~ 자결권

samoosakaćenje 자해(自害)

samoozleda 자해부상(自害負傷)

samopaljenje 자연점화

samopodešavanje 자동 조절

samopomoć (女) 자조(自助), 자립

samopomoćnī -ā, -ō (形) 자조의, 자립의; ~a organizacija 자립기관

samoponižavajućī -ā, -ē (形) 자기비하의

samoponižavanje, samoponiženje 자기비하

samoposluga 1. 슈퍼마켓 2. 카페테리아(셀프 서비스식 식당)

samoposluživanje 셀프 서비스

samopoštovanje 자기 존중, 자존심, 자존감

samopotapanje 자연 침몰

samopouzdan -dna, -dno (形) 자신만만한, 자신감 있는, 확신에 찬; đak 자존감 높은 학생; ~ osmeh 자신감 넘치는 웃음

samopouzdanost (女) samopouzdanje (자신에 대한) 확신감, 자신감, 자부심, 자존감; pun

~a 자신감에 넘친

samopožrtvovan -vna, -vno (形) 자기희생의

samopožrtvovanje 자기희생

samopregor 자기희생 (samopožrtvovanje)

samopregoran -rna, -rno (形) 자기희생적인, 헌신적인

samopregorevanje 참조 samopožrtvovanje

samoprevara 자기기만

samorast (男) 야생 식물 (사람이 심지 않은)

samorodan -dna, -dno (形) 1. 자연의, 자연 그대로의, 인공을 가하지 않은; 자연 발생적인, 자연적으로 생겨난; ~dno bilje 자연 발생적인 식물 2. (비유적) 자연적인 (prirodan) (反; veštački); minerali u ~dnom, elementarnom stanju vrlo su retki 자연 상태에서 존재하는 광물들은 매우 희귀하다 3. 독창적인 (prirodan, originalan); u umetnosti ima nešto samorodno 예술에는 무엇인가 독창적인 것이 있다

samosavladiv, samosavladljiv -a, -o (形) 자제하는

samosavlađivanje 자제, 자제력

samospaljivanje 분신(焚身), 분신자살; izvršiti samoubistvo ~em 분신자살하다

samospoznaja 자기 이해(인식)

samostalac 1. 독립적인(독자적인) 사람 2. 독립당의 전(前)당원

samostalan -lna, -lno (形) 독립적인, 독자적인, 독립된, 별개의; ~ čovek 독자적인 사람; ~ rad 독자적인 일; njegov prvi ~lni let 그의 첫번째 단독비행

samostalnost (女) 독립, 자립 (nezavisnost)

samostan 1. (宗) 수도원 (manastir); ženski ~ 여수도원 samostanski (形) 2. 외딴집

samostanac 1. 수도승 (redovnik, kaluđer, manah) 2. (비유적) 수도자같이 혼자사는 남자

samostanskī -ā, -ō (形) 참조 samostan; 수도원의; ~ život 수도원 생활; ~a izba 수도원의 방; ~a škola 수도원 학교

samostrel 석궁, 쇠뇌

samosvest 자의식

samosvestan -sna, -sno (形) 1. 자의식이 있는, 자의식이 강한; ~ mladić 자의식이 강한 청년 2. 의식적인, 의식하고 있는; ~ pogled 의식적인 시선; ~ osmeh 의식적인 웃음

samosvlađavanje 참조 samosavlađivanje

samosvojan -jna, -jno (形) 특정적인, 특색이 있는, 독립적인, 독자적인; ~ karakter 특징적 성격

samota 참조 samoća; 외로움, 고독

samotan -tna, -tno (形) 1. (아무도 없이) 혼자

있는, 외로운; (가족이나 친척이 없이) 혼자인, 홀몸인; 동떨어져 있는, 외떨어진 2. (다른 사람과 어울리지 않고)혼자 시간을 보내는, 홀로 생활하는 3. (감옥의) 독방생활하는

samotinja 1. 외딴 곳, 동떨어진 곳 (osama) 2. 외로움, 고독 (samoća)

samotnik 1. 홀로 지내는 사람, 외롭게 생활하는 사람 (usamljenik) samotnički (形) 2. 마을과는 멀리 떨어져서 생활하는 사람 3. 수도승 (redovnik, kaluđer, manah)

samotok (짜지도 않았는데 저절로 흘러나오는 첫번째 액체로서) 1. 꿀 (벌집에서 저절로 흐르는) 2. 기름 (올리브에서 저절로 흘러나오는) 3. 포도주 (포도에서 흘러나오는)

samotovati -tujem (不完) 1. 수도승처럼 외로이 홀로 살다 2. (기혼 여성이) 남편없이 살다, 남편과 떨어져 살다; žene naših mornara po više godina samotuju 선원들의 아내는 수년씩 남편과 떨어져 산다 3. 외로움(고독함)을 느끼다

samotvoran -rna, -rno (形) 스스로 만들어진, 자연적으로 만들어진(형성된)

samoubeđen -a, -o (形) 참조 samouveren; 확신에 찬

samoubeđenje, samoubeđivanje 확신, 확신감

samoubica (男) 자살자, 자살한 사람

samoubilačkī -ā, -ō (形) 자살의; ~e tendencije 자살 경향; ~ nagon 자살 본능

samoubistvo 자살; izvršiti ~ 자살하다; pokušaj ~a 자살 시도; motiv za ~ 자살 동기

samoubojica 참조 samoubica

samoubojstvo 참조 samoubistvo

samouče -eta 독학한 어린이, 독학한 청년

samouk 독학자

samouk -a, -o (形) 독학한, 스스로 배운; ~ pisac 혼자 배운 작가; ~ slikar 스스로 배운 화가

samouništavanje, samouništenje 자멸, 자기 파괴

samouprava 자치(自治); gradska ~ 시자치; opštinska ~ 군(郡)자치; đačka ~ 학생자치

samoupravljačkī -ā, -ō (形) 자치의, 자주관리의

samoupravljanje (사회민주주의 원칙의) 자주관리; radničko ~ 노동자 자주관리; organ ~a 자주관리 기구(기관)

samoupravnī -ā, -ō (形) 자치의, 자주관리의; ~ organ 자치 기관; ~ vlast 자치 정부

samousluga 슈퍼마켓, 상점 (samoposluga)

samouveren -a, -o (形) 확신에 찬; ~ je i misli da može sve 그는 확신에 차 모든 것을 할 수 있다고 생각한다

samouverenje 확신, 자신감

samovar 사모바르(특히 러시아에서 찻물을 끓일 때 쓰는 큰 주전자)

samovaspitanje 자아 교육, 자아 훈련

samovati -mujem (不完) (가족이나 친척없이) 혼자 살다, 홀로 살다; 독신자처럼 살다; 외롭게 살다, 고독하게 살다; (교도소의) 독방 생활을 하다; ~ u tuđini 타향에서 홀로 살다

samovezačica (밀 등의) 자동 수확기, 바인더가 달린 수확기

samovlada 독재, 독재(전제) 정치 (diktatura)

samovladar 독재자, 전제 군주, 절대 군주

samovlađe (中), samovlast (女) 참조 samovlada

samovlastan -sna, -sno (形) 독재의, 독재적인, 전제적인, 제멋대로의 (samovoljan); ~ kralj 독재적인 왕

samovlašće 독재, 독재(전제) 정치

samovolja 아집, 고집; 제 멋대로인 행동

samovoljan -ljna, -ljno (形) 제 뜻대로 행동하는, 독단적으로 행동하는, 고집스런

samozaborav 자기망각(일반선 혹은 타인에 대한 사랑 때문에 자신과 자신의 이익을 잊어 버리는)

samozačeće 자기 수정

samozadovoljan -ljna, -ljno (形) 자기 만족의, 자신에 만족하는; ~ pobednik 자기 만족하는 승리자

samozadovoljstvo 자기 만족

samozapaljenje 자연 발화

samozvanac (지위·권력 등의) 강탈자, 횡령자

samozvani -ā, -ō (形) 자칭의; ~ kralj 스스로 왕이라 칭하는 왕

samoživ -a, -o 이기적인, 자기 중심적인, 자기 본위의 (sebičan); ~ čovek 이기적인 사람 2. (가족없이) 혼자 사는

samoživac -ivca 1. 이기적인(자기 중심적인) 사람 (egoista, sebičnjak) samoživica 2. 독신자(가족없이 혼자 사는)

samoživost (女) 이기심 (sebičnost)

samrt (女) (보통은 詩語로) 죽음, 사망 (s mrt); biti na ~i 임종의 순간에 있다

samrtan -tna, -tno (形) 1. 죽음의, 사망의; 치명적인, 대단히 심각한 (smrtan); ~tne muke 죽음의 고통; na ~tnom času 죽음(임종)의 순간에; ~tni ropac (임종시) 숨 넘어가는 소리; ~tno opelo 임종 미사; ~a postelja 임종(의 자리); ~tna rana 치명상; popiti ~tnu 죽음을 눈앞에 두다 2. (명사적 용법으로) 죽어가는 사람, 임종을 목전에 둔 사람 (smrtnik)

samrtnik 1. 죽음을 목전에 앞둔 사람, 임종을 맞이하는 사람 samrtnica; samrtnički (形); ~a postelja 임종(의 자리) 2. 고인(故人) (mrtvac, pokojnik)

samsov -a 1. 대형견(犬)의 한 종류 (로트 바일러 등의) 2. (비유적) 거대한 몸집으로 성장한 청년(남자); (輕蔑) 멍청하고 우둔한 사람

samt 벨벳 (천의 한 종류) (baršun, pliš, kadifa, somot)

samum 사막의 뜨거운 바람 (모래를 동반한)

samur 1. (動) 흑담비 2. 흑담비 모피 코트 (samurovina) 3. 흑담비 모피로 된 모자

samurlija 흑담비 모피로 된 모자

samurovina 흑담비 모피 코트

samuraj (일본의) 사무라이

san sna; snovi & sni 1. 잠, 수면 (spavanje); 수면 시간; lak (dubok, tvrd) ~ 선잠(깊은 잠, 숙면); zeč(i)ji ~ 선잠; iz devetoga sna (probuditi se) 긴 잠을 오래 잔 후 (깨어나다); kao kroz ~ 겨우, 간신히, 희미하게; kao u snu 빨리, 서둘러; spavati mirnim snom 평화롭게 잠자다; on je lak na snu 그는 선잠을 잔다; trguti se iz sna 잠에서 갑자기 깨다, 활동적으로 되다, 활발해지다; hodati (govoriti) u snu 잠자면서 돌아다니다(잠꼬대하다); hodanje u snu (病理) 몽유병; probuditi nekoga iz sna 누구를 깨우다; spavati večnim snom 영면에 들다; zimski ~ 겨울잠; spavati snom pravednika 평온하게 잠들다, 숙면을 취하다; pasti u dubok ~ 깊은 잠에 빠지다 2. 졸음; hvate me ~ 졸립다 3. 꿈; sanjati lepe snove 달콤한 꿈을 꾸다; videti nekoga u snu 꿈속에서 누구를 보다; ~ je laža, a bog je istina 꿈은 거짓이다; javiti se nekome u snu 혹은 doći nekome na ~ 누구의 꿈속에 나타나다; pusti snovi 헛된 꿈, 개꿈; tumačiti snove 해몽하다; ne smem ni u snu da pomislim na to 그것을 꿈에서라도 생각할 수 없다; živeti kako u snu 꿈속에서처럼 살다; ne veruj snovima! 꿈을 믿지마라; skriveni ~ 숨겨진 꿈; životni ~ 삶의 꿈(최대 목표); ispunio mi se ~ 내꿈은 이뤄졌다

san sanovi & sani 1. 참조 sahan; 놋그릇, 양철그릇 2. (樂器) 심벌즈와 같은 악기의 한 종류

san -a, -o (形) 참조 sanjiv; 졸리는

sanacija (정치·경제·사회적 의미로) 복구, 회생, 재건, 교정, 구조 조정; predstavnici banaka raspravljali su o predlozima ... za ~u banke 은행 대표자들은 은행의 구조 조정에

대한 안건에 대해 논의했다; ~ *fabrike motora* 오토바이 공장의 구조 조정

sanak *sanka* (지소체) san; 잠, 꿈

sanan *-a, -o* (形) 졸리는, 졸리운 (sanjiv)

sananost (女) 졸음, 졸림

sanatorij *-ija*, **sanatorijum** (치료와 휴식을 목적으로 하는) 요양원, 요양소 (보통 해변 혹은 산악지역에 있음)

sančić (지소체) san

sanćim (副) 표면상으로 (tobože, bajagi); *spomenem neku lepu udovicu koja se kao ~ za njega vrlo zanima* 표면상으로 그에게 매우 관심이 있는 어떤 예쁜 과부를 언급한다

sandal 터키천(platno)의 일종

sandal 1. (植) 백단(白檀; 단향과에 속한 상록 활엽 교목) 2. 백단유(白檀油) **sandalov** (形)

sandala (보통 複數로) 샌들(여름에 신는)

sandalov *-a, -o* (形) 백단(sandal)의, 백단유의; *~o drvo* 백단나무

sandalovina 백단나무 (재목으로서의)

sandhi *-ija* (男) (言) 연성(連聲): 형태소의 음형이 음소적 환경에 따라 변화하는 현상

sandučak (지소체) sanduk

sanduče *-eta* 1. (지소체) sanduk 2. 우편함; *poštansko ~* 우편함; *pismo ... je bacio u crveno ~* 편지를 우편함에 집어 넣었다

sandučić (지소체) sanduk

sandučina (지대체) sanduk

sanduk 1. (나무·철제로 된) 궤, 상자 (뚜껑이 있으며 자물쇠를 채울 수 있는) 2. 박스 3. 관(棺)(kovčeg) 4. 총의 금속 부분 (플라스틱 부분을 제외한)

sandvič 샌드위치 (sendvič); ~ *sa šunkom (od šunke)* 햄샌드위치

sandžak (歷) 1. (오스만터키 제국의) 군-행정지역 단위, 산자크; *smederevski ~* 스메데레보 산자크; *skadarski ~* 스카다르 산자크 2. 산자크 지사; ~ *bosanski* 보스니아 산자크 지사 3. (대문자로) (세르비아남서부와 몬테네그로 동북지역에 걸쳐 있는) 산자크 **sandžački** (形)

sandžakat (오스만터키 제국의) 군행정지역 단위, 산자크 (sandžak)

sandžaklija (男) 노비 파자르 지역 산자크 지역민

saneti *sanesem* (完) 1. (높은 곳에서 낮은 곳으로) 가지고 내려오다, 내려놓다; *usekao badnjake u visokoj planini, saneo ih i naložio na vatru* 높은 산에서 아카시아 나무를 베어 가지고 내려와서는 불을 땠다; ~ *kukuruz sa tavana* 다락방에서 옥수수를 내

리다; ~ *drvo s brda* 언덕에서 땔감 나무를 가지고 내려오다 2. (한 장소에 여러 물건들을) 쌓다, 쌓아놓다

sanforizirati *-am* (完,不完) (천을) 방축가공(防縮加工)하다

sangviničan *-čna, -čno* (形) 다혈질의, 쉽게 흥분하는, 거친 (vatren, žestok); ~ *temperament* 다혈질의 기질

sangviničar, **sangvinik** 다혈질인 사람, 쉽게 흥분하는 사람

sanirati *-am* (完,不完) 1. 병든 상태를 치료하다, 건강하게 하다; ~ *ranu* 상처를 치료하다; ~ *bolest* 병을 치료하다 2. (경제·사회적으로) 복구하다, 정상 상태로 되돌리다, (상태를) 안정시키다; ~ *banku* 은행을 안정시키다(은행을 구조 조정하다)

sanitaran *-rna, -rno* (形) 위생의, 위생상의, 위생적인; *~rne mere* 위생 조치, 보건 조치; *~rni uređaji* 위생 시설; *~rna inspekcija* 위생 점검; *~rni propisi* 위생 규정

sanitet 1. 보건 당국; (軍의) 의무병과 2. 보건 당국자 **sanitetski** (形); *~e ustanove* 보건기관; ~ *voz* 병원 열차 (부상병 후송 설비를 갖춘 군용 열차); *~rne jedinice* 의무 부대; *~a služba* (軍) 의무대; ~ *a kola* 앰블런스

sankač, **sanjkač** 썰매(sanke)를 타는 사람, 썰매를 즐겨 타는 사람 **sankačica**, **sanjkačica**

sankalište, **sanjkalište** 썰매장

sankanje, **sanjkanje** (동사파생 명사) sankati se; *ići na ~* 썰매타러 가다; *voditi decu na ~* 아이들을 데리고 썰매타러 가다

sankati se *-am se*, **sanjkati se** (不完) 썰매(sanke)를 타다

sankcija 1. (법적인) 비준, 재가; 허가, 인가 2. (複數로) (법의) 제재(制裁), 처벌 3. (複數로) (국제법 상의) (경제적·재정적·군사적인) 제재(조치); *primeniti ~e na nekoga* 누구에 대해 제재조치를 취하다; *podnositi ~e* 제재를 당하다; *ekonomske (privredne) ~e* 경제 제재

sankcionirati *-am*, **sankcionisati** *-šem* (完,不完) 1. ~을 비준(재가)하다; 허가(승인)하다 (odobriti, potvrditi); ~ *ugovor* 조약을 인가하다 2. 제재를 가하다, 제재 조치를 취하다

sanke, **sanjke** *-nki* (女,複) 썰매 (saonice)

sankilot 상퀼로트(프랑스 혁명기의 혁명적 대중); (일반적으로) 과격한 공화주의자, 급진적 혁명가

sanktuarij *-ija*, **sanktuarijum** 1. (宗) (교회 제단 주변의) 성소(聖所), 성역; 성막 2. (옛날 죄인이나 채무자가 도망쳐 들어간) 피난처, 안식처

sanljiv -a, -o (形) 졸리운, 졸리는 (sanjiv)

sanovnik (꿈을 풀이해 놓은) 해몽서

sans 카드 게임의 한 종류 (preferans)

sanseg (植) 마저럼(흔히 말려서 허브로 쓰는 식물) (majoram)

sanskrit, sanskrt 산스크리트어, 범어(梵語) sanskritski, sanskrtski (形)

sanskrtist(a) 산스크리트어 학자

santa (물 위를 떠도는) 유빙(流氷), 빙산(氷山); ~ leda 유빙

santa (形) (不變) 성(聖), 세인트

santim 상팀 (프랑스의 화폐 단위; 1/100 프랑)

santimetar -tra 센티미터 (sentimetar)

SANU (不變) 세르비아학술예술원 (Srpska akademija nauka i umetnosti)

sanja 참조 san; 꿈; 몽상; vedre sanje o budućnosti 미래에 대한 밝은 꿈

sanjač 1. 꿈을 꾸는 사람 2. 몽상가

sanjalac -aoca 꿈꾸는 사람; 몽상가 sanjalački (形)

sanjalica (男,女) 몽상가 (sanjalo, sanjar)

sanjalo (男,中) 몽상가 (sanjalica)

sanjar 몽상가 (sanjalica) sanjarka

sanjarija 몽상, 백일몽, 이루어질 수 없는 꿈

sanjariti -im (不完) 몽상하다, 헛된 공상에 잠기다 (maštati, snatriti)

sanjati -am (不完) 1. (잠을 자면서) 꿈을 꾸다, 꿈속에서 보다; ~ nekoga 누구를 꿈속에서 보다; ~ ružan san 악몽을 꾸다 2. 몽상하다, 헛된 꿈을 꾸다; (바라는 일을) 꿈꾸다(상상하다); ~ o nečemu ~에 대해 꿈꾸다

sanjiv -a, -o (形) 1. 조는; 졸린, 졸리운 (pospan, sanan); ~o dete 조는 아이; celi dan biti ~ 하루 종일 졸리다; ~e oči 졸린 듯한 눈 2. (비유적) 몽상가의 3. 잠들게 하는; ~a muzika 잠들게 하는 음악 3. (비유적) 조용한, 고요한, 평온한 (uspavan, miran, tih); ~o jezero 고요한 호수; ~a brda 평온한 언덕

sanjivost (女) 1. 졸림, 졸음 (pospanost); snu prethodi ~ 잠에 앞서 졸립다 2. (비유적) 고요함, 평온 (uspavanost, mir, tišina); sve se izgubilo u olovnoj ~i 깊은 고요함에 모든 것이 사라졌다

sanjkač, sanjkačica 썰매타는 사람, 썰매를 즐겨 타는 사람 (sankač)

sanjkalište 참조 sankalište; 썰매장

sanjkanje 참조 sankanje

sanjkati se 참조 sankati se

sanjke 참조 sanke

saobraćaj 1. (자동차·사람 등의) 교통(량), 왕래, 통행; (내왕하는) 차; (특정한 루트를 이동하는) 운항, 운행, 운수; (육·해·공로에 의한 상품의) 운송, 수송; drumski (automobilski, avionski) ~ 육로 운송(자동차 통행, 항공 운송); železnički ~ 철도 수송; vazdušni ~ 항공 운송; pomorski (prekookeanski, rečni, kanalski, jezerski) ~ 해상(대양횡단, 강, 운하, 호수)운송; autobuski ~ 버스 운행; saonički ~ 썰매 수송; splavski ~ 뗏목 수송; javni ~ 공공 운송; gust ~ 극심한 교통량; prekinuti (obustaviti) ~ 통행을 중단시키다; prekid ~a 통행 중단; smetnja ~a 교통 장애; bezbednost ~a 교통 안전 saobraćajni (形) 2. 통신; telegrafski (telefonski) ~ 전보(전화) 통신; poštanski ~ 우편 통신 3. 유통 (opticaj, kolanje); zlato i novac pustiti u ~ 금과 화폐를 유통시키다

saobraćajac 교통 경찰관

saobraćajnī -ā, -ō (形) 참조 saobraćaj; 교통의, 통행의; ~a sredstva 교통(통행) 수단; ~ milicioner 교통경찰; ~ znaci 교통 표지; ~e veze 교통편; ~a mreža 교통망

saobraćajnica 1. (차량이 다니는) 길, 도로, 주요 간선도로 2. (軍) 요새와 요새를 연결하는 연결참조 3. 통신선(線)

saobraćati -am (不完) (교통편을) 운행하다; 의사소통을 하다(의견을 주고 받다); ovaj voz saobraća na liniji Beograd-Zagreb 이 열차는 베오그라드-자그레브 노선을 운행한다; ~ s ljudima 사람들과 왕래하다(통신하다); ~ autobusom 버스로 왕래하다

saobrazan -zna, -zno (形) 적합한, 알맞은, ~과 조화를 이루는; ~ propisima 규정에 적합한; ~ sa zakonom 법률에 적합한

saobraziti -im; saobražen (完) saobražavati -am (不完) 1. ~에 맞게 하다, 적합하게 하다, 어울리게 하다, 조화를 이루게 하다, 적응시키다 (uskladiti, prilagoditi); ~ nešto nečemu ~을 ~에 맞게 하다; saobrazi svoje raspoloženje njihovim 네 기분을 그들의 기분에 맞춰라 2. ~ se 적합해지다, 적응하다, 어울리게 되다, 조화를 이루다; foke ... su sisari čije su se noge pretvorile u organe za plivanje, saobrazivši se uslovima za život 물개는 포유동물로서 자신의 다리를 수영하는데 적합하게 변화시키면서 삶의 조건에 적응해나갔다

saobražen -a, -o (形) 적응한, 적응된, 적합하게 된

saone, saonice (女,複) 썰매 (sanke)

saopćavati *-am* (不完) 참조 saopćiti

saopćenje (동사파생 명사) saopćiti; ~ *od šest točaka* 6가지 항목으로 된 발표(문)

saopćiti *-im* (完) saopćavati *-am* (不完) 참조 saopštiti

saopštenje (동사파생 명사) saopštiti; 알림, 보도(문), 성명(문), 발표; ~ *građanima* 대국민 발표; ~ *o nesreći* 사고 발표; *zajedničko* ~ 공동 발표(문); *pismeno* ~ 서면 발표

saopštiti *-im* (完) saopštavati *-am* (不完) 알리다, 통지(통고)하다, 보도하다, 발표하다; ~ *nekome nešto* ~에게 ~을 알리다(통지하다); ~ *radosnu vest* 좋은 소식을 발표하다; ~ *vest* 뉴스를 발표하다; ~ *rezultate ispita* 시험 결과를 발표하다

saosećaj 연민, 동정(심); ~ *prema nekome* ~에 대한 동정심

saosećajan *-jna, -jno* (形) 동정적인, 동정심이 많은, 연민 어린; *situacija susreta oca sa sinom bogaljem je ... potresna, ~jna* 아버지와 불구의 아들이 상봉하는 장면은 충격적이고 동정심을 느끼는 것이었다

saosećanje (동사파생 명사) saosećati; 동정(심), 연민; 공감

saosećati *-am* (不完) 누구와 같은 감정을 느끼다, 공감하다, 동감하다; 동정하다, 동정심을 갖다; ~ *s nekim* ~와 같은 감정을 느끼다, ~에 공감하다; *potpuno te razumem i saosećam s tobom* 너를 전적으로 이해하며 너와 공감한다; *saosećam u tvom bolu* 너의 아픔에 공감한다

sap 손잡이, 자루 (držak, držalo, ručica); *radnik ... radio je dletom bez ~a* 노동자는 자루없는 끌로 작업했다

sapatnik 동병상련을 가진 사람, 동병상련을 겪는 사람 sapatnica; sapatnički (形)

sapatnja, sapatništvo 동병상련

sapeti sapnem; sapeo, *-ela*; sapet; sapni (完) sapinjati *-em* (不完) 1. (옷의) 단추를 잠그다 (zakopčati); ~ *kopče* 단추를 잠그다(채우다) 2. 묶다 (보통은 말의 앞다리를 도망가지 못하게) (vezati, sputati); ~ *konja* 말의 다리를 묶다 3. 꽉 조이다 (stesnuti, stegnuti); *sapet sam u ovom uskom odelu* 이 좁은 옷을 입으니까 꽉 조인다 4. ~ *se* 굳어지다, 뻣뻣해지다 (ukočiti se, splesti se); *reč ne može da izađe, jezik se sapeo* 혀가 굳어 말이 나오지 않았다

sapi (女,複) (네 발 달린 동물의) 엉덩이, 둔부; *konjske* ~ 말 엉덩이

sapinjati *-njem* (不完) 참조 sapeti

sapirati *-am* (不完) 참조 saprati

saplemenik 같은 종족의 사람 saplemenica; saplemenički (形)

saplesti *sapletem*; sapleo, *-ela*; sapleten, *-ena* (完) sapletati, saplitati *-ćem* (不完) 1. 꼬다, 엮다, 짜다, 뜨다 2. (koga) (발을 걸어) 넘어지게 하다, 비틀거리게 하다; *saplete ga ... nogom, a rukama ga gurnu u grudi* 발을 걸어 그 사람이 비틀거리게 하고 손으로는 그 사람의 가슴을 밀었다 3. ~ *se* (걷는 중에) 비틀거리다, 쓰러지다; *čovek se od straha saplete i malo ne pade* 그 사람은 두려움에 비틀거려 거의 넘어질 뻔 했다; *sapliće mu se jezik* 그는 혀가 꼬였다(술에 취해) 4. ~ *se* 그 무엇에 발부리가 걸리다; ~ *se o prepreku* 장애물에 발부리가 걸리다; *pazite ... da se ne saplete o grablje* 갈퀴에 발부리가 걸리지 않도록 조심하세요

sapon (말 등의 다리를 묶는) 가죽끈, 족쇄

sapotpis 공동 서명

sapotpisnik 공동 서명자 (편지·서류 등의)

saprati *saperem*; saprao, *-ala*; sapran; *saperi* (完) sapirati *-em* (不完) 세탁하다, 빨다 (sprati)

sapun 비누; ~ *za brijanje* 면도용 비누; *mehur od ~a* 비누거품; *kupi mi jedan* ~ 비누 한 장 사다 줘; *prati ruke ~om* 비누칠하여 손을 씻다; *fabrika ~a* 비누 공장; ~ *za veš* 빨래 비누; ~ *za lice* 세안용 비누 sapunski (形); ~ *prašak* 가루 비누

sapunar 비누제조자, 비누를 만드는 사람 (sapundžija)

sapunara 비누 공장, 비누 가게 (sapundžija)

sapunarnica 비누 공장, 비누 가게

sapunast *-a, -o* (形) 비누의, 비누 같은, 비누같이 미끌미끌한

sapunati *-am* (不完) nasapunati (完) 1. 비누칠하다, 비누거품을 내다(만들다) 2. ~ *se* 비누칠하다

sapundžija (男) 비누제조공, 비누를 만드는 사람 sapundžijka

sapunica 거품이 인 비눗물, 비누거품

sapunika (植) 비누풀

sapuniti *-im*; *sapunjen* (不完) nasapuniti (完) 1. 비누칠하다, 비누거품을 내다(만들다) 2. ~ *se* 비누칠하다, 비누거품이 생기다

sapunka (植) 참조 sapunika; 비누풀

sapunjača 1. 비누거품 (sapunica) 2. (植) 비누풀 (sapunika)

sapunjav *-a, -o* (形) 1. 비누가 묻은, 비누칠된; ~*o lice* 비누칠 된 얼굴 2. 비누 같은,

비누 같이 거품이 나는

saputnik (여행을 같이 하는) 동반자, 동행자 saputnica

sara 1. (보통 複數로) (부츠의) 목(발목 위로 올라오는) 2. 케이스, 곽 (kutija, futrola)

sarač (안장을 비롯한) 마구(馬具) 제조인(판매인) (sedlar, remenar)

saračana 창고(안장, 무기 및 오래된 물건 등을 보관하는 곳)

saračnica 마구(馬具; sara)를 제조하고 파는 곳 (sedlarnica)

saradnik 1. 같이 일하는 사람, 협력자, 협업자, 조력자, 조수; ~ci na rečniku 사전 공동 편찬자; ~ okupatora 점령세력에 부역한 사람 2. (직위를 나타내는 명칭에서 사용됨); naučni ~ 협력 연구원; stručni ~ 객원 전문가; ~ novina 신문 기고자 saradnica; saradnički (形)

saradništvo 공동 작업, 협력 (saradnja); na dramskom polju nije radio sam no u ~u 드라마 제작을 혼자 한 것이 아니라 협업으로 했다

saradnja 협력, 협동, 협조, 공동 작업; oni rade u ~i 그들은 공동 작업한다; mi radimo uz njegovu ~u 우리는 그들의 협조를 얻어 일한다; međunarodna ~ 국제 협력; ~ između dve zemlje 양국간 협력; kulturna ~ 문화 협력; ~ sa neprijateljem 적과의 내통 (협조)

sarađivati -đujem (不完) 협력하다, 협동하다, 협조하다, 같이 일하다, 공동 작업하다; ~ na izradi rečnika 사전 편찬에서 협력하다; on sarađuje u Politici 그는 폴리티카지(紙)와 일한다; ~ s nekim 누구와 공동작업하다

saraga (魚類) 잉어과의 물고기 (자르고 마른 민물고기의 한 종류) (ukljeva); suv (mršav) kao ~ 비쩍 마른

saraj (오스만터키 제국 시절 술탄이나 고관대작들의) 궁, 궁전; 궁궐같은 집 (dvor)

Sarajevo 사라예보; Sarajlija (男); Sarajka; sarajevski (形)

sardela (魚類) 정어리

sardina 1. (魚類) (통조림화된) 정어리; kutija ~a 정어리 통조림통; ~e u ulju 기름에 절인 정어리; posetili su tvornicu ~a 정어리 통조림 공장을 방문했다 2. 기타; natrpati (sabiti, zbiti) ljude kao ~e 짐짝처럼 사람을 쑤셔넣다

sardoničkī -ā, -ō (形) (=sardonski) 조롱하는, 조롱하는 듯한, 냉소적인, 비웃는, 가소롭다는 듯한 (podrugljiv, zajedljiv); tu misao primi s pravim ~im smehom 정말로 가소롭

다는 웃음을 띠면서 그 아이디어를 듣는다

sarfalada 참조 safalada; 소시지의 한 종류 (짧고 두꺼운)

sargija 포대(마대)를 만드는 데 쓰이는 천

sarkastičan -čna, -čno (形) 빈정대는, 비꼬는, 비아냥거리는 (zajedljiv); ~čna primedba 빈정대는 질책

sarkazam -zma 빈정댐, 비꼼 (zajedljivost, žučljivost)

sarkofag (화려한 문양이 새겨진) 석관(石棺)

sarma (料理) (포도잎 또는 절인양배추잎 등으로 싼) 쌀과 잘게 썬 고기가 섞인 음식; ~ od kiselog kupusa 절인양배추잎으로 싼 사르마; ~ od vinovog lišća 포도잎으로 싼 사르마

saruk 참조 čalma; 터번(이슬람교도 남자가 머리에 감는 두건); oko glave omotao ~ 머리에 터번을 둘렀다

sasa (植) 아네모네

saseći sasečem, saseku; sasekao, -kla; sasečen, -ena; saseci (完) sasecati -am (不完) 1. (날카로운 도구로) 자르다, 토막으로 자르다 2. 죽이다, 살해하다 (pogubiti, ubiti); ~ sabljom 칼로 죽이다, 칼로 베다; ~ rečima (비유적) 말로 죽이다 3. (나무를) 전지하다, (가지를) 잘라 내다, 치다; (불필요한 부분을) 잘라내다, 다듬다; ~ grane 가지를 자르다; ~ u korenu 미연에 방지하다, ~의 싹을 자르다

sasipati -am & -pljem (不完) 참조 sasuti; 붓어 따라내다

saslušanje (동사파생 명사) saslušati; 청문, 심문

saslušati -am (完) saslušavati -am (不完) 1. ~ nekoga (do kraja) 누구의 말을 (끝까지) 듣다; molim vas da me saslušate, pa da onda sudite 내 말을 다 듣고난 후 판단해주시기 바랍니다 2. 심문하다, 청문하다; 조사하다 (ispitati, preslušati); ~ svedoke (optuženog) 증인 (피의자)을 심문하다

sastajalište 만남 장소, 모임 장소

sastajati se -jem se (不完) 참조 sastati se; 만나다, 모이다

sastanak -anka; -anaka 1. 만남, 모임(反; rastanak); mesto ~anka 모임 장소, 미팅 장소; zakazati ~ 모임 스케줄을 잡다; imati ~ s nekim 누구와 미팅이 있다; zakazati ~ nekome 누구와 모임을 약속하다; ~ s devojkom 여자친구와의 만남 2. 회의 (sednica, zbor); ~ izdavačkog saveta 출판 위원회 회의; naučni ~ 학술 대회 3. 접속,

결합, 합쳐짐 (spoj, priključak)

sastati se -nem se (完) **sastajati se** -jem se (不完) 1. 만나다 (naći se, sresti se); dva čoveka su se definitivno rastala, da se nikada više ne sastanu 두 사람이 결국 헤어졌으며 이후 한 번도 더 이상 만나지 않았다; gde ćemo se sastati? 어디에서 만날까? 2. 결합하다, 합쳐지다 (spojiti se, sastaviti se); dve reke se sastaju kod Beograda 두 강이 베오그라드에서 합쳐진다 3. 모이다, 회의를 열다, 회의가 열리다 (개최되다); istoga meseca sastala se banska konferencija 같은 달에 은행 총회가 개최되었다; skupština se već sastala 총회가 이미 개최되었다

sastav 1. (물건의) 재료, 원료, 구성 요소, 성분 (građa, materija); ~ materije 재료의 구성 성분; ~ stene 암석 성분 2. 체계, 구조, 구성 (sklop, celina, struktura); stanovništva 인구 구조; ući u ~ države 국가 체계에 들어가다 3. (두 물건의) 연결, 접합(점), 이음매 (spoj, dodir); baraka škripi na ~ima 막사는 연결부가 삐걱거린다; ~ vara je precizno urađen 용접 이음매는 세밀하게 되었다 4. (글로 쓴) 텍스트, 문서, 기사, 글 (spis, članak); moj ~ nije pažljivo pročitao ... i svesno podmeće ono što nisam trvdio 그는 내 글을 주의깊게 읽지를 않았으며 ... 그 결과 내가 주장하지 않은 것들을 의도적으로 주장한다

sastavak -vka 1. 구성 성분(부분·요소), 부품 2. 연결, 접합부, 이음매; ~ reka 두 강이 합쳐지는 곳, 두물머리 3. (글로 쓴) 기사, 텍스트, 글

sastaviti -im (完) **sastavljati** -am (不完) 1. (나란히) 놓다, 모으다 (spojiti); ~ prste 손가락을 모으다; ~ noge 발을 모으다; ~ pete 발꿈치를 모으다 2. (부품을) 조립하다, 조립하여 완성하다; ~ mašinu 기계를 조립하다 3. (흩어져 있는 것을) 모으다, 불러 모으다, 소집하다; ~ vojsku 군대를 모으다 4. 구성하다, 형성하다, 만들다 (obrazovati, formirati); ~ vladu 내각을 조각하다; jedinice su sastavljene od pripadnika manjinskih zajednica 부대는 소수민족의 국민들로 구성되었다 5. (누구를 누구와) 관계 맺게 하다, 어울리게 하다, 짝지어주다; ~ momka i devojku 총각처녀를 짝지어주다 6. (비유적) 정서적 유대감을 갖게 하다, 서로 가까운 느낌을 갖게 하다; sastavi nas zajednička opasnost 공동의 위기감으로 인

해 우리는 정서적 유대감을 갖고 있다 7. (돈을) 모으다, 절약하다; jedva sastavih pare za porez 세금을 내기 위해 겨우 모은 돈 8. (글자로, 서면으로) 쓰다, 작성하다; ~ pesmu 노래를 작곡하다; ~ pismo 편지를 쓰다; ~ molbu 청원서를 쓰다 9. (일정한 기간을) 채우다; dete je umrlo, ne sastavivši ni godinu dana 아이는 일년도 채우지 못하고 죽었다 10. ~ se 모이다, 만나다 (sastati se) 11. 기타; ~ nekoga sa zemljom 죽이다, 살해하다; ~ dan i komad 하루 벌어 하루 먹고 살다; ko ih je (samo) sastavio 누가 그것들을 만들었어(아무런 역할도 못하는 단체나 조직 등을 말할 때); jedva ~ kraj s krajem 겨우 벌어 먹고 살다, 근근히 연명하며 살다

sastavljač 조립하는(만드는, 구성하는, 모으는) 사람, 편성자; ~ zakona 법률을 만드는 사람

sastavljati -am (不完) 참조 sastaviti; jedva sastavljati kraj s krajem 힘들게 생활하다, 겨우 먹고 살다

sastavnī -ā, -ō (形) 1. (부품과 부품을) 이어주는, 연결하는, 연결의 (反; rastavni); ~ veznik 연결 접속사, 등위 접속사 2. 구성의, 구성 요소의, ~을 구성하는; ~ deo 구성 요소

sastavnica 1. 구성 성분, 부품 (komponenta) 2. 연결부, 이음매

sastojak -ojka; -ojaka 구성 요소(성분)

sastojati -jim (不完) 1. ~에 있다, 이다 (nalaziti se, biti, postojati) 2. ~ se od (iz) nečega ~으로 구성되다; posada se na brodu sastojala iz 15-20 ljudi 선박의 승무원은 15-20명으로 구성되었다; narodna skupština sastojala se od dva doma 의회는 양원제로 구성되었다 3. ~ se ~에 있다, 이다; problem se sastoji u tome što ... 문제는 ~에 있다

sastojina 참조 sastavina, sastojak; 구성 요소 (성분)

sastrica (植) 병아리콩

sastrići sastrižem, sastrigu; sastrigao, -gla; sastrižen, -ena; sastrizi (完) (양의) 털을 깎다 (ostrići)

sastrugati -žem (完) (비벼, 문질러) 표층(겉면)을 벗겨내다 (ostrugati)

sasud (보통 교회에서 사용되는) 그릇, 용기

sasušiti -im (完) **sasušivati** -šujem (不完) 1. 말리다, 건조시키다; jugozapadni vetar sasuši zemlju 남서풍이 땅을 건조하게 한다 2. ~ se 건조해지다, 마르다; orman se sasušio 옷장이 건조해졌다; sasuši se

S

živica 생울타리가 마른다 3. ~ se (비유적) 허약해지다, (체중이 빠져) 마르다; ~ se od bolesti 병(病)으로 체중이 빠져 마르다

sasuti *saspem; sasuo, -ula; sasut; saspi* (完) **sasipati** *-am* (不完) 1. (액체를) 따르다, 따라 붓다; ~ *vino u čašu* 포도주를 잔에 따르다; ~ *vodu na glavu* 물을 머리에 붓다; ~ *dukate u ruku* 금화를 손에 따르다 2. (화기의 총알을) 발사하다, 퍼붓다; ~ *metke u telo* 몸에 총알을 난사하다; ~ *celi šaržer u vazduh* 탄창에 장전된 총알 모두를 공중에 발사하다 3. (말을) 퍼붓다, 빨리 말을 하다; ~ *bujicu reči* 말 폭탄을 퍼붓다 4. (비유적) 소비하다, 탕진하다 (potrošiti, rasuti); *u novu kuću ~ sve što je zaradio* 새 집에 벌었던 모든 것을 퍼부었다; ~ *pare na put oko sveta* 세계여행에 돈을 사용하다 5. 기타; ~ *vatru na koga* 매우 신랄하게 누구를 비난하다; ~ *kome prah u oči* 누구를 속이다 (기만하다)

sasvim (副) 완전히, 전적으로 (u punoj meri, potpuno, posve); *on nije duševno ~ zdrav* 그는 정신적으로 온전하지만은 않다; ~ *se oporavio* 완전히 회복했다; ~ *se prilagodio običajima* 관례(풍습)에 완전히 적응했다

sašiti *sašijem; sašiven, -ena & sašit* (完) 1. 참조 šiti (옷 등을) 바느질하다, 꿰매다; ~ *ranu* 상처를 꿰매다; ~ *haljinu* 드레스를 꿰매다 2. 기타 *džep mi je sašiven* 나는 돈이 없다

sat 1. (複 *satovi*) 시계; *ručni (džepni, zidni, sunčani, peščani)* ~ 손목(주머니, 벽, 해, 모래)시계; *kontrolni* ~ 시간기록계(작업 시간을 정확히 기록하는 특수 시계); ~ *je tačan* 시계는 정확하다; *naviti* ~ 시계 태엽을 감다; *skazaljke na* ~u 시계 바늘; *tvoj sat ide 10 minuta napred (tvoj sat žuri 10 minuta)* 네 시계는 10분 빠르다; *moj* ~ *zastoje 5 minuta* 내 시계는 5분 느리다; *koliko je sad na tvom* ~u 네 시계로는 지금 몇시냐? **satni** (形); ~ *mehanizam* 시계 메카니즘 2. (複 *sati*) (24시간제의) 시(時)(čas); *dan ima 24* ~a 하루는 24시간이다; *koliko je (ima)* ~i 지금 몇시입니까?; *sada je pet* ~i 지금 5시입니다; *u sedam* ~i 7시에; ~ *i po* 한 시간 반; *pola* ~a 반시간; *četvrt* ~a 15분; ~ima 혹은 *po čitave* ~e 수 시간 동안 3. (複 *sati*) 시기, 시간, 시간대 (vreme, doba); *koji je sat u svemiru, dani ili ponoći, šta li je* 우주에서는 지금 낮이야 밤이야, 뭐야? 4. (複 *satovi*) (수업)시간, 수업 (čas); ~ *hemije* (학교의) 화학 시간; *davati satove* 과외수업을 하다 5. 기타; *sad znam koliko je* ~i! 무엇이 문제인지 (상황이 어떠한지) 알다; *raditi (plaćati) na* ~ 시간제로 일하다(지불하다); ~~dva 한 두 시간; *policijski* ~ 통행금지 시간; *u dvanaesti sati* 마지막 순간에; *suđeni* ~ 죽음

sat (集合 *saće*) 벌집(꿀벌들이 꿀을 저장해 놓는 밀랍으로 된 집); *puna kuća kao* ~ *meda* 벌집처럼 다닥다닥 붙어있는 집들

satana (=sotona) (男,女) (종교적 의미로) 사탄, 악마 (đavo, vrag) **satanski** (形)

satara 고기절단용의 작은 도끼, 푸줏간 칼

satelit 1. (행성 주변을 도는) 위성, 인공위성; *veštački (umjetni)* ~ 인공 위성 2. (政) 위성국가; 추종자

saten (=satin) 공단(광택이 곱고 보드라운 견직물)

saterati *-am* (完) **saterivati** *-rujem* (不完) 1. ~로 내몰다, 몰아 넣다 (uterati); ~ *u sobu* 방으로 몰아 넣다 2. (위에서 밑으로) 몰다, 몰고 내려오다; ~ *ovce s planine* 양들을 산에서 몰고 내려오다; ~ *neprijatelja do dole* 적들을 밑에 까지 몰아내다 3. 누르다, 짓누르다, 압착하다 (utisnuti, sabiti, zbiti); *teške grede zidove u zemlju saterale* 무거운 대들보들이 벽을 땅으로 짓눌렀다 4. 기타; ~ *do duvara (do zida)* 막다른 골목으로 몰다, 곤경에 처하게 하다; ~ *kome strah u kosti* 두려움이 뼛속까지 스며들게 하다; ~ *u kozji rog (u mišju rupu, u škripac, u tesnac)* 궁지에 몰아넣다; ~ *u top* 심하게 비난하다(힐난하다)

satir (神話) 사티로스(고대 그리스 신화에서 숲의 신. 남자의 얼굴과 몸에 염소의 다리와 뿔을 가진 모습)

satira 풍자 문학; ~ *na nešto* ~에 대한 풍자 문학

satirati *-em* (不完) 참조 satrti

satiričan *-čna, -čno* (形) 풍자의, 풍자적인, 비꼬는; (사람이) 풍자를 잘하는(좋아하는); *bio je duhovit, šaljiv i* ~ 그는 해학적이고 풍자적인 사람이었다; ~čne *pesme* 풍자시

satiričar, satirik 풍자문학 작가; 풍자를 즐겨 하는 사람

satirički *-ā, -ō* (形) 참조 satiričan

satisfakcija 만족(감), 만족감을 주는 것, 만족시키기; *moralna* ~ 도덕적 만족감

satirisati *-šem*, **satirizirati** *-am* (不完) 풍자하다, 빈정거리다

satkati *-am & satkem & sačem* (完) 뜨개질하

다, 뜨개질하여 만들다

satljik (1/8리터 짜리의) 유리병, 라키야병 (sajtlik, čokanj)

satnī *-ā, -ŏ* (形) 참조 sat; 시계의

satnica 1. 시급(時給), 시간에 따른 급료 2. (경기·방송 등의) 일정, 프로그램

satnija (廢語) (軍) 중대 (četa)

satnik (廢語) (軍) 중대장 (kapetan)

satrap 1. (歷) (고대 페르시아 제국의) 지방 총독 2. (일반적으로 독재적인) 지방장관, 총독 (despot)

satrapija 지방총독(satrap)이 관할하는 지역

satreti *-em* (完) 참조 satrti

satrti *satrem & sataram; satro, -rla; satrven & satrt; satri* (完) **satirati** *-em* (不完) 1. (벼 혹은 두드려) 분쇄하다, 가루로 만들다; ~ *u prah* 가루로 분쇄하다 2. 파괴하다, 부수다; 멸망시키다, 궤멸시키다, 근절시키다 (uništiti, razoriti); ~ *vojsku neprijatelja* 적군을 궤멸시키다; *oluja satre sve pred sobom* 돌풍은 자기 앞의 모든 것을 파괴한다 3. (과로·중노동 등으로) 기진맥진하게 하다, 탈진시키다 (izmoriti, slomiti); *satro sam volove danas* 오늘 나는 황소들에게 일을 많이 시켜 탈진시켰다; *satrven sam od kopanja* 삽질해서 굉장히 피곤하다 4. (심적·정신적으로) 무너지게 하다, 힘들게 하다, 괴롭히다; *tuga ga je satrla* 슬픔이 그를 심적으로 힘들게 했다 5. ~ *se* 거의 탈진되다 (기진맥진하다), 힘들어하다; ~ *se jahanjem* 말을 타 힘들다

satrven *-a, -o* (形) 참조 satrti; 가루로 된, 부서진

Saturn (天) 토성

saučesnik 공동 참가자; (法) 공범 **saučesnica**; *ja sam joj u krađi bio* ~ 나는 그녀의 절도 행각에 있어 공범이었다; *kažu da je bilo više* ~*a u atentatu* 암살 사건에 수 명의 공범이 있었다고 말한다

saučesništvo 공동 참가, 공동 작업

saučestvovati *-vujem* (不完) 1. (공동)참가하다, (공동)참여하다; ~ *u nečemu* ~에 (공동)참가하다 2. (타인이 겪는 곤경·어려움·슬픔 등에) 연민의 정을 갖다, 동정하다, 공감하다, 동감하다; ~ *u tuđoj nevolji* 타인의 곤경에 연민의 정을 갖다

saučešće 1. (공동)참가, (공동)참여 2. 연민; 애도, 조의; *izraziti svoje* ~ *povodom nečije smrti* 누구의 죽음을 맞이하여 애도를 표하다; *izjaviti nekome* ~ 누구에게 조의를 표하다

Saudijska Arabija 사우디 아라비아

saug (口語) (자동차 등 내연기관의) 공기 흡입 조절 장치, 초크

saurednik 공동편집인

sav (男) **sva** (女), **sve** (中) (形) 1. 예외없는, 전체의, 모든 (celokupan); *sve je plemstvo u Hrvatskoj bilo sakupilo … i pomirilo* 크로아티아의 전 부족들이 모여 화해를 했다 2. 모든, 전~ (ceo, čitav); *u svem našem selu nema čoveka starijeg od mene* 온마을에서 나보다 나이먹은 사람은 없다 3. 어마어마한, 커다란 (velik, golem); *sva sreća što je naslednik bio blizu* 피상속자가 가까이 있어서 큰 행운이었다 4. 같은, 동일한 (isti); *Bogdan, mlađi brat, bio je* ~ *otac* 동생인 보그단은 아버지와 똑같았다 5. 기타; *baviti se svim i svačim* 별별 일에 다 종사하다; *biti sve i sva* 1)모든 것이다 2)커다란 권력을 가지다; *vikati iz svega glasa (iz svega grla), na(u)* ~ *glas, na sva usta* 아주 큰 소리로 소리치다; *za* ~ *svet* 어떤 댓가를 치르더라도, 어떠한 희생을 감수하고라도; *za sva vremena* 영원히; *na* ~ *mah* 매우 활달하게(활발하게); *na(u)* ~ *trk* 매우 급하게(서둘러); *po svoj prilici (sva je prilika, svi su izgledi)* 아마도 ~일 가능성이 매우 높다; *sva sila (nečega)* ~이 아주 많은; *sve u svemu* 모든 것을 고려해 볼 때; *svom silom, svom snagom* 온 힘을 다해; *udariti u sva zvona* 최고의 경계상태를 발하다; *udariti nešto svim srcem (iz svega srca), svom dušom (iz sve duše)* 매우 흔쾌히 (무엇을 하다); *ona mi je sve i sva* 그녀는 내게 모든 것이다

savana 대초원, 사바나 (열대 지방 등의 나무없는 대평원)

savesno (副) 참조 savestan; 양심적으로, 성실하게, 진지하게; ~ *vršiti posao* 일을 성실하게(양심적으로) 수행하다

savest (女) 양심; *čista* ~ 깨끗한 양심; *grize me* ~ 혹은 *imam grižu* ~*i* 양심에 걸린다(찔린다); *po* ~*i* 양심에 따라; *imati koga na* ~*i* 누가 마음에 걸린다; *nema u njega ni iskre* ~*i* 그는 양심이 전혀 없다; ~ *mi je čista (mirna)* 나는 양심에 조금의 거리낌도 없다; *sloboda* ~*i* 양심의 자유

savestan *-sna, -sno* (形) 양심적인, 성실한 (zdušan)

savet 1. 조언, 충고, 권고; *dati (primiti, poslušati)* ~ 조언을 하다(받다, 듣다); *po lekarskom* ~*u* 의사의 충고에 따라; *tražiti*

1128

~ *(od nekoga)* (누구의) 조언을 구하다; *dati ~e kako se uči* 어떻게 공부하는지 충고하다 2. 심의, 협의, 토의, 상의 3. 심의회, 협의회, 평의회; 회의; 자문 위원회; *radnički ~* 노동자 평의회; *državni ~* 국가 평의회, 추밀원; *Savet bezbednosti* (유엔의) 안전보장이사회; *univerzitetski ~* 대학평의회; *fakultetski ~* (단과)대학 협의회; *Savet narodne odbrane* 국가국방위원회; *Savet federacije* 연방위원회

savetnik 1. 조언자, 충고자; 자문가, 상담역, 고문; (대사관의) 참사관 (savetodavac); *naučni ~* 과학 고문 2. 평의회(협의회·심의회) 위원 **savetnički** (形)

savetodavac 조언자, 충고자; 자문역, 상담역, 고문 (savetnik)

savetodavan *-vna, -vno* (形) 자문의, 고문의; *~vno veće* 자문 위원회

savetovalište 자문 기관; 상담소

savetovanje 1. (동사파생 명사) savetovati; 자문, 협의 2. 회담, 회의

savetovati *-tujem* (不完) **posavetovati** (完) 1. 조언하다, 충고하다; *~ nekoga (nekome) ~*에게 충고하다(조언하다); *savetovao sam ga (njemu) da ne ide tamo* 거기에 가지 말라고 그에게 충고했다 2. **~ se** 협의하다, 토의하다, 상의하다; *~ se s nekim* ~와 협의하다; *~ se sa stručnjacima* 전문가들과 협의하다

savez 1. 동맹, 연합, 연방, 연맹; *~ između dve države* 양국간 연합; *ratni ~* 전쟁 동맹; *~ sa neprijateljem* 적과의 연합; *Sovjetski ~* 소련 연방; *sklopiti ~ s nekim* 누구와 동맹을 맺다 2. 협회, 조합,연합; *fudbalski ~* 축구협회; *bokserski ~* 권투협회; *~ slepih* 시각장애인협회; *~ ratnih vojnih invalida* 상이군인연합회; *~ sindikata* 노동조합연합 3. 연관, 관계, 관련 (veza, povezanost); *poseta mu je bila u ~u sa političkim događajima* 그의 방문은 정치적 사태와 관련이 있었다

saveznik 동맹국, 연합국; 동맹자, 협력자 **saveznički** (形); *~e trupe* 연합국 군대

savezništvo 동맹(관계)

savijač 1. (쇠 등을) 구부리는 사람, 휘는 사람; *~ gvožđa* 쇠를 구부리는 사람 2. (쇠 등을) 휘는 도구(기구) 3. (解) (팔꿈치 위 부분 팔뚝의) 이두근 (biceps)

savijača 1. (料理) 파이(pita)의 한 종류 (밀가루 피를 둘둘 말아 만든) (gibanica); *~ od jabuka* 사과 파이, 애플 스트루들(사과를 잘라 밀가루 반죽에 얇게 싸서 오븐에 구운 것)

2. 텐트 모양의 초막(움막)

savijati *-jam* (不完) 참조 saviti

savijen *-ena, -eno* (形) 참조 saviti; 굽은, 휜, 접혀진

savijutak *-tka* 굽은 곳(장소), 굴곡, 굽이 (okuka, zavoj, savitak)

savinuti *-nem* (完) 굽히다, 구부리다, 휘다, 휘게 하다

savitak *-tka* 1. 둘둘 말린 것 (smotuljak) 2. 굴곡, 구부러진 곳, 굽은 곳 (savijutak, zavoj)

saviti *savijem; savio, savila; savijen, -ena & savit* (完) **savijati** *-am* (不完) 1. 구부리다, 휘다, 휘게 하다 (iskriviti, zgrbiti); *~ prut* 회초리를 구부리다 2. (고개·허리 등을) 숙이다, 떨구다 (sagnuti, spustiti); *~ glavu* 고개를 숙이다 3. (둥글게) 말다, 감다 (smotati, zaviti, uviti); *~ kosu* 머리를 돌돌 말다; *~ cigaretu* 담배를 말다 4. (~의 주변에) 놓다, 두르다, 싸다; *~ ruke oko vrata* 목을 손으로 감싸다; *~ šal oko glave* 스카프로 목을 두르다; *~ maramu oko ramena* 어깨에 수건을 걸치다 5. 접다, 접어 포개다 (previti, preklopiti); *~ zastavu* 기(旗)를 접다; *~ pismo* 편지를 접다; *~ novine* 신문을 접다 6. 돌다, 돌아서다 (skrenuti, zaokrenuti); *mladić savi za ugao* 청년은 구석으로 돌아섰다 7. (비유적) 종속시키다, 예속시키다, 복종시키다 (potčiniti, pokoriti); *videlo se da ga je život teško iz temelja savio, izmenio i preradio* 삶이 그를 완전히 정복하고 바꿔놓았음이 보였다 8. **~ se** 구부러지다, 휘어지다, 굽다; *bambus se savio* 대나무가 휘었다 9. **~ se** 모이다, 모여들다 (skupiti se, sabrati se); *deca su se savila oko majke* 아이들은 어머니 주변으로 모여들었다; *saviti se oko ognjišta* 화로 주변에 모이다 10. **~ se** 자리를 잡다, 피신하다 (smestiti se, skloniti se); *majke se savile s decom u napuštenoj kolibi* 어머니들은 아이들과 함께 폐움막으로 피신했다; *žene kojima su muževi pohapšeni ... savile se ovde sa decom* 남편들이 체포된 아낙네들이 아이들과 함께 여기에 자리 잡았다 11. 기타; *~ glavu (rogove, vrat) pred kim* 누구에게 항복하다(굴복하다); *~ gnezdo* 둥지를 틀다(가정을 꾸리다)

savitljiv *-a, -o* (形) 1. 구부러지는, 휘어지는, 유연한, 탄력있는, 신축적인, 융통성 있는 (gibak, elastičan); *~a kičma* 유연한 척추; *~o drvo* 휘어지는 나무 2. (비유적) 복종적

인, 굴종적인; 잘 적응하는 (ponizan, pokoran; prilagodljiv); *činovnici su ~i* 관료들은 복종적이다

savitljivost (女) 신축성, 탄력성, 융통성

savkolik, *svakolika, svekoliko* (形) 모든, 전부의, 전체의, 전(全)-, 총(總)- (sav, ceo, celokupan); *~i državni proračun* 국가총(總)추정치; *dići svukoliku vojsku* 전(全)군을 동원하다

savladati *-am* (完) **savladavati** *-am,* **savlađivati** *-đujem* (不完) 1. (전투에서) 이기다, 승리하다, 패퇴시키다; *~ neprijatelja* 적을 이기다; *~ golim rukama nekoga* 맨손으로 누구를 이기다 2. (어려움·난관 등을) 이기다, 극복하다; *~ strah* 두려움을 이겨내다; *~ prepreku* 장애물을 극복하다 3. 제압하다, 진압하다; 압도하다, 꼼짝 못하게 하다; *~ otmičara* 납치범을 제압하다; *bolest ga je savladala i onesposobila za svaki rad* 그는 병환으로 꼼짝할 수 없었으며 그로 인해 모든 노동력을 상실했다 4. ~을 완전히 익히다 (통달하다, 터득하다), ~에 정통하다(숙달하다); *~ gradivo* 교재를 마스터하다; *~ vojničku veštinu* 군사 기술을 완전히 숙달하다 5. *~ se* 자제하다, 자기의 감정을 억제하다; *nije se mogao ~ da pri susretu malo ne porumeni* 만날 때 얼굴이 붉어지는 것을 어쩔 수 없었다

savladiv, savladljiv *-a, -o* (形) 극복할 수 있는, 이겨낼 수 있는; *~a teškoća* 극복할 수 있는 어려움(난관); *~a prepreka* 이겨낼 수 있는 장애물

savlađivati *-đujem* (不完) 참조 savladati

savremen *-a, -o* (形) 1. 현재의, 현대의, 근대의; *~a umetnost(književnost)* 현대 예술(문학) 2. 동시대의 (istovremen, istodoban)

savremenik 동시대인 savremenica

savremenost (女) 동시대

savršen *-a, -o* (形) 완벽한, 흠결없는, 결함없는, 이상적인; *ovaj auto ~o ide* 이 자동차는 잘 간다; *~a lepota* 완벽한 미; *~a dobrota* 완전한 선(善)

savršenost (女), **savršenstvo** 완전, 완벽(함)

sazdati *-am* (完) 1. 만들다, 창조하다 (napraviti, stvoriti); *bila je ... kao da je iz voska sazdana* 밀랍으로 만들어진 것처럼 보였다; *sazdan od atoma* 원자로 이루어진 2. ~에 기반하다, ~에 기반하여 만들다 (zasnovati); *politički program sazdan je na pogrešnim premisama* 정치 프로그램은 잘못된 전제 위에 만들어졌다 3. (건물 등을)

짓다, 건설하다 (sazidati) 4. *~ se* 형성되다, 만들어지다, 생겨나다 (nastati, postati);

sazidati *sazidam & saziđem* (完) (건물을) 지어 올리다, 건설하다, 건축하다 (sagraditi); *crkve su im majtorski sazidane od kamena* 그들의 교회는 돌로 세련되게 지어졌다

saziv 1. (집회·대회 등의) 소집; *~ skupštine* 의회 소집, 총회 소집 2. (의회의) 대(代); 회기, 회의 (zasedanje); *prvi jesenji ~ Narodne skupštine* 국회의 추계 첫 회기

sazivač 소집하는 사람, 소집자

sazivati *-am & sazivljem* (不完) 참조 sazvati

saznanje (동사파생 명사) saznati; 인식, 깨달음

saznati *-am & saznadem* (完) **saznavati** *saznajem* (不完) 알다, 알아채다, 깨닫다, 인식하다; *~ za nešto (o nečemu)* ~에 대해 알아채다; *saznalo se* 알려졌다; *~ čulima* 감각으로 알다

sazreti *sazrem & sazrim; sazreo, -ela & sazrio* (完) **sazrevati** 1. (과일·곡물 등이) 익다, 무르익다, 여물다; *voće je sazrelo* 과일이 익었다 2. (상처·고름 등이) 완전히 곪다; *kad čir sazri, treba ga provaliti i očistiti* 종기가 완전히 곪으면, 고름을 짜서 완전히 제거해야 한다 3. (조건·시기·발달 정도 등이) 무르익다, 성숙하다, 충분히 발달하다; *devojka je rano sazrela* 소녀는 조숙했다; *kad mladić sazri, roditelji mu traži nevestu* 청년이 다 자라면, 부모는 그의 신부감을 찾는다; *vojnički uslovi za iskrcavanje saveznika još nisu sazreli* 연합군의 상륙작전에 필요한 군사 조건들이 아직 충분히 무르익지 않았다 4. 발효하다, 숙성하다 (fermentirati, prevreti); *vino je sazrelo* 포도주는 숙성되었다

sazuti *sazuzem* (完) **sazuvati** *-am* (不完) (신발을) 벗다 (izuti); *sazula je cepele* 그녀는 구두를 벗었다

sazvati *sazovem; sazvao, -ala; sazvan & sazvat; sazovi* (完) **sazivati** *-am & sazivljem* (不完) (회의 등을) 소집하다; *~ skupštinu* 의회를 소집하다; *~ vanrednu sednicu* 비상회의를 소집하다; *~ sastanak za ponedeljak* 월요일에 회의를 소집하다

sazvežđe (天) 별자리, 성좌(星座)

sazvučan *-čna, -čno* (形) 조화로운, 조화를 이루는; (음 등이) 듣기 좋은, 선율이 아름다운; *~ glas* 조화를 이루는 소리

sazvučje 조화, 하모니

sazvuk 화음(和音), 다른 음과 조화를 이루는

음
sažaliti *-im* (完) 1. (*nekoga*) ~에게 동정을 느끼다, ~를 불쌍하게 생각하다; *Ivo sažali mladića, a ... događaj ga ... potrese* 이보는 젊은이에게 연민을 느끼는데...사건이 그를 흔들어 놓는다; *sažali prosjaka i dade mu novac* 거지를 불쌍히 여겨 돈을 주었다 2. ~ se ~에게 연민(동정)을 느끼다(표하다); ~ se nad bolesnikom 환자에 대해 연민을 느끼다 3. ~ se 슬퍼지다, 애통해 하다; *umesto da ga to obraduje, on se još više sažali* 그것이 그를 기쁘게 하기는커녕 오히려 그는 더 슬퍼졌다
sažalnica 1. 조의문, 애도 성명 2. (한정사적 용법으로) 유감의, 애도의 (sažalna)
sažaljenje 애도, 유감, 동정, 연민; *osećati ~ prema nekome* 누구에게 동정을 느끼다
sažaljevati *-am* (不完) ~ *nekoga* 누구를 불쌍히 여기다, ~에게 연민을 느끼다
sažaljiv *-a, -o* (形) 1. 연민 어린, 동정하는, 불쌍히 여기는; ~ *pogled* 연민 어린 시선 2. 측은한, 불쌍한, 가련한; ~a žena 불쌍한 여인
sažeći *sažežem, sažegu* & *sažegnem*; *sažegao, -gla*; *sažežen, -ena*; *sažezi* (完) **sažizati** *-ižem* (不完) 불태우다, 불태워 없애다, 전소(全燒)시키다; *neprijatelj će ... ~ sve što su tu građani podigli i sabrali* 적들은 이곳 시민들이 건설하고 모아 놓은 모든 것들을 전소시킬 것이다
sažetak *-tka*; *sažeci, sažetaka* (기사·연설·강연·서적 등의) 요약, 개요, 적요, 초록(抄錄) (rezime)
sažeti *sažmem*; *sažeo, -ela*; *sažet*; *sažmi* (完) **sažimati** *-am* (不完) 1.응축시키다, 압축시키다 2. (기사·연설 등을) 요약하다, 압축하다, 축약하다; ~ *knjigu* 책을 요약하다; ~ *radnju romana* 소설의 줄거리를 요약하다 3. ~ *ramenima* (어깨를) 움츠리다(으쓱하다); *on saže ramenima i položi pismo na sto* 그는 어깨를 움찔하고는 편지를 책상에 놓았다
sažetost (女) 간결, 간명; ~ *stila* 문체의 간결; ~ *govora* 연설의 간결(성)
sažimanje 1. (동사파생 명사) sažimati; 요약, 압축, 축약 2. (言) ~ *vokala* 모음 축약
sažimati *-am* & *sažimljem* (不完) 참조 sažeti
saživeti *-im se* (完) **saživljavati se** *-am se*, **saživljivati se** *-ljujem se* (不完) 1. ~ *s kim* (*nečim*) ~와 함께 사는 것에 익숙해지다, ~의 일부가 되다; *stranac se saživi sa domorocima* 외래인인 토착민들과 함께 사는 것에 익숙해진다 2. 친밀해지다, 가까워

지다; *otac i sin još se više saživiše u muzici* 아버지와 아들은 음악으로 더욱 더 가까워졌다 3. ~와 동거하다; *dobio je sina od jedne žene sa kojom se saživeo* 동거했던 여자와의 사이에서 아들을 얻었다 4. 좋지 않은 것들과 익숙해지다; ~ *sa teškoćama* 난관들에 익숙해지다
sažizati *-ižem* (不完) 참조 sažeći
sažvakan *-a, -o* (形) 1. 참조 saživakati; (이빨로) 씹은 2. (비유적) 지친, 피곤한; 주름진, 해진, 낡은
sažvakati *sažvačem* & *sažvaćem* (完) (이빨로 음식을) 씹다
scena 1. (극장 등의) 무대, 스테이지, 연단 (pozornica, bina) **scenski** (形); ~ *efekat* 무대 효과 2. (연극·영화 등의) 장면, 신; 무대 장치 (dekor) 3. (연극·소설 등의) 장(章); *treći čin, druga ~* 3막 2장 4. (일상 생활에서 일어나는) 특정적 사건, 일, 스캔들; *napraviti ~u* 스캔들을 일으키다 5. 다툼, 말싸움 (svađa); *napraviti ~u mužu* 남편과 말다툼하다
scenarij, scenario *-ija* (男) 1. (연극·영화 등의) 시나리오, 대본, 각본 2. 예정된 각본(계획)
scenarist(a) 시나리오 작가, 각본가
scenarija 무대 장치 (dekor)
scenograf (극장의) 무대 장치를 그리는 화가
scenografija (모든 종류의) 무대 장치 작업
scenskī *-ā, -ō* (形) 참조 scena; 무대의; ~ *izraz* 무대 표현; ~a *patetika* 무대에서의 감동
sceptar *-tra* (제왕의 상징으로서의) 홀 (笏) 권장(權杖) (žezlo, skiptar)
se (대명사) 1. (sebe의 비강조형); *ona se pere* 그녀는 몸을 씻는다 2. 서로 서로의, 서로 서로를; *oni se vole* 그들은 서로 서로를 좋아한다 3. (재귀동사와 함께); *on se plaši oca* 그는 아버지를 무서워한다 4. (수동형으로) *ova se kuća prodaje* 이 집은 매물로 내놓은 집이다; *to se razume samo po sebi* 그것은 말할 필요도 없는 것이다 5. (무인칭문 표현으로); *spava mi se* 졸립다; *ide mi se u bioskop* 영화를 보고 싶다
seansa 교령회(交靈會: 산 사람들이 죽은 이의 혼령과 교류를 시도하는 모임)
sebar *-bra* 1. (歷) (중세 세르비아 시절 정치적 권리가 없던) 자유 농민, 양치기 2. 농민, 농부 (ratar, težak, seljak)
sebe (재귀 대명사) (A. G.) (D.L *sebi*, I. *sobom*) 자기 자신의, 자기 자신을; *on radi za ~* 그는 자기자신을 위해 일한다; *voleti samog ~* 자기자신만을 사랑하다; *misliti*

lepo o sebi 자기자신에 대해 좋게 생각하다; *do ~ držati, na ~ davati* 자기 자신의 능력 (자기 자신의 가치)을 높이 평가하다; *izvan sebe (biti, doći, dovesti koga)* 극도로 흥분하다(당황하다); *k sebi doći* 1)(혼수 상태에서 깨어나) 정신을 차리다 2)흥분을 가라앉히다, 진정하다; *(k) sebi ruke!* 만지지마!, 상관하지 마!; *naći ~* 자신의 위치(가치)를 깨닫다(알아차리다); *o sebi živeti* 자기 손발로 일해 벌어먹다; *povući se (zatvoriti se) u ~* 사람들과의 교류를 피하다, 세속과 단절해 살다; *poznavati ~* 자신의 가능성에 대해 잘 알다(인식하다); *prema sebi* 자신의 입맛에 따라; *(pre)uzeti na ~* 책임을 떠맡다; *udubiti se u ~* 골똘히 생각하다; *biti zadovoljan sobom* 자기 자신에게 만족하다; *uzeti (poneti) sa sobom* 가지고(지니고) 가다; *biti van ~ od radosti* 즐거움에 제 정신이 아니었다; *imaš li novaca pri sebi?* 지금 가진 돈이 있느냐?

sebičan *-čna, -čno* (形) 이기적인, 자기 중심적인 (egoističan); ~ *čovek* 이기적인 사람; ~ *motiv* 이기적인 동기

sebičnica 이기적인(자기 중심적인) 여자

sebičnost (女) 이기심, 이기적임, 자기 중심적임 (sebeljubivost)

sebičnjak 이기적인(자기 중심적인) 사람, 에고이스트 **sebičnica**

seboreja (病理) 지루증(脂漏症; 피지선의 분비물이 너무 지나친) **seboreični** (形)

secati *-am* (不完) **secnuti** *-nem* (完) 1. (날카로운 도구로) 자르다, 토막으로 자르다 (seckati= 2. 거세게 잡아당기다, 힘껏 당기다 (trzati, cimati); *prilikom upotrebe mamuza jahač ne sme secati konja dizginama* 박차를 사용할 때 기수는 말의 고삐를 세게 잡아 당겨서는 안된다 3. 단속적으로 이야기하다, 말을 띄엄띄엄 하다, 중간중간 끊어 이야기하다; *seca kad priča* 그는 말을 할 때 끊어서 한다 4. (koga) 괴롭히다, 못살게 굴다, 귀찮게 하다 (kinjiti, mučiti); *secan je od stražara* 그는 경비로부터 괴롭힘을 당했다 5. 심한 통증을 유발하다; ~ *u grudima* 가슴에 심한 통증을 유발하다; *nešto me seca u leđima* 등이 굉장히 아프다

secesija 1. (정당·교회 등으로부터의) 분리, 탈퇴, 탈당, 이탈 (otcepljenje, rascep) 2. (미술의) 분리파 (19세기말-20세기초 중부 유럽에서 나타난)

secesionist(a) 1. 분리주의자, 분리독립파 지

지자 2. (미술) 분리파주의자 **secesionistički** (形)

secikesa (男) 소매치기(꾼) (džeparoš)

secirati *-am* (完,不完) 1. (시신을) 절단하다, 해부하다, 해부검시하다 (사망원인을 찾기 위해) 2. (비유적) 분석하다, 세밀히 조사하다 (analizirati, proučavati)

secivo 1. 칼; (자르기 위한) 날카로운 도구 2. 흉기를 사용한 싸움(전투)

seckalica (고기 등을 토막 낼 때 쓰는) 큰 칼, 작은 도끼; ~ *za luk* 양파를 써는 칼

seckati *-am* (不完) **iseckati** (完) 1. 잘게(조각조각으로) 자르다(썰다); *seckana šunka* 잘게 썬 햄; ~ *meso* 고기를 잘게 썰다; ~ *drvo* 나무를 자르다 2. ~에 새김표시를 하다 (zasecati, zarezivati); ~ *krajeve suknje* 치마의 끝에 새김표시를 하다 3. ~의 흐름을 자르다(중단시키다); ~ *govor* 말을 끊다 4. (통증이) 잠깐씩 심하게 아프다(쑤시다)

secnuti *-nem* (完) 자르다 (secati, seckati)

secovati *-cujem* (不完) (경마·내기 등에) 돈을 걸다, 내기를 하다, 노름하다

seča 1. (나무·숲의) 벌채, 벌목, 나무 베기; ~ *drva* 벌목 2. 베어진 나무(가지); 벌목된 곳 3. (목을 베어 죽이는) 참수 (pokolj, krvoproliće)

sečanj 참조 siječanj; 1월 (januar)

sečenje 1. (동사파생 명사) seći; 자르기, 자르는 것; ~ *vena* 칼로 손목을 긋는 것 2. 벌목 (seča)

sečica (數) 시컨트(sec), 할선(割線)

sečimice (副) 1. 칼날로 (oštrimice); *udariti ~* 칼날로 치다 2. 세워, 수직으로 (vertikalno, okomito); *postaviti cigle ~* 벽돌을 세워 쌓다 3. 손날로; ~ *rukom udariti* 손날로 치다, 당수로 치다 4. (비유적) 날카롭게, 신랄하게, (우회적이 아닌) 직접적으로; *tužilac se malo namrgodi što je pitanje bilo tako ~ stavljeno* 그렇게 직접적인 질문을 받아 검사는 약간 얼굴을 찌푸렸다

sečivo 1. 자르기 위한 도구(무기), 칼 2. (칼·낫 등의) 날 (oštrica, rez); ~ *noža* 칼날

sečnī *-ā, -ō* (形) 자르는, 자르는 용도의; ~*o oružje* (칼·도끼 등의) 자르는 무기

sećanje (동사파생 명사) sećati; 기억, 회상, 추억; *izneverilo me je* ~ 내 기억이 올바르지 않았다; ~ *na rodni kraj* 고향에 대한 기억(추억); *bledo* ~*a* 희미한 추억

sećati se *-am se* 참조 setiti se

seći *sečem, seku; sekao, -kla; sečen, -ena; seci* (不完) 1. (칼 등으로) 자르다, 잘라 내

다, 베어 내다, 절단하다, 떼어 내다; ~ *drvo* 나무를 자르다; ~ *hleb* 빵을 자르다; ~ *kožu* 가죽을 자르다 2. (외과적으로) 갈라 잘라 내다, 수술하다 (operisati); ~ *čir* 종양을 제거하다, ~ *stomak* 복부를 수술하다; ~ *ruku* 손을 절단하다 3. (나무·풀 등을) 자르다, 벌채하다; ~ *drvo* 나무를 자르다, ~ *stub* 기둥을 자르다; ~ *šumu* 벌채하다(벌목하다) 4. (koga) (흉기로) 누구를 치다(죽이다) (ubijati, klati); ~ *vojsku* 군대를 몰살시키다; ~ *mačem* 칼로 죽이다 5. 단절시키다, 끊다 (kidati); *poslednih dana stalno smo im sekli vezu s garnizonom* 최근 계속해 우리는 수비대와 그들의 통신선을 끊었다 6. 헤치고 나가다 7. (어떤 지역을) 양편으로 가르다, 가로지르다 (presecati); *odmah preko toga počinjala se uska ulica koja je ... sekla sela* 곧 마을을 가로지르는 좁은 길이 생겨났다; *put seče dolinu* 길은 계곡을 가로지른다; *brod seče vodu* 배는 물살을 가로지르며 미끄러진다 8. (차가운 바람이) 매섭게 불다; *vetar seče* 차가운 바람이 살을 에듯이 매섭게 분다 9. 매섭게(적대적인 눈길로) 바라보다, ~에게 매몰차게 행동하다; *očima me seče kao zmija ljutica* 독사처럼 나를 매몰차게 바라본다 10. 무뚝뚝하게 말하다; ~ *rečima* 무뚝뚝하게 말하다 11. 끊어질 듯 아프다, 쥐어짜듯 아프다 (probadati); *bol mi seče utrobu* 배가 쥐어짜듯 아프다 12. (카드 게임에서) 패를 떼다; ~ *karte* 패를 떼다 13. ~ se 교차되다, 교차되는 지점에 있다 14. ~ se (칼·도끼 등의 무기를 들고) 싸우다, 전투하다 (tući se, boriti se) 15. 기타; ~ *vino* (새로운 형태의 포도주을 얻기 위해) 포도주를 서로 섞다; ~ *granu na kojoj se sedi* 제 무덤을 스스로 파다(자신의 이익에 반하는 행동을 하다); ~ *kome duvan na glavi* 커다란 곤경(어려움)에 처하게 하다; ~ *na panju* 적극적으로 빨리 해결하다; ~ *nebo* (하늘을 찌르듯) 높이 솟다

sed *-a, -o; seđi* (形) 1. (머리가) 흰, 희끗희끗한, 반백의; ~ *čovek* 머리가 희끗희끗한 사람; ~*a kosa* 희끗희끗한 머리; *u njegovoj gustoj kosi još se nigde seda nije bila pojavila* 숱이 많은 그의 머리에 흰 머리가 나타난 곳은 한 군데도 없었다 2. (비유적) 흰, 하얀, 하얀 빛깔이 나는 (beo, beličast) 3. 기타; ~*e plesti* (여자가) 결혼하지 않다, 시집가지 않다; *ti bi valjda hteo da ja sede pletem?* 너 혹시 내가 시집가지 않고 혼자

늙는 것을 원하는 것은 아니지?; *pod ~u glavu (kosu), pod ~e vlasi* 나이 들어(먹어)

sedalce *-a & -eta* (지소체) sedalo

sedalo 1. 앉기 편하게 만들어진 것; 의자, 좌석 (sedište, stolica); 의자의 앉는 부분; *kameno ~ uz zid kuće* 집 담장에 나란히 있는 앉기 편한 돌 2. 왕좌, 옥좌; 왕위 (presto, tron) 3. 닭장의 가로 막대, 홰 (밤에 닭들이 앉아 잠자는) 4. (사람의 신체중 앉는 부분) 엉덩이 (debelo meso, stražnjica, zadnica); *posred ~a udariti ga motkom* 엉덩이 한 가운데를 몽둥이로 때리다

sedam 칠(7); *knjiga sa ~ pečata* 뭔가 난해한 (이해할 수 없는) 것

sedamdeset 칠십(70)

sedamdesetak 칠십여(약 70, 70여)

sedamdesetī *-ā, -ō* (形) 일흔번째의

sedamdesetogodišnjak 일흔살 먹은 사람(노인)

sedamdesetogodišnjī *-ā, -ē* (形) 일흔살의, 70주년의

sedamdesetogodišnjica 70주년

sedamnaest 십칠(17)

sedamnaestī *-ā, -ō* (形) 십칠의(17의), 열일곱번째의

sedamnaestogodišnjī *-ā, -ē* (形) 십칠년(17)의, 열일곱살의

sedamsto 칠백(700)

sedamstotī *-ā, -ō* (形) 칠백번째의

sedati *-am* (不完) 참조 sesti

sedativ 진정제

sedativan *-vna, -vno* (形) (약 등이) 진정시키는, 진정제로 작용하는

sedećke, sedećki (副) 앉아서, 앉은 자세로

sedef 자개

sedefan *-fna, -fno* (形) 1. 자개로 된, 자개로 장식된; ~*fna drška* 자개로 장식된 손잡이 2. (빛깔·광채 등이) 자개를 회상시키는; ~*fno nebo* 자개 빛깔의 하늘

sedefli (形) (不變) 참조 sedefan

sedeflija (puška와 함께 사용되어 한정사적 용법으로) *puška ~* 자개로 장식된 총

sedeljka (소규모 사람들이 보통 저녁 때 쯤 모여 이야기하고 노는) 파티, 모임; *pozvati nekoga na ~u* 누구를 파티(모임)에 초대하다

sedenje (동사파생 명사) sedeti

sedeti *-im* (不完) 1. 앉다, 앉아 있다; ~ *na stolici (za stolom, u fotelji, na divanu, u klupi)* 의자에(책상에, 소파에, 안락의자에) 앉다 2. 빈둥거리며 시간을 보내다, 헛되이 시간을 보내다 (dangubiti); ~ *celo leto* 여름

내내 하는 일 없이 시간을 보내다 3. (항구적 또는 장기간) ~에 있다; (사무·업무 등으로 인해) ~에서 기거하다; ~ u redakciji 편집실에 기거하다; u konzulatu ~ tri godine 영사관에서 3년간 있다; Kralj Nikola je sedio na Cetinju 니콜라왕은 쩨띠냐에 기거했다 4. (장·단기간) ~에 살다 (방·집·거리에), 머무르다, 거주하다, 투숙하다; sedi u skupim hotelima 비싼 호텔에 투숙하다; sedi u vlastitoj kući 자기 집에 살다 5. 거주하다, 체류하다, 살다 (boraviti, živeti); u mladosti je sedeo u Beogradu 젊었을 때 베오그라드에서 살았다 6. (새가) 알을 품다 (ležati) 7. 기타; ~ iza brave(rešetaka) 투옥생활을 하다; ~ između (na) dve stolice 대립하는 양 진영을 동시에 지지하다, 일정한 입장이 없다, 위선적으로 행동하다; ~ između četiri zida 1)방안에만 있다(집밖에 나가지 않다), 2)감옥에 있다; ~ na žeravici 좌불안석이다(안절부절 못하다); ~ kao na iglama 가시방석에 앉다; ~ na prestolu (tronu) 왕좌에 오르다; ~ na ušima 듣지 않다, 전혀 들으려 하지 않다; ~ skrštenih ruku 팔짱을 끼고 가만히 앉아 있다; ~ nekome uz koleno ~의 바로 옆에 앉다; ~ na dukatima(parama) 돈방석에 앉다

sedeti -im (不完) **osedeti** (完) 머리가 희어지다, 흰머리가 나다; on sedi 그는 머리가 희어진다; tebi kosa sedi 네 머리가 희어진다

sediment 침전물, 퇴적물, 앙금 (talog, naslaga) **sedimentski** (形)

sedimentaran -rna, -rno (形) 침전(퇴적)으로 생기는, 침전의, 퇴적물의

sedina (보통은 複數로) 흰 머리

sedište 1. 좌석, 의석, (앉을 수 있는) 자리; rezervisati ~ 좌석을 예약하다; prednje (zadnje) ~ 앞(뒷)자리 2. (기관·회사 등의) 본부, 본사, 본청(本廳); sa ~em u Parizu 파리에 본사를 둔; ~ vlade 정부 본청

sediti -im (不完) **posediti** (完) (他) 머리가 희어지게 하다

sedlar 안장 및 마구(馬具) 제조인 **sedlarski** (形)

sedlarnica 안장 및 마구 제조인 (sedlar)의 작업장

sedlarstvo 안장 및 마구 제조업

sedlast -a, -o (形) 1. 안장(sedlo) 모양의, 가운데가 약간 들어간, 움푹 꺼진 (ulegnut); ~ nos 움푹 꺼진 코; ~o brdo 가운데가 움푹 꺼진 언덕 2. 가운데가 약간 들어간 등을 가진

sedlati -am (不完) **osedlati** (完) 1. (말·당나귀 등에) 안장을 얹다; on mi je timario konja, sedlao mi ga 그는 내 말을 돌보고 말 등에 안장을 얹었다 2. 기타; ne dâ se ni vilama ~ 매우 완고하고 고집센 사람을 일컬을 때 하는 말

sedlenik (=sedlanik) 승마용 말(馬) (反; seisana)

sedlo sedala 1. (말에 얹는) 안장; staviti konju ~ 말에 안장을 얹다 2. (두 산봉우리를 잇는) 등마루, 산등성이 3. (일반적으로) 꺼진 곳, 움푹 패인 곳; nos ima ~ 코에 꺼진 곳이 있다; ~ telefonskog aparata 전화기의 움푹 패인 곳 4. 기타; sedeti čvrsto u ~u 확실하게 권력을 장악하다(실권을 쥐다); baciti (izbaciti, izbiti koga) iz ~a 직위해제 하다, (~직에서) 낙마시키다; naći se na ~u 권력을 잡다; pristaje mu kao kravi (krmači) ~ 전혀 어울리지 않는 옷을 입고 나타는 사람을 이를 때 사용함; uskočiti u čije ~ 누구의 위치(직위)를 차지하다

sedmak 1. 7살 먹은 사내아이; 7년 된 가축(숫컷) 2. 7학년의 학생; 7연대에 속한 병사 3. 감자의 한 종류; 콩의 한 종류 **sedmakinja**

sedmerac 1. 7보격(강세를 받는 음절이 7개로 구성된 시행) 2. (핸드볼) 7미터 자유투(파울에 대한 벌칙으로) **sedmerački** (形)

sedmerica 참조 sedmorica; 7명(7명의 남자, 7명의 사람)

sedmero 참조 sedmoro; (集合) 7의; ~ čeljadi 7명의 사람; ~a vrata 7개의 문

sedmī -ā, -ō 1. (數) 7번째의; ~ razred 7학년; ~ padež 7격(格) 2. 기타; do ~oga znoja 마지막 힘이 다할 때까지; ~a briga, ~a svirala 부차적인(중요하지 않은) 그 어떤 것

sedmica 1. '7'의 명칭, 7 2. 주(週) 7일로 구성된 (nedelja, tjedan); svake ~e 매주 3. (죽은 지 7일 후에 지내는) 제(際), 제사

sedmičnī -ā, -ō (形) 매주의, 주 1회의, 주간의; ~ časopis 주간지(紙); jednom ~o 1주에 한 번

sedmičnik 주간지(일주일에 한 번 발행되는) (nedeljnik)

sedmina 1. ~의 칠분의 일, 1/7 2. 7명으로 구성된 그룹

sedmodnevnī -ā, -ō (形) 7일간의, 7일간 계속되는; ~o odsustvo 7일간의 결석(궐위·결근); ~o putovanje 7일간의 여행

sedmogodac -oca; sedmogodaca 일곱 살 먹은 사람(동물)

sedmogodišnjak 7살짜리 소년

1134

sedmogodišnjī -ā, -ē (形) 1. 7년의, 7년이 된, 7살 먹은; ~ dečak 2. 7년간의, 7년간 지속되는

sedmokrak -a, -o (形) 7각형의

sedmokut, sedmokutnik 7각형 (sedmougao)

sedmoletan -tna, -tno (形) 참조 sedmogodišnji

sedmorica 7명의 남자

sedmoro (集合) 7명; ~ dece 7명의 아이들

sedmosložan -žna, -žno (形) 7음절의

sedmostruk -a, -o (形) 7겹의, 7중의

sedmoškolac -lca 7학년생

sedmougao -gla, sedmougaonik 7각형

sedmougaonī -ā, -ō (形) 7각형의

sednica 1. 회의, 회담, 컨퍼런스; ~ Savezne narodne skupštine 연방인민의회 회의; odborska ~ 위원회 회의; profesorska ~ 교수 회의; sazvati (održati, zakazati, otvoriti) ~u 회의를 소집하다(주최하다, 예정하다, 개회하다); ići na ~u 회의에 가다; zajednička ~ 합동 회의 2. (方言) 좌석, 의자 (sedište, stolica, sedalo)

sednjača (解) 좌골(坐骨: 궁둥이뼈의 아래 부위를 차지하는 굴곡진 좌우 한 쌍의 뼈. 앉았을 때 바닥에 닿으며 몸을 지탱함)

sedobrad -a, -o (形) 수염이 하얀, 흰수염의, 흰 턱수염의

sedoća 하얀 머리, 머리가 하얀 상태

sedoglav -a, -o (形) 머리가 흰, 흰머리가 난

sedra (폭포나 물이 흘러내려 오는 곳의 밑바닥에 생기는) 구멍이 많은 석회석

sedī -ā, -ē (形) 참조 sed; (머리가) 더 희어진

sef -ovi 금고; zakupiti ~ 금고를 임차하다

sefardi (男,複) 세파르디(스페인·북아프리카계의 유대인) sefardski (形)

sefte -eta 1. 하루중 첫번째 판매, 마수걸이 2. (부사적 용법으로) 처음으로 (prvi put); to mu je ~ 그것이 그 사람에게는 처음이었다

seftedžija (男) (하루중) 첫번째 손님, 첫 고객

segment 1. (幾何) (원의) 호(弧), 활꼴 2. (땅의) 부분, 구획, 단편

segnuti -nem; segnuo & segao, -gla (完) sezati, sizati -žem (不完) 1. (팔·도구 등을) 뻗다, 뻗치다 (잡기 위해, 접촉하기 위해); 잡다, 붙잡다, 만지다, 접촉하다; sela uz krevet i ... segnula za pogačom 침대에 나란히 앉아 빵을 집기 위해 팔을 뻗었다; ~ rukom za nečim ~을 잡기 위해 손을 뻗다 2. (okom) 시야에 닿다, 보다, 바라보다 (pogledati); dokle oči sežu 시야가 닿는데까지 3. (do nekoga, nečega) ~까지 다다르

다, 이르다 (dopreti, dosegnuti); mreža ne seže do dna 어망은 바닥까지 닿지 않았다 4. (비유적) ~속까지 들어가다, 뚫고 들어가다 (zadreti, prodreti); ~ u suštinu stvari 문제의 핵심으로 들어가다 5. 온 힘을 다하다, 모든 힘을 쏟다

segregacija 1. (특히 인종간의) 분리, 격리; 인종 차별(정책) 2. (일반적인) 분리, 격리

segregacionist(a) 분리(격리,차별)주의자, (특히) 인종 차별주의자

sehir (=seir) 관람, 바라봄; 볼 가치가 있는 것; ~ učiniti, ~ (po)gledati 바라보다, 쳐다보다, 관람하다

sehiriti -im (不完) (=seiriti) 즐기면서 바라보다(쳐다보다, 관람하다)

seisana (=sejsana) 짐나르는 말 (反; sedlenik)

seiz 말을 돌보는 사람, 마구간지기, 마부 (konjušar)

seizmičkī -ā, -ō (形) 지진의, 지진에 의한; ~ talasi 지진파; ~a oblast 지진 지역; ~a stanica 지진관측소

seizmograf 지진계(計), 지진기록계

seizmogram (지진계가 기록한) 진동 기록, 진동도(震動圖)

seizmolog 지진학자

seizmologija 지진학

seizmometar -tra 지진계(計), 지진기록계

seja (愛稱) sestra

sejač 1. 씨 뿌리는 사람 2. (비유적) (소문 등을) 퍼뜨리는 사람

sejačica 1. 파종기, 씨 뿌리는 기계 (sejalica) 2. 씨 뿌리는 여자

sejalica 파종기, 씨 뿌리는 기계 (sejačica)

sejanje (동사파생 명사) sejati; 파종

sejati, sijati -jem (不完) 1. (밭 등에) 씨를 뿌리다, 파종하다; ~ raž 호밀 씨를 뿌리다; kako seješ, tako žanješ 뿌린만큼 거두리라 2. (비유적) (대량으로 자기 주변에)흩뿌리다, 흩리다; (사람들 사이에 사상·생각·기분 등을) 퍼뜨리다, 전파하다, 확산시키다; ~ krv 피를 뿌리다; ~ mržnju 증오심을 퍼뜨리다; nemoral i razdor ... obojica su sejali 타락과 불화를 두 사람이 퍼뜨렸다; ubijali su demokratske vođe i sijali svuda strah 그들은 민주적 지도자들을 살해하고 사방에 두려움을 퍼뜨렸다; ~ klice (mržnju) (증오의) 씨앗을 퍼뜨리다; ~ nepoverenje 불신을 확산시키다; ~ paniku 공포심을 퍼뜨리다 3. (체 등으로) 걸러내다; ~ brašno 밀가루를 거르다; ~ pesak 모래를 걸러내다 4. 기타; ne niči gde te ne seju 너와 상관없는 일에 참

견하지 마라; *novo sito na visoko seje,*
novo sito o klinu visi 처음에는 모두가 자신
의 일을 잘 한다; *s vragom tikve* ~ 결과가
안좋다(혼이 났다, 힘든 시간을 보냈다)
sejin *-a, -o* (소유) 참조 seja; 누이의, 언니의
sejmen(in) *-eni* (歷) 1. (오스만 제국 시절의)
예니체리 보병에 속하는 병사 2. 치안질서유
지원, 경찰 (redar, stražar, pandur)
seka 1. (愛稱) sestra 2. (일반적인) 처녀, 아가
씨 (devojka)
sekač 1. 살인자, 살인마 (koljač) 2. (조각 등
에 사용되는) 끌
sekans (數) 시컨트, 정할(正割), 할선(sec)
sekanta (數) 시컨트(sec), 할선(割線) (sečica)
sekantan *-tna, -tno* (形) 쉽게 화를 내는, 짜
증내는, 성마른, 신경질의 (nervozan,
svadljiv)
sekcija 1. (기관·조직·회사 등의) 부서, 과; 팀;
tehnička ~ 기술부; *fiskulturna* ~ 체육부 2.
(전체의) 부분, 일부분; (신문 등의) 난(欄);
(책 등의) 절(§); (법규 등의) 항; ~ *rečnika*
사전의 일부분 3. (軍) 축소된 지도(단면도)
4. (醫) 검시, 부검 (obdukcija, seciranje)
sekira 1. 도끼 2. 기타; *pliva kao* ~ 그는 수
영을 전혀 하지 못한다(그는 맥주병이다);
pala mu ~ *u med* (예기치 못한) 횡재를 하
다; *pijan kao* ~ 매우 취한, 곤드레 만드레
취한; *prost kao* ~ 매우 단순한(간단한)
sekiracija (마음이) 심란함, 근심, 걱정
sekirati *-am* (不完) 1. (훈계·질책 등으로) 마음
이 심란하게 하다, 근심(걱정)하게 하다, 놀
라게 하다; *deca sekiraju majku* 아이들은
어머니를 근심시킨다 2. ~ se 근심하다, 걱
정하다, 심란해하다; *nemoj da se sekiraš* 걱
정하지마!
sekirče *-eta,* **sekirica** (지소체) sekira
sekirište 도끼의 손잡이
seknuti *-nem* (完) 1. (날카로운 그 무엇으로)
자르다 2. (번개가) 하늘을 가르다, 번쩍이다,
치다 3. (눈빛이) 번쩍이다 4. (생각이) 번득
떠오르다 5. (na koga) ~에게 심하게 말하다,
고함치다, 소리치다 6. (몸속에) 파고들다,
찌르다, 쑤시다 7. 홱 잡아 당기다, 잡아 뽑
다; ~ *telom* 몸을 잡아 당기다; ~ *sabljom*
po vazduhu 칼을 잡아 뽑다 8. (통증 등이)
현저히 줄어들다(완화되다) 9. ~ se 홱 잡아
당겨지다; *seknu se nazad* 뒤로 잡아 당겨지
다
sekotina 자상(刺傷), 벤 상처

sekrecija (담즙·위액 등의) 분비; (담즙·위액·가
래 등의) 분비물
sekret 1. 비밀 (tajna) 2. (담즙·위액·가래 등의)
분비물 3. (方言) 변소, 화장실 (zahod,
nužnik, klozet); *pod krovom ni ~a, nego je*
izvan kuće 집 안에 변소도 없었으며 집밖
에 있었을 뿐이다
sekretar 1. (기관·단체 등의) 비서, 간사, 총무
(행정사무를 주도적으로 수행하는) (tajnik,
delovođa) 2. (행정부처의) 장관; 서기관, 사
무관; *državni* ~ 장관; (세르비아의) 차관; ~
za spoljne (inostrane) poslove 외교장관 3.
서기 (회의록 등을 기록하는) 4. (개인·임직원
의) 비서 **sekretarski** (形)
sekretarica 참조 sekretar
sekretarijat 1. 비서실 2. (지방자치 정부의)
국(局), (국제 조직의) 사무국; ~ *za*
unutrašnje poslove (SUP) 내무국(치안본부);
gradski ~ *za finansije* 시(市)재무국;
gradski ~ za inspekcijske poslove 시(市)감
사국 3. (구유고슬라비아의) 부(部); *Savezni*
~ *za inostrane poslove (za narodnu*
odbranu) 연방외교부(국방부)
sekreter 책상
seks 1. 성 (행위), 성관계, 섹스, 성교 2. 성적
취향
seksapil, seksepil 성적 매력 (sex appeal)
seksolog 성(性)과학자, 성(性) 연구가
sekstant 1. 원(圓)의 6분의 1 2. 육분의(六分
儀: 각도와 거리를 정확하게 재는 데 쓰이는
광학 기계)
sekstet 6중창(중주)단; 6중창(중주)곡
seksualan *-lna, -lno* (形) 성적인, 성관계에 관
한, 성과 관계되는; *~lno prosvećivanje*
(vaspitanje) 성교육; *~lna higijena* 성 위생
seksualitet, seksualnost (女) 성생활, 성취향,
성본능
sekta *-ī* & *-ā* 1. (주류 교회에서 분리된) 소수
종파(宗派), 교파; 이단(파); *verska* ~ 종교
적 이단파 2. (다수의 이해관계와는 별개로
자신들만의 이익을 위해 소수의 사람들이 폐
쇄적으로 뭉치는) 계파, 파벌, 당파
sektaš 종파 분자, 이단에 속하는 사람; 계파
주의자, 계파원, 계파(파벌·당파)에 속한 사
람 **sektaški** (形)
sektašiti *-im* (不完) 계파(분파)를 만들다, 이
단을 만들다
sektaštvo 종파주의, 당파주의, 파벌주의
sektor 1. (幾何) 부채꼴 2. (산업 활동의) 분
야, 영역, 부문; *privatni* ~ 민간 부문; *na ~u*
prosvete 교육 분야에서; *finansijski* ~ 재정

부문 3. (관할 지역 등의) 구역, 지구

sekularan -rna, -rno (形) 1. 백년(100)동안 지속되는 (stogodišnji); ~rna godina 백년이 시작되는 첫 해; apsolutni ~rni minimum 백 년동안 기록된 최저 기온 2. 세속의, 속세의, 세속적인 (svetovni); ~ kler 교구 사제 (수도원 밖에 거주하는) ; 세속 국가

sekundsekund(男) **sekunda**d (女)시간단위의초 秒;순간잠시trenutak, časak, hip, tren); jedan (samo) ~ 잠깐만!; ovaj ~, ovog ~a 즉시; u ~ 1)정확히 약속된 시간 2)동시에 2. (각도 단위의) 초 3. (音樂) 2도 음정; (노래의) 제 2음부; (오케스트라의) 제 2바이올린

sekundant -āta (결투, 권투 경기 등의) 세컨드, 입회자, 보조자; 복싱 세컨드

sekundar 2차 코일

sekundaran -rna, -rno (形) 2차적인, 부차적인, 보조적인, 파생적인, 별로 중요하지 않은, 부(副)의; 부차적 원자재; 파생적 의미

sekundirati -am (不完) 1. ~ nekome (연주·노래에서) 화음을 넣다, 제 2음부로 노래하다, 제 2바이올린(기타 등을) 연주하다 2. ~ nekome 후원하다, 지지하다, 도와주다 (pomagati, potkrepljivati, podupirati); ona klela, on sekundirao 그녀가 저주를 퍼부었고, 그는 거기에 장단을 맞췄다 3. (결투에서) 증인 노릇을 하다, 세컨드(sekundant)의, 세컨드(sekundant)의 역할을 하다

sekutić (齒) 앞니

sekvenca 1. (일련의) 연속적인 사건들(행동들· 숫자들 등), 잇따라 일어나는 것; 결과, 귀결 2. (音樂) 반복 진행 (같은 음형(音型)이 음높이를 바꾸어서 되풀이되는 일) 3. (영화) 연속된 한 장면, 일련의 화면

sekvestar -tra 1. (法) 재산의 가압류 (sekvestracija) 2. 재산의 가압류자; 가압류 재산 관리인 (sekvestator) 3. (醫) (건전한 뼈에서 분리 잔존하는) 부골(腐骨)

sekvestracija (法) 재산의 가압류

sekvestirati -am (完,不完) (재산을) 가압류하다

sekvoja (植) 세쿼이아(키가 아주 큰 상록 교목의 하나)

selac (사람·동물 등의) 떠돌이(일정한 터전이 없는, 새로운 생활 터전을 찾아 떠돌아 다니는); golub ~ 전령 비둘기

selam 무슬림식 인사 (이마에 손을 대고 몸을 굽히는 인사); ~ nazvati (poslati) 안부인사하다

selance, **selašce**, **selce** -a & -eta (지소체) selo; 작은 마을

sele -eta (愛稱) sestra

selekcija 1. 선발, 선택, 선정 (odabiranje, izbor); ~ kadra 요원 선발 2. (生) 선택, 도태; prirodna ~ 자연 도태 3. 선발된 팀, 대표팀

selekcionī -ā, -ō (形) 선발의, 선택의; ~a stanica 선별소; ~a teorija 선택설, 도태설

selektivan -vna, -vno (形) 선택 능력이 있는, 안목이 높은; 선택의, 선택적인

selektor 1. 선별(선택)하는 사람 2. (스포츠의) 감독

selen (植) 1. 라빗지, 미나리과 식물의 일종 2. 셀러리 (celer)

selendra (輕蔑) 사람이 살지 않아 폐허가 된 마을

selenit 1. 달나라 사람, 달(月)에 사는 가상의 주민 2. 달여행을 준비하는 사람

selica 1. (보통은 숙어로서) ptica ~ 철새; riba ~ 회유성 어류 2. (비유적) 떠돌이, 떠돌아 다니며 사는 사람

selidba -ābā & -ī 이주, 이사 (selenje, seoba) **selidben** (形) ~i troškovi 이주(이사)비

seliti -im (不完) preseliti (完) 1. 이사하다, 이주하다, (거처를) 옮기다 (seliti se) 2. (koga, što) 이주시키다, 옮겨 놓다 (preseljavati, premeštati); ~ stvari 물건을 옮겨 놓다; ~ roditelje bliže sebi 부모님들을 자기 가까이로 이사시키다 3. ~ se 이사하다, 이주하다; (철새 등이) 이동하다; ~se u novi stan 새 아파트로 이사하다 4. (명령형으로) seli se! 꺼져!, 나가!

selo 1. (젊은이들의) 저녁 파티(모임) (보통은 추수가 끝난 가을이나 겨울철에) (poselo, sedeljka); (일반적인) 모임, 파티, 잔치; (공동체 회원들의) 모임, 회합, 회의 (skup, zbor) 2. 모임(회합) 장소(건물); 행정관청의 건물 3. 자리, 좌석 (sedalo)

selo 1. (시골·농촌) 마을, 부락, 촌락; u tom ~u 그 마을에서; razbijeno ~ 집이 띄엄띄엄 있는 마을; ušoreno ~ 반듯반듯한 길에 집이 나란히 서있는 마을; špansko ~ 이해할 수 없는(알지 못하는) 그 어떤 것; to su za mene španska ~a 그것은 내게는 이해할 수 없는 그 어떤 것이다 2. 시골, 농촌; ići na ~ 시골에 가다; živeti na ~u 시골에 살다; doći sa ~a 시골에서 오다 **seoski** (形); ~ običaji 시골 풍습; ~ život 농촌 생활; ~ put 시골길

selotejp 셀로(스카치)테이프, 접착테이프

selskī -ā, -ō (形) 참조 seoski

selski (副) 시골(농촌) 방식으로

selters 탄산수, 광천수 (독일에 있는 생산지명을 따라) selterski (形)

seljače -eta (지소체) seljak; 소년 농군, 농촌 출신 소년

seljačić (지소체) seljak

seljačina 1. (지대체) (輕蔑) seljak 2. 거칠고 단순한 사람

seljak 1. 농민, 농부, 농군 (zemljoradnik, ratar, težak) 2. 시골 사람, 촌사람 3. (輕蔑) 단순 무식한 사람 4. (체스) 폰, 졸 (pion) seljanka, seljakinja; seljački (形); ~ život 농부의 삶; ~a kuća 시골집; ~o ponašanje 천박한 행동; ~a stranka 농민당

seljakati se -am se (不完) 자주 거주지(직장·학교 등을) 바꾸다; 자주 이사하다; seljakaju se kao nomadi 유목민처럼 자주 이사한다; neprestano se seljaka s jednog mesta na drugo 한 장소에서 다른 장소로 끊임없이 옮겨다닌다

seljakinja 참조 seljak

seljakuša 참조 seljakinja

seljančad (女) (集合) seljanče

seljančica 1. (지소체) seljanka; 농부(農婦), 시골아낙; 시골(농촌)출신 소녀 2. (民俗) 콜로 (kolo)의 한 종류

seljančura (輕蔑) seljanka

seljanin -ani 참조 seljak; 농민, 농부, 농군

seljanka 농부(農婦), 시골아낙 (seljakinja)

seljaštvo (集合)농민, 농부; (사회계급으로서의) 농민

sem (前置詞, +G) ~제외하고, ~이외에(osim); svi su došli ~ Olge 올가를 제외하고 모두 왔다; ~ što ste napravili nekoliko grešaka 몇몇 실수를 한 것을 제외하고

semafor (도로의, 철로의) 교통신호등, 신호 장치

semantičar 의미론 학자

semantika 1. 의미론 2. (단어·구·시스템의) 의미

seme -ena 1. 씨, 씨앗, 종자; čuvati koga (kao) za ~ 누구를 잘 돌보다 2. (어떤 일·사건의) 씨, 씨앗; 기원, 시초; 근원, 원인; ~ razdora 불화의 씨앗 3. 자손, 후손 (porod, potomstvo, koleno) 4. (남자의) 정액 semeni (形); ~e ćelije 정자(精子); ~ kanal (kanalić) (解) 정관(精管); ~a tečnost 정액

semeglavac -avca 정자(精子)

semenar (식물 등의) 씨앗을 채취하여 판매하는 사람, 종묘업자

semenarnica 씨앗 상회

semenī -ā, -ō (形) 참조 seme

semenik (解) 고환, 정소(精巢)

semenište 1. 묘목장, 종묘장 (rasadište, rasadnik) 2. (예비 성직자들을 교육하는) 신학교 (seminar, bogoslovija)

semenka -ā & -ākā 씨; ~ od bundeve (lubenice) 호박(수박) 씨

semenovod (解) 정관(精管)

semenjača 1. 종자식물(種子植物; 관다발식물 중 꽃이 피어 종자를 만드는 식물) 2. 씨껍질 (semenica)

semenjak 1. 종자용 옥수수 2. 씨앗이 있는 꽃 3. 생식 능력이 있는 남자

semenje (集合) seme

semestar -tra (대학 등의) 학기; prvi (zimski) ~ 1학기(겨울 학기); drugi (letnji) ~ 2학기 (여름 학기) semestarski, semestralni (形); ~ raspust 겨울 방학

semikolon 세미콜론(;)

seminar (대학 등에서의) 세미나, 토론회; 세미나실; istorijski ~ 역사 세미나; u ~u 세미나에서; ~ iz književnosti 역사 토론회; na ~u 토론회에서 2. 신학원, 신학대학 seminarski (形); ~ rad 세미나 과제; ~a vežbanja 세미나 연습

seminarac 신학원생, 신학대학생

semiologija 기호학

semiotičan -čna, -čno (形) 기호의

semiotika 기호학

Semit 셈족(셈어(Semitic)를 사용하는 아랍인·유대인 등) semitski (形); ~ jezici 셈어

semivokal (言) 반모음 (poluglasnik)

sen (男), sena (女) 1. 그늘, 응달; 그늘진(응달) 곳 2. (일반적으로) 어두운 곳(면) 3. 그림자 4. 어두운 표정, 밝지 않은 표정 5. (고인에 대한) 살아있는 사람들의 추억(기억); (고인의) 혼, 영혼; (일반적인) 유령, 귀신 (duh) 6. 기타; bacati sen(u) na koga 누구의 선의(도덕성)를 의심하다; biti (držati se, stajati) u seni 자기 자신에게 관심을 두지 않다; biti u seni koga ili čega ~의 그늘에 있다; biti čija ~, ići za kim (pratiti koga) kao (njegova) ~ 그림자처럼 붙어 다니다; bojati se (kloniti se) svoje sene 매우 조심하다; izgledati kao ~ 매우 비쩍 마르다; pada na njega ~ 그의 도덕성(선의)에 의심이 생기다; pribeći pod ~ koga 누구의 보호 아래로 도망치다; potisnuti (staviti) koga u senu 누구의 후방(배후)을 압박하다; ~ od čoveka 매우 허약하고 마른

sena (植) 센나 (차풀·석결명 무리; 그 잎은 약재용으로 사용됨)

senast -a, -o (形) 그늘진, 그늘이 드리워진; 그늘을 드리우는

senat 1. (歷) (고대 로마의) 원로원 2. (양원제의) 상원 3. 평의회, 평의원회 4. 참조 senator; 상원의원, 평의회 위원 senatski (形)

senator (고대 로마의) 원로원 의원; 상원 의원; 평의회 의원

senatskī -ā, -ō (形) 참조 senat; ~a sednica 상원 회의, 평의회 회의

senčiti -im (不完) osenčiti (完) 1. (햇볕을 가려) 그늘을 드리우다, 응달을 만들다; rukom senči lice 손으로 얼굴에 응달을 드리운다 (손으로 얼굴을 가린다) 2. (그림·회화 등에서) 음영을 넣다 3. (비유적) 대조(대비)하여 강조하다(강조하여 말하다) 4. ~ se 어두워지다, 그늘이 지다; oči se senče 눈에 그늘이 진다

sendvič 샌드위치

senf 겨자 (gorušica, slačica)

senica (鳥類) 박새; plava ~ 푸른박새; ćubasta ~ 뿔박새; velika ~ 박새; močvarna (ritska) ~ 쇠박새

senica 1. (지소체) sena; 그늘, 응달 2. (정원·뜰 등에 있는) 햇볕을 피할 수 있는 움막(초막)

senik 건초 창고 (senarnik, senjak)

senilan -lna, -lno (形) 1. 노쇠한, 노망든 (oronuo, izlapeo) 2. 노인의, 노년의, 노년기의 (starački); ~lno blebetanje 노인의 수다

senilnost (女) 노쇠, 노령, 노망; već se tada osećala kod njega ~ 벌써 그때 그에게서 노망기가 느껴졌다

senior 1. 연장자, 손윗사람 2. (스포츠팀·학교 등의) 선배, 선임자, 상급생; 상급자, 상위자; ~i su pobedili 상급생들이 승리했다 seniorski (形); ~ tim 연장자 팀

senka 응달, 그늘; 그늘진 곳; 그림자; u ~ci 그늘에서; bacati ~u na nekoga 누구에 대해 의구심을 나타내다; živeti u nečijoj ~ci 누구의 그늘에서 살다; plašiti se od svoje ~e 너무 겁이 많다(너무 조심스럽다); više nema ni ~e sumnje 더 이상 의심할 구석이 없다; on je sada samo ~ od čoveka 그에게서 더 이상 옛날의 모습을 찾아볼 수 없다; senka za kapke 아이새도 (눈꺼풀에 바르는 화장품)

seno 1. (가축 사료로 쓰이는) 건초; stog ~a 건초더미; denuti (plastiti) ~ 건초를 쌓다; kositi ~ 건초를 베다; skupljati (prevrtati) ~ 건초를 모으다(뒤집다) 2. 건초더미 (plast, stog, kladnja, kamara)

senokos 1. 건초를 베는 곳(풀밭) 2. 건초베기, 건초베기 철 (kosidba sena)

senovit -a, -o 1. 그늘진, 응달진, 그늘을 드리우는; ~o drvo 그늘을 드리우는 나무; njihov put vodio je kroz duboku i ~u šumu 그들의 여행길은 울창하여 햇볕이 안드는 숲을 관통하였다 2. 그늘진, 어두운 (osenčen, taman) 3. 안좋은 예감의, 불길한, 나쁜 징조의 (zloslutan, koban); moli da ga stric premesti u koji drugi manastir ... pošto je kuća ~a 그는 삼촌에게 자신을 다른 수도원으로 옮겨 달라고 부탁했다 ... 왜냐하면 집이 불길했기 때문이었다; ~a kula 불길한 예감의 탑 4. 흐린, 분명하지 않은, 불투명한 (mutan, nejasan); ~e misli 불분명한 생각

sentencija 1. 금언, 격언 (mudra izreka, gnoma) 2. (法) (형의) 선고, 판결, (배심원단의) 평결 (presuda)

sentenciozan -zna, -zno (形) 경구(금언)가 많은, 경구적인; (말투가) 설교투의, 훈계조의

sentimentalan -lna, -lno (形) 감정적인, 감정에 따른; 감상적인; ~ roman 애정 소설

sentimentalizam -zma 1. 감정적 경향, 감정적 언행 2. (18-19세기 문학 사조의) 감상주의

sentimentalnost (女) 감성적 행위(행태)

senzacija 1. 센세이션(돌풍, 선풍), 강렬한 인상, 커다란 흥분; izazvati ~u 센세이션을 일으키다 2. 인상, 느낌 (utisak, dojam)

senzacionalan -lna, -lno (形) 센세이션한, 돌풍적인, 선풍적인, 세상을 놀라게 하는; ~lna vest 센세이션한 뉴스; ~lne novine 센세이션한 신문

senzal (보통은) 주식 중개인(중매인); (상업적 계약 체결의) 중개인, 중매인, 브로커 (posrednik, mešetar)

senzibilan -lna, -lno senzitivan -vna, -vno (形) 매우 예민한(민감한) (osećajan, osetljiv, čuvstven)

senzibilnost (女) (감정 등에) 민감함, 예민함 (osetljivost, čuvstvenost)

senzualan -lna, -lno (形) 1. 관능적인, 육감적인, 섹시한; ~lna usta 섹시한 입; ~ nadražaj 육감적인 자극 2. 음탕한, 음란한, 방탕한 (čulan, puten); ~lna žena 음탕한 여인; ~lna poezija 음탕한 시

senzualizam -zma 1. (윤리) 관능주의; (철학) 감각론; (미술) 관능주의, 육감주의 2. 관능주의, 육욕주의, 육욕에의 탐닉 (čulnost, strastvenost)

senzualnost (女) 관능성, 육욕성; 호색

S

senjak 건초 창고 (=senarnik)

seoba 1. 이주, 이사 (selidba); *velika ~ naroda* (4-7세기) 이민족들의 이주 2. (철새·동물 등의) 이동 seobni (形)

seoce -a & -eta; (複) seoca, selaca (지소체) selo

seoskī -ā, -ō (形) 참조 selo; 농촌의, 시골의; ~ aktiv 농촌 활동가 단체

separacija 1. 분리, 분할, 나눔 2. (분리해내는) 분리기, 분리 과정

separat 발췌 인쇄본(신문·잡지 등에 처음 발표된 글을 따로 뽑아 인쇄한 것), 별쇄본(別刷本)

separatan -tna, -tno (形) 1. 분리된, 따로 떨어진, 독립된, 개별적인; ~tni pregovori 별도의 협상 2. 기타; ~tni mir 단독강화

separatist(a) 분리주의자 separatistički (形); ~a organizacija 분리주의 단체

separatizam -zma (정치·인종·종교상의) 분리주의

separator (機) 분리기, 선별기, 원심분리기

separe -ea (男) (식당 등의) 별도의 방(공간)

separirati -am (完,不完) 1. 분리하다, 분할하다, 나누다 (odvojiti, odeliti, izdvojiti) 2. ~ se 분리되다, 나뉘다, 분할되다

sepet 등에 매는 광주리 (나무등을 엮어 만든, 깊이가 깊은) (kotarica, korpa, košara)

sepsa (病理) 패혈증

septembar -bra 9월 (rujan) septembarski (形)

septet (音樂) 7중주, 7중창, 7중주(창)곡

septičan -čna, -čno, septičkī -ā, -ō (形) (醫) 부패성의, 패혈증성의; ~čka jama (박테리아를 이용한) 오수(汚水) 정화조

septima 1. (音樂) 온음계의 7음 2. (韻律) 7행시

serafim 치품천사(熾品天使; 천사 9계급 중 최고위 천사)

serbes, serbez (副) 두려움없이, 자유롭게, 근심걱정없이 (bez straha, slobodno; bez brige); tako smo mi ~ prešli preko 그렇게 우리는 자유롭게 건너왔다

serenada (밤에 사랑하는 여인의 창 밖에서 부르는) 세레나데, 소야곡

serija 1. (같은 종류, 유사한 것의) 일련, 연속, 연쇄 (niz, red); ~ neuspeha 실패의 연속; ~ gladnih godina 흉년의 연속 2. (서적 등의) 연속 출판물, 총서; (방송 프로의) 연속물, 시리즈 3. (화폐·우표·어음 등의) 한 벌, 시리즈

serijskī -ā, -ō (形) 연속적인, 시리즈의; ~a proizvodnja 일관 생산, 조립라인 생산; ~

broj 연속되는 수

seriozan -zna, -zno (形) 진중한, 진지한, 심각한 (생각을 요하는); 중요한, 중대한; 농담이 아닌, 진정의 (ozbiljan, trezven); ~ članak 진중한 기사

serkl -ovi 서클, 클럽, 동아리

sermija 1. 재산, 자산 (imetak, imovina) 2. 가축, 소 (stoka, marva)

serologija 혈청학

serpentin (鑛物) 사문석(蛇紋石)

serpentina 1. 구불구불한 (오르막) 길; 굴곡, 굽음 2. 둘둘말린 형형색색의 긴 종이 줄 (경기장 등에서 환호의 표시로 던지는)

serum (醫) 혈청(血淸)

server (테니스·탁구 등의) 서브를 넣는 선수

servijeta 냅킨 (salveta, ubrus)

servilan -lna, -lno (形) 1. 맹종하는, 복종하는, 순종하는 (pokoran, ponizan); ~ prema gore, brutalan prema slabima 윗사람들에게는 맹종하면서 약자에게는 잔인한 2. 노예 근성의, 굽실거리는, 비굴한; ~ osmeh 비굴한 웃음

servilnost (女) 맹종, 복종; 노예 근성, 비굴

servirati -am (完,不完) 1. (식당 등에서 음식을) 제공하다, 서비스하다; (음식을 상에) 차려주다[내다]; (상점에서 손님) 시중을 들다, 응대하다; ~ gostima 손님들에게 (음식을) 제공하다; ~ ručak 점심식사를 서비스하다 2. 도움이 되다, 기여하다; (상품·서비스를) 제공하다 3. (테니스·탁구 등의) 서브를 넣다

servis 1. (호텔·식당·상점에서의 손님에 대한) 서비스, 봉사; ~ je grozan! 서비스가 아주 엉망이다 2. (그릇 등의) 세트; ~ za čaj (kafu, jelo) 티(커피, 식기) 세트; ~ za 6 osoba 6인용 세트 3. 서비스 센터(기관); A/S센터, 수리 센터; ~ za pranje 세탁 서비스 센터; ~ za hemijsko češćenje 세탁소; ~ za pomoći 지원 센터; ~ za čuvanje dece 유아 보호 센터; kola su u ~u 자동차는 수리 센터에 있다 4. (테니스·탁구의) 서브, 서비스 servisni (形); ~a radionica 서비스 센터, as센터

servisirati -am (完,不完) 수리 센터에서 수리하다

serviz 참조 servis

servus 1. 노예, 하인 (rob, sluga) 2. (廢語) 인사말과 맞받는 인사말의 한 종류 (어이~, 안녕~)

serž 서지(짜임이 튼튼한 모직물)

sesija (의회 등의) 회기, 세션; (법정의) 개정 (중) (sednica, zasedanje); ~ skupštine 의

회의 회기; ~ *suda* 법정의 개정

sesti *sednem* & *sedem*; *seo, sela*; *sešće*; *sedni* & *sedi* (完) **sedati** *-am* (不完) 1. (의자에) 앉다; (정해진 좌석에) 착석하다; (말·당나귀 등에) 오르다, 올라 타다; (버스·기차 등 운송 수단에) 타다, 올라 타다; ~ *na stolicu* (*u fotelju, za sto, na klupu*) 의자(소파, 책상, 벤치)에 앉다; ~ *nekome u krilo* 누구의 무릎에 앉다; *sedi i jedi* 앉아 먹어라!; ~ *u auto* 자동차에 타다; ~ *u voz* (*na avion*) 기차(비행기)에 타다; ~ *na konja* 말에 올라타다; *on je seo da uči* 그는 공부하기 위해 앉았다; ~ *za volan* 운전대를 잡다; ~ *na presto* 왕좌에 앉다 2. (새 등이 땅·나뭇가지 등에) 내려 앉다 3. (해·달이) 지다, 떨어지다 (*zaći*); *Mesec je već seo* 달이 벌써 떨어졌다; *Sunce je davno selo za istarske gore* 태양이 오래전에 이스타르 산 넘어로 졌다 4. (정해진 안정된 위치에) 안착하다; *upravo pomoću takve brzine prva kosmička raketa sela je u putanju oko Sunca* 바로 그러한 속도에 힘입어 최초의 우주 로케트는 태양 궤도에 안착했다 5. (*koga*) 누구를 앉히다; ~ *promrzlog uz peć* 추위에 언 사람을 난로 옆에 앉히다; *seo ga je na mekše sidište* 그를 푹신한 의자에 앉혔다 6. 시작하다 (*početi, stati*)

sestra *sestro*; *sestara* 1. (*rođena*) ~ 친 언니 (누나, 여동생); 사촌 언니(누나, 여동생) ~ *od tetke*(*strica, ujaka*) 이종사촌(친사촌, 외사촌) 언니(누나, 여동생); ~ *po mleku* 같은 젖을 먹은 자매 (유모의 친딸, 유모의 수양딸 등의) 2. (*medicinska*) ~ 간호사 3. *časna* ~ 수녀 **sestrin** (形)

sestričić (지소체) sestrić

sestričina 조카딸 (sestra의 딸; 언니(여동생, 누나)의 딸) (*bratanica, sinovica, nećaka*)

sestrična 참조 sestričina

sestrić 조카 (sestra의 아들; 언니(여동생, 누나)의 아들) (*bratanac, sinovac, nećak*)

sestrimiti *-im* (完,不完) **posestrimiti** (完) 의자매를 맺다; 언니(여동생)라고 부르다

sestrin *-a, -o* (形) 참조 sestra; 누이의, 언니의, 여동생의

sestrinskī *-ā, -ō* (形) 참조 sestra; 언니(누나, 여동생)같은

sestrinstvo 1. 딸들이 받는 상속유산분 2. 자매결연

sestriti *-im* (不完) 참조 sestrimiti

set *-ovi* (테니스·배구 등의) 세트; ~ *lopta* 세트 포인트

sêt 1. 느낌, 감정 (*osećanje, osećaj*) 2. 비애감, 슬픈 감정, 애수

seta 비애감, 애수, 구슬픔; ~ *za nečim* ~에 대한 애수

setan *-tna, -tno* (形) 1. 슬픈, 우울한, 비애감에 젖은, 애수에 젖은 (*tužan, melanholičan*); ~ *čovek* 애수에 젖은 사람 2. 애수(비애감)를 불러 일으키는; ~*tna muzika* 애수를 불러 일으키는 노래

seter (動) 세터(사냥개로 쓰이기도 하는, 털이 길고 몸집이 큰 개)

setiti *-im* (完) **sećati** *-am* (不完) 1. (koga) 기억을 회상시키다(떠올리게 하다) 2. ~ *se* 기억하다, 기억해 내다, 상기하다; *ona se dobro seća svega* 그녀는 모든 것을 잘 기억하고 있다; *ne mogu da se setim* 기억나지 않는다; *ako se dobro sećam* 만약 내 기억이 옳다면 3. (完만) ~ *se* (해결책·아이디어 등을) 생각해 내다 (*domisliti se, dosetiti se*); *setio se pravog rešenja* 올바른 해결책을 생각해 냈다

setkariti *-im* (不完) 가끔씩 (조금씩) 앉다

setva *-āvā* & *-ī* 1. (보통은 곡물의) 씨뿌리기, 파종 (反; *žetva*); *prolećna* ~ 봄철 파종; *jesenja* ~ 가을철 파종; ~ *suncokreta* 해바라기 파종 **setven** (形); ~*a površina* 파종 면적 2. (비유적) (어떠한 사상·아이디어의) 확산, 보급

sevak *-vka*; *sevci, sevaka* 1. (지소체) sev; 섬광, 번쩍함 2. 번쩍거리는 칼, 번뜩이는 칼날을 가진 칼 3. (천둥을 동반하지 않은) 번개의 번쩍임

sevap 1. 선행 2. 선행상(償)

sevati *-am* (不完) **sevnuti** *-nem* (完) 1. (빛이) 번쩍하다; (번개가) 치다, 번쩍이다; *sevaju munje* 번개가 번쩍인다 2. (빛을 반사시키면서) 빛나다, 빛을 반사시키다; (너무 깨끗하여) 빛나다, 번쩍이다; *zvezda svetlom seva* 별이 빛난다; *seva riba u vodi* 물고기가 물에서 반짝인다; *sevahu bajoneti* 총검들이 번쩍였다 3. (눈·안색 등이) 빛나다, 반짝이다; *oči su mu sevale mržnjom* 그의 눈은 증오심으로 활활 불타올랐다 4. 재빨리 움직이다 5. 날카롭게 이야기하다, 무뚝뚝하게 이야기하다; (생각 등이) 갑자기 떠오르다, 머리를 스치고 지나가다; *sevaju reči* 그들은 무뚝뚝하게 이야기하다 6. (통증이) 찌르는 듯이 격렬하게 아프다 (*probadati*); ~ *u glavi* 머리가 쪼개지듯 아프다 7. 기타; *raditi nešto da sve seva* 번갯불에 콩 구워 먹듯이 재빨리 하다(일하다)

sevdah 상사병, 사랑에 대한 열망(갈망); *pasti u ~* 상사병에 걸리다

sevdalija (男,女) 1. (男) 상사병에 걸린 남자, 사랑에 빠진 남자 (zaljubljenik) 2. (男) 사랑가(sevdalinka)를 부르는 사람 3. 참조 sevdalinka

sevdalinka 사랑에 대한 갈증을 노래한 노래, 사랑가; 보스니아 무슬림들의 사랑가

sevdalisati –*šem* (不完) 1. 사랑하다, 사랑을 갈망하다 2. 사랑가(sevdalinka)를 노래하다

sevdisati –*šem* (不完) ~에게 사랑을 느끼다, 사랑하다 (voleti); *ti, majko, dobro znaš da ja još nikog sevdisala nisam* 엄마, 내가 아직 아무도 사랑하지 않았다는 것을 잘 알잖아요

sever 1. (방향을 나타내는) 북(北), 북쪽; *na ~u* 북쪽에서 2. (대문자로) 북극, 북극지방 3. 북풍, 북쪽에서 불어오는 바람 (severac)

severni (形); *Severni pol* 북극; *~a klima* 북극 기후

severac 1. 북풍, 북쪽에서 불어오는 바람 2. 북쪽 사람 (severnjak)

severljiv –*a*, –*o* (形) 북풍의,추운; 북풍에 노출된, 북풍을 맞는; *~o mesto* 북풍을 맞는 장소; *~o vreme* 추운 날씨

severni –*ā*, –*ō* (形) 참조 sever;북의, 북쪽의; *~a granica* 북쪽 경계(국경); *~ vetar* 북풍; *~ pol* 북극; *~ medved* 북극곰; *Severno more* 북해

severnica 자침(磁針)

severno (副) 북쪽으로, 북쪽에서; *to mesto leži ~ od Zagreba* 그것은 자그레브 북쪽에 있다

Severnjača (天) 북극성

severnjak 1. 북쪽 사람, 북쪽 출신의 사람, 북쪽이 고향인 사람 2. 북풍(北風), 북쪽에서 불어오는 바람 (severac) **severnjački** (形)

severoistočan –*čna*, –*čno* (形) 동북(東北)의

severoistočnjak 동북풍(東北風)

severoistok 동북(東北), 동북지역(지방) **severoistočan** (形)

severozapad 서북(西北), 서북쪽, 서북지방 **severozapadan** (形)

severozapadnjak 서북풍(西北風)

sevnuti –*nem* (完) 1. 참조 sevati 2. 순간적인 동작을 취하다, 재빨리 움직이다(날다); *sevnu ptica iz čestara* 새들이 덤불숲에서 갑자기 날아갔다; *sevnuli mu (crveni) svetlaci (u očima, pred očima)* 눈앞에 별이 핑핑 돌았다 (머리를 강하게 때려 아무것도 안보이게 했을 때 사용함); *~ očima* 눈으로

획 째려보다 (분노·불만을 담아)

sezam (植) 참깨; 참깨 (열매); *~e, otvori se!* 열려라!, 참깨

sezati –*žem* (不完) 참조 segnuti

sezona 1. 시즌, 계절, 철, 사철(춘하추동)중의 하나 2. (čega, kakva) (1년 중에서 특정한 활동이 행해지는) 철, 시즌, –기, 적기; *~ lova (ribolova)* 사냥 철(낚시 철); *pozorišna (koncertna)* 연극제(음악제) 시즌, turistička *~* 여행 시즌; *mrtva ~* 비수요기; *u punoj ~i, u jeku ~e* 피크 시즌, 최절정기; *van ~e* 제철이 아닌, 철이 지난 **sezonski** (形); *~ radnici* 계절 노동자

sežanj –*žnja* (男) (길이의 단위) 팔을 쫙 벌린 만큼의 길이 (약 6피트 =1.83m) (hvat)

sežnjaci (男,複) (곤충 등의) 촉수(觸手), 더듬이 (보통 입 주변의)

sfera 1. (天) 천구(天球) 2. (幾何) 구(球), 구체 3. (활동·영향·관심) 영역, 분야, –권; *interesna ~* 관심 분야; *to ne spada u moju sferu* 그것은 내 관심 분야가 아니다; *uticajna ~*, *~ uticaja* 영향권 4. (viši와 함께) 상류층

sferični, **sferni** –*ā*, –*ō* (形) 구 모양의, 구체의; *sferna aberacija* (렌즈·거울 등의) 구면 수차(球面收差)

sfinga –*i* 1. 스핑크스 상(사람 머리에 엎드려 있는 사자 형상의 몸을 한 고대 이집트 석상); (고대 그리스 신화의) 스핑크스 2. 수수께끼 같은 사람(것)

sharčiti –*im* (完) (시간·돈 등을) 헛되이 사용하다, 낭비하다; *~ uštedevinu* 저축한 돈을 헛되이 사용하다

shema 1. (어떤 조직·기계 등의) 설계도, 구성도, 구성표; 도식, 도표; *~ ratnih rovova* 전투 참호 구성도 2. 초안, 초고, 기획안, 안(案) (nacrt); *~ sporazuma* 합의안 초고 3. 정형화된 양식· 형식; *raditi van ~* 정형화된 틀 밖에서 일하다

shematičan –*čna*, –*čno* (形) 도식의, 도식적인, 도식으로 나타낸 (šematski); *~čna rasprava* 도식적인 토론

shizofreničar, **shizofrenik** 정신분열증 환자 **schizofreničarka**

shizofrenija 정신 분열증 **shizofrenički** (形)

shizofrenik 참조 shizofreničar

shizoidan –*dna*, –*dno* (形) 정신 분열증의, 정신 분열증을 잃는, 정신 분열병적인

shodan –*dna*, –*dno* (形) 1. 적절한, 적합한, 알맞은 (pogodan, podesan); *~ postupak* 적절한 행동; *~ situaciji* 상황에 맞는 2. 기타;

naći za ~dno 주어진 상황(환경)에 가장 적합한 어떤 해결책을 찾다

shodno (前置詞, +D) ~에 알맞게, ~에 부합되게, ~에 따라; ~ *propisima* 규정에 따라; *presuditi ~ zakonu* 법률에 따라 판결하다

shodnost (女) 적합(성), 적절(성), 타탕(성)

sholastičar 참조 skolastičar (哲) 스콜라 철학자, 스콜라 철학 지지자

sholastički *-ā, -ō* (形) 참조 skolastički

sholastika 참조 skolastika (哲) 스콜라 철학

shrvati *-am* (完) ~을 이기다, 정복하다, 압도하다 (srvati); *shrva ga teški san* 그는 깊은 잠에 빠졌다; *bolest ga je shrvala* 그는 병들었다

shvatanje (동사파생 명사) shvatiti; 이해, 깨달음, 납득; *izopačena ~a* 잘못된 이해(깨달음)

shvatiti *-im* (完) **shvatati, shvaćati** *-am* (不完) 1. 꽉 붙잡다 (uhvatiti, dohvatiti) 2. 깨닫다, 이해하다, 알아채다 (razumeti); ~ *predavanje* 강의를 이해하다 3. 휩싸이게 하다 (obuzeti); *vatra shvati štalu* 화재가 외양간을 삼킨다

shvatljiv *-a, -o* (形) 1. 이해할 수 있는 (razumljiv, pojmljiv) 2. 쉽게(빠르게) 이해하는

si (전접어) 보조동사 biti의 2인칭 현재형

si (전접어) sebe의 여격 형태인 sebi의 비문어형

si (音樂) 시(음계의 한 종류)

sibarit 사치와 향락을 일삼는 사람 (이탈리아 남부에 있는 고대 그리스 식민지였던 sibaris 지명에서 유래한)

sibilant (音聲學) 치찰음 (c, z, s)

Sibir 시베리아 **Sibirac; Sibirka; sibirski** (形)

sic *sica; sicevi* (자동차 등의) 좌석 (sedište)

Sicilija 시칠리, 시칠리아; **Sicilijanac; Sicilijanka; sicilijanski** (形)

sičan (化) 비소(砒素: As) (arsenik)

sičica 참조 tuberkuloza; 결핵

sićan *-ćna, -ćno* (지소체) sitan; 1. (부피·수량이) 작은, 적은; (소리가) 작은; 얇은 2. 별가치가 없는, 가치가 없는, 중요하지 않은

sići *siđem; sišao, sišla; siđen; siđi* (完) **silaziti** *-im* (不完) 1. (위에서 아래로) 내려오다, 내려가다 (spustiti se); ~ *s drveta* 나무에서 내려오다; ~ *niz stepenice* 계단을 내려오다; ~ *s planine* 산에서 내려오다 2. (말·기차·버스 등에서) 내리다; ~ *s konja* 말에서 내리다; *sišli smo s voza* 우리는 기차에서 내렸다 3. ~에 스며들다, 침투하다 (probiti se,

prodreti); *sve nam je to sišlo do kosti i srži* 모든 것이 우리들의 뼈속 깊이 스며들었다 4. (해·달이) 지다, 저물다 (zaći) 5. (한 장소에서 다른 장소로 옮기기 위해) 떠나다; 진행 방향을 바꾸다; *išli smo jednom stazom i odjedanput smo s nje sišli* 우리는 어떤 길을 따라 갔으나 갑자기 그 길을 벗어났다 6. (비유적) 낮은 사회적 위치로 떨어지다, 열악한 재정상태로 되다(떨어지다); 이전 가치를 상실하다; ~ *s funkcije* 직위에서 내려가다; ~ *u bedu* 빈곤으로 떨어지다; *s vrha slave i bogatstva sišli su do najvećeg siromaštva* 부와 명예의 최정점에서 극빈의 상태까지 떨어졌다 7. 기타; ~ *s dnevnoga reda* 안건에서 내리다; ~ *s konja na magarca* 좋은 것(높은 위치)에서 나쁜 것(낮은 위치)으로 떨어지다; ~ *s pameti (s uma)* 1)미치다 (poludeti) 2)잊다, 잊어버리다 (zaboraviti); *od toga časa više mi ne siđe s pameti* 그 순간부터 더 이상 나는 기억할 수 없다; ~ *s pozornice* 무대에서 내려오다 (더 이상 활발한 행동을 하지 않다); *sišlo mu je srce u pete* 그는 간 떨어지게 놀랐다, 소스라치게 놀랐다

sićušan *-šna, -šno* (形) 1. (지소체) sitan; ~ *stvar* 작은 물건 2. 도덕적으로 별볼일 없는

sida 후천성면역결핍증(AIDS)

sidra 참조 sedra

sidrenjak 닻줄, 앵커 체인

sidrište (배의 닻을) 내리는 곳, 닻을 내리기 적합한 곳, 정박지 (kotvište)

sidriti *-im* (不完) **usidriti** (完) 1. (배를) 정박시키다, 닻(sidro)을 내리다 (kotviti); ~ *brod* 배를 정박시키다 2. ~ *se* (배가) 정박하다, 정박하다

sidro *sidārā* 닻; *dići (spustiti) ~* 닻을 올리다 (내리다) (kotva)

sidrovina 정박료(세)

sifilis (病理) 매독 **sifilitičan** (形)

sifilitičar, sifilitik 매독 환자

sifon 1. 사이펀(대기의 압력을 이용하여 액체를 하나의 용기에서 다른 용기로 옮기는 데 쓰는 관), 흡입관 2. (배관 등의) S자 관; (기체·액체 등을) 분리해 나가는 관, 분지관(分枝管)

sifražetkinja (20세기 초 영국과 미국의) 여성 참정권 운동가

siga *-gi* 탄산석회 침전물 (stalagamit, stalaktit)

signal (동작·소리로 하는) 신호, 시그널; *dati ~* 신호를 하다; ~ *za opasnost* 위험 신호;

S

saobraćajni ~ 교통 신호; *svetlosni* ~ 조명 신호; *dimni* ~*i* 연막 신호; ~ *rukom* 수(手) 신호; *povući alarmni* ~ 경보기를 울리다
signalni (形) ~*a zastavica* 신호기(旗)

signalizacija 신호 장비, 신호 시스템, 경보 시스템; *požarna* ~ 화재 경보 시스템

signalizirati *-am*, **signalizovati** *-zujem* (完,不完) (동작·소리 등으로) 신호하다, 신호를 보내다; ~ *nekome* 누구에게 신호를 보내다

signatura 1. 서명, 사인 2. (처방전에 쓰는) 용법 표시 3. (도서관의) 도서 정리(청구) 번호 4. (音樂) 시그니처(악보의 음조·박자의 지시 기호)

sigolist (植) 꿩의비름과(科) (*čuvarkuća*)

siguran *-rna, -rno* (形) 1. 믿을 수 있는, 신뢰할 만한, 확실한 (*odan, pouzdan*); ~ *čovek* 신뢰할 만한 사람; *predati dete u* ~*rne ruke* 아이를 신뢰할 만한 사람에게 인계하다 2. 확신하는, 굳게 믿는 (*uveren, ubeđen*); *ja sam* ~ *da će on doći* 그가 올 것이라고 나는 확신한다; *biti* ~ *u sebe (u nešto)* 자신을 (무엇을) 확실히 믿다 3. (위험 등으로부터) 안전한, 잘 보호된, 위험하지 않은; ~*rno mesto* 안전한 장소; *osećati se* ~*nim* 안전하다고 느끼다; ~ *kraj* 안전한 지역; ~ *od napada (od neprijatelja)* (적의) 공격으로부터 안전한 4. (믿음·신념 등이) 확고한, 흔들리지 않는 (*čvrst*); *pristupio je* ~*nim korakom* 확고한 발걸음을 내디뎠다

sigurati *-am* (完,不完) 1. 확실히 하다, 확고하게 하다, 안전하게 하다 2. 준비하다, 대비하다, 마련하다 (*spremiti*); ~ *ručak* 점심을 준비하다; ~ *postelju* 잠자리를 마련하다 3. (完) (필요한 것 등을) 공급하다, 대다, 갖추게 하다 (*snabdeti, opremiti*)

sigurno (副) 1. 확실히; ~ *znati nešto* 무엇인가를 확실히 알다; ~ *odgovarati* 확실하게 대답하다; ~ *ću doći* 확실히 도착할 것이다; ~ *pišite* 확실하게 쓰세요 2. 연속적으로, 중단없이, 끊임없이; *polako ali* ~ *napredovati* 천천히 하지만 중단없이 전진하다(발전하다) 3. 확고히, 굳건히, 흔들림없이 (*čvrsto, odlučno*); *vozi brzo ali* ~ 빠르지만 흔들림없이 운전하다 4. 안전하게; *on* ~ *vozi* 그는 안전하게 운전한다 5. 아마도, 분명히; ~ *ima nešto na umu* 머릿속에 뭔가가 분명히 있다

sigurnosnī *-ā, -ō* (形) 안전의, 안전과 관련한; ~ *ventil (pojas)* 안전 밸브(벨트); ~*a služba* 안전과(부); ~ *uređaj* 안전 장비; ~*e mere* 안전 조처

sigurnost (女) 1. 안전, 안전함; *osećanje* ~*i* 안전하다는 느낌; *ventil* ~*i* 안전 밸브; *za svaku* ~ (口語) 혹시라도 모를 경우에 대비하여 2. 보안, 안보, 방위, 경비; *javna* ~ 공공 안전; *Vijeće* ~*i* 안보위원회 3. 확신, 믿음 (*uverenost, pouzdanje*); ~ *u sebe* 자기 확신; *osećanje* ~*i* 확신감 4. 결연함, 확고함, 굳건함 5. 확실함, 일관성 (*jasnost, određenost, doslednost*)

sijalica 전구(電球) (*žarulja*); ~ *je pregorela* 혹은 ~ *je otišla* 전구가 나갔다; *mlečna* ~ 불투명 전구(전구 유리에 우윳빛깔을 칠한)

sijalični (形)

Sijam 샴(타일랜드의 옛 명칭); 샴쌍둥이; **Sijamac**; **Sijamka**; **sijamski** (形)

sijanje (동사파생 명사) *sijati*; 발광(發光)

sijaset 다수, 아주 많은 수 (*mnoštvo*); ~ *knjiga* 많은 책들; ~ *sveta* 많은 사람, 군중

sijati *-am* (不完) 1. 빛을 내다, 빛을 내뿜다; *sunce sija* 태양이 쨍쨍 빛낸다 2. (눈·얼굴·외모 등이) 빛나다, 반짝이다 3. (비유적) ~ 으로 구별되다, 식별되다 (*odlikovati se, isticati se*); ~ *lepotom među sestrama* 자매들 사이에서 아름다움으로 구별되다 4. ~ *se* 빛나다, 반짝거리다 (*blistati se*); *sijali se prozori* 창문이 반짝거린다; *sijaju se oči* 눈이 빛난다; *sija mu (se) lice (od sreće)* (행복감에) 그의 얼굴은 빛난다; *sijaju (se) cipele kao nove* 구두는 마치 새것처럼 빛난다

sijavica 천둥 소리가 나지 않는 번개

siječanj *-čnja* 참조 *januar*; 1월 **siječanski** (形)

Sijera Leone 시에라리온 ((서아프리카의 공화국))

sika *-ki* (幼兒語) 젖, 가슴 (*sisa*)

sikomora (植) 이집트의 무화과나무 일종, 큰 단풍나무; 그 열매

siktati *-ćem* (不完) 1 (뱀 등이) 쉬~익 하는 소리를 내다 2. (비유적) ~에게 신랄하고 모욕적인 언사로 말하다(비난하다, 공격하다); ~ *u ljutnji na dete* 화가나서 아이에게 거칠게 말하다 3. (일반적으로) 쉬~익 소리를 내다; *vetar sikće* 바람이 쉬~익 소리를 내면서 불다 4. (액체 등이) 콸콸 솟구치다, 콸콸 쏟아지다; *krv sikće* 피가 쏟아진다; *voda sikće* 물이 콸콸 쏟아진다

sikter (感歎詞) 꺼져!, 사라져! (*odlazi!, gubi se!, napolje!, van!*)

sila 1. (物) (물리적인) 힘, 에너지; *centripetalna (centrifugalna)* ~ 구심력(원심력); *vučna* ~ 당기는 힘, 견인력; *magnetska*

~ 자력(磁力); *ravnoteža ~ā* 힘의 균형;
konjska ~ 마력 2. (사람·동물의) 육체적·물
리적 힘; 신체적 폭력(강제); *~om naterati*
폭력으로 강제하다 3. 정신력, 정신력의 소
유자; ~ *volje* 의지력; ~ *uma* 정신력 4. 구
동력; *pogonska* ~ 구동력, 동력; ~ *vode na*
turbini 터빈 수력 5. (법률 등의) 효력, 적용;
~ *zakona* 법률의 효력; ~ *običaja* 풍습의 적
용 6. 초자연력, 미스테리한 힘; ~ *nečista*
악마; ~ *nečastiva* 사악한 세력, 악마; *sile*
natprirodne 초자연력 7. 대단한 능력을 가
진 사람, 모든 면에서 뛰어난 사람; (複數로)
큰 영향력(능력)을 소유한 사람들의 집단; ~
od čoveka 뛰어난 능력의 사람; *mlade ~e*
dolaze 새로운 세력이 오고 있다; *on je ~!*
그는 능력있는 사람이다 8. 군사력, 군대, 무
력, 화력; *oružana* ~ 무장세력; *pod*
pretnjom ~e 무력의 협박하에; *pomorska* ~
해군력; *vazduhoplovna* ~ 공군력 9. 강대국;
ravnoteža svetskih ~a 세계 강대국들의 세
력균형; *zaraćene* ~ 전쟁 당사국들 10. ~의
다수, 다량 (gomila, mnoštva); ~ *ljudi* 많은
사람; ~ *nepotrebnih stvari* 쓸모없는 많은
물건들 11. 기타; *atomske (nuklearne) ~e* 1)
원자력 2)핵보유국; *više ~e* 불가항력;
elementarne ~e 자연재해, 천재지변;
mračne (tamne) ~e 어둠의 세력(폭력·테러
등의 방법을 사용하는 일단의 사람들); *na*
~u 1)무력으로, 강제로 2)겨우, 간신히; *na*
~u boga 어떤 대가를 치루고서라도; *ni ~om*
ni milom 그 어떠한 방법으로도 ~하지 않다;
svim ~ama (svom ~om) 온갖 수단을 동원
하여, 온갖 방법으로; *sedma* ~ 언론의 힘,
신문, 기자; ~ *božja* 다수(mnoštvo); ~ *boga*
ne moli 커다란 위험에 직면해서는 모든 수
단과 방법이 허용된다; ~ *teže* 중력; *nije ~e*
1)긴급하지 않은 2)불필요한; *preko ~e* 자신
의 능력 이상으로; *svaka ~ za vremena* 권
불십년(權不十年); *u ~u boga* 1)하나님의 뜻
에 반하여 2) 매우 많이
sila 따귀, 뺨 (šamar, pljuska)
silabičan *-čna, -čno* (形) 음절의, 음절을 이루
는
silan *-lna, -lno* (形) 1. (몸집이) 크고 힘센, 강
한, 강력한; ~ *momak* 몸집이 크고 힘이 센
청년; ~ *jelen* 몸집이 큰 사슴 2. (의지·성격
등이) 확고한, 굳센, 단호한; *~lna volja* 확고
한 의지; ~ *karakter* 단호한 성격 3. (방어·
무장 등이) 견고한, 튼튼한, 확실한; *položaj*
koji zauzimamo ~ je 우리가 확보하고 있는
자리는 확실하다; *~lna armija* 무장ㅇ 잘된

군대 4. 영향력 있는, 영향력이 큰, 권한이
큰, 강력한 (moćan, jak); (명사적 용법으로)
유력자, 권력자; *Dušan Silni* 권력자 두샨; ~
kralj 강력한 왕 5. 거만한, 오만한, 폭력적
인 (nasilan, osion, silovit); ~ *aga* 거만한
아가(지주) 6. (강도·발생 속도·나타나는 정도
등이) 엄청난, 폭발적인, 강력한, 세찬; ~
vetar 세찬 바람; ~ *bol* 엄청난 통증; *~lno*
voleti 주체할 수 없을 정도로 사랑하다;
~lno se varati 커다란 실수를 하다 7. (학문
등에) 통달한, 잘 아는; (자신의 업무 등을)
완벽히 수행하는; 매우 유능한(능력있는); ~
igrač 자신의 몫을 백 프로 하는 선수; *moja*
snaja je ~lna žena 우리 며느리(형수)는 참
똑 부러지는 여자이다 8. (숫자가) 많은, 다
수의, 다량의; *~lno bogatstvo* 엄청난 부;
~lni novci (ljudi) 많은 돈(사람)
silazak *-ska* 하강, 강하, 내려오기; ~ *s*
prestola 왕위로부터의 퇴위
silaziti *-im* (不完) 1. 참조 sići 2. 기원하다, 뿌
리를 두다, 시작하다 (poticati) 3. ~ *se* 내려
오다 (spuštati se)
silazan *-zna, -zno* (形) 내려오는, 내리막의;
~zna linija srodstva 가계도(圖); *~zni*
akcenat 하강조 악센트
silaženje (동사파생 명사) silaziti; 하강, 강하,
내려오기
siledžija (男) 깡패, 폭력배, 불량배 (nasilnik,
silnik, zulumćar) **siledžijski** (形); ~ *ispad*
폭력적 행동, 폭행
siledžijstvo 깡패적 행동(태도), 폭력
silesija 다수, 매우 많음 (mnoštvo); ~ *ljudi*
다수의 사람들
silicijum (化) 규소(Si)
silikat (化) 규산염
silina 힘, 능력 (snaga, moć); ~ *vetra* 바람의
힘
siliti *-im* (不完) 1. (힘으로, 무력으로) 강제하
다, 강요하다, 억지로 ~시키다; *magla me je*
gušila i silila na kašalj 안개때문에 나는 숨
이 막히고 기침을 하지 않을 수 없었다 2 ~
se 강요되다, 강제되다, 억지로 ~하다; *ona*
se silila da se drži ravnodušno, veselo i
bezbrižno 그녀는 무관심하고 천하태평한
태도를 취할 수 밖에 없었다 3. ~ *se* 거만하
게(오만하게) 행동하다, 힘을 과시하다, 으스
대다
silnica 힘이 미치는 방향을 나타내는 그림(선);
magnetska ~ 자력선
silnik 1. 불량배, 깡패, 폭력을 일삼는 자
(silnik, siledžija) 2. 커다란 부와 권력을 가

진자 silnički (形)

silno (副) 1. 강하게 (snažno, jako); *na ... vratima neko ~ zakuca* 누군가 문을 쿵쿵 두드린다 2. 너무나, 완전히 (u najvećoj meri, potpuno); *jer sam ~ zaokupljen poslom* 내가 너무 일로 바쁘기 때문에 3. 높은 단계로, 강하게 (u velikom stepenu); *kasnije se oba ~ sprijateljiše* 이후에 두 명은 아주 절친해졌다 4. 훌륭하게, 뛰어나게, 탁월하게 (odlično, izvanredno); *~ se provela* 시간을 아주 잘 보냈다 5. 급하게, 성급하게 (hitno, žurno)

silogizam *-zma* 삼단 논법, 연역적 추리(추론)

silom (副) 1. 무력으로, 완력으로, 강제로 (nasilno); *~ otvoriti* 강제로 열다; *policija je ~ ušla u zgradu* 경찰은 무력으로 건물에 진입했다 2. 자신의 의사에 반하여, 억지로, 마지못해; *milom ili ~* 싫든 좋든, 자의든 타의든

silos 사일로(큰 탑 모양의 곡식 저장고), (양곡 설비가 있는) 큰 곡물 창고; *~ za žito* 곡물 저장고

silovanje (동사파생 명사) silovati; 강간, 성폭행

silovatelj 강간범, 성폭행범

silovati *-lujem* (不完) 1. (완력으로, 폭력으로) 강제하다, 강요하다 (siliti, primoravati) 2. (여성을) 강간하다

silovit *-a, -o* (形) 1. (견디어 낼 수 없을 정도로) 강한, 강력한 (snažan); *neprijatelj je bio potpuno zbunjen iznenadnim i ~im napadom* 적들은 강력한 기습 공격에 완전히 당황했다; *~ prodor* 강력한 돌파; *~ vetar* 강력한 바람 2. (수와 힘에 있어서) 강력한 (silan); *~a vojska* 강력한 군대 3. 힘이 넘치는, 거친; *~ konj* 힘이 넘치는 말 4. 폭력적인, 건방진, 오만한 (nasilan, osion, ohol); *~ silnik* 폭력적인 깡패; *~ gospodar* 오만한 통치자; *~ čovek* 폭력적인 사람 5. (성격이) 급한, 불 같은, 열정적인; 완력의, 완력으로 행해진; *~a krv* 불같이 타오르는 피; *~ smrt* 강제 죽음 6. 순간적인, 순식간의, 순식간에 일어나는; *~ pokret ruke* 순간적인 손동작 7. 쉽게 화를 내는, 화 잘 내는 8. 위험한, 위험하는 (opasan); *~a reka* 위험한 강 9. (술이) 아주 독한

silovitost (女) 폭력, 폭력성

silskin 물개(바다표범)의 모피; 물개(바다표범) 모피로 만든 코트

silueta 실루엣, 윤곽

silver, silver-žilet 스테인레스 스틸 면도날

simbioza 1. (서로 다른 생물체 간의) 공생(共生) (악어와 악어새 등의) 2. (종교 등 서로 다른 사람들이 서로 섞여 사는) 공생, 공동체 simbiozni (形)

simbol 1. 상징, 심볼; *golub ~ mira* 평화의 상징인 비둘기; *lovorov venac ~ pobede* 승리의 상징인 월계수관 2. (複數) (과학·수학·음악 등에서 쓰이는) 부호, 기호; *hemijski ~i* 화학 기호

simboličan *-čna, -čno* (形) 상징적인, 상징하는; *~ izraz (gest)* 상징적 표현(제스처)

simboličkī *-ā, -ō* (形) 참조 simboličan

simbolika 1. 상징성; 일정한 기호로 추상적 개념을 나타내는 것 2. 심볼(기호·부호)의 집합체 (skup simbola); *matematička ~* 수학 기호

simbolist(a) 상징주의자

simbolizam *-zma* (미술·문학 등의) 상징파, 상징주의

simbolizirati *-am,* simbolizovati *-zujem* (完,不完) 상징하다, (상징·기호·부호로) 나타내다

simetričan *-čna, -čno* (形) (좌우) 대칭적인, (몸·전체 등이) 균형이 잡힌, 균형을 이루는; *dva ~čna dela* 두 개의 대칭을 이루는 작품

simetrija 대칭, 균형; *osa ~e* (數) 대칭축 simetrijski (形)

simfoničar 1. 심포니 작곡가 2. 심포니 오케스트라 단원

simfonija 심포니, 교향곡 simfonijski (形); *~ orkestar* 심포니 오케스트라

simfonijeta (音樂) 심포넷, 소(小)교향악단

simfonijskī *-ā, -ō* (形) 참조 simfonija

simpatičan *-čna, -čno* (形) (사람이) 호감이 가는, 호감을 불러 일으키는, 마음에 드는 (mio, drag, privlačan); *~ čovek* 호감이 가는 사람; *~čno ponašanje* 호감가는 행동; *ona mi je vrlo ~čna* 나는 그녀에게 호감이 있다

simetrija 대칭, 균형; *osa ~e* (數) 대칭축 simetrijski (形)

simpatija 1. 호감, 애정, 친밀감; *osećati ~u prema nekome* 누구에게 호감을 느끼다 2. (누구의) 호감을 받는 사람; *ona je njegova ~* 그녀는 그가 호감을 갖는 사람이다

simpatisati *-išem,* simpatizirati *-am* (不完) 호감을 갖다, 호감을 느끼다; *verujem da oni oboje ... simpatišu jedno drugome* 그 둘은 서로에게 호감이 있다고 생각한다; *mislio je da ona uopšte ne simpatizira s nama* 그녀가 전혀 우리에게 호감을 갖고 있지 않다고 그는 생각했다

simpatizer 1. 호감을 갖고 있는 사람, 호감을 느끼는 사람 2. (정당 등의) 지지자 (pristalica)

simpatizirati -am (不完) 참조 simpatisati

simplicizam -zma 단순함, 소박함, 순박함

simplificirati -am, **simflikovati** -kujem (完,不完) 단순화시키다, 간단하게 하다

simplifikacija 단순화, 간단화, 간소화

simflikovati -kujem 참조 simplificirati

simplon 기차(열차)명 (심플론 터널을 통과하여 런던-이스탄불간 노선을 운행하는, 빠름의 상징으로 쓰였음); *ide kao* ~ 아주 빨리 가다

simpozijum 심포지엄, 학술 토론회

simptom 1. (醫) (질환의) 증상 2. (비유적) (어떤 일의) 징후, 조짐

simptomatičan -čna, -čno (形) 증상(증후)을 보이는

sims -ovi (建築) (장식용) 처마(천장) 돌림띠

simulacija 1. 가장 하기, 흉내 내기, ~인 체 하기 2. 시뮬레이션, 모의실험; ~ *leta aviona* 비행기의 비행 시뮬레이션

simulant ~인 체 하는 사람, ~을 가장하는 사람; 사칭자 **simulantkinja**

simulator 시뮬레이터

simulirati -am (不完) 1. ~인 체 하다, 가장하다; 아픈 척 하다, 꾀병을 부리다 2. 시뮬레이션하다, 모의실험을 하다; ~ *vožnju na raskrsnici* 사거리에서 주행 시뮬레이션을 하다

simultan -a, -o (形) 동시의, 동시에 일어나는; ~*o prevođenje* 동시통역; ~a šahovska igra 체스 다면기

simultanka (체스의) 다면기 (한 명의 고수가 여러명과 동시에 대국하는)

simvol 참조 simbol

sin *sinovi* 1. 아들; *kakav otac, takav* ~ 그 아버지에 그 아들; *najmlađi (najstariji)* ~ 막내(큰) 아들; *vanbračni* ~ 혼외 아들(자식) 2. (성별을 불문하고) 자식, 아이; *hajde, sine* 얘야, 가자 3. (보통 複數로) 새로운 젊은 세대 4. (나이 많은 사람들이 소년·소녀들을 친근하게 지칭할 때의) 아이, 젊은이 5. (어떤 사회단체·종교단체·특정 계층에 속하는) 남자; (자기 민족의) 아들; (특정 시대를 대표하는) 사람; ~ *naroda* 민족의 아들 6. 기타; *bludni (izgubljeni, rasipni, razmetni)* ~ 돌아온 탕아; *božji (jednorođeni, nebeski)* ~ 예수 그리스도; *duhovni* ~ 어떤 교리(주의)의 지지자; *đavoli (kučkin, kujin, krmski, kurvin, pseći)* ~ (욕설의) 개새끼; *Evin* ~ 사

람, 인간; *mamin (majčin)* ~ 엄마의 사랑을 듬뿍 받는 아들; *od oca na* ~*a* 대대로 내려오는; *rotkvin* ~ (輕蔑) 겁쟁이; ~ *ljubavi* 혼외 아들(자식); *sin prirode* 자연과 어울려 사는 사람, 자연인; *tatin* ~ 1)아빠를 빼닮은 아들 2)아빠의 사랑을 듬뿍 받는 아들(자식)

sinov, sinovlji, sinovljev (形)

sinagoga (宗) 시나고그, 유대교 회당

sinak *sinka* **sinčić** (지소체) sin

sindikalist(a) 1. 노동조합(sindikat)원 2. 신디칼리즘 지지자

sindikalizam -zma 신디칼리즘(공장·사업체 등은 그 속에서 일하는 모든 사람들이 소유하고 경영해야 한다는 주의)

sindikat 노동조합; ~ *metalskih radnika* 금속 노동자 노조; ~ *prosvetnih radnika* 교육노동자 노조 **sindikalni** (形); *Svetska* ~*a federacija* 세계노조연맹; ~ *pokret* 노조운동

sindrom (醫) 증후군, 신드롬

sindžir 1. (사람이나 그 무언가를 묶어 놓는데 사용하는) 쇠사슬, 족쇄 (lanac, okovi); *napraviti od čega medveda na* ~*u* ~을 돈벌이 수단으로 만들다(재주는 곰이 넘고 돈은 뇌놈이 번다) 2. 쇠사슬이 채워진 노예들의 행렬

sinđel (宗) (正敎) 정교회 고위 성직자(교구장 대리에 해당함)

sinegdoha -hi 제유(提喩: 사물의 한 부분으로써 그 사물 전체를 가리키거나, 그 반대로 전체로써 부분을 가리켜 비유하는 것) (예; jedro=lađa, krov=kuća, sto puta=mnogo puta, olovo=tane)

sinekura 한직(閑職)

sinemaskop 시네마스코프(초대형 화면으로 영화를 상영하는 한 방법)

Singapur 싱가포르

singer-mašina, singerica 재봉틀

singl (스포츠) (탁구·테니스의) 단식 경기, 싱글

singular (文法) 단수 (jednina)

sinhorničan -čna, -čno (形) 1. 동시의, 동시에 일어나는 2. (言) 공시적인(특정시대의 언어 모습을 연구하는); ~ *metod* 공시적 방법

sinhronija 1. (사건 등의) 동시성, 동시 발생 (istovremenost, sinhronizam) 2. (言) 공시적 연구 (反; dijahronija)

sinhronizacija 1. 동시에 일어나기(하기), 동기화(同期化) 2. (영화 등의) 외국어의 자국어 대체 녹음; 화면과 음향의 동조(일치); 동시녹음; *izvršiti* ~*u filma* 영화를 동시녹음하다

sinhronizam _-zma_ 동시에 일어나기(하기), 동기화(同期化)

sinhronizirati _-am_, sinhronizovati _-zujem_ (完, 不完) 동기화시키다, (영화를) 동시녹음하다; ~ _film_ 동시녹음된 영화, (외화의) 자국어로 동시녹음된 영화

sinija 1. 앉은뱅이 둥그런 (책)상 2. 속이 깊지 않은 목기 그릇(사발) (zdrela, činija)

siniti _-im_; sinjen (不完) posiniti (完) 아들로 삼다, 양자로 들이다; ~를 아들이라고 부르다

sinkopa 1. (文法) 어중음(절) 탈락(소실) 2. (音樂) 당김(법) (한 박자의 후반부를 다음에 오는 박자의 전반부에 결합시키는) 3. (病理) 실신; 심장마비사

sinkopirati _-am_ (不完) 1. (音樂) (강세를 강세가 없는 박자에) 당기다, 당김음을 두다; (악절 등을) 싱커페이션하다 2. (文法) 어중음(語中音)을 생략하다, (중간 음절을 생략하여) 단축하다

sinkretizam _-zma_ 1. 제설 혼합주의, 통합주의 (여러 다른 종교·철학·사상의 혼합 2. (言) (기능이 다른 어형의) 융합 (예를 들어 D. I. L의 동일형)

sinoć (副) 어제 저녁에

sinoćnī _-ā_, _-ō_, sinoćnjī _-ā_, _-ē_ (形) 어제 저녁의, 어제 저녁에 일어난(있었던)

sinod (기독교회의) (주교단의) 종교 회의, 주교 대의원회의, 종무원 (koncil) sinodalan, sinodski, sinodni (形)

sinolog 중국학 학자, 중국 연구가

sinologija 중국학

sinonim 동의어, 유의어

sinoniman, _-mna_, _-mno_ (形) 동의어의, 유의어의, 같은 뜻을 지는, 비슷한 의미의; ~_mna reč_ 동의어, 유의어

sinonimija 같은 뜻, 유사한 의미

sinonimika 동의어론, 유의어론

sinopsis (글·희곡 등의) 개요, 개략, 요약, 줄거리

sinoptičar 기상 예보관; 기상도를 전공하는 가상학자; ~ _hidrometeorološkog zavoda_ 기상대 기상 예보관

sinoptičarskī _-ā_, _-ō_ (形) 참조 sinoptičar; ~ _izveštaj_ 기상 예보관의 보고

sinoptičkī _-ā_, _-ō_ (形) 1. 개요의, 요약의, 개관적인 2. (기상) 개관적인, 총관적인; ~_a meteorologija_ 총관 기상학; ~_e karte_ 기상도

sinoubica (男) 친자(親子)살해범

sinoubistvo 친자(親子)살해

sinov _-a_, _-o_ (形) 참조 sin; 아들의

sinovac _-ovca_ (형이나 남동생의 아들인) 남자조카 sinovčev (形) (bratanac) (nećak, sestrić)

sinovica (형이나 남동생의 딸인) 여조카 (bratanica), (nećaka, sestričina)

sinovljev _-a_, _-o_, sinovljī _-ā_, _-ē_ (形) 참조 sin

sintagma (言) 신태그마 (발화(發話) 중에서 통합적 관계를 가진 어구)

sintaksa (文法) 구문론, 통사론; _greška u_ ~_i_ 통사론에서의 실수 sintaksički, sintaktički (形)

sintesajzer 신시사이저(언어음·악기음 등을 전자회로를 이용하여 모방 합성하는 합성장치)

sintetičan _-čna_, _-čno_, sintetičkī _-ā_, _-ō_ (形) 인조의, 합성의; ~_čka guma_ 합성 고무; ~_čna tekstilna vlakna_ 인조견사

sintetika 합성 화학(공업)

sintetizirati _-am_, sintetizovati _-zujem_ (完,不完) 1. (사상·스타일 등을) 통합하다, 종합하다; _u Vuku je već tada bila sintetizirana ... celokupna narodna kultura_ 이미 당시에 부크의 작품에 모든 민중 문화가 통합되어 있었다 2. (化) (화학 물질을) 합성하다, 합성하여 만들다

sintetskī _-ā_, _-ō_ (形) 인조의, 합성의 (sintetičan)

sinteza 1. 종합, 통합; 종합법 (反; analiza) 2. (化) 합성; _izvršiti_ ~_u_ 합성하다 3. (哲) (헤겔 변증법의) 제3의 명제, 합(合), 진테제

sinus 1. (解) 부비강(두개골 속의, 코 안쪽으로 이어지는 구멍) 2. (數) 사인(sin; 직각 삼각형의 한 예각의 대변과 빗변과의 비를 그 각에 대하여 이르는 말)

sinuti _-nem_ (完) 1. 빛나다, 빛을 발하다, 번쩍이다; _sa svih strana lampe sinu_ 사방에서 램프가 환하게 비춘다; _sinula je munja_ 번개가 번쩍였다 2. (여명·날이) 밝다, 동이 트다; _sinula je već zora_ 벌써 새벽이 밝았다; _ponovo je sinulo sunce_ 해가 다시 떴다 3. (비유적) (눈이) 빛나다, 반짝이다; (어떠한 감정·느낌으로) 강하게 물어나다; _sinulo mu je lice (od radosti)_ (즐거움으로) 그의 얼굴은 들떠 있었다 4. 갑자기 생각이 나다, (생각이) 불현듯 스치다; _dotakne se prstom čela kao da mu je sinula dobra misao_ 좋은 생각이 갑자기 떠오른 것 처럼 손가락으로 이마를 만졌다; _sinula mu je odlična ideja_ 좋은 생각이 그에게 떠올랐다 5. 갑자기 나타나다(보여지다); _dok sklopi oči, u trenutku sine pred očima daleka prošlost_

눈을 감자 한 순간 먼 옛날이 눈 앞에 스쳐 지나갔다 6. 급히(빠르게) 가다 (poleteti, jurnuti) 7. 기타; ~ glavom (u glavi, kroz glavu) 머리를 순식간에 스치고 지나가다; ~ kome (pred očima) 갑자기(순간적으로) 분명해졌다(이해가 되었다); sinulo mi je 내게 그것이 분명해졌다; ~ u pravoj svetlosti 사실 그대로 (있는 그대로) 보여지다; sunce će ~ i na naša vrata 우리에게도 좋은 기회가 생길 것이다 (쥐구멍에도 볕 들 날이 있을 것이다)

sinuzitis (病理) 부비강염(副鼻腔炎), 축농증

sinjī -ā, -ē (形) 1. 잿빛의, 회색의 (siv); (눈(眼)·바다·하늘이) 푸른, 쪽빛의 (modar); ~e more 쪽빛 바다; ~ oči 푸른 눈; ~ kamen 잿빛 돌 2. (머리가) 반백(半白)의, 희끗희끗한 (prosed) 3. 검은 (crn, taman); ~ gavran 검은 갈까마귀 4. (비유적) (짐·화물이) 무거운 (težak); 불쌍한, 가엾은, 불운한 (jadan, nesrećan); ~ siroče 불쌍한 고아; ~a kukavica 불쌍한 사람

sip (모래 해안 또는 강변 옆의) 모래 퇴적물 (바람에 의해 형성된)

sipa (魚類) 갑오징어

sipak sipka, -pko; sipkiji (形) 1. 많은 수의 입자로 이루어진; 잘 부서지는, 잘 뭉쳐지지 않는, 결합력(응집력)이 약한, 푸석푸석한 (밀가루·곡물 등이) (rastresit, sipkav); ~pko brašno 잘 뭉쳐지지 않는 밀가루; ~pka zemlja 푸석푸석한 땅; ~ sneg 잘 뭉쳐지지 않는 눈 2. 작은 물방울 형태로 천천히 떨어지는; ~pka kiša 안개비

sipati -am & -pljem (不完) 1. (한 곳에서 다른 곳으로 조금씩 서서히) 붓다, 따르다, 흘리다; ~ brašno u vreću 밀가루를 포대에 붓다; ~ vodu u čašu 물을 잔에 따르다; ~ kroz levak 깔때기를 통해 따르다; ~ u grlo 술을 많이 마시다 2. (분말 등을 표면에) 쏟다; ~ prašak na ranu 상처에 가루약을 바르다; ~ šećer (pesak, brašno) 설탕(모래·밀가루)을 (바닥에) 쏟다 3. (불꽃 등이) 사방으로 튀다; ~ vatru iz nozdrva (용이) 콧구멍에서 불을 내뿜다 4. (비유적) 빛을 발하다(쏟다, 비추다); sunce je na sve strane sipalo raskošne svoje zrake 햇볕이 사방에 쏟아졌다 5. (탄환 등을) 쏟아 붓다 (끊임없이 대량으로); mitraljez je bez prestanka sipao kuršume 자동소총은 끊임없이 총알을 쏟아부었다; ~ ulje na vatru 불에 기름을 붓다; bombe sipaju 폭탄 세례를 퍼붓다 6. (눈·비 등이) 쏟아 붓듯 내리다; sipa kao iz kabla

하늘에 구멍이라도 난 듯 비가 억수로 쏟아지다 7. (비유적) (갑자기 끊임없이) 오다, 줄줄이 오다; 급히 가다; 대량으로 쏟아져 나오다 8. (돈을 물 쓰듯) 낭비하다, 헛되이 쓰다 9. 기타; ~ uvrede (psovke) 모욕적인 말(욕설)을 퍼붓다; ~ kao iz rukava (stihove, šale, uvrede) 무언가를 능숙하고 빠르게 말하다(읽다); ~ kome pesak (prašinu) u oči 누구를 속이다(기만하다); ~ pesak u more 헛된 일을 하다(한강에서 바가지로 물을 퍼내다)

sipavac -vca 천식 환자 (astmatičar)

sipiti (不完) 1. (비…눈·안개 등이) 보슬보슬 내리다; kiša sipi 비가 보슬보슬 내린다, 보슬비가 내린다 2. 조금씩 조금씩 내리다, 흘러내리다; sipi pesak 모래가 조금씩 흘러 내린다 3. (빛이) 조금씩 투과하다, 스며들다; mesečina se istanjila, kroz nju sipi svetlost dana koji još nije nastao 달빛이 희미해지면서 햇살이 서서히 비추기 시작했다 4. (뭔가 자잘한 것들이) 잘게 부숴지다 (kruniti se, mrviti se)

sipkav -a, -o (形) 쉽게 부서지는, 잘 뭉쳐지지 않는, 푸석푸석한 (rastresit); ~ sneg 푸석푸석한 눈; ~ kolač 잘 부숴지는 케이크

sipljiv -a, -o (形) 1. 천식의, 천식성의, 천식으로 고생하는 (astmatičan); ~ čiča 천식이 있는 아저씨 2. (목소리가) 쉰, 쉰 목소리의 (podmukao, prigušen) 3. (비유적) (기차·트램·버스 등이) (오래 사용하여 낡아) 털털거리면서 간신히 움직이는 4. 아픈, 건강하지 못한 (bolestan, nezdrav)

sipnuti -nem (完) 참조 sipati; 따르다, 붓다; ~ u šolju kafe 커피잔에 따르다

sipnja 참조 astma; 천식

sir -evi 치즈; kravlji ~ 소젖으로 만든 치즈; ovčji ~ 양젖으로 만든 치즈; masni (polumasni, posni) ~ 유지방이 많은(유지방이 조금 있는, 유지방이 없는) 치즈; švajcarski ~ 스위스 치즈(딴딴하고 많은 구멍이 나 있음); zreo (mladi) ~ 발효(발효전)치즈 **sirni** (形); ~a kiselina 산(酸) 카세인

sirac sirca (pogača 형태의) 치즈 덩어리

sirak 1. (지소체) sir 2. (植) 수수

sirak -rka 1. 고아 (siroče) 2. 거지 (prosjak, siromah)

sirar 1. 치즈 생산자, 치즈를 만드는 사람 2. 치즈 판매상 **sirarka**

sirarstvo (산업분야로서의) 치즈 생산(업), 치즈 제조(업)

sirast -a, -o (形) 치즈 모양의

sirće -eta 식초 (ocat); začiniti ~etom 식초를
치다; jabukovo ~ 사과 식초; vinsko ~ 포도
식초 sirćetni -a, -o (形); ~a kiselina 아세
트산, 초산
sirćetiti -im (不完) zasirćetiti (完) 1. 식초를
치다 2. 식초로 만들다, 시게 만들다
sirena 1. (그리스 신화) 사이렌(아름다운 목소
리로 뱃사람을 유혹하여 조난시킨 반인반어
또는 반인반조(半人半鳥)의 바다의 요정); 인
어 2. 아름답지만 위험한 여자, 요부(妖婦) 3.
(신호·경보 따위를 나타내는) 호적, 경적, 사
이렌; ~ za uzbunu 경보 사이렌; policijska
~a 경찰 사이렌; ~e sviraju na uzbunu 사이
렌이 경보음을 알린다 4. (動) 해우목(海牛目)
바다 포유류의 일종)
sirenje (동사파생 명사) siriti; 응고, 응고화
Sirija 시리아; Sirijac; Sirijka; sirijski (形)
siriš (植) 안젤리카(달콤한 향이 나는 식물의
줄기. 설탕에 졸여 케이크 장식용으로 씀)
sirište 1. (解) (되새김질 동물의) 레닛막(송아
지의 제 4위 또는 다른 어린 동물의 위의
내막) 2. 레닛(우유를 치즈로 만들 때 사용되
는 응고 효소)
siriti -im (不完) usiriti (完) 1. (레닛(sirište)을
우유에 섞어) 우유를 응고시키다, 굳게 하다;
치즈를 만들다; ~ mleko 우유를 응고시키다,
우유를 치즈로 만들다 2. 느기척거리며 게을
리 일하다; šta ti siriš? 뭘 그렇게 꾸무럭거
리느냐? 3. ~ se (우유가) 응고되다, 치즈로
굳다(치즈가 만들어지다); krv se usirila 피
가 응고되었다
sirnī -ā, -ō (形) 참조 sir; 치즈의, 치즈로 된,
치즈 제조용의
sirnica 1. 치즈 케이크 2. 치즈 보관 공간, 치
즈 보관 그릇
sirnik 치즈가 들어간 빵(pogača)
sirnjača, sirnjaja (植) 버섯의 한 종류
siročad (女) (集合) 고아 (siroče)
siroče -eta (中) 고아
siromah 1. 가난한 사람, 빈자(貧者) (bednik);
~ duhom 정신박약자, 저능아; ~ kao
crkveni miš 오갈데 없는 가난한 사람 2. 불
쌍한(가엾은) 사람, 동정심을 불러일으키는
사람 (jadnik, nevoljnik) siromaški (形)
siromašak -ška (지소체) siromah (보통 감성
적 표현으로); 아! 이 불쌍한 사람
siromašan -šna, -šno 1. 가난한, 빈곤한
(ubog) (反; bogat); 조금(약간) 있는, 불충분
하게 있는 (反; obilan); Evropa je ~šna
naftom 유럽에서는 원유가 별로 생산되지
않는다; ~ kraj ni sam u ovo doba godine ...

nije imao dovoljno hrane 가난한 지역은 이
계절에도 ... 양식이 충분히 없었다 2. 불쌍
한, 가엾은, 가련한 (jadan, nesrećan) 3. 가
난한 사람의, 빈자의; tuberkuloza, bolest
proleterska i ~šna ... sve više kosi
stanovništvo 프롤레타리아와 가난한 사람
들의 병(病)인 결핵은 점점 더 많은 주민들
을 쓰러뜨렸다
siromašiti -im (不完) 1. 가난하게 만들다, 빈
곤을 몰아 넣다; pijanica siromaši porodicu
술주쟁뱅이는 가족을 가난으로 몰아 넣는다
2. 가난해지다, 부족해지다, 약해지다; ~
svakodnevno 매일 가난해지다
siromaškī -ā, -ō (形) 참조 siromah; 1. 가난
한 사람의, 빈자의; ~a kuća 가난한 사람의
집 2. 불쌍한, 가련한, 동정심을 불러일으키
는
siromaština 참조 siromaštvo
siromaštvo 1. 빈곤(함), 가난(함) (oskudica,
beda, sirotinja) 2. (수량·정도·숫자·강도 등
이) 불충분함, 충분하지 못함, 부족, 결핍; ~
ideja 아이디어의 부족; ~ misli 생각 부족 3.
볼품없는 외모(모습), 형편없는 외모(모습);
~ nameštaja 가구의 형편없는 모습
sirot -a, -o (形) 1. 가난한, 빈곤한 2. 불쌍한,
가엾은, 측은한; ~i ljudi 불쌍한 사람들
sirota (男,女) 1. 고아 2. 가난한 사람, 빈자
(siromah) 3. 불쌍한(가엾은·측은한) 사람
(siromah, jadnica)
sirotan -a 1. 고아 (siroče) 2. 가난한 사람, 빈
자 (siromah, prosjak) 3. 불쌍한(가엾은, 측
은한) 사람 (siromah)
sirotan -tna, -tno (形) 1. 천애고아의; ~tno
dete 천애고아인 아이 2. 가난한; ~ život 가
난한 삶
sirotica 1. (지소체) sirota 2. (植) 팬지, 삼색제
비꽃
sirotinja 1. 빈곤, 가난 (beda); odrasti u ~i
가난속에서 자라다; ~u sakriti 가난을 숨기
다 2. 가난한 사람, 빈자(貧者); ~ sam ja 나
는 가난한 사람이다; ~o, i Bogu si teška 빈
자는 신에게도 짐이다 (가난은 나랏님도 구
제 못한다) 3. 형편없는(보잘 것 없는) 재산;
od svoje ~e pomagati 자신의 얼마안되는
재산으로 돕다 4. 지적 박약 sirotinjski (形);
~ dom 고아원, 구빈원(救貧院)
sirotište 고아원; 고아원 건물
sirotovati -tujem (不完) 1. (고아처럼) 혼자 살
다 2. 가난하게 살다, 쪼들려 살다, 빈곤하게
살다
sirov -a, -o (形) 1. 축축한, 젖은; ~o drvo 축

S

1150

축한 나무; *jedan bos starac, pored vatre od ~ih drva ... pričao je nešto bolješvim glasom* 맨발의 한 노인네가 축축한 나무를 지핀 불 옆에서 병든 목소리로 무언가를 이야기했다; *suvo i ~o* 전재산; *izgorelo nam i suvo i ~o* 우리의 전재산이 몽땅 다 타버렸다 2. (고기·채소 등이) 날것의, 익히지 않은, 조리되지 않은, 생의; 설익은; ~ *hleb* 설익은 빵; ~*o meso (voće)* 날고기, 날과일 3. (산업·공업 제품 등이) 원료 그대로의, 날것의; 미가공의, 가공하지 않은; ~*a nafta* 원유; ~*a građa* 원자재; ~*o gvožđe* 미제철런; ~*a koža* 생가죽, 생피(生皮); ~ *nameštaj* 페인트칠이 되지 않은 가구 4. (문학작품이) 아직 다 탈고되지 않은(마무리되지 않은) 5. 교양이 없는, 교육받지 못한, 원시적인; 거친, 단순한, 잔인한, 잔혹한

sirovina 1. 원자재, 원료; *industrijska* ~ 산업원자재; *osnovna* ~ 기본 원자재 2. 날것인 상태, 미가공 상태, 거친 상태 (sirovo stanje); *naslikati prizor u svoj sirovosti* 있는 그대로의 풍경을 그리다(묘사하다) 3. (口語) 교양이 없는 사람, 거친 사람

sirovost (女) 거칢; 조잡; ~ *izraza* 표현의 거칢

sirup 시럽; 당밀; ~ *od maline* 라즈베리 당밀; *slezov* ~ 아욱 시럽

sisa 1. (여성들의) 가슴, 젖, 유방; (남성의) 젖꼭지 2. 기타; *odbiti od* ~*e* 젖을 떼다; *dete od* ~*e (na ~i)* 영아 (아직 젖을 빠는); *tek je od* ~*e otpao* 유상구취의(아주 젊은)

sisak -*ska* 1. (주전자 등의) 주둥이 (nosac) 2. (담배 파이프의) 입에 물고 빠는 부분 (cigarluk)

sisalo (젖병 등의) 젖꼭지 (sisaljka)

sisaljka -*ci* & -*ki* 1. (액체·공기 등을) 빠는 기구(도구) 2. 가짜 젖꼭지 3. (곤충 등의) 주둥이 (피 등을 빨아 먹는) (rilica)

sisančad (女) (集合) sisanče

sisanče -*eta* 아직 젖을 먹는 아기, 영아; 아직 젖을 빠는 새끼 동물 (dojenče, odojče, odojak)

sisar (動) 포유동물 (sisavac)

sisati -*am* & -*šem* (不完) 1. 젖을 빨다, 젖을 먹다; (액체 등을) 빨아 먹다; *dete je prestalo da sisa* 아이가 젖을 떼었다 2. (공기·향기 등을) 폐로 들이마시다 3. (곤충이) (액체를) 빨다, 빨아 먹다; (나무 뿌리가) 빨아 들이다 4. (남의) 고혈을 빨아 먹다; ~ *nekome krv* 누구의 피를 빨아 먹다 5. (무언가를 입에 넣어) 빨다, 빨아 먹다, 녹여 먹

다; ~ *prst* 손가락을 빨다; ~ *bombon* 사탕을 입에 넣고 빨아 먹다 6. (담배 등을) 빨다, 빨아 들이키다 7. (액체 등을) 빨아 들이다 8. (진공 청소기가) 빨아들이다 9. 기타; *nisam veslo sisao* 나는 미치지 않았다, 순진하지 않다; ~ *iz (maloga) prsta*, ~ *iz svojih nokata* 그 무언가를 꾸며내다(조작하다); ~ *(piti) krv na pamuk* 집요하게 누군가를 끊임없이 괴롭히다

sisavac -*vca*; -*vci* 1. 참조 sisar; 포유동물 2. (비유적) 남의 고혈을 빨아 먹는 사람, 착취자 (izrabljivač)

sisnī -*ā*, -*ō* (形) 참조 sisa; 젖의, 유방의; ~*a žlezda* (解) 젖샘, 유선(乳腺)

sisnuti -*nem* (完) (입으로 액체를) 한 번 빨다 (빨아 먹다)

sistem 시스템; *po* ~*u* 시스템에 따라; *nervni* ~ 신경 시스템(계통); ~ *jednačina* (數) 연립방정식; *filozofski* ~ 철학 시스템(체계); ~ *aksioma* 공리계(公理系); ~ *za varenje* 소화기 계통; *koordinatni* ~ (數) 좌표계(座標系); *planetski* ~ (天) 행성계; ~ *antibalističkih raketa* 대(對)탄도미사일시스템; *operativni* ~ (컴) 운영 체계

sistema 참조 sistem

sistematičan -*čna*, -*čno* (形) 1. 조직적인, 계획적인, 체계적인; ~*čno obrazovanje* 체계적인 교육 2. (사람이) 계획성 있는, 꼼꼼한; ~ *čovek* 꼼꼼한 사람; ~ *i pedantan* 계획적이고 꼼꼼한 3. 끊임없는, 변함없는 (stalan)

sistematičar 계통주의자; 분류학자

sistematika 1. 분류학, 분류법 (sistematizacija) 2. (生物, 動物) 계통분류학

sistematizacija 조직화, 체계화, 계통화

sistematizirati -*am*, **sistematizovati** -*zujem* (完·不完) 체계화하다, 조직화하다, 분류하다; *sistematizirao je program stranke* 그가 당의 프로그램을 체계화시켰다

sistematskī -*ā*, -*ō* (形) 체계적인, 조직적인; *napori* 체계적인 노력; ~ *rad* 체계적인 일; *izložen* ~*om mučenju* 조직적 고문에 노출된

sistirati -*am* (完) 중단시키다, 멈추게 하다; 저지시키다, 유보하다 (zaustaviti, obustaviti, sprečiti); ~ *izvršenje neke odluke* 어떤 결정의 집행을 중단시키다

sisurina (지대체) (輕蔑) sisa

sit -*a*, -*o* (形) 1. 배부른, 많이 먹은 (反; glad); (명사적 용법으로, 한정형) 배부른 자(者); ~ *sam!* 나 배불러; ~ *kao krpelj* 과식한, 너무 배부른; ~ *gladnom ne veruje* 배부른 자는

1151

배고픈 자의 처지를 모른다 2. 배부르게 하
는; *pasulj je ~o jelo* 콩을 먹으면 배부르다
3. 모든 것이 풍족한(충분히 많은), 부유한,
재산이 많은; ~ *(do ~a) se najesti*
(nagledati, napevati, naspavati) 원하는 만
큼 (질린 만큼) 많이 먹다(쳐다 보다, 노래하
다, 잠자다); ~ *sam se naspavao* 충분히 잠
을 잤다; *~i smo se naigrali* 충분히 많이 놀
았다 4. 음식(양식·먹을 것)이 풍부한(풍족한,
많은); 비옥한, 기름진, 다산의; *~a godina*
풍년이 든 해 5. 물린, 질린; *biti ~ (presit)*
čega (rata, života, igre) ~에 질리다(전쟁,
삶, 놀이); ~ *je pasulja* 파슐이라면 지긋지긋
하다 6. 기타; *i vuk ~ i koza cela (i ovce na
broju)* 모두가 만족하다 (누이 좋고 매부 좋
고); ~ *sam svega* 모든 것에 질렸다, 모든
것이 다 귀찮다; *on je ~ svoga direktora* 그
는 자신의 디렉터라면 지긋지긋하다

sita (植) 골풀, 등심초 (멍석·바구니 등을 만듦)

sitača (解) 사골(篩骨)

sitan *-tna, -tno* (形) 1. 가는 입자로 구성된,
알갱이가 가는(고운) (反; krupan); *~tno
brašno* 아주 고운 가루로 된 밀가루; ~
šećer 알갱이 형태의 설탕; *~tna so* 가는 소
금 2. (크기·규모 등이) 작은 (malen); (세기·
수·가치 등이) 작은, 적은 (neznatan); ~
novac 잔돈; *~tne kosti (oči)* 잔뼈(작은 눈);
~tna stoka 양·염소 등의 작은 가축; *~tna
roba* 자잘한 물건 3. 아직 다 자라지 않은,
미성년의; 약한, 허약한; *~tna deca* 허약한
아이들 4. (경제적·사회적 지위가) 미약한,
말단의; *~tna buržoazija* 프티부르조아 5. 중
요하지 않은, 사소한, 부차적인; (사회적으로)
별로 유명하지 않은; 별 의미가 없는; ~
problem 사소한 문제 6. (비유적) 속이 좁은,
옹졸한, 째째한, 시시한 (sitničav,
uskogrudan; nečastan, ružan); ~ *čovek* 속
이 좁은 사람; *~tne pobude* 옹졸한 동기(動
機); *~tni duhovi* 편협한 사고

sitar 체(sito)를 만드는 장인(사람)

sitast *-a, -o* 체(sito)같은, 체 모양의; *~a kost*
(解) 사골(篩骨)

sitnarija (보통 複數로) 1. 잡동사니, 잡다한 물
건들 (sitnice, malenkosti) 2. 별 의미가 없
는 것들, 별로 중요하지 않은 것들 3. (비유
적) (사회적·경제적 위상이) 낮은 사람들, (직
위가 낮은) 밑 사람들

sitnež (男,女) 1. 잡동사니들, 잡다한 물건들,
작은 물건들; 잔돈, 액면가가 작은 돈
(sitnica); *pokupiti ~ sa stola* 테이블에서 잡
동사니들을 모으다 2. (도살된 동물들의) 내

장; *kokošija ~* 닭 내장 3. 작은 아이들; (동
물들의) 새끼들 4. (비유적) (사회적·경제적
위상이) 낮은 사람들, (직위가 낮은) 밑 사람
들 (sitnarija); *gradska ~* 도시 하층민 5. 별
로 의미가 없거나 중요하지 않은 것들(환경)

sitnica 1. 잡동사니, 별 의미가 없는 물건, 별
로 중요하지 않은 물건 2. 별로 중요하지 않
은 일상적인 일; *znati što do najmanjih ~a*
별로 중요하지 않은 것까지 아주 상세히 알
다; *to je ~* 그것은 별로 중요한 것(일)이 아
니다; *to nije ~* 그것은 중요한 것이다;
gubiti se u ~ama 하찮은 것에서 수렁에 빠
지다; *upuštati se u ~e* 상세히 설명하다 3.
별로 중요하지 않은 하찮은 일(임무·직업);
obavlja kojekakve ~e ima već dva meseca
별로 중요하지 않은 일을 수행한지도 벌써
2개월째이다

sitničar 1. 잡화상, 잡다한 물건들을 파는 상인
2. 사소한 일을 야단스럽게 따지는 사람
(cepidlaka) **sitničarka; sitničarski** (形); *~a
politika* 속좁은 정치; ~ *duh* 속좁음

sitničariti *-im* (不完) 1. 잡화를 거래하다, 잡화
를 팔다, 잡화상을 운영하다 2. 사소한 일을
야단스럽게 따지다 (cepidlačiti)

sitničarstvo 1. 잡화상업(業) 2. 사소한 일을
따짐 (cepidlačenje)

sitničav *-a, -o* 1. 사소한 것에 너무 집착하는,
꼬치꼬치 따지는, 속좁은 (uskogrdan,
pedantan); ~ *škrtac* 꼬치꼬치 따지는 수전
노; *~a pohlepa* 사소한 것에도 집착하는 탐
욕 2. 무의미한, 무가치한, 아무것도 아닌
(ništavan, beznapčajan)

sitnina 1. (같은 종류의 큰 물건과 비교하여)
작은 것 2. 작은 돈, 잔돈 (sitniš) 3. (비유적)
무의미함, 무가치함 (beznačajnost,
ništavnost)

sitniš 1. (동전으로 된) 작은 돈, 잔돈 2. (물고
기·가금류 등의) 내장 (sitnež) 3. 작은 아이
들

sitniti *-im* (不完) usitniti (完) 1. 잘게 부수다,
잘게 쪼개다 (drobiti, mrviti); ~ *zemlju* 흙
을 잘게 부수다 2. (큰 돈을) 잔돈으로 바꾸
다; ~ *novac* 잔돈으로 바꾸다 3. (비유적)
종종걸음 치다, 종종걸음으로 빨리 가다; 깡
총깡총 뛰다; ~ *korak* 종종걸음 치다 4. (눈·
비가) 보슬보슬 내리다; *sneg je kao brašno
sitnio s neba* 밀가루 같은 잔 눈이 하늘에
서 내렸다; *sitni kiša* 부슬부슬 비가 온다 5.
(새가) 가늘고 낮은 소리로 단속적으로 노래
하다(울다, 짹짹이다) 6. ~ **se** 잘게 부숴지다;
stena se sitni 암석이 잘게 부숴진다

sitniž 잔돈, 거스름돈, 작은 돈 (sitniš)

sitno (副) 1. (입자 등이) 아주 미세하게(잘게), 아주 곱게; ~ *samleti* 아주 곱게 갈다 2. 작은 토막으로; ~ *iseći meso* 고기를 잘게 썰다; ~ *iseckati drva* 나무를 잘게 자르다 3. 종종걸음으로, 빠르게; 빠른 동작으로 건반을 두드리면서, 능숙하게; 낮은 톤으로, 조용히; 약하게; ~ *koračiti* 보폭을 좁게 걷다; ~ *svirati* 빠른 동작으로 연주하다; ~ *udarati u klavir* 빠른 손동작으로 피아노를 연주하다; *sat udara* ~ 시계가 낮게 (시보를) 울린다; *šapne* ~ 조용히 속삭인다 4. 간격이 매우 좁게, 비좁게, 빽빽하게; *vrat mu je razdrljen, ~ izboran* 그의 목은 단추가 풀렸었는데 잔주름이 많았다; ~ *zasađen* 빽빽하게 심겨진 5. (비·눈이) 안개비처럼 잘고 질게; ~ *pada sneg* 싸라기 눈이 내린다; ~ *sipi kiša* 보슬비가 내린다 6. (비유적) 무의미하게, 올바르지 않게, 불명예롭게 7. (명사적 용법으로) 잔돈

sitnoburžoaznī *-ā, -ō* 프티부르조아의, 소시민의; ~ *moral* 소시민적 도덕

sitnoća 1. (크기가) 작음, 미소(微小), 왜소(矮小); ~ *predmeta* 물건의 자잘함 2. (비유적) 저열함, 시시함, 빈약, 옹졸 (ništavnost, niskost); ~ *duše* 영혼의 저열함

sitnozor 참조 mikroskop; 현미경

sitnozrn, sitnozrnast, sitnozrnat *-a, -o* (形) 알갱이가 아주 가는(고운), (석재·목재 등이) 결이 고운; ~*a sorta pšenice* 알갱이가 작은 종류의 밀; ~ *peščar* 알갱이가 잔 사암(沙巖)

sitnurija 참조 sitnarija

sito 1. (가루 등을 거르는) 체; *gusto (sitno)* ~ 가는 체; *retko (krupno)* ~ 굵은 체 2. 기타; *proći kroz* ~ *i rešeto, biti na* ~*u i rešetu, biti prosejan kroz* ~ *i rešeto* 산전수전을 다 겪다, 온갖 것을 경험하다; *novo* ~ *na visoko seje, novo* ~ *samo seje, novo* ~ *o klinu visi* (직장에서) 신참자는 일을 열심히 하려고 한다; *uzeti koga na* ~ *i rešeto* 누구를 잘 평가하다(판단하다, 고찰하다)

sitost (女) 1. 포만(감) 2. 완전함, 완벽함 (punoća, potpunost)

situacija 1. 상황, 처지, 입장, 환경; *društvena* ~ 사회적 환경; *politička* ~ 정치적 환경; *teška* ~ 어려운 상황; *kritična* ~ 위험한 상황 **situacijski, situacioni** (形) 2. 기타; *komedija* ~*e* (연극의) 상황극; *čovek (gospodar, majstor)* ~*e* 그 사람에 따라 상황이 해결되는 사람(결정적인 사람), 상황을 해결할 만큼 성장한 사람

situiran *-a, -o* (形) 1. 참조 situirati 2. 물질적으로 자리 잡은, 물질적으로 안정된; *dobro* ~ 경제적으로 안정된; *neprestano roditeljima stavlja pod nos primer svojih bolje* ~*ih prijatelja* 그는 끊임없이 자신보다 경제적으로 안정된 친구들의 예를 부모들에게 들이댄다

situirati *-am* (完,不完) (어떤 위치에 누구를(무엇을)) 두다, 놓다, 위치시키다, 배치하다; *u južnoj strani grada situirane su bolnice* 도시의 남쪽에 병원들이 자리잡고 있다; *on se odlično situirao* 그는 자리를 잘 잡았다

siv *-a, -o; sivlji* 1. 회색의, 잿빛의, 쥐색의; ~*o odelo* 회색 옷 2. (머리가) 희어지기 시작한 3. (날씨가) 흐린, 우중충한 (mutan, tmuran); ~*o nebo* 구름이 잔뜩 긴 하늘; ~*o vreme* 우중충한 날씨 4. (비유적) 지루한, 따분한, 단조로운 5. 기타; ~*a eminencija* 막후의 실력자; ~*a masa* (解) (녀·척수의) 회백질; ~*a mrena* (病理) 백내장; ~*a ekonomija* 지하 경제

SIV 구유고슬라비아 공화국 연방 정부 (Savezno izvršno veće)

sivac *-vca* 1. 회색마(馬), 회색 당나귀 2. 잿빛의 돌(石) 3. (植) 1년생 식물의 한 종류 4. 기타; *prođe* ~ *Kruševac* 지금은 이미 때가 늦었다

sivast *-a, -o* (形) 회색빛을 띤, 잿빛이 나는 (sivkast); ~*o nebo* 잿빛 하늘

siveti *-im* (不完) **posiveti** (完) 회색(잿빛)으로 되다(변하다)

sivilo (中), **sivoća** (女) 1. 회색(임), 잿빛(임); ~ *neba* 하늘의 잿빛색 2. (비유적) (사상·생각 등의) 부족, 결핍, 빈곤, 내용의 부족; ~ *dnevnih novina* 내용 없는 일간지; ~ *svakodnevnice* 빈곤한 일상사

sivka 회색 암소(牛), 회색 암말(馬) (sivulja)

sivkast *-a, -o* (形) 회색빛을 띤, 회색빛을 내는; ~*o nebo* 잿빛의 하늘

sivonja (男) 회색빛의 황소, 회색 당나귀; *zapeti (raditi) kao* ~ 힘든 일을 온 힘을 다해 일하다

sivulja 회색의 암말(암소)

siz 건널 판자(승선과 하선을 위해 배와 육지 사이에 다리처럼 걸쳐놓은 판자)

sizati *sižem* (不完) 참조 sezati

Sizifov *-a, -o* (形) 시지프스의; ~ *posao (dužnost)* 시지프스의 일(매우 고되고 힘들지만 끝이 없는 헛된 일)

siže *-ea* (男) 내용, 알맹이; 문학 작품의 주요 (기본) 주제, 토픽 **sižejni** (形)

S

sjahati -šem (完) sjahivati -hujem (不完) 1. (말 등 타는 동물에서) 내리다; ~ s konja 말에서 내리다; prišao je vodi, sjahao s konja 물가에 다가가서 말에서 내렸다 2. 말을 타고 (일정한 장소까지) 가다(내려가다); ~ niz brdo 말을 타고 언덕을 내려가다; ~ u dolinu 계곡을 말을 타고 가다; ~ s brda (na reku) 말을 타고 언덕을 내려가 강에 가다 3. (koga) 누구를 말에서 내리다(내려오게 하다)

sjaj 1. 빛, 광휘, 광채; 반사 빛, 반사광 2. 눈의 반짝임, 눈의 광채 3. (행복감 등에 의해 상기된 얼굴의) 홍조, 광채; mlada lica ··· sva su ozarena ~em pobede 젊은이들의 얼굴은 승리의 도취감으로 인해 붉게 불타 올랐다 4. 호화로움, 찬란함, 화려함, 영화, 부유함 (raskoš, blesak, bogatstvo); ona je videla samo vanjski ~ Vukovićeve kuće 그녀는 단지 부코비치 가문의 겉으로 드러난 화려함만을 보았다

sjajan -jna, -jno (形) 1. 빛나는, 빛을 발하는; ~jna zvezda 밝게 빛나는 별 2. 빛을 반사하는; ~ metal 빛나는 금속; ~ kristal 빛나는 크리스탈; ~jna kapljica 반짝이는 물방울 3. (눈·눈빛 등이) 빛나는, 반짝이는; bolest ga je jako iscrpla ... samo su mu oči ostale ~jne, i gledale radosno i nasmejano 병으로 그는 많이 허약해졌으나 ... 그의 눈만은 반짝였으며 행복한 웃음을 띠며 바라보았다 4. 아주 훌륭한, 아주 멋진, 비범한 (izvrstan, odličan, neobičan); ~ pronalazak 아주 훌륭한 발견; ~ uspeh 커다란 성공; ~ pisac 훌륭한 작가; ~ čovek 아주 좋은 사람 5. 호화로운, 화려한

sjajiti (se) -im (se) (不完) 1. 빛나다, 빛을 반사하다 (sijati se, svetliti se) 2. (눈 등이 기쁨·환희 등으로) 빛나다, 광채를 발하다; oči mu se sjajile cele veče od radosti što je opet među svojima 다시 자신의 가족들과 함께 있다는 기쁨으로 그의 눈은 밤새 빛났다

sjaktiti -im (不完) (보통 강력한 섬광으로) 빛나다

sjanjna (=sjagnja) (形) (여성형으로만 사용됨) (양이) 새끼를 밴; ovce su ~e po dva puta 암양들은 두번씩 새끼를 뱄다

sjati (se) sjam (se) (不完) 빛나다, 빛을 발하다 (sijati (se))

sjatiti -im (不完) 1. 질문 공세를 퍼붓다, 질문을 쏟아내다 2. ~ se 사방에서 떼를 지어 몰려들다(몰려 가다) 3. ~ se (육식성 조류처럼)

떼를 지어 공격하다; svi se sjatiše na pridošlicu 모두가 새 이주자를 떼지어 공격했다

sječkalica (잘라낸 나뭇가지 등을 분쇄하는) 분쇄기

sjedalica (등받이와 팔걸이가 없는) 의자, 스툴

sjediniti -im (完) sjedinjavati -am, sjedinjivati -njujem (不完) 1. ···을 결합(연합)시키다, 하나(일체)로 만들다; ···을 합병하다, 통일시키다; ···을 (···으로) 접합하다,한데 붙이다 2. ~ se 하나(일체)가 되다; 합체(합병)되다; ~ 과 결합되다; 통일되다; misao da se BiH sjedine sa Srbijom počela se širiti i u Srbiji 보스니아를 세르비아와 통일시키자는 생각은 세르비아에서도 확산되기 시작했다

sjedinjen -a, -o (形) 참조 sjediniti

sjenilo 참조 abažur; 램프(전등)의 갓

sjetilo 참조 čulo; 감각

sjuriti -im (完) 1. (koga, što) 빠른 속도로 (위에서 밑으로) 몰다(쫓다); izgledalo je kao kurjak koga su lovci sjurili u ćošak 마치 사냥꾼들에 의해 한 쪽 구석으로 내몰린 한 마리 늑대같이 보였다; ~ ovce niz brdo 양들을 언덕 밑으로 몰다 2. 빠른 속도로 내리다(내려오다, 내려가다); ~ kola niz stranu 내려배기에서 자동차를 빠른 속도로 몰다 3. 뛰어 내려가다; ~ niz brdo (niz stepenice) 언덕(계단)을 뛰어내려가다 4. (창·칼 등으로) 찌르다, 쑤시다, 쑤셔박다; lovac sjuri u njega koplje i medved pade mrtav 사냥꾼이 곰을 창으로 찔러 곰이 죽어 쓰러졌다; ~ nekome nož u grudi 칼로 누구의 가슴을 찌르다 5. ~ se 빠른 속도로 뛰어 내려가다; 떼를 지어 몰려들다; (액체가) 콸콸 흘러 어디로 스며들다(흘러 내려가다); svi su se sjurili na trg 모두가 광장으로 떼지어 몰려들었다

skafandar -dra 다이빙복(服), 우주복; ronilački ~ 다이빙복; kosmonautski ~ 우주복

skakač 1. 점프를 잘 하는 사람 2. 높게 점프할 수 있는 능력을 가진 순혈의 말(馬) 3. (스포츠) 다이빙 선수 4. (체스) 나이트 (konj)

skakanje (동사파생 명사) skakati; 높이뛰기, 점프하기

skakaonica 1. 스키 점프대(장) 2. 다이빙대

skakati -čem (不完) 참조 skočiti

skakavac -avca (昆蟲) 메뚜기; najezda ~a 메뚜기의 공습

skakavica 1. (魚類) 물 표면 위로 자주 튀어오

르는 바닷 물고기; 연어 (losos) 2. (문이
나 대문의) 걸쇠·빗장의 한 종류 (reza) 3.
(점프하는) 놀이의 한 종류

skakutati *-ćem* (不完) 1. 깡충깡충 뛰다; 잔걸
음걸이로 걷다 2. (여러가지 일들을 해결하
기 위해 여러 곳을) 뛰어다니다; *urednik je
skakutao ... od poslanstva do poslanstva
po Beču i širio propagandu* 편집인은 비엔
나의 여러 공사관들을 돌아다니면서 선전활
동을 강화하였다 3. 눈을 이곳 저곳으로 돌
리다, 이곳 저곳을 번갈아 바라보다 4. 대화
의 주제(작업 방식 등)를 급하게 바꾸다; 설
명을 회피하다

skakutav *-a, -o* (形) 1. 깡충깡충 뛰듯이 걷는,
잔걸음으로 빨리 걷는; ~ *čovek* 껑충껑충
걷는 사람; ~ *hod* 잔걸음으로 빨리 걷는 걸
음 2. (비유적) 잠시도 가만히 있지를 못하는,
정신이 산만한 (nemiran, nestalan); *~a
osoba* 잠시도 가만히 있지를 못하는 사람 3.
(비유적) 평평하지 않은, 똑같지 않은
(neravnomeran, neujedinačen)

skala 1. 저울눈, 눈금; ~ *termometra* 온도계
눈금 2. (音樂) 음계 (lestvica) 3. (지도 등의)
비율; (임금·요금·세금 등의) 율; *poreska ~*
세율

skala 1. (보통 複數로) 계단 (stepenice, stube)
2. (물을 건널 수 있게 놓여진) 널판지 3. 암
석, 암반 (stena, greda) 4. 조각 (kriška);
seci tu jabuku na ~e 그 사과를 조각으로
잘라라

skalaburiti *-im* (完) 1. 아무렇게나 모으다, 두
서없이 서로 섞다 2. ~ *se* 모이다, 만나다
(skupiti se, okupiti se, naći se)

skalin (男), **skalina** (女) (보통 複數로) 계단
(stepenice, stube)

skalp *-ovi* (북미 인디언이 노획품으로 적의 머
리에서 벗긴) 두피, 머리 껍질의 일부

skalpel 외과용(해부용) 메스

skalpirati *-am* (完) ~의 머리에서 두피(skalp)
를 벗기다, 목을 자르다

skameniti *-im* (完) 1. ~의 몸을 마비시키다,
몸이 뻣뻣해지게 하다, 움직일 수 없게 만들
다 (깜짝 놀라, 당황하여, 두려워); *ta vest ju
je skamenila* 그 뉴스는 그녀를 돌처럼 굳게
만들었다 2. ~ **se** 석화(石化)되다, 딱딱해지
다; (보통 피동형용사 형태로) 발전이 정지되
(중단된); *naslage peska su se skamenile*
모래 더미는 돌처럼 딱딱해졌다 3. ~ **se** (비
유적) 마비되다, 굳어지다, 뻣뻣해지다 (놀라,
두려워, 당황하여); *jadni čovek se skamenio
od straha* 불쌍한 사람은 두려움에 몸이 마

비되었다

skamija (일반적인) 벤치; 학교 벤치(긴 의자)

skamp *-ovi* (통상의 바닷가재보다는 작은) 노
르웨이 랍스터(바닷가재)

skandal 스캔들(대중적인 물의를 빚는 부도덕
하고 충격적인 사건·행위); *pukao je ~!* 스캔
들이 터졌다

skandalizirati *-am*, **skandalizovati** *-zujem* (完,
不完) (충격적 행동으로) 분개시키다, 아연실
색케 하다; *od prvog reda u ovoj knjizi ... vi
uviđate da pisac želi da skandalizira svoje
čitaoce* 당신은 이 책의 첫번째 줄부터 작가
가 자신의 독자에게 도발한다는 것을 볼 수
있을 것입니다

skandalozan *-zna, -zno* (形) 1. 수치스런, 창
피한 2. 스캔들의, 쇼킹한; *~zna hronika* 쇼
킹한 사건 사고들

Skandinavija 스칸디나비아; **Skandinavac**;
Skandinavka; **skandinavski** (形)

skandirati *-am* (不完) 1. 시를 영창조로 읊조
리다, 노래하다; ~ *stihove* 운율을 영창조로
읊조리다 2. (일정한 리듬으로 한 음절 한
음절, 한 단어 한 단어씩) 구호를 외치다, 연
호하다 (대규모 시위, 운동장 등에서의); ~
parole 구호를 외치다

skaniti se *-im se* (完) **skanjivati se** *-am se* &
-njujem se (不完) 오랜 망설임 끝에 결정하
다(마음을 정하다) (nakaniti se)

skanjeralo (男,中) (輕蔑) 주저주저 망설이는
사람, 쉽게 결정을 못하는 사람 (oklevalo)

skanjerati se *-am se* (不完) (輕蔑) 주저하다,
망설이다, 쉽게 결정을 못내리다

skanjivati se *-njujem se* & *-am se* (不完) 참
조 skaniti se

skapati *-am* & *-pljem* (完) **skapavati** *-am* (不
完) (사람·동물이) 죽다, 목숨을 잃다 (기아·
갈증·추위 등 힘겨운 환경 등으로 인해)
(crći, umreti); *sva je stoka skapala od žeđi*
모든 소들이 물을 못마셔 죽었다; ~ *od
gladi* 굶어 죽다, 아사하다; ~ *od dosade* 따
분해 죽다

skaredan *-dna, -dno* (形) (단어·표현 등이) 상
스러운, 야한, 거친, 막된, 교양없는
(nepristojan, ružan); ~ *izraz* 상스러운 표현,
거친 표현

skarlatina (病理) 성홍열 (주로 어린아이들에
서 발병하는 전염병의 일종) (šarlah)

skasati *-am* (完) (말이) 속보(kas)로 내려가다
(내려오다)

skaska 민중구전문학, 동화 (역사적 인물 이야기, 혹은 지어낸 내용의) (bajka)

skatologija (醫) 분변학(糞便學; 분뇨에 의한 진단)

skaut 스카우트 (보이 스카우트, 걸 스카우트) **skautski** (形) (izvidnik)

skautizam -zma 스카우트 운동, 스카우트 활동

skautkinja 걸 스카우트, 스카우트 여성 대원

skazaljka -i (시계 등의) 바늘 (kazaljka); minutna (velika) ~ 분침; mala ~ 시침

skeč -om; -evi (소설·수필 등의) 단편, (연극 등의) 짤막한 촌극

skela 1. 나룻터, 선착장, 도선장; doći na ~u 나룻터에 도착하다 2. 나룻배(강 양안에 밧줄을 설치하고 그 밧줄을 잡고 강을 건너는); (엔진 힘으로 가는) 페리, 연락선 (trajekt); preći reku ~om 나룻배로 강을 건너다 3. (보통 複數로) (건축의) 비계; pasti sa ~a 비계에서 추락하다 **skelski** (形)

skelar 나룻배 사공, 페리 선원 (skeledžija)

skelarina 뱃삯, 페리 도선료

skeledžija (男) 참조 skelar

skelet 1. 뼈대, 해골 (kostur); (비유적) (뼈만 남은) 비쩍 마른 사람 2. (비유적) (건축물 등의) 뼈대, 골격, 프레임 **skeletni, skeletski** (形)

skeljiti -im (完) 풀(kelj)로 붙이다, 접착제로 붙이다 (slepiti, zalepiti)

skepsa 회의(懷疑), 불신, 의심 (sumnja, nepoverenje, neverica)

skeptar -tra (제왕의 상징으로서의) 홀 (笏), 권장(權杖) (skiptar)

skepticizam -zma 1. 회의, 불신, 의심 (skepsa) 2. (哲) 회의론

skeptičan -čna, -čno, **skeptičkī** -ā, -ō (形) 회의적인

skeptičar 1. 회의론자, 회의적으로 보는 사람 (skeptik) 2. 회의론 지지자

skeptik 회의론자, 의심많은 사람

skerco -ca; -ci (男) 스케르초(익살스럽고 분방한 성격의 짧은 기악곡)

skerlet 1. (고급 의상을 만드는데 사용되는) 자줏빛 천(직물) (grimiz) 2. (色) 진홍색, 다홍색 **skerletan** (形)

skica 스케치, 밑그림; 약도; 개요, 줄거리, 골자

skicirati -am (完,不完) 스케치하다, 밑그림을 그리다; 개요를 말하다

skičati -im (不完) skiknuti -nem (完) 1. (개·돼지가) 꽥꽥거리다, 컹컹거리다 2. (完만) 죽

다, 목숨을 잃다

skidati -am (不完) 참조 skinuti

skif -ovi (조정 경기의) 싱글 스컬, 1인승 스컬 **skifist(a)** 스컬로 보트를 젓는 사람

skija (보통 複數로) 스키 (smučka)

skijanje (동사파생 명사) skijati se (smučanje); 스키 타기; ići na ~ 스키타러 가다

skijaš 스키를 타는 사람, 스키 선수 (smučar) **skijašica; skijaški** (形)

skijati se -am se (不完) 스키를 타다 (smučati se)

skiknuti -nem (完) 참조 skičati

Skila (그리스·로마신화) 스킬라 (큰 바위에 사는 머리가 여섯, 발이 열두 개인 여자 괴물); između ~e i Haribde 진퇴양난의

skinuti -nem (完) skidati -am (不完) 1. ~에서 내리다(높은 곳에서 낮은 곳으로), 떼다, 떼내다, (~의 주변에 있는 것을, ~의 표면에 있는 것을) 제거하다, 없애다, 치우다, 빼다; ~ knjigu sa polica 책장에서 책을 치우다; ~ sliku sa zida 벽에서 그림을 떼내다; ~ nešto s ručuna (budžeta) 계산서(예산)에서 ~을 제외시키다; ~ odgovornost (teret) sa sebe 책임이 있다고 생각하지 않다, 자신에게 면죄부를 하사하다; ~ kletvu (prokletstvo) s nekoga 누구의 잘못을 용서하다; ~ mrak s očiju 진실을 알아내다; ~ brigu s vrata 근심을 내려놓다; ~ kajmak s mleka 우유에서 카이막을 떠내다; ~ okove 족쇄를 떼내다; ~ zavoj 붕대를 풀다; ~ dugme 단추를 풀다; ~ prljavštinu 먼지를 털어 없애다; ~ mrlju 얼룩을 빼다; ona ne skida oči s njega 그녀는 그에게서 눈길을 떼지 못한다; ~ s dnevnog reda 의사일정에서 빼다, 해결된 걸로 간주하다 2. (껍질 등을) 벗기다, 벗겨내다; ~ koru (ljusku) sa nečega ~에서 껍질을 벗기다 3. (옷·신발·양말·모자 등을) 벗다; ~ šešir (cipele, naočare, rukavice, haljinu) 모자 (양말, 안경, 장갑, 치마)를 벗다; skidam kapu pred njim 그의 앞에서 모자를 벗어 존경을 표하다 4. ~에서 쫓아내다 (oterati) 5. 열매를 따다, 수확하다 6. (운송 수단에서) 내리다, 하역하다, 부리다; ~ nekoga s voza (autobusa) 기차(버스)에서 누구를 하차시키다 7. (어떤 임무·직책 등에서) 해임하다, 쫓아내다 8. 총알로 쓰러뜨리다, 총살시키다 9. (제재조치 등을) 해제하다; ~ zabranu 금지조치를 해제하다; ~ kaznu 징벌을 해제하다 10. 옷을 벗기다; ~ dete 아이의 옷을 벗기다 11. ~ se (말·기차·버스 등에서) 내리다;

1156

~ *se s voza (s tramvaja)* 기차(트램)에서 내리다; ~ *se s konja* 말에서 내리다 12. (높은 곳에서 낮은 곳으로) 내려오다 13. ~ se (옷·신발 등을) 벗다

skiptar *-tra* (제왕의 상징으로서의) 홀 (笏), 권장(權杖) (skeptar, žezlo)

skitač 방랑자, 떠돌이 (skitnica)

skitačkī, skitalačkī *-ā, -ō* (形) 참조 skitnica; 방랑자의, 떠돌이의

skitalica (男,女) 참조 skitnica

skitati se *-am se & -ćem se* (不完) (不完) 길거리를 하릴없이 떠돌아다니다, 어슬렁거리다, 방황하다; (일정한 직업이나 거주지없이) 떠돌이처럼 살다; ~ *ulicama* 거리를 떠돌아다니다

skitnica (男,女) 방랑자, 떠돌이; (일정한 직업과 주거지가 없는) 부랑자 (lutalica; probisvet, propalica); *ulična* ~ 부랑자; **skitnički** (形)

skitnja 정처없이 떠돌아 다님, 방랑, 어슬렁거리며 다님; 방랑 생활, 부랑 생활 (skitanje, lutanje)

SKJ 유고슬라비아공산주의연맹 (Savez komunista Jugoslavije)

sklad 조화, 화합, 일치; *biti u ~u* 조화를 이루다; *biti (živeti) u ~u s kim* ~와 조화를 이루다(조화를 이뤄 살다); *dovesti u ~* 일치시키다, 조화를 이루게 하다

skladan *-dna, -dno* (形) 1. 조화로운, ~과 어울리는, 비율(배합)이 잘 맞는; *~dne boje* 잘 어울리는 색상; *~dni glasovi* 하모니가 잘 맞는 목소리 2. ~와 사이가 좋은, 잘 어울리는; *~dna braća* 사이 좋은 형제 3. (음 등이) 듣기 좋은, 선율이 아름다운 (milozvučan, melodičan); *~dni zvuci* 선율이 아름다운 소리 4. 아름다운, 우아한, 잘 생긴 (lep, naočit); ~ *momak* 잘 생긴 청년 5. 적합한, 적절한, 잘 어울리는; *vaš zahtev nije ~ (u skladu s) propisima* 당신의 요청은 규정에 적합하지 않습니다; *ova haljina nije ~dna za tu priliku* 이 드레스는 그 행사와는 잘 어울리지 않는다 6. (몸매가) 균형잡힌, 잘 발달된; *~dno telo* 균형잡힌 몸매

skladatelj 참조 kompozitor; 작곡가

skladati *-am* (不完) 1. 조화를 이루게 하다, 일치시키다, 화합시키다; *nesklade ~, to je najslavnije* 불화를 화합시키는 것(부조화를 조화시키는 것), 그것이 가장 영예로운 일이다 2. 결합하다, 연결시키다, 조립하다; *ljudi su teškom mukom skladali slova* 사람들은 힘들게 단어를 맞췄다 3. (곡을) 작곡하다;

(시·문학 작품 등을) 쓰다 4. 준비하다 (spremati)

skladba 참조 komozicija; (音樂) 작곡

skladišnī *-ā, -ō* (形) 참조 skladište; 창고의

skladištar 창고지기, 창고 관리인, 창고업자; 창고에서 일하는 사람 (magacioner)

skladište 창고 (stovarište, magacin); *na ~u* 창고에, 비축된; ~ *rezane građe* 목재 야적장; *te robe više nema na ~u* 그 물건은 더 이상 창고에 없다 **skladišni** (形); ~ *prostor* 창고 공간; ~ *ugovor* 창고 계약; *usluge ~og poslovanja* 창고대여업; *~o preduzeće* 창고 회사

skladnoća 조화(일치)성, 적합함, 적당함

skladnost (女) 조화, 일치, 알맞음(적합함, 적당함); ~ *misli i izraza* 생각과 표현의 일치; ~ *sastavnih elemenata* 구성 요소들의 조화

sklanjanje 1. (동사파생 명사) sklanjati; 제거, 없앰 2. (文法) (廢語) (단어·언어의) 굴절, 격변화

sklanjati *-am* (不完) 1. 참조 skloniti; 없애다, 제거하다, 치우다 2. (文法) 격변화하다 (deklinirati)

sklapanje (동사파생 명사) sklapati; 조립, 접기; *stolica na ~* 접는 의자

sklapati *-am* (不完) 참조 sklopiti

sklat (魚類) (가오리 등의) 전자리상어 (바닷물고기의 한 종류)

sklek *-ovi* (스포츠) 팔굽혀펴기, 푸시업

sklepati *-am* 볼품없이 빨리만들다, 날림으로 아무렇게나 만들다; *mi smo taj skuter sami sklepali od ⋯ avionskih delova* 우리는 비행기 부품으로 그 오토바이를 빨리 만들었다 (조립하였다)

sklepatati *-am & -ćem* (完) 1. 둘러싸다, 에워싸다, 포위하다 2. (부탁·청원 등을) 퍼붓다, 쏟아붓다; 못살게 굴다, 들볶다, 조르다, 귀찮게 조르다, 귀찮게 하다, 성가시게 하다 (saleteti, spopasti); *sklepatala ga deca kod večere da im priča* 저녁경에 아이들은 그에게 이야기를 해 달라고 귀찮게 졸랐다; *sklepatali su oca da ih vodi u bioskop* 아이들은 극장에 가자고 아버지를 못살게 굴었다; ~ *nekoga pitanjima* 누구에게 질문을 퍼붓다 3. ~ se ~의 주변에 몰려들다, 모이다

sklerotičan *-čna, -čno* (形) (病理) 경화 (skleroza)증에 걸린, 경화성(性)의; *~čni bolesnici moraju provoditi miran i staložen život* 경화성 환자들은 평온하고 조용한 삶을 살아야 한다

skleroza (病理) 경화(증), 경변(硬變)

sklizak *-ska, -sko; skliskiji* (形) (표면이) 미끄러운, 미끈거리는 (klizav)

skliziti *-im* (完) 미끌어지다 (skliznuti); *auto se skliznuo s druma* 자동차는 길에서 미끌어졌다

skliznuti *-em* (完) 1. 미끌어지다, 미끌어져 내려오다 2. ~을 타고 빨리 내려오다 3. 뛰어가다, 빨리 도망치다 3. 나타났다 바로 사라지다 (sinuti); *ispod njegovih podšišanih brkova skliznu osmeh* 그의 다듬은 콧수염 사이로 웃음이 살짝 비쳤다 4. (눈길·시선이) 순간적으로(빨리) ~을 향하다 5. (비유적) 한 곳에서 다른 곳 (한 상태에서 다른 상태로)으로 부주의하게 건너다(넘어가다) 6. ~ se 미끄러져 넘어지다

sklon *-a, -o* (形) 1. ~하고 싶은, ~(할) 마음이 있는, ~하는 경향이 있는, ~할 준비가 된 (naklonjen); *on je ~ piću* 그는 술을 마시는 경향이 있다; *ona ... ~a svemu misterioznom, dugo je još mislila o tim čudnim pogledima* 모든 미스터리한 것에 관심이 있던 그녀는 그 이상한 시선들에 대해 오랫동안 생각했다; *on je ~ da prevari* 그는 사기 기질이 있다 2. ~에 우호적인; *biti ~ nekome* 누구에게 우호적이다

sklonidba (文法) (廢語) 참조 deklinacija; 격변화, 어형 변화

sklonište 1. (악천후·위험·공격으로부터) 피할 수 있는) 대피소, 피난처; ~ *od bombardovanje* 폭격 대피소 2. 은신처 3. (고아·노숙인·병자 등의) 보호 시설, 수용소

sklonit *-a, -o* (形) 1. 외딴, 접근이 어려운, 숨겨진, 감춰진 (zaklonjen, zabit); ~*a dolina* 접근이 어려운 계곡 2. 은신처(피신처)로 좋은; ~*o mesto* 은신처로 좋은 장소

skloniti *-im* (完) **sklanjati** *-am* (不完) 1. (한 쪽으로, 구석으로) 치우다, 없애다, 제거하다; *ko je sklonio moju knjigu?* 누가 내 책을 치웠느냐?; ~ *na stranu* 한 쪽으로 치우다; *sklonili su ga s tog položaja* 그 직위에서 그를 해임시켰다 2. (안전한 곳으로) 옮기다, 피신시키다; 숨기다; *skloni nekuda pismo da se ne izgubi* 편지가 분실되지 않게 잘 치워라; *skloni kolače od dece* 아이들로부터 케이크를 치운다; ~ *nekoga od milicije* 경찰로부터 누구를 숨기다; *bože skloni!* 주여 보호하소서!; ~ *glavu* 목숨을 보전하다, 은신처를 찾다; ~ *šiju pred nekim* 누구에게 복종하다(항복하다) 3. (눈길·시선 등을) ~ 쪽으로 향하다, 돌리다; *kapetan skloni oči u stranu* 대장은 눈길을 옆으로 돌렸다 4. 설득시키다

(privoleti); ~ *nekoga na nešto* ~에 대해 누구를 설득시키다; *ni pretnjom ni na lepe reči nije mogao ~ Bauka da pređe u njihov tabor* 좋은 말로든 위협으로든 그들의 진영으로 넘어오라고 바우크를 설득할 수 없었다 5. ~ se 치워지다, 제거되다; ~ *se u stranu* 한 쪽으로 빗겨나다; *skloni mi se s puta!* 내가 가는 길에서 빗겨서라 6. ~ se 숨다, 은신하다, 피신하다; ~ *se kod nekoga* 누구의 집에 피신하다; ~ *se pred vazdušnom napadom* 공중 폭격으로부터 피신하다; *prijatelji ga saleću ... da se skloni iz Srbije, gde mu je nov zatvor siguran* 그의 친구들은 그에게 또 다시 투옥될 것이 확실한 세르비아에서 피신하라고 독촉한다 7. ~ se ~에 동의하다, (의견을) 수용하다, 받아들이다, 설득되다

sklonost (女) 1. (예술·학문 등에의) 재주, 재능, 끼 (dar, smisao); *došao je na svet ... sa naročitom ~ošću za poeziju* 그는 특별한 시적 재능을 갖고 이 세상에 태어났다 2. 본능 (nagon, instinkt) 3. (~에 대한) 기호, 성향, 경향, (~하고픈) 기분, 의지, 체질; *prirodna ~* 자연적 성향; ~ *za piće (prema piću)* 술을 좋아하는 경향; ~ *za muziku* 음악에 대한 호감 4. (~에 대한) 호의, 호감, 정(情) (simpatija, ljubav); ~ *prema nekome* 누구에 대한 호의(호감)

sklonjiv *-a, -o* (形) 1. 쉽게 숨길 수 있는 2. 쉽게 설득할 수 있는, 설득되는 3. (文法) (廢語) 어형변화 될 수 있는

sklop 1. (많은 구성 요소들이 상호 연관되어 만들어진) 구조, 틀 (struktura); *u ~u čega* ~의 틀안에서 2. (전체의 틀 안에서 구성요소들의) 배열, 구성; *komedija se razlikuje od tragedije svojim kompozicionim ~om* 희극은 그 구성 요소들의 배열에 있어 비극과 차이를 갖는다 3. 결합, 구성 성분 (spoj, sastav)

sklopac *-pca* 참조 šklopac; 1. (病理) 파상풍 (tetanus) 2. (모기·벌레 들의) 무는 것, 물린 자국 (ubod) 3. (야생 동물들을 잡는) 덫, 올가미, 올무 (klopka, kljusa)

sklopiti *-im* (完) **sklapati** *-am* (不完) 1. (부품들을) 조립하다; ~ *pušku* 총을 조립하다; ~ *stolove* 테이블을 조립하다 2. (책·눈·입 등 열려져 있는 것을) 닫다; (종이 등을) 접다; ~ *oči* 눈을 감다; ~ *knjigu* 책을 닫다; *cela noći nisam oka sklopio* 밤새 내내 눈을 붙일 수 없었다(잘 수 없었다) 3. (계약·조약 등을) 체결하다; ~ *ugovor (savez)* 계약(동맹)

을 체결하다; ~ *pogodbu* 합의하다(흥정에
도달하다); ~ *brak* 결혼하다(혼인관계를 맺
다) 4. (단체 등을) 설립하다, 만들다, 창립하
다; ~ *društvo za zaštitu spomenika* 문화
재 보호 단체를 설립하다; *sklopili su
društvo za podizanje štamparija i
pokretanje lista* 그들은 출판사 설립과 신문
발행을 위한 협회를 창립했다 5. 뒤덮다
(prekriti, pritisnuti); *sa svih strana sklopila
magla* 사방천지가 안개로 뒤덮였다 6. ~ se
(열려져 있던 것이) 닫히다, 봉쇄되다; *front
se uskoro sklopio oko njih* 그들 주변의 전
선은 곧 봉쇄되었다 7. ~ se 조립되다 8. 기
타; *ne ~ oka (oči)* 잠들 수 없다, 잠을 자지
못하다; ~ brak 결혼하다; ~ *poznanstvo
(prijateljstvo)* 안면을 트다 (우정을 맺다);
~ *ruke oko vrata* 손으로 목을 껴안다; ~
ruke 1)일을 멈추다(일을 방관하다) 2)애걸하
다(공손히 손을 모아)

sklopiv, sklopljiv -*a*, -*o* (形) 접을 수 있는, 접
혀지는, 포갤 수 있는

sklopnice (女)(服) (군대·캠프용의) 휴대용 식기
세트

sklupčati -*am* (完) 1. 둥근 공 모양(klupko)으
로 말다(감다), 돌돌말다; ~ *predivo* 실을 둥
근 공 모양으로 말다; ~ *kosu* 머리를 돌돌말
다 2. (비유적) 얽히게 하다, 꼬이게 만들다
(zaplesti, zamrsiti)

skljokati se -*am se* (完) 1. 쓰러지다, 넘어지
다 (srušiti se, pasti); *jedan od njih skljoka
se na pod, bez svesti, kao vreća* 그들중 한
명이 마치 포대자루처럼 정신을 잃고 바닥에
쓰러졌다; ~ *se u fotelju* 안락의자에 쓰러지
다 2. 약해지다, 무기력해지다 (islabiti,
onemoćati)

skoba 클램프, 걸쇠, 죔쇠

skocati -*am* (完) 1. 부수다, 부러뜨리다 2. ~
se 부러지다, 깨지다 (skršiti se, slomiti se)
3. ~ se 얼다, 얼어붙다, (뼈처럼) 굳어지다,
뻣뻣해지다

skoč (위스키의) 스카치위스키

skočanjiti se -*im se* (不完) (추위·놀람 등으
로 인해) (옥수수 속대(kočanj)처럼) 뻣뻣해
지다(굳어지다, 딱딱해지다, 마비되다);
skočanjio sam se od zime 추위 때문에 몸
이 굳어졌다

skoče -*eta*; *skočići* (動) 송아지; 어린 가축

skočibube (女,複) 방아벌레; 방아벌레과(科)
곤충의 총칭 (klišnjaci)

skočimiši (男,複) 뛰는쥐류; 뛰는쥐과(科)에 속
하는 설치류의 총칭 (캥커루와 같이 뒷다리

가 길고 강해 뛰기에 적합하게 발달한)

skočiti -*im* (完) **skakati** -*čem* (不完) 1. 점프하
다, 도약하다, 뛰다, 뛰어오르다, 뛰어넘다,
뛰어내리다; ~ *sa mosta (iz aviona, preko
potoka, kroz prozor)* 다리위에서(비행기에
서) 뛰어내리다(개울을 뛰어넘다, 창문을 뛰
어넘다); ~ *od radosti* 기뻐 점프하다; ~ *s
padobranom* 낙하 점프하다; ~ *uvis (u
stranu, dole)* 위로(옆으로, 밑으로) 점프하
다; ~ *na noge* 제자리에 벌떡 일어서다 2.
(가격·온도 등이) 상승하다, 뛰어오르다;
skočile su cene mesa 고기값이 올랐다;
temperatura je naglo skočila 기온이 급격
히 상승하였다 3. 뛰다, 뛰어가다, 서둘러 가
다; *ko će da skoči do trafike da mi donese
novine?* 누가 가판대에 가서 신문을 사올래?
4. (스포츠) 점프하다, 다이빙하다; *skakati
uvis (udalj)* 높이뛰기하다(넓이뛰기하다); ~
(na glavu, na noge) u vodu (머리를 먼저하
여, 발을 먼저하여) 물로 다이빙하다; ~
preko prepone 허들을 넘다 5. 벌떡 일어나
다 6. 봉기를 일으키다; 급습하다, 기습 공격
하다; ~ *na noge (na oružje)* 봉기하다, 봉기
를 일으키다 7. (바람 등이) 갑자기 일어나다
(시작하다, 나타나다); *skočila je bura* 폭풍
이 갑자기 불었다; *na oči mu skočile suze*
그의 눈에 눈물이 비쳤다 8. 기타; *skoči, pa
onda reci hop!* 일을 다 마친 다음에 그 다
음 이야기를 해라(도중이 아닌); *skočiće mu
to na nos* 그는 많은 대가를 치를 것이다;
skočiće mu glava 죽임을 당할 것이다;
skočile mu akcije, skočila mu nemera (口語)
사회에서의 평판이 급격히 상승했다; ~ *iza
sna* 잠에서 갑자기 깨다; ~ *na visoku
policu* 고위직에 오르다; ~ *iz kože zbog
nečega* 격분하다; ~ *kome u oči (u kosu, za
vrat)* 맹렬히 누구를 공격하다; ~ *kome u
reč* 누구의 말을 끊다(중단시키다); ~ *sam
sebi u usta* 스스로 모순된 말에 다다르다;
skočio je vragu iz torbe 잠시도 가만 있지
를 않다; *srce mu skoči* (보통 기쁨으로 인해)
심장이 두근두근 뛴다; ~ *i u vatru i u vodu
za nekoga* 누구를 위해서는 물불을 가리지
않는다

skočnī -*ā*, -*ō* (形) 참조 skok; ~*a kost*, ~
zglob (解) 발목

skočnica (解) 복사뼈

skok -*ovi* 1. 점프, 도약, 다이빙, 건너뜀; ~ *s
padobranom* 낙하 점프 2. 껑충껑충 뜀 3.
(가격 등의) 상승, 인상; *nagli ~ cena
(temperatura)* 가격(온도)의 급격한 상승 4.

(스포츠의) 점프; ~ *uvis (udalj)* 높이(넓이)
뛰기; ~ *sa skijama* 스키점프; ~ *s motkom*
장대높이뛰기 5. 기타; *kud ja okom, a on
~om* 그는 나를 만족시키기 위해 모든 것을
할 준비가 되어 있다; *doći na* ~ 빨리 도착
하다; *na ~u* 1)전투에서, 전투중에 2)재빨리
(하다)

skoknuti *-nem* (完) 1. (지소체) skočiti 2. 잠깐
동안(짧은 기간동안) 어디에 가다(어디로 떠
나다); *skokni do kafane* 카페까지 잠깐 와;
skoknuću sutra (do tebe) (네 집에) 내일 갈
께; *sad je momentalno skoknuo u Hrvatsku
po nekom poslu* 지금 어떤 일 때문에 크로
아티아로 즉각 떠났다

skokovit *-a, -o* (形) 빠른, 급격한, 뛰는 듯한
(brz, nagao); ~ *razvitak* 급격한 발전

skokunica (魚類) 망둥어, 망둥어과(科) 물고기,
짱뚱어

skolastičar (=skolastik) 스콜라 철학자, 스콜
라 철학 지지자

skolastičkī *-ā, -ō* (形) 스콜라 철학의
(skolastičan)

skolastika 스콜라 철학

skoliti *-im* (完) 1. 포위하다, 에워싸다, 둘러사
다 (opkoliti, okružiti); ~ *neprijatelja* 적을
포위하다 2. 압박하다 3. 제압하다, 정복하
다, 쓰러뜨리다 (savladati, shrvati, oboriti);
umor ... ga beše ponovo skolio 그는 피곤
함에 또 다시 지쳤다 4. ~를 공격하다, 습격
하다 (navaliti, napasti); (질문·요구 사항 등
을) 퍼붓다, 쏟아붓다 (skleptati) 5. (감정·느
낌 등이) 사로잡다, 휩싸다 (zahvatiti,
obuzeti); *skoli je neznani strah* 알지 못할
두려움이 그녀를 휘감는다 6. ~ se 모이다,
모여들다 (skupiti se, sabrati se); *svi se
ukućani skoliše oko njega* 모든 집 식구들
이 그의 주변에 모여들었다

skombinirati *-am*, **skombinovati** *-nujem* (完)
(모든 요소들을 고려하여) 계획하다, 계획을
세우다 (iskombinovati); *dobro si to
skombinovao* 너는 그것을 잘 계획했다

skoncentrisati *-šem* (完) 집중하다

skončati *-am* (完) **skončavati** *-am* (不完) 1. 끝
마치다, 끝마치게 하다, 마무리하다
(okončati); ~ *život* 삶을 마무리하다; ~
poslove 일을 마무리하다 2. 파괴시키다, 파
멸시키다, 황폐화시키다 3. 죽이다, 살해하다
(ubiti, pogubiti) 4. 죽다 (umreti, poginuti);
moj otac malo da ne skonča od žalosti 내
아버지는 슬퍼 거의 죽을뻔 했다 5. ~ se 자
살하다; 죽다

skopati *-am* (完) 1. 움켜쥐다, 잡다, 붙잡다
(ščepati, zgrabiti, dokopati); *ja ga skopah
rukom za prsi i gurnem ga o zid* 나는 손으
로 그의 멱살을 잡고 벽에 밀어부쳤다 2.
(힘으로·완력으로) 밀어넣다, 쑤셔넣다 3. (비
유적) 공격하다, 비난하다, 힐책하다
(napasti, izgrditi); *on je ... skopao kurire
zbog nekih vesti* 그는 어떤 뉴스 때문에 전
령을 비판했다 4. 파괴시키다, 파멸시키다,
황폐화시키다 (upropastiti, uništiti) 5. ~ se
서로가 서로의 (멱살을) 움켜쥐다, 싸움하다,
치고 받다 (potući se, pobiti se) 6. 기타; ~
nekoga za revere 누구를 비난하다(꾸짖다)

skopčan *-a, -o* (形) 1. 참조 skopčati 2. ~
čovek 내성적인 사람

skopčati *-am* (完) **skopčavati** *-am* (不完) 1.
(옷 등의) 단추를 잠그다 (zakopčati);
*skopčam kaput i ... zaključam sobu i izađem
napolje* 옷의 단추를 여미고 ... 방의 열쇠
를 잠근 후 밖으로 나간다 2. (비유적) 연결
하다, 잇다, ~와 관련이 있다 (povezati,
spojiti)

Skoplje 스코페(마케도니아의 수도); **Skopljak**;
Skopljanac; **Skopljanka**; **skopski** (形)

skor *-a, -o* (形) 참조 skori

skor *-ovi* (스포츠의) 스코어(경기 결과의)
(rezultat)

skorašnjī *-ā, -ē* (形) 1. (과거에 있었던) 최근
의, 얼마 전의 (nedavni); ~ *događaj* 최근의
일(사건); *to je bila ~a, najpoznija nevolja*
그것이 가장 최근의 어려움이었다 2. (미래
에 곧 있을) 곧, 조만간에; ~ *put* 조만간에
다가오는 여행; *u ~e vreme* 곧, 조만간에;
~i izbori mogu doneti promenu vlasti 곧
있을 선거는 정권교체를 가져올 수 있다

skorašnjica 1. 가까운 과거 2. 가까운 미래 3.
방금 전 도착하여 신선한 물

skorbut (病理) 괴혈병 (비타민C의 부족으로
생기는)

skoreti se *-im se*, **skoriti se** *-im se* (完) 딱딱
해 지다, 굳어지다, 껍질이 생기다; *naša je
svest sazrela da se oljušti iz svega što se
oko nje skorilo* 우리의 의식 주변에 굳어진
모든 것들을 벗겨낼 정도로 우리의 의식은
성숙해졌다

skorī *-ā, -ō* (形) 1. 참조 skorašnji; *u ~oj
budućnosti* 곧, 조만간에 2. 빠른, 민첩한
(hitar, brz)

skoro (副) 1. (과거의) 얼마 전에, 조금 전에
(malo pre, nedavno); ~ *mazano!* 페인트 주
의!(바로 얼마 전에 페인트칠을 했다); *nije*

se ~ šišao pa mu se kosa padala na vrat 그는 이발을 최근에 하지 않아 머리가 목까지 내려왔다 2. (미래의) 곧, 조만간에, 얼마 후에 (uskoro); on će ~ doći 조금 있으면 곧 도착할 것이다 3. 거의, 하마터면, 거의 ~하다 (zamalo, umalo, gotovo); ~ sam pao 거의 넘어질 뻔 했다(하지만 넘어지지 않았다); ~ nikad 거의 한 번도 ~하지 않다; tu je ostala ~ godinu dana 거의 일년을 여기에 머물렀다

skorojević (輕蔑) 졸부, 벼락부자; 벼락 출세한 사람 skorojevički (形)

skoropis 속기, 빠른 필기(법), 아무렇게나 막 빨리 쓰는 필기 방법 (예쁘게 쓰는 칼리그래피와 대조되는)

skoroteča (男) 1. (메시지·뉴스를 전달하는) 전령, 사령 (glasnik, kurir) 2. (체스의) 비숍 (lovac)

skorpija (女), skorpion (男) 참조 škorpija; (動) 전갈

skorup 1. (끓인 우유를 식힌 후 그 표면에 엉키는 지방질의) 크림, 카이막, 유지(乳脂) (kajmak) 2. (비유적) 가장 좋은 것, 가장 값어치있는 것 3. 기타; skinuti ~ s čega ~의 가장 좋은 것을 차지하다

skosje (集合) 1. (나무 줄기에서) 쳐낸 잔가지 2. (목초지에서) 벤 풀, 베어 마른 풀

skot -ovi 1. 네발 달린 짐승(동물) 2. (비유적) 짐승 같이 못된(악한) 사람, 짐승 같은 놈 skotski (形)

skotina (지대체) skot

skotna (形) (여성형으로) (동물이) 새끼를 밴 (bremenita)

skotnica 1. (動) 새끼를 밴 동물 2. (비유적) (輕蔑) 성적으로 문란한 여자, 난잡한 여자 (bludnica)

skotnost (女) (동물의) 임신, 새끼를 밴 상태

skotološtvo 수간(獸姦) (sodomija)

skotrljati -am (完) 1. (통 등을 위에서 아래로) 굴리다, 굴려 내리다; ~ nešto ~을 굴려 내리다 2. ~ se 굴러 쓰러지다(넘어지다), 쓰러지면서 굴러 떨어지다; on se skotrljao niz stepenice 그는 계단에서 굴러 넘어졌다; iz oka mu se skotlja mutna suza 그의 눈에서 진한 눈물이 (볼을 타고) 흘러 내렸다

skotskī -ā, -ō (形) 1. 참조 skot; 동물의, 비열한, 야비한; ~ postupak 비열한 행동 2. (형편 등이) 형편없는; ~ uslovi rada 형편없는 작업 조건

skotski (副) 동물로서, 동물처럼

skotstvo 비열함, 야비함, 잔인함, 난폭함

(niskost, grubost, surovost)

skoturati -am (完) 1. 둥글게(kotur) 감다(말다); ~ žicu 철사를 둥글게 말다 2. 굴리다 (skotrljati); ~ bure niz stepenice 통을 계단 밑으로 굴리다 3. ~ se 환(테 kotur) 모양으로 말리다(감기다) 4. ~ se 굴러 쓰러지다, 쓰러지면서 구르다

skovati -kujem (完) 1. (쇠 등을) 벼려 ~을 만들다 (iskovati); ~ nož 칼을 벼리다 2. (일반적으로) 만들다 (načiniti, napraviti, stvoriti); ~ jedinstvo 단합하게 하다 3. (거짓말·속임수·음모 등의) 계획을 짜다(세우다), 계획하다, (음모를) 꾸미다; ~ zaveru 음모를 꾸미다 4. 족쇄를 채우다 (okovati); ~ robijaša 죄수에게 족쇄를 채우다

skovitlati -am (完) skovitlavati -am (不完) 1. 공격하다, 습격하다; 달려들다; 포위하다, 에워싸다; (질문·요구 사항 등을) 퍼붓다, 쏟아붓다 (saleteti, skoliti, napasti); kada su ga oko 1853. g. skovitlale nevolje i dugovi, on se brani 1853년경 채무와 여러 문제들이 그를 곤란에 빠뜨렸을 때 그는 (그것으로부터) 벗어나려 노력했다; sa svih strana ga skovitlaše pitanjima 사방에서 그에게 질문을 퍼부었다 2. 사방으로 흩뜨리다(퍼트리다) (razneti); vetar je skovitlao lišće 바람이 낙엽을 흩뜨렸다 3. ~ se 굴러 넘어지다(빠지다); ~ se u ponor 나락에 떨어지다

skovrčiti -im (完) 1. (머리털 등을) 둥글게 말다, 곱슬곱슬하게 하다 (smotati, saviti) 2. ~ se 둥글게 말리다, 곱슬곱슬해지다

skovrljati -am (完) 참조 skotrljati

skozna (形) (여성형태로만) (염소가) 새끼를 밴

skraćen -a, -o (形) 참조 skratiti; 생략된, 축약된

skraćenica 축약형, 약어(略語) (보통 앞머리의 글자로의) (kratica)

skraćenje (동사파생 명사) skratiti; 축약, 단축, 짧게 함; ~ radnog vremena 노동 시간 단축

skraćivati -ćujem (不完) 참조 skratiti

skrahirati -am (完) 참조 bankortirati; 파산 (krah)하다, 도산하다; banka je skrahirala 은행이 파산했다; skrahirala je ... banka pa je stotine obitelji ostalo na ulici 은행이 파산하여 ... 수 백 가구가 길거리에 나앉았다

skraj (前置詞, + G) 1. (가장 먼, 정반대편에서부터 오는·기원하는) ~의 끝에(서) 2. (G.으로 오는 단어어부터 멀어지는 의미의) ~으로부터 3. (근처를 나타내는) ~부근에, 가까이에, 옆에

skrajnī -ā, -ō, skrajnjī -ā, -ē (形) 참조

1161

krajnji

skrama 1. (~의 표면위에 껍질 형태로 생기는) 얇은 막, 얇은 층 (개울위의 얇은 얼음 같은) 2. (상처 위의) 얇은 딱지

skramica (지소체) skrama

skrasiti *-im; skrašen* (完) 1. ~ *nekoga* 진정시키다, 안정시키다 2. ~ se (화·분노·흥분 등이) 가라앉다, 진정되다 (smiriti se, stišati se) 3. ~ se 한 곳에 정착하다; ~ *se na jednom mestu* 한 곳에 정착하다

skratiti *-im; skraćen* (完) skraćivati *-ćujem* (不完) 1. 짧게 하다, 단축시키다, 줄이다; 좁게 하다; (옷을) 줄이다; (단어를) 축약하다, 줄여 쓰다; ~ *haljinu* 드레스를 줄이다; ~ *rečenicu* 문장을 줄이다; ~ *radno vreme* 근무 시간을 줄이다; ~ *život* 누구의 목숨을 짧게 하다 2. (누구의 권리 등을) 제한하다, 박탈하다 3. ~ se 짧아지다, 줄어들다, 감소하다, 약해지다; *u domaćem metežu ... skratila se moć ... države Hrvatske* 국내 혼란으로 크로아티아의 힘이 감소되었다 4. 기타; ~ *vreme* (즐거운 놀이 등으로) 시간이 가는 줄 모르게 하다; ~ *jezik* 너무 많은 말을 하지 않다, 침묵하다; ~ *koga za glavu* 누구를 죽이다; *skratiše mu se noge* (놀람·기쁨 등의) 커다란 흥분으로 순간적으로 꼼짝할 수 없었다

skrb (女) 보호, 관심, 돌봄, 보살핌 (staranje, pažnja, briga) ~ *za decu* 어린들에 대한 보살핌; *socijalna* ~ 사회(공공) 복지

skrban *-bna, -bno* (形) 근심걱정이 많은(가득한) (zabrinut)

skrbiti (se) *-im (se)* (完) 돌보다, 보살피다, 걱정하다 (brinuti se, starati se); *za sreću svoje djece skrbili samo da i oni nekako prožive* 자기 자식들의 행복을 위해 그들이 어떻게든 살아남아야겠다는 것에 신경썼다

skrbnik 후견인, 보호자 (보통은 부모가 없는 고아들의) skrbnički (形)

skrbništvo 후견인의 직무(역); 후견, 보호 (starateljstvo, tutorstvo)

skrebut (植) 클레머티스(미나리아재빗과에 속하는 관상용 덩굴성 여러해살이풀, 잎은 겹입)

skrečiti *-im* (完) 석회(kreč)화하다, 석회로 바꾸다

skrenuti *-nem* (完) skretati *-ćem* (不完) 1. 방향을 바꾸다, 돌다; *skreni levo!* 왼쪽으로 돌아라; *put skreće na jug* 길은 남쪽으로 향한다; ~ *s puta* 길에서 벗어나다; ~ *s pravog puta* 방황하다, 길을 잃다 2. (잠시) 들르다, 방문하다 (svratiti, svrnuti) 3. (고개·시선·대화의 주제 등을) 돌리다, ~쪽으로 향하다; ~ *razgovor na drugu temu* 다른 주제로 대화거리를 돌리다; ~ *nečiju pažnju na nešto* ~으로 누구의 관심을 돌리다 4. 기타; ~ *pameću (s uma)* 돌다, 제 정신을 잃다; ~ *pažnju na nešto* ~을 경고하다, ~을 조심하라고 하다

skresati *-šem* (完) 1. 참조 kresati; (잔가지, 나무 윗부분 등을) 잘라내다, 다듬다, 쳐내다 2. 많이 축소시키다(감소시키다); *ako nastavni plan da se skreše, onda će ga uvek ~ na račun fizičke kulture* 만약 수업 계획이 축소되어야 한다면 항상 체육 수업으로 단축시킬 것이다; ~ *rashode* 지출을 줄이다 3. 게걸스럽게 먹다(마시다) 4. (보통 불유쾌한 것에 대해) 대놓고 신랄하게 말하다; 욕하다, 상스런 말을 하다 5. (총기를) 쏘다, 발사하다 (opalaliti, ispaliti); ~ *pušku (pištolj)* 총(권총)을 쏘다 6. 급하게 뭔가를 하다(만들다), 불품없이 빨리 만들다

skretanje (동사파생 명사) skretati; 회전, 돌기, 돌리기; *levo(desno)* ~ 좌(우)회전

skretati *-ćem* (不完) 참조 skrenuti

skretnica (철로의) 선로 변환기, (버스의) 종점, 돌려 나가는 곳(주로 마지막 정류소에서의)

skretničar 선로 변환기(skretnica)를 조작하는 사람, 전철수(轉轍手) skretničarski (形)

skrhan *-a, -o* (形) 1. 참조 skrhati 2. 깨진, 부쉬진, 망가진 (slomljen, uništen); ~ *tugom* 슬픔에 잠긴; ~*og srca* 산산조각난 마음의

skrhati *-am* (完) 1. 깨뜨리다, 부수다, 박살내다 (razbiti, slomiti); ~ *šolju* 잔을 깨뜨리다; ~ *nečiji otpor* 누구의 저항을 무력화시키다; ~ *jezik* (어떤 것을 배우며) 매우 많이 고생하다 2. 제압하다, 파괴하다, 파멸시키다 (savladati, uništiti, upropastiti); ~ *vrat nekome* 누구를 파멸시키다; ~ *krila kome* 누구의 날개를 꺾다 3. 기진맥진하게하다, 완전히 탈진시키다 (iscrpeti, iznuriti); *bolest ga je skrhala* 병이 그를 완전히 허약하게 만들었다 4. 무질서하게 쌓다(쌓아놓다), 아무렇게나 던져놓다; ~ *sve stvari u jednu sobu* 모든 물건들을 방 하나에 아무렇게나 쌓아놓다 5. ~ se 깨지다, 부쉬지다, 무너지다; 죽다; 기진맥진하게 되다, 탈진되다 6. ~ se 모이다, 몰려들다; *pola se okruga skrhalo na zbor* 군(郡)의 반절 정도가 대회에 모였다

skrinja 참조 škrinja; 1. (뚜껑이 있으며 자물쇠를 채워놓는) 궤 (쌀궤·돈궤 등의); (보석

1162

등을 간수하는) 궤, 보석함 2. (시신을 보관
하는) 관(棺)

skripac (植) 1. 우엉 (čičak) 2. 여러가지 버섯
의 명칭중의 하나

skripta *-pata* (中,複) (대학 수업 등에 사용되
는, 교수가 편집한) 등사물, 등사 교재; *učiti
iz ~pata* 등사 교재로 공부하다

skriptarnica (대학 구내에 있는) 등사 교재
(skripta)를 파는 곳, 복사점(구내 서점에 상
당한 곳)

skriti *-jem* (完) 감추다, 숨기다, 은닉하다
(sakriti)

skrivač 1. 은신자, 은둔자, 숨어있는 사람; 다
른 것을 숨기고(감추고) 있는 것; *~ plamena*
소염기(消焰器) 2. 기타; *igrati se ~a* 1)숨바
꼭질 놀이를 하며 놀다 2)(비유적)교묘하게
자신의 의도를 숨기다, 남을 속이다(기만하
다)

skrivalica 1. 숨기는 것, 숨겨놓는 것; *mrak je
odbrana i ~* 어둠은 방어이자 숨기는 것이
다; *igrati se ~e* 숨바꼭질을 하다 2. (비유적)
뭔가 불분명하게 쓰여지거나 그려진 것 (그
리하여 설명하거나 보충할 필요가 있는)

skrivalište 은닉처, 은신처, 숨겨놓은 장소

skrivati *-am* (不完) 참조 skriti; *skrivao se
pet meseci* 5개월간 숨어 있었다

skriven *-a, -o* (形) 1. 참조 skriti 2. 숨겨진,
감춰진, 은닉된 (prikriven, potajan); *~a
kamera* 몰래 카메라; *~e namere* 숨겨진 의
도

skriviti *-im* (完) 1. 잘못하다, 실수하다
(pogrešiti, zgrešiti); *ja nisam ništa skrivio
pa se nisam ništa bojao* 나는 아무런 잘못
도 하지 않았기 때문에 아무것도 두려워하지
않았다 2. (nešto) ~대한 책임이 있다, ~에
대해 잘못이 있다, 뭔가 잘못하다; *on je to
skrivio* 그는 그것에 책임이 있다; *šta ti je
on skrivio?* 그 사람이 너에게 뭘 잘못했느
냐?

skrivnica 은닉처, 은신처, 피신처 (skrovište,
sklonište)

skriž, skrižalina (植物) 시클라멘 (ciklama)

skrižaljka 참조 križaljka; 십자말풀이, 크로스
워드 퍼즐

skrkati se *-am se*, skrkljati se *-am se* (完) 모
이다, 빽빽하게 있다 (zgurati se, sabiti se);
u sobi se skrklja jedno dvanaest ljudi 한
방에 12명의 사람들이 빽빽이 있었다

skrlet 1. 참조 skerlet 2. (病理) 성홍열

skrnav *-a, -o*, skrnavan *-vna, -vno* (形) 더럽
혀진, 더러운 (skvrnavan, uprljan, nečist);

sablja ti je od svašta ~vna 네 검은 별별
것이 묻어 더럽다

skrnaviti *-im* (不完) (이름·명예·신성 등을) 손
상시키다, 훼손시키다, 더럽히다 (skvrnaviti,
kaljati, sramotiti)

skrnavljenje (동사파생 명사) skrnaviti; 훼손,
손상; 신성 모독; ~ *spomenika* 비석 훼손

skrnjiti *-im* (完) skrnjivati *-njujem* (不完) (나
무를) 전지하다, (가지를) 잘라 내다, 치다;
(불필요한 부분을) 가지치기하다, 쳐내다

skrob 1. 녹말, 전분 2. (세탁용의) 풀 (štirak,
štirka) 3. 밀가루 죽 skrobni (形)

skrobut (植) 클레머티스(덩굴 식물의 일종)

skrofule (女,複) (病理) 참조 škorfule; 연주창
(連珠瘡; 목의 임파절이 결핵으로 인해 부어
오르는) (skrofuloza)

skrofuloza 참조 skorfule

skrofulozan *-zna, -zno* (形) 연주창
(skrofuloza)의, 연주창을 앓고 있는
(škrofulozan)

skrojiti *-jim* (完) 1. (재봉하기 위해 옷 등의
재단에 따라) 천·가죽 등을 자르다; 바느질
하다, 재봉하다 (sašiti); ~ *nogavice* (바지의)
다리를 재봉하다; ~ *leđa kaputa* 외투의 등
부분을 재봉하다 2. (계획 등에 따라) 만들
다, 만들어내다 (stvoriti, sastaviti, načiniti);
~ *plan* 계획을 만들다 3. 기타; *skladno
skrojen* 1)잘 재봉된 2)잘 만들어진; ~
kome kapu 마음에 없는 것을 받아들이도록
강요하다, 누구의 운명을 결정하다; *skrojen
na božju* 인품이 훌륭한 사람을 일컫는 말
(하나님의 형상대로 지어진)

skroman *-mna, -mno* (形) 1. 겸손한; ~ *čovek*
겸손한 사람 2. (요구·희망·행동 등이) 과하
지 않은, 분수를 지키는, 삼가는, 적절한, 온
건한 3. 수수한, 소박한, 소소한 (malen,
nevelik); *~mna sreća* 작은 행복, 소소한 행
복; *~mne mogućnosti* 작은 가능성

skromnost (女) 겸손, 겸양; 소박함; 온건; (규
모·수량 등의) 조그마함, 적당함

skrovište 1. 은신처, 은닉처 (skrivalište); ~
za blago 보물 은닉처; *skloniti se u ~* 은신
처에 숨다 2. 피신처, 피난처, 보호소
(pribežište, utočište) 3. (폭격·위험 등의) 대
피소 (sklonište); ~ *od kiše* 비를 피할 수
있는 곳; *ići u ~* 대피처로 가다 4. 창고, 하
역장, 적하장 (skladište, stovarište)

skrovit *-a, -o* (形) 1. 숨겨진, 감춰진; 안전한;
내면의, 비밀의 (unutrašnji, intiman); 비밀
의, 비밀스런 (tajan, tajanstven); *skupa
stvari ... se sakriva na ~o mesto* 고가의 물

건들은 안전한 장소에 감춰져 있다 2. 외떨어진, 외딴, 외로운, 고요한 (zabačen; usamljen, tih)

skrovito (副) 따로 떨어져, 조용히, 외로이; ~ *živeti* 외따로 조용히 살다

skroz (副) (종종 강조하여 skroz-naskroz) 1. (동작이 한 쪽 편에서 다른 편 쪽으로 통과하는) 관통하여, 꿰뚫어, 끝에서 끝까지; *metak je prošao* ~ 총알이 관통하여 지나갔다 2. 완전히, 완벽히, 전적으로 (posve, sasvim); *on je* ~ *lud* 그는 완전히 미쳤다; *to je skroz-naskroz idealistički* 그것은 완전히 이상적이다; *videti koga* ~ 누구를 잘 알다(의도·행동 등을)

skrozirati *-am* (完) 1. 관통하다, 꿰뚫다; 꿰뚫어보다, 통찰하다, 간파하다 2. X선을 투과시키다, X선으로 촬영하다

skrpariti *-im* (完) 조금씩 조그씩 모으다, 고생스럽게 얻다(획득하다); ~ *nešto imanja* 재산을 조금씩 모으다

skrpiti *-im; skrpljen* (完) 1. 고생스럽게(힘들여) 만들다(조립하다); (어떻든간에) 빨리 만들다; *skrpio je parče kolibe od suha drveta* 마른 나무로 움막집의 한 부분을 지었다; ~ *nešto imovine* 어떤 재산을 형성하다 2. 고생스럽게(힘들여) 획득하다(얻다), 조금씩 모으다 (skrpariti); ~ *snagu* 힘을 얻다; ~ *malo para* 돈을 조금 모으다; ~ *kuću* 집을 가지다 3. 기타; ~ *kraj s krajem* 입에 풀칠하며 근근이 살다

skrstiti *-im; skršten* (完) **skrštati** *-am* (不完) 1. (손발 등을) 교차시키다, 서로 걸치게 놓다; 팔짱을 끼다, 발을 꼬다(걸치다); *skrstio noge ... pa puši* 다리를 꼬고는 담배를 핀다; ~ *ruke* 팔짱을 끼다 2. 십(+)자를 긋다, 성호를 긋다; 십자 표시를 하다 3. 기타; *sedeti skrštenih ruku* 팔짱을 끼고 앉다(아무 일도 하지 않다, 시간을 헛되이 보내다)

skršiti *-im* (完) 1. 깨다, 깨뜨리다, 부수다, 부러뜨리다 (slomiti, polomiti, skrhati); *čamac mi ... skršila oluja* 광풍이 내 배를 부셨다 2. 망치다, 파멸시키다 (upropastiti, satrti) 3. 돈을 미친듯이 낭비하다, 헛되이 돈을 쓰다

skrštati *-am* (不完) 참조 skrstiti

skršten *-a, -o* (形) 참조 skrstiti

skrupula 1. 의심 (행한 행동의 옳고 그름에 대한), 망설임 (sumnja, dvoumica) 2. 타인에 대한 고려, 배려, 양심, 도덕 관념 (savesnost, obzirnost) 3. 기타; *čovek bez* ~ 양심이 없는 사람(자신의 이익에 관한 것

이라면 모든 것을 할 수 있는); *biti bez* ~ (자신의 이익 앞에서는) 물불을 가리지 않고 모든 것을 다 할 준비가 되어 있다

skrupulozan *-zna, -zno* (形) 조심성있는, 배려심있는; 양심적인 (obziran, oprezan; savestan)

skrušen *-a, -o* (形) 1. 참조 skrušiti 2. 불행한, 슬픈, 낙심한, 풀죽은 (ojađen, ogorčen; utučen); ~ *čovek* 풀죽은 사람; ~ *pogled* 낙심한 눈길 3. 회개의, 참회의 (pokajnički); ~ *govor* 참회의 말 4. 신실한, 믿음이 좋은 (pobožan); ~ *hrišćanin* 신실한 기독교도

skrušenik 후회하는 사람, 참회하는 사람 (pokajnik)

skrušenost (女) 낙담함, 풀죽음; 겸손

skrušiti *-im* (完) 1. 잘게 부수다, 가루로 만들다 (smrviti, zdrobiti) 2. 파멸시키다, 파괴하다, 박살내다, 죽이다 (dotući, uništiti) 3. 낙담시키다, 기가 죽게 하다 4. ~ *se* 잘게 부숴지다, 가루로 부서지다 5. ~ *se* 후회하다, 참회하다, 뉘우치다

skrutiti *-im* (完) 1. 뻣뻣하게 만들다, 경직시키다 2. ~ *se* (특히 화·공포로 몸·신체 부위가) 뻣뻣해지다, 경직되다 (ukočiti se, ukrutiti se)

skucati *-am,* **skuckati** *-am* (完) 1. (돈·재산 등을) 고생하여 조금씩 조금씩 모으다, 간신히 얻다(획득하다, 모으다); *ja skucala paru po paru ... groš po groš, da ti i ne primetiš* 네가 알아채지 못하게 한 푼 한 푼 조금씩 모았다 2. (지식·기술 등을) 조금씩 조금씩 터득하다(축적하다) 3. (망치 등으로 두드려) 빼내다, 떼어내다 (통의 고리 등의) 4. 미친듯이 낭비하다(소비하다) (proćerdati, spiskati)

skucati se *-am se* (完) (불규칙하고 방탕한 생활로 인해) 기력이 쇠해지다

skuckati *-am* (完) 참조 skucati

skučen *-a, -o* (形) 1. 참조 skučiti 2. 좁은, 비좁은 (tesan, uzan); *u* ~*om prostoru* 비좁은 공간에서; *trčao sam ... kroz ... ~e, slepe varoške ulice* 비좁고 막다른 시내 골목을 뛰어갔다 3. 가난한, 빈곤한, 부족한, 결핍된, 모자라는 (oskudan, siromašan, bedan); *ona je morala živeti jedino od svojih ~ih sredstava* 그녀는 오로지 자신의 부족한 돈으로만 살아야만 했다 4. 지적으로 충분히 성숙하지 않은, 제한된, 한정된, 편협한; ~*o znanje* 제한된 지식; ~*i pogledi* 편협한 시각 5. 굽은, 휜, 구부린 (savijen, zgrbljen, zgrčen); ~ *starac* 등이 굽은 노인

skučiti *-im* (完) **skučavati** *-am* (不完) 1. 비좁게 하다, 폭(공간)이 좁아지게 하다 2. 활동 범위(권한)를 제한하다(한정하다); 가능성을 줄이다; *ustav ih skučio* 헌법이 그들의 권한을 제한했다; ~ *uslove poslovanja* 비즈니스 환경을 제한하다 3. (밑으로) 숙이다, 구부리다; (비유적) (복종의 표시로) 고개를 숙이다, 복종하다 (potčiniti); ~ *žicu* 철사를 구부리다; ~ *glavu* 고개를 숙이다; ~ *glavu pred gazdom* 주인앞에서 머리를 조아리다 4. ~ se (공간 등이) 비좁아지다; 좁은 공간에서 살다; *skučimo se u dve sobe* 방 두칸짜리 비좁은 집에서 산다 5. ~ se (등이) 굽다 (pogrbiti se) 6. ~ se (비유적) 복종하다 7. ~ se (자신의 주장을) 적당히 하다(온건하게 되다)

skuhati *-am* (完) 참조 skuvati

skulptor 조각가 (vajar, kipar)

skulptura 1. 조각 (vajarstvo, kiparstvo) 2. 조각품, 조각 예술품

skumrija (魚類) 청어

skunks (動) 스컹크

skunjiti se (完) 1. (질환·부끄러움·슬픔·실패 등으로) 고개를 숙이다, 낙담하다, 실망하다, 풀죽다, 기죽다 (pokunjiti se, snuždditi se) 2. ~을 뒤집어 쓰다, 피하다 (skloniti se)

skup *-ovi* 1. (많은 사람들의) 모임, 회의, 미팅, 집회; 항의 집회 (sastanak); *bio sam na ~u* 모임에 참가중이었다; *javni ~ovi* 공공 집회 2. (여흥을 위한 소수 사람들의) 모임 3. (동일 장소에 있는) 일단의 사람들, 무리; ~ *mladića i devojaka* 젊은 청춘남녀들의 무리 4. (서로 다른, 혹은 동일한, 혹은 비슷한 개념의) 다수, 일단(一團); ~ *simbola* 다수의 상징 5. (부사적 용법으로, u+L 형태로) 함께, 같이, 공동으로 (zajedno, ujedno); *u ~u se oglasiti* 함께 공표하다 6. (數) 집합; *teorija ~ova* 집합론

skup *-a, -o; skuplji* (形) 1. (값이) 비싼, 값비싼 (反; jeftin) 2. 소중한, 귀중한, 값비싼, 가치가 큰; ~*a slika* 가치가 많이 나가는 그림 3. 희생(노력)을 많이 요구하는, 값비싼; ~*a borba* 값비싼 대가를 치른 전투

skupa (副) 1. (동일 장소에서 같은 시간에) 같이, 함께, 모여 (zajedno, u društvu); *sestre su prolazile ~ sokakom* 자매들은 골목을 함께 지나갔다 2. 전부 합해, 총 (u svemu)

skupina (함께 있는 사람·물건 들의) 무리, 그룹, 일단(一團); ~ *ljudi* 한 무리의 사람들; ~ *zastava* 다수의 깃발; ~ *grobova* 한 무리의 무덤들

skupiti *-im; skupljen* (完) **skupljati** *-am* (不完) 1. (한 곳에, 한 장소에) 모으다, 소집하다 (sazvati); ~ *se* (차에) 태우다; ~ *na gomilu* 쌓다, 쌓아 모으다; *skupilo se mnogo sveta* 많은 사람들이 모였다; *skupičemo se kod tebe* 우리는 너희 집에서 모일 것이다 2. 조금씩 조금씩 천천히 모으다(수집하다); 수집하다, 모으다 (pribrati) ; *pčele skupljaju med* 벌들이 꿀을 모은다; ~ *priloge* 성금을 모으다; ~ *građu za rečnik* 사전 편찬을 위한 자료를 수집하다; ~ *marke (retke knjige, ikone, novce)* 우표(희귀본 서적, 성화, 화폐)를 수집하다 3. 끝과 끝을 맞대다, 잇대다, 나란히 하다, 모으다; 맞추다, 조립하다; ~ *noge* (나란히) 발을 모으다 4. (입·입술·눈썹·어깨 등을) 오므리다, 웅크리다, 찌푸리다, 찡그리다; *skupila je usta* 입을 오므렸다; *ove jabuke skupljaju usta* 사과가 매우 시다(입을 오므릴 정도로); *mati skupe obrve, pogleda me kroz prozor* 엄마는 얼굴을 잔뜩 찡그리고 창문너머 나를 본다 5. (힘 등을) 모으다 (pribrati, nakupiti); *jedva skupi snagu ... pa žalosno, tiho ... njemu reče* 겨우 힘을 차려 ... 슬프고도 조용하게 그에게 말한다 6. ~ se 줄어들다, 오그라지다; *košulja se skupila (od pranja)* 와이셔츠가 (세탁으로 인해) 오그라들었다 7. ~ se 모이다, 웅크리다; *deca su se skupila u uglu* 아이들이 구석으로 모였다; ~*se od straha* 두려움으로 웅크려들다; *dete se skupilo uz mene* 아이가 내 곁에 바싹 달라붙었다 8. 기타; ~ *gaće* 만반의 준비를 하다; ~ *kraj s krajem* (자신의 재정 상태에 맞춰) 별탈없이 (다달이) 살다; ~ *pamet (pažnju)* 매우 조심스런; *skupiti se (stisnuti se) kao dve pare u kesi* (주목을 받지 않고 조용히 살기 위해) 물러나다, 은둔하다

skupljač 수집가; ~ *maraka* 우표 수집가; *električni ~* 전기 배터리 (akumulator)
skupljačica

skupljati *-am* (不完) 참조 skupiti; ~ *priloge* 성금을 모금하다

skuplji *-ā, -ē* (形) 참조 skup; 비싼, 값비싼

skupni *-ā, -ō* (形) 집단적인, 단체의, 공동의 (zajednički, kolektivan); *treba zavesti ... ~ rad na ~om poslu* 공동의 작업에 집단적 노동을 도입할 필요가 있다

skupo (副) 비싸게, 값비싸게 (反; jeftino); ~ *platiti* 값비싼 대가를 치르다, 바가지쓰다

skupocen *-a, -o* (形) 1. 값비싼, 귀중한 (dragocen); ~ *nakit* 값비싼 보석 2. 매우

유용한, 매우 필요한; *svaki sat je za naš uspeh* ~ 매시간은 우리의 성공에 매우 소중하다

skupocenost (女) 값비쌈, 고가(高價); 가격, 가치

skupoća 고가(高價); 값비쌈 (反) jeftinoća)

skupost (女) 값비쌈

skupština 1. (一國의) 의회, 국회; (지방 자치 단체의) 의회; *savezna* ~ 연방의회; *republička* ~ 공화국의회; *pokrajinska* ~ 자치주의회; *gradska* ~ 시의회; *opštinska* ~ 시·군·구의회; *u ~i* 의회에서 2. (조직·단체의) 총회; *na godišnjoj* ~*i* 연례총회에서; *osnivačka* ~ 창립총회 3. 회의, 미팅

skupštinski (形); ~*a zgrada* 의회 건물; ~ *sistem* 의회 시스템

skuša (魚類) 고등어; 고등어속(屬)의 각종 물고기

skut -*a*; *skuti* & *skutovi* 1. (드레스 등의 허리 아랫부분을 가리키는) 옷자락, 치맛자락, 스커트; (남성 외투의) 아랫 부분; *on se krije u majčinim ~ima* 그는 엄마의 치맛자락으로 숨었다 2. (앉을 때 무릎 부분을 덮는) 옷의 앞부분 3. (비유적) 보호, 옹호, 비호 (okrilje, zaštita, odbrana); *staviti pod svoje ~e slabe i nemoćne* 약하고 힘없는 사람들을 자신의 보호하에 두다; *vešati se uz čije ~e, hvatati se za čiji ~, celivati (ljubiti) čije ~e* 누구의 피보호자로 간주되다; *odrezati (otkinuti) ~e* 누구와의 관계를 끊다(단절하다), ~와 헤어지다; *pokupiti* ~ 떠날 준비를 하다

skuter 1. 스쿠터 (소형 오토바이) 2. 고속 스포츠 보트

skutonoša 1. (다른 사람의) 예복의 바닥에 끌리는 부분(skut)을 잡고 있는 사람 2. (輕蔑) (권력자의 명령이나 희망 등을) 맹목적으로 수행하는 사람, 맹목적적 추종자, 아첨꾼, 아부꾼 (ulizica, udvorica)

skuvati -*am* (完) 1. (음식을) 익히다, 끓이다, (음식을) 준비하다, 요리하다; ~ *mleko* 우유를 끓이다; ~ *pasulj* 파술을 끓이다; ~ *kafu* 커피를 끓이다; ~ *večeru* 저녁 준비를 하다 2. (빵 등을) 반죽하다 (umesiti, zamesiti) 3. (비유적) (누구를) 설득시키다 (nagovoriti, ubediti); *skuvao si nas, pristajemo pa kako bude* 네가 우리를 설득했다, 어떻게 되든 받아들인다 4. ~ *se* (음식이) 익다, 끓다 5. ~ *se* 비밀리에 (뭔가가) 준비되다 6. ~ *se* 더위에 익다, 찜통이다; *danas sam se skuvao u autobusu* 오늘 버스안이 찜통이었

다 7. 기타; ~ *bunu* 봉기하다, 봉기를 준비하다; ~ *kome čorbu (kašu, poparu)* 불유쾌한 일을 꾸미다

skvasiti -*im* (完) (물을 뿌리거나 담가) 물에 적시다, 물에 담그다, 축축하게 하다; *vlaga ... skvasi materiju skroz* 습기가 재료를 완전히 축축하게 했다

skver -*ovi* 작은 공원 (주로 대도시의 광장 등의); *na* ~*u* 공원에서

skvičati -*im* (不完) (개·돼지가) 꽥꽥거리다, 컹컹거리다 (skičati)

skvo (女) (不變) 북미 인디언 여자

skvrčati -*im* (귀뚜라미가) 찌르륵 찌르륵 울다

skvrčiti -*im* (完) 1. (손가락·등·몸 등을) 구부리다, 휘다, 비틀다 (iskriviti, zgrčiti, zgrbiti); *reci kovaču da mi ovu kuku bolje skvrči* 대장장이에게 이 고리를 잘 구부리라고 말해 2. ~ *se* 굽다, 휘다, 휘어지다; *sad se još bolje skvrčio pred vratima* 눈앞에서 몸을 더 구부렸다

skvrnavan -*vna*, -*vno* (形) 더러워진, 훼손된, 손상된 (ukaljan, uprljan, skrnavan)

skvrnaviti -*im* (完) 모욕하다, 명예를 훼손하다, 불명예스럽게 하다 (obeščašćivati)

skvrniti -*im* (不完) (이름·명예·신성 등을) 손상시키다, 훼손시키다, 더럽히다 (skvrnaviti)

slab -*a*, -*o* (形) 1. (신체적으로) 약한, 힘이 없는; 병약한, 허약한; 지친; *osećati se ~im* 허약함을 느끼다; *bio je sipljiv i* ~ *na nogama* 다리에 힘이 없었다; *stajati na ~im nogama* 불안하게(불안정하게) 느끼다; ~ *je ... pa ne sme iz kuće* 그는 허약해 집밖에 나갈 수 없다; ~*e oči* 잘 보이지 않는 눈; *to mi je* ~*a strana* 그것이 내 약점이다; ~*o bilo* 약한 맥박; *biti* ~*e pameti* 지적으로 처지는; *danas sam nešto* ~ 나는 오늘 뭔가 (몸이) 좋지 않다; *dete je suviše* ~*o* 아이는 너무 허약하다; ~*i pol* 여성 2. (의지가) 약한, 나약한, 박약한; *ja sam spram njega* ~, *sasvim ranjavo* ~ 나는 그에게는 무장해제가 된다, 완전히 무장해제가 된다; *biti* ~ *prema nekome* 누구에게 약한; *imati* ~*e živce* 쉽게 흥분하다(화를 내다); *on je* ~ *na suze* 그는 눈물에 약하다 3. (권력·영향력 등이) 약한 4. (세기 등이) 약한; ~*o vino* 도수가 약한 포도주; ~*a kiša* 약하게 내리는 비 5. 빈약한, 부족한, 적은, 충분치 않은 (malen, nedovoljan, oskudan); ~ *nadnica* 형편없는 일당; ~*a plata* 적은 월급 6. (품질·결과·점수 등이) 나쁜, 좋지 않은, 형편 없는 (loš, rđav); (양·방법 등이) 충분치 않은,

불충분한; ~ *kvalitet* 좋지 않은 품질; *~a ocena* 나쁜 점수; *postići ~e rezultate* 좋지 않은 결과를 얻다; *~a hrana* 영양성분이 나쁜 음식; *govorilo se o ~oj meri* 불충분한 방법에 대해 회자되었다 7. 잘 알지 못하는, 지식이 부족한; 일이 서툰, 경험이 일천한; *~im putem poći* 아주 나쁜 방법으로 살기 시작하다 (잘 알지 못하는 길로 떠나다) 8. ~에 약한, 취약한, ~을 좋아하는 (보통 부정적 의미로); *biti ~ prema piću* 술에 기를 못 폈다(너무 좋아하여); *~ na jeziku* 입이 가벼운, 말을 참지 못하는

slabačak -*čka*, -*čko*, **slabašan** -*šna*, -*šno* (形) 너무 허약한(빈약한, 약한, 힘이 없는, 무능력한) (세기·강도·빈도 등이); *čitala je ... ~čkim glasom svoj domaći zadatak* 너무 힘이 없는 목소리로 숙제를 읽었다

slabeti 약해지다, 허약해지다, 힘이 없게 되다

slabić 약한(허약한·나약한) 사람 (특히 도덕적·의지적으로); *on je hteo da ostavi utisak energičnog čoveka, dok je u stvari bio ... slabić* 그는 에너지가 넘치는 사람이라는 인상을 남기고 싶어했으나 실제로는 나약한 사람이었다

slabina 1. (겨드랑이로부터 엉덩이까지의) 옆구리 (bok) **slabinski** (形) 2. (비유적) 옆면, 측면

slabiti -*im* (不完) **oslabiti** (完) 1. (koga, što) 쇠약하게 하다, 허약하게 하다; (권한·권력 등을) 약화시키다, 무능력하게 만들다; *~ protivnika* 상대편을 약화시키다; *~ pritisak* 압력을 약화시키다 2. (법·규칙 등을) 완화시키다, 느슨하게 하다; *~ disciplinu* 규칙을 완화하다 3. 약해지다, 힘을 잃다; *stareći sve više slabimo* 늙어가면서 우리 모두는 허약해진다 4. 몸무게가 빠지다 5. (세기·강도·빈도 등이) 약해지다; *vetar je sve više slabio* 바람은 점점 더 약해졌다

slabljenje (동사파생 명사) slabeti, slabiti; 약해짐, 약화, 완화, 체중의 감소; *~ akumulatora* 배터리의 성능 약화

slabo (副) 1. 좋지 않게, 나쁘게 (mučno, loše, zlo, rđavo); *osećati se ~* 뭔가 안좋게 느낀다 2. 드물게 (retko); *~ navraćati* 드물게 들르다 3. 조금, 충분치 않게; 서툴게, 능숙하지 않게; *ona ~ čita* 그녀는 서툴게 읽는다; *~ uraditi što* 무엇을 서툴게 하다 4. 빈약하게, 빈곤하게 (siromaški, oskudno); *~ se hraniti* 빈약하게 식사하다

slaboća 약함, 힘이 없음, 나약함, 약점 (slabost)

slabodušan -*šna*, -*šno* (形) 소심한, 겁많은; 의지가 약한, 심지가 굳지 않은 (malodušan, plašljiv)

slabokrvan -*vna*, -*vno* (形) 1. 빈혈의 (피가 부족해 발생하는) (anemičan, malokrvan) 2. (비유적) 삶의 의지(힘)가 약한

slabokrvnost (女) 빈혈 (malokrvnost, anemija)

slabomoćan -*ćna*, -*ćno* (形) 힘없는, 약한, 허약한

slabost (女) 1. (육체적·정신적) 약함, 허약함 2. 의지의 약함, 우유부단함 (neodlučnost) 3. (누구에 대한) 약함; *~ prema nekome(nečemu)* ~에 대한 약함(나약함) 4. (능력의) 부족 5. 불운, 불행 (zlo, nesreća)

slabotinja (男,女) 참조 slabić; 나약한 사람 (특히 도덕적·의지적으로)

slabouman -*mna*, -*mno* (形) 정신박약의, 지적 능력이 떨어지는 (malouman)

slaboumlje (中), **slaboumnost** (女) 정신박약 (maloumnost, imbecilnost)

slaboumnik 정신박약자

slabovid -*a*, -*o*, **slabovidan** -*dna*, -*dno* (形) 눈이 잘 안보이는, 약시(弱視)의

slabunjav -*a*, -*o* (形) 1. 육체적으로 덜 발달된, 육체적 발달이 떨어지는 2. 병약한, 허약한 (bolešljiv); *~ mladić* 병약한 청년

slabunjavost (女) 병약함, 허약함; (육체적 발달이) 미약함

slačica (植) 겨자(식물)

slad (맥주·위스키 등의 원료가 되는) 맥아, 엿기름 **sladni** (形); *~ ekstrakt* 맥아정

sladak -*tka*, -*tko*; *slađi* (形) 1. 단, 단맛의; (냄새가) 좋은, 향기로운; *~ kao med* 꿀처럼 단; *~tka kafa* 설탕이 들어간 커피 2. (비유적) 유쾌한, 상쾌한, 기분좋은, 즐거운; 듣기 좋은, 보기 좋은, 감미로운 (prijatan); *~tke reči* 듣기 좋은 말, 아첨하는 말 3. 귀여운, 사랑스런, 매력적인; *~tka devojčica* 귀여운 소녀; 4. (말말 건넬 때) 사랑하는, 소중한 (drag, mio); *~tka moja!* 내 소중한 그대여! 5. (음식·음료·식물 등의 명칭에서); *~tka pita* 단맛 파이; *~tka voda* 민물 6. 기타; *~tke krvi biti* (타인의 아픔·고통에) 같이 아파하는, 동정적인; *~ čovek* 1)매우 좋은(훌륭한) 사람 2)듣기 좋은 말만 하는 사람, 아첨꾼; *~tko lice praviti* 아첨하다; *~ na jeziku* 듣기에 좋은, 아첨하는

sladara 맥아 생산 시설, 맥아제조기

sladić (植) 감초; 말린 감초 뿌리

sladiti -*im*; *slađen* (不完) 1. 달게 하다, (설탕·

1167

꿀 등으로) 달게 만들다, 설탕(꿀)을 타다; ~ *kafu* 커피에 설탕을 타다 2. 맥아(slad)를 만들다(생산하다) 3. 즐겁게(유쾌하게) 만들다; *divni izgled sladio nam je naše zalogaje* 먹음직한 외관은 우리가 먹는 것을 즐겁게 한다; *ona mu je sladila lepote odmora na moru* 그녀는 그가 해변에서 휴식을 취하는 것을 즐겁게 만들었다 4. 달다, 단맛을 내다 5. (無人稱) (비유적) 마음에 들다 (sviđati se); *Luki nije sladilo da se o tom razgovoru dulji* 그 대화가 더 길어지는 것이 루카에게는 마음에 들지 않았다 6. ~ se 달콤함을 느끼며 먹다(마시다), 맛있게 먹다, 즐겨 먹다 7. ~ se 아름다움(미·경관 등)을 즐기다 8. ~ se (無人稱文) 마음에 들어하다, 즐거워하다, 기뻐하다 (goditi)

sladnī *-ā, -ō* (形) 참조 slad; 맥아의; ~ *kom* 맥아 찌꺼기

sladokusac *-sca* 1. 미식가, 식도락가 (gurman) 2. (비유적) 멋을 아는 사람, 한량, 멋쟁이 신사

sladoled 아이스크림; *kornet ~a* 아이스크림 콘; ~ *od čokolade (vanile)* 초콜렛(바닐라) 아이스크림

sladoledar 아이스크림 판매업자(생산자)

sladoledara, sladoledarnica 아이스크림 공장, 아이스크림 가게

sladoledžija (男) 참조 sladoledar

sladoledžinica 아이스크림 가게

slador 참조 šećer; 설탕 **sladorni** (形)

sladorana 1. 참조 šećerana; 설탕공장 2. 참조 poslatičarnica

sladoraš 참조 šećeraš; 좀벌레

sladost (女) 단맛; 달콤함(기분좋은 유쾌한 감정이 만들어내는)

sladostan *-sna, -sno* (形) 달콤한, 매우 달콤한, 매우 단

sladostrasnik 성적으로 속박당하지 않는 사람, 난봉꾼, 쾌락주의자

sladostrasnost (女) 정욕, 육욕, 색욕; 호색

sladostrastan *-sna, -sno* (形) 육욕의, 정욕의, 색욕의, 음탕한, 호색의 (požudan, pohotljiv); ~ *čovek* 정욕이 강한 사람; ~ *pogled* 음탕한 눈길

sladostrašće 정욕, 육욕, 색욕 (sladostrasnost)

sladun (植) 석류나무 (nar)

sladunjav *-a, -o* (形) 1. 조금 단, 달달한 (slatkast); ~*o mleko* 달달한 우유; ~ *film* (예술성이 전혀 없는) 달달한 영화 2. (향·냄새가) 강한 (težak, otužan, jak) 3. (진심이

담기지 않은) 인위적인; 부자연스런, 일부러 하는, 꾸민; ~ *osmeh* 거짓 웃음; ~ *pogled* 부자연스런 시선

slađan *-a, -o* (形) (지소체) sladak

slađe (副) 즐거운(기꺼운) 방법으로, 기꺼이; *ja slušam ~ nego išta na svetu* 나는 이 세상의 그 어떤 것보다 즐겨 듣는다

slađen *-a, -o* (形) 참조 sladiti

slađenje 1. (동사파생 명사) sladiti 2. 즐김, 달게 하기 (uživanje, sladost)

slagač (출판사·인쇄소의) 식자공 (植字工) (slovoslagač); **slagačica**; **slagačev, slagački** (形); ~*e greške* 인쇄 오류

slagačica 참조 slagač

slagačnica (출판사·인쇄소의) 식자실, 조판실

slagaćī *-ā, -ē* (形) ~*a mašina* 활자 식자기

slagalište 창고 (skladište)

slaganje 1. (동사파생 명사) slagati 2. (인쇄소·출판소의) 식자, 조판; ~ *sloga* 식자 3. (文法) (성·수·격 등의) 호응, 일치 (kongruencija)

slagar 참조 slagač; 식자공 **slagarski** (形)

slagati *-žem* (不完) 참조 složiti

slagati *-žem* (完) 1. 거짓말하다, 거짓으로 말하다; *i ne pocrveni kad slaže* 그는 거짓말을 할 때도 얼굴이 벌겋게 달아오르지 않는다 2. (koga) 속이다, 기만하다 (prevariti, obmanuti); *slagao nas je da je položio ispit* 그는 시험에 합격했다고 우리를 속였다 3. 약속을 어기다; *slagao je da će pisati* 쓸 것이라는 약속을 어겼다 4. (화기가) 발사되지 않다, 오발이 나다; *puška me je slagala* 총이 오발이 났다

slajd *-ovi* (현미경·환등기의) 슬라이드

slak *-ovi* (植) 메꽃, 서양메꽃 (poponac, ladolež)

slakomiti se *-im se* (完) (보통은 na koga, na što) 욕심내다, 탐내다 (lakomiti se); *na blago se momak slakomio* 젊은이는 보물에 욕심이 났다

slalom (스키의) 슬랄롬, 활강 경기

slama 1. 짚, 밀짚; 지푸라기; *plast ~e* 짚 노적; **slamni, slamnat** (形); ~ *šešir* 밀짚 모자; ~ *prostirač* 밀짚 도어매트 2. (비유적) 쓸모 없는(무가치한) 사람(물건); *prazna* ~ 헛된 것 3. 기타; *mlatiti istu ~u* 항상 같은 말만 되풀이하다; *mlatiti praznu ~u* 쓸데없는 소리를 하다, 되지도 않는 말을 하다; *alajbegoga* ~ 잡동사니 물건, 아무도 신경쓰지 않는 것; *Kumova Slama* (天) 은하(수)

slamara 초가집 (짚으로 지붕을 이은)

(slamarica, slamnjača)

slamarica, slamnjača 1. 참조 slamara 2. 짚으로 엮은 매트리스

slamati *-am* (不完) 참조 slomiti

slamčica (지소체) slamka; (음료를 빨아먹는) 빨대, 스트로

slamka 1. 한 개의 짚(밀짚); *ja sam ovo tekla i stekla! Sve je to moje. Nema tu njene ~e, trunke* 내가 이것을 이루고 성취했다, 모든 것이 내것이다. 그녀의 것은 눈꼽만치도 없다 2. (비유적) 무가치한 것 3. 기타; *davljenik se i za slamku hvata* 물에 빠진 사람은 지푸라기라도 잡는다

slamnat *-a, -o* 1. 짚(slama)의, 밀짚의 (slamni) 2. 짚 같은, 짚 모양의; *~a kosa* 밀짚같은 머리; *~i udovac, ~a udovica* 생홀아비, 생과부 (배우자가 일시적으로 없는, 여행 등으로)

slamnjača 참조 slamarica; 초가집

slan *-a, -o; slanji & slaniji* (形) 1. 소금기가 있는; 소금맛이 나는 2. (음식에) 소금이 들어간, 짠; (한정형으로만) 소금으로 간을 한, 소금을 친; *~a riba* 소금으로 간을 한 생선; *~i sir* 짠 치즈; *~a voda* 짠물, 소금물 3. (비유적) 이중적 의미를 가진; (말·농담 등이) 상스러운, 선정적인, 천한; *~a šala* 선정적인 농담 4. 상당히 비싼, 고가의; *~e cene* 매우 비싼 가격 5. 기타; *~a voda* 광천수; *ni ~o ni papreno* 별다른 특색이 없는; *pružiti nekome ~u ruku* 뇌물을 주다(뇌물로 매수하다), 상(보상)을 주다(약속하다)

slana (흰)서리

slanac *-nca* 1. 광천수원(源) (slatina) 2. 명반, 백반(염색이나 피혁 공업용 물질) (stipsa, alaun)

slang 속어, 은어

slanica 1. 소금통, 소금 그릇 2. 소금 저장고 (solara) 3. 소금광산 근처의 늪 4. (鑛) 석고, 깁스 (gips, sadra) 5. 건조되지 않은 소금을 친 상태의 생가죽; 그러한 가죽으로 만든 신발 6. (植) 솔잎다리, 통통마디 ((해안에서 자라며, 태워서 소다회(灰)를 만듦)

slanik 1. (식탁위에 있는) 소금통, 소금 그릇 (보통 작은 잔 모양으로 된) 2. 소금 광산 3. 석화(石化) 소금, 암염(巖鹽)

slanina 1. (돼지 고기 등의) 삽겹살; 베이컨, 훈제 베이컨 2. 뱃살 (salo)

slaninar 1. 베이컨을 사고 파는 사람, 베이컨 장사; 베이컨을 즐겨 먹는 사람 2. (害蟲) 수시렁이과(科)의 검은 딱정벌레 (그 애벌레는 건조한 동물체의 살·가죽·털 따위를 먹음)

slaninjača (잘게 썬 베이컨과 고기가 많이 들어간) 소시지

slankamen 암염(巖鹽), 석화(石化) 소금

slankamenka 포도의 한 종류 (재배지 지명인 Slankamen 명칭에 따른)

slanoća, slanost (女) 염기(鹽基), 소금기

slanovitac *-ica* (植) 쓴 박하

slanutak (植) 병아리콩, (완두품종) 뱅갈그람

slanjača (植) 지중해 지방 원산(原產)인 명아주과(科)의 독초

slanjača 염분이 많은 땅(토지)

slanje (동사파생 명사) slati; 보냄, 파송, 탁송, 발송

slap *-ovi* 1. 폭포, 폭포 물 (buk, vodopad); *~ se ruši preko strme liti* 폭포는 급격한 절벽에서 떨어진다 2. 세차게 퍼붓는 비 3. (총 등 화기로부터) 세차게 불뿜는 것, 연속 사격 (rafal) 4. 강하게 쏟아지는 빛(소리·냄새) 5. 감정 등의 강렬한 표출

slapčina 나약한 사람 (특히 도덕적·의지적으로) (slabotinja)

slast (女) 1. 단맛 2. (複) 단 것, 단 후식 (poslastice, slatkiši) 3. 기쁨, 즐거움; 기쁨 (즐거움)을 선사하는 것 4. (전치사와 함께, 부사적 용법으로) 기쁘게, 즐겁게, 기꺼이; *jesti sa ~šću (u ~)* 기쁘게 먹다 5. 기타; *kome čast tome i ~* 손님에게 음식의 가장 맛있는 부분을 서비스하며 공손하게 하는 말

slastan *-sna, -sno* (形) 1. 맛있는; *~sna večera* 맛있는 저녁 2. (비유적) 기쁜, 흡족한, 만족스런, 기분 좋은 (prijatan, ugodan); *~ zalogaj* 절호의 기회; *mastan i ~* 매우 맛있는

slastica 참조 poslastica; (설탕을 만든) 단 것, 단 디저트

slastičar 참조 poslastičar; 단 것(단 디저트, 사탕 등)을 제조하거나 파는 사람

slastičarna, slastičarnica 참조 poslastičarnica

slati *šaljem; slan & slat; šalji* (不完) 1. (사람을) 보내다, 파견하다, 파송하다; *~ dete u školu* 아이를 학교에 보내다 2. (물건을) 보내다, 발송하다; *~ poštom* 우편으로 보내다 3. (누구에게 자신의 애정·호의 등을) 보내다; *~ poljupce* (손으로) 키스 표시를 하다; *~ pozdrave* 안부인사를 보내다

slatina 1. 광천수(slana voda)의 수원(水源) (slanac, slanača) 2. (複) 늪지, 습지

slatkiš (보통 複數로) 사탕, 캔디 (poslastica); *imaš li ~?* 사탕있어?

slatko (副) 1. 달게, 맛있게 2. 귀엽게; *~ se*

smejati 귀엽게 웃다 3. 만족스럽게, 흡족하
게; *malo je ljudi koji su umeli tako ~
pričati* 그렇게 만족스럽게 이야기할 수 있는
사람은 그리 많지 않다; *ko se poslednji
smeje najslađe se smeje* 마지막으로 웃는
자가 승리하는 자이다 4. (잠을) 달콤하게,
깊게 (duboko, čvrsto); *bila je gotovo
srećna zbog toga, i odmah ~ zaspa* 그것
때문에 너무 행복하여 곧 깊은 잠에 빠졌다
5. 부드럽게, 다정하게, 따듯하게 (ljubazno,
srdačno, milo, nežno)

slatko *-a & -oga* (中) 1. 설탕에 절인 과일;
poslaću snaji teglu ~a 설탕에 절인 과일 한
병을 며느리에게 보낼 것이다; *~ od jagoda*
설탕에 절인 딸기; *~ od trešnja* 설탕에 절
인 체리 2. 디저트; *šta ima za ~?* 디저트로
뭐가 있는가?; *hoćete li vi nešto za ~?* 뭐
디저트를 드시겠습니까?

slatkoća 단맛; 단 것, 단 후식; 기쁨, 즐거움
(slast)

slatkorečiv *-a, -o,* **slatkorek** *-a, -o* (形) 말을
잘하는, 언변이 좋은

slatkovodan *-dna, -dno* (形) 민물의, 담수의;
민물에 사는, 담수에 사는; *~dne ribe* 민물
고기; *~dni ribolov* 민물낚시

slava 1. 영광, 영예; 명성; *steći ~u* 명성을 얻
다; *njihova ~ se pronela nadaleko* 그들의
명성은 멀리까지 퍼졌다 2. (좋고 나쁨의) 평
판 3. 공헌, 공로 4. 감사 (hvala, zahvalost)
5. 수호성인의 날; 종교축일; 축일 거행 행
사(오찬, 만찬 등의); *slaviti ~u* 종교축일을
쇠다; *ići nekome (kod nekoga) na ~u* 누구
의 종교축일에 가다 **slavski** (形) 6. 기타; *na
~u bož(i)ju, ~ bogu* 뭔가가 잘(해피 엔딩)
마무리되었다는 것을 알리는 성명문 등에 관
용구로 사용됨; *ovenčati (se) ~om* 기념하다,
기념행사를 하다; *~ mu!* 평안하소서!(고인에
대한 마지막 작별인사)

slavan *-vna, -vno* (形) 1. 유명한, 잘 알려진,
저명한, 명성있는; *~ pevač* 유명한 가수;
čuo sam imena slavnijih junaka 나는 유명
한 영웅들의 이름을 들었다 2. (비유적) 매우
좋은, 굉장히 훌륭한, 매우 아름다운; *večera
je bila ~vna* 저녁(식사)은 매우 훌륭했다 3.
(칭호·직함 등에 붙어) 존경하는 (vrlo
poštovan, vrlo cenjen)

Slaveni (男,複) 참조 Sloveni; 슬라브인
Slaven; Slavenka; slavenski (形)

slavenofil (=slovenofil) 친슬라브주의자, 친슬
라브파 사람

slavenofilstvo (=slovenofilstvo) 친슬라브주의;

범슬라브주의

slavenofob (=slovenofob) 반슬라브주의자

slaveno-srpski *-ā, -ō* (形) (言) *~ jezik* 러시
아적 요소와 세르비아 구어가 혼성된 언어
(19세기 후반기의)

slavenski *-ā, -ō* (形) 참조 slaveni; 슬라브인
들의

slavenstvo (=slovenstvo) 슬라브 민족의 특성;
모든 슬라브인들

slavić (詩語) 참조 slavuj; (鳥類) 나이팅게일

slavina 1. (수도 등의) 꼭지 (열고 닫을 수 있
는, 목재·철제·유리 등으로 된); *~ curi* 수도
꼭지가 샌다; *pustiti (otvoriti) ~u* 수도꼭지
를 열다; *zatvoriti ~u* 수도꼭지를 닫다 2.
기타; *odvrnuti ~u* (돈을) 맘껏 쓰다(사용하
다); *udariti (zavrnuti) ~u* (보통 돈)주는 것
을 중단하다

slavist(a) 슬라브어(문학·문화) 전문가(연구자)

slavistika 슬라브학(어문학·지역학); *odsek za
~u* 슬라브어문학과 **slavistički** (形); *~
seminar* 슬라브어문학 세미나; *~e studije*
슬라브학

slaviti *-im* (不完) 1. ~의 이름(명성·가치)을 드
높이다, 칭송하다; *ja ću pričati o vama ...
slaviću vas kao što vas gusle slave* 당신에
관해 이야기할 것입니다 ... 구슬레가 당신의
명성을 드높이듯이 나도 당신의 이름을 드높
일것입니다 2. (국경일·축일 등의 행사를) 기
념하다, 축하하다, 경축하다; *~ rođendan* 생
일을 기념하다; *~ orgije* 고삐풀린듯 마시고
놀다 3. 종교축일(slava)을 쇠다; *~ slavu* 종
교축일을 기념하다 4. (종을) 기념 타종하다
5. *~ se* 유명하다, 유명해지다, 명성을 얻다

slavizirati *-am* (完,不完) (=slovenizirati) 1. 슬
라브인화(化)시키다 2. *~ se* 슬라브인화되다

slavlje 기념(축하)행사 (proslava); *ceo naš
narod slavi retko ~* 우리 국민 전체는 기념
행사를 드물게 한다; *pobedno ~* 승전 기념
행사

slavljenik 1. (행사·만찬 등의) 주빈(主賓) 2.
종교축일(slava)에 기념하는 수호성인 3. (손
님을 접대하는) 주인, 호스트 **slavljenica**;
slavljenički (形)

slavljenje (동사파생 명사) slaviti

slavodobiće 참조 slavodobit; 영광스런 승리,
대승(大勝)

slavodobitan *-tna, -tno* (形) 승리의, 승리를
거둔; 승자의 자부심으로 가득한; 영광(영예·
명성)을 얻은

slavodobitnik 커다란 명예를 얻은 사람 (경기
에 승리함으로써)

slavofil 참조 slavenofil

slavohlepan -pna, -pno (形) 명예(명성·영광·영예)에 굶주린, 야심적인, 야망이 있는

slavoluk 1. 승리탑, 승리 기념비(활(luk)모양으로 세워진) 2. (환영의 표시로) 장식된 입구

slavoljubac -pca 야망이 큰 사람, 야심적인 사람, 명예(명성·영광·영예)에 굶주린 사람

slavoljuban -bna, -bno (形) 참조 slavoljubiv

slavoljubiv -a, -o (形) 영예(명성·영광)을 갈망하는, 야심적인, 야망에 찬

slavoljubivost (女) 야망, 야심

Slavonija 슬라보니아(크로아티아 지역의); Slavonac; Slavonka; slavonski (形)

slavopoj (男) slavopojka (女) (누구를 찬양하는) 찬양가, 찬양 기사, 찬양 연설; pevati nekome ~e 누구를 찬양하는 노래를 부르다

slavopev 참조 slavopoj

slavskī -ā, -ō (形) 참조 slavenski; 슬라브의

slavskī -ā, -ō (形) 참조 slava; 종교축일 (slava)의; ~ kolač 슬라바 케이크; ~ sveća 슬라바 촛불

slavuj (鳥類) 나이팅게일(갈색의 작은 새. 수컷의 노랫소리가 아름다움) slavujski, slavujev (形)

slavujak (지소체) slavuj

slaziti -im (不完) 참조 silaziti

sleč (植) 진달래속 식물

sleći, slegnuti slegnem & sležem; slegnuo, -nula & slegao, -gla (完) slegati -žem (不完) 1. 떼지어 몰려들다 2. (소리가) 메아리치다 3. 사방에서 몰려들다(모이다) 4. ~ ramenima 어깨를 움찔하다 (망설임·당황·부동의 표시로) 5. ~ se (다수가) 사방에서 한 장소에 모이다 (sabrati se, skupiti se); svi su se slegli 사방에서 많은 사람들이 모였다 6. ~ se (na koga) 많은 사람들이 ~를 향해 달려가다(뛰어가다, 공격하다) 7. ~ se (하늘 등에서 떨어져 지표면 등을) 뒤덮다, 쌓이다; sleglo se lišće na zemlju 낙엽이 떨어져 땅에 쌓였다; magla se slegla naokolo na pusti kraj 안개가 외딴 지역에 가득 끼었다 8. ~ se (물이) 흘러내리다, 흘러들어가다 9. ~ se (지표면이) 푹 꺼지다, 가라앉다; ovde se slegla zemlja 여기 땅이 꺼졌다; slegao se zid 벽이 꺼졌다 10. ~ se (찌꺼기 등이) 바닥에 가라앉다 (staložiti se); sleglo se vino 포도주가 가라앉았다; slegla se kafa 커피가 가라앉았다 11. ~ se (밑으로) 구부리다, 숙이다; 웅크리다; 엎드리다, 눕다 12. ~ se (불길 등이) 가라앉다, 진정되다, 누그러지다 (smiriti se, stišati se); plamen se

sleže 불길이 누그러진다 13. 기타; kad se slegne prašina 사태가 좀 가라앉을 때

sled -ovi 1. 결과 (posledica, rezultat) 2. 순서; molimo vas da nam Vaša pesnička dela navedete u hronološkom ~u 당신의 시집을 연대순대로 나열해 보십시오 3. 흔적 (trag); slediti ~om 누구의 뒤를 따라가다(쫓아가다)

sledbenik 1. 후임자 (전임자의 직책을 이어받은) (naslednik) 2. (비유적) 지지자, 추종자, 신봉자 (pristalica) 3. (누구의) 뒤를 따르는 사람, 뒤에 오는 사람

sledbeništvo (주의·주장 등의) 추종, 신봉; ~ ovih ideja 이러한 사상들의 추종

sledećī -ā, -ē (形) 다음의, 다음번의, 뒤따라 오는 (idući); ~ put 다음 번; ~e nedelje 다음 주

slediti -im (不完) 1. (생각·원칙·주의 등을) 따르다, 추종하다, 좇다; ~ neku ideju 어떤 생각을 추종하다 2. (koga) ~의 뒤를 따라 가다; (누구를) 본받다; 지켜보다, 관찰하다 (눈길에서 떼지 않고); ~ nekoga u stopu ~의 뒤를 쫓아가다; ~ pticu u letu 날아가는 새를 보다; ~ nečiji primer 누구의 본을 받다 3. ~의 바로 뒤에 오다(나타나다); za prolećem sledi leto 봄이 가면 바로 여름이 온다 4. (~의 결과로) 오다, 나타나다 (proisticati); za ovim događajima sledio je rat 이 사건의 결과로 전쟁이 발발했다; iz pisma sledi da oni neće doći 편지의 내용으로 볼 때 그들이 안 올 것이다 5. ~에 속하다; to tebi ne sledi 그것은 네것이 아니다 (너와 관계가 없는 것이다); svako će dobiti ono što mu sledi 모두가 자신의 것을 얻을 것이다

sledovanje 1. (동사파생 명사) sledovati 2. (식품의) 할당량, (일반적으로) 배급량, 할당량, 배당량; iako najveća gladnica u odredu, Nikola je svoje malo ~ delio s njim 니콜라는 부대에서 가장 배가 고팠지만 자신의 적은 식사 배급량을 그와 나눠 먹었다

sledovati -dujem (不完) 1. (kome) 누구의 뒤를 따르다(따라가다) 2. ~의 바로 뒤에 있다 (나타나다); kad se svršila rasprava, onda je sledovalo zaključenje 토론이 끝난후 결론을 지었다 3. (nešto) 얻다, 수령하다 (dobivati, primati); ~ hleb 빵을 받다(할당량의, 배급량의) 4. (kome, čemu) ~을 본받다, ~을 따라 행동하다, ~을 표본(일례으로) 삼다; sledujte mom primeru 나를 표본으로 삼아 하세요 5. ~의 결과로 나타나다, ~의 결과이다; pa otuda šta je sledovalo? 그것

의 결과는 무엇이었는지요? **6.** (無人稱文) ~ 의 것이다, ~에 속하다 (pripadati); *dobili smo što nam sleduje* 우리의 것은 우리가 얻었다

sledstvenī *-ā, -ō* (形) 참조 dosledan; 일관된, 시종일관의

sledstveno 1. (副) 일관되게, 시종일관되게 (dosledno); *u njegovom duhu sve je strogo, sledstveno i logično povezano* 그의 정신세계에서 모든 것이 엄격하고 일관되게 그리고 논리적으로 연관되어있다 **2.** (小辭) 따라서 (prema tome, dakle); *to pitanje rešiće se bez nas, pa ~ i protiv nas* 그 문제는 우리의 참여없이 해결될 것이며 따라서 우리의 이해관계를 침해할 것이다

sleđ *-evi* (魚類) 청어 (haringa)

sleđen *-a, -o* (形) **1.** 참조 slediti se **2.** 뻣뻣한, 빳빳한; 냉정한, 무관심한 (ukočen; hladan, ravnodušan); *partizani stoje nemi i mirni kao ~o drvo* 파르티잔들은 뻣뻣한 나무와 같이 말없이 조용히 있었다

slegati (se) *sležem (se)* (不完) 참조 sleći (se), slegnuti se

slegnuti *-nem* (完) 참조 sleći

slek (男), **sleka** (女) 밀물, 만조 (plima) (反) oseka

sleme *-ena; slemena* **1.** (지붕의) 용마루 (vrh krova), (비유적) 지붕, 집 (krov, kuća) **2.** (地質) 산봉우리 (greben) **slemeni** (形)

slemenjača 마룻대, 대들보

slep *-a, -o* (形) **1.** 눈이 먼, 시력을 상실한, 앞을 못보는; (명사적 용법으로) 맹인, 장님, 앞을 못보는 사람; *sasvim ~* 완전히 눈이 먼; *~ na jedno oko* 한 눈이 먼 **2.** (자기 주변에 어떤 일이 일어나는지) 알지 못하는, 눈치채지 못하는, 깨닫지 못하는; (이해하기에는) 지식과 능력이 부족한; *~ za boje* 색맹인; *ona je ~a za njegove greške* 그녀는 그의 실수에 대해서는 보지를 못한다; *~ za svet oko sebe* 자기주변에서 뭐가 일어나는지 알지 못하는; *svi smo ... za lepotu ~i* 우리 모두는 미(美)에 있어서는 봉사와 다름없다; *politički ~* 정치적으로 무능한 **3.** 맹목적인, 무조건적인; *~a poslušnost* 맹목적 복종; *davao je neograničenu vlast jednoj oligarhiji sastavljenoj od ... ~ih pristalica* 그는 맹목적 추종자들로 구성된 한 과두정치 그룹에 무제한적인 권한을 주었다 **4.** 논리적 타당성이 없는, 비이성적인, 자연적으로 일어나는, 우연한 (stihijski); *~i slučaj* 우연한 경우 **5.** 보지 않고 하는(행하는); *~o*

kucanje (자판기를) 보지 않고 하는 타이핑 **6.** (길 등이) 한쪽 끝이 막힌, 다른 쪽으로 건너갈 수 없는, 막다른; *~a ulica* 막다른 길; *~a dolina* (3면이 절벽으로 둘러쌓인) 막다른 계곡; *~i kolosek* 한 쪽 끝이 막힌 철로 **7.** 기타; *kao ~ jurnuti* 위험에 대해서는 생각하지 않다(위험을 간과하다); *biti ~ kod očiju* 가장 기본적인 지식이 없다, 문맹이다; *~i metak* 공포탄; *~i putnik* 무임승차자; *~i tavan* 창문이 없는 다락; *~o crevo* (解) 맹장; *~ kuče* (動) 뒤쥐; *biti čije ~o oruđe* 목적 달성을 위한 누구의 수단이다; *~i miš* (動) 박쥐; *~o oko* (解) 관자놀이; *sletanje na ~o* (비행기의) 계기(計器) 착륙

slepac *-pca* **1.** 장님, 봉사; 장님 걸인; **slepica**; **slepački** (形); *~o pismo* 점자(點字) **2.** 아주 가난한 사람 (golja) **3.** (비유적) (자기주변에) 무슨 일이 일어나는지 알지 못하는(눈치채지 못하는) 사람, (판단하고 깨닫기에는) 지식이 부족한 사람; 속은 사람 **4.** (動) 두더지

slepar 마술사, 마법사; 사기꾼, 기만자

sleparija 1. 사기, 기만, 사취 (opsena, obmana, prevara) **2.** (集合) 가난한 사람들 (sirotinja)

slepariti *-im* (不完) **1.** 속이다, 기만하다 (varati, obmanjivati) **2.** 가난하게 살다, 빈곤하게 살다

slepčovođa (男,女) 맹인(장님) 안내인; 맹도견

slepeti *-im* (不完) **oslepeti** (完) 눈이 멀다, 장님이 되다

slepić (動) 발없는 도마뱀

slepilo 1. (부분적 혹은 완전한) 시력 상실 (영구적 혹은 일시적으로); *sunčano ~* (강한 햇빛으로 인해 일시적으로 보이지 않는) 시력 상실 **2.** 어둠 (tama, tmina) **3.** (비유적) 맹목 (盲目), 판단능력 상실; *ljubavno ~* 사랑에 눈이 머는 것; *političko ~* 정치적 맹목 **4.** 기타; *kokoš(i)je ~, noćno ~* (病理) 야맹증; *~ za boje* 색맹; *snežno ~* (자외선이 눈(雪)에 반사되어 안보이는) 일시적 시력 상실

slepiti *-im* (不完) **oslepiti** (完) 눈을 멀게 하다, 시력을 상실하게 하다

slepiti *-im* (完) **1.** 풀로 붙이다(접착하다); *raspolovilo je dete ljusku od oraha ... slepilo je obe pole tako da je orah izgledao kao ceo* 아이는 호도 껍질을 반토막 냈으며 풀로 그 양쪽을 붙여 마치 안깨진 완전한 것처럼 보였다 **2.** *~ se* 견고히 붙다(접착되다); *~에 딱 붙어있다; slepio mu se jezik* 말을 뗄 수가 없었다(두려움·당혹 등으로)

1172

slepoća 참조 slepilo
slepoočnice (女,複) (解) 관자놀이 slepoočni (形)
slepoočnjača (解) 관자놀이뼈
sleporođenī -ā, -ō (形) 맹인으로 태어난, 태어 나면서부터 맹인인
slepost (女) 눈이 안보임, 시력상실 (slepoća, slepilo)
slepota 눈이 안보임, 시력상실 (slepilo)
slet (비행기의) 착륙 (sletanje); prinudni ~ 강 제착륙
slet -ovi (스포츠의) (대규모의) 대회, 경기 (특 히 체조경기의) sletski (形)
sletanje (동사파생 명사) sletati; (비행기의) 착 륙; ~ na slepo (비행기의) 계기(計器) 착륙
sleteti -im (完) sletati -ćem (不完) 1. (땅·표면 등에) 내려앉다, 착륙하다; sleteše laste na krov 제비가 지붕에 내려 앉았다 2. (밑으로, 아래 방향으로) 뛰어가다, 빠른 속도로 내려 가다; dečak slete niz stepenice 소년이 계 단을 뛰어내려간다 3. (~로부터) 미끌어지다; tanjir slete sa stola 접시가 테이블에서 미 끌어진다; nije mu se sletela(sleteo) ni vlas sa glave 그에게 유감스러운 일은 아무것도 일어나지 않았다; vozilo se sleteo sa puta 자동차는 길에서 미끄러졌다 4. (말이) 튀어 나오다; ~ s usana 입에서 말이 튀어 나오다 5. ~ se (사방으로부터 한 장소에) 모이다; ~ se oko nekoga 누구의 주변에 모이다
sleva (副) 1. 왼쪽으로부터; ulaz ~ 좌측 입구 2. (政) 좌익으로부터; kritika ~ i zdesna 좌 익과 우익으로부터의 비판
slez -ovi (植) 아욱; 아욱과(科)의 총칭; beli ~ 양아욱(접시꽃류의 다년생 식물)
slezena, slezina (解) 지라, 비장
slezovača (植) 아욱
slezovina (植) 참조 slez
sličan -čna, -čno (形) 1. 비슷한, 유사한, 닮은; on je vrlo ~ svom ocu 그는 자기 아버지를 빼 닮았다(외모·성격 등이); ~ slučaj 비슷한 경우 2. (기하학적 형태가) 균형이 맞는, 좌 우 대칭이 되는; biti ~ kao jaje jajetu 매우 비슷한(유사한); svi ratni zločinci su u tom pogledu ~čni kao jaje jajetu 모든 전쟁범죄 자들은 그러한 면에 볼 때 모두 비슷하다
sličica (지소체) slika
sličiti -im (不完) 비슷하다, 유사하다, 닮다 (ličiti)
sličnost (女) 유사함, 비슷함, 닮음; ima ~i 유 사한 점이 있다
slijevak 하수구

slik -ovi 운, 각운(脚韻) (rima, srok); muški (ženski) ~ 남성운(여성운)
slika 1. 그림; 삽화; knjiga sa ~ama 삽화가 들어간 책; naslikati uljanu ~u 유화를 그리 다; galerija ~a 갤러리, 화방 2. 사진 (fotografija); priložiti dve ~e 두 장의 사진 을 첨부하다; slikati ~u 사진을 찍다; razviti (izraditi) ~e 사진을 현상하다; retуširati ~u 사진을 손질하다; rendgenska ~ X레이 사진 3. 풍경, 광경 (prizor); divna ~ 환상적인 광경 4. 장면 5. (기사·문학작품 등에서의) 기술(記述), 서술, 묘사 (opis, prikaz); ~ o životu naroda 민중들의 삶에 대한 기술; ~ događaja 사건에 대한 기술 6. (~에 대한) 인상, 이미지; steći vernu ~u o nekome 누 구에 대한 실제적 모습을 보다 7. (드라마·연 극의) 장면; (한 사회의 삶을 보여주는) 장면, 모습; ~e iz seoskog života 농촌의 삶을 보 여주는 장면 8. 기타; geometrijska ~ 기하 학적 도형 krvna slika 혈액성분 분석표; pokretne ~e 영화; našla ~ priliku 유유상종 (부정적 의미로); ~ i prilika 두 사람사이의 특이한 유사점을 강조하고자 할 때 사용됨
slikanje (동사파생 명사) slikati; rendgensko ~ X레이 촬영
slikar 화가; akademski ~ (대학을 졸업한) 화 가, (예술원 회원인) 화가 slikarica, slikarka; slikarski (形)
slikarnica 화랑, 갤러리
slikarstvo 회화(繪畵)
slikati -am (不完) 1. 그림을 그리다; ~ sliku 그림을 그리다; nije đavo onako crn kao što ga slikaju 사람들이 그에 대해 나쁘게 말하 는 것에 비해서 그 사람은 그렇게 나쁜 사람 은 아니다; ~ nekoga (naj)crnim bojama 누 구에대해 아주 나쁘게 말하다(표현하다) 2. (사진기로) 촬영하다, 사진을 찍다 (fotografisati) 3. (비유적) (생생하게) 기술하 다, 묘사하다 (글과 말로); ~ događaje 사건 을 생생하게 묘사하다 4. ~ se (자신의) 사진 을 찍다; slikali smo se na plaži 우리는 해 변에서 사진을 찍었다; ~ se na rendgen(u) X레이 촬영을 하다
slikovan -vna, -vno (形) 그림의, 그림으로 구 성된; ~vno pismo 그림문자; ~vne umetnosti 조형예술, 건축예술
slikovati -kujm (不完) 1. 운(slik)을 맞춰 쓰다, 라임을 맞추다 (rimovati); slikovani prevodi pesama 라임을 맞춘 시번역 2. ~ se 운이 맞다, 각운을 이루다; te se dve reči ne slikuju 그 두 단어는 운이 맞지 않는다

S

slikovit -a, -o (形) 1. 그림 같은, 그림같이 아름다운 (lep, živopisan); ~ pejzaž 그림같이 아름다운 해변 2. (언어·문체 등이) 생생한 (živopisan, izrazit); najslikovitniji je govor devojčinog oca ... koji čistim narodnim seljačkim jezikom prikazuje otmice 100% 농부의 언어로 납치를 묘사한 소녀 아버의 말이 가장 생생했다

slikovnica (어린이들의) 그림책, 그림으로 가득한 책

slina 1. 침 (pljuvačka); gutati ~u 침을 삼키다; (po)teku ((po)cure) mu sline 군침을 질질 흘리다(먹고 싶어, 가지고 싶어) 2. 콧물 (bala)

slinav -a, -o (形) 1. 콧물(slina)을 흘리는 (balav); 콧물로 더럽혀진; ~o dete 콧물을 질질 흘리는 아이; ~a maramica 콧물로 더러워진 손수건 2. (콧물처럼) 끈적끈적한, 늘어진 (otegnut) 3. (비유적) 아직 어린, 매우 젊은, 경험이 없는; ti si još ~ 너는 아직 어리다, 아직 구상유취이다; ~o momče 아직 경험이 부족한 소년 4. (물)방울이 맺히는 (prokapljiv)

slinavac -vca 1. 콧물(slina)을 흘리는 사람; 코흘리개, 애숭이 (balavac) 2. (動) 달팽이의 한 종류(점액질이 많은)

slinavka (보통 šap i ~) (발굽 동물들에 생기는 전염병의 일종인) 구제역; radio je na suzbijanju opasnih stočnih bolesti ~e i šapa 고위험 가축전염병인 구제역 방제를 하였다

slinavko (男) 1. 코를 많이 흘리는 사람, 코흘리개 (balavac) 2. (비유적) 매우 젊고 경험이 일천한 남자

sliniti -im (不完) 1. 콧물(slina)을 흘리다, 점액질을 분비하다 (balaviti); dete slini 아이가 콧물을 흘린다; puž slini 달팽이가 점액질을 분비한다 2. (što) 콧물로 더럽히다, ~ na jastuk 베개에 콧물을 묻히다 3. 징징거리다, 어린양 하듯이 울다, 흐느껴 울다 (kenjkati, cmizdriti)

slinovnica (解) 침샘, 타액선

slinjenje (동사파생 명사) sliniti; 콧물을 흘리는 것; 징징거림

slip (남성용·여성용의) 삼각 팬티

slistiti -im; slišćen (完) 1. 모든 것을 다 먹다 (마시다); ~ večeru 저녁을 남김없이 다 먹다; ~ balon vina 포도주 한 병을 다 마시다; gosti su sve slistili 손님들이 다 먹어치웠다 2. 다 소비하다(사용하다); ~ platu 월급을 한 푼도 남기지 않고 다 쓰다 3. 철저히 파

괴하다(부수다), 근절시키다, 전멸시키다, 뿌리를 송두리째 뽑다 (istrebiti, sasvim uništiti); ~ neprijatelja 적을 전멸시키다 4. 강제로 없애다(제거하다) (ukloniti, odstraniti); neprijatelj je odlučio da po svaku cenu slisti tu zapreku 적은 어떠한 대가를 치르고서라도 그 장애물을 제거하기로 결정했다 5. 무게를 빼다(줄이다)

slišati -am (完) **slišavati** -am (不完) (지식을 알아보기 위해) 시험을 보다, 질문하다; tri puta ga je slišao dok nije dobro naučio ceo tekst napamet 문장 전체를 완전히 암기하기 전까지 3번이나 그를 테스트했다

sliti slijem; slio, -ila; sliven, -ena & slit; slij (完) 1. ~에 따르다, 쏟아 붓다; ~ vino u bure 포도주를 통에 따르다 2. 액체 상태의 금속을 (보통 주물집에) 쏟아 붓다, 주조하다 (izliti); sliveni metak 주조된 탄환 3. ~ se (~을 타고) 흘러내리다; slile su joj se suze niz lice 그녀의 볼을 타고 눈물이 흘러내렸다; voda se slivala sa zidova 물이 벽을 타고 흘러내렸다 4. ~ se (물길 등이 흘러) 하나로 합쳐지다; reke su se slile u jednu 강물들이 흘러 하나로 합쳐졌다; sve reke u ovom kraju slivaju se u Dunav 이 지역의 모든 강들은 두나브 강으로 흘러들어 간다 5. ~ se (일반적으로) 하나로 합쳐지다; njihovi glasovi su se slili 그들의 목소리는 하나로 되었다; ~ se u jedno 하나로 합쳐지다

slitina (化) 참조 legura; 합금

sliv -ovi (물이 강·호수·바다로 흘러들어가는) 유역; ~ Morave 모라바강 유역; crnomorski ~ 흑해 유역

slivati -am (不完) 참조 sliti

sliven -ena, -eno (形) 1. 참조 sliti 2. (숙어로) ~i suglasnik (음성학의) 파찰음

slivnik 하수도(관); (하수도(관)의) 하수구멍

slizati se -žem se (完) (輕蔑) (보통은 나쁜 의도로, 자신의 이익을 위해) 친하게 어울리다, 친교를 맺다 (spanđati se); reakcija je lukava i pritajena, slizaće se okupatorom (그의) 반응은 교활하고 은밀했다, 점령자들과 잘 지낼것이다

sloboda 1. (자신의 의지·뜻대로 행할 수 있는) 자유, 권리 (법률에 의해 제한받지 않은) 자유; (타인에게서 속박받지 않는) 자유; (신체의 구속을 당하지 않는) 자유, (직업의) 자유, 권리; ~ štampe (veroispovsti) 출판(종교)의 자유, 권리; (의무를 지지 않은) 자유; pustiti nekoga na ~u 누구를 자유롭게 하다; ~

1174

govora (zbora) 발언(집회)의 자유; *braniti se iz ~e* 불구속상태에서 재판에 임하다(변론하다); *~ naučnog istraživanja* 학문 연구의 자유; *~ plobidvi* 항해의 자유; *~ javnog okupljenja* 공공집회의 자유; *~ kretanja* 이동의 자유; *~ nastanjivanja* 거주의 자유; *~ izražavanja narodnosti* 민족성을 자유롭게 표시할 수 있는 권리; *~ udružianja* 결사의 자유; *~ naučnog i umetničkog stvaranja* 학문 예술의 자유; *~ savesti* 양심의 자유 2. (비유적) 용기, 단호함 (hrabrost, smelost, odlučnost); *odakle vam ~ da mi se posle svega obratite?* 결국 나에게 온 당신의 용기는 어디에서 나왔느냐?

slobodan *-dna, -dno* (形) 1. 자유로운; 점령되지 않은, 속박되지 않은; (자신의) 자유의사대로 행할 수 있는; (~으로부터) 면제된; *~ čovek* 자유인; *~dna zemlja* 자유의 땅; *~dni izbori* 자유 선거; *~dna luka* 자유 무역항; *~ od poreza* 세금이 면제된; *~ od carine* 관세가 면제된; *~dni zidar* 프리메이슨단원; *~ stih* 자유시; *crtati ~dnom rukom* (자·콤파스 등의 기구를 쓰지 않고) 맨손으로 선을 긋다; *videti ~im okom* (망원경 등이 없이) 맨눈으로 보다; *~dna ljubav* 자유연애; *~ prevod* 의역; *~ kao ptica* 새처럼 자유로운; *~dni mislilac* 자유사상가; *~dno bacanje* (농구의) 자유투; *~ udarac* (축구의) 페널티킥; *plivati ~dnim stilom* 자유형으로 수영하다; *~dno zanimanje (profesija)* 프리랜서직업 2. (구속에서) 풀려난; (일 등으로) 바쁘지 않은, 한가한; *jeste li ~dni večeras?* 오늘 저녁 시간이 있나요?; *imati mnogo ~dnog vremena* 많은 자유시간이 있다 3. 무료의; *ulaz ~!* 무료입장 4. (길 등이) 막혀있지 않은, 통과할 수 있는; *put je ~* 길은 자유롭게 지나갈 수 있다 5. (이야기 등이) 야한, 외설적인, 성적인; *~ vic* 음담패설; *voditi ~ život* 자유로운 삶을 살다 6. (성격이) 외향적인, 사교적인; *~dno dete* 외향적 성격의 아이 7. (평가 등이) 개략적인, 대략의; *~dna ocena* 대략적인 평가

slobodar 1. 자유를 위해(쟁취하기 이해) 투쟁하는 사람, 자유주의자 2. 자유사상가 **slobodarka**; **slobodarski** (形); *~ duh* 자유정신

slobodarstvo 자유주의

slobodica (지소체) sloboda; *svoja kućica, svoja ~* 자기 집보다 더 좋은 곳은 없다, 내 집이 제일 편하다; *tvoja voljica, tvoja ~* 자유롭고 독립적인 생활

slobodno (副) 1. 자유롭게, 자유스럽게; *~ živeti* 자유롭게 살다 2. 제한없이, 제재없이 (bez ograničenja); *~ se kretati* 제한없이 이동하다 3. (말을) 돌려 말하지 않고, 직접적으로 (bez okolišanja); 공개적으로; 용감하게 *~ reći* 직접적으로 말하다; *~ postupiti* 용감하게 행동하다 4. 주저없이 (bez ustručavanja); *~ se obratiti nekome* 주저하지 않고 누구에게 말하다(향하다); *~ se raskomotiti* 편안하게 몸을 풀다 5. 허용된 (dopušteno, dozvoljeno); *je li ~ da sednem?* 앉아도 될까요? 6. 쉽게, 별 어려움없이 (bez teškoća, lako); *tu ~ može da stane sto ljudi* 별 어려움없이 여기에 백명의 사람이 서 있을 수 있다 7. (부정형과 함께) 결코 ~하지 않다 (nikako, ni na koji način); *ako to uradiš, ~ mi ne idi na oči!* 만약 그것을 한다면, 결코 너를 보지 않을 것이다 8. 넉넉하게, 여유있게 (ležerno, komotno); *haljina treba ~ da pada niz telo* 원피스는 넉넉해야 한다 9. (문을 노크할 때) 들어와 (izvolite, uđite)

slobodnjak 1. 자유을 위해 투쟁하는 사람, 자유주의자 (slobodar) 2. (政) 자유당 당원 3. (歷) 자유를 얻은 농노 (oslobođenik) 4. 감옥밖을 자유롭게 돌아다닐 수 있는 죄수 5. (축구) 프리킥 **slobodnjački** (形)

slobodnjaštvo 1. 자유주의 (slobodarstvo) 2. 자유농노의 상태

slobodoljubiv *-a, -o* (形) 자유를 사랑하는, 자유를 위해 투쟁하는; *~ narod* 자유를 사랑하는 민족

slobodouman *-mna, -mno* (形) 자유롭게 생각하는, 진보적인 (napredan); *~ mislilac* 자유사상가; *~mna ideja* 진보적인 사상; *~ pogled* 진보적 시선

slobodoumlje (中), **slobodoumnost** (女) 자유주의, 진보주의; *pored svega svoga ~a on je bio monarhist* 자신의 모든 진보적 견해에도 불구하고 그는 왕정주의자였다

slobodoumnik 자유주의자, 진보주의자

sloboština 1. 참조 sloboda 2. 특권, 특혜 (povlastica, privilegije)

slog *-ovi* 1. 음절; *početni (pretposlednji, krajnji) ~* 첫(맨뒤에서 첫, 마지막) 음절; *zatvoreni ~* 폐음절; *otvoreni ~* 개음절 2. (인쇄) 활자, 자체; *sitan (krupan) ~* 작은(큰) 활자체; *slaganje ~a* 식자, 조판 3. (農) (밭·정원 등의) 두둑, 밭이랑 (leja) 4. 종이를 묶은 단위 (종이 10장 묶음의) 5. 나란히 놓여진 같은 종류의 물건의 일단; *negde se u* pivnici ruši ~ drva 술집 어딘가에서 나무 더미가 무너진다 6. 스타일 (stil) 7. 기타; vezani ~ 운문; nevezani ~ 산문

sloga (의견·태도·감정 등의) 일치, 합의; 화합, 조화; živeti u ~zi 조화롭게 살다; ovde vlada ~ 여기서는 화합이 대세를 이룬다; na ~zi i ljubavi svet stoji 화합과 사랑위에 세상은 존재한다

slogan 구호, 슬로건 (geslo, deviza, parola)

slogotvoran -rna, -rno (形) 음절을 이루는; ~rno r 음절을 이루는 r

slogovnī -ā, -ō (形) 음절의, 음절을 이루는; ~o pismo 음절문자

sloj -evi 1. (하나의 표면이나 여러 표면 사이를 덮고 있는) 막(층·겹·켜); deveo ~ 두꺼운 층; u ~evima 또는 na ~eve 겹겹이, 첩첩이; gazeći ~ (타이어의) 접지면 2. (사회·조직·문화의) 계층; društveni ~ 사회 계층; elitni ~evi društva 사회 엘리트 계층; najniži ~ društva 사회 최하층; čitalački ~evi 독자층

slojaniti se -im se (完) 막이 생기다, 층지다 (기름기가 많은 음식이 식을 때 생기는)

slojevit -a, -o (形) 1. 층층으로 이루어진, 겹겹으로 구성된; ~a stena 겹겹이 층을 이룬 암석 2. (비유적) 다양한 계층의, 다양한 계층을 다룬

slom -ovi 1. 완전 붕괴, 대참사, 대재앙; 패배, 실패; doživeti ~ 대참사를 겪다, 대패(大敗)하다 2. (정신적인) 절망, 공황상태; živčani ~ 신경쇠약 3. 붕괴, 부러짐 (lom, lomljenje)

slomiti -im; slomljen (完) slamati -am (不完) 1. 깨다, 부수다, 부러뜨리다; ~ ruku (nogu, rebro) 팔(다리, 갈비뼈)을 부러뜨리다; katarku slomi oluja 돌풍이 돛대를 부러뜨렸다; ~ zube (na čemu) 실패하다; ~ lance (okove) 해방되다, 석방되다 2. (비유적) 누구의 권한(권력·영향력)을 빼앗다(제거하다); 누구의 저항을 무력화시키다; 누구의 힘(의지·에너지)을 무력화시키다, 정신적·육체적으로 피폐하게 하다; ~ vrat kome 누구의 목을 꺾어놓다(기를 꺾어 놓다); ~ vrat sebi 스스로 자멸하다, 죽다; ~ krila kome 누구의 의지를 꺾다; ~ rogove (šiju) kome 누구의 저항(반대)을 제압하다 3. (힘들게) 설득시키다 (uveriti, ubediti); ko će slomiti one starešine? 누가 그 장(長)들을 설득한 것인가? 4. ~ se 깨지다, 부숴지다, 부러지다; slomila se vaza 꽃병이 깨졌다 5. ~ se 제압당하다, 무력화되다; (육체적으로) 기진맥진해지다, 지치다 (힘든 일을 한 결과로); (세기·강도가) 급속히 약해지다; u očima mu

se slomi divljački bes 그의 눈에서 난폭한 분노가 급격히 약화되었다 6. 기타; slomila se (slomiće se) kola na njemu 그에게 모든 죄와 책임이 돌아왔다(돌아갈 것이다)

slomljen -a, -o (形) 1. 참조 slomiti; biti ~og (~a) srca 마음의 상처를 입다 2. (비유적) 실망한, 낙담한, 우울한, 풀죽은 (potišten, utučen); čovek ode ~im korakom 사람이 낙담한 발걸음으로 간다

slomljiv -a, -o (形) 깨지기 쉬운, 쉽게 깨지는, 부러지기 쉬운, 쉽게 부러지는

slon -ovi 1. (動) 코끼리; indijski ~ 인도 코끼리 slonica; slonov (形); ~a kost 상아; ~a surla 코끼리 코 2. (비유적) 덩치가 크고 재빠르지 못한 사람 3. 기타; kao ~ u staklenoj bašti 미숙하게, 능수능란하지 못하게; od muve napraviti (graditi) ~a 침소봉대하다

slonče -eta 코끼리 새끼, 새끼 코끼리

slonica 참조 slon; 암컷 코끼리

slonov -a, -o (形) 참조 slon; 코끼리의

slonovača 상아; Obala Slonovače 코트디부아르

slonovskī -ā, -ō (形) (코끼리처럼) 거대한, 커다란 (velik, golem, glomazan)

sloški, sloške (副) 한 마음으로; 조화롭게 (složno)

slota 진눈깨비 (susnižica, lapavica)

Slovačka 슬로바키아; Slovak; Slovakinja; slovački (形)

slovce -a & -eta (지소체) slovo ; do (poslednjeg) ~a 완전히; ni ~a 한마디도 ~ 않다; o tome nikome ni ~a 그것에 대해 그 누구에게도 입도 떼지 마라

Sloven 슬라브인; Slovenka; slovenski (形); ~ jezici 슬라브제어

Slovenija 슬로베니아; Slovenac; Slovenka; slovenački, slovenski (形)

slovenofil 참조 slavenofil

slovenofilstvo 참조 slavenofilstvo

slovenofob 참조 slavenofob

slovenskī -ā, -ō (形) 1. 참조 Sloven; 슬라브인의 2. 참조 Slovenija; 슬로베니아의

Slovenstvo 참조 slavenstvo; (集合) 슬라브인

Slovinac (廢語) 남슬라브인 slovinski (形)

slovnī -ā, -ō (形) 참조 slovo

slovo 1. 글자, 문자, 알파벳; veliko (malo) ~ 대(소)문자; latiničko ~ 라틴문자; ćiriličko ~ 치릴문자; ~ima 글자로 slovni (形); ~ znak 문자 기호 2. (複數로) (인쇄) 자체, 활자, 활자체; masna(crna) ~a 볼드체; kurzivna ~a

이탤릭체; *izliti ~a* 활자를 주조하다; *slagati ~a* 조판하다, 식자하다; *štamparska ~a* 인쇄용 활자; *pokretna ~a* 가동 활자 (낱낱으로 독립된 활자) 3. 단어, 어휘 (reč) 4. 연설, 설교 (govor, beseda); *posmrtno ~* 장례 연설; *crkveno ~* 교회 설교 5. 쓰여져있는 것 6. 기타; *zlatnim ~ima (zapisati, zabeležiti)* 지워지지 않게(영원히 기억되게) 기록하다; *mrtvo ~ na papiru* 사문화된 문서 (실행되지 않은, 실현되지 않는); *ni ~a* 한마디도 (~않다); *od ~a do ~a* 문자 그대로 (doslovno, tačno); *punim ~om* 솔직이, 공개적으로; *~ zakona* 문자대로의 법률 해석; *(s)pala knjiga na dva ~a* 어떤 일을 하는 사람이 극소수이다

slovolivac *-vca* 활자 주조업자
slovolivnica 활자 주조소
slovoslagač 식자공 (tipograf) **slovoslagački** (形)
slovoslagačnica 조판실, 식자실
složan *-žna, -žno* (形) 1. 의견이 같은, 의견이 일치하는, 만장일치의; *nema ~žna ... društva* 의견이 일치하는 단체는 없다; *~žna odluka* 합의 결정; *u tome su svi ~žni* 그것에 대해 모두가 의견을 같이 했다; *~žno glasati* 만장일치로 투표하다 2. 조화로운, 화합의, 사이가 좋은 (skladan, harmoničan); *~žna porodica* 우애가 좋은 가족; *~žno raditi* 사이좋게 일하다 3. 동시에 일어나는, 맞춘 (usklađen); *~žni koraci* 발을 맞춘 발걸음
složen *-a, -o* (形) 1. 참조 složiti 2. 복잡한, 복잡하게 얽힌; *~ problem* 복잡한 문제 3. 복합어(문)의; *~a reč* 복합어; *~o vreme* 복합 시제; *~i broj* 제등수(諸等數) (둘 이상의 단위로 표시되는 수); *~a rečenica* 복문(複文)
složenica 복합어
složenost (女) 복잡함, 복잡성
složiti *-im* (完) **slagati** *-žem* (不完) 1. 놓다, 두다, 쌓다, 정렬하다 (한 장소에 여러가지 물건을 일정한 방법 등으로); *~ knjige na policu* 책을 책장에 꽂다; *~ po veličini* 크기에 따라 정렬하다; *~ drva na vatru* 불에 나무를 올려놓다 2. (일정한 형태로) 접다 (천·종이 등을); *~ rublje* 옷을 접다; *~ salvete* 네프킨을 접다; *~ šator* 천막을 접다; *~ košulje* 셔츠를 접다 3. (손을 구부려) ~에 갖다대다; *on mirno stoji složivši ruke na leđima* 그는 팔을 뒷짐지며 조용히 서있다 4. (부품을) 조립하여 하나의 전체를 만들다,

조립하다; *~ celinu iz delova* 부품을 조립하여 하나의 전체를 만들다 5. (인쇄) 식자하다, 조판하다; *~ tekst* 텍스트를 식자하다 6. (소설·시 등을) 쓰다, (음악 작품을) 작곡하다; *~ stihove (muziku)* 시(음악)를 쓰다 7. 정돈하다, 수습하다 (urediti); *valjda mu je pošlo za rukom ~ svoje grbave račune* 자신의 말도 안되는 재정상태를 어찌어찌해서 수습할 수 있었다 8. 조화를 이루게 하다, 하모니를 이루다, ~에 어울리게 하다; *~ boje* 색을 매치시키다; *~ pojedina mišljenja* 갖가지 의견들을 조정하다 9. (의견 등을) 일치시키다, 합의를 이루다 10. 일치단결시키다, 하나로 만들다 (sjediniti, združiti) 11. *~ se* 모이다, 만들어지다 (어떠한 줄·형태·전체를 만들면서) 12. *~ se* 동의하다, 의견을 같이하다, 합의하다; *mi se nismo složili s tim predlogom* 우리는 그 제안에 동의하지 않았다; *slažete li se?* 동의하세요?; *oni su se složili u tome* 그들은 그것에 대해 합의를 이뤘다; *opet su se složili* 다시 한 번 그들은 의견을 같이했다 13. *~ se* 조화를 이루다, 하모니를 이루다, 어울리다; *ove se dve boje vrlo lepo slažu* 이 두 색은 매우 잘 어울린다 14. *~ se* (누구와) 화목하게 살다, 잘 어울려 살다; *ako se oni slože, niko im ništa ne može* 만약 그들이 화목하게 잘 산다면, 아무도 그들에게 어떻게 할 수 없다 15. *~ se* 눕다 (leći); *~*에 기대다 16. 쓰러지다 (pasti, srušiti se) 17. *~ se* 기타; *oni se vrlo lepo slažu* 그들은 매우 잘 어울린다; *~ se kao pas i mačka (kao rogovi u vreći)* 견원지간처럼 으르렁거린다 18. 기타; *~ sa zemljom (na zemlju)* 죽이다, 살해하다; *tup udarac po glavi obori ga i složi sa zemljom* 머리를 둔탁하게 딱 내려쳐 그를 땅에 쓰러트려 죽였다; *~ u kladu* 구속하다, 족쇄를 채우다

složno (副) 조화롭게, 조화하여, 사이좋게; *~ živeti* 사이좋게 살다; *~ raditi* 조화를 이루어 일하다
složnost (女) 조화, 화합 (sloga, sklad)
slučaj *slučaji & slučajevi* 1. 일어난 일, 경우, 건, 사건 (događaj, pojava); *dogodio se nesrećan ~* 불행한 일이 일어났다; *smrtni ~* 사망 사건 (사망의 경우); *medicinski ~* 의료 건; *nekoliko ~jeva velikih boginja* 몇 건의 천연두 발생; *interesantan (prijatan, neprijatan) ~* 흥미로운 (기분좋은, 불쾌한) 사건; *nesrećan ~* 불행한 사건; *to je drugi ~* 그건 다른 경우이다; *u najboljem (najgorem) ~u* 최고로 좋은(나쁜) 경우에; *u*

S

tom ~*u* 그 경우에; *u svakom ~u* 어쨌든, 어떤 경우에라도; *ni u kom ~u* 그 어떤 경우에라도 ~않다; *isti je ~ sa mnom* 나와 같은 경우이다; *u ~u da dođe* 그가 올 경우; *ja ću to poneti sa sobom za svaki ~* 만약을 대비하여 내가 그것을 휴대해 가져 가겠다; *u izuzetnim ~evima* 예외적 경우에; *u najviše ~eva* 대부분의 경우에; *u protivnom ~u* 반대의 경우에 2. (누구에게) 어떤 일이 발생한 사람; *smestiti u bolnicu hitne ~eve* 아주 긴급한 일이 발생한 환자를 병원에 입원시키다 3. (보통 전치사 u, za와 함께) 상황, 처지, 환경 (prilika, situacija, okolnost); *u ~u opasnosti -razbiti prozor* 위험한 상황에서 유리창을 깨시오; *štedi za ~ bolesti* 아픈 경우를 대비해 저축해라 4. 기타; *žalim ~* 그러한 일이 일어나 유감스럽게 생각한다; *igra ~a, ludi (puki, slepi) ~* 예상치 못한 사건; *od ~a do ~a* 각각의 사건마다; *u krajnjem ~u* 최후의 수단으로써; *u ~u da ...* ~하는 경우에

slučajan *-jna, -jno* (形) 우연한, 돌발적인; 의도치 않은, 예기치 못한, 기대하지 않은; *~jna greška* 우연한 실수; *~ gost* 기대치 않은 손님; *sasvim ~jno* 너무나 우연히; *~jno smo se sreli* 우리는 우연히 만났다

slučajno (副) 우연히, 의도치 않게; *ni ~jno* 결코 ~않다 (nikako)

slučajnost (女) 우연(성)

slučiti se *-i se* (完) 일어나다, 발생하다 (dogoditi se, zbiti se, desiti se); *sve se slučilo tako iznenada* 모든 것이 그렇게 갑자기 일어났다(발생했다)

sludovati *-dujem* (完) 미친 짓(멍청한 진)을 하다

sluga (男,女) D. *-zi & -gi*; V. *slugo*; 複 *sluge*, G. *slugu & sluga* 1. (대가를 받고 집안일 혹은 다른 일을 하는) 일꾼, 머슴; *i moj ~ ~u nađe* 자기의 책임을 타인에게 전가하다, 덤터기를 씌우다 2. (詩語) (지배자·통치자에 대한) 식민(植民), 백성 3. (비유적) ~에 헌신적인 사람, ~에 몸을 바치는 사람; *~ naroda* 국민의 종복; *~ cara* 황제의 충실한 신하; *državni ~* 공복(公僕), 공무원 4. (輕蔑) 종, 하인 5. 기타; *ni ~* 천양지차(둘 간의 비교에서 그 차이가 엄청 클 때 그 차이를 강조하고자 하는 말); *slugin ~, svačiji ~* (輕蔑) (자신의 이익을 위해서는 그 누구를 위해서도 일할 준비가 되어있는) 쓸개도 간도 없는 사람 **sluškinja, služavka**

slugan (輕蔑) 1. 참조 sluga; 피고용인, 일꾼

2. 참조 sluga; 종, 하인

slugeranja (男,女) (지대체) sluga

sluh 1. 청력(聽力), 청각; *izgubiti ~* 청력을 잃다; *osetljiv ~* 민감한 청각; *imati ~a za nešto* ~을 깨달을 수 있는 능력이 있다, ~에 대해 귀가 열려 있다 2. (음악적인) 귀; *na ~, po ~u* (악보없이) 듣기만 하고서 3. (廢語) 들음 (slušanje) **slušni** (形)

slupati *-am* (完) 1. 때려 부수다, 산산조각 내다, 산산이 부수다; *~ kola* 차를 때려 부수다; *dohvatio sam sa stola čašu i hteo mu je ~ o glavu* 탁상위의 유리잔을 집어들어 그의 머리를 박살내고 싶었다 2. 날림으로 아무렇게나 만들다, 재빨리 볼품없이 만들다 (sklepati); *~ kuću* 집을 날림으로 짓다 3. (비유적) 깨다, 부수다, 파괴하다 4. 헛되이 낭비하다(소비하다, 탕진하다) (profućkati); *u Beogradu sam deset hiljada slupao* 베오그라드에서 만 (디나르)를 썼다 5. *~ se* (자동차라) 충돌하다, 찌그러지다 6. *~ se* (비유적) 서둘러 (뭔가를) 하다

slušač, slušalac *-aoca,* **slušatelj** 1. 청자(聽者), 청취자, 듣는 사람 2. (전문대학 이상의) 학생 (student); *~ kursa* 강좌 수강생; *~i radija* 라디오 청취자; *dragi ~i* 친애하는 청취자 여러분! **slušačica, slušateljka**

slušalica 1. (전화기의) 수화기; *podići (uzeti) ~u* 수화기를 들다; *spustiti ~u* 수화기를 내려놓다; *tresnuti ~u (~om)* 수화기를 세게 탁 내려놓다 2. (醫) 청진기; *sad ga je doktor, obučen u belo, pregledao ... ~om* 흰 가운을 입은 의사가 청진기로 그를 진찰했다

slušanje (동사파생 명사) slušati

slušaonica (대학 등의) 강의실 (predavaonica)

slušatelj, slušateljka 참조 slušač

slušateljstvo (集合) 청중; (slušaoci, publika)

slušati *-am* (不完) 1. 귀 기울여 듣다, 경청하다; *~ nekoga* 누구의 말을 듣다; *~ radio* 라디오를 듣다; *pažljivo ~* 귀 기울여 듣다 2. (što) (대학에서 강의를) 듣다, 수강하다 3. (koga) 누구의 말을 듣다, ~의 말에 따르다, 복종하다; *~ savet* 충고를 듣다, 충고에 따르다; *~ majku* 어머니의 말에 따르다 4. (비유적) (신체의 일부·물건 등이) 제 기능을 하다; *pero mu je bilo teško kao ćuskija, a ni ruka kao da ga nije slušala* 그의 펜은 마치 쇠지레같이 무거웠으며, 그의 손도 마치 말을 듣지 않는 것처럼 무거웠다

slušče *-eta* (지소체) sluga

sluškinja (대가를 받고 집안 일을 하는) 가정

부, 식모, 하녀 (služavka, kućna pomoćnica)

slušnī *-ā, -ō* (形) 참조 sluh; 청력의, 청각의; ~ *aparat* 보청기; ~ *nerv* 청각 신경; ~ *kanal* 이관(耳管); ~*e koščice* (解) 중이(中耳)기관

slutiti *-im; slućen* (不完) 1. (불길한 일 등을) 느끼다, 예감하다, 직감하다, 알아차리다; *ne sluteći ništa zlo, ...* 그 어떤 불길한 일을 알아채지 못하고 ~; *slutio sam veliku nesreću* 나는 대재앙을 예감했다 2. 본능적으로 알아차리다(느끼다); *slutio sam ... da ga još voliš* 네가 그를 아직도 좋아한다는 것을 느꼈다 3. (보통 na nešto) ~의 징조를 보여주다, 조짐(전조)을 보여주다 (보통은 나쁜 것의) (predskazivati, nagoveštavati što); *oblačići slute na buru* 구름은 폭풍의 전조를 보여준다; ~ *na zlo* 악의 징조를 보이다 4. ~ *se* (숙어로) *sluti mi se* ~ 예감이다, ~의 징조를 느끼다, ~ 감이 있다; *sve mi se nešto sluti ... da ću danas nešto doživeti* 모든 것을 볼 때 오늘 내게 무슨 일이 일어날 것 같은 육감이 있다

slutnja (보통은 한정사 crna, mračna, strašna 등과 같이) 불길한 예감(육감·징조·전조); *crna ~ obuze mladića* 불길한 예감이 젊은 이를 압도한다

sluz (女) (코 등에서 나오는) 점액(질), 가래, 콧물; (식물이 분비하는) 액, 액체, 즙(汁) **sluzni** (形)

sluzast *-a, -o* (形) 점액질(sluz)과 비슷한 (sluzav)

sluzav *-a, -o* (形) 1. 점액의, 점액질의; 점액질로 뒤덮인 2. 점액과 비슷한 (sluzast)

sluziti *-im* (不完) 1. 점액질을 분비하다(배출하다) 2. ~ *se* 점액질로 범벅이 되다

sluznica, sluzokoža (解) (콧속·입안 등의) 점막
sluzotok 점액 분비

služavka (대가를 받고 집안 일을 하는) 가정부, 식모, 하녀 (sluškinja)

službodavac 쟁반 (poslužavnik, pladanj)

služba 1. 근무, 복무; 일, 직업 (보통은 비생산직의); 업무, 임무; *otpustiti iz ~e* 해고하다; *primiti u ~u* 고용하다; *tražiti ~u* 직업을 구하다; *vojna ~* 군복무; *obaveštajna ~* 정보 업무; *državna ~* 국가직 사무 2. 부서, 부처; ~ *propagande, reklamna ~* 홍보 부서, 광고 부서; *portirska ~* (호텔 등의) 안전 부서; *vučna ~* 견인 서비스; ~ *unutrašnjih poslova* 내무안전부서; ~ *bezbednosti* 보안경찰; ~ *nabavke* 조달 부서; ~ *rada sa čitaonima* (도서관의) 대출 부서 3. (軍) 부

대, 대(隊); *sanitetska (intendantska, saobraćajna, veterinarska, hemijska, tehnička) ~* 의무(병참, 수송, 수의, 화학, 병기) 부대; *finansijska (administrativna, pravna) ~* 경리단(부관병과, 법부병과) 4. (宗) (종종 한정사 božji와 함께) 예배, 예배 의식 (bogosluženje); *ići na ~u božju* 예배에 참석하기 위해 가다 5. 기타; *aktivna ~* 현역; *biti (stajati) na ~i kome* 누구의 편의를 위해 봉사하다; *biti u čijoj ~i* 누구에게 봉사하다; *kakva ~, onakva i plata* 직책(직분)에 따른 급료(월급)

služben *-a, -o* (形) 1. 업무(상)의, 직무(상)의, 임무의; ~*i pečat* 직인; ~*a prostorija* 사무공간; ~*o putovanje* 출장; ~*i put* 출장; ~*a tajna* 업무상 비밀 2. 공무의, 나랏일의, 공무상의, 관용의; ~*o lice* 공무수행중인 사람; ~*i list* 관보; ~*i jezik* 공용어; *po ~oj dužnosti* 공무상 의무에 따라; ~*i razgovor* 공적 대화 3. 의무적인 (obavezan); *toga dana održava se ~i trening* 그날 의무적인 훈련이 있다 4. (비유적) (애정·진정성이 묻어나지 않는) 업무적인, 차가운, 딱딱한, 뻣뻣한 (hladan, krut, uzdržan, ukočen); *on je skočio s kreveta i progovorio ~im glasom kao da raportira* 그는 침대에서 벌떡 일어나 마치 보고하듯이 업무적인 딱딱한 목소리로 말했다

službeno (副) 1. 업무상으로, 공무상으로, 업무적으로; ~ *saopštiti* 업무상 알리다; ~ *posetiti* 공무상 방문하다 2. (비유적) (따뜻한 애정없이) 업무적으로, 딱딱하게; ~ *se ponašati* 업무적으로 행동하다

službenik 1. 관리, 공무원, 준공무원; *državni ~* 공무원; *vojni ~* 군무원; *sanitetski ~* 보건 공무원 **službenica** 2. (어떤 주의·운동의) 지지자 3. 참조 sluga

službenost (女) (法) (타인의 재산을 사용·이용할 수 있는) 용익권, 사용권

službodavac *-vca* 고용인

službovati *-bujem* (不完) 근무하다, 복무하다; ~ *u ambasadi* 대사관에서 근무하다; ~ *u inostranstvu* 외국에서 근무하다

službnik (宗) 미사 전서(典書)

služenje (동사파생 명사) služiti

služinčad (女) (集合) služinče

služinče *-eta* (집안일을 하는) 하인, 하녀, 종

služitelj 1. (2차대전때까지 각 관공서에서 육체적 업무를 담당하는 가장 직급이 낮은) 소사, 급사 (poslužitelj, podvodnik) 2. (廢語) 짐꾼 (nosač) 3. (어떤 일에 열심인) 봉헌자,

헌신자, 열심인 사람 (sluga)

služiti *-im* (不完) 1. 하인·종으로 일하다; (급료를 받고) 남의 집안일을 하다; 집사(執事)일을 하다; ~ *po kućama* 집집을 돌아다니면서 (가정부로) 일하다 2. (군복무기간을) 복무하다, 군사 의무를 다하다(수행하다); *zajedso smo odrasli i vojsku služili* 우리는 함께 자라고 군대 생활을 함께 했다; ~ *kaznu* 감옥 생활을 하다; ~ *u pešadiji (u mornaricu)* 보병(해군)에서 군생활하다 3. 근무하다, 복무하다; ~ *u ustanovi* 단체(기관)에서 근무하다; *ona služi kod nas* 그녀는 우리 회사에서 일한다 4. (식당·카페 등에서) 서빙하다, 시중들다; (음식·음료 등을) 내다, 대접하다; *kad je mnogo mušterija ili gostiju bilo ... i sam je služio* 손님들이 많을때에도 그 혼자 서빙했다; *nas služi onaj kelner* 그 웨이터가 우리에게 서빙한다; *šta ćete ~ gostima?* 무엇으로 손님들을 대접하겠어요?; *uz meso ćemo ~ crno vino* 고기와 함께 적포도주로 대접하겠어요; ~ *kafu* 커피를 대접하다; ~ *vino gostima* 손님들에게 포도주를 대접하다 5. 일하다, 일하여 돈을 벌다 6. (čemu) ~을 위해 일하다, 이바지하다, 공헌하다; *on ne služi idealu, robuje novcu* 그는 이상(理想)에 이바지하기 보다는 돈의 노예로 살아가고 있다; *list koji ne služi istini gubio je svoj osnovni razlog postojanja* 진실에 공헌하지 않는 신문은 기본적인 존재 이유를 상실했다; ~ *državi (narodu)* 국가(국민)에 봉사하다 7. (신체 기관, 무기 등이) 본래의 기능을 하다; *sve što bi on hteo reći kad bi ga jezik služio bilo bi...* 그의 혀가 제대로 기능한다면 그가 하고 싶어하는 모든 말은 ~일 것이다 8. (kome, čemu) ~유용하게 사용되다, ~에 도움이 되다; *zima đavolski služi neprijatelju* 혹독한 겨울은 적에게 도움이 된다; *čemu (za šta) služi ova mašina?* 이 기계는 어디에(어떤 용도로) 사용하는 것인가?; ~ *kao izgovor* 변명(핑계)으로 이용하다 9. (宗) 예배의식을 거행하다, 예배를 드리다; ~ *službu božju* 예배를 드리다 10. (無人稱文) 필요하다 (trebati); *pa koliko bi vam služilo novaca?* 얼마나 돈이 필요할 것 같은데? 11. ~ **se** (čim) ~을 이용하다(사용하다); ~ *se naočarima* 안경을 쓰다; ~ *se viljuškom (nožem)* 포크(나이프)를 사용하다; *služim se engleskom* 영어를 구사하다(읽고 독해하는 수준의, 말하거나 작문하는 수준이 아닌); ~ *se nečijim poverenjem* 누구의 믿음을 악용하다 12. ~ **se** (식탁위의 음식·음료

를) 먹다, 마시다; *služi(te) se!* 자, 먹어!, 자, 드세요! (누구에게 음식을 권유하면서) 13. 기타; *služi me zdravlje* 난 건강해, 건강이 좋아; *služi me karta (sreća)* (오늘) 카드가 되는데(돈을 따서), 운이 (오늘) 따르는데; ~ *na čast (diku)* 영광(영예)스럽다; *to može da ti služi na čast* 그것이 너에게 영광스러울 수도 있다; *to ne služi ničemu* 그것은 아무런 가치(쓸모)가 없다; *čime (vas) mogu ~?* 어떻게 내가 당신을 도울 수 있을까요? (형식적인 말)

služnost (女) (法) 지역권(地役權; 남의 토지의 이용 권리)

sljubiti *-im*; *sljubljen* (完) **sljubljivati** *-ljujem* (不完) 연결시키다, 결합시키다 (spojiti, združiti); *ona diže glavu i nađe njegov pogled sljubivši ga sa svojim* 그녀는 고개를 들어 자신의 눈길과 그의 눈길을 마주쳤다 2. ~ **se** 연결되다, 결합되다, 마주하다 3. ~ **se** 서로가 서로에 딱(찰싹) 달라붙다; *oni se stisnu i sljube* 그들은 서로 딱 달라붙었다

smaći, **smaknuti** *smaknem*; *smaknuo & smakao, -kla*; *smaknut* (完) **smicati** *-čem* (不完) 1. (잡아당겨) 떼내다, 없애다, 제거하다; 벗기다; 치우다; ~ *masku* 마스크를 벗다; ~ *maramu s glave* 머리에 쓴 수건을 벗겨내다; ~ *lonac s vatre* 불에서 냄비를 치우다 2. (어떠한 직위에서) 쫓아내다, 해임하다; (권좌에서) 쫓아내다, 축출하다; ~ *nekoga s položaja* 누구를 직위에서 해임하다; ~ *diktatora(gradonačelnika)* 독재자(시장)를 쫓아내다(축출하다) 3. 죽이다, 살해하다 (pogubiti, uništiti); ~ *nekoga* 누구를 죽이다 4. 도둑질하다, 훔치다; *juče mi je na trgu jedna kumica smakla deset dinara* 어제 광장에서 한 시골아낙네가 내 돈 10디나를 도둑질했다 5. (軍) (열·줄을) 좁히다, 간격을 좁히다; ~ *stroj* 대열의 간격을 좁히다 6. ~ **se** 한쪽으로 치워지다, 없어지다, 벗겨지다; *smaklo mi se ćebe* 담요가 떨어졌다; *smakla se marama s glave* 스커프가 머리에서 벗겨졌다 7. ~ **se** (비유적) 다 소비되다, (사용하여)없어지다, 떨어지다 8. ~ **se** 자살하다

smagati *-žem* (不完) 참조 smoći

smahnuti *-nem* (完) 1. 털어내다, 떼어내다, 제거하다, 없애다; *već peti dan je kako naređuje Stojanu da bar malo smahne ono seno sa poda, pa eto stoji sve kao u svinjcu* 벌써 5일째 스토얀에게 바닥에 있는

지푸라기들을 조금이라도 치우라고 명령했지만 아직도 돼지우리처럼 그대로 있다 2. ~ se 미치다, 정신이 돌다

smak (보통은 ~ sveta의 숙어로 사용됨) 끝, 종말, 멸망 (svršetak, kraj; propast); ~ sveta 세상의 종말

smaknuće 처형, 사형(집행) (pogubljenje)

smaknuti *-nem* (完) 참조 smaći

smalaksati *-šem* (完) 기진맥진해하다, 탈진하다, 힘이 다 빠지다, 피곤해하다 (posustati, klonuti); *tako je smalaksao od napora i gubitka krvi* 그는 과로와 출혈로 인해 탈진하였다

smamiti *-im* (完) **smamljivati** *-ljujem* (不完) 1. 유혹하다, 유인하다, 현혹하다, 꾀다 (domamiti, namamiti) 2. 꾀어 사방에서 한 곳으로 집합시키다; *smamim svinje i poteram kući* 돼지들을 유인하여 한 곳에 모아 집으로 몰고 간다 3. 속이다, 기만하다 (zavesti, prevariti); *smamila ih zlatom* 금으로 그들을 속였다 4. 매혹하다, 유혹하다 (očarati); *kad nas pesma smami ...* 시(詩)가 우리를 황홀하게 할 때... 5. ~ se 유혹되다, 현혹되다; *kad se Turci ... smamili oko lepih devojaka...* 터키인들이 미녀들에게 현혹되었을 때 ... 6. 기타; *jadi te smamili!* 평생 비통속에나 살아라(저주·욕설의 하나)

smandrljati *-am* (完) **smandrljavati** *-am* (不完) 1. 아무렇게나 빨리 ~하다, 서둘러 어설프게 ~하다, 표피적으로 ~하다; ~ *zadatak* 맡은 임무를 아무렇게나 설렁설렁 하다; ~ *nameštaj* 가구를 아무렇게나 빨리 만들다 2. 불분명하게 빨리 말하다; ~ *odgovor* 불분명하게 빠르게 대답하다 3. 걸신들린듯 먹다, 허겁지겁 먹다, 게걸스럽게 먹다 (proždreti); ~ *ručak* 허겁지겁 점심을 먹다 4. ~ se ~에서 떨어지다, (계단·급경사 등을) 굴러 떨어지다, 떨어져 굴러가다; ~ *se niz stepenice* 계단에서 굴러 떨어지다; ~ *se s drveta* 나무에서 떨어지다

smanjenje (동사파생 명사) smanjiti; 감소

smanjiti *-im* (完) **smanjivati** *-njujem* (不完) (규모·수량·지속 시간·세기 등을) 줄이다, 감소시키다, 축소시키다, 경감시키다; ~ *kaznu* 형을 경감시키다; ~ *napon struje* 전압을 감압하다; ~ *platu* 월급을 감봉하다; ~ *radno vreme* 근무시간을 줄이다; ~ *budžet* 예산을 줄이다; ~ *bol* 통증을 완화시키다

smanjiv *-a, -o* (形) 줄일 수 있는, 감소(축소·경감)시킬 수 있는; ~*a vrednost* 줄어들 수 있는 가치

smanjivati *-njujem* (不完) 참조 smanjiti

smaragd (鑛) 취옥(翠玉), 에머랄드 **smaragdni** (形)

smatrati *-am* (不完) 1. ~라고 생각하다, 자신의 생각(견해)를 갖다 (misliti); *ja smatram da ste vi u pravu* 나는 당신이 옳다고 생각합니다 2. (koga(što)) čim(za što)) ~라고 간주하다, ~로 여기다; *on me smatra izgubljenom ovcem* 그는 나를 잃어버린 양으로 간주한다; *ja ga smatram za spasobnog stručnjaka* 나는 그를 능력있는 전문가로 생각합니다; *smatrate li vi mene budalom* 날 바보로 생각하나요?; *ja smatram za svoju dužnost (kao svoju dužnost, svojom dužnošću) da vam to kažem* 그것을 당신에게 말하는 것을 내 의무로 생각합니다 3. (nekoga) 보다, 바라보다 (gledati, posmatrati); *on me je samo mirno smatrao* 그는 날 단지 조용히 바라볼 뿐이었다

smazati *-žem* (完) 1. 걸신들린 듯 다 먹어 치우다 (slistiti); *smazao je četiri parčeta bureka* 부렉 네조각을 걸신들린 듯 먹어 치웠다; ~ *večeru* 저녁을 걸신들린 듯 다 먹어 치우다 2. 훔치다, 도둑질하다 (ukrasti) 3. (비유적) 아무렇게나 휘갈겨 쓰다

smeč *-evi* (테니스·배구 등의) 스매싱, 스파이크

smečirati *-am*, **smečovati** *-čujem* (完,不完) (테니스·배구 등의) 스매싱(smeč)하다, 스파이크하다, 공을 강하게 내리치다

smećar 쓰레기 수거인 (đubretar)

smećara 쓰레기통

smeće 1. 쓰레기, 폐기물; *na đubrištu su se često viđali neki ljudi koji pretražuju* ~ 쓰레기 매립장에 쓰레기를 뒤지는 사람들이 자주 보였다 2. (비유적) 쓰레기처럼 아무 쓸모가 없는 사람(사물)

smeđ *-a, -e* (形) (보통 눈·머리카락이) 밤색의, 갈색의; *veliki* ~*i oči* 커다란 갈색눈; ~*a kosa* 갈색 머리

smeđast *-a, -o* (形) 갈색을 띠는, 약간 갈색인

smeh 웃음, 미소; *usiljen* ~ 억지로 웃는 웃음; *nije mu do* ~*a* 그에게는 웃기지 않았다; *udariti u* ~ 웃음을 터트리다; *da padneš (pukneš, umreš, crkneš) od* ~*a* 포복절도하다, 웃겨 죽다; *izvrći (izvrnuti) koga u* ~ 누구를 비웃다(웃음의 대상으로 삼다); *grohotan* ~ (큰소리를 내며 웃는) 호탕한 웃음; *izazvati* ~ 웃음을 야기시키다; ~ *kroz suze* 눈물이 날 정도의 웃음; *reći nešto* *kroz* ~ 웃으면서 말하다; *prasnuti (prsnuti, pući) u* ~ 큰소리로 웃다

smejati se *-em se* (不完) 1. 웃다; *smejao se široko, od srca* 진심으로 크게 웃다; ~ *grohotom* 큰소리로 웃다; ~ *na silu (kroz zube)* 억지로 웃다; *slatko* ~ 만족스럽게 웃다; *ko se poslednij smeje, najslađe se smeje* 마지막 웃는 자가 승자이다; ~ *u sebi* 속으로 웃다; ~ *nekome u brk* 대놓고 웃다; *smeje se kao lud na brašno* 그는 모든 것에 대해 웃는다; *ne smeje mi se* (내게는) 웃기지 않는다, 웃을 기분이 아니다; *lako je tebi* ~ 아무런 어려움과 근심걱정이 없는 사람에게 하는 말; *nemoj da ti se drugi smeju* 남에게 웃기게 보일 행동을 하지 마라 2. ~ *nekome* 비웃다, 조소하다; *smejali se njima momci i devojke* 청년들과 처녀들은 그들을 비웃었다

smejuckati se *-am se* (不完) (지소체) smejati se

smejurija, smejurina (많은 사람들의 오랫동안 지속되는) 크게 웃는 웃음

smekšati *-am* (完) **smekšavati** *-am* (不完) 1. 부드럽게(연하게·무르게) 만들다; *izvadi cigaretu, smekša je među prstima* 담배를 꺼내 그것을 손가락 사이에 끼고 물렁하게 만들었다; ~ *nekome bubrege (rebra)* 누구를 죽도록 패다(때리다); *vreme je smekšalo* 날씨가 따뜻해졌다 2. (태도·분노 등을) 누그러뜨리게 하다, 누그러지게 하다; ~ *nekome srce* 누구의 마음을 누그러뜨리다 3. ~ *se* 부드러워지다, 연해지다 4. ~ *se* 누그러지다; *pogled mu se smekšao* 그의 시선은 따뜻해졌다

smelo (副) 용감하게, 과감하게, 당차게 (odvažno, hrabro); ~ *postupiti* 과감하게 행동하다; ~ *reći* 용감하게 말하다

smelost (女) 1. 용기, 용감, 과감 (hrabrost) 2. 용감한 (영웅적인) 행동; *to što su učinili prava je* ~ 그들이 행한 그것은 용감한 행동 그 자체이다

smena 1. 교체, 대체; ~ *jednog društvenog poretka drugim* 한 사회 질서의 다른 사회 질서로의 대체; ~ *partija na vlasti* 집권당의 교체 2. (근무 시간의) 교대, 교체; 교대조, 대체조 *raditi u dve* ~*e* 2교대로 일하다; *stigla nam je* ~ 교대조가 도착했다; *rad u noćnoj* ~*i* 야간 교대조로서의 일; *rad škole u dve* ~*e* 학교의 2부제 수업; *prva* ~ *ide na more u julu* 제 1그룹이 7월에 바다에 간다; *na* ~*u* 교대로, 번갈아가며; ~ *straže* 보초

교대; ~ *vlasti* 정권교체

smeniti *-im* (完) **smenjivati** *-njujem* (不完) 1. (직위에서) 해임하다, 해고하다; ~ *direktora* 디렉터를 해임하다; ~ *predsednika stanke* 당총재를 해임하다 2. (근무 시간을, 다른 사람을) 교대하다, 교체하다, 대신하다; ~ *nekoga* 누구를 교체하다; ~ *stražu* 보초를 교대하다; *kad se ja umorim, smeniće me Branko* 내가 피곤해지면 브란코를 나를 대신할 것이다; *jesen je smenila leto* 여름 대신 가을이 왔다

smeo *smela, smelo; smeliji* (形) 용감한, 대담한, 과감한 (hrabar, odvažan, srčan)

smeon *-a, -o* (形) 참조 smeo

smer *-ovi* 1. (진행·이동) 방향; (경영·활동) 방향, 방침; (발전) 방향; (사회발전, 문학·학문 등의) 경향, 동향; *u suprotnom (obrnutom, istom)* ~*u* 반대(같은) 방향에서; *jedan* ~ 일방향(교통 표지의); ~ *broda (aviona)* 배(비행기)의 루트; *časopis naprednog* ~*a* 진보적 성향의 잡지 2. 목표, 희망, 의도 (namera, želja, cilj); *kleptomani ne kradu sa* ~*om da uvećaju svoju imovinu, oni to čine nesvesno* 도벽이 있는 사람들은 부자가 되려고 훔치는 것이 아니라 무의식적으로 한다 3. (대학등의) 전공; ~ *za mineralogiju* 광물학 전공; *humanistički* ~ 인문학 전공; *prirodno-matematički* ~ 자연-수학 전공

smeran *-rna, -rno* (形) 주제넘지 않은, 겸손한, 온순한 (nenametljiv, skroman, obziran, krotak); ~*rna devojka* 온순한 처녀; ~*rno držanje* 겸손한 태도

smerati *-am* (不完) 의도하다, 작정하다, ~할 생각이 있다, 계획하다 (nameravati, kaniti, planirati); *smeraju neko zlo* 그들은 그 어떤 나쁜일을 계획하고 있다; *šta smeraš da radiš danas?* 오늘 무엇을 할 계획이냐?; *kuda to smera?* 그것은 어디로 가지?; *ne znam na šta smera* 그가 어떤 생각인지 모른다; *to sam baš smerao* 내가 의도한 것이 바로 그것이다; *tim se smera na mene* 그것은 나를 겨냥한 것이다

smernica (행동·작업·업무 등의) 방향, 방침 (uputstvo, direktiva); ~ *budućeg književnog rada* 향후 문학 활동의 방향

smernost (女) 겸손함, 온순함, 얌전함; *devojačka* ~ 처녀의 얌전함

smesa 1. 합금 (legura) 2. (액체의) 혼합물; (일반적인) 혼합물, 혼성물 (mešavina); ~ *boja* 색의 혼합; ~ *gasova* 가스 혼합물; ~ *ugljendioksida i etra* 이산화탄소와 에테르

의 혼합물

smesiti -im (完) (부들부들하게 하여) 섞다, 혼합하다, 배합하다

smesta (副) 즉시, 즉각 (odmah); ~ *odgovoriti* 즉각 대답하다

smesti *smetem*; *smeo, -ela*; *smeten* (完) 1. (빗자루 등으로) 쓸다, 청소하다, 치우다; 빗자루질하다, 빗자루질하여 깨끗이 치우다; ~ *mrvice sa stola* 테이블에서 (빵)가루등을 쓸어내다 2. 빗자루질하여 한 곳에 모으다; ~ *na gomilu* 빗자루질하여 쌓다

smesti *smetem*; *smeo, -ela*; *smeten* (完) 1. 당황하게 하다, 어리둥절하게 하다; 혼란스럽게 하다 (zbuniti; uznemiriti); ~ *nekoga* 누구를 혼란스럽게 만들다; ~ *nekome glavu* (*pamet*) 누구를 미치게 하다, 정신이 돌게 하다 2. 혼동시키다 3. 방해하다, 저지시키다, 차단시키다 (omesti, sprečiti) 4. ~ **se** 혼동하다, 혼란스러워지다, 헷갈려하다

smestište 창고 (stovarište, skladište)

smestiti -im; *smešten* (完) **smeštati** -am (不完) 1. (어떠한 위치·장소에) 놓다, 두다; (물건을) 창고에 두다, 창고에 저장하다(보관하다); ~ *robu u skladište* 물건을 창고에 보관하다; ~ *u svoj džep* (남의 물건(돈)을) 자기 주머니에 집어넣다 2. ~에 눕혀 놓다 (položiti); *Lazara već smestili u mrtvački sanduk* 라자르를 이미 관에 안치시켰다 3. (호텔 등에) 투숙시키다, 숙박시키다; (병원에) 입원시키다; *naš domaćin je smestio nas u jedan sobičak* 주인은 우리를 조그만 방에 머물게 했다; ~ *nekoga u bolnicu* 누구를 병원에 입원시키다; ~ *nekoga u stan* 누구를 아파트에 거하게 하다; ~ *turiste u hotel* 여행객들을 호텔에 투숙시키다 4. (직위 등에) 앉히다, 임명하다; (일자리를) 찾아주다, 취직시키다; ~ *nekoga u službu* 누구에게 일자리를 찾아주다 5. 누구에게 재산을 물려주다; *ja sam sve na sinove smestio, i kuće, i vinograde* 나는 집도 포도원도 모두 아들들에게 물려주었다 6. ~ **se** 정착하다, 거주하다; (호텔 등에) 투숙하다; ~ *se u hotel* 호텔에 투숙하다; ~ *se u bolnicu* 병원에 입원하다 7. ~ **se** 취직하다, 일자리를 얻다 8. ~ **se** (앉을 때) 편안한 자리에 착석하다, 편안한 자리에 앉다; *kad su se smestili ...* 그들이 착석했을 때...; ~ *se u fotelju* 안락의자에 앉다; ~ *se na sedištu kola* 자동차 자리에 착석하다

smeša 1. 참조 smesa; 합금 2. 혼합물, 혼성물 3. (비유적) 혼란, 혼동, 당황, 어리둥절

(pometnja, zbrka, zabuna, nered)

smešan -šna, -šno; smešniji (形) 1. 웃기는, 웃음을 자아내는, 재미있는; ~ *vic* 재미있는 유머; ~ *klovn* 웃기는 광대; *on je* ~ 그는 웃긴다 2. 웃기는, 말도 안되는, 터무니없는; ~*šna cena* 말도 안되는 가격

smešati -am (完) 1. (기체·액체·결죽한 것들을) 섞다, 혼합하다; *onda smeša vino u vrču* 푸대에서 포도주를 서로 섞다; ~ *vino s vodom* 포도주를 물과 섞다 2. (이것과 저것을 서로) 혼동하다, 헷갈려하다 (pobrkati); *sve mi se smešalo u glavi* 머릿속에서 모든 것이 혼동스러웠다 3. ~ **se** (서로 다른 것이) 섞이다, 혼합되다 4. ~ **se** 섞여 하나로 되다 (sliti se u jedno)

smešiti se -im se (完) **nasmešiti se** (不完) 1. 웃다, 미소짓다 (osmehivati se); ~ *nekome* 누구에게 웃다; *zlobno* ~ 사악하게 웃다; *sreća mu se nasmešila* 행운이 그에게 미소를 지었다 2. (비유적) 호감을 표현하다, 행운의 징표를 보여주다

smeškati se -am se (不完) (지소체) smešiti se

smešljiv -a, -o (形) 1. 웃음이 많은; 명랑한, 유쾌한; ~*a kneginja* 웃음이 많은(명랑한) 공주 2. 웃기는, 조소를 유발하는, 조소적인 (podsmešljiv, podrugljiv)

smešno (副) 우스꽝스럽게

smeštaj 1. 숙박, 숙소; ~ *i ishrana* 숙박과 식사 **smeštajni** (形); ~ *kapacitet* (호텔의) 수용 인원 2. (軍) (민간 가옥에서의) 임시 거주(숙영)

smeštati -am (不完) 참조 smestiti

smešten -a, -o (形) 1. 참조 smestiti 2. 자리 잡고 있는, 투숙한

smet -ovi 1. 바람에 날려 쌓인 커다란 눈더미; *snežni* ~*ovi* 눈더미 2. (일반적으로) 커다란 더미, 다수 (gomila, mnoštvo); *vetar zviždi ... smetove vlažća s puta diže* 바람이 휘이잉 불고 ... 길가의 낙엽더미가 휘날린다 3. 쓰레기 (smeće)

smetanje (동사파생 명사) smetati; ~ *poseda* (사유지의) 무단침입(출입)

smetati -am (不完) 방해하다, 훼방놓다, 신경쓰이게 하다, 당황하게 하다; ~의 장애물(방해물)이다, 저지하다; ~ *nekome* 누구를 방해하다; *to mi smeta* 그것은 내게 방해가 된다; *izvinite što vam smetam* 당신을 방해해서 미안합니다; *ne smeta!* 방해가 되지 않아; *ne možemo tim putem, smeta onaj ordon* 우리가 그 길로 갈 수는 없다, 그 낙석들이 방해가 된다

smeten *-a, -o* (形) 1. 참조 smesti 2. 당황한, 어리둥절한, 혼동스런, 혼란스런 (zbunjen, spleten, nesiguran); *Nenad se ... osećao ~im i izgubljenim kraj Marije* 네나드는 마리야 옆에서 혼란스럽고 제정신이 아닌 것처럼 느꼈다

smetenica 참조 smetenik

smetenjak, smetenik, smetenjaković 정신이 산만한 사람, 주의가 산만한 사람, 덜렁덜렁한 사람

smeti *smem; smeo, -ela; smejući; smevši* (不完) 1. ~할 용기가 있다, 감히 ~하다, ~할 엄두를 내다; *ko sme da uđe?* 누가 들어갈 용기가 있는가?; *ja ne smem* 나는 감히 할 수 없다; *~ brzo voziti* 빨리 운전할 수 있다; *~ skočiti u vodu* 물속으로 다이빙할 자신이 있다 2. ~에게 허용되다; (공손한 의문문에서) ~해도 될까요?; *smem li da uđem?* 들어가도 되겠어요?; *smem li da zapalim?* 담배를 피워도 되겠어요?; *večeras smem da izađem* 오늘 저녁에 외출할 수 있다 3. (보통은 부정형으로) ~할 권리가 있다; *ne smete se mešati u njihov život* 그들의 생활에 간섭해서는 안됩니다; *ne smem to da zaboravim* 그것을 잊어서는 안된다; *on nije smeo to da kaže* 그는 그것을 말해서는 안되었다 4. (無人稱文만) ~ **se** 허용되다, 용인되다; *ovde se ne sme pušiti* 이곳에서 흡연금지; *to se ne sme* 그것은 허용되지 않았다;

smetište 쓰레기장, 쓰레기 매립장 (đubrište)

smetnuti *-nem* (完) **smetati** *-ćem* (不完) 1. 떼다, 떼어내다, 치우다, 없애다, 제거하다 (skinuti, ukloniti, odbaciti); *nije oka smetnuo s nje* 그는 그녀에게서 눈길을 떼지 않았다; *čim počne kmet lagati, mi njega smetnemo pa biramo drugog* 거짓말을 시작하는 순간 우리는 그를 버리고 다른 사람을 선발한다 2. 놓다, 두다 (staviti, smestiti) 3. ~ **se** *(s čega)* 더 이상 ~에 종사하지 않다, ~에 종사하는 것을 멈추다, ~일을 하지 않다; *učitelj smetnuo se s molitve, ogleda se oko sebe* 선생님은 기도를 더 이상 하지 않고 자기 주변을 살펴 보았다 4. 기타; *~ s uma* 잊어버리다, 망각하다; *~ trag* 흔적을 놓치다; *~ pameću* 미치다, 정신이 돌다

smetnja 1. 방해(물), 장애(물); 어려움, 곤란 (prepreka, zapreka; teškoća); *praviti nekome ~e* 누구를 방해하다; *biti nekome na ~i* 누구에게 장애물이 되다 2. (보통 複數로) (라디오의) 잡음; *~e na radiju* 라디오의 잡음 3. 당혹감, 당황함, 어리둥절함

smežuran *-rna, -rno* (形) 1. 참조 smežurati 2. 주름진, 주름잡힌; *~rna koža* 주름진 피부

smežurati *-am* (完) **smežuravati** *-am* (不完) 1. 주름을 잡다, 주름지게 하다 (naborati); *godine su joj smežurale lice* 나이가 그녀의 얼굴에 주름이 생기게 했다 2. ~ **se** 주름이 생기다 (병환·노령으로 인해); *smežuralo joj se lice* 그녀의 얼굴은 주름졌다; *mahnu smežuranom rukom* 주름진 손을 흔들다

smicalica 속임수, 트릭, 술책, 교활한 행동 (lukavština, podvala, trik, mahinacija); *s nekoliko veštih smicalica smestio je tuđe pare u svoj džep* 타인의 돈을 몇몇 속임수를 동원하여 횡령했다; *napraviti ~u kome* 누구를 속이다

smicati *-čem* (不完) 참조 smaći

smileti (se) *-im (se)* (完) 기어 내려오다(가다); *zmija se smili s konja* 뱀은 말에서 기어 내려왔다; *smileli mravi s drveta* 개미들이 나무에서 기어내려왔다

smiliti se *-im se* (完) 1. ~ *nekome* 소중해지다, 사랑스러워지다, 마음에 들다 (postati mio, omiliti); *koliko mu se smilila devojka* 그는 그녀가 무척 마음에 들었다 2. 연민을 느끼다, 자비심을 가지다 (smilovati se)

smilovati se *-lujem se* (完) ~ *nekome (na nekoga)* ~에게 동정심(자비심)을 가지다, 연민하다, 불쌍히 여기다 (sažaliti se); *smilujte se meni* 날 불쌍히 여겨주세요; *da se bog smiluje* (口語) 신의 가호가 있기를 (굉장히 나빠 더 이상 나빠질 수 없음을 강조할 때 사용함)

smilje 1. (植) 드라이플라워, 건조화(乾燥花) ((밀짚국화 등)); *~ i bosilje (~ i kovilje) (prema nekome, nečuemu)* 소악(小惡), 해악같지도 않은 해악(대악(大惡))에 비교하여 사용됨) 2. (植) 엉거시과(科)에 속하는 한 속(屬)의 각종 한해 살이 풀 3. (비유적) 사랑스럽고 소중한 사람

smion *-a, -o* (形) 참조 smeon

smiraj (男) 일몰, 해넘이; *u ~ sunca* 일몰에

smirak *-rka* 평화, 전쟁이 없는 상태

smirak *-rka* (鑛) 금강사(金剛沙: 연마제) (korund)

smiren *-a, -o* (形) 1. 참조 smiriti 2. 침착한, 차분한; 고요한, 평화로운, 조용한

smirenje (동사과생 명사) smiriti; *sredstvo za ~* 진정제, 신경 안정제

smiriti *-im* (完) **smirivati** *-rujem* (不完) 1. (분노·열광 등을) 진정시키다, 가라앉히다, 평온하게 하다, 차분하게 하다; *mati je htela da* *ga smiri* 엄마는 그를 진정시키려고 했다; ~ *decu* 아이들을 조용히 시키다 2. 유화하다; ~ *narod* 백성들을 유화하다; ~ *pobunjenike* 반란군을 유화하다 3. 싸움(분쟁·충돌)을 그만두게 하다, 분쟁 당사자간에 평화를 정착시키다(화평하게 하다); ~ *zavađene porodice* 사이가 나쁜 가족들을 화해시키다; *beskrajnu svađu da smirim* 끝없는 다툼을 중재하다 4. (세기·통증·감정 등을) 완화시키다, 경감시키다, 누그러뜨리다; ~ *bol* 통증을 완화시키다; ~ *mržnju* 증오심을 누그러뜨리다 5. (갈증·배고픔 등을) 가라앉게 하다; ~ *duhove* 영혼의 갈증을 누그러뜨리다 6. (어떠한 일·임무·시험 등을) 마치다, 끝내다; ~ *letinu* 수확을 마치다; *kad smirite letinu i dođete do navaca, vratićete mi* 수확을 마치고 돈을 만지면 저한테 (빚을) 갚으세요 7. (소·가축 등을) 먹이다 8. (빚을) 갚다, 변제하다 9. (비유적) 먹고 마시다 10. (비유적) 죽이다, 살해하다 (ubiti); *smirili su ga iz mitraljeza* 자동소총으로 그를 죽였다 11. ~ *se* 고요해지다, 평온해지다; (소음, 소란 등이) 줄어들다, 경감되다; (당혹감·분노 등이) 진정되다, 차분해지다, 가라앉다; *lice mu se razvedri i smiri* 그의 얼굴은 펴지면서 차분해졌다 12. ~ *se* (다툼·싸움·불화 후에) 화평해지다, 조용해지다; *sve se ponovo sleglo i smirilo* 모든 것이 다시 제자리를 찾고 평혼해졌다 13. ~ *se* (통증·감정 등이) 완화되다, 누그러지다 14. ~ *se* 죽다 (umreti); *smirala se posle duge bolesti* 지병으로 죽었다 15. ~ *se* (한 곳에) 정착하다; *dosta si lutao po svetu, smiri se već jednom* 온 세상을 충분히 떠돌아다녔으니 이제 한 곳에 정착해 살아라 16. (해가) 지다, 떨어지다 (zaći, zapasti); *eto već i sune hoće da se smiri* 벌써 태양이 질려고 한다

smirivanje 1. (동사파생 명사) smirivati; 안정; *politika* ~*a* 유화정책 2. (태양의) 일몰; *kad bude sunce na* ~*u, izvedi ga ... pa ga malo umij* 해가 떨어질때쯤 해서 그를 데리고 가서 얼굴을 씻겨라

smirna 몰약(沒藥) (향기로운 수지(樹脂);향료·약제용) (izmirna)

smisao *smisla* (男) 1. 의미, 뜻, 의의; *u pravom* ~ *reči* 어휘 본래의 의미에서; *u širem* ~*slu* 광의의 의미에서; *nema* ~*sla* 의미가 없다; *u* ~*slu čega* ~에 따라, ~의 관점에서 봐서는; *u* ~*slu člana 5 ...* 5조의 의미에 따라; *nisam razumeo* ~*sla svih njezinih reči* 나는 그녀의 모든 말 뜻을 이해하지 못

했다 2. (za što) ~을 이해하는 능력, ~을 할 능력, ~하는 경향(성향), 재주, 재능, 능력; ~ *za humor* 유머 감각; *on ima* ~*sla za slikarstvo* 그는 그림에 재주가 있다; *imati* ~*sla za nešto* ~에 대한 재주(좋아하는 경향)이 있다

smisaon -*a*, -*o* (形) 의미를 갖는, 의미를 지닌; 의미의

smislen -*a*, -*o* (形) 1. 의미있는, 이성적인, 합리적인 (razuman); ~ *postupak* 이성적 행동 2. 심사숙고한, 신중하게 생각한; *umereniji i* ~*niji ljudi* 온건하고 신중한 사람들

smisliti -*im*; *smišljen* (完) **smišljati** -*am* (不完) 1. (결정하기 전에) 심사숙고하다, 신중하게 생각하다; *smisli dobro, pa onda reci* 심사숙고한 후 말해라; *ne mogu da ga smislim* (口語) 그에 대해 생각조차 하기도 싫다(역겨워 견디기 힘든 것을 강조할 때) 2. 이해하다, 깨닫다, 의미를 깨닫다; *najposlije smisli da nije kriv on već ona* 그의 잘못이 아니라 그녀의 잘못이라는 것을 마지막에 깨달았다 3. (있지도 않는 것을) 생각해내다, 지어내다 (izmisliti)

smišljen -*a*, -*o* (形) 1. 참조 smisliti 2. 많은 의미를 가진(지닌), 이성적인, 합리적인 (razborit, razuman); *dobro* ~ *plan* 잘 짜진 계획, 세심히 계획된 계획; ~ *odgovor* 심사숙고한 대답; ~ *postupak* 용의주도하게 계획된 행동

smjel 참조 smeo

smlatiti -*im*; *smlaćen* (完) **smlaćivati** -*ćujem* (不完) 1. (세게 때려, 흔들어) 쓰러뜨리다, 넘어지게 하다, 떨어지게 하다; ~ *voće* 과일을 흔들어 따다 2. 실컷 때리다, 죽도록 구타하다 (premlatiti, istrebijati); ~ *nekoga* 누구를 흠뻑 때리다 3. (전쟁·전투에서) 전멸시키다, 몰살시키다, 완전히 패퇴시키다; ~ *neprijatelja* 적을 전멸시키다 4. 기력이 쇠하게 하다, 탈진케 하다, 탈진하게 하다; *smlaćen od bolesti* 병으로 기력이 쇠해진 5. 엉터리로 빨리 ~하다; ~ *domaći zadatak* 숙제를 빨리 엉터리로 하다; ~ *referat* 보고서를 엉터리로 빨리 쓰다

smlaviti -*im* (完) 1. (강한 충격·충돌로) 으깨다, 바수다, 찌그러뜨리다; 죽이다, 생명을 빼앗다; *kola su ga smlavila* 그는 자동차에 치여 죽었다 2. 패퇴시키다, 멸망시키다 (potući, poraziti, uništiti); ~ *neprijatelja* 적을 물리치다 3. (정신적·육체적으로) 소진시키다, 지치게 만들다, 기진맥진하게 하다, 탈진시키다; *smlavio ga je rat* 전쟁이 그를 지치게

만들었다 4. (음식을) 게걸스럽게 먹다, 허겁지겁 먹다; (많은 양의 음식을) 다 먹어 치우다

smočan *-čna, -čno* (形) (음식이) 맛있는, 맛있게 조리된 (ukusan)

smočiti *-im* (完) 1. 축축하게(촉촉하게) 하다, 젖게 하다, 축이다 (pokvasiti, skvasiti) 2. ~ se 축축해지다, 젖다; *sav sam se smočio na kiši* 나는 비에 완전히 젖었다

smočnica (양념(smok)과 다른 식품을 넣어 두는) 주방 창고, 식료품 저장실, 팬트리 (špajz)

smoći *smognem*; *smogao, smogla* (完) **smagati** *-žem* (不完) 1. (뭔가를) 할 수 있다, 실현(실행)할 수 있다; *uzalud se nadaju oni da će ~ da kupe kravice* 그들은 송아지들을 살 수는 있을 것이라고 헛된 꿈을 꾼다 2. (힘·용기 등을 자기 자신에게서) 발견하다, 찾다, 모으다; *ali je ipak smogla još toliko snage da prošapće prvom partizanu* 그녀는 힘을 모아 바로 옆의 파르티잔에게 속삭였다 3. ~에 이르다, 다다르다, 얻다, 획득하다 (pribaviti, nabaviti); ~ *novac* 돈을 얻다; *ako smognem sredstva za put, ...* 만약 여행경비를 마련한다면... 4. 제압하다, 이기다; *ko će ga ~?* 누가 그를 제압할 수 있는가? 5. 충분하다, 충분히 있다; *on neće ~ vremena za to* 그는 그것에 충분한 시간이 없을 것이다 6. ~ se 힘을 모으다, 강해지다

smog 스모그

smok *-ovi* 1. 양념 (začin); *luk crni i beli, rajčica i zelena paprika služe kao ~ glavnoj hrani* 양파와 마늘, 토마토와 녹색 파프리카는 주식(主食)에 양념으로 들어간다 2. 빵에 발라 먹는(놓아 먹는) 음식 (소시지·베이컨·카이막·치즈 등의); 수저로 먹는 음식 (삶아 끓인 음식) (varivo); *beli ~* 우유 및 유제품

smoking (男) 턱시도 (남성 야간 예복)

smokov *-a, -o* (形) 참조 smokva; ~ *list* 무화과 잎; ~*a grana* 무화과 가지

smokovača 1. 무화과 나무 2. 무화과술, 무화과 라키야

smokovina 무화과 목재

smokriti se *-im se* (完) 1. 축축해지다, 젖다 2. 비를 맞아 흠뻑 젖다

smokva (植) 무화과; 그 열매 **smokov, smokvin** (形); ~ *list* 무화과잎

smokvik 무화과밭, 무화과 과수원 (smokvar)

smola 1. 수지(樹脂), 송진; *veštačke ~e* 합성수지; *crna ~* 피치 (원유·콜타르 등을 증류

시킨 뒤 남는 검은 찌꺼기) 2. 눈꼽 (특히 환자의 눈에 끼는) (krmelj) 3. (비유적) 곤란, 곤경, 어려움, 실패 (nevolja, nesreća, neuspeh); *imati ~u* 어려움을 겪다, 실패하다

smolar 송진(수지) 채집자

smolast *-a, -o* (形) 1. 수지(smola) 비슷한, 송진과 같이 끈적끈적한 2. (나무의) 수지를 함유하고 있는 (smolav)

smolav *-a, -o* (形) 1. (나무의) 수지(smola) 성분이 있는, 수지를 함유하고 있는, 수지를 분출하는; ~*o drvo* 수지를 가지고 있는 나무 2. (땀·더러운 기름기로) 끈적끈적한, 뒤덤벅된; ~*a ruka* 기름기 많은 손

smoliti *-im* (不完) *osmoliti* (完) 1. 수지(smola) 칠 하다, 수지로 바르다 2. (비유적) 징징거리다, 어린양 부리듯 울다 (sliniti, cmizdriti)

smolnat *-a, -o,* **smolovit** *-a, -o* (形) 1. 수지(smola)성분을 함유한, 수지를 분출하는 (smolav) 2. (수지같이) 끈적끈적한

smolja (男) 미지근한 사람, 우유부단한 사람; 나약한 사람, 허약한 사람; 우둔한 사람, 바보

smorac *-rca* 해풍(海風), 바다에서 불어오는 바람

smoriti *-im* (完) 1. 피곤하게 하다 (zamoriti) 2. 죽이다, 살해하다 (umoriti, ubiti) 3. ~ se 피곤해지다, 피곤을 느끼다

smotak *-tka*; *smoci* 1. (실패 등에 감겨 있는) 실 (konac, pređa) 2. 둘둘 말아놓은 것, 둘둘 말린 것, 감아놓은 것, 두루마리 (smotuljak, zamotuljak); ~ *pređe* 실뭉치 3. (담배의) 보루 (paketić, paklo)

smotati *-am* (完) **smotavati** *-am* (不完) 1. (실패에) 둘둘 말다, 감다; 둥글게 말다; ~ *vunu (konac)* 울(실)을 둘둘 말다; ~ *kosu u punđu* 머리를 쪽져 말아 올리다; ~ *diplomu* 증명서를 둘둘 말다 2. 접다, 접어 포개다, 개키다; ~ *čaršav* 모포를 접어 개다; ~ *džemper* 스웨터를 접다 3. 접어 (뭔가를) 만들다 4. 강하게(강력하게) 끌어 당기다; *smotala ga mašina i zdrobila* 기계가 그것을 빨아들여 가루로 만들었다 5. (병을) 이겨내다, 극복하다 (savladati) 6. (口語) 훔치다 (ukrasti); ~ *novac* 돈을 훔치다 7. (u što) ~ 에 쑤셔 집어넣다, ~에 놓다 (strpati); ~ *pismo u džep* 편지를 호주머니에 쑤셔 넣다 7. 속이다, 기만하다 (obmanuti, prevariti); ~ *devojku* 여자친구를 속이다 8. (누구를) 유순하게 하다, 복종적으로 만들다 9. (輕蔑) (음식을 입에) 처넣다, 게걸스럽게 먹다; ~

večeru 저녁을 (며칠 굶은 듯 입에) 처넣다
10. ~ se 웅크려 눕다, 쪼그려 눕다; ~ *se od bola* 통증으로 인해 웅크려 눕다 11. ~ se (u glavi) 혼동하다, 혼란스러워지다, 헷갈리다 (pobrkati se, zbrkati se); *sve se to smotalo u mojoj glavi, sve mi se smotalo u glavi* 내 머리속에서 모든 것이 혼란스러워졌다 12. ~ se 당황하다 (zbuniti se); ~ *se na ispitu* 시험에서 당황하다; ~ *se pred devojkom* 여자앞에서 당황하다 13. ~ se 굴러 떨어지다, 떨어져 구르다 (skotrljati se) 14. ~ se 사라지다, 없어지다 (nestati)

smotra 1. (군의 전투태세를 검사하는) 검열, 사열, 시찰; 열병, 행진; ~ *Sedme divizije* 7 사단의 열병; *izvržiti ~u počasne straže* 의 장대를 사열하다 2. (행사·업적·문화 행사 등의) 점검, 검사; *Prvi maj se slavi kao dan ~e uspeha radničke klase* 노동절은 노동자 계급의 성공을 되돌아보는 날로 경축한다

smotren *-a, -o* (形) 신중한, 조심스러운, 주의 깊은 (brižljiv, obazriv, oprezan); ~ *čovek* 신중한 사람; ~ *postupak* 신중한 행동

smotrenost (女) 신중(함), 조심(성)

smotriti *-im* (完) 알아차리다, 인지하다, 감지하다; ~을 보다 (opaziti, primetiti, spaziti); *smotrili su ga izdaleka* 그들은 멀리서 그 사람을 알아보았다

smotuljak 둘둘 말린 것, 둥그렇게 말아논 것, 두루마리 (smotak); ~ *hartija* 종이 두루마리

smožditi *-im* (完) 1. 산산조각내다, 깨다, 박살내다, 가루로 만들다, 분쇄하다 (smrskati, zdrobiti); ~ *kosti* 뼈를 박살내다 2. 멸망시키다, 파멸시키다, 절멸시키다, 분쇄하다 (uništiti, satrti); ~ *neprijatelja* 적을 박살내다 3. 죽이다, 살해하다, 목숨을 빼앗다 (ubiti) 4. 곤경에 빠뜨리다, 절망적 상태에 빠뜨리다; (정신적으로) 극도로 기진맥진하게 하다, 탈진시키다; *smoždio ga je život* 그는 삶에 지쳤다; *bolest ga je smoždila* 병이 그를 지치게 만들었다; *vi ste me smoždili* 당신이 나를 절망상태에 빠뜨렸어요 5. ~ se 깨지다, 부서지다 (강한 충격·충돌의 결과)

smračiti *-im* (完) **smračivati** *-čujem* (不完) 1. 어둡게 하다 (zamračiti); ~ *sobu* 방을 어둡게 하다 2. (비유적) 불유쾌하게 하다, 불만족스럽게 하다; ~ *lice* 얼굴을 어둡게 하다, 얼굴을 찡그리다; ~ *čelo* 이마를 찡그리다 3. ~ se 어두워지다, 어둠이 내리다(깔리다); *napolju se već smračilo* 밖은 이미 어둠이 깔렸다; *soba se smračila* 방이 어두워졌다 4. ~ se (태양·별이) 빛을 잃다; (눈의) 광채

가 사라지다, 광채를 잃다 5. ~ se (얼굴이) 구겨지다, 찡그려지다; 기분이 나빠지다, 불쾌해지다 6. ~ se (無人稱文) (머리·눈 등이) 깜깜해지다, 새하여지다, 기절하다, 핑 돌다 (판단능력을 상실하여); *kad to videh, smrači mi se u glavi* 그것을 봤을 때 나는 머리가 새까만해지는 것을 느꼈다

smrad 1. 악취 (zadah, vonj) 2. (輕蔑) (보면) 토할 것 같은 사람, 역겨운 사람, 혐오스런 사람

smradan *-dna, -dno* (形) 악취가 나는, 악취를 풍기는 (smrdljiv)

smraditi *-im* (完) 악취를 풍기다, 오염시키다; ~ *atmosferu* 공기를 오염시키다

smradljiv *-a, -o* (形) 악취가 나는, 악취를 풍기는, 악취로 가득한

smrč *-evi* 참조 smreka; 노간주나무

smrča (植) 가문비나무

smrčak *-čka; smrčkovi & smrčci* (植) (식용의) 곰보버섯

smrčak (鳥類) 노간주나무(smrč)에서 사는 새, 솔잣새

smrčevina 노간주나무의 목재

smrći, smrknuti *smrknem; smrkao, smrkla & smrknuo* (完) **smrkavati** *smrkava* (不完) 1. (얼굴을) 찡그리다, 찌푸리다; (이마에) 주름을 잡다 2. (無人稱文) 어두워지다, 컴컴해지다; *dok jednom ne smrkne, drugom ne svane* 다른 사람의 불행이 나의 행복이다 3. ~ se (無人稱文) 어두워지다, 컴컴해지다, 밤이 되다; 어둠으로 뒤덮히다; *već se bilo smrklo kad su se vratili* 그들이 돌아왔을 때는 이미 어두었다 4. ~ se (얼굴이) 찡그러지다, 찌푸려지다, 어두워지다; (기분이) 우울해지다 (namrgoditi se, namrštiti se) 5. ~ se 자제력을 잃다 (흥분·분노 등으로); *smrklo mi se pred očima* 나는 자제력을 잃었다 6. ~ se 숨을 거두다, 죽다

smrdeti *-im* (不完) 1. 악취가 나다, 악취를 풍기다; *on smrdi na znoj (na beli luk)* 그에게서 땀(마늘) 냄새가 난다; *smrdi mu iz usta* 그는 입냄새가 난다 2. (비유적) 마음에 들지 않다 (ne sviđati se); *vole da se zaboravljaju, a rad im smrdi* 그들은 잘 잊어버리며 그들이 한 일이 마음에 들지 않는다 3. (보통 전치사 na, po와 함께) ~의 전조를 보이다, 징조를 보이다, 낌새를 보이다 (slutiti, ukazivati); ~ *na izdaju* 배신의 낌새를 보이다; ~ *na rat* 전쟁의 징조를 보이다 4. (쓸데없이, 이유없이) ~에 머무르다, 있다; *dokle ćeš da smrdiš tu, gubi se!* 언제까지

1187

여기 있을꺼야, 꺼져!

smrdež (男,女) 1. 악취 2. 악취를 내는 것

smrdibaba 참조 smrdivrana

smrdibuba 1. 악취를 풍기는 벌레, 노린잿과 (科)의 곤충 2. (輕蔑) 사악한 사람

smrdivrana 1. (鳥類) 롤러카나리아 2. (輕蔑) 나쁜 놈, 사람같지도 않은 사람

smrdljika (植) 테레빈 나무; 마가목

smrdljikovina (植) 마가목

smrdljiv -a, -o (形) 1. 악취나는, 악취를 풍기는; ~ sir 고약한 냄새가 나는 치즈 2. (비유적) 메스꺼운, 역겨운, 구역질 나는 (odvratan, gnusan, nedostojan); to su ~a posla 그것들은 고약한 일들이다 3. (동식물 명칭의 한 부분으로); ~a pepeljuga (植) 명아주; ~a kopriva (植) 털향유 (꿀풀과)

smrdljivac -vca 1. 악취를 풍기는 사람; (비유적) 구역질 나는 사람, 사악한 사람 **smrdljivica, smrdljivka** 2. (動) 스컹크

smrduša (植) 쓴 박하

smreč 참조 smreka

smreka (植) 노간주나무 (borovica, venja, kleka) **smrekin, smrekov** (形)

smrekinja 노간주나무 열매 (borovica)

smrekov -a, -o (形) 참조 smreka

smrekovača 1. 노간주나무로 된 몽둥이(막대기) 2. 노간주나무 열매로 빚은 술(라키야) (klekovača, borovica)

smrekovina 노간주나무; 노간주나무 목재

smrekulja 노간주나무 숲

smrkavati se -a se (不完) 참조 smrći se

smrknuće 황혼, 땅거미, 어둑어둑해짐 (sumrak, suton)

smrknut -a, -o (形) (얼굴을) 찌푸린, 찡그린 (기분이) 좋지 않은, 기분 나쁜 (namršten, namrgoden); ~ čovek 얼굴을 찌푸린 사람; ~ pogled 험악한 시선

smrknuto (副) 험악하게, 험상궂게, 기분 나쁘게, 심술궂게; ~ pogledati 험악하게 바라보다; ~ izgledati 험상궂게 보이다

smrknuti se -nem se (完) 참조 smrći se

smrmljati -am (完) 중얼거리다, 웅얼거리다, 중얼거리듯(웅얼거리듯) 말하다

smrsiti -im (完) 1. (실·노끈 등을) 꼬다, 엮다; 얽히게 하다, 꼬이게 하다 (zamrsiti, zaplesti) 2. 불분명하게 말하다, 알아듣지 못하게 빨리 말하다 3. 기타; ~ konce nekome 누구에게 해악을 끼치다

smrskati -am (完) 1. 산산조각내다, 깨다, 박살내다, 깨부수다; ~ kost 뼈를 산산조각내다; ~ nekome glavu 누구를 박살내다; auto je potpuno smrskan 자동차는 완전히 구겨졌다(박살났다) 2. ~ se 완전히 산산조각나다, 산산조각으로 깨지다, 완전히 박살나다

smršati -am, **smršaviti** -im (完) 살이 빠지다, 체중이 빠지다 (omršaviti)

smrt (女) 1. 죽음, 사망; prirodna ~ 자연사; umreti prirodnom ~ću 자연사하다; nasilna ~ 변사(變死), 횡사(橫死); junačka ~ 영웅적 죽음; preka (nagla) ~ 급사(急死); ~ od starosti 노령으로 인한 사망; laka ~ 안락사; osuditi na ~ 사형을 선고하다; ~ davljenjim 익사 2. (비유적) 종말, 붕괴 (propast); ~ sindikalnog pokreta 노동운동의 종말 3. (비유적) (의지와는 반대로 뭔가를 해야할 때, 봐야할 때, 들어야 할 때의) 대단한 불쾌감; ~ mi je da ga sretnem 그를 만나야한 다는 것이 내게는 대단히 불쾌한 일이다; lenjivcu je ~ da radi 게으름뱅이에게 일을 해야 한다는 것은 죽는 것보다 싫은 것이다; ~ mi je da idem kod šefa 상사에게 가는 것이 죽기보다 싫다 4. 기타; biti (ležati) na ~ 죽다; biti na ~ bolestan 중병을 앓다; bled (hladan, mršav) kao ~ 매우 창백한(추운, 마른); uvrediti se do ~i 심한 모욕감을 느끼다; gledati ~i u oči 생명의 직접적 위협에 처하다; građanska ~ 모든 시민권의 박탈; između života i ~i 생사의 갈림길에서; boriti se na život i ~ 생사를 걸고 마지막 순간까지 싸우다; na ivici (pragu) ~i 커다란 생명의 위협에서; naći ~ 죽다; pitanje života i ~i 생사의 문제; poslati nekoga po ~ 매우 느린 사람을 일컬을 때 사용함; klinička ~ (醫) 임상사(臨床死); patološka ~ (醫) 질병사; rane od ~i 치명상; tačan kao ~ 매우 정확한; razboleti se na ~ 불치병을 앓다

smrtan -tna, -tno (形) 1. (한정형) 죽음의, 사망의; ~tni slučaj 사망 (사건); ~tni čas 사망 시간; ~tna opasnost 매우 위험한 2. (비유적) 극도의, 극심한(견디기 어려운), 매우 위험한; ~tna uvreda 극심한 모욕; ~ strah 극단적 공포심(두려움); ~ neprijatelj 매우 위험한 적 3. 언젠가는 죽어야만 하는, 영원히 살 수 없는; svi smo ~tni 우리 모두는 언젠가 죽어야만 하는 존재이다 4. 치명적인, 죽음을 불러오는(야기하는) 5. 기타; vezati ~tnim čvorom 끝까지(죽을 때 까지) 연결하다; ispiti ~tnu čašu 죽다; nije mu došla ~tna 그는 아직 죽을 때가 아니다; ~tna kazna 사형; ~tni greh (宗) 죽어야만 하는 죄

smrtnik (언젠가는 죽어야만 하는) 인간, 사람

smrtno (副) 1. 죽도록, 치명적으로; ~ ranjen 치명적으로 부상당한; ~ pogođen 치명적으로 총상을 입은; ~ bolestan 죽도록 아픈 2. 시체처럼 (poput mrtvaca); ~ bled 죽은 사람처럼 창백한 3. (비유적) 극도로, 극한적으로, 최대로 (silno, jako, u najvećoj meri); ~ uplašen 극도로 겁먹은; ~ zaljubljen 처절하게 사랑에 빠진; ~ smo umorno 죽을것 같이 피곤하다; ~ uvrediti 최대한 모욕하다

smrtnost (女) 사망률, 치사율 (mortalitet); dečja ~ 유아 사망률; stopa ~i 치사율

smrtonosan -sna, -sno (形) 1. 치명적인, 죽음을 초래하는; ~sna rana 치명상; ~ otrov 치명적인 독; ~sna bolest 불치병 2. (비유적) 매우 위험한, 파멸의 결과를 초래하는; ~sna situacija 매우 위험한 상황

smrtovnica 1. 부고 (누구의 죽음을 알리는) 2. 사망 확인서

smrviti -im (完) 1. (큰 압력이나 타격을 가해) 가루로 만들다, 가루로 부수다 (zdrobiti); vodenički kamen … smrvi zrno kukuruza 물방앗간의 맷돌이 옥수수알을 가루로 부순다 2. (머리·뼈 등을) 박살내다, 깨뜨리다, 부수다 (slomiti, razbiti); kosti ću ~ njemu 그를 박살낼 것이다 3. 완전히 패퇴시키다, 전멸시키다; (비유적) 기진맥진하게 하다, 탈진시키다

smrzao -zli (女) 강추위, 엄동설한 (smrzavica); došao po ovoj ~zli 이 강추위에 (강추위를 무릅쓰고) 왔다

smrzavanje 1. (동사파생 명사) smrzavati 2. 동결, 빙점(氷點)이하로의 온도의 하강; duboko ~ 꽁꽁 얾; tačka ~a 빙점(氷點) 3. (銀行) (출금) 정지, 동결, 인출 동결; (가격 등의) 동결

smrzavati -am (不完) 참조 smrznuti

smrzavica 강추위, 엄동설한

smrzlica 강추위; 얼어붙은 표면, 동결된 표면

smrzlutak -tka; -uci 언 흙 덩어리

smrznut -a, -o 1. 참조 smrznuti 2. 차가운, 냉정한; ~a žena 차가운 여자 3. 언, 냉동된, 동결된; ~o meso 냉동육; ~o voće 냉동 과일; ~a zemlja 동토(凍土); ~e ruke 동상걸린 손

smrznuti -nem; smrzao, -zla & smrznuo (完) smrzavati -am (不完) 1. 얼다, 얼리다, 냉동시키다, 동결시키다; ~ meso 고기를 냉동시키다 2. ~ se 얼다; 차가워지다; (몸이) 굳다, 뻣뻣해지다; 추위에 떨다; noge su mi se smrzle 나는 발이 꽁꽁 얼었다; smrzli smo

se u toj hladnoj sobi 그 차가운 방에서 우리는 추위에 떨었다; što si se smrzla, trči kući! 왜 이렇게 뻣뻣하게 있어, 집으로 뛰어와 3. ~ se (비유적) 무정해지다, 냉정해지다; 구두쇠가 되다 4. ~ se (예금 등이) 동결되다

smrzotina (손·발·귀 등의) 동상

smucati se -am se (不完) 1. (일없이, 목적없이) 이리저리 돌아다니다, 배회하다, 방랑하다 (skitati) 2. (이유없이) 자주 들르다, 머물다; ~ po sobi 방에 머물다, 방을 왔다갔다 하다 3. (일정한 거주지없이) 정처없이 떠돌다 (skitati se); ~ po svetu 세상을 정처없이 떠돌아다니다

smučanje (동사파생 명사) smučati se; 스키타기 (skijanje)

smučar 스키(smučke)를 타는 사람, 스키선수 (skijaš) smučarka; smučarski (形); ~a skakaonica 스키점프장; ~o takmičenje 스키 점프(경기); ~e jedinice (軍) 스키부대

smučarstvo 스키(하기, 타기)

smučati se -am se (不完) 스키를 타다 (skijati se)

smučiti se -im se (完) smučavati se -am se (不完) 1. (無人稱文) (역겨움의 주어와 함께) 역겨움(메스꺼움·구역질)을 느끼다, 역겨워하다, 구역질이 나다, 토할 것 같다; svaki put kad bi otvorio jutarnje novine, smučilo bi mu se od mirisa vlažne hartije 매번 조간신문을 펼 때 마다 그는 신문지 냄새 때문에 메스꺼운 것 같았다 2. ~ nekome 역겨워지다, 지겨워지다; sve mi se smučilo 나는 모든 것이 지겨워졌다; hoću da ostavim fudbal, smučilo mi se 축구를 포기하고 싶다, (축구가) 이제 지겨워졌다

smučke smučaka & smučki (女,複) 스키 (skija)

smućen -a, -o (形) 1. 참조 smutiti 2. 당황한, 어리둥절한, 혼란스런 (zbunjen, smeten); po danu je umoran i ~ od nesanice 불면으로 인해 그는 낮에 피곤하고 몽롱했다; udariti u ~e vetrove 헛소리를 하기 시작하다

smućkati -am (完) 1. (액체 등을) 휘저어 뒤섞다, 뒤섞이게 하다; (여러 종류의 물건들을) 뒤죽박죽이 되게 하다 2. (비유적) 빨리 아무렇게나 만들다, 엉터리로 조잡하게 서둘러 만들다 3. ~ se 섞이다, 뒤섞이다 (smešati se) 4. 기타; smućkaj pa proli (prospi) 아무 쓸모도 없다(엉터리로 만들어져)

smud 1. 쉽게 불에 탈 수 있는 재료, 가연성

재료 2. 타는 냄새

smuditi *-im* (不完) **osmuditi** (完) 1. (표면·털 등을) 태우다, 그슬리다 (prljiti) 2. (비유적) 빼앗다, 강탈하다 (globiti, guliti) 3. 기타; *sad se u nas druga vatra smudi* 지금은 다른 규칙과 법률이 적용된다 (이전의 규칙과 법률이 아닌)

smudut (魚類) 참조 lubin; 바닷물고기의 일종

smuđ *-a*; *-evi* (魚類) 농어류의 민물고기

smuđevina 농어(smuđ)고기

smuk *-ovi* 1. (독이 없는) 뱀의 일종 2. 기타; *piti kao ~* (口語) 만취하다, 술을 많이 마시다; *pijan kao ~* 만취한

smuk (스키) 하강 (spust)

smuknuti *-nem* (完) 1. (혁띠·주머니에서 칼을) 재빨리 꺼내다 2. 급히 가다, 뛰어 사라지다

smuljati *-am* (完) 1. (포도·올리브 등을) 으깨 (액체를) 짜내다 (izmuljati, izgnječiti); *~ grožđe* 포도즙을 짜다; *~ jagode* 딸기즙을 짜내다 2. *~ se* 으깨지다

smunđati *-am* (完) 1. 불분명하게(불확실하게) 뭔가를 말하다, 얼버무려 말하다 2. 훔치다 (ukrasti, smotati, zdipiti)

smušen *-a*, *-o* (形) 1. 참조 smušiti se 2. 당황한, 혼동스런, 뒤죽박죽인; 다른 데 정신이 팔린, 건성인; (생각이) 혼동스런, 불분명한

smušenjak (생각·정신이) 혼란스런 사람

smušiti se *-im se* (完) 혼란스러워지다, 혼동스러워지다, 뒤섞이다

smutiti *-im* (完) 1. (물을) 흐리다, 혼탁하게 하다, 흐리게 하다; *~ vodu* 물을 흐리다; *~ jezero* 호수를 혼탁하게 만들다 2. (허용되지 않은 것, 의심스런 그 어떤 것을) 비밀리에 하다 3. 혼란스럽게 하다; 교란시키다, 어지럽히다; 불화(말다툼, 오해, 의심)를 야기시키다; *~ narod* 민중들에게 의심을 불러일으키다, 민중들을 교란시키다; *ko prvi smuti na sastanku?* 누가 맨 먼저 회의에서 분위기를 흐리는가?; *njenja lepota mu smuti razum* 그녀의 미모가 그의 이성을 마비시킨다 3. 당황하게 하다; 두려움(공포심)을 야기하다; *nesrećna vest ga uveliko smuti razum* 좋지 않은 소식이 그를 아주 많이 당황시킨다 4. *~ se* 흐려지다, 혼탁해지다, 불분명해지다 5. *~ se* (無人稱文) (눈앞이) 흐려지다 6. *~ se* 혼란스러워지다, 혼동스러워지다; *sve mi se smutilo u glavi* 모든 것이 혼란스러워졌다

smutljiv *-a*, *-o* (形) 혼탁하게 하는, 흐리게 하는

smutljivac *-vca* 문제를 일으키는 사람, (분위기를) 혼탁하게 하는 사람

smutnja 1. 음모 (spletka, intriga); *praviti ~e* 음모를 꾸미다 2. 오해, 불화, 불신 (nesporazum, razdor); *kamen ~e* 다툼거리, 불화거리; *unesoše ~u u narod* 불화거리를 국민들 사이에 가져왔다 3. 당황, 당혹, 어리둥절함 (zbunjenost, smetenost) 4. 혼란, 혼동; 봉기 (nered, metež, pometnja; buna, ustanak); *ružne su se stvari događale u vremenu ~i i ratova* 추한 일들이 전쟁과 혼란의 시기에 발생했다(일어났다)

snabdeti *-em* & *-im*; *snabdeven* (完) **snabdevati** *-am* (不完) 1. (누구에게 필요한 뭔가를) 공급하다, 제공하다, 보급하다, 조달하다 (opskrbiti, obezbediti, pribaviti); *~ namirnicama* 식료품들을 공급하다; *~ novcem* 돈을 조달하다; *~ trupe municijom* 군대에 탄환을 보급하다; *~ trgovinu robom* 시장에 물건을 공급하다; *~ grad vodom* 도시에 물을 공급하다 2. *~ se* 공급되다, 제공되다, 보급되다, 조달되다; *~ se drvima (hranom)* 땔감(양식)을 준비하다; *avion se snabdeo gorivom* 비행기는 연료를 공급받았다

snabdevač 공급자, 보급자, 조달자; 공급 회사, 조달 회사

snabdevanje (동사파생 명사) snabdevanje; 공급, 보급, 조달; *~ vodom* 물 공급

snabdevati *-am* (不完) 참조 snabdeti

snabdeven *-a*, *-o* (形) 1. 참조 snabdeti 2. 공급받은, 조달받은; *dobro ~a radnja* (물건이) 잘 갖춰진 가게

snaći *snađem* (完) **snalaziti** *-im* (不完) 1. (불운·불행·나쁜 일 등이) 일어나다, 발생하다; *može nas svašta ~, pa i ono najgore* 우리에게 별별 일이 다 일어날 수 있으며, 따라서 최악의 일도 발생날 수 있다; *snašla ju je nesreća* 그녀에게 나쁜 일이 일어났다; *šta ih je snašlo?* 그들에게 무슨 일이 일어났는가?; *snašla ga smrt* 그는 죽었다 2. (기분 등으로) 휩싸이게 하다, 휘감다 (obuzeti) 3. *~ se* (새로운 환경 등에) 적응하다; *on nikako nije mogao da se snađe u novim prilikama* 그는 새로운 환경에 결코 적응할 수 없었다; *kako ste se snašli na poslu?* 직장에 어떻게 적응했나요?; *~ se u novoj sredini* 새로운 환경에 적응하다; *snađi se (sam)* (스스로) 알맞은 방법을 찾아라!; *dobro se snašao* 그는 잘 적응했다

snaga 1. (육체적·정신적인) 힘, 력(力); *~ čoveka* 사람의 힘; *fizička ~* 물리적 힘, 육

체적 힘; ~ *ruku* 팔 힘; ~ *mišice* 팔뚝 힘; *uraditi svom ~om* 최선을 다하다; ~ *duha* 정신력; ~ *volje* 의지력; *kreativna* ~ 창의력; *moralna (duhovna)* ~ 정신력 2. 강도(强度), 세기 (silina, intenzitet); ~ *vetra* 바람의 세기; *kupovna* ~ *novca* 화폐 구매력; *proizvodne* ~*e* 생산력 3. (法) 효력; *zakonska* ~ 법적 효력; *zakon je stupio na* ~*u* 법률이 효력을 발휘하기 시작했다; *zakon je još na* ~*zi* 법이 아직 유효하다; *izgubiti* ~*u* (법률이) 효력을 잃다; *staviti što van* ~*e* 무효로하다, 효력을 상실시키다 4. (사람을 움직이게 하는) 힘; *vodeća* ~ 지도력; *pokretačka* ~ 원동력, 추동력 5. (보통 複數로) (한 그룹의) 세(勢), 세력; *konzervativne* ~*e* 보수 세력; *radna* ~ 노동력; *revolucionarne* ~*e* 혁명 세력; *političke* ~*e* 정치 세력 6. 군(軍), 부대 (vojska); *oružane* ~ 군, 무장 세력 7. (物) 작업률, 공률; 출력, 세기; *konjska* ~ 마력(馬力 ~ *motora* 모터의 출력 8. 기타; *biti u punoj* ~*zi* 절정기에; *naići na mušku* ~*u* 강한 저항에 부딛치다; *opasati se* ~*om* 강해지다; *stati na* ~*u* 강해지다, 성장하다; *izdala me snaga* 나는 힘에 부친다, 기진맥진했다; *iz sve snage (svom snagom)* 최선을 다해
snaha (D. *snasi & snahi*) 1. 아들(손자)의 아내; 며느리, 손자 며느리 2. 형제의 아내; 형수(兄嫂), 제수(弟嫂), 올케 **snahin** (形)
snaja 참조 snaha
snajka 참조 snaja
snajper, snajperist(a) 저격수
snalaziti –*im* (不完) 참조 snaći
snalažljiv –*a*, –*o* (形) 쉽게 적응하는, 적응력이 뛰어난, 수완이 좋은, 임기응변이 뛰어난 (spretan, okretan, dovitljiv)
snalažljivost (女) 수완, 임기응변, 적응력
snast (女) 범장(帆裝), 배의 장구 (oprema broda)
snaša 1. (애칭) snaha 2. 젊은 유부녀
snatriti –*im* (不完) 곰곰이(골똘히) 생각하다; 공상하다, 망상하다 (maštati, sanjariti)
snažan –*žna*, –*žno* (形) 1. (신체적으로) 힘있는, 강건한, 강한; (육체적으로) 잘 발달된; ~ *čovek* 힘있는 사람, 강건한 사람; ~*žne grudi* 잘 발달된 가슴 2. 강력한; 출력이 높은(센); (세기·강도가) 높은, 강한, 강력한; ~ *udarac* 강력한 타격; ~ *otpor* 강력한 저항; ~ *motor* 출력이 높은 모터; ~ *vetar* 강력한 바람; ~*žne osećanje* 강한 느낌; ~ *miris* 강한 냄새 3. 인상적인 강력한 (upečatljiv); ~

dokaz 강력한 증거
snažiti –*im* (不完) 1. 강하게 하다, 힘차게 하다, 원기를 돋우다 (jačati, krepiti) 2. ~ *se* 강해지다, 힘을 얻다
snažnost (女) 강함, 강력함
snebiti se *snebijem se* (完) **snebivati se** –*am se* (不完) 1. 당황하다, 어리둥절해하다 (zbuniti se, smesti se) 2. (不完만) 수줍어하다, 주저하다, 망설이다 (ustručavati se, stiditi se); *on se snebiva da govori s njom* 그는 그녀와 이야기하는 것을 수줍어한다
snebivanje (동사파생 명사) snebivati se; 주저함, 망설임
snebivljiv –*a*, –*o* (形) 우유부단한, 주저하는, 망설이는, 수줍어하는, 부끄러워하는
snebivljivost (女) 우유부단함, 주저함, 망설임; 수줍음, 부끄러움
sneg *snegovi & snezi* 1. 눈(雪); *pada* ~ 눈이 온다; *pahuljica* ~*a* 눈송이; *beo kao* ~ 순백의, 눈처럼 하얀; *grudva* ~*a* 눈뭉치; *šetali smo po* ~*u* 눈을 맞으며 산책했다; *čovek od* ~*a* 눈사람; *večni* ~ 만년설; *mariti za koga kao za lanjski* ~ 누구에 대해 전혀 신경쓰지 않다; ~ *na ražnju* 헛된 일을 하다
snežni (形); ~ *plug* 눈 치는 넉가래; ~*žna pahuljica* 눈송이 2. 살색 (백인의 입장에서) (belina) 3. 흰머리, 새치 4. (계란의) 흰자위
snegobran (소규모의 눈사태를 막는) 방설책(柵), 방설 울타리
snegovit –*a*, –*o* (날씨가) 눈이 내리는
snegopadan –*dna*, –*dno* (形) 1. 눈이 내리는 (snegovit, snežan) 2. 눈이 많이 내리는, 눈 덮인; ~*dna zima* 눈이 많이 내리는 겨울; ~*dno selo* 눈덮인 마을
snek-bar, snek-bife –*ea* (男) 스낵바(샌드위치와 같은 간단한 식사거리를 파는 곳)
snen –*a*, –*o* (形) 1. 졸린, 졸리운, 졸리운 듯한 (sanan, sanjiv, dremovan, dremljiv); ~ *čovek* 졸린 사람. 잠을 야기하는, 졸립게 하는 (uspavljiv); ~*a pesma* 졸리는 노래 3. (잠자는 것처럼) 조용한, 평온한
sneno (副) 잠자는 듯이, 졸리듯이 (pospano, dremljivo, sanjivo); ~ *govoriti* 졸리듯이 말하다
sneruke, s neruke (副) 부적절하게, 부적합하게, 좋지 않게 (nepovoljno, nezgodno, neudobno); *otada nešto i ružno sanjam i sve mi ide nekako* ~ 그때부터 나는 악몽을 꾸며 모든 것이 왠지 잘못되어 갔다
sneško (男) (보통 숙어 **sneško belić**로) 눈사람; *napraviti sneška belića* 눈사람을 만들

다

snet (女) 녹병 (곡물의 질병중의 하나) (glavnica, gara)

sneti *snesem*; *sneo*, *-ela*; snet & snesen (完) **snositi** *-im*; *snošen* (不完) 1. (높은 곳에서 낮은 곳으로) 가지고 가다, 가지고 내려가다, 데리고 내려가다; *snesi onaj stari divan s tavana* 다락방에서 헌 소파를 가지고 내려가라; ~ *drva s planine* 산에서 나무를 가지고 내려오다; ~ *stvari u podrum* 지하실로 물건을 가지고 내려가다 2. 한 곳에 쌓다; ~ *na gomilu* 무더기로 쌓다 3. (닭·새 등이) 알을 낳다; *znao je veći koliko su jaja snele kokoši* 암탉들이 알을 얼마나 낳는지 그는 벌써 알고 있었다 4. (不完만) (책임·비용 등을) 떠맡다, 감당하다, 감내하다, 책임지다; ~ *odgovrnost (krivicu)* 책임지다 (비판을 감당하다); ~ *troškove* 비용을 부담하다

snevati *-am* (不完) **sniti** *-im* (完) 1. 꿈꾸다 (sanjati) 2. 공상하다, 망상하다 (sanjariti, maštati)

sneveseliti *-im* 1. (누구를) 슬프게 하다 (rastužiti) 2. 슬퍼지다 (rastužiti se)

snežan *-žna*, *-žno* (形) 1. 눈(sneg)의; 눈덮인, 눈으로 덮인; 눈이 많은; 눈이 내리는 (snegovit); *~žni nanosi* 눈더미, 눈 퇴적층; *~žna planina* 눈으로 덮인 산; *~žni oblak* 눈을 머금은 구름 2. (비유적) 흰, 하얀 (beo); *~žni grudi* 하얀 가슴; *~žno lice* 흰 얼굴; *~žna ruža* 하얀 장미

Snežana (동화속의) 백설공주

snežanica 눈이 녹은 물

snežanik 반동설(半凍雪), 딱딱하게 굳은 누구도 밟지 않은 눈

snežiti *-i* (不完) 1. (눈이) 내리다, 오다 2. (비유적) 눈처럼 하얗게 하다

snežnī *-ā*, *-ō* (形) 참조 sneg

snežnica 눈녹은 물

snimač 참조 snimatelj

snimak *-mka* 1. 필름; *rendgenski* ~ X레이 사진; *fotografski* ~ 사진 필름 2. 복사 (kopija) 3. (음성 등의) 녹음(한 것); *magnetofonski* ~ 테이프로 녹음한 것

snimalac *-aoca* 참조 snimatelj

snimanje (동사파생 명사) snimati

snimatelj (영화 등의) 촬영기사, 카메라맨, 녹음기사

snimiti *-im*; snimljen (完) **snimati** *-am* (不完) 1. 떼어내다, 벗기다; 위에서 밑으로 내리다; ~ *odelo* 옷을 벗기다; ~ *stvari s tavana* 다락방에서 물건들을 내리다 2. (사진·영화 등

을) 촬영하다, 찍다; ~ *portret* 초상화를 촬영하다(찍다); ~ *pozorišnu predstavu* 연극 공연을 촬영하다; ~ *TV emisiju* tv방송을 촬영하다 3. (음성을) 녹음하다; ~ *koncert* 콘서트를 녹음하다 4. (비유적) (현장등을) 확인하다; ~ *stanje na terenu* 현장 상황을 확인하다 5. ~ se 내려오다, 벗겨지다 (sići, skinuti se); *on se snimi sa konja* 그는 말에서 내려왔다

snimka 참조 snimak

snimljen *-a*, *-o* (形) 1. 참조 snimiti 2. 촬영된; ~ *iz aviona* 항공촬영된

snishodljiv *-a*, *-o* (形) (일부러) 친절한 듯 하는, 사람좋은 척 하는, 너그러운 척 하는, 관대한 척 하는, 생색내는 듯한 (velikodušan, popustljiv, uslužan)

snishodljivost (女) 관대한 척 하는 태도, 너그러운 듯 하는 태도, 친절한 듯 하는 태도, 생색내는 듯한 태도

sniti *snim*; *snio* (完) 1. 꿈꾸다, 꿈을 꾸다 (sanjati) 2. 자다, 잠자다 (spavati) 3. (비유적) 죽은듯 누워있다(눕다)

snivati *-am*(不完) 참조 snevati; 꿈꾸다

snizak *-ska*, *-sko*; *sniži* (形) 낮은

snizati *-žem* (完) (염주·묵주·목걸이 등의 꿰인 구슬(niz, niska) 등을) 실에서 뽑다; ~ *biser s ogrlice* 목걸이에서 진주를 빼내다; ~ *duvan s konca* 담배줄에서 담뱃잎을 빼다 2. ~ se (염주 등의) 흩뿌려지다 (rasuti se)

snizlica (音樂) 내림표(♭)

sniziti *-im*; snižen (完) **snizivati** *-am*, snižavati *-am* (不完) 1. (뭔가를) 내리다, 낮추다; ~ *cene* 가격을 내리다; ~ *sliku* 그림을 내려 걸다 2. 감소시키다 (smanjiti); ~ *glas* 목소리를 낮추다 3. (비유적) 무시하다, 경시하다 (omalovažiti, poniziti)

sniže (前置詞, +G) 밑으로, 밑에 까지; *od kuka pa ~ kolena visi mu ... nož* 그의 허리에서 무릎 밑까지 검이 달려있다

snižen *-a*, *-o* (形) 참조 sniziti; *~e cene* 할인가

sniženje (동사파생 명사) sniziti; ~ *cena* 가격할인

snob *-ovi* 속물, 유행을 쫓는 사람 (pomodar)
snobovski (形)

snobizam *-zma* 속물근성

snop *-ovi* 1. (수확한 곡물·가는 나무 등의) 단, 다발, 묶음; ~ *sena* 건초 묶음; ~ *pšenice* 밀 다발; *vezati u* ~ 다발로 묶다 2. (빛·광산 등의) 줄기, 광선; ~ *zrakova* 빛줄기

snopić (지소체) snop

snoplje (集合) snop; *vojnici padadju kao* ~ 병
사들이 무더기로 쓰러진다(떼죽음을 당한다)

snos 1. 충적토, 충적층 (nanos) 2. 창고
(skladište, stovarište)

snosan *-sna, -sno* (形) 견딜 만한, 참을 수
있는

snositi *-im* (不完) 1. 참조 sneti 2. 견디다, 참
다, 인내하다, 감당하다, 당하다; ~
odgovornost 책임지다; ~ *troškove* 비용을
부담하다

snošaj 1. 성관계, 성교; *prekinuti* ~ 질외사정
하다 2. (廢語) 상호관계

snošen *-a, -o* (形) 참조 snositi

snošenje (동사파생 명사) snositi; ~
odgovornosti (troškova) 책임(비용)감당

snošljiv *-a, -o* (形) 감당할 수 있는, 인내할
수 있는, 견딜 수 있는 (podnošljiv)

snova (副) 다시, 또다시 (izvona, nanovo,
opet, ponovo)

snovač 1. (방적할 수 있도록) 날실을 거는 사
람 2. (비유적) 설립자, 창시자, 발기인
(pokretač, osnivač)

snovača, snovaljka (방직기의) 날실감개, 날실
빔

snovati *snujem* (不完) 1. (방적할 수 있도록)
날실을 걸다; *ona bi vunu sama prala,
grebenala ... prela ... pa snovala i od toga
tkala krasne ćilime* 그녀는 혼자 울을 씻어
빗질하고 ... 갓고 그후 날실을 걸어 아름다
운 벽걸이 양탄자를 짜고 싶었다 2. (비유적)
(계획·음모 등을) 계획하다, ~을 준비하다;
čovek snuje, a Bog određuje 사람이 계획을
세우나 그것을 결정하는 것은 신이다 3. ~의
주춧돌을 놓다, 설립하다 4. 꿈꾸다 (snivati,
sanjati)

snoviđenje 꿈, 꿈을 꾸는 것

snubiti *-im* (不完) 1. 설득하다, 부추키다
(nagovarati, podsticati) 2. ~을 얻으려고 노
력하다 3. 청혼하다 (prositi devojku)

snubok 청혼자

snužditi *-im* (完) 1. (누구를) 슬프게 하다, 우
울하게 만들다, 풀죽게 하다 2. ~ se 풀죽다,
슬퍼지다, 우울해지다, 낙담하다

so, sol *soli* (女) 1. 소금; *kuhinjska* ~ 부엌용
소금; *morska* ~ 바닷소금; *mineralna* ~ 무
기염(無機鹽), 미네날 소금 2. (비유적) (보통
hleb과 함께) *hleb i so* 빵과 소금 (방문객에
대한 환영의 표시로) 3. (비유적) 지혜 (지혜
의 상징) 4. 기타; *imati soli u glavi* 현명하
다, 지혜롭다; *staviti kome soli na rep* (卑俗
語) 헛수고 하다(할 수 없는 것을 하려고 애

쓰면서); *so soli (nečega)* ~의 핵심은, ~에
서 가장 중요한 것은

soare *-ea* (男), soareja (女) 파티(특히 어떤
사람의 집에서 밤에 격식을 갖추어서 하는
것)

sob *-ovi* (動) 순록 sobovlji (形)

soba 방, 실(室); *radna* ~ 작업실; *spavaća* ~
침실; *nameštena* ~ 가구가 갖춰진 방; ~ *za
izdavanja* 임대용 방; ~ *sa zasebnim
ulazom* 별도의 출입구를 가진 방;
rezervisati (spremiti, počistiti) ~u 방을 (예
약하다, 준비하다, 청소하다) sobni (形); ~*a
haljina* 실내복(여성이 집안에서 입는 길고
헐렁한 옷); ~ *vazduh* 퀴퀴한 공기, 탁한 공
기

sobar 참조 sobarica

sobarica (가정집·호텔의) 하녀, 가정부, 룸 메
이드; *noćna* ~ 야간 담당 룸 메이드

sobica (지소체) soba

sobičak (지소체) soba

sobom 참조 sebe; sebe의 조격(I.)

soboslikar 가옥 도장업자(塗裝業者), 페인트공
(工) (moler)

sobovlji *-ā, -ē* (形) 참조 sob

soc (보통은 터키식 커피의) 가라앉은 것, 침전
물, 앙금, 찌꺼기; 퇴적물; *gledati u* ~ (커피
잔의 찌꺼기가 흐른 모양으로) 점을 치다

socijalan *-lna, -lno* (形) 사회의, 사회적인;
~*lno osiguranje* 사회보험; ~*lni radnik* 사회
복지사; ~*lna higijena* 사회위생, 성위생;
~*lne nauke* 사회학; ~*lna pomoć* 공공복지;
~*lna politika* 사회정책; ~*lna revolucija* 사
회혁명

socijaldemokrat(a) 사회민주주의자

socijalist(a) 사회주의자 socijalistkinja;
socijalistički (形); ~*e zemlje* 사회주의 국가;
~ *režim* 사회주의 정권

socijalizacija 사회화(化)

socijalizam *-zma* 사회주의

socijalizirati *-am*, socijalizovati *-zujem* (完,不
完) 사회화하다

socijalnost (女) 사회성

sociolog 사회학자

sociologija 사회학

sociološkī *-ā, -ō* (形) 사회학자의, 사회학의

sociopat(a) (男) 사이코패스

sočan *-čna, -čno* (形) 1. 즙(sok)이 많은;
~*čna jabuka* 즙이 많은 사과 2. 가득한, 풍
부한 (jedar, pun); ~*čne usne* 두툼한 입술
3. (비유적) 생생한 (slikovit, živopisan);
~*čno pričanje* 생생한 이야기; ~ *jezik* 생생

한 언어 4. (욕·농담등이) 걸쭉한, 진한 (nepristojan, opscen); ~čna psovka 걸쭉한 욕; ~ vic 진한 농담 5. 소리가 큰, 강력한 (zvučan, snažan); ~ šamar 철썩 소리가 날 만큼 센 따귀

sočiti -im (不完) 즙(sok)이 가득하게 하다, 즙 이 많게 하다; sunce soči plodove 열매들은 햇볕을 받아 즙이 많아진다

sočiti -im (不完) ~에게 색시감을 찾아주다, ~ 의 색시감을 찾다

sočivica (植) 렌즈콩, 편두 (sočivo, leđa)

sočivo 1. (植) 렌즈콩, 편두 2. (눈에 착용하는) 렌즈; ~ u oku 눈에 착용한 렌즈; konkavno (konveksno) ~ 오목 (볼록) 렌즈; bikonkavno (bikonveksno) ~ 양면 오목 렌즈(양면 볼록 렌즈); rasipno (sabirno) ~ 발산 (수렴) 렌즈; kontaktna ~a 콘텍트 렌즈 3. (解) (안구의) 수정체

sočnost (女) 다즙(多汁)

soda 1. (鑛) 소다; 나트륨; bikarbona ~ 중탄산나트륨, 베이킹 소다, 중조; kaustična (kamena) ~ 수산화나트륨, 가성 소다; kristalna ~ 탄산나트륨 2. 소다수(水) (soda-voda)

sodom 멸망, 파멸 (propast)

sodoma 성적 난잡, 난교(亂交) (blud, razvrat)

sodomija 수간(獸姦)

sofa 1. 소파; sedeti na ~i 소파에 앉다 2. 회교사원 앞의 약간 높여진 곳 (절을 하는) 3. (밭·정원 등의) 두둑, 밭이랑 (leja)

sofist(a) 1. (고대 그리스의) 소피스트 2. 궤변가

sofistika 궤변술 **sofistički** (形)

sofizam -zma 고대 그리스의 궤변학파 철학

sofra -i & -ara 둥근 앉은뱅이 테이블

soft 즙(汁), 주스 (saft)

softa (男) 이슬람 신학 대학생

softan -a, -o (形) 즙(soft)이 많은, 물기가 많은

softver (컴퓨터의) 소프트웨어; aplikacioni (sistemski) ~ 응용(시스템) 소프트웨어

soha (받침대로 사용되는) 두갈래로 갈라진 막대기; 기둥; 교수대 (vešala); 쇠스랑 (vile); 배를 받쳐 놓는 막대 (brodska dizalica)

soj soja; sojevi 1. 혈통, 가계(家系), 종족, 부족 (rod, pleme) 2. (동식물의) 품종 (rasa, pasmina); ~ svinja 돼지 품종 3. 사회 계층, 층(層); gospodski ~ 상류계층 4. 종류, 부류 (vrsta, klasa); kritičari najboljeg ~a 최고의 비평가들; ljudi učenog ~a 식자층 사람들 5. (비유적) 특성, 특징, 성격 (osobina,

karakter); čovek tvoga ~a i osećaja neće sve to podneti 너와 같은 성격과 감성을 가진 사람들은 이 모든 것을 견뎌낼 수 없을 것이다

soja (植) 콩 sojin (形); ~o brašno 콩가루

sojenica 말뚝위에 세워진 집 (물위의, 늪지의), 수상가옥

sojević 오래된 귀족가문 출신의 사람, 귀족 (kolenović)

sojka (鳥類) 어치(까마귓과의 새) (kreja)

sok soka; sokovi 1. (과일·채소 등의) 즙(汁), 주스; 액(液); voćni ~ 과일즙, 과일 주스; ~ od paradajza (od pomorandže) 토마토(오렌지) 주스; ~ od mesa 육즙; stomačni (želudačni) ~ 위액; bez ~a 맛이 없는, 풍미가 없는, 재미가 없는 2. (비유적) ~의 가장 좋은 것

sokačara 1. 풍문(소문)을 퍼뜨리고 다니는 여자 (거리 거리마다 다니면서 소문을 퍼뜨리는); 거리를 떠돌아다니는 여자 2. 창녀 (uličarka)

sokače -eta **sokačić** (지소체) sokak; 골목

sokak 1. 작고 좁은 길, 골목 2. (輕蔑) 지저분하고 좁은 길 **sokački** (形)

sokna (보통 複數로) 짧은 양말; nositi ~e 양말을 신다

soknica (지소체) sokna

soko sokoli & sokolovi (男) (=sokol) 1. (鳥類) 매; planinski ~ 래너매 (북유럽산; 특히 매사냥용의 암매); sivi ~ 송골매; stepski (banatski) ~ 송골매의 일종 (매사냥용); ~ iz vranina gnezda 허약한 사람, 겁장이

sokolov, sokolski (形); oko sokolovo 매눈, 예리한 눈 2. (비유적) 영웅 (junak); 젊은 사내아이에 대한 사랑스런 명칭; (역설적으로) 교활한 사람에 대한 명칭 sokolski (形) 3. 체조협회(구유고슬라비아의); 그 회원

sokolak (지소체) soko

sokolana 체조경기장

sokolar 매사냥꾼(매를 이용하여 사냥하는)

sokolarstvo 사냥용 매의 사육과 훈련

sokolica 1. (鳥類) 매의 암컷 2. 체조협회 여자회원

sokolić 1. (지소체) soko 2. (비유적) 아이 (dete) 3. (鳥類) 쇠황조롱이

sokoliti -im (不完) osokoliti (完) 1. 용기를 북돋우다, 고무하다, 격려하다 (hrabriti, podsticati) 2. ~ se 기운이 나다, 용기가 나다

sokovnik (과일·채소의) 즙 짜는 기계, 주스기

sol (女) 참조 so

solana 소금광산

solara 소금창고

solaran -rna, -rno (形) 1. 태양의 (sunčev, sunčani); ~rna energija 태양 에너지 2. 태양열을 이용한; ~rno grejanje 태양열 난방

soldačija 1. 군복무 2. (集合) 병사; 군대 (vojnici, vojska)

soldačina (女) 1. 병사의 생활(삶) 2. (男,女) (지대체) soldat; 병사

soldat 병사, 군인 (vojnik)

soldateska (기율이 엉망인) 훈련되지 않은 군대, 제멋대로인 병사들의 무리

soldatuša 1. 병사(soldat)의 아내 2. (輕蔑) 병사를 따라 다니는 여자, 창녀; 양공주

solecizam -zma (말·글에서의) 실수; (자연법에 대한) 위반; 실수, 결례

solenica, solenka (테이블 위에 있는)소금통, 소금 그릇 (slanik)

solenoid 솔레노이드, 원통 코일

solfeđo 1. 솔페주 (선율이나 음계를 도레미파의 계이름으로 노래하기) 2. 음악의 기초이론 교육

solidan -dna, -dno (形) 1. 확실한, 탄탄한, 단단한, 견고한, 튼튼한 (čvrst, siguran, jak); ~dna građevina 견고한 건축물; ~ temelj 견고한 기반 2. 믿을만한, 믿음직한, 좋은, 훌륭한 (dobar, valjan, pouzdan); ~ advokat 믿을만한 변호사; ~dna banka 믿을만한 은행; ~ rečnik 좋은 사전; ~dno znanje 훌륭한 지식 3. 좋은, 만족스런, 마음에 드는; ~dne cene 좋은 가격; ~dna plata 만족스런 월급 4. 확고한 사회적 지위를 가진 5. 성실하게 사는, 진지한; ~ čovek 진지한 사람

solidaran -rna, -rno (形) 1. 상호의, 공동의, 연대의 (uzajaman, zajednički); ~rnim naporima 공동의 노력으로; ~rna odgovornost 연대 책임 2. 연대한, 결속한, 단결된, 의견이 일치된 (jedinstven, saglasan); biti ~ u stavovima 연대 입장을 취하다 3. 서로서로 돕는, 화합의 (složan)

solidarisati -šem, solidarizirati -am (完,不完) 1. 서로 뭉치게 하다, 단결시키다, ~와 연대를 이루다, 결속시키다 2. ~ se 서로 뭉치다, 단결하다, 연대하다, 결속하다 ; ~ se s nekim 누구와 연대하다

solidarnost (女) 연대, 결속, 단결; fond ~i 연대기금

solidno (副) 잘, 훌륭히 (dobro, valjano); ~ obrazovan 잘 교육을 받은; ~ živeti 잘 살다; udao je kćer za ~ obrazovanoga profesora 교육을 잘 받은 교수에게 딸을

시집보냈다

solidnost (女) 견실함, 견고함, 탄탄함

solika 참조 susnežica; 진눈깨비; ~ pada 진눈깨비가 내린다

solilo 1. (소·양·염소 등) 동물이 소금을 핥으러 가는 곳 2. 기타; trče kao stoka na ~ 빨리 달린다(모인다); umiljat kao krava na ~u 매우 사랑스런(귀여운)

solist(a) 독주자, 단독 공연자 solistica, solistkinja; solistički (形); ~ koncert 단독 공연

solište 참조 solilo

soliter 1. 고층의 단독 아파트 2. (鑛) (특별한 방법으로 깎은) 다이아몬드 (dijamant)

soliti -im; soljen (不完) 1. (음식 등에) 소금을 치다(넣다); ~ supu (čorbu) 수프에 소금을 넣다 2. (비유적) 지혜로운 척 하다 (mudrovati) 3. 기타; ~ kome pamet (mozak) 불필요한 충고로 누구를 지겹게 하다

solnī -ā, -ō (形) 참조 so

solo 1. (男,中) 솔로, 독창(곡), 독주(곡) 2. (形) (不變) 솔로의, 독주의, 독창의; ~-koncert 단독 음악회; ~-pevač 솔로 독창자; ~-svirač 솔로 연주자 3. (副) 혼자서, 단독으로; pevati ~ 단독으로 노래하다

solomonskī -ā, -ō (形) (솔로몬과 같이) 공평하고 현명한, 지혜로운; ~a odluka 지혜로운 결정

solucija 1. (문제·곤경의) 해법, 해결책 (rešenje); naći ~u za nešto ~에 대한 해결책을 찾다 2. (化) 용액, 용해 (rastvaranje, rastvor)

Solun (그리스 마케도니아 지역의) 살로니카, 테살로니카 Solunac, Solunjanin; Solunka, Solunjanka; solunski (形)

solventan -tna, -tno (形) 지불(상환) 능력이 있는

soljen -a, -o (形) 참조 soliti

soljenka 참조 slanik; (식탁위에 있는) 소금 용기(그릇)

soljenje (동사파생 명사) soliti

som soma; somovi 1. (魚類) 메기 somlji (形) 2. (비유적) 바보, 멍청이; 대식가, 식충이; ~e jedan! 멍청한 놈 같으니라고! 3. 100디니르 액면의 화폐

Somalija 소말리아

somče -eta (지소체) som

somčić (지소체) som

somčina (지대체) som

somić (지소체) som

1195

somina (지대체) som

somljī -ā, -ē (形) 참조 som; 메기의

somnambul 몽유병자, 몽유병 환자 (mesečar)

somnambulizam -zma 몽유병 (mesečarstvo)

somot 벨벳, 우단, 비로드 (samt, baršun); rebrast ~ 코르덴(골덴) somotski (形)

somovina 메기(som)고기

somun 1. 밀가루로 만든 얇고 둥근 빵의 일종 2. (빵의) 둥글납작한 판(원판)

sonant (言) 유성자음 (glasnik)

sonata (音樂) 소나타

sonatina (音樂) 소나티네, 소규모의 소나타

sonda 1. (醫) 탐침, 프로브 (의사들이 인체 내부 검사에 이용하는 길고 가느다란 기구); hiruruška ~ 외과용 탐침 2. (우물을 파는데 사용하는) 드릴 3. (지질 연구 등의) 탐침, 탐색침(과학적인 조사·기록에 쓰이는 길고 가느다란 기구) 4. 해저 깊이를 측정하는 장비 (dubinomer) 5. 존데 (상층 대기의 상태를 관찰·조사하는 데 쓰이는 측정 기구) 6. 인공위성(과학적 관찰을 하는데 사용하는)

sondaža 탐침(sonda) 조사(측정)

sondiranje (동사파생 명사) sondirati; ~ javnog mnenja 여론을 살펴봄

sondirati -am (完,不完) 1. 탐침(sonda) 조사하다 2. (비유적) 보다 근본적 조사를 준비하다; ~ teren za istraživanje nataliteta 출산율 조사를 위한 현장 조사를 준비하다

sonet 소네트(10개의 음절로 구성되는 시행 14개가 일정한 운율로 이어지는 14행시) sonetni (形) ~ venac (종종 통일된 주제를 가진) 연작 소네트(집)

sonī -ā, -ō (=solni) (形) 참조 so; 소금의

sonoran -rna, -rno (形) 큰 소리의, 소리가 큰, 우렁찬, 분명한, 낭랑한 (zvučan, jasan); njegov je glas ~ 그의 목소리는 크고 분명했다

sonornost (女) (소리가) 낭랑함, 크고 분명함

sopče -eta (지소체) soba

sopile (女,複) 전통목관악기의 일종 (오보에와 비슷함)

sopiti -im (不完) 힘들게 숨쉬다 (병환 등으로), 헐떡거리다, 숨차다 (soptati)

sopljenje (동사파생 명사) sopiti; 헐떡거림, 숨참, 숨막힘

sopran (音樂) 소프라노; ona je ~ 그녀는 소프라노이다; pevati ~ 소프라노를 노래하다 sopranistica, sopranistkinja

sopranskī -ā, -ō (形) 소프라노의

sopstven -a, -o (形) 자신의, 자기자신의 (vlastit, svoj, lični); to je njegova ~a kuća 그것은 그 자신의 집이다; trideset godina već stojim na ~im nogama 벌써 30년 동안 내 자신의 발로 서있다 (내가 벌어 내가 먹고 산다)

sopstvenik 주인, 소유주 (vlasnik)

sopstvenost (女) 1. 소유, 소유물, 재산 2. 개성, 특성 (osobnost, ličnost, individualnost)

soptati -ćem (不完) 1. 힘들게 숨쉬다, 가쁜 숨을 내뱉다 (노동·질환 등으로) 2. 헐떡거리다, 숨차다

sordina (악기의) 약음기(弱音器), 소음기

soriti -im (完) 1. 쓰러뜨리다, 넘어뜨리다, 떨어뜨리다 (oboriti, srušiti) 2. ~ se 쓰러지다, 넘어지다, 떨어지다

sorta 종류, 부류, 품종 (vrsta); od iste ~e 같은 품종의

sortiman (같은 종류의 여러 가지) 모음, 모듬, 종합 (asortiman)

sortirati -am (完,不完) (일정한 원칙하에) 분류하다, 구분하다, 진열하다; ~ robu po kvalitetu 품질에 따라 물건을 분류하다; ~ kruške po veličini 크기에 따라 배를 분류하다

sortirka 분류기, 선별기, (자동으로) 분류하는 기계

sortirnica 분류장, 선별장

sos -ovi 1. (음식 등의) 소스 (umak, umokac); ~ od paradajza 토마토 소스; beli ~ 베샤멜 소스(우유, 밀가루, 버터로 걸쭉하게 만든 소스); preliti ~ preko mesa, preliti meso ~om 고기에 소스를 뿌리다 2. (비유적) 곤란, 곤경 (neprilika, nevolja); biti u ~u 곤경에 처하다

soška (총의) 총기대 (총을 걸거나 세워 놓는)

sošnjak (船泊) 개프, 비낌 활대

sotona (男) 1. 악마 (đavo, vrag) 2. (男,女) 악마적 성격(특성)을 가진 사람들

sova (鳥類) 올빼미 (buljina, jejina); ritska ~ 쇠부엉이

sovjet 1. (廢語) 평의회, 소비에트 (savet, veće) sovjetski (形) 2. (複數로) (Sovjeti) 소련

sovjetizirati -am (完,不完) 소비에트화(化)하다, 소련을 모델로 사회를 조직하다, 공산화하다

sovuljaga 1. (鳥類) 수리부엉이 2. (輕蔑) 사악한 년, 나쁜 년

spacionirati -am (完,不完) 자간(字間)을 조절하다; (균형을 잡거나 강조하기 위한 목적으로) 자간·어간(語間)을 넓혀서 조판하다

spadalo (男,中) 장난기 많은 사람(남자) (obešenjak)

1196

spadatai *-am* (不完) 1. 참조 spasti 2. (u nešto) ~에 속하다 (pripadati (nekome)); *on spada u najučenije ljude svoga vremena* 그는 자신의 세대중 가장 교육을 많이 받은 사람에 속한다 3. (na koga, na šta) ~와 관련이 있다, ~와 관계가 있다 4. 기타; *kako spada* ~에 알맞게(적절하게, 적당하게, 적합하게); *dočekati nekoga kako spada* (누구에게) 적절하게 누구를 영접하다

spahija (歷) 1. (오스만 제국의) 영지 소유자, 대토지 소유자 2. (비유적) 폭군, 압제자 (despot, tiranin) 3. (보스니아의) 동네 유지 (무슬림의) spahijski (形)

spahiluk spahija의 토지(땅)

spajalica (종이) 클립

spajanje (동사파생 명사) spajati; ~ *kabla* 케이블 연결; ~ *dveju letelica* 두 우주선의 도킹

spajati (se) *-am* (se) (不完) 참조 spojiti (se)

spakovati *-kujem* (完) 꾸러미(paket)를 꾸리다, 가방을 꾸리다

spaliti *-im*; *spaljen* (完) spaljivati *-ljujem* (不完) 1. 불태워 없애다, 불태워 파괴하다; *neprijatelj je na odlasku spalio čitavo selo* 적은 떠날 때 마을 전체를 불태웠다; ~ *pismo* 편지를 불태우다; ~ *pokojnika* 죽은 사람을 화장하다; ~ *na lomači* 화형에 처하다; ~ *đubre* 쓰레기를 소각하다; ~ *mostove iza sebe* 배수의 진을 치다, 자신의 퇴로를 차단하다; *grom te (ga, ih) spalio* (욕설) 벼락맞아 죽을 것이다 2. ~ se 분신자살하다

spametovati *-tujem* (完) 생각해 내다, 발명하다 (izmisliti, smisliti)

spanać (植) 시금치 (špinat, štanać)

spanđati se *-am se* (完) spanđavati se *-am se* (不完) (輕蔑) (보통은 부정적으로 비춰지는 관계에서의) ~와 밀접한(긴밀한) 관계를 맺다, 엮이다 (sprijateljiti se, splesti se); *žena mu se spanđala s drugim* 그 사람의 아내는 다른 사람들과 밀접한 관계를 유지했다; *spanđale se njih dve pa samo ogovaraju* 그 여자들 둘은 서로 밀접한 관계를 가지면서 단지 비방만 한다

sparan *-rna, -rno* (形) (날씨가) 후텁지근한; *danas je ~rno* 오늘은 후텁지근하다; *~rno vreme* 후텁지근한 날씨

sparen *-a, -o* (形) 참조 spariti; 짝을 이룬

sparina 무더위, 무척 덥고 후텁지근함

spariti *-im* (完) sparivati *-rujem* (不完) 1. (둘씩) 짝을 짓다, 쌍을 이루다; ~ *volove u jarmu* 소 두 마리를 쌍을 이뤄 멍에를 씌우다 2. (동물을) 짝짓기시키다, 교미시키다 3. ~ se 쌍을 이루다

sparog (男), sparoga (女) (植) (식용의) 아스파라거스 (špargla)

sparušiti *-im* (完) 1. (식물을) 시들게 하다; (육체적·정신적으로) 쇠약하게 하다, 허약하게 하다 2. ~ se (식물이) 시들다, 시들시들해지다; 쇠약해지다

spas, spasenje 1. (위험 등으로부터의) 구출, 구조, 구원; 건강회복; 해방, 자유; *vojska ~a* 구조대; *nema mu ~a* 그는 빠져나올 방법이 없다; *doneti ~* 구조하다; *to je jedini ~!* 그것이 살아남을 유일한 방법이다; *luka ~a* 피신처 2. (대문자로) 구원자 (Spasitelj)

spasavanje (동사파생 명사) spasavati; 구조, 구출; *brod (odred, stanica) za ~* 구조선(대); *radovi ~a* 구조작업

spasavati *-am* (不完) 참조 spasti

spasenje 참조 spas

spasilac *-ioca* (=spasitelj) 구조자 spasilački (形); ~a *ekipa* 구조팀

spasitelj 1. 참조 spasilac 2. (대문자로) (宗) 구원자, 예수 그리스도

spasiti *-im*; *spašen* (完) 참조 spasti; 구조하다, 구원하다

spasonosan *-sna, -sno* (形) 구조(구출)의 손길을 가져오는, 구조의, 구출의; 유용한, 유익한

spasovdan 1. 구원의 날 2. (대문자로) (宗) 예수승천기념일 (예수 부활후 40일째의 날)

spasti *spadnem*; *spao, -ala, -alo* (完) spadati *-am* (不完) 1. (위에서) 떨어지다 (머리에서 스카프가, 허리에서 치마가, 침대에서 담요 등이); ~ *s krova* 지붕에서 떨어지다; *s tavanica spao kreč* 다락방에서 회가 떨어졌다; *general spao s konja i ostao na mestu mrtav* 장군은 말에서 떨어져 그 자리에서 죽었다 2. (온도·가격 등이) 떨어지다; *cene spadaju* 가격이 떨어진다; *temperatura je spala* 온도가 떨어졌다 3. 사라지다, 없어지다 (nestati, iščeznuti) 4. (물질적·도덕적으로) 타락하다, 추락하다, 밑으로 떨어지다 5. (무게·체중 등이) 줄다, 마르다 (omršaviti) 6. (na nešto) ~에 의존적으로 되다, ~가 되다; ~ *na krađu* 도벽에 빠지다 7. (不完만) ~에 속하다; *to spada u istu kategoriju* 그것은 동일한 카테고리에 속한다 8. 기타; ~ *s nogu* (오래 걸어) 매우 피곤하다; ~ *na prosjčki štap* 가난에 빠지다, 물질적으로 망하다

spasti *spasem*; *spasao, -sla*; *spasen* (完)

S

spasavati -am (不完) 1. (위험·파멸 등으로부터) 구조하다, 구출하다, 구원하다; ~ nekome život 누구의 생명을 구하다; ~ nekoga od opasnosti 위험으로부터 누구를 구하다; spasi me ovog gnjavatora 이 귀찮게 구는 놈으로부터 날 좀 구해줘; spasli smo se jer smo umeli da plivamo 수영을 할 줄 알아 살아났다 2. 놓아주다, 석방시키다, 해방시키다 (osloboditi); ~ nekoga iz zatvora 누구를 감옥에서 석방하다

spašen -a, -o (形) 참조 spasti

spati spim; speći; spao, spala (不完) 자다, 잠자다 (spavati)

spavač 잠자는 사람 spavačica

spavaćī -ā, -ē (形) 잠자는; ~a soba 침실; ~ kola(vagon) (열차의) 침대칸; ~a košulja 잠옷; ~a bolest 수면병(체체파리를 매개로 전염되는 열대 풍토병)

spavaćica 잠옷

spavaćiv -a, -o (形) 졸리운, 졸음이 오는; ~ izgled 졸리는듯한 모습; ~e oči 졸리운 눈

spavalica (男,女) 잠꾸러기, 잠자는 것을 좋아하는 사람

spavalo (男,中) 잠꾸러기, 잠을 많이 자는 사람, 잠자는 것을 좋아하는 사람

spavanje (동사파생 명사) spavati; lek za ~ 수면제; tableta za ~ 수면제; prijatno ~! 좋은 꿈 꿔!; kola za ~ (기차의) 침대칸

spavaonica 침실

spavati -am (不完) 1. 자다, 잠자다; ~ kao top (kao zaklan, snom pravednika) 세상 모르고 자다; ~ tvrdim (dubokim) snom 푹 자다, 숙면하다; spava mi se 졸립다; on je legao da spava 그는 잠자리에 들었다; on nije spavao cele noći 그는 밤새 자지를 않았다 2. (s kim) ~와 잠자리를 갖다, 성관계를 하다; ja sam prvi put spavao sa ženom kada sam navršio dvadesetu godinu 나는 만 20살이 되었을 때 처음으로 여자와 잤다 3. 기타; vrag (đavo) nikada ne spava 어떤 일이 일어날지 모른다, 주의할 필요가 있다; spavati kao zec, ~ kao ptica na grani 얕은 잠 (선 잠)을 자다; ~ večni san (večnim snom) 영면에 들다; ići s kokošima ~ 초저녁에 잠자리에 들다

spavljiv -a, -o (形) 졸리운 (sanjiv, pospan)

spavnuti -nem (完) 잠깐 자다 (pospavati)

spaziti -im (完) 알아차리다, 인지하다, 감지하다, 깨닫다 (opaziti, primetiti); zabavljen raznim mislima nisam ni spazio da mi se približuje jedna starica 여러가지 생각에 잠

겼던 나는 한 노파가 다가온다는 것을 알아차리지 못했다

spazma 경련, 쥐 (grč)

spazmatičan -čna, -čno (形) 경련(spazma)으로 고통을 받는, 쥐가 나는

spazmatičkī -ā, -ō (形) 경련(성)의

specificirati -am, specifikovati -kujem (完,不完) 구체적으로 명시하다, 명기(明記)하다, 명확히 말하다

specifičan -čna, -čno (形) 특징적인, 특수한, 특별한 (poseban); ~ običaj 특징적인 풍습; ~ miris 특징적인 냄새; ~čna težina 비중량 (比重量; 1cm³당 무게)

specifikacija (제품 등의) 사양(仕樣), 제원

specijalan -lna, -lno (形) 특별한, 특수한 (poseban, osobit, naročit); nešto ~lno 뭔가 특별한; ~lna važnost 특별히 중요한 의미; ~lni dodatak 특별 부록

specijalist(a) 스페셜리스트, 전문가(학문·예술·기술 분야 등의); 전문의; ~ za književnost 문학 전문가; ~ za dečje bolesti 소아과 전문의 specijalistica, specijalistkinja; specijalistički (形); ~ ispit 전문가 시험

specijalitet 1. (지역 등의) 특산물; (식당 등의) 특별 요리; domaći ~ 국내 특산물; ova salata je ~ našeg šefa 이 샐러드는 우리 요리사의 특별 요리이다 2. 특수성, 특징, 특질, 특이점

specijalizacija 1. 전문 훈련, 전문가 교육과정; uža ~ 심도있는 전문가 교육; ići na ~u u inostranstvo 전문가 교육과정을 외국으로 떠나다 2. 전문화, 특수화; ~ proizvodnje 생산 전문화; ~ poljoprivrede 농업의 전문화

specijalizirati -am, specijalizovati -zujem (完,不完) 1. (어떠한 분야를) 전문적으로 연구하다, 전공하다, 전문으로 하다; ~ hirurgiju 외과 전문의 과정을 마치다, 외과를 전문으로 하다 2. ~ se 전문으로 하다, 전공하다; ~ se u hirurgiji 외과를 전공하다; ~ se za izradu traktora 트랙터 생산을 전문으로 하다

specijalno (副) 특별히, 특별하게, 특히 (posebno, naročito, osobito)

specijalnost (女) 1. 특수성 2. 전공(분야), 전문 분야; šta je njegova ~? 그는 어떤 것을 전문으로 하느냐? 3. 특별한 기술, 특수 기술

spečaliti -im (完) (힘들여 노력하여) (돈 등을) 벌다, 획득하다, 모으다 (skucati)

spečen -a, -o (形) 1. 참조 speći 2. 비쩍 마른, 마른, 시든 (mršav, sasušen)

speći spečem; speku; spekao, -kla; spečen; speci 1. (빵 등을) 굽다 (ispeći); ~ na vatri

불에 굽다 2. 불태우다, 불태워 없애다 (spaliti, izgoreti) 3. (꽃 등을) 시들게 하다, 마르게 하다, 물기가 없게 하다; *suša je spekla zemlju* 가뭄이 땅을 마르게 했다 4. ~ se 마르다 (osušiti se); *zemlja se spekla* 땅이 말랐다 5. ~ se (비유적) 비쩍 마르다, 살이 많이 빠지다; *oduvek je bila mršava, a za tih nekoliko nedelja sva se spekla i sasušila* 항상 그녀는 말랐었지만 그 몇 주 동안 완전히 말라버렸다

spektakl 스펙타클, (굉장한) 구경거리, 쇼

spektakularan *-rna, -rno* (形) 스펙타클한, 장관의, 장대한, 장엄한, 굉장한

spektar *-tra* 1. (物) 스펙트럼; (프리즘 등에 의한 백색광의) 분광 2. (음향·자기 등의) 스펙트럼; *zvučni ~* 음향 스펙트럼; *magnetni ~* 자기 스펙트럼

spektralan *-lna, -lno* (形) 스펙트럼의, 분광의; *~lna analiza* 스펙트럼 분석

spektrograf 분광기, 분광 사진기

spektrogram 분광 사진, 스펙트럼 사진

spektroskopija 분광학

spekulacija 1. (근거가 불충분한) 추측, 어림 짐작, 억측 2. 투기 (špekulacija)

spekulant 투기꾼 (špekulant)

spekulativan *-vna, -vno* (形) 1. 추측에 근거한 2. 투기적인 (špekulativan)

spekulirati *-am*, spekulisati *-šem* (不完) 1. 추측하다, 어림 짐작하다, 억측하다 2. 투기하다 (špekulirati)

speleolog 동굴학자, 동굴 탐험가

speleologija 동굴학

spelovati *-lujem* (不完) (어떤 단어의) 철자를 말하다(쓰다)

sperma 정자(精子); 정액

spermatocidnī *-ā, -ō* (形) 정자를 죽이는, 살정자의, 살정자성(殺精子性)의

spermatozoid 정자(精子)

spešiti *-im* (不完) 서둘러 가다, 급히 가다, 빨리 가다 (žuriti se, hitati)

spetljati *-am* (完) spetljavati *-am* (不完) 1. 단추를 채우다 (zakopčati); *~ prsluk* 조끼의 단추를 채우다 2. (머리·노끈 등을) 엮다, 꼬다, 땋다; *~ kosu u pletenice* 머리를 땋다 3. (비유적) 당황하게 하다, 혼란스럽게 하다, 헷갈리게 하다 (zbuniti, smesti); *spetljali me ovi paragrafi* 이 단락들이 나를 헷갈리게 한다 4. (어떤 일을) 아무렇게나 하다, 어설프게 하다 (smandrljati); *~ domaći zadatak* 숙제를 아무렇게나 하다 5. ~ se (실 등이) 얽히다, 꼬이다 (zapetljati se,

zaplesti se) 6. ~ se (口語) (부정적 의미에서의) ~와 어울리다, 은밀하고 친밀한 사이가 되다, 얽히다 (spanđati se) 7. ~ se 당황하다, 헷갈리다, 혼란스러워지다

spev 장편 서사시

spevati *-am* (完) 1. 장편 서사시를 짓다 2. (nekoga u pesmu) 누구를 시로 찬송하다, 시에서 누구를 찬양하다(노래하다)

spica (바퀴의) 스포크, 살

spiker (라디오 등의) 아나운서 **spikerica**; **spikerka**

spilja 동굴 (pećina, šipilja)

spinač 시금치 (špinat, spanać)

spinalan *-lna, -lno* (形) 척추의

spinet (男), spineta (女) (樂器) 스피넷, 하프시코드 (피아노의 전신인 건반악기)

spirala 나선, 나선형; 나선형 코일; 나선형 형태를 가진 것 (책 제본 때 사용되는 스프링 등과 같은); *~ protiv začeća* 자궁 내 피임 기구, 피임링 **spiralan** (形); *~lnog oblika* 나선 형태의

spirant (言) 마찰음

spirati *-am* (不完) 참조 sprati

spirine (女,複) (설겆이 하여 돼지에게 주는) 구정물 (pomije, splačine)

spiritista 강신술(降神術)을 믿는 사람, 강신술을 행하는 사람 **spiritistkinja**

spiritizam *-zma* 강신술(降神術), 심령술

spiritualan *-lna, -lno* (形) 정신의, 정신적인, 영혼의 (duhovni, duševni)

spiritualizam *-zma* (哲) 유심론, 관념론

spis *spisi* 1. 글로 쓰여진 모든 것, 모든 형태의 글 2. (공식적인·공무의) 문서, 서류 (dokument); *~ o atentatu* 암살 사건 문서; *tajni ~* 비밀 문서 3. 기사, 논문, 작품 (rasprava, članak, delo)

spisak *-ska*; *spiskovi* 리스트, 목록, 명부, 명단, 일람표; *napraviti ~* 리스트를 작성하다; *~ imena* 명부(名簿); *birački ~* 선거인 명단; *platni ~* 월급(을 받는 사람들의) 명단; *~ mrtvih* 사망자 명단; *~ živih* 생존자 명단; *izbrisati nekoga iz ~ska* 누구를 명단에서 제외하다; *ući u ~* 리스트에 오르다

spisatelj (廢語) 작가, 문필가, 문학가 (pisac, književnik) **spisateljica**, **spisateljka**; **spisateljski** (形)

spiskati *-am* (完) 헛되이 낭비하다, 탕진하다, 흥청망청 쓰다 (proćerdati); *~ imanje* 재산을 탕진하다; *~ novac* 돈을 흥청망청 쓰다

splačine (女,複) 1. 구정물 (pomije, spirine) 2. (비유적) 변변치 못한 음식 3. (辱說) 아무짝

1199

에도 쓸모없는 년

splaknuti -nem (完) splakati -ćem (不完) 표면만 조금 헹구다(씻다, 깨끗이하다); ~ sudove 그릇을 헹구다

splasnuti -nem; splasnuo & splasao, -sla (完) splašnjavati -am (不完) 1. (보통은 부풀어 올랐던 그 어떤 것이) 줄어들다, 감소하다, 가라앉다; otok je splasnuo 혹이 가라앉았다 2. (비유적) (세기·강도가) 약해지다 (oslabiti); oduševljenje mu je nekako splasnulo, ohladio se 그의 환호는 약해졌으며 차분해졌다

splata 나룻배 (skela)

splav -ovi (나무를 엮어 만든) 뗏목; splavski (形)

splavar 뗏목(splav)을 타는 사람

splavariti -im (不完) 뗏목(splav)을 타고 강을 내려오다; 뗏목으로 운반하다

splavnica 갑문 (ustava)

splavskī -ā, -ō (形) 참조 splav; 뗏목의

splesti spletem; spleo, -ela; spleten (完) spletati -ćem (不完) 1. (머리·노끈 등을) 땋다, 꼬다; 엮어 만들다, 꼬아 만들다 (oplesti); ~ konopac 밧줄을 꼬다; ~ pletenicu 머리를 땋다; ~ venac 관(冠)을 엮어 만들다 2. 십자(+)모양으로 겹치다, 꼬다 (izukrštati, isprepletati); ~ prste 손가락을 꼬다 3. (oko nečega) ~을 감다; ~ ruke oko nečijeg stasa 두 팔로 누구를 힘차게 포옹하다 4. ~ se 서로 뒤섞이다, 엉키다 5. ~ se (oko nečega) 감기다; uže se splelo oko nogu 밧줄이 발에 감겼다 6. ~ se (비유적) 어울리다, 친하게 지내다 (spanđati se); splela se s onim mangupom 그녀는 그 건달과 어울렸다 7. ~ se (생각 등이) 뒤섞이다, 혼동되다 8. ~ se 당황하다 (zbuniti se) 9. ~ se 말문이 막히다

splet -ovi 1. 서로 꼬여 있는 것, 서로 얽혀 있는 것; ~ zmija 뱀이 서로 얽혀 있는 것; ~ grana 나뭇가지가 얽혀 있는 것; ~ živaca 신경망 2. 여러가지 노래 또는 춤의 집합체 (총합) (skup); ~ igara iz Srbije 세르비아 춤의 총합 3. 발등(발의 윗부분) 4. (소설·극·영화 등의) 구성, 플롯, 줄거리

spletati -ćem (不完) 참조 splesti

spleten -a, -o (形) 1. 참조 splesti 2. 당황한, 적응할 수 없는 (zbunjen, nesnalažljiv, nespretan)

spletka 음모, 모의 (intriga, smutnja); napraviti ~u 음모를 꾸미다

spletkar, spletkaš 음모자, 모의자 (intrigant,

smutljivac) spletkarica, spletkašica, spletkaruša

spletkariti -im (不完) 음모를 꾸미다, 모의하다 (intrigirati)

spletkaruša 참조 spletkar

spletkaš 참조 spletkar

splin 따분함, 우울함, 침울함 (melanholija, dosada, neraspoloženje)

Split 스플리트; Splićanin; Splićanka; splitski (形)

splitati -ćem (不完) 참조 spletati

spljeskati -am (完) (위에서 때리거나 눌러) 박살내다, 으깨다, 납작하게 하다; vidi da je spljeskana ona kuća 그 집이 박살나 허물어진 것을 봐라

spljosnuti -nem (完) 1. 납작하게(pljosnat) 만들다 2. 납작해지다, 평평해지다 (spljoštiti se)

spljoštiti -im; spljošten (完) spljoštavati -am (不完) 1. 납작하게 만들다, 평평하게 하다, 으깨다, 부수다; spljoštiću ti nos! 네 코를 박살낼꺼야 2. ~ se 납작해지다, 평평해지다, 으깨지다, 부숴지다; kutija se spljoštila 상자가 박살났다

spodoba 1. 형상, 형태, 모양, 외관 (obličje, lik) 2. (사람 모습을 한) 유령, 허깨비, 망령 (podoba, utvara)

spodoban -bna, -bno (形) ~와 유사한(비슷한), ~을 닮은

spoj -evi 1. 연결, 접합, 결합; 만남; ~ osećanja i misli 생각과 감정의 결합; ~ Istoka i Zapada 동과 서의 만남(연결); telefonski ~ 전화 연결; kratki ~ (전기 회로의) 합선, 단락; krivi ~ 전화의 잘못 연결 2. 연결(결합)시키는 것; Moskva je dobila kanalima direktan ~ sa svim morama 모스크바는 운하로 모든 대양과 직접적으로 연결되었다 3. 연결부, 결합부, 접합부; oštetiti na ~u 연결부를 훼손하다 4. (化) 화합물, 합성물

spojiti -jim (完) spajati -am (不完) 1. 연결하다, 결합하다, 접합하다, 합병하다; ~ dve žice 두 철사줄을 연결하다; ~ brakom 결혼하여 합치다 2. (사람들간의 관계를) 가깝게 하다; ~ ljude 사람들을 연결하다; spojila ih je nevolja 그들을 연결한 것은 고난이었다 3. ~ se 연결되다, 결합되다, 합쳐지다; vasionski brodovi su se spojili 우주선이 도킹했다

spojiv -a, -o (形) 연결시킬 수 있는, 결합시킬 수 있는, 접합할 수 있는

spojka 1. 연결고리, 걸쇠 (spona) 2. (축구의) desna ~ 인사이드 라이트(센터 포워드와 아웃사이드 라이트 사이의 포워드); leva ~ 인사이드 레프트

spojnī -ā, -ō (形) 결합의, 결합하는, 연결하는; izgrađene su ~e brane između planine 산과 산 사이를 연결하는 댐이 건설되었다; ~ vokal (言) 연결모음

spojnica 1. 클립 (두 개의 물건을 연결·결합시키는 것) 2. (여러 곳을 연결하는) 환승지, 환승 중심지

spojničkī -ā, -ō (形) 연결하는, 결합하는; ~a osovina 연결축

spokoj 고요 (tišina); 영적 평화 (duševni mir); 평온, 평강 (bezbrižnost)

spokojan -jna, -jno (形) 1. 평온한, 평화스러운, 고요한; ~jno lice 평온한 얼굴 2. 근심 걱정 없는 (bezbrižan); ~ čovek 근심 걱정 없는 사람

spokojno (副) 평온하게, 근심 걱정 없이, 평화롭게; živeti ~ 평온하게 살다

spokojstvo (中), spokojnost (女) 평온, 평정, 근심 걱정 없는 상태

spol -ovi 1. 참조 pol; 성(性); muški ~ 남성; ženski ~ 여성 2. (文法) 성(rod)

spolnik (文法) (廢語) 관사 (član, artikl)

spolovilo 성기(性器)

spolja (副) 밖으로부터, 밖에서; ~ doći 밖에서 오다; biti ~ uglađen 겉은 광택이 나는; ~ kalaj, a iznutra belaj 속빈 강정이다(겉으로는 그럴싸 하지만 속은 형편없는)

spoljašnost (女) 외부, 외관, 표면, 겉면; po ~i 겉으로 보기에는, 외관상으로는; ~ vara 외모가 (우리를) 속인다; žene lepe ~i 외모가 아름다운 여인; ~ kuće 집의 외관

spoljašnjī -ā, -ē (形) 1. 겉면의, 외관의, 표면의, 외부의; ~ zid 외부벽; ~ izgled 겉모습; ~ ugao (數) 외각 2. 외무(外務)의, 외국의 (spoljni)

spoljnī -ā, -ō (形) 1. 외부의, 겉면의, 외관의, 표면의 (spoljašnji) 2. 외국의, 외무(外務)의 (inostrani); ministrastvo ~ih poslova 외무부; ~na politika 외교정책; ~a trgovina 대외무역

spoljnopolitičkī -ā, -ō (形) 외교정책의

spoljnotrgovinskī -ā, -ō (形) 대외무역의; ~ partner 대외무역 파트너; ~ poslovi 대외무역 업무; ~o preduzeće 대외무역회사

spomagati -žem (不完) 참조 spomoći

spomen 1. (~에 대한) 기억, 추억; 기억(추억)을 떠올리게 하는 물건, 기념품(물); ~ na

nešto ~에 대한 추억(기억); ~ na minula vremena 과거에 대한 추억; ~~knjiga 방명록; ~~ploča 명판(名板); ~~česma 기념 분수 2. 기념비, 기념 조각상 (spomenik); grobni ~ 묘비 3. 언급, 거론; već sam ~ toga imena izaziva u meni pakost 그 이름을 언급하는 것 자체만으로도 내 속에서 화가 끓는다; biti vredan ~a 언급할 가치가 있다 4. (宗) 추도식

spomenak -nka 1. (지소체) spomen 2. (植) 물망초

spomenar 추억록 (추억록 기록해 적어 놓는), (일반적인) 앨범, 사진앨범

spomenica 1. (역사적 인물·사건을 기념하여 출판되는) 기념 서적, 기념 문건; ~ Skopskog đačkog bataljona 1914 1914년 스코폐 학생 의용대 기념 서적 2. (역사적 사건을 기념하기 위한) 훈장, 상징적 표시; Albanska ~ 알바니아 훈장(1915년 알바니아를 통해 후퇴한 세르비아 병사들에게 수여된)

spomenik 1. (역사적 사건, 뛰어난 인물 등을 기념하기 위한) 기념비, 기념탑, 기념 조각상; ~ nekome ~의 기념비(누구에게 헌정된 기념비); otkriti ~ 기념탑을 제막하다 2. (오래된 시절의 생활을 알게 해주는) 문서, 자료 3. (영원한 가치를 지니는) 예술 작품 4. (무덤의) 묘비 (nadgrobni ~)

spomenuti -nem (完) spominjati -njem (不完) 언급하다, 거론하다; nije hteo ime da mu spomene 그에게 이름을 언급하는 것을 원하지 않았다 2. 회상시키다; to me spomenulo na mlade godine 그것이 나에게 젊은 날을 회상시켰다 3. ~ se nečega 기억나다 (setiti se)

spomoći spomognem (完) spomagati -žem (不完) 1. ~ koga 돕다, 도와주다; mi smo tvoji prijatelji, treba da te spomognemo u svemu 우리는 네 친구들이기 때문에 너를 모든 면에서 도와줄 필요가 있다 2. ~ se 재무상태가 좋아지다(개선되다), 이익을 얻다

spona 1. 연결, 연결하는 것; 연결고리, 걸쇠, 단추 (kopča, spojka, spojnica) 2. 정신적 유대(감) (duhovna veza) 3. (言) 연결 동사, 연결사, 계사(繫辭) (biti, postati 등의) (kopula) 4. 족쇄, 차꼬 (puto, bukagije); nije podnosio nikakve spone 그 어떤 족쇄도 견디지 못했다

spondej (詩)의 음보가) 강강격(格), 장장격(格)

sponka 걸쇠, 버클, 단추 (spona, kopča,

1201

petlja)

spontan *-a, -o* (形) 자생적인, 자발적인, 자연
적인, 마음에서 우러난; ~ aplauz 자발적인
박수; *na ulicama i trgovima okupljeni
narod ~im aplauzom pozdravio je maršala
Tita* 거리와 광장들에 모인 사람들은 자발적
인 박수로 티토 원수를 환영했다; *~i
pobačaj* 자연 유산; *~o ponašanje* 마음에서
우러난 행동

spontanitet(男), **spontanost** (女) (식물의) 자생
(自生), 자연 발생; 자발성, 자발적 행위

spopasti *spopadnem*; *spopao, -ala*;
spopadnut (完) **spopadati** *-am* (不完) 1. 재
빨리 붙잡다(쥐어 잡다); ~ *nekoga za
ramena* 누구의 어깨를 급히 붙잡다 2. (요
구사항·충고 등을) 퍼붓다, 쏟아 붓다, 들볶
다 (saleteti, skoliti); *spopali ga da se ženi*
사람들은 그에게 결혼하라고 성화였다;
spopao mladić devojku, ne da joj mira 청년
은 처녀를 들볶으면서 가만놔두지를 않았
다 3. (보통 어떠한 감정등이) 밀려들다, 엄
습하다, 휩싸다; *spopala ga je muka* 통증이
엄습했다; *šta te je sad spopalo?* 무슨 생각
을 하고 있는거야?; *odjednom me je
spopala glad* 한순간 허기짐이 몰려왔다;
spopala ga je jeza 한기가 엄습했다, (비유
적) 모골이 송연해졌다; *spopala te nevolja,
spopali te jadi* (욕설·저주를 할 때 사용됨)

spor *-ovi* 1. (의견이 달라 생기는) 다툼, 말다
툼, 언쟁, 분쟁, 분란, 분규, 논란 (prepirka,
svađa); *imati* ~ *s nekim, biti u ~u s nekim*
누구와 다투다; *nema ~a, to je van ~a* 논란
의 여지가 없다, 분명하다(명확하다) 2. (法)
소송, 송사; *radni* ~ 노동 분쟁(소송)

spor *-a, -o* (形) 1. 느린, 더딘, 천천히 움직이
는 (polagan, trom) (反; brz, hitar); ~ *kao
puž* 달팽이처럼 느린; ~ *čovek* 굼뜬 사람 2.
천천히 행해지는; *~a vožnja* 서행; *~o
vrenje* 오래 천천히 끓음

spora (生) 홀씨, 포자

sporadičan *-čna, -čno* (形) 1. 이따금 발생하
는, 가끔 일어나는; *~čna pojava* 이따끔 발
생하는 현상; *~čna pucnjava* 산발적인 총소
리 2. 곳에 따른, 산발적인, 개별적인, 고립
된 (mestimičan, usamljen, pojedinačan);
~čni slučajevi oboljenja 산발적인 발병

sporan *-rna*; *-rno* (形) 논란이 많은, 논란의
여지가 있는, 분쟁(분란)의; *~rno pitanje* 논
란이 있는 문제; ~ *film* 논란이 많은 영화;
~rna tačka 논란이 많은 문제

sporazum (서면상·구두상의) 합의, 협정;
postići ~, *doći do ~a* 합의에 이르다, 합의
하다; *po ~u* 합의에 따라; *trgovinski* ~ 무역
협정; *potpisati* ~ *o kulturnoj saradnji* 문화
협력협정을 서명하다

sporazuman *-mna, -mno* (形) 합의의, 동의의
(saglasan, složan); ~ *razvod* 합의 이혼;
biti ~ *s nekim* ~와 합의하다

sporazumeti se *-em se* (完) **sporazumevati se**
-am se (不完) 1. 합의하다, 의견의 일치를
이루다; *Elgeska se sporazumela s
Francuskom ... u pitanju Egipta* 영국은 이
집트 문제에 대해 프랑스와 합의를 했다 2.
약속하다, 동의하다 (dogovoriti se, saglasiti
se) 3. 서로 이해하다, 의사소통을 하다;
sporazumeli smo se gestovima 우리는 손
짓 발짓으로 의사소통을 했다

sporazumno (副) 합의로, 합의하에; *oni su se
~ razveli* 그들은 합의 이혼했다

sporečkati se *-am se* (完) 말다툼하다
(posvađati s, zavaditi se); ~ *oko nečega*
~을 두고 말다툼하다

spored (前置詞, +G, 드물게 +I) 바로 옆에,
근처에, ~의 옆에 (pored, pokraj, uz)

spored (副) 나란히 (naporedo, uporedo)

sporedan *-dna, -dno* (形) 1. 부수적인, 부차적
인, 이차적인, 보조의 ~ *izlaz* 보조 출구;
~dna vrata 옆문; ~ *posao* 부업 (주업이 아
닌) 2. (文法) *~dna rečenica* 종속절

sporiš (植) 마편초(꿀풀목 마편초과에 딸린 여
러해살이풀)

sporiti *-im* (不完) 1. 부인하다, 부정하다; (가
치·존재 따위를) 인정하지 않다, 배척하다,
시시비비를 따지다 (poricati, pobijati,
osporavati); ~ *istinost nečega* 무엇의 진실
성(사실성)을 부인하다 2. ~ *se* 논쟁하다, 말
다툼하다; ~ *se oko nečga* ~을 두고 논쟁하
다(말다툼하다)

spornost (女) 논란의 여지, 분쟁의 여지

sporogorećI *-ā, -ē* (形) 천천히 타는, 더디게
불붙는; ~ *štafin* 완연도화선; ~ *fitilj* 천천히
타는 심지

sporonosan *-sna, -sno* (形) 포자(spora)가 생
기는

sporonoše (女,複) (植) 포자식물, 포자로 번식
하는 식물

sporovoznI *-ā, -ō* (形) 완행열차로 보내는(발
송하는) (反; brzovozni); *~a roba* 완행열차
로 실어나르는 화물

sport *-ovi* 스포츠, 운동; *on se bavi ~om* 그
는 운동을 한다; *zimski ~ovi* 동계 스포츠;
~ovi na vodi 수상 스포츠; *beli* ~ 테니스;

sportski (形); ~a oprema 스포츠 장비; ~e grane 스포츠 분야; ~ objekti 체육 시설; ~ avion 경비행기

sportaš, sportist(a) 스포츠인, 스포츠 선수 sportistkinja

sportskī -ā, -ō (形) 스포츠의; ~a disciplina 스포츠 기강; ~ ribolov 스포츠 낚시; ~a utakmica 스포츠 경기

sportsko-rekreacionī -ā, -ō (形) ~ centar 스포츠-레크레이션 센터

sposoban -bna, -bno (形) ~을 할 수 있는, 능력있는, 유능한; ~ pisac 능력있는 작가; biti ~ za nešto ~을 할 수 있는 능력이 있는; biti ~ na sve 모든 것을 할 능력이 되는; biti ~ za vojsku 군대에 갈 나이가 되는

sposobnost (女) 능력, 역량, (~을) 할 수 있음; 재능, 기량; radna ~ 노동 능력; organizatorska ~ 조직 능력

spotaći se, spotaknuti se, spotaknem se; spotaknuo se, -ula se & spotakao se, -kla se; spotaknut (完) spoticati se -čem se (不完) 1. 발부리가 걸리다, 발부리가 뭔가에 걸려 넘어질 뻔 하다(쓰러질 뻔 하다); on se spotakao i pao 그는 발부리가 걸려 넘어졌다; ~ se o kamen 돌에 발부리가 채이다 2. (비유적) 어려움을 겪다; on se spotiče na svakoj rečenici 그는 말끝마다 더듬거렸다

spoticaj 발부리에 걸림; 장애물, 방해물, 어려움, 곤란 (prepreka, teškoća)

spoticanje (동사파생 명사) spoticati; kamen ~a 장애물, 방해물

spoznaja (女), spoznanje (中) 인식, 인지, 자각; 알아차림, 깨달음 (saznanje, poimanje, shvatanje); ~ sveta 세상에 대한 인식; čulna ~ 감각적 인지

spoznati -am (完) spoznavati -znajem (不完) 1. 알아차리다, 깨닫다, 인식하다 (saznati, upoznati); ~ istinu 사실을 깨닫다; ~ suštinu problema 문제의 핵심을 깨닫다 2. 확인하다 (uveriti se)

spram (前置詞, +G, 드물게 +D) (이동 혹은 방향을 나타냄) ~쪽으로, ~을 향하여; ~에게 (prema)

sprat -ovi 1. (건물의) 층 (kat); prvi ~ 2층(유럽식 1층); na ~u 2층에(유럽식 1층에); kuća na ~ 2층집 2. (선반·책장 등의) 칸

sprati sperem; sprao, -ala; spran (完) spirati -am (不完) 1. 씻다, 씻어내다; ~ prljavštinu s lica (s ruku, s nogu) 얼굴(손, 발)의 더러운 것을 씻어내다; sprati krvlju uvredu 모욕한 사람을 죽여 복수하다 2. (강물·물길이)

쓸어가다 (odvući, odneti) 3. ~ se (물에) 씻겨 사라지다(없어지다)

sprava 1. 도구, 공구 (alatka, alat) 2. 장비, 장치 (복잡한 기능을 하는, 수술용의); ~ za disanje 호흡장비 3. (複數로) 악기 4. (일반적인) 장비, 도구, 설비; poljoprivredne ~e 농사 도구

spravan -vna, -vno (形) 준비된 (spreman, pripremljen, spremljen)

spraviti -im (完) spravljati -am (不完) 1. 만들다 (napraviti); ~ ručak 점심을 만들다 2. (노래 등을) 짓다, 작곡하다; ~ pesmu 노래를 짓다 3. 미리 준비하다, 채비하다, 미리 챙기다 (pripraviti, pripremiti); ~ stvari za put 여행에 필요한 물품들을 준비하다 4. 보내다, 파송하다 (poslati, uputiti); ~ nekoga na put 누구를 출장 보내다 5. (어디에) 놓다, 두다; (안전한 곳, 비밀스런 곳에) 놓다, 숨기다; ~ pismo u koverat 편지를 봉투에 놓다 6. 한쪽으로 치우다, 제거하다, 없애다 7. 기타; ~ pod bravu, ~ u hlad 감옥에 수감하다; ~ pod pušku (누구를) 군대 보내다; ~ na onaj svet, ~ u crnu zemlju (koga) 누구의 죽음을 초래하다, 누구의 죽음의 원인이다

sprčiti -im (完) 1. 짧게(좁게·작게) 만들다, (옷 등을) 줄이다; ~ haljinu 원피스를 줄이다 2. ~ se (옷등이) 줄어들다, 오그라들다; (몸이) 줄어들다, 쪼그라지다 (병환·노령 등으로) (skupiti se, smanjiti se); starica se sva sprčila 노파는 쪼그라들었다

sprčkati -am (完) 아무렇게나 빨리 만들다 (sklepati); ~ ručak 점심을 빨리 되는대로 만들다

sprdačina 1. 조롱, 조소, 비아냥, 농담(모욕적인); 조롱(조소·비아냥)의 대상; vojska nije nikavka ~ 군대는 그 어떤 조롱의 대상이 아니다 2. 조롱하는 사람, 비아냥거리는 사람 (sprdalo)

sprdalo (男,中) 조롱하는 사람, 비아냥거리는 사람

sprdati se -am se (不完) 조롱하다, 조소하다, 비아냥거리다; ~ sa nekim 누구와 농담하다; ~ na nečiji račun 누구를 조롱하다

sprdnja 참조 sprdačina; 조롱, 조소, 비아냥

sprečavanje (동사파생 명사) sprečavati; 차단, 방지; ~ trudnoće 피임; ~ zarazenih bolesti 전염병 차단

sprečiti -im (完) sprečavati -am (不完) (장애물·차단물 등을 설치하다) 막다, 차단하다, 방지하다; (계획 등을) 좌절시키다, 불가능하게 하다; kiša nas je sprečila da idemo 우리

는 비로 인해 갈 수 없었다; *šta te sprečava da učiš?* 무엇이 네가 공부하는 것을 방해하느냐?; *policija ga je sprečila u njogovim planovima* 경찰이 그의 계획을 좌절시켰다

spreći *spregnem* (完) 참조 spregnuti

spred (前置詞, + G) ~의 앞에 (ispred)

spred(a) (副) 앞에서, 전면에서, 앞에 (反: straga); *sedeti* ~ 앞에 앉다

spredšit (컴) 스프레드시트

sprega 1. (소 두마리가 함께 묶여 쟁기나 달구지를 끄는) 소 한 쌍; 소·말 두 마리를 쟁기나 달구지에 함께 묶은 것 2. (공동의 목적 달성을 위한 두 요소 이상간의) 연결, 결합 (sastavljanje, spajanje, veza, spoj); ~ *reči* 단어의 결합; ~ *novca i energije* 돈과 열정의 결합; *povratna* ~ 피드백 3. (비유적) 범죄적 공모·관계 (사익을 추구하기 위한) 4. (文法) (廢語) 동사 변화, 동사 활용 (konjugacija)

spregnuti, spreći *spregnem; spregnuo & spregao, -gla; spregnut; spregni* (完) **sprezati** *-žem* (不完) 1. 마소에 쟁기나 달구지를 채우다(연결하다); ~ *volove* 황소들에 쟁기(달구지)를 채우다 2. ~ **se** 마소에 쟁기나 달구지를 매달다 3. ~ **se** (공동의 일, 공동의 이익을 위해) 연합하다, 어울리다, 관계를 맺다

sprej *-evi* 스프레이; ~ *za nameštaj* 가구 스프레이

sprema 1. (사전) 준비 (priprema) 2. (신부의) 혼수품; *devojačka* ~ 처녀의 결혼 혼수품 3. 전문 지식 (학업·실습에 의해 성취된); *visoka stručna* ~ 고등전문지식; *srednja stručna* ~ 중등전문지식; *viša stručna* ~ 전문가적 전문지식 4. 장비, 설비, 비품 (oprema); *ratna* ~ 전쟁 물품; *vojna* ~ 군사장비 5. 식품 창고 (spremnica)

spremačica (건물·가정의) 여자 청소부(파출부) (čistačica)

spreman *-mna, -mno* (形) 1. 준비된, 준비를 갖춘, ~을 할 만반의 태세를 갖춘; 장비를 갖춘 (pripremljen, opremljen); *biti* ~ *za izlazak* 외출 준비가 되다; *biti* ~ *za udaju* 결혼(시집)준비가 되다; *biti* ~ *na sve* 모든 것에 준비가 된; *ručak je* ~ 점심이 준비되었다; *on je* ~ *da pođe* 그는 떠날 준비가 되었다; ~ *za štampu* 인쇄(출판)할 준비가 된 2. ~할 능력이 되는, ~할 능력이 있는; *da li je on dovoljno* ~ *za taj posao?* 그는 그 일을 할 충분한 능력이 있느냐?; *~mni radnici* 능력을 갖춘 노동자들; ~ *predsednik* 준비된

대통령

spremanje (동사파생 명사) spremati; ~ *namirnica* 식료품 준비; *veliko* ~ (집·아파트 등의) 대청소

spremati *-am* (不完) 참조 spremiti; *nešto se sprema* 뭔가 (사건·음모 등이) 준비되고 있다; *smrema se na kišu* 구름이 낀다, 곧 비가 올 것 같다

spremište 창고 (skladište, stovarište, magazin)

spremiti *-im* (完) **spremati** *-am* (不完) 1. (사용할 수 있는 상태로) 준비하다(시키다); ~ *sobu* 방을 깨끗이 정리정돈하다; ~ *kola za put* 먼길을 떠날 수 있도록 자동차를 정비하다; ~ *darove za nekoga* 누구에게 선물을 준비하다 2. (음식을) 준비하다, 마련하다, 요리하다; ~ *ručak* 점심을 준비하다 3. 혼수품을 준비하다; (필요한 지식을) 교육시키다; (나쁜 소식에) 대비하게 하다; ~ *đaka (za ispit)* (시험을 대비할 수 있도록) 학생을 지도하다 4. (나설 수 있도록) 옷을 입히다, 채비를 갖추다 (opremiti, obući); ~ *nekoga za put* 길을 떠날수 있도록 누구에게 옷을 입히다; ~ *dete za šetnju* 산책하게 아이에게 옷을 입히다 5. (일정한 장소에) 놓다, 두다 (metnuti, staviti); *spremi ga u veliki kovčeg* 그 사람을 커다란 관에 안치시키다 6. ~ **se** 준비되다, 채비가 되다; 옷을 입다; ~ *se za put* 길떠날 준비를 하다 7. ~ **se** 출발하다, 길을 떠나다 (uputiti se, zaputiti se); *kud si se spremio?* 너 어디 가는 길이야? 8. ~ **se** (뭔가를 연구조사하면서, 뭔가를 공부하면서 어떠한 일(사명)을 할 수 있도록) 준비하다, 대비하다, 공부하다; ~ *se za sveštenika* 성직자 공부를 하다 9. 기타; ~ *u grob koga* 누구의 죽음의 원인이 되다, 누구의 죽음을 초래하다

spremnica (부엌의) 식료품 저장실, 팬트리 (ostava, špajz, smočnica)

spremnost (女) 1. 준비(성) 2. (stručna) ~ 전문성

spretan *-tna, -tno* (形) 1. 능숙한, 능란한, 노련한 (umešan, vešt, okretan, snalažljiv); *biti ~tne ruke* 능수능란하다 2. (~에) 알맞은, 적합한, 적당한, (~의 목적에) 딱 들어맞는, 적당한 (pogodan, zgodan); *ova drška je ~tna* 이 손잡이는 적당하다

sprezanje (동사파생 명사) sprezati; (文法) 동사활용, 동사변화 (konjugacija)

sprezati *-žem* (不完) 1. 참조 spreči, spregnuti 2. (文法) 동사의 형태가 (인칭과

시제에 따라) 변하다, 동사활용하다

sprežnī *-ā, -ō* (形) 참조 sprega

sprežnik 쌍을 이뤄 쟁기 또는 수레에 묶여있는 마소들(sprega)의 한 마리

sprijateljiti *-im* (完) **sprijateljivati** *-ljujem* (不完) 1. 친교를 맺게 하다, 친하게 지내게 하다; ~ *nekoga s nekim* 누가 누구와 친해지게 하다 2. ~ *se* ~의 친구가 되다, ~와 친하게 지내다, 친해지다

sprint (스포츠) 스프린트, 단거리 육상 경기

sprinter (스포츠) 스프린터, 단거리 육상 선수

sprinterice (女,複) (육상선수들의) 스파이크화, 육상화(바닥에 스파이크가 달려 있는)

sprintovati *-tujem* (不完) (단거리를) 전력질주하다

sprljiti *-im* (完) 1. (가죽 등을) 불로 그슬리다, 불로 지지다 (opržiti); ~ *kožu* 가죽을 불로 그슬리다 2. 치다, 때리다 (udariti, mlatnuti)

sproću (前置詞, +G) 참조 spram (prema)

sprovesti *sprovedem*; *sproveo*, *-ela*; *sproveden*; *sprovešću* (完) **sprovoditi** *-im*; *sprovođen* (不完) 1. (일정한 장소까지 누구를) 인도하다, 안내하다, 동행하다, 데리고 가다 (보통은 길을 가르키면서, 동행하여); ~ *decu do letovališta* 아이들을 여름철 휴가지까지 데리고 가다 2. (무장상태로) 호송하다; ~ *osuđenika* 죄수를 무장호송하다; ~ *pod stražom* 경호하여 호송하다 3. 고인을 장례지까지 운반하다; ~ *pokojnika do groblja* 고인을 무덤까지 운반하다 4. (어떠한 계획·생각 등을) 실행하다, 실천하다, 실현하다; ~ *reformu* 개혁을 실행하다; ~ *plan* 계획을 실현하다; ~ *hapšenja* 체포하다 5. (어떤 것을 사는 곳·원하는 곳까지) 끌어오다, 설치하다; ~ *telefon* 전화선을 끌어오다; ~ *kanalizaciju* 하수도 시설을 설치하다 6. (시간을) 보내다; *očekivala je da će moći s prijateljicom neko vreme* ~ *u ugodnu razgovoru* 그녀는 친구와 편안한 대화의 시간을 보낼 수 있을 걸로 기대했다

sprovod 1. 장례 행렬, 장례, 장례식 2. 무장호송(수송); ~ *zatvorenika u zatvor* 죄수를 교도소까지 무장호송하는 것

sprovoditi *-im* (不完) 참조 sprovesti

sprovodljiv *-a, -o* (形) 실행(실천)할 수 있는, 실행(실천) 가능한

sprovodnī *-ā, -ō* (形) 1. (액체·전류 등을) 통과시키는, 전도성의, 도체의; ~ *cev* 도관(導管) 2. (무장하에) 호송하는 (경호·안전상의 이유로); ~ *oficir* 호송관 3. 참조 sporvod; 장례의, 장례식의 4. 기타; ~ *list* 소포 발송 서류,

소포 발송 신청서 ; ~ *o pismo* (~ *akt*); (보내지는 사람 혹은 화물과 함께 발송되는) 공문서, 송장(送狀)

sprovodnica 1. (강 반대편에 던져져 배를 타고 강을 건너는 사람이 잡고 가는) 밧줄 2. 소포 발송 서류, 송장(送狀) (sprovodni list)

sprovodnik 1. 호송관; ~ *robijaša* 죄수 호송관 2. 수행자, 안내자 3. (계획·아이디어 등의) 실천자, 실행하는 사람 4. 장례식 참가자, 관(棺)운반자 5. (物) 도체(導體) (provodnik); ~ *toplote* 열 전도체; ~ *struje* 전기 도체

sprovođen *-a, -o* (形) 참조 sprovoditi

sprovođenje (동사파생 명사) sprovoditi

sprtiti *-im*; *sprćen* (完) (등·어깨로부터) 짐을 내리다(부리다); ~ *torbu* (어깨에 맨) 가방을 내려놓다; ~ *odelo sa sebe* 재킷을 벗다

sprud *-ovi* (강가·바닷가의) 모래톱

sprudnik 참조 prudnik; (植) (약용식물의) 명아주

sprudovit *-a, -o* (形) 모래톱(sprud)이 많은

sprva (副) 맨 처음에, 처음부터 (u početku, isprva)

spržen *-a, -o* (形) 1. 참조 spržiti 2. 시든, 마른 (sasušen)

spržiti *-im* (完) 1. 기름에 튀기다 (ispržiti) 2. (불·열기로) 태우다, 태워 없애다 (opržiti, spaliti); *barut je spržio kožu* 화약이 피부를 태웠다 3. 시들게 하다, 마르게 하다 (sasušiti, sparušiti); *sunce je spržio sve na njive* 태양은 들판의 모든 것을 말라 비틀어지게 했다 4. ~ *se* 화상을 입다 (opeći se, oprljiti se)

spučati *-am* (不完) **spučavati** *-am* (不完) 참조 spučiti

spučiti *-im* (完) 1. 단추를 잠그다(채우다) (zakopčati, skopčati) 2. (날개를) 접다, 모으다

spust *-ovi* 1. (산·언덕의) 급경사, 급격한 내리막 (strmina) 2. (스키의) 하강 (smuk)

spustiti *-im*; *spušten* (完) **spuštati** *-am* (不完) 1. (뭔가를 위에서 아래로) 내리다, 내려놓다, 떨구다; ~ *torbu na zemlju* 가방을 땅에 내려놓다, ~ *slušalicu* 수화기를 내려놓다, 전화를 끊다; ~ *ruku* 손을 떨구다; ~ *rampu* 차단기를 내리다; ~ *zavesu* 커튼을 치다; ~ *balvane niz reku* 통나무를 강 밑으로 떠내려보내다; ~ *jedra* (*sidro*) 돛(닻)을 내리다; ~ *brod* (*u more*) 배를 진수하다 2. (앞으로) 구부리다, 숙이다; ~ *glavu* 고개를 떨구다 3. (시선·눈을) 떨구다, 밑으로 내리다; ~ *pogled* 시선을 떨구다 4. (가격 등을) 인하

하다, 내리다; ~ *cene* 가격을 내리다 5. (소리 등을) 줄이다, 낮추다; ~ *glas* 목소리를 낮추다 6. ~ *se* (높은데서 낮은데로) 내려오다(가다); ~ *se s planine* 산에서 내려오다; *avion se spustio* 비행기가 하강했다; *zavesa se spustila* 커튼이 쳐졌다; ~ *se padobranom* 낙하산을 타고 내려오다 7. (서 있던 상태에서) 앉다, 눕다; ~ *se u fotelju* 소파에 앉다; ~ *se na kolena* 무릎을 꿇고 앉다 8. ~ *se* (비가) 떨어지다, 내리다; (어둠·밤이) 깔리다, 시작되다; *noć se spustila* 어둠이 깔렸다, 밤이 되었다; *magla se spustila* 안개가 끼었다 9. ~ *se* (온도·가격 등이) 내리다, 줄어들다, 떨어지다; *temperatura se spustila* 온도가 떨어졌다 10. 기타; ~ *durbin* 요구사항을 많이 줄이다; ~ *koren* 뿌리를 내리다; ~ *krila* 날개를 접다; ~ *nos* 고개를 떨구다; ~ *ton* 1)흥분을 가라앉히고 조용히 이야기하다 2)요구사항을 줄이다; ~ *se do životinje* 짐승과 같이 거칠고 잔인해지다; ~ *se iz oblaka* 현실을 깨닫다

spuštanje (동사파생 명사) spuštati; *(prinudno)* ~ *aviona* 비행기의 강제 착륙; ~ *u more* (배의) 진수

spuštati *-am* (不完) 참조 spustiti

spušten *-a, -o* (形) 참조 spustiti

sputan *-a, -o* (形) 1. 참조 sputati 2. 좁은, 비좁은, 꽉죄는 (tesan, uzak); *zagleda se u njegovo ~o odelo* 그의 꽉 조이는 옷을 유심히 바라보다 3. 힘들게 움직이는, 겨우 움직이는 (teško pokretljiv) 4. (비유적) 제한적인, 제한된; 묶인, 얽매인 (ograničen, vezan); *on se oseća ~ (~im)* 그는 제약을 받는 것처럼 느꼈다; *gleda s ... podsmehom na ... sputano čovekovo spoznavanje* 인간의 제한적인 지식을 조소하면서 바라봤다

sputanost (女) 억제; 금지, 금제(禁制)

sputati *-am* (完) **sputavati** *-am* (不完) 1. (손·발을 체인·밧줄 등으로) 묶다; ~ *nekome ruke* 누구의 손을 묶다 2. (말의 앞 발을) 묶다 (sapeti); ~ *konja* 말의 앞 발을 묶다 3. 단추를 잠그다(채우다), (단단히) 여미다 (zakopčati, skopčati) 4. (비유적) (움직임·발전 등을) 못하게 하다, 저해하다, 방해하다, 제한하다, 속박하다 5. 기타; *biti sputanih ruku* 손이 묶이다(결정할 자유가 없다)

sputnjik 스푸트니크(소련의 인공위성)

spuž *-a*; *-i & -evi* 참조 puž; 달팽이

spužolina 달팽이 집, 달팽이 껍집

spužva *-ava* 1. (動) 해면 동물, 해면류 2. 스

편지; *preći ~om preko čega* (뭔가를) 잊다 (잊어버리다); *napiti se kao* ~, *piti kao* ~ 완전히 술취하다, 술을 많이 마시다

spužvar 해면류(spužvar)를 바다에서 걷어 올리는 사람

spužvast *-a, -o* (形) 1. 스펀지(spužva)같은 (sunđerast); *~o tkivo* 스펀지 같은 조직 2. (비유적) 실수(착오)가 많은, 결함이 많은

sračunat *-a, -o* (形) 참조 sračunati; ~ *čovek* 계산적인 사람; ~ *efekat* 계산된 효과

sračunati *-am*; *sračunat* (完) **sračunavati** *-am* (不完) 1. 계산하다, 산출하다 2. 생각하다, 결론을 내다; 평가하다, 판단하다 (smisliti, zaključiti; proceniti, proračunati)

sram 1. (보통은 무인칭문의 서술어 기능으로) 수치, 창피, 부끄러움; *sram vas bilo!* 당신 창피한 줄이나 알아! 2. 창피한 행동, 수치스런 행동 (sramota) 3. 기타; *vezati za stub ~a* 공개적인 여론 재판에 처하다, 공개적으로 낙인찍다

sraman *-mna, -mno* (形) 창피한, 부끄러운, 수치스런; *~mno ponašanje* 창피한 행동; *~mni stub* (옛날 죄인들이 목과 두손을 널반지 사이에 끼워 뭇사람에게 구경시킨) 형틀, 칼; *dati (pribiti) na ~mni stub* 공공연히 낙인찍다; *~mni ud* 남성의 성기, 페니스

sramežljiv *-a, -o* (形) 너무 부끄러워하는, 부끄러움을 타는, 소심한 (stidljiv, bojažljiv); ~ *osmeh* 부끄러워하는 미소

sramežljivac *-vca* 부끄러움을 타는 사람, 소심한 사람 **sramežljivica**

sramežljivost (女) 수줍음, 부끄러움, 부끄러워함, 소심함

sramiti se *-im se* (不完) **posramiti se** (完) 창피함을 느끼다, 부끄러워하다 (stideti se); *on se srami svojih postupaka* 그는 자신의 행동을 부끄러워한다

sramnik 창피해할 줄 모르는 사람, 염치가 없는 사람, 부끄러워할 줄 모르는 사람 **sramnica**

sramota 1. 창피한(부끄러운, 수치스런) 행동·행위; *to što su učinili je* ~ *za sve nas* 그들이 행한 것은 우리 모두에게 수치스런 것들이다; *to je ~!* 그것은 수치스런 행동이다! 2. 창피, 수치; ~ *me je zbog njega* 그때문에 나는 창피해 죽겠다; *zar te nije* ~ *da tako nešto kažeš?* 그렇게 말하는 것이 너는 창피하지 않느냐?; *bilo me je* ~ 나는 창피해 죽는줄 알았다; *stub ~e* 형틀, 칼 (죄인으로 공개적으로 낙인찍는) 3. 창피한(수치스런) 행동을 한 사람; *beži odavde, ~o!* 여기서

떠나라, 창피한 놈아!

sramotan -tna, -tno (形) 창피한, 부끄러운, 수치스런 (sraman, bestidan); ~tne bolesti 성병(性病)

sramotište (옛날 죄인의 목과 두손을 널빤지 사이에 끼워 뭇사람에게 구경시킨) 형틀, 칼

sramotiti -im (不完) osramotiti (完) 1. 창피하게 하다, 수치스럽게 하다, 부끄럽게 하다, 불명예스럽게 하다; ~ roditelje 부모를 수치스럽게 하다; ~ ime svojih roditelja 자기 부모의 이름을 더럽히다; ~ kuću 집안의 명예를 더럽히다; time sramotiš sama sebe! 그렇게 함으로써 너자신만 수치스럽게 만든다; 2. (처녀의) 처녀성을 빼앗다; ~ devojku 처녀의 처녀성을 빼앗다 3. ~ se 망신을 당하다, 창피당하다

sramotnik 창피함(수치스러움, 부끄러움)을 모르는 사람, 염치없는 사람 sramotnica

sraslica 1. (植) 쌍둥이 과일 2. (文法) 복합어, 합성어 (složenica)

srasti srastem; srastao, -sla (完) srastati - am, sraščivati -čujem (不完) 1. 자라면서 하나로 결합하다(붙다), 단단히 붙다(결합하다); ova dva drveta su srasla (u jedno) 이 두 나무는 (한 나무로) 결합되었다; obrve su mu srasle 그의 눈썹은 서로 착 달라붙었다; srastao sam sa ovom zemljom i kućom 나는 이 땅과 집과 뗄레야 뗄 수 없었다 2. (상처가) 치료되다, 낫다 (zarasti, zalečiti se) 3. ~ se 하나로 결합되다 4. ~ se 복합어 (sraslica)로 되다

srati serem (不完) (卑俗語) 1. 똥을 싸다(누다) 2. (비유적) 헛소리를 지껄이다, 말도 안되는 소리를 하다; nemoj da sereš! 헛소리 하지 마!

sravnati -am (完) 허물다, 쓰러뜨리다, 무너뜨리다, 파괴하다 (oboriti, srušiti)

sravniti -im; sravnjen (完) sravnjivati -njujem (不完) 1. 비교하다 (uporediti); ~ original s kopijom 원래의 것을 복제품과 비교하다 2. 분쟁(송사)을 해결하다, 화해하다, 조정에 합의하다 3. 쓰러뜨리다, 허물다, 무너뜨리다, 파괴하다 (oboriti, srušiti); ~ grad sa zemljom 도시를 철저히 파괴하다

sravnjiv -a, -o (形) 비교할 만한, 비교할 수 있는

sravnjivanje (동사파생 명사) sravnjivati

sravnjivati -njujem (不完) 참조 sravniti

sraz 1. (두 개의 입자·물체 등의) 강한 충돌, 부딪침 (sudar) 2. (의견의) 충돌, 불화 (sukob, sudar)

sraziti -im; sražen (完) 1. 한 방에 죽이다; 한 순간에 쓰러뜨리다(무너뜨리다) 2. (전투·전쟁에서) 물리치다, 패퇴시키다 3. ~ se 충돌하다, 부딪치다

srazmer (男), **srazmera** (女) 1. 비(比), 비율 (proporcija) 2. (數) 비례

srazmeran -rna, -rno (形) ~에 비례하는 (razmeran, proporcionalan); plata je ~rna zalaganju 월급은 공헌도에 비례한다

srazmerno (副) 비례하여, 비교적; bilo je ~ interesantno 비교적 흥미로웠다

Srbadija 세르비아 민족; 세르비아

Srbenda (男) (지대체) Srbin; 세르비아인

Srbija 세르비아; Srbin; Srpkinja; srpski (形)

Srbijanac 세르비아에 사는 세르비아인 Srbijanka; srbijanski (形)

Srbin Srbi, Srba 세르비아인

srbizam -zma (다른 언어속의) 세르비아어적 요소

srbizirati -am (完,不完) 세르비아화(化)하다, 세르비아인화하다 (posrbiti)

srbofil 친세르비아주의

srbofob 반세르비주의

srbovati -vujem (不完) 세르비아적인 요소를 강하게 나타내다(표현하다), 세르비아인처럼 생활하다(행동하다)

srbožder (口語) 반세르비아적인 사람, 세르비아 혐오자

srbulja 중세 세르비아어판 서적 (중세 세르비아어인 srpskoslovenski로 쓰여진)

srcast, **srcolik** -a, -o (形) 심장(srce) 모양의, 하트 형태의; ~i list 하트 모양의 잎

srce (複,生 srca, 드물게 혹은 시적으로 srdaca) 1. 심장; 심장이 위치한 곳 (왼쪽 가슴의) srce pravilno kuca 심장이 규칙적으로 박동한다; bolesti ~a 심장병; slabo ~ 약한 심장; staviti ruke na ~ 왼가슴에 손을 얹다; imati manu ~a 심장에 문제가 있다 2. (보통 숙어로) 성격, 천성 (narav, karakter); 마음, 속마음, 사랑, 애정 (ljubav); biti dobrog(zlog) ~a 좋은(나쁜) 성격이다; biti tvrda ~a 모진 성격이다; biti kamenog ~a 냉정하다; ~ me boli 마음이 아프다; ~ mi se cepa (kida) 마음이 찢어진다; ~ me vuče ka njemu 마음이 그에게로 간다; nemam ~a da mu to kažem 그것을 그에게 말할 용기가 없다; ~ me boli kad to vidim 그것을 볼 때 내 마음이 아프다; čovek bez ~a 무정한(냉정한) 사람; smejati se od ~a 마음껏 웃다 3. 친근하게 부를 때 (보통 moje와 함께) 4. (비유적) (국가·자치주 등의) 중심, 중심지

(središte, centar); ~ *Srbije* 세르비아의 중심지 5. (과일 등의) 속 (jezgra); (~의) 내부, 안; ~ *lubenice* 수박의 속; ~ *broda* 선박 내부 6. 가장 중요한 것, 핵심, 정수 (srž, suština) 7. 위(胃) (želudac, stomak) 8. 하트 모양의 것(물건) 9. 식물 명칭의 일부로서; *devojačko (udovičko)* ~ 꽃의 한 종류 10. 기타; *biti lavljeg* ~*a* 용감하다; *biti nakraj* ~*a* 아주 사소한 것에도 화를 내다; *biti (ležati) kome na* ~*u* 누구의 걱정(관심) 대상이다; *biti brat po* ~*u* 심정적인 형제 (자기와 똑같이 생각하고 느끼고 바라는); *veliko* ~ 매우 훌륭한 사람; *veselo* ~ *kudelju prede* ~에 대한 애정이 일을 하는 가장 강력한 동력이다; *nositi dete pod* ~*em* (여성이) 임신중이다; *dirnuti (taknuti) u* ~ 가장 민감한 부분을 건드리다다; *do dubine* ~*a, iz dubine* ~*a* 마음속 깊은 곳으로부터; *dokle mi* ~ *(u grudima) bije (kuca)* 죽을 때 까지; *prirasti za* ~ 매우 가까워지다 (사랑스러워지다); *zečje* ~ 매우 겁이 많은 사람; *zlatno* ~ 귀족; *izgore (izgorelo) mu* ~ 그는 ~을 매우 하고 싶다(하고 싶었다); *iz dna* ~*a, iz svega* ~*a* 온마음으로, 매우 열렬히; *imati (zlo)* ~ *na koga* 누구에게 화내다; *imati porod od* ~*a* (여성이) 아이가 있다, 후손이 있다; *iskaliti* ~ *na koga* 누구에게 화내다; *iščupati koga iz* ~ 마음속에서 누구를 지우다; *učiniti laka* ~*a* (결과에 대한) 생각없이 ~하다; *na gladno* ~ 공복에; *(od)laknulo je* ~*u* 불쾌한(두려운) 기분에서 벗어나다; *učiniti od (svega) srca* 기꺼이 ~하다; *ponuditi ruku i* ~ 청혼하다; *palo mu je* ~ *u gaće, sišlo mu* ~ *u pete* 깜짝 놀랐다(간 떨어지는줄 알았다); *po* ~*u je* 입맛에 따라; *učiniti preko* ~*a* 마지못해 ~하다; *primiti k* ~*u* 아주 잘 기억하다; *puno mi je* ~ 만족감으로 충만하다, 충분히 만족하게 하다; *razbiti (slomiti) nekome* ~ 누구를 불행하게 하다; *rana na* ~*u* 커다란 걱정(근심); *ruku na* ~ 솔직하게; *sad mi je* ~ *na mestu* 내 바람(소원,기대)이 이뤄졌다; *svaliti se na* ~ 커다란 근심거리가 되다; *svim* ~*em* 온마음으로; *vene (kopni, topi se)* ~ *za nekim* 누구에 대한 사랑에 대한 갈증으로 말라죽다; *pustiti* ~ *na volju* 자기의 마음이 가는대로 가게 내버려두다; *teret mu je pao s* ~*a* 근심 걱정거리를 덜다; *teška* ~*a (pristati na što)* 마지못해 (승낙하다); *ugristi (ujesti) za* ~ 유쾌하지 못한 일을 범하다(하다); *u dubini* ~*a* 다른 사람 몰래, 비밀리에, 비밀스럽게;

urezalo mu se u ~ 항상 생각하는(바라는, 원하는) 대상이 되다

srcobolja 1. 심장병 2. 위장병, 복통

srcolik -*a*, -*o* (形) 심장(srce) 모양의, 하트 모양의, 하트 모양과 비슷한; ~ *list* 하트 모양의 잎사귀

srča 1. 유리 (staklo); 깨어진 유리 조각 2. 유리 그릇

srčali (形) (不變) 유리의, 유리로 된 (staklen)

srčan -*a*, -*o* (形) 용감한, 대담한 (odvažan, hrabar)

srčanī -*ā*, -*ō* (形) 참조 srce; 심장의; ~*a mana* 심장 결함; ~ *bolesnik* 심장병 환자; ~ *udar* 심장마비; ~ *zalistak* 심장판막; ~ *zastoj* 심박 정지; ~*a kesa* 심낭, 심막

srčanica 1. (차의 앞축과 뒷축을 연결하는) 가는 막대(나무) 2. (解) 심막, 심낭 3. (植) 익모초

srčanik (植) 용담(종 모양의 파란색 꽃이 피는 야생화의 일종)

srčanost (女) 용기, 용감(함), 대담(함)

srčika 1. (식물의) 진 2. (맛이 좋은) 사과의 한 종류 3. (비유적) 정수, 핵심 (srž, jezgro, suština čega)

srčun (植) 펠리트륨

srdačan -*čna*, -*čno* (形) 진심어린, 성심성의의, 따뜻한; 호의적인, 애정어린, 진실한; ~ *doček* 따뜻한 마중; ~ *čovek* 마음이 따뜻한 사람

srdačnost (女) 진심, 충정, 성심성의, 진심 어린 언행

srdašce -*a* & -*eta*; -*a* & *srdašaca* (지소체) srce

srdela 참조 sardela; (魚類) 정어리

srdit -*a*, -*o* (形) 1. 화를 잘내는, 쉽게 화를 내는 (razdražljiv, prgav, prek); *otac mu je* ~ *čovek* 그 사람의 아버지는 화를 잘내는 사람이다 2. 분노에 휩싸인, 화난, 성난, 노한, 분개한; *nešto je jutros* ~ 그는 뭔가 아침에 화가 나 있다; ~ *pogled* 화난 듯한 시선 3. (비유적) 위험한 (opasan)

srditi -*im* (不完) rasrditi (完) 1. 화나게 하다 (만들다) 2. ~ *se* 화내다 (ljutiti se)

srditost (女) 화, 분노, 노여움, 격노

srdnja 화, 분노 (gnev, ljutnja); 화를 냄, 분노함; 서로간의 적대감

srdobolja (病理) 이질 (dizenterija)

srdžba 분노, 격노, 화 (ljutnja, gnev)

srebrast, srebrnast -*a*, -*o* (形) 은(銀)같은

srebren -*a*, -*o* (形) 참조 srebrn

srebriti -*im* (不完) posrebriti (完) 1. 은도금

하다; ~ *pribor za jelo* 식사 도구(나이프·포크·수저)를 은도금 하다 2. ~ **se** 은처럼 빛나다

srebrn *-a, -o* (形) 1. 은의, 은을 함유한; *~a ruda* 은광석 2. 은으로 만들어진; *~i novac* 은화; *~a kolajna* 은메달 3. 은실로 짠 4. 은빛깔의, 은색의 5. (비유적) (소리가) 듣기 좋은, 낭랑한, 청명한 6. (영혼이) 맑은 7. 기타; *~i vek književnosti* (절정기를 지난) 문학의 쇠퇴기; *~a lisica* 은빛여우; *~a svadba, ~i pir* 은혼식

srebrnarija (集合) 은제품, 은식기류(나이프·포크·접시 등의)

srebrnik 은화(銀貨)

srebrnina 은제품, 은식기류(특히 나이프·포크·접시 등의) (srebrnarija)

srebrnjača 은도금된 총

srebrnjak 1. 은화 (srebrnik) 2. 은도금 권총 (보통 허리춤에 차는) 3. (일반적인) 은장식 도구

srebro 1. (鑛物) 은 2. (集合) 은제품; 은실; 은화; *haljina izvezana ~om* 은실로 짠 드레스 3. (비유적) 은을 회상시키는 하얀 것; 흰 머리 4. 기타; *živo ~* 수은 (živa)

srebroljubac *-upca* 돈을 지나치게 좋아하는 사람, 수전노, 구두쇠 (lakomac, tvrdica, škrtac)

srebroljubiv *-a, -o* (形) 돈을 지나치게 좋아하는, 탐욕스런

srebroljublje 탐욕, 욕심

srebronosan *-sna, -sno* (形) 은(銀)을 포함하고 있는, 은이 들어있는; *~sne rude* 은광석

sreća 1. 운, 행운, 행복, 성공; *novac ne donosi ~u* 돈이 행복을 가져오지는 않는다; *porodična ~* 가정의 행복; *lična ~* 개인적 행운; *~ u ljubavi* 사랑운(運); *~ u kartama* 도박운(運); *na putu nas je pratila ~* 여행길에 행운이 따랐다 2. 기타; *biti zle (hude, crne) ~e* 운이 없다, 매우 불행하다; *biti pijan (lud) od ~e* 매우 행복한, 매우 운이 좋은; *gde je ~e, tu je i nesreće* 행운이 있는 곳에 불운이 있다(좋은 일이 있는 곳에 나쁜 일이 있다); *kvariti devojačku ~u* 좋아하는 사람과의 결혼을 못하게 하다; *dobra ti ~!* 사람을 영접하면서 하는 말; *igra na ~u* (복권·룰렛 등) 운에 맡기고 하는 게임; *ići na ~u* 생각없이 하다(운에 맡기다); *ima više ~e nego pameti* 자신의 성공이 자신의 능력 보다는 운이 따랐기 때문이라고 말할 때 사용; *kamo (lepe, puste) ~e* 운이 따르지 않았을 때 아쉬움을 나타내는 말; *luda*

(slepa) ~ 예기치 않은 행운, 대박; *na ~u* 운좋게도, 다행히; *okušati ~u* 운을 기대하면서 하다; *na našu ~u* 우리에게 다행히; *~ dolazi kad joj se najmanje nadaš* 행운은 기대하지 않을 때 온다; *svako je kovač svoje ~e* 인생에서의 성공은 자신의 노력과 땀에 달려있다; *ko rano rani, dve ~e grabi* 일찍 일어나는 새가 벌레를 잡는다; *luka ~e* 함께 하면 인생의 영원한 행복을 얻을 수 있다고 사람들이 믿는 사람; *svezati ~u s kim* 누구와 동업하다(결혼하다); *deliti s nekim ~u i nesreću* 동고동락하다

srećan *-ćna, -ćno* (形) (=sretan) 1. 운좋은, 행운의; *roditi se pod ~ćnom zvezdom* 천운을 타고나다 2. 행복한; ~ *čovek* 행복한 사람; *~ćna porodica* 행복한 가정; *osećati se ~ćnim* 행복감을 느끼다; *film se ~ćno završava* 영화는 해피엔딩으로 끝난다 3. 적합한, 적당한, 알맞은 (povoljan, podesan); *učinili su to u jednom ~ćnom političkom trenutku* 그들은 그것을 정치적으로 적당한 한 시기에 했다 4. (행운이 함께 하기를 기원하는 작별의 인사 등에서); *~ćno!* 행운이 함께 하기를; ~ *put!* 좋은 여행이 되기를!; ~ *Božić!* 메리 크리스마스, 즐거운 성탄이 되기를!; *~ćna nova godina!* 근하신년, 즐거운 신년이 되기를!; ~ *rođendan!* 생일 축하해! 5. 기타; *rodi me majko, ~ćnog, pa me baci na dubre* 운은 태어날 때 부터 타고난다

srećka 복권(표·티켓)

srećnik (=sretnik) 운좋은 사람, 행복한 사람

srećnica, sretnica

srećolovac 행운을 쫓는 사람, 행복을 추구하는 사람

srećom (副) 운좋게, 다행히

sred (前置詞, + G) 참조 usred; (시간·공간상으로) ~의 중간에, 가운데에, 중심에; ~ *kuće* 집 한가운데에; ~ *noći* 한밤중에; ~ *ljudi* 사람들 사이에서; ~ *razgovora* 대화중에

sreda 1. 수요일; *u ~u* 수요일에; *svake ~e* 매 수요일에; *~om* 수요일마다; *prošle (iduće) ~e* 지난(다음) 수요일에 2. 중간, 가운데 (sredina); *na ~i kafane mala lampa visi o tavanici* 선술집의 중간에 작은 호롱불이 천장에 매달려있다 3. 기타; *biti po ~i* (口語) 사실은 ~이다; *ja sam mogu reći da je tu nešto drugo po ~i* 이것이 사실은 다른 것이라고 말할 수 있다; *na ~u izneti (dati) nešto, na ~u izaći s nečim* 여론에 ~을 공개하다(폭로하다); *nasred (posred, usred) ~e* 정확히 한 가운데에; *velika ~* (宗) 부활

절 바로 앞의 수요일

sredina 1. (시간·공간상으로) 한가운데, 중앙; *u ~i* 가운데에; *izneti nešto na ~u* 의사안건에 붙이다, ~에 대해 공개적인 토론을 제안하다; ~ *puta* 길 한가운데; ~ *sobe* 방 한가운데; ~ *leta* 한 여름; ~ *života* 중년 2. 중간 부분, 중간; ~ *hleba* 빵의 중간 부분 3. (양끝의) 중앙, 중용, 중도; *između nauke i vere nema ~e, pomirenje je nemoguće* 과학과 종교 사이에 중도는 없다, 화해는 불가능하다; *zlatna* ~ (입장의) 중용, 중도; *voditi politiku zlatne ~e* 중도적 정책을 시행하다 4. (살아가는) 자연 환경; (삶을 영위해 가는) 사회적 환경; *pravo na zdravu životnu ~u* 건강한 환경권; *zaštita životne ~e* 환경 보호; *čovek je proizvod ~e* 사람은 사회적 환경의 결과물이다 5. (한 지역의) 주민; (직업·계층 등으로 묶여진) 사람들, 집단; *naša ~ nema razumevanja za to* 우리들은 그것을 이해못한다 6. (數) 평균, 산술평균

središnī -*ā*, -*ō*, **središnjī** -*ā*, -*ē* (形) 중앙의, 가운데의; ~*a linija* (축구의) 중앙선; ~ *položaj* 정중앙 위치

središnjica 1. 최고 운영기관; 중앙, 본부 (centrala) 2. (체스의) 체스경기의 중간 부분 (시작이나 마무리 단계가 아닌)

središte 1. (~의) 중앙, 중심, 한가운데, 정중앙; ~ *grada* 도시 중심부; *u ~u pažnje* 관심의 한복판에서; *pogoditi u ~ mete* 타켓의 정중앙에 맞추다 2. (어떠한 활동의) 중심지; ~ *teške industrije* 중공업 중심지; ~ *zbivanje* 사건의 중심지 3. 최고운영기관, 중앙, 본부 4. (數) 중심, 중심점

srediti -*im*; *sređen* (完) **sređivati** -*đujem* (不完) 1. 정리하다, 정돈하다; ~ *sobu* 방을 정돈하다 2. (년도·크기 등에) 맞춰 정리하다; ~ *knjige po godištima* 책들을 발행년도에 맞춰 정돈하다 3. 실현될 수 있도록 뭔가를 하다(행하다), 해결하다; *srediću ti ja za dom* 내가 네 방 문제를 (어떻게든) 해결해줄게 4. (nekoga) (누구를) 손보다; 때리다, 구타하다; 죽이다, 살해하다 (izbiti, ubiti) 5. ~ *se* (생각을) 가다듬다, 심란한 마음을 가라앉히다; (옷 매무새 등을) 가다듬다

srednjak 1. (부자도 가난하지도 않은) 중농(中農), 중간 정도의 재산을 가진 농부 2. 가운데 손가락, 중지(中指) 3. 연평균 강수량

srednje (副) 중간 정도로, 그럭저럭 (ni dobro ni loše)

srednje-, srednjo- (接頭辭) 가운데, 중간, 중앙

srednjeprugaš 중거리 육상선수

srednjevekovnī -*ā*, -*ō* (形) 중세의

srednjī -*ā*, -*ē* (形) 1. (양끝의) 중간의, 가운데의; ~ *prst* 중지(中指), 가운데 손가락; ~ *vek* 중세 2. (높고 낮은 것의, 크고 작은 것의, 무겁고 가벼운 것의) 중간의; 평균의, 보통의, 평범한 (prosečan, običan, tipičan); *čovek ~eg rasta* 평균 신장의 사람; *čovek ~ih godina* 중년의 사람; *on je ~e pameti* 그의 지능은 보통이다; *kakav je bio film? ~a žalost* 영화가 어땠느냐? 그냥 그저 그래; ~*a dnevna temperatura* 일평균기온; ~*a škola* 중학교; ~*a stručna škola* 중등직업학교 3. 기타; (od) ~*e ruke* 최상도 최악도 아닌; ~ *put* (~*im putem*) 중도의, 중용의; *on je za ~ put, mirnu evoluciju* 그는 중도의 길 즉 평온한 발전을 지향한다; *u ~u ruku* 평균적으로 (prosečno) 4. (文法) 중성의; ~ *rod* 중성(中性)

srednjo- (接頭辭) 참조 srednje-; *srednjoazijski* 중앙아시아의; *srednjoročan* 중기(中期)의; *srednjoškolski* 중학교의

srednjoevropskī -*ā*, -*ō* (形) 중유럽의; ~*o vreme* 중유럽시간대

srednjoistočnī -*ā*, -*ō* (形) 중동(中東)의, 아랍의

srednjoškolac 중학생 **srednjoškolka**; **srednjoškolski** (形)

srednjotalasnī -*ā*, -*ō* (形) 중파(中波)의

srednjovalnī -*ā*, -*ō* (形) 참조 srednjotalasni

srednjovekovnī -*ā*, -*ō* (形) 중세의

sredokraća 1. (양끝점·양끝 지역으로부터의) 중간, 중간점, 중간 지역 (središte) 2. (길이 교차하는) 사거리, 교차지점 (raskrsnica, raskršće)

sredovečan -*čna*, -*čni* (形) 중년의; ~ *čovek* 중년의 남성

Sredozemlje 지중해; *u ~u* 지중해에서

sredozemnī -*ā*, -*ō* (形) 지중해의; *Sredozemno more* 지중해

sredstvo 1. (목표에 도달하기 위한) 수단, 방법; *on ne bira ~a da dođe do cilja* 그는 목표에 도달하기 위해 수단과 방법을 가리지 않는다; *cilj opravdava ~* 목표가 수단을 정당화한다; *krajnja ~a* 극단적 방법 2. 도구, 수단; ~*a za proizvodnju* 생산 수단; ~ *plaćanja* 지불 수단; *saobraćajna ~a* 교통 수단; ~ *za javnog informisanja* 미디어; ~ *za beljenje* 표백제; *za čišćenje* (화장을 지우는) 세안제, 클렌저 3. 약, 약제, 의료기기 (도구); ~*a za kontracepciju, preventivna*

~a 피임약, 피임 도구; ~ *za otvaranja* 변비
약, 하제(下劑); ~ *protiv glavobolja* 두통제
4. 돈, 자본, 자재 (novac, kapital); *novčana*
~a 자본; *naša zemlja još ne raspolaže*
potrebnim ~ima za takav poduhvat 우리나
를 그러한 프로젝트를 추진하기 위해 필요한
자본이 아직 없다; *finansijska ~a* 재원(財
源); *obrtna ~a* 유통되는 자본, 자본재;
onsnovna ~a 기본재 5. (조격 형태로, 전치
사 기능으로) ~의 도움을 받아

sređen *-a, -o* (形) 1. 참조 srediti 2. 정돈된,
정리된; 안정된, 안정적으로 자리를 잡은

sređivati *-đujem* (不完) 참조 srediti

Srem 스렘(세르비아 보이보디나 지방의)
Sremac; Sremica; sremski (形)

sreskī *-ā, -ō* (形) 1. 참조 srez; 지구(地區;
srez)의 (여러개의 군이 모여 한 행정단위를
이루는) ; *~a vlast* 지구 당국; ~ *načelnik* 지
구장 2. (명사적 용법으로) 지구장 (načelnik
sreza)

sresti *sretnem*; *sreo, -ela* (完) **sretati** *-am* &
-ćem (不完) 1. 만나다, 우연히 만나다; ~
poznanika na ulici 길거리에서 지인을 만나
다; ~ *prijatelja u pozorištu* 극장에서 친구
를 만나다 2. 알아차리다, 느끼다; ~ *nečije*
pogled 누구의 시선을 느끼다 3. 마중하다,
기다리다, 영접하다 (dočekati); *ljubazno su*
nas sreli 우리를 친절하게 맞이했다 4. ~ se
(지나가면서 반대 방향으로 가는 누구를) 만
나다, 보다, 마주치다; *slučajno smo se sreli*
우리는 우연히 마주쳤다 5. ~ se 서로가 서
로를 보다, 눈길을 마주치다(교환하다); *oči*
im se sreli, pogledi su im se spreli 그들은
눈길을 교환했다 6. ~ se 맞부딪치다, 서로
닿다 ; *noge im se sretnu pod stolom* 테이
블 밑에서 그들의 다리는 서로 부딪쳤다 7.
~ se (인생·일에서) ~와 직면하다; *tu ćeš se*
~ *s novim problemima* 여기서 새로운 문제
들에 직면하게 된다 8. ~ se 합의하다, 입장
을 조율하다; *u mnogim pitanima nisu*
uspeli da se sretnu i slože 많은 문제들에서
입장을 조율하는데 실패했다 9. 기타; ~ *se*
s pameću (sa svešću) 제정신을 차리다

sreš 1. 주석(酒石)(포도주 양조통 밑바닥에 생
기는 침전물(沈澱物) 2. (方言) 서리 (mraz,
inje)

sretan *-tna, -tno* (形) 참조 srećan

sretati *-am* & *-ćem* (不完) 참조 sresti

Sretenje 1. (正教) 성촉절(聖燭節), 주님봉헌축
일 (2월14일) 2. 세르비아 국가수립일

sretnica 참조 srećnik; 운좋은 여자, 행복한

여자

sretnik 참조 srećnik

srez *-ovi* (歷) (몇 개의 군(opština)을 묶어 이
룬) 지구(행정-영토 단위); 지구청(廳)
(kotar) **sreski** (形)

srezati *-žem* (完) **srezivati** *-zujem* (不完) 1.
(칼·가위 등으로) 자르다 (izrezati, iseći); ~
nokte 손톱을 자르다; ~ *sir* 치즈를 자르다
2. 잘라 (어떤) 형태를 만들다; *ograda je*
bila divno srezana 담장은 잘 다듬어졌다 3.
(재단에 따라) 자르다, 재봉하다 (skrojiti);
~ *haljinu* 드레스를 재단하다 4. 무뚝뚝하게
(날카롭게) 대답하다 (odbrusiti) 5. 패퇴시키
다, 물리치다 (poraziti, potući)

srg *-ovi* 긴 막대기 (빨래·옷 등을 말리거나
통풍시키기 위해 그 위에 걸어놓는)

srh (複) *srsi* (보통은 복수 형태로 사용됨)
(추위·공포 등으로 살갗에 생기는) 소름
(žmarci, jeza)

sricati *-čem* (不完) (글씨를) 한 자 한 자 (한
음절 한 음절) 읽다

srkati *-čem* (不完) **srknuti** *-nem* (完) 1. (액체
나 죽 등을) 쩝쩝 소리를 내며 먹다(마시다)
2. 담배연기를 빨아들이면서 담배를 피다;
공기를 들이마시다

srkut 한 모금, 한 번 홀짝거리며 마시는 양
(sr k, gutljaj)

srkutati *-čem* (不完) (지소체) srkati; 한 모금
마시다, 한 번 홀짝 마시다

srljati *-am* (不完) **srljnuti** *-nem* (完) 1. 미친듯
이 (어디로) 몰려가다, 몰려들다, 쇄도하다,
급히 가다; ~ *u nereću* 불행을 향해 미친듯
이 몰려가다; ~ *u propast* 파멸에 돌입하다;
kuda ste srljnuli? 어디를 급히 가시나요? 2.
(목적없이) 배회하다, 어슬렁거리다, 이리저
리 돌아다니다; ~ *ulicama bez cilja* 목적없
이 거리를 배회하다 3. (na koga) 공격하다
(napadati)

srma 1. 순은(純銀) 2. 은사(銀絲), 은실 3. (비
유적) 은빛, 은색; 서리 4. 사랑스런 사람을
부를 때 사용함

srmali (形) (不變化) 순은(srma)의, 순은으로
만들어진

srna (動) 노루; *brz (zdrav) kao* ~ 매우 빠른
(건강한) **srneći** (形); *~e meso* 노루 고기

srnčad (女) (集合) srnče

srnče *-eta* 노루 새끼, 새끼 노루

srndać (動) (다 큰) 노루 숫컷

srndak (男), **srndakuša** (女) (植) 갓버섯속
(屬)(버섯의 한 종류)

srnećī *-ā, -ē* (形) 노루의

1211

srnetina 노루 고기

srnuti *-nem* (完, 不完) 1. 급히 (어디론가) 가다, 쇄도하다, 몰려가다; 사방에서 떼지어 몰려가다 2. (na koga) 쫓아가 공격하다

sročan *-čna, -čno* (形) 어울리는, 조화를 이루는, (문장에서 다른 단어와) 일치하는 (saglasan, složan, skladan)

sročiti *-im* (完) 1. (각각을 결합하여 하나의 전체로) 만들다, 조립하다; (시 등을) 쓰다; *pravilno ~ rečenicu* 올바로 문장을 만들다; *~ pesmu* 시를 쓰다 2. 누구를 재판에 소환하다

srodan *-dna, -dno* (形) 1. 같은 혈족(혈통)의, 기원(출처)이 같은; *~dni jezici* 같은 어족의 언어들 2. 비슷한, 유사한 (blizak, sličan); *~dne duše* 비슷한 정신

sroditi *-im* (完) 1. 가깝게 만들다, 친하게 만들다; *nevolje su nas srodile* 어려움이 우리를 가깝게 만들었다 2. ~ se 친해지다, 가까워지다 (zbližiti se, sprijateljiti se) 3. ~ se s nekim (nečim) ~에 익숙해지다; ~ se s nevoljama 어려움에 익숙해지다

srodnik 1. (먼) 친척 (rođak) **srodnica**; **srodnički** (形) 2. ~와 비슷한 생각을 가진 사람

srodništvo 친인척관계

srodstvo 1. 친척, 친척관계; *krvno ~* 혈족(血族) 2. 유사성 (bliskost, sličnost)

srođavati se *-am se,* **srođivati se** *-đujem se* (不完) 참조 sroditi se

srok *-ovi* 운(韻) (slik, rima)

srozati *-am* (完) **srozavati** *-am* (不完) 1. (소매·양말 등을) 내리다, 밑으로 내리다; *izišla je iz njihove sobe ... zasukanih rukava koje je zaboravila da sroza* 그녀는 걷어부친 소매를 내리는 것을 잊어버리고 그들의 방에서 나왔다; ~ *čarape* 양말을 밑으로 내리다 2. (권좌에서) 끌어내리다, 타도하다 3. (비유적) (가치·평판·명예 등을) 추락시키다, 감소시키다; 사기를 떨어뜨리다 4. ~ se 밑으로 흘러내리다; *čarapa se srozala* 양말이 밑으로 흘러내렸다 5. ~ se 쓰러지다, 넘어지다 (pasti, srušiti se); *srozah se na put kao prazna vreća* 마치 빈자루같이 길에 푹 쓰러졌다; ~ se niz stepenice 계단 밑으로 굴러 떨어지다 6. ~ se (비유적) 많이 줄어들다, 감소(위축·축소)되다; *moral boraca se srozao* 용사들의 사기는 많이 떨어졌다; *disciplina se srozala* 규율이 많이 해이해졌다; *zdravstveno se ~* 건강이 많이 나빠졌다

srp *-ovi* 1. 낫; ~ *i čekić* 낫과 망치(공산당의 상징인) 2. 낫 모양의 것(물건); *Mesečev ~* 상현달, 하현달

srpac *-pca* (植) 엉거시과(科) 산비장이속(屬)의 각종 초본((톱니 모양의 잎에서 황색 염료를 채취함)

srpanj *srpnja* 참조 jul; 7월; **srpanjski** (形)

srpast *-a, -o* (形) 낫(srp) 모양의; *~a anemija* (病理) 겸상 적혈구성(性) 빈혈(흑인의 유전병)

Srpčad (女) (集合) Srpče

Srpče *-eta* (지소체) Srb(in); 세르비아인

Srpkinja (여자)세르비아인

srpskī *-ā, -ō* (形) 참조 Srbija; 세르비아의, 세르비아인의, 세르비아어의

srpskohrvatskī *-ā, -ō* (形) 세르보크로아티아어의; ~ *jezik* 세르보크로아티아어

srpskoslavenskī, srpskoslovenskī *-ā, -ō* (形) (숙어로 사용됨) ~ *jezik* (세르비아에서 사용된) 중세세르비아교회슬라브어, 세르비아어적 요소를 가진 고대교회슬라브어 (18세기 초반까지 사용됨); *~a redakcija* 중세세르비아교회슬라브어판본

srpstvo 1. 세르비아적인 특성(특징) 2. (대문자로) 세르비아 민족, 모든 세르비아인

srsi (男,複) (單 srh) (추위·공포 등으로 살갗에 생기는) 소름 (žmarci, jeza)

srubiti *-im; srubljen* (完) **srubljivati** *-ljujem* (不完) 1. (칼 등 날카로운 물체로) ~을 ~에서 잘라 내다, 자르다 (odseći, odrezati); ~ *nekome glavu* 누구를 참수시키다; ~ *granu* 가지를 자르다 2. 약화시키다, 줄이다 (smanjiti, oslabiti) 3. 가장자리를 감치다 (porubiti) 4. 기타; ~ *do zemlje (do panja)* 완전히 파괴하다(부수다, 말살하다); *da nije tebe ... čaršija bi bila do zemlje srubljena* 네가 아니었더라면 도심은 완전히 파괴되었을 것이다

sručiti *-im* (完) **sručivati** *-čujem* (不完) 1. (액체 등을) 따르다, 붓다, 쏟아 붓다; ~ *bokal vode na glavu* 물병의 물을 머리에 붓다; ~ *vreću žita u koš* 포대에 있는 곡물을 바구니에 쏟다 2. 쓰러뜨리다, 넘어뜨리다 (survati, srušiti, oboriti); *vetar je sručio naslagano kamenje i zatrpao rovove* 바람에 의해 층층이 쌓인 돌이 무너져 도랑을 메웠다 3. (na nekoga) (욕설·모욕적인 말 등을) 퍼붓다, 쏟아 붓다; ~ *bujicu psovki* 많은 욕을 퍼붓다; ~ *pljusak grdnji* 잔소리를 퍼붓다 4. 총알 세례를 퍼붓다; ~ *ceo šaržer metaka* 탄창에 장전된 총알 모두를 퍼부었다 5. ~에게 짐을 지우다(전가하다); *osećao* *se kao da su sručili na njega svu bedu ovog sveta* 그가 이 세상의 모든 가난을 짊어지게 한 것처럼 느꼈다; *on je sručio krivicu na mene* 그는 잘못을 나에게 전가시켰다; *sav se posao sručio na mene* 모든 일이 나에게 떨어졌다 6. ~ se (대량으로) 쏟아지다; *bombe su se sručile na grad* 폭탄이 도시에 비오듯 쏟아졌다 7. ~ se 쓰러지다, 넘어지다; 무너지다, 부숴지다; *kuća se sruči u prašinu* 집이 산산이 무너졌다; ~ *se s mosta* 다리에서 떨어지다 8. ~ se (na nekoga) (뭔가 어려운 일, 나쁜 일 등이) 누구에게 일어나다, 발생하다; *na nju su se sručile nove nevolje* 그녀에게 새로운 어려움이 생겼다 9. ~ se (비가) 많이 내리다, 많은 양의 비가 내리다; *sručila se kiša* 비가 많이 내렸다

sruke (副) 성공적으로, 운좋게 (srećno, uspešno); *sve mu je pošlo ~* 모든 일이 성공적이었다

srušiti *-im* (完) 1. 쓰러뜨리다, 넘어뜨리다; ~ *stolicu* 의자를 쓰러뜨리다; ~ *čašu* 잔을 넘어뜨리다; *vetar je srušio drvo* 바람이 나무를 쓰러뜨렸다 2. (권좌·정권 등에서) 쫓아내다, 무너뜨리다, 붕괴시키다; ~ *vladu* 정부를 무너뜨리다 3. 파괴하다, 무너뜨리다 (razoriti, razrušiti); ~ *most* 교량을 파괴하다; ~ *grad* 도시를 파괴하다 4. (시험에서) 탈락시키다, 떨어뜨리다; ~ *na ispitu* 시험에서 떨어뜨리다; ~ *studenata* 학생을 탈락시키다 5. ~ se 무너지다, 붕괴되다, 쓰러지다, 넘어지다; *most se srušio* 교량이 붕괴되었다; *zgrada se srušila* 건물이 무너졌다; *avion se srušio* 비행기가 격추되었다 6. ~ se 사라지다(없어지다), 산산조각나다; *srušili su se snovi* 꿈이 사라졌다

srvati *-am* (完) 몸써름하여 제압하다(이기다)

srž (女) 1. (解) 골수(骨髓) **sržni** (形) 2. (비유적) 핵심, 본질, 정수 (bit, suština); ~ *problema* 문제의 본질; *biti ~ nečega* ~의 가장 중요한 3. (숙어로 사용되어) 뼛속까지, 최대한, 최고의 (krajnja mera, najviši stepen) 뜻을 나타냄; *do ~i (upoznati, prodreti)* 최대한; *do ~i pokvaren* 뼛속까지 (뿌리 깊게) 썩은; *promrznuti do ~i* 뼛속까지 시리다

stabalje (集合) stablo; (나무의) 몸통

stabarje (集合) stabar; (나무) 기둥

stabilan *-lna, -lno* (形) 안정된, 안정적인, 견고한; 지속적인, 영구적인; ~*lno stanje* 안정된 상태; ~*lne cene* 안정적인 가격; ~ *oblik* 안정적 형태

stabilitet 안정, 안정성, 안정감

stabilizacija 안정(화); (물가·통화·정치 등의) 안정; ~ *valute* 통화 안정(화); ~ *poljoprivredne proizvodnje* 농업생산의 안정화

stabilizator 1. (化) 안정제 (화학반응을 억제하는) 2. (전기의) 안정기 (일정한 전압을 유지시켜 주는) 3. (자동차의) 충격완화장치, 스태빌라이저

stabilizirati *-am*, **stabilizovati** *-zujem* (完,不完) 1. 안정시키다, 안정을 유지하게 하다 2. ~ se 안정적으로 되다

stabilnost (女) 안정, 안정성(감); ~ *kola* 자동차의 안정성; *finansijska ~* 재무적 안정성; ~ *politike* 정치 안정

stablina 1. (지대체) stablo 2. 옥수수대

stablo *stabala* 1. (나무의) 줄기, 몸통 (deblo) 2. 나무 3. (가족·종족·민족의) 가계도(家系圖) 4. 기타; *jabuka ne pada daleko od ~la* 부전자전이다; *podzemno ~* (植) 줄기식물(감자 등의); *genealoško ~* 가계도(나무 줄기 모양으로 표시된)

stabljika (植) (식물의) 줄기, 대

stacionar (소규모의) 진료소, 치료소, 구급소

stacionaran *-rna, -rno* (形) 정지된, 움직이지 않는; 변동이 없는, 같은 상태를 유지하는; 고정된; 정주(定住)의, 주둔의, 순회하지 않는

stacionirati *-am* (完,不完) (군대 등을) 주둔시키다, 배치하다; ~ *trupe* 부대를 주둔시키다

stadij *-ija*, **stadijum** (발달·성장 등의) 단계 (faza); *u prvom ~u* 첫번째 단계에서

stadion 경기장, 스타디움; *na ~u* 경기장에서

stado 1. (가축 등의, 같은 종류의) 떼, 무리; ~ *ovaca* 양떼; ~ *goveda* 소떼; ~ *divljih svinja* 산돼지 무리 2. (비유적) 한 무리의 사람들, 사람들의 그룹 (같은 교회의, 같은 직업 등의); (조롱조의 뉘앙스로) 무리, 떼, 조직화되지 않은 사람들의 무리; *idu kao ~ ovaca* 오합지졸처럼 가다; *odbiti se od svoga ~a* 자신이 속한 단체에서 모든 연줄을 잃다(상실하다)

stafeta 참조 štafeta

stagnacija 침체, 정체, 부진; 불경기, 불황

stagnantan *-tna, -tno* (形) 침체된, 정체된

stagnirati *-am* (完,不完) 정체되다, 침체되다, 부진해지다; *u Americi tehnički razvitak od vremena do vremena stagnira* 미국에서 기술 발전은 때때로 정체된다

staja 1. 마구간, 외양간 (štala) 2. 농기계·농구

S

(農具)창고

stajaći *-a, -ē* (形) 1. (물이) 흐르지 않는, 고여 있는; ~*a voda* 고여 있는 물 2. 서 있는, 움직이지 않는, 고정된; 상설의; ~*a vojska* 상비군; *u* ~*em položaju* 서 있는 자세로 3. 기타; ~*e haljine*, ~*e odelo*, ~*e ruho*, ~*i opanci* (평상파복이 아닌) 명절옷, 나들이옷; ~ *izraz* 숙어(熟語), 관용구

stajalište 1. 관망대(소), 서서 바라볼 수 있는 곳 2. (버스·트램 등의) 정류소, 정거장 (postaja, stanica) 3. 시각, 관점, 견해 (gledište, stanovište); *sa* ~*a nauke* 학문적 (과학적) 관점에서

stajanje (동사파생 명사) stajati; 멈춤

stajanje (동사파생 명사) stajati; 서 있음, 서 있는 것; *karta za* ~ 입석 티켓

stajati *-jem* (不完) 참조 stati

stajati *stojim*; *stajao*, *-ala*; *stoj* (不完) 1. (두 발을 딛고) 서다, 서 있다; *jedni stoje, a drugi sede* 어떤 사람들은 서 있고 다른 사람들은 앉아 있다; ~ *uspravno (pravo)* 반듯이 서다; ~ *na nogama* 발로 딛고 서다; ~ *na rukama*, ~ *naglavačke* 물구나무서다 2. (물건 등이) ~에 있다, ~에 놓여 있다; *puška stoji kraj vrata* 총이 문 옆에 있다; *vino stoji u podrumu* 포도주는 지하실에 있다; ~ *na označenom mestu* 표시된 위치에 있다; *kašike stoje na stolu* 수저는 테이블에 놓여져 있다 3. ~와 어떠한 관계(상태)에 있다; *kako ti stojiš sa direktorom?* 너는 사장과 관계가 어때?; *on dobro stoji kod vlasti* 그는 정부에서 좋은 관계를 유지하고 있다 4. (좋은 혹은 나쁜) 상태이다; *kako stoje tvoji poslovi?* 네 사업은 어때? 5. ~에 달려 있다; *to ne stoji do mene* 그것은 나에게 달려있지 않다 6. (가격이) 얼마이다 (koštati) *kuća me stajala čitavo bogatstvo* 집은 내 전재산에 달했다 7. (옷 등이) 어울리다 (odgovarati, dolikovati); *odelo mu stoji kao saliveno* 옷이 안성맞춤처럼 그에게 잘 어울린다; *ta ti boja lepo stoji* 그 색깔은 너에게 잘 어울린다 8. (iza nekoga) ~의 뒤에 있다 (버팀목처럼, 지원·후원·도움 등이); *iza toga programa stoji država* 그 프로그램 뒤에는 국가가 있다; *iza njega stoji moćan čovek* 그 뒤에는 유력자가 버티고 있다 9. 쓰여져 있다, 기록되어 있다 (biti zapisan, napisan); *tako stoji u zakonu* 법률에 그렇게 쓰여져 있다; *to stoji u tekstu* 텍스트에 그렇게 기록되어 있다 10. 움직이지 않다, 서 있다(정지해 있다); *sat soji* 시계가 멈춰

서 있다; *poslovi stoje* 업무가 멈췄다 11. 어떠한 상태(보통 일시적 상태)에 머물러 있다; *pitanje stoji nerešeno* 문제가 미해결 상태로 그대로 있다; *kako stvari stoje?* 일이 어떻게 되어가고 있어? 12. (명령형으로) 멈춰! 13. 기타; *glava ti stoji na kocki* 너는 망하기 직전이다, 네 목숨이 경각에 달렸다; *zna i na čemu nebo stoji* (口語) 그는 배운 사람이다(지식이 있는 사람이다); *ne zna ni gde mu glava stoji* 밥이 입으로 들어가는지 코로 들어가는지도 모른다(모를 정도로 바쁘다); *ne može* ~ *na nogama* 1)허약하다(병·피로 등으로) 2)너무 많이 술취한; *staviti učenika da stoji* (선생님이) 학생에게 서 있는 벌을 주다; ~ *bez reči*, ~ *kao kip*; ~ *kao ukopan (ukamenjen)* 매우 놀란(당황한); ~ *vrlo dobro s kim*, ~ *na dobroj nozi s kim* 누구와 아주 친하게 지내다; ~ *iza čijih leđa* 누구의 보호하에 있다; ~ *kao bez duše* 멍하니 있다, ~ *kao drveni svetac (kao živ svečić)* 목석처럼 뻣뻣하게 서 있다; ~ *kao kost u grlu* 목의 가시처럼 커다란 방해가 되다; ~ *kao odsečena grana* (자기 주변에 아무도 없는 것처럼) 외롭다, 외로움을 느끼다; ~ *kao pokisao*, ~ *kao popljuvan* 수치(모욕)를 당한 것처럼 느끼다; ~ *kao sveća* 반듯하다; ~ *kao sliveno* (옷이) 안성맞춤이다, 잘 어울린다; ~ *kao trn pod srcem* 매우 커다란 걱정거리이다; ~ *kome u računu* 적합하다, 어울리다; ~ *na belezi (na meti)* 타켓이 되다; ~ *na belom hlebu* 사형집행을 기다리다, 가장 어려운 시기가 올 것을 예상하다; ~ *na vratu* 누구의 짐이 되다; ~ *na glavi* 1) 무질서한, 엉망진창인 2)제일 먼저 해야 하는; ~ *na dorbom putu* 바른 생활을 하다; ~ *na jednakoj nozi s kim* 누구와 모든 면에서 동등하다(같다); ~ *na konju* 어려움 뒤에 기회가 온다; ~ *na krivom putu* 잘못(올바르지 않게) 일하다(행동하다), 잘못된 길로 들어서다; ~ *na pragu života* 청춘의 시기에 들어가다; ~ *na svojim nogama* 독립적인 생활을 하다; ~ *na slabim nogama* 불확실하게 느끼다, 약해짐을 느끼다; ~ *na slaboj petlji* 확실하지 않고 위험한 위치에 있다; ~ *na snazi* (법률 등이) 효력을 발하다, 유효하다; ~ *na tankom ledu* 의심스런 상황에 있다(놓여 있다); ~ *obema nogama na čemu* ~에 확신감을 가지다; ~ *po strani* 간섭하지 않다; ~ *pod verom* (처녀가) 약혼하다; ~ *pod puškom* 군인이 되다, 전투에 참가하다; ~ *pred kim kao otvorena knjiga* 솔

직하다, 아무것도 숨기지 않다; ~ pred vratima 매우 가깝다; ~ crno na belom 아주 확실한 증거가 있다

stajnī -ā, -ō (形) (숙어로 사용) ~ trap (항공기의) 착륙장치, 랜딩기어

stakalce -ca & -eta 1. (지소체) staklo 2. 작은 유리병 (bočica, flašica)

staklana 유리 공장

staklar 유리를 가공하는 사람; 유리·유리 제품을 파는 사람 staklarski (形)

staklara 1. 유리 공장 (staklana) 2. 유리 온실 (staklenik)

staklarija 1. 유리 공예 2. 유리 그릇, 유리 제품

staklarnica 유리 (그릇) 가게

staklarskī -ā, -ō (形) 참조 staklar; 유리 상인의

staklarstvo 유리 제조업, 유리 그릇 제조업

staklast -a, -o (形) 유리 같은, 유리와 비슷한; ~ sjaj 유리 같은 광채; ~e oči 무표정한 눈; ~ pogled 무표정한 시선

staklen -a, -o (形) 1. 유리의, 유리로 된, 유리로 만들어진; ~a vrata 유리문; ~a bašta 유리 온실; ~a vuna 유리솜(유리 섬유로 만든 솜 모양의 물질); stajati na ~im nogama 불확실한(약한, 믿을 수 없는) 2. 잘 깨지는 (krhak) 3. (눈·시선이) 표정없는, 무표정한, 뚱한 (bezizražajan, tup); ~o oko 무표정한 눈

staklenac 유리 구슬

staklence -a & -eta 1. (지소체) staklo 2. 작은 유리병 (bočica, flašica)

staklenica 1. 유리병 (staklenka) 2. 유리 온실 (staklenik)

staklenik 유리 온실

staklenka 유리병 (staklenica)

stakliti se -im se (不完) 유리처럼 빛나다 (cakliti se); stakle mu se oči 그의 눈이 유리처럼 빛난다

staklo 1. 유리; obojeno ~ 판유리(색유리), vatrostalno ~ 방화 유리; neprobojno ~ 불투명 유리; teško lomljivo ~ 안전 유리; kristalno ~ 크리스탈 유리 2. 유리 제품 (유리 그릇, 유리병 등의; (複數로) 안경)

staklokrilci (昆蟲) 나비의 한 종류 (날개가 유리처럼 투명한)

staklorezac -esca 유리를 자르는 사람

staknuti -nem (完) (불이 잘 타도록) 불을 쑤시다, 불을 뒤적거리다, 불을 돋우다 (čarnuti, podjariti, rasplamsati)

stalagmit (보통 複數로) 석순(石筍) (反;

stalaktit)

stalak -lka 1. (물건을 올려놓거나 받치거나 하는) 대(臺), 스탠드, …꽂이, …걸이; ~ za note 악보대 2. (유아들의) 보행기 (dubak)

stalaktit 종유석 (反; stalagmit)

stalan -lna, -lno (形) 1. 끊임없이 계속적인, 지속적인, 중단없이 계속되는; biti u ~lnom kontaktu s nekim 누구와 지속적으로 연락하다; on je u ~lnom radnom odnosu 그는 정규직이다; ~lna komisija 상설 위원회 2. 변함없는, 불변의; ~lne cene 변함없이 동일한 가격 3. 항상 같은 장소에 있는; ~lno prebivalište 본적지 4. 정기적인, 규칙적인, 항상 같은; ~lni posetilac 고정 방문객; ~lna mušterija 단골 고객(손님); ~lna gost 단골 손님 5. 튼튼한, 단단한; 안정된, 안정적인 (čvrst, tvrd); ~lno zdanje 튼튼한 건물; ~ čovek 직업과 재산이) 안정된 사람

stalaža 참조 stelaža; 선반 (polica)

stalež 1. (사회의) 계층, 사회 계층; aristokratski ~ 귀족계층; srednji ~ 중산층; radnički ~ 노동자 계층 staleški (形) 2. 같은 직업을 가진 사람들의 집단. (특정 직종) 종사자들, -계(界); lekarski ~ 의료업계 종사자들; vojnički ~ 군 종사자들; činovnički ~ 관료계층 사람들; zemljoradnički ~ 농업 종사자들

stalno (副) 항상, 끊임없이, 항구적으로, 영구적으로; ~ lagati 끊임없이(항상) 거짓말하다; biti ~ na putu 항상 여행중이다; ~ nesposoban 영구적으로 능력을 상실한

stalnost (女) 영속성, 영원성; 안정(성)

staložen -a, -o (形) 1. 참조 staložiti 2. 침착한, 차분한, 고요한, 평온한 (smiren, ozbiljan, uravnotežen); ~ čovek 차분한 사람

staloženo (副) 침착하게, 차분하게; ~ sudi o svemu 모든 것에 대해 침착하게 판단하다

staložiti -im (完) 1. (침전물을) 침전시키다, 가라앉다; vode potoka ... staložile bi velike mase od gvozdene rude 하천물은 많은 철광석 성분을 바닥에 침전시켰을 것이다 2. (생각·입장 등을) 정리하다, 균형잡다 (uravnotežiti, srediti); ~ misli 생각을 정리하다 3. ~ se 침전되다, 침전물처럼 가라앉다, 쌓이다; čestice su se staložile na dnu posude 먼지가 그릇 바닥에 가라앉았다 4. ~ se (세기·강도가) 약해지다, 누그러지다 (smiriti se); političke strasti su se staložile 정치적 열망이 누그러졌다 5 ~ se 정돈되다, 정리되다 (srediti se); pusti da se stalože *utisci* 추억이 정리될 수 있게 가만히 내버려 둬라

stamaniti *-im* (完) 완전히 전멸시키다(근절시키다, 멸종시키다, 파괴하다), 박살내다

stambenī *-ā, -ō* (形) 집의, 주택의, 가옥의; ~ *problem* 주택 문제; ~*a kriza* 주택 위기; ~*a zgrada* 아파트 건물; ~*a zajednica* 주택(아파트) 단지; ~*a izgradnja* 주택 건설; ~*o naselje* 마을

Stambol (=Stambul) 이스탄불, 짜리그라드

stamen *-a, -o* (形) 1. 부숴지지 않는, 탄탄한, 튼튼한, 단단한 (čvrst, jak); ~ *zid* 단단한 벽; ~ *brod* 튼튼한 배 2. (몸이) 건강한, 튼튼한, 잘 발달된 (jedar, krepak, snažan); ~ *čovek* 건강한 남자

stan *-ovi* 1. 아파트; *jednosoban* ~ 방 한 칸 짜리 아파트; *komforan* ~ 넓은 아파트; *nemešten* ~ 가구가 갖춰진 아파트 2. 산간 목장 마을(여름에 공동으로 가축들을 방목하는) (bačija) 3. (집·아파트 등의) 임차료, 월세 (stanarina, kirija) 4. 베틀, 직기 (razboj) 5. 기타; *biti na* ~*u (kod koga)* (누구의 집에) 살다; *božji (sveti)* ~ 교회; *večni* ~ 무덤, 묘; *glavni* ~ (軍) (전쟁에서) 최고사령관 및 그의 참모들

stanac 1. 단단한 돌 2. 강고한(굳건한·완고한) 성격

stanak *-nka* (지소체) stan

stanak *-nka* 1. 모임 (sastanak) 2. 멈춤, 머뭄; *nema ti tu* ~*nka* 여기서 머물 수 없다

stanar 1. (아파트의) 임차인, 세입자 2. 아파트 거주민 **stanarka**; **stanarski** (形)

stanarina (아파트 등의) 월세, 임차료, 렌트비

stanarskī *-ā, -ō* (形) 참조 stanar; 임차인의, 세입자의; ~*a kuća* 임차 주택; ~*o pravo* 임차인 권리 (임차 주택을 점유할 수 있는)

stanca 스탠자, 연(聯), 절(節)(보통 운(韻)이 있는 시구 4행 이상으로 된 것)

stančić (지소체) stan

standard 생활 수준; 스탠더드, 기준; ~ *života* (*životni* ~) 생활 수준; *zlatni* ~ 금본위(제)

standardan *-dna, -dno* (形) 기준의, 표준의, 기준이 되는; 본위(本位)의

standardizacija 표준화

standardizirati *-am*, **standardizovati** *-zujem* (完,不完) 표준화하다(시키다), 기준에 맞추

stanica 1. (기차)역, (버스)정류장, 터미널; *železnička* ~ 기차역; *autobuska* ~ 버스 터미널; *tramvajska* ~ 트램 정거장; *voz je stigao (ušao) u* ~*u* 기차가 역에 도착했다

(들어왔다); *početna (polazna)* ~ 시발(출발)역; *krajna* ~ 종착역 2. 특정한 서비스가 제공되거나 이루어지는 장소·건물 (경찰서·소방서·주유소 등의); *policijska* ~ 경찰서; *meteorološka* ~ 천문 관측소; *benzinska* ~ 주유소; *crpna* ~ 펌프장(실) 3. 방송국, 방송실; *radio-stanica* 라디오 방송국; *televizijska* ~ T.V.방송국; *razglasna* ~ (공공 장소의) 방송실, 안내실 *radarska* ~ 레이더 기지, 전파 탐지소

stanica (생명체의) 세포 (ćelija); *jajne* ~*e* 난자, 난세포; *muška spolna* ~ 정자

staniol (식품 포장 등에 쓰이는) 은박지, 포일 **staniolski** (形); ~ *listić* 은박지 조각

stanište 1. 거주지, 주거지 (obitavalište, prebivalište); ~ *ptica* 조류 서식지 2. (식물의) 서식지, (광물 등의) 매장지; *biljno* ~ 식물 서식지

staniti se *-im se* (不完) 1. (머물러) 살다, 거주하다, 정착해 살다 (nastaniti se, naseliti se); *stanio se u Beogradu* 베오그라드에 정착하여 살았다 2. 멈추다, 서다 (zaustaviti se, stati); *stanio se kraj stene* 그는 바위 옆에 멈춰섰다 3. (한 곳에) 머무르다 (ostati, skrasiti se); *kod kuće se ne bi mogao* ~ 그는 집에 머물 수 없었을 것이다

stanka (시간상의) 중지, 중단, 휴식 (prekid, pauza); *pismo mu moram pročitati ... sa* ~*ama između rečenica* 나는 문장 사이를 쉬면서 그에게 읽어야만 했다

stanodavac *-vca* (아파트 등의) 임대인 **stanodavka**

stanovanje (동사파생 명사) stanovati; *mesto* ~*a* 거주지

stanovati *-nujem* (不完) (아파트·가옥 등에) 살다; (어느 지역·지구 등에) 살다, 거주하다; ~ *s ocem* 아버지와 (함께) 살다; ~ *kod roditelja* 부모집에 살다; ~ *u studenskom domu* 학생 기숙사에 거주하다; ~ *na Dorćolu* 도르촐 지역에 살다

stanovište 견해, 관점, 입장, 생각 (gledište); *naučno* ~ 학술적 견해; *filozofsko* ~ 철학적 관점; *subjektivno* ~ 주관적 견해; *s moga* ~*a* 내 견해로는; *po vašem* ~*u* 당신의 관점에 따르면; *stati na* ~ 견해(의견)를 같이 하다

stanovit *-a, -o* (形) 1. 확고히(변함없이) 서 있는, 견고한, 단단한 (stabilan, čvrst); ~ *kamen* 단단한 돌; ~*a stena* 변함없이 그 자리를 지키고 있는 바위 2. 일정한, 정해진 (izvestan, određen); ~*a mera* 일정한 조치;

~ *propis* 정해진 규율 3. (한정형으로) 어떤 (neki, nekakav); ~*i književnik* 어떤 문인

stanovito (副) 확실히, 잘 (sigurno, dobro); ~ *znati* 확실히 알다

stanovitost (女) 불변성, 확고함

stanovnik (어떤 건물·지역·나라에 살고 있는) 주민 **stanovnica**

stanovništvo (어떤 마을·도시·지역·나라에 살고 있는) 인구, 전(全)주민; *seosko ~* 농촌 인구; *gradsko ~* 도시 인구; *popis ~a* 인구조사, 센서스; ~ *Beograda* 베오그라드 인구

stanje 1. 상태, 상황; *zdravstveno ~* 건강 상태; *psihičko ~* 심리 상태; *ratno ~* 전시 상황; *vanredno ~* 비상상태(상황) 2. (物) (물질의) 상태; *čvrsto (tečno, gasovito) ~* 고체(액체, 기체)상태; *agregatno ~* 고체·액체·기체 상태중의 한 상태 3. 기타; *biti u blagoslovenom (drugom, trudnom) ~u* 임신한 상태이다; *biti u stanju, biti kadar ~* 할 상태(능력)이 되다; *dovesti u ispravno ~* 고치다; *dovesti u pređašnje (prvobitno) ~* 이전 상태로 되돌리다; *opsadno ~* 포위 상태; *oskudno (tanko, siromašno, žalosno) ~* 가난, 빈곤; *radno (trpno) glagolsko ~* (文法) 능(수)동태; *ratno ~* 전시 상태; ~ *ratne pripravnosti* 전투준비상태

stanjiti *-im* (完), **stanjivati** *-njujem* (不完) 1. (더)얇게 하다, (더)얇게 만들다 2. ~ *se* (더) 얇아지다

stanjol 참조 **staniol**: 은박지, 포일

stapati *-am* 참조 **stopiti**

stapčari (男,複) (動) 바다나리강(綱): 극피동물의 한 강

star *-a*, *-o* (形) 1. 늙은, 나이든 (反; mlad); ~ *čovek* 노인 2. ~할 나이가 된; ~ *za školu* 취학할 나이인(나이가 된) 3. 옛날의, 오래된, 이전의; ~*a pesma* 옛날 노래; ~*a rana* 오래된 상처; ~ *navika* 오래된 습관; ~ *dug* 오래된 부채(빚); ~*a poslovica* 옛날 속담 4. (~에 종사한지) 오래된; ~*i vojnik* 오랫동안 군생활을 한 군인; ~*i radikal* 오랫동안 급진주의 활동을 한 급진주의자 5. (시간이) 지난, 이전의, 옛날의 (prošli, munuli); *u ~a vremena* 옛날에 6. 이전에 살았던(있었던); ~*i narodi* 이전의 사람들 (이제는 지구상에 존재하지 않); 7. 옛날의 (과거시대의 특징적인) ~*i običaj* 옛풍습; ~*a shvatanja* 옛날 시대의 인식 8. 구식의, 유행이 지난, 철 지난; ~*a moda* 철 지난 유행 9. (이번보다) 이전의 (prethodni); ~*a redakcija časopisa* 지난 번 호 잡지; ~*i šef* 이전 상사(上士),

~*a adresa* 이전 주소 10. 낡은 (反; nov); ~*o odelo* 낡은 옷; ~*e cipele* 낡은 구두 11. 오랜 세월동안 알고 있는; ~*i poznanik* 오랜 지인 12. (치즈·포도주 등이) 완전히 발효된, 묵은, 오래된; ~*i sir* 발효 치즈; ~*o vino* 오랜 숙성기간을 거친 포도주 13. (곡물 등이) 묵은, 지난 철에 수확한; ~*o žito* 묵은 곡물; ~*i pasulj* 묵은 콩 14. (식품 등이) 신선하지 않은, 만든지 오래된 (bajat); ~*e jaje* 신선하지 않은 달걀; ~*i hleb* 오래된 빵 15. (비교급 형태로 사용되어) 고등의 (viši); 더 존중되는, 더 중요한; ~*iji razred* 고학년; ~*iji oficir* 고급 장교; *očeva reč mora biti ~ija* 아버지의 말은 더 존중되어야 한다 16. (비교급 형태로) ~*iji brat* 형; ~*iji pet godina* 5 살 많은, 5년 더 된 17. (명사적 용법으로) 노인, 노파; 아버지, 어머니 18. (명사적 용법으로) 과거, 이전·예전·옛날(상태); *nema vraćanja na ~o* 과거로의 회귀는 없다 19. (명사적 용법으로) 선조, 조상; 기성 세대 *njegovi ~i su bili junaci* 그의 선조는 영웅이었다; *sukob mladih i ~ih* 기성세대와 청년세대의 갈등; ~*o i mlado* 모두, 모든 사람들

star (연예인 등의) 스타 (zvezda)

stara (명사적 용법으로) 할머니; 노파; 어머니

starac *starca; starci, staraca* 1. 노인 **starački** (形); ~ *dom* 양로원; ~*o ludilo* 노망 2. 장인(丈人) (tast)

staralac *-aoca* 보호자, 후견인 (staratelj); *hoću da ti budeš ~ posle moje smrti mojoj deci* 나는 내가 죽은 후 네가 내 아이들의 후견인이 되어주길 바란다

staranje (동사파생 명사) starati se; 돌봄, 보호; ~ *za bolesnika (o bolesniku)* 환자 간호 (돌봄)

staratelj 보호자, 후견인; 신탁 관리인; ~ *imanja* 재산 관리인 **stateljka, stateljica**; **stateljski** (形); **Stateljski komitet** (UN의) 신탁통치이사회

stateljstvo 후견인의 직무(수행)

starati se *-am se* (不完) **postarati se** (完) 1. ~ 을 돌보다, ~에 신경을 쓰다; ~ *o bolesniku* 환자를 돌보다; ~ *o deci (kući)* 아이(집)를 돌보다 2. 노력하다, 시도하다 (nastojati, truditi se); *staraću se da to dobro uradim* 그것을 잘 할 수 있도록 노력할 것이다

starčić (지소체) starac

starenje (동사파생 명사) stareti; 나이들어감, 늙어감

starešina (男) 1. (계층 사회에서) 장(長), (단체의) 장(長), 책임자, 최고위자; ~ *porodice*

가장; *seoski* ~ 촌장, 이장; ~ *odseka* 과장; *razredni* ~ (학교의) 담임선생님 2. (軍) 지휘관(장교·부사관 등의) **starešinski** (形)

starešinstvo 1. 장(長; starešina)의 신분·직위·위치·권한 2. (직장에서의) 서열, 연공서열; *za njima uđu svi ostali po redu i ~u* 그들 뒤를 따라 나머지 모든 사람들도 서열에 따라 입장한다; *po ~u* 서열에 따라 3. (단체 등의) 지도부; *sastanak ~a* 지도부 회의

stareti *-im* (不完) 1. 나이들어 가다, 늙다 2. (세월이 흐름에 따라) 훼손되다, 낡다

staretinar 골동품상, 고물상, 옛날 물건들을 파는 사람 (starinar)

staretinarnica 골동품 가게, 고물 가게, 옛날 물건들을 취급하는 가게 (starinarnica)

starež (男,女) 옛날 물건

starežar 옛날 물건들을 파는 사람, 골동품상, 고물상 (starinar)

starica 노파(老婆)

starijī *-ā, -ē* (形) 참조 star

starina 1. 고대(古代), 옛날 (davnina); *stanovnici od ~e* 옛날 사람들; *od ~e* 고대부터 2. (고대의) 흔적, 발자취; *najdublja ~ ljudskog roda leži zakopana u dubokim nanosima reka* 인류의 가장 오래된 흔적은 강의 퇴적물에 묻혀있다 3. 옛날 물건, 고물, 골동품; *muzej* ~ 골동품 박물관

starinac *-nca*; *starinaca* 원주민 (starosedelac) (反; doseljenik, došljak) **starinački** (形); *~a porodica* 원주민 가족

starinar 1. 골동품상, 고물상 (antikvitar); 중고 물품 판매상 2. 고고학자 (arheolog)

starinarnica 1. 골동품 가게, 고물 가게 2. (집합적인) 골동품, 고물(古物)

starinskī *-ā, -ō* (形) 1. 고대(starina)의, 옛날의; ~ *običaj* 고대 풍습; ~ *novac* 옛날 돈 2. 현대적이지 않은, 구식의; ~ *čovek* 옛날 방식적 사고와 행동을 고수하는 사람

starka 1. 노파 (starica) 2. (동물의) 늙은 암컷 3. 오래된 라키야

starkelja (男) (輕蔑) 늙은이, 노인네

starleta (스타를 꿈꾸는) 신진 여배우

starmalī *-ā, -ō* (形) 1. 나이에 비해 노숙한(조숙한, 성숙한); ~*o dete* 나이에 비해 조숙한 아이 2. 자기 나이에 어울리지 않는(더 나이가 든 사람들에 어울리는); *znao sam ga još od malih nogu ... iznenađivao me svojim ~im interesovanjem za sve* 나는 그를 어렸을 때부터 알았는데... 나이에 어울리지 않게 모든 것에 관심을 가져서 나를 놀라게 했다 3. (나이는 많지만) 용모나 키가 난쟁이 같은;

(명사적 용법으로) 난쟁이

staro- (복합형용사의 첫 부분으로); *staroazijski* 고대 아시아의; *starobalkanski* 고대 발칸의

starobugarskī *-ā, -ō* (形) 고대 불가리아의

starocrkvenoslovenskī *-ā, -ō* (形) 고대교회슬라브어의

starodavan *-vna, -vno* (形) 참조 starodrevan

starodrevan *-vna, -vno* (形) 아주 오래된 (starinski); ~*vna crkva* 아주 오래된 교회

starohrvatskī *-ā, -ō* (形) 고대 크로아티아의

starojko (男) (결혼식의) 신랑측 증인(신랑측 가족의 최연장 총각이 대부(kum)의 옆자리에 앉아 결혼을 증명하는) (stari svat)

staromodan *-dna, -dno* (形) 구식의, 옛날식의, 유행이 지난; ~*dna haljina* 구식 원피스, ~*dna frizura* 구식 머릿모양, ~*dna pesma* 옛날식 노래

starosedelac *-eoca* 원주민, 토착민, 토박이

staroslovenskī *-ā, -ō* (形) 고대슬라브어의; ~ *jezik* 고대슬라브어, 고대교회슬라브어

starosrpskī *-ā, -ō* (形) 고대세르비아의, 고대 세르비아어의

starost (女) 1. 노년, 말년 (反; mladost); *doživeti duboku ~* 아주 오래 살다; *pod ~* 노년에, 말년에; *pod ~ je postao konzervativan* 그는 말년에 보수화 되었다 2. 나이, 연령; *u prijavi treba navesti ime, prezime, ~* 신고서에 이름과 성씨 그리고 연령을 써야 한다

starostan *-sna, -sno* (形) 연령의, 노령의; ~*sna penzija* 노령 연금; *pripadati ~snom dobu* 고령층에 속하다, 노년층에 속하다; ~*sna granica* 연령 제한

starostavan *-vna, -vno* (形) 아주 오래된, 옛날의; *knjige ~vne* 고서적

starovečan *-čna, -čno* (形) 오래된, 옛날의, 낡은; 늙은, 노령의

starovekovan *-vna, -vno* (形) 고대(古代)의; ~*vna monarhija* 고대 군주정; ~*vna civilizacija*

staroverac *-erca* 구(舊)교리 신봉자(전례 개혁에 반대하는)

staroveran *-rna, -rno* (形) 구(舊)교리 신봉의 (전례 개혁에 반대하는)

starovremešan *-šna, -šno* (形) 늙은, 나이 든 (vremešan, postariji)

starovremskī *-ā, -ō* (形) 옛날의, 옛날식의; ~ *obučen* 구식으로 옷을 입은

starozavetnī *-ā, -ō* (形) 구약의

start *-ovi* 시작, 스타트; *na ~u* 처음에, 처음에

는 **startni** (形); ~ *blokovi* (경주의) 스타팅 블록

starter 1. (스포츠) 선발 선수, 스타팅 멤버 2. (자동차의) 시동 장치 (=elektropokretač)

startovanje (동사파생명사)startovati; 시작, 출발

startovati *-tujem* (完,不完) 1. (스포츠의) 선발 선수로 출전시키다; 스타트 하다 2. (nekoga) (隱語) (처녀 등 여자에게) 구애하기 시작하다

starudija 1. 낡고 오래된 것(물건); 고물, 쓰레기 2. (비유적) 노인, 늙은이; 오래된 생활풍습(관습)

stas 1. (사람의) 키, 신장; *čovek visoka (visokog) ~a* 키가 큰 사람, 신장이 작은 사람; *čovek niska(niskog) ~a* 키가 작은 사람, 신장이 작은 사람 2. 체격, 몸매; *devojka lepa ~a* 몸매 좋은 여자 3. (비유적) (나무의) 줄기, 몸통 (stablo, deblo)

stasati *-am & -šem* (完) **stasavati** *-am* (不完) 1. ~할 나이가 되다, 다 크다, 성인이 되다 (odrasti, dorasti); ~ *za vojsku (ženidbu)* 군대갈 나이가 되다(결혼할 나이가 되다) 2. (파종·수확·풀베기 등을 할) 시기가 되다; *stasala je pšenica* 밀을 수확할 시기가 되었다 3. ~에 도착하다, 이르다, 당도하다

stasit *-a, -o* (形) 키가 큰, 몸매가 좋은(균형잡힌), 키가 크고 날씬한, 체구가 건강한

stati *stanem* (完) **stajati** *stajem* (不完) 1. 서다, 일어나다, 일어서다; ~ *na noge* (발로 딛고) 일어나다, 일어서다; ~ *na svoje noge* 자립하다, 독립하다 2. ~위에 서있다, 밟다; ~ *na cvet* 꽃위에 서있다, 꽃을 밟다; ~ *nekome na nogu* 누구의 발을 밟다; ~ *nekome na žulj* (누구의) 민감하고 약한 점을 건드리다 3. (줄 등에) 서다, 자리를 차지하고 서 있다; ~ *u red* 줄에 서다; ~ *ispred(pred) nekoga* 누구앞에 서다; ~ *na snagu* 1)(육체적으로) 성장하다 2)유효해지다, 효력을 발하다 4. 멈추다, 서다, 멈춰 서다, 중단하다; *stani!(stoj!)* 멈춰; *sat ti je stao* 네 시계가 멈췄다; *voz nije stao* 열차가 멈추지 않았다; *to je pamet (mozak) da ti stane* 그것은 받아들일 수 없는 것이다, 용인할 수 없는 것이다; *naglo ~* 갑자기 멈추다; *stao mu je dah* 그는 숨을 멈췄다 (두려움·공포감 등으로); *život je stao* 삶이 멈췄다 5. 시작하다; *on je stao vikati* 그는 소리지르기 시작했다 6. (물건을 살 때) (값이) 얼마 ~이다; *šta staju jaja?* 계란이 얼마이지요?; *to me je stalo i truda i novaca!* 그것은 나에게 노력

과 돈이 필요한 일이다; *ma koliko stajalo...* 값이 얼마든, *to ga je stajalo života* 그것 때문에 그는 목숨을 잃었다 7. (물건 등이 가방 등에) 들어가다; *nije mi sve stalo u kofer* 모든 것이 여행가방에 들어가지는 않았다; *pismo neće da stane u koverat* 편지가 봉투에 들어가지 않는다 8. (무인칭문에서) ~이 좋다, ~을 좋아하다, ~하고픈 마음이다; *njemu je veoma stalo do nje* 그는 간절히 그녀를 원했다(좋아했다, 만나기를 원했다); *mnogo mu je stalo do toga* 그는 그것을 간절히 원했다; *njemu je stalo samo do novca* 그가 원했던 것은 단지 돈이었다; *stalo mi je do toga da te ubedim* 너를 설득하는 것이 남았었다 9. 기타; *jednom nogom ~ u grob, ~ na ivicu svoga groba* 한 발을 무덤에 걸치고 있다, 인생의 종착역에 다다르다; *ne bi nikome stao na vlas* 그 누구에게도 조금의 해악을 끼치고 싶지 않다; *stao mu je srce na mesto (meru)* 만족감을 느끼다; *stani-pani, stao-pao* 다른 출구가 없다, 어떤 희생을 치르고서라도; ~ *za pisara (za šegrta)* 필경사(도제)가 되다; ~ *kome na kraj (na prste, na put, na rep)* 누구의 의도를 저지하다(막다, 제지하다); ~ *kome na šiju (za vrat)* 누구에게 목의 가시가 되다, 누구를 무력화시키다; ~ *na gledište (na stanovište)* 결론에 다다르다, (어떠한) 입장을 취하다; ~ *na dobru nogu s kim* 누구와 좋은 관계를 맺다; ~ *na zanat* 수공업에 종사하기 시작하다; ~ *na pola puta* 뭔가를 끝까지 하지 않고 중간에서 멈추다; ~ *na čelo* 지도자가 되다, 지휘부에 들어가다; ~ *uz bok (uz rame) kome* 누구와 대등해지다; ~ *uz koga, ~ na nečiju stranu* 누구의 지지자가 되다, 누구의 편에 서다

statičan, *-čna, -čno* (形) 1. 정적(靜的)인, 정지된, 거의 변화하지 않는, 움직임이 없는 2. (한정사적 용법으로) 정역학의 (statički)

statika 1. (物) 정역학(靜力學) 2. 정적 상태, 변화나 움직임이 없는 상태 (反; dinamika)

statist(a) 1. (영화.드라마 등의) 엑스트라, 단역배우(보통은 대화없이 군중의 한 명으로 출연하는) 2. (비유적) 능동적 역할없이 그 뭔가에 참여하는 사람

statisčar 통계학자, 통계 전문가 **statisčarka**

statistika 통계, 통계학 *demografska ~* 인구 통계, *industrijska ~* 산업 통계; *ekonomska ~* 경제 통계; *po ~ci* 통계에 따르면; *voditi ~u* 통계를 내다 **statistički** (形); ~ *podaci* 통계 자료

stativ (작은 물건들을 세워놓을 수 있는) 받침대, 세움대, 스탠드 (postolje, stalak)

stativa (축구 등의) 골대, 골포스트 (수직으로 서 있는)

stativa 1. (베틀·직기의) 기둥 2. (복수로) 베틀, 직기 (tkalački stan, razboj)

stator (電氣) 고정자(固定子)

statua 상(像), 조각상 (kip)

statueta (지소체) statua; 작은 조각상

status (법적) 신분, (사회적) 지위, 신분; 상태, 상황; ~ *kvo* 현재의 상황(상태), 현상 유지

statut (단체·법인 등의) 규칙, 규정, 규약, 정관; ~ *kluba* 클럽 규정; *po* ~*u* 규정에 따라; *partijski* ~ 당규

stav 1. (신체·몸의) 자세, 위치; ~ *tela* 몸의 자세; *biti u ležećem (stojećem, sedećem)* ~*u* 누운(선, 앉은) 자세로 있다; ~ *mirno* (軍) 차렷 자세, 부동 자세 2. (누구 혹은 뭔가에 대한) 태도, 자세, 입장; *zauzeti neprijateljski* ~ *prema nekome* 누구에 대해 적대적 태도를 취하다; ~ *naše vlade* 우리 정부의 입장 3. (글의) 단락, 절; (음악 작품의) 한 부분 4. 요금, 가격(tarifa, cena) 5. (체조) ~ *na glavi* 물구나무, 물구나무서기; ~ *na šakama* 물구나무; *raskoračni* ~ 다리를 벌린 자세

stavak *stavka* (글의) 단락, 절; (음악의) 한 부분

staviti –*im*; *stavljen* (完) **stavljati** –*am* (不完) 1. (어느 위치에) 놓다, 두다; ~ *ručak na sto* 점심을 식탁에 놓다; ~ *knjigu na sto* 책을 책상에 놓다; ~ *cvet u vazu* 꽃을 꽃병에 꽂다; ~ *novac u džep* 돈을 주머니에 넣다; *stavi da stoji (leži, sedi)* 세워(눕혀, 앉혀) 놓다; ~ *decu u krevet* 아이를 침대에 놓다; ~ *auto u garažu* 차를 차고에 두다; ~ *na stranu* 한쪽에 (치워)놓다; ~ *u pripremno stanje* 경계 태세에 돌입하게 하다; *staviti novu pantljiku* (타자기의) 새 리본을 갈아끼다; ~ *svoj život na kocku* 목숨을 걸다; ~ *na račun* 요금에 청구하다; ~ *do znanja* 알리다, 알게 하다; ~ *sebi za cilj* 목표하다; ~ *uslov* 조건을 걸다; ~ *na probu* 시험하다; ~ *udlagu* 부목(副木)을 대다; ~ *veto* 거부권을 행사하다 2. (감옥·투옥 등의, 어떤 상태에) 특별한 조건하에 놓이게 하다; ~ *u zatvor* 투옥시키다; ~ *pod ključ (koga ili što)* 안전하게 보관하다; ~ *u karantin (putnika)* (여행객을) 검역소에 격리시키다; ~ *u penziju* 퇴직하게 하다; ~ *u pokret* 움직이게 하다; ~ *u sebi u dužnost* 의무를 떠안다; *stavi se u*

moj položaj 네가 내 입장이 되어봐; ~ *motor u pogon* 엔진에 시동을 걸다; ~ *van zakona* (누구의) 법적 권리를 박탈하다, 금지시키다; ~ *van snage* 효력을 상실시키다; ~ *na dnevni red* 안건으로 상정하다 3. (모자 등을) 쓰다, 입다; ~ *šešir (odelo)* 모자를 쓰다(옷을 입다); ~ *ruž* 립스틱을 바르다

stavka 1. (글의) 단락, 절 (odlomak, stavak); ~ *zakona* 법의 한 단락 2. (재무 서류 등의) 항목, 세부 항목; *budžetska* ~ 예산 항목 3. (요금표 등의) 요금

stavljati –*am* (不完) 참조 staviti

stavnja 징병, (회원·사원·신병 등의) 모집 (regrutacija, novačenje)

staza 1. 길(좁고 걸어다니는 사람들을 위한), 좁은 보행로, 오솔길; *pešačka* ~ 보행로; *utrti (napraviti)* ~*u* 오솔길을 내다; *prokrčiti* ~*u* 길을 내다; *ići po klizavoj* ~*i* 실패하다, 위험에 노출되다; *ići ugaženom (utabanom, utapkanom, utrvenom)* ~*om* 이미 앞 사람들이 간 길을 따라 가다(이미 검증된 방법을 따르다); *kozja* ~ 좁고 위험한 길, 걷기 힘든 길; *skrenuti na drugu* ~*u* 내용·주제 등을 바꾸다, (대화) 샛길로 빠지다; *razgovor je skrenuo na drugu* ~*u* 대화는 샛길로 빠졌다 2. (육상·수영 등의) 트랙, 레인; ~ *za trčanje* 경주 트랙; *on je pretrčao* ~*u od 200 metara* 그는 200미터 트랙을 달렸다; ~ *broj 1* 1번 트랙(레인) 3. (우주의) 궤도 4. (비유적) (발전해 가는, 변해가는) 방향, 진로

staž 1. (한 업종에 종사한) 기간, 경력; *radni* ~ 노동 경력; ~ *za penziju* 연금을 받기 위한 노동 기간; *on ima dugi* ~ *kao laborant* 그는 실험실 요원으로서 오랜 경력이 있다 2. (학교 졸업후 전문적 기술·지식을 습득하기 위한) 수련 기간, 훈련 기간, 실습 기간; *lekarski* ~ 레지던트 수련 기간; *provesti izvesno vreme na* ~*u* 일정 기간 동안 수련하다; *proći* ~ 수견 기간을 마치다

stažer 수련생, 훈련생, 인턴, 수련의 (stažist(a))

stažirati –*am* (不完) (회사·병원 등에서) 실습하다, 수련하다, 인턴 생활을 하다; 수련의 생활을 하다

stažist(a) 참조 stažer

stearin (化) 스테아린 (양초·화장품 제조용의)

steatit (鑛) 동석(凍石); 스테아타이트 (활석을 주석으로 하는 고주파 절연용 자기)

stečevina 1. 취득 재산 (stečena imovina, tekovina) 2. 성공, 업적

1220

stečište 1. 회합 장소, 모임 장소 2. 물이 흘러 들어가는 곳, 길의 사거리(오거리) 3. (파산 회사의) 법정 관리 (stečaj)

stečaj 파산; (파산 회사의) 법정 관리; *otvoriti ~* 법정관리를 시작하다; *pasti pod ~* 파산하다 (形); *~ postupak* 파산 절차

stećak *-ćka*; *stećci*, *stećaka* (주로 중세 보스니아 지역의) 돌로 된 비석

steći *stećem & steknem*; *steci & stekni*; *stekao, -kla*; *stečen & steknut* (完) sticati *-čem* (不完) 1. 얻다, 획득하다, 취득하다; ~ 의 소유주가 되다; *~ kuću* 집을 취득하다(사다), *~ novac* 돈을 벌다; *znojem ~* 땀흘려 얻다(벌다); *krivo stečeno, (na kantanu stečeno)* 정당하지 못한 방법으로 획득한 2. (비유적) ~에 도달하다(다다르다, 성공하다), ~을 실현하다; *~ glas (ime, slavu)* 유명해지다(명성을 얻다); *~ nadu* 희망을 얻다; *~ naviku* 습관이 되다; *~ pamet* 현명해지다; *~ uverenje* 믿음(신뢰)을 얻다; *~ utisak* 인상을 받다; *~ ženu* (남자가) 결혼하다; *~ muža* (여자가) 결혼하다

steg *stegovi & 드물게 stezi* 1. 기(旗), 깃발 (zastava, barjak); *na pola ~a* 애도의 표시; *nositi ~* 1)기수가 되다 2)~의 지도자(부)가 되다, 선도하다, *podignuti ~* 투쟁을 시작하다; *svrstati se (stati) pod čiji ~* 누구의 편에 서다 2. (비유적) 지도이념(사상); *visoko držati ~ (čiji, čega)* 어떠한 이념을 지키다

stega 1. (움직이지 못하게, 떨어지지 못하게 죄는) 죄는 것, 조이는 도구 (족쇄 등의) 2. (비유적) 압박, 억압, 탄압 (pritisak, ugnjetavanje, tlačenje) 3. (발전의, 행동·일을 방해하는) 장애물, 방해물 4. (비유적) 규율, 질서 (disciplina); *školska ~* 학칙; *vojnička ~* 군율; *roditeljska ~* 부모의 규율

stegno (中) (解) 대퇴부 (골반에서부터 무릎까지의 부분) (bedro)

stegnuti *stegnem*; *stegao, -gla & stegnuo, -ula*; *stegnut* (完) stezati *-žem* (不完) 1. 팽팽하게 하다, 조이다; *~ šraf* 나사를 조이다; *~ kaiš* 혁띠를 조이다 2. 압착하다, 누르다, 쥐어짜다; *~ zube* 이를 악물다; *pojas me steže* 혁띠가 조인다; *srce mi se steže* 가슴이 미어질 것 같다(육체적, 정신적으로); *~ za grlo (gušu)* 멱살을 잡다; *steglo mi (mu, joj) se grlo* 두려움(또는 흥분하여) 말을 못하였다; *seljaka moraš da stegneš* 농민들을 쥐어짜야만 한다 3. *~ se* 뻣뻣해지다, 팽팽해지다, 굳다; *steže se obruč oko njih* 그들을 향한 포위가 점점 좁혀 들어간다 4. 기타;

stegla me je kijavica 감기에 들렸다

stegnjača (解) 대퇴골 (bedrenjača)

stegonoša 1. 기수(旗手) (barjaktar) 2. (비유적) (어떤 운동의) 주창자, 지도자

stekavac *-vca* (鳥類) 흰꼬리수리

stela (古) 기념 석주(石柱), 석비(石碑)

stelaž (男), stelaža (女) 선반, 시렁 (polica)

stelja 1. (농장에서 동물들이 그 위에 누워서 잘 수 있게 깔아 주는) 짚, 낙엽 2. (안장밑에 까는) 깔개 3. 포도주의 찌꺼기

stena 1. 암석, 바위, 바윗돌; 암벽, 암반 (greben, hrid) 2. (건물의) 벽 3. 기타; *bacati bob o stenu* 헛된 일을 하다, 쓸모없는 일에 종사하다; *biti hladna (tvrda) ~* 감정이 없다; *do devete ~e* 완전히 박멸(근절)하기까지; *eruptivne (vulkanske) ~e* 화석암; *kršna kao ~* 건장한, 강건한; *pritisnuti koga o stenu* 누구를 강하게 압박하다, 막다른 골목으로 몰아넣다; *sedimentne ~e* (鑛) 퇴적암; *stalan (čvrst) kao ~* (성격이) 단호한

stenica 1. (複數로) 빈대; 곤충·벌레(곤충의 체액이나 피를 빨아 먹는, 소금쟁이 등의); *kućna ~* 빈대 2. (식물의 액을 빨아 먹고 사는) 작은 기생충; *kupusna ~* 배추 기생충 3. (비유적) (다른 사람에 빌붙어 먹고 사는) 기생충같은 사람; *dosadan kao ~* 매우 따분한, 참을 수 없을 정도로 따분한

steničav *-a, -o* (形) 빈대(stenica)가 많은

stenograf 속기사 stenografkinja

stenografija 속기, 속기술

stenografirati *-am*, stenografisati *-šem* (完) 속기하다, 속기로 기록하다

stenografskī *-ā, -ō* (形) 속기의, 속기사의

stenogram 속기록

stenovit *-a, -o* (形) 바위 투성이의, 바위가 많은; 바위로 구성된; *Stenovite planine* 록키산맥(미국의)

stentor 1. 목소리가 큰 사람(호머의 일리아드에 나오는 인물의 이름에서 유래) 2. 나팔벌레(원생동물의 한 종류)

stenj *stenjevi* (양초의) 심지, (기름 등잔의) 심지 (fitilj)

stenjak (양초의) 심지, (기름 등잔의) 심지 (stenj)

stenjati *-em* (不完) postenjati (完) 1. 신음하다, 끙끙 앓는 소리를 내다 (아픔·고난 등으로) 2. 투덜대다, 불평하다 (jadikovati) 3. (비유적) 억압받다, 복속되다, 압제하에 있다; *~ pod tuđinskom jarom* 외세의 압제하에 억압받다(신음하다)

stenje (集合) stena; 바위, 암석

steon -a, -o (形) (보통 여성명사와) (암소가) 새끼를 밴, 임신한

stepa (특히 유럽 동남부·시베리아의) 스텝 지대 stepski (形)

stepen 1. (각도의 단위인) 도, (온도의 단위인) 도; (알코올 도수의) 도; ugao od 30 stepeni 30도 각도; 37 stepeni Celzijusovih 섭씨 37도; 20 stepeni istočne dužine 동경 20도 2. (발전·비교의) 수준, 정도, 단계; ~ razvitka 발전 단계(수준) 3. (직위 등의) 직급, 직위 (zvanje, rang); (지식 등의) 단계, 수준; nastava prvog ~a traje dve godine 초급단계는 2년 과정이다 4. (친족간의) 촌수, 관계; ~ srodstva 친족간의 촌수 5. (單數로만) (法) 심(審) (1심, 2심 등의); sudsku vlast vršili su u prvom ~u magistari, u drugom ~u apelacioni sud 1심에서는 석사들이, 2심에서는 항고법원에서 사법권을 행사했다 6. (數) 거듭제곱; podići na treći ~ 세제곱하다

stepenast -a, -o (形) 1. 계단 모양(형식)의; ~o zemljište 층진 토지 2. (비유적) 점차적인, 점진적인; ~ progres 점진적 발전

stepenica 1. (계단의) 단, 층 (stepenik); (비유적) 점진적 승진(회사·공직 등에서의); (複數로) (보통 건물의) 계단, 층계;; islaziti niz ~e 계단을 내려오다; peti se uz ~e 계단을 오르다; pokretne ~e 에스컬레이터; ispeti se na visoke ~e 고위직에 오르다 2. (複) (승선·하선용의) 사다리

stepenik 1. (계단의) 한 단, 층 (stepenica) 2. 계단

stepenište 계단, (건물내·외부에) 계단이 있는 곳 (stubište)

stepenovati -nujem (不完) 1. (數) 거듭제곱하다 2. (가중치 등에 따라) 나누다, 등급으로 나누다, 등급을 매기다

sterati -am (完) sterivati -rujem (不完) 1. 몰다, 내몰다, 내쫓다; 내려오게 하다; ~ koga do zida (u ćošak, u ugao, u kozji rog, u kraj) 막다른 골목으로 내몰다; ~ koga na prosjački štap (물질적으로) 망하게 하다; ~ koga u red 공손히 행동하게 하다 2. (한 장소로 모이게) 몰다

stereofonija 스테레오 음향, 입체 음향

stereofonskī -ā, -ō (形) 스테레오의, 입체 음향의

stereometrija (數) 체적 측정(법), 구적법(求積法)

stereoskop 입체경(鏡), 실체경, 쌍안 사진경

stereoskopski (形)

stereotip 1. (인쇄) 연판(鉛版) 2. (비유적) 고정 관념, 정형화된 생각, 틀에 박힌(정형화된) 표현, 상투적 문구 stereotipan (形)

sterilan -lna, -lno (形) 1. (醫) 살균한, 소독한, 멸균 처리한; doktor je … naredio da i Ivan navuče ~lne rukavice 의사는 이반도 살균된 장갑을 끼도록 명령했다 2. 불임의 (jalov); ~lna ženka 새끼를 못낳는 암컷 3. (비유적) 무익한, 아무 소득없는 (prazan, beskoristan, besplodan); ~ razgovor 아무런 소득이 없는 대화

sterilizacija 1. 살균, 소독 2. (사람·동물의) 불임화; izvršiti ~u 불임화시키다

sterilizator 살균장치, 소독장치, 소독기, 멸균기

sterilizirati -am, sterilizovati -zujem (完,不完) 1. 살균하다, 소독하다; steril"iziraju … instrumenti za operaciju 수술도구를 살균소독한다 2. 불임 시술을 하다; sterilizirani psi 중성화된 개들

sterilnost (女) 불임(증)

sterivati -rujem (不完) 참조 sterati

sterling 영국 파운드화 sterlinski (形); ~a zona 영국 파운드화 지역

stesati -šem (完) 1. 잘라내다 2. (나무·돌 등을 잘라내) 다듬다, 손질하다; ~ figuru od drveta 목제 조각상을 다듬다

stesniti -im; stešnjen (完) stešnjavati -am (不完) 1. (비)좁게 하다, 꽉 조이게 하다; ~ suknju 치마의 통을 줄이다; ~ prolaz 통로를 좁아지게 하다 2. (비유적) (보통은 피동형으로) 축소시키다, 작게(좁게) 하다 (smanjiti, obuzdati); stešnjeni smo u ovoj sobici 이 좁은 방에서 우리는 빽빽하게 있었다 3. ~ se (비)좁아지다; (비유적) (심장·마음 등이) 꽉 조이는 느낌이 들다, 답답해지다; njemu se od žalosti stesnilo u grudima 그는 슬픔으로 가슴이 터질 것 같았다

stetoskop 청진기

stezač 1. 조이는 것(도구) 2. (複) (解) 괄약근 (고리 모양의)

stezati -žem (不完) 참조 stegnuti; 조이다, 팽팽하게 하다

steznik 1. 코르셋(허리가 잘록해 보이게 하는 여성용 속옷) (korzet, mider) 2. (환자들의) 복대

stezulja (정신이상자 등에게 입히는) 구속복

steža (植) 양지꽃속(屬) (이질 치료용의 약용초)

sticaj (사건·사고·일 등의) 동시 발생; ~ događaja (okolnosti) 일(사정)의 동시 발생;

~em prilika 환경(주변상황)에 의해

sticanje (동사파생 명사) sticati; ~ kvalifikacije 자격 취득; ~ znanja 지식 획득; ~ zvanja 타이틀 취득

sticati -čem (不完) 참조 steći; 다다르다, 이르다, 획득하다

stići, **stignuti** stignem; stigao, -gla (完) **stizati** -žem (不完) 1. 도착하다, 도달하다, 다다르다; ~ na vreme 정시에 도착하다; on je stigao do grada 그는 도심지에 다다랐다 2. 따라잡다, 추월하다, 앞지르다; ja ću te stići 내가 너를 추월할꺼야; moram učiti francuski da stignem druge 내가 다른 사람들을 따라잡기 위해서는 프랑스어를 공부해야 한다 3. (소리·소문 등이) ~까지 들리다 4. (예기치 않게 어떤 일이) 생기다, 발생하다, 닥치다; stigla ih je nesreća 그들에게 불행이 닥쳤다 5. (아이들이) 크다, 성장하다 (odrasti); (과일·곡물 등이) 익다, 성숙하다; dočekaćete i vi još srećnih dana … stići ce vam deca, imaćete potpore 당신에게도 더 좋은 날이 올겁니다 … 아이들이 자랄 것이고, 기댈 곳도 있을 겁니다 6. (바라던 바를) 성취하다, 실현하다 7. (제 때에 뭔가를) 마치다, 마무리 짓다; ~할 시간이 있다; on nije stigao da završi zadatak 그는 임무를 마무리할 수 없었다 8. (무엇이) 충분히 있다, 충분하다; nije stiglo novca 돈이 충분하지 않았다 9. 기타; daleko je stigao 1)인생에서 대성공을 거두었다 2)집안을 대망신시켰다; kadar je stići i uteći 매우 능력있고 융통성 있다; stići do velikoga glasa 굉장히 유명해지다

stid 부끄러움, 수치심, 창피 (sramota); pocrveneti od ~a 창피함에 얼굴이 빨개지다; osećanje ~a 수치심, 창피함; zar te nije ~? 너는 창피하지도 않냐?; nema ni srama ni ~a 그는 창피함을 모른다; bilo me je ~ 나는 창피해 죽는줄 알았다; baciti (vrgnuti) ~ pod noge 뻔뻔해지다; naterati kome ~ u obraz 부끄러워하게 하다, 창피하게 하다

stidak -tka 1. (지소체) stid 2. (식탁에서 같이 먹다가 남은 마지막) 한 개, 한 숟가락, 한 첨 (마지막 남은 것을 먹으면 염치없는 짓이 되므로) 3. (사람의) 음부 4. (植) 야생 당근

stideti se -im se (不完) 1. 부끄러워하다, 창피해 하다; dete se stidi 아이가 쑥스러워한다; on se stideo svoje žene (zbog svoje žene) 그는 자신의 아내를 부끄러워한다; ne stideti se koga u čemu 어떤 방면에서 누구에게 뒤떨어지지 않다 2. 주저하다, 망설이

다, 머뭇거리다 (ustezati se, ustručavati se); posluži se, nemoj da se stidiš 주저하지 말고 먹어

stidljiv -a, -o (形) 1. 수줍어하는, 부끄러워하는, 수줍음(부끄러움)이 많은; ~a devojka 부끄러움을 타는 처녀 2. 소심한, 겁많은 (bojažljiv, plašljiv); ~ glas 소심한 목소리

stidljivac -ivca 수줍음(부끄러움)을 많이 타는 사람 stidljivica, stidljivka

stidljivost (女) 수줍음, 부끄러움

stidnica (解) (여성의) 외음부, 성기; 음부

stidnik (解) (남성의) 성기; 음부

stigma (女), **stigmat** (男) 1. (고대 그리스에서 죄수·노예 등의 신체에 새긴) 낙인 (žig) 2. (비유적) 치욕, 오명 (ljaga, sramota) 3. (醫) (피부에 나타나는) 홍반(紅斑)

stigmatizacija 낙인, 낙인찍기

stigmatizirati -am, **stigmatizovati** -zujem (完, 不完) ~에 낙인을 찍다; (비유적) ~라고 비난하다, 오명을 씌우다

stignuti -nem (完) 참조 stići

stih 1. 시의 1행; (시의) 절(節), 연(聯) 2. 시, 운문(韻文), 시가; (複數로) (어떤 사람·시대·나라 등의) 시; beli ~ovi 운(韻; 라임)이 없는 시; vezani ~ 운율 규칙에 맞춰 쓴 연; graditi (praviti) ~ 시를 쓰다

stihija 1. (파괴적인) 자연 현상(홍수·산사태 등의); ljudi su već danima straže na nasipu. Ogromna, teška borba vodi se sa ~om 사람들은 벌써 몇 날 몇 일째 제방의 둑을 지켜보고 있다. 자연재해와의 싸움에 사력을 다하고 있다; neobuzdana ~ 걷잡을 수 없는 사태; vodena ~ 걷잡을 수 없는 물길 2. (타협할 수 없는) 강력한 사회 현상; 뿌리깊은 생활(행동·업무) 습관 3. (고대 그리스 철학의) 기본적 자연 요소중의 하나(공기·불·물·흙 등의); (비유적) 기본 요소

stihijskī -ā, -ō, **stihijnī** -ā, -ō (形) 파괴적 자연 현상의; 강력한, 억제할 수 없는, 통제할 수 없는 (snažan, nesavladiv)

stihoklepac (비꼬는 투의) 엉터리 시인, 삼류 (三流) 시인

stihotvorac (보통 경멸조의) 시인

stihotvorstvo 시작(詩作)

stihovan -vna, -vno 시(stih)로 된, 시로 표현된

stil 스타일, 양식, 형식; pesnički ~ 시인 스타일; poslovni ~ 비즈니스 스타일; gotski ~ 고딕 양식; u velikom ~u 호화롭게, 사치스럽게; dobar(rđav) ~ 좋은(나쁜) 스타일; kitnjast ~ 화려한 문체, 미사여구체 **stilski**

S

(形); ~ *nameštaj* 과거의 어떤 시대 스타일로 만들어진 가구; ~ *časovnik* 앤티크 시계

S

stilet (날이 좁고 뾰족한) 양날 단검, 단검, 단도

stilist(a) 문장가(文章家); 스타일리스트

stilistika 문체론 **stilistički** (形)

stilizacija 1. (문체의) 다듬음, 양식화 2. 양식화, 스타일화

stilizirati -*am*, **stilizovati** -*zujem* (完,不完) 1. (문장을) 일정한 양식에 일치시키다, 양식화하다 2. (특히 피동형용사 형태로) 양식화하다, 본떠 비슷하게 하다; *stilizovan narodni ples* 양식화된 민속춤

stilo 만년필 (naliv-pero)

stilskī -*ā*, -*ō* (形) 스타일의, 일정한 양식의; *svaki stil ima svoju ~u logiku* 모든 스타일은 자신만의 논리가 있다

stimulacija 1. 자극, 고무, 격려 (동기 부여 등의) (podsticanje, podstrekivanje) 2. (비유적) (업무 성과에 따른) 성과급, 보너스

stimulans, stimulus 자극제; 자극하는 것, 격려하는 것

stimulativan -*vna*, -*vno* (形) 자극하는, 고무하는, 격려하는, 동기를 부여하는; ~*vna ocena* 격려 점수; ~*vna nagrada* 장려상, 격려상

stimulirati -*am*, **stimulisati** -*šem* (完,不完) 자극하다, 고무하다, 격려하다 (podstaći, podsticati)

stipendija 장학금; *dodeliti (dobiti) ~u* 장학금을 주다(받다)

stipendirati -*am* 장학금을 주다, 장학사업을 하다

stipendist(a) 장학생 **stipendistica, stipendistkinja**

stipenditor 장학금 공여자

stipl-čes, stiplčez (스포츠) (사람의) 장애물 경주, (말의) 장애물 경마

stipsa 1. (化) 명반, 백반(염색이나 피혁 공업용 물질) (alaun, kocelj) 2. (비유적) 구두쇠, 수전노, 깍쟁이 (cicija, škrtac, tvrdica); *za života gore ~e nije bilo od njega!* 내 생애 그보다 더한 구두쇠는 못봤다

stipulacija (法) 계약, 약정 (ugovor)

stipulirati -*am* (完,不完) 계약하다, 약정하다, 합의하다; *dođite sutra da stipuliramo ženidbeni ugovor* 결혼 계약에 대해 합의할 수 있도록 내일 오세요

stisak -*ska* 1. 주먹을 쥠, (손가락을) 겹침 2. (인사의 표시로) 서로의 손(바닥)을 꽉 쥠; ~ *ruke* 손을 꽉 쥠

stiska 1. (비좁은 공간에서의) 밀고 밀리는 혼잡 (gužva, gurnjava) 2. (비유적) 어려움, 곤란, 곤경, 빈곤 (nevolja, tegoba, oskudica); *bio je u velikoj novčanoj stisci* 커다란 금전적 어려움에 처해 있었다

stisnuti -*nem*; *stisnuo*, -*ula* & *stiskao*, -*sla* (完) **stiskati** -*am* & -*šćem* (不完) 1. (감사의 표시로, 인사할 때 손을) 꽉쥐다; (손으로) 꽉잡다, 꽉쥐다; (이를) 악물다; (포옹하면서) 꽉껴앉다; ~ *pesnice* 주먹을 움켜쥐다; ~ *nekome ruku* 누구의 손을 꽉쥐다(안부 인사로); ~ *zube* 이를 악물다; ~ *(jedno) oko* 한 눈을 꽉 감다; ~ *oko* 잠자다; ~ *oči* 죽다, 사망하다 2. (손으로) 꽉 붙잡다, 꽉쥐다, 움켜쥐다; *zatim se još brže okrenu i stište napadača za vrat* 그리고 더욱 민첩하게 돌아 공격자의 멱살을 움켜쥐었다; ~ *paru* 돈을 벌다 3. (비좁은 공간·좋지 못한 공간 등에 누구를) 밀어넣다, 몰아넣다; (누구의 활동을) 저지시키다, 제한하다, 몰아붙치다; *stisnuli su sve u jednu sobu* 그들은 모든 사람들을 한 방에 몰아넣었다; ~ *škripac nekoga* 누구를 난처한(어려운, 곤란한) 처지에 빠지게 하다 4. (호흡·심장 등이) 가쁘다, 답답하다; (마음 등이) 아프다, 통증을 느끼다; *stislo mi je u grlu, kao da mi je sva kuća pomrla* 모든 집들이 죽은 것처럼 내 목이 답답하였다 5. (안개·어둠 등이) 서서히 깔리다(내려앉다); *stisla magla* 안개가 끼었다 6. ~ *se* (상처가) 아물다 7. ~ *se* (규모·크기가) 줄어들다, 축소되다 8. ~ *se* 달라붙다, 밀착되다 9. ~ *se* 소비를 줄이다, 절약하다; *morali smo se malo stisnuti* 우리는 소비를 좀 줄여야했다

stišati -*am*, **stišavati** -*am* (不完) 1. (라디오 등의 소리를) 줄이다, 낮추다; *stišaj muziku (radio)!* 음악 소리(라디오)를 줄여라 2. (분노·흥분·통증 등을) 달래다, 진정시키다, 가라앉히다, 완화시키다; ~ *nečiju ljutnju* 누구의 분노를 가라앉히다; *stišajte duhove, drugovi!* 여러분, 진정하세요!; ~ *bol (glavobolju)* 통증(두통)을 완화시키다 3. ~ *se* (흥분·열망 등이) 가라앉다, 진정되다, 누그러지다 *panika se stišala* 공포심이 누그러졌다; *bura se stišala* 폭풍이 누그러졌다 4. ~ *se* (불길·소음·활동 등이) 잦아들다, 조용해지다, 줄어들다; *sve se stišalo* 모든 것이 조용해졌다; *kuća se stišala* 집이 고요해졌다; *vetar se stišao* 바람이 잦아들었다 5. ~ *se* 만족해하다

stiva (鑛) 해포석(海泡石; 주로 담배파이프를

1224

만드는 광물) (morska pena)

stizati -*žem* (不完) 참조 stići

stjuard (여객기 등의) 남자 승무원

stujardesa (여객기 등의) 여자 승무원, 스튜어디스

sto 1. (數) 백(100); ~ *odsto (posto)* 백퍼센트 2. 기타; *bežati ~ konaka* ~으로부터 매우 멀다(멀리 떨어져 있다); *biti na (u) ~ muka (neprilika)* 수많은 어려움에 처하다; *znati ~ čuda* 많은 것을 할 수 있다; *idi (odlazi) do ~ đavola* 꺼져!, 나를 가만히 내버려둬!; ~ *mu gromova, (~ mu muka)* 화났을 때 하는 욕설; ~ *na ~* 확실히 (완전히 확실할 때), 백발백중의

sto (=stol) *stola; stolovi* (男) 1. 테이블, 탁자, 책상, 식탁; *staviti nešto na ~* 무엇을 테이블위에 놓다; *postaviti ~ (za šestoro)* (6인용)테이블을 놓다; *raspremiti ~* 식탁을 치우다; *kuhinjski (trpežarijski) ~* 식탁; *pisaći ~* 책상; *crtaći ~* 제도용 테이블; ~ *za karte* 카드게임용 테이블; *noćni ~* (침대 옆에 놓는) 침실용 탁자; *radni ~* 책상, 작업대; *pregovarački ~* 협상테이블; *operacioni ~* 수술 테이블; ~ *za rasklapanje* 조립용 테이블(접었다 폈다 할 수 있는) 2. 기타; *banski ~* 1)반휘하의 법원(크로아티아의) 2) 상소법원, 최고법원; *gde je bog ~om seo* 모든 것이 풍요롭고 정의로운 곳(장소·나라); *za zelenim ~om (donositi odluke, rešavati)* 투표로 결정하다(해결하다); *izneti što na ~* 여론에 공개하다; *odvojiti se(razdvojiti se) od ~a i kreveta* 각방을 쓰다 (부부가 한 집에서); *okrugli ~* (모든 사람들이 동등하게 참여하는) 원탁회의; *pasti pod ~* 술에 취하다 (정신을 잃을 정도로); *svaliti koga pod ~* 의식을 잃을 정도로 누구에게 술을 먹이다

stoni, stolni (形); ~ *tenis* 탁구; ~ *čaršav* 테이블보

stociljati se -*am se* (完) 미끌어지다 (skliznuti se)

stočan -*čna*, -*čno* (한정형 stočni) (形) 1. (보통 한정형으로) 소(stoka)의, 가축의; ~*čni fond* 우(牛)기금, 가축 기금; ~*čna hrana* 소사료; ~*čno tržište* 가축시장, 우시장 2. 소(stoka)가 많은, 가축이 많은; ~*čni kraj* 소를 많이 키우는 지역, 축산 지역

stočar 소사육업자, 소매매업자; 축산업자

stočarski (形)

stočarenje (동사파생 명사) stočariti; 소사육; *baviti se ~em* 소를 키우다, 소를 사육하다, 축산업에 종사하다; *pašnjačko ~* (소의) 방목

사육

stočariti -*im* (不完) 소를 키우다, 소를 사육하다, 축산업에 종사하다

stočarskī -*ā*, -*ō* (形) 참조 stočar; ~*a privreda* 축산 산업

stočarstvo 축산업

stočić, stolčić (지소체) sto; *noćni ~* (침대 옆의) 침실용 탁자

stog 1. 노적가리 (짚·건초·수확 곡물 등의) (위쪽으로 갈수록 좁아지는); *svugde vidiš ~ove sena* 건초를 쌓아올린 더미를 사방에서 볼 수 있다; ~ *sena* 건초더미; *zdenuti u ~ove* 더미로 쌓아올리다 2. 더미, 무더기 (hrpa, gomila) 3. 기타; *bežati preko ~a i sloga* 가능한 한 빨리 도망가다

stog(a) (副) 따라서, 그러한 이유로 (zbog toga, zato); *kupili smo vikendicu te ~ nećemo ići nikuda na letovanje* 별장을 샀기 때문에 여름휴가를 그 어디로도 가지 않을 것이다

stoglav -*a*, -*o* (形) 백개의 머리를 가진, 수많은 머리를 지닌

stogodišnjak 1. 백세노인 2. (향후 백년 동안의 기후와 사건 등을 기록해 놓은) 만세력 (萬歲曆)

stogodišnjī -*ā*, -*ē* (形) 1. 백년의, 백년동안 지속된; ~ *rat* 백년전쟁 2. 백년이 된, 백살의; ~ *starac* 백살 노인; ~*e drvo* 백년된 나무 3. 백년의, 백주년의; *proslava je posvećena ~oj uspomeni na velikog pisca* 행사는 대문호에 대한 백주년 기념제이다

stogodišnjica 백주년

stogub 백배나 더 큰

stoicizam -*zma* (고대 그리스의) 스토아 철학 (주의), 금욕주의, 극기주의

stoičar 스토아 철학자; 금욕주의자

stoik 스토아철학주의자 stoički (形); ~*a nauka* 스토아학파

stoj (명령형) stati; 멈춰, 중지; (軍) 제자리 서!; *vod, stoj!* 소대, 제자리 서!

stoj *stoja* (體操) 물구나무, 물구나무 서기

stojati -*im* (不完) 참조 stajati; 서다, 서있다

stojećke, stojećki (副) 서서, 서있는 자세로

stojnice (女,複) (선박의) 정박기간

stok -*ovi* (상점·창고 등의) 재고, 재고품 (zaliha)

stoka 1. 가축, 소; *krupna ~* 소; *sitna ~* (양·염소 등의) 가축; *radna ~* 짐수레 끄는 동물, 역축(役畜); *rogata ~* 소(황소·암소 등의) 2. (비유적) (卑俗語) 멍청한 놈, 짐승같은 놈; ~ *bez repa* 멍청한 놈 3. 기타; *ići kao ~ na klanicu* 도살장에 끌려가는 것처럼 가다(전쟁터에 왜 나가 싸우는지 알지도 못하면서 전쟁에 나가는 병사들을 이르는 말); *mučiti se kao ~* 힘들고 어려운 일을 하다

stokirati *-am* (完,不完) 재고로 쌓아놓다, 비축하다 (uskladištiti)

stokrat (副) 백배(百倍)로

stokuća (男,女) (집집마다 찾아다니면서) 갖가지 소문을 퍼트리고 다니는 사람

stol 참조 sto; 테이블, 탁자, 책상, 식탁; *banski ~* 상소법원, 최고법원

stolac *stolca; stolci & stoca; stoci* 1. 의자 (stolica); *sesti na profesorksi (sudijski) ~* 교수(판사)가 되다 2. (유아의) 보행기 (dubak)

stolak (지소체) sto; 작은 테이블

stolar 목수, 목공(木工) **stolarski** (形)

stolarija 1. 목수가 만든 물건(제품) 2. 목수의 작업실 (stolarnica) 3. 목공일, 목수직(職) (stolarstvo); *izučiti ~u* 목공일을 배우다

stolarnica 목수 작업실, 목공 가게

stolarskī *-ā, -ō* (形) 목수의, 목공의; *~ zanat* 목수직(職), *~ majstor* 목공 장인; *~a zadruga* 목공예 협동조합

stolarstvo 목수일, 목공예업

stolčić (지소체) stolac, sto; (작은) 의자, 테이블

stoleće, stoljeće 세기(世紀) (vek)

stoletan, stoljetan *-tna, -tno* (形) 세기(世紀)의, 백년의; 백살의 (stogodišnji)

stolica 1. 의자 (stolac); *poljska ~* 야외 의자(접는); *~ na točkovima* (환자들의) 휠체어; *~ za ljuljanje* 흔들의자; *sedeti na ~i* 의자에 앉다; *električna ~* 전기의자(사형 집행에 사용되는); *zauzeti (postići) profesorsku ~u* 교수가 되다 2. (方言) 식탁 3. 강의실의 교탁, 강연대 4. (국가 등의) 수도(首都), (교회 수장의) 착좌 도시 (prestonica, glavni grad); *Sveta ~* (가톨릭 교황이 있는) 로마 교황청 5. 배변, 배변 운동; *meka ~* 설사 (dijareja); *tvrda ~* 변비 (zatvor); *nemati ~u* 변비에 걸리다 6. 기타; *sedeti na dve ~e* 동시에 양다리를 걸치다, 위선적이다(부정직하다, 믿을 수 없다)

stoličica (지소체) stolica; 의자

stolić (지소체) sto

stolist (植) 꿩의비름과(科)

stolist *-a, -o* (形) 잎사귀가 많은; *~a ruža* 잎이 많은 장미

stolnī *-ā, -ō* (形) 1. 테이블의; *~o vino* 테이블와인 2. 수도(首都)의, 착좌 도시의; *~ grad*

수도; *~a crkva* 착좌 교회

stolnotenisač 참조 stonotenisač; 탁구선수

stolnoteniser 참조 stonotenisač

stolnoteniskī *-ā, -ō* (形) 참조 stonoteniski; 탁구의

stolnjak 테이블보, 식탁보

stoloravnatelj 향연 주최자, (연회석상에서) 축배를 제안하는 사람; *~ ... pozdravi me govorom i čašicom vina* 향연 주최자는 나를 환영하면서 인사말과 건배를 했다

stolovati *-lujem* (不完) 1. 통치하다, 경영하다 (vladati, upravljati) 2. 근거지(본부)를 ~에 두다(가지다), 살다 (stanovati, živeti)

stoljeće 참조 vek; 세기(世紀)

stoljetan *-tna, -tno* (形) 세기의, 백년의, 백살의

stomačnī *-ā, -ō* (形) 위의, 복부의; *~o oboljenje* 위질환; *~ sokovi* 위액

stomak (解) 1. 위(胃) (želudac) 2. 배, 복부 (trbuh); *boli me ~* 나는 배가 아프다 **stomačni** (形) 3. 기타; *imati veliki ~* 많이 먹을 수 있다, 요구 사항이 많다; *ne misliti dalje od ~a* 자신만 생각하고 자신의 이익만 구하다; *podiže mi se ~ na nešto* (그 누구의 불손한 행동으로 유발된 역겨움 등을 표현할 때의) ~에 아주 불쾌하다(구역질난다)

stomatolog 치과의사, 구강학 전문의 (zubar)

stomatologija (醫) 치과, 구강학

stomatološkī *-ā, -ō* (形) 치과의, 치과 의사의; *~ fakultet* 치의대(齒醫大)

stonī *-ā, -ō* (形) 참조 sto; 책상의, 테이블의; *~ tenis* 탁구

stonoga (動) 지네

stonotenisač 탁구선수 stonotenisačica

stonoteniser 탁구선수 (=stonotenisač)

stonoteniskī *-ā, -ō* (形) 탁구의

stook *-a, -o* (形) 백개의 눈을 가진, 많은 눈을 가진

stooko (副) 매우 신중하게 (백개의 눈을 가진 것처럼)

stop 정지, 멈춤

stopa 1. (다리의) 발, (stopalo, taban); (잔의) 밑받침, 밑바닥 (putira, kaliža); (기둥의) 밑부분 2. (複) (협의의) 다리 (noge) 3. 발자국; *on je pošao ~ama svoga oca* 그는 자기 아버지를 뒤쫓아 갔다(아버지와 같은 인생항로를 갔다); *pratiti (slediti) nečije ~e* 누구의 뒤를 따라가다 4. 걸음, 걸음걸이 (hod, korak); *slediti nekoga u ~u* 누구의 뒤를 바짝 따라가다; *~u po ~u* 조금씩 조금씩, 한 걸음 한 걸음(스텝 바이 스텝) 5. (廢語) (길

이의 단위) 피트(30.48츠); *toranj je visok 100 ~a* 탑의 높이는 100피트이다 **6.** (詩의) 음보; (음악의) 박자 **7.** (일정한 기준에 기초한) 비율, 율; *diskontna ~* 할인율; *uz kamatnu ~u od 4 odsto* 4%의 이율로; *godišnja ~ porasta industrijske proizvodnje* 산업생산성장 연간 비율; *poreska ~* 세율; *carinska ~* 관세율; *~ smrtnosti* 사망률 **8.** (식물명의 한 부분으로) *vučja ~* (植) 태생초 (순산에 효과가 있다고 하는 식물); *zečja ~* (植) 허브베니트 **9.** 기타; *neće ~e (odstupiti), ni za ~u (zaostati)* 조금도 뒤지지 않다; *od glave do ~e* 머리부터 발끝까지; *otkriti se kome do ~a* 믿고 맡기다, 완전히 노출되다; *sa ~e, s ove ~e, s ovih ~a, iz istih ~a* 즉시; *stati laži u ~u* 거짓말하기 시작하다; *~e ljubiti kome* 맹목적으로 충성하다(복종하다); *u svaku ~u* 모든 경우에; *čijim ~ama (ići, poći)* 누구를 본받다, 누구를 따르다

stopalo 1. (解) (복사뼈 아래 부분) 발; *ravno ~* (醫) 평발 **2.** (비유적) 평평한 면(부분); *popeo se ... na prostranu zaravan, gornje ~ planine* 그는 산 윗쪽에 있는 넓고도 평평한 곳에 올랐다; *~ čarape* 양말 밑바닥

stopalni, stopaoni (形)

stoparac *-rca* (歷) 50파라 짜리 동전

stopirati *-am* (完,不完) 중지시키다, 정지시키다, 중단시키다, 멈추게 하다

stopiti *-im* (完) **stapati** *-am* (不完) **1.** (열을 가해 고체를 액체 상태로) 녹이다, 녹게 하다, 용해하다; *~ rudu* 광석을 용해시키다; *~ mast* 지방을 녹이다; *~ maslo* 버터를 녹이다 **2.** (하나의 전체로) 합치다, 어울어지다, 결합하다 **3.** 살해하다, 죽이다, 망하게 하다, 파괴시키다; *brata Vuka stopiše ti Turci* 부크 형제들을 그 터키인들이 죽였다 **4. ~ se** (하나의 전체로) 합쳐지다, 결합되다; 서로 어우러지다, 융합되다; *~ se sa nečim* ~와 합쳐지다

stopliti *-im* (完) **1.** 따뜻하게 하다, 따뜻하게 만들다; (필요한 온도까지) 열을 가하다 (utopliti, ugrejati) **2. ~ se** (온도·기온 등이) 따뜻해지다

stopostotnī, stoprocentnī *-ā, -ō* (形) 백 퍼센트의, 총, 전체의, 완전한; *~a promena* 완전한 변화

stoput, sto puta (副) 백배로

stor (男), **stora** (女) **1.** (속이 비치는 천으로 된) 창문커튼 **2.** (비유적) 속눈썹 (trepavica)

storija 일화(逸話), 이야기, 사건

stornirati *-am* (完) 취소하다, 철회하다, 무효화시키다; (회계장부에 이미 기재된 항목을) 수정하다; *~ presudu (odluku)* 판결(결정)을 무효화하다

storuk *-a, -o* (形) 백 개의 손을 가진(손이 있는); *čekaj malo! nisam ~!* 좀 기다려, 내가 손이 백 개가 있는 것이 아니잖아!

stostruk *-a, -o* (形) **1.** 백 겹의, 수많은 겹의 **2.** 백 배의, 백 배 큰

stotī *-ā, -ō* (數) 백 번째의; *~a godišnjica* 백주년

stotina 1. 백(100) (sto); *dve ~e* 이백; *na ~e* 100단위로; *~ama godina* 수백년 동안 **2.** (軍) 부대, 중대 (백 명으로 구성된) (četa) **3.** 많음(무수히 많은, 끝없이 많은); *u ~u dobrih časa!* 행복하게(srećno); *slobodan si, hajde leti u ~u dobrih časa!* 너는 자유롭다, 행복하게 날아라!

stotinak (주로 不變) 약 백여개의, 약 백여명의; *bilo je svega ~ radnika* 모두 약 100여명의 노동자가 있었다; *nekoliko ~a* 수 백의; *demonstriralo je oko ~ studenata* 약 100여명의 학생들이 시위를 하였다

stotinar (廢語) 부대장, 중대장(100명으로 구성된 중대의)

stotinarka *-ci & -ki* 100디나르 짜리의 화폐 (지폐)

stotiniti *-a, -o* (形) 참조 stoti; 백번째의

stotiniti se *-im se* (不完) 백단위로 증가하다 (증식하다, 번식하다, 곱하다); *ovce ti se stotinile* 네 양들은 백배로 늘어났다

stotinka 1. 백(100) (sto, stotina) **2.** 백번째의, 백분의 일의; *da je zakasnio za ~u sekunde, opet bi upao u vodu* 백분의 일초만 늦었더라도 물속에 다시 빠졌을 것이다

stotinjak 참조 stotinak

stotinjarka 참조 stotinarka

stovarište 1. 야적장, 하치장; *~ đubreta* 쓰레기 하치장 **2.** 창고 (skladište, magacin); *imamo to na ~u* 창고에 그것을 가지고 있다

stovariti *-im* (完), **stovarivati** *-rujem* (不完) (짐·화물 등을 기차·화물차·선박 등에서) 내리다, 부리다; *~ drva s kamiona* 트럭에서 나무를 내리다; *stvorili su ga s voza!* 그 사람을 기차에서 하차시켰다

stožac *-šca* (幾何) 원뿔 (kupa, konus)

stožast *-a, -o* (形) 원뿔형의

stožer 1. 기둥(말이 빙빙돌면서 탈곡하는 탈곡장의 중심부에 세워진) **2.** (문의) 경첩; 물방아의 중심축, (차의) 차축 **3.** 기본적이고 중요한 것, 중심(지) (centar, središte); (어떠

1227

한 사건·운동의)중심 인물; ~ *pokreta* 운동의 중심 인물; ~ *događaja* 사건의 중심지(중심 인물) 4. (지구의) 극 5. (軍) 참모부 (štab) **stožerni** (形)

stožernik 1. (地) (남·북의) 극권(極圈) 2. (가톨릭의) 추기경 (kardinal) 3. (軍) 참모장

stožina 1. (곡물·짚 등을 쌓아놓는 노적가리 등의 중심부에 세우는) 막대기 (kolac, direk) 2. 노적가리 (plast, stog)

str (약어) strana; (책의) 쪽, 페이지

straćara (낡고 허물어져 가는 사람이 살지 않는) 폐가(廢家), 공가(空家); ~e 빈민가, 슬럼

straćiti *-im* (完) (돈을 헛되이) 낭비하다, 물쓰듯 쓰다, 탕진하다 (ćerdati, spiskati); (인생을) 헛되이 보내다, 쓸데없이 보내다 (proćerdati); *jedno ne može da razume da čovek može ~ tako bedno, tako prazno svoj vek* 그가 이해할 수 없는 한가지는 사람들이 자신의 인생을 그렇게 헛되고 쓸데없이 보내는 것이다

stradalac *-alca* & *-aoca* (= stradalnik) 고통받는 사람, 피해자, 희생자, 사망자, 곤경에 처한 사람, 곤궁한 사람 (patnik, nevoljnik, nesrećnik) **stradalački** (形)

stradalnik 참조 stradalac stradalnica; **stradalnički** (形)

stradanje (동사파생 명사) stradati; 희생, 사망

stradati *-am* (完,不完) 1. (不完) (질병·고통·슬픔·불행·결핍 등에) 시달리다, 고통받다 (patiti, trpeti); *on već dugo strada zbog toga* 그는 이미 오랫동안 그것 때문에 고통을 받고 있다; *on ne jada što mu srce strada* 심장에 나쁜 영향을 끼치기 때문에 그는 불평하지 않는다; *mi smo stradali za vreme rata* 전쟁동안 우리는 고통을 받았다 2. (完) 붕괴되다, 파괴되다, 폐허가 되다, 망가지다; 죽다; *sva je žetva stradala od suše* 가뭄으로 인해 모든 농작물이 큰 피해를 봤다; *mnoga sela su stradala za vrema zemljotresa* 많은 마을들이 지진이 일어났을 때 파괴되었다; *u nesreći su stradala četiri lica* 4명이 사고로 죽었다; *njoj su dva sina stradala u ratu* 전쟁에서 그녀의 두 아들이 사망했다; *traganje za stradalima* 사망자 수색; *kad otac vidi šta si uradio, stradao si!* 네가 무엇을 했는지 아버지가 보시면 너는 죽을 것이다(꾸지람을 들을 것이다)

strag(a) 1. (副) 뒤에서, 배후에서 (反: spreda); *zaći nekome ~* 누구에게 뒤쳐지다, 누구의

뒤에 가다 2. (前, +G) ~의 뒤에; *skrio bih se ... strag oblačnih tih koprena* 처진 그 장막 뒤에 숨고 싶었다 3. 기타; *spreda i ~* 사방에서

strah 1. (죽음·질환·빈곤·징벌 등에 대한) 무서움, 두려움, 공포, 걱정; ~ *od nepoznatog* 알지 못하는 사람에 대한 공포; ~ *me je* (나는) 두렵다; *on je u ~u za svoje roditelje (zbog svojih roditelja)* 그는 자신의 부모를 무서워한다; *on je u ~u od mene* 그는 나를 무서워한다; *ulivati (zadavati) ~ nekome* 누구에게 공포심을 불어넣다; *učiniti nešto iz ~a* 무서워 뭔가를 하다 2. (보통 보어 i trepet와 함께) 두려움·공포심등을 야기시키는 사람(것) 3. 기타; *bez ~a i mane, bez mane i ~a* 매우 용감하고 도덕적으로 완벽한; *biti u ~u* 무서워하다(두려워하다); *držati koga u ~u* 충성을 다하도록 하다; *nema ~a* 두려워할(무서워할) 필요가 없다; ~ *božji* 1) 무섭게, 두렵게(strašno, užasno) 2) 매우 많이 (vrlo mnogo); *u ~a (u ~u) su velike oči* 소심한 사람은 모든 것을 위험하게 바라본다; *uterati (uliti) kome ~ u kosti (u srce)* 아주 (뼛속 깊게) 무서워하게 하다

strahoba 참조 strahota; 무서움, 두려움, 공포심(감)

strahoban *-bna, -bno*, **strahobitan** *-tna, -tno* (形) 무서운, 두려운, 무서움(두려움)을 야기시키는

strahopočitanje 참조 strahopoštovanje; 경외

strahota 1. 무서움, 두려움, 공포 (strah) 2. 무서움(역겨움)을 야기시키는 것, 무서움(역겨움, 공포심)을 야기시키는 장면; *danas sam video jednu ~u* 오늘 나는 무서운 것을 봤다 3. 참혹함, 처참함 4. (부사적 용법으로) 엄청나게, 겁나게, 매우 많이 (jako, silno, strašno); *ljudske misli ~ zbrkane* 매우 혼란스런 사람들의 생각(사고)

strahotan *-tna, -tno* (形) 1. 무서운, 두려운, 역겨운, 참혹한, 처참한, 끔찍한; ~*tna pretnja* 무서운 협박 2. 엄청난, 대단한, 굉장한, 상상을 초월하는; ~*tna katastrofa* 엄청난 재앙; ~ *tresak* 엄청난 굉음

strahovati *-hujem* (不完) 무서워하다, 두려워하다, 걱정하다; *on strahuje od ispita* 그는 시험보는 것을 두려워한다; *ona strahuje za dete* 그녀는 아이에 대해 걱정한다; *ne strahuj za me!* 내 걱정마!

strahovit *-a, -o* (形) 1. 무서운, 두려운, 참혹한, 처참한, 끔찍한 (stravičan, užasan); ~ *sudar* 참혹한 충돌; ~ *čovek* 무서운 사람;

~a frizura (haljina) 꼴불견의 머리(드레스) 2. 엄청난, 대단한, 굉장한 (veoma velik, silan, golem); ~ uspeh 엄청난 성공; ~a zbrka 커다란 혼란; ~a snaga 굉장한 힘

strahovitost (女) 무서움, 두려움; 처참함, 참혹함

strahovlada 폭정(暴政), 철권 통치, 압제 통치, 압제 정권, 폭력 정권

stramputica 참조 stranputica; 옆길, 샛길

stran -a, -o (形) 1. (특정한) 영역 밖의, 외부의, 외래의 2. 외국의, 타국의, 타지역의; 대외(對外)의, 대외적인; ~i jezik 외국어; on je pažljiv prema ~im ljudima 그는 외지인들에 대해 신경을 쓴다 3. 익숙하지 않은, 이질적인; meni je takav osećaj sasvim ~ 내게 그러한 느낌에 전혀 익숙치 않다 4. (명사적 용법으로) 외국인, 이방인 (stranac, tuđinac)

strana 1. (면의) 경계선, (면과 면의) 경계면; (중앙·중심으로부터 멀리 떨어진) 구석 2. (물체의) 면, 표면, (길·강 등의) 한쪽, 가장자리; s onu ~u vode 물의 다른 면에서; donja (gornja) ~ 밑면(윗면); druga ~ puta 길의 반대쪽 3. (물체의 앞 뒤·위 아래에 대하여) 측면; prevrnuti se s jedne ~e na drugu ~u 한쪽에서 다른쪽으로 뒤집어지다 (전복되다) 4. (책·잡지 등의) 쪽, 면, 페이지 5. (방향 등의) 쪽, 향(向); na sve ~e 사방에서, 사방으로 6. 외국, 타향; školovati se na ~i 외국에서 공부하다, 유학하다 7. (언덕 등의) 경사면, 비탈, 측면 (padina brda, strmina); planinska ~ 산비탈; ~ brda 언덕의 경사면 8. (비유적) (주된 상황이나 상태가 아닌) 부수적 상황·상태; ostati po ~i 한쪽에 비켜나 있다 9. 시각, 시야, 견해, 관점 (gledište, stanovište); s te ~e nema se šta prigovoriti 그러한 관점에서는 불만을 털어놓을 아무런 이유도 없다 10. 특성, 특질 (osobina, svojstvo); ima to i dobrih ~ā 그것은 좋은 점도 있다; jaka (slaba) ~ 장점 (단점) 11. 문제, 측면 (pitanje, problem); socijalna ~ 사회 문제; materijalna ~ 물질적 문제 12. (대립하는 사람·그룹의) 편, 한쪽, 진영; zaraćene ~ 전쟁 당사자들; suprotna ~ 반대 진영; držati nečiju ~u 누구의 편을 들다; on je na tvojoj ~i 그는 네 편이다 13. (혈통의) 계(系), 계통; majčina ~ 모계; očeva ~ 부계; oni su mi rod s očeve ~e 그들은 내 부계쪽 친척들이다 14. (幾何) 변; ~ piramide 피라미드의 변 15. 기타; većom ~om, s veće ~e 대부분은, 다수는; na drugu ~u okrenuti govor 대화의 주제를 바꾸다; na ~u ići (otići) 용변을 보러 가다; na ~u pozvati (누구를) 한쪽 구석으로 부르다(은밀히 대화하기 위해); na ~u to! 그것은 다음 일로 미뤄놓자!; od ~e (누구의) 이름으로, 명의로; s božje ~e moliti 신의 이름으로 맹세하다; po ~i biti (držati se, stajati) 비켜서 있다; s jedne ~e ... s druge ~e 한편 ... 또 한편... ; s leve ~e biti 부수적이다(부차적이다); s svih ~ā 사방에서; s ~e zarađivati 부수입을 올리다; sa ~e ići 1)다른 사람들과 별도로 2)다른 사람들과 조화를 이루지 못하다(의견을 같이 하지 않다); s one ~e groba 사후에, 죽은 후에; u ~u! 비켜!; u ~u zazvoniti 종을 울리며 경보를 울리다; u ~u udariti 1)주(主)도로에서 벗어나다 2)(일·행동 등에서) 잘못된 길로 들어서다; crna ~ 약점

stranac -nca 1. 외국인, 외지인, 타향인 (tuđinac, inostranac); neprijateljski ~ 적대적 외국인; Legija ~a (프랑스의) 외인부대, 용병부대 2. 사고방식이나 행동이 다른 사람과 다른 사람 **strankinja; stranački** (形)

stranačkī -ā, -ō (形) 1. 참조 stranac; 외국인의, 외국의; ~ naglasak 외국인 강세 2. 당(黨)의 (partijski); ~ pripadnost 정당 소속성

strančariti -im (不完) (자기가 속한) 정당의 이해관계에 따라 행동하다; ne smemo ~, moramo biti objektivni 정당의 이해관계에 따라 행동하면 안된다, 객관적이어야 한다

stranica 1. (지소체) strana 2. (책·잡지 등의) 쪽, 페이지 3. 특성, 특색 4. (幾何) 변

stranka -nci, -ākā 1. (政) 당(黨), 정당 (partija); demokratska ~ 민주당, radikalna ~ 급진당 2. (대립하는 사람·그룹의) 편, 한쪽, 진영 3. (민원·청원 창구 등의) 고객, 민원인·청원인, 창구 방문객; primanje ~a od 7 do 11. 고객 상담시간은 7시부터 11시 까지 4. (法) (재판에서의) 원고·피고측, 당사자; tužena ~ 피고측

strankinja 참조 stranac; (여자)외국인

stranputica 1. (주도로가 아닌) 옆길, 샛길, 우회도로 2. (길이 없어) 걷기 힘든 길 (bespuće) 3. (비유적) 잘못된 길, 올바르지 않은 길, 올바르지 않은 해결책(인식); (인생에서) 험한 길, 힘든 길; 잘못된 발전 과정; paziti da dete ne krene ~om 아이가 올바르지 않은 길을 가지 않도록 신경쓰다; čuvati se ~ā u pregovorima 협상에서 일이 잘못되지 않도록 조심하다

stranputicē (副) 1. 샛길로, 옆길로

(stranputicom); *krenusmo ~, preko njiva* 우리는 샛길로 풀밭을 가로질러 갔다 2. (비유적) (인생 항로에서) 잘못된 길로, 옳은 길에서 벗어나; *udari ~, pije, kocka* 술마시고 놀음하면서 잘못된 길로 들어섰다

stranstvovati *-vujem* (不完) 외국에서 생활하다(살다), 외국을 여행하다(돌아다니다)

strasno (副) 참조 strastan; 열렬히, 격렬하게, 열정적으로; ~ *govoriti* 열정적으로 말하다; ~ *ljubiti* 격렬하게 키스하다

strast *-ašću* (女) (어떤 일에 대한) 열정, 열성, 열중, 열광, 욕망, 욕정; (사물에 대한) 애착, 집착; *kockarska* ~ 도박에 대한 집착; *kipeti od ~i* 열정으로 끓어넘치다; ~ *prema radu* 일에 대한 열정; ~ *za slikarstvo* 미술에 대한 집착; *buditi* ~ 열정을 불러일으키다; *obuzdati svoje ~i* 자신의 격정적 감정을 억제하다; *bludne ~i* 색욕(욕정)

strastan *-sna, -sno* 1. 열정적인, 격정적인, 열렬한; ~ *poljubac* 격정적인 키스; ~ *navijač(pristalica)* 열렬한 팬(지지자) 2. 색욕이 넘치는, 음탕한; 욕정을 불러일으키는; ~ *pogled* 음흉한 시선

strastven *-a, -o* (形) 참조 strastan; ~*e usne* 욕정을 불러일으키는 입술

strastvenost (女) 열정, 열광, 열성; 격정

strašan *-šna, -šno* (形) 1. 무서운, 무시무시한, 끔찍한, 소름끼치는 (stravičan, užasan); ~ *priviđenje* 무서운 환상(환영); ~ *prizor* 소름끼치는 광경; ~ *čovek (doživljaj)* 무서운 사람(경험); ~ *film* 무서운 영화 2. 엄청난 (세기·강도·수준 등이), 견딜 수 없는; ~ *bol* 엄청난 통증; ~*o žrtvovanje* 엄청난 희생 3. 아주 형편 없는(나쁜 인상을 남길 정도의), 역겨운; ~ *naglasak* 형편없는 악센트 4. (口語) 아주 강력한 인상을 남기는, 아주 훌륭한; ~ *dasa* 매우 매력적인 멋쟁이; ~ *potez* 아주 뛰어난 조치(행동); ~*šna je!* 그녀는 엄청나다!; ~ *film* 아주 뛰어난 영화

strašilo 1. 허수아비 (과수원 등에서 새떼를 쫓기 위한) 2. (자신의 외모로 인해 다른 사람들에게 좋지 못한 인상을 남기는) 험상궂게 생긴 사람, 인상이 나쁜 사람; *u uglu se cerilo krezubo* ~ 구석에서 이가 다 망가진 험상궂게 생긴 사람이 이를 드러내고 웃고 있었다 3. 유령, 귀신, 환영 (avet, priviđenje, utvara)

strašiti *-im* (不完) **zastrašiti** (完) 1. 깜짝 놀라게 하다, 겁먹게 하다, 두렵게 하다 (plašiti); ~ *decu* 아이를 깜짝 놀라게 하다 2. ~ *se* 겁먹다, 깜짝 놀라다, 두려워하다 (bojati se,

plašiti se); ~ *se od mraka* 어둠을 무서워하다

strašivac *-ivca* 겁이 많은 사람, 겁쟁이, 용기가 없는 사람 (plašljivac, kukavica)

strašljiv *-a, -o* (形) 1. 겁많은, 두려워하는, 소심한 (plašljiv); ~*o dete* 겁많은 아이 2. 겁먹은; ~ *pogled* 겁먹은 시선; ~*a reakcija* 겁먹은 반응 3. 겁나게 하는, 무서운 (strašan); ~*a škripa* 겁나게 하는 삐걱거리는 소리; ~*a pucnjava* 공포심을 야기시키는 총소리

strašljivac *-ivca* 겁쟁이, 용기없는 사람 (plašljivac, kukavica)

strašno (副) 1. 끔찍하게, 소름끼치게, 무섭게 (užasno, jezivo); ~ *urlikati* 무섭게 포효하다; ~ *sam gladan* 아주 배가 고프다; *kuća je* ~ *ružna* 집은 아주 끔찍하게 추하다; *oni* ~ *žive* 말못할 정도로 비참하게 산다 2. 엄청나게, 매우 많이 (u velikoj meri, jako, silno); ~ *se plašiti* 매우 많이 놀라다; *oni* ~ *troše* 그들은 아주 많이 소비한다; *on se* ~ *interesuje* 그는 아주 관심이 많다; ~ *se ugojila* 그녀는 살이 엄청쪘다 3. (口語) 아주 훌륭히(대단하게, 탁월하게) (izvanredno, izuzetno dobro); ~ *se provesti na zabavi* 여흥시간을 아주 흥겹게 보내다

strateg 전략가; *vojni* ~ 군전략가

strategija 전략 **strategijski, strateški** (形)

stratište 사형집행장 (gubilište)

stratiti *-im* (完) 1. (헛되이) 낭비하다, 소비하다, 물쓰듯 쓰다 (straćiti) 2. 사형을 집행하다, 사형에 처하다 (pogubiti)

strator (植) 명아주, 흰명아주

stratosfera 성층권(지상 약 10-50km 사이의 지구 대기층)

strava 두려움, (두려움으로 인한) 공포감; 두려움(공포감)을 야기시키는 사람(것); ~ *zadnjega časa* 최후의 시간에 대한 두려움; *biti* ~ *za nekoga* 누구에게 공포의 대상이다; *uhvatila ga je* ~ 그는 두려움에 사로잡혔다

stravičan *-čna, -čno* (形) 무서운, 두려운, 끔찍한, 소름끼치는, 소름 돋는; ~ *prizor* 끔찍한 광경

straža 1. (적군의 공격에 대비한, 보통은 총기를 소지한) 보초, 감시, 경비; *ići na* ~*u* 보초서러 가다; *čuvati* ~*u* 보초서다; *postaviti* ~*u* 보초를 세우다; *biti na* ~*i* 경비하다; *promena* ~*e* 보초 교대; *mrtva* ~ (軍) (갑자기 나타난 사람에게) 사전 경고없이 사격하는 경비 2. 보초(병), 감시병(인), 경비병(인); (軍) 전초부대, 경비대(적의 동향을 감시하기 위한); (군시설을 보호하기 위한) 보초병, 경

비병; *telesna* ~ 경호원, 보디가드; *počasna* ~ (軍) 의장대; *komandir* ~*e* 경비대장 3. 치안유지 기관 4. (군·경찰의 피의자) 호송 5. 감시, 감독; *pod* ~*om* 감시하에 6. 기타; *biti na mrtvoj* ~*i* 임종을 지켜보다; *staviti nekoga pod* ~*u* 누구를 감시하다

stražar 경비원(병), 보초; *smena* ~*a* 보초 교대; *telesni* ~ 보디가드, 경호원 **stražarski** (形); ~*o mesto* 초소

stražara 경비 초소, 보초막, 감시탑, 망루

stražariti -*im* (不完) 경비하다, 보초서다, 감시하다, (누구를) 경호하다

stražarnica 참조 stražara

stražarskī -*ā*, -*ō* (形) 참조 stražar

stražiti -*im* (不完) 1. 참조 stražariti; 보초서다, 경비하다 2. (koga, što) 감시하다 (도망치지 못하도록)

stražnjī -*ā*, -*ē* (形) 1. 뒤의, 뒤쪽의, 뒤에 있는 (pozadi, zadnji); ~*e noge* 뒷다리, ~*a vrata* 뒷문; ~ *ulaz* 후문 2. (죽음을 앞둔) 마지막의, 최후의, 임종의; ~ *čas* 임종을 앞둔 시간 3. (비유적) 최악의, 가장 나쁜 (najgori); ~ *čovek* 최고로 나쁜 사람; ~ *posao* 최악의 일(직업) 4. 숨겨진, 감춰진, 비밀의; ~ *misao* 숨겨진 생각; ~*a namera* 숨겨진 의도

stražnjica 엉덩이, 궁둥이, 둔부 (zadnjica)

strčati -*im* (完) 1. 달려 내려가다; ~ *niz stepenice(breg)* 계단(언덕)을 달려 내려가다 2. ~ *se* (대중(大衆)이) 달려 모이다 (한 장소에), 몰려들다; ~ *se na mesto udesa* (교통)사고 지점에 사람들이 모여들다; ~ *se oko nekoga* 누구 주위에 몰려들다

strčati -*im* (不完) 1. (~에서[보다]) (툭) 튀어 나오다, 삐져 나오다, 솟아 나오다 (stršiti); *iznad krovova strči zvonik* 지붕 위로 종탑이 솟아 있다; *nešto ti strči iz kofera* 뭔가 여행가방에서 삐져 나왔다 2. (비유적) (뭔가로 인해) 두드러지다, 구별되다 (isticati se); ~ *znanjem* 지식이 두드러지다; *ova boja strči* 이 색깔은 두드러진다

strefiti -*im* (完) 1. (화살·탄환 등으로 목표물 등을) 맞추다, 명중시키다; *strefio ga je šlog* 그는 풍을 맞았다(그에게 뇌졸중이 왔다); *koga u živac* 누구의 약점을 건드리다 2. ~ *se* (우연히 어딘가에서) 찾다, 발견하다 3. ~ *se* 일어나다, 발생하다

streha 1. (지붕의) 처마; *pod* ~*om* 처마밑에(서) 2. (처마와 같이) 툭 튀어나온 부분

streja 참조 streha

streka 1. (종이·천 등의) 길고 가는 종이조각

(천조각), 길고 가는 줄 (traka) 2. (길고 가는) 홈집, (길게 갈라진) 틈, (길고 가늘게 간) 금

strela 1. 화살; *odapeti* ~*u* 화살을 쏘다; *pogoditi* ~*om* 화살로 명중시키다; *brz kao* ~ 쏜살같이 빠른; *projuriti kao* ~ 횡하고 지나가다; *gađanje iz luka* ~*om* 화살을 쏘아 맞추기 2. (비유적) (누군가를 향한) 빈정대는 말, 악의적인 행동; *nije podnosio njegove opake* ~*e* 그의 빈정대는 말투와 악의적인 행동을 견뎌내지 못했다 3. 기타; *božja (nebeska)* ~ 번개; *kao* ~ *iz vedra neba* 마른 하늘에 날벼락처럼; *prav kao* ~ 곧은, 올바른, 한 점 잘못이 없는; *ubila te (ga)* ~*!* 욕설(저주)의 한 종류; *u* ~*i leteti* (철새들이 이동할 때) 대형을 이뤄 날다

strelac -*lca* 1. 궁수(弓手); 활을 잘 쏘는 사람 2. (스포츠) 양궁선수; (축구·농구 등의) 슈터, 골을 넣은 선수; *on je dobar* ~ 그는 좋은 양궁선수이다, 그는 훌륭한 골게터이다 3. (대문자로) (天) 궁수자리 4. 기타; *u* ~*lce!* (軍) 전투대형으로 펼쳐!

strelara (植) 쇠귀나물(잎사귀가 화살촉 모양)

strelast -*a*, -*o* (形) 화살 모양의; ~*a jela* 화살 모양의 전나무

strelica 1. (지소체) strela 2. (시계·이정표 등의) 바늘, 침, 화살표 표시; ~ *kompasa* 나침반 바늘

streličar 참조 strelac; (스포츠) 사격선수, 양궁선수 **streličarka**

streličarstvo 참조 streljaštvo; 사격, 양궁

streličast -*a*, -*o* (形) 화살(strelica)같은, 화살 모양의

strelimice (副) 쏜살같이 빠르게, 재빨리; *on baci* ~ *pogled po njenoj odeći na stolcu* 그는 의자에 걸려있는 그녀의 옷을 재빨리 훑어보았다

strelište, streljana 1. 양궁장, 사격장 2. 사형집행장 (gubilište, stratište)

strelomet 화살이 미치는 거리, 화살 사거리; *odmaći se na* ~ 화살 사거리를 벗어나다

strelovit -*a*, -*o* (形) 1. 화살같은; 매우 빠른; ~ *let* 매우 빠른 비행 2. 순간적인, 순간적으로 이뤄진(행해진); ~ *skok* 순간 점프; ~ *izraz negodovanja* 총알처럼 내뿜는 불만 3. (brzina와 함께) 대단한, 엄청난 (veliki, izuzetan); ~*a brzina* 엄청난 속도 4. 꿰뚫어 보는 듯한, 날카로운 (prodoran); ~ *pogled* 꿰뚫어보는 듯한 시선 5. 반듯한, 일직선의 (ravan, prav); ~ *razdeljak* 반듯한 가르마

streljač 참조 strelac

S

streljana 참조 strelište; 사격장, 양궁장

streljanje (동사파생 명사) streljati; smrt ~e 총살

streljaštvo 사격, 양궁; veština ~a 사격술

streljati -am 1. (不完) (총·화살 등을) 쏘다, 사격하다 2. (完) 총살시키다; ~ nekoga 누구를 총살시키다 3. (不完) (비유적) 꿰뚫어지게 (날카롭게) 보다(쳐다보다, 바라보다); ~ očima nekoga (na nekoga) 누구를 뚫어지게 쳐다보다

stremen 1. (말 안장 양쪽에 달린) 등자 (uzengija); držati ~kome 누구의 시중을 들다, 누구의 하인이 되다 2. (解) (중이(中耳)의) 등골(鐙骨)

stremenjača (解) (중이(中耳)의) 등골(鐙骨) (stremen)

stremiti -im (不完) 1. (어떤 방향으로) 급히 가다, 서둘러 가다 (hitati, žurno ići); ~ u pravcu sela 마을쪽으로 급히 가다 2. 열망하다, 갈망하다, 바라다; ~ ka demokratizaciji 민주화를 열망하다; ~ za slavom 명예를 바라다

stremljenje (동사파생 명사) stremiti; 서둘러 감; 열망, 갈망

strepeti -im (不完) 1. 두려워하다, 무서워하다, 불안해하다; 걱정하다, 근심하다 (bojati se, strahovati); ~ zbog posledice 결과 때문에 걱정하다; oni strepe za njegov život 그들은 그의 생사를 걱정한다; strepimo od rata 전쟁을 걱정하다 2. 떨다, 떨리다 (tresti se, podrhtavati, treperiti); ~ na vetru 바람에 떨리다

strepnja 1. 불안, 두려움 (zebnja, strah) 2. 근심, 걱정

streptokoke (女,複) 연쇄상 구균 (박테리아의 일종)

streptomicin (藥) 스트렙토마이신 (결핵 치료용 항생 물질)

stres 스트레스, 압박감, 긴장감

stresti stresem; stresao, -sla; stresen, -ena (完) **stresati** -am (不完) 1. (과일 등 달려있는 것을) 떨어뜨리다, 밑으로 떨어지게 하다 (흔들어서·때려서·털어서); 털다, 털어내다; ~ prašinu 먼지를 털다; ~ lišće 낙엽을 떨어뜨리다; ~ prljavštinu 더러운 것을 털다; on je stresao jabuke sa drveta 그는 나무에서 사과를 떨어뜨렸다; ~ sneg s cipela 구두에서 눈을 털어내다 2. (불쾌함·고통 등을) 털어내다, 없애다; ~ dosadu 따분함을 없애다; ~ jaram 멍에를 벗어던지다 3. 흔들다 (prodrmati); ~ glavom 머리를 흔들다 4.

(추위·공포·흥분 등으로) 벌벌 떨다, 벌벌 떨게 하다; jedna misao ga stresla 한 생각이 그를 오들오들 떨게 만들었다 5. ~ se (몸을) 떨다, 떨리다; ~ se od zime (straha) 추위 (두려움) 때문에 덜덜 떨었다

streš (男,女) 치석(齒石)

strež (鳥類) 굴뚝새 (carić)

strgnuti -nem; strgnuo, -ula & strgao, -gla (完) 1. 벗기다, 벗겨내다; ~ pokrivač 가리개를 벗기다; ~ masku nekome 누구의 마스크를 벗기다 2. (힘으로·재빠른 동작으로) 잡아뜯다(뽑다); ~ rukav 소매를 잡아뜯다 3. 찢다, 잡아찢다; ~ knjigu 책을 찢다

stric stričevi 1. 삼촌, 숙부, 백부; brat(sestra) od ~a 사촌형제(누이) 2. 아저씨 (중년의 남성을 부를 때) 3. 기타; suditi ni po babu ni po stričevima 공정하게 심판하다(판단하다)

stričak 1. (植) 엉겅퀴 2. 귀뚜라미 (cvrčak, popac)

stričević 사촌(남자) (bratučed)

strići strižem, strigu; strigao, -gla; strižen, -ena; strizi (不完) 1. (가위·기계로) 다듬다, 다듬어 깎다, (털·머리카락 등을) 깎다, 이발하다, (풀·잔디·나뭇가지 등을) 깎다, 다듬다; ~ vunu 양털을 깎다; ~ živu ogradu 담장을 다듬다; ~ travu 잔디를 깎다; ~ ovce 양털을 깎다; ~ kosu detetu 아이의 머리를 깎다 2. (누구를) 착취하다, 악용하다, 이익을 취하다; ~ poverenike 채권자를 악용해 먹다 3. (차가운 바람, 서리 등으로) (살이) 에리다, 시리다; mraz striže po obrazima 서리 때문에 뺨이 에리다 4. (brcima) 콧수염을 씰룩거리다 (당황의 표시로); (očima) 날카롭게 바라보다; (ušima) (토끼 등이) 귀를 쫑긋세우다(경계하다) 5. ~ se 이발하다, 머리를 다듬다 6. 기타; striženo kumstvo (民俗) 아기의 첫번째 이발(첫 이발을 한 사람이 아이의 대부(kum)가 됨); striženo-košeno 그렇게 하지 말고 이렇게 해라(비록 똑 같은 일이지만)

strige (女,複) (動) 순각류(지네류(類) 동물)

strihnin (藥) 스트리크닌(극소량이 약물으로 이용되는 독성 물질)

strika (愛稱) strina; 숙모, 백모

strika, strikan, striko (愛稱) stric; 숙부, 백부

striko (男) 참조 strkika; 숙부, 백부

striktan -tna, -tno (形) 엄격한, 엄한 (규칙 등이, 다른 사람에 대해, 종교·신념 등에 대해); ~ red 엄격한 질서; ~ zadatak 엄격한 임무

strina 1. 숙모, 백모 2. 아줌마 (중년의 부인을 부를 때) 3. 겁쟁이, 소심한 사람 (kukavica, plašljivac) 4. (隱語) 엉덩이, 궁둥이, 히프 (zadnjica, stražnjica)

strip *-povi* (신문·잡지 등의) 만화, 연재만화; *čitati ~ove* 만화를 보다

striptiz 스트립쇼(클럽 등에서 무용수들의)

striptizerka, striptizeta 스트리퍼 (스트립쇼에 출연하는 사람), 스트립쇼의 무용수

striptizirati *-am* 스트립쇼를 하다

striza 1. (천·종이 등의) 조각, 조각천, 종이조 각; (땅·토지의) 귀퉁이 땅, 조각 땅 (큰 땅어 리에서 떨어져 나온) 2. (여성 옷의) 장식용 천 (strizica) 3. 기타; *zelena ~* (반어적으로) 터키 깃발

strizibube (女,複) (昆蟲) 하늘소과 곤충

striža 1. (양·염소 등) 동물의 털깎기; 털깎기 철; *~ ovaca* 양털깎기 2. (아기의) 첫 이발

strižnja (양·염소 등의) 털깎기

strkati (se) *-čem (se)* 참조 strčati (se); 달려 내려오다(가다)

strljati *-am* (完) (문질러·비벼) 털어내다, 벗기 다

strm *-a, -o* (形) 1. (매우) 가파른, 경사진; *~ put* 경사진 길; *~a glavica* 가파른 언덕; *~e stepenice* 가파른 계단; *~a ravan* 사면(斜面), 경사진 평지 2. (비유적) 엄격한, 날카로운 (oštar, strog); *~ pogled* 날카로운 시선

strmac *-mca* 급경사면(붕괴 위험이 있는, 꺼질 위험이 있는); *vodenički ~* 물방아로 물이 떨어지는 낭떠러지

strmeknuti (se) *-nem (se)* (完) 1. (머리를 밑으로 하여) 고꾸라뜨리다, 고꾸라지다 (strmoglaviti (se)); *~ se u provaliju* 나락으로 떨어지다 2. (na koga) 맹렬히 공격하다, 신랄히 비난하다

strmen (女) 급경사면 (strmina)

strmen *-a, -o* (形) (매우) 가파른, 경사진, 기울어진 (strm, nagnut); *~ put* 매우 가파른 길; *~e zemljište* 매우 경사진 땅

strmenit *-a, -o* (形) 참조 strmen

strmina 급경사면(급경한 내리막(오르막))

strmnī *-ā, -ō* (形) (보통 숙어로) *~o žito* 곡류 (벼·보리·밀 등의); *~o brašno* (곡류로 빻은)(밀)가루

strmoglav *-a, -o* (形) 1. (머리부터 떨어지는) 곤두박질치는, 거꾸로의; *~ pad* 곤두박질치는 추락 2. 급격히 기울어진(떨어지는), 곤두박질치는; 현기증나는, 어지러울 정도의; *~ potok* 매우 급한 경사의 여울; *~a visina* 현기증날 정도로 높은 높이

strmoglavce, strmoglavice (副) 1. (머리부터) 거꾸로, 곤두박질쳐서 (naglavačke); ~

skočiti 머리를 밑으로 하여 점프하다; *pao je ~* 고꾸라져 넘어졌다 2. 밑으로 수직으로; *~ se spuštati* 수직으로 밑으로 내려오다 3. (비유적) 엉터리로, 엉망으로 (naopako, naopačke); *tada se sve krenulo ~* 그때 모든 것이 엉망으로 되어갔다 4. 급격하게, 순식간에 (naglo, odjednom); *~ propadati* 순식간에 허물어지다

strmoglaviti *-im* (完) 1. (누구를) 거꾸러뜨리다; 거꾸러지다 2. *~ se* 거꾸러지다; 무너지다, 뒤집히다, 전복되다

strmogled (植) 수양버들 (žalosna vrba)

strn 1. (集合) 곡초(穀草), 그루터기, (벼·보리·밀 등의) 곡식의 이삭을 떨어내고 남은 줄기 2. 그루터기만 남은 밭 (strnjika, strnište) 3. 곡류(벼·보리·밀 등의)

strnadica (鳥類) 노랑텃멧새

strnaš (鳥類) 양비둘기, 야생 비둘기

strnina 곡물(穀物)

strnište, strnjište 그루터기(strn)만 남은 밭

strnjik (男), strnjika (女) 참조 strnište

strofa (시의 한) 연

strog *-a, -o; stroži, strožiji* (形) 1. (규율·규칙 등이) 엄한, 엄격한; (행동·도덕관념 등이) 일관된; *~ nastavnik* 엄격한 선생님; *~ sudija* 엄격한 판사; *~ moralist* 일관된 도덕주의자; *on je ~ s decom (prema deci)* 그는 아이들에게 엄격하다; *~o držati nekoga* 누구에게 엄격하게 하다 2. 엄밀한, 정확한, 진정한; *~a realnost* 냉정한 현실; *~i centar* 시내 중심; *u ~om centru* 시내 한복판에서 3. 현저한, 분명한 (izrazit); *~a lepota* 아름다움 그 자체; *~a tišina* 쥐죽은 듯한 고요함 4. 세찬, 강한, 매우 심한 (jak, oštar); *~a zima* 매우 추운 겨울

strogost (女) 엄함, 엄격함

stroj *strojevi* 1. 기계, 장치 (mašina); *električni ~* 전기 장치; *parni ~* 증기 기관; *pisaći ~* 타자기; *pakleni ~* 폭파장치, 폭탄; *~ za pranje rublja (suđa)* 세탁기(식기 세척기); *~ za sušenje rublja* 세탁물 건조기; *~ za šivanje* 재봉틀 2. (軍) (군대·함대 등의) 대형, 진형; (비행기의) 편대; *smaknut (razmaknut) ~* 밀집(산개) 대형; *izići iz ~a* 대형에서 벗어나다; *streljački ~* 군(軍)질서; *izbaciti iz ~a* 작동하지 못하게 하다, ~할 수 없도록 하다, 능력을 상실시키다; *u ~!* 집합!, 정렬! 3. (비유적) 시스템, 체계, 체제; *glasački ~* 투표 시스템; *državni ~* 국가 시스템; *društveni ~* 사회 시스템 4. 체격(體格)

strojač 무두장이, 제혁업자

strojar 기계(stroj) 운전자, 기계 제작(수리)업자 **strojarski** (形) ~ *fakultet* 기계공학대학

strojarna, strojarnica 기계실 (mašinarnica)

strojarstvo 기계공학 (mašinstvo); *fakultet ~a* 기계공학대학; *inženjer ~a* 기계공학 기사

strojiti *-im* (不完) 1. (보통 병사들을) 줄(stroj) 세우다, 줄에 서게 하다, 대형을 이루게 하다 (postrojavati) 2. ~ se (보통 병사들이) 줄서다, 대형을 이루다; *stroj se!* (軍) 대형으로!

strojiti *-im* (不完) (가죽을) 무두질하다 (štaviti)

strojnī *-ā, -ō* (形) 기계의 (mašinski); *~o ulje* 윤활유; *~a puška* 기관총

strojnica 참조 mitraljez; 기관총

strojobravar 기계공

strojopis (타자기로의) 타이핑, 타자

strojopisačica (여자) 타이피스트

strojoslagar 식자공

strojovođa (男) 참조 mašinovođa; 기관사

strop 천장 (plafon, tavanica)

stropoštati se *-am se* (完) 쿵하고 쓰러지다 (넘어지다, 떨어지다); *~ se niz stepenice* 계단에서 쿵하고 굴러 넘어지다

strošiti *-im* (完) 1. (빵 등을) 잘게 부수다, 가루로 만들다 (izdrobiti, izmrviti); *~ hleb* 빵을 가루로 만들다 2. 소비하다; 낭비하다, 허비하다, 헛되이 사용하다; *~ novac* 돈을 허비하다 3. (시간을) 보내다, ~하면서 시간을 보내다; *~ tri dana hoda* 걸으며 3일을 보내다 4. (힘·기력 등을) 쇠진시키다, 탈진시키다, 기진맥진하게 하다 (iscrpski, iznuriti); 파괴하다, 말살하다 (uništiti); *~ snagu* 힘을 다 써버리다; *~ vojsku* 군대를 말살시키다 5. ~ se (힘을 다 써) 기진맥진하다, 탈진되다; 사라지다, 없어지다

strovaliti *-im* (完) **strovaljivati** *-ljujem* (不完) 1. 밑으로 내던지다; 쓰러뜨리다, 넘어뜨리다, 전복시키다; 때려 넘어뜨리다; (부주의로) 떨어뜨리다; *~ u provaliju* 심연(나락)으로 떨어뜨리다; *ako to strovališ, polupaće se* 그것을 떨어뜨리면, 쿵소리가 날 것이다 2. (권좌·직위 등에서) 쫓아내다, 해임하다, 파면하다 (zbaciti, svrgnuti); *strovališe ga njegovi bivši saradnici* 그의 전(前)동료들이 그를 쫓아냈다 3. ~ se 밑으로 떨어지다, 넘어지다, 쓰러지다, 전복되다, 뒤집어지다; *~ se niz urvinu* 나락으로 떨어지다; *~ se na tlo* 땅바닥에 넘어지다 4. ~ se (뭔가 좋지 않은 것들이) ~에게 일어나다; *svaka nevolja se*

na nju strovali 모든 좋지 않은 것들이 그녀에게 일어났다

strpati *-am* 1. (보통 빠르게, 재빨리) 쑤셔넣다, 집어넣다; (여러가지 물건들을) 뒤죽박죽 쑤셔넣다; 구별하지 않고 한꺼번에 집어넣다; *~ stvari u torbu* 물건들을 가방에 쑤셔넣다; *~ novac u džep* 돈을 주머니에 쑤셔넣다; *~ sve u jedan lonac* 모든 것들을 가방 하나에 쑤셔넣다; *~ sve u jedan račun* 영수증 하나에 모든 것을 계산하다(집어넣다) 2. (누구를) 강제로 쑤셔넣다, 집어 처넣다; 가두다; *~ nekoga u policijska kola* 누구를 경찰차에 집어넣다; *~ u ludnicu* 정신병원에 처넣다; *~ koga u ludačku košulju* 누구를 미친 사람 취급하다 3. (u zatvor) 구속하다, 체포하다; *u zatvor ga strpao* 그를 감방에 처넣었다 4. ~ se (좁은 공간에) 쑤셔넣어지다; *~ se u sobu* 방에 쳐넣어지다

strpeti *-im* (完) 1. (어려움·곤란 등을) 당하다, 겪다; *~ uvredu* 모욕을 당하다 2. ~ se (어려움·곤란 등을) 인내하다, 참아내다, 겪어내다

strpljenje 인내(심), 참을성; *izgubiti ~e* 인내심을 상실하다; *imajte ~a!* 좀 참아주세요

strpljiv *-a, -o* (形) 1. 참고 견디는, 인내심 있는, 참을성 있는; *~ sagovornik* 인내심 있는 대화상대자; *~ slušalac* 인내심 있는 청취자 2. 끈질긴, 끈기있는, 근면한; *~a prelja* 끈기 있는 여방적공 3. (연구·노동 등이) 지속적인 (istrajan); *~o istraživanje* 지속적 연구

strpljivost (女) 인내, 인내심, 참을성

stršiti *-im* (不完) 달려 내려가다(오다) (strčati)

stršljen *-i* & *-ovi* (昆蟲) 말벌

strti *starem* & *strem* (完) (문질러·비벼) 털다, 털어내다, 벗겨내다

stručak (지소체) struk; (식물 등의) 줄기

stručan *-čna, -čno* (形) 1. 전문적인, 전문 지식을 가진; *~ poslanik* 전문 지식을 갖춘 국회의원; *on je ~ za to* 그는 그것에 전문적인 지식을 갖췄다; *~ sud* 전문 법원(특허법원 등의) 2. 능숙한, 숙련된; *~ radnik* 숙련 노동자; *~čna radna snaga* 숙련된 노동력

stručnjak 전문가, 전문적 지식을 갖춘 사람; *~ za nešto* (무엇에 대한) 전문가 **stručnjački** (形); *~a analiza* 전문가의 분석

strug *-ovi* 1. (목수의) 대패 (blanja, rende) 2. 선반 (나무·쇠붙이·석재 등을 절단하고 구멍 내고 다듬는); *karuselni (lozni, revolverski) ~* 천공(나사, 터릿) 선반

struga 1. (집주변 나무담장 등의) 구멍, 출입구 (otvor, prolaz) 2. (야외에 나무 등으로

막아놓은) 양의 우리 3. (산 계곡물의) 하상
(河床) 4. (植) 블랙베리 (kupina, ostruga)
strugač 1. 대패질하는 사람, 긁어내는 사람,
긁어내어 뭔가를 다듬는 사람 2. (벗겨내는·
긁어내는) 도구
strugača (목수의) 대패; (긁어내는·벗겨내는)
도구
strugan *-a*, *-o* (形) 참조 strugati; 강판에 간;
~(i) sir 강판에 간 치즈; *rotkve ~e* 그림의
떡 (네가 원하는 것은 없다)
strugar 목수, 선반공; 제재소 노동자
　strugarski (形)
strugara 제재소 (pilana)
strugati *-žem* (不完) **istrugati** (完) 1. (나무·금
속 등의) 표면에서 울퉁불퉁한 것들을 떼어
내다·제거하다, (대패 등으로) 평평하게 하다,
대패질하다, 긁어내다 (glačati, blanjati,
rendisati); *~ zid* 벽을 평평하게 다듬다; *~
dasku* 판자를 대패질하다; *~ turpijom* 줄질
하다, 줄로 다듬다; *~ nokte* 손톱을 다듬다
2. (표면에서 얇은 층을) 벗겨내다 (guliti); *~
krompir* 감자 껍질을 벗기다 3. (비벼서·문
질러) 털어내다, 제거하다; *~ šerpu* 냄비를
닦다 4. (선반으로 뭔가를) 깎다, 깎아내다,
만들다, 가공하다; *~ osovinu od čelika* 강철
로 축을 깎다; *~ na rende* 강판으로 갈다; *~
testerom* 톱질하다 5. (목재를 톱 등으로)
가공하다, *~ deblo u daske* 목재로
판자를 만들다(목재를 판자로 가공하다) 6.
(강판 등으로 야채등을) 갈다, 강판에 갈다;
~ rotkvu 무우를 강판에 갈다; *~ sir* 치즈를
강판에 갈다 7. (輕蔑) (무딘 면도기를 사용
하여) 면도하다 8. (o što, po čemu) 긁다,
할퀴다; (움직이면서) 서로 부딪치다, 마찰되
다, 문지르다, 비비다; *o granu grana struže*
나뭇가지와 나뭇가지가 부딪쳤다; *~ ribu* 생
선을 손질하다; *pas struže na vrata* 개가 몸
을 문에 문지른다 9. (바퀴·문 등이) 삐그덕
거리다, 자르다; 삐그덕거리는 소리를 내다 (škripati)
10. (차갑고 센 바람이) 매섭게 불다; *struže
košava* 찬 북풍이 매섭게 불어온다 11. 코
골다 (hrkati) 12. (물·물줄기가) 매섭게 흐르
다 13. 급하게 도망치다 14. *~ se* (자신의
몸 등에서 손·도구를 사용하여) 먼지를 털다,
더러운 것을 털어내다
strugnuti *-nem* (完) 1. 긁다, 할퀴다 2. 삐걱거
리다, 삐걱거리는 소리를 내다 3. (서둘러·급
하게) 도망치다 4. 급하게 가다
strugotine (女,複) (대패 등으로) 깎아 낸 부스
러기, 대팻밥; 줄밥, 톱밥
struja 1. (물·공기·강 등의) 흐름, 유동; 가는

물방울 줄기(관에서 뿜어져 나오는); (강·바
다의) 물살, 파도; *protiv ~e* 물살을 거슬러;
uz ~u 물살을 따라; *rečna (morska) ~* 강물
(바닷물)의 흐름; 2. (전기의) 전류, 전기;
jaka (slaba) ~ 고압(저압) 전류; *uvesti ~u*
전기를 끌어오다; *prekid ~e* 정전; *nestalo
je ~e, struja je prekinula* 전기가 나갔다(정
전되었다); *jednosmerna (istosmerna) ~* 직
류; *naizmenična ~* 교류; *mašine na ~u* 전
기를 동력원으로 하는 기계 **strujni** (形); *~
vodovi* 송전선 3. (시대·사회의) 경향, 추세,
풍조, 사조; *nova ~ u književnosti* 문학에서
의 새로운 풍조; *plivati protiv ~e (sa ~om)*
시류에 역행하다(시류에 합류하다) 4. 대규모
움직임; *migraciona ~* 이주 행렬 5. 기타;
plivati protiv ~e 시대적 흐름에 역행하여
행동하다
strujati *struji* (不完) 1. (물 등이) 소용돌이치다,
소용돌이치며 흐르다; 세차게 흐르다; *potok
~i* 개울물이 흐르다 2. (바람이) 살살 불다,
약하게 불다 3. (일정한 방향으로) 흐르다,
가다, 움직이다 4. (비유적) (소리·냄새 등이)
사방으로 퍼지다(퍼져 나가다), 웅웅(윙윙)
거리다; *žice ~e* 철사들이 윙윙거린다
strujnī *-ā*, *-ō* (形) 1. 참조 struja; 전기의, 전
류의; *~ udar* 전기 감전; *~o kolo* 전기 회로
2. (言) *~ suglasnik* 마찰음(s, z, ž, š, f, h)
strujnik (言) 마찰음
strujomer 전기 계량기
struk *-ovi* 1. (植) 줄기(보통은 짧은 높이로 지
상에 올라 온); 식물(구근(球根)을 갖는); *
maslačka* 민들레; *~ ljubičice* 제비꽃, 바이
올렛; *~ kukuruza* 옥수수 줄기; *~ luka* 양파
2. (植) 묘목, 모종 (rasad); *~ kupusa* 양배
추 모종 3. 키, 신장; (신체의) 허리; (옷의)
허리; *oko ~a* 허리 부분에; *biti tankog
(tanka) ~a* 허리가 얇다 4. 낚시 도구의 일
종 (뜰채, 몇 개의 낚시 바늘이 달려있는 길
고 가는 끈); *~ za ribolov* 낚시 도구 5. 기
타; *odelo (haljina) na ~* 몸에 딱 달라붙는
옷(치마)
struka 1. 전공 분야; 직업 (profesija,
zanimanje); *koja je njegova ~?* 그의 직업
(전공분야)이 무엇이죠? **stručan** (形); *~čno
osposobljavanje (usavrašavanje)* 전공 연수;
~čna škola 직업 학교; *~čni časopis* 전문
잡지; *~čna literatura* 참고문헌; *~čni
referat* 전공 논문 2. 끈 것 (밧줄, 노끈 등
의) 3. 목걸이(보석 등을 꿰어놓은) (niska,
ogrlica) 4. 망토, 외투 (어깨에 두르는, 보통
은 화려하게 장식된) (ogrtač); 허리 띠 (허

S

리에 장식으로 두르는, 여러가지 색깔의 비
단 또는 양모를 엮어 만든)

struktura 구조, 구성, 체계, 시스템 (sastav, sklop)

strukturalan *-lna, -lno* (形) 구조의; *~lna lingvistika* 구조주의 언어학

strukturalist(a) 구조주의자

strukturalizam *-zma* (문학·언어·사회과학 등의) 구조주의

struma (病理) 갑상선종 (gušavost)

struna 1. (현악기 등의) 현, (낚시대의) 낚시줄 2. 긴 털(말(馬) 등의 꼬리털, 갈기털 같은) 3. 기타; *biti kao napeta ~* 매우 민감한(화난, 짜증난) 상태이다; *u krive ~e udariti* 상황에 맞지 않게 말하기 시작하다

strunuti *-nem* (完) 썩다, 부패하다 (istrunuti, istruliti)

strunja 동물의 털 (보통 염소 혹은 돼지의) (kostret); 그러한 털로 짠 것

strunjača 1. 매트리스(동물의 털(strunja)로 채워진); (스포츠) 매트 (체조·유도장 등의) 2. (한정사적 용법으로, 명사 torba와 함께) 염소털로 만들어진; *torba ~* 염소털로 만든 가방

strunjara 염소털(로 만든) 가방

strup (病理) 농가진(피부가 짓무르는 전염병)

strupnik (植) 현삼(玄蔘)

stružnica 제재소 (strugara, pilana)

strv (男,女) 1. 동물의 사체(死體) (strvina) 2. (비유적) 피에 굶주림 (krvožednost) 3. 기타; *bez ~a i java* 감감무소식이다, 전혀 소식이 없다; *bilo ~ ili jav* 죽거나 살았거나; *ni ~a ni java, ni ~i ni krvi (kome, od nekoga, nečega)* 흔적도 없이 사라졌다; *propasti bez ~a* 흔적도 없이(자취도 없이) 사라지다 (없어지다)

strvan *-vna, -vno* (形) 피에 굶주린 (krvožedan, krvoločan); *biti ~ na koga, na što* 매우 열망하다(갈망하다, 바라다)

strven *-a, -o* (形) 1. 참조 strti (se) 2. 매우 피곤한, 기진맥진한, 탈진된

strvina 1. 동물의 사체(死體), 죽은 동물 (crkotina, mrcina); (輕蔑) (사람의) 사체(死體), 시체 (leš) 2. (비유적) 비쩍 말라 힘이 하나도 없는 동물; 힘이 하나도 없는 사람, 기진맥진한 사람 3. (비유적) (輕蔑) 쓸모없는 인간, 사악한 사람, 쓰레기 같은 인간

strvinar 1. (길거리 등에서) 동물 사체를 치우는 사람 (strvoder) 2. (鳥類) 이집트독수리; (일반적으로) 동물 사체를 먹이로 먹는 동물 (lešinar) 3. (비유적) 약자를 이용해 먹는 사람

strviti *-im* (不完) 1. (누구를) 피에 굶주리게 하다 2. 더럽히다 (prljati, kaljati) 3. *~ se (na što)* 피에 굶주리다 (ostrvljivati se) 4. (完) 흔적도 없이 사라지다(없어지다)

strvoder 1. 동물의 사체를 치우는 사람 (živoder, strvinar, šinter) 2. (비유적) 잔인한 사람, 잔혹한 사람, 인정사정없는 사람

strvožderci (男,複) (昆蟲) 송장벌레과 (동물의 사체를 먹어치우는)

stub *stuba; stubovi* 1. 기둥, 받침대 (목재·석재·금속재 등의, 보통 원통형의, 건축물의); 전신주, 전봇대 (bandera); *potporni ~* 지지대; *mosni ~* 교각; *podnožje (trup, glava) ~a* 기둥 하단(기둥 몸체, 주두(柱頭)); *kičmeni ~* 척추; *rasvetni ~* 가로등 전봇대; *telefonski ~* 전신주; *dalekovodni ~ovi* 고압선 전신주 2. (비유적) 믿고 의지할 수 있는 사람, 중추적인 사람; *~ porodice* 집안의 기둥; *~ demokratije* 민주주의의 기둥 3. 기타; *sramni ~* 형틀; *na (za) sramni ~ prikovati (privezati)* 공개적으로 신랄하게 비판하다, 낙인찍다; *Herkulesovi ~ovi* 헤라클레스의 기둥

stubac, stupac *-pca* 1. 기둥, 받침대 (stub) 2. (신문·잡지·서적 등의 페이지의) 세로의 난, 단; 지면

stube (女,複) 계단 (stepenice)

stubište 계단, 계단이 있는 곳(장소) (stepenište)

stublina 속이 빈 통나무통(개울의 물을 모아 물방아로 떨어지게 하는); 샘 주변의 담장

stubokom (副) 근본적으로, 완전히, 거의 (iz osnova, sasvim, skroz); *oktobarska je revolucija ... ~ promijenila ove stoljetne odnose* 10월 혁명은 수세기 동안의 관계를 완전히 바꿔놓았다

stucati *-am* (完) **stući** *-čem; stukavši, stukao, -kla; stučen, -a* (完) 1. 깨어 부수다, 깨어 잘게 부수다, 바수다; *~ biber* 후추를 잘게 부수다; *~ staklo* 유리를 박살내다 2. (비유적) 파괴하다, 말살하다 (uništiti, satrti); *~ moral nekome* 누구의 도덕성을 파괴하다

stucati *-am* (不完) 때리다, 구타하다, 폭행하다 (biti, tući, udariti); *~ nogama* 발로 구타하다

stud (女) 혹한, 추위 (studen, hladnoća)

studan *-dna, -dno* (形) 참조 studen

studen (女) 1. 혹한, 추위 (velika hladnoća) 2. (비유적) 오한, 오싹한 느낌; 냉기, 한기; (누구에 대한) 냉랭한 태도, 냉랭함

studen -a, -o (形) 1. 매우 추운, 혹한의, 얼어
붙은; ~ vetar 매우 찬 바람; ~o vreme 혹
한의 날씨 2. (비유적) 냉랭한, 쌀쌀맞은, 감
정이 없는; ~ protivnik 쌀쌀맞은 상대편(적
대자); ~ pogled 냉랭한 시선

studenac -nca 1. 수원(水源), 우물, 샘 (vrelo,
izvor) 2. (한정사적 용법으로, kamen과 함
께); 찬, 차가운 (hladan)

studeni -noga (男) 참조 novembar; 11월

studenica (한정사적 용법으로, voda와 함께)
찬, 차가운 (hladna); voda ~ (손이 시릴 정
도의) 차가운 물

student (전문대학 이상의 학교에 재학중인)
학생, 대학생; ~ filologije 인문대학생; ~
prava (medicine) 법대생(의대생); redovni
(vanredni) ~ 정규(비정규) 학생 studentica,
studentkinja

studentskī -a, -ō (形) 학생의; ~ dom (대학생)
기숙사; ~a zadruga 학생협동조합; ~ nemiri
대학생 봉기

studeti studi (不完) (無人稱文에서) (날씨가)
추워지다; studi 날씨가 추워진다

studij -ija (男) 1. (대학에서의) 학업, 학업 기
간 2. 공부, 연구; ~ istorijske građe 사료
(史料) 연구

studija 1. 학술 논문(저술); 공부, 연구;
napisati ~u 논문을 쓰다 2. (화가·조각가의)
스케치, 데생, 모델 (완성품을 만들기 위한)
3. (複數로) (대학의) 학업, 학업 기간; on je
još na ~ama 그는 아직 (대학) 재학중이다;
poslediplomske ~e 석사학위 과정 studijski
(形)

studio -ija, studiom; studiji (男) 1. (화가·조각
가 등 예술가들의) 작업실, 창작실, 스튜디오
(atelje); slikarski ~ 화가의 작업실 2. (예술
인들의 교육하고 훈련시키는) 강습소, 연습
실, 스튜디오 3. (방송국의) 스튜디오, (영화
촬영) 스튜디오

studiozan -zna, -zno (形) 1. 매우 전문적인,
깊이 있게 연구된; ~zna analiza 매우 전문
적인 분석 2. (어떤 주제를) 광범위하고 철저
하게 연구하는; 학구적인, 학문적인; ~
istraživač 학구적인 연구자

studirati -am (不完) 1. (대학에서) 공부하다; ~
matematiku(medicinu, pravo) 수학(의학, 법
학)을 공부하다(전공하다) 2. (뭔가를) 열심히
연구하다(연구 분석하다) (proučavati); ~
mapu 지도를 열심히 연구하다

stuknuti -nem (完) 1. 뒤로 몰다 (보통 수레에
매인 소 등을 워~워~ (stu) 하면서); ~
volove 소를 워워하면서 뒤로 몰다 2. 뒷걸

음질치다 (두려움·당황 등으로 인해); ~
zaprepašćen prizorom 광경에 놀라 뒷걸음
질치다 3. (군대가) 후퇴하다 (povući se,
uzmaći)

stumbati -am (完) 밑으로 떨어뜨리다 (survati,
stropoštati); ~ kamen niz brdo 언덕 밑으
로 돌을 떨어뜨리다

stup 1. 참조 stub; 기둥 2. (선착장에서 배를
묶어 놓는 석재 또는 철재로 된) 말뚝, 기둥

stupa 1. 막자 사발 (avan) 2. 교유기(攪乳
器)(버터를 만드는 큰(양철)통 3. (천을 감는)
롤링 머신 4. 압연기 (presa)

stupac -pca 참조 stubac; 기둥

stupanj -pnja; stupnjevi & stupnji 참조
stepen; 수준, 단계, 정도

stupati -am (不完) 1. 참조 stupiti 2. (軍) 행진
하다 (marširati); vojnici stupaju paradnim
korakom 병사들은 퍼레이드 걸음으로 행진
한다

stupčić (지소체) stub, stup, stupac

stupica 1. 함정, 덫, 올가미 (zamka, klopka)
2. (지소체) stupa; 막자 사발

stupiti -im (完) stupati -am (不完) 1. 발을 내
딛다, 발걸음을 옮기다; ~ u sobu 방에 발을
내딛다; ~ iz prostorije 밖으로 나가다; ~
napred 앞으로 발을 내딛다 2. (nekome,
nečemu) (~에) 다가가다, 접근해 가다
(prići, približiti se); stupi bliže! 좀 더 가까
이 와(가)!; 3. (sa čega) 내려가다; ~ sa
kamena 돌에서 내려가다 4. (pred nekoga)
행동하다; kako ćemo ~ pred Miloša? 밀로
쉬 앞에서 어떻게 행동하지? 5. (전치사 u와
함께); ~의 한 구성원으로 합류하다, ~의 회
원이 되다, ~의 참가자가 되다; ~ u partiju
당에 가입하다; ~ u komisiju 위원회의 위
원으로 합류하다; ~ u akciju 작전에 참가하
다; ~ u dejstvo 행동하기 시작하다, 적극적
으로 되다; ~ u borac 전사가 되다; ~ u
vojsku 군에 입대하다; ~ u vezu (dodir,
kontakt) ~와 접촉하다; ~ u pogodbu 타협
하기 시작하다; ~ u pregovore 협상하기 시
작하다; ~ u svađu 다투기 시작하다; ~ u
savez 동맹을 맺다; ~ u službu 임무를 수행
하기 시작하다; ~ u brak 결혼하다; ~ u
štrajk 파업에 돌입하다; ~ u prepisku 서신
왕래를 시작하다 6. 도착하다, 나타나다
(doći, pojaviti se); ~ u mladinu kuću 신부
의 집에 도착하다(나타나다) 7. 기타; ~ na
presto 왕좌에 오르다, 왕이 되다; ~ na
snagu 효력을 발휘하기 시작하다; ~ na
predikaonicu 설교단에 오르다; ~ na

pozornicu 무대에 오르다

stupiti *-im* (完) 무디게(tup) 하다; ~ *nož* 칼을 무디게 하다

stupnjevati *-njujem* (不完) 참조 stepenovati

stupnjevit *-a, -o* (形) 1. 계단 모양의, 층진 (stepenast); ~*a dolina* 계단 모양의 계곡 2. 점진적인, 점차적인; ~*a promena* 점진적인 변화

stupovlje (集合) stup; 기둥(들)

sturiti *-im* (完) **sturati** *-am* (不完) 1. 밑으로 밀어내다(던지다, 내던지다, 떨어뜨리다); ~ *što sa stola* 책상 밑으로 뭔가를 떨어뜨렸다 2. 기타; ~ *s uma* 잊다, 잊어버리다

stuštiti *-im* (完) 1. 주름지게 하다, 찡그리다 (이마·눈썹 등을) 2. 웅크리다; ~ *ramena* 어깨를 웅크리다 3. ~ **se** (무인칭문으로도) 어두워지다, 컴컴해지다 (보통 돌풍 등을 앞두고, 날씨가); (하늘이) 먹구름으로 덮이다; *stušilo se, kiša će!* 컴컴해졌어, 비가 내리겠어!; *nebo se stušilo* 하늘이 먹구름으로 덮였다 4. (사람이) 인상을 쓰다, 찡그리다 5. 급히 서둘러 뛰어가다, 서둘러 가다; ~ *se za nekim* 누구의 뒤를 급히 뒤따라가다

stužiti se *-im se* (完) **stuživati se** *-žujem se* (不完) 1. 슬퍼(tužan)지다, 우울해지다 2. (無人稱文) (kome) 불편함(메스꺼움·역겨움)을 느끼다 (smučiti se); *stuži mu se, poče povraćati* 그는 메스꺼움을 느끼며 토하기 시작했다

stvar *stvari & stvarju; stvari, stvarī, stvarima* (女) 1. (모든 종류의, 살아있지 않은) 물건, 사물 (predmet); *uzmite vaše ~i* 당신의 물건을 집으세요; *sve ove ~i su bezvredne* 이 모든 물건들은 아무런 가치가 없다; *čije su ove ~i?* 이 물건들은 누구의 것이지?; *imamo mnogo ~i* 많은 물건들이 있다; ~ *bez vrednosti* 무가치한 물건들 2. ~하는 것, 문제, 일, 사안, 사건; *to je ~ ponosa (časti)* 그것은 자부심(명예)에 관한 것이다; *o tim tužnim ~ima ne želim da govorim* 그 슬픈 일들에 대해서는 언급하고 싶지 않다; *ta pripovetka je njegova najbolja ~* 그 단편은 그의 가장 훌륭한 단편이다; *svršena ~* 끝난 일(사안); *naslušao sam se lepih ~i o tebi* 너에 대해 많은 좋은 이야기를 들었다; ~ *se ne sme odlagati* 일을 질질 끌 수 없다; *to nije moja ~* 그것은 내 일이 아니다; *po prirodi ~i* 일의 성격상 3. (보통 複數로) 상황, 상태 (stanje, situacija, prilike); *njenim dolaskom ~ su se iz temelja izmenile* 그녀의 도착으로 인

해 상황이 근본적으로 바뀌었다; *kako sada stoje ~i?* 지금 상황은 어때?; ~*i idu naopako* 상황이 안좋아져 간다 4. 기타; *bitna* ~ 중요한 일(사안); *isterati* ~ *na čistinu (čistac)* 불명확한 것을 아주 명확히 하다; *lična* ~ 개인적인 문제; *moja* ~ 나와 상관있는 일; *propala (izgubljena)* ~ 실패로 끝난 일; ~ *je u tome* 문제는 ~이다, ~에 관한 것이다, 핵심은 ~이다; *u* ~*i* 사실은

stvaralac *-aoca* 창조자, 창작자, 창안자 (주로 예술의) **stvaraočev** (形) 창작자의

stvaralački *-ā, -ō* (形) 창의적인, 창조적인; ~ *napor* 창의적 노력; ~ *rad* 창의적인 일; ~*a sposobnost* 창의력

stvaralaštvo 창의력, 창조력; 창의적 작품, 창의적 결과물

stvaran *-rna, -rno* 1. 실제의, 사실의; ~ *svet* 실제 세계, 현실 세계; ~*rna osnova za nešto* ~에 대한 실제적 기반 2. (명사적 용법으로) 실제, 사실 (stvarnost); *poći od* ~*rnog* 사실로부터 출발하다 3. (文法) ~*rna imenica* 구상명사(추상명사가 아닌)

stvaranje (동사파생 명사) stvarati

stvaraočev *-a, -o* (形) 참조 stvaralac; 창작자의, 창조자의

stvarati *-am* (不完) 참조 stvoriti

stvarčica (지소체) stvar

stvarno (副) 1. 정말로, 실제로; ~ *uraditi* 정말로 하다 2. 사실적으로, 진실되게, 진지하게; ~ *govoreći* 진실하게 말하면서

stvarnost (女) 객관적 사실(현실·존재), 실제

stvor (생명이 있는) 피조물(사람·동물 등의); *životinjski* ~ 동물

stvorac 창조주, 조물주

stvorenje 1. (동사파생 명사) stvoriti; ~ *sveta* 세계 창조 2. (살아있는) 피조물(사람·동물 등의) (stvor)

stvoritelj 1. 창조주, 조물주, 신(神) 2. 창조자, 창안자, 고안자

stvoriti *-im* (完) **stvarati** *-am* (不完) 1. 만들다, 창조하다, 창작하다, 만들어내다; ~ *svet* 세상을 창조하다; ~ *remek-delo* 걸작을 만들어내다 2. 설립하다, 설치하다, 창설하다, 창립하다; ~ *državu* 국가를 창설하다 3. 야기하다, 불러일으키다; ~ *nered* 혼란을 야기시키다; ~ *neprilike* 좋지 않은 상황을 야기하다 4. 조달하다, 공급하다 (nabaviti, pribaviti); 확보하다 (obezbedti); *stvori novac kako znaš* 네가 할 수 있는대로 돈을 조달해(만들어 내); *stvori odnekud bocu vina* 어디서든 포도주병을 공급해(확보해);

~ udoban *život* 안락한 생활을 확보하다 5. (피동형으로) (biti stvoren 형태의 숙어로) biti stvoren za nešto; *biti stvoren za porodičan život* 필경 가정적 삶을 위해 태어났다; *biti stvoren za umetnost* 그는 예술 체질이다; *biti stvoren (za nekoga, nešto)* 누구(무엇)를 위해 태어나다; *mi smo stvoreni jedno za drugo* 우리는 서로를 위해 태어났다; *haljina je stvorena za tebe* 드레스는 너를 위해 만들어진 것 같이 딱 맞다 6. ~ se 나타나다, 생기다, 시작하다 (pojaviti se, nastati); 갑자기 나타나다(출현하다); *na ulazu se stvorila gužva* 입구가 붐비기 시작했다; *otkud se on stvori ovde?* 어떻게 그가 여기에 갑자기 나타났지? 7. ~ se ~로 바뀌다 (pretvoriti se u nešto drugo); *odjednom se stvori u starca* 한순간에 노인으로 바뀌었다

stvrdnuti *-nem*; *stvrdnuo, -ula & stvrdla* (完) **stvrdnjavati** *-am* (不完) 1. 단단하게(tvrd)하다, 경화(硬化)시키다 2. (비유적) 확고하게 하다, 굳건하게 하다, 견디어내게 하다; *težak život ga je stvrdnuo* 힘든 삶이 그를 단단하게 만들었다 3. ~ se 단단해지다 4. ~ se 눈물도 피도 없듯 몰인정하게(잔인하게, 무감각하게) 되다

su (前置詞, +I) (고어형) 참조 s(a)
su 동사 biti의 3인칭 복수형
su- (接頭辭) 참조 s(a)-
subaša (男) (歷) 우두머리(baša)를 대신하는 사람, 부(副)우두머리
subaštinik 공동 상속인
subesjednik 참조 subesednik
subjek(a)t *-kta* 1. (文法) 주어, 주부 **subjekatski, subjektni** (形) 2. 법인(法人)
subjektivan *-vna, -vno* (形) 주관적인, 편파적인; ~ *stav* 주관적 입장
subjektivnost (女) 주관성, 주관적임
subkultura 하위문화
sublimacija (化) 승화 (고체가 액체의 과정을 거치지 않고 기체로 변하는 현상)
subliman *-mna, -mno* (形) 고귀한, 고상한, 기품있는, 품위있는, 훌륭한 (plemenit, divan, otmen); ~ *pesnik* 기품있는 시인
sublimat (化) 승화물; 승홍, 염화 제2 수은
sublimirati *-am*, **sublimisati** *-šem* (完,不完) 1. (化) 승화시키다 2. 고상하게 하다, 승화시키다
SUBNOR 인민해방전쟁용사협회연맹 (Savez udruženja boraca Narodnooslobodilačkog rata)

suborac *-rca* 참조 saborac; 전우(戰友), 동지
subordinacija (권위·위계질서 등에 대한) 복종, 순종; 종속(관계) (potčinjavanje, potčinjenost)
subordinirati *-am* (完,不完) 복종시키다, 종속시키다, 예속시키다 (podređivati, podrediti)
subota 토요일; *u ~u* 토요일에, *~om* 토요일마다; *svake ~e* 매주 토요일에; *Velika ~* 부활절 바로 직전 토요일; *Lazareva ~* 정교회의 한 축일(종려주일(Cveti) 직전의 토요일) **subotni, subotnji** (形)
subotari (男,複) 기독교의 한 분파 (일요일 대신 토요일을 기념하는) (adventist(a))
subrat 참조 sabrat
subreta (연극·오페라에서 아양을 떨거나 정사를 꾀하는) 하녀·시녀(역의 여배우(가수))
subvencija 보조금, 지원금, 장려금 (보통 국가 예산으로 주는)
subvencionirati *-am*, **subvencionisati** *-šem* (完,不完) 보조금(지원금·장려금)을 주다
subverzija 전복, 타도, 파괴; 전복시키는 것
subverzivan *-vna, -vno* (形) 전복시키는, 파괴적인, 체제 전복적인 (rušilački, prevratnički); *~vna delatnost* 체제 전복적인 활동; ~ *elemenat* 파괴적 요소
sučelice (副) 마주보고; *stati* ~ 마주보고 서다
sučeliti *-im* (完) **sučeljavati** *-am* (不完) 1. 마주보고(눈을 보고, 얼굴을 맞대고) 서게 하다; 대면하다, 직면하다 (suočiti); ~ *svedoke* 증인을 대질시키다, 대질 신문하다 2. ~ se (얼굴을 마주보고) 서다, 마주하다; *njihova se imanja sučeljavaju* 그들의 토지는 경계를 마주하고 있다; ~ *se na sudu* 법정에서 마주하다 3. ~ se (어떤 상황에) 직면하다, (적으로서) 전투·경기 등에서) 만나다, 충돌하다
sučev *-a, -o* (形) 참조 sudac; 판사의, 심판의
sućut (女) 애도 (saučešće); *izraditi* ~ *nekome* ~에게 애도를 표시하다
sud *suda*; *sudovi* 1. (누구·무엇에 대한) 평가, 견해 (ocena); *po mom ~u* 내 판단으로는; *kakav je tvoj ~ o njemu?* 그에 대한 네 의견은 어떠한가? 2. 법원, 법정; 법원 청사; (법원에서의) 심리; 판결; *vojni* ~ 군사 법원; *okružni* ~ 지구(okrug) 법원 (2심에 해당하는); *pozvati na* ~ 법정(재판)에 소환하다; *biti na ~u* 법정에 있다; *apelacioni* ~ 상소(항소·상고) 법원; *viši* ~ 상급 법원; *niži* ~ 하급 법원; *prvostepeni* ~ 1급심; *preki* ~ (전시의) 임시 군사 법원; *tužiti koga ~u* 누구를 법원에 고소(고발)하다; *vrhovni* ~ 최

고 법원; *ustavni* ~ 헌법재판소; *privredni* ~ 상사(商事) 법원; *opštinski* ~ 지방 법원(1심에 해당하는); ~ *časti* (상공회의소하에 설치된) 조사 위원회 (상도덕·시장 질서·독과점·소비자 보호 등에 대해 판정하는); *istražni* ~ 조사 법원; *strašnji (poslednji)* ~ 최후의 심판; sudski (形)

sud 1. (부엌에서 사용하는 각종) 그릇, 접시; *prati ~ove* 설거지하다 2. (깊이가 깊은) 용기, 그릇; *noćni* ~ 요강; *zemljani ~ovi* 토기, 도기 3. (解) (신체의) 관; (植) 물관, 도관; *krvni* ~ 혈관

sudac *suca; suci*, sudaca 참조 sudija; 판사, 재판관, 심판 sučev, sudački (形)

Sudan 수단 Sudanac, Sudanka; sudanski (形)

sudar 1. (물리적인) 충돌, 추돌; ~ *vozova* 열차의 추돌; *čeoni (direktan)* ~ 정면 충돌 2. (군사적인) 충돌 3. (의견 등의) 충돌; ~ *mišljenja* 의견의 충돌; *između njih je došlo do ~a* 그들 사이에 의견의 충돌이 있었다

sudariti *-im* (完) sudarati *-am* (不完) 1. (사람·물체를) 서로 충돌시키다, 충돌을 야기시키다 2. ~ se (사람·물체 등이) 서로 충돌하다; (사실·현실 등과) 부딪치다, 충돌하다, 직면하다 ; ~ *se sa činjenicama (stvarnošću)* 사실(현실)과 부딪치다; *on se sudario sa kamionom* 그는 트럭에 부딪쳤다; *dva su se voza sudarila* 두 열차가 추돌하였다 3. ~ se (군사적으로) 충돌하다; *dve su se vojske sudarile* 두 나라의 군대가 충돌하였다

sudba 참조 sudbina

sudbenī *-ā, -ō* (形) 참조 sudski

sudbina 운명, 숙명 (특히 좋지 않은) (fatum); *verotati u ~u* 운명을 믿다; *zla* ~ 나쁜 운명; *teška* ~ 힘든 운명; *pomiriti se sa ~om*, *predati se ~i* 운명과 타협하다; *igra ~e* 운명의 장난; *ironina ~e* 운명의 아이러니; *prst ~e* 필연적 운명; *čitati ~u (iz šara na dlanu, iz taloga crne kafe)* 점괘를 보다 (손바닥에 놓인 구슬로, 터키식 커피의 찌꺼기로)

sudbonosan *-sna, -sno* (形) 운명적인, 숙명적인, ~ *susret* 운명적인 만남, *~sna odluka* 운명적 결정, 중요한 결정

sudelovati *-lujem* (不完) (누구와 함께 ~에) 공동으로 참가하다, 참여하다; 협력하다, 협동하다

sudeonik (누구와 함께 ~에 참여한) 공동 참가자, 참여자; 협력자, 협동자 (saučesnik)

sudić (지소체) sud; 조그마한 그릇(접시·용기)

sudija (男) 1. 판사; *okružni* ~ 고등(okrug)법원 판사; ~ *za prekršaje* 치안 판사, 즉심 판사; *istražni* ~ 수사 판사 2. (경기의) 심판; *fudbalski* ~ 축구 심판; *pomoćni* ~ 선심, 보조 심판 sudijin, sudijski (形)

sudijskī *-ā, -ō* (形) 참조 sudija; 판사의, 심판의; *~a odgovornost* 판사의 책임감; *~a savest* 판사의 양심

sudilište 재판 장소 (sudište)

sudinica 판사(sudija)의 아내

sudionik 참조 sudeonik

sudišnī *-ā, -ō* (形) 참조 sudski

sudište 참조 sudište

suditi *-im* (不完) 1. (koga, kome) (법원에서) 재판하다; ~ *nekome* 누구를 재판하다; *sad mu sude* 지금 그는 (피고로서) 재판중이다; ~ *u odsustvu* 궐석재판하다; *suditi sam sebi* 자살하다 2. 평가하다, 판단하다; *ako sudimo po zaslugama, Milan ima prednost* 공헌에 따라 평가한다면 밀란이 으뜸이다; *sudeći po ovim podacima ...* 이 자료로 판단컨대...; *suditi ni po babu ni po stričevima* 공정하게(객관적으로) 평가하다 3. (스포츠) 심판하다, 심판을 보다; ~ *derbi* 더비 경기의 심판을 보다 4. (完) (비유적) (피동형용사 형태로) 미리 정해진(결정된); *devojka ga voli, on joj je suđen* 아가씨가 청년을 사랑한다, 청년은 운명적으로 그녀의 사랑이었다 5. ~ se (법원에 ~에 대한 소를 제기함으로써) 소송하다, 소송을 걸다 (parničiti se); ~ *se zbog nasledstva* 유산 때문에 소송하다; *oni se sude zbog imanja* 그들은 재산 때문에 소송중이다; *on se sudi sa ženom* 그는 아내와 소송중이다

sudlanica 손등; *brisala je ~om znoj* 손등으로 땀을 닦았다

sudnī *-ā, -ō* (形) 참조 sudnji

sudnica 1. 법정 2. 재판 (suđenje); *božja* ~ 최후의 심판

sudnjī *-ā, -ō* (形) (숙어로만 사용됨) ~ *dan* 최후의 심판일

sudoper (부엌의) 싱크대, 개수대

sudopera 1. 접시닦이(그릇·접시를 닦는 사람) 2. 수세미(접시를 닦는) 3. (부엌의) 싱크대, 개수대 (sudoper) 4. (비유적) (행색이 더럽고 몰골이 말이 아닌) 여자

sudovnik (病理) 혈관종

sudovnjača, sudovnica (解) (안구의) 맥락막

sudrug 참조 sadrug; 동료 (같은 직장·학교·학년의)

sudskī *-ā, -ō* (形) 참고 sud; 법원의, 재판의;

~ *vlast* 사법부; ~ *proces* 사법 절차; ~ *zapisničar (pisar)* 법원 서기; ~ *izvršitelj* (법원의) 집달관, 집행관; ~ *postupak* 법적 조치; ~*a medicina* 법의학; ~ *imunitet* 면책; ~*a opomena* 법정 경고; ~ *tumač* 법정통번역사

sudstvo 사법부

sudžuk 1. 소시지의 일종; (설탕과 밀가루로 소시지 형태로 만든) 단 것의 일종 2. (소시지 형태의) 고드름

suđe (集合) 그릇, 용기 (posuđe, sudovi)

suđen *-a, -o* (形) 1. 참조 suditi; 유죄판결을 받은 2. 미리 결정된(예정된), ~할 운명인; ~*o je tako da bude!* 그렇게 되기로 이미 결정되었다; *meni je ~o da radim celog života* 평생을 일할 팔자로 태어났다 3. (명사적 용법으로) 누구의 아내(남편)가 될 운명을 타고난 여자(남자)

suđenik 1. 누구의 남편이 될 운명을 타고난 남자 2. 피의자 (optuženik)

suđenje 1. (동사파생 명사) 재판, 공판; ~ *ratnim zločincima* 전범 재판; *porotno* ~ 배심 재판 2. 운명, 숙명 (sudbina, fatum); *zlo rađenje gotovo* ~ 악행을 행하는 사람, 악행자

Sueckī, Sueskī *-ā, -ō* (形) 수에즈의; ~ *kanal* 수에즈 운하

suficit 흑자; *spoljnotrgovinski* ~ 대외무역 흑자 **suficitan, suficitiran** (形)

sufiks 접미사

sufiksacija 접미사 붙이기

sufle *-ea* (男) (料理) 수플레(달걀 흰자위, 우유, 밀가루를 섞어 거품을 낸 것에 치즈·과일 등을 넣고 구운 것); ~ *od sira* 치즈 수플레

sufler (배우가 대사를 잊었을 때 속삭여) 대사를 상기시켜 주는 사람 **suflerka**

suflernica (극장에서) 대사를 상기시켜주는 사람(sufler)이 대기하고 있는 곳

suflirati *-am* (不完) (배우가 대사를 잊었을 때) 대사를 상기시켜 주다; ~ *nekome* 누구에게 상기시키다

sufražetkinja 여성 참정권 운동가

sugerirati *-am,* **sugerisati** *-šem* (完,不完) (아이디어·계획 등을) 제안하다, 제의하다; ~ *nekome nešto* ~에게 ~을 제안하다

sugestija (의견·계획 등의) 제안, 제의, 제시; *dati ~u* 제안하다

sugestivan *-vna, -vno* (形) 연상시키는, ~을 떠올리게 하는; 시사하는 바가 많은, 암시적인, 함축적인; ~*vna reč* 암시적인 말; ~*vna*

terapija (醫) 최면 치료에서 심리요법중의 한 종류

suglas 1. 조화, 화합 (saglasnost, sklad) 2. (言) 참조 suglasnik; 자음

suglasan *-sna* (形) 1. 조화로운, 조화를 이루는 (saglasan) 2. (言) 자음의

suglasiti (se) *-im (se)* (完) 참조 saglasiti (se); 조화를 이루다

suglasnik (言) 자음; *zvučni (bezvučni)* ~ 유성(무성)자음; *jednačenje (razjednačavanje)* ~*a* 자음동화(이화); *meki* ~ 연자음; *usneni (zubni, prednjonepčani, zadnjonepčani, nosni)* ~ 순음(치음, 경구개음, 연구개음, 비음); *gubljenje* ~*a* 자음 상실; *strujni (frikativni)* ~ 마찰음; *praskavi (eksplozivni)* ~ 파열음 **suglasnički** (形); ~*a grupa* 자음무리

suglasnost 참조 saglasnost

suglašavati (se) *-am (se)* (不完) 참조 saglašavati (se)

sugovornik 참조 sagovrnik

sugrađanin *-āni* 같은 동네(도시) 사람, 동향인; *on mi je* ~ 그는 나와 동향인이다

sugreb 1. (迷信) (개·고양이·여우 등이 발로) 파헤친 곳 (파헤친 땅을 밟으면 피부병에 걸린다고 믿는) 2. 기타; *nagaziti (stati) na* ~ 급작스럽게 병에 걸리다, 옴에 걸리다

suh *-a, -o;* suši (形) 참조 suv

suhad (女) 참조 suvad

suharak 참조 suvarak

suharija (男) 참조 suvarija; 기병(騎兵) (konjanik)

suho (副) 참조 suvo

suhoća 참조 suvoća

suhomesnat 참조 suvomesnat

suhomrazica 참조 suvomrazica

suhonjav 참조 suvonjav

suhoparan *-rna, -rno* (形) 참조 suvoparan

suhota 참조 suvota

suhozeman *-mna, -mno* (形) 참조 suvozeman

suhozid 참조 suvozid

suigrač 참조 saigrač

sujedac *-eca* (男), **sujedica** (女) 여드름 (bubuljica)

sujeta 자만심(감), 거만함 (taština)

sujetan *-tna, -tno* (形) 거만한, 거드름피우는 (tašt); ~ *glumac* 거만한 배우; ~*tno ponašanje* 거들먹거리는 행동; ~ *stav* 거만한 자세

sujeveran *-rna, -rno* (形) 미신의, 미신적인;

S

미신을 믿는 (praznoveran); ~rna starica 미신을 믿는 노파; ~rno mišljenje 미신적 사고

sujeverje 미신 (praznoverje)

sukalo 윈치, 권양기(捲揚機); 도르래를 이용해 물건이나 돛을 들어올리거나 끌어당기는 기계) (čekrk)

sukalo (民俗) (결혼식에서) 바람잡이(신랑측의 음식을 신부집에 가지고 가서 농담등으로 흥을 돋우는 역할을 하는)

sukati -čem; suku; suči (不完) **zasukati** (完) 1. (양털·목화 등을) (실·끈으로) 꼬다, 꼬아서 만들다; (실 등을) 감다, 말다; ~ uže 밧줄을 감다 2. (담배·궐련 등을) 말다; (콧수염 등을) 둘둘 말다; (소매·바지 등을) 말다, 말아 올리다, 걷어 부치다; ~ rukave 소매를 말아 올리다 3. (연기·불길 등이 터진 구멍을 통해) 확 솟아 오르다, 치솟다 4. (비유적) (술·음식·담배 등을) 과음하다, 과식하다, 과도하게 피우다 5. ~ se 꼬이다, 말리다 6. ~ se 치솟아 오르다 7. ~ se 차례로 내리다; (무리를 지어·단체로) 가다 8. ~ se (시간이) 서서히 흐르다, 천천히 흘러가다 9. 기타; ~ nekome konopac 누구를 죽이려고 준비하다

sukcesivan -vna, -vno (形) 연속적인, 연이은, 잇따른 (uzastopan, neprekinut); ~vni događaj 잇따른 행사(사건)

sukladan -dna, -dno (形) 1. 일치하는, 합치하는 2. (幾何) (도형이) 합치하는, 합동의

sukladnost (女) 일치, 합치 (podudarnost, kongruencija)

suklata (女,男) (통상적으로) 우둔한 사람, 둔한 사람

sukljati -am (不完) **suknuti** -nem (完) 1. (구멍을 통해) 콸콸 흘러나오다, 확 치솟다 (물·연기·수증기 등이); dim suklja iz dimnjaka 연기가 굴뚝에서 치솟는다 2. (무리를 지어 대규모로) 가다, 이동하다 (급류처럼)

suknar 1. 양모로 된 두꺼운 천(sukno)을 만들거나 파는 사람 2. (昆蟲) 옷좀나방 (sukno를 좀먹는)

suknara 양모로 된 두꺼운 천(sukno)을 만드는 공장; 그러한 천(sukno)을 파는 가게

suknen -a, -o (形) 양모로 된 두꺼운 천(sukno)으로 만들어진; ~ kaput 양모로 된 두꺼운 천으로 만들어진 외투

sukno 1. 양모로 만들어진 두꺼운 천 2. (일반적인) 천 3. 옷 (보통 울로 만들어진)

suknuti -nem (完) 1. 참조 sukljati; (구멍을 통해) 콸콸 흘러나오다, 확 치솟다 (물·연기·수

증기 등이) 2. (생각이) 갑자기 떠오르다 3. (무리를 지어 대규모로) 서둘러 가다·이동하다 4. 맹렬히 공격하다, 신랄하게 공격하다 (보통 말로) 5. (칼·검을) 재빨리 빼다 (칼집에서) (isukati)

suknja sukānjā & suknjī 1. (여성의) 치마, 스커트, donja ~ 속치마 2. (비유적) 여성; 겁쟁이 (plašljivac) 3. 기타; biti pod ~om, držati se ~e 공처가이다; držati se majčine ~e 마마보이이다

suknjaroš 여자라면 사족을 못쓰는 사람, 여자를 밝히는 사람 (ženskaroš)

suknjetina (지대체) suknja

suknjica (지소체) suknja

sukob 1. (의견·이익 등의) 충돌, 상충; 언쟁, 다툼; doći u ~ s nekim 누구와 충돌하다, 언쟁하다; ~ ideja 아이디어의 상충; ~ interesa 이해관계의 충돌; biti u ~u s nečim ~와 정반대편에 서다; ~ generacija 세대 충돌 2. (군사적) 충돌, 전투 (bitka, boj)

sukobiti -im (完) **sukobljavati** -am (不完) 1. (우연히) 만나다 (sresti); 만나게 하다; (쳐다보면서) 눈빛을 읽다; sukobi me mali ti brat na čaršiji 네 동생은 나를 시내에서 만났다 2. 충돌시키다, 상충시키다, 반대편에 서게 하다, 마주하게 하다; ~ gnev i mržnju 분노와 증오에 맞서다 3. ~ se (우연히) 만나다 4. ~ se 말다툼하다, 언쟁하다 (sporečkati se, zavaditi se); sukobio sam se s radioničkim stražarom 나는 작업실 감독과 언쟁을 벌였다 5. ~ se (군사적으로) 충돌하다, 전쟁하다; (의견 등이) 충돌하다, 부딪치다; naši se interesi sukobljavaju 우리의 이해관계는 서로 부딪친다 6. ~ se (시선·눈빛이) 마주치다

sukobljen -a, -o (形) 참조 sukobiti; ~ sa opasnošću 위험에 직면한

sukrivac -vca 공범, 공범자

sukrivnja (범죄의) 공모, 공범

sukrvica 피고름

suktati -ćem & -im (不完) 참조 sukljati

sukut (幾何) 보각

sulfat (化) 황산염

sulfid (化) 황화물

sulica (무기의 한 종류로서의) 창, 긴 창

suložnik 1. 정부(情夫) (ljubavnik) 2. 동거인 suložnica

suložništvo 내연관계; 동거

sultan (일부 이슬람교국의) 술탄, 왕

sultanija 1. 술탄(sultan)의 아내, 술탄의 딸 2.

오스만-터키의 금화
sulud -a, -o (形) 1. 약간 미친, 조금 정신이 이상한; ~ čovek 약간 미친 사람; ~ postupak 약간 미친 행동 2. 비이성적인, 비합리적인 (nerazborit, nerazuman); ~ obest 비이성적인 반항

suludan -dna, -dno, suludast -a, -o (形) 참조 sulud

suludnik 약간 정신이 돈 사람, 약간 미친 사람

sulundar 양철 연기통(난로에서 굴뚝까지 연기를 내 보내는) (čunak)

suljati -am (不完) 1. (경사로를 따라 미끌어지도록) 굴리다, 밀어 굴리다, 굴러가게 하다; ~ trupce prtinom 눈길로 통나무를 굴리다 2. ~ se 구르다, 굴러가다; ~ se niz prtinu 눈길을 따라 구르다; ~ se niz tobogan 썰매장을 따라 밑으로 굴러내려가다

suljati -am (不完) 콸콸 쏟아져 나오다, 확 솟구치다 (sukljati)

suma 1. (數) 합, 합계 (zbir) 2. (돈의) 총합, 총계 3. (~의) 총량; ~ patnji 고통의 총량 4. 주요 본질, 핵심, 정수 (bit, suština); jezik je ~ čoveka 말은 인간의 본질이다

sumacna (形) (여성형만 사용됨) (고양이가) 새끼를 밴

sumaglica 옅은 안개 (izmaglica)

sumah (植) 옻나무, 북나무

sumanit, sumanut -a, -o (形) 약간 미친, 약간 제 정신이 아닌 (sulud, luckast); ~ čovek 좀 정신이 이상한 사람

sumaran -rna, -rno (形) 1. (數) 합계의, 합산의; ~ iznos 합계 2. 일반적인, 일반화된 (uopšten); ~rno mišljenje 일반적인 생각 3. 간단한, 간략한, 짧은, 압축된; ~ pregled 간단한 진료

sumeđa 공동 경계(선), 경계(선)

Sumer 수메르 sumerski (形)

sumirati -am (完,不完) 1. 합산하다, (모든 것을 포함하여) 계산하다; ~ račune 계산을 합산하다 2. 결론을 내다(맺다); mi smo na tom kongresu imali u prvom redu cilj da sumiramo naše rezultate 우리는 그 회의에서 우리의 (활동) 결과들에 대해 결론을 맺는 것을 최우선 목표로 하였다

sumišljenik 같은 생각을 갖고 있느 사람

sumjerljiv -a, -o (形) (크기·중요도·자질 등에) 어울리는, 상응하는

sumnja 의심, 불신, 의혹; 추측, 억측; buditi (izazivati) ~u 의혹을 불러일으키다; gajiti ~u 의심을 키우다; ~ u nešto ~에 대한 의심; bez ~e 의심없이

sumnjalo (中,男) 의심하는 사람, 의혹을 품은 사람

sumnjati -am (不完) posumnjati (完) 1. 의심하다, 의혹을 품다, 불신하다; ~ u rezultate izbora 선거의 결과를 의심하다; ~ u nešto ~을 의심하다; on u sve sumnja 그는 모든 것을 의심한다; ne sumnjam da će doći (그가) 올 것을 의심하지 않는다; sumnja se u uspeh 성공이 의심된다; ~ u partnera 파트너를 믿지 않는다 2. (na koga) (어떤 범죄를 저지른 것으로) 의심하다, 혐의를 두다, 수상쩍어 하다; ona sumnja na mene 그녀는 나를 의심쩍어 한다; sumnja se na njega 그가 용의선상에 올랐다

sumnjičav -a, -o (形) 의심쩍어 하는, 수상쩍어 하는, 의심을 잘하는; 의심스러워 하는, 불신을 표하는 ~ čovek 의심쩍어 하는 사람; ~e oči 의심스러워 하는 눈

sumnjičiti -im (不完) osumnjičiti (完) (어떤 범죄를 저지른 것으로) 의심하다, 혐의를 두다, 수상쩍어 하다; ~ nekoga 누구를 의심하다; on mene sumnjiči da sam ukrao pare 그는 내가 돈을 훔쳤다고 의심한다; on je osumnjičen da ju je ubio 그는 그녀를 살해했다는 혐의를 받고 있다

sumnjiv -a, -o (形) 1. 의심스런, 의혹(불신)을 자아내는; ~ čovek 의심스런 사람; ~o društvo 의심스런 단체; on mi je ~ 그는 나에게 수상스런 사람이다 2. 능력이 없는, 성숙하지 않은; 나쁜 (rđav);~ pisac 별 능력 없는 작가; ~ kvalitet 나쁜 품질 2. 의심쩍어 하는, 의심을 잘하는

sumoran -rna, -rno (形) 1. 우울한, 침울한 (tužan, neveseo); 우울한 표정의, 침울한 표정의; 분위기가 무거운; ~rni ljudi 우울한 사람들; 고난으로 점철된; ~ pogled 침울한 시선; ~rna mrtvačka soba 무거운 분위기의 사자(死者)실; ~ život 고난으로 점철된 인생 (삶) 2. (날씨가) 우중충한; ~ rno vreme 우중충한 날씨 3. (빛이) 어둠침침한; ~rna svetlost 어둠침침한 빛

sumornost (女) 우울함, 침울함; 어둠침침함, 우중충함

sumpor (化) (유)황 (비금속 원소; 기호 S)

sumporni (形); ~a kiselina 황산; ~ rudnik 유황 광산; ~rna vrela, ~rne terme 유황 온천

sumporast -a, -o (形) 유황의, 유황 성분이 포함된; 유황과 비슷한, 유황색의; ~o nebo 유황색 하늘; ~o dno kratera 분화구의 유황

1243

바다

sumpor-dioksid (化) 이산화황, 아황산가스 (SO_2)

sumporiti *-im,* **sumporisati** *-šem* (不完) 유황 가루를 살포하다 (포도나무잎 또는 다른 식물들에); 유황가스로 소독하다(통조림화시키기 전에 과일 등을)

sumporovit *-a, -o* (形) (유)황의, (유)황 성분을 함유하는; *~a para* (유)황 가스

sumpor-trioksid (化) 삼산화황(SO_3)

sumračan *-čna, -čno* (形) 1. (빛이 별로 없어) 어둑한, 어둠침침한, 어스름한 (polumrak, polumračan); *~čna doba* 어둑어둑한 시간; *~čno predsoblje* 어둠침침한 전실(前室) 2. (비유적) 슬픈, 우울한, 침울한; *~čno raspoloženje* 침울한 기분

sumračiti se *-im se* (完) 참조 smračiti se

sumračje 1. 참조 sumrak; 황혼, 땅거미, 어둑어둑함; *tišina zimskog ~a* 겨울녘 땅거미가 질 무렵의 고요함 2. (비유적) 흥분, 흥분 상태; *u stanju ~a čovek može svašta da uradi* 흥분 상태에서 사람은 그 어떤 것도 행할 수 있다

sumračnici (男,複) 박각시과(科)

sumrak 1. (해가 떨어질 때의) 황혼, 땅거미; (빛이 부족하여) 어둑어둑함, 희미함 (polumrak); *u ~* 해질녘에, 황혼녘에, 땅거미질 무렵에; *hvata se ~* 어둠이 내리다 2. (비유적) (~에 대하여) 알지 못함, 무지(無知); *~ prošlosti* 과거에 대한 무지

sunarodnik 동포, 한 민족에 속하는 사람 **sunarodnica**

sunaslednik 공동 상속자 **sunaslednica**

sunce (天) (대문자로) 태양, 해; 항성; *~ izlazi (zalazi)* 해가 뜬다(진다); *pomračenje ~a* 일식(日蝕); *opaljen od ~a* 햇볕에 탄; *sedeti na ~u* 고생하지 않고 살다; *~ sija* 해가 빛난다; *mesto pod ~em* 양지쪽, 안락한 곳; *gde me je prvo ~ ogrejalo* 고향에서; *da i mene ~ ogreje* 내게도 행운이 깃들다, 내게도 해뜰날이 있다; *dok me ~ greje* 내가 살아 있는 동안, *dok teče ~a i meseca* 영원히, 항구적으로; *zapasti kome ~* 1)커다란 불행을 겪다 2)죽다, 사망하다; *zubato ~* 서리를 동반한 차갑지만 해가 쨍쨍한 날씨; *izaći na ~* 1)공개하다 2)출감하다, 감옥에서 석방되다; *izneti na ~* 여론에 공개하다; *jasno kao ~* 너무나 분명한; *kao ozebao ~ čekati* 간절히 기다리다; *ponoćno ~* 한밤중의 태양 (극지방에서 여름에 한밤중에도 중천에 떠 있는); *~ ga (o)grejalo!* 그에게 행운이 깃들

기를; *ugledati ~* 태어나다; *crno ~ mu granulo* 매우 불쾌한 일을 당하다, 커다란 손실을 입다

suncobran 햇볕 가리개; 양산, 파라솔, 모자의 차양

suncokret (植) 해바라기 **suncokretov** (形); *~o ulje* 해바라기유(油)

suncostaj (天) 지점(至點) (하지(점)과 동지(점))

sunčac (植) 헬리오트로프(연보라색 꽃이 피는, 향기가 좋은 정원 식물)

sunčalište 양지(陽地), 햇볕이 드는 곳

sunčan *-a, -o* (形) (보통 한정형으로) 1. 햇볕이 비추는, 햇살이 내리 쬐는; *~i Jug* 햇살이 내리 쬐는 남쪽; *~ dan* 맑은 날; *~a strana* 햇살이 비치는 쪽 2. 해의, 태양의; *~i zrak* 햇살; *~a svetlost* 햇빛 3. (비유적) 즐거운, 유쾌한, 상쾌한 (veseo, radostan); *~i pogled* 쾌활한 시선; *~o raspoloženje* 유쾌한 기분

sunčanī *-ā, -ō* (形) 참조 sunčan

sunčanica 일사병; *dobiti ~u* 일사병에 걸리다

sunčanik 해시계

sunčanje (동사파생 명사) sunčati; 햇볕쬐기, 일광욕

sunčati *-am* (不完) 1. 햇볕에 노출시키다, 햇볕을 받게 하다, 일광욕시키다; *~ bebu* 아이를 일광욕시키다 2. *~ se* 일광욕하다

Sunčev *-a, -o* (形) 참조 sunce; 태양의, 해의; *~ sistem* (天) 태양계

sunčević 태양의 아들

sunđer 1. (動) 해면동물 2. (목욕·청소 등에 쓰이는 인조·천연) 스펀지 3. 칠판닦이(스펀지로 된)

sunđerast *-a, -o* (形) 스펀지와 비슷한, 스펀지와 유사한, 스펀지 같은 (구멍이 숭숭난, 물을 빨아들이는 등의); *~ kamen* 스펀지와 비슷하게 구멍이 숭숭난 돌

sunet 할례, 할례의식(무슬림 아이들의)

sunetiti *-im* (完,不完) 할례하다 (obrez(iv)ati); *~ dete* 아이를 할례하다

sunovrat 1. 급격한 추락(하강·떨어짐) 2. 심연, 나락 (ponor, provalija) 3. 기타; *otići u ~* 나락으로 떨어지다, 망하다; *sve je otišlo u ~* 모든 것이 헛되이 되었다

sunovrat (植) 수선화 (narcis)

sunovratice (副) 1. (머리를) 거꾸로, 곤두박질로 (glavačke, strmoglavce); *~ pasti* 곤두박질쳐 넘어지다 2. (비유적) 매우 빠르게; *~ pojuriti* 급히 가다

sunovratiti *-im* (完) 1. (머리를) 거꾸로 던지다, 거꾸로 떨어뜨리다 (strmoglaviti); *~ u* *provaliju nekoga(nešto)* 누구를(무엇을) 심연으로 거꾸로 떨어뜨리다 2. (시선·눈 등을) 위에서 밑으로 향하다(던지다), 깔다 3. ~ se 머리를 밑으로 하여 점프하다, 거꾸로 점프하다; 거꾸로 넘어지다; ~ *se niz stepenice* 계단에서 거꾸로 구르다; ~ *se u ambis* 나락으로 떨어지다 4. ~ se 갑자기 ~한 상태가 되다; ~ *se u ludilo* 갑자기 미치다

sunovratke (副) (머리부터 떨어지는) 거꾸로, 곤두박질로 (sunovratice)

sunuti *-nem* (完) 1. (소량을 ~에) 따르다, 붓다 (usuti); ~ *soli u supu* 수프에 소금을 치다; ~ *rakije u čašu* 술을 잔에 따르다 2. (작은 입자들이) 쏟아지다; (눈·비·우박 등이) 퍼붓다, 퍼붓기 시작하다; *pirinač sunu iz vreće* 쌀이 푸대에서 쏟아진다; *sunu grad* 우박이 쏟아진다 3. 전복되다, 뒤집어지다, (낭떠러지 등으로) 떨어지다 (survati se, strovaliti se); *zaprega sunu u provaliju* 달구지가 낭떠러지로 뒤집어졌다 4. 갑자기 공중으로 치솟다(치솟아 오르다) (suknuti, šiknuti); *varnice sunu uvis* 불꽃이 위로 치솟는다 5. (아이디어·생각·바람·희망 등이) 갑자기 나타나다(생겨나다) 6. (빠른 속도로) 가다, 이동하다, 서둘러 가다; ~ *napolje* 밖으로 빨리 나가다 7. (na koga) 공격하다; 말로 공격하다, 비난하다, 험담을 퍼붓다; ~ *na protivnika* 적군(상대편)을 공격하다 8. (보통) 아무도 몰래 재빨리 ~을 놓다(두다); *sunu mu pare u džep* 재빨리 돈을 주머니에 집어넣었다

suočavanje (동사파생 명사) suočavati; 직면

suočavati *-am* (不完) 참조 suočiti

suočenje (동사파생 명사) suočiti; 대질

suočiti *-im* (完) suočavati *-am* (不完) 1. 대질시키다, 대면시키다; ~ *svedoke* 증인을 대질시키다 2. 직면하다; ~ *sa smrću nekoga* 누구의 죽음에 직면하다 3. ~ se (직접, 눈을 마주하고) ~와 만나다, 대면하다, 직면하다 (sastati se, susresti se); ~ *s nekim* 누구와 만나다(대면하다); ~ *se na problemima* 문제에 직면하다

suodgovoran *-rna, -rno* (形) 공동책임의

suoptuženik 공동피의자, 공동용의자

suosjećaj 참조 saosećaj; 연민, 동정

suosjećajan *-jna, -jno* (形) 참조 saosećajan; 연민의, 동정의

suosjećati *-am* (不完) 동정하다, 연민하다

suosnivač 공동설립자(창시자)

sup *-ovi* (鳥類) 독수리, 콘도르; *beloglavi ~* 그리폰독수리; *smeđoglavi ~* 잿빛머리독수

리

supa 수프; *goveđa ~* 비프 수프; ~ *od kornjače* 거북이 수프; ~ *s rezancima* 누들 수프; *pileća ~* 치킨 수프; **supeni** (形)

suparnik 라이벌, 경쟁자, 상대자 **suparnica**

suparništvo 라이벌의식(관계), 경쟁의식(관계)

supatnik 참조 sapatnik; 함께 고통(어려움)을 나누는 사람, 동병상련을 겪는 사람

supatnja 참조 sapatnja; 공동의 아픔(고통·어려움), 동병상련

superioran *-rna, -rno* (形) 1. (다른 사람들 보다 더) 우수한, 우세한, 우월한 2. 교만한, 자만한, 거만한; ~ *odgovor* 교만한 답변; ~ *stav* 거만한 태도

superiornost (女) 우월, 우세

superlativ 1. (言) 최상급 2. (비유적) (발전의) 정점, 최고점 3. 기타; *izražavati se o nekome (nečemu) u ~ima* 누구(무엇)에 대해 최상급으로 표현되다

superlativan *-vna, -vno* (形) 1. 최상급의; ~ *oblik* 최상급 형태 2. (비유적) 최고의, 최상의 (najbolji, najveći); ~*vno priznanje* 최고의 인정

superoksid (化) 과산화물, 과산화수소; *vodonikov ~* 과산화수소 (방부제, 소독제, 표백제)

supersila 초강대국(군사적·경제적 측면에서의)

supersoničan *-čna, -čno* (形) 초음속의 (nadzvučan); ~ *avion* 초음속 비행기

supin (文法) (라틴어의) 동사상(動詞狀) 명사

supka (植) 자엽(子葉), 떡잎 (씨앗에서 처음 돋아 나오는 잎) (kotiledon)

supkutanī *-ā, -ō* (形) (醫) 피하의; ~*a injekcija* 피하 주사

suplemenik 참조 saplemenik; 동족인(同族人)

suplementaran *-rna, -rno* (形) 보충의, 추가의 (dopunski, naknadni); ~ *svezak* 보조 노트

suplent (학교의) 보조교사, 실습교사 (정식 교사가 아닌)

supletiv (文法) 보충법(어형의 규칙적 변화 틀에서 예외를 메우는 어휘적 수단; 예; *čovek-ljudi, ja-mene, biti-jesam*)

supletivan *-vna, -vno* (形) 보충법의

suposed 공동소유, 공동자산 (saposed)

suposednik 공동소유자

supotpis 참조 sapotpis; 공동 서명

supotpisnik 참조 sapotpisnik; 공동 서명자

supozitorij *-ija,* **supozitorijum** (醫) 좌약(坐藥), 좌제(坐劑)

suprasna (形) (여성형만 사용됨) (암돼지가) 새끼를 밴, 임신한

S

suprot (前置詞,+ D, 드물게 + G) ~의 맞은편의, 정반대의 (nasuprot, protiv); stati ~ kome (koga) ~와 맞서다, ~에 반대하다
suprotan -tna, -tno (形) 1. 맞은편의, 반대편의; 맞은편에 있는, 반대편에 있는; ~tni polovi 반대되는 성(性); ~tna strana 맞은편, 반대편; u ~tnom smislu 반면에 2. 반대 방향으로 향하는, 맞은편에서 오는; ~ vetar 맞바람 3. 정반대의, 전혀 다른; ~ stav 정반대적인 입장; ~tno gledište 전혀 다른 시각; ~tna rečenica (文法) 역접문
suprotiviti se -im se (完,不完) 1. ~ nečemu ~에 반대하다, 맞서다; ~ straži 감시에 반대하다 2. ~와는 정반대이다, ~와는 전혀 다르다; moj stav se suprotivi opštem mišljenu 내 생각은 일반적인 생각과는 정반대이다
suprotno (副) 반대로, 정반대로; on radi sve ~ onome (od onoga) što ja želim 그는 내가 원하는 것과는 정반대로 모든 것을 한다
suprotnost (女) 1. (생각·이해관계 등의) 반대, 정반대, 상반; ~ interesa 이해관계의 상반 2. (다른 것과) 상반되는 것, (다른 사람들과) 상반되는 사람
suprostaviti -im (完) suprostavljati -am (不完) 1. 대항시키다, 대립시키다; ~에 반대하다; ~ nešto nečemu ~을 ~에 대립시키다; ~ stavove 입장에 반대하다; ~ mišljenje 의견에 반대하다; ~ snage 힘에 맞대응하다 2. ~ se 저항하다, 반대하다; ~ se nečemu ~에 반대하다; ~ se neprijatelju 적에 맞서다; ~ se prisutnima 참석자들의 의견에 맞서다(반대하다)
suprug 배우자(남자), 남편 supruga
supružanskī, supružničkī -ā, -ō (形) 결혼의, 결혼생활의, 부부의; ~ život 결혼생활
supsidij -ija, supsidijum 보조금, 지원금
supsidijaran -rna, -rno (形) 보조의, 부수적인, 부차적인, 2차적인 (sporedan, pomoćni)
supstanca, supstancija 1. (哲) (변하지 않는) 본질, 실체, 핵심, 요지(要旨), 골자 2. (일반적인) 물질, 물체, 재료
supstantiv (言) 실사, 명사 (imenica)
supstantivirati -am, supstantivisati -šem (完, 不完) 명사화하다, 명사화시키다 (poimeničiti)
supstantivizacija 명사화 (poimeničavanje)
supstitucija 대체, 대용, 치환 (zamenjivanje, zamena); ~ vrednosti 가치 대체
supstituirati -am, supstituisati -šem (完,不完) 대체하다, ~의 대신으로 쓰다, 대신하다, 치환하다 (zameniti, zamenjivati); ~ vrednosti

가치를 대체하다
supstrat 1. (哲) 실체 2. 기초, 토대 (osnova, podloga, temelj) 3. (言) 기층, 기층 언어(두 언어가 서로 섞이게 되었을 때 영향을 주는 쪽의 언어; 켈트어에 라틴어가 섞여서 생긴 프랑스어에서는 켈트어가 기층 언어이고 라틴어가 상층 언어
suptilan -lna, -lno (形) 1. 미묘한, 섬세한 (fin, tanan); ~ preliv boja 색의 미묘한 차이(뉘앙스) 2. 매우 민감한, 예민한; ~lno čulo 예민한 감각
suptilost (女) 미묘함, 섬세함; 예민함
suptrahend (數) 감수(減數; 빼거나 감하는 수) (umanjilac)
suptrahirati -am, suptrahovati -hujem (完,不完) (수(數)를) 빼다
suptropi (男,複) 아열대지방 suptropski (形)
suputnik 참조 saputnik; 동행자(同行者), 동반자
sur -a, -o (形) 1. 잿빛의, 회색의 (siv); ~i oblaci 잿빛 구름 2. (날씨 등이) 어두컴컴한, 우중충한; ~ jesenji dan 어두컴컴한 가을날 3. (사람이) 우울한, 침울한 4. (비유적) 고난 (고통·어려움)으로 점철된; ~ život 고난의 연속인 삶(생활)
suradnica (직장·협업 등의) 동료 saradnica
suradnik 참조 saradnik; 동료, 협업자, 협력자
suradništvo 참조 saradništvo; 협력(관계), 협동
suradnja 참조 saradnja; 협력
surađivati -đujem (不完) 참조 sarađivati; 협력하다, 협동하다
suražica 호밀(raž)을 섞어 만든 빵
surdina (音樂) 소음기(消音器), 약음기(弱音器) (악기의 음을 줄이거나 소거하는 장치)
surdopedagog 농아학교 선생
surevnjiv -a, -o (形) 시기하는, 질투하는; 부러운, 부러워하는 (zavidljiv, ljubomoran); ~ čovek 시기하는 사람
surevnjivost (女) 시기(심), 질투(심); 부러움, 선망 (zavist)
surgunisati -šem (完) 쫓다, 내쫓다, 추방하다 (prognati, proterati)
surgunlija (男) 쫓겨난 사람, 추방된 사람 (prognanik, izgnanik)
surina (民俗) 회색의 평퍼짐한 외투
surina (조류) 금눈쇠올빼미
surina 잿빛, 회색; ~ sutona 잿빛 땅거미
surka 1. 민속의상의 한 종류(회색 천(sukno)으로 만들어진 짧은 외투) 2. (일반적으로) 짧은 외투

surkast -a, -o (形) 잿빛(회색)이 약간 있는 (sivkast); ~ *kaput* 회색이 약간 도는 외투

surla 1. (코끼리의) 코 2. (갑각류 곤충들의) 코, 주둥이, 빨대 (rilica) 3. (輕蔑) 코 (보통 은 눈에 띄게 크고 긴)

surlaši (男,複) 1. (動) 장비목(長鼻目): 포유강 (哺乳綱)의 한 목; 코끼리 등속 2. (昆蟲) 긴 주둥이를 가진 갑각류 곤충

surlica (지소체) surla

surodica (女,男) (複,女) 먼 친척

surogat 1. 대체품(물), 대용물 2. 위조품, 가짜 물건(진품이 아닌) (krivotvorina, falsifikat) 3. 대리모; ~ *majka* 대리모

surov -a, -o (形) 1. (사람이) 잔인한, 잔혹한, 난폭한, 거친; 교양없는; 엄격한, 융통성 없 는; *on je surov* 그는 잔인한 사람이다; ~*a asketa* 엄격한 금욕주의자 2. (지역 등이) 거친, 황량한, 황폐한, 사람이 살지 않는, 버 려진 3. 힘든, 견디기 힘든; ~ *život* 힘든 삶 (생활) 4. 가공하지 않은, 날것의, 생(生)의 ; ~*a koža* 생가죽 5. (겨울이) 매우 추운, 매 서운 6. (소리가) 날카로운, 째지는 듯한 소 리의; ~ *krik* 날카로운 외침

surutka 유장(乳漿): 치즈를 제조한 후 분리되 는 맑은 액체)

survati -*am* (完) survavati -am (不完) 1. (나락 ·심연·낭떠러지·바닥에) 쓰러뜨리다, 넘어뜨 리다, 전복시키다; (나락·심연 등에) 빠뜨리 다, 떨어뜨리다; ~ *kamenje* 돌을 떨어뜨리다 2. 부수다, 무너뜨리다, 파괴하다, 멸하다, 말살시키다, 파멸시키다; ~ *utvrđenje* 요새 를 무너뜨리다 3. (권좌에서) 쫓아내다, 축출 하다; ~ *direktora* 디렉터를 쫓아내다; ~ *vlastodršca* 권력자를 축출하다 4. ~ se 급 격하게 무너지다(쓰러지다, 떨어지다); ~ se *u provaliju* 낭떠러지로 떨어지다 5. ~ se 사 라지다, 없어지다; *sumnja se survala* 의심 이 사라졌다

susam (植) 참깨; 그 열매 (sezam)

sused, susjed 이웃, 이웃 사람 (komšija); **suseda, susjeda, susedka, susjedka**; **susedski, susjedski** (形)

susednī -*ā*, -*ō* (形) 이웃의; 인접한, 가까운; *u* ~*oj kući* 이웃집에서

susedstvo, susjedstvo 1. 근처, 인접(隣接), 이 웃 2. (集合) 이웃(사람)들

susnežica 진눈깨비

suspendirati -*am*, suspendovati -*dujem* (完,不 完) 1. (학교·직장에서 업무를) 정지시키다, 정직시키다, 정학시키다; ~ *s posla* 업무를 정지시키다: *vi ste suspendovani* 당신은 업

무정지되었습니다 2. (법률 집행 등을) 미루 다, 보류하다, 연기하다; ~ *propise* (법률) 규 정의 적용을 보류하다

suspenzija 1. (업무 등의) 정지; 정직, 정학; (법률의) 보류, 연기 2. (化) 현탁, 현탁제

suspenzor (남자들이 운동 경기 때 차는) 국부 보호대

susresti -*etnem* & -*etem*; susreo, -*ela*; *susretnut* (完) susretati -*ćem* (不完) 1. (우 연히) 만나다, 보다; ~ *patrolu* 순찰대를 만 나다; ~ *drugove* 친구들을 만나다 2. (사건 등이) 일어나다, 발생하다 (zadesiti); *susrela ga neprilike* 그에게 나쁜 일이 일어 났다 3. ~ se (우연히) 만나다; ~ *se s društvom* 친구들과 만나다

susret 1. (우연한) 만남; *pozdraviti se pri* ~*u* 우연히 만나서 (안부)인사하다 2. 모임, 만남 (viđenje, sastanak); *ići u* ~ *nekome* 누구를 만나러 가다 3. (스포츠의) 경기 4. (전쟁 당 사자들의) 충돌 (sukob, sudar) 5. 기타; *izići nekome u* ~ 누구의 요구를 들어주다(만족 시키다)

susretati -*ćem* (不完) 참조 susresti

susretljiv -a, -o (形) 기꺼이 도와주려고 하는 (predusretljiv); ~ *komšija* 기꺼이 도와주려 고 하는 이웃

sustajati -*jem* (不完) 참조 sustati

sustalost (女) 피로, 피곤 (zamor)

sustanar 공동 차가(借家)인, 동거인(같은 집에 공동으로 기거하는 사람들) **sustanarka**; **sustanarski** (形)

sustao, -*la*, -*lo* 1. 참조 sustati 2. 피곤한, 피 로한, 기진맥진한 (iznemogao, umoran, posustao)

sustati sustanem (完) sustajati -*jem* (不完) 피 곤해지다, 피로해지다; ~ *od starosti* 나이로 인해 피로해지다

sustav 1. 제도, 체계, 시스템; *školski* ~ 학교 (교육) 시스템; *politički* ~ 정치 시스템; *federalni* ~ 정치 체계 2. 구조, 구성; ~ *materije* 물질 구조; ~ *teksta* 문장 구조

sustavan -*vna*, -*vno* (形) 체계적인, 시스템적 인 (sistematičan); ~*vno iznošenje podatka* 체계적인 자료 유출

sustići, sustignuti *sustignem*; sustignuo, -*ula* & *sustigao*, -*gla* (完) sustizati -*žem* (不完) 1. (걸어서·뛰어서 뒤처진 거리를) 따라잡다, 거리를 좁혀가며 따라잡다; 도달하다, 당도 하다; ~ *trkače* 주자(走者)를 따라잡다; ~ *na ivicu grada* 도시의 경계에 도달하다 2. (키 성장을) 따라잡다 3. ~ se 따라잡다, 만나다;

(비유적) 조화를 이루다; *instrumenti se sustigoše* 악기들이 조화를 이뤘다

suša 1. 가뭄, 한발 2. 고갈; ~ *novca* 돈의 고갈

sušac *-šca* 1. 습기없는 눈, 건조한 눈; 갈라진 바닥(강·하천 등의) 2. 마른 사람, 빼빼한 사람 3. (보통 複數로) 말린 과일 (특히 포도), 건포도

sušan *-šna, -šno* (形) 1. 비가 오지 않는, 마른, 건조한, 가물은, 메마른; ~*šni period* 건조기; ~*šna godina* 가물은 해; ~ *kraj* 건조한 지역 2. (지역·땅이) 물이 없는, 물이 부족한 3. (과일 등이) 즙이 없는, 즙이 부족한; ~ *plod* 즙없는 과일 4. 갈증난, 목마른 (*žedan*); ~*šno grlo* 목마른 목 5. 기타; ~*šna krava* 젖이 조금 나오는 젖소

sušara (곡물·과일·빨래 등을 건조시키는) 건조장 (*sušionica, sušnica*)

sušenje (동사파생 명사) *sušiti*; 마름, 말리기; *mašina za ~ veša* 세탁물 건조기; *konopac za ~ veša* 빨랫줄

suši *-ā, -ē* (비교급) *suh*; 더 마른(건조한, 물기없는)

sušica 참조 *tuberkuloza*; 결핵

sušičav *-a, -o* (形) 결핵의, 결핵을 앓는, 결핵균을 보유한; ~ *čovek* 결핵환자

sušilica 건조기, 드라이어; ~ *za kosu* 헤어 드라이어

sušionica 건조장 (*sušara*)

sušiti *-im* (不完) **osušiti** (完) 1. (축축한 것을) 말리다, 건조시키다; (물기 등을) 증발시키다; (물기 등을) 닦다, 닦아내다; ~ *veš (kosu)* 세탁물 (머리)을 말리다; *svako jutro sunce suši rosu* 매일 아침 햇볕이 이슬을 증발시킨다; ~ *sto* 테이블을 닦아내다; ~ *močvaru* 늪의 물기를 증발시키다 2. (과일·고기 등을) 말리다; ~ *gljive* 버섯을 말리다; ~ *meso* 고기를 말리다 3. (잔을) 비우다, 깨끗이 다 마시다 4. (비유적) 쇠약하게 하다 (*iscrpljivati, slabiti*); *život suši organizam* 삶이 우리의 육체를 쇠약하게 만든다 5. ~ *se* 마르다, 건조해지다 6. ~ *se* (비유적) (신체가) 마르다, 쇠약해지다 7. 기타; *grom mu se suši* 그는 대단히 목이 마르다, 대단한 갈증을 느끼다

sušnica 건조장

suštastven *-a, -o* (形) 중요한, 핵심적인, 본질적인 (*bitan, važan, suštinski*)

suštena (形) (여성형만 사용됨) (암캐가) 새끼를 밴, 임신한

suštī *-ā, -ō & -ē* (形) 1. (의미를 강조하는데 사용됨) 정말의, 진짜의, 진정한 (*pravi,* istinski*); ~*a istina* 진정한 사실(진실); ~*a želja* 진정한 바람(희망); ~*a požuda* 탐욕 그 자체 2. 같은, 동일한 (*isti, istovetan*); *on je* ~ *otac* 그는 (자기) 아버지랑 꼭 닮았다

suština 본질, 핵심 (*bit*); *u* ~*i* 본질적으로; *ući u* ~*u stvari* 문제의 본질로 들어가다; ~ *života* 삶의 본질

suštinskī *-ā, -ō* (形) 본질적인, 핵심적인; ~ *elemenat čega* ~의 핵심적 요소

suteren 지하, 지하층 (*podrum*); *stan u* ~*u* 지하(셋)방

suteska, sutjeska (강의) 협곡

sutlijaš (우유를 넣고 끓인) 쌀죽 (디저트의 일종)

suton 1. (해질녘의) 어스름, 땅거미, 황혼; (동틀녘의) 어스름; *pao je* ~ 어스름이 깔렸다; *u* ~ 땅거미질 때에, 황혼녘에 2. (비유적) (인생의) 황혼기; (~의) 말기, 종말기; ~ *romatizma* 낭만주의의 종말기

sutra (副) 1. 내일; *dođite* ~, *ne danas* 오늘말고 내일 오세요 2. 가까운 미래(장래); *valja se pripremati za sve jer, šta će biti* ~, *to niko ne zna* 내일 어떤 일이 있을지 아무도 모르니 모든 것을 준비해야 한다 3. 기타; *danas jesmo,* ~ *nismo* 인간을 포함하여 모든 것은 흘러가는 것이다; *danas-sutra* 오늘 내일, 곧; *od dans do* ~ *živeti* 하루하루 먹고 살다, 근근이 살다, 힘겹게 살다

sutradan (副) 다음 날; ~ *smo krenuli* 다음 날 우리는 출발하였다(떠났다)

sutrašnjī *-ā, -ē* (形) 내일의; ~ *dan* 내일, ~*e novine* 내일 신문

sutrašnjica 미래; *boriti se za bolju* ~*u* 더 좋은 미래를 위해 싸우다(투쟁하다)

sutuk 해독제

suučesnik 참조 *saučesnik*; 공범; 공동 참여자; ~ *u ubojstvo* 살인 공범

suučesništvo 참조 *saučesništvo*

suučestvovati *-vujem* (不完) 1. 공동으로 참여하다 2. 동정하다, 연민하다, 공동의 감정을 느끼다

suučešće 참조 *saučešće*; 조의(弔意)

suv *-a, -o* (形) 1. 건조한, 마른; 오래된, 신선하지 않은; ~ *vazduh* 건조한 공기; ~ *hleb* 마른 빵, 오래된 빵; ~*o meso* 말린 고기; ~*a riba* 말린 생선; ~*o leto* 건조한 여름; ~*o grožđe* 건포도; ~*e šljive* 프룬(말린 서양자두) 2. 가는, 얇은; 빼빼한, 호리호리한; *on je visok i* ~ 그는 크고 말랐다; ~*e noge* 가는 다리 3. (醫) (한정형) 마른; ~*i kašalj* 마른 기침 4. 냉정한; ~ *i hladan didaktičar*

냉정하고 차가운 선생 5. (문체가) 건조한, 따분한, 재미없는; ~ stil 건조한 문체 6. 순 (純), 불순물이 섞이지 않은 (čist); ~o zlato 순금 7. (음식이) 기름기 없는, 양념되지 않 은 (postan, nezačinjen) 8. 기타; i ~ i sirovo 모든 재산; naći se na ~om 곤란한 상태에 빠지다(곤궁해지다, 어려워지다); osećati se kao riba na ~u 불편한 감정을 느끼다; ~ kao vreteno 비쩍 마른; ~a bolest 결핵; ~a destilacija (化) 건류(乾溜); ~a mana (植) 식물 질병의 한 종류; ~a oluja 마른 천둥; ~a hrana 수프가 없이 빵·통조림 등 만으로 하는 식사; ~i most 다리 밑으로 물이 흐르지 않는 다리; ~i režim 주류의 생산과 판매 금지; ~o grlo imati, ~og grla biti 매우 갈증이 나다; ~o kupanje (옷을 다 벗기고 하는) 알몸 수색

suvača 연자방앗간

suvačak -čka, -čko (形) 조금 마른(건조한)

suvad (女) (集合) 마른 나뭇가지

suvaja 1. 참조 suvača 2. 건천(乾川), 쉽게 마르는 개천(하천)

suvarak -rka 1. 마른 나뭇가지(잔가지, 나무) 2. 건포도, 건포도로 빚은 포도주 3. 바삭하게 구운 빵 (dvopek)

suvat (女) 산악 목초지 (양·염소·소 등이 풀을 뜯어 먹는)

suvatka 마른 나뭇가지 (suvarak)

suvenir 기념품

suveren -a, -o (形) 1. 최고 권력을 지닌; 자주적인, 독립적인; 제한되지 않은, 제한받지 않은; ~a država 자주 국가, 독립국; ~a vlast 최고 권력; ~a oholnost 제한되지 않은 오만함 2. (비유적) 아주 정통한(잘 아는)

suveren (국가의) 최고 통치자, 군주, 주권자

suverenitet (국가의) 주권, 통치권; ~ nad nečim ~에 대한 주권(통치권)

suvisao -sla, -slo (形) 일관성 있는, 논리 정연한 (koherentan); ~sli odnosi 일관성 있는 관계

suvišak -ška (필요한 것 이상의) 과잉, 여분, 나머지 (višak)

suvišan -šna, -šno (形) 과잉의, 여분의, 필요 이상의; 과도한, 너무 많은, 불필요한 (prekomeran, prevelik); ~ trošak 과도한 소비; ~šna ljubav 과도한 사랑; ~šne reči 불필요한 말; ~ novac 나머지 돈; ti si ovde ~ 너는 여기서 불필요한 사람이다

suviše (副) 과도하게, 불필요하게, 너무 많이; ~ topao 너무 따뜻한; ~ raditi 과로하다; sve što je ~ ne valja 너무 과한 것은 좋지

않다(과유불급이다); ~ brinuti 너무 걱정하다

suvladalac, suvladar 공동 통치자

suvlasnik 공동 소유자, 공유자 **suvlasnica**; **suvlasnički** (形)

suvlasništvo 공유, 공동 소유(권)

suvljī -a, -e (形) 참조 suv; 더 건조한(마른)

suvo 육지, 건조한 땅; na ~u i na moru 육지와 바다에서; izići na ~ (배에서 육지로) 상륙하다

suvo (副) 1. 건조하게, 물기(습기)가 없게; 회반죽을 사용하지 않고(짓다); ~ duvati (바람이) 건조하게 불다; ~ zidati 모르타르를 사용하지 않고 짓다 2. 짧고 날카로운 소리를 내며; ~ zaškripati 예리한 소리를 내며 삐걱거리다 3. 단호하게, 무뚝뚝하게; 냉정하게, 무관심하게; 객관적으로; 피상적으로; ~ odgovoriti 무뚝뚝하게 대답하다; ~ saopštiti 냉정하게 발표하다; ~ oceniti 객관적으로 평가하다; ~ proučiti 피상적으로 연구하다

suvoća 1. 참조 suvota; 건조(함), 마름; 가뭄 2. (비유적) 무미건조함, 단조로움 (스타일 등이)

suvomesnat -a, -o (形) 말린 고기의, 건육(乾肉)의; ~i proizvodi 건육 제품

suvomrazica 서리(눈으로 땅이 덮이지 않은 시기에 내리는, 눈내리기 이전 시기에 내리는) (golomrazica)

suvonjav -a, -o (形) 마른, 여윈, 호리호리한 (mršav); ~ mladić 호리호리한 청년

suvoparan -rna, -rno (形) 1. 매우 공식적인; 재미없는, 따분한; 냉정한, 차가운; ~ izveštaj 공식 보고(문); ~ odgovor 냉정한 대답 2. 이해하기 힘든, 추상적이고 수식어구로 가득한, 형이상학적인; ~rna beseda 추상적인 연설

suvota 1. 건조함, 마름 (suvoća) 2. 가뭄 (suša) 3. 마른 땅; 육지, 뭍 4. 건조한 곳 5. (비유적) 무관심, 냉정 (ravnodušnost, bezosećajnost)

suvozač 보조운전수, 교대로 운전하는 사람; (운전석 옆좌석의) 동승객

suvozeman -mna, -mno (形) 육지의, 뭍의 (kopnen); ~mni put 육로; ~mna životinja 육지에 사는 동물; ~mna vojska 육군

suvozid (男), **suvozidina, suvozidica** (女) 돌담 (모르타르를 사용하지 않고 쌓아올린)

suvratak -tka (양복 상의의 접혀 있는) 옷깃 (okovratnik)

suvratiti -im (完) **suvraćati** -am (不完) 1. (옷

S

소매·바짓가랑이 등을) 걷다, 접다, 걷어 올리다 (zavrnuti, posuvratiti); ~ nogavice 바지를 걷다 2. 되돌리다, 되돌려주다 (povratiti); ~ ovce 양을 되돌려주다

suvremen -a, -o (形) 참조 savremen; 현대의, 동시대의

suvremenik 참조 savremenik; 현대인, 동시대인

suvrsnik, suvrsnica 참조 vršnjak; 동갑내기

suvrst (女) 하위 그룹, 소그룹 (podgrupa)

suza 1. 눈물; (複數로) 울음; liti(roniti) gorke ~e 비통한 눈물을 흘리다; krokodilske ~e 악어의 눈물; obrisati ~e 눈물을 닦다; ~e radosnice 기쁨의 눈물; sa ~ama u očima 눈에 눈물을 머금고 2. (비유적) 사랑스런 사람 3. 기타; roniti krokodilske ~e 악어의 눈물을 흘리다; ~ama pokapati (pokvasiti) 눈물로 적시다; bistar kao ~ 아주 투명한

suzni (形); ~a žlezda 눈물샘; ~ kanal 눈물관, 누관(淚管); ~a bomba 최루탄

sazan -zna, -zno (形) 1. (눈에) 눈물이 가득한; 운; ~zne oči 눈물이 가득한 눈; ~zno dete 눈물이 가득한 아이 2. 눈물나는, 눈물나게 하는, 슬픈; ~ oproštaj 눈물나는 이별 3. (한정형) 눈물을 분비하는; ~zne žlezde 눈물샘 4. 기타; ~zna pečurka (植) 버섯의 한 종류; ~zne kosti (解) 누골(淚骨)

suzavac -vca 최루탄

suzbijanje (동사파생 명사) suzbijati; ~ kriminaliteta 범죄 소탕; ~ zaraznih bolesti 전염병 근절

suzbiti suzbijem (完) **suzbijati** -jam (不完) 1. (진격·공격 등을) 중단시키다, 물리치다, 격퇴하다, 일소하다; (누구의 생각·제안 등을) 반대하다; ~ neprijatelja 적을 물리치다 2. (좁은 공간으로) 몰다, 몰아 가다; 압박하다; (전염병·범죄 등을) 근절시키다, 확산을 막다; ~ ovce 양을 (한 곳에) 몰아 가다; ~ kriminal 범죄를 일소하다; ~ klevete 중상모략을 근절시키다; ~ epidemiju 전염병을 근절시키다 3. 방해하다, 좌절시키다, 막다, 차단하다 4. (어떠한 감정을) 삭이다, 숨기다; ~ srdžbu 분노를 삭이다; ~ ljubav 사랑을 숨기다 5. ~ se (시선이) 마주치다 6. ~ se 좁혀지다, 압착되다

suzdržati -im (完) **suzdržavati** -am (不完) 1. 붙잡아 놓다, 구류하다, 억류하다; ~ nekoga da ne pobegne 도망치지 못하도록 누구를 억류하다 2. (뭔가를 하지 못하도록) 제지하다, 허락하지 않다; nešto me suzdrža te ne odoh; 뭔가가 나를 붙잡아서 가지 않을 것

이다 3. (투표 등에) 기권하다 (uzdržati)

suzdržljiv -a, -o (形) 자제하는, 자제력 있는, 중용적으로 행동하는; ~ čovek 자제력 있는 사람; ~o držanje 중용적 입장(몸가짐)

suzdržljivost (女) 자제, 중용; 기권 (uzdržljivost)

suziti -im (不完) 1. 눈물을 흘리다, 눈물로 적시다, 울다; suzi mu oko 그의 눈에서 눈물이 흘렀다 2. (식물이) 즙(액)을 한 방울 한 방울 분비하다 3. (비유적) (별이) (눈물처럼) 반짝이다, 반짝 반짝 빛나다

suziti -im; sužen (完) **sužavti** -am, **suživati** -žujem (不完) 1. (폭·너비 등을) 줄이다, 좁히다; ~ pantalone 바지를 줄이다; ~ prilaz 통로를 좁히다; ovde se put sužava 여기서 길은 좁아진다 2. (활동범위·권한 등을) 제한하다, 한정시키다 (ograničiti) 3. ~ se 좁아지다 4. ~ se 제한되다

suznī -ā, -ō (形) 참조 suza; 눈물을 흘리는; ~zne žlezde 눈물샘

suznica 눈물샘

suznjača (解) 누골(淚骨), 눈물뼈

suzovod 눈물관

suzvučan -čna, -čno (形) 참조 sazvučan; 조화로운, 조화를 이루는

suzvučje 참조 sazvučje

suzvuk 참조 sazvuk

sužanj -žnja; -žnjevi 자유를 제한당한 사람, 노예 (rob)

sužanjstvo 자유를 제한당한 상태, 노예 상태; 그러한 기간; (비유적) 누구에게 정복(복종)된 상태(그러한 기간)

sužavati -am (不完) 참조 suziti; (폭·너비 등을) 줄이다, 좁히다; (권한 등을) 제한하다

suždrebna (形) (여성형만 사용됨) (암말이) 새끼를 밴; ~bna koliba 새끼를 밴 말

suženje (동사파생 명사) suziti; 축소, 좁아짐; 좁아진 곳; ~ puta (reke, klisure) 도로(강, 계곡)의 축소; ~ delovanja 활동 축소; proći kroz ~ 좁아진 곳을 통과하다

suživati -žujem (不完) 참조 suziti

sužnjevati -njujem (不完) 1. 노예상태로 살다, 노예로 살다 (robovati) 2. (비유적) (누구에게) 완전히 종속되어 살다

svabiti -im (完) 1. (가금·동물 등을 불러) 모으다, 꾀다, 유혹하다; ~ piliće 병아리들을 불러 모으다 2. 기타; ~ ševe 최후의 날들을 맞이하다

svačijī, -ā, -ē 1. (소유형용사) 모두의; ~oj veri čast i poštenje 그 모두의 종교에 명예와 존중을; ~ i ničiji 모두의 것이자 그 누구

의 것도 아닌; ~a usta zaćute 모두 침묵을
지킨다 2. 모두를 위한, 공동의; ~ put 공용
도로 3. 기타; ~u slušaj a svoju sviđaj 모든
사람의 의견을 듣되 자신이 가장 좋다고 생
각하는 바를 행하라

svadba -ī & -ā 결혼, 결혼식; biti pozvan na
~u 결혼식에 초대받다; zlatna (srebrna) ~
금혼식(은혼식); dijamantska ~ 결혼 60주년
svadbeni (形); ~ darovi 결혼 선물
svadbar (결혼식의) 신부측 하객
svadbarina (廢語) 결혼세
svadbenica 결혼식 음악
svadbovati -vujem (不完) (결혼식의) 피로연을
하다
svaditi -im (完) 1. 언쟁(말다툼·논쟁)을 불러일
으키다, 불화를 일으키다 (svađati) 2. ~ se
언쟁하다, 논쟁하다, 다투다 (posvađati se)
svadljiv -a, -o (形) 다투기 좋아하는, 언쟁하
기 좋아하는; ~ čovek 다투기 좋아하는 사
람
svadljivac -vca 다투기 좋아하는 사람
svadljivica, svadljivka
svadljivost (女) 다투기 좋아하는 성향
svađa 1. 다툼, 언쟁, 말싸움; izbila je ~ 언쟁
이 일어났다 2. 불화; bio je u ~i s ocem 아
버지와의 관계가 좋지 않았다
svađalica (男,女) 언쟁을 일삼는 사람, 다투기
좋아하는 사람 (prznica, kavgadžija)
svađati se -am se (不完) 말다툼하다, 언쟁하
다
svagda (副) 항상, 언제나 (u svakom vreme,
uvek); ~ braniti 항상 방어하다, tebi su ~
vrata otvorena 너한테는 문이 항상 열려있
다
svagdašnjī -ā, -ē (形) (=svagdanji) 1. 매일의,
일상의, 보통의 (svakidašnji, svakodnevni);
~ život 일상적인 생활; ~ hleb 매일 먹는
빵 2. 영원한, 영구적인, 항구적인 (večit,
trajan); on je ~ neprijatelj naše zemlje 그
는 우리 나라의 영원한 적이다
svagdašnjica (=svagdašnjost) 일상적인 삶(생
활). 일상적으로 일어나는 일; (변화없는) 따
분한 삶 (svakidašnjica)
svagde (副) 모든 곳에(장소에) (svugde,
svuda); ~ ga ima 그것은 모든 곳에 있다
svak -a 형부, 제부 (zet)
svak svakog(a) (代名詞) 모두 (svako)
svakad(a) (副) 언제나, 항상 (svagda)
svakakav -kva, -kvo (形) 모든 종류의; ~kvi
stvari 모든 종류의 물건들; ~kve cveće 모
든 종류의 꽃 2. (한정적 용법으로) 별 별 종

류의, 별 이상한(좋은 면보다는 나쁜 면이
훨씬 많은); 좋지 못한 (kojekakav, nevaljao,
nepošten); ~ đak 별난 학생; ~kva ženska
별 이상한 여자

svakako (副) 물론, 확실히; on će ~ doći 그는
확실히 올 것이다; vladaću, ~ ću vladati sa
krunom ili bez nje 왕위에 오르든 오르지
않든 나는 (이 나라를) 통치할 것이다; ~,
akt je postojao 물론 법률은 존재했다
svakī -ā, -ō (形) 1. 모든, 하나 하나 모두, 매;
~ dan (~og dana) 매일; ~o dobro! (헤어질
때의 인사말) 모든 일이 잘되기를, 행운이
깃들기를; ~ drugi dan 이틀에 한 번 2. 그
어떤; u ~o doba 항상, 언제라도; po ~u
cenu 그 어떤 희생을 치르더라도, 기어코; ti
gledaj da dođeš na ~ način 어떤 방법을 써
서라도 올 수 있게 해; preko ~og
očekivanja 모든 기대를 뛰어넘어 3. (명사
적 용법으로) 모든 (사람), 모든 (것); ~a ti
se pozlatila 네 모든 물건들은 금도금되었다;
njegove kletve ~ se bojao 그의 저주를 모
두가 두려워했다 4. 기타; ~a mu čast! (결과
등을 찬양하고 감탄할 때 사용함); od ~e
ruke 모든 방법으로, 모든 종류의; ~o
dobro 모든 일이 잘 되기를(헤어질 때의 인
사의 한 종류)
svakidašnjī -ā, -ē (形) 1. 매일 매일의, 매일
반복되는, 상시적인; ~a gost 매일 오는 손
님; ~ problem 일상적인 문제; ~a šetnja 매
일 하는 산책 2. 평범한, 보통의, 진부한
(banalan, jednostavan, prost); ~a lepota
평범한 미모; ~ tip studenta 평범한 학생 타
입; ~a žena 평범한 여자
svakidašnjica 일상적인 삶(생활), 매일 일어나
는 일(사건); (변화없는) 따분한 삶
svako -og(a) (代名詞) 모든 사람, 모두; ~ je
kovač svoje sreće 우리 모두는 각자의 행
운을 만드는 사람이다; ~ nosi svoj krst 모
든 사람은 자기자신의 십자가를 짊어진다;
ne može ~ da završi fakultet 모든 사람이
대학을 졸업할 수는 없는 것이다; spusti
zavesu neću da me ~ gleda (개나 소나) 모
든 사람이 날 볼 수 없도록 커튼을 내려라
svakodnevnī -ā, -ō (形) 1. 매일의, 매일 매일
반복되는, 일상적인; ~a pojava 일상적인 현
상; ~o odelo 평상복 2. (명사적 용법으로)
일상적 삶(생활), 일상적인 현상(일); 진부함
svakodnevnica 일상적인 일(현상); oči mu se
otimaju od običnih ~ 평범한 일상적인 현상
에서 시선이 멀어지다
svakogodišnjī -ā, -ē (形) 1. 매년의, 매해의,

해마다의 2. 일년의; ~ nacrt budžeta 일년 예산 초안

svakojak -a, -o (形) 참조 svakakav; 모든 종류의; ~a čuda 모든 종류의 기적; ~e izmišljotine 갖가지 왜곡

svakovrstan -sna, -sno (形) 모든 종류로 이루어진, 갖가지의; 서로 다른 종류의, 서로 다른; ~sno voće 갖가지 과일; ~ ribolovni alat 갖가지 낚시 도구

svakud(a) (副) 모든 곳에, 사방에 (svuda); 어디든지

svaliti -im; svaljen (完) **svaljivati** -ljujem (不完) 1. (몸을 움직여) (짐 등을) 부리다, 내려놓다 (smaći, zbaciti); ~ teret s leđa 등에서 짐을 부리다; ~ s ramena breme drva 나무짐을 어깨에서 부리다; konj je svalio jahača 말이 말탄 사람을 내던졌다 2. 쓰러뜨리다, 넘어뜨리다 (oboriti, srušiti); ~ drvo 나무를 쓰러뜨리다; vetar je svalio drvo 바람이 나무를 넘어뜨렸다 3. (잘못·의무 등을) (다른 사람에게) 전가하다, 전가시키다, 부담시키다; ~ odgovornost na nejako dete 책임을 허약한 아이에게 전가하다; ~ đaku veliku obavezu 학생에게 큰 의무감을 지우다; ~ krivicu na drugoga 잘못을 다른 사람에게 전가하다 4. ~ se (푹 쓰러지듯이) 몸을 부리다, 풀썩 앉다, 눕다; ~ se u fotelju 소파에 풀썩 앉다; ~ se u krevet 침대에 풀썩 눕다; svalio se na krevet i zaspao 침대에 풀썩 쓰러져 잠이 들었다 5. ~ se 쓰러지다, 넘어지다, 떨어지다; ~ se na zemlju od udarca (주먹으로) 맞아 땅에 쓰러지다; auto se svalio u reku 자동차가 강으로 떨어졌다 6. (s nekoga, s nečega) (~로 부터) 떨어지다, 내려지다; svali mi se s vrata briga 내게서 걱정이 사라진다; svalio mi se kamen s srca 큰 걱정이 사라졌다 7. ~ se (무게로 인해) 가라앉다, 침전되다; svali mi se tuga kao olovo 납덩어리처럼 걱정이 (내 마음속에) 깊게 가라앉았다

svaljati -am (完) 1. 굴러 내려가게 하다, 밀으로 굴리다 (skotrljati); ~ balvane 통나무를 밀으로 굴리다 2. 천을 둘둘 말다; ~ ćilim 벽양탄자를 둘둘 말다 3. 굴려 둥근 형태로 만들다

svaljivati -ljujem (不完) 참조 svaliti

svanuće 새벽, 여명, 동틀 녘 (osvit, svitanje, zora)

svanuti svane (完) **svitati** sviće (不完) 1. (보통 무인칭문으로) 동트다, 여명이 밝아오다, 날이 밝다; svanulo je, svanuo je dan 날이

밝았다 2. (무인칭문으로) (걱정·어려움 등으로부터) 해방되다; svanu mi kad dete ozdravi 아이가 건강을 되찾았을 때 내 모든 걱정이 사라진다 3. 분명해지다, 분명하게 보이다; svanulo mu je pred očima 그의 눈에 분명해졌다 4. 기타; zdravo svanulo (svanula) 일반 백성들의 아침 인사로 사용됨

svariti -im (完) **svarivati** -rujem (不完) 1. (음식을) 삶다, 익히다, 끓이다, (삶아서) 음식을 준비하다 (skuvati); ~ mleko 우유를 끓이다; ~ pšenicu 밀을 삶다 2. (위에서 음식을) 소화시키다; ~ tešku hranu 기름진 음식을 소화시키다 3. (비유적) 이해하다, 감당하다, 감내하다 (prihvatiti, podneti); ne mogu ga svarim 그 사람을 감당할 수 없다

svarivanje (동사파생 명사) svarivati; 소화

svarljiv -a, -o (形) 쉽게 소화되는

svast svasti (女) 처제, 처형 (아내의 자매)

svastičić 처조카 (처제(stastika)의 아들)

svastičin -a, -o (形) 처제의

svastičina 처조카 (처제의 딸)

svastić 처조카 (처제의 아들)

svastika 처제, 처형 **svastičin** (形)

svastika (불교의) 만자(卍); (나치의) 나치의 하켄크로이츠 (卐)

svašta svačega (代名詞) 1. 모든 것(현상), 별별 것; ~ je kupio 별별 것을 다 샀다; sve i ~ 모든 종류의 물건 2. 하찮은 것, 값어치 없는 것; ljutiti se za ~ 별 하찮은 것에도 화를 내다 3. 각종 물건, 각양각색의 물건들, 잡동사니; imati ~ na prodaju 별 별 것이 다 판매되다; ~ znati 시시콜콜한 것까지 다 알다 4. 시시콜콜한 것; 각종 근심걱정; 온갖 것의 추문; svašta je pregrmelo preko mojih leđa 나는 온 몸으로 온갖 어려움을 겪었다; govore ~ o tebi 너에 대해 온갖 추잡한 이야기를 한다

svaštar 1. 온갖 것(svašta)을 다 파는 사람, 만물상, 잡화상 2. (輕蔑) 온갖 것에 다 관여하는 사람(전문적이지도 않으면서)

svaštara 온갖 것을 다 기록해 놓은 노트; (학교의) 학생기록부

svaštarije (女, 複) 잡화, 고물, 잡동사니 (sitnice)

svaštariti -im (不完) (輕蔑) 온갖 일을 다 하다, 별 별 일을 다하다 (전문적이지도 않고 노력을 다 하지도 않게); 잡일하다

svaštojedac -eca 잡식성 동물

svaštoznalac -alca 만물박사, 온갖 것을 다 아는 사람 (sveznalica)

svaštožder 참조 svaštojedac

svat *-ovi* 1. 신랑측 결혼 하객; (일반적으로) 결혼식 하객, 결혼 행렬의 하객 2. (複數로) 결혼, 결혼식; *misliti na ~ove* 결혼을 생각하다; *ići nekome u ~ove* 누구의 결혼식에 가다 3. (口語) 사람, 개개인 (čovek, pojedinac); *čudan ~* 이상한 사람 4. 기타; *stari ~* 1)신랑측 결혼 증인(제 1증인 kum이외에, 신랑측 친척중 최고령 미혼자로 손님을 맞고 배웅하는 역할을 하는 사람) 2)최고연장자 하객 svatovski (形) *~a pesma* 결혼 축가; *~a zaprega* 결혼 마차

svatko *svakoga* (代名詞) 참조 svako

svatovac *-vca* 결혼 축가(그 노래에 맞춰 춤(kolo)를 추는)

svatovati *-tujem* (不完) 결혼식에 가다, 결혼식 하객으로 가다, 결혼식에서 여흥을 즐기다

svatovskī *-ā, -ō* (形) 참조 svat; 결혼의, 결혼식의; *~ običaji* 결혼식 풍습; *~o kolo* 결혼식장에서 추는 춤(kolo)

sve (副) 1. (시간을 나타낼 때) 항상, 언제나, 끊임없이(uvek, stalno); *noćas nisam mogla spavati, ~ sam mislila na vas* 어젯밤 잠을 이룰 수 없었어요, 밤새 내내 당신을 생각했어요 2. (숫자 앞에서) 매, ~씩; *ulaze ~ dva i dva* 모두 두 명씩 두 명씩 입장한다; *~ jednu po jednu knjigu* 책 한 권씩 한 권씩 3. (대규모의 집단에서) 모두, 전부, 예외없이; *~ sami dukati* 그 모든 금화들 4. (의문·관계 대명사와 함께 강조 용법으로) 모든; *ko ~ nije bio* 없었던 모든 사람들 5. (일의 강도가 점점 증가함을 나타냄); *ova vaša dinja ~ se topi u ustima* 당신의 이 멜론은 입에서 살살 녹는다; *koža ... golih ruku ~ se ježila od jake studeni* 맨손의 피부는 맹추위로 인해 점점 더 소름이 돋는다 6. (비교급과 함께, 종종 sve to 형태로) 점점 더; *~ jači i jači* 점 점 더 지속적으로 강하게; *~ manje i manje* 점 점 더 적게 더 적게 7. (보어적 접속사 da, ako, i ako, kad, i kad 등과 함께) 주문에서 뜻하는 것의 불가피성을 강조함; ~라 할지라도, ~일지라도, ~에도 불구하고; *treba jedan put razvezati, sve da me je i stid* 내게 수치스러울 수 있겠지만 한 번 풀면 필요가 있다; *~ da i ne uspem, pokušaću* 비록 성공하지 못할 지라도 시도해 볼 것이다; *~ da je i tako* 비록 그럴지라도 8. (misliti, govoriti, osećati 등의 의미를 갖는 동사와 함께) (의심·의혹·불가능 등의 가능성이 높은 것을 강조함) 점점 더; *ja sve mislim da ti mene više ne voliš* 네가 나를 더 이상 좋아하지 않는다고 점점 더 생각한다; *~ mi se čini* 내 생각으로는 점점 ~하다 9. (시간·공간상으로) 상당히 먼 것을 강조함; *~ do krajnjih granica* 가장 끝의 경계선까지

svečan *-čna, -ćno* (形) 1. 경축일의, 축일의, 공휴일의; *~ dan* 경축일; *~o raspoloženje* 경축일 분위기, 들뜬 분위기 2. 예복의; *~a odeća* 예복; *~a uniforma* 정복 3. (화려함과 장엄함을 갖춘) 공식적인, 공식적 성격을 갖는; *~ doček* 공식 리셉션; *~o otvaranje izložba* 공식 전시회 개막식; *~a poseta* (일행을 동반한) 공식 방문; *~ prijem* 공식 리셉션 4. (대중 앞에서 의무·책무 등을 짊어지는) 엄숙한, 엄중한; *~a izjava* 엄숙한 선언; *~a zakletva* 엄중한 맹세; *dati ~u izjavu* 엄숙한 발표를 하다; *~o obećanje* 엄중한 약속

svečanik 참조 praznik; 공휴일, 휴일, 경축일

svečano (副) 공식적으로; 경축 분위기로; *~ se obući* 경축 분위기로 옷을 입다

svečanost *-nošću* (女) 1. 기념식, 경축식 2. 경축일적 분위기, 축제적 분위기; *prirediti ~ u čast nekoga* 누구를 위하여 공식 행사를 준비하다

svečar (축일·생일 등을) 기념하는 사람, 축제로 즐기는 사람, 기리는 사람 (slavljenik)

svečev *-a, -o* (形) 성인(svetac)의

sveća 1. 양초, 초; *voštana ~* 양초; *upaliti (ugasiti) ~u* 양초를 켜다(끄다) 2. 램프, 등 (lampa, svetiljka) 3. (物) 촉광(밝기 단위) 4. 기타; *dati (prodati) nekome rog za ~u* 누구를 속이다(기만하다); *njegova ~ dogoreva* 그의 죽음이 가까워지다; *paliti bogu i vragu ~u* 모두를 만족시키려 하다, 모든 사람들에게 아부하다; *pasti (srušiti se) na tlo kao ~* 갑자기 쓰러지다(넘어지다); *(sa) ~om (u ruci) tražiti nekoga (nešto)* 거의 찾을 수 없는 사람(것)을 찾다, 찾기가 거의 불가능하다; *sačuvati ~u* 후손을 남기다; *tako mi krsne ~e!, tako mi se krsna ~ ne ugasila* 민족(민중)에 대한 맹세; *ugasiti (pogasiti, utuliti) ~u nekome* 죽이다, 멸망시키다; *ugasiti (svoju) slavsku (krsnu) ~u* 후손을 남기지 않다; *umreti bez ~e* 후손없이 죽다

svećar 양초를 만들어 파는 사람, 양초 제조업자 svećarica

svećarica 참조 svećar; 양초 제조업자의 아내

svećarnica 양초 가게

svećen *-a, -o* (形) 참조 osvetiti

svećenik 참조 sveštenik; 성직자

svećenstvo 참조 sveštenstvo; 성직

svećica 1. (지소체) sveća 2. (자동차의) 점화 플러그

Svećnica (宗) (가톨릭) 성촉절(聖燭節; 2월 2 일, 성모 마리아의 순결을 기념하는 축제일, 촛불 행렬을 함)

svećnjak 촛대 (čirak)

svedočanstvo -ávā 1. (~의 진실을 말해주는) 증거(자료·통계), (~이 있었다는) 증거, 확증 (dokaz, potvrda) 2. (정부의) 서면 확인, 서 류; (학교에서 발행하는) 통지표, 성적표, 수 료증, 졸업장 (dokument); ~ o položenom maturskom ispitu 졸업시험 합격 증명서 3. (증인의) 증언, 진술; pismeno ~ pod zakletvom 선서하의 서면 진술

svedočiti -im (不完) posvedočiti (完) 1. (증인 으로서) 증언하다, 진술하다; ~ u nečiju korist ~를 위해(~의 편에서) 증언하다; ~ o nečemu ~에 대해 진술하다; ~ na suđenju 재판에서 증언하다 2. (~의 가치·사실을) 확 인하다, 증명하다; 확실하게 하다

svedodžba -ī & -ābā 참조 svedočanstvo

svedok 1. (범행·사건 등의) 목격자, 증인 (očevidac); ~ neke nesreće 어떤 사고의 목격자 2. (법정에서의) 증인; (결혼식의) 대 부(kum); ~ odbrane 피고측 증인; ~ na venčanju 결혼식 대부(kum) 3. (결투의) 입 회자 (sekundant); ~ u dvoboju 결투 입회자 svedokinja

svega 참조 sav, sve

svejedno (副) 1. (종종 무인칭문 또는 논리적 주어를 갖는 문장에서) 매 한가지인, 똑같은, 아무래도 좋은 (서로 상반되는 두 개의 입장 또는 가능성이 똑같이 중요하거나 중요하지 않거나를 강조함); meni je ~! 내게는 매 한 가지야(하든지 말든지, 좋든지 안좋든지 ...); ~ pio ili ne pio lekove 약을 먹었던지 안먹 었던지 매 한가지로 2. ~와는 상관없이 (bez obzira na to, ipak); iako pada kiša, ~ idem u šetnju 비가 내리지만, 그것과는 상 관없이 나는 산책하러 간다

svekar -kra; -krovi 시아버지, 남편의 아버지 (反; tast)

svekolik -a, -o (形) 전체의, 전부의, 전(全)~ (sav, ceo, celokupan); ~ svet 전세계; ~ prostor 전공간

svemilostiv -a, -o (=svemilostivan) (形) (신 이) 한없이 자비로운

svemir 우주 (vasiona, kosmos)

svemoć (女) 전능; 무한한 힘(권한·권능)

svemoćan -ćna, -ćno (形) 전능한, 무제한적 권력(권한·힘)를 가진; ~ vladar 무한한 권력 을 가진 통치자; ~ćna ruka 전능한 손; ~ćna policija 무제한적 권력을 가진 경찰

svemoguć -a, -e (形) 1. 모든 것이 가능한, 권 한이 무제한적인; ~ tiranin 무제한적 권력을 지닌 독재자 2. (명사적 용법으로, 한정형으 로) 신(神) (Bog); Svemogući, pomozi mi 신 이시여, 나를 도우소서 3. (複數로) 여러가지 의, 갖가지의, 가능한 모든 종류의; ~i sastojci 갖가지 성분

svemudrī -ā, -ō (形) (신(神)이) 전지한, 모든 것을 다 아는

svenarodnī -ā, -ō (形) 전(全)국민의, 전백성의, 전민중의, 범(汎)국민의; ~ pokret 전국민적 운동; ~a odbrana 전국민적 방어

svenuti -nem; svenuo, -ula & sveo, -ela 1. (식물·꽃 등이) 시들다, (옷 등의) 색이 변하 다 2. (비유적) 신선함을 잃다, 활력을 잃다; 육체적으로 허약해지다; posle porođaja svenu (여자들은) 출산후 싱그러움을 잃는다 3. (신체 등이) 축 처지다, 축 늘어지다; ~ od tuge 슬퍼 축 늘어지다

sveobuhvatan -tna, -tno (形) 모든 것을 다 포함하는(포괄하는), 포괄적인; ~ sistem 포 괄적인 시스템; ~ pregled 종합 검진

sveopćī -ā, -ē, sveopštī -ā, -ō (形) 일반적인, 보편적인, 전반적인 (opšti); ~a harmonija 전반적인 조화; ~ nacionalni zanos 보편적 인 민족 열망

sveprisutan -tna, -tno (形) 어디에나 있는, 편 재(遍在)하는; Bog je ~ 신은 어디에나 계시 다

sveprisutnost (女) 편재(遍在), 어디에나 있음; ~ božje ruke 신의 손의 편재; ~ ljubavi 사 랑의 편재

sveruskī -ā, -ō (形) 범(汎)러시아의

sveska svescī; svezākā 1. (필기용의) 노트, 공책; ~ za domaće zadatke 숙제 노트 2. (책·잡지 등의) 권(卷), 책(冊) (tom)

sveslavenskī, sveslovenskī -ā, -ō (形) 범(汎) 슬라브의; ~ pokret 범슬라브 운동; ~a ideja 범슬라브 사상; ~ kongres 범슬라브 회의

sveslavenstvo, sveslovenstvo 범(汎)슬라브주 의 (panslavizam)

svesnost (女) 의식이 있는 상태; 지각능력

svesrdan -dna, -dno (形) 진심 어린, 정성 어 린, 애정 어린, 성심성의의, 마음에서부터 우 러난 (srdačan, iskren); ~ doček 따뜻한 영 접; ~ razgovor 진심 어린 대화

svest *svešću* (女) 1. 인지판단능력, 지각능력; *izgubiti* ~ 지각능력을 상실하다; *biti pri (punoj)* ~*i* 지각능력이 있다, 의식이 있다; *doći k* ~ 판단능력을 갖다; *popiti nekome* ~ 미치게 하다; *bez* ~*i* 의식없이 2. 의식 (反; nesvest); 지각; *narodna* ~ 민족 의식; *moralna* ~ 도덕 의식;; *klasna* ~ 계급 의식

svestan *-sna, -sno* (形) 1. 의식있는, 지각있는; *on je* ~ *posle pada* 넘어진 후에도 의식이 있었다 2. (~의 중요성·의미 등을) 인지하고 있는, 알고 있는; *biti* ~ *nečega* ~을 알고 있다; *on je* ~ *važnosti posla* 그는 일의 중요성을 알고 있다

svesti *svedem*; *sveo, -ela*; *sveden, -ena* (完) svoditi *-im*; *svođen* (不完) 1. (높은 위치에서 낮은 위치로) 인도하다, 안내하다, 통과시키다, 가져 오다, 데려오다; ~ *nekoga pred dvorac* 성앞으로 누구를 데리고 내려 오다; ~ *nekoga u podrum* 누구를 지하실로 데리고 내려가다; ~ *vodu sa izvora* 수원지에게 물을 끌어 오다; ~ *ovce s katuna* 양들을 (높은 산에 있는) 여름 목초지에서 데리고 내려왔다 2. (비유적) (높은 지위에서 낮은 지위로) 강등시키다, 좌천시키다; (명예·명성 등을) 격하시키다, 떨어뜨리다 (degradirati); ~ *plemkinju na prostu građanku* 귀족 여성을 평범한 여인네로 강등시키다 3. (활동 범위, 구성 요소 등을) 제한하다, 한정하다, 축소하다 (suziti, ograničiti); ~ *na podnošljivu granicu zahteve* 요구를 참을 수 있는 한도로 제한하다; ~ *čitanje na obaveznu lektiru* 읽는 것을 반드시 읽어야 할 서적으로 제한하다 4. 요약하다, 축약하다 (smanjiti, skratiti); ~ *članak na dve šlajfne* 기사를 두 단락으로 요약하다 5. (흐름·방향을) 돌리다, ~로 향하게 하다; ~ *razgovor na druge, nevažne stvari* 대화를 다른 사소한 것으로 돌리다; ~ *sve na dobro* 모든 것을 잘 되게 하다 6. 아치형 천장(svod) 형태로 짓다; *most sveden na jedan luk* 활 모양의 둥근 아치형으로 건설된 교량; ~ *prozore* 창문을 둥근 아치형으로 만들다 7. (계산 등을) 셈하다, 정산하다; (비유적) (해결되지 않은 분쟁·다툼 등을) 해결하다, 청산하다; ~ *račun posle kupovine* 쇼핑후 계산하다; ~ *račune s nekim* 누구와의 분쟁을 해결하다 8. (數) 약분하다, 통분하다; ~ *razlomak* 분수를 약분하다; ~ *na nulu* 영(0)으로 약분하다 9. (신혼 부부를) 침실로 안내하다; ~ *mladence u nov vajat* 신혼부부를 새로 지은 사랑채에 거하게 하다 10. ~ *se* (규모·크기 등이) 줄어들다, 축소되다, 제한되다 (smanjiti se, ograničiti se); ~ *se na desetak ljudi* 십 여 명으로 줄어들다 11. ~ *se* 결합되다, 연결되다 (spojiti se, sjediniti se); *seljak se namršti, obrve mu se naglo svedoše* 농부가 인상을 쓰자 곧바로 눈썹이 딱 달라붙었다

svesti *svezem*; *svezao, -zla*; *svezen, -ena* (完) svoziti *-im*; *svožen* (不完) 1. 운반하여 밑으로 나르다, 밑으로 운반하다; ~ *drva s planine* 나무를 산에서 밑으로 운반하다 2. (차·달구지 등으로) 실어나르다, 운반하다, 운송하다, 수송하다; ~ *seno* 건초를 운반하다; ~ *na jedno mesto* 한 장소까지 실어나르다

svestran *-a, -o* (形) 1. 다방면의, 다방면에 걸친, 포괄적인, 다중의 (višestruk); ~*a rasprava* 다방면에 걸친 토론 2. 다재다능한, 매우 넓은 지식을 지닌; ~*a ličnost* 다재다능한 인물; ~ *umetnik* 다재다능한 예술인

sveščica (지소체) sveska

sveštenica 참조 sveštenik

sveštenik 1. 사제, 성직자 2. 성직자 계층의 한 층(보제와 주교 사이의) 3. (비유적) (어떤 일에) 헌신적으로 일하는 사람, 몰두하는 사람; ~ *svog posla* 자신의 일에 몰두하는 사람

sveštenstvo 1. (集合) 성직자, 성직자 계층 2. 성직자의 직(임무)

svet *-ovi* 1. 세상, 세계; 지구; 우주, 천지; *ceo* ~ 전세계 2. 사람들, (사람들의) 사회, 인류; (소수 사람들이 어울리는) ~계, 층; *mnogo* ~*a* 많은 사람; *šta će reći* ~? 사람들이 뭐라고 말할 것인가?; *ceo* ~ *to govori* 많은 사람들이 그것에 대해 말한다; *učeni* ~ 식자층; *prost* ~ 평민층 3. (활동·관심·직업 등의) 범위 4. (자연계의 구분으로서) …계; *biljni* ~ 식물계; *životinjski* ~ 동물계 5. 기타; *beli* ~ 미지의 다른 먼 나라; *veliki* ~ 귀족 사회(계층); *daleki* ~ 먼 지역; *dva* ~*a* 두 개의 상반된 인식(입장); *drugi* ~ 저승; *iz* ~*a* 먼 지역에서 온; *mali* ~ 하층 사회(계급); *mimo* ~*a* 보통의 다른 사람들과는 달리; *neorganski* ~ 무생물(계); *Novi* ~ 아메리카 (드물게는 오스트레일리아와 남극 대륙); *ovaj* ~ 이승; *onaj* ~ 저승; *organski* ~ 생물 (사람·동물·식물의); *preko bela sveta* 아주 먼; *promeniti* ~*(om)* 죽다, 사망하다; *smak* ~*a* 지구의 종말, 이 세상의 종말; *Stari* ~ 유럽, 아시아, 아프리카; *strane* ~*a* 동서남북; *ugledati* ~*(a)* 태어나다, 나타나다, 시작하다;

S

bežati u ~ 가출하다, 집을 나가 타향(타국)으로 가다; *videti ~a* 여러지역을 여행하다, 세상구경을 하다; *daleko od ~a* 아주 외지고 동떨어진, 낙후된; *dok je (dok traje) ~a i veka* 항상; *doneti na* ~ 낳다; *doći na* ~ 태어나다; *zatvoriti (začepiti, zapušiti) ~u usta* 침묵하다, 입을 다물다; *izdati na* ~ 출판하다, 발표하다; *izaći na* ~ 1)출판되다, 출판되어 나오다 2)소문이 나다; *izaći pred* ~ 대중 앞에 나타나다; *izaći u* ~ 사회에 나타나다; *krenuti(poći, otići, otisnuti se) u (beli)* ~ 미지의 먼 곳으로 떠나다; *misli da se oko njega* ~ *(o)kreće* 자기를 중심으로 이 세상이 돌아가는 것으로 생각하다; *mrzi (na) sav* ~ 모든 것을 다 싫어하다; *na kraju ~a* 아주 먼 곳에; *na mlađima* ~ *ostaje* 미래는 젊은이들 것이다; *izneti na* ~ 발표하다, 공표하다, 공개하다; *nije od ovog ~a* 마치 이 세상 사람이 아닌 것처럼; *obići* ~ 많은 나라를 여행하다, 세계여행하다; *odvojen od (ostalog) ~a* 이세상과는 동떨어진; *oprositi se sa (ovim) ~om* 죽다, 사망하다; *otvorio mi se (mu se)* ~ 내게(그에게) 기회가 주어졌다; *oterati u* ~ 집에서 내쫓아 멀리 보내다; *otići na drugi* ~ 죽다, 사망하다; *otkako je ~a i veka* 항상, 태고적부터, 옛날부터; *povući se od ~a* 세상과 등지다; *poslati na onaj* ~ 죽이다, 살해하다; *probijati se kroz ~(om)* 겨우 생존하다; *proći (mnogo) ~a* 많은 나라들을 돌아다니며 견문을 넓히다; *čovek od* ~ 전세계적으로 유명한 사람

svet *-a, -o; svetiji* (形) 1. 신성한, 성스러운; 감히 건드릴 수 없는; *~a dužnost* 신성한 의무; *~a vodica* 성수(聖水); *~i rat* 성전(聖戰); *~o pismo* 성경; *~a pričest* 성찬식 2. (한정형으로) (宗) (이름 앞에서) 성(聖)~; *~i Đorđe* 성(聖)조지 3. (명사적 용법으로, 한정형으로) (男) 성인(聖人) (*svetitelj, svetac*); *i sveci su grešili* 성인들도 죄를 지었다 4. 성인과 비슷한 (인간의 약함이 없으며 죄가 없는); ~ *čovek* 성인과 같은 사람 5. (지명·식물명의 일부로); *Sveta gora* (그리스의) 아토스산; *Sveti Stefan* (몬테네그로의) 스베티 스테판

svetac *sveca, sveče; sveci, svetācā* 1. (宗) (가톨릭의) 성인 (*svetitelj*); *proglasiti nekoga za sveca* 누구를 성인으로 공포하다 2. (한 가정의) 수호 성인; 종교축일; *Svetac mi je Jovanjdan* 우리집 종교축일은 성요반일이다 3. (교회의) 축일, 성인의 날 (한 성인의 사망일 혹은 탄생일을 기리는) 4. 금욕

주의적 삶을 사는 사람; *ovaj patrijarh je pravi* ~ 이 총대주교는 진정한 성인이다 5. 기타; *nije baš* ~ 의심스런 도덕적 관념을 가진 사람; *prema svecu i tropar* 사람에 따라 대접을 달리한다, 공헌도에 따라 대접하다

svečev (形); **svetica; svetičin** (形)

svetačkī *-ā, -ō* (形) 성인의, 성자 같은, 성스러운; ~ *život* 성자 같은 삶

svetak 공휴일, 축일, 성인의 날 (*praznik, blagdan*)

svetao *-tla, -tlo* (形) 1. 빛나는, 빛을 내는, 빛을 반사하는; 햇볕이 가득한, 밝은, 맑은 (*sunčan, vedar*); 빛나는, 반짝이는; *~tla tačka na zidu* 벽의 빛나는 지점; *~tlo sunce* 빛나는 태양; *~tla soba* 햇볕이 가득한 방, 밝은 방; ~ *dan* 화창한 날; *~tlo jutro* 햇볕이 가득한 아침; *~tlo staklo* 반짝이는 유리; *rumeni i ~tli obrazi od jela i pića* 음식과 술로 인해 불콰하게 빛나는 볼 2. (색깔이) 밝은; 투명한 (*proziran*); (두뇌가) 명석한, 예리한 (*pametan, oštrouman*); (소리가) 깨끗한, 투명한, 맑은; *~tla boja kaputa* 밝은 외투 색; *~tli tonovi na slici* 그림의 밝은 색상; *čovek ~tlog razuma* 예리한 이성을 가진 사람 3. 행복한, 즐거운 (*srećan, radostan*); 성공·행복 등을 약속하는; *u ~tli čas* 행복한 시간에; ~ *dan moga života* 내 인생의 행복한 시기; *~tlo sećanje na nešto* ~에 대한 행복한 기억; ~ *znak budućnosti* 밝은 미래를 약속하는 징후 4. 흠잡을데 없는, 높이 치켜진, 찬란한; *tvoje ~tlo ime* 너의 찬란한 이름; ~ *primer* 흠잡을데 없는 본보기; *njegov ~tli lik ostaće nam u većoj uspomeni* 그의 훌륭한 모습은 우리들의 기억에 영원히 남을 것이다 (고인에 대한 추모의 말에서) 5. (한정형으로) (통치자의 칭호와 함께) 고귀한, 성스런, 위대한 (*plemeniti, presvetli*); ~ *knez* 위대한 대공; *~tla kruna* 고귀한 왕위(왕관) 6. (한정형으로) 유명한, 명성이 높은 (*slavan, čuven*) (보통 영웅담의); ~ *junak* 유명한 영웅; *~tla sablja* 유명한 검

svetica 1. 참조 svetac; 여자 성인 2. 성인처럼 사는 여자 3. (반어적 표현) 잘난체 하는 여자

svetičin *-a,-o* (形) 참조 svetac

svetilište 성지(聖地), 성스러운 장소; 교회; (교회의) 제단

svetilnik 샹들리에 (*luster*)

svetilja (숙어로) *kula* ~ 등대 (*svetionik*)

svetiljka *svetiljcī; svetiljkī & svetiljākā* 불을

밝히는 기구 (램프·등·양초 등의); *plinska ~* 가스등

svetina (지대체, 輕蔑) svet; (사람들의) 군중, 무리, 떼, 집단 (rulja, masa)

svetinja 1. (宗) 성물 (성인의 유골 등) 2. 성스러움, 신성함, 존엄성; *~ zastave* (국)기의 신성함; *~ groba* 무덤의 존엄성 3. (비유적) 건드릴 수 없다고 간주되는 것, 우상시 되는 것; *on je to imanje smatrao kao porodičnu ~u* 그는 그 재산을 가족의 성물로 간주했다

svetioničar 등대지기

svetionik 등대

svetište 참조 svetilište; 성지(聖地)

svetitelj 참조 svetac; 성인(聖人)

svetiti *-im* (不完) 1. (교회에서) 축성(祝聖) 의식을 거행하다, 축복을 내리다, 신성하게 하다 (osvećivati); *~ vodicu* 물에 축성하다; *~ crkvu* 교회에 축복을 내리다 2. 성물로 간주하다, 경축하다, 기념하다 (slaviti, proslavljati); *neka se sveti ime Tvoje!* (사람들이) 너의 이름을 성스럽게 기념하기를!

svetiti *-im* (不完) 1. 복수하다, 원수를 갚다 2. ~ **se** *(nekome)* (누구에게) 복수하다; *~ se mužu* 남편에게 복수하다; *~ se za učinjena nedela* 악행에 복수하다

svetkovati *-kujem* (不完) 1. 공휴일을 기념하여 (일하지 않고) 쉬다 (praznovati) 2. 공휴일(praznik)을 경축하다(기념하다)

svetkovina 1. 기념일, 공휴일, 경축일 (praznik, blagdan); *religiozna ~* 종교 기념일 2. 기념 행사, 경축 행사(svečana proslava); *~ za Novu godinu* 신년 기념행사

svetlac 1. 불꽃, 섬광 (구타로 인해, 아파서 눈앞에서 번쩍이는); *videti ~e* 눈에서 불이 번쩍였다 2. 불꽃, 불똥 (iskra, varnica)

svetlarnik (채광을 위해 지붕에 낸) 창문, 지붕 창문

svetlati *-am* (不完) (숙어로) *~ obraz* 얼굴을 내세울만한 행동을 하다, 자랑스런 그 뭔가를 하다

svetleći *-ā, -ē* (形) 빛나는, 빛내는; *~ metak* 예광탄; *~e reklame* 전광 광고판

svetleti *-im* (不完) 1. 빛을 내다, 빛을 내뿜다; *Sunce svetli* 태양이 빛을 낸다; *u očima joj nešto svetli* 그녀의 눈에서 뭔가 빛난다; *ova lampa dobro svetli* 이 램프는 밝게 빛난다; *nešto (se) svetli u daljini* 뭔가 멀리서 빛을 낸다; *svetli mu (se) lice* 그의 얼굴이 밝게 빛난다 2. 밝은 색깔이다, 밝은 색을 가지다; *kosa se svetli* 머리는 밝은 색이다

svetlica 1. 번개; 불꽃, 섬광 2. (昆蟲) 반딧불이, 개똥벌레 (svitac); (바다 동물) 불우렁쉥이

svetlina 빛, 광선 (svetlost, sjaj); 밝은 색

svetliti *-im* (不完) (조명 기구등으로) 비추다, 밝게 하다, 훤하게 하다 (osvetljavati); *~ svetiljkom* 램프로 밝게 하다

svetlo *svetālā* 1. 빛, 광선; 조명; 밝게 빛남; *sunčevo ~* 태양 광선 2. 조명 기구, 램프, 등불 (svetiljka); *upaliti (ugasiti) ~* (조명 기구의) 불을 켜다(끄다); *sva ~u stanu* 집안의 모든 등불; *ulična ~a* 가로등; *trepuće ~* 깜박이는 조명 기구 3. 전기 조명; *električno ~* 전기 조명 4. (자동차의) 헤드라이트; *dugačko (veliko) ~* 상향등; *poziciono ~* 주차등 5. 기타; *zeleno ~* (신호등의) 녹색등, (비유적) 파란불 (허락·가능성 등의)

svetlo- (接頭辭) (색이) 밝은, 엷은; *svetloplav* 밝은 청색의; *svetlocrven* 엷은 빨강의

svetlobran 램프의 갓, 전등갓

svetlomer (사진 촬영 시 빛의 밝기를 측정하는) 노출계

svetlost *svetlošću* (女) 1. (해·전등 등의) 빛, 광선; (특정한 색깔·특질을 지닌) 빛; *~ sunca* 햇빛, 태양 광선; *~ lampe* 불빛; *pri ~i* 불빛하에; *izneti na ~* 볕에 쪼이다; *pogledati prema ~i* 빛에 쪼여 보다; *prelamanje ~i* 빛의 굴절 2. (빛나는) 빛, 빛남, 광택 (sjaj); *~ lica* 낯빛; *~ zvezda* 별빛; *~ oka* 눈빛 3. (고위 성직자·국가 고위직 등의 칭호에 사용됨) 각하, 전하, 예하 4. 기타; *baciti (uneti) ~ na nešto* ~을 해석하다, 설명하다; *bengalska ~* 뱅갈 불꽃(청백색의 지속성 불꽃으로 해난 신호·무대 조명용); *godina ~i* 광년(光年); *izneti na ~ dana* 공개하다, 발표하다; *sinula mi je ~ u mozgu* (머릿속에) 생각났다; *ugledati ~* 태어나다, 나타나다, 생기다

svetlucati (se) *-am (se)* (不完) 반짝이다, 반짝반짝 빛나다 (odsijavati, bleskati); *svetlucalo je srebro na tokama* 옷의 은이 반짝거렸다; *svetlucaju čaše* 잔이 번쩍인다; *svetlucaolo se oko u mraku* 어둠속에서 눈이 반짝였다

svetlucav *-a, -o* (形) 반짝이는, 반짝반짝 빛나는, 번쩍이는; *~a tkanina* 번쩍이는 천; *~e oči* 반짝이는 눈

svetnjak 1. 촛대 (svećnjak) 2. (昆蟲) 반딧불이, 개똥벌레 (svitac)

svetogrdan *-dna, -dno* (形) 신성을 더럽히는,

신성을 모독하는; *~dno radnje* 신성을 더럽
히는 일; *~dne reči* 신성을 모독하는 말들

svetogrđe 신성모독, 신성모독 행위, 성물 파
괴

svetonja (男) (輕蔑) 믿음이 깊은 사람, 광신자;
위선자

svetost (女) 1. 신성, 신성함 2. 총대주교의 칭
호

svetovan *-vna, -vno* (形) 세속의, 속세의, 세
속적인; *~vna muzika* 세속적 음악; *~vna
vlast* 세속 권력

svetovati *-tujem* (不完) (古語) 참조
savetovati; 조언하다, 충고하다

svetovnjak 세속인, 속인(俗人)

svetskī *-ā, -ō* (形) 1. 참조 svet; 세상의, 세계
의; *~ rat* 세계대전; *~o prvenstvo* 세계선수
권대회; *~ trend u muzici* 음악의 세계적 흐
름(추이); *~a istorija* 세계사; *~o dobro* 세계
유산 2. (세계를 널리 여행하여) 세상물정에
밝은, 국제적 문화 소양을 갖춘; *~ putnik* 세
계 여행가; *~a žena* 국제적 문화 소양을 갖
춘 여성 3. 세계적으로 유명한(명성이 자자
한); *~ umetnik* 세계적 수준의 예술인; *~
jezik* 세계적으로 널리 쓰이는 언어 4. 세속
의, 세속적인 (svetovni)

svetski (副) 세계적으로 통용되는 방법으로,
세계적으로, 국제적으로; 세계적 규모로, 국
제적 규모로; *~ se ponašati* 국제적으로 행
동하다; *biti ~ veliki* 국제적 규모로 크다

sveučilištarac *-rca* 참조 student; 학생, 대학
생

sveučilište 참조 univerzitet; 대학교; *pučko ~*
(일반인 교육 목적의) 개방대학; *~ u
Zagrebu* 자그레브대학교; *na ~u* 대학에서
sveučilišni (形); *~ profesor* 대학교수

sveukupan *-pna, -pno* (形) 총, 전체의, 모든
(ceo, sav, čitav); *~pna tradicija* 모든 전통;
~pna svota 총쿼터

svevišnjī *-ā, -ē* (形) (신(神)이, 신의 능력이)
전능한

svevlast (女) 무제한의 절대권력, 전제주의
(apsolutizam)

svevlastan *-sna, -sno* (形) 무제한의 절대권력
을 지닌(가진); 전제적인, 전제주의의

sveza 1. 단, 다발 (veza) 2. (言) 접속사
(veznik)

svezak *-ska* 1. 노트, 공책 (sveska) 2. 책(冊),
권(卷)

svezati *-žem* (完) **svezivati** *-zujem* (不完) 1.
묶다, 엮다; *~ čvor (pertle, mašnu)* 매듭(신
발끈, 나비넥타이)을 매다 2. ~에 묶다, 묶어

매다; *~ konja za drvo* 말을 나무에 묶다; *~
nekome ruke* 누구의 손을 (끈으로) 묶다 3.
연결하다, 결합하다; *njegova žena je
svezala Milana s Anom* 그의 아내는 밀란을
아나와 연결시켰다; *~ dve misli u glavi* 두
가지 생각을 머릿속에서 결합키다 4. ~ se
묶이다, 엮이다; *svezao mu se jezik* 그는 말
이 잘 안나왔다 (긴장하여, 혼란스러워 ...) 5.
~ se 책임을 지다, 의무를 지다; *~ se
zadatom reči* 약속한 말에 책임을 지다 6.
~ se (s nečim) ~과 맞닿다, 연결되다, 결합
되다; *brdo je s nebom svezao* 언덕은 하늘
과 맞닿았다 7. ~ se (시선·눈길 등이) ~에
꽂히다, ~에 고정되다; *oči joj se svezale za
postelju* 그녀의 눈길은 침대에 고정되었다
8. ~ se 접촉하다, 관계가 형성되다, 연결되
다; *~ se sa hajducima* 하이두크들과 연결되
다 9. ~ se (남녀가) 가까운 관계를 맺다, 친
밀한 관계를 맺다; *~ se sa lakim ženama* 헤
픈 여자들과 가까운 관계를 맺다 10. ~ se
결혼하다; *~ se u crkvi* 교회에서 결혼하다

svezica 1. (지소체) sveza; 단, 다발 2. (文法)
접속사

svezivati *-zujem* (不完) 참조 svezati

sveznajučī *-ā, -ē* (形) 전지의, 모든 것을 알고
있는; *~ Bog* 전지한 하느님

sveznalaštvo 전지(全知); 모든 것을 알고 있
는 지식, 박학

sveznalica (男,女) 1. 학식이 많은 사람, 많이
배운 사람; 모든 알고 있는 사람 2. (역설적)
(잘 알지도 못하면서) 모든 것을 다 아는 것
처럼 행동하는 사람 **sveznalački** (形)

svež *-a, -e* (形) 1. (야채·식품 등이) 신선한,
갓 만들어진, (공기 등이) 신선한, 깨끗한; *~
hleb* 갓구운 빵; *~e meso* 신선한 고기; *~a
jaja* 신선한 계란; *~ vazduh* 신선한 공기 2.
최근에 만들어진, 만든지 얼마 안된; 일어난
지 얼마 안되는, 최근의; 새로운; *~ grob* 최
근에 새로 생긴 묘; *~ gubitak* 최근에 입은
손실; *~ utisak* 최근의 기억; *~e vesti* 최근
뉴스, 따끈따끈한 소식 3. 힘이 넘치는, 생기
넘치는, (자세 등이) 꼿꼿한; (지치지 않게)
휴식을 충분히 취한; (사람이) 젊은, 혈기왕
성한; *~ sedamdesetgodišnjak* 원기 넘치는
70세 노인, 자세가 꼿꼿한 70세 노인; *~e
vojne snage* 새로운 병력; *bili smo ~i i
neiskusni* 우리는 혈기 왕성했고 경험이 없
었다; *izgledaš ~* 힘이 넘쳐 보인다 4. 새로
운, (모방하지 않은) 독창적인; *~a misao* 새
로운 생각 5. 깨끗한, 세탁한; *~a presvlaka*
깨끗한 (침대)커버

svežanj –žnja; -žnjevi 다발, 단, 묶음, 꾸러미; ~ ključeva 열쇠 꾸러미; ~ sena (drva) 건초(나무) 다발; ~ pisama 편지 묶음

svežina 신선함

svib, sviba (植) 서양층층나무 (유라시아 대륙 산(産)의 산딸나무; 짙은 적색의 가지에 초록빛이 도는 흰 꽃이 핀다)

svibanj –bnja 참조 maj; 5월 svibanjski (形)

svideti –im (完) (상호 관계, 계산 등을) 깨끗이하다, 청산하다, 정리하다, 정돈하다 (raščistiti, srediti)

svideti se –im se (完) sviđati se –am se (不完) 좋은 인상을 남기다, 마음에 들다; ako ti se nijedna devojka ne svide, ti reci 만약 한 명의 처녀도 네 마음에 들지 않는다면, 말해; svideo mi se film 그 영화는 내 맘에 들었다; ova devojka mi se sviđa 이 아가씨가 맘에 든다; meni se izložba svidela, jal njoj nije 전시회는 내 맘에 들었지만 그녀는 맘에 들어하지 않았다; ona će ti se svideti 너는 그녀를 마음에 들어 할 것이다; kako vam se sviđa Beograd? 베오그라드가 네 맘에 들어?

svijati –jam (不完) 참조 sviti

svikati –čem (完) (회의·미팅 등에) 소리질러 불러 모으다, 소집하다; 초대하다; ~ celo selo na dogovor 합의하기 위해 마을 전체 사람들을 불러 모으다; ~ s puta komšinicu na razgovor 대화에 이웃(여자)을 길에서 부르다

sviknuti –nem; sviknuo, -nula & svikao, -kla; sviknut (完) svikavati –am (不完) 참조 naviknuti; 익숙해지다, 몸에 배다, 습관이 되다

svila 1. 명주실, 견사; 비단, 실크; veštačka ~ 인조 비단; mekan kao ~ 비단같이 부드러운, 품행이 좋은; (의지 등이) 무른 svien (形); ~a buba 누에; ~a haljina 비단 드레스 2. 비단 같이 부드러운 것; ~ kose 비단결같은 머리카락 3. 옥수수 수염 4. 기타; nositi ~u i kadifu 잘먹고 잘살다, 호화롭게 살다; prodati nekome ~u 누구를 속이다(기만하다)

svilac –lca 누에

svilac –lca 린트(붕대용으로 쓰는 부드러운 면직물의 일종)

svilan –lna, -lno (形) 참조 svilen

svilar 양잠가, 잠업에 종사하는 사람; 비단 짜는 사람; 비단 장수 svilarica; svilarski (形)

svilara 누에 사육동; 비단을 짜는 곳, 비단 공장

svilarica 참조 svilar

svilarskī –ā, -ō (形) 참조 svilar; ~a radnja 비단 가게, 비단 공장

svilarstvo 양잠업, 잠사업

svilast –a, -o (形) 비단과 비슷한; 비단의; ~a vuna 비단과 비슷한 울; ~ glas 비단결 같은 목소리; ~a tkanina 비단천; ~a kosa 비단결 같이 부드러운 머리카락

svilati –am (不完) 1. (옥수수의) 옥수수 수염이 나다 (bradati) 2. (누에가) 실을 뽑다

svilen –a, -o (形) 1. 비단의, 비단으로 만들어진; ~ konac 견사, 비단실; ~a tkanina 비단천 2. 비단과 같은, 비단과 같이 부드러운; ~a kosa 비단처럼 부드러운 머리카락 3. (목소리가) 부드러운, 감미로운 4. 육체적으로 허약한; (비유적) 조심스런, 고분고분한, 유순한, 온순한; ~ čovek 유순한 사람 5. 기타; ~a buba 누에; nadariti nekoga ~im konopcem 교수형을 언도하다; poslati nekome svileni konopac (歷) 스스로 자결하도록 하다 (터키 술탄이 패장들에게 내린 비단끈에서 유래)

svilenac 1. (비단 블라우스를 짓는) 견사, 비단실 2. 부드러운 천; 비단천

svilenica 비단천; 비단으로 만든 블라우스(남방)

svilobuba 누에

svilogojstvo 참조 svilarstvo; 잠업, 잠사업

svilokos –a, -o (形) 비단처럼 부드러운 머리의

sviloprelja 1. 누에 2. 비단 짜는 여자

svilorun –a, -o (形) 비단처럼 부드러운 털 (runo)을 가진; ~o stado 양떼

svinda (植) 호로파(황갈색 씨앗을 양념으로 쓰는 식물)

svinuti –nem (完) 1. 구부리다, 숙이다 (saviti, poviti) 2. ~ se 구부려지다, 숙여지다

svinja 1. (動) 돼지; pitoma (domaća) ~ 집돼지; neuškopljena ~ (거세 안 한) 수돼지; divlja ~ 멧돼지; morska ~ 돌고래 svinjski (形); ~o meso 돼지 고기; ~a mast 라드(돼지비계를 정제하여 하얗게 굳힌 것. 요리에 이용함); ~ postupak 비열한 행위, 경멸을 받을 만한 행위 2. 더러운 사람; 도덕적으로 타락한 사람; biti ~ (prema kome) 누구에게 비열하게 행동하다 3. 기타; baciti biser pred ~e 돼지에게 진주를 던지다(알아듣지도 못하는 사람에게 괜한 말을 하다); nismo zajedno čuvali ~e (ovce, koze) 죽마고우가 아니다, 똑 같은 위치(지위·명성)이 아니다; pocepati koga kao ~ vreću 누구를 맹비난

S

1259

하다

svinjac *-njca* 1. 돼지우리, 돼지축사 2. (비유적) 돼지우리같이 지저분하고 정돈되지 않은 공간(집, 방)

svinjar (급료를 받고) 돼지를 돌보고 먹이를 주는 사람 **svinjarski** (形)

svinjarija 더러운(역겨운, 존경받지 못할) 행동; *napraviti ~u* 비난받을 행동을 하다

svinjarskī *-ā, -ō* (形) 참조 svinjar

svinjarstvo 양돈업

svinjče *-eta* 1. (지소체) svinja; 새끼 돼지 2. 돼지 (svinja); *domaće ~* 집돼지; *morsko ~* 호저(豪豬; 몸에 길고 뻣뻣한 가시털이 덮여 있는 동물, 설치류의 한 종류)

svinjetina 돼지고기

svinjogojstvo 참조 svinjarstvo; 양돈업

svinjiskī *-ā, -ō* (形) 돼지의; *~a mast* 라드(돼지비계를 정제하여 하얗게 굳힌 것. 요리에 이용함); *~o salo* 돼지 비계; *~a glava* 돼지 머리; *~a dlaka* 돼지털; *~a daća* 돼지 도살, 돼지 도살 기간

svion *-a, -o* (形) 참조 svilen; 비단의

svirac 악기 연주자(보통은 민속 악기의) (muzikant)

svirač 악기 연주자(직업적인); *~ na klaviru (na violini, na flauti)* 피아노(바이올린, 플루트) 연주자 **sviračica; svirački** (形)

svirajka 참조 svirala

svirala 1. (목관 등의) 민속악기 (frula, duduk, gajde 등의) 2. 기타; *deveta (poslednja) rupa na ~i* 매우 먼 친척, 중요하지 않은 사람, 그 아무 것도 아닌; *to je na vrbi ~* 무가치한 것, 의미없는 것, 불확실하고 허무맹랑한 약속

sviraljka 참조 svirala

sviranje (동사파생 명사) svirati

svirati *-am* (不完) 1. (악기를) 연주하다; *~ klavir (harmoniku, violinu)* 혹은 *~ na klaviru (na harmonici, na violinu)* 피아노(아코디언, 바이올린)를 연주하다; *~ u filharmoniji* 필하모니에서 연주하다 2. (곡·가락 등을) 연주하다; *~ kolo* 콜로 가락을 연주하다, *~ Šopena* 쇼팽곡을 연주하다 3. (어떤 멜로디를 연주함으로써, 경적을 울림으로써) 신호를 보내다; (사이렌·휘슬 등을) 불다; *~ povečerje* 저녁을 알리다; *~ (na) uzbunu* 경고 신호를 보내다; *lokomotiva svira* 기관차가 기적을 울린다; *auto svira* 자동차가 경적을 울리다 4. (입술로) 휘파람을 불다 5. 어떤 소리를 내다; *vetar svira* 바람위 휘~익 소리를 낸다; *creva sviraju*

배에서 꼬록 꼬록 소리가 난다 6. (卑俗語) (아무말이나) 지껄이다; *sviraj ti to drugome* 네 친구들에게 지껄여라 7. 기타; *igrati kako drugi svira* 다른 사람이 원하는대로 하다(행하다), 다른 사람의 바람대로 하다; *~ ciganski* (악보로 배운 것이 아닌) 듣고 연주하다, 독학으로 연주하다; *tanko ~* 돈이 여유가 없다, 경제적으로 빈약하다

svirep *-a, -o* (形) 잔인한, 잔혹한, 무자비한, 냉혹한, 모진, 무참한; *~o ubistvo* 잔인한 살인; *~ postupak* 잔혹한 행동; *~a sudbina* 모진 운명; *ubistvo na ~ način* 잔인한 방법의 살인

svirepost *svirepošću* (女) 잔인함, 잔혹함

svirka 1. 연주; 음악; *dobra ~* 훌륭한 연주; *ciganska ~* 집시 음악 2. 악기; *donesi onu ~u* 그 악기를 가져와

svisnuti *-nem; svisnuo, -nula & sviskao, -sla; svisnuvši* (完) 1. (너무 큰 통증·슬픔 등으로) 실망하다, 낙담하다, 좌절하다; *srce joj je svislo od očajanja* 좌절로 인해 그녀의 마음은 찢어졌다; *svisnula je za sinom* 아들 때문에 좌절하였다 2. (슬픔·아픔·고통·정신적 충격 등으로) 죽다, 사망하다; *svisnuo je od tuge* 큰 슬픔으로 인해 죽었다

svita 1. (중요 인물의) 수행원들, 수행단 2. (音樂) (하나의 주제로 상호 연관된) 모음곡

svitac *svica; svici, svitaca* (昆蟲) 반딧불이, 개똥벌레

svitak *-tka; svici, svitākā* 1. (종이·파피루스·양피지 등을 둥글게 말아 놓은) 두루마리 (고대시절 책의 한 형태); 두루마리 책·기록; *Svici Mrtvog mora* 사해본 (사해 북서부 동굴에서 발견된 구약 성서 등을 포함한 고문서의 총칭) 2. 둘둘 말아 놓은 것, 두루마리 (smotuljak); (머리에 짐을 일 때 머리위에 받치는) 또아리, 똬리 (gužva); *pergamentni ~* 양피지 두루마리 3. (生) 척색(脊索)

svitanje 새벽, 여명 (svanuće)

svitati *-ćem* (不完) 1. 동이 트다, 여명이 밝아오다, 새벽이 되다 2. (비유적) 생기다, 나타나다; *sviće nada* 희망이 생기다

sviti *svijem; svijen* (完) 1. 구부려 만들다 (보통은 둥근 형태로); *~ gnezdo* 둥지를 만들다 2. 엮어(짜서) 만들다; *~ venac od cveća* 꽃으로 화관을 만들다 3. 접다, 포개다; *~ maramu* 수건을 접다 4. 감싸다, 휘감다 (nešto oko nečega); *~ ruke oko vrata* 목을 손으로 감싸다; *~ maramu oko ramena* 어깨를 수건으로 감싸다 5. 둥글게 놓다; *~ ruke* pod glavu 턱을 손으로 괴다 6. ~ se *(oko koga, čega)* 감싸다, 휘감기다; 꼬이다, 엮이다; 모이다; *svila se oko moga vrata* 그녀는 내 목을 감싸 안았다; *svila se u ćošak* 구석에 모였다 7. (어둠·안개 등이) 내리다, 깔리다; *sumrak se svio nad gradom* 도시에 어둠이 깔렸다 8. ~ se *kome oko srca* (누구에게) 귀여운·사랑스러운 사람이 되다

svitlati *-am* (完) 1. (위에서 밑으로) 내몰다, 내쫓다 (sagnati, sterati); ~ *stado* 소떼를 밑으로 몰다 2. (한 장소에) 모으다, 모이게 하다; *svitlani u svom gnezdu* 자신의 둥지에 모인; *vetar je svitlao lišće u našu baštu* 바람이 낙엽을 우리집 마당에 쓸어 모았다

svitnjak 바지 끈 (gaćnik, učkur)

svizac *-sca*, **svizavac** *-avca* (動) 마르모트(유럽·아메리카산 다람쥣과의 설치 동물)

svlačenje (동사파생 명사) svlačiti

svlačionica (학교·체육관 등의) 로커룸, 탈의실

svlačiti *-im* (不完) 참조 svući

svladati *-am* (完) 참조 savladati

svlak 1. (뱀의) 허물; *zmijski* ~ 뱀의 허물; *skinuti* ~ 허물을 벗다 2. (植) 메꽃, 삼색메꽃 (poponac) 3. 대패 (strug, rende, blanja); ~ *je nekakav veliki strug kojim se daske stružu* svlak은 나무를 대패질하는 일종의 큰 strug이다 4. 양모를 가지런히 고르는 작업 후에 나오는 부스러기 (ogreb(nica)

svod *-ovi* 1. 둥근 아치 천장, 둥근 천장이 있는 회랑; 둥근 모양의 것; ~ *crkve* 교회의 둥근 천장; ~ *drvoreda* 아치 모양의 형태를 만들어낸 가로수 길; *građen na* ~ 아치 모양으로 지어진 2. 창공; *nebeski* ~ 하늘; *zvezdani* ~ 천구

svodan *-dna*, *-dno* (形) 아치 모양(svod)으로 지어진, 활 모양으로 만들어진 (zasvođen); ~*dna konstrukcija* 아치 모양의 구조

svodilja 매매춘 알선업자(여자), 포주, 뚜쟁이 (makro, podvodačica)

svoditi *-im* (不完) 참조 svesti

svoditi *-im* (不完) 둥근 아치를 만들다, 둥근 아치 형태로 만들다

svodljiv *-a, -o* (形) 축소시킬 수 있는, 감소시킬 수 있는, 줄일 수 있는; ~ *broj* 약분시킬 수 있는 수, 줄일 수 있는 수

svodnī *-ā, -ō* (形) 둥근 아치 모양의

svodnica 1. 매춘 알선업자(여자), 포주, 뚜쟁이 (podvodačica, svodilja) 2. (植) 개구리자리(미나리아재빗과 식물, 두해살이풀)

svodnik 매춘 알선업자, 포주, 뚜쟁이 (podvodač)

svođenje (동사파생 명사) svoditi; 약분, 통분, 줄임; ~ *razlomaka* 분수의 약분

svoj (재귀소유형용사) 1. 자기 자신의, 자신의; *on je telefonirao* ~*oj ženi* 그는 자기 아내에게 전화를 했다; ~*im očima* 자기 눈으로; *vršio sam* ~ *posao* 나는 내 일을 완수했다; *ne sme odati* ~*u ljubav* 자신의 사랑을 배반할 수 없다; *gledati* ~*a posla* 자신의 일에 신경쓰다; ~*im rukama* 자신의 손으로, 직접; ~*a kućica - ~a slobodica* 자신의 집이 제일 좋은 곳이다(자신의 집만큼 편한 곳은 없다) 2. 가까운, 친한, 긴밀한, 밀접한, 비슷한, 유사한 (blizak, prisan, srodan); *kao* ~*i pomažemo jedan drugima* 친한 사이로 우리는 서로 서로를 돕는다; *gledati ga kao svojeg* 그를 자신의 사람으로 간주한다; *svi smo ovde* ~*i* 여기 있는 우리 모두는 친한 사이이다(일가친척이다); *ona mi je kao ~a* 그녀는 내게 혈육이나 마찬가지이다; *dobiti vesti od* ~*ih* 자기 사람으로부터 뉴스를 공급받다 3. (명사적 용법으로) 인척, 친척, 혈육, 가족 (rođak, srodnik); *nemati nikog svog* 친척이라고는 아무도 없다; *slati* ~*ima paket* 가족에게 소포를 보내다 4. (부사적 의미로) (숫자와 함께 사용되어); 대략, 약 (otprilike); *bilo je to pre* ~*ih dvadeset godina* 대략 20여년 전 일이었다; *bure ima* ~*ih pedeset litara* 통은 약 50여 리터 들어간다 5. 기타; *biti na* ~*u ruku* 괴짜(기인)이다; *biti nekome* ~ 누구의 인척(친척)이다; *biti* ~ *čovek* 물질적으로 독립한 사람이다; *biti* ~*e glave* 완고하다, 자신의 뜻대로(주장대로) 하다; *doći će vrag (đavo) po* ~*e* 좋지 않은 일이 일어날 것이다; *kazati (reći)* ~*u* 자신의 생각을 말하다; *na* ~*u ruku (uraditi)* 그 누구의 동의없이 (물어보지 않고, 승낙없이) 하다; *ostati pri svome* 자신의 결정에서 한치의 물러섬도 없다; *po svome, na svoju* 자기 방식대로; *terati* ~*e (po svome)* 기존에 하던 방식대로 하다, 기존의 결정(생각)을 고수하다; *uzeti pod* ~*e* 자신의 휘하에 편입시키다; *u* ~*e vreme* 1)적절한 시간에, 적기에, 좋은 시간에 2)과거 한창 때에

svojak 제부, 형부 (언니 혹은 여동생의 남편) (zet, svak)

svojakati *-am* (不完) 1. 누구를 자신의 친척 (svoj)으로 부르다 2. ~ *se* 서로가 서로를 친척(svoj)으로 여기다

svojatati *-am* (不完) 1. ~ *nekoga* 누구를 자신의 친척(svoj)으로 여기다(받아들이다) (svojakati) 2. ~ *nešto* ~에 대해 소유권을

주장하다, 자신의 것이라고 주장하다 3. ~ se 서로가 서로를 친척(svoj)으로 여기다

svojedobno (副) 참조 svojevremeno; 당시에, 그때에, 이전에 한창 잘 나갈 때에

svojeglav -a, -o (形) 완고한, 자의적인 (tvrdoglav, samovoljan)

svojeručan -čna, -čno (形) 자신의 손으로 한 (쓴, 만든); ~čno potpisati 자신의 손으로 직접 서명하다

svojevlastan -sna, -sno (形) 독립적인, 독자적인; 임의적인, 독단적인 (samostalan, slobodan); potpuno je ~ u raspolaganju svojom imovinom 그는 완전히 독자적으로 자신의 재산을 소유하고 있다

svojevoljan -ljna, -ljno (形) 1. 임의적인, 독단적인, 제멋대로의; 완고한 2. 자발적인, 자원(自願)의 (dobrovoljan)

svojevremeno (副) 그 당시에, 그때에, 이전에; ~ sam putovala tamo 그 당시에 나는 거기를 여행했다; ~ kad sam bio mlad 이전 내가 젊었을 적에

svojina 1. 소유권 2. 재산, 자산, 소유물 (imovina, posed); društvena (državna, lična, privatna, zajednička) ~ 사회(국가, 개인, 사적, 공동) 재산; tuđa ~ 타인의 재산 **svojinski** (形); ~ odnosi 소유권 관계; ~o pravo 재산권, 소유권 3. 친척, 일가 (svojta, rodbina)

svojski (副) 1. 올바로, 똑바로, 제대로 (dobro, valjano); ~ raditi 제대로 일하다; ~ podupreti 제대로 뒷받침하다 2. 진심으로, 진정으로 (iskreno, od sveg srca); ~ ga je zavolela 그녀는 진정으로 그를 사랑했다; ~ rešiti 온 마음을 다 해 해결하다

svojstven -a, -o (形) 특유의, 특징적인, 독특한 (osobit, karakterističan); to je njemu ~o 그것은 그의 특징적인 것이다; ~ način izražavanja 특징적 표현 방법; film ~ ukusu mladima 젊은이들의 입맛에 맞는 영화

svojstvo svojstāvā 1. 특성, 특징, 특색; njegovo ~ je lakovernost 그의 특성을 쉽게 믿는 다는 것이다; glavna ~a 주요 특성들; ~ materije 재료의 특성; ~ hemijskog elemenata 화학 요소의 특성 2. 기타; u ~u učitelja (oficira) 선생(장교)의 자격으로, 선생(장교)로서

svojta 친척, 일가 (rod, rodbina); mi smo ~ 우리는 친척이다; on mi je ~ 그는 내 친척이다

svorak svorka (解) 관절구(丘) (뼈끝의 둥근 돌기)

svornjak (機) (기계에서 두 부품을 연결시켜주는) 핀, 볼트

svota (돈의) 총액, 총계 (iznos, suma)

svoziti -im (不完) 참조 svesti

svrab 1. (醫) 옴 (šuga) 2. (피부의) 가려움; tuđa ruka ~ ne češe 다른 사람이 나의 가려움을 긁어줄 수 없다

svrabljiv -a, -o (形) 옴붙은, 옴에 걸린 (šugav)

svračak -čci (鳥類) 때까치, 때까치과(科)

svračić (지소체) svraka; 까치

svačiji -ā, -ē (形) 까치(svraka)의

svraćati (se) -am (se) 참조 svratiti (se)

svraka -ki (鳥類) 까치 **svračiji, svračji** (形)

svratište 1. (길 주변의) 여관 (여행객이 휴식을 취하기 위해 잠시 묶어 가는) 2. (잠시 들르는, 잠시 머무르는) 센터, 수용시설

svratiti -im; svraćen (完) **svraćati** -am (不完) 1. (잠시·잠깐) 들르다, 들어가다, 방문하다; ~ na kafu 커피를 마시러 잠시 들르다; svratiću kod tebe 네 집에 잠시 들를께 2. 집으로 부르다(초대하다); ~ prosjaka u kuću 걸인을 집으로 부르다 3. (다른 방향으로) 돌리다 (물길 등을); ~ potok 개울의 물길을 돌리다 4. (시선·눈길 등을) 다른데로 돌리다; starac pažljivo pogleda kneza, a onda svrati na sina 노인은 조심스럽게 크네즈를 바라보더니 시선을 아들에게 돌린다 5. (주목·관심 등을) 끌다; ~ na sebe pažnju 자기한테 (타인의) 관심을 끌다; zamišljao je ... kako će ...svojom radom da svrati na sebe pažnju ... profesora 어떻게 일을 하여 교수님의 관심을 끌 수 있을까 생각하였다 6. (걷어올린 소매 등을) 내리다 7. ~ se 잠시 들르다

svrbeti -bi(m) (不完) 1. (피부가) 가렵다, 근질거리다; svrbi me nos 코가 간지럽다 2. 기타; gde koga svrbi, tu se i češe 자기 자신의 일은 당사자가 제일 잘 안다(잘 알고 행동한다); svrbe ga leđa 매를 번다(맞을 짓을 한다); svrbe me dlan(ov)i 1)주먹이 근질거린다(누군가를 때리고 싶은 욕구가 솟구친다, 2)돈이 생길 것 같다; svrbi me jezik 혀가 근질거린다(뭔가 말하고 싶을 때); ne češi se tamo gde te ne svrbi 남의 일에 참견마라

svrbež (男) (病理) 소양증, 가려움즘 (svrab,

svrbljenje)

svrbiguz 1. 들장미 열매 (šipak) 2. 항문 소양증

svrći, svrgnuti *svrgnem*; *svrgnuo, -nula* & *svrgao, -gla*; *svrgnut* (完) svrgavati *-am* (不完) (특히 통치자를 권좌에서) 물러나게 하다, 퇴위시키다, 폐위시키다, 전복시키다; ~ *kralja* 왕을 폐위시키다; ~ *s vlasti* 권좌에서 쫓아내다; ~ *jaram* 멍에를 벗겨내다; ~ *diktatora* 독재자를 쫓아내다; ~ *s uma* (*pameti*) 잊다, 망각하다

svrdao *-dla*; *svrdlovi* & *svrdli, svrdala* (男) 1. (나선형의, 구멍을 뚫는) 드릴 (burgija) 2. 나사 (šraf, zavrtanj); 나선, 나선형 코일 (spirala, zavojnica) 3. (총의) 방아쇠 (oroz) 4. 나선형 모양으로 빙빙도는 여러가지 것 (현상); *veliki svrdlovi dima sukljaju tiho* 연기가 커다랗게 빙빙돌면서 조용히 콸콸 쏟아져 나온다

svrgavanje (동사파생 명사) svrgavati; ~ *monarhije* 왕조 전복

svrgavati *-am* (不完) 참조 svrći

svrgnuće 폐위, 전복, 타도 (zbacivanje, obaranje, uklanjanje); ~ *s prestola* 폐위; ~ *s vlasti* 권력 타도

svrgnuti *-nem* (完) 참조 svrći

svrh (前置詞, +G) 1. (~의) 위에, 위의 (iznad, nad, navrh, povrh); *šuma* ~ *sela* 마을 윗숲; *kajmak* ~ *mleka* 우유 표면 위의 카이막 2. ~의 위에 (preko); ~ *odela prebaciti ćebe* 옷위로 담요를 두르다 3. 그외에, 아무튼 (osim toga, pored svega); ~ *toga dodade mu koji dinar* 그외에 약간의 디나르를 그에게 더 주었다; ~ *svega ukrao si mi i knjigu* 아무튼 너는 내 책도 훔쳤다 4. ~때문에 (zbog); ~ *druga* 친구 때문에

svrha 목적, 목표 (cilj); *u tu* ~*u* 그 목적으로; ~ *života* 인생의 목적; *nema* ~*e da se ljutiš* 네가 화낼 이유가 하나도 없다; *raditi sa* ~*om da se obogati* 부자가 될 목적으로 일하다; ~ *mog dolaska* 내가 온 목적

svrhunaravan *-vna, -vno* (形) 참조 natprirodan; 초자연적인

svrnuti *-nem* (完) svrtati *-ćem* (不完) 1. (어디에, 누구한테) 잠시 들르다, 방문하다; ~ *u krčmu* 선술집에 잠시 들르다; ~ *prijatelju* 친구에게 잠시 들르다 2. (방향을) 돌리다, 틀다, ~쪽으로 향하다; ~ *levo* 왼쪽으로 돌다; ~ *u drugu ulicu* 다른 길로 향하다 3. (대화·주제 등을) 바꾸다, 다른 주제로 돌리다; ~ *na političke teme* 정치 주제로 돌리다;

~ *razgovor na kulturu* 대화를 문화쪽으로 바꾸다 4. (시선·눈길을) ~쪽으로 향하다, 돌리다; ~ *pogled na dete* 시선을 아이에게 돌리다; ~ *oči od ružnog prizora* 참혹한 광경으로부터 눈길을 돌리다 5. (관심·주목을) 끌다; ~ *na sebe pažnju* 자기에게 관심을 끌다

svrsishodan *-dna, -dno* (形) 목적에 맞는(적합한), 합목적적인 (prikladan, podesan, celishodan); ~*dna reč* 적절한 말

svrsishodnost (女) 적합성, 적절성, 합목적성

svrstati *-am* (完) svrstavati *-am* (不完) 1. 분류하다, 구별하다, 종류별로 나누다; ~ *po kvalitetu* 품질별로 분류하다; ~ *u više grupa* 여러 그룹으로 나누다 2. 줄세우다; ~ *đake u redove po veličini* 학생들을 키 순서대로 줄세우다 3. ~ *se* 줄서다; ~ *se u redove* 줄서다 4. ~ *se* 누구의 편에 서다

svršavati *-am* (不完) 참조 svršiti

svršen *-a, -o* (形) 1. 참조 svršiti; *sve je* ~ 모든 것이 끝났다; ~*o je s njim* 그와는 끝났다; *stvar je* ~*a* 일은 끝났다; *staviti nekoga pred* ~ *čin* 누구를 막다른 골목에 세우다(아무런 행위도 취할 수 없는 위치에 세우다) 2. (한정형) (文法) 완료상의; ~*i vid* 완료상

svršetak *svršeci* 1. (지속적인 것의) 끝, 종결, 마침 (završetak); ~ *razgovora* 대화의 종결; *na* ~*tku* 마지막에 2. (삶의) 끝, 죽음

svršiti *-im* (完) svršavati *-am* (不完) 1. 마치다, 끝내다, 끝마치다; ~ *sviranje* 연주를 마치다; ~ *rat* 전쟁을 끝내다; ~ *govor* 연설을 마치다; ~ *na vreme* 제때에 끝내다 2. (남성이) 사정하다; (일반적으로) 오르가즘을 느끼다 3. (학업을) 마치다, 졸업하다, (전공 과정을) 수료하다; ~ *fakultet* 대학을 졸업하다 4. 실행하다, 실현하다, 수행하다 (izvršiti, ostvariti); *svoju zakletvu svrši* 자신이 한 선서를 실현하고 있다 5. 죽다 (umreti); ~ *život* 삶을 마치다, 죽다; ~ *na električnoj stolici* 전기의자에 앉아 삶을 마치다 6. 기타; *između nje i njega sve je svršeno, među nama sve je svršeno* 그들(우리들) 사이는 끝났다; ~ *nuždu* 볼 일을 마치다(생리현상을 보다); ~ *samoubistvom* 자살로 삶을 마무리하다

svrtati *-ćem* (不完) 참조 svrnuti

svrzimantija (男) 환속승, 환속한 전(前)성직자 (raspop, raskaluđer)

svući *svučem, svuku; svukao, -kla; svučen; svuci* (完) svlačiti *-im* (不完) 1. (옷·신발 등을) 벗다, 벗기다, 탈의시키다; ~ *bluzu* 블라우스를 벗다; ~ *čarape* 양말을 벗다; ~

nekoga do gola 누구의 옷을 완전히 벗기다
2. 밑으로 끌어당기다(끌어내다); ~ *balvane
na reku* 통나무를 강으로 떠내려보내다 3.
(누구를, 무엇을) 끌어 벗기다; ~ *s konja* 말
에서 내리다 4. (옆으로, 한쪽으로) 걷어내다;
~ *zavesu s prozora* 창문의 커튼을 걷다 5.
~ se (자신의) 옷을 벗다, 탈의하다 6. ~ se
밑으로   미끄러지다,   밑으로   떨어지다;
svuklo mi se ćebe 담요가 밑으로 미끄러져
내려갔다 7. 기타; ~ *mantiju* 법복을 벗다,
환속하다(성직자가); ~ *nekoga do gola (do
košulje)* 철저히 누구를 약탈하다

svud, svuda (副) 사방에서, 모든 곳에서, 모든
곳에; *oni ~ idu zajedno* 그들은 모든 곳에
함께 간다

svudašnjī *-ā, -ē* (形) 어디에나 있는

svukud(a) (副) 모든 곳에, 어디든지 (svuda)

Š š

š (言) 경구개마찰무성음; *od a do ~* 처음부터 끝까지, 모두, 전부; *~ klasa* 나쁜 등급의 품질, 최악의 등급

šablon (男), **šablona** (女) 1. (본보기가 되는) 견본, 모델, 본보기; 주형, 주조틀; *raditi po ~u* 매뉴얼대로 일하다; *praviti nameštaj prema ~u* 견본품대로 가구를 제작하다; *pisati po ~u* 본보기에 따라 글을 쓰다 2. 정형화된 관념 (형식); *držati se ~ u nastavi* 정형화된 수업 형식을 지키다 **šablonski** (形); *~a fraza* 상투적 어구, 진부한 어구

šablonizirati *-am*, **šablonizovati** *-zujem* (完,不完) 1. 정형화시키다; 정형화된 틀에 맞춰 만들다(행하다); *šablonizovani stil* 정형화된 스타일; *šablonizizovana forma* 정형화된 형식 2. ~ se 정형화 되다, 본보기가 되다

šablonskī *-ā, -ō* (形) 참조 šablon

šacovati *-cujem* (完,不完) 1. 어림잡다, 평가하다 (ceniti, procenjivati) 2. 가치를 평가하다, 값어치를 매기다

šačica 1. (지소체) šaka 2. 소수, 소량, 적은 수; *~ zemlje* 손바닥만한 땅; *~ ljudi* 몇 명 안되는 사람들

šačnī *-ā, -ō* (形) 참조 šaka; 손의; *~ zglob* 손목

šačurina (지대체) šaka

šafolj 1. 목재 양동이(버킷) (밑이 위보다 넓으며 위에는 2개의 귀가 있는, 막 세탁한 빨래들을 포개 놓는) (čabar) 2. (俗語) 커다란 엉덩이 (2인용 소파를 혼자 차지할 만큼 비정상적으로 큰)

šafran (植) 샤프란; 그 꽃에서 얻은 (노란색의) 색소 가루

šafranika (植) 잇꽃, 홍화 (옛날에는 혼인때 쓰는 붉은색 연지의 원재료로 사용함)

šafraniti *-im* (不完) 샤프란 색소 가루로 (음식에) 색을 내다

šagren 섀그린 가죽, 도톨도톨하게 다룬 가죽 **šagrenski** (形)

šah 1. 체스; 체스 세트 (판과 말을 포함한); *igrati ~* 체스를 두다 **šahovski** (形); *~a tabla* 체스판 2. (이란의) 왕, 통치자(의 칭호) **šahinja**; **šahov, šahovski** (形) 3. (체스 경기의) 체크 4. 기타; *dati ~* 체크를 부르다; *držati nekoga u ~u* 누구를 어려움에 처하게 하다, 누구에 대해 압력을 행사하다; *biti u ~u* 위험에 처하다

šahinja 참조 šah; 이란 왕의 부인, 왕비

šahirati *-am* (不完) (체스 경기에서 상대편에게) 체크(šah)를 부르다

šahist(a) 체스를 두는 사람, 체스 선수 **šahistkinja**

šah-mat (체스 경기의) 체크 메이트

šahov 참조 šah; (이란의) 왕의

šahovskī *-ā, -ō* (形) 체스의; *~a tabla* 체스판; *~a partija* 체스 경기; *~ majstor* 체스 마이스터

šaht *-ovi* (男) **šahta** *-ā* & *-ī* (女) 1. (鑛山) 수갱, 수직 갱도; (광부들이 갱도에 들어가거나 나오는, 채취된 석탄 등을 퍼나르는) 통로~ *za ugalj* 석탄 갱도 2. 맨홀 (상하수도·전화선 등의); *spusti se u ~* 맨홀에 내려가다 3. (석탄·화목 등을 지하실로 내리는) 구멍, 구(口)

šajak *-jka* (가내수공으로 만든) 양모로 만든 두꺼운 천 **šajčan, šajčen** (形)

šajka 1. (歷) 전투용 목선(노를 젓는, 보통은 강에서 사용하는, 날카로운 철제 창이 장착된) 2. 나룻배 (2-4개의 노를 젓는) 3. 기타; *potunule mu ~e* 누가 기분이 나쁠 때 사용하는 표현

šajka (鳥類) 어치(까마귓과의 새) (kreja)

šajkača (šajak으로 만든) 세르비아 시골 농부들의 모자, 병사들이 쓰는 모자 (옆이 접혀진)

šajkaš 1. (歷) (18세기 말 티사강과 다뉴브강에서 터키와의 전쟁에 참가하던) 오스트리아 해군 부대원 2. 샤이카쉬카(바취카 남부 지역) 지방민 3. 나룻배(šajka) 사공

šaka *šaci* 1. (解) 손 (손목으로부터 손가락끝까지); 손바닥; *stisnuti ~e* 주먹을 움켜쥐다; *koren ~e* 손목 2. (양의 단위) 한 줌, 한 웅큼; *~ brašna* 밀가루 한 줌; *~ šećera* 설탕 한 웅큼 3. (길이의 단위) 한 뼘 4. (사람 등의) 소수(小數), 적은 수, 적은 양; *~ ljudi* 소수의 사람, 한 줌 밖에 안되는 사람들 5. 기타; *biti u nečijim ~ama* 누구의 손아귀에 (놓여)있다; *golih ~ā (golim ~ama)* 맨 손으로, 맨 주먹으로, 비무장의; *izvući se iz nečijih ~ā* 누구의 손아귀에서 빠져나오다; *davati i ~om i kapom* 충분하게(많이) 주다; *pasti (dopasti) nečijih ~ā, pasti (doći) u nečije ~e* 1)누구의 수중에 떨어지다 2) 누구한테 매를 맞다; *pljunuti u ~e* 일하기 시작하다, 일에만 신경쓰다; *ostati (vratiti se) praznih ~ā* 빈손으로 남다(돌아가다); *propustiti nekoga kroz ~e* 누구를 실컷 패(때리다); *puna ~ brade* 커다란 행운; *~ jada* 1)왜소하고 허약한 사람 2)적은 수의 사람들

šakač 참조 bokser; 권투 선수, 복서 šakački (形)

šakačkī -ā, -ō (形) 권투 선수의, 손으로 하는, 주먹으로 하는; ~ boj 주먹으로 치고 받는 싸움

šakački (副) 손으로, 권투 선수처럼; ~ jesti 손으로 먹다; ~ se tući 권투 선수처럼 손으로 치고받다

šakal (動) 자칼

šakanje (동사파생 명사) šakati se; (손으로, 주먹으로) 치고 받음, 난투, 먹살잡이

šakat -a, -o (形) 손이 큰, 큰 손을 가진; ~ čovek 손이 큰 사람

šakati se -am se (不完) 손(šaka)으로 치고 받다, 먹살잡이하다, 난투극을 벌이다

šal -ovi 숄, 스카프, 목도리

šala 1. 농담, 조크, 우스개 소리; ispričati ~u 농담하다; napraviti ~u (na nečiji račun) (누구를 조롱의 대상으로 삼아) 농담하다; ne znati za ~u 유머 감각이 없다 2. 짓궂은 행동, 가벼운 처신 (nestašluk); praviti grube ~e 가볍게 처신하다 3. 하찮은 것; to je za njega ~ 그것은 그에게 하찮은 것이다 4. 기타; aprilska ~ 만우절 농담; bez ~e 농담아냐, 농담하지 마; biti nekome do ~e 우스갯 소리를 하고픈 기분이다; vrag (đavo) uzeo ~u 진지하지 않은 분위기가 진지한 분위기로 바뀔 때 사용; da se nisi ~om šalio 네가 농담하지 않았다면, 농담하지 마; zbijati (zametati, terati, praviti) ~u (~e) 농담하다; iz ~e (od ~e, u ~i, ~e radi) 농담으로, 농담하면서; kao od ~e 쉽게(손쉽게, 어려움 없이); masna ~ 진한 농담(음담패설 등의); ne znati za ~u 유머감각이 없다, 농담을 좋아하지 않다; nema ~e 진담이다(농담이 아니다); neslana ~a 진한 농담, 거친 농담(음담패설 등의); odbijati (okretati, obrtati) na ~u 진지하게 여기지 않다(농담으로 치부하다); primiti za ~u 쉽게 치부하다, 가볍게 여기다; udariti u ~u 농담하기 시작하다; ~u na stranu 가벼운 이야기에서 진지한 이야기로 전환할 때 사용

šalabazati -am (不完) (목적없이, 정처없이) 어슬렁거리다, 배회하다 (švrljati, bazati)

šalajka 흥겨운 민속음악의 한 종류 (후렴구 šalaj가 반복되는, 스렘·슬라보니아 지방의)

šalče -eta (지소체) šal

šaldžija 유머감각이 있는 사람, 농담을 잘하는 사람

šalica (지소체) šala

šalica 참조 šolja; 컵

šaliti se -im se (不完) našaliti se (完) 농담하

다, 조크하다, 가볍게 이야기하다; ~ na račun nekoga 누구를 대상으로 농담하다; ~ s nekim 누구와 농담하다; šalio sam se 농담이야; ne šali se 농담하지 마

šalitra (化) 초석(硝石); čilska (čileanska) ~ 칠레초석, 질산나트륨

šalone (女,複), šaloni (男,複) (목제·철제 등의) 덧문, 셔터 (보통 창문의, 드물게 문의)

šalter 1. 창구 (은행·우체국·기차역 등의, 고객을 맞이하는); otvoriti (zatvoriti) ~ 창구를 열다(닫다); idi na ~ broj 4 4번 창구로 가시오; čekati na ~u 창구에서 기다리다 2. 전기 차단기(스위치); pritisnuti ~ 전기 차단기를 누르다

šalukatre (女,複) (方言) 참조 šalone

šalvare (女,複) 민속 의상의 한 종류 (길고 통이 넓은, 발목근처에서 접혀지는)

šaljiv -a, -o (形) 1. 농담을 좋아하는, 유머러스한; ~ čovek 유머러스한 사람 2. 재미있는, 우스운, 익살스러운; 쾌활한, 기분좋은; ~a priča 웃기는 이야기; ~ razgovor 유머러스한 대화; ~o raspoloženje 유쾌한 기분 3. 웃기는, 우스꽝스러운; ~a situacija 웃기는 상황

šaljivac -vca 농담(유머)을 좋아하는 사람 (šaljivčina)

šaljivčina (男,女) 농담을 좋아하는 사람, 유머러스한 사람

šamar 1. (손바닥으로) 뺨을 때리는 것, 따귀를 때림 (ćuška, zaušnica); opaliti nekome ~ 누구의 뺨을 때리다; deliti ~e 뺨을 때리다; dobiti ~ 뺨을 맞다 2. (비유적) 모욕

šamarati -am (不完) ošamarati (完) 1. 뺨을 때리다; ~ nekoga 누구의 뺨을 때리다 2. ~ se 서로 뺨을 때리다

šamarčina (지대체) šamar

šamija 머릿수건(여인네들이 머리에 둘러 쓰는)

šamla 의자(낮고 등받침이 없는)

šamlica 참조 šamla

šamot 점토의 한 종류, 샤모트 (내화 성질을 갖는, 벽난로 등의 벽돌용의) šamotni (形)

šampanj, šampanjac 샴페인

šampinjon 양송이(버섯의 한 종류)

šampion 챔피언 šampionka; ~ u boksu 권투 챔피언; svetski ~ 세계 챔피언 šampionski (形)

šampionat 챔피온전, 선수권전; košarski ~ 농구 선수권전; ~ u fudbalu 축구 선수권전; svetski ~ 세계 챔피온전

šampionskī -ā, -ō (形) 참조 šampion; 챔피온의

šampon 샴푸(머리를 감거나 비누 대용의), 세

제(자동차 세차용의); ~ za kola 세차용 세제

šamšula 멍청이, 바보, 둔한 사람

šanac -nca; šanci & šančevi 1. (軍) 참호; kopati šančeve 참호를 파다 2. 도랑, 수로 (물을 빼기 위한, 보통은 길을 따라 판) (rov, jarak)

šank -ovi (바·카페 등의) 카운터 (술·음료를 마시거나 음식을 먹는 기다란 테이블, 보통 높게 솟아 있는); piti za ~om 카운터에 앉아 마시다; sedeti za ~om 카운터에 앉다; stajati iza ~a 카운터뒤에 서다

šanker (바·카페 등의) 바텐더

šansa (G.pl. -ā & -ī) 찬스, 기회; dati nekome ~u (za nešto)누구에게 (무슨) 기회를 주다; on nema nikakvih ~i 그는 그 어떠한 기회도 없다; izgubiti ~u 기회를 상실하다

šansona 샹송 노래

šansonijer 샹송 가수 **šansonijerka**

šantati -am (不完) 다리를 절다, 절뚝거리다 (hramati, ćopati)

šantav -a, -o (形) 다리를 저는, 절뚝거리는 (ćopav, šepav); ~ čovek 다리를 저는 사람

šanuti -nem (完) 참조 šapnuti

šap (獸醫學) (소·양의) 부제증(腐蹄症), 구제역 (slinavka)

šapa 1. (동물의 발톱이 달린) 발 2. (비유적) (嘲弄) 손 (ruka) 3. 기타; biti nečijim ~ama 누구의 권력 밑에 있다; imati (držati) nekoga u svojim ~ama 누구를 자신의 권력 밑에 두다; staviti ~u na nešto 찜해놓다

šapat 속삭임; reći nešto ~om 속삭이다

šapirograf 젤라틴법 복사기(법) (hektograf)

šapirografirati -am, **šapirografisati** -išem (完, 不完) 젤라틴법으로 복사하다

šapka (D. šapci, G.pl. šapki) 둥근 모양의 군인모(帽); 장교들의 정장모(帽)

šapnuti -nem (完) **šaputati** -ćem (不完) 1. 속삭이다; ~ nekome nešto 누구에게 무엇을 속삭이다; ~ na uho 귀에 대고 속삭이다 2. ~ se (서로 속삭인 결과) 소문이 돌다, 루머가 돌다; šapuće se ~라는 소문이 돈다

šaptač (극장에서) (배우가 대사를 잊었을 때 속삭여) 대사를 상기시켜 주는 사람 (sufler)

šaptati -ćem (不完) 속삭이다, (귀에 대고 비밀스럽게) 조용히 말하다; ~ na uho nekome 누구의 귀에 속삭이다

šaputati -ćem (不完) 참조 šapnuti

šar 1. (보통 zemni, zemaljski와 함께 숙어로) 지구, 세계 2. (詩語) 자연의 미(美); 형형색색

šara 1. (보통은 여러가지 색이 섞인 양탄자·천·나무·금속 등에 새겨진) 장식용 문양·디자인

·무늬; ~e na zidu 벽 문양; prugaste ~e 줄 무늬 디자인(문양), 체크 무늬; ~ na čarapama 양말 문양; geometrijska ~ 기하학적 문양 2. (複數) (타이어의) 트레드, 접지면 무늬

šarac (여러가지 문양(šara)으로 장식된) 총

šarac -rca 1. 얼룩무늬 말(馬) 2. 포도 (막 익기 시작하여 얼룩지기 시작한) 3. (軍),(歷) 총의 한 종류 (2차대전시 사용하던)

šarada 제스처 게임(한 사람이 하는 몸짓을 보고 그것이 나타내는 말을 알아 맞히는 놀이)

šaraf 참조 šraf; 나사(zavrtanj, vijak)

šarafiti -im (不完) 참조 šrafiti; 나사를 조이다

šarage, šaraglje (女,複) (버스 등의) 상석, 감독석; (자동차의) 앞뒷편을 구분하는 칸막이

šaran -rna, -rno (形) 형형색색의, 여러가지 색의 (šaren)

šaran (魚類) 잉어 **šaranov, šaranji** (形)

šaranov -a, -o (形) 참조 šaran; 잉어의

šaranovina 잉어고기

šaranje (동사파생 명사) šarati; 색칠(하기)

šarati -am (不完) **našarati** (完) 1. 아무렇게나 여러번 선을 긋다(끄적거리다, 그리다); ~ po papiru 종이에 아무렇게나 끄적거리다; ~ po zidovima 벽위에 낙서하다; ~ po knjizi 책에다 아무렇게나 끄적거리다 2. (문양(šara)으로) 아름답게 장식하다, 알록달록한 색으로 아름답게 채색하다, 색칠하다; ~ uskršnja jaja 부활절 계란을 색칠하다; ~ čarape 양말에 문양을 넣다 3. 어슬렁거리다, 이리저리 왔다갔다 하다, 방황하다; ~ oko kuće 집 주변을 어슬렁거리다; ~ po gradu 도심지를 왔다갔다 하다 4. 사방을 이러저리 훑어보다; dok ih slušam, oči mi šaraju po dvorištu i velikoj livadi ispred njega 그들의 말을 들으면서 나의 시선은 정원과 정원 앞의 넓은 들판을 재빨리 훑어보았다; ~ očima 눈을 똑바로 쳐다보지 않다, 시선을 움직이다 5. 거짓말하다, 속이다 (lagati, varati); ne šaraj 거짓말하지 마 6. (결혼 중에, 연애 중에) 바람을 피우다; mlada žena ... počela je da šara 젊은 여인네는 바람을 피기 시작했다; on voli da šara 그는 바람기가 있다 7. ~ se (포도가) 익어 색이 진해지다; u vinogradima već se grožđe šara 포도밭의 포도는 벌써 익기 시작했다 8. ~ se 머리가 희어지다 9. ~ se 형형색색으로 되다, 알록달록해지다; u proleće se livade počinju ~ 봄에 들판은 형형색색으로 변하기 시작한다

šaren -a, -o (形) 1. 알록달록한, 형형색색의, 갖가지 색의; ~a jaja 색칠한 계란; ~o

cveće 형형색색의 꽃들; ~a marama 알록달
록한 수건 2. 여러가지 요소로 이루어진(구
성된) (raznolik); ~o društvo 여러 사람이
모인 집단(사회); ~ program 다양하게 꾸며
진 프로그램 3. 정직하지 못한, 믿을 수 없
는 (neiskren, nepouzdan, sumnjiv); iz
razgovora vidi se da je ~ 대화로 볼 때 그
는 믿을 수 없는 사람인 것으로 보인다 4.
저속한, 낯뜨거운 (말 등이) 5. 기타; gledati
(zijati) kao tele u ~a vrata, stajati kao tele
pred ~im vratima 멍하니 바라보다; ~a laža
꾸며낸 이야기, 지어낸 이야기; ~o kolo (民
俗) 결혼식에서 추는 춤의 한 종류
šareneti -im (不完) 알록달록해지다, 알록달록
물들다
šarenica 1. 화려한 색상의 양탄자, 여러가지색
이 섞인 침대보 2. (解) (눈의) 홍채 (dužica)
3. (형용사적 용법으로) 알록달록한, 여러색
으로 된
šarenilo 1. (색깔이) 여러가지 섞임, 갖가지 색
2. (비유적) 다양함, 다양성, 다름
šareniti -im (不完) našareniti (完) 색칠하다,
색으로 물들이다; ~ jaja 계란에 색칠하다
šarenkast -a, -o (形) 조금(약간)은 알록달록
한; ~ leptir 알록달록한 나비; ~a tkanica 여
러 색이 들어간 천
šarga (男,女) 얼룩덜룩한 가축(누런색이 주가
되는)
šargarepa 당근; barena ~ 삶은 당근; (mrkva)
šarin 얼룩무늬 말 (šarac)
šarka (D. šarci; G.pl. šārkī) 1. 북살모사 (독사
의 한 종류) prisojkinja 2. 얼룩덜룩한 가축;
얼룩이라는 이름을 가진 가축 (주로 닭의)
šarka (D. šarci; G.pl. šārkī) (문·창문·뚜껑 등
의) 경첩
šarkast -a, -o (形) 참조 šarenkast
šarkija (두 줄로 된) 커다란 현악기의 한 종류
šarlah (病理) 성홍열 (감염병의 한 종류, 보통
은 소아의, 붉은 발진을 동반하는)
šarlatan -ana (男) (아는 척하지만 실제로는
아무 것도 모르는) 허풍쟁이, 허풍선이; 사기
꾼, 돌팔이 **šarlatanski** (形)
šarlatanstvo 허풍
šarm 매력 (draž); imati ~ 매력이 있다
šarmantan -tna, -tno (形) 매력적인, 멋진
(privlačan, dopadljiv); ~a devojka 매력적인
아가씨
šarmer 매력있는 사람; biti ~ 매력있는 사람
이다
šarmirati -am (完,不完) (누구를 자신의 미모·
행동 등으로) 매혹하다, 매료시키다; ~

nekoga 누구를 매료시키다
šarnir (문·창문·뚜껑 등의) 경첩 (šarka)
šarolik -a, -o (形) 다양한 종류(요소)로 이뤄
진 (šaren, raznolik); ~ svet 다양한 세계;
~o društvo 다양한 사회; ~ sastav 다양한
요소
šarolikost (女) 다양함, 다양성; ~ društva 사
회의 다양성
šaronja (男) 얼룩소; (얼룩이라는 이름을 가진)
소
šaroper -a, -o (形) 얼룩덜룩한 깃털을 가진;
~a ptica 얼룩덜룩한 깃털을 가진 새
šarov -ova (動) 얼룩덜룩한 개, 점박이 개
šarovit -a, -o (形) 1. 알록달록한; 줄무늬의;
~a zmija 줄무늬 뱀 2. (비유적) 믿을 수 없
는, 의심스러운 (nepouzdan, sumnjiv)
šarpija 린트(붕대용으로 쓰는 부드러운 면직물
의 일종) (svilac, češljanac)
šarulja 1. 얼룩소; 얼룩무늬 가축 2. 얼룩뱀 3.
(植) 난, 난초
šaržer (총알이 장전된) 탄창; promeniti ~ 탄
창을 교환하다; pun ~ 완전 장전된 탄창
šasija 1. (자동차의) 차대, 새시 2. (비행기의)
랜딩 기어, 착륙장치
šaš 1. (植) 사초과(科)의 각종식물 2. (마른)
옥수수대 (šaša)
šaša 1. (건조된) 옥수수대 (kukuruzovina); 옥
수수의 초록잎 2. (植) 사초과(科)의 각종 식
물 (šaš) 3. (植) 부들 (ševar, rogoz)
šašarica 옥수수 속대 (okomak)
šašarika 1. 옥수수대 (kukuruzovina) 2. (方言)
옥수수 속대(옥수수가 붙어있는)
šašarovina (마른 옥수수대(šaša)가 서있는) 옥
수수밭
šašav -a, -o (形) 지능이 모자란; 미친, 바보
같은 (umno poremećen, lud, luckast); biti
~ 미치다; praviti se ~ 미친척하다
šašavac -vca 미친 사람, 정신이 산만한 사람,
바보 같은 사람
šaška 이동 메뚜기; 큰 떼를 이루어 이동하는
메뚜기의 총칭; egipatska ~ 이집트 이주 메
뚜기
šašoljiti -im (不完) (nekoga) (누구의 머리 등
을) 어루만지다, 쓰다듬다 (milovati)
šatirati -am (完,不完) (연필 등으로) (그림에)
음영을 넣다, 음영처리하다; ~ crtež 스케치
에 음영을 넣다
šatobrijan (男) 필레 고기로 만든 최고급 비프
스테이크, (소스를 곁들인) 두꺼운 안심 스테
이크
šator 천막, 텐트; razapeti ~ 천막을 치다;

sklopiti ~ 천막을 건다; *spavati pod ~om* 천막에서 자다; *cirkuski* ~ 서커스 천막

šatorski (形)

šatorje (集合) 천막

šatra 1. (천으로 된, 천막·텐트 등과 유사한) 부스, 가판대 (시장·전시회 등의) 2. 속어, 은어

šatrovac *-vca* (할 일 없이) 어슬렁거리는 사람, 빈둥거리는 사람, 부랑자; 좀도둑, 소매치기

šatrovačkī *-ā, -ō* (形) 참조 šatrovac; ~ *govor (jezik)* 은어, 속어

šav *šavovi* 1. (천의) 솔기, 땀, 꿰맨 자국 (rub); *rasparati* ~ 솔기를 트다 2. (널빤지·함석 등의) 이음매, 잇댄자리 (용접 등으로); *zavareni* ~ 용접 이음; *zakivačni (zakovički)* ~ 리벳 이음 3. (醫) (꿰맨) 바늘, 봉합; *hirurški* ~ 외과적 봉합

šavnī *-ā, -ō* (形) 솔기의, 솔기가 있는; 이음매가 있는; *~a strana* 솔기가 있는 면; *~e cevi* 잇댄 관

ščepati *-am* (完) 1. (재빠른 동작으로 갑자기 힘껏) 움켜쥐다(잡다); ~ *nekoga za ruku* 누구의 팔을 힘껏 움켜쥐다; ~ *za rame* 어깨를 움켜쥐다; ~ *loptu* 공을 힘껏 움켜쥐다 2. ~ *nekoga* (강렬한 바램, 필요성 등이) 휘감다, 휩싸다; *odjednom ga je ščepala neodoljiva potreba da pođe* 한순간 그는 가야만 할 것 같은 생각에 휩싸였다 3. ~ **se** (+G) 얻다, 획득하다; *italijanska manjina ... se ščepala saborske većine* 이탈리아 소수민족은 의회의 다수를 차지했다 4. ~ **se** 서로 움켜쥐다; ~ *se kose* 머리끄댕이를 서로 움켜쥐다

ščetkati (먼지 등을) 솔로 털어내다; ~ *dlake s ramena* 어깨에서 털을 솔로 털어내다; ~ *prašinu* 솔로 먼지를 털다

ščistiti *-im; ščišćen* (完) **ščišćavati** *-am* (不完) 닦아내다, 털어내다, 쓸어내다; ~ *mrve sa stola* 식탁에서 (음식물)가루들을 닦아내다; ~ *sneg s krova* 지붕에서 눈을 쓸어내다

ščvrsnuti *-nem* (完) 1. 단단하게 하다, 딱딱하게 하다, 뻣뻣하게 하다; ~ *blato* 진흙을 굳히다; ~ *žitku masu* 반죽을 단단하게 하다 2. ~ **se** 단단해지다, 딱딱해지다, 뻣뻣해지다, 굳어지다 (질척질척한 것이) 3. ~ **se** 강해지다, 강건해지다; ~ *se u borbi* 전투에 강해지다; ~ *se na hladnoći* 추위에 강해지다

šćapiti *-im* (完) 1. 움켜쥐다 (ščepati, ćapiti); ~ *ruku* 손을 움켜쥐다 2. (口語) (남의 것을 재빨리) 훔치다; ~ *novčanik* 지갑을 훔치다

šćavet 1. 교회서적(차캅스키-이캅스키로 쓰여진) 2. 차캅스키-이캅스키에 기반한 민중어 (1754년 당국이 그 사용을 금지하기 전까지 사용된)

šćerdati *-am* (完) 낭비하다, 탕진하다, 흥청망청 쓰다 (proćerdati, spiskati); ~ *imanje* 재산을 탕진하다

šćućuriti se *-im se* (完) **šćućurivati se** *-rujem se* (不完) 웅크리다, 쭈그리다, 구부리다(추위, 공포 등으로 인해); (uz nekoga, uz nešto) ~의 곁에 붙어있다; ~ *u uglu* 구석에 웅크리다; ~ *uz majku* 어머니곁에 딱 붙어있다; ~ *uz zid* 벽에 밀착해 붙어있다

šeboj (植) 부지깽이나물속(屬) (노란꽃이 피는)

šećer 설탕; 당(糖), 당분; ~ *u kockama* 각설탕; ~ *u prahu* 분말설탕; *posuti ~om* 설탕을 쏟아붓다; *doza za* ~ 설탕 그릇(용기); *beli* ~ 흰설탕; *metnuti (staviti)* ~ *u kafu* 커피에 설탕을 타다; ~ *od repe (od trske)* 사탕무(사탕수수)로 만든 설탕 **šećerni** (形); *~a trska* 사탕수수; *~a repa* 사탕무; *kao ~, kao od ~a* 매우 귀여운(예쁜); *med i* ~ 매우 친절하고 온화한

šećeran *-rna, -rno* (形) 1. (한정형) 설탕의, 당(糖) 성분이 있는; *~rna repa* 사탕무; *~rna trska* 사탕수수; *~rna bolest* 당뇨병 2. (비유적) 귀여운, 예쁜, 정감있는; ~ *rni glas* 다정다감한 목소리

šećerana 설탕공장

šećeraš 당뇨병 환자 (dijabetičar)

šećerče *-eta* 귀여운 아이의 별칭

šećeriti *-im* (不完) 1. 설탕을 넣다, 설탕으로 달게 하다; ~ *čaj(kafu)* 차(커피)에 설탕을 넣다 2. ~ **se** (과일이) 당도가 높아지다, 당도가 증가하다

šećerlema 사탕의 한 종류 (bombona, poslastica)

šećerli (形) (不變) 1. 단, 설탕으로 단맛이 나는 2. 설탕과 비슷한

šećernica 설탕 그릇(용기); *srebrna* ~ 은으로 된 설탕 그릇

šećeruša 라키야의 한 종류

šećkati (se) *-am (se)* (不完) (šetati 동사의 지소체 의미를 갖는) 잠시 산책하다

šedrvan *-ana* (男) 분수 (물을 뿜어내는 수도가 몇 개 있는, 둥근 혹은 다각형 모양의) (vodoskok, česma)

šef *-ovi* (부서·단체·회사 등의) 장(長); 상관, 상사; ~ *klinike* 병원장; ~ *odseka(odeljenja)* 과장; ~ *prodaje* 판매부서장; ~ *servisnog centra* 서비스센터장; ~ *katedre* 학과장(대학의); ~ *protokola* 의전장; ~ *gradilišta* 현

장소장(건설회사의); *neposredan* ~ 직속상관

šeftelija 참조 breskva; 복숭아

šega (숙어로) *terati (praviti, zbijati)* ~*u* 진한
농담을 하다, 조롱하다, 비웃다

šegačenje (동사파생 명사) šegačiti se

šegačiti se -*im se* (不完) 1. (s nekim) 진한 농
담을 하다, 비웃다, 조롱하다 2. 농담하면서
놀아주다, 농담하다; ~ *s decom* 아이와 농담
하다

šegra -*ē*, **šegro** -*a* & -*ē* (男) (愛稱) šegrt

šegrt (장인의 휘하에서 기술을 배우는) 견습
생, 도제; *nije mu ni* ~ (그의) 기술이나 지식
이 전혀 향상되지 않았다, 많이 뒤처진다
šegrtica; šegrtski (形)

šegrtovati -*tujem* (不完) 도제생활을 하다, 도
제로서 기술을 배우다

šegrtskī -*ā*, -*ō* (形) 참조 šegrt; 도제의, 견습
생의; ~ *posao* 도제의 일; ~ *položaj* 도제라
는 지위

šegrtski (副) 도제처럼, 도제라는 신분으로, 견
습생처럼; ~ *ponizan* 도제처럼 무시당한; ~
poslušan 도제처럼 순종적인

šegrtsvto 도제직, 견습직, 견습 기간

šeh 1. 이슬람 탁발 수도승 (derviš) 2. (체스경
기의) 퀸(queen)을 공격할 때의 경고 소리

šeher 대도시 (varoš)

šeherlija, šeherljanin (男) 도시민(šeher)

šeik 참조 šejk

šeišana 장총의 한 종류

šejk (아랍권에서) 수장, 족장, 부족장, 쉐이크

šejtan 악마, 마귀 (đavo, vrag, sotona)

šajtanluk (웃음을 자아내는) 사악한 행동, 장
난질 (đavolija, nestašluk)

šekret 참조 sekret; 변소, 화장실 (klozet)

šelak 셸락(니스를 만드는 데 쓰이는 천연수지)

šema 참조 shema

šematizam -*zma* 1. (회사·기관 등의) 조직도,
도표 2. (어떤 방식에 의한) 도식적 배치

šematskī -*ā*, -*ō* (形) 도식적인, 도식으로 나타낸

šeniti -*im* (不完) 1. (보통은 개가 뒷다리로 서
서) 조용히 서서 기다리다 (človiti) 2. (비유
적) 굴욕적으로 청하다

šenlučiti -*im* (不完) (총을 쏘며 뭔가를) 축하
하다, 즐기다, 흥겨워하다

šenluk (총을 쏘며 뭔가를 축하하며 즐기는)
잔치, 축제, 기념 행사

šenut -*a*, -*o* (形) 정신이 이상한, 미친, 바보같
은 (sulud, lud, budalast)

šenuti -*nem* (完) (보통은 pameću, umom 등
의 보어와 함께) 미치다, 정신이 이상해지다,
돌다; *jesi li šenuo?* 너 미쳤어?

šepa -*ē*, **šepo** -*a* & -*ē* (男) 다리를 저는 사람
(남자), 절름발이 (hromac, ćopavac)

šepati -*am* (不完) 다리를 절다, 절뚝거리다
(hramati, ćopati, šantati); *on šepa u matematici*
그는 수학에 약점을 가지고 있다

šepav -*a*, -*o* (形) 절뚝거리는, 다리를 저는
(hrom, šantav, ćopav); ~ *ćevek* 다리를 저
는 사람

šepavac -*vca* 다리를 절뚝이는 사람, 절름발이

šepavica 참조 šepavac

šepiriti se -*im se* (不完) 참조 šepuriti se

šepo 참조 šepa

šeprtlja (女), **šeprtljan, šeprtljanac** (男) 1. 서
툰 사람, 솜씨없는 사람, 재주가 메주인 사
람 2. 어리둥절한 사람, 당황한 사람

šeprtljanija, šeprtljarija 1. (일을 하는데 있어)
서투름, 솜씨 없음 2. 뒤죽박죽 말하기(이야기)

šeprtljati -*am*, **šeprtljiti** -*im* (不完) 1. (뭔가를)
솜씨없이 일하다, 서툴게 일하다, 어설프게
일하다 (petljati); ~ *oko kola* 자동차를 어설
프게 손보다(정비하다) 2. 뒤죽박죽으로 말하
다(이야기하다) (사실에 부합시키기 위해) 3.
~ *se* (~의 주변을) 어슬렁거리다, 왔다갔다
하다, 빙빙돌다, 돌아다니다

šepurika (植) 들장미의 일종

šepuriti se -*im se* (不完) 1. (공작·칠면조 등이)
꼬리를 활짝 펴고 고개를 쭉 내밀고 걷다;
paun se šepuri 공작새가 꼬리를 활짝 펴고
걷다 2. (비유적) 거만하게(오만하게) 행동하
다, 젠체하다

šeput 매듭, 올무(나비 날개 모양의); 나비넥타
이; *vezati na* ~ 매듭을 묶다

šerbe -*eta* (中) **šerbet** (男) 따뜻하고 단 음료
(설탕을 뿌린); (일반적인) 단 음료 (설탕 또
는 꿀이 들어간) (medovina)

šerbetašče -*eta* 팁 (šerbet를 마시고 난 후
주는) (bakšiš, napojnica)

šerbetlija 사과(배)의 한 종류 (단맛이 나는)

šereg (廢語) 1. 중대; 부대, 군 (četa, vojska)
2. 다수(多數), ~의 많은 숫자; 떼, 무리
(čopor)

šeret 1. 짓궂게 행동하는 사람, 얄밉게 행동하
는 사람 2. 교활한 사람, 영리한 사람
(prepredenjak)

šeretluk 1. 교활한 행동 2. 짓궂은 행동, 얄미
운 행동

šerif 보안관(미국의)

šerijat (코란에 기반을 둔) 이슬람 법접, 이슬
람 종교법 **šerijatski** (形); ~*o pravo* 무슬림
종교법

šerpa *(G.pl.-ā & -ī)* 냄비

šerpenja 참조 šerpa
šesnaest (數) 십육(16)
šesnaestero 16명
šesnaestī -a, -o (形) 열여섯번째의
šesnaestica 1. 숫자 '16' 2. '16'번의 그 어떤 것
šesnaestina 1. 1/16; ~ učenika 학생들의 1/16의 2. 약 16명의; ~ učenika 약 16명의 학생 3. 16(명·개)으로 구성된; ~ učenika 16명의 학생
šesnaestinka (音樂) 1/16음표
šesnaestorica 16명(남성)
šesnaestoro (集合數詞) 16
šest (數) 육(6)
šestak 1. (옛날의) 6전 짜리 은화 2. 6년생 동물의 숫컷(보통은 가축의) 3. 사슴, 노루 (6갈래의 뿔을 가진) 4. (학교의) 6학년 학생 5. 6연대에 속한 군인(병사) 6. 되, 말 (6kg, 6리터 등의)
šestar (제도용의) 컴퍼스
šestariti -im (不完) 1. (새·비행기 등이) 원을 그리며 날다(비행하다), 선회하다; jestreb šestari nad selom 매가 마을 위를 원을 그리며 날고 있다 2. 컴퍼스(šestar)로 측정하다(재다, 원을 그리다)
šesterac 1. (韻律) 6보격(의 시행) 2. (스포츠) 6인용 배(6인이 노를 젓는)
šestero 참조 šestoro
šestero- 참조 šestoro-
šesti -ā, -ō 여섯 번째의; ~ red 여섯 번째 줄; ~a kuća 여섯 번째 집
šestica 1. 숫자 '6' 2. 숫자 '6'에 해당하는 그 어느 것(버스 등의 6번, '6'에 해당하는 카드 등)
šestina 1. 1/6 (육분의 일); ~ prihoda 수입의 1/6 2. 약 6명(개)의; njih ~ 대략 6명 3. 6명(개)으로 이루어진 그룹(집단)
šesto- (接頭辭) 여섯(배·개)의; šestodnevni 6일의; šestostran 여섯 방향의
šesto (口語) 육백(600) (šeststo)
šestočasovnī -ā, -ō (形) 여섯 시간의, 여섯 시간 지속되는; ~o radno vreme 여섯 시간 노동 시간
šestodnevnī -ā, -ō (形) 6일의, 6일 동안 지속되는; ~ boravak 6일간의 체류
šestogodišnjī -ā, -ē (形) 1. 6년의, 6년 동안 지속되는; ~e školovanje 6년간의 학업; ~e dete 6세 아이 2. 6년 후에 거행되는(기념하는); ~ jubilej 6년후의 기념제; ~ pomen 6년 후의 추념제
šestogodišnjica 6년째 기념일(추념일)
šestokatan -tna, -tno (形) 참조 šestospratan
šestokatnica 참조 šestospratnica; 6층 건물

šestomesečnī -ā, -ō 1. 6개월의, 6개월 동안 지속되는; ~a beba 6개월된 아기 2. 6개월 후에 거행되는(기념하는); ~ pomen 6개월 후에 거행되는 추모식
šestonedeljnī -ā, -ō (形) 1. 6주간 지속되는, 6주의; ~ odmor 6주간의 휴가; ~a beba 6주된 아기 2. 6주 후에 거행되는(기념하는); ~ pomen 6주 후의 추모식
šestoperac -rca (옛날 군사용의) 철퇴(6개의 철퇴못(pero)을 가진)
šestopreg 여섯 마리의 말이 이끄는 마차 (šesteropreg)
šestorī -ā, -ō (形) (복수형 또는 쌍을 이루는 명사와 함께 사용되어) 여섯 개의; ~e čarape 여섯 켤레의 양말; ~a vrata 여섯 문; ~e pantalone 여섯 벌의 바지
šestorica 여섯 명(의 남자); ~ vojnika 병사 여섯 명
šestorka 1. 여섯 명으로 된 그룹(집단) 2. 여섯 쌍둥이; roditi ~u 여섯 쌍둥이를 낳다
šestoro 1. 여섯 명 (남녀가 섞인); bilo ih njih ~ 그들은 여섯 명이었다; ~ ljudi 여섯 명 2. (집합 명사와 함께, 어린·새끼의 의미를 갖는); ~ dece 여섯 아이; ~ jagnjadi 여섯 마리 어린 양
šestoro- (接頭辭) 여섯의-; šestorougao 육각형
šestospratan -tna, -tno (形) 육(6)층의
šestospratnica 육(6)층 건물
šestostran -a, -o (形) 육(6)면의, 육각형의; ~a geometrijska figuga 육각형의 기하학적 모형; ~a piramida 육각형의 피라미드
šestostruk -a, -o (形) 여섯(6)배의, 여섯(6)겹의; ~a suma 여섯 배의 총액
šestougao -gla, -glo (形) 육(6)각형의
šeststo (數) 육백(600)
šeststogodišnjī -ā, -ē (形) 육백(600)년의, 육백년 동안 지속되는
šeststotī -ā, -ō (形) 육백(600)번째의
šešana 장총의 한 종류
šešir (신사·숙녀들이 쓰는) 모자 (klobuk); ženski ~ 여성용 모자; slamni ~ 밀짚 모자; staviti (skinuti) ~ 모자를 쓰다(벗다)
šeširče -eta (지소체) šešir
šeširčina (지대체) šešir
šeširdžija (男) 모자를 만들고 파는 사람; kao bog i ~ 완전히 다른, 그 어떤 유사한(비슷한) 점이 없는, 공통의 특징이 아무 것도 없는; šeširdžijka; šeširdžijski (形)
šeširdžinica 모자 가게, 모자 공장
šeširić (지소체) šešir
šetač 산책하는 사람

šetalica (벽시계의) 추 (klatno, njihalica)

šetalište 산책로, 산책 장소

šetaljka 참조 šetalica

šetati *-am* & *-ćem* (不完) **prošetati** (完) 1. 산책하다, 걷다(휴식을 위해); ~ *po parku* (*u parku, kraj reke, uz obalu*) 공원을 따라(공원에서, 강을 따라, 강변을 따라) 산책하다; ~ *po sobi* 방안에서 왔다갔다 하다 2. 산책시키다; ~ *dete* 아이를 산책시키다; ~ *psa* 개를 산책시키다 3. (*očima*) 눈으로 이곳저곳을 보다, 이리저리 훑어보다; ~ *očima po narodu* 사람들을 훑어보다 4. ~ **se** 산책하다

šetkati *-am* (不完) (지소체적 의미로) šetati; 조금 산책하다

šetnī *-ā, -ō* (形) 산책의, 산책용의; ~ *voz* 산책용 기차

šetnja 산책; *ići u* ~*u* 산책하러 나가다; *povesti nekoga u* ~*u* 누구를 산책시키다(산책에 데리고 나가다); *cepele za* ~*u* 산책용 신발, 산책화 **šetni** (形); ~*e cipele* 산책화

šetucati (se), **šetuckati** (se) *-am* (se) (不完) (지소체적 의미로) šetati; 조금 산책하다

ševa (鳥類) 종달새, 종다리; *poljska* ~ 종다리; *ćubasta* ~ 뿔종다리; *tamo pečene* ~*e lete* (*padaju s neba*) 그곳에서 너무 많은 일을 할 필요가 없다; *zapevala mu* ~ 그에게 행운이 찾아왔다; *svabio* ~*e* (그는) 죽고 싶었다

ševa (卑俗語) 성교(性交) (obljuba, snošaj)

ševar (植) 1. 갈대; 부들 2. 관목, 덤불

ševati *-am* (不完) 1. 잘못된 길(방향)으로 몰고 가다 (똑바르게, 규칙에 맞게 모는 대신), 한쪽으로 치우쳐 몰고 가다 2. 흔들거리다, 흔들흔들하다

ševeljiti se *-im se* (不完) 꿈틀거리다, 꼼지락거리다; *beba se ševelji u kolevci* 아기가 요람에서 꼼지락거린다

ševin *-a, -o* (形) 참조 ševa; 종달새의

ševiot 체비엇 양털로 짠 모직물

ševrdalo (男,中) 변덕스러워 신뢰할 수 없는 사람

ševrdati *-am* (不完) 1. 갈지자 걸음으로 가다, 비틀거리며 가다; ~ *levo desno* 좌우로 갈지자 걸음으로 가다 2. (목적없이, 정처없이) 어슬렁거리다, 왔다갔다 하다 3. (비유적) 일관되지 못하다, 변덕스럽다, 위선적이다 4. (위선적) 솔직히 말하지 않다, 말을 돌리다

ševrljuga 1. 종달새 (ševa) 2. (嘲弄) 위선적인 여자

ševuljica 지그재그, 갈지자형

šezdeset (數) 육십(60)

šezdesetak *-tka* (男) (대체로 불변화의) 약 60(명·개)로 이루어진 그룹(무리); *mojih vojnika ima* ~ 우리 병사는 약 60여명이다

šezdesetak *-aka; -aci* 예순살 먹은 사람

šezdesetero 참조 šezdesetoro

šezdesetī *-ā, -ō* (形) 육십 번째의

šezdesetina 1. (~의) 1/60; ~ *stanovništva* 주민의 1/60 2. 약 60(여명, 여개); ~ *vojnika* 병사 60여명; ~ *kuća* 가옥 60여채 3. 60(명·개)로 이루어진 집합(단체); ~ *daka* 학생 60명

šezdesetogodišnjak 예순 살의 사람

šezdesetogodišnjī *-ā, -ē* (形) 예순 살의; ~*a žena* 예순 살의 노파

šezdesetogodišnjica 육십(60)주년

šezdesetorica 육십(60)명의 남자

šezdesetoro, šezdesetero (集合數詞) 육십 명 (남녀 혼합); 육십 (명·마리·개); *bilo ih je* ~ *u sali* 홀에 예순 명이 있었다; ~ *dece* 육십명의 아이들; ~ *piladi* 육십 마리의 병아리

šib *-ovi* 1. (새로 돋아나는) 잔가지, 가는 가지 2. 관목, 덤불 (šiblje, žbun); *glogov* ~ 산사나무 관목

šiba 1. 회초리, 매 (prut, palica) 2. (보통 복수로) 매질, 회초리질; *dobiti* ~*u* 매를 맞다, 회초리로 맞다 3. 두레박이 걸려있는 우물의 막대기 4. 긴 장총의 한 종류 5. 기타; *mrtva* ~ 징벌의 한 종류 (두 줄로 선 군인들이 회초리를 들고 때리는 사이를 통과하는 징벌); *proći* (*prolaziti*) *kroz* ~*u* 태형에 처해지다

šibati *-am* (不完) 1. 회초리로 때리다, 매질하다, 채찍질하다; ~ *konje* 말에 채찍질하다; ~ *po vetru* 헛된 일을 하다, 헛심을 쓰다 2. 매우 신랄하게 비난하다(비판하다, 공격하다); ~ *satirom malograđanštinu* 풍자로 소시민 정신을 격렬히 비판하다; ~ *očima* (*pogledom*) 매우 날카로운(화난) 시선을 보내다 3. 빠르게 이리저리 움직이다, 흔들다 (mahati, vrteti); ~ *repom* 꼬리를 흔들다 4. (비가) 퍼붓다, 퍼붓듯 내리다, 쏟아지다; (바람이) 세차게 불다; (피·물 등이) 세차게 뿜어 나오다; *kiša šiba po prozore* 비가 창문에 퍼붓듯 내린다; *ceo dan nas je šibala kiša* 하루종일 비가 퍼붓듯 내렸다 5. (口語) 급하게(서둘러) 가다; ~ *kroz šumu* 숲사이를 서둘러 가다 6. (보통 명령형으로) 당장 꺼져(사라져)!; *šibaj iz moje kuće!* 내 집에서 당장 나가! 7. 겨냥하다, 목표로 하다 (ciljati, smerati, nišaniti); *on je znao kuda to šiba* 그는 그것을 어디로 겨냥해야 하는지를 알았다 8. ~ **se** (자기가 자기 몸에) 회초리질 하다, 매로 때리다; ~ *se po telu* 회초리로 자

신의 몸을 때리다 9. ~ se 서로 회초리로 때
리다, 서로 채찍으로 때리다

šiber 1. 부당 이익자, 폭리자 (정당하지 못한
일로 이익을 취하는) 2. 기계식 계산장치 (곱
하기·나누기 등을 가능하게 하는)

šibica 성냥 kutija ~ā 성냥갑

šibika 회초리, 매 (šiba, prut, palica)

šibikovina (植) 가막살 나무속(屬) 관목

šibljak 관목숲

šiblje (集合) šib; 관목, 덤불

šibljika 1. (새로 돋아나는) 잔가지, 가는 가지;
회초리, 매 2. 관목, 덤불

šic (感歎詞) 쉿~! (고양이를 쫓을 때 내는)

šićar 1. 약탈품, 강탈품, 전리품 (plen, pljačka)
2. (쉽게 획득한) 이익, 득(得) (dobit,
dobitak, korist); bogat ~ 많은 이익; dobar
~ 상당한 이득

šićardžija (男) 약탈자, 강탈자; 쉽게 이득을
취하려는 사람(얻으려는 사람) (pljačkaš,
gulikoža)

šićariti -im (完,不完) ušićariti (完) 이득을 취
하다, 이익을 얻다; ~ u mutnom (타인의 곤
경한 사정을 이용하여) 이득을 얻다, 돈을
벌다

šiće 1. 바느질할 물건(옷·옷감 등의); sa ~em
u rukama sedela je kraj prozora 손에 바늘
질 할 옷을 들고 창가에 앉았다 2. 바느질
(šivenje)

šif -ovi (印刷) 교정쇄(刷)

šifon 시폰(실크나 나일론으로 만든, 속이 비치
는 얇은 직물)

šifonjer (거울 달린) 양복장; (키가 큰) 서랍장
(위에 거울이 달려있음)

šifra (G.pl. šifārā & šifrī) 1. 암호, 부호, 코드;
poslati ~om izveštaj 보고서를 암호문으로
보내다; tumačiti ~e 암호를 해독하다 2. (작
가·발명가·저자의 이름 대신 붙이는, 이름을
감추기 위한) 코드명 ; dati svoj rad pod
~om 자신의 작품을 코드명으로 출품하다

šifrant 암호 전문가, 암호 해독가

šifrirati -am, šifrovati -rujem (完,不完) 암호
로 바꾸다, 부호화하다; ~ pismo 편지를 암
호화하다

šihta 1. (교대로 작업하는 노동자들의) 조, 교
대, 교대조; prva ~ 제 1조; druga ~ 제 2조
2. (교대로 일하는 노동자들의) 작업 시간,
조; noćna ~ 야간조, 야간 작업시간

šija (解) (척추동물, 특히 조류의) 목, 모가지;
uhvatiti nekoga za ~u 누구의 목덜미를 붙
잡다; prebiti (zavrnuti) nekome ~u 1)죽이
다, 살해하다 2)(누구를) 파멸시키다, 망하게

하다, 복종시키다; dići ~u 거드름을 피우다,
거만하게 행동하다; nije ~ nego vrat 그것은
똑 같은 것이다; otegnuti ~u 죽다, 사망하다;
poviti(pognuti, saviti) ~u 고개를 숙이다(타협하
다); stati kome na ~u 누구를 복종시키다

šijati -am (不完) (배·선박을) 후진시키다 (배를
되돌릴 때)

šijenje (동사파생 명사) šiti; 꿰맴, 바느질하기

šik 1. 얇은 금판막(또는 다른 금속판막) 2.
금띠, 은띠; 금색띠, 은색띠

šik 1. (男) (옷을 멋드러지게 맞춰 입는) 센스,
멋; oblačiti se sa ~om 옷을 맞춰 잘입다 2.
(形) (不變) 옷을 멋지게 입은, 우아한, 멋진,
세련된; ona je vrlo ~ 그녀는 매우 세련되었
다(옷을 잘 맞춰 입어); ~ odelo 우아한 옷
3. (부사적 용법으로) 우아하게, 멋지게, 세
련되게 (보통 옷을 입는 것에 대해); nositi
se ~ 옷을 세련되게 입다

šik (感歎詞) 돼지를 쫓을 때 내는 소리

šika (方言) 요람 (kolevka)

šikana 악의적인 괴롭힘, 박해, 탄압; nije ...
izneverio uprokos policijskim ~ama 경찰의
의도적인 괴롭힘에도 불구하고 그는 배신하
지 않았다; redaktor je popustio ~i 편집인
은 탄압에 굴복했다

šikanirati -am (完,不完) 괴롭히다, 못살게 굴
다, 귀찮게 굴다, 박해하다 (maltertirati,
kinjiti); lako je birokratima ~ književnika
문인들을 탁상행정으로 괴롭히는 것은 쉽다

šikara, šikarje 덤불 (šiprag, grmlje, žbunje)

šikati -am (不完) 1. (전후·좌우로) 흔들다
(ljuljati, zibati); on šika dete, a ona se
ukipila 그가 아이를 흔들어 그녀는 말문이
막혔다 2. ~ se 흔들리다; na ovi glas poče
se sve kamenje i drveće šikati 이 목소리에
모든 돌들과 나무들이 흔들리기 시작했다

šikati -am (不完) 1. (액체 등이) 콸콸 흘러나
오다(쏟아지다), 분출하다, 솟아 나오다; krv
mi je šikala u glavu 피가 내 머리에서 철철
흘렀다 2. 회초리질하다, 매질하다, 채찍질하
다 (šibati, bičevati) 3. ~ se (눈 앞에서) 사라
지다, 없어지다 (gubiti se, tornjati se); šikajte
se, gosti, otkuda ste došli! 당신들이 왔던 곳으
로 꺼지시오! 4. 기타; 기타; šikala ga krv 출혈을
많이 한 사람에 대해 하는 말

šikljaj 콸콸 쏟아짐, 분출 (šikljanje, navala);
potiskivala je ... ~ smeha 웃음이 터지는 것
을 꾹꾹 참았다

šikljanje (동사파생 명사) šikljati

šikljati -am (不完) 1. (액체 등이) 솟구치다, 솟
아 나오다, 분출하다, 콸콸 흘러나오다

1273

(brizgati); *krv samo šiklja, šiklja* 피가 끊임
없이 솟구쳐 나왔다 2. 급속히 발달하다(성
장하다)

šiknuti *-nem* (完) '쉬크(šik)'소리를 내며 돼지
를 몰다(내몰다)

šiknuti *-nem* (完) 조금 흔들다 (malo zaljuljati)

šiknuti *-nem* (完) 1. 콸콸 쏟아져나오다(흘러
나오다), 힘차게 분출하다 (briznuti,
pokuljati); *šiknula mu krv iz ušiju i nosnica*
귀와 코에서 피가 쏟아졌다; *kada je ...
šiknuo prvi mlaz nafte ... bilo je odjednom
više novca* 첫 원유 줄기가 힘차게 뿜어져
나왔을 때 ... 한순간에 돈더미이 올랐다;
krv je šiknula iz rane 피가 어깨에서 콸콸
흘러내렸다 2. 활활 타올라 공중으로 치솟다
(불길 등이) 3. (새싹·식물 등이) 풍성하게 번
지다(자라다·성장하다·돋다); *na vrhu takvog
drveta ... šiknu svud uokrug ... mlade
šibljike* 그러한 나무의 꼭대기에서는 사방에
서 새 잔가지가 돋아난다 4. 세게 때리다; ~
rukom (bičem) 손으로(채찍으로) 세게 때리
다 5. (화기·총 등을) 쏘다, 사격하다; ~
deset metaka 총알 10발을 쏘다 6. ~ se
(누운 상태에서) 팔 다리를 쭉펴다, (팔·다리
를) 쭉펴고 눕다, 큰 대(大)자로 눕다
(pružiti se)

šikosati *-šem* (完,不完) 도금하다, 얇은 금판
막(šik)으로 장식하다(아름답게 하다)

šiktati *-ćem* (不完) 참조 šiknuti; 콸콸 쏟아져
나오다(분출하다)

šilo 1. 송곳 2. (비유적) 가시돋친 말 (žaoka)
3. (비유적) 가만히 있지를 못하고 사방으로
나다니는 사람; 그러한 아이 4. 기타; *vratiti ~
za ognjilo* 오는 말이 고와야 가는 말이 곱다, 같
은 방법으로 복수하다; *izgubiti se kao ~ u vreći*
흔적도 없이 사라지다(없어지다)

šilok 뜨거운 남풍(아프리카에서 유럽 남부로
불어오는 뜨거운 바람)

šilt (모자의) 챙, 차양

šilja (男,女) 키가 크고 비쩍마른 젊은 사람

šiljak 1. 매우 뾰족한 끝(꼭대기) 2. (화살 등의)
촉, 날카로운 끝을 가진 것(무기·물건); ~ *od
strele* 화살촉; ~ *za koplje* 창끝 3. 기타;
brati kožu na ~ 벌(징벌, 책임) 받을 준비가
되어 있다; *bacati ~ u nos (kome)* (누구에게)
도전하다, 공격하다

šiljast *-a, -o,* **šiljat** *-a, -o* (形) 1. 끝이 뾰족한;
donja vilica bila mu je ~a i garava 그의 아
랫턱은 뾰족하고 거무잡잡했다; *komad ~og
stakla* 끝이 뾰족한 유리 파편 2. (數) 예각
의 (90°보다 작은); ~ *ugao* 예각

šiljež (女) (集合) 새끼 양, 어린 양

šilježe *-eta* 1년생 양

šiljilo 연필칼(연필심을 뾰족하게 하는데 사용
되는)

šiljiti *-im* (不完) zašiljiti (完) 1. 끝을 뾰족하게
하다(날카롭게 하다); ~ *olovku* 연필을 깎다
2. (비유적) 입을 뾰족 내밀다 3. ~ se (끝이)
뾰족해지다, 날카로워지다

šiljkaš 1. (보통 복수로) 민속 신발의 일종(코
가 뾰족한 opanak) 2. 곤충의 한 종류

šimpanza (pl. *-e*), **šimpanzo** (pl. *-i*) (男) 참조
čimpanza; 침팬지

šimšir (植) 회양목

šimširka (植) 매자나무속의 관목의 총칭; (특
히) 매발톱나무

šina 1. (철도·트램 등의) 레일, 철로 (tračnica);
vozovi idu po ~ama 기차를 철로로 달린다;
tramvajske ~e 트램 레일; *železnička ~* 철
도 레일; *voz je iskočio iz ~a* 기차가 선로에
서 탈선했다 2. (강철로 만든) 테, 고리(통·바
퀴 등의 주변을 단단히 고정하는); *popustila
mu ~ na točkovima* 바퀴의 강철 테두리가
헐거워졌다 3. (醫) 깁스의 한 종류

šindivila (옷을 야하게 입고) 애교를 부리는 여
자, 교태를 부리는 여자

šindra (集合) 너와, 지붕널, 지붕 이는 판자
(보통은 소나무 또는 너무밤나무 재질의);
krov od ~ 너와 지붕; *zgrada pokrivena
~om* 지붕이 너와로 된 건물

šinobus 경전철(버스와 비슷한, 단거리를 운행
하는)

šinter 1. 떠돌이 개를 포획하는 일을 직업으로
하는 사람, 동물의 사체를 치우는 사람
(strvoder, živoder) 2. (비유적) 고리대금업
자 (gulikoža, kaišar, lihvar)

šinuti *-nem* (完) 1. 회초리질하다, 매로 때리다,
채찍질하다; (일반적으로) 세게 때리다; ~
bičem 채찍으로 때리다; ~ *po obrazu* 뺨을
세게 때리다 2. (물 등 액체가) 콸콸 쏟아지
다(분출하다), 세차게 뿜어나오다 3. (시선·눈
으로) 날카롭게 보다, 쩌려보다; *pogledom te
šine i u srce prodre* 너를 날카롭게 쩌려보아 심
장까지 떨린다 4. (저주·욕설) 물다, 때리다;
šinula te zmija 뱀한테나 물려버려라 5. ~ se 자
기자신을 때리다; 맞다; ~ *se trskom* 갈대로 자기
자신을 때리다

šinjel (병사들의) 외투(길고 두꺼운)

šinjon 1. (머리의) 쪽 (punđa) 2. (부분적) 가발

šip *-ovi* 1. (나무·콘크리트·강철로 된) 말뚝·기
둥(수직으로 물밑에 혹은 비탈진 경사면 등
에 흙이 무너지지 않도록 떠받치고 있는);

drveni ~ 나무 말뚝; betonski ~ 콘크리트 말뚝 2. 뾰쪽한 끝, 꼭대기 (šiljak) 3. (문·창문 등의) 걸쇠, 꺽쇠

šipak *-pka* 1. (植) 들장미, 들장미의 열매; 석류 (nar, mogranj); *pun kao* ~ 꽉 찬(prepun, nabijen, krcat) 2. (卑俗) 검지손가락과 가운데 손가락 사이에 엄지 손가락을 놓는 것(경멸·멸시·조롱·비웃으며 하는 거절 등의 표시, 옛다 엿먹어라 등의); *pokazati nekome* ~ 누구에게 엿(šipak) 먹으라는 제스처를 보이다; *dobiti* ~ 아무것도 얻지 못하다

šiparac *-rca* 다 큰 소년, 다 성장한 소년
  šiparica

šipčica (지소체) šipka

šipka *(D. -pci; G.pl. šipākā & šipkī)* 1. (목재·금속 등의) 가느다란 막대기(-대); *kontrolna* ~ 검침대(모터 오일 등의) 2. 막대기 모양의 물건; *zlato u ~ama* 금괴(골드바) 3. 기타; *go kao* ~ 아무 것도 없고 갈 데도 없는; *kao* ~ *uz bubanj* 실과 바늘같은 사이; *njih dvoje su kao* ~ *i bubanj* 그들은 항상 붙어 다닌다

šiprag 덤불(žbun, grm)

šipražje (集合) šiprag; 덤불

Šiptar 알바니아인 Šiptarka; šiptarski (形); ~ *jezik* 알바니아어

šipurak *-rka* (植) 들장미, 들장미의 열매 (šipak)

šira (발효 전 또는 발효 중의) 포도액 (mošt)

širenje (동사파생 명사) širiti; 확산, 퍼짐; ~ *bolesti (prosvete, požara)* 질병(계몽, 화재)의 확산; ~ *epidemije (lažnih vesti, propagande)* 전염병(거짓 소문, 선동)의 확산; ~ *gasova* 가스의 퍼짐

širī *-ā, -ē* 참조 širok

širilac *-ioca* 전파(확산)시키는 사람 (raznosač, prenosilac); ~ *bolesti* 질병 전파자; ~ *klica* 보균자; ~ *lažnih vesti* 유언비어 전파자

širina 1. 폭, 너비; *koliko je* ~ *ovoga mosta?* 이 다리의 폭은 얼마입니까?; ~ *platna* 천의 너비 2. 넓게 트인 공간 3. 크기, 넓이, 범위; *još nemamo podataka o* ~*i njihovih pokreta* 그들의 활동(움직임) 범위가 어느정도인지 아직 통계자료가 없다 4. 관대함, 너그러움 (širokogrudnost, velikodušnost) 5. 기타; *geografska* ~ 위도; *severna (geografska)* ~ 북위; *južna (geografska)* ~ 남위

širit 장식용 단; (군·경찰 등의 정장 등에 계급 표시로서의) 장식용 줄

širitelj 참조 širilac; 전파자

širiti *-im* (不完) 1. (폭·너비 등을) 넓히다, 늘이다; ~ *čarape* 양말을 늘이다; ~ *obuću* 구두의 볼을 넓히다; ~ *ulicu* 길을 넓히다; ~ *suknju* 치마를 늘이다 2. (접은 것을) 펴다, 쭉 펼치다; *dobio sam ćebe ... širim ga* 담요를 얻어 ... 그것을 펼쳤다; ~ *tepih* 양탄자를 펴다; ~ *zastavu* 기를 펼치다 3. (활동 범위 등을) 넓히다, 확장하다; ~ *granice* 경계선을 넓히다; ~ *prostor* 공간을 확장하다; ~ *vidike* 시야를 넓히다; ~ *znanje* 지식을 넓히다 4. (손·발을) 좌우로 흔들다, 펼치다; (날개를) 펼치다; *ponoć širi stvarna krila svoja* 저녁에 자신의 진짜 날개를 편다; ~ *ruke u znak nemoći* 할 수 없다는 표시로 손을 들다 5. (눈을) 커다랗게 뜨다 (놀라, 당황하여) 6. (소문·뉴스 등을) 전파하다, 퍼뜨리다; ~ *glasove* 소문을 퍼뜨리다; ~ *vesti* 뉴스를 전파하다; ~ *strah* 공포심을 확산시키다; ~ *zarazu* 전염병을 확산시키다; ~ *pismenost* 문맹을 퇴치다 7. (냄새·향기·악취 등을) 풍기다, 냄새를 풍기다 ; ~ *miris* 좋은 냄새가 나다; ~ *zadah* 악취를 퍼뜨리다 8. ~ *se* (폭·너비 등이) 넓어지다 9. (공간 등이) 넓어지다, 커지다; *tu se širio najveći ... grad starog sveta* 옛날에 가장 큰 대도시가 여기서 점점 커졌다 10. ~ *se* (소문 등이) 확산되다, 퍼지다 11. ~ *se* (냄새 등이) 퍼지다 12. ~ *se* 편안한 자세로 있다, 편히 있다, 편하게 지내다; ~ *se u dvorcu* 궁정에서 편하게 있다; ~ *se na kauču* 긴 소파에서 편하게 있다; ~ *se na imanju* 영지에서 편안하게 있다

širm *-ovi* (전등·램프의) 갓, 빛가리개 (abažur); ~ *na lampi* 램프갓

širok *-a, -o; širi* (形) 1. (폭·너비 등이) 넓은; ~*a ulica* 넓은 도로; ~*a ramena* 넓은 어깨; *soba je* ~*a dva metra* 방이 폭이 2미터이다 2. (옷 등이) 펑퍼짐한; ~ *ogrtač* 펑퍼짐한 외투; ~*o odelo* 펑퍼짐한 옷 3. 다방면의; ~*i pogledi* 다각적인 시각; ~*o obrazovanje* 다방면의 교육; ~*a diskusija* 다방면의 토론 3. (사회의) 광범위한 계층의(숫자상으로 가장 많은); ~*a javnost* 여론; ~*a publika* 대중; ~ *krug čitalaca* 대부분의 독자층 4. 광범위한; ~*a akcija* 광범위한 작전(캠페인); ~ *pokret* 광범위한 운동; ~*a upotreba* 광범위한 사용; ~*a primena* 광범위한 적용; *roba* ~*e potrošnje* 생필품 5. (비교급의 형태로만) 광범위한 의미의, 광의(廣義)의; *šira domovina* 광범위한 의미의 조국; *širi zavičaj* 광범위한 의미의 고향(조국); *u*

Š

širom smislu 넓은 의미로; širi pojam 광의의 개념 6. 마음이 넓은, 후덕한, 관대한, 너그러운; imati ~e srce 너그러운 마음을 갖다 7. 기타; biti ~e volje 기분이 좋다, 좋은 기분이다; ~o more 공해; ~o mu polje 그가 원하는 곳 어디든지 가도록 내버려 둬라(선택의 여지가 많다)

široko (副) (비교급 šire) 참조 širok

široko 열풍(아프리카에서 유럽 남부로 불어오는 뜨거운 바람)

širokogrud -a, -o, **širokogrudan** -dna, -dno (形) 1. 마음이 넓은, 너그러운, 관대한; 이기적이지 않은 2. 후한, 기꺼이 주는

širokogrudost, širokogrudnost (女) 1. 마음이 넓음, 도량이 넓음 2. 관대함, 후함

širom (副) 1. 사방으로; ~ odjeknuti 사방으로 울리다 2. 활짝, 완전히; ~ otvorena vrata 활짝 열린 문; ~ otvorena usta 활짝 벌어진 입; otvori ~ vrata 문을 활짝 열어라 3. (전치사 용법으로, +G) 도처에, 방방곡곡에; ~ sveta (zemlje) 전세계(전국) 도처에

šiša -ē, **šišo** -a & -ē (男) 이발한 사람; 짧게 머리를 깎은 사람(아이)

šiša (유리)병 (boca, staklenica)

šišak 1. (갈기를 짧게 자른 다 큰) 숫컷 망아지 2. 민속 모자의 한 종류 (몬테네그로 및 헤르쩨고비나의)

šišana 참조 šešana

šišanje (동사파생 명사) šišati; 이발; ~ košta 20 dinara 이발비는 20디나르이다; ~ ovaca 양털깎기

šišarac, šišarak (昆蟲) 혹벌과(科); hrastov ~ 어리상수리혹벌

šišarka (D. -rci; G.pl. -rākā & -ī) 1. (침엽수의) 원뿔형의 열매(솔방울·잣방울 등의); borova ~ 솔방울; jelova ~ 전나무 방울, 잣방울

šišaruša (昆蟲) 참조 šišarac

šišati -am (不完) **ošišati** (完) 1. (머리카락·수염 등을 가위 따위로) 자르다, 깎다; 이발하다, 면도하다; ~ kosu (bradu, brkove) 머리(턱수염, 콧수염)를 자르다; kratko ~ 짧게 이발하다; ~ do kože (머리를) 박박 밀다 2. (양털·풀 등을) 깎다, 다듬다; ~ travu (živicu, runo) 풀(생울타리, 양털)을 깎다(다듬다) 3. (nekoga) 머리를 깎다(다듬다); ~ dame 숙녀의 머리를 깎다 4. (비유적, 구어) 벗겨 먹다, 바가지를 씌우다, 빼앗다, 약탈하다, 강탈하다; ~ seljake 촌사람을 벗겨 먹다 5. (누구를 어느 분야에서) 추월하다, 앞지르다, 따라잡다; ~ nekoga u znanju 학식에서 누구

를 앞지르다 6. 연발로 사격하다, 윅 소리를 내며 나르다(총알 등이); granate šišaju iznad naših glava 폭탄이 우리 머리위로 휙휙 날라다닌다 7. (바람이) 매우 빨리 움직이다, 불다; ~ pored zgrade 건물 옆으로 바람이 불다 8. ~ se (자신의 머리·수염 등을) 깎다, 이발하다, 면도하다 9. ~ se (kod nekoga) 누구의 집에서(이발소·미장원에서) 이발하다, 머리를 하다; ~ se kod modnog frizera 미장원에서 머리를 하다 10. 기타; šišano kumstvo (民俗) 아이의 첫 이발(대부가 아이의 첫 이발을 해주는); ko te šiša? 무슨 걱정이야! (너에 대해 아무런 관심도 없다)

šišav -a, -o (形) 짧게 머리를 자른, 짧은 머리를 한; ~a devojčica 짧은 머리를 한 소녀

šiše -eta 망아지 (ždrebe)

šiše -eta (유리)병 (boca, šiša)

šiška (G.pl. šiškī & šišākā) (보통 복수 형태로) 단발의 앞머리(이마를 덮고 있는, 이마위에 있는); ona nosi ~e 그녀는 단발의 앞머리를 하고 있다

šiškati -am (不完) 1. (슈~슈(š-š) 소리를 내며) 아이를 흔들어 재우다 2. 쓰다듬다, 쓰다듬어 마음을 평온하게 하다(안정시키다); ~ konja 말을 쓰다듬다

šiško (男) 짧게 머리를 자른 소년, 짧은 머리의 소년

šišmiš (男) (動) 박쥐 (slepi miš)

šišo 참조 šiša

šištati -im (不完) 1. 쉬쉬(š)소리를 내다; 쉰 듯한 목소리로 말하다(화나서 혹은 속삭이면서); ~ kroz zube 쉬쉬 소리를 내다; ~ od besa 화가 나 쉰듯한 목소리로 말하다 2. (na nekoga) ~에 대해 씩씩거리다(화내다, 비난하다) 3. 씩씩 소리를 내다(뱀이) 4. 쉭 소리를 내다(낫·칼 등을 휘두를 때) 5. (바람 빠지는 소리처럼) 쉭 소리를 내다(압력 밥솥의 압력이 빠질 때, 백파이프의 압력이 빠질 때의)

šištav -a, -o (形) 쉬익 소리를 내는; (목소리가) 쉰

šiti šijem; šit & šiven, -ena; šij (不完) **sašiti** (完) 1. 바느질하다, 꿰매다, 깁다; ~ haljinu (pantalone) 드레스(바지)를 바느질하다; ~ mašinom (rukom) 재봉틀(손)로 바느질하다 2. (醫) (외과적 방법으로) 꿰매다, 봉합하다 3. (비유적) 서둘러 가다, 서두르다, 뛰어가다; ~ kroz šumu 숲을 뛰어가다 4. (화기의 탄환이) 타다닥 발사되다, 쉬이익 빠른 속도로 지나가다(날아가다); grozno šiju mašinke

자동소총이 타타닥 소리를 내며 총알을 내뿜
는다 5. (口語) ~보다 훨씬 더 성공하다(좋은
결과를 얻다), ~보다 더 뛰어나다, 앞지르다
šivač 재봉사 (krojač) **šivačica**
šivaćī *-ā*, *-ē* (形) 바느질용의, 재봉에 사용되
는; *~a mašina* 재봉틀; *~a igla* 바느질 바늘;
~ *pribor* 바느질 도구
šiven *-ena*, *-eno* (形) 참조 šiti; *kaput je lepo*
~ 외투는 재봉이 잘되었다
šivenje (동사파생 명사) šiti: 바느질, 재봉
šiziti *-im* (不完) pošiziti (完) (口語) 정신분열
증 환자처럼 행동하다, 미치다
šizma 분열; (특히 교파·종파의) 분열 (rascep,
raskol); *istočna* ~ 동방정교회의 분열;
zapadna ~ 서방가톨릭의 분열
šizmatik 교회(종파)분리론자, 분리(분파)자
šizofreničar 정신분열증 환자, 조현병 환자
šizofrenija (醫) 정신 분열증(병)
šizofrenik 참조 šizofreničar
škaf (方言) 1. 조그마한 목재 양동이(버킷) 2.
(船泊) 그물 등 어구를 놓는 조그마한 공간
škakljati *-am* (不完) 간지럽히다, 간지럼을 태
우다 (golicati); (감각을) 자극하다 (향기가
코를); ~ *nekoga po tabanima* 누구의 발바
닥을 간지럽히다; *po licu ga je škakljala*
njena kosa 그녀의 머리카락이 그의 얼굴을
간지럽혔다; *miris hrastova lišća ... škakljao*
ih je u nosu 참나무 잎의 향기가 그들의 코
를 자극했다
škakljiv *-a*, *-o* (形) 1. 간지럼을 잘 타는
(golicljiv) 2. (비유적) 민감한, 예민한(누구의
감정을 상하게 할 수 있는); *~o pitanje* 민감
한 질문
škanjac *-njca* (鳥類) (숙어로) ~ *mišar* 말똥가
리(매의 한 종류); ~ *osaš* 벌매(매의 한 종류)
škarambeč (害蟲) 바퀴벌레 (bubašvaba)
škare (女,複) 참조 makaze; 가위
škart *-ovi* 1. (사용되지 않고 버려지는 품질이
나쁜) 불량품, 불합격품; *odbaciti* ~ 불량품
을 폐기처분하다 2. (비유적) (선별시 일에
적합하지 않고 능력이 없다고 선택되지 않는)
아무 쓸모없는 사람, 소용없는 사람, 거부당
한 사람, ; *proglasiti nekoga za ~a* 누구를
소용없는 사람으로 선언하다 3. (한정적 용
법으로, 불변화) 버려지는, 사용되지 않는,
품질이 나쁜; ~ *roba* 품질이 나빠 폐기처분
되는 물건(물품)
škartirati *-am* (完,不完) 1. 불량품(škart)으로
처리하다(폐기처분하다, 선별하다); ~ *robu*
물건을 불량품으로 처리하다; ~ *cipele* 불량
품인 구두를 골라 폐기처분하다 2. 아무 쓸

모없는 사람을 해고하다(직장에서, 업무에서
배제하다); ~ *dvojicu regruta* 두 명의 신입
사원을 해고하다; ~ *radnike* 불필요한 노동
자들을 해고하다
škatula, škatulja (方言) 상자 (kutija)
škembe *-eta* 1. 양(음식 재료로 쓰이는, 소 위
의 안쪽 부분); 그것으로 만든 음식 2. 배,
복부 (trbuh, stomak); *imati veliko* ~ 배가
많이 나왔다 3. (비유적) 어린 아이
škembići (男,複) 슈켐비치 (양(škembe)으로 만든
음식); *naručiti ~e* 슈켐비치를 주문하다
škiljav *-a*, *-o* (形) 1. (눈을) 가늘게 뜨고 바라
보는 (žmirav); 사시의 (zrikav, razrok); ~
čovek 눈을 가늘게 뜨고 보는 사람; *~e oči*
사시(斜視)눈 2. 희미한 빛을 내는, 희미한;
~a lampa 불이 희미한 램프; *~a svetiljka*
희미한 전등
škiljiti *-im* (不完) 1. 눈을 가늘게 뜨고 보다(쳐
다보다), 눈을 찡그리고 보다, 눈을 반쯤 감
은 상태로 보다 (čkiljiti); *oni su škiljili*
oslepljeni svetlom 그들은 빛 때문에 눈을
찡그리고 보았다 2. 사시처럼 보다(쳐다보
다), 사시이다 3. (na (u) nekoga) 뚫어지게 쳐
다보다, 빤히 바라보다 (piljiti) 4. 희미한 불빛
을 내다, 희미하게 비추다 (램프·전등 등이)
šklopac *-pca* 1. (醫) (피부에 난) 물린 자국(모
기 등에); (피부의) 물집 2. (醫) (두려움으로
인한) 발작, 경련 (특히 어린아이의) (fras);
(口語) 파상풍에 의한 경련
šklopocija 고물, (특히 자동차·버스 등의) 폐차
잔해 (krntija, olupina)
škljoc 딸깍, 찰칵 (총의 방아쇠를 당길 때, 자
물쇠를 열 때 나는 소리)
škljoca 1. 주머니 칼, 잭나이프, (버튼을 누르
면) 날이 튀어나오는 칼 2. (嘲弄) 낡고 오래
되어 녹슨 총 (škljocara)
škljocara (嘲弄) 낡고 오래된 총(자주 격발이
되지 않는)
škljocati *-am* (不完) **škljocnuti** *-nem* (完) 찰칵
(딸깍) 소리를 내다 (총의 방아쇠를 잡아 당
길 때, 자물쇠의 열쇠를 돌릴 때, 가위로 이
발할 때, 이빨이 서로 부딪칠 때 등의); *zubi*
mu škljocaju 그의 이가 서로 부딪쳐 딸깍거
린다; *brava je škljocnula* 자물쇠가 찰칵 소
리를 내면서 열렸다; ~ *makazama* 가위로
찰칵거리는 소리를 내다
Škoćanin 참조 Škotska; 스코틀랜드 사람
škoda 참조 šteta
škodan *-dna*, *-dno* (形) 참조 škodljiv; 해로운,
손해를 끼칠 수 있는
škoditi *-im* (不完) (nekome, nečemu) ~에 해

를 끼치다, 손해를 입히다, 손상시키다 (štetiti); ~ *organizmu* 장기(臟器)에 손상을 입히다; ~ *zdravlju* 건강에 해를 끼치다; ~ *nekome* 누구에게 해를 끼치다; *on sam sebi škodi* 그는 자기자신에게 해를 입히고 있다; *to ti škodi zdravlju* 그것은 너의 건강에 해를 끼친다; *to će ~ tvom glasu* 그것은 너의 평판(명성)에 나쁜 영향을 미칠 것이다

škodljiv *-a, -o* (形) 해로운, 손해(손상)를 미치는 (štetan); ~ *uticaj* 해로운 영향

škola 1. 학교; 학교 건물; (학교의) 수업; 학업; 학파; *osnovna (srednja)* ~ 초등(중등)학교; *viša* ~ 전문대학; *osmogodišnja* ~ 8년제 학교; *stručna (tehnička, ekonomska, poljoprivredna, medicinska, brodarska, rudarska)* ~ 전문(기술, 상업, 농업, 의료, 조선, 광업) 학교; *na višim* ~*ama* 전문대학에서; *visoka* ~ 고등교육기관(대학 등의); *vratiti se kući posle* ~ 수업후 귀가하다; *prekinuti* ~*u* 학업을 중단하다; *završiti* ~*u* 학업을 마치다; *Platonova* ~ 플라톤학파; *stoička* ~ 스토아학파; *ići u* ~*u* 학교에 가다; *danas nema* ~*e* 오늘 수업이 없다; *on nema* ~*e* 그는 무학(無學)이다, 정규 교육을 받은 적이 없다; *upisati dete u* ~*u* 아이를 학교에 등록하다(입학시키다); ~ *počinje u 9 sati* 수업은 9시에 시작된다; *pohađati* ~*u* 학교에 다니다 2. (비유적) 인생 경험, 경험에서 얻은 교훈; *to ti je dobra* ~ 그것은 너에게 좋은 인생 경험이다 **školski** (形) ~*a godina(vlast, zgrada)* 학년도(학교 당국, 학교 건물); ~ *raspust* 방학; ~*o dvorište* (학교)운동장; ~ *drug* 학교 친구

školarac *-rca* 학생 (đak, učenik)

školarina (학교의) 등록금

školati (se) (不完) 참조 školovati (se)

školica 1. (지소체) škola 2. 아이들 놀이의 한 종류; 돌차기 놀이, 사방치기 놀이; *igrati se* ~*e* 돌차기 놀이를 하다

školovan *-a, -o* (形) (잘) 교육받은; 많이 배운, 교양(학식)있는 ~ *čovek* 많이 배운 사람

školovanje (동사파생 명사) školovati; *biti na* ~*u* 수학(修學)중 이었다

školovati *-lujem* (不完) 1. (nekoga) 학교에 다니게 하다; ~ *sina* 아들이 학교에 다니게 하다 2. 교육시키다(학교에서); ~ *vrsne kadrove* 여러 인재들을 교육시키다 3. ~ **se** 학교에 다니다, 학교에서 교육받다(공부하다); *on se školovao u Engleskoj* 그는 영국에서 학교에 다녔다; ~ *se u inostranstvu* 외국에서 유학하다

školski *-a, -ō* (形) 1. 참조 škola; 학교의; ~*a zgrada* 학교 건물; ~ *program* 학교 프로그램 2. 전형적인 (tipičan); ~ *primer* 전형적인 예 3. 정형화된, 틀에 짜맞춰진 (šablonski); ~*a kritika* 정형화된 비판

školstvo 학제, 학교 교육, 학교 교육제도

školj *-evi* 1. 작은 섬, 조그마한 섬 2. 바다 암초

školjka (D. *školjci*, G.pl. *školjkī* & *školjākā*) 1. 조개, 조개류; 조개 껍질; 조개 껍질과 비슷한 것(물건); *morska* ~ 바닷조개; *biserna* ~ 진주조개; *rečna* ~ 민물조개 2. (解) 외이(外耳), 귓바퀴 3. (자동차의) 차대, 샤시; ~ *automobila* 자동차의 차대

školjkast *-a, -o* (形) 조개 모양의, 조개 같은; ~ *izgled* 조개 모양; ~ *predmet* 조개 모양의 물건

školjkica (지소체) školjka

škopac *-pca* 1. 거세한 숫양 2. 거세한 남자, 환관, 내시 (uškopljenik, evnuh)

škopiti *-im* (不完) **uškopiti** (完) (숫컷 동물·남자 등을) 거세하다 (kastrirati, jaloviti); ~ *ovnove* 양들을 거세시키다

škopljenje (동사파생 명사) škopiti

škorpija (女) 1. 전갈 2. (대문자로) (天) 전갈자리, 천갈궁(황도 십이궁의 여덟째 자리)

škorpion (男) 1. 전갈 2. 총의 한 종류

Škotska 스코틀랜드 **Škot, Škotlanđanin**; **Škotkinja, Škotlanđanka; Škoćanin; Škoćanka; škotski** (形)

škrabalo (中) (嘲弄) (글자를) 휘갈겨 쓰는 사람; 글을 못쓰는 사람, 글을 못쓰는 작가, 엉터리 작가, 삼류 작가 (piskaralo)

škrabati *-am* (不完) **naškrabati** (完) 1. (글씨를 알아 볼 수 없게) 휘갈겨 쓰다, 끄적이다, 아무렇게나 그리다 (švrljati); ~ *po papiru* 종이에 아무렇게나 쓰다, 낙서하다 2. (嘲弄) (형편없이) 쓰다, 잘 못 쓰다, 형편없는 내용을 쓰다 (보통 돈벌이를 위해) (piskarati); ~ *o nečemu* ~에 대해 잘 못쓰다

škrabica 1. (지소체) škrabija; 서랍 (fioka, ladica) 2. 상자 (돈을 집어 넣을 수 있도록 위가 뚫려 있는); 모금함, 저금통 (kutija)

škrabotina (보통 複數로) 1. 끄적거린 것, 낙서한 것 (švrljotina); ~*e na zidu* 벽의 낙서 2. (작가들의) 형편없는 글(텍스트)

škrapa (석회암 지대에 있는 석회암들의) 갈라진 틈

škrba 부러진(손상된) 이(齒); 이의 손상된 부분; ~의 손상된(훼손된) 부분(보통은 칼의 날, 예리한 무기 등의)

škrba 1. 이(齒)가 부러진 여자, 이빨이 빠진 여자 2. 구순구개열을 가진 여자, 언청이 여자; 구순 구개열 입술

škrbast *-a, -o,* škrbav *-a, -o* (形) 1. (이(齒)가) 부러진, 손상된, 훼손된 (oštećen, okrnjen, krnj) 2. (사람 혹은 동물이) 이(齒)가 부러진 (손상된, 훼손된); 이(齒)가 없는(부분적으로 혹은 완전히) (krezub); ~*a žena* 이빨 빠진 여자 3. 톱니모양으로 손상된(훼손된), 이빨 빠진 것 처럼 손상된 (krezav); ~ *panj* 톱니모양으로 훼손된 그루터기 4. 구순구개열 입술을 가진; ~*a devojčica* 언청이 소녀

škrbina 1. 부러진(훼손된) 이(齒)의 나머지 부분; 이(齒)가 빠진 곳 2. (뾰족뾰족 날카롭게 솟아난 산악 바위의) 갈라진 틈

škrbo *-a* & *-e* (男) 이(齒)가 부러진 남자, 이가 빠진 남자

škrbotina 부러진 이(齒)의 나머지 부분; 이(齒)가 빠진 곳 (škrbina)

škrge *-ā* (女,複) (물고기의) 아가미; *u sveže ribe su ~ ... rumene* 신선한 물고기의 아가미는 붉다*disati na ~e* 힘들게 숨을 쉬다 škržni (形)

škrgut 이(齒)가는 소리 (분노·고통으로 인한); 삐거덕 거리는 소리; ~ *zuba* 이(齒)가는 소리; ~ *vrata* 문이 삐걱거리는 소리; ~ *peska* 모래가 쏠리는 소리

škrgutati *-ćem* (不完) škrgutnuti *-nem* (完) 이(齒)가는 소리를 내다, 삐걱거리는 소리를 내다; 이(齒)를 갈다, 삐걱거리다; ~*zubima* 이(齒)가는 소리를 내다

škriljac *-ljca* (鑛物) 세일, 이판암, 편암, 점판암; *nafta iz ~ā* 세일 오일 škriljčan (形); ~*a nafta* 세일 오일

škriljast *-a, -o,* škriljav *-a, -o* (形) 편암의, 편암 구조의 (slojevit, pločast); ~*a stena* 편암 구조의 바위

škriljavac *-vca,* škriljevac *-vca* (鑛物) 참조 škriljac

škrinja 궤, 상자(뚜껑이 있는, 그 안에 여러가지를 보관하는) (skrinja)

škrip (바위·암석의) 갈라진 틈; 산협, 협곡 (tesnac); *skrivati se u ~u* 협곡에 숨다

škrip 삐걱거리는 소리, 딸까닥 거리는 소리; ~ *vrata* 문의 삐거덕거리는 소리; ~ *burgije* 드릴의 윙하는 소리; ~ *makaza* 가위의 딸까닥거리는 소리

škrip (機) (드릴 등의) 척, 물림쇠

škripa 1. 삐걱거리는 소리, 덜커덩거리는 소리, 딸까닥거리는 소리 (윤활유가 칠해지지 않은 기계 등이 운전될 때, 문 등이 열릴 때 등

의); ~ *vrata* 문의 삐걱거리는 소리; ~ *kočnica* 브레이크의 끽하는 소리; ~ *snega* 눈(雪)의 뽀드득거리는 소리; ~ *zuba* 이(齒)가는 소리 2. 바스락거림, 살랑거림 (šuštanje, šuškanje); ~ *svile* 비단이 살랑거림

škripac *-pca* 1. 출구가 없는 매우 어려운 상황(위치), 진퇴양난(진퇴유곡), 딜레마; *zapasti (upasti) u ~* 딜레마에 빠지다, 진퇴양난에 빠지다; *naći se u ~pcu* 매우 어려운 상황에 처하다; *izvući se iz ~pca* 매우 어려운 상황에서 빠져나오다; *naterati nekoga u ~* 누구를 진퇴양난에 빠뜨리다 2. (바위·암석의) 갈라진 틈 (škrip) 3. (獸醫學) 말(馬) 뒷발굽 염증

škripati *-am* (不完) 1. 삐걱거리는(덜컹거리는, 딸깍거리는) 소리를 내다 (윤활유 등이 칠해져 있지 않은 기계·문 등이); *(nečim)* 삐걱거리다, 딸깍거리다; ~ *vratima* 문이 삐걱거리다; ~ *zubima* 이(齒)를 갈다 2. (비유적) (보통은 無人稱文으로) 삐걱거리다, 잘못되어가다; *nešto je škripalo u kolektivu* 공동체는 뭔가 삐걱거린다

škripav *-a, -o* (形) 1. 삐걱거리는, 딸깍거리는; ~*a vrata* 삐걱거리는 문; ~*a kola* 덜컹거리는 자동차; ~ *sneg* 뽀드득거리는 눈(雪) 2. (목소리가) 째지는 듯한, 쉰, 허스키한 (kreštav)

škripeti *-im,* škripiti *-im* (不完) škripnuti *-nem* (完) 참조 škripati

škriputati *-ćem* (不完) (지소체) škripati; 약간 삐걱거리다

škriputav *-a, -o* (形) (약간) 삐걱거리는; ~*i točkovi* 삐걱거리는 바퀴; ~*i zvukovi* 삐걱거리는 소리

škrlet 참조 skrlet; (病理) 성홍열

škrlet 조각 (komad, parče, odlomak)

škrob 참조 skrob; 녹말, 전분

škrofule (女,複) (病理) 연주창(림프샘의 결핵성 부종인 갑상선종이 헐어서 터지는 병)

škrofuloza (病理) 연주창, 선병(腺病)

škrofulozan *-zna, -zno* (形) 연주창에 걸린, 선병(腺病)의

škropilica (女), škropilo (中) 1. (宗) (가톨릭) (살수식에 쓰이는) 살수기, 관수기(器), 성수채 (kropilo) 2. (물 등을 분사하는) 분무기 (prskalica)

škropionica (宗) (가톨릭의) 성수기(器)(성수가 담겨져 있는)

škropiti *-im* (不完) poškropiti (完) 1. (물 등을 작은 물방울 형태로) 뿌리다, 흩뿌리다, 분무하다 (kropiti); ~ *rublje* 옷에 물을 분무하다;

Š

~ *osvećenom vodom* 성수를 뿌리다 2. (비가) 부슬부슬 오다(내리다); *kiša škropi* 비가 보슬보슬 내린다

škrt *-a, -o* (形) 1. (돈에 대해) 인색한, 쩨쩨한; 구두쇠의, 수전노의; ~ *čovek* 돈에 인색한 사람 2. (일반적으로) 인색한, 아끼는; ~ *na rečima* 말수가 적은; ~ *u snižavanju cena* 가격 인하 면에서 인색한; ~ *u pohvali* 고마워하는데 인색한 3. (비유적) (토지가) 척박한, 비옥하지 않은; ~*a zemlja* 척박한 땅; ~*a njiva* 척박한 초지; ~*a oranica* 척박한 경작지 4. (일반적으로) 빈약한, 부족한, 적은; ~*a večera* 차린 것 없는 저녁; ~*e vesti* 빈약한 뉴스 5. (세기·강도 등에서) 약한, 불충분한; ~*a vatra* 약한 불; ~*o sunce* 볕이 쩡쩡나지 않는 해; ~*e osvetljenje* 희미한 불빛

škrtac *škrca, škrče; škrci, škrtaca* 구두쇠, 수전노 (tvrdica, cicija) **škrčev** (形)

škrtariti *-im* (不完) (특히 돈에) 인색하게 굴다, 필요 이상으로 아끼다, 수전노처럼 행동하다 (tvrdičiti, cicijašiti); ~ *s novcem* 돈에 인색하게 굴다; ~ *u jelu* 음식을 아끼다

škrtost (女) (특히 돈에) 인색함 (tvrdičluk, cicijaštvo)

škržnī *-ā, -ō* (形) 아가미(škrge)의; ~ *poklopac* 아가미 덮개; ~ *krvni sudovi* 아가미 혈관

škuna (女), **škuner** (男) 스쿠너(돛대가 두 개 이상인 범선)

škvor, škvorac *-rca* 참조 čvorak; (鳥類) 찌르래기

šlafrok 나이트 가운, 목욕 가운(목욕후, 취침 전후에 입는)

šlag 1. (거품을 일게 한) 생크림; *piti kafu sa ~om* 생크림을 얹은 커피를 마시다; *torta sa ~om* 생크림을 얹은 케이크 2. (醫) 뇌졸중, 뇌출혈; 심장마비

šlager 1. (音樂) 히트 곡, 인기 곡; *pevati ~e* 히트 곡을 노래부르다 2. 인기 연극(영화) (관중들이 폭넓게 사랑하는); ~ *sezone* 계절에 맞는 인기 영화(연극) 3. (일반적으로) 인기있는 것, 인기를 끄는 것

šlagvort 1. (演劇) (연극에서 배우의 연기 시작을 알리는) 신호, 큐 2. 표어, 슬로건 (krilatica, parola, geslo, deviza)

šlajbok 참조 novčanik; 지갑

šlajer 베일(보통 귀부인들의 모자에 달아 눈을 가리는) (veo, koprena); 신부의 면사포

šlajfna *(G.pl. -ī)* 1. (印刷) 교정쇄 (šif) 2. (영화) (촬영된) 영화 필름

šlajfovati *-fujem* (不完) 1. 미끄러지다; (바퀴가) 제자리에서 헛돌다; *kvačilo šlajfuje* 변속기기 헛돈다 2. (날을 세우거나 매끄럽게 하기 위해) 갈다 (oštriti, brusiti): ~ *ventile* 밸브를 매끄럽게 갈다

šlajm 점액질; 가래, 콧물 (sluz); *izbacivati ~* 가래를 내뱉다

šlajpik 참조 šlajbok; 지갑

šlampast *-a, -o,* **šlampav** *-a, -o* (形) (복장·외모·행동 등이) 단정치 못한, 지저분한; (일·작업 등이) 엉성한, 서툰, 되는대로 하는, 성의 없이 하는 (aljkav; nespretan)

šlampavac *-vca* (옷차림이) 단정치 못한 사람; (언행·작업 등을) 아무렇게나 하는 사람, 성의없이 하는 사람

šlampavica 참조 šlampavac

šlang, šlank (形), (不變) 날씬한, 호리호리한, 가느다란 (vitak, tanik); *biti ~* 날씬하다

šlem *-ovi* 헬멧, 안전모(군인·노동자·광부들이 사용하는); *plavi ~ovi* UN 평화유지군; *nositi ~* 헬멧을 쓰다

šlep *-ovi* 1. (여성들의 긴 정장 드레스의 바닥에 끌리는) 옷자락 2. (선박) 바지선(엔진이 달려있지 않은); *istovariti ~* 바지선에서 짐을 내리다(부리다)

šleper 1. 예인선(曳引船), 끌배 (šlep을 끄는) (tegljač, remorker) 2. (뒤에 화물칸을 덧붙여 운행하는) 트럭

šlepovati *-pujem* (不完) 1. 바지선을 예인하다 (끌다); (일반적으로) 끌다, 끌어당기다, 견인하다; ~ *pokvareni auto* 고장난 자동차를 견인하다 2. (nekoga) ~를 돌보다, 도와주다 (일하기를 싫어하는 그 누구를)

šlep-služba 견인 부서(자동차의)

Šleska 실레지아(폴란드 서남부와 체코 동북부에 걸친 지역의 역사적 명칭) **šleski** (形); **Šlezija; Šlezanin**

šlic (드레스·스커트 등의) 길게 째진 데, 트임 부분; 바지의 앞 트임 부분 (단추를 채우는); (razrez, prorez); ~ *na suknji* 치마의 트임 부분

šlif 1. (광택 나도록) 닦기, 윤 내기; 윤, 광택; *ogledalo sa ~om* 광택나는 거울; *steći ~* 광택이 나다 2. 세련된 행동, 품위, 고상함 (finoća); *nemati ~a* 세련됨이 없다

šlifovati *-fujem* (完,不完) 1. 윤내다, 광택을 내다, 닦다; *šlifovani biljur* 광택나는 크리스탈; *šlifovano staklo* 반짝반짝 닦은 유리 2. (nekoga) 누구를 품위있게 행동하도록 가르치다(교육하다)

šlingeraj (옷·천 등의) 자수, 레이스 (vez,

čipka)

šlingovati -gujem (不完) 자수 또는 레이스로 장식하다(옷·천 등을)

šliper (철로의) 침목

šlog (病理) 뇌졸중, 뇌출혈; 심장마비; strefio ga je ~ 그는 풍을 맞았다(그에게 뇌졸중이 일어났다)

šloser 1. 자물쇠공, 열쇠공 (bravar) 2. (비유적) 문외한(門外漢), 비전문적인 사람

šlus (숙어로 사용) i ~! 자 이제 그만합시다! (토론, 대화 등을)

šljahta (歷) (폴란드의 예전) 소귀족

šljaka 광재(鑛滓: 광석을 제련한 후에 남은 찌꺼기), 용재(鎔滓), 슬래그

šljam 1. 진흙, 진창 (mulj, blato, talog) 2. (비유적) (嘲弄) (사회의) 쓰레기 같은 인간 집단; 인간쓰레기, 쓰레기 같은 인간, 건달, 불량배 (ološ, nitkov, hulja)

šljampav -a, -o (形) 참조 šlampav

šljampavac -vca 참조 šlampavac

šljap (보통 반복해서 사용) 철썩철썩, 철푸덕 철푸덕, 첨벙첨벙 (물웅덩이 혹은 진창을 밟을 때, 수면 위를 칠 때 나는 소리)

šljapati -am (不完) 첨벙거리다 (물속·물웅덩이·진창 등을 밟로); ~ po vodi 물에서 첨벙거리다; ~ po bari 늪에서 첨벙거리다

šljapiti -im (完) 첨벙거리다(첨벙(šljap)소리를 내면서); 뺨을 철썩때리다

šljapkati -am (不完) 1. (지소체) šljapati; ~ po blatu 진창에서 첨벙거리다 2. 찰싹찰싹 때리다; ~ po obrazu 뺨을 철썩때리다

šljem 참조 šlem

šljepati -am (不完) (손바닥으로) 철썩 때리다 (치다); ~ šamar nekome 누구의 뺨을 철썩 때리다

šljiva 1. (植) (서양)자두나무; 그 열매, 플럼; suva ~ 말린 자두, 프룬; kompot od ~ā 설탕에 절인 플럼 2. (피부의) 멍 (modrica); imati ~e po telu 몸 전체에 멍이 있다

šljivov -a, -o (形) (서양)자두의, 플럼의; ~o drvo (서양)자두나무; ~ štap (서양)자두 막대기; ~a rakija 플럼으로 빚은 라키야; ~a grana (농담) 라키야; nakitio se ~om granom, ubila ga ~a grana 그는 술취했다

šljivovica 플럼으로 빚은 라키야

šljivovina (서양)자두나무 목재(木材)

šljoka (옷 장식용의) 장식용 반짝이(보통은 둥근 조각의, 금속제·유리재의)

šljokica (지소체) šljoka

šljuka (鳥類) 도요새; (複數로) 도요과의 새; ~ kokošice 깝도요; šumska ~ 누른 도요

šljunak -nka (보통은 집합적 의미로) 자갈(바다·강의 물결로 둥그렇게 된, 건설자재로 쓰이는); 조약돌 **šljunčani** (形)

šljunkovit -a, -o (形) 자갈이 많은; ~o korito reke 자갈이 많은 강 바닥; ~a obala 몽돌 해변; ~ nasip 자갈이 많은 제방; ~a staza 조약돌 길

šljupka (배(보통은 전선(戰船)에) 싣고 다니는) 작은 목선(6-8개의 노를 젓는)

šminka -ki, -ī 화장품(크림·분·립스틱 등의); staviti (skinuti) ~u 화장하다(화장을 지우다)

šminkati -am (不完) našminkati (完) 1. 화장시키다, 화장품을 바르다; ~ lice 얼굴에 화장품을 바르다; ~ glumca 배우를 화장시키다 2. ~ se 화장하다; ona se šminka 그녀는 화장한다

šminker 메이크업 담당자, 분장사 (영화나 연극의)

šmirgla 1. (鑛物) 금강사(金剛沙) (korund, smirak) 2. 사포(沙布); glačati ~om 사포로 문지르다; čistiti ~om 사포로 깨끗이 하다

šmirglati -am (不完) 사포질하다, 사포로 문지르다

šmirgl-papir 참조 šmirgla

šmizla 허영부리는 여자, 유행에 따라 옷치장 하는 여자; 교태부리는 여자 (pomodarka, koketa, kaćiperka)

šmokljan 우둔한 사람, 둔한 사람; 주의가 산만한 사람

šmrk -ovi 1. 펌프; (고무 호스, 소방 호스 등의) 호스 (pumpa, crpka; crevo) 2. (코담배의 한 번 빨아들일 만한) 1회 분량; ~ burmuta 코담배 1회 흡입 분량

šmrkati -čem (不完) šmrknuti -nem (完) 1. (콧물·물·액체등을) 코로 훌쩍이다, 코를 훌쩍이다; (코담배·코카인 등을) 코로 흡입하다(빨아들이다); 코를 팩 풀다; ~ burmut 코담배를 흡입하다; nemoj da šmrčeš 코 훌쩍이지마 2. (거칠게 숨쉬며) 단속적으로 울다

šmrkav -a, -o (形) 자주 코를 훌쩍이는

šmrkavac -vca 자주 코를 훌쩍이는 소년 (balavac) **šmrkavica**

šmrknuti -nem (完) 참조 šmrkati

šmugnuti -nem (完) 알아채지 못하게 빠르게 사라지다(없어지다)

šnajder 참조 krojač; 재봉사, 재단사

šnajderaj 참조 krojačnica; 양복점, 양장점

šnajderica 참조 krojačica

šnala 버클, 걸쇠(혁띠 등의), (집게 모양의)머리핀 (kopča, šnala); ~ za kosu 머리핀

šnenokle -ā (女,複) (식후에 먹는) 일종의 커스

터드

šnešue (女,複) (눈에 빠지지 않기 위한) 눈신, 설상화(여성용의)

šnicla 커틀릿(고기·생선 따위를 다져 둥글납작하게 만든 뒤 튀김옷을 입혀 익힌 것) (한국의 돈까스와 비슷한); *teleće ~e* 빌 커틀릿; *svinjske ~e* 포크 커틀릿; *bečka ~* 비프 커틀릿

šnirati *-am* (不完) 끈(šnir)을 매다, 끈으로 묶다(신발·구두·옷 등의 양쪽에 난 구멍을 통해); *~ cipele* 구두끈을 묶다

šnit *-ovi* (옷 따위를 만드는 데 쓰는) 본; *~ za haljinu* 드레스 본; *~ za cipele* 구두 본

šnur *-evi* 끈, 노끈, 줄 (vrpca, gajtan, konopac)

šoder 자갈, 조약돌, 쇄석 (tucanjk, šljunak)

šofer 운전수(버스·트럭·자동차 등의) (vozač) **šoferski** (形); *~a tabla* (자동차의) 계기판, 대시보드

šoferšajbna (자동차의) 앞면 유리창

šofirati *-am* (不完) (자동차 등을) 운전하다 (voziti)

šogor 1. 참조 šurak; 처남 2. 참조 pašenog; 동서(아내 자매의 남편)

šogorica 참조 svastika; 처제, 처형

šojka 참조 kreja; (鳥類) 어치(까마귓과의 새)

šok *-ovi* (의학적인) 쇼크; (심리적인) 쇼크, 충격; *pao je u ~* 그는 쇼크를 일으켰다; *biti u ~u* 쇼크 상태이다; *lečiti ~ovima* 쇼크요법으로 치료하다; *šok-soba* (병원의) 집중치료실, 중환자실

Šokac *-kca, -kče; -kci, -kacā* 쇼까쯔인(人)(16-18세기경 보스니아 서부지역에서 보이보디나 지역으로 이주한 종족, 종교는 가톨릭, štokavski-ikavski를 사용) **Šokica; šokački** (形)

šokantan *-tna, -tno* (形) 쇼킹한, 충격적인; *~ događaj* 쇼킹한 사건; *~ postupak* 쇼킹한 행동

šokčiti *-im* (不完) 1. 쇼까쯔인(人)화하다, 가톨릭화하다, 가톨릭으로 개종시키다 2. *~ se* 쏘까쯔인화되다, 가톨릭으로 개종하다

šokirati *-am* (完) 1. (nekkoga) 쇼크를 주다, 충격을 주다, 깜짝 놀라게 하다, 경악하게 하다; *~ publiku* 대중을 깜짝 놀라게 하다; *~ slušaoce* 청취자를 깜짝 놀라게 하다 2. *~ se* 깜짝 놀라다, 경악하다

šok-soba (병원의) 집중치료실, 중환자실

šolja 1. (도자기로 된 커피·차 등의, 손잡이가 있는) 잔; *porcelanska ~* 자기잔; *~ čaja* 커피잔; *gledati u ~u* (迷信) (커피잔의 커피 찌

거기 형태로) 점을 치다 2. (화장실의) 변기; *klozetska ~* 화장실 변기

šoljica (지소체) šolja; (보통 터키식 커피용의) 작은 커피잔

šoma (嘲弄) 약한 라키야; 라키야 (cujka)

šonja *-ē*, **šonjo** *-a & -ē* (男) (嘲弄) 우유부단한 사람, 결단력 없는 사람, 의지가 박약하고 비활동적인 사람 (slabić, mekušac)

šonjav *-a, -o* (形) 우유부단한, 결단력 없는, 뜨뜻미적지근한, 의지가 박약한 (neodlučan, povodljiv, mlak)

šopati (se) *-am (se)* (不完) (손바닥 등으로) 철썩 때리다

šor *-a; -ovi* 길, 골목 (ulica, sokak)

šorati *-am* (不完) **šornuti** *-nem* (完) 1. (발로) 차다, 밀치다; *~ loptu* 공을 차다; *~ kapu* 모자를 발로 밀치다 2. (卑俗) 오줌싸다

šorc *-cem* (짧은) 반바지; *u ~u* 반바지에; *obući ~* 반바지를 입다

šou *šoa; šoovi* (男) 1. (극장에서 하는) 쇼, (특히 춤과 노래가 포함되는) 공연물; *šou-biznis* 연예 비즈니스 2. (비유적) 흥미로운 구경거리(행사); *napraviti ~* 흥미로운 구경거리를 만들다 3. 흔치 않은 행동, 스캔들; *napraviti ~* 스캔들을 만들다

šovinist(a) (男) 쇼비니스트, 맹목적 애국주의자, 광신적 성(性)차별주의자; *muški ~* 맹목적 남성우월주의자 **šovinistkinja**

šovinistički *-ā, -ō* (形) 쇼비니스트의; *~a politika* 쇼비니스트적 정책; *~ mržnja* 쇼비니스트적 증오

šovinizam *-zma* 쇼비니즘, 광신(맹목)적 애국주의(심); (특정한 주의·집단에 대한) 광적인 충성, 쇼비니즘; 광적인 성(性)차별주의

špageti *-etā* (男,複) (料理) 스파게티

špahtla (시멘트 등을 바르는) 흙손

špajz *-ovi & -evi* 식료품 저장실(보통 부엌 옆에 있는), 팬트리 (ostava, spremnica)

špalir 1. 두 줄로 늘어선 환영 행렬; *proći kroz ~* 두 줄로 늘어선 행렬을 통과하다(지나다); *ljudi su stajali u ~u* 사람들은 두 줄로 늘어섰다 2. (歷) 형벌의 한 종류(죄인이 두 줄로 늘어선 행렬을 지나면서 육체적 학대나 모욕을 받는)

špalta 참조 šif; 교정쇄(刷)

špaltirati *-am* (完,不完) 교정쇄를 만들다, 교정쇄를 인쇄하다

Španac 참조 Španija; 스페인 사람

španać 참조 spanać; 시금치

španga 1. 머리핀, 브로치 (머리나 옷을 고정시켜주는) 2. (중세 오스트리아헝가리 군대의)

팔과 다리를 함께 묶어 놓는 형벌 3. 중세 고문기구의 한 종류

španija 스페인; **Španac**; **Špankinja**; **španski** (形): **Španjolac**; **Španjolka**; **španjolski** (形)

spanijel (動) 스패니얼(기다란 귀가 뒤로 처져 있는 작은 개)

šparati ~*am* (不完) 참조 štedeti; 절약하다, 저축하다

šparet 참조 šporet

šparga, špargla (식용의) 아스파라거스

šparkasa 저금 상자(보통은 자물쇠가 있는), 저금통

špartati ~*am* (不完) 1. 가로세로줄을 긋다; ~ *papir* 종이에 가로세로줄을 긋다 2. (비유적) 이리저리 왔다갔다 하다, 어슬렁거리다, 방황하다 (skitati se, lunjati); ~ *po ulicama* 거리를 어슬렁거리다; ~ *po gradu* 도시를 방황하다

špeceraj 1. 식품, 식료품; 잡화 2. 잡화 가게, 슈퍼마켓

špedicija (화물의) 선적, 운송(주로 해외로의); 그러한 일과 관련한 업무를 하는 회사; 통관 회사, 관세업무 회사

špediter 선적 처리 업자, 운송업자(해외로의); (화물의) 통관업무에 종사하는 사람, 통관대행 회사 **špediterski** (形); ~*o preduzeće* 통관대행회사, 운송회사(해외로의); ~*e usluge* 통관서비스

špek 참조 slanina; 베이컨, 삼겹살

špekulacija 1. 투기; *baviti se* ~*om* 투기하다 2. 추측, 어림짐작

špekulant 투기꾼 (račundžija); **špekulantica, špekulantkinja**; **špekulantski** (形)

špekulirati ~*am*, **špekulisati** ~*šem* (不完) 1. 투기하다; ~ *na berzi* 주식에 투기하다; ~ *devizama* 외환에 투기하다 2. 추측하다, 짐작하다

špenadla 핀(옷 등을 고정시키는데 사용하는) (pribadača, čioda)

šperovan ~*a*, ~*o* (形) 참조 šperovati; ~*o drvo* 합판, 베니어판

šperovati ~*rujem* (不完) 베니어판을 붙이다, 합판을 만들다

šperploča 합판, 베니어판

špic ~*a*; ~*evi* 1. (뾰족한) 끝, 꼭대기 (vrh, vršak, šiljak); ~ *noža* 칼의 뾰족한 끝; ~ *olovke* 볼펜의 끝; ~ *cipele* 구두의 코; *na* ~*u* 꼭대기에 2. (축구) 공격의 선봉, 포워드 위치; *u* ~*u napada* 공격의 선봉에서; ~-*igrač* 최전방 공격수, 스트라이커 3. (動) 스피츠(희고 입이 뾰족한 포메라니아종의 작은

개) 4. (보통 숙어로) *u* ~*u* (출퇴근의) 교통혼잡시간에, 러시아워에; *saobraćajni* ~ 러시아워; *vraćati se s posla u* ~*u* 러시아워시간에 직장에서 돌아오다

špica 1. 꼭대기, 끝, 정상 (vršak, šiljak); ~ *brda* 언덕 꼭대기; *naći se (biti) na* ~*i najpopularnijih pevača* 가장 인기있는 가수들의 최정상에 있다 2. 연출 및 출연진 명단 (영화·드라마의 상영전 화면에 비춰지는) 3. 러시아워, (출퇴근의) 교통혼잡시간 (špic)

špicast ~*a*, ~*o* (形) 끝이 뾰족한 (šiljast); ~ *nos* 끝이 뾰족한 코; ~*a brada* 뾰족한 턱

špicel, špicil, špicelov 경찰 정보원, 스파이

špigl 거울 (ogledalo)

špijati ~*am* (不完) 참조 špijunirati; 스파이 활동을 하다

špijun 스파이, 정보원, 첩자; 경찰의 비밀 정보원; *dvostruki* ~ 이중첩자; **špijunka**; **špijunski** (形)

špijunaža 스파이 행위(활동), 첩보원 활동(행위)

špijunirati ~*am* (不完) 스파이 활동을 하다, 첩자 활동을 하다; ~ *nekoga* 누구에 대해 스파이 활동을 하다, 누구를 몰래 엿보고 엿듣다

špikovati ~*kujem* (完,不完) (料理) 고기에 잘게 썰은 베이컨을 끼워 넣다(채워 넣다) (보다 맛있게 하기 위해)

špil (보통 숙어로) ~ *karata* 카드 팩(한 벌)

špilja 1. 굴, 동굴, 바위동굴 (pećina) 2. (비유적) 소굴(산적·도둑 등의) (jazbina); *razbojnička* ~ 강도 소굴; *lupeška* ~ 도둑들의 소굴

špinat 참조 spanać; 시금치

špirit, špiritus (마실 수 있는) 에탄올, 에틸 알코올; **špiritusni** (形); ~*a lampa* 에탄올 램프; *denaturisani (denaturirani)* ~ (공업용의) 변성 알코올, 메탄올, 메틸 알코올

šporet (조리용) 레인지, 스토브; *električni* ~, ~ *na struju* 전기 레인지, ~ *na plin (na gas)* 가스 레인지; ~ *na drvo* 장작 레인지

špric ~*evi* 1. (醫) 주사기 2. 스프링클러, 분무기 (prskalica)

špricati ~*am* (不完) 1. (분무기, 스프링클러 등으로부터 물 등이) 분무하다, 분사하다, 분출하다; *voda šprica na sve strane* 물이 사방으로 분출된다; ~ *lozu* 장미에 물을 뿌려주다(스프링클러·분무기 등으로) 2. 적시다, 물을 내뿜다; *nemoj da me špricaš!* 내게 물을 쏘지마 3. 주사하다; ~ *nekoga protiv gripa* 독감 예방 주사를 놓다

špricer 백포도주(탄산수와 섞은); *napraviti* ~ 백포도주에 탄산수를 타다; *hladan kao* ~ 냉

Š

1283

정한, 냉혹한

špula, špulna (실을 감는) 실패, 실감개 (kalem); ~ *konca* 실패

šraf *-a; -ovi* 나사(못) (zavrtanj, vijak)

šrafa (보통 複數로) (지리 지도에서 고저를 나타내는) 등고선

šrafciger (나사를 돌리는) 드라이버 (odvrtač, odvijač)

šrafirati *-am* (不完) 1. 음영을 넣다 (senčiti, šatirati) 2. (지리 지도에) 등고선을 그리다, 등고선으로 높이를 나타내다

šrapnel (포탄의) 파편

Šri Lanka 스리랑카

šta I. 1. (의문대명사) 무엇, 어떤, 무슨 (잘 알지 못하는 물건·현상·개념 등을 묻는); ~ *si doneo?* 무엇을 가져 왔느냐?; ~ *radiš?* 무엇을 하느냐?; ~ *hoćeš?* 무엇을 원하느냐?; ~ *mu se desilo?* 그에게 어떤 일이 일어났느냐?; *čega se bojiš?* 무엇을 두려워하느냐?; *čemu se nadaš?* 무엇을 희망하느냐?; *čime obrađujem zemlju?* 무엇으로 땅을 갈지?; *o čemu razgovarate?* 무엇에 대해 이야기하시는지요? 2. (비한정적 의미로) 뭔가, 그 어떤 (nešto, bilo šta, išta); *ima li ~ za ručak?* 점심으로 먹을 뭔가가 있는가?; *slabo se moglo čuti od buke* 시끄러러 거의 들리지 않는다 3. (관계, 상대적 의미로) ~(있는, 하는)것 (ono što); *doneo je ko je ~ imao* 있으면 있는대로 없으면 없는대로 가져왔다; *neka svako kaže ~ misli o tome* 그것에 대해 생각하는 것을 각자 모두 말하게 하자; ~ *je bilo, bilo je* 과거는 과거이다 4. (부정의 의미로) 아무것도 ~아니다 (ništa); *nemam ~ da kažem* 말할 것이 아무것도 없다 II. (부사적 용법으로) 5. ~ (što); ~ *me uznemiravaš?* 왜 나를 못살게 구느냐?; ~ *stalno pričate?* 왜 계속 이야기하나요?; ~ *buljiš u mene?* 왜 나를 뚫어지게 쳐다보느냐?; *kaži mi ~ si došao?* 왜 왔는지 내게 말해봐 6. (양·수량을 나타낼 때) 얼마나 (koliko); 얼마나 많이 (koliko mnogo); ~ *si to platila?* 그것에 대해 얼마를 지불했느냐?; ~ *se tu skupilo naroda!* 여기에 얼마나 많은 사람들이 모였는가!; ~ *on ima odela!* 그는 얼마나 많은 옷들이 있던가! III. 7. (감탄소사) 의외·반대의 뜻을 나타냄; ~, *još nisi krenuo?* 어~, 아직 안 떠났어?; ~, *ti plačeš?* 으응~, 너 울어? 8. 기타; *i šta ja znam* 등등 (i tako dalje); *ko je i ~ je (znati, shvatiti, videti)* 누구에 대해 모든 것을 알다; *ma ~ bilo* 뭣이었던 간에; *nego ~, no ~* 물론

(dakako, naravno); *nema (tu) ~* 물론 이의가 없다; ~ *je tu je* 다른 선택의 여지가 없다(다른 출구가 없다); *ni gde je ni ~ je* 그 어떤 흔적도 없다, ~에 대해 아는 것이 아무 것도 없다; ~ *je i kako je (kazati, reći)* 순서대로, 상세하게; *je li čemu?* 가치가 있어?(vredi li?); *nema na čemu* 별 말씀을요 (누가 감사하다고 할 때 공손하게 답변하는); *hoću da znam na čemu sam* 현재 내가 어떠한 상태에 놓여 있는지 알고 싶다; *da si čemu* 너는 그 어떤 가치가 있다

štab *-ovi* 1. (軍) 본부, 사령부(대대 이상의); ~ *bataljona* 대대 본부; ~ *divizije* 사단 본부; *glavni ~* 총사령부 2. 본부; ~ *za odbranu od elementarnih nepododa* 자연재해예방본부; ~ *filmskih radnika* 영상노동자본부; *krizni ~* 비상 본부, 위기 본부; *gradski ~ za raščišćavanje snega* 시(市)제설본부

štabni, štapski (形)

štafelaj 이젤(그림을 그릴 때 그림판을 놓는 틀)

štafeta (스포츠) 1. (육상·수영 등의) 계주, 계영, 릴레이 경주; ~ *(na) 4x100* 400미터 계주; *trčati ~u* 계주 달리기를 하다 2. (릴레이에서 주자들이 주고받는) 배턴; *predati ~u* 배턴을 전달하다(인계하다)

štagalj 소의 먹이(건초 등)를 쌓아 놓는 곳, 건초 저장간 (외양간(štala)옆에 있는)

štagod 참조 štogod; 그 뭔가, 그 무엇이라도

štaka 1. 목발(다리가 불편한 사람이 짚는); *ići na štaci, ići na ~ama* 목발을 짚고 다니다; *pomagati se ~om pri hodu* 걸을 때 목발의 도움을 받다 2. 지팡이(주교의, 권위를 상징하는)

štakor 참조 pacov; 쥐

štala 외양간

štambilj 참조 pečat; 도장, 인장, 낙인(烙印)

štampa 1. 인쇄, 출판; *spremiti za ~u* 출판준비를 하다; *dati u ~u* 인쇄에 넘기다; *knjiga je u ~i* 책은 인쇄중이다; *visoka (duboka, ravna) ~* 돋움(오목, 평판)인쇄 2. 신문(과 잡지), 언론; *sloboda ~e* 언론의 자유; *periodična ~* 정기간행물; *partijska ~* 당보(黨報); *omladinska ~* 청소년지; *bulevarska (žuta) ~* 황색 신문(내용이 선정적이고 흥미위주인 신문)

štampač 프린터(특히 컴퓨터에 연결해서 쓰는 인쇄기); *laserski (matrični, termički) ~* 레이저(도트 매트릭스, 열전사) 프린터

štampanje (동사파생 명사) štampati; 인쇄, 출판

štampar 1. 식자공, 인쇄공 (slovoslagač, tiskar, tipograf) 2. 인쇄소 주인, 출판사 주

인 štamparski (形); ~a greška 인쇄 오류; ~a radionica 인쇄소; ~a mašina 인쇄기

štamparija 1. 인쇄소 (tiskara) 2. 출판사

štamparskī -ā, -ō (形) 참조 štampar; ~o preduzeće 출판사; ~a tehnika 인쇄술

štamparstvo 인쇄업, 출판업; raditi u ~u, baviti se ~om 출판업에 종사하다

štampati -am (完,不完) 인쇄하다, 출판하다; ~ knjigu (novine) 책(신문)을 출판하다

štand -ovi (전시회·박람회 등에서의) 부스(칸막이를 한, 임시로 전시나 판매를 하기 위한); na ~u 부스에서; ~ prehrambene robe 식가공품 부스; ~ obuće 신발 부스

štang(l)a 금속 막대(봉); 전신주; stajao je pod telegrafskom ~om 그는 전신주 밑에 서 있었다; dizati ~u 바벨(역기)을 들다; držati nekome ~u 누구를 지지하다(도와주다), 누구의 편이다

štap -a; -ovi 1. 지팡이(보통 나무로 된) 2. 몽둥이; 봉, 스틱, 채; bilijarski ~ 당구큐대; čarobni ~ 요술봉, 마술 지팡이; mađioničarski ~ 마술 지팡이 3. 지팡이(권력·위엄을 상징하는); biskupski ~ 주교 지팡이; maršalski ~ 원수(元帥) 지휘봉; kmetski ~ 마을 유지 지팡이; pastirski ~ 목자(牧者) 지팡이 4. 기타; biti na dugom ~u 불확실하다, 먼 미래에나 실현될 수 있다; dovesti (doterati) nekoga do prosjačkog ~a 누구를 파산시키다, 매우 가난하게 만들다; živeti na prosjačkom ~u 매우 가난하게 살다; zaraditi na ~u 구걸하다, 구걸하여 벌다; (s)lomiti (prelomiti, prebiti) ~ nad nekim 누구를 몽둥이로 때리다(두들겨패다); ~ u ruke 누가 길을 떠날 때 사용하는 말

štapić 1. (지소체) štap; čarobni ~ 마술 지팡이; dirigentski ~ 지휘봉; ~i od bademа 아몬드바(과자의) 2. 면봉(귀를 청소하는) 3. (複數로) 젓가락; jesti ~ima 젓가락으로 먹다

štapin (폭약의) 도화선 (korda); sporosagorevajući ~ 천천히 타는 도화선, 안전도화선; detonirajući ~ 폭발도화선

štavalj -vlja, **štavelje** -a (植) 수영·소리쟁이 등의 식물

štaviše (副) 더군다나, 게다가, 더욱이; ona me molila, ~ i preklinjala da joj ustupim tu knjigu 그녀는 내게 그 책을 그녀에게 양보해 줄것을 부탁하고 또 간청했다

štaviti -im (不完) **uštaviti** (完) (가죽을) 무두질하다 (strojiti, činiti)

štedeti -im (不完) 1. (돈·재료 등을) 아끼다, 절약하다, 아껴쓰다; ~ šećer 설탕을 아끼다;

~ novac 돈을 아끼다; ~ na hrani 먹는 것을 아끼다 2. (돈을) 저축하다, 저금하다; ~ u banci (u pošti) 은행에(우체국에) 저축하다 3. 적당히 사용하다(쓰다), 필요 이상으로 사용하지 않다, 아껴쓰다; ~ snagu 힘을 아끼다; ~ vreme 시간을 아끼다; ~ prostor 공간을 아껴쓰다 4. (nekoga, nešto) (위험한 것, 힘든 것, 불쾌한 것 등으로부터) 보호하다, 지키다; 배려하다, 신경쓰다; ~ decu od posla 아이들을 일로부터 보호하다; ne ~ bolnice (u ratu) (전쟁에서) 병원을 보호하지 않다; ~ nejač 약자를 보호하다; ~ (nekoga, nešto) za specijalnu priliku (누구를) 특별한 경우를 위해 배려하다 5. 기타; ~ batinu 때리지 않다, 구타하지 않다; ~ reči 말을 적게 하다

štedionica 저축은행; poštotanska ~ 우체국 저축은행

štediša (男) 1. (은행·우체국 등의) 저축계좌 보유자, 예금주; devizni ~ 외환 저축계좌 보유자 2. 절약하는 사람; biti veliki ~ 매우 절약하는 사람이다

štedljiv -a, -o (形) 절약하는, 검약하는, 아끼는, 검소한; ~ čovek 검소한 사람; ~a domaćica 절약하는 주부; ~ na rečima 말을 아끼는

štednī -ā, -ō (形) 저금의, 저축의; ~a knjižica 저금통장; ~a banka 저축은행; ~ ulog 예금계좌

štednja 1. (돈·자원·재료 등의) 절약, 아낌; ~ struje 전기 절약; ~ nafte 원유 절약; ~ novca 돈 절약; zbog ~e prostora (u prostoru) 공간 절약 때문에; mere ~e 절약 방법 2. (돈을 은행 등에 예치하는) 저금, 저축; dinarska ~ 디나르화(貨) 저축; devizna ~ 외화 저축 3. (비유적) 주저함, 망설임 (uzdržavanje, ustezanje); izjaviti nešto otvoreno bez ~e 주저함없이 공개적으로 말하다

štednjak 참조 šporet; (조리용) 레인지

štekavac -vca 참조 stekavac; (鳥類) 흰꼬리수리

štekontakt (전기기구의 플러그 등을 꼽는) 콘센트 (utikač, šteker)

štektati -ćem (不完) 1. (보통은 들짐승을 쫓는 개가) 컹컹 짖다(단속적으로, 자주) (kevtati) 2. (비유적) (개가 컹컹 짖는 소리와 비슷하게) 탕탕 소리를 내다(자동 소총 등이) (자주 단속적으로) 3. 흐느끼다, 흐느껴 울다(단속적으로, 소리를 억누르며) (jecati)

štelovati -lujem (完,不完) 조정하다, 조절하다

Š

(namestiti, podesiti); ~ *kočnice (automobila)* (자동차의) 브레이크를 조절하다

štenac *-nca* 강아지(숫컷)

štenad (集合) štene; 강아지

štenara 1. 개집, 켄넬 2. (비유적)(嘲弄) 춥고 불편한 공간, 형편없는 집; (들짐승들이 머무는) 굴, 동굴 (jazbina, brlog)

štene *-eta* 1. 강아지 2. (비유적)(嘲弄) 아이, 소년; 버릇이 좋지 않은 아이들, 사악한 아이들

šteniti *-im* (不完) **ošteniti** (完) 1. (암캐가) 새끼를 낳다, 강아지를 낳다 2. ~ se (암캐가) 새끼를 낳다, 강아지가 태어나다; *kučka nam se oštenila* 우리집 개가 새끼를 낳았다

šteta 1. (재산상·금전상의, 물건의) 손실, 손해, 손상, 피해; (보통 načiniti, napraviti와 함께) 훼손, 손상, 파손 (기계 등이) *imovinska (materijalna, novčana)* ~ 재산상(물질적, 금전적) 손실(손해), *imati* ~*u* 손해가 있다; *trpeti* ~*u* 손해를 입다; *naneti* ~*u (nekome, nečemu)* ~에게 손해를 입히다; *nadoknaditi (nekome)* ~*u* ~에게 손해를 보상해주다; *na* ~*u zdravlja* 건강상의 해를 보면서; *duvan nanosi* ~*u zdravlju* 담배는 건강에 해롭다; *to je nanelo* ~*u njegovom ugledu* 그것은 그의 명성에 해를 입혔다; *proći bez* ~*e* 손해를 입지 않고 지나가다; *izvaditi* ~*u* 손해를 만회하다; *suva* ~ 큰 손실(손해) 2. (실망을 나타내는 표현에 쓰여) 유감, 유감스러운 일, 안된 일, 애석한 일, 안타까운 일; ~ *je što ne uči* 그가 공부하지 않아 유감이다(애석하다); *povređen je golman. Kakva* ~! 골키퍼가 부상을 당했다. 얼마나 유감스러운일인가!; ~ *što nije došao* 그가 오지 않아 참 안타깝다 3. (손해에 따른) 배상금, 보상금, 변상금; *snositi* ~*u* 손해로 인한 보상금을 책임지다; *isplatiti* ~*u* 배상금을 지불하다

štetan *-tna, -tno* (形) 해로운, 손해(손실·해)를 끼치는; *pušenje je* ~*tno po (za) zdravlje* 흡연은 건강에 해롭다; ~ *uticaj* 나쁜 영향

štetiti *-im*; *štećen* (不完) **oštetiti** (完) 1. (nekome, nečemu) 해치다, 해롭게 하다, 손상시키다, 피해를 입히다; 해롭다; ~ *usevima* 파종에 피해를 입히다; ~ *industriji* 산업을 해치다; ~ *nečijem ugledu* 누구의 명성을 손상시키다; *to šteti tvom ugledu* 그것은 네 명성에 해를 끼친다; *hladnoća je oštetila voće* 과일이 냉해를 입었다 2. 해를 입다, 손상(손실)을 입다 (štetovati)

štetnik 참조 štetočina; 해충(害蟲); *štetnici poljoprivrednog bilja* 농작물 해충; *štetnici*

vinove loze 포도 해충

štetnost (女) 해(害), 해로움, 해로운 것, 해악; ~ *pušenja* 흡연의 해로움

štetočina (男,女) 1. 해충, 해조(害鳥); ~*e poljoprivrednog bilja* 농작물 해충 2. 해를 끼치는 사람

štetočinstvo 해로운 일(활동), 손해를 끼치는 활동(일)

štetovati *-tujem* (完,不完) 해(손해·손실)를 입다; ~ *zbog tuđih propusta* 타인의 과실로 인해 손실을 입다; ~ *na kukuruzu* 옥수수에 피해를 입다

štićenik 1. (法) (미성년의) 피보호자·피부양자 (누구의 보호 아래 있는) (反; štitnik) 2. (변호사 등의 변호를 받는) 고객 (branjenik, klijent) 3. (누구의 보호를 받는) 부하 **štićenički** (形)

štiglić, štiglic 참조 češljugar; (鳥類) 검은방울새의 일종

štihproba 무작위 검사; *izvršiti* ~*u* 무작위검사를 하다

štikla (구두·부츠 등의) 뒷굽, 힐; *cipele s visokim* ~*ama* 하이힐 구두

štimati *-am* (不完) **naštimati** (完) 1. (악기의 현을) 조율하다 (štimovati); ~ *klavir* 피아노를 조율하다 2. ~와 부합하다, 조화를 이루다; *računi ne štimaju* 영수증이 (계산과) 맞지를 않는다

štimer (피아노 등 악기의) 조율사

štimovati *-mujem* (不完) **naštimovati** (完) (피아노 등 악기의 현을) 조율하다 (podešavati, udešavati); ~ *klavir* 피아노를 조율하다; ~ *gitaru* 기타줄을 맞추다

štimung 1. (좋은·유쾌한) 기분, 분위기(개인의·주변의·단체의); *stvoriti* ~ (좋은) 분위기를 조성하다 2. (예술 작품 등의) (특별한) 인상, 느낌; 정취, 분위기 (석양의, 달빛하에서 등과 같이)

štipaljka (D. -*ljci*; G.pl. -*ljki*) 1. 집게(용수철이 장착된, 빨래 집게 등의); ~*e za rublje (veš)* 빨래 집게 2. (게 등의) 집게발

štipati *-am & -pljem* (不完) 1. (손가락·집게 등으로) 꼬집다, 꼭 집다; ~ *nekoga za obraz* 누구의 볼을 꼬집다; ~ *devojke* 소녀들을 꼬집다 2. 꼭 집어 떼어내다; ~ *komadić hleba* 빵을 한 조각 떼어내다 3. (모기 등이) 물다 (ujedati); 따갑게 하다, 화끈거리게 하다, 얼얼하게하다 (연기·성에·강한 냄새 등이); *dim štipa oči* 눈이 연기로 인해 따갑다; *nešto me štipa u grlu* 목이 화끈거린다; ~ *za oči (nos, uši)* 눈(코,귀)이 따

끈거리다

štipavac -vca 참조 skorpija; (動) 전갈

štipci *štipākā* (男,複) (게 등의) 집게발

štipkati -am (不完) (지소체) štipati; 살짝 꼬집다

štipnuti -nem (完) 참조 štipati

štir (植) 비름과(科)의 1년생 식물; crveni ~ (植) 줄맨드래미

štirak -rka (男) **štirka** -ci & -ki (女) (세탁용의) 풀 (skrob)

štirkati -am (不完) **uštirkati** (完) (옷·시트에) 풀을 먹이다 (skrobiti); ~ posteljinu (košulju) 침대보(와이셔츠)에 풀을 먹이다

štit -a; -ovi 1. 방패 2. (비유적) 방패(역할을 하는 것), 보호막, 방벽; 보호자, 방어자; biti nekome ~ 누구의 보호막이 되다; ~ od nasilja 폭력 보호막; ~ od islama 이슬람 방벽 3. (방패처럼) 방어하는 것; 차폐막(적의 총탄으로부터 보호하는); topovski ~ 포탄 차폐막; toplotni ~ 열차폐막 4. (植) 산형(繖形) 꽃차례, 산형화(繖形花)

štitare (女,複) (植) 미나리과(科)식물(산형 꽃차례의 꽃이 핌)

štitast -a, -o (形) 1. 방패(štit) 모양의, 방패와 비슷한; ~ list (cvet) 방패 모양의 잎(꽃) 2. 기타; ~a žlezda (解) 갑상선; ~a hrskavica (解) 목젖; ~a vaš (昆蟲) 개각충(介殼蟲)

štititi -im (不完) **zaštititi** (完) 보호하다, 지키다, 막다; majka uvek štiti dete 어머니는 아이를 항상 보호한다; ~ nekoga 누구를 보호하다; ~ odstupnicu 퇴로를 지키다; ~ nečije interese 누구의 이익을 보호하다; ~ od sunca 햇볕을 차단하다

štitnik 1. 보호자; 후원자; 보호물, 보호대, 차단설치 (反; štićenik) ; ~ za koleno 무릎 보호대 2. (자동차의) 범퍼 (branik) 3. 눈가리개(햇빛을 차단하는) 4. (스포츠) (축구의) 정강이 보호대 5. (볼펜의) 뚜껑; 토씨 (일을 할 때 소매위에 덧씌우는); ~ za rukav 소매 토씨 6. (왕 또는 귀족의) 방패지기 병사

štitnjača (解) 갑상선 (štitna žlezda)

štitonoša 1. (男) (歷) (왕 또는 귀족의) 방패지기 병사 2. (魚類) 경린어류(硬鱗魚類): 방패 모양의 비늘로 덮여있는 철갑상어류)

štivo 선집(選集), 독본(讀本) (보통은 학생들이 읽을 수 있도록 선택된) (lektira); zabavno ~ 오락용 선집; popularno ~ 인기 독본; zadano ~ 할당된 선집, 과제 선집

što I. (代名詞) (čega, čemu, čime, čemu) 1. (의문대명사로서) 무엇, 어떤 (의문문 또는 종속의문문에서); ~ ti čitaš? 무엇을 읽고 있느냐?; ~ je bilo? 무슨 일이있었는데?; nije

znao ~ da radi 무엇을 할지 몰랐다; shvataš li ti ~ to znači? 그것이 무엇을 의미하는지 아느냐? 2. (관계대명사로서) (명사를 받아) ~한, ~하는 (koji); obrisala je znoj ~ joj se slivao niz lice 그녀는 얼굴에 흐르는 땀을 닦았다; video sam vašu sestru ~ studira medicinu 의대에 다니는 당신의 누이를 봤어요; (지시 대명사 to, ovo, ono 등을 받아) ~것, ~한 것 ostala je (ono) ~ je bila i u mladosti – poštena i vredna 젊었을 때도 있었던 정직함과 근면함이 남았다; donesi mi (to) ~ si mi obećao 네가 내게 약속한 것을 가져와라; ono za čim sam čeznuo celog života mi se konačno ispunilo 내가 평생동안 꿈꿔왔던 것을 마침내 이뤘다; (이전 문장 전체를 받아) ~것, ~한 것 vesti su javile da su naši pobedili, ~ smo veličanstveno proslavili 우리가 승리했다는 뉴스를 우리는 성대하게 환영하며 즐겼다; pričao mu je o svojim dogodovštinama sa puta, ~ je on rado slušao 여행 중에 일어났던 일들을 그에게 이야기했으며 그는 그것을 아주 기꺼이 들었다 3. (비한정 대명사로서) 그 뭔가, 그 어떤, 무엇이든 간에 (nešto, bilo što, ma šta, išta); ima li ~ za ručak? 점심으로 먹을 그 뭔가 있는가?; jesi li ~ čuo o tvojima? 네 가족들에 대해 그 뭔가를 들었는가?; jesam li te ja ~ pitao? 내가 네게 그 뭔가를 물었느냐?; (부정(否定)동사와 함께) 아무것도(ništa) nemamo ~ izgubiti osim golih života 비천한 삶 말고는 아무것도 잃어버릴 것이 없다; ne znam ~ lepše od nje 그녀보다 예쁜 사람을 알지 못한다 II. (부사) 1. 몇, 얼마나, 얼마나 많이(koliko, kako mnogo) ~ je bilo izbeglica svi su zbrinuti 난민이 몇 명이었든지 그들 모두는 보호를 받았다; ~ je našao kolača, sve je pojeo 케이크가 보이는 족족 다 먹어치웠다 2. (부사의 비교급과 함께) ~하면 할수록 더 ~ (ukoliko); ~ pre dođeš, utoliko bolje 빨리오면 올수록 그만큼 더 좋다; ~ jače vetar duva, vreme je hradnije 바람이 강하게 불면 불수록 날씨는 더 추워진다; ~ više vreme otmiče sve mi je teže 시간이 가면 갈수록 내게는 더 어려워진다 3. (비교) ~하기 위해, ~한 것을 (kako, kao što); on je izmučio svoga sina ~ ga Turčin ne bi izmučio 그는 터키인들이 자신의 아들을 고문하지 못하도록 자신의 아들을 고문했다; ume da razgovara s narodom ~ ja ne umem 내가 못하는 민중들과의 대화를 그는

Š

할 수 있다 4. (양·수량을 나타냄) 조금, 조금이라도, 조금일지언정 (nešto malo, makar malo, makar koliko, ikoliko); *jesi li kupio ~ drva?* 장작을 조금이라도 샀느냐?; *jesi li dobio ~ plate?* 봉급을 조금이라도 받았느냐? III. (접속사) 1. (시간을 나타내는) ~하자마자, ~하는 즉시 (čim, kad); *onaj čas ~ je dobio novac potrošio ga je u kafani* 돈을 받는 그 즉시 술집에서 돈을 다 썼다; ~한 이후로 (otkad); *već druga noć ~ ne spavam* 내가 잠을 못이룬지 벌써 이틀째이다; *ima već mesec dana ~ je on otišao* 그가 떠난지 벌써 한달이 넘었다 2. (시간-조건을 나타내는) ~동안, ~하지 않는 한 (dok, ako); *ne verujem da se vratio ~ ga ne bih videla* 그를 (내 눈으로) 보지 않는 한 그가 돌아왔다는 것을 믿지 않는다; *ne daj mu pozajmicu ~ ti neće vratiti dvostruko* 두 배로 네가 갚지 않는 한 그에게 빚을 빌려주지 마 3. (원인·이유를 나타내는) 왜냐하면, ~때문에, 그래서 (jer, zato što); *volim je ~ je skromna i lepo vaspitana* 그녀는 검소하고 교육을 잘 받았기 때문에 나는 그녀를 좋아한다; *radila je taj posao ~ mora a ne ~ ga voli* 그녀는 그 일을 좋아하지는 않았지만 해야만 했기 때문에 그 일을 했다 4. (비교를 나타내는) ~보다 (nego, no); *niko se više ne boji rata ~ gradska gospoda* 도회지 상류층들보다 전쟁을 더 두려워하는 사람들은 없다 5. (보어적으로) ~이지만, ~일지라도 (iako, mada, neka); *~ si neodgovaran - i to nije ništa da to priznaš* 비록 네가 책임이 없지만, 네가 그것을 인정하는 것은 아무것도 아닌 것이 아니다 6. (설명·해설·해석의 의미로) ~한 것 (da); *glavno je sada ~ je majka ozdravila* 어머니가 건강을 회복한 것이 지금 중요한 것이다 IV. 숙어로; *ako do čega dođe, ako bi do čega došlo* 만약 그러한 일이 일어난다면; *bilo ~ bilo* 어떤 일이 있었던 간에(일어났던 간에); *biti čemu (biti za ~)* 좋다·아름답다 등등, ~에 능력이 있는, 가치가 있는, *je li čemu ta devojka?* 그 아가씨는 뭘 잘하느냐(무엇에 소질이 있느냐)?; *znam na čemu sam* 내가 어떠한 상황(상태)에 있는지 잘 안다, 나는 내 주제를 잘 알고 있다; *nije mi ni do čega* 아무런 관심도 흥미도 없다(병환 때문에, 어려운 상황 때문에); *nije mi za ~* 아무런 가치도 없다, 아무런 일에도 능력이 없다; *u čemu je stvar?* 무슨일이야?; *~ bolje(više, pre)* 가능한 한 좋은(많은, 빨리); *~ je tu je* 아무것도 바꿀

수 없다(변경시킬 수 없다, 고칠 수 없다), 상황을 바꾸기에는 너무 늦었다, 더 이상 어떻게 할 수가 없다;

štof *-a; -ovi* 1. 직물, 피륙, 천(양모·합성 등의) (보통 옷감 등에 사용되는); *~ za odelo (kaput)* 양복(코트)천; *vuneni ~* 모직물 2. (비유적) 소재, 재료, 자료 (예술품·학술 논문 등을 위한) (građa, materijal, podaci); *~ za roman* 소설 자료; *~ priče* 이야기 소재; 3. (대화·토론의) 소재, 주제; *imati ~a za razgovor* 대화 소재가 있다 4. 재능, 재주, 능력 (작업·직업 등에 필요한); *imati ~a za trgovca* 장사 재능이 있다

štofan *-a, -o* (形) 직물의, 피륙의, 천의; *~a suknja* 직물 스커트; *~o odelo* 모직 양복

štofara 직물(štof)공장

štogod (不變)(代名詞) 1. 그 무엇, 무엇이라도 (nešto, bilo što); *jesi li ~ saznao?* 그 뭔가라도 알아냈느냐?; *ako ~ čuješ o njemu, javi mi* 그에 대해 그 뭣이라도 들으면 내게 연락해 2. (부사적 용법으로) 뭔가 조금이라도 (nešto malo); *možda u tome ima i ~ istine* 거기에 조금이라도 진실이 있을 수 있다 3. (부사적 용법으로) 그 어떤 이유로, 그 어떤 것 때문에 (zbog nečega); *da ti nisi ~ ljut na mene?* 너 그 뭣 때문에 나한테 화나 있는 것은 아니냐?

štokavac *-avca* 슈토깝스끼(štokavski)화자(話者)

štokavskī *-ā, -ō* (形) 슈토깝스끼의; *~ dijalekat* 슈토깝스끼 방언

štokavština 슈토깝스끼 방언

štono (代名詞) ~하는 것 (ono što); *~ reč (~ se kaže, reče, rekli, vele)* 말해진 바와 같이

štopati *-am* (不完) **zaštopati, uštopati** (完) (옷의 구멍 난 곳을) 꿰매다, 짜깁다 (krpiti); *~ čarape (rukav)* 양말(소매)을 깁다

štopati *-am* (完) 참조 štopovati

štoperica 스톱워치; *meriti ~om vreme (brzinu)* 스톱워치로 시간(속력)을 측정하다

štopovati *-pujem* (完) 1. (축구에서) (공을) 스톱시키다; *~ loptu* 공을 스톱시키다 2. 스톱워치를 (정지시키기 위해) 누르다; *~ vreme* (스톱워치로) 시간을 측정하다; *~ brzinu trčanja* 달리는 속도를 측정하다

štos *-ovi* 1. (쌓여져 있는) 더미, 무더기 (gomila, hrpa); *~ knjiga* 책더미; *~ tanjira* 접시더미; *~ novčanica* 돈더미 2. (비유적) 개그, 위트, 조크, 익살, 트릭, 속임수; *dobar ~* 훌륭한 트릭; *praviti ~ove* 개그하다

štošta *štočega* (不定代名詞) 별별 것, 별의별 것, 모든 것 (puno šta); *~ se priča o njemu*

사람들은 그에 대해 별별 것을 다 이야기한
다; *rekao mi je ~* 그는 내게 별별 것을 다
이야기했다; *~ mi se ne sviđa kod njega* 그
의 모든 것이 다 맘에 들지 않는다

štovalac *-aoca* 참조 poštovalac; 숭배자, 추
종자, 지지자, 신봉자

štovanje 참조 poštovanje

štovatelj 참조 poštovalac

štovati š*tujem* (不完) 참조 poštovati

štoviše (副) 참조 štaviše; 더군다나, 게다가,
더욱이

štrafta 1. 줄, 줄무늬, 선; 띠 (linija, crta;
traka) 2. (口語) 산책로 (šetalište, korzo);
ići na ~u 산책하러 나가다

štrajk *-ovi* (노동조합 등의) 파업, 스트라이크;
stupiti u ~ 파업에 돌입하다; *~ glađu* 단식
파업; *~ sedenjem* 연좌농성; *divlji ~* 불법
파업; *~ upozorenja* 경고 파업; *~ tekstilnih
radnika* 섬유노동자들의 파업

štrajkač, štrajkaš 파업중인 노동자, 파업 참가
자 **štrajkački, štrajkaški** (形); *~ komitet* 파
업위원회

štrajkati *-am* (不完) 참조 štrajkovati; 파업하다

štrajkbreher 파업불참가자, 파업에 동조하지
않는 사람, 파업파괴자

štrajkovati *-kujem* (不完) 파업하다, 파업에
참여하다; *~ protiv vlade* 반정부 파업에 참
여하다; *~ glađu* 단식투쟁하다

štranga 새끼, 줄, 밧줄; (마소의) 고삐 (uže,
konopac)

štrapac *-a* 1. 힘든 일, 피곤한 일 (걷기 등의)
(premor) 2. 기타; *odelo za ~* 평상복, 작업복

štrapacirati *-am* (完,不完) 1. 힘든 일로 인해
피곤하게 하다(지치게 하다) 2. (매일 매일
사용하여, 과도하게 사용하여) 낡게 하다, 해
지게 하다, 고장나게 하다, 망가지게 하다; *~
odelo* 옷을 매일 입어 해지게 하다 3. *~ se*
피곤해지다, 지치다; 낡다, 해지다

štrcaljka 분무기, 분사기, 스프링클러
(prskalica); (醫) 주사기

štrcati *-am* (不完) **štrcnuti** *-nem* (完) 이(齒)
사이를 통해 침을 찍 뱉다; (물 등 액체를
작은 물방울로) 분사하다, 뿜다, 작은 물방울
의 형태로 분사하다; *~ pljuvačku* 침을 찍
뱉다; *~ rakiju iz usta* 라키야를 입에서 뿜다

štrčati *-im* (不完) 참조 strčati; (툭) 튀어나오
다, 삐져 나오다, 솟아 나오다

štreber 출세지상주의자, 성적제일주의자(학교
에서의), (주도면밀한 처신과 아부 등을 통해)
성공과 출세를 꾀하는 사람 (laktaš,
karijerista)

štrecati *-am* (不完) **štrecnuti** *-nem* (完) 1. (대
격의 논리적 주어와 함께) 콕콕 쑤시듯 아프
다 (žigati, probadati); *zub me je štrecnuo*
이가 콕콕 쑤셨다; *~ nekoga u grudima* 가
슴이 콕콕 쑤시다 2. (두려움·공포 등으로 인
해) 벌벌 떨다; *~ od straha* 무서워 벌벌 떨
다 3. *~ se* (두려움·공포 등으로 인해) 벌벌
떨다; *ona se za sve štreca* 그녀는 모든 것
에 벌벌 떤다

štrik 1. 줄, 끈, 밧줄 (uže, konopac) 2. (비유
적) 행실이 올바르지 못한 사람, 빈둥거리며
시간을 보내는 사람, 한량(閑良), 불량배
(obešenjak, mangup)

štrikaći *-ā, -ē* (形) 뜨개질의; *~a igla* 뜨개질
바늘; *~a mašina* 편물 기계

štrikati *-am* (不完) **ištrikati** (完) (털실 등으로
옷 등을) 뜨다, 짜다, 뜨개질하다 (plesti); *~
džemper (rukavice)* 스웨터(장갑)를 뜨개질
하다

štriker 뜨개질하는 사람, 편물공 (pletač,
čarapar) **štrikerka, štrikerica**

štrikeraj 1. 뜨개질한 것, 뜬 것, 짠 것, 편물
(pletivo) 2. 편물 공장, 뜨개질 방

štrkalj *-a & -klja* (害蟲) 말파리(양파리·쇠파리
등의)(유충이 포유류의 피부에 기생함);
goveđi ~ 쇠파리; *konjski ~* 말파리; *ovčiji
~* 양파리

štrkljast *-a, -o* (形) 1. 긴 다리의, 다리가 긴
(dugonog, krakat); *~ čovek* 다리가 긴 사람;
~a roda 긴 다리의 황새 2. 긴, 길쭉한
(duguljast); *~ grana* 긴 가지; *~a trava* 홀
쭉한 풀

štrojiti *-im* (不完) **uštrojiti** (完) 거세하다 (동
물의 고환을) (škopiti, kastrirati); *~ svinje*
돼지를 거세하다

štrokav *-a, -o* 더러운, 지저분한, 단정하지 못
한 (prljav, nečist, neuredan); *~a žena* 지저
분한 여자

štropot (무거운 금속제품 등이 만들어내는) 요
란한 소리, 시끄러운 소리; 덜커덕거림, 쿵쿵
거림; *~ kolskih točkova* 차바퀴의 요란한
소리; *~ voza* 기차의 시끄러운 소리

štropotati *-ćem* (不完) 덜커덕(달가닥·쿵쿵·쩽
그랑)하는 소리를 내다 (금속제 바퀴·자동차
등이) (lupkarati, tandrakati)

štrpkati *-am* (不完) **štrpnuti** *-nem* (完) 1. ~으
로부터 조금 떼어내다(손가락 끝으로); *~
malo trave* 풀을 조금 뜯어내다 2. 손으로
조금 떼어 먹다; *~ malo hleba* 빵을 조금 떼
어 먹다

štrudla 스트루들(과일, 특히 사과를 잘라 밀가

루 반죽에 얇게 싸서 오븐에 구운 것)

štucanje 딸꾹질

štucati -am (不完) **štucnuti** -nem (完) 1. 딸꾹질하다; *počeo je da štuca* 그는 딸꾹질하기 시작했다 2. (보통은 농담조로) 자주 어떠한 운동(행동)을 하다; ~ *protezom* 자주 첨두음을 넣어 발음하다 3. 기타; *štuca mi se* 귀가 간지럽다(누군가가 자기가 없는 자리에서 자신에 대해 이야기할 때 하는 말)

štucati -am (不完) 참조 štucovati

štucnuti -nem (完) 참조 štucati

štucovati -cujem (完,不完) 다듬다, 손질하다 (턱수염·콧수염 등을); ~ *brkove* 콧수염을 다듬다; *štucovani brkovi* 다듬은 코수염; *štucovana brada* 다듬은 턱수염

štuka (魚類) 강꼬치고기 **štučji**, **štukin** (形)

štuka (歷) (제2차 대전 때의) 독일의 급강하 폭격기 **štukin** (形)

štukatura 회반죽칠, 회반죽 공사 (보통은 방 천장의); *otisak* ~*e* 회반죽 문양; ~ *na tavanici* 천장 회반죽칠

štukin -a, -o (形) 참조 štuka

štuknuti -nem (完) 1. 갑자기 사라지다, 없어지다, 흔적을 감추다; ~ *pameću* 정신이상이 되다, 미치다 2. 뛰어가다, 급히 가다, 서둘러 가다 3. 관절에 이상을 느끼다, 관절이 아프다

štula 1. 목발 (štaka) 2. 대말, 죽마(竹馬: 걷는 데 사용하는 발판이 달린 한 벌의 장대 가운데 하나) (hodulje, gigalje)

štur -a, -o (形) 1. 열매를 맺지 않는, 불모의, 척박한, 불임의; 발육이 나쁜, 성장이 좋지 못한; 빼빼한; ~*o žito* 발육이 나쁜 곡물; ~*o drvo* 열매를 맺지 않는 나무; ~*o granje* 빼빼한 가지 2. (세기·강도 등이) 충분치 못한, 약한; ~*o osvetljenje* 희미한 조명 3. (내용·목차·생각·경험 등이) 빈약한, 텅빈; ~*o znanje* 비약한 지식; ~*o izlaganje* 빈약한 전람(전시); ~ *život* 텅빈 삶

šturak -rka (昆蟲) 귀뚜라미; 귀뚜라미과(科) (cvrčak)

šubara 모피 모자, 털모자; *nositi* ~*u* 털모자를 쓰다

šućmurast -a, -o (形) 1. 회색의, 회색 비슷한 (sivkast, pepeljast); ~*a dlaka* 회색 털; ~*a boja* 잿빛 색깔 2. 분명하지 않은, 정해지지 않은, 수수께끼의; *biti nekako* ~ 조금은 분명하지 않다

šuga (D. -gi) 1. 옴(피부병의 한 종류) 2. (비유적)(嘲弄) 따분한 사람, 귀찮게 구는 사람, 혹같은 존재의 사람 3. 아이들 놀이의 한 종류(한 명의 아이가 다른 아이들을 잡으려고 뒤쫓아 다니는 놀이, šuga라고 외치면서); *igrati se* ~*e* 잡기놀이를 하다

šugarac -rca (害蟲) 옴벌레(옴을 옮기는, 진드기의 한 종류)

šugati -am (不完) **ošugati** (完) 1. 옴을 옮기다, 옴을 전염시키다 2. ~ *se* 옴이 옮다, 옴에 걸리다

šugav -a, -o (形) 1. 옴에 걸린, 옴오른; ~ *pas* 피부병 걸린 개; ~*o dete* 옴 걸린 아이 2. (비유적) 가엾은, 불쌍한, 비천한(bedan, jadan); 가치없는, 무가치한(bezvredan); 불쾌한, 부적절한(neprijatan, nezgodan); ~ *život* 가엾은 삶; ~*a zarada* 형편없는 벌이; ~*a ovca* 기피의 대상이 된 사람

šugavac -vca 옴환자, 옴 걸린 사람

šuknut -a, -o (形) 조금 정신이 이상한, 약간 미친 (lucnut, sulud, ćaknut)

šuknuti -nem (完) 밀쳐내다, 쫓아내다; 가볍게 차다; *šuknu ga na dvor iz sobe* 그를 방에서 마당으로 쫓아낸다

šuljanje (동사파생 명사) šuljati se

šuljati se -am se (不完) 참조 šunjati se

šuljevi (男,複) (病理) 치질 (hemoroidi)

šum -ovi 소음, 잡음; ~ *na srcu* (불규칙적으로 쌕쌕 소리를 내는)심장 잡음; ~ *lišća* 낙엽이 나부끼는 소리; ~ *talasa* 파도치는 소리; ~ *motora* 엔진 소음

šuma 1. 숲, 삼림; *hrastova* ~ 참나무 숲; *četinarska* ~ 침엽수림; *listopadna* ~ 활엽수림; *zimzelena* ~ 상록수림; *u* ~*i* 숲속에서; *na ivici* ~*e* 숲의 끝자락에; *krčiti* ~*u* 숲의 나무를 베어내다; *još je zec u* ~*i* 기뻐하기에는 아직 이르다 2. (비유적) 셀 수도 없는 많음(많은 수); ~ *glava* 셀 수도 없이 많은 사람, 수많은 사람; ~ *dokumenata* 산더미처럼 쌓인 서류들, 수많은 서류들 **šumski** (形); ~ *požar* 산불; ~ *radnik* 벌목꾼; ~ *rasadnik* 묘목원; ~*o radilište* 벌목 장소; ~*e jagodine* 산딸기

Šumadija 슈마디야(중부 세르비아 내륙 지방); **Šumadinac, Šumadinka; šumadijski** (形)

šuman -mna, -mno (形) 1. 소리(소음·잡음)를 내는; 소리(소음)를 내며 흐르는; ~*mna breza(omorika)* (바스락거리는·살랑거리는) 소리를 내는 자작나무(가문비나무); ~*mna reka* 소리를 내며 흐르는 강; ~*mni talasi* (철썩철썩)소리를 내는 파도 2. 매우 시끄러운; ~ *motor* 시끄러운 엔진; ~*mna mašina* 시끄러운 기계

šumar (V. -re & -ru, I. -rom & -rem) 1. 산

S

림 감시원 , 수목 관리원 (lugar) 2. 임업대
학에 다니는 대학생 3. (산 속에서 활동하는)
파르티잔, 빨치산, 게릴라 (partizan, gerilac)

šumarak (지소체) šuma; (규모가) 작은 숲, (수
령이) 어린 숲

šumarica 1. 참조 šumarak; 작은 숲 2. (植)
아네모네속(屬)의 초본; (특히) 유럽산(産) 숲
바람꽃

šumarija 1. 산림 감시소, 수목 관리소 2. 산림
감시원의 업무(직)

šumarskī -ā, -ō (形) 참조 šumar

šumarstvo 임업; 임학(林學)

šumetina (지대체) šuma

šumica (지소체) šuma

šumiti -im (不完) 소리(소음·잡음)를 내다; 졸
졸거리며 흐르다; 살랑거리는(바스락거리는·
와삭거리는) 소리를 내다, 윙윙거리다, 졸졸
소리내며 흐르다 (brujati, hučati) (낙엽·강·
바람 등이); šumi mi u ušima 귀에서 윙윙거
린다; žice šume 줄이 윙윙 울다; voda šumi
물이 졸졸 흘러간다; čulo se kako more
šumi 바다가 출렁이는 소리가 들렸다

šumnat -a, -o (形) 1. 잎이 많은 (lisnat) 2. 시
끄러운 (šuman)

šumokradica (男,女) (숲의 나무를) 불법적으로
벌목한 다음 그 땅을 이용하는 사람; (산을)
불법 개간한 사람

šumor (낙엽·개울 등의) 바스락거리는(살랑거
리는·졸졸거리는) 소리 (brujanje, graja); ~
lišća 낙엽의 바스락거리는 소리; ~ talasa
파도의 철렁이는 소리

šumoriti -im (不完) 소리(소음·잡음)를 내다,
바스락거리는(와스락거리는·살랑거리는·졸졸
거리는) 소리를 내다 (낙엽·개울 등이)

šumovit -a, -o (形) 숲이 우거진, 숲이 많은;
~ kraj 숲 지역; ~o brdo 숲이 우거진 언덕

šumskī -ā, -ō (形) 참조 šuma; 숲의

šund 1. 쓰레기 (smeće) 2. (예술적 측면 혹은
교육적 측면에서 바라봤을 때) 쓰레기 같은
예술품(서적) (아무런 가치도 없는); ~~
literatura 쓰레기 같은 책들; izdavati ~ 쓰
레기 같은 서적들을 출판하다; čitati ~ 쓰레
기 같은 책들을 읽다

šunka (D. -ki; G.pl. -kī) 햄(돼지 넓적다리 부
위를 소금에 절이거나 훈제한 것); seckana
~ 잘게 썰은 햄

šunkaš 품질이 좋은 햄을 얻을 수 있는 돼지
(어린 돼지)

šunjalo (男,中) 살금살금 몰래 다가가는 사람
šunjalica

šunjati -am (不完) (뭔가를 열심히 찾으면서,

물으면서) 돌아다니다, 이리저리 왔다갔다
하다, 캐고 다니다; šta ti šunjaš tamo? 거기
서 뭘 캐고 다니느냐?

šunjati -am (不完) 콧소리로 말하다, 콧소리를
섞어 말하다 (hunjkati)

šunjati se (不完) 1. (~을 향해) 천천히 조용히
조심스럽게 움직이다(다가가다) (prikradati
se); ~ oko kuće 집주변을 조용히 조심스럽
게 움직이다 2. (목적없이·하릴없이) 어슬렁
거리다, 서성이다, 정처없이 돌아다니다; ~
po dvorištu 정원을 하릴없이 서성이다

šunjav -a, -o 콧소리로 말하는, 콧소리의, 비
음의 (hunjkav)

šupa (나무판자로 지어진, 독채로 따로 있는)
헛간, 광, 창고 (주로 장작·석탄·농기구 등을
보관하는)

šupak -pka (卑俗語) 똥꼬 (čmar)

šupalj -plja, -e (形) 1. (속이) 빈, 텅 빈; ~
valjak (속이) 빈 롤러; ~ cev 속이 빈 관;
~plja opeka 속이 빈 벽돌 2. 구멍 난, 구멍
뚫린; ~ lonac 구멍 난 냄비; ~ novčić 구멍
난 동전 3. 관(cev) 형태로 속을 파낸; ~plja
klada 속을 파낸 통나무 4. 빈 껍데기의, 알
갱이가 쪼그라진 (štur); ~ orah 빈 껍데기만
있는 호두 5. (비유적) 멍청한, 우둔한, 머리
가 텅텅 빈 (glup); ~plja glava 텅텅 빈 머
리, 멍청한 머리 6. 내용없는, 알맹이없는,
무의미한, 공허한; ~plje znanje 내용없는 지
식; ~plje obrazovanje 알맹이없는 교육;
~plje reči 공허한 말 7. 둔감한, 생기없는;
~ pogled 생기없는 눈길 8. 기타; ne vredi
ni ~pljeg boba 아무런 가치도 없다;
pretakati (presipati) iz ~pljeg u prazno 시
간을 낭비하다

šuper 뱃밥으로 배의 빈틈을 메우는 사람

šuperisati -šem, **šuperiti** -im (不完) 뱃밥으로
배의 빈 틈을 메우다; ~ palubu 갑판을 메우
다; ~ lađu 보트의 빈 틈을 메우다; ~ kacu
통의 빈 틈을 메우다

šupljika 1. (자수·짠 것 등의) 작은 구멍 2. (複
數) 구멍이 숭숭한 자수품, 구멍이 숭숭한
레이스 3. (일반적으로) 작은 구멍; hleb sa
~ama 작은 구멍이 많이 난 빵

šupljikav -a, -o (形) 작은 구멍들이 많은; ~
hleb (sir) 구멍이 숭숭난 빵(치즈); ~a čipka
작은 구멍이 많은 레이스

šupljina 1. (딱딱한 물체에 나 있는) 텅빈 공간,
구멍; ~ u drvetu 나무에 난 구멍; ~
dimnjaka 굴뚝의 텅 빈 공간 2. (解) (몸·기
관·뼈 등의) 강(腔); grudna(trbušna) ~ 흉강
(복강); nosna(očna) ~ 비강(안와(眼窩)) 3.

(비유적) 부족함, 빈약함, 빈 틈 (아는 것·증거 등의); ~e u znanju 지식의 부족; ~e u optužnici 기소장의 빈 틈; ~e u odbrani 변호의 빈약함(빈 틈)

šupljiti -im (不完) (~의 속을) 움푹하게 파내다, 텅 빈 공간을 만들다 (bušiti, probijati); ~ dno suda 그릇의 밑바닥을 움푹하게 파내다; ~ lim 양철에 구멍을 뚫다

šupljoglav -a, -o (形) 머리가 텅 빈, 멍청한, 우둔한; ~ čovek 머리가 텅 빈 사람

šupljoglavac -vca 머리가 텅 빈 사람, 우둔한 사람

šupljorog -a, -o (形) 텅 빈 뿔의; ~i preživari (動) 소과 동물

šura -ē (男) 참조 šurak

šurak -a 처남, 아내의 남자 형제

šuriti -im (不完) ošuriti (完) 1. (끓는 물을 퍼부어 도살된 돼지나 가금의) 털을 뽑다, 깃털을 뽑다; ~ svinju (prase, kokoš) 돼지의 털(닭의 깃털)을 뽑다 2. ~ se (뜨거운 국물 등을 들이 마셔) 입이 덴 것처럼 화끈거리다; ~ se vrućim mlekom 뜨거운 우유를 마셔 입이 화끈거리다

šurjak 참조 šurak

šurnjaja 처남댁, 처남의 부인

šurovati -rujem (不完) (~와 함께) 음모를 꾸며 실행하다 (보통 금지된 나쁜 그 어떤 것을); ~ s šefom 상사와 함께 음모를 꾸미다

šuša 1. 뿔없는 소(양·염소) 2. (嘲弄) 능력없는 사람, 별 볼일 없는 사람, 그 어떤 명성도 없는 사람, 중요하지 않은 사람 (ništarija); svaka ~ 그 누구라도 (부정적 의미로)

šušanj -šnja 1. 조그맣게 바스락거리는 소리; ~ lišća 낙엽의 바스락거리는 소리; ~ slame 짚단의 부스럭거리는 소리 2. 마른 낙엽(발에 밟혀 부스럭거리는)

šušast -a, -o (形) 뿔이 없는 (šut)

šušav -a, -o (形) 뿔이 없는 (šut)

šuška 1. 바스락거리는 소리 (šušanj, šuštanje); ~ svile 비단의 살랑거리는 소리 2. (複數로) 옥수수 속대에 붙은 마른 잎사귀 (komušina); 톱밥 (strugotine, pilotone); ložiti ~e 톱밥을 때다

šuškati -am (不完) 1. 바스락거리다, 살랑거리다, 와삭거리다 (낙엽·가지·종이 등이); ~ novinama 신문을 바스락거리다 2. 혀짤배기 소리를 내다, 잇소리를 내다, 잇소리를 내며 말하다; ~ u govoru 혀짤배기소리를 내며 말하다 3. 몰래 소문을 퍼뜨리다, 속삭이다, 소곤소곤 이야기하다; šuška se da će biti rata 전쟁이 일어날 것이라고 소곤거린다 4.

서툴게 일하다, 만지작 거리다, (서툴게) 주물럭주물럭 일하다

šuškavac -vca 1. 비옷(바스락거리는 합성 비닐로 된) 2. (獸醫學) (소·양의) 기종저(氣腫疽; 동물 전염병의 한 종류) 3. (植) 좁은잎해란초 (현삼과(科)의 다년초) (lanilist)

šušketati -am (不完) 1. 부스럭거리다, 바스락거리다, 윙윙거리다 (šuškati) 2. 혀짤배기소리를 하다

šušljetati -am & -ćem (不完) 바스락거리다, 윙윙거리다 (šušketati, šuškati)

šušnuti -nem (完) 1. 부스럭거리다, 바스락거리다, 윙윙거리다 (낙엽·짚 등이) 2. 소곤거리다, 속삭이다

šuštanje (동사파생 명사) šuštati

šuštati -im (不完) šušnuti -nem (完) 바스락거리다, 부스럭거리다, 살랑살랑소리를 내다, 윙윙거리다, 졸졸소리를 내며 흐르다; voda šušti u cevima 물이 파이프에서 졸졸거리며 흘러간다; ~ novinama 신문이 바스락거린다; lišće šusti na vetru 낙엽이 바람에 부스럭거린다; kiša je šuštala 비가 후두둑 거린다

šuštav -a, -o (形) 1. 부스럭거리는, 바스락거리는, 윙윙거리는, 졸졸 소리를 내는; ~a svila 바스락거리는 비단 2. (言) 치찰음의

šuštavac -vca 1. (言) 치찰음 2. (獸醫學) (소·양의) 기종저(氣腫疽) (šuškavac)

šut -ovi & -evi (스포츠) (축구·농구·핸드볼 등의) 슛; niski ~ 낮은 슛; dati gol jakim ~om 강한 슛으로 골을 넣다; ~ na gol 골대를 향한 슛

šut 건축 폐기물, 쓰레기 (krš, lom); malterni ~ 회반죽 폐기물; ~ od cigla 벽돌 폐기물; ukloniti ~ 쓰레기를 치우다

šut -a, -o (形) 1. 뿔이 없는; ~a ovca (koza) 뿔없는 양(염소) 2. (신체의 일부가) 절단된, 손상된 (krnj); učiniti nekoga ~im 누구를 불구로 만들다, 누구의 신체 일부를 절단하다 3. (비유적) 투쟁의 도구를 빼앗긴, 전투할 능력이 없는 4. 초목이 없는, 허허벌판의, 벌거숭이의; ~ predeo 허허벌판인 지역 5. 기타; ~ s rogatim (ne može se bosti) 아무 것도 가진 것이 없는 자는 모든 것을 가진자를 결코 상대해 이길 수 없다

šuteti -im (不完) 참조 šutjeti

šutirati -am (完,不完) (공을 골문을 향해) 슛하다; 발로 차다; ~ loptu 공을 차다; ~ desnom nogom 오른발로 슛을 하다; ~ kamen 돌맹이를 차다

šutjeti -im (不完) 침묵하다 (ćuteti)

šutke (副) 참조 ćutke 말없이, 잠자코, 조용히

šutljiv _-a, -o_ (形) 참조 ćutljiv; 과묵한, 말없는
šutnja 참조 ćutnja; 침묵
šutonja (男) 뿔없는 황소
Švaba _-ē_, Švabo _-a_ & _-ē_ (男) (嘲弄) 독일인;
오스트리아인(오스트리아헝가리 제국 시절의)
Švabica; švapski (形)
švabizam _-zma_ 참조 germanizam; 독일어적
어투
Švaburija (集合)(嘲弄) 독일인
Švajcarska _-oj_ 스위스 Švajcarac; Švajcarka;
švajcarski (形): Švicarska; Švicarac;
Švicarka; švicarski (形)
švaler 정부(情夫) švalerka
švalerisati se _-šem se_ (不完) ~ _s nekim_ 내연
관계를 유지하다
švalja 여자 재봉사(재단사) (krojačica)
švapskī _-ā, -ō_ (形) 참조 Švaba
švargla 소시지의 한 종류(잘게 썬 고기·베
이컨·피 및 다른 양념 등을 더해 돼지 위를
채워 넣은)
Švedska _-oj_ 스웨덴 Šveđanin; Šveđanka;
švedski (形)
švedskī _-ā, -ō_ (形) 참조 Švedska; ~ _sto_ 부페
(음식)
švelja 참조 švalja
šverc _-om_ 밀수 (krijumčarenje); (일반적인)
불법상거래; _baviti se ~om_ 밀수를 업으로
삼다
švercati _-am_ (不完) 참조 švercovati
švercer 밀수꾼, 불법거래상; ~ _oružja_ 무기
밀수상
švercovati _-cujem_ (不完) 1. 밀수하다, 밀거래
하다 (krijumčariti); ~ _cigarete_ 담배를 밀수
하다; ~ _robe (preko granice)_ 물건을 밀수
하다 2. ~ _se_ 티켓없이 입장하다, 무임승차
하다
švićkati _-am_ (不完) švićnuti _-nem_ (完) (채찍으
로) 때리다, 채찍질하다
švignuti _-nem_ (完) 1. (채찍이) 획획 소리를 내
다 2. 채찍으로 때리다, 채찍질하다 3. (비유
적) (화염이) 치솟다, 치솟아 오르다
švraka 참조 svraka; (鳥類) 까치
švrća _-ē_, švrćo _-a_ & _-ē_ (男) (愛稱) 어린 소년
(mališan, dečkić, dečko)
švrljati _-am_ (不完) 1. (하릴없이) 돌아다니다,
어슬렁거리다, 이리저리 왔다갔다 하다, 배
회하다 (lutati, bazati, tumarati); ~ _po
gradu_ 시내를 배회하다 2. 끄적이다, 휘갈겨
쓰다 (škrabati); ~ _po knjizi_ 책에 낙서하다
3. (口語) (혼인·연인 관계 중에) 바람을 피우
다 (varati)

švrljuga 참조 ševa; (鳥類) 종달새

Š

T t

ta 참조 taj

ta (感歎詞)(小辭) **1.** (어떤 분명한 입장의 당연함·자연스러움·합리성 등을 강조) 당연히, 물론 (naravno, dakako, pa); *ne plašite se, ~ vi ste junaci!* 겁먹지마세요, 당연히 당신들은 영웅들입니다! **2.** (참을 수 없는 혹은 불만 상태에서의 강조를 나타냄) 하지만 (a(ma)); *~ pijte, ljudi!* 하지만 마십시다, 여러분! **3.** 거절·거부·동의하지 않음 등을 나타낼 때; *~ ne može biti!* 있을 수 없는 일이다 **4.** 마지못해 하는 대답 또는 어떤 것의 중요성에 대해 이의를 제기 할 때; *ko je? Ta ja, ko bi bio drugi!* 누구? 나 아니면 누구겠어, 나지

tabačiti –im (不完) (가죽을) 손질하다, 무두질하다

tabadžija 참조 tabak

tabak 1. 전지(全紙; 보통은 큰 사이즈의); *~ hartije* 종이 전지 **2.** (印刷) 판(版); 국판·국배판 등의 서적의 사이즈나 신문 사이즈를 나타내는), 절지; *autorski ~* 저자 집필 매뉴얼(논문 등을 작성할 때 폰트, 자수(字數) 등을 적어놓은); *štamparski ~* (보통 표준 크기의 종이) 한 장(16절지 크기의); *pre(sa)viti ~* 법적 조치를 결정하다(고소·청원 등의), 고소하다 **3.** (方言) 사발, 접시; 쟁반 (zdela, tanjir, poslužavnik)

tabak (식물학적)담배; (흡연할 수 있도록 가공된) 담배가루 (duvan)

tabak 무두장이, 가죽을 손질하는 사람, 피혁장인, 갓바치, 제혁업자 (kožar, strojač, štavljač)

tabakana 무두질 작업장, 피혁 공장 (kožara)

tabakera (금속제 또는 목제의) 주머니 담배곽 (가지고 다닐 수 있는)

taban 1. (발의) 발바닥 **2.** 기타; *gori mu pod ~ima* 발바닥에 불났다(어려운 상황에 처해 있다, 위험한 상황에 처해 있다); *dati vatru ~ima, zapeti ~ima o ledinu* 도망가다 (pobeći); *lizati nekome ~e* 전적으로 복종하다, 아부하다; *potprašiti ~e nekome* 추방하다, 쫓아내다; *imati ravne ~e* 평발이다

tabanaši (男,複) 발바닥을 땅에 붙이고 걷는 포유동물, 척행 동물 (인간·곰 등)

tabanati –am (不完) **1.** 걸어가다, 걷다 (보통 오랫동안, 힘들게) (ići pešice, koračiti) **2.**

발로 밟다, 발로 짓이기다 (tabati, gaziti); *stražar je tabanao sneg ispred kolibe* 보초가 움막앞의 눈을 발로 밟았다 **3.** (비유적) (po nekome) ~에게 무례하게(오만하게) 행동하다, 폭군처럼 행동하다

tabančiti –im (不完) 참조 tabanati; 걷다, 걸어가다

tabati –am (不完) utabati (完) **1.** 발로 꾹꾹 밟다, 발로 짓이기다; *~ sneg* 눈을 발로 꾹꾹 밟다, 발로 다지다 **2.** (보통은 오랫동안, 힘들게) 걷다, 걸어가다, (지쳐서) 터덜터덜 걷다, 다리를 질질 끌며 걷다 **3.** ~ *se* (口語) 치고받고 싸우다 (tući se, biti se)

tabela 1. 표, 도표 (보통 가로세로로 내용·숫자 등을 순서대로 나열한 것) **2.** (스포츠) 순위표, 기록표; *dno ~e* 순위표의 맨밑

tabelaran –rna, –rno 도표로 표시된, 도표화된, 표로 정리된; *~rni pregled* 도표로 표시된 검사

tabernakul 1. (宗) (유대교) 성막(聖幕), 이동신전(유대인이 황야를 헤매던 때의 막사로 된 신전) **2.** (宗) (가톨릭) (성체를 보존하는) 성궤 (svetohranište) **3.** (歷) (고대 로마의) 군막사

tabes (病理) 척수로(脊髓癆); 심한 통증이나 여러 가지 기능 장애를 수반하는 매독)

tabinja (女), **tabinjaš** (男) (魚類) 어류의 한 종류 (대구 비슷한 물고기)

tabla 1. 널판지, 널, 판자; 판자같이 생긴 –판 (–대); (도로 등의) 표지판; *oglasna ~* 알림판, 공고판; *reklamna ~* 광고판; *razvodna ~* 배전반 (配電盤); *šoferska (vozačka) ~* 계기판, 대시보드(자동차의); *ulična ~* 도로 표지판 **2.** (어떤 것의) 일부분(판자 모양의); *~ leda* 얼음판, 얼음조각; *~ čokolade* 초콜렛바, 초콜렛 **3.** 현판; *~ s nazivom ustanove* 기관의 명칭이 새겨진 현판 **4.** (학교의) 칠판, 흑판; *školska ~* 칠판; *na ~i se piše kredom* 칠판에 백묵으로 쓴다; *tabla se briše sunđerom* 칠판은 스폰지(칠판지우개)로 지운다 **5.** (체스 등의) 판; *šahovska ~* 체스판

tablanet 카드게임의 한 종류

tableta 알약, 정제(錠劑: 둥글넓적한 모양의 약제); *~ za glavobolje (spavanje)* 두통약(수면제); *kontraceptivne ~e* 피임약; *popiti ~u* 알약을 먹다

tablica 1. (지소체) tabla **2.** 참조 tabela; (數) 표, 도표; (보통 複數로) 곱셈표; *~ množenja* 곱셈표; *~ deljenja* 나눗셈표; *logaritamske ~e* 로그표, 대수(對數)표 **3.** *registarska ~*

(자동차의) 번호판

tabor 1. 야영지, 숙영지, 주둔지, 막사 (넓은 들판에 임시적으로 숙영이 가능하게 천막을 친, 보통은 군대의) 2. 진영, 측 (군사적으로 서로 맞서는, 혹은 이해관계에 있어서 맞서는); *protivnički* ~ 적의 진영, 반대진영; *preći u neprijateljski* ~ 적진영으로 투항하다(건너가다) 3. (같은 생각·이해관계·입장을 가진) 그룹, 블록; *feministički* ~ 페미니스트 그룹; *učiniti* ~ 진영(그룹)을 만들다 **taborski** (形)

taborište 야영지, 숙영지, 주둔지 (logorište)

taboriti *-im,* **taborovati** *-rujem* (不完) 텐트를 치고 야영(숙영)하다, 야영지(숙영지·주둔지)에 머물다

tabu *-ua* 금기(사항), 터부, 금기시되는것; *ostaci ~ua* 터부의 잔재; *takvi razgovori nisu više* ~ 그러한 대화는 더 이상 금기사항이 아니다

tabulator (타자기의) 도표 작성용 위치 조정용 키, (키보드의) 탭 키

tabure *-ea,* **taburet** *-a* (男) (등받이와 팔걸이가 없는)의자, 스툴

tacna (커피 잔 따위의) 받침; 접시 (tanjirić)

tačan *-čna, -čno* (形) 1. (사실과) 부합하는, 맞는, 정확한, 올바른 (istinit); (정확한 자료·통계를 반영한) 올바른, 바른, 맞는, 정확한; 정확한, 정밀한, 엄밀한 (precizan); (올바른 도구에 의해 정확히 측정된) 정밀한, 정확한; ~ *prepis* (원본과) 부합하는 복사본; ~ *popis* 정확한 재고조사; ~ *izveštaj* 정확한 보고서; *~čna vest* 정확한 뉴스; ~ *odgovor* 맞는 대답; *~čno rešenje* 정확한 답; ~ *sat* 정확한 시계; ~ *instrument* 정밀 도구; *~čna visina(težina)* 정확한 높이(무게); *~čno vreme* 정확한 시간 2. 시간을 엄수하는, 시간을 정확히 잘 지키는; ~ *čovek* 시간을 잘 지키는 사람; ~ *dužnik* 기일을 잘 지키는 채무인; *biti* ~ *u plaćanju (s plaćanje)* 지불을 정확히 하다

tačka (D. *-ki;* G.pl.*-čākā*) 1. (기하학의) 점 2. 종지부, 마침표(.); *dve ~e* 콜론(:), ~ *i zarez* 세미콜론(;) 3. (비유적) 점, (형태에서) 점과 유사한 것; *crne su ~e ljudi u daljini* 사람들은 멀리서는 점과 비슷하다 4. (감정·주장을 나타내는 표현 방법에서 모든 논란의 종지부를 찍고자 할 때) 끝, 이상; *to se mora uraditi i -* ~ 그것을 해야만 한다 – 끝 5. (物) (물이 끓거나 어는 온도 등의) 시점; ~ *ključanja* 비등점; ~ *mržnjenja (smrzavanja)* 빙점 6. (전개 과정상의) 시점, 단계; *početna* ~ 시작 단계; *kritična* ~ 위기 단계; *sve stoji na mrtvoj ~i* 모든 것이 중지되었다 7. (특정한) 지점, 장소; *strateška* ~ 전략적인 장소; ~ *odbrane* 방어 지점; *polazna* ~ 출발점; *rastojanje između tačaka A i B* a와 b 사이의 거리; *kulminaciona* ~ 정점, 최고점; ~ *oslonca (poluge)* (지렛대의) 받침점 8. (보통 보어 gledište, stanovište와 함께) 관점, 입장 9. (논의 등을 위해 작성한 목록상의 개개) 항, 항목, 조, 조항; 안건; ~ *dnevnog reda* 의사일정의 항목; *u ~i 5 ...* 제 5항에

tačkast *-a, -o* (形) 점과 비슷한; 점이 흩뿌려진; *~a šara* 점이 흩뿌려진 문양

tačkati *-am* (不完) **istačkati** (完) 점을 찍다, 점으로 물들이다

tačke *-ākā* & *-ī* (女,複) (공사장 등에서 사용되는 외바퀴의) 손수레

tačkica 1. (지소체) tačka 2. (식량 등의 배급을 받을 수 있는) 배급 쿠폰

tačno (副) 정확하게, 정밀하게, 더도 말고 덜도 말고 (정해진 가치·수량 등의); ~ *12 časova* 12시 정각; *sada je* ~ *5 sati* 지금 정각 5시이다; ~ *u podno* 정오; ~ *izračunati* 정확히 계산하다; ~ *odgovoriti* 맞게 대답하다; ~ *shvatiti nešto* 뭔가를 정확히 이해하다; ~ *se setiti nečega* 뭔가를 정확히 기억하다

taći, taknuti *taknem; taknuo, -nula* & *takao, takla; takni; taknut* (完) **ticati** *-čem* (不完) 1. (손 등으로) 만지다, 건드리다; ~ *rukom (prstom)* 손으로(손가락으로) 만지다; ~ *šahovsku figuru* 체스 말을 건드리다 2. (보통 부정문에서) 조금이라도 건드리다(손상시키다, 훼손시키다, 손해를 끼치다); 유쾌하지 못한 감정을 야기하다, (심적으로) 아프게 하다; *ni* ~ *ga smete* 그것을 조금이라도 건드리면 안됩니다; *priroda nije bila ni taknuta* 자연은 조금도 인간의 손에 훼손되지 않았다; *taknu je samo smrt materina* 어머니의 죽음만이 그녀를 심적으로 동요시킨다 3. ~ *se* 서로 만지다, 서로 건드리다; *žice su se takle* 줄들이 서로 부딪혔다 4. ~ *se* 건드리다, 언급하다 (발표 등에서); *govornik se toga nije ni taknuo* 발표자는 그것을 건드리지도 않았다 5. 기타; ~ *nekoga u srce* 누구의 심금을 울리다; ~ *u živac,* ~ *u osetljivo mesto* 민감한 부분을 건드리다(아프게 생각하는 등의); ~ *u srce (u dušu)* 감동시키다, 감명을 주다; *taknuto-maknuto* 체스의 말을 건드리면 그 말을 움직여야 하는 체스 경기

1295

의 규칙

tad, tada (副) 그때, 그 당시; 그 후에 ~ se lepo živelo 당시에 잘 살았다; živeli smo mirno, tada je došao rat 우리는 평화롭게 살았다, 그후 전쟁이 일어났다; kad(a)-tad(a) 이전 혹은 이후에, 언제든

tadašnjī -ā, -ē (形) 당시의; ~a vlast 당시의 정권

tahometar -tra (자동차의) 속도계 (brzinomer)

tain 1. 식사; 음식 보급 2. 병사들이 먹는 빵

taj ta, to (지시형용대명사) 그 (화자(話者)로부터 가까이 있는 것, 혹은 이미 언급된 것 을 나타냄); daj tu knjigu! 그 책 줘!; dođosmo u tu kuću 우리는 그 집에 도착했다; ko je taj čovek? 그 사람은 누구인가?; krivi su, ali to ne priznaju 그들이 잘못했다, 하지만 그것을 인정하지 않는다; kakav je to šum? 그것은 어떠한 소음인가?

tajac -jca 고요, 정막, 정적, 침묵 (tišina, zatišje); nastade ~ 정막이 흘렀다

tajan -jna, -jno (보통은 한정형으로) 1. 비밀의, 비밀스런, 잘 알려져 있지 않은; 감춰진; ~jno prostranstvo 비밀스런 공간; ~jni sastanak 비밀 회합; ~jna veza 비밀스런 관계; ~jna organizacija 비밀조직 2. 신비스런, 수수께끼의 (tajanstven, zagonetan); ~jna noć 신비스런 밤

tajanstven -a, -o (形) 신비한, 신비에 싸인, 비밀스런, 수수께끼의; ~a pojava 신비스런 현상; ~ čovek 신비에 싸인 사람

tajati (se) -jim (se) & -jam (se) (不完) 참조 tajiti (se); 감추다, 숨기다, 비밀로 하다; pred tobom neću ništa ~ 네 앞에서는 아무 것도 비밀로 하지 않을 것이다

tajati -jem (不完) 1. (눈·얼음 등이) 녹다, 녹아 사라지다 (topiti se) 2. (nešto) 녹이다 (topiti); ~ led 얼음을 녹이다 3. (액체·기체 등이) 새어 나오다 (curiti, razilaziti se); ~ krv iz rane 상처에서 피가 새어 나오다; ~ pāra 증기가 새어 나오다 4. 육체적으로 허약해지다, 쇠잔해지다 (venuti); još hoda, ali vene i taje 그는 아직 걷기는 하지만 쇠잔해졌다

tajfun 태풍

tajga 타이가(북반구 냉대 기후 지역의 침엽수림)

tajiti -im (不完) 1. 숨기다, 감추다, 비밀로 하다; ~ podatke 자료를 숨기다; on to ne taji 그는 그것을 숨기지 않는다; on sve od mene taji 그는 내게 모든 것을 비밀로 한다 2. ~ se 숨겨져 있다, 감추어져 있다; lepo oko u magli se taji 아름다운 눈이 안개속에

감춰져 있다

tajka (男), **tajko** (男) (愛稱) otac, tata; 아빠

Tajland 태국; **Tajlanđanin**; **Tajlanđanka**; **tajlandski** (形)

tajm-aut (스포츠의) 타임아웃

tajna (G.pl. -ī & -ā) 비밀, 기밀; 신비, 신비스러운 것; državna ~ 국가 비밀; poslovna ~ 영업 비밀; vojna ~ 군사 비밀; ~e prirode 자연의 신비; ~e života 생명의 신비; javna ~ 공공연한 비밀; čuvati (otkriti) ~u 비밀을 지키다(밝히다); poveriti ~u nekome 누구에게 비밀을 누설하다; izmamiti (odati) ~u 기밀을 얻어내다(폭로하다)

tajnī -ā, -ō (形) 비밀의, 비밀스런, 숨겨진, 은밀한; ~ izlaz (hodnik) 비밀 출구(통로); ~o glasanje 비밀 투표; ~ agent 비밀 첩자; ~a policija 비밀 경찰

tajnik 참조 sekretar; 비서(秘書) **tajnica**; **tajnički** (形)

tajništvo 참조 sekretarijat; 국(局)

tajno (副) 비밀리에, 몰래 (potajno, krišom); ~ putovati 비밀리에 여행하다; ~ poslati 비밀리에 발송하다

tajnost (女) 비밀, 비밀성, 비밀 상태; držati u ~i 비밀 상태로 유지하다; ~ prepiske 서신 왕래의 비밀성; glavna ~ 주요 비밀

tajnovit -a, -o (形) 참조 tajanstven

tajom (副) 몰래, 비밀리에 (tajno, krišom, kriomice); ~ se sastajati 비밀리에 회합하다

Tajvan 타이완

tak -ovi (당구의) 큐, 당구채

takav -kva, -kvo (지시형용대명사) 1. 그러한, 그런 종류의; kupiću ~ šešir kakav vi imate 당신이 가지고 있는 그런 종류의 모자를 살 것입니다; ja hoću ~kvu olovku 그런 종류의 볼펜은 원한다; isti ~ 그러한 것과 같은; ~ je život 삶이 원래 그래; on je lažov i kukavica, a ~kvi lako ubijaju 그는 거짓말쟁이며 겁장이인데 그러한 사람들이 (다른 사람들을) 쉽게 살해한다 2. (결과 종속절의 특성을 나타냄) 그러한; otvori mu se ~ apetit da jede za trojicu 3인분을 먹어치울 만큼의 그러한 식욕이 일어났다 3. (감탄문에서 ~의 긍정적인 특성을 나타냄) 그러한; što se nje tiče, ona je takvo srce! 그녀에 대해서 말하자면, 그녀는 그러한 마음을 가진 사람이다! 4. 기타; kakav ~ 일지라도(뭔가 열악한 질을 용인할 때); ~ i ~ 그러 그러한 (상세한 묘사 대신 간략히 이야기할 때)

takelaža (돛단배의) 삭구(索具); 돛대를 고정하는 고정 밧줄과 화물 밧줄처럼 움직이는 밧

줄 따위)

takī -ā, -ō (廢語) 참조 paran; 짝수의 (反; lihi)

takī -ā, -ō 참조 takav

taki (副) 참조 odmah; 즉시, 즉각

takmac 경쟁자, 경쟁 상대, 라이벌 (suparnik, konkuren, rival); njemu nema ~a 그에게 라이벌은 없다

takmičar (대회·시합 등의) 참가자, 참가 선수 takmičarka; takmičarski (形); ~ duh 스포츠 정신

takmičenje 대회, 시합; lakoatletsko (plivačko) ~ 트랙 육상 대회 (경주·도약·투척 등) (수영 대회); bokserso ~ 복싱 경기; ~ u dizanju tegova 역도 경기

takmičiti se -im se (不完) 시합에 참가하다 (개인 혹은 단체 경기 등에), 경쟁하다, 우열을 겨루다; ~ na Olimpijadi 올림픽에 참가하다; ~ u matematici 수학경시대회에 참가하다; ~ u prvenstvu se takmiče četiri tima 선수권대회에 4팀이 참가한다; ona se takmiči s njim u poslu 그녀는 업무를 놓고 그와 경쟁 관계이다; njih dvojica se takmiče oko te devojke 그들 두 사람은 그녀를 놓고 경쟁한다; ~ na turniru 토너먼트로 시합하다

taknuti -nem (完) 참조 taći

tako (副) 1. 그러한 방법으로, 그렇게, 그와 같이; zašto tako govoriš? 왜 그렇게 말해?; ako ~ misliš 만약 그렇게 생각한다면; ~ stoji stvar 그러한 상황(상태)이다 2. (kako 와 함께 사용되어) 비교하거나 몇 몇 개의 예를 들어 말할 때; sve vidi, kako u kući i u radionici 집에서도 작업실에서도 모든 것을 본다 3. (종속절의 결과가 일어날 정도의 일이 일어남을 나타냄) 그러한 정도의 (tako da); tako me boli da ne mogu hodati 걸을 수 없을 정도로 아프다; otišao je veoma daleko tako da nije bilo povratka 돌아올 수 없을 정도로 매우 멀리 떠났다; oni žive ~ kako da se sutra biti smak sveta 그들은 내일 세상의 종말이 올 것 처럼 산다; sedi kraj prozora ~ da bolje vidiš 잘 볼 수 있게 창가에 앉아라 4. (~의 높은 정도·수준을 나타냄) 매우, 정말로; ~ lep 정말로 아름다운; ~ dobar 매우 좋은; ona je ~ lepa 그녀는 정말 아름답다; ona ~ divna peva! 그녀는 정말로 환상적으로 노래를 잘 부른다! 5. ('i tako'처럼 사용되어) 그렇잖아도 (i inače); nemoj ići, i tako nas je malo 가지마, 그렇잖아도 우리가 얼마 되지도 않는데 6. (알지 못했던 뭔가를 알거나 깨닫게 될 때) 아 그렇지; tako!, već ste tu! 아 그

렇지!, 네가 여기 있었지! 7. (어떤 일의 상황·배경 등의 소개말에서) 그렇게; bila ~ dva suseda, živeli lepo 그렇게 두 이웃이 있었으며 그들은 사이좋게 살고 있었다 8. (대략적으로 어림잡을 때) 대충, 대강; poznajem ja ~ neke ljude ... bilo ~ pet sati 나는 몇 몇 사람들을 알고 있었으며 ... 약 다섯 시 정도였다 9. 기타; i ~ dalje 기타, 등등; kako-~ 1)어떻게든지, 어떤 방법으로든지, 서툴게라도, popraviti kako-tako 1)서툴게라도 고치다 2)아직 감당할 정도이다; kako-tako kad je trezan, ali kad je pijan, onda nikako 맨 정신일 때에는 어느 정도 괜찮지만 술에 취했을 때는 전혀 감당이 안된다; ~ danas, ~ sutra (시간이 흘러갔음을 말할 때 사용됨) 그렇게 오늘도, 그렇게 내일도 흘러갈 것이다; ~ je! (동의·확인·승인 등을 표현하는) 그래, 그렇지; ~ mu i treba 그렇만하다(상받을 만, 벌 받을 만); ~ ili nikako 받든지 말든지

takođe, također (副) (부가·첨부 할 때 사용하는) 또한, 게다가; u toj čitaonici je sreo ... predsednika ... koji se ~ preselio iz Beograda 그는 열람실에서 장(長)을 만났는데 그 또한 베오그라드에서 이사했다

takoprst -a, -o (形) 짝수의 발가락을 가진; ~i papkari 우제류(偶蹄類) (소·양·염소·사슴 등)

takozvanī -ā, -ō (形) 소위, 이른바, ~라고 일컬어지는; ~ strukturalizam 이른바 구조주의; ~ doktor 소위 박사(의사); ~a doslednost 이른바 일관성

taksa (G.pl. -ā) 세, 세금; opštinska ~ 지방세; sudska ~ 법원 인지대; komunalna ~ 공과금(상하수도·난방비 등의); platiti ~u na nešto ~에 대한 세를 내다; takseni (形) ~a marka 인지대

taksi -ija (男) 택시

taksimetar -tra 택시미터기

taksirati -am 1. (完,不完) 인지대를 지불하다, 세금을 내다; ~ molbu sa 5 dinara 청원서에 5디나르 짜리 인지를 붙이다(지불하다) 2. (不完) 택시를 몰다, 택시기사를 하다(직업으로서)

taksist(a) 택시기사, 택시 운전수

taksi-stanica 택시정류장

takt -ovi 1. (音樂) 박자, 소절; odsvirati nekoliko ~ova 몇 소절을 연주하다; tročetvrtinski ~ 3/4박자 2. 리듬, 템포 (ritam); njihati se u ~u 리듬속에 흔들다; igrati po ~u muzike 음악의 리듬에 맞춰 춤추다; držati se ~a 템포를 유지하다 3. (엔진

피스톤 등의) 한 주기, 사이클 4. (사회생활
에서 어떻게 행동해야 하는지의) 요령, 눈치;
imati (nemati) ~ 눈치가 있다(없다); *čovek
bez ~a* 요령없는 사람 5. 기타; *izbaciti
(izvesti) iz ~a* 화나게하다, 격앙시키다; *u
~u* 같은 리듬으로

taktičan *-čna, -čno* (形) 1. 요령있는, 눈치있
는; ~ *sagovornik* 눈치있는 대화상대자 2.
전략적인 (taktički)

taktičar 1. 전술가, 책략가, 모사; *strateg i* ~
전략가 및 책략가; *trener kao* ~ 전술가로서
의 트레이너 2. 요령있는 사람, 눈치있는 사람

taktika 1. (軍) 전술, 작전; *gerilska* ~ 게릴라
전술; *ofanzivna* ~ 공격 전술 2. (경기의) 전
술, 작전; *defanzivna* ~ *u fudbalu* 축구의 수
비 전술; ~ *osvajanja tržišta* 시장 점유 전술;
~ *dugoprugaša* 장거리육상선수의 작전 3.
(행동거지의) 요령, 임기응변 **taktički** (形); ~
potez 전술적 행위; ~ *manevar* 전술적 작전
행동; ~*a rezerva* 전략 비축

tal *-ovi* 1. (재산의) 일부, 일부분 (deo) 2. (신
부의) 결혼지참금 (miraz)

talac *taoca* 인질

talambas 1. (樂器) 케틀드럼(반구형의 큰북) 2.
기타; *bez ~a (objaviti)* 별 예고없이 (발표하
다), 별 광고없이(발표하다); *bila je
prikazana serija bez ikakve reklame ... i
bez ~a* 별다른 광고없이 시리즈물이 방영되
었다; *udariti (udarati) u bubnje i ~e* 공표하
다(공포하다)

talan(a)t 1. 고대 그리스의 중량 측정 단위 2.
고대 화폐 단위

talas 1. (강·바다 등의) 파도, 물결 (val); (일반
적으로) 파도 모양의 것, 파도같이 보이는
것; *morski* ~ 바다 파도; ~ *pšenice* 파도처
럼 물결치는 밀; *kosa na ~e* 물결치는 머릿
결; *breg ~a* 물마루; *brzina prostiranja ~a*
파랑 속도; *napadati u ~ima* 파상공격을 하
다; ~ *štrajkova* 파상적 파업; ~ *vrućine* 일
련의 파상적 혹서; *hladni* ~ 일련의 한파 2.
(열·소리·빛 등의) -파, 파동, 파장; *seizmički*
~ 지진파; *zvučni* ~ 음파; *svetlosni* ~ 광파;
kratki ~ 단파; *poprečni (transverzalni)* ~
횡파(橫波); *uzdužni (longitudijalni)* ~ 종파
(縱波); *dužina ~a* 파장 길이; *frekvencija
~a* 파장 주파수 3. (움직이는 수많은 사람·
사물들의) 물결, 파도; ~ *navijača* 수많은 응
원 관중; ~ *demonstranata* 수많은 시위대 4.
(일반적으로) 급증, 확장(확충); ~
nezadovoljstva 불만의 급증; ~ *neprijatnih
asocijacija* 적대적 연합의 확장 **talasni** (形);

~*a dužina* 파장

talasast, talasav *-a, -o* (形) 물결 모양의, 파
상의; (머리카락·지형 등이) 웨이브가 있는,
굽이치는, 기복을 이루는; ~*a ravnica* 물결
모양의 평원; ~*a kosa* 웨이브가 있는 머리결;
~*a brda* 기복을 이루는 언덕

talasati *-am* (不完) *ustalasati* (完) 1. 파도를
일게 하다, 출렁거리게 하다, 흔들리게 하다;
vetar talasa zelenu strminu kao more 바람
이 초록 절벽을 마치 바다처럼 출렁이게 한
다; *vetar je ustalasao reku* 바람이 강을 출
렁이게 했다 2. (마음을) 심란하게 하다, 뒤
흔들다, 불안하게 하다, 뒤숭숭하게 하다, 어
지럽히다; *ne talasaj, ne podbadaj masu!* 심
란하게 하지마라, 대중을 선동하지 마라! 3.
파도가 일다, 흔들리다 4. ~ *se* 파도가 일다,
흔들리다, 파상으로 움직이다; *more se
talasa* 바다가 출렁거린다; *masa se talasa*
대중들은 뒤숭숭했다 5. ~ *se* 물결처럼 확산
되다; *talasa se brujanje* 윙윙거림이 점점
확산되었다

talasav *-a, -o* (形) 참조 talasast

talasni *-ā, -ō* (形) 참조 talas; 파도의; -파의,
파장의; ~*a dužina* 파장; ~*o kretanje* 파도
의 움직임(이동)

talasoterapija (醫) 수(水)치료법(바닷물에서의
목욕과 온화한 해안 기후의 작용을 겸한)
(해안지역에서의)

talaštvo 인질 상태, 인질 신세

talen(a)t *-nta* 1. (타고난)재능, 재주, 뛰어난
능력 (dar, obdarenost); *imati* ~ 재능이 있
다; ~ *za nešto* ~에 대한 재능 2. 재능이 있
는 사람; *biti* ~ 재능있는 사람이다

talentovan *-a, -o* (talentiran) 재능있는, 재주
있는, 능력이 뛰어난 (darovit, nadaren); ~
pisac 재능있는 작가; ~ *za nešto* ~에 재능
있는

taličan *-čna, -čno* (形) 행복한 (srećan); 행운
의, 운이 따르는

Talijan 참조 Italija

talijanskī *-ā, -ō* (形) 참조 Italija

talionica 참조 topionica; 제련소(광석을 녹여
금속을 뽑아내는)

talir 은화(의 한 종류; 유럽 각 지역에서 사용
되던)

talisman (迷信) (불행·질병 등으로부터 보호해
준다고 믿어지는) 부적(符籍) (amajlija,
amulet)

talište (고체가 녹는) 녹는 점, 용해점, 융해점

taliti *-im* (不完) 참조 topiti; (고체가 열 때문
에 액체로) 녹다

talk (鑛物) 활석(滑石)

talmud 탈무드(유대교의 고대 율법 및 전통 모음집) talmudski (形)

talog 1. (바닥에 가라앉은) 침전물, 앙금, 퇴적물, 찌꺼기; ~ od kafe (터키식 커피를 다 마신후 바닥에 가라앉은) 찌꺼기 2. (비유적) (~의) 흔적, 잔해, 나머지; 사회의 낙오한 계층, 쓰레기같은 인간 집단 (ološ); ~ uspomena 추억의 잔해; društveni ~ 사회의 하층 계층 3. (보통 複數로, 한정사 atmosferski, vodeni 등과 함께) 강우, 강설 (padavine, oborine); količina vodenog ~a se smanjuje 강수량이 감소했다

talon (수표장·영수증 등의) 보관용 부본, (표· 수표 등에서 한 쪽을 떼어 주고) 남은 부분

taložan -žna, -žno (形) 참조 talog; 침전물의, 퇴적물의, 찌꺼기의; ~žni proces 침전 과정

taloženje (동사파생 명사) taložiti

taložiti -im (不完) 1. 침전시키다, 가라앉히다; ~ mulj 진흙을 침전시키다 2. (비유적) 서서히 모으다(쌓다, 쌓아 올리다, 형성하다); ~ strah u nekome 누구에게 두려움이 쌓이게 하다 3. (비유적) 가라앉게 하다, 침착하게 하다, 정리하다, 정돈하다 (sređivati); ~ utiske (받은)인상을 정리하다 4. ~ se (침전물처럼) 모이다, 쌓이다, 가라앉다; krupnije čestice se talože na dnu čaše 큰 입자들이 컵 바닥에 가라앉는다; ostavi kafu da se taloži 커피가 가라앉게 가만 놔둬

taljigaš 1. 마부, 마차(taljige)를 모는 사람 2. 마차(taljige)를 끄는 말

taljigati -am (不完) 1. 마차(taljige)를 몰다 2. 힘들게 걷다(가다); 힘들여 일하다 3. ~ se 겨우 움직이다

taljige (女,複) 마차(馬車, 말 한 마리가 끄는)

taljiv -a, -o (形) 참조 topljiv; (고체 등이)녹는, 녹을 수 있는; ~ elemenat 녹는 성분

tama 1. 어둠, 암흑, 캄캄함 (mrak); 어두운 곳; nastupila ~ 어둠이 깔렸다, 어두워졌다; boraviti u ~i 어둠속에 있다 2. 어두운 색, 희미함 3. 흐릿한 시야; gledati kroz ~u 흐릿함 속에서 바라보다 3. (잘 알려져 있지 않은) 암흑기; 잘 알려져 있지 않은 것 4. 우울, 침울 (čamotinja); ~ prognaničkog života 추방 생활의 침울함 5. 낙후, 뒤떨어짐; (교육받지 못한) 무지몽매; mi smo još u srednjovekovnoj ~i 우리는 아직 중세의 무지몽매한 상태이다 6. 어두운 면, 부정적인 면

taman -mna, -mno (形) 1. (시간적 개념에서) 어두운, 캄캄한 (mračan) (공간적 개념에서) 빛이 별로 없는, 어두운; (빛을 반사하지 않는 표면의) 광택이 나지 않는, 어두운, 어두운 색깔의; ~mna noć 어두운 밤; ~ podrum 어두컴컴한 지하; ~mno zdanje 어두운 색깔의 건물; ~mni oblak 시커먼 구름; ~mna boja 어두운 색; ~mno odelo 어두운 색깔의 옷 2. (소리가) 낮은, 목소리를 깐, 둔탁한 (mukao); ~mna boja glasa 둔탁한 색깔의 목소리 3. 잘 알지 못하는, 불분명한, 분명하지 않은; reč tamnog postanja 기원이 불분명한 어휘 4. (행동·사고방식 등이) 어두운, 부정적인 (negativan) ~mni tip 부정적 타입; ~mna sila 부정적 세력, 어둠의 세력 5. 우울한, 침울한, 즐겁지 않은 (tažan, neveseo, crn, nesrećan); ~mni trenutak života 삶의 어두운 시기

taman (小辭) 1. (가까움·일치를 강조하기 위해) 바로, 바로 그 (upravo, baš); (공간적 가까움을 나타냄) ~ preko puta 바로 길건너편에; (시간적 근접을 나타냄) ~ tada 바로 그 때; (동일한 혹은 매우 유사한 개념을 비교할 때, 정확히 명중되었을 때, 누구에게 마음에 들거나 적합할 때) ~ mi se to sviđa 그것이 무척 내 맘에 든다; ima jedno zgodno zanimanje, ~ za njega 바로 그 사람에게 적합한 직업이 있다 2. (형용사적 용법으로, 서술어로) (적합한 크기·사이즈를 강조함) 딱 맞는, 안성맞춤의 (옷·신발 등이); kaput mi je ~ 외투가 내가 딱 맞다; cipele da li su ~? 구두가 딱 맞느냐? 3. (어려운 일이 발생하더라도 어떤 입장일 끝까지 견지할 것임을 강조할 때) ~일지라도 (makar, čak); ~ poginuo, ne bežim 죽더라도 도망치지 않을 것이다 4. (단정적인 부정·거절을 나타낼 때) 형식적 긍정문에서 부정적 의미를 나타낼 때; ~ još i ti dođi 너까지 오기만 하면 5. (문장에서 감탄사로 사용됨) 결코 ~아니다 (nikako, nipošto) pušite! - Taman! ni dima 담배 피워도 됩니다! - 무슨 말씀을! 연기 한 줄기도 (뿜지 않겠어요); ~ posla! (그것이) 전혀 아닌데요

tamaniti -im (不完) utamaniti (完) 1. 근절하다, 박멸하다, 멸종시키다, 몰살시키다 (죽여, 사냥하여, 독극물로); (일반적으로) 근절하다, 박멸하다, 몰살하다, 뿌리채 뽑아 버리다 (uništavati, istrebljivati); ~ insekte 벌레를 박멸하다; ~ mlade izdanke 새싹을 뿌리채 뽑다; ~ zlo 악을 뿌리채 뽑다 2. (많은 양을) 싹 먹어치우다, 싹 마시다, 씨를 말리다(다 먹고 마셔); ~ šunku i pivo 햄과 맥주를 다 먹고 마셔 씨를 말리다; ~ viski 위스키를 다 마셔 버리다 3. ~ se 파멸하다, 쫄딱 망하다;

근절되다, 멸종되다; ~ se *kockajući* 노름하
여 쫄딱 망하다

tamarind (男), **tamarinda** (女) (植) 인디안 타
마린드 (콩과(科)의 열대성 나무로 먹을 수
있는 열매가 열림)

tamarisk (男), **tamariska** (女) (植) 위성류속(屬)
의 나무(잎에는 흰 가루가 있으며, 꽃은 흰
색 또는 분홍색; 지중해 지방 원산)

tambur 1. 북, 드럼 (doboš, bubanj) 2. 드러머,
북을 연주하는 사람 (bubnjar, dobošar); ~
onda nije vežbao s trubom 드러머는 트럼
펫 연주자와 같이 연습을 하지 않았다

tambura (樂器) 탐부리차 (유고슬라비아의 기
타 모양의 현악기)

tamburaš   탐부리차(tambura)   연주자
tamburašica; **tamburaški** (形); ~ *orkestar*
현악기 오케스트라

tamburati -*am* (不完) 탐부리차를 연주하다

tamburica (지소체) tambura

tamburin (樂器) 탬버린 (daire)

tamjan 1. (植) 향나무; 그러한 나무에서 얻은
수지(樹脂); 향; (비유적) 매우 향기로운 냄새,
아로마향 **tamjanov** (形) 2. (비유적) 죽은 이
를 위한 미사, 추도 미사 (podušje, pomen)
3. 기타; *kao đavo (vrag) od* ~*a bežati* 필사
적으로 회피하는(도망가는) 것처럼; *mirisati*
na ~ (인생의) 마지막 나날들을 보내다, 죽
을 날이 가까워졌다; *bi bogu* ~*a ne da(va)ti*
구두쇠이다

tamjanik 향그릇

tamnjanika 1. 뮈스까(도수가 강한, 단맛이 나
는 백포도주) 2. 사과의 한 종류; 배(梨)의
한 종류

tamneti -*im* (不完), **potamneti** (完) 1. 어두워
지다, 어두운 색감을 얻다; (금속 등이) 광채
를 잃고 어두운 색을 띠다; *nebo tamni* 하늘
이 어두워진다; *srebro tamni* 은이 빛을 잃
고 죽은색이 된다 2. (얼굴이 건강미를 잃고)
시꺼먼 색을 띠다, 거무튀튀해지다; (눈이)
초롱초롱함을 잃고 멍한 눈빛을 띠다, 흐리
멍텅해지다; *lice mu je tamnelo* 그의 얼굴이
흙빛이 되었다; *moje rumenilo gasne, moje*
oči tamne i moje kose opadaju 나의 붉은
뺨(입술)은 그 빛을 잃고 내 눈은 흐리멍텅
해지며 내 머리는 탈모가 된다 3. (비유적)
(명성·명예·평판 등이) 사라지다, 없어지다 4.
~ *se* 어두운 색을 띠다; *u daljini se tamne*
planine 멀리서 산들은 어두운 색을 띤다

tamnica 1. 감옥 (zatvor) 2. 징역형 (robija)
tamnički (形)

tamničar 1. 감옥 간수, 교도관 2. 감옥에 수감

된 사람, (교도소) 재소자, 죄인 (robijaš,
zatočenik)

tamničkī -*ā*, -*ō* (形) 참조 tamnica

tamno (副) 1. 참조 taman; 어둡게, 희미하게
(mračno) 2. 불분명하게, 분명하지 않게, 명
확하지 않게 (nejasno, neodređeno); ~
osećati 명확하지 않게 느끼다

tamno- (接頭辭) 어두운, 짙은; *tamnocrven*
짙은 빨강의; *tamnozelen* 짙은 녹색의

tamnoput -*a*, -*o*, **tamnoputan** -*tna*, -*tno* (形)
검은 피부의, 피부색이 검은; ~ *čovek* 검은
피부의 사람

tamnovati -*nujem* (不完) 감옥에 있다, 수감생
활을 하다, 죄수생활을 하다 (robijat)

tamnjeti -*im* (不完) 참조 tamneti

tamo (副) 1. 그 방향으로, 그쪽으로, 그리로,
저리로; *pošao sam* ~ 그 방향으로 나는 갔
다; *idi* ~ 저리 가! 2. 거기에, 거기서, 그곳에;
ostani ~ 거기 머물러! 3. (시간·장소를 대략
적으로) 약, 즈음에, 근처에, 근방에
(otprilike); ~ *o Đurđevdanu* 주르제브단 즈
음에 4. (비한정형용대명사와 3인칭 인칭대
명사 앞에서) 과소평가·경시·무시를 강조함;
družiti se sa ~ *nekim* 그 누군가와 어울리
다; ~ *on je oboleo* (하찮은) 그 사람이 병치
레를 했다 5. (3인칭 인칭대명사 앞에서) 모
욕적인 말을 한 것에 대한 사과·미안함을 표
시함; *veli da je,* ~ *on, budala* 그들은 그가
바보라고 한 말을 사과했다 6. 기타; *tu i* ~
여기 저기에

tamošnjī -*ā*, -*ē* (形) 그곳의, 거기의; ~*a crkva*
그 지역의 교회; ~ *ljudi* 그곳 사람들

tampon 1. (醫) 탐폰, 지혈(止血)용 솜뭉치 2.
기타; ~ *država* 완충국가(적대적 관계인 강
대국 사이에 끼어 있는, 무력충돌을 예방하
기 위해 인위적으로 세워진); ~ *zona* 완충지
대 **tamponski** (形)

tamponirati -*am* (完,不完) 지혈용 솜뭉치
(tampon)를 대다; ~ *ranu* 상처에 솜뭉치를
갖다대다

tanac *tanca* (음악에 맞춰 추는) 춤 (igra, ples)

tanad -*adi* (女) (集合) tane; 탄환, 총알

tanak -*nka*, -*nko; tanji* (形) 1. 얇은, 가는 (反;
debeo); (폭이) 좁은, 가는 (uzak) ~ *konac*
얇은 실; ~*nko platno* 얇은 천; ~*nka*
prevlaka 얇은 막; ~*nka kolona* 좁은 대열
2. 날씬한 (vitak protegljast); ~ *stas* 날씬
한 몸매 3. 겨우 알아챌 수 있는, 희미한; 섬
세한, 미묘한 (prefinjen); (소리가) 고음의,
(목소리가) 째지는 듯한; ~ *osmeh* 엷은 미
소, *na ustima mu je igrao* ~*nki smešak* 그

의 입가에 엷은 미소가 번졌다; ~ *sluh* 섬세한 청각 4. (비유적) (수량·값어치 등이) 적은, 빈약한; (중요한 자질 등이) 별로 없는; (땅이) 척박한, 기름지지 않은 (neplodan, postan); (술이) 알코올 도수가 약한; (우유 등이) 필요한 성분이 많지 않은(부족한); ~*nka plata* 적은 월급; ~*nka zarada* 빈약한 돈벌이; ~*ručak* 빈약한 점심; ~*nka zemlja* 척박한 토지; ~*nka rakija* 도수가 약한 라키야; ~*nko vino* 도수가 약한 포도주; ~*nko mleko* 유지방이 적은 우유; ~*nka čorba* 건데기가 별로 없는 수프 5. (비유적) (재산 상태가) 빈약한, 허약한; (사업 규모가) 적은, 영세한 (mali, sitan); ~ *trgovac* 영세 상인; ~ *privrednik* 영세 자영업자; *njegov otac je bio ~ trgovac* 그의 아버지는 영세 상인이었다 6. (비유적) 겨우 유지되는, 허약한; 쇠약한, 수척한; 별 희망이 없는; *bila je ~nka zdravlja* 건강이 안좋았다; ~*nka sreća* 가느다란 행운; ~*nka nada* 별 희망이 없는 소원 7. 기타; *biti ~nkog sna* 선잠을 자다; *biti ~nkih ušiju* 예리한 귀를 갖다, 매우 잘 듣다; *na ~ led navesti(navući)* 곤경에 처하게 하다; *ovde sam najtanji* (목을 가르키면서 하는 말) 거짓말이면 내 목을 잘라!; *pasti na ~nke grane* 1)가난해지다 2)도덕적으로 타락하다; *srodstvo po ~nkoj krvi (po ~nkoj strani)* 모계쪽 친척; ~*nkih rebara* 가난한, 궁핍한; *u ~nke (ispričati)* 자세히(하나 하나) 이야기하다

tanan *-a, -o* (形) 1. 매우 얇은; ~*a košulja* 매우 얇은 셔츠 2. 매우 미묘한, 섬세한 (prefinjen, suptilan); *biti ~e prirode* 아주 섬세한 성격이다; ~*a osećanje* 미묘한 감정

tancati *-am*, **tancovati** *-cujem* (不完) 춤을 추다 (igrati, plesati)

tančati *-am* (不完) 1. 가늘게(얇게) 하다 (tanjiti) 2. 가늘어지다, 얇아지다; 사라지다, 없어지다; *tančaju oblaci* 구름이 엷어진다 (사라진다); *gledam kroz prozor kako tanča jutarnja magla* 창문을 통해 아침 안개가 걷히는 것을 바라본다 3. (비유적) 약해지다, 허약해지다, 묽어지다

tančina 1. 얇음, 가늚; 미묘함, 섬세함; ~*osećanja* 감정의 섬세함 2. (보통 複數로) (중요성 등에서 별로 중요하지도 않은) 아주 상세한 것, 아주 자잘한 것, 아주 사소한 것; 세부, 세목; *ispričati sve do ~e* 아주 세세하게 모두 이야기하다; *poznavati nešto do u ~e* 아주 세세한 것까지 알아가다; *u ~e* 상세히, 낱낱이, 자세히

tandara 1. (식당 등의) 바비큐를 굽는 곳(새끼 돼지나 양 등을 숯불에 굽는) (pečenjara, pečenjarnica) 2. 기타; ~~*mandara* 순 엉터리같이, 멋대로, 되는대로의

tandem 1. 한 축에 두 개(이상)의 모터가 달린 자동차; (안장이 앞뒤로 나란히 있는) 2인승 자전거; 두 마리의 말이 앞뒤로 나란히 서서 끄는 마차 2. (비유적) (두 사람 혹은 두 사람 이상 사이의) 동맹, 연합, 파트너쉽 (savez, ortakluk)

tandrk 덜컹거림, 달그닥거림 (평평하지 않은 면을 굴러가면서 내는); ~ *preturenih kotlova* 쓰러져 굴러가는 통의 달그닥거림

tandrkanje (동사파생 명사) tandrkati; 달그닥거림, 덜컹거림; ~ *kola po kaldrmi* 돌로 포장된 길에서의 자동차의 덜컹거림

tandrkati *-čem* (不完) 1. 덜컹거리다, 달그락거리다; *točkovi tandrču* 바퀴가 덜컹거린다; *kola su tandrkala prolazeći preko pruge* 자동차는 철도 건널목을 지나면서 덜컹거렸다 2. (비유적) (嘲弄) 별별 시시콜콜한 이야기까지 다 하다, 수다를 떨다 (brbljatti, lupetati)

tane *-eta* 총알, 탄환; 포탄; *puščano ~* 총알; *topovsko ~* 포탄

tangens (數) 탄젠트

tangenta (數) 접선(接線)

tangirati *-am* (完,不完) 건드리다, 만지다; 피해를 입히다, 손해를 끼치다; ~에 관한(관련된) 것이다; *lično sam tangiran* 나는 개인적으로 손해를 입었다; *to nas ne tangira* 그것은 우리와 관련 없는 것이다

tango *-ga* (男) 탱고(춤의 한 종류), 탱고곡(曲)

tanin (化) 타닌(산)

tank *-ovi* (액체·가스를 담는) 탱크, 용기 (rezervoar, cisterna); ~ *za vodu* 물탱크

tanker (석유·가스 등을 싣고 다니는) 대형 선박, 유조선, 유조 수송용 대형 트럭; ~ *za naftu* 유조선; *brod-cisterna* 유조선; *vagon-cisterna* 탱크로리 기차; *auto-cisterna* 탱크로리 트럭

tankī *-ā, -ō* (形) 참조 tanak

tankoća 얇음, 가늚; 섬세함, 미묘함; ~ *osećanja* 감정의 미묘함

tankoćutan *-tna, -tno* (形) 섬세한, 미묘한 (osetljiv)

tankokljun *-a, -o* (形) 얇은 부리의, 부리가 얇은; ~*a kreja* (鳥類) 얇은 부리의 어치

tankouman *-mna, -mno* (形) 1. (머리가) 명석한, 영리한, 명민한 (oštrouman, prinicljiv, bistar); ~ *dečak* 명석한 소년 2. 명청한, 우

둔한 (plitkouman, tup, ograničen): ~
sabesednik 둔한 대담자

tankovijast *-a, -o* (形) 날씬한, 늘씬한

tankovrh *-a, -o* (形) 끝이 뾰족한

tantijema 1. (銀行) (이익의) 배당률, 퍼센티지
2. (작가·작곡가 등의) 인세, 저작권 사용료

tanušan *-šna, -šno* (形) (지소체) tanak, tanan;
가는, 얇은

Tanzanija 탄자니아

tanjī *-ā, -ē* (形) (비교급) tanak; 더 가는, 더
얇은

tanjir 1. 접시; *dubok* ~, ~ *za supu* 수프 접시;
plitak ~ (보통의) 접시(깊지 않은);
porculanski ~ 도기 접시 2. 기타; *(kao)
erdeljski* ~, ~ *od dva lica* 두 얼굴의 사람,
진실하지 못한 사람; *na ~u (dobiti, tražiti)*
별 노력없이, 다 된 것을(얻다, 요구하다);
prevrnuti ~ *nekome* 먹을 것을 뒤집다, 먹
을 것이 없게 하다

tanjirača 1. 원판 써래 (써래의 한 종류, 흙을
잘게 부수는) 2. 사과의 한 종류

tanjirast *-a, -o* (形) 접시 모양의; *~a kapa* 접
시 모양의 모자

tanjirić (지소체) tanjir

tanjiti *-im* (不完) stanjiti (完) 얇게 하다, 가늘
게 하다; ~ *testo* 밀가루 반죽을 얇게 하다;
~ *žicu* 철사를 가늘게 하다 2. ~ *se* 얇아지
다, 열어지다, 약해지다

tanjur 참조 tanjir

tanjurić 참조 tanjirić

tapacirati *-am* (完,不完) (의자·소파 등에) 천
(뜨개로 짠 것·가죽)을 씌우다(씌워 장식하
다); ~ *nameštaj* 가구에 천을 씌우다

tapet 1. 양탄자, 벽걸이 양탄자 (tepih, ćilim)
2. (보통 複數로) 벽지; (가구의) 씌우개(씌우
는 천) 3. 기타; *biti na ~u, doći na* ~ 대화
(토론)의 주제가 되다, 비판(비난)의 대상이
되다; *staviti (izneti) na* ~ *(nekoga, nešto)*
(누구에 대해, 무엇에 대해) 토론을 하다(시
작하다), 누구를, 무엇을) 비판하다, 비난하
다; *on je sad na ~u* 그는 지금 비난의 대상
이 되었다

tapeta (보통 複數로) 벽지; (가구의) 씌우개,
씌우는 천 (tapet); *papirne ~e* 종이 벽지;
samolepljive ~e (풀칠이 미리 되어) 접착
벽지; *obložiti zidove ~ama* 벽에 벽지를 바
르다; *oblaganje ~ama* 벽지 바르기 **tapetni**
(形); *~a traka* 벽지 롤

tapetar 1. (가구에) 가죽이나 천을 씌우는 사
람 2. 도배공 **tapetarski** (形)

tapetirati *-am* (完,不完) 도배하다; ~ *zidove*
벽에 벽지를 바르다

tapetnī *-ā, -ō* (形) 참조 tapeta

tapija (보통 주택·건물의 소유권을 증명하는)
문서; 땅문서, 건물 등기증; *izdati ~u na
kuću* 집문서를 발행하다 **tapijski** (形)

tapioka 타피오카(카사바 나무에서 얻는 녹말
알갱이. 흔히 우유와 함께 요리하여 디저트
로 먹음)

tapir (動) 맥(중남미와 서남아시아에 사는, 코
가 뾰족한 돼지 비슷하게 생긴 동물)

tapiserija 태피스트리(무늬를 놓은 양탄자), 고
블랭직

tapkaroš (극장·경기장 등의) 암표상; *organi
milicije su pohvatali dosta ~a s velikim
količinama karata* 경찰은 많은 티켓을 가지
고 있던 많은 암표상들을 붙잡았다

tapkati *-am* (不完) 1. 천천히 잔걸음으로 걷다
(tap-tap 소리를 내면서); ~ *nogama* 발을
구르다 2. 평평하게 하다, 판판하게 하다
(발바닥·손박으로 치면서) (흙·반죽 등을); ~
testo 반죽을 손바닥으로 쳐 평평하게 펼치
다 3. 기타; ~ *u mestu* 정체되다, 발전하지
못하고 제자리에 머물다

tapšati *-em* (不完) 1. 박수를 치다, 갈채를 보
내다 (pljeskati, aplaudirati); ~ *rukama* 손
으로 박수를 치다; ~ *nekome* 누구에게 갈채
를 보내다 2. (보통은 반가움의 표시로) 손으
로 어깨·등을 두드리다; ~ *nekoga po ramenu*
누구의 어깨를 두드리다 3. ~ *se* (반가움의
표시로) 서로의 어깨·등을 두드리다

taraba 담, 담장, 울타리 (끝이 뾰족한 막대기·
널판지 등으로 된) (plot)

tarac 돌로 포장된 길 (kaldrma)

taraca 테라스, 발코니 (terasa, balkon)

taracar 돌 포장길 노동자 (kaldrmar)

taracarina (도로)통행료 (putarina, drumarina,
cestarina)

taracati *-am* (完,不完) 돌포장길을 놓다, 길을
돌로 포장하다 (kaldrmisati)

taracer 참조 taracar

taracovina 참조 taracarina

tarana 1. (강판에 잘게 간) 반죽 알갱이(쇼트
파스타 형태의, 보통 수프에 넣는) 2. 기타;
izvući se kao ~ *iz lonca* 1)주목을 받지 못
하고 (자신이 속한 단체에서) 떠나다 2) 능
수능란하게 의무에서 벗어나다; *s neba ~u
dohvatiti (zahvatiti)* 불가능한 것을 행할 능
력이 있다

taranpana 혼란, 혼잡, 어수선함, 무질서
(gužva, metež)

tarčug 목동(牧童)의 가방(털을 벗긴 양가죽으

로 만든)

tarčužak -uška (植) 냉이 (rusomača, hoću-neću)

tarifa (세금·관세 등의) 세율(표); (철도·전신 등의) 요금표; (호텔·식당 등의) 요금표, 가격표; *železnička* ~ 철도 요금표; *poštanska* ~ 우편 요금(표); *carinska* ~ 관세율; *po* ~*i* 요금표에 따라;

tarifnī, tarifskī -*ā*, -*ō* (形) 참조 tarifa; 요금표의, 가격표의, 세율의; ~ *iznos* 요금; ~*a stopa* 관세율

tarnice (女)(複) (말이 끄는) 짐마차

tarpoš 여성용 모자의 한 종류(매우 높으며 장식이 많은, 민속의상의 한 부분으로 착용)

tartuf (植) 송로버섯, 트러플(버섯의 한 종류)

tas -*ovi* 1. (여러가지 용도로 사용되는) 금속제 그릇(접시), 저울 그릇(물건을 담아 계량하는); 쟁반(교회에서 헌금을 모금하는); 면도용 그릇(접시 모양의); (樂器) 심벌즈 2. (方言) 금속제 컵, 트로피 (pehar, kupa)

tast -*ovi* 장인(丈人; 자기 부인의 친정 아버지) (punac) **tastov** (形)

tastatura (컴퓨터·타자기 등의) 자판, 키보드; (피아노의) 건반; *standardna* ~ 표준 자판

taster (초인종 등의) 버튼, 누름단추; (모스 전신기 등의) 단추(전류를 끊었다 이었다 하여 전신을 치는)

taška *tašci* & -*ki*, -*ī* & -*ākā* 핸드백 (torba; tašna)

tašna (여성용) 핸드백; 서류 손가방(보통 피혁으로 된)

tašt -*a*, -*o* (形) 1. 헛된, 무가치한, 쓸모없는 (prazan, bezvredan, uzaludan); ~*o nadanje* 헛된 꿈꾸기 2. 거만한, 오만한, 거드름피우는 (sujetan, uobražen, ohol); ~ *čovek* 오만한 사람

tašta -*ā* & -*ī* 장모(丈母; 자기 부인의 친정어머니) **taštin** (形)

taština 1. 거만함, 오만함 (uobraženost, sujeta) 2. 헛됨, 허망함 (praznina, pustoš); *sve je* ~ *i ništavilo* 모든 것이 헛되고 아무것도 아니다

tat 참조 lopov; 도둑 (kradljivac, lupež) **tatski** (形)

tata 아빠

tatarin -*ari* 1. (大文字로) 타타르인 **Tatarka**; **tatarski** (形) 2. (오스만터키 시절의) 전령(傳令), 메신저 (말을 타고 문서 등을 전달하는) 3. 타타르 말(馬)

tatica (愛稱) tata; 아빠

tatskī -*ā*, -*ō* (形) 참조 tat; 도둑의 (lopovski);

~*a posla* 도둑질

tatula (植) 독말풀, 흰독말풀 (하얀색의 긴 잎과 불쾌한 냄새를 가진) (kužnjak)

tautologija (불필요한) 동의어 반복, 유의어(類義語) 반복

tava 프라이팬 (tiganj)

tavan 1. 다락(방), 지붕 바로 밑에 있는 공간 (potkrovlje); *na* ~*u* 다락방에서 **tavanski** (形) 2. 천장 (tavanica, plafon, strop) 3. 바닥 (pod) 4. (廢語) 층(層) (sprat, kat)

tavanica 1. 천장 (strop, plafon) 2. 다락방 (potkrovlje)

tavaniti -*im* (不完) 다락방(tavan)을 만들다, 다락방으로 덮다; ~ *prostoriju* 공간에 다락방을 만들다

tavanskī -*ā*, -*ō* (形) 참조 tavan; 다락(방)의; ~ *prostor* 다락방 공간; ~ *prozor* 다락방 창문

tavanjača 지붕보(다락방과 방 사이에 가로질러 놓이는)

tavoriti -*im* (不完) 1. 가난하게(곤궁하게) 살다, 근근이 연명하다; 비참하게 살다, 불행하게 살다; *strašno se tavorilo i gladovalo* 너무나 곤궁하게 살아 배를 골며 살았다 2. (일반적으로) 살다 3. ~ *se* 고통을 당하다, 고통받다

tazbina 처가쪽 식구, 처가쪽 친척

taze (形)(不變) 1. 참조 svež; 신선한, 갓 만든; ~ *pecivo* 갓 만든 빵; ~ *voda* 신선한 물 2. (비유적) 매우 젊은, 매우 앳된; ~ *lekar* 아주 젊은 의사

tažiti -*im* (不完) **utažiti** (完) 누그러뜨리다, 진정시키다, 완화시키다, 달래다 (ublažavati, stišavati, umirivati); ~ *glad* 배고픔을 가라앉히다; ~ *žeđ* 갈증을 누그러뜨리다; ~ *bol* 통증을 완화시키다

te Ⅰ. (接續詞) (대등절 사이에서) 1. 원인-결과 관계를 나타냄; 따라서, 그래서 (pa) *bacila se na pobožnost,* ~ *su je smatrali sveticom* 그녀가 독실한 신앙생활을 했기 때문에 사람들은 그녀를 성인으로 생각했다 2. 동기·목적·목표를 나타냄; ~하기 위해; *poznanici će dolaziti* ~ *mi čestitati* 날 축하하기 위해 지인들이 올 것이다 3. 두 문장을 시간적으로 단순히 연결함; 그리고 (pa, i); *posedali ukućani* ~ *razgovaraju* 식구들이 앉아 이야기한다 4. (보통은 축약문에서) 결론을 나타냄; 그래서, 따라서 (dakle, prema tome); *svak radi za se, te i ja* 모두가 자기 자신을 위해 일한다, 따라서 나도 (나 자신을 위해 일한다) Ⅱ. (接續詞) (종속문과 직접문 사이에

서) 5. 상관어구를 갖는 주문에 대한 종속문의 결과 관계를 나타냄; 따라서 (da); *toliko sam i sâm pismen ~ mogu da pročitam* 글을 읽을 수 있는 정도는 되기 때문에 나는 (그것을) 읽을 수 있다 6. 주문의 상태·동작 등을 야기시키는 그 어떤 것이 종속문에 표시될 때; *koji ti je đavo ~ se smeješ!* 너는 어떤 악마이길래 웃느냐! 7. 말·생각·느낌을 나타내는 동사 혹은 보어를 요하는 불완전 동사와 함께 사용되어 서술문과 연결함 (da, što); *ona nagna Stevana te se oženi* 그녀는 스테반이 결혼하도록 강요한다 8. (보통은 반복 사용되어) 이야기할 때, 열거할 때; *vama prođe sve vreme u piću, ~ slave, ~ preslave, ~ daće* 당신의 모든 시간은 술을 마시며 흘러갑니다, 명예도 명성도 또한 재능도

te 참조 taj

te 인칭대명사 ti의 단수 생격(G), 대격(A) 형태

teatar *-tra* 1. 극장 (pozorište, kazalište) 2. (극장에서 공연하는) 공연 3. (비유적) 가장, ~인체 함 (gluma, pretvaranje, izigravanje); *igrati (praviti)* ~ 연극하다, , 무대인것 처럼 행동하다, ~인체 하다

teatarskī *-ā, -ō* (形) 참조 teatar; 극장의

teatralan *-lna, -lno* (形) 1. 연극의, 공연의; 무대용의 (dramski); ~ *monolog* 연극 독백 2. 연극조의, 과장된; ~a *gest* 과장된 제스처

tebe 인칭대명사 ti의 생격(G), 대격(A)

teča (男) (愛稱) tetak; 고모부, 이모부

tečaj *tečajevi & tečaji* 1. (수업·교육 등의) 과정, 코스; (특정 과목에 대한 일련의) 강의, 강좌 (kurs); ~ *engleskog jezika* 영어 강좌; *daktilografski* ~ 타이피스트 과정; ~ *krojanja* 재단 강좌; *upisati se na* ~ 코스에 등록하다; *pohađati* ~ 과정에 다니다; *početni (srednji)* ~ 초급(중급)과정; *niži* ~ 저학년; *viši* ~ 고학년 2. 환율, (외환)시세 (kurs); ~ *dinara* 디나르 환율 3. (화폐의) 유통, 사용 (opticaj, upotreba); *u ~u je bio strani novac* 화폐 유통에 외화가 있었다

tečajac 코스 수련생, 과정 수련생

tačajnī *-ā, -ō* (形) 참조 tečaj; 과정의, 코스의, 강좌의; ~ *ispit* 강좌 시험

tečan *-čna, -čno* (形) 1. (物) 액체의; ~*čno gorivo* 액체 연료; *u ~čnom stanju* 액체 상태에서; ~*čno olovo* 액체 상태의 납 2. (비유적) (말·연설·스타일 등이) 유창한, 물 흐르듯이 흐르는, 막힘이나 어려움없이 잘 되어가는; *dijalog je kod Lazarevića uvek lak ...*

i ~ 라자레비치와의 대화는 항상 수월하며 잘 흘러간다

tečan *-čna, -čno* (形) 참조 ukusan; (음식이) 맛있는

tečenje (동사파생 명사) teći; ~ *vremena* 시간의 흐름

tečevina 1. (재산·소득 등의) 획득, 돈벌이 (sticanje, zarada); *po Platonu država nije preduzeće za ~u i bogaćenja* 플라톤에 따르면 국가는 부를 획득하거나 돈벌이를 위한 회사가 아니다 2. 획득한 재산(자산), 재산, 자산 3. (도달한) 성공, 성과, 업적 (uspeh, dostignuće, tekovina)

tečno (副) 유창하게, 술술, 별 어려움없이 (glatko, skladno); *on goviri engleski* ~ 그는 영어를 유창하게 구사한다

tečnost (女) 1. 액체, 유체(流體) 2. (비유적) 유창함, 능수능란함; ~ *govora* 말의 유창함

teći *tečem, teku, tekao, tekla; teci* 1. (물 등이) 흐르다, 흘러가다; 흘러 들어가다, 유입하다; *reka teče kroz grad* 강은 도시를 관통하여 흐른다; *Dunav teče u Crno more* 다뉴브강은 흑해로 흘러 들어간다; *iz slavine teče voda* 수도꼭지에서 물이 흐른다; *zemlja, gde med i mleko teče* 젖과 꿀이 흐르는 땅 2. (전기 등이) 흘러 가다, 흘러 이동하다, 흐르다; *venama teče krv* 혈관을 통해 피가 흐른다; *kroz žice teče struja* 전기선을 통해 전기가 흐른다; *vulkanskim padinama teče lava* 용암이 화산 계곡으로 흐른다; *iz visokih peći teče usijana masa* 고로(高爐)에서 시뻘건 쇳물이 흐른다; *teče mu krv iz nosa* 그는 코피를 흘린다 3. (시간·기간·삶 등이) 흘러가다, 지나가다 (prolaziti, proticati); *teku godine* 수년간의 시간이 흘러간다; *rokovi počinju* ~ *od utvrđenih datuma* 기간은 정해진 날짜로부터 경과하기 시작한다; *vreme teče* 시간이 흐른다; *život ovde teče mirno* 이곳의 삶은 평화롭게 지나간다 4. (비유적) (길 등이) 나 있다; (소문·뉴스 등이) 확산되다, 퍼지다 5. (비유적) 발전되다, 계속되다, 유지되다; *trgovina se tekla nesmetano* 상업은 방해받지 않고 발전되었다; *kamate teku do isplate duga* 이자는 빚을 갚을 때 까지 계속된다 6. (자주 +G와 함께) 존재하다, 있다, 계속되다, 지속되다; *boriće se dok ih teče* 그들이 존재하는 한 투쟁할 것이다; *borio se dok mu je teklo municije* 탄환이 있는 한 그는 투쟁했다; *dokle teče novaca ...* 돈이 있는 한; *dokle teče sunca i meseca* 영원히, 해와 달

이 있는 한 7. 규칙적인(정기적인) 수입이
있다; *njemu teče plata* 그는 월급이 있다 8.
획득하다, 만들다 (sticati, stvarati);
domaćin vredno teče imovinu 주인은 열심
히 재산을 모은다 9. 서두르다, 서둘러 가다
(žuriti, hitati) 10. ~ se (염소·양이) 짝을 짓
다, 교미하다 (pariti se) 11. 기타; *tekla
reka (voda) kud je tekla* 아무런 변화도 없
이 옛 모습 그대로 있다; *teče kao po loju*
순조롭게 진행되다

teferič 소풍, 피크닉 (izlet); 그러한 장소

teferičiti *-im* (不完) 소풍을 가다, 피크닉을 즐
기다

tefter 기록부, 등록부, 명부; 회계 장부, 출납
부 (beležnica, registar; trgovačka
računska knjiga)

tefterdar 출납계원, 회계 장부 담당자
(računovođa, knjigovođa); 고위 재무관, 재
무장관

tefteriti *-im* (不完) 회계장부에 기록하다, 명부
에 기록하다

teg *-ovi* (저울의) 추 (둥근 원통형의); (기계
등의 운동에서 균형을 잡아주는) 추; (複數로
서) (스포츠의) (역기의) 웨이트; *dizanje
~ova* 역도

teget (形)(不變) 짙은 청색의, 검푸른색의
(tamnoplav); ~ *kaput* 짙은 청색의 외투

tegla (*G.pl. tegli & tegālā*) 유리병, 유리 단지;
~ *za cveće* 꽃병

teglećī *-ā, -ē* (形) 끄는데 사용되는, 견인하는
데 사용되는, 견인용의; *~a marva (stoka)*
(소·말 따위의) 짐 운반용 동물

teglenica 바지선, 거룻배 (자신의 모터가 없어
예인선이 이끌어야만 하는)

teglica (지소체) tegla; 유리병

teglica 통에서 액체를 뽑아내는 기구(호스 등
의) (natega)

tegliti *-im* (不完) 1. 끌다, 당기다, 끌어당기다;
실어나르다·운반하다(차·동물에 짐을 실어);
~ *sanke* 썰매를 끌다; ~ *kola* 마차를 끌다;
~ *žito (u mlin)* (방앗간에) 곡식을 운반하다;
~ *za rukav* 소매를 끌어당기다(움직이지 않
으려는 사람의) 2. 결과에 대한 책임을 지다;
~ *odgovornost (za nešto)* ~에 대해 책임지
다 3. (보통 감정적 표현에서, 또는 조롱조의
말투에서) 힘들여 일하다, 죽도록 일하다; ~
iz dana u dan 매일매일 죽도록 일하다
(rintati, dirinčiti) 4. (어떤 편으로) 기울게
하다, 끌어당기다; ~ *na svoju stranu* 자기
편으로 끌어당기다 5. (비유적) 누구에게 끌
리다; 누구에게 끌리게 하다; *srbi tegli*

rusima 세르비아인들은 러시아인들에게 끌
린다; *krv tegli dete na majčinu stranu* 피로
인해 아이는 어머니에게 끌린다 6. (팔 등을)
쭉 뻗다, 펼치다; ~ *ruke* 팔을 쭉 뻗다 7.
빨아들이다, 흡수하다; ~ *dimove (iz lule)*
(파이프의) 담배연기를 빨다 8. ~ se 늘어나
다 (istezati se, razvlačiti se); 퍼다, 펼쳐지
다 (prostirati se, širiti se)

tegljač 예인선(曳引船), 끌배 (remorker)

tegljenica 참조 teglenica

tegljenik 참조 teglenica

tegljenje (동사파생 명사) tegliti; 예인(曳引)

tegljiv *-a, -o* (形) 쉽게 늘어나는, 탄력성 있는,
신축성 있는

tegoba 1. (신체적) 통증, 불편함 (mučina,
muka); *stomačne ~e* 복통; *on oseća neku
~u kad diše* 그는 숨을 쉴 때 약간의 불편
함을 느낀다 2. (비유적) 어려움, 곤란, 곤경,
신고(辛苦) (teškoća, neprilika); *životne ~e*
삶의 곤란 3. (심리적인) 불편(함); ~ *u duši
(na srcu)* 심적 불편 4. 고통, 어려움
(patnja); *deliti ~e s nekim* 누구와 어려움을
나누다

tegoban *-bna, -bno* (形) 힘든, 어려운, 곤란한
(naporan, mučan); ~ *život im je izbrazdao
lice* 고단한 삶이 그들의 얼굴에 주름이 생
기게 했다

tegota 참조 tegoba

tegotan *-tna, -tno* (形) 참조 tegoban

tehničar 1. 기술자, 기사 (공업고등학교를 졸
업한); *građevinski ~* 건설 기술자; *zubni ~*
치기공사; *mašinski ~* 기계 기사 2. (공대에
재학중인) 공대생; (공고에 재학중인) 공고생
3. (어떤 일의) 기술자, 전문가

tehničkī *-ā, -ō* (形) 기술의, 기술적인, 기술상
의 1. 과학 기술의, 공업 기술의 (기술을 연
구하고 발전시키는); ~ *fakultet* 공업대학;
~a škola 공업학교 2. 기술의, 기술적인, 기
술상의; ~ *uređaji* 기술 장비; ~ *aparati* 기
술 설비 3. 전문적인, 전문적인 일을 하는;
~a ekipa 전문팀, 실무팀 4. 기술적인(일상
적인 일을 수행하는); *~o lice (osoblje)* 기술
요원 5. 구체적인(배운 지식과 기술을 적용
하는); *~o rešenje* 구체적인 해결책 6. 기술
상의, 기술적인 (어떤 것의 질·품질 등을 전
문적으로 평가하는, 기계·건설 등의); ~
pregled vozila 자동차 검사(종합검사 등의);
~a komisija 기술위원회 7. 산업용의
(industrijski); *~a voda* 산업용 용수 8. 기타;
~a pomoć 인적물적 지원(유엔이 개발국에
지원하는)

tehnik 참조 tehničar

tehnika 1. (과학)기술 2. (전문대 이상의) 공업대 3. 기량, 솜씨, 테크닉, 기법; ~ *zidanja* 건설 기술; ~ *slikanja* 그림 솜씨; ~ *vođenja lopte* 볼 드리블 기량 4. (기술)장비, 기계; *poljoprivredna* ~ 농사 기계; *ratna* ~ 전쟁 장비

tehnikum 기술고등학교

tehnokrat(a) 테크노크라트, 기술자(과학자)출신 관리자(정치가·관료)

tehnokratija (=tehnokracija) 테크노크라시(과학 기술 분야 전문가들이 많은 권력을 행사하는 정치 및 사회 체제)

tehnokratskī *-ā, -ō* (形) 테크노크래트의, 테크노그라시의

tehnologija 1. (과학)기술 2. 공학기술, 공학; *hemijska* ~ 화공학 tehnološki (形); ~ *fakultet* 공대; ~ *metod* 기술적 방법; ~*o ispitivanje* 기술적 조사; ~ *višak* 과잉인력, 잉여인력 (자동화 도입 또는 재조직화 이후에 남아도는 인력의, 기계를 도입하거나 컴퓨터화를 한 이후의)

tej 참조 čaj; 차(茶); ~ *od lekovitih trava* 약초를 달인 차

tek I. (副) 1. 겨우, 간신히, 이제 막, 바로, 방금 (istom jedva); *na pazaru se ~ razdanjuje* 매상이 이제 겨우 오르기 시작한다; ~ *kasnije setio se da je ta misao ... bila* 이후에야 간신히 그러한 생각은 ... 였다는 것이 생각났다; ~ *je tri sati* 이제 겨우 3시이다; *pročitao je ~ poluvinu knjige* 그는 겨우 책의 반을 읽었다; ~ *juče* 어제서야 간신히; ~ *onda* 그때서야 겨우; *stigao je ~ sinoć* 어제 저녁에서야 겨우 도착했다 2. 단지, 그저, 오직 (samo, jedino, toliko samo); *popustih ~ da je malo umirim* 나는 단지 그녀는 조금 진정시킬 목적으로 양보할 수도 있다; *daj mi malo vina ~ da probam* 맛만 보게 포도주를 조금만 줘봐; *svratio sam kod njih ~ da vidim kako su* 단지 그들이 어떻게 지내는지 보기 위해 그들 집에 들렀다 3. 바로 그 순간에, ~한 직후에, 방금, 이제 막 (upravo, baš, u tom trenutku); *kad progovori, ~ nešto puče* 그가 말하는 그 순간 바로 뭔가 터졌다; *on je ~ umro* 그는 이제 막 사망했다; ~ *što je došao* 그는 이제 막 도착했다; ~ *smo večerali* 이제 막 저녁을 먹었다 4. (보통 위협할 때, 또는 뭔가 뜻밖의 일을 기대할 때) 어떻게 (još kako, i te kako); *mene mama jednako preti da će me poslati u školu, pa će tamo ~ učitelj da bije* 엄마는 한결같이 나를 학교에 보낼 것이라고 위협하는데, 거기서 선생님은 나를 때릴 것이다 5. (결론을 나타내는 말) 아무튼, 따라서 (u svakom slučaju, dakle); *ako ne umeš, pitaj. Ako nisi obavešten, pitaj.* ~ *pitaj* 네가 할 수 없으면 물어봐, 만약 네가 통보를 받지 못했어도 물어봐라, 아무튼 물어봐라 II. (接續詞) 6. 하지만, ~에도 불구하고 (ipak, pored toga, uprkos čemu); *ele, kako-tako, ~ on kojekako pređe u treći razred* 그렇게 저렇게 되었지만 그는 여하튼 3학년으로 올라간다 7. 하물며, 더군다나 (a kamoli, još manje); *nije znao ni pročitati, ~ da recituje* 그는 읽지도 못하는데 하물며 암송할까 8. (가까운 과거 혹은 가까운 미래를 나타냄) ~하자 마자, ~한 후 즉시 (čim, nakon); ~ *sokolu prvo perje nikne, on ne može više mirovati* 매는 첫 깃털이 나자마자 더 이상 가만있지를 못한다; ~ *što sam zaspao, a on je ušao u sobu* 내가 잠들자마자 그가 방에 들어왔다; ~ *što dobije platu, on je propije* 월급을 받자 마자 그는 술을 마셔 다 써버린다 9. 기타; *tako* ~ (동사 부정(否定)형과 함께 사용되어) 쉽게, 수월하게, 어려움없이; 반대없이, 저항없이; *neće to ići tako ~!* 그렇게 쉽게 되지는 않을 것이다; *ne da se on tako ~!* 그는 그렇게 쉽게 포기하지 (항복하지) 않는다; *tek-tek* 아주 조금, 겨우 알아차리게 (vrlo malo, jedva primetno); *glavicom malo tek-tek što kreće* 머리를 아주 조금씩 움직인다; *što* 거의 (다); ~ *što nije pao* 그는 거의 넘어질 뻔 했다; ~ *što nije umro* 그는 거의 죽을 뻔 했다

tek (음식의) 맛, 입맛, 식욕 (apetit); *dobar ~!* 맛있게 드세요!; *ići u ~* 맛이 있다(음식이)

tek 1. 참조 tok; 흐름 2. (廢語) 달리기, 뛰기 (trk, trčanje) 3. 기타; ~*om teći* 1)힘차게 흐르다, 콸콸 흐르다(물 등 액체가) 2) 가능한 한 더 빨리 뛰다, 죽을힘을 다해 뛰어

tekelija 흐르는 물

teklič 참조 teklić

teklić 1. 전령(傳令), 사자(使者) (glasnik, vesnik, glasonoša); *vojskovođa je poslao ~a da javi pobedu* 사령관은 승리를 알리고자 전령을 보냈다 2. (廢語)(체스) 나이트 (skakač, laufer)

tekne *-eta* 1. 통 (korito) 2. (배의) 선체

teknuti *-nem* (完) (廢語)(方言) 1. 만지다, 접촉하다, 터치하다 (taknuti, dirnuti); *makar šta da ostaviš, neće ~* 네가 무엇을 남겨놓든지,

만지지 않을 것이다 2. (비유적) (보통은 숙어로) ~ *u srce* 감명(감동)을 주다

tekovina 1. 자산, 재산 (imanje, imovina, dobitak); *jedno je samo jasno bilo ... da kuća i ~ propadaju* 단 한가지 분명한 것은 집과 자산이 망가진다는 것이었다 2. 실현된 것, 성취물; 업적, 공적, 성공 (postignuće, dostignuće, uspeh); *sve ~e današnje kulture rezultat su rada ljudske zajednice* 오늘날 문화의 모든 성취물은 인간 사회 노동의 결과이다 3. 일 (보통은 상업·무역 등의); *predati se ~i* 장사에 열심이다; *okrenuti se ~i i bogaćenju* 상업과 부의 축적에 눈을 돌리다

tekst *-ovi* 1. (책 등의) 텍스트, 글; (이야기 등의) 내용; (그림·삽화 등과 구별하여) 본문; *prema ~u* 본문에 따라; *odabrani ~ovi* 선별된 텍스트 2. (신문 등의) 기사; *objavljivati ~ove u štampi* 신문에 기사를 싣다 3. (오페라·노래 등의) 가사, 대본; ~ *neke pesme* 어떤 노래의 가사; ~ *za operu* 오페라의 대본

tekstil 섬유, 직물, 옷감 **tekstilan** (形); *~lna industrija* 섬유산업

tekstilac 섬유업자(직물업자), 섬유산업 노동자

tekstilan *-lna, -lno* (形) 참조 tekstil

tekstualan *-lna, -lno* (形) 텍스트의, 원문의, 본문의, 문자그대로의; *čitavi budžet, i računski i ~lni njegov deo, morao je da se vrati Narodnoj skupštini* 모든 예산은, 컴퓨터본과 문서본을 포함하여, 의회에 반환되어야 한다

tektonika (地) 구조 지질학, 구조학

tektonskī *-ā, -ō* (形) (地) (지질)구조의; ~ *potres* 구조 지진; *~a jezera* 구조호(湖); ~ *pokret* 구조 운동; ~ *sudar* 구조 충돌

tekućī *-ā, -ē* (形) 1. (물이) 흐르는, 흘러가는; *~a voda* 흐르는 물 2. 현재의, 지금의 (sadašnji, savremeni, svakodnevni); *~a godina* 올 해, 금년; *~a politička pitanja* 정치 현안; ~ *poslovi* 일상적인 일 3. 기타; *~a traka (vrpca)* 컨베이어 벨트, 조립 라인; ~ *broj* 등록 번호; ~ *račun* 당좌 예금 계좌; ~ *suglasnici* (言) 유음(流音, l, lj 등의)

tekućica 흐르는 물

tekućina 참조 tečnost; 액체; *sjemena ~* 정액 (精液)

tekunica (動) 얼룩다람쥐(다람쥐의 한 종류)

tekut (害蟲) 털이목(절지동물의 한 종류로 주로 닭의 깃털에 기생함)

telac *-lca; teoci* 1. 송아지 숫컷 2. (비유적)

멍청이, 바보 (glupak, budala)

telad *-adi* (集合) tele; 송아지

telal 1. 외치는 사람, 포고하는 사람 (관청·정부의 결정사항을 거리에서 큰 소리로) (objavljivač, oglašivač); (경매·공매 등에서) 외치는 사람 2. 고물상, 중고물품판매상 (telalin)

telalin *telali, telālā* 중고상, 중고물품판매상 (starinar, starudar, staretinar)

telaliti *-im* (不完) 1. (공공장소에서) 큰 소리로 외쳐 (결정사항 등을) 발표하다; (경매·공매 등에서) 큰소리로 외치다 2. 중고품을 사고 팔다

telašce *-ašca & -ašceta; -šcā & -šācā* (지소체) telo

telce *-ca & -eta; -lcā & telācā* (지소체) telo

tele *-eta; teoci & telići,* (集合) (telad) 1. 송아지 **teleći** (形) 2. (비유적)(輕蔑) 멍청이, 바보, 돌대가리 (glupak, budala) 3. 기타; *zlatno ~* 황금 송아지, 돈, 황금; *kao ~ u šarena (nova) vrata (blenuti, buljiti, gledati), kao ~ pred šarenim vratima stajati* 멍하니 쳐다보다(바라보다); *morsko ~* (動) 잔점박이물범(물범의 한 종류)

tele- (接頭辭) 먼, 먼거리의; 원거리 전송 등을 의미함; *telegram* 전보; *televizija* 텔레비전; *teleskop* 망원경

telećak 배낭 (보통은 군인들의)

telećī *-ā, -ē* (形) 1. 참조 tele; 송아지의; *~e meso* 송아지 고기; *~e pečenje* 송아지 고기 구이; *~a čorba* 송아지 수프; *~a šnicla* 송아지 고기전(煎) 2. (비유적) 멍한, 얼빠진, 무표정한; ~ *pogled* 멍한 눈길

teledirigovanje (동사파생 명사) teledirigovati; 원격조종, 원격유도

teledirigovati *-gujem* (不完) (원격조종으로, 리모트 컨트롤로) 조종하다, 조정하다, 유도하다

telefon 전화, 전화기; *fiksni ~* 유선전화; *mobilni ~* 모바일 전화; *govoriti ~om* 전화로 이야기하다; *javiti se nekome ~om* 누구에게 전화를 하다; *broj ~a* 전화번호; *račun za ~* 전화요금; *crveni ~* 핫라인, 긴급직통전화; **telefonski** (形); ~ *razgovor* 전화통화; ~ *imenik* 전화번호부; *~a govornica* 전화부스; *~a centrala* 전화 교환대(기); *~a mreža* 전화망; ~ *aparat* 전화기; ~ *pretplatnik* 전화가입자; *~a linija* 전화선

telefonija 전화 장비; 전화 통신

telefonirati *-am* (完,不完) 전화하다, 전화를 걸다, 전화로 말하다; ~ *nekome* 누구에게

전화하다

telefonist(a) 전화 교환수

telefonskī -ā, -ō (形) 참조 telefon

telegraf 전신 장비(기계); 전신, 전보 telegrafski (形); ~ stub 전신주

telegram 전보, 전문; javiti se nekome ~om 누구에게 전보를 보내다; ~ za inostranstvo 국제 전보, 해외 전보

telekomunikacija (보통은 複數로) (원거리의) 전기통신 telekomunikacioni (形)

telence -ca & -eta (지소체) tele

teleobjektiv 망원 렌즈

teleologija (哲) 목적론(모든 사물은 목적에 의 하여 규정되고 목적을 실현하기 위하여 존재 한다는 이론) teleološki (形)

telepatija 텔레파시, 정신 감응(능력)

teleprinter 전신타자기 teleprinterski (形)

telesa (嘲弄) (複數) telo

telesina (지대체) telo

teleskop 망원경

telesnī -ā, -ō (形) 참조 telo; 신체의, 육체의; ~a kazna 체벌, 태형; ~o uživanje 육체적 쾌락; ~a lepota 육체의 아름다움; ~a mana 신체적 약점; ~o vaspitanje 체육; ~a temperatura 체온; ~a povreda 신체적 부상; teška ~a povreda 중상; ~a građa 신체 구 조; ~a garda 무장 경호

telešce -eta; -a (지소체) tele

telešce -ca & -eta; -ca (지소체) telo

teletina 송아지 고기

televizija 텔레비전 방송(프로), 텔레비전 영상, TV방송; pustiti ~u TV방송을 틀어놓다; gledati ~u 텔레비전 방송을 보다; obrazovna (komercijalna) ~ 교육(상업) TV; ~ u boji 칼라 방송 televizijski (形); ~ kanal (prenos, aparat) TV 채널(중계, 수상 기); ~a emisija TV 방송; ~a kamera 텔레 비전 카메라; ~ prijemnik TV 수상기

televizor 텔레비전 수상기

telica 송아지 암컷

telići (複數) tele; 송아지

teliti -im (不完) oteliti (完) 1. (소가) 송아지를 낳다; krava je otelila dva teleta 소가 두 마 리의 송아지를 낳았다 2. ~ se (소가) 송아지 를 낳다; (송아지가) 태어나다 3. ~ se (어떤 일에) 고군분투하다, 고생하다 (mučiti se, okapati) 4.~ se 따분해 하다, 지루해 하다, 권태롭게 느끼다

teliti -im (不完) 멍하니 바라보다, 무표정하게 쳐다보다; ovako su i oni telili ravnodušno u njega 그들도 이렇게 관심없이 멍하니 그를

바라보았다

telo 1. 몸, 신체, 육체; 몸통; 시체 (leš); ljudsko ~ 인간의 몸; strano ~ (체내에 들어 온) 이물질; ~ i duša 육체와 정신; u zdravom ~u zdrav duh 건강한 육체에 건강 한 정신이 있다 2. (物) 물체, -체 3. (비유적) 단체, 조직체 (udruženje, organizacija); 일 단의 사람들, 모임; biračko ~ 유권자; stručno ~ 전문가 단체; zakonodavno ~ 입 법부 4. (數) (보통 숙어로) geometrijsko ~ (기하학적) 입체 5. (天) (보통 숙어로) nebesko ~ 천체; svemirsko ~ 우주 천체 6. (化)-물, -체 (유기물, 무기물 등의) 7. 기타; biti dušom i ~om (uz koga ili što) ~의 열렬 한 지지자이다; žuto ~ (解) (난소의) 황체(黃 體); jedva još duša u telu (口語) 목숨만 붙 어있을 정도로 쇠약한

telohranitelj 경호원, 보디가드

Telovo (宗) 성체 축일, 성체 성혈 대축일

teljig 1. 소 등 가축의 목에 방울을 달기 위해 목에 씌우는 원형 또는 반원형의 나무테 2. (짐을 끌도록 마소에게 씌우는) 멍에 (jaram)

tema 1. 테마, 주제; ~ dana 논쟁의 핵심에 있 는 현안 2. (학교 과제물로 내는) 리포트, 과 제 작문; obrada ~e 리포트 작업 3. (音樂) (악곡의) 주제, 테마 4. (言) 어간 (osnova reči) ; 문장의 도입부(준비부), 문장에서 말 하고자 하는 핵심 부분이 아닌 부분

temat 1. 주제, 테마 2. (학교의) 리포트

tematika (학술·예술·사회 분야 등의) 제(諸)문 제, 주제, 테마; ~ savremenih pisaca 현대 작가들의 제문제; religiozna ~ 종교 주제

tematskī -ā, -ō (形) 참조 tema; 주제의, 테마 의, 주제와 관련된; ~a raznovrsnost 주제의 다양성; ~o jedinstvo 주제의 단일성

teme -ena 1. (머리의) 맨 위, 정수리, 머리 꼭 대기 2. 맨 위, 꼭대기, 정상 (산, 언덕 등의); (천장 등의) 맨 윗 꼭대기; (탄환 등이 날아 가는 포물선의) 꼭대기, 가장 높은 점 3. (數) (삼각형·원추형·피라미드 등의) 꼭짓점 4. 기 타; do ~ena 완전히 (potpuno, sasvim); od pete do ~ena 발끝부터 머리끝까지, 완전히, 통체로; pasti na ~ 미치다, 돌다; preko ~ena 과도하게, 필요 이상으로, 너무 많이; ~enom u zemlju udariti 살해되다, 죽다

temelj 1. (건물의) 토대, 기초; ~ kuće 가옥의 토대; 2. (일의 바탕이 되는) 토대, 기초, 기 반, 발판, 근거; ~ napretka 발전의 토대; opremljenost kao ~ uspeha 성공의 발판으 로서의 준비성 3. 기타; do ~a, iz ~a 완전히 (potpuno, sasvim); imati dobre ~e (iz neke struke) (어떤 분야에서) 훌륭한 기초 지식을 가지고 있다; *na ~u čega* ~에 따라(prema čemu); *od ~a* 처음부터, 시작부터; *udariti (udarati) ~ čemu* ~의 기초(토대)를 놓다; *srušiti do ~a* 완전히 파괴하다; *početi iz ~a* 처음부터 시작하다

temeljac *-ljca* (보통은 숙어로, kamen ~) 1. (건축물 등의) 초석(礎石), 주춧돌; *položiti (postaviti) kamen ~* 초석을 놓다 2. (비유적) ~의 가장 중요한 것(부분), ~의 토대(기초); *znanje i rad kao ~ uspeha* 성공의 토대로서의 지식과 노동

temeljan *-ljna, -ljno* (形) 1. 토대의, 기초의 2. 기초(토대)가 튼튼한, 확실한; *sve je bilo jako i ~ljno* 모든 것이 튼튼하고 확실했다 3. 완전한, 전체적인, 총체적인 (celovit, potpun); *~lnjo poznavanje jezika* 총체적인 언어 습득; *~ dogovor* 총체적 합의; *~ljno ozdravljenje* 완전한 건강 회복 4. 철저한, 철두철미한; *~ istraživač* 철두철미한 조사자 5. 건강한, 강인한, 힘센 (zdrav, jak, snažan); *~ mladić* 건장한 젊은이 6. 가장 기본적인(기초적인), 가장 중요한; *~ljni zakoni* 가장 기본적인 법

temeljit *-a, -o* (形) 참조 temeljan

temeljiti *-im* (不完) utemeljiti (完) 1. 토대를 놓다, 기초를 놓다 2. ~에 기초(기반)하다 (조사·연구·입장 등이); *~ optužbu na nečemu* 비난은 ~에 근거한다 3. ~ se ~에 근거하다, ~에 기반을 두다; *demokratija se temelji na kompromisu* 민주주의는 타협에 근거한다; *ove prognoze temelje se na činjenici da ...* 이러한 예상은 ~라는 사실에 근거한다

temena (中,複)(不變) (숙어로) *(u)činiti (udariti) ~* 인사하다, 안부인사를 하다(오른손 손가락 끝으로 턱수염·입술·이마를 만지면서 하는)

temenati (누구 앞에서) 인사(temena)하다, 굴종적으로 인사하다 (metanisati); (비유적) 노예처럼 행동하다

temenī *-ā, -ō* (形) 참조 teme; 머리 맨 꼭대기의, 정수리의; *~a kost* (解) 두정골(頭頂骨); *~ pupoljak* (맨 위에 위치한) 눈, 새싹

temenjača (解) 두정골(頭頂骨)

tempera 템페라화(안료에 달걀노른자와 물을 섞어 그린 그림); 템페라 화법

temperamen(a)t *-nta* 기질, 성질, 성미, 성품; *rđav ~* 나쁜 성품

temperamentan *-tna, -tno* (形) 개성이 강한; *~ slikar* 개성이 강한 화가

temperatura 1. 온도, 기온; 체온; *apsolutna ~* 절대 온도; *maksimalna ~* 최대 온도; *~ vazduha* 대기 온도; *izmeriti nekome ~u* 누구의 체온을 재다 2. (몸의) 열, 신열, 고열 (groznica); *imati ~u* 열이 있다

temperirati *-am*, temperisati *-šem* (完,不完) 1. (따뜻하게) 온도를 맞추다(유지하다), 난방하다 2. 완화시키다, 진정시키다, 누그러뜨리다 (ublažiti); *~ nečije loše raspoloženje* 누구의 나쁜 기분을 누그러뜨리다 3. (제련업의) (금속을) 벼리다(깨지기 쉬운 성질을 제거하여)

tempirač (軍) 1. (시한폭탄의) 타이머, 점화 시간 조정 장치 2. (시한폭탄 타이머의) 시간을 조정하는(맞추는) 사람

tempirati *-am* (完,不完) (軍) (시한폭탄 타이머의) 시간을 조정하다(맞추다); *~ bombu* 폭탄의 폭발시간을 조정하다(맞추다); *tempirana bomba* 시한폭탄

tempirnī *-ā, -ō* (形) (시한폭탄 등의) 시간이 맞춰진(원하는 폭발 시간에 폭발할 수 있도록); *~ upaljač* (폭탄의) 시한 신관(信管); *~a granata* 시한 신관이 장착된 포탄; *~a bomba* 시한 폭탄

templ *-ovi* (보통은 유대교의) 신전, 사원, 회당; 시나고그

templar (歷) 템플 기사단원(騎士團員), 신전 수도 기사단원

tempo 1. (음악 작품의) 박자, 템포 2. (움직임·활동 등의) 속도, 템포, 빠르기; *~ razvoja* 발전 속도; *~ porasta industrije* 산업 발전의 속도; *~ izgradnja* 건설 속도; *~ života* 삶의 템포; *brzim ~om* 빠른 속도로

temporalan *-lna, -lno* (形) (文法) 시간의, 시간을 나타내는 (vremenski); *~lna rečenica* 시간을 나타내는 절

temporaran *-rna, -rno* (形) 임시의, 일시적인, 잠정적인

ten *-ovi* 안색, 얼굴색, 피부색; (비유적) (일반적인) 색

tenac *-nca*; *tenāca* 흡혈귀, 뱀파이어 (vampir, vukodlak)

tendencija 경향, 동향, 추세, 기미; (~하려는) 의도, 목적

tendenciozan *-zna, -zno* (形) 저의가 있는, 일정한 의도를 지닌, 명확한 목적을 가진 (자주 부정적인 의미로); 편향적인; *~zna vest* 편향적인 뉴스; *~zno pitanje* 저의가 있는 질문; *~ članak* 저의가 있는 글(논문)

tender 1. (기관차 바로 뒤에 붙어 있는) 급수차, 급탄차 2. (큰 배의) 부속선, 보급선 3. (비유적) 따라다니는 사람, 추종자 (prirepak, pratilac, satelit) **4.** 입찰

tenis (스포츠의) 테니스; *igrati* ~ 테니스를 치다; *stoni* ~ 탁구 **teniski** (形); *~o igralište* 테니스장; *~a lopta* 테니스공; *~a raketa* 테니스 레켓; *~a sezona (utakmica)* 테니스 시즌(경기)

teniser 테니스 선수, 테니스를 치는 사람 **teniserka; teniserski** (形)

tenk *-ovi* (軍) 탱크 **tenkist(a)** 탱크병

tenkovskī *-ā, -ō* (形) 참조 tenk; *~a divizija* 탱크 사단, 기갑 사단; *~e gusenice* 탱크의 무한궤도; *uz ~u podršku* 탱크의 지원하에

tenor (音樂) 테너; 테너 가수; 테너 파트 **tenorski** (形)

tentati *-am* (不完) **natentati** (完) **1.** (nekoga) 시험하다, 부추기다, 꼬드기다 (보통 부정적인 의미로); *vrag ... nikada ne prestaje ~ pravednu dušu* 악마는 올바른 영혼을 유혹하는 것을 결코 멈추지 않는다; *~ nekoga na nešto* ~을 하도록 누구를 설득하다(부추기다) **2.** (목적없이)배회하다, 어슬렁거리다 (lunjati, bazati, lutati, tumarati)

tenzija 긴장, 긴장상태, 긴장감

teoci *telācā* (男,複) 참조 telac

teodolit (測量·天文) 경위의(經緯儀; 연직각 및 수평각을 측정하는 데 쓰이는 기구)

teokracija, teokratija 신정(神政), 신정 정치 (정체), 신정 국가

teokrat(a) 신정(神政)주의자, 신정정치가

teolog 신학자

teologija 신학

teološkī *-ā, -ō* (形) 신학의, 신학자의; *~ fakultet* 신학대학

teorem (男), **teorema** (女) (수학·논리학 등에서의) 정리; *Pitagorin(a) ~(a)* 피타고라스 정리

teoretičan *-čna, -čno* (形) 이론의, 이론상의 (teoretski, teorijski)

teoretičar, teoretik 이론가

teoretisati *-šem,* **teoretizirati** *-am* (完,不完) **1.** 이론화하다, 이론을 세우다, 이론을 제시하다, 학설을 제시하다 **2.** (실제에 근거하지 않고) 공론을 일삼다, 탁상공론만 하다

teoretskī *-ā, -ō* (形) **1.** 이론의, 이론상의; *~o objašnjenje* 이론상의 설명; *~a nastava* 이론 수업 **2.** 추상적인 (knjiški, apstraktan); 핵심이 빠진, 탁상공론의; *rad je još uvek ~ i kabinetski* 작업은 아직 여전히 추상적이며 탁상공론적이다; *~ rad po kabinetima* 탁상공론적인 추상적 작업

teorija 이론; ~ *relativnosti* 상대성 이론; *kvantna ~* (物) 양자론; ~ *verovatnosti* 게임 이론

teorijskī *-ā, -ō* (形) 참조 teoretski; 이론의, 이론적인

teozof 신지(神智)론자

teozofija 신지학(神智學)

tepati *-am* (不完) **1.** (이제 막 말을 배우는 아기들처럼) 불분명하게 발음하다(l→r처럼, s →š처럼), 혀짤배기소리를 하다; (아이들이 말을 처음 배우려고) 옹알거리다 **2.** 말을 더듬다, 더듬으며 말하다 **3.** 다정다감하게 말하다, 정답게 속삭이다; ~ *detetu* 아이에게 다정다감하게 말하다

tepav *-a, -o* (形) 혀짤배기 소리를 하는, 혀짧은 소리를 하는; *~a osoba* 혀짧은 소리를 하는 삶

tepavac 혀짧은 소리를 하는 사람 tepavica

tepeluk **1.** (숙녀용의) 장식용의 작은 모자(19세기 도시 여인네들의 의상의 일부로써); 그러한 모자의 금장식 또는 은장식 **2.** (몬테네그로, 헤르체고비나 지역의) 민족 심벌로 장식된 모자

tepih 양탄자, 카펫 (ćilim, sag)

tepsija **1.** (빵 등을 굽는) 구리 또는 에나멜로 처리된 깊이가 얕은 그릇 **2.** 기타; *kao ~* 완전히 평평한

tepsti *tepem* (不完) **1.** (što) (먼지 등을) 털다, 두드려 털어내다, 털어내다; *ao* 때리다, 구타하다 (tući, udarati); ~ *tepihe* 양탄자를 두드려 먼지를 털다; ~ *odelo* 옷을 털다 **2.** 크림(pavlaka)을 막대기로 휘젓다(버터를 만들기 위해) **3.** (비유적) 별의별 이야기를 다 하다, 수다를 떨다 (brbljati, lupetati) **4.** ~ **se** 어슬렁거리다, 이리저리 돌아다니다, 방랑하다 (skitati, potucati se); *čas se tepao po velikim gradovima, čas se vraćao* 그는 대도시를 떠돌아다니기도 하고 또 돌아오기도 하였다 **5.** ~ **se** 사라지다, 없어지다 (gubiti se, tornjati se); *tepi se ispod moga krova!* 내 집에서 꺼져!

ter 타르 등으로 처리된 방수용 장판(지붕 등에 사용되는) (katran, butumenska traka)

terakota **1.** 테라코타((적갈색 점토를 유약을 바르지 않고 구운 것); 혹은 그에 이용되는 점토 **2.** 적갈색(점토를 불에 구운 색깔)

teramicin (藥學) 테라마이신 (일종의 항생 물질; 상표명)

terapeut 치료사, 치료 전문가(물리치료사 등의)

terapeutika 치료법, 치료학

terapeutskī *-ā, -ō* (形) 치료의, 치료상의, 치

료법의

terapija 치료, 요법; *radna* ~ 작업 요법
terasa 1. (建築) 테라스; 평평한 지붕; *na ~i* 테라스에 2. (바다·호수·강 등의) 단구(段丘); (산비탈의) 계단식 논(밭), 다랑이; (경사면 등의) 단지(段地), 계단식 대지(臺地)
terasast *-a, -o* (形) 테라스 모양의; 계단식 모양의 (stepenast); *~o tlo* 계단식 모양의 땅
terati *-am* (不完) 1. (누구를·무엇을) 쫓아내다, 몰아내다 (고함·험한 말 등으로) (isterivati, rasterivati); ~ *decu iz voćnjaka* 아이들을 과수원에서 쫓아내다; ~ *živinu s praga* 현관 문턱에서 닭 등을 쫓아내다 2. (~의 뒤를) 쫓다, 쫓아가다, 뒤쫓다, 추격하다 (따라잡기 위해, 붙잡기 위해, 쫓기 위해) (goniti, progoniti); ~ *lopova* 도둑을 뒤쫓다; ~ *neprijatelja* 적을 추격하다; ~ *vuka* 늑대를 뒤쫓다 3. 제거하다, 없애다, 사라지게 하다 (otklanjati); *kisela čorba tera mamurluk* 신 수프는 숙취를 없애준다 4. (소·양 등 가축을) 몰다, 몰아가다; ~ *goveda na pašu* 소떼를 초원지로 몰다; ~ *ovce na pazar* 양을 시장으로 몰고가다 5. 싣고 가다, 실어 운반하다 (소·말·트럭 등에); ~ *robu na pijacu* 물건을 시장에 싣고 가다; ~ *žito u mlin* 곡물을 방앗간에 싣고 가다 6. (달구지·트럭 등을) 몰다, 몰고 가다, 운전하다, 움직이게 하다; ~ *konjska kola* 말 달구지를 몰다; ~ *automobil* 자동차를 몰다; ~ *bicikl* 자전거를 몰다; *voda tera ovaj mlin* 물이 이 물방앗간을 돌린다; *para tera ovu mašinu* 수증기가 이 기계를 돌린다 7. (반강제적으로) 밀어 부치다, 강요하다, 강제하다, ~하게 하다; ~ *sina da se oženi* 아들이 결혼하도록 밀어 부치다; ~ *decu na spavanje* 아이들이 잠자도록 하다; ~ *nekoga u očaj* 누구를 좌절시키다; ~ *nekoga da nešto uradi* 무엇을 하도록 누구를 밀어 부치다 8. (강력하게) 불러 일으키다, 부추기다, 선동하다 (내적 욕망·바램 등을); *na to ga tera osveta* 그것에 대한 복수심이 그의 마음에 일어났다; *stid joj tera rumenilo u lice* 부끄러움에 그녀의 얼굴이 붉어졌다 9. (na nešto) 심리적·신체적 반응을 야기시키다(불러 일으키다); ~ *na smeh* 웃음을 불러 일으키다; ~ *na povraćanje* 구토를 야기시키다; *ovaj lek tera (čoveka) na znojenje* 이 약은 땀이 나는 (부)작용이 있다; *tera me na kašalj* 기침이 나게 한다 10. (비유적) (습관·풍습 등을) 고집하다, 지키다; (어떠한 일을) 실행하다, 행하다; 기존의 입장을 준수하다(유지하다,

지키다); ~ *svoje običaje* 자신의 습관을 고집하다; ~ *dva zanata* 두 가지 직업을 가지다; ~ *inat* 오기로 하다; ~ *politiku* 정책을 실행하다 11. 고소하다, 고발하다 (tužiti); (지속적으로) 못살게 굴다, 괴롭히다 (progoniti); *zbog toga te mogu ~ sudom* 그것 때문에 너를 법정에 세울 수 있다; *vodnik me tera, ni sâm ne znam zbog čega* 분대장이 나를 못살게 괴롭히는데 나도 그 이유를 알 수가 없다 12. 가다, 이동하다 (보통은 빨리, 한 방향으로); *okreni na jug, pa teraj i stići ćeš do noći* 남쪽으로 방향을 돌리고, 서둘러 가라, 그러면 밤까지는 도착할 것이다 13. ~ *se* 서로가 서로를 뒤쫓다 14. ~ *se* 다투다; 고소하다, 고발하다 15. ~ *se* (동물들이) 짝짓기를 하다, 교미하다 16. 기타; ~ *kera* 방탕하게 살다; ~ *kome dušu na lakat* (누구를) 괴롭히다, 못살게 굴다; ~ *u laž nekoga* 거짓을 강요하다; ~ *svoje* 자기 마음대로(뜻대로, 계획대로) 하다; ~ *luksuz* 호화롭게 살다; ~ *pizmu* 미워하다, 증오하다; ~ *lisicu, a isterati vuka* 늑대를 쫓아내니 이제 호랑이를 쫓아내야 할 형편이다, 설상가상이다
terazije (女,複) 1. 저울, 손저울(한쪽에는 저울추, 다른 한쪽에는 물건을 놓는); *staviti na* ~ 저울에 올려놓다, 무게를 달다 2. (大文字로) (베오그라드에 있는) 거리 이름 3. (大文字로) (天) 천칭자리, 천칭궁(황도 십이궁의 일곱째 자리)
tercet 1. (音樂) 세(3) 음성 파트 또는 세 악기를 위한 곡; 그러한 곡의 세 명의 연주자 2. (비유적) 세(3) 명, 떨어질 줄 모르는 세 명의 사람, 연관이 있는 세 명 (trojka)
terećenje (동사파생 명사) teretiti
teren 1. 지형, 지세, 지역; *planinski* ~ 산악 지형; *močvaran* ~ 늪지대; *ravničarski* ~ 평지 2. (비유적) 활동 분야, 활동 범위 (delokrug); ~ *prava* 법률 분야 3. 현장; *praktični rad na ~u* 현장에서의 실제적인 일; *ići na* ~ 현장에 가다; *biti na ~u* 현장에 있다, 현장에서 일하다; *čovek s ~a* 현장 노동자, 현장에서 일하는 사람 4. (스포츠의) 경기장; *Evropljani igraju košarku na otvorenom ~u* 유럽인들은 야외 경기장에서 농구를 한다
teret 1. 짐 (보통은 등 또는 어깨에 매고 나르는) (breme); 화물(트럭 등에 실린) (tovar); *brodski* ~ 선박용 화물 2. 무게 (težina) 3. (비유적) 어려움, 곤란, 곤경, 걱정거리, 부담, 의무적으로 해야 하는 일; *podnositi* ~ 어려

1311

움을 견뎌내다; *troškovi idu na vaš* ~ 비용
은 당신 부담입니다 4. 어려운 일, 힘든 일;
zaštititi koga od ~a 힘든 일로부터 누구를
보호하다 5. (의무적으로 지불해야 하는) 세
(稅) 세금 6. 저당, 담보 (hipoteka); *staviti
kuću pod* ~ 집을 담보로 잡히다 7. 기타;
biti na ~u nekome 누구의 짐(근심거리)가
되다; *staviti (stavljavati) na* ~ *nekome* 비
난하다, 비방하다; ~ *mi pade sa srca* 근심
거리가 떨어져 나가다

teretan *-tna, -tno* (形) 1. (한정형) 짐의, 하중
의, 화물의; *~tni brod* 화물선; ~ *saobraćaj*
화물 교통; *~tni voz* 화물 기차; *~tni list* 선
하 증권, 적하 증권, 선적 서류; *~tni konj*
짐수레 말 2. 힘든, 힘겨운 (težak); ~ *rad*
힘든 일 3. (法) (쌍방) 의무를 지우는; ~
ugovar 쌍방 의무는 지는 계약

teretana 신체 단련장, 헬스 클럽, 피트니스 센
터 (특히 역기 등이 있는)

teretiti *-im* (不完) 1. ~에 (짐·화물·물건)을 싣
다(적재하다); ~ *kola (konja, brod)* 차(말,
선박)에 짐을 싣다 2. (누구에게 어떠한 의무
를) 부과하다, 임무(책임)를 맡기다; ~
porezima 세금을 부과하다 3. 힘들게 하다,
고생시키다 (mučiti, zamarati); ~ *želudac*
위(胃)를 힘들게 하다 4. (비유적) 누구에게
죄를 씌우다, 혐의를 씌우다, 비난하다, 책망
하다, 기소하다 (optuživati, okrivljivati);
sud ga tereti za ubistvo 법원은 살인혐의로
그를 기소했다; ~ *nekoga zbog nesreće* 사
고로 인해 그를 기소하다 5. (빚에 대해) 담
보로 맡기다, 저당잡히다; ~ *imanje* 부동산
을 담보잡히다

teretnī *-ā, -ō* (形) 참조 teretan

teretnica 1. (화물을 싣는) 평저선(平底船)
(teglenica) 2. 선하 증권, 적하 증권, 선적
서류 (tovarni list)

teretnjak 화물 열차(화물차·화물선 등의)

terevenčiti *-im* (不完) 술을 마시며 시간을 보
내다, 술을 진탕 마시고 떠들썩하게 놀며 잔
치하다

terevenka 술잔치, 술 파티, 고주망태로 술을
마시며 크게 떠들면서 즐겁게 시간을 보내는
잔치; *napraviti ~u* 술 파티를 벌이다

terijer 테리어(사냥개의 한 종류)

teritorija (한 국가·한 자치단체의) 영토, 땅,
지역 **teritorijalan** (形); *~lne vode* (法) 영해;
~lne pretenzije 영토적 야욕(주장); *~lna
odbrana* 영토 방어

terkija 1. (廢語) (기병의) 말안장 뒤에 끈으로
매단 짐꾸러미(담요·망토 등의); 그러한 짐꾸

러미를 매단 끈 2. (民俗) (여성들의 허리춤
에 매다는) 장식용 가죽끈(네(4)개의 폭이
좁고 긴 가죽으로 된, 열쇠·접는 칼 등을 매
다는)

terma (보통 複數로) 온천(溫泉) (toplice); (고
대)로마의 공중목욕탕

termalan *-lna, -lno* (形) 온천의, 온천이 나오
는; (수원(水源)·온천 등이) 따뜻한; *~lna
banja* 물이 따뜻한 온천; *~i izvori* 온천이
나오는 수원(水源)

termičkī *-ā, -ō* (形) 열(熱)의 (toplotni); ~
zraci 열선; *~o širenje* (物) 열팽창

termika 1. (物) 열역학 2. 상승 온난 기류

termin 1. (학술·전문)용어; *medicinski
(tehnički)* ~ 의학(기술) 용어 2. (정해진·지
속되는) 기간, 기한, 시간 (rok);
klimatološki ~ 기온을 재는 시간(7, 14, 21
시의) **terminski** (形)

terminolog 용어 전문가

terminologija (집합적인) 전문 용어; *botanička*
~ 식물학 용어; *gramatička* ~ 문법 용어;
sportska ~ 스포츠 용어; **terminološki** (形)

termit (昆蟲) 흰개미

termocentrala 참조 termoelektrana; 화력 발
전소

termodinamika (物) 열역학

termoelektrana 화력 발전소

termofor (겨울에 뜨거운 물을 담아 몸을 따뜻
하게 해주는) 보온 물 주머니

termometar *-tra* 온도계, 체온계 (toplomer)

termos 보온병

termosat 온도 조절기, 온도 조절 장치

termoterapija 온열 요법, 열치료법

teror (대단한) 공포, 두려움; 공포 정치; 테러
(행위·협박); *beli* ~ 공포폭력통치(살인을 제
외한); *vršiti ~ nad stanovništvom* 주민들에
게 테러를 자행하다

terorisati *-šem,* **terorizirati** *-am,* **terorizovati**
-zujem (完,不完) 테러를 자행하다, 공포에
떨게 하다; ~ *nekoga* 누구를 테러하다

terorist(a) 테러리스트, 테러범

teroristčkī *-ā, -ō* (形) 테러의, 테러범의, 테러
리즘의; *~i napadi* 테러 공격

terorizam *-zma* 테러리즘, 테러

terorizirati *-am* (完,不完) 참조 terorisati

terpentin 테레빈유(油) (주로 페인트를 생산하
는데 사용됨) **terpentinski** (形)

terzija (울(čoha)로 옷을 깁는 재봉사(재단사);
(일반적으로) 재봉사

terzluk 재봉사직(職), 재봉사 일, 재봉사라는
직업

tesač 석공, 석수; 목공, 목수; ~ drveta 목수; ~ kamena 석공 tesački (形)

tesan -sna, -sno; tešnji, tesniji (形) 1. (폭이) 좁은; 작은, 적은, 비좁은, 작은 (면적·용적 등이); (옷 등이) 꽉 조이는, 딱 붙는; (방 등이) 비좁은; ~sna ulica 좁은 길; ~sno odelo 꽉죄는 옷; ~a obuća 꽉 죄는 신발; ~ stan 좁은 아파트 2. (비유적) (시간·돈 등이) 빠듯한, 빡빡한; ~ rok 빠듯한 기한; ~sni fondovi 여유가 없이 빠듯한 펀드 3. (상대방에 대한 결과 등이) 거의 차이가 없는, 종이 한 장 차이의, 막상막하의, 대등한, 접전인; ~ rezultat (utakmice) (경기의) 종이 한 장 차이의 결과 4. 속이 좁은, 마음이 협소한; 인색한, 이기주의적인; ~ sustanar 속 좁은 공동거주인; ~ poslodavac 인색한 고용주 5. (관계가) 밀접한, 친밀한; ~sno prijateljstvo 친밀한 우정

tesanac, tesanik 깎아 다듬은 돌

tesar 석수, 석공; 목수, 목공 tesarski (形)

tesati -šem (不完) 1. 다듬다, 손질하다, 깎다 (손도끼·까귀 등으로 나무 등을 깎거나 쪼아내); ~ drvo (kamen) 나무(돌)를 다듬다 2. (비유적) 가르치다, 교육하다; „socijalan čovek" se mora deljati i ~ već od rane mladosti '사회적 인간'은 이른 청소년기부터 교육받아야만 한다

teskoba 1. (공간의) 비좁음, 협소함 2. (비유적) 부족, 결핍, 가난 (oskudica, siromaštvo); zbog svojih ideja ... celog veka života živeo je u ~i i izgnanstvu 자신의 생각 때문에 그는 전인생을 유배생활을 하면서 가난하게 살았다 3. (비유적) 우울함, 슬픔, 낙담감 (potišenost, tuga); 켜켜이 쌓인 불만, 참기 힘든 분노; ~ oko srca 가슴에 켜켜이 쌓인 불만(분노)

teskoban -bna, -bno (形) 1. 좁은, 비좁은, 협소한 (tesan, uzak, skučen); ~ prostor 협소한 공간; ~bna raselina 좁은 틈 2. (비유적) 힘든, 괴로운, 고통스런 (mučan, tegoban); ~ osećaj 괴로운 감정; ~ život 힘든 생활(삶)

tesla tesalā & -ī 도끼, 까뀌(한 손으로 나무를 찍어 깎는 연장의 하나) (bradva)

tesnac 1. (산과 산의) 협곡, 산협 (klanac); (좁은) 통로; 해협 (moreuz) 2. (비유적) 난처한 입장, 어려운 상황, 진퇴양난, 교착상태 (škripac); saterati (dovesti) nekoga u ~ 누구를 진퇴양난에 빠지게 하다; dospeti u ~ 난처한 입장에 빠지다

tesnī -ā, -ō (形) 참조 tesan

tesniti -im; tešnjen (不完) stesniti (完) 1. 좁

히다, 비좁게 하다, 빽빽하게 하다 2. (비유적) 우울하게 하다, 낙담하게 하다, 가슴이 답답한 느낌을 가지게 하다, 압박하다; daljine ga tesne, lome mu srce 멀리 떨어져 있는 것이 그의 가슴을 짓누르며 그의 마음을 아프게 한다 3. ~ se 어려움(답답함·우울함)을 감내하다

tesnoća 1. 비좁음, 협소함, 꽉조임 (teskoba) 2. (비유적) 어려움, 곤란, 고통; 빈곤, 부족함

tesnogrud -a, -o, tesnogrudan -dna, -dno (形) 속좁은, 편협한; ~a osoba 속좁은 사람

test -ovi 시험, 테스트, 검사; psihološki ~ 심리 검사; ~ mokraće 소변 검사; ~ obrazovanja (postignuća, znanja) 성취도 시험; dijagnostički ~ 진단 테스트

testamen(a)t 유언장, 유서 (oporuka, zaveštanje); on je umro bez ~a 그는 유언장없이 죽었다; Stari ~ 구약 성서; Novi ~ 신약 성서

testamentaran -rna, -rno (形) 유언의, 유언에 의한, 유언으로 지정한 (oporučni, zaveštajni); ~o nasleđivanje 유언에 의한 상속; ~rni svedoci 유언 증인; ~ nalog 유언 명령

testator 유언자, 유언을 남기는 사람 (zaveštalac, oporučitelj)

testenine (女, 複) 면제품(파스타·마카로니 등의)

testera 톱 (pila, žaga); stolarska (ručna, kružna) ~ 목수(손, 회전) 톱; beskrajna ~ (동력용) 띠톱; motorna ~ 전기 톱

testerast -a, -o (形) 들쑥날쑥한, 톱니 모양의 (zupčast, pilast); ispod tankog kaputa ukaza mu se ~a kičma 얇은 외투 속으로 톱니 모양의 척추가 보였다

testeraš 제재소 노동자, 제재업자 (pilar)

testerica (지소체) testera; 작은 톱

testerisati -šem, testeriti -im (不完) 톱질하다, 톱으로 자르다 (piliti)

testija (배(梨) 모양의 도기로 된, 주둥이와 손잡이가 있는) 주전자 (krčag)

testiranje (동사파생 명사) testirati; 시험, 테스트

testirati -am (完, 不完) 1. 조사하다, 검사하다, 테스트하다 2. (지식·능력 등을) 시험하다, 테스트하다 3. 유언하다, 유서(유언장)를 남기다

testis (解) 고환

testo (밀가루) 반죽, 도우; 그러한 것으로 만든 음식; ~ za hleb 빵 반죽; kiselo ~ (발효시켜) 시큼한 맛이 나는 반죽; lisnato ~ 켜

켜로 얇게 만든 반죽; ~ se diže (raste) 반죽이 부풀어 오른다; zamesiti ~ 반죽하다, 반죽을 이기다; valjati ~ 반죽을 밀어 늘이다, 반죽을 얇게 밀다; magla gusta kao ~ 아무것도 보이지 않게 짙게 긴 안개

tešiti –im (不完) utešiti (完) 1. (~ nekoga) 위로하다, 위안을 주다 2. ~ se 스스로 위로하다, 자위하다; ~ se pićem 술로 위로를 삼다

teškati –am (不完) (지소체) tešiti

teško (副) 1. 어렵게, 힘들게; ~ hodati (disati) 힘들게 걷다(숨쉬다) 2. (여격 형태의 논리적 주어와 함께, 혹은 무인칭문으로) 부적절하게, 불쾌하게, 힘들게 (neugodno, neprijatno); 슬프게, 비통하게, 고통스럽게 (tužno, žalosno, bolno); teže mi pada ova neprekidna vika komandantova nego ceo ovaj rat 지휘관의 끊임없는 고함이 이 전쟁 전부보다 내게는 더 힘들게 느껴진다; postade mi još teže pri srcu 마음이 더욱 더 비통해진다 3. 잔인하게, 난폭하게 (grdno, ljuto, nemilosrdno); sudbina se ~ poigrala sa njim 그의 운명은 잔인하였다 4. 매우 심하게, 중하게 (세기·강도가) (mnogo, veoma jako); već je godinu dana ... Georgije ~ bolestan 벌써 일년이 지났다 ... 게오르기에는 중병치레를 한다 5. 곤하게, 깊이 (숨을 쉬다, 잠자다); ipak sam zaspao duboko i ~ 하지만 나는 곤하게 잠이 들었다 6. 서툴게, 어설프게 (nevešto, nezgrapno); oni su počeli da ~ igraju 그들은 어설프게 춤추기 시작했다 7. (보통 접속사 da와 함께 사용되어 믿을 수 없음, 의심 등을 표현) 가능성이 거의 없다, 아마도 ~ 하지 않을 것이다; hoćeš li da ideš vereras? Ne znam, ~ da ću 오늘 저녁 갈거야? 글쎄, 아마도 가지 않을걸 8. 마지못해, 어쩔 수 없이 (nerado); oni se ~ odvajaju od onoga čemu su se naučili u mladosti 그들은 청소년기에 배웠던 것과 어쩔 수 없이 분리된다 9. 매우 상스럽게, 저속하게 (veoma pogrdno, vulgarno); ~ opsovati 상스럽게 욕하다

teško (感歎詞) (여격과 함께) 1. 고난·고통·슬픔 등을 표현함; ~ meni! 나 힘들어! 2. 공갈·위협 등을 표현함; ~ tebi! 너 두고봐!; ~ vama ako ste krivi 만약 네가 잘못했으면 너 두고봐!

teškoća (일의 진척·발전을 방해하거나 저해하는) 장애물, 방해력; 어려움, 곤란, 곤경; iskrsla je nova ~ 새롭게 어려운 문제가 발생했다, 새로운 장애물이 나타났다; zapasti

u ~e 곤경에 처하다

tešnjen –a, -o (形) 참조 tesniti; 좁아진, 비좁은

tešnjī –ā, -ē (形) 비교급 tesan

teta (愛稱) tetka **tetin** (形)

tetak –tka, teče & tetkū; teči 이모부, 고모부 (tetka의 남편) **tetkov** (形)

tetanus (醫) 파상풍

tetica (지소체) tetka

tetin –a, -o (形) 참조 teta

tetiva 1. (활의) 시위, 줄; (현악기의) 현, 줄 2. (解) (근육과 뼈를 잇는) 힘줄, 인대, 건(腱); Ahilova ~ 아킬레스건(腱) 3. (數) 현(弦) **tetivni** (形)

tetka –ki, -ākā 1. 고모, 이모; brat od ~e 이종사촌, 고종사촌 2. (아이들이 중년 여성들에게 호칭하는) 아줌마(이모, 고모)

tetkica 1. (지소체) tetka 2. (학교·기숙사 등의) 아줌마(청소하는)

tetkov –a, -o (形) 참조 tetak

tetošiti –im (不完) (oko nekoga, nekome, nekoga) (누구를) 잘 보살펴주다, 잘 돌봐주다; 어루만지다, 부드럽게 쓰다듬다; ~ dete 아이를 잘 보살펴주다

tetovac –vca 콩의 한 종류 (Tetovo에서 기원한)

tetovirati –am (完,不完) (몸에) 문신을 새기다, 문신하다

tetovka 사과의 한 종류 (Tetovo에서 기원한)

tetrametar –tra (韻律) 4보격(四步格)(의 시)

tetreb tetrebovi & -i 1. (鳥類) 들꿩, 뇌조(雷鳥); mali ~ 멧닭 2. (비유적) 멍청이, 바보 (glupak, budala)

tetrljan (植) 꿀풀과(科) 흰꽃광대 나물의 일종

teturati se –am se (不完) 비틀거리며 가다, 휘청거리며 가다 (posrtati)

tevabija (集合) 1. 수행원; 일단의 사람들 (pratnja, svita; družina) 2. 지지자, 추종자 (sledbenici, pristalice)

teza 1. (논증·증명해야 할) 명제 (postavka, tvrdnja); (보통 複數로) (보고서 등의) 간략한 내용, 논지(論旨) 2. (哲) 테제 (teza(정립)-antiteza(반정립)-sinteza(합·총합)) 3. (박사)학위 논문; 논문; odbraniti ~u 학위 논문을 방어하다 4. (韻律) 약음부

tezga –gi, -ī & -ā 1. (가게의 상품을 진열해 놓는) 진열대, 판매대; (시장 등의) 가판대; (수공업자들의) 작업대; držati nešto pod ~om 불법적으로 판매하다; ispod ~e (dobiti, nabaviti, kupiti) 불법적으로 (얻다, 조달하다, 구매하다) 2. (비유적) 부수입; imati ~u

부수입이 있다, 부업을 하다

tezgariti *-im* (不完) 부업을 하다, 부업을 하여 부수입을 올리다

tezgaroš 부업을 하는 사람, 부수입이 있는 사람

teznik 참조 trasant; 어음 발행인

tezovnik 참조 trasat; 어음 수취인

teža (物) (지구 등의) 중력 (gravitacija); *Zemljina ~* 지구 중력

težačiti *-im* (不完) 농사를 짓다, 농부의 일을 하다

težak 1. 농부, 농꾼 (zemljoradnik, ratar) 2. 일당을 받고 일하는 사람, 일용 노동자 (nadničar) **težački** (形)

težak *teška, teško* (形) 1. 무거운; ~ *kamen* 무거운 돌; *~ško vozilo* 무거운 차량, 대형차; *~ško oružje* 중무기; ~ *predmet* 무거운 물건 2. (많은 노력을 요하여) 힘든, 힘겨운, 어려운, 많은 노력을 요하는 (naporan); (결정하기) 힘든; *s takvim čovekom debata je ~ška* 그런 사람과의 토론은 힘들다 3. (냄새 등이) 불쾌한, 역겨운, 숨막히는 (neprijatan, neugodan, zagušljiv); ~ *miris* 역겨운 냄새; ~ *zadah* 불쾌한 악취 4. 상대하기 힘든, 까다로운; ~ *karakter* 까다로운 성격 5. (부정인인 특성이) 과한, 중한, 심각한, 매우 엄격한; *~ška pijanica* 심각한 술주정뱅이; *~ška krivica* 중죄; *~ška kazna* 엄벌, 중벌; *~ška robija* 매우 엄격한 강제노동 6. (병이) 중한, 심각한, 위험한; *~ška bolest* 중병; *~ška rana* 심각한 부상, 중상 7. 견디기 힘든, 고통스런, 힘겨운 (nepodnošljiv, mučan); *kad su došli ~ški dani ... ostao je bez hleba* 힘든 날들이 도래했을 때 그는 먹을 것이 없었다; *~ška vremena* 힘든 시절 8. 회복하기 어려운, 만회할 수 없는 (nenadoknadiv); ~ *gubitak* 회복하기 어려운 손실 9. (이해하기) 어려운, 힘든; *ozbiljnije i teže knjige nikada nemaju veliku publiku* 내용이 진지하고 이해하기 어려운 책들은 많은 독자들을 결코 가지지 못한다; *~ška metafora* 이해하기 어려운 은유 10. 복잡한, 복잡하게 얽힌 (složen, komplikovan); *teže sporove presuđivali su kapetani, a manje kmetovi* 보다 복잡한 송사는 지방 수령이 판결했으며, 덜 복잡한 송사는 지역유지인 판관이 판결했다; *~a pitanja* 복잡한 문제들 11. (음식이) 소화시키기 힘든, 소화가 잘 안되는; (술 등이) 독한, 알코올도수가 높은 (žestok); *~ška hrana* 기름진 음식; *posle*

rada ... i ~škog crnog vina svak spava slatko 노동 후 ... 독한 레드와인을 마신 후 모두가 꿀잠을 잔다 12. (옷감·천·옷 등이) 두꺼운, 촘촘한, 품질이 좋은; ~ *kaput* 두꺼운 외투; *~ška svila* 최상품의 비단 13. 느릿느릿, 천천히, 엉성한 (trom, spor); *~ško kretanje* 비틀비틀 걷는 것, 느릿느릿한 이동 14. 모욕적인, 경멸적인, 상스러운; *~ške reči* 폭언, 욕설, 상스러운 말 15. (돈이) 상당한, 많은, 매우 부유한; *mnogi su došli sa ~škim parama i ne pitajući za cenu kupovali sve što im je dolazilo do ruku* 많은 사람들이 많은 돈을 가져와서는 가격도 묻지 않고 손에 잡히는 것은 모두 사갔다; ~ *ški milijarder* 엄청 부자인 백만장자 16. (수량이) 많은, 포도알처럼 굵은; *moja iskrvavljena duša nije mogla drukčije, i opet sam prolila ~ške suze* 나의 상처받은 영혼은 달리 표현할 수 없었으며 나는 다시 포도알처럼 굵은 눈물을 많이 흘릴 수 밖에 없었다 17. (세기·강도 등이) 큰, 커다란, 과도한, 응축된; ~ *bol* 커다란 아픔; *~ška tišina* 너무나 고요한 침묵 18. 이겨낼 수 없는, 극복할 수 없는; 깊은 (잠 등을) (neodoljiv, dubok, čvrst); *on je otvarao trpavice, ali ih je ~ški sanak pritiskivao* 그는 눈을 떴으나 밀려드는 잠으로 인해 다시 감았다; *boriti se s ~škim snom* 밀려오는 잠과 싸움하다; *pasti u ~ san* 깊은 잠에 빠지다; *on je ~ na snu* 그는 깊게 잠을 잔다 19. (계층·계급·직급 등의) 더 높은 지위의, 더 고위직의, 비중이 더 높은; ~할 역량이 있는, ~할 권한이 있는; *crkvena je vlast teže od svetovne* 교회 권력이 세속적 권력보다 더 높은 위치를 차지하고 있다 20. 평판이 좋은, 매우 중요한, 매우 의미있는, 진지한; *~ške preduzeće* 평판이 좋은 회사; *~ška banka* 매우 중요한 은행 21. (여성형으로만) 임신한(여성이) (u drugom stanju, trudna); *~ška žena* 임신한 여자 22. 슬픈, 우울한, 유감스런 (tužan, žalostan, setan, sumoran); ~ *rastanak* 슬픈 이별 23. (음성 등이) 굵은, 저음의 (dubok, nizak) 24. 구름이 많은, 구름으로 덮인, 구름낀; *nebo je ~ško* 하늘은 구름으로 덮였다 25. (안개·연기·구름 등이) 짙은, 하나도 보이지 않는, 새까만 (gust, neproziran, taman); *nismo se mogli orijentisati, magla je bila sve teža* 우리는 방향 감각을 잡을 수 없었다, 안개가 점점 더 짙게 깔렸다; *nad žitnim poljima lutaju*

~ški oblaci 곡식 들판에 먹구름이 떠다닌다
26. 힘겹게 천천히 이동하는, 술취한 27.
힘찬, 힘있는 (snažan); *Dušan ... pritisne ~
celov na njena usta* 두샨은 그녀의 입에
강렬한 키스를 한다 28. 단단한, 딱딱한
(trvd, čvrst) 29. 밝은, 선명한 (jarki); *~ške
boje* 선명한 색깔 30. 기타; *biti ~ške ruke,
imati ~šku ruku* 펀치가 매우 세다; *biti
~ške sreće* 행복하지 않다, 불행하다,
실패하다; *teške sam sreće, neće me
nijedna cura* 난 행복하지 않아, 단 한 명의
아가씨도 날 원하지 않아; *glava mi (mu) je
~ška* 아파, 머리가 아파; *postati (biti)
zemlji ~* 증오의 대상이 되다, 미움의
대상이 되다, 위험한 인물(대상)이 되다; *
srećan je koliko je ~* 매우 행복하다; ~
slučaj 심리적·정신적으로 공황 상태인
사람을 이르는 말; *~ška artiljerija* 1)중화기
2) 움직이기를 싫어하는 사람을 일컫는 말;
~ška atletika 복싱, 역도, 레슬링 등의 경기;
~ška voda 중수(重水); *~ška industrija*
중공업; ~*ška kategorija* (복싱 등의) 헤비급;
~ška srca, s ~škim srcem 마지못해; *~ški
metali, ~ške kovine* 중금속; *~ško je zemlji
držati* 뭔가 많이 있음을 나타낼 때 하는 말
težina 1. (物) 무게 2. 몸무게; *dobiti (izgubiti)
~u* 살이 찌다(빠지다) 3. 어려움, 어려운
정도, 어려운 것, 어려움, 어려운 상태(상황)
(teškoća); ~ *veslačkog sporta* 조정의
어려운 정도; ~ *zadataka* 과제의 어려운
정도 4. 중요성, 중요도, 가치, 의미
(važnost, vrednost, značaj); ~ *reči* 어휘의
중요성; ~ *kritike* 비판의 의미; ~ *kazne*
형벌의 중요성 5. 역겨움, 메스꺼움 (muka);
obuze me tuga i ~ 슬픔과 역겨움이 나를
휘감는다
težište 1. (物) 중력(무게·질량) 중심 2.
(비유적) 본질, 핵심, 초점; ~ *diskusije*
토론의 초점
težiti *-im* (不完) 1. 열망하다, 갈망하다,
간절히 바라다; ~ *za nečim* ~을 갈망하다;
on teži za slavom 그는 명예을 간절히
바란다; *svi ljudi po prirodi teže za znanjem*
모든 사람들은 자연적으로 지식을 갈망한다
2. 무게가 나가다, 무게를 나가게 하다 3.
~에 압력을 가하다, ~을 압박하다
(pritiskivati) 4. (ka nekome, nečemu) ~에
이끌리다, ~에 끌리다; ~ *k vlasti* 권력에
이끌리다; ~ *k moru* 바다에 이끌리다
težiti *-im* (不完)(廢語) 땅을 갈다, 경작하다

težnja *-ī* & *-ā* 열망, 갈망 (čežnja, žudnja); ~
za slavom 명성에 대한 갈망
ti (人稱代名詞) 2인칭 단수 인칭대명사; 너
ti 2인칭 단수 ti 의 여격 형태인 tebi 의
전접어 형태; *rekao ti je* 그는 네게 말했다
ti 대명사 taj 의 복수형
Tibet 티베트; **Tibetanac; Tibetanka; tibetski** (形)
ticalo (곤충의) 더듬이, 촉수 (pipak)
ticati *-čem* (不完) 참조 taći
ticati se *-če se* (不完) 1. 닿다, 접촉하다 2.
(koga, čega) ~에 관련되다, ~에 관한
것이다; *mene se to ništa ne tiče* 그것은
나와 아무런 관련이 없다; *što se mene tiče*
나와 관련하여; *što se tiče ove firme* 이
회사와 관련하여; *ova se primedba se tiče
tebe* 이러한 불만은 너와 관련된 것이다
tifus (病理) 발진티푸스; *trbušni ~* 장티푸스;
pegavi ~ 발진티푸스 **tifusni, tifozan** (形);
~a groznica 장티푸스
tiganj 프라이팬; *pržiti u ~u* 프라이팬에
튀기다
tigar *-gra; -grovi* (動) 호랑이 **tigrica**;
tigarski, tigrovski (形)
tigrić (지소체) tigar; 새끼 호랑이
tigrovskī *-ā, -ō* (形) 참조 tigar
tih *-a, -o; tiši* (形) 1. (소리가 거의 없이)
조용한, 고요한, 적막한; *~a noć* 조용한 밤
2. (목소리·말소리 등이) 겨우 들릴듯한,
들릴 듯 말 듯한, 낮은, 소리를 죽인; *~im
glasom* 조용한 말소리로 3. (움직일 때,
일할 때) 시끄럽지 않은, 부산하지 않은,
조용조용한; *~i đaci* 조용한 학생들; *~a
mašina* 소음이 별로 없는 기계 4. (물결이)
잔잔한, 고요한, 요동치지 않는; *~a voda*
잔잔한 물; *Tihi okean* 태평양; *~o more*
잔잔한 바다 5. 유순한, 온순한, 다투지 않는,
겸손한, 검소한; *~ mladić* 유순한 청년 6.
(세기·강도가) 약한, 온화한, 부드러운, 순한;
~ *povetarac* 약한 바람; *~a vatra* 약한 불
7. 양이 많지 않은, 적은; *~a kiša* 보슬비 8.
기타; *peći se na ~oj vatri* 오랫동안
지속적으로 위험에 노출되다; *~a voda breg
roni (dere)* 잔비에 옷이 젖는다
tiho (副) 조용히, 가만히; 천천히, 약하게; ~
govoriti 조용히 말하다; ~ *goreti* 천천히
약하게 타다
tijekom 참조 tokom
tijesak *-ska* 압착기, 압유기 (올리브·포도
등을 짜는)

T

tik (副) (전치사를 강조하는) 아주, 바로 (옆·가까이에); *stade* ~ *uz nju* 그녀 바로 옆에 서다; ~ *uz kuću* 집 바로 옆에

tik (病理) 틱

tikati -*kam* (不完) 1. ~ *nekoga* 누구를 너(ti)로 호칭하다 2. ~ *se* 서로 상대방을 너(ti)로 호칭하다, 서로 말을 놓다

tiket 입장권; 영수증, 확인증; 차표, 기차표; 투표용지; (도박장 등에서의) 번호기입용지

tik-tak 똑딱똑딱(시계 바늘이 움직이는 소리)

tikva 1. (植) 호박 (bundeva); 호리병박, 박과(科) 2. 설익은 수박 3. (비유적)(嘲弄) 머리, 대가리 (glava) 4. 기타; *bela* ~ (늙은)호박; *ko s đavolom* ~*e sadi (seje), o glavu mu se razbijaju (lupaju, pucaju)* 나쁜 사람들과 어울리는 사람은 그 값을 치른다(곤경에 처한다); ~ *naduvena* ~ 건방진(오만한) 사람; *pokondirena* ~ 돈이 많다고 우쭐대는 사람(실제보다 자신이 고귀하고 학식도 많고 현명하다는 생각에 사로잡힌; *puče* ~, *prsla* ~ 우정이 깨졌다(금갔다); *sabiti koga u* ~*u* 누구의 명성(명예)을 더럽히다; 누구를 입도 뻥긋 못하게 하다 (자신의 학식 등으로); *saditi s kim* ~ 누구와 어울리다(보통은 나쁜 사람들과); ~ *bez korena* 영향력있는 사람; ~ *pošla*, ~ *došla* 가서는 아무것도 배운 것 없이 빈 손으로 돌아온 사람을 일컫는 말; *duvati u jednu (istu)* ~*u s kim* 누구와 의견이 일치하다, 동의하다

tikvan (嘲弄) 바보, 멍청이, 돌대가리, 우둔한 사람 (budala, glup)

tikvast -*a*, -*o* (形) 호박 모양의; ~*a posuda* 호박 모양의 그릇; ~*a boca* 호리병

tikvenī -*ā*, -*ō* (形) 호박의, 호박으로 만들어진; ~*a pita* 호박 파이; ~*o seme* 호박씨

tikvenik 참조 bundevara; 호박 파이

tikvica (지소체) tikva; 애호박 (오이처럼 길쭉한); *punjene* ~*e* (料理) 요리의 한 종류(애호박의 속을 파낸 다음 고기·쌀 등을 채워넣어 전을 부친)

til -*ovi* 튈(실크·나일론 등으로 망사처럼 짠 천, 프랑스의 도시 Tulle 라는 지명에서 유래)

tilda 물결표, 파형 대시(~); 틸데(발음 부호 또는 일부 철자 위에 붙이는 ~ 표시)

tili (副) 말을 강조할 때 사용하는; *za (u)* ~ *čas*; *za (u)* ~ *tren(utak)* 즉시, 당장 (odmah)

tim -*ovi* (스포츠의) 팀 (ekipa); 단체 timski (形)

tim 1. (time) 대명사 taj, to 의 단수 조격(I); 대명사 taj, ta, to 의 복수 여격(D), 조격(I),

처소격(L) 2. 부사적 표현으로; ~ *bolje* (~*gore*, ~ *više*, ~ *pre*) 그만큼 더욱 더 좋게(나쁘게, 많게, 빨리)

timar 1. (歷) (오스만 제국의) 봉토(封土) (전쟁에 참가하고 일정한 소득을 술탄에게 바친다는 조건으로, 원칙적으로 상속이 안됨) 2. (말을) 돌봄, 보살핌

timarenje (동사파생 명사) timariti

timariti -*im* (不完) otimariti (完) 1. (말을) 빗질하고 먹이를 주면서 보살피다; ~ *konja* 말을 보살피다 2. (일반적으로) 단정하게 하다, 말끔하게 하다, 정리정돈하다

timijan (植) 백리향 (majčina dušica)

timor 1. (地質) 지구 표면의 높게 솟은 지역, 산악 지역 2. 높게 솟은 절벽바위들이 많은 곳(지역) (kamenjar, krš)

timpan 1. (樂器) 케틀드럼(반구형의 큰 북) 2. (建築) (고대 그리스 신전의 정면과 뒷면의) 윗쪽 삼각형으로 된 곳 3. (解) (귀의) 고막

timskī -*ā*, -*ō* (形) 참조 tim; ~ *igrati* 팀워크를 잘 이뤄 경기하다

tinejdžer 틴에이저, 10 대

tinktura (藥劑) 팅크(알코올에 혼합하여 약제로 쓰는 물질); ~ *joda*, *jodna* ~ 요오드팅크

tinta 참조 mastilo; 잉크; *simpatetična* ~, *hemijska* ~ 보이지 않는 잉크(열을 가하거나 혹은 화학약품을 사용한 이후에나 보이는); tintani (形)

tintarnica 참조 mastionica; 잉크통

tinjac 참조 liskun; (鑛物) 운모

tinjati -*am* (不完) 1. (불이) 불꽃없이 약하게 타다 (보통은 잿더미 속에서), 연기만 내며 꺼지다; *vatra tinja* 불이 약하게 타고 있다 2. 희미하게 빛나다; *sveća je tinjala i puckarala* 촛불은 연기만 내며 탁탁거렸다 3. (비유적) 겨우(간신히) 알아차릴 정도로 유지되다, 아주 조금 보여지다; *tinjala je u njoj jedna iskra pritajene radosti* 그녀의 마음속에서 한줄기 숨겨진 기쁨이 꺼지지 않고 타고 있었다

tip -*ovi* 1. 타입, 형태, 종류, 유형; 기본형 *najnoviji* ~ *televizora* 가장 최신의 텔레비전 타입; ~ *složenica* 복합어 형태; *takav* ~ *ljudi* 그러한 종류의 사람들 2. (비유적) 별난 사람, 기이한 사람; 의심스런 사람, 부패한 사람, 비뚤어진 사람

tipičan -*čna*, -*čno* (形) 전형적인, 대표적인; ~ *junak* 전형적인 영웅

tipik -*ci*, -*īkā* 1. (정교회의) 예배봉헌 규정집 2. 수도원 수도승의 생활을 규정한 규정집

tipizacija 1. (특성과 형태에 따른) 그룹화, 분류화 2. (생산의) 표준화, 규격화

tipizirati *-am* (完,不完) 1. 형태·타입에 따라 분류하다, 유형별로 분류하다; ~ *proizvode* 제품을 유형별로 분류하다 2. (생산을) 표준화하다, 규격화하다; ~ *proizvodnju* 생산을 표준화하다

tipka *-ākā* & *-ī* (악기 등의) 건반, (컴퓨터 자판 등의) 키; *funkcijska* ~ 평션키, 기능키 (컴퓨터의)

tipkač 참조 daktilograf; 타이피스트 **tipkačica**

tipkati *-am* (不完) 참조 kucati; (타자기로) 타이핑하다

tipograf (인쇄소의) 인쇄공, 식자공 (slovoslagač, grafičar)

tipografija 활판 인쇄(술), 조판 (štamparstvo); 인쇄소 (štamparija)

tipografskī *-ā, -ō* (形) 인쇄상의, 인쇄술의; ~ *radnik* 인쇄공, 식자공

tipologija 유형학, 유형론

tipološkī *-ā, -ō* (形) 유형학의, 유형론의

tipomašinist(a) 인쇄공

tipovati *-pujem* (不完) (경기 결과를) 예상하다, 예측하다, ~의 승리를 예측하다 (prognozirati); ~ *na nekoga* 누구의 승리를 예상하다

tipskī *-ā, -ō* (形) 전형적인 (tipičan); 어떤 모델에 따라 만들어진(형태를 갖춘), 규격에 맞춘; ~ *proizvod* 규격화된 제품

tip-top (形)(不變) 완벽한, 최상의 (savršen, prvoklasan, vrhunski); *sve je bilo* ~ 모든 것이 완벽했다

tirada 1. 장광설 (보통은 길고 따분한) 2. (누구의 말·연설에 대한) 반박, 반론 (보통은 고성(高聲)의)

tiran 참조 tiranin

tiranija 1. 폭정, 학정 2. 전제 (정치), 독재 (통치) 3. (고대 그리스의) 참주 정치

tiranin *-ani* 1. 독재자, 폭군 2. 전제 군주 3. (고대 그리스의) 참주 **tiranka**; **tiranski** (形)

tiranisati *-šem*, **tiranizirati** *-am* (完,不完) 1. 압제하다, 학대하다; ~ *podanike* 백성을 압제하다 2. 독재적으로 지배하다, 전제 정치를 하다; 전제 군주(독재자·폭군)로서 군림하다

tiranka 참조 tiranin

tiranskī *-ā, -ō* (形) 참조 tiranin; 독재자의, 폭군의 (nasilnički, despotski); ~*a vlast* 독재 정권

tiranstvo 참조 tiranija

tiraž (男) tiraža (女) 발행 부수, 출판 부수 (책·잡지·신문 등의); ~ *od 500 primeraka* 500 권의 출판 부수

tirkiz (鑛物) 터키석(石), 터키옥(玉) (modrulj)

tis *-ovi* 참조 tisa

tisa 주목, 주목나무

tisak *-ska; -sci, -ākā* 1. 인쇄, 출판 (štampa, štampanje); *sloboda ~ska* 출판의 자유 2. 출판물, 신문; *dnevni* ~ 일간지; *žuti* ~ 황색 언론(신문) 3. 압력, 압박 (pritisak)

tiska 1. (사람 등의) 혼잡, 혼란, 밀고 밀리는 것 (stiska, metež, gužva) 2. 압력, 압박 (pritiska)

tiskanica 1. 참조 obrazac, formular; 서식, 양식, 기입 용지 2. 인쇄물, 출판물, 인쇄된 것

tiskar 참조 štampar; 식자공, 인쇄공 **tiskarski** (形); ~*a pogreška* 인쇄 오류

tiskara 참조 štamparija; 인쇄소, 출판소

tiskati *-am* (不完) 1. 밀다, 밀치다, 밀어넣다 (과도하게, 한계를 초과하여); ~ *nešto u vreću* (무엇을) 자루에 쑤셔넣다; ~ *čamac u more* 보트를 바다로 밀다 2. 인쇄하다, 출판하다 (štampati) 3. 압착하다, 압착하여 짜내다 (cediti); ~ *ulje iz semena* 씨에서 기름을 짜내다 4. ~ *se* (비좁은 공간에서 사람들이) 서로 밀치다, 붐비다

tisovina 주목나무(tisa) 목재

tisuća 참조 hiljada; 천(千; 1,000)

tisućī *-ā, -ē*, **tisućnī** *-ā, -ō* 참조 hiljaditi; 천번째의

tisućina, tisućinka 천분의 일(1/1,000)

tisućljeće 천년의 기간, 천년간

tisućljetnī *-ā, -ō* (形) 천년의, 천년 동안의, 천년간 지속된

tusućnī *-ā, -ō* (形) 참조 tisući

tisućnik (歷) (1,000 명의 병사를 지휘하는) 장군, 지휘관, 사령관

tišī *-ā, -ē* (形) (비교급) tih

tišina 1. 고요, 적막, 정적; 침묵; *duboka (mrtva)* ~ 깊은 (죽은 듯한) 적막; *noćna* ~ 밤의 고요; *svečana* ~ (행사 등에서 하는) 묵념; *u ~i* 조용하게; ~ *pred buru* 폭풍전야의 고요함; *zloslutna* ~ 불길한 침묵 2. (정신적·영적) 평온함, 고요함; ~ *duše* 영혼의 평온함 3. (감탄사 용법으로) 조용히 해

tiškati *-am* (不完) 조용하게 하다, 잠잠하게 하다 (stišavati)

tišler 참조 stolar; 목수, 목공

tišleraj 참조 stolarija; 목수일, 목공직; 목공품, 목수가 만든 물건

tišlernica 참조 stolarnica; 목수의 공방(가게)

tišma (사람들이 붐비는) 혼란, 혼잡 (tiska, navala, gužva)

tištati *-im* (不完) 1. 죄다, 조이다; (신발·옷 등이) 죄다, 꼭 끼다, 꼭 끼어 아프게 하다 (stezati; žuljiti); *njegovi prsti ljutu šarku tište* 그는 손가락으로 독살모사를 꽉 죄었다; *gojzerice ga tište* 그의 등산화가 발에 꽉 낀다; *tište me ove cipele* 이 구두는 꼭 끼어 발이 아프다 2. 고통스럽게 하다, 힘들게 하다 (육체적·심리적·정신적으로) (mučiti); *tištale su ga njene reči* 그녀의 말이 그를 힘들게 했다; *šta te tišti?* 무엇이 너를 힘들게 하느냐?

titan 1. (그리스 신화) 티탄족(族) (몸집이 거대한) 2. (몸이 큰) 거인 (džin, div, gigant); (비유적) 거인(업적·능력 등이 뛰어난) 3. (化) 티타늄, 티탄

titl (영화 등의) 자막

titla 발음 구별 부호, 그래픽 부호 (보통은 고대 문자 약어 위에 붙이는, 예를 들어 교회슬라브어의 ~와 같은)

titnjati (不完) 튼튼하고 건강하게 크다 (보통은 어린 아이들에게)

titraj (한 번의) 흔들림, 떨림, 깜박임 (treptaj); *svetlo se najednom ugasilo bez ikakvog prethodnog ~a kao opomnene* 불빛은 경고의 표시로 앞서 한 번의 깜박임도 없이 한 순간에 꺼졌다

titrati *-am* (不完) 1. 흔들리다, 떨리다, 떨다 (treperiti, treptati, podrhtavati); *plamen titra po zidu* 불꽃이 벽에서 흔들린다; *sveća titra* 촛불이 흔들린다; *glas mu je titrao* 그의 목소리가 떨렸다 2. ~ se (s kim) 누구를 가지고 놀다, 조롱하다, 조소하다, 비웃다; *ja je uvredio, titrao se s njom kao sa svakom iz sela* 나는 그녀를 모욕했으며, 마을의 모든 사람들을 가지고 논 것처럼 그녀를 조롱하였다

titrav *-a, -o* (形) 흔들리는, 떨리는 (treperav, treptav); ~ *žižak* (불빛이) 흔들리는 램프

titrica 참조 kamilica; (植) 카밀레, 카모마일

titula 1. 작위(공작·남작 등의); 칭호(박사 등의), 직함; 경칭(~씨 등의) 2. (法) (법률적 권리의 취득 및 이전에 따르는) 법률적 원인·이유·기반·근거 3. (책 등의) 제목

titularnī *-ā, -ō* (形) 명목상의, 이름뿐인, 명예의 (počasni, normalni); ~ *savetnik* 명예 고문

titulirati *-am*, **titulisati** *-šem* (完,不完) 타이틀(작위·칭호·직함 등)을 붙여 호칭하다; 타이틀(칭호·직함 등)을 부여하다

tjedan *-dna* 참조 nedelja, sedmica; 주(週) 일주일; *prije ~ dana* 일주일전; *Veliki ~* (宗) (가톨릭) 성주간(聖週間; 부활절 일요일 전의 일주일) tjedni (形)

tjednik 참조 nedeljnik; 주간지

tkač 1. 베를 짜는 사람, 직공, 방직공 (tkalac) 2. (비유적) 거미 (베를 짜듯이 거미줄을 치는)

tkačnica 방직 공장; 베 짜는 작업실 (tkaonica)

tkalac *-lca* 1. 참조 tkač; 베 짜는 사람; 방직공 tkalja; tkalčev; tkalački (形) 2. (鳥類) 멧새과의 새, 참샛과의 새 3. (植) 개밀 (볏과 잡초의 일종) (pirevina)

tkanica 1. (여러가지 색깔의 실로 짠) 장식허리띠 (보통은 여성의) 2. 거친 양털로 짠 천

tkanina 직물, 천, 편물 (양모·면·아마·실크등의 실로 짠)

tkanje 1. (동사파생 명사) tkati (se) 2. 직물, 편물, 천 (tkanje)

tkaonica 방직 공장, 베 짜는 작업실 (tkačnica)

tkati *-am; -aju* (드물게 *tkem; tku* 그리고 *čem, čes, če; čemo, čete, ču*); *tkaj; tkajući & tkući, čući; tkav(ši)* (不完) satkati (完) 1. (실을 베틀에 걸고) 천을 짜다; ~ *ćilim* 벽양탄자를 짜다; ~ *mrežu* 그물을 짜다 2. (비유적) (생각·공상 속에서) 만들어내다 3. 이리저리 왔다갔다 하다 4. ~ se 점차적으로 (점진적으로) 만들어지다, 생겨나다; *u učitelju se tkala zlobna mržnja* 선생님의 마음속에 사악한 증오심이 점차 생겨났다 5. ~ se 서로 섞이다, 서로 헝클어지다 (mešati se, preplitati se)

tkivo 1. 천을 짜는 것 (tkanje); 편물, 직물, 천 (tkanina) 2. (生) (세포들로 이루어진) 조직; *mišićno ~* 근육 조직; *koštano ~* 골수 조직; *vezivno ~* 결합 조직 3. 구성, 구조 (sastav, struktura)

tko 참조 ko

tkogod 참조 kogod

tlačenica 피순대 (debela kobasica, krvavica)

tlačenje (동사파생 명사) tlačiti

tlačilac *-ioca*, **tlačitelj**; 압제자, 탄압자, 폭력적 방법으로 통치하는 사람 tlačiteljka

tlačiti *-im* (不完) 1. 탄압하다, 억압하다, 압제하다; ~ *narod* 백성을 폭력적 방법으로

다스리다; ~ *radnike* 노동자들을 탄압하다 2. 짓밟다, 짓밟아 뭉개다(없애다, 멸종시키다, 전멸시키다, 부수다) 3. (손바닥으로) 누르다, 짓누르다 (pritiskivati, stiskati) 4. 위반하다, 범하다 (kršiti); ~ *zakon* 법률을 위반하다

tlak 참조 pritisak; 압력, 압박; *atmosferski* ~ 대기압; *krvni* ~ 혈압

tlakomjer 1. (物) (기체·증기의) 압력계 2. (醫) 혈압계

tlapiti *-im* 1. (잠 자면서 혹은 정신착란 상태 등에서) 불분명하게 말하다, 잠꼬대하다, 헛소리하다 (buncati); *bolesnica opet tlapi* 환자는 또 다시 헛소리를 하였다 2. (잠 자면서) 별별 꿈을 다 꾸다; *svu noć sam tlapio koješta* 온 밤 내내 별별 꿈을 다 꿨다 3. ~ se (無人稱文) 헛 것이 보이다, 환영이 보이다 (priviđati se, pričinjavati se); *tlapilo joj se da stoji junak pred njom* 그녀 앞에 영웅이 서 있는 것 같은 헛 것이 보였다

tlapnja 1. 무의미한 말, 헛소리, 공허한 말 2. 헛 것, 환상, 환영

tle 참조 tlo

tlo *tla*; *tla*, *talā* 1. 뭍, 육지, 땅 (지구의 표면 중 걸어 다닐 수 있는); *pasti na* ~ 땅에 떨어지다; *podići sa tla* 땅에서 들어올리다 2. 땅, 토지, 지역 (zemlje, zemljište, teren); *plodno* ~ 비옥한 땅; *peskovito* ~ 모래가 많은 지역 3. 기타; *biti na svom tlu* 훌륭하게 성공하다, 안도감을 느끼다; *gubiti* ~ *pod nogama (ispod nogu)* 발판을 상실하다, 불확실해지다; *gori mu* ~ *pod nogama* 그가 위험하다

tlocrt (건축물의) 평면도

tloris 참조 tlocrt

tma (보통은 不變) 1. 참조 tama; 어둠, 암흑; 어두운 색 2. 많은 양, 많은 수 3. (부사적 용법으로) 많은, 많게, 수없이 많게 4. 기타; *tušta i* ~, ~ *božja* 많은 양, 많은 수

tmast *-a*, *-o* (形) 1. 어두운 색깔의 (보통 회색의, 갈색의); 피부가 검은; ~e *ćeramide* 어두운 색깔의 기와 2. 검은, 어두운 (taman, mračan); ~ *oblak* 먹구름 3. 슬픈, 우울한, 침울한 (žalostan, tužan, nesrećan); ~ *mornar* 우울한 선원

tmica, **tmina** 참조 tama; 어둠, 암흑, 어두운 색

tmuran *-rna*, *-rno* (形) 1. (빛이 부족하여) 어두컴컴한, 어두운 (mračan, taman); ~ *nebeski svod* 어두컴컴한 하늘 2. 우울한, 침울한, 슬픈; ~*rni kočijaši* 침울한

마부(馬夫); ~ *pogled* 우울한 시선 3. (인상을) 찡그린 (natmuren, namrgođen); ~ *stražar* 얼굴을 찡그린 경비원

to 1. 참조 taj 2. 앞에 오는 (조건·비교)종속절과 뒤에 오는 주절을 연결하는 소사(小辭); *što pre, to bolje* 빠르면 빠를수록 좋다; *ako ti ne možeš,* ~ *ću ja morati* 만약 네가 할 수 없다면 그것을 내가 해야만 한다 3. (반복 사용되어, 이접(離接) 접속사 의미로) 혹은~ 혹은, ~이거나 ~이거나 (ili ~ ili~, čas ~ čas ~): *klizam se to levo, to desno, to gore, to dole* 왼쪽 오른쪽, 위아래쪽으로 미끌어진다

toalet 1. 화장대(여자들이 화장하는) 2. 옷 (odelo, odeća) 3. 화장실

toaleta 1. 옷, 의상, 원피스 (odelo, odeća, haljina) 2. (개인적) 몸단장, 옷입는 것, (옷의) 착용; *zatvorio sam vrata od kabineta za* ~u 옷입는 방의 문을 닫았다 3. 화장대 4. 화장실 **toaletni** (形); ~ *stočić* 화장대, 경대; ~ *papir* 화장실용 휴지

tobdžija (男) (軍) 포병, 포수 **tobdžijski** (形)

tobogan 터보건(흔히 앞쪽이 위로 구부러진, 좁고 길게 생긴 썰매)

tobolac *-olca* & *-oca* 가죽으로 만든 봉지(보통은 담배 또는 돈을 넣는)

tobolčari (男,複) (動) 유대목(有袋目); 캥거루류(類)

toböž, **toböže** (副) 표면상으로 (kao bajagi, prividno, naizgled); *on* ~ *sve zna* 그는 표면상으로는 전부 안다; *raditi nešto* ~ *ozbiljno* 표면상으로 열심히 일하다

tobožnjī *-ā*, *-ē* (形) 표면상의, 거짓의, 가짜의 (lažan); ~ *prijatelj* 표면상 친구

tocilo (中), **tocilj** (男), **tocio** *-ila* (男) (바퀴처럼 돌아가는) 숫돌

tociljajka 1. 미끌미끌한 길(눈 위, 얼음 위 등의), 스케이트 레인 (klizaljka) 2. 스케이팅 (klizanje)

tociljati *-am* (不完) 1. 누구를 속이다, 기만하다, 사취하다; 누구를 바보(멍청이)로 만들다; *ne dopustite da vas tociljaju* 그들이 당신을 기만하지 못하게 하세요 2. ~ se (얼음에서) 스케이트를 타다, 썰매를 타다; *na smrznutoj barici tociljaju se deca* 언 늪에서 아이들이 썰매를 탄다

točak *-čka*; *točkovi* 1. 바퀴, 바퀴 모양의 것(장치); *vodenički(mlinski)* ~ 물레방아; *panorama* ~ (유원지의) 대회전 관람차; *točkovi automobila* 자동차 바퀴; ~ *za navodnjavanja* (밭 등에 물을 대기 위해)

물을 퍼올리는 바퀴 2. 자전거 (bicikl) 3. 기타; *bacati (podmetati, gurati) klipove pod ~čkove* 비밀리에(고의로) 남의 일을 방해하다(훼방하다); *nisu mu svi ~čkovi na mestu, ~čkovi u glavi ne rade mu dobro* 그의 정신(심리) 상태는 정상이 아니다; *peti ~ (u kolima)* 불필요한 사람(잉여 인간), 불필요한 것; *hteti vratiti (okrenuti) natrag ~ istorije* 역사의 수레바퀴를 되돌리려 하다

točan *-čna, -čno* (形) 참조 tačan

točenje (동사파생 명사) točiti; *pivo na ~* 생맥주

točilo 1. (언덕·산악지역의) 활주 운반구 (돌·통나무 등을 떨어뜨려 운반하는) 2. 참조 tocilo; (바퀴처럼 돌아가는) 숫돌 3. 대패 (strug) 4. 깔대기 (levak)

točionica 술집, 생맥주집

točiti *-im* (不完) 1. (액체가) 흐르다, 흘러 나오다, 새어 나오다; *voda iz mokre odeće toči* 젖은 옷에서 물이 흘러 나온다 2. (액체 등을) 분비하다; *borići toče smolu* 작은 소나무들이 송진을 분비한다 3. 따르다, 붓다; *~ vino u čaše* 포도주를 잔에 따르다 4. 술을 팔다(판매하다), (맥주를 통에서) 뽑다, 드래프트하다; *~ pivo* 생맥주를 판매하다 5. (벌레가) 갉아 먹다; *crv drvo toči* 벌레가 나무를 갉아 먹는다 6. (돌아가는) 숫돌에 갈다(칼 등을); 대패질하다 7. *~ se* 흐르다, 흘러 나오다, 새어 나오다 (izlivati se, slivati se); *čulo se kako se voda toči ulicama* 물이 거리로 흘러 나온다는 소식이 들렸다 8. *~ se* 퍼지다, 확산되다 (prostirati se, širiti se); *gradom se zvuk kamiona kao jeka toči* 트럭 소리가 마치 메아리처럼 퍼졌다

točka 참조 tačka; 점, 구두점(.)

točkast *-a, -o* (形) 참조 tačkast; 점과 비슷한, 점점이 흩뿌려진

točkaš 참조 biciklist(a); 자전거 선수, 자전거를 타는 사람

točkica (지소체) točka

točno 참조 tačno; 정확하게; *čini se da ... nije odmah ~ preveo sve* 그는 즉시 모든 것을 정확하게 번역한 것 같지는 않다

toga 토가 (고대 로마의 성년 시민이 위에 걸치는)

Togo 토고

tojaga 참조 toljaga; (공격용·방어용의 무기로 쓰는) 몽둥이, 곤봉

tok *-a; -ovi* 1. (물·강 등의) 흐름(끊임없는); 그러한 흐름의 방향; *~ reke Save* 사바강의

흐름; *uz ~ reke* 강 물결 방향으로 2. (일반적인) 흐름; *~ saobraćaja* 교통의 흐름; *on nije u ~u događaja* 그는 그 사건에 대해 알지를 못한다; *u ~u te godine* 그 해 동안; *sednica je u ~u* 회의는 지금 진행중이다; *život ide svojim ~om* 삶은 자신의 템포와 방향에 따라 흘러간다; *istraga je u ~u* 수사는 진행중이다; *kružni ~ saobraćaja* 원형 교차로, 로터리 3. 확산 (širenje, prostiranje); *~ svetlosti* 빛의 확산 4. (어떤 일의 발전·진행 등의) 흐름, 방향; *~ priprema* 준비 정도; *~ sednice* 회의의 흐름 (방향) 5. 기타; *beli ~* (病理) 백대하(白帶下)

toka 1. 걸쇠, 버클 (kopča) 2. (複數로) (옷에 장식품으로 다는) 금속판 또는 금속 단추, (이전에는) 갑옷에 다는 금속판

tokaj, tokajac *-jca* 헝가리 포도주의 한 종류 (토카이 지방에서 유래한)

tokar (나무·금속 등을 다듬어 물건을 만드는) 목공, 귀금속공, 선반공 (strugar) **tokarski** (形); *~a klupa* 선반

tokom (+ G) ~하는 동안; *~ mojih putovanja* 내가 여행하는 동안

toksičan *-čna, -čno,* **toksičkī** *-ā, -ō* (形) 유독성의; *~ spoj* 유독성 합성물(화학물)

toksin 독소

tolerancija 관용, 아량, 용인, 묵인

tolerantan *-tna, -tno* (形) 관대한, 아량있는

tolerirati *-am,* **tolerisati** *-šem* (不完) 관용을 베풀다, 너그럽게 봐주다, 용인하다, 묵인하다

tolicina, tolicinja 그만큼 숫자의 사람, 그만큼의 남자들; *neka vas ne ide ~* 그만큼 (숫자의) 당신들은 가지 마시오

tolickī, tolicnī *-ā, -ō* 참조 toliki; 그만큼의, 그정도의

tolikī *-ā, -ō* (형용대명사) 1. 그정도의, 그만큼의; *isto ~* 똑같이 그만큼; *približno ~* 대략 그만큼; *~a količina* 그만큼의 수량; *on je ~!* 그(의 키는) 그정도다!; *on je ~, koliki (si) i ti* 그의 키는 네 키만큼 된다 2. (접속사 da 와 함께) 그만큼, 그정도 (da 뒤에 오는 문장 만큼의); *~ je pljusak da se sve smračilo* 모든 것이 어두워질 정도의 소나기 3. (크기·용량·의미 등을 나타냄) 그만큼의; *~koj kiši se niko nije nadao* 그만큼의 비를 아무도 기대하지 않았다

toliko (副) 1. 그만큼 (수량 등이); *kupio je ~ olovaka koliko mu je trebalo* 그 사람은 필요한 만큼 볼펜을 샀다; *dvaput ~* 그만큼의 두 배; *Olga je isto ~ viskoka* *koliko i ja* 올가는 내 키만큼 크다 2. (일반적으로) 많은 수의, 많은 양의; (시간적으로) 그렇게 오랫동안, 그렇게 많은 시간 동안에; *gledaš me s ~ ljubavi* 너는 나를 그렇게 사랑스럽게 바라본다; *gde ste ~?* 그렇게 오랫동안 어디 있었습니까? 3. (자신의 말로 바꿔 말할 때, 정확한 숫자 대신에) 그만큼의; *ima ih tu ~, tamo ~* 그들은 여기에 이만큼, 저기에 저만큼 있다

toliti *-im* (不完) **utoliti** (完) (갈증·허기 등을) 풀다, 해소하다, 누그러뜨리다, 완화시키다 (ublažavati, smirivati, tažiti); *~ žeđ (glad)* 갈증(허기)을 해소하다; *~ muke* 고통을 완화시키다

toljaga (공격용·방어용의 무기로 쓰는) 몽둥이, 곤봉 (tojaga)

tom *-ovi* (시리즈로 된 책의) 권, (잡지의) 권(특히 한 해 동안 나온 동일한 잡지의 모든 호를 가리킴) (sveska, svezak)

tomahavk 토마호크(북아메리카 원주민들이 무기나 연장으로 쓰던 큰 도끼); *zakopati ~* 화해하다

tombak 합금(구리와 아연의)

tombola 톰볼라(복권의 일종)

tompus 시거의 일종

ton *-ovi* 1. (物, 音樂) 톤, 음색 (높이·세기·음색·지속시간 등이 다른); (言) 억양, 어조, 강세 (naglasak, akcenat); *ton je rđav* 음색이 좋지 않다; *visina ~a* 음의 높이, 소리의 높낮이 2. 색상; *taman ~* 어두운 색상; *plavičast ~* 청색 계열의 색상 3. 어조, 말투; *oštar ~* 날카로운 말투; *nežan ~* 부드러운 어조; *pretećim ~om* 위협적인 말투로; *zapovedničkim ~om* 명령적인 말투로, 고압적인 말투로 4. 기타; *biti u ~u (sa čime) ~*와 조화(화합)를 이루다; *da(va)ti ~ nečemu* 기조를 정하다, 풍조를 만들다 **tonalan, tonski** (形); *tonska ručka* (레코드 플레이어의) 음관(音管)

tona 1. 톤(무게의 단위) 2. 톤(선박의 크기, 적재 능력의 단위); *registarska (kratka, metrička) ~* (선박의) 등록 톤(미국 톤(2,000 파운드), 미터톤(1,000kg))

tonalan *-a, -o* (形) 참조 ton (tonski)

tonalitet 1. (音樂) 음조(音調), 음의 조화 2. (그림 등의) 색조(色調), 색의 배합

tonaža (선박의) 용적 톤수, 적재량

tonfilm *-ovi* 발성 필름(소리 녹음이 입혀진 영화 필름), 사운드 필름

tonskī *-ā, -ō* (形) 참조 ton

tonuti *-nem* (不完) **potonuti** (完) 1. (자신의 무게 때문에 늪지·진창 등에) 서서히 빠지다, 가라앉다; (선박 등이) 침몰하다, 가라앉다; *~ u blato* 진흙에 빠지다; *~ u jezero* 호수에 가라앉다; *~ u vodu* 물에 가라앉다 2. (해·달 등이) 지다 (zalaziti); (시야에서) 사라지다; *ptice tonu u modroj daljini* 새들이 저 멀리에서 사라진다; *u tamu tone breg* 어둠속에서 언덕이 모습을 감추었다 3. ~에 빠지다(집중하여); *~ u uživanju* 노느라 정신이 없다 4. 사라지다, 없어지다, 몰락하다 (propadati, nestajati); *manastri propadaju, vera tone* 수도원은 허물어지고, 종교는 몰락해 간다 5. 기타; *~ u zaborav* 잊혀지다, 망각되다; *~ u ne(po)vrat* 영원히 지나가다, 영원히 사라지다

tonzura (宗) (정수리 부분에 둥글게 깎은) 둥근 삭발 자리 (가톨릭 성직자들의) (podstrig)

top *-a; -ovi* 1. (軍) 포, 대포; *dalekometni ~* 장거리포; *opsadni ~* (歷) 공성포(攻城砲); *poljski ~* 야포(野砲); *brodski (obalski) ~* 함포(해안포); *tenkovski (protivtenkovski, protivavionski) ~* 전차포(대전차포, 대공포); *bestrzajni ~* 무반동포; *gruvanje ~ova* 포성(砲聲) 2. (체스의) 룩(성 모양의) 3. 기타; *gluv kao ~* 전혀 귀가 안들리는, 완전 귀머거리의; *zaspati (spavati) kao ~* 곤히 자다, 깊은 잠을 자다; *kao iz ~a* 주저없이, 망설임이지 않고 (대답하다, 말하다); *u ~ saterati (baciti, metnuti)* 심하게 잔소리하다, 신랄하게 공격하다 **topovski** (形); *~a cev* 포신(砲身); *~a vatra* 포화(砲火); *~o zrno* 구형(球形) 포탄; *~a granata* 포탄; *~o meso* 총알받이, (소모품으로 생각되는)병사들

topal *-pla, -plo* (形) 참조 topao

topaz (鑛物) 황옥(黃玉), 토파즈

topionica 제련소; *~ bakra* 구리 제련소

topioničar 제련소 노동자

topiti *-im* (不完) 1. (열을 가해 액체 상태로) 녹이다 (taliti), (금속·광물 등을) 제련하다; *~ metal* 금속을 녹이다; *~ mast* 지방을 녹이다; *sunce topi sneg* 태양이 눈을 녹인다 2. 녹이다, 용해하다 (rastvarati); *~ šećer* 설탕을 녹이다 3. *~ se* (열 때문에) 녹다 (taliti se); *sneg se topi* 눈이 녹는다 4. *~ se* 녹다, 용해되다; *kocka šećera se topi u vodi* 각설탕이 물에서 녹는다 5. *~ se* (비유적) 여위다, 허약해지다; *bolestan je, čisto se topi, nestaje* 그는 몸이 아프다, 말 그대로 여위었으며 서서히 죽어간다 6. *~ se*

사라지다, 없어지다 (nestajati, iščezavati); *naša prednost se brzo topi* 우리의 어드밴티지가 빠르게 없어진다

topiti *-im* (不完) 1. 적시다; (물에) 담그다; ~ *suzama maramu* 눈물로 손수건을 적시다; ~ *konoplju* 삼을 물에 담그다; ~ *veš za pranje* 빨랫감을 물에 담가 놓다 2. ~ **se** 물에 빠지다; *ko se topi hvata se penju* 물에 빠진 사람은 지푸라기라도 잡는다 3. ~ **se** 침몰하다, 가라앉다 (배·선박 등이)

toplana 열발전소(난방 공급을 위한)

toplī *-ā, -ō* (形) 참조 topao

toplica 1. (자연 그대로의) 온천(溫泉; 따뜻한 물이 나오는 수원(水源) 2. (複) 온천 (온천물로 목욕·치료를 하는) (banja)

toplik 1. 남쪽에서 불어오는 따뜻한 바람 2. 유리 온실 (staklara, staklenik)

toplina 1. 따뜻함, 온난, 온기 (toplota) 2. (비유적) (마음·태도 등이) 따뜻함 (nežnost, srdačnost)

topliti *-im* (不完) 1. (누구를·무엇을) 따뜻하게 하다, 데우다; (입혀서·덮어서) 추위로부터 보호하다; *Vesna dete u postelji toplila* 베스나는 아이를 침대에서 따뜻하게 덮어주었다; ~ *nekoga* 따뜻하게 옷을 입히다 2. 열을 가하다, 열을 방출하다; *sunce je sve više toplio* 태양은 점점 더 열을 내뿜었다 3. ~ **se** 따뜻해지다, 점점 더 따뜻함을 느끼다

toplo (副) 1. (공기의 온도가) 따뜻한, 온화한; *u sobi je* ~ 방안은 따뜻하다; *na moru je* ~ 바닷가는 따뜻하다 2. (마음·태도 등이) 따뜻하게, 진심으로, 성심성의를 다해 (srdačno, prisno); ~ *pozdraviti* 따뜻하게 인사하다

toplokrvan *-vna, -vno* (形) (동물들이) 정온(定溫)의, 온혈의; ~*e životinje* 온혈동물

toplomer 온도계, 체온계

toplota 1. (物) 열 2. 더위 (vrućina) 3. 온도 (temperatura) **toplotni** (形); ~ *udar* 무더위, 폭염, 혹서; ~*a energija* 열에너지; ~ *motor* 열기관; ~ *štit* 열차폐

topljen *-a, -o* (形) 참조 topiti

topljenica 1. (料理) (계란 등을 입혀 튀긴) 빵(조각) 2. 얼음이 녹은 물, 눈(雪)이 녹은 물 (snežanica)

topljenje 1. (동사파생 명사) topiti; ~ *ruda* 광석 제련; (物) 융합

topljenje (동사파생 명사) topliti; (날씨 등의) 따뜻해 짐

topljiv *-a, -o* (形) 녹일 수 있는, 녹는; ~ *sir* 녹는 치즈; ~ *metal* 녹는 금속

topnik 참조 tobdžija, artiljerac; (軍) 포병, 포수

topništvo 참조 artiljerija; 포병대

topograf 지형학자, 지지(地誌)학자; 지형도 작성자

topografija 지형학; 지형도 제작의 학문(기술), 지형 측량(조사); 지지(地誌)학 **topografski** (形); ~*a karta* 지형도, 지세도

topola (植) 포플러 (나무); *bela* ~ 백양, 사시나무; *crna* ~ 흑양 **topolin, topolov** (形)

topolik 포플러 숲 (topoljak)

topolika 참조 topola

topolin *-a, -o* (形) 참조 topola; 포플러의, 포플러 나무의

topolivac *-vca* 대포(top)를 주조하는 사람

topolivnica 대포주조공장

topolov *-a, -o* (形) 참조 top

topolovina 포플러 (나무) 목재

topoljak *-aka* 포플러 나무 숲

toponim 지명(地名)

toponimija 1. (어떤 나라·지역·언어의) 지명 (地名) 2. 지명학 (toponomastika)

toponomastika 지명학(地名學)

topot (걸을 때 나는 둔탁한 소리) 쿵쿵 (bat, bahat); ~ *konjskih kopita* 말발굽 소리

topotati *-ćem* (不完) 둔탁한 발소리를 내다, 쿵쿵거리며 걷다

topovnjača (소형)포함(砲艦) (적의 포격 공격을 예방하기 위해 해안포대 타격을 우선으로 하는); *diplomatija* ~*ā* 포함 (무력) 외교

topovskī *-ā, -ō* (形) 참조 top

toptati *-ćem* & *-im* (不完) 참조 topotati; ~ *nogom* 발로 쿵쿵 소리를 내며 걷다

topuz (男), **topuzina** (女) 전곤(戰棍: 끝에 못 같은 게 박힌 곤봉 모양의 옛날 무기) (buzdovan)

topuzlija 전곤(topuz)으로 무장한 병사

tor *-ovi* (소·양 등을 가둬두는) 울타리, 우리 (obor) **torni, torski** (形)

toranj *-rnja; -rnjevi* 탑, 타워; *crkveni* ~ 교회탑; *kontrolni* ~ (공항의) 관제탑; *televizijski* ~ TV 송신탑; *krivi* ~ *u Pizi* 피사의 사탑; *Ajfelov* ~ 에펠탑

torba 1. (천·가죽 등으로 만든) 가방, 백, 포대, 자루; 백팩; *školska* ~ (학생들의) 학교 가방; *ručna* ~ 핸드백; *putna* ~ 여행 가방; *vojnička* ~ 병사용 배낭; ~ *za pijacu* 쇼핑백 2. 서류 가방 (aktentašna) 3. (유대류

T

동물의) 주머니 4. 기타; *vragu iz ~e iskočiti* 그 어떤 어려움·곤경·곤란한 상황 등에서 능숙하게 빠져나오다, 어려운 상황을 능숙하게 모면하다; *glavu u ~u metnuti (metati, stavljati, turiti)* 커다란 위험에 처하게 하다; *gladan kao slepačka ~* 매우 굶주린, 매우 배고픈; *doterati do ~e* 구걸하다, 거지가 되다; *nositi glavu u ~i* 커다란 위험에 처하다; *o svojoj ~i (vojevati)* 자신의 비용으로 (싸우다); *sto puta mimo ~u, jednom će u ~u* 결코 희망을 포기해서는 안된다; *crn komad metnuti kome u ~u* 누구를 기만하다(속이다)

torbak *-aka* 작은 가방(보통은 가죽의); 배낭, 백팩 (telećak, ranac)

torbar 1. 가방업자, 가방 판매업자 2. (가방에 물건을 넣어 마을마다 돌아다니며 물건을 파는) 보부상, 보붓장수, 행상인 3. (動)(複) 유대목(有袋目): 유대 동물에 속하는 목(目); 캥거루류(類)

torbariti *-im* (不完) (가방에 물건을 넣고 마을마다 돌아다니면서 파는) 보부상을 하다, 행상을 하다

torbica (지소체) torbica; *ženska ~* 여성용 (핸드)백

toreador 투우사

tornI *-ā, -ō* (形) 참조 tor

tornjati se *-am se* (不完) 빨리 사라지다 (없어지다) (보통은 명령형으로, 신랄한 표현으로); *tornjaj se!* 썩 꺼져!; *tornjaj mi se ispred očiju* 내 눈앞에서 즉시 꺼져!

torokati *-čem & -am* (不完) 수다를 떨다, 별의별 이야기를 다 하다 (brbljati)

torokuša 말이 많은 여자, 수다를 떠는 여자 (brbljivica)

torped 참조 torpedo

torpedirati *-am,* **torpedovati** *-dujem* (完,不完) 어뢰로 공격하다; *~ brod* 배를 어뢰공격하다

torpednjača (軍) 어뢰정, 수뢰정 (torpiljarka)

torpedo (男) 1. (軍) 어뢰, 수뢰; *akustični ~* 음향어뢰 (목표물에서 나오는 소음이나 소리를 감지하여 목표물을 쫓아가는 어뢰); *avionski ~* 공중어뢰(적의 군함을 격침하기 위해 항공기에서 발사하는); *magnetski ~* 자기(磁氣)어뢰 **torpedni** (形); *~ čamac* 어뢰정, 수뢰정 2. (魚類) 전기메기, 시끈가오리

torpedo-kočnica (자전거의) 코스터 브레이크 (페달을 반대로 돌려서 제동하는)

torpiljarka (女), **torpiljer** (男), **torpiljerka** (女) (軍) 어뢰정, 수뢰정

torpiljirati *-am* (完,不完) 어뢰로 공격하다 (torpedovati)

torskI *-ā, -ō* (形) 참조 tor

torta 케이크; *rođendanska ~* 생일 케이크; *~ od čokočade* 초콜렛 케이크; *voćna ~* 과일 케이크

tortura (정신적·육체적)고문

torzo (男) (복수는 torza 로 中性) 1. (인체의) 몸통, 상체 2. 토르소(몸통만으로 된 조각상)

tost *-ovi* 1. 토스트(식빵 등을 구운) 2. 건배 (zdravica, nazdravljanje)

totalan *-lna, -lno* (形) 총(總), 총합의, 전체의, 전부의 (ceo, čitav, ukupan); 완전한, 전면적인 (potpun, sveobuhvatan); *~lno pomračenje Sunca* 개기일식; *~lno uništenje* 완전 파괴

totalitaran *-rna, -rno* (形) 전체주의의; *~ režim* 전체주의 정권; *~rna država* 전체주의 국가

totalitarizam *-zma* 전체주의

totem 토템(특히 아메리카 원주민 사회에서 신성시되는 상징물, 특히 새·짐승 등)

tov (소·돼지 등 가축들의) 사육, 살찌우는 것 (tovljenje, gojenje); *~ stoke* 가축 사육

tovan *-vna, -vno* (形) 살찐, 사육된 (utovljen, ugojen); *~ ovan* 살찐 양; *~vna svinja* 살찐 돼지

tovar 1. (사람·차량 등이 운반하는, 보통 많은 양의) 짐, 화물, 적하(積荷); (운반하거나 실을 수 있는) 짐의 양, 적재량, 한 짐(차); *brodski ~* 선박 화물; *nositi ~* 화물을 운반하다 **tovarni** (形); *~ list* 선하 증권, 적하 증권; *~ konj* 짐나르는 말; *~a životinja* 짐나르는 동물; *~ voz* 화물 열차 2. (이전에 사용되던) 무게의 단위 (한 번에 말에 실을 수 있는 무게) 3. (方言) (動) 당나귀 (magarac); (魚類) 명태, 생태, 대구 (oslić)

tovarište 적하장, (배나 트럭에) 화물을 싣고 내리는 곳

tovariti *-im* (不完) **natovariti** (完) 1. (na koga, na nešto) (~에 많은 짐을) 싣다, 적재하다; (등에) 지다, 짊어지다; *~ žito na konja* 곡물을 말에 싣다; (소·말 등에) 짐을 싣다; *~ robu na lađu* 물건을 배에 싣다; *~ stvari na leđa* 등에 물건을 짊어지다; *~ konja* 말에 짐을 싣다; *~ kola* 자동차에 짐을 싣다 2. (보통 많은 양을) 쑤셔넣다, 쳐넣다; *~ u torbu stvari* 가방에 물건을 잔뜩 쑤셔넣다 3. (비유적) (nekome, na nekoga) (힘들거나 불쾌한 것을) 부과하다, 지우다; *~ nekome teško breme* 누구에게 힘든 부담을 지우다;

1324

tovari mi dugove 내게 빚을 지운다; ~ *sebi obaveze na vrat* 자기 자신에게 의무를 부과하다 **4.** (비유적) 기만하다, 속이다 (podvaljivati, izigravati, samariti); *tovari ga laskanjem* 기분좋은 말로 그 사람을 속인다 **5.** 기타; ~ *kome na vrat (na leđa)* 의무를 지우다, 의무를 부과하다; ~ *na dušu kome* 누구에게 책임을 전가하다

tovarnī -*ā*, -*ō* (形) 참조 tovar **1.** 짐을 나르는, 짐 운송(운반)용의; ~ *konj* 짐을 나르는 말; ~*a kola* 짐 운반용 자동차 **2.** 짐의; ~ *list* 선하 증권, 적하 증권

tovilac -*ioca* 사육업자(특히 양돈업자)

tovilište 사육장(특히 양돈장)

toviti -*im* (不完) **utoviti** (完) (돼지 등에게 살찌게 많은 사료를 주어) 사육하다, 키우다, 살찌우다(도축하기 위해); ~ *svinje u tovilištu* 양돈장에서 돼지를 키우다 **2.** ~ *se* (많이 먹어) 살찌다 (gojiti se)

tovljenik (도축하기 위해 사육되는) 가축 (보통은 돼지·소 등의)

tovljenje (동사파생 명사) toviti; (동물·가축의) 사육

trabakul (男), **trabakula** (女) 쌍돛배(화물 운반용의)

trabanat 1. 경호원, 보디가드; (비유적) 추종자, 지지자; 아첨자 **2.** (天) 위성 (satelit)

trabunjati -*am* (不完) 쓸데없는 소리를 하다, 허튼 소리를 하다

trač 험담, 비방중상, 거짓; 수다 (kleveta, laž; brbljanje)

tračak -*čka*; -*čci* (지소체) trak; ~ *nade* 한 줄기 희망

tračati -*am* (不完) 험담하다, 비방하다, 중상하다 (ogovarati, klevetati); *to mu je glavno zanimanje da po birtijama trača i klevete svoje političke protivnike* 술집들에서 자신의 정적들을 험담하고 비방하는 것이 그의 주된 일이다

tračler 험담하는 사람 **tračlerica**

tračlovati -*lujem* (不完) 참조 tračati

tračnī -*ā*, -*ō* (形) 참조 trak

tračnica 참조 šina; 철로

traćiti -*im* (不完) **protraćiti** (完) (쓸모없이) 낭비하다, 소비하다 (돈·건강·힘·시간 등을), 헤프게 쓰다(사용하다)

tradicija 전통; *po* ~*i* 전통에 따라

tradicionalan -*lna*, -*lno* (形) 전통의, 전통적인

trafika 가판대(담배 등 자잘한 물건 등을 판매하는)

trafikant 가판대(trafika) 상인, 가판대 주인

trag -*ovi* **1.** (표면위에 남겨져 있는 발자국·바퀴 등의) 흔적, 자취; ~*ovi kopita u snegu* 눈위의 (말)발굽 자취 **2.** (~이 있었다는, ~이 존재했다는) 흔적, 자취; ~*ovi suza* 눈물 자국; *pratiti nečije* ~*ove, ići po nečijem* ~*u* ~의 흔적을 따라가다 **3.** (어떠한 사조나 시대의 특성이나 특징 등의) 흔적; *odgoj ... ostavio je u mojoj duši neizbrisive* ~*ove* (어린시절의) 훈육은 내 정신세계에 지워지지 않는 흔적을 남겼다; ~*ovi tursko-balkanskih vremena* 오스만터키가 발칸을 통치하던 시절의 흔적(특성) **4.** 흔적(증거·증거물로서의) (dokaz); *ima pouzdanih* ~*ova da je on izdajnik* 그가 배신자라는 믿을 만한 증거가 있다 **5.** 미래의 세대, 후손 (potomstvo); *junaštvo predaka služi* ~*u za ugledanje* 선조들의 영웅적 행동은 후손들에게 존경할 만 한 것으로 작용한다 **6.** 물려받은 특성(특질); *to mu je u* ~*u da bude prgav* 그가 화를 잘내는 것은 물려받은 것이다 **7.** 기타; *bez* ~*a (nestati, otići)* 흔적도 없이(사라지다, 떠나다); *biti na* ~*u* 1) (nekome) 누가 어디에 있는지 곧 알 것이다(발견될 것이다) 2) (nečemu) 곧 어떤 문제가 해결될 것이다; *zavara(va)ti* ~ 어디로 간지 모르게 떠나다, 교묘히 피하다, 교묘히 감추다; *zameo mu se svaki* ~ 흔적도 없이 사라지다; *zamesti (zametnuti, zatrti)* ~*(ove)* 진짜 의도(목적)를 숨기다, 숨다; *zatrti (utrti)* ~ *(kome, čemu)* (누구를, 무엇을) 완전히 없애다, 완전히 사라지게 하다; *izginuti do* ~*a* 최후의 일인까지 죽다; *ući u* ~, *uhvatiti (doterati)* ~ (누구를, 무엇을) 찾다, 발견하다

traga (종종 đavola, vraška, pasja 등의 보어와 함께) 종자(보통은 욕설·비난의 의미로) (rod, pasmina); *čekaj ti, đavola* ~*o!* 악마 종자야, 너 기다려!

tragač 1. ~을 찾아 다니는 사람, 수색자; ~ *za zlatom* 금 탐광자 **2.** 연구자 (istraživač, proučavalac) **3.** (자주 pas ~의 숙어로) 탐지견, 수색견, 구조견

traganje (동사파생 명사) tragati; ~ *za teroristima* 테러리스트 수색

tragati -*am* (不完) (사람 또는 그 무엇을 찾으려고) 찾다, 찾아다니다, 수색하다, 조사하다, 탐색하다; (조사·연구용 목적으로) ~*에 관한 자료·통계 등을* 조사하다, 검사하다, 찾아다니다, 자료를 수집하다; ~ *za nekim* 누구의 뒤를 밟다, (누구의 신병을

확보하려고) 수색하다; *vlast poče ~ za Vladanom* 당국은 블라단의 신병 확보를 위해 수색을 시작했다; *on traga za građom za obradu narodnog govora* 그는 민중어 연구를 위한 자료를 수집하고 있다

tragedija 1. (문학 장르로서의) 비극 2. 비극적 사건, 재난, 참사

tragičan *-čna, -čno* (形) 비극의, 비극적인; 매우 슬픈, 비참한, 비통한; *~ događaj* 비극적 사건

tragičar 1. 비극 배우, 비극적 역할을 하는 배우 2. 비극 작가 3. (口語) 비극적인 사람, 불행한 일이 따라다니는 사람

tragik 참조 tragičar; 비극 배우, 비극 작가

tragika 참사, 커다란 불행

tragikomedija 희비극; 희비극적 사건

tragikomičan *-čna, -čno* (形) 희비극의

traheja (解) 기도(氣道), 기관(氣管)

trahom (男), **trahoma** (女) (病理) 트라코마, 과립성 결막염

trajan *-jna, -jno* (形) 1. 지속적인, 영구적인, 영속적인; *~ mir* 영구적인 평화; *~jna ondulacija* 파마(머리결의); *~jni zubi* 영구치(齒) 2. (文法) 불완료상의; *~ glagol* 불완료상 동사

trajašan *-šna, -šno* (形) 1. 내구성이 있는, 오래가는; *~šno bukovo drvo* 내구성 있는 너도밤나무 목재 2. 일정기간 동안 계속되는, 시간적인 (vremenski); *reče ... da nas ne kani kazniti smrtnom kaznom, nego dugom ~šnom kaznom* 우리에게 사형을 언도할 의도는 없고 유기(有期)형을 선고할 것이라고 말해진다; *~šna kazna* 유기 징역형

trajati *-em* (不完) 1. 계속되다, 지속되다; *dokle će ~ rat?* 전쟁은 언제까지 계속될 것인가?; *čas još traje* 수업은 아직 진행중이다; *pucnjava je trajala celu noć* 총격은 밤새 내내 계속되었다 2. 목숨(생명)만 부지하다 (životariti); *lošeg je zdravlja, slabog stanja, pa samo traje* 건강도 나쁘고 그리 좋은 상태가 아니다, 단지 목숨만 붙어 있을 뿐이다 3. (일정한 상태를) 유지하다; *cipele mi još traju* 내 구두는 아직 신을만 하다 4. 시간을 보내다, (삶을) 살다 (proživljavati); *srećan praznik svima vama što trajete mučni život u nevolji i suzama* 어려움과 눈물속에서 힘든 삶을 보내는 모든 여러분에게 행복한 명절이 되기를 바랍니다; *~ svoje poslednje dane* 말년의 시간을 보내다 5. (자주

無人稱文으로) 충분히 있다 (dostajati); *pio je dok (mu) je trajalo* 그는 돈이 있는 한 술을 마셨다 6. 망설이다, 주저하다, 기다리다 (oklevati, čekati); *požurite, nemojte ~!* 서두르세요, 망설이지 마세요! 7. 기타; *dok traje, nek laje!* (돈이) 있는 한 다 쓰게 내버려둬!; *dok traje sveta i veka* 영원히, 항상; *~ dane (godine)* 어렵게(힘들게) 살다

trajekt (사람·차량 등을 운반하는) 연락선, (카)페리 **trajektni** (形)

trajektorija (物) 1. (움직이는 물체가 그리는) 궤도, 궤적 (putanja) 2. (탄환·로켓 등이 그리는) 탄도, 비상(飛翔) 경로

trak *traci & trakovi, trakā & trakōvā* 1. 참조 traka 2. 끈, 신발끈 (vizica, uzica, pertla); *zavezuje ~ na cipeli* 구두끈을 묶는다 3. 선, 흔적 (trag, crta, linija) 4. (문어 등 연체동물의) 발, 다리 (krak, pipak)

traka 1. (천·종이 등의) 가느다란 조각, 띠, 끈, 줄(묶는데 사용하는) (vrpca, pantljika); 장식 리본; *na glavu mu ... slamni šešir s crvenom ~om* 그는 빨간 리본이 있는 밀짚모자를 머리에 썼다 2. (비유적) 가늘고 긴 형태의 것; *~ dima* 가느다란 연기 줄기; *montažna (tekuća, pokretna) ~* 조립 라인(컨베이어 벨트) 3. (소리·영상을 기록하는) 테이프; *magnetska ~* 자기 테이프 4. 빛, 빛줄기 5. (도로의) 차선; *auto-put s četiri ~e* 4 차선 고속도로 5. (機) 무한궤도 (gusenica)

trakast *-a, -o* (形) 띠·끈·줄 모양의; *~a grivna* 끈 모양의 팔찌

trakavica 1. (寄生蟲) 촌충 (pantljičara) 2. 트릭, 속임수 (smicalica)

trakt 1. (建) (건물 본관 한쪽으로 돌출되게 지은) 동(棟), 부속 건물 2. (解) (기관의) 관(管), 계(系); *probavni ~* 소화계(系); *želudačni ~* 소화관(管)

traktat 1. 논문; *ja pišem ~e o leptirima* 나는 나비에 관한 논문들을 쓴다 2. (法) 국제 조약

traktor (농기구의) 트랙터 **traktorski** (形)

traktorist(a) (男) 트랙터를 운전하는 사람

traktorskī *-ā, -ō* (形) 참조 traktor

tralja (보통 複數로) 누더기 옷, 넝마, 다 해진 옷 (dronjak, rita)

traljav *-a, -o* (形) 1. (옷 등이) 다 낡은, 해진, 허름한; (사람이) 추레한, 누더기를 걸친 (dronjav, neuredan); *~ prosjak* 누더기 옷을 입은 거지 2. (일을) 대충 하는,

되는대로 하는, (의무를) 게을리 하는; ~ *đak* 제 일을 제대로 하지 않는 학생; ~ *službenik* 일을 제대로 하지 않는 직원 3. ~할 가치가 별로 없는, 질적으로 좋지 않은; ~ *posao* 별로 좋지 않은 일

traljavac *-avca* 누더기 옷을 걸친 사람; 일을 대충 하는 사람 **traljavica**

trambulin (男), **trambulina** (女) (다이빙대의) 다이빙 보드

tramontana, tramuntana 알프스에서 불어오는 북풍

trampa 물물 교환(제)

tramper 화물선(정해진 항해 일정이 없는) **tramperski** (刑)

trampiti *-im* (完,不完) 1. 물물교환하다, 물건을 교환하다, (어떤 것을 주고 그 대신 다른 것으로) 바꾸다; ~ *nešto za nešto* ~을 ~과 바꾸다 2. ~ se 상호간에 물물교환하다; *trampili su se* 그들은 서로 물물교환을 했다

trampolin (男), **trampolina** (女) 참조 trambulin

tramvaj 전차, 트램(전기로 운행하는 경전철의 한 종류); *ići u* ~ 트램을 타다; *ići* ~*em* 트램으로 가다 **tramvajski** (刑)

tramvajdžija (男) 트램(tramvaj)회사 직원 (노동자, 특히 운전수)

tramvajskī *-ā, -ō* (形) 참조 tramvaj

trans 1. 무아지경, 무아(의 경지), 황홀 (zanos, ushićenje) 2. 최면 상태, (최면 상태와 같은) 가(假)수면 상태

trans- (接頭辭) 넘어서, 횡단하여, 꿰뚫어, 다른 쪽으로, 다른 상태에, 초월하여, ~의 저편의 (preko, s one druge strane, kroz)

transakcija (상업의) 거래, 매매 (보통 대규모의); (法) 화해 (poravnanje, pogodba, sporazum)

transcendentalan *-lna, -lno* (形) (哲) 선험적 (先驗的)인 (aprioran)

transcendentan *-tna, -tno* 1. (哲) 선험적인 (trancendentalan) 2. (數) (함수가) 초월의

transfer 1. (일반적인) 운송, 수송; ~ *robe* 화물 수송; ~ *putnika* 승객 운송 2. (돈의) 이체 (한 금융기관 계좌에서 다른 금융기관 계좌로, 한 나라에서 다른 나라로의) 3. (증권·공채 등의) 명의 변경; (法) (재산 등의) 양도, 증여; 권리 이전 4. (스포츠 선수의) 이적

transferirati *-am*, **trasferisati** *-šem* (完,不完) 1. 옮기다, 옮겨놓다 2. (다른 언어로) 옮기다, 번역하다 3. 이전하다, 양도하다

transformacija 1. (형태·상태·특성 등의) 변화, 탈바꿈 (preobražaj, pretvaranje) 2. (物) (에너지의 한 형태를 다른 형태로의) 전환, 변환; (電氣) (고압의 전류를 저압의 전류로, 또는 그 반대로) 변류, 변전(變電); (化) (화합물의) 전환

transformator 변압기

transformirati *-am*, **transformisati** *-šem*, **transformovati** *-mujem* (完,不完) (형태·상태·특성 등을) 바꾸다, 변화시키다; (에너지를 다른 형태로) 변환하다; (전압을) 변압시키다 (izmeniti, menjati, preobraziti)

transfuzija 1. (액체를 한 곳에서 다른 곳으로) 옮기는 것, 옮겨 붓는 것, 흘러들게 하는 것 (pretakanje, pretok) 2. (혈액의) 수혈; ~ *krvi* 혈액의 수혈

transkontinentalnī *-ā, -ō* (形) 대륙횡단의; ~*a železnica* 대륙횡단 열차

transkribirati *-am*, **transkribovati** *-vujem* (完,不完) 1. (言) (말소리를) 음성 기호로 표기하다(전사하다) 2. (音樂) (곡을 다른 악기용으로) 편곡하다 3. (라디오나 TV 프로그램·보도 등을) 방송용으로 녹음하다 4. (텍스트·서류 등을) 베끼다, 복사하다, 등사하다

transkripcija 1. (言) 음성 기호로의 표기, 발음기호로 옮기기 2. (音樂) 편곡 3. (라디오·TV 등의) 녹음, 녹화 4. 필사, 전사, 등사, 복사

translacija (*čega*) 1. 중계 방송, 자동 중계(특수한 송신-수신 장비를 통한) 2. (전화기·텔레그램 등의) 신호 증폭 3. 번역, 통역(다른 언어로의) 4. (法) (어떤 권한의) 이양; 재산 양도 5. (物) 병진 운동(분자의 회전·진동에 대응되는 직진 운동) (反; rotacija) 6. (數) 평행 이동 7. (유전학) RNA 정보에 입각한 아미노산 합성 8. (宗)(가톨릭) (주교의) 전임; (주교좌·성유물의) 이전

transliteracija 음역, 자역(字譯) (라틴문자를 키릴문자로, 키릴문자를 라틴문자 등으로)

transliterirati *-am* (完,不完) (문자·단어 등을 어떤 문자 체계에서 다른 문자 체계로) 음역하다, 자역(字譯)하다

transmisija (동력의) 전달, 전송 (하나의 주 모터에서 다른 기계로, 축·기어 등을 통해); 그러한 장치; (기계의) 변속기, 변속 장치 **transmisijski, transmisioni** (形)

transokeanskī *-ā, -ō* (形) 대양 저편의, 대양 횡단의

transparent 1. 피켓, 팻말(환영 군중, 시위대 등의) 2. 먹지(종이 밑에 놓고 종이 위에

쓰는) 3. 투명한 것(보통은 속이 비치는 옷), 시스루 4. (영화촬영기법의) 배면 영사

transparentan *-tna, -tno* (形) 투명한, 속이 비치는 (proziran, providan); ~ *papir* 투명 용지

transplantacija (생체조직 등의) 이식

transplantirati *-am* (完,不完) (장기(臟器)를) 이식하다

transponirati *-am*, **transponovati** *-nujem* (完,不完) (위치·순서 등을) 뒤바꾸다, 바꾸어 놓다; (數) ~을 이항하다, 전치하다; (音樂) (음정을) ~으로 이조(移調)하다, 조옮김하다

transport 1. (화물·승객 등을 실어나르는) 수송(수단), 운송(장비); *železnički* ~ 열차 수송; *drumski* ~ 육상 수송; *vazdušni* ~ 항공 수송; ~ *drva* 목재 운송 2. 운송업(業), 수송업 3. (軍) (군병력을 수송하는) 수송선(船), 수송기(機); 보급 부대, 보급 행렬 (komora) **transportni** (形); ~ *avion* 수송기; ~*o preduzeće* 운송회사, 수송회사; ~*o pakovanje* 운송 포장; ~*e usluge* 수송 서비스

transporter 1. 컨베이어, 컨베이어 벨트 (konvejer) 2. (병력 및 군수품) 수송차 3. 운송업자, 수송업자; 하주(荷主), 수화물 발송인 (otpremnik), 화물통관업자 (špediter) 4. (幾何) 각도기 (uglomer)

transportirati *-am*, **transportovati** *-tujem* (完,不完) 운송하다, 수송하다

transportnī *-ā, -ō* (形) 참조 transport

transverzala 횡단면, 횡단선 (poprečnica)

transverzalnī *-ā, -ō* (形) 가로지르는, 횡단선의 (poprečan, presečan)

tranša 1. (빵·고기 등의) 조각, 부분 (kriška, režanj, deo) 2. (주조된 동전의) 곡면 3. 할부, 할부금; 분할 불입(의 1 회분)

tranšeja (軍) (전장의) 참호

tranširati *-am* (不完) 자르다 (seći, rasecati, prosecati)

tranzistor 트랜지스터; 트랜지스터라디오 **tranzistorski** (形)

tranzit (다른 곳으로 가기 위한) 통과, 환승 **tranzitni** (形); ~*a viza* 통과 사증; ~ *putnici* 환승 여행객

tranzitivan *-vna, -vno* (形) (숙어로) ~ *glagol* 타동사

tranzitnī *-ā, -ō* (形) tranzit

tranzitoran *-rna, -rno* (形) 일시적인, 흘러 지나가는, 덧없는 (prolazan, kratkotrajan)

trap *-a*; *-ovi* 구덩이, 굴(감자 등 채소가 어는 것을 방지하며 보관하기 위한) (jama, rupa)

trap 1. (자동차의) 휠 얼라인먼트, 자동차의 하부 2. (보통 숙어로) *stajni* ~ 비행기의 착륙 장치(랜딩 기어) 3. 선박의 계단 4. (선박 또는 체조 연습 등에서의) 줄사다리

traparati *-am*, **trapati** *-am* (不完) 쿵쿵거리며 무거운 발걸음으로 걷다(가다), 터벅터벅 걷다(가다), 어기적거리며 걷다(가다)

trapav *-a, -o* (形) 어색하게 걷는, 어기적거리며 걷는; (일반적으로) 어색한, 서툰

trapavac *-avca*, **trapavko** (男) 서툰 사람, 솜씨가 없는 사람 **trapavica**

traper (특히 모피를 얻기 위해) 덫을 놓는 사냥꾼, 덫사냥꾼 **traperski** (形)

traperice (女,複) 바지의 일종 (덫사냥꾼 (traper)이 입는)

trapez 1. (幾何) 부등변 사각형, 사다리꼴 2. (곡예·체조용의) 그네 3. (병원 환자 침상의) 환자가 일어날 때 잡고 쉽게 일어설 수 있도록 한 그네 비슷한 끈(줄)

trapezoid (幾何) 부등변 사각형, 사다리꼴

trapist 1. (宗)(가톨릭) 트라피스트회(기도·침묵 등을 강조하는 엄격한 수도회) 수사 2. 트라피스트 치즈(트라피스트회 수사(修士)가 전유(全乳)로 만드는 둥글고 약간 말랑한 치즈)

trapiti *-im* (不完) utrapiti (完) 1. 야채를 구덩이(trap)에 놓다 2. (구덩이(tarp)를 파듯이) 깊게 땅을 파다, 구덩이를 파다 (보통은 곡괭이로) 3. 갑자기(예기치 않게) 어디에 나타나다(오다) (banuti); *nema ga po nekoliko meseci, pa tek iznenada trapi u selo* 그는 몇 달 동안 보이지 않더니 갑자기 마을에 느닷없이 나타났다 4. (方言) 심다 (보통 덩굴 식물을)

tras (感歎詞) 탕·쿵·쾅·탁!(뭔가가 떨어지거나 부딪치는 소리)

trasa (건설하기 위해 표시된) 노선, 길, 루트 (도로·철로 등의)

trasant (商業) 어음 발행인, 수표 발행인

trasat (商業) 어음 수취인, 수표 수취인

traser 1. 노선·루트 등을 표시하는 사람(긋는 사람) 2. (軍) 예광탄

trasirajućī *-ā, -ē* (形) ~ *metak* 예광탄

trasirati *-am* (完,不完) (도로·선로 등의) 선을 긋다(그리다, 표시하다); ~ *prugu* (*granicu*) 철로(국경선)를 긋다

trasirati *-am* (完,不完) 어음을 발행하다, 수표를 발행하다; ~ *menicu* 어음을 발행하다

traskati -am (不完) 주절주절 이야기하다, 수다를 떨다, 쓸데없는 소리를 많이 하다

traskati -am (不完) 쾅·탕 소리를 내며 닫다(부딪치다, 치다)

tratina 목초지 (pašnjak, utrina)

tratinčica 참조 krasuljak; (植) 데이지(꽃)

tratiti -im (不完) 참조 traćiti; 낭비하다

trator (植) 비름

tratorak -rka 1. (植) 맨드라미 2. (植) 쥐꼬리망초과(科)

trauma 1. (醫) 부상, 상처 (rana, povreda, ozleda) 2. 트라우마, 정신적 외상

trava 1. (植) (모든 종류의) 풀; 잔디; *ne gazi ~u!* 잔디를 밟지 마시오 2. (보통 複數로) 약초, 허브; *piti ~e* 약초를 달여 먹다; *lečiti se ~ama* 약초로 치료하다 3. 기타; *bogorodičina ~* 고추나물속(屬)의 초본; *vranilova ~* 오레가노; *kisele ~e* 습지 식물(갈대 등의); *morska ~* 가래과; *ptičja ~* 점나도나물속(屬); *~ od kostobolje* 둥굴레 (약용식물의); *~ od srdobolje* 양지꽃의 일종; *gde udari, tu ~ ne raste (ne niče)* 눈앞의 모든 것을 파괴하다; *ne lipši, magarče, do zelene ~e* 전혀 가망성이 없다, 희망을 품을 이유가 없다; *nisam ni ja ~u pasao* 나도 아는 것이 있다, 나도 뭔가는 이해한다; *od ~e do glave* 완전히, 머리끝부터 발끝까지

travan -vna, -vno (形) 풀이 난, 풀 천지인, 풀로 덮인; *~ pašnjak* 풀 천지인 목초지

travanj 참조 april; 4월 **travanjski** (形)

travar 약초 채집인, 약초상; 약초로 치료하는 사람 **travarka**

travarica 1. 약초 채집인(여자), 여자 약초상; 약초로 치료하는 여자 2. 약초주(酒), 약초를 담근 술

travarina (소·양 등에게 남의 목초지에서 풀을 뜯길 때 내는) 풀세(稅), 목초지세(稅)

travariti -im (不完) 약초를 채집하다, 약초 채집에 종사하다, 약초 채집을 업으로 삼다

travčica (지소체) travka, trava

travertin (鑛物) 트라버틴(석회암의 한 종류)

traverza 1. (철재·목재의) 가로 들보; *~ mosta* 교량의 가로보 2. (軍) 측면 혹은 후면 쪽을 보호하는 누벽(보호물)

travestija (진지한 작품·주제를) 우습게 한 것, 희화화(戲畵化), 패러디 (parodija)

travica (지소체) trava

traviti -im (不完) 1. 풀이 자라다, 풀이 무성해지다 2. 풀을 먹이다; *~ konja* 말에게

풀을 먹이다 3. *~ se* 풀이 자라다, 풀이 무성해지다

travka (지소체) trava

travnat -a, -o (形) 풀이 무성한, 풀이 자란 (travan); *~ teren* 풀이 무성한 지역

travnik 초원, 목초지 (travnjak)

travnjača 개구리의 한 종류

travnjak 목초지; 잔디밭, 잔디 구장

travuljina, travurina (지대체) trava

tražbina (당연한 권리로서의) 요구, 청구, 주장, 클레임 (potraživanje); *pomorske ~e* 해상 (영토)주장

traženje (동사파생 명사) tražiti; 수색, 검색; 요구, 요청

tražilac -ioca, **tražitelj** 요청자, 요구자; 수색자 **tražiteljka**

tražilo (카메라의) 파인더, 뷰파인더; *elektronsko ~* 전자 파인더

tražiti -im (不完) 1. 찾다, 수색하다, 뒤지다 (없어진 사람·숨은 사람 등을 찾으려고, 잃어버린 것·숨겨진 것 등을 발견하려고); *~ nekoga* 누구를 찾다; *~ ovce* 양을 찾다; *~ iglu* 바늘을 찾다; *~ po svojim džepovima* 자신의 주머니를 뒤지다; *~ nekoga poternicom* 체포 영장을 발부 받아 누구를 수색하다; *~ pomoć* 도움(원조)을 요청하다; *~ posao* 일자리를 구하다 2. (누구를 오라고) 요청하다, 찾다, 부르다 (pozivati, zvati); *otac ti je na samrti, traži te* 네 아버지는 임종 직전이다, 너를 찾는다 3. 구하다, 청하다, 요구하다, 요청하다 (moliti, zahtevati); *~ pare na zajam* 돈을 빌려달라고 요청하다; *traži od oca da ti kupi odelo* 아버지에게 네 옷을 사달라고 해; *suviše tražiš od mene* 너는 내게 너무 많은 것을 요구하는데 4. ~을 필요로 하다 (iziskivati); *dete traži negu* 아이들은 돌봄을 필요로 한다 5. (처녀에게) 청혼하다 (prositi); *~ ruku devojke, ~ devojku* 처녀에게 청혼하다 6. *~ se* 서로가 서로를 찾다 7. *~ se* 자신의 입장·태도·생각을 평가하다, 자기 자신에 대해 분석하다 8. 기타; *biti tražen* 수요가 대단히 많다(물건 등이); *~ dlaku u jajetu* 사소한 것으로 트집잡다(시비걸다); *~ đavola (svećom)* 쓸데없이 위험에 노출되다; *~ krv (od koga)* 유혈복수를 하다; *~ (od koga, kome) glavu* 누구를 죽이려고 하다; *~ po (svojoj) glavi* ~에 대해 생각하다; *~ svećom (u ruci)* 어렵게 발견하다, 힘들게 얻다; *~ hleba kod* pogače, ~ preko hleba pogaču, ~ hleba nad pogačom 가진 것에 만족하지 않다

tražnja 1. 찾기, 수색, 검색 2. 요구, 요청, 주장 (zahtev, molba)

trba (愛稱) trbuh; 배(腹)

trbo -a & -ē (男)(愛稱) trbonja

trbobolja 복통

trbonja (男) 배불뚝이, 배가 불룩 나온 사람

trbosek 상대의 배를 갈라 살해하는 사람

trbuh 1. 배(腹), 복부; govorenje iz ~a 복화술 2. (비유적) 배고픔, 허기 (glad); ako ih ~ ne natera da dođu, drugo ništa neće 만약 배고픔이 그들을 오게끔 하지 못한다면, 그 어떤 다른 것도 그들을 오게 할 수 없을 것이다 3. 내부, ~의 내부 내용(물); ~ broda 선박의 내부 4. 볼록 나온 부분(것) 5. (物) 큰 진폭을 가진 입자 6. 기타; gledati jedan drugom u ~ 서로가 서로를 너무 잘 안다; dobiti ~ 1)살찌다, 배가 나오다 2)임신하다; držati se (uhvatiti se, hvatati se) za ~ od smeha 배를 움켜쥐고 웃다; zavija me ~ 배가 아프다; zalepio (prilepio) mu se ~ za leđa 배가 등가죽에 달라붙었다, 매우 말랐다; igra ~a 밸리 댄스; imati ~ do zuba 만삭이다(임신한 배가); imati ~a 배가 꽉 찰 정도로 먹었다; ići ~om za kruhom 돈벌이하러 나가다; jesti (nešto) od ~a 배 아픈 것이 낫다(치료되다), 옆으로 눕다; mali ~ 아랫배; nabijati ~ 과식하다, 살찌다; nemati ~ 날씬하다; nositi ~ 임신하다; pustiti ~ 살찌다, 비만해지다

trbuhozborac 복화술을 하는 사람, 소리가 배에서 나오는 것 같은 사람

trbušast -a, -o (形) 1. 배(腹)가 불룩나온 것과 같은 모양의; ~ brdo 불룩나온 언덕 2. 배(腹)가 많이 나온, 올챙이배의; ~ čovek 배가 나온 사람

trbušat -a, -o (形) 참조 trbušast

trbuščić (지소체) trbuh

trbušina 1. (지대체) trbuh; pustiti ~u 배불뚝이가 되다, 배가 나오다 2. (소 등의) 옆구리살

trbušnī -ā, -ō (形) 참조 trbuh

trbušnica (解) 복막

trcati -am (不完) otrcati (完) 1. 닳아 해지게 하다 (krzati, habati) 2. ~ se 닳아 해지다; na fotelji je prekrivač, da se ne bi trcala 안락의자는 씌우개로 덮여 있는데, 해지지 않도록 하기 위한 것이다

trčanje 1. (동사파생 명사) trčati 2. 경주, 달리기; ~a sa preponama 장애물 경주,

허들 경주; ekipna ~a 팀 경주; ~ sa preprekama 장애물 경주

trčati -īm (不完) 1. 뛰다, 달리다, 달려가다; (스포츠의) (구간·트랙 등을) 달리다; deca trče po ulicama 아이들이 골목에서 뛰어논다; ~ iz sve snage 온 힘을 다해 뛰다; umoriti se trčeći 뛰어 피곤하다; ~ deonicu od 100m za 10 sekundi 100m 를 10 초에 달리다; trčeći korak (軍) 속보 이동 2. 서둘러 가다, 급히 가다 (žuriti, hitati); ~ na voz 기차를 타기 위해 서둘러 가다; ~ na posao 직장에 서둘러 가다; ~ kao ždrebe pred rudu 성급히 행동하다 3. ~의 뒤를 뒤쫓아 다니다(얻기 위해, 획득하기 위해); ~ za devojkama 여자들 뒤꽁무니를 쫓아 다니다; ~ za zaradom 돈을 벌기 위해 동분서주하다; on trči za svakom suknjom 그는 여자라면 사족을 못쓴다 4. 떼지어 몰려가다 (hrliti); svet trči na utakmice 사람들이 경기에 떼지어 몰려간다; ceo svet trči na njegovo predavanje 모든 사람들이 그의 강의를 들으러 몰려간다 5. (비유적) (시간 등이) 빨리 지나가다(흘러가다); vreme trči 시간이 휙휙 지나간다 6. (손을) 흔들다; (눈·시선 등이) 빨리 훑고 지나가다

trčeći (副) 뛰어; ~ doći 뛰어 도착하다; ići ~im korakom 속보로 가다

trčećki (副) 참조 trčeći; 뛰어

trčilaža 거짓말을 퍼트리고 다니는 사람

trčkaralo (中,男)(複數는 中) 여러가지 잡다한 일을 하기 위해 이리저리 뛰어다니는 사람; ja u dvorac nisam ušao da budem ~ 나는 뛰어다니면서 잡동사니 일을 하기 위해 궁중에 들어 온 것은 아니다

trčkarati -am (不完) 1. (지소체) trčati 2. 여기저기 뛰어다니다(잡다한 일들을 하기 위해)

trčke (副) 참조 trčeći; 뛰어

trčuljak -ljka (昆蟲) (複數로) 딱정벌레과(科)

trebati -am (不完) 1. (無人稱文) ~할 필요가 있다, ~을 해야 한다; treba da daš dete u školu 아이를 학교에 보낼 필요가 있다; treba raditi 일을 해야 한다; trebalo je znati 알아야만 했었다; nije trebalo da on to sazna 그가 그것을 알 필요는 없었다; trebalo je da odem 내가 가야만 했었다 2. (여격(D)형태의 논리적 주어와 함께) 필요하다; treba mi novac 나는 돈이 필요하다; nama treba nov auto 우리에게 새 자동차가 필요하다; trebaće mi novine 나는 신문이 필요할 것이다

trebiti -im; trebljen (不完) 1. 깨끗하게 하다, 떼어내다(더러운 것, 고장난 것, 해로운 것 등을) (čistiti); trebili smo ... pasulj za sutrašnji ručak 내일 점심에 사용될 콩을 깨끗이 씻었다 2. (이쑤시개 등으로) 이(齒)를 쑤시다 (čačkati); zebao je i zube trebio 입을 벌리고 이를 쑤셨다 3. 껍질을 벗기다(까다) (ljuštiti); ~ krompir (jabuku, orahe) 감자(사과, 호두)의 껍질을 벗기다 4. (머리카락·수염 등을) 손가락으로 빗다 (쓰다듬다) 5. (땅을) 고르다, 깨끗이 하다(돌·나무 등을 치워 농사짓는데 알맞게) (krčiti) 6. (비유적) 뿌리채 뽑다, 뿌리채 뽑아 제거하다(잡초 등을) 7. 마지막 한 사람까지 다 죽이다, 완전히 초토화시키다 (몰살시키다) (사람·들짐승 등을); prokleti je Turčin ... trebio narod ili ga u negvama gonio 저주받은 터키인은 민중들을 다 죽이거나 혹은 족쇄를 채워 못살게 괴롭혔다 8. ~ se 이(벼룩)를 잡다; skinuli košulje i trebe se od vašiju 셔츠를 벗어 이를 잡았다

trebnik (宗) (교회 예배에서 읽는) 교회 예배서, 교회 의식서 (brevijar, obrednik)

trebovanje 1. (동사파생 명사) trebovati 2. 배급 물표, 할당 쿠폰(도구·식량·의복 등의); 그러한 할당량(배급량)에 관한 서류

trebovati -vujem (不完) 할당량을 요구하여 얻다, 배급량을 요구하여 받다

trećak (주로 한정사적 용법으로) 1. 3 년생 동물(숫컷); 세 살된 소년 2. (학교의) 3 학년 학생, (軍) (3 연대, 3 사단 등 3 과 관련된 부대의) 병사

trećepozivac -ivca (歷) 3 차 징집병 (가장 나이가 많은)

trećī -ā, -ē (形) 세 번째의, 제 3 의; ~ padež 제 3 격(여격)

trećina 1. 1/3 의, 삼 분의 일 2. 세 명(으로 구성된 사람들) 3. (歷) 농노(kmet)가 아가(aga)에게 내는 세금(삼 분의 일을 내는)

trećoškolac -lca 3 학년 학생 trećoškolka

tref -ovi 클로버(카드의 한 종류) ~ as 클로버 에이스; ~ sedmica 클로버 칠(7); trefov (形)

tregeri (男,複) (바지의)멜빵 (naramenica)

trem -a; -ovi 1. 돌출 현관(현관 앞으로 지붕을 달아낸 부분) 2. (시골집의) 집 건물과 외부 출입구 사이의 공간 3. 짚(slama)을 얹은 조그만 건물 (마구간·외양간·헛간 등의) (pojata) 4. 발코니 (balkon, galerija) 5 (解) 내이(內耳)의 한 부분

trema 무서움, 두려움, 떨림(무대에 서는 것에, 또는 대중앞에서의 발표, 주요 인사와의 면담 등을 앞두고 갖는); imati ~u, biti u ~i 두려움이 있다; ovakve ~e nije imao nikada u životu 살면서 이러한 두려움과 떨림은 한 번도 없었다

tremirati se -am se (完,不完) 무서움 (두려움·떨림)이 엄습하다; ~ pred nastup 공연전에 무대 공포심이 엄습하다

tren 순간, 찰라(눈을 깜박이는 그 정도의) (časak, trenutak, mah); za (u) ~ (oka), ~om, u jedan ~, u očni ~ 매우 빨리, 순간적으로, 즉시; na ~ (oka) 매우 짧게; u prvi ~, u prvom ~u 처음부터; s ~a na ~, iz ~a u ~ 점점 강하게, 점점 빠르게

trend -ovi 경향, 동향, 추세; 유행; modni ~ 패션의 유행 경향

trener (스포츠의) 감독, 코치; fudbalski ~ 축구 감독

trenerka 운동복, 훈련복

trenica 1. (과일·채소 등을 가는) 강판 (rende, ribež) 2. (解) (연체동물의) 치설(齒舌)

trenica 판자

trening (스포츠의) 훈련; ići na ~ 훈련에 가다, 훈련에 참석하다

trenirati -am (不完) 1. 훈련시키다; ~ fudbalere 축구선수들을 훈련시키다 2. (동물을) 훈련시키다, 조련하다 (dresirati); ~ životinje u cirkusu 서커스에서 동물들을 조련하다 3. 훈련하다, 연습하다(시합·경기에 대비하여); ~ košarku 농구를 훈련하다; ~ šut 슛을 연습하다 4. ~ se 훈련하다, 연습하다

trenirka 참조 trenerka; 운동복

trenuće 순간, 찰라(눈을 깜박이는) (tren)

trenutak -tka; -uci 1. 순간, 찰라 (tren) 2. (뭔가 일어나는) 순간, 때, 시기; pogodan ~ 적당한 순간 3. 잠깐 동안의 사건; čarobni ~uci prvog sastanka 첫 만남의 황홀한 사건

trenutan -tna, -tno (形) 순간적인, 찰라적인, 순간적으로 일어나는; zavlada ~tna tišina 순간적으로 조용해졌다

trenuti -nem (完) 1. 눈을 붙이다, 잠들다; 조금 자다; nije trenuo cele noći 밤새 내내 눈을 붙이지 못하였다; otišao je da trene 그는 눈을 붙이기 위해 떠났다 2. ~ se 눈을 뜨다, 깨어나다

trenje (동사파생 명사) trti; 마찰, 비벼댐

trepavica (보통 複數로) 속눈썹

T

trepćućI *-ā, -ē* (形) (불빛이) 깜박거리는; *~e svetlo* 깜박이는 불빛

treperav *-a, -o* (形) (불빛이) 깜박이는, 반짝이는, 흔들리는, 떨리는; *~e zvezde* 반짝이는 별들; *~ glas* 떨리는 음성

treperenje (동사파생 명사) treperiti

treperiti *-im* (不完) 1. (불빛 등이) 깜박이다; 반짝이다, 반짝반짝 빛나다; *biljur treperi* 크리스탈이 반짝이다 2. 떨다, 전율하다, (두려움·무서움·흥분 등으로); (심장 등이) 빨리 뛰다; *srce mu je treperilo od ushita* 흥분하여 그의 심장은 빨리 뛰었다 3. (깃발 등이) 펄럭이다 (vijoriti se); *nad njima treperi vito jedrilje* 그들 위로 얇은 돛이 펄럭인다 4. 살랑살랑 흔들리다(잎사귀 등이) 5. 조금씩 움직이다(공기·안개 등이) (titrati) 6. 흔들리다 (철사줄 등이) (podrhtavati); *nema mnogo žica, ali one tri ili četiri trepere strahovito* 철사줄이 많지는 않지만 서너개의 철사줄이 아주 심하게 흔들린다 7. 천천히 날개를 젓다(새 등이); *nad poljima ... su nisko treperile ševe* 들판 위로 종달새들이 낮게 날개짓을 했다

trepet 1. 깜박임; *~ zvezda* 별의 깜박거림 2. 반짝임; *~ dragog kamenja* 보석의 반짝임 3. 떨리는 소리; *~ harfe* 떨리는 하프 소리 4. 흔들림, 떨림; *~ glasa* 목소리의 떨림 5. 쾅(쿵·탕)하는 소리, 시끄러운 소리 (buka, treska, zveket) 6. (종종 strah i *~* 라는 숙어 형태로) 커다란 공포심(두려움)

trepetati *-ćem* (不完) 흔들리다, 떨리다 (treperiti, treptati, titrati, podrhtavati)

trepetljika 1. 반짝이 (보통은 머리에 장식용으로 하는) 2. (형용사적 용법으로) 반짝이는, 깜박이는; *zvezda ~* 반짝이는 별; *svetiljka ~* 깜박이는 램프

trepnuti *-nem* (完) 1. 눈을 한 번 깜박이다 2. 한 번 떨다; *na licu mu nije trepnula ni žilica* 그의 얼굴의 솜털조차 떨리지 않았다 3. (koga) 가볍게 만지다(누구를); *~ koga po ramenu* 누구의 어깨를 가볍게 만지다 4. 기타; *dok trepne (trepneš, trepnu)* 매우 빨리, 즉시; *ne ~ (okom, očima)* 눈도 깜박하지 않다(당황하지 않다, 흥분하지 않다)

treptaj 1. 한 번의 깜박임(눈의); 한 번의 실룩거림(신체부위의); 한 번의 진동(흔들림); *~ oka* 눈을 한 번 깜박거림; *~ šipke* 막대기의 일 회 진동 2. (목소리의) 흔들림, 떨림 3. 한 번의 빛 신호 (선박들에 신호를 보내는 장비의)

treptati *-ćem* (不完) trepnuti *-nem* (完) 1. 눈을 깜박이다(무의식적으로, 자연적으로) 2. 눈을 깜박이다(의도적으로), 윙크하다 3. 떨다, 전율하다; 흔들리다, 깜박이다 (drhtati, podrhtavati); *ona je bila kao luda ... i sva je treptala kao list* 그녀는 마치 미친 사람처럼 마치 종잇장처럼 떨었다; *ćutao sam i treptao kao trska* 나는 침묵하면서 마치 갈대처럼 떨었다

trepteljka (鳥類) 밭종다리속(屬)

trepteti *-im* (不完) 1. 떨다, 전율하다; 떨리다 (treptati); *on trepti od uzbuđenja* 그는 흥분하여 전율한다; *glas mu trepti* 그의 목소리가 떨린다 2. 펄럭이다, 나부끼다; (새 등이) 퍼덕이다, 날개짓하다 (lepršati se, vijoriti); *visoko nad bregom tamo k nebu trepti ševa* 언덕 저 높은 곳에서 하늘을 향해 종달새가 퍼덕인다 3. 반짝이다 (svetlucati se)

tres 열, 열병, (열병으로 인한) 오한, 전율

tres *-ovi* 1. 우레, 천둥; 번개 2. 흔들림, 지진; 뒤흔듦 3. 요란한 소리, 시끄러운 소리 (buka, štropot) 4. (총·대포 등의) 총소리, 대포 소리 (pucanj, tresak)

tres (擬聲語) 쿵·쾅·탕 (떨어지는 소리)

tresač 1. 양털을 손질하는 사람(도구를 사용하여 양털을 털어가면서) (drndar, pucar) 2. (과일 수확시) 과일을 터는 사람 3. 털이개(양탄자 등을 두드려 터는) (tresalica)

tresak *-ska* 1. 쿵·쾅·탕 하는 소리(떨어질 때·부딪칠 때·폭발할 때 나는) 2. 기타; *zdrav (jak) kao ~* 매우 건강한(강한)

treset 1. (鑛物) 토탄(土炭), 이탄(泥炭) 2. 토탄지, 이탄지 (tresetište) tresetni (形)

tresetare (女,複) (植) 물이끼목(目)

tresetište 토탄이 묻혀 있는 곳; 토탄 채굴 지역

treska 1. 시끄러운 소리, 요란한 소리, 소음; 부딪치는 소리, 부러지는 소리 2. 쨍그랑 하는 소리 (zveket)

treska (魚類) 대구; (염장하여 햇볕에 말린) 대구

treska 1. (쪼갠, 자른) 나무 토막(조각) (iver) 2. (일반적인) 조각, 파편, 나머지 (krhotina)

treskati *-am* (不完) 1. 참조 tresnuti 2. (지소체) tresti

treslica (植) (볏과의) 방울새풀

tresnuti *-nem* (完) 1. (koga, što, kime, čime) 쿵·쾅 하고 세게 치다; (누구를·무엇을) 쿵 하는 소리와 함께 내던지다; *~ vrata (vratima)* 쾅 하는 소리와 함께 문을 세게

1332

닫다; ~ *protivnika na zemlju* 적을 땅바닥에 세게 내던지다 2. 세게 치다, 죽도록 때리다; ~ *nekoga po licu* 누구의 얼굴을 죽도록 때리다 3. 쿵 하고 떨어지다; *granata tresnu i eksplodira* 포탄이 쿵 하고 떨어지며 폭발했다 4. 쿵 하고 쓰러지다(무너지다); *konjanik s konjem tresnu o zemlju* 기병이 말과 함께 땅에 쿵 하고 쓰러졌다 5. (비유적) 낙제하다(시험에서) 6. 우렁하게 울리다(반향하다); *tresne pucanj* 총소리가 천둥소리처럼 울린다 7. 흔들다 (zatresti); ~ *glavom* 고개를 흔들다 8. 털다, 털어내다; ~ *cigaretu* 담배를 털다; ~ *jastuk* 베개를 털다 9. (보통 유쾌하지 않은 일에 대해) 말하다 10. ~ se 강하게 맞다; ~ *se u grudi* 가슴을 강하게 맞다 11. ~ se 흔들리다; ~ *se iz temelja* 기초부터 흔들리다

tresti *tresem; tresao, -sla; tresen, -ena* (不完) 1. (세차게) 흔들다 (drmati); 전율하게 하다, 오한이 나게 하다; (비유적) 매우 흥분시키다; *konji frkću, tresu glavom* 말들이 콧김을 내뿜고 머리를 흔든다; *tropska malarija tresla ga je* 열대 말라리아가 그를 오한이 나게 했다; *ljubav dušu trese* 사랑이 마음을 뒤흔들었다 2. (힘차게 흔들어, 두들겨) 털어내다(먼지 등을) (otresati); 탈탈 털어 비우다(그릇을); *čisti sobu, trese ćilime* 방을 청소하고 양탄자를 털어내라; ~ *med iz kante* 통에서 꿀을 털어내다 3. (나무에서 열매 등을) 흔들어 털다; ~ *jabuke* 사과 나무를 흔들어 사과를 떨어뜨리다 4. (이빨을) 부딪치다, 덜덜 떨다 (cvokotati); ~ *zubima od hladnoće* 추위로 인해 이를 덜덜 떨다 5. 큰 소리로 울리다; *muzika trese* 음악이 크게 울린다 6. (커다란 소리로) 꽉차다, 크게 울리다; *zvučnici su tresli vazduh* 스피커의 커다란 소리들이 공중에 울려 퍼졌다 7. 열정적으로 춤추다; *trese razigrano kolo* 경쾌한 콜로로 열정적으로 춤춘다 8. ~ se 흔들리다; *zemlja se tresla od eksplozija* 폭발로 인해 땅이 흔들렸다 9. ~ se 전율하다, 오들오들 떨다(추위·무서움 등으로) 10. ~ se (목소리가) 떨리다 11. (na koga, nad kim) 누구에게 화를 내다

trešće (集合) treske; (나무의) 토막, 조각
trešnja *-ānjā* & *-ī* (단)체리; (단)체리 나무 **trešnjev, trešnjov** (形)
trešnja 1. (열매를 따기 위해) 나무를 흔듦, 나무를 터는 것; (먼지 등을 털어내기 위해 두드려) 터는 것; ~ *šljiva* 플럼 나무를 터는

것; ~ *ćilima* 양탄자를 터는 것 2. (추위·두려움 등으로 인한) 전율, 오한 (drhtavica, jeza) 3. 지진 (zemljotres)
trešnjar 1. 체리 밭, 체리 과수원 2. (鳥類) 콩새류(類) (batokljun)
trešnjara, trešnjarka 참조 batokljun; (鳥類) 콩새류
trešnjev *-a, -o* (=trešnjov) (形) 체리의, 체리 나무의; ~ *voćnjak* 체리 과수원; ~o *stablo* 체리 나무; ~ *čibuk* 체리 나무 담뱃대; ~ *sok* 체리 주스
trešnjevača 체리주(酒), 체리 라키야
trešnjevina 체리 나무 목재
trešnjov *-a, -o* (形) 참조 trešnjev
trešnjovača 참조 trešnjevača
trešnjovina 참조 trešnjevina
treštati *-im* (不完) (소리가) 요란하게 꽝꽝 울리다, 천둥소리같이 커다란 소리를 내다, 쿵쿵 울리다 (prolamati se); *topovi su treštali* 대포가 천둥소리처럼 크게 포효했다; *kafana trešti* 카페는 쿵쿵 울렸다; *radio trešti* 라디오에서 큰 소리가 흘러나왔다
treštav *-a, -o* (形) 쿵쿵 울리는, 천둥소리 같이 커다란 (gromoglasan); ~a *muzika* 꽝꽝 울리는 음악
trešten *-a, -o* (形) ~ *pijan* (술에 취해) 완전히 뻗은, 고주망태가 된
tretirati *-am* (完,不完) (어떤 문제를) 다루다, 논하다, ~에 대해 토론하다; (일정한 입장을) 정하다, 취하다; ~ *problem* 문제를 다루다
tretman (사람·사물에 대한) 처우; (주제·예술 작품 등을) 다룸, 논의, 처리
trezan *-zna, -zno* (形) 1. 술 취하지 않은, 술 마시지 않은, (술 취하지 않고) 제 정신인; 술을 멀리하는 2. 이성적인, 분별있는, 합리적인 (trezven)
trezniti *-im* (不完) 1. (누구를) 술이 깨게 하다 (otrežnjivati) 2. ~ se 술이 깨다
trezor (특히 은행의) 금고, 귀중품 보관실 (riznica)
trezven *-a, -o* (形) 1. 이성적인, 합리적인, 분별있는, 온건한 (razuman, razborit, umeren); ~ *sagovornik* 합리적인 대담자 2. 술 취하지 않은, 제 정신의 (trezan)
trezvenost (女) 이성적임, 합리적임 (razboritost)
trezvenjak 술을 마시지 않는 사람, 술을 입에 대지 않는 사람; 술 자제 운동 지지자 **trezvenjakinja; trezvenjački** (形)

trg *-ovi* 1. 광장; *na ~u* 광장에서 2. 시장 (pijaca); *cvetni ~* 꽃시장; *marveni ~* 가축 시장

trgati *-am* (不完) **potrgati** (完) 1. (거칠게) 잡아 뽑다(찢다), 끊다 (trzati); *~ papir* 종이를 찢다; *~ lanac* 체인을 끊다 2. (줄기에서) 꺾다, 따다, 뜯다, (땅에서) 뽑다 (열매·꽃·풀 등을) 3. (대격 형태의 논리적 주어와 함께) (無人稱文) 잡아 뽑는 듯한 강한 통증을 느끼다 4. 갑작스럽게 중단시키다(어떤 상태나 어떤 일의 흐름을); *povremeni pucnji su ga trgali iz misli* 단속적인 총격소리는 그의 생각을 중단시켰다 5. *~ se* 끊어지다 (한 군데 혹은 여러 군데) (kidati se); *konac se trga* 실이 끊어진다 6. *~ se* 심하게 고통을 당하다 7. *~ se* (~을 놓고) 겨루다, 경쟁하다 (boriti se, otimati se) 8. 기타; *~ se od smeha* 큰 소리를 내며 많이 웃다, 포복절도하다

trgnuti *-nem*; trgao, -gla & trgnuo, -nula; trgni (完) **trzati** *-am* & *-žem* (不完) 1. (재빨리) 뽑다, 잡아 뽑다, 홱 끌어당기다, 홱 잡아당기다; *~ sablju* 검을 뽑다; *~ nož* 칼을 뽑다; *~ nogu* 다리를 홱 잡아당기다; *~ nekoga za ruku* 누구의 팔을 홱 잡아당기다 2. (비유적) 취소하다, 철회하다 (povući, opozvati); *~ ostavku* 사퇴를 철회하다; *~ reč* 발언을 취소하다 3. (비유적) 급하게 마시다; 연기를 들이마시다; *~ čašu naiskap* 술잔을 비우다; *trže dva-tri dima iz cigare* 담배 연기 두 세 모금을 들이마시다 4. 시선을 재빨리 돌리다; *Milka trže svoje oči sa Zara na Vuju* 밀카는 자신의 시선을 자르에서 부야로 재빨리 돌린다 5. 펑펑 쏟아지다, 많이 흘러나오다; *trže mu krv na nos* 그의 코에서 피가 심하게 흘렀다; *pena mu trgnu na usta* 그의 입에서 거품이 심하게 났다; *trže voda iz cevi* 파이프에서 물이 심하게 새어 나온다 6. 갑자기 움직이다; *voz trgne u stranu* 기차가 별안간 옆으로 움직인다 7. 후퇴하다, 뒤로 물러나다 (povući se); *trže korak nazad* 한 걸음 뒤로 물러나다 8. 급격하게 성장하기 시작하다, 우후죽순으로 자라다; *trgne trava iza kiše* 비가 온 후 풀이 급격하게 자라기 시작했다; *iz starog panja na proleće neće mladica trgnuti* 오래된 그루터기에서 봄에 새로운 새싹이 자라지는 않는다 9. 누그러지다, 가라앉다, 잦아들다 (povući se, stišati se); *poplava ... će do sutra, nadam se, trgnuti, te će se moći preći* 홍수는

내일까지는, 희망적으로 생각컨대, 물러날 것이며, 따라서 (강을) 건널 수 있을 것이다; *voda je trgla* 물이 줄어들었다; *otok je trgao* 부풀어오른 것이 가라앉았다 10. 깨어나게 하다, 정신차리게 하다 (osvestiti); *~ iz sna* 잠에서 깨어나게 하다; *~ iz letargije* 혼수상태에서 깨어나게 하다; *trgao me je pucanj* 나는 총소리 때문에 깨어났다 11. 갑자기 누구 앞에 나타나다 12. *~ se* 갑자기 잠에서 깨다; (비유적) 정신차리다; *trgni se, počni da radiš* 정신차리고 일해; *prestao je da pije, trgnuo se kad mu je otac umro* 그의 아버지가 죽었을 때 그는 술을 끊고 정신을 차렸다 13. *~ se* 반동으로 뒤로 물러나다(총 등 화기가); *puška se trza* 총은 반동이 있다 14. *~ se* 갑자기 뒤로 움직이다; *voz se trgne* 기차가 갑자기 뒤로 움직인다; *trgao se od straha* 무서워 뒤로 물러섰다 15. 기타; *~ na nos* (누구에게 무엇이) 역겨워지다, 지겨워지다

trgovac *-ovca* 상인, 무역상; *~ na malo* 소매상; *~ na veliko* 도매상; *~ mešovitom robom* 잡화상; **trgovački** (形)

trgovačkī *-ā, -ō* (形) 상인의; 상업의, 무역의; *~ putnik* 외판원; *~ centar* 무역 센터, 상가; *~ brod* 무역선; *~a korespondencija* 상업 통신; *~o pravo* 상법, 상거래법; *~ posao, ~a stvar* 사업상의 문제; *~ svet* 비즈니스 세계; *~a škola* 상업학교; *~ račun* 상거래 계좌; *~a kuća* 무역회사; *~a komora* 무역협회; *~o pismo* 상용통신문; *~ duh* 상인 정신; *~e veze* 상거래 관계

trgovati *-gujem* (不完) 상거래하다, 상업에 종사하다; *~ vinom* 포도주를 거래하다; *~ s nekim* 누구와 상거래하다; *poštenjem se ne trguje* 평판은 상거래의 대상이 아니다

trgovčev *-a, -o* (形) 참조 trgovac

trgovčić (지소체) trgovac; 소상인, 소매상

trgovina 1. 상거래; 상업, 무역; *spoljna ~* 대외무역; *unutrašnja ~* 국내 상거래; *~ stokom (vinom, kožama)* 가축(포도주, 피혁) 거래; *pomorska ~* 해상 무역; *~ na veliko (na malo)* 도매(소매) 상거래; *ministarstvo ~e* 상업부 2. 가게, 상점 (radnja, dućan) 3. 상거래 품목, 물건 (roba) 4. 기타; *vezana ~* 끼워팔기(안팔리는 물건을 잘 팔리는 물건과 함께 파는) **trgovinski** (形); *~ sporazum* 무역 협정; *~ ugovor* 상거래 계약; *~o predstavništvo* 무역 대표부; *~ savetnik* 상거래 고문; *~ običaj* 상거래 관습

trgovište 상가 밀집지역, 시장 (sajmište, pazarište, pijaca)

trgovkinja 여(女)상인; 상인의 아내

trh 참조 teret, breme; 짐, 화물

tri (數詞) 삼(3)

triangl 1. 삼각형 2. 삼각자 3. (타악기) 트라이앵글

triangulacija 1. 삼각 측량(술) 2. (삼각 측량으로 형성된) 삼각망(網)

tribalizam *-zma* 부족 제도(사회·조직), 부족 중심주의

tribina 1. (경기장 등의) 관중석, 청중석, 관람석; *istočna (zapadna) ~* 동쪽(서쪽) 관중석; *na ~ama* 관람석에서 2. (야외에 설치된) 임시 관람석 3. (경기장 등의 관중, 청중 등을 위한) 객석, 석(席); *novinarska ~* 기자단석; *~ za publiku* 청중석 4. (연설자를 위한) 연단, 강단, 단 (govornica); *na ~i* 연단에서 5. (비유적) 공개 토론(회); 홍보 단체(수단); *organizujemo ~u o političkom stanju u zemlji* 국내 정치 상황에 대한 공개토론회를 조직한다

tribun 1. (歷) (고대 로마의) 호민관 2. 민중 지도자; *narodni ~* 민중 지도자 **tribunski** (形)

tribut (歷) 공물(피지배 민족이 정복자에게 지불하는) (danak, porez, dug)

trica 참조 trojka

trica (보통은 複數로) 1. (쌀·보리 등의) 겨 (mekinje) 2. 부스러기 (mrvica, trunka); *ovaj mladić ne valja ... ni ~e duvanske* 이 청년은 하등 쓸모가 없다(담배 부스러기보다 못하다) 3. (비유적) (별 가치없는) 하찮은 것, 쓸모없는 물건, 쓰레기 (tričarija); 쓸모없는 사람, 하등 쓸모없는 사람 (ništarija) 4. (동물 등의) 배설물 (izmet, pogan) 5. 기타; *kupio bi ga za ~e* 그 사람은 그와는 비교할 수 없을만큼 부자이다; *~e i kučine* 무가치한 것, 아무 쓸모없는 것

tričarija (보통 複數로) 무가치한 것, 사소한 것; 허튼 짓, 우둔한 짓, 멍청한 짓

tričav *-a, -o* (形) 1. 더러운, 오물로 더럽혀진; *~a haljina* 오물이 묻어 더러운 원피스 2. (비유적) 언급할 가치도 없는, 사소한, 하찮은 것 없는; *~ honorar* 쥐꼬리만한 보수

trideset (數詞) 삼십(30)

tridesetero 참조 tridesetoro

tridesetī *-ā, -ō* 서른 번째의, 제 30 번 째의

tridesetogodišnjī *-ā, -ē* (形) 1. 서른 살의, 서른 살 된; *~ čovek* 서른 살 먹은 사람 2. 30 주년의, 30 년 동안 지속되는; *~ rad* 30 년간의 일; *~a proslava* 30 주년 기념 (행사)

tridesetorica 서른 명의 남자

tridesetoro (집합 수사) 1. 30 명의 사람(남자와 여자 합쳐); *bilo ih je ~ u razredu* 반에 30 명이 있었다 2. (어린 생명체를 나타내는 집합 명사와 함께) *~ dece* 서른 명의 아이들; *~ piladi* 서른 마리의 병아리; *~ jagnjadi* 서른 마리의 어린 양들

trifa, trifla 참조 tartuf; (植) 트러플, 송로버섯 (gomoljika)

triftong (言) 삼중모음 (troglasnik)

trigonometrija (數) 삼각법 **trigonometrijski** (形); *~e funkcije* 삼각함수

trihina (寄生蟲) 선모충(旋毛蟲) (돼지·인체·쥐 등에 기생)

trihinoza (病理) 선모충병(증) (trihina 에 의해 발병하는)

trijaža 1. 하자품, 하자가 있는 물건 2. (醫) (치료 우선순위를 정하기 위한) 부상자 분류 **trijažni** (形)

trijer (農) 선별기(밀에 섞여있는 이물질을 제거하게 크기에 따라 분류하는)

trijerisati *-šem* (完,不完) 선별기(trijer)로 곡물의 이물질을 제거하고 분류하다

trijumf 1. (歷) (고대 로마의) 개선식 2. 승리, 정복; 대성공, 위업; 승리(성공)의 기쁨, 승리감; *doživeti ~* 승리하다

trijumfalan *-lna, -lno* (形) 승리의, 승리를 축하하는, 개선의; *~lna kapija* 개선문; *~ doček* 승리축하 환영(식)

trijumfirati *-am*, **trijumfovati** *-fujem* (完,不完) 승리를 거두다, 이기다; 승리를 축하하다, 승리를 자축하다; *~ nad nekim* 누구에게 승리하다; *~ nakon pobede* 승리후 승리를 자축하다

trijumvir 1. (歷) (고대 로마 삼두 정치의) 세 집정관중 한 사람 2. (일반적으로) 3 인 위원회의 한 사람

trijumvirat 1. (歷) (고대 로마의) 삼두 정치 2. (비유적) 3 인 위원회

trik *-ovi* 트릭, 계략, 책략, 속임수 (prevara, smicalica); *nasesti nečijem ~u* 누구의 트릭에 빠지다(걸리다)

triko *-oa* (男) 트리코 (골직의 피륙의 일종; 여자용 옷감); 털실 또는 레이온을 손으로 뜬 것; 기계로 뜬 그 모조 직물

trikotaža 1. 니트천; 니트옷 2. 니트천 공장 3. 니트천 가게

triler 1. (音樂) 트릴, 떤꾸밈음 2. 스릴러 영화

trilion (triliun) (미국·프랑스·유고슬라비아 등에서) 조(兆)(10 의 12 제곱); (영국·독일에서) 100 경(京)(10 의 18 제곱)

trilogija (책·영화 등의) 3 부작

trimestar -tra 3 개월의 기간; 분기(分期) (kvartal) trimestalan (形)

trinaest (數詞) 십삼(13)

trinaestak -tka (보통 不變化) 약 열 세개(명)

trinaestero 참조 trinaestoro

trinaestī -ā, -ō 13 번째의

trinaestica 1. 숫자 '13' 2. 숫자 13 과 관련된 그 어떤 것

trinaestina 1. 1/13 2. 참조 trinaestak

trinaestogodišnjī -ā, -ē (形) 1. 열 세 살 먹은 2. 13 년간 지속된, 13 주년의

trinaestorica 13 명의 남자

trinaestoro (집합 수사) 13 명(남녀의)

Trinidad 트리니다드 (서인도 제도 최남단의 섬) Trinidad i Tobago 트리니다드토바고

trinom (數) 3 항식

trio -ija, triom (男) 1. (音樂) 3 중주단, 3 중창단; 3 중주곡, 3 중창곡 2. 3 인조, 3 명이 한 그룹을 이룬 것

triod (宗)(정교회의) 축일 해설서

tripe (女,複) (음식) 참조 škembići

triper (病理) 임질(성병의 한 종류) (gonoreja, kapavac)

tripice (女,複) 슈켐비치 (škembići)

triplikat 3 통으로 구성된 서류의 제 3 본 (3 통 1 벌의)

triplirati -am (完,不完) 3 배로 증가시키다, 3 배로 만들다; ~ sumu novca 돈의 총액을 3 배 증가시키다

triptih, triptihon 1. (특히 교회 제단 위의) 세 폭짜리 그림 2. 삼부작, 3 연작

triptik (세관이 발행하는) 자동차 입국 허가증

triput (副) 세 번; reći što ~ ~을 세 번 이야기하다; biti ~ jači 세 배 강하다

trista (數詞) 1. 삼백(300) 2. (부사적 용법으로) 아주 많이, 셀 수 없을 정도로 많이; imati ~ poslova 일이 매우 많다 3. 기타; ~ bez popa (bez njega) ništa 그가 없으면 아무리 많은 사람도 아무 쓸모가 없다, 그 사람만이 할 수 있다; uveče ~ ujutro ništa 많은 약속이 되었으나 그 중 실행된 것은 아무 것도 없다

tristagodišnjī -ā, -ē (形) 300 주년의, 300 년 된, 300 년의

tristagodišnjica 300 주년

trišlja (植) 양유향(옻나무과의 상록교목 또는 그 나무진을 말함)

trivijalan -lna, -lno (形) 사소한, 하찮은; 흔해 빠진, 평범한; ~lna istina 평범한 진리

trk 1. (말의) 갤럽 (galop) 2. 달리기, 뛰기 (trčanje) 3. (명령형의 의미로) 뛰어 (potrči, pohitaj); ~ u školu! 학교로 뛰어! 4. 기타; iz kuće ~, u kuću šetnja (농담조의) 설사

trka (D. trci) 1. 경주, 달리기 (trk, trčanje); konjska (automibilska) ~ 경마(자동차 경주); ~ na sto metara 백 미터 달리기; u ~ci 3,000 metara 3,000 미터 경주에서; mrtva ~ 접전, 호각; ~ u naoružavanju 무장 경쟁 2. (비유적) 치열한 경쟁 (뭔가를 얻기 위한·성취하기 위한) ~ za novcem 돈을 향한 치열한 경쟁; ~ za slavom 명예를 얻기 위한 치열한 경쟁 3. 기타; i mi imamo konja za trku 우리도 너희보다 못하지는 않다

trkač 1. 주자(走者), 달리는 사람, 잘 달리는 사람; 달리기 선수, 육상 선수 2. 경주마 trkačica; trkački (形); ~a staza 육상 트랙; ~ automobil 경주용 차

trkaćī -ā, -ē (形) 참조 trkački

trkalište 육상 트랙, 트랙

trkati -čem & -am (不完) 1. 뛰다, 달리다; 이곳 저곳으로 뛰어다니다 2. (konja) 말을 달리다, 말을 달려 몰다

trkati se -am se (不完) (누구와) 달리기 시합을 하다, 경주 시합을 하다; hajde da se trkamo 우리 달리기 시합할까; deca vole da se trkaju 아이들은 누가 빨리 달리나 시합하기를 좋아한다

trknuti -nem (完) (가까운 곳·근처를) 뛰어가다, 금방 다녀오다, 잠깐 가다 (skoknuti); ~ u prodavnicu 가게에 잠시 가다

trlica (물에 적신 아마·삼을 으깨어) 섬유를 분리해 내는 도구(나무로 된)

trliti -im (不完) (삼·아마를 부수어) 섬유를 뽑다 (trlica 를 도구로 사용하여)

trljati -am (不完) istrljati (完) 1. 마사지하다; 문지르다, 비비다 (masirati); ~ oči 눈을 비비다; ~ leđa 등을 마사지하다(문지르다) 2. 문지르다, 비비다; (두 손등을) 맞비비다, 만문지르다 3. ~ se 마사지하다 4. 기타; zadovljno ~ ruke 만족스러워하다; ~ glavu 어려운 상황에서 빠져나갈 출구를 찾다

trn -ovi 1. (식물의) 가시 (bodlja); biti nekome ~ u oku 누구에게 눈의 가시이다; zabadati ~ u zdravu nogu 문제를 일으키다, 사단을 내다 2. (植) 가시가 있는 식물의 총칭, 가시나무 (drač); crni ~

블랙손(유럽산 벚나무의 일종) **trnov** (形); ~ *venac* 가시 면류관

trnci *trnācā* (男,複) (충격·추위 등으로) 마비됨, 경직됨, 굳어짐 (žmarci)

trnokop 곡괭이 (budak, pijuk)

trnošljiva (植) 플럼의 한 종류

trnov *-a, -o* (形) 참조 trn

trnovit *-a, -o* (形) 1. 가시가 많은, 가시가 있는 (bodljikav); ~*a živica* 가시가 많은 생울타리 2. (비유적) 빈정대는, 비꼬는, 신랄한 (zajedljiv, peckav, oštar); ~ *sarkazam* 빈정대는 비꼼 3. (비유적) 어려운, 힘든 (mučan, tegoban); ~ *put* 형극의 길, 가시밭길

trnuti *-nem* (不完) utrnuti (完) 1. (불 등을) 끄다, 소등하다; ~ *lampu* 램프를 소등하다 2. ~ **se** 불이 꺼지다; *svetiljke se trnu* 램프가 꺼진다; *vatra se trne* 화재가 진압되다 3. ~ **se** 사라지다, 없어지다, 소멸하다 (nestajati, gubiti se, iščezavati); *ljubav se trne* 사랑이 없어진다

trnuti *-nem* (두려움·피곤함 등으로) 마비되다, 경직되다, 굳어지다, 감각이 둔해지다; *trne mi noga* 다리가 경직된다; ~ *od zime* 추위서 신체가 경직되다

trnjak 가시덤불, 가시로 덮인 지역

trnje 1. (集合) trn; 가시덤불, 가시밭; *nema ruže bez ~a* 가시없는 장미는 없다, 모든 장미는 가시가 있다 2. 기타; *baciti u ~ (koplje, pero)* ~에 종사하는 것을 멈추다(중단하다); *bos po ~u trčati* 가시밭길을 가다, 어려움과 좋지 않은 일에 직면하다; *proveo se kao bos po ~u* 힘든 시기를 보내다; *preko ~a stići do čega* 어려움을 극복하고 ~을 이루다; *sedeti kao na ~u* 가시방석에 앉은 것처럼 안절부절하다

tro- (接頭辭) 삼-, 세-; trobojan 삼색의; trogodišnjica 삼주년; trostruk 세 배; trodnevni 삼일간의

trobojan *-jna, -jno* (形) 3 색의; ~*jna zastava* 삼색기

trobojka, trobojnica 삼색기

trobrazdnī *-ā, -ō* (形) 한 번에 3 개의 고랑을 만드는(쟁기가)

tročasovnī *-ā, -ō* (形) 세 시간의, 세 시간 동안 계속되는

tročlan *-a, -o* (形) 세 명으로 구성된, 세 부분으로 구성된; ~*a porodica* 3 인 가족; ~*i algebarski izraz* 3 항식

trodelan *-lna, -lno* (形) 세 부분으로 구성된, 세 파트로 구성된; ~ *prozor* 세 부분으로 된 창문

trodimenzionalan *-lna, -lno* (形) 3 차원의, 입체적인, 3D 의

trodnevnī *-ā, -ō* (形) 3 일간의

trofej 1. 전리품, 노획품 2. 수렵 기념물 (사냥감의 뿔, 가죽 등의) 3. 트로피, 우승 기념품 **trofejni** (形)

troglasnik 참조 triftong; 3 중모음

troglav *-a, -o* (形) 머리가 3 개 있는; ~ *mišić* 삼두근, 삼두박근

troglodit 1. (선사 시대의) 혈거인(동굴에 거주하던) 2. (비유적) 야만인, 야만적인 사람 (primitivac) **trogloditski** (形)

trogočad (集合) trogoče

trogoče *-eta* 3 년생 망아지 또는 소

trogod *-a, -o* (形) 3 년생의, 세 살의

trogodac *-oca* 3 년생 동물의 숫컷

trogodišnjī *-ā, -ē* (形) 3 주년의, 3 년 된, 3 년의; ~ *dečak* 3 살 된 소년; ~*e vino* 3 년 된 포도주; ~*a služba* 3 년간의 서비스; ~ *ugovor* 3 년간의 계약

trogodišnjica 3 주년; ~ *oslobođenja* 해방 3 주년

trogub *-a, -o* (形) 참조 trostruk; ~*a veza* 3 중결합

troha (D. *trohi*; G.pl. *trohā*) (빵 등의) 부스러기, 작은 조각, 빵가루 (mrva, trunka)

trohej (韻律) 장단격, 강약격

troja 참조 troha

Troja 트로이; Trojanac; Trojanka; trojanski (形); ~ *konj* 트로이 목마; ~ *rat* 트로이 전쟁

trojak *-a, -o* (形) 세 가지 형태로 나타나는, 세 가지 종류의; ~ *izgovor jata* 야트의 세 가지 발음

trojci *trojākā* (男,複) 세 쌍둥이

troje (集合) 1. 세 명(남녀가 섞인); ~ *mladih* 세 젊은이; *njih ~* 그들 세 명 2. (새끼·어린이를 나타내는 집합 명사와 함께); ~ *dece* 아이들 세 명; ~ *jagnjadi* 새끼 양 세 마리

trojezičan *-čna, -čno* (形) 3 개 국어의, 3 개 국어를 말하는; ~*čni rečnik* 3 개 언어로 된 사전

troji *-e, -a* (複) (수형용사) (복수형태만 있는 명사와 함께, 쌍을 의미하는 명사와 함께) ~*e čarape* 세 켤레의 양말; ~*e pantalone* 세 벌의 바지; ~*e vile* 세 자루 쇠스랑; ~*a*

1337

kola 세 대의 자동차; ~ *prosioci* 세 명의 청혼자

trojica 세 명의 남자, 남자 세 명; *njih (nas)* ~ 그들 (우리) 세 명; *sva* ~ 세 명 모두

trojica (宗) 성부·성자·성령의 삼위일체

Trojice (女,複) 오순절, 성령강림주일 (Duhovi)

trojka 1. 숫자 '3'의 명칭 2. 3점(학교의 평가 점수, 1 에서 5 점 까지의); *dobiti ~u iz biologije* 생물에서 3 점을 받다 3. 숫자 '3'과 관련된 것들 (버스 번호, 카드의 숫자 등등); *voziti se ~om* 3 번 버스를 타다; *držati predavanje u ~jici* 3 호실에서 수업을 하다 4. 세 명(공동의 작업·이익·과제 등을 가진); *rasturiti četu u ~e* 중대를 3 명씩 나누다 5. 세 마리의 말이 끄는 마차 또는 썰매 6. (스포츠)(농구) 3 점슛

trojnī *-ā, -ō* (形) 3 자(者)로 이뤄진; ~ *savez* 3 자 동맹

trojstvo 1. 분리될 수 없는 3 자 공동체; 한 가지 현상의 세 형태의 병립; ~ *izgovora jata* 야트 발음의 세 가지 2. 삼위일체 (성부·성자·성령의)

trokatan *-tna, -tno* (形) 참조 trospratan; 3 층의

trokatnica 참조 trospratnica; 3 층 건물

trokolica 1. 세 발 자전거 2. 세 발 자동차, 바퀴가 세 개 달린 자동차

trokrak *-a, -o* (形) 세 가지의, 세 줄기의; ~ *svećnjak* 가지가 세 줄기인 촛대

trokratan *-tna, -tno* (形) 세 번 일어나는 (반복되는, 나타나는); ~ *poklič* 세 번 외침(만세삼창 등의); *~tna pomoć* 세 번의 도움; ~ *tna isplata* 세 번의 지불

trokut 참조 trougao; 삼각형

trokutan *-tna, -tno* (形) 참조 trougaoni

trola (트롤리 버스, 트램 등의) 트롤리 폴 (전기를 공급하는 전기선과 트롤리 버스, 트램을 연결하는) **trolni** (形); *trole su spale s ~ih žica* 트롤리 폴이 전기선에서 분리되어 떨어졌다

trolejbus 트롤리 버스

troletan *-tna, -tno* (形) 참조 trogodišnji; 3 년의, 3 년 동안의; *~tna rakija* 3 년 된 라키야

trolist 1. (植) (클로버 같은) 삼엽형(三葉形) 식물 2. (비유적) 세 명(항상 같이 다니는) (trojka, trio)

trolist *-a, -o,* **trolistan** *-sna, -sno* (形) 잎이 세 개 있는, 삼엽형의

trom *-a, -o* (形) 느릿느릿 움직이는, 느릿느릿 하는; ~ *čovek* 느릿느릿한 사람; *~i pokreti* 느릿느릿한 움직임

tromb (病理) 혈전(血栓)

tromblon (軍) 유탄 발사기 (소총 등의 총구에 부착하여 척탄을 발사하는) **tromblonski** (形); *~a mina* 유탄 발사기 총류탄

trombon (樂器) 트롬본; *svirati* ~ *(na ~u)* 트롬본을 연주하다

trombonist(a) 트롬본 연주자

tromboza (病理) 혈전증

tromeđa 삼국국경지대; 삼각지

tromesečan *-čna, -čno* (形) 3 개월의, 3 개월간 지속되는; 분기(分期)의; *~čna beba* 3 개월 된 아기; ~ *izveštaj* 분기별 보고서; ~ *časopis* 계간지

tromesečje 1. 분기(分期) (kvartal) 2. (학교의) 학사년도 사사분기중의 한 분기(성적 평가 등을 하는)

tromost *tromošću* (女) 느릿느릿함, 게으름, 나태

tromotoran *-rna, -rno* (形) 세 개의 엔진이 있는

tron *-ovi* 1. 왕위, 왕좌(王座), 보위 (presto) 2. (비유적) (스포츠의) 우승자의 단상; *popeti se na* ~ 우승하다, 승리자의 단상에 오르다

tronedeljnī *-ā, -ō* (形) 3 주간의; *~o primirje* 3 주간의 휴전

tronog *-a, -o* (形) 다리가 세 개 있는(달린)

tronoške (副) 세 다리로

tronožac *-ošca* 1. 낮은 의자(다리가 세 개 달린, 등받침이나 팔걸이 등이 없는) 2. 각종 가구(다리가 세 개 달린), 삼발이(화로 받침, 화분 받침대 등의), 삼각대

tronožan *-žna, -žno* (形) 다리가 세 개 달린 (가구 등의); *~žna stolica* 다리가 세 개 달린 의자

tronuće 참조 ganuće; 감동, 감격

tronuto (副) 감동적으로, 감격하여, 감정이 격하여 (potresno, dirljivo); ~ *se oprostiti s kim* 누구와 감정이 격하여 헤어지다

tronuti *-nem* (完) 감동시키다, 감격시키다, 심금을 울리다 (dirnuti, ganuti, potresati); ~ *do suza* 눈물이 날 정도로 감동시키다

trop 비유적으로 쓴 어구, 수사적으로 쓴 어구; 비유, 수사 **tropski** (形)

trop *-a* 1. 찌꺼기 (talog) 2. (과일에서 주스를 짜내고 남은) 겉껍질, 찌꺼기 (komina, kom, drop)

tropa (副) (biti ~라는 숙어 형태로) 카드 게임에서 지다, 경기에서 지다; 돈을 잃다,

돈을 잃고 망하다; *on je* ~ 그는 카드
게임에서 돈을 잃고 망했다, 그는 놀음해서
망했다

tropar (宗)(正敎會) 교회 찬가 (성자 또는
축일을 기념하는); *prema svecu i* ~ 각자의
공헌도에 따라

tropev (音樂) 3 중주곡, 3 중창곡

tropi *tropā* (男,複) 1. 회귀선(回歸線) 2. 열대
지역 **tropski** (形)

tropolan *-lna, -lno* (形) 3 극(極)의, 세 극이
있는(긍정·부정·중립의)

tropostotan, *-tna, -tno* (形) 3 퍼센트의

tropot 쿵·쾅·탕 하는 소리, 요란한 소리,
시끄러운 소리 (tresak, treska, lupnjava);
uz ~ *petrolejskih kanta* 석유통의
쨍그렁거리는 소리와 함께

tropotati *-ćem* (不完) 쿵쾅거리다, 요란한
소리를 내다, 시끄러운 소리를 내다
(treskati, lupati, lupkarati)

troprocentnī, *-ā, -ō* (形) 3 퍼센트의
(tropostotan)

tropskī *-ā, -ō* (形) 회귀선의, 열대지방의; ~*a*
klima 열대 기후

trored 한 줄에 세 명씩 이루어진 줄(행렬);
세 개의 평행선

trored *-a, -o* (形) 세 줄이 있는; ~*a*
harmonika 세 줄로 이루어진 어코디언; ~
stroj 세 줄 대형

trorodan *-dna, -dno* (形) 세 개의 성(性)을
갖는; ~*dna imenica* 세 개의 성을 갖는
명사

trorog *-a, -o* (形) 세 개의 뿔을 가진; ~*a*
kapa 세 개의 뿔이 있는 모자

troska 1. 광재(鑛滓), 용재(鎔滓), 슬래그 2.
(植) 마디풀 (큰까치수염·호장근 포함)

troskav *-a, -o* (形) 슬래그가 많은, 슬래그
모양의

troskok (스포츠의) 3 단 뛰기

trosložan *-žna, -žno* (形) 3 음절의; ~*žna reč*
3 음절 어휘

trospratan *-tna, -tno* (形) 3 층의; ~*tna kuća*
3 층 가옥

trospratnica 3 층 건물 (trokatnica)

trostran *-a, -o* (形) 1. 3 면의, 3 면이 있는; ~*a*
piramida 3 면 피라미드 2. 세(三) 진영이
참여하는; ~ *ugovor* 삼면 계약

trostruk *-a, -o* (形) 1. 3 중의, 세 겹의; ~*a*
pređa 세 겹으로 된 실; ~ *bič* 세 겹으로 된
회초리 2. 세 배의; ~ *iznos* 세 배나 많은
총액

trošadžija (男) 헛되이 낭비하는 사람
(rasipnik, raspikuća)

trošak *-ška; -škovi* 지출, 비용, 경비
(izdanak, rashod); *snositi (podnositi)*
~*kove* 비용을 감당하다; *o mom* ~*šku* 내
비용으로, 내 자비로; *o* ~*šku preduzeća*
회사 비용으로; *na njegov* ~ 그의 비용으로;
putni (selidbeni) ~*škovi* 여행 (이사) 비용;
~*škovi za štampanje (oko štampanja)* 인쇄
비용; *baciti se (bacati se, davati se) u* ~
많은 비용이 들다; *nadoknaditi* ~*škove*
비용을 보충하다; *sitni* ~*škovi* 자잘한 비용;
manipulativni ~*škovi* 취급 수수료,
선적·하적 비용; *sudski* ~*škovi* 소송비, 법원
인지대; *promenljivi* ~*škovi* 변동
비용(생산량과 관련해서 변동하는); *stalni*
(fiksni) ~*škovi* 고정 비용; *opadajući*
~*škovi* 감가 비용; *rastući* ~*škovi* 증가
비용; ~*škovi održavanja* 유지 비용; ~*škovi*
života 생활비; *praviti* ~*škove* 비용을
발생시키다

trošan *-šna, -šno* (形) 1. 쉽게 부서지는, 쉽게
가루가 되는, 푸석푸석한, 깨어지기 쉬운; ~
materijal 쉽게 부서지는 재료; ~*šna stena*
푸석푸석한 바위 2. 오래되어 낡은(해진), 다
고장난 (물건 등이); 다 허물어져
가는(건물이); ~ *sto* 낡아빠진 책상; ~
kućerak 다 허물어져가는 낡은 집 3.
허약해진, 노쇠한 (oronuo, iznemogao); ~
starac 노쇠한 노인 4. (건강이) 나쁜, 약한
(slab, nežan); ~*šno zdravlje* 허약한 건강

trošarina (歷) 물품소비세; 물품소비세 징수
사무소; *platiti* ~*u* 물품소비세를 지불하다;
zgrada ~*e* 물품소비세 징수 사무소 건물

trošica 1. (지소체) troha, mrvica; 부스러기,
조각 2. (부사적 용법으로) 소량이라도,
조금이라도 3. 기타; *ni* ~*e, ni* ~*u* 조금도
없다, 부스러기조차 없다; *danas nemam još*
ni ~*e hrane u telu* 오늘은 빵부스러기조차
먹지를 못했다

trošilac *-ioca* 소비자, 구매자 (potrošač,
kupac)

trošilo (전기·가스 등을 소비하는) 기기, 기구;
električna ~*a* 전기 기기

trošiti *-im* (不完) 1. (돈·시간 등을) 쓰다,
소비하다; 낭비하다, 탕진하다; ~ *novac*
(vreme) 돈(시간)을 쓰다; ~ *na piće (na*
kuću) 술에 (집에) 돈을 사용하다; *on svu*
platu troši na karte 그는 모든 월급을 카드
게임에 쓴다; *nemilice* ~ 소비하다,
낭비하다 2. (嘲弄) 소비하다, 낭비하다,

탕진하다 (rasipati); *neko stiče, neko troši*
누구는 돈을 벌고 누구는 탕진한다 3.
조각내다, 부스러기로 만들다, 잘게 쪼개다;
침식하다; *voda troši okolno stenje* 물이
돌을 둥글게 먹어들어간다 4. 허약하게 하다,
약하게 하다(힘·건강 등을); 망치다,
엉망으로 만들다 (신경 등을) 5. ~ se 잘게
부숴지다, 가루로 되다; *zemlja se na
vazduhu brzo troši* 흙은 공중에서 쉽게
잘게 부숴진다 6. ~ se 닳다, 해지다; *ako se
često otkiva, kosa se brzo troši* 만약 낫을
자주 간다면, 낫은 빨리 닳을 것이다 7. ~
se (힘·건강 등이) 약해지다, 허약해지다;
ako se sekira, čovek se troši 걱정하면
사람이 쉬이 허약해진다

troškariti *-im* (不完) 1. 푼돈을 쓰다 2. ~ se
푼돈이 있다, 푼돈을 쓰다

troškovnik 사용경비 내역부(簿)

trotinet (아이들의) 두발 자전거

trotoar (길 양쪽의 보행인을 위한) 보도(步道)
(pločnik)

trougao *-gla; -glovi* 1. (幾何) 삼각형;
*jednakostranični (jednakokraki,
raznostranični, kosougli, pravougli,
tupougli)* ~ 등변(이등변, 부등변, 예각,
직각, 둔각)삼각형 2. (비유적) 삼각관계; 세
명, 세 요소 3. 삼각자 (trougaonik)

trougaoni *-a, -ō* (形) 삼각형의 (trougli)

trougaonik 삼각자; *limeni* ~ 양철 삼각자

trouglast *-a, -o* (形) 삼각형 모양의; *~o lice*
삼각형 모양의 얼굴

trovač 독을 타는 사람; 독살하는 사람,
독살범

trovanje (동사파생 명사) trovati; 중독; ~
pečurkama 독버섯 중독; ~ *hranom* 식중독

trovatelj 참조 trovač

trovati *-rujem* (不完) **otrovati** (完) 1.
독살하다, 독으로 죽이다; (음식 등에) 독을
넣다, (칼·화살 등에) 독을 바르다; *~ pacove*
쥐약을 놓아 쥐를 죽이다; ~ *vodu(hranu)*
물(음식)에 독을 넣다; ~ *strelu* 화살에 독을
바르다 2. (비유적) 나쁜 영향을 끼치다,
망치다, 해치다; ~ *omladinu* 젊은이들에게
나쁜 영향을 끼치다; ~ *dobre odnose*
건강한 관계를 해치다 3. ~ se 자신의
건강을 해치다(술·담배 등으로); ~ *se
alkoholom* 술을 마셔 자신의 건강을 해치다;
~ *se duvanom* 담배를 피워 자신의 건강을
해치다 4. ~ se 나쁜 영향에 빠지다; ~ *se
slušajući anarhiste* 무정부주의자들의
연설을 들으면서 나쁜 영향에 물들다

trozub (武器) 삼지창

trozub *-a, -o* (形) 세 개의 가지(zub)가 있는;
~e vile 세 개의 뾰족한 날이 있는 쇠스랑

trozubac *-upca* 1. (武器) 삼지창 (trozub) 2.
(植) 지채

trp (海産物) 해삼

trpak *-pka, -pko; trpkiji, trpči* (形) 1. (맛이)
시큼하고 떫은 (opor, rezak); *~pka voćka*
시큼하고 떫은 맛의 과일 2. 엄한, 엄격한,
경직된 (strog, krut); *~pka narav* 엄한 성격
3. 고통스런, 힘든, 어려운; 유쾌하지 않은,
좋지 않은; *~pko stanje* 힘든 상황; *~pka
istina* 유쾌하지 않은 진실 4. 신랄한,
빈정대는 (jedak, zajedljiv); *~pka šala*
빈정대는 농담; *~pka primedba* 신랄한 질책
5. 거친, 거칠거칠한; (목소리가) 쉰,
허스키의 (hrapav, grub); *glas mu je postao
~* 그의 목소리는 허스키해 졌다

trpati *-am* (不完) **strpati** (完) 1. 쌓다, 쌓아
놓다, 쌓아 두다 (많은 양을 두서없이,
무질서하게); ~ *stvari na gomilu* 물건들을
아무렇게나 쌓아 놓다 2. (두서없이,
아무렇게나) 쑤셔넣다, 아무렇게나 집어
넣다; ~ *stvari u torbu* 가방속에 짐을 막
쑤셔넣다; *strpati nekoga u zatvor* 누구를
감옥에 처넣다 3. 막 먹다, 막 쑤셔넣다
(많은 양의 음식을); ~ *jelo u usta* 음식을
입에 처넣다 4. (눈(雪)이) 많은 양의 눈이
내리다, 눈에 파묻히다 5. ~ se 불필요한
곳에 처넣다(쑤셔 넣다); *čovek ne treba da
se trpa gde mu nije mesto* 사람을 제
자리가 아닌 곳에 처 넣어서는 안된다 6.
기타; ~ *kome na leđa* 누구에게 부담을
지우다, 타인의 잘못을 누구에게 떠넘기다;
~ *sve na (u) jednu gomilu (u jednu vreću)*
같지 않은 모든 것을 같은 것으로 간주하다;
~ *svuda svoj nos* 모든 일에 간섭하다,
오지랖이 넓다; ~ *u glavu (u uho) kome*
반복적으로 말하여 누구를 설득하다; ~ *u
svoj džep* 자기 주머니에 넣다(자기 것이
아닌 것을)

trpeljiv *-a, -o* (形) 견딜 수 있는, 참을 수
있는; 관대한, 너그러운; *~a sirotinja* 견딜
수 있는 가난; ~ *sudija* 관대한 판관

trpeti *-im* (不完) 1. (고통·고난·어려움 등을)
겨다, 당하다; 고통을 당하다 (patiti,
stradati); ~ *(muke) u logoru* 수용소에서
(고통을) 당하다, 수용소 생활을 겨다 2.
(자신 또는 타인의 불행, 슬픔 등으로 인해)
시달리다, 고통을 당하다; *trpela sam, i
praštam ti* 힘들었지만 너를 용서한다 3.

(koga) (보통 부정형으로) 감내하다, 견디다, 참고 견디다; *snahu ne trpi jer ju je sin uzeo protiv njene volje* 그녀의 의사에 반하여 아들이 결혼했기 때문에 며느리를 눈뜨고 볼 수 가 없다 4. (nešto) 참다, 견디다, 인내하다(유쾌하지 못한 것을); ~ *nečije hirove* 누구의 변덕을 참고 견디다; *nećemo da trpimo takvih prigovora* 우리는 그러한 비난을 인내하지 않을 것이다 5. (손해·손실 등을) 겪다, 손해를 보다, 해를 입다; 명성·명예 등에 손실을 입다 ~ *gubitke* 손실을 입다; *priredba trpi zbog loše organizacije* 공연은 엉성한 준비로 인해 손해를 입었다 6. ~ se 서로가 서로를 참고 견디다 7. 기타; *trpen-spasen* 다투는 것보다 참고 인내함으로써 더 많은 것을 얻을 수 있다; *ćuti i trpi!* 입닥치고 참고 견디어라!

trpeza 1. 식탁, 테이블 (sto); *na dvorištu su bile postavljene dve kamene ~e* 정원에 두 개의 석재 테이블이 놓여 있었다 2. 음식, 식사 (jelo, obed) 3. 참조 daća; 고인(故人)의 명복을 빌면서 무덤에서 나눠 먹는 음식 4. 기타; *časna ~* 수도원·교회 등의 식탁

trpezar, trpezarac -rca 식탁 웨이터 (음식을 나르고 진열하는)

trpezarija 식당, 다이닝 룸

trpkav -a, -o (形) 조금 시큼한(trpak)

trpkoća, trpkost (女) 시큼함, 산미(酸味); 신랄함

trpljenje (동사파생 명사) trpeti

trpljiv -a, -o (形) 1. 관대한, 너그러운 (trpeljiv, tolerantan); ~a *osoba* 관대한 사람 2. 참을 수 있는, 견딜 수 있는 (podnošljiv); ~ *bol* 견딜만 한 통증

trpnī -ā, -ō (形) (文法) 수동태의, 피동태인; ~o *stanje* 수동태; ~ *glagolski pridev* 피동동사형용사

trputac -uca (植) 참조 bokvica; 질경이

trs (植) 1. 참조 čokot; 포도 덩굴 2. 참조 trska; 갈대 **trsni** (形)

trsiti -im; trseći (完) 1. 이행하다, 수행하다; 마치다, 끝마치다 (završiti, svršiti) 2. 사용하다, 소비하다, 쓰다 (potrošiti, istrošiti); *trsiše brzo ono što su imali* 그들은 가지고 있던 것을 빨리 소비하였다 3. ~ se (完,不完) ~ 을 돌보다; (~을 하려고, ~을 실현하려고) 노력하다, 애쓰다 (pobrinuti se, postarati se; potruditi se); ~ *se da se što obavi* 무엇을 덮으려고

노력하다 4. ~ se 털어내다, 떼어내다, 제거하다 (otarasiti se); ~ *se nevernika* 배신자를 털어내다(제거하다)

trsje 1. (集合) trs 2. 갈대밭

trska (D. -sci; G.pl -skī) (植) 갈대; *šećerna* ~ 사탕수수; *bambusova* ~ 대나무; *italijanska* ~ 물대(갈대 비슷한 벼과(科)의 대형 다년초); *mirisava* ~ 창포(iđirot) **trščan** (形)

trsnat -a, -o (形) 건장한, 거대한, 큰 (krupan, stasit, plećat, jak, čvrst); ~ *momak* 건장한 청년

trsnī -ā, -ō (形) 참조 trs; 갈대의

trst (女) 참조 trska

Trst 트리에스테(이탈리아 동북부의 도시); **Tršćanin; Tršćanka; tršćanski** (形)

trstenjak 1. (鳥類) 새의 한 종류; *veliki* ~ 개개비; ~ *slavić* 사비 딱새 2. (複數) 참조 trska; 갈대

trstika (植) 1. 전호아재비속(미나리과의) 2. 참조 trska; 갈대

tršav -a, -o (形) (머리카락 등이) 헝클어진, 덥수룩한; 뻣뻣한, 뻣뻣이 선 (razbarušen, nakostrešen); ~a *kosa* 헝클어진 머리; ~ *čovek* 덥수룩한 사람

tršćak 갈대밭

tršćan -a, -o (形) 참조 trska; 갈대의, 갈대로 만들어진

tršćica (지소체) trska

tršće (集合) trst; 갈대

tršljika (方言) 1. (植) 참조 trska; 갈대 2. 마른 옥수수대 (옥수수를 수확하고 남은) (kukuruzovina)

trti trem & taram; tro, trla; trt & trven, -ena; tri & tari (不完) 1. 비비다, 문지르다; 마사지하다; ~ *drvo o drvo* 나무를 나무에 문지르다; *ovaj ekser tare gumu* 이 못은 타이어에 마찰된다; ~ *ukočeni mišić* 경직된 근육을 마사지하다; ~ *oči (ruke)* 눈(손)을 마사지하다 2. 조각내다, 잘게 부수다 (mrviti, sitniti); ~ *prstima suvo lišće* 손가락으로 마른 낙엽을 잘게 부수다 3. 닦다, 닦아내다, 훔치다 (brisati); ~ *čaše* 컵을 닦다; ~ *noge* 다리를 닦아내다 4. 짓밟아 부수다(멸하다, 망치다) ~ *useve* 농작물을 짓밟아 망치다 5. (삼·아마를) 부수어 섬유를 뽑다 (trliti); ~ *lan* 아마를 부수어 섬유를 뽑다; *trla baba lan da noj prođe dan* 헛된 일을 하다, 쓸데없는 일을 하면서 시간을 보내다 6. (비유적) 해치다, 망치다, 고통스럽게 하다 (uništavati, mučiti, moriti); ~ *zdravlje* 건강을 해치다; *brige je nisu trle* 걱정이 그녀를 고통스럽게 하지는 않았다 7. ~ se 마사지하다 (trljati se, masirati se) 8. ~ se (서로) 비벼지다, 문질러지다; *lanac se tare o drvo* 체인과 나무가 서로 비벼진다 9. ~ se 다투다, 언쟁하다 (gložiti se, pregoniti se) 10. 사라지다, 없어지다, 닳다; *kao stari novac snaga nam se tare* 옛날 동전처럼 우리의 힘은 없어진다

trtica (解) (척추 맨 아래 부분의) 미골, 꼬리뼈
trtičnjača 참조 trtica; (解) 꼬리뼈
trtunčica (植) 천일홍
truba 1. (樂器) 트럼펫 2. (차량의) 경적, (군대의) 나팔 3. 트럼펫 모양처럼 말아 놓은 것 (둥글게 말아 놓은 두루마리 등의); ~ *štofa* 직물 두루마리
trubač 트럼펫 연주자, 나팔수 **trubački** (形)
trubica (지소체) truba
trubiti *-im* (不完) 1. 트럼펫을 불다, 트럼펫을 연주하다, 나팔을 불다; (자동차의) 경적을 울리다; *trubač trubi* 트럼펫 연주자가 트럼펫을 분다 2. 관악기를 연주하다 3. 나팔 소리 비슷한 소리를 내다 4. (비유적) 소문을 퍼뜨리다, 쇼킹한 뉴스를 퍼 나르다; *novine trube da će rat* 신문들은 전쟁이 발발할 것이라는 쇼킹한 뉴스를 퍼 날랐다 5. (반복하여 수차례) 언급하다, 말하다; ~ *na uzbunu* 경종을 울리다, 위급함을 언급하다; *ja trubim o tome dva sata* 나는 두 시간 동안 그것에 대해 수차례 언급했다
truckati *-am* (不完) 1. 흔들다, 뒤흔들다 (tresti, drmati); *konj trucka jahača* 말이 말탄 사람을 흔든다 2. 흔들리다; *jahač trucka na konju* 기수(騎手)가 말 위에서 흔들린다 3. (자동차 등이) 흔들거리며 움직이다(가다) 4. (擬聲語) 와작와작(truc) 소리를 내며 씹다(물어 뜯다); *konj trucka seno* 말(馬)이 건초를 와작거리며 먹는다 5. ~ se 흔들리다 (tresti se, drmati se); *ovaj se fijaker mnogo trucka* 이 마차는 많이 흔들린다
truckavica 흔들림(비포장 도로를 달릴 때 마차 등이 흔들리는) (trešnja, trešenje)
trućati *-am* (不完) 쓸데없는 말을 많이 하다, 수다를 떨다
trud *-a*; *-ovi* 1. (單數로만) (육체적·정신적 노동의) 노력, 수고; *ne žali ~a da stigne do cilja* 목적을 달성하고자 노력을 아끼지 않다; *s velikim ~om* 많은 노력을 기울여; *uložiti ~ u nešto* ~에 노력을 기울이다 2. (그러한

노력의) 결과, 결실 3. (單數로만) 어려움, 곤란 (teškoća, muka); *s ~om gazi dubok sneg* 애를 쓰면서 높게 쌓인 눈을 밟는다 4. 피로, 피로감 (umor, zamor); ~ *putnika se nije mogao skriti* 여행객의 피로감을 감출 수 없었다 5. (複數로) 산통(産痛), 산고(産苦); *kad nastupe ~ovi, porodilja je spremna za porođaj* 산통이 시작되었을 때 산부(産婦)는 출산할 준비가 된 것이다
trud (植) 버섯의 한 종류 (말린 것은 불을 지피는 불쏘시개로 사용됨)
trudan *-dna*, *-dno* (形) 1. 피곤한 (umoran); ~ *putnik* 피곤한 여행객 2. 피곤함을 안겨주는, 어려운, 힘든 (težak); ~ *rad* 어려운 일 3. (주로 여성형으로) 임신한 (bremenita); *~dna žena* 임신한 여성; *ima trbuh kao da je trudan* 임신한 것처럼 남산만한 배를 가졌다
trudba 노력, 수고 (trud, rad)
trudbenik 노력하는 사람; 노동자 **trudbenica**
truditi *-im* (不完) 1. (누구를) 애먹이다, 괴롭히다; ~ *nekoga* 누구를 애먹이다; *baš te danas trudimo* 정말 우리가 오늘 너를 애먹이는구나 2. 참조 truditi se 3. ~ se 노력하다, 시도하다
trudnica 임산부
trudno (簿) 노력하여, 애써, 힘들게, 어렵게
trudnoća 임신 (bremenitost); *neželjena ~* 원치 않은 임신; *sprečavanje ~e* 임신 방지, 피임
trudoljubiv *-a*, *-o* (形) 열심인, 근면한, 부지런한 (vredan, marljiv, radan)
truleti *-im* (不完) 참조 truliti
trulež (男,女) 1. 부패한 것, 썩은 것, 상한 것 (gnjilež) 2. 부패, 부식, 썩음; 썩은 상태 3. (비유적) 부패, 타락; ~ *u društvu* 사회의 부패
truliti *-im* (不完) istruliti (完) 썩다, 부패하다, 상하다; *po zemlji je trulilo bledo lanjsko lišće* 땅바닥 곳곳에 작년에 떨어진 색바랜 낙엽이 썩어가고 있었다
truljenje (동사파생 명사) truliti
trun *-ovi* (男,女) 부스러기, 가루, 조각; 아주 적은 소량; ~ *od sena* 건초 부스러기; ~ *mesa* 고기 부스러기; *ni ~a, bez ~a, ni za ~* 조금도 ~않다 (ni malo, ni mrve)
trunak *-nka* (지소체) trun
truniti *-im* (不完) 1. (nešto) 가루를 뿌리다, 가루를 뿌려 더럽히다; ~ *vodu* 가루를 물에 뿌리다 2. 털다, 털어내다 (otresati, stresati); ~ *pepeo s cigarete* 담뱃재를

털다 3. (nekome) 누구에게 악하게 하다,
~에게 불쾌감을 주다, ~에게 악의적으로
행동하다 (pakostiti) 4. (눈이) 조금 내리다;
truni sneg 눈이 조금 내린다 5. (빗으로)
빗질하여 머리에서 이를 잡다 6. ~ **se** 잘게
부숴지다 7. ~ **se** 가루처럼 흩날리다; *truni
se cveće* 꽃이 가루처럼 흩날리다

trunka 참조 trun; *nema više ni ~e nade*
희망이라곤 눈꼽만치도 없다; *nema ni ~e
sumnje* 의심이라곤 눈꼽만치도 없다

truntav *-a, -o* (形) 힘겹게 걷는; 느릿느릿한,
엉성한

truntaš 게으름뱅이, 남에게 빌붙어 사는 사람
(lenština, gotovan)

truntov *-a* 참조 truntaš

trunuti *-nem* (不完) istrunuti (完) 참조 truliti;
썩다, 부패하다

trunje (集合) trun; 부스러기, 조각

truo *-ula, -ulo* (形) 1. 썩은, 부패한, 부식된;
상한; *~lo lišće* 썩은 낙엽; *~ulo stablo* 썩은
줄기; *~ulo brašno* 상한 밀가루 2. 고름의,
고름이 생긴 (gnojan, zagnojen); *~ula prst*
고름이 잡힌 손가락 3. 부패한, 타락한,
수치스런; *~ sporazum* 수치스런 협약 4.
무기력한, 따분한, 심드렁한 (učmao,
monoton, dosadan); *~uli dani* 무기력한
나날들; *~ naraštaj* 무기력한 세대 5.
(비유적) 매우 허약한, 무능력한, 다
쓰러져가는, 힘없고 허약한, 가치없는,
쓸모없는; *~ čovek* 매우 허약한 사람; *~ula
vlast* 무능력한 정권; *~ula kritika* 가치없는
비판

trup *-ovi* 1. (사람·동물의) 몸통; (일반적인)
몸통 2. (죽은 사람의) 시체, 시신 (leš) 3.
(보통은 나무의 잘려진) 줄기, 몸통 (stablo)
4. (선박의) 선체, (비행기의) 동체,
기체(꼬리와 날개 부분을 제외한); *~ broda*
배의 선체; *~ aviona* 비행기의 동체 5.
(기계의) 본체, 가운데 부분; (기둥의)
주신(柱身) 6. 조각, 부분 (komad, deo);
seći nešto na četiri ~a 무엇을 네 조각으로
자르다 7. (비유적) 특수부대

trupa 1. (보통 유랑극단 등의) 공연단, 극단;
putujuća ~ 유랑극단; *baletska ~* 발레
공연단 2. (보통은 複數로) (대규모의) 병력,
군대 (vojska); *smotra (ukrcavanje) ~ā*
군대 사열(탑승) **trupni** (形)

trupac *-pca* 통나무(보통은 크고 두꺼운)
(balvan, klada)

trupina 1. (지대체) trup 2. (차의) 바퀴통
(차바퀴 등의 축을 끼우는 중심부) (glavčina)

trupkati *-am* (不完) (발을) 구르다, 쿵쿵거리며
걷다; *~ nogama* 발로 쿵쿵거리다

truplo 참조 trup 1-4

truplje 1. (集合) trup 2. 시체, 시신 (leš)

trupnī *-ā, -ō* (形) 참조 trup; *~a oplata broda*
선박 선체의 외판

trupnī *-ā, -ō* (形) 참조 trupa; *~ oficir* 군
장교; *~ sanitet* 의무대

trus *-ovi* 1. (폭발물의 폭발 등으로 인한)
커다란 흔들림; (지구의) 지진 (potres) 2.
홀씨, 포자 (spora)

trust *-ovi* (商業) 트러스트, 기업 합동

trut *-ovi* 1. 꿀벌의 숫컷 2. (비유적)
게으름뱅이, 무위 도식자 (gotovan, lenština)

truta (魚類) 후첸(민물고기의 일종, 송어와
비슷함)

trvenje 1. (동사파생 명사) trti (se); 마찰,
비벼댐 2. 충돌, 알력, 다툼, 말다툼 (sudar,
sukobljavanje, svađa)

trzaj 1. 경련, 쥐 (grč) 2. (한 번의) 흔들림,
떨림, 깜박임 (treptaj, titraj)

trzajućī *-ā, -ē* (形) *~ sistem* 반동 시스템

trzanje (동사파생 명사) trzati; *~ cevi* 포신의
반동

trzati *-am & tržem* (不完) 참조 trgnuti

trzavica 1. (근육의) 경련, 쥐 (grčevi) 2. (보통
複數로) (비유적) 오해, 불화, 대립; 걱정;
političke ~e 정치적 대립; *svi smo siti ~*
우리 모두는 불협화음에 질렸다

tržište 시장; *na ~u* 시장에서; *svetsko ~* 세계
시장; *devizno ~* 외환 시장; *osvojiti ~*
시장을 점유하다; *jedinstveno ~* 단일 시장;
slobodno ~ 자유 시장 **tržišni** (形); *~a cena*
시장 가격; *~ inspektor* 시장 감독관; *~
centar* 쇼핑 센터

tržnica 시장(옥외·실내의)

tu (副) 1. (장소를 나타냄) 여기에, 거기에; *tu
je bilo* 여기였다; *stavi tu* 여기에 놓아라; *~
i tamo* 여기저기에; *on je ~ živeo* 그는
여기에 살았다 2. (시간을 나타냄) 그 순간에,
그 당시에, 그때에 (u tom trenutku, tada);
곧 (uskoro); *tu se knez zamisli* 그 때에
크네즈가 생각에 잠긴다; *katastrofa je tu*
재앙이 곧 닥친다 3. (원인을 나타냄) 그래서,
따라서, 그러한 이유로 (zato, stoga, zbog
toga); *profesori nisu tu da izriču kazne*
선생님들은 그러한 이유로 벌을 말하지
않았다 4. 그 경우에, 그러한 분위기에서 (u
tom slučaju, u tim prilikama); *tu ništa ne
možemo* 그 경우에 우리는 아무것도 할 수
없다 5. 가까이, 약 (~의 정확성을

예측·추측할 때의) (blizu, blisko); *ima, tu, trideset godina* 약 서른살 정도 먹었다 6. 기타; *šta je tu je* 현실과 타협할 필요가 있다

tuba 1. 튜브 (크림·치약·풀 등의, 뚜껑이 있는) 2. (樂器) 금관 악기의 한 종류, 트롬본 (pozauna, trombon)

tubast *-a, -o* (形) 무딘, 뭉툭한 (tup, zatubast); 납작한, 평평한 (spljošten); ~ *kramp* 무딘 곡괭이; ~ *nos* 납작한 코

tuberkuloza (病理) 결핵; ~ *pluća* 폐결핵; ~ *kostiju* 골관절결핵; *milijarna* ~ 속립 결핵; *otvorena* ~ 개방성 결핵 **tuberkulozan** (形)

tuberoza (植) 월하향(月下香); 용설란과의 여러해살이(꽃); *plava* ~ (植) 아가판투스, 자주군자란

tucanik 1. 자갈(도로에 뿌리기 위해 잘게 부순) 2. 삶아 으깬 감자

tucati *-am* (不完) 1. 잘게 부수다, 바수다, 으깨다, (두들겨) 잘게 부숴 가루로 만들다 (mrviti, sitniti); ~ *kamen* 돌을 잘게 부수다; ~ *biber* 후추를 갈아 가루로 만들다 2. 으깨려 죽이다, 눌러 죽이다; ~ *vaške* 이를 으깨려 죽이다 3. ~을 ~에 부딪치다 (udarati čim o što); ~ *glavom o zid* 머리를 벽에 부딪치다, 머리로 벽을 헤딩하다 4. 때리다, 괴롭히다, 못살게 굴다 (tući, mučiti, kinjiti) 5. (비유적) 손해를 입히다, 못살게 굴다 (biti, pogađati); *celog života ga tuca nepravda* 일평생 불공평함이 그를 못살게 괴롭혔다 6. (卑俗語) (*ženu, devojku*) 성교하다 7. ~ *se* (卑俗語) 성교하다 8. ~ *se* 머리로 머리를 들이받다 (주로 양·염소 등의) 9. 기타; ~ *glave o zidove* 자신의 행동을 후회하다; ~ *kamen* 징역살이를 하다; ~ *se jajima* 계란치기를 하다(부활절에)

tuce *-eta* 1. 12 개 짜리 한 묶음, 다스; 12 명으로 된 한 무리; ~ *jaja* 계란 한 다스 2. (부사적 용법으로) 많이, 많게 (puno, mnogo); ~ *dece* 많은 아이들

tucin-dan 크리스마스 이브의 전날

tuc-muc (擬聲語) 음, 어 (대답을 할 준비가 안되었을 때 내는); *odgovarao je sve* ~ 그는 모든 것을 애매하게 대답했다 (더듬으면서, 오래 끌면서); *oni ga nešto pitaju, a on ni* ~ 그들은 그에게 뭔가를 물었으나 그는 입도 벙긋하지 않았다

tuč 청동(구리와 주석을 혼합한 합금) (bronza) **tučan** (形)

tuča 1. (치고 받고 싸우는) 싸움; *izbila je* ~ 싸움이 일어났다 2. (누구를 때리는) 구타 3. 우박 (grâd)

tučad (女) (集合) tuče; 새끼 칠면조

tučak *-čka; tučči & tučkovi* 1. (막자 사발용) 막자, 절굿공이 2. 단단한 계란(부활절 계란치기에서 상대편 계란을 깨 부수는) 3. (植) 암술

tučan *-a, -o* (形) 1. 참조 tuč; 청동의, 청동제의, 청동으로 만들어진 (bronzan); ~ *kip* 청동조각상 2. 청동색의 (탁한 갈색의); ~*i oblaci* 탁한 갈색의 구름

tuče *-eta* 새끼 칠면조 (ćure)

tučenjak 치즈의 한 종류

tučnjava 참조 tuča

tući *tučem, tuku; tukao, -kla; tučen, -ena; tuci* (不完) 1. (누구를) 흠뻑 때리다, 구타하다 (biti, mlatiti); (딱딱한 물체로 딱딱한 표면을 퍽퍽 소리가 나도록) 두드리다, 때리다; (비·바람·물 등이) 떨어지면서(불면서, 튀기면서) ~에 부딪치다; ~ *dete* 아이를 때리다; ~ *nekoga bičem* 누구를 채찍으로 때리다; *kiša ... silno je tukla po prozorima* 비가 세차게 유리창에 부딪쳤다; *more tuče (o) stenje* 바다가 바위돌에 부딪친다 2. 가볍게(부드럽게) 만지다 (터치하다); *svilene kićanke tukle su ga plećima* 비단 레이스가 그의 어깨를 부드럽게 터치했다 3. 발길질 하다 (말·당나귀 등이) (ritati se); ~ *nekoga nogama* 누구를 발로 차다 4. (비유적) 이기다, 승리하다 (스포츠 경기 등에서); 슛하다(발로 공을 차서, 손으로 공을 던져서); *naši momci su ih tukli* 우리 선수들이 그들을 이겼다; *potuči do nogu* (체스 경기) 말을 움직이다 5. 죽이다, 살해하다 (ubijati); (돼지 등을) 도살하다 (klati); ~ *zmije* 뱀을 죽이다 7. 거세하다 (škopiti, štrojiti); ~ *bikove* 황소를 거세시키다 8. (총 등 화기를) 쏘다, 발사하다 (po nekome, po nečemu) 9. (전쟁에서) 승리하다, 박살내다, 파멸시키다; ~ *neprijatelja* 적을 박살내다 10. 잘게 부수다 (drobiti, sitniti, tucati); ~ *kamen* 돌을 잘게 부수다 11. (신발이) 조이다 (žuljati) 12. (비유적) 고통스럽게 하다, 괴롭게 하다, 곤란하게 하다; *tuče ga njegova glupost* 그의 우둔함으로 인해 그는 곤란해한다 13. (타악기를) 연주하다; ~ *o tamburu (tamburom)* 탬버린을 연주하다 14. 일정한 소음 소리를 내다 (기계가

1344

작동하면서) 15. (소리를 내어) 신호하다, 시그널을 보내다, 울리다; *zvono na požar tuče* 화재 경보기가 울린다 16. (시계가) (탕탕) 시간을 알리다; *sat tuče* 시계가 시간을 알린다 17. (심장·맥박 등이) 뛰다, 고동치다 18. (어떤 원천지로부터) 퍼져 나가다, 확산되다 (*širiti se, zapahivati*); *od zida je tukla zapara* 벽으로부터 무더위가 퍼져 나갔다 19. 집중적으로 ~을 하다; ~ *karte do besvesti* 정신을 잃을 때 까지 카드를 하다 20. 힘차게 뚫고 나오다, 나타나다; *iz zemlje su tukle stabljike* 땅속에서 줄기가 힘차게 뻗어 나왔다 21. 쳐서(때려서) 어떤 일을 하다, 준비하다 (집안 일, 뭔가를 만들면서) (*trti*); ~ *lan* 아마를 쳐서 실을 뽑다; ~ *maslo* 교유기로 휘저어 버터를 만들다; ~ *zlato* 금을 망치로 때려 얇게 펴다; ~ *jaja* 계란을 깨다(뭔가를 요리하기 위해) 22. ~ *se* 자기 자신을 때리다 23. ~ *se* 싸우려는 성향이 있다, 폭력적 성향이 있다 24. ~ *se* 서로 치고받고 싸움하다; *tuku se pesnicama* 주먹질하며 싸운다; *tukle se jetrve preko svekrve* 죄없는 사람만 당한다(시어머니를 통해 동서지간에 서로 싸우다) 25. ~ *se* (무기를 갖고) 전투하다, 결투하다 (전쟁·결투에서) 26. ~ *se* 충돌하다, 대립하다 27. 기타; *vodu u avanu* 쓸떼없는 일을 하다, 헛된 일을 하다; ~ *žicu* 우회적으로 청하다(요청하다, 얻다); ~ *kao vodu u kupusu* 죽도록 때리다, 흠뻑 때리다; ~ *lozovinu* 포도주를 많이 마시다; ~ *nekome lük na glavi* 누구를 괴롭히다, 따분하게 하다; ~ *rekord* 신기록을 세우다; ~ *paru* 많은 돈을 벌다, 떼돈을 벌다; *tuče mi (mu) srce za kim (čim)* 누구를(무엇을) 열렬히 갈망하다; ~ *se (crvenim, šarenim) jajima* 계란깨기를 하다(부활절에)

tud (副) 1. 참조 tuda; 그 길로, 그 쪽 방향으로 2. (*kud ~ tud, bud ~ tud, koliko ~ tud* 와 같이 대응하여) 그 외에, 그것과 더불어; *kud je ružan, tud i siromah* 그는 추하고 불쌍했다

tuda (副) 1. 그 길로, 그 쪽 방향으로 (tim putem, u tom pravcu); *kuda ovan, tuda i celo stado* 한 마리 양이 가는 그 방향으로 모든 양떼가 그 쪽으로 간다 2. 거기, 여기, 그 곳에 (tu, na tom mestu); *otkud vrelo ~?* 어떻게 거기가 뜨겁냐?

tuđ *-a, -e; -ī* (形) 1. 다른 사람 소유의, 타인 소유의; ~*e sto* 다른 사람의 테이블; ~*e*

pseto 다른 사람의 개; *pod ~im imenom* 가명으로, 다른 사람의 명의로; *na ~ račun* 다른 사람 비용으로 2. (명사적 용법으로) 타인의 것(물건), 다른 사람의 것(물건); *na ~e se ne lakomi!* 다른 사람의 것을 탐내지 마라! 3. 타향의, 타국의, 외국의; ~ *svet* 다른 세계; ~ *jezik* 외국어; ~*a vera* 외래 종교; ~ *zakon* 외국법; ~*a zemlja* 외국 4. 알지 못하는, 안면이 없는 (nepoznat); ~*e lice* 알지 못하는 사람; *oni su nam ~i* 우리는 그들을 알지 못한다, 그들은 우리가 알지 못하는 사람들이다 5. 공통점이 없는 (인식·입장 등이); *Ana je bila hladna i ~a* 아나는 냉담하였고 (우리와는) 공통점이 아무 것도 없었다 6. 기타; *voditi ~u brigu* 남의 일에 간섭하다(참견하다); *živeti na ~i račun, živeti od ~eg znoja (o ~em znoju), jesti ~i hleb* 다른 사람에 빌붙어 살다; *kititi se ~im perjem* 표절하다; *misliti ~om glavom* 독립적으로 생각하지 못하다, 남의 머리를 빌리다; *na ~i kalup* 다른 것과 같게(동일하게); *to je ~e maslo* 거기에는 다른 사람의 몫이 있다, 다른 사람이 거기에 관련되어 있다, 다른 사람이 그것에 책임이 있다; ~*a majka* 계모; *umreti kraj ~eg plota* 객사하다

tuđe (副) 이상하게 (čudno, neobično); ~ *nas je gledao* 그는 이상하게 우리를 쳐다봤다; *glas mu ~ zatreperi* 그의 목소리는 이상하게 떨렸다

tuđica 1. (言) 차용어, 외래어 (posuđenica) 2. 낯선 사람; 새로운 환경에 아직 적응하지 못한 사람(보통은 젊은 신부들을 일컬음) 3. 꿀벌(다른 벌통의)

tuđin 1. 참조 tuđinac 2. (한정사적 용법으로) tuđ; 낯선, 다른 사람의; ~*u čoveku, koji ga vidi prvi put, kazaće njegovo ime* 그는 처음 보는 낯선 사람에게 자신의 이름을 말할 것이다

tuđina 1. 타국, 타향, 남의 집; 외국 (inostranstvo); *živeti u ~i* 외국에서 살다 2. 타인; 손님 (gosti) 3. 타인의 것, 남의 것 **tuđinski** (形); ~ *elementi* 이질적 요소들

tuđinac *-nca* 1. 타향인, 타국인; 외국인 (stranac) 2. 낯선 사람, 모르는 사람 3. 공통점이 없는 사람(입장·견해 등에서) **tuđinka**

tuđinskī *-ā, -ō* (形) 참조 tuđina; 타인의, 다른 사람의; ~ *uticaj* 다른 사람의 영향; ~ *običaj* 외국의 풍습

tuđinstvo 남의 것, 타인의 것

T

tuđinština 外國 풍습

tuđiti _-im_ (不完) **otuđiti** (完) 1. (누구로부터, 무엇으로부터) 멀어지게 만들다, 떼어 놓다, 이간질 하다, 소원하게 하다; _njegovi stavovi su ga tuđili od nje_ 그의 입장은 그를 그녀로부터 멀어지게 했다; _ona ga tuđili od porodice_ 그녀는 그를 가족과 소원하게 만들었다 2. ~ se (누구와 관계 등이) 소원해지다, 멀어지다, (누구를) 피하다, 회피하다; ~ se od kolega 동료와 소원해지다; ~ se od ljudi 사람들과 소원해지다, 사람들을 피하다 3. 주저하다, 망설이다, 부끄러워하다 (ustručavati se, stideti se)

tuđozemac _-mca_ 참조 tuđin(ac); 외국인 **tuđozemka; tuđozemski**(形)

tuf (鑛物) 1. 응회암 2. 석회석(암) (krečnjak, vapnenac, siga)

tufegdžija (男) 참조 puškar; 총포제조공, 총포수리상

tufla 참조 tuf

tug _tugovi_ & _tuzi_ (歷) (paša 를 상징하는) 깃발처럼 가지고 다닌 창 끝에 매단 말꼬리

tuga (單數로만 사용됨) 1. 슬픔, 비애 (žalost); _biti u ~zi za nekim_ 누구 때문에 슬퍼하다; _zapasti u ~u_ 슬픔에 빠지다; _biti obuzet ~om_ 슬픔에 휩싸이다 2. (비유적) (동정·연민을 느끼는 사람에게) 매우 소중한 사람; _tugo, tugo, slatko moje dete!_ 이 불쌍한 것아, 내 소중한 아들아! 3. 슬프고 누추하고 초라한 외모(모습); _pustoš i ~ zgarišta_ 불을 피운 곳의 황폐함과 초라한 모습 4. (부사적 용법으로) 슬프게 (žalosno, tužno); ~ _ga pogledati_ 슬프게 그를 바라보다 5. 간지러움 (golicavost, škakljivost); ~ _me kad me takneš po tabanu_ 발바닥을 건드리면 간지럽다

tugaljiv _-a, -o_ (形) 1. 슬픈, 슬픔을 불러 일으키는 (tužan, žalostan); 애통한; ~ _glas_ 슬픈 목소리; _~i zvuci_ 슬픔을 불러일으키는 소리; _~a prošlost_ 비통한 과거; ~ _život_ 슬픈 삶 2. 민감한 (osetljiv, delikatan); _~o pitanje_ 민감한 문제 3. 견딜 수 없는, 참을 수 없는, 불쾌한 (nepodnošljiv, neprijatan) 4. 역겨운, 구역질 나는 (gadljiv); _na muhe je bio_ ~ 그는 파리를 역겨워한다 5. 간지러운 (golicav, škakljiv); ~ _ispod miške_ 겨드랑이가 간지러운

tugovanka _-ci_ & _-ki_ 애가(哀歌), 비가(悲歌), 슬픈 노래

tugovati _-gujem_ (不完) 슬퍼하다, 비통해하다, 애통해하다, 슬픔에 휩싸이다; ~ _za pokojnikom_ 고인에 대해 애통해하다; ~ _za nekim_ 누구 때문에 비통해하다

tuja (植) 측백나무

tuk 타격, 매림 (udar, udarac); _udari ~ na luk_ (똑같이 힘이 세고 완고한 두 사람(진영)이) 결판날 때 까지 끝가지 싸우다

tuk 각, 각도 (ugao, kut)

tuka 1. (鳥類) 칠면조 (ćurka) 2. (비유적) 우둔한 여자, 멍청한 여자

tukac _-kca_ (鳥類) 1. 칠면조 숫컷 (ćuran) 2. 느시 (두루미목 느시과의 새)

tukati _-am_ (不完) 부리로 쪼다(새가)

tuknuti _-nem_ (完) 1. (애정을 담아, 사랑스럽게) 토닥거리다; _tukni ga po glavi_ 그의 머리를 토닥거려라 2. ~ _se_ 살짝 충돌하다 (부딪치다); _nema velike štete, samo su se tuknuli_ 대형 사고는 아니고 단지 살짝 부딪쳤을 뿐이다

tuknuti _-nem_ (不完) (나쁜·고약한) 냄새가 나다; _nije ti dobro meso, malo tukne_ 고기가 별로 좋지 않은데, 좀 상한 냄새가 나

tulac _-lca_ 화살통 (가죽 또는 나무로 된)

tularemija (獸醫學) 야토병(野兎病); 야생쥐, 토끼, 다람쥐 등의 설치류 동물의, 사람에게 전염됨)

tulbe _-eta_ 참조 turbe

tulipan (植) 튤립 (lala)

tuliti _-im_ (不完) 1. (불·램프 등을) 끄다, 소등하다, 소화(消火)하다 (gasiti, trnuti); ~ _lampu_ 램프를 끄다, ~ _vatru_ 불을 끄다, 화재를 진압하다 2. (비유적) 사라지게 하다, 없어지게 하다, 뿌리채 뽑다, 근절하다, 진압하다, 억누르다; ~ _prepreke_ 장애물을 없애다; ~ _strasti_ 욕망을 억누르다; ~ _tradiciju_ 전통을 억압하다 3. (불이) 꺼지다 (tuliti se); _vatre tule_ 불이 꺼진다 4. ~ _se_ (불·램프 등이) 꺼지다, 소등되다; _vatre se tule_ 불이 꺼진다 5. (비유적) 사라지다, 없어지다 (nestajati, gubiti se); _život se tule_ 삶이 사라진다

tuliti _-im_ (不完) 1. (개·늑대 등이) 길게 뽑으며 울다(짖다), 하울링하다; _pas tuli_ 개가 하울링한다 2. 흐느끼다, 흐느껴 울다 (jaukati) 3. (사이렌·바람 등이) 시끄럽고 늘어지는 소리를 내다; 휙(횡·핑·윙)하는 소리를 내다

tulum 1. 가죽부대(포도주나 기타 다른 액체를 담아 놓는) (mešina) 2. (비유적) 머리가 텅 빈 사람, 우둔한 사람, 멍청한 사람

(tuluman, glupan, budala) 3. 기타; *u ~ima* 내일 저녁에

tulumina 가죽부대(포도주를 담는)

tuluz (男), **tuluzina** (女) 옥수수 속대, 옥수수대 (kočanj, kukuruzovina)

tuljac *-ljca* 참조 tuljak

tuljak 1. 튜브, 통 2. (아이스크림 등의) 콘 3. (비유적) 미발달 장애자 4. 덫, 올가미 (여우 등을 잡기 위한)

tuljan 1. (動) 잔점박이물범 2. (複數로) 물범과

tumač 1. 뭔가를 풀어 설명하는 사람; *~ snova* 해몽가 2. 어떤 사람의 뜻을 간파하여 다른 사람에게 말해주고 전달하는 사람 (유력 정치인들의 측근 등) 3. 통역가, 번역가; *sudski ~* 법정 통번역가 4. (텍스트 등의) 해석, 주석, 주해 (komentar); *~ Biblije* 성경 주해 5. 설명서

tumačenje (동사파생 명사) tumačiti; 주석, 해석, 해설

tumačiti *-im* (不完) 1. (의미·가치 등을) 해석하다, 풀어 해설하다; *~ snove* 해몽하다 2. 극중 역할을 해석하여 연기하다; *~ ulogu* 역을 연기하다; *~ naslovnu ulogu* 주인공역을 연기하다 3. 번역하다, 통역하다 4. 코멘트하다, 주석(주해)을 달다 (komentarisati)

tumaralo (男,中) 어슬렁거리는 사람, 빈둥거리는 사람

tumarati *-am* (不完) 1. (목적없이) 어슬렁거리다, 배회하다, 방황하다 (bazati, lunjati); *deca tumaraju ulicama* 아이들이 거리를 배회한다 2. (oko nekoga) (누구의 주변을) 배회하다, 맴돌다

tumbak 구리와 아연의 누르스름한 합금; 그러한 합금으로 주조된 것

tumbati *-am* (不完) (상자의 위아래를) 굴려 뒤집다, 굴리다, 위아래를 거꾸로 하다 (okretati, obrtati, valjati, kotrljati); *ne tumbaj!* 조심해서 다뤄라!, 엉망으로 해놓지마!; *~ balu sena* 건초 더미를 굴리다 2. *~ se* 뒤집어지다, 거꾸로 되다, 구르다

tumbe (副) (위아래가) 뒤집혀, 거꾸로 (obrnuto, naopako, glavačke); *sve je ~ postavljeno* 모든 것이 거꾸로 뒤집혀 놓여 있었다; *metnuti ~* 뒤집다, 뒤집어 놓다; *sve se okrenulo ~* 모든 것이 잘못되어 갔다

tumor (病理) 종양; *maligni (zli, zloćudni) ~i* 악성 종양

tuna (魚類) 참치, 참다랑어 (tunj)

tunel 터널, 굴 tunelski (形)

Tunis 튀니지, 튀니지아; **Tunišanin**, **Tunižanin**; **Tunišanka**, **Tunižanka**; **tuniski** (形)

tunolovac *-ovca* 참치잡이선(船)

tunj *-evi* (魚類) 참치, 참다랑어

tunjav *-a*, *-o* (形) 이해력이 떨어지는, 우둔한, 멍청한; 적응력이 떨어지는, 수완이 없는, 임기응변이 뒤떨어지는 (tupoglav, smeten, nesnalažljiv)

tunjevina, tunjina 참치살, 참치 고기

tup *-a*, *-o*; *-plji* (形) 1. (칼날 등이) 무딘, 예리하지 않은; *~ nož* 무딘 칼; *~a britva* 잘 들지 않는 면도기; *~a sekira* 무딘 도끼 2. (끝이) 뾰족하지 않은, 무딘; *~ vrh tornja* 뾰족하지 않은 탑 꼭대기 3. (비유적) 우둔한, 멍청한, 이해력이 떨어지는 (glup); (얼굴, 시선, 눈 등이) 무표정한, 표정이 없는, 명한 (bezizražajan); *~ čovek* 멍청한 사람; *~o lice* 무표정한 얼굴; *~ pogled* 명한 시선 4. (신체적·심리적 이유로) 무딘, 무관심한 (ravnodušan, apatičan); 그러한 상태; *pastu u ~o raspoloženje* 무관심해지다 5. 의미 없는, 무의미한 (besmislen); *sa starošću ... dolaze sve tuplji san* 나이를 먹어가면서 점점 무의미한 꿈을 꾼다 6. 복종적인, 순종적인, 무기력한, 체념적인 (pokoran, rezigniran); *pasti u ~u nemoć* 체념적으로 무능력하게 되다 7. (비유적) (소리가) 둔탁한, 불분명한 (mukao, prigušen, nejasan) 8. (통증이) 찌뿌듯한; *~ bol* 둔통; *po celom telu osećala je ~e bolove* 그녀는 온몸이 찌뿌듯하게 아팠다 9. (귀가) 잘 들리지 않는 10. (어떠한 상태가) 완전한, 확실한, 깊은 (potpun, apsolutan); *konačno zaspa ~im snom* 마침내 깊은 잠에 빠졌다; *~i mir* 완전한 평화; *posle ~og mraka šume, ovaj mrak je bio svetlji* 숲속의 깜깜한 어둠후에, 이 어둠은 비교적 밝은 것이다 11. 무조건의, 무조건적인 (bezuslovan); *~e naredbe* 무조건적인 명령; *možda ja u stvari nisam mrzio školu, nego ~u disciplinu, kojoj su nas u njoj učili* 어쩌면 내가 학교를 싫어했던 것이 아니라 우리가 배웠던 무조건적인 규율을 싫어했을 수 도 있다 12. 기타; *~i ugao* (幾何) 둔각

tupan 멍청한 사람, 우둔한 사람 (glupak)

tupav *-a*, *-o* (形) 둔한, 우둔한, 멍청한, 이해력이 떨어지는 (tup)

tupavko (男) 우둔한 사람, 멍청한 사람, 멍청이

tupeti *-im* (不完) otupeti (完) 무디어지다, 뭉툭해지다; *otupela su mu osećanja* 그는 감정이 무뎌졌다; *otupela nam je pažnja* 우리의 관심은 시들해졌다

T

tupiti *-im* (不完) zatupiti, istupiti (完) 1. 무뎌지게 하다, 뭉툭하게 만들다; ~ *sekiru* 도끼를 뭉툭하게 하다 2. (비유적) 둔감하게 하다, 능력을 떨어뜨리다; ~ *razum* 이성을 둔하게 하다; ~ *živce* 신경을 둔감하게 만들다 3. ~ se 무뎌지다, 뭉툭해지다; 둔감해지다, 약해지다(세기·강도 등이); *tupi se njegov zanos* 그의 열정이 수그러들었다

tupkati *-am* (不完) (擬聲語) 1. 톡톡치다 (손·발 또는 어떤 도구 등으로, 둔탁한 소리를 내면서); *govorio je Zahar tupkajući rukom po hartijama i raznim stvarima što su bile na stolu* 자하르는 책상위에 있던 여러가지 물건과 종이를 손으로 톡톡치면서 말했다 2. (말(馬)이) 말발굽으로 땅을 차다 3. 둔탁한 소리를 내다, 퍽퍽거리는 소리를 내다 (공 등이); *na travi ... muklo tupka lopta, igrači treniraju* 잔디밭에서 공이 퍽퍽거리는 소리가 난다, 선수들이 훈련을 한다 4. (한 장소에서) 발을 동동 구르다

tupoća 무딘 것, 무딤, 뭉툭함; 우둔함, 이해력이 떨어짐

tupoglav *-a*, *-o* (形) 둔한, 우둔한, 이해가 느린, 멍청한 (tupav)

tupoglavac *-vca* 우둔한 사람, 멍청한 사람, 멍청이

tupokutan *-tna*, *-tno* (形) 참조 tupougao; 둔각의

tuponja (男) 참조 tupoglavac; 우둔한 사람

tupost (女) 무딤, 뭉툭함; 우둔함

tupouglī, *-ā*, *-ō* (形) 둔각의; ~ *trougao* 둔각삼각형

tupouman *-mna*, *-mno* (形) 우둔한, 둔한, 멍청한 (tupoglav)

tur *-ovi* 1. (바지의) 엉덩이 부분 2. 엉덩이 (stražnjica) 3. 기타; *isprašiti (potprašiti) nekome ~* 구타하다, 패다; *dvadeset i pet po ~u* (옛날에) 범법자를 벌하던 형벌 중의 한 종류; *nogu u ~ (dati)* 거칠게 누구를 쫓아내다; *napuniti nekome (pun) ~* 누구를 많이 겁먹게 하다; *na ~ pasti* 매우 당황하다; *po ~u dobiti* 1)구타당하다, 매를 맞다 2)큰 실패를 겪다; *veliki ~* 대단한 공포(무서움)

tur (옛날의 몸집 큰) 야생 소, 유럽 들소, 오록스

tur (숙어로만 사용) ~ *i retur* 왕복 여행; *tur i retur karta* 왕복 티켓(기차·버스 등의)

tura (장기적으로 진행되는 일의) 회(回), 한 차례; (골프 등에서) 라운드(코스 전체를 한 바퀴 도는 것을 뜻함); (모인 사람들에게 한 잔씩 사서 전체에게) 한 차례[순배] 돌리는

술

turati *-am* (不完) 1. 참조 turiti 2. 밀다, 밀치다 (gurati); ~ *nos svugde* 모든 일에 참견하다, 간섭하다 3. ~ se 참조 turiti se

turban 1. 터번(이슬람교도나 시크교도 남자들이 머리에 둘러 감는 수건) 2. 터번 모양의 돌비석(무슬림들의) 3. (일반적으로) 터번 모양의 것

turbe *-eta* 무슬림들의 비석; 능 (mauzolej)

turbina (機) 터빈 turbinski (形)

turboelektrični *-ā*, *-ō* (形) 터보 전기의; ~ *pogon* 터보 전기 구동

turbogenerator 터빈 발전기

turbokompresor 터보압축기

turbomašina 터보 기계

turcizam *-zma* 터키어계의 어휘·단어(어떤 다른 언어에서의)

Turčin 참조 Turska; 터키인, 터키 사람

turčinak 참조 bulka; (植物) 양귀비(양귀비속 식물의 총칭)

turčiti *-im* (不完) poturčiti (完) 1. 터키인화하다; 무슬림으로 개종시키다 2. ~ se 터키인이 되다, 무슬림으로 개종하다 3. ~ se (비유적) 가치를 상실하다; *njegova se para nikad nije turčila* 그의 돈은 가치를 상실한 적이 한 번도 없다

Ture *-eta* (集合 Turad) 1. 젊은 터키인, 터키 청년 2. (嘲弄) 터키인

turika 참조 petrovac; (植) 용아초(龍牙草)

turist(a) 여행객, 관광객 turistkinja; turistički (形); ~*o biro* 여행사; ~ *prospekt* 여행 안내서; ~*a privreda* 관광 산업; ~*e atrakcije* 관광 명소

turist-biro 관광 안내소

turiti *-im* (完) turati *-am* (不完) 1. (~의 안쪽에, ~의 밑에, ~에) 놓다, 두다; 밀어 넣다, 쑤셔 넣다 (metnuti, položiti, staviti; zavući, uvući); *i ne pogleda novac, nego ga turi u džep od kaputa* 그는 돈을 보지 않고 외투 주머니에 찔러 넣었다; *leškari na krevetu, turi ruku preko očiju, pa sanja, sanja* 침대에 누워 쉬면서 눈위에 팔을 포개고 잠을 잔다; ~ *ruku ispod kecelje* 앞치마 속에 손을 쑤셔 넣다; *turio je ruke u džepove* 그는 손을 호주머니에 넣었다 2. (na koga) 옷을 입히다 (navući, obući); *sad je prviput posle babove smrti na se turio svečano odelo* 할머니 사망 이후 처음으로 오늘 화려한 정장을 입었다; ~ *na sebe kabanicu* 비옷을 입다 3. ~에 대해 신문 잡지에 싣다(발표하다, 공표하다); ~ *u novine* 신문에 발표하다; *i to* ćemo ~ u tužbu 고소장에 그것을 적시할 것이다 4. (누구에 대해, 무엇에 대해) 소문을 퍼뜨리다 5. 어떠한 호칭을 부여하다, 어떠한 직위에 임명하다; turiću te za pisara 너를 서기에 임명하겠다 6. 밀어내다, 밀쳐내다; (비유적) 제거하다, 없애다, 치우다; ~ protivnika 상대편을 밀쳐내다; ~ vrata 문을 밀치다; ~ s puta (nekoga, nešto) ~을 없애다; turi praznu bocu od sebe 빈 병을 없애다 7. 밑으로 던지다; ~ u bezdan (nekoga, nešto) ~을 나락(심연)으로 내던지다 8. 내쫓다, 가도록 강요하다; ~ decu u svet 아이들을 세상으로 내쫓다 9. (명사 또는 전치사구와 함께) ~ glas 소문을 내다; ~ kavgu 말다툼하다, 언쟁하다; ~ kletvu 저주하다; ~ pogled 쳐다보다, 바라보다; ~ strah 두렵게 하다; ~ u haps(u) 체포하다 10. ~ se (na koga) (누구를) 닮다; turio se na oca 그는 아버지를 닮았다 11. 기타; kud ga vrag turio? 있어야 되는 사람이 없을 때 하는 말; ~ glavu u torbu 현실을 회피하다, 사실을 외면하다; ~ klipove nekome pod točkove 누구의 일을 방해하다(훼방놓다); ~ nos svugde 모든 일에 참견하다(간섭하다)

turizam -zma 관광, 관광산업

turkati -am (不完) 1. (지소체) turiti 2. ~ se (비좁은 공간에서) 서로 밀치다

Turkesina, Tukesinja, Turkešanja (男,女) (지대체)(嘲弄) 터키인 (Turčin)

Turkinja 터키 여자, 터키녀(女)

turneja 1. (여러 도시·국가 등을 방문하는) 여행 2. 순회 (공연·대회·스포츠 경기 등의); 순방(정치인 등의); otići na ~u po Evropi 유럽 순회 공연을 떠나다

turnir 1. (스포츠의) 경기, 시합(많은 선수·팀 등이 참가하는); 토너먼트; šahovski ~ 체스 토너먼트 2. (歷) (중세 기사의) 마상(馬上) 무술 시합

turnuti -nem (完) 1. (재빨리) 옮기다, 옮겨 놓다, (재빨리) 밀다, 밀치다; 쑤셔 넣다; (누구를) 밀치다 (munuti); ~ knjigu u stranu 책을 한 쪽으로 밀쳐내다; ~ u džep (što) (무엇을) 주머니에 밀어 넣다; ~ u stomak (koga) (누구의) 배를 밀치다 2. (누구를 어디로) 보내다 (동의 여부와 상관없이); 쫓아내다; ~ u mornare 선원으로 보내다(선원이 되게 하다); ~ u inostranstvo 외국으로 보내다(쫓아내다); bio je turnut u tuđinu 그는 외국으로 추방당했다 3. ~ se 헤치고 앞으로 나가다(혼잡 속에서) 4. ~ se 잠깐 들르다 5. 기타; ~ nogom (거칠게·잔인하게) 쫓아내다,

추방하다; ~ u grob (u jamu) 죽음으로 몰다; ~ u zla usta 비방하다, 나쁘게 말하다

turoban -bna, -bno (形) 1. (기분이) 시무룩한, 언짢은, 뚱한 (neveseo, neraspoložen) (反; vedar, veseo) 2. 우울·침울하게 하는, 슬프게 하는, 기분 나쁘게 하는 (사물·공간·모습 등이); ~bna misao 우울하게 하는 생각; ~bna samoća 침울하게 하는 고독; ~ izgled kuće 슬픈 집의 모습 3. (비유적) (빛이 없어) 어두운, 어둑컴컴한; 흐린, 구름이 긴; ~bno vreme 흐린 날씨

turobnik 우울한 사람, 우울증 환자 (melanholik)

turobno (副) 우울하게, 침울하게, 슬프게 (sumorno, tužno, žalosno); ~ zapevati 슬피 노래하다

turovet (植) 서양우엉(국화과의 이년초, 뿌리는 식용)

turpija 줄(연장의 한 종류, 돌·금속·나무 등의 거친 표면을 다듬는); ~ za nokte 손톱 다듬는 줄

turpijati -am (不完) isturpijati (完) 1.줄질하다, 줄로 쓸다(갈다, 깎다) 2. (비유적) 소진시키다, 망치다, 해치다 (trošiti, uništavati); robija ga turpija 감옥살이가 그를 소진시켰다(감옥살이로 인해 그는 건강이 망가졌다) 3. (비유적) 줄질하는 소리를 연상시키는 소리를 내다; čule su se neke ptice kako turpijaju 새들이 줄질하는 소리와 같은 소리가 들렸다

Turska 터키; **Turčin** (複) Turci, Turākā, Turcima; **Turkinja**; **turski** (形); ~a kafa 터키식 커피; ~a kaldrma 큰 돌을 군데군데 깔아놓은 길

turšija (소금과 식초를 넣어 절인) 절인 김장 (월동용의, 야채 등의)

tuš 흑색 물감(검댕(čađ)을 녹여 만든, 그림 등에 사용되는)

tuš -evi 1. 샤워기 2. (비유적) (열광·흥분·낙담 등을) 가라앉히는 것; 질책, 비난 (ukor); to je došlo kao hladan ~ 그것은 마치 쇼크처럼 다가왔다 3. 팡파르(북과 금관악기 등을 사용하여 환영 등을 나타내는) 4. (보통 ~ pozicija의 숙어로) (레슬링의) 폴(양 어깨가 바닥에 닿아 있는 상태의)

tuširati -am (完,不完) 검은 물감(tuš)으로 그림을 그리다

tuširati -am (完,不完) 1. 샤워시키다, (샤워기로) 깨끗이 씻다 2. (비유적) (열광·흥분 등을) 가라앉게 하다, 낙담시키다, 실망시키다 (razočarati) 3. (스포츠) (레슬링) 상대편을

폴로 이기다 4. ~ se 샤워하다

tušt *-a, -o* (形) 어두운, 어둑컴컴한 (tmuran, natušten); *~a oblačina* 먹구름

tutanj *-tnja* (擬聲語) 1. (천둥·대포 등의) 우르 렁거리는 소리, 쾅하는 소리; 우레, 뇌성 (tutnjava, grmljavina); ~ *groma* 천둥의 우 르렁거리는 소리; ~ *topova* 대포들의 포효 소리 2. (기계·기관차 등의) 시끄러운 소리, 덜거덕거리는 소리 (kloparanje, lupa); ~ *štamparske mašine* 인쇄기의 시끄럽게 덜 거덕 거리는 소리 3. (물체 등이 땅·바닥에 떨어지는) 쿵·쾅하는 소리, 둔탁한 소리; *pasti uz* ~ 쿵하는 소리와 함께 떨어지다 4. 시끄러운 소리, 소음 (vika, galama, larma) 5. 기타; *uhvatiti* ~ 갑자기 사라지다, 도망치 다

tutija 참조 cink; (化) 아연

tutkalo 풀, 접착제(뼈와 가죽을 삶아 얻은) (lepak, lepilo)

tutnuti *-nem* (完) **tutkati** *-am* (不完) 1. (누구에 게 무엇을) 재빨리 주다, 슬쩍(몰래) 주다; (재빨리 무엇을 어디에) 놓다, 두다, 집어 넣 다 (staviti, metnuti, turiti); ~ *u ruku* *(nekome nešto)* (무엇을 누구의) 손에 놓다; *Milka skoči i zapali sveću, te samrtniku je tutnu u ruku* 밀카는 달려가 촛불을 켰으며, 사람들은 그것을 임종을 앞둔 사람의 손에 쥐어줬다; ~ *u džep* 주머니에 재빨리 넣다 2. 부추기다, 선동하다 (nagovoriti, nahuškati, napujdati)

tutnjati (**tutnjeti, tutnjiti**) *-njim* (不完) 1. (천둥, 대포 등이) 쿵·쾅 하는 소리를 내다, 쿵·쾅 하고 울리다, 우르렁거리다; (움직이는 자동 차 등이) 덜거덕 거리는 소리를 내다; (많은 사람·짐승 등이) 시끄럽게 하다, 으르렁거리 다 2. (불이 활활 타면서) 탁탁 소리를 내다 3. 끓어 오르다, 웡웡거리다 (강렬한 감정의 결과로)

tutnjava, tutnjavina 참조 tutanj; ~ *topova* 대 포가 포효하는 소리

tutnjiti *-im* (不完) 참조 tutnjati

tutor (미성년자, 정신박약자 등의, 법적인) 후 견인, 보호자; (일반적으로) 보호, 후견 (staralac, staratelj) **tutorka; tutorski** (形)

tutorisati *-šem* (不完) 1. 후견인 역할을 하다, 후견인이 되다 2. (보통은 조롱조의) ~ *nekome* 누구를 가르치려고 하다, 꼰대짓을 하다

tutorstvo 1. 후견, 보호 (미성년, 정신박약자 등에 대한, 법적인) (starateljstvo, skrbništvo) 2. (일반적으로) 보호, 후견

tutun 참조 duvan; 담배, 궐련

tuviti *-im* (不完) **utuviti** (完) 1. ~ *nešto* 기억 하다 (pamtiti); *guslar tuvi pesme* 구슬레 연주자는 노래를 기억한다 2. 설득하다; ~ *nekome nešto u glavu* 이해시키다, 설득시 키다; *to joj se tuvi u glavu od malih nogu* 그것은 그녀가 어렸을 때부터 이해되었다

tuzemnī, tuzemskī *-ā, -ō* (形) 참조 domaći; (反; inozemni, inostran)

tužakalo 걸핏하면 무고(고소·밀고)하는 사람 (증오심 등으로 인한)

tužakati *-am* (不完) 1. (자주) 고소(고발·무고) 하다 (보통은 증오심 등으로) 2. ~ se (nekome, na nekoga, na nešto) (자주) 불평 하다, 불만을 토로하다 (jadati se, žaliti se) 3. ~ se (자주) 서로 상대방을 무고(고소·고 발)하다

tužaljka 1. (고인에 대한) 애도; 애가(哀歌) (tužbalica, naricaljka) 2. 불평, 불만 (tugovanka, kuknjava); *teško je slušati ~e* 불평을 듣는 것도 참 힘들다

tužan *-žna, -žno* (形) 1. 슬픈, 슬픔에 잠긴; 우울한, 침울한; ~ *pogled* 슬픔에 잠긴 시선; ~ *osmeh* 슬픈 미소; *~žna vest* 슬픈 소식; *~žna priča* 슬픈 이야기 2. 불쌍한, 가엾은 (bedan, jadan); ~ *prosjak* 불쌍한 거지 3. 견뎌내기 어려운, 고통스런; ~ *prizor* 참기 힘든 광경

tužba (G.pl. -bī) 1. 고소, 고발; 고소장, 고발 장 (보통은 법원에 제출하는); *podneti ~u sudu protiv nekoga* 법원에 ~에 대한 고소 장을 제출하다 **tužbeni** (形) 2. 불평, 불만 (negodovanje, jadikovanje) 3. 애도 (tuženje, kuknjava); ~ *za umrlim* 고인에 대 한 애도

tužbalica 1. (고인에 대한) 애도 (말과 울음으 로) (tuženje); 애가(哀歌) (naricaljka) 2. 비 가(悲歌) 3. 곡하는 여자(초상집에서의) (narikača)

tužbenī *-ā, -ō* (形) 1. 참조 tužba; 고소의, 고 발의 2. 슬픈 (tužan)

tuženik (재판에서의) 피고 (optuženik)

tužibaba (男,女) 걸핏하면 고소·고발을 남발하 는 사람 (tužakalo)

tužilac *-ioca* 1. 고소인, 고발인 (법원에 고소 장·고발장을 제출하는) 2. 비방자 (klevetnik) 3. (državni, javni 등의 한정사와 함께) 검사; *okružni javni* ~ 고등검찰 검사; *javni* ~ 검 사; *vrhovni* ~ 검찰총장 **tužiočev** (形)

tužilaštvo 검찰청; *Savezno javno* ~ 연방검찰 청

T

tužilja 1. (여자) 고소인, 고발인 2. (초상집에서) 곡하는 여자

tužitelj, tužiteljka 참조 tužilac

tužiti -im (不完) 1. (nekoga) 고소(고발)하다, (법원에) 고소장·고발장을 제출하다; 기소하다; ~ nekoga sudu 법속에 누구를 고소하다 2. 비난하다, 잘못을 누구에게 씌우다 3. ~ se (nekome, na nekoga, na nešto) 불평하다, 불만을 표출하다 (jadati se) 4. ~ se 서로 상대방을 고소하다(고발하다)

tužiti -im (不完) 1. 슬퍼하다 (tugovati) 2. (za, nad nekim) 애도하다, 애도를 표시하다 3. 낑낑대다 (개 등이) (cvileti)

tužno 슬프게, 가엾게, 불쌍하게; ~ naricati 슬피 통곡하다

tvar (女) 1. 재료, 물질 (materija, supstanca); organska ~ 유기 재료; neorganska ~ 무기 재료 2. (생명이 있는) 생물 (stvor, biće) 3. 물질, 물건 (stvar, predmet, tvorevina)

tvid 트위드(간간이 다른 색깔의 올이 섞여 있는 두꺼운 모직 천)

tvoj -a, -e 1. (2인칭 소유대명사) 너의, 네것의; ~ novac 네 돈; ~a kuća 네 집; ~ vršnjak 네 동갑내기 2. (명사적 용법으로) 네 것, 너의 것; (複數로) 너와 가까운 사람들(네 친구, 네 식구 등의); tebi ~e! 네 것은 네게; dodite i ti i ~i! 너와 네 가족들 모두 와! 3. 기타; na ~u, po tvome 네 소원에 따라, 네 뜻에 따라

tvor -ovi (動) (유럽산) 긴털 족제비

tvorac 창조자, 창작자, 창안자 (autor); 설립자, 창시자 (osnivač); ~ naše književne kritike 국내문학비평 창시자; tvorački (形); ~ duh 창조 정신

tvorba 만듦, 창조, 창작; 형성 ; ~ reči 조어 (造語); ~ oblika 형태 형성

tvorevina (女) 1. 생산물, 산물, 결과물; 제품; sve velike ~e su delo samoće 모든 위대한 산물은 고독의 결과이다 2. 틀, 형태, 현상 (sklop, oblik, formacija, pojava)

tvoriti -im (不完) 1. ~을 하다, 행하다 (raditi, činiti); 만들다, 창작하다, 짓다 (stvarati, graditi, izgrađivati); kako namisliše, tako i tvoriše 생각한대로 만든다 2. 형성하다, 구성하다 (obrazovati, formirati); oni su tvorili počasnu gardu 그들이 의장대를 조직했다

tvornica 참조 fabrika; 공장; ~ automobila 자동차 공장 tvornički (形)

tvorničar 참조 fabrikant; 공장주(主), 공장 주인

tvornički -ā, -ō (形) 참조 tvornica; 공장의 (fabrički); ~a zgrada 공장 건물

tvrd -a, -o; tvrđi 1. 단단한, 딱딱한, 굳은; 모양이 변하지 않는, 잘 휘지 않는; (돌 등) 딱딱한 재료로 만들어진; ~ metal 단단한 금속; ~a zemlja 굳은 땅; ~o drvo 견목, 경재(활엽수에서 얻은 단단한 목재); ~ hleb 딱딱해진 빵(오래두어) 2. (신체가) 단단한, 강건한; 내성(耐性)을 가진 (otporan); ~ čovek 몸이 단단한 사람; ~ od zime 추위에 강한 3. 확고한, 확실한, 믿을만한; ~a odluka 확고한 결정; ~ dokaz 확실한 증거 4. 힘든, 고생스런 (težak, mukotrpan); ~ život 힘든 삶 5. 감정이 메마른; biti ~ i ne zaplakati 감정이 메말라 울지 않다 6. 잔인한, 잔혹한 (nemilosrdan, bezdušan); ~ i nečovečan 잔인하고 비인간적인 7. 의지가 굳은, 엄격한, 냉정한; ~o lice 냉정한 얼굴 8. 뻣뻣한, 경직된 (krut, uštogljen); ~a kretnja 경직된 움직임 9. (돈에 대해) 인색한, 쩨쩨한 (škrt); veoma je ~, neće dati novac 그는 돈에 매우 인색하다, 돈을 주지 않을 것이다 10. (言) 연음화되지 않은, 구개음화되지 않은, 경(硬)-; ~ suglasnik 경자음 11. 기타; biti ~ na suzi 잘 울지 않다; biti ~ na ušima 잘 듣지 못하다, 가는 귀가 먹었다; biti ~e glave 완고하다; biti ~e ruke 돈에 대해 인색하다; imati ~u kožu (~ obraz) 염치가 없다, 자신의 행동에 대해 부끄러운줄 모르다; ~ san 곤한 잠; ~i bedemi 난공불락의 성곽; imati ~u stolicu 변비가 있다; ~o gorivo 고체 연료

tvrdica (男,女) 구두쇠, 수전노 (škrtac, cicija)

tvrdičiti -im (不完) 구두쇠(수전노)처럼 행동하다, (돈에 대해) 인색하게 굴다 (cicijašiti, škrtariti)

tvrdičluk 인색함, 구두쇠 짓, 수전노 짓 (škrtost, cicijaštvo)

tvrdina 1. 단단함, 딱딱함; 경도 (tvrdoća) 2. 단단한 것 (돌 등의)

tvrditi -im (不完) 1. 주장하다, 단언하다 2. 단단히 고정하다; ~ vrata 문을 단단히 고정하다

tvrdnuti -nem (不完) otvrdnuti (完) 단단해지다, 딱딱해지다; (비유적) 더 강해지다; on je otvrdnuo u ratu 그는 전쟁에서 더욱 더 강해졌다

tvrdnja 주장, 단언

tvrdoća 1. (광물 등의) 경도, 단단한 정도; ~ metala 금속의 경도 2. (비유적) (돈에 대해) 인색함 (tvrdičluk, cicijaštvo) 3. (비유적)

단호함; ~ *zapovesti* 명령의 단호함

tvrdoglav *-a, -o* (形) 완고한, 고집 센; *~a osoba* 완고한 사람; ~ *stav* 완고한 자세

tvrdoglavac 완고한 사람, 고집 센 사람
tvrdoglavica

tvrdokoran *-rna, -rno* (形) 1. 껍질이 단단한 (열매 등이) 2. 완고한, 고집 센

tvrdokrilac *-lca; -lci* (昆蟲) 딱정벌레; 딱정벌레목(目), 초시류

tvrdoperke (女,複) (魚類) 극기류(물고기의 한 종류)

tvrđava 요새, 성(城)

tvrđenje (동사파생 명사) tvrditi; 주장

tvrtka 참조 firma; 회사

tzv. 약어(takozvani); 소위

U u

u (前置詞) I. (+A, L를 지배할 때) 1. (+L.) ~
의 안·내부에 있거나 발생하는 것, ~의 범위
안에 있는 것 등을 나타냄; biti ~ sobi (u
šumi, u gradu, u krevetu) 방에(숲에, 시내
에, 침대에) 있다; koprcati se ~ blatu 진흙
속에서 몸부림치다; kriti se ~ travi 풀속에
숨다; čovek ~ kaputu 외투를 입고 있는 사
람 2. (+A). 장소·위치 등을 향해 가는 이동·
움직임을 나타냄 (kretanje); poći ~ sobu (u
šumu, u grad) 방(숲, 시내)로 가다; zabosti
~ zemlju 땅에 박다; usuti ~ jelo 음식에 붓
다(따르다); pasti ~ blato 진흙바닥에 넘어지
다; poslati ~ selo 시골로 보내다 3. (+A)
어떤 동작이 이행되는 곳을 나타냄(물체 또
는 그 신체의 일부분에 동작이 미치는)
(dejstvo neke radnje); pogoditi u prozor
창문에 맞다; ubosti ~ prst 손가락을 찌르다;
kumče ga stalno ~ ruku ljubi 대자녀가 그
의 손에 끊임없이 입을 맞춘다; poginuo
Jerković, ranilo ga i ~ noge i ~ grudi 예르
코비치가 죽었다, 그는 발과 가슴에 부상을
입었다 4. (+A) ~의 방향·향방을 나타냄
(pravac, smer, usmerenost); Jovan okrenu
glavu ~ drugu stranu 요반은 고개를 다른
쪽으로 돌린다; rašire ruke i pogleda ~ sve
nas redom 손을 활짝 펴고는 우리 모두를
(한 명씩 한 명씩) 순서대로 바라본다; on je
toliko bio zaljubljen ~ lov 그는 사냥에 폭
빠졌다 5. (+A) 동작이 이루어지는 도구·기
구·악기 등을 나타냄; svirati ~ sviralu 피리
를 불다(연주하다); đaci ... udaraju ~
tambure i pevaju 학생들이 탐부리짜를 연주
하며 노래를 부른다 6. (+A) ~에의 가입·편
입·소속·접근 등을 나타냄; (+L) 가입·편입·
소속된 상태를 나타냄; pretila je roditeljima
da će ... pobeći ~ glumice 연기를 하겠다고
부모를 위협했다; biti ~ glumcima 배우가
되다 7. 어떠한 동작·행위의 시작 (+A); 또
는 그러한 동작·행위의 완료 또는 그 과정을
나타냄 (+L); upustiti se ~ trgovinu 장사를
시작하다, 상업에 종사하다; poći ~ lov 사냥
에 나서다; briznuti ~ plač 울음을 터트리다;
biti ~ poslu 일하고 있는 중이다; provoditi
vreme ~ čitanju 책을 읽으며 시간을 보내
다 8. 어떠한 상태로 되는 것 (+A); 또는
이미 그러한 상태인 것 (+L); pasti ~

očajanje 절망에 빠지다, 절망하다, 낙담하다;
dovesti ~ sumnju 의심하다, 의심하게 하다;
baciti ~ brigu 걱정하다; živeti ~ strahu 공
포속에 살다; biti ~ nevolji 곤경에 처하다;
sutra se pušta ~ slobodu Rajko 라이코는
내일 석방된다; on živi ~ slasti i lasti 그는
즐거움과 안락함 속에서 살고 있다 9. 상호
간의 관계를 설정하는 과정 (+A); 또는 그
러한 관계가 이미 존재하거나 지속되는 것
(+L); stupiti ~ savez 동맹을 맺다; biti ~
savezu 동맹관계이다; srpski jezik ...
dolažaše sve više ~ opreku i sa crkvenim
pravopisom 세르비아어는 점점 더 교회 정
자법과도 마찰을 불러 일으켰다 10. (+L)
동작의 내용·대상; ona se potpuno oporavila
~ zdravlju 그녀는 완전히 건강을 회복하였
다; nastojao ga poučiti ~ ljubavi prema
živim stvorenjima 그는 살아있는 피조물들
에 대한 사랑을 그에게 가르치려고 노력하였
다 11. (+L) 특성·특징을 나타내는 분야 등
을 나타냄; vešt ~ poslu 일에 능숙한;
spretan ~ ophođenju 처신에 능수능란한;
brz ~ radu 일을 빨리 하는 12. (+L) 신체
적 특성·특징이 나타나는 곳; bled ~ licu 얼
굴이 창백한; jak ~ ramenima 어깨가 강한
13. (+A) 신체적 약점·결함 등이 나타나는
신체의 부분; hrom ~ desnu nogu 왼 다리를
저는; zaista je bio bogalj u jednu nogu 정
말로 한 쪽 다리를 절었다 14. (+A) 어떠한
동작을 행함으로써 얻어지는 것, 요구하는
것, 수집하는 것 등을 나타냄; 어떠한 일을
하는 목적을 나타냄; kartati se u kafu 커피
내기 카드 게임을 하다; piti ~ čije zdravlje
누구의 건강을 기원하며 술을 마시다; da se
opkladimo ~ barilo vina 포도주 한 잔 내기
하자; posle ručka igra s Milanom domina ...
~ kafu ili čašu vina 점식 식사후 그는 밀란
과 커피 또는 술 한 잔 내기 도미노 게임을
한다; nema hleba ... a on slaba zdravlja i
tanka stanja da ide ~ žito u bogatije
krajeve 먹을 것이 없지만 ... 곡물을 찾아
부유한 지역으로 가기에는 그의 건강이 허락
하지 않는다 15. (+A) 어떠한 용도로 예정
한 것을 의미함; ~ odgovor na ovo važno
pitanje ... možemo najpre reći 가장 먼저
이 중요한 질문에 대한 대답을 할 수 있을
것이다 16. (+A) 상태·상황의 변화, ~로의
변화를 나타냄; samleti žito ~ brašno 곡물
을 가루로 빻다 17. (+A, +L) 방법을 나타
냄; govoriti ~ glas 큰 소리로 말하다;
govoriti ~ prekidima 띄엄띄엄 말하다;

bežao je tako ... od straha koji ga je pratio ~ stopu 한 발짝 뒤에서 쫓아오는 공포심으로부터 그는 그렇게 도망쳤다; ja sam kralju Milanu rekao ~ oči sve što mislim 나는 면전에서 밀란왕에게 내가 생각하는 모든 것을 말했다 18. (+A, +L, 불변화 숙어와 함께) 어떠한 동작이 행해지는 시간, 어떤 일이 일어나는 시간을 나타냄; ~ subotu 토요일에, ~ samu zimu 한 겨울에; ~ oktobru 10월에; ~ tom trenutku 그 순간에 19. (+A, +L, 불변화 숙어와 함께) 지속 시간, 기간 등을 나타냄; ~ sedam dana 7일간; ~ jednoj minuti 일분에 20. 숙어적으로; biti ~ pitanju 의문이다; doći ~ pitanje 질문에 다다르다; preteći ~ pomoć 도와주러 달려오다; dozvati ~ pomoć 도움을 요청하다 II. (+G를 지배할 때) 생격으로 오는 단어의 개념을 소유하거나 그 범위에 있는 것, 또는 그 개념의 특성을 나타내는 것, 또는 그것과 관련이 있는 것을 나타냄 (kod) 21. 어떠한 공동체 또는 집단을 나타내거나 그 안에서 일어나는 어떤 것을 나타냄; ~ nas 우리 집에서, 우리 나라에서; ~ primitivnih naroda 원시적 민족들에서; šta ima novo ~ vas? 당신에게 새로운 소식이 있나요? 22. 뭔가를 소유하는 것을 나타냄; ~ Milke dijamantske minđuše i broš 밀카의 다이아몬드 귀걸이와 브로치 23. 특성·상태·환경 등을 나타냄; on nikako nije znao ... koliko je ~ njega dugova 그는 얼마나 빚이 있는지를 전혀 몰랐다 24. 여러 사람들간의 상호관계를 나타냄(손님과 주인, 내방객과 주최측, 피고용인과 고용인 등의); Smilja neka ostane ~ nas 스밀랴가 우리집에 머물게 하라; gost ~ gradonačelnika 시장실을 방문한 내빈; biti primljen ~ komandanta 사령관실에 방문이 허락된; sin uči zanat ~ oca 아들은 아버지 밑에서 기술을 배운다

u- (接頭辭, 복합 동사와 그 파생어에서) 1. ~의 속으로의 침투, 도달을 나타냄(~의 안으로, 속으로); ući 들어가다; ubaciti 집어넣다; ubeležiti 기록하다; uvući 끌어당기다 2. 동사 동작의 완전함을 나타냄; uvezati 다(완전히) 묶다; uplesti 다(완전히) 짜다(엮다); upakovati 다 포장하다; ulepiti 다(완전히) 붙이다 3. 동사 동작의 이행·실행을 나타냄; ubiti 살해하다, 죽이다; ubrati 수확하다; umesiti 반죽하다 4. 형용사가 나타내는 특성의 발전; ubrzati (다) 속도를 높이다; uveličati 크게 하다; ukrutiti 뻣뻣하게 하다 5. 제거·사라짐·없어짐·멀어짐·소멸 등을 나

타냄; uminuti 사라지다, 없어지다; ukloniti 제거하다 6. (부사 등에 붙어 복합 부사 등을 만듦); uporedo 동시에, 나란히; uopšte 일반적으로; uoči 직전에

ua (感歎詞) 불평·불만·불만족 등을 나타내는 감탄사 (反; bravo)

uazbučiti -im (完) uazbučavati -am (不完) 알파벳 순으로 배열하다(나열하다); ~ građu za rečnik 사전 자료를 알파벳 순으로 배열하다

uazbučivač 알파벳 순으로 정리하는 사람(사전 작업을 위해)

ubaciti -im; ubačen (完) ubacivati -cujem (不完) 1. (~의 안·속으로) 던지다, 던져 넣다, 집어넣다; (누구를·무엇을) 밀어 넣다; ~ pismo u sanduče 편지를 우편함에 밀어 넣다; ~ u prvu brzinu 기어를 1단에 넣다; ~ metak u cev 탄환을 약실에 장전하다; ~ uhapšenika u ćeliju 체포된 사람을 감방에 처넣다 2. 부차적으로(추가로) 집어 넣다(추가하다, 더 하다); ~ u igru 경기에 추가적으로 투입하다; ~ u plan 계획에 추가하다; ~ u borbu 전투에 추가적으로 투입하다 3. 짧게 말(言)을 덧붙이다; „baš tako" ubacio neko 누군가 „그래 그렇게"라고 말을 덧붙였다 4. ~ se (부차적으로, 예기치 않게, 몰래 어떤 곳(장소)에) 들어가다, 침투하다 (ugurati se, uvući se); ~ se u pozorište bez karte 티켓 없이 극장에 들어가다; ~ se ilegalno u zemlju 불법 입국하다; ~ se u neprijateljsku pozadinu 적 후방에 침투하다

ubacivanje (동사파생 명사) ubacivati; (축구의) 던지기, 스로인

ubadač 1. (구멍을 뚫는) 연장의 일종 (probojac) 2. 머리핀 (ukosnica)

ubadati -am (不完) 참조 ubosti

ubajatiti se -im se (完) 신선함을 잃다, 상하다, 딱딱해지다; hleb se ubajati 빵이 딱딱해진다

ubaštiniti -im (完) ubaštinjavati -am (不完) 1. 재산목록에 (누구의 이름으로) 재산권을 기록하다 2. 재산을 얻다, 상속을 받다 (naslediti); ~ imanje 재산을 상속받다 3. ~ se 뿌리를 내리다, 자리잡다 (ukoreniti se, ustaliti se); ubaštinjeni gestovi 습관화된 제스처

ubaštinjenje (동사파생 명사) ubaštiniti; 재산 목록에 재산권을 기록함

ubav -a, -o (形) 아름다운, 예쁜 (lep, divan, krasan); ~a devojka 예쁜 처녀

ubeći, ubegnuti ubegnem (完) 도망치다, 도망

가다, 도망가 숨다; ~ *u šumu* 숲으로 도망치다

ubediti *-im; ubeđen* (完) **ubeđivati** *-đujem* (不完) 1. (koga) 설득하다, 설득시키다, 납득시키다, 확신시키다; *niste me ubedili da ste u pravu* 당신이 옳다는 사실을 나에게 납득시키기 못했습니다 2. ~ **se** 납득하다, 설득되다, 확신하다; *ubedili smo se da je govorio istinu* 우리는 그가 사실을 말했다고 확신했다

ubedljiv *-a, -o* (形) 1. 확실한, 분명한 (očigledan, uverljiv); ~ *dokaz* 확실한 증거 2. 설득력 있는; ~ *govornik* 설득력있는 연사

ubeđenje (동사파생 명사) ubediti; 설득

ubegnuti *-nem* (完) 참조 ubeći

ubeležiti *-im* (完) **ubeležavati** *-am* (不完) 1. 기록하다, 기재하다 (upisati, zapisati); ~ *u spis* 문서에 기록하다 2. 표시하다, 기호로 표시하다 (staviti beleg, znak); ~ *svoje stvari* 자신의 물건에 표시하다

ubeliti *-im; ubeljen* (完) 1. 하얗게 하다, 표백하다; ~ *platno* 천을 표백하다; ~ *snegom zemlju* 눈이 땅을 하얗게 덮다 2. 밝게 하다, 빛을 비추다 (osvetliti); *mesečina ubeli planinu* 달빛이 산을 환하게 비춘다

ubezeknuti se *-nem se* (完) (너무 놀라) 어안이 벙벙해지다, 할 말을 잃다, 대경실색하다 (zapanjiti se, zaprepastiti se); *deca se ubezeknuše* 아이들은 어안이 벙벙했다

ubica (男) 살인자, 살해범

ubijanje (동사파생 명사) ubijati; ~ *životinja* 동물 도살

ubijati *-am* (不完) 참조 ubiti; ~ *vreme (dane, noći)* 시간(날, 밤)을 헛되이 보내다

ubijen *-a, -o* (形) 1. 참조 ubiti 2. 부상당한, 상처난 (povređen, ranjav; izubijan); ~*a stopala* 부상당한 발; ~*a jabuka* 상처난 사과 3. 꽉꽉 채워진, 단단히 다져진 (nabijen, utaban); *konji ... poleteše po ravnom i ~om putu* 말(馬)은 평평하고 단단히 다져진 길을 나라갔다 4. (통증·곤란·어려움 등으로) 부러진, 꺾인, 주저앉은 (pogružen, slomljen, satrven); *posle svakog njegovog ... odlaska u Tursku, mati bi išla slomljena i ~a* 그가 매번 터키로 떠나간 후에 어머니는 기운이 빠진 채 갔을 것이다

ubilačkī *-ā, -ō* (形) 살인의, 살인적인, 사람이라도 죽일 것 같은; ~*a pucnjava* 살인 총성; ~*o sredstvo* 살인 수단(방법); ~ *nagon* 살인 본능

ubilački (副) 살인적으로, 살인적 방법으로

ubirač 수집가, (세금 등의) 징수원; ~ *poreza* 세금 징수원

ubirati *-am* (不完) 1. 참조 ubrati 2. (곡물·과일 등을) 수확하다, 따다; ~ *letinu* 1년 동안의 농삿물을 수확하다 2. (빛·세금 등을) 거둬들이다, 징수하다; (이익 등을) 얻다, 취하다; ~ *dugove* 빚을 거둬들이다; ~ *dobit* 이익을 얻다(취하다); *oni su ... ubirali razne dažbine od seljaka* 그들은 농민들로부터 각종 세금을 거둬들였다; *radnik ... je stvarao, ali gazda je ... ubirao dobit* 재주는 곰이 넘고 돈은 되놈이 번다 3. 기타; ~ *aplauze* 인정을 받다, 성공하다; ~ *lovorike* 명성(명예)을 얻다

ubistvo (G.pl. *ubīstāvā*) 1. 살인, 살해; ~ *iz osvete* 복수심에 의한 살인; *nehotično ~* 우연한 살인, 비의도적 살인; *hotimično ~* 의도적 살인; *izvršiti ~* 살인을 저지르다; ~ *s predumišljajem (bez predumišljaja)* 계획적인 살인(비계획적인 살인); ~ *iz niskih pobuda* 저급한 동기에 의한 살인; ~ *iz koristoljublja* 이해관계에 의한 살인; ~ *trovanjem* 독살; ~ *na svirep način* 잔인한 방법에 의한 살인; ~ *iz nehata* 과실치사 2. 파멸, 파괴, 붕괴 (propast, uništenje); *to je pravo moralno ~* 그것은 도덕적 파멸 그 자체이다

ubit *-a, -o* (形) 1. 참조 ubiti (se) 2. 단단한, 단단히 다져진, 꽉 채워진 (nabijen); *pred nama cesta široka, od ~a kamena* 우리 앞에는 돌로 포장된 넓은 길이 있다 3. 불쌍한, 가엾은, 비참한 (ubog, jadan, zlehud); ~*a sirotinja* 불쌍하고 비참한 가난한 사람

ubitačan *-čna, -čno* (形) 1. 죽음을 초래하는, 치명적인 (smrtonosan, poguban); *duvan je ~ po zdravlje* 담배는 건강에 치명적이다 2. 파멸을 초래하는, 파괴적인, 위험한 (štetan, opasan, razoran); ~*čna hladnoća i gubitak krvi - činili su svoje* 살을 에는듯한 추위와 출혈은 치명적인 결과를 초래했다; ~*čna vatra* 모든 것을 삼킬듯한 화재

ubiti *ubijem* (完) **ubijati** *-am* (不完) 1. (누구의) 생명을 빼앗다, (누구를)죽이다, 살해하다; (동물 등을) 도축하다, 사냥하다; ~ *kralja* 왕을 살해하다; ~ *nekoga nožem* 칼로 누구를 죽이다; ~ *svinju* 돼지를 도축하다; ~ *iz puške* 총살하다 2. (서리·우박 등이 농작물 등을) 완전히 망치다; *rani mraz ubije letinu* 이른 서리가 농작물을 망친다; *grȃd je ubio useve* 우박이 농작물을 망쳤다 3. 파멸에 이르게 하다, 파멸시키다, 파괴하다 (uništiti, razoriti); *ubili ga porezi i dugovi* 세금과 부채가 그를 파멸시켰다; *snagu svoju sam*

1355

proćerdao zbog tebe, karijeru ubio zbog tebe 너 때문에 내 정력을 낭비하고 너 때문에 내 커리어를 망쳤다; *ubilo ga je piće!* 술이 그를 망쳤다(술로 인해 그의 인생은 망가졌다) 4. 기진맥진케 하다, 탈진시키다; 괴롭히다, 힘들게 하다 (izmučiti, satrti); *ubi me ova beda* 이 가난이 나를 숨막히게 한다; *baš sam ožednio, ubi me ova vrućina* 정말 나는 목이 탔다, 이러한 더위가 나를 기진맥진하게 한다 5. 제거하다, 없애다; 가라앉히다, 멈추게하다 (otkloniti, lišiti nekoga(nečega)); ~ *moral* 도덕률이 없게 하다; ~ *žeđ* 갈증을 없애다; ~ *neprijatne mirise* 좋지 않은 냄새를 없애다; ~ *ponos* 자부심을 빼앗다; *to mi ubija svaku volju za rad* 그것은 내가 일할 의욕을 상실케 만든다 6. (죽도록·흠뻑) 때리다, 구타하다 7. (시간을) 헛되이 보내다, 낭비하다 8. 꽉 채우다 (nabiti, utabati); ~ *gumno* 탈곡장을 꽉 채우다 9. 맞추다, 명중시키다 (pogoditi); ~ *deset krugova* 10점 만점의 서클을 명중시키다; ~ *u centar* 가운데를 맞추다 11. (계란을) 깨다, 깨뜨리다 (음식을 준비하기 위해) 12. 멍들게 하다, 타박상을 입히다, 부상을 입히다 (꽉 조여) (nagnječiti, ozlediti); *ubiše ga čizme* 그는 부츠가 꽉 조여 발이 멍들었다; *ubiju me cipele* 구두과 꽉 조여 발이 통통 부었다 13. ~ **se** 자살하다 14. ~ **se** 부상을 입다 (povrediti se); ~ **se u prst** 손가락에 부상을 입다; *sve su se jabuke ubile pri transportu* 사과 전부가 운송중에 멍들었다 15. ~ **se** 서로 치고받다 (potući se, pobiti se) 16. ~ **se** ~에 열중하다, 노력하다; *ubi se učeći* 공부에 열중하다 17. 기타; *bog te ubio* (저주·욕설의) 죽어버려라; *jednim udarcem* ~ *dve muve* 일석이조(一石二鳥)이다; *na mestu* ~ 단 한 번에 죽이다 (부상없이); *ubij bože* 더 나빠질 수 없을 정도로 최악이다; ~ *boga u kome* 누구를 죽도록(실컷) 때리다; ~ *koga u pojam* 몹시 놀라게 하다, 기절초풍시키다; *kap ga je ubila* 뇌졸중이 일어났다; ~ *žicu (kod koga)* 누구를 속여 (무엇을) 얻다

ublataviti -*im*, **ublatiti** -*im*; **ublaćen** (完) 1. 진흙(blato)을 묻히다, 진흙으로 더럽히다, 더럽게 하다; ~ *noge* 발에 진흙을 묻히다; *mokra mu zemlja ... ublati celo lice* 그의 얼굴은 진흙으로 더럽혀졌다 2. (비유적) 수치스럽게 하다, (평판 등을) 더럽히다 (osramotiti, naružiti); ~ *nečije ime* 누구의 이름을 더럽히다 3. ~ **se** 진흙으로 더러워지다

ublažavanje (동사파생 명사) ublažavati; 경감, 완화, ~ *kazne* 형의 경감

ublažiti -*im* (完) **ublažavati** -*am*, **ublaživati** -*žujem* (不完) 1. (힘·완력·날카로움·거친 것 등을) 완화시키다, 경감시키다, 누그러뜨리다; ~ *žegu* 갈증을 좀 가라앉히다; ~ *strogost* 엄격함을 이완시키다; ~ *bol* 통증을 완화시키다 2. (태도·입장 등을) 누그러뜨리다, 부드럽게 하다, 이완시키다, 융통성있게 하다; ~ *ljutitog sagovornika* 거친 대화 상대방의 태도를 누그러뜨리다; ~ *stav* 입장을 누그러뜨리다 3. (형벌·죄 등을) 경감시키다; ~ *kaznu* 형벌을 경감시키다 4. (自) 약해지다, 누그러지다, 잦아들다 (oslabiti); *mećeva ublaži* 눈보라가 약해진다

ublaživač 완충기, 완충작용을 하는 것; *opruge ~a* 완충 스프링

ubledeti -*im* (完) (안색이) 창백해지다, 핼쑥해지다; 빛을 잃다; *omršavala je i ubledela* 그녀는 살이 빠지고 안색이 창백해졌다; ~ *u licu* 얼굴이 창백해지다; ~ *na suncu* 태양이 빛을 잃다

ublizu (副) 1. 가까이에; *kuće su po selima dosta* ~ 마을마다 집들은 아주 가까이에 있다 2. 거의 (približno, gotovo); ~ *isti* 거의 같은(동일한)

ubljuvati -*ljujem* (完) 1. 토해(게위) 더럽히다 (zabljuvati) 2. ~ **se** 토해 더러워지다

ubod 1. (침·바늘 등 날카로운 물체로) 찌름, (벌·모기 등의) 쏘는 것, 무는 것; *smrt je došla od ~a nožem* 사인(死因)은 칼로 찔린 것이다; ~ *igle (iglom)* 바늘로 찌름; *zoljin* ~ 말벌의 쏨; ~ *u srce* 심장을 찌름; *rana od ~a* 자상(自傷) 2. (칼 등 흉기로 찌른) 상처, 부상, 자상(自傷); (칼 등으로 후벼파는 듯한) 예리한 통증, 격렬한 통증; *imao je na telu nekoliko ~a bajonetom* 총검으로 찔린 상처가 몸에 여러군데 있었다 3. (바느질 등의) 땀; (핀으로 뚫은 것 같은) 아주 작은 구멍 4. (비유적) 신랄한 말, 모욕 (žaoka, uvreda); *Vladimir oseti ~ uvrede* 블라디미르는 모욕적인 언사를 느꼈다

ubog -*a*, -*o* (形) 1. 매우 가난한, 극빈(極貧)한 (veoma siromašan); 불쌍한(jadan); ~ *prosjak* 매우 가난한 거지; *ovo je zemlja oskudna i* ~*a* 이 땅은 매마르고 척박하다 2. (명사적 용법으로) (男,女) 거지, 가난한 사람 3. 기타; ~*i dom* 고아원; ~*i đavo* 빈털털이, 매우 가난한 사람; *svaki* ~*i dan* 예외없는 일상의 나날들

ubogaljiti -im (完) 1. 불구로 만들다, (신체적) 병신으로 만들다 (osakatiti); *priroda ga beše ubogaljila* 자연이 그를 불구로 만들었다; *ne raspravljaj više sa njim, može te ubogaljiti* 더 이상 그와 논쟁을 하지 마라, 그가 너를 병신으로 만들 수도 있다 2. ~ se (신체적) 불구가 되다, 병신이 되다

uboj 멍, 멍든 자국, 타박상

ubojica (男,女) (V. -o & -e) 1. 살인자 (ubica) 2. 걸핏하면 시비거는 사람, 주먹을 휘두르며 시비거는 사람 (kavgadžija); *imala je običaj ... i da se potuče, jer je bila poznata kao ~* 그녀는 주먹질하는 버릇이 있었기 때문에 깡패로 유명했다 ubojičin (形)

ubojit -a, -o (形) 1. 죽이는, 죽일 수 있는, 살해할 수 있는, 살인할 수 있는; *~a puška* 살해할 수 있는 총기; *~a glava* (미사일의) 탄두 2. 날카로운, 거친, 난폭한, 잔인한; 분기탱천한; *njegov je pogled ~* 그의 시선은 날카로웠다

ubojnī -ā, -ō (形) 1. 전쟁의, 전투의, 군사용의 (bojni, ratni); *~o oružje* 군사 무기, 전쟁 무기; *teška ~a kola grohoću* 전투용 중장비 차량들이 덜커덕거린다; *~ krik* 공격 함성; *~a pesma* 군가(軍歌) 2. 살인의, 살상용의 (ubojit) 3. 호전적인, 전투할 준비가 되어 있는 (borben); *~ kopljanici* 전투할 만반의 준비가 되어 있는 창병(槍兵)

ubojnica (주로 한정사적 용법으로, 여성 명사와 함께) 전투용 무기 (총·칼 등의)

ubojnik 전사(戰士), 병사 (ratnik, borac)

ubojstvo 참조 ubistvo; 살인, 살해

ubokoriti se -im se (完) (식물 등이) 덤불모양으로 자라다, 가지를 치며 자라다

ubosti ubodem; ubo, ubola; uboden, -ena (完) 1. (칼이나 뾰족한 것 등으로) 찌르다, 찔러 부상을 입히다; (벌의 침, 모기의 주둥이로) 쏘다, 물다; *~ nož u zemlju* 땅에 칼을 찔러 박다 2. (비유적) 찌르다, 건들다 (어떤 유쾌하지 못한 사건이나 말 등으로) 3. ~ se 찔리다, 찔려 부상을 입다; *~ se nožem* 칼로 찔리다, *~ se u tlo* 땅에 박히다

uboškī -ā, -ō (形) 가난한, 빈곤한(ubog, bedan); 빈자(貧者)의, 가난한 사람들의 (siromaški, sirotinjski); *siromasi ... su preseljeni iz ~e dome* 빈자들은 빈자의 집에서 이주했다

uboštvo, uboština 가난, 빈곤 (siromaštvo, beda)

ubožnica 1. 구빈원(救貧院), 빈자의 집; 양로원 2. 가난한 여자 (siritica)

ubožničkī -ā, -ō (形) 가난한 사람의, 빈자(貧者)의; ~ dom 빈자의 집, 구빈원(救貧院)

ubožnik 1. 가난한 사람, 빈자(貧者), 거지 2. 구빈원 거주자, 구빈원에 기거하는 사람

ubradač (男), ubradača (女) 머릿수건(머리에 둘러쓴 후 턱밑에서 묶는) (povezača); *starica je rogljem ~a kradom utrla suzu* 노파는 머릿수건 끝자리로 몰래 눈물을 훔쳤다; *žene u crnim ~ama* 검은 머릿수건을 한 여인네들

ubradati -am (完) 1. 턱수염을 기르다; 턱수염이 나다 (obradati) 2. (옥수수의) 수염이 나다

ubraditi -im (完) 1. 머릿수건(ubradača)을 쓰게 하다 2. (비유적) (누구를) 기만하다, 속이다 (prevariti, nasamariti) 3. ~ se (자기 머리에) 머릿수건을 하다(쓰다) 4. 기타; ~ se bez ubradače 과음하다, 술을 많이 마시다

ubrajati -am (不完) 1. 포함하여 계산하다 (uračunavati) 2. ~로 분류하다, ~의 범주에 넣다 (uvršćivati); *u zabavni deo ubrajao bi izlete u prirodu* 야외 소풍을 오락 부문으로 분류하고 싶다

ubrašnjaviti -im (完) 1. 밀가루를 쏟다, 밀가루를 뿌리다, 밀가루를 쏟아 더럽히다; ~ kosu (lice) 머리(얼굴)에 밀가루를 뿌리다 2. ~ se 밀가루가 쏟아지다, 밀가루로 더럽히다

ubrati uberem; ubrao, -ala; ubran; uberi (完) 1. (나물·꽃 등을 꺾어) 따다, 뜯다, 꺾다; ~ cvet 꽃을 꺾다 2. (곡물·과일 등을) 수확하다 (obrati, nabrati); *uberi jednu kotaricu grožđa* 한 바구니의 포도를 따라(수확하라); ~ letinu 추수하다 3. (빛·세금 등을) 거두다, 거둬 들이다 (naplatiti, uterati); ~ porez 세금을 거두다; ~ dug 빚을 받다 4. 기억하다 (zapamtiti); *sve što ti kazujem dobro u pamet uperi* 내가 너에게 말하는 모든 것을 잘 기억해둬라 5. 기타; ~ lovore (lovorike) 명성(명예)을 얻다

ubrati uberem (完) (얼굴 등에) 주름이 생기게 하다; (옷 등에) 주름이 지게 하다; ~ suknju 치마에 주름을 잡다

ubrazditi -im (完) 1. 밭고랑(brazda)을 갈다, 밭을 갈다, 밭을 갈기 시작하다 2. 어떠한 일이 시작되게 하다; ~ u trgovinu 상업활동이 일어나게 하다 3. (비유적) 자기 의지대로 일을 밀고 나가다 (다른 사람의 의견과는 상관없이); *kad on ubrazdi, ne vredi pričati* 그가 자기 뜻대로 밀고 나갈 때는 아무리 이야기해봐야 소용없다

ubrisati -šem (完) 1. 닦다, 닦아내다, 훔치다 (깨끗하게 하기 위해) ~ vlagu 습기를 닦아

Ù

내다; ~ *nos* 콧물을 훔치다(훔쳐내다) 2. (비유적) (*koga*) 속이다, 기만하다 (prevariti, nasamariti); *ubirsaše ga za nagradu* 상품을 준다고 그를 속였다 3. ~ *se* 닦아 깨끗해지다; ~ *se ručnikom* 수건으로 닦아 깨끗해지다 4. ~ *se* (생각한 것이) 일어날 것이라고는 기대하지 않다; 아무것도 얻지 못하다 5. 기타; ~ *nos kome* 나무라다, 꾸짖다; ~ *se za nešto, zbog nečega* 아무것도 얻지를 못하다, 완전히 속다

ubrizgač (약물 등의) 주사기; (액체·가스 등의) 인젝터, 주입기

ubrizgati -*am* (完) **ubrizgavati** -*am* (不完) (약물을) 주사하다; (액체·가스 등을) 주입하다; ~ *nekome injekciju* 누구에게 주사하다; ~ *tečnost u venu* 정맥에 주사액을 주사하다; ~ *drogu* 마약을 주사하다

ubrojati -*im*; ubrojan, **ubrojiti** -*im* (完) 1. 포함하여 계산하다 (uračunati); *u prihod valja* ~ *i današnji priliv novca* 오늘 들어온 돈까지도 수입에 포함시켜 계산해야 한다 2. ~로 분류하다, ~의 범주에 포함시키다 (uvrstiti); *u prijatelje sam ubrojao i vas* 당신도 친구의 범주에 포함시켰습니다; *mi ga ne ubrojamo u svoje* 우리는 그 사람을 우리 사람으로 간주하지 않는다

ubrojiv -*a*, -*o* (形) 계산할 수 있는, 셀 수 있는, 정상적으로 생각할 수 있는 (uračunljiv); *pokojnik je počinio samoubojstvo ... u ~om stanju* 고인은 정신이 온전한 상태에서 자살했다

ubrus 수건, (일반적으로 손·얼굴을 닦는) 천 (ručnik, rubac, peškir)

ubrzan -*a*, -*o* (形) 1. 참조 ubrzati; 빨라진 2. 빠른, 빨라진; 빈번한; ~ *i voz* 급행 열차; ~ *puls* 빠른 맥박

ubrzanje (동사파생 명사) ubrzati; 가속(加速)

ubrzati -*am* (完) **ubrzavati** -*am* (不完) 1. 속도를 높이다, 가속(加速)하다; 서두르게 하다, 촉진하다; *upućen je Skoplje sa zadatkom da ubrza radove* 작업을 서두르라는 사명을 가지고 스코페에 파견되었다; ~ *radove* 작업을 서두르다 2. (što) 좀 더 빠르게 마치도록(실현되도록, 일어나도록) 하다; *ljudi ... bi hteli da ubrzaju rešenje* 사람들은 좀 더 빠른 해결책을 원했다; ~ *presudu* 재판을 보다 신속히 진행하다 3. 좀 더 빈번해지다 (učestati); *od toga lepog jutra ubrzaše sastanci njihovi* 그 화창한 아침부터 그들의 만남은 보다 빈번해졌다 4. 발걸음을 재촉하다, 서둘러 가다; ~ *korak* 발걸음을 재촉하

다 5. 말을 빨리하다 6. ~ *se* 빨라지다, 빨리 일어나다(생겨나다) 7. ~ *se* 빈번해지다

ubrzo (副) 곧, 머지않아; *umrla je* ~ *posle oca* 아버지의 사망 후 얼마있지 않아 죽었다

ubuduće (副) 앞으로, 장래에, 미래에; ~ *pazi šta radiš* 앞으로는 무슨 일을 하는지(어떻게 행동하는지) 조심해라

ubuđati se -*am se* (完) 곰팡이(buđa)가 피다

ubusati se -*a se* (完) 덤불모양으로 자라다, 가지를 치며 자라다 (ubokoriti se); *ubusalo se žito* 곡물이 무성하게 자랐다

ucediti -*im*; uceđen (完) **uceđivati** -*đujem* (不完) (과일 등의) 즙을 짜넣다; ~ *limun u čaj* 레몬을 짜 차(茶)에 넣다

ucena 1. 공갈, 협박 (ucenivanje, iznuđivanje) 2. (공갈·협박으로 뜯어낸) 돈, 금품; 갈취한 금품; *tražiti (izrnuditi)* ~*u* 금품을 요구하다(뜯어내다) 3. (정부가 범인 체포를 위해 주는) 현상금, 보상금; *raspisati* ~*u* 현상금을 걸다; ~ *nečije glave* 누구의 목에 걸린 현상금

uceniti -*im*; ucenjen (完) **ucenjivati** -*njujem* (不完) 1. 공갈치다, 협박하다; 협박하여 금품을 갈취하다; *ona vucibatina je ucenio ovu ženu, preteći joj da će je kompromitovati* 그 불량배는 그녀에 대해 나쁜 소문을 낼 것이라고 협박하면서 그녀를 공갈쳤다 2. (범법자를 잡기 위해) 현상금을 걸다; *tvoju su glavu ucenili s dve hiljađe dukata* 네 목에 2천 금화의 현상금이 걸렸다; ~ *nečiju glavu* 누구의 목에 현상금을 걸다

ucenjivač 공갈범, 협박범; 갈취범 **ucenjivački** (形); ~*o pismo* 협박 편지

ucepiti -*im*; ucepljen (完) **ucepljivati** -*ljujem* (不完) 접목하다, 접붙이다 (nakalamiti)

uckati -*am* (不完) 1. (누구를 물로써 개를) 흥분시키다, 부추키다, 선동하다 2. (비유적) ~에게 반(反)하는 언행을) 선동하다, 부추키다

ucmekati -*am* (完) (嘲弄) 죽이다, 죽도록 패다 (ubiti, umlatiti); *predaj se bolje s mirom, jer ću te inače* ~ *kao kera!* 좋게 말할 때 항복해, 안그러면 개패듯이 때릴 테니까!

ucrtati -*am* (完) **ucrtavati** -*am* (不完) 1. (특수 문자로 보통의 텍스트를) 쓰다, 새기다, 표시하다; *veliki događaji iz novije i starije istorije ucrtani su u kalendare crvenim slovima kod svih naroda* 근대사와 고대사의 큰 사건들은 모든 민족들에서 붉은 글씨로 달력에 표시되어 있다 2. (이미 그려진 것에) 덧그리다, 덧긋다

ucrvati se -*am se* (完) 참조 ucrvljati se

ucrvljati se *-am se* (完) 1. (썩어가면서) 구더
기(crv)가 생기다; *kako da se ne ucrvlja
rana* 어떻게 하면 상처에 구더기가 생기지
않을까 2. (비유적) 따분해지다; (호기심, 기
대감으로 인해) 견딜 수 없게 되다, 참을 수
없게 되다; *od sinoć pismo nosim, a ne
znam da ga čitam, pa se ucrvljam* 어제 저
녁부터 편지를 가지고 다니지만 (글을) 읽을
수 없어 답답하다(견딜 수 없다)

ucvasti *-atem* (完) ucvateti *-tim* (不完) 꽃을
피우다, 꽃이 피다; 꽃으로 덮이다

ucveliti *-im* (完) 1. 애통하게 하다, 슬프게 하
다 (ožalostiti, rastužiti) 2. ~ se 슬퍼지다,
애통해지다

uciviliti *-im* (完) 참조 ucveliti

uča (男), učo *-a* & *-ē* (男) (愛稱) učitelj; 선생
님(쌤)

učac *-čca* 참조 vučac

učađaviti *-im* (完) 매연이나 그을음으로 검게
되다 (počađaviti)

učahuriti se *-im se* (完) učahuravati se *-am
se* (不完) 1. (누에 등 애벌레 등이) 고치
(čahura)를 만들다 2. (사회로부터) 담을 쌓
고 살다, 세상과 등지고 살다, 격리된 생활
을 하다, 자기만의 세상을 고집하다; 옛 방
식을 고집하다

učas (副) 즉시, 곧 (odmah, ubrzo)

učaurenost (女) (사회로부터) 고립·격리된 상태

učen *-a*, *-o* (形) 1. 참조 učiti 2. 배운, 학식이
있는, 학교를 다닌; ~ *čovek* 지식인 3. 학
문의, 학문에 기반한 (naučni); ~*o društvo*
학문 세계

učenik 1. 학생 (đak); ~ *osnovne škole* 초등
학생; ~ *gimnazije* 김나지움 학생(고등학생);
~ *ekonomske škole* 상업고등학생 2. 도제
(徒弟) (šegrt) 3. 제자, 문하생; *Aristotelovi
~ici* 아리스토텔레스의 제자들 4. (宗) 사도
(使徒) (apostol); *Hristovi ~ici* 예수의 사도
들

učenjačkī *-ā*, *-ō* (形) 참조 učenjak; 학자의,
과학자의, 지식인의

učenjak 참조 naučnik; 학자, 과학자

učenje 1. (동사파생 명사) učiti; 공부, 공부하
는 것; ~ *stranih jezika* 외국어 공부 2. 이
데올로기; 신학; 학문 3. 연습, 훈련
(vežbanje, obuka); *kad sam se vratio sa
~a, ... a ja onako s konjem pravo u selo* 훈
련에서 돌아왔을 때, ... 나는 말을 타고 마을
로 곧 바로 (갔다)

učesnik 참가자, 참석자, 참여자; ~ *u diskusiji*
토론 참가자; ~ *pokreta (revolucije)* 운동

(혁명) 참여자; ~ *u ratu (rata)* 전쟁 참가자;
~ *u buni* 봉기 참가자; ~ *u anketi (ankete)*
설문 참여자

učestalost (女) 빈도, 빈도수, 횟수; ~ *disanja*
호흡 횟수; ~ *pokreta* 움직임의 빈도

učestan *-a*, *-o* (形) 1. 참조 učestati 2. 빈번한,
매우 잦은 (čest, vrlo čest)

učestao *-ala*, *-alo* 1. 참조 učestati 2. (文法)
~*ali glagoli* 반복동사(단속적으로 되풀이되
는; kuckati, lupkati, preplivati, javljati se
등의 동사들)

učestati *-am* (完) 1. 빈번해지다, 잦아지다; *u
novinama učestaše dopisi* 신문에 (특파원)
기사들이 빈번하게 실렸다; *učesta sevanje i
tutnjava* 천둥번개가 빈번해진다; *učestale
su kiše* 비가 빈번하게 내렸다 2. 빈번하게
(무언가를) 행하기 시작하다

učestvovati *-vujem* (完,不完) ~에 참여하다(참
가하다); ~ *u nečemu* ~에 참가하다; ~ *na
kongresu* 콘퍼런스에 참가하다; *učestvovao
je u svim većem bitkama svog odreda* 그는
자기 분대의 모든 큰 전투에 참가했다

učešće 1. (공동의 일 등에의) 참가, 참여;
uzeti ~ u nečemu 에 참가하다; *mladićevo
~ u razgovoru je raslo* 청년들의 대화 참여
는 증가하였다; ~ *građana na poslednjim
izborima* 마지막 선거에의 시민들의 참여 2.
(어떤 일이 일어나는 곳에의) 참석; (시장 등
에서의) 점유, 점유율; ~ *u tržištu* 시장 점유
율 3. 영향, 영향력 (upliv, uticaj) 4. 동정,
연민, 공감 (saosećanje); 애도, 유감
(saučešće, sažaljenje)

učetvero, učetvoro (副) 4명이 공동으로;
uradili smo to ~ 4명이 공동으로 참여하여
그것을 하였다

učetverostručiti, učetvorostručiti *-im* (完) 1.
4배로 강하게(세게, 크게) 하다 2. ~ se 4배
로 강하게(세게, 크게) 되다

učevan *-vna*, *-vno* (形) 1. 교육받은, 교양있는,
지식있는 (školovan, obrazovan, učen) 2.
학교의, 수업의 (školski, nastavni)

učilište (廢語) 참조 škola; 학교; *svečano je
otvoreno bogoslovno ~* 성대하게 신학교
개교식이 있었다

učilo 수업 자료, 교재; *zbirka školskih ~a* 학
교 교재들의 집합

učin *-a*, *-o* (形) 선생님(uča)의, 선생님 소유의

učin 1. 행해진 것, 하여진 것 (čin, delo) 2. 효
과, 효능, 영향 (učinak, efekat) 3. 결과
(posledica); *gledala je neposredno u ~
svoje pesme* 그녀는 자기 노래의 영향을 직

U

접 보았다 3. (廢語) 사실 (činjenica) 4. (가죽의) 무두질 (činjenje, štavljenje); *dati kožu na ~* (가죽을) 무두질하다

učinak *-nka* 1. (일의) 결과, 결과물, 산출물; *nagrađivanje po ~nku* 성과급, 성과에 따른 보상 2. 효과; 영향 3. 행동, 행위 (čin, postupak)

učinilac *-ioca* 행위자, 행위를 한 사람(보통은 범법 행위를 한)

učiniti *-im* (完) 1. 만들다 (napraviti, načiniti); *u komadu kartona učinjena su dva niza rupica* 두꺼운 판지 조각에 두 개의 작은 구멍이 만들어졌다; *~ sanduk* 궤짝을 만들다; *~ odelo* 옷을 깁다 2. 준비하다, 마련하다 (spremiti, prirediti); *tast ... se sa zetom pomiri, a onda učine pir* 장인은 사위와 화해한 후 연회를 준비한다 3. (어떠한 행동·행위·일 등을) 하다, 행하다, 완수하다; *ona učini nekoliko koraka* 그녀는 몇 걸음을 떼었다; *učinio je nekoliko pokušaja da ga reši* 그것을 해결하려는 몇 번의 시도를 했다; *~ pokret* 움직임을 행하다 4. 인상을 남기다; 결과를 초래하다; *neki dublji dojam na nju ... nisam mogao ~* 나는 그녀에 대한 그 어떤 깊은 인상을 받지 못했다 5. (돈·명성·지위 등을) 얻다, 획득하다, 도달하다 (zaraditi, steći); *možeš i novaca ~* 너는 돈도 벌 수 있을 것이다 6. (nekoga nečim, 드물게 nekoga nešto) 누구를 무엇으로 임명하다; *Knez Ilija se preda Turcima, i oni ga učine obor-knezom* 크네즈 일리야는 터키 당국에 항복했으며, 그들은 (그 댓가로) 그를 촌장으로 임명했다; *~ poslanika ministrom* 국회의원을 장관으로 임명하다 7. 돕다, 도와주다 (pomoći); *voleo je svakom ~* 모든 사람들을 돕는 것을 좋아했다; *~ nevoljniku* 곤경에 빠진 사람을 도와주다 8. 해(손해)를 끼치다; *a šta ti je učinio?* 무슨 해를 끼쳤느냐? 9. 말하다 (reći, izreći); *pali! - učini komandir* 사격! - 이라고 지휘관이 말했다 10. (가죽을) 무두질하다 (uštaviti) 11. ~ se ~인체 하다 (napraviti se, načiniti se); ~가 되다; *Marija se učini da ništa nije čula* 마리야는 아무것도 못 들은체 한다; *on se učini bolestan* 그는 아픈척 한다 12. ~ se ~인 것 처럼 보이다 (pričiniti se, prikazati se); *meni se Ana učni neobično lepo* 내게 아나는 아주 예뻐 보인다 13. ~ se 일어나다, 발생하다 (dogoditi se, desiti se); *ništa ne znam šta se učinilo* 무슨 일이 일어났는지 아무 것도 모른다 14. 기타; ~

volju (po volji) 복종하다, 순종하다; *~ duši mesta* 선행을 행하다; *~ očima (na koga)* 눈으로 누구에게 신호를 보내다; *~ sebi (od sebe) što* 자살을 시도하다(자살하다)

učionica 교실

učitelj 1. (학교의) 교사, 선생님; (일반적으로 뭔가를 강의하는) 선생님; *~ osnovne škole* 초등학교 선생님; *~ stranih jezika* 외국어 선생님; *~ plesa* 춤 선생; *domaći ~* 가정교사 2. (무엇인가를 배울 수 있는) 선생님 **učiteljica**; **učiteljski** (形); *~a škola* 사범학교

učiteljevati *-ljujem*, **učiteljovati** *-ljujem* (不完) 선생님이 되다, 교사로서 일하다

učiteljica 여교사, 여선생님

učiteljka 1. 참조 učiteljica; 여교사, 여선생님 2. 선생님의 아내(부인)

učiteljovati *-ljujem* (不完) 참조 učiteljevati

učiteljskī *-ā*, *-ō* (形) 참조 učitelj

učiteljstvo 1. (집합체로서의) 선생님들 2. 교사직(職)

učiti *-im* (不完) 1. (nešto) 배우다, 공부하다; *učio sam Hegelovu filozofiju* 헤겔 철학을 공부했다; *vidi se da je nešto učio* 뭔가 배웠다는 것이 보인다 2. (학교 등을) 다니다 (pohađati); *s njim je ... učio u orijentalnoj akademiji u Beču* 그와 함께 비엔나의 동양 아카데미를 다녔다 3. (nekoga) (누구를) 가르치다, 지식을 전수하다; *~ đake* 학생들을 가르치다; *Ana, hoćeš da te učim srpski?* 아나야, 내가 너에게 세르비아어를 가르치기를 원하느냐?; *on nas uči matematiku* 그는 우리에게 수학을 가르친다 4. 충고하다, 설득하다 (savetovati, nagovarati); *Austrija je učila Turke da ne popuštaju* 오스트리아는 터키가 양보하지 말 것을 충고했다 5. 기타; *kako te bog uči* 아는데로, 재주껏; *~ knjigu* 읽고 쓰는 것을 배우다; *~ (koga) pameti* 누구에게 충고하다(쓸데없이); *~ školu* 학교를 다니다 6. ~ se 공부하다, 배우다

učkur 바지 끈 (svitnjak, gaćnik)

učlaniti *-im* (完) **učlanjivati** *-njujem* (不完) 1. (회원으로) 가입시키다 2. ~ se (회원으로) 가입하다, 회원이 되다; *~ se u federaciju* 연방에 가입하다

učmalost (女) 무기력, 권태, 답답함, 나태함; 활발하지 못함, 수동적인 태도 (mrtvilo, pasivnost, nepokretnost); *u svih naroda nailaze dani moralne posustalosti, učmalosti* 모든 사람들에게는 도덕적 피곤함과 무기력이 잠재해 있다

učmao, *-ala*, *-alo* (形) 1. 참조 učmasti,

učmati 2. (비유적) ~할 의향(의지)이 없는, 생기가 없이 죽어 있는, 무관심한; *~ala sredina* 생기없는 환경; *~ala palanka* 생기가 없이 죽은 소읍(小邑)

učmasti, učmanuti *učmanem*; *učmao, -ala*; **učmati** *učmem* & *učmam* (完) 1. (식물이) 시들다 2. (비유적) 무관심해지다, 심드렁해지다, 나태해지다, ~의 의지를 상실하다; (성장·발전이) 멈추다; *njegovi profesori smatrali su da je šteta da se takav latinac vrati i učma negde u Bosni* 그의 선생들은 그러한 지식인이 보스니아로 귀향해 어딘가에 파묻혀 자신의 재능을 썩힌다는 것이 아쉽다고 생각했다

učo *-a* & *-ē* (男) 참조 uča

učtiv *-a, -o* (形) 예의 바른, 공손한, 정중한; *~a osoba* 공손한 사람; *~o postupanje* 정중한 행동; *biti ~ prema nekome* 누구에 대해 예의 바르게 언행하다

učtivost (女) 공손함, 정중함, 예의 바름; 공손한 행동; *iz ~i* 예의상, 예의로

učvrstiti *-im*; *učvršćen* (完) **učvršćivati** *-ćujem* (不完) 1. 단단하게 하다, 딱딱하게 하다 2. 확실하게 하다, 확고히 하다, 강화하다; 조이다, 고정시키다; *~ šraf (disciplinu)* 나사를 조이다(규정을 확고히 하다); *~ položaj* 지위를 확고히 하다; *~ nekoga u kakvoj nameri* 누구에게 어떠한 의도를 확고하게 하다 3. *~ se* 단단해지다, 확고해지다, 강화되다

učvršćenje (동사파생 명사) učvrstiti; *dalje ~ prijateljskih veza* 친선관계의 지속적 강화

ućariti *-im* (完) 소득(ćar)을 올리다, 돈을 벌다, 돈벌이를 하다 (zaraditi); 이득을 얻다

ući *uđem*; *ušao, -šla* (完) 1. (방 등에) 들어가다(오다); *~ u sobu* 방에 들어가다; *~ u zemlju* 입국하다; *~ na vrata* 문을 통해 들어가다 2. (단체 등에) 들어가다, 가입하다; *~ u stranku* 정당에 가입하다 3. (어떠한 사회적 위치·지위·직위에) 오르다; *~ u Skupštinu* 국회에 들어가다(국회의원이 되다) 4. (어떠한 활동 등을) 하기 시작하다, ~에 참여하다(참가하다), 활동하다; *~ u posao* 일에 참여하다(일을 하기 시작하다); *~ u štrajk* 파업에 돌입하다; *~ u diskusiju* 토론하기 시작하다 5. 깊게 파고들어가다 (연구활동·생각 등의); *~ u analizu* 분석에 들어가다; *~ u suštinu* 본질로 파고 들어가다; *~ u detalje* 상세하게 들어가다 6. (인생 등의 특정 시기에) 들어가다, 시작하다; *~ u petu deceniju* 50대에 들어가다(50대가 시작되다);

on je ušao u četrdesetu 그는 40대에 들어갔다 7. 기타; *~ u glavu (nekome)* 1)누구에게 분명해지다, 이해하다 2)어떠한 생각에 사로잡히다; *~ u dušu (nekome)* 누구를 이해하다; *~ u kolosek* 익숙해지다; *~ u milost (nekome)* 누구에게 소중해지다; *~ u modu (u običaj)* 유명해지다; *~ u trag (kome, čemu)* (누구를, 무엇을) 찾다, 꼬리를 잡다; *~ u štampu* 인쇄에 넘겨지다, 인쇄중이다; *ušla mu voda u uši* 침착성을 잃다, 판단능력을 상실하다

ućušnuti *-nem,* **ućuškati** *-am* (完) (발 등으로) 밀다, 밀치다 (ugurati, uterati); *~ loptu u gol* 공을 골문으로 밀치다

ućutati (se) *-im (se)* (完) 1. 침묵하다, 입을 다물다, 말하는 것을 멈추다; *gde dvojica govore pa treći dođe, oni ućute* 두 명이 말하는 곳에 제 3의 인물이 오면, 그 둘은 말을 멈춘다 2. 소리내는 것을 멈추다, 조용해지다; *vetar se malo ućutao* 바람 소리가 조용해졌다

ućuteti (se) *-im (se)* (完) 참조 ućutati (se)

ućutkati *-am* (完) 1. (누구를) 침묵시키다, 입을 다물게 하다; *ume da je ućutka jednim pogledom* 한 번 봄으로써 그녀를 침묵시킬 수 있다 2. (비유적) 진정시키다, 누그러뜨리다 (umiriti, stišati); *~ savest* 양심을 진정시키다 3. *~ se* 침묵하다

ud *-ovi* 1. (사람의) 팔다리, 손발, 사지(四肢); (동물의) 다리 **udski** (形) 2. 남성의 성기(性器); *polni ~ovi* 생식기 3. 몸의 한 부분; (일반적으로) (전체의) 일부분

udadba (여자의) 결혼 (udaja, udavanje)

udahnuti *-nem* (完) 1. 숨을 들이마시다, 숨을 들이쉬다; *~ vazduh* 숨을 들이쉬다 2. (비유적) (어떠한 감정·영감·사상 등을) 주입하다, 불어 넣다; *volju nekome* 누구에게 의지를 불어 넣다

udaja (여성의) 결혼; *biti za ~u* 시집갈 정도로 컸다(성장하다)

udalj (副) (보통은 skok ~, skočiti ~ 형태의 숙어로) 멀리

udaljen *-a, -o* (形) 1. 참조 udaljiti (se); 멀어진 2. 먼, 멀리 있는 (daljek); *~a Rusija* 먼 러시아; *~a zvezda* 멀리 있는 별; *mesto je ~o svega tri kilometra* 장소는 총 3km 떨어져 있다 3. (시간적으로) 먼, 옛날의; *~a vremena* 먼 옛날 4. (친척 관계가) 먼; *~ rođak* 먼 친척 5. 낯선, 이방의 (stran, tuđ); *ona mu dođe nekako ~a* 그에게 그녀는 낯선 사람이다

U

udaljenost (女) 거리, 간격 (공간상·시간상 떨어져 있는, 친밀도 등의); *kolika je ~ između Seula i Londona?* 서울과 런던은 얼마나 떨어져 있느냐?

udaljiti –*im* (完) **udaljavati** –*am*, **udaljivati** – *ljujem* (不完) 1. 멀리 하다, (거리를) 떨어뜨리다; ~ *novine od očiju* 눈에서 신문을 멀리 하다(멀리 떨어뜨리다) 2. (어떤 사람을) 근처에 없게 하다, 쫓아내다, 떠나게 하다; ~ *ljude od mesta udesa* 사고 지점으로부터 사람들을 분리시키다 3. (직위·직장·단체·공동체 등으로부터) 쫓아내다, 해고하다, 면직하다, 제외시키다; ~ *iz igre* 게임에서 제외시키다(퇴장시키다); ~ *iz škole* 퇴학시키다 4. ~ **se** 떨어지다, 멀어지다, 멀리 가다, (멀리 가) 없어지다·사라지다; ~ *se sa trga* 광장에서 멀어지다; ~ *se od bolesnika* 환자로부터 떨어지다; *pucnjava se sasvim udalji* 총소리가 완전히 멀어졌다 5. ~ **se** (관심사·주제 등으로부터) 멀어지다 6. (관계 등이) 멀어지다, 소원해지다; *kako sam se ja udaljio od matete* 어머니와의 관계가 소원해졌다 7. 진화하다, 발전하다 (evoluirati)

udar 1. 때림, 타격, 강타 (udarac) 2. 울림 (어떤 물체를 흔들어서 나는), 치는 소리, 울리는 소리; (악기 등의) 연주 (sviranje, svirka); ~ *zvona* 종 소리 3. 맥박 (pulsa) 4. (바람 등의) 몰아침; 강풍; *s mora dune jači ~ vetra* 바다로부터 강한 바람이 휘몰아친다 5. (전기가 몸에 통하는) 감전 6. (지진 때 일어나는) 땅의 흔들림 7. 군사적 공격 (vojni napad, navala, juriš); (적군과 전투에서의) 패배 (poraz); *podnositi ~e neprijateljstva* 적의 공격을 견뎌내다; *dan pre ~a Turaka on o svemu obavesti komandira* 터키의 공격이 있기 하루 전 그는 모든 것에 대해 지휘관에게 보고했다; *pojedini odredi pretrpeli su teške udare* 몇몇 부대는 대패하였다 8. (비유적) 언어적 공격 9. 심각한 정신적 충격, 불행 10. (醫) (급격한 신체적 변화를 초래하는) 병 (뇌졸중, 일사병 등의); *sunčani ~* 일사병; *toplotni ~* 열사병; *moždani ~* 뇌졸중; *živčani (nervni) ~* 신경쇠약; *srčani ~* 심장마비; *toplotni ~* 열사병 11. (政) 정변(政變), 쿠데타; *državni ~* 쿠데타; *vojni ~* 군사 쿠데타 12. 기타; *od jednog ~a dub ne pada* 빠른 성공을 기대해서는 안된다; *na ~u (udarcu) (biti, naći se, nalaziti* 1)통행량이 빈번한 곳에 위치하다 *kuća je bila na udaru – svaki čas je*

neko nailazio 가옥은 사람들의 발길이 빈번한 곳에 있었다 – 매 시간 누군가가 왔다 2) 공격에 노출되다; *pod ~ (nečega) (doći, pasti, dospeti) ~*의 피해(손해)를 보다; ~ *sreće* 예상치 않은 행운; ~ *sudbine* 불행, 비극

udarac –*rca* 1. 가격, 타격, 때림; ~ *pesnicom* 주먹 가격; *zadati nekome ~* 타격을 가하다; ~ *sekirom* 도끼로 찍어내림; ~ *nogom* 발 타격; ~ *bičem* 회초리로 때림; ~ *laktom* 팔꿈치 가격; ~ *šakom* 손바닥으로 때림; ~ *miru* 평화 위협; ~ *kundakom (pendrekom, prutom)* 개머리판(곤봉, 회초리) 가격; *blag (smrtan) ~* 가벼운 (치명적인) 가격 2. (스포츠의) 킥, (테니스의) 스트로크; ~ *s ugla (iz kornera)* (축구의) 코너킥; *slobodan (kazneni) ~* 프리킥(페널티킥); *direktan (indirektan) slobodan ~* 직접(간접)프리킥

udarač 1. 강편치 소유자 (복싱 선수 등의) 2. 가격하는 것, 내려치는 것 (총의 방아쇠, 기계의 해머 등의)

udaraljka (音樂) 1. 스틱 (드럼 등의) 2. (보통은 복수 형태로) 타악기들(북·드럼 등의)

udaranje (동사파생 명사) udarati; 가격, 타격, 때림; *pravilno ~ srca* 규칙적 심장 박동

udariti –*im* (完) **udarati** –*am* (不完) 1. 때리다, 가격하다, 타격하다; *udario me nogom!* 나를 발로 찼다; *udari ga pesnicom po glavi* 얼굴을 주먹으로 때리다; ~ *nekoga po licu* 누구의 얼굴을 가격하다; ~ *dirku* 건반을 치다; ~ *nekome šamar* 누구의 뺨을 때리다 2. 명중하다, 부상을 입히다 (총·대포 등의 총알·포탄 등이); *a šta ćeš raditi ako te udari puška ili sablja* 네가 총칼에 맞으면 너는 어떻게 할꺼냐; *metak ga je udario u nogu* 총알이 그의 다리에 명중되었다 3. (번개·전기 등이) 몸 등을 관통하다; (번개에) 맞다, (전기에) 감전되다; *udarila ga struja, udario grom u ovce* 그는 전기에 감전되고 양들은 번개에 맞았다; *kao da me je grom iz vedra neba udario* 마른 하늘에 번개를 맞은 것처럼; *grom je udario u kesten u parku* 번개는 공원의 밤나무에 쳤다; *grom je udario u drvo* 번개가 나무를 쳤다 4. (종종 무인칭문으로) (뇌졸혈·뇌줄중 등이) 일어나다, 발생하다(신체 마비 또는 사망을 동반하는) (pogoditi, zgoditi); *kad me nije juče šlog udario* 어제 아침 내게 뇌졸중이 일어나지 않았을 때 5. (čime o što) ~으로 ~을 치다, ~을 ~에 내던지다 (tresnuti); 부딪치다(소리를 내면서); *on onda udari ularom o* zemlju 그는 고삐로 땅을 쳤다; ~ dlanom o dlan 손바닥과 손바닥을 부딪치다; ~ rukom o ruku 손과 손을 부딪치다; ~ pesnicom o sto 주먹으로 책상을 치다; talasi udaraju u (o) stene 파도가 바위에 부딪치다; konj udara kopitom u (o) zemlju 말이 말발굽으로 땅을 찬다; ~ veslom o dno 노로 바닥을 치다 6. (빠른 속도로 이동하면서, 떨어지면서) 부딪치다, 떨어지다 (pasti); ~ glavom o dovratak 머리를 문설주에 부딪치다 7. 공격하다 (napasti); dopreme topove kojima je odlučio na tvrđavu ~ 대포로 성(城)을 공격하기로 결정한 그러한 대포의 운송; udarili smo na Nemce 우리는 독일군을 공격했다 8. (비유적) (~에 대해) 반대하다, 신랄한 말을 하다; ~을 향해 돌진하다 9. (세금 등을) 부과하다, 징수하다 (propisati, nametnuti); na svaki prihod morao bi se pravedan porez ~ 모든 수입에 대해 정당한 세금이 부과되어야 한다; kralj ... udario velike poreze i danke na so 왕은 소금에 대해 많은 세금을 부과했다 10. (가격을) 정하다, 결정하다; kako ću ~ cenu kad nisam videla robe! 물건을 보지 않고 어떻게 가격을 정한단 말인가! 11. (현상금을) 걸다; Musolinijevci su ... udarili na njegovu živu ili mrtvu glavu novčanu ucenu 무솔리니의 사람들은 무솔리니를 생포하건 사살하건 간에 그의 머리에 현상금을 걸었다 12. (na muke, na krst, na kolac ...) 고통스럽게 하다(십자가에 못 박다, 몸을 막대기로 관통시켜 죽이다); sam sebe ~ na krst 스스로 십자가에 못 박다 13. 놓다, 두다 (staviti, metnuti, namestiti); ~ pečat (žig) 도장을 찍다; ~ slavinu u bure 베이컨을 통에 놓다; ~ temelj 기초를 놓다; ~ zakrpu 헝겊을 덧대어 깁다; ~ đonove na cipele 구두에 바닥을 덧붙이다 14. (못 등을) 박다 (ukucati, zabiti); ~ čavao u zid 못을 벽에 박다; ~ kolac u zemlju 말뚝을 땅에 박다 15. (옷 등을) 입다 (obući, navući); (장비 등을) 설치하다; još mi je ... draže što je Simeun na se udario taku odeću 시메운이 그 옷을 입은 것이 더 기쁘다; udario na ruke rukavice 손에 장갑을 끼었다; ~ sedlo na konja 안장을 말에 놓다; ~ šator 천막을 치다 16. (동사 또는 명사 보어와 함께) 한 껏 ~ 하기 시작하다, 정신없이 ~ 하다; ~ 하기 시작하다; (u nešto, po nečemu) 기분좋게(맛있게) 먹다(마시다); ~ u smeh 웃음을 터뜨리다; ~ u plač 울음을 터뜨리다; ~ u šalu 농담하

다; ~ u vrisku 고함을 치다; vi ste prvi udarili u pljačku 당신이 처음으로 강도질을 했습니다; spusti se u ... podrum i udari da diže ploče 지하실을 내려가 타일을 들어라; ~ po siru 치즈를 맛있게 먹다; ~ u vino 포도주를 기분좋게 마시다 17. ~ 쪽으로 가다 (향하다); ostaviše se puta, pa udariše preko njiva i livada 길 중간에 서서는 밭과 풀밭을 가로질러 갔다; udari napred žurnim korakom 발길을 재촉하며 앞으로 갔다; ~ kroz šumu 숲을 가로질러 가다; ~ najkraćim (pogrešnim) putem 최단거리로 가다(잘못된 길로 가다); ~ na Beograd 베오그라드를 향해 가다; ~ stazom 오솔길로 가다 18. (na nekoga, na nešto) 만나다, 발견하다 (naići, nabasati); naišla je slučajno ... i udarila na Ankin leš 우연히 갔으며 ... 안카의 시체를 발견했다 19. (비 또는 눈이) 내리기 시작하다, 퍼붓다; (바람·눈보라 등이) 강하게 불다, 휘몰아 치다; kiša kao iz kabla udari (바켓으로) 퍼붓는 듯한 비가 세차가 내린다; udarila božja mećava pa ne da oko otvoriti 눈보라가 세차 눈을 뜰 수가 없다 20. (추위·가뭄·질병 등이) 아주 심하다, 휩쓸다; udari zlo vreme, nemaš se gde skloniti 악천후가 계속되어 피할 곳이 없다 21. (눈물·피 등이) 콸콸 쏟아지다, 줄줄 흐르다 (poteći, linuti); krv mu udari u glavu 얼굴에 피가 쏟아진다; udarila mu je krv na nos 그의 코에서 코피가 쏟아졌다; suze su joj udarile na oči 그녀의 눈에서 눈물이 콸콸 쏟아졌다 22. 콸콸 쏟아져 나오다, 분출하다 (šiknuti) 23. (냄새·수증기 등이) 확 덮치다 (zapahnuti, zaduhnuti); ona otvori vrata ... vrućina udari, kao iz peći 그녀가 문을 열자 열기가 화로에서 나온 것처럼 확 몰려왔다 24. 연주하다 (zasvirati, odsvirati); zapevala je baš onu pesmu koju je Milan malo čas udario u tamburu 그녀는 조금 전 밀란이 현악기를 연주한 바로 그 노래를 불렀다; ~ u doboš 북을 연주하다(치다); ~ u harfu 하프를 연주하다; ~ u žice 현을 퉁기다 25. (glasom) 말하다, 강조하다 (istaći, naglasiti) 26. (na koga) (누구를) 닮다; udarila sva na svoju majku ... tanka je kao senka 그녀는 모든 것이 자기 어머니를 닮았다 ...(그림자처럼) 호리호리했다 27. 기타; udarila ga vedrica (čutura, šljivova grana) u glavu 그는 만취했다; udarila kola (ruda) u breg 어려움(난관)에 봉착하다; udarila mu vlast (slava) u glavu 거만해졌다; udarila

U

mu krv u glavu 자기 통제력을 상실했다; *udario tuk na luk* 두 고집쟁이가 다퉜다; ~ *brigu (muku) na veselje* 걱정을 잊다, 근심을 버리다; ~ *glavom o zid* 맨땅에 헤딩하다; ~ *koga po prstima* 손가락으로 쿡쿡 찌르다 (뭔가를 하려는 것을 못하게); ~ *koga po džepu* 누구에게 많은 비용을 지출하게 하다; ~ *tačku (na nešto)* 마치다, 끝내다, 중단하다; ~ *temelje čemu* ~의 기반(기초)을 놓다; ~ *u oči* 1)눈에 들어오다 2)면전에서 이야기하다; ~ *na sva zvona* 공표하다, 일반에게 알리다

udarnī *-ā, -ō* (形) 1. 결정적 한 방을 가하는, 타격의; 때리는, 치는; 긴급한;~*a brigada* 타격대; ~ *grupa* 타격조; ~*a vest* 긴급 속보; ~*a igla* (총포의) 공이 2. 돌격 작업반원의 (udarnik)의

udarnik 돌격 작업반원 (사회주의 생산 시스템에서 작업에 매진하는) **udarnički** (形); ~*a brigada* 돌격 작업반

udati *-am* (完) **udavati** *udajem* (不完) 1. (za koga) (딸·여동생 등을) 결혼시키다, 시집보내다; ~ *ćerku za nekoga* 딸을 누구와 결혼시키다; *roditelji je silom udaju za bogatog ćiftu* 부모는 그녀를 부자 고리대금업자에게 강제로 시집보냈다; *sestru je udao u drugo selo* 여동생을 다른 마을로 시집보냈다 2. ~ **se** (여성이) 결혼하다, 시집가다; *udala se za advokata* 그녀는 변호사와 결혼했다 3. 기타; *kako sam se nadala dobro sam se udala* 그리 녹록하지 않은 상황에서 성공적으로 일을 마쳤을 때 하는 말

udav (動) 보아뱀

udavača 결혼할 나이가 된 처녀, 혼기(婚期)가 찬 처녀

udavati (se) *udajem (se)* (不完) 참조 udati (se)

udaviti *-im* (完) 1. 목을 조르다, 질식시키다; 질식시켜 죽이다 (zadaviti) 2. 물에 빠뜨려 죽이다 (utopiti) 3. 숨이 턱턱 막히도록 못 살게 굴다; 많이 괴롭히다 (따분한 이야기로); *kukao je kako ga udavi malarija* 말라리아가 그를 얼마나 지치게 했는지 투덜거렸다

udavljenik 물에 빠진 사람, 익사자 (davljenik, utopljenik)

udebljati (se) *-am (se)* (完) 뚱뚱해지다, 살이 찌다

udeliti *-im; udeljen* (完) **udeljivati** *-ljujem* (不完) 1. 보시하다, 자선하다; *prosjacima pred crkvom, koliko ih god ima, udeli* 교회 앞에 걸인들이 몇 명이 있더라도 그는 그들에게

보시한다 2. 선물하다 (darovati, pokloniti)

udenuti *-nem* (完) **udevati** *-am* (不完) 1. (뭔가 좁은 틈(구멍 등)을 통하여 끌어당기다; ~ *konac u iglu* 바늘에 실을 꿰다 2. ~ **se** ~에 들어가다 (ući gde, uvući se); 섞이다 (umešati se); ~ *se u procep* 갈라진 틈 속으로 들어가다; ~ *se u masu* 대중속에 섞이다

udeo *-ela* (男) 1. (여러 사람이 나눠가지는 것의) 몫, 지분; (작업·일 등의) 몫, 공헌, 공헌도, 참여, 참여도 (učešće); *nema udela u očevini* 상속 지분이 없다; ~ *u dobiti* 이익 지분; *imati udela u nečemu* ~에 몫(지분)이 있다, ~에 참여하다; *koliko je njegov ~ u izradi tih zakona, teško je reći* 그러한 법률의 제정에 그의 공헌도가 얼마나 되는지는 말하기 곤란하다; *doprineti svoj ~* 자신의 몫을 하다 2. (시장 등의) 점유, 점유율 (učešće); *uzeti udela (u čemu)* 점유하다 3. (토지의) 구획, 필지 (parcela, deonica)

udeonik, udionik ~의 몫(지분)을 가진 사람; 참여자, 참가자

udeoništvo, udioništvo ~에의 공동 참여; 각자의 지분을 갖는 체계 (akcionarstvo)

udes 1. (좋지 않은, 불행한) 사건, 사고; *saobraćajni* ~ 교통 사고; *doživeo je* ~ *sa kolima* 그는 자동차 사고를 당했다 2. 불운, 불행 (nesreća); *zadesio ga je strašan* ~ 그에게 끔찍한 불행이 일어났다 3. 운명, 숙명, 팔자 (sudbina)

udesan *-sna, -sno* (形) 적당한, 적합한, 알맞은 (podesan, pogodan, prikladan); ~*sna prilika* 적당한 기회; ~ *vetar* 적당한 바람

udesan *-sna, -sno* (形) 운명적인, 숙명적인, 치명적인 (sudbonosan, sudbinski, fatalan); ~ *kob* 숙명적 운명

udesetostručiti (se) *-im (se)* (完) 열 배로 증가시키다(증가되다), 열 배로 되게 하다(되다)

udesiti *-im; udešen* (完) **udešavati** *-am* (不完) 1. 치장하다, 꾸미다, 단정하게 하다, 손질하다 (srediti, doterati); ~ *kosu* 머리를 단정히 하다; *sve sam udesio* 내가 모든 것을 장식했다; ~ *stan* 집을 꾸미다 2. 준비하다, 마련하다 (prirediti, spremiti); ~ *veselje* 파티를 준비하다; *unapred* ~ 사전에 준비하다; ~ *sastanak* 미팅을 준비하다 3. 조정하다, ~에 (적합하게) 맞추다, 적응시키다 (podesiti, prilagoditi); ~ *ponašanje* 처신을 (상황에) 알맞게 하다; ~ *nešto po nečijem ukusu* 무엇을 누구의 입맛에 맞게 맞추다 4. 조율하다(보통은 악기를) (naštimovati); ~ *klavir* 피아노를 조율하다 5. (뭔가가 실현되도록)

가능케하다, 조작하다; *sudija udesi da domaćin pobedi* 심판은 홈팀이 승리케 하였다; *udesićemo tako da izgleda kao da smo slučajno počeli taj razgovor* 그 대화가 우연히 시작되었다고 보여지게 끔 하게 할께 6. 곤란한(어려운) 상황에 처하게 하다, 파멸시키다; *lepo si udesio stvar!* 일을 정말 꼬이게 만들었다!; *dobro su nas udesili, teško da se izvučemo* 그들이 우리를 참으로 곤궁한 상황에 처하게 하였으며 우리는 그러한 것으로부터 헤어나오기가 어려웠다 7. 일어나다, 발생하다 (zadesiti, snaći); *udesi ih neka luda sreća* 그들에게 엄청난 행운이 일어났다 8. ~ se 꾸미다, 장식하다, 치장하다; *čim se udesio, iziđe da se prođe gradom* 치장하자 마자 시내를 통해 가려고 나갔다 9. ~ se (비유적) 과음하다, 술취하다 (napiti se, opiti se) 10. ~ se (na koga) 만나다

udesti *udenem* & *udedem* (完) 참조 udenuti

udešavati (se) *-am (se)* (不完) 참조 udesiti (se)

udeti *udenem* (完) 참조 udesti

udevati *-am* (不完) 참조 udenuti

udica 낚싯바늘; *staviti mamac na ~u* 낚싯바늘에 미끼를 끼우다; *zagristi (progutati) ~u* 미끼를 물다

udičar 낚시꾼; *za ~a je šaran vrlo zanimljiva riba* 낚시꾼에게 잉어는 아주 흥미로운 물고기다

udičica (지소체) udica

udiditi se *-im se* (完) 조각상처럼 서 있다, 가만히 서 있다 (ukipiti se)

udika, udikovina (植) 인동과(科) 가막살나무속(屬)의 관목; 비부르눔 란타나(Viburnum lantana)

udilj (副) 1. 항상, 끊임없이 (stalno, neprestano, uvek); *~ pevati* 끊임없이 노래하다 2. 즉시 (odmah); *~ shvatiti* 곧바로 이해하다

udionik 참조 udeonik

udioništvo 참조 udeoništvo

udisaj 한 번에 숨을 들이쉬는 공기량; 흡입

udisanje (동사파생 명사) udisati; (숨을) 들이쉼, 들숨

udisati *-šem* (不完) (숨을) 들이쉬다

uditi *-im* (不完) **nauditi** (完) ~ *nekome* 누구에게 해를 끼치다, 손상을 입히다 (škoditi); *to ti udi zdravlju* 그것은 네 건강에 해를 끼친다

uditi *-im* (不完) 1. 긴 토막(udo)으로 자르다, 덩어리로 자르다 (고기·도축된 가축을); (일반적으로) 토막으로 자르다, 덩어리로 자르다; *ode mojoj kući da udi meso* 고기를 덩어리로 자르러 우리 집에 간다 2. (고기를) 훈제하여 건조하다

uditi *-im* (不完) 1. 열망하다, 갈망하다, 간절히 바라다 (čeznuti) 2. 약해지다 (slabiti, venuti); *još od prošle jeseni majka udi, vene, gubi se* 지난 가을부터 어머니는 힘을 잃고 약해졌다 3. 소리지르다, 꽥꽥거리다 (돼지·개 등 동물 등이); *svinje ude* 돼지들이 꽥꽥거린다

udiviti *-im* (完) **udivljavati** *-am* (不完) 감탄케하다, 탄복하게 하다 (zadiviti); *njegovo tajanstveno pričanje udivi braću* 그의 비밀스런 이야기는 형제들을 감탄케 했다

udjel 참조 udeo

udlaga (醫) (접골 치료용의) 부목(副木); *staviti ~u* 부목을 대다

udno (前置詞, + G) (장소를 나타냄) ~의 밑에, 밑바닥에, ~의 기슭에; *staviti nekoga ~ stola* 누구를 책상 밑에 두다; *sedeti ~ stola* 책상 발치에 앉다; *~ sela* 마을 기슭에

udo 1. 사지(四肢) (ud) 2. (고기의) 조각, 덩어리 (훈제하기 위해 덩어리로 잘라 놓은); *~ mesa* 고기 덩어리

udoban *-bna, -bno* (形) 편한, 편안한, 안락한 (povoljan, pogodan, prijatan); *~bna fotelja* 편안한 안락의자; *~ stan* 안락한 아파트

udobnost (女) 편안함, 안락함

udobriti *-im* (完) 1. (다른 사람이) 기분이 좋아지게 하다, 기쁘게 하다 (odobrovoljiti); ~ *muža* 남편을 기쁘게 하다 2. ~ se 좋아지다, 기분이 좋아지다 (podobriti se); *nadao se da će se ona udobriti* 그녀가 기분이 좋아질 것을 기대했다

udobrovoljiti *-im* (完) 1. (누군가) 기분이 좋게 하다, (누구를) 기쁘게 하다 (odobrovoljiti) 2. ~ se 기뻐하다, 기분이 좋아지다

udolica (지소체) udolina

udolina 계곡, 골짜기 (dolina)

udomiti *-im*; *udomljen* (完) **udomljavati** *-am* (不完) 1. (딸·누이 등을) 결혼시키다, 시집보내다 (udati); *jednu je kćer udomio* 딸 한 명을 시집보냈다 2. ~ se 시집가다, 결혼하다(여자가) (udati se) 3. ~ se 가정을 이루다, 일가를 이루다; 앞으로 살 것을 장만하다; *udomio se napokon, zakupio nešto zemlje* 마침내 가정을 이뤄 약간의 땅을 장만했다 4. ~ se 편안함을 느끼기 시작하다, 익숙해지다; *osećao sam da se već udomio u sobi* 벌써 방에서 편안함을 느끼기 시작했다

udostojiti *-im* (完) **udostojavati** *-am* (不完) (누

U

구를) 영광스럽게 하다, 영예롭게 하다, 존귀
하게 하다; 존경을 표시하다; ~ nekoga
svojom posetom (누구의 집에) 몸소 방문하
여 누구에게 존중과 존경을 표하다 2. ~ se
~하는 영예를 누리다, (윗사람이) 황송하게
도 ~해주다; udostojila se časti da joj car
kumuje 황제가 그녀의 대부(代父)가 되는
영예를 누렸다; nije se udostojila ni da mi
odgovori na pismo 그녀는 내 편지에 답을
하려 하지 않았다

udova 참조 udovica; 과부, 미망인

udovac -ovca 홀아비; u prvom spratu
stanovaše ... ~ sa kćerkom 홀아비가 딸과
함께 1층에서 살았다; beli ~ 생홀아비, 아내
와 별거중인 남자 **udovački, udovčev** (形)

udovčev -a, -o (形) 참조 udovac

udovica 과부, 미망인; reći ću im da sam ~,
da mi je muž u ratu poginuo 나는 남편이
전쟁에서 죽은 과부라고 그들에게 말하겠다;
bela ~ 생과부(자주 장기간 집을 비우는 남
편을 둔 아내) **udovičin** (形)

udovištvo 과부(홀아비) 신세

udovoljiti -im (完) **udovoljavati** -am (不完) 요
구(바람·희망·간청 등을) 만족시키다; ~
nekome želju 또는 ~ nečijoj želji 누구의
희망을 만족시키다; ~ nekome 누구를 만족
시키다; smatrao je da je udovoljio
potpisnicima raporta 그는 그것으로 보고서
서명자들을 만족시켰다고 생각했다; ~
zahtevu 요구를 만족시키다 2. ~ se 만족하
다, 흡족해하다 (zadovoljiti se)

udriti -im (完) 참조 udarati

udrobiti -im; udrobljen (完) **udrobljavati** -am
(不完) (빵 등을) 잘게 부숴 액체에 집어 넣
다(타다); ~ hleb u mleko 빵을 잘게 부숴
우유에 타다, 우유에 빵가루를 타다

udružen -a, -o (形) 1. 참조 udružiti 2. 연합의,
연합한, 통합된; 통일된; 공동의 (spojen,
združen, ujedinjen; zajednički, skupni); ~a
opozicija 연합 야당; ~ rad 공동 작업

udruženje 협회, 회(會), 연합 ; ~ književnika
문인 협회; ~ novinara 기자 협회; ~
građana 시민 연합

udružiti -im (完) **udruživati** -žujem (不完) 1.
(하나의 협회로·단체로) 연합하다, 결합하다,
통합하다; (상호 친밀도가) 가깝게 하다, 친
하게 하다; ~ snage (narod) 힘을 합치다(국
민을 통합시키다); ~ decu 아이들을 친하게
하다; trgovački pomoćnik, sa kojim me je
slučaj poduže vremena bio udružio 사건으
로 인해 내가 오랫동안 함께 같이 한 상업

조력자 2. ~ se (어떤 목적을 위해 하나의
단체로) 통합되다, 연합하다; 친하게 되다,
친하게 어울리다; ~ se u zadruge 협동조합
으로 통합되다

udruživanje (동사파생 명사) udružiti

udskī -ā, -ō (形) 참조 ud; 사지(四肢)의, 팔다
리의, 손발의

udubina 깊이 파인 곳(장소), 우묵 들어간 곳
(udubljenje)

udubiti -im; udubljen (完) **udubljivati** -ljujem
(不完) 1. (파서) 깊게 하다, 깊게 파다; ~
rupu 구멍을 깊게 파다; ~ korito potoka 개
울의 바닥을 깊게 파다; uzeo je jedan hleb
··· udubio u njega svoje krupne ... bele
zube 빵 하나를 잡아서는 자신의 크고 흰
이빨로 콱 물었다 2. (비유적) (학식·내용 등
을) 심오하게 하다, 깊게 하다; ~ znanje 지
식을 깊게 하다 3. (시선 등을) 뚫어지게 바
라보다; ~ oči u sagovornika 대답자를 뚫어
지게 바라보았다 4. ~ se 깊어지다, 깊게 패
이다; korito potoka se udubilo 개울의 하상
(河床)은 깊어졌다; reka se udubila u meko
tlo 강바닥이 무른 곳에서 강은 깊게 패였다
5. ~ se (일·생각 등에) 몰두하다, 몰입하다
(zadubiti se); ~ se u misli (u problem) 생
각(문제)에 몰두하다

udubljenje 깊게 함

udubljivati -ljujem (不完) 참조 udubiti

udugo (副) 1. 길이로 (u dužinu); ~ se
povećati 길이로 늘이다 2. 길게, 광범위하
게 (nadugo, preopširno) ~ pripovedati 길
게 이야기하다

uduhnuti -nem (完) 1. (불 등을) 불어 끄다; ~
sveću 촛불을 불어 끄다 2. 냄새를 풍기다
(바람·향기·악취 등이) 3. ~ se 꺼지다 (촛
불·등불 등이) (ugasiti se)

udupsti udubem; udubao, -bla; uduben (完)
참조 udubiti

udušiti -im (完) 1. 질식시키다, 숨막히게 하다;
약화시키다, 완화시키다 (ugušiti, udaviti,
prigušiti); preti mu da će ga ~ u vodi 물에
익사시킬 것이라고 그를 위협한다 2. (불 등
을) 끄다, 소화(消火)하다 (ugasiti); kad smo
udušili vatru ... dogovorimo se 불을 껐을
때 ... 약속했다 3. ~ se 질식하다, 숨막히다,
익사하다 (udaviti se, ugušiti se)

udvajati -jam (不完) 참조 udvojiti

udvarač 구애자, 구혼자

udvarati (se) -am (se) (不完) 구애하다, 구혼
하다; udvarao je devojci 처녀에게 구애했다;
spretno se udvarao ženama 능수능란하게

여자들에게 구애했다

udvoje (副) 1. 둘이 같이, 둘이 함께, 쌍을 이뤄; *šetati* ~ 둘이 함께 걷다(산책하다) 2. 둘로, 두 개로; *srce se cepalo* ~ 마음이 둘로 나눠졌다

udvojiti *-jim* (完) **udvajati** *-jam* (不完) 1. 두 배로 커지게 하다(증가시키다·강화시키다), 갑절로 커지다 (udvostručiti); ~ *pažnju* 관심이 두 배로 커지다; ~ *energiju* 에너지가 두 배로 증가하다 2. ~ *se* 두 배로 커지다 (증가되다, 세지다); *silina napada se udvoji* 공격력이 두 배로 증가되었다

udvoran *-rna, -rno* (形) 1. 세심히 배려하는, 조심스런, 사려깊은 (uglađen, uslužan, pažljiv); *svojim ljubaznim i ~rnim ponašanjem* 친절하고 세심히 배려하는 행동으로 2. 친절한, 공손한, 예의바른 (ljubazan, pristojan, učtiv)

udvorica (男,女) (복수는 女) 아첨꾼, 아부자 (laskavac, ulizica)

udvoriti se *-im se* (完) **udvoravati se** (nekome 또는 보어 없이); 아첨하다, 아부하다, 알랑거리다 (dodvoriti se); ~ *devojici* 처녀에게 알랑거리다; ~ *gazdi* 주인에게 아첨하다

udvostručiti *-im* (完) **udvostručavati** *-am*, **udvostručivati** *-čujem* (不完) 1. 두 배로 증가시키다(수·수량·세기·밀도 등을); ~ *broj* (*snagu, ljubaznost*) 수(힘, 친절함)를 두 배로 하다 2. ~ *se* 두 배로 되다, 갑절로 되다; *za pedeset godina stanovništvo se udvostručio* 50년 동안 인구는 두 배로 증가되었다

udžbenik 교과서; ~ *biologije (za biologiju, iz biologije)* 생물학 교과서

udžera 작고 쓰러져 가는 볼품없는 집, 판잣집 (čatrlja, potleuša, straćara)

udžerica (지소체) udžera

uđenje (동사파생 명사) uditi; 손해, 손해를 끼치는 것

uf (감탄사) 아~ (예상치 못한 불유쾌함 또는 견딜 수 없는 상태를 나타내는 감탄사)

ufačlovati *-lujem* (完) 붕대(fačla)를 감다, (일반적으로) 감다; *Jedna ... nosi ufačlovano dete* 한 여자가 붕대를 감은 아이를 안고 온다

ufanje (동사파생 명사) ufati se; 희망, 기대

ufati se *-am se* (不完) 참조 nadati se, verovati, uzdati se; 희망하다, 기대하다, 믿다 (보통은 신(神)을); *ufajmo u majku božju, Božice! ... neće nas ona zapustiti* 성모를

믿어 봅시다! ... 성모께서 우리를 그냥 두시지는 않을 것입니다

ufitiljiti *-im* (完) 1. 심지(fitilj)처럼 꼬다, 비비 꼬다 (보통은 콧수염을); ~ *brkove* 콧수염을 비비 꼬다 2. (비유적) 매우 약해지다, 매우 마르다; 기진맥진하다, 탈진하다, 축쳐지다 3. ~ *se* (심지처럼) 매우 가늘어지다; *šum vode ... bivao je sve tanji i tanji, pa se sasvim ufitilji* 물소리가 점점 약해져서는 결국에는 완전히 가늘어졌다 4. ~ *se* 치장하다, 차려입다 (doterati se, udesiti se)

ufrkati *-čem* (完) (콧수염·머리카락 등을) 비비 꼬다 (uviti, ukovrčiti)

ugađati (se) *-am (se)* (不完) 참조 ugoditi (se)

ugalj *uglja* 석탄 (ugljen); *mrki* ~ 갈탄; *kameni* ~ 무연탄; *drveni* ~ 목탄, 숯; ~ *plamenjač* 촉탄(燭炭) (기름·가스를 많이 함유한 석탄); *ložiti ugljem* 석탄으로 난방하다; *rudnik* ~*glja* 석탄 광산; *aktivni* ~ 활성탄; *živi* ~ 타고 있는 석탄 **ugljeni** (形); ~*a prašina* 탄가루 먼지; ~ *basen* 탄전(炭田)

uganuće (손목·발목 등의) 접지름, 삠 (iščašenje)

uganuti *-nem* (完) (특히 손목·발목 등을) 삐다, 접지르다 (iščašiti); ~ *nogu* 발목을 접지르다

uganjati *-am* (不完) 참조 ugoniti; ~로(~쪽으로) 몰다, 몰아가다 (uterivati); ~ *ovce u tor da se pomuzu* 젖을 짜기 위해 양들을 우리로 몰다

ugao *ugla; uglovi* 1. 각(角), 각도; *pravi (oštar, tup, opružen, ispupčen)* ~ 직각(예각, 둔각, 평각, 우각); *uporedni (spoljašnji, unutrašnji)* ~ 이웃각(외각, 내각); *depresioni (elevacioni)* ~ 내려본 각(올려본 각); *komplementan (suplementan)* ~ 여각 (보각); *odbojni* ~ 반사각 2. 구석, 모퉁이 (ćošak); ~ *u sobi* 방 구석; *na uglu* 모퉁이에; *za uglom* 목전의, 아주 가까운; *skrenuti iza ugla* 모퉁이에서 돌다 3. 기타; *mrtvi* ~ 사각, 사각지대; *vidni* ~, ~ *gledanja (posmatranja)* 시각

ugaonik 모퉁이 돌, 초석, 주춧돌; (비유적) 기초, 기반

ugar (男,女) 1. 휴경지, 휴한지(休閑地) (추수뒤 지력(地力) 향상을 위한); *ležati na* ~ 휴경하다, 농사를 짓지 않고 땅을 놀리다(지력 향상을 위해) 2. 경작 (oranje); *završiti* ~ 경작을 마치다, 휴경하다

ugarak *-arka* 타다 만 나무 토막, 타다 남은 나무

U

1367

ugariti *-im* (完) 휴경(休耕)하다(지력 향상을 위해), 땅을 묵히다

ugarnica 휴경지, 휴한지(休閑地)

Ugarska (歷) 헝가리 (Madžarska)

ugarskī *-ā, -ō* (形) (歷) 헝가리의

ugasit *-a, -o* (形) (색이) 어두운 (taman, mrk, zagasit); *na njima su odela ~ih boja* 그들은 어두운 색의 옷을 입었다

ugasiti *-im* (完) 1. (불 등을) 끄다, 소등하다; *~ vatru (sveću, sijalicu, lampu)* 불(촛불, 전등, 램프)을 끄다 2. (어떠한 감정을) 사라지게 하다 (ugušiti, suzbiti); (분노 등을) 삭이다, 가라앉게 하다; *da bih ugasio u njoj i najmanju sumnju* 그녀에게 그 어떠한 의심도 없애기 위해 3. 숨을 멈추다 4. 송두리째 없애다, 뿌리채 뽑다, 근절시키다; *mi moramo ... ~ svako njemačko ognjište otpora na Balkanu* 우리는 발칸반도에서 모든 독일의 저항 근거지를 완전히 제거해야 한다; *~ tradiciju* 전통을 없애다 5. 죽이다, 살해하다 (ubiti, usmrtiti) 6. 기타; *~ žeđ* 갈증을 해소하다(물을 마셔); *~ kreč* 생석회를 물에 섞다; *~ (kome) sreću* 누구의 행복을 짓밟다; *~ krsnu sveću (slavu, kuću, lozu, ognjište, rod, pleme)* 집안을 멸망시키다, 대(代)가 끊기게 하다; *~ motor* 엔진을 끄다 7. *~ se* (불이) 꺼지다 8. *~ se* 목숨을 잃다, 죽다; 빛을 잃다, 어두워지다; 힘을 잃다, 약해지다 9. *~ se* 사라지다, 없어지다; (출판물이) 폐간되다

ugasiv *-a, -o,* **ugašljiv** (形) 쉽게 꺼지는

ugaziti *-im* (完) 1. (u što) ~에 발을 내딛다, 밟다, 들어가다 (물·진흙탕 등에); *~ u blato (u vodu, u baru)* 진흙탕(물, 늪지)에 발을 내딛다(들어가다); *~ u zabranjenu zonu* 금지된 지역에 들어가다; *~ u tuđu zemlju* 남의 땅(나라)에 발을 들이다; *~ u rat* 전쟁에 돌입하다; *~ u kriminal* 범죄세계에 발을 들이다; *~ u nezahvalan posao* 달갑지 않은 일에 발을 들이다; *~ u petu deceniju* 40대에 들어서다; *~ u noć* 밤이 되다 2. (što) 밟다, 짓밟다; 밟아 뭉개다; *~ stazu* 오솔길을 밟다; *~ snegu* 눈을 밟다; *~ žito* 곡물을 밟아 뭉게 손상시키다; *~ mrava* 개미를 밟아 죽이다 3. (신발 등을 신어) 늘어나게 하다, 편안하게 하다; *~ čizme* 부츠를 신어 늘어나게 하다 4. 짓밟다(짓밟아 부상을 입히거나 아프게 하다); *~ nogu nekome* 누구의 발을 짓밟다; *~ nekoga* 누구를 짓밟다 5. *~*을 밟아 더러워지다 (보통은 오물 등을) 6. 기타; *~ u krv* 혈투를 하다, 혈투에 들어가다

ugibati se *-am se* & *-bljem se* (不完) 1. (무게을 못이겨) 굽히다, 숙이다, 휘어지다 (uginjati se, savijati se); *njiva se ugiba od roda* 들녘이 곡식 알맹이로 인해 고개를 숙였다 2. 파도처럼 출렁이다 (talasati se, njihati se); *stao pa gleda u kolo kako se ... previja i ugiba oko svirca* 가만히 서서 악사(樂士) 주변에서 구부렸다 폈다 하면서 파도처럼 출렁이는 콜로를 바라보았다 3. (kome) (고개를 숙여) 인사하다, 절하다 (klanjati se); 복종하다 4. (kome, čemu) 피하다, 회피하다; *kuda on prolazio, svak mu se ugibao* 그가 지나가는 곳마다 모든 사람들이 그를 피해갔다

uginuti *-nem* (完) 1. (동물이) 죽다 (lipsati, crći) 2. (비유적) 사라지다, 없어지다 (izgubiti se, nestati); *glas mu uginu u daljini* 그의 목소리는 멀리에서는 사라진다; *ova ustanova ubrzo je uginula* 이 기관은 곧 사라졌다

uginjati *-njem* (不完) 참조 ugnuti

uglačati *-am* (完) 1. 평평하게 하다(대패·다리미 등으로); 대패질 하다, 다리미질 하다; *~ rublje* 옷을 다리다 2. (일반적으로) 매끄럽고 평평하게 하다; 윤기나게 하다; *~ kosu* 머리를 윤기나고 반들거리게 하다; *~ cipele* 구두를 번쩍거리게 닦다 3. (비유적) (언어적으로) 다듬다 (doterati, ulepšati, srediti); *~ pesme* 시를 다듬다 4. *~ se* 윤기가 나다, 평평해지다; *prtina se uglačala* 다져진 눈길이 번들거렸다

ugladiti *-im* (完) 1. 매끈하게 하다, 광택나게 하다; 평평하게 하다; *rđa se prilepi za uglađeno gvožđe* 녹이 매끈거리는 쇠에 달라붙는다; *~ rubove daske* 판자 모서리를 매끈하게 다듬다 2. 빗질하다, 단정하게 하다(머리·수염 등을); *kosa mu je marljivo uglađeno* 그의 머리는 항상 단정하였다 3. 외모를 말끔하게 하다, 치장하다, 장식하다 4. *~ se* 자신의 외모를 단정하게 하다 (말끔하게 하다); *momci se ugladili, a cure nagizdale* 청년들은 옷을 단정하게 하고 아가씨들은 치장하였다 5. *~ se* 세련되다, 품위있게 행동하다, 좋은 습성과 행동양식을 가지다; *živi u gradu, ugladio se* 도시에 살면서 세련되었다

uglađen *-a, -o* (形) 1. 참조 ugladiti (se); 단정한 2. 겸손한, 공손한, 세련된, 친절한, 우아한 (ljubazan, otmen) 3. 교양있는, 학식있는 (civilizovan, prosvećen) 4. (문체 등을) 다듬은, 손질한 (doteran)

ugladeno (副) 친절하게, 세련되게, 공손하게, 겸손하게 (otmeno, ljubazno); *predstavi se vrlo ~ i slatko nepoznati* 알지 못하는 사람이 매우 세련되고 귀엽게 자기 소개를 한다

ugladenost (女) 친절, 세련됨, 공손함, 겸손; ~ *stila* 스타일의 우아함(세련됨)

uglancati *-am* (完) 광택을 내다, 반짝반짝 빛나게 하다 (uglačati); ~ *cipele* 구두를 반짝거리게 닦다

uglas (副) 1. 소리내어, 큰소리로 (glasno, naglas); *poče ridati uglas* 큰소리로 울기 시작하다 2. 한 목소리로, 모두 한꺼번에 (말하다, 소리지르다); *svi su ~ govorili* 모두 한꺼번에 말했다

uglast, uglat *-a, -o* (形) 1. 다각형의, 각이 많은 (ćoškast); ~*a zagrada* 꺾쇠괄호 2. (비유적) 모난, 별난, 이상한, 기이한; 투박한, 거친, 세련되지 못한 (nastran, grub; rogobatan, nedoteran); ~ *čovek* 모난 사람; ~*i stihovi* 투박한 운문

uglavičiti se *-im se* (完) (양배추·파 등의) 머리가 생기다, 둥근 모양의 형태를 갖추다

uglaviti *-im*; *uglavljen* (完) **uglavljivati** – *ljujem* (不完) 1. (~에) (움직이지 않도록) 단단히 박다(놓다), ~에 쑤셔넣다, 끼워넣다, ~에 고정하다; ~ *paoce na točku* 바퀴에 바퀴살을 끼워넣다; ~ *štalu između kuća* 집과 집 사이에 우리를 세우다; ~ *motku u zemlju* 땅에 말뚝을 박다 2. 합의하다, 상호 동의하다 (dogovoriti se); ~ *mir* 평화에 합의하다; ~ *sve detalje* 모든 세부적인 사항에 대해 합의하다 3. 정하다, 결정하다, 규정하다 (odrediti, propisati); ~ *program rada* 업무의 프로그램을 결정하다; ~ *vreme* 시간을 정하다 4. ~ *se* (보통은 비좁은 곳에) 끼워넣다, 꽉 끼다

uglavnom (副) 1. 주로, 대부분은, 대부분의 경우에; *članarinu je prikupljao, uglavnom, blagajnik* 주로 출납원이 회비를 거두었다; *oni su svi ~ isti* 그것들은 대부분 동일합니다 2. 간략히, 간단히 (ukratko); *mislim da ste, ~, sve rekli* 여러분들이 간단히 모든 것을 말한 것 같습니다; ~, *mi smo se izvukli!* 간단히 말해, 우리는 빠져나왔다

uglazbiti *-im* (完) **uglazbljivati** *-ljujem* (不完) 참조 komponirati; (곡을) 작곡하다

ugled 1. 평판, 명성, 신망, 호평; *imati (uživati)* ~ 명성을 얻다(누리다); *steći* ~ 명성을 얻다; *čovek od* ~*a* 신망이 높은 사람 2. 본보기, 모범, 사례; 모델, 샘플, 견본; *služiti (biti) za* ~ 본보기가 되다; *izraditi što po kakvom* ~*u* 어떠한 모델에 따라 만들다 3. 모방, 따라 함; *potaknuti na* ~ *koga* 누구를 따라하다 4. (주로 複數로) (民俗) 혼기가 찬 총각 처녀가 서로를 알기 위해(보기 위해) 모이는 모임

ugledan *-dna, -dno* (形) 1. 신망있는, 평판이 높은 (uvažen, cenjen); ~ *domaćin* 신망있는 주인 2. 눈에 잘 띄는 (istaknut, vidan); ~*dno mesto* 눈에 잘 띄는 곳 (잡지의) 3. 아름다운, 잘 어울리는 (lep, prikladan); ~*o odelo* 잘 어울리는 옷 4. 상당한, 많은 (povelik, zamašan, znatan); ~*dna svota* 상당한 쿼터(양) 5. 본보기의

ugledati *-am* (完) 1. ~을 보다, 바라보다, 쳐다보다; *pas je ugledao zeca* 개는 토끼를 바라보았다 2. ~ *se* (거울·물 등에 비친) 자신의 모습을 바라보다 3. ~ *se* (na(u) koga) (자신의 행동·처신 등을) (누구를 본보기 삼아) 누구를 따라하다, ~의 뒤를 따르다(따라가다); ~ *se na oca* 아버지를 본받아 (아버지를) 따라하다 4. 기타; ~ *svet* 1)태어나다 2)(책·서적·논문 등이) 출판되다

uglibiti *-im* 1. (nešto, 드물게 nekoga) 진창·수렁(glib)에 집어넣다(빠뜨리다) 2. ~ *se* 진창·수렁에 빠지다; ~ *se u blato* 진창에 빠지다 3. ~ *se* (비유적) ~의 수렁에 빠지다; ~ *se u dugove* 빚의 수렁에 빠지다; ~ *se u aferu* 스캔들의 소용돌이에 빠지다

uglobiti *-im*; *uglobljen* (完) **uglobljavati** *-am* (비좁은 사이로) 끼워넣다, 끼워넣어 꽉 끼게 하다(빠지지 않게 하다)

uglomer (반원형의) 각도기 (kutomer)

ugljar 1. 숯을 만들어 파는 사람, 숯장수 (ćumur, ćumurdžija) 2. 탄부(炭夫), 탄광 광부 (rudar)

ugljara 1. 숯가마 2. 석탄 야적장

ugljen 1. 참조 ugalj; 탄, 석탄 2. 목탄 연필 (스케치용의) 3. 타고 있는 석탄 (žar, žiška) 4. 기타; *živi* ~ 불잉걸, 활활 타고 있는 탄; *mrtvi* ~ 꺼진 석탄불; *crn kao* ~ 새까만, 완전히 검은

ugljendioksid 이산화탄소

ugljendisulfid 이황화탄소

ugljeni *-ā, -ō* (形) 1. 탄의, 석탄의; ~ *prah* 탄가루; ~*a peć* 석탄 난로 2. (化) 탄소의 (ugljenički); ~*a kiselina* 탄산; ~ *hidrat* 탄수화물

ugljenik 1. (化) 탄소(C) 2. 탄광(炭鑛)

ugljenisati (se) *-šem (se)* (完,不完) 탄화시키다(되다)

ugljenmonoksid 일산화탄소

ugljenokop 탄광
ugljevlje 1. 불잉걸, 지글지글 타고 있는 불(석
탄 또는 나무의) (žar) 2. 꺼진 불, 다 타지
않은 장작불 3. 기타; gasiti ~ (迷信) 점치다
(물에 석탄불을 던지면서 보는)
ugljik 참조 ugljenik; 탄소; ugljični (形)
ugljikohidrat 탄수화물
ugljikovodik 참조 ugljovodonik
ugljovodonik 탄화수소 ugljovodonični (形)
ugnati -am (完) ugoniti -im (不完) 강제로 몰
아넣다; ~ stoku u štalu 소를 우리로 몰아넣
다; ~ ovce u tor 양을 우리로 몰아넣다
ugnezditi se -im se (完) 1. 둥지(gnezdo)를 만
들다 2. (비유적) 편안하게 자리잡다(앉다),
좋은 자리를 잡다; ~ pored vatre (난로)불
옆에 편안히 자리를 잡다; njegova kuća se
ugnezdila na samoj obali 그의 집은 해안
바로 앞에 자리하고 있다 3. (비유적) 안착하
다, 뿌리를 내리다 (uvrežiti se, uhvatiti
koren); najgore je što se sumnja svuda
ugnezdila 제일 나쁜 것은 의심이 도처에 뿌
리를 내리고 있다는 것이다
ugnuće (땅이)꺼진 곳, 가라앉은 곳 (ulegnuće)
ugnuti –nem; ugnut (完) uginjati -em (不完) 1.
(보통은 어떤 표면에 압력을 가하여) 구부리
다, 휘다 (udubiti, iskriviti) 2. (고개 등을)
숙이다, 떨구다; (목을) 움츠리다 (낙담하여,
풀이 죽어) 3. (어깨를) 으쓱하다, 들썩하다
(뭔가 알쏭달쏭하거나 곤란한 경우에) 4. ~
se 휘어지다, 굽어지다 (압력을 받아 표면이)
5. ~ se 숙이다, 굽히다 (sagnuti se, saviti
se) 6. ~ se 물러나다, 물러서다, 후퇴하다
(povući se, odstupiti, ustuknuti)
ugnjaviti -im (完) 1. 으깨 부수다, 짓밟아 뭉
개다; 질식시키다, 숨막히게 하다 2. (비유적)
(재미없는 이야기를 길게 함으로써) 따분하
게 하다; ako ga upitaš za zdravlje,
ugnjaviće te pričom o lekovima 그에게 건
강에 대해 물어본다면, 약에 대해 길게 이야
기하여 너를 따분하게 할 것이다 3. 정복하
다, 정벌하다, 복속시키다 (potlačiti,
podjarmiti); jedna zemlja ne može dopustiti
da je druge ugnjave 한 국가는 다른 국가들
이 자신들을 정복하는 것을 허용할 수는 없
는 것이다
ugnječiti -im (完) 1. 으깨다; ~ krompir 감자
를 으깨다 2. 눌러 휘어지게 하다(구부리다,
쑥 들어가게 하다), 변형시키다; ~ vrh
cipele 구두 코를 휘게 하다 3. (비유적) 말
살하다, 탄압하다, 억압하다 (uništiti); ~
slobodu naroda 민중들의 자유를 말살하다

ugnjetač 압제자, 말살자, 탄압자, 억압자
(tlačitelj)
ugnjetavanje (동사파생 명사) ugnjetavati;
rasno ~ 인종 탄압
ugnjetavati -am (不完) 탄압하다, 억압하다
(tlačiti)
ugodan -dna, -dno (形) 편안한, 안락한; 즐거
운, 유쾌한 (udoban, zgodan; prijatan); ~
razgovor 즐거운 대화; ~ krevet 편안한 침
대; ~dno delo 선행(善行)
ugodba -ābā 1. 관심, 배려, 보살핌 (pažnja,
ugađanje); 만족시킴, 충족시킴; pored sve
njene dvorbe i ~e, svekrva ... ne beše
zadovoljna 그녀의 온갖 시집살이와 배려에
도 불구하고 시어머니는 만족해하지 않았다
2. (보통 複數로) 특혜, 특전; 좋은 조건, 호
조건들 (pogodnosti)
ugoditi -im (完) ugađati -am (不完) 1. (누구의)
희망·바람을 충족시키다(kome), (누구를) 만
족시키다(koga); ~ nekome 누구를 만족시키
다; gledao je da mu ugodi u svemu 모든 면
에서 그의 바람을 충족시키는 것을 바라보았
다; ne može čovek svima ugodi 모든 사람
을 만족시킬 수는 없다 2. 마음에 들다
(dopasti se, svideti se); danas nijedna ti
nije moja pesma ugodila 오늘은 내 노래가
한 곡도 네 마음에 들지 않았다 3. 이익이
되다, 이롭게 작용하다 (pogodovati); kiše
su ugodile žitu 비는 곡식에 단비가 되었다
4. 잘 맞춰 끼우다(놓다); ~ paoce na točku
바퀴살을 바퀴에 잘 끼우다 5. (목표 등을)
성취하다, 실현하다 (ostvariti, postići) 6. 있
는 그대로 보여주다, 정확하게 소개하다 7.
(피아노 등을) 조율하다 (naštimovati); ona
je svirala na klaviru ... koji je trebalo
ugoditi 그녀는 조율할 필요가 있는 피아노
를 연주했다 8. 화음을 넣어 노래하다; 한
목소리로 말하다; ~ pesmu 하모니에 맞게
노래하다 9. 합의하다 (pogoditi se,
sporazumeti se, ugovoriti); ~ obaveze 의
무에 대해 합의하다 10. ~ se 합의하다 11.
~ se 잘 어울리다, 관계를 잘 정리하다, 조
화를 이루다 (složiti se, uskladiti odnos);
majka i živi kod mene, ugodila se s mojom
ženom pa joj dobro 어머니는 내 집에서 나
와 함께 사시는데, 내 아내와 좋은 관계를
유지하면서 잘 산다 12. ~ se (無人稱文) 예
기치 않게 일어나다(발생하다) (desiti se,
dogoditi se); tako se ugodi da se tamo
sretosmo 우연히 우리는 그곳에서 만났다
ugodljiv -a, -o (形) 기꺼이 돕는; 배려하는,

친절한 (predusretljiv, susretljiv; pažljiv, ljubazan)

ugodnik 1. (宗) (종종 한정사 božji와 함께) 성직자, 하나님의 종; 성자 2. 신의 은총을 입은 사람

ugođaj 1. (사람의) 기분, 마음 (raspoloženje) 2. (직장·사회 등의) 분위기 (atmosfera)

ugojiti –*im* (完) 1. (잘먹여) 살찌우다, 살찌게 하다 2. (가축을) 사육하다 (utoviti) 3. ~ se 살찌다

ugojka (植) 브리오니아 (박과(科)의 덩굴풀)

ugonenuti –*nem* (完) (수수께끼 등을) 정확히 맞히다, 수수께끼를 풀다 (odgonetnuti)

ugoniti –*im* (不完) 참조 ugnati

ugor (魚) 바닷장어의 한 종류, 붕장어

ugostitelj (카페·식당·여관·호텔 등의) 서비스업자, 서비스 노동자(그러한 분야에서 종사하는) **ugostiteljski** (形)

ugostiteljstvo (카페·식당·여관·호텔 등의) 서비스업; 그러한 서비스업 건물(식당·호텔 등의)

ugostiti –*im*; ugošćen (完) **ugošćavati** –*am*, ugošćivati –*ćujem* (不完) (손님 등에게 음식을 내놓고) 접대하다, 대접하다; *ne znam uopšte da li ima što čim vas mogu ugostiti* 당신을 대접할 만한 것이 있는지 모르겠네요; ~ *prijatelje* 친구를 대접하다; ~ *gosta jelom* 손님에게 음식을 내놓으면서 대접하다

ugotica (魚) 대구의 일종인 작은 물고기

ugotoviti –*im* (完), **ugotovljavati** –*am* (不完) (음식을) 준비하다, 장만하다 (spremiti)

ugovarač 계약(협약·조약)자, 계약(협약·조약) 당사자

ugovarati –*am* (不完) 참조 ugovoriti

ugovor (法) 계약, 약정; 협정, 협약, 조약; ~ *o zakupu* 임차 계약; *sklopiti (potpisati, raskinuti)* ~ 계약을 체결하다(서명하다, 해지하다); ~ *o nepadanju* 불가침 조약; *mirovni* ~ 평화 협정; *pod ~om* 계약하에; *trgovački* ~ 무역 협정; *po ~u* 계약에 따라; *društveni* ~ 사회 계약(론); **ugovorni** (形); ~*a strana* 계약 당사자

ugovoren –*a*, –*o* (形) 참조 ugovoriti; 합의된; *na ~om mestu* 합의된 장소에서

ugovoriti –*im* (完) **ugovarati** –*am* (不完) 합의하다, 합의하여 결정하다; ~ *cenu rada* 노동 임금을 합의하다; ~ *tehničke pojedinosti* 기술적 세세함에 대해 합의결정하다; ~ *sastanak* 미팅에 합의하다; ~ *dan i čas* 날짜와 시간에 대해 합의결정하다

ugovornī –*ā*, –*ō* (形) 계약의, 합의의, 협정의; ~*a odredba* 계약 조항; ~*a strana* 협약 당

사자측

ugovornik 참조 ugovarač

ugrabiti –*im* (完) 1. (재빨리 남보다 먼저) 움켜쥐다, 낚아채다, 쓸어담다; *golman ugrabi loptu ispred napadača* 골키퍼는 공격수앞에서 (그들보다 먼저) 공을 낚아채었다 2. (기회·순간·찰나를) 잽싸게 잡다; *ugrabiše da se dogovore nasamo* 자신들끼리만 합의하기 위해 기회를 잽싸게 잡았다; *valja* ~ *mesto u vozu* 기차의 좌석을 잽싸게 차지하다 3. 빼앗어 갖다, 탈취하다; *ugrabimo im njihove položaje* 우리는 그들의 지위를 빼앗아 가졌다

ugraditi –*im*; ugrađen (完) **ugrađivati** –*đujem* (不完) 1. (벽 등에 가구 등을) 붙박이로 넣다, 빌트인 가구를 설치하다; (장비 등을 건물 등에) 설치하다; ~ *orman u zid* 벽에 장을 붙박이로 넣다; ~ *motor* 모터를 설치하다 2. (건축 재료로) 사용하다, 투입하다; ~ *beton u branu* 댐 건설에 시멘트를 사용하다 3. 세우다, 건설하다 (podići, izgraditi); ~ *temelje* 기반을 세우다

ugrađen –*a*, –*o* (形) 참조 ugraditi; 빌트인 (built-in) 된, 붙박이로 설치된; 설치된; ~ *frizider* 빌트인 냉장고; *motor je* ~ *napred* 엔진이 앞(부분)에 들어갔다

ugrejati –*em* (完) **ugrejavati** –*am*, **ugrevati** –*am* (不完) 1. (일정 온도까지) 온도를 높이다, 따뜻하게 하다, 데우다 (zagrejati); 온기를 느끼게 하다; 난방하다; ~ *vodu* 물을 데우다; ~ *jelo* 음식을 데우다; ~ *ruke* 손을 따뜻하게 하다; ~ *poslom nekoga* 일로 누구를 열나게 하다 2. 취기가 오르게 하다 (술이); *rakija beše jaka, brzo ga ugreja* 라키야가 도수가 강해 곧 그는 취기가 올랐다 3. (태양이) 강하게 내리쬐기 시작하다 4. (비유적) (za nešto) 흥미를 느끼게 하다; ~ *nekoga za politiku* 정치에 흥미를 느끼기 시작하다 5. 화나게 하다, 화를 돋우다 (naljutiti, raestiti); *ugreja me kad reče da nije kriv* 잘못한 게 없다고 그가 말하면 나는 화가 난다 6. ~ se 따뜻해지다; 몸이 따뜻해지다; ~ *se kraj vatre* 불가에서 불을 쬐다(몸을 녹이려고); ~ *se radeći* 일하면서 몸에 열이나다 7. ~ se 취기가 오르다(술기운으로 인해) 8. ~ se (비유적) 화나다; ~ *se zbog uvrede* 모욕감 때문에 화가 나다 9. ~ se (za šta) 흥미를 느끼다; ~ *se za fudbal* 축구에 흥미를 느끼다 10. 기타; ~ *mesto (slolicu)* 열심히 공부하다; ~ *tabane* 급히 떠나다, 발바닥에 땀나도록 급히 가다

1371

ugreznuti *-nem* (完) ~에 빠지다, 침몰하다, ~로 뒤범벅이 되다 (u nešto); ~ *u krv* 피범벅이 되다

ugristi *ugrizem; ugrizao, -zla; ugrizen, -ena* (完) **ugrizati** *-am* (不完) 1. (이빨로) 물다; 물어 상처내다, 덥썩 깨물다, 물어 뜯다; 한 입 베어 물다; ~ *jabuku* 사과를 한 입 베어 물다; ~ *za ruku* 손을 물다 2. (매운 맛 등이) 톡 쏘다, 얼얼하게 하다, 따갑게 하다; *luk ugrize za oči* 양파가 눈을 따갑게 한다 3. (비유적) 도발적인 말로 공격하다, 신경질을 돋우는 말로 집적거리다 (pecnuti, bocnuti) 4. ~ **se** 이빨로 자기 자신을 물다 5. 기타; ~ *za srce* 심히 모욕하다; ~ *se za jezik (za usnu)* (口語) 뒤늦게 자신의 생각없이 내뱉은 말에 대해 후회하다

ugriz 1. (이빨로 무엇인가를) 무는 것 (ujed) 2. (음식을) 한 입 베어 무는 것 (odgrizak, zalogaj)

ugrizak *-ska* (음식을) 한 입 베어 무는 것 (ugriz)

ugrizati *-am* (不完) 참조 ugristi

ugrizotina (이빨로) 문 상처

ugrk 1. (昆蟲) (소의 피를 빨아 먹는) 등에, 쇠등에 2. 쇠등에 때문에 발병하는 소의 질병

ugroziti *-im; ugrožen* (完) **ugrožavati** *-am* (不完) 위협하다, 위태롭게 하다, 위험에 빠뜨리다; ~ *nečiji opstanak* 누구의 생존을 위협하다; ~ *mir* 평화를 위태롭게 하다

ugrudati se *-am se*, **ugrudvati se** *-am se* (完) 한데 뭉쳐 덩어리가 되다, 덩어리지다

ugruhati (se) *-am (se)* (完) 참조 ugruvati se

ugrušak *-ška* (피 등의) 응고물, 덩어리; ~ *krvi* 혈전(血栓)

ugrušati *-am* (完) 1. (우유·혈액 등이) 굳어지게 하다, 덩어리지게 하다, 응고시키다; ~ *mleko* 우유를 응고시키다 2. ~ **se** 응고되다, 굳다, 덩어리지다

ugruvati *-am* (完) 1. (세게 때려, 세게 압박하여) 부상을 입히다, 타박상을 입히다, 멍들게 하다; ~ *rame* 어깨에 타박상을 입히다; *ove jabuke su ugruvane* 이 사과들은 멍들었다 2. 채워넣다, 장전하다, 밀어넣다 (nabiti, utisnuti); ~ *metak u cev* 탄환을 약실에 장전하다 3. ~ **se** (넘어지면서) 부상을 입다, 타박상을 입다, 멍들다 (nagnječiti se); *pao je i sav se ugruvao* 그는 넘어져 멍투성이가 되었다 4. ~ **se** (口語) (비유적) 실패하다

ugurati *-am* (完) 1. (무엇을·누구를) 밀어 넣다, 쑤셔 넣다; ~ *stvari u torbu* 물건들을 가방에 밀어 넣다; ~ *zatvorenika u ćeliju* 죄수를 감방에 처넣다; ~ *ključ u ključaonicu* 열쇠를 열쇠구멍에 밀어 넣다; ~ *auto u garažu* 차를 차고에 밀다; ~ *nos u tuđ posao* 남의 일에 참견하다 2. (사람을 어떠한 직책에) 밀다, 밀어 넣다; ~ *rođaka za sekretare* 친척을 비서로 밀다; ~ *nekoga na neko mesto* 어떠한 자리에 누구를 밀다 3. ~ **se** 밀치고 들어가다, 헤집고 들어가다; ~ *se u tramvaj* 밀치고 트램을 타다 4. ~ **se** 조이는 옷을 간신히 입다; ~ *se u pantalone* 다리를 바지에 쑤셔넣다 5. ~ **se** 요직을 차지하다; ~ *se u konzulat* 영사관에 쑤시고 들어가다

ugursuz 깡패, 깡패같이 행동하는 사람, 난폭한 사람, 불량배 (nevaljalac, obešenjak) **ugursuski** (形)

ugursuzluk 깡패 같은 행동, 난폭한 행동, 불량한 짓 (bezobrazluk, nevaljalstvo)

ugušenje (동사파생 명사) ugušiti; 1. 질식; 질식사, 질식사 시킴 2. 진압; ~ *pobune* 봉기 진압

ugušiti *-im* (完) 1. (독가스로) 죽이다; (목을 졸라) 질식시키다, 질식사시키다 2. (발전·성장을) 저해하다, 방해하다; (발전·성장 등의 조건을) 제거하다, 없애다; *korov uguši biljku* 잡초는 식물 성장을 저해한다 3. (소리를) 죽이다, 소리가 나지 않게 하다; *vetar uguši krik* 외침이 바람 소리에 파묻힌다 4. (화재 등을) 끄다, 진압하다; *seljaci pritrče i uguše vatru* 농부들이 달려와서 불을 끈다 5. (격한 감정 등을) 억누르다, 가라앉히다; ~ *ljutnju* 분노를 억누르다 6. (폭동 등을) 진압하다, 분쇄하다; ~ *bunu* 폭동을 진압하다 7. 금지시키다, 중단시키다; ~ *javnu reč* 공개 발언을 금지시키다 8. ~ **se** 독가스를 마셔 죽다; 질식사하다 9. ~ **se** 숨이 멎다 (음식을 삼키거나 물 등을 들이킬 때) 10. ~ **se** (말·소리 등이) 나오지 않다, 중단되다, 멈추다; *reč mu se uguši u grlu* 말이 목에 걸려 나오지 않았다

ugušivati *-šujem* (不完) 참조 ugušiti

uh (感歎詞) 아~ (예상치 않은 사태 등에, 불유쾌한 감정을 드러낼 때, 통증을 표현할 때)

uhabati (se) *-am (se)* (完) (오래 사용하여) 낡다, 해지다, 고장나다

uhance *-a & -eta* (지소체) uho; 귀(耳)

uhapsiti *-im* (完) (범인 등을) 체포하다, 투옥시키다, 감옥에 처넣다

uhapšenik (감옥의) 재소자, 죄수 **uhapšenica; uhapšenički** (形)

uhar (廢語) 참조 uvar; 이익, 이로운 것, 유익

한 것 (korist)

uharačiti −*im* (完) 세금(harač)을 부과하다; 자신의 지배하에 편입하다; *paša hoće da vas uharači* 파샤는 당신들에게 세금을 부과하려 한다

uhasniti se −*im se* (完) 이익(hasna)을 얻다

uhat −*a*, −*o* (形) (=uvat) 1. 귀(耳)가 큰, 큰 귀를 가진 2. 손잡이가 있는, 팔걸이가 있는 (그릇·광주리·안락의자 등의)

uhladiti −*im* (完) 냉각시키다, 차갑게 하다, 식히다 (ohladiti, rashladiti)

uhlebiti −*im* (完) 1. 밥벌이(돈벌이)를 할 수 있도록 일자리를 마련해 주다; 취직시키다, 고용하다 (zaposliti); *dosađivala je ministrima da uhlebe njene kumove i prijatelje* 그녀는 그녀의 지인들과 친구들에게 일자리를 알아봐 달라고 장관들을 귀찮게 했다 2. ~ se 일자리를 얻다, 취업하다 (zaposliti se)

uhleblje 일자리, 돈벌이를 할 수 있는 일

uho 1. 참조 uvo; 귀(耳) 2. 기타; ~ *svetoga petra* (魚貝類) 전복; *doći do čega kroz iglene uši* 바늘구멍을 통과하다, 바늘구멍을 통과하여 ~까지 다다르다; *magareće uši* 책 페이지 모퉁이를 접어 놓은 곳(나중에 읽을 곳을 쉽게 찾게 하기 위해); *oprati uši kome* 누구를 갈구다(질책하다); *pretvarati se (pretvoriti se) u* ~ 귀를 쫑긋세우고 주의깊게 듣다

uhobolja 참조 uvobolja; 귓병, 귀앓이, 이통 (耳痛)

uhoda (男) 1. 스파이, 정보원, 첩자 (špijun) 2. (하이두크를 숨겨주는) 은닉자 (jatak)

uhodan −*a*, −*o* (形) 1. 참조 uhodati se 2. 보통의, 통상적인, 정상적인 (običan, uobičajen, redovan, normalan); ~ *način* 통상적인 방법; *oni su zatražili neposredne pregovore zaobišavši ~i mahanizam birokratskog sindikalnog stroja* 그들은 관료화된 노조 시스템의 통상적인 메커니즘을 우회하여 직접 대화를 요구했다

uhodati se −*am se* (完) (일·사업 등이 별 문제 없이) 잘 굴러가다(진행되다), 본 궤도에 오르다; *posao se uhodao* 사업이 잘 진행되었다; *dok se aparat u reorganizovanim službama uhoda, može da prođe dosta vremena* 재조직화된 기관들에서 시스템이 잘 굴러가기 위해서는 많은 시간이 필요할 수도 있다; *kad se restoran u gradu uhoda, prodao bi sve što ima ... i sav novac ovde uložio* 시내에 있는 식당이 잘 굴러갈 때 가지고 있는 모든 것을 팔어 여기에 투자하고

싫어한다

uhoditi −*im* (不完) 1. 참조 ući 2. (누구를) 조심스럽게 뒤따라가다(미행하다), (무엇을) 세밀하게 관찰 조사하다 3. (누구를) 미행하여 정보를 수집하다, 스파이 활동을 하다 (špijunirati); ~ *nekoga* 누구를 미행하다, 누구를 미행하여 정보활동을 하다; *četnici su uhodili jednu ženu koja je nosila gerilcima hranu* 체트니크들은 게릴라들에게 음식을 날라다 준 한 여인을 미행하여 정보를 수집했다

uhođenje (동사파생 명사) uhoditi; 스파이 활동, 스파이 행위

uholaž (男), **uholaža** (女) 참조 uvolaža; 집게벌레

uhraniti −*im* (完) 1. 먹여 살찌우다 (ugojiti); (가축 등을) 사육하다 (utoviti); ~ *prase* 돼지를 사육하다 2. ~ se 살찌다, 뚱뚱해지다

uhvatiti −*im*; *uhvaćen* (完) 1. (보통 손으로) 잽싸게 잡다; ~ *pušku* 총을 잡다; ~ *loptu* 공을 잡다 2. 사냥하다, 사로잡다, 포획하다 (uloviti, ščepati); *Marko uhvati miša* 마르코는 쥐를 잡았다 3. 체포하다, 사로잡다 (uhapsiti, zatvoriti); ~ *begunca (neprijatelja)* 도망자 (적)를 체포하다 4. (어떤 상태나 상황에 있는 것을) 잡다, 붙잡다, 발견하다; *majka ga je uhvatila među mangupima* 어머니는 그(아들)가 망나니들 속에 섞어 있는 것을 붙잡았다; *uhvatim te još jedan put s njom, ubiću te* 다시 한 번 네가 그녀와 함께 있는 것을 붙잡으면 죽을 줄 알아라; ~ *lopova na delu* 현장에서 도둑을 붙잡다 5. (누가·무엇이 일정한 위치·상태에 있을 때) 일어나다, 발생하다; *na putu ih je uhvatila kiša* 그들이 길을 가고 있는 중에 비가 왔다; *na livadama će nas ~ zora* 우리가 초원에 있을 때 동이 틀 것이다 6. (뭔가 금지된 것, 숨겨진 것을) 찾다, 발견하다 (pronaći, otkiriti); *policija je uhvatila neke lažne dvodinarce* 경찰은 위조된 2디나르 화폐를 발견했다; ~ *tajne spise* 비밀문서를 발견하다 7. (자리·위치·줄 등을) 차지하다 (zauzeti); *uhvatismo mesto na klupi do prozora* 창가 옆에 있는 벤치 자지를 차지했다 8. 얻다, 획득하다, 가지다 (osvojiti) 9. (시간·기회 등을) 잡다, 포착하다 (ugrabiti) 10. (버스·기차 등을) 잡아 타다, 타기 위해 잡다; *potrčao sam na stanicu da uhvatim voz* 기차를 붙잡아 타기 위해 역으로 뛰었다 11. (공포·의심·열병 등이) 사로잡다, 휩싸이다 (obuzeti, osvojiti); *uhvati ga*

U

strah 공포심이 그를 사로잡았다 12. (질병·
감염병 등에) 걸리다; *nahladio se i uhvatio
groznicu* 감기에 걸려 열이 올랐다; ~ *grip*
독감에 걸리다; ~ *prehladu* 감기에 걸리다
13. 어떠한 결론에 다다르다; 깨닫다, 인식
하다, 알아차리다 (shvatiti, razabrati,
opaziti); *teško je bilo ~ šta govore* 그들이
무슨 말을 하는지 알아차리기가 어려웠다
14. 급격히 어떠한 상태에 휩싸이다; *štala
gori ... plastovi uhvatiše* 외양간에 불이 나
고 건초더미도 곧 불길에 휩싸인다 15. ~ se
(자신의 신체 일부분을) 잡다, 붙잡다;
uhvati se oberučke za kose 양손으로 머리
를 잡다; ~ *se za nogu* 발을 잡다 16. ~ se
(뭔가를) 붙잡고 있다; ~ *se za granu* 가지를
붙잡고 있다; *samo da se noktima uhvatim
nečega i da ne padnem u bedu* 가난의 구렁
텅이에 빠지지 않기 위해 간신히 버티고 있
다 17. 꼭 움켜쥐다 (latiti se, prihvatiti se;
mašiti se); ~ *se posla* 일을 받아들이다; ~
se za džep 주머니를 움켜쥐다; ~ *se za
pušku* 총을 움켜쥐다 18. ~ se (어떠한 방향
으로) 향하다, ~쪽으로 가다; *uhvatiše se
glavnoga puta* 큰길을 향해 갔다 19. ~ se
서로가 서로의 손을 잡다 20. ~ se (시간이)
되다, 시작하다 (nastati, nastupiti); *skoro
se uhvati prvi mrak* 곧 어두워질 것이다;
noć je već odavno uhvatila 밤이 된지는 벌
써 오래되었다 21. ~ se 형성되다, 만들어지
다 (stvoriti se, obrazovati se); *po krovu se
mahovina uhvatila* 지붕에 이끼가 끼었다;
po bari se uhvatila žabokrečina 늪에 수초
가 생겼다 22. ~ se (곡물 등이) 열리다, 열
매를 맺다; *šlive su se dobro uhvatile* 서양
자두가 많이 열렸다 23. 기타; *ne moći ~
čemu ni repa ni glave* 도저히 이해할 수 없
다; *uhvatilo ga* 그는 폭발하였다(분노 등이);
~ *vezu (s kim)* (누구와) 접촉하다, 연락하다;
~ *veru* 약속하다; ~ *maglu* 도망치다, 급히
사라지다; *uhvatilo ga piće* 그는 술취했다;
~ *smisao* 이해하다; ~ *trag (kome, čemu)*
(누구의, 무엇의) 꼬리를 잡다, 흔적을 발견
하다; ~ *u kandže (koga)* (누구를) 사로잡다,
생포하다; ~ *u sve četiri* (누구의) 비행과 거
짓을 찾아내다; ~ *se za skut (kome)* (누구의)
비호와 보호를 받다; ~ *se za trbuh (od
smeha)* 배꼽을 잡고 웃다; ~ *se kome volje*
누구의 마음에 들다; ~ *se u kolo* 1)콜로의
대열에 합류하다 2)(누구와) 어울리다

uigran -*a*, -*o* (形) 손발이 잘맞는, 팀워크가
좋은 (izvežban, usklađen); ~ *tim* 손발이 잘

맞는 팀; *tim je odlično* ~ 그 팀의 팀워크는
아주 훌륭하다

uigranost (女) 팀워크, 조직력 (izvežbanost,
usklađenost)

uigrati (se) -*am (se)* (完) (팀을 이뤄) 손발을
맞추는 훈련을 하다, 팀워크를 맞추다 (스포
츠팀, 연극단 등의)

uimati -*am & -mljem* (不完) 참조 ujmiti; (제
분소 주인에게 밀가루를 빻은 삯을 지불하다
(밀가루로))

uistinu (副) 정말로, 진실로 (stvarno, doista);
bio je ~ *dobar* 그는 정말로 훌륭했다;
njihova kuća činila se ~ *stara i trošna* 그들
의 집은 정말로 오래되고 낡은 것 처럼 보였다

uja 1. (숨바꼭질에서 다 숨고 난 이후 술래에
게 하는) 됐어!; *uja! uhvati me!* 됐어! 날 잡
아 봐라! 2. 멈춰, 멈춰 서, 정지 (stoj, stani,
prestani)

uja (男) (=ujo) (愛稱) ujak; 외삼촌

uja (女) 휴식 (odmor)

ujac *ujca* 참조 ujak

ujagmiti -*im* (完) 1. 가로채다, 낚아채다, 빼앗
다 (ugrabiti, zgrabiti, oteti); *zaleće se da
ujagmi sablju od sluge* 하인에게서 칼을 빼
앗으려고 돌진하였다 2. 정시(定時)에 도착
하다, 알맞게 도착하다, (누구보다, 무엇보다)
일찍 도착하다; 가능한 한 빨리 도착하다;
mi smo ujagmili, nismo pokisli 우리는 제때
에 도착하여 비를 맞지 않았다

ujahati -*šem* (完) **ujahivati** -*hujem* (不完) 1.
말을 타고 들어가다, 말타고 당도하다; ~ *u
selo* 말을 타고 마을에 입성하다; ~ *u
jarugu* 골짜기에 말을 타고 도착하다 2. (말
이 사람을 태우는 것에) 익숙하게 하다, 훈
련시키다; *konj skakač treba bezuslovno da
bude dobro ujahan* 날뛰는 말은 사람을 태
우는 것에 무조건 익숙해질 필요가 있다

ujak 외삼촌, 어머니의 남자 형제; *brat (sestra)
od ~a* 외사촌 **ujakov** (形)

ujaloviti -*im* (完) (숫킷 등을) 거세하다, 거세
시키다 (uškopiti, kastrirati); (비유적) 능력
을 상실시키다, 무능력하게 하다; ~ *bika* 황
소를 거세시키다

ujam *ujma* 1. 제분소 삯(밀가루를 빻고 그 댓
가로 내는 값(보통은 밀가루로로 지불함))
(ušur) 2. (일정한) 몫, 부분, 퍼센티지 (deo,
procenat); *treba da i ja uberem svoj ujam!*
나도 내 몫을 챙길 필요가 있다

ujamčiti -*im* (完) 보증하다, 보장하다, 확실히
하다 (osigurati, zagarantovati); ~ *pravo na
samoopredeljenje* 자결권을 보장하다 2. ~

se 보증을 서다, 보증의 의무를 지다; *ujamči se jedan za drugoga* 상호 보증을 서다

ujaraniti se *-im se* (完) 친구(jaran)가 되다

ujarmiti *-im* (完) (황소에) 멍에(jaram)를 씌우다; (비유적) 종속시키다, 예속시키다, 사로잡다; *dva velika bela vola, ujarmljena su u teška kola* 무거운 달구지에 묶여 있는 두 마리 큰 흰소

ujarmiti *-im* (完) 밀가루를 거칠게 빻다, 거친 밀가루(jarma)를 만들다

ujaviti *-im* (完) (양들을 우리 안으로) 몰다, 불러 모으다

ujčev (形) 참조 ujak; 외삼촌의, 외삼촌 소유의

ujčevina 1. 외가(外家), 외갓집 식구, 외삼촌의 가족 2. 외삼촌이 사는 곳 3. 외삼촌으로 물려받은 상속재산

ujdurisati *-šem* (完) **ujdurisavati** *-am* (不完) 1. 만들다, 제작하다 (napraviti); ~ *bure* 통을 만들다; *to je ujdurisao Lazar, on ti je majstor oko toga* 그것을 라자르가 만들었다, 그는 그러한 것에 대한 장인(匠人)이다 2. 장식하다, 치장하다, 꾸미다 (doterati, udesiti); ~ *nevestu* 신부를 치장하다 3. 준비하다, 마련하다, 조직하다 (prirediti, organizovati); ~ *susret* 미팅을 준비하다 4. (嘲弄) 속이다, 기만하다; (누구의) 등 뒤에서 ~을 하다 5. ~ **se** 치장하다, 꾸미다 (doterati se, urediti se)

ujdurma 기만, 사기, 속임수 (prevara, podvala, smicalica); *znamo mi te ... ~e, kuda se opštinski novac troši* 우리는 그런 사기 행각을 알고 있다 ... 군청의 돈이 어디에 쓰이는지를

ujed (개·모기·벌 등에) 물린 상처, 물린 자국, 쏘인 자국; 무는 것, 물린 것, 쏘는 것 (ugriz, ubod); ~ *psa* 개에 물린 상처, 개가 무는 것; *pčelin* ~ 벌이 침을 쏘는 것

ujedanput (副) 1. 동시에, 한 번에, 모두 한꺼번에 (u isto vreme, sve zajedno); *sve* ~ *izneti* 모든 것을 동시에 말하다(발표하다) 2. 갑자기, 예기치 않게 (iznenada, odjednom); ~ *se početi tresti* 갑자기 떨리기 시작하다

ujedati *-am* (不完) 1. 참조 ujesti 2. ~ **se** 서로가 서로를 물다 3. 기타; *ujedale su mene te buve* 나는 그 어려움(난관)을 알고 있다; ~ *(koga) za srce* 심히 모욕하다

ujedinilac *-ioca*, **ujedinitelj** 통일하는 사람, 통합하는 사람

ujediniti *-im*; **ujedinjen** (完) **ujedinjavati** *-am*, **ujedinjivati** *-njujem* (不完) 1. (여러 국가로 분열된 한 민족을 하나의 국가로) 통일시키다 2. 통합하다, 결합하다, 하나로 뭉치다, 단결시키다; ~ *stručnjake na nekom projektu* 어떤 프로젝트에서 전문가들을 하나로 뭉치게 하다 3. (無人稱文) 하나로 되다 (izjednačiti se); *treći dan kako sneg veje ... ujedinilo se bojom sve, i nebo i zemlje* 삼일 동안 눈발이 휘날리자 하늘과 땅이 하나로 하나로 되었다 4. ~ **se** (한 국가로) 통일되다, 통일하다 5. ~ **se** 하나로 합쳐지다, 같아지다

ujedinjen *-a, -o* (形) 1. 참조 ujediniti; 통일된, 통합된, 연합한, 단결된 2. (명칭들에서) 유나이티드; *Organizacija ~ih nacija* 국제연합기구; Ujedinjeno kraljevstvo 유나이티드 킹덤, 연합 왕국

ujedinjenje (동사파생 명사) ujedinjiti; 통일, 통합, 단결

ujedinjivati *-njujem* (不完) 참조 ujedinjiti

ujedljiv *-a, -o* (形) 비꼬는, 빈정대는, 비아냥거리는 (zajedljiv, sarkastičan); *čuje se kroz noć ženski,* ~ *glas* 밤새 내내 빈정대는 여자의 목소리가 들린다

ujednačiti *-im* (完) **ujednačavati** *-am* (不完) 1. 동일하게 하다, 똑같이 하다, 고르게 하다; ~ *dah* 숨을 고르게 하다; ~ *plate* 월급을 같게 하다; ~ *cene* 가격을 같게 하다; *ujednači vreće na samaru* 나귀에 실은 짐포대의 무게를 같게 하다 2. ~ **se** 변하지 않다, 안정되다 (ustaliti se, ne menjati se); *vreme se ujednačilo* 날씨가 변하지 않았다 3. ~ **se** 평등해지다, 동등해지다 (사회적으로, 권리 등에서) 4. (가치나 질적인 면에서) 균등해지다; *ekipa se prilično ujednačila* 팀은 대체적으로 고른 선수로 구성되었다

ujedno (副) 1. 동시에 (u isto vreme, jednovremeno); *to je* ~ *bio i kraj i početak* 그것은 동시에 끝이자 시작이었다 2. 함께, 같은 곳에, 동일한 장소에 (zajedno, na istome mestu); ~ *su ovce i kurjaci* 양과 늑대가 함께 있다

ujedriti *-im* (完) 항해하다, 요트를 타고 들어가다; ~ *u luku* 요트로 항구에 입항하다

ujemčiti (se) *-im (se)* (完) 참조 ujamčiti; 보증하다, 보장하다, 개런티하다

ujesti *ujedem; ujeo, -ela* (完) **ujedati** *-am* (不完) 1. (이빨로) 물다, 깨물다, (침 등으로) 쏘다; *ujela me pčela* 나는 벌에 쏘였다; *ujeo ga je pas* 개가 그를 물었다 2. (비유적) 부상을 입히다 (raniti) 3. (비유적) 모욕하다 (uvrediti, pecnuti); *tim rečima si ga ujeo* 그렇게 말하여 그를 모욕했다 4. 아프다, 쑤

U

시다 (zaboleti, žacnuti); *ujede ga vena u nozi* 다리 정맥이 아프다; *dim ujeda za oči* 연기 때문에 눈이 따갑다 5. ~ se 자기자신을 물다 6. ~ se *(na koga)* 공격하다 7. 기타; *kazaće i kad je majku za sisu ujeo* 어렵게 모든 것을 인정할 것이다; *pazi da te zmija (guja) ne ujede* 몸조심하고 모든 것에 조심해라!; *ujede ga zmija (guja)* 그에게 나쁜 일이 일어났다, 그는 속았다, 실수했다; *ujeo bes vraga, ujeo vuk magare* 그 누구에게 어떤 일도 일어나지 않았다, 아무도 신경쓸 않는다; ~ *koga za (u) srce* 심히 모욕하다; ~ *se za jezik* 불필요한 말을 하다, 내 뱉은 말 때문에 후회하다

ujin (形) 참조 uja; 외삼촌의, 외삼촌 소유의

ujka *-ē* (男), **ujko** *-a* & *-ē* (男) (愛稱) ujak; 외삼촌

ujmiti *-im* (完) **ujmati** *-am* & *-mljem* (不完) 1. 제분한 삯(ujam)을 받다, 방앗간 삯을 받다 2. (양을) 제하다, 감하다, 제하여 감소시키다 (smanjiti, oduzeti); *kad videše onoliki novac, reše da malo ujmi* 이 만큼의 돈을 보고는 조금 감하기로 결정하였다 3. ~ se 마비되다, 뻣뻣해지다 (oduzeti se); *ujmile mi se noge od straha* 두려움에 다리가 마비되었다

ujna 외숙모

ujoguniti se *-im se* (完) 완고해지다, 완강해지다, 고집스러워지다

ujutro, ujutru (副) 아침에, 아침 시간에; sutra ~ 내일 아침에

ukaišariti *-im* (完) 속이다, 기만하다 (돈 등을 지불할 때) (prevariti)

ukalupiti *-im* (完) 1. 모형(kalup)대로 만들다, 본떠서 만들다, 본뜨다; ~ *glinene masu* 찰흙 모형을 뜨다 2. (비유적) (표준 양식에 맞춰) 교육하다, 기르다, 양육하다, 형성하다; ~ *omladinu* 청년들을 규범적으로 교육하다; ~ *misao* 사상을 규범화시키다 3. ~ se 신선함을 잃다(상실하다), 독창성을 잃다, 정형화되다; *da se ne bi ukalupio, jezik pozajmljuje reči* 진부해지지 않기 위해 언어는 어휘를 차용한다

ukaljati *-am* (完) 1. (진흙·오물 등을 묻혀) 더럽히다 (uprljati); ~ *opanke* 신발을 더럽히다 2. (비유적) (명성·명예·평판 등을) 더럽히다, 먹칠하다 (osramotiti, obrukati); ~ *ime Petrovića* 페트로비치라는 이름을 더럽히다; ~ *čast* 명예를 더럽히다 3. ~ se 더러워지다

ukamatiti *-im*; *ukamaćen* (完) **ukamaćivati** *-ćujem* (不完) 이자를 받고 돈을 빌려주다,

이자놀이를 하다; ~ *novac* 이자를 받고 돈을 빌려주다

ukaniti se *-im se* (完) 결심하다, 의도하다, 작정하다 (nakaniti se, odlučiti se); ~ *krenuti na put* 길(여행)을 떠나기로 결심하다

ukapati *-am* & *-pljem* (完) 1. 한 방울 한 방울(kapa) 적시다(축축하게 하다), 한 방울씩 떨어져 더럽히다; ~ *maramu suzama* 손수건을 눈물 방울로 적시다 2. 한 방울씩 떨어뜨리다 (눈에 안약 등을); *ja ću ti ~ nekoliko kapljica* 내가 네 눈에 (안약을) 몇 방울 떨어뜨려줄게 3. ~ se 한 방울씩 떨어져 젖다 (축축해지다, 더러워지다)

ukapiti *-im* (完) 즉살하다, 그 자리에서 죽이다

ukaz (한 나라의 최고 통치자가 내리는) 칙령; (일반적으로) 칙령, 법령, 포고; *cenzura je zavedena carskim ~om* 검열은 황제의 칙령으로 도입되었다 **ukazni** (形)

ukazati *-žem* (完) **ukazivati** *-zujem* (不完) 1. (볼 수 있는 것을) 보여주다; *ukaži lice divno!* 잘생긴 얼굴을 보여줘! 2. (예로써) 보여주다, 나열하다, 지적하다 (navesti); ~ *na grešku* 잘못된 것의 예로 보여주다 3. 보여주다, 공개하다 (pokazati, otkriti); *nastojao sam ... ~ na dobre i zle pojave* 좋은 현상과 나쁜 현상을 보여주려 노력했다 4. 표현하다, 나타내다 (pružiti, posvetiti, odati); ~ *pažnju* 관심을 표명하다; ~ *pomoć* 도와주다, 도움을 주다; ~ *počast* 경의를 표하다 5. ~ se 나타나다, 보여지다 (pojaviti se); *na licu bolesnikovu ukaza se blagi smešak* 환자의 얼굴에 희미한 미소가 보였다; *ako se ukaže potreba* 만약 필요하다고 판명된다면 6. ~ se 자신의 본의를 보여주다; *ukazivalo se da ...* ~으로 판명되다 7. 기타; ~ *prstom na koga* 누구를 죄인으로 지목하다; *ukazalo mu se prilika* 그에게 기회가 찾아왔다

ukebati *-am* (完) (보통은 허용되지 않은 행동을 하는 장면을) 잡다, 붙잡다 (uvrebati, uhvatiti, uloviti); ~ *lopova u krađi* 도둑질하는 도둑놈을 붙잡다

ukidanje (동사파생 명사) ukidati; 폐지, 해지; ~ *viza* 비자(사증) 폐지; ~ *vanrednog stanja* 비상사태 해지

ukidati *-am* (完) 참조 ukinuti

ukinuće 폐지(廢止); ~ *ropstva* 노예제도 폐지; ~ *gornjeg doma* 상원의 폐지

ukinuti *-nem* (完) **ukidati** *-am* (不完) 1. (어떠한 기관·법률 등을) 폐지하다; ~ *carinu* 세관을 폐지하다; ~ *autonomiju* 자치를 폐지하다 2. (꽃 등을) 꺾다 (otkinuti, uzabrati); ~

1376

cvet 꽃을 꺾다; *ukinula cvet od ružice* 그
녀는 장미꽃을 꺾었다 3. 자르다, 베다
(*odseći, odrubiti*); ~ *neposlušnu glavu* 말
을 듣지 않는 사람의 목을 치다 4. (전기·수
도 등을) 끊다; ~ *struju* 단전시키다 5. 빼앗
다 (*oduzeti*); *to je majci pola veka ukinulo*
그것은 어머니에게 반세기의 세월을 빼앗아
갔다 6. ~ *se* 중단되다, 상실하다, 잃어버리
다, 사라지다; *glas mu se načas ukine* 그는
순식간에 살해되었다 7. 기타; ~ *sa sveta (s*
glasa) 죽이다, 살해하다; *živ se ~ poslom*
업무로 인해 건강이 나빠지다, 과로로 인해
건강을 해치다

ukipiti se –*im se* (完) 조각상(kip)처럼 가만히
서있다, 뻣뻣해지다, 경직되다 (*ukočiti se,*
ukrutiti se)

ukiseliti –*im* (完) 1. (빨래 등을) 물에 담그다,
적시다 (*pokiseliti, raskvasiti*) 2. 시게 하다
(식초 등을 붓거나 발효시켜), (신맛이 나도
록) 절이다; ~ *krastavce (paprike, kupus)*
오이(파프리카, 양배추)를 절이다 3. ~ *se*
(물속에서) 불리다 (단단해진 것 등을), 부드
럽게 되다 4. ~ *se* 시어지다, 신맛을 내다;
kupus se ukiselio 양배추가 시어졌다 5. ~
se (음식이) 상하다 (*pokvariti se*) 6. ~ *se*
표정이 이그러지다, 기분이 나빠지다, 얼굴을
찡그리다 (*oneraspoložiti se, namrštiti se*)

ukisnuti (se) –*nem (se)* (完) 1. 물에 흠뻑 담
그다, 물을 흠뻑 머금다, 물을 먹어 부드러
워지다 (*raskvasiti se, omekšati*) 2. (밀가루
반죽이) 부풀어 오르다 3. 시어지다
(*ukiseliti se*)

ukititi –*im* (完) 장식하다, 치장하다

ukivač 대장장이

ukivati –*am* (不完) 참조 ukovati

uklanjati –*am* (不完) 참조 ukloniti

uklapati –*am* (不完) 참조 uklopiti

uklesati –*šem* (完) (보통 돌에다) 조각하다, 깎
아서 만들다, 새겨 넣다 (*urezati*); ~ *ime u*
kamen 돌에 이름을 새기다

uklešten –*a, -o* (形) 참조 ukleštiti; (펜치에)긴,
(바이스에) 낀

ukleštiti –*im* (完) 1. (펜치·바이스 등으로) 조이
다, 물다; (움직이지 못하게) 고정시키다
(*prikleštiti, zaglaviti, učvrstiti*); ~ *očima*
(술취한 사람이) 사납게 쳐다보다 2. ~ *se*
꽉 끼다, 꼼짝달싹 못하다 (*zaglaviti se*);
prst mu se ukleštio u vratima 그의 손가락
이 문에 끼었다 3. ~ *se* (비유적) 충돌하다,
언쟁하다 (*sukobiti se*)

uklet –*a, -o* (形) 1. 참조 ukleti 2. 불쌍한, 불

행한; 저주받은, 저주스러운; ~*a kuća* 저주
받은 집, 유령의 집

ukleti *ukunem* (完) **uklinjati** –*am* (不完) 1. 저
주하다, 저주를 퍼붓다 (*prokleti*); *ima žena*
koje hoće da ukunu 그들이 저주하려는 여
자들이 있다; *nije imao napretka, ukleli ga*
dušmani 일에 진척이 없어 그의 라이벌들이
그에게 저주를 퍼부었다 2. 저주에 가까운
욕을 하다 3. ~ *se* 자기자신을 저주하다, 스
스로 저주를 퍼붓다; *kako se klele, tako se*
uklele 맹세한 것처럼 그렇게 자신들을 저주
하였다

uklija (魚) 잉어과(科) 물고기의 한 종류

uklinjati –*njem* (不完) 참조 ukliti

ukloniti –*im; uklonjen* (完) **uklanjati** –*am* (不完)
1. (있던 그 자리에서 다른 곳으로) 치우다,
없애다, 이동시켜 다른 곳에 두다(놓다); *još*
ranije su uklonili sve čamce s leve obale
Save 벌써 이전에 사바강 왼쪽 강변에서 모
든 보트들을 치웠다; ~ *divan (iz sobe)* 방에
서 소파를 치우다 2. 제거하다, 없애다
(*odstranti*); *tako ćete najsrećnije ~ onu*
zapregu koja najviše smeta uspehu 성공에
가장 큰 장애물을 제거하는 것이 가장 행복
한 것이다; ~ *zapreke* 장애물을 제거하다; ~
opasnost 위험을 제거하다; ~ *nekoga*
s položaja 누구를 직위에서 해임하다 3. 제거
하다, 죽이다, 없애다 (*ubiti*); ~ *protivnika*
적을 제거하다 4. 피하다, 피신시키다
(*skloniti, zakloniti*); ~ *glavu od kiše* 비를
피하다 5. 보호하다, 구하다 (*sačuvati,*
spasti); ~ *od nevolje nekoga* 어려움으로부
터 누구를 보호하다 6. ~ *se* 피하다, 숨다,
회피하다, 사라지다 (*skloniti se, izmaći se*);
~ *se udarcu* 가격을 피하다; ~ *se u vrbak*
버드나무 숲으로 숨다; *ukloni mi se s očiju*
내 눈앞에서 사라져! 7. ~ *se* (자신의 자리·
지위 등을 다른 사람에게) 양보하다, 피하다
8. 기타; ~ *s puta (s očiju)* 적을 쳐부수다,
라이벌을 이기다; ~ *s ovog sveta* 죽이다,
살해하다

uklonljiv –*a, -o* (形) 제거할 수 있는, 없앨 수
있는

uklopiti –*im; uklopljen* (完) **uklapati** –*am* (不完)
1. 손에 쥐어주다, 주다 (*tutnuti, staviti u*
ruku, dati); *stari me izvede nasamo i*
uklopi u šaku – deset dukata 노인은 나를
개별적으로 데리고 가서는 손에다 10 금화
를 손에 쥐어주었다 2. 끼워넣다, 끼워 고정
시키다, 끼워 맞추다 (*uglaviti, namestiti*);
~ *dovratnike* 문설주를 끼워 맞추다; ~ *u*

mehanizam što ~을 메커니즘에 끼워넣다; ~ *likove u romanu* 소설속의 인물들을 잘 끼워넣다; ~ *jedan deo u drugi* 부품을 다른 부품에 잘 끼워 맞추다; ~ *u plan* 계획에 끼워넣다 3. ~ se (새로운 상황·환경 등에) 적응하다 (snaći se, prilagoditi se); ~ *se u ekipu* 팀에 잘 적응하다; *stanovništvo podeljenog Berlina nekako se uklopilo u svoju provizornu sudbinu* 분단된 베를린 시민들은 자신들의 잠정적 운명에 어떻게든 적응해 나갔다; *on se odlično uklopio u naše društvo* 그는 우리 그룹에 잘 적응하였다

uklijeva (魚) 잉어과(科) 물고기의 한 종류

uključiti *-im* (完) **uključivati** *-čujem* (不完) 1. (어떠한 장비·설비를) 작동시키다, 켜다; (스위치 등을) 켜다, 플러그를 꽂다, ~의 전원을 연결하다 (ukopčati); ~ *radio* 라디오를 켜다; ~ *struju* 전원을 연결하다; ~ *peglu* 다리미의 전원을 연결하다 2. (공동체 및 공동작업 등에) 가입시키다, 포함시키다; ~ *u društvo nekoga* 누구를 단체에 가입시키다; ~ *u proizvodnju* 생산에 포함시키다 3. (계획·연설 등에) 반영하다, 포함시키다 (uneti, obuhvatiti); *svi projekti su uključeni tu* 모든 프로젝트들은 여기에 포함되었다; *u tu sumu uključeni su svi troškovi* 그 돈에 모든 경비가 포함되었다 4. ~ se 포함되다, 가입하다, 참가하다; ~ *se u jedinicu* 단체에 가입하다; ~ *se u razgovor* 대화에 참가하다

uključivo, uključno (副) ~을 포함하여 (uključujući)

uključujući (副) ~을 포함하여; ~ *sve troškove* 모든 비용을 포함하여

ukljukati *-am* (完) 1. (닭 등 가금을) 사육하다, 키우다; 먹여 살찌우다 2. 쑤셔넣다, 밀어넣다; ~ *stvari u torbu* 가방에 물건들을 쑤셔넣다

ukljunuti *-nem* (完) (새가) 부리(kljun)로 쪼다, 부리로 쪼아 먹다 (ukljuvati)

uknjižba (부동산 등기부에의) 등기 (intabulacija)

uknjižiti *-im* (完) **uknjiživati** *-žujem* (不完) 1. (부동산 등기부 등본에) 등기하다, 등기를 마치다; (비유적) (점수 등을) 따다, 얻다, 획득하다 2. ~ se 등기하다, 등기되다

ukočen *-a, -o* (形) 1. 참조 ukočiti; (근육 등이) 뻐근한, 결리는 2. (자세가) 딱딱한, 경직된, 뻣뻣한 (krut) 3. 너무 공식적인, 융통성이 없는, 엄격한 (strog); *propisi su dvorski ~i* 규정은 너무 엄격하다

ukočenost (女) 뻣뻣함, 딱딱함, 경직성;

mrtvačka ~ 사후 경직

ukočiti *-im* (完) 1. (자동차 등의) 브레이크를 밟다, 브레이크를 걸다, 제동하다, 멈춰서게 하다; (총 등 화기의) 안전장치를 잠그다 (zakočiti); *velika nizbrdica, te su suljaju vozovi, iako ukočeni* 급격한 내리막 길이라 브레이크를 밟았음에도 불구하고 기차가 미끄러진다; ~ *kola* 자동차의 브레이크를 밟다 2. (근육 등이) 경직되다, 마비되다; ~ *noge* 다리가 마비되다 3. (어떠한 활동·작업·발전 등을) 보류시키다, 중단시키다, 차단하다, 지체시키다; *štrajk lučnih radnika će znatno ~ utovar i istovar brodova* 부두 노동자들의 파업은 선적과 하적 작업을 상당히 지체시킬 것이다; ~ *saobraćaj* 교통을 차단하다; *mraz ukoči mlade stabljike* 서리가 어린 줄기의 성장을 저해한다 4. (몸을) 굳게 하다, 뻣뻣하게 하다(갑작스런 정신적 충격 등으로 인해) 5. (na koga, u šta) (시선을) 뚫어지듯 바라보다, 응시하다 (zabuljiti); *podiže glavu i ukoči svoj pogled na Kolumbu* 고개를 들어 콜롬보를 뚫어지듯 바라보았다 6. ~ se (움직임·작업·동작·발전 등이) 멈추다, 중단되다, 지체되다; *ukočeno srce ... zatvorena oba oka* 심장의 박동이 멈추고 ... 두 눈이 감겼다 7. ~ se (무서움·공포심 등 심리적 요인으로 몸이) 뻣뻣해지다, 굳어지다 8. ~ se (醫) 마비되다 (oduzeti se) 9. ~ se (시선이) 한 곳에서 멈추다, 뚫어지게 바라보다; *za njim se svi pogledi ukočiše* 모든 시선이 그에게 머물렀다 10. ~ se (신신(屍身)이) 경직되다

ukoliko (接續詞) 1. (비교문의 *ukoliko ~, utoliko ~* 형식으로) ~하면 할수록 ~하다; ~ *više radiš, utoliko si bolje plaćen* 더 많이 일을 하면 할수록 너는 더 많이 급여를 받을 것이다 2. (조건문에서) 만약, ~라면 (ako); *radio je svim silama,* ~ *mu je to zvaničan posao* 그것이 공식적인 일이라면 그는 있는 힘을 다해 일을 했다

ukonačiti *-im* (完) **ukonačivati** *-čujem* (不完) 1. 여관(konak)에서 쉬게 하다, 투숙시키다, 숙박시키다 2. ~ se 숙박하다, 머물다, 투숙하다; *ukonačili se i raširili* 그들은 투숙하여 푹 쉬었다

ukop 1. (죽은 자의) 매장, 장례식 (pogreb, sahrana) **ukopni** (形) 2. (2미터의) 거리, 간격 (보통 어깨에 놓인 돌을 내던질 수 있는) 3. (언덕의) 깊게 패인 곳(장소)

ukopan *-a, -o* (形) 참조 ukopati; *stati kao* ~ 망부석처럼 가만히 서있다, 전혀 움직이지 않고 가만히 있다

ukopati -am (完) 1. 파묻다, 매장하다 (zakopati); (비유적) 잘 숨기다, 잘 은폐하다 (마치 파묻은 것처럼) 2. (고인을) 매장하다, 장례식을 치르다 (sahraniti); ~ mrtvaca 고인을 매장하다 3. (땅을 파) 건설하다, 세우다; ~ temelje (건물의) 토대를 세우다 4. (軍) 진지를 구축하다(강화하다), 참호를 파다 (utvrditi); ~ vojsku 군의 진지를 강화하다; ~ tenkove 탱크의 진지를 구축하다 5. ~ se (軍) 참호를 파다, 진지를 구축하다 (ušančiti se) 6. ~ se ~에 몰두하다 (zaneti se, zadubiti se); ~ se u novine 신문에 몰두하다, 몰두하여 신문을 읽다; ~ se u pisanje 집필에 몰두하다 7. ~ se 움직이지 않고 가만히 서있다; ~ se na mestu 제자리에 가만히 있다 8. ~ se 은퇴하다, 퇴직하다

ukopčati -am (完) ukopčavati -am (不完) 1. 연결하다, (전원 등을) 넣다, 켜다 (spojiti, uključiti, priključiti); ~ na električnu instalaciju 전원에 연결하다; trebalo je ... izvući radio aparat i ~ ga za električnu instalaciju 라디오를 꺼내 전원에 연결할 필요가 있다 2. (단추·버클 등을) 잠그다, 채우다 (zakopčati, sapeti); ~ kaput 외투의 단추를 잠그다 3. (끈·줄 등으로) 단단히 묶다 (privezati, osigurati) 4. (비유적) 이해하다, 깨닫다 (shvatiti, razumeti); daje mi neke signale, jedva ukopčah šta hoće 그 어떤 신호를 내게 보내는데 간신히 무엇을 원하는지 이해했다 5. ~ se (전체 시스템에) 연결되다, 포함되다, 가입되다; čim se postavi ulična mreža, ovaj mali vodovod ... bi se ukopčao u ... pumpnu stanicu 도로망이 연결된 즉시 이 소규모의 상수도는 정수지와 연결될 것이다

ukopistiti se -im se 1. 완고하다, 완고한 자세를 취하다, 완고하게 (무엇을) 주장하다, 완고하게 반대하다 2. (na koga) 공격하다 (okomiti se)

ukopneti -nim (完) 눈(雪)이 녹다 (otopiti se, okopneti); (비유적) 마르다, 허약해지다

ukopnī -ā, -o (形) 참조 ukop; 장례의, 장례식의, 매장의 (pogrebni); ~a oprema 장례식에 필요한 각종 물건

ukopnik 1. 무덤 파는 사람, 공동묘지 노동자 (grobar) 2. 장례식 행렬을 따라가는 사람, 장례식 참석자

ukopnina 1. 장례 비용, 장례에 따르는 세금 2. 매장품(고인과 함께 매장하는)

ukor 1. 질책, 꾸짖음 (zamerka, prigovor, prekor); dati nekome ~ 누구를 질책하다;

oprostite što moram da vaš kompliment da razumem kao ~ 당신의 칭찬을 질책으로 받아들이겠습니다 2. (行政) 징계, 견책, 경고; usmeni (pismeni) ~ 구두 경고(서면 경고); kažnjen je ~om nastavničkog zbora 교사회의 때문에 견책이라는 징계를 받았다

ukorak (副) 1. (軍) 발을 맞춰 2. (비유적) 조화를 이루어, 나란히, ~와 보조를 맞추어 (složno, naporedo); saobraćaj ... i turizam ići će ~ sa celokupnim privrednim razvojom 교통과 관광산업은 전반적인 경제 발전과 발맞춰 발전할 것이다

ukoran -rna, -rno (形) 참조 ukor; 징계의, 견책의, 질책의; ~rno pismo 꾸짖는 편지; ~ pogled 질책의 시선

ukoravati -am (不完) 참조 ukoriti

ukorba 참조 ukor

ukoreniti -im (完) 1. 뿌리를 내리게 하다, 완전히 굳어지게 하다 (učvrstiti); ~ nekome kakvu naviku 어떠한 습관이 완전히 굳어지게 하다(몸에 배게 하다) 2. ~ se (나무 등이) 뿌리를 내리다 3. ~ se (습관 등이) 완전히 몸에 배다

ukorepiti se -im se (完) 딱딱한 껍질이 생기다, 딱딱해지다 (빵 등이) (okoreti)

ukoričiti -im (完) ukoričavati -am, ukoričivati -čujem (不完) 1. (책 등을) 묶다, (겉표지를 하여) 제본하다, 장정하다; ~ knjigu 책을 제본하다 2. (칼의) 칼집을 만들다; ugleda poduži nož čudno ukoričen u sedef i srebro 자개와 은으로 된 칼집에 싸인 긴 칼을 이상하게 바라본다

ukoriti -im (完) ukoravati -am (不完) 1. 꾸짖다, 질책하다, 책망하다 2. ~ se 질책받다, 책망받다

ukositi -im; ukošen (完) 1. 기울게 하다, 기울어지게 하다. 기울여 놓다, 삐딱하게 하다(놓다) (iskriviti); ~ glavu 머리를 기울이다; ~ telo 몸을 기울어지게 하다 2. 비스듬하게 가다; ukosi prekim putem 지름길을 비스듬히 가다 3. ~ se 기울어지다, 옆으로 기울다 (iskriviti se) 4. ~ se 떨리다 (zadrhtati)

ukosnica 머리핀(머리카락을 고정시키는)

ukoso (副) 비스듬하게, 비스듬히, 대각선으로, 기울어지게 (u kosom pravcu, postrance, kosmice); ~ postaviti 비스듬하게 세워놓다; ~ padati 옆으로 떨어지다; ~ preko 대각선으로 가로질러, 대각선 방향으로

ukošeno (副) 대각선으로, 비스듬히 (ukoso)

ukotviti (se) -im (se); ukotvljen (完) ukotvljavati -am, ukotvljivati -ljujem (不完)

닻(kotva)을 내리다, 정박하다; ~ *brod* 배가 닻을 내리다; *nekoliko lađica bilo ukotvljeno uz obalu* 몇 몇 척의 보트가 해안에 정박했었다

ukovati *ukujem* (完) **ukivati** *-am* (不完) 1. 단단히 박다(고정시키다) (못·쐐기 등을 나무 등에); ~ *ekser* 못을 박다 2. 새기다, 새겨 넣다; ~ *ime u vrata* 문에 이름을 새겨 넣다 3. (동전 등을 철사 등으로) 꿰다 4. 기타; *kao ukovano* 단단하게, 확고하게 (*čvrsto*); ~ *oči u što* 응시하다, 뚫어지게 바라보다

ukovrčati *-am*, **ukovrčiti** *-im* (完) **ukovrdžati** *-am*, **ukovrdžiti** *-im* (不完) 1. (머리카락·콧수염 등을) 말다, 구부리다, 비비꼬다 2. (일반적으로) 말다, 감다, 구부리다 3. ~ *se* (머리카락·콧수염 등이) 말리다, 구부려지다

ukraće (副) 짧게, 줄여서 (*kraće*)

ukraj 1. (前置詞, +G) 옆에, 곁에, 끝에 (*pored, kod, kraj*); *do malo pre pušio je odve ~ vatre* 조금 전 까지만 해도 불 옆에서 담배를 피웠다 2. 기타; *ni ~ pameti (biti)* 깨닫지 못하다, 기억해내지 못하다

Ukrajina 우크라이나; *u ~i* 우크라이나에서; **Ukrajinac**; **Ukrajinka**; **ukrajinski** (形)

ukras 장식, 장식품, 장신구 (*nakit*); ; *lanac je sa lepim ~om na kraju* 백팩은 모서리에 아름다운 장신구가 달려 있다; *brk je ~ muškog lica* 콧수염은 남자 얼굴의 장식품이다; *žene nose razne ~e* 여자들은 각종 장신구를 하고 다닌다; *pesnički (stilski) ~* 미사여구

ukrasiti *-im*; *ukrašen* (完) **ukrašavati** *-am*, **ukrašivati** *-šujem* (不完) 1. 장식하다, 치장하다, 아름답게 꾸미다; (비유적) 내용을 풍부하고 풍요롭게 하다 2. ~ *se* 자신을 치장하다

ukrasan *-sna, -sno* (形) 장식의, 장식품의; *~e biljke* 관상용 식물; ~ *pridev* 형용 어구; ~ *papir* 포장용지

ukrasti *-adem* (完) 1. (남의 물건 등을) 훔치다, 도둑질하다 2. ~ *se* 몰래 나가다(떠나다); ~ *se iz kuće* 집에서 몰래 떠나다 3. ~ *se* (비유적) 슬쩍 넘어가다, 못보고 지나치다; *teško mu se greška ukrade* 실수를 그냥 지나치기가 그에게 쉬운 것은 아니다

ukrašavati *-am* (不完) 참조 ukrasiti

ukrašen *-a, -o* (形) 참조 ukrasiti; 장식된, 치장된; ~ *zastavama* 국기로 장식된

ukrašenje (동사파생 명사) ukrasiti; 장식, 치장

ukrašivati *-šujem* (不完) 참조 ukrasiti

ukratiti *-im*; *ukraćen* (完) **ukraćivati** *-ćujem* (不完) 1. 짧게 하다 (*skratiti*) 2. (누구에게 무엇을) 박탈하다, 빼앗다 (*oduzeti, lišiti*); *ljuta zima nam ukrati to uživanje* 혹독한 겨울(추위)은 우리가 그것을 즐기는 것을 빼앗아갔다

ukratko (副) 간단히, 간단하게 말해, 한 마디로; ~ *ispričati* 간단히 말하다; *on, ~, teži za vlašću* 그는 한 마디로 권력을 갈망한다

ukrcati *-am* (完) **ukrcavati** *-am* (不完) 1. (차량·기차 등에 사람이나 화물 등을) 싣다, 태우다; 짐을 싣다, 사람을 태우다; ~ *robu* 화물을 싣다; ~ *robu u brod* 화물을 배에 싣다; ~ *putnike* 여행객을 태우다; *radnici su ukrcali u parobrod svu drvenu građu, složenu na obali za ukrcaj* 노동자들은 선적하기 위해 해안에 쌓아 놓은 모든 목재들을 증기선에 실었다 2. ~ *se* (버스·기차 등에) 타다, 탑승하다; (많은 사람들이 어디에) 들어가다, 입장하다; ~ *se u autobus* 버스에 타다; ~ *se u salu* 홀에 들어가다 3. ~ *se* (보통은 몰래·비밀리에) 들어가다, 투입되다 (*uvući se, ubaciti se*)

ukrcavanje (동사파생 명사) ukrcavati

ukrcavati *-am* (不完) 참조 ukrcati

ukrčkati *-am* (完) 1. (음식을) 약한 불에 천천히 끓이다 2. ~ *se* 약한 불에 잘 끓이다

ukrditi *-im* (完) (양 등을) 한데로 모이게 하다, 무리(krdo)를 끌어 모으다

ukrepiti *-im* (完) **ukrepljivati** *-ljujem* (不完) 1. 강건(krepak)하게 하다, 강하게 하다, 튼튼하게 하다, 원기를 회복시키다; 기운을 북돋우게 하다, 용기를 북돋우다, 힘을 내게 하다, 격려하다 (*ohrabriti*) 2. ~ *se* 힘을 얻다, 강해지다, 굳건해지다

ukresati *-šem* (完) 1. (부싯돌 등을 부딪쳐) 불을 붙이다, 불씨를 살리다, 불을 튀게 하다 (*kresnuti*); (일반적으로) 불을 붙이다 (*upaliti*); *ukreše vatre da zapali lulu* 파이프 담배를 피우기 위해 불을 붙이다; *ukresa šibicu i pripali cigaretu* 성냥을 그어 담배에 불을 붙이다; ~ *palidrvce* 성냥을 그어 불을 붙이다; ~ *(baterijsku) lampu* (배터리)램프에 불을 붙이다 2. (화기·수류탄 등을) 쏘다, 발사하다, 터뜨리다, 폭발하게 하다 (*ispaliti, opaliti*) 3. 총살하다, 살해하다 (*ustreliti, ubiti*) 4. (비유적) (눈이) 빛나게 하다, 번쩍거리게 하다 5. (양배추의 잎사귀 등을) 떼내다, 떼어내다

ukriviti *-im*; *ukrivljen* (完) **ukrivljavati** *-am*, **ukrivljivati** *-ljujem* (不完) 1. 옆으로 기울어지게 하다, 기울어지게 세워 놓다, 비뚤어지

게 하다; *glavu malko ukrivi* 고개를 약간 옆
으로 기울였다 2. ~ **se** 기울어지다 (iskriviti se)
ukrivo (副) 비스듬히, 기울어지게 (koso,
nakrivo); ~ *postaviti što* 무엇을 비스듬히
세워놓다
ukrmačiti -*im* (完) 잉크로 얼룩지게 하다, 더
럽히다, 오점을 남기다 (iskrmačiti)
ukroćavati (se) -*am* *(se)* (不完) 참조 ukrotiti
(se); (야생 동물들을) 길들이다
ukroćen -*a*, -*o* (形) 길들인, 순한; *Ukroćena
goropad* 말괄량이 길들이기
ukroćivati -*ćujem* (不完) 참조 ukrotiti
ukrotilac -*ioca* (야생 동물들의) 조련사, 훈련
사; ~ *lavova* 사자 조련사
ukrotitelj 참조 ukrotilac
ukrotiti -*im*; *ukroćen* (完) **ukroćavati** -*am*,
ukroćivati -*ćujem* (不完) (보통 야생 동물들
을) 길들이다, 조련하다, 훈련시키다; ~ *lava*
사자를 조련하다; ~ *psa* 개를 조련하다
ukrotiv, ukrotljiv -*a*, -*o* (形) 길들일 수 있는,
조련할 수 있는
ukrstiti -*im*; *ukršten* (完) **ukrštati** -*am*,
ukršćivati -*ćujem* (不完) 1. 교차시키다, 십
자가(+)처럼 가로질러 놓다; ~ *redenike
preko grudi* 탄약띠를 가슴에 열십자로 차
다 2. 사방에서 나타나기 시작하다, 모이다,
모여들다; *sa svih strana ukrstile munje* 사
방에서 번개가 치기 시작했다 3. (식물·동물
들을) 교배시키다, 이종교배하다, 품종간 교
배하다; ~ *razne voćke* 서로 다른 과수를 교
배시키다 4. ~ **se** (십자 모양으로) 교차되다;
pruga se sa drumom ukrstila 철로는 도로
와 십자모양으로 교차되었다; *ove se dve
linije ukrštaju* 이 두 선은 교차된다 5. ~ **se**
(시선 등이) 마주치다, 부딪치다 (sukobiti
se, sresti se); *pogledi im se ukrstiše* 그들
의 시선이 마주쳤다 6. ~ **se** 서로 비켜가다,
스쳐 지나가다 (mimoići se); *vozovi su se
ukrstili* 기차들은 서로 스쳐 지나갔다 7. ~
se (생각 등이) 많이 떠오르다, 많이 생각나
다 8. 기타; ~ *mačeve* 결투하다; ~ *oči
(očima)* 흘깃 바라보다(술취한 사람 또는 환
자들이); ~ *poglede* 1)시선을 마주치다 2)서
로를 잡아먹을듯이 바라보다; *ukrštene reči*
글자퍼즐 맞추기
ukršiti -*im* (完) 꺾다, 부러뜨리다, 꺾어 따다
(수확하다) (slomiti, odlomiti); ~ *granu* 나뭇
가지를 꺾다
ukrštanje 1. (동사파생 명사) ukrštati (se) 2.
교차; ~ *puteva* 도로 교차로 3. (동·식물의)
교배, 이종교배, 교잡 육종; ~ *rodova* 품종

간 교배; ~ *biljā* 식물 육종
ukrštati (se) -*am* *(se)* (不完) 참조 ukrstiti (se)
ukrštavati -*am* (不完) 참조 ukrstiti
ukršten -*a*, -*o* (形) 참조 ukrstiti; ~*e reči* 글
자 맞추기 퍼즐
ukrućen -*a*, -*o* (形) 참조 ukrutiti; 뻣뻣한, 뻐
근한; ~ *vrat* 뻐근한 목
ukrućivati -*ćujem* (不完) 참조 ukrutiti (se)
ukrupno (副) 1. 고액권으로 (u krupnom
novcu); *imati dvadeset dinara* ~ 20디나르
고액권으로 있다; *platiti* ~ 고액권으로 지불
하다 2. 대강의 굵은 선으로 (u glavnim
crtama); ~ *skicirati* 대강 굵은 선으로 스케
치하다; *samleti kafu* ~ 커피를 거칠게 갈다
(빻다) 3. 많이, 대부분 (u većoj meri,
mnogo, jako); ~ *se posvađati* 많이 다투다;
*za sve vreme zajedničkog im života nisu
se* ~ *svađali ni razlazili* 그들이 함께 생활
하는 모든 시간 동안 그들은 많이 싸우지도
헤어지지도 않았다
ukrutiti -*im*; *ukrućen* (完) **ukrućivati** -*ćujem*
(不完) 1. (근육 등을) 경직시키다, 뻣뻣하게
하다, 뻐근하게 하다 (ukočiti) 2. (천 등을)
뻣뻣하게 만들다 3. (눈을 크게 뜨고) 뚫어지
게 바라보다, 응시하다 (izbuljiti, zabuljiti);
skrstivši ruke, ukruti oči u nas 팔짱을 끼
고 우리를 뻔히 바라본다 4. (서리가) 얼게
하다 (zamrznuti, stegnuti) 5. ~ **se** 경직되다,
뻣뻣해지다 6. ~ **se** (근육 등이) 뭉치다, 뻐
근해지다; *vrat mu se ukrutio* 그는 목이 뻐
근함을 느꼈다 7. ~ **se** 유연성을 상실하다 8.
~ **se** 차렷자세로 가만히 서 있다 9. ~ **se** 냉
정하고 뻣뻣한 자세를 취하다, 공식적 입장
을 취하다; *ima pojedinaca koji se ukrute
od suviše razvijenog ponosa i muškosti* 마
초적 기질과 자만심으로 인해 목에 깁스를
하고 다니는 사람들이 있다
ukrvaviti -*im* (完) 1. 피(krv)를 흘리다, 피로
물들이다, 피로 범벅이 되게 하다 (okrvaviti,
iskrvaviti); ~ *mantil* 외투를 피로 범벅되게
하다 2. ~ **se** 피를 흘리다, 피로 물들다
ukucati -*am* (完) **ukucavati** -*am* (不完) 1. (못·
쐐기 등을 망치로) 박다, 두드려 박다; ~
ekser u zid 벽에 못을 박다 2. (컴퓨터 자판
등을) 두드리다, 타이핑하다; ~ *slovo* 글자를
타이핑하다
ukućanin -*āni* 1. 가족 구성원(한 집에 같이
사는), 식구; (같은 가옥·건물 등에 사는) 임
차인, 세입자 **ukućanka** 2. (歷) 소작인, 소작
농 (자신의 토지를 가지지 않은)
ukuhati -*am* (完) **ukuhavati** -*am* (不完) 참조

U

1381

ukuvati

ukupan *-pna, -pno* (形) 1. 총합의, 총(總), 모두 포함한 (celokupan); ~ *prihod* 총수입; ~*pna suma* 총계 2. 나눌 수 없는, 일관된, 통일된 (nepodeljen, jedinstven); ~ *stav* 일관된 입장

ukupno (副) 1. 다함께, 한꺼번에 (zajedno, skupa, ujedno); ~ *doći* 다함께 오다; *ići ćemo svi* ~ 우리 모두 다함께 갈 것이다; ~ *progutati* 한꺼번에 삼키다 2. 대강, 대충; ~ *prikazati* 대강 이야기하다

ukus 1. 맛, 미각(쓴맛·짠맛·단맛 등의), 풍미; *sladak* ~ 단맛; *gorak* ~ 쓴맛; *čulo* ~*a* 미각; *sos ima dobar* ~ 소스는 맛이 좋다 2. 멋(미에 대한), 취향; 운취, 정취; *istočnjački* ~ 동양적 멋; *starinski* ~ 옛 취향; *odevala se sa mnogo* ~*a* 여러 취향으로 옷을 입었다; *odsustvo* ~*a se mnogo puta oseti u njegovom stilu* 멋이 없다는 것은 여러 번 그의 스타일에서 느껴진다; *ona ima dobar* ~ 그녀는 멋이 있다; *čovek od* ~*a* 멋있는 사람

ukusan *-sna, -sno* (形) 1. 맛있는; ~*sno jelo* 맛있는 음식 2. 멋있는, 멋진, 취향이 있는 (lep, skladan); ~ *nameštaj* 멋있는 가구; ~*sna žena* 멋진 취향의 여자; ~*sne boje* 멋진 색깔

ukuvati *-am* (完) **ukuvavati** *-am* (不完) 1. 끓이다, 끓여 조리하다(요리하다); 졸이다; ~ *kavu* 커피를 끓이다; ~ *sok* 주스를 졸이다 2. (음식에 부차적으로 넣어) 끓이다; ~ *rezance u supu* 수프에 면을 넣다(넣어 끓이다) 3. ~ *se* 끓여 졸이다; *voda se ukuvala* 물이 끓어 줄어들었다

ukvariti *-im* (完) 1. 혼탁하게 하다, 혼탁한 상태로 되게 하다; 고장나게 하다, 망치다, 기분이 나빠지게 하다 (pokvariti); ~ *volju* 의지를 나약하게 하다; ~ *mašinu* 기계를 고장나게 하다 2. ~ *se* (음식이) 상하다; *znate li da mi se ukvarilo slatko od kajsija?* 살구의 단맛이 상했다는 것을 아세요? 3. ~ *se* (이(齒)가) 아프다, 썩다 (oboleti)

ukvasiti *-im* (完) 1. (물에) 적시다, 담그다, 흠뻑 젖게 하다 (pokvasiti); ~ *krpu* 걸레를 물에 적시다 2. ~ *se* (물에) 젖다, 흠뻑 젖다; ~ *se na kiši* 비에 흠뻑 젖다

ulagač 1. 예금주(자) (štediša) 2. (조합 등의) 회원, 조합원 (član) 3. 투자자, 출자자 (investitor)

ulaganje (동사파생 명사) ulagati; 투자; ~ *novca* 자본 투자

ulagati *-žem* (不完) 참조 uložiti

ulagati se *-žem se* (完) 아부하다, 아첨하다, 알랑거리다

ulagivač 아부꾼, 아첨꾼, 알랑거리는 사람 (ulizica, poltron) **ulagivački** (形)

ulagivanje (동사파생 명사) ulagivati; 아부, 아첨, 아부하는 것; ~ *direktoru* 디렉터한테 하는 아부

ulagivati se *-gujem se* (드물게 *-am se*) (完) 참조 ulagati se; 아부하다, 아첨하다; ~ *nekome* 누구에게 아부하다; *on je mrzeo ljude koji se ulaguju vlasti* 그는 정권에 아부하는 사람들을 증오했다

ulak 사자(使者), 전령 (glasnik, glasonoša, posmonoša); *jure na hitrim konjima ulaci* 전령들은 빠른 말을 타고 급히 간다

ulamati (se) *-am (se)* (不完) 참조 ulomiti (se)

ulan 창기병(槍騎兵) (제1차 세계 대전 전의 독일 및 오스트리아의)

ular (말의) 고삐

ulaštiti *-im* (完) 1. (윤·광택이 나도록) 닦다, 윤을 내다, 광택을 내다 (uglačati); ~ *cipele* 구두에 광택을 내다 2. ~ *se* 차려 입다, 치장하다, 성장하다 (doterati se, srediti se)

ulaz 1. (건물 등의) 입구; (일반적인) 입구, 진입구; *glavni* ~ (건물의) 정문; *sporedni* ~ 옆문; ~ *u grad* 도시 진입구; *na (u)* ~*u* 입구에서; *kod* ~*a* 입구 근처에서; *zabranjen* ~ 출입금지 2. 들어오는 것, 오는 것 (ulazak); *nezaposlenima* ~ *zabranjen* 외인출입금지 3. (行政) (돈·물품 등의) 들어온 것을 기재하는 면(부기 등의); *s leve strane se beleži* ~ *dece* 왼쪽에는 아동들의 도착을 기재한다

ulazak *-ska* 들어감(옴), 입장; (어떤 환경·단체에) 들어가는 것, 진입; ~ *u kuću* 집에 들어감; ~ *u stranku* 입당; ~ *u armiju* 군입대; ~ *trupa u grad* 부대의 도시 진입

ulaziti *-im* (完) 참조 ući; 들어가다

ulaznica 티켓, 입장권, 초대권; ~ *za koncert* 콘서트 티켓

ulaznina 입장료

ulaženje (동사파생 명사) ulaziti; 입장, 들어감

uleći *ulegnem* (完) 참조 ući

uleći *ulegnem & uleknem; ulegao, -gla & ulegnuo, -nula; ulegnut* (完) 1. 구부리다, 숙이다 (ugnuti, saviti); *gornje telo ulegla i nakitila šarenim vrpcama* 상체를 구부리고 형형색색의 끈으로 장식했다 2. 침몰시키다, 가라앉히다 (utonuti) 3. ~ *se* 가라앉다, 꺼지다 (땅 등이); *zemlja se ulegla* 땅이 꺼졌다; *pod se ulegao od težine* 무게로 인해 바닥이 꺼졌다

uleći se *uležem se* (完) 참조 ugnezditi se

ulediti se *-im se* (完) 얼음이 얼다, 얼음으로 변하다, 얼음으로 덮이다; (비유적) 몸이 굳다(두려움 등으로)

ulegnuće 1. (땅 등이) 꺼진 곳, 들어간 곳; 꺼짐, 침하; ~ *temelja* 지반이 꺼진 곳, 지반 침하 2. (도로에) 움푹 패인 곳

ulegnuti (se) *-nem (se)* (完) 참조 uleći (se)

uleniti se, uljeniti se, ulijeniti se *-im se* (不完) 참조 ulenjiti se; 게을러지다, 게으름뱅이가 되다

ulepiti *-im*; *uleplien* (完) **ulepljivati** *-ljujem* (不完) 1. (풀 등으로) 붙이다, 붙여 넣다 (prilepiti); *ulepi ovo u tu knjigu* 이것을 그 책에다 붙여 넣어라 2. (진흙 등으로) 칠하다, 바르다, 도배하다 (oblepiti); *pa ta kuća se ulepi blatom da ne bi vetar produvao* 그 집은 외풍이 불지 않도록 진흙으로 도배되었다; ~ *zid blatom* 벽을 진흙으로 칠하다 3. ~을 발라 더럽히다 (isprljati, zaprljati) 4. ~ se 서로 달라붙다 5. ~ se 끈적끈적해지다, 달라붙다 6. ~ se (보통 끈적끈적한 것으로) 더럽혀지다 (isprljati se)

ulepšati *-am* (完) **ulepšavati** *-am* (不完) 1. 아름답게 하다, 치장하다, 잘 꾸며 입다, 성장 (盛裝)하다 (doterati); ~ *lice* 얼굴을 치장하다; ~ *stan* 아파트를 아름답게 꾸미다 2. (비유적) 실제보다 더 아름답게 보이게 하다 3. ~ se 치장하다, 성장하다, 잘 차려입다

ulet 비행(飛行)에 도달하는 것, 비행, 날아 들어가는 것 (uletanje)

uleteti *-tim* (完) **uletati** *-ćem* (不完) 1. ~ 속으로 비행(飛行)하다, 날아 들어가다(오다); *ptica je uletela u sobu* 새가 방에 날아 들어왔다 2. 매우 빠른 속도로 들어가다, 돌진하다 (dojuriti, ujuriti); *dečak uleteo u kuću* 소년은 집으로 뛰어 들어갔다; *auto je uleteo u izlog* 자동차가 쇼윈도로 돌진했다 3. 갑자기(예기치 않게) 들어가다(오다); 침입하다, 공격하다 (upasti); *upravo tada ... uleteo je u njen život gazda Jovan* 바로 그 때 그녀의 삶에 주인인 요반이 예기치 않게 개입되었다; *četa je uletela u nemačku zasedu* 중대는 독일 매복 부대를 급습하였다 4. (어떠한 조치·행동을) 취하다, (어떠한 일을) 떠맡다, 뛰어들다 (보통은 계획적이지 않게); ~ *u biznis* 어쩌다보니 사업에 뛰어들다; ~ *u aferu* 예상치 않게 스캔들에 휩쌓이다 5. (보통은 보어 u reč와 함께 사용되어) (누구의 말·발표 등을) 끊다, 끼어들다

uletiti *-im* (完) 1. 여름(leto)이 되다, 여름이 시작되다 2. (nekoga) (누구에게) 여름 옷을 입히다, 가볍게 옷을 입히다; ~ *dete* 아이에게 여름 옷을 입히다 3. ~ se 여름 옷을 입다, 가볍게 옷을 입다

ulevati (se) *-am (se)* (不完) 참조 ulivati (se); (~에) 따르다, 붓다

uležati se *-žim se* (完) 1. (오랫동안) 누워있다, 게으름을 피우다, 누워 푹 쉬다; *uležali smo se mi i olenjili* 우리는 뒹굴뒹굴하면서 게으름을 피웠다 2. (땅을 농사를 짓지 않고) 놀리다, 휴경(休耕)하다; *njivu ... treba zasijati, jer se odmorila i uležala* 땅을 묵혔기 때문에 파종을 해야 한다 3. (묵혀) 보다 좋은 맛을 얻다 (술·과일 등의) 4. (옷·침대보 등을 오랫동안 사용하지 않고) 치워놓다 5. (누워 있어) 푹 꺼지다, 푹 들어가다; *slamarica tanka, uležana kao gnezdo* 짚으로 만든 매트리스는 얇고 둥지처럼 푹 꺼졌다

ulica 1. 길, 거리, 도로; *glavna* ~ 대로(大路); *sporedna* ~ 이면도로, 옆길; *igrati na ~i* 거리에서 놀다; *sresti na ~i* 길에서 만나다; *oni stanuju u ulici Jove Ilića* 그들은 요바 일리치 거리에 산다 2. (거리를 지나가는) 통행인, 행인 (prolaznici); (거리에 모여 있는) 대중, 군중 3. (集合) (대부분의 시간을) 거리에서 하릴없이 보내는 사람들, 떠돌이 (besprizorni, uličari) 4. 기타; *izbaciti na ~u* 1)해고하다, 파면하다 2)집에서 쫓아내다; *naći se (ostati) na ~i* 1)할 일 없이 지내다, 무직으로 지내다 2)거처할 집이 없다; *slepa* ~ 막다른 골목 **ulični** (形); ~ *pevači (svirači)* 거리의 악사; ~*o ponašanje* 거친 행동

ulickati se *-am se* (完) 잘 차려입다, 성장하다, 치장하다 (doterati se)

uličar (특정한 직업없이 거리를 떠돌아 다니는) 떠돌이, 부랑아 (skitnica)

uličara, uličarka 거리의 여인, 매춘부 (sokačara, prostitutka)

uličnī *-ā, -ō* (形) 참조 ulica; 거리의

uliganj *-gnja* (魚) 참조 lignja; 오징어

ulistati *-am* (完) 새잎이 나다 (olistatai); *vrbe ulistale* 버드나무가 새잎이 났다

ulište 1. 벌통, 꿀벌통 (košnica, pčelinjak, uljanik); *iz osvete provaljuje tuđa ~a* 복수하기 위해 다른 사람의 벌통을 부쉈다 2. (解) (廢語) 갈비뼈

uliti *-lijem* (完) **ulivati** *-am* (不完) 1. (~에) 따르다, 붓다; *ulili su nekoliko kapi ulja* 몇 방울의 기름을 따라부었다 2. (자주 u dušu, u srce, u glavu 등의 보어와 함께) (비유적) ~에 휩싸이게 하다(감정에), ~에 빠지게 하다

U

1383

(생각에); ~ *ljubav* 사랑에 빠지게 하다; ~ *mržnju* 증오에 휩싸이게 하다; ~ *nadu* 희망을 심어주다; ~ *poštovanje* 존경심이 우러나오게 하다; ~ *strah* 공포심에 사로잡히게 하다; ~ *samopouzdanje nekome* 누구에게 자존감을 심어주다; 3. (비가) 쏟아지다, 퍼붓기 시작하다; *uli iz oblaka grozna pljuštavina* 먹구름에서 엄청난 소나기가 퍼붓기 시작했다 4. ~ *se* (액체 등이) 흘러내리다, 흘러 들어가다; *Dunav se uliva u Crno more* 다뉴브강은 흑해로 흘러들어간다 5. ~ *se* (비유적) (어떠한 단체·사회에) 들어가다; ~ *se u masu* 대중에 스며들다

uliven *-a, -o* (形) 참조 uliti

ulizati *-žem* (完) 1. (혀로 여러 번) 핥다 (olizati); *uze onaj papir s duvanom ... zavi i uliza dobro kraj od papira, zalepi i opet ozgo oliza* 종이에 궐련을 올려 놓고는 말아서 종이 끝에서부터 혀로 잘 핥아 붙이고 다시 한 번 위로부터 혀로 핥았다 2. (동물들이 혀로 털을) 핥다, 털을 고르다 3. (머리카락을) 단정히 빗질하다; *bio je elegantan i ulizane frizure* 머리를 단정히 빗질하였으며 엘레강스하였다 4. ~ *se* (오래 사용하여) 반질반질하게 빛나다, 얇아지다, 해지다; *svi drugovi su odeveniji ... ja u jednom ulizanom i izbledelom kaputiću* 모든 친구들이 옷을 잘 입었다... 나는 낡아 번질번질하고 색이 바랜 외투를 입고 있었다 5. ~ *se* 치장하다, 장식하다 (doterati se) 6. ~ *se* 아부하다, 아첨하다 (dodvoriti se, ulagivati se); *uspeo je da se uliže starcu* 그는 한 노인에게 아첨하는데 성공했다

ulizica (男,女) 아첨꾼, 아부꾼 (udvorica); *kraljevi rado slušaju laskanje ulizica* 왕들은 아첨꾼들의 아부를 즐겨 듣는다 **uliziчки** (形)

ulizištvo 아첨, 아부, 알랑거림 (udvorištvo)

ulizivati (se) *-zujem (se)* (不完) **ulizati se** *-žem se* (完) ~ *se nekome* 아부하다, 아첨하다 (ulagivati se)

ulog 1. 착수금, 보증금; 담보 (어떠한 일 등에 참여할 때 내는); (게임의) 내기에 건 돈, 판돈 2. 회비, 기여금, 기부금 (članarina, doprinos) 3. 예금, 적립금 (štednja); *ulog na poštanskoj štedionici rastao je presporo* 우체국 예금에 적립한 예금은 너무 느리게 불어났다; *oročeni* ~ 정기예금; ~ *po viđenju* 요구불 예금 **uложни** (形); *~a knjižica* 예금통장

uloga 1. (연극·영화 등에서의 배우의) 역, 역할, 배역; *nije se mogao naći glumac koji bi glumio naslovnu ~u* 주인공 역할을 할 배우를 찾을 수 없었다; *igrati ~u* (배우가 어떠한) 역을 하다; *podeliti ~e* 역할을 나누다; *nezahvalna* ~ 혐오스런 역할; epizodna ~ 단역, 조연 역 2. (비유적) (조직·사회·관계 내에서의) 역할, 임무 (zadatak, dužnost, funkcija) 3. 기타; *vodeća* ~ 지도적 역할; *(od)igrati ~u* 영향력을 행사하다, ~에 기여하다

ulogoriti *-im* (完) **ulogoravati** *-am,* **ulogorivati** *-rujem* (不完) 1. 숙영(logor)시키다, 야영시키다; ~ *vojsku* 군대를 숙영시키다 2. ~ *se* 야영하다, 숙영하다

ulom 골절(骨折), 뼈가 부러짐 (prelom, fraktura)

ulomak *-omka* (전체의) 일부, 부분 (parče, komad; odlomak)

ulomiti *-im* (完) 부러뜨리다, 꺾어 따다 (slomiti); ~ *granu* 가지를 꺾다; ~ *cvet ruže* 장미꽃을 꺾다

uloptati *-am* (完) 1. 뭉치게 하다, 뭉쳐 덩어리(lopta)지게 하다 (pretvoriti u loptu, zgrudvati) 2. ~ *se* (밀가루 등이) 뭉치다, 덩어리지다 (zgrudvati se) 3. ~ *se* 공(lopta)같이 둥글게 되다(구부러지다), 둥글게 말리다; *jež se uloptao* 고슴도치가 몸을 둥글게 말았다

ulov 사냥품(물고기·들짐승 등의), 포획품 (lovina); 사냥품의 총량, 총포획량; *godišnji* ~ *iznosi prosečno 500 tona* 년간 총포획량은 평균 500톤이다

uloviti *-im; ulovljen* (完) 1. 사냥하다, 포획하다(들짐승 등을), 낚다(물고기를); ~ *zeca (lisicu, fazana)* 토끼(여우, 꿩)를 사냥하다; *lisica ulovi zeca* 여우가 토끼를 사냥한다 2. 추적하여 붙잡다(사로잡다); ~ *begunca (kriminalca)* 도망자(범죄자)를 추적하여 붙잡다 3. (비유적) 기술적으로 얻다(얻어내다); ~ *miraz* 혼수품을 얻어내다; ~ *zeta* 사위를 얻다 4. (비유적) 주의깊게 관찰하여 알아내다(깨닫다) (남이 감추고 싶어하는 비밀 등을); *devojka je ipak ulovila taj pogled* 소녀는 그러한 시선을 결국 알아챘다; *Petar je ulovio taj šapat* 페타르는 그 속삭임을 알아챘다; *boje se da ih sud ne ulovi u laži* 법원이 그들의 거짓말을 알아차리지 못할 것을 걱정한다; ~ *šta je neko rekao* 누가 말한 것을 알아채다 5. 휩싸다, 사로잡다 (obuzeti, pritisnuti); *ulovila ga melanholija* 그는 우울함에 사로잡혔다 6. ~ *se* 사로잡히다, 포획되다, 노획물이 되다 7. ~ *se* (뭔가를) 붙

잡다, 붙잡고 있다; (어디에) 도달하다; ~ se prstima za granu 손가락으로 가지를 붙잡다

ulozi *ulōgā* (男,複) (病理) (팔·다리 관절에 생기는) 통풍 (kostobolja, giht, podagra)

uložak *-ška; -šci* 1. (~의) 안에 넣는 것, 끼워 넣는 것, 삽입하는 것, 삽입물 (umetak); (신발의) 안창, 깔창; ~ u cipeli 신발 깔창; ~ za olovku (샤프 연필의) 연필심 2. 첨부물, 첨가물; 장식품 (dodatak, primesa) 3. 예금 (ulog); taj će mu se ~ trostruko povratiti 그에게 그 예금은 세 배로 돌아올 것이다 4. 기타; higijenski ~šci (여성의) 생리대; gruntovni ~ 토지등기대장의 소유주 명단; materični ~ 자궁 내 피임 기구, 피임링

uložiti *-im* (完) ulagati *-žem* (不完) 1. (~의 안에) ~을 삽입하다, 끼워 넣다, 끼우다; ~ u procep stabla što 기둥의 벌어진 틈 사이에 무엇을 넣다 2. (시간·돈·노력 등을) 투자하다, 사용하다; danas je ... najsigurnije ~ novac u kuće 오늘날 ... 주택에 투자하는 것이 가장 확실한 방법이다; ~ trud (vreme) 노력(시간)을 투자하다; ~ novac u neki posao 어떠한 일에 돈을 투자하다 3. (돈을 은행 등에) 예금하다; ~ novac u banku 돈을 은행에 예금하다 4. (내기·도박 등에) 판돈을 걸다; ~ u klađenju 도박에 판돈을 걸다 5. (서류 등을) 제출하다, 제기하다; ~ žalbu 이의서를 제출하다; ~ tužbu 고소장을 제출하다; ~ protest 항의를 제기하다 6. (rеč) 누구(무엇)를 위해 말하다(발언하다)

uložnī *-ā, -ō* (形) 참조 ulog; 예금의; ~a knjižica 예금통장

uložnica 1. 예금통장 2. (解) 광대뼈, 협골(頰骨) (jagodična kost)

uložnik 1. 예금주; 투자자 (ulagač) 2. 처가살이하는 남자, 데릴사위 (uljez, domazet, došljak)

ultimatum 최후통첩; staviti ~ 최후통첩하다; **ultimativni** (形); u ~noj formi 최후통첩 형식에서

ultraljubičast *-a, -o* (形) 참조 ultravioletan; 자외선의

ultrasoničan *-čna, -čno* (形) 참조 nadzvučan; 마하의

ultravioletan *-tna, -tno* (形) (物) 자외선의; ~tni zraci 자외선

ultrazvuk (物) 초음파 **ultrazvučni** (形); ~ talasi 초음파

ulubiti *-im*; ulubljen (完) (평평한 표면을 세게 쳐서) 움푹 들어가게 만들다, 찌그러뜨리다; ~ haubu 보닛을 찌그러뜨리다; ~ auto

자동차를 찌그러뜨리다; malo ulubljen branik 범퍼가 약간 찌그러졌다

ulučiti *-im* (完) (기회·찬스 등을) 얻다, 잡다, 붙잡다, 움켜쥐다 (ugrabiti, dobiti); ~ priliku 기회를 붙잡다

uludo (副) 헛되이, 아무 쓸모없이 (uzaludno, beskorisno); ~ se žrtvovati 헛되이 희생하다

ulupati *-am* (完) 1. (što u što) 헛되이 쓰다(사용하다), 낭비하다 (불필요한 것에); ~ milijune u propale projekte 실패한 프로젝트에 수백만 (달러)를 낭비하다 2. (料理) (계란을 밀가루 반죽 등과 함께) 휘젓다, 휘저어 섞다; ~ jaja 계란을 휘젓다

ulupiti *-im* (完) 참조 ulubiti

ulja 참조 hulja; 불량배, 건달

uljanī *-ā, -ō* (形) 참조 ulje; 기름의, 오일의; ~a boja 유화 물감, 유성페인트; ~a lampa 오일 램프; ~e bilje 기름을 짤 수 있는 식물; ~a repica (植) 유채, 유채꽃

uljanica 기름 램프, 오일 램프

uljanik 벌통이 있는 곳(장소)

uljar 1. 기름(ulje)을 생산하거나 파는 사람 2. (廢語) 양봉업자 (pčelar)

uljara 기름(ulje)공장

uljarica 1. (植) (複數로) 기름을 짤 수 있는 식물(올리브, 해바라기, 유채 등의) 2. 기름을 짤 수 있는 장비(설비) 3. 오일 램프 (uljanica)

uljarka (動) 향고래, 향유고래, 말향고래 (고래의 한 종류)

ulje 1. (동·식물성의) 기름, 오일; maslinovo ~ 올리브 오일; riblje ~ (대구) 간유; ricinusno ~ 아주까리 기름; laneno ~ 아마 기름; ružino ~ 장미 오일; ~ od maka (suncokreta) 양귀비씨(해바라기) 기름 2. 유화(油畵); 유화 물감, 유성페이트 3. 기타; jestivo ~ 식용유(올리브 오일, 해바라기 오일, 유채 오일 등의); kameno ~ 석유 (petrolej); lako ~ 경유; rasvetno ~ 등유 (kerozin); sveto ~ (宗) 성유(聖油); teško ~ 중유; ~ na vatru (sipati, doliti) 불에 기름을 (붓다); motorsko ~ 엔진 오일; mineralno ~ 광물 기름; ~ za podmazivanje 윤활유; pumpa za ~ 주유소

uljenica, uljenka 기름 램프, 오일 램프 (uljanica)

uljevit *-a, -o* (形) 기름기가 함유된

uljez 1. 처가살이하는 남자, 데릴사위 (domazet) 2. 불청객 (samozvan gost)

uljiti *-im* (不完) pouljiti (完) 음식에 기름을 보충적으로 더 붓다, 기름으로 양념하다; ~ za

U

vreme posta 단식 기간중에 음식에 기름을 붓다; ~ *salatu* 샐러드에 기름을 붓다

uljudan *-dna, -dno* (形) 교양있는, 공손한, 정중한, 예의 바른 (pristojan, učtiv); ~ *čovek* 공손한 사람; *-dno ponašanje* 정중한 행동

uljuditi *-im;* uljuđen (完) **uljuđivati** *-đujem* (不完) 1. 공손하고 예의바르게 교육시키다; 공손하게 (정중하게, 공손있게) 교육시키다; *devojku valja* ~ 여성을 예의바르게 교육시키다; ~ *dete* 아이를 예의바르게 교육하다 2. (외모를) 단정하게 하다 (dovesti u red, doterati); ~ *prebivalište* 처소를 단정하게 하다 3. ~ *se* 공손해지다, 정중해지다, 예의 범절이 바르다; (외모가) 단정해지다; *uljudio se, ne psuje* 점잖아져 욕을 하지 않는다

uljudnost (女) 공손함, 정중함, 예의바름, 교양 있게 처신함; 공손하고 사려깊은 행동(처신)

uljuljati *-am,* **uljuljkati** *-am* (完) **uljuljkivati** *-kujem* (不完) 1. 흔들어 재우다; ~ *dete* 아이를 흔들어 잠재우다 2. ~ *se* 흔들려 잠들기 시작하다 3. ~ *se* (비유적) (현실에서 도피하여 기분좋은 생각에) 몰두하다, ~에 빠지다 (zaneti se); *on se brzo uljuljao u duge lepše i slađe misli* 그는 곧 긴 일장춘몽에 빠졌다; ~ *se u varljivu nadu* 공허한 기대에 몰두하다

uljuškati *-am* (完) **uljuškivati** *-kujem* (不完) 참조 uljuljati

um *-ovi* 1. (사고·판단·지각·감정 등의 작용을 하는) 정신, 정신 상태, 마음; 지성, 지적 능력; 창의력 (intelekt, pamet) 2. (논리적 판단을 할 수 있는) 이성, 판단 능력 (razum) 3. 이성적인 사람, 논리적 인간 4. 기타; *na* ~ *doći* (dolaziti, pasti, padati) (kome) 기억 나다; *na* ~ *se uzeti* 이성적으로 행동하다, 조심해서 행동하다; *uzeti* (imati) *na* ~ (na ~u) (koga, što) 누구, 무엇을 염두에 두다, 생각하다; *ne silazi mi s* ~*a* (umova) 항상 생각하다; *ni do sto* ~*a* (umova) 그 어떤 경우에도; *pomračio mu se* (poremetio mu se) ~ 미쳤다, 제 정신이 아니다; *pri bistrom* ~*u* 맑은 정신상태에서; *s* ~*a sići* (skrenuti), ~*om šenuti* 미치다, 정신이 돌다; *s* ~*a smetnuti* (smetati, odbaciti, skinuti, zabacivati) 잊다, 망각하다; *što na* ~(u) *to na drum*(u) 생각나는대로 아무렇게나 말하다 **umni** (形); ~*e snage* 지적 능력; ~ *rad* 정신 노동; ~ *poremećaj* 정신 착란

umackati *-am* (完) 1. (기름기 등으로) 매우 더럽히다, 더럽게 하다, (맨질맨질하게) 더럽히다 2. ~ *se* (기름기 등으로) 매우 더러워지다;

sav se umackao 완전히 더러워졌다

umaći, umaknuti *umaknem;* umakao, *-kla; umaknuo, -nula* (完) **umicati** *-čem* (不完) 1. 몰래 떠나다; 도망치다, 달아나다; 피하다, 회피하다; ~ *sa prijema* 칵테일 파티에서 몰래 떠나다; ~ *iz logora* 수용소에서 도망치다; *skočili su s kamiona i ... umakli u šumu* 트럭에서 뛰어내려 숲속으로 달아났다; ~ *iz zatvora* 탈옥하다; ~ *kazni* (pravdi) 징벌을 피하다; ~ *goniocima* 추적자를 피해 달아나다 2. (같은 방향으로 가는 사람들 보다 더 빠른 걸음으로 가) 앞지르다, 앞서 나가다 (izmaći, odmaći); *pobednik trke beše rano umakao takmičarima* 달리기 우승자는 일찌감치 다른 선수들을 앞질렀다고 말했다 3. (기억에서) 사라지다, 없어지다, 지우다; *sve su videli, ništa im nije moglo umaći* 그들은 모든 것을 보았는데, 그것을 아무것도 기억에서 지울 수 없었다 4. (상장·얻은 것 등이) 다른 사람의 손으로 넘어가 사라지다(없어지다); *da nikako tebi ne umaknu darovi, sinko* 아들아, 네 재능은 결코 사라지지 않는단다 5. ~ *se* 움직이다, 이동하다 (pomaći se, pomeriti se); *umače se jedan do drugoga i Nikici mesto načiniše* 그들은 서로의 간격을 좁혀 니키타에게 자리를 마련해주었다 6. ~ *se* 피하다, 숨다, 사라지다 (ukloniti se, izmaći se); *htede se umaknuti ... ali nije imao snage da ustane* 그는 피하고 싶었지만 ... 일어날 힘이 없었다; ~ *se iz meteža* 혼잡함에서 벗어나다

umah (副) 동시에; 즉시 (istog časa; odmah); ~ *razabra da je to poziv* 즉시 그것이 (전화) 호출이라는 것을 알았다

umak (음식 등의) 소스 (umokac); *kakav bi* ~? *bi li od hrena?* 소스 어때? 양고추냉이 소스 원해?; *jaje na* ~ 반숙으로 찐 계란; *beli* ~ 베샤멜 소스(우유, 밀가루, 버터로 걸쭉하게 만든 소스); *đavolji* ~ 맵게 양념한 소스; ~ *od paradajza* 토마토 소스

umakati *-čem* (不完) **umočiti;** (액체에) 살짝 (완전히) 담그다, 적시다

umaknuti *-nem* (完) 참조 umaći

umalilac *-ioca,* **umalitelj** 참조 umanjilac; (數) 빼는 수, 감수(減數)

umaliti *-im* (完) **umaljivati** *-ljujem* (不完) 참조 umanjiti; 1. (양(量)·수(數) 등을) 감소시키다, 축소시키다, 줄이다; 적게 하다, 작게 하다 2. ~ *se* 적어지다, 작아지다, 축소되다

umalo (副) 거의, 하마터면 (skoro, gotovo, zamalo); *ona* ~ *nije poginula* 그녀는 거의

죽을 뻔했다; ~ *da nije pogrešio* 하마터면 실수할 뻔했다; *ona ~ što nije pala u nesvest* 그녀는 거의 정신을 잃을 뻔했다; ~ *da poginem (pogrešim)* 하마터면 죽을 뻔 (실수할 뻔)했다

umaljenik (數) 참조 umanjenik; 피감수(被減數)

umamiti –*im* (完) 꾀어들이다, 유혹하여 안으로 들어오게 하다; *umeo je ... ~ mušteriju* 손님을 안으로 들어오게 하는 능력이 있었다; *umamio je prasad u podrum* 돼지를 지하로 유인하였다

uman –*mna*, –*mno* (形) 1. (한정형으로) 참조 um; 지적인, 정신적인 (intelektualni); ~*mni rad* 정신 노동 2. (한정형) 영적인 (duhovni); ~*mni život* 영적인 삶 3. 지혜로운, 현명한, 슬기로운 (pametan, mudar); ~ *čovek* 현인 (賢人); ~ *postupak* 슬기로운 행동 4. ~을 행할 준비가 된 (nameran); *nisam ni ~ bio to ... učiniti* 나는 그것을 할 준비가 되어있지 않았다

umanjenik (數) 피감수(被減數)

umanjilac –*ioca*, **umanitelj** (數) 감수(減數), 빼는 수

umanjiti –*im* (完) **umanjivati** –*njujem* (不完) 1. (nešto) (수량·크기 등을) 줄이다, 축소하다; 적게 하다, 작게 하다 (smanjiti); ~ *troškove (platu)* 지출(월급)을 줄이다; ~ *važnost nečega* ~의 중요성을 축소하다 2. 줄어들다, 작아지다, 축소되다; *umanjila Morava (voda)* 모라바강(수량)이 줄어들었다 3. ~ se 작아지다, 적어지다, 줄어들다, 축소되다; *prihodi se umanjili* 수입이 줄었다

umarati (se) –*am (se)* (不完) 참조 umoriti (se)

umarširati –*am*, **umaršovati** –*šujem* (完) 행진하여 들어가다(입성하다); 군대와 함께 들어가다; *tražila je Austro-Ugarska da se umaršira odmah u Srbiju* 오스트리아-헝가리 제국은 즉시 세르비아로 진군할 것을 요청하였다; ~ *u grad* 도시로 행군하여 입성하다

umasirati –*am* (完) 문질러 넣다, 비벼 넣다, 마사지하여 흡수시키다(스며들게 하다); ~ *ulje u kosu* 오일을 머리에 마사지하여 흡수시키다

umastiti –*im* (完) 1. 기름때를 입히다, 기름때로 더럽히다; (옷 등을 오래입어) 맨질맨질 더럽게 하다 2. ~ se 더러워지다(오래입어, 기름기 등으로)

umatičiti –*im* (完) 혈통서(호적)에 올리다(기입하다, 등록하다); *ova su grla umatičena kod zavoda za selekciju stoke* 이 소들은 우종선별 등록기관에 등록되었다

umazati –*žem* (完) 1. 기름때로 더럽히다 (uprljati, zamazati, umrljati); ~ *ruke* 손을 기름때로 더럽히다; ~ *odeću* 옷에 기름때를 묻히다, 옷을 기름때로 더럽히다 2. ~ se 더러워지다; ~ *se blatom* 진흙이 묻어 더러워지다

umecati –*am* (完) 1. (두드리거나 압착하여) 부드럽게 하다, 연해지게 하다, 으깨다 (izgnječiti); ~ *šljive* 서양자두를 으깨다 2. (口語) 죽도록 때리다, 죽이다 (umlatiti, ubiti)

umeće 기량, 기교 (veština, umenje)

umekšan –*a*, –*o* (形) 참조 umekšati; 부드러워진; ~*i suglasnici* (言) 연자음

umekšanje (동사파생 명사) umekšati; 1. 연화(軟化), 부드러워짐; *dobiva se ~ mozga* 뇌가 연화된다 2. (文法) 구개음화 (palatalizacija); ~ *suglasnika* 자음의 구개음화

umekšati –*am* 1. 연화(軟化)하다, 부드럽게 하다; ~ *vosak* 밀랍을 연화시키다 2. (비유적) (어떤 사람을) 물렁하게 만들다, 부드러워지게 하다, 유화적으로 되게 하다; ~ *upravnika* 사장을 물렁하게 만들다 3. ~ se 부드러워지다, 연화되다; *umekšalo se voće* 과일이 물렁해지다 4. ~ se (엄격함·딱딱함 등을 잃고) 부드러워지다, 물렁해지다; *na kraju se komandir umekša* 결국 사령관은 부드러워진다

umekšavati –*am* (不完) 참조 umekšati

umeljati –*am* (完) 1. (끈적끈적 달라붙는 것이) 묻다, 더럽히다, 묻어 더럽게 하다 2. ~ se 묻어 더러워지다

umeravati –*am* (不完) 참조 umeriti

umeren –*a*, –*o* (形) 1. 극단적이지 않은, 도를 지나치지 않은, 절도를 지키는, 절제하는, 중도의, 온건한; *čovek vredan i ~* 부지런하고 극단적이지 않은 사람; ~*i zahtevi* 극단적이지 않은 요구; *on je ~ političar* 그는 온건한 정치인이다 2. 적절한, 적당한, 중간의; ~*a brzina* 적당한 속도; *biti ~ u jelu (piću)* 적당히 먹다(마시다) 3. ~*i pojas* (지구의) 온대지방

umerenost (女) 중도, 온건함, 절제, 적당함

umerenjak 중도적인 사람, 중도적 입장을 견지하는 사람 **umerenjački** (形)

umerenjaštvo 중도

umeriti –*im* (完) **umeravati** –*am* (不完) 1. (현실·가능성과) 조화를 이루게 하다, 극단적이지 않게 하다, 절제시키다, 온건하게 하다, 적당하게 하다; ~ *zahteve* 요구를 적당하게

하다; ~ *izdatke* 지출을 절제하다 2. 알맞게 하다, 적당하게 하다, 완화하다; ~ *korak* 발걸음을 늦추다 3. ~ *se* 절제하다, 자제하다, 적당하게 하다; ~ *se u radosti* 기쁨을 절제하다; ~ *se u piću* 술을 자제하다

umesiti *-im* (完) 1. (밀가루 등을) 반죽하여 만들다, 반죽하다; ~ *hleb (kolače)* 빵(비스켓)을 반죽하다 2. (비유적) 혼란스럽게 하다, 방해하다; 곤란하게 하다; *umesio je nekome nešto zbog nasledstva* 상속 때문에 누구를 곤란하게 하다 3. 기타; ~ *(kome) kolač (pogaču)* 누구를 곤혼스럽게 하다, 함정에 빠뜨리다; *umešeno pa obešeno* (자신의 노력은 전혀 없이 다른 사람의 노력으로 무엇인가를 성취하는) 완전 날것으로; 손도 대지 않고 코를 풀다)

umesno (副) 타당하게, 알맞게, 적당하게, 적절하게 (na umestan način, dobro, zgodno; celishodno; ~ *sprovoditi što* 무엇을 잘 실행하다; ~ *primeniti što* 무엇을 적절하게 적용하다

umesnost (女) 타당성, 적합성, 알맞음; *teško je uvek odrediti ... ~ njegovih saveta* 그의 충고의 타당성을 항상 결정하기는 어렵다

umestan *-sna, -sno* (形) 적절한, 타당한, ~에 어울리는(알맞은) (opravdan); ~*sna primedba* 정당한 이의제기

umestiti *-im*; *umešten* (完) **umeštati** *-am* (不完) 1. 설비하다, 설치하다, 가설하다; ~ *plakar u zid* 벽에 옷장을 설치하다; ~ *deo* 부품을 설치하다 2. ~ *se* 설치되다; *umeste se ispod drveta* 나무 밑에 설치되다

umesto (前置詞, +G) 1. ~ 대신에(namesto, mesto); ~ *penkala dobiti olovku* 만년필 대신 볼펜을 얻다 2. (부사적 용법으로, 접속사 'da' 또는 'što'와 함께) ~ 하는 대신; ~ *da rade oni se izležavaju* 그들은 일하는 대신 누워있다

umešan *-šna, -šno* (形) 능숙한, 능란한, 숙련된, 노련한 (vešt, spretan, okretan); *telo čilo, a ~šna ruka* 몸은 강건하게, 손은 능란하게; *veoma ~ čovek* 매우 노련한 사람; *on je za sve ~* 그는 모든 것에 능숙하다

umešan *-a, -o* (形) 참조 umešati; ~과 연관있는, 얽혀있는, 섞혀있는; *on je za sve ~* 그는 모든 것과 연관되어 있다

umešati *-am* (完) 1. 휘저어 섞다, 휘젓다, 휘저어 (음식을) 만들다; ~ *puru* 옥수수 가루를 섞다(잘 섞어 음식을 만들다) 2. (서로 다른 종류의 재료를 서로) 섞다, 혼합하다 (izmešati, pomešati); ~ *raž u pšenicu* 호밀

을 밀가루와 섞다; ~ *jedno jelo u drugo* 한 음식을 다른 음식과 섞다 3. 빨려 들어가다, 얽히게 하다, 말려들게 하다, 연관(관련)되게 하다 (보통은 좋지 않은 일과) (uvući, upetljati); *ne želim da te umešam u taj spor* 너를 그 분쟁에 얽히게 하고 싶지 않다 4. ~ *se* 다중(대중)속으로 들어가다; ~의 회원이 되다; ~ *se u narod* 민중 속으로 들어가다; *blago njemu, te se umeša u takvo društvo* 그는 참 운도 좋아, 그 단체의 회원이 되었잖아 5. ~ *se* (~에)가담하다, (~에) 얽히다, 섞히다, 관련되다 (uplesti se); ~ *se u tuču* 폭행과 관련있다(가담했다) 6. ~ *se* 간섭하다, 참견하다; *neće biti! - umeša se neko* 그렇게는 안될걸! - 누군가가 참견했다

umešno (副) 능숙하게, 능란하게, 솜씨있게 (vično, spretno)

umešnost (女) 능수능란함, 기교, 기술 (spretnost, veština)

umeštati (se) *-am (se)* (不完) 참조 umestiti (se)

umetak *-tka*; *umeci* 1. 삽입, 삽입된 부분 (글·작곡 등에서) 2. 장식물, 장식물로서 덧붙여진 것; *cipele sa ~cima od plavog somota* 파란 벨벳의 장식물이 있는 구두 3. 끼워진 것, 삽입된 것; (신발창 등의) 깔개 (uložak) 4. (文法) 삽입음, 삽입자 5. (음악·시 등의) 간주곡, 막간 공연 (međuigra, međučin)

umetati *-ćem* (不完) 1. 참조 umetnuti; (~의 사이에, 중간에, 안쪽에) 놓다, 두다, 끼워놓다 2. ~ *se* (~의 사이에) 끼이다, 놓이다 3. ~ *se* 경기하다, 시합하다 (보통은 투포환 경기의) (nadmetati se, takmičiti se)

umeti *umem*; *umeju*; *umeo, -ela* (不完) 1. ~ 할 수 있다, ~할 능력이 있다, ~할 능력을 갖추다; 마스터하다, 능통하다; 알다, 알고 있다 (znati); ~ *jahati* 승마를 할 수 있다; ~ *govoriti engleski jezik* 영어를 말 할 수 있다; *on ume da piše* 그는 쓸 수 있다; *on sve ume* 그는 모든 것을 할 수 있다 2. (oko nekoga, s nekim) ~에게 적응하다, ~의 호감을 얻다; ~ *oko žena* 여성들의 호감을 얻다; *ne znaš ti kako ume oko žena* 여성들의 호감을 어떻게 얻을 수 있는지 너는 모른다; *Miloš je umeo sa svetom* 밀로쉬는 세상과 어울려 살 능력이 있다 3. ~에 능숙하다, 능수능란하다, 융통성이 있다; *napred ide onaj koji ume, a ne koji zna* 알고 있는 자가 아니라 융통성있는 사람이 전진한다

umetnik 1. 예술가, 아티스트; *likovni* ~ 순수예술가; *dramski* ~ 드라마 아티스트; *estradni ~ici* 대중 연예인 **umetnički** (形);

~a vrednost 예술 가치; *~a akademija (galerija)* 예술대학, 미술대학 (미술관); *~o klizanje* 피겨스케이팅; *~a književnost* 순문학, 미문학(美文學); *~e slike* 그림, 회화 2. 베테랑(어떤 분야를 잘 알고 있는 사람), 전문가 (veštak, dobar znalac)

umetnost (女) 1. 예술; *likovna ~* 순수 예술; *primenjena ~* 실용 예술; *plastična ~* 조형 미술; *scenska ~* 무대 예술; *pozorišna ~* 연극 예술; *~ radi ~i* 예술을 위한 예술 2. 예술적 경지에 달한 기술(기예); *to je primer štamparske ~i* 그것은 인쇄 기술의 전형이다

umetnuti *–nem* (完) **umetati** *–ćem* (不完) 1. (다른 것 속에·둘 사이에) 끼우다, 넣다, 삽입하다; *~ rečenicu (reč)* 문장(어휘)을 끼워 넣다; *~ deo teksta* 텍스트의 일부를 끼워넣다; *~ letvu* 널판지를 끼워넣다 2. (모욕적인·야유의) 말을 내던지다; *„i njega", umetne neko* 누군가 „그도"라고 말을 내뱉었다 3. *~ se* (줄 등에) 새치기하다, 재빨리 끼어들다; *umetnuli smo se u red* 우리는 줄에 새치기했다 4. *~ se* (대화에) 끼어들다, 참견하다 (umešati se, uplesti se) 5. *~ se* (na nekoga, u nekoga) 누구를 닮다 (특히 부모들 중 누구를) (uvrći se); *sinovi se umetnu na oca* 아들들은 아버지를 닮았다 6. 기타; *~ čijom glavom* 처형하다, 죽이다

umicati *–ćem* (不完) 참조 umaknuti

umilan *–lna, –lno* (形) 사랑스런, 귀여운; 즐거운, 기분좋은, 유쾌한 (umiljat, ljubak; prijatan, ugodan); *~lno dete* 귀여운 아이; *~ glas* 유쾌한 목소리; *neću čuti njegov ~lni, puni muški glas* 그의 유쾌하고 남성적인 목소리를 들을 수 없을 것 같다

umiliti se *–im se* (完) (nekome) (누구의) 호감을 얻다, ~의 마음에 들다, ~에게 잘 보이다; *pošalje ... milošte samo da se umili silnom caru* 단지 철권을 휘두르는 황제의 마음에 들기 위해 선물을 보낸다

umilostiviti *–im* (完) *~ nekoga* 자비롭게 하다, 자비심을 갖게 하다 ; *treba neko da umilostivi pašu* 누군가 파샤가 자비심을 갖게 해야 한다

umiljat *–a, –o* (形) 1. 사랑스런, 귀여운, 호감을 얻는; 기분좋은, 유쾌한; *~o dete* 귀여운 아이; *~ glas* 듣기 좋은 목소리 2. 보기 좋은(아름다운); *~ predeo* 아름다운 경치

umiljavati se *–am se* (不完) *~ nekome* (oko nekoga) ~의 마음에 들도록 노력하다, ~의 호의를 얻으려고 하다

uminuti *–nem* (完) 1. 사라지다, 없어지다, 지

나가다 (proći, nestati, izgubiti se); (강도·세기 등이) 약해지다; *uminuše leta* 여름이 지나갔다; *uminu život* 삶이 지나간다; *bol je uminuo* 통증이 약해졌다 2. *~ se* (옆을) 지나가다, 통과하다; *uminu se pored mlina* 제분소 옆을 지나간다

umirati *–em* (不完) 참조 umreti

umirenje 1. (통증·놀람·짜증 등의) 진정(됨), 완화(됨), 누그러짐; *~ bolova* 통증의 완화; *sredstvo za ~* 진정제 2. 평화, 적대관계의 청산; *glas o austrijsko-turskom ~u nigde nije primljen tako rđavo* 오스트리아-터키간의 평화 협정에 대한 소문이 그 어디에서도 그렇게 나쁘게 받아들여진 곳은 없다

umiriti *–im* (完) **umirivati** *–rujem* (不完) 1. 진정시키다 (smiriti); *~ đake* 학생들을 진정시키다 2. (화·분노·흥분 등을) 누그러뜨리다, 가라앉히다; *malo ga umiriše njene reči* 그녀의 말이 그의 분노를 조금 누그러뜨렸다 3. 평온하게 하다 (uspokojiti); *donekle nas umiriše vesti sa fronta* 전선에서 날라온 뉴스가 우리를 어느정도는 평온하게 하였다 4. (반항·반란 등을) 진압하다; *~ pobunjenike* 반란자들을 진압하다 5. (통증 등을) 완화시키다, 약하게 하다 (ublažiti, olakšati); *~ bol* 통증을 완화시키다 6. *~ se* 평온해지다, 진정되다, 누그러지다; *taman su se deca umirila, a učitelj zapita* 아이들이 좀 조용해졌을 때, 선생님은 질문을 하기 시작한다 7. *~ se* 평화조약을 맺다(체결하다), 적대관계를 청산하다; *pošto se Nemci umire s Turcima, ... on dobije penziju* 독일과 터키가 적대관계를 청산하였기 때문에 ... 그는 연금을 수령한다

umirljiv *–a, –o* (形) 진정시키는, 누그러뜨리는, 완화시키는; *~a reč* 진정시키는 말

umiroviti *–im;* *umirovljen* (完) 참조 penzionisati; 은퇴시키다, 퇴직시키다, 연금 생활을 하게 하다

umirovljen *–a, –o* (形) 참조 umiroviti; 퇴직한, 은퇴한; *~i oficir* 퇴역 장교

umirovljenik 참조 penzioner; 은퇴자, 연금생활자

umirovljenje (동사파생 명사) umiroviti; 참조 penzionisanje; 은퇴, 퇴직

umirući *–ā, –ē* (形) 참조 umreti; 죽어가는, 죽음의 (smrtni); *~ čas* 임종 시간; *~im glasom* 죽어가는 목소리로

umisliti *–im;* *umišljen* (完) 1. (마음속으로) 상상하다 (zamisliti); *napravio je Radojko plan za jednu umišljenu ofanzivu* 라도이코

는 한 가상 공격 계획을 세웠다 2. (실제로 존재하지 않는 것, 비현실적인 것을 실제인 것으로) 착각하다 (uobraziti); *cenzori su umislili da će samo njihova klerikalna opreznost(zabranom filma) ... spasti duše mladih* 검열관들은 자신들의 성직자적 조심성(영화상영 금지)만이 청년들의 영혼을 구원할 수 있을 것이라고 착각하였다 3. 신중하게 생각하다, 심사숙고하다 (naumiti, smisliti) 4. ~ se 자신에 대해 과대평가하다, 거만해지다, 오만해지다

umišljaj 1. (法) 참조 predomišjaj; 예비 모의, 예모(豫謀) 2. (~을 실행할) 계획, 의도 (zamišljaj, plan) 3. 가상, 착각 (uobraženje)

umišljati (se) *-am (se)* (不完) umisliti (se)

umišljen *-a, -o* (形) 1. 참조 umišljati (se) 2. 거만한, 오만한 (uobražen, nadmen, ohol); ~ *čovek* 거만한 사람; *~o držanje* 오만한 행동

umiti *umijem; umio; umit & umiven, -ena; umij* (完) **umivati** *-am* (不完) 1. (누구의 얼굴을) 세수시키다, 세안하다; (물로 신체의 일부를) 씻어내다 2. 씻어 닦아내다, (오물 등을) 씻어내다; ~ *suze* 눈물을 씻어내다 3. (비유적) 정리하다, 정돈하다, 가지런히 하다 (urediti, doterati); ~ *rukopis* 원고를 다듬다 4. ~ se 세수하다

umiti *-im* (不完) 참조 umovati

umivaonica 1. 세면장 2. 세면기 (umivaonik)

umivati *-am* (不完) 참조 umiti

umjetan *-tna, -tno* (形) 1. 참조 veštački; 인위적인, 인공적인; *~tno gnojivo* 인공 비료 (퇴비); *~tno jezero* 인공호수; ~ *satelit* 인공위성; *~tna svila* 인견, 인조 견사; *~tno disanje* 인공호흡; *~tna kiša* 인공강우 2. (한정형) 예술의 (umetnički)

umjetnica 참조 umetnik

umjetnički *-ā, -ō* (形) 참조 umetnik

umjetnik 참조 umetnik

umjetnina 예술품, 예술 작품

umjetnost (女) 참조 umetnost

umlačiti *-im* (完) 미지근(mlak)하게 하다 (smlačiti); ~ *vodu* 물을 미지근하게 하다

umlatiti *-im; umlaćen* (完) 1. 때려 죽이다, 구타해 살해하다; (일반적으로) 죽이다, 살해하다 2. (과일나무를 흔들어·몽둥이 등으로 때려 과일을) 털다, 흔들어 과일을 털다 (omlatiti); ~ *oraha* 호두를 털다

umnī *-ā, -ō* (形) 참조 uman

umnik 현인(賢人), 지혜로운 사람

umnogostručiti *-im* (完) umnogostručavati -

am (不完) 많이(몇 배로) 증대시키다; ~ *bogatstvo* 부를 몇 배로 불리다 2. ~ se 몇 배로 증대되다(세지다, 커지다)

umnost (女) 지혜, 슬기, 현명함 (razboritost, mudrost)

umnožavanje (동사파생 명사) umnožavati; *aparat za* ~ 등사기

umnožavati *-am* (不完) 참조 umnožiti

umnožilac *-ioca*, **umnožitelj** (數) 참조 množilac; 승수(乘數), 곱하는 수

umnožiti *-im* (完) **umnožavati** *-am* (不完) 1. (숫적으로) 많게 하다, 증가시키다; 곱하다; *time bi samo on umnožio poslove nama* 그것으로 그는 우리들에게 단지 일거리만 많게 하였다 2. (일반적으로) 많게 하다, 증대(증가)시키다 (povećati); *porta umnoži svoju pažnju prema srpskim deputatima* 터키 조정은 세르비아 대표자들에게 더 많은 관심을 가졌다 3. 등사판으로 등사하다(인쇄하다), 복사하다; *odmah smo ovu vest umnožili i razaslali po čitavoj opštini* 우리는 즉시 이 뉴스를 등사하여 전국에 배포하였다 4. ~ se (숫적으로) 늘어나다, 증가하다, 많아지다

umnoživ, **umnožljiv** *-a, -o* (形) 배가시킬 수 있는, 증가시킬 수 있는, 많게 할 수 있는

umnjak (齒) 사랑니 (zub mudrosti)

umobolan *-lna, -lno* (形) 미친, 정신 이상의, 정신적으로 아픈; *~lna osoba* 정신 이상인 사람, 미친 사람

umobolnica 1. 정신 병원 2. 참조 umobolnik; 정신이상자(여자), 미친 여자

umobolnik 정신이상자

umobolnost (女) 정신이상(상태)

umobolja 정신병

umočiti *-im* (完) **umakati** *-čem* (不完) 1. (보통은 일부만 액체에) 담그다, 적시다; ~ *pero u mastilo* 펜을 잉크에 담그다(적시다); ~ *noge u vodu* 발을 물에 담그다 2. (물건에 가루나 액체 따위를) 묻히다, 찍다; ~ *hleb u so* 빵을 소금에 찍다

umokac *-kca* 소스 (umak, sos)

umokriti *-im* (完) 1. 젖게(kokar) 하다, 축축하게 하다, 적시다 (ovlažiti, ukvasiti); ~ *krpu* 걸레를 적시다 2. 소변을 보다, 오줌을 싸다, 오줌으로 적시다; ~ *gaće* 팬티에 오줌을 싸다 3. ~ se 소변을 보다, 오줌을 싸다

umoliti *-im* (完) **umoljavati** *-am* (不完) 1. 간청하다, 요청하다 (zamoliti); *govornik umoli za tišinu* 연사는 조용히 해줄 것을 요청했다 2. 간청하면서 설득시키다, 간청하여 ~의 마음을 돌려놓다; *jedva ga umolismo da* *pristane* 그가 동의해줄 것을 겨우 설득했다; *umolio je oca da ga pusti na izlet* 야유회에 보내줄 것을 아버지에게 설득하였다 3. 간청하여 얻다 (izmoliti); *teško je ~ toliki novac* 그만큼의 돈을 간청하여 얻기는 어렵다 4. ~ se 동정심을 얻다

umoljčati se *-am se*, **umoljčaviti se** *-im se* (完) 좀먹다(보통은 나방으로 인해 면제품·모피 등이)

umoljiv *-a*, *-o* (形) 너그러운, 관대한, 엄하지 않은 (popustljiv)

umor 1. 피로, 피곤 (zamor); *osećati ~* 피로함을 느끼다; *u zaposlenom čoveku gomila se ~ koji potputno ne mogu eliminirati ni dnevni odmori* 일상적 휴식으로는 해결할 수 없는 피로감이 일하는 사람들에게는 누적된다 2. (口語) 임종 순간, 죽음의 순간, 죽음 (smrt, smrtni trenutak) 3. 기타; *bez ~a* 쉬지 않고, 끊임없이, 휴식없이; *mrtav od ~a* 매우 피곤한, 파김치가 다 된; *padati (pasti, rušiti se) od ~a* 완전히 파김치가 다 되다, 완전히 탈진하다

umoran *-rna*, *-rno* (形) 피곤한, 기진맥진한, 심신이 지친 (오랜 일, 질환 등으로 인해); *osećati se ~rnim* 피곤함을 느끼다; *~rno lice* 피곤한 얼굴

umoriti *-im* (完) **umarati** *-am* (不完) 1. (누구를) 피곤하게 하다, 피로감을 느끼게 하다, 기진맥진하게 하다, 지치게 하다 (zamoriti, iznuriti) 2. 죽이다, 살해하다 (ubiti, usmrtiti) 3. ~ se 피로해지다, 지치다, 기진맥진해지다; *~ se od rada* 일 때문에 지치다 4. ~ se 자살하다

umorstvo 참조 ubistvo; 살인, 살해; *~ deteta* 유아 살해

umotati *-am* (完) **umotavati** *-am* (不完) 1. 둘둘 말다, 감싸다; 포장하다; *~ glavu maramom*, *~ maramu oko glave* 수건으로 머리를 둘둘 말다; *~ konopac* 실을 (공 모양으로) 둘둘 말다; *~ dete u ćebe* 담요로 아이를 감싸다 2. ~ se 둘둘 말다, 둘둘 말아 감싸 보호하다, 둘러 덮어 쓰다 (추위 등으로부터); *~ se ćebetom (u bundu)* 담요(모피코트)를 덮어 쓰다

umotvorina 창작품, 작품 (보통은 예술작품 등의); *narodna ~* 민중구전설화

umovati *-mujem* (不完) 1. ~에 대해 자신의 의견을 개진하다, 철학적으로 사색하다 (mudrovati, filozofirati) 2. (행동이 필요한 때에) 이론에 치우치다, 너무 많이 생각하다 (premišljati)

umreti *-rem*; umro, *-rla*; umri (完) **umirati** *-em* (不完) 1. (보통은 사람이) 죽다, 사망하다; *~ prirodnom smrću* 자연사하다; *~ na porođaju* 분만중 사망하다; *~ od smeha* 웃겨 죽다(포복절도하다); *~ od dosade* 따분해 죽다 2. 경직되다, 굳어지다 (두려움 등으로 인해) (obamreti, zamreti) 3. 사라지다, 없어지다 (소리 등의 현상 등이, 기억·관습 등에서) (nestati, izgubiti se; iščeznuti) 4. 기타; *živ ~* 매우 놀라다(두려움·무서움 등으로); *umrem ti na pesmu (odeću)* 아무런 가치도 없을 때 사용되는 표현임; *~ od straha* 매우 두려워하다; *~ pod nožem* 수술중에 사망하다; *~ od žeđi (gladi)* 매우 배고프다(목마르다); *bolje je pošteno ~ nego sramotno živeti* 부끄럽게 사는 것보다는 명예롭게 죽는 것이 낫다

umrlī *-ā*, *-ō* (形) 1. 죽은, 고인의 (preminuli, pokojni) 2. (명사적 용법으로) 고인(故人) (mrtvac, pokojnik) 3. 죽음의, 사망의 (smrtni); *~ čas* 죽는 시간, 임종 시간; *~ dan* 사망일

umrlica 사망 확인서 (smrtovnica)

umrljati *-am* (完) 1. 더럽히다, 오점을 남기다 (zamrljati, zaprljati); *~ haljinu* 드레스를 더럽히다 2. ~ se 더러워지다, 오점이 생기다 (남다)

umrtviti *-im*; umrtvljen (完) **umrtvljavati** *-am*, **umrtvljivati** *-ljujem* (不完) 1. (생명 기능을 일시적으로) 마비시키다, 정지시키다; *~ eksperimentalnu životinju* 실험 동물의 생명 기능을 정지시키다; *~ živac* 신경을 죽이다; *~ nekoga dosadnom pričom* 누구를 따분한 이야기로 숨막히게 하다 2. ~의 움직임을 느리게 하다(중지시키다); 느리게 하다; *~ igru* 춤(경기)을 느리게 하다 3. (열정·갈망 등을) 진정시키다, 누그러뜨리다 (smiriti) 4. 무디게 하다, 무감각하게 하다 (otupiti); *~ aktivnost* 활동성을 무디게 하다; *~ savest* 양심을 무디게 하다 5. 죽이다, 살해하다 (ubiti, usmrtiti, pobiti); *Pet ranio, sedam umrtvio* 다섯 명을 부상입히고 일곱 명을 살해했다 6. ~ se 죽다

umrviti *-im* 1. 가루(mrva)로 만들다, 잘게 부수다 (izmrviti, izdrobiti) 2. 가루를 ~에 타다(udrobiti); *~ hleb u mleko* 우유에 빵가루를 타다

umstvovati *-vujem* (不完) 참조 umovati

umući umuknem (完) 참조 umuknuti

umućkati *-am* (完) (걸쭉한 것을 휘저어) 더 되게 하다, 더 걸쭉하게 하다

umudriti *-im* (完) **umudravati** *-am*, **umudrivati** *-rujem* (不完) 1. ~ *nekoga* (누구를) 지혜롭게 하다, 이성적으로 되게 하다, 제 정신을 차리게 하다 (urazumiti, opametiti); *nevolja je najveći učitelj, te tako muka i nevolja umudre ovog jadnog čoveka* 고난이 가장 훌륭한 선생이다, 그래서 그러한 어려움과 고난이 그 불쌍한 사람을 이성적으로(현명하게) 만든다 2. 이성적으로(현명하게) 행동하기 시작하다; *Vukadin se umudrio, pa postao hladan i zvaničan* 부카딘은 이성적으로 행동하기 시작하였으며 냉철하고 격식을 차리는 사람이 되었다 3. ~ **se** 깊은 생각에 빠지다, 심사숙고하다 4. ~ **se** 제 정신을 차리다 (urazumiti se, osvestiti se)

umuknuti *-nem*; **umuknuo & umukao**, *-kla* (完) 침묵하다, 침묵을 지키다 (자신의 발언·노래·울음 등을)

umutiti *-im* (完) 휘젓다, 휘저어 섞다(하나의 재료를 다른 재료와) (izmešati, umešati); ~ *belance sa šećerom* (계란의) 흰자를 설탕과 휘저어 섞다; *pije se bela kafa sa šlagom u koji su umućeni sitno rezani bademi* 잘게 썬 아몬드가 섞인, 크림이 위에 얹혀진 카페 오레를 마신다 2. ~ **se** 섞이다 3. ~ **se** 혼탁해지다; *voda se brzo umuti* 물은 곧바로 혼탁해진다

unajmiti *-im* (完) 1. (용병·일꾼 등을) 고용하다, 채용하다(보통은 나쁜 일 등에); ~ *ubicu* 살인범을 고용하다; ~ *čobanina* 목동을 고용하다 2. 빌리다, 렌트하다, 임차하다; ~ *sobu od gazdarice* 여주인으로부터 방을 임차하다 3. 빌려주다, 임대하다 (iznajmiti); *u jednoj sobi stanuje, drugu je unajmio* 방 하나에서 살고 다른 방은 임대해 주었다 4. ~ **se** (돈을 받고) 고용되다

unakaraditi *-im*; **unakarađen** (完) **unakarađivati** *-đujem* (不完) 1. (외모·외양을) 흉하게 만들다, 추하게 만들다, 기형으로 변형시키다 (nagrditi) 2. ~ **se** 흉하게 되다, 흉해지다

unakaziti *-im*; **unakažen** (完) 1. 흉하게 (nakazan) 만들다, 흉하게 변형시키다; 불구로 만들다, 병신으로 만들다 (obogaljiti, osakatiti); *grdna bolest unakazi joj lice* 나쁜 병이 그녀의 얼굴을 흉하게 만들었다; *unakažen ekplozijom* 폭발로 인해 불구가 된 2. (비유적) 나쁘게 말하다, 비방하다, 중상하다, 망치다 (ocrniti, upropastiti); *kritikom ~ film* 영화를 혹평하다; ~ *tekst* 텍스트를 망치다 3. ~ **se** 흉하게 되다, 흉한

모습으로 되다; ~ **se** *kiselinom (vatrom)* 산(화재)으로 흉한 모습이 되다

unakrsno (副) 1. 십자 모양으로; ~ *položiti* 십자 모양으로 놓다; ~ *obasuti* 십자포화를 퍼붓다 2. 교차로, 번갈아 가며, 한 번은 이쪽에서 또 한 번은 다른 쪽에서; ~ *ispitivati* 대질심문하다

unakrst (副) 1. 십자(+) 모양으로, 십자형으로 (ukršteno); 십자 방향으로; ~ *precrtati* 십자가를 긋다, 가위표(x)를 하다; ~ *položiti* 십자형으로 놓다, 비스듬히 놓다 2. 사방으로, 사방에서 3. 기타; *ne znati ni dve* ~ 낫 놓고 기억자도 모른다, 아무 것도 모른다

unakrstan *-sna*, *-sno* (形) 1. 십자(+) 모양의, 십자형의; ~*sne prečage* 십자형의 빗장; ~*sna vatra* 십자포화, 교차 사격 2. 서로 번갈아서 하는, 교차의; ~*sno ispitivanje* 대질심문; ~*sno menjati gume* 타이어를 엇갈리게 갈다; ~*sna pitanja* 교차 질문 3. 기타; ~*sni uglovi* (數) 교각; ~*sno oprašivanje* (園藝) 이종교배

unaokolo (副) 1. (~의) 주변에, 빙둘러; *šetati se* ~ 빙둘러 산책하다; ~ *nikoga ne beše* 주변에 아무도 없었다 2. 가장자리를 따라; ~ *podseći što* 가장자리를 따라 무엇을 잘라내다

unapred (副) 1. (~보다) 미리(앞서), 이전에, 먼저; 사전에; ~ *pogoditi* 미리 알아맞추다; ~ **se** *osigurati* 사전에 확실해지다; ~ *potrošiti platu* 미리 월급을 다 쓰다; *deset dana* ~ 10일 전에; ~ **se** *drugačije ponašati* 미리 달리 행동하다 2. (방향·거리 등의) 앞으로; *ići* ~ 앞으로 나가다; *tamo* ~ 거거 앞으로

unapredak (副) 참조 unapred, ubuduće (시간적으로) 앞으로, 미래에, 먼저

unaprediti *-im*; **unapređen** (完) **unapređivati** *-đujem* (不完) 1. 발전시키다, 개선시키다, 증진시키다, 더 좋은 상태가 되게 하다 (poboljšati); ~ *privredu* 경제를 발전시키다; ~ *saradnju* 협력관계를 증진시키다(발전시키다); ~ *odnose* 관계를 개선하다 2. (계급·직급 등을) 승진시키다, 진급시키다; ~ *oficira* 장교를 승진시키다; ~ *činovnika* 공무원을 진급시키다; ~ *u čin pukovnika* 대령으로 진급시키다; ~ *u vanrednog profesora* 부교수로 승진시키다 3. ~ **se** 발전하다, 더 좋아지다

unapređenje (동사파생 명사) unaprediti; 1. 발전, 개선, 증진; ~ *školstva* 학교제도의 발전; *ekonomsko* ~ 경제적 발전 2. 진급, 승진;

dobiti ~ 승진하다, 진급하다

unapređivati *-đujem* (不完) 참조 unaprediti

unatoč (前置詞,+ D) (양보절적 의미에서) ~에도 불구하고 (uprkos); ~ *opiranju, odveli su Luku* 저항에도 불구하고 루카를 연행해 갔다 2. (부사적 용법에서) ~과는 반대로 (nasuprot, suprotno, protivno)

unatrag (副) 참조 unazad; 뒤로; *ići* ~ 뒤로 가다

unatraške (副) 뒷걸음질 치며, 뒤로 (natraške, unazad); *ići* ~ 뒤로 가다, 뒷걸음질 치며 가다; *sve je pošlo* ~! 모든 일이 잘못되었다

unatražnī *-ā, -ō* (形) 뒤로 작용하는, 반동하는

unaviljčiti *-im* (完) (건초를) 더미(naviljak)를 쌓다; ~ *seno* 건초를 쌓다

unazad (副) 1. (향해 가던 방향과는 반대의) 뒤로 (natrag, nazad); *ići poznatim putem* ~ 아는 길로 뒤로 돌아가다; *zabaciti glavu* ~ 고개를 뒤로 돌리다 2. 나쁜 방향으로, 나쁘게 (nagore); *nema napretka, možda sve ide i unazad* 발전은 없고 모든 것이 아마도 퇴보했을 것이다 3. (시간적 의미에서) 과거의, 이전의; *gledati sto godina* ~ 과거 백년을 돌아보다 4. (일을 행한) 이후에, 후에, 나중에; *hvaliti nekoga* ~ 나중에 누구에게 감사해 하다; *plaćanje* ~ 후불

unazadan *-dna, -dno* (形) 뒤로 가는, 뒤로 향하는; *-dna plata* 체불 임금; *~dno kretanje* 퇴행(退行)

unazaditi *-im; unazađen* (完) **unazađivati** *-đujem* (不完) 1. 퇴보시키다, 퇴행하게 하다, 나쁘게 만들다, 악화시키다(생활 조건, 지위, 상태 등을); ~ *proizvodnju* 생산을 악화시키다 2. ~ *se* 퇴보하다, 퇴행하다

unca, uncija, unča 온스(무게 단위. 28.35 그램); *bolja je* ~ *pameti, nego sto litara snage* 치료보다는 예방이 중요하다

uncijal (男), **uncijala** (女) 언셜 자체(字體) (4-8세기의 둥근 대문자 필사체) **uncijalni** (形)

unedogled (副) 눈길이 닿지 않는 곳까지, 매우 멀리, 끝없이 멀리; *oko nas se prostire šuma* 우리가 있는 곳에서 숲이 끝없이 펼쳐진다

unekoliko (副) 어느 정도, 약간, 부분적으로 (u nekoj meri, donekle, delimično); ~ *izmenjen* 어느 정도 바뀐; ~ *omesti što* 약간 무엇을 방해하다(훼방하다)

unepovrat (副) 되돌릴 수 없는, 돌아올 수 없는, 영원히 (nepovratno, zauvek); *sve je otišlo* ~ 모든 것이 영원히 떠나갔다; *davnina je iščezla* ~ 옛날은 영원히 돌아오

지 않는다; *idi* ~! 영원히 돌아오지 마!

unesrećen *-a, -o* (形) 참조 unesrećiti; ~*i su preneti u bolnicu* 부상자들은 병원으로 이송되었다

unesrećiti *-im* (完) **unesrećavati** *-am*, **unesrećivati** *-ćujem* (不完) 1. (누구를) 불행하게 (슬프게·우울하게) 만들다 2. 부상을 입히다, 다치게 하다, 불구로 만들다, 죽이다; *teren mora da pruža uslov pune sigurnosti da koji zalutao metak ne bi koga unesrećio* 현장은 유탄이 그 누구도 부상을 입히지 않아야 한다는 완전한 안정성을 제공해야 한다는 조건을 만족시켜야 한다 3. ~ *se* 불행해지다, 우울해지다 4. ~ *se* 부상을 입다, 사고를 당하다, (~을) 당하다, 죽다; *dvojica su se unesrećila: jednom slomljena noga, drugi kontuzovan* 두 남자가 사고를 당했는데, 한 명은 다리가 부러졌고 다른 한 명은 타박상을 입었다

unesrećnik 불행해진 사람, 우울한 사람; 부상자, 사망자, 희생자, 사고를 당한 사람

uneti *unesem; uneo, -ela; unesen, -ena & unet; unevši* (完) **unositi** *-sim* (不完) 1. ~의 안에 놓다(두다); 가지고 들어오다; ~ *seno u štagalj* 건초 창고에 건초를 놓다; *unesi stolicu u kuću* 의자를 집안에 가져와라 2. (텍스트 등을 책 등에) 포함시키다, 집어 넣다; ~ *što zapisnik* ~을 속기록에 포함시키다; ~ *u spisak* 리스트에 포함시키다(집어 넣다) 3. 보충하다, 덧붙이다, 더하다 (dodati); ~ *osveženje u igru* 연극에 참신함을 더하다 4. (u koga, šta) 야기하다, 야기시키다, (~의) 원인(근원)이 되다; *najvažnije je ... da se u protivnički tabor unese nemir* 가장 중요한 것은 적진에 혼란이 발생하는 것이다; ~ *zbrku* 혼란을 야기하다; ~ *paniku* 패닉상태를 야기시키다; ~ *mržnju (radost)* 증오(즐거움)의 원인이 되다 5. (눈을) 응시하다, 주시하다 (upreti, upiljiti); *dohvati novine i unese oči u njih da čita* 신문을 들고는 그것을 읽기 위해 뚫어지게 바라본다 6. (u nešto) ~에 가까이 하다 (prineti, približiti čemu); *ne vidi dok što ne unese u oči* 눈에 가까이 갖다 대지 않는 한 보이지 않는다 7. ~ *se (pred nekoga)* ~에게 가까이 서다(물리적으로); ~ *se bliže pred nekoga* ~에게 가까이 서다 8. ~ *se* 몰두하다, 온 정신을 쏟다; ~ *se u račune* 계산을 열심히 하다 9. 기타; ~ *se nekome u lice (oči)* 누구와 얼굴이 맞닿을 정도로 가까이 서다

unezveren *-a, -o* (形) 당황한, 당혹한; 침착하

지 못한, 어찌할 바를 모르는; 매우 흥분한; ~*a starica* 당황한 노파; ~ *pogled* 당혹해 하는 시선(눈길); *tražila je ~im pogledom po sobi* 온 방 구석구석을 어찌할 바를 모르 는 눈길로 (무언가를) 찾았다

unezveriti se *-im se* (完) 침착성을 잃다, 당황 해하다, 어찌할 바를 모르다

unificirati *-am*, **unifikovati** *-kujem* (完,不完) 같게 하다, 동일하게 하다; 통일하다, 통합하 다 (ujednačiti, ujednačavati)

unifikacija 통일, 통합, 단일화 (ujednačenje, ujednačavanje); ~ *pravnog sistema* 법체계 의 단일화

unifikovati *-kujem* (不完) 참조 unificirati

uniforma 유니폼, 제복; *vojna* ~ 군복; *policijska* ~ 경찰 제복

uniforman *-mna, -mno* (形) 일정한, 균일한, 한결 같은; 같은 형태의 (jednoobrazan, jednak)

uniformirati *-am*, **uniformisati** *-šem* (完,不完) 1. 제복(유니폼)을 입히다, 제복을 입는 업무 에 동원하다; *bio je uniformiran, ali ni na čas postao soldat* 그는 제복을 입기는 했지 만 한 순간도 병사였던 적은 없었다 2. ~을 통일(통합)하다, 한결같게 하다 3. ~ se 유니 폼을 입다; 유니폼을 착용하는 직업에 종사 하다

unija 1. (나라와 나라 사이의) 연합, 연방; *Panamerička* ~ 범아메리카 연합 2. 합동 동방 가톨릭 교도 (교황의 수위권(首位權)을 인정하면서 그리스 정교 고유의 전례·습관을 지킴) 3. (사회 단체 연합체로서의) 연합, 공 동결사체; ~ *sindikata* 노동조합 연합 4. 기 타; *personalna* ~ (한 명의 군주를 공동의 군주로 인정하는, 하지만 독립을 유지하는) 연방, 연방체(영연방 등의); *carinska* ~ 관세 동맹

unijat 합동 동방 가톨릭 교도 (교황의 수위권 (首位權)을 인정하면서 그리스 정교 고유의 전례·습관을 지킴)

unikat 유일본(단 한 권만 있는); 유일무이한 예(본보기, 것)

unikum 1. 참조 unikat 2. 믿을 수 없고 볼 수 도 없는 아주 예외적인 것; *vaša je brada ... pravi ~!* 당신의 (턱)수염은 전혀 볼 수 없 는 회귀한 것이다

unilateralan *-lna, -lno* (形) (政)(經) 일방적인, 단독의; ~ *akt* 일방적인(단독) 행동

uništač, uništavalac *-aoca* 파괴자

uništavanje (동사파생 명사) uništavati; 파괴, 말살

uništavati *-am* (不完) 참조 uništiti

uništenje (동사파생 명사) uništiti

uništiti *-im* (完), **uništavati** *-am* (不完) (건물· 지역 등을) 파괴하다, 파멸시키다; (적을) 멸 망시키다, 섬멸하다, 전멸시키다, 죽이다; (사 람을) 파멸시키다, 망하게 하다; 근절시키다, 뿌리채 뽑다, (더 이상 존재하지 않고 이세상 에서) 사라지게 하다; ~ *neprijatelja* 적을 멸 망시키다; ~ *kulturu* 문화를 파괴하다; *finansijski* ~ 재정적으로 파멸시키다; *privredno* ~ 경제적으로 붕괴시키다; ~ *štetočine* 해충을 박멸하다; ~ *nečije planove* 누구의 계획을 망치게 하다; ~ *do panja* 완전히 파괴하다(망하게 하다)

uništiv, uništljiv *-a, -o* (形) 파괴시킬 수 있는, 파멸에 다다르게 할 수 있는

unitaran *-rna, -rno* (形) 중앙집권화된 제도의; 통합된, 일원화된

unitarizam *-zma* (政) 중앙집중제에 대한 열망; 중앙집중제 **unitaristički** (形)

univerza 참조 univerzitet; 대학교

univerzalan *-lna, -lno* (形) 1. 일반적인, 보편 적인; ~ *pojam* 보편적 개념 2. (한정형) (機) 다목적의, 다용도의; ~*lni automibil* 다용도 자동차, 스테이션 왜건(뒤쪽에 접는식 좌석 이 있고 뒤쪽 도어로 짐을 실을 수 있는 자 동차)

univerzalija (哲) (보통은 複數로) 일반적인 것, 일반 개념 (opšti pojam); *jezičke ~e* 언어의 보편적 특성

univerzalnost (女) 일반성, 보편성

univerzitet 대학교; *studirati na ~u* 대학에서 공부하다; *upisati se na* ~ 대학에 등록하다; *biti primljen na* ~ 대학 입학허가를 받다; *narodni* ~ 평생교육대학 **univerzitetski** (形); ~*e studije* 대학 교육; ~ *savet* 대학 평의회; ~*a skupština* 대학구성원총회(교수·직원·학 생 등을 포함한)

univerzum 세계; 우주, 은하계 (svet; vasiona, svemir)

uniziti *-im; unižen* (完) **unižavati** *-am* (不完) (~의) 자존심(자부심)을 짓밟다, 굴욕감을 주다, 무시하다; 창피하게 하다 (poniziti, osramotiti)

unkaš 안장 머리(안장 앞쪽의 튀어나온 부분)

unočati se (完) (無人稱文) 밤이 되다(어두워지 며), 어둑어둑해지다

unos 1. 공헌, 이바지, 기여 (doprinos) 2. 이 익, 이득 (dobit, dobitak)

unosan *-sna, -sno* (形) 수익성이 있는, 이익 이 되는, 이득이 되는; ~ *posao* 수익성 있는

사업
unositi -im (完) 참조 uneti
unošenje (동사파생 명사) unositi; ~ *podataka* 데이터 입력
unovčavati -am (不完) 참조 unovčiti
unovčenje (동사파생 명사) unovčiti
unovčiti -im (完) unovčavati -am, unovčivati -čujem (不完) 1. 현금화시키다; 팔다; *takva je menica vredila kao novac i mogla se uvek ~* 그러한 어음은 현금과 같은 가치를 가지며 항상 현금화 시킬 수 있었다; ~ *ček* 수표를 현금으로 바꾸다 2. 이익(이득)을 얻다; *svi žure da unovče žrtvovanja* 모든 사람들이 희생을 통해 이득을 얻으려고 혈안이 되었다
unučad (女)(集合) 참조 unuče
unuče -eta; unučići 손자(손자와 손녀를 포함한)
unuk 손자
unuka 손녀
unutar 1. (副) 참조 unutra; 내부에, 안에, 안쪽에 2. (前置詞, + G) ~의 안에서, 내부에서; ~ *logora izdaju se naši ilegalni listovi* 수용서 안에서 우리의 불법적인 신문들이 발행된다
unutarnjī -ā, -ē (形) 참조 unutrašnji
unutra (副) 1. (방향을 나타냄) ~의 안으로, 안쪽에, 내부로; *stupati ~* 안쪽으로 발을 내딛다; *uđi ~!* 안으로 들어와!; *pogledaj ~!* 안쪽을 쳐다 봐! 2. (장소를 나타냄) ~의 안쪽에, 내부에; *biti ~* 안쪽에(내부에) 있다; *sedeti ~* 안에 앉다; ~ *je bilo baš kao na robnom sajmu* 안쪽은 마치 제품 박람회장 같았다
unutrašnjī -ā, -ē 1. (~의) 안의, 안쪽의, 내부의; ~a sekrecija 내분비물; ~ ugao (幾何) 내각; ~e razmirice 내부 갈등 2. (마음·자연의) 깊숙한 3. 국내의; ~a politika 국내 정치; ~a trgovina 국내 통상; ~i poslovi 국내 문제들; *organi ~ih poslova* 경찰서; *za ~u upotrebu* 국내 사용을 위한; *sekretarijat ~ih poslova* 내무부; ~e vode 국내 수로
unutrašnjost (女) 1. 안, 내부; ~ *Zemlje* 지구 내부; ~ *neke prostorije* 공간 내부; ~ *kuće* 가옥 내부 2. (한 국가의 수도로부터 멀리 떨어져 있는) 지방 (pokrajna, provincija); *živeti u ~i* 지방에 살다
unjkati -am (不完) 콧소리를 내며 말하다, 비음을 섞어 말하다
unjkav -a, -o (形) 비음(鼻音)의; ~ glas 비음
unjkavica 1. 콧소리를 섞어 말하는 여자 2. (複數) (양서류) 개구리의 한 종류(복부가 붉은, 위험이 닥치면 배를 들어내면서 죽은체 하는)

uobičajen -a, -o (形) 흔히 있는, 일상적인; ~ *postupak* 일상적인 행동; ~o *ime* 흔한 이름; ~*im putem* 일상적인 방법으로
uobičajiti -im (完) 1. 일상화하다, ~에 익숙하게 하다; ~ *jutarnju šetnju* 아침 산책을 일상화하다; *on je uobičajio da dolazi kod nas svakog vikenda* 그는 우리 집에 매 주말마다 오는 것을 일상화했다(일상적으로 주말마다 우리 집에 왔다) 2. ~ *se* 일상화되다, 익숙해지다; *to se u narodu uobičajilo* 그것은 민중들에게 일상화되었다
uobličiti -im (完) uobličavati -am, uobličivati -čujem (不完) 1. 일정한 형태(모양(oblik))로 만들다, 형태를 만들다 (oblikovati) 2. ~ *se* 일정한 형태로 되다
uobliti -im; uobljen (完) uobljavati -am (不完) (nešto) 1. 둥그스럼하게 만들다 (zaobliti) 2. 둥그스럼해지다
uobrazilja 공상, 상상 (mašta, fantazija)
uobraziti -im; uobražen (完) uobražavati -am (不完) 1. (존재하지 않는 것을) 상상하다, 공상하다, (마음속에) 그리다; 오해하다; *uobrazio da je bolestan* 아프다고 그는 오해했다 2. ~ *se* 거만해지다, 오만해지다, 우쭐한 생각이 들다; *uobrazili se mladići u svoju pamet* 젊은이들은 자신들의 명석함에 우쭐해 했다
uobražen -a, -o (形) 참조 uobraziti; 상상의, 공상의; 오만한, 거만한
uobraženje (동사파생 명사) uobraziti; 상상, 공상 (fantazija)
uočavati -am (不完) 참조 uočiti
uoči (前置詞,+ G) ~직전에, ~하루 전에; ~ *praznika* 공휴일 하루 전에; ~ *rata* 전쟁 직전에; ~ *Božića* 크리스마스 이브에; *nekako ~ ispita* 시험 바로 전에
uočiti -im (完) uočavati -am (不完) 1. ~을 바라보다, 쳐다보다 (ugledati) 2. (~을 보고) 알아차리다, 깨닫다 (primetiti, shvatiti); ~ *detalje* 세세한 면을 알아차리다 3. ~ *se* (서로) 만나다, 조우하다, 직접 대면하다 (sresti se, videti se)
uočljiv -a, -o (形) 1. (쉽게) 눈에 띄는, 눈에 들어오는; *lako (jedva) ~* 쉽게(겨우) 눈에 띄는; ~ *golim okom* 육안으로 볼 수 있는 2. 말을 돌리지 않고 직접적으로 말하는; (말투 등이) 거친; ~ *besednik* 직접적으로 말하는 연설자
uokolo, uokrug (副) 주변에 (unaokolo)
uokviriti -im (完), uokviravati -am, uokvirivati -rujem (不完) 1. 틀(okvir)을 하

1395

다, 액자를 하다, 테를 두르다; ~ *sliku* 그림에 액자를 하다; ~ *knjigu* 책에 테를 두르다 2. (비유적) 포위하다, 둘러싸다 (okružiti); *pelc oko vrata i toke na glavi uokvirili su ljupka lica* 목에 걸친 모피와 머리에 한 금속 장식품들은 귀여운 얼굴들을 둘러쌌다 3. ~ **se** ~의 주변에 (틀과 같이) 놓이다; *žene se uokvire oko nas* 여인들이 우리 주변을 둘러쌌다

uopćavati *-am* (不完) 참조 uopćati

uopće 참조 uopšte

uopćenje 참조 uopćiti

uopćiti *-im* (完) **uopćavati** *-am* (不完) 참조 uopštiti

uopšte (副) 1. 일반적으로, 전반적으로; *razmatrati neku pojavu* ~ 어떠한 현상을 일반적으로 바라보다(고려하다) ; ~ *govoreći* 일반적으로 말하면서; *mi se* ~ *lepo slažemo* 우리는 전반적으로 조화를 맞춰 잘 지낸다 2. 전체적으로, 예외없이 3. 대강, 대충(구체적인 내용이나 통계없이); *znati nešto samo* ~ 뭔가를 단지 대강 알다 4. 대체로, 대개 (obično, po pravilu) 5. (부정문(否定文))에서) 전혀 ~아니다; ~ *mu ne verujem* 나는 그 사람을 전혀 신뢰하지 않는다; *ona* ~ *ništa ne razume* 그녀는 아무것도 전혀 이해하지 못한다

uopštenje (동사파생 명사) uopštiti; 일반화, 보편화

uopštiti *-im* (完) 1. 일반화시키다, 보편화시키다; ~ *iskustva* 경험을 일반화시키다 2. ~ **se** 일반화되다, 보편화되다

uortačen *-a, -o* (形) 참조 uortačiti; *on je* ~ *sa mnom* 그는 내 사업 파트너이다

uortačiti *-im* (完) 1. (누구를) 동업자(ortak)로 삼다, 파트너로 삼다 2. ~ **se** (누구와) 동업하다, (누구의) 파트너가 되다

uosmostručiti *-im* (完) 여덟(8)배로 증가시키다(많게 하다)

uostalom (小辭) 아무튼, 어쨌든, 결국은 (naposletku, najzad); *to se,* ~, *i podrazumeva* 그것은 어쨌든 이해된다; *to je,* ~, *tvoja stvar* 어쨌든 그것은 네 일이다

uozbiljiti *-im* (完) 1. (누구를) 진중하게 (진지하게, 심각하게) 하다; *ta vest uozbilji prisutne* 그 소식은 참석자들을 심각하게 했다 2. ~ **se** 신중(진중)해지다, 숙고하다

upad (갑작스런, 급격한) 침입, 침투, 침략, 침공; ~ *u zemlju* 국가 침공; *izviđački* ~ 정찰대 침투

upadač 침입자, 침략자

upadati *-am* (不完) 참조 upasti

upadica (남이 말하고 있는 도중의) 끼어드는 말, 가로막는 말; *tvoje* ~*e su vrlo neumesne* 네 끼어드는 말은 매우 부적절했다; *taj profesor ne voli* ~*e dok predaje* 그 교수는 강의중에 (학생들이) 말을 끊는 것을 좋아하지 않는다; *ako produže s* ~*ama* 만약 말을 계속 끊는다면

upadljiv *-a, -o* (形) (외모 등이) 눈에 잘 띄는, 튀는; 뚜렷한, 현저한; ~*a mana* 뚜렷한 단점; ~*o ponašanje* 눈에 잘 띄는 행동

upakovati *-kujem* (完) (짐을) 싸다, 포장하다

upala (病理) 염, 염증 (zapaljenje); ~ *pluća* 폐렴, ~ *grla* 인후염; ~ *krajnika* 편도선염

upaliti *-im* (完) **upaljivati** *-ljujem* (不完) 1. 태우다; ~ *slamu* 짚을 태우다; ~ *kuću* 집을 태우다, 집에 방화하다 2. (램프·전기불 등을) 켜다, 불을 붙이다; 빛나게 하다; ~ *lampu* 램프에 불을 붙이다; ~ *sijalicu* 전구를 켜다; ~ *vatru (šibicu)* 불을 붙이다 (성냥불을 켜다 3. (장비 등을) 구동시키다; ~ *motor* 엔진을 켜다 4. (비유적) (흥미·관심·관심·분노 등을) 불러일으키다, 흥분시키다, 열광시키다, 자극하다, (사람 등을) 선동하다; ~ *masu* 대중을 선동하다; ~ *partnera* 파트너를 자극하다(열광시키다) 5. (태양이) 쨍쨍 빛나다, 지글지글 끓다, 작열하다 6. (화기 등을) 발사하다 7. (口語) (자주 무인칭문으로) 성공하다 (uspeti); *da pokušamo na lep način, valjda će to upaliti* 좋은 방법으로 시도한다면 그것을 성공할 수도 있을 것이다 8. ~ **se** 타기 시작하다, 빛나기 시작하다; 지글지글 끓다, 작열하다; *upalila se kuća* 가옥이 타기 시작했다 9. ~ **se** 상하다, 고장나다 (užeći se, pokvariti se) 10. ~ **se** 염증이 생기다 11. ~ **se** 흥분하다, 자극을 받다, 선동되다; 열광하다, ~에 휩싸이다; *on se upalio za taj plan* 그는 그 계획에 자극을 받았다

upaljač 1. 라이터 (담배에 불을 붙이는) 2. (폭약 등의) 신관, 퓨즈, 폭파장치; *blizinski* ~ 근접 신관(信管) (목표에 접근하면 폭발하는 신관); *tempirni* ~ 시한 신관; ~ *mine* 지뢰 신관

upaljiv *-a, -o* (形) 1. 쉽게 탈 수 있는, 인화성이 강한; ~ *materijal* 인화성이 강한 물질 2. (비유적) 쉽게 흥분하는, (기분·감정에) 쉽게 휩싸이는, 쉽게 휩쓸리는; 열광적인, 격정적인; ~ *mladić* 쉽게 흥분하는 젊은이; ~*a reč* 격정적인 말(어휘)

upaljivač 참조 upaljač

upaljivati *-ljujem* (不完) 참조 upaliti

upamtiti *-im* (完) 기억하다 (zapamtiti)

upaničiti se *-im se* (完) 공포심(두려움)에 휩싸이다

upao, *-ala, -alo* (形) 참조 upasti; (눈·볼이) 움푹 들어간, 꽹한; ~*le jagodice* (*oči*) 움푹 들어간 광대뼈(꽹한 눈)

uparaditi *-im* (完) **uparađivati** *-đujem* (不完) 1. 퍼레이드 대형으로 정렬시키다; (일반적으로) 잘 차려입다, 성장하다; ~ *vojsku* 군대를 퍼레이드 대형으로 정렬시키다; *komandant uparadi svoju vojsku, pa ... stane govoriti* 지휘관은 자신의 부대를 퍼레이드 대형으로 정렬시킨 다음 연설하기 위해 섰다 2. ~ **se** (퍼레이드용으로) 옷을 차려입다 (doterati se)

uparložiti *-im* (完) 1. (포도밭·초원 등을) 잡초가 무성하게 자라게 돌보지 않고 놔두다, 경작하지 않다 2. ~ **se** 잡초가 무성하게 자라다, 잡초로 무성하다; (땅 등을) 경작하지 않고 놀리다 3. ~ **se** (비유적) (문화적·지적으로) 뒤떨어지다, 무관심해지다, 심드렁하다 (zaostati, učmati)

upasti *upadnem; upao & upadnuo; upadnuť; upašću* (完) **upadati** *-am* (不完) 1. (~속으로) 떨어지다; ~ *u bunar* 우물속으로 떨어지다; ~ *u blato* 진흙창속으로 떨어지다 2. (함정·나쁜 상황 등에) 빠지다; ~ *u zamku* (동물 등이) 덫에 걸리다; ~ *u zasedu* 매복에 걸리다; ~ *u zabludu* 잘못된 생각에 빠지다; ~ *u greh* 죄를 짓다 3. 무력으로(완력으로) 들어가다, 무단 침입하다, 밀고 들어가다; 침입하다, 침략하다 (prodreti, provaliti); *oružnici su upali pred jutro u kuću* 무장괴한들이 새벽에 집으로 쳐들어갔다; ~ *u sobu* 방으로 쳐들어가다; ~ *u nečiji stan* 누구의 집에 쳐들어가다 4. 예상치 않게(갑자기) 오다 (banuti); *upao je onamo kao bomba* 그는 여기에 전혀 예상치 않게 왔다 5. (노래·대화 등에) 섞이다, 끼어들다 (umešati se, uplesti se); ~ *nekome u govor* 누구의 말에 끼어들다; *usred pesme ... upadne glasić tanke* 노래 중간에 ... 가는 목소리가 끼어들었다; *drugi pevač nije upao na vreme* 다른 가수가 제 때에 들어오지 않았다 6. (질환 등의 결과) 폭 꺼지다(들어가다); *upali su obrazi* 볼이 쑥 들어갔다; *oči upale, usta se skupila* 눈은 꽹하니 꺼지고 입은 오므라들었다 7. 기타; *upala mu sekira u med* 호박이 덩굴째 들어왔다; ~ *u dug* 빚더미에 앉았다; ~ *u klopku* (*mrežu, mišolovku*) 어려운 상황에 빠지다; ~ *u oči* 주목을 끌다; ~

(*kome*) *u šake* 누구의 손아귀에 들어가다, 누구의 영향력에 들어가다

upecati *-am* (完) 1. (물고기를 낚시로) 낚다, 낚시하다 2. (비유적) 낚아채다, 속이다; (남녀 관계에서) 꾀다, 꼬시다 3. ~ **se** 속다, 낚이다

upečatak *-tka* (廢語) 참조 utisak; 인상

upečatljiv *-a, -o* (形) 눈에 띄는, 인상적인; ~*e crte* 눈에 띄는 특징; *na ~ način* 인상적인 방법으로; ~*e lice* 인상적인 얼굴

upeći *upečem, upeku; upekao, -kla; upečen, -ena; upeci* (完) 1. (태양이) 지글지글 끓다; *što je danas upeklo!* 오늘 (날씨가) 지글지글 끓는다 2. (벌·모기 등이) 쏘다, 물다 (ubosti, ujesti) 3. ~ **se** (고기가) 오그라들다 (불에 구워져) 4. ~ **se** 너무 바싹 굽다 (prepeći se); *pečenje se upeklo* 구이가 너무 구워졌다

upeka 무더위, (태양의) 작열, 이글거림 (žega, pripeka)

upeka (벌·모기 등에) 물린 자국, 쏘인 자국 (ubod, ujed)

upeknuti *-nem* (完) 참조 upeći

uperiti *-im* (完) **uperivati** *-rujem* (不完) 1. (손가락·시선·총구 등을) 향하다, 가리키다, 겨누다; ~ *prst* (*prstom*) *na nekoga* 손가락으로 누구를 가르키다; ~ *pušku* (*puškom*) 총을 겨누다; ~ *nekome revolver u grudi* 권총으로 누구의 가슴을 겨누다; 2. ~쪽을 향하다, 향하여 가다; 겨냥하다; *oni su uperili amo u kasarnu* 그들은 이쪽 막사쪽으로 향했다; *to je bilo upereno protiv mene!* 그것은 나를 겨냥한 것이었다; *na tebe je uperio te reči* 그는 너를 겨냥하여 그 말을 했다; *primedba je bila uperena na šefa* 이의는 보스를 향한 것이었다 3. ~ **se** 향하다 (upravit se); *njen kažiprst se uperi u devojciju do prozora* 그녀의 검지는 창문옆의 소녀를 향했다

upetero, upetoro (副) 모두 다섯 명이

upeti *upnem, upeo, upela; upēt; upni* (完) **upinjati** *-em* (不完) 1. (힘·지식 등을) 쓰다, 발휘하다; 뻗대다 (zapeti, odupreti, napregnuti); ~ *noge u ledinu* 발을 땅에 내딛고 뻗대다 2. 강한 의지(뜻)를 내비치다(보여주다); *on je upeo i pošao* 그는 강한 의지를 내비치고는 떠났다 3. ~ **se** 온힘을 다하다, 사력을 다하다 4. ~ **se** (비유적) 노력하다, 모든 노력을 다 기울이다, 몰두하다, 헌신하다; *on se upeo da stigne prvi* 그는 맨먼저 도착하려고 노력하였다 5. 기타; ~ *oči*

U

(*očima*) 바라보다, 쳐다보다; ~ *sve snage* (*sile*) 온힘을 다하다; *živ se upeo* 가격이 얼마일지라도(가격에 상관없이) (사길, ~하길) 원하다; *upeo se kome oko u devojku* (아가씨에게) 사랑에 빠졌다; ~ *se iz sve snage* (*iz petnih žila*) 사력을 다하다

upetljati -*am* (完) **upetljavati** -*am* (不完) 1. 묶다, 묶어매다; *upetljali smo žicom osovinu* 철사로 축을 묶어맸다 2. 얽히게 하다; ~ *konac* 실을 얽히게 하다 3. (골치 아픈 일 등에) 말려들게 하다, 연루되게 하다 (*umešati, uplesti*); ~ *nekoga u intrigu* 누구를 음모에 연루되게 하다 4. ~ *se* 얽히다 5. ~ *se* 연루되다, 연관되다; *upetljao se u neki skandal* 그는 어떤 스캔들에 연루되었다 6. ~ *se* (嘲弄) (옷을) 입다, 착용하다 (*obući se*)

upetostručiti -*im* (完) 다섯 배로 증가시키다

upijač (금속 또는 목제로 된) 압지철 (사인 후 잉크 등이 번지지 않게 눌러 빨아들이는)

upijača, upijačica (잉크 글씨의 잉크를 빨아들이는) 압지

upijačī -*ā*, -*ē* (形) (숙어로 사용됨); ~*a hartija* 압지

upijati -*am* (不完) 참조 upiti

upiljiti -*im* (完) (눈도 깜박이지 않고) 뚫어지게 바라보다(쳐다보다)

upinjati -*njem* (不完) 참조 upeti

upirati -*em* (不完) 참조 upreti

upirjaniti -*im* (完) 약한 불에 굽다 (고기 등을); ~ *meso* 고기를 약한 불에 굽다

upis 1. 등록, 등재, 기록; 입학; *izvršiti ~ đaka u školu* 학생의 입학 등록을 마치다, 학교에 입학시키다; *pri ~u (prilikom ~a)* 등록 기간에, 등록중에; *prijava za ~* 등록(입학) 신청서; *uslovi za ~* 등록(입학) 조건; ~ *studenata na prvu godinu studija* 대학 1학년 등록(입학); *prijaviti se za ~ na fakultet* 대학 입학 신청서를 제출하다; *ispit za ~ na fakultet* 대학입학 시험; ~ *u matičnu knjigu rođenih (venčanih)* 호적 (출생) 등재 (결혼 신고); ~ *zajma* 채무 등재; ~ *dobrovoljaca* 의용군 등록; ~ *u zemljišne knjige* 토지대장 등재 2. 기타; *lep kao ~* 매우 아름다운

upisan -*sna*, -*sno* (形) 1. 참조 upisni

upisati -*šem* (完) **upisivati** -*sujem* (不完) 1. 쓰다, 기록하다, 기록하여 적어 넣다; (징집 명부, 입학 명부, 투표인 명부 등에) 등록하다, 등재하다; ~ *stihove* 시를 적어 넣다; ~ *u birački spisak* 투표인 명부에 등재하다; ~ *reč (ime, datum)* 단어(이름, 날짜)를 써넣다;

~ *đake u školu* 아이를 학교에 입학시키다; ~ *studente na fakultet* 대학에 등록하다; ~ *nekoga u klub* 누구를 클럽에 가입시키다 (클럽 명부에 등록하다); ~ *u matičnu knjigu rođenih* 출생 등록부에 호적을 올리다 2. 국채에 출자하다; 기부하다, 기증하다; ~ *zajam* 국채에 출자하다; ~ *dve krave za vojsku* 두 마리의 소를 군대에 기부하다 3. (數) 큰 것에 작은 것을 그리다; ~ *krug u trouglu* 삼각형 안에 원을 그리다 4. (비유적) 새기다, 새겨 넣다 (*urezati*); *nije celu noć oka s nje skinuo, svaku crtu njenog lica upisao je u svoje srce* 그는 밤새 그녀로부터 눈을 떼지 못했다. 그녀 얼굴의 모든 것을 자신의 가슴속에 새겨 넣었다 5. (누구를) 좋게 평가하다; (무엇을) 평가하다(좋은 점과 나쁜 점을), ~라고 여기다; ~ *nekome nešto u zaslugu* 무엇을 누구의 기여라고 평가하다 (여기다); ~ *nekome nešto u greh* 무엇을 누구의 잘못으로 여기다 6. ~ *se* (정당·학교·의용군 등에) 가입하다, 입당하다, 입학하다, 등록하다; *on se upisao na medicinski fakultet* 그는 의과대학에 입학했다

upisnī -*ā*, -*ō* (形) (보통 숙어로); ~*a taksa* 신청비, 등록비, 인지대; ~*o mesto* 등록 장소, 신청 장소; ~ *rok* 등록 기간

upisnica 등록부(簿), 기록부; 등록 신청서

upisnik 1. 등록자, 신청자; (의용군·군대 등의) 지원자, 등록자 2. (신문·방송 등의) 가입자, 신청자 (*pretplatnik*) 3. (국채 등의) 출자자; 기부자, 기증자 4. (국민들의 이름·권리·의무 등을 기록한) 등기부(簿), 등록부, 기록부, 명부 (*registar*)

upisnina 등록비, 등록 비용; 신청비

upišati -*am* (完) 1. 오줌을 싸다 2. ~ *se* (팬티 혹은 침대 등에) 오줌을 싸다 3. 기타; ~ *krušku* (卑俗語) 죽다; ~ *se od smeha* 너무 많이 웃다(오줌을 지릴 정도로 많이 웃다)

upit 질문 (누구에게 주어진, 설문조사 등의)

upitan -*tna*, -*tno* (形) 1. 의심쩍어하는, 의심스런; *pogledao je ~tnim pogledom oko sebe* 자기 주변을 의심스런 눈길로 바라보았다 2. 질문의, 설문의; ~*tni list* 질문서, 설문서 3. (文法) 질문하는, 물어 보는, 질문형태의; ~*tna rečenica* 의문문; ~*tna zamenica* 의문대명사

upitati -*am* (完) 1. 질문하다, 물어보다 2. ~ *se* 자기자신에게 물어보다 3. ~ *se* (종종 건강을 나타내는 보충어와 함께) 서로 건강을 묻다, 안부인사를 하다

upiti *upijem*; *upio, upila*; *upit & upijen*; *upij*

(完) **upijati** -am (不完) 1. (액체 등을) 흡수하다, 빨아들이다; *zemlja upije kišu* 땅에 빗물이 흡수되다; *ova hartija upija mastilo* 이 종이는 잉크를 빨아들인다 2. (비유적) 받아들이다, 수용하다; *upio je nekako žensku narav, naučio je ... štrkati* 그는 여성적인 특성을 받아 들여 뜨개질하는 것을 배웠다 3. 기억하다 (zapamtiti) 4. ~ **se** 흡수되다, 스며들다; *krema se upije u kožu* 크림은 피부에 흡수된다 5. ~ **se** 착 달라붙다 (prilepiti se); *košulja se upije uz telo* 셔츠가 몸에 달라붙는다 6. ~ **se** 꺼지다, 움푹 들어가다 (upasti, udubiti se); *upile se oči, lice upijeno* 눈에 퀭하니 들어가고 얼굴이 홀쭉해졌다 7. ~ **se** 깊숙이 가라앉다(스며들다); *u srce se jeza upila* 마음 속 깊숙이 분노가 스며들었다; *kako se tako brzo upio u moju dušu* 어떻게 그렇게 빨리 내 영혼속에 파고들었을까 8. 기타; ~ *pogled* 자세히 보다, 뚫어지게 쳐다보다; ~ *se pogledom* 주의깊게 바라보다; *upio je pogled u zategnute haljine na kukovima* 그는 허리 근처의 꽉 죄는 드레스를 뚫어지게 바라보았다

upitnica 설문지, 질문지

upitnik 물음표(?)

upitomiti -im (完) 1. (동물 등을) 길들이다; 순하게 하다, 온순하게 하다; 훈육하다; ~ *dete* 아이를 훈육하다 2. ~ **se** 길들여지다, 순해지다, 온순해지다

uplaćivati -ćujem (不完) 참조 uplatiti

uplakan -a, -o (形) 참조 uplakati; 운; ~*e oči* 운 눈, 눈물로 얼룩진 눈

uplastiti -im (完) (건초·짚 등을) 더미(plast)로 쌓다, 노적가리 형태로 쌓다

uplašiti -im (完) 1. 무섭게 하다, 두려워하게 하다, 공포심에 사로잡히게 하다 2. ~ **se** 두려워 하다, 무서워 하다

uplata 지불(금), 지급(금), 납입(금); *pri (po)* ~ 지불중에 (지불 후에); *mesečna* ~ 월납입(금)

uplatiti -im; uplaćen (完) **uplaćivati** -ćujem (不完) 지급하다, 지불하다; 선불로 지급하다; (채무 등을) 전액 지불하다; ~ *(za) sobu* 방세를 지불하다; ~ *na račun* 계좌로 지불하다

uplativ, uplatljiv -a, -o (形) 지불할 수 있는, 지불되는

uplatnica 지불 용지, 지불(지급) 신청서; *poštanska* ~ 우체국 지불 용지

uplesniviti se -im se (完) 곰팡이가 피다 (postati plesniv, ubuđati se)

uplesti upletem; upleo, -ela; upleten, -ena

(完) **upletati** -ćem (不完) 1. (머리카락·노끈 등을) 엮다, 꼬다, 땋다 (oplesti, splesti); ~ *kosu* 머리를 땋다; ~ *kosu u kike* 머리를 두 갈래로 땋다 2. 엮어 만들다, 땋아 만들다, 짜서 만들다 (isplesti); ~ *čarape* 양말을 뜨다; ~ *cveće u venac* 꽃을 엮어 화관을 만들다 3. 서로 엉키게 하다 4. 누구를 ~에 끌어들이다(얽히게 하다) (보통은 부정적인 의미로); ~ *koga u sukob* 누구를 언쟁에 끌어들이다 5. ~ **se** 엮이다, 꼬이다, 땋다 6. ~ **se** (종종 불유쾌한 일 등에) 관련되다, 연루되다, 끼어들다; ~ *se u rat* 전쟁에 끌려들어가다; ~ *se u razgovor* 대화에 끼어들다; *uplete se u razgovor krojač* 재봉사가 대화에 끼어들었다 7. 기타; ~ *prste* 간섭하다, 개입하다; ~ *u mreže koga* 누구를 끌어들이다 (불유쾌한 일에, 나쁜 일에); ~ *se kao pile u kučine* 스스로 어려움을 자초했다(제 무덤을 제가 팠다)

upletak -tka (머리카락을 묶는) 장식용 리본

upleten -a, -o (形) 참조 uplesti; 관련된, 연관된; ~ *u aferu* 스캔들과 관련된

upletke (女,複) 머리 장식용 보석

upliv 1. 작용, 영향 (delovanje, dejstvo, uticaj); *izučava se* ~ *električnih pojava u atmosferi na prijem radio-emisija* 대기권에서의 전기장 현상이 라디오 방송 수신에 미치는 영향에 대해 연구되고 있다 2. 영향력 (uticaj); *imati* ~ *na nekoga* 누구에 대한 영향력이 있다; *čovek od* ~*a* (사회적으로) 영향력 있는 사람

uplivan -vna, -vno (形) 영향력 있는 (uticajan, moćan)

uplivati -am (完) **uplivavati** -am (不完) 헤엄쳐 도착하다(도달하다), 헤엄쳐 오다; ~ *u cilj* 헤엄쳐 골인점에 도착하다

uploviti -im (完) 항해하다, 항해하여 ~에 들어가다; *brod je uplovio u luku* 배는 항구에 입항했다; ~ *u pristanište* 정박장에 입항하다

upljačkati -am (完) 강탈하다, 약탈하다

upljuvak -vka 1. 파리알(고기·음식 등에 까놓는), 파리똥 자국 2. 파리 유충, 구더기

upljuvati -am (完) **upljuvavati** -am (不完) 1. 파리알을 까놓다, 파리똥을 싸놓다; *prozore upljuvale muve* 파리들이 창문에 파리똥을 싸놓았다 2. 침을 바르다, 침을 뱉다; *upljuvao dlanove i uhvatio za povodac kratko* 손바닥에 침을 바르고는 리드줄을 짧게 잡았다 3. 침을 뱉다 (냉소·무시·경시의 표현으로)

U

upodobiti –*im* (完) **upodobljavati** –*am*, **upodobljivati** –*ljujem* (不完) 1. 비교하다 (uporediti) 2. ~ se (čemu) 비교되다

upokojiti –*im* (完) 1. 평온(pokoj)함을 주다, 편안하게 하다 2. (누구를) 재우다, 잠자게 하다; 침대에 눕히다 3. (宗) (기도에서) 평화를 주다, 천국을 주다 4. ~ se 평온해지다, 편안해지다 5. ~ se (비유적) 쉬러 가다, 눕다; 잠자리에 들다; *sunce se upokojilo* 해가 졌다 6. ~ se 죽다, 사망하다 (umreti)

upokoriti –*im* (完) **upokoravati** –*am* (不完) 1. (완력으로·무력으로) 복종시키다, 예속시키다, 복속시키다; *na glas da je Srbija upokorena, hajduci su se sami povlačili* 세르비아가 정복되었다는 소문에 하이두크들은 스스로 철수했다 2. 길들이다, 누그러뜨리다 (umiriti, ukrotiti) 3. ~ se 온순해지다, 순해지다

upola (副) 반으로, 반절로; 부분적으로, 어느 정도; ~ *smanjiti troškove* 경비를 반으로 줄이다; *on je samo ~ pogrešio* 그는 단지 부분적으로 실수했다; *on je ~ lud* 그는 반절은 미쳤다

upolje (副) 바깥쪽으로, 밖으로 (van, napolje); *okrenut ~* 밖으로 향한

upopreko (副) 1. 참조 popreko; 가로질러, 대각선으로, 비스듬히; ~ *naslagati što* 무엇을 비스듬히 기울이다 2. 지름길로 (prekim putem); ~ *ići* 지름길로 가다

upor 1. 저항, 반대 (otpor, protivljenje) 2. (스포츠) 발의 저항 (발에 몸무게를 실을 때 생기는)

upora 1. (마차의 바퀴와 마차의 측면을 연결해서 지탱하는) 휘어져 굽은 막대 (levča); *u hladu je tesao nekakvu ~u* 그늘에서 굽은 연결 막대를 대패질했다 2. 들보, 버팀목, 버팀대 (greda, prečaga, podupirač)

uporaba 참조 upotreba; 이용, 사용

uporabiti –*im* (完) **uporabljivati** –*ljujem* (不完) 참조 upotrebiti; 이용하다, 사용하다

uporan –*rna*, –*rno* (形) 1. ~에 잘 견디는, 저항하는 2. 끈질긴, 집요한, 악착 같은, 불굴의; *strpljivi i ~rni Marković je dobar učitelj* 참을성있고 끈질긴 마르코비치는 훌륭한 선생님이다; ~ *čovek* 악착 같은 사람 3. 완고한, 완강한, 독단적인 (tvrdoglav, jogunast) 4. 오래 지속되는(계속되는); ~*rna bolest* 오래 지속되는 질환; ~*rna zima* 물러날 줄 모르는 겨울(추위)

upored (副) 참조 uporedo

uporedan –*dna*, –*dno* (形) 1. (두 개 이상의 선이) 평행한, 나란한 (naporedan, paralelan);

~*dni redovi* 평행한 줄들 2. (학문에서의) 비교의, 대조의 (poredbeni, komparativan); ~*dna gramatika* 비교 문법; ~*dna književnost* 비교 문학; ~*dna mitologija* 비교 신화학 3. (文法) 비교의; ~*dna rečenica* 비교문

uporedba 비교 (komparacija, poređenje)

uporediti –*im*; *upoređen* (完) **upoređivati** –*đujem* (不完) 1. 비교하다 2. ~ se 비교되다; *to se može uporediti* 그것은 비교할 수 있다

uporediv, **uporedljiv** –*a*, –*o* (形) 비교의, 비교할 수 있는

uporednik (地理) (지구의) 위도선 (paralela)

uporedo (副) 1. 나란히 (jedan pored drugog); ~ *ići* 나란히 가다; ~ *ležati* 나란히 눕다 2. 같은 방법으로, 동일한 양만큼, 동일하게; ~ *raditi* 동일하게 일하다 3. 동시에 (u isto vreme, istovremeno); ~ *nastupiti* 동시에 시작하다(행하다) 4. 비교하여; ~ *proučavati što* (무엇을) 비교 연구하다; *svi slovenski jezici ... (se) ~ proučavaju* 모든 슬라어들은 비교 연구된다

upoređenje (동사파생 명사) uporediti; 비교; *vredan* ~*a* 비교할 가치가 있는

upoređivati –*đujem* (不完) 참조 uporediti

uporište 1. 거점; 보루, 요새; (軍) 기지 2. (정신적) 지지, 지원 (podrška, potpora)

upornost (女) 고집, 집요함; 완고함, 완강함

uposlen –*a*, –*o* (形) 참조 uposliti; 고용된, 취업된

uposlenje, **upošljenje** (동사파생 명사) uposliti; 고용, 취업; *dobiti (tražiti)* ~ 취업하다(일자리를 찾다)

upotpuniti –*im*; *upotpunjen* (完) **upotpunjavati** –*am* (不完) 완전하게 하다, 완벽하게 하다; 꽉 채우다, 보충하다, 채우다

upotreba 사용, 이용; *za spoljnu (unutrašnju, ličnu)* ~*u* 외부용(내부용, 개인용)의; *izići iz* ~*e* 사용하지 않다; *u* ~*i* 쓰이고 있는, 사용 중의; *dati nekome nešto na* ~*u* 누구에게 무엇을 사용할 수 있게 주다(이용권을 주다); *preći u* ~*u* 사용되기 시작하다

upotrebiti –*im*; *upotrebljen* (完) **upotrebljavati** –*am*, **upotrebljivati** –*ljujem* (不完) 1. 이용하다, 사용하다; ~ *kola* 자동차를 이용하다; ~ *autoritet* 권위를 이용하다; *ako ne daju kola za prevoz ranjenika*, ~ *silu i rekvirirati* 만약 환자 수송용으로 자동차를 주지 않는다면 무력을 사용하여 징발할 것이다; ~ *sva sredstva* 모든 수단을 사용하다; ~ *svoje veze* 자신의 인적 네트워크를 이용

하다 2. (시간을) 사용하다, 보내다; *vreme je upotrebio na šetnje i kraće izlete* 산책과 짧은 외출에 시간을 보냈다(사용했다) 3. (기회·찬스 등을) 얻다, 잡다, 움켜쥐다 (*ulučiti*); *pri prvom njihovom razgovoru ja upotrebih priliku da ~* 맨 처음 그들의 대화에서 나는 ~할 기회를 잡고 싶다(이용하고 싶다)

upotrebiv, upotrebljiv –*a*, –*o* (形) 사용할 수 있는, 이용할 수 있는

upotrebljavati –*am* (不完) 참조 upotrebiti

upotrebljiv –*a*, –*o* (形) 참조 upotrebiv

upotrebnī –*ā*, –*ō* (形) ~*a vrednost* 유용성

upoznat –*a*, –*o* (形) 참조 upoznati; 잘 알고 있는, 잘 아는; *biti ~ s nečim* ~에 대해 알고 있다

upoznati –*am* (完) **upoznavati** –*znajem* (不完) 1. (koga s čim) 누구에게 ~에 대해 알려주다, 알리다; *~ koga s platom* 월급에 대해 알려주다; *komandant ... nas je u štabu upoznao s planom* 지휘관은 본부에서 우리에게 계획에 대해 알려주었다; *upoznali smo šefa sa celom situacijom* 우리는 상사에게 모든 상황에 대해 보고했다 2. (koga s kim) 누구에게 누구를 소개시키다; *~ Marka s Jankom* 마르코에서 얀코를 소개시켰다 3. (누구인지를) 알아차리다, 깨닫다, 기억해내다; (모르는 사람을) 알게 되다 *izdaleka upoznao je pred sobom na cesti ravnatelja gimnazije* 먼데서 그는 자기 앞의 길에서 고등학교장이 있다는 것을 알아차렸다; *upoznao sam ga na studijama* 나는 그를 대학 시절에 알게 되었다 4. *~ se* (s čim) 알다, ~에 대한 지식을 얻다; *~ se sa detaljima* 상세한 것에 대해 알게 되다 5. *~ se* (s kim) 누구와 알게 되다, 안면을 익히다; *s njima sam se jutros upoznao* 그들과 오늘 아침에 알게 되었다

upozorenje (동사파생 명사) upozoriti; 경고

upozoriti –*im* (完) **upozoravati** –*am* (不完) 경고하다, 주의를 주다; *~ nekoga na nešto ~*에게 ~을 경고하다; *upozorili smo ga da se čuva* 몸조심하라고 그에게 경고했다; *učitelj je upozorio đake da ćute* 선생님은 조용히 하라고 학생들에게 주의를 주었다; *upozoravaju se građani da ~* 시민들에게 ~하라고 경고한다

uprašiti –*im* (完) 1. 먼지를 일으키다, 먼지를 날리다, 먼지로 더럽히다 2. 가루(밀가루·먼지가루)를 퍼붓다; *kroz prozor bi noću vetar uprašio sneg* 바람은 밤사이 창문으로 눈을 퍼붓었다 3. *~ se* 먼지나다, 먼지로 더

럽혀지다, 흩날리다(먼지·눈발 등이)

uprav (副) 참조 upravo

uprava 1. (사법기관이나 입법기관과는 달리)행정 당국, 집행부 2. (행정부의 한 기관인) 당국, 관계기관; *poreska ~* 세무 당국, 국세청; *šumska ~* 산림 당국, 산림청; *opštinska ~* 지방 당국; *Uprava za bezbednost saobraćaja* 교통안정청(구유고의); *Uprava za patente SFRJ* 특허청(구유고의) 3. 청사 (행정 당국 등이 위치한), 본부, 사무소; *u ~i* 청사에서; *fakultetska ~* 대학 본부 4. 경영, 관리, 행정 (upravljanje); *prinudna ~* 위탁 경영(법원이나 중앙행정부의 결정으로 인한)

upravan –*vna*, –*vno* (形) 참조 upravni

upravitelj (한 기관을 운영하는) 장(長) (starešina, šef, direktor); *~ osnovne škole* 초등학교장 **upraviteljica**

upraviteljstvo 경영, 관리, 행정; 장(長)의 직(職)

upraviti –*im*; *upravljen* (完) **upravljati** –*am* (不完) 1. 보내다, 발송하다 (poslati, uputiti); *~ pismo* 편지를 보내다; *~ pošiljku* 소포를 발송하다; *pitao sam se otkud meni pravo da joj upravim to drsko pismo* 그렇게 오만한 편지를 그녀에게 보낼 수 있는 권리가 내게 있는 건지 자문해 보았다 2. (말 등을) 건네다, 말을 하다 (obratiti se nekome); *videlo se ... da je on njemu te reči upravio* 그 사람에게 그러한 말들을 했다는 것이 보였다 3. ~쪽으로 향하다(가다); *Mladić je bez reči upravio pravo onamo kud mu je pokazano* 플라디치는 말없이 자신에게 가르켜진 쪽을 향해 똑바로 갔다 4. (눈길·시선을) ~쪽으로 향하다, 바라보다; *~ oči na sagovornika* 대담자를 바라보다, 대담자를 향해 시선을 두다; *~ pogled na nešto ~*쪽으로 시선을 향하다 5. ~쪽을 겨누다, 향하다, 조준하다 (무기 등을) (uperiti, usmeriti); *izvadi revolver i upravi ga na Gajića* 권총을 빼서는 가이치를 겨눈다; *~ top na neprijatelja* 적을 향해 포를 조준하다(겨누다) 6. *~ se* ~쪽을 향해 가다

upravljač 1. 참조 upravitelj; 장(長) 2. 운전수 (vozač); *~ traktora se pokreće svaki čas* 트랙터 운전수는 매시간 움직인다 3. (기계 등을 조정할 수 있는) 손잡이, 핸들 (volan); *uhvatio je jednom rukom za ~ topa* 그는 한 손으로 대포 손잡이를 잡았다; *za ~em sedeo umoran šofer* 피곤한 운전수가 핸들 대에 앉았다 **upravljački** (形); *~ mehanizam* 조종 장치

upravljanje (동사파생 명사) upravljati; 경영,

U

관리; ~ *preduzećima* 회사 경영; ~ *na daljinu, daljinsko* ~ 원격 조종, 리모트 컨트롤; ~ *tasterom* 버튼 조종; *društveno (radničko)* ~ 사회 (노동자) 경영

upravljati *-am* (不完) 1. 참조 upraviti 2. 다스리다, 통치하다 (vladati); *navikao je Miloš zemlju da bude ... čvrsto upravljana* 밀로쉬는 철권통치되는 나라에 익숙해졌다; *upravljamo ovim nesrećnim narodom po našoj najboljoj uviđavnosti* 우리는 이 불행한 백성들을 최선의 비전에 따라 다스리고 있다 3. (회사 등을) 경영하다, 운영하다, 관리하다 (rukovoditi); *imanjem upravljao je domaćin* 주인이 재산을 관리했다; ~ *finansijama* 재정을 관리하다; ~ *bataljonom* 대대를 지휘하다; ~ *kućom* 가정을 다스리다; ~ *strankom (partijom)* 당을 운영하다; ~ *školom* 학교를 운영하다 4. (자동차·기계 등을) 운전하다, 운행하다; ~ *autom (kamionom, traktorom)* 자동차(화물차, 트랙터)를 운전하다; ~ *avionom* 비행기를 조종하다; ~ *mašinom* 기계를 운행하다; ~ *brodom* 배를 운항하다(배의 키를 잡다) 5. 인도하다, 이끌다 (voditi) 6. ~ se 참조 upraviti se; ~쪽을 향하다, ~쪽을 향해 가다 7. ~ se 방향을 잡다 (orijentisati se); ~ *se prema Suncu* 태양쪽을 향해 방향을 잡다; ~ *se prema većini* 다수에 따르다

upravnī *-ā, -ō* (形) 1. 경영의, 관리의, 운영의, 행정의; ~ *aparat* 행정(경영) 조직; *~a vlast* 행정부; ~ *odbor* 이사회, 경영위원회; *~o pravo* 행정법; ~ *postupak* 행정 절차; ~ *troškovi* 행정 비용 2. (幾何) 수직의 (vertikalan); *povući ~u liniju* 수직선을 긋다 3. (文法) 직접의 (neposredni, direktni); ~ *govor* 직접 화법

upravnik 장(長;사장·관장·원장 등의) (direktor, šef); ~ *doma zdravlja* 보건소장; ~ *poliklinike* 종합병원장; ~ *mašinskog pogona* 기계공장장; ~ *carinarnice* 세무서장; ~ *pogona* (공장의) 구역장; ~ *zatvora* 교도소장; ~ *zadruge* 협동조합장 **upravnica**

upravo (副) 1. (돌지 않고) 똑바로, 반듯이; *ići* 똑바로 가다 2. (기대지 않고) 똑바로, 수직으로; *stajati* ~ 똑바로 서다 3. (중개인없이) 직접 (direktno); *saopštiti što* ~ *predsedniku* 직접 대통령에게 보고하다, 대통령에게 직보하다 4. 바로 그 때, 바로 그 순간에 (baš tada, tačno u to vreme); *on je* ~ *telefonirao* 그가 바로 그 때 전화했다; ~ *u podne* 정확히 정오에; ~ *pred godinu*

dana 정확히 일 년 전에; ~ *je svitalo kad smo legli da spavamo* 우리가 잠잘려고 누웠을 그 순간에 동이 텄다 5. 정말로; *taj pogled nije govorio* ~ *ništa* 그 시선은 정말로 아무것도 말하지 않았다

uprazniti *-im*; *upražnjen* (完) (직장에서 어떤 자리를) 비워두다, 공석(空席)으로 남겨 놓다; *trebalo je ...* ~ *jedno savetničko mesto* 보좌관 자리 한 자리를 비워놓아야 한다 2. ~ se (직장에서 자리가) 비다; *nekoliko mesta su se upraznila* 몇 몇 자리가 비었다 3. ~ se (자리·의자가) 비워져 있다; *kad je upražnjenu stolicu primetio* 빈 의자를 발견했을 때

upražnjavati *-am* (不完) (수공업 등을) 업으로 삼다, 종사하다; (일상적으로) 행하다 (praktikovati); ~ *kočijašenje* 마부일을 하다, 마부일을 업으로 삼다; ~ *trčanje* 달리기를 하다; ~ *zanat* 수공업에 종사하다; *on upražnjava fiskulturu* 그는 체육한다

upražnjen *-a, -o* (形) 참조 uprazniti; *~o radno mesto* 공석이 된 일자리

upreći 참조 upregnuti

upredati *-am* (不完) 1. 참조 upresti 2. (콧수염·턱수염 등을) 꼬다, 말다; *on je nestrpljivo upredao brkove* 그는 초조해 하면서 콧수염을 말았다; *poče hodati po sobi upredajući bradicu* 수염을 말면서 방을 이리저리 걷기 시작한다 3. (골반을) 휘다, 구부리다 (izvijati) 4. ~ se 참조 upresti se 5. ~ se 말리다, 꼬이다; *suknja se upreda oko njenih nogu kao okačena na dva koca* 치마는 마치 두 막대에 걸린 것처럼 그녀의 다리에서 말렸다

upregnuti *-nem* (完) **uprezati** *-žem* (不完) 1. (말·소 등을) 쟁기·수레 등에) 걸어 매다, 걸다, 매다 (zapregnuti); ~ *konja u kola* 말을 수레에 매다 2. (비유적) ~ *nekoga (u neki posao)* (어려운 일 또는 좋지 않은 일 등에) 할당하다, 차출하다, 징집하다; *direktor ih je upregao u izradu plana* 책임자는 그들을 계획의 수정에 차출하였다; *upregla ga je žena da pere sudove* 그의 아내는 그에게 설거지 설 시켰다; ~ *sve snage u neki posao* 어떤 일에 모든 힘을 쏟다

uprekrst (副) 십자(+)로, 십자 모양으로, 겹치게 (unakrst); ~ *postaviti što* 무엇을 십자 형태로 놓다

uprepastiti *-im* (完) 1. 매우 당황하게 하다 (당혹하게 하다, 의아하게 하다) (začuditi, zaprepastiti) 2. ~ se 굉장히 당황하다(의아

upresti *upredem*; *upreo*; *upreden*, *-ena* (完)
1. (실을) 잣다 (여러 가닥을 한 가닥으로) 2.
(비유적) ~에 관여시키다, 연관시키다, 끌어
들이다 (uneti, umešati, uvući); *ja sam sav
upreden u hiljadu planova moje matere* 나
는 내 어머니의 각종 계획에 완전히 연관되
었다 3. (수염을) 꼬다, 말다 (uviti) 4. ~ se
(가뭄으로 인해) 말리다, 꼬슬리다, 타다

upretati *-ćem* (完) ~ *vatru* (불을 재로 덮어)
꺼지지 않게 하다, (꺼지지 않게 재로) 불을
덮어 두다

upreti *uprem*; *upro*, *uprla*; *uprt*; *upri* (完)
upirati *-em* (不完) 1. 힘껏 밀다(밀어부치다,
압착하다, 누르다); ~ *obema rukama* 두 손
으로 강하게 밀어부치다; *on je upro
ramenom o vrata* 그는 어깨로 문을 밀어부
쳤다 2. (종종 svom snagom, svim silama
등의 보어와 함께) 모든 힘을 다하다, 모든
노력을 기울이다; *upremo svim silama da
se to ostvari* 그것이 실현될 수 있도록 우리
는 모든 힘을 다한다 3. (총구를 목표물·타겟
등을 향해) 겨누다, 겨냥하다 4. (시선·눈길·
망원경 등을) ~쪽으로 향하다 5. 저항하다,
버팅기다 (odupreti se, suprostaviti se) 6.
~ se 몸으로 버티다 (odupreti se); ~ *se o
vrata* 문에 버팅기다; *celom težinom se
upre u vrata* 몸 전체로 문에 버팅기고 있다
7. ~ se 많은 노력을 하다, 애쓰다 8. ~ se
~쪽으로 향하다(시선 등이); *moje se oči
upreše u nju* 나의 눈은 그녀를 향하고 있었
다

uprezati *-žem* (不完) 참조 upregnuti

upriličiti *-im* (完) 1. 준비하다, 마련하다
(udesiti, urediti); ~ *sastanak* 미팅을 준비
하다; *tako je sebi poboljnjiji život upriličio*
그는 그렇게 자신의 좀 더 나은 삶을 준비하
였다 2. ~ se 조화를 이루다 (uskladiti se);
~ *se društvu* 사회와 조화를 이루다

uprkos 1. (前置詞,+ D, 드물게 + G) ~에도 불
구하고; ~ *tome* 그럼에도 불구하고 2. (副)
반항심으로, 앙심에서 (iz prkosa, za inat);
uraditi što ~ kome 누구에 대한 반항심으로
무엇을 하다

uprljati *-am* (完) 더럽히다, 더럽게 하다; (비유
적) (명예·평판·이름 등을) 더럽히다, 손상시
키다, 훼손시키다; ~ *odeću* 옷을 더럽히다;
~ *ime* 이름을 더럽히다

upropastilac *-ioca*, upropastitelj 망치는 사람,
스포일러(영화 등의)

upropastiti *-im*; *upropašten* & *upropašćen*

(完) upropaštavati *-am*, upropašćivati *-
ćujem* (不完) 1. 망치다, 망가뜨리다, 파산시
키다, 파멸시키다; ~ *zdravlje* 건강을 망치다
(해치다); ~ *priliku* 기회를 망치다(살리지 못
하다); ~ *telezivor* 텔레비전을 망가뜨리다 2.
(처녀의) 처녀성을 빼앗다; ~ *devojku* 처녀
의 처녀성을 빼앗다 3. ~ se 망가지다, 망하
다; *crteži ... iz ustanka dosada su svi već
upropašćeni* 봉기 시절의 그림들은 지금까
지 이미 많이 망가졌다(훼손되었다) 4. ~ se
중병을 앓다, 중병에 걸리다 5. ~ se 깜짝
놀라다, 굉장히 당황하다 (zaprepastiti se,
uprepastiti se)

uprostiti *-im*; *uprošten* & *uprošćen* (完)
uprošćavati *-am*, uprošćivati *-ćujem* (不完)
단순화 하다, 간단하게 하다; *radnici su se
trudili da što više uproste posao* 노동자들
은 가능한 한 더 업무(일)를 단순화시키려
노력하였다; *i pre Vuka bilo je nastojanja da
se azbuka uprosti* 부크 이전에도 알파벳을
단순화시키려는 시도가 있었다; ~ *proces* 프
로세스를 단순화 하다

uprošćenje (동사파생 명사) uprostiti; 단순화

uprošćivati *-ćujem* (不完) 참조 uprostiti

uprskati *-am* (完) 1. (물 등 액체를 물방울 형
태로) 분사하다, 뿌리다, 살포하다; *bio je
sav uprskan morskom vodom* 바닷물로 완
전히 뿌려졌다(젖었다) 2. (작은 알맹이 형태
로) 흩뿌리다; *Asfalt nalazi se uprskan u
stenama* 아스팔트에 작은 돌들이 흩뿌려졌
다 3. (口語) (무엇을) 엉망으로 하다, 망신당
하다, 수치를 당하다 (osramotiti se,
obrukati se) 4. ~ se 분사되다, 살포되다

uprt *-a*, *-o* (形) 참조 upreti; ~ 쪽을 향한; *svi
su pogledi ~i u njega* 모든 시선들이 그를
향했다

uprt 등짐 (teret na leđima); *na* ~ *nositi* 등에
지고 옮기다(가다)

uprta 1. (등에 매는 가방·배낭 등의) 줄, 끈
(konopac, kaiš) 2. 등에 매는 가방, 배낭,
백팩(backpack)

uprtiti *-im* (完) 1. (짐 등을) 어깨에 매다, 등에
지다, (어깨·등에 매고) 짐을 나르다 2. ~ se
(nečim) 등에 짐을 매다 3. ~ se (u nešto)
힘든 일(고된 일)에 고용되다

uprtnjača (등에 매고 다니는) 배낭, 백팩
(backpack)

upržiti *-im* (完) 1. (야채 등을) 볶다, 튀기다
(액체가 나오지 않을 정도로); ~ *kupus* 양배
추를 바싹 볶다 2. (고기를) 바싹 굽다
(ispržiti); ~ *meso* 고기를 바싹 굽다 3. (태

U

양이) 작열하다, 뜨겁게 타오르다; *upržilo je sunce* 태양이 이글거렸다

upućen *-a, -o* (形) 1. 참조 uputiti 2. (특정 주제·상황에 대해) 잘 아는, 정통한, 소식통인; *on je ~ u naš plan* 그는 우리의 계획에 대해 잘 알고 있다; *biti ~ u državne tajne* 국가비밀에 대해 잘 아는; *biti ~ u što ~*에 정통한

upućivanje (동사파생 명사) upućivati

upućivati *-ćujem* (不完) 참조 uputiti

upuhati se *-am se* & *-šem se* (完) 참조 upuvati se; 방귀를 뀌다

upustiti *-im*; *upušten* (完) **upuštati** *-am* (不完) 1. 누구를 ~안으로 들여보내다(들이다); *~ namernika u kuću* 객을 집안으로 들이다; *zatim u lađu ovce upustimo* 그리고 배 안으로 양들을 들여보낸다 2. (누구에게 무엇을) 인계하다, 넘겨주다, 양보하다 (predati, prepustiti, ustupiti); *~ bratu carstvo* 동생에게 제국을 넘겨주다 3. (손에서) 놓다, 떨어뜨리다 (깨지도록·고장나도록); 놓아주다 (도망가도록); *~ čašu* 컵을 떨어뜨리다; *dete upusti pticu* 아이가 새를 놓아준다 4. (비유적) (기회 등을) 놓치다; 방치하다(망가지도록·고장나도록) (propustiti); *~ priliku* 기회를 놓치다; *~ vinograd* 포도밭을 방치하다; *~ imanje* 재산을 방치하다 5. *~ se* 시작하다 (대화·일 등을); *on se upustio u taj posao* 그는 그 일을 하기 시작했다; *kad sam se već upustila u borbu, ići ću do kraja* 한 번 전쟁을 시작하면 끝까지 갈 것이다; *~ se u diskusiju* 토론을 시작하다 6. *~ se* (누구와) 어울리기 시작하다 7. 불륜을 저지르기 시작하다, 바람피기 시작하다; *rešivši da se upusti sa snahom ... Aranđel nije hteo da misli na brata* 형수(제수)와 불륜을 시작하면서 아란젤은 형(동생)을 생각하려고도 하지 않았다

uput 1. 진단서, 진료요청서 (주로 하급병원에서 상급병원에 진료 요청하는); *lekarski ~* 의사 진단서; *dobio je odsustvo na osnovu lekarskog ~a* 의사 진단서에 기초하여 병가를 얻었다 2. 참조 uputstvo; 사용설명서

uput (副) 즉시, 당장 (odmah, smesta)

uputa 참조 uputstvo; 사용 설명서

uputan *-tna, -tno* (形) 적절한, 적합한, 알맞은 (valjan, ispravan, pogodan, zgodan); *nije im se činilo ~tnim da se odvedu zajedno natrag* 그들 모두 다함께 도로 돌아간다는 것이 그들에게는 적절한 것 같지는 않았다

uputiti *-im*; *upućen* (完) **upućivati** *-ćujem* (不

完) 1. (~쪽으로) 보내다 (poslati); *~ u bolnicu* 병원으로 보내다; *~ na posmatranje* 관찰하도록 보내다; *jednu vojsku uputi da pređe Drinu* 드리나강을 도강(渡江)하도록 부대를 보냈다; *~ pozdrave* 안부인사를 전하다 2. 추천하다 (preporučiti); *~ na poznanike* 지인에게 추천하다; *~ čitaoca na knjigu* 독자에게 책을 추천하다 3. (비유적) 망치다, 망가지게 하다 (upropastiti, uništiti); *~ celo imanje* 전재산을 탕진하다 4. (~에 대해) 알려주다, 알리다; *on vas je već uputio u stvar?* 그가 당신에게 벌써 무슨 일인지 알려주었나요?; *propada i plan ... u koji sam te uputio* 내가 너에게 알려준 계획도 수포로 돌아가고 있다; *lekar ga je uputio kako da uzima lek* 의사는 그에게 약 복용방법을 알려주었다; *~ nekoga u tajnu* 누구에게 비밀을 알려주다 5. 말하다 (reći, kazati) 6. *~ se* (~쪽으로, 방향으로) 향하다, 떠나다, 가다; *uputili smo se jednom seoskim sokakom* 우리는 마을의 한 작은 골목길을 향해 갔다; *uputio se ka reci* 그는 강을 향했다 7. *~ se* (~대해) 알다; *čim je došao u varoš, nastojao je da se uputi u naše prilike* 읍내에 도착하자 마자 그는 우리의 상황에 대해 알려고 노력하였다 8. 기타; *biti upućen jedan na drugog* 서로가 서로를 돕도록(충고하도록) 남겨지다; *biti upućen na (samog) sebe* 혼자만 남겨지다; *~ na pravi (krivi, rđav) put* 올바른 (나쁜) 충고를 하다; *~ pitanje* 질문하다

uputnica 우편환, 전신환; *dali su joj ~u na trideset dinara* 30디나르 짜리 우편환을 그녀에게 주었다; *poslati novac ~om* 전신환으로 돈을 주다

uputstvo *-ava* (무엇을 하거나 사용하는 데 필요한 자세한) 설명(서), 지시, 충고; *~ za upotrebu* 사용설명(서)

upuvati se *-am se* 1. (소리나지 않게 살며시) 방귀를 뀌다(고약한 냄새를 풍기는) 2. (큰 두려움으로 인해) 팬티에 똥(오줌)을 지리다

upuzati *-žem* (完) 기어들어가다

ura 1. 시(時), 시간 (čas, sat) 2. 순간, 찰나 (trenutak) 3. 시계 (časovnik, sat) 4. 기타; *ura-budilica* 자명종, 알람 시계; *ura-njihalica, ura šetalica* 벽시계(추가 달린); *kucnula je ~* 시간이 되었다, 운명의 순간이 다가왔다; *poslednja (strašna, zadnja, umrla) ~* 죽음의 순간, 죽음

ura (感歎詞) 1. 와~, 만세~ (즐거움·환희·승낙 등을 나타내는); *ura, ura! drugovi se kucaju,* *ispijaju do dna* 만세, 만세! 친구들은 잔을 부딪쳐 건배하며 잔을 비웠다 2. 와~ (전투에서 추적할 때 내는 감탄사)

uračunati *-am; uračunat & uračunan* (完) **uračunavati** *-am* (不完) 1. 계산에 포함시키다, 포함하여 계산하다; ~ *u radni staž godine vojnog roka* 군복무 기간을 경력에 포함시켜 계산하다; *uračunaj i onih 20 dinara* 그 20디나르도 포함시켜 계산해라; ~ *u godine službe* 복무기간에 포함시켜 계산하다 2. 고려하다, 간주하다 (uzeti u obzir); ~ *u zasluge nekome nešto* 무엇을 누구의 공으로 간주하다; ~ *u krivicu* 잘못으로 고려하다

uračunljiv *-a, -o* (形) 이성적인, 합리적인, 분별있는 (razuman)

uračunljivost (女) 이성, 합리적(이성적) 판단; *smanjena* ~ (法) 이성적 판단의 결여

uraditi *-im* (完) 1. (어떤 일을) 하다, 행하다 (끝까지 하여 완료하다) 2. 만들다, 생산하다 (napraviti, izraditi, proizvesti); *ovo je urađeno nožem* 이것은 칼로 (다듬어) 만들어졌다; ~ *čekić* 망치를 생산하다; *uradi sam* 너 스스로 해라(DIY) 3. (밭·땅을) 갈다, 경작하다 (obraditi); ~ *zemlju* 땅을 갈다 4. (원자재 등을) 가공하다, 가공처리하다 (preraditi); ~ *kožu* 가죽을 가공처리하다; *urađene kože* 가공처리된 가죽 5. 재봉하다, 바느질하다 (skrojiti, sašiti); *jeftinije je odelo kad se iz fabrike kupi nego kad se kod kuće uradi* 집에서 옷을 직접 만드는 것보다 공장에서 사는 것이 싸다 6. 하다, 행하다, 행동하다 (učiniti, postupiti); *sve ću ~ po vašoj volji* 당신 뜻대로 모든 것을 하겠습니다

uragan *-a* 허리케인, 태풍 **uraganski** (形)

uramiti *-im; uramljen* (完) **uramljivati** *-ljujem* (不完) 1. (그림 등에) 액자(ram)를 하다, 틀을 하다; *na zidovi uramljeni sveci* 벽에는 액자를 한 성화가 걸려 있다; ~ *sliku* 그림에 틀을 하다 2. (비유적) 포위하다, 에워싸다 (okružiti); *rečni tokovi su uramili grad* 강물길이 도시를 에워싸고 있다

uran 1. (天) (大文字로) 천왕성 2. (化) 우라늄 (U) **uranov, uranski** (形); **uranij**

uranak *-anka* 1. 이른 아침 일어남 2. 새벽, 여명, 동이 틈 (zora) 3. 기타; *đurđevski ~* 주르제브단에 가는 야외 소풍 (보통 이른 새벽에 출발함)

uranij *-ija*, **uranijum** 우라늄 **uranijev, uranijumov**

uraniti *-im* (完) 1. 아침 일찍 일어나다, 일찍 떠나다, 일찍 (무슨 일을) 시작하다; *sutradan je uranila i izašla u avliju* 다음 날 일찍 일어나 정원에 나갔다; *trebalo je sa zorom uraniti na posao* 동이 트자마자 직장으로 향해야만 했다 2. (예정보다) 일찍 도착하다, 일찍 시작하다; *jesen je te godine uranila* 그 해 가을은 일찍 시작되었다

uranjati *-am* (不完) 참조 uroniti

urar 시계공, 시계 기술자 (časovničar, sajđija) **urarski** (形)

uraskorak (副) (숙어로) *ići* ~ 큰 보폭으로 가다; *ići s kim* ~ 나란히 가지 않다, 한 발 짝 떨어져 가다, (누구와) 뜻을 같이 하지 않다, 조화를 못이루다

urasti *urastem; urastao, -sla;* **urašćivati** *-ćujem* (不完) 1. 자라 파고들다; *nokat uraste u meso* 손톱이 자라 살을 파고든다 2. (턱수염 등이) 무성히 자라다, 자라서 뒤덮다; ~ *u bradu* 턱수염이 무성히 자라다; ~ *u šiblje* 관목이 무성히 자라다 3. 깊숙히 빠지다(들어가다) (움직일 수 없을 정도로); *kao da su joj noge urasle u led, te se nije mogla maknuti* 그녀의 다리가 얼음에 깊숙히 빠져 움직일 수 없었다 4. ~의 일부가 되다; *on je u sedlo bio urastao i takva čuda s konjem pravio kao da je jedno telo* 그는 말 안장의 일부가 되어 말과 한 몸 이 되는 기적을 만들었다 5. ~에 깊숙이 파묻히다(숨겨져 있다); *debeo je, oči mu urasle* 그는 뚱뚱해 그의 눈은 깊숙히 파묻혔다 6. (상처가) 낫다, 아물다 (zaceliti, zarasti)

uravnati *-am; uravnan & uravnat* 1. 평평하게 하다; ~ *teren* 바닥을 고르다(평평하게 하다) 2. (비유적) ~ *račune* 계산을 상계하다 (udesiti, urediti)

uravnilovka (일의 양과 질과는 상관없이 임금을 동일하게 주는) 동일 임금 시스템; (사회적) 평준화, 평균화

uravnotežen *-a, -o* (形) 1. 참조 uravnotežiti 2. 심적으로 평온한(평안한), 안정된, 차분한

uravnoteženje (동사파생 명사) uravnotežiti; 균형, 균형을 이룸

uravnotežiti *-im;* **uravnotežen** (完) **uravnotežavati** *-am*, **uravnoteživati** *-žujem* (不完) 1. 균형을 이루게 하다, 균형을 맞추다; ~ *terazije* 저울의 균형을 맞추다; *postavi terazije na sto, uravnoteži i onda baci burme i minđuše na jedan tas* 테이블에 저울을 올려놓고 균형을 맞춘 다음 저울 접시에 결혼반지와 귀걸이를 올려 놓아라; ~

snage 힘의 균형을 이루다 2. 수입과 지출의 균형을 맞추다; ~ *prihode i rashode* 수입과 지출을 맞추다; *budžet je uravnotežen kako-tako* 예산은 이럭저럭 균형을 맞췄다 3. 조화를 이루다 (usaglasiti); *postavlja se pitanje kako treba ~ političke elemente sa stručnim* 정치적 요소와 전문적 식견을 어떻게 조화를 이루게 할 것인지에 관한 질문이 제기된다 4. (누구를, 무엇을) 동일하게 하다, 같게 하다 (izjednačiti); *uravnotežene su pozicije* 위치가 같아졌다 5. ~ *se* (심적으로) 평온해지다, 평안해지다, 차분해지다

urazumiti *-im*; *urazumljen* (完) **urazumljivati** *-ljujem* (不完) 1. 이성적으로 되게 하다, 정신차리게 하다; *morao sam te najpre ~* 가장 먼저 너를 정신차리게 해야만 했다 2. ~ *se* 정신차리다, 이성적으로 되다; *ako se ne urazumi ... biće velike nesreće* 정신차리지 않는다면 큰 불행이 닥칠 것이다

urbanī *-ā*, *-ō* (形) 도시의, 도회지의 (gradski)

urbanist(a) (複 *-sti*) 도시계획 전문가 **urbanistički** (形)

urbanistika 참조 urbanizam

urbanizacija 도시화

urbanizam *-zma* 도시 계획

urbanizirati *-am*, **urbanizovati** *-zujem* (完,不完) 1. 도시화하다 2. (비유적) (정신을) 도회지 생활에 적합하게 하다 3. ~ *se* 도시화되다 4. ~ *se* 도시 생활에 익숙해지다

urbar (歷) (19세기 까지 크로아티아와 보이보디나 지역의) 봉건 영주와 소작농간의 관계를 규정한 규정집

urečen *-a*, *-o* (形) 참조 ureći; 약속한, 합의된, 예정된; *u ~o vreme* 약속한 시간에; *na ~om mestu* 예정된 장소에서

ureći *ureknem* & *urečem* (完) **uricati** *-čem* (不完) 1. (합의하여) 스케줄을 잡다, 일정을 잡다; 약속하다; *s tom ženom sam urekao sastanak* 그 여인과 미팅 일정을 잡았다; *uputili smo se u jednu šumu ... u kojoj je bio urečen sastank* 우리는 만남이 약속된 한 숲을 향해 떠났다 2. (koga) (迷信) 주문(주술)을 걸다; *neki su obogaljili ili se razboljeli jer ih je ona urekla* 그녀가 주문을 걸었기 때문에 그들 중 몇몇은 병신이 되었거나 병치레를 했다

ured 1. (공공기관의) 청(廳), 국(局) 소(所), 사무소; 그러한 기관들의 사옥 2. (일반적인) 사무소, 사무실 (kancelarija, biro) **uredski**, **uredovni** (形); *uredski prostor* 사무실 공간

uredan *-dna*, *-dno* (形) 1. (외모가) 단정한, 깨끗한, 말쑥한 (čist); ~*dna osoba* 단정한 사람 2. (일정한 요구·기준에 맞는) 정확한, 양심적인, 정상적인 (tačan, savestan); *predao se mirnom i ~dnom životu* 조용하고 양심적인 삶을 사는데 온 힘을 쏟았다 3. 완전한 (potpun); *to je bila prva ~dna štamparija sa ćirilovskim slovima* 키릴문자로 출판하는 최초의 완전한 인쇄소였다 4. 규정에 맞는, 합법적인, 유효한 (zakonit, propisan); *kazniće se ... poslodavci ... koji svoj radni odnos ... nisu ~dnim putem raskinuli* 근로 관계를 합법적인 방법으로 해약하지 않은 고용주들은 처벌을 받을 것이다; *ona je redovno izdavala ~dne priznanice* 그녀는 정기적으로 유효한 영수증을 발행했다

uredba *-ābā* 1. (法) (행정부의) 규칙, 규정, 조례, 법규 2. 조직, 단체, 기구 (uređenje, ustrojstvo)

urediti *-im*; *uređen* (完) **uređivati** *-đujem* (不完) 1. 정리정돈하다, 깨끗이 치우다 (방·집 등을); ~ *kuću* 집을 정리정돈하다(깨끗이 치우다); ~ *sobu* 방을 깨끗이 치우다; *lepo si uredio stvar!* 물건을 잘 정리했구나! 2. (불확실성·방해 요소 등을 제거하여 확실하게·좋게) 정리하다; *sve ćemo mi ~* 우리가 모든 것을 정리할께요; *on treba da uredi sa šefom za platu* 그는 상사와 월급 문제를 해결할 것이다 3. (채무·계산 등을) 갚다, 정리하다 (izmiriti, isplatiti) 4. (~하는 것을) 미리 준비하다 (pripremiti, pripraviti); *Jova je bio čuven kao vešt da zakolje, ošuri i uopšte uredi prase* 요바는 돼지를 도축하고 털을 뽑고 그리고 이후 해야 할 것을 능숙하게 착착 준비해 나가는 것으로 유명했다; ~ *sastanak* 미팅을 준비하다; *on će ~ za tvoj pasoš* 그가 네 여권을 준비할 것이다 5. 결정하다, 정하다 (odrediti) 6. 체계화하다, 조직하다; 조직하다, 준비하다 7. (신문·잡지 등을) 편집하다 8. ~ *se* 성장(盛裝)하다, 단정하게 옷을 입다 (doterati se)

urednik (신문·잡지 등의) 편집인; *odgovorni i glavni ~* 책임편집장; *pomoćni ~* 부편집인 **urednica**; **urednički** (形)

uredništvo 1. 편집진 2. 편집 (uređivanje, urednikovanje)

uredovati *-đujem* (不完) 1. 청·국(ured)에서 일하다(관리로서) 2. 질서를 유지하다 (보통은 경찰의)

uredovnī, **uredskī** *-ā*, *-ō* (形) 참조 ured; 사무실의

uređaj 1. (기계)장치, 장비, 설비; *pogonski ~*

엔진; *električni* ~ 전기 기구; ~ *za oglašavanje* 확성기, 스피커; *alarmni* ~ 경보 장치; *klimatski* ~ 냉방 장치, 에어컨; ~ *za ispitivanje kola* 회로 시험기; *periferijksi* ~ 주변 장치 2. 설비 (*uređenje, ustrojstvo, rešenje*); *kuće su bile slične, naročito po unutrašnjem ~u* 집들은 거의 비슷했는데 특히 내부 설비에서 비슷했다

uređenje 1. (동사파생 명사) urediti 2. 조직, 구조; *državno (društveno)* ~ 국가(사회) 구조

uređivač 편집인 (*urednik, redaktor*) **uređivački** (形); ~ *odbor* 편집위원회

uređivati *-đujem* (不完) 참조 urediti

ureknuti *ureknem* (完) 참조 ureći

uremija (病理) 요독증

ures 장신구, 장식품 (*ukras, nakit*) **uresan** (形)

uresiti *-im*; *urešen* (完) **urešavati** *-am* (不完) 1. 아름답게 꾸미다, 장식하다, 치장하다 (*ukrasiti, nakititi, nagizdati, dekorisati*) 2. ~ **se** (자신의 몸에) 장신구를 하다, 치장하다

uretra (解) 요도(尿道)

urez 1. 벤 자리, 새긴 곳(것), 눈금 (*zarez*) 2. 벤 곳, 상처 (*posekotina, ožiljak*) 3. (얼굴 등의) 주름 (*bora, brazda*)

urezati *-žem* (完) **urezivati** *-zujem* (不完) 1. (베어·파내어 글씨·그림 등을) 새기다; ~ *ime u prsten (na prstenu)* 반지에 이름을 새기다; ~ *u kamen* 돌에 새겨넣다 2. 자르다, 잘라내다 (*naseći, odseći*); ~ *mesa* 고기를 자르다; ~ *parče slanine* 베이컨 조각을 자르다 3. ~ **se** 새겨지다 (*useći se, zarezati se, zabosti se*); *ta mi se scena urezala u sećanje* 그 장면이 뇌리에 깊숙이 새겨졌다; *urezalo mu se u pamet (mozak, dušu)* 잘 이해했다, 영원히 기억했다

urgencija 재촉, 촉구

urgirati *-am* (完,不完) 재촉하다, 촉구하다; *urgiraćemo da vam se povisi potpora!* 당신에 대한 지원을 올리라고 재촉할 것이다; ~ *donošenje odluke* 결정을 촉구하다

uricati *-čem* (不完) 참조 ureći, ureknuti

urin 소변, 오줌

urinirati *-am* (不完) 소변을 보다, 오줌을 싸다 (*mokriti*)

urisati *-šem* (完) 그려넣다, 새겨넣다 (*ucrtati, urezati*)

urlati *-am* (不完) 1. (늑대·개 등이) 길게 울부짖다, 하울링하다; 포효하다 (*urlikati*); *vuk zavija i urla* 늑대가 울부짖는다; *lav urla* 사자가 포효한다 2. (큰소리로) 외치다, 고함치다, 소리치다 (*derati se*); ~ *od besa* 분노로

인해 울부짖다 3. 웅웅거리다, 윙윙거리다; *vetar urla* 바람이 웅웅거린다

urlik 1. (개·늑대 등의) 울부짖음, 하울링 2. (바람·돌풍 등이 세게) 웅웅거리는 소리, 휙휙거리는 소리

urlikalac *-aoca*; *-alci*, **urlikavac** *-vci* (動) 짖는 원숭이(원숭이의 한 종류; 큰 소리를 지르며 무리를 이루어 숲에서 사는)

urlikati *-čem* (不完) 참조 urlati

urma (植) 대추야자(종려과에 속하는 상록 교목); 그 나무의 열매 (모양은 대추와 매우 흡사한) (*datula*) **urmin** (形); ~*a palma* 대추야자

urmašica 중동지방 케이크의 한 종류; *bosanske* ~*e* 빵의 한 종류

urna 납골함, 납골단지

urnebes (아무것도 들리지 않을 정도의) 시끄러운 소리, 떠드는 소리 (*graja, galama, buka*); 혼란, 소란 (*nered, lom*); 소동; *napraviti* ~ *u sobi* 방을 난장판으로 만들다; *šef je napravio* ~ *zbog te greške* 그 잘못 때문에 상사는 한바탕 소동을 일으켰다

urnebesan *-sna, -sno* (形) 매우 시끄러운, 매우 요란한, 우뢰와 같이 커다란 (*bučan, gromoglasan*); ~ *smeh* 천둥소리처럼 큰 웃음; ~ *pljesak* 우뢰와 같은 박수; ~*sna vika* 커다란 고함

urnisati *-šem* (完)(口語) 참조 upropastiti; 망하게 하다, 망가지게 하다

uročica 1. (迷信) 주문(주술)을 제거하는 상상 속의 존재 2. 부적, 호부(護符) (*hamajlija*) 3. (植) 끈끈이대나물

uročiti *-im* (完) 1. 기간(시한)을 정하다 2. (*koga*) 부르다, 초청하다 3. ~ **se** (만남 장소를) 정하다, 약속하다, 합의하다

uročiti *-im* (完) 참조 ureći; 주문(주술)을 걸다

uročnik 1. 마법사, 주술사 **uročnica** 2. (植) 동자꽃의 일종(사악한 눈 또는 주문으로부터 보호해준다고 믿는)

urodica (植) 수염며느리밥풀(현삼과(科)의 잡초)

uroditi *-im* (完) 1. (잎·꽃·열매 등을) 맺다; ~ *plodom* 열매를 맺다 2. (*čime*) (결과 등을) 낳다, 야기하다, 초래하다; ~ *dobrim (rđavim) plodom* 좋은(나쁜) 결과를 맺다; ~ *uspehom* 성공을 불러오다; *svako nametanje volje može* ~ *samo novim, opasnim nemirima* 강제하는 모든 것은 단지 새롭고 위험한 혼란만 불러올 수 있다

urođen *-a, -o* (形) 타고난, 선천적인; ~*a mana* 선천적 결손증(구개 파열 등의); ~*e* *osobine* 타고난 성품

uroðenik (어떤 지역·나라의) 토착민, 토박이, 원주민; *glavna sredstva ... su bila ... eksploatacija kolonija do istrebljenja ~a* 주요 수단은 ... 토착민이 멸종될 때 까지 식민지를 수탈하는 것이었다 **uroðenica**; **uroðenički** (形); *~o stanovništvo* 토착민 인구

urok 1. 주문(呪文), 주술, 마법 2. 기타; *ne budi (mu) ~a!, da (mu) nije ~a!* 그 누구도 그에게 주문을 걸지를 않기를!, 부정(不淨)타지 않기를!

urokljiv *-a, -o* (形) 1. (눈·시선 등이) 매혹적인, 황홀하게 하는, 넋을 빼놓는; *~e oči* 매혹적인 눈 2. 주문(주술)으로부터 보호해 주는, 주문을 풀어주는(없애주는); *~a trava* 주문으로부터 보호하는 풀

urolog 비뇨기과 전문의

urologija (醫) 비뇨기과(학)

urološkī *-ā, -ō* (形) 비뇨기과의의, 비뇨기과 전문의의; *~a klinika* 비뇨기과 병동

uroniti *-im* (完) **uranjati** *-am*, **uronjavati** *-am* (不完) 1. (물속 깊숙이) 들어가다, 잠수하다; *podmornica je uronila* 잠수함이 잠수했다 2. (비유적) 몰두하다; *~ u misli* 생각에 잠기다; *čisto uroni u posao samo da bi se otrgla od misli* 생각을 떨쳐내기 위해 일에 완전히 몰두한다 3. (~의 깊숙이) 들어가게 하다, (물속에) 가라앉게 하다, 침몰시키다; *~ vedro u vodu* 양동이를 물속에 집어넣다

urota 음모, 모의 (zavera); *protiv njega je skovana ~* 그에 대한 모의가 이뤄졌다

urotiti se *-im se* (完) 음모를 꾸미다, 모의하다; *vi ste se urotili protiv mene* 당신이 나에 대한 음모를 꾸몄다

urotnik 음모자, 음모 가담자 (zaverenik) **urotnički** (形)

urtikarija (病理) 두드러기 (koprivnjača)

uručenje (동사파생 명사) uručiti

uručiti *-im* (完) **uručivati** *-čujem* (不完) (손에서 손으로) 건네주다, 전달하다, 전하다, 배달하다 (isporučiti, izručiti, predati); *~ sudski poziv* 법원 소환장을 전달하다; *uruči im moje najlepše želje* 그들에게 행운이 있기를 바란다고 말해줘!; *Mile mu uruči svotu novca* 밀레는 그에게 돈을 전달한다; *~ nagradu* 상을 수여하다

uručljiv *-a, -o* (形) 전할 수 있는, 전달할 수 있는 (isporučljiv)

urudžba (廢語) 전달 (uručenje)

urudžbenī *-ā, -ō* (形) 전달의, 배달의; *~ zapisnik* 문서수신발신철

urudžbirati *-am* (完,不完) 문서수신발신철에 기입하다

Urugvaj 우루과이 **Urugvajac**; **Urugvajka**; **urugvajski** (形)

urvina 1. 절벽, 급경사지(종종 낙석 등이 떨어지는) (strmina) 2. 심연(深淵), 나락, 낭떠러지 (provalija, ambis) 3. (건물 등의) 폐허, 잔해 (ruševina, razvalina)

usaditi *-im*; *usaðen* (完) **usaðivati** *-ðujem* (不完) 1. (나무 등을) 심다 (posaditi, zasaditi); *~ jelku* 전나무를 심다; *~ struk kupusa* 양배추 묘종을 심다 2. (막대기 등을 땅에) 박다, 꽂다 (zabosti, pobosti); *~ kolac u zemlju* 말뚝을 땅에 박다 3. 꽉 끼워넣다 (uglaviti, umetnuti); *~ sveću u svećnjak* 초를 촛대에 세우다 4. (비유적) (교육 등으로) 뿌리를 내리게 하다, 잘 기억하게 하다(수용하게 하다) (사상 등을); *~ nekome nešto u glavu* 무엇의 누구의 머릿속에 뿌리내리게 하다 5. *~ se* 박히다; *~ se u zemlju* 땅속에 박히다 6. *~ se* (비유적) (생각·감정 등이) 뿌리내리다, 콱 박히다, 확고해지다; *u dečaku se usadila neka naklonost prema starini* 골동품에 대한 애정이 소년에게 확고해졌다

usadnik (총의) 개머리판 (kundak)

usaglasiti *-im*; *usaglašen* (完) **usaglašavati** *-am* (不完) 조화를 이루게 하다, 조화롭게 하다, 조율하다 (uskladiti); *~ stavove* 입장을 조율하다

usahnuti *-nem* (完) 1. (강·수원(水源) 등이) 마르다 (presušiti); *potoci ... čas nabujaju, čas usahnu* 개울들은 어떤 때는 넘치고 어떤 때는 마른다 2. (꽃 등이) 시들다 (uvenuti) 3. (비유적) (얼굴·피부 등이) 탄력을 잃다, 주름지다 (smežurati se); *lica im usahla, a kosa proreðena* 그들의 얼굴은 탄력을 잃고 머리(카락)은 드문드문해졌다 4. (비유적) 사라지다, 없어지다 (웃음·유쾌함 등이); *na licu usahnu onaj večni slatki osmeh* 얼굴에 항상 있던 귀여운 미소가 사라졌다

usalamuriti *-im* (完) 소금물(salamura)에 절이다 (건조하기 전에 고기 등을)

usamiti se *-im se* (完) 고립되다, 격리되다, 홀로 남다 ; *beše se usamio i živeo je za sebe* 고립되어 자신을 위해 살았다고 말했다

usamljen *-a, -o* (形) 1. 고립된, 격리된, 홀로 남겨진; *~a kuća* 고립된 가옥 2. 외로운; *~ pojedinac* 외로운 개인

usamljenik 고립된 사람, 격리된 사람; 외로운 사람, 고독한 사람 **usamljenica**

usamljenost (女) 외로움, 고독함

usavršavanje (동사파생 명사) usavršavati; 연수, 연마; ~ nastavnika 교사 연수

usavršavati -am (不完) 참조 usavršiti

usavršilac -ioca 연수자; 보다 완전하게 해 나가는 사람, 개선해 나가는 사람

usavršiti -im (完) usavršavati -am (不完) 1. 개선시키다, 향상시키다, 보다 완전히 하다 2. ~ se (자신의 전문 지식·기술 등을) 연마하다, 개선하다; ni o čemu drugom ne misli nego kako će se u tom poslu usavršiti 그 업무에서 어떻게 하면 자신의 지식(기술)을 연마할지 이외에는 그 어떤 것도 생각하지 않는다

usecati (se) -am (se) (不完) 참조 useći (se)

useckati -am (完) (지소체) useći; 잘게 자르다

useći usečem (完) 1. (밭고랑·하상(河床)·하천 등을) 파다, 일구다, 움푹 들어가게 하다 (urezati, prokopati, izdupsti) 2. 자르다, 잘라내다 (odseći); useče jednu listanu granu 잎이 무성한 가지 하나를 잘라내다; ~ drvo 나무를 자르다 3. (비유적) (누구의) 기억에 남게 하다 4. ~ se 새겨지다, 패이다 (urezati se, zaseći se); bore su mu se usekle u lice 그의 얼굴에 주름이 패였다 5. ~ se 박히다 (zabiti se, zariti se); sekira se duboko useče u hrastova vrata 도끼는 참나무 문에 깊숙이 박혔다; naselje ... se useklo među visoke hridine 마을은 높게 솟은 암석들 사이에 있었다

usedati -am (不完) 참조 usesti

usedelica 노처녀; ja neću da budeš ~om 나는 네가 노처녀가 되는 것을 원치 않아 usedelički (形)

usedeti se -im se (完) 1. (한 자리에) 오랫동안 앉아 있다 (zasesti) 2. 게을러지다, 게으름뱅이가 되다 (uleniti se)

usednuti -nem (完) 참조 usesti

usejati -jem (完) (씨를) 뿌리다, 심다, 파종하다 (zasejati, posejati); dobro je bilo što su ipak nešto ... i pre jesenjih kiša usejali 가을비가 오기 전에 뭔가를 파종해서 좋았다

usek 1. (언덕·비탈 등의) 잘린 곳 (철도나 길을 만들기 위해) 2. (두 언덕 사이의) 골짜기, 계곡 (tesnac, klanac) 3. (~의 사이에 있는) 좁은 띠모양의 땅(공간)

usekač 양초 심지를 자르는 가위

useknuti -nem (完) usekati -čem (不完) 1. (koga) 누구의 코를 닦다(훔치다); ~ dete 아이의 코를 닦다 2. 양초의 심지를 자르다 (잘 타게 하기 위해) 3. (비유적) (누구의) 말

을 끊다 4. ~ se 코를 풀다; pukovnik se glasno useknuo 대령은 큰소리를 내며 코를 풀었다

useknjivati -njujem (不完) 참조 useknuti

Usekovanije, Usekovanje (宗) 성세례요한 축일(9월 11일) (정교회 축일중의 하나)

uselina 급경사면 (strmen, strmina)

useliti -im (完) useljavati -am (不完) 1. (새로운 정착지·삶의 터전으로) 이주시키다, 이사시키다, 정주(定住)시키다 (nastaniti); ~ koga u kuću (누구를) 집으로 이사시키다 2. ~ se 이주하다, 정주하다 (nastaniti se, doseliti se); ~ se u stan 아파트로 이사하다

useljenik 이주민 (보통은 다른 나라에서 온)

useljenje (동사파생 명사) useliti

usesti usednem & usedem (完) 1. 말(馬)등에 앉다, 말등에 오르다 (uzjahati, pojahati); ~ na konje 말등에 앉다 2. 앉다 (posaditi se, sesti)

usev 1. 농작물, 작물; kiša je dobra za ~ 비는 농작물에 좋다 2. 곡물

ushićavati -am (不完) 참조 ushititi

ushićenje (동사파생 명사) ushititi; 열광, 환희

ushićivati -ćujem (不完) 참조 ushititi

ushit 환희, 열광 (zanos)

ushititi -im; ushićen (完) ushićavati -am, ushićivati -ćujem (不完) 1. 열광시키다, 환희를 불러일으키다, 황홀케하다 (oduševiti, zaneti) 2. ~ se 열광하다, 황홀해하다

ushodan -a, -o (形) 1. 참조 ushodati se 2. 몸에 밴, 습관이 된 (uhodan); ~ običaj 몸에 밴 습관; ~a praksa 습관이 된 관행

ushodati se -am se (完) 이리저리 왔다갔다 하다(좁은 공간에서); on se ushodao sobom 그는 방을 왔다갔다 했다

ushteti ushtem & ushtednem (完) 1. (제 2미래 시제 용법에서) ~을 하고 싶다 (poželeti); ostao bi i kad bi ushtela da ga se otarasi 그것을 털어내고 싶을 때에도 남고 싶다; kad god ushteš, piši mi 쓰고 싶을 때 언제라도 나에게 (편지를) 써라; ako ushtedemo auto, mi ćemo vam javiti 우리가 자동차를 원하면 당신에게 전화할께요 2. (여격 형태의 논리적 주어와 함께) ~하고 싶다 (prohteti se); što god je njemu ushtelo, vršila je bez pogovora 그가 원하는 무엇이든, 그녀는 이의를 달지 않고 행하였다

usidjelica 참조 usedelica

usidriti -im (完) 닻(sidro)을 내리다 (ukotviti)

usiđelica 참조 usedelica

usijan -a, -o (形) 참조 usijati; ~a glava 성급

U

한 사람, 조급한 사람

usijati -am; usijan (完) **usijavati** -am (不完) 1. (보통은 금속을) 시뻘겋게 달구다 (zažariti); naši ljudi ... mučeni su ... usijanim gvožđem 우리쪽 사람들은 … 시뻘겋게 달궈진 쇠로 … 고문을 당했다 2. 뜨겁게 하다, 달궈지게 하다; njegovo usijano čelo rashladila je ... vodicom 뜨거워진 이마를 물로 식혔다 3. 광택이 나게 하다, 빛나게 하다(비벼서, 대패질로, 청소하여); on je usijao cipele 그는 구두를 번쩍번쩍 빛나게 했다 4. (비유적) 극도로 긴장하게 하다, 극도로 흥분(당황)하게 하다; histerični ženski glasovi ... usijavaju i inače usijanu atmosferu 여자들의 히스테리한 목소리들은 그렇잖아도 달아 오른 분위기를 최고조로 달궈놓았다 5. 기타; ~ očima 이글거리는 눈으로 뚫어지게 바라보다(쳐다보다) (보통은 사랑에 빠져, 탐욕적으로)

usijavati -am (不完) 참조 usijati

usilovati -lujem (不完) 강제하다, 강요하다

usiljavati (se) -am (se) (不完) 강제하다, 강요하다; usiljava se da se smeje 웃으려고 강제된다

usiljen -a, -o (形) 강제된, 강요된; ~ osmeh 씁쓰레한(부자연스런) 미소; ~o ponašanje 강제된 행동; ~i marš 강행군

usiniti -im; usinjen (完) 양자(養子)로 삼다, 양자로 맞아들이다 (posiniti)

usinovljenje (양자로의) 입양

usinjen (形) 참조 usiniti; 양자로 입양된

usinjenje (동사파생 명사) usiniti; (양자로의) 입양

usipati -am (不完) 참조 usuti; ~에 붓다, 따라 붓다

usirćetiti se -ī se (完) (포도주 등이) 식초 (sirće)로 변하다, 식초화 되다; 시어지다

usiriti -im (完) 1. (우유를 응고시켜) 치즈(sir)로 만들다 2. ~ se (우유가) 치즈로 되다, 덩어리지다(우유가 상하면서) 3. ~ se (혈액이) 응고되다, 덩어리지다

usisač 진공청소기 (usisavač, usisivač)

usisati -šem & -am (完) **usisavati** -am (不完) (공기·액체 등을) 빨아들이다, 흡수하다; (모유 등을) 빨다, 빨아 먹다 (absorbovati); upijaća hartija usisava mastilo 흡수지(紙)는 잉크를 빨아들인다; ~ sa majčinim mlekom 태어날 때 부터 받아들이다(보통은 어떠한 특성 등을)

usisavač 참조 usisivač; 진공청소기

usisavanje 1. (동사파생 명사) usisavati; 흡수, 빨아들임 2. (가솔린 엔진의) 흡기 행정

usisivač 진공청소기

usisnī -ā, -ō (形) 흡기의, 흡수의; ~a cev 흡기관; ~ ventil 흡기 밸브

usitniti -im (完) 1. 잘게 쪼개다, 잘게 부수다; ~ zemlju 흙을 잘게 부수다; ~ posed 재산을 잘게 나누다; ~ novčanicu 지폐를 잔돈으로 바꾸다 2. (눈을) 가늘게 뜨다 3. (보폭, 일 등을) 잔 걸음으로 하다(걷다, 행동하다); samo je usitnila korake 단지 잔걸음으로 걸었다 4. (눈·비 등이) 잘게 내리다; 보슬비가 내리다, 잔눈이 내리다; pahuljice usitnile 눈이 잘게 내렸다; slušao kišu koja posle pljuska usitnila 소나기 후 이슬비로 내리는 빗소리를 들었다 5. 가늘고 끊어지는 목소리로 말하다 6. ~ se 잘아지다, 잘게 부숴지다 (izmrviti se, izdrobiti se)

usitno (副) 1. 잘게 (sitno); iseckati ~ 잘게 자르다 2. 잔돈으로; daj mi 100 dinara ~ 잔돈으로 100디나르를 줘라

usitnjavati -am (不完) 참조 usitniti

uskipeti -im (完) 끓어 넘치다

uskisnuti -nem; uskisnuo, -nula & uskisao, -sla (完) 1. (우유 등이) 시어지다 (부패되는 과정에서) 2. (반죽 등이) 부풀어 오르다

uskladištenje (동사파생 명사) uskladištiti; (물건의) 창고 입하, 창고 보관

uskladištiti -im (完) **uskladištavati** -am (不完) (물건 등을) 창고(skladište)에 보관하다, 창고에 집어넣다

uskladiti -im (完) **usklađivati** -đujem (不完) 1. 조화를 이루게 하다, ~에 (어울리게) 맞추다, 어울리게 하다, 조율하다; ~ boje 색깔을 맞추다, 색의 조화를 이루게 하다; ~ stavove 입장을 조율하다; ~ mišljenja 의견을 조율하다; ja ću ~ svoje vreme tako da budem slobodan u 5 내 시간을 조정하여 5시에 시간을 내겠다 2. ~ se 조화를 이루다, ~에 맞춰지다, 어울리다

usklađenje (동사파생 명사) uskladiti

usklađivanje (동사파생 명사) usklađivati; 조정

usklađivati -đujem (不完) 참조 uskladiti

uskličnī -ā, -ō (形) 감탄(usklik)하는, 감탄을 자아내는; ~a reč 감탄사; ~a rečenica 감탄문

uskličnik 참조 uzvičnik; 느낌표(!)

usklik 참조 uzvik

uskliknuti -nem; uskliknuo, -nula & usklikao, -kla (完) **usklikivati** -am (不完) 소리치다, 고함치다 (uzviknuti)

usko (副) 1. 좁게, 비좁게, 꽉 조이게; ~

skrojiti 꽉 조이게 재봉하다 2. (비유적) 밀접하게, 긴밀히, 은밀히 (prisno, intimno); 제한적으로 (ograničeno); ~ *sarađivati* 긴밀히 협력하다; ~ *gledati na problem* 문제를 제한적으로 바라보다

uskočiti *-im* (完) **uskakati** *-čem* (不完) 1. (~속으로) 점프하다, 뛰어내리다; ~ *u reku* 강으로 점프하다; ~ *unutra* 안으로 뛰어내리다 2. 개입하다, 끼어들다; ~ *u razgovor* 대화에 개입하다; ~ *u borbu* 전투에 개입하다 3. (다른 사람의 자리·위치에) 들어가다, 끼어들다, 대신하다; ~ *u vladu* 내각에 들어가다; ~ *u tim* 팀에 들어가다; *Petar je uskočio mesto njega u vodeću ulogu* 페타르는 그를 대신하여 주역할을 수행했다

uskočkī *-ā, -ō* (形) 우스콕(uskok)의

uskoća 협소(함), 비좁음, 좁음 (uskost)

uskogrud *-a, -o,* **uskogrudan** *-dna, -dno* (形) 1. 가슴이 좁은 2. (비유적) 마음이 좁은, 속이 좁은, 편협한; 협소한 시각의, 제한된 시각의

uskok (보통은 複數로) 1. (歷) 우스콕 (보통은 터키 점프후 보스니아에서 도망친 도망자로서, 16-17세기 터키와의 전투를 위해 오스트리아 지역과 베네치아 지역으로부터 점령지를 공격한 일종의 게릴라 부대원) 2. (비유적) 한 진영(그룹)에서 다른 진영(그룹)으로 옮겨간 사람 3. 점프, 건너감 (skok, prelaz; uskakanje)

uskomešati *-am* 1. 이리저리 움직이다, 불안하게 가다(움직이다) 2. 소란·소동·혼란을 야기시키다, 불안케 하다, 각성시키다; *vest o tome ubistvu uskomešala je seljake* 그러한 살해 소식은 농민들을 불안하게 했다 3. ~ se 급히 사방으로 가다 4. ~ se (비유적) 혼탁해지다, 탁해지다 5. ~ se 당황하여(신경질적으로) 행동하다, 당황해하다 6. ~ se 파도치다, 출렁이다 (uzburkati se, ustalasati se); *uskomeša se vodena masa* 물이 출렁인다

uskoriti *-im* (完) **uskoravati** *-am* (不完) 서두르다, 빠르게 하다, 재촉하다 (ubrzati, pospešiti, požuriti); *uskori korake i uđe u kuću* 발걸음을 재촉하여 집으로 들어간다; *pa valjalo bi i vaše venčanje uskoriti* 당신의 결혼식도 서두르는게 좋을 것 같아요; ~ *rešenje* 해결책을 서두르다

uskoro (副) 곧, 조만간에; ~ *posle toga* 그 후 곧; ~ *moramo krenuti* 곧 가야만 합니다

uskost (女) 협소(함), 좁음

uskotračan *-čna, -čno* (形) (철도의) 협궤(狹軌)의; ~ *čna pruga* 협궤 철로

uskovitlati *-am* (完) 1. 빨리(세차게) 빙빙 돌리기 시작하다, 세차게 선회시키다, 소용돌이치게 하다 (početi kovitlati); *vetar uskovitla prašinu* 바람이 먼지를 세게 소용돌이치게 했다 2. (비유적) (마음 등을) 뒤흔들다, 어지럽히다, 동요시키다 (uznemiriti, uzburkati); ~ *duhove* 영혼을 어지럽히다

uskratiti *-im;* **uskraćen** (完) **uskraćivati** *-ćujem* (不完) 1. (제공 등을) 중단하다(거절하다); *banka mu uskratila kredit* 은행은 그에게 융자금 제공을 거절했다; ~ *nekome hranu* 누구에게 음식 제공을 중단하다 2. 빼앗다, 박탈하다 (oduzeti); *niko tebi neće ono što je tvoje* ~ 아무도 너의 것을 빼앗지는 않을 것이다; ~ *nekome sva prava* 누구의 모든 권리를 박탈하다; ~ *nekome reč* 누구의 발언권을 빼앗다 3. 금지시키다, 제한하다 (zabraniti, ograničiti); *lekar mu uskratio piće* 의사는 그가 술마시는 것을 금지시켰다

uskrs 1. (宗) 부활절; **uskršnji** (形); ~*e jaje* 부활절 계란; ~ *kolač* 부활절 케이크 2. (비유적) 부활, 소생 (preporod)

uskrsavati *-am* (不完) 참조 uskrsnuti

uskrsenje 참조 uskrsnuće; 부활

uskrsnī *-ā, -ō* (形) 참조 uskrs; 부활절의

uskrsnuće 1. (그리스도의)부활 (vaskrsnuće) 2. 소생, 부활, 복구, 부흥 (oživljavanje, preporod, obnova)

uskrsnuti *-nem;* **uskrsnuo & uskrsao,** *-sla* (完) **uskrsavati** *-am* (不完) 1. 죽음에서 일일어나다, 소생하다, 부활하다, 되살아나다; ~ *iz praha i pepela* 잿더미에서 다시 되살아나다 2. 부활시키다, 되살리다; ~ *nekoga iz groba* 누구를 무덤에서 되살리다; ~ *iz mrtvih* 죽은 자 가운데서 부활시키다 3. (기억·추억 등이) 되살아나다, 또 다시 일어나다; *te ideje su uskrsle* 그러한 아이디어가 되살아났다

uskrsovati *-sujem* (完,不完) 부활절을 기념하다; 부활절을 보내다

uskršnjak 부활절 계란

usled (前置詞,+ G) ~ 때문에 (zbog); *sleteti s puta* ~ *magle* 안개 때문에 길옆으로 전복되다; ~ *toga* 그것 때문에

uslediti *-im* (完) (원인·환경 등을 나타내는) 뒤따라 발생하다(생기다, 일어나다)

uslišati *-am,* **uslišiti** *-im* (完) (기도·청원 등을) 듣다, 들어주다; (누구의 간청·청원 등을) 들어주다, 허락하다, 충족시켜 주다; *usliši ovu molitvu, o Bože!* 주여, 이 기도를 들어주소

U

서!; *molba mu je uslišana* 그의 청원은 충족되었다(해결되었다)

uslov 조건 (uvjet); *postaviti ~* 조건을 내걸다; *pod ~om da ~* ~라는 조건하에서; *teški ~i* 어려운 조건(환경); *~i za upis (novih studenata)* 신입생 입학 조건들

uslovan *-vna, -vno* (形) 1. 조건부의; *~vna pogodba* 조건부 합의; *pustiti na ~vni otpust* 가석방시키다; *~vni refleks* 조건반사; *~vna osuda* 집행유예 2. (文法) 조건을 나타내는; *~vna rečenica* 조건절

usloviti *-im; uslovljen* (完) **uslovljavati** *-am* (不完) 1. (~을) 야기하다, 초래하다 (prouzrokovati, izazvati); *ekonomsko povezivanje sa zaleđem uslovilo je napredak primorskih krajeva* 내륙지방과의 경제적 연결(협력)은 연안 지역의 발전을 가져왔다(야기했다); *~ rasulo* 혼란을 야기하다 2. 조건을 걸다, 조건을 붙이다, 제한하다, 한정하다; *pukovnik uslovi da kapetan neće povesti nikakvog putnika* 대령은 대위가 그 어떤 여행객도 데려오지 않는다는 조건을 붙였다; *~ potpisivanje ugovora* 계약 체결에 조건을 붙이다; *~ kaznu* 징벌에 조건을 붙이다; *~ ugovorom* 계약으로 제한하다 3. *~ se* 합의하다 (pogoditi se); *samo da se uslovimo* 합의만 합시다

uslovno (副) 조건부로, 조건하에; *pušten je ~ iz zatvora* 가석방되다, 조건부로 석방되다; *~ osuđen* 집행유예가 선고된; *~ potpisati* 조건부로 서명하다

usluga 1. 호의, 친절; 편의; *učiniti nekome ~u* 누구에게 호의를 베풀다; *~ za ~u* 호의에 대한 호의; *učiniti nekome medveđu ~u* 누구에게 호의를 베풀고자 했으나 해악을 끼치다 2. 서비스; *u ovom restoranu je dobra ~* 이 식당은 서비스가 좋다

uslužan *-žna, -žno* (形) 호의적인, 친절한, 배려하는, (기꺼이) 남을 돕는 (predusretljiv, susretljiv); *~ konobar* 친절한 웨이터; *~žna domaćica* 친절한 여주인; *~žne delatnosti* 서비스업

uslužiti *-im* (完) **usluživati** *-žujem* (不完) (가게 등에서) 손님의 주문을 받다, 구매를 돕다; (식당 등에서) 식사 시중을 들다, 식음료 등을 제공하다; (손님) 접대를 하다; 서비스를 제공하다; *~ gosta* 손님 접대를 하다; *~ kupca* 구매자의 구매를 돕다; *čime vas mogu ~?* 어떻게 도와드릴까요?, 뭘 드시겠어요?; *bićete odmah usluženi* 즉시 서비스해 드리겠습니다

usmeliti se *-im se* (完) 용기를 얻다, 용감해지다 (osmeliti se); *više se ne plaši, usmelio se* 그는 더 이상 두려워하지 않아, 용감해졌어

usmen *-a, -o* (形) (보통은 한정형으로) 구두(口頭)의, 구술의; *~i sporazum* 구두 합의; *~i nalozi* 구두 명령; *~a književnost* 구전 문학; *~i ispit* 구술 시험

usmeriti *-im* (完) **usmeravati** *-am* (不完) 1. (일정한 방향·쪽으로) 향하다, 돌리다; (일정한 목표를) 지향하다, 겨냥하다; *~ aktivnost* ~쪽을 향해 활동하다, 활동을 ~쪽으로 맞추다; *~ korake* ~쪽을 향해 걷다 2. *~ se* 집중하다 (usredsrediti se, skoncentrisati se); *sva pažnja se bila usmerila na pozornicu* 모든 관심은 무대로 집중되었다

usmina 1. (解) (피부의) 진피층 2. (植) 꽃받침 (čašica) 3. (解) 질(膣) (vagina) 4. 목(부츠의 발목 위로 올라오는) (sara)

usmoliti *-im* (完) 송진(smola)으로 바르다; 송진으로 더럽히다

usmrćenje (동사파생 명사) usmrtiti; 살해, 살인 (ubistvo)

usmrćivati *-ćujem* (不完) 참조 usmrtiti

usmrdeti *-im* (完) **usmrđivati** *-đujem* (不完) 1. 악취가 나게 하다, 악취를 풍기게 하다, 나쁜 냄새가 나게 하다; *~ sobu* 방에서 나쁜 냄새가 나게 하다 2. *~ se* 악취가 나다, 악취를 풍기다 3. *~ se* 방귀를 뀌다 (upuvati se)

usmrtiti *-im; usmrćen* (完) **usmrćivati** *-ćujem* (不完) 1. 죽이다, 살해하다, 생명을 빼앗다 (ubiti) 2. *~ se* 죽다, 살해되다

usna *usānā* 입술; *gornja (donja) ~* 윗(아랫)입술; *zečija ~* 불완전구순열 **usneni** (形); *~ suglasnik* 순음(脣音), 입술소리

usnat *-a, -o* (形) 입술이 두꺼운, 두꺼운 입술을 가진

usnatice (女,複) (植) 꿀풀과(科)

usnenī *-ā, -ō* (形) 참조 usna; 입술의

usnenozubnī *-ā, -ō* (形) (言) 순치음의(v,f 등의)

usnī *-ā, -ō* (形) 참조 usta; 입의; *~a duplja* 구강(口腔)

usnica 참조 usna

usniti *-im* (完) 1. 꿈꾸다, 꿈을 꾸다 (sanjati); *ali sam ružno noćas usnila* 어제 저녁 나쁜 꿈을 꿨다 2. 잠들다 (usnuti) 3. *~ se* (kome, šta) 꿈속에 나타나다 (pričiniti se)

usnopiti *-im; usnopljen* (完) **usnopljavati** *-am* (不完) 쌓아 단(snop)으로 묶다

usnuti *-nem* (完) 잠들다, 잠에 푹 빠지다, 잠자기 시작하다 (zaspati)

usoliti -im; usoljen (完) usoljavati -am (不完) 염장(鹽藏)하다 (고기 등의 부패를 방지하기 위해); ~ meso 고기를 염장하다; usoljena haringa 염장 청어; leti treba usoljeni sir dva-tri puta izaprati vodom 여름에는 염장된 치즈를 두 세 번 물로 행궈야 한다

usov 1. (눈·산)사태 (lavina) 2. (비유적) (막을 수 없을 정도로 쏟아지는) 더미, 무더기 (gomila, masa); slutio je ~ bombi koji je padao 우박처럼 쏟아지는 폭탄 세례를 예감했었다

uspaliti -im; uspaljen (完) uspaljivati -ljujem (不完) 1. (보통 섹스·이성 등에 대해) 불지르다, 흥분시키다, 들뜨게 하다 2. (술이) 취하게 하다; uspalila ga je rakija pa se raspevao kroz ulicu 그는 술에 취해 온 거리를 노래하고 다녔다 3. 태우다 (upaliti, zapaliti) 4. ~ se (~에) 불타다, 흥분하다, 들뜨다; ~ se za nešto ~에 흥분하다; govorio je kao đak uspaljen onim što je čitao 그는 읽은 것에 대해 매우 들뜬 아이처럼 이야기했다; nije se više moglo s njima razgovarati, tako su se uspalili 더 이상 그들과 이야기할 수 없을 정도로 그들은 들떠 있었다 5. 기타; uspalio se kao neslan sir 과도하게 들떠있었다

uspaničiti -im (完) 1. 패닉(panika)에 사로잡히게 하다, 극심한 공포로 떨게 하다; koliko prekjuče sve nas je uspaničila vest da nema gasa 가스가 없다는 소식이 어제 우리를 얼마나 패닉 상태로 몰고 갔는지 모른다 2. ~ se 패닉 상태가 되다, 극심한 공포심에 사로잡히다; svi su se uspaničili misleći da je Napoleon pred vratima Londona 모든 사람들은 나폴레옹이 런던 바로 앞까지 진격했다고 생각하면서 패닉 상태에 빠졌다

uspavan -a, -o (形) 1. 참조 uspavati; 졸리운 2. (비유적) (힘·능력 등이) 잠재적인, 숨겨진 (pritajen, sakriven, latentan); ~a savest 도덕심 실종; ~i pupoljci (植) 오랫동안 피어나지 않고 그대로 있는 싹(눈·꽃봉우리)

uspavanka 자장가

uspavati -am (完) uspavljivati -ljujem (不完) 1. 잠재우다, 잠자게 하다; ~ dete pevanjem 노래를 불러 아이를 잠재우다 2. (비유적) (통증을) 완화시키다, 누그러뜨리다 (umiriti, smanjiti) 3. 비활성화시키다, 약하게 하다; ~ oprez 조심성을 잃게 하다; ~ svoju savest 양심의 가책을 못느끼게 하다 4. ~ se 잠들다 5. ~ se 늦잠자다 6. ~ se 조용히 살다

(종종 무기력하게); sav se predao mirnom porodičnom životu u jednoj uspavanoj palanci 한 조용하고 평온한 소읍지에서 평화로운 가정적인 삶에 충실하였다

uspavljiv -a, -o (形) 1. 졸리게 하는; ~a tišina 졸리게 할 정도의 고요함 2. (醫) 마취의, 마취성의 (anestetičan) ~o sredstvo 마취제

uspavljivati -ljujem (不完) 참조 uspavati

uspavljujući -ā, -ē (形) 참조 uspavljiv; 졸리게 하는; ~a muzika 졸리게 하는 음악

uspeh 1. 성공; 성과; imati ~a u poslu 일에서 좋은 성과를 거두다; želim ti ~ (~a)! 성공하길 바란다, 좋은 성과가 있기를 바란다! 2. (학교에서 학생의) 성적

Uspenije (보통은 ~ Bogorodice의 숙어 형태로) 성모승천 (성모 마리아가 사망한 8월 28일을 추모하는)

uspeo -ela, -elo (形) 1. 참조 uspeti 2. 성공한, 성공적인; 훌륭한, 좋은; ~ čovek 성공한 사람; putovanje je bilo ~elo 여행은 성공적이었다; njihova turnjeja je bila vrlo ~ela 그들의 순회공연은 매우 성공적이었다; on je objavio ~elu studiju o Balzaku 그는 발작에 관한 훌륭한 논문을 발표했다

uspešan -šna, -šno (形) 성공한, 성공적인; putovanje je bilo ~šno 여행은 성공적이었다; ~šno izvršenje zadataka 성공적 임무 수행

uspeti -em (完) uspevati -am (不完) 성공하다; on je odlično uspeo 그는 아주 성공했다; plan vam je uspeo 당신의 계획은 성공적이었다; on je uspeo da uhvati voz 그는 기차를 잡을 수 있었다(탈 수 있었다); sve mu uspeva 그는 모든 것에 성공적이다

uspeti uspnem (完) uspinjati -njem (不完) 1. 위로 올리다 2. ~ se 위로 오르다; jedva sam se uspeo uz stepenice 겨우 계단을 올라갔다 3. ~ se (비유적) (어떠한 지위·직위에) 오르다

uspevati -am (不完) 참조 uspeti

uspijati -am (不完) (교태·애교를 부릴 목적으로) 입술을 오므리다, 입을 뾰루퉁한 모습으로 하다 (koketovati); ~ usnama (usta) 입을 발쪽거리다, 입을 오므리다

uspijuša 입을 자주 발쪽거리는 여자

uspinjača 1. 강삭(鋼索) 철도, 케이블카 (žičara) 2. 승강기(사람이나 화물 등을 실어 나르는) 3. (일반적으로) 들어올리는 장치 (dizalica)

uspinjati se -njem se (不完) 참조 uspeti se; (위로) 오르다

uspitati *-am* (完,不完) (주로 제 2 미래시제적 의미로) 묻다 ((za)pitati); *kad ga upita, on će odgovarati* 그에게 묻는다면 그는 대답할 것이다

usplahireno (副) 당황하여, 들떠서; 겁먹어 (uzbuđeno, uznemireno; uplašeno); *hodao je* ~ 매우 당황해하며 걸어갔다

usplahiriti *-im* (完) 1. 매우 당황케하다, 흥분케하다, 허둥거리게 하다; 매우 놀라게 하다, 겁먹게 하다, 무서워하게 하다; *sve te pripreme za njen dolazak ... usplahiriše moj duh* 그녀의 도착을 준비하는 모든 것이 나를 허둥대게 했다 2. ~ se 매우 당황하다, 흥분하다, 두려워하다, 허둥대다

usplamteti *-im* (完) 1. (불이) 활활타다, 활활타기 시작하다 (planuti, buknuti) 2. (비유적) (흥분·분노 등이) 확 올라오다, 터지다, 치솟다; ~ *od besa* 분노가 치솟다 3. (얼굴이) 확 달아오르다, 벌겋게 되다; (눈길이) 불타오르다, 번쩍이다; *lice mu usplamti gnjevom* 그의 얼굴은 분노로 빨갛게 달아올랐다 4. ~ se 활활 타오르다

uspljuskati se *-am se* (完) (물이) 출렁이기 시작하다, (물이) 파도를 치다; *voda se uspljuska* 물이 출렁이기 시작한다

uspokojiti *-im* (完) uspokojavati *-am* (不完) 1. 진정시키다, 누그러뜨리다 (umiriti, smiriti) 2. ~ se 진정되다, 누그러지다

uspomena 1. 기억, 추억; ~*e na rodno selo* 고향 마을에 대한 추억; *blede* ~*e* 희미한 추억 2. 기념품, 추억물

uspon 1. 오르막, 오르막 길 2. (위로) 오르기, 올라가기 3. 발전; 성공, 출세; *privredni* ~ 경제 호황; ~ *i raspad jednog naroda* 한 민족의 흥망성쇠 4. (목소리 등의) 올라감, 올리기

usporavati *-am* (不完) 참조 usporiti
usporedan *-dna, -dno* (形) 참조 uporedan
usporedba 참조 uporedba
usporediti *-im* (完) 참조 uporediti
usporedo 참조 uporedo
uspoređivati *-đujem* (不完) 참조 usporediti
usporen *-a, -o* (形) 1. 참조 usporiti 2. 느린, 느려진; ~*im hodom* 느려진 발걸음으로; ~ *puls* 약해진 맥박; *na* ~*om filmu* 슬로모션에서

usporiti *-im* (完) usporavati *-am* (不完) 느리게 하다, 천천히 하다, 속도를 낮추다(줄이다); ~ *auto* 자동차의 속도를 낮추다

uspostava (이전 상태로의) 회복, 복구; (새로운 상태의) 수립, 확립, 설립

uspostaviti *-im* (完) uspostavljati *-am* (不完) 1. (이전 상태·이전 질서 등으로) 회복시키다, 복구시키다; ~ *mir (red)* 평화(질서)를 회복하다 2. (관계 등을) 수립하다, 확립하다, 맺다; (회사 등을) 설립하다, 창립하다; (제도·질서 등을) 확립하다 (ostvariti, stvoriti, napraviti); *umeo je ... da brzo uspostavi kontakt sa ljudima* 쉽게 사람들과 관계를 맺을 수 있었다; ~ *vezu* 관계를 맺다 3. 깨닫다, 알아내다 (ustanoviti, saznati); *iz razgovora s predstavnikom uspostavilo se da je proizvodnja u punom toku* 대표단과의 대화에서 생산이 최대로 되고 있음을 알 수 있었다

uspravan *-vna, -vno* (形) 1. 반듯한, 꼿꼿한, 수직의; *stojati (držati se)* ~*vno* 반듯하게 서다; ~*vno* 세로로, 수직으로 2. (비유적) 자랑스런, 기품있는 (ponosit, dostojanstven)

uspraviti *-im; uspravljen* (完) uspravljati *-am* (不完) 1. 반듯이 세우다, 반듯이 하다, 곧게 하다; ~ *ruku (glavu)* 손을 들다 (고개를 치켜 세우다) 2. (비유적) 자부심(자긍심)을 일깨우다 3. ~ se 똑바로 서다 4. ~ se (비유적) 형편이 좋아지다(보통 경제적·물질적으로)

uspravno (副) 1. 똑바로, 곧게, 수직으로 (pravo, vertikalno, okomito) 2. (비유적) 자랑스럽게 (ponosito, dostojanstveno)

uspreći, uspregnuti *-nem* (完) 1. 뒤로 물러서다, 후퇴하다 (uzmaći); *ništa Turci uspregnuti neće* 터키인들은 전혀 물러서려 하지 않았다 2. 중단시키다, 억제하다, 제어하다 (zaustaviti, uzdržati, savladati); *deca smeh ... ne mogoše uspregnuti* 아이들은 웃음을 멈출 수 없었다 3. ~ se 멈추다, 중단하다, 억제하다; *on se uspregne od rada* 그는 일을 멈추고 있다

uspremiti *-im* (完) uspremati *-am* (不完) (집·책상 등을) 정리정돈하다, 정리하다, 정돈하다

usprkos 참조 uprkos

usprotiviti se *-im se* (完) 반대하다; *on se nije usprotivio, nije rekao da se ne slaže* 그는 반대하지지 찬성하지도 않았다

usput (副) 가는 도중에; (~하는) 도중에, 하는 김에; ~ *ću ti pričati* 가는 도중에 너에게 말해줄께; *raditi što* ~ 하는 김에 무엇을 하다

usputan *-tna, -tno* (形) 길 옆에 있는, ~하는 도중에 발생하는; 부수적인, 부차적인, 중요치 않은, 덜 중요한; *danju se krio po* ~*tnim seljačkim kućama* 낮에는 길옆 농가에 숨어 있었다; *nije želeo nikakav susret, ni one kratke* ~*tne razgovore* 그는 그 어떤 만남도 짧은 지나가는 대화도 원치 않았다

uspuzati se *–žem se* (不完) 기어오르다; ~ *uz liticu* 절벽을 기어오르다

usrdan *-dna, -dno* (形) 1. 진심어린, 성심성의의, 따뜻한; 호의적인, 애정 어린, 진실한 (srdačan, iskren, topao, ljubazan) 2. (廢) 열심인, 부지런한 (vredan, revnostan)

usrećavati *-am* (不完) 참조usrećiti

usrećilac *-ioca*, **usrećitelj** 행복하게 해주는 사람, 행복을 가져오는 사람

usrećiti *-im* (完) usrećavati *-am*, usrećivati *-ćujem* (不完) 1. 행복하게 하다; *sve što sam radila ... bilo je da usrećim i utešim svoju majku* 내가 한 그 모든 것은 내 어머니를 행복하게 하고 위로해 드리려는 것이었다 2. ~ *se* 행복해지다

usred (前置詞,+ G) ~의 한 가운데에 장소와 시간을 나타냄); ~ *grada* 시내 한복판에, ~ *razgovora* 대화 중간에; ~ *zime* 한 겨울에

usredotočiti *-im* (完) usredotočavati *-am*, usredotočivati *-čujem* (不完) 참조 usredsrediti; 집중하다

usredsrediti *-im*; *usredsređen* (完) usredsređivati *-đujem* (不完) 1. 집중시키다 (모든 관심·생각·활동 등을); ~ *pažnju na nešto* 무엇에 관심을 집중시키다 2. ~ *se* 집중하다

usrknuti *-nem* (完) usrkati *usrčem* (不完) 1. 쩝쩝(후루룩) 소리를 내며 먹다(마시다) 2. 들여마시다 (액체·공기·연기 등을)

usrnuti *-nem* (完) usrtati *-čem* (不完) 갑자기 들이닥치다(종종 완력으로); (비유적) 공격하다, 습격하다 (nasrnuti)

usta *-ā* (中,複) 1. (解) 입; (동물의) 주둥이; *napuniti ~ hranom* 입에 음식을 가득 넣다; *zatvoriti ~ ubrusom* 수건으로 입을 틀어막다; *velika ~* 큰 입 2. (비유적) (먹여살려야 하는 가족의 일원인) 사람, 식구; (일반적으로) 사람; *hraniti četvora ~* 네 명의 사람을 먹여살리다; *mrtva ~* 죽은 사람 3. (비유적) 개구(開口); 입구; ~ *cevi* 관의 개구; ~ *pećine* 동굴 입구 4. 기타; *zavezati ~* 입을 봉하다, 침묵하다; *zapušiti (začepiti) ~ kome* 누구의 입을 봉하다, 침묵시키다; *zla (pogani) ~ (imati)* 더러운 입(을 가지다), 상스러운 말(저주의 말)을 하다; *zlatna ~ imati* 말을 잘하다; *iz tvojih ~ u božje uši* 제발 그렇게 되기만을!; *ispirati ~ kim* 비방하다, 중상하다; *još mu kaplje mleko iz ~* 구상유취 (口尙乳臭)한; *kroz čija ~ govoriti (iznositi što)* 남의 입을 빌려 대신 말하다; *mete mi se po ~ima* 기억은 나지 않지만 입

에서 뱅뱅돈다; *iz pasja ~ izgrditi* 심히 나무라다, 욕설하다; *na pola ~ (govoriti)* 쭈빗거리면서 작은 목소리로 (말하다); *na sva ~ (govoriti)* 공개적으로 (말하다); *ne (is)puštati iz ~* 자주 언급하다; *ne otvarati ~* 입을 벙긋도 하지 않다, 말을 하지 않다; *ne silazi mu s ~* 항시 그것에 대해 말하다; *od svojih ~ odvajati (otkidati)* 풍족하지 않은 것도 이타적으로 주다; *od ~ do ~ (ići, širiti se)* 입에서 입으로 전해지다; *otvoriti ~ kome* 누구의 입을 열다, 말하도록 강요하다; *oteo (uzeo) mi je s (iz) ~ (reč)* 바로 그것을 말하고 싶었다, 내 말을 가로채갔다; *oteti (otimati) zalogaj iz ~ (kome)* 생계수단을 빼앗아가다; *puna su mu ~ (koga, čega)* 항상 (누구에게, 무엇에) 고마워 하다; *razvaliti ~* 시끄럽게 하다; *razvezati ~* 말하기 시작하다; *skočiti (skakati) sam sebi u ~* 자기자신에 반하는 일을 하다 (보통은 무의식적으로); *(u)baciti u ~* 입에 쳐넣다, 먹다; *uzeti (uzimati) u ~* 1)먹다 2)언급하다; ~ *ima, jezik nema* 침묵하다, 말을 하지 않다; *što mu na ~ dođe* 말을 가리지 않고 생각나는 대로 말하다; *ide mu voda na ~* 그의 입에 군침이 돌다; *usni* (形); *~a duplja* 구강 (口腔)

ustajan *-a, -o* (形) 참조 ustajao

ustajanje (동사파생 명사) ustajati; (잠자리에서) 일어남; (軍) 기상

ustajao *-ala, -alo* (形) 1. (오래되어) 신선하지 않은, 상한, 진부한; *~alo jelo* (오래되어) 상한 음식; *~ala voda* 썩은 물; ~ *vazduh* 신선하지 않은 공기 2. (보통 과일이 숙성되어) 맛이 좋아진, 맛이 좋은; 숙성된; *~ala kruška* 숙성되어 맛이 좋아진 배; *~ala mušmula* 숙성되어 맛이 좋은 서양모과 3. (비유적) (지적·문화적으로) 발전하지 못하고 제자리인; *~ala sredina* 발전이 멈춰버린 환경; *~ala društvo* 발전이 멈춘 사회

ustajati *-jem* (不完) 참조 ustati

ustajati se *ustoji se* (完) 1. (오래되어) 상하다, 신선함을 잃다, 썩다; *svuda su se kraj kuća ustajale vode, blato do kolena* 집 주변 곳곳에 물이 썩고 진흙이 무릎까지 덮였다 2. (과일이 숙성되어) 맛있어지다, 숙성되다; *ima mnogo kruška i jabuka koje se ne mogu jesti dok se ne ustoje* 숙성될 때 까지 먹을 수 없는 배와 사과들이 많다

ustakliti *-im* (完) 1. 유리(staklo)를 끼우다(씌우다) (zastakliti); ~ *prozore* 창문에 유리를 끼우다; ~ *hodnik* 복도에 유리를 하다 2. (비

유적) (보통은 očima라는 보어와 함께) 응시하다, 빤히 바라보다(쳐다보다) 3. ~ se 유리처럼 반짝이다(빛나다)

ustalac *-aoca; -ācā* 1. 부지런한 사람, 열심인 사람 (pregalac) 2. 아침 일찍 일어나는 사람 (ranoranilac)

ustalasati *-am* (完) 1. 파도(talas)치게 하다, 출렁이게 하다, 일렁이게 하다 (물·곡식 등이); *bura je ustalasala more* 폭풍이 바다를 출렁이게 했다 2. (비유적) (민중·사회를) 출렁이게 하다, 소란·소동을 일으키다; 각성시키다; *nije predviđao da će pitanje unutrašnje politike ovoliko ~ narod* 국내정치문제가 이렇게 민심을 뒤흔들 줄 예상하지 못했다 3. ~ se 파도치다, 물결치다 4. ~ se 소란·소동이 일다 5. 확산되다, (물결·파도처럼) 전달되다 (raširiti se); *ustalasao se šapat* 속삭임이 확산되었다 6. (비유적) 당황하다, 혼란스러워하다 (uznemiriti se, uskomešati se); *masa se ustalasala* 군중은 흔들렸다

ustaliti *-im; ustaljen* (完) **ustaljivati** *-ljujem* (不完) 1. 안정시키다; 상시화시키다, 일상화시키다 (uobičajiti); *trgovci će imati ... posla dok ne ustale osnovne odnose u poslovanju* 상인들은 상거래에서 기본적인 관계가 안정되지 않는 한 할 일이 있을 것이다; ~ *način rada* 업무 방법을 표준화시키다 2. ~ se 안정되다, 굳건해지다; 일상화되다, 상시화되다; *vlast se ustalila* 권력이 안정화되었다 3. ~ se 변하지 않고 일정해지다, 안정되다; *vreme se ustalilo* 날씨가 변하지 않고 안정되었다 4. ~ se (기억·생각 등에) 오랫동안 남다; *slike užasa mu se ustališe pred očima* 끔찍한 장면이 항상 눈앞에 선했다 5. ~ se (소식·사상 등이) 확산되다, 퍼지다 (raširiti se) 6. ~ se 같은 장소(곳)에 오랫동안 그대로 남다(머무르다); *zapao sneg i dobro se ustalio* 눈이 내리고 그대로 오랫동안 (녹지 않고) 그대로 있었다

ustaljen *-a, -o* (形) 1. 참조 ustaliti 2. 안정된, 안정적인; 일상화된, 상시화된; ~ *čovek* 안정적인 (사회적·경제적 위치를 차지한) 사람; ~*a navika* 일상화된 습관; ~*o mišljene* 일상화된 생각; ~*a metoda* 표준화된 방법

ustanak *-anka* 1. (민중들의) 무장 봉기, 난 (亂), 반란; 궐기; *narodni ~* 민중 봉기; *opšti ~* 총궐기; *oružani ~* 무장 봉기; *podići ~* 봉기를 일으키다; *dići se na ~* 봉기가 일어나다 2. (침대에서) 일어남, 기상

ustanca (中,複) (지소체) usta

ustanik 봉기(ustanak) 가담자; 봉기자, 반란자 (pobunjenik) **ustanički** (形)

ustanova 1. 기관(보통은 국가 기관의); 기관의 청사; *prosvetna ~* 교육 기관; *naučna ~* 학술 기관; *zdravstvena ~* 보건 기관; *vojna ~* 군 기관; *dobrotvorna ~* 자선 단체 2. 규정, 조항 (odredba, uredba, propis) 3. 설립, 수립, 창립

ustanovitelj, ustanovilac *-ioca* 설립자, 창립자, 수립자 (osnovač)

ustanoviti *-im; ustanovljen* (完) **ustanovljivati** *-ljujem* (不完) 1. 설립하다, 수립하다, 창립하다, 설치하다 (osnovati); ~ *odbor (normu, komisiju)* 위원회(규정, 위원회)를 만들다(도입하다, 설치하다) 2. (사실관계 등을) 확인하다, 규명하다, 밝히다, 알아내다 (utvrditi, dokazati, otkriti); *sud je ustanovio da ...* 법원은 ~라는 사실을 밝혀냈다; ~ *granice* 국경선을 확실히 하다(확인하다); ~ *kvar* 고장을 알아내다

ustanovljenje (동사파생 명사) ustanoviti

ustaša (男) (歷) 우스타샤 (안테 파벨리치가 설립한 파시스트 테러 단체의 회원으로 2차 세계대전 동안 NDH 정권에 적극 협력한 사람들) **ustaški** (形)

ustašca (中,複) (지소체) usta

ustati *ustanem; ustani & ustaj* (完) 1. 서다, 일어나다 (앉아 있거나 누워있는 상태에서); (잠에서) 일어나다; ~ *iz postelje* 침대에서 일어나다; ~ *sa sedišta* 좌석에서 일어나다; *ustajem rano* 나는 아침 일찍 일어난다; *još nije ustao* 아직 일어나지 않았다 2. (병상에서) 일어나다, 건강을 회복하다 (ozdraviti); *teško je bolestan ... bojim se ... neće ~* 그는 중병을 앓고 있는데 ... 나는 그가 일어서지 못할까봐 두렵다 3. (宗) 부활하다; *on ustade iz mrtvih* 그는 죽은 자 가운데서 살아났다 4. 봉기(반란)을 일으키다; ~ *na (protiv) nekoga* 누구에 대항하여 봉기를 일으키다 5. 반대하다, 항의하다; *niko nije tako otvoreno ustao protiv namesničkoga predloga* 그렇게 공개적으로 섭정자의 제안에 반대한 사람은 아무도 없었다 6. (보어 oko koga, čega와 함께) 노력하다, 돌보다 7. 시작하다, 발생하다, 일어나다 8. (강물이) 불다 9. 기타; *ustala je kuka i motika* 모두가 무기를 들고 일어났다

ustav (法) 헌법; *dati (oboriti) ~* 헌법을 제정하다(폐기하다); *na osnovu ~a* 헌법에 기초하여; *povreda ~a* 위헌; *dovesti zakon u sklad sa ~om* 헌법에 맞게 법률을 정비하다

(제정하다); *u saglasnosti sa ~om* 헌법에 맞게; *u suprotnosti sa ~om* 헌법에 반하여; *proglasiti ~* 헌법을 선포하다; ustavni (形); *~o pravo* 헌법; *~ sud* 헌법재판소; *~a monarhija* 입헌군주제

ustava 1. (운하·강 등의) 수문, 갑문 2. (비유적) 장애물; 방해, 저해 (prepreka, smetnja)

ustaviti *-im* (完) ustavljati *-am* (不完) 멈추게 하다, 중단시키다 (zaustaviti)

ustavnī *-ā, -ō* (形) 헌법(ustav)의; *~o pravo* 헌법적 권리

ustavnost (女) 합헌성

ustavobranitelji (男,複) 헌법수호자들(밀로쉬 대공 시절, 1838년 헌법을 지지하고 수호하려한 야당인 헌법수호당원들)

ustavotvorac 헌법제정자

ustavotvornī *-ā, -ō* (形) 헌법 제정의; *~a skupština* 제헌의회

ustegnuti *-nem*; ustegnuo, *-ula* & ustegao, *-gla*; ustegnuvši & ustegavši (完) ustezati *-žem* (不完) 1. (고삐를) 조이다; (뒤로) 잡아당기다 2. 빼앗다, 몰수하다, 박탈하다 (oduzeti, uskratiti, lišiti) 3. 제어하다, 제압하다, 극복하다 (savladati, uzdržati se) 4. (옷을) 단정히 하다, 옷매무새를 다듬다 5. ~ se 뒤로 물러나다, 뒤로 빼다 6. ~ se 주저하다, 망설이다, 자제하다; 어색해 하다 (uzdržati se, savladati se); *on se usteže da puši pred ocem* 그는 아버지 앞에서 담배 피우는 것을 주저한다; *ona se usteže od majke* 그녀는 어머니를 어색해한다; *ona se ni pred kim ne usteže* 그녀는 누구앞이라도 쫄지 않는다

ustezanje (동사파생 명사) ustezati; 주저(함), 망설임, 거리낌; *bez ~a* 주저하지 않고

ustezati *-žem* (不完) 참조 ustegnuti

usto (=uz to)

ustojati se *-jim se* (完) ustajati se

ustoličenje (동사파생 명사) ustoličiti; (권좌·주교직 등에의) 등극, 옹립; (고위직) 승진

ustoličiti *-im* (完) ustoličavati *-am*, ustoličivati *-čujem* (不完) 1. (권좌·주교직 등에) 앉히다, (왕좌에) 앉히다, 옹립하다, 등극시키다, (고위직에) 승진시키다; *~ kralja* 왕을 등극시키다 2. 확고하게 하다, 견고하게 하다, 뿌리를 내리게 하다 (usaditi, učvrstiti); *~ svest o nečemu (kod nekoga)* ~에 대한 의식을 확고히 하다 3. ~ se 확고해지다, 뿌리를 내리다; *u Egleskoj ... kapitalizam se ustoličio* 영국에서 ... 자본주의는 확고히 뿌리를 내렸다

ustopce, ustopice (副) 한 걸음 뒤에서 따르면서, ~의 바로 뒤에서; *pratiti ~* 바로 뒤따르다

ustostručiti *-im* (完) ustostručavati *-am* (不完) 1. 백배로 증대시키다(크게 하다, 강하게 하다) 2. ~ se 백배로 증대되다(커지다, 강해지다)

ustožiti *-im* (完) (건초를) 더미(stog)로 쌓다, 쌓아올리다

ustrajan *-jna, -jno* (形) 끈질긴, 집요한, 악착 같은 (istrajan, uporan)

ustrajati *-jem* (完) 1. 끈질기게 ~하다, 악착같이 ~하다, 굴하지 않고 ~하다, 끝까지 ~하다 (istrajati); *~ do pobede* 승리할 때 까지 끈질기게 하다; *~ u nastojanjima* 끈질기게 노력하다 2. 지속되다, 계속되다 (održati se, potrajati); *njihova ljubav ustraje* 그들의 사랑은 지속되었다

ustrajnost (女) 1. 지속됨, 계속됨; 끈질김 (istrajnost) 2. (物) 관성 (inercija)

ustrašiti *-im* (完) 1. 공포심(strah)을 불어넣다, 두려움에 사로잡히게 하다, 무섭게 하다 (uplašiti) 2. ~ se 두려워하다, 무서워하다

ustraviti *-im* (完) 1. 공포심을 불어넣다, 두렵게 하다, 무섭게 하다 (uplašiti, zastrašiti) 2. ~ se 두려워하다, 무서워하다

ustražiti *-im* (完) 1. 요구하다, 요청하다, 청하다 (zatražiti, zamoliti) 2. 찾다 (koga, što) (potražiti); *ako me ko ustraži, neka očeka* 누군가 날 찾는다면 기다리라고 해라

ustrčati *-im* (完) ustrčavati *-am* (不完) 1. 뛰어 올라가다; *~ uz stepenice* 계단을 뛰어 오르다 2. ~ se 혼란스럽게(당황하여) 이리저리 왔다갔다 하다 3. ~ se 분주히 움직이다, 바쁘게 일하다; *kad su čuli da ide inspektor, svi su se ustrčali* 감독관이 갔다는 소리를 들었을 때 모든 사람들은 부산하게 움직였다

ustrći ustrgnem (完) 참조 ustrgnuti

ustrebati *-am* (제 2미래시제 의미로) 필요하다 (trebati, zatrebati); *bio je siguran da bi našao nameštenje u kakvom hotelu ako bi ustrebalo* 만약 필요하다면 어느 호텔에서든지 일자리를 찾을 수 있다고 확신하였다

ustreliti *-im*; ustreljen (完) 1. 화살(strela)을 쏘아 맞추다, 화살을 쏘아 죽이다; 총을 쏘아 죽이다, 총살시키다; *utvrđeno je kako su ta četiri čoveka ustreljena s leđa* 그 네명의 사람이 어떻게 등뒤에서 총을 맞아 사망했는지 확인되었다 2. (비유적) (보통 심장마비가) 일어나다, 죽이다 3. ~ se (권총 등 화기로) 자살하다

ustremiti *-im*; ustremljen (完) 1. (시선·눈길·

U

공격 등을) ~로 향하다, 겨냥하다 2. ~ se
(na koga, na što, nekud, prema kome) 달려
들다, 돌진하다; ~ *se na protivnika* 적을 향
해 돌진하다 3. ~ se (*čime*) 향하다; ~ *se*
očima na koga 누구에게 눈길을 향하다 4.
~ *se* 똑바로 서다, 반듯이 서다 5. ~ se (비
유적) 몰두하다, 열과 성을 다하다, 열심이다
ustreptati *-ćem* (完) 떨다, 전율하다
(zatreperiti, uzdrhtati, zadrhtati)

ustrgnuti *-nem*; *ustrgnuo, -nula & ustrgao, -*
gla (完) (풀 등을) 뜯다, (꽃 등을) 꺾다
(otkinuti); ~ *ružu* 장미를 꺾어 따다

ustrižak *-ška*; *-šci* 1. (양털을 깎을 때 떨어져
나오는) 양털 조각; (천 등의) 조각; *pred*
njom je kutijica puna ~a 그녀 앞에는 양털
조각으로 가득한 조그마한 상자가 있다 2.
조각 (komadić, delić); *neznatne ustriške*
vremena 사소한 조각 시간

ustroj 구성, 구조, 조직 (sastav, struktura,
konstitucija)

ustrojiti *-jim* (完) **ustrojavati** *-am* (不完) 1. 창
립하다, 설립하다, 조직하다 (osnoviti,
ustanoviti, organizovati); ~ *stranku* 당(黨)
을 만들다, 창당하다 2. 줄(stroj) 세우다
(postrojiti); ~ *vojnike* 병사들을 줄 세우다

ustrojstvo 1. 창립, 설립, 수립 (osnivanje); ~
stranke 당의 창립; *knez je izdao ukaz o*
~u Državnog saveta 대공은 국가평의회 설
립에 대한 칙령을 내렸다 2. 조직화, 체계화
(uređenje, organizacija) 3. 구조, 구성, 조
직, 체계 (sastav, struktura, konstitucija);
takvo joj je telesno ~ 그녀의 신체 구조는
그러했다

ustrpeti se 참다, 견뎌내다, 인내하다
(pritrpeti se, strpeti se; uzdržati se)

ustručavanje (동사파생 명사) ustručavati se;
주저함, 망설임; *bez ~a* 주저없이, 망설이지
않고

ustručavati se *-am se* (不完) 주저하다, 망설
이다 (ustezati se, snebivati se)

ustuk 1. 예외, 일탈; 후퇴 (odstupanje) 2. 해
독제; (비유적) (나쁜 영향 등에 대한) 해결책,
해소 방안 3. (감탄사 용법으로) 뒤로, 후퇴!
(nazad, natrag) 4. (迷信) 주문 (점을 보거나
치료 주술을 할 때 중얼거리는)

ustuknuti *-nem*; *ustuknuo, -nula*; *ustukao, -*
kla (完) 1. 뒷걸음질치다, 물러나다, 후퇴하
다; *Olga ustuknu pola koraka natrag* 올가
는 반걸음 뒤로 물러난다; ~ *od straha* 두려
움에 한 발 물러나다 2. (입장·태도 등을) 누
그러뜨리다, 타협적이 되다; 유연한 태도를

취하다 (popustiti); *kad je pritisak građana*
postao prejak, vlada je ustuknula 민중들의
압력이 아주 거세졌을 때, 정부는 타협적이
되었다; ~ *pred teškoćama* 난관 앞에 굴복
하다 3. (느낌·감정 등을) 억누르다, 제어하
다, 통제하다; *pred ocem … ustukne svoja*
osećanja 아버지 앞에서 … 자신의 감정을
억누른다 4. (koga) (비유적) 능가하다, 극복
하다 (능력·가치 등을) (nadmašiti, prevazići)

ustumarati se *-am se* (完) 1. 당황하여 이리저
러 왔다갔다 하다 2. *(pogledom)* 당황하여
사방을 쳐다보다

ustup 1. (法) (영토의) 할양; 조계(租界), 조차
(租借) (전쟁에서 패전국이 승전국에 국제조
약에 의해 할양하는) 2. 양도, 양여 (자신의
권리를 다른 사람에게 넘기는) (cesija) 3. 양
보, 양해 (입장 등의) (ustupak)

ustupak *-pka*; *-pci* (언쟁을 끝내거나 상황을
개선하기 위한) 양보; *činiti nekome ~pke*
누구에게 양보하다; *biti spreman na ~pke*
양보할 준비가 되어 있다; *sa ovim ~pcima*
rešeno je i pitanje o dugovanju 이러한 양
보로 인해 채무문제도 해결되었다

ustupanje (동사파생 명사) ustupati; 양여, 양
도; ~ *prava na presto* 왕위권 양여

ustupati *-am* (不完) 참조 ustupiti

ustupilac *-ioca* 양도자, 양여자; 양보자

ustupiti *-im*; *ustupljen* (完) **ustupati** *-am* (不完)
1. (자신의 권리 등을 다른 사람에게) 양도하
다, 양여하다; ~ *svoja prava* 자신의 권리를
양도하다; ~ *stan* 아파트를 양도하다;
možete li mi ustupiti ovu knjigu po ceni
koštanja? 이 책을 시가로 내게 줄 양도할
수 있을까요? 2. 뒤로 물러나다, 뒷걸음질치
다, 후퇴하다 (odstupiti, povući se); ~ *pred*
neprijateljem 적 앞에서 후퇴하다 3.
(nekome) 양보하다; ~ *nekome svoje*
mesto 누구에게 자기 자리를 양보하다; *ova*
roba ne ustupa drugoj 이 물건은 다른 물건
에 비해 열등하지 않다 4. 위임하다, 위탁하
다 (어떠한 일을); ~ *zidanje škole kome* 누
구에게 학교 건축을 위임하다

ustupljiv *-a, -o* (形) 양도(양여)할 수 있는

ustvrditi *-im* (完) 확인하다

usud 1. (迷信) (동화속의) 사람의 운명을 결정
하는 (허구의) 사람, 운명결정자 2. 운명, 숙
명 (sudbina, udes, kob)

usuditi *-im* (完) **usuđivati** *-đujem* (不完) 1. 운
명을 결정하다; *Usud nam je tako usudio* 하
늘이 우리의 운명을 그렇게 결정했다 2. ~
se 용기를 내다 (osmeliti se, odvažiti se);

kad je video da nema nikoga, usudio se da uđe 아무도 없다는 것을 알았을 때 들어갈 용기를 내었다; *ako se neko usudi* 누군가 용기를 낸다면; *nisam se usudio ni usta otvoriti* 입을 벙긋할 용기조차 없었다; *neka se samo usudi!* 단지 용기만 내도록 해!

usukan *-a, -o* (形) 1. 참조 usukati (se) 2. 빼빼 마른(mršav) 3. (융통성없이) 너무 딱딱한 (uštogljen, krut)

usukati *usučem* (完) **usukivati** *-kujem* (不完) 1. (두 가닥 이상의 끈·줄 등을 한 가닥으로) 꼬다, 엮다 (upresti); ~ *uže* 밧줄을 꼬다; *on usuka brkove ... i poče pričati* 그는 콧수염을 비비꼬면서 이야기하기 시작했다 2. 돌리다 (zaokrenuti); ~ *vratom* 문을 돌리다 3. ~ se 꼬이다, 말다, 둘러싸다 (upresti se, uviti se); *kao da se usukala sva u sebe i još tanja i sitnija postala* 모든 것이 자신을 둘둘말고 있는 것처럼 그녀는 더 빼빼 말랐다 4. ~ se 비쩍 마르다; *usukao se od sve muke kao cigansko kljuse* 괴로움으로 인해 그는 아무것도 못얻어먹은 것처럼 비쩍 말랐다 5. ~ se 길쭉한 모습(모양)이 되다, 길쭉해지다 6. ~ se (식물이) 시들다, 마르다, 시들어 마르다 (가뭄 등으로 인해)

usuprot (前置詞,+ D) 1. ~에도 불구하고 (uprkos); *spavati kao zaklan ~ smradu* 악취에도 불구하고 곯아떨어져 자다 2. (역접 접속사 용법으로) 반대로 (naprotiv)

usuti *uspem* (完) **usipati** *-am* (不完) 1. (~에) 쏟다, 따르다; ~ *vina u čaše* 포도주를 잔에 따르다; ~ *brašno u kese* 밀가루를 봉지에 쏟다 2. (폭우 등이) 억수로 쏟아지다 3. (말을) 쏟아 붓다

usvajati *-jam* (不完) 참조 usvojiti

usvinjiti *-im* (完) 1. 더럽히다(돼지(svinja)처럼) (uprljati, ukaljati) 2. ~ se 더러워지다(돼지처럼)

usvojenica 양녀(養女)

usvojenik 양자(養子)

usvojenje (동사파생 명사) usvojiti; (法) 입양

usvojilac *-ioca*, **usvojitelj** 입양자

usvojiti *-jim* (完) **usvajati** *-jam* (不完) 1. 취하다, 채택하다, 의결하다 (prihvatiti, primiti); *savezno izvršno veće usvojilo je nacrt zakona* 연방집행위원회(정부)는 법률 초안을 의결했다; ~ *zakon* 법률을 채택하다(가결하다, 의결하다) 2. 이해하다, 깨닫다, 공부하다 (shvatiti, naučiti); *deca su dobro usvojila ono što im je kazivano* 아이들은 보여준 것을 잘 이해했다 3. (아이를) 입양하

다 (posvojiti); ~ *dete* 아이를 입양하다

usvojiv, usvolljiv *-a, -o* (形) 받아들일 수 있는, 채택할 수 있는, 용인할 수 있는 (prihvatljiv)

uš *uši*; *uši, ušī & ušiju, ušima* (女) 1. (害蟲)이 (vaš); **ušni** (形) 2. (卑俗語) 비열한 놈 (nevaljalac, nitkov)

ušančiti *-im* (完) **ušančivati** *-čujem* (不完) 참호(šanac)를 파다, 참호로 두르다(보호하다)

ušara 참조 sova; 올빼미, 부엉이

ušarafiti *-im* (完) 참조 ušrafiti; 나사(šaraf, šraf)를 돌리다, 나사로 조이다

ušatoriti se *-im se* (完) 천막(šator)을 치다

uščavrljati se *-am se* (完) 수다를 떨기 시작하다, 이야기하기 시작하다 (početi čavrljati)

uščuvati *-am* (完) 1. 보존하다, 보전하다, 유지하다 (sačuvati) 2. ~ se 보존되다, 보전되다

ušće 1. (강·하천 등이 하나로 합류되는) 합류 지점, 두물머리; *kod ~a* 두물머리에서 2. 입구 (otvor, ulaz)

ušćuliti *-im* (完) 1. (귀를) 쫑긋 세우다 2. ~ se (귀가) 쫑긋 서다

ušećeriti *-im* (完) 1. 설탕(šećer)으로 절이다; 설탕을 넣다; ~ *voće* 과일을 설탕에 절이다 2. (비유적) 달콤하게 하다, 달달하게 하다

ušenac *-nca* (昆蟲) 진딧물

ušeprtljati *-am*, **ušeprtljiti** *-im* (完) 어설프게 ~ 하기 시작하다; 뒤죽박죽으로 말하기 시작하다, 말을 더듬기 시작하다 (početi šeprtljiti)

ušetati *-am* (完) 산책하듯이 가벼운 걸음으로 들어가다, 활개치다; *pustili su osvajača da mirno ušeta u našu zemlju* 우리나라에 점령자들이 활개치며 돌아다니도록 그들을 놔두었다

ušica (보통은 複數 형태로) 1. (도끼 등 손잡이가 달린 연장에서 구멍이 있는) 금속부분; ~ *od sekira* 도끼의 편평한 면 2. 바늘귀; *iglene ~e* 바늘귀 3. (일반적으로) 구멍; 올가미 (omča, rupica)

ušićariti *-im* (完) 이익(šićar)을 취하다(얻다) (okoristiti se)

ušikati *-am* (完) 1. (아이를) 흔들어 재우다 2. 끌어들이다, 밀어넣다 (uvući, ugurati) 3. ~ se 잠들다

ušiljiti *-im* (完) 1. 끝을 뾰족하게 하다 (zašiljiti); ~ *olovku* 연필끝을 뾰족하게 하다 2. (입을) 뾰족하게 내밀다, 오므리다, 굳게 다물다 3. (비유적) (얼굴을) 심각한 표정을 짓다; (눈을) 깜박이지 않고 똑바로 응시하다 4. ~ se 끝이 뾰족해지다 5. ~ se 마르

다, 빼빼해지다 6. ~ se 심각해지다, 신중해
지다

ušimice (副) (도끼 등의) 편평한 면으로
(pljoštimice); *udariti ~* 편평한 면으로 두드
리다(때리다)

ušinuti *-nem* (完) 1. (~의 관절을) 삐게하다,
탈구시키다; 삐끗하게 하다, 접지르다
(uganuti, iščašiti, izviti); ~ *vrat* 목을 삐끗
하게 하다 2. ~ se (관절 등이) 삐끗하다. 삐
다, 염좌하다

uširoko (=ušir) (副) 폭넓게 (u širinu)

ušiškati *-am* (完) 진정시키다, 누그러뜨리다,
가라앉히다 (umiriti, utišati); *napokon su ga
nekako ušiškali* 결국 그를 어떻게든 진정시
켰다

ušiti *ušijem; ušiven, -ena* (完) **ušivati** *-am* (不
完) 1. (바느질하여) 꿰매다, 달다; ~ *dugme*
단추를 달다; *ušiću dugme na kaput* 외투에
단추를 달 것이다 2. (~을 넣고) 꿰매어 봉
하다 (주머니, 단 등에); ~ *novac u pojac* 혁
띠에 돈을 넣고 꿰매다

uška *-ī* & *-ākā* 1. 외이(外耳) 2. (도끼 등 손잡
이가 달린 연장에서 구멍이 있는) 금속부분
(ušica) 3. (그릇의 귀 모양의) 손잡이 (drška)

uškopiti *-im*; *uškopljen* (完) (숫컷·남자 등을)
거세하다 (škopiti, uštrojiti, kastrirati)

uškopljenik 거세된 사람(남자); 환관, 내시
(evnuh)

ušljiv *-a, -o* (形) 이(uš)가 있는 (vašljiv)

ušljivac *-ivca* 이(uš)가 있는 사람 (vašljivac);
ušljivica, ušljivka

ušljivko (男) 참조 ušljivac

ušmrkati *-čem* (完) 1. (공기·코카인 등을) 코
로 흡입하다(빨아들이다) 2. ~ se 코를 훌쩍
이다

ušnī *-ā, -ō* (形) 귀(uvo)의; *~a školjka* 외이
(外耳)

ušnī *-ā, -ō* (形) 이(uš)의

ušnica (解) 외이, 귓바퀴

ušobolja 귓병, 귀앓이, 이통(耳痛) (uvobolja)

ušoriti *-im* (完) 도시계획에 따라 도로(šor)를
내면서 (마을이나 집들을) 건설하다; ~ *selo*
도시 계획에 따라 마을을 건설하다; *danas
je to selo veliko i ušoreno* 오늘날 그 마을
은 대단히 크며 반듯반듯한 길들이 나 있다

uštap 1. 보름달; 보름 2. 기타; *s mene pa na
~ (na menu pa na ~)* 드문, 극히 드문

uštapiti se *-im se* (完) 1. (막대기(štap)처럼)
뻣뻣해지다, 굳어지다, 경직되다 (ukočiti se)
2. (비유적) 가슴을 활짝 펴다, 반듯이 서다
(isprsiti se)

uštaviti *-im* (完) 1. (가죽을) 무두질하다 2. ~
se (가죽이) 가공할 수 있는 상태가 되다 3.
~ se 굽다, 휘다 (skvrčiti se, skoreti se)

ušteda 1. 절약한 돈, 저금(액), 저축(액) 2. 시
간 절약; ~ *vremena (u vremenu)* 시간 절약

uštedeti *-im* (完) 1. 절약하다, 저축하다, 저금
하다 (zaštedeti) 2. 보호하다, 지키다 (재해
등으로부터)

ušteđevina 저금(액), 저축(액), 절약한 돈
(ušteda)

ušteđivati *-đujem* (不完) 참조 uštedeti

uštinuti *-nem* (完) 1. (손가락으로) 꼬집다 2.
(손가락 사이로) 집다 3. 비웃다, 집적거리다,
치근대다 (pecnuti, bocnuti)

uštipak *-pka* (버터 등에 튀긴) 과자의 한 종류;
~pci od heljde (od krompira, od kukuruza)
메밀(감자, 옥수수)로 만든 과자

uštirkati *-am* (完) (옷·시트 등에) 풀(štirak)을
먹이다

uštrb (廢語) 피해, 손해 (šteta, gubitak)

uštrcati *-am* (完) **uštrcavati** *-am* (不完) 주사
하다 (ubrizgati); ~ *injekciju nekome* 누구
에게 주사하다

uštrojiti *-im* (完) 거세하다 (uškopiti);
uštrojen konj 거세된 말

uštva (嘲弄) 인간같지도 않은 인간, 비열한 인
간, 몹쓸 인간 (nikakav čovek, ništarija,
nevaljalac)

ušuljati se, ušunjati se *-am se* (完) 몰래 들어
가다; ~ *u kuću* 집에 몰래 들어가다; *ušunja
se mačak ... u kuhinju* 고양이가 부엌에 슬
며시 들어간다

ušur 참조 ujam

ušuškati se *-am se* (完) 참조 umotati se; 사
방으로부터 보호되다, 커버되다

ušutjeti (se) *-tim (se)* (完) 참조 ućutati; 침묵
하다

ušutkati *-am* (完) 참조 ućutkati; 침묵시키다

ušvercovati *-cujem* (完) 밀수하다, 밀반입하다
(prošvercovati, prokrijumčariti)

utabanati, utabati *-am* (完) 1. (땅 등을) 밟아
다지다, 밟아 짓이기다 2. 기타; *ići
utabanim stazama (putevima)* 1)잘 닦인 길
을 가다 2)새로운 것을 회피하다, 진취성(이
니셔티브)이 없다

utaboriti *-im* (完) 1. 숙영(tabor)시키다, 야영
시키다, 진을 치다 (ulogoriti); ~ *vojsku* 군
대를 숙영시키다 2. ~ se 숙영하다, 야영하
다, 진을 치다

utaći *utaknem* (完) 참조 utaknuti

utaja 1. 횡령, 착복 (pronevera); *neki*

činovnik *bio je optužen za ~u državnog novca* 어떤 공무원은 국고를 횡령한 혐의로 기소되었다 2. (탈세를 목적으로 세무당국에 하는 소득이나 재산의) 미신고; 탈세; ~ *poreza* 탈세, 세금 포탈

utajiti *-im* (完) **utajivati** *-jujem (-jivam)* (不完) 1. 횡령하다, 착복하다 (proneveriti) 2. 숨기다, 감추다 (prikriti, sakriti); *obični ljudi koji živi od plate ne mogu ~ porez* 봉급으로 사는 보통 사람들은 세금을 안낼 수 없다 3. (희망·기대를) 저버리다, 충족시키지 못하다 (podbaciti); *ove godine je utajila berba* 올 해에는 수확이 기대에 못미쳤다 4. ~ **se** 침묵하다 (ućutati se, umuknuti) 5. ~ **se** 숨다 (sakriti se, skloniti se)

utajivač 횡령한 사람, 착복한 사람; ~ *poreza* 세금 포탈자

utakmica (스포츠의) 경기, 시합; *fudbalska ~* 축구 경기; *prijateljska ~* 친선 경기; *finalna ~* 결승전; *odigrati ~u* 경기하다

utakmičar 선수; 경기(시합) 참가자

utaći, utaknuti *-nem*; *utaknuo, -nula & utakao, -kla* (完) 1. (~의 속에) 찔러 넣다 (놓다); ~ *ruke u džepove* 손을 주머니에 넣다; ~ *peglu u štekontakt* 다리미를 콘센트에 꽂다 2. (누구를 무슨 일에) 끌어들이다 3. ~ **se** 간섭하다, 개입하다

utaložiti *-im* (完) 1. 가라앉히다, 진정시키다 (stišati, umiriti); *utaloži srce svoje drage* 자기 아내의 마음을 진정시키다 2. ~ **se** 진정되다, 가라앉다 3. ~ **se** (액체 등이) 가라앉다, 침전되다; 맑아지다

utamanilac *-ioca* 참조 utamanjivač; 몰살시키는 사람, 근절시키는 사람

utamaniti *-im*; *utamanjen* (完) 1. 완전히 근절시키다(박멸시키다, 씨를 말리다) (uništiti, istrebiti, zatrti) 2. ~ **se** 근절되다, 박멸되다

utamanjivač 근절자, 몰살자

utamanjivati *-njujem* (不完) 참조 utamaniti

utanačiti *-im* (完) **utanačavati** *-am*, **utanačivati** *-čujem* (不完) 1. 합의하에 명확히 하다, 합의하다; *da bi se sve to utanačilo, delegati su odlučili da se sastanu još jednom* 그 모든 것을 명확히 하기 위해 대표단들은 다시 한 번 모여 회의를 하기로 결정했다; ~ *mesto i vreme* 시간과 장소를 명확히 결정하다 2. 손질하다, 다듬다, 조화를 이루게 하다 (udesiti, uskladiti); ~ *pesmu* 시를 다듬다; ~ *plan* 계획을 손질하다

utančati *-am* (完) 1. 매우 섬세하게 하다 2. ~

se 매우 섬세해지다; 묽어지다, 약해지다

utanjiti *-im* (完) **utanjivati** *-njujem* (不完) 1. 얇게 하다, 가늘게 하다; ~ *nit* 니트를 얇게 하다 2. (물줄기가) 가늘어지다, 실핏줄같이 흐르다 3. (비유적) (건강 등이) 약해지다, 허약해지다; 표시나게 줄어들다; *utanjio promet* 매상이 표나게 줄었다; *utanjilo bogatstvo* 부(副)가 상당히 줄어들었다 4. (종종 보어 glas, glasom 등과 함께) 거의 들리지 않게 조용히 말하다

utapati *-am* (不完) 참조 utopiti; 가라앉다, 침몰하다

utapkati *-am* (完) **utapkavati** *-am* (不完) 1. (땅을) 짓밟다, 짓밟아 평평하게 하다 (utabati); ~ *zemlju* 땅을 짓밟다; ~ *stazu* (비유적) 새로운 길을 내다 2. 덮다, 뒤덮다; *posle me lepo utapka jorganom pa ... leže* 담요로 나를 잘 덮어준 다음 ... 눕는다

utažiti *-im* (完) (갈증·통증 등을) 누그러뜨리다, 진정시키다, 완화시키다, 달래다; (utoliti, ugasiti); ~ *glad* 배고픔을 달래다; ~ *žeđ* 갈증을 누그러뜨리다

uteći *utečem & uteknem* (完) **uticati** *-čem* (不完) 1. 누구로부터 도망쳐 숨다, 도망치다, 도망가다 (pobeći, umaći); ~ *nekome (od nekoga)* 누구로부터 도망치다; *Dahije odmah uteku iz Beograda* 다히야는 즉시 베오그라드에서 도망쳤다; ~ *goniocima* 추적자로부터 도망치다; ~ *iz zatvora* 탈옥하다; *utekao je rob* 노예가 도망쳤다 2. (비유적) (누구보다) 뛰어나다, (누구를) 따라잡다 (preteći, prevazići); *Milan ... malo je utekao od idiota* 밀란은 … 바보보다는 조금 나았다 3. (시간이) 흐르다, 흘러가다 (proći, minuti) 4. ~ **se** (kome) 누구에게로 도망치다(도망가다), 누구에게 은신처(피신처)를 찾다 (prebeći); *u toj svojoj nevolji uteče se rodu svoje žene* 자신의 어려운 상황에서 아내 친척에게 도망쳐 은신처를 찾았다; *na celom svetu nema nikoga kome bi se utekao* 이 세상에서 누구로부터 도망쳐 숨어지낼만한 사람은 아무도 없다; *od sudbine se ne može ~* 운명으로부터 도망칠 수 없다 5. ~ **se** 누구에게 도움을 요청하다 6. ~ **se** (어려움에서 벗어나려고) 어떠한 수단을 취하다 7. ~ **se** (대화에) 끼어들다, 간섭하다 8. 기타; *biti kadar stići i ~* 모든 상황에 적응하다; *ne uteče oka ni svedoka* 어떤 일이 벌어졌는지 증인을 서 줄 사람도 아무도 살아남지 않았다; *utekle mu oči u glavu* 비적 말랐다(눈이 쑥 들어갈 정도로)

U

uteg 참조 teg

uteg 참조 teg

utega 1. (醫) 탈장대(脫腸帶: 탈장된 부분을 제자리에 고정시키는 데 쓰는 벨트) (potpasač) 2. 부목 (부상 부위에 대는) 3. 족쇄, 차꼬 (puto, okov) 4. 코르셋(허리가 잘록해 보이게 하는 여성용 속옷) (steznik, mider)

utegnut -a, -o (形) 1. 참조 utegnuti 2. (비유적) 뻣뻣한, 냉정한 (krut, hladan)

utegnuti -nem; utegao, -gla & utegnuo, -nula; utegnuvši & utegavši (完) utezati -žem (不完) 1. (둘둘 말아) 단단히 동여매다 (조이다); ~ stomak 복부를 조이다; jesi li namestila kost? – Jesam ... i utegla sam 뼈를 맞췄느냐? – 응, 그리고 단단히 동여맸어 2. ~ se 혁대(복대)를 단단히 조이다 3. ~ se 단정히 입다(보통은 조이는 옷을)

uteha 1. 위로, 위안; to nije nikakva ~! 그것은 아무런 위로도 안된다; uteha mi je da ... 내게 위안이 되는 것은... 2. (가톨릭의) 종유성사; duhovna ~ 마지막 남기는 말 (사형수가 사형을 앞두고 하는 최후 유언)

uteloviti -im; utelovljen (完) utelovljavati -am, utelovljivati -ljujem (不完) (추상적인 것을) 체화(體化)시키다, 구체화하다, ~에게 육체(telo)를 부여하다

utemeljač 창설자, 창립자, 설립자; član ~ 창립 멤버 utemeljačica (utemeljitelj, osnivač)

utemeljavati -am (不完) 참조 utemeljiti

utemeljenje (동사파생 명사) utemeljiti

utemeljitelj 창립자, 창설자, 설립자 utemeljiteljka, utemeljiteljica

utemeljiti -im (完) utemeljavati -am, utemeljivati -ljujem (不完) 1. 초석(temelj)을 놓다 2. 창립하다, 창설하다, 설립하다

utemeljivač 참조 utemeljač

utemeljivati -ljujem (不完) 참조 utemeljiti

uterati -am (完) uterivati -rujem (不完) 1. 몰아넣다 (ugnati); ~ decu u kuću 아이들을 집으로 몰아가게 하다; ~ ovce u tor 양들을 우리에 몰아넣다; ~ stoku u štalu 소를 우리에 몰아넣다 2. (눌러, 때려) 박다, 박아넣다 (zabiti, zariti); ~ klin 쐐기를 박다; ~ nož 칼을 박아넣다 3. (~의 안으로·속으로) 집어넣다; ~ loptu u mrežu 공을 네트속으로 집어넣다, 골인시키다; ~ auto u garažu 차를 차고에 넣다 4. (빛·채무·세금 등을) 수금하다, 징수하다; ~ dug 빚을 수금하다 5. 기타; ~ (kome) pamet u glavu (누구를) 이성적으로 되게 하다, 정신차리게 하다; ~ (koga) u laž (누구에게) 거짓말을 강요하다; ~ (kome)

strah u kosti 두려움이 뼈에 사무치게 하다, 매우 두려워하게 하다

uteriv -a, -o (形) 수금할 수 있는, 징수할 수 있는

uterivati -rujem (不完) 참조 uterati

utešan -šna, -šno (形) 1. 참조 uteha; 위로의, 격려의; ~šna reč 위로의 말, 격려의 말 2. (대회에서 우승하지 못한 사람에게 위로 삼아 주는) 위로상, 아차상, 장려상; ~šna nagrada 위로상, 장려상

utešilac -ioca, utešitelj 위로하는 사람

utešiti -im (完) 1. 위로하다, 위안을 주다 2. ~ se 위로를 받다

utešiv -a, -o (形) 위로가 되는, 위안이 되는 (utešljiv)

utezati -žem (不完) 참조 utegnuti

uticaj 영향(력); vršiti ~ na nekoga 누구에게 영향력을 행사하다; pasti pod nečiji ~ 누구의 영향력 아래로 편입되다; pod ~em alkohola 술기운의 영향하에 uticajan (形); ~jna sfera 영향권

uticajan -jna, -jno (形) 영향력 있는

uticati -čem (不完) 영향을 끼치다(미치다), 영향력을 행사하다

uticati -čem (不完) 참조 uteći; 도망가다, 도망치다

utihnuti -nem; utihnuo, -nula & utihao, -hla (完) 1. 조용해지다, 진정되다, 가라앉다; utihne vetar 바람이 잦아졌다; utihne komešanje 소요가 진정되고 있다 2. 침묵하다 (ućutati, umuknuti)

utikač (전기) 플러그; 플러그 끼우는 곳, 소켓

utilitarist(a) 공리주의자 utilitaristički (形)

utilitarizam -zma 공리주의

utina (鳥類) 쇠올빼미 (점 무늬가 있는 잿빛 올빼미; 머리 양쪽에 긴 깃털 뭉치가 있다)

utirač 참조 otirač; 흙털이, 도어매트 (현관문 앞에 있는)

utirati -em (不完) 참조 utrti; 문지르다, 비비다

utisak -ska 1. (사람·사물로부터 받는) 인상, 느낌; izazvati (ostaviti, načiniti) ~ na nekoga 누구에 대해 (어떠한) 인상을 남기다; steći (imati) ~ 인상을 받다 2. 흔적, 자취 (otisak, trag)

utiskati (se) -am (se) (完) 참조 utisnuti (se)

utisnuti -nem; utisnuo, -nula & utiskao, -sla; utisnuvši & utiskavši (完) utiskivati -kujem (不完) 1. (도장 등의) 눌러 찍다, 눌러 흔적을 남기다; žig 낙인을 찍다; ~ pečat 도장을 찍다 2. (말뚝 등을) 박다, (~속으로) 집

어넣다; ~ *kolac u zemlju* 말뚝을 땅에 박다; ~ *klin* 쐐기를 박다 3. 슬쩍 찔러넣다; ~ *kome što u džep* (무엇을) 누구의 주머니에 슬쩍 찔러넣다 4. ~ se (비좁은 공간에) 밀어넣다; 밀치고 가다, 헤치고 들어가다 5. ~ se (기억·의식 등에) 흔적을 남기다, 인상을 남기다

utišač (자동차의) 머플러, 소음기

utišati *-am* (完) **utišavati** *-am* (不完) 1. 조용하게 하다, 조용히 시키다 2. 가라앉히다, 진정시키다 (umiriti, stišati); ~ *bunu* 봉기를 진정시키다; ~ *udaranje srca* 심장 박동을 진정시키다 3. (갈증·허기 등을) 달래다, 가라앉히다 (utoliti, utažiti); ~ *žeđ* 갈증을 달래다; ~ *glad* 허기를 가라앉히다 4. ~ se 조용해지다; 가라앉다, 진정되다 5. ~ se (세기·강도 등이) 약해지다, 진정되다; *bure i mećave se utišaju* 강풍과 눈보라가 약해진다

utkati *utkam* 드물게 *utkem* (完) **utkivati** *-am* (不完) 1. (편물 등을) 짜다, 천을 짜다, 짜서 넣다; ~ *nit* 니트를 짜다; ~ *cvet na platnu* 천에 꽃을 넣어 짜다 2. ~ se (비유적) 개입하다, 간섭하다 (umešati se, uplesti se u što)

uto (副) 당시에, 그때에 (tada)

utočište 1. (위험 등으로부터의) 피신처, 대피처 (sklonište) 2. (비유적) 안전과 피신처를 제공하는 사람

utočiti *-im*; *utočen* (完) (물 등 액체를) 따르다, 붓다 (nasuti, usuti, naliti)

utok 1. (두 개의 물길이 하나로 합류하는) 합류지점, 두물머리 (ušće) 2. 피신처, 대피처 (utočište) 3. (法) 항소, 상고 (priziv)

utoleganje (동사파생 명사) utolegati se; (표면의) 꺼짐, 구부러짐

utoliko (副) (보통은 비교급 또는 비교의 의미를 갖는 어휘 앞에서) 1. (앞부분에서 언급한 것의 결과를 나타냄) 따라서, 그러한 이유로, 그 때문에 (zbog toga, zato, stoga); *izrasla je tu žalosna vrba, kržljava, i ~ žalosnija* 이곳에 작은 수양버들이 자랐는데 그 때문에 더욱 더 슬프다 2. (대립되는 의미의 문장에서); 한편, 반면 (s druge strane); *od životinja dala je Amerika Evropi samo purane, ali je ~ važniji njezin doprinos u biljkama* 아메리카는 유럽에 단지 동물들 중 칠면조만 주었지만, 반면에 아메리카의 식물에서의 공헌은 지대하였다 3. (접속사의 용법으로, 비교문장과 함께) (부사 ukoliko, 접속사 što와 함께 사용되어) ~만큼, 그만큼; *ukoliko više znaš, ~ više vrediš* 네가 더

아는 만큼 더 가치가 있을 것이다; *o tome ~ nema pojma ukoliko ne može to sebi i drugome razložno kazati* 자기 자신과 다른 사람들에게 이성적으로 말을 할 수 없는 만큼 그것에 대해 개념이 없다

utoliti *-im*; *utoljen* (完) **utoljavati** *-am*, **utoljivati** *-ljujem* (不完) 1. (필요·욕구 등을) 충족시키다, 만족시키다, 채우다; ~ *glad* 허기를 채우다; ~ *žeđ* 갈증을 누그러뜨리다; ~ *želju (radoznalost)* 바람(호기심)을 충족시키다 2. 가라앉히다, 누그러뜨리다, 완화시키다 (ublažiti, stišati, umiriti); ~ *bol* 통증을 완화시키다; ~ *patnju* 고난을 덜다; ~ *gnev* 분노를 가라앉히다 3. 멈추게 하다, 중단시키다 (zaustaviti, prekinuti); ~ *plač* 울음을 멈추다 4. (힘·강도·세기 등이) 약해지다; *mećeva utoli* 눈보라가 약해졌다

utoljiv *-a, -o* (形) 만족시킬 수 있는, 충족시킬 수 있는; 완화시킬 수 있는, 누그러뜨릴 수 있는; ~ *žeđ* 가라앉힐 수 있는 갈증

utoljivati *-ljujem* (不完) 참조 utoliti

utonuti *-nem* (完) 1. (물 속 등으로) 가라앉다, 침몰하다 (potonuti) 2. ~에 완전히 휩싸이다, ~에 가려 완전히 안보이다; *selo utonuo u maglu* 마을은 안개에 완전히 휩싸였다 3. (대중 속으로) 사라지다, 없어지다, 자취를 감추다 4. (천구(天球)의) 지다, 사라지다, 없어지다; *utonuo je božje svetlo sa nebesa* 하늘에서 신성한 빛에 사라졌다 5. (폭신한 곳에) 폭 쓰러지다, 폭 파묻다 (uvaliti se); *Jakob se zavali u naslonjač i meko utonu u nj* 야콥은 안락의자에 몸을 부렸다 6. 가라앉다, 꺼지다 (ugnuti se, uleći se); *sedište utone* 의자가 꺼진다 7. (비유적) 헌신하다, ~에 열중하다, 몰두하다; ~ *u misli* 생각에 잠기다; ~ *u čitanje* 독서에 푹 빠지다; ~ *u poroke* 악행을 일삼다

utopija 유토피아, 이상향 **utopistički** (形)

utopiti *-im*; *utopljen* (完) **utapati** *-am* (不完) 1. 익사시키다 (udaviti) 2. 물속에 담그다, 물속에 잠기게 하다 (potopiti) 3. 사라지게 하다, 없어지게 하다, 녹아 스며들게 하다; ~ *privatnu svojinu u opštinsku ... to je cilj* 사유재산을 자치단체 재산으로 녹여 스며들게 하는 것 ... 그것이 목표이다 4. ~ se 익사하다, 물에 빠져 죽다 5. ~ se (물속으로) 가라앉다, 침몰하다 6. ~ se (다수에) 녹아 스며들다 7. ~ se ~에 푹 파묻히다, 열중하다; *on se utopi u razmišljanja o Sanji* 그는 사냐에 대해 골똘히 생각한다 8. 기타; *utopio bi ga u čaši vode* 그를 가장 증오한다

utopliti *-im* (完) 1. 따뜻하게 하다, 데피다 (옷 등을 입어) 2. ~ **se** 따뜻해지다, 데워지다

utopljavati *-am* (不完) 참조 utopiti

utopljenik 물에 빠진 사람 (davljenik); ~ *se i za slamku hvata* 물에 빠진 사람은 지푸라기라도 잡는다 **utopljenica**

utor (나무통판에 난) 홈

utorak *-rka* 화요일; *u* ~ 화요일에, *~rkom* 화요일마다; *prošlog ~rka* 지난(주) 화요일에; *pokladni* ~ 참회 화요일(사순절이 시작되기 전날)

utornik 참조 utorak

utornjak 테두리(통판에 난 홈에 끼워 통을 단단히 붙잡아 매는)

utovar (화물차·선박 등에 화물을 싣는) 짐싣기, 화물 적재 **utovarni** (形)

utovarište 화물 적재소

utovariti *-im* (完) **utovarivati** *-rujem* (不完) 짐을 짙다, 화물을 적재하다; ~ *robu na (u) brod* 선박에 화물을 싣다

utovarnī *-ā, -ō* (形) 화물 적재의, 짐을 싣는; ~ *depo* 적재장

utoviti *-im* (完) 1. (동물·가축 등을) 잘 먹이다, 살찌우다; 사육하다 2. ~ **se** (동물·가축 등이) 살찌다

utrapiti *-im*; *utrapljen* (完) 1. 억지로 손에 쥐여 주다; *Manda mužu utrapi u ruke torbicu sa jajima i bocu za petroleum* 만다는 남편의 손에 계란이 든 가방과 석유병을 억지로 쥐여 주었다 2. (비유적) (억지로) 떠맡기다; *upravitelj hoće da utrapi meni ulogu komičnog junaka a ja sam tragičar* 극장장은 내가 비극배우임에도 불구하고 내게 코믹한 역할을 떠맡기려한다 3. 구덩이(trap)에 놓다(묻다) (채소·과일 등을); ~ *krompir* 감자를 구덩이에 묻다 4. (포도밭) 심다 5. ~ **se** (누구에게) 강요되다 (nametnuti se, naturiti se)

utrčati *-im* (完) **utrčavati** *-am* (不完) 1. (~속으로) 뛰어들어가다; ~ *u kuću* 집에 뛰어들어가다; ~ *u cilj* 골인점에 뛰어들어가다 2. ~ **se** 간섭하다, 개입하다(보통은 요청받지 않은 일에)

utreti *utrem* (完) 참조 utrti

utrgnuti *-nem*; *utrgnuo, -nula & utrgao, -gla* (完) **utrgati** *-am* (不完) 1. 떼어내다, 잡아뜯다, 뜯어내다, 꺾다 (otkinuti, otrgnuti) 2. ~ **se** 꺾이다, 뜯기다 3. ~ **se** (비유적) 건강이 나빠지다, 허약해지다 (과로 등으로) (namučiti se, pretrgnuti se)

utrina 1. 초원, 목초지 (tratina, potrica); 휴한

지(休閑地); *na ~ama bosonoga seoska deca čuvaju ovce* 신발도 신지 않은 맨발의 농촌 아이들이 풀밭에서 양들을 지키고 있다 2. (그러한 땅에서 자라는) 자잘한 풀

utrinac *-inca* (植) 다년생 라이그래스 (풀의 한 종류)

utrka 1. 달리기 경기(시합) (trka) 2. (일반적인) 시합, 경기 (takmičenje, nadmetanje); *automobilska* ~ 자동차 경주; *biciklistička* ~ 경륜 경기; *finalna* ~ 결승전

utrkivati *-kujem* (不完) 1. 뛰어들어가다 2. ~ **se** 경주에 참가하다, 달리기 시합하다 3. ~ **se** (일반적으로) 시합하다, 경기하다 (nadmetati se, takmičiti se)

utrljati *-am* (完) **utrljavati** *-am* (不完) 비벼 스며들게 하다, 문질러 바르다; ~ *mast u kožu* 가죽에 크림을 문질러 바르다; ~ *kremu u lice* 얼굴에 크림을 바르다

utrnuti *-nem* (完) 1. (불 등을) 끄다, 소등하다 (ugasiti); ~ *sveću* 촛불을 끄다; ~ *vatru* 불을 끄다; ~ *lampu* 램프를 소등하다 2. (비유적) 사라지다, 없어지다; *utrnu osećaji* 느낌이 사라지다 3. ~ **se** (불 등이) 꺼지다

utrnuti *-nem* (完) 마비되다, 경직되다

utroba 1. (解) (사람 복부의) 내장, 창자 (drob, iznutrica) 2. 복부, 배 (stomak, trbuh; želudac) 3. (비유적) (~의) 내부 (unutrašnjost); *nazirao je mračnu ~u šume* 그는 숲의 어두운 내부를 들여다보았다 4. 기타; *diže se ~, prevrće se ~ (od toga)* 속이 뒤집힌다(역겨워서)

utroje (副) 1. 셋이 모두 함께 2. 세 배로 (triput, trostruko)

utrojiti *-im* (完) 세 배로 증가시키다(배가시키다, 강화시키다)

utrostručiti *-im* (完) **utrostručavati** *-am*, **utrostručivati** *-čujem* (不完) 세 배로 하다 (증가시키다, 강화시키다)

utrošak *-ška* 소비, 사용 (potrošnja, trošenje); ~ *goriva* 연료 소비

utrošiti *-im* (完) 소비하다, 사용하다 (돈·재료 등을); (시간을) 보내다

utrpati *-am* (完) **utrpavati** *-am* (不完) 1. 쑤셔 집어넣다(밀어넣다) 2. 사방을 잘 덮어씌우다; *kabanicom i pokrivačima ... smo ga utrpali* 망토와 덮개로 … 그것을 잘 씌워덮었다 3. ~ **se** 겹겹이 옷을 껴입다, 겹겹이 덮다 (따뜻하라고) 4. ~ **se** (비유적) (생각·느낌 등에) 사로잡히다, 휩감기다

utrti *utrem & utarem*; *utri & utari*; *utrt, -a & utrven, -a* (完) **utirati** *-em* (不完) 1. 비벼

스머들게 하다, 문질러 바르다 (utrljati); *da li da gospodinu utarem sapunicu četkicom?* 솔로 비누를 그 신사에게 문질러 바를까요? 2. 닦아 없애다 (치우다, 지우다, 없애다) (izbrisati, obrisati, ukloniti); *utri suze* 눈물을 닦아라; ~ *put* 길을 내다(닦다) 3. 밟다, 짓이기다, 밟아 뭉개다 (ugaziti, utabati); ~ *stazu* 오솔길을 밟다(밟아 뭉개다) 4. 비벼 가루로 만들다; (비유적) 완전히 박살내다(파괴하다, 근절시키다); ~ *neprijatelja* 적을 완전히 파괴하다; ~ *seme zla* 악의 씨를 완전히 근절시키다 5. ~ se 완전히 근절되다(박살나다), 완전히 뿌리채 뽑히다 6. ~ se (마찰과 땀으로 인해) 피부가 벗겨져 쓰리고 아프다 (ojesti se)

utruditi *-im*; *utruđen* (完) **utruđivati** *-đujem* (不完) 1. 수고시키다, 고생시키다, 피곤하게 하다, 녹초가 되게 하다 (umoriti, zamoriti, namučiti); *vi ste danas iz daleka hodili ... a noge utrudili* 오늘 멀리서 걸어오셔서 ... 다리가 피곤하겠어요 2. ~ se 피곤해지다, 녹초가 되다, 고생하다, 수고하다

utruniti *-im* (完) 1. 산산조각나게 하다, 부수다, 가루로 만들다 2. (nekome) (자신의 말·행동으로 어떤 사람에게) 불편하게 하다, 불쾌하게 하다, 유감스럽게 하다

utrven *-a, -o* (形) 참조 utrti

utržak *-ška* (매매하여 번) 돈, 매상금, 수입금 (pazar); *dnevni* ~ 일일 수입금; *toga je dana imao dobar* ~ 그날 그는 매상금이 좋았다

utubiti *-im* (完) (廢語) 참조 utuviti

utucati *-am* (完) 1. (내려쳐, 때려) 잘게 부수다, 가루로 만들다; ~ *šećer* 설탕을 부수다 2. (비유적) 완전히 망가뜨리다 (도덕적으로, 건강상으로, 물질적 등으로); 낙담시키다, 풀죽게 하다, 기죽게 하다 3. 시간을 헛되이(따분하게) 보내다; ~ *vreme* 시간을 헛되이 보내다

utučen *-a, -o* (形) 1. 참조 utući 2. 의지가 없는, 실의에 빠진, 낙담한, 풀죽은 (bezvoljan, potišten, tužan)

utučenost (女) 실망, 낙담, 무의지

utući *utučem*; *utukao, -kla*; *utučen* 1. (쳐서, 내려쳐) 가루로 만들다, 잘게 부수다; *na brzu ruku utuče belog luka* 마늘을 빨리빨리 으깨다 2. 죽이다, 살해하다; 몰살하다, 씨를 말리다 (ubiti, usmrtiti) 3. (비유적) 완전히 망가뜨리다·부수다(도덕적·건강상·물질적으로); 낙담시키다, 풀죽게 하다, 기죽게 하다; *beda ih je utukla* 그들은 궁핍함으로

인해 풀이 죽었다 4. (헛되이·유용하지 않게) 쓰다, 사용하다, 낭비하다 5. (시간을) 헛되이(따분하게) 보내다 6. 거세하다 (ujaloviti, uškopiti); ~ *vola* 황소를 거세시키다 7. 기타; ~ *u glavu (nekoga)* (누구를) 완전히 파멸시키다

utuk 1. 약, 약제; 해독제 (lek; protivotrov) 2. 반격, 반박 (protivnapad) 3. (廢語) (작가의) 비평에 대한 작가의 대답(반박)

utuliti *-im*; *utuljen* (完) 1. (불·램프 등을) 끄다, 소등하다, 소화(消火)하다 (ugasiti); *ona utuli lampu* 그녀는 램프를 소등한다 2. 불(불빛)을 줄이다(약하게 하다) 3. (갈증을) 해소하다 4. (말·노래 등을) 중단하다, 침묵하다 5. ~ se (불·램프 등이) 소등되다, 꺼지다 6. ~ se 사라지다, 없어지다, 근절되다 7. 기타; ~ *sveću (nekome)* 최후의 남자 후손을 죽이다(살해하다)

utupiti *-im*; *utupljen* (完) 1. 무디게(tup) 하다; (비유적) 무디게 하다 2. ~ se 무디어지다, 예리함을 잃다

uturati *-am* (不完) **uturiti** (完) 1. 안쪽으로 밀어넣다(집어넣다), 안에 넣다 (ugurati, ubaciti); *Perica je zaustavio dah, uturio lice u uski otvor* 페리짜는 숨을 멈추고, 좁은 틈으로 얼굴을 밀어넣었다 2. ~ se 안에 넣어지다 3. ~ se 초대받지 않고 오다, 불청객으로 오다 4. ~ se (na nekoga) (누구를) 닮다 (선조중의 누구를 외모나 성격상으로)

ututanj (副) 헛되이 (uzalud, uprazno)

ututkati *-am* (完) **ututkavati** *-am* (不完) 1. (찬 공기가 들어오지 않게 사방의 틈속을) 채워넣다, 쑤셔넣다, 집어넣다, 밀폐하다 2. (덮개·가리개 등을 빈틈없이) 잘 씌우다, 잘 덮다 3. ~ se 잘 덮다

utuviti *-im*; *utuvljen* (完) **utuvljivati** *-ljujem* (不完) 1. 기억하다, 기억속에 담고 있다 (upamtiti); *pazi što ti govorim, utuvi dobro i gledaj šta rídiš* 내가 네가 말하는 것을 유의하고, 잘 기억하여 행동해라 2. (kome) 설득시키다, 이해시키다, 어떠한 믿음(생각)을 심어주다 3. ~ se (u glavu) (어떠한 생각에) 빠지다, 사로잡히다 4. 기타; ~ *u glavu* 1)잘 기억하다 2) (마음속으로) 상상하다, 생각하다

utva (鳥類) 늪오리(야생오리의 한 종류); *šarena* ~ 혹부리오리, 황오리; *zlatokrila* ~ 황오리(남유럽·아시아·북아프리카산(產))

utvara 1. 귀신, 유령; 환영, 환상 (avet, sablast, priviđenje) 2. 공상

utvarati *-am* (不完) 참조 utvoriti

utvari (女,複) (宗) (교회에서 예배시 사용되는)

제기 및 도구; *crkvene* ~ 교회제례용 제기
도구

utvoriti *-im* (完) (sebi) 1. 생각하다, (마음속으
로) 상상하다 (zamisliti) 2. (존재하지 않는
것을) 마음속으로 상상하다(생각하다) (그것
을 실재하는 것으로 믿다); *ti ćeš opet sebi
nešto ~ i onda u to verovati* 너는 또 그 무
언가를 생각해 내고는 그것을 사실인 양 믿
을 것이다 3. ~ se 환영(utvara)으로 나타나
다 4. ~ se (여격 형태의 논리적 주어와 함께)
~인 것 처럼 보이다(생각되다) (pričiniti se);
utvori mu se odmah da mu je hladnije 즉시
그는 그에게 더 추운 것 처럼 생각되었다

utvrda 참조 tvrđava; 성(城), 요새; *~e su već
pre pale* 요새는 벌써 함락되었다

utvrditi *-im*; *utvrđen* (完) **utvrđivati** *-đujem*
(不完) 1. 굳건히 하다, 공고히 하다, 견고히
하다, 튼튼히 하다 (učvrstiti); 단호히 하다;
정확히 정하다(결정하다);*~ dobre odnose*
선린관계를 공고히 하다; ~ *ogradu* 담장을
튼튼히 하다; ~ *cenu* 가격을 정하다; ~ *dan
i čas* 날짜와 시간을 정하다 2. (grad, rov,
položaj 등의 보어와 함께) 요새화하다; ~
grad 도시를 요새화하다 3. (조사·연구하여)
증명하다, 규명하다, 확인하다, 결론을 내리
다; ~ *istinu* 진실을 규명하다; ~ *činjenicu*
사실을 확인하다; ~ *uzrok* 원인을 규명하다
4. 합의하다 (ugovoriti); 결정하다, 정하다
(doneti odluku o nečemu); ~ *plan treninga*
훈련계획을 결정하다 5. 최종 형태(내용)을
결정하다; *utvrđen je spisak kandidata* 후보
자 명단이 결정되었다 6. (gradivo, lekciju
등의 보어와 함께) 공부하다, 공부하여 지식
을 습득하다; ~ *gradivo* 교재를 잘 공부하다
7. 기타; ~ *san* 깊은 잠에 빠지다

utvrđenje 1. 성, 성곽, 요새 (tvrđava) 2. 확인,
인정 (potvrda, priznanje)

utvrđivač (소총 등의) 가늠쇠

utvrđivanje (동사파생 명사) utvrđivati; 확인,
규명; ~ *kvaliteta* 품질 검사

utvrđivati *-đujem* (不完) 참조 utvrditi

uvađati *-am* (不完) 참조 uvesti, uvoditi

uvajditi se *-im se* (完) 이익(vajda)을 얻다(취
하다) (okoristiti se); *od mene se neće
uvajditi* 내게서 이익을 취할 수 없을 것이다

uvala 1. 계곡, 골짜기 (udolina); ~ *je kao
dolina ili ždrelo između dva brda* 우발라
(uvala)는 두 언덕 사이에 있는 계곡이거나
협곡이다 2. (작은) 만(灣), 물굽

uvalina 1. (지대체) uvala 2. (일반적으로) 쑥
들어감

uvaliti *-im*; *uvaljen* (完) **uvaljivati** *-ljujem* (不
完) 1. (nešto) (~속에) 집어넣다, 쑤셔넣다,
밀어넣다 (보통 큰 무엇을); ~ *bure u
podrum* 지하실에 통을 밀어넣다 2.
(nekoga) (좋지 않은 상황에) 끌어넣다, 몰
아넣다; *pazi da te takvo društvo ne uvali u
nevolje* 그러한 패거리가 너를 곤란한 지경
에 빠뜨리지 않도록 조심해!; ~ *nekoga u
dugove* 누구를 빚더미에 빠뜨리다 3. (비유
적) (nekome nešto) 퍼뜨리다; ~ *lažni
novac nekome* 누구에게 위폐를 퍼뜨리다 4.
(自) 들어가다, 빠지다 (ući, upasti); ~ *u
selo* 마을로 들어가다 5. ~ se ~에 빠지다,
~에 빠져 꼼짝 못하게 되다 (zaglaviti se,
zaglibiti se); ~ *se u blato* 진창에 빠져 꼼짝
못하다 6. 들어가다, 빨려들어가다; ~ *se u
kuću* 집에 들어가다; ~ *se u postelju* 침대
에 들어가다 7. (비유적) ~에 당도하다, ~에
있다; ~ *se u bogatstvo* 부를 축적하다; ~
se u dugove 빚더미에 빠지다 8. 기타; ~
nekome vruć kolač u ruke 누구에게 난제를
떠맡기다(떠넘기다); ~ *(koga) u vojsku* (군
대에) 징집하다; ~ *(kome) crn kolač u torbu*
(누구에게) 해악을 행하다, 악의 구렁텅이로
빠뜨리다

uvaljati *-am* (完) 1. (~의 안으로) 굴려 밀어넣
다, 굴리다; *uvaljao je bure u ostavu* 통을
식품저장실로 굴렸다 2. (롤러로) (땅 등을)
고르다, 평평히 하다 3. (천 등을) 굴려 말다
4. (굴려) 어떠한 형태를 만들다; 반죽하다
(umesiti); ~ *testo* 밀가루를 굴려 반죽하다;
ti si cedulju uvaljao kao lopticu 너는 종이
쪽지를 공처럼 둘둘 말았다 5. 굴려 ~을 입
히다; ~ *ribu u brašno* 생선에 밀가루 반죽
을 입히다; ~ *u mrvice* 빵가루를 입히다 6.
~ se 굴러 (어디에) 오다; ~ *se u sobu* 굴러
방에 당도하다 7. ~ se (풀 등이) 눕다
(poleći)

uvaljen *-a, -o* (形) 참조 uvaliti

uvaljivati *-am* (不完) 참조 uvaliti

uvance *-eta* (지소체) uvo

uvar (=uhar) 이익, 이득, 좋은 점 (korist)

uvat *-a, -o* (=uhat) (形) 1. 귀가 큰 2. (냄비
등의) 손잡이가 있는

uvažavati *-am* (不完) 1. 참조 uvažiti 2. 존경
하다, 존중하다, 높게 평가하다 (poštovati,
ceniti) 3. ~ se 자기자신을 존중하다

uvažen *-a, -o* (形) 1. 참조 uvažiti 2. 존경받
는, 존중받는 (poštovan, cenjen, ugledan);
Milan je bio veoma ~ u svom selu 밀란은
자신의 마을에서 매우 존경을 받는 인물이었

다; ~*i kolega* 존경하는 동료 여러분

uvažiti -*im* (完) 1. 고려하다, 참작하다; ~ *razloge* 이유들을 고려하다(참작하다) 2. 받아들이다, 수용하다 (prihvatiti, primiti); *članovi ... odbora su odlučili da ne uvaže razloge komandanta* 위원회 위원들은 지휘관의 이유를 받아들이지 않기로 결정하였다; ~ *molbu* 청원을 수용하다(받아들이다)

uvce *uvca* & *uvceta* (지소체) uvo; 귀

uveče, uvečer (副) 저녁에; *sutra* ~ 내일 저녁에

uvećanje (동사파생 명사) uvećati; 확대, 증가

uvećati -*am* (完) **uvećavati** -*am* (不完) 1. 증가시키다, 확대하다 (povećati); ~ *dugove* 채무를 확대하다; ~ *rastojanje* 거리를 늘리다 2. 과장하다, 침소봉대하다

uvek (副) 항상, 언제나

uvelak *uveoka*; *uveoci, uvelākā* 시든 잎(꽃, 열매)

uveličati -*am* (完) **uveličavati** -*am* (不完) 1. 크게 하다, 확대하다 ((사진 등을) 큰 사이즈로 만들다; (현미경 등을 이용하여) 확대하다; (공간·영토 등을) 확대시키다; (덩치·부피 등을) 키우다, 증가시키다; ~ *fotografiju* 사진을 확대하다; *nova vlada ... tražila je da uveliča svoju državu pogodbama* 새로운 정부는 협상으로 자신들의 영토를 확장하려고 시도하였다; ~ *bogastvo* 부(富)를 증가시키다 2. (참석 등으로) 더욱 빛나게 하다, 더욱 의미있게 하다, 더욱 중요하게 하다; ~ *manifestaciju* 행사를 더욱 빛내다 3. 과장하다, 침소봉대하다 4. ~ *se* 확대되다, 커지다, 증가되다 (postati veći(jači))

uvelike, uveliko (副) 1. 상당히, 많이 (znatno, mnogo, jako); ~ *pogrešiti* 상당히 많이 실수하다 2. 절정으로, 최고조로 (u punom jeku, u najboljem toku); *kad stigosmo pred školu, a ona gori* ~ 우리가 학교 앞에 당도했을 때, 그것은 한참 타고 있었다 3. 벌써 오래전에 (već davno, odavno)

uvelost (女) 시듦, 시든 상태

uvenčati -*am* (完) 1. 화관(venac)으로 장식하다, 화관을 씌우다; *sećaš li se ... kad sam mu glavu uvenčala lovorom* 월계수 화관을 그의 머리에 씌웠을 때를 기억하느냐 2. 인정하다, 상을 주다 (nagraditi); *dočekao je da mu sin bude kao pobeditelj uvenčan na Olimpijskim igrama* 그는 아들이 올림픽 경기에서 승리자로서 수상하는 것을 기대했다 3. 선물하다, 선사하다 (darovati, obdariti); ~ *srećom* 행복을 선사하다

uvenuće 시듦 (venenje, gubitak svežine)

uvenuti -*nem*; *uvenuo* & *uveo* (完) 1. (꽃·식물이) 시들다, 마르다; (색이) 바래다; (빛이) 희미해지다; 쇠퇴하다 2. (피부 등이) 윤기가 사라지다(없어지다) 3. (사람이) 허약해지다, 늙다, 혈기왕성함을 잃다 4. (비유적) (어떠한 현상이) 사라지다, 없어지다 (nestati, izgubiti se)

uveo -*ela*, -*elo* (形) 1. 참조 uvenuti 2. 시든, 마른; (색이) 바랜; ~ *cvet* 시든 꽃; ~*elo lice* 푸석푸석한 얼굴

uveravati -*am* (不完) 1. 참조 uveriti 2. 주장하다, 단언하다; 확신을 가지고 말하다, 약속하다; *uveravam vas da ću doći* 올것을 약속합니다 3. 증거를 제시하다 4. ~ *se* 확신하다

uveren -*a*, -*o* (形) 확신을 가진, 확신하는; *biti* ~ *u nešto* ~을 확신하는; ~ *u sebe* 자신을 확신하는

uverenje 1. 믿음, 확신, 신념; *naučno* ~ 학문적 확신; *Vukoko* ~ 부크의 확신(믿음); *govoriti s* ~*em* 확신을 가지고 말하다; *biti u uverenju* ~을 확신하다(믿다); *doći do* ~*a*, *steći* ~ 확신에 이르다; *ostati u* ~*u* 자신의 믿음(확신)을 견지하다, 생각을 바꾸지 않다 2. (行政) 확인서, 증명서; ~ *o državljanstvo* 국적증명서; *lekarsko* ~ 의사 진단서; *izvaditi* ~ 증명서를 떼다(발급받다)

uveriti -*im* (完) **uveravati** -*am* (不完) 1. 설득하다, 확신시키다, 믿게 하다; ~ *nekoga u nešto* 무엇에 대해 누구를 설득시키다; ~ *koga u ispravnost čega* ~의 정당함에 대해 누구를 확신시키다; *Ivu smo uverili da mu je potrebni odmor* 우리는 이바에게 휴식이 필요하다고 설득시켰다 2. ~ *se* 확신하다, 확인하다; ~ *se u nešto* ~을 확신하다; *uverio sam se u to svojim očima* 그것을 내 눈으로 (직접) 확인했다

uverljiv -*a*, -*o* (形) 믿을만한, 신뢰할 만한, 설득력 있는 (ubedljiv); ~*o objašnjenje* 설득력 있는 설명; ~*i karakteri* 신뢰할 만한 성격; ~ *dokaz* 믿을만한 증거

uvertira 1. (音樂) 서곡(오페라, 오페레타, 발레 등의) 2. (비유적) (일반적인) 도입부, 서막 (uvod); *beše to* ~ *za svađu* 그것은 불화의 시작이었다고 말해진다

uveseliti -*im* (完), **uveseljavati** -*am* (不完) 1. 즐겁게 하다, 기쁘게 하다, 즐거운 시간을 가지게 하다; ~ *goste* 손님들을 즐겁게 하다 2. ~ *se* 즐거워하다, 기뻐하다

uvesti *uvedem*; *uveo, uvela*; *uveden, -ena*;

U

uvedavši (完) **uvoditi** *-im* (不完) 1. ~로 이 끌다, 인도하다, 안내하다, 들어오게 하다; ~ *goste u kuću* 손님들을 집으로 안내하다; ~ *konja u štalu* 말을 마구간으로 이끌다 2. (누구를·무엇을 어디로) 끌어들이다, 가입시키다, 도입하다; ~ *nekoga u visoko društvo* 누구를 상류사회에 끌어들이다; ~ *maraton na olimpijadu* 마라톤을 올림픽에 도입하다; ~ *u borbu* 전투에 끌어들이다; ~ *u svađu* 다툼에 끌어들이다; ~ *nekoga u biznis* 누가 사업에 발을 들여놓게 하다 3. (行政) (장부 등에) 기록하다, 등록하다; ~ *u spisak (birački)* (선거인) 명부에 올리다 4. 실을 바늘귀에 꿰다, 방적사를 방적기에 집어넣다 5. (장비 등을) 설치하다, 끌어들이다; ~ *vodovod* 상수도를 설치하다(끌어들이다); ~ *kanalizaciju* 하수도 시설을 설치하다; ~ *telefon* 전화를 설치하다(전화선을 끌어들이다) 6. 도입하다, 설치하다, 창립하다 (ustanoviti, osnovati); ~ *porez* 세금을 도입하다; ~ *fakultet* 대학을 설치하다 7. 습관화하다, 일상화하다, 관례화하다; ~ *pozdravljenje pretpostavnjenih* 상급자에게 인사하는 것을 관례화하다 8. ~ se ~에 대해 알다, ~에 이럭저럭 적응하다; *treba ... godinu dana dok se čovek uvede i počne ... sudelovati u donošenju konačnih odluka* 일에 적응하고 최종 결정에 참여하기 까지는 1년의 시간이 필요하다 8. 기타; ~ *red* 정리하다, 정돈하다, 질서를 유지하다; ~ *u dužnost (zvanje)* 누구를 ~직에 임명하다; ~ *u život* 생활에 도입하다(적용하다); ~ *u kolosek* 정상궤도에 오르게 하다; ~ *u običaj (u praksu)* 관례화하다, 일상화하다; ~ *u posao* 누구에게 일을 주다, 일을 하게 하다; ~ *u posed* 재산에 포함시키다, 누구를 ~의 주인으로 하다; ~ *u tanke niti* 어려운 상황에 처하게 하다, 파멸이 가깝다; ~ *se u posao* 일을 배우다, 일에 능숙해지다; ~ *se u red* 어떠한 질서에 순종하다, 질서정연해지다; ~ *se u tajnu* 비밀을 알다(알아내다)

uvesti *uvezem; uvezao, -ezla; uvezen, -ena; uvezavši* (完), **uvoziti** *-im* (不完) 1. (~안으로, ~속으로) (자동차 등을) 운전하여 들어가다; ~ *auto u dvorište* 자동차를 마당에 몰고 들어가다; *uvezao nas je u dvorište* 그는 우리를 정원까지 태워다 주었다 2. (상품을 외국으로부터 국내시장에) 도입하다; 수입하다; ~ *meso* 고기를 수입하다 3. ~ se 운전하여 당도하다; ~ *se u grad* 운전하여 시내에 당도하다

uvesti *uvezem; uvezao, -ezla; uvezen* (完) 수(vez)를 놓다

uveštiti se *-im se* (完) 능숙해지다, 능수능란해지다 (izveštiti se); ~ *u gađanju* 사격에 능란해지다; ~ *u konverzaciji* 회화에 능숙해지다

uvez (책의) 겉 표지, 장정 (povez, korice, omot)

uvezati *-žem* (完) **uvezivati** *-zujem* (不完) 1. 묶다, 묶어 놓다, 묶어 동여매다, 묶어 연결하다; ~ *konopcem što* 실로 무엇을 묶다; ~ *maramu ispod vrata* 턱밑에 수건을 동여매다; ~ *ranu na nozi* 다리의 상처를 동여매다 2. (책을) 제본하다, 겉표지를 하다 (ukoričiti)

uvezivati *-zujem* (不完) 참조 uvezati

uvežban *-a, -o* (形) 1. 참조 uvežbati 2. 훈련받은, 훈련된, 능숙한, 능란한 (obučen, vešt, spretan); ~ *strelac* 훈련된 사수(射手)

uvežbati *-am* (完) **uvežbavati** *-am* (不完) 1. 훈련시키다, 연마시키다; 훈련하다, 연마하다; 능수능란하게 하다; ~ *vojnike* 병사들을 훈련시키다; ~ *đake* 학생들을 연마시키다; ~ *ekipu* 팀을 훈련시키다; ~ *ruku* 손을 연마시키다 2. 연습하다, 실습하다; ~ *ulogu* 역할을 연습하다 3. 통달하다, 숙달하다, 완전히 익히다; ~ *recitaciju* 암송을 통달하다; ~ *slalom* 활강경기를 숙달하다

uvid 1. (뭔가를 알기 위해 눈으로 직접 보는) 보는 것; 육안 관찰; 면밀한 조사, 정밀 검사; (대중들이 직접 보게 하는) 공개; *poslati na* ~ 공개하도록 보내다, 조사(검사)에 보내다; *dozvoliti ~ u nešto* ~의 공개를 허락하다, ~을 들여다 보도록 허락하다; *biti izložen na* ~ (볼 수 있도록) 진열되다; *podneti na* ~ 공개하도록 제출하다 2. 이해, 식견; ~ *u materijale* 재료에 대한 이해(식견); *imati ~ u nešto* 무엇에 대한 식견이 있다

uvideti *-im* (完) **uviđati** *-am* (不完) (~에 대해) 이해하다, 깨닫다; ~ *apsurdnost takvog otpora* 그러한 저항의 불합리성을 깨닫다

uviđaj 1. (法) 현장 검증; *milicija vrši ~ na mestu nesreće* 경찰은 사고 현장에서 현장 검증을 한다 2. 참조 uvid

uviđati *-am* (不完) 참조 uvideti

uviđavan *-vna, -vno* (形) (상황·의미 등을) 이해하는, 분별하는, 식별하는; 분별력 있는, 식별력 있는 (razuman, razborit); ~ *sagovornik* 분별있는 대화자; ~ *postupak* 분별력 있는 행동

uviđavnost (女) 이해력, 분별력

uvijač 감싸는 것, 휘감는 것, 둘둘 마는 것, 덮는 것 (zavijač)

uvijanje (동사파생 명사) uvijati; *bez ~a* (말을 돌리지 않고) 직접적으로, 공개적으로, 거침 없이

uvijati *-jam* (不完) 1. 참조 uviti 2. (비유적) 말을 빙빙 돌리다, 우회적으로 말하다, 에둘러 말하다 (okolišiti); *nikako da se izjasni, sve nešto uvija* 결코 자신의 의견을 말하는 법이 없고, 모든 것을 우회적으로 말한다 3. (無人稱文) 잡아뜯듯이 아프다, 찌르듯 아프다; *ceo jutro me uvija u stomaku* 나는 아침 내내 배가 쥐어뜯듯 아프다 4. ~ se 참조 uviti se 5. ~ se 아부하다, 아첨하다 (ulagivati se, obigravati); *ubrzo se on poče ~ oko cure* 곧 그는 여자들에게 아부하기 시작했다

uvijen *-a, -o* (形) 1. 참조 uviti; 둘둘 말린; *~a kosa* 곱슬 곱슬한 머리 2. 직접적으로 말하는 것을 피하는, 에둘러 말하는 (okolišan, zaobilazan); *~ izveštaj* 에둘러 말한 보고(서); *~ odgovor* 우회적 답변; *na ~ način* 외교적 방법으로

uvinuti *-nem* (完) 1. (손목·발목 등을) 비틀다; 삐다, 접지르다 (iščašiti, uganuti, ušinuti) 2. (열쇠·칼 등을) 구부리다, 휘다 (iskriviti, saviti) 3. ~ se 삐다, 접지르다; 휘어지다, 구부러지다 4. ~ se 딱 달라붙다, 완전히 밀착되다 (priviti se, priljubiti se); *ali se uvine sin ... dojkini na grud* 하지만 아들은 유모의 가슴에 딱 달라붙는다

uvir (물의) 합류; 합류 지점 (ušće)

uvirati *-em* (不完) 1. (한 물길이 다른 물길로) 흘러들어가다 2. (물이) 사라지다, 없어지다 (ponirati) 3. (비유적) (시야에서) 사라지다, 없어지다; *gomile kuća uviru u tamu* 수많은 집들이 어둠속에서 사라진다

uvis (副) 위로; *skočiti ~* 위로 점프하다; *skok ~* 높이뛰기; *ruke ~!* 손들어!; *bacati loptu ~* 공을 위로 던지다

uvitak *-tka; uvici* 말려져 있는 것, 둘둘 말린 것 (svitak)

uviti *uvijem; uvio, -ila; uvijen, -ena & uvit; uvij* (完) uvijati *-am* (不完) 1. (~의 주위를) 둘둘 말다; 싸다, 감싸다 (omotati, obaviti); *~ šal oko vrata* 목에 목도리를 하다; *~ maramom glavu* 머리에 수건을 하다; *~ dete ćebetom (u ćebe)* 담요로 아이를 감싸다 2. 포장하다; *~ knjigu* 책을 포장하다; *~ poklon* 선물을 포장하다; *~ u hartiju* 종이로 포장하다 3. (붕대 등을) 동여매다, 붕대를

하다 (zaviti, previti); *~ ranu* 상처을 (붕대로) 동여매다 4. 감추다, 덮어싸다, 뒤덮다 (prekriti, obaviti); *magla uvila planinu* 안개가 산을 뒤덮었다 5. (콧수염·머리카락 등을) 꼬아말다, 구부리다 (ukovrčati, zasukati); *~ kosu* 머리를 말다 6. (궐련을) 말다 7. 둘둘 말아 잘라내다; (불 등을) 끄다; *~ fitilj* 심지를 둘둘 말아 잘라내다, 불을 끄다; *~ lampu* 소등하다 8. 둘둘 말다, 구부리다, 휘다 (iskriviti); *~ žicu* 철사를 둘둘 말다 9. ~ se 덮다, 감싸다, 둘둘 말다 (obaviti se čime (u što)); *~ se šalom* 목도리를 하다; *~ se u kaput* 외투로 둘둘 말다 10. ~ se (~의 주변을) 빙빙 돌다; *ona se uvi oko njega kao loza* 그녀는 그의 주변을 마치 넝쿨처럼 빙빙 돈다 11. 휘어지다, 구부러지다 (압력에 의해); *daske se uviju pod teretom* 널판지들은 하중에 의해 휘어진다 12. 기타; *uviti (se) u crno* 불행하게 하다(불행해지다)

uveštiti se *-im se* (完) 능숙해지다, 능수능란해지다 (izveštiti se); *~ u gađanju* 사격에 능숙해지다; *~ u konverzaciji* 대화에 능숙해지다

uvjet 참조 uslov; 조건; *prihvatljivi ~i* 받아들일 수 있는 조건; *uz ~ da ...* ~라는 조건하에

uvjetan *-tna, -tno* (形) 참조 uslovan; *~tna osuda* 집행유예; *~ otpust* 가석방, 조건부 석방; *~tni refleksi* 조건 반응

uvjtovati *-tujem* (完,不完) 참조 usloviti, uslovljavati; 조건부로 하다, 조건을 내걸다; *ništa nije bilo uvjetovano ni u njenom životu ni u mojem životu* 그녀의 삶에도 내 삶에도 그 아무것도 조건부로 내걸리지 않았다

uvlačenje (동사파생 명사) uvlačiti; *~ prvog retka* 첫 줄의 들여쓰기

uvlačiti *-im* (不完) 참조 uvući; 끌어당기다

uvlaka 1. 구두끈 (pertla) 2. 펜대(깃털 펜을 꽂아 놓는) 3. 배겟잇 (jastučnica)

uvlažiti *-im* (完) 참조 ovlažiti; (물로) 적시다, 축축하게 하다

uvo *uva; uši, ušiju,* (=uho) 1. (解) 귀, 이(耳); *spoljašnje ~* 외이; *srednje ~* 중이; *unutrašnje ~* 내이; *zapaljenje ~a* 이염, 귓병; *morsko ~* 전복(조개류의) 2. (비유적) 청각, 청력 (sluh); *ima on ~ za to* 그는 그것에 대한 청각이 있는(그것을 듣는다) 3. 바늘귀; (어떤 도구 등에서 귀와 비슷하게 생기거나 역할을 하는 부분) 4. (비유적) 사람, 인간 (čeljade) 5. 기타; *biti tankih ušiju* 귀가

얇다(남의 말을 잘 듣다); *biti tvrd na ušima* 귀가 잘 들리지 않다, 가는 귀가 먹다; *dođe mu do ušiju (došlo mu do ušiju)* (소문 등을) 듣다, 그의 귀에까지 들리다; *zaljubiti se do (preko) ušiju* 깊은 사랑에 빠지다, 홀딱 반하다; *zapušiti uši* 들으려고 하지 않다; *zapušiti kome uši* 누구의 귀를 막다(듣지 못하게, 알지 못하게); *izvući (iščupati) nekome uši* 누구의 귀를 잡아당기다(벌로써, 보통은 어린 아이들의); *iz tvojih usta u božije uši!* 누가 말한 것을 성취하려고 원할 때 사용하는 말; *imati zečje uši* 잘 듣다; *jedno drugom do uva* 학교에 취학할 연령이 된 아이들을 일컫는 말; *na jedno uvo čuti, na drugo pustiti (kroz jedno uvo ulazi, kroz drugo izlazi)* 한 귀로 듣고 한 귀로 흘리다; *(na)puniti kome uši* 누구에게 별별 이야기를 다하다; *ne verovati svojim ušima* 자신의 귀를 믿지 않다(있을 수 없는 이야기를 듣다); *ni uvom ne mrdnuti* 전혀 반응하지 않다, 꼼짝도 하지 않다; *niko te šibao (tukao, bio) po ušima* 아무의 잘못도 아닌 네 자신의 잘못이다; *pokriti se (poklopiti se) ušima* 침묵하다; *pretvoriti se u ~* 집중하여 듣다, 귀를 쫑긋 세우고 듣다; *probi(ja)ti kome uši čime (kome)* 무엇에 대해(누구에 대해) 끊임없이 말함으로써 누구를 지겹게 하다; *provući kome što kroz uši* 누구에게 무엇을 알리다; *proterati (koga) kroz iglene uši* (누구를) 큰 어려움에 봉착시키다; *pustiti (metnuti) kome buvu (bubu) u uvo (u uši)* 누구에게 뭔가를 말함으로써 큰 혼란에 빠뜨리다(헷갈리게 하다); *put za uši!* 가라(idi!, kreći!); *sedeti na ušima* 듣지 않다; *slušati na jedno ~* 몰래 듣다; *slušati na pola uva* 건성으로 듣다; *spavati na jedno uvo (na pola uva)* 조심하며 자다; *spavati na oba uva* 곤히 잠자다 **ušni** (形) ~a mast 귀지, 귓밥; ~a školjka 외이, 귓바퀴; ~a zlezda (解) 귀밑샘

uvobolja (=ušobolja) 귓병, 이통(耳痛)

uvod 1. (어떤 일이나 사건의) 시작, 서막; ~ u rat 전쟁의 서막 2. (책 등의) 서문, 서설, 들어가는 말 (predgovor); ~ knjige 책의 서문 3. 개론, 입문서; ~ u filozofiju 철학 개론; ~ u sociologiju 사회학 입문 4. (機) 설치, 도입 (uvođenje), **uvodni** (形); ~ članak 사설, 머릿말 기사, 주요 기사

uvodilac *-ioca* (누군가를, 뭔가를) 데려오는 사람, 영입하는 사람, 도입하는 사람

uvoditi *-im* (不完) 참조 uvesti

uvodnī *-ā, -ō* (形) 참조 uvod

uvodničar 논설위원, 사설위원; 머리말 기사를 쓰는 사람

uvodnik 1. (신문·잡지 등의) 사설; 머리말 기사 2. 참조 uvodilac

uvođen *-a, -o* (形) 1. 참조 uvesti 2. 도입된, 영입된

uvođenje (동사파생 명사) uvoditi; ~ novih mašina 새로운 기계의 도입(설치)

uvojak *-jka* 1. 곱슬 머리 (kovrča) 2. (일반적으로 코일과 같은) 나선형 모양; ~ kore od jabuke 사과 껍질(길게 껍질을 깎아 나선형으로 된) 2. 주름 (bora) 3. (길 등의) 굽어진 곳, 커브 (okuka, zavoj) 4. 나사산(줄)

uvojica 1. 나선 (spirala); stepenice na ~e 나선형 모양의 계단 2. 나사산(줄) (navoj, zavojica)

uvojit *-a, -o* (形) 1. (보통 머리카락이) 나선형으로 말린 2. (길 등이) 굽이 굽이의, 굽은 곳이 많은 (vijugav, zavojit)

uvojnica 나선; 용수철

uvolaža (昆蟲) 집게벌레

uvonjati se *-am se* (完) 나쁜 냄새가 나다, 악취(vonj)가 나다, 악취를 풍기다

uvoštiti *-im* (完) 1. 왁스(vosak)를 입히다(바르다), 왁스로 광을 내다; ~ platno 캔버스에 왁스칠을 하다 2. (비유적) 구타하다, 때리다 (izvoštiti, istući); ~ krivca 죄인을 구타하다

uvoz 1. 반입(곡물·건초 등의, 달구지로 일정장소까지 운반하는) 2. 수입(외국으로부터 물건을 수입하는); 수입품; zbog ukidanja uvoznih carina na žitarice, ~ žita ... je zadovoljavao potrebe tržišta 곡물에 대한 수입관세의 폐지로 인해 곡물 수입은 … 시장의 수요를 만족시킬 수 있었다; roba iz ~a 수입품 **uvozni** (形); ~a roba 수입 물품; ~a taksa (carina) 수입 관세; ~a trgovina 수입 무역; ~a dozvola 수입 허가; ~a firma 수입 회사

uvoziti *-im* (不完) 참조 uvesti

uvoznī *-ā, -ō* (形) 참조 uvoz; 수입(輸入)의; ~ artikal 수입 물품(품목); ~a roba 수입 물건

uvoznica 1. 수입국(國) 2. 수입 허가

uvoznik 수입상(商), 수입 회사; engleska je bila glavni ~ poljoprivrenih proizvoda 영국은 농산물의 주요 수입국이었다

uvoznina 수입 관세

uvožen *-a, -o* (形) 참조 uvesti

uvoženje (동사파생 명사) uvoziti

uvračati *-am* (完) 1. 마법을 걸다(해악을 끼치는), 주술을 걸다 (ureći, baciti čini); kako *mi snaja dođe u kuću, pođe sve naopako, kao da je uvračala nešto ili uklela* 며느리가 집에 들어온 이후부터 모든 것이 잘 안되었다, 마치 며느리가 마법을 걸거나 저주를 퍼부은 것처럼 2. (점을 쳐) 예언하다, 예견하다; 점치다, 점을 치다 (proreći); *uvračala mu je ženidbu* 그의 결혼을 점쳤다

uvraćati (se) (不完) 참조 uvratiti (se)

uvratine (女,複) (농부가 쟁기질을 할 때 밭의 끝자락에서 되돌아서는) 고랑 끝자락 (그 결과 갈리지 않은)

uvratiti *-im* (完) 1. (koga) 객(행인)을 집으로 부르다(초대하다); *kako smo živeli ukraj puta, često bismo uvratili putnika ... da okuša naše vino* 우리는 길 끝자락에 살았기 때문에 자주 객들을 집으로 불러 우리가 만든 포도주를 맛보게 했다; *uvratimo u kuću nevoljnika kad naiđe* 난처한 사람들을 보면 집으로 불렀다 2. (잠깐, 잠시) 들르다 (navratiti, svratiti, svrnuti); *uvrati u krčmu* 주막(술집)에 들러라 3. ~ **se** (잠깐·잠시) 들르다; *malo se uvratiše da se zgreju* 몸을 녹이려고 잠시 들렀다

uvrći se *uvrgnem se; uvrgnuo se & uvrgao se* (完) 참조 uvrgnuti se (누구의 특성·외모를) 닮다; ~ *na (u) nekoga* 누구를 닮다; *jest, na nju sam se licem uvrgao* 그래, 얼굴은 그녀(엄마)를 닮았어; *gledali su njezin karakter ... da se uvrgla u svog oca* 그들은 그녀의 성격을 보았으며 ··· 자기 아버지를 닮았다(는 것을 알았다)

uvrebati *-am* (完) 1. 매복해 잡다(붙잡다) (uloviti, uhvatiti); ~ *nekoga* 누구를 매복해 있다가 붙잡다; ~ *lopova* 도둑을 매복 체포하다 2. (조사하여·살펴보아) 알아채다, 깨닫다 (saznati, dokučiti); ~ *nečije namere* 누구의 의도를 알아채다 3. 기타; ~ *zgodu (priliku, trenutak, čas)* 좋은 기회를 잡다(포착하다); *kad uvrebamo priliku treba odjednom svi da krenemo* 좋은 기회를 잡으면 한꺼번에 우리 모두 가야 한다

uvreda 1. 모욕(적인 말·행동); ~ *časti* 명예 훼손; *krvava(krvna)* ~ 신랄한 모욕 2. (육체적) 부상

uvredilac *-ioca*, **uvreditelj** 모욕하는 사람

uvrediti *-im* (完) 1. (koga) 모욕하다 2. 물리적으로(육체적으로) 부상을 입히다; *pazi da me ne uvrediš u nogu* 내 발을 다치지 않게 조심해라 3. ~ **se** 모욕감을 느끼다 4. ~ **se** 자기 자신에게 부상을 입히다(상처를 입히다)

uvredljiv *-a, -o* (形) 1. 모욕적인; ~ *postupak*

모욕적인 행동; ~*o ponašanje* 모욕적 행위; ~*e reči* 모욕적 언사 2. 쉽게 모욕감을 느끼는, 너무 민감한; ~ *čovek* 쉽게 모욕감을 느끼는 사람

uvreti *-rim; uvreo, -ela* (完) (액체가) 끓다, 끓어 수증기로 날아가다, 끓어 농축되다; *uvrela ti je supa* 수프가 끓었다

uvrežiti se *-im se* (完) 덩굴(vreža)을 뻗다, 뿌리를 내리다 (ukoreniti se); *koren biljke se beše duboko uvrežio* 식물 뿌리는 깊게 뿌리를 내렸다 2. (비유적) 뿌리를 내리다, 확대되다, 퍼지다 (ukoreniti se, raširiti se); *takvo mišljenje se bilo uvrežilo u narodu* 그러한 생각은 국민들 사이에서 광범위하게 퍼졌다

uvrh (前置詞, + G) 1. (~의) 위에 (na vrhu); ~ *čela* 이마 위에 2. (~의) 앞에, 선두에 (na čelu čega); ~ *stola sedeti* 책상 앞에 앉다 3. 기타; ~ *glave* 과도하게, 너무 많이; *proteklih meseci ... imala je posla ~ glave* 지난 몇 개월간 그녀는 일이 너무 많았다

uvrnuti *-nem* (完) **uvrtati** *-ćem* (不完) 1. 꼬다, 말다; 꼬아 용수철 모양을 만들다; ~ *brk* 콧수염을 꼬다(말다) 2. (램프의 심지 등을 말아) (불을) 끄다, 소등하다 (ugasiti); 불을 줄이다; *uvrne lampu i leže u postelju* 램프를 소등하고 침대에 눕는다 3. (소매 등을) 말아 올리다, 걷어 부치다; ~ *rukave* 소매를 말아 올리다 4. (나뭇잎 등이) 시들어 말리다(떨어지다) 5. (손 등을) 비틀다; ~ *kome ruku* 누구의 손을 비틀다 6. (노끈 등을) 꼬다, 엮다 (usukati); ~ *konopac* 실을 꼬다; ~ *uže* 밧줄을 꼬다 7. (비유적) 압박하다 (pritisnuti); *zakom može tebe da uvrne samo ako ja hoću* 내가 원할 때에만 법이 너를 압박할 수 있다 8. 조이다, 틀어 막다; ~ *šraf* 나사를 조이다; ~ *slavinu* 수도꼭지를 막다 9. ~ **se** (낙엽 등이) 말리다, 꼬부러지다 10. ~ **se** 사라지다, 없어지다 (presahnuti, prestati)

uvrstati *-am* (完) **uvrstavati** *-am* (不完) 1. 줄 세우다, 한 줄로 늘어놓다; 분류하다, 종류별로 놓다; *unutra uvrstani stolovi za one koji piju* 안에는 술마시는 사람들을 위해 테이블이 한 줄로 늘어져 있다 2. (군대 등을) 배치하다, 배열하다 (postrojiti); ~ *vojsku* 군대를 배치하다 3. ~ **se** 배치되다, 한 줄로 세워지다, 종류별로 나열되다

uvrstiti *-im; uvršćen & uvrsten* (完) **uvršćivati** *-ćujem*, **uvrštavati** *-am* (不完) *(nekoga, nešto)* 1. (~들 사이에) 집어넣다, 끼워넣다, 놓다; *nisu ga uvrstili u ekipu* 그

1431

를 팀에 끼워넣지 않았다 2. 포함시키다, ~
로 분류하다 (uključiti, svrstati); *uvrstiše
ga u pešadiju* 그를 보병에 포함시켰다; ~
članak u novine 기사를 신문에 포함시키다

uvršan *-šna, -šno* (形) 넘칠듯한, (그릇) 끝까
지 찬 (do vrha pun, prepun); ~ *čanak
brašna* 밀가루가 가득 담긴 그릇

uvrtati (se) *uvrćem (se)* (不完) 참조 uvrnuti (se)

uvrteti *-im; uvrćen* (完) 1. 돌려 잠그다, 돌려
조이다; ~ *zavrtanj* 나사를 조이다 2. 꼬다,
꼬아 만들다, 엮어 만들다 (usukati); ~
konopac 노끈을 꼬다 3. ~ **se** 파고 들다;
crv se uvrteo u liku 벌레가 껍질을 파고 들
었다 4. ~ **se** (둥그렇게) 말리다 5. 기타; ~
nešto (sebi) u glavu 어떠한 생각에 잠기다
(빠지다), 어떠한 아이디어를 얻다; ~ *se
kome u glavu* 누구의 머릿속에 맴돌다

uvući *uvučem, uvuku; uvukao, -kla; uvučen;
uvukavši* (完) **uvlačiti** *-im* (不完) 1. 끌어들
이다, (안으로) 끌어당기다; ~ *kola u avliju*
자동차를 마당으로 끌어들이다; ~ *decu u
kuću* 아이를 집으로 끌어들이다; ~ *sanduk
u kuću* 궤짝을 집안으로 끌어들이다 2. (~
속으로) 집어넣다, 삽입하다 (ugurati,
udenuti); ~ *ključ u bravu* 열쇠를 자물쇠 속
으로 집어넣다; ~ *konac u iglu* 바늘에 실을
꿰다; ~ *ruku u džep* 손을 주머니에 넣다; ~
katetar 도뇨관을 삽입하다 3. (속으로, 안으
로) 집어넣다; ~ *rogove* 촉수를 집어넣다(달
팽이 등의); ~ *stomak* 배를 집어넣다; *uvuci
trbuh!* 배 집어넣어!; ~ *kandže* 발톱을 숨기
다(집어넣다) 4. 흡수하다, 빨아들이다, 빨아
먹다 (upiti, usisati, povući); ~ *miris
duvana* 담배 냄새를 빨아들이다; ~ *vlagu*
습기를 빨아들이다 5. (누구를 어떠한 일에)
끌어들이다, 참여시키다 (보통은 어떤 사람
의 의지와는 상관없이); ~ *u posao* 일에 끌
어들이다; ~ *u rat* 전쟁에 끌어들이다; ~
nekoga u razgovor 누구를 대화에 끌어들이
다 6. ~ **se** (~속으로·안으로·밑으로) 몰래(슬
며시) 들어가다; ~ *se pod sto* 책상 밑으로
들어가다; ~ *se u sobu* 방안으로 들어가다;
uvukao se kroz prozor 창문을 통해 몰래
들어가다 7. ~ **se** (어떤 자리·위치를) 차지하
다, 스며들어가다; ~ *se u vlast* 권력을 차지
하다 8. ~ **se** 뿌리를 내리다, 확산되다, 퍼지
다 (ukoreniti se, raširiti se); *sujeverje se
bilo svuda uvuklo* 미신은 사방에 뿌리를 내
렸다(확산되었다) 9. ~ **se** (헐렁한 옷·신발 등
을) 입다, 신다 (obući, obuti); ~ *se u
farmerke* 청바지를 입다 10. ~ **se** (속으로·

뒤로)들어가다 (돌출되어 나와 있던 것이);
pri otvaranju kapije šipke se uvuku 대문을
열 때 걸쇠가 뒤로 들어간다 11. 기타; ~ *se
kome pod kožu* 아부하다, 아첨하다; ~ *se u
sebe (u se)* 사람들과 관계를 단절하고 살다,
고립된 생활을 하다

uvula (解) 목젖, 구개수 (=resica) **uvularan** (形)
uz, (前置詞,+ A) 1. ~ 위로, ~ 위쪽으로, ~을
따라 (움직임의 방향을 나타냄); ~ *drvo* 나
무 위로; ~ *brdo* 언덕 위쪽으로; ~ *reku* 강을
따라; *ići ~ stepenice* 계단을 따라 위로 올
라가다 2. ~을 따라 (가까운 곳에서 먼 곳을
향해 움직이는); *šetati ~ sobu niz sobu* 방
을 따라 이리저리 왔다갔다 하다 3. (완전히
가까이 있는) ~의 옆에, ~의 곁에 (pored,
pri, kraj); 바로 뒤에 (za); *stajati jedan ~
drugog* 서로 나란히 서다; *biti ~ peć* 난로
옆에 있다; *sedeo je ~ mene* 그는 내 바로
옆에 앉았다; *sede s ljudima uza sto* 사람들
과 함께 테이블 뒤에 앉다; *uza samo
granice* 국경선 바로 뒤에 4. (공동체를 나
타내는) ~와, ~와 함께 (sa, sa sobom);
mislim da su seljaci ~ nas 농민들이 우리와
함께 한다고 생각한다; *klade se ko ima više
novaca uza se* 누가 현금을 더 많이 갖고
있는지에 대해 내기를 한다; *on nema
novaca uza se* 그는 가지고 있는 돈이 없다;
biti ~ vladu 정부와 함께 하다 5. ~ 시기에,
~ 동안 (동작이나 사건이 발생하는 시간·시
기·기간을 나타내는) (u doba, za vreme); ~
rat 전시에; ~ *post* 금식기에; ~ *smeh* (plač)
웃는(우는) 동안; *Jakova sam rodila ~
gospojinski post* 나는 야코브를 금식기에
출산했다 6. ~와 함께, ~ 환경하에서 (동사
의 동작이나 상태가 일어나는 환경을 나타
냄); *brod je plovio tiho ~ laki povetarac* 배
는 미풍이 부는 상태에서 조용히 항해했다;
spavati ~ pucketanje vatre 타닥타닥 타는
불소리와 함께 잠자다; *ljudi se ~ vino i
gozbu razvesele* 사람들은 포도주와 음악과
함께 즐거워했다; *pevati ~ klavir (~ pratnju
klavira)* 피아노 반주에 맞춰 노래하다; *belo
vino se pije ~ ribu* 백포도주는 생선을 곁들
여 마신다 7. (동사 동작이 실현되는 조건과
방법을 나타냄) (po); *uraditi nešto ~ svaku
cenu* 어떤 희생을 치르더라도 행하다 8. ~
이외에도, ~와 함께 (부가·추가를 나타냄)
(pored); ~ *oštro oko imaju i dobar ukus* 예
리한 눈 이외에도 훌륭한 풍미가 있다 9.
(허락·허용·용인을 나타냄) ~에도 불구하고
(i pored); *uza sve molbe, on ne pristane*

온갖 간청에도 불구하고 그는 동의하지 않는 다 10. (밀착을 나타냄); *prionuti uz posao* 일에만 신경쓰다; *pripiti se ~ nešto* ~에 딱 달라붙다(밀착하다) 11. 기타; ~ *brk*, ~ *inat* ~에도 불구하고, 오기로(uprkos); ~ *dlaku (iči kome)* 누구에게 반항하다(저항하 다), 누구의 뜻(의지)에 맞서다; *rame ~ rame* (어깨를) 나란히, 공동으로; *ići ~ nos* 저항하다(반항하다), 맞서다; ~ *reč* 말하는 도중에; ~ *rudu prileći* ~에 동의하다, 어떠 한 상황(상태)과 타협하다

uz- (무성자음 앞에서는 us-) (복합동사의 접 두사로서) 1. (밑에서 위로 향하는 움직임의 방향을 나타냄) *uzjahati* 말에 오르다; *uspuzati se* 기어오르다 2. (되돌림, 반환 등 의 뜻) *uzvratiti* 되돌려주다 3. (동사 동작의 시작, 완료의 시작) *ushodati se* 이리저리 왔 다갔다 하다, *uzbuniti se* 당황하다, 당황하 기 시작하다

uza- 참조 uz-

uzabrati *uzaberem* (完) 참조 ubrati; 1. 수확 하다, 따다, 꺾다; ~ *jabuku* 사과를 따다; *uzabere ružu da se zakiti* 장식하려고 장미 를 꺾다 2. (비유적) (환심·호감 등을) 얻다 (dobiti, osvojiti); *kad ... uzabereš i moje srce ... seti se ... mojih tužnih dana* 내 마 음까지 얻는 날 ... 내 슬픈 날도 기억해 줘

uzačak *-čka*, *-čko* (= uzacak) (形) (지소체) uzak

uzaći *uzađem* (完) 참조 uzići; (~을 따라) 위 로 올라가다

uzajaman *-mna*, *-mno* (形) 상호의, 상호간의, 서로의(međusoban); ~*mni dogovor* 상호 약 속; ~*mno poštovanje* 상호 존중; ~*mno poverenje* 상호 신뢰; ~*mna zainteresovanost* 공동의 이해; *blagajna (kasa)* ~*mne pomoći* 공제회

uzajamno (副) 상호간에, 서로간에, 다함께, 공 동으로; ~ *odlaziti* 다함께 떠나다; ~ *raditi* 공동으로 일하다

uzajmica 대출금, 대부금, 융자금 (pozajmica)

uzajmiti *-im*; *uzajmljen* (完) **uzajmljivati** *-ljujem* (不完) 빌려주다, 꿔주다; 빌리다, 꾸 다 (pozajmiti); ~ *novac* 돈을 빌려주다(빌리 다)

uzajmljivač 돈을 빌려주는 사람, 채권자; 돈을 빌린 사람, 채무자

uzajmljivati *-ljujem* (不完) 참조 uzajmiti

uzak *uska*, *-ko*; *uski* (形) 1. (폭·면적 등이) 좁 은, 비좁은; 편협한, 한정된; ~ *hodnik* 좁은 복도; ~ *stan* 좁은 아파트; *uska ulica* 좁은

길; *uski pogledi* 편협한 시각; *uska haljina* 타이트한 치마; *železnica uskog koloseka* 협궤열차; *usko grlo* 병목 2. (숫자 등이) 한 정된, 제한된, 소수(小數)의; ~ *krug prijatelja* 소수의 친구들; ~ *obim poslova* 업무의 한정된 범위 3. 가까운, 긴밀한, 절친 한 (blizak, intiman); *usko prijateljstvo* 긴 밀한 우정 **uži** (비교급) 협의 의 의미에서; ~ *pojam* 협의의 개념; ~ *izbor* 최종 선택; ~*a porodica* 직계 가족, 아주 촌 수가 가까운 친척

uzakoniti *-im*; *uzakonjen* (完) **uzakonjavati** *- am* (不完) 1. 법제화하다, 법률로 제정하다, 입법화하다 (ozakoniti) 2. ~ *se* 법이 되다, 법제화되다, 입법화되다

uzalud (副) 헛되이, 쓸데없이 (bez koristi, bez rezultata, bez uspeha); ~ *čekati* 헛되 이 기다리다

uzaludan *-dna*, *-dno* (形) 헛된, 쓸데없는, 쓸 모없는, 보람없는 (beskoristan); ~ *napor* 헛된 노력; ~*dna opravka* 보람없는 수리

uzaman (副) 참조 uzalud

uzan *-a*, *-o* (形) 참조 uzak

uzanc (男), **uzanca** (女) (보통 상거래에서의) 관행, 관례, 관습, 습관 (običaj, navika)

uzao *uzla*; *uzlovi* (男) (끈·밧줄·새끼 등의) 매 듭 (čvor); *muški (ženski)* ~ 옭매기(거꾸로 매기); *vrzin* ~ 감아 매기; *zastavni* ~ 새발 매듭

uzaptiti *-im*; *uzapćen* (完) **uzapćivati** *-ćujem* (不完) 1. (권력의 힘으로) 빼앗다, 몰수하다, 압수하다 (zapleniti); (전쟁·전투에서) 전리품 으로 빼앗다, 포로로서 생포하다; *policija je uzaptila i njen lični dnevnik* 경찰은 그녀의 개인 일기책도 몰수하였다 2. 체포하다, 구 금하다 (uhapsiti, zatvoriti)

uzastopan *-pna*, *-pno*; *-pni* (形) 연달은, 연이 은; *peta* ~*pna pobeda* 다섯 번 째 연속적인 승리; ~*pni pokušaj* 연달은 시도; ~*pne pojave* 연이은 현상

uzastopce (副) 연이어, 연달아, 연속하여, 줄 줄이 (jedan za drugim, zaredom); *dolaziti tri dana* ~ 연달아 3일간 오다; *pratiti nekoga* ~ 누구를 계속하여 따라다니다(미행 하다); *dvaput* ~ 연속해서 두 번

Uzašašće (宗) (가톨릭) 성모 승천, 성모 승천 대축일

uzavreo *-ela*, *-elo* (形) 참조 uzavreti; 끓는, 펄펄 끓는

uzbiti *uzbijem* (完) **uzbijati** *-jam* (不完) 1. (적 을) 물리치다, 격퇴시키다 (suzbiti, odbiti,

1433

potisnuti); *Srbi uzbiju Turke* 세르비아가 터키를 물리친다 2. ~ se 물러나다, 퇴각하다 (povući se, suzbiti se); ~ *se pod pritiskom* 압력하에 물러나다(퇴각하다)

uzbrati *uzberem* (完) 참조 ubrati; 수확하다, 걷어들이다; ~ *šljivu* 슐리바(서양자두)를 수확하다

uzbrdan *-dna, -dno* (形) 오르막의, 오르막 길의; ~*dna staza* 오르막의 오솔길; ~ *put* 오르막 길

uzbrdica 오르막, 오르막 길 (反; nizbrdica); *laka* ~ 약간의 오르막 길; *velika* ~ 급한 오르막 길

uzbrdice (副) 위로, 위를 향하여, 비탈을 올라; *staza se penje* ~ 오솔길은 위로 오르막이다

uzbrdo (副) 위로, 위를 향하여, 비탈을 올라

uzbuditi *-im; uzbuđen* (完) **uzbuđivati** *-đujem* (不完) 1. (사람·흥분·감정 등을) 불러일으키다, 자극하다, 흥분시키다, 들뜨게 하다 (uznemiriti, uzrujati, uzbuniti) 2. 당황케하다, (마음 등을) 뒤흔들다, 어지럽히다 3. ~ se 당황하다, 흥분하다, (마음 등이) 어수선하다; *ne uzbuđuj se!* 흥분하지 마!, 당황하지 마!; *publika se uzbudila* 관중이 흥분했다; *uzbudio se zbog ispita* 그는 시험 때문에 마음이 어지러웠다; *on se uzbuđuje za svaku sitnicu* 그는 아주 사소한 것들에 대해 흥분한다

uzbudljiv *-a, -o* (形) 1. 흥분시키는, 자극적인, 흥미로운; ~ *doživljaj* 흥미로운 경험 2. 쉽게 흥분하는, 쉽게 당황하는; 민감한, 예민한 (osetljiv); ~*a devojka* 예민한 아가씨

uzbuđeno (副) 흥분하여, 들떠; ~ *govoriti* 들떠 말하다

uzbuđenje (동사파생 명사) uzbuditi; 흥분, 들뜸

uzbuđivati *-đujem* (不完) 참조 uzbuditi

uzbujati *-im* (完) 1. (식물 등이) 쑥쑥 자라다, 우후죽순처럼 자라다, 급격하게 불어나다; *uzbujala ljetina* 수확량이 급격하게 증가했다 2. (강물·개울물 등이) 급격히 불어나다 3. (반죽 등이) 부풀다 4. (바다물이) 급격히 일렁이다, 파도치다 (ustalasati se)

uzbuna 1. 경보, 경고, 경종; 경보 상태 (전쟁·화재·홍수 등의); *lažna* ~ 거짓 경보 2. 반란, 폭동, 봉기 (ponuna, bunt); *pobuna protiv vlasti* 반정부 반란 3. 센세이션한 소식(뉴스) 4. 기타; *zvoniti na* ~*u* 경보 사이렌을 울리다(보통은 화재·홍수 등의); *(za)svirati na* ~*u, podići* ~*u* 1) 경고음을 울리다 2) 위험을 알리다

uzbuniti *-im; uzbunjen* (完) **uzbunjivati** -

njujem (不完) 1. 경고음(경보음)을 울리다; *čim smo primetili vatru, uzbunili smo stanare* 화재를 인지하자마자 우리는 주민들에게 비상임을 알렸다 2. (누구를) 당황시키다, 흥분시키다, 들뜨게 하다, (마음 등을) 뒤흔들다, 혼란스럽게 하다, 어지럽히다 (uznemiriti); *njegova bolest nas je sve uzbunila* 그의 병환이 우리 모두를 당황스럽게 하였다 3. (정부에 대항에) 봉기(반란·폭동)를 선동하다(부추기다); ~ *narod protiv nekoga* 누구에 맞서 민중들을 선동하다 4. (계획 등을) 어긋나게 하다, 망치게 하다, 깨뜨리다 (narušiti, poremetiti); ~ *tišinu* 정적을 깨뜨리다 5. ~ se 당황하다, 흥분하다, 들뜨다; *što ste se toliko uzbunili?* 왜 그렇게 당황하시나요?; *uzbunili su se pa ne znaju šta rade* 당황하여 뭣을 하는지도 몰랐다 6. ~ se 봉기(반란·폭동)을 일으키다; *tako malo-pomalo uzbuni se ... gotovo sva Šumadija* 그렇게 조금씩 조금씩 ... 거의 모든 슈마디아 지역이 봉기를 일으켰다 7. ~ se 심하게 흔들리다(파도치다), 이리저리 흔들리다; *kad vetar dune, uzbune se travke* 바람이 불 때 풀들은 이리저리 흔들린다

uzbunjivač 내부고발자, 공익제보자

uzburkati *-am* (完) **uzburkavati** *-am*, **uzburkivati** *-kujem* (不完) 1. 출렁이게 하다, 파도를 일으키다 (zatalasati); ~ *vodu* 물을 출렁이게 하다, 파도를 일으키다; *uzburkano more* 파도가 출렁이는 바다 2. (대중·민중들을) 선동하다, 출렁이게 하다; 봉기를 일으키다 (uskomešati, pobuniti); *taj glas uzburka svet* 그러한 소문은 세상을 떠들썩하게 했다(민심을 흉흉하게 했다); *događaji su uzburkali celo stanovništvo* 사건들은 모든 국민들의 마음을 뒤흔들어 놓았다

uzda 1. (말(馬)의) 굴레, 고삐, (마구(馬具)의) 가죽끈; *pritegnuti* ~*e* 고삐를 조이다; *držati na* ~*i, držati u rukama* ~*e* 고삐를 쥐고 있다, 전적으로 통제하다(지배하다); *(po)pustiti* ~*e, pustiti s* ~*a* 고삐를 풀어주다, 보다 많은 자유를 주다; *uzeti (uhvatiti, zgrabiti)* ~*e u svoje ruke* 자신의 손에 고삐를 쥐다, 통제권(지배권, 권력)을 갖다

uzdah 한숨 (통증·고통·슬픔·피로·안도 등의)

uzdahnuti *-nem* (完) 한숨을 쉬다

uzdanica 1. 믿을만한 사람, 신뢰할만한 사람; 믿을만한 것, 신뢰할만한 것; *bio je vredan,* ~ *roditeljima* 그는 부지런했으며 부모에게는 믿을만한 자식이었다 2. 믿음, 신뢰 (pouzdanje, vera); *smalaksala mi* ~ *u* *samog sebe* 내 자신에 대한 믿음이 거의 사라졌다

uzdanje (동사파생 명사) uzdanje

uzdarje (선물에 대한) 답례품

uzdati *-am* (不完) (말·당나귀 등에) 고삐를 채우다; (비유적) 억제하다, 통제하다; ~ *konja* 말에 고삐를 채우다, 말을 억제하다; ~ *nagone* 본능을 억제하다; *seljak je uzdao svoju naprasitost* 농민은 자신의 화를 억제하였다

uzdati se *-am se* (不完) (u nekoga, u nešto) (~을) 믿다, 신뢰하다, (~에) 기대다; *ne uzda se ni u plemstvo ni u građansku klasu* 귀족 계층도 시민 계층도 믿지를 않는다; *uzda se u svoje prijateljstvo s učiteljem* 자신과 선생님과의 친밀함을 믿는다(친밀함에 기댄다); *uzdaj se u sē i u svoje kljuse* (아무도 믿지 말고) 자기자신만을 믿어라

uzdertiti se *-im se* (完) 슬픔·비통(dert)에 잠기다; 근심하다, 걱정하다 (zabrinuti se)

uzdići, uzdignuti *uzdignem* (完) **uzdizati** *-žem* (不完) 1. (위로) 들어 올리다, 높이 들다 (podići, izdići); ~ *knjigu sa poda* 바닥에서 책을 들어 올리다; ~ *čašu* 잔을 들다(들어 올리다) 2. (신체의 일부를) 들다, 들어 올리다, 반듯이 하다; ~ *ruke* 손을 들다 3. (높이를) 높이다, 들어 올리다; ~ *prag kuće* 집 문턱을 높이다 4. (목소리·톤 등을) 높이다, 크게 하다, 세게 하다 5. (직위·지위 등을) 높이다, 승진시키다, 임명하다; ~ *nekoga na ministarski položaj* 누구를 장관직에 임명하다(승진시키다) 6. (가치·의미 등을) 높이다, 강조하다; *kritika može uzdići časopis* 비판은 잡지의 영향력을 높일 수 있다; *komandir je uzdigao našu jedinicu iznad ostalih* 지휘관은 우리 부대의 중요성을 다른 부대의 중요성보다 더 강조했다 7. 만들다 (dati, stvoriti, izgraditi); *borba je uzdigla mnoge junake* 전투는 많은 영웅들을 만들었다 8. 도덕심을 고양하다, 열정을 고취시키다 9. 건설하다, 세우다 (podići, izgraditi); ~ *dvore* 궁(宮)을 건설하다 10. 재건하다, 복구하다 (ponovo uspostaviti, obnoviti); ~ *carstvo Dušanovo* 두샨 제국을 재건하다 11. (宗) 부활시키다 (vaskrsnuti, uskrsnuti); ~ *mrtve* 죽은 자를 부활시키다 12. ~ **se** (위로) 떠오르다, (위로) 올라가다; *gospođa se ... uzdigla na jastucima* 부인이 쿠션 위에 앉았다가 ~ *se iznad kakve površine* 어떠한 표면 위로 떠오르다 13. ~ **se** 나타나다, 발생하다, 생기다 (pojaviti se,

izbiti); *pored svega uzdigne se osećanje samilosti* 무엇보다도 동정심이 생겨났다 14. ~ **se** (소리·톤 등이) 올라가다, 커지다 (uvećati se, ojačiti) 15. ~ **se** (지위·직위 등이) 올라가다, 승진하다; ~ *se od nižeg službenika do ministra* 말단 공무원에서 장관까지 오르다 16. ~ **se** 고양되다, 함양되다; *valja čekati da se uzdigne svest masa* 대중들의 의식이 고양되는 것을 기다리다 17. 기타; *uzdignute glave (uzdignuta čela)* 오만하게, 거만하게, 안하무인격으로; ~ *na površinu* (만천하에) 공개하다, 공포하다

uzdignut *-a, -o* (形) 1. 참조 uzdići, uzdignuti 2. 고양된, 향상된 (정치·이데올로기적 발전 단계에서)

uzdignuti *-nem* (完) 참조 uzdići

uzdisaj 참조 uzdah; 한숨; 숨을 들이 쉼

uzdisati *-šem* (不完) 한숨을 쉬다, 숨을 들이 쉬다

uzdizati (se) *-žem (se)* (不完) 참조 uzdignuti, uzdići

uzdrhtalī *-ā, -ō* (形) 떨리는, 떨고 있는

uzdrhtalo (副) 떨면서; 흥분하여; 떨리는 목소리로

uzdrhtati *uzdršćem & uzdrhtim* (完) 1. (몸을) 떨기 시작하다, 떨다 (추위·흥분 등으로 인해) 2. (비유적) 당황하다, 흥분하다 (uznmiriti se, uzbuditi se); *bio je sav uzbuđen i uzdrhtao* 그는 완전히 흥분한 상태였다 3. (심장이) 쿵쿵 뛰다 (세게 그리고 빨리) 4. ~ **se** 떨다

uzdrmati *-am* (完) **uzdrmavati** *-am* (不完) 1. (세차게) 흔들다, 흔들리게 하다 (prodrmati, zadrmati); ~ *vratnice* 문을 세차게 흔들다 2. (비유적) 불안정하게 하다, 흔들리게 하다; ~ *vladu* 정부를 뒤흔들다(불안정하게 하다); ~ *nečiju veru u nešto* 무엇에 대한 누구의 믿음을 흔들어놓다; ~ *presto* 왕위를 불안정하게 하다 3. (비유적) 매우 당황하게 하다; *taj događaj uzdrma celo selo* 그 사건은 마을 전체를 뒤흔들어놓았다

uzdržan *-a, -o* (形) 1. 참조 uzdržati (se) 2. 삼가는, 자제하는, 절제하는; 절제된, 억제된, 억눌린; ~*im glasom* 절제된(차분한) 목소리로; ~*o ponašanje* 절제된 행동; ~*o kašljanje* 소리를 죽여 하는 기침

uzdržano (副) 삼가하여, 자제하여, 억누르며; *žena je ... jecala* 여자는 억누르며 흐느꼈다

uzdržati *-im; uzdržan* (完) **uzdržavati** *-am* (不完) 1. 저지하다, 제지하다, 못하게 하다, 말리다; *htede da ga udari, ali ga ljudi uzdrže*

U

그 사람을 때리려고 했으나 사람들이 그를 말렸다 2. (감정의 표출을) 억누르다, 참다; *jedva uzdrži smeh* 웃음이 나오는 것을 겨우 참고 있다 3. (누가 어느 곳에) 그대로 있게 하다, 못가게 하다, 머무르게 하다; ~ *decu kod kuće* 아이들을 집에 있게 하다 4. (더 이상의 진행·확산·움직임·이동 등을) 중지시키다, 멈추게 하다; *jedva su uzdržali kola da se ne otkotljaju nizbrdo* 겨우 자동차가 밑으로 굴러 떨어지는 것을 멈추게 할 수 있었다; ~ *neprijatelja* 적의 진격을 저지하다 5. (누구를) 부양하다, 먹여살리다; *ko će ~ ovu sirotinju?* 누가 이 거렁뱅이를 먹여살릴 것인가?; ~ *starčad* 노인들을 부양하다 6. 보존하다, 유지하다 (*očuvati, sačuvati, održati*); ~ *mladalački duh* 젊은이의 정신을 유지하다 7. (어떤 힘든 것, 어려운 것 등을) 참다, 견디다; ~ *dosadan život* 따분한 삶을 견디다 8. ~ *se* 자제하다 (*obuzdati se*); ~ *se od reakcije* 리액션을 자제하다 9. ~ *se (od čega)* 단념하다, 포기하다 (보통은 나쁜 행동 등을); ~ *se od pića* 술을 끊다 10. ~ *se* (어떤 위치에) 머무르다, 남아 있다; ~ *se na nogama* 서있다; *jedva se uzdrža na nogama* 겨우 두 발로 서있다 11. ~ *se* 유지되다, 보존되다 (*sačuvati se, očuvati se, održati se*); *otac je bio dobrog zdravlja, uzdržao se* 아버지는 좋은 건강을 유지하고 있었다 12. ~ *se* 기권하다; *neko je glasao za, neko protiv, neko se uzdržao* 누구는 찬성표를 던졌으며, 누구는 반대는, 누구는 기권했다

uzdržljiv -*a*, -*o* (形) 삼가는, 자제하는, 절제하는 (*rezervisan, suzdržljiv*); 신중한 (*oprezan*); *kontrolisao je svoja osećanja, bio je veoma ~* 그는 자신의 감정을 조절했으며 매우 신중한 사람이었다

uzdržljivost (女) 저지, 제지; 억제, 자제; 조심 (*rezervisanost, opreznost*)

uzduh 1. 참조 *vazduh, zrak*; 공기 2. (비유적) 미풍 (*povetarac*) 3. 기타; *osećati se (visiti) u ~u* 바로 앞에 직면해 있다

uzduž 1. (副) 세로로, 횡(橫)으로 (*po dužini, dužinom*); ~ *iseći nešto* 뭔가를 세로로 자르다; *proputovati Jugoslaviju ~ i popreko* 유고슬라비아를 종적 횡적으로 여행하다; *izgrditi nekoga ~ i popreko* 누구를 심하게 꾸짖다(야단치다) 2. (前置詞, +G) ~을 따라; ~ *ograde* 담장을 따라

uzdužan -*žna*, -*žno* (形) 세로로 놓인, 세로의 (反; *poprečan*); ~*žna osovina* 횡축, 세로축;

~*žna linija* (축구 등의) 터치 라인, 사이드 라인; ~*žni presek* 수직 단면, 종단면

uze (女, 複) 수갑, 족쇄, 차꼬 (*okovi, negve*); 감옥 (*zatvor, tamnica*)

uzeće 점유, 점령, 정복 (*osvajanje, zauzimanje, zauzeće*); *krstaški rat 1204. doveo je do ~a Carigrada* 1204년 십자군 전쟁은 짜리그라드의 정복을 가져왔다

uzemljen -*a*, -*o* (形) 참조 *uzemljiti*; 접지(接地)된; ~*o kolo* 접지된 회로

uzemljenje (電氣) 접지(接地), 어스

uzemljiti -*im* (完) 1. (電氣) 접지하다 2. ~ *se* 땅속으로 파고들다; *koren jablana se duboko uzemlji* 포플러나무의 뿌리는 땅속 깊이 뿌리내렸다

uzemljivač 도체(導體: 전기 기구 등을 땅에 접지시키는)

uzengija (말 안장 양쪽에 달린) 등자 (*stremen*)

uzet -*a*, -*o* (形) 1. 참조 *uzeti* 2. 마비된 (*oduzet, paralizovan*); ~*a mi je cela leva strana* 내 신체 왼쪽이 완전히 마비되었다

uzeti *uzmem*; *uzeo, -ela*; *uzet*; *uzmi* (完) **uzimati** -*am* (不完) 1. (손으로) 잡다, 쥐다, 붙잡다 (*uhvatiti*); ~ *olovku* 연필을 잡다; *uzeo sam pero i pišem* 펜을 들어 글을 쓴다; ~ *koga pod ruku* 누구의 손을 부축하다 2. (선물을) 받다, (빚·용자금 등을) 얻다 (*primiti*); *uzmite što smo donele jer dajemo s dobra srca* 선의로 드리니 우리가 가져온 것을 받아 주세요; *sasvim su retki ljudi koji nisu uzeli nešto na kredit* 융자를 받지 않은 사람들은 극히 드물다 3. (판 것·빌려준 것 등에 대한) 취하다, 얻다, 받다 (*naplatiti, dobiti, primiti*) 4. (누구로부터) 건네받다; ~ *suknju od krojača* 재봉사로부터 치마를 건네받다 5. (*kome*) 취하다, 빼앗다, 박탈하다 (*lišiti*); *ovaj strašni događaj uzeće mi najmanje pet godina života* 이 끔찍한 사건은 최소한 5년간의 내 삶을 빼앗을 것이다 6. (누구의 일정한 시간을) 빼앗다, 필요로 하다 (*oduzeti, odneti*); *ta rasprava im uze dva sata* 그러한 토론은 우리들에게 두 시간의 시간을 필요로 한다 7. 점령하다, 정복하다 (*zauzeti, osvojiti*); *ova noć čini mi se vrlo zgodna da uzmemo vezirovu tvrđavu i njega živa uhvatimo* 오늘 밤이 베지르의 성을 점령하고 그를 생포할 수 있는 아주 좋은 기회라고 생각한다; *neprijateljske položaje* 적군의 진지를 점령하다 8. 없애다, 제거하다 (*odstraniti,* ukloniti); *kratak predah mi uze umor* 짧은 휴식이 내 피로함을 싹 없애준다 9. 사다, 구입하다, 소유권을 획득하다 (kupiti, nabaviti); ~ *konja na pazaru* 시장에서 말을 구입하다; ~ *novo odelo* 새 옷을 사다 10. (devojku, ženu, za ženu 등의 보어와 함께 사용되어) 결혼하다, 장가들다, 신부를 취하다 (oženiti se); *uzeo je Maru* 그는 마라와 결혼했다; *nije mogao uzeti za ženu devojku koju nikad nije video* 한 번도 본 적이 없는 여자를 아내로 맞이할 수는 없었다 11. (업무에) 동원하다, 고용하다 (angažovati); *Knez ... je uzeo ruskog učitelja – uči ruski* 대공은 러시아를 배우기 위해 러시아 선생을 고용했다(동원했다); *možete ~ koga advokata da vas brani* 당신을 변호하도록 그 어떤 변호사라도 동원할 수 있습니다 12. (방을) 임차하다 (iznajmiti, zakupiti); *uzeo je dve kancelarije u centru i radi* 시내에 사무실 두 개를 임차해 일을 한다 13. 삼키다, 마시다, 먹다 (progutati, pojesti, popiti); ~ *lek* 약을 마시다; ~ *kašiku meda* 꿀 한 스푼 먹다; *uzeli ste na vreme ljekariju* 시간에 맞춰 약을 마셨군요 14. (자신과 함께) 데리고 가다 (odvesti, povesti); *uzeo sa sobom sina u Ameriku* 그는 아들을 미국으로 데리고 갔다 15. (운송 수단을) 타다, 타고 가다 (povesti se, poći); *tramvaj koji su bili uzeli vodio samo do Senjaka* 그들이 탄 트램은 세냐크까지만 운행했다; ~ *tramvaj ka Voždovcu* 보즈도바쯔쪽으로 트램을 타다 16. 가다, 향하다(어떤 방향으로, ~쪽으로) (poći, uputiti se); *uzeli jednu stazu koja se od glavne odvaja udesno* 큰 길에서 오른쪽으로 난 한 작은 길로 갔다 17. (u vojsku) 병역의무를 하기 위해 가다, 징집하다 (regrutovati); *sve ljude je uzelo u vojsku* 모든 사람들을 군대에 징집되었다 18. 선택하다, 고르다 (어떠한 주제로, 대화의 대상으로) (izabrati, odabrati); *uzeo je za temu svog govora pitanje o vrednosti fizičke teorije* 자신의 연설 주제로 물리 이론 가치를 선택했다 19. 이해하다, 평가하다, ~라고 생각하다 (shvatiti, razumeti, prihvatiti); *nemojte to ~ suviše tragično!* 그것을 너무 비극적으로 이해하지는 마세요!; *Jakšić je napisao mnogo pripovedaka, ali bi bilo pogrešno ~ ga kao pripovedača* 약쉬치는 많은 단편소설들을 썼지만 그를 단편소설가로 치부해서는 안될 것이다 20. 생각하다, 고려하다, 숙고하다 (promisliti, razmisliti);

ako se strogo uzme, nije baš ni dobar 엄격히 숙고한다면 좋은 것은 전혀 아니다 21. (1인칭 복수의 명령형으로, 어떠한 예들을 나열할 때) 예를 들자면, 가령 (na primer, recimo, pretpostavimo); *ako mu ponudimo, uzmimo 100 dinara, on će i prihvatiti* 그에게 만약, 가령 100 디나르를 제안한다면, 그는 받아들일 것이다 22. 수용하다, 받아들이다, 취하다 (관습·습관 등을) 23. (u nešto) 포함시키다 (uneti, obuhvatiti); *u taj ugovor su uzeti i Srbi* 그 조약에 세르비아도 포함되었다 24. (일정한 나이에) 들어가다, 먹다; *Ognjen je uzeo petnaestu godinu* 오그넨은 15살이 되었다 25. ~하기 시작하다 (početi, stati, zaokupiti); *uzme lupkati prstima po stolu* 손가락으로 테이블을 톡톡치기 시작했다 26. (se 와 함께 무인칭문으로, 여격(D) 형태의 논리적 주어와 함께) 어떠한 상태(기분)가 되다; *uzelo mu se na smeh* 그는 웃음이 나왔다 27. ~에 있다, 일정한 위치(장소)를 차지하다; ~ *zaklon* 피신처에 있다 28. 차지하다, 유지하다 (일정한 위치·직위·거리 등을) (zauzeti); ~ *rastojanje* 거리를 유지하다 29. 일정한 자세(입장)를 취하다; ~ *vojničku pozu* 병사 포즈를 취하다 30. 얻다, 띠다 (새롭고 다른 모습·특성을) (dobiti, primiti); *ovaj mramor ... docnije uzme boju bakra i najzad blagi preliv zlata* 이 대리석은 나중에는 구리 색을 띠며 더 있다가는 온화한 금색체를 얻는다 31. 휩싸다 (obuzeti, zahvatiti); *uzela ga želja za kućom* 그는 집에 가고 싶다는 간절한 소망에 휩싸였다; *uzela ga groznica* 그는 열병에 걸렸다(그는 흥분하였다) 32. 도입하다, 시행하다 (zavesti, uvesti, uspostaviti); ~ *diktaturu* 독재를 시행하다 33. ~ se (za ruke) 서로 손을 잡다 34. ~ se 맞잡다, 붙잡다 (uhvatiti se ukoštac, dohvatiti se); *uzeše se dva dobra junaka, pa se nose po zelenoj travi* 두 명의 훌륭한 영웅들이 서로 붙잡고 푸른 풀밭으로 움직인다 35. ~ se (신체의 일부를) 잡다 (dohvatiti se) ~ *se za glavu* 머리를 붙잡다 36. ~ se 결혼하다 (sklopiti u brak, venčati se); *oni su se uzeli od ljubavi* 그들은 사랑하여 결혼했다 37. ~ se 마비되다 (paralizovati se); *uzela mu se ruka* 그의 팔은 마비되었다; *sav je uzet* 그는 전신이 마비되었다 38. ~ se 시작하다 (početi, stati); *iz čista mira uze se smejati* 평온한 마음에 웃기 시작했다 39. ~ se 나타나다, 보이다 (pojaviti se, ukazati

U

se); *stid se uze uz obraz devojci* 처녀의 볼에 부끄러움이 나타났다 40. 기타; *bog ga uzeo (k sebi)* 사망했다; *vrag (đavo) ga uzeo, vrag (đavo) uzeo ušur od njega* 못된 짓을 하기 시작했다, 못된 길로 갔다; *kako se uzme, kako uzmeš (uzmete)* 확실한 것은 아니다, 이렇게도 될 수 있고 저렇게도 될 수 있다; *ni uzmi ni ostavi* (덜 것도 없고 더 가질 것도 없이) 완전히 같다, 차이가 전혀 없다; *orah da mu uz ruke ne uzmeš* 그는 (외모가) 지저분하다, 더러운 외모를 하고 있다; ~ *glavu (kome)* (누구를) 죽이다, 살해하다; ~ *dušu (kome)* (누구를) 굉장히 괴롭히다, 파멸시키다, 죽이다; ~ *za zlo* 비난하다, 비판하다; ~ *maha* 전환점을 맞이하다, 전환점이 되다; ~ *(koga) na zub* (누구를) 추방하다 (progoniti); ~ *na nišan (koga, što)* 타겟으로 하다; ~ *(što) na sebe* (무엇에 대한) 책임을 자신이 지다(떠맡다); *uzeo mu se jezik, uzela mu se reč* 언어 능력을 상실하였다; ~ *se na zlo* (병세가) 악화되다; ~ *se (dobro) u pamet, ~ se (dobro) na um* 숙고하다 (보통은 어려운 상황에서 자신의 일이나 행동에 대해)

uzetost (女) 마비 (oduzetost, paraliza)

uzgajati –*am* (不完) 참조 uzgojiti

uzglavak –*vka* 참조 uzglavlje

uzglavlje 베개 (jastuk)

uzglobiti –*im* (完) 1. (뼈 곳의) 관절(zglob)을 맞추다 2. (비유적) (잘못된 것을) 바로잡다, 제자리에 갖다 놓다 3. ~ **se** 관절이 연결되다

uzgoj 1. 교육, 양육 (odgoj, vaspitanje); ~ *omladine* 청소년 교육 2. (가축의) 사육, (식물의) 재배 **uzgojni** (形)

uzgojitelj 1. 양육자, 교육자 (vaspitač, odgojitelj) 2. 참조 uzgajvač; (가축의) 사육업자, (식물의) 재배업자

uzgojiti –*jim* (完) 1. (어린이를) 양육하다, 교육하다 2. (가축을) 사육하다, 기르다, (식물을) 재배하다 3. ~ **se** 성장하다, 자라다

uzgoniti –*im* 1. (不完) 위로 몰다, 위쪽으로 내몰다; ~ *ovce u planinu* 양떼들을 산 위쪽으로 몰고 가다 2. (完) (제 2 미래 의미로) 쫓기 시작하다, 쫓다; *kad vas uzgonim, biće trke* 내가 당신을 쫓기 시작하면, 경주가 벌어질 것이다

uzgred (副) ~하는 도중에, ~하는 김에, 어쩌다가; *on je to ~ rekao* 그는 그것을 어쩌다가 말했다; ~ *budi rečeno* 말하는 김에 말하자면; ~ *budi rečeno, on nije znao* 말하는 김에 말하자면 그는 알지 못했다; *to je*

samo onako ~ rečeno 그것은 단지 어쩌다가 말해졌을 뿐이다

uzgredan –*dna, -dno* (形) 부수적인, 부차적인 (sporedan); ~ *posao* 부업; *zbog toga zadužuje i traži ~dnu zaradu* 그것 때문에 빚을 져 부수입을 (올릴 일을) 찾고 있다; ~*dna dejstva* 부작용

uzica 가는 줄(끈); 끈, 노끈; ~ *za psa* 개줄; *biti na (čijoj) ~i* (누구에게) 묶여 있다, 매어 있다, (누구에게) 종속되어 있다; *voditi (držat) na ~i* (누구를) 자신의 통제하에 묶어 두다

uzići *uziđem; uzišao, -šla* (完) (위로) 오르다, 올라 가다 (popeti se); *u vašim godinama ne možete da uziđete dvadeset stepena* 당신 나이에는 20도 각도를 오를 수 없다; ~ *uz stazu* 오솔길을 따라 오르다

uzidati –*am* (完) **uziđivati** –*đujem* (不完) 1. 벽에 붙박이로 넣다 2. 짓다, 건설하다 (sazidati)

uzigrati –*am* (完) 1. 춤추다 (zaigrati, zaplesati); *nije ga dopalo da s Ivkom uzigra* 그는 이브코와 함께 춤추는 것이 마음에 들지 않았다 2. 떨다, 떨기 시작하다, 떨리기 시작하다 (zadrhtati); *Mariji prekipelo, uzigrao joj ... u grudima* 마리아는 끓어올랐다, 그녀의 가슴이 떨리기 시작했다

uzilaziti –*im* (不完) 참조 uzići

uzimanje (동사파생 명사) uzimati; ~ *droga* 마약 투여

uzimati –*am* (不完) 참조 uzeti

uzina 1. (폭이) 좁은 곳, 협소한 곳, 비좁은 통로 2. 비좁음 (uskost)

uziskati *uzištem* (完) 요구하다 (zaiskati, zatražiti); ~ *cigaretu* 담배를 요구하다; *Ivan ćuti ... stid ga je ~* 이반은 침묵하였다 ... 그는 요구하는 것이 창피했다

uziti –*im;* –*užen* (不完) (폭이) 좁게(uzak) 하다, 폭을 줄이다 (sužavati); ~ *suknju* 치마의 폭을 줄이다

uzjahati –*šem* (完) **uzjahivati** –*hujem* (不完) 1. (말 또는 사물 등에) 올라타다; 올라타고 가다; ~ *konja* 말을 타다; ~ *bicikl* 자전거를 타다 2. (말 등 탈 수 있는 동물의 등에) 앉히다; ~ *dete na konja* 아이를 말등에 앉히다 3. (비유적) (누구를) 혹사시키다, 못살게 굴다, 괴롭히다; *vlast zna narod ~* 정부는 국민들을 못살게구는 법을 알았다

uzjoguniti se –*im se* (完) 고집부리다 (말을 듣지 않고) (zainatiti se, zapeti); *ne idem ~*

uzjogunio se mali 난 안가 – 하면서 꼬마가 고집을 부렸다

uzlaz 1. (위로) 오름, 올라감, 상승 (uzlazak, uspon); *je li to ... sunčev ~?* 그것은 태양이 떠오르는 것이냐? 2. 오르막

uzlazak *-aska* 오름, 올라감, 상승 (uspon)

uzlaziti *-im* (不完) 참조 uzići

uzlazan *-zna, -zno* (形) 1. (위로) 오르는, 올라가는; *~zna putanja* 오르막 길 2. (비유적) 발전의, 개선의, 향상의; *~zna linija* 발전선상 3. (한정 형태로) (言) 상승조의; *~zni akcenat* 상승조 악센트

uzlet 1. 이륙, 도약, 비상(飛上) (poletanje); *~ aviona* 비행기의 이륙; *pri ~u* 이륙시 2. (비유적) 광란, 광희 (zanos, žar); 발전, 향상 (정신적·도덕적인) (napredak)

uzletanje (동사파생 명사) uzletati

uzleteti *-im* (完) **uzletati** *-ćem* (不完) 1. (비행기 등이) 날아오르다, 이륙하다; (새 등이) 날아오르다; *avion je uzleteo* 비행기가 이륙했다; *~ na drvo* (새가) 나무 위로 날아오르다 2. (높은 곳에) 빨리 올라가다 3. 못살게 굴다, 괴롭히다 (zaokupiti, saleteti); *~ oko nekoga* 누구를 괴롭히다 4. ~ se 당황하여 뛰기 시작하다

uzletište 공항 (aerodrom); 활주로 (pista)

uzljutiti *-im* (完) 1. (누구를) 화나게 만들다, 화나게 하다, 화를 돋우다(naljutiti) 2. ~ se 화가 나기 시작하다, 화내다

uzmaći, uzmaknuti *uzmaknem* (完) **uzmicati –** *čem* (不完) 1. 뒷걸음질치다, 뒤로 물러나다, 후퇴하다, 퇴각하다; *~ pred neprijateljem* 적 앞에서 후퇴하다; *~ pred opasnošću* 위험 앞에서 물러나다; *on ni pred čim ne uzmiče* 그는 그 어떤 것 앞에서도 물러나지 않는다 2. (세기·강도가) 약해지다, (수량 등이) 줄어들다, 감소하다; *uzmakla voda u bunaru* 샘의 물이 줄어들었다; *čekamo da bura malo uzmakne* 돌풍이 좀 잦아들기를 기다린다 3. ~ se 후퇴하다, 뒤로 물러서다

uzmahnuti *-nem* (完) **uzmahivati** *-hujem* (不完) (손·발 또는 그 어떤 것으로 타격하거나 그 어떤 것을 하려고) 흔들어 움직이다, 휘두르다 (zamahnuti); *~ rukom na nekoga* 누구를 때리려고 손을 휘두르다; *~ sabljom* 검을 휘두르다

uzmak 1. (전투에서의) 후퇴, 퇴각 (povlačenje, odstupanje); *vojska je možda na svom ~u raskinula pontonski most* 군은 아마도 후퇴할 때 부교(浮橋)를 끊었을 것이다 2. 양보 (popuštanje, ustupak); *od vas*

se traži u ovoj stvari ~ 이 일에 있어서 당신의 양보가 요구된다

uzmaknuti *-nem* (完) 참조 uzmaći

uzmanjkati *-am* (完) 부족하다, 충분하지 않다, 결핍되다 (izostati, nedostati, ne naći se); *trudimo se da joj ne uzmanjka hrane* 그녀에게 식량이 떨어지지 않도록 노력한다; *nikad mu nije uzmanjkalo posla* 그는 한 번도 일이 떨어진 적이 없다

uzmicanje (동사파생 명사) uzmicati; 퇴각(하는 것) 후퇴(하는 것)

uzmicati *-čem* (不完) 참조 uzmaći

uzmoći *uzmognem* (完) (보통은 제 2 미래의 의미로) ~할 수 있다, 가능하다 (moći, naći snage); *ako uzmognem, doći ću* 가능하다면 올게

uzmučiti *-im* (完) 1. (육체적·정신적으로) 고통스럽게 하다, 고생스럽게 하다, 괴롭히다, 기분이 좋지 않게 하다; *uzmuči ga pomisao na nju* 그녀에 대한 생각이 그를 괴롭힌다 2. ~ se 고통스러워하다, 괴로워하다, 기분이 안좋아지다 3. ~ se (어떤 목표를 위해) 고생하다 (namučiti se)

uzmućen *-a, -o* (形) 참조 uzmutiti; 휘저은, 혼탁한; *~a voda* 혼탁하게 휘저은 물

uzmućivati *-ćujem* (不完) 참조 uzmutiti

uzmuhati *-am se* (完) 참조 uzmuvati se

uzmutiti *-im* (完) **uzmućivati** *-čujem* (不完) 1. 휘젓다, 혼탁하게 휘젓다, 혼탁하게 하다; 파도를 일으키다; *~ vodu* 물을 휘젓다; *~ jaje* 계란을 휘젓다 2. (비유적) 혼란(혼탁·분란)하게 하다; *~ društvo* 사회를 혼란스럽게 하다; *~ dušu nekome* 누구의 마음을 어지럽히다 3. ~ se 혼탁해지다, 탁해지다, 어두워지다, 먹구름으로 덮이다; *potok se uzmuti* 개울이 탁해졌다; *nebo se uzmuti* 하늘이 어두워졌다 4. ~ se 출렁이다, 파도가 일다 (uzburkati se); *utroba se uzmuti* 뱃속이 우글거린다 5. ~ se 불만을 표출하다, 술렁이다; *gomila se uzmuti* 대중이 술렁인다

uzmuvati se *-am se* (完) 이리저리 왔다갔다하기 시작하다 (početi se muvati, ustumarati se, uskomešati se)

uznemiravanje (동사파생 명사) uznemiravati; *vatra za ~* (軍) 교란사격

uznemiren *-a, -o* (形) 교란된, 동요된, 불안한, 걱정인, (마음 등이) 심란한, 어지러운

uznemireno (副) 심란하게, 불안하게, 동요되어 (nemirno, zbunjeno); *~ se ponašati* 심란하게 행동하다

uznemirenost (女) 불안, 동요, 걱정, 염려

(nemir)

uznemiriti *-im* (完) **uznemiravati** *-am*, **uznemirivati** *-rujem* (不完) 1. 근심시키다, 걱정시키다, 동요시키다, 염려시키다, 불안하게 하다; ~ *svatove* 하객들을 동요시키다; *izvini što sam tebe uznemiro* 널 걱정시켜 미안해 2. 출렁이게 하다, 파도를 일으키다 (zatalasati, uzburkati); ~ *površinu jezera* 호수의 표면을 출렁이게 하다; *vali uzmu maha kad ih veslo uznemiri* 노를 저을 때 파도가 일렁인다 3. ~ se 동요되다, 불안해 지다, 걱정되다; ~ *se pred opasnošću* 위험 앞에서 동요되다 4. ~ se 물결이 출렁이다; *more se uznemiri* 바다가 출렁인다

uznesenje 열광, 광란 (zanos, zanesenost)

uzneti *uznesem* (完) **uznositi** *-im* (不完) 1. (높은 곳에) 올리다, 들어올리다, 들어나르다; ~ *što uz stepenice* 계단 위로 들어나르다 2. 들다, 들어올리다 (podići, dići); ~ *oči* 눈을 들다 3. 명성·명예 등을 고양시키다, 위상을 높이다, 가치를 높이다 (podići ugled); *nova generacija pesnika uznela je poeziju* 새로운 세대의 시인들은 시의 위상을 높였다 4. (비유적) 열광시키다, 기쁘게 하다 (zaneti, oduševiti); *ljubavi, uznesi tvog sina!* 여보, 당신 아들 좀 기쁘게 해줘! 5. ~ se (높이가) 오르다, 올라가다 6. ~ se 도덕적·정신적으로 고양되다, 용감해지다 7. ~ se 거만해지다, 오만해지다, 자만하다 (pogorditi se, uzoholiti se); *niti se u dobru uznesi, ni u zlu ponizi* 좋아졌다고 거만해지지 말고 나빠졌다고 자책하지 마라 8. ~ se 열광하다 (oduševiti se, zaneti se); *on se uznese ovom čistoćom duše i nevinošću srca* 그는 영혼의 맑음과 마음의 순수함에 열광한다

uznica 참조 uznik; 여죄수

uznica 감옥 (tamnica)

uznik 죄수 (zatvorenik, uhapšenik, sužanj) **uznica**; **uznički** (形)

uznojiti *-im* (完) 1. 땀(znoj)나게 하다, 땀을 흘리게 하다 2. ~ se 땀나다, 땀이 나다 (oznojiti se); *sam uzme motiku pa kopa ... dok se vas ne uznoji* 곡괭이를 직접 들고 땅을 판다 ... 당신이 땀이 날 때 까지

uznosit *-a, -o* (形) 1. 높은, 높은 곳의, 높게 치솟은, 높은 곳에 있는 (visok); *na jednoj ~oj livadi leži crkva* 한 높은 초원에 교회가 있다 2. (고개를) 처든 (podignut, uzdignut); 거만한, 오만한 (ponosit, gord, ohol); *s ~om glavom letio je mladac, kao da ga vile nose* 한 젊은이는 마치 요정이 그를 운

반하는 것처럼 고개를 처든 채로 날았다; *neće biti ni bogatih, ni siromašnih, ni ~ih, ni poniženih* 부자도 가난한 자도, 오만한 자도 무시당한 자도 없을 것이다 3. 열광적인, 즐거움이 넘쳐나는, 쾌활한 (pun oduševljenja, poletan); *na ulicama se zaorila ~a pesma* 거리에 쾌활한 노래들이 메아리쳤다

uznositi (se) *-im (se)* (不完) 참조 uzneti (se)

uznosito (副) 거만하게, 오만하게, 자랑스럽게; 즐겁게, 쾌활하게

uzobiti *-im* (完) 1. 귀리(zob)를 먹이다 2. (귀리를 먹여) 사육하다, 살찌우다; ~ *konja* 말을 살찌우다

uzoholiti se *-im se* (完) 거만해지다(ohol), 오만해지다 (pogorditi se)

uzor 본보기, 모범; (비교) 기준이 될 만한 것; *on je pisao po ~u na Gorkog* 그는 고리끼를 모델로 삼아 글을 썼다; *uzeti sebi za ~* 자신의 모델로 삼다; *po ~u (na koga, na što), po čijem ~u* ~을 본보기 삼아; ~ *od čoveka* 모범적인 사람, 본보기적인 사람, 좋은 사람

uzor 경작지, 경작 토지 (uzorano zemljište)

uzorak *-rka* 1. 샘플, 견본, 견본품 2. 본보기, (primer, uzor); *pismo je bilo ~ literarne veštine* 편지는 문학적 기교의 본보기였다

uzoran *-rna, -rno* (形) 본보기의, 모델이 되는, 전형적인; ~ *otac* 모범적인(전형적인) 아버지; *~rna vrednost* 전형적 가치

uzoran *-rna, -rno* (形) 참조 uzorati; 쟁기질한, 경작된, 땅을 간

uzorati *-em* (完) **uzoravati** *-am* (不完) (땅을) 쟁기로 갈다, 일구다; *za jedan dan uzorali su čitavu ledinu* 하룻동안 모든 경작지를 쟁기로 갈았다

uzorit *-a, -o* (形) 모범적인, 모범이 되는, 본보기의 (uzoran, primeran)

uzov (보통 숙어로 사용됨) *mi smo na ~u* 우리는 슬라바(slava)에 서로 초대한다

uzradovati *-dujem* (完) 1. (누구를) 기쁘게 하다, 즐겁게 하다 (obradovati) 2. ~ se 기뻐하다, 즐거워하다; *čaršija se uzradovala* 사람들이 즐거워했다

uzrast 1. 키, 크기 (visina, stas, rast); *biti visokog (niskog) ~a* 또는 *biti visok (nizak) ~om* 키가 크다(작다); *biti srednjeg ~a* 키가 중간 정도이다; *bio je malog ~a* 그는 키가 작았다 2. 나이, 연령 (godine života); *bez obzira na ~* 연령에 상관없이; *za svaki ~* 모든 연령대를 위한

uzrastan *-sna, -sno* (形) 키가 큰, 큰 키의

uzrasti *uzrastem; uzrastao, uzrasla* (完) 1. 자라다, 성장하다; *ona je uzrasla uživajuci sve društvene prednosti i razonode sveta* 그녀는 세상의 모든 호기심과 사회적 이점을 누리면서 성장하였다 2. 키가 크다 3. 커지다, 강해지다, 강건해지다 (pojačati se); *ogorčenosti domaćina ... uzraste do najvišega stupnja* 주인의 분노는 … 극도로 커졌다

uzrečica 1. 속담, 격언, 경구 (poslovica, izreka, aforizam) 2. (불필요하게 반복해서 사용하는) 의미없는 말(어휘), 반복해서 사용하는 어휘(말)

uzreti *uzrem & uzrim* (完) (보통 열매·과일 등이) 익다, 여물다

uzrniti se *-im se* (完) (無人稱文으로) (눈(雪)· 얼음 등이) 알갱이(zrno)화 되다, 입자화되다

uzročan *-čna, -čno* (形) 원인(uzrok)의, 원인을 나타내는, 인과 관계의; *~čna rečenica* 원인절; *~čna povezanost* 인과성, 인과 관계

uzročiti *-im* (完,不完) (廢語) 참조 uzrokovati

uzročnik 1. 원인(이 되는 사람, 현상) (prouzrokovač); *~ bolesti* 병의 원인 2. 죄인, 잘못한 사람 (krivac); *konzervativci su ih optuživali kao moralne ~e toga zločinstva* 보수주의자들은 그들을 그러한 범죄의 도덕적 죄인으로 비난했다

uzročnost (女) 인과관계, 인과성 (kauzalnost, kauzalitet)

uzrok 원인, 이유; *iz koga ~a?* 어떠한 이유로?; *nema posledice bez ~a* 모든 일에는 원인이 있다; *bez ~a* 원인없이; *šta je ~ njegovog nedolaska (njegovom nedolasku)?* 그가 오지 않은 이유는 무엇인가?; *glavni ~* 주요 원인; *tražiti ~* 원인을 찾다; *ništa se ne može zbivati bez stvarnog razloga, ~a* 그 어떤 것도 진짜 이유없이 발생할 수는 없는 것이다

uzrokovati *-kujem* (完,不完) ~의 원인이 되다, 야기하다, 일으키다 (prouzrokovati); *~ rat* 전쟁을 야기시키다; *~ bolest* 병의 원인이 되다

uzrujan *-a, -o* (形) 1. 참조 uzrujati (se) 2. (마음이) 불안한, 초조한, 긴장한, 당황한 (uzbuđen, uznemiren); *~ sagovornik* 긴장한 대담자(대화 상대자); *videla je da je ~* 그녀는 그가 초조해하는 것을 보았다 3. 출렁이는, 일렁이는 (uzburkan); *~a strast* 일렁이는 본능

uzrujavanje (동사파생 명사) uzrujavati

uzrujati *-am* (完) uzrujavati *-am* (不完) 1. (마음을) 어지럽히다, 심란하게 하다, 혼란스럽게 하다, 뒤집어 놓다, 당황하게 하다, 초조하게 하다 (uzbuditi, uznemiriti); *~ nekoga* 누구의 마음을 어지럽히다; *njega je uzrujala ta svađa* 그는 그 다툼으로 인해 마음이 심란해졌다 2. *~ se* (마음이) 심란해지다, 혼란스러워지다, 흥분하다; *ne uzrujavaj se!* 침착해!, 흥분하지마!

uzuelan *-elna, -elno* (形) 보통의, 평범한, 평시의 (običan, uobičajen)

uzurpacija (불법적인) 강탈, 탈취, 찬탈 (권력 등의) (otimačina)

uzurpator (지위·권력 등의) 강탈자, 찬탈자

uzurpirati *-am* (完,不完) (지위·직책·권력 등을) 강탈하다, 찬탈하다 (oteti, otimati); *pod maskom poretka, religije ili morala uzurpiraju vlast* 질서, 종교 또는 도덕이라는 가면하에 권력을 찬탈한다

uzvanik 초대 손님 (zvanik, zvanica)

uzvati *uzovem* (完) (안으로 들어오라고 누구를) 부르다, 안으로 부르다

uzveličati *-am* (完) 1. 더 크게 하다, 증대시키다 (povećati, uveličati) 2. (비유적) 높이다, 감사하다 (uzdići, pohvaliti)

uzverati se *-am se* (完) 1. 오르다, 올라가다 (popeti se verući se); *~ uz stablo* 줄기를 타고 오르다; *uzvera se brzo na toranj* 탑에 빨리 올라가다; *po treći put se uzvera na krševito brdo* 바위투성이 언덕을 세 번째 오르다 2. (비유적) 높은 지위·직위에 오르다, 승진하다

uzvesti *uzvedem; uzveo, -ela; uzveden, -ena* (完) 1. 위로 안내하다(이끌고 가다) (vodeći odvesti naviše); *uzvede ga na bijelu kulu* 그를 하얀 성루로 안내하다 2. 반구(할) 모양으로 올리다; *~ obrve* 눈썹을 활 모양으로 치켜 올리다 3. *~ se* 오르다, 올라가다 (popeti se, podići se); *uzveli se vinogradi uz obronke* 포도밭은 완만한 경사면을 따라 올라갔다

uzvesti *uzvezem; uzvezao, -zla; uzvezen, -a, -o* (完) (차를) 몰고 위로 올라가다; *~ kola na brdo* 차를 몰고 언덕 위로 올라가다

uzvesti *uzvezem; uzvezao, -zla; uzvezen, -a, -o* (完) 수를 놓기 시작하다 (početi vesti)

uzvičnī *-ā, -ō* (形) 감탄하는, 감탄적인; *~ znak* 감탄 부호; *~a reč* 감탄사; *~a rečenica* 감탄문

uzvičnik 감탄 부호, 느낌표(!)

uzvijati *-am* (完) 참조 uzviti

U

1441

uzvik 감탄사

uzviknuti –nem (完) uzvikivati –kujem (不完) 소리치다, 고함치다 (viknuti)

uzvisiti –im; uzvišen (完) uzvišavati –am, uzvisivati –sujem (不完) 1. (높이) 들다, 들어올리다 (uzdignuti); ~ ruke 손을 들다 2. (더 높은 지위·직위·명성·명예·평판 등을) 얻게 하다, 승진시키다, 높게 하다, 끌어올리다; večito je zahvalna što je on nju uzeo, uzvisio je k sebi 그가 그녀를 픽업하여 자신의 위치까지로 끌어올린 것에 대해 그녀는 평생 감사해 한다 3. (~에 보다 많은 가치·의미를) 부여하다, 강조하다 (istaći); ~ pravo u državi 국가의 법률을 강조하다 4. 매우 감사해 하다, 추켜 세우다 (veoma, mnogo pohvaliti); sva okolica uzvisi mladu učitelicu 모든 주변의 사람들이 젊은 여선생님을 추켜 세웠다 5. (누구를·무엇을) 보다 더 좋게·가치있게 하다, 고상하게 하다; znanje jezka ih je uzvisio 언어에 대한 지식이 그들을 더 고상하게 만들었다 6. (소리·목소리·톤 등을) 높이다, 올리다, 크게 하다; ovoga puta glas je uzvisio 이번에는 목소리를 크게 했다 7. ~ se 높아지다, 강조되다, 높이(키)로 구별되다; jedan seljak se uzvisio u gomili 한 농부가 무리들 중에서 (큰 키로 인해) 톡 솟아올랐다

uzvišen –a, –o (形) 1. 참조 uzvisiti 2. (한정형) (도덕적·정신적으로) 높은, 높여진; 고귀한, 숭고한, 고상한 3. (고관들의 직책에 덧붙여지는 형용어구) 명망있는, 명망높은 (ugledan); ~ gospodar 신망높은 통치자; ~ plemić 명망있는 귀족; ~a osoba 명망있는 인물 4. 우쭐한, 의기양양한; ~o raspoloženje 우쭐한 기분

uzvišeno (副) 고귀하게, 고상하게, 세련되게, 우아하게, 품위있게 (veličanstveno, dostojanstveno, otmeno)

uzvišenost (女) 1. 숭고함, 고귀함 (plemenitost, dostojanstvo) 2. (vaša, njegova 등의 보어와 함께) (廢語) 각하, 폐하

uzvišenje 1. 높은 곳(장소), 높여진 곳(장소) (uzdignuto mesto) (uzvišica); stojeći na ~u činio se sličan kipu 높은 곳에 서있어 마치 동상처럼 보였다 2. (도덕적 정신적) 고귀, 고상, 숭고

uzvišica 높은 곳(장소), 높여진 곳(장소) (uzvišenje)

uzvištati –tī (完) 시어지다, 시큼해지다 (우유·포도주 등이) (uskisnuti, prokisnuti)

uzviti uzvijem (完) uzvijati –am (不完) 1. 위로 들어올리다 (dići uvis, podići); ~ obrve 눈썹을 치켜올리다; ~ oči k nebu 하늘을 향해 눈을 들어올리다 2. 소용돌이치게 하다, 선회시키다 (uskovitlati); ~ prašinu 먼지를 소용돌이치게 하다 3. (깃발·기(旗) 등을) 펴다, 펼치다, 잘 보이게 내걸다 (razviti, istaći) 4. 경련이 일어나다 (통증이); bol ga uzvije u stomaku 그는 배가 쥐어짜듯이 아팠다 5. ~ se 소용돌이치며 위로 올라가다 6. ~ se 아부하며 누구의 곁에 있다; uzvio se ja oko nje ... pa stalno oko nje ... ne dam nikome drugom da joj se primakne 나는 그녀의 곁에 찰싹 달라붙어 있었다... 항상 그녀의 곁에 ... 그 누구도 그녀에게 접근하는 것을 허락하지 않는다 7. ~ se (몸을) 구부리다, 숙이다

uzvitlati –am (完) 소용돌이치며 들어올리다 (podići u kovitlac); vetar je uzvitlao prašinu 바람이 먼지를 소용돌이처럼 들어올렸다; (비유적) ~ mnogo prašine 한바탕 소동을 일으키다

uzvoditi –im (不完) 참조 uzvesti; 위로 안내하다

uzvodnī –ā, –ō (形) (강의 흐름에) 거스르는, 역류(逆流)하는, 흐름에 역행하는; ploviti ~o 흐름에 역행하여 항해하다; ~a plovidba 물살에 역행하는 항해

uzvraćati –am (不完) 참조 uzvratiti

uzvrat 1. (같은 방법으로의) 보답, 답례, 화답, 응답 (받은 도움·공격 등의) 2. (스포츠의) 반격 (protivudar)

uzvratiti –im; uzvraćen (完) uzvraćati –am (不完) 1. (보통 같은 방법으로) 되돌려주다, 되갚다 (odužiti se); ~ milo za drago 선의를 선의로 되갚다, 그대로 되갚다; ~ pozdrav 인사에 답하다; ~ posetu 방문하다, 답례 방문하다 2. (질문에) 대답하다, 응답하다 (odgovoriti); ~ pitanjem (질문에) 질문으로 대답하다; uzvratila mu je šamarom 그녀는 그에게 따귀로 대답했다 3. 되돌려 몰아가다, 되몰다; ~ ovce 양들을 온 길로 되몰다 4. (소매 등을) 말다, 말아 올리다 (zavrnuti, posuvratiti); ~ kragnu 옷 깃을 말아 올리다; ~ rukave 소매를 말아 올리다

uzvratan –tna, –tno (形) 되돌려주는, 되갚는; ~tna poseta 답방(答訪)

uzvrdati se –am se (完) 당황하다, 초조해하다, 근심하다, 걱정하다, 불안해하다 (uznemiriti se, uzvrpoljiti se)

uzvrnuti –nem (完) uzvrtati –ćem (不完) 1. (소

매 등을) 말다, 말아 올리다 (posuvratiti, zavrnuti); *uzvrnula uz ruke rukave* 소매를 말아 올리다 2. 되몰다, 되돌아 가다; ~ *ovce* 양들을 되몰아 가다 3. (눈길을) 향하다, 위로 향하다 (uzviti); *pas je ležao nepomično, samo oči je uzvrnuo koso k njemu* 개는 누워 움직이지 않고 단지 비스듬이 그를 올려 봤다 4. ~ *se* 되돌아오다 (vratiti se, povratiti se)

uzvrpoljiti se *-im se* (完) 안절부절못하다, 조바심내기 시작하다, 불안해하면서 이리저리 왔다갔다 하다; 근심하다, 걱정하다, 초조해하다

uzvrtati *-ćem* (不完) 참조 uzvrnuti

uzvrteti se *-im se* (完) 안절부절못하다, 초조해하다, 불안해하다, 근심하다, 걱정하다, 당황하다

už- (接頭辭) 참조 uz-

užad (女) (집합명사) uže; 로프, 밧줄

užagriti *-im* (完) (눈이) 이글거리다, 불타오르다; 붉어지다 (zarumeniti se); *u momaka užagrile oči* 청년의 눈이 이글거렸다; *jagodice joj se užagre* 그녀의 광대뼈가 붉어진다

užar 밧줄(užad) 제조업자 **užarski** (形)

užara 1. 밧줄 공장, 로프 제조소 2. 기타; *ženiti koga s užarevim detetom* 누구를 밧줄로 때리다

užarija 밧줄 제품(각종 밧줄)

užariti *-im* (完) 1. (무엇을) 달구다, 이글거리게 하다; ~ *gvožđe* 쇠를 달구다; ~ *ćumur* 숯이 이글거리게 하다 2. 이글거리도록 빛나다, 작열하다; ~ *nebo* 하늘이 화창하게 빛나다 3. ~ *se* 달궈지다, 이글거리도록 빛나다; *gvožđe se užari* 쇠가 달궈졌다; *crepulja se užari* 토기(土器)가 달궈졌다 4. ~ *se* (얼굴이) 붉어지다, (눈이) 빛나다, 반짝이다

užarnica 로프 가게, 로프 제조 공장 (užara)

užarstvo 로프 제조업

užas 1. 공포심, 전율, 소름이 끼침, 오싹함, 끔찍함, 참혹함; *uhvatio ga je* ~ 그는 소름이 확 솟았다; *to je* ~ 끔찍한 일이다 2. 소름이 끼치는 것, 전율감을 느끼는 것, 소름·공포감이 느껴지는 것

užasan *-sna, -sno* (形) 끔찍한, 무서운, 소름끼치는, 참혹한, 오싹한 (strašan, grozan, jeziv); ~ *strah* 소름돋는 공포(심); ~ *prizor* 끔찍한 광경; ~ *sudar* 참혹한 충돌; ~*sna nesreća* 참혹한 사고

užasno (副) 끔찍하게, 무섭게, 소름끼치게, 참혹하게; ~ *se ponašati* 놀랍게 행동하다; ~

izgledaš 끔찍하게 보인다; *sve je* ~ *skupo* 모든 것이 말도 안나오게 비싸다

užasnuti *-nem* (完) **užasavati** *-am* (不完) 1. 소름끼치게 하다, 소름이 돋게 하다, 끔찍하게 하다, 오싹하게 하다 2. ~ *se* 끔찍해지다, 오싹해지다, 소름이 돋다

uže *-eta* 1. 로프, 밧줄, 노끈, 실, 줄; ~ *za veš* 빨랫줄; *vezati ~tom* 노끈(밧줄)으로 묶다 2. 기타; *držati (se) za jedno* ~ *i držati se jednog ~eta* 협력하다, 모두 힘을 합쳐 일하다

uže 참조 uzak; 더 좁은, 더 비좁은, 더 협소한

užeći *užežem; užegu; užegao, -gla; užežen, -ena; užezi* (完) 1. 불을 붙이다, 불을 켜다 (upaliti, zapaliti); ~ *sveću* 촛불을 켜다, 초에 불을 붙이다 2. (태양 등이) 이글거리다, 작열하다 3. ~ *se* 타다, 불타다, 불이 붙다 4. ~ *se* (버터 등이 오래되어) 상하다, 부패하다; *puter se užegao* 버터가 상했다

užeg 1. 화상 (opekotina) 2. 불, 화재 (požar)

užegnuti *-nem; užegnut* (完) 참조 užeći (se)

užestiti *-im; užešćen* (完) 1. 화나게 만들다 2. ~ *se* 화내다 (razljutiti se, najediti se)

užgati *-am* (完) (方言) 참조 užeći

užigač 참조 upaljač; 라이터

užiliti *-im* (完) 1. (포도나무가 땅에 뿌리(žila)를 내리도록 땅에) 심다 2. (돼지가 도망가지 못하도록 다리를 끈으로) 묶다 3. ~ *se* 뿌리를 내리다

užina 간식, 간식거리; *šta ima za ~u?* 간식으로 뭐가 있느냐?

užinati *-am* (完,不完) **užinavati** *-am* (不完) 간식을 먹다

užiriti *-im* (完) 1. 살찌우다, 사육하다 (uhraniti, ugojiti) 2. ~ *se* 사육되다

užitak *-tka* 1. 즐김, 누림, 만족 (zadovoljstvo, uživanje) 2. 사용권, 누릴 수 있는 권리

užitnik 수익자, 수혜자, 사용자

uživalac *-aoca* 누리는 사람, 즐기는 사람, 수익자, 수혜자; ~ *penzije* 연금 수혜자; ~ *droga (narkotika)* 마약 중독자; ~ *kafe* 커피를 즐겨 마시는 사람; ~ *stipendije* 장학금 수혜자

uživanje (동사파생 명사) uživati; 즐김, 누림, 사용; *naći* ~ *u nečemu* ~을 즐기다, ~에서 즐거움을 찾다; *pravo ~a* 누릴 수 있는 권리, 이용할 권리, 사용할 권리

uživati *-am* (不完) 1. 만족감·안락감·편안함·즐거움 등을 느끼다; 누리다; *umeju da uživaju u jelu i piću* 그들은 음식과 술을 즐긴다; ~ *u nečemu* (무엇을) 즐기다·누리다

U

2. 만족스럽게·편안하게·걱정없이 살다 3.
(nešto) (무엇으로) 유명하다, 잘 알려지다;
uvek sam uživala dobar glas 항상 나는 좋
은 평편으로 유명했다; *u inostranstvu uživa*
odličan ugled i reputaciju 해외에서 좋은 평
판으로 잘 알려져 있다 4. 누리다, 만끽하다;
uživao je godinama povlasticu kod svojih
kafedžija 자신의 단골 카페에서 수년간 특
혜를 누렸다; ~ *nečije poverenje* 누구의 신
뢰를 누리다(가지다) 5. (法) 권리·권한을 가
지다; *po testamentu, dok je živa, ona sve*
uživa 유언에 따라, 그녀가 살아있는 동안,
그녀는 모든 권리가 있다; *on uživa da*
komanduje 그는 명령할 권한이 있다

uživeti se *–im se* (完) **uživljavati se** *–am se*
(不完) 1. (자신의 감정·생각 등을) ~와 동일
시 하다, 일치시키다; *major se odmah*
uživio u moju situaciju 소령은 즉시 내 상
황과 (자신의 생각을) 일치시켰다 2. (u
nešto) ~에 익숙해지다, 습관이 되다; ~ *u*
svoju ulogu 자신의 역할에 익숙해지다; *nije*
mogla da se uživi u kuću 그녀는 집에 익숙
해질 수 없었다

užlebiti *–im* (完) **užljebljivati** *–ljujem* (不完) 1.
홈(žleb)을 파다, 홈을 만들다 2. 홈에 끼우
다

užurban *–a, –o* (形) 서두르는, 성급한; ~
čovek 성급한 사람

užurbati se *–am se* (完) 서두르다, 서둘러 가
다, 서둘러 준비하다, 분주히 움직이다;
užurbali se ljudi ne samo po selima već i u
gradu 농촌뿐만 아니라 도시에서도 사람들
이 분주히 움직였다

užuteti *–im* (完) 노랗게 되다, 노랗게 변하다
užutiti *–im* (完) 노랗게 하다, 노랗게 채색하다;
~ *platno* 천을 노랗게 채색하다

V v

vab *vabovi* 1. (동물들의) 유인, 유인함, 꾐 2. 미끼, 유인물 (mamac, meka)

vabac *vapca* 1. (사냥) (다른 새의 유인용으로 사용되는) 유인용 새; *ne držim ni sokola ni hrtova nego samo koju pitomu jarebicu što služi kao* ~ 나는 매도 사냥개도 기르지 않고 단지 온순한 자고새만을 유인용 새로 기르고 있다 2. (비유적) 미끼 (mamac, meka)

vabak *vapka* 야생동물을 유인하는 소리를 내는 도구·기구 (vabilo)

vabilo 1. 미끼 (vab, mamac) 2. (사냥) 야생동물을 유인하는 소리를 내는 도구·기구

vabiti *-im* (不完) **dovabiti** *dovabljen* (完) 1. (동물·야생동물을) 소리를 내어 유인하다, 미끼로 유인하다; ~ *kokoške* 닭을 부르다; ~ *ovce* 양을 유인하다 2. (비유적) 유인하다, 유혹하다 (primamljivati, privlačiti) 3. (弄談, 嘲弄) (어떤 이름으로) 부르다 (zvati, nazivati) 4. ~ *se* (弄談, 嘲弄) 불리다 (zvati se, nazivati se)

vabljenje (동사파생 명사) vabiti

vabljiv *-a, -o* (形) 유인하는 (primamljiv, privlačan)

vabnuti *-nem* (完) 유인하면서 부르다, 불러 유인하다; ~ *psa* 개를 유인하면서 부르다

vadičep (병의) 코르크 마개를 뽑는 도구, 코르크 마개뽑이; 병따개

vaditi *-im; vađen* (不完) **izvaditi** *izvađen* (完) 1. (iz nečega) 끄집어내다, 뽑다, 잡아뽑다, 취하다; ~ *nož iz korica* 칼을 칼집에서 뽑다; ~ *stvari iz odmara* 장롱에서 물건을 끄집어내다; ~ *med iz košnice* 벌통에서 꿀을 채집하다; ~ *novac iz novčanika* 지갑에서 돈을 꺼내다 2. (신체·장기 등에서) 뽑다, 빼내다; ~ *zub* 이를 빼다, 발치하다; ~ *krv* 피를 뽑다, 채혈하다 3. (광물·감자 등을) 캐내다, 채굴하다, 퍼내다; ~ *vodu iz bunara* 샘에서 물을 퍼내다; ~ *ugalj* 석탄을 채굴하다 4. (재료·원료로서) 취하다, 뽑아내다; ~ *primere* 예들을 뽑아내다; 5. (공문서 등을) 발급받다; ~ *pasoš* 여권을 발급받다; ~ *ličnu kartu* 주민등록증을 발급받다 6. (입장권 등을 매표소에서) 사다 7. 빼다, 빼내다, 제거하다(uklanjati, odstranjivati); ~ *mrlje* 얼룩을 빼다; ~ *fleke* 얼룩을 빼다 8. (어려운 처지에서) 해방시키다, 빼내다; ~ *iz zatvora* 감옥에서 빼내다; ~ *iz škripca* 난처한 처지에서 빼내다; ~ *iz dugova* 빚더미에서 빼내다 9. ~ *se* 어려움에서 빠져 나오다, 구출되다 10. ~ *se* (口語) 변명하다 (pravdati se, izgovarati se); ~ *se na bolest* 칭병하다, 아프다고 변명하다 11. ~ *se* 자신의 손해를 만회하게 굴다; ~ *duši (nekome)* (누구를) 괴롭히다, 못살게 굴다; ~ *oči (jedan drugome)* 심하게 싸우다(다투다), 적대적으로 행동하다; ~ *rupice* 뜨개질하다; ~ *(za nekoga) kestenje iz vatre* (누구를 위해) 위험을 감수하다, 수고스런 일을 하다; ~ *znoj iz koga* 누구를 착취하다; ~ *što iz glave* 잊다, 망각하다; ~ *kartu za ulazak u što* 입장권을 사다

vađenje (동사파생 명사) vaditi; ~ *korena* 제곱근 구하기; ~ *potonulih brodova* 침몰선 인양

vafla 와플

vaga *-gi & -zi* 1. 저울, 천칭 (kantar); 체중계; ~ *na krak* 대저울; ~ *na oprugu* 용수철 저울; *stona (kuhinska)* ~ 탁상저울(부엌용 저울); *meriti na ~i* 저울에 달다 2. (天) 천칭자리, 천칭궁(황도 십이궁의 일곱째 자리); *rođen u znaku ~e* 천칭자리 태생이다 3. 기타; *staviti na ~u* 평가하다, 판단하다; *čista* ~ (도살되어 깨끗하게 손질된 동물의) 무게; *živa* ~ (동물들의 산 상태에서의) 무게; *vodena* ~ 수평계(수평 상태를 확실하게 측정하기 위한 기구)

vagabund, **vagabunda** (男) 방랑자 **vagabundski** (形)

vagar 1. 저울을 만들고 수리하는 사람, 저울공 2. 공용 저울로 무게를 재는 사람 (kantardžija)

vagati *-am & -žem* (不完) 1. 저울로 무게를 재다; (비유적) 재다, 평가하다, 판단하다 (procenjivati, prosuđivati); ~ *reči* 말을 신중하게 하다 2. (일정한) 무게가 나가다; *koliko važeš?* 네 몸무게는 얼마나 나가냐?; ~ *100 kilograma* 100kg이다 3. ~ *se* 자신의 몸무게를 재다 4. ~ *se* 비틀거리다, 갈지자 걸음을 걷다 (gegati se, klatiti se u hodu)

vagina (解) (여성의) 질(膣) (rodnica, usmina) **vaginalan** (形); *~lni sekret* 질 분비물; ~ *lni uložak* 질 삽입물, 탐폰; ~ *lno ispiranje* 질 세척; ~*lne tablete* 질정(膣錠)

vagnuti *-nem* (完) 1. 참조 vagati; ~ *žito* 곡물의 무게를 달다 2. (비유적) 재다, 평가하다, 판단하다 (odmeriti, proceniti, prosuditi) 3. (일정한) 무게가 나가다 4. (한쪽으로) 기울

다, 기울어지다; ~ *na desnu stranu* 오른쪽으로 기울어지다 5. ~ *se* 측량되다, 재다 (izmeriti se)

vagon 1. (기차의) 객차, 차량, 칸; *putnički ~* 여객 차량; *teretni ~* 화물 객차 2. 하나의 화물 객차에 싣는 화물 무게 단위 (보통은 10,000kg) 3. 객차의, 차량의(반복합어의 전반부에 오는 어휘로서, vagonski); *vagon-restoran* (기차의) 식당칸

vagonet (소규모의 짐 등을 실어나르는) 카트

vagon-restoran (기차의) 식당칸, 식당 객차

vagonskī *-ā, -ō* (形) 참조 vagon; 객차의

vahnja (漁) 해덕(대구와 비슷하나 그보다 작은 바다 고기)

vaistinu (副) (숙어로) 정말로, 진실로; ~ *vaskrese* 정말 부활했어요(부활절 Hristos voskrese에 대한 응답으로서); ~ *se rodi* 정말 오셨어요 (크리스마스에 Hristos se rodi에 대한 응답으로)

vaj 1. (詩語) 슬픔, 비통, 비애, 애통 (jad, tuga) 2. (感歎詞) (슬픔·비통·비탄을 나타내어) 오, 아 (vapaj)

vajan *-jna, -jno* 1. 비통한, 애통한 (jadan, žalostan); *ognjica i kašalj otimali su se oko ostatka mog ~jnog života* 고열과 기침은 내 불쌍한 나머지 삶을 앗아갔다 2. (한정형) 거짓의, 가짜의, 사이비의 (tobožnji, lažan); ~*jni pisac* 사이비 작가; ~*jni borac* 거짓 용사; ~*jni prijatelj* 가짜 친구; *video sam dosta tih ~jnih boraca za slobodu* 많은 사이비 자유 투사들을 보았다

vajanje (동사파생 명사) vajati; 조각

vajar 조각가 **vajarka**; **vajarski** (形)

vajarstvo 조각 (kiparstvo)

vajat (시골집 마당에 있는) 사랑채, 행랑채, 별채 (보통은 신혼부부를 위한, 또는 식품 저장실로 사용되는)

vajati *-am* (不完) **izvajati** (完) 조각하다

vajda 유용함, 유익, 이득 (korist, dobit) (fajda); *koja ~?* 무슨 이득이 있지?; *nije ~e* 인정되어야 한다

vajdisati *-šem* (完,不完) 득이 되다, 이득이 되다, 유익하다 (fajdisati)

vajditi *-im* (不完) 득이 되다, 이득이 되다; ~ *nekome* 누구에게 득이 되다 (fajditi)

vajkada (副) (보통은 전치사 od와 함께 사용되어) 오래전에, 이미 오래전에 (davno, već odavno); *od ~* 오래전에; *to je vajkada bilo* 그것은 오래전의 일이었다

vajkati se (不完) 1. (na nešto) 애통해 하다, 비통해 하다, 한탄하다 (tužiti se, žaliti se,

jadati se) 2. (해야 할 것을 하지 않은 것에 대해) 변명하다, 정당화하다 (pravdati se) 3. 후회하다 (kajati se)

vajno (副) 1. 비통하게, 애통하게 (tužno, jadno, žalosno) 2. 표면상으로, 거짓으로, 가짜로 (tobože, kao bajagi); *bilo je ljudi koji su ~ nešto radili, ali tako da je ... bolje ... bilo da nisu ništa radili* 표면상으로는 뭔가를 했으나 ... 아무것도 하지 않은 사람들이 있었다고 … (말하는 것이 … 좋을 것 같다)

vakancija (직장·공직 등에서의) 결원, 공석(公席)

vakantan *-tna, -tno* (形) 공석의, 결원의 (prazan, upržnjen); ~*tno mesto* 공석(公席)

vakat *-kta* 시기(時期), 시대 (vreme, doba)

vakcina (예방) 백신

vakcinacija 백신 접종

vakcinirati *-am*, **vakcinisati** *-šem* (完,不完) 백신 접종하다; ~ *protiv velikih boginja* 천연두에 대한 백신을 접종하다

vakela (숙어로) *očitati (nekome) ~u* (口語) 신랄하게 질책하다(꾸짖다)

vakuf (무슬림 공동체의) 재산, 자산 (종교적·인도적 목적으로 사용되는); *sve džamije imaju bogate ~e* 모든 모스크들은 재산이 많다

vakuum 진공, 공백 **vakuumski** (形)

val (復 *valovi* & 보통은 시적 표현으로 *vali*) 1. 파도 (talas) 2. 파도와 같이 보이는 것; 파도 모양의 것; *valovi kose* 머리 웨이브 3. (物) 파, 파동 4. 급속한 확산(사상·혁명운동 등의); (일반적으로 어떠한 현상 등의) 급속한 확산, 급등; ~ *bune* 봉기의 급속한 확산; *turistički ~* 관광객의 급등; ~ *poskupljenja* 가격인상의 급속한 확산 **valni** (形); ~*a dužina* 파장

val (얼굴을 가리기 위한) 베일 (koprena, veo)

vala (小辭) (확인·확증할 때 사용되는) 정말로 (zaista, odista, baš); ~ *neću to dozvoliti* 정말로 그것을 용인하지 않을 것이다

vala 참조 hvala; 감사, 사의

valcer 왈츠; *igrati ~* 왈츠를 추다; *svirati ~* 왈츠를 연주하다

valencija, **valenca** (化) 원자가; 결합가 **valentni** (形); ~ *elektroni* 원자가 전자

valerijan (男), **valerijana** (女) (植) 쥐오줌풀; (製藥) 쥐오줌풀 뿌리에서 채취한 진정제

valija (男) (歷) (오스만터키제국의) 지방 (vilajet) 주지사

valijat (歷) (오스만터키의) 주(州), 성(城), 지방

valnī *-ā, -ō* (形) 참조 val; 파도의 (talasni);

~a dužina 파장(波長)

valobran 방파제; *od kamena ... gradiće se u samom moru, na rubu kopna, zaštitni ~i* 석재로 땅끝 바다에 보호 방파제가 세워질 것이다

valomet 1. (해변 암석 등에 부딪쳐) 부서지는 파도 2. 방파제 (valobran)

valorizacija (물건의) 가격 산정, 가격 평가

valorizirati *-am*, **valorizovati** *-zujem* (完,不完) 1. 가격을 산정하다, 가격을 평가하다 2. 높게 가격을 매기다(평가하다), 과대평가하다

valov *-ova* 1. (나무 혹은 돌로 만들어진) 구유, 여물통 (주로 돼지의) 2. (地) 여물통 모양의 계곡

valovit *-a*, *-o* (形) 1. 파도가 많은, 파도가 심하게 치는 (ustalasan, uzburkan, uzbijan); *~o more* 파도가 심하게 치는 바다; *~a reka* 거친 물결의 강 2. 파도 모양의, 물결 모양의 (talasat); 완만하게 경사진, 구름으로 된; *~a kosa* 웨이브가 있는 머리; *~o zemljište* 울퉁불퉁한 땅; *~ zaravan* 구릉으로 된 고원; *~a prerija* 완만하게 경사진 대초원

valovlje (集合) val

valovnica 수입(收入) 신고서, 수입내역 신고서 (용지)

vals 참조 valcer; 왈츠

valsirati *-am*, **valosovati** *-sujem* (不完) 왈츠를 추다

valuta 통화, 화(貨), 화폐; *jaka ~* (환율이) 센 통화; *tvrda ~* 경화(硬貨); *zdrava (čvrsta) ~* (환율이) 안정된 통화; *slaba ~* (환율이) 약한 통화; *meka ~* 연화(軟貨) (달러로 바꿀 수 없는 통화); *konvertibilna ~* 환전가능 통화; *obračunska ~* 정산 통화; *strana ~* 외화; *dirigovana ~* 고정통화; *valutni* (形); *~e rezerve* 외환보유고; *~ rizik* 환위험; *~ damping* 환덤핑; *~ kursevi* 환율

valutak *-tka*; *-uci* (바다 또는 강의 물결로 둥글둥글해진) 조약돌, 몽돌 (oblutak)

valj *-evi* 참조 valjak

valjak *-ljka*; *valjci & valjkovi* 1. (幾何) 원통, 원기둥 (cilindar) 2. 원통형 모양의 것(물건); *~ za testo* (밀가루 반죽을 이기는 원통형 모양의) 밀대 3. (땅을 고르는) 롤러; (페인트 등을 칠하는) 롤러; *parni ~* (도로 공사용) 증기 롤러; *cestovni ~* (도로 포장 등에 앞서 땅을 단단히 눌러주는) 도로 전용 롤러 4. (비유적) (모든 저항을 무력화하면서) 강력한 힘을 가지고 임하는 것(사람), 불도저

valjalica 1. (수동 또는 기계적으로 천 등을) 둥글게 말아주는 기계(장치), 압연기 (valjarica) 2. (천을 둥글게 감을 때 천을 때리는) 망치

valjan *-a*, *-o* (形) 1. ~할 만한, 좋은, 뛰어난, 훌륭한 (vredan, vrstan, dobar); *~a roba* 품질이 좋은 상품(물건); *~ vojnik* 훌륭한 군인 2. 도덕적인, 양심적인, 존경할 만한 (moralan, čestit, pošten); *~ čovek* 훌륭한 사람; *~ Srbin* 양심적인 세르비아인 3. 능력 있는, 능수능란한; 부지런한, 성실한 (sposoban, vešt; vredan, marljiv); *~ trvovac* 능력이 뛰어난 상인; *~ vaspitač* 경험많은 선생님; *~ radnik* 능력있는 노동자 4. (法) 합법적인, 유효한, 효력이 있는 (punovažan, zakonit); *~a menica* 유효한 어음; *~ ugovor* 효력이 있는 계약

valjano (副) 1. 잘, 훌륭하게; *~ raditi* 훌륭하게 일하다 2. (法) 유효하게, 믿을만 하게 (punovažno, verodostojno); *~ svedočiti* 믿을만 하게 증언하다

valjaonica 압연 공장; *~ bakra* 구리 압연 공장; *~ bešavnih cevi* 이음매없는 관 압연 공장

valjaoničar 1. 압연공장 노동자 2. 압연공장 주인

valjarica 참조 valjalica

valjati *-am* (不完) (nešto) 1. 굴리다(원통형의 물체를) (kotrljati, koturati); *~ klade* 통나무를 굴리다; *~ bure* 통을 굴리다 2. 밀다, 밀치다, 밀어내다 (보통은 물·바람 등이); *~ pesak* 모래를 밀어내다; *~ oblake* (바람이) 구름을 밀어내다 3. (땅을) 롤러로 다지다(평평이 하다) 4. (둥근 막대로 천·울 등을) 치다, 두드리다 5. (롤러로 금속 등을) 얇게 펴다, 압연하다; *~ bakar* 구리를 얇게 펴다; *~ testo* 밀가루반죽을 밀다; *~ u pločice* 타일 형태로 얇게 펴다 6. 반죽하여 둥근 형태로 만들다; *~ knedle* 경단을 둥글게 만들다; *~ loptice* 공을 둥글게 만들다 7. (비유적) 생각없이 말하다, 수다를 떨다; *~ gluposti* 말도 안되는 소리를 하다 8. ~ se (누워) 구르다, 굴러가다 9. ~ se (비유적) (嘲弄) 성적 관계를 맺다, 성적으로 난잡하게 놀다, 뒹굴다 10. ~ se 대규모로 힘차게 이동하다 (물·구름·안개, 대규모의 사람들이); 파도가 치다 (talasati se) 11. ~ se (눈물이) 나다, 뚝뚝 떨어지다 12. ~ se 천천히 힘들게 움직이다 13. 기타; *nešto se iza brda valja* 뭔가 좋지 않은 일(나쁜 일)이 꾸며지고 있다; *~ se od smeha* 포복절도하다; *~ se po blatu (po prahu)* 매우 가난하게 살다

valjati *-am* (不完) 1. (사용하기에) 좋다, 좋은

상태이다, 유용하게 이용되다; ~ *za obradu* 가공하기에 좋다; *ovaj auto valja* 이 자동차는 상태가 괜찮다; *pegla ti još valja* 네 다리미는 아직 쓸만하다; *ovaj štof ne valja* 이 천은 좋지 않다 2. (口語) 건강상태가 좋다, 신체적 상태가 좋다; *danas ništa ne valjam* 오늘은 몸 상태가 좋지 않다; *kako si? ne valjam* 어때? 몸 컨디션이 좋지 않아 3. 가치가 있다; *imanje valja nekoliko stotina hiljada* 재산은 수십만의 가치가 있다 4. (無人稱文에서) (주로 부정적으로) 관습·풍속·습속에 맞다; *ne valja psovati* 욕하는 것은 좋지 않다 5. 유용하다, 도움이 되다 (nekome); *za nazeb valja skuvati dobar čaj* 감기에는 좋은 차(茶)가 좋다 6. (無人稱文) ~이 필요하다; *valja nabaviti ogrev za zimu* 겨울에 대비해 연료를 준비할 필요가 있다; *taj će ti kaput ~ kad udari zima* 겨울이 오면 너는 그 외투가 필요할 것이다; *ne valja lenjstvovati* 게으름을 피울 필요가 없다 7. 기타; *duša valja* 정말로, 진정으로 (zaista, uistinu); *ne valja ti posao* 너는 일을 잘 못한다, 네가 한 일은 별로야; *ta ti valja* 너 그 말 한 번 잘했다; *to je kako valja* 그것은 좋다(적당하다); *valja se* 해야 한다 (mora se)

valjda (副) 1. (근거있는 추측의 강조) 아마도 (verovatno, možda); *Vi ~ nećete reći* 당신은 아마도 말하지 않을 것입니다; *~ je zaboravio* 아마 그는 잊었을 것이다; *~ nisu kod kuće* 아마 그들은 집에 없을 것이다; *~ će napisati* 아마 그는 쓸 것이다 2. 바라건데; *~ nisi zaboravio* 바라건데 잊지 않았을 것이다

valjkast *-a, -o* (形) 원통형(실린더) 모양의 (cilindričan); *~ sud* 원통형의 그릇; *~ oblik* 원통형 모양

valjuga (植) 미나리아재비

valjušak *-ška* 1. (보통 複數로) (요리) 덤플링 (고기 요리에 넣어 먹는 새알심) 2. (보통) 작고 둥글둥글한 것

valjuška (G.pl. *valjušākā*) 1. 참조 valjušak 2. (밀가루 반죽을 미는) 밀대 (oklagija)

valjuškati *-am* (不完) (지소체) valjati

vam (前接語) vi의 여격(D)

vama 대명사 vi의 여격(D), 조격(I), 처소격(L)

vampir 1. (민중들 속에서 믿어져 내려오는, 무덤에서 나와 사람의 피를 빨아먹는) 흡혈귀 2. (비유적) 다른 사람의 고혈을 빨아먹는 사람, 흡혈귀 (krvopija) 3. (動) 박쥐의 한 종류

vampirizam *-zma* 흡혈귀의 존재를 믿는 미신

van (副) (vani) 1. (이동을 나타내는 동사와 함

께) 밖으로 (napolje); *izaći ~* 밖으로 나가다; *otputovati ~* 해외 여행을 하다; *pogledati ~* 밖을 바라보다 2. *izbaciti ~* 축출하다, 쫓아내다 (당(黨)·학교 등에서) 3. (감탄사 용법으로) (밖으로 사라지라는 날카로운 명령으로) 밖으로 꺼져! (napolje)

van (前置詞, + G) 1. (~의 경계·틀 등의) 밖에 (izvan); *izaći ~ grada* 도시 밖으로 나가다; *roditi dete ~ braka* 혼외자를 낳다 2. 기타; *~ sebe (biti)* 침착하지 못한, 이성을 잃은, 제정신이 아닌; *biti ~ sebe od radosti* 기뻐 제 정신이 아니다; *~ (svake) sumnje, ~ (svakog) spora* 의심의 여지없이, 다툼의 여지없이, 확실한; *~ pameti* 비이성적인

vanblokovskī *-ā, -ō* (形) 군사-정치 동맹 밖의, 비동맹의; *~a država* 비동맹국; *~ politika* 비동맹 정책

vanbolničkī *-ā, -ō* (形) (병원의) 외래의; *~o lečenje* 외래치료

vanbračan *-čna, -čno* (形) 혼외의; *~čno dete* 혼외자; *~čna veza* 혼외관계

vanbrodskī *-ā, -ō* (形) (숙어로) *~ motor* 선외 모터(작은 보트 꼬리 부분에 다는 모터)

vancaga 1. 무딘 까귀 2. 방랑자, 떠돌이, 뜨내기 (bitanga, probisvet)

vandal (보통 複數로) 예술·문화의 파괴자; 공공물 등을 고의로 부수고 파괴하는 사람

vandalski (形)

vandalizam *-zma* 반달리즘, 예술문화의 파괴, 공공기물 파괴

vandalskī *-ā, -ō* (形) 참조 vandal; *~ postupak* 파괴적 행위, 야만적 행위

vandrokaš 떠돌이, 방랑자 (skitnica, lutalica)

vanevropskī *-ā, -ō* (形) 유럽 밖의, 비유럽의; *~e zemlje* 비유럽국가들

vangla 그릇의 한 종류(밀가루를 반죽하거나 그릇을 씻기 위한, 깊게 쑥 들어간), 함지

vani (副) 1. 밖에, 집밖에, 거리에 (napolju, izvan kuće, na ulici); *~ je padala kiša* 밖에 비가 내렸다 2. 외국에서; *on radi negde ~* 그는 외국 어디선가 일한다

vanila, vanilija (植) 바닐라(열대성 식물); 그 열매; *ekstrakt ~e* 바닐라 추출물

vanilin 바닐린(바닐라의 독특한 향을 내는 화학물질); *~ šećer* 바닐린 분말

vanklasnī *-ā, -ō* (形) 사회적 계급에 속하지 않는, 계급이 없는, 계급적 특성이 없는; *~a borba* 계급적 투쟁

vanljudskī *-ā, -ō* (形) 비인간적인; 인간적인 것이 아닌, 인간적인 것을 뛰어 넘는

vanmateričnī *-ā, -ō* (形) (醫) 자궁밖의, 자궁

외의; ~a trudnoća 자궁외 임신

vanparbenī -ā, -ō (形) 참조 vanparnični

vanparničnī -ā, -ō (形) 법정 밖의, 화해에 의
한; ~ postupak 법정 밖 절차, 화해 절차

vanpartijac (政) 1. 비정당인, 그 어떤 정당에
도 속하지 않은 사람 2. (歷) 비공산당원

vanpartijka; vanpartijski (形)

vanplanskī -ā, -ō (形) 계획되지 않은, 계획에
없는; ~a proizvodnja 계획되지 않은 생산,
비계획적 생산

vanprirodan -dna, -dno (形) 1. 자연적이지 않
은, 자연에 속하지 않은, 비자연적인
(neprirodan); tu dakle nema ništa mistično
ni ~dno 여기에는 따라서 미스테리한 것도
자연적이지 못한 것도 없다; ~dna pojava
자연적이지 않은 현상 2. 초자연적인, 초인
간적인 (natčovečanski, nadljudski); ~dna
žrtva 초인적 희생

vanredan -dna, -dno (形) 1.(정상적인 범주·계
획·프로그램·일정 등에서 벗어난) 임시의, 비
정규의 ~dna skupština 임시 총회; ~dno
zasedanje 임시 회의; ~dno stanje 비상 상
태; preduzeti ~dne mere 비상조치를 취하
다; ~dno izdanje 호외; ~dni profesor 부교
수; ~dni student (정규 교과과정보다 적은
과목을 수강하는) 시간제 학생, 청강 학생 2.
(口語) 특수한, 특별한, 평범하지 않은, 비범
한, 예외적인 (osobit, neobičan, izuzetan);
~dna pojava 예외적인 현상; 3. 훌륭한, 뛰
어난, 완벽한 (izvrstan, izvanredan,
odličan); ~ plesač 뛰어난 무용수; ~ film
훌륭한 영화 4. 거대한, 어마어마한; ~dna
brzina 어마어마한 속도; ~dna snaga 어마
어마한 힘; ~dno bogatstvo 어마어마한 부

vanseban -bna, -bno (形) 침착하지 못한, 흥
분한, 제정신이 아닌; oči su joj bile ... ~bne,
kao luđačke 그녀의 눈은 마치 미친 사람처
럼 흥분한 상태였다

vansezonskī -ā, -ō (形) 제철이 아닌, 철이 지
난, 비수기의; u ~om periodu 비수기 동안에;
~a rasprodaja 비수기 세일

vanškolskī -ā, -ō (形) 학교 (울타리) 밖의, 학
교 활동과는 무관한; ~o vreme 학교 일정이
끝난 이후의 시간; ~e aktivnosti 과외 활동

vantuza (醫) 흡반(吸盤; 분만시 아기 머리에
대고 출산을 돕는 컵 모양의); 부항단지

vanvremen -a, -o, **vanvremenskī** (形) 시간외의

vanzemaljskī -ā, -ō (形) 외계의

vanjskī -ā, -ō (形) 참조 spolji; ~a politika 대
외 정책

vanjština 참조 spoljašnjost 외관, 외모;

sudeći po ~i 외관(외모)으로 판단컨대

vapaj 1. 고함, 소리침, 울부짖음(고통·통증·절
망감 등으로 인한) (krik, jauk); ~ bola 고통
에 따른 울부짖음; glasni ~ 커다란 울부짖
음; očajni ~ 절망적인 울부짖음 2. (za
nečim) 커다란 열망(갈망); ~ za slobodom
자유를 향한 커다란 열망

vapijući -ā, -ē (形) 울부짖는; ~ glas 울부짖는
소리; glas ~eg u pustinji 헛되이 도움을 청
하는 목소리(헛된 도움 요청)

vapiti -im & -ijem (不完) 1. 간청하다, 애원하
다; 절규하다, 울부짖다; u kiši suza vapiju i
traže 하염없이 눈물을 흘리면서 간청하였다;
~ za osvetom 복수를 울부짖다; ~ za milost
자비를 간청하다 2. (비유적) (za nekim,
nečim) 커다란 필요성을 느끼다; privreda
vapi za stručnjacima 경제계는 전문가들을
많이 필요로 한다

vapka 참조 vabac; 미끼

vapnar 참조 krečar; 석회(kreč) 판매인, 석회
제조인

vapnara 석회공장 (krečana)

vapnen -a, -o (形) 석회(vapno)의, 석회를 함
유하고 있는

vapnenac -enca (鑛) 석회석 (krečnjak)

vapnenica 1. 석회 가마 2. 석회석 (vapnenac)

vapno 참조 kreč; 석회; živo ~ 생석회;
gašeno ~ 수산화칼슘, 소석회; **vapnen** (形)

vapnovit -a, -o (形) 석회가 있는, 석회를 포
함하고 있는; ~o zemljište 석회 매장지

vaporizacija 1. 기화(氣化), 증발 2. (醫) 증기
요법(증기로 지혈시키는)

var (男,女) 용접 이음매; zadebljanje na ~u
용접 이음매 자리가 두꺼워 진 것

varak -a & varka 1. (장식용의 얇은) 금박지,
은박지 2. 거짓 영광 (lažni sjaj)

varak 기만, 사기, 속임수 (varka, prevara)

varakati -am (不完) 1. (지소체) varati; 약간
속이다; uvela usedelica varaka ličilom svet
한물간 노처녀는 화장품으로 눈속임한다 2.
(접촉 등을) 피하다, 회피하다; (접촉을 피하
기 위해) 이리저리 움직이다

varaklaisati, varakleisati -šem (完,不完) 금박
지(varak) 등으로 뒤덮다

varalica (女) (드물게 男; 複數는 女) 1. 속이는
사람, 사기꾼, 협잡꾼 2. (낚시) 가짜 미끼,
인공 미끼 3. 가짜 젖꼭지, 공갈 젖꼭지
(cucla)

varanje (동사파생 명사) varati

varati -am (不完) prevarati (完) 1. 속이다, 기
만하다 (obmanjivati); ~ mušteriju 고객(손

님)을 속이다; *ako me oči ne varaju* 내가 맞다면; *izgled često vara* (사람들은) 자주 겉모습에 속는다 2. 사기치다, 사취하다; 경기 규칙을 지키지 않다(어기다); ~ *na meri* 양을 속이다; ~ *na kartama* 카드경기에서 속이다 3. (연인관계나 혼인관계에서) 상대편을 속이다, 바람피우다; ~ *ženu* 부인을 속이고 바람피우다 4. ~ se 속다, 잘못 판단하다; *ako se ne varam* 내 판단이 옳다면(내가 틀리지 않는다면); *varaš se!* 잘못 판단하는 거야!, 실수하는 거야!

varav *-a, -o* (形) 참조 varljiv; 속이는, 기만하는; 변할 수 있는, 불안정한; *močvara je ~a kao srce ljudsko* 늪지는 사람의 마음처럼 변할 수 있다

varda (感歎詞) 조심해!, 주의해! (na oprez, pazi)

vardanja (方言) 소음, 고함 (vika, larma)

vardarac *-rca* 바르다르(Vardar) 계곡에 부는 바람

vardati *-am* (不完) 조심하다, 주의를 기울이다 (paziti, čuvati se, biti na oprezu)

vardati *-am* (不完) 시끄럽게 하다, 소란스럽게 하다

varenik 데워 풍미를 더한 술 (포도주 혹은 라키야); *varenik je kod nas toplo, a začinjeno vino* 바레닉은 우리 동네에서는 따뜻하게 데워 풍미를 더한 포도주이다

varenika 1. 데운 우유, 덥힌 우유 2. 참조 varenik(데워 풍미를 더한 술)

varenje (동사파생 명사) variti 1. 소화; rđavo ~ 소화불량 2. 끓임

varganj *-a* (植) 그물버섯(식용 버섯의 한 종류)

varičele (女,複) (病理) 수두 (srednje boginje)

varijacija 1. 다름, 차이; 변화, 변동; ~ *na istu temu* 동일 주제에 대한 차이 2. (音) 변주 3. (數) 변동, 변분, 순열

varijanta *-ātā & -ā & -ī* 변종, 이형(異形)

varijete *-ea* (男) 밤무대, 나이트 클럽 (음악·춤·코미디 등 다양한 프로그램을 공연하는)

varijetet 1. (植) 품종, 종류 2. (광물의) 하위 부류, 변종; ~ *opala* 오팔의 하위 부류 3. (일반적인) 하위 부류, 변종 (podvrsta, podgrupa)

varijetetkinja, varijetkinja 나이트 클럽 (varijete)의 (여자) 댄서 또는 여배우

varilac *-ioca* 참조 zavarivač; 용접공

variole *-ola* (女,複) (病理) 천연두 (velike boginje)

varirati *-am* (不完) 1. (상황에 따라) 달라지다, 다르다; ~ *boje* 색깔이 달라지다; *to varira*

od slučaja do slučaja 그것은 경우에 따라 다르다; *seoska umetnost nije svuda jednaka, već lokalno varira* 농촌 예술은 모든 곳에서 동일하지 않으며 지역에 따라 달라진다 2. (nešto) (형태를) 달리하다, 바꾸다 (menjati); ~ *stil* 스타일을 바꾸다; ~ *temu* 테마를 바꾸다

variti *-im* (不完) 1. 삶다, 데치다 (kuvati, gotoviti); *pogledao bi u lonac u kome se vario kupus* 양배추를 데친 냄비를 보고 싶다 2. 소화하다, 소화시키다; *ja brzo varim ... Kod mene nikad bogzna šta ne ostane u želucu* 나는 금새 소화시킨다 ... 정확히 말해 내 뱃속에 (소화되지 않고 그대로) 남아있는 것은 결코 없다 3. 용접하다 (금속 등을) (zavariti)

varivo 데친 야채, 삶은 야채; 데친 야채로 만든 음식

varjača (뭔가를 삶을 때 휘젓는데 사용하는) 기다란 나무 주걱

varka 1. 환상, 환각; 오해, 착각 (zabluda, iluzija, privid, opsena); *optička* ~ 착시 2. 속임, 속임수, 기만, 사기 (prevara, obmana)

varkati *-am* (不完) (지소체) varati; 속이다, 기만하다

varljiv *-a, -o* (形) 1. 속이는, 기만하는; 거짓의, 가짜의; 환영의 (lažljiv, prevrtljiv); ~o *sunce* 가짜 태양; ~a *nada* 헛된 희망, 공허한 기대 2. 변할 수 있는, 불안정한 (promenljiv, nestalan); ~o *proleće* 변덕스런 봄; ~o *vreme* 변덕스런 날씨

varljiv *-a, -o* (形) 1. 쉽게 데칠 수 있는(삶을 수 있는) 2. 소화시킬 수 있는, 소화가 잘 되는 (svarljiv)

varmeđa (varmeđija) 참조 županija; (지방 행정 단위의) 도(道), 목(牧)

varnica 1. 불꽃, 불똥 (iskra); ~e *lete* (vrcaju, skaču, prskaju) 불꽃이 튄다; *na sve strane prosu se dažd živih* ~ 사방으로 불꽃이 연속으로 튄다 2. (電) 스파크 3. (머리를 가격당했을 때 눈에 일어나는) 번쩍임, 불꽃; (눈의) 번쩍임, 섬광; *kad te udarim, sijevnuće ti* ~e *ispred očiju* 내가 널 때리면 네 눈에서 불꽃이 번쩍할 것이다 4. (비유적) (머릿속에 번개같이 떠오르는 생각 등의) 번쩍임 5. (비유적) 매우 열정적이고 불 같은 성질의 사람

varničav *-a, -o* (形) 1. 불꽃(varnica)을 내뿜는(쏟아내는) 2. (비유적) 기지넘치는, 재담넘치는, 영민한, 명민한 (duhovit, dosetljiv, oštrouman); ~ *duh* 지혜로운 영혼

varnjača 참조 varjača

varoš (男,女) 1. 도회지, 시내, 읍내 (grad); *ići u ~* 읍내에 가다 2. (비유적) 도시민, 시내 (읍내)에 사는 사람

varošanče *-eta* (지소체) varošanin; 도회지의 젊은 사람, 젊은 도회지 사람, 시내(읍내)에 사는 젊은이

varošanin *-āni* 도회지 사람, 시내(읍내)에 사는 사람 varošanka; varošanski (形)

varoščad (女) (集合) varošče; 도회지 사람들

varošče *-eta* 젊은 도회지 사람

varošica (지소체) varoš

varoškī *-ā, -ō* (形) 참조 varoš; 도회지의, 읍내의

varoški (副) 도회지 방식으로

varoškinja 도회지에 사는 여인

varovan *-vna, -vno* (形) 경축하는, 기념하는; *~vni dani* 공휴일, 휴일

varovati *-rujem* (不完) 1. 조심하다, 주의를 기울이다 (čuvati, paziti) 2. (경축일·기념일 등을 기념하여) 쉬다, 일하지 않고 휴식을 취하다 (praznovati, svetkovati); (미신으로 인해 일하는 날에) 일하지 않다 3. ~ se 조심하다 (čuvati se)

Varšava 바르샤바(폴란드의 수도)

varvarin *-ari* (barbar) 야만인, 미개인 varvarka *-kī;* varvarski (形)

varvarizam *-zma* 바바리즘, 야만, 미개 (barbarizam)

varvarstvo 야만적 행위(행동), 잔인함, 미개함, 잔인함; 교양없음

varzilo (열대목 껍질에서 채취하는) 빨간색, 빨간 물감

vas (전접사) 인칭대명사 vi의 생격(G) 및 대격(A)

vasceo *-ela, -elo* (形) 참조 sav; 모든, 전(全), 전체의

vaseljena (=vaselena) 우주 (vasiona, svemir)

vaseljenskī *-ā, -ō* (形) 1. 우주의 2. (宗)(正敎) 전체 정교회의; *~a crkva* 짜리그라드 정교회 교회; ~ *patrijarh* (전체 정교회 총대주교 중) 수석 총대주교(짜리그라드 총대주교)

vasiona 우주 (svemir, kosmos) vasionski (形)

vaskolik *-a, -o* (形) 모든, 전부의, 전체의, 전(全) (savkolik, svekolik)

vasionskī *-ā, -ō* (形) 우주의; ~ *brod* 우주선; *~a istraživanja* 우주탐험; *~i letovi (sa ljudskom posadom)* (유인)우주비행; *~a stanica* 우주정거장; *~o odelo* 우주복; *~a kabina* 우주선 조종칸

vaskrs 부활 (uskrsnuće, uskrs); (비유적) 해

방, 부흥, 복구 (oslobođenje; preporod, obnova); ~ *srpske države* 세르비아 국가의 복구

vaskrsavati *-am* (不完) 참조 vaskrsnuti; 부활하다

vaskrsnī *-ā, -ō* (形) 부활의, 부활절의 (uskrsnji, uskršnji); ~ *ponedeljak* 부활절 월요일

vaskrsnuti *-em;* vaskrsnuo & vaskrsao, *-sla* (完) vaskrsavati *-am* (不完) 참조 uskrsnuti

vaskršnjī *-ā, -ē* (形) 참조 vaskrsni

vaskularnī *-ā, -ō* (形) (醫) 혈관의; 혈관이 많은; ~ *sistem* 혈관계

vaspitač 선생님, 교사, 교육자; 양육교사, 보육교사 vaspitačica; vaspitački (形)

vaspitalište 양육 기관, 훈육 기관; 학교

vaspitan *-a, -o* (形) 1. 참조 vaspitati 2. 공손한, 정중한, 예의 바른; (uljudan, učtiv); *mi smo svi ~i i dobri* 우리 모두는 예의 바르고 좋은 사람이다; ~ *mladić* 공손한 젊은이, 예의 바른 젊은이

vaspitanik 학생, 생도 (pitomac, učenik); *daje mu savet ... kao savestan vaspitač rđavom ~u* 양심적 교육자로서 불량 학생에게 충고한다 vaspitanica

vaspitanost (女) 공손함, 정중함, 예의바름 (uljudnost, učtivost)

vaspitanje (동사파생 명사) vaspitati; 양육, 훈육; (가정) 교육; *dobro ~* 훌륭한 훈육; *zdravstveno ~* 건강 교육; *fizičko ~* 체육

vaspitatelj 참조 vaspitač; *ne zna zapravo da li njima treba učitelj ili ~* 그들에게 선생님이 필요한지 아니면 양육교사가 필요한지 사실 잘 모른다 vaspitateljica, vaspitateljka

vaspitati *-am* (完) vaspitavati *-am* (不完) 1. (nekoga) 훈육하다, 양육하다, 교육하다 (odgojiti, odgajati); ~ *decu* 아이들을 훈육하다; ~ *omladinu* 청년들을 교육하다 2. 가르치다, 신념(믿음)을 심어주다; ~ *politički* 정치적으로 훈육시키다 3. (장점 등을) 발전시키다, 향상시키다, 연마시키다 (razviti, usavršiti); ~ *ukus za nešto* 뭔가에 대한 기호를 발전키다; ~ *muzički ukus* 음악적 기호를 발전시키다 4. ~ se 양육되다, 훈육되다, 배우다; ~ *se po ugledu na nekoga* 누구를 모델로 삼아 훈육되다

vaspitavalac *-aoca* 참조 vaspitač

vaspitnī *-ā, -ō* (形) (드물게 비한정형 vaspitan) 교육의, 훈육의, 양육의; *~a ustanova* 교정 시설; *~a mera* 훈육 수단; *~o zapuštena deca* 교육에서 소외된 아이들

1451

vaspitno (副) 교훈적으로, 훈육적으로 (poučno, odgojno); *delovati ~* 교육적으로 행동하다

vaspitno-popravnī *-ā, -ō* (形) 훈육적인; *~ dom (za malotetnike)* (미성년) 소년원

vaspostaviti *-im* (完) **vaspostavljati** *-am* (不完) 재건하다, 복구하다; 이전 상태로 되돌리다 (obnoviti, uspostaviti); *bio je voljan (Ristić) ~ s Austrijom vezu koja je ... bila prekinuta* (리스티치는) 오스트리아와 단절된 관계를 재건하기를 원하였다

vaš (소유형용사) 당신의, 당신들의, 너의

vaš *vašī; vaši & vašiju* (女) 이, 기생충 (uš); *crna(glavna) ~* 머릿니; *bela(odećna, odevna) ~* (몸)이; *stidna(polna, spolna) ~* 사면발이; *kokošija ~* 닭는이(새이); *biljna ~* 진디, 진딧물

vašar 1. 장, 시장 (sajam); *ići na ~* 장에 가다, 장보러 가다, 시장에 가다; *seoski (stoćni) ~* 시골 장(가축 시장); *izvesti nekoga na ~* 대중앞서 창피를 주다, 웃음거리를 만들다; **vašarski** (形); *~a roba* 품질이 떨어지는 물건(상품) 2. 군중, 무리 (gungula); *oko manastirskih ruševina ... bio je ceo dan ~ sveta* 수도원의 폐허 주변에 하루종일 많은 사람들로 붐볐다 3. (주로 뒤죽박죽인 물건들로 인한) 엉망진창, 뒤죽박죽, 난장판 (nered, zbrka)

vašarina 시장세, 시장사용료(상인들에게 걷는)

vašarište 장터, 시장터, 시장이 서는 곳 (sajmište, pazarište)

vašariti *-im* (不完) 1. 시장을 열다 2. (비유적) 엉망진창으로 만들다, 난장판으로 만들다; *~ sobu* 방을 뒤죽박죽으로 만들어 놓다

vašarskī *-ā, -ō* (形) 시장의, 장(場)의

Vašington 워싱턴(미국의 수도)

vaška *-ākā & -ī* 이(vaš)

vaška (方言) 개(犬; pas); *svaka ~ obaška* 모두가 각자의 이익을 위해(이익에 따라)

vašljiv *-a, -o* (形) 이(vaš)가 있는, 이가 들끓는 (ušljiv)

vašljivac *-ivca* 이(vaš)있는 사람 (ušljivac) vašljivka

vašljivko 참조 vašljivac

vat *vati* 와트(전력 단위)

vata 솜, 탈지면

vatati *-am* (不完) 참조 hvatati

vatelin *-ina* (솜으로 된) 안감(외투 등의)

vaterpolist(a) 수구선수

vaterpolo *-la* (男) 수구(水球)

vatirati *-am* (完,不完) (외투 등에) 안감

(vatelin)을 대다

vatra *vatāra & vatrī* 1. 불 (oganj); *zapaliti (podstaći, ugasiti) ~u* 불을 붙이다(뒤적거리다, 끄다); *nije dugo što ju je (šumu) ~ progutala* 불이 숲을 삼키는 것은 그리 오래 걸리지 않았다; *~ gori* 불이 타오른다; *staviti drva na ~u* 장작을 불에 올려놓다; *peći na ~i* 불에 굽다; *logorska ~* 캠프 파이어, 모닥불; *~ lutalica, (bludna ~)* 도깨비불, 인화(燐火); *kresati ~u* (성냥 등으로) 불을 붙이다; *igrati se ~om* 불장난하다; *sipati ulje na ~u* 불에 기름을 붓다; *vaditi kestenje iz ~e* 위험을 감수하다(무릅쓰다); *nema dima bez ~e* 아니땐 굴뚝에 연기나랴, 모든 것은 그럴만한 이유가 있다; *između dve ~e* 또는 *goreti na dve ~e* 이중의 위험 (곤란) 속에서, 두 고래 사이에서; **vatren** (形) 2. 불, 화재 (požar); *~!* 불이야!; *vatrogasci gase ~u* 소방대원이 화재를 진압한다; *~ se širi* 화재가 확산되고 있다 3. (체온의) 열 (groznica, temperatura) 4. (총·대포 등의) 사격, 발사; *~ iz haubica* 곡사포 발사; *puščana (artiljerijska, mitraljeska) ~* 소총 (대포, 자동소총) 발사; *otvoriti ~u* 사격하다; *zaprečna ~* 엄호 사격; *streljačka ~* 소형 무기 발사 **vatren** (形); *~a linija* 사선(射線); *~a moć (podrška)* 화력(火力)(화력 지원); *~i val* (軍) 잠행 탄막(潛行彈幕) 5. 열정, 정열; 광희, 기쁨 (zanos, oduševljene); *ja s ~om dokazujem* 나는 열정적으로(기쁘게) 증거한다 6. (비유적) 어려움, 시련, 곤란, 곤경 (nevolja, kušnja); *u ~i se pozna čovek* 어려움에 처했을 때 사람을 알 수 있다 7. 기타; *ložiti nekoga na ~u* 누구를 위험에 처하게 하다; *živa ~* 적극적이고 열정적인 사람; *bengalska ~* 불꽃; *biti na živoj ~i* 어려운 상황에 처하다; *pasti u ~u* 화내다, 분노하다; *skočiti za nekoga u ~u i vodu* 누구를 위해 물불을 가리지 않다, 위험을 감수하다; *izgutati ~u* 어려운 시기를 가지다; *pregrmeti prvu ~u* (병사가 처음 전장에 나가) 십자포화를 이겨내고 살아남다; *između ~e i vode* 진퇴양난의; *bojati se nekoga kao žive vatre* 누구를 매우 두려워하다; *dati ~u nogama (petama, đonovima, tabanima)* (발바닥에 불난 듯) 도망치다, 달아니다; *gde je vatra, tu ima i dima* 좋은 것 속에 나쁜 것도 있다, 동전의 양면; *ožeći bez ~e* 누구를 힘껏 때리다, 누구를 신랄하게 꾸짖다(나무라다); *sasuti na nekoga ~u*

누구를 신랄한 말로 공격하다; ~om izgoreti
사라지다, 없어지다

vatralj 1. (이글거리는 석탄을 퍼 나르는) 삽,
부삽 2. 쇠부지깽이 (난로의 불을 들쑤시는)
(ožeg, žarač)

vatren -a, -o (形) 1. 참조 vatra; ~i jezici (od
požara) oblizuju bale sa tkaninama 불길이
천뭉음을 날름거린다 2. 불과 같은 색의, 빨
간색의 (crven) 3. (비유적) 격정적인, 열정
적인, 열렬한, 불 같은; ~a ljubav 격정적인
사랑; ~ pogled (duh) 불타는 듯한 시선(열
정적인 정신); ~ pobornik 열렬한 지지자;
~e oči 불타는 눈; ~e reči 신랄한 말; ~
konj 힘이 넘치는 말; ~o krštenje (~에의)
최초의 참가, 첫 번째 참가, 첫 번째 시도

vatrica (지소체) vatra

vatrište 화롯불터, 불놓는 곳 (ognjište,
zarište); mnogobrojni ostaci od ~a navode
na misao da pećinci nisu ložili vatru samo
da se zgreju 화롯불터의 많은 흔적들은 동
굴인들이 단지 불을 쬐기 위해서만 불을 피
운 것은 아니라는 생각을 들게 한다

vatrogasac -sca 소방관

vatrogasnī -ā, -ō (形) 소방의, 소방관의; ~a
stanica (četa, kola) 소방서 (소방대, 소방
차); dobrovoljno ~o društvo 의용소방대

vatrogastvo 소방, 소방직(職)

vatromet 불꽃, 폭죽 **vatrometni** (形)

vatronoša (男) (神話) 불의 신

vatrostalan -lna, -lno (形) 내화성의, 불연성의,
불에 타지 않는; ~ materijal 내화성 재료

vatruština (지대체) vatra

vavek (廢語) 참조 uvek

vavoljak -oljka (음식의) 한 줌, 한 옹큼(손가
락으로 집을 수 있는), 한 입(입에 넣을 수
있는)

vaza, vazna 꽃병

vazal 1. 봉신(봉건 군주에게서 봉토를 받은 신
하) 2. 종속 국가, 속국 **vazalni** (形)

vazda (副) 1. 항상 (uvek, svagda) 2. (方言)
많이, 많게 (mnogo)

vazdan (副) 1. 온종일, 하루종일 (celi dan) 2.
매우 오랫동안 (vrlo dugo) 3. 많이 (mnogo)

vazdašnjī -ā, -ē (形) 항상, 매일매일의, 지속
적인, 끊임없는(svakidašnji, trajan, stalan);
tamo su ti ~ junaci 그곳에서 그들은 항상
영웅이다

vazduh (=zrak) 1. 공기, 대기; 바깥; svež
(čist) ~ 신선한(깨끗한) 공기; izaći na ~ 바
깥으로 나가다 2. 공중, 허공; odleteti (otići)
u ~ 폭발하다; dići u ~ 폭파하다, 날려버리

다 3. (비유적) 기분; poslati nekoga na
promenu ~a 누구를 기분전환하도록 보내다
4. 기타; baciti (dignuti) u ~ što 폭파하다,
날려버리다; govoriti u ~ 쓸데없이 말하다,
허공에 대고 말하다; ići (izići) na ~ 산책나
가다, 자연으로 나가다; lebdeti (visiti) u ~u
1)해결책을 찾다 2)불확실하다, 확실하지 않
다; graditi (zidati) kule u ~u 사상누각을 짓
다; živeti od ~a 수입이 없다(공기만 마시며
산다); živeti u ~u 비현실적이다; pucati u ~
공포탄을 쏘다; iz ~a 준비없이

vazduhoplov 항공기, 비행기; 비행체
(zrakoplov)

vazduhoplovac -vca 비행사, 파일럿 (비행기·
열기구 등으로 하늘을 나는) (zrakoplovac)

vazduhoplovstvo 1. 항공(술); civilno ~ 민간
항공 2. (軍) 공군 **vazduhoplovni** (形); ~e
snage 공군; ~a kompanija 항공회사; ~a
škola 비행학교; ~ kontrolor 항공 관제사;
~a divizija 항공 사단

vazdušast -a, -o (形) 1. 공기의, 공기와 같은;
가벼운, 투명한; ispod ~e haljine 투명한 원
피스 밑에 2. (비유적) 비현실적인, 현실 같
지 않은 (nestvaran, nerealan); 부드러운,
섬세한, 고운 (nežan, fin, suptilan)

vazdušnī -ā, -ō (形) 참조 vazduh; ~o hlađen
motor 공랭식 엔진; ~a puška 공기총; ~a
kočnica 에에 브레이크, 공기 브레이크; ~a
zaštita 방공(防空); ~a lađa 비행선; ~a
linija 항공선; ~ saobraćaj 항공 교통; ~
omotač (oko Zemlje) (지구) 대기권; ~o
strujanje 기류(氣流); ~o krštenje 첫비행(파
일럿의, 승객의)

vazdušno-desantnī -ā, -ō (形) 공수 훈련을
받은; ~a divizija 공수부대

vazelin 바셀린 (연고의 일종)

vazelin (지소체) vaza; 꽃병

vazna 참조 vaza; 꽃병

važan -žna, -žno (形) 1. 중요한, 큰 의미가 있
는 (značajan, vredan); ~a pomorska luka
중요한 해상 항구; ~ položaj 중요한 위치;
praviti se ~ (važnim) 젠체하다, 잘난 체 하
다; to nije ~žno 그것은 중요하지 않다; iz
~žnih razloga 중요한 이유로 2. 명망있는,
신망있는 (ugledan, uticajan); ~žna ličnost
명망가, 영향력 있는 인물, 중요한 인물 3.
진지한, 딱딱한, 업무적인 (ozbiljan, strog,
služben); ~ izraz lica 딱딱한 얼굴 표정

važećī -ā, -ē (形) 유효한, 현재 통용되는; ~
propisi 현재 통용되는 규율, 유효한 규정;
~a kamatna stopa 현재 이자율

važiti *-im* (不完) 1. 유효하다, 효력을 발휘하다; *taj zakom još važi* 그 법은 아직 유효하다; *ovaj ugovor važi* 이 계약은 유효하다; *ovaj novac ne važi* 이 돈은 현재 통용되지 않는다; *važi! OK!* 2. ~으로 통하다; ~로 간주되다; *on važi kao pametan* 그는 영리한 사람으로 통한다; *on važi za našeg najboljeg igrača* 그는 우리의 가장 뛰어난 선수이다 3. ~에 해당하다; *to važi za njega* 그것은 그에게 해당한다

važno (副) 중요하게; 진중하게 (značajno; službeno, ozbiljno)

važnost (女) 1. 중요, 중요성, 중요함; *pripisivati ~ nečemu* ~에게 중요성을 부여하다; *pala je cena i ~ starom oružju* 구식 무기의 가격과 중요성을 떨어졌다 2. 권위, 위신, 권력 (autoritet, ozbiljnost); *reče ministar sa ... nekom stručnjačkom ~šću* 장관은 전문가로서의 권위를 가지고 말하였다; *i on je ... uživao neko vreme u svojoj ~i* 그 또한 한 동안 자신의 권위를 누렸다

ve-ce *-ea* (男) 화장실, WC

večan *-čna, -čno* (形) 1. 영원한 (反; prolazan); ~čni pokoj 영원한 휴식, 영면(永眠) 2. 끊임없는, 너무 오래 계속되는 (večit); ~čni student 오랫동안 학교를 다니는 대학생

veče (中)(드물게 女), **večer** (女)(드물게 男) *-eri* (女), *-era* (男) 1. 저녁, 밤; *svako veče* 매일 저녁; *dobro veče* 또는 *dobra večer* 안녕하세요(저녁 인사); *ove večeri* 오늘 저녁, 오늘 밤; *palo je veče* 저녁이 되었다; *Badnje (Badnja, Badnji) veče(r)* 크리스마스 이브 2. 야간 공공 집회(모임), 야간 파티 (sastanak, priredba); ~ narodne muzike 민속음악의 밤; *momačko veče* 총각 파티(신랑이 결혼하기 전에 친구들과 보내는); *drugarsko ~* 친목 파티 3. (비유적) (인생의) 황혼기 večernji (形); ~ odelo 파티복, 야회복; ~a haljina (여성의) 이브닝 드레스, 야회복; ~e izdanje (신문 등의) 석간

večera 석식, 저녁 식사; ~ je u 8 sati 저녁 식사는 8시에 합니다; *pozvati na ~u* 만찬에 초대하다; *ići (kod nekoga) na ~u* (누구의 집의) 만찬에 가다, 저녁 식사에 가다; *tajna (poslednja) ~* 최후의 만찬; ~ gospodnja (宗) 성체배령, 성찬식

večeras (副) 오늘 저녁에

večerašnjī *-ā, -ē* (形) 오늘 저녁의; ~ koncert 오늘 저녁 콘서트

večerati *-am* (完,不完) **večeravati** (不完) 저녁을 먹다, 저녁 식사를 하다; *on večeraše na stanici ... iščekujući voz* 그는 기차를 기다리며 기차역에서 저녁을 먹었다

večerin (男), **večerina** (女) 참조 večernjak; 저녁에 부는 바람

večerinka *-ī* 저녁 모임, 저녁 파티 (sedeljka); *igrati na ~ama* 저녁 파티에서 춤을 추다

večernica 1. 저녁 예배 (večernja) 2. (한정사적 용법으로) 저녁에 나타나는 (일어나는)

večernja (女), **večernje** (中) (宗) 저녁 예배

Večernjača 저녁 별 (금성)

večernjak 1. 저녁에 부는 바람, 서풍(西風) 2. (動) 박쥐의 한 종류

večernjī *-ā, -ē* (形) 참조 veče; 저녁의, 저녁에 나타나는 (일어나는)

večerom (副) (매일) 저녁에, (시간의) 저녁에, 저녁 시간에

večit *-a, -o* (形) 1. 영원한 2. 끊임없는, 멈추지 않는; ~e svađe 끊임없는 다툼, ~i nemir 끊임없는 불안 3. 오래 지속되는; ~i student 오랫동안 학교를 다니는 학생; ~i mladoženja 영원한 독신남

večnost (女) 영원, 영겁, (영겁처럼 느껴지는) 오랜 시간

već (副) (시간을 나타냄) 1. (생각이나 예상보다 빨리 일어났거나 일어날 때) 이미, 벌써; ~ si se vratio 그는 벌써 돌아왔다; ~ se smrklo 벌써 어두워졌다 2. (상태나 동작의 완료); ~ ti je ostario otac 너의 아버지는 벌써 늙으셨다 3. (뭔가가 매우 이른 시기에 있었다는 것을 표현할 때) 이미, 아직 (još); ~ su stari Grci priređivali pozorišne predstave 이미 고대 그리스인들은 무대 연극을 공연하였다 4. (주로 jednom, jedanput 등의 보어와 함께) 마침내, 결국 (najzad, napokon); *kad će ~ jednom početi ta priredba* 결국 그 공연이 시작될 때 5. (不正형의 동사와 함께 쓰여) 이미, 벌써(부정적 의미로) (dalje, više); *toliko su se svađali da se to ~ nije moglo trpeti* 참을 수 없을 정도로 이미 많이 다퉜다; *junak što je bio to ~ nije* 영웅이었던 그 영웅은 벌써 아니었다 6. (뭔가 나중에 때때로 확실하게 일어날 것을 말할 때) 틀림없이, 어김없이; *vi idite, ja ću to ~ sam obaviti* 당신은 가세요, 내가 그것을 혼자 틀림없이 해놓을게요; *vi se trudite, a pobeda će ~ sama od sebe doći* 당신이 노력하니까, 승리는 확실히 저절로 올겁니다 7. 이제 막 (tek); *kuda će putovati, to će ~ videti* 어디로 여행할 것인지, 이제 지켜봅시다 8. (뭔가 일어나기에 조금 시간이 부족한 것을 나타냄) 거의, 하

마터면 (umalo, gotovo, skoro); *on ~ da
pođe, a na vratima se pojavi pismonoša* 우
체부가 대문에 나타났을 때 그는 집을 막 떠
나려고 했었다

već (接續詞) (부정적인 내용의 문장 앞부분과
는 반대되는 내용의 문장을 연결시켜주는 역
접접속사) ~이 아니고 (nego); *boj ne bije
svetlo oružje, ~ boj bije srce u junaka* 전
투는 무기의 번쩍임을 요동치게 하는 것이
아니라 영웅의 심장을 요동치게 한다

već (小辭) 1. (강조) 역시, 말할 것도 없이, 물
론, 이미 (naravno, dakako); *došao je
kasno i ~ kako je bio pijan, počeo je da
viče* 늦게 왔는데 말할 것도 없이 술에 취했
으며 소리를 지르기 시작했다; *to je ~ nešto
drugo* 그것은 물론 다른 문제이다 2. (용인
을 나타냄) 하지만, 그렇지만, 그러나 (hajde
da, ama); *~ si me slagao to da ti oprostim,
ali zašto mi napravi tu spletku* 네가 나한테
거짓말을 했지만 그것을 용서한다, 하지만
왜 내게 그러한 음모를 꾸미지 3. (경시·무시
·과소평가 등을 나타냄) 아무 가치도 없는,
쓸모없는 (koješta); *predosećam da će se
nešto strašno desiti. već ta vaša
predosećanja su mi se popeli na glavu* 뭔
가 무시무시한 일이 벌어질 것 같은 예감이
든다. 그러한 당신의 예감은 지긋지긋하다

većati -am (不完) 1. (o nečemu) 상의하다, 협
의하다 (합의하다; *kad god je trebalo o
čemu krupnijem ~, odmah su pozivali čiča
Srećka* 뭔가 좀 중요한 것에 대해 상의할
것이 있으면 그들은 즉시 스레츠카 아저씨를
불렀다 2. (što) 토론하다, 논의하다
(raspravljati, pretresati); *u cirkularnim
sednicama i u plenumu većaju se samo
civilna pitanja* 원탁회의와 총회에서 단지
민간 문제들만이 논의되고 있다

veće 1. (자문) 위원회, 평의회, 평의회;
izvršno ~ 집행위원회; *fakultetsko ~* 학사
평의회; *sudsko ~* 판사평의회; *sindikalno ~*
노조협의회; *školsko ~* 학교평의회 2. 상의,
협의, 합의 (većanje, savetovanje,
dogovor); *odlučiti na ~u* 협의하여 결정하다;
držati ~ 협의하다

većī -ā, -ē (비교급) 참조 velik; 더 큰

većina 1. 대부분, 많은 부분; *~ ljudi* 대부분의
사람들, 상당수의 사람들; *~ sela* 마을의 대
부분 2. (의회·단체 등의) 다수 (反; manjina);
apsolutna (prosta, dvotrećinska) ~ 절대(단
순, 2/3)다수 **većinski** (形)

većinom (副) 주로, 많이; *na svadvi je ~ bio
mlađi svet 결혼식에는 주로 젊은 하객들이
었다

većnica 1. 위원회 사무실(위원회 건물), 평의
회 건물; *gradska ~* 시청; *sudska ~* 법관
평의회실 2. 위원회(협의회·평의회)의 여성
위원

većnik 평의회(위원회, 협의회) 위원

vedar -dra, -dro (形) 1. (하늘이) 청명한, 맑
은, 구름 한 점 없는 (反; oblačan); *~dro
nebo* 청명한 하늘; *kao grom iz ~dra neba*
마른 하늘에 날벼락 같이; *pod ~drom
nebom* 집 밖에(izvan kuće) 2. 맑은, 깨끗한
(čist, nepomućen); *~dre oči* 맑은 눈 3. 발
랄한, 쾌활한, 기분 좋은; *~dro raspoloženje*
발랄한 기분; *~dra duša* 쾌활한 영혼; *~dra
čela(~drim čelom)* 발랄하게, 자랑스럽게;
~dra muzika 경쾌한 음악

vedarac -rca 늪지(습지)의 갈대가 없는 곳

vedeta 1. 초계정(哨戒艇) 2. (연극·영화의) 유
명 여배우, 스타

vedogonja (男) (迷信) 유령, 뱀파이어

vedrac 1. (강·호수 등의) 얼지 않은 곳(부분)
(vrućac) 2. 깨끗한 얼음(윗 부분에 눈 등 다
른 것이 없는) 3. 크리스탈

vedrica (지소체) vedro; 버킷, 들통

vedrić (지소체) vedro

vedrina 1. 쾌청함, 맑음 (하늘·대기권에 구름
이 끼지 않은); 맑은 하늘; 쾌청한 기후;
blistao mesec u ~i 맑은 하늘에서 달이 빛
났다 2. 밤의 한기(寒氣), 밤의 서늘함 (보통
겨울에 맑은 상태의 야외의) 3. 맑음, 빛남,
깨끗함 (sjaj, bistrina, nepomućenost); *~
oka* 눈동자의 맑음 4. (비유적) 유쾌한 기분,
즐거움 (radost, veselost); 낙관주의, 긍정
주의 (optimizam); (얼굴의) 밝은 표정
(ozarenost); *na licu ljubomirovu pojavi se
~, osmeh* 류보미르의 얼굴에 즐거움과 미소
가 나타난다 5. (비유적) (영혼의) 맑음
(jasnoća); *~ ljudskog uma* 영혼의 맑음

vedriti -im (不完) 1. 맑게 하다, 쾌청하게 하
다 (razvedravati); *vetar vedri nebo* 바람이
하늘을 맑게 했다 2. (비유적) 기분 좋게 하
다, 유쾌하게 하다 (razveseljavati); *~ dušu*
기분 좋게 하다 3. ~ se (무인칭문으로) (하
늘이) 맑아지다, 쾌청해지다; *napolju se
vedri* 밖이 맑아졌다 4. ~ se (사람이, 특히
사람의 얼굴이) 밝아지다, 훤해지다 5. ~ se
(마음·영혼이) 맑아지다 6. 기타; *~ i oblačiti*
전지전능하다, 막대한 권력(권한)을 가지다;
지배하다, 통치하다; *on ovde vedri i oblači*
그는 이곳에서 막대한 권한을 행사한다

vedro 1. (물 등을 길어 나르는) 버킷, 들통; *drveno ~* 나무 버킷, *metalno ~* 양철 들통; *izađe s ~om po vodu na jezero* 물을 길러 호숫가에 통을 들고 나간다 **2.** (액체 등을 재는) 단위; *deset vedara vina* 포도주 열 통

vedro (副) **1.** 구름 한 점 없이; *napolju je ~* 밖은 구름 한 점 없다(쾌청하다) **2.** 기분좋게, 유쾌하게, 쾌활하게; 낙관적으로; *osmehnuti se ~* 유쾌하게 웃다; *~ gledati na budućnost* 미래를 낙관적으로 바라보다

veđa 1. 눈썹 (obrva) **2.** 눈꺼풀

vegetabilan *-lna, -lno* (形) 식물의, 식물성의 (biljni); *~lno ulje* 식물성 기름; *~lna hrana* 식물성 음식

vegetacija (어떤 지방·지역의) 식물, 초목; 식물의 생장 **vegetacijski, vegetacioni** (形); *~ pojas* 식물대(帶)

vegetalan *-lna, -lno* (形) 식물의

vegetarijanac *-nca* 채식주의자, 베지테리언 **vegetarijanski** (形); *~a ishrana* 채식주의자용 음식

vegetarijanstvo 채식주의

vegetativan *-vna, -vno* (形) **1.** 식물성의, 자율 신경의 (automatski); *~vni organi* 영양 기관; *~vni živčani sistem* 자율 신경계; *~vni poremećaj* 자율 신경 장애 **2.** (번식이) 무성(無性)의; *~vno razmnožavanje* 무성번식 **3.** 식물의 (biljni)

vegetirati *-am* (不完) **1.** (식물이) 성장하다, 무성해지다 **2.** (비유적) 무기력하게 생활하다, 무위도식하다; *tko svoj život radom ne troši, taj ne živi, taj samo vegetira* 자신의 삶을 노동으로 소비하지 않는 사람은, 살아 있는 것이 아니라, 단지 무위도식할 뿐이다

vejač, vijač (곡물을) 까부르는 사람, 키질하는 사람

vejača, vijača 풍구; (곡물을) 까부르는 각종 장치

vejačica 1. 참조 vejač; (곡물을) 까부르는 여자 **2.** 풍구 (vejalica)

vejalica 풍구(곡물을 까부르는 농기구)

vejati *-jem,* **vijati** *-jem* (不完) **1.** (눈(雪)이) 펑펑 내리다; *sneg veje* 눈이 펑펑 내리다; *gusto veje* 펑펑 내리다 **2.** (바람이) 불다 **3.** (곡물을) 키질하다, 까부르다; *~ žito* 곡물을 키질하다 **4.** 스며들다, 퍼지다 (širiti se, izbijati se, provejati); *kroz gustu izmaglicu ... veje oštra hladnoća* 짙은 안개를 뚫고 ... 매서운 추위가 스며든다

vejavica, vijavica 눈보라(눈을 동반한 강한 바람) (mećava)

vejka 마른 가지 (suva grančica); *san ... me je davno ostavio. Postao sam kao ~* 나는 ... 오래전에 꿈을 잃었다. 나는 마치 마른 가지처럼 되었다

vek *-ovi* **1.** 세기(世紀) (stoleće); *u prošlom ~u* 지난 세기에, *~ovima* 수세기 동안 **2.** 시대 (epoha); *~ atomske energije* 원자력 시대; *atomski ~* 원자 시대, *~ gvožđa (čelika)* 철의 시대; *Homerov ~* 호머의 시대; *stari ~* 고대; *srednji ~* 중세; *zlatni ~* 황금기; *novi ~* 신시대(짜리그라드의 함락(1453년), 또는 아메리카 대륙 발견(1492년)이후 부터 오늘날까지) **3.** 생애; 지속 기간; *u mom ~u* 내 시대에는; *za moga ~a* 내 생애에는; *biti kratka ~a* 짧게 지속되다; *svršiti svoj ~* 자신의 삶을 마감하다 **4.** 연령대; *čovek srednjega ~a* 중년의 사람 **5.** 기타; *~ vekovati* 살다; *jesti ~ (nekome)* (누구를) 괴롭히다, 걱정하게 하다; *dok je ~a, dok traje sveta i ~a* 항상, 영원히; *na sve veke (vekova), na veke vekova, za (sve) veke vekova* 영원히

veka (擬聲語) 매애~~ (염소(드물게 양)가 우는 소리) (večanje, vrečanje, meketanje)

vekati *-am &* *-čem,* **veketati** *-ćem* (不完) (염소, 양이) 매애 하고 울다 (meketatk)

vekna (둥그스런 모양의) 빵

veknica (지소체) vekna

veknuti *-nem* (完) 참조 meknuti; (염소가) 매애 하고 울다

vekotrajan *-jna, -jno* (形) 영원한, 영원히 계속되는 (večan)

vekovati *-kujem,* **vjekovati** (不完) **1.** 수세기동안 지속되다, 오랫동안 살다; *~ u ropstvu* 노예상태로 오랫동안 살다 **2.** 영원히 지속되다(계속되다) **3.** (보어 'vek'와 함께 사용되어) 살다 (živeti); *vek ~ s nekim* 누구와 함께 살다

vekovečan *-čna, -čno,* **vekovečit** *-a, -o* (形) 영원한 (večan)

vekovit *-a, -o* (形) 참조 vekovečan; 영원한

vekovnī *-ā, -ō* (形) 수세기의, 수세기 동안의, 수세기 동안 지속되는; *~a borba za slobodu* 자유를 위한 수세기 동안의 투쟁

veksla 어음 (menica)

vektor (數) 벡터(크기와 방향으로 정해지는 양); *razlaganje ~ā* 벡터 분해; *slaganje ~ā* 벡터 가법 **vektorski** (形); *~a algebra (analiza)* 벡터 대수(해석); *~ proizvod (račun)* 벡터적(積) (벡터 계산법); *~o polje* 벡터장(場)

vel -a (男) 참조 veo

velar (言) 연구개음 velarni (形)

vele (副) (廢語) 1. 매우, 굉장히 (vrlo, veoma)
2. 많이, 많게 (mnogo)

vele- (接頭辭) (복합어의 뒷 부분에 오는 단어
를 강조하는) 대(大)- ; velemajstor 그랜드
마스터; velesajam 대규모 박람회; velesila
초강대국; veletrgovac 대상(大商)

veleban -bna, -bno (形) 참조 veličanstven;
정말 멋진, 참으로 아름다운, 장엄한, 놀라운,
훌륭한

velebilje (植) 참조 beladona; 벨라도나(가짓
과의 유독 식물)

velebitan -tna, -tno (形) 참조 veličanstven;
장엄한, 놀라운, 정말 멋진(훌륭한)

velecenjen -a, -o (形) 매우 존경받는
(velepoštovan)

velečastan -sna, -sno (形) 1. (한정형으로) (가
톨릭 성직자를 언급하거나 부를 때 앞에 붙
여 사용하는 형용어구) 고귀한, 존경하는 2.
매우 존경받는 (veoma cenjen, veoma
poštovan)

velegrad -ovi 대도시, 메트로폴리스
velegradski (形)

velegrađanin -ani 대도시 주민, 메트로폴리스
시민 velegrađanka

veleizdaja (男) (국가에 대한) 대역죄, 반역죄
veleizdajica (男) 참조 veleizdajnik; 대역죄인
veleizdajnik 대역죄인, 반역자 veleizdajnica;
veleizdajnički (形)

veleizdajstvo 참조 veleizdaja

velepan -pna, -pno (形) 1. 웅장하고 아름다운,
웅장한, 장려한 (veličanstven,
monumentalan); ~ hram 웅장하고 아름다운
성당; ~pno zdanje 웅장한 건물 2. 너무나
아름다운, 화려한, 정말 멋진 (divan,
prekrasan; raskošan, sjajan); ~pna pesma
너무 아름다운 노래

velemajstor 1. (체스) 그랜드 마스터(최고 수준
의 체스 선수) 2. (예술의) 거장; 최고 기술자

velenac -enca 화려한 색상의 울로 된 담요;
양탄자 (ćilim, šarenica)

veleposed, veleposjed (누구의) 대규모 토지
재산

veleposednik, veleposjednik 대지주, 많은 토
지를 소유한 사람

velepoštovan -a, -o (形) 매우 존경받는

velesajam -jma; -jmovi (규모가 큰) 대규모
전람회(박람회), 국제 전람회(박람회)
velesajamski (形)

velesila (국제 정치학상의) 강대국

veleslalom 자이언트 슬랄롬(스키 장거리 슬랄
롬 경기)

velesrdan -dna, -dno (形) 진심어린, 애정어린,
마음으로부터 우러나온 (svesrdan)

veletrgovac -ovca 도매상, 도매업자
veletrgovački (形)

veletrgovina 도매

veletržac -šca 참조 veletrgovac; 도매상, 도
매업자

veleučen -a, -o (形) 학식 있는, 배운 것이 많
은, 많이 배운

veleuman -mna, -mno (形) 매우 현명한, 지혜
가 많은, 매우 지적인

veleuvažen -a, -o (形) 매우 존경하는 (서식
및 문서 등에서)

veličak -čka, -čko (形) 다소 큰

veličanstven -a, -o (形) 아주 멋진(훌륭한),
장엄한; ~ spomenik 아주 멋진 기념비; ~
prizor (pogled) 대단한 경관; ~o veče 멋진
밤; ~ govor 훌륭한 연설; ~ pejzaž 멋진 풍경

veličanstvo 1. 훌륭함, 장려, 화려함, 장엄함;
Stanko oseti neko ~ u duši svojoj 스탄코는
자신의 마음속으로 그 어떤 장엄함을 느낀다
2. (통치자의) 직명(職名) title); vaše ~ 폐하;
njegovo ~ 폐하

veličati -am (不完) (nekoga, nešto) 찬양하다,
찬미하다, 칭송하다, 미화하다; ~ kralja
(pobedu) 왕을 찬미하다 (승리를 찬양하다);
~ nečija dela 누구의 업적을 찬양하다

veličina 1. 크기, 사이즈; 양(量); 세기, 크기,
정도; ~ stana (stadiona, sobe, pošiljke,
auta); 아파트(운동장, 방, 소포, 자동차) 사
이즈; biti iste ~e 동일한 크기이다; ~
kapitala 자본 총액; ~ imanja 자산의 크기;
~ sile 힘의 세기(크기); ~ napora 노력의 정
도 2. (數) 값; stalna ~ 항수, 상수;
apsolutna ~ 절대값; promenljiva ~ 종속 변
수; vektorska ~ 벡터값; slučajna ~ 확률
변수 3. (비유적) 위대함, 위엄; ~ duha 정신
의 위대함; ~ dela 업적의 위대함 4. (비유적)
위대한 사람, 거인, 거목; to su bile ~e! 그
들은 거인들이었다!; bolest ~e (病理) 과대
망상증

velik -a, -o (形) 참조 veliki

velikačak -čka, -čko (形) 1. 다소 큰, 좀 큰
(prilično velik, povelik) 2. 매우 큰 (vrlo
velik, ogroman)

velikan 1. 뛰어난 사람, 훌륭한 사람 2. 고위
인사, 고위직에 있는 사람 3. 거인, 거대한
사람, 자이언트 (div, gorostas)

velikaš (歷) 귀족 (vlastelin, aristokrata)

1457

velikašica; velikaški (形)

velikī -ā, -ō (形) (veći) 1. (규모·크기·면적 등에서) 큰, 넓은, 긴 (prostran, obiman; krupan, dugačak, visok, širok); ~a država 대국, 큰 나라; ~o more 큰 바다; ~a kuća 큰 집, 대저택; ~ konop 긴 밧줄; ~ konj 큰 말; ~a planina 큰 산, 거대한 산; ~a usta 큰 입; on je ~ 그는 키가 크다; ~e šake (oči) 큰 손(눈); čovek ~og rasta 키가 큰 사람 2. (필요한 치수보다) 큰; ove su mi cipele ~e 이 신발은 내 사이즈보다 크다; ovaj auto je ~ za nas 이 자동차는 우리에게 너무 크다 3. (다른 것보다) 큰, 긴; ~a i mala skazalka 긴 바늘과 짧은 바늘(분침과 시침); ~o i malo slovo 대문자와 소문자 4. (정신적으로) 성숙한, 다 큰 (odrastao, zreo); ~a devojka 다 큰 처녀; ~ momak 다 큰 청년 5. (양적으로, 개수 등으로) 많은 (obilan, mnogobrojan); ~ dar 많은 선물; ~ novac 많은 돈; ~a korist 많은 이점; ~o znanje 많은 학식; ~ deo 많은 부분; ~ svet 많은 사람; ~ narod 많은 사람 6. (수량·수치를 나타내는 보어와 함께) 가량의; 30-40 kuća ~o selo 30-40가구의 마을 7. (세기·강도 등이) 센, 강한; ~a brzina 매우 빠른 속도; ~ strah 커다란 공포; ~a vrućina 혹서 (酷暑), 매우 심한 더위; ~a zima 혹한; ~a svađa 큰 다툼; ~ vetar 센 바람 8. 특별한, 예외적인; ~o čudo 특별한 기적, 큰 기적; ~ značaj 특별한 의미, 큰 의미 9. (강조의 의미로) 대단한, 굉장한, 대(大); ~ mangup 대단한 룸펜; ~ kicoš 대단한 멋쟁이; ~ razbojnik 대도(大盜); ~ zlikovac 굉장히 나쁜 사람; ~ prijatelj 매우 친한 친구; ~ pušač 골초중의 골초 10. 공허한, 헛된 (krupan a prazan); ~e reči 공허한 말; ~a obećanja 공허한 약속 11. 매우 중요한, 매우 의미있는; ~ zadatak 매우 중요한 임무; ~a uloga 매우 중요한 역할; ~ praznik 큰 명절; ~ dan 매우 중요한 날 12. 유명한 (poznat, čuven, slavan); ~ naučnik 대학자, 아주 유명한 과학자; ~ pisac 대문호; ~ umetnik 거장, 아주 유명한 예술가 13. 도량이 넓은, 관대한; ~o srce 도량이 넓은 마음; ~a duša 관대한 마음; ~ čovek 대단한 사람 14. (한정형) (관직명, 통치자의 이름, 역사적 사건과 함께 쓰여) 대(大); ~ sultan 대술탄; Aleksandar Veliki 알렉산더 대왕; Velika oktobarska revolucija 10월 대혁명; Veliki petak 성(聖) 금요일(부활절 전의 금요일); Veliki četvrtak 성목요일(세족 목요

일); Velika subota 성(聖)토요일 (부활절 전 주의 토요일) 15. 기타; malo i ~o, od malog do ~kog 모두(어린아이부터 어른까지); Veliki medved 북두칠성; ~e boginje 천연두;; prodavati na ~o 도매로 팔다; ~a voda 만조; ~ kašalj 백일해; biti ~o dete 철이 없다; imati ~ jezik 수다를 떨다, 말이 많다; ~a škola 대학교; ~a porota 대배심; u njega su oči ~e 그는 탐욕스럽다

veliko (副) 참조 veliki

veliko- (接頭辭) 큰, 커다란, 위대한

velikodostojnik 고위 관리; crkveni ~ 교회 고위 성직자

velikodržavnī -ā, -ō (形) 강대국의

velikodušan -šna, -šno (形) (무엇을 주는 데 있어서) 후한(너그러운); (사람을 대하는 데 있어서) 관대한(아량 있는), 비이기적인; ~šna pobuda 비이기적인 동기; ~ čovek 후한 사람; ~šno srce 관대한 마음

velikodušnost (女) 후함, 너그러움; 관대함, 도량이 넓음

velikohrvat 크로아티아 민족주의자, 크로아티아 쇼비니스트 velikohrvatski (形)

velikohrvatstvo 크로아티아 민족주의

velikoalibarskī -ā, -ō (形) 대구경(口徑)의

velikomisleno (副) 현명하게; 약삭빠르게

velikomoždan -a, -o (形) 대뇌의

velikomučenik (宗) 순교자

velikoposednik, velikoposjednik 대지주 (veleposednik)

velikoprodaja 도매

Velikorus 대(大)러시아인 (구소련의 유럽 북부·중부 지방에 사는 주요 러시아 민족)

velikosrbin (複; -bi) 세르비아 민족주의자, 세르비아 쇼비니스트 velikosrpski (形)

velikosrpstvo 세르비아 민족주의

velikoškolac 대학생(velika škola에 다니는)

velikoučen -a, -o (形) 참조 veleučen; 학식이 높은

velim veliš; velī (完,不完) (동사 원형이 존재하지 않음) 말하다 (kazati, reći, govoriti); doneo sam ti knjigu, kao velim može ti zatrebati 네게 책을 가져왔어, 말했듯이 너한테 필요할지도 몰라

velmoža (男) (歷) (봉건시대의) 영주; 고위 관리, 귀족 (velikaš, vlastelin)

velosiped 자전거(앞바퀴가 뒷바퀴보다 훨씬 큰) (bicikl)

Vels 웨일스 Velšanin; Velšanka; velški (形)

velur 참조 somot; 벨벳, 우단, 비로드 velurni, velurski (形)

veljača 참조 februar; 2월 veljački, veljačni (形)
veljī, -ā, -ē (形) 참조 velik
vena (解) 정맥 venski (形)
venac 1. 화환; 화관; (승리자의, 명예의) 관(冠)
~ cveća 화관 2. (도심지의) (반원형, 원형으
로) 구부러진 길, 굽은 길; Obilićev ~ 오빌
리치 굽은길 3. 산맥, 연이어 있는 산(봉우
리); planinski ~ 산맥 4. (建築) 기둥 머리,
주두(柱頭) (보통은 장식된) (kapitel) 5. (무
엇의) 최고로 높은 단계(수준), 정점 6. (詩의)
연작 소네트, 소네트 연작 7. 기타; lovorov
~ 월계수관; biti pod ~ncem 결혼하다, 결혼
상태이다; pobednički ~ 승리자의 관;
nevestinski ~ 신부 부케; trnov ~ 가시면류
관; plesti nekome ~ 칭찬하다, 찬양하다, 감
사하다
venčanī -ā, -ō (形) 결혼의, 결혼한; ~ prsten
결혼 반지; ~o odelo 결혼 예식복; ~a žena
결혼한 여자, 유부녀
venčanica 1. (신부의) 웨딩 드레스, 혼인복 2.
결혼 증명서, 혼인 증명서 3. 지붕보(지붕
바로 밑에 위치하는 보)
venčanje 1. (동사파생 명사) venčati 2. 결혼식;
ići na ~ 결혼식에 가다
venčati -am (完, 드물게 不完) venčavati (不完)
1. 결혼시키다, 결혼식을 거행하다. 주례하다;
venčao ih je sveštenik 그들을 신부(성직자)
가 결혼시켰다, 신부(성직자)가 그들의 주례
를 봤다 2. (完) 결혼하다, (누구를) 신부로
맞다, 장가들다 (oženiti se) 3. 화환으로 장
식하다, 화환을 쓰다; (화환으로 장식하듯)
장식하다 ~ čelo 이마에 화환을 쓰다; ~
kosu 머리를 화관으로 장식하다 4. (왕으로
즉위하도록) 왕관을 씌우다, 왕관을 씌워 주
다 (krunisati) 5. ~ se (예식에 따라) 결혼하
다, 장가들다, 시집가다; ~ se oko vrbe 사실
혼 관계를 맺다, 바람피우다 6. ~ se (통치자
로서, 왕으로서) 즉위하다, 왕관을 쓰다 7.
기타; knjiga venčanih 혼인 등부; ~ se
slavom 명예로워지다, 명성을 얻다, 유명해
지다
venčić, vjenčić 1. (지소체) venac 2. (植) (꽃의)
화관, 꽃부리 (krunica)
Venecija 베니스
Venecuela 베네수엘라 Venecuelac;
Venecuelka; venecuelski (形)
Venera (天) 금성 venerin (形); ~e vlasi (植)
암공작고사리
veneričan -čna, -čno (形) 성병(性病)의; ~čni
bolesnik 성병환자; ~čna bolest 성병
venerolog 성병과 의사, 성병 전문의

venerologija 성병학(性病學) venerološki (形)
venskī, venoznī, -ā, -ō (形) (解) 참조 vena;
정맥의; ~ sud 정맥, 정맥 혈관
ventil 1. (機) 밸브; usisni ~ 흡입 밸브;
ispusni ~ 배기 밸브; ~ sigurnosti,
sigurnosni ~ 안전 밸브; igleni ~ 니들 밸브;
zaporni ~ 게이트 밸브; ~ leptirnjak 나비꼴
밸브; ventilski (形); ~o sedište (vreteno)
밸브 시트; ~ zazor 밸브 간격; ~a opruga
밸브 스프링 2. (解) (심장·혈관의) 판막
(zalistak)
ventilacija 통풍, 환기; 통풍 장치, 환기 시설
ventilacioni (形)
ventilator 선풍기, 환풍기, 송풍기; kaiš ~a 펜
벨트
ventilirati -am, ventilisati -šem (完,不完) 환
기하다, 통풍시키다; ~ fabrički prostor 공장
내부를 환기시키다; ~ problem (비유적) 문
제를 환기시키다
ventilskī -ā, -ō (形) 참조 ventil
ventrilokvist(a) 복화술자(사)
ventrilokvizam -zma 복화술
venuće (동사파생 명사) venuti; 1. 시듦, 마름
2. 쇠약해짐, 허약해짐
venuti -nem (不完) uvenuti (完) 1. (식물이) 시
들다, 말라 죽다 2. (비유적) 쇠약해지다, 허
약해지다 (사람이) 3. (za nekim, nečim) 열
망하다, 갈망하다, 그리워하다 (čeznuti) 4.
(비유적) 사라지다, 없어지다, 잃어버리다
venja (植) (측백나무과의) 두송
venjak (나무밑의) 그늘, 응달; (덩굴식물 등으
로 덮여 만들어진) 그늘, 응달 (senica)
venjar (男), venjarka (女) (鳥類) 개똥지빠귀의
일종
venjenje (동사파생 명사) venuti
veo vela; velovi 1. 베일, 면사포; nevestinski
(mladin) ~ 신부의 면사포; crni ~ 검은 베
일; spustiti ~ 베일을 내리다; pokriti lice
velom 베일로 얼굴을 가리다; udovički ~
미망인의 베일 2. (안개·연기·구름·어둠 등의)
막, 장막; ~ mraka 어둠의 장막 3. (진실을
가리는) 장막; ~ tajne 비밀의 장막; ~
neznanja 무식의 장막
veoma (副) 매우, 너무 (vrlo, mnogo, jako);
on peva ~ lepo 그는 노래를 너무 잘 부른
다; ~ ljut 매우 화난; ~ opširan 너무 광범위
한; ~ hladno 매우 추운; ~ snažno 너무 강
력하게; veoma se obradovati 매우 기뻐하
다; ~ ceniti 과도하게 평가하다
vepar -pra; veprovi 1. 수돼지 (krmak) 2. (보
통 divlji 와 함께 숙어로); divlji ~ 멧돼지

V

veprina (女,(男))(복수는 여성) (지대체) vepar

veprina, veprinac -inca (植) 참나릿과(科)의 일종

veprovac -ovca (植) 아나카

veprovina 수돼지 고기; 멧돼지 고기

vera 1. 믿음(초자연적인 것이 존재한다고 믿는); ~교(教), 종교 (religija, veroispovest); pravoslavna ~ 정교; katolička ~ 가톨릭교; islamska ~ 이슬람교; ~ u Boga 신에 대한 믿음 2. 약속, 맹세, 서약 (zakletva, obećanje); zadati tvrdu ~u 굳은 맹세를 하다; prelomiti (prevrnuti) ~u 약속을 깨다 3. 믿음, 신념, 확신(뭔가가 확실하고 맞다는) (ubeđenje, uverenje); ~ u pobedu 승리의 확신 4. 믿음, 신뢰, 확신 (pouzdanje, poverenje); ~ u narod 민중에 대한 믿음; ~ u omladinu 청년들에 대한 확신; imati ~u u nekoga 누구에 대한 믿음이 있다 5. 기타; nikakva ~ 나쁜 사람; primiti na ~u 믿고 받아들이다

verač (산 등을) 오르는 사람, 등반가 (penjač)

veran -rna, -rno (形) 1. 신의 있는, 충직한, 충실한 (odan, privržen); ~ sluga 충성스런 하인; ~ kao pas 개(犬)와 같이 충성스런; biti nekome ~ 누구에게 신의 있는; ~ prijatelj 신의 있는 친구; on mi je ~ 그는 내게 신의가 있다 2. (원본에) 충실한, 정확한, 진본의, 원본의 (autentičan, izvoran, verodostojan) ; prevod je ~ originalu 번역본은 원본에 충실하다; ~rni podaci 정확한 통계 자료들

veranda 1. 베란다 2. 발코니

verati se -em se (不完) uzverati se (完) 1. (손으로 잡고 발로 버티며) 오르다, 올라가다 (pentrati se, penjati se); ~ uz drvo 나무를 오르다; ~ uz stenu 암석을 오르다 2. (덩굴식물 등이) 기어오르다, 타고 오르다; pasulj se vere uz vere 콩이 (막대기를) 타고 오른다 3. (비유적) (길·오솔길 등이) 가파르게 오르다 4. (덤불·좁은 구멍 등을 통해) 빠져나가다 (provlačiti se); mi smo se ... verali kroz gusto šipražje 우리는 … 무성한 덤불을 헤치고 나갔다; ~ kroz trnje 가시덤불을 헤치고 나가다 5. 배회하다, 어슬렁거리다 (tumarati, lutati, vrludati)

verbalan -lna, -lno (形) 1. (글이 아니라) 구두의, 구술의 (govorni, usmen); ~ sukob 언쟁 (言爭); ~ kontakt 구두 접촉; ~lna nota 구술서(口述書) 2. (깊은 내용은 없이 말이 많은) 장황한; ~lna pesma 장황한 노래(시);~ pesnik 장황한 시인 3. (文法) 동사의

verbalistički -ā, -ō (形) 장황한, 헛된 말이 많은, 빈 말이 많은 (praznorečiv, frazerski)

verbalizam -zma 1. (쓸데없는) 말이 많음, 수다, 장황 (fraziranje) 2. (수업에서의) 구두 설명; ~ u nastavi 수업에서의 구두 설명

veren -a, -o (形) 참조 veriti; (~와) 약혼한

verenik 1. 약혼자 (zaručnik) 2. (複) (남녀 한 쌍의) 약혼자 verenički (形); ~ prsten 약혼 반지

veresija 1. 외상; 외상 판매, 외상 구매 (kredit); uzeti (dati) na ~u 외상으로 사다(팔다) 2. 기타; božija ~ 뭔가 불확실한(믿을 수 없는); na božiju ~u 되든 안되든, 되는대로

vergl -ovi 손풍금(손잡이를 돌려 연주하는 악기로 흔히 과거에 거리의 악사들이 연주함); ponavljati nešto kao ~ 항상 똑 같은 말을 반복하다

verglaš 손풍금(vergl) 연주자

verglati -am (不完) 1. 손풍금(vergl)을 연주하다 2. (비유적) (알아듣기 어렵게) 지껄이다, 횡설수설하다

veridba -ābā & -ī 약혼 veridbeni (形)

verificirati -am, verifikovati -kujem (完,不完) ~이 정확함을(사실임을) 입증하다, 확인하다; 비준하다; ~ ugovor 계약을 확인하다

verifikacija 확인, 입증, 증명; 비준 verifikacioni (形); ~ odbor 자격 심사 위원회

verifikovati -kujem (完,不完) 참조 verificirati

verige (女,複) 1. (수프 등을 모닥 불 위에서 끓일 때 냄비 등을 거는) 체인 (lanac) 2. (죄수의 발에 채우는) 족쇄 (okovi, bukagije); baciti u ~e 투옥하다 3. 기타; časne ~ 성바오로가 찼던 족쇄; Časne ~ 1월 29일 정교회 축일; planinske ~e 산맥 verižni (形)

verist(a) 진실주의자 veristički (形)

veriti -im (完) 1. 구혼하다, 청혼하다 (zaručiti) 2. (nekoga, nekoga s nekim, za nekoga) 약혼시키다 ~ svog sina 자기 아들을 약혼시키다 3. ~ se 약혼하다; verilu su se 그들은 약혼했다; ~ se s nekim (za nekoga) 약혼하다

verizam -zma (문학·예술에서의) 진실주의

verižast -a, -o (形) 체인(verige)모양의, 체인 같은

verižice (女,複) (지소체) verige

verižnī -ā, -ō (形) 참조 verige

vermut 베르무트(포도주에 향료를 넣어 우려 만든 술. 흔히 다른 음료와 섞어 칵테일로 마심)

vernik (종교의) 신도, 신자 vrnica

1460

verno (副) 1. 충성스럽게, 헌신적으로, 성실하게 (odano, privržno, lojalno, predano); ~ *služiti nekoga* 누구에게 충성스럽게 서비스하다; ~ *slušati* 말을 잘 듣다 2. 원래 그대로, 있는 그대로 (tačno, autentično, verodostojno); ~ *prikazati nešto* 뭔가를 있는 그대로 보여주다

vernost (女) 1. 충실, 충성, 성심 (odanost, privrženost) 2. 정확도, 충실 (tačnost, autentičnost, verodostojnost)

verodostojan *-jna*, *-jno* (形) 믿을만한, 믿을 수 있는, 신뢰할 만한, 진실한, 원본의; ~ *svedočanstvo o nečemu* ~에 대한 믿을 만한 증언; ~ *kazivanje* 신뢰할 만한 진술

verodostojnost (女) 신뢰성

veroispoved (女) 종교 (vera)

veroispovest (女) 종교

veroispovednik (종교 단체의) 신자 (vernik); *pravoslavni* ~ 정교회 신자; *katolički* ~ 가톨릭 신자

verojatan *-tna*, *-tno* (形) 참조 verovatan

vjerojatnoća 참조 verovatnoća; 개연성

vjerojatnost (女) 참조 verovatnost

veroloman *-mna*, *-mno* (形) 배신하는, 배반하는; 배교(背敎)하는; ~ *čovek* 배신자, 배교자

verolomnik 배신자, 배반자; 배교자

verolomstvo 배신, 배반; 배교(背敎)

veronal (製藥) 바르비탈 (진정·수면제)

veronauka 종교 교육, 종교 수업; 교리(敎理)

veroučitelj, vjeroučitelj 1. 종교 수업 담당 선생님 2. 어떤 종교의 설파자

verovanje (동사파생 명사) verovati; 믿음

verovatan *-tna*, *-tno* (形) (어떤 일이) 있을 것 같은, 사실일 것 같은; 개연성 있는; *vrlo ~ rezultat* 매우 개연성 있는 결과

verovati *-rujem* (不完) poverovati (完) 1. (사실이라고, 진짜라고) 믿다, 확신하다; ~ *nečijoj priči* 누구의 이야기를 믿다; ~ *da postoji bog* 신이 존재한다고 믿다; *verujem da će se on vratiti* 나는 그가 되돌아올 것을 믿는다 2. (nekome) (사실을 말한다고) 믿다, 신뢰하다; *sit gladnom ne veruje* 배부른 자는 배고픈 자를 믿지 않는다; *ona mi ne veruje* 그녀는 나를 신뢰하지 않는다 3. (nekome, nečemu) 신뢰하다 (pouzdavati se); ~ *očima* 눈을 믿다 4. (u nekoga, u nešto) (초자연적인 피조물이나 현상이 존재한다는 것을) 믿다; ~ *u boga* 신의 존재를 믿다; ~ *u zagrobni život* 사후의 삶을 믿다; ~ *u vile* 요정의 존재를 믿다; ~ *u čuda* 기적을 믿다 5. (종교를) 믿다 6. 기타;

verovali ili ne 믿던 안믿던 간에; ~ *na reč* (아무런 증거도 없이) 그 말이 사실이라고 믿다; *ona ne veruje svojim očima (ušima)* 그녀는 자신의 눈(귀)을 믿을 수 없었다

verovatnoća 가능성, 개연성; *teorija (račun)* ~*e* (數學) 확률 이론

verovatnost (女) 개연성, 가능성

verovnik 채권자 (poverilac)

verozakon 참조 veroispovest; 종교

vers 참조 stih; 시(詩), 운문

versificirati *-am*, **versifikovati** *-kujem* (完,不完) 시를 짓다, 운문으로 쓰다

versifikacija 작시법(作詩法); 시형(詩形)

versifikator 운문으로 쓰는 사람, 시인 (pesnik)

versifikovati *-kujem* (完,不完) 참조 versificirati

verskī *-ā*, *-ō* (形) 종교의, 종교적인; ~ *obred* 종교 의식; ~*a organizacija* 종교 단체; ~*o učenje* 종교적 가르침

verski (副) 종교적으로, 종교적 관점에서; ~ *opredeljen* 종교적으로 기울어진(편향된)

vertebrata (中,複) (不變) 척추동물 (kičmenjaci)

vertep (크리스마스 때 가정이나 교회에 두는) 예수의 말구유 모형

vertepaš 예수의 말구유 모형(vertep)을 지니고 있는 아이(혹은 청소년)

vertikala 수직(선·면)

vertikalan *-lna*, *-lno* (形) 수직의 (uspravan, okomit)

veruga 1. 참조 verige; (수프 등을 모닥불 위에서 끓일 때 냄비 등을 거는) 체인 2. 장식용 체인

verugast *-a*, *-o* (形) 체인(veruge) 형태의, 구불구불한 (verugav)

verugati *-am* (不完) 구불구불하다 (vijugati, krivudati)

verugav *-a*, *-o* (形) 구불구불한 (krivudav, vijugav)

verzal 대문자; 대문자 인쇄술; *odštampati* ~*om* 대문자로 인쇄하다; **verzalni** (形); ~*o slovo* 대문자

verzificirati *-am* (完,不完) 참조 versificirati

verzifikacija 참조 versifikacija

verzifikator 참조 versifikator

verzifikovati *-kujem* (完,不完) 참조 versificirati

verzija 판(版), 버전; (이전의 것·비슷한 종류의 다른 것들과 약간 다른) -판, 판본; *korejska* ~ 한국어판; *srpska* ~ 세르비아어판

verziran *-a, -o* (形) 잘 아는, 정통한, 조예가 깊은; ~ *u umetnost* 예술에 조예가 깊은; *biti* ~ *u politici* 정치를 잘 아는

vesalce, vesaoce *-ca & -eta* (지소체) veslo; (배를 젓는) 노

veselī *-ā, -ō* (形) 참조 veseo

veselica 1. 파티, 잔치, 축하연 (춤과 노래 그리고 술이 있는) 2. (명사인 pesma와 함께 한 정사적 용법으로) 흥겨운 노래, 신나는 노래

veseliti *-im* (不完) 1. 즐겁게 하다, 흥겹게 하다 (radovati); ~ *nekoga* 누구를 즐겁게 하다 2. ~ **se** 즐거워하다, 흥겨워하다 (radovati se); ~ *se nečemu* ~을 즐거워하다 3. ~ **se** (춤·노래·술을 즐기면서) 흥겨운 시간을 보내다, 파티를 하며 시간을 보내다; *veselili smo se do zore* 새벽까지 우리는 파티를 했다

veselkast *-a, -o* (形) 흥겨운(쾌활한, 명랑한) 성격의

veselnik 1. (풍자적·반어적으로) 비참한 사람, 불쌍한 사람, 불행한 사람 (jadnik, nesrećnik) 2. 흥겨운 성격의 사람, 흥있는 사람, 명랑한 사람 (veseljak)

veselo (副) 흥겹게, 즐겁게; ~ *se smeju* 즐겁게 웃는다; ~ *pevaju* 흥겹게 노래부른다

veselnost (女) 흥겨움, 즐거움, 기쁨 (radost, vedrina)

veseljačina (男) (지대체) veseljak

veseljak 흥겨운 사람, 흥있는 사람, 즐거운 사람, 명랑한 사람

veseljaković 참조 veseljak

veselje 1. 즐거움, 기쁨, 흥겨움 (radost); *udariti brigu na* ~ 걱정을 잊다(잊어버리다) 2. 파티, 잔치, 축하연, 축하 파티; *prirediti* ~ 파티를 준비하다; *otići na* ~ 파티에 가다; *narodno* ~ (축일·경축일 등을 맞이하여 야외에서 행해지는) 잔치

veseo *-ela, -elo* (形) 1. 즐거운, 흥겨운, 쾌활한, 명랑한 (radostan, razdragan); *~elo dete* 쾌활한 아이; *~ osmeh* 기분 좋은 미소; *~elo društvo* 즐거운 모임; *~ela muzika* 흥겨운 음악 2. 빛나는, 청명한 (vedar, svetao, sjajan); ~ *dan* 청명한 날; *~ela zora na istoku sine* 빛나는 여명이 동쪽에 밝는다 3. 생생한, 생기넘치는 (živ, živahan, bujan); *na ognjištu je plamsala ~ela vatra* 모닥불에서 불이 활활 타올랐다; ~ *žubor vode* 콸콸흐르는 물소리 4. (반어적·풍자적) 불쌍한, 비참한, 불행한 (jadan, nesrećan); ~ *seljak* 불쌍한 농민 5. 술취한 (pijan); *~eli brat* 고주망태로 술취한 사람

veslač 노(veslo) 젓는 사람 **veslačica**; **veslački** (形); *~o takmičenje* 레가타, 조정 경기; ~ *klub* 조정 클럽; ~ *sport* 조정

veslanje (동사파생 명사) veslati; 조정

veslar 참조 veslač

veslarica 1. 노 젓는 배, 거룻배; *ima kod obale neka lađa* ~ 해안에 한 척의 거룻배가 있다 2. (昆蟲) (물 벌레의 한 종류) 송장헤엄치개 3. (鳥類) 물새의 한 종류(펠리컨 등의)

veslati *-am* (不完) 1. 노(veslo)를 젓다; *snažno* ~ 힘차게 노를 젓다 2. (물속에서 꼬리·날개 등을) 움직이다; ~ *krilima* 날개로 움직이다 3. (비유적) (손·발을 마치 노처럼) 흔들다 (mahati, micati) 4. 기타; ~ *kašikom* 허겁지겁 먹다

veslo *vesla* 1. (배를 젓는) 노; *ploviti (ići) na ~a* 노를 저어 항해하다, 노를 젓다; *čamac na ~a* 노 젓는 배 2. 기타; *nisam sisao* ~ (隱語) 난 순진하지 않아, 난 미친 놈이 아냐

vesnik, vjesnik 1. 사자(使者), 전령 (glasnik, izaslanik); 뭔가를 미리 알려주는 것(사람); *vesnici proleće* 봄을 알리는 전령; ~ *revolucije* 혁명을 알리는 전조 2. (어떤 기관·단체 등의) 소식지, 신문 (novine, glasilo); *arheološki* ~ 고고학 소식지

vespa 스쿠터(소형 오토바이의 한 종류)

vest (女) 뉴스, 소식; *važna* ~ 주요 뉴스; *~i se brzo šire* 뉴스는 빨리 확산된다; *lažne ~i* 가짜뉴스, 유언비어; *radosna (žalosna)* ~ 기쁜(슬픈) 소식; *čuli ste ~i* (지금까지) 뉴스를 들었습니다

vestalka 베스타(Vesta) 여신의 시중을 드는 처녀(영원한 순결을 맹세하여 여신의 제단에서 영원히 꺼지지 않는 성화(vestal fire)를 지키는 여섯 명의 처녀 중 하나)

vestern (미국의) 서부영화

vesti *vezem; vezao, -zla; vezen; vešću* (不完) **izvesti** (完) 1. 수놓다; ~ *platno* 천에 수를 놓다; ~ *po platnu* 천에 수를 놓다; ~ *maramu* 수건에 수를 놓다; ~ *zlatnom žicom* 금실로 수놓다; ~ *ruže* 장미를 수놓다 2. (비유적) 앙증맞게 춤을 추다 (plesati); ~ *u kolu* 콜로를 추다 3. (비유적) (이야기를) 윤색하여 말하다 4. (일반적으로 어떤 일을) 잘 하다(수행하다)

vestibil (보통 공공건물의) 현관, 대기실, 홀 (hol)

veš 세탁, 빨래감, 세탁물 (rublje, rubenina); *prati (sušiti, peglati)* ~ 세탁물을 빨다(말리다, 다림질하다); *staviti* ~ *da se suši* 세탁물을 말리려고 널다; *korpa za* ~ 빨래통;

konopac za ~ 빨랫줄; *mašina za pranje ~a* 세탁기 2. *beli ~* 침대보; *donji ~* 속옷 3. 기타; *prljav ~ (nečiji) iznositi* (누구의) 더럽고 치사한 것에 대해 이야기하다

vešač 교수형을 집행하는 사람 (*dželat*)

vešala (中,複) 1. 교수대; 교수형; *osuditi nekoga na ~* 교수형을 선고하다 2. 기타; *dići s ~* 사형으로부터 해방시키다; *omastiti ~* 교수형에 처해지다

vešalica 1. (옷을 거는 고리 모양의) 걸이 (*čiviluk*); *obesiti (staviti) kaput na ~u* 옷걸이에 옷을 걸다 2. 건조장의 건조육(肉)의 한 조각, 건조시키기 위해 잘라 놓은 고기 한 조각 3. 굽기 위해 썰어 놓은 고기 한 조각; (料理) 요리의 한 종류 4. (말리기 위해 2개 혹은 4개로 묶여서 걸려 있는) 옥수수

vešalište 교수대가 설치된 장소, 교수형장(場)

vešanje (동사파생 명사) *vešati; osuditi na smrt ~em* 교수형을 판결하다

vešati *-am* (不完) **obesiti** *-im* (完) 1. 걸다, 매달다; ~ *kaput o kuku (na vešalicu)* 외투를 걸이에 걸다; ~ *slike* 그림을 걸다 2. 교수형에 처하다; ~ *čoveka* 사람을 교수형에 처하다; *obesili su ga* 그를 교수형에 처했다 3. ~ *se* 걸리다, 매달리다; ~ *se nekome oko vrata* 누구의 목에 매달리다 4. ~ *se* 목매 자살하다; *on se obesio* 그는 목매 자살했다 5. 기타; ~ *kome što na nos (o nos)* 비판하다, 질책하다, 책망하다

vešarica 참조 *vešerka*

vešerka *-ci* & *-ki* 세탁부(婦) (*pralja*)

vešernica 세탁소, 세탁방 (*perionica*)

veškorpa 빨래 광주리

veš-mašina 세탁기

vešplav 세탁(방)법

vešt *-a, -o* (形) 1. 숙련된, 노련한, 능수능란한; ~ *u nečemu (za nešto)* ~이 노련한; ~*e ruke* 능수능란한 손; ~*o uraditi (napisati)* 노련하게 하다(쓰다); ~ *kovač* 숙련된 대장장이; ~ *govornik* 노련한 연설자 2. 수완이 좋은, 임기응변에 능한, 약아빠진 (*dovitljiv, snalažljiv, prepreden*); ~ *lupež* 약아빠진 녀석; ~ *muškarac* 수완이 좋은 남성 3. (*nečemu, u nečemu, oko nečega*) ~을 잘 알고 있는, ~에 정통한 (*vičan*); ~ *pušci* 총에 대해 잘 알고 있는; ~ *u navodnjavanju* 관개시설에 정통한; ~ *pisanju (u pisanju)* 쓰기에 능란한; ~ *oko konja* 말(馬)에 대해 잘 알고 있는 4. (적절하게) 잘 이행된, 잘 수행된, 잘된 (*majstorski*); ~*a odbrana* 아주 잘된 방어; ~*a analiza* 절묘한 분석; ~*a*

politika 능란한 정치

veštac *-šca* 1. (迷信) 마법사 2. (嘲弄) 사악한 사람 3. 수완이 좋은 남자 4. 기타; *poraniti kao ~* 매우 일찍 일어나다

veštačenje (동사파생 명사) *veštačiti*

veštačiti *-im* (不完) (法) (전문가로서 법정에) 전문적 견해를 개진하다; ~ *pred sudom* 법원에서 전문가적 견해를 피력하다

veštački *-ā, -ō* (形) 1. 인공의, 인조의; ~*o đubre* 인조 비료; ~*a svila* 인견, 인공 비단; ~*o cveće* 인조꽃; ~*o disanje* 인공호흡; ~ *zubi* 의치(義齒); ~*a kiša* 인공 강우 2. 인위적인, 자연스럽지 못한 (*neprirodan, izveštačan*); ~ *osmeh* 인위적인 미소; *smejati se ~* 부자연스럽게 웃다 3. 참조 *veštak*; 전문적인, 전문가적인 (*znalački, stručan*); ~*o mišljenje* 전문가적인 의견; ~*o rukovanje nečim* ~의 전문가적 다룸(핸들링)

veštak 1. 전문가, ~에 정통한 사람 (*znalac, stručnjak*); 능수능란한 사람, 임기응변이 뛰어난 사람; ~ *u diplomatiji* 외교 전문가; ~ *u kartanju* 카드에 능란한 사람 2. (法) 법정 전문가, 법정 자문인; *sudski ~* 법정 자문인 **veštački** (形)

veštica 1. 마녀(보통은 늙고 추한); 마녀처럼 추하고 늙은 여자 (노파) 2. 임기응변이 뛰어난 여자 3. (昆蟲) 박각시나방과(科)의 나방 4. 기타; *dići se (ustati) kao ~* 매우 일찍 일어나다 **veštičiji** (形)

veština 기량, 기술; ~ *u nečemu ~* 기술; ~ *u pletenju* 뜨개질 기술; ~ *pisanja* 글재주; ~ *sviranja* 연주 기량 2. 임기응변, 융통성 (*okretnost, snalažljivost*) 3. (생산 분야에서의) 기술, 술(術) (*tehnika*); *štamparska ~* 인쇄술

vetar *-tra; -trovi* 1. 바람; *hladan ~* 차가운 바람; *jak ~* 강풍; *severni ~* 북풍; *nalet ~tra* 돌풍; *stišava se ~* 바람이 잦아든다 2. (비유적) (정치·예술 등의) 동향, 추세, 방향 (*pravac, struja*); 아무것도 아닌 것, 텅 빈 공간, 공동(空洞); 무의미한 것, 무가치한 것 (*praznina, ništavilo*); *pun ~tra* (지갑·주머니 등이) 텅 빈; *glava puna ~tra* 머릿속이 텅 빈 3. (複)(醫) 가스, 방귀; *puštati ~trove* 방귀를 뀌다; *imati ~trove* (뱃속에) 가스가 차다 4. 기타; *crveni ~* (病理) 단독(丹毒); 얼굴 피부가 붉게 달아오르는, (獸醫) 돼지 단독; ~ *ga doneo (donese)* 예상치 않게(뜻밖에) 왔다; *dati petama ~* 서둘러 가다, 도망가다; *znati otkud (odakle, s koje strane) ~ duva* 위험(불행)이 어디로부터 오는지 알다, ~의

원인(누구의 의도)인지 알다; *kako ~ duva (prema (po) vetru) (upravljati se, okretati se, povijati se)* 상황에 맞춰(시류에 맞춰) 행동하다; *kao ~* 1)(otići, odjuriti) 매우 빨리, 서둘러(가다, 도망가다) 2)(proleteti, proći) 빨리 지나가다; *otići u ~* (돈을) 생각 없이 쓰다; *terati ~ kapom* 1) 헛수고 하다, 비이성적으로 행동하다 2) 머리가 산만하다; *u ~ (pričati, govoriti)* 헛되이, 쓸데없이 (말하다); *pas laje, ~ nosi* 어떤 사람이 누구의 말에 귀기울이지 않을 때 사용하는 말(소귀에 경읽기); *ko seje ~, žanje buru* 나쁜짓을 하는 사람에게는 더 나쁜 일이 기다리고 있다; *udariti u mahniti (pomamni) ~* 당황하다, 허둥대다; *držati se zubima za ~* 불확실한 것에 의존하다(기대하다); *ići (otići) u ~* 혹은 *pustiti kiku na ~* (돈을) 생각없이 쓰다; *okretati kabanicu po (prema) ~tru* 또는 *ići prema ~tru* 어느 방향에서 바람이 부는지 알아보다(시험해보다); *pucati u ~* 헛수고하다, 헛되이 일하다; *hvatati ~ rukama* 헛되이 일하다, 헛된 일을 하다

veteran 1. 참전 용사, (전쟁에 참전했던) 재향 군인; *ratni ~i* 전쟁 참전 용사들 2. (어떤 분야의) 베테랑, 전문가; *~ nauke* 과학 전문가; *~ filma* 영화 전문가

veterina 1. 수의학; *studiranti ~u* 수의학을 공부하다 2. (口語) 수의대학; *upisati se u ~u* 수의대에 등록하다

veterinar 수의사

veterinarskī *-ā, -ō* (形) 수의학의, 수의사의; *~ fakultet* 수의대학

veterinarstvo 수의학

veto (男) (法) 비토; *pravo ~a* 비토권; *staviti (uložiti)~ na nešto* ~에 대해 비토하다, 비토권을 행사하다

vetren *-a, -o* (形) 1. (한정형) 참조 vetar; 바람의; *~a oluja* 돌풍; *~i mlin* 풍차 2. 참조 vetrenopirast; 정신이 산만한

vetrenjača, vjetrenjača 1. 풍차 2. 풍구 (vejalica) 3. 기타; *boriti se s ~ama* 헛된 싸움(투쟁)을 하다, 쓸데없는 노력을 하다; *borba s ~ama* 허무맹랑한 일

vetrenjak 1. 참조 vetropir; 정신이 산만한 사람 2. 유령 (vodogonja)

vetrenjast *-a, -o* (形) 참조 vetropirast; 정신이 산만한

vetrenje (동사파생 명사) vetriti; 통풍, 환기

vetreuška *-ākā & -ī* 1. 굴뚝 꼭대기의 통풍관 2. 풍향계 (vetrokaz) 3. (비유적) (시류·환경에 따라) 자신의 생각과 행동을 변화시키는

사람, 시류에 민감한 사람

vetrić (지소체) vetar; 미풍, 산들바람

vetrina (지대체) vetar

vetriti *-im* (不完) 1. 통풍시키다, 환기시키다 (provetravati, prozračiti); *~ sobu* 방을 환기시키다 2. (액체를) 기화시키다, 증발시키다; 향을 내뿜다, 냄새를 풍기다(커퍼, 비료 등이) (isparavati, hlapiti) 3. *~ se* (방 등이) 통풍되다, 환기되다 (provetravati se)

vetrobran 1. 바람막이 벽, 방풍벽 2. (자동차의) 앞 유리; *brisač ~a* 앞 유리 와이퍼

vetrobranski (形); *~o staklo* 앞 유리

vetrogonja (男) 참조 vetropir

vetrogonjast *-a, -o* (形) 참조 vetropirast

vetrokaz 풍향계

vetrolovka (船舶) (갑판 앞에 있는, 선박 하층 공간의) 환기용 파이프

vetromer 풍속계 (anemometar)

vetromet 1. 참조 vetrometina; 강한 바람에 노출된 곳(장소) 2. 강한 바람의 흐름, 강풍; 돌풍

vetrometan *-tna, -tno* (形) 강한 바람에 노출된; *~tno mesto* 강한 바람에 노출된 장소

vetrometina 1. 강한 바람에 노출된 곳(장소) 2. (비유적) (외국의 영향, 외국의 공격 등) 위험에 노출된 곳(장소)

vetronog *-a, -o* (形) (詩) 바람처럼 빠른

vetropir 머리가 산만한(진중하지 못한, 생각이 깊지 못한, 덜렁거리는) 사람 **vetropirka**

vetropiran *-rna, -rno* (形) 머리가 산만한, 덜렁거리는, 진중하지 못한 (vetropirast)

vetropirast *-a, -o* (形) 참조 vetropiran

vetrovac *-ovca* (植) 참조 vetrovalj

vetrovalj (植) 기린국화의 일종(Liatris)(엉거시과(科); 북미 원산(原產))

vetrovit *-a, -o* (形) 바람에 노출된, 바람이 많이 부는; *~o mesto* 바람이 많이 부는 곳(장소); *~o brdo* 바람이 많이 부는 언덕; *~a noć* 바람이 많이 부는 밤; *~o vreme* 바람이 많이 부는 날씨

vetrovka 바람막이 옷, 방풍복 (vindjakna)

vetruština (지대체) vetar

veverica 다람쥐 **veveričiji** (形)

vez *-ovi* 1. 수(繡), 자수; 자수놓기; 자수품; *uzeti ~ u ruke* 손에 자수품을 들다 2. (비유적) 세밀하고 꼼꼼한 일

vez *-ovi* 1. 참조 veza 2. (보통은 複數로) (스포츠) (스키의) 바인딩 장치, 고정안정장치; *skijaški ~ovi* 스키 바인딩 3. (책·잡지의) 제본 (povez) 4. (항구에서) 배를 묶어놓는 곳(장소)

veza 1. 묶는 것(실·줄·끈·노끈·밧줄 등의); *jaka* ~ 튼튼한 줄; *slaba* ~ 약한 줄; *zategnuti* ~*u* 줄을 팽팽히 당기다; *pričvrstiti* ~*u* 줄을 단단히 묶다; *olabaviti* ~*u* 줄을 헐겁게 풀다 2. 연결, 접속, 관계; ~ *između uzroka i polsedice* 인과관계; *dovesti u* ~*u* 연결하다; *u* ~*i sa vašim dopisom* 당신의 편지와 관련하여; *to nema* ~*e sa ovim* 그것은 이것과는 관련없다; *nema* ~*e* 아무 상관없다; *govoriti bez* ~*e* 아무 상관없이 이야기하다, 쓸데없이 말하다; *on ima* ~*ā* 그는 줄(커넥션)이 있다 3. (기차·버스·비행기 등의) 연결, 연결편; *autobuska (avionska)* ~ 버스 (항공) 연결편; *direktna* ~ (버스 등의) 직통, 직항로; *izgubiti* ~*u* 연결편이 없어지다 4. (통신 수단의) 선, 연결; *rđava telefonska* ~ 상태가 나쁜 전화 연결선; *prekinuli su mu* ~*u* 그들은 그와의 접촉선을 단절시켰다; *nije mogao dobiti* ~*u* 그는 전화를 걸 수 없었다(전화 연결이 되질 않아서) 5. 의사소통, 연락, 커뮤니케이션; *sredstva* ~*e* 의사소통 방법; *telefonske (telegrafske)* ~*e* 전화(전보)를 통한 의사소통; *sve* ~*e sa gradom su bile prekinute* 도시와의 모든 커뮤니케이션 방법은 끊어졌다; *jedinica (za održavanje)* ~*e* (軍) 통신반; *bataljon* ~*e* (軍) 통신대대 6. 관계; *uspostaviti kulturne* ~*e* 문화적 관계를 맺다; *prekinuti (učvrstiti) trgovinske* ~*e* 무역관계를 단절하다 (강화하다); *poslovne (društvene)* ~*e* 비즈니스 (사회) 관계; *rodbinske* ~*e* 친척 관계; *održavati prijateljske* ~*e* 친구관계를 유지하다; *bračna* ~ 혼인관계, 결혼관계; *stara (prijateljska)* ~ 오래된 (우정) 관계; *nedozvoljena* ~ 허용되지 않은 관계 7. 연락, 접촉; *doći (staviti se, stupiti) u* ~*u s nekim* 누구와 접촉하다; *uspostaviti* ~*u* 연락관계를 만들다(설정하다); *dovesti nekoga u* ~*u s nekim* 누구를 누구와 접촉(연락)하게 하다; *oficir za* ~*u* 연락장교 8. (채소·야채 등의) 다발, 묶음; ~ *rotkvica (mladog luka, celera, cveća)* 래디쉬(부추, 셀러리, 꽃) 한 다발 9. (化) 결합; *dvoguba (kovalentna, troguba)* ~ 이중(공유, 삼중) 결합 10. 기타; *povratna* ~ 피드백; *bez* ~*e (govoriti, pričati, postupati)* 비논리적으로, 앞뒤가 안 맞게 (이야기하다, 행동하다); *nema* ~*e mozgom* 완전히 비합리적으로, 멍청하게; *nemati (blage)* ~*e s nečim* ~과는 아무런 관계가 없다; *on nema* ~*e* 그는 아무것도 모른다; *u* ~*i s tim* 그것과 관련하여

vezač 1. 곡물을 단(snop)으로 묶는 사람; 포도줄기를 막대기에 묶어주는 사람 2. (세로로 세워 쌓는) 벽돌, 돌; (지붕구조를 연결해 주는) 서까래, 들보

vezačica 1. 참조 vezač 2. (단을 묶는) 농기구

vezak –*ska* (지소체) vez

vezalac –*aoca* 참조 vezač

vezan –*a, -o* (形) 1. 참조 vezati; 묶인; *imati* ~*e ruke* 또는 *biti* ~*ih ruku* 행동과 결정을 할 자유가 없다(권한이 없다); ~ *za postelju* 아파 누워있는 2. (말·행동 등이) 어설픈, 솜씨없는, 능수능란하지 못한 (nespretan); *vezan je kako ga je bog dao, niti ume da se dodvori gospodinu* 그는 신이 주신대로 어설펐으며, 아첨도 하지 못했다 3. 기타; ~*a vreća* 어설픈 사람, 솜씨없는 사람; ~*a trgovina* 끼워팔기(안팔리는 물건을 잘 팔리는 물건과 함께 파는)

vezati –*žem* (完,不完) **vezivati** –*zujem* (不完) 1. (끈 등을, 끈 등으로) 묶다, 묶어 두다; ~ *pertle (čvor, mašnu)* 신발끈(매듭, 리본)을 묶다; ~ *konja za drvo* 말(馬)을 나무에 묶어 놓다; ~ *u čvor* 매듭을 묶다; ~ *žito u snopove* 곡물을 단으로 묶다; ~ *dva sela putem* 두 마을을 길로 연결하다; ~ *ugovorom* 계약으로 묶어두다; ~ *jezik kome* 발언권을 주지 않다, 누구를 침묵시키다; *vezao mi se jezik* 말이 떨어지질 않았다; ~ *nekome i ruke i noge* 누구의 손 발을 묶다, 누가 자유롭게 결정하고 행동하는 것을 불가능하게 하다; *biti vezanih ruku* 결정할 자유가 없다; ~ *mačku o rep* 전혀 무가치한 것으로 여겨 무엇을 버리다(포기하다); ~ *sebi konop oko vrata* 스스로 자기 무덤을 파다, 자신을 망치는 지름길로 가다; ~ *nečiju pažnju* 누구의 관심을 붙잡다 ; ~ *kraj s krajem*, 또는 ~ *liku za oputu* 근근이 살다, 어렵게 살아가다 2. ~ *se* 연결되다, 결합되다

veženje (동사파생 명사) vesti

vezidba (포도 줄기를) 묶음; 포도줄기를 묶어주는 시기(기간)

vezilac –*ioca* 참조 vazalac, vezač; (곡물을 단으로) 묶는 사람; (포도줄기를 막대기에) 묶어주는 사람

vezilica 참조 vezilja

vezilja 자수를 놓는 여자 **veziljski** (形)

vezir (歷) (오스만 제국의) 고관, 고위 관리; (한 지역의) 총독; *veliki* ~ (오스만 제국의) 재상(오늘날의 내각 총리에 해당)

vezirat, vezirstvo 1. 베지르의 관직명과 권한 2. 베지르가 관장하는(통치하는) 범위(지역)

vezist(a) (男)(軍) 1. 통신장교, 통신부대원 2. (스포츠)(口語) (공격수와 수비수를 연결시켜 주는) 미드필더, 연결수

vezivati *-zujem* (不完) 참조 vezati

vezivo 1. 자수용품; *ona je položila ~ u krilo* 그녀는 무릎에 자수품을 놓았다 2. 자수품

vezivo 1. 묶는 것, 연결시키는 것, 연결 고리 2. (解) 결합 조직 **vezivni** (解); *~o tkivo* 결합 조직

veznica (解) (눈의) 결막 (vežnjača)

veznik (文法) 접속사

veža (공동 주거 건물의) 현관, 현관문, 입구

vežba 1. 연습, 훈련; 실습; *javna ~* 단체 체조, 매스게임; *~ vazdušne uzbune* 공습 훈련; *~ na tlu* (체조) 마루운동 2. (複數로) (대학에서의) (조교가 진행하는) 수업, 실습시간, 실험 시간; *~e iz španskog jezika* 스페인어 실습 시간; *~e iz istorijske gramatike* 역사문법 시간; *~e iz biologije* 생물 실습시간 3. (軍) 훈련

vežbač 훈련참가자, 연습참가자 **vežbačica**

vežbalište 훈련장, 연습장

vežbanka (노트 등의) 연습장, 노트

vežbanje (동사파생 명사) vežbati

vežbaonica 1. (육체적 운동을 할 수 있는) 체육실, 연습실 2. (학교 등의) 체육관, 체육실, 체조실 3. (미래의 교사들이 실습하고 연습하는) 학교, 실습학교

vežbati *-am* (不完) **izvežbati** (完) 1. 연습하다, 실습하다, 훈련하다; *~ pevanje* 노래 연습을 하다; *~ pesmu* 노래를 연습하다; *~ kucanje* 타이핑 연습을 하다; *~ matematiku* 수학을 되풀이하여 풀어보다 2. (nekoga) (체계적인 반복 훈련을 통해) 훈련시키다, 연습시키다; *~ vojnike* 병사를 훈련시키다; *~ đake* 학생들을 연습시키다 3. (nešto) (체계적 반복 훈련을 통해) 훈련하다; *~ oko* 눈을 훈련하다; *~ ruku* 손을 훈련하다; *~ pamćenje* 기억력을 훈련하다 4. *~ se* (u nečemu 또는 보어 없이) 훈련하다, 연습하다; *~ se u trčanju* 달리기 연습을 하다; *~ se u sviranju* 연주 연습을 하다; *~ se u govorništvu* 연설(웅변) 연습을 하다; *~ se u gađanju pištoljem* 권총 사격 연습을 하다

vi (代名詞) 1. (2인칭 복수) 당신들, 여러분들 2. (대문자 Vi) (2인칭 단수의 존칭형) 귀하

vibracija 1. (物) 진동; *mehanička ~* 물리적(기계적) 진동 2. (목소리·악기 등의) 떨림, 진동 **vibracioni** (形)

vibrantan *-tna, -tno* (形) 진동하는, 떨리는 (treperav, titrav)

vibrator 1. (電氣) 진동기; 발진기(發振器) 2. 전기 안마기; *električni ~ za masažu* 전기 안마기 3. (진동으로 곡물 알갱이, 모래, 흙 등을 떨어뜨리는) 장치, 진동기

vibrirati *-am* (不完) 진동하다, 떨다 (oscilovati, treperiti, titrati)

vic *-a*; *-evi* 위트, 조크, 우스갯소리, 농담; *pričati ~eve* 우스갯소리를 하다; *mastan ~* 야한 농담; *dobar ~* 재밌는 농담 2. 트릭, 속임수 (trik, smicalica); *u čemu je ~?* 트릭이 뭐야?

vice- (接頭辭) 부(副)-; *viceadmiral* 해군 중장; *viceguverner* 부총독, 부총재, 부지사; *vicekralj* 부왕(副王); *vicekancelar* 부총리, 부수상; *vicekonzul* 부영사

vicinalnI *-ā, -ō* (形) 부수적인, 부차적인, 보조의, 현지 지방의 (sporedan, lokalan); *~ vlak* 보조 열차; *~a pruga* 보조 선로; *~a brodska linija* 지역 선박 항로; *~a železnica* 해당 지역을 운행하는 기차

viciozan *-zna, -zno* (形) 사악한, 타락한, 부도덕한; 악의적인, 악의에 찬, 증오에 찬 (izopačen, pogrešan); *~zni krug* 부도덕한 사람들의 모임

vickast *-a, -o* (形) 위트가 넘치는, 우스갯소리의, 농담조의, 재치있는 (duhovit, šaljiv); *~a priča* 위트가 넘치는 이야기; *~ način* 재치 있는 방법; *~ čovek* 위트가 넘치는 사람, 재미있는 사람

vičan *-čna, -čno* (形) 1. (nečemu, 드물게 na nešto) ~에 익숙한; *~ mukama* 고통에 익숙한; *oni su ~čni svakojakim mukama* 그들은 각양각색의 어려움에 익숙한 상태다; *~ na peščanje* 걷는데 익숙한 2. (nečemu) 경험 많은, 노련한, 능숙한, 능수능란한 (iskusan, vešt, umešan, spretan); *~ poslu* 업무에 경험많은; *~ oranju* 밭갈이에 능숙한 3. (nečemu) ~을 잘 아는, ~에 정통한, ~에 전문적 견식을 가진; *~ zakonima* 법을 잘 아는; *~ jeziku* 언어에 정통한; *~ čitalac* 전문적 견식을 가진 독자

vid 시력, 시각, 시야; *imati dobar ~* 좋은 시력을 가지다; *oštar ~* 예리한 시력, 좋은 시력; *kokoš(i)ji ~* 야맹증; *očni (očnji) ~* (詩的, 맹세할 때) 눈(眼); *za ~a* 보일 때, 아직 낮일 때, *(iz)gubiti, ispustiti iz ~a* 고려하지 않다, 무시하다, 묵살하다, 경시하다, (머리속에서) 지우다; *imati u ~u* ~을 고려하다, (~에 대해) 생각하다; *ne ispuštati iz ~a* 눈에서

놓치지 않다, 응시하다, 주시하다; *nesta(ja)ti s (iz) ~a* 눈에서 사라지다, 없어지다

vid *-ovi* 1. 외양, 외모 (*lik, oblik*); *dobiti novi (drukčiji)* ~ 새로운(다른) 모습을 얻다; *spoljni* ~ 외양, 외모; ~ *stvari često vara* 사물의 외양이 종종 (사람들을) 속인다 2. 형태, 모양; *u raznim ~ovima* 여러 다양한 형태에서 3. (학교·스포츠 등의) 형태, 종류, 타입 (*vrsta, tip*); *razni ~ovi škola* 다양한 학교 형태; ~ *neregularne vojske* 비정규군의 형태 4. (文法) (형용사의) ~형(서술형, 한정형의); *određeni (pridevski)* ~ (형용사) 한정형; *neodređeni (pridevski)* ~ (형용사) 서술형(비한정형) 5. (文法) (동작 동사의 완료·불완료를 나타내는) 상(相), 체(體) (*aspekt*); *svršeni* ~ 완료상; *nesvršeni* ~ 불완료상 6. 기타; *šta imate u ~u za iduće leto* 내년 여름에 무엇을 생각인가요?; *imaću vas u ~u* 당신을 고려할 것이오; *pod ~om (nečega) ~*을 구실로(핑계로); *sastajali su se pod ~om zajedničkog učenja* 함께 공부한다는 구실로 만났다

vidan *-dna, -dno* (形) 1. (눈에) 보이는, 가시적인 (*vidljiv*); 눈에 잘 띄는 (*upadljiv, uočljiv*); *jedna ~dna crta* 하나의 눈에 보이는 선; *staviti ključ na ~dno mesto* 열쇠를 눈에 잘 띄는 곳에 놓다 2. 분명한, 명확한, 현저한 (*očigledan, jasan*); *~dna razlika između nečega* ~와 ~사이의 분명한 차이; *~dni znaci nečega* ~의 분명한 표시; *bez ~dnog razloga* 별다른 이유도 없이 3. 밝은, 별이 잘 드는 (*pun svetlosti*); *~dno mesto* 밝은 곳; *~dna soba* 별이 잘 드는 방 4. 중요한, 유명한, 두드러진 (*istaknut, značajan, važan*); *zauzimati ~dno mesto* 중요한 장소를 점령하다; *imati ~dnu ulogu* 중요한 역할을 하다; ~ *uspeh* 두드러진 성공 5. (한정형) 시력의, 시각의; *~dno polje* 시계; *~dni utisci* 시각적 인상

vidar 치료자, 치유자(보통 상처를 민간요법이나 약초 등으로 치료하는) (*iscelitelj*)

vidarica, vidarka

vidati *-am* (不完) 1. (보통 상처를) 치료하다, 치유하다 (민간요법이나 약초 등으로) (*isceljivati*) 2. ~ **se** 치유되다

videlo 1. 빛, 빛살; 낮의 햇빛 (*svetlost, svetlo*) 2. 광원(光源) (촛불·등잔 등의) 3. 시각 기관, 눈(眼) (*oko*) 4. 기타; *doneti dete na božje* ~ (아이를) 낳다, 출산하다; *izići na* ~ 공개되다, 발견되다; *izneti delo na* ~ 발표

하다, 공개하다, 공포하다; *nebesko* ~ (詩的) 태양, 달; *stajati na ~u* 유명하다, 잘 알려지다; *pojaviti se na ~u* 대중에 나타나다; *za ~a* 햇빛이 있는 동안, 낮동안, 보이는 동안

video *-ea* (男) 비디오

video-igra 비디오 게임

video-prikaz (컴퓨터) 디스플레이, 모니터

video-rekorder 비디오 녹화기

video-traka 비디오 테이프

video-zapisivanje 비디오 녹화

videti *-im; viđen* (完,不完) 1. (눈으로) 보다; ~ *svojim očima* 자신의 눈으로 보다; ~ *dobro* 잘 보다 2. 만나다 (*sresti nekoga, naći se s nekim*); *nije htela ~ nikoga* 아무도 만나려 하지 않았다; *jesi li video juče Marka?* 어제 마르코를 만났느냐? 3. 이해하다, 깨닫다 (*uvideti, shvatiti*); *video je da je pogrešio* 실수했다는 것을 깨달았다; *zar ne vidiš da ćemo nastradati* 우리가 희생당할 것이라는 것을 깨닫지 못하느냐 4. 알아차리다 (*uočiti, primetiti*); ~ *tugu na nečijim očima* 누구의 눈에서 슬픔을 알아차리다(보다); ~ *da neko laže* 누군가 거짓말을 한다는 것을 알아차리다 5. 알다, 알아채다, 깨닫다 (*doznati, saznati*); *moram ~ šta on namerava* 그가 무엇을 의도하는지 알아야 한다; *video je u pismu da mu je majka bolesna* 어머니가 아프다는 것을 편지에서 알았다 6. 확인하다, 점검하다, 체크하다 (*proveriti, ispitati*); *proveriću kako ta stvar stoji kod suda* 그 사건이 법원에서 어떻게 처리되고 있는지 확인해볼 것이다; *vidi da li je ispravno napisano* 올바르게 쓰여졌는지 체크해; *da vidim od čega boluješ* 어떻게 아픈지 한 번 봅시다(체크해봅시다) 7. 생각하다, 고려하다 (*razmisliti, prosuditi*); *hajde da vidimo šta nam je najbolje da preduzimemo* 어떤 조치를 취해야 우리에게 가장 좋은지 한 번 생각해보자 8. 경험하다, 겪다 (*iskusiti, doživeti, preživeti*); ~ *muke* 고통을 경험하다; ~ *mnogo radosti* 많은 즐거움을 맛보다; ~ *mnogo lepih trenutaka* 수많은 아름다운 순간을 경험하다 9. (od koga) 배우다(하는 것을 보면서 누구로부터); *od koga si to video? od oca* 그것을 누구한테 배웠느냐? 아버지한테 (배웠어) 10. ~을 유의하다, 신경쓰다, 돌보다 (*pobrinuti se za nešto*); *idi vidi nešto za ručak* 점심이 어떻게 되는지 가서 봐; *vidi da završiš taj posao do sutra* 내일까지 그 일을 끝마칠 수 있도록 신경좀 써 11. 가지다, 얻다, 획

득하다 (imati, dobiti); ~ *koristi od nekog posla* 어떤 일에서 이익을 취하다 12. ~ se (거울 등에서) 자신의 모습을 보다, 비추다 13. ~ se 발견되다, 찾다 (어떤 장소에서, 어떤 상황에서) (naći se, obresti se); ~ *se u čudu* 기적속에서 발견되다 14. ~ se 보이다 (biti vidljiv, ukazivati se, pokazivati se); *vide mu se rebra koliko je mršav* 그가 얼마나 말랐는지 그의 갈비뼈에서 보인다 15. ~ se (無人稱文) 훤하다, 빛이 있다; *još se videlo kad smo krenuli kući* 우리가 집으로 향했을 때는 아직 훤했다 16. ~ se 만나다 (sastati se, susresti se); *kada ćemo se sutra videti?* 내일 언제 만날까? 17. 기타; *da vidi bog* 걱정하지 마, 잘 될꺼야; *ima se što videti* 뭔가 예상치 못한 일이 일어날꺼야(있을꺼야); *imaš ga (je) šta i* ~ 잘 생겼다; *ne mogu ga očima* ~ 밥맛이야, 구역질나, 밉상이야; *ne vidi se ni prst pred okom* 아무것도 보이지 않는다; *ne vidi bela dana* 일중독이다, 너무 바쁘다; *sad ga vidiš, sad ga ne vidiš* 속일 때 사용되는 말; *što video, ne video* 솜씨없는 척 하다, 어설픈 척 하다; *vidiš* 또는 *vidi ti njega (nju)* 가벼운 질책 또는 협박을 할 때 사용하는 말; ~ *dno* (*škrinji, zdeli, čaši*) 비우다; ~ *jasno kao na dlanu* 손바닥 보듯이 분명하게 보다(알다); ~ *skroz naskroz koga* 누구를 (누구의 의도·행동을) 잘 알다; ~ *sve zvezde* (*posle jakog udaraca po glavi*) 눈 앞에 별이 보이다; ~ *sveta* 세계 여행을 하다, 외국에 있다; *videćeš ti svoga boga (svoje dobro jutro)* 네 자신의 행동 결과를 알게 될꺼야 (협박할 때 사용되는 말); *živi bili pa videli* 조만간 그걸 알게 될꺼야; *ko je to video!* 아무도 그걸 하지 않는다; *ne vidim ni belu mačku* 눈이 잘 안보인다(눈의 피로로 인해); *ne* ~ *dalje od nosa* 안목이 짧다, 알지 못하다; *nemaš ga šta* ~ 작고 볼품없다; *ne videti se od posla (rada)* 일에 파묻히다

vidik 1. 시야, 시계(視界) (vidokrug); *pojaviti se na* ~*u* 시야에 들어오다; *nestati (iščeznuti, izgubiti se)* s ~*a* 시야에서 사라지다 2. 경관, 전망(前望); *lep* ~ 아름다운 경관; *novi* ~*ci* 새로운 전망 3. (비유적) 지력(智力), 이해력, 학식; *širiti duhovne* ~*e* 지적 범위를 확대하다; *biti uskih* ~*a* 지적 범위가 좁다; *biti širokih* ~*a* 넓은 지적 범위를 가지다 4. 관점, 시각 (gledište, stajalište); *posmatrati nešto s dva* ~*a* 두 개의 관점에서 무엇을 바라보다 5. 기타;

biti na ~*u* 1)시야에 들어오다 2)가까워오다; *zima na* ~*u* 곧 닥쳐올 겨울; *rat na* ~*u* 곧 터질 것 같은 전쟁; *izaći (izići, izbijati) na* ~ 공개하다, 발표하다, 공표하다; *otvara se (puca)* ~ (*na nešto*) 뭔가가 나타난다(보인다); ~ *se širi ili suzuje* 지식은 넓어지거나 축소된다; *svetu (svima) na* ~*u* 모두가 볼 수 있도록, 분명하게, 공개적으로

vidljiv -*a*, -*o* (形) 1. (눈에) 보이는, 알아볼 수 있는 (vidan, uočljiv); *jedva* ~*a zvezda* 겨우 보이는 별 2. 눈에 잘 띄는, 현저한 (upadljiv, vidan); *staviti na* ~*o mesto* 눈에 잘 띄는 곳에 놓다; ~*a razlika između nečega* ~들 사이의 현저한 차이

vidljivo (副) 눈에 띄게, 현저하게; 분명하게 (primetno, uočljivo, očevidno); ~ *ganut* 눈에 띄게 감명을 받은

vidljivost (女) 시계(視界); 눈에 잘 보임, 가시성; *slaba* ~ 나쁜 시계; *dobra* ~ 좋은 시계

vidno (副) 1. 훤하게, 밝게, 빛나게; 분명하게 (svetlo, osvetljeno); *napolju je bilo još* ~ 밖은 아직 훤하였다; *dok je* ~ 아직 밝았을 동안 2. 눈에 잘 보이게, 눈에 띄게, 현저하게 (upadljivo); ~ *je smršala* 눈에 띄게 여위었다; ~ *obeleženo mesto* 눈에 잘 보이게 표시된 장소; ~ *zaostajati* (*u trčanju*) 현저하게 뒤처지다(달리기에서); ~ *stariti* 눈에 띄게 늙다

vidokrug 1. 시야(視野), 시계(視界); 경관, 전망 (vidik, horizont) 2. (비유적) 이해의 폭, 이해력; *njegov se vidokrug uveliko raširio* 그의 이해의 폭은 굉장히 확장되었다

vodovčica (植) 별봄맞이꽃

Vidovdan, Vidov dan 1. (정교회의 축일중의 하나) 성(聖)비투스의 날(6.28) 2. (歷) 코소보전투가 일어난 날 (1389년) **vidovdanski** (形)

vidovit -*a*, -*o* (形) 1. (보통은 민간 미신에서) 천리안을 지닌, 앞일을 훤히 내다볼 수 있는 초능력이 있는; *biti* ~ 천리안을 지니다 2. 통찰력을 지닌, 핵심을 파악하는 능력이 있는 (pronicljiv, mudar)

vidovnjak 천리안을 지닌 사람, 예리한 통찰력을 지닌 사람

vidra 1. (動) 수달; 수달의 모피 2. (비유적) 임시응변이 매우 뛰어난 사람, 능수능란한 사람, 지략이 풍부한 사람; ~ *čovek*, ~ *od čoveka* 여우 같은 사람

vidrast -*a*, -*o* (形) 능수능란한, 재주많은, 임기응변에 능한 (okretan, snalažljiv, vešt, spretan) vidrica (지소체) vidra

viđati -am (不完) 1. 종종 보다, 자주 보다; ~ u snu 꿈속에서 보다 2. 여러 차례 만나다; ~ nekoga u gradu 시내에서 누구를 오며가며 보다 3. ~ se (sa nekim) (누구와) 자주 만나다; ~ se s prijateljem 친구와 자주 만나다

viđen -a, -o (形) 1. 참조 videti 2. 유명한, 저명한, 잘 알려진, 명성이 높은, 명망 높은 (ugledan, cenjen, uvažen); ~ čovek 유명한 사람; ~a kuća 유명한 집 3. 기타; rado ~ 환영받는, 환대받는; on je rado ~ u najvišim krugovima 그는 고위층에서 환대받는다; ~a gost 환대받는 손님; nerado ~ 환영받지 못하는; nerado ~a gost 환영받지 못하는 손님

viđenost (女) 명성, 저명함, 유명함 (ugled, uvaženost, cenjenost)

viđenje 1. (동사파생 명사) videti 2. (꿈이나 섬망 상태에서 보이는) 헛깨비, 환영 (vizija, priviđenje); desi se da mu izađe pred oči nekakvo čudno ~ 그의 눈앞에 뭔가 이상한 헛깨비가 나타나는 일이 일어난다 3. 만남 (susret, sastanak); pri prvom ~u 처음으로 만날 때에 4. 기타; do ~a 안녕(헤어질 때의 인사); iz ~a (po ~u) znati 봐서 알다; menica (kamata) po ~u 일람불 환어음(이자); otići (svratiti) na ~ (누구를) 방문하다

vig -a; -ovi (새를 잡기 위한) 덫, 올가미, 올무 (zamka, omča)

viganj -gnja 1. 대장간, 대장장이의 작업장 (kovačnica) 2. (대장간의) 노(爐)

vigilija 1. (교회 축제일 전야의) 철야 예배; (교회 축제일의) 전야제 2. (잠을 자지 않고 밤을 세우는) 철야 (bdenje, nespavanje)

vihar -hra 참조 vihor; 돌풍

viholje (植) 참조 šeboj; 부지깽이나물속(屬) (노란꽃이 피는)

vihor 강한 회오리 바람, 돌풍, 돌개바람 (kovitlac, vrtolog); prohujalo s ~om 바람과 함께 사라지다

vihoran -rna, -rno (形) 1. 돌풍의, 돌풍과 같은, 바람과 같이 빠른; 소용돌이 치는, 선회하는 2. (비유적) 불 같은, 불타오르는, 격정의 (buran, plahovit, nagao); ~ temperament 불 같은 성격

vihoriti -im (不完) 1. (얇은 천, 머릿결 등이) (바람에) 나부끼다, 펄럭이다, 흔들리다 (lepršati, povijati se); zastave vihore mrakom (국)기가 어둠에 펄럭인다 2. (바람 등이) 세차게 불다 3. 소용돌이치다(먼지·눈 등이) 4. (비유적) (바람처럼 빨리) 움직이다,

통과하다 5. 배배 꼬다 (nečim); ~ kosom 머리를 배배 꼬다 6. ~ se 소용돌이치다; zastave se vihore (국)기들이 펄럭인다

vijač 참조 vejač

vijača 참조 vejača

vijačica 참조 vejač

vijadukt -ātā (계곡·낭떠러지·도로 위의) 고가도로, 육교 (nadvožnjak)

vijak -jka 1. 볼트 (zavrtanj) 2. (현악기의) 줄감개 3. (배·비행기 등의) 프로펠러 (elisa, propeler); brodski ~ 선박 프로펠러

vijalica 참조 vejalica

vijati -jem (不完) 참조 vejati

vijati -jam (不完) 1. 쫓다, 뒤쫓다, 추적하다 (terati, goniti, vitlati); ~ nekoga 누구를 뒤쫓다 2. (누구를 어떤 일에) 강요하다 3. ~ se 서로 쫓다(뒤쫓다) 4. ~ se 이곳 저곳을 (위 아래로, 원을 그리며) 날다 (šestariti)

vijavica 참조 vejavica

vijećati -am (不完) 참조 većati

vijeće 참조 veće; Vijeće sigurnosti (UN의 안전보장이사회)

Vijetnam 베트남 Vijetnamac; Vijetnamka; vijetnamski (形)

vijoglav -a, -o (形) 1. 고개를 숙이는; 잠시도 가만있지를 않는 (동물이) (živ, nemiran); zatim uhvati ~u kobilu 그리고 가만있지를 못하는 말(馬)을 잡는다 2. (사람이) 경솔한, 진중치 못한, 산만한, 덜렁거리는 (lakomislen, vetropirast); 거만한, 오만한, 독단적인 (obestan, samovoljan)

vijoglava 참조 vijoglavka

vijoglavka 1. 산만한 여자, 덜렁거리는 여자 2. (鳥類) 개미잡이새(딱따구리의 일종)

vijogor 참조 razvigorac; 춘풍(春風), 봄에 부는 바람; iznad (navrh) ~a 언덕(산) 정상; sustao je iznad ~a 산 정상에서 만났다

vijoriti (se) -im (se) (不完) 휘날리다, 펄럭이다, 나부끼다 (lepršati), viti (se), vihoriti (se)); čuperci mu se vijorili na vetru 그의 머릿결이 바람에 휘날렸다; seda joj kosa ... vijori stravično u trku 그녀의 흰머리가 달릴 때 엄청 휘날린다

vijuga (D. -zi) 1. 구불구불한 선; (도로 등의) 굽이, 구부러진 곳 (krivina, okuka, zavoj) 2. (보통 複數로) (解) 대뇌 표면의 주름; moždana ~ 뇌 주름 3. (일반적으로) 구불구불한 것, 소용돌이 무늬, 와상문; ~e na zavrtnju 나사선 4. 기타; imati ~e za nešto (口語) ~에 대해 재능이 있는; nemati nijedne ~e u mozgu (口語) 멍청하다; rade

1469

mu ~e 영리하다, 머리가 빨리 돌아간다

vijugast *-a, -o* (形) 참조 vijugav

vijugati (se) *-am (se)* (不完) 1. (길·강·뱀 등이) 구불구불하다, 구불구불 움직이다 (krivudati); *put (se) vijuga* 길이 구불구불하다(구불구불 나있다); *reka se vijuga kroz dolinu* 강이 계곡을 따라 구불구불 흐른다 2. 빙빙돌다 (vrsti se, motati se); *video sam i shvatio kakav crni duh … vijuga našega praga* 그 어떤 악마가 우리집 문턱을 빙글빙글 돈다는 것을 알아차렸다 3. (비유적) 피하다, 회피하다; 진실을 회피하다; (공개적 언급을 회피하면서) 태도를 자주 바꾸다 (izvrdavati); *vijugajući amo i tamo, napokon je priznala* 진실을 이리 저리 회피했지만, 결국에는 인정했다

vijugav *-a, -o* (形) 구불구불한, 나선형의 (krivudav); ~ *put* 구불구불한 길; ~*a staza* 구불구불한 오솔길 *sišao sam ... niz ~e stepenice* 나선형의 계단을 내려왔다

vika 1. 높은 톤의 큰 소리, 외침, 고함 (흥분상태의, 누군가를 부를 때의); 소란, 시끄러운 소리, 떠드는 소리 (graja, galama) 2. 비난, 질책 (optužba, grdnja); ~ *na vuka, a lisice meso jedu* 거악(巨惡)을 몰아내니 소악(小惡)이 행세한다 3. 기타; *cika i* ~ 또는 *krika i* ~ 아주 시끄러운 소리; *mnogo ~e oko čega* ~에 대해 많이 이야기하다(논의하다); *mnono ~e ni oko čega (ni za šta)* 쓸데없는 일로 떠들어대다, ~에 대한 헛된 토론과 분노; *stroga ~ na vojnika* (弄談) 규율, 규칙

vika 참조 grahorica; (植) 야생 완두, 살갈퀴덩굴속(屬) (동물의 사료로 사용됨)

vikač 1. 큰 소리로 뭔가를 말하는 사람, 고함치는 사람 2. 시끄럽게 항의하는 사람, 소란스럽게 하는 사람 (bukač)

vikačice (女,複) (鳥類) 밤색날개뻐꾸기

vikalo (男,中) (複數는 中性) 큰 소리로 말하는 사람, 큰 소리로 떠드는 사람 (vikač, galamdžija)

vikanje (동사파생 명사) vikati; 소리침

vikao *-kla, -klo* (形) ~에 적응이 된, ~에 익숙한, ~에 습관이 된 (vičan, naviknut)

vikar (宗)(교회) 신부(神父) 대리, 주교 대리
vikarni (形)

vikarijat 1. 주교 대리(vikar)의 권한 및 활동 범위 2. 주교 대리(vikar)가 관할하는 지역

vikati *-čem* (不完) **viknuti** *-nem* (完) 1. 소리치다, 고함치다; 큰 소리로 떠들다(말하다); ~ *na nekoga* 누구에게 소리치다(질책하면

서); ~ *za pomoć* 도와달라고 소리치다 2. ~ *nekoga* 큰 소리로 누구를 부르다

vikend 주말; *ići nekuda na* ~ *(preko ~a)* 주말동안 어디에 가다; *provesti* ~ *u selu* 시골에서 주말을 보내다

vikendica 별장, 주말 별장

vikler 컬핀, 롤러(머리카락을 곱슬하게 만들기 위해 머리를 감는 도구) (papilota)

viknuti *-nem* (完) 참조 vikati

vikont (영국에서) 자작(子爵)

viks (男), **viksa** (女) 광택제(구두·마루 바닥 등의) (laštilo); *viks za cipele* 구두약

viksati *-am* (不完) **izviksati** (完) 광택을 내다, 윤을 내다

viksovati *-sujem* (不完) 참조 viksati

vila 빌라(전원 주택 등의)

vila 요정, 님프; ~ *brodarica (vodena ~)* 물의 요정; *šumska* ~ 숲의 요정; *gorska* ~ 산의 요정; *ići (juriti) kao da ga ~e nose* (마치 나르는 것 처럼) 빨리 가다; *našla se* ~ *u čem nije bila* 상황에 어떻게 대처해야 하는지 모른다; *koje su te ~ donele?* 너 여기 왜 왔어?, 어떻게 왔어?

vilajet 1. (歷) (19세기 오스만 제국의 가장 큰 행정 단위인) 주(州) (pokrajina, oblast) 2. (비유적) 고향, 조국 (domovina, zavičaj) 3. 기타; *tamni* ~ (신화) 어둠의 세계; *udariti namet na* ~ 사람들에게 과도한 부담(짐)을 지우다

vilajetlija (男) (같은 vilajet 출신의) 동향 사람, 동포

vilast *-a, -o* (形) 쇠스랑(vile) 모양의, 갈래진, 분기(分岐)된 (rašljast, račvast); ~*i rogovi* 갈래진 뿔

vile (女,複) 쇠스랑 (건초·풀·짚 등을 모으고 나르는)

vilen *-a, -o* (形) 1. 참조 vilovit; 빠른; ~ *konj* 빠른 말 2. 약간 정신이 돈, 약간 정신이 이상한 (sumanut, mahnit)

vilenik 1. 참조 velinjak; 초능력을 소유한 사람; 요정이 보호하는 사람 2. 마술사 (mađioničar, čarobnjak)

vilenit *-a, -o* (形) 참조 vilovit; 빠른

vileniti *-im* (不完) 제 정신을 잃다, ````미치다 (besneti, mahnitati); *kad gubi na tim nesretnim kartama, onda vileni* 카드게임에서 (돈을) 잃으면 제 정신이 아니다

vilenjak 1. (민속 신앙) 초능력이 있는 사람(요정의 보호를 받는) (veštac) 2. 기인, 괴짜; ~에 사로잡힌 사람, 집착하는 사람 (nastran čovek, osobenjak, zanesenjak) 3. 정신이

산만한 사람 (vetrogonja, vetropir) 4. 빠른
말(천리마 등의)

vilica 1. (解) 턱; *gornja (donja)* ~ 윗턱(아랫
턱) 2. 기타; *razvaliti (razjapiti)* ~e 고함치
다; *veštačka* ~ 틀니

vilica 참조 viljuška; 포크

viličar 참조 viljuškar; 지게차; *vozač* ~*a* 지게
차 운전수

viličast -*a*, -*o* (形) 턱(vilica) 모양의 (čeljusti)

viličast -*a*, -*o* (形) 쇠스랑(vile)모양의, 갈래진,
분기(分岐)된 (račvast); ~ *rep* 갈래진 꼬리
(제비 등의)

viličnī -*ā*, -*ō* (形) 턱의; ~*a kost* 턱뼈

vilin -*a*, -*o* (形) 1. 요정의, 님프의 2. (식물명
의 한 부분으로서의); ~*e vlasi* (植) 공작고사
리; ~*a kosica* (植) 실새삼; ~*a metla* (植) 아
스파라거스; ~ *luk* (植) 백합과(科) 무스카리
속(屬)의 작은 다년생 초본; ~*o oko* (植) 이
질풀; ~*o sito* (植) 엉겅퀴의 일종 3. ~
konjic 잠자리

vilinskī -*ā*, -*ō* (形) 요정의, 님프의; 마술의, 마
법의, 환상적인, 매혹적인 (čaroban,
fantastičan); ~*o carstvo* 님프 왕국; ~ *svet*
요정의 세계; ~ *stas* 요정 크기

vilorog, vilorogast -*a*, -*o* (形) 갈래진 뿔을 가
진, 갈래진 뿔이 있는; *vilorogi vo* 갈래진
뿔이 있는 황소

vilorog 갈래진 뿔을 가진 동물(숫컷)

vilovan -*vna*, -*vno* (形) 참조 vilovit

vilovati -*lujem* (不完) 1. 요정(vila)처럼 살다
2. 파란만장한 삶을 살다 (mangupirati se,
ludovati, vragovati)

vilovit -*a*, -*o* (形) 1. 요정(vila)같은, 님프 같
은, 매혹적인, 매력적인 (čaroban, volšeban);
~*a žena* 요정 같은 여자, 매력적인 여자; ~
pogled 매혹적인 시선 2. (요정같이) 빠른,
쏜살같이 빠른 ; 주체할 수 없는, 미쳐 날뛰
는, 극도로 흥분한 (brz, pomaman); ~ *konj*
빠른 말 3. 쾌활한 (živ, razdragan); ~*o
kolo* 경쾌한 콜로; ~*a pesma* 쾌활한 노래

vilovnjača (植) 참조 vrganj; 그물버섯(버섯의
한 종류)

vilovnjak 참조 vilenjak

vilj 참조 filj; 코끼리

viljuščica (지소체) viljuška; 포크

viljuška -*ākā* (식사 도구의) 포크; *zvučna
(akustična)* ~ 소리굽쇠, 조음기

viljuškar 지게차

vime -*ena* (解)(動) (포유동물 암컷의) 젖, 젖통
vimeni (形)

vin -*a*, -*o* (形) (宗) 죄있는, 죄를 지은 (kriv,

grešan)

vinar 포도주 판매업자 **vinarski** (形)

vinara (=vinarnica) 포도주 양조장, 포도주 판
매점

vinarina (歷) 포도주세(稅)

vinarnica 참조 vinara

vinarskī -*ā*, -*ō* (形) 참조 vinar

vinarstvo 1. 포도주 산업(경제의 한 부분으로
서의) 2. 포도주학(學)

vince -*ca* & -*eta* (지소체) vino

vindjaka, vindjakna 방풍(防風)복 (vetrovka)

vindžija (男) 포도주 애호가

vinen -*a*, -*o* (形) 1. 포도주의; ~*i bokal* (포도
주를 따라 마시는) 포도주 병; ~*a čaša* 포도
주 잔; ~*o bure* 포도주 통 2. 취한, 술취한
(napit, pripit)

vinkulacija (法) 권리제한(주식 등의)

vino 포도주; *belo (crno)* ~ 백(적)포도주;
desertno ~ 디저트 와인; *stono* ~ (값이 비
교적 저렴한) 식사용 포도주; *suvo* ~ 단 맛
이 없는 포도주; *celo* ~ (물에 희석시키지 않
은) 포도주; *penušavo* ~ 스파클링 와인; *uz
čašu (pri čaši)* ~*a* 포도주 잔을 들고; *biti
pri* ~*u* (포도주에) 얼큰하게 취함; *ni voda ni*
~ 믿을 수 없는 사람; *ko* ~ *večara, vodu
ruča (doručkuje)* 술을 너무 마신 사람이 아
침에 물을 찾는다 **vinski, vinov, vinen** (形);
vinski brat 술고래; *vinska čaša* 포두주 잔;
vinska pesma 권주가(勸酒歌), 술을 마실 때
부르는 노래; *vinova loza* 포도 덩굴; *vinovo
lišće* 포도잎

vinober (男), **vinoberje** (中) 포도 수확

vinodol 포도밭 계곡(포도밭이 한없이 펼쳐진)

vinogorje 포도밭으로 펼쳐진 지역, 포도밭으
로 적합한 지역

vinograd 1. 포도밭 *gospodnji (božji)* ~ 크리
스천 세계, 크리스천교 **vinogradski** (形) 2.
활동 범위

vinogradar 포도밭 농장주, 포도재배자
vinogradarka; vinogradarski (形)

vinogradarstvo 포도주 산업

vinogradnjak 헬릭스포마티아 (식용달팽이의
한 종류)

vinogradžija (男) 1. 포도밭 파수꾼 2. 참조
vinogradar

vinogradskī -*ā*, -*ō* (形) 참조 vinograd

vinopija (男) 포도주 애호가, 포도주를 즐겨
마시고 많이 마시는 사람

vinorodan -*dna*, -*dno* (形) 포도나무가 많은,
포도가 많이 열린; 포도나무 재배에 적합한;
~ *kraj* 포도 재배에 적합한 지역; ~

brežuljak 포도나무가 많이 있는 언덕

vinost (女)(廢語)(法) 죄, 잘못 (krivica)

vinov *-a, -o* (形) 참조 vino; 포도주의, 포도나무의; *~o lišće* 포도나뭇잎

vinovnik 1. 죄인, 범인 (krivac) 2. (비유적) (문제를 일으킨) 장본인 (izazivač, uzročnik nečega); *~ svađe* 불화를 일으킨 장본인 **vinovnica**

vinskī *-ā, -ō* (形) 참조 vino; 포도주의, 포도주로부터 생기는(야기되는), 포도주를 소재로 한; *~o bure* 포도주통; *~ podrum* 포도주 저장창고; *~o raspoloženje* 포도주를 마셔 생기는 유쾌함; *~a pesma* 포도주를 소재로 한 노래; *~ brat* 술고래; *~a karta* (호텔이나 레스토랑에서 손님들에게 제공되는) 포도주 리스트; *~ ocat (sirće)* 포도주 발효 식초

vinuti *-nem* (完) 1. 흔들다 (mahnuti, zamahnuti); *repom tada vine pas* 그때 개가 꼬리를 흔든다 2. 급하게(재빨리) 들어올리다 (naglo uzdići, podići); *~ uvis (nešto)* 뭔가를 위로 들어올리다; *~ ruke* 손을 들다 3. (자신쪽으로) 끌어당기다, 포옹하다 (privući, zagrliti); *strasno vine k sebi devojku* 격정적으로 여자를 자신쪽으로 끌어당긴다 4. *~ se* (위로) 치솟다, 솟구치다; (공중으로) 날아오르다; *~ se u visine* 공중으로 솟구치다 5. *~ se* (말에, 자동차에, 언덕에) 오르다, 뛰어오르다 (popeti se, skočiti); *~ se na konja* 말에 오르다 6. *~ se* 서둘러 가다, 돌진하다, 날아가다; *~ se preko polja* 들판을 질러 빨리 가다; *~ se u svet* 세상으로 날아가다 7. *~ se* (비유적) 사회의 상류계층에 오르다

vinjaga (植) 야생포도나무; 그 열매

vinjak 코냑 (konjak)

vinjeta 1. (책의 속표지·장(章)머리·장끝 등의) 장식 무늬 2. (상품 등의) 라벨, 꼬리표 (etiketa, nalepnica)

viola (音)(樂器) 비올라 **violski** (形)

viola 참조 ljubičica; (植) 제비꽃

violencija 폭력, 폭행 (žestina, silina)

violentan *-tna, -tno* (形) 폭력적인, 난폭한 (žestok, silovit)

violetan *-tna, -tno* (形) 제비꽃 색깔의, 보라색의 (ljubičast)

violin 참조 violina

violina 1. (樂器) 바이올린; *svirati ~u (na ~i)* 바이올린을 연주하다 2. 기타; *prva ~a* 1)제1바이올린 2) 결정적이고 최종적인 발언권을 가진 사람; *svirati prvu ~u* 모든 다른 사람들보다 두드러지다; *svirati drugu ~u* 부차적인(부수적인) 역할을 하다 **violinski** (形);

~ ključ 높은음자리표, '사'음자리표

violist(a) 바이올리니스트, 바이올린 연주자 **violistica, violistkinja**; **violistički** (形)

violist(a) 비올라 연주자 **violistica, violistkinja**

violončelist(a) 첼리스트, 첼로 연주자 **violončelstica, violončelistkinja**

violnočelo 첼로

violskī *-ā, -ō* (形) 비올라의

vipera 1. 독사 2. (비유적) 독사 같은 인간

vir *-ovi* 1. (강·개울·호수 등의) 깊은 곳 2. (물의) 소용돌이 3. 수원(水源), 샘 (izvor, vrelo)

viraž (비행기의) 회전급강하 **viražni** (形)

virilan *-lna, -lno* (形) 1. 남성적인, 남성미 넘치는 2. (政) 직권상의, 직무상의; *~ član* 당연직 위원

viriti *-im* (不完) **virnuti** *-nem* (完) 1. (좁은 틈을 통해 몰래) 엿보다, 훔쳐보다; *~ u sobu* 방을 엿보다 2. (~의 위로·밑으로) 조금 삐져 나오다, 솟아 나오다 (pomaljati se, štrčati); *viri ti maramica iz džepa* 손수건이 주머니에서 빠져 나오다 3. 기타; *ispod mire sto đavola vire* 겉으로는 얌전한 척 하지만 실제로는 아주 망나니인 사람을 일컬을 때(얌전한 고양이 부뚜막에 먼저 올라간다)

virke (副) 몰래 엿보면서 (vireći); *jutros sam ~ pogledao u kuhinju* 아침에 몰래 부엌을 엿보았다

virman 1. (銀行) (다른 계좌로의)이체; 이체 신청 2. (예산 항목의) 변경, 항목 변경 **virmanski** (形)

virmanirati *-am*, **virmanisati** *-šem* (完,不完) (한 계좌에서 다른 계좌로 돈을) 이체하다

virmanskī *-ā, -ō* (形) 참조 virman

virnuti *-nem* (完) 1. (몰래 숨어) 엿보다, 훔쳐보다 (proviriti) 2. (위·아래로) 삐져나와 조금 보이다 (pomoliti se, ukazati se)

virologija 바이러스학

virovit *-a, -o* (形) (물이) 소용돌이치는

viršla 소시지(핫도그용의) (hrenovka)

virtuoz 1. (특히 음악 연주 분야의) 거장, 명연주자 2. (비유적) (어떤 일을 완벽하게 해내는) 명장, 마이스터, 달인 **virtuoski** (形)

virtuozitet (男), **virtuoznost** (女) (고도의) 연주 기교

virulencija 독성(毒性), 발병력

virulentan *-tna, -tno* (形) (박테리아 등이) 독이 있는, 치명적인

virus 바이러스 **virusni** (形); *~o oboljenje* 바이러스성 질병; *~a infekcija* 바이러스성 감염

virusološkī *-ā, -ō* (形) 바이러스학의

vis *-ovi* 1. (산·언덕의) 꼭대기, 정상 (vrh); 언덕 (brdo, breg) 2. (지상으로부터 높은) 공중, 꼭대원, 위 (visina); *gledati s ~a* 위에서 내려다보다; *u ~* 위로

visak *-ska; visci & viskovi, visākā & viskovā)* 다림추(錘; 건축에서 실에다 매어 수직상태를 점검하는)

visaljka 해먹(나무 등에 달아매는 그물·천 등으로 된 침대)

visećī *-ā, -ē* (形) 참조 visiti; 매달려 있는; *~ most* 현수교; *~i dugovi* 단기국가채무

visibaba (植) 스노드롭(초봄에 순백의 꽃이 피는), 설강화속(屬)

visija (地) 고원(해발 200m 이상의) (反; nizija)

visina 1. (신체의) 키, 신장; (사물의) 높이 (rast, uzrast); *~ drveta* 나무의 높이; *~ čoveka* 사람의 키 2. (數) 높이, 길이; *~ trougla* 삼각형의 높이; *~ kupe* 원추형의 높이; *~ piramide* 피라미드 높이 3. (지상으로 부터의) 높이, 고도; *razapeti nešto na određenoj ~i* 일정한 고도위에 뭔가를 올리다(펼치다); *visiti na velikoj ~i* 매우 높은 곳에 걸려있다; *banja na ~i 1,000 metara* 해발 1,000미터 높이의 온천; *dobiti (izgubiti) ~u* (비행기의) 고도를 높이다(낮추다) 4. 발전 정도(수준); *biti na zavidnoj kulturnoj (naučnoj) ~i* 부러울 정도의 문화 발전 수준에 있다 5. (보통 複數로) 공중, 하늘, 창공 (nebo, nebesa); *vinuti se u ~e* 하늘로 치솟다; *u ~ama* 창공에서 6. (비유적) 사회 상류층; 명예, 명성 7. 고원(高原), 지대가 높은 곳 (uzvišica, visija) (反; nizina); *ispeti se na ~u* 높은 곳에 오르다; *sneg na ~i* 고원위에 덮인 눈 8. (音) 음의 높이 9. (돈의) 규모, 양(量); 총액 (iznos, količina); *~ sume* 총액; *~ zarade* 월급액; *~ kredita* 대출액의 총액; *zbog ~e cene (kamate, stope, temperature)* 높은 가격(이자, 비율, 온도) 때문에 10. 기타; *gledati na nekoga sa ~e* 누구를 위에서 아래로 내려다 보다; *držati se na ~i* 거만하다, 오만하다, 도도하다; *apsolutna nadmorska ~* 해발높이; *relativna ~* 표고(標高); *biti (pokazati se, ostati) na ~i nečega* 모든 필요한 능력(특성)이 있다

visinomer 고도계(高度計)

visinskī *-ā, -ō* (形) 참조 visina; 높이의, 고도의; *~a razlika* 높이 차이, 고도 차이; *~a bolest* 고공병

visiti *-im* (不完) 1. (벽·공중 등에) 걸다, 매달

다; 걸리다, 매달리다; *visi o srebrnom lancu sjajna svetiljka* 밝은 등불은 은으로 만들어진 체인에 걸려있다; *slika visi o ekseru (na zidu)* 그림이 못에(벽에) 걸려있다 2. 헐렁하다, 쳐지다, 내려가다 (입술·다리·옷 등이); *vise mu noge* 그는 (생활이) 불안정하다 3. ~위에 떠 있다 (구름 등이) 4. (비유적) ~에 오랫동안 머물다, ~으로부터 떨어지지 않다; *~ pod nečijim prozorom* 누구의 창문 밑에서 떨어질 줄 모르고 오랫동안 머물다; *~ nad knjigom* 책을 붙잡고 있다 5. 오래 기다리다; *~ ceo dan pred biletarnicom* 티켓 판매소 앞에서 하루종일 기다리다 6. (u koga, nešto) (눈·시선 등이) ~을 향하다; (na nekome, nečemu) ~에 있다 (počivati); *~ u kafani* 카페에 죽치고 있다; *svi oči vise o njemu* 모든 사람의 눈이 그를 향한다 7. (비유적) (자주 u vazduhu라는 보어와 함께) (문제 등이) 미해결상태이다, 해결(대답)을 기다리다 8. ~의 징조를 나타내다(보여주다) 9. (보통 nad nekim, nekome nad glavom, iznad glave 등의 보어와 함께) 계속 주시하다, 감시하다; 항시적으로 위협하다, 위태롭게 하다; *to mu visi nad glavom* 그것은 그를 항상 위태롭게 한다; *visi mu mač nad glavom* 그에게는 커다란 위협이다 10. ~에 달려있다, ~에 좌우되다; *o mom polasku visi moj život* 나의 출발에 내 인생이 달려있다; *život mu visi o koncu (o dlaci)* 그의 목숨이 경각에 달렸다; *~ (nekome) o vratu* 누구의 보호를 받고 있다, 누구에게 기생하며 살다

viski *-ija* (男) 위스키

viskoza 비스코스(인조견사·셀로판 따위의 원료)

viskozan *-zna, -zno* (形) 1. (한정형) 비스코스의; *~zna svila* 인조 견사; *~zna tkanina* 비스코스 직물 2. 끈적끈적한, 점성이 있는;신축성 있는 (lepljiv, rastegljiv)

viskozitet 점도(粘度), 점착성, 찐득찐득함

visočanstvo (vaše, njegovo, njeno 등의 보어와 함께) 각하(閣下), 전하(殿下)

visok *-a, -o; viši* 1. (높이가) 높은, (사물의 바닥에서 꼭대기까지가) 높은; (키가) 큰; *~o drvo* 높은 나무; *~a planina* 높은 산; *~o čelo* 넓은 이마; *~ čovek* 키가 큰 사람 2. (단위를 나타내는 보어와 함께) *~ 2 metra* 2 미터 높이의; *~o nebo* 높은 하늘, 천고(天高); *~a tavanica* 높은 천장; *~o plato* 높은 고원 3. 고지대의; 고원의, 산악의; *~o selo* 고지대 마을; *~a banja* 고지대 온천; *~a*

Hercegovina 산간 헤르체고비나 4. (水量이) 불어난, 증가된, 높아진 (nadošao, narastao); ~ *vodostaj* 불어난 수위; ~*a voda* 불어난 물 5. (평균보다) 높은, 많은; ~ *stupanj (stepen) razvoja* 높은 발전 수준; ~*a inteligencija* 높은 지능; ~*i zahtevi* 많은 요구 6. (수량이) 많은 (obilan); ~ *tiraž* 많은 발행부수; ~*a cena* 높은 가격, 고가(高價); ~*i rashodi* 많은 지출; ~*a svota novca* 많은 총액; ~*a plata* 많은 월급; ~*a produktivnost* 높은 생산성 7. (소리 등이) 높은, 고음인 8. (질이) 높은, (가치가) 큰, 높은; ~ *kvalitet* 높은 품질; ~*o mišljenje* 고상한 의견; ~*a ocena* 높은 점수 9. (보통 비교급으로) 높은, 고귀한; *više težnje* 더 높은 열망; *viši ciljevi* 더 높은 목표 10. (강도가) 센, 높은; ~*a temperatura* 고온; ~ *napon* 고전압; ~ *pritisak* 높은 압력 11. (발전 정도가) 높은; ~*a tehnika* 고급 기술, 하이 테크닉; ~*a politička svest* 높은 정치 의식; ~*a kultura* 고급 문화; ~*a civilizacija* 높은 문명 12. (한정형) (사회적 지위·계층 등이) 높은, 고위의, 상위의; ~*i činovnik* 고위 관리; ~*a diplomata* 고위 외교관; ~*i dostojanstvenik* 고위 인사; ~*i položaj* 고위직 13. (사회적으로) 저명한, 유명한 (ugledan, otmen); *viši krugovi* 저명 서클; ~*a dama* 저명한 여사 14. (사회제도나 계층에서) 높은, 상층부의; ~*a škola* 전문대학; ~*a ustanova* 상부 기관; ~*a naredba* 상부 명령 15. (한정형) 고급의; *viši tečajni ispit* 고급 과정 시험; *viši kurs* 고급 과정; *viša pedagoška škola* 전문사범학교 16. 기타; ~*a peć* 고로(高爐); *biti ~ u nečijim očima* 누구에게 매우 존경받는; *živeti na visokoj nozi* 호화롭게(사치스럽게) 살다; *s(a) ~a gledati (govoriti)* 깔보다, 위에서 아래로 쳐다보다

visoko (副) 1. 참조 visok; ~ *držati glavu* 도도하게 행동하다, 거만하다; *ko ~ leti, nisko pada* 높이 올라갈수록 떨어지는 충격은 크다 2. 많이, 많게, 매우 (vrlo mnogo, veoma); ~ *poštovati (ceniti)* 매우 높게 평가하다; ~ *se isticati* 매우 두드러지다; ~ *odskakati od nekoga* 누구보다 훨씬 멀리 뛰다 3. 매우 긍정적으로, 매우 좋게, 고맙게, 감사하게; ~ *misliti o nekome* 누구에 대해 매우 좋게 생각하다; ~ *oceniti (nekoga)* (누구를) 긍정적으로 평가하다 4. 고음으로; *pevati* ~ 고음으로 노래부르다; ~ *pištati* 날카로운 소리로 고함지르다

visoko- (복합어의 첫 부분으로) 1. 높은, 고

(高)의; *visokogradnja* 고층건물 2. (뒤에 오는 어휘의 정도·세기를 강조함); *visokokvalitetan* 고품질의; *visokoobrazovan* 고등교육을 받은; *visokorazvijen* 고도로 발전된; *visokoučen* 많이 배운 3. (曆) (고위관료 등의 직함에) *visokoblagorodni* 은 귀족의; *visokopoštovani* 매우 존경받는

visokofrekventan *-tna*, *-tno* (形) 고주파의

visokogradnja 1. 건축(주택 등의), 건설 (反; niskogradnja) 2. 고층건물

visokokvalificiran, visokokvalifikovan *-a*, *-o* (形) 매우 숙련된, 매우 능숙한, 역량이 매우 높은, 고도의 전문성을 가진; ~ *radnik* 매우 숙련된 노동자; ~ *stručnjak* 고도의 전문성을 가진 전문가

visokokvalitetan *-tna*, *-tno* (形) 고품질의, 품질이 매우 높은; ~ *proizvod* 고품질의 상품; ~ *igrač* 매우 뛰어난 선수; ~*tni snimak* 매우 뛰어난 레코딩

visokonadaren *-a*, *-o* (形) 재능이 뛰어난, 매우 재주가 많은

visokonaponskī *-ā*, *-ō* (形) (電) 고압의, 고압전류의; ~ *vod* 고압선

visokonaučan *-čna*, *-čno* (形) 고등 학문의; ~*a ustanova* 고등 학문 기관

visokoobrazovan *-vna*, *-vno* (形) 고등학문 교육을 받은, 대학교육을 받은; ~ *čovek* 대학교육을 받은 사람

visokoparan *-rna*, *-rno* (形) 가식적인, 허세부리는, 수사적인, 인위적인, 과장된 (스타일·언어 등이)); ~ *stil* 가식적 스타일; ~ *naučnik* 허세부리는 학자; ~ *pesnik* 가식적인 시인

visokoparnost (女) 허세, 가식

visokopoštovan *-a*, *-o* (形) 매우 존경받는, 존중되는 (mnogopoštovan)

visokorodan *-dna*, *-dno* (形) 1. (한정형) (직함 앞에 붙어) 귀족의; ~*dni gospodin* 귀족 양반 2. (農) 다수확의, 수확량이 많은; ~*a sorta pšenice* 다수확 밀 품종; ~ *usev* 다수확 작물

vispren *-a*, *-o* (形) 1. 통찰력 있는, 예리한, 현명한, 지혜로운; 융통성 있는, 임기응변이 좋은 (oštrouman, mudar, pronicljiv; snalažljiv, okretan) 2. 능숙하게 만들어진, 잘 만들어진; ~ *plan* 잘 만들어진 계획; ~ *zakon* 잘 만들어진 법률 3. 기지넘치는, 재치있는(duhovit, domišljat); ~*a misao* 기지넘치는 생각; ~*a dosetka* 재치있는 재담 4. 미묘한, 섬세한 (prefinjen, fin, tanan); ~*a želja* 미묘한 바람 5. 고귀한, 명망있는 (plemenit, uzvišen); ~*a žena* 명망있는 여성; ~*a ideja* 고귀한 생각 6. 특출한, 뛰어난

(osobit, izvanredan); ~ *talenat* 뛰어난 재주, ~ *dar* 특출난 재능

vispreno (副) 예리하게, 현명하게, 지혜롭게, 통찰력 있게; 능란하게; 재치있게 (umno, mudro, pronicljivo; vešto; domišljato); ~ *govoriti* 지혜롭게 이야기하다; ~ *zapažati* 예리하게 주목하다; ~ *izvetsti nešto* 무엇인가를 능란하게 하다(수행하다)

vist 휘스트(카드 게임의 하나)

visuljak –*ljka* 펜던트(보통은 ~에 걸려있는 둥그스름한 물체, 목걸이·고드름 등의)

viš –*a* (植) 풀의 일종

višak –*ška*; –*škovi* (필요한 것 이상의) 과잉, 과도, 잉여; (많아서) 불필요한 것; ~ *radne snage* 잉여 노동력; ~ *novca* 돈의 과잉; *podeliti* ~ 초과분을 나누다; ~ *vrednosti* 잉여 가치; ~ *proizvoda* 생산 초과; *tehnološki* ~ (불필요한) 잉여 노동자

više (副) (比較級) 1. visoko, mnogo의 비교급; ~ *voleti* 더 좋아하다; *on ima* ~ *nego ja* 그는 나보다 더 많이 갖고 있다; *što* ~ *to bolje* 많으면 많을수록 좋다; ~ *vredeti* 더 값어치가 있다 2. (수량을 나타내는 명사와 함께 쓰여) 더, 그 이상; ~ *od godinu dana* 일년 이상; ~ *od tone* 1톤 이상; *dosta i* ~ *od toga* 충분히 그 이상; *nema* ~ 더 이상 없다; *dva puta* ~ 두 배나 더 3. (시간을 나타냄) 더 이상, 앞으로 (nadalje, odsad, ubuduće, već); ~ *se nije mogao micati* 더 이상 움직일 수 없었다; *niko* ~ *ne peva* 아무도 더 이상 노래를 부르지 않았다; *hoćeš li ikad* ~ *krasti?* 앞으로 더 훔칠꺼야?; *nemoj mi* ~ *nikad doći!* 더 이상 나한테 오지마! 4. (시간을 나타냄) 이미, 벌써 (već); *prošla je* ~ *ponoć* 이미 자정이 지났다 5. 또다시 한 번더, 다시 한 번 (još jedanput, ponovo); *ako joj* ~ *odeš ,,, odmah mi prtljaj iz kuće* 다시 한 번 네가 그녀에게 간다면, 즉시 내 집에서 떠나거라; *nikad* ~ 더 이상 결코 ...아니다 6. 주로 (pretežno, poglavito, uglavnom); *reče devojka* ~ *u šali* 처녀는 주로 농담처럼 말했다 7. (數) 플러스 (더하기 표시의 명칭, +); *dva* ~ *dva jeste četiri* 2 더하기 2는 4이다 8. 기타; *imati* ~ *sreće nego pameti* 실력보다 운이 더 좋았다; *malo* ~ *od išta* 조금 더; *ni* ~ *ni manje nego* 더도 적도 말고 바로 그 만큼; ~ *ili manje* 대략, 대충, 약; ~ *nego* 완전히 (potpuno, sasvim)

više (前置詞, + G) 1. ~의 위에 (povrh, iznad); ~ *stola* 책상 위에; *stade* ~ *groba* 묘지 위

에 서있다 2. (비교 의미로서 가정할 때) 아마도 ~보다 더 (pre, iznad); *voleti nekoga* ~ *svih drugih* 누구를 그 누구보다 더 좋아하다; *čuvati* ~ *svega* 무엇보다도 더 관심을 갖고 보관하다 3. (더함·추가를 의미한다) ~에 더, ~위에 더 (povrh, na); *gomilati probleme* ~ *problema* 문제에 문제를 더하다

više- (接頭辭) ('복수의', '다수의'의 뜻을 나타냄); *višesatan* 수시간의; *višesložan* 수겹의

višeboj (스포츠의) 다종목경기(육상·양궁·수영 등의)

višebojan –*jna*, –*jno* (形) 다채색의, 여러가지 색깔의 (raznobojan, mnogobojan)

višečasovnī –*ā*, –*ō* (形) 수시간의, 수시간 걸리는; ~*a diskusija (rasprava)* 수시간동안의 토론

višečlan –*a*, –*o* (形) 여러명의 멤버가 있는, 여러 요소가 있는, 여러 부분(부품)이 있는; ~*a komisija* 여러 명의 위원으로 구성되는 위원회; ~*a rečenica* 여러 요소로 구성되는 구문

višećelijskī –*ā*, –*ō* (形) 다세포의; ~*a životinja* 다세포 동물; ~ *organizam* 다세포 조직

višednevnī –*ā*, –*ō* (形) 여러날의, 여러날 걸리는, 수일(數日)의, 수일 걸리는; ~ *post* 수일동안의 금식; ~*a kiša* 수일동안 내리는 비; ~*a borba* 수일동안의 전투

višegodišnjī –*ā*, –*ē* (形) 1. 수년의, 몇 년 동안의, 몇 년 동안 계속되는; ~*a kazna* 수년 동안의 형(刑); ~ *boravak* 수년 간의 거주; ~*a prašina* 수년 동안 쌓인 먼지; ~*e iskustvo* 수년간의 경험 2. (植) 다년생의; ~*a biljka* 다년생 식물

višejezičan –*čna*, –*čno*, **višejezičkī** –*ā*, –*ō* (形) 1. 여러 언어로 쓰여진; ~*čni rečnik* 다중언어로 쓰여진 사전 2. 여러 언어를 사용하는; ~*čna sredina* 여러 언어를 사용하는 환경 (사회)

višekatan –*tna*, –*tno* (形) 참조 (višespratan); 수 개 층(層)으로 구성된, 복층의; ~*tna kuća* 수층짜리 집; ~*a zgrada* 복층 건물

višekatnica 참조 višespratnica; 복층 건물

višekratan –*tna*, –*tno* (形) 몇 번이고 반복되는(되풀이되는)

višekratnik (數) 무한소수 (mnogokratnik)

višekut 참조 višeugaonik; 다각형

višekutan –*tna*, –*tno* (形) 다각형의

više-manje (副) 다소, 다소간에

višemesečnī –*ā*, –*ō* (形) 수개월의; ~*o odsustvo* 수개월의 결석(불참석); ~ *pritvor* 수개월의 감금

višemilionskī –*ā*, –*ō* (形) 수백만의; ~ *grad* 수

백만의 인구를 가진 도시

višepartijskī *-ā, -ō* (形) 당(黨)이 많은, 다당제의; ~ *sistem* (政) 다당제 시스템

višerotka, višerotkinja (둘 이상의 아이를 낳은) 다산부(多産婦), 다분만녀

višesatnī *-ā, -ō* (形) 참조 višečasovni; 수 시간 동안의, 수 시간 동안 지속되는; ~*a sednica* 몇 시간 동안 계속되는 회의

višesložan *-žna, -žno* (形) 다음절의; ~*a reč* 다음절어

višespratan *-tna, -tno* (形) 1. 몇 개 층으로 이루어진, 다층의; ~*tna kuća* 다층집 2. 몇 겹으로 되어있는, 층이 많은; ~*tna naslaga cigala* 수 겹으로 쌓은 벽돌

višespratnica 다층 건물 (višekatnica)

višestaničan *-čna, -čno* (形) 참조 višećeljiski

višestran *-a, -o* (形) 1. 다면(多面)의, 다면체의; ~*a prizma* 다면체 프리즘 2. 다방면의; ~*i poznavalac nečega* ~을 다방면으로 아는 사람; ~*i kritičar* 다방면적 비평가 3. 여러가지의, 다중(多重)의 (višestruk, raznovrstan); ~*a korist* 여러가지 이익; ~*i interesi* 여러가지 관심 4. 다자(多者)의, 다자간의 (multilateralni); ~*i ugovori* 다자간 합의

višestruk *-a, -o* (形) 1. 몇 번의, 여러 번의; 여러 종류의, 여러가지의; ~*i pucnjevi* 여러 번의 사격 소리; ~*i prvak* 다회(多回) 챔피언 (우승자); ~*e ispitivanje* 여러가지 검사; ~*a uloga* 여러가지 역할 2. (크기 등의) 몇 배의; ~*i iznos* 몇 배나 되는 금액 3. 여러가지 부품으로 구성된; ~*a niska* 여러 겹으로 된 끈(줄) 4. 여러 줄로 구성된; ~*a ograda* 여러 줄로 된 담장

višeškolskī *-ā, -ō* (形) 전문대학의, 고등교육의; ~*e ustanove* 전문대학교육기관

višeugao *-gla, -glo* (形) 다각형의 (mnogougao, poligon, višekut)

višeugaonik 다각형

viševretenī *-ā, -ō* (形) (機) 다축(多軸)의; ~*a bušilica* 다축 드릴링 머신

višeznačan *-čna, -čno* (形) 1. 다의적인, 다의미의 (mnogoznačan) 2. (數) 다가(多價)의, 많은 해답이 있는

višī *-ā, -ē* (形) 1. (비교급) visok; ~ *oficir* 고급장교; ~*a škola* 전문대학; ~*a stručna sprema* 고급전문가훈련; ~*i naučni saradnik* 선임연구위원 2. 초자연의 (natprirodan); ~*a sila* 초자연력; ~*e biće* 초자연물

višnja *-ānjā* & *-ī* 체리; 산과(酸果) 앵두나무; 그 열매 višnjev (形)

višnjak 참조 višnjevača; 체리(višnja)로 만든

라키야

višnjar 참조 višnjik; 체리(višnja)밭

višnjast *-a, -o* (形) 체리(višnja)비슷한 (보통은 색깔의)

višnjatocrven *-a, -o* (形) 체리(višnja)색 처럼 빨간, 암적색의

višnjev *-a, -o* (形) 1. 체리(višnja)의; 체리나무로 된; ~ *štap* 체리나무로 된 지팡이; ~ *sok* 체리 주스 2. 체리색의; ~ *šal* 체리색의 목도리; ~*a boja* 체리색

višnjevac *-evca* 1. 체리(višnja)나무 지팡이 (회초리) 2. 체리 주스; 체리 라키야

višnjevača 1. 체리(višnja) 라키야 2. 체리나무 지팡이 (višnjevac)

višnjevak 참조 višnjevac

višnjevina 체리 나무 (목재로서의)

višnjī *-ā, -ē* (形) 1. 하늘의, 신(神)의 (nebeski, božanski); 완전한, 완벽한 (savršen, najsavršeniji); ~ *otac uze ga iz sredine naše* 하늘의 아버지가 그를 우리들로부터 취하셨다; ~*i bog* 신(神) 2. (명사적 용법으로) (男) 최상의 존재, 신(神) (najviše biće, bog)

višnjik 체리(višnja)밭, 체리과수원

vištati *-im* (不完) 말(馬)처럼 울다, (말이) 히잉 울다 (njištati)

vit *-a, -o* (形) 참조 vitak; ~*a jela* 가늘지만 키가 큰 전나무; ~*o pero* 솜깃털; ~*o rebro* 가(假)늑골(흉골에 붙어 있지 않은 늑골)

vit (보통 반복적으로) 구구(비둘기를 불러 모으는)

vitak *-tka, -tko* (形) 1. 날씬한, 호리호리한; 얇지만 큰 (protegljast); ~*tka devojka* 호리호리한 아가씨; ~*tka jela* 가늘지만 키가 큰 전나무; ~ *stas* 날씬한 체형 2. 유연한, 잘 구부러지는, 신축성 있는 (gibak, savitljiv, elastičan); ~*tko telo* 유연한 몸; ~*tka sablja* 잘 구부러지는 검; ~*tka stabljika* 잘 휘어지는 줄기

vitalan *-lna, -lno* (形) 1. 활력 넘치는, 원기 왕성한; 강인한, 튼튼한, 굳센 (žilav, energičan; otporan, izdržljiv); ~ *starac* 활력 넘치는 노인; ~*lna snaga* 원기 왕성한 힘 2. (한정형) 생명 유지에 필수적인, 생명 유지와 관련된; ~*lne potrebe organizma* 생명 유지에 필수적인 장기 요구 3. (한정형) 필수적인, 매우 중요한 (bitan, veoma važan); ~*lni interesi* 필수 이익; ~*lni principi* 매우 중요한 원칙

vitalitet (男), **vitalnost** (女) 활력; 생명력

vitamin 비타민

vitao *-tla; -tlovi* 1. (機) 윈치(낚시대, 기중기

등에 사용되는) 2. 소용돌이 바람, 돌개 바람, 회오리 바람 (vrtlog, vitlanje, kovitlac)

viteškī *-a, -ō* (形) 1. 참조 vitez; 기사(騎士)의; *~a vremena* 기사 시대; *~o držanje* 기사적 태도; *~ podvig* 기사의 공적 2. (고통·어려움 등이) 커다란, 매우 힘든 (veliki, težak) 3. 기타; *~ red* (歷) 기사단; *~ roman* 기사 소설

viteški (副) 용감하게, 영웅적으로; 신사적으로 (hrabro, junački; kavaljerski, galantno); *~ se boriti* 용감하게 싸우다; *~ se držati* 영웅적으로 버티다; *~ poginuti* 용감하게 죽다; *~ dočekati* 신사처럼 기다리다

viteštvo 1. (歷) 기사(騎士)층, 기사(단); *doba ~a* 기사 시대 2. 기사도 정신

vitez *(-ovi & 드물게 -i)* 1. (歷) 기사(騎士) 2. 훈장 수훈자; *~ sv. Stefana* 성스테판 훈장 수훈자 3. 영웅 (junak, heroj); *kosovski ~ovi* 코소보 전투 영웅; *srpski ~ovi* 세르비아 영웅 4. 투사 (그 어떤 사상의), 보호자 (어떤 사람의 또는 어떤 것의) (borac, branilac, zaštitnik) 5. 신사(특히 여자에 대해 정중하게 행동하는) (kavaljer) 6. (詩的) (konj과 함께 쓰여 형용어구로) 용감한, 영웅적인 (bojni); *~ konj* 용감한 말(馬) 7. 기타; *~ bez straha i mane* 결점이 없는 사람, 용감하고 도덕적으로 우월한 사람; *~ podvezice* (歷) 영국왕실의 고위 훈장 수훈자; *~ tužnoga lica* 돈키호테 **viteški** (形)

viti *vijem; vio, vila; vijen, -ena & vit; vij* (不完) 1. 꼬다, 엮다; 꼬아 만들다, 엮어 만들다 (plesti, splitati); *~ venac* 화관을 엮어 만들다; *~ gnezdo* 둥지를 엮어 만들다 2. (비유적) (한땀 한땀 엮어) 만들다 (stvarati, sastavljati); *~ pesmu* 노래를 만들다 3. (새끼·노끈 등을) 꼬다, 꼬아 만들다; *~ uže* 밧줄을 꼬아 만들다; *~ kosu* 머리를 꼬다 4. ~의 주위를 감싸다 (obavijati oko nečega); *~ ruke oko vrata* 손으로 목을 감싸 안다 5. 위로 들어올려 흔들다(펼치다) (razviti); *~ zastavu (barjak)* 깃발을 위로 올려 흔들다 6. 흔들다, 휘두르다 (vitlati, mahati nečim); *~ bičem* 채찍을 휘두르다 7. 소용돌이치다 (kovitlati); *~ prašinu* 먼지가 소용돌이치다 8. 쫓다, 쫓아내다, 몰아내다 (goniti, vitlati, vijati); *~ maglu* 안개를 몰아내다; *~ oblake* 구름을 몰아내다 9. 둥글게 돌면서 춤추다; *~ kolo* 원무(圓舞)를 추다 10. (몸을) 좌우전후로 흔들면서 걷다, 흔들면서 걷다; *~ kukovima* 엉덩이를 흔들면서 걷다 11. ~ se (누구·무엇의 주변을) 감다, 두르다, 감싸다; *~ se (nekome) oko vrata* 누구의 목을 감싸

다 12. ~ se 구부리다, 숙이다 (previjati se, savijati se); *~ se od bolova* 통증으로 인해 몸을 구부리다 13. ~ se 휘어지다, 구부러지다, 낭창낭창하다 14. ~ se 꿈틀꿈틀 움직이다, 구불구불하다 (뱀·지렁이·하천 등이) 15. ~ se (이삭·콜로 등이) 물결치다, 흔들리다 (povijati se, njihati se, talasati se) 16. ~ se (새 들이) 선회하다, 빙글빙글 돌다 17. ~ se 끊임없이 움직이다, 주변을 맴돌다; *~ se po šumama* 숲을 끊임없이 맴돌다 18. ~ se 빙글빙글 돌다 (vrteti se); *~ se ukrug* 주변을 빙글빙글 돌다; *~ se oko ognjišta* 화롯불 주변을 끊임없이 빙글빙글 돌다 19. ~ se (깃발 등이) 펄럭이다 (lepršati se, vijoriti se)

viti *vijem* (不完) 1. (개·늑대 등이) 길게 울부짖다, 하울링하다 (urlati); *u planini viju kurjaci* 산속에서 늑대들이 울부짖다 2. (바람이) 시끄럽게 불다

vitica 1. 땋은 머리, 꼰 머리 (pleteninca, kika) 2. 곱슬 머리 (uvojak, kovrca) 3. (植) (식물의) 덩굴손 (rašljika) 4. (보석이 박히지 않은) 결혼 반지 (burma)

vitka (휘청휘청 잘 휘어지는) 나뭇가지 (엮는 데 사용하는)

vitkoća 참조 vitkost

vitkonog *-a, -o* (形) 날씬한 다리의

vitkost (女) 날씬함; 유연함, 잘 휘어짐 (gipkost, savitljivost)

vitkostruk *-a, -o* (形) 날씬한 허리의

vitlati *-am* (不完) 1. 빙글빙글 돌게 하다, 선회시키다, 소용돌이치게하다 (kovitlati); *vetar vitla oblake prašine* 바람이 한 뭉치의 먼지 덩이를 소용돌이치게 한다 2. 흔들리게 하다, 나부끼게 하다; *vetar vitla rublje* 바람이 빨래를 나부끼게 한다 3. (nečim, 드물게 nešto) 흔들다 (mahati, mlatarati); *~ bičem* 채찍을 흔들다; *~ nožem* 칼을 흔들다; *~ rukama* 손을 흔들다 4. (nečim) (비유적) 위협하다 (pretiti, plašiti) 5. 뒤쫓다, 추적하다 (goniti, terati); *~ konje* 말을 쫓다; *~ kokoši* 닭을 몰다; *~ puškama nekoga* 총을 가지고 누구를 추적하다 6. 가만히 있게 내버려두지를 않다, 못살게 굴다, 괴롭히다 (proganjati, kinjiti); *~ nekoga* 누구를 못살게 굴다 7. 선회하다, 빙빙돌다 (연기·파리 등이) (kovitlati se, motati se) 8. 이리저리 돌아다니다, 어슬렁거리다, 방랑하다 (skitati, lunjati); *~ po selu* 마을을 어슬렁거리다 9. ~ se 빙글빙글 돌다 (콜로 등의); 빙빙돌다 (연기, 먼지, 눈(雪) 등이) 10. ~ se 이곳저곳

1477

을 다니다(뛰어다니다); 흔들리다, 나부끼다
11. ~ se (서로가 서로를) 쫓고쫓으면서 추
적하다; (서로가 서로를) 못살게 굴다, 괴롭
하다

vitlov 참조 vetropir; 산만한 사람

vitoperiti -im (不完) 1. 휘게 하다, 구부러지게
하다, 뒤틀리게 하다 (kriviti, izvijati); ~
daske 널판지를 휘어지게 하다 2. ~ se 휘
다, 구부러지다, 뒤틀리다 (kriviti se,
savijati se) 3. ~ se (비유적) 고장나다, 망가
지다, 일그러지다 (izopačavati se, kvariti se)

vitorog -a, -o (形) 구부러지고 뒤틀린 뿔의
(뿔을 가진); ~i ovan 뒤틀린 뿔을 가진 (숫)
양; ~a koza 뒤틀린 뿔을 가진 염소

vitraž (男), **vitraža** (女) 1. 유리 장식장, 유리
진열장 2. (교회 등의) 스테인드 글라스창

vitrina 유리 장식장, 유리 진열장

vitriol (化) 황산염(황산의 옛날식 명칭), 반류
(礬類); modri ~ (化) 담반(膽礬), 황산구리;
zeleni ~ (化) 녹반(綠礬)

vivak -vka (鳥類) 댕기물떼새

vivisecirati -am (完,不完) (동물의) 생체를 해
부하다, 동물생체해부 실험을 하다

vivisekcija (동물의) 생체해부

viza 1. 비자, 사증(查證); tražiti (dobiti, izdati)
~u 비자를(신청하다, 취득하다, 발행하다);
ulazno-izlazna ~ 입출국 비자; ulazna ~ 입
국 비자; tranzitna ~ 통과 비자; putnička ~
여행 비자; ukidanje ~ā 비자 면제(폐지) 2.
(카드 게임에서의) 건 돈, 판돈

Vizant (=Bizant) 1. 짜리그라드 2. 비잔틴 제
국, 동로마제국 **vizantijski** (形)

Vizantija (=Bizantija) 비잔틴 제국, 동로마제
국 **Vizantinac**; **Vizantinka**; **vizantinski** (形)

vizantijskī -ā, -ō (形) 비잔틴의

vizantolog 비잔틴 전문가, 비잔틴 문화 연구가

vizavi (副) 1. 맞은 편에, 마주보고 (nasuprot,
sučelice); ~ od nje sede jedna lepa puna
dama 그녀의 맞은 편에 한 아름다운 통통한
여인이 앉아 있다 2. (명사적 용법으로) (男)
마주보고 있는 사람

vizija 1. 환영, 환상 (꿈·환각 상태 등에서 나
타나는) (privid, utvara) 2. (미래에 대한) 예
지력, 통찰력, 선견지명; pesnička ~ 시인의
예지력; ~ sveta 세상을 보는 통찰력

vizionar 1. 예지력있는 사람, 통찰력있는 사람,
선견지명을 가진 사람 2. 몽상가, 망상가
(sanjar, zanesenjak)

vizionarskī -ā, -ō (形) 예지력 있는, 통찰력
있는, 선견지명이 있는

vizir 1. (투구·헬멧의, 썼다 벗었다 할 수 있는)
얼굴 가리개, 면갑(面甲); nije imao šlema s
~om, nego običnu kacigu 그는 얼굴 가리개
가 있는 헬멧은 없었으나 일반적인 헬멧은
있었다 2. (총·망원경 등의) 조준기, 소총의
조절 눕 (gajka) 3. (카메라의) 파인더

vizirati -am (完·不完) 조준기(vizir)를 조정하
다, 조준하다, 겨누다 (nišaniti)

vizita 1. 방문(직무상의) 2. (의사의 환자) 회진;
jutarnja ~ 오전 회진; otići u ~u 회진가다 3.
방문한 사람 4. (군 징집대상자들의) 신체검
사, 징병검사

vizitacija 1. 교구 감찰 방문 2. (징병대상자들
의) 신체검사, 징병검사 3. 검사, 조사
(pretres, pregled)

vizitirati -am (完,不完) 진찰하다, 회진하다;
신체검사를 시행하다; 검사하다, 조사하다

vizitkarta 명함 (posetnica)

vizuelan -lna, -lno (形) 시력의, 시각의, 시각
적인; ~lno posmatranje 시각적 관찰; ~lni
utisci 시각적 인상

vižla 1. (動) 스패니얼(기다란 귀가 뒤로 처져
있는 작은 개) 2. (비유적) 말괄량이 소녀, 활
달한 여자 (šiparica) 3. 도덕적으로 가벼운
여자, 요부(妖婦) (koketa)

vižlast -a, -o (形) 유연한, 잘 휘어지는, 잘 구
부러지는; 활달한

vižlja 참조 vižla

vižljast -a, -o (形) 참조 vižlast

vižljav -a, -o (形) 참조 vižlast

vjerodajnice (女,複) 참조 akreditiv; 신임장

vjeruju (中)(不變化) 1. 기도문(간단한 기독교
교리를 포함함) 2. (비유적) (자신의 일을 해
나가는) 기본적 규칙(규율)

vlača 참조 drljača; 써레 (brana)

vlačara 1. 소모장(梳毛場; 면화·양털을 잣기
전의 공정을 하는 장소), 소면장(梳綿場) 2.
소모기(梳毛機), 소면기(梳綿機)

vlačati -am (不完) 1. 써레(vlača)질 하다, 써
레로 땅을 잘게 고르다 (drobiti) 2. 빗질하
다, 소모(梳毛: 양모의 짧은 섬유는 없애고
긴 섬유만 골라 가지런하게 하는 일)하다
(grebenati)

vlačiti -im (不完) 1. ~쪽으로 끌어당기다 (vući)
2. 써레질하다, 땅을 잘게 고르다 (vlačom
branati, drljati) 3. (삼·대마·양모 등을) 빗질
하다, 소모(梳毛)하다 (grebenati)

vlačuga 1. (바퀴를 멈추게 하는) 브레이크, 제
동장치 2. (複數로) (단순하게 만들어진) 썰
매 (saonice, sanke)

vlaće (中)(集合) vlat; 식물의 줄기·대

vlada 1. 정부, 행정부; privremena ~ 임시 정

부; ~ u ostavci 사퇴한 정부; ~ je pala 정부
는 전복되었다; ~ u senci 그림자 정부, 셰도
우 캐비넷 2. 통치, 통치 기간, 치세(治世)
(upravljanje, vladanje); turska ~ u našim
zemljama 터키의 아국(我國) 통치; za
vreme ~ kneza Miloša 밀로쉬궁(公)의 통치
기간 동안 3. 정부 형태; parlamentarna ~
내각제 정부; apsolutistička ~ 절대주의 정
부; tiranska ~ 독재 정부
vladalac –aoca 통치자(군주·왕 등의) (vladar)
vladalački, vladaočev (形)
vladanje 1. (동사파생 명사) vladati; ~
zemljom 국가 통치; ~ jezikom 언어 통달 2.
(廢語) (누구의) 통치 지역
vladaočev –a, -o (形) 참조 vladalac; 통치자
의
vladar 통치자(군주·왕) **vladarka; vladarski** (形)
vladati –am (不完) 1. (통치자로서 국가를) 통
치하다, 다스리다, 경영하다, 통솔하다; ~에
대해 권한을 행사하다; ~ zemljom 국가를
다스리다;; ~ (nad) vojskom 군대를 통솔하
다; ~ kućom 집안을 통솔하다 2. (nečim)
강한 영향력을 가지다(발휘하다), 좌지우지
하다; u sobi je vladao potpun mir 방안은
너무 평화로웠다; svuda vlada mir 모든 곳
에 평화가 깃들었다; vlada konfuzija 혼란스
럽다; ~ nad ostalim naukama 기타 다른 학
문에 강한 영향력을 가지다; vlada grip 독감
이 유행이다 3. (nečim) 능수능란하게 다루
다, 통달하다 (rukovati, baratati); ~
sabljom 검을 능숙하게 다루다; ~ oružjem
무기에 통달하다; ~ volanom 운전에 통달하
다 4. (nečim) 통달하다, 잘 알다; ~ stranim
jezicima 외국어에 통달하다, 외국어를 유창
하게 구사하다; ~ matematikom 수학에 통
달하다; on dobro vlada ruskim jezikom 그
는 러시아어를 잘 안다 5. (감정을) 통제하다;
~ svojim strastima 자신의 욕정을 통제하다;
ne mogu ja više svojim srcem ~ 나는 더
이상 자신의 마음을 주체할 수 없다; umela
je ona da vlada sobom i da se uzdržava 그
녀는 자신을 통제하면서 참을 수 있었다 6.
~ se 행동하다, 처신하다 (ponašati se,
držati se); pristojno se ~ 공손하게 행동하
다; sad se lepo vlada, i svi su s njim u kući
zadovoljni 그는 지금은 처신을 잘 하는데,
집안에서 모두가 그에게 만족한다 7. ~ se ~
에 맞추다, ~에 적응시키다 (upravljati se,
ravnati se); kako odgovori, po tome ćemo
se ~ 어떻게 대답하는가에 따라 우리는 그
에 맞출 것이다

vladavina 1. 국가 통치, 국가 경영; 최고 권력;
~ Petra Velikog 피터대제의 통치; turska ~
터키의 지배; ~ prava 법치, 법에 의한 통치
2. (일반적인) 경영, 권력
vladičanskī –ā, -ō (形) 참조 vladika; 주교의;
~ krst 주교의 십자가; ~o zvanje 주교직; ~
dvor 주교관
vladičanstvo 1. 주교직 2. 주교 관할 지역
(episkopija); 주교 관할권
vladičica (廢語) 1. 통치자의 아내 (vladarka)
2. 봉건 영주(vlastelin)의 딸
vladičiti –im (不完) **zavladičiti** (完) 1. (nekoga)
(누구를) 주교로 임명하다(보(補)하다) 2. ~
se 주교가 되다, 주교로 임명되다
vladika (男) 1. (宗) (正敎會) 주교 vladičanski
(形) 2. (女)(廢語) 귀족 집안의 여자
(vlastelinka)
vladikovati –kujem (不完) 주교직을 수행하다
vladin –a, -o (形) 참조 vlada; 정부의; ~
kandidat 정부가 추천하는 후보; ~a
ustanova 정부에 속하는 기관; ~ dekret 정
부의 훈령
vladinovac –ovca 정부 지지자
vlaga 습기; veliki procenat ~e u vazduhu 공
기중 높은 습도; u vazduhu ima puno ~e 공
기중에는 습기가 많다
vlagomer, vlagomjer 습도계
Vlah 1. (루마니아의) 왈라키아인, 왈라키아 사
람 Vlahinja; vlaški (形) 2. (소문자로) (嘲弄)
이방인, 이교도 (크로아티아 가톨릭교도들에
게는 정교도인 특히 세르비아인, 보스니아의
무슬림들에게는 기독교도인, 달마치아 연안
들에게는 내륙의 농민들) 3. 기타; da se
Vlasi ne sete 진짜 상황을 감추기 위해;
izmesiti koga kao ~ pitu 때리다, 구타하다
vlak –ovi 1. 참조 voz; 기차, 열차; putnički ~
여객용 열차; teretni ~ 화물 열차 2. 저인망,
트롤망 (그물의 한 종류) (potegača) 3. 참조
vlaka 4. (物) 양력(揚力) (反; pritisak)
vlaka 1. 벌목된 커다란 나무 2. (벌목된 나무
를 끌어내리는 산속의) 폭패인 길 3. 계곡,
골짜기 (dol, udolina) 4. 배가 뭍으로 끌어
올려지는 곳(장소)
vlakance –ca & –ceta (지소체) vlakno; drvna
~a 목질 섬유
vlaknast –a, -o (形) 섬유로 된, 섬유 모양의,
섬유로 이루어진; ~ mišić 섬유 근육
vlakno vlakānā (中) 1. 얇은 섬유(천연·인조 섬
유 등의), 가는 선조(線條), 실; ~ paučice
거미줄; ~ kose 머리카락; azbestno ~ 석면;
prirodno ~ 천연 섬유; veštačko ~ 인조 섬

V

유; *visiti o ~u* 위기일발이다, 풍전등화이다 2. (사람이나 동물의) 실근육 3. (방적용의) 실, 방적사(絲)

vlakovođa (男) 참조 *mašinovođa, vozovođa*; (열차) 기관사, (열차) 차장

vlas (女) 1. 털, 터럭 (dlaka); *čovečja ~ se u vlažnom vazduhu opruža* 사람의 털은 습기가 많은 곳에서는 쭉 펴진다 2. 머리털, 머리카락 (kosa na glavi); *plava njegova ~ na glavi s grozom se diže* 그의 금발 머리카락은 무서움과 함께 삐쭉 선다 3. 턱수염, 콧수염 4. 방적사(絲)(양모·삼 등의) 5. 기타; *glava mu visi na ~u (na ~i)* 목숨이 경각에 달려있다; *za ~* 하마터면, 간신히; *na ~, jednak, sličan* 완전히 동일한(같은); *nije mu pao (nije sleteo, poleteo) ni ~ s glave* 유감스러운 일은 전혀 일어나지 않았다; *ni za ~* 조금도 (~하지 않다); *pod sede ~i* 늙어, 나이 들어

vlasac 1. (지소체) vlas 2. (植) 차이브, 골파; 부추 (vlašac) 3. 선모충(旋毛蟲) (돼지·인체·쥐 등에 기생)

vlasak –ska 1. (지소체) vlas 2. (植) 개고사리속의 일종 (papratka) 3. (植) 이끼의 한 종류

vlasast –a, –o (形) 1. 터럭 모양의, 터럭과 비슷한, 털과 같이 가는; *~ koren* 잔뿌리; *~a trava* 가는 풀; *~a cevčica* 가는 관 2. 털이 많은, 텁수룩한 (čupav); *~a brada* 텁수룩한 턱수염; *~a obrva* 짙은 눈썹

vlasat –a, –o (形) 1. 털이 많은, 텁수룩한 (dlakav, kosmat); *~a glava* 텁수룩한 머리; *~a prsa* 털이 많은 가슴 2. 터럭이 많은, 보풀이 있는; *~o žito* 긴 보풀이 있는 곡물; *~a trava* 보풀이 있는 풀

vlasnat –a, –o (形) 털이 많은, 텁수룩한 (čupav, dlakav, vlasat); *~a ponjava* 보풀이 많은 모포

vlasnik 주인, 소유주 **vlasnica**; **vlasnički** (形)

vlasništvo 1. 소유, 소유권 (svojina); *~ sredstava za proizvodnju* 생산수단의 소유; *kapitalističko ~* 자본 소유 2. 소유물, 재산 (imovina); *~ trgovca* 상인의 소유물

vlast (女) (I.sg. *vlasti & vlašću*, L.sg. *vlasti*; N.pl. *vlasti*, G.pl. *vlastī*, D.pl. *vlastima*) 1. (사람·사물을 통제할 수 있는) 힘, 권한, 권능, 통제력, 권력; *dati nekome ~ (u ruke)* 누구에게 힘을 부여하다; *imati ~ (u kući)* (집안에서) 통제력을 가지다; *očinska ~* 아버지의 권능; *žudnja za vlašću* 권력욕; *stupiti (doći) na ~* 권력을 잡다; *zbaciti sa ~i* 권력에서 밀어내다 2. (감정·본능·욕정에 대한) 제어력,

통제력; *~ nad strastima* 욕정에 대한 통제력; *~ nad srcem* 마음 통제력; *izgubiti (održati) ~ nad sobom* 자기에 대한 통제력을 상실하다(유지하다) 3. (~에 대한) 권한; *dobiti ~ (da se nešto uradi)* (뭔가를 할) 권한을 얻다 4. 소유권 (nečim); *~ nad životom* 생명에 대한 권리 5. 권한, 경영권, 통치권한 (국가기관 등의); *zakonodavna ~* 입법권; *izvršna ~* 집행권, 행정권; *uzeti ~ u svoje ruke* 권한을 자신의 손에 쥐다 6. (어떤 국가의) 통치, 지배, 정권; *vizantijska ~* 비잔틴제국 통치; *biti pod turskom vlašću* 터키의 지배하에 있다 7. (국가 기관의) 기관, 당국; *sudske ~i* 사법 당국; *školske ~i* 학교 당국; *vojne ~i* 군당국; *prijaviti ~ima* 당국에 신고하다 8. 기타; *biti u nečijoj ~i* 누구의 수중에 있다, 누구의 처분에 달려있다; *doći do ~i, dočepati se ~i, doći na ~* 권력을 얻다, 유력인사가 되다; *odmetnuti se od ~i* 권력에 대한 복종을 거부하다

vlastan –sna, –sno (形) 1. 지배력(통제력)이 있는; *ko je vlastan mojim detetom* 내 아이에 대해 누가 권한을 가지나요?; *~ nad narodom* 민중에 대한 지배력; *~ nad prirodom* 자연에 대한 통제력 2. 권한을 부여받은 (nadležan, merodavan); *biti ~ uzeti zemlju* 토지를 취할 권한을 부여받다 3. 소유권이 있는; *~ nad zemljom* 토지 소유권이 있는; *~ nad stokom* 가축 소유권을 가진

vlastela (女), (集合) vlastelin

vlastelin (歷) (봉건) 영주; 귀족 (velikaš) **vlastelinka**; **vlastelinski**, **vlasteoski**, **vlastelski** (形)

vlastelinstvo 1. 영주의 토지(재산); 그러한 토지에 대한 운영(통솔); *dvanaest sela i poseda bijaše potčinjeno tomu ~u* 열 두 마을과 그 재산이 그 영주에게 귀속되었다 2. 영주의 직함, 귀족 3. (集合) 영주, 귀족 (plemstvo)

vlastelka 참조 vlastelinka

vlastelstvo 참조 vlastelinstvo

vlastit –a, –o (形) 1. (소유를 나타내는) 자신의, 자기 자신의; *imati ~u kuću* 자신의 집이 있다; *stati na ~e noge* 스스로 독립하다; *raspolagati ~im imanjem* 자신의 토지를 소유하다 2. (文法) *~a imenica* 고유 명사

vlastodavac –vca (法) 권한(권력) 위임자, (누구에게) 권한을 주는 사람

vlastodržac –ršca (嘲弄) 권력자, 통치자 (vladar) **vlastodrščev** (形)

V

1480

vlastoljubiv -a, -o (形) 권력을 탐하는, 권력에 굶주린

vlastoljublje 권력욕

vlastoručan -čna, -čno (形) 자신의 손으로 한 (svojeručan); ~ potpis 자신의 손으로 직접 한 서명

vlasulja 1. 가발 (perika) 2. (植) 벼과(科) 참새귀리속(屬) 3. (動) 말미잘 무리

vlasuljar 가발업자

vlaš -a, -e (形) 1. (속이) 꽉 차지 않은, 구멍이 숭숭난, 푸석푸석한(rastresit, buhav); (단·묶음이) 단단하지 않은, 헐거운; ~ hleb 푸석푸석한 빵; ~a slama 헐거운 짚 2. 약한, 허약한 (slab, mlitav) 3. 온화한, 조용한, 차분한 (blag, tih, miran)

vlašac -šca (植) 차이브, 골파; 부추 (vlasac)

vlaškī -ā, -ō (形) 참조 Vlah; 왈라키아의, 왈라키아인의; ~ narod 왈라키아인; ~ car 왈라키아의 왕

vlat (女)(L. vlati, I. vlati & vlaću; G.pl. vlatī), vlat (男)(L. vlatu; pl. vlatovi) 1. (식물의) 줄기, 대 2. (곡식의) 이삭 (klas) 3. 섬유 (vlakno, nit); lanena ~ 아마 섬유

vlatati -am (完,不完) 이삭이 피다(나오다)

vlatnī -ā, -ō (形) 참조 vlat; 줄기의, 대의; 이삭의

vlažan -žna, -žno (形) 1. 축축한, 습기가 많은 (mokar); ~žna zemlja 축축한 땅; ~ vazduh 습기가 많은 공기; ~žna trava 축축한 풀; ~žne oči 축축한 눈 2. 비 내리는, 비가 자주 오는 (kišovit); ~a jesen 비가 자주 오는 가을; ~o jutro 비가 오락가락하는 아침; ~o podneblje 비내리는 지역 3. (공간·건물 등이) 습기가 차는, 축축한, 눅눅한 (memljiv)

vlažiti -im (不完) ovlažiti (完) 1. (nešto) 적시다, 축축하게 하다 (kvasiti); ~ zidove 벽을 적시다; ~ usne 입술을 적시다; ~ rublje 빨래를 적시다 2. (눈을) 눈물로 적시다, 울다 3. ~ se 축축해지다 (눈·손 등이) 4. ~ se (nečim) (액체로) 흥건해지다; oči se vlaže suzama 눈에 눈물이 그렁그렁해졌다

vlažnost (形) 습기가 있는 상태; (공기 중의) 습도; ~ zemljišta 토양의 습도; velika ~ vazduha 공기의 높은 습도; ~ atmosfere 대기중의 습도; apsolutna ~ 절대 습도; relativna ~ 상대 습도

vo, vol (男) -a; -ovi 1. 숫소 (보통은 거세된); oraći ~ 밭갈이용 숫소 2. (비유적) 우둔한 사람, 명청이 3. 기타; ~ bez rogova 명청한 사람, 우둔한 사람; kao vola u kupusu (biti, tući, izmlatiti) 무자비하게 구타하다; vući

(tegliti) kao ~ 쉬지도 않고 열심히 일하다; morski ~ 물개, 바다표범; njemu se i ~ovi tele 그에게는 모든 일이 잘되어간다; praviti od muve ~la 침소봉대하다 volovski, volujski (形)

voajer (타인의 성적행위를 몰래 엿보면서 만족감을 느끼는) 관음증이 있는 사람, 관음증 환자

vočić (지소체) vo

voćar 1. 과일 재배업자, 과수업자 voćarka; voćarski (形) 2. 과일판매상 3. 과수원 (voćnjak)

voćarnica 과일가게

voćarskī -ā, -ō (形) 참조 voćar; 과일 재배업자의, 과일 재배업의, 과수업자의; ~a škola 과수 학교; ~ odsek 과일과(科); ~ trgovac 과일 판매업자

voćarstvo 과일재배업, 과수업

voće (集合) 1. 과일; zrelo (slatko, kiselo, sveže, južno, tropsko) ~ 익은(단, 신, 신선한, 남쪽지방의, 열대지방의) 과일; kandirano ~ 설탕 조림한 과일; salata od ~a 과일 샐러드; zabranjeno ~ 금단의 열매 2. 과수 나무 (voćke)

voćka 1. 과일 나무, 과수 나무; kalemljena ~ 접붙인 과일 나무; rodna ~ 많은 열매를 맺는 과일 나무 2. 과일 나무의 열매; zrela ~ 익은 과일; zabranjena ~ 금단의 열매

voćnī -ā, -ō (形) 참조 voće; 과일의, 과일로 이루어진; ~ kraj 과수 지역; ~ sok 과일 주스

voćnik 참조 voćnjak

voćnjak 과수원; jabukov ~ 사과 과수원

voćstvo 참조 vodstvo

vod -a; -ovi 1. (軍) 소대; zastavni ~ (깃발 을 드는) 기수단 vodni (形); ~a obuka 소대 훈련; ~ oficir 소대장 2. (물·가스·전선 등의) (배)관 (관·케이블·줄 형태의); električni ~ 송전선; ~ovi visokog napona 고압선; telefonski ~ 전화선; vazdušni električni ~ 지상송전선; podzemni ~ 지하 배관; gasni ~ 가스관

voda 물; (호수·강·바다의) 물; (호수·강·바다 등의) 수면, 수위 (vodostaj); (특정 국가의) 영해; 수량(水量); 오줌(mokraća, urin); 땀 (znoj); vruća (hladna, mlaka) ~ 뜨거운(찬, 미지근한) 물; slana (slatka) ~ 바닷물(민물); mrtva ~ 고여있는 물, 식은 땀; stajaća ~ 고여있는 물; tekuća ~ 흐르는 물; pijaća ~ 식수; meka (tvrda) ~ 연수(경수); sveta (krštena) ~ 성수; kolonjska ~ 오드콜로뉴 (향수의 일종); burova ~ (약제학) 부로우 액

V

제(~液劑); *otpadne* ~*e* 폐수, 오수; *mineralna (kisela)* ~ 광천수, 탄산수; *teritorijalne (međunarodne)* ~*e* 영해(공해); *živa* ~ 용천수; *putovati* ~*om* 선박으로 여행하다; *ići po* ~*u* 물을 가지러 가다; *teška* ~ 경수(硬水), 센물; ~ *u mozgu (kolenu)* (病理) 뇌수종(腦水腫) (무릎 관절 수종(水腫)); ~ *raste (opada)* (강물의) 수위가 올라간다(내려간다); *pumpa za* ~*u* 물펌프; *oskudica u* ~*i* 물부족; *destilovana* ~ 증류수; *pustiti* ~*u* 소변을 보다, 오줌을 싸다; *lečenje* ~*om* (醫) 수치 요법(水治療法), 물요법; *niz (uz)* ~*u* 하류로(상류로); *čamac pušta* ~*u* 배에 물이 샌다; *krv nije* ~ 피는 물보다 진하다; *tiha* ~ *breg roni (dere)* 잔잔한 물이 깊다, 깊은 물은 고요히 흐른다; *curi mu* ~ *na usta* 그는 군침을 흘린다; *loviti u mutnoj* ~*i* 어려운(힘든) 상황을 이용하여 이득을 취하다; *proći kroz vatru i* ~*u* 산전수전을 다 겪다; ~*u rešetom zahvatati* 헛된 일을 하다; *zaplivati u nečije* ~*e* 누구의 진영으로 가다 (넘어가다); ~ *je došla do grla* 상황이 위험하다, 힘든 상황에 도달하다; *terati* ~*u na svoj mlin* 자기 논에 물대다, 아전인수식으로 하다; *mnogo je* ~*e proteklo* 이미 지나간 일이다, 과거지사이다; *deveta* ~ *kisela* 매우 먼 친척, 친척같지 않은 친척; *pustiti nekoga niz* ~ 누구를 파멸시키다(망하게 하다); *popio bi ga u čaši* ~*e* 죽이고 싶도록 미워하다(증오하다); *prevesti žedna preko* ~*e* 교묘하게 속이다; *između vatre i* ~*e* 두 악마 사이에; *kao kap* ~*e u moru* 구우일모의, 조족지혈의, 아주 적은; *tucati* ~*u u avanu* 쓸데없는 일을 하다, 헛된 일을 하다; *osećati se kao riba u* ~*i* 물고기가 물을 만난 듯 하다, 편안하고 안락하게 느끼다(받아들이다); *biti u tankim* ~*ama* 어려운(힘든) 상황에 처하다; *neka te (mutna)* ~ *nosi!* (화내면서) 네 마음대로 해!; *čuvati kao malo* ~*e na dlanu* 매우 소중하게 보관하다(보존하다, 지키다); *u svojoj* ~*i biti* 자기 구역 내에 있다; *kao (hladne)* ~*e* 매우 풍부하게; *bura u čaši* ~*e* 찻잔속의 태풍; *rasti kao iz* ~*e* 매우 빨리 성장하다(발전하다) **vodeni** (形); ~ *put* 해로, 수로; ~*e cevi* 송수관, 배수관; ~*e boje* 수채화; ~*a bolest* (病理) 부종(浮腫), 수종(水腫); ~*a biljka* 수생식물; ~ *znak* (종이의) 워터마크; ~*a vila* 물의 요정; ~ *sportovi* 수상 스포츠; ~*e ospice* 수두(水痘); ~ *pogon* 수력(水力)

vodan -*dna*, -*dno* (形) 1. (한정형) 물의; ~*dna*

zajednica (일종의) 수리조합 2. 물기가 많은 (vodnjikav, vodnjikast); ~*e oči* 물기가 많은 눈 3. 물이 많은, 물이 풍부한; ~ *kraj* 물이 풍부한 지역

vodar 1. 물을 운반하는 사람 (vodonoša); 물공급을 관리하는 사람 2. (動) 도룡뇽

vodati -*am* (不完) 1. 리드하다, 인도하다, 이끌다 (사방으로, 여러 방향으로); (누구를) 안내하다; (팔을 잡고 걷는 것을) 안내하다, 도와주다 (노인·아이 등 약자 들을); (말의 고삐를 잡고 말을 이리저리) 리드하다, 데리고 다니다; ~ *nekoga po gradu* 누구를 시내의 이곳저곳으로 안내하다; ~ *iz radnje u radnju* 이 상점에서 저 상점으로 안내하다; ~ *dete (starca)* 아이(노인)를 인도하다(도와주다); ~ *konja* 말을 이리저리 끌고 다니다 2. ~ *se* (누구와 손을 잡고 이리저리) 다니다, 함께 산책하다; *vodaju se pod rukom* 그들은 손을 잡고 걸어다녔다 3. (嘲弄) ~ *se* 연인관계를 유지하다, 내연관계를 지속하다; *ona se vodala s Italijanima* 그녀는 이탈리아 남자들과 내연관계를 유지했다; ~ *se s vojnicima* 병사들과 내연관계를 지속하다

vodeći -*ā*, -*ē* (形) 지도적인, 선도적인; 최초의; 주(主)의, 주요한, 가장 의미가 있는; ~*a uloga* 선도적 역할; ~*a ekonomska sila* 주요 경제 선진국; ~ *stručnjak* 중요 전문가

voden -*a*, -*o* (形) 1. (한정형) 물의; 수생(水生)의; ~*a kaplja* 물방울; ~*a para* 수증기; ~*a snaga* 수력(水力), ~*i miris* 물냄새; ~*a energija* 수력 에너지; ~*a čaša* 물컵; ~*i sud* 물그릇; ~*e životinje* 수생 동물; ~*a zmija* 물뱀; ~*i putevi* 수로(水路); ~*i sportovi* 수상 스포츠; ~*i saobraćaj* 수상 교통 2. (필요이상으로) 물기가 많은, 묽은 (vodnjikav, razvodnjen); ~*a čorba* 묽은 수프; ~*o mleko* 묽은 우유 3. (비유적) 마치 물 같이 말해주는 것이 없는, 내용이 없는, 알맹이가 없는, 힘없는, 무기력한, 허망한; ~*e oči* 무기력한 눈; ~ *pogled* 허망한 시선; ~ *članak* 내용이 없는 기사 4. (한정형) (동식물 등의, 의학 등에서 사용되는 용어의 한 부분으로); ~*i bik* 물소; ~*a bolest* 부종, 수종; ~*i orah* (植) 마름(연못에서 자라는 한해살이풀); ~*a perunika* (植) 노랑꽃창포 5. 기타; ~*i znak* (종이의) 워터마크

vodenast -*a*, -*o* (形) 1. 물과 비슷한(모양이나 맛이); ~*a tečnost* 물과 비슷한 액체; ~*ukus* 물과 비슷한 맛 2. 물기가 많은, 수분을 많이 함유한 (vodnjikav); ~*a hrana* 국물이 많은 음식 3. 축축한 (vlažan, vodnjikast); ~e oči 축축한 눈

vodenica 1. 물방앗간 **vodenički** (形); ~ kamen (물방앗간의) 맷돌 2. (커피·후추 등의) 가는 기구, 그라인더(소형의); ~ za kafu 커피용 그라인더 3. 기타; mleti kao prazna ~ 쉬지 않고 (별별 말을 다) 이야기하다, 수다를 떨다; navraćati (navoditi, terati) vodu na nečiju ~u 자기 논에 물대다

vodeničar 1. 물방앗간 주인(일꾼) **vodeničarka** 2. (植) 서양말냉이

vodeničarka 1. 참조 vodeničar 2. vodeničar 의 아내

vodenkonj (動) 하마 (nilski konj)

vodenjača 1. 배(kruška)의 일종; 무화과 (smokva)의 일종; 체리(trešnja)의 일종 2. 박(말려 바가지로 사용하는) 3. (動) 물뱀 (belouška)

vodenjak 1. (解) 양막 (태아를 싸는) 2. (鳥類) 흰가슴물까마귀새; (動) 도롱뇽; 물뱀 3. 배 (kruška)의 일종 (vodenjača) 4. (민간 신앙에 따르면 물에 산다는) 물의 악령

vodenjaka 배(kruška)의 일종 (vodenjača)

vodica 1. (지소체) voda 2. (宗) 성수(聖水), 성수 의례 3. 묽은 술, 묽은 우유 (물을 탄) 3. 기타; bakarska ~ 포도주 일종(크로아티아의 bakar 지역의); očna ~ (안구의) 수양액

Vodice (女,複) (宗) 참조 Bogoljavljenje; 예수 공현 축일

vodič 1. 가이드, 안내인; 길 안내자; turistički ~ 관광 가이드 2. 가이드북, 편람서; ~ kroz Sarajevo 사라예보 가이드북 3. 선도자, 지도자, 리더 (vođa, predvodnik) 4. (열·전기 등의) 도체(導體) (provodnik); ~ električne struje 전기 도체; ~ toplote 열 도체

vodičnī -ā, -ō (形) 참조 vodik; 수소의

vodičnī -ā, -ō (形) 참조 Vodice; 예수공현축일의; ~ post 예수공현축일 금식

vodijer 참조 vodir

vodik 참조 vodonik; (化) 수소 **vodični** (形)

vodilac -ioca 1. 참조 vodič 2. (짐마차·가축떼 등을) 이끄는 사람 3. 지도자, 책임자, 관리자 (vođa, rukovodilac); ~ kursa 코스 책임자

vodilica 참조 vodilja

vodilja 1. 참조 vodič 2. (비유적) 지도 원리 (rukovodno načelo) 3. (명사 misao, ideja, zvezda 등의 여성 명사와 함께 쓰여 한정사적 용법으로) 지도적인, 선도적인 (vodeća); misao ~ 선도 사상; zvezda ~ 북극성(동방박사들을 예수탄생의 장소로 인도한)

vodir (낫질하는 사람이 물과 숫돌을 담아 허

리춤에 차고 다니면서 낫이 무디어졌을 때 낫을 가는데 사용하는, 뿔의 속을 파 내거나 나무 속을 파낸) 칼집 모양의 도구

voditelj 1. 선도자, 지도자, 운영자, 책임자 (vođa, predvodnik; rukovodilac) 2. (라디오·텔레비젼 등의 프로그램에서 해당 프로그램을 진행하는) 진행자, 사회자; televizijski ~ TV 프로그램 사회자 3. (뭔가를) 진행시키고 발전시켜 가는 사람; ~ dijaloga 대화 진행자; ~ procesa 과정을 발전시켜나가는 사람

voditeljica; voditeljski (形)

voditi -im (不完) 1. (누구의 앞에 또는 나란히 가면서, 길잡이를 하거나 부축하면서) 안내하다, 인도하다, 데리고 가다, 리드하다; (강제로) 데리고 가다, 끌고 가다; (신부를) 따라가다, 동행하다; (신부를 신랑의 집으로) 데리고 가다, 안내하다; ~ dete u školu (kod lekara) 아이를 학교에(병원에) 데리고 가다; ~ starca 노인을 부축해 데리고 가다; ~ unutra (napolje) 안으로(바깥으로) 데리고 가다; vodič nas je vodio po muzejima 가이드는 우리를 이 박물관에서 저 박물관으로 안내했다 ~ konja 말을 끌고 가다; ~ roblje 노예를 데리고 가다; ~ na streljenje 총살장에 데리고 가다 2. 선두에 서다, 앞장서다, 앞장서 이끌다 (predvoditi); (원무·합창·연주 등을) 이끌다; (스포츠의) 앞서다, 리드하다; ~ narod 백성들을 이끌다; ~ vojsku 군대를 지휘하다; ~ u književnosti 문학을 이끌다; ~ kolo 콜로를 선두에서 이끌다; ~ u utakmici 경기에서 앞서 나가다; ~ sa dva poena 두 골 리드하다 3. 운영하다, 경영하다, 관리하다, 주관하다 (rukovoditi, upravljati); (어떤 일 등을) 돌보다; (회의 등을) 주재하다 (predsedavati); ~ poslove 업무를 주관하다; ~ pozorište (firmu) 극장을 (회사를) 운영하다; ~ kuću 집안살림을 돌보다; ~ radnju (frizerski salon, krojačku radnju) 가게(미용실, 옷 수선 가게)을 운영하다; ~ emisiju 방송을 진행하다 4. (~의 움직임 방향을) ~쪽으로 향하게 하다, 돌리다 (odvoditi); ~ vodu na njivu 물코를 밭밭으로 돌리다; ~ žicu na krov 철사를 지붕으로 향하게 하다 5. ~쪽을 향하다, ~쪽으로 나있다; ovaj put vodi za Beograd 이 길은 베오그라드로 나 있다; put vodi u šumu 길은 숲을 향해 나 있다; stepenice vode na sprat 계단은 2층을 향해 있다; tragovi vode u vrt 흔적은 정원쪽으로 나 있다; oluk vodi kišnicu u cisternu 빗물은 함석 물통을 통해 수조로 떨어진다; nos ga vodi *u kuhinju* 냄새를 맡고 부엌쪽으로 간다 5. 결과로써 가져오다 (nečemu); ~ *zlu* 악을 가져오다; ~ *ludilu* 광란의 상태가 되게 하다; ~ *raspadu* 망하게 하다; *alkoholizam vodi u propast* 음주는 파멸로 이끈다 6. (~을) 하다, 행하다; ~ *na pretpostavku* 가정하다; ~ *na zlo* 악을 행하다 7. (~으로부터) 기원하다, 시작하다 (poticati); *počeci toga vode iz daleke prošlosti* 그것의 시작은 아주 오래되었다; *on vodi poreklo iz imućne porodice* 그는 유력 집안 출신이다 8. (~을) 하다, 행하다, 이행하다 (vršiti, obavljati); ~ *kontrolu* 컨트롤하다; ~ *nadzor* 감독하다; *pregovore* 협상하다; ~ *razgovor* 대화하다; ~ *istragu* 수사하다 ~ *rat* 전쟁을 수행하다 9. (일정한 방법으로) 진행시켜 나가다, 발전시켜 나가다; ~ *roman* 소설을 진행시켜 나가다; ~ *zaplet* 플롯을 발전시키다 10. 기록하다, 작성하다; ~ *zapisnik (beleške)* 회의록을 작성하다; (보통 수동태 형태로) 기록되다; (기록 등에) 등재하다 ~ *dnevnik* 일지를 기록하다; ~ *službene knjige* 업무일지를 작성하다; ~ *evidenciju o nečemu* ~에 대해 기록하다; ~ *se na spisku kao građanin* 리스트에 시민으로 기록되다; ~ *se kao sumnjiv* 의심스럽다고 기록되다; ~ *troškove* 지출을 기록하다; ~ *u evidenciji* 기록물에 등재하다 11. ~ *se* 다같이 손잡고 가다, 함께 가다; ~ *se za ruku (ispod ruke)* 손을 잡고 함께 가다 12. ~ *se* 운영되다, 경영되다; ~ *se nekom mišlju* 어떤 생각에 의해 운영되다 13. 기타; ~ *brigu* (~에 대해) 신경쓰다, 관심을 갖다; ~ *glavnu reč* 주(主) 연설자이다, 가장 중요한 역할을 하다, 가장 큰 영향력을 행사하다; ~ *kolo* 1)맨 앞에서 콜로를 선도하다 2)주도하다(보통은 나쁜 일을); ~ *ljubav* (~와) 성관계를 갖다; ~ *parnicu* 소송하다; ~ *poreklo* 기원하다; ~ *računa (o nečemu)* (~에 대해) 고려하다, 생각하다; ~ *šalu (šegu, komediju) s nekim* (~와) 농담하다; ~ *za nos* 속이다

vodnī *-ā, -ō* (形) 참조 vod; ~ *oficir* (軍) 소대장

vodnī *-ā, -ō* (形) 참조 vodan

vodnica 1. 즙이 많은 감자 2. (動) 물뱀 3. (病理) 부종(浮腫), 수종(水腫) 4. 물탱크 5. (植) 수생 식물

vodnik (軍) 하사; 분대장

vodniti *-im* (不完) 1. (~에 물을 따라) 희석시키다, 묽게 하다, 물을 타다 (razvodnjavati); ~ *vino* 포도주에 물을 타다 2. (비유적) 약하게 하다, 순하게 하다 (slabiti, blažiti)

vodnjikav, vodnjikast *-a, -o* (形) 1. 물기를 많이 함유한; 물기가 많은; 물맛이 있는; 물을 탄; 물을 타 희석된; (눈(眼)이) 축축한; ~ *e oči* (눈물로) 축축한 눈; ~ *o vino* 희석 포도주; ~ *krompir* 물기가 많은 감자; ~ *a kruška* 즙이 많은 배(梨) 2. 지루한, 재미없는, 무미건조한; ~ *stil* 무미건조한 스타일

vododelnica (두 물줄기를 가르는) 분수계(分水界), 분수령(分水嶺) (razvođe)

vododerina 급류

vododrživ, vododržljiv *-a, -o* (形) 방수(防水)의, 물을 투과하지 않는; ~ *sloj* 방수층, ~o *platno* 방수천

vodoglavost (女) (病理) 뇌수종(腦水腫), 수두증(水頭症)

vodogradnja 치수 사업(治水事業)

vodoinstalater (상·하수도관을 설치하거나 수리하는) 배관공 **vodoinstalaterski** (形)

vodojaža 1. 참조 vododerina 2. 수로(水路) 3. (물을 막거나 가둬두는) 댐, 저수지 (brana)

vodokaz 참조 vodomer

Vodokršće, Vodokrst (宗) 참조 Bogojavljenje; 예수 공현 축일

vodolija (男) 1. 물을 따르는 사람 2. (대문자) (天) 물병자리

vodomar (鳥類) 물총새

vodomeđa 참조 vododelnica; (두 물줄기를 가르는) 분수계(分水界), 분수령(分水嶺)

vodomer 1. 수도 계량기 2. (강·호수 등의 수위를 측정하는) 수위계(水位計)

vodomet 참조 vodoskok; 분수

vodomrzac *-sca* 물을 싫어하는 사람

vodonik (化) 수소(H) **vodonički, vodonični** (形)

vodonik-peroksid (化) 과산화수소 (방부제·소독제·표백제 등으로 사용되는)

vodonosan *-sna, -sno* (形) 많은 양의 물을 함유하고 있는, 물이 많은; ~ *sloj* 물이 많은 층; ~ *oblak* 물기를 많이 함유하고 있는 구름

vodonoša (男,女) 1. 물을 운반하는 사람 (vodar, vodarica) 2. (天) 물병자리

vodoosvećenje (宗) 성수(聖水) 의식

vodopad 폭포 (slap, buk)

vodopija (男,女) 1. (술을 마시지 않고) 물만 마시는 사람 2. (植) 치커리 (cikorija, cigura)

vodoplav 1. 홍수 (poplava) 2. (植) 치커리 (vodopija)

vodoplavan *-vna, -vno* (形) 1. 홍수나기 쉬운, 자주 홍수가 나는; ~*vno zemljište* 자주 홍수가 나는 땅 2. 홍수를 일으키는(야기시키는); ~*vna reka* 홍수를 일으키는 강, 범람하

는 강 3. (계절적으로) 홍수가 자주 나는; ~*vno vreme* 홍수기

vodopoj (소 등 동물들이) 물을 마시는 곳 (pojilo); 가축에 물을 먹이는 것

vodoprivreda 1. (경제적 목적으로) 물을 이용하는 것, 수력을 사용하는 것 2. 수리조합, 수자원공사 **vodoprivredni** (形); ~ *objekti* 수력발전 시설

vodopust (解) 요도(尿道)

vodoravan -*vna*, -*vno* (形) 수평의, 수평면의; 가로의 (horizontalan)

vodoravan -*vni* (女) 수면(水面); *morska* ~ 해수면

vodoskok (위로 솟구치는) 물줄기; 분수

vodosnabdevački -*ā*, -*ō* (形) 물공급의, 급수의

vodostaj (강·호수 등의) 수위(水位); (증기 보일러 속의) 물의 높이; *izveštaj o* ~*u* 수위 공시(방송)

vodostanica (廢語) (철도) (증기기관차가 물을 공급받는) 철탑모양의 물탱크, 급수탑

vodostanje 참조 vodostaj

vodotek 참조 vodotok; 물의 흐름, 물살

vodotisak (종이의) 워터마크

vodotok 물의 흐름, 물살

vodotoranj -*rnja*; -*rnjevi* (철탑 모양의) 물탱크, 급수탑

vodovod 1. (가정·마을·공장 등에 물을 공급하는) 급수 시스템, 상수도 시설; *gradski* ~ 도시 상수도 시설; *rimski* ~ 로마의 상수도 시설; **vodovodni** (形); ~*e cevi* 상수도관 2. 물을 공급하는 기관; 상수도공사

vodozemac -*mca*; -*mci* 양서류(동물); *beznogi* ~*mci* 무족(無足)양서류, 무족영원목; *bezrepi* ~*mci* (無尾類) 개구리 등의; *repati* ~*mci* 유미목(有尾目)의 양생류(兩生類) (도롱뇽 등) **vodozemski** (形)

vodstvo 참조 vođstvo

vodurina (지대체) voda

vođ (複; *vođi*, *vođā*) (男) 1. 참조 vođa; 지도자, 선도자, 대표 2. 참조 vodič; 길 안내자

vođa (男) 1. 리더, 지도자, 선도자; 장(長) (predvodnik, rukovodilac, starešina, poglavar); *duhovni* ~ 정신적 지도자; ~ *narodnog ustanka* 민중봉기 지도자; ~ *grupe* 그룹 리더 2. 가이드, 안내인 (vodič) 3. (회사·단체 등의) 대표, 디렉터 (upravitelj, poslovođa) 4. 기타; ~ *navale* (축구의) 센터 포드; ~ *puta* 여행 가이드; ~ *palube* (선박의) 갑판장

vođenje 1. (동사파생 명사) voditi; ~ *rata* 전쟁 수행 2. (축구·농구 등의) 드리블링; ~ *lopte* 볼 드리블링

vođevina (신랑의 집으로 데리고 온) 신부

vođica (지소체) vođa; (보통은 냉소적 의미로) 지도자, 지도자라는 자(者)

vođica 1. (보통 複數로) (말의) 고삐 (dizgin, uzda); (소의 머리에 씌우는) 줄(체인), 고삐 (povodac) 2. (機) 주형, 주조틀 (šablon, uzorak, kalup) 3. (複數) 기계장치의 한 부분(그 기계장치가 작동할 수 있게 조절해 주는); ~ *za navlačenje platna na kulisama* 무대 가림막을 치는 장치 4. (複數) 자수(veza)의 한 종류

vođstvo 1. 지도(력), 통솔(력); 지휘; 관리, 경영; *pod* ~*om partije* 당의 지도하에; *preuzeti* ~ 통솔력을 장악하다 2. (集合) 지도부, 지휘부; *vojska bez* ~*a* 지휘부없는 군대; *jedinstveno* ~ 일치단결된 지도부 3. (스포츠) 리드, 앞서 나감; *doći u* ~ 리드해가다; *biti u* ~*u* 앞서 나가다

vojačija 군복무

vojački -*ā*, -*ō* (形) (隱語) 군의, 군대의; 병사의; ~ *život* 군생활

vojačiti -*im* (不完) 1. 신병을 받다, 군인을 충원하다, (병사를) 징집하다 (regrutovati) 2. (廢語) (병사로서) 군생활을 하다, 복무하다

vojak -*a* (隱語) 병(兵), 병사 (vojnik)

vojarna, vojarnica (軍) 막사 (kasarna)

vojevati *vojujem* (不完) (古語) 1. 전쟁하다, 전투하다, 전쟁(전투)에 참여하다 (ratovati); ~ *s Turcima* 터키와 전쟁하다; ~ *godinu dana* 일년간 전쟁하다 2. (비유적) (~을 위해서, ~에 반대하여) 싸우다, 투쟁하다; ~ *za pravdu* 정의를 위해 싸우다; ~ *protiv uvođenja stranog jezika* 외국어 도입에 반대 투쟁하다

vojevoda (男) (廢語) vojvoda; 사령관, 군사령관

vojin (廢語) vojnik; 병(兵), 병사

vojna (古語) 전쟁 (rat, ratovanje, vojevanje)

vojnī -*ā*, -*ō* (形) 군의, 군대의; 전쟁의, 전투의; ~*a ustanova* 군 기관; ~ *lekar* 의무관; ~*o lice* 군인, 군무원; ~*a formacija* 전쟁 대형; ~*a saradnja* 군사 협력; ~*a akademija* 사관학교; ~ *begunac* 탈영병; ~ *činovi* 군계급; *Vojna krajina* (歷) (크로아티아와 슬라보니아의) 군사경계지역; ~*e instalacije* 군사 시설; ~ *izaslanik* (*ataše*) 무관; ~*a muzika* 군악대; ~*a nauka* 군사학; ~*a obaveza* 군복무의무; ~*a obuka* 군사 훈련; ~*a pošta* 군사우편; ~ *poziv* 징집 명령; ~ *rok* 군복무 기간; ~ *sanitet* 의무대; ~ *savez* 군사 동맹; ~ *sud* 군사 법원; ~ *sveštenik* 군종; ~*a škola*

V

1485

(고등과정의) 군사 학교; ~e vežbe 군 기동
훈련

vojničina (男) (지대체) vojnik

vojnik 1. 병(兵), 병사, 군인; *prost ~* 일반 병
사; *stari ~* 노병; *isluženi ~* 제대 군인; ~
pod puškom 총을 든 군인; *olovni ~ci* 장난
감 병정 2. (비유적) (어떠한 사상을 위해 싸
우는) 운동가, 투쟁가, 주창자; *Hristov ~* 예
수 주창자; ~ *poezije* 시(詩) 운동가 **vojnički**
(形); ~a disciplina (obuka, vlada) 군기, 군
율(군사 교육; 군사 정부); *jesti ~ hleb* 군생
활을 하다; *svući ~o odelo* 군복을 벗다, 제
대하다; *pozdraviti po vojnički* 거수경례를
하다; ~a zakletva 군인들의 충성 맹세

vojništvo 1. 군복무; 군인 정신, 전투 정신 2.
(기관으로서의) 군, 군대; (集合) 군인

vojno (副) 군사적 측면에서, 군사적으로; ~
nespremni 군사적 측면에서 준비되지 않은;
~ *jači* 군사적으로 더 강한; ~ *poražen* 군사
적으로 패배한

vojno (男) (廢語) 남편 (muž, suprug)

vojno- (接頭辭) (복합어의 첫 부분으로) 군(軍)
의, 군대의, 군사의; *vojnopolitički* 군정책의;
vojnosudski 군법원의; *vojnotehnički* 군기
술의

vojno-pomorski -ā, -ō (形) 해군의; ~a
akademija 해군사관학교

vojska 1. (한 나라의 총체적인) 군(軍), 군대;
redovna (regularna, kadrovska) ~ 정규군
2. (군의 일부로서 전투를 수행할 능력이 있
는) 부대 (rod vojske); *glavna ~* 주력부대;
operatvna ~ 작전 부대; *kopnena ~* 육군;
motorizovana ~ 기동화 부대; *pomorska ~*
해군; *stajaća (stojeća)* ~ 상비군;
najamnička (rezervna) ~ 용병 부대(예비군);
glasačka ~ (政) 투표 부대; ~ *spasa* 구세군;
dići ~u (전쟁을 위해) 군대를 모집하다 3.
군복무; *izaći iz ~e* 전역하다, 제대하다; *biti
u ~sci* 군복무하다 4. (集合) 군인 (vojnici)
5. 전쟁, 전투 (rat, vojna) 6. (비유적) 군중,
무리, 떼, 무리 (veliko mnoštvo, gomila
čega); ~ *nezaposlenih* 다수의 실업자들; ~
gusaka 거위떼들; *ići kao razbijena ~* 패잔
병처럼 가다, 무질서하게 가다

vojskovođa (男) 군사령관

vojštiti -im (不完) 전쟁하다 (vojevati,
ratovati)

vojvoda (男) 1. 사령관, 군사령관 (vojskovođa) 2.
(歷) (중세 세르비아 시절 큰 단위의) 행정-
군사 책임자(장관); (제 1차 민중봉기 시절
세르비아 행정단위를 책임지고 있던) 행정단

위 수장; (베오그라드 파샬루크의 srez를 책
임지던) 터키 관리; (오스트리아헝가리 제국
시절 보이보디나 세르비아 자치주를 책임지
던) 세르비아 관직명 3. (歷) (제 2차세계대
전 전 유고슬라비아군의 최고의 군계급의)
사령관; ~ *Putnik* 사령관 푸트닉, ~ *Stepa
Stepanović* 사령관 스테파 스테파노비치 4.
(歷) 봉기(komita)대장, 게릴라부대장; (제 2
차대전시) 체트니크 부대장 5. (귀족의) 공작
6. (民俗) 신랑측에서 신부의 집에 행렬을 지
어 갈 때 신부에게 줄 선물을 가지고 가는
사람 (보통은 신랑의 처남임) **vojvodski** (形)

vojvodina 보이보다(vojvoda)가 통치하던 행정
구역; (오스트리아헝가리제국의) 세르비아인
자치주

Vojvodina (세르비아의 자치주) 보이보디나
Vojvođanin; **Vojvođanka**; **vojvođanski** (形)

vojvodinica 보이보다(vojvoda)의 아내

vojvoditi -im (不完) 1. 누구를 보이보다
(vojvoda)로 임명하다(지명하다) 2. ~ se 보
이보다가 되다

vojvodovati -dujem (不完) 보이보다(vojvoda)
가 되다, 보이보다로서 보이보디나를 통치하
다; 군대를 통솔하다, 군사령관이 되다

vojvodski -ā, -ō (形) 보이보다(vojvoda)의;
보이보디나의

vojvodstvo 1. 보이보다(vojvoda)의 관직명·직
(職); 보이보다의 통솔·명령 2. 보이보다가
관할하는 지역, 보이보디나(vojvodina)

Vojvođanin 참조 Vojvodina; **vojvođanski** (形)

vojvotkinja 보이보다(vojvoda)의 아내·딸

vokacija (어떤 직업에 대한) 소명(의식), 천직,
사명감; *biti pesnik po ~i* 소명의식에 따라
시인이 되다

vokal (言) 모음; *pokretan ~* 출몰모음
vokalan (形); ~*lno r* 반모음 r

vokalizacija 1. (言) (자음·유성음·반모음 등의)
모음화; ~ *sonanta* 유성음의 모음화; ~
poluglasnika 반모음의 모음화 2. (노래·말
등에서의) 발성

vokalizam -zma (한 언어 혹은 한 단어내에서
의) 모음 체계

vokalizirati -am, **vokalizovati** -zujem (完,不完)
(文法) 모음화시키다

vokalni -ā, -ō (비한정형은 드묾) 1. (音樂) 목
소리의, 발성의; ~a *muzika* 성악; ~ *koncert*
성악 콘서트; ~ *organ* 발성기관 2. (文法) 모
음의; ~ *r* 반모음 r

vokativ (文法) 호격(呼格) **vokativni**,
vokativski (形)

vol 참조 vo

volan 1. (자동차·비행기·선박 등의) 핸들, 조종 간 (upravljač, kormilo); *biti (sedeti) za ~om* 운전대에 앉다, 운전중이다 2. (보통 複數로) (여성복에 재봉하여 단) 장식용 끈, 장식 리본 (karner)
volar 1. 목동; 목초지로 소(vo)를 이끌고 가서 풀을 뜯기는 사람 volarica; volarski (形) 2. (歷) (고대 크로아티아 궁중의) 소를 관리하는 관리
volarica 1. 참조 volar 2. (鳥類) 할미새
volarski *-ā, -ō* (形) 참조 volar
volčić (지소체) vo(l)
volej (축구·테니스 등의 스포츠에서) 발리
voleti *-im* (不完) 1. 사랑하다; 좋아하다, 호감을 갖다; *~ ženu (brata, roditelje, život)* 아내(형제, 부모, 삶)를 사랑하다; *ona ga voli više od svih (od svega)* 그녀는 그 누구보다도 그를 좋아한다; *ona voli kafu (pozorište)* 그녀는 커피(극장)를 좋아한다; *ona voli da čita* 그녀는 읽는 것을 좋아한다; *volimo da nam dođu gosti* 우리는 손님들이 오는 것을 좋아한다; *više ~* 더 좋아하다; *ja više volim kafu nego čaj* 차(茶)보다는 커피를 더 좋아한다; *ona voli kafu više od svih pića* 그녀는 그 어떤 음료보다 커피를 더 좋아한다; *najviše ~* 가장 좋아하다; *voleo bih da te vidim* 너를 보고 싶다; *biljka voli svetlost* 식물은 빛을 좋아한다 2. ~ se 서로 사랑하다, 서로 호감을 느끼다
volfram (化) 볼프람 (텅스텐의 별칭; 기호 W)
volonter 자원 봉사자 (dobrovoljac); *lekar ~* 자원봉사 의사
volovski *-ā, -ō* (形) 1. 소(vo)의, 소와 관련된; *~a koža* 소가죽; *~o meso* 소고기; *~a zaprega* 소마차; *~ vrat* 소의 목; *~ glas* 소의 울음소리 2. (비유적) 멍청한, 우둔한, 둔한 (glup); *~ izgled* 우둔해 보이는 외모; *~ pamet* 멍청한 두뇌 3. (비유적) 튼튼한, 강건한 (jak, krepak); *~o zdravlje* 튼튼한 건강 4. 기타; *~a žila* 방망이, 몽둥이(소의 성기로 만들어진); *~ jezik* (植) 알카넷; *~o oko* (植) 데이지
volovski (副) 소처럼, 무표정하게 (kao vo, bezizražajno, tupo, glupo); *~ gledati* 무표정하게 바라보다; *slušati ~* 무표정하게 듣다
volšeban *-bna, -bno* (形) 마법의, 요술의; 마술의, 신비스런 (čaroban, tajanstven, magičan, tajanstven, neobjašnjiv); *~bni štapić* 마술 지팡이; *na ~ način* 신비스런 방법으로; *~bna brzina* 설명할 수 없는 속도
volšebnik 마술사, 마법사 (čarobnjak,

mađioničar)
volt (電) 볼트, 전압의 단위(V)
voltaža (電) 전압
voluharica (動) 들쥐; *poljska ~* 밭쥐
volujak (植) 알카넷
volujar 참조 volar; (소의) 목동
volujski *-ā, -ō* (形) 참조 vo
volumen 1. 용적, 용량; 크기 (obujam, obim, zapremina); *~ zemlje* 땅의 크기; *~ pluća* 폐활량 2. (책의) 권(卷) (svezak, knjiga, tom)
voluminozan *-zna, -zno* (形) 용적·용량이 큰, 크기가 큰, 많은 공간을 차지하는, 방대한 (obiman, prostran); *~zno delo* 방대한 작품
voluntarizam *-zma* 1. (哲) 주의설(主意說) (의지가 정신 작용의 근저 또는 세계의 근기(根基)라는 설) 2. 자발적 행동주의
volja 1. 의지, 의지력; 결의, 결심; 소망, 희망, 바람; *jaka ~* 강한 의지; *slobodna ~* 자유 의지; *čvrsta ~* 굳건한 의지; *slaba ~* 약한 의지; *misija dobre ~e* 친선 사절단; *pokazati dobru ~u* 선의를 보여주다; *božja ~* 신의 뜻; *~ sudbine* 운명의 뜻; *nemati ~e da se nešto učini* 뭔가를 하려는 의지가 없다; *raditi bez ~e* 희망없이 일하다; *nemati ~e za jelo* 먹고자 하는 의지가 없다; *udati se majčinom ~om* 어머니의 뜻에 따라 결혼하다(시집가다) 2. 기분 (raspoloženje); *biti dobre (rđave, zle) ~e* 기분이 좋다(나쁘다) 3. 기타; *on sve čini po svojoj ~i* 그는 모든 것을 자기 마음대로 한다; *ona mu sve čini po ~i* 그녀는 그의 뜻에 따라 모든 것을 한다; *to ostavljam tebi na ~u* 네 뜻에 그것을 맡긴다; *drage ~e* 기꺼이; *igrali su do mile ~e* 원하는 만큼 실컷 놀았다; *preko ~e* 마지못해, 의사에 반하여; *bez ~e* 의지없이; *poslednja ~* (사망 전의) 유언; *biti (nekome) po ~i* (누구의) 마음에 들다 (dopadati se, sviđati se); *za ~u (nekome učiniti nešto)* (누구에 대한) 사랑으로 (뭔가를 하다); *za ~u ili za nevolju* 원하던 원하지 않던; *izaći (nekome) iz ~e* 누구의 호감을 상실하다, (누구에게) 더 이상 맘에 들지 않다; *na ~u (nekome) ostaviti (prepustiti, pustiti)* 누구의 뜻에 맡기다; *po (svojoj) ~i* 자신의 뜻대로, 자유롭게; *ući nekome u ~u* (누구의) 마음에 들다; *šta je po ~i?* 무엇을 원하느냐?
volja 참조 voljka
voljak *-ljka, -ljko* (形) (누구의) 마음에 드는, 기분좋은, 편안한 (ugodan, prijatan); *~ljka*

toplina 안락한 따스함(온기)

voljak (鳥類) 해오라기

voljan *-ljna, -ljno* (形) **1.** 자발적인, 의도적인 (dobrovoljan, nameran); *~ljno samoubistvo* 의도적인 자살; *~ljno sagrešenje* 의도적인 죄; *~ljno žrtvovanje* 자발적인 희생 **2.** ~할 의지가 있는, ~할 준비가 된 (sklon, spreman, pripravan); *trebalo je videti da li je on ~ za akciju* 행동에 돌입할 의지가 있는지 알아볼 필요가 있다; *~ za tuču* 싸움할 준비가 되어 있는 **3.** 기분좋은 (raspoložen)

voljen *-a, -o* (形) 참조 voleti

voljka (解) (조류의) 모이 주머니

voljno (副) **1.** 자발적으로, 기꺼이 (dobrovoljno, rado); *otići ~ u rat* 자발적으로 전쟁에 나가다; *učiniti nešto ~* 기꺼이 뭔가를 하다; *~ pomagati nekome* 기꺼이 누구를 돕다 **2.** 의도적으로, 고의적으로 (hotimično, namerno, svesno) **3.** (軍) 해쳐! **4.** (명사적 용법으로, 보통은 不變) (中) 열외 허락(승인); *dobiti ~* 열외할 수 있는 허락을 받다; *dati ~* 열외할 수 있도록 허락하다 **5.** 기타; *na mestu ~* (軍) 쉬어!

vonj *-a; -evi* **1.** (일반적인) 냄새 (miris) **2.** 악취 (neprijatan miris)

vonjati *-am* (不完) (na nešto, po nečemu, nečim 또는 보여없이) 냄새를 풍기다, 냄새 나다; 악취를 풍기다 (mirisati, smrdeti); *lepo* 좋은 냄새가 나다; *~ na dim* 연기냄새가 나다; *~ na trulež* 썩는 냄새가 나다; *~ duvanom* 담배 냄새가 나다

vosak *-ska* 밀랍, 왁스; *pčelinji ~* 밀랍; *žut kao ~* 밀랍과 같이 누런; *sigurno kao u ~sku* 완전히 분명한(명확한); *pečatni (crveni) ~* 봉랍; *ušni ~* 귀지; *voštan* (形); *~a sveća* 양초; *~a figura* 밀랍 인형

voskar 밀랍업자, 양초제조업자; 밀랍 판매자, 양초 판매자

voskara, voskarnica 양초제조공장

voskati (se) *-am (se)* (不完) (지소체적 의미) vozati (se)

voskovarina (꿀을 짜내고 남은) 밀랍 (voština)

voščić (지소체) voz

voštan *-a, -o* (形) **1.** 밀랍의, 밀랍으로 된; *~a figura* 밀랍 인형; *~a sveća* 양초 **2.** 밀랍을 입힌, 밀랍을 바른, 밀랍칠을 한; *~o platno* 밀랍을 입힌 천 **3.** 밀랍과 같은, 밀랍과 같이 누런; 밀랍과 같이 연한; *~a boja* 밀랍과 같이 누런 색; *~o lice* 밀랍과 같이 누런 얼굴

voštanica 양초

voštar 참조 voskar

voštara, voštarnica 참조 voskara

voština 참조 voskovarina

voštiti *-im; vošten & vošćen* (不完) **navoštiti** (完) **1.** 밀랍칠하다, 초칠하다 **2.** (비유적) 때리다, 구타하다 (mlatiti, tući, batinati)

voz *-ovi* (=vlak) **1.** 기차, 열차; *putnički (teretini) ~* 여객(화물) 열차; *jutarnji (večernji) ~* 아침 (저녁) 기차; *brzi ~* 급행 열차; *~ polazi (dolazi)* 기차가 떠난다(도착한다) *vozni* (形); *~a karta* 기차표 **2.** (덩치가 큰 화물 운반용) 화물차 **3.** (화물차 또는 마차에 싣는, 계량 단위로서의) (한 대 분의) 짐, 화물; *~ drva* 나무 한 짐; *~ sena* 건초 한 짐 **4.** (軍) 바퀴 달린 대포; 수송대, 수송 부대 **5.** 기타; *ode ~, prođe ~* 이미 늦었다 (~하기에 적당한 적기를 놓치다)

vozac *-sca* 참조 vozar

vozač 1. 운전사; *~ tramvaja* 트램 운전사; *~i motorrnih vozila* (자동차 등의) 운전사; *on je dobar ~* 그는 훌륭한 운전사이다 *vozačica; vozački* (形); *~a dozvola* 운전 면허증; *~ ispit* 운전 면허 시험; *~a škola* 운전 학원 **2.** 마부(마차를 끄는) (vozar) **3.** 짐수레 끄는 동물, 역축(役畜)

vozaćī *-ā, -ē* (形) (수레 등을) 끄는, 끄는데 사용하는; *~ konj* (짐수레를 끄는) 짐수레 말, *~a marva* 역축(役畜)

vozak *voska, vosko* (形) **1.** (수레 등을) 잘 끄는; *voski konji* 잘 끄는 말 **2.** 운전하기 쉬운; *~ čamac* 잘 나가는 보트; *voska kola* 잘 나가는 차(운전하기 쉬운 차)

vozak (수레 등을) 잘 끄는 말

vozakati (se) *-am (se)* (不完) (지소체 의미의) vozati (se)

vozar 1. 짐마차꾼 (kočijaš); 보트; (나룻배의) 노를 젓는 사람, 뱃사공 (veslač) **2.** (軍) 보급부대원 (komordžija) **3.** 운전사 (vozač) *vozarica, vozarka; vozarski* (形)

vozarina 뱃삯 *vozarinskī* (形); *~a stopa* 뱃삯 비율; *~ troškovi* 뱃삯

vozariti *-im* (不完) 뱃사공(vozar)으로 일하다

vozarka 참조 vozar

vozarskī *-ā, -ō* (形) 참조 vozar

vozati *-am* (不完) **1.** (이리저리) 운전하다 **2.** (비유적)(口語) (nekoga) (어떤 일을 질질끌면서 누구를) 속이다 **3.** ~ se 자주 이리저리 타고 다니다, 재미삼아 자주 타고 다니다

vozikati (se) (不完) (지소체 의미로) voziti (se), vozakati (se)

vozilo 운송 수단(보통 육지에서의), 차(車);

motorno ~ 자동차; *teretno* ~ 짐차; ~ *za iznošenje smeća* 쓰레기 수거차; ~*a-amfibije* 수륙양용자동차; *gusenničko* ~ 궤도차

voziti *-im* (不完) 1. (자동차 등을) 운전하다; ~ *kola* 자동차를 운전하다; ~ *bicikl* 자전거를 타다; ~ *avion* 비행기를 조종하다; *on odlično vozi* 그는 잘 운전한다; ~ *velikom brzinom* 빠른 속도로 운전하다, 과속하다; ~ *oprezno (polako, brzo)* 조심스럽게(천천히, 빨리) 운전하다; *vozi desno (levo)!* 오른쪽으로 (왼쪽으로) 운전해!; *on ne zna da vozi* 그는 운전할 줄 모른다 2. (짐마차 등을) 끌다 3. **povesti** (完) (운송수단으로) 운반하다, 운송하다, 실어 나르다; *ko vas vozi na posao* 누가 당신을 직장에 태워다줍니까?; ~ *žito* 곡물을 운송하다; ~ *decu* 아이들을 실어 나르다; *povešćemo te do Beograda* 베오그라드까지 태워다 줄게 4. (자동차 등이) 움직이다; 운행하다; 항해하다 5. ~ **se** (자동차 등 운송수단을) 타고 가다; ~ *se autobusom* 버스를 타고 가다; ~ *se jedrilicom* 요트를 타다; ~ *se avionom* 비행기를 타고 가다; ~ *se novim putem* 새로운 길로 가다; ~ *se na rolšuama* 롤러 스케이트를 타다 6. 기타; *voziti se na jednim (istim) kolima* 누구와 사이가 좋다, 누구와 잘 지내다

vozni *-ā, -ō* (形) 1. 참조 *voz*; 기차의, 열차의 (železnički); ~*a kompozicija* 기차; ~*o osoblje* 기차 승무원들; ~ *kolosek* 기차 플렛폼 2. 운행의, 운송의, 수송의, 교통의, 교통 수단의; ~ *red* 운행 시간(표); ~*a karta* 차표; ~*o sredstvo* 운송 수단; ~ *list* 선하증권 3. (짐마차 등을) 끄는 (tegleći); ~*a stoka* 역축(役畜); ~ *vo* 짐마차를 끄는 소 4. 자동차의, 자동차용의; ~ *put* 자동차 길 5. 기타; ~ *park* (한 기관·회사가 소유하고 있는) 전체 차량; *biti u* ~*om stanju* 운행할 정도로 잘 정비된 상태의

vozovođa (男) 1. (기차의) 차장 2. (기차의) 기관사 (mašinovođa)

voženje (동사파생 명사) *voziti*; ~ *u gradu* 도심 운전; ~ *po snegu (po ledu)* 눈길(빙판길) 운전; ~ *noću* 밤운전; ~ *po magli* 안개속 운전; ~ *u koloni* 일렬대형 운전

vožnja 운행, 운전, 운송 (voženje, prevoženje); *brza* ~ 과속 운전; *za vreme* ~*e* 운전시간 동안; *otići u* ~*u* 운전하러 가다; *prekid* ~*e* 운행 중단; *besplatna* ~ 무료 운송; *drumska (terenska)* ~ 포장도로로(오프로드) 운전; ~ *po snegu (po ledu)* 눈길(빙판길) 운전; ~ *po magli (po kiši, po jakom*

vetru) 안갯속(빗길, 강풍길) 운전; ~ *bicikla* 자전거 주행

vrabac *-pca* 참새; *domaći* ~ (~ *pokućar)* 참새(텃새); *bolje je* ~ *u ruci nego golub na grani (na krovu)* 쓰러져 가는 내 오두막집이 남의 궁궐 같은 집보다 낫다; *ima vrapca pod kapom* 모자를 벗어야 할 곳에서 모자를 벗지 않을 하는 말; *priča o crvenom vrapcu* 윤색된 이야기, 동화; 거짓말; *to i vrapci znaju, (to već i vrapci cvrkuću)* 그것은 모든 사람들이 다 알고 있는 것이다 **vrapčji, vrapčiji** (形); ~ *cvrkut* 참새의 지저귐

vrabica 참조 *vrabac*; 참새 암컷

vrač *-a*; *vračevi & vrači* 1. 마법사 (čarobnjak, mag); (원시 사회의) 주술사 2. 점쟁이 3. 치료사(민간 요법과 주술을 함께 사용하는) **vračara, vračerica, vračarski** (形)

vračarija (보통은 複數로) 참조 *vradžbina*; 1. 마법, 주술(呪術), 점술 2. 주문(呪文)

vračarskī *-ā, -ō* (形) 참조 *vrač*

vračati *-am* (不完) **uvračati** (完) 1. 점을 치다, 점괘를 보다 (손바닥을 보거나 카드 등을 던지면서) (gatati) 2. 주문(呪文)을 외우다, 주술을 걸다 (bajati) 3. 마법을 걸어 치료하다

vraćati *-am* (不完) 참조 *vratiti*

vradžbina (보통 複數로) 1. 마법, 주술(呪術), 마술 (bajanje, čaranje, gatanje; mađija, čarolija) 2. 주문(呪文) (čini, basma)

vrag *vraže*; *vragovi & vrazi, vragova* 1. 악마, 악령, 마귀 (zao duh, đavo, sotona); *sve će* ~ *odneti* 모든 것을 악마가 가져갈 것이다 2. (廢語) 적 (neprijatelj) 3. 잠시도 가만있지를 못하는 아이, 말썽꾸러기, 개구장이 아이 (nemirno dete, nemirna osoba, vragolan); 사악한 사람 4. 나쁜 일, 불행 (zlo, nezgoda, nevolja); *neki im se* ~ *dogodio na putu* 여행중에 그들에게 나쁜 일이 일어났다 5. 기타; *vidi* ~*a!* 봐!; ~ *ga znao*, ~ *će ga znati* 알려지지 않았다, 알기는 어렵다; ~ *ne spava* 나쁜 일은 쉽게 일어날 수 있다; *do* ~*a!, do sto* ~*ova!, idi do* ~*a!, k* ~*u!, neka te* ~ *nosi!, vrag te odneo* (저주의 말) 지옥에나 가라!; *došao je* ~ *po svoje* 나쁜 일이 곧 닥칠 것이다; *koga vraga?* (화내면서) 왜?, 뭣 때문에?; *koji mu je* ~? 그 사람 뭐야?; *ne da mu* ~ *mira* 편안할 날이 없다, 항상 근심걱정에 쌓여 있다; *nije đavo nego* ~ (나쁜 것이) 똑같다, 매 한 가지이다; *nije to bez* ~*a* 상황이 심각하다;

V

1489

odneo ga je ~ 파멸했다, 어려움에 처했다; *odneo je* ~ *šalu* 상황이 심각하다; *otići k ~u* 파멸하다, 죽다; *crni* ~ (부정적 의미로) 누구든지; *ne leži vraže!* 위험은 항상 현존한다; *kao* ~ *u malo vode (živeti)* 매우 어렵게 (살다); *neki se* ~ *kuva* 뭔가 (나쁜 일이) 꾸며지고 있다; *nije* ~ *tako crn* 1)그렇게 큰 불행은 아니다 2)그렇게 큰 유감은 아니다; *onde gde je* ~ *rekao laku noć* 외떨어지고 황폐한 지역; *poslati koga k ~u* 누구에게 나쁜 일이 일어나라고 고사지내다; *prođi se ~a!* 나쁜 일을 그만두다; *stari* ~ (욕설) 늙은이; *s ~om ručati (večerati), s ~om se pobratiti, ~u dušu zapisati, predati se ~u* 악마와 손잡다; *s ~om tikve sejati (saditi)* 결과가 나쁘다; *~u sveću paliti* 사악한 사람들과 어울리다; *živeti kao* ~ 어렵게(힘들게) 살다

vragolan 가만있지를 못하는 사람, 짓궂은 사람, 장난기가 많은 사람 (nemirnjak, nestašnik, obešenjak) **vragolanka**, **vragolica**; **vragolanski** (形); ~ *smeh* 장난기 있는 웃음

vragolast -*a*, -*o* (形) 짓궂은, 말썽을 부리는, 장난기 가득한, 가만 있지를 못하는 (nestašan, nemiran, obestan); *bacila je* ~ *pogled na mladića* 그녀는 장난기 가득한 시선으로 청년을 바라보았다

vragolica 참조 vragolan

vragolija (보통은 複數로) 짓궂은 행동, 장난기 있는 행동; 농담 (vragolast postupak; duhovita šala, dosetka, pošalica); *uživa u tim ~ama sudbine i ratne sreće* 그러한 농담에서 전쟁이 가져다 주는 불행과 행운을 즐긴다

vragolisati -*šem*, **vragoliti** -*im* (不完) 참조 vragovati

vragoljast -*a*, -*o* (形) 참조 vragolast

vragovati -*gujem* (不完) 말썽꾸러기(vrag)처럼 행동하다, 짓궂게 행동하다, 거칠고 반항적으로 행동하다; 장난처럼 농담하다; *za ostaloga je vremena pio, kockao se i vragovao* 나머지 시간 동안 그는 술을 마시며 도박을 하면서 우스갯 소리를 하였다

vran -*a*, -*o* (形) 검은 (crn); ~ *konj* 흑마; ~*a kosa* 검은 머리

vran *vrani* & *vranovi* 1. (鳥類) 갈까마귀 (gavran) 2. (動) 검은 말, 흑마 (vranac) 3. 악마, 마귀 (vrag, đavo)

vran 참조 vranj; (나무통의 술구멍을 막는) 마개 (čep, zapušač)

vrana 1. (鳥類) 까마귀; *siva* ~ (보통의) 까마귀 2. (魚類) 놀래기과(科) 물고기 3. (비유적) 반갑지 않은 사람, 보기 싫은 사람 (nemio čovek) 4. 기타; *bela* ~ 매우 희귀한 것, 매우 드문 것; *i ala i* ~ 모두(sve, svako); *kao* ~ *među golubovima (biti)* 다른 것과는 구별되다(차이가 나다); *vrana mu je ispila (popila) mozak (pamet)* 이성을 잃고 무엇을 할지 모르다; ~ *vrani oči ne vadi* 같은 생각을 하는 사람들은 서로가 서로에게 나쁜 짓을 하지 않는다 **vranin, vranji** (形)

vranac (動) 검은 말, 흑마(黑馬) **vrančev** (形)

vrančić (지소체) vranac

vranilo (물감·페인트 등의) 검은 색; 검정 잉크 (crnilo, mastilo; crna boja)

vranilov -*a*, -*o* (形) (숙어로) ~*a trava* (植) 꽃박하 (향료로 쓰는)

vranilovka (植) 참조 vranilov

vranin -*a*, -*o* (形) 참조 vrana; 까마귀의

vraniti -*im* (不完) **ovraniti** (完) 검게 하다, 검은 색으로 칠하다 (crniti, bojiti što u vrano); *vranila je kosu* 머리를 검은 색으로 염색했다

vranokos -*a*, -*o* (形) 검은 머리의 (crnokos)

vranuša 검은 암말, 검은 털을 가진 암말

vranj -*a*; -*evi* (나무통의) 나무 마개; (나무통의 물을 따르도록 나있는) 구멍

vranji -*ā*, -*ē* 참조 vrana; 까마귀의

vrančad (女)(集合) vrapče

vrapče -*eta* 어린 참새, 새끼 참새

vrapčev 참조 vrabac; 참새의

vrapčić (지소체) vrabac

vrapčiji, vrapčji -*ā*, -*ē* (形) 참조 vrabac; 참새의

vraški -*ā*, -*ō* (形) 1. 참조 vrag; 악마의, 마귀의 (vražiji, đavolski); ~*a sila* 악마의 힘, 마귀의 세력 2. 심한, 격렬한, 맹렬한 (jak, žestok, strašan); ~*a svađa* 격한 다툼; ~*a borba* 격렬한 전투

vraški (副) 악마적 방법으로, 나쁘게; 짓궂게; 거칠게, 심하게, 격렬하게; 비범하게; ~ *raditi* 나쁜 방법으로 일하다; ~ *namigivati* 짓궂게 윙크하다; ~ *pametan* 비범하게 영리한

vrat -*ovi* 1. (解) 목 2. (물체의) 목, (목같이) 좁고 기다란 것 3. 기타; *baciti se (obesiti se, pasti) kome oko vrata* (목을 껴앉으면서 누구의 품에) 안기다, 포옹하다; *biti (stajati) nekome na ~u (za ~om)* 누구의 짐(부담)이 되다; *doći kome do ~a* 견딜 수 없게 되다, 참을 수 없게 되다; *do ~a, preko ~a* 과도하

게; *duvati kome u ~* (누구의 자취를 따라) 뒤쫓다(추적하다); *imati koga na ~u (za ~om)* 걱정거리인 누가 있다, 누구를 보살피다(보호하다); *kriviti (iskrivljavati) ~* 오랫동안 기다리다, 목을 빼고 학수고대하다; *nadimati ~* (목에 깁스를 한 것 처럼) 거만하게 행동하다, 뻐기다, 젠체하다; *natovariti (navući, naprtiti, staviti) bedu (brigu) na ~* 힘든(어려운) 일을 맡다; *nije šija nego ~* 똑같다, 동일하다, 매 한가지이다; *natovariti što kome o ~* 부담을 주다; *osećati koga za ~om* 누구로부터 박해를 받다(구박을 받다); *saviti ~* 고개를 숙이다, 굴복하다, 패배를 인정하다; *savi(ja)ti (sagnuti, sagibati) ~ pred kim* 누구 앞에서 고개를 숙이다; *sedeti kome za ~om* 항상(끊임없이) 누구를 조종하다(통제하다); *skidati koga (što) s ~a* 벗어나다; *stajati do ~a u blatu* 어려운 상태에 있다; *stati kome nogom za ~* 누구를 완전히 짓이기다(파멸시키다); *stegnuti kome konop (uže) oko vrata* 누구의 목줄을 조이다, 누구를 힘든 상태에 빠지게 하다, 파멸시키다; *(s)lomiti ((s)krhati) ~* 죽다, 파멸하다, 멸망하다; *s ~a bedu (brigu) skinuti* 어려움에서 벗어나다; *udariti koga po ~u* 누구에게 매우 안좋은 행동을 하다; *zadužiti se preko ~a* 과도하게 빚지다; *zakrnuti (zavrnuti) kome ~(om)* 파멸시키다, 멸망시키다, 망하게 하다; *uhvatiti koga za ~* 1)멱살을 잡다, 위협하다 2)누구에게 힘든(불편한) 상황을 야기시키다; *vešati se (nekome) ~* (누구의 품에) 안기다, 포옹하다; *pasti nekome na ~* 누구의 걱정거리가 되다, 누구의 보살핌 대상이 되다; *sekira za ~ (za ~om)* 커다란 어려움, 죽음

vrat (植) 참조 ljulj; 독보리(가끔 보리밭에서 자라는 벼과(科)의 일년초)

vrata (中,複) 1. (집·방 등 공간의) 문(門); (가구 등의) 닫이 (krilo); ~ *sobe* 방문; *zatvoriti ~* 문을 닫다; *glavna (sporedna, zadnja) ~* 정문(옆문, 뒷문); *staklena (podrumska) ~* 유리 문(지하실 문); ~ *ormana* 옷장 문; ~ *peći* 난로 문; *kucati na ~* 문을 노크하다 **vratni** (形) 2. (스포츠의) 골문 (gol, vratnice) 3. (地) (계곡의) 좁은 통로; (섬과 육지 사이 또는 두 섬 사이의) 좁은 해협 4. 기타; *biti pred ~ima* 아주 가까이에 있다, 직접적으로 위협하다; *doći će sunce i na naša ~* 쥐구멍에도 해뜰 날이 있다; *gledati (zijati) kao tele u šarena ~* 멍하니 바라보다; *kod zatvorenih ~a (iza*

zatvorenih ~a) raditi (većati) 비밀리에, 비공개로; *otvoriti ~ kome (čemu)* 누구에게 접근을 허용하다; *(po)čistiti pred svojim ~ima* 맨 먼저 자신의 일을 하다(정리하다); *pokazati kome ~* 집에서 쫓아내다, 거절하다, 거부하다; *(po)kucati na čija ~* 부탁하다, 간청하다; *širom otvoriti ~ kome* 열렬히 환영해 맞이하다; *tuđa ~ obijati (obilaziti)* 구걸하다; *zaglaviti hapsanska ~* 감옥에 갇히다; *zaglaviti ~* 도망치다; *zatvoriti kome ~* 응접하지 않다, 거절하다; *zatvoriti ~ čemu* 무엇을 금지하다, ~의 확산을 차단하다; *zalupiti nekome ~ u lice* 거절하다; *pred ~ima* 집 앞에서; *baciti za ~* 무시하다, 경시하다, 도외시하다; *na mala (zadnja) ~* 비정상적 방법으로, 비밀리에, 은밀히; *poljubiti ~* 집에 아무도 없다; *zlatan ključić (lepa reč) gvozdana ~ otvara* 말 한마디가 천냥 빚을 갚는다; *mi o vuku, a vuk na ~* 호랑이도 제 말하면 온다

vratanica, vratanca (中,複) (지소체) vrata; *pokretna ~* 미닫이문

vrataoca *vratalāca* (中,複) (지소체) vrata

vratar 1. 수위, 문지기 (portir) **vratarica, vratarka** 2. (스포츠의) 골키퍼 (golman) **vratarski, vratarev** (形); ~ *prostor* 골 에어리어 3. (解) 유문(幽門) (vratarnik)

vratarnica 수위실

vratarski *-ā, -ō* (形) 참조 vratar

vratašca (中,複) (지소체) vrata

vratič, vratić (植) 쑥국화

vratić (지소체) vrat

vratilo 1. (베틀·직기의) 빔, 나무 롤러; *prednje ~* 브레스트 빔; *zadnje ~* 워프빔 (직조(織造) 준비 공정으로서 많은 날실을 감아, 직기(織機) 뒤에 놓아두는 롤러) 2. (스포츠) (철봉의) 가로 막대 3. (機) 축, 샤프트; *bregasto ~* 캠축; *kolenasto ~* 크랭크 축; *kardansko ~* 카아던 축

vratina (男) (지대체) vrat 2. 목살, 목정 (소의 목 둘레의 살); *sušena ~* 말린 목살

vratiša (男) 정기적으로 빚을 갚아 나가는 사람; *dobar ~* 우량 채무자; *ni platiša ni ~* 무전취식자

vratiti *-im; vraćen* (完) **vraćati** *-am* (不完) 1. (취했던 것·받았던 것을) 되돌려주다, 반환하다, 되갚다; ~ *dar* 선물을 되돌려주다; ~ *dug nekome* 누구에게 빚을 갚다(상환하다); ~ *knjigu u biblioteku* 책을 도서관에 반환하다 2. 되돌아가게 하다; *poslušaj me, vrati one vojnike* 내 말 들어, 그 병사들을 돌아

V

가게 해라; *policija je vratila kolonu* 경찰은
대열을 되돌아가게 했다 3. (가지고 있던 것,
잃어버린 것을) 되찾다, 회복하다; ~
zdravlje 건강을 되찾다; ~ *vid* 시력을 되찾
다; ~ *k svesti (k životu, u život)* 의식을 차
리게 하다 4. (누가 한 행동에 대해) 되갚다,
되돌려주다; ~ *žao za gore (zlo zlim)* 악을
악으로 갚다; ~ *milo za drago* 선을 선으로
갚다; ~ *šilo za ognjilo* 오는 말이 고와야 가
는 말이 곱다(같은 방법으로 복수하다);
zaklopila oči i vratila mu poljubac 눈을 감
고서는 그에게 키스했다 5. 대답하다, 응답
하다 (odvratiti, odgovoriti) 6. ~ *se* 되돌아
오다(가다); ~ *se k sebi* 의식을 회복하다,
정신을 차리다; ~ *se na stvar* 원래의 주제
(화제)로 되돌아가다; ~ *se kući (s puta)* 집
으로 돌아가다 (여행에서 돌아가다)

vratnī *-ā, -ō* (形) 참조 vrat; 목의; ~*a kost*
목뼈; ~ *mišić* 목 근육; ~*a kucavica* 목 동
맥; ~*a žila* 목 정맥

vratnī *-ā, -ō* (形) 참조 vrata; 문의; ~ *direk*
문 기둥; ~*o krilo* 문짝

vratnica (보통 複數로) 1. 사립문(잔가지 등을
엮어 만든, 혹은 나무로 된); 사립문 문짝 2.
문틀, 문설주 (dovratnik)

vratnik (와이셔츠, 블라우스, 외투 등의) 칼라,
깃 (okovratnik)

vratobolja (病理) 후두염, 인후염 (gušobolja)

vratolom 1. (口語) 진중치 못한 사람, 조심성
없는 사람, 가만있지를 못하는 사람, 물불가
리지 않는 사람, 저돌적인 사람, 무모한 사
람 (pustolov, pustahija; obešenjak, spadalo)
2. 심연(深淵), 나락, 낭떠러지 (vratolomija)

vratoloman *-mna, -mno* (形) 1. 급경사지가
많은, 낭떠러지가 많아 걷기 힘든; 가파른,
경사진; ~ *krš* 가파른 카르스트 지형; ~ *put*
가파른 길 2. 조심성 없는, 진중하지 못한,
생각이 가벼운, 무모한 (nesmotren,
nepromišljen, pustolovan); ~ *čovek* 조심성
없는 사람 3. 너무 빠른; ~*mna brzina* 너무
빠른 속도; ~*mno tempo* 너무 빠른 템포

vratolomija 1. 가파른 지역, 낭떠러지; 걸을
수 없는 지역 (strmina, provalija); *bosanski
konj poznat je ... kako se ume penjati uz
najveće strmine i spuštati se niz užasne
~e* 보스니아의 말은 매우 경사진 곳을 오르
내릴 수 있는 말로 유명하다 2. (비유적) 무
모하고 위험한 일; 모험 3. 곡예
(akrobacija); *izvoditi ~e* 곡예하다;
cirkusne ~e 서커스 곡예

vratonja (男) 목이 굵고 강한 사람(남자)

vražda 다툼, 불화 (zavada, svađa,
neprijateljstvo); *porodična ~ svršava se
svadvom* 집안간 불화는 결혼으로 끝난다 2.
(두 집안간의) 피의 복수

vražica 악마같은 여자, 사악한 여자; 차분히
있지를 못하는 여자

vražić (지소체) vrag

vražijī, vražjī *-a, -e* (形) 1. 참조 vrag; 악마의;
~*a sila* 악마의 힘; ~ *posao* 악마의 일 2.
(비유적) 가만히 있지를 못하는, 짓궂은, 말
썽을 부리는 (nestašan, vragolast); (화를
내거나 불평을 할 때 부정적 의미의 한정사
로서) 재수없는, 저주받은 (proklet); 나쁜,
사악한 (opak, rđav); ~ *stvor* 말썽을 부리는
피조물; ~ *momak* 짓궂은 청년; ~ *narod* 저
주받은 민족; ~*a porodica* 저주받은 가족 3.
(부정적 의미를 강조할 때) 아무것도, 하나
도 (nijedan, nikakav); *nema dinara ~ega*
(땡전) 한 푼도 없다 4. 기타; *vražiju mater!*
이 악마야!; *u vražiju mater!* 악마에게나 가
라!, 지옥이나 가라! (욕설)

vrba (植) 버드나무; *žalosna ~* 수양버들; *krta
~* 무른버들; *crvena ~* 고리버들; *kad ~
grožđem rodi (kad na ~i grožđe rodi)* 결코
~, 개구리 수염날 때; *na ~i svirala* 전혀 불
확실한 것, 공허한 약속; *venčanje oko ~e
(pod ~om)* (결혼식을 하지 않은) 사실혼 관
계, 정화수 한 그릇 떠놓고 하는 결혼; *rasti
kao ~ iz vode* 빨리 성장하다, 우후죽순처럼
성장하다 **vrbin, vrbov** (形); *kao vrbov klin*
불확신한, 믿을 수 없는, 신뢰할 수 없는;
vrbina maca 갯버들

vrbak 버드나무 숲; 버드나무가 많이 있는 지
역

vrbanac *-nca* (病理) 단독(丹毒)

vrbena (植) 버베나(마편초과의 화초)

vrbica 1. (지소체) vrba 2. 버드나무 가지 (라
자르 축일의 예배에 가지고 가서 교회에 놓
고 오는); *nositi ~u* 버드나무 가지를 가지고
가다 3. (植) 털부처손

Vrbica 1. (宗)(正教) 라자르축일 (예수가 죽은
라자르를 무덤에서 살린 것을 기념하는) 2.
기타; *udesiti (nekoga) za ~u* 누구를 유쾌하
지 않은(불편한) 상황(위치)로 몰아넣다

vrbik 참조 vrbak

vrbin *-a, -o* (形) 참조 vrba; 버드나무의; ~*a
maca* 갯버들

vrbljak 참조 vrbak; 버드나무 숲

vrblje (集合) (植) 버드나무

vrbopuc 버드나무에 물이 오르고 싹이 돋는
계절; 이른 봄

vrbov -a, -o (形) 참조 vrba

vrbovati -bujem (不完) (누구의 진영에 가담하도록) 누구를 설득하다 (snubiti, pridobijati); (신입 사원·회원·신병 등을) 모집하다, 뽑다, 충원하다; ~ vojnike za svoj tabor 병사들을 모집하다; ~ narod za ustanak 민중들이 봉기에 참여하도록 설득하다; ~ za agenta 에이전트를 모집하다; dolaze ... vlasnici brodova te vrbuju mornare 선주들이 와서는 선원을 모집한다; ~ dobrovoljce 지원자를 모집하다

vrbovina 버드나무 목재

vrbovka (女)(廢語) 1. 모병(募兵) 2. (歷) 모병관

vrbovnik 모병관

vrcati -am (不完) vrcnuti -nem (完) 1. (불꽃·물방울·가는 물줄기 등이) 힘차게 분출하다 (뿜어져 나오다, 튀다); 섬광이 일어나다, 번쩍이다, 반짝이다 (svetlucati); (낙엽·눈송이 등이) 빗발처럼 쏟아지다; suze joj vrcaju iz očiju 그녀는 눈에서 눈물이 쏟아졌다; vrcaju varnice 불꽃이 튄다; nad njima vrcale su zvezde 그들 위에서 별들이 반짝였다 2. (비유적) 농담을 쏟아내다, 생생하게 말하다 3. 빠르게 움직이다(흔들다); ~ glavom 고개를 빠르게 흔들다; ~ stražnjicom 엉덩이를 빠르게 흔들다 4. (원심 분리기를 이용하여 꿀·기름 등을) 짜다, 짜내다

vrcav -a, -o (形) 1. 힘차게 분출하는(뿜어져 나오는, 쏟아지는); ~ gejzir 힘차게 분출되는 온천 2. (비유적) (머리가) 비상한, 번뜩이는, 예리한, 기지가 넘치는 (duhovit, oštrouman, blistav, iskričav); ~ duh 비상한 정신; ~ humor 기치넘치는 유머

vrckalo (中,男) (복수는 中) 몸을 흔들면서 걷는 사람, 씰룩거리며 걷는 사람 vrckalica

vrckast -a, -o (形) (걸을 때) 씰룩씰룩거리는; 유연한, 나긋나긋한, 활기넘치는; 매우 움직임이 많은; ~a devojka 씰룩거리며 걷는 여자; ~e oči 활기넘치는 눈; ~e kretanje 유연한 움직임

vrckati -am (不完) 1. (nečim) 몸을 이리저리 흔들다(움직이다), 씰룩거리다; ~ repom 꼬리를 흔들다; ~ stražnjicom 엉덩이를 씰룩씰룩거리다 2. ~ se (걸을 때) 씰룩거리다

vrckav -a, -o (形) 참조 vrckast

vrcnuti -nem (完) 1. (불꽃·가는 물줄기·물방울 등이) 힘차게 분출하다(내뿜다) 2. 빨리 움직이다(흔들다); ~ repom 꼬리를 빠르게 흔들다 3. ~ se 빠르게 움직이다 4. ~ se 갑자기 방향을 바꾸다; ~ se ulevo 왼쪽으로 갑자기 방향을 바꾸다

vrč -a; -evi (도기로 만든) 물병(가는 목이 있으며 손잡이가 달린); ~ za vino 포도주병; pri punom ~u 풍부하게; ~ ide na vodu dok se ne razbije 모든 것은 끝날 때가 온다

vrčati -im (不完) 1. (개나 고양이 등이) 으르렁거리다 2. 우르렁(vr)거리는 소리를 내다 (회전축 등이) 3. (na nekoga) (비유적) 화내다 (ljutiti se, frčati); počeo je ... mnogo ~ na svoju kćer 자기 딸에게 많이 화를 내기 시작했다

vrćenje (동사파생 명사) vrteti

vrći vrgnem (完) 참조 vrgnuti

vrći vršem; vrhao, vrhla; vršen (不完) ovrći (完) (곡물을 타작기·탈곡기로) 타작하다, 탈곡하다

vrdalama (女,男)(복수는 女) 1. 믿을 수 없는 사람, 못 미더운 사람, 신뢰할 수 없는 사람 (prevrtljivac) 2. 의무를 다하지 않는 사람 (zabušant) 3. 의무의 회피 (vrdanje, zabušavanje)

vrdati -am (不完) vrdnuti -nem (完) 1. 비틀거리며 가다, 갈지자 걸음으로 가다 (vrludati, ševrdati) 2. (일정한 범위·공간에서) 움직이다 (팔·다리·머리 등을) (micati se, kretati se); (nečim) 이리저리 움직이다, 흔들다 (신체의 어떤 부분을); ~ glavom 머리를 움직이다; ~ očima 눈동자를 이리저리 움직이다 3. 한쪽으로(구석으로) 벗어나다, 치우다, 없애다; 멀어지다, 벗어나다; ~ s puta 길에서 벗어나다; ne ~ s mesta 자리에서 벗어나지 마라; i kaži im da se vrdaju nikuda od kuće 집에서 벗어나지 말라고 그들에게 말해라 4. 항시적이지 않다, 지속적이지 않다 5. (남편·아내가) 바람을 피우다 (biti neveran); u našim godinama skoro svi muškarci vrdaju 우리 나이의 거의 모든 남자들은 바람을 피운다 6. 돌려말하다, 거짓말하다; ne vrdajte, nego odgovorite na ono što vas pitam 돌려말하지 말고 내가 묻는 말에 대답하시오 7. 의무를 다하는 것을 질질 끌다(회피하다); ~하는 것을 지연시키다

vrebač 1. 매복자, (누구를 공격하기 위해) 매복하여 기다리는 사람 2. 스파이, 밀고자 (špijun, doušnik)

vrebalo (中,男) 스파이 (špijun)

vrebati -am (不完) 1. 매복하여 기다리다, 숨어 기다리다 (붙잡기 위해, 공격하기 위해); ~ (na) lopove 도둑을 잡기 위해 매복하여 기다리다; ~ zečeve 토끼 사냥을 위해 매복하고 기다리다 2. (누구를) 지켜보다, 주시하

다(나쁜 짓을 하기 위해); ~ jedan na drugoga 서로가 서로를 주시하다 3. (누구를) 기다리다 (오거나 지나갈 장소에서); ~ mušterije 손님을 기다리다; ~ na devojku 여자를 기다리다; ~ na taksi 택시를 기다리다 4. (보통 zgoda, prilika 등의 보어와 함께) (실현될 것을) 기다리다; ~ priliku 기회를 기다리다; vrebao je zgodu da pokaže svoju duhovitost 자신의 유머감을 보여줄 적절한 때를 기다렸다 5. ~ se 서로가 서로를 기다리다

vreća 1. 자루, 포대; 그러한 포대에 들어갈 정도의 양(量); ~ brašna 밀가루 한 포대 2. 자루(포대) 비슷한 것; ~ za spavanje 침낭 3. (~의) 다수, 많음; (軍) 완전한 포위 4. 기타; biti svakoj ~i zakrpa 모든 일에 간섭하다; dobiti ~om po glavi 미치다, 돌다; iz iste ~e ispasti 기원(출처)이 같다; kupiti mačku u ~i 무턱대고 사다, 사는 것이 무엇인지 얼마나 값어치가 있는지조차 모르고 사다; meni ni u ~u, ni iz ~e 내게는 매 한가지이다; napiti se kao ~ (술을) 많이 마시다, 폭음하다; našla ~ zakrpu 짚신도 짝이 있다 (보통은 부정적 의미로); poderana (prodrta) ~ 돈을 헤프게 쓰는 사람; prazna ~ ne može uzgor (uspravno) stajati 1)배고픈 사람은 일할 수 없다 2)알맹이 없는 것은 무가치하다; (po)cepati kao svinja ~u 질책하다, 나무라다; (za)vezana ~ 요령이 없는 사람, 능수능란하지 못한 사람; zlatna ~ 매우 부유한 사람; staviti koga u istu ~u s kim 누구와 동일시하다

vreći vršem; vrhu; vrhao, vrhla (不完) (곡물을 타작기·탈곡기로) 타작하다, 탈곡하다; ~ žito 곡물을 탈곡하다; ~ pšenicu 밀을 타작하다

vrećica (지소체) vreća

vredan -dna, -dno (形) 1. 근면한, 성실한 부지런(marljiv, radan, prilježan); ~ student 성실한 학생; svet je podeljen na ~dne pčele i lenje trutove 세상은 부지런한 일벌과 게으른 숫컷 벌로 나뉘어진다 2. 값어치 있는, 가치 있는, 소중한, 귀중한 (dragocen); ~ poklon 값나가는 선물; ~dna knjiga 소중한 책; ~dna stvar 귀중한 물건 3. 능력있는 (sposoban, valjan); ~ čovek 능력자, 능력있는 사람 4. (nekoga, nečega 또는 미정형 혹은 da + 현재형과 함께) ~할 가치가 충분한; ~ pažnje 주목할 만한; ~ poštovanja 존경할 만한; ~ hvale 감사할 만한; ~ poverenja 신뢰할 만한; ~ da nešto

učini 뭔가 할만한 가치가 있는; nije ni spomena ~dno 언급할 가치조차 없는 5. 기타; zlata ~ (čovek, mladić) 아주 훌륭한 (사람, 젊은이)

vredeti -im (不完) 1. 가치가 있다, 값어치가 있다 (valjati); vredi kuća pola miliona 집은 오십만불어치의 가치가 있다; koliko vredi ta kuća? 그 집은 얼마냐?; to ne vredi mnogo 그것은 별 가치가 없다; ne vredi ni prebijene pare (ni lule duvana, ni pišljiva boba) 아무런 가치도 없다, 전혀 가치가 없다 2. (규정·규칙·법률 등이) 효력이 있다, 효력을 지니다; ovi zakoni vrede 이 법률들은 효력이 있다 3. ~로 간주되다, ~로 여겨지다 (smatrati se); vredi kao pošten domaćin 그는 공평한 주인으로 간주된다 4. (無人稱文) 이익이 되다, ~할 가치가 있다, 의미를 가지다 (biti od koristi, isplatiti se); ne vredi gubiti vreme na gluposti 멍청한 일에 시간을 소비할 하등의 이유가 없다; taj film vredi videti 그 영화는 볼만한 가치가 있다; šta ti to vredi? 그것은 너에게 어떠한 의미가 있느냐?

vrednik 성실한 (근면한, 부지런한) 사람
vrednica

vredno (副) 1. 부지런히, 성실하게, 근면하게 (marljivo, predano); ~ raditi 부지런히 일하다; ~ čitati 열심히 읽다 2. 유용하게, 적절하게; 필연적으로, 불가피하게 (korisno, celishodno; potrebno); ~ pomenuti 적절하게 언급하다; ~ da se zabeleži 불가피하게 필기하다

vrednoća (女) 부지런함, 근면함, 성실함; 값어치 ((marljivost, radinost; vrednost))

vrednosnī -ā, -ō (形) 값어치 있는; ~sna merila 값진 수단; ~sna stvar 값어치 있는 물건; ~ papiri (~a hartija) 유가 증권 (주식·채권·어음 등의)

vrednost (女) 1. 가치, 값어치; biti od ~i 가치 있는; ~ zlata 금의 가치; ~ imetka 재산 가치 2. 중요성, 의미, 가치 (važnost, značaj); ~ nečijeg dela 누구 작품의 중요성(의미); pridavati nečemu veliku ~ (어떤 것에) 커다란 의미를 부여하다 3. 효력 (valjanost, punovažnost); imati ~ 유효하다; izgubiti ~ 효력을 상실하다; samo ona pismena imaće ~ koja nose potpis predsednika 회장의 서명이 있는 서류만이 효력을 가질 것이다 4. (數) 값 (količina); apsolutna ~ 절대값; relativna ~ 상대값; početna ~ 초기값; brojna ~ 수치(數值); približna ~ 근사값

vrednovati –*nujem* (不完) 값어치를 매기다, 가치를 평가하다 (ocenjivati); ~ *umetničko delo* 예술 작품의 가치를 평가하다; *visoko* ~ 높게 평가하다

vredovac –*vca* (植) 꿩의 다리

vrednostan –*sna*, –*sno*; *vrednosniji* (形) 값어치가 높은; *kupovao je* ~*sne stvari koje su ljudi prodavali od nužde* (살기 위해) 팔았던 값어치가 있던 물건들을 구매했다; ~*sni papiri* 증권

vređati –*am* (不完) 1. (보통은 신체의 상처 부위나 부상당한 부위에 접촉함으로써) 통증을 유발시키다, 부상 입히다 (ozleđivati, povređivati); ~ *rane* 상처에 통증을 유발하다; ~ *ranjave tabane* 부상당한 발바닥에 통증을 유발하다 2. *uvrediati* (完) (nekoga) 모욕하다; 정신적 고통을 유발시키다; ~ *nekoga* 누구를 모욕하다; ~ *profesora* 교수를 모욕하다; *vredao ga je njegovo ponašanje* 그의 행동이 그 사람에게 정신적 고통을 안겨주었다 3. (자존심 등을) 짓밟다, 무시하다, 훼손하다 (unižavati, narušavati); ~ *ljudsko dostojanstvo* 인간 존엄성을 훼손하다 4. ~ **se** (서로가 서로를) 모욕하다; *nisam došao ... da se vređamo ... nego da se veselimo* 모욕을 주고받으려고 온 것이 아니라 … 즐기기 위해 왔다 5. ~ **se** 쉽게 상처를 받다, 모욕 당하다, 모욕감을 받다; *nemoj se* ~ *kad ti to kažem* 내가 그것을 말할 때 모욕당한다고 생각하지마

vrelce –*ca* & –*eta* (中) G.pl. *vrelcā* & *vrelācā* (지소체) vrelo; 수원(水源)

vrelina 1. (공기의) 열기; 더위, 무더위 (vrućina, jara, žega); *letnja* ~ 여름 무더위; ~ *letnje noći* 여름밤의 무더위; ~ *peći* 난로의 열기 2. (신체의) 열(熱), 고열(高熱); *osećati* ~*u* 체온이 높은 것을 느끼다, 고열을 느끼다

vrelište 1. 수원(水源); 수원이 있는 곳, 물이 솟아나는 곳 2. (비유적) (액체가 끓어오르는) 온도, 비등점

vrelo 1. (보통은 콸콸 쏟아져나오는) 수원(水源); 강의 수원; *planinsko* ~ 산에 있는 수원(水源); ~ *Bosne* 보스니아강의 수원 2. (비유적) 원(源) (화수분처럼) 뭔가를 퍼내도 퍼내도 마르지 않는(없어지지 않는) 것; 뭔가가 어디로부터 생기는 (만들어지는) 원(源), 원천(源泉), 기원, 출처; ~ *prihoda* 수입원; ~ *zarade* 급여원(源) ~ *narodnog jezika* 민중어의 기원; ~ *umetnosti* 예술의 기원 3. (비유적) 통계·자료의 출처, (학술조사를 실시하는) 기본적 자료 **vrelski** (形)

vrelo (副) 1. 덥게, 매우 덥다 (veoma vruće, s vrelinom); *napolju je bilo* ~ 바깥은 매우 더웠다 2. (비유적) 격렬하게, 열정적으로 (vatreno, strastveno, žarko); ~ *ljutiti* 분기탱천하여 화내다

vreloća, vrelost (女) 참조 vrelina

vreme *vremena*; *vremena, vremenā* 1. 시간 (지속되는); *ja se nadam i verujem da će* ~ *sve izlečiti* 시간이 모든 것을 낫게할 것이라고 믿고 기대한다; ~ *prolazi* 시간이 흘러간다; ~ *i mesto* 시간과 장소; *kratko* ~ 짧은 시간; *za kratko* ~ 잠시동안, 짧은 시간 동안 2. 시기, 시대 (razdoblje, vek, epoha); *to je mračni spomen mračnih* ~*na* 그것은 어두운 시대의 어두운 표상이다; *od prastarih* ~*na* 고대시대부터 3. (~할) 순간, 시간; *došlo je* ~ *rastanka* 이별의 순간이 다가왔다; *izvadio je sat da utvrdi* ~ 시간을 확인하기 위해 시계를 꺼냈다; *u poslednje* ~ 마지막 순간에; ~ *je za ručak* 점심시간이다; *srednjoevropsko* ~ 중부유럽시간대; *dugo mi je* ~ 따분하다, 재미없다; *mesno (lokalno)* ~ 현지 시간 4. 계절 (doba, sezona); 기(期); *u* ~ *plavih jorgovana* 라일락꽃이 필 계절; ~ *setve* 파종기; ~ *žetve* 수확기; ~ *berbe* 추수기; ~ *parenja* (동물의) 교미기 5. (보통 複數로) 생활 환경, 삶 (okolnosti, prilike); *vremena su postala takva da se ničem prijatnom nije mogla nadati* 아무 것도 기대할 수 없는 그러한 삶이 되었다 6. 기후, 날씨; *sve dobro, samo* ~ *nije!* 날씨만 빼고 모든 것이 좋았다; *lepo* ~ 좋은 날씨; *oblačno* ~ 구름낀 날씨; *promena* ~*ena* 기후의 변화; *hladno* ~ 추운 날씨; *kišovito* ~ 비오는 날씨; *prognoza* ~*ena* 일기예보 7. (文法) 시제; *sadašnje (prošlo, buduće)* ~ 현재(과거, 미래) 시제 8. 기타; *da prođe* ~ 시간이 가도록; *dobiti u* ~*enu* 시간을 벌다, 시간을 질질끌어 자신에게 유리하게 하다; *doći će naše (moje, tvoje)* ~ 우리의 시간이 올 것이다, 중요한 역할을 할 날이 올 것이다; *gubiti (traćiti)* ~ 시간을 낭비하다, 쓸데없는 일을 하면서 시간을 보내다; *ići (držati) korak s* ~*nom* 시대와 어깨를 나란히 하고 가다, 시대에 맞는 현대적 시각을 가지다; *iz duga* ~*ena* 뭔가 할 일이 없는; *krasti* ~ 게으름을 피우다; *kratiti (prekraćivati)* ~ *(čime)* 시간을 죽이고 있다, ~하면서 시간을 보내다; *kratiti* ~ *kome* 누구를 즐겁게 하다; *na* ~ *(u* ~*)* 적기

에, 적당한 시간에; *od ~ena do ~ena (s ~ena na ~)* 이따금, 가끔; *pitanje je ~ena* 시간 문제이다; *pregazio ga ~* 그는 시대에 뒤떨어졌다; *prkositi ~enu* 오랜 시간을 견디어내다(이겨내다); *radno ~* 업무시간; *svaka sila za ~ena* 모든 권력은 지나가는 권력이다(권불십년 화무백일홍); *s ~enom* 조금씩 조금씩, 서서히, 점진적으로; *sve u svoje ~* 모든 것은 (자신의) 때가 있다; *ubijati ~* 시간을 죽이고 있다; *u duhu ~ena* 시대 정신에 맞게, 현대적으로; *u naše ~* 우리가 젊었을 때, 우리가 중요한 역할을 했을 때; *u prvo ~* 처음에, 초기에; *u svoje ~* 1)적기에, 적당한 때에 2)이전에, 언젠가; *~ će pokazati* 시간이 말해줄 것이다; *~ ga je pragazio* 1)망각되었다, 잊어버린 존재가 되었다 2)전근대적 시각을 가지다, 시대에 뒤떨어진 시각을 가지다; *za večita ~ena* 1) 영원히 2)결코 (~아니다); *zub ~ena* 오랜 세월의 무게

vremenit *-a, -o* (形) 1. 일시적인 (privremen) 2. 늙은, 나이 먹은 (vremešan, postar); 오래된, 낡은 (물건들이); *~a gospođa* 나이가 지긋한 부인; *za savetnike su izbirani ljudi ... pametni, mirni i ~i* 고문으로 현명하고 침착하며 나이가 있는 사람들이 선출되었다 3. 악천후의, 일기(日氣)가 나쁜 (pun nevremena, buran)

vremenskī *-ā, -ō* (形) 1. 참조 vreme; 시간의; 날씨의; *ostali su vraćeni u zatvor na različite ~e rokove* 나머지 사람들은 서로 다른 시기에 교도소로 송환되었다 2. (文法) 시제의; *~a rečenica* 때를 나타내는 절; *~ prilog* 시간 부사

vremešan *-šns, -šno* (形) 늙은, 나이든; *~ čovek* 나이가 지긋한 사람; *izađe ~šna, dobro sačuvana gospođa* 곱게 나이가 먹은 부인이 나왔다

vremja (中) (숙어로만 사용됨) *vo ~ ono* 매우 오래전에 (vrlo davo, nekad)

vrenga 참조 sifilis; (病理) 매독

vrenje 1. (동사파생 명사) vreti; 끓음; *tačka ~a* 비등점 2. 발효 (fermentacija); *alkoholno ~* 알콜 발효; *industrija ~a* 발효 산업 3. (비유적) (대중의, 무리의) 이동; 소란, 소요; *revolucionarno ~* 혁명적 소요

vreo *-ela, -elo* (形) 1. 매우 뜨거운, 펄펄 끓는, 끓어오르는 (vrlo topao, vruć); 고온의, 뜨거운, 더운 (체온, 공기 등이); *~ela peć* 펄펄 끓는 난로; *~elo gvožđe* 뜨거운 쇠 2. (비유적) 열렬한, 열정적인, 격정적인

(strastan, vatren); 매우 강렬한 (vrlo jak, silan); 격렬한, 치열한 (전투 등이) (žestok, oštar); *~ poljubac* 격렬한 키스; *~ pozdrav* 뜨거운 인사; *~ela krv* 끓는 피; *~ela potreba* 강렬한 요구; *~ela čežnja* 타는듯한 갈망; *~ela ljubav* 뜨거운 사랑

vreoce *-ca* & *-eta*; *vreoca, vrelacā* (中) (지소체) vrelo

vres *-ovi* (植) 칼루나

vresak *-ska* 참조 vres

vresovi (男,複) 철쭉

vretenar 가락(vreteno)을 만드는 사람

vretenast *-a, -o* (形) 물레가락(vreteno)모양의

vreteno 1. 물레가락, 가락(물레로 실을 자아감는 데 쓰는 나무 막대기, 윗부분이 둥글둥글한 모양의) 2. (나무 혹은 금속으로 된) 롤러(축·굴대를 회전하는) 3. (비유적) 물레가락(vreteno) 모양의 것 **vretenski** (形); *~o ulje* 스핀들유(油), 축윤활유

vreti *vrim, vriš; vru; vreo, -ela* 또는 *vrio, vrila; vrī; vrući* (不完) 1. (물·액체 등이 가열되어) 끓다, 부글부글 끓다 (ključati); *voda vri* 물이 끓는다 2. 보글보글거리다, 거품이 일다 (klokotati, peniti se); *iza lađe voda zelena vri* 배 뒷편에서 푸른 물이 보글보글 거품을 낸다 3. (종종 무인칭문으로) 몰려다니다, 무질서하게 움직이다 (komešati se, vrveti); *i seljački narod je vrio ulicama* 농촌 사람들은 거리를 몰려다녔다; *svuda puno vojnika i izbeglica, vri kao u košnici* 사방에 군인들과 난민들이 많았다, 마치 벌통에서와 같이 무질서하게 움직였다 4. (nečim, od nečega) 많다, 많이 있다, 들끓다 (kipteti); *~ od izbeglica* 난민들로 들끓다; *~ zmijama* 뱀이 많다; *vri kamenjar zmijama* 돌이 많은 지역은 뱀이 많다; *~ od besa* 화로 들끓다 5. 발효하다; 들끓다; *vri vino* 포도주가 발효한다 6. (비유적) (종종 무인칭문으로) (~한 감정에) 사로잡히다, 휩싸이다

vretna (動) 흰담비; *lov s ~om* (흰담비를 이용한) 토끼 사냥

vreva 1. 번잡, 혼잡; (사람의) 무리, 군중 (komešanje, gungula, gužva; mnoštvo) 2. (무리·군중들의) 소란, 소동, 시끄러움, 시끄러운 소리, 떠드는 소리 (graja)

vreža 1. (植) (덩굴식물의) 가는 줄기, 덩굴 (lozica); *~ bundeve* 호박 덩굴; *~ kupine* 블랙베리 줄기 2. (비유적) 가계(家系) (porodična grana, loza)

vrežiti se *-im se* (不完) (덩굴식물이) 줄기를

뺃다; 확산되다; *u meni se vreže čudesne i protivrečne misli* 내게는 이상하고도 모순되는 생각이 퍼져나갔다

vrg *-ovi* 1. (植) 조롱박 2. 조롱박(조롱박으로 만든 물을 뜨는)

vrganj 참조 varganj; 그물버섯(버섯의 한 종류)

vrgnuti *-nem; vrgnuo, -nula & vrgao, -gla; vrgnut; vrgnuvši & vrgavši* (= vrći) 1. (完) 던지다, 내던지다 (baciti, hitnuti); ~ *kamen u vodu* 돌을 물에 던지다 2. 가두다, 집어처넣다 (strpati, zatvoriti); ~ *(nekoga) u tamnicu (u ropstvo)* (누구를) 감옥에 처넣다 (가두다) 3. 놓다, 두다 (staviti, metnuti); ~ *krunu na glavu* 왕관을 머리에 쓰다 4. 족쇄를 채우다, (체인에) 묶다 (okovati, sputati); ~ *na nekoga gvožđa* 누구에게 족쇄를 채우다 5. 누구에게 자리를 내주다, 위치하게 하다 (smestiti, dati nekome mesto); ~ *gosta u vrh sofre* 손님을 밥상머리(최연장자인 집주인이 앉는 자리)에 앉게 하다 6. (nečim) 흔들다, 잡아뽑다, 끄집어내다 (zamahnuti, mahnuti, potegnuti); ~ *sabljom* 검을 휘두르다 7. (총알 등이) (어디까지) 도달하다, 이르다, 당도하다 (dobaciti, dosegnuti) 8. ~ **se** (nečim) 떨어지다; ~ *se jabukom* 사과가 떨어지다 9. ~ **se** (na nekoga) (누구를) 닮다, (~와) 비슷하다; ~ *se na ujaka* 외삼촌을 닮다 10. 기타; ~ *koga u nemar* 누구를 무시하다(경시하다); ~ *kuku preko nosa* 몰래 미워하다(증오하다)

vrh *-a; -ovi &* (詩的) *vrsi, vrhovā & vrhā* 1. (언덕·산 등의) 가장 높은 곳, 정상 (vis); (어떤 물건·건물 등의) 가장 높은 곳(지점); 맨 위, 꼭대기, 정상; *planiski ~ovi* 산의 정상들; ~ *planine* 산 정상; ~ *jele* 전나무 꼭대기; ~ *ormana* 장롱의 가장 높은 곳 2. (幾何) 꼭짓점; ~ *trougla* 삼각형의 꼭짓점; ~ *piramide* 피라미드 꼭짓점 3. 뾰족한 끝, 끝 (šiljak, vršak); ~ *prsta* 손가락 끝; ~ *nosa* 코 끝; ~ *olovke* 볼펜 끝; ~ *noža* 칼 끝; ~ *igle* 바늘 끝; *ići na ~ovima prstiju* 발끝으로 조심조심 걷다 4. 표층면, 시작 지점, 끝나는 지점, 경계(선); ~ *ulice* 거리의 시작 지점(끝나는 지점); ~ *stupca* 기둥의 맨 위 5. (대열의) 맨 앞 (čelo); (테이블의) 주빈석, 메인 테이블 (pročelje) 6. (보통 複數로) (사회의) 상류층, 최상위 계층; 지도층, 지도부; *stajati na* ~ *države* 국가의 정상에 서다, 국가의 지도자가 되다; *partijski* ~ 당지도부; *~ovi vojske* 지휘부 7. 정상(頂上); *uzdići se do najvišeg ~a* 최정상에 서다; *sastanak na ~u* (국가) 정상

회의 8. 기타; *na ~u jezika* 말이 거의 입밖으로 나왔다(말할뻔 했다); *na ~u mi je jezika* 나는 말이 거의 입밖으로 나왔다; *na ~u pera* 글을 쓰고 싶어 근질근질하다; *na ~ glave izaći (kome)* 따분해지다

vrh (前置詞, + G) 1. ~의 위에, ~보다 위에 (iznad, povrh, više); ~ 위에 (preko, povrh); ~ *njivā* 초원 위에; ~ *groba* 묘지 위에; ~ *lakta* 팔꿈치 위에; *obući kaput* ~ *košulje* 와이셔츠 위에 외투를 입다 2. ~의 위에(가치·의미·등급 등이) *bog* ~ *svih bogova* 모든 신들 위의 신, 신(神)중의 신 3. ~ 외에, 이외에 (osim, pored); ~ *svega toga* 그 모든 것 이외에도

vrhnje 파블라카 (우유의 겉 표면에 생기는 진하고 기름진 층) (pavlaka)

vrhom (副) (pun, napuniti 등의 어휘와 함께) 가득히, 끝까지, 완전히; ~ *pun* 가득 찬, ~ *napuniti* 가득 채우다

vrhovit *-a, -o* (形) 뾰족뾰족한; *~a planina* 뾰족뾰족한 산

vrhovnī *-ā, -ō* (形) 1. 최고의; ~ *komandant* 최고사령관; ~ *poglavar* 최고통치자; ~ *sloj* 최상층; ~ *sud* 최고법원, 대법원 2. 최상의 (vrhunski); *~a tekovina* 최상의 성취물

vrhu (前置詞, + G) 참조 vrh

vrhunac *-nca* 1. 정상, 정점, 꼭대기 (vrh, vis); *sunce se lagano pomaljao iza planinskih ~a* 태양은 산 정상 뒤에 천천히 나타났다 2. 절정, 정점, 최고점; *na ~cu slave* 명예의 최절정에서; ~ *moći* 권력의 절정; *dostići* ~ 절정에 다다르다; *biti na ~cu moći* 권력의 정점에 서다

vrhunskī *-ā, -ō* (形) 최고의, 최상의, 최정상급의, 최정최의; ~ *igrač* 최정상급 선수; ~ *sportista* 최정상급 스포츠맨

vrisak *-ska; vrisci & vriskovi* 1. 비명 (공포·심·통증·기쁨을 표현하는); 외침, 절규 2. 째지는 듯한 동물의 울음 (말 울음, 돼지 울음 등의) 3. (일반적인) 날카로운 소리, 째지는 듯한 소리 (바람의 씽씽거리는 소리, 기관차의 경적 소리 등의)

vriska 비명, 비명지르는 것 (vrištanje, vrisak)

vriskati *-am* (不完) **vrisnuti** *-nem* (完) 비명 (vrisak)을 지르다

vriskav *-a, -o* (形) 참조 vrištav

viti *vrim* (不完) 참조 vreti

vrlet *vrleti, vrleti* 또는 *vrleću, vrleti* (女) 급경사진 언덕(산); 깍아지른 듯한 바위, 험준한 바위; 깍아지른 듯한 바위가 많은 언덕 (산악) 지역

V

vrletan *-tna, -tno* (形) 1. 경사가 급한, 경사진, 깎아지른 듯한 (strm, okomit); *~tna litica* 깎아지른 듯한 절벽; *~tna stena* 험준한 바위; ~ *put* 경사가 급한 길 2. 통행할 수 없는, 바위가 많은; ~ *kraj* 험준한 바위가 많은 지역; *~tna Crna Gora* 험준한 산간지역이 많은 몬테네그로 3. (비유적) 화를 잘 내는, 이상한 성격의

vrlī *-ā, -ō* (形) 참조 vro

vrlina 1. (사람의) 장점; 미덕, 덕목, 도덕적 우월; *čovek s puno ~ā* 장점이 많은 사람; *svako ima svoje ~e i mane* 모든 사람은 자신의 장단점을 가지고 있다 2. 좋은 점, 장점; *~e nekog metoda* 어떤 방법의 장점; *~e neke sorte* 어떤 품종의 좋은점

vrlo (副) 1. (형용사 또는 부사와 함께) 매우, 아주, 많이 (veoma, jako, mnogo); ~ *lepo* 아주 예쁘게, 아주 좋게; ~ *važan* 매우 중요한; ~ *sporo* 아주 느리게 2. (대화체에서, 직접적으로 수식하는 부사없이) *jeste li se lepo proveli? jesmo vrlo* 시간 잘 보내셨나요? 예, 아주

vrludati *-am* (不完) 갈지자로 걷다, 비틀거리며 걷다 (krivudati, posrtati, teturati se); 정처없이 방황하다 (hodati bez cilja, lutati)

vrludav *-a, -o* (形) 구불구불한 (krivudav)

vrlja *-a* (男), **vrljo** *-a & -ē* (男) 사시(斜視)인 사람

vrljati *-am* (不完) 정처없이 이리저리 걷다, 방황하다, 어슬렁거리다, 배회하다 (lutati, bazati, tumarati); *vrljajući po mraku u strahu* 두려움에 사로잡혀 어둠속을 헤매면서

vrljav *-a, -o* (形) 사시(斜視)의 (razrok, zrikav)

vrljika 1. 말뚝(담장·울타리에 사용되는) (motka, kolac, letva) 2. (複數로) 담장, 울타리; *preskočiti ~e* 담장을 뛰어넘다

vrljo *-a, -ē* (男) 참조 vrlja

vrljook, vrljookast *-a, -o* (形) 참조 vrljav; 사시(斜視)의

vrnuti *-nem* (完) 1. 돌려주다, 되돌려주다, 되돌리다 (vratiti); *nije mogao na rok ~ dug* 채무를 기한내에 되갚을 수 없었다 2. ~쪽을 향하여 돌리다 (okrenuti)

vro, *vrla, -lo* (形) 장점이 많은, 좋은 점이 많은, 뛰어난, 훌륭한 (čestit, valjan, pun vrlina)

vrpca (G.pl *-ā & -ī*) 1. (묶거나 장식용의) 끈, 줄, 리본 (pantljika, mašnica) 2. (빛·물줄기 등의) 줄기; ~ *svetla* 빛줄기; ~ *krvi* 핏줄기 3. 기타; *gusenična ~* (軍) (탱크의) 무한궤도;

pupčana ~ (解) 탯줄; *tekuća (pokretna) ~* (공장의) 컨베이어 벨트; *ciljna ~* (육상 등의) 골인 지점의) 테이프

vrpčast *-a, -o* (形) 끈·줄·리본 모양의 (trakast); ~ *ukras* 리본모양의 장식; ~ *nervni sistem* 리본 모양의 신경 시스템

vrpoljiti se *-im se* (不完) 1. (초조·지루함·흥분 등으로) 꼼지락거리다, 가만 있질 못하다 (vrteti se, meškoljiti se); *vrpoljio se na svom stolicu* 의자에 가만히 앉아있질 못하고 꼼지락 거렸다 2. 흥분하여(당황하여) 이리저리 다니다, 빙빙돌다 (motati se, vrzmati se)

vrskaput 외투, 상의용 외투

vrskati *-am* (不完) 혀짤배기소리를 하다 (šušketati)

vrskav *-a, -o* (形) 혀짤배기소리의, 혀가 잘 돌지 않는; ~ *zvuk* 혀짤배기소리

vrskavac *-vca* 혀짤배기소리를 내는 사람

vrsnī *-ā, -ō* (形) 참조 vrstan

vrsnica (=vršnjakinja) 동갑내기 여자

vrsnik *-a; -nici* (=vršnjak) 동갑내기

vrsnoća 1. 커다란 가치 (velika vrednost) 2. 장점, 좋은점 (krepost, vrlina) 3. 능력 (sposobnost)

vrst (女) 참조 vrsta; 종류

vrsta (G.pl. *-ā & -ī*) 1. (같은 부류에 속하는) 종류, 유형, 카테고리, 타이프 (tip); (生) 종 (種: 생물 분류의 기초 단위) (sorta, rasa); *neka ~ gripa* 독감 유형; *iste ~e* 같은 종류; *svake ~e* 같은 종류; *ma kakve ~e* 어떠한 종류라도; *biljne ~e* 식물종; *razne ~e jabuka* 여러가지 사과 종류; ~ *pasa* 개 종류 2. 열, 줄 (niz, red); (병사의) 열, 대열 (stroj); (텍스트의) 행(行) (red); *sejati seme u ~e* 열을 맞춰 파종하다; *izaći iz ~e* 대열에서 이탈하다; *postrojiti u dve ~e* 2열로 서다(대형을 이루다) 3. 세대 (generacija, naraštaj); 사회 계층 4. (文法) 품사; ~ *reči* 어휘 품사; *glagolska ~* 동사 5. 질(質), 특성, 특질 (kakvoća, kvalitet)

vrstač (印刷) (인쇄용) 식자스틱

vrstan *-sna, -sno* (形) 1. (긍정적 특성을 강조하는) 아주 좋은, 뛰어난, 훌륭한, 탁월한 (odličan, izvrstan, izvanredan); ~ *poznavalac nečega* ~에 정통한 사람; ~ *advokat* 아주 뛰어난 변호사; *~sna svojstva* 훌륭한 특징 2. 명망있는, 저명한, 훌륭한, 장점이 많은 (ugledan, viđen, odabran, valjan, vrli); ~ *domaćin* 명망있는 가장(주인); ~ *vladar* 뛰어난 통치자 3. 용감한, 담대한

(srčan, hrabar, odvažan); ~sni momci 용감한 청년들 4. (한정형) 종류의, 유형의, 카테고리의; ~sne razlike 종류의 차이

vrstati -am (不完) 1. 분류하다, 구분하다, 종류별로 나누다 (klasifikovati, odabirati, sortirati); ~ glagole 동사를 분류하다; ~ konoplju 대마를 분류하다 2. 줄을 세우다, 대형을 이루게 하다 (postrojavati); ~ vojsku u čete 부대를 중대별로 대형을 이루게 하다 3. ~로 분류하다, ~의 범주에 넣다 (어떠한 특성·특징에 따라) (uvrščivati, ubrajati, svrstavati); ~ narodno pesništvo u najvrednije pesništvo 민중시들을 가장 가치있는 시들로 분류하다 4. ~ se 줄에 서다 5. ~ se 분류되다, ~의 범주에 포함되다; on se vrsta među najbolje pesnike 그는 가장 뛰어난 시인에 포함된다

vrsti se vrzem se; vrzao se, vrzla se (不完) 1. 정처없이 떠돌아다니다, 방황하다, 배회하다, 빙빙돌다 (motati se, vrteti se) 2. (비유적) (po glavi, po pameti) (머릿속에) 빙빙돌다 (생각·잔상 등이); dugo još vrzle mu se po pameti slike te 그 그림이 그의 머릿속에 아직 오랫동안 남아있었다; u glavi mu se čudna priča vrze 그의 머릿속에 이상한 이야기가 빙빙돌고 있다; to mi se vrze po glavi 그것이 내 머릿속에 빙빙돈다 3. 선회하다, 빙빙돌다 (콜로 등의) (viti se, kovitlati se, okretati se)

vrša 1. (가는 가지 또는 철사 등을 엮어 만든, 물고기를 잡을 때 쓰는) 통발, 어망; ribari pažljivo izvlače iz ~e ulovljenu ribu 어부들은 통발에서 잡힌 물고기를 조심스럽게 끄집어낸다 2. 기타; naći se u ~i, (ući u ~u) 어려운 상황에 처하다, 출구가 없는 어려운 처지에 빠지다; duvati (puhati) u ~u 헛되이 노력하다, 맨땅에 헤딩하다

vršač (=vršilac) 곡물을 탈곡(타작)하는 사람

vršačī -ā, -ē (形) 탈곡의, 탈곡하는, 타작하는; ~ stroj (mašina) 탈곡기; ~a garnitura 탈곡반

vršaj 1. 다발, 묶음(한 번에 탈곡할 수 있도록 묶인) 2. 탈곡 (vršidba) 3. 탈곡 마당, 탈곡장 (gumno)

vršak -ška; vršci & vrškovi 1. (지소체) vrh 2. (비유적) 정상, 최정상 (vrhunac) 3. 기타; na ~šku jezika 말이 거의 입밖으로 나왔다; na vršku vrška 제일 높은 곳에서, 최정상에서

vršalica (곡물의) 탈곡기

vršana 탈곡 마당, 탈곡장 (gumno)

vršić (지소체) vrh

vršenje (동사파생 명사) vršiti; 실행, 이행, 완

수; ~ dužnosti 의무의 이행

vršenje (동사파생 명사) vreći, vrći; 탈곡, 타작

vršidba 1. (곡물의) 탈곡, 타작 2. 탈곡기(期), 탈곡할 시기; to je bilo o ječmenoj ~i 그때는 보리 타작기였다 **vršidbeni** (形)

vršika 1. (보통 식물의) 끝, 꼭대기 (vrh); ~ krošnje 나무 꼭대기 끝; ~ bukve 너도밤나무 꼭대기; ~ drške 손잡이 끝 2. (~의) 뾰족한 끝 (vršak); ~ jajeta 계란의 뾰족한 끝; ~ prsta 손가락 끝; ~ dojke 유두(乳頭) 3. (植) 덩굴손 (vitica); (뿌리에서 뻗어나는) 잔뿌리

vršilac -ioca; vršilāca 실행자, 이행자; ~ dužnosti 권한대행, 대리, 서리

vršilac -ioca 참조 vršač; 탈곡기

vršiti -im (不完) 행하다, 실행하다, 이행하다, 완수하다 (어떠한 일·임무 등을); ~ popis 재고조사하다; ~ pritisak na nekoga 누구에게 압력을 행사하다; ~ pregled 검사하다, 조사하다; ~ pretres 조사하다; ~ zločine 범죄를 저지르다; ~ dužnost direktora 디렉터의 권한대행 역할을 수행하다; ~ uviđaj 현장검증하다; ~ sterilizaciju 불임 시술을 하다

vršiti -im (不完) 1. 참조 vreći, vrći; 타작하다, 탈곡하다 2. 빙빙 돌다, 선회하다, 우회하다 (obilaziti, vrteti se)

vrška 1. 참조 vršak 2. 참조 vrša; 통발

vrškom (副) 가득, 끝까지 (do vrha); kola su ~ bila natovarena 자동차는 짐을 가득 실었다; ~ pun 가득 찬

vršljati -am (不完) 1. 엉망진창으로 만들다, 난장판으로 만들다; ~ po sobi 온 방을 엉망으로 만들다; ~ po stolu 책상을 난장판으로 만들다; ~ po dokumentima 서류들을 엉망으로 만들다; ~ po zemlji 전국을 엉망으로 만들다(초토화시키다) 2. 이리저리 돌아다니다, 어슬렁거리다, 배회하다 (ići tamo-amo, motati se, muvati se, tumarati, švrljati) 3. (비유적) 독단적이고 무책임하게 일하다(행동하다, 경영하다); 오지랖 넓게 행동하다, 폭력을 행사하다

vršnī -ā, -ō (形) 위의, 꼭대기의, 정상의 (gornji); ~ deo 맨 꼭대기 부분; ~ pupoljci 맨 윗 봉우리; ~ koš 돛대 꼭대기의 망대

vršnjak 동갑내기 **vršnjaka, vršnjakinja; vršnjački** (形)

vrt -a; -ovi & -i 원(園), 정원 (보통은 담장으로 둘러싸인, 채소·과수·꽃 등을 심은) (bašta); botanički ~ 식물원; viseći ~ovi 세미라미스 공중정원, 바빌론 공중정원; zoološki ~ 동물원 **vrtni** (形)

V

vrtača 1. (석회암 지대의) 깔대기 모양의 움푹 파인곳 (ponikva) 2. 수차, (물레방아의) 물레바퀴

vrtar 정원사 (vrtlar) vrtarka, vrtarica

vrtariti –im (不完) 정원을 돌보다, 정원사로서 일하다

vrtarstvo 원예, 화훼(직업으로서의); 원예업, 화훼업 (hortikultura)

vrtati vrćem (不完) 1. 참조 vraćati; 돌아가다 (오다), 되돌리다 2. ~쪽을 향하여 돌리다 (okretati); ona ume da vrće i prevrće 그녀는 돌아설 수도 또 돌아설 수도 있다

vrtati –am (不完) 1. 구멍을 뚫다·파다 (드릴 등으로) (bušiti); čovek vrta zdenac ... to proguta hiljade 한 사람이 우물을 파지만 ... 수 천명이 그 물을 마신다 2. (칼 끝으로) 까다 (보통은 호두를)

vrteška 1. 풍향계 (지붕 등에 있는) (vetrokaz) 2. 회전목마 (vrtuljak, ringišpil) 3. 바람개비 (장난감의) 4. (일반적으로) 빙글빙글 돌아가는 것 (도박장의 룰렛, 전축의 턴테이블 등의)

vrteti –im; vrćen (不完) 1. 돌다, 돌리다, 원을 그리며 돌다, 빙빙 돌다 (okretati, obrtati); (눈·눈동자를) 굴리다 (kolutati, kružiti); ~ jagnje u ražnju 쇠꼬챙이의 양이 빙글빙글 돌아간다(양구이를 할 때의) 2. (nečim) 흔들다, 들썩이다, 움직이다 (신체의 일부분을) (micati, mahati); ~ glavom 머리를 흔들다; ~ plećima 어깨를 으쓱거리다 3. 말다, 꼬다 (uvrtati, sukati, upredati); ~ brkove 콧수염을 말아올리다; ~ kučine 삼 부스러기를 말다 4. (드릴 등으로) 구멍을 뚫다, 구멍을 파다 (bušiti); ~ drvo 나무에 구멍을 뚫다; ~ jaram 멍에에 구멍을 뚫다 5. (종종 無人稱 文으로) 찌르는 듯한 통증을 유발하다 (뼈에) (žigati, sevati); ~ u gležnjevima 발목에 찌르는 듯한 통증을 유발하다; ~ u kolenima 무릎이 쑤시다 6. ~ se 선회하다, 빙빙돌다; ~ se oko ose 축 주위를 빙빙돌다 6. ~ se 안절부절하면서 이리저리 왔다갔다 하다 (vrpoljiti se); 어슬렁거리다, 배회하다 (vrzmati se, vrsti se, motati se); ~ se po kuhinji 부엌을 배회하다; ~ se oko devojke 처녀 주위를 배회하다 7. ~ se (비유적) (oko nečega) 끊임없이 (같은 주제로) 돌아가다; mesecima se vrtite oko sumnje koju ne možete da utvrdite 수 개월동안 끊임없이 확인할 수 없는 의심을 계속 하고 있네요 8. ~ se (無人稱文) (여격의 논리적 주어와 함께, 주로 u glavi, u mozgu 등의 보어와 함께) 현기증이 나다, 어지럽다; od ovoga pića mi se vrti u glavi 이 술로 인해 머리가 빙빙 돈다 9. 기타; ~ koga 속이다, 기만한다; ~ nekoga oko malog prsta 자기 마음대로(독단적으로) 누구에게 대하다(행동하다); ~ repom 1)교활하게 행동하다 2)꼬리를 치다 (여자가 남자에게); ~ se kao čigra (čikov, preslica) 1) 끊임없이 움직이다 2) 매우 신속하고 능숙하게 하다(일하다); ~ se oko nekoga 누구에게 아첨하다; vrti mi se mozak (od brige, od posla) 걱정이(일이) 산더미이다

vrtić (지소체) vrt; dečiji ~ 유치원, 어린이집

vrtiguz (嘲弄) 1. 잠시도 가만 있지를 못하는 사람 2. 걸을 때 엉덩이를 흔들며 걷는 사람, 엉덩이를 씰룩거리며 걷는 사람 3. (비유적) 믿을 수 없는 사람, 신뢰할 수 없는 사람 (prevrtljivac)

vrtiguza (남자에게) 꼬리를 치는 여자

vrtirep (嘲弄) 1. 걸을 때 엉덩이를 흔들며 걷는 사람 (vrtiguz) 2. 믿을 수 없는 사람, 신뢰할 수 없는 사람 (prevrtljivac)

vrtlar (=vrtar) 정원사 vrtlarica

vrtlog –ozi, vrtlōgā 1. 소용돌이(바람·물·눈·먼지·연기 등의); 그러한 소용돌이가 일어나는 곳, 소용돌이 장소; 빠른 속도의 선회; ~ u reci 강의 소용돌이; ~ snega 세찬 눈보라; ~ prašine 먼지 소용돌이; baciti se u ~ 소용돌이에 빠지다; u ~u rata 전쟁의 소용돌이에서 2. (비유적) 급작스런 혼란스런 변화, 혼란, 혼돈 (haos); života 생활의 급작스런 변화; zapasti u ~ 급작스런 혼란에 빠지다

vrtložan –žna, –žno (形) 1. 소용돌이의, 소용돌이치는; ~žno kretanje 소용돌이 이동; ~žni vihor 회오리바람, 돌개바람; ~žna struja 와상(渦狀) 전류 (자장을 변동시킬 때 도체 안에 생김) 2. (비유적) 무질서한, 혼란스런, 혼돈스런 (haotičan); ~ život 굴곡많은 삶

vrtljati se –am se (不完) 빙빙돌다, (주변을) 어슬렁거리다, 배회하다 (vrsti se, vrzmati se, motati se); vrtlja se oko kuće 집 주변을 어슬렁거린다

vrtnī –ā, –ō (形) 참조 vrt; 정원의; ~o cveće 정원의 꽃들

vrtnja 1. 선회(旋回), 빙빙돌기 (vrećenje, obrtanje) 2. 다람쥐 쳇바퀴 도는 듯한 바쁨 (많은 일 때문에) 3. (비유적) 뼈마디의 콕콕 쑤심; 통풍, 류마티스 (sevanje, žiganje, vrtež, kostobolja, reumatizam)

vrtoglav –a, –o (形) 1. 어지러운, 현기증나는;

현기증을 일으키는, 강렬한 인상을 주는 (속도·세기 등으로); (현기증을 일으킬 정도로) 급격한, 빠른; ~a visina 매우 높은 (높이); balkon je u ~oj visini 발코니는 매우 높은 위치에 있었다; ~a jurnjava 매우 빠른 (돌진); ~a brzina 매우 빠른 속도; ~ strah 매우 심한 공포; ~ uspeh 급속한 발전; ~ uspon (pad) 급격한 성장(붕괴); ~ razvoj događaja 사건의 급격한 진행 2. (비유적) 정신이 산만한, 변덕스런, 바보스런, 미친, 이상한, 정상이 아닌; kako sam slepa i ~a što odbijam slepu sreću 덩굴째 굴러온 복을 차버리다니 내가 참 어처구니 없다

vrtoglavica 1. 어지럼증, 현기증; mene hvata ~ 나는 현기증이 난다 2. 흥분, 열광 상태 (preteren zanos, opijenost); sve je zahvatila neka ~, počeli su nositi odela narodnoga kroja 모든 사람들은 그 어떤 열광 상태에 빠져서, 민속 의상을 입기 시작했다 3. (비유적) 사건·사태의 급격한 진행 4. (獸醫學) (말과 양에서 발생하는) 질병의 한 종류 (빙빙 돌면서 비틀거리는)

vrtogubac -pca (昆蟲) 풍뎅이의 한 종류

vrtuljak -ljka 1. 풍향계, 팽이; 원치 2. (소규모의) 소용돌이바람, 돌개바람 3. (강의) 소용돌이, 소용돌이 물결 4. (기생충의 한 종류인) 트리파노소마속(屬)

vruć -a, -e (形) 1. 고온의, 뜨거운 (veoma topao, vreo); ~a voda 뜨거운 물; ~ vetar 뜨거운 바람 2. (비유적) 진심어린, 성심성의의, 진정한, 마음으로부터 우러나온 (usrdan, srdačan, svesrdan); ~a želja 진심어린 바람 (소원); ~ pozdrav 마음으로부터 우러나온 안부인사 3. 불 같은, 열정적인, 격렬한 (vatren, strastan); ~ poljubac 격렬한 키스; ~ zagrljaj 격렬한 포옹 4. 매우 친밀한, 매우 충성스런, 듬직한 (veoma odan); ~ prijatelj 듬직한 친구; ~ zagovornik 충직한 지지자 5. (~의 구매에) 충성스런, 단골의; ~ kupac 충성스런 구매자; ~ mušterija 단골 고객 6. 불 같은 성질의, 욱하는 성질의 (plah, neobuzdan); ~e momče 불 같은 성질의 청년들; ~a narav 욱하는 성질 7. 센, 강한 (jak, žestok, silan); ~ šamar 센 따귀 8. 쓸만한, 훌륭한 (valjan, dobar); ~a pomoć 쓸만한 도움 9. 따끈따끈한, 막 나온 (svež, nov); ~a novost 따끈따끈한 뉴스 10. 기타; ~a linija 핫라인 (국가간 비상사태 등에 대비한 비상 통신수단); ~a roba (隱語) (순식간에 팔리는) 장물, 절도품; ~a tema 핫한 테마(많이 이야기되는); ~ novac 핫머

니; ~e mu je pod nogama 그는 어려운 상황에 처해 있다

vrućac -ćca 1. (강·호수 등의) 얼지 않는 지점 (vedrac) 2. (비유적) 불, 화재 (vatra, žar)

vrućica 1. (醫) (몸의) 고열; 고열을 동반한 질환 2. (비유적) 열광, 흥분, 광희 (jak zanos, veliki polet)

vrućina 1. 더위 2. (부사적 용법으로) 더운; ~ mi je 덥다 3. 기타; pasja (pseća) ~ 견딜 수 없는 더위; ~ kao u paklu 지옥처럼 더운 더위

vrućinčina (지대체) vrućina

vrutak -tka; vruci 1. (보통 지소체의 의미를 갖는) 수원(水源), 샘 (izvor, vrelo) 2. (비유적) 뭔가를 퍼내는 곳 (원천으로서의)

vrvanj vrvnja & vrvanja 고래 기름 (kitova mast)

vrvca 참조 vrpca

vrveti -vim (不完) 1. (떼지어 무질서하게) 움직이다, 이동하다; 떼지어 몰려 다니다; svet vrvi po ulicama 사람들이 거리를 몰려다닌다 2. (눈물이) 쏟아지다 3. (nečim, od čega) (~이) 풍부하다, 많다, 넘쳐나다; ~ greškama (od grešaka) 실수가 많다; ovaj tekst vrvi greškama 이 텍스트에는 오류가 많다; ~ pčelama (od pčela) 벌들이 많다; ulica vrvi od sveta (ljudi) 거리는 사람들로 넘쳐난다; plaža vrvi od kupača 해변은 피서객으로 넘쳐난다; svuda je vrvelo od mrava 도처에 개미가 많다

vrzati -am (不完) 1. (廢語) vrebati; 매복하다, 매복하여 기다리다; on vrza urve zlatokrile 그는 황오리를 잡으려고 매복해 기다린다 2. 주변을 맴돌다, 빙빙돌다, 하릴없이 어슬렁거리다 (vrsti se, vrzmati se) 3. ~ se 참조 vrsti se, vrzmati se

vrzin -a, -o (形) (숙어로만) ~o kolo 마녀 춤; 마녀의 만남의 장소

vrzina 1. 생울타리 (živica) 2. 덤불숲 (čestar)

vrzmati se -am se (不完) 1. 이곳저곳을 돌아다니다, 어슬렁거리다, 주변을 돌아다니다 (motati se, vrteti se, obilaziti); ~ po dvorištu 정원을 돌아다니다; ~ oko kuće 집 주변을 돌다; ~ oko stola 책상 주변을 왔다 갔다 하다 2. (oko nekoga) (누구에게) 아부하다, 아첨하다 (udvarati se nekome) 3. (비유적) (po glavi, po pameti) 끊임없이 (머릿속에) 떠오르다; u njegovoj glavi vrzmao se verovatno još uvek onaj tragičan događaj 그의 머릿속에는 아마도 여전히 그 비극적 사건이 떠올랐을 것이다

vucara (女,男) (嘲弄) 1. 방랑자, 떠돌이, 하릴
없이 어슬렁거리는 사람, 배회하는 사람
(probisvet, skitnica, protuva) 2. 성도덕이
별로 없는 여자, 헤픈 여자

vucarati *-am* (不完) 1. 강제로(억지로) 끌어당
기다 2. ~ se 어슬렁거리다, 배회하다, 방랑
하다 (skitati se, smucati se) 3. ~ se (s kim)
(누구와) 금지된 사랑을 하다; ~ *se sa
oženjenim čovekom* 유부남과 금지된 사랑
을 하다; *nije ga sramota da se vucara
javno s drugima pored onako mlade
krasne žene* 젊고 예쁜 부인을 옆에 두고
다른 여자들과 공공연히 바람을 피우는 것을
그는 부끄러워하지 않는다

vucariti se *-im se* (不完) 참조 vucarati se

vucati *-am* (嘲弄) 1. 참조 vucarati; 끌
어당기다 2. ~ se 어슬렁거리다, 배회하다
(smucati se, šunjati se)

vucibatina (女,男) (嘲弄) 일하지 않고 놀고 먹
는 사람; 건달, 망나니, 부랑배 (besposličar,
neradnik; hulja, nitkov, propalica)

vucimetla (女,男) (嘲弄) 일하지 않고 놀고 먹
는 사람, 빈둥거리며 놀고 먹는 사람

vuča 1. (자동차 등의) 견인 (vučenje,
tegljenje); *konj za ~u* 수레를 끄는 용도의
말; ~ *aviona* 비행기 견인; ~ *drva* 목재 견
인; *stočna ~* 동물에 의한 견인; *prednja ~*
(자동차의) 전륜구동 **vučni** (形) ~*a snaga*
견인력; ~*a služba* 견인 서비스 2. (漁業) 심
해어업용 어망 (배로 끌어올리는)

vučac *-čca* 1. (病理) 괴저(壞疽; 세포에 혈액
공급이 원활하지 않아 세포가 썩는 질병)
(gangrena) 2. (病理) 류마티즘; 통풍 (giht)
3. (植) 구기자나무

vučad (女) (集合) vuče

vučak *-čka* (植) 콩과(科)의 한해살이 풀

vuče *-eta* 어린 늑대, 새끼 늑대, 늑대 새끼

vučen *-a, -o* (形) 참조 vući; ~*a menica* 환어
음

vučenje (동사파생 명사) vući; ~ *žreba
(nagrada)* (응모권·경품 등의) 추첨

vučetina 1. 늑대 가죽, 늑대 모피 2. 늑대 고
기 3. 늑대털로 만든 모자

vučetina (지대체) vuk

vučica 1. 암컷 늑대 2. (비유적) 잔인한 여자,
인정사정없는 여자

vučić 1. (지소체) vuk 2. 어린 늑대, 새끼 늑대,
늑대 새끼

vučiji *-ā, -ē* (形) 1. 늑대의; ~ *trag* 늑대의 흔
적; ~*e zavijanje* 늑대의 울부짖음; ~*e krzno*
늑대 모피 2. (비유적) 잔인한, 인정사정없는

(surov, svirep, nemilosrdan); ~ *pogled* 살
기어린 시선; *vučja vremena* 잔혹한 시대 3.
(植) (식물·버섯 등의) 명칭의 일부로서; ~
hlebac 그물버섯; ~*e zelje* 베라돈나; ~ *rep*
(植) 현삼과(科)의 베르바스쿰속(屬)의 식물
4. 기타; ~*a jama* (軍) 대(對)전차 함정; ~
glad 견딜 수 없는 배고픔, 커다란 기아

vučitrn (植) 오노니스속(屬)의 유럽 초본 ((뿌
리가 질긴 잡초)

vučjak 늑대와 비슷한 개(犬), 독일 셰퍼트;
patrolni ~ 순찰견

vučjī *-ā, -ē* (形) 참조 vučiji

vučji (副) 늑대처럼, 늑대와 같은 방법으로, 잔
인하게, 잔혹하게, 인정사정없이

vučkī *-ā, -ō* (形) 잔인한, 잔혹한, 무자비한
(nemilosrdan, okrutan); ~ *napad* 인정사정
없는 공격; ~ *pogled* 살기어린 시선

vučki (副) 참조 vučji; ~ *zavijati* 늑대처럼 울
부짖다; ~ *napasti* 늑대처럼 공격하다

vučnī *-ā, -ō* (形) 견인(vuča)의

vući *vučem; vuku, vuci, vukao, -kla; vučen,
-ena* (不完) 1. 끌다, 끌어당기다, 견인하다
(표면에서 떨어지지 않게, 땅·수면으로); ~
kola 자동차를 끌어당기다; ~ *plug* 쟁기를
끌다; ~ *topove* 포를 끌다; *vuci!* 당기시오!
2. (누구를) 강제로 끌고 가다; *vucite ga u
haps* 그를 감방으로 끌고 가시오 3. 힘들게
뭔가를 가지고 가다; ~ *drva iz šume* 숲에서
나무를 끌고 가다; ~ *municiju na plećima*
탄약을 어깨에 메고 힘들게 가다 4. (뭔가를
쉬지 않고) 가지고 가다; *vukao je pod
pazuhom čitave snopove starih novina* 오
래된 신문 뭉치들을 겨드랑이 밑에 끼고 가
지고 갔다 5. (어디에서) 끄집어내다, 뽑다; ~
mač iz korica 칼집에서 칼을 뽑다; ~
čavao (ekser) 못을 뽑다; ~ *trn iz noge* 발
에서 가시를 뽑다; ~ *zub* 이를 뽑다; ~ *žreb*
추첨하다 6. (젖을) 빨다; 짜내다 (sisati,
crpsti) 7. (선·줄 등을) 긋다; ~ *crtu* 선을 긋
다; ~ *granice* 국경선을 긋다; ~ *olovkom
po čemu* ~에 볼펜으로 긋다 8. (체스에서
말을) 움직이다, 이동시키다; *odmah zatim
crni vuče neku svoju figuru* 즉시 자신의 말
을 움직인다 9. (담배를 피며) 연기를 빨아들
이다; *ovaj dimnjak dobro vuče* 이 굴뚝은
연기를 잘 빨아들인다 10. 끌어당기다, 유혹
하다 (privlačiti, primamljivati); *uvek me
vukla tišina daljine* 항상 먼곳의 적막감이
나를 끌어당겼다; *nešto ga je vuklo k njoj*
뭔가가 그를 그녀쪽으로 끌어당겼다; *srce
ga je vuklo u domovinu* 그는 고향(고국)을

그리워했다; *vuče ga želja za kućom* 그는 향수병에 걸렸다 11. 쉼없이 힘들여 일하다, 열심히 일하다; *vukla sam koliko sam mogla, ali hrane je bilo sve manje* 할 수 있는 한 열심히 쉬지 않고 일했지만 먹을 것은 점점 더 적어져만 갔다; ~ *za nekoga* 누구를 위해 수고하다 12. ~ se 싸우다, 씨름하다; 다투다, 말싸움하다 13. ~ se 기다, 포복하다; *vukla se potrbuške kao guja* 뱀처럼 엎드려 포복했다; *haljina joj se vuče po zemlji* 그녀의 옷이 땅바닥에 질질 끌린다 14. ~ se 힘들게 천천히 움직이다; *lagano, s noge na nogu, vuče se naša kolona* 천천히, 한 발 한 발, 우리의 대열은 움직인다 15. ~ se 펼쳐지다 (*pružati se, protezati se*) 16. ~ se 하릴없이 왔다갔다하다, 배회하다, 어슬렁거리다 (*skitati se, smucati se*); *vukao se po krčmama, zabavljao pijane seljake* 주막을 어슬렁거리면서 술취한 농민들을 즐겁게 했다 17. ~ se 지속되다, 계속되다 (*trajati*); *kroz decenije se vuku razne kontradikcije* 수십년간 여러가지 다양한 모순이 지속되었다 18. ~ se 스며들다 (*uvlačiti se*) 19. ~ se (s nekim) (누구와) 불륜관계로 살다 20. ~ se 질질 끌다, 지연되다 (*otezati se, odugovlačiti se*); *pregovori se vuku* 협상이 지연된다 21. 기타; *vuče ga srce (želja) (za nečim, nečemu)* (뭔가를) 간절히 원하다; *vuče ga zemlja* 그는 늙었다; ~ *batine (šamare)* 구타당하다(따귀를 맞다); ~ *bolest* 오랫동안 아프다; ~ *interes (rentu)* 이익을 얻어내다; ~ *kestenje iz vatre (za koga)* (누구를 위해) 위험을 감수하다; ~ *lance (okove)* 징역형을 살다, 감옥살이를 하다; ~ *lozu (koren, poreklo)* ~에서 유래되다(기원하다); ~ *na svoju stranu, (~ sebi)* 자신의 이익을 위해 일하다, 자기편으로 끌어들이다; ~ *na sud (po sudovima) (koga)* 누구를 고소하다; ~ *noge (korak)* 다리를 질질 끌면서 힘들게 가다; ~ *(masnu) platu* 많은 월급을 받다, 커다란 수입이 있다; ~ *po blatu (koga)* (누구를) 비방하다, 중상하다; ~ *rep za sobom* 어떠한 이야기의 희생양이 되다; ~ *usporedbu (paralelu) (između čega)* (~의 사이에) 비교를 하다; ~ *vodu na svoj mlin* 자신의 이익을 위해 일하다, 자기논에 물대기; ~ *za jezik (koga)* 말을 끄집어내다; ~ *za nos (koga)* 누구를 속이다(기만하다); *vuci se, vuci mi se ispred očiju* 즉시 가라!, 즉시 꺼져라!; ~ *se klipka (s nekim)* 힘을 겨루다, 경쟁하다

vudak (鳥類) 후투티(머리에 화려한 댕기가 있고, 날개와 꼬리에는 검은색과 흰색의 줄무늬가 있는 새) (pupavac)

vuga -gi (鳥類) (유럽산) 꾀꼬리 (머리에 노란 관모가 있고, 꼬리와 날개는 검은)

vuga 곰팡이 (plesan, buđ)

vugast -a, -o (形) 참조 vuga; 곰팡이 색깔의, 잿빛의, 회백색의 (pepeljast); ~a *ptica* 잿빛 새, ~a *žaba* 회백색 개구리

vugava 달마치아 지역의 포도 종류; 그러한 포도로 담근 포도주

vuja (男), **vujo** -a & -ē (男) (애칭) vuk

vuk *vuče; vuci & vukovi, vukōvā* 1. (動) 늑대 2. 늑대모피, 늑대털; 늑대털 외투 3. 늑대와 유사한 개(犬), 독일 셰퍼트 4. (비유적) 경험 많고 용감한 사람, 영웅 (junak) ; 무자비한 사람, 폭력적인 사람 5. (病理) (마찰과 땀으로 인해 생긴) 부은 곳, 상처 (oteklina, rana); *dobiti ~a od jahanja* 승마로 인해 살이 쓸리다 6. 기타; *gladan kao ~* 매우 배고픈; *pojeo ~ magare (magarca)* 없었던 것처럼 지나가다, 아무런 흔적도 없이 지나가다, 불유쾌한 사건을 없었던 것처럼 덮고 지나가다; *i ~ sit i koze (ovce) cele* 누이 좋고 매부 좋고, 모두가 만족하다; *krsti ~a, a ~ u goru* 아무리 좋은 충고의 말도 듣지않는 사람에게 이르는 말; *mi o ~u, a ~ na vrata* 호랑이도 제 말 하면 온다; *morski ~* 용기있고 경험많은 뱃사람; *po poruci vuci meso ne jedu* 어떤 일들은 미리 정해놓을 수 없다; *postaviti ~a za pastir* 혹은 *dati ~u da čuva (pase) kozliće* 고양이에게 생선을 맡기다; *terao lisicu, pa isterao ~a* 여우를 쫓았더니 늑대가 온다, 작은 재앙을 피하려다 더 큰 재앙을 만난다; ~ *dlaku menja, a ćud nikada* 결코 자신의 성질을 못바꾸는 사람에게 이르는 말

vukodlak 1. (迷信) 뱀파이어 2. 피에 굶주린 사람, 흡혈귀 (krvoločan čovek, krvopija) 3. (魚類) 건해삼, 바닷 물고기의 한 종류

vukodržica (植) 검은딸기나무, 가시나무 (drač)

vukov -a, -o (形) 참조 vuk; 늑대의

vukovac -vca 부크 카라지치의 언어개혁 지지자

vulgaran -rna, -rno (形) 1. 저속한, 천박한, 상스러운; 교양없는, 무학의 (prostački, nepristojan); ~*rna scena* 저속한 장면; ~ *izraz* 상스러운 표현; ~*rna reč* 상스러운 말; ~ *čovek* 교양없는 사람 2. (言) 일반 대중의, 민중의 (narodni, pučki); ~*rni italijanski jezik* 이탈리아 민중어 3. 평범한, 보통의,

통속적인 (običan, jednostavan, prost); ~rno rešenje 평범한 해결; ~ metod 일반적인 방법

vulgarizacija 저속화, 통속화

vulgarizirati *-am*, **vulgarizovati** *-zujem* (完,不完) 저속화하다, 통속하하다, 대중화하다; ~ muziku 음악을 통속화하다; ~ nauku 과학을 대중화시키다

vulkan 1. 화산; *živi* ~ 활화산; *mrtvi (ugašeni)* ~ 휴화산 2. (비유적) 불 (vatra, oganj) 3. (대문자로) 불칸, 불카누스 (로마신화의 불의 신)

vulkaničkī *-ā, -ō* (形) 참조 vulkanski

vulkanizacija 1. (化) (고무의) 경화(硬化), 가황(加黃) (생고무의 유황 화합에 의한 경화 조작) 2. (고무 제품, 특히 타이어의) 펑크 수리

vulkanizer 타이어 수리공

vulkanizirati *-am* (完,不完) 타이어의 펑크를 수리하다; ~ gumu 타이어를 수리하다

vulkanskī *-ā, -ō* (形) 1. 참조 vulkan; 화산의; ~*o pepeo* 화산재; ~ *pojas* 화산대(帶); ~*a erupcija* 화산 폭발; ~ *krater* 화산 분화구; ~*a stena* 화산석(石) 2. (비유적) 불 같은, 주체할 수 없는, 격렬한; ~*a narav* 불 같은 성질; ~ *temperamenat* 불 같은 기질

vulkanski (副) 화산처럼, 격렬하다, 강하게, 격하게 (žestoko, silovito); ~ *provaliti* 거칠게 공격하다; ~ *pokuljati* 화산처럼 분출하다

vuna 1. (양·염소 등의) 털, 양털, 양모; (그러한 털로 짠) 울, 모직; *ovčija* ~ 양모; *grebena* ~ 빗질한 양털 2. (식물의 씨앗에 붙어 있는) 솜털 3. (양털·양모와 비슷한) 인조 울; *veštačka* ~ 인조 울; *staklena* ~ 글라스 울; *drvena* ~ 우드 울 4. 기타; *tuđa ovca ima više* ~*e* 남의 떡이 커 보인다; *ko za tuđom* ~*om pođe, sam ostrižen kući dođe* 남의 것을 탐하다가 자신의 것도 잃을 수 있다; *presti crnu* ~*u (kome)* 곧 다가올 (누구의) 죽음을 준비하다 **vunen** (形); ~*a roba* 모직 의류; ~*a pređa* 방모사(소모사(梳毛絲))

vunar 양모 가공업자, 울 제품 판매상 **vunarski** (形)

vunara 양모 가공 공장, 울제품 생산 공장; 울 제품 가게

vunarskī *-ā, -ō* (形) 참조 vunara; ~ kombinat 울 제품 생산단지

vunarstvo 양모산업, 양모업

vunast *-a, -o* (形) 1. 양모와 같은, 양모와 같이 부드러운; ~*a kosa* 부드러운 머리결; ~*e obrve* 양모같은 눈썹 2. 털로 덮여 있는; 털이 많은; ~ *rep veverice* 털로 덮여 있는 다람쥐 꼬리; ~*e grudi* 털이 많이 난 가슴; ~*e*

pantalone 털이 많은 바지; ~*i ćilim* 털이 많은 벽양탄자

vunat *-a, -o* (形) 털이 많은, 털로 뒤덮인, 양모가 많은

vunica (지소체) vuna

vunica 방모사(소모사(梳毛絲))

vunovlačara 1. 방모사 제조 작업장 2. 방모사 제조 장비

Z z

za (前置詞, +G,A,I) **I. 생격(G.)과 함께 1.** (생격으로 오는 명사가 지속되는 동안의 기간과 동시성을 나타냄) ~하는 동안에 (za vreme, u doba, u toku); ~ *života* 삶 동안에; ~ *dana (vida, videla)* 낮 동안에; ~ *despota Đurđa* 데스포트 주르제 시대에; ~ *drukčiji je danas svet nego što je bio ~ tvoje mladosti* 오늘날의 세상은 네가 젊었을 때의 세상과는 다른 세상이다 **2.** (목적·의도를 나타냄(namena)) ~를 위해, ~라는 이름으로 (radi, u ime); *onda, ~ srećna viđenja – kucaju se čašama, nazdravljaju* 그래서 행복한 만남을 위해, 그들은 잔을 부딪치며 건배한다; *možemo tamo ~ sretna puta ispiti jedno vino* 즐거운 여행을 위해 거기서 포도주 한 잔 마시자 **II. 대격(A.)과 함께 3.** (목적·의도를 나타냄 (namena)) ~을 위해; *razbijali su i prenosili kamen ~ zidanje kuće* 그들은 집을 짓기 위해 돌을 부수고 운반했다; *ići ~ hleb* 빵을 사러 가다; ~ *prodaju* 판매용; *čuvaj bele pare ~ crne dane* 궂은 날을 대비하여 돈을 저축해라 **4.** (잡거나 잡아당기는 신체의 접촉부분을 나타냄); *vući ~ uši (kosu)* 귀(머리)를 잡아당기다; *uhvatiti ~ ruku* 손을 붙잡다; ~ *dlaku* 겨우, 간신히; *čupati ~ kosu* 머리카락을 뽑다; *vezati ~ nogu* 발을 묶다 **5.** (누구에게 주거나 보내는 것을 나타낸다) ~에게; (여자가 시집가는 대상의 남자를 나타냄) ~ 에게; *poruka ~ majku* 어머니에게 보내는 메시지; *pismo ~ šefa* 상사에게 보내는 편지; *naredba ~ komandanta* 지휘관에게 보내는 명령; *udati se (poći) ~ nekoga* 누구에게 시집가다, 누구와 결혼하다(여성이) **6.** ~ 용(用)으로 쓰여지는(만들어진); *put ~ motorna vozila* 자동차 전용 도로; *prelaz ~ pešake* 보행자 횡단보도; *voda ~ piće* 음용수; *lek ~ kašalj* 기침약; *šolja ~ čaj* 찻잔; *tanjir ~ supu* 수프 접시 **7.** (누구를 지지·지원하거나 긍정적 입장을 나타냄); *izjasniti se ~ nekoga* 누구의 편에 서서 입장을 밝히다; *navijati ~ Zvezdu* 즈베즈다를 응원하다; *biti ~ demokrate* 민주당원을 지지하다; *glasati ~ nekoga* 누구에게 (찬성) 투표하다 **8.** (동사 znati, misliti, govoriti, osećati, bojati se 등의 보어로써); *brinite se ~ moje dete!* 내 아이를 돌보시는군요!; *bojim se ~ njega* 그의 안위를 걱정한다 **9.** (동사 동작의 목적·목표를 나타냄) ~를 위해; *molimo ~ njegovu dušu* 그의 영혼을 위해 기도한다; *orati ~ krompir* 감자 경작을 위해 밭을 갈다; *kupiti ~ majku* 어머니를 위해 사다 ~ *silaženje pritisnuti dugme* 내려가기 위해서는 버튼을 누르시오; *napori ~ izlazak iz krize* 위기 탈출을 위한 노력; *česma ~ uspomenu na poginule* 사자(死者)를 추모하기 위한 분수 **10.** (동사 동작의 원인·이유를 나타냄) ~ 때문에 (zbog); *okriviti ~ proneveru* 횡령죄로 기소하다; *kazniti ~ prestup* 위반행위로 처벌하다; *reći ću ti da mi je tvoj Ivo drag za njegovo dobro srce* 이보는 좋은 마음씨를 가졌기 때문에 내게 소중한 사람이라고 네게 말할께; *on je za Miletića jednom i u zatvoru ležao* 그는 밀레티치 때문에 한 번 투옥된 적도 있다 **11.** (흥미·관심을 나타냄); *zanimati se ~ nju* 그녀에게 관심을 갖다; *interesovati se ~ slikarstvo* 미술에 대해 흥미를 갖다 **12.** ~ 의 이름으로, ~를 대신하여 (u ime); *poljubi ga ~ mene* 날 대신하여 그에게 키스를; *pozdravi je ~ me i ~ moju majku* 나와 내 어머니 이름으로 그녀에게 안부인사를 전해줘 **13.** (대체품·보상품 등을 나타냄); *ova se stvar prodaje ~ sto dinara* 이 물건은 백 디나르에 팔린다; *menjati jaja ~ brašno* 계란을 밀가루와 바꾸다; *piše ocu da će ... plemenitom grofu vratiti šilo ~ ognjilo* 그 백작에게 같은 방법으로 복수하겠다고 아버지에게 편지를 썼다; *oko ~ oko* 눈에는 눈으로 **14.** (적절성, 적합성, ~할 능력, 성숙함 등을 나타냄) ~에 알맞은, ~에 적당한; *porasla ~ udaju* 시집가도 될 정도로 컸다; *stasao ~ ženidbu* 장가들 정도로 컸다; *nisi ti ~ slugu, već ~ gospodara* 너는 노예가 아니라 주군(주인)에 맞는 사람이다; *korisno (štetno) ~ zdravlje* 건강에 좋은(해로운) **15.** (임명·지명·고려·선포 등의 동사와 함께 자격·직위 등을 나타냄);; *postaviti nekoga ~ predsednika (profesora)* 누구를 사장(교수)으로 임명하다; *naimenovati nekoga ~ svog kandidata* 누구를 자신의 후보로 지명하다; *ići ~ sudiju* 판사가 되다; *držati nekoga ~ pametnog čoveka* 누구를 현명한 사람으로 생각하다; *oglasiti priznanicu ~ nevažeću* 영수증을 무효로 선포하다 **16.** ~할 기분이다; *jesi li ~ rakiju?* 라키야 한 잔 하겠느냐?; *da li si ~ kafu?* 커피 한 잔 할래? **17.** (대격

으로 오는 명사의 뒤 또는 옆에서 동사 동작이 종결되는 것을 나타냄, 위치의 변화가 있으며 kuda에 대한 대답으로) ~의 뒤로, ~의 뒤에, ~ 너머로; *jezik ~ zube* 입다물어!; *sakrio se ~ vrata* 문 뒤에 숨었다; *zaći ~ ugao* 귀퉁이 뒤로 가다; *sunce zašlo ~ brdo* 태양은 언덕 너머로 졌다 18. (동사 동작의 방향, 이동의 목표를 나타냄); *voz ~ Atinu* 아테네행 기차; *ići ~ Beograd* 베오그라드로 가다; *put ~ Beograd* 베오그라드 쪽으로 난 도로; *putuju ~ London* 런던으로 여행을 떠난다 19. (뭔가가 지속되는 시간·기간을 나타냄) ~ 동안에; *on će doći kući ~ praznike (Novu godinu)* 그는 공휴일 (신년) 기간 동안 집에 올 것이다; *zadatak ~ sredu* 수요일 과제; *scena je ~ trenutak ostaje prazna* 무대는 잠시동안 텅비어 있었다; *on nabroja goste koje je ~ subotu uveče pozvao* 그는 토요일 저녁에 초대한 손님들의 숫자를 세었다; *dođite ~ dan-dva* 하루이틀 여정으로 오세요; *pročitati ~ mesec dana* 한 달 동안 읽다; *pretrčao je 100 metara ~ 12 sekundi* 백 미터를 12초에 달렸다; *~ vreme rata* 전쟁 기간 동안 14. (수량·가치 등을 나타냄); *zgazim pogrešno, te skliznem ~ dva stepena* 발을 잘못디뎌 두 계단을 미끌어졌다; *skočio je ~ metar dalje od svih* 그는 모든 사람들 보다 1미터 더 멀리 뛰었다; *on je ~ glavu viši od tebe* 그는 너보다 머리 하나가 더 있다 III. **조격(I.) 과 함께** 15. (~의 뒤, 뒷편 또는 반대편을 나타냄, 위치에 변화가 없으며 gde에 대한 대답) ~의 뒤에; *sedeti ~ stolom* 책상에 앉다(책상 뒤에 앉다); *sedeti ~ volanom* 운전석에 앉다; *~ vratima je polica* 문 뒤에 선반이 있다; *kidne iz kuće i stoji ~ kućom dok ona ne iziđe* 그녀가 집에서 나오지 않는 동안 집에서 도망쳐 나와 집 뒤에 서 있었다 16. (~의 옆·곁에 있거나 나란히 있는 것을 나타냄); ~의 옆에, ~의 곁에, ~과 나란히; *svi su sedeli po klupama ~ dugim hrastovim stolovima* 참나무로 만든 길다란 테이블 옆에 있는 벤치에 모두 앉았다 17. (이동을 나타내는 동사와 함께) ~의 뒤로, ~의 뒤쪽으로; *ona ide ~ njim* 그녀는 그의 뒤를 따라간다; *~ mnom* 내 뒤를 따르라 18. (이동을 나타내는 동사와 함께) 목적·목표·이상을 향해 가는 것을 나타냄; ~을 하기 위해; *sestre odoše ~ poslom* 자매들은 일을 하러 갔다; *nek ona ide ~ svojom srećom* 그녀가 자신의 행복을 찾아 가도록 내버려두어라

19. 조격으로 오는 명사에 뭔가 붙어 있거나, 놓여 있는 상태를 나타냄; *~ pojasom im ručne granate* 그들의 혁띠에 수류탄이 있다; *~ gredama razne trave mirišu snažno* 목재에 달려붙은 각종 풀들의 냄새가 강하게 난다; *proveo sam tolike godine ~ đačkom klupom* 그렇게 수 년 동안을 (학생 의자에 앉아서) 학교에서 보냈다 20. (조격으로 오는 명사 다음에 누군가 혹은 뭔가가 순서대로 오는 것을 나타냄) ~ 후에, ~ 다음에; *jedan ~ drugim* 차례로, 줄줄이, 잇따라; *nesreća ~ nesrećom* 잇따른 불행; *~ razgovorom dođe šala, ~ šalom igra* 대화 뒤에 농담이 오갔으며, 농담 다음에는 놀이 (춤)가 따랐다; *ponovite ~ mnom* 날 따라하세요; *pravi glupost ~ glupošću* 멍청한 일을 잇따라 한다 21. (조격으로 오는 명사와 동시에 뭔가가 발생하는 것을 나타냄) ~ 하는 동안에 (u toku, za vreme, prilikom); *~ doručkom ispričao sam mu kako sam se proveo u Beogradu* 아침을 먹으면서 베오그라드에서 어떻게 보냈는지를 그에게 이야기했다 22. (감정이나 기분상태를 나타내는 동사를 야기한 원인·이유를 나타냄) ~ 때문에, ~에 대해; *on poče žaliti ~ školom* 그는 학교에 대해 불평한다; *ona vapi ~ osvetom* 그녀는 복수 때문에 울부짖는다; *žeđ ~ osvetom* 복수에 대한 목마름; *čeznuti ~ domovinom* 고향(조국)을 열망하다, 향수병을 앓다; *čeznuti ~ srećom* 행복을 열망하다; *tugovati ~ nekim* 누구 때문에 슬퍼하다 23. (전치사 없는 대격, 또는 전치사 na + 대격 대신에 쓰인다) *sine, mi čekamo ~ tvojom pesmom* 아들아, 네 노래를 (듣기를) 기다린다 24. 기타; *~ i protiv* 찬반(贊反); *~ šta na svetu* 세상의 그 어떤 것을 준다 해도 ~ 하지 않다; *ni ~ živu glavu* 어떤 일이 있어도 ~ 하지 않다; *ugristi se ~ jezik* 혀를 깨물다; *uzeti ~ ženu* 아내로 맞아들이다; *znati ~ nešto* 뭔가에 대해 알다; *brinuti se ~ nešto* 뭔가에 대해 걱정하다(근심하다); *ne ide mu ~ rukom* 그는 성공하지 못했다; *on uči ~ lekara* 그는 의사가 되는 공부를 한다

za- (接頭辭) 1. 동작이나 상태의 시작; *zapevati, zaigrati, zasijati, zablistati* 2. 동작의 부분적 이행(실행); *zaseći zacepiti, zapričati se* 3. 동작의 완료; *zapisati, zaštititi, zacrniti* 4. 소량을 뭔가에 첨가하는 동작; *začiniti, zabiberiti, zabrašniti* 5. 이동하여 ~의 뒤·뒷쪽·반대쪽으로 도달한 것을

1506

나타냄; zapasti, zaći, zabaciti 6. 무엇인가가
안에(안쪽으로) 끌어들여진 것, 밀린 것, 놓
여진 것을 나타냄; zabosti, zavući, zakopati
7. 한 물체가 다른 것과 연결된 것, 합쳐진
것을 나타냄; zakovati, zalepiti, zašiti 8. 무
엇이 다른 것을 덮는 동작을 나타냄; zasuti,
zarasti, zamazati

zabaciti *-im*; *zabačen* (完), **zabacivati** *-cujem*
(不完) 1. (~의 뒤로) 놓다, 두다, 던지다; 뒤
로 움직이다(이동하다) ~ *ruke na leđa* (손을)
뒷짐지다; ~ *glavu* 고개를 뒤로 돌리다; ~
kosu 머리를 뒤로 넘기다; *čas kapu*
namakne na oči, čas zabaci na potiljak 어
떤 때는 모자를 눈에 푹눌러쓰기도 하고 어
떤 때는 머리 뒤통수로 쓰기도 한다 2. (힘
껏) 멀리 던지다; (목표보다) 훨씬 멀리 던지
다; ~ *udicu* 낚싯바늘을 힘껏 멀리 던지다 3.
밀다, 밀쳐내다 (odgurnuti, odbaciti, rinuti);
~ *vrata* 문을 밀치다 4. 한 쪽으로 치우다
(던져놓다); ~ *knjige na tavan* 책을 다락방
에 치우다; ~ *negde ključeve* 열쇠를 어딘가
에 던져놓다 5. 아무데나 놓다(두다)(그래서
어디에 있는지 모른다) (zagubiti, zaturiti,
zametnuti); ~ *poziv u vojsku* 군대 징집소
집통지서를 아무데나 두다(그래서 어디있는
지 모른다); ~ *negde članak* 기사를 어딘가
에 놓다(어디있는지 모른다) 6. 경시하다, 포
기하다 (napustiti, zanemariti); ~ *učenje* 공
부를 하는둥 마는둥 하다 7. ~ se 뒤로 움직
이다, 뒤로 물러서다 8. ~ se 뒤로 기대다,
깊숙이(파묻히게) 앉다; ~ *se u fotelju* 안락
의자에 뒤로 젖히면서 파묻히게 앉다 9. ~
se 떠나다, 멀어지다 (otići, udaljiti se); ~
se u beli svet 도회지로 떠나다

zabačen *-a, -o* (形) 1. 참조 zabaciti 2. 아주
멀리 떨어진, 외진, 고립된; *i po*
najzabačenijim ulicama stalno su obilazile
nemačke patrole 가장 외떨어진 거리에도
독일 순찰대가 끊임없이 돌아다녔다 3. 발전
이 느린(더딘), 미개발의, 낙후된 (zaostao,
zanemaren, nerazvijen); ~*o mesto* 낙후된
지역

zabadati *-am* (不完) 1. 참조 zabosti 2. 기타;
~ *nos* (*u nešto*) 부당하게 간섭하다(참견하
다); ~ *trn u zdravu nogu* 1)불필요하게 어렵
게 하다 2)가당치도 않은 말을 하다

zabadava (副) 참조 badava

zabaliti *-im* (完) 참조 baliti; 콧물(bala)을 흘
리기 시작하다; 콧물로 더럽히다

zabarikadirati *-am* (完) 바리케이드를 만들다,
바리케이드를 치다; *žandarmi su bili*

zabarikadirali prozor ormanom 경찰들은
장롱으로 창문에 바리케이드를 설치했다

zabasati *-am* (完) 1. 길을 잃다, 길을 헤매다
(izgubiti put, zalutati) 2. (이야기 등을) 너무
멀리 나가다 3. (u nečemu) 지나치게 ~을
하다, 과도하게 ~을 하다 (preći meru,
preterati); *ponekad zna i da zabasa u*
poslu 업무를 과도하게 한다는 것도 가끔씩
은 안다

zabašuriti *-im* (完), **zabašurivati** *-rujem* (不完)
1. (아무일도 없었던 것처럼) 덮다, 은폐하다,
숨기다 (zataškati, sakriti, prikriti); ~ *neku*
stvar 어떤 일을 은폐하다; ~ *pred nekim*
nešto 무엇을 누구 앞에서 숨기다 2. 완화시
키다, 경감시키다; *pričaj i bol mi zabašuri*
말해 그래서 내 아픔을 덜어줘 3. 속여 편취
하다 (na prevaru uzeti, zabušiti)

zabat (建築) 박공(牌栱); 마루머리나 합각머
리에 `ㅅ'자 모양으로 붙인 두꺼운 널), 박공
지붕, 박공 구조; *kuće na* ~ 박공이 길쪽에
서 보이게 지은 집

zabataliti *-im* (完) 1. 내팽개치다, 버려두다,
경시하다 (zapustiti, zanemariti, napustiti);
~ *pisanje* 쓰기를 내팽개치다; ~ *porodicu*
가족을 내팽개치다 2. ~ se 일하는 것을 그
만두다, 무기력해지다; *ona mi je govorila da*
ću se u palanci ~ 그녀는 내게 내가 도회지
에서 무기력해질 것이라고 말했다

zabatrgati (se) *-am* (se) 비틀거리며 가기 시
작하다 (početi batrgati (se))

zabava 1. 즐겁게 시간을 보내는 것; 여흥;
dolaziti radi ~*e* 여흥 시간을 갖기 위해 오
다 2. 오락, 놀이(즐겁게 시간을 보낼 수 있
는), 재미삼아 하는 것 3. 파티, 리셉션; 무
도회; *plesna* ~ 또는 ~ *s igrankom* 무도회;
svetosavska ~ 성(聖)사바 파티; *prirediti*
~*u* 파티를 준비하다

zabavan *-vna, -vno* (形) 재미있는, 즐거운, 즐
겁게 하는; ~*vna muzika* 경음악; ~*vni film*
오락 영화, 대중 영화

zabavište 1. 유치원; *pohađati* (*ići u*) ~ 유치원
을 다니다 2. 즐겁게 시간을 보낼 수 있는
장소; 오락장, 유흥장, 여흥 장소; *ide po*
noćnim ~*ima* 밤의 유흥장소를 찾아다니다

zabavišni (形)

zabaviti *-im*; *zabavljen* (完), **zabavljati** *-am*
(不完) (nekoga) 1. (누구를) 즐겁게 하다, 즐
거운 시간을 보내게 하다 (razonoditi,
razveseliti); *trudio se da zabavi i nasmeje*
ljude 그는 사람들을 즐겁게 하고 웃게 하려
고 노력했다 2. 누구의 관심을 끌다; *zabavi*

ga dok ja dođem 내가 가는 동안 그의 관심을 좀 끌어라 3. (시간적으로) 지체시키다, 붙들다, 머물게 하다 (zadržati, zaustaviti, omesti); zabavi me on, te ne dođoh odmah 그는 날 잡아둔다, 그래서 나는 바로 오지 않았다 4. ~ se 즐거운 시간을 보내다 5. ~ se 지체하다, 붙들려 있다, 머물다, 허송세월하며 시간을 보내다; lako može i gospodin zapitati; gde smo se toliko zabavili 어디에서 그렇게 오랫동안 머물렀는지 그 분이 물어볼 확률이 높다 6. ~ se ~에 몰두하다, 열중하다; zabavio se tim pitanjem 그는 그 문제에 몰두하였다 7. (不完만) ~ se s nekim (누구와) 사귀다, 애정관계를 유지하다, 성관계를 맺다

zabavljač 흥을 돋우는 사람; (오락·여흥(餘興) 따위의) 예능인, 연예인, 엔터테이너

zabavljati -am (不完) 참조 zabaviti

zabavnik 1. 대중오락잡지 2. 참조 zabavljač

zabeći, zabegnuti zabegnem (完) 도망치다, 도망가다 (pobeći); ~ za nešto ~의 뒤로 도망치다; ~ za brdo 언덕 너머로 도망치다; ~ u goru 산속으로 도망치다

zabekrijati se -am se (完) 술주정뱅이(bekrija)가 되다, 술주정꾼처럼 행동하다

zabeleška (G.pl. -žākā) 참조 beleška; 메모, 기록, 노트; 기사; praviti ~e 노트하다; ~ o razgovoru 대화록; ~ u dnevniku 일기장 기록; ~ u novinama 신문 기사

zabeleti -im (完) 1. 회여지다, 하얗게 되다; brda zabele od snega 언덕들이 눈으로 하얗게 되었다 2. 날이 새다(밝다), 동이 트다 (sinuti, svanuti); i dan zabeli ... a on još ne dođe 날이 새는데도 그는 아직 오지 않는다; zora je zabelela 동이 트기 시작했다; ustaće čim zora zabeli 동이 트면 바로 일어날 것이다 3. (눈이) 생기를 잃다, 반짝 반짝하지 않다, 광채를 잃다; 눈을 크게 뜨고 바라보다; gleda dok joj oči ne zabele 그녀의 눈이 생기를 잃지 않았을 동안 바라본다; zabeli očima u plafon 눈을 크게 뜨고 천장을 쳐다본다 4. ~ se 회여지기 시작하다, 하얗게 되기 시작하다

zabeležiti -im (完) 1. 기록하다, 적다 (zapisati, upisati); zebeležio je što mu je rekla 그는 그녀가 그에게 한 말을 기록했다; na putu sam zabeležio neke svoje misli 나는 여행 중에 내 자신의 생각을 적었다(기록했다) 2. (~에 대해) 기사를 보도하다; novine su zabeležile ceo događaj 신문은 전체 사건에 대해 기사를 보도했다 3. 표시(beleg)를 남

기다, 표시하다, 마크하다; nije joj groba zabeležio 그는 그녀의 무덤을 표시하지 않았다 4. 평가하다, 받아들여지다 (oceniti); nije on tamo dobro zabeležen 그는 거기서 그리 좋지 않게 평가되었다 5. 실현하다 (ostvariti); sportisti su zabeležili veliki uspeh 선수들은 커다란 성공을 이뤘다 6. ~ se 등록하다, 입학하다 (upisati se); (비유적) 새겨지다; ja sam se u našoj školi zabeležio 나는 우리 학교에 등록했다(입학했다); to mu se zabeleži u srce 그것은 그의 가슴에 새겨졌다 7. 기타; ~ okom 눈으로 보다, 기억하다

zabeliti -im (完) 1. 희게 하다, 하얗게 하다, 흰 것을 바르다(칠하다); (비유적) 아름답게 하다; ~ zid 벽을 하얗게 바르다 2. 환하게 비추다, 밝게 하다 (osvetliti); zora je već zabelila nebo 여명은 벌써 하늘을 환하게 했다; sneg je sve zabelio 눈(雪)이 모든 것을 빛나게 했다 3. (포도주·우유 등을) 물로 희석시키다, 물을 약간 타다; ~ vino 포도주에 물을 타다 4. 나무 껍질을 벗기다; ~ drvo 나무껍질을 벗기다

zabetonirati -am (完) 콘크리트(beton)로 짓다, 콘크리트로 튼튼하게 하다, 시멘트를 바르다; ~ tunel 터널을 콘크리트로 짓다

zabezeknuti -nem (完) 1. 어리둥절하게 하다, 깜짝 놀라게 하다, 망연자실하게 하다 (iznenaditi, zaprepastiti, zapanjiti); to ga strašno zabezeknu 그것은 그를 엄청 놀라게 한다 2. ~ se 망연자실하다, 깜짝 놀라다, 어리둥절해 하다; na tu vest čovek se zabezeknu 그 뉴스에 그 사람은 깜짝 놀란다

zabezeknuto (副) 깜짝 놀라, 망연자실해서 (zaprepašćeno, zapanjeno); ~ pogledati 망연자실해서 바라보다

zabiberiti -im (完) 1. 후추(biber)를 치다; ~ supu 수프에 후추를 치다 2. (비유적) 말(이야기)에 조미료(MSG)를 치다; ~ članak 기사에 조미료(MSG)를 더하다; ~ šalu 농담에 MSG를 치다 3. ~ nekome (누구에게) 어려움(곤란)을 야기시키다, (누구를) 곤란하게 만들다, 곤경에 처하게 하다

zabijač 해머, 망치 (čekić, malj)

zabijati -jam (不完) 1. 참조 zabiti 2. 기타; ~ nos (u šta) 요청하지도 않았는데 참견하다 (간섭하다)

zabit (女) 1. 외딴 곳(지역), 접근하기 어려운 곳(지역), 멀리 떨어진 곳(지역) 2. 각(角), 각도 (ugao, kutak); ~ kuće 집의 각 3. 고

독, 외로움 (samoća, osama); ~ *života* 삶의 고독

zabit -*a*, -*o* (形) 외진, 멀리 떨어진, 고립된 (zabačen, zabitan); ~ *kraj* 외딴 지역

zabitan -*tna*, -*tno* (形) 1. 외진, 동떨어진, 고립된 (zabačen); ~*tno selo* 외딴 마을 2. 세상과 등지며 사는, 고립된; ~*tna devojka* 소외당한 소녀 3. 활력이 없는, 생기가 없는, 미개발된 (učmao, zaostao); ~*tna palanka* 죽은듯 활력이 없는 도회지; ~*tna sredina* 뒤떨어진 환경

zabiti *zabijem* (完) 1. 때려 박다, 박아 넣다, 쿵쿵 찧다(박다) (zabosti, ukucati); ~ *kolac u zemlju* 말뚝을 땅속에 박다; ~ *klin* 쐐기를 박다; ~ *ekser* 못을 박다 2. 집어 넣다, 쑤셔 넣다, 밀어넣다 (zavući, uvući, gurnuti); ~ *ruke u džepove* 손을 주머니에 집어 넣다; ~ *u trnje* 가시밭에 밀어넣다 3. 숨기다, 치우다 (skloniti, sakriti); 쫓아내다, 추방하다(외딴 곳으로); ~ *stvari u pećine* 물건들을 동굴에 숨기다; ~ *u selendru* 외딴 마을로 추방하다 4. ~ *se* 찔리다, 박히다 (zariti se, zabosti se); *zabio se ekser u meso* 못이 고기에 박혔다 5. ~ *se* 숨다, 은신하다, 피신하다; 고립되어 살다 (zavući se, skloniti se, sakriti se); ~ *se u kuću* 집에 숨다; ~ *se pod sto* 책상밑에 숨다; ~ *se u svoju sobu* 자기 방에 고립되어 살다 6. 기타; ~ *gol* (口語) 골을 넣다; ~ *nož u leđa* 등에 칼을 꽂다; ~ *nokte u ledinu* 도망치다; ~ *nos u knjige* 책에 몰두하다; ~ *glavu u pesak* 현실을 외면하다; ~ *u glavu* ~하기로 작정하다 (결심하다)

zablatiti -*im* (完) 1. 참조 blatiti 2. 진흙(blato)으로 더럽히다, 진흙을 묻히다; ~ *čizme* 장화에 진흙을 묻히다; *zablaćene čizme* 진흙이 잔뜩 묻은 장화 3. (비유적) 수치스럽게 하다, 치욕스럽게 하다, 불명예스럽게 하다 (osramotiti, obrukati) 4. ~ *se* 진흙이 묻어 더러워지다

zablebetati -*ćem* (完) 수다를 떨기 시작하다, 주절 주절 말하기 시작하다 (početi blebetati)

zablejati -*jim* (完) 1. 매애~하고 울기 시작하다 (početi blejati) 2. 부적절하고 예의없이 말하다 3. ~ *se* 멍하니 뭔가를 바라보다 (zablenuti se); ~ *se u govornika* 말하는 사람을 멍하니 바라보다

zableknuti -*nem* (完) 매애~ 소리(blek)를 내다

zablenuti -*nem* (完) 1. (u koga, u šta) 뭔가를 멍하니 바라보다; ~ *u nevestu mladu* 젊은

신부를 멍하니 바라보다 2. 어리둥절하게 하다, 당황하게 하다, 놀라게 하다 (iznenaditi, zapanjiti); *to ga je zablenulo* 그것이 그를 놀라게 했다; *viđao je svakojakih lovaca, ali ženskih još nikad, pa ga je taj susret ... toliko zablenuo da je odmah stao i zagledao se u njih* 온갖 사냥꾼들을 봐 왔지만 여자 사냥꾼들은 아직까지 본 적이 없었다, 그래서 바로 서서 그들을 쳐다볼 정도로 그렇게 그를 매우 놀라게 했다 3. (일시적으로) 눈이 안보이게 하다, 눈을 멀게 하다 (zaseniti, zablesnuti); *sunce mu zablele oči* 해가 그의 눈을 순간적으로 멀게 했다 4. ~ *se* 멍하니 바라보다(쳐다보다)

zablesaviti -*im* (完) 1. 멍해지다 (postati blesav), 제정신이 아니다, 헷갈리다; ~ *usled skleroze* 경화증 때문에 멍해지다 2. 황당하게 하다, 당황하게 하다, 헷갈리게 하다 (učiniti blesavim); ~ *gazdu* 주인을 헷갈리게 하다

zablesnuti -*nem* (完) 1. 눈부시게 빛나기 시작하다, 광채를 내기 시작하다, 반짝이다 (zablistati, sinuti) 2. (섬광이나 갑작스런 빛 등으로) 일시적으로 눈이 안보이다, 눈이 부시어 잘 안보이다; *zablesnu ga belina snega* 눈부신 눈(雪)으로 인해 눈이 잘 안 보였다 3. 감탄시키다, 탄복시키다, 압도하다 (zadiviti, zaseniti); *on mora na današnjoj skupštini da zablesne svojim govorom, da osvoji narod* 그는 오늘 의회 연설에서 (사람들을) 감복시켜, 국민들의 마음을 얻어야만 한다

zableštati -*tim* (完) 1. (눈(雪), 은 등이) 빛나다, 반짝거리다, 광채를 내다 2. (강한 빛으로 인해) 눈이 안보이다, 눈이 부시어 잘 안 보이다; *gleda u natpis, dok mu oči ne zablešte* 그의 눈이 강한 빛으로 인해 안보이기 전 까지는 비석을 바라본다 3. (비유적) 감탄시키다, 탄복시키다, 압도하다 (zaseniti, zadiviti); *hteo je da zablešti, da briljira* 그는 빛을 발하고 압도하고 싶었다

zableštiti -*im* (完) 눈이 부셔 앞이 안보이게 하다

zablistati (se) (完) 1. 아주 강하게 빛나기 시작하다, 번쩍거리다, 반짝거리다 (별·칼·번개 등이); *i već zablista u ruci mu bajonet* 그의 손에 있는 총검이 벌써 빛나기 시작한다; *suze mu se zablistaše u očima* 그의 눈의 눈물이 반짝거렸다 2. (성적·실적 등이) 두드러지다 (istaći se, odlikovati se); ~ *na prijemnom ispitu* 입학시험에서 두드러진 성

Z

적을 거두다; *prvi put on je zablistao ... na konkursu za izbor omladinske reprezentacije* 처음으로 그는 청소년 대표 선발 콩쿠르에서 두드러졌다

zabluda 1. (오해·편견에서 비롯되는) 잘못된 믿음, 잘못된 생각; ~ *je mislim da intimni drugovi moraju biti u svemu biti jednaki* 성적(性的) 파트너가 모든 면에서 동등해야 된다는 것은 편견이라고 생각한다 2. 기타; *biti u ~i* (~에 대해) 오해하다; *izvesti iz ~e* 누구의 눈을 뜨게 하다, 올바로 깨닫도록 하다(이해하도록 하다); *dovesti u ~* 잘못 생각 하게 하다; *pasti u ~u* 완전히 (~에 대해) 잘 못된 생각을 하다, 완전히 잘못된 인상(생각) 을 얻다; *sudska ~* (法) 오심(誤審)

zabludan *-dna, -dno* (形) 1. 잘못 생각한, 잘 못된 (pogrešan); *~dno mišljenje* 잘못된 생 각; *~dno nagađenje* 틀린 추측 2. 방탕한, 타락한 (bludan, razvratan); ~ *život* 방탕한 삶

zabludeo *-ela, -elo* (形) 1. 잘못된 생각의; *oslobodite se ~delih mišljenja ... razmišljajte trezveno i rasuđujte savesno* 잘못된 생각을 떨쳐내세요 그리고 합리적으 로 생각하고 양심적으로 판단하세요; *~delo mišljenje* 잘못된 생각 2. 길을 잃은; (비유 적) 인생에서 잘못된 길을 간; ~ *sin* 탕아

zabludeti *-im*; *zabluđen* (完) 1. 길을 잘못 들 다(가다); 실수하다; ~ *u pustinji* 사막에서 길을 잃다 2. 우연히 도달하다 (slučajno naići); ~ *na ostrvo* 우연히 섬에 다다르다 3. ~에 열중하다 4. (길을) 잃다; *ja sam čovek putnik, a zabludio sam put* 나는 여행객인데, 길을 잃었다 4. (nekoga) 잘못된 길로 인도 하다

zabluditi *-im* (完) 1. (nekoga) 잘못 생각하게 하다, 잘못된 길로 들어서게 하다 (zaseniti, zaslepiti) 2. 어리둥절하게 하다, 당황케 하 다 (zabezeknuti)

zabludno (副) 틀리게 (pogrešno); ~ *misliti* 잘못 생각하다

zabludnost, zabluđenost (女) 혼동, 당혹

zaboga (小辭) 1. 의외·당혹·놀람·불평 등을 나 타냄 (čuđenje, iznenađenje, negodovanje); 정말로; *dođite, ~, šta čekate?* 어서 와요, 아니, 뭘 기다려요?; *zar je, ~, umro?* 정말 로 죽었어? 2. 부탁·청원·애원 등에서; 제발, 부디; *nemojte me, ~, izdati* 제발 날 배신하 지 말아주세요 3. (~의) 자연스러움, 타당함 등을 나타낼 때; *pa, ~, ona je član toga društva* 그래, 그녀는 그 모임의 회원이거든

zaboleti *-i* (보통은 無人稱文으로) 1. 아프기

시작하다; (통증 등이 신체 부분에) 나타나다; *glava ga zabolela* 그는 골치가 아프기 시작 했다; *zabolelo ga u kristima* 그는 엉치뼈가 아프기 시작했다 2. 상처를 주다, 아프게 하 다, 모욕하다 (naneti bol); *zabolele su je njegove reči* 그의 말이 그녀에게 상처를 주 었다 3. 기타; *duša (srce, do crca) me zabolela (zabolelo)*; 마음이 너무 아팠다; *neće te ni glava ~* 골치 아픈 일은 없을 것 이다(아무 일도 안 일어날 것이다)

zaborav 1. (기억 등의) 잊혀짐, 망각 2. 건망; *imati osećaj ~* 건망의 느낌이 있다 3. (다른 모든 일을 잊고서 하나에만 몰두하는) 열심, 몰두 (zanos, zanetost); *u ljubavnom ~u* 사 랑에 파묻혀 4. (사회로부터 한 발 물러난) 평온, 안락 (pokoj, mir, usamljenost); *tražiti odmor i ~* 휴식과 평온을 찾다(갈구 하다); *povući se u mir i ~* 조용히 살다 5. 잘못의 용서 6. 기타; *baciti (dati) u ~, predati ~u, prekriti ~om* 1) 잊다, 잊어버리 다 2)잘못한 것이 없다고 간주하다; *oteti (otrgnuti, spasti) od ~a, izvući iz ~a* ~에 대한 기억을 끄집어내다(되살리다), 잊혀지 지 않도록 뭔가를 하다; *pasti (preći, potonuti) u ~* 잊혀지다; *u ~ (slušati, čekati)* 매우 오랫동안 (듣다, 기다리다)

zaboravan *-vna, -vno* (形) 쉽게 잊는, 잘 잊 어버리는, 딴 데 정신이 팔린 (rasejan, dekoncentrisan); *od radosti sam postala ~vna* 기뻐서 나는 정신이 딴 데 있었다; *~vna voda* 망각수(모든 것을 잊혀지게 만드 는)

zaboraviti *-im*; *zaboravljen* (完), **zaboravljati** *-am* (不完) 1. (기억을) 잊다, 잊어버리다; (정신이 없어, 혼란스러워) 잊다, 잊어버리다, 기억을 못하다; (~할 것을) 잊다; ~ *nešto (nekoga)* 무엇을(누구를) 잊다; *zaboravi ti to!* 그것을 잊어버려라!; ~ *lekciju* 교훈을 잊 다; ~ *pesmu* 노래를 잊어버리다; ~ *popiti lek* 약 마시는 것을 잊다; *zaboravio sam šta si rekao* 네가 뭐라고 말했는지 잊어버 렸다; *ne zaboraviti da je i on tu* 그 사람도 여기에 있다는 것을 잊지 않다 2. (신경쓰는 것·보살피는 것을) 간과하다, 소홀히 하다, 등한시 하다 (zanemariti); ~ *na majku* 어머 니를 돌보는 것을 소홀히 하다; *otišao je u svet i zaboravio na roditelje* 세상에 나간 후 부모님을 소홀히 했다 3. ~에 열중하게 하다, 몰두하게 하다; ~ *na prosvetu* 교육에 몰두하다; ~ *na neke pisce* 어떤 작가들에 몰두하다 4. (휴대하는 것을) 잊어버리다; ~

kišobran 우산을 잊어버리다; *zaboravio je da ponese olovku* 연필을 휴대하는 것을 잊어버렸다 5. 용서하다 (oprostiti); *ne mogu ti to ~* 나는 네게 그것을 용서할 수 없다 6. *~ se* 서로가 서로를 잊다(잊어버리다) 7. *~ se* 자제력을 잃다; *on se zaboravio i počeo je da viče na šefa* 그는 자제력을 잃고 상사에게 소리치기 시작했다 8. *~ se* 잊혀지다, 망각되다; *to se lako zaboravlja* 그것은 쉽게 잊혀진다 9. *~ se* 실수하다(pogrešiti); *neke žene se zaborave* 어떤 여성들은 실수한다

zaboravljiv *-a, -o* (形) 쉽게 잊는, 잘 잊어버리는 (zaboravan)

zaboravnost (女) 잘 잊음, 건망증, 망각

zabosti *zabodem; zabo, zabola; zaboden, -ena* (完), **zabadati** *-am* (不完) 1. (바늘 등 뾰족한 것으로) 찌르다, 박다 (zabiti, zariti); *~ nož* 칼로 찌르다; *~ kolac u zemlju* 땅에 말뚝을 박다; *~ iglu u jastuče* 쿠션에 바늘을 찌르다 ; *~ mamuze u trbuh* (말에) 박차를 가하다 2. 집어 넣다, 찔러 넣다 (zagnjuriti, uvući); *zabo ruke u džepove, nakrivio kapu* 손을 주머니에 찔러 넣고, 모자를 비뚤어지게 했다 3. (나무 등을) 심다 (zasaditi); *~ rasad u zemlju* 묘목을 땅에 심다 4. 뚫어지게 쳐다보다 (눈도 깜박이지 않고 날카롭게) 5. *~ se* 찔리다, 박히다 (zabiti se); *zabo mu se trn u nogu* 그는 발에 가시에 찔렸다 6. *~ se* 몰두하다, 열중하다; *~ nos (u knjige, novine)* 읽는데 열중하다 7. 기타; *~ nož u srce ~*에게 깊은 상처를 주다, 골수에 사무치게 하다; *~ nokte u ledinu* 도망치다; *~ nos* 참견하다; *~ pero u ledinu* 집필활동을 중단하다

zabraditi *-im; zabrađen* (完) **zabrađivati** *-đujem* (不完) 1. 머리에 스카프를 두르고 턱 (brada) 밑에서 스카프를 묶다, 머리수건을 쓰다 2. *~ se* 스카프를 머리에 두르다; *žena se zabradila* 여인은 머리에 스카프를 둘렀다

zabrajati se *-jam se* (不完) 참조 zabrojiti se

zabran (男) 1. 입산금지된 숲(벌목 금지 등의), 방목금지된 목초지, 금지된 수렵터(사냥 등의); *državni ~* 국가관리하의 금지 지역 2. 숲, 작은 숲 (šuma, gaj, lug) 3. 금지(방목·사냥 등의) (zabrana)

zabrana 금지, 금제(禁制), 금지령; *staviti ~u na nešto ~*을 금지하다; *dići ~u* 금지령을 해제하다

zabraniti *-im; zabranjen* (完), **zabranjivati** *-njujem* (不完) 1. 금지하다, 금지령을 발하다;

~ prolaz 통행을 금하다; *~ predstavu* 공연을 금지하다; *~ novine* 신문의 발행을 금지하다 2. 입산금지된 숲(zabran)에 들어가는 것을 금하다(허락하지 않다); *~ livadu* 목초지에 방목을 금하다; *~ šumu* 벌목을 금하다 3 기타; *zabranjeno voće* 금단의 열매

zabratka 머리에 둘러쓰는 스카프, 머리두건 (vezoglava)

zabraviti *-im; zabravljen* (完), **zabravljivati** *-ljujem* (不完) 자물쇠(brava)로 잠그다, 자물쇠로 채우다; *pandur ... iziđe i zabravi vrata* 포졸이 나오고 ... 문을 자물쇠로 잠갔다

zabrazditi *-im; zabražđen* (完), **zabraždivati** *-đujem* (不完) 1. 밭을 갈기 시작하다, 밭이랑 (brazda)을 만들기 시작하다, 쟁기질하기 시작하다; *~ plugom* 쟁기로 이랑을 갈기 시작하다 2. (u nešto, preko nečega) (자기 밭의) 경계를 넘어 남의 땅까지 밭을 갈다 3. (비유적) 주름이 지기 시작하다 4. (비유적) 과하게 하다, 과도하게 하다, 지나치게 하다; *~ pričajući* 이야기하면서 너무 나가다; *~ u hvalisanju* 과도하게 감사해 하다

zabrbljati *-am* (完) 1. 수다를 떨기 시작하다 2. *~ se* 한참동안 수다를 떨다; *ona se zabrblja strastveno sa starom gospođom o politici* 그녀는 노파와 함께 정치에 대해 한동안 열심히 수다를 떤다

zabrdskī *-ā, -ō* (形) 언덕 너머의, 산 너머의

zabrđanin *-ani* 산 너머의 사람, 언덕 너머의 사람 **zabrđanka**

zabrđe 산(언덕) 너머의 건너편 지역 (predeo iza brda)

zabreći *zabreknem* (完) 참조 zabreknuti

zabreknuti *-nem* (完) 1. (물기를 먹어) 부풀다, 부풀어 오르다 (nabreknuti, nabubriti) 2. (물기·습기에) 푹 젖다; *zabrekle čizme* 장화가 물에 젖었다 3. (신체의 근육 등이) 팽팽해지다, 탱탱해지다; 붓다; 젖이 불다, 젖이 탱탱해지다(젖이 꽉 차서) 4. (비유적) 꽉 채우다 (ispuniti se, napuniti se); *zabrekao mu džep* 그의 주머니를 채웠다 5. 기타; *~ od snage* 커다란 힘을 얻다, 힘이 넘쳐 나다

zabrektati *-ćem* (完) 헐떡거리기 시작하다, 숨차기 시작하다 (početi brektati)

zabrinut *-a, -o* (形) 참조 zabrinuti; 걱정 근심이 있는, 근심하는 걱정하는; *biti ~ za nešto ~*을 근심하다; *~ roditelj* 걱정하는 부모

zabrinuti *-nem* (完), **zabrinjavati** *-am,* **zabrinjivati** *-njujem* (不完) 1. 심려를 끼치다, 걱정하게 하다, 근심하게 하다; *kao svaku majku, zabrinu je bolest njegova* 모든 어머

니들처럼 아들의 질병을 걱정한다; *zabrinjava nas njegovo zdravlje* 우리는 그 사람의 건강을 걱정한다; *sve nas je zabrinula situacija na frontu* 우리 모두는 전선의 상황을 걱정한다 2. ~ se 근심하다, 걱정하다; ~ *se za nekoga* 누구를 걱정하다

zabrinutost (女) 근심, 걱정

zabrljati *-am* (完) 1. 오점을 남기다, 더럽히다 (zamrljati, isprljati); ~ *papir* 종이를 더럽히다; ~ *pod* 바닥을 더럽게 만들다 2. (비유적) (어떠한 임무를) 엉터리로 행하다, 엉망으로 만들다; 비양심적으로 (~을) 행하다; ~ *na poslu* 직장에서 일을 엉망으로 하다; *advokat je nešto zabrljao s prodajom mlina* 변호사는 방앗간 매매에서 뭔가를 비양심적으로 처리했다; ~ *nešto sa novcem* 돈과 관련된 뭔가를 비양심적으로 처리하다 3. ~ se 더러워지다 (isprljati se)

zabrojati se *-jim se*, **zabrojiti se** *-jim se* (完) 틀리게 셈하다, 잘못 계산하다

zabrtviti *-im* (完), **zabrtvljivati** *-ljujem* (不完) 1. 마개(brtva)로 막다. 틀어 막다 (zatvoriti, zapušiti, zatisnuti); *rupu zabrtvi komadom cigle* 구멍을 벽돌 조각으로 막는다 2. ~ se ~에 빠지다, ~에 꽉 끼다

zabrujati *-jim*, **zabrujiti** *-jim* (完) 윙윙거리기 시작하다 (početi brujati, brujiti)

zabuljiti se *-im se* (完) ~ *u nešto* 응시하다, 뚫어지게 바라보다(쳐다보다)

zabuna 1. 혼란, 혼동, 당혹스러움, 어리둥절, 헷갈림; *uneti (napraviti)* ~u 혼란스럽게 하다, 당혹스럽게 하다; *nastala je* ~ 혼란스러웠다, 헷갈렸다; *dovesti u* ~u 당황하게 하다 2. 무질서, 혼란 (nered, haos) 3. 실수, 잘못된 생각 (greška, zabluda)

zabuniti *-im*; *zabunjen* (完) **zabunjivati** *-njujem* (不完) 1. ~ *nekoga* 누구를 당황하게 하다, 헷갈리게 하다 (zbuniti) 2. 기절하게 하다, 실신시키다 (ošamutiti) 3. 봉기하다, 봉기를 일으키다 (podići na ustanak, pobuniti); ~ *narod* 백성들이 봉기를 일으키게 하다 4. 봉쇄하다, 차단하다, 좌절시키다 (omesti, sprečiti) 5. ~ se 당황스러워 하다, 헷갈려 하다 (zbuniti se)

zabušant (의무·임무·과제 등의 이행을) 회피하는 사람, 기피하는 사람; 기피자, 회피자

zabušantskī *-ā, -ō* (形) 참조 zabušant

zabušiti *-im* (完), **zabušavati** *-am*, **zabušivati** *-šujem* (不完) 1. (임무·과업의 이행·수행을) 피하다, 기피하다, 회피하다; *zabušio je vojnu vežbu* 군사 훈련을 회피했다 2. 속이

다, 속여 빼앗다; *zabušio mi je sto dinara* 그는 날 속여 백 디나르를 편취했다 3. 당황하게 하다, 당혹스럽게 하다 (zbuniti, iznenaditi)

zabušiti *-im* (完) 1. (틈·구멍 등을) 메꾸다, 채우다 (zapušiti, ispuniti); ~ *jaz* 틈을 메꾸다 2. 쑤셔 넣다, 쑤셔 박다, 푹 파묻다 (uvući, zagnjuriti, zabiti); ~ *glavu u jastuk* 머리를 베개에 푹 파묻다 3. ~ se 파묻히다, ~ 속에 들어가다; ~ *se u tlo* 땅속에 파묻히다

zacakliti *-im* (完) 1. 유리처럼 빛나기 시작하다 (반짝이기 시작하다) (početi cakliti) 2. 눈(眼)이 이글거리다, 눈이 반짝거리다

zacariti *-im* (完) 1. (누구를) 황제(car)로 선포하다; ~ *nekoga* 누구를 황제로 선포하다 2. 통치하다, 지배하다 (zavladati) 3. ~ se 황제로 선포되다, 황제가 되다 4. ~ se 뿌리를 내리다 (ukoreniti se)

zaceliti *-im*; *zaceljen* (完), **zaceljivati** *-ljujem* (不完) 1. 치료하다, 낫게 하다 (izlečiti) 2. (自) (상처가) 낫다 3. ~ se 낫다, 치료되다

zacelo (副) 정말로, 확실히 (zaista, sigurno)

zaceljivati *-ljujem* (不完) 참조 zaceliti

zaceniti *-im*; *zacenjen* (完), **zacenjivati** *-njujem* (不完) 1. 가격을 매기다; ~ *prase sto hiljada* 새끼 돼지에 십만 (디나르)의 가격을 매기다 2. (판매 물건에) 너무 비싼 가격을 매기다(부르다); ~ *nemoj* ~, *gazdarice* 주인님, 너무 높은 가격을 매기지 마시오

zaceniti se *-im se*, **zacenuti se** *-nem se* (完) 숨이 멎다, 숨이 차다(울음·웃음·기침 등으로 인해)

zacenjivati *-njujem* (不完) 참조 zaceniti

zacenjivati *-njujem* (不完) 숨이 멎게 하다; *šala njegova zacenjivaše smehom svatove* 그의 농담은 웃겨서 하객들이 숨을 쉴 수 조차 힘들게 했다

zacepiti *-im*; *zacepljen* (完) **zacepljivati** *-ljujem* (不完) 1. 조금 찢다, 부분적으로 찢다; (전체 중 일 부분을) 찢다; *neko zacepio pantalone, neko suknju* 누구는 바지를, 누구는 치마를 찢었다 2. (나무 등을) 접붙이다 (nakalemiti); *uze kaleme da usput zacepi divljaku* 자생나무에 접붙이기 위해 접가지를 잘랐다 3. (비유적) 너무 많은(높은) 가격을 요구하다 (zaceniti)

zacerekati se *-am se* (完) 크게 웃기 시작하다 (početi se cerekati, zakikotati se)

zacopati se *-am se* (完) ~ *u nekoga* 누구에게 홀딱 반하다, ~에게 푹 빠지다; *pa kakva je to devojka? ... zacopala se u razbojnika!*

뭐 그런 아가씨가 다 있어? (그 아가씨가)...
그 강도에게 홀딱 빠졌어!

zacrneti se *-im se* (完) 검어지다, 검은 색으로 변하다; 검은 색이 나타나다

zacrniti *-im*; *zacrnjen* (完), **zacrnjivati** *-njujem* (不完) 1. 검게 하다; ~ *kožu fiksom* 주사로 피부를 검게 하다 2. (비유적) 애도의 표시로 검은 리본을 달다; 불행하게 하다, 비통하게 하다, 슬프게 하다 (ojaditi); *njegova smrt je zacrnila majku* 그의 죽음은 어머니를 슬프게 했다 3. (비유적) 나쁜 방향으로 발전하다(진전되다) 4. ~ se 검은 색으로 칠하다; (비유적) 불행해지다 (unesrećiti se)

zacrpsti *zacrpem*; *zacrpao, -pla* (完) (액체 등을) 퍼내기 시작하다, 퍼올리기 시작하다 (početi crpsti)

zacrveneti se *-nim se* (完) 벌게지다, 빨갛게 되다; 빨간색이 나타나다

zacrveniti *-nim* (完) 빨갛게 하다, 빨갛게 칠하다

zacvileti *-im* (完) 신음하기 시작하다, 끙끙대기 시작하다 (početi cvileti)

zacvokotati *-ćem* (完) 이(齒)를 덜덜 떨기 시작하다 (početi cvokotati)

začaditi *-im*, **začađaviti** *-im* (完) 그을리다, 그 을음으로 뒤덮히다

začahurenost (女) (성격 등의) 폐쇄성, 고립성 (zatvorenost u sebe)

začahuriti se *-im se* (完) 1. 고치(čaura)를 만들다, 자기 주변을 고치로 둘러싸다 2. (비유적) 세상과 등지고 살다, 담을 쌓고 살다 (učahuriti se)

začamati *-am* (完) 1. (어느 곳에) 오랫동안 머물다 2. 늦다, 지각하다 (odocniti, zakasniti) 3. (비유적) 발전을 멈추다, 정체하다

začarati *-am* (完) 1. 마법을 걸다 (omađijati) 2. 탄복시키다, 감탄하게 하다, 마음을 빼앗다, 홀리다 (zadiviti, očarati); *njena lepota ga je začarala* 그녀의 아름다움이 그를 홀리게 했다 3. 기타; *začarani krug* 출구가 없는 함정, 논리적으로 해결할 수 없는 사건

začas (副) 1. 곧, 즉시, 재빨리 (vrlo brzo, odmah); ~ *nestane* 순식간에 사라진다 2. 잠깐만, 조금만 (na trenutak, zamalo); *stani* ~ 잠깐만 서

začasnī *-ā, -ō* (形) 참조 počasni; 명예의, 명예직의, 명예상의; ~ *građanin* 명예시민

začauriti se *-im se* (完), **začaurivati se** *-am se* (不完) 참조 začahuriti se

začeće (난소의) 수정, 임신, 수태(受胎);

bezgrešno ~ (宗) 무원죄 수태, 무구수태

začedak *-tka*; *začeci* 1. 태아(보통 임신 8주까지의) 2. (동·식물의) 배(胚); 애벌레 3. (일반적으로) (발달의) 초기의 것, 싹; *Beogradski pašaluk postane* ~ *nove države srpske* 베오그라드 파샬루크는 새로운 세르비아 국가의 시초가 된다

začeliti *-im* (完) **začeljivati** *-ljujem* (不完) ~의 선두에 놓다(세우다), 상석(주빈석)에 앉히다; *domaćin je starim prijateljem stol začelio* 주인은 오랜 친구를 상석에 앉혔다

začelnī *-ā, -ō* (形) 참조 začelje; 후위의, 후미의; ~ *odred* 후방 분대

začelje 1. (테이블의) 상석, 주빈석 2. (軍) (행렬 등의) 후위, 후미

začepak *-pka* 참조 zapušač; 마개, 코르크 마개

začepiti *-im*; *začepljen* (完), **začepljavati** *-am*, **začepljivati** *-ljujem* (不完) 1. 코르크 마개(čep)로 막다; (구멍을 마개 같은 것으로) 막다, 틀어 막다 (zapušiti, zatisnuti); ~ *flašu* 병을 마개로 막다 2. ~ se (코르크 마개로) 막히다 (zatvoriti se, zapušiti se) 3. 기타; ~ *usta (kome)* (누구의) 입을 틀어막다, 말을 못하게 하다, 침묵시키다

začepljenje (동사파생 명사) začepiti; 막는 것, 방해

začeprkati *-am* (完) 1. 땅을 파기 시작하다, 파헤치기 시작하다 (početi čeprkati); *kokoš začeprka po pesku* 암탉은 모래밭을 파헤치기 시작한다 2. (비유적) 파헤치다, 파헤쳐 조사하기 시작하다 (보통은 비밀리에); *ako začeprkate u postavljene odnose, onda tačno možete da nađete razlog njihovom autonomizmu i separatizmu* 만약 수립된 관계에 대해 조사하신다면, 그들의 자치주의와 분리주의의 이유를 정확히 아실 것입니다 3. 긁다, 할퀴다, 긁힌 자국을 내다 (zagrepsti); ~ *noktima* 손톱으로 긁다 4. 파헤쳐서 파묻다, 대충 묻다; ~ *seme u zemlju* 씨앗을 땅에 파묻다 5. ~ se 조금 파헤쳐지다 (malo se ukopati)

začešljati *-am*; *začešljan* (完), **začešljavati** *-am* (不完) 1. 빗(češalj)으로 머리를 손질하다, 빗으로 머리를 매만지다, 빗질하다 2. ~ se 빗질하다

začetak *-tka*; *začeci* 1. 시작; 초기 단계 (početak; prva faza); ~ *slovenske pismenosti* 슬라브 문학의 시작; ~ *ustanka* 봉기의 시작(초기 단계) 2. 기원, 출처 (izvor, poreklo); *srpske države* 세르비아 국가의 기원; ~ *avionskog saobraćaja* 항공 교통의

Z

기원; ~ *ljubavi* 사랑의 기원 3. 태아, 배아; 씨앗 (zametak, embrio)

začeti *začnem*; *začeo*, *-ela*; *začet* (完), **začinjati** *-em* (不完) 1. ~을 시작하다 (započeti, otpočeti); ~ *razgovor* 대화를 시작하다 2. 초래하다, 야기하다; 만들다 (izazvati, stvoriti); ~ *borbu* 전투를 야기하다; ~ *svađu* 다툼을 초래하다 3. 태아를 가지다, 임신하다 (zatrudneti, zaneti) 4. ~ **se** 시작되다, 생겨나다 5. ~ **se** 임신되다

začetnī *-ā*, *-ō* (形) 참조 početni; 초기의, 태아의, 배아의; ~*a forma* 초기 형식; ~ *oblik* 초기 형태

začetnik 1. 맨 처음 시작한 사람; 발기인, 창립자, 창시자, 설립자 (pokretač, osnivač); ~ *ilirskog pokreta* 일리리아 운동의 발기인; ~ *ustanka* 봉기 주창자; ~ *muzičke škole* 음악 학교 설립자 2. (문제를 초래한) 장본인, 야기한 사람 (vinovnik, prouzrokovač); ~ *svađe* 시비(是非) 유발자; ~ *zločina* 범죄 유발자

začetnica 참조 začetnik

začikati *-am* (完), **začikavati** *-am* (不完) 비아냥거리며(조롱하며) 도발하다 ; *ako bi ga neko i začikao na rvanje, on nikako ne treba da se primi* 만약 누군가 그에게 레슬링을 하자고 도발한다면, 그는 그것을 결코 받아들여서는 안된다

začiknuti *-nem* (完) 참조 začikati

začin 양념, 향신료; ~ *za salatu* 샐러드 소스

začiniti *-im*; *začinjen* (完), **začinjavati** *-am* (不完) 1. (음식에 양념을) 치다, 더하다; 양념하다, 향신료를 더하다; ~ *jelo* 음식에 양념을 치다; ~ *paprikom* 파프리카로 양념하다 2. (비유적) (이야기·삶 등을) 흥미진진하게 하다, 더 재미있게 하다; 장식하다, 아름답게 하다; (이야기 등에) 양념(MSG)을 치다; ~ *veče pričama* 이야기를 하면서 밤을 재미있게 보내다; ~ *kolo* 원무(圓舞)를 아름답게 꾸미다

začinka 1. (단) 디저트 (poslastica) 2. (비유적) 노래, 노래 부르기, 멜로디 (napev, melodija) 3. (農) 과일 종류의 하나 (사과·포도 등의)

začinjati *-am* (不完) 참조 začeti

začinjavati *-am* (不完) 참조 začiniti

začitati se *-am se* (完) 읽는 것에 몰두하다, 몰두해서 읽다

začkiljiti *-im* (完) 눈을 가늘게 뜨고 보다 (škiljiti, zaškiljiti); ~ *očima u starca* 눈을 가늘게 뜨고 노인을 보다

začkoljica 1. (다툼·비난 등의) 사소한 이유(원

인); *naći nekome* ~*u* (누구를 비난할) 사소한 이유를 찾다 2. 사소한 다툼 3. 생각지도 않은 작은 것(작은 문제), 뜻하지 않은 곤란 (어려운 점) (sitnica); *ima tu neka* ~ 여기에 생각지도 않은 사소한 문제가 발생했다 4. (암석지역 해안의) 푹 패인 곳; 피난처, 피신처 (sklonište, skrovište)

začkoljina (암석지역 해안에서 물의 침식으로 인해) 푹 패인 곳, 움푹 들어간 곳; 피신처, 피난처

začuditi *-im* (完), **začuđavati** *-am*, **začuđivati** *-đujem* (不完) 1. 어리둥절하게 하다, 당황하게 하다, 당혹스럽게 하다, 깜짝 놀라게 하다 2. ~ **se** 어리둥절해 하다, 당황하다, 당혹해 하다, 깜짝 놀라다

začudo (副) 1. 놀랍게도, 당황스럽게; 예상을 뛰어넘으며; *svojim* ~ *mladim glasom* 놀랄 정도로 젊은 자신의 목소리로 2. (小辭 용법으로); ~, *on se nije pojavio* 놀랍게도, 그는 나타나지 않았다

začuđen *-a*, *-o* (形) 참조 začuditi; 깜짝 놀란, 당황한, 어리둥절한

začuđeno (副) 깜짝 놀라서, 당황해하며, 어리둥절하며

začuđivati *-đujem* (不完) 참조 začuditi

začuti *začujem* (完) 1. 듣다 (čuti) 2. ~ **se** 들리다; *posle podne oko tri sata začula se paljba sasvim blizu* 오후 약 3시 경에 대포 소리가 아주 가까이 들렸다

zaći *zađem*; *zašao*, *-šla*; *zađi*; *zašavši* (完), **zalaziti** *-im* (不完) 1. (~의) 뒤로 가다; ~ *za ugao* 귀퉁이 뒤로 돌아가다; ~ *nekome za leđa* 누구의 등 뒤로 가다; ~ *za kuću* 집 뒤로 가다 2. (태양·달 등이) 지다, 떨어지다; *sunce se spušta da zađe* 해가 떨어지고 있다 3. 사라지다, 시야에서 사라지다(없어지다); *ispratio nas je i za nama gledao dokle god nismo zašli* 그는 우리를 배웅하고는 우리가 보이지 않을 때 까지 우리 뒤를 바라보았다; ~ *u mrak* 어둠 속으로 사라지다 4. (시간·계절 등이) 지나가다, 흐르다 (proći, minuti) 5. (~ 속으로) 들어가다 (ući (u šta)); *zađosmo u šumu* 우리는 숲속으로 들어갔다; ~ *u prodavnicu* 가게 안으로 들어가다; *jezičak je zašao u more* 길게 뻗은 땅끝이 바다 깊숙이 뻗었다 6. (년도·시대 등이) 시작하다, 돌입하다; *bio je zašao u svoju šezdesetu godinu života* 그는 60대에 들어갔다 7. 우회하다, 돌아가다 8. (대화를) 시작하다 (upustiti se); *voli starac ~ izdaleka* 노인은 멀리에서 이야기를 시작하는 것을 좋

아한다; ~ *u analizu* 분석을 시작하다 9. 오다, 들르다, 방문하다 (doći, svratiti); ~ *kod nekoga* 누구 집에 들르다 10. 차례 차례 가다 (poći redom, zareðati); *direktor je zašao od klupe do klupe i zavirivao u to ðačko bogatsvto* 교장 선생님은 이쪽 벤치에서 저쪽 벤치로 옮겨 다니면서 학생들을 엿보았다; ~ *od kuće do kuće* 이 집에서 저 집으로 돌아다니다 11. 길을 잃다, 헤매다 (pogrešiti put, zalutati); ~ *s puta* 길에서 벗어나다 12. 기타; ~ *daleko* 과도하다, 초과하다; ~ *u godine* 늙다, 나이 들어가다; ~ *u ćorsokak* 궁지에 몰리다; ~ *za nokte* 1)손끝 발끝이 시리다 2)어려운 처지에 놓이다

zaćoriti *-im* (完) 1. 애꾸눈(ćorav)처럼 행동하다, 눈이 먼 것처럼 행동하다; 맹목적으로 가다(어디로, 누구를 따라); *sami smo krivi što smo ovamo zaćorili* 이곳으로 무조건 온 것이 우리 자신이 잘못한 것이다 2. (嘲弄) 홀딱 사랑에 빠지다, 사랑에 눈이 멀다, 사랑에 콩깍지가 씌우다; *devojka zamakla u godine, a zaćorila* 처녀는 나이가 들었지만, 사랑에 눈이 멀었다 3. 마법을 걸다, 호려 정신을 빼앗다 (zaluditi, opčiniti) 4. ~ *se* 사랑에 눈이 멀다

zaćutati *-im* (完) 1. 침묵하다, 입을 닫다 (ućutati, umuknuti) 2. 조용하게 하다, 조용히 하다 (utišati se) 3. ~ *se* 침묵하다(오랫동안)

zadaća 참조 zadatak; 임무, 업무, 과제

zadaćnica (학교의) 숙제 노트

zadah 1. 악취 (vonj, smrad); ~ *iz usta* 구취 (口臭), 입냄새 2. 냄새 (zapah, miris); ~ *svežine* 신선함의 냄새

zadahnuti *-nem* (完), **zadahnjivati** *-njujem* (不完) 1. 냄새(zadah)로 가득하게 하다, 냄새를 풍기다; *zadahnu me miris bagrema* 아카시아향이 나를 사로잡았다 2. 후~ 불다; ~ *svojim dahom* 자신의 숨결로 후 불다; ~ *staklo* 유리에 후 불다 3. (비유적) (사상·감정을) 불어넣다, 고취하다; 영감을 주다; 고무하다, 격려하다; ~ *patriotizmom* 애국심을 고취시키다; ~ *poezijom* 시적 감흥을 불어넣다 4. ~ *se* ~에 고취되다, 가득하다; *najednom se to svetlo zadahnulo srebrnastim sjajem* 갑자기 그 빛은 은빛 광채로 가득했다

zadahtati *zadašćem; zadašći* (完) 1. 숨을 헐떡거리기 시작하다, 숨이 차기 시작하다 (početi dahtati) 2. 숨을 헐떡이며 말하기 시작하다 3. ~ *se* 숨을 헐떡이다 (빨리 걷거나

뛰어) (zadihati se, zaduvati se)

zadajati *-jem* (不完) 참조 zadojiti

zadajati *-jem* (不完) 악취를 풍기다, 악취가 나다 (imati zadah, vonjati)

zadak *zatka; zaci, zadāka̋* 1. (~의) 뒷면, 뒷부분, 배후; *dim i plamen na zatku cevi* 파이프 뒷면의 연기와 불길 2. 둔부, 엉덩이 (보통은 동물들의)

zadaniti *-im* (完) 1. 낮(dan) 동안 (어디에) 머무르다; ~ *u selu* 시골에 낮 동안 머무르다; *seljak kod koga je zadanila četa radio je u ilegalnoj organizaciji* 군대가 낮 동안 머문 집의 농부는 불법 조직에서 일을 했다 2. (無人稱文) 날이 새다, 동이 트다 (svanuti, razdaniti se) 3. ~ *se* 날이 새다, 동이 트다; (비유적) 시작되다

zadatak *-tka; zadaci, zadatāka̋* 1. (해야만 하는) 일, 임무, 과제, 과업; *težak (lak)* ~ 어려운 (쉬운) 임무; *postaviti sebi u* ~ 스스로 임무를 떠맡다 2. (학교 등의) 숙제, 과제; *školski (domaći)* ~ 숙제; *pismeni* ~ 쓰기 숙제; ~ *iz matematike* 수학 숙제

zadati *-am; zadat & zadan* (完), **zadavati** *zadajem* (不完) 1. (바라지 않는·원하지 않는 것을) 행하다, 가하다, 주다 (naneti, učiniti); ~ *udarac* 타격을 가하다; ~ *smrtni udarac* 치명적인 일격을 가하다; ~ *brige (bol, muke)* 근심하게 (아프게, 고통스럽게) 하다; *dosta su i oni nama ... jada zadali* 그들도 우리에게 많은 슬픔을 주었다 2. (질문 등을) 하다; (숙제 등을) 주다, 내주다; ~ *pitanje* 질문하다; ~ *zadatak* 숙제를 내주다 3. (이행·수행하라고) 할당하다, 배정하다, 맡기다, 부과하다; ~ *nekome posla* 누구에게 어려움을 주다; *župnik ti zada veliku pokoru i još te izgrdi* 관찰사는 네게 커다란 어려움을 끼치고는 아직도 너를 못살게 군다 4. 맹세하다, 서약하다, 약속하다; ~ *veru (reč)* 확실히 약속하다 5. ~ *se* ~에 몰두하다 (predati se čemu) 6. ~ *se* 서두르다, 서둘러 가다 (poći, pojuriti)

zadaviti *-im* (完) 1. 질식시키다, 질식시켜 죽이다 2. (소리를 잘 안들리게) 죽이다, 약화시키다 (prigušiti, zagušiti) 3. ~ *se* 질식하다 질식해 사망하다; *zadavio se zalogajem* 음식에 질식 사망하다

zadebljanje (사람이나 동물 혹은 식물 등에서 나머지 부분보다 더 굵어지는 부분(곳)) 군살, 사마귀, 돌기, 혹, 옹이 (izraštaj)

zadebljati *-am* (完), **zadebljavati** *-am* (不完) 1. 굵어지다, 돌기(옹이)가 나다 2. (비유적) (목

Z

소리가) 굵어지다

zadečačiti se *-im se* (完) 소년(dečak)이 되다

zadenuti *-nem*; *zadenuo, -ula & zadeo, -ela*; *zadenut & zadeven & zadet*; *zadenuvši & zadevši* (完), **zadevati** *-am* (不完) 1. (za što, o što) (~에) 찔러 넣다, 꽂아 넣다, 끼우다; ~ *maramicu za džep* 행커치프를 주머니에 꽂다 2. (~에) 들이대다, 찌르다, 꽂다, 집어 넣다 (staviti u što, zabosti); *i zadenu jatagan u grlo* 칼을 목에 들이댔다; ~ *nož u korice* 칼을 칼집에 집어넣다; ~ *ruke u džepove* 손을 주머니에 집어넣다; ~ *iglu u jastuče* 바늘을 베개에 찔러넣다 3. (전투·언쟁·대화 등을) 시작하다 (zapodenuti, započeti) 4. 살짝 스치다, 살짝 스치며 지나가다 (okrznuti, zakačiti); *prošlo mu tane kroz haljine, ali mu mesa nije zadjelo* 탄환이 그의 옷을 살짝 지나갔지만 몸에는 스치지 않았다 5. 말로 (누구를) 감격하게 하다 (dirnuti nekoga rečima) 6. ~ se ~에 끼워지다, 꽂히다 7. ~ se 다투다, 언쟁하다 (zavaditi se, posvađati se) 8. ~ se 나타나다, 생겨나다 (pojaviti se); *zadenuo se pramen magle na nebu* 하늘에 흩어진 안개가 생겨났다 9. 기타; ~ *za pojas* ~을 능가하다, 뛰어넘다, 압도하다; *mogao bi ga za pojas* ~ 그는 매우 강하다; *zasviraj pa i za pojas zadeni* 모든 것을 이제 끝마칠 시간이다 되었다(오랫동안 지속되어 온 것을 이제 마칠 시간이 되었다)

zaderati *-em* (完) 1. 조금 찢다, 해지게 하다 (malo poderati, zacepati); ~ *rukav* 소매를 조금 찢다 2. 조금 긁다, 약간 긁히게 하다 (zaparati) 3. ~ se 소리치다, 고함치다 (razderati se, razvikati se)

zadesiti *-im* (完), **zadešavati** *-am* (不完) 1. (보통은 좋지 않은 일이) 일어나다, 발생하다, 생기다, 들이닥치다 (snaći, pogoditi); *zadesila ga je nesreća* 나쁜 일이 그에게 일어났다 2. 만나다 (sresti, naći, zateći); ~ *ga na putu* 길에서 그를 만나다; *zadesio sam ga pri radu* 나는 그를 일할 때 만났다 3. ~ se (~에) 있다; *upravo tih dana zadesila se u Beogradu dvojica francuskih oficira* 바로 그 즈음에 두 명의 프랑스 장교들이 베오그라드에 있었다

zadesti, zadeti *zadenem & zadedem*; *zadeo, -ela*; *zadeven & zadet & zadenut* (完) 참조 zadenuti

zadešavati *-am* (不完) 참조 zadesiti

zadevalo (男,中) 남을 괴롭히는 사람, 남을 못살게 구는 사람, 집적거리는 사람

zadevati *-am* (不完) 1. 참조 zadenuti 2. (nekoga) (누구를) 괴롭히다, 집적거리다, 치근대다, 귀찮게 하다, 놀리다 (zadirkivati, peckati); *nemoj više mene ne zadevaš* 더이상 날 괴롭히지 말아라 3. ~ se 참조 zadenuti se 4. ~ se 서로가 서로를 괴롭히다, 못살게 굴다

zadevica 1. 말다툼, 언쟁 (svađa, raspra, prepirka) 2. 소규모 전투 3. (말다툼 등의) 이유, 원인 (povod, razlog za svađu)

zadevojčiti se *-im se* (完) 소녀가 되다, 처녀가 되다

zadičiti *-im* (完) (kim, čim) 자랑스럽게 하다, 영광스럽게 하다, 자부심을 가지게 하다, 자긍심을 갖게 하다

zadići, zadignuti *zadignem* (完), **zadizati** *-žem* (不完) 1. 조금 들어올리다 (보통은 옷의 일부를); ~ *suknju* 치마를 조금 들어올리다 2. 쳐들다, 위로 올리다 (uzdići, dići nagore); ~ *glavu* 고개를 쳐들다 3. ~ se 이동하다, 움직이다 (pokrenuti se); *zadiže se četa* 부대가 움직이기 시작한다

zadihano (副) 숨을 헐떡이며, 숨가쁘게 (zadahtano, dahćući); ~ *govoriti* 숨을 헐떡이며 말하다

zadihati se *zadišem se* (完) 숨을 헐떡거리기 시작하다 (빨리 걷거나 뛰어서) (zaduvati se)

zadimiti *-im* (完), **zadimljavati** *-am* (不完) 1. 연기를 내기 시작하다 2. 연기로 가득하게 하다; *ljudi zadimili sobu pušeći* 사람들은 담배를 피우면서 방안을 연기로 가득하게 했다 3. 담배를 피우기 시작하다 4. 그을리다 (počađavati) 5. (비유적) 도망치다 (pobeći) 6. ~ se 연기가 나기 시작하다; 담배를 피우기 시작하다 7. ~ se 연기로 가득하다

zadirati *-em* (不完) 참조 zadreti

zadirkivalo, zadirkivač 다른 사람을 귀찮게(괴롭히는, 집적대는)하는 사람 (zadevalo, packala)

zadirkivati *-kujem* (不完) 1. (다른 사람을) 괴롭히다, 귀찮게 하다, 집적대다, 놀리다, 못살게 굴다 (말(言)로) (bockati, peckati rečima) 2. 건드리다, 만지다 (dodirivati); ~ *žice na gitari* 기타줄을 만지다

zadisati *-šem* (不完) 1. 악취(냄새)를 풍기다, 악취가 나다 (smrdeti, vonjati); *zadiše iz nje kao neka buđ* 그것에서 그 무슨 곰팡이 냄새가 난다; ~ *na ustajalost* 상한 냄새가 나다 2. 냄새로 가득하다; ~ *prolećnim mirisom* 봄 냄새로 가득하다

zadivaniti se *-im se* (完) 참조 zapričati se; 이야기에 몰두하다

zadiviti *-im; zadivljen* (完), **zadivljavati** *-am*, **zadivljivati** *-ljujem* (不完) 1. 감탄하게 하다, 탄복하게 하다; 깜짝 놀라게 하다; *ona je htela danas da ga zavidi i uspela je* 그녀는 오늘 그를 깜짝 놀라게 하고 싶었는데 성공했다; ~ *svojim izgledom* 자신의 외모로 감탄하게 하다; *zadivljuje me njena hrabrost* 그녀의 용기가 날 감탄케 한다 2. ~ *se* 감탄하다, 탄복하다; *ona se zadivila mome napretku* 그녀는 내 발전에 감탄했다(깜짝 놀랐다)

zadivljati *-am* (完), **zadivljavati** *-am* (不完) 1. (식물이) 야생이 되다 2. 야만적으로 되다

zadivljavati *-am* (不完) 참조 zadiviti

zadivljavati *-am* (不完) 참조 zadivljati

zadizati *-žem* (不完) 참조 zadići

zadnjak 1. (~의) 뒷 부분 (zadnji deo); ~ *cevi* 파이프의 뒷 부분; ~ *topa* 대포 뒷 부분 2. (~의) 뒤에 있는 사람

zadnjī *-ā, -ē* (形) 1. 뒤의, 뒤쪽의, 후방의 (pozadi, stražnji); *~e sedište* 뒷 좌석; *~a vrata* 뒷문 2. (순서의) 끝의, 맨 끝의, 마지막의; ~ *dan u nedelji* 한 주의 마지막 날; ~ *čas* 마지막 수업; *u ~e vreme* 근래에, 최근에; *u ~em redu* 맨 마지막 줄에 3. 최종적인, 결정적인 (konačan, difinitivan); *tvoja je ~a reč* 네 말이 최종적인(결정적인) 것이다 4. (품질 등의) 가장 나쁜, 최하급의; *hotel ~eg reda* 최하급 호텔; ~ *čovek u selu* 마을에서 가장 질낮은 사람 5. (생각·의도 등이) 숨겨진, 감춰진 (skriven); *sumnjali smo da ova delegacija dolazi sa ~im namerama* 이 우리는 사절단이 숨겨진 의도를 갖고 온다고 의심했다 6. 기타; ~ *mi otkucala* 마지막 순간에 내게 왔다; *~e crevo* (解) 직장; *pasti na ~e grane* 어려운 상황에 처하다, 가난해지다

zadnjica (解) 엉덩이, 궁둥이 (stražnjica)

zadnjičnī *-ā, -ō* (形) 참조 zadnjica; 엉덩이의, 궁둥이의

zadnjonepčanī *-ā, -ō* (形) (解) 연구개(軟口蓋) 의; ~ *suglasnik* 연구개자음

zadobiti *zadobijem* (完), **zadobijati** *-jam*, **zadobivati** *-am* (不完) 1. 얻다, 획득하다 (dobiti, osvojiti, steći); ~ *slobodu* 자유를 얻다; ~ *ranu* 상처를 입다 2. (詩的) 이기다, 승리하다 (pobediti); *čija li je vojska zadobila?* 어느 군대가 이겼느냐? 3. (누구의) 마음 (호감)을 얻다; 자기 편으로 끌어들이

다, (누구의) 지지를 얻다; ~ *radne mase za sebe* 노동자들을 자기 편으로 끌어들이다; ~ *nekoga za sebe* 누구의 지지를 얻다; ~ *ljubav žene* 여인의 사랑을 얻다; ~ *poverenje mladih* 청년들의 신뢰를 얻다; ~ *nečije simpatije* 누구의 호감을 얻다

zadocnelī *-ā, -ō* (形) 늦은 (kasni); *~o cveće* 늦게 핀 꽃

zadocnelost (女) 늦음, 늦어짐; 늦어진 상태

zadocniti *-im* (完), **zadocnjavati** *-am* (不完) 1. 늦게 오다, 지각하다 (doći dockan, zakasniti); *voz je zadocnio pola sata* 기차는 반시간 연착했다; ~ *na ručak* 점심에 늦다 2. 붙잡아놓다 (zadržati)

zadocnjelī *-ā, -ō* (形) 참조 zadocneli

zadocnjenje (동사파생 명사) zadocniti

zadojiti *-jim* (完) 1. (신생아에게) 초유를 수유하다 (보통은 출산후 처음으로 모유를 수유하는); 젖을 먹이다 2. (nečim) ~ 에게 (감정·사상·의견 등을) 불어넣다, 고취하다; ~로 가득하다; ~ *nekoga smelim idealima* 누구에게 과감한 사상을 불어넣다; *zadojila si ga tugom* 너는 그를 슬픔으로 가득하게 했다; ~ *tuđinskim duhom* 외래 사상으로 가득하다 3. ~ *se* (čime); ~로 가득하다, 충만하다; ~ *se duhom onoga vremena* 그 시대의 정신으로 충만하다; ~ *se vlagom* 습기가 가득하다

zadosta (副) 충분히, 충분하게 (dovoljno); ~ *učiniti* 만족시키다

zadovoljan *-ljna, -ljno* (形) 만족스런, 흡족스런; 기분좋은, 행복한; *biti ~ s nečim* ~에 만족하다; *jeste li ~ljni svojim mestom?* 당신은 당신의 위치에 만족하나요?; ~ *platom* 월급에 만족한; ~ *hranom* 음식에 만족한; ~ *sam tebe gledati* 나는 너를 바라보는 것으로 행복하다; *~ljno lice* 흡족한 얼굴, 행복한 얼굴; *sama je bila ~ljna sa sobom* 그녀는 혼자 자기 자신에게 만족해 했다; ~ *dan* 기분좋은 날

zadovoljavati *-am* (不完) 참조 zadovoljiti

zadovoljen *-a, -o* (形) 참조 zadovoljiti; 만족한

zadovoljenje (동사파생 명사) zadovoljiti; 만족, 충족, 기쁨; *dati ~* 만족시키다; *tražiti ~* 만족감을 찾다(추구하다); ~ *želja* 소망 충족

zadovoljiti *-im* (完), **zadovoljavati** *-am* (不完) 1. 만족시키다, 충족시키다; ~의 기대에 부응하다; ~ *potrebu* 수요를 충족시키다; ~ (nekome, nečiju) *želju* 누구의 소망을 만족시키다; ~ *očekivanja* 기대에 부응하다; *on*

nije zadovooljio na poslu, pa je otpušten
그는 직장에서의 기대를 충족시키지 못해 해
고되었다 2. ~ se 만족하다; zadovolji se
onim što imaš! 가진 것에 만족해라

zadovoljstvo 기쁨, 만족; pravo je ~ s njim
raditi 그와 함께 일을 한다는 것은 만족 그
자체이다; pružiti nekome ~ 누구에게 만족
감을 주다

zadovoljština 참조 zadovoljenje

zadrečati –im (完) 소리치기 시작하다, 고함치
기 시작하다 (početi drečati)

zadremati –am & –mljem; zadremaj &
zadremlji (完) 졸다, 졸기 시작하다 (početi
dremati)

zadreti –em (完), **zadirati** –em (不完) 1. (날카
로운 물체로, 보통은 겉면을) 뜯어내다, 떼어
내다, 잡아뜯다 (zariti, zaparati, zaseći); ~
prstima 손가락으로 뜯어내다 2. 할퀴다, 긁
다, 긁어 상처를 내다 (zaparati, zagrebati);
~ noktom u meso 손톱으로 과육에 상처를
내다 3. (권리 등을) 침범하다, 침해하다; to
zadire u moje interese 그것은 내 이익을
침해한다 4. (비유적) 자신의 생각에 집착하
다(고수하다), 강제로 ~을 원하다 5. ~ se
찔리다 (zariti se, zabiti se)

zadrhtati zadršćem (完) 떨기 시작하다
(početi drhtati)

zadrigao –gla, –glo (形) 보기좋게 살이 오른, 통
통한, 짧고 두툼한 (보통은 얼굴과 목이); ~
vrat 짧고 두툼한 목; ~glo lice 통통한 얼굴

zadrignuti –nem; zadrignuo, –ula & zadrigao,
–gla (完) 통통해지다 (보통 얼굴과 목이)

zadrmati –am (完) 1. 흔들기 시작하다 (početi
drmati) 2. ~ se 흔들리기 시작하다

zadrndati –am (完) 덜컹거리기 시작하다, 시끄
러운 소리를 내기 시작하다 (početi drndati);
za njim zadrndaju neka kola 그 뒤에서 어
떤 달구지가 덜컹거리기 시작했다

zadrška 지체, 지연 (zadržavanje); skok sa
~om 낙하 점프 (낙하산을 펼쳐 감속하여
내려오는)

zadrt –a, –o (形) 1. 참조 zadreti 2. 완고한,
완강한, 고집센, 독단적인 (tvrdglav,
samovoljan, jogunast); mnogo ćeš bolje
proći ako ne budeš toliko ~o i svojeglavo
čeljade 네가 너무 완고하고 고집이 세지 않으
면 훨씬 더 잘 통과할 수 있을 것이다; ~
čovek 고집센 사람; ~ za nešto ~에 집착하는

zadrti zadrem (完) 참조 zadreti

zadrtost (女) 완고함, 완강함, 고집

zadruga 1. (歷) 가족 공동체(다수의 가까운 친

척이 참여하는) 2. 집단농장, 협동조합; 조합;
kreditna ~ 신용조합; zemljoradnička ~ 농
업협동농장; potrošačka ~ 소비자 협동조합;
zanatska ~ 수공업 조합; ribarska ~ 어업협
동조합 3. (일반적으로) 공동체, 협회
(zajednica, udruženje, savez) zadrugin,
zadružnī (形)

zadrugar 조합원, 협동조합원 zadrugarka;
zadrugarskī (形)

zadrugarstvo 협동 조합 운동

zadrugaš (嘲弄) 조합원, 협동조합원

zadrugin –a, –o (形) 참조 zadruga; 협동 조합의

zadruškī –a, –ō (形) 참조 zadružan

zadružan –žna, –žno (形) 1. (한정형) 협동조합
(zadruga)의, 협동조합과 관련된; 공동의
(zajednički); ~žno gazdinstvo 협동 조합의
재산; ~žno jedinstvo 협동 조합 단결; ~žni
život 협동 조합에서의 삶 2. 조합원 숫자가
많은, 식구가 많은; 강한, 강력한; ~žna kuća
식구가 많은 집, 대가족 3. (비유적) 살찐,
포동포동한 (debeo, uhranjen)

zadržati –im; zadržao, –ala; zadržan; zadrži
(完), **zadržavati** –am (不完) 1. (이동을) 멈추
게 하다, 막다, 저지하다; 지연시키다, 지체
시키다 (zaustaviti); ~ neprijateljsku vojsku
적군을 저지하다(진격을 지체시키다); ~ voz
기차를 지연시키다 2. (누가 무엇을 하는 것
을) 못하게 하다, 방해하다, 훼방하다
(omesti); ništa me ne može ~ da to ne
učinim 아무것도 내가 그것을 못하게 방해
할 수 없다 3. (감정·욕망 등을) 참다, 억누
르다; ~ suze 눈물을 참다; ~ bes 분노를 억
누르다; ~ dah 숨을 참다 4. (어디에 머물도
록) 못가게 붙들다, 붙잡아 놓다; šta te je
toliko zadržalo? 무엇이 너를 그렇게 (오랫
동안) 붙잡아놨냐?; ~ nekoga u društvu 누
구를 모임에 붙잡아 놓다; ~ goste na ručku
손님을 식사에 붙잡에 놓다; vi ste me dugo
zadržali od posla 당신은 날 일에 많이 붙잡
아 놨어요; ~ od plate 월급을 (주지 않고)
보류시키다; ~ nečiju pažnju 누구의 주목을
끌다(붙잡다) 5. 보존하다, 간직하다, 유지
하다 (očuvati, održati); ~ odvojnost prema
nekome 누구에 대해 거리감을 유지하다; ~
prednost 잇점(어드밴티지)를 유지하다; ~
pravo 권리를 보유하고 있다; ~ šešir na
glavi 머리에 모자를 쓰고 있다; ~ mesto 자
리를 지키다; ~ običaj 풍습을 보존하다 6.
가지다, 갖다, 취하다, 다른 사람에게 주지
않다 (uzeti); ~ za sebe sav novac 모든 돈
을 자신이 가지다; on je zadržao kusur za

sebe 그는 잔 돈을 다른 사람에게 주지 않고 자신이 전부 가졌다 7. ~ se (어느 곳에) 머물다; ~ *se na moru duže vremena* 오랫동안 바다에 머무르다; *u Sarajevo smo se zadržali 5 dana* 우리는 사라예보에 5일간 머물렀다 8. ~ se ~에 몰두하다, ~에 열심히다; ~ *se na tim pojavama* 그 현상에 몰두하다; ~ *se u razgovoru* 대화를 하다

zadubiti se *-im se* (完), **zadubljivati se** *-ljujem se* (不完) (~에) 열중하다, 몰두하다; *zadubila se u misli* 생각에 깊이 잠겼다; *zadubila se u posao pa radi* 업무에 몰두하여 일한다; ~ *u knjigu* 책에 몰두하다

zadubljeno (副) 몰두하여, 골똘히; ~ *gledati* 골똘히 바라보다

zadubljenost (女) 전념, 몰두

zadubljivati se *-ljujem se* (不完) 참조 zadubiti se

zadugo (副) 오래, 오랫동안 (duže vremena, dugo); *ja sam se ~ mučio da shvatim šta je pisac mislio da kaže* 나는 오랫동안 고민하여 작가가 무엇을 말하려고 했는지를 이해했다

zaduhati (se) *-am (se)* & *-šem (se)* (完) 참조 zaduvati (se) (바람이) 불기 시작하다 (početi duhati)

zadupsti se *zadubem se* (完) 참조 zadubiti se

zadušan *-šna, -šno* (形) 1. (宗) (한정형) 고인(故人)의 영혼을 위한; ~šna sveća 고인을 위한 촛불 2. 고인을 추모하는 주간의, 영혼 위로 주(週)의; ~šna nedelja 영혼위로주(週) 3. 정신적인 (duševan); ~šna bogataš 영혼이 부자인 자 4. 기타; ~šna baba 자비로운 사람, 동정심이 많은 사람

zadušiti *-im* (完) 1. 질식시키다, 숨막히게 하다 (zagušiti) 2. ~ se 질식하다, 숨막히다; *otvori prozor, zadušićemo se od dima i vrućine* 창문을 열어라, 더위와 연기로 인해 질식할 것이다

zadušje 1. 고인(故人)추모 미사; 그 미사후 무덤가에 남긴 음식 (podušje, daća) 2. 죽은 자를 위한 기념관 (zadužbina)

zadušljiv *-a, -o* (形) 숨막히는, 질식시키는 (zagušljiv)

zadušnice (女,複) 고인(故人) 추모의 날, 영혼 위로의 날; 고인 추모 미사

zaduvati se *-am se* (完) (바람이) 불기 시작하다

zadužbina 1. (歷) (주로 세르비아 왕이나 영주들에 의해 세워진) 죽은 자를 기념하기 위해 세운 건축물 (주로 교회나 수도원 등의); 추모관 2. 재단 (인도적 또는 교육적 목적으로

기부된); 추모 재단 3. 선행 (dobročinstvo)

zadužbinski (形)

zadužbinar zadužbina 설립자

zadužbinskī *-ā, -ō* (形) 참조 zadužbina

zadužen *-a, -o* (形) 참조 zadužiti; 의무를 진, 책임이 있는; *biti ~ za nešto* (~ 대해) 책임이 있다

zaduženje (동사파생 명사) zadužiti

zadužiti *-im* (完), **zaduživati** *-žujem* (不完) 1. 저당잡히다, 빚(dug)을 지게 하다; ~ *imanje* 재산(농지)를 저당잡히다 2. (마음의) 빚을 지게 하다; 감사하는 마음이 우러나게 하다; *on nas je zadužio svojim gostoprimstvom* 그는 우리를 환대해 줘 마음의 빚을 지게 했다 3. 임무를 부여하다(수여하다); *zadužen je za organizaciju* 그는 조직 임무를 부여받았다 4. ~ se 빚을 지다; ~ *se u devizama* 외환으로 빚지다; ~ *se do vrata (preko glave, preko očiju)* 과도하게 빚을 지다, 빚의 수렁에 빠지다 5. ~ se 의무를 지다; *zadužio se da ga izdržava* 그를 부양할 의무를 졌다

zadužnica 차용증 (obveznica)

zadžakati *-am* (完) 시끄럽게 하기 시작하다 (početi džakati)

zađakoniti *-im* (完) 부제(đakon)로 안수하다, 부제의 직(職)을 주다

zađavola (副) 불행하게도, 유감스럽게도

zađevica 참조 zadevica; 말싸움, 말다툼, 언쟁

zafratiti se *-im se* (完) 수도사(fratar)가 되다

zafrig 참조 zaprška; 음식의 한 종류 (버터나 식용유에 튀겨 누렇게 된 밀가루 죽)

zafrigati *-am* (完) 참조 zapržiti

zafrkati *-čem* (完) (擬聲語) (말이) 히이잉 하고 울기 시작하다 (početi frkati)

zafrkavati *-am* (不完) 1. 참조 zafrkati 2. (비유적)(卑俗語) 짓궂게 농담하다, 뼈있는 농담을 하다, 조롱하다, 비웃다 3. ~ se 서로 짓궂게 농담하다, 서로를 조롱하다

zafrknuti *-nem* (完) (nekoga) (卑俗語) 1. 기만하다, 사기치다, 바보로 만들다 (podvaliti, namagarčiti) 2. ~ se 속다, 사기당하다

zafrljačiti *-im*, **zafrljati** *-am* (完) (자신으로부터 멀리) 내던지다

zafućkati *-am* (完) 휘슬을 불기 시작하다, 휘파람을 불기 시작하다 (početi fućkati)

zagaćivati *-ćujem* (不完) 참조 zagatiti

zagaditi *-im* (完), **zagađivati** *-đujem* (不完) 1. (더러운(gadan) 것으로) 더럽히다 (isprljati); *rimske slike ... jako su požutele od svetla,*

1519

prašine i dima, a i muve su ih prilično *zagadile* 로마시절의 그림들은 빛과 먼지 그리고 연기 등으로 많이 누렇게 변색되었으며 또한 파리들이 그것들은 상당히 더럽혔다 2. 오염시키다; ~ *vodu* 물을 오염시키다 3. 역겹게 하다 (ogaditi); ~ *život* 삶을 역겹게 하다 4. ~ se 더러워지다; 오염되다 5. ~ se 역겨워지다

zagađen *-a, -o* (形) 1. 참조 zagaditi 2. 더러워진, 오염된; ~ *vazduh* 오염된 공기

zagađenost (女) 오염; ~ *vazduha* 공기 오염; *upitali smo ... šta je sve preduzeto da se ~ vode u Savi smanji* 우리는 사바강의 오염을 감소시키기 위해 어떠한 조치가 취해졌는지를 질문하였다

zagađenje (동사파생 명사) zagaditi; *radioaktivno* ~ 방사능 오염

zagađivač 오염 유발자, 오염원(源)

zagađivanje (동사파생 명사) zagađivati

zagađivati *-đujem* (不完) 참조 zagaditi

zagakati *-čem* (거위 등이) 가가(ga-ga)하며 울기 시작하다 (početi gakati)

zagalamiti *-im* (完) 시끄럽게 하기 시작하다 (početi galamiti)

zagarantirati *-am*, **zagarantovati** *-tujem* (完) 보증하다, 보장하다, 책임지다; *spremni su da, ako im se zagarantuje život, ... prekinu borbu* 그들의 목숨을 보장한다면 ... 투쟁을 중단할 준비가 되었다

zagaraviti *-im*; **zagaravljen** (完) 1. 거무잡잡 (garav)해지다, 검어지다 (pocrneti); *zagaravljeno staklo* 거무잡잡한 유리 2. 거무잡잡하게 하다, 검게 하다 (pocrniti) 3. ~ se 더러워지다, 그을음(gar)과 연기로 시꺼멓게 되다 4. ~ se (비유적) 검은 것으로 덮이다; *gornja usnica mu se zagaravila* 그의 윗입술은 검어졌다

zagariti *-im* (完) 1. 참조 zagaraviti 2. (비유적) (책에) 쓰다 (napisati) 3. ~ se 거무잡잡해지기 시작하다, 검은 것으로 덮이기 시작하다

zagasit *-a, -o* (形) 검은 색의, 어두운 색의; 검은, 어두운; ~*o zelenilo* 진한 녹색

zagasiti *-im* (完) 1. (불·화재불·전등 등의) 불을 끄다; ~ *vatru* 화재를 진압하다 (ugasiti); ~ *žar* 숯불을 끄다; ~ *svetlo* 전기불을 끄다 2. (화학적 반응이 일어날수록) 물과 섞다, 물과 혼합하다, 반죽하다 (석회 등을); ~ *kreč* 석회를 물과 섞다 3. (비유적) 가라앉히다, 완화시키다 (갈증·욕구 등을) (ublažiti, utažiti) 4. ~ se 꺼지다 (불 등이)

zagasito- (接頭辭) 어두운, 진한; zagasitoplav 검푸른, 진한 청색의

zagasnuti *-nem* (完) (불 등이) 꺼지다; *vatra odavno zagasla* 불은 진작에 꺼졌다

zagat (男), **zagata** (女) 제방, 둑 (nasip, brana, gat)

zagatac *-aca* 수문, 갑문 (ustava)

zagatiti *-im*; *zagaćen* (完), **zagaćivati** *-ćujem* (不完) 1. (댐·제방 등으로) 물을 막다; 댐을 건설하다, 제방을 쌓다; ~ *reku* 강에 댐을 세우다 2. 칸막이를 세우다, 칸막이로 분리하다; 막다, 차단하다 (pregraditi, preprečiti); ~ *prolaz* 통행을 차단하다 3. ~ se 방해물로 인해 흐름이 차단되다; (쓰레기 등이) 모이다; *nečistoća se u njima lako zagati i prelije* 부유물이 거기에 쉽게 모여 넘친다

zagazditi se *-im se* (完) 주인(gazda)이 되다, 부자가 되다, 부유해지다; *to je bio mlad čovek ... tu se docnije priženio u jednu dobru kuću i brzo zagazdio* 한 젊은 청년이 있었는데 ... 후에 거기서 좋은 집안의 데릴사위로 들어갔으며 곧 부자가 되었다

zagaziti *-im* (完) 1. 발걸음을 내딛기 시작하다, 걷기 시작하다; (비유적) 시작하다 시작되다 (početi, nastupiti); *zima zagazi neosetno, bez snega* 겨울은 체감할 수 없게, 눈도 내리지 않고 시작된다; ~ *u posao* 일을 시작하다; ~ *u zimu* 겨울이 시작되다; ~ *u pedesete godine* 50대에 들어가다 2. 발을 내딛다, 발걸음을 옮기다, 들어가다; ~ *u šumu* 숲속에 들어가다; ~ *na stepenice* 계단에 발걸음을 내딛다; ~ *u sobu* 방에 들어가다; *u hladnu vodu zagazio* 찬 물에 들어가다 3. (비유적) 과도하게 하다; ~ *u priči* 이야기를 너무 많이 하다 4. 기타; ~ *u dugove* 빚더미에 빠지다; ~ *u krv* 죽이다, 살해하다

zagažanj *-žnja* (男), **zagažnja** (女) 어망(두 개의 말뚝에 어망을 연결해서 두 사람이 잡고 몰아 물고기를 잡는)

zagipsati *-am* (完) 깁스(gips)하다, 석고로 덮다

zaglabati *-am* (不完) (앞니로) 쏠기 시작하다, 갉기 시작하다 (početi glabati, zaglodati)

zagladiti *-im* (完) 1. 평평하게 하다, 매끄럽게 하다 2. (손으로) 매만지다, 고르다, 정돈하다 (턱수염·콧수염 등을); ~ *brk* 콧수염을 매만지다 3. (비유적) (고장난 것, 잘못된 것을) 고치다, 교정하다, 바로 잡다; (아무 일도 없었던 것처럼) 은폐하다, 숨기다, 덮다, 유야무야하다 (ispraviti, popraviti; zabašuriti);

~ *svoju krivicu* 자신의 잘못을 은폐하다; ~ *sukob* 충돌을 유야무야하다 4. (비유적) 급히 떠나다 5. ~ se (머리를) 매만지다, 빗질하다 5. ~ se 평평해지다

zaglavak *-vka* 1. 고정 핀, 쐐기, 쐐기 모양의 것 (klin) 2. 고정된 부분(곳) (sastavak) 3. (~의) 상단, 윗 부분 (기둥이나 가구 등의 장식된) 4. 마치는 부분, 끝; 결말 (zaključak)

zaglaviti *-im*; *zaglavljen* (完), **zaglavljivati** *- ljujem* (不完) 1. (움직이지 못하도록 쐐기 등으로) 단단히 박아 넣다, 고정시키다, 쐐기를 박다 (도끼·팽이 등을); (고정 핀 등으로) 연결시키다; ~ *drvo u rupu* 구멍에 나무를 박아 넣다; ~ *sekiru* 도끼에 쐐기를 박다 2. (움직이지 못하게 장애물 등으로) 막다, 폐쇄하다 (zakrčiti); ~ *vrata telom* 몸으로 문을 막다; ~ *put* 도로를 폐쇄하다 3. 죽다, 목숨을 잃다 (nastradati, poginuti, izgubiti glavu); ~ *u ratu* 전쟁에서 목숨을 잃다; ~ *u zatvoru* 감옥에서 죽다 4. 끝마치다, 끝내다 (okončati, dovršiti) 5. 결론을 내리다 (zaključiti) 6. ~ se 옴짝달싹 못하게 되다, 꼼짝 못하게 되다, 막히다; *zaglavio se auto u blatu* 자동차가 진흙에 빠져 꼼짝 못하게 되었다; *zaglavila mu se kost u grlu* 가시가 그의 목에 걸렸다; *metak se zaglavio* 총알이 걸렸다 7. 기타; ~ *haps (zatvor)* 감옥에 쳐넣다

zaglavlje 1. (책 등의) 서문 (uvod) 2. (印刷) 제호 3. (텍스트·논문 등의) 제목 (naslov); *na plakatama je bilo krupno ~* 플랑카드에는 굵은 제목이 있었다 4. (책 등의) 장(章) (glava, odeljak, poglavlje)

zaglavljen *-a, -o* (形) 참조 zaglaviti

zaglavljivati *-ljujem* (不完) 참조 zaglaviti

zagledati *-am* (完) 1. 주의깊게 바라보다, 유심히 쳐다보다 (zaviriti); ~ *ženu* 아내를 유심히 바라보다; *uze torbicu ... zagleda šta je spremljeno, pa ode žurno* 핸드백을 집어 (그 속에) 무엇이 있는지를 잘 보고는 서둘러 떠난다 2. 바라보다, 쳐다보다 (ugledati, videti, spaziti); *na cesti malo podalje od njegove kuće uistinu zagleda nekoga* 그의 집에서 조금 떨어진 길에서 정말로 누군가를 바라본다 3. ~ se 뚫어지게 응시하다; ~ *se u oči* 눈을 뚫어지게 바라보다 4. ~ se 서로가 서로를 바라보다(쳐다보다) 5. ~ se 사랑하다, 사랑에 빠지다 (zaljubiti se, zavoleti); ~ *se u Marka* 마르코를 좋아하다 6. ~ se 서로가 서로에게 사랑에 빠지다, 서로가 서로를 좋아하다 7. 기타; ~ *(kome) u želudac*

철저하게 누구를 조사하다

zaglibiti *-im*; *zaglibljen* (完), **zaglibljivati** *- ljujem* (不完) 1. 수렁(glib)에 빠지게 하다, 진창에 밀어넣다; 수렁에 빠지다, 진창에 빠지다; ~ *kola u blato* 차를 수렁에 밀어넣다; ~ *u blato* 진흙탕속에 빠지다 2. 어려움에 처하다, 곤경에 빠지다 3. ~ se 수렁에 빠지다, 진창에 빠지다; ~ *se u močvari* 늪지에 빠지다 4. ~ se 어려움에 처하다, 곤경에 처하다; ~ *se u dugove* 빚의 수렁에 빠지다

zagluhnuti *-nem* (完) 1. (他) 귀를 먹게 하다, 귀를 먹먹하게 하다 2. (自) 귀가 먹다, 귀가 먹먹해지다; *od eksplozije su mu zagluhnule uši* 폭발로 인해 귀가 먹먹해졌다; *uši mogu da zagluhnu pri naglom menjanju visine* 급격한 고도 변화시 귀가 먹먹해질 수 있다

zaglunuti *-nem* (完) 참조 zagluhnuti

zaglupeti *-im* (完), **zaglupljivati** *-ljujem* (不完) 우둔해지다, 멍청해지다 (postati glup)

zaglupiti *-im*; *zaglupljen* (完), **zaglupljivati** *- ljujem* (不完) (누구를) 어리석게 만들다, 바보로 만들다

zaglupljivati *-ljujem* (不完) 참조 zaglupeti

zaglupljujući *-ā, -ē* (形) 어리석게 만드는, 멍청하게 만드는; *~a propaganda* 멍청하게 하는 선전선동

zaglušan *-šna, -šno* (形) 귀가 먹먹한, 귀청이 터질 듯한; 시끄러운 (bučan, hučan); *~šna buka* 귀가 먹을 정도로 시끄러운 소음; *~šna graja* 시끄러운 소리

zaglušiti *-im* (完), **zaglušivati** *-šujem* (不完) 1. (일시적으로 또는 항구적으로) 귀를 먹게 하다, 귀를 먹먹하게 하다 2. (다른 소리로) 소리를 죽이다, 약화시키다, 묻히게 하다 (prigušiti); *seljaci mu zaglušiše glas svojom larmom* 농부들은 시끄럽게 떠들어 그의 목소리가 안들리게 했다; ~ *govornika* 연설자의 목소리가 묻히게 하다 3. 침묵시키다 (ućutkati, utišati); *u to vreme političke borbe su zaglušile sve* 그 당시 정치 투쟁이 모든 것을 침묵시켰다

zaglušje 1. (아무것도 들리지 않는) 고요한 외딴 곳 2. 귀가 터질 것 같은 소음, 아무것도 안들릴 정도의 소음 3. 고요(함) (tišina); *jutarnje ~* 아침의 고요함

zaglušljiv *-a, -o* (形) 귀청이 터질듯이 시끄러운 (zaglušan)

zagluveti *-im* (完) 귀가 안들리다, 청력을 상실하다

zagnati *-am* (完), **zagoniti** *-im* (不完) 1. 깊숙이 찌르다, 깊이 박다 (zabosti duboko, zabiti, zariti); ~ *nož u leđa* 칼을 등에 꽂다; ~ *iglu* 바늘을 깊숙이 찌르다; ~ *ekser u dasku* 못을 널판지에 깊이 박다 2. 몰다, 몰고 가다 (소 등을 목초지에); *tu je zagnao stoku* 여기로 소를 몰고 왔다; ~ *goveda za brdo* 소를 언덕 너머로 몰다 3. ~ se 뛰어 가다, 서둘러 가다; ~ *se na Turke* 터키인들에게 뛰어 가다

zagnojiti *-jim* (完), **zagnojavati** *-am* (不完) 1. 고름이 생기다(잡히다) (postati gnojan) 2. 거름(gnoj)을 주다, 퇴비를 하다 (nađubriti); ~ *lozu* 포도 덩굴에 거름을 주다; ~ *voćku* 과수나무에 퇴비를 하다 3. ~ se (상처 등에) 고름이 생기다(잡히다)

zagnjuriti *-im* (完), **zagnjurivati** *-rujem* (不完) 1. (他) (물 등 액체에) 집어넣다, 담그다; 적시다; ~ *vedro u vodu* 버킷을 물 속에 집어넣다; ~ *u more duboko* 바닷 속 깊이 집어넣다 2. 파묻다, 숨기다 (zavući, sakriti); ~ *glavu u nedra* 얼굴을 가슴에 파묻다; ~ *glavu u jastuk* 얼굴을 베개에 파묻다 2. ~ se (물 속에) 들어가다, 잠수하다; *ja ću se odmah* ~ *u vodu* 나는 즉시 물 속에 들어갈 것이다 3. (비유적) ~ se (~에) 몰두하다; ~ *se u posao* 일에 몰두하다; ~ *se u knjigu* 책에 몰두하다

zagolicati *-am* (完) 1. 간지럽히기 시작하다 (početi golicati), ~ *dete* 아이를 간지럽히기 시작하다 2. (오감 등을) 자극하다 (nadražiti); *zagolica ga miris pečenja* 바비큐 냄새가 그를 자극한다 3. 성적(性的)으로 흥분시키다 4. (비유적) 흥미(관심)를 유발시키다; *zagolica me ta vest u novinama* 신문의 그 뉴스가 내 관심을 불러일으킨다

zagonenuti *-em* (完), **zagonetati** *-am & -ćem* (不完) 수수께끼를 내다

zagonetan *-tna, -tno* (形) 수수께끼의, 수수께끼 같은; 이해하기 어려운, 기이한 (tajanstven, neobičan, čudan); ~*tne reči* 수수께끼 같은 말; ~ *posetilac* 미스테리한 방문객; *imao sam jednog druga koji mi je bio i ostao* ~ 내게는 수수께끼로 남아 있는 한 친구가 있었다

zagonetati *-am & -ćem* (不完) 1. 참조 zagonenuti 2. (비유적) 추측하다, 짐작하다 (nagađati) 3. ~ se 서로가 서로에게 수수께끼를 내다

zagonetka (D. *-eci & -etki*, G.pl. *-etākā & -tkī*) 1. 수수께끼 2. (비유적) 풀리지 않은 문제, 미스터리

zagoniti (se) *-im (se)* (不完) 참조 zagnati (se)

zagorac *-orca* 산 너머의 주민 **zagorka**

zagorčati *-am* (完) 1. (他) 쓴 맛이 나게 하다 2. (비유적) 힘들게 하다, 고통스럽게 하다, 비참하게 하다; ~ *život* 삶을 힘들게 하다, 인생을 비참하게 하다 3. (自) 쓴 맛이 나다 (postati gorak)

zagorčiti *-im* (完) 참조 zagorčati

zagorelina (=zagoretina) 1. 탄 냄새 2. 탄 것; (어떤 것을 구울때의) 탄 껍질

zagoreti *-im* (完), **zagorevati** *-am* (不完) 1. (음식을 굽거나 요리하면서) 부분적으로 타다(음식이); *tebi je zagoreo ručak* 네 점심이 조금 탔다 2. 조금 타다, 검어지다 (목재로 된 물건, 총기 등이); (햇볕에) 타다 3. (비유적) 심하게 목마르다(물 또는 술 등의) 4. (隱語) 오랫동안 성관계를 갖지 않다

zagoretina 참조 zagorelina

zagorevati *-am* (不完) 참조 zagoreti

zagorje 산 너머의 지역 **zagorski** (形)

zagorka 참조 zagorac

zagorkinja (詩的) (보통은 vila와 함께) *vila* ~ 산의 요정

zagospodariti *-im* (完) 통치하다, 지배하다; ~ *zemljom* 국가를 통치하다

zagovor 추천 (preporuka)

zagovoriti *-im* (完), **zagovaravati** *-am* (不完) 1. (가지 못하게) 붙들다, 지체시키다 (대화나 이야기를 함으로써) 2. (이야기함으로써) 주의를 딴 데로 돌리다 3. 속이다, 사취하다 (prevariti, obmanuti) 4. 추천하다 (preporučiti); ~ *kod direktora* 사장에게 추천하다 5. ~ se 이야기를 하느라 지체하다, 붙들려 이야기를 계속하다; *zagovorili su se pa su zakasnili u školu* 그들은 이야기를 하느라 학교에 늦었다

zagovornik 지지자, 후원자, 주창자, 변호자 (zastupnik, pobornik, pristalica); *vatreni* ~ 열렬한 지지자; ~ *ravnopravnosti žena* 여성 평등권 주창자

zagrabiti *-im* (完) 1. (많은 양에서) 퍼 내다, 떠 올리다, 뜨다 (삽·그릇 등으로); 잡아채다, 붙잡다 (손으로); ~ *obema rukama* 두 손으로 (물 등을) 뜨다; ~ *vode (bokalom)* 유리병으로 물을 퍼 올리다; ~ *gusle sa eksera* 못에 걸려 있는 구슬레를 잡아 꺼내다 2. 노를 젓다, 노를 잡다 (zaveslati); ~ *veslom po vodi* 물에서 노를 젓다 3. 서두르다, 서둘러 가다 (požuriti, pohitati)

zagrada 1. 울타리로 둘러친 것(장소), 울로 둘러싼 땅 (목초지 등의) 2. 괄호(括弧); *u ~i* 괄호 속에; *obla (uglasta, velika, mala)* ~

둥근 괄호(), 꺽쇠 괄호<>, 대괄호, 소괄호; *staviti u ~u* 괄호에 넣다

zagraditi *-im; zagrađen* (完), **zagrađivati** *-đujem* (不完) 1. 울타리를 치다, 울타리로 둘러싸다 (ograditi); ~ *livadu* 초지에 울타리를 치다; ~ *kuću* 집에 울타리를 치다 2. 방해물로 막다(차단하다), 봉쇄하다; ~ *kamenjem put* 돌로 길을 막다; *sva vrata su zagradili gredama i kamenjem* 모든 문을 각목과 돌로 막았다 3. 괄호에 집어넣다; ~ *reč* 어휘를 괄호 처리하다

zagrađe 참조 predgrađe; 교외(郊外)

zagrađivati *-đujem* (不完) 참조 zagraditi

zagrájati *-jim*, **zàgrajati** *-jem* (完) 떠들기 시작하다, 시끄럽게 하기 시작하다 (početi grajati)

zagraktati *-ćem* (完) (까마귀가) 까악까악 울기 시작하다 (početi graktati)

zagrcnuti se *-nem se* (完) 숨이 막히다, 목이 메다; *zagrcnuo se gutljajem i umalo se nije udavio* 음식을 넘기는데 목이 메어 거의 질식해 죽을 뻔 했다

zagrčiti *-im* (完) 참조 zagorčiti

Zagreb 자그레브; **Zagrebčanin; Zagrebčanka; zagrebački** (形)

zagrejač 히터, 난방기

zagrejati *-jem* (完), **zagrevati, zagrejavati** *-am* (不完) 1. 따뜻하게 하다, 데우다, 난방하다; ~ *supu* (*sobu*) 수프를 데피다(방을 따뜻하게 하다); ~ *hladan motor* 찬 엔진을 예열시키다 2. (비유적) 관심(흥미) 등을 유발시키다, 북돋우다; ~ *nekoga za neku ideju* 누가 어떤 생각에 관심을 가지게 하다; ~ *za taj projekat* 그 프로젝트에 관심을 가지게 하다 3. ~ **se** 데워지다, 따뜻해지다; 술을 조금 마시다; *hodao sam po dvorištu da se malo zagrejem* 몸을 좀 풀기 위해 마당을 거닐었다; *pusti motor da se zagreje* 엔진이 예열될 수 있도록 내버려둬 4. ~ **se** (비유적) (~의) 지지자가 되다, 관심(흥미)을 갖다; *za ovu ideju bio se zagrejao* 그는 이 사상의 지지자였다, 이 사상에 관심을 가졌었다

zagrejavanje (동사파생 명사) zagrevati; ~ *motora* 엔진 예열

zagrepsti *zagrebem; zagrebao, -bla* (完) 1. (날카로운 것 등으로) 긁다, 긁어 상처(흠집)를 내다, 할퀴다, 긁어 벗겨내다; *zagrebao bi ga noktima* 손톱으로 그를 할퀴고 싶었다; *ciknuo je najzad tako visokim i oštrim glasom, kao da je zagrebao nožem po staklu* 마치 칼로 유리를 긁는 것과 같은 매

우 날카로운 소리로 고함을 질렀다 2. 긁어 표시하다 (grebući zabeležiti); ~ *na zidu znak* 벽에 기호를 표시하다 3. 잡다, 붙잡다 (zahvatiti, zagrabiti) 4. (비유적) 도망치다 (potrčati, pobeći); *on zagrebe kroz šumu* 그는 숲을 통해 도망친다 5. ~ **se** 긁히다, 긁혀 상처(흠집)가 나다, 할퀴다 (ogrepsti se)

zagrevati *-am* (不完) 참조 zagrejati

zagreznuti *-nem; zagreznuo, -nula & zagrezao, -zla* (完) (~에) 빠지다 (upasti, zaglibiti se); (비유적) (원치 않은 것에) 빠지다; *on je pazio samo da ne zagrezne u glib* 그는 진창에 빠지지만 않도록 신경을 썼다; ~ *u mulj* 진창에 빠지다; ~ *u sneg* 눈에 빠지다 ; ~ *u dug* 빚더미에 빠지다

zagristi *zagrizem; zagrizao, -zla; zagrizen* (完), **zagrizati** *-am* (不完) 1. (이빨로) 물다, 베어 물다, 물어뜯다, 깨물다; ~ *jabuku* 사과를 베어 물다; ~ *udicu* 미끼를 물다 2. (무엇을) 조금 먹다; *ja ne mogu više, ako ne zagrizem štogod* 나는 뭐라도 조금 먹지 않으면 더 이상 할 수 없다 3. (비유적) ~ *u nešto* (무엇을) 시작하다; *zagrizao je rano u politiku* 그는 일찍이 정치를 시작했다 4. ~ **se** 다투다, 말다툼하다 (posvađati se); 집적거리다, 치근대다, 희롱하다 (pecnuti); *i ja sam čuo da su se zagrizli Knez i Gospodar* 대공과 영주가 다퉜다는 것을 나도 들었다

zagrizuti *-nem* (完) 참조 zagristi

zagrižen *-a, -o* (形) 광적인, 광신적인, 열렬한, 타협하지 않는, 뿌리깊은 (tvrdoglav, zadrt, okoreo, nepomirljiv); *~a pristalica* 광적인 지지자; *~i protivnici* 철천지 원수, 뿌리깊은 반대자들; *~i komunista* 뿌리깊은 공산주의자

zagrižljiv *-a, -o* (形) 빈정대는, 비꼬는, 냉소적인; 심술궂은, 악의적인 (zajedljiv, pakostan); ~ *ćud* 빈정대는 성격; *~a svekrva* 심술궂은 시어머니

zagrliti *-im* (完) 1. 포옹하다, 껴안다; *momak zagrli devojku* 남자친구가 여자친구를 포옹한다 2. (비유적) (자기 것으로) 받아들이다, 수용하다 (prigrliti, prihvatiti); ~ *pušku* 총을 받아들이다, 군(軍)에 가다 3. ~ **se** 서로가 서로를 포옹하다; *njih dvoje se zagrliše pred svima* 그 둘은 모든 사람 앞에서 포옹했다

zagrljaj 포옹; *pasti nekome u* ~ 누구의 품에 안기다

zagrmeti *-im* (完) 1. 천둥치다, 천둥치기 시작하다; (početi grmeti, zatutnjati, prolomiti se); *grom zagrme* 천둥이 우르렁거리기 시

1523

작한다 2. (천둥소리처럼) 우르렁거리다, 우
뢰와 같이 울리다 (대포 등의); *zagrmi top*
대포가 우뢰와 같이 울린다 3. (우뢰와 같이)
소리치다, 고함치다; *komandant je zagrmeo*
사령관이 우뢰와 같이 소리를 질렀다

zagrnuti *-nem* (完), **zagrtati** *-ćem* (不完) 1.
(천 등으로) 덮다, 뒤덮다, 뒤집어쓰다
(ogrnuti, prignuti); ~ *ćebetom* 담요를 덮
다(뒤집어쓰다) 2. (흙으로) 덮다, 묻다; ~
raku 무덤을 흙으로 덮다; ~ *kanal* 수로를
흙으로 묻다 3. (치맛자락·소매 등을) 걷어올
리다, 말아올리다, 둘둘말다 (zavrnuti,
posuvratiti, zadići); ~ *suknju* 치맛자락을
들어올리다; ~ *rukave* 소매를 말아올리다;
Ivo ... zagrne nogavice sve do kolena 이보
는 바짓자락을 무릎까지 걷어올린다

zagrobnī *-ā, -ō* (形) 사후(死後)의; ~ *svet* 사
후 세계; ~ *život* 사후의 삶

zagroktati *-ćem* (完) 꿀꿀거리기 시작하다
(početi groktati)

zagroziti *-im* (完), **zagrožavati** *-am* (不完) 1.
~ *kome* 위협하다, 협박하다 2. 위험에 처하
게 하다

zagrtač 망토 (ogrtač)

zagrtati *-ćem* (不完) 참조 zagrnuti

zagubiti *-im*; *zagubljen* (完) 1. (어디에 두었는
지 몰라) 잃다, 잃어버리다 (izgubiti, zaturiti)
2. ~ *se* 길을 잃다 (izgubiti se, zalutati se)

zagudeti *-im* (完) 구슬레를 연주하기 시작하다
(početi gudeti)

zaguliti *-im*; *zaguljen* (完), **zaguljivati** *-ljujem*
(不完) 1. 조금 껍질(가죽)을 벗기다; ~ *koru*
껍질을 조금 벗기다 2. ~ *se* 조금 껍질이 벗
겨지다

zaguljen *-a, -o* (形) 1. 참조 zaguljiti 2. (卑俗
語) 완고한, 고집센; 나쁜, 사악한; 부적절한
(zadrt, naopak, nezgodan); ~ *je to posao,*
drugovi! 친구들이여! 그것은 나쁜 일이야!;
~ *čovek* 고집센 사람

zaguljivati *-ljujem* (不完) 참조 zaguliti

zagurati *-am* (完) 밀다, 밀어넣다 (ugurati)

zagustiti *-im*; *zagušćen* (完), **zagušćivati** *-*
ćujem (不完) 1. (他) (농도를) 진하게 하다;
빽빽하게 하다; (빈도가) 빈번하게 하다; 가
득 채우다 (zakrčiti); ~ *mleko* 우유를 진하
게 하다 2. (自) (연기·안개·어둠 등이) 짙어
지다, 진해지다, 빽빽해지다, 꽉 채워지다;
빈번해지다 3. (비유적) (無人稱文) (상태·상
황·직위·지위 등이) 어려워지다, 힘들어지다,
위험해지다; *zagustilo je* 상황이 어려워졌다;
zagustilo mu je 그의 상황(지위)이 힘들어졌

다

zagušiti *-im* (完), **zagušivati** *-šujem* (不完) 1.
질식사시키다, 숨을 못쉬어 죽게 만들다
(ugušiti); 숨막히게 하다 2. 억누르다, 억제
하다(suzbiti, savladati); *videlo se kako*
nastoji ~ žestok plač 울음을 억누르려는 모
습이 보였다; ~ *ideje o slobodi* 자유 사상을
억압하다 3. 발전을 방해하다; *narastao*
drač i zagušio seme 가시나무가 커져 씨앗
이 자라는 것을 방해했다; *useve je zagušio*
korov 잡초가 농작물의 성장을 저해했다 4.
(사람들이 붐비게) 가득하게 하다, 꽉 채우
다 (prepuniti, pretrpati); *zagušiše vojnici*
uske ulice donjeg grada 아랫마을의 좁은
길목들이 병사들로 가득했다 5. 소리를 죽이
다, 소리를 안들리게 하다; *eksplozije*
bombe zagušile su za trenutak klokotanje
mitraljeza 폭탄의 일련의 폭발들로 인해 자
동소총의 드르륵거리는 소리들이 순간적으로
들리지 않았다 6. (구멍·통로 등을) 막다, 막
히게 하다 (začepiti, zapušiti); *kiša spere*
sav prah s lišća što ... pore zaguši 빗물이
나뭇잎의 먼지들이 씻겨 내려갔으며 그것들
이 작은 구멍들을 막히게 했다 7. ~ *se* 숨이
막히다, 목이 메다; ~ *se u plaču* 울음으로
인해 목이 메다 8. ~ *se* 막히다; *rupice na*
koži se zaguše 피부의 모공들이 막힌다 9.
기타; *suze (plač) su ga zagušile* 눈물로 목
이 메었다

zagušljiv *-a, -o* (形) 1. 신선한 공기가 없는;
숨 막히는, 숨이 막히게 하는; ~*a kuhinja* 숨
막히는 부엌 2. (비유적) 힘든, 여려운, 심각
한, 무거운 (težak, skučen); ~*a atmosfera*
심각한 분위기 3. 질식시키는, 질식사시키는;
~*i gasovi* 질식시키는 가스 4. 소리를 죽인,
조용한 (prigušen, tih); ~ *glas* 소리를 죽인
목소리

zagušljivac *-vca*; *-vci* (化) 질식 가스 (독가스
의 일종)

zahiriti *-im* (完) 1. 성장(발달)이 뒤쳐지다(지
체되다) (zakržljati) 2. 변덕스러워지다, 변덕
을 부리다 (postati hirovit)

zahititi *-im* (完) **zahitati** *-am* (不完) 잡다, 붙
잡다 (zagrabiti, zahvatiti)

zahladiti *-im* (完) **zahlađivati** *-đujem* (不完) 1.
(無人稱文) 추워지다, 차가워지다; *zahladilo je*
추워졌다 2. 차갑게 하다, 식히다 (ohladiti,
rashladiti); ~ *kazan* 냄비를 식히다

zahladneti *-nem* (完) 1. (無人稱文) 추워지다,
차가워지다 (zahladiti); *pred zoru zahladni*
새벽녁에 추워진다 2. (비유적) 무관심해지다,

(관계가) 식다; *zahladneli su naši odnosi s komšijama* 이웃들과의 우리의 관계는 식었다(차가워졌다)

zahladnjenje (동사파생 명사) zahladneti

zahlađe 응달진 곳, 음지 (hladovina)

zahlađenje (동사파생 명사) zahladiti; 추워짐, 추운 계절의 도래; *nastupilo je ~* 추운 계절이 도래했다

zahlađivati -đujem (不完) 참조 zahladiti

zahlipci -pākā (男,複) (病理) 유행성 이하선염 (耳下腺炎)(zauške, zaušnjaci)

zahod 1. 일몰, 해넘이; 서(西), 서쪽 방향; *sunce je bilo na ~u* 해가 넘어가고 있었다 **zahodni** (形) 2. (비유적) 끝, 마침 (kraj, svršetak); *na ~u života* 인생의 황혼기에 3. 변소, 화장실(nužnik, klozet); *poljski ~* 야외 변소 **zahodski** (形)

zahodan -dna, -dno (形) 1. (길·도로가) 우회하는, 돌아가는 (zaobilazan) 2. (한정형) 해가 지는, 해가 질 때 나타나는, 일몰의; 서쪽의; *~dno rumenilo* 붉은 일몰

zahoditi -im (不完) 1. (태양·달 등이) 넘어가다, 지다 (zalaziti) 2. (길을) 돌아가다, 우회하다 (obilaziti, zaobilaziti)

zahodskī -ā, -ō (形) 변소의, 화장실의; *~a jama* 변소 구덩이

zahrkati -čem 코골기 시작하다 (početi hrkati)

zahrupiti -im (完) 참조 zalupiti; (문 등을) 쾅(탁) 닫다; *portir Milan zahrupi i zaključa im vrata pred samim nosom* 경비원 밀란은 바로 그들 코앞에서 문을 쾅 닫고는 열쇠를 걸어 잠궜다

zahteti -em & -ednem (完) 요구하다, 요청하다 (zatražiti, zaiskati)

zahtev 요구, 요청; *na nečiji ~* 누구의 요구로; *~ za izručenje* 송환 요구

zahtevati -am (不完) 참조 zahteti; 1. 요구하다, 요청하다; *~ pravo glasa* 투표권을 요구하다; *ovo mesto zahteva iskusnog inženjera* 이 자리는 경험 많은 엔지니어를 요구한다; *mi zahtevamo da nam vrate novac* 우리에게 돈을 반환할 것을 우리는 요구한다; *~ veću platu* 더 많은 월급을 요구하다; *oni suviše zahtevaju od tog deteta* 그들은 그 아이에게 너무 많은 것을 기대한다(요구한다); *ja zahtevam od njega da bude dobar đak* 나는 그가 훌륭한 학생이 되기를 기대한다; *povrće zahteva dosta vode* 채소들은 충분한 물을 필요로 한다 2. (文法) 지배하다, 요구하다; *ovaj glagol zahteva akuzativ* 이 동사는 목적어를 지배

한다

zahučati -im (完) 시끄러운 소리를 내기 시작하다(바람·강물 등이) (početi hučati)

zahujati -jim (完) 윙윙거리기 시작하다, 시끄럽기 시작하다 (početi hujati)

zahukati -čem (完) 1. (부엉이가 부엉부엉 울기 시작하다 (početi hukati) 2. (바람이) 휘이잉~ 소리를 내다 (zahujati) 3. (입으로) 후~후~ 불기 시작하다 (duvati); *~ u ruke* 손을 후후 불기 시작하다 4. *~ se* 숨을 헐떡거리며 가다 5. *~ se* (비유적) 확산되다, 퍼지다 (uzeti maha); *nesreća se zahukala* 불행은 더 커졌다 6. *~ se* (유리창에) 김이 서리다 (zamagliti se)

zahuktalost (女) 숨을 헐떡거림, 서두름 (žurba)

zahuktati -ćem (完) 1. (기관차가 후~하고 소리를 내기 시작하다 (početi huktati) 2. *~ se* 서둘러 가다, 급하게 가다 3. *~ se* (~에) 몰두하다

zahvaćen -a, -o (形) 참조 zahvatiti; 붙잡힌, 붙들린; *~ strahom* 겁에 질린

zahvala 참조 zahvalnost; 감사

zahvalan -lna, -lno (形) 1. 감사해 하는, 고마워 하는, 고맙게 생각하는; *~ na dobroti* 호의에 감사하는; *~ ljudima* 사람들에게 고마워 하는; *on nam je ~ za sve* 그는 모든 것에 대해 우리에게 감사해 한다; *unapred ~!* 미리 감사드립니다! 2. 좋은 결과가 있는, 가치 있는, 보람 있는; 유용한; 적절한, 적합한, 알맞은 (pogodan, podesan, zgodan); *~ objekat* 적합한 목적물; *~ materijal* 적절한 재료; *~ posao* 유용한 일 3. 기타; *u ~lno ime* (詩的) 감사의 표현으로

zahvaliti (se) -im (se) (完) **zahvaljivati (se)** -ljujem (se) (不完) 1. (na nečemu, za nešto) 감사하다, 고마워하다, 사의를 표하다; *ona mu je zahvalila za poklon (na poklonu)* 그녀는 그에게 선물 고맙다고 했다 2. *~ se* 사표를 제출하다, 사직하다, 사임하다; *~ se na službi* 직을 사임하다; *~ se na prestolu* 왕위에서 물러나다, 퇴위하다

zahvalnica 1. 감사의 말; 감사 편지; *poslati ~u* 감사의 편지를 보내다; *slušati ~e i zdravice* 감사의 말과 건배사를 듣다 2. (한정사적 용법으로) 감사하는, 고맙게 생각하는 (zahvalna, zahvalnička); *~ molitva* 감사 기도; *~ pesma* 감사의 노래; *~ suza* 감사의 눈물

zahvalnost (女) 감사, 고마움; *~ za pomoć* 도와준 것에 대한 감사

Z

zahvaljivati –*ljujem* (不完) 참조 zahvaliti

zahvaljujući (+D) (副) ~ 덕택에, ~ 덕분에, ~ 에 힘입어; ~ *njegovoj sposobnosti* 그의 능력 덕분에

zahvat 1. (손으로 뭔가를 잡을 때의) 손놀림; 꽉 붙잡음; ~ *rukom* 손으로 잡음 2. (비유적) (어떠한 문제에) 깊숙이 들어감, 천착 (ulaženje, udubljivanje); *pesnički ~ u stvarnost* 시인의 현실에 대한 천착 3. 와락 껴안을 수 있는 부피; 규모, 범위, 부피, 용적, 크기 (obim, opseg); ~ *krila* 날개를 짝 핀 크기; ~ *ruku* 손으로 쥘 수 있는 부피; ~ *seoba* 이주의 규모; *ta bogata etnografska građa daje zbirkama sestara Jovanović širi ~ i veći značaj* 그러한 풍부한 민속학적 자료는 요바노비치 자매의 수집품에 더 넓은 규모와 더 큰 의미를 주고 있다 4. (팔을 뻗어) 잡을 수 있는 거리(범위) (domašaj, doseg, udar); ~ *zakona* 법의 효력이 미치는 범위 5. (~의 목적하에 행해지는) 조치, 행동, 행위; 프로젝트; *proračunati ~i vlasti* 정부의 계산된 조치; *revolucionarni ~i* 혁명적 수단; *hirurški* ~ 수술

zahvatiti –*im*; *zahvaćen* (完) **zahvatati** –*am* (不完) 1. (수저·국자·손 등으로) 푸다, 뜨다, 퍼내다 (zagrabiti); *nikad ne zahvati dvaput s istog vrela* 결코 같은 샘에서 두 번 물을 뜨지 않는다; ~ *vode u šake* 손으로 물을 뜨다; ~ *lončem mleka* 냄비로 우유를 뜨다 2. (비유적) (조사·연구의) 대상으로 삼다, 포함하다, 천착하다; *pisac je energično zahvatio u 'puni život' našega naroda* 작가는 우리 민족의 '전체적인 삶'을 의욕적으로 다뤘다; ~ *najšire slojeve naroda* 가장 광범위한 민중 계층을 다루다 3. 꽉 붙잡다, 힘껏 움켜쥐다 (čvrsto uhvatiti, zgrabiti); ~ *bika za rog* 황소의 뿔을 단단히 붙잡다; *naglim pokretom ruke zahvati loptu* 팔을 재빨리 움직여 공을 받는다(쥔다) 4. (남의 땅·영토 등을) 차지하다, 점유하다, 점령하다; ~ *opštinske zemlje* 군소유지를 불법 점령하다; *Turska je bila zahvatila mnoge provincije* 터키는 수많은 지역을 점령했었다 5. 얻다, 획득하다; 돈을 벌다 (zadobiti, dobiti; zaraditi); ~ *bogat plen* 많은 전리품을 획득하다; *koliko zahvati u mesecu? Kako kad* 한 달에 얼마나 버느냐? 경우에 따라 달라 6. 다다르다, 닿다, 미치다; 번지다, 확산되다; *vatra je zahvatila veći deo kuće* 불은 집 대부분에 번졌다; *seljački ustanci nisu zahvatili čitavu zemlju* 농민 봉기는 전국으로 확산되지 못했다 7. 꽉 차다, 가득하다 (ispuniti); *magla zahvati dolinu* 계곡은 안개로 가득했다 8. (감정 등이) 엄습하다, 휩싸다 (obuzeti, prožeti); *tada ga zahvatila silna žalost* 그때 커다란 슬픔이 그를 업습했다; *zahvatila ih je panika* 그들은 공포심에 휩싸였다

zaići *zaiđem* (完) 1. (~의 뒤에서) 사라지다, 넘어가다, 멀어지다; *kola zaiđoše za okuku* 자동차는 도로 커브에서 사라졌다 2. 돌고 돌아 오다(도착하다); *brod je zaišao više nego što je trebalo* 배는 필요 이상으로 돌고 돌아 왔다 3. 길을 잃다, 헤매다 (zalutati, izgubiti se); *zaišla u naše selo neka skitnica iz sveta* 타지에서 온 어떤 방랑자가 길을 잃고 우리 마을에 왔다 4. ~의 안으로 들어가다; ~ *dublje u šumu* 숲 깊숙이 들어가다 5. 순서대로 가다 (poći redom, zaređati); ~ *od kuće do kuće* 이 집에서 저 집으로 차례차례 다니다; ~ *po selu* 온 동네를 차례차례 다니다

zaigrati –*am* (完) 1. 춤추기 시작하다 (početi igrati); *srce mu je zaigralo od radosti* 그의 심장은 기뻐 쿵쾅쿵쾅 뛰기 시작했다 2. 놀음하여 돈을 잃다 (카드·도박·주식 등으로) (prokockati); *on zaigrao je na berzi sav svoj imetak* 그는 자신의 전재산을 주식으로 날렸다 3. ~ *se* 이리저리 뛰어다니다 4. ~ *se* 놀이에 (정신이) 빠지다

zaigumaniti –*im* (完) 1. 수도원장(iguman)의 직을 주다, 수도원장으로 임명하다 2. ~ *se* 수도원장이 되다

zailaziti –*im* (不完) 참조 zaići

zaimponovati –*nujem* (完) 깊은 인상(감명)을 주기 시작하다 (početi imponovati)

zainatiti (se) –*im (se)* (完) 1. 오기(inat)로 하기 시작하다; 고집을 부리다 2. ~ *se* 다투다, 말다툼하다 (posvađati se)

zaintačiti –*im* (完) 고집을 부리다, 완강한 입장을 견지하다 (zaokupiti, zaopucati)

zainteresirati –*am* (完) 참조 zainteresovati

zainteresovati –*sujem* (完) 1. 관심(흥미)을 갖게 하다; ~ *nekoga za nešto* 누가 무엇에 관심을 갖게 하다; 호기심을 불러일으키다; *biti zainteresovan za nešto* 뭔가에 관심을 가지다; ~ *učenike za matematiku* 학생들이 수학에 흥미를 느끼게 하다; ~ *za rad* 일에 관심을 가지게 하다; ~ *čitaoce* 독자들의 호기심을 불러일으키다 2. ~ *se* (za nešto) 무엇에 관심을 갖다; ~ *se za taj slučaj* 그 사건에 관심을 갖다

zaira 참조 hrana

zajahati -šem (完) (보통은 말 등에) 앉다; 말 (馬)을 타다 (uzjahati); ~ konja 말을 타다

zajam -jma; -jmovi 대출(금), 융자(금); dati kome na ~ 누구에게 빚을 꿔주다, 대출해 주다; vratiti kome ~ (비유적) 빚을 갚다, 복수하다; uzeti ~ 융자를 받다; državni ~ 국가 채무

zajamčiti -im (完) 보증하다, 보장하다, 개런티하다 (garantovati); 확실히 하다 (obezbediti); smem da zajamčim za njega 난 그 사람에 대해 보증을 설 수 있다; ~ mir 평화를 확실히 하다; ~ slobodu 자유를 보장하다

zajapuren -a, -o (形) 참조 zajapuriti; (사람의 얼굴이) 홍조를 띤

zajapuriti -im (完) 1. 얼굴이 빨개지게 하다(홍조를 띠게 하다), 얼굴이 달아오르게 하다 (zacrveniti); vetar joj zajapuri lice 바람이 그녀의 얼굴을 달아오르게 했다 2. ~ se 얼굴이 빨개지다(홍조를 띠다), 얼굴이 달아오르다 (zacrveneti se)

zajaukati -čem (完) 비명을 지르기 시작하다, 울부짖기 시작하다 (početi jaukati)

zajaziti -im (完) zajazivati -zujem, zajaživati -žujem, zajažavati -am (不完) 1. 물의 흐름을 막다, 물을 가두다 (댐 등을 건설하여); 댐을 세우다 (zatrpati, zagatiti); branom će se moći ~ miliom kubnih metara vode 댐으로 물 백만 입방미터를 가둬둘 수 있다; ~ reku 강물을 막아 가두다, 강에 댐을 건설하다 2. 만족시키다, 충족시키다 (소망·욕구 등을) (zadovoljiti) 3. ~ se 만족하다

zajažljiv -a, -o (形) 만족시킬 수 있는

zajecati -am (完) 흐느껴 울기 시작하다 (početi jecati)

zaječati -im (完) 메아리치기 시작하다, 울려 퍼지기 시작하다 (početi ječati)

zajedalo (男,中) 참조 zajedljivac; 빈정대는 사람, 비꼬아 말하는 사람

zajedati -am (不完) 1. 빈정대다, 비꼬면서 말하다 (podsmevati se, zadirkivati) 2. 조금씩 훔치다 (돈을 지불할 때) (potkradati, zakidati); država građanima zajeda 국가가 시민들에게 조금씩 돈을 훔쳐간다 3. ~ se 서로 빈정대다

zajedljiv -a, -o (形) 비꼬는, 빈정대는; ~a žena 빈정대는 여자; ~a primedba 빈정대는 질책; ~a fraza 풍자적인 관용구

zajedljivac -vca 빈정대는 사람, 비꼬는 사람 zajedljivica

zajednica 1. 공동체, 사회; 공동체적 삶; 공동체 의식 2. 공동체 소유, 공동체 재산 3. 기타; biljna ~ 식물 군락(동일한 기후·토질 조건하에 있는 다양한 식물들); bračna ~ 결혼, 결혼 공동체; kućna ~ 가족 공동체(동일한 선조를 둔 여러 가정으로 이루어진); ~ doma i škole 학부모 교사 위원회(가정과 학교간의 원활한 소통을 위한); prvobitna ~ 원시 공동체; mesna (stambena) ~ 지역 사회(주민 위원회); u ~i s nekim 누구와 공동으로; radna ~ 노동자 공동체; verska ~ 종교 공동체; ~ privrednih organizacija 경제 단체협의회

zajedničar 공동체원, 공동체 회원

zajednički -ā, -ō (形) 공동체와 관련된, 공동체의; 공동의, 상호의; ~o imanje 공동체 재산; ~a crta (osobina) 공통 특성; to je problem ~ svim roditeljima 그것은 모든 부모들에게 공통적인 문제이다; ~ prijatelj 서로의 친구; šta oni imaju ~o? 그들은 공동의 그 무엇이 있나요?; ~ napori 공동의 노력; naći ~ jezik 공통 관심사를 발견하다; oni imaju ~u radnju 그들은 공동의 가게를 가지고 있다; ~a imenica (文法) 보통 명사; ~a sednica 공동 회의; ~a imovina 공동 재산; ~a potrošnja 공동 소비

zajednički (副) 공동으로, 다함께; ~ ostvareni dohodak 공동으로 일궈낸 수입; oni su to ~ rešili 그들은 그것을 다함께 해결했다

zajedno (副) 1. 함께, 같이, 공동으로; svi ~ 모두 다함께; šetati ~ 함께 걷다; živeti ~ 함께 살다 2. 동시에 (u isto vreme, ujedno); kaže se da je prva kritika izašla ~ sa prvim umetničkim delom 첫 비판은 최초의 예술 작품과 함께 동시에 나왔다

zajedništvo 공동체 (zajednica)

zajedriti -im (完) 항해하기 시작하다 (početi jedriti)

zajemčiti -im (完) 참조 zajamčiti

zajemčivati -čujem (不完) 보장하다, 개런티하다; zemljoradnicima se zajemčuje pravo svojine na obrađivo poljoprivredno zemljište 경작할 수 있는 농지에 대한 소유권이 농민들에게 보장된다

zajeseniti (完) 1. 가을을 보내다; te godine zajesenio je sa stokom na planini 그는 그 해에 소들과 함께 산에서 가을을 보냈다 2. (無人稱文) (가을이) 시작하다; zajesenilo iznenada 갑자기 가을이 시작되었다 3. ~ se 가을이 시작되다; već se zajesenilo 벌써 가을이 시작되었다

zajesti *zajedem* (完) 1. 먹어 치우다, 먹어 다 소비하다; ~ *sve za sedam dana* 7일 동안에 모든 것을 먹어 치우다 2. (계량하거나 수를 셀 때) (누구를) 속여 ~을 빼앗다(편취하다) (zakinuti); *nikom nije ništa zajeo* 누구에게도 아무것도 편취하지 않았다; *zajeo mi je hiljudu dinara* 그는 나에게 천 디나르를 속여 편취했다 3. (비유적) 빈정대다, 비아냥거리다; 빈정대는 말로 모욕하다; *on ume da zajede* 그는 비아냥거릴 수 있다 4. ~ *se u nešto* 들어가다, 침투하다 (zaseći se, urezati se); *ljubav joj se zajela u srce* 사랑이 그녀의 가슴에 들어왔다 5. ~ *se nečega* (어떤 음식을) 실컷 먹다, 질리도록 먹다 (zasititi se) 6. ~ *se* (비유적) 다투다 (zavaditi se, posvađati se)

zajmiti *-im; zajmljen* (完,不完) 1. (돈 등을) 꾸다, 빌리다; (돈 등을) 꿔주다, 빌려 주다 2. (方言) (소 등을) 일정한 방향으로 몰다, 몰고 가다; 몰으면서 쫓다;~ *ovce u planinu* 양을 산으로 몰다; *zajmi ga policija u stanicu* 경찰이 그를 경찰서로 몰으면서 쫓는다 3. ~ *se* 서로가 서로에게 꿔주다 4. ~ *se* 서로 서로 돕다

zajmodavac *-vca* 빚을 꿔준 사람, 대출을 해 준 사람; 채권자

zajmoprimac *-mca* 빚을 꾼 사람, 대출을 받은 사람; 채무자

zajmotražilac *-ioca* 빚을 꾸려고 하는 사람, 대출을 받으려고 하는 사람

zajutarje 아침, 아침 시간 (jutarnje doba)

zajutrak *zajutãrka* 참조 doručak; 아침 식사

zajutriti *-i* (完) (無人稱文으로) 아침이 밝다, 동이 트다

zakačaljka 1. (뭔가를 걸 수 있는) 고리, 걸이, 혹; *nema ~e na kaputu* 외투에 (걸 수 있는) 고리가 없다 2. 빨래 집게 (štipaljka)

zakačiti *-im* (完) **zakačinjati** *-njem,* **zakačivati** *-čujem* (不完) 1. (고리 등에) 걸다, 걸어매다, 걸어 연결시키다; 걸어 고정시키다; (단추 등을) 잠그다; (핀으로) 고정시키다 (spojiti, prikopčati); ~ *prikolicu za kamion* 트럭에 트레일러를 걸어 연결하다; ~ *dugme na košulji* 외투의 단추를 잠그다 2. (못 등에) 걸다 (okačiti); ~ *torbu za ekser* 가방을 못에 걸다 3. 찔러넣다, 쑤셔넣다 (zadenuti); ~ *palce u džepove prsluka* 엄지 손가락을 조끼 주머니에 집어넣다 4. 스치다 (보통은 뭔가 좋지 않은 결과를 남기면서) (okrznuti); ~ *noktom* 손톱에 할퀴다 5. (비유적) 신랄히 질책하다, 몰아세우다, 닥달하다;

poslanik je zakačio i predsednika vlade 국회의원은 정부수반인 총리도 신랄히 몰아세웠다 6. (남의 것을) 빼앗다, 자신의 것으로 하다; 해를 끼치다 7. (말로) 집적대다, 치근대다 (bocnuti, pecnuti) 8. ~ *se* 걸리다; 연결되다, 고정되다; ~ *se za udicu* 낚시 바늘에 걸리다 9. ~ *se* 말다툼하다 (posvađati se, sporečkati se); ~ *se s ocem oko novca* 돈 문제로 아버지와 다투다

zakačka (G.pl *-ã* & *-ĩ* & *-čãkã*) 1. 여러가지 물건들을 연결시키고 고정시키고 걸 수 있는 물건; 연결고리, 버클, 클립, 집게, 고리 2. (비유적) 다툼의 사소한 이유(동인), 의무 회피의 이유(동인) (začkoljica)

zakaditi *-im* (完) 1. 연기에 노출시키다, 연기를 쐬게 하다; ~ *burad dimom* 통을 연기에 쐬이다 2. (宗) 향(kad)을 피우다 (okaditi) 3. ~ *se* 연기로 가득하다, 연기 냄새로 꽉차다

zakakotati *-ćem* (完) (닭이) 울기 시작하다, 꼬꼬댁거리기 시작하다 (početi kakotati)

zakaliti *-im* (完) 1. (불에 달군 쇠를) 담금질하다 2. (비유적) 단련시키다 (ojačati, učvrstiti); ~ *dušu* 정신을 단련하다

zakaluđeriti *-im* (完) 1. 수도승(kaluđer)의 직을 주다, 수도승으로 임명하다 2. ~ *se* 수도승이 되다

zakaljati *-am* (完) 진흙투성이로 만들다, 더럽히다 (zaprljati); ~ *ruke zemljom* 손을 흙으로 더럽히다; ~ *čađu* 그을음으로 더럽히다

zakameniti *-im* (完) 1. 돌로 변하게 하다, 석화시키다 (okameniti) 2. ~ *se* 돌처럼 단단해지다, 돌이 되다, 석화되다; *seme se u zemlji zakamenilo* 씨앗은 땅속에서 단단히 굳었다 3. ~ *se* (비유적) 돌부처처럼 침묵하다(말이 없어지다); 돌처럼 굳어지다(움직임이 없다) (skameniti se)

zakamuflirati *-am* (完) 위장하다, 변장하다

zakaniti se *-im se* (完) 결심하다, 결단하다, ~ 하려고 마음먹다 (odlučiti se, rešiti se, nakaniti se)

zakanuti *-nem* (完) (물방울 등이) 한 방울 떨어지다 (kanuti, kapnuti)

zakaparisati *-šem,* **zakapariti** *-im* (完) 1. (~에 대한) 보증금(kapara)을 지불하다; ~ *sobu* 방의 보증금을 지불하다; ~ *stoku* 가축에 대한 보증금을 지불하다 2. (처녀에게) 구혼하다, 청혼하다 (결혼지참금을 주면서)

zakapati *-pljem* & *-am* (完) 1. (눈물·이슬 등이) 한 방울 한 방울 떨어지기 시작하다 (početi kapati) 2. 한 방울 한 방울 적시다: ~ *knjigu* 한 방울 한 방울 책을 적시다

zakartati -am (完) 1. 카드를 쳐 돈을 잃다, 노름으로 망하다; ~ *očevinu* 노름으로 유산을 탕진하다 2. ~ se 카드에 미치다, 노름에 미치다

zakasnelī -ā, -ō (形) 늦은; ~*a jesen* 늦은 가을, 만추(晚秋)

zakasniti -im (完) **zakašnjavati** -am (不完) 1. 늦다, 늦게 오다, 늦게 당도하다, 늦게 ~을 시작하다; ~ *na čas* 수업에 늦다; ~ *na voz* 기차시간에 늦다; ~ *s prijavom poreza* 세금 신고를 늦게 하다 2. (발전 등이) 지체되다 (zaostati)

zakašljati se -am se (完) 기침하기 시작하다 (početi kašljati)

zakašnjavati -am (不完) 참조 zakasniti

zakašnjenje (동사파생 명사) zakasniti; 지연, 지체; *voz je došao sa ~em od dva sata* 기차는 두 시간 연착했다

zakazati -žem (完) **zakazivati** -zujem (不完) 1. 일정을 잡다, 스케줄을 잡다; ~ *sastanak (konferenciju)* 미팅(컨퍼런스) 스케줄을 잡다; ~ *sednicu* 회의 일정을 잡다; ~ *tačan datum* 정확한 날짜를 잡다 2. 말하다, 명령하다; 통지하다, 통고하다 3. 배신하다, 배반하다; 거부하다 (izneveriti, otkazati); *u ovom slučaju, koji je pomalo ticao i njega, zakazalo je njegovo znanje i okretnost* 그 사람도 조금 관련된 이 경우에 있어, 그의 지식과 임기응변도 통하지 않았다

zakeralo (男,中) 모든 사소한 것에 대해 끊임없이 흠잡는 사람; 트집쟁이

zakerati -am (完) (모든 사소한 것에도 별 이유없이) 트집잡다, 흠잡다; *kod kuće je zakerao kao pas i dobre reči nije proslovio* 집에서는 트집만 잡고 좋은 말이라고는 단한 마디도 하지 않았다

zakevtati -ćem (完) (개가) 요란하게 짖어대기 시작하다 (početi kevtati)

zakićen -a, -o (形) 참조 zakititi; 장식된

zakidanje (동사파생 명사) zakidati

zakidati -am (完) 1. 뜯다, 뜯어내다 (식물의 윗 부분을) (otkidati) 2. (월급 등을) 깎다, 삭감하다 (정당하지 않게 제하면서) (umanjivati); ~ *na plati* 월급을 삭감하다; ~ *na vagi* 무게를 삭감하다; *bogataši svakog dana pomalo zakidaju nadnice siromašnih radnika* 부자들은 가난한 노동자들의 일당을 매일 조금씩 깎는다 3. 한 입 물다(베다); ~ *meso zubima* 이빨로 고기를 떼어내다 4. ~ se 분노하여 누구에게 소리치다(고함치다), 화내면서 말하다

zakikotati (se) -ćem (se) 낄낄 웃기 시작하다, 큰소리로 웃기 시작하다 (početi se kikotati)

zakimati -am (完) (고개를) 끄덕이기 시작하다 (početi kimati)

zakinut -a, -o (形) 1. 참조 zakinuti 2. (軍) ~*a čaura* 파열된 탄환; *izvlakač ~ih čaura* 파열된 탄환 추출기

zakinuti -nem (完) **zakidati** -am (不完) 1. (풀 등 식물의 윗 부분을) 뜯다, 따다, 자르다; (물건의 윗 부분을) 부러뜨리다; ~ *vrhove mladica* 새 순의 끝부분을 뜯다; ~ *list* 리스트의 윗 부분을 찢다 2. (급여·월급 등을) 삭감하다, 제하다, 공제하다 (부당하게); ~ *dve dnevnice* 이틀치 일당을 삭감하다; ~ *na vagi* ~의 무게를 속이다(속여 팔다); ~ *prava* 권리를 침해하다 3. 이빨로 물다, 한 입 베어 물다 4. ~ se 뜯어지다, 부러지다 (prekinuti se, prelomiti se)

zakipeti -im (完) 1. 끓어 넘치기 시작하다 (početi kipeti) 2. (비유적) 치밀어오르다 (화·분노·미움·증오 등이) (uskipeti)

zakiseliti -im (完) 시게 하다, 신맛이 나게 하다; 식초 등을 치다

zakisnuti -nem (完) **zakisavati** -am, **zakisivati** -sujem (不完) 1. 비(kiša)에 젖다, 비를 맞다; (일반적으로) 젖다 2. ~ se 비에 젖다 (prokisnuti)

zakišati -am (完) (빨래감을 물에) 담그다, 적시다 (namočiti, nakvasiti)

zakišati -ša (完) (보통은 無人稱文으로) 비가 많이 오다; *zakišalo je* 비가 많이 왔다

zakišiti -ši (完) (보통은 無人稱文으로) 참조 zakišati; *zakišilo je* 비가 (많이) 왔다

zakititi -im (完) 1. 장식하다, 꾸미다 (ukrasiti, okititi); ~ *svatove cvećem* 꽃으로 하객들을 꾸미다 2. ~ se 장식되다

zakivak -vka 못, 대갈못, 리벳 (ekser, čavao, klinac) **zakivačni** (形); ~ *šav* 리벳 이음매

zakivanje (동사파생 명사) zakivati

zakivati -am (不完) 참조 zakovati

zakivka (G.pl. -ī & -ākā) 참조 zakivak

zaklad 1. 저당물, 담보물 (zalog); *položiti* ~ 저당잡히다; *vratiti* ~ 저당품을 돌려주다 2. (특정 목적을 위한) 기금; 유언 (fond, zaveštanje); ~ *za siromašnu decu* 빈곤층 아동을 위한 기금 3. 장식품; 장신구, 보석 (nakit, ukras); *crveni* ~ 붉은 장신구

zaklada 1. 기념 재단 (zadužbina); *korisnici* ~*e* 기념재단 사용자들 2. 유언 (zaveštanje)

zakladnik 기념재단에 돈을 기부하는 사람

zaklanjati -am (不完) 참조 zakloniti

Z

Z

zaklapati –am (不完) 참조 zaklopiti

zaklati zakoljem; zaklan; zakolji (完) 1. 칼로 목을 따 죽이다(살해하다), 참수하다; (일반적으로) 죽이다, 살해하다 2. (비유적) 파산시키다, 파멸시키다, 망가뜨리다 (금전적 또는 윤리적으로) (upropastiti, uništiti) 3. 기타; ~ bez noža 파산(파멸)시키다, 망치다; zaklaću ga kao vrapca (kao pile) (참새(병아리) 목을 따듯이 그를 죽일 것이다; zaspati (spavati) kao zaklan 곤히 잠자다; puška ga je zaklala 현장에서 그를 죽였다 4. ~ se 참수당하다; 망가지다, 파멸되다 5. ~ se 서로에게 상처를 주며 싸우다 (poklati se)

zaklatiti –im (完) 1. (다리 등을) 흔들기 시작하다, (고개를) 끄덕거리기 시작하다 (početi klatiti); ~ ramenima 어깨를 흔들기 시작하다 2. ~ se 흔들리기 시작하다, 떨리기 시작하다 3. ~ se 비틀거리며 가다(도착하다)

zaklet –a, –o (形) 1. 참조 zakleti; 맹세한, 서약한 2. 저주받은 (uklet, proklet); ~i grad 저주받은 도시 3. 가장 열렬한, 매우 충실한; 용서할 수 없는, 타협할 수 없는 (najvatreniji, nepomirljiv, zagrižen); ~i protivnik 불구대천의 원수, 철천지 원수; Živanović ... je ~i čuvar svetinja Vukovih 지바노치는 부크 유산의 가장 충실한 지지자였다

zakleti zakunem; zakuni (完) zaklinjati –njem (不完) 1. (koga) 맹세하게 하다, 서약하게 하다, 선서하게 하다; ~ svedoke 증인에게 맹세하게 하다; ~ činovnika 공무원에게 서약하게 하다 2. ~ se 맹세하다, 서약하다, 선서하다; krivo se ~ 거짓 맹세하다; ~ se čašću 명예를 걸고 맹세하다; zaklela se u decu da neće nikom reći 그녀는 아무한테도 말하지 않을 것이라고 아이들에게 맹세했다 3. 기타; zaklela se zemlja raju da se tajne sve saznaju 숨길 수 있는 것은 아무것도 없다, 진실은 결국 드러난다; ne bih se zakleo, ne bih se smeo ~ 확언할 수 없다, 단언할 수 없다; sve se zakleo protiv mene 모두가 내게 등을 돌렸다

zakletva (G.pl. –ā & –ī & –āvā) 맹세, 서약; položiti ~u 맹세(서약)하다; prekršiti ~u 서약(맹세)를 깨다; kriva ~ 거짓 맹세; veže me ~ 난 맹세에 옭매어있다; pod ~om 맹세하에; brat od ~e 유일한 형제; ni od ~e 하나도 ~ 아니다(ni jedan jedini)

zakliktati –ćem (完) 비명(괴성)을 지르기 시작하다 (početi kliktati)

zaklimati –am (完) 1. (고개를) 끄덕이기 시작하다 (početi klimati) 2. ~ se 흔들리다, 삐그덕 거리다 (zanjihati se, zaljuljati se)

zaklinjati (se) –njem (se) (不完) 참조 zakleti; 서약하다, 맹세하다

zaklokotati –ćem & –am (完) (물이) 졸졸(부글, 보글)거리기 시작하다 (početi klokotati)

zaklon 1. 피난처, 피신처, 은신처, 대피처 (sklonište, utočište, pribežište); šumski ~ 숲속 피난처, (등산객 등이 피신할 수 있는) 산장; čobanski ~ 목동이 피신할 수 있는 곳; stati u neki ~ 은신처를 찾다 2. 보호막이, 방패막이; 가림막, 가리개 (štit, zastor); lampa sa ~om od svile 실크 램프갓이 있는 램프; ~ za kamin 벽난로 가리개 3. (비유적) 방어, 방호, 보호 (odbrana, zaštita); ~ od islama 이슬람으로부터의 보호; ~ od turske najezde 터키의 공격으로부터의 방어 4. (스포츠의) 뒤로 젖힘(머리와 상체를)

zaklonište 피신처, 은신처 (sklonište, utočište, pribežište)

zaklonit –a, –o (形) 1. (덮개·지붕 등으로) 덮인, 가려진, 차폐된 (zaklonjen); ~o ognjište 차폐된 화로불터 2. 피신처를 제공하는; 안전한 (bezbedan, siguran); ~o mesto 안전한 장소, ~ položaj 안전한 위치 3. 멀리 떨어진, 외진, 인적이 드문 (zabačen); ~a ulica 외진 거리

zakloniti –im; zaklonjen (完) zaklanjati –am (不完) 1. (보이지 않도록) 차폐하다, 가리다; ~ vidik 시야를 가리다 2. 감추다, 숨기다 (sakriti, zastreti); 3. (위험 등으로부터) 막아주다, 보호하다 (zaštititi); stalno je sina zaklanjala od rada 끊임없이 아들을 일로부터 보호했다; ~ dete od kiše 아들이 비를 맞지 않도록 가려주다; ~ telom 몸으로 보호하다 4. ~ se 피신하다, 숨다; ~ se od pogleda 다른 사람들이 쳐다보는 것을 피하다 5. 기타; ~ glavu 피신처(은신처)를 찾다

zaklop 1. 덮개, 커버 (zaklopac) 2. (문의) 걸쇠, 빗장, 자물쇠 (brava, reza, zasovnica)

zaklopac –pca 덮개, 커버, 뚜껑(냄비·관·상자 등의)

zaklopiti –im; zaklopljen (完) zaklapati –am (不完) 1. (~에) 커버(덮개)를 씌우다, 뚜껑을 덮다 (poklopiti); ~ sanduk 관을 덮다; ~ klavir 피아노의 뚜껑을 덮다 2. 닫다(책·눈·입·문 등을) (zatvoriti); ~ knjigu 책을 덮다; Mlada zaklopi knjigu, dignu se i stavi je na policu 믈라다는 책을 덮고 일어나서는 책을 책장에 놓았다 3. (자물쇠 등을) 잠그다 (zaključati, zabraviti); ~ kuću 집을 잠그다;

~ *vrata* 문을 잠그다 4. (~의 위에) 놓다, 덮다, 가리다 (pokriti); ~ *lice rukama* 얼굴을 손으로 가리다 5. ~ **se** 닫히다 (zatvoriti se, sklopiti se) 6. 기타; ~ *oči* 1)죽다, 사망하다 2)잠들다; ~ *oči nekome* 누구의 임종을 지켜보다

zaklopnī *-ā, -ō* (形) 참조 zaklop; 덮개의, 커버의

zaključak *-čka* 1. (최종적인) 판단, 결론; *izvesti (izvući)* ~ 결론을 내다; *doći do ~čka* 결론에 다다르다 2. 끝, 끝맺음, 종말, 종료 (svršetak, kraj); ~ *sednice* 회의 말미 3. (매매 등의) 체결; ~ *ugovora* 계약 체결; ~ *mira* 평화(협정) 체결; *oba su dvora pristala da se primirje produži do ~čka mira* 양국은 평화협정 체결까지 휴전을 연장하기로 동의하였다

zaključan *-čna, -čno* (形) 최종적인 (konačan, definitivan, poslednji); ~ *predlog* 마지막 제안; *~čna faza* 최종적인 국면; *~čna reč* 마지막 말, 결론; ~ *ispit* 마지막 시험

zaključan *-čna, -čno* (形) 참조 zaključati; 잠긴, 닫힌; *iza ~čnih vrata* 비공개로 (회담 등의)

zaključati *-am; zaključan* (完) 1. (문 또는 어떠한 실내공간 등을) 자물쇠로 잠그다; ~ *vrata* 문을 잠그다; *mi smo crkvu zaključali* 우리는 교회(문)을 잠궜다 2. ~ **se** (문 등이) 잠기다

zaključati *-am* (完) (물 등이) 끓기 시작하다 (početi ključati)

zaključenje 1. (동사파생 명사) zaključiti 2. 결론 3. 체결(계약·협약 등의); ~ *ugovora* 계약 체결 4. 끝, 종말, 종료 (어떠한 동작이나 사건 등의)

zaključiti *-im* (完) **zaključivati** *-čujem* (不完) 1. 결론을 내다(도출하다), 결정하다; *zaključili su da ga otpuste* 그를 해고하기로 결정했다; *na osnovu ponašanja zaključio sam ko su* 행동에 기반해서 나는 그들이 누구인지 결론을 내렸다 2. (계약·협정 등을) 체결하다; ~ *ugovor* 계약을 체결하다, ~ *primirje (sporazum)* 휴전(협정)을 체결하다 3. 끝내다 (završiti, okončati); ~ *sednicu* 회의를 끝내다

zaključnica (商) 매매계약

zaključno (副) 포함하여 (s krajnjem rokom, uključujući); *do 25. ovoga meseca* ~ 이달 25일까지 (25일을 포함하여)

zakmečati *-im* (完) 1. (아기가) 울기 시작하다 (početi kmečati) 2. (염소·양 등이) 울기 시

작하다 (zablejati)

zakmetiti *-im* (完) **zakmećivati** *-ćujem* (不完) 1. 마을 촌장(kmet)으로 임명하다(세우다) 2. ~ **se** 마을 촌장이 되다

zaknežiti *-im* (完) 1. 대공(knez)으로 임명하다 (세우다) 2. ~ **se** 대공이 되다, 대공으로 선포되다, 대공의 자격으로 다스리다

zakočiti *-im* (完) 1. (자동차 등의) 브레이크를 밟다, 브레이크를 밟아 세우다(감속하다); ~ *točkove* 브레이크를 밟다; ~ *kola* 자동차를 브레이크를 밟아 세우다 2. 저해하다, 방해하다, 훼방놓다, 지체시키다 (sputati, omesti); ~ *napredovanje* 발전을 저해하다; ~ *našu stvar* 우리의 일을 방해하다 3. ~ **se** 서다(이동중에)

zakokodakati *zakokodačem* (完) (닭이) 꼬꼬댁거리며 울기 시작하다 (početi kokodakati)

zakolutati *-am* (完) 빙빙돌기 시작하다, 선회하기 시작하다 (početi kolutati)

zakon 1. (法) 법, 법률, 법규, 법령; *građanski* ~ 민법; *krivični* ~ 형법; *finansijski* ~ 재정법; *univerzitetski* ~ 대학법; *doneti (ukinuti, povrediti)* ~ 법률을 제정하다(폐지하다, 위반하다); *u ime ~a* 법의 이름으로; *po ~u* 법률에 따라; ~ *glasi ...* 법률은 다음과 같다; *protiv ~a (protivan ~u)* 법에 반하여; ~ *je stupio na snagu* 법이 효력을 발휘하기 시작하였다; *bez ~a* 무법의; ~ *o osiguranju* 보험법; *nacrt ~a* 법률 초안; ~ *o zaštiti radnika* 노동자 보호법; *doći u sukob sa ~om* 법률과 충돌하다; *ogrešiti se o ~ (pogaziti ~)* 법을 위반하다 2. (학술적인) 법칙, 원리; *Arhimedov* ~ 아르키메데스의 원리; *glasovni* ~ 음성 법칙; ~ *gravitacije* 중력 법칙; ~ *inercije* 관성 법칙; ~ *ponude i potražnje* 수요공급법칙; ~ *o opadajućim prinosima* 수확체감법칙; ~ *velikih brojeva* (數) 대수(大數)의 법칙(확률론의 정리(定理)); ~ *o održavanju mase* 질량보존의 법칙; ~ *o održavanju momentum* 운동량 보존의 법칙; ~ *razvitka društva* 사회발전원리 3. 규정, 규칙 (propis) 4. 종교 (vera, religija); *turski* ~ 터키 종교; *rimski* ~ 로마 종교 5. (도덕적) 규율, 규범; *prirodni* ~ 자연법; *moralni* ~ 도덕률 6. 기타; *nužda* ~ *menja* 굶주림 앞에 법은 없다; *staviti (iz)van ~a* 법의 보호를 박탈하다, 불법화하다; *čovek od ~a* 법률가, 변호사 **zakonski** (形)

zakonik 법전(法典)

zakonit *-a, -o* (形) 합법적인, 적법한; *~o dete* 적자(嫡子); ~ *brak* 합법적인 결혼; *~a žena*

적법한 부인

zakonitost (女) 합법적임

zakonodavac (법률을 제정하는) 국회 의원; 입법자

zakonodavan -vna, -vno (形) 입법의, 법률을 제정하는, 입법권을 가진; ~vna vlast 입법부; ~vno telo 입법부, 입법 기관

zakonodavstvo (한 나라의) 법, 법률; 법률 제도; radničko ~ 노동법; trgovačko ~ 상법; srpsko ~ 세르비아 법(률 제도)

zakonomeran -rna, -rno (形) 합법적인, 적법한; 규칙적인 (zakonit); ~rni razvitak 합법적인 발전; ~rno kretanje materije 재료의 합법적 이동

zakonopisac -sca 법을 써내려가는 사람

zakonotvorstvo 참조 zakonodavstvo

zakonskī -ā, -ō (形) 1. 참조 zakon; 법의, 법률의; ~a obaveza 법적 의무; ~ naslednik 법적 상속인; ~ zastupnik 법률 대리인; ~ tekst 법률 조문 2. 합법적인 (zakonit); ~ kralj 합법적인 왕

zakonspirisati (se) -išem (se) (完) 숨기다, 감추다, 비밀로 하다; 숨다

zakopati -am; zakopan (完) zakopavati -am (不完) 1. (땅을) 파다, 파기 시작하다 (početi kopati); ~ motikom 곡괭이로 땅을 파다 2. (집 등을 짓기 위해) 땅을 파기 시작하다 3. (구멍 등을) 흙으로 메꾸다, 흙으로 덮다; (땅 속에) 매장하다, 묻다; ~ rupu 구멍을 흙으로 메우다; ~ mrtvaca 죽은 자를 매장하다 4. (비유적) 말살하다, 멸망시키다, 파멸시키다 (zatrti, uništiti, upropastiti) 5. 땅에 묻어 숨기다 6. (손을 주머니에) 집어넣다, 쑤셔넣다; ~ ruke u džepove 손을 주머니에 집어넣다 7. 발길질로 땅을 파다, 땅을 발로 차기 시작하다 8. ~ se (비유적) 고립되어 살다, 은신하다; ~ se u selo 시골에 고립되어 살다 9. ~ se 몰두하다; ~ se u račune 계산에 몰두하다 10. 기타; živ zakopan 세상과 단절된(등진); zakopano blago 1)땅속에 숨겨진 보물 2)잘 알려지지 않은 가치; ~ nokat u zemlju 서둘러 떠나다; ~ talenat u zemlju 자신의 능력을 제대로 사용하지 않다; ne bi ni nogom zakopao 즉시 죽어 쓰러질 것이다

zakopčan -a, -o (形) 1. 참조 zakopčati 2. 말수가 적은, 말을 잘 하지 않는, 속마음을 잘 드러내지 않는, 내성적인, 닫힌 (rezervisan, zatvoren); ~ do grla 완전히 내성적인

zakopčanost (女) 말이 없음(성격적으로), 내성적임 (uzdržljivost, rezervisanost)

zakopčati -am (完) zakopčavati -am (不完) 1. 단추를 잠그다, 걸쇠(kopča)를 걸어매다; ~ kaput 외투의 단추를 잠그다; ~ dete 아이 옷의 단추를 잠그다 2. ~ se 자기 옷의 단추를 잠그다

zakopisiti se -im se (完) 1. (어떤 곳에) 뿌리를 내리다, 정착하다, 자리잡다 2. (비유적) (~에) 집착하다, (~을) 고집부리다 (uzjoguniti se, zaintačiti se); ~ za nešto (무엇에) 집착하다

zakopkati -am (完) 관심을 불러일으키다, 흥미를 유발시키기 시작하다 (početi kopkati)

zakoračati -am (完) 발을 내딛기 시작하다 (početi koračati)

zakoračiti -im, zakoraknuti -nem (完) zakoračivati -čujem (不完) 1. 첫 걸음을 내딛다, 발걸음을 내딛다 2. 도달하다, 당도하다 (어떤 장소에) (dospeti, stupiti); ~ u kuću 집에 당도하다 3. 건너가다, 넘어가다 (prekoračiti, preći); pomože mu da zakorači jednu gredu koja se bila isprečila na mestu 길을 가로막고 있던 각목을 그가 넘어가도록 도와주었다

zakoreniti se -im se (完) 참조 ukoreniti se; 뿌리를 깊숙이 내리다; (비유적) 적응하다 (prilagoditi se)

zakoreo -ela, -elo (形) 1. 참조 zakoreti se 2. (주로 한정형으로) (비유적) 뿌리깊은, 만성의, 상습적인, 오래된; ~eli neženja 노총각

zakoreti se zakori se (完) 껍질(kora)이 생기다, 껍질로 덮이다

zakositi -im (完) 기울이다, 기울어지게 하다, 기울게 놓다

zakositi -im (完) 1. (풀 등을) 베다, 자르다; (풀 등을) 베기 시작하다 (početi kositi) 2. 풀을 베면서 남의 땅을 침범하다; 남의 땅을 침범하여 풀을 베다; zakosio si mu čitav metar 너는 거의 1미터나 그의 땅을 침범하여 풀을 베었다 3. ~ se 풀베는데 열중하다, 열심히 풀을 베다

zakošak -ška, zakošar, zakošarak -rka 짐을 놓는 자리(마차에서 마부 뒤에 짐을 놓는)

zakotiti -im (完) 1. (개체수) 불어나게 하다 (보통은 해충) 2. ~ se (해충의 숫자가) 불어나다, 늘어나다. 번식하다 (raymnožiti se)

zakovak -vka 참조 zakivak; 못, 대갈못, 리벳

zakovan -a, -o (形) 1. 참조 zakovati 2. 열렬한, 열정적인

zakovati zakujem; zakovao, -ala; zakovan (完) zakivati -am (不完) 1. (못·쐐기 등으로) 고정시키다; 못질하다, 못질하여 고정하다

(učvrstiti, prikovati); ~ *vrata* 문에 못질하
다; ~ *u sanduk* 궤짝에 못질하다 2. 단단히
연결하다, 딱 달라붙어 움직이지 못하게 하
다; *osećao sam da su mi noge zakovane za
patos* 내 다리가 바닥에 딱 달라붙은 것처
럼 느꼈다 3. 족쇄(수갑·차꼬)를 채우다
(okovati) 4. ~ se 고정되다, 못질되다 5. ~
se (비유적) 영구적으로(뿌리내리고) 살다: ~
se za provinciju 지방에서 뿌리내리고 살다
zakovica 리벳, 대갈못 (zakivak, nitna)
zakovični, zakovički (形); ~ *spoj* 리벳 이음
zakovičar 리벳공(工), 리벳 작업하는 사람
zakovitlati -*am* (完), **zakovitlavati** -*am* (不完)
1. 빙빙 돌리기 시작하다, 선회시키기 시작
하다; 빙빙 돌기 시작하다, 선회하기 시작하
다 (početi kovitlati) 2. ~ se 빙빙 돌기 시작
하다, 선회하기 시작하다
zakovrčiti -*im*, **zakovrdžiti** -*im* (完) 1. (머리·수
염 등을) 돌돌 말다, 곱슬곱슬하게 만들다;
~ *kosu* 머리를 돌돌 말다 2. 한 쪽으로 말
다(접다, 향하게 하다); ~ *rep* 꼬리를 말다 3.
~ se 돌돌 말리다, 곱슬곱슬해지다 4. ~ se
굽어지다 (saviti se, zavrnuti se)
zakovrnuti -*nem* (完) **zakovrtati** -*ćem* 1. (눈
동자를) 돌리다 (izokrenuti, prevrnuti) 2.
급작스레 아프다
zakrabuljiti se -*im se* (完) 가면(krabulja)을
쓰다 (maskirati se)
zakračunati -*am*; *zakračunan*, **zakračuniti** -*im*;
zakračunjen (完) 빗장(kračun)을 걸다, 빗장
을 걸어 잠그다; *Ilija utrča bez duše i
zakračuna vrata iznutra* 일리야는 정신없이
뛰어가서 안에서 문에 빗장을 걸어 잠근다
zakrajiniti -*im* (完) 전쟁을 시작하다, 전쟁하다
zakraljiti -*im* (完) 1. (누구를) 왕으로 선포하다,
왕으로 세우다 2. ~ se 왕이 되다, 자신을
왕으로 선포하다
zakratiti -*im*; *zakraćen* (完) 참조 uskratiti;
금지하다, 허락(용인)하지 않다; 빼앗다, 박
탈하다
zakratko (副) 곧, 머지않아 (za kratko vreme,
ubrzo)
zakrčen -*a*, -*o* (形) 참조 zakrčiti; (통행이) 막
힌, 지나갈 수 없는, 폐쇄된; 끊긴; ~ *prolaz*
막힌 통로; ~*o pozorište* 인산인해의 극장;
~*e arterije* 동맥경화
zakrčiti -*im* (完) **zakrčivati** -*čujem* (不完) 1.
(통행을) 막다, 차단하다, (길·통로 등을) 폐
쇄하다, 봉쇄하다; ~ *prolaz (ulaz)* 통로(입구)
를 막다 2. (어떤 공간을) 가득 메우다, 꽉
채우다 (사람이나 물건 등으로) (pretrpati,

zapremiti); ~ *salu* 홀을 가득 메우다
zakrečavanje (동사파생 명사) zakrečavati; ~
krvnih sudova 동맥경화
zakrečenje (동사파생 명사) zakrečiti; 석회화
(化), 경화
zakrečiti -*im* (完) **zakrečavati** -*am*,
zakrečivati -*čujem* (不完) 1. 회(kreč)를 바
르다, 석회칠을 하다 (okrečiti) 2. 회로 구멍
을 메꾸다 3. (회칠이 덜 된 곳에) 회를 덧칠
하다 4. ~ se 석회로 덧칠되다 5. ~ se 석회
질화 되다; 경화되다
zakreketati -*ćem* (完) (개구리가) 개골개골 울
기 시작하다 (početi kreketati)
zakrenuti -*nem* (完) **zakretati** -*ćem* (不完) 1.
(다른 방향으로) 향하다, 돌리다 (skrenuti);
~ *u treću ulicu* 세 번째 길로 향하다;
*provozeći putem drva, muslimani su
zakretali glavu od crkve* 길을 따라 목재를
운반하면서, 무슬림들은 교회 반대쪽으로 고
개를 돌렸다 2. 들르다, 방문하다 (svratiti);
~ *u krčmu* 주막에 들르다
zakričati -*im* (完) 소리지르기 시작하다, 고함
치기 시작하다 (početi kričati)
zakriliti -*im* (完) **zakriljavati** -*am*, **zakriljivati**
-*ljujem* (不完) 1. 날개(krilo)로 덮다 2. 가리
다, 차폐하다; 숨기다 (zakloniti, zakriti,
sakriti); ~ *nebo dlanom* 손바닥으로 하늘을
가리다, ~ *maramom* 수건으로 가리다 3. 완
전히 덮다; *ovce zakrile polje* 양들이 들판
을 완전히 뒤덮었다; *konička divizija zakrili
front* 기병대가 전선을 뒤덮었다 4. 보호하
다 (zaštititi, sačuvati); ~ *svoga sina* 자신
의 아들을 보호하다 5. 치솟다, 날다 (vinuti
se, poleteti) 6. ~ se 덮이다; 보호되다
(prekriti se, zaštititi se); *jorganom belog
paperja zakrila se zemlja* 흰 솜털 이불로
땅이 덮였다
zakrilje 보호, 비호, 옹호 (okrilje)
zakriti *zakrijem* (完) **zakrivati** -*am* (不完) 덮
다, 가리다, 숨기다 (pokriti, prekriti,
sakriti); *dlanom* ~ *oči* 손바닥으로 눈을 가
리다; ~ *glavu rukama* 머리를 손으로 감싸
다
zakriviti -*im*; *zakrivljen* (完) **zakrivljivati** -
ljujem (不完) 1. 휘게(kriv) 하다, 구부리다;
~ *liniju* 선을 휘게 하다; ~ *prut* 회초리를
휘다 2. 잘못하다, 실수하다, 죄를 짓다
(postati kriv, skriviti) 3. ~ se 휘어지다, 구
부러지다
zakrkljati -*am* (完) 1. (물이 흐를 때, 끓을 때,
넘칠 때 나는) 보글보글(부글부글·졸졸) 거리

기 시작하다 (početi krkljati) 2. 콸콸 거리
다, 펄펄 끓다 (uveliko krkljati)

zakrlještiti *-im* (完) (화난 시선으로) 보다, 노
려보다, 쩨려보다; ~ *očima* 화난 시선으로
쳐다보다

zakrmačiti *-im* (完) 잉크 얼룩(krmača)이 지
게 하다, 잉크로 더럽히다

zakrpa 1. (덧대어 깁는·수리하는) 천조각, 판자
조각, 쇳조각; *staviti (prišiti) ~u na nešto*
덧대어 깁다, 천조각(쇳조각 등을) 대다;
staviti ~u na rukave (pantalone) 소매(바지)
에 천조각을 대어 깁다 2. (비유적) (卑俗語)
인간 쓰레기, 못 된 사람 (nitkov) 3. 기타;
sav u ~ama 완전히 누더기인; *našla vreća
~u* 자기 맘에 맞는 사람을 발견하다;
svakoj vreći biti ~ 모든 일에 간섭하는 사
람을 이르는 말; *ne biti ni ~* 개똥도 약에 쓰
려면 없다

zakrpiti *-im* (完) (옷 등에 천조각 등을 대어)
깁다, 덧대다

zakrstiti *-im*; *zakršten & zakršćen* (完)
zakrštati *-am* (不完) 1. 서명대신 십자(+)
표시를 하다 (문맹인 사람이); 십자 표시를
하다; ~ *hleb* 빵에 엑스자 표시를 하다; ~
obligaciju 차용증에 (서명 대신) 십자 표시
를 긋다 2. 세례식을 거행하다, 세례를 주
다; ~ *dete* 아이에게 세례를 주다 3. (宗) (他)
(물을) 신성하게 하다, 축성하다 (posvetiti,
osvetiti); ~ *vodicu* 물에 축성하다(축복을
내리다)

zakružiti *-im* (完) **zakruživati** *-žujem* (不完) 1.
빙빙 돌기 시작하다, 선회하기 시작하다
(početi kružiti); ~ *zrakom* 공중을 선회하기
시작하다; ~ *poljem* 들판을 빙빙 돌기 시작
하다 2. 원(krug)을 그리다; ~ *olovkom* 볼
펜으로 원을 그리다 3. 확산되다, 퍼지다
(raširiti se); *zakružila je priča po selu* 이야
기가 온 동네에 퍼졌다 4. 둘러싸다, 에워싸
다, 포위하다 (opkoliti); ~ *neprijatelja* 적을
에워싸다

zakrvariti *-im* (完) 1. 피를 흘리기 시작하다
(početi krvariti) 2. ~ *se* 피를 흘리다, 피투
성이가 되다

zakrvaviti *-im*; *zakrvavljen* (完) 1. 피로 물들
이다, 피를 묻히다, 유혈이 낭자하게 하다
(okrvaviti); ~ *nož* 칼에 피를 묻히다; ~
ruke 손을 피로 물들이다; ~ *očima* 핏발이
선 눈으로 바라보다, 적의를 품고 바라보다
2. (비유적) 빨갛게 물들이다 3. 피를 흘리기
시작하다 (početi krvaviti) 4. ~ *se* 피가 흥
건하다, 충혈되다 (눈이); *oči su mu se*

zakrvavile 그의 눈은 충혈되었다

zakrviti *-im*; *zakrvljen* (完) 1. 피 터지게 다투
게 하다, 심하게 다투게 하다 (krvno
zavaditi); 피 터지게 다투다, 심하게 다투다
2. ~ *se* 피 터지게 다투다, 심하게 다투다;
narodi će se ~ 사람들은 피 터지게 다툴 것
이다

zakržljao *-ljala*, *-ljalo* (形) 참조 zakržljati; 성
장(발전)이 멈춘; *~lo dete* 발달 장애 아동

zakržljati *-am* (完) 성장(발달·발전)이 멈추다
(지체되다)

zakržljaviti *-im* (完) 참조 zakržljati

zakucati *-am* (完) **zakucavati** *-am* (不完) 1.
(못·쐐기 등을) 박다, 못을 박다 2. (문을) 노
크하다, 노크하기 시작하다 (početi kucati)
3. (심장이) 뛰기 시작하다 4. (농구의) 덩크
슛을 하다

zakučast *-a*, *-o* (形) 1. (밑으로) 휜, 휘어진,
굽은 (savijen, kukast); ~ *nos* 매부리코 2.
구불구불한 (zavojit); *~a crta* 구불구불한
선 3. (비유적) 불분명한, 애매한, 여러가지
의미의, 에둘러 말하는; *ne treba nam svih
tih ~ih zakona* 분명하지 않은 그런 모든 법
들은 필요하지 않다

zakučiti *-im* (完) 1. (고리·걸쇠(kuka) 등에) 걸
다 (zakačiti, obesiti o kuku) 2. (비유적) (~
을) 책망하다, 비난하다 (okriviti za nešto)
3. 속이다, 속여 빼앗다 (prevariti,
prisvojiti); *zakučio mu je pola njive* 그는
그 사람을 속여 땅의 반을 빼앗았다

zakućnī *-ā*, *-ō* (形) 집 뒤의; *~a bašta* 집 뒤
뜰에 있는 텃밭(정원)

zakuhati *-am* (完) 참조 zakuvati

zakukati *-am* (完) 울기 시작하다, 통곡하기 시
작하다 (početi kukati, zaplakati)

zakukuljiti *-im*; *zakukuljen* (完) **zakukuljivati**
-ljujem (不完) 1. 후드(kukuljica)로 덮다; (~
로) 덮다(감싸다, 둘둘 말다); (비유적) 비밀
리에 하다, (비밀의 장막으로) 가리다, 감싸
다 2. ~ *se* (u nešto) (~에) 감싸여 있다, 둘
둘 말려져 있다; ~ *se u hožuh* 모피 코트에
감싸여 있다

zakukurekati *-čem & -nem* (完) (수탉이) 울
기 시작하다 (početi kukurekati)

zakulisnī *-ā*, *-ō* (形) 무대(kulisan)뒤의, 비밀
스럽게 행해지는; (비유적) 비밀스런, 은밀한;
~ *rad* 비밀스런 작업; *~a diplomatija* 무대
뒤의 은밀한 외교; *~e intrige* 비밀 음모

zakumiti *-im* (完) 1. 애원하다, 간청하다
(zamoliti); ~ *ga Bogom* 신에게 맹세하며 그
에게 애원하다 2. ~ *se* 대부(kum)가 되다

zakunjati _-am_ (完) 졸기 시작하다 (početi kunjati)

zakup 1. (부동산 등의) 임대차, 임대, 임차; _uzeti u (pod)_ ~ 임차하다, 렌트하다; _dati (izdati) u (pod)_ ~ 임대하다; _ugovor o ~u_ 임대차 계약; ~ _ističe_ 임대차 계약은 (언제) 끝난다(종료된다) **zakupni** (形); ~ _ugovor_ 임대차 계약 2. 임대차료, 임대료, 임차료 (zakupnina)

zakupac _-pca_ (=zakupnik) 임차인, 세입자 **zakupački** (形)

zakupiti _-im_; _zakupljen_ (完) **zakupljivati** _-ljujem_ (不完) 1. (부동산 등을) 임차하다, 빌리다, 리스하다; ~ _prodavnicu_ 가게를 임차하다 2. 미리 사들이다, 미리 다 사다; 매점매석하다 ~ _žito_ 곡물을 매점매석하다

zakupnī _-ā, -ō_ (形) 참조 zakup; 임대차의, 임차의; ~ _ugovor_ 임대차 계약, ~_a cena_ 임차액; ~_a zemlja_ 임차된 토지

zakupnik (=zakupac) 임차인, 세입자; _moj je otac ... doduše samo ~ ribolova_ 내 아버지는 더군다나 낚시터의 임차인에 불과하다 **zakupnica**; **zakupnički** (形)

zakupnina 임차료 (najamnica)

zakupština 임차한 토지; 임차한 것

zakusiti _-im_ (完) **zakusivati** _-sujem_ (不完) 1. 간단하게 (간식을) 먹다 (založiti) 2. (他) (누구의 입에) 한 숟가락을 떠 주다, (한 입) 입에 넣어주다

zakuska (D. _-ci_ & _-ki_; G.pl _-ī_ & _-sākā_) 간식, 새참(보통은 차가운 종류의, 간단히 먹는); _ponuditi ~u_ 간식을 주다

zakutak _-tka_; _zakuci, zakutākā_ 1. 구석, 구석진 곳; ~ _sobe_ 방의 구석진 곳 2. 외떨어진 곳(장소), 후미진 곳

zakuvati _-am_ (完) **zakuvavati** _-am_ (不完) 1. 끓이다, 끓게 두다; 삶다, 익히다 (음식 등을); ~ _mleko_ 우유를 끓이다; ~ _kafu_ 커피를 끓이다(터키식 커피를); ~ _rezance u supu_ 수프의 면을 삶다 2. 반죽하다 (zamesiti); ~ _testo_ 밀가루를 반죽하다 3. (비유적) (음모 등을) 꾸미다, 준비하다 (pripremiti); _celu stvar su zakuvali naši neprijatelji_ 우리에게 적대적인 사람들이 모든 일을 꾸몄다 4. (물 등이) 끓다, 끓기 시작하다 (proključati) 5. ~ _se_ 끓기 시작하다 6. ~ _se_ 시작되다(음모 등이); _zakuva se zlo_ 사악한 일이 꾸며지기 시작했다

zakvačiti _-im_ (完) 참조 zakačiti

zakvasiti _-im_ (完) (물 등 액체에) 적시다, 젖게 하다; (물 등을) 뿌리다

zalac _-lca_; _zalācā_ 1. 사악한 사람, 나쁜 남자 2. (醫) 탄저병 (crni prišt)

zalagač 저당(전당)잡히는 사람

zalaganje (동사파생 명사) zalagati; ~ _na poslu_ 일에 대한 노력(수고); ~ _za nešto_ 무엇에 대한 지지

zalagaona 참조 zalagaonica

zalagaonica 전당포

zalagaoničar 전당포 주인, 전당포 업자

zalagati _-žem_ (不完) 참조 založiti

zalagati _-žem_ (完) **zalagivati** _-gujem_ (不完) (거짓말로) 속이다, 기만하다 (obmanuti, prevariti); ~ _nekoga_ 누구를 속이다; ~ _obećanjima nekoga_ 약속으로 누구를 속이다; ~ _glad_ 시장기만 없애다(배고픔만 가시도록 조금 먹어)

zalajati _-jem_ (완) (개(犬)가) 짖기 시작하다 (početi lajati)

zalaktica 1. 아래팔(손목에서 팔꿈치 까지의), 팔뚝 (podlaktica) 2. 굴곡, 굽이, 커브 (okuka, zavoj)

zalaktiti se _-im se_ (完) 팔꿈치(lakat)로 괴다; _starac se levom rukom zalaktio o sto_ 노인은 왼쪽 팔꿈치를 테이블에 괴고 있었다

zalamati _-am_ (不完) 참조 zalomiti

zalaz 참조 zalazak; ~ _sunca_ 해넘이, 일몰

zalazak _-ska_ 1. 일몰, 해넘이; _na ~sku suncu_ 해질녘에 2. 끝, 끝마무리, 마침 (kraj, svršetak); ~ _leta_ 여름의 끝마무리

zalaziti _-im_ (不完) 참조 zaći

zalaznica (軍) 후위 (zaštitnica)

zalaženje (동사파생 명사) zalaziti

zalečenje (동사파생 명사) zalečiti

zalečiti, zaliječiti _-im_ (完) **zalečivati, zaljčivati** _-čujem_ (不完) 1. (임시적으로) 치료하다, 낫게 하다; ~ _ranu_ 상처를 치료하다 2. ~ _se_ (임시로, 일시적으로) 치료되다, 낫다; _rana se zalečila_ 상처는 (일시적으로) 치료되었다

zaleći _zaležem_, **zalegnuti** _-nem_ (完) **zalegati** _-žem_ (不完) 1. (~의 뒤에) 눕다, 드러눕다 (leći (iza čega)); ~ _iza kamenja_ 바위 뒤에 눕다 2. 한 곳에 오래 머무르다; 한 곳에 괴어있다; ~ _u kafani_ 카페에서 오랫동안 머물다; _voda je zalegla_ 물이 한 곳에 괴어있었다 3. 충분하다, 충족시키다 (doteći, podmiriti); _imanje mu ne može ~ za dug_ 그의 재산은 채무를 갚을 정도로 충분하지 않다; _je li zaleglo hleba?_ 빵이 충분히 있느냐? 4. (비유적) (누구의 편에서) 좋게 이야기하다, 탄원하다 5. ~ _se_ (병상에) 오랫동안 누

1535

워있다; 누워 오랫동안 있다

zaleći *zaležem* (完) 1. 불어날 환경을 제공하다, 번식하게 하다; *ako se često ne češljaš, ~ ćeš vašiju u glavi* 만약 빗질을 자주 하지 않는다면, 머리에 이가 불어나게 할 것이다 2. ~ se (작은 동물들, 새싹 등이) 불어나다, 증가하다 (izleći se, zakotiti se)

zalediti *-im*; *zaleđen* (完) **zaleđivati** *-đujem* (不完) 1. (他) (물을) 얼리다, 얼게 하다, 얼음이 얼게 하다; 동결시키다; ~ *meso* 고기를 얼리다; ~ *reku* 강을 얼게 하다 2. (비유적) 못움직이게 하다, 활기를 없애다; ~ *lice* 얼굴(표정)을 굳게 하다; ~ *društvo* 사회의 활기를 없애다; *zaledila ga vest* 그는 뉴스를 듣고 얼어붙었다 2. ~ se (물이) 얼다; *reka se zaledila* 강이 얼었다 3. ~ se (비유적) 동결되다(재무적 활동이)

zaleđe 1. (누구의, 어떤 것의) 뒤, 뒤쪽; ~ *kuće* 집 뒤쪽; *stajati mu u ~u* 그의 등뒤에 서다; *u ~u* (軍) 후방에서; *štititi ~u* 후방을 지키다 2. (연안의) 내륙 지역; (강가·해안 지대의) 후배지(後背地); *primorsko ~* 연안의 내륙 지역; *u ~u brda* 언덕 후배지에 3. 배후, 배경, 백그라운드; *političko ~* 정치적 배후 4. (비유적) 지지, 지원 (oslonac); *imao je jako ~ za svoj rad* 그는 자신의 일에 든든한 지지가 있었다

zaleđen *-a, -o* (形) 참조 zalediti; 얼은; ~*a voda* 얼은 물

zaleđivati *-đujem* (不完) 참조 zalediti

zalegati *zaležem* (不完) 참조 zaleći

zalegnuti *-nem* (完) 참조 zaleći

zalelekati *-ečem* (完) 애통해 하다, 비통해 하다 (početi lelekati)

zalelujati (se) *-am (se)* 살랑살랑 흔들리기 시작하다 (početi lelujati)

zalemiti *-im*; *zalemljen* (完) **zalemljavati** *-am*, **zalemljivati** *-ljujem* (不完) 땜납(lem)으로 납땜질하다, 납땜하다

zalepetati *-am* & *-ćem* (完) (새가) 날개를 퍼덕거리기 시작하다 (početi lepetati)

zalepiti *-im*; *zalepljen* (完) **zaleplivati** *-ljujem* (不完) 1. (풀칠하여) 붙이다, 풀칠하다; ~ *marku na koverat* 봉투에 우표를 붙이다; *pljuni pa zalepi* 하는 시늉이라도 해라 2. (입을) 닫다, 침묵하다 (ućutkati); (눈을) 감다 (zatvoriti) 3. (口語) 따귀를 때리다 (ošamariti); ~ *(nekome) šamar* 누구의 따귀를 때리다 4. ~ se 풀칠해 붙어있다, 착달라붙다; ~ *se za leđa* 등에 찰싹 달라붙다 5. ~ se (비유적) (돌부처처럼) 한 곳에 꼼짝

않고 있다; (za, uz nekoga) 누구와 떨어지지 않고 항상 붙어있다

zalepršati (se) *-am (se)* (完) 펄럭이기(나부끼기, 흔들리기) 시작하다 (početi lepršati)

zalet 1. (짧은 거리의 빠른) 하강 비행 (새들이 먹이를 향해 나르는) 2. (점프하거나 던지기 전 속도를 붙이는) 빠른 달리기; 도움닫기 (삼단 뛰기 등의); *imati dobar ~* 훌륭한 도움닫기를 가지다; *baciti kamen u ~u* 달려와 돌을 던지다 3. 비상(飛上), 비행(飛行) (zamah, polet); ~ *duha* 영혼의 비상 **zaletni** (形); ~*a staza* 활주로, 런웨이

zaleteti *-im* (完) **zaletati** *-ćem* (不完) 1. ~의 뒤로 날다(날아가다); ~ *za kuću* 집 뒤로 날아가다 2. 길을 잃다, 헤매다 (zalutati) 3. 날아 오르도록(뛰어 나가도록) 재촉하다; ~ *konja* 말이 빨리 달려가도록 하다 4. ~ se 날아 오르다, 날다 (vinuti se, poleteti); ~ *se u nebo* 하늘로 날아 오르다 5. ~ se 뛰다, 달리기 시작하다; 달려가 공격하다 (zatrčati se, pojuriti); ~ *se preko potoka* 개울을 건너 달리다; ~ *se na nekoga* 누구에게 달려가 공격하다 6. ~ se 생각없이 행동하다; *malo sam se zaleteo pa rekoh što ne treba* 조금 생각없이 행동했는데 불필한 것이었다고 말하고 싶다

zaletište (스포츠의) 주로(走路)

zaletiti *-im* (完) 1. 여름(leto)을 보내다(지내다); ~ *na selu* 시골에서 여름을 보내다 2. (無人稱文으로) 여름이 시작되다; *zaletio je* 여름이 시작되었다 3. ~ se 여름이 시작되다

zaležati (se) *-im (se)* (完) 1. 오랫동안 누워 있다 2. (비유적) 게으름을 피우다, 뒹굴뒹굴하면서 지내다 (uležati se); ~ *se u jednom mestu* 한 곳에서 뒹굴뒹굴하면서 지내다

zaliha 재고, 여분, 비축물 (rezerva); ~ *žita* 곡물 비축물; *smanjenje ~e uglja usled naglog porasta potrošnje* 급격한 소비 증가에 따른 석탄 비축물의 감소

zalistak *-ska*; *-sci*, *-tāka* 1. (解) (심장·혈관 등의) 판, 판막; *srčani ~* 심장 판막 2. (植) 잎 (줄기에 새로 돋아난) (zaperak) 3. (魚類) 서대기 (list) 4. 덮개 (호주머니의)

zališan *-šna*, *-šno* (形) 과도한, 과잉의, 불필요한 (suvišan); ~*šne pare* 넘쳐나는 돈; ~*šna hrabrost* 불필요한 용기

zaliti *zalijem*; *zaliven* (完) **zalivati** *-am* (不完) 1. (화초 등에) 물을 주다, 물을 뿌리다 2. (보통은 환자 또는 부상자들에게) 물을 마시도록 따라 주다; 따르다, 마시다 (식후에 술 등을); *red je da to zalijemo!* 그것을 마실

시간이다 3. 붓다, 따르다 (금속물 등을 주형에) 4. (어떤 금속을) 입히다, 씌우다, 덮다 (obložiti); ~ olovom 납으로 입히다; ~ cementom 시멘트로 바르다 5. 흥건하게 하다, 흠뻑 적시다, 넘쳐 흐르게 하다 (preliti, preplaviti, poplaviti); zališe joj suze oči 그녀의 눈은 눈물로 흥건했다; njegovo srce zalila je radost 그의 심장은 기쁨으로 넘쳤다 6. ~ se (액체로) 가득하다, 가득차다, 넘치다, 넘쳐 흐르다 (preliti se, sliti se); lice mu se zali suzama 그의 얼굴은 눈물 범벅이다; kapetanu se zalile oči suzama 대위의 눈은 눈물로 가득했다 7. ~ se 식사와 함께 술을 마시다; ~ se vinom 포도주를 마시다 8. 기타; ~ žalost (tugu) 술로 슬픔을 달래다; ~ suzama 엄청 많이 울다; ćutati kao (olovom) zaliven 입을 꾹 닫고 한마디도 하지 않다

zaliv 만(灣); Bokokotorski ~ 코토르만

zalivati -am (不完) 참조 zaliti

zalivnī -ā, -ō (形) 관개(灌漑)의; ~ sistem 관개시스템; ~ uređaj 관개 설비; ~o polje 관개시설이 갖추어진 들판

zalizak -ska; -sci (보통은 複數로) 1. 구렛나루 (zaluf) 2. 이마 양옆의 벗겨진 부분 3. 잘 빗겨진 고수머리

zalizati -žem (完) **zalizivati** -zujem (不完) 1. (화염이) 핥퀴다, 핥기 시작하다 (početi lizati) 2. 핥아 고르다(매끈하게 하다); 매끈하게 빗질하다, 단정하게 빗질하다(머리를) 3. ~ se 매끈하게(단정하게) 빗질하다; 야하게 옷을 입다 4. ~ se (불화·분쟁 등을) 매끈하게 잘 처리하다

zalog (男), **zaloga** (女) 1. 담보(물)(채무자가 채권자에게 제공하는); 담보 처분권(채권자의); (어떠한 의무를 이행하겠다는) 보증, 보장, 개런티; iskupiti ~ 담보물을 되찾다; dati (ostaviti, uzeti) u ~ 담보물로 주다(맡기다, 취하다) 2. 저당물 (hipoteka) 3. (읽던 곳을 표시하기 위해 책갈피에 끼우는) 서표, 책갈피, 북마크 4. 게임의 한 종류(벌금 놀이); (게임에서) 벌로서 내놓는 돈(물건) **založni** (形); ~a cedulja 담보 증서, 전당표; ~ posao 전당포업

zalogaj 1. (한 번에 입에 넣어 먹을 수 있는 정도의) 음식; 한 입; prvi ~ 첫 술; ~ hleba 적은 양의 빵, 빵 한 입 2. (일반적인) 양식, 먹거리 (hrana); biti bez kuće i ~a 매우 가난하다 3. 뭔가 가치 있는 것, 이익 (dobitak, korist); uzeti najbolji ~ 가장 좋은 것을 취하다 4. 기타; broji mu svaki ~ 누가

얼마나 무엇을 사용하는지 엄격하게 지켜본다(질투와 이기심으로 인해); zapeo mu ~ u grlu 먹던 것이 목에 걸렸다 (흥분하여); mastan ~ 값어치가 나가는 것

zalogajak, zalogajčić (지소체) zalogaj

zalogodavac -vca 담보(저당)잡히는 사람; (法) 질권 설정자

zalogoprimac 저당권자; (法) 질권자

zalogorovati -rujem (完) 야영하기 시작하다; 진을 치다, 캠프를 설치하다 (početi logorovati)

zalomak -omka; -omci (부러지거나 깨졌을 때) 남아 있는 부분

zalomiti -im (完) **zalamati** -am (不完) 1. 부러뜨리다 (특히 윗부분을); ~ motku 장대를 부러뜨리다; ~ vrh 끝을 부러뜨리다 2. 자르다, 가지치기 하다 (포도 줄기를); ~ granu 가지를 자르다 3. (軍) 진로를 바꾸다, 옆으로 돌다; ~ levo 왼쪽으로 돌다; ~ levo krilo 좌익의 진로를 바꾸다 4. (A. I.과 함께) 부러뜨리기 시작하다(손·팔·손가락 등을) 5. ~ se 부러지다; zalomio mi se nokat 내 손톱이 부러졌다 6. ~ se (無人稱文으로) (임무·책임이) ~에게 떨어지다(~의 몫이 되다); (누구에게) 일어나다, 발생하다; njemu se zalomio najteži zadatak 그에게 가장 어려운 임무가 떨어졌다; tako se zalomio! 그렇게 그것이 일어났다

založiti -im; založen (完) **zalagati** -žem (不完) 1. 담보물(zalog)을 맡기다, 저당을 잡히다; ~ sat (kuću) 시계 (집)를 저당잡히다 2. 보장하다, 보증하다 (zagarantovati); time je založen mir 그것으로 평화는 보장되었다 3. (노력·시간 등을) 투자하다 (uložiti); 커다란 희생을 감수하다, 희생하다 (žrtvovati); ~ svoje znanje 자신의 지식을 투자하다; svi smo mi uz ovo i svi ćemo glave ~ 우리 모두는 이것과 함께 할 것이며 희생을 감수할 것이다 4. 몇 숟가락(입) 먹다, 조금 먹다; 간식을 먹다 (pojesti koji zalogaj); ~ malo sira 약간의 치즈를 먹다 5. (koga) (누구에게) 음식을 제공하다, 먹을 것을 내놓다; domaćica založi gosta belom hlebom i napoji ga vinom rumenim 여주인은 손님에게 흰 빵과 적포도주를 내었다 6. ~ se 조금 먹다 7. ~ se (za nešto) 지지하다, 찬성하다; ~을 위해 탄원하다(청원하다, 중재하다); ~ se za stvaranje armije 군창설을 지지하다; ~ se za taj režim 그 정권을 지지하다; založio se kod šefa za mene 그는 날 위해 상사에게 탄원했다

Z

založiti *-im* (完) (불을) 지피다, 피우다; (따뜻하게) 난방하다

založnī *-ā, -ō* (形) 참조 zalog; 담보의, 저당의; *~a banka* 담보은행, 전당포; *~o pravo* 담보물법; *~a knjiga* 담보물 기록 대장

založnica 담보설정표, 전당표

zalučiti *-im* (完) **zalučivati** *-čujem* (不完) (동물 새끼를 어미로부터) 떼어놓다, 젖을 떼게 하다; (수컷을 암컷으로부터) 분리하다(교미 방지를 위해); ~ *jagnjad* 새끼양을 어미로부터 분리하다

zalučiti *-im* (完) 양파(luk)를 넣다(음식 등에)

zalud (副) 헛되이, 쓸데없이 (uzalud, bez uspeha, zabadava); ~ *se moliti Bogu* 헛되이 신에게 기도하다; ~ *plakati* 이유없이 울다

zaludan *-dna, -dno* (形) 1. 헛된, 쓸데없는, 아무런 결과가 없는 (uzaludan, bezuspešan); ~ *posao* 헛된 일; *~dna svađa* 쓸데없는 다툼; *~dno svedočenje* 헛된 증언 2. 일이 없는, 실직 상태의 (besposlen, dokon); *~dni ljudi* 일이 없는 사람들

zaludeti *-im* (完) 1. 이성을 잃다, 미치다; 비이성적으로(미친듯이) 행동하다 (poludeti) 2. 미치게 하다 (zaluditi) 3. ~ *se* 미치다, 이성을 잃다 4. ~ *se* (비유적) 미치도록 좋아하다 (사랑하다); ~ *se tuđom zemljom* 남의 나라를 미치도록 좋아하다; ~ *se u neku devojku* 어떤 처녀에 눈이 멀다(미치도록 사랑하다)

zaluditi *-im; zaluđen* (完) 1. 미치게 하다 2. 온 정신이 팔리게 하다, 매혹시키다, 홀딱 반하게 하다 (očarati); *zaludio ju je bio neki lep momak* 어떤 잘 생긴 청년이 그녀의 온 마음을 빼앗았다

zaludu (副) 참조 zalud

zalumpovati se *-pujem se* (完) (카페에서) 술 마시고 노래부르다, 죽치다 (otpočeti lumpovati); ~ *u kafani* 카페에서 죽치다

zalupan *-a, -o* (形) 정신 지체의; 너무 우둔한, 너무 명청한; (무엇에) 정신이 팔린

zalupati *-am* (完) 1. 쾅쾅 치기 시작하다 (početi lupati); ~ *na prozor* 창문을 쾅쾅 치다 2. (문·창문 등을) 똑똑 두드리기 시작하다, 노크하기 시작하다 (zakucati) 3. (심장이) 쿵쿵 뛰기 시작하다 4. ~ *se* (~에) 과도하게 미치다(열광하다), 홀딱 반하다

zalupiti *-im* (完) **zalupljivati** *-ljujem* (不完) 1. 쾅하고 닫다 (문 등을); ~ *vrata (vratima)* 문을 쾅 닫다 2. ~ *se* 쾅하고 닫히다; *vrata su se zalupila* 문이 쾅하고 닫혔다

zalutalī *-ā, -ō* (形) 참조 zalutati; 길을 잃은; ~ *metak* 유탄; *~a ovca* 길잃은 양

zalutati *-am* (完) 1. 길을 잃다, 방향을 잃다; 잘못된 길로 가다(일·행동 등이); ~ *u šumi* 숲에서 길을 잃다; *metak je zalutao* 총알이 엉뚱한 곳으로 날아갔다 2. 비정상적인(예상치 않은) 방법으로 오다(도착하다), 우연히 오다; *pismo je zalutalo* 편지는 헤매다 배달되었다; *kako to da ste vi zalutali?* 여기에 어떻게 오셨어요? 3. 기타; *zalutala ovčica* 잘못된 길로 들어선 사람; *zalutali metak* 유탄

zalužiti *-im* (完) **zaluživati** *-žujem* (不完) 1. 양잿물(lug)에 담가 놓다(가죽을) 2. 잿물을 바르다; ~ *ruke* 손에 양잿물을 바르다

zaljubiti se *-im se* (完) 1. (u koga) (이성에 대해) 사랑의 감정을 느끼다, 사랑하다, 사랑에 빠지다; ~ *u devojku* 처녀에 대해 사랑의 감정을 느끼다; ~ *u selo* 시골에 대해 애정을 가지다 2. 서로가 서로를 좋아하다(사랑하다) 3. 기타; ~ *do ušiju (preko ušiju, smrtno)* 매우 사랑하다, 죽도록 사랑하다

zaljubljen *-a, -o* (形) 참조 zaljubiti; 사랑에 빠진; *biti ~ u nekoga* 누구를 좋아하다; *biti ~ do ušiju* 죽도록 좋아하다(사랑하다)

zaljubljenik 사랑에 빠진 남자

zaljubljiv *-a, -o* (形) 쉽게 사랑에 빠지는

zaljubljivati se *-ljujem se* (不完) 참조 zaljubiti se

zaljuljati *-am* (完) 1. 흔들기 시작하다 (početi ljuljati) 2. ~ *se* 흔들리다, 흔들리기 시작하다; *sve se zaljuljao* 모든 것이 흔들리기 시작했다

zaljuštiti *-im* (完) (껍질 등을) 벗기기 시작하다 (početi ljuštiti)

zaljutiti *-im; zaljućen* (完) 1. 맵게 하다, 맵게 양념하다; ~ *jelo* 음식을 맵게 하다 2. (비유적) 매서워지다; *zaljutila zima* 추위가 매서워졌다 3. ~ *se* 매워지다, 매운 맛을 내다

zamaći, zamaknuti *zamaknem; zamakao, -kla & zamaknuo, -nula* (完) **zamicati** *-čem* (不完) 1. ~뒤로 (넘어)가다; *opazio je da otac zamače za goru* 아버지가 산넘어로 가는 것을 주의깊게 바라봤다; *dok Anica ne zamaknu iza ugla, pohlepno napase pogled na njenom razbujalom struku* 아니짜가 모퉁이 뒤로 사리질 동안 그는 그녀의 풍성한 허리를 탐욕스럽게 바라봤다 2. 충분히 멀리 가다; *devojka zamakla u godine* 처녀는 충분히 나이를 먹었다 3. 시야에서 사라지다 4. 조이다, (팽팽하게) 당기다 (올무·밧줄 등을) 5. (~의 속으로) 들어가다, 숨다; ~ *u šumu* 숲속으로 들어가다; ~ *u sobu* 방안으로 들어가다 6. ~ *se* 목매다, 목매 자살하다

(obesiti se) 7. 기타; ~ za oko (nekome) (누구의) 마음에 들다, 눈길을 사로잡다; ~ u godine 나이가 들다

zamađijati –am (完) **zamađijavati** –am (不完) ~ nekoga (누구에게) 마법을 걸다; 호리다, 매혹하다, 넋을 빼앗다; Markiza poezijom i pričanjem zamađijam 나는 마르키즈를 시와 이야기로 정신없게 만든다

zamagliti –im; zamagljen (完) **zamagljivati** – ljujem (不完) 1. 안개(magla)로 뒤덮다 2. (비유적) 혼탁하게(불분명하게) 하다; (정신을) 흐리다; ~ smisao dela 행동의 의미를 불분명하게 하다; ~ razum 이성을 흐리다 3. (담배의) 연기를 내뿜다, 담배를 피우다 (zadimiti, zapušiti) 4. ~ se 안개로 덮이다, 안개가 끼다 5. ~ se 혼탁해지다, 불투명해지다; 불분명해지다, 불분명하게 보이다; lepe oči zamagle joj se suzama 그녀의 예쁜 눈은 눈물로 인해 잘 보이지 않았다; njemu se zamaglio pred očima 그는 눈앞이 흐릿해졌다; gledam dok se prozor ne zamagli, izbrišem, pa opet nanovo 창문에 서리가 끼기 전 까지 창문을 통해 바라보고, (서리를) 닦아 내고, 또 다시 반복한다 6. ~ se (비유적) (정신이) 혼탁해지다, 흐려지다 (pomutiti se); meni se u glavi zamagli 머리가 혼탁해진다

zamah 1. (손·발 등으로 물체를 가격(타격)하기 위해 예비적으로 취하는) 스윙, 휘두름; 타격 예비 동작; ~ ruke (rukom) 팔의 예비동작; jednim ~om mača 한 번의 칼 놀림으로; iz jednog ~a 단번에, 일거에 2. (비유적) 행동, 액션 (potez, akcija); on je čovek od ~a 그는 행동하는 사람이다 3. 타격, 공격, 습격 (udar, nalet); odgurnuti ga u jednom ~u 한 번의 공격으로 그를 쓰러뜨리다 4. (비유적) 휘몰아침; 힘, 력(力) 기백, 열정 ~ vetra 돌풍; ~ ruske ofanzive 러시아군 공격의 강도; ~ mladosti 젊음의 기백

zamahati –šem (完) (손 등을) 흔들기 시작하다 (početi mahati)

zamahivati –hujem (不完) 참조 zamahnuti

zamahnitati –am (完) 격분하다, 미치다 (razbesneti se, poludeti)

zamahnuti –nem (完) **zamahivati** –hujem (不完) 1. (때리기 위해, 치기 위해) (손·발 등을) 스윙하다, 휘두르다; ~ srpom 낫을 휘두르다; ~ mačem 검(劍)을 휘두르다; zamahnuo je rukom da me udari 나를 때리기 위해 손을 휘둘렀다 2. (비유적) 날듯 빨리 가다; 휘몰아치다(바람이)

zamajac –jca (機) 플라이휠(기계나 엔진의 회전 속도에 안정감을 주기 위한 무거운 바퀴)

zamajni (形)

zamajati se –jem se (不完) (~에) 몰두하다, 열중하다 (zabaviti se, zaneti se); bila bi se zamajala oko dece 아이 뒷바라지에 온 힘을 쏟고 싶었어요

zamak –mka; zamci & zamkovi 1. (중세 영주의) 성(城) 2. (웅장하고 아름다운) 큰 저택, 빌라

zamakati (se) –čem (se) 참조 zamočiti (se); (액체에) 담그다, 적시다

zamaknuti –nem; -nuo, -nula & -kao, -kla (完) 참조 zamaći

zamalo (副) 1. 거의, 하마트면 (umalo, skoro, gotovo); ~ nisam vrisnuo 거의 소리지를 뻔 했다; ~ što nisam pao 거의 넘어질 뻔 했다 2. 곧, 얼마 있다가 (uskoro, ubrzo); ~ poče vatra da gori 곧 불타기 시작했다 3. 잠깐동안 (kratko vreme); zabrana je trajala ~ 잠깐동안 금지되었다

zamaman –mna, –mno (形) 참조 zamamljiv

zamamiti –im; zamamljen (完) **zamamljivati** – ljujem (不完) 1. 꾀다, 유인하다 (odmamiti, domamiti); ~ psa 개(犬)를 유인하다 2. 유혹하다, 매혹하다, (~의) 마음을 빼앗다 (očarati); ~ lepim rečima 감언이설로 유혹하다; zamamio je svojom muškaračkom snagom 그는 자신의 남성다운 힘으로 그녀의 마음을 빼앗았다

zamamljiv –a, –o (形) 솔깃한, 구미가 당기는, 매력적인, 매혹적인, 유혹적인 (primamljiv, zanosan); ~ pogled 매혹적인 시선

zamamljivati –ljujem (不完) 참조 zamamiti

zaman (副) 헛되이, 쓸데없이 (zabadava, uzalud)

zamandaliti –im (完) **zamandaljivati** –ljujem (不完) 1. (문에) 빗장(mandal)을 지르다, 빗장을 걸어 잠그다(문을); uđoše i zamandališe visoku kapiju 들어와 커다란 대문에 빗장을 걸어 잠궜다 2. ~ se 빗장이 걸리다

zamarati se –am se (不完) 참조 zamoriti se

zamaskirati –am (完) 참조 maskirati

zamastiti –im; zamašćen (完) **zamašćivati** – ćujem (不完) 1. 기름(mast)칠을 하다(음식에); ~ jelo 음식에 기름칠을 하다; volela je jesti jako zamašćena jela 매우 기름기 많은 음식을 즐겨먹었다 2. 기름기로 더럽히다; u zamašćenoj kecelji dubi gazda 기름기로 더럽혀진 앞치마를 입고 주인이 똑바로 선다

Z

zamašaj 참조 zamah; (손·발 등의) 스윙, 휘두름

zamašan *-šna, -šno* (形) 1. 큰, 커다란, 어마어마한 (krupan, velik, obiman); ~ *komad hleba* 큰 빵 덩어리; *~šna teritorija* 굉장히 넓은 영토 2. (수량이) 많은; ~ *kapital* 대규모 자본 3. 의미있는, 중요한 (značajan, važan); *~šna uloga* 중요한 역할; *~šna posledica* 중요한 결과

zamašćivati *-ćujem* (不完) 참조 zamastiti

zamatoriti *-im* (完) 나이가 지긋이 들다, 늙은이(mator)가 되다 (postati mator)

zamaukati *-čem* (完) (고양이가) 야옹야옹 울기 시작하다 (početi maukati)

zamazanac *-nca* 더러운 사람, 때묻은 사람, 지저분한 사람 **zamazanica, zamazanka**

zamazati *-žem* (完) **zamazivati** *-zujem* (不完) 1. (크림·시멘트 등을) 바르다, 칠하다; *ako je šupljina sasvim velika, prethodno je valja ispuniti sitnim kamenjem, pa zatim ~ gipsom ili cementom* 만약 구멍이 아주 크다면 먼저 잔자갈로 구멍을 메꾼 후 그 다음에 깁스나 시멘트로 바르는게 좋은 것이다; ~ *voskom* 왁스칠하다 2. 더럽히다 (zaprljati, uprljati); *sve je zamazano* 모든 것이 더럽혀졌다 3. (비유적) 기름칠하다, 조용히 덮다; 뇌물을 먹이다 4. 기타; ~ *kome oči* 누구의 눈을 가리다(진실을 보지 못하도록)

Zambija 잠비아

zamečati *-im* (完) (염소 등이) 매(me)하고 울기 시작하다 (početi mečati)

zamediti *-im* (完) 꿀(med)을 타다, 꿀을 타 달게 하다

zamena 1. 교환, 주고받음, 맞바꿈 (razmena); *dati u ~u za nešto* 무엇에 대한 대가로 교환하다 2. 대리자, 대리인, 대신하는 사람 (것); 대체재; ~ *igrača* 후보 선수; ~ *za kafu* 커피 대체재; ~ *za lek* 약품 대체재 3. (어떠한 임무·직무의) 대행 (zamenik)

zamenica 1. 대명사; *lična (prisvojna, pokazna, upitna, odnosna)* ~ 인칭(소유, 지시, 의문, 관계) 대명사; *odrična (neodređena)* ~ 부정(不正)(부정(不定)) 대명사 **zamenički** (形); *~a deklinacija* 대명사 변화(형) 2. (누구를) 대체하는 사람 (zamenik); ~ *glumice* 조연 여배우

zamenik (누구를 대신하는) 대행, 대리인; ~ *ministra* 차관 **zamenica**

zameniti *-im*; *zamenjen* (完) **zamenjivati** *-njujem* (不完) 1. (다른 것과) 교환하다, 맞바꾸다; ~ *marke za dinare* 마르크화를 디나르

화로 환전하다; ~ *košulju za veći broj* 셔츠를 더 큰 사이즈로 교환하다 2. (누구를) 대체하다, (누구의 역할·임무·직위 등을) 대신하다; *nije me mogao niko* ~, *morao sam otići sam u firmu* 아무도 날 대신할 수 없어 나 홀로 회사에 가야만 했었다; *on me je danas zamenio na poslu* 그는 오늘 직장에서 내일을 대신했다; ~ *za dva sata* 두 시간 동안 대신하다 3. ~ *se* 서로 교환하다, 서로 맞바꾸다 4. 기타; ~ *glavu* 자신이 죽기전에 먼저 적을 죽이다

zamenljiv *-a, -o* (=zamenjiv) (形) 대체할 수 있는, 대신할 수 있는, 교환할 수 있는

zamera 참조 zamerka; 비난, 책망, 나무람

zameralo (男,中)(嘲弄) 남을 쉽게 비난하는(책망하는) 사람; *on je bio džandrljiv i pogan na jeziku ... osim toga, on je večito* ~ 그는 다투기 좋아하고 빈정대는 사람이었으며, 또 끊임없이 트집을 잡는 사람이었다

zameranje (동사파생 명사) zamerati

zameriti *-im* (完) **zamerati** *-am*, **zameravati** *-am* (不完) 1. (kome, čemu) 비난하다, 책망하다, 나무라다, 꾸짖다, 흠잡다, 못마땅해하다; *šta joj zameraš?* 너는 그녀에 대해 무엇이 못마땅하냐?; *ona stalno nešto zamera mužu* 그녀는 항상 뭔가에 대해 남편을 비난한다; *on joj zamera zbog njenog kuvanja* 그는 그녀의 요리솜씨 때문에 그녀를 뭐라고 한다 2. ~ *se* (누구의) 호감(호의)을 잃어버리다; (누구의) 불만(불평)을 야기하다; (누구를) 모욕하다; *Turska vlada ... zameriće se ruskom caru* 터키 정부는 러시아 황제의 불만을 야기할 것이다; *zamerio sam mu se* 나는 그의 분노를 샀다

zamerka (G.pl. *-ī* & *-ākā*) 비난, 책망, 나무람, 흠잡음; *bez ~e* 흠없이; *nema ~e!* 흠잡을 것이 없어!, 완벽해!; *~e na kvalitet robe* 상품의 품질에 대한 불만

zamerljiv *-a, -o* (形) 1. 책망하기 좋아하는, 흠잡는 것을 좋아하는 2. 책망할 수 있는, 흠잡을 수 있는

zamesiti *-im*; *zamešen* (完) **zamešivati** *-šujem* (不完) 1. (반죽 등을) 이기다, 치대다; 반죽하다; ~ *testo* 반죽하다; ~ *kolače* 케이크를 반죽하다; ~ *blato* 진흙을 반죽하다 2. (비유적) (나쁜 일들을) 꾸미다, 야기시키다, 일어나게 하다; ~ *situaciju* 나쁜 상황이 일어나게 만들다; ~ *svađu* 말다툼이 일어나게 하다 3. ~ *se* 만들어지다 (napraviti se, stvoriti se); *zamesi se gusta pomrčina* 짙은 어둠이 깔렸다 4. 기타; ~ *gibanicu (kašu)*

(누구에게) 나쁜 짓을 하다, 악을 행하다; ~
kuću 집안의 불화를 만들다(일으키다)

zamesti *zametem* (完) (밀가루를) 반죽하다,
이기다

zamesti *zametem; zameo, -ela* (完) 1. (눈(雪)
이) 펑펑 내리다; (폭설 등이) 파묻다;
mećava je zamela sve puteve 심한 눈보라
로 인해 모든 길이 파묻혔다; *zima je, sneg
zameo sve do kućnih vrata* 겨울이다, 눈이
대문까지 모든 것을 파묻었다 2. 차단하다,
방해하다, 저해하다 3. (빗자루질을 해서) 한
쪽으로 치우다; ~ *smeće u kut* 쓰레기를 한
쪽 모퉁이로 치우다 4. ~ *se* (사람들의 흔적·
자취 등이) 사라지다, 없어지다; *vrlo brzo
zameo bi mu se svaki trag* 매우 빨리 그의
모든 흔적이 사라질 수 있다 5. 기타; ~
trag(ove) 흔적을 지우다, (비유적) (범죄의)
증거인멸을 하다

zamešati *-am* (完) 1. 섞다, 뒤섞다, 혼합하다
(smešati, pomešati); ~ *brašno sa vodom*
밀가루를 물과 섞어 반죽하다 2. (비유적)
(나쁜 일 등을) 꾸미다, 일어나게 하다
(zamesiti)

zamešivati *-šujem* (不完) 참조 zamesiti

zamet 1. 곤란, 곤경 (nezgoda, tegoba) 2. 노
력 (trud, napor)

zamet (길에 쌓인) 쌓인 눈, 눈더미 (namet)

zamet 참조 zametak

zametak *-tka; -eci, -tākā* 1. 배아(胚芽), 태아
(보통 임신 8주 까지의); 배(胚) (embrion,
klica) 2. (비유적) 시작, 초기 단계 (začetak,
početak)

zametan *-tna, -tno* (形) 어려운, 힘든, 수고스
러운 (naporan, tegoban, težak)

zametati *-ćem* (不完) 1. 배아(zametak)를 맺
게 하다, (열매 등이) 맺게 하다, 싹트다;
usevi rastu i zameću plod 파종한 것들이
자라 열매를 맺는다; ~ *zrno* 알곡이 맺게 하
다 2. 사육하기 시작하다, 키우기 시작하다
(počinjati gajiti); ~ *ovce* 양을 키우기 시작
하다 3. 유발하다. ~하기 시작하다 (이야기·
다툼 등을) (začinjati, započinjati); *zametao
sam preko celog dana šalu i maskaru!* 하루
온 종일 나는 농담을 하고 마스카라를 했다
4. 앞으로 던지다; ~의 뒤에 세우다(놓다); ~
motiku 곡괭이를 앞으로 던지다; ~ *glavom*
머리를 내밀다; ~ *kosu za uši* 머리를 귀 뒤
로 쓸어넘기다 5. (눈(雪)이) 눈더미(zamet)
처럼 쌓이다 (zavejati, zatrpati); *sneg više
ne pada ... samo zameće, zasipava i tako
praši ... da se put ne razaznaje* 눈은 더 이

상 내리지 않았으며 ... 단지 눈이 날리며 쌓
이면서 ... 길을 분간할 수 없었다 6. 테(올
무·매듭)를 만들다; ~ *zamke* 올가미를 만들
다 7. ~ *se* 배아가 만들어지기 시작하다, 싹
이 돋기 시작하다, (열매가) 맺다; *ionako mi
se ne zameću krastavci* 아무튼 오이가 열
리지 않는다 8. ~ *se* (일반적으로) 시작하다,
만들어지다

zametljiv *-a, -o* (形) 참조 zametan

zametnuti *-nem* (完) 참조 zametati

zamezetiti, zameziti *-im* (完) 간식(meze)을
먹기 시작하다 (početi mezetiti)

zamicati *-čem* (不完) 참조 zamaći, zamaknuti

zamijetiti *-im* (完) 참조 primetiti

zamilovati *-lujem* (完) 1. (누구를) 좋아하다,
사랑하다; (누구에게) 사랑을 느끼다
(zavoleti, zaljubiti se); ~ *komšijinu ćerku*
이웃집 딸을 좋아하다 2. (사랑스럽게) 쓰다
듬다 (pomilovati); ~ *pogledom* 사랑스럽게
바라보다

zaminuti *-nem* (完) 1. (~의 뒤로) 숨다, 넘어
가다; (시야에서) 사라지다; *sunce zaminulo
za brežuljke* 해가 언덕 뒤로 숨었다 2. (누
구의 옆을) 지나가다, 돌아가다, 우회하다
(zaobići, proći) 3. (시간·소리 등이) 지나가
다 (proći)

zamirati *-rem* (不完) 참조 zamreti 1. 서서히
죽다; 천천히 사라지다; ~ *od gladi* 굶주림으
로 인해 서서히 죽다 2. (너무 흥분하여·당황
하여) 혼절하다, 기절하다, 정신을 잃다
(premirati); *Nemačka je zamirala od straha*
독일은 두려움 때문에 제 정신이 아니었다
3. 가라앉다, 잦아지다, 약해지다 (소리·바람
등이) (utišavati se, slabiti)

zamirisati *-šem* (完) 1. 냄새나기 시작하다, 향
이 나기 시작하다 (početi mirisati) 2. 기타;
zamirisao na pogaču (na tamjan) 그는 죽음
이 가까워졌다

zamiriti *-im* (完) 1. 가라앉히다, 진정시키다,
누그러뜨리다 (smiriti, umiriti); *Ćira ide te
kavgu zamiri* 치라(ćira)는 그 말다툼을 진
정시키려고 간다 2. (상처·부상 등이) 낫다,
아물다 (zamiriti se) 3. ~ *se* (상처·부상 등이)
낫다; *zamirisala je rana, tj. zarasla* 상처가
아물었다

zamisao *-sli* (女) 1. 의도, 계획 (namera) 2.
(예술적 또는 학술적) 착상, 발상, 구상, 아
이디어; *piščeva* ~ 작가의 구상; *dramska* ~
드라마 구상; *ako se ne varam, najveća je
nevolja u ~sli* 내 생각이 맞다면, (작품을) 구
상을 하는 것이 가장 힘든 일이다;

1541

neostvariva ~ 실현될 수 없는 아이디어(발상)

zamisliti *-im*; *zamišljen* (完) **zamišljati** *-am* (不完) 1. (계획 등을) 생각해 내다, 착상하다; 계획하다; ~ *izložbu* 전시회를 계획하다 2. 상상하다 (smisliti); *zamisli!* 생각해 봐! 3. ~ se 골똘히 생각하다, 몰두하다; *duboko se zamislio* 골똘히 생각했다

zamisliv *-a, -o* (形) 참조 zamišljiv

zamišljen *-a, -o* (形) 참조 zamisliti; 1. 생각에 몰두하는; ~ *starac* 생각에 잠긴 노인 2. 상상속에서만 존재하는, 허구의, 지어 낸; ~*o putovanje* 허구의 여행

zamišljiv *-a, -o* (形) 상상할 수 있는

zamjetljiv *-a, -o* (形) 참조 primetan; 쉽게 눈에 띄는

zamka (D. *-ci* & *-ki*, G.pl. *-ākā* & *-ā* & *-ī*) 1. 올무(들짐승을 사냥할 때 사용하는); (일반적인) 올가미 (omča); *polarne lisice i zečeve Eskimi love ~ama* 에스키모인들은 북극 여우와 토끼들을 올무로 사냥한다 2. (비유적) 덫, 함정 (적을 위험에 빠뜨리는) (klopka) 3. 기타; *pasti u ~u* 함정에 빠지다; *postaviti (namestiti) ~u nekome* 함정을 파다, 덫을 놓다; *plestiti ~e* 음모를 꾸미다

zamlačiti *-im* (完) **zamlačivati** *-čujem* (不完) 1. 미지근(mlak)하게 하다, 미지근하게 데피다, 데우다 (smlačiti) 2. ~ se 미지근해지다

zamladiti (se) *-im (se)* (完) **zamlađivati (se)** *-đujem (se)* (不完) (상처가) 낫다, 아물다 (zarasti)

zamlatiti *-im* (完) 1. (곡물 등을) 타작하기 시작하다, 도리깨질 하기 시작하다 (početi mlatiti) 2. 죽도록 때리다(구타하다) (zatući, pretući); *da ga izmamim iz kuće i zamlatim kao živinče* 그를 집에서 불러내 짐승을 때리듯 때렸다 3. 무디게 하다 (zatupiti)

zamočiti *-im* (完) **zamakati** *zamačem* (不完) 1. (액체속에) 넣다(놓다), 담그다; ~ *pero u mastilo* 펜을 잉크에 적시다; ~ *hleb u kafu* 빵을 커피에 적시다; ~ *glavu u jezoro* 머리를 호수에 담그다 2. ~ se 잠수하다; (~의 속에) 빠지다

zamoliti *-im* (完) 1. 간청하다, 부탁하다; *došli smo ... da vas ... zamolimo da ne kupujete ovaj majur pod šumom* 숲 아래에 있는 이 농장을 구매하지 말 것을 당신에게 부탁하러 왔습니다 2. ~ se *(nekome)* 부탁하다, 간청하다

zamomčiti se *-im se* (完) 청년(momak)이 되다 (postati momak); *zamomčio se dečak, ostavlja se detinstva* 소년이 청년이 되어,

어린시절을 저 멀리 남겨놓았다

zamonašiti *-im* (完) 1. (누구를) 수도사(monah)로 선포하다, 수도사 안수 의식을 거행하다; (누구를) 출가시키다 2. ~ se 수도사가 되다; 출가하다; *neki su se potkraj života i sami zamonašili* 어떤 사람들은 말년에 스스로 출가하여 수도사가 되었다

zamor 피로, 피곤; *odgovori žena zadihana od ~a* 피곤해서 숨을 헐떡거리는 여자가 대답한다

zamorac *-rca* 1. 바다 건너 저쪽 편에 사는 사람 (prekomorac) 2. (動) 사바나원숭이 (녹회색의 긴 꼬리원숭이; 서아프리카산)

zamoran *-rna, -rno* (形) 피곤하게 하는, 심신을 지치게 하는; 매우 힘든 (težak); *u neprekidnom, ~rnom radu tražila je utehe* 그녀는 쉼없는, 심신을 지치게 하는 일에서 위안을 찾았다

zamorčad (女) (集合) zamorče

zamorče *-eta* (中) 1. (動) 기니피그, 모르모트 2. 실험대상자, 실험 대상이 되는 사람, 마루타

zamorčić (복수 zamorčići가 보다 많이 사용됨) 실험 대상 동물

zamoren *-a, -o* (形) 참조 zamoriti; 피곤한, 지친

zamorenost (女) 피로함, 피곤함

zamoriti *-im* (完) **zamarati** *-am* (不完) 피로하게 하다, 피곤하게 하다, 지치게 하다

zamorje (廢語) 바다 건너 저쪽 편에 있는 나라(지역)

zamorljiv *-a, -o* (形) 쉽게 지치는(피곤해지는, 피로해지는); *noga je bila osetljiva i lako ~a* 다리가 예민해서 쉽게 피로해졌다

zamot 1. 막(膜) (omot, omotač) 2. 봉투 (koverat) 3. 상자, 꾸러미 (paket, zavežljaj)

zamotak *-tka*; *-ci* 1. 상자, 꾸러미 (zamot, zavežljaj, paket); *izvukao je iz skrovišta težak dug ~ i oprezno ga razvio* 창고에서 무겁고 긴 꾸러미를 끄집어 내서는 조심스럽게 그것을 끌렀다 2. 봉투 (koverat)

zamotati *-am* (完) **zamotavati** *-am* (不完) 1. 둘둘 말다(감싸다) (omotati, obaviti, zaviti); *izvadi iz džepa ... maramu i njome zamota vrat* 호주머니에서 손수건을 꺼내더니 그것으로 목을 감았다; ~ *poklon* 선물을 포장하다; ~ *u papir* 종이로 둘둘 말다 2. (비유적) 혼란스럽게 하다, 헷갈리게 하다 (zamrsiti, zaplesti) 3. ~ se 몸을 감싸다, 몸에 걸치다; ~ *se u ćebe* 담요로 몸에 둘둘 말다

zamotuljak *-ljka*; *-ljākā* 1. 둘둘 말린 것, 둘둘 싸인 것; 상자, 꾸러미 (zavežljajčić, paketić); *u ruci joj sitan ~* 그녀의 손에는 작은 상자가 있다 2. 두루마리, 둘둘 말아 놓은 것 (svitak, smotak); ~ *hartije* 종이 두 루마리

zamračenje (동사파생 명사) zamračiti; *totalno* ~ 완전히 깜깜해짐

zamračiti *-im* (完) **zamračivati** *-čujem* (不完) 1. 어둡게(mrak) 하다, 깜깜하게 하다, (빛이 새지 못하도록) (~을) 치다, (~으로) 가리다; *zamrači prozor i zatvori vrata za sobom* 창 문을 가리고 자기 뒤에 있는 문을 닫는다; ~ *grad* 도시를 등화관제하다 2. (얼굴을) 찡그 리다, 찌푸리다; 어두어지다 (smrknuti se; natmuriti se) 3. ~ *se* (無人稱文) 어두워지다, 깜깜해지다

zamrći, zamrknuti *zamrknem*; *zamrknuo, -ula & zamrkao, -kla* (完) 1. 어두워지다, 깜깜해 지다; *već mu je i samom zamrknulo od hoda i priča* 걸으면서 이야기하는 동안 벌써 어두 워졌다 2. 밤을 지새다, 밤을 보내다 (zanoćiti); *niko od gostiju nije smeo ~ u kući gde je slava* 어떤 손님도 축일 행사가 있는 집에서 밤을 보낼 수는 없었다; *zamrkao je u šumi* 그는 숲에서 밤을 지샜다

zamreti *zamrem* (完) **zamirati** *-rem* (不完) 1. 죽다; 사라지다, 없어지다, 더 이상 존재하지 않다; (소리가) 조용해지다, 잦아지다; *vatra je zamirala* 불이 꺼졌다; *zamro zvuk* 소리 가 잦아졌다 2. 마비되다, 경직되다, 굳어지 다(무서움·두려움·흥분 등으로) (obamreti) 3. 정신을 잃다, 기절하다 (onesvestiti se); ~ *od gladi* 허기져 기절했다 4. 기타; *stvar je zamrla* 사건은 잊혀졌다, 그것에 대해서는 더 이상 언급되지 않는다

zamrknuti *-nem* (完) 참조 zamrći

zamrli *-ā, -ō* (形) 참조 zamreti; 1. 사라진, 죽 은; 사라진, 없어진; ~ *grad* 사라진 도시 2. (두려움에) 마비된, 경직된, 굳은 (obamro, premro)

zamrljati *-am* (完) 얼룩지게 하다, 더럽히다, 때를 묻게 하다

zamrmljati *-am* (完) 웅얼(중얼)거리기 시작하 다 (početi mrmljati)

zamrsiti *-im*; *zamršen* (完) **zamršavati** *-am*, **zamršivati** *-šujem* (不完) 1. (실·머리카락 등 이) 뒤얽히게 하다, 엉키게 하다, 헝크러뜨리 다; ~ *konac* 실이 얽히게 하다; ~ *kosu* 머 리카락이 헝클어지게 하다 2. (비유적) 불분 명하게 하다, 이해할 수 없게 하다, 복잡하 게 하다; 헷갈리게 하다 3. 불분명하게 말하 다, 웅얼거리다 4. ~ *se* (실 등이) 얽히다,

섥히다, 엉키다, 헝클어지다; *problem se zamrsio* 문제가 복잡해졌다 5. ~ *se* 불분명 해지다; 헷갈리다 6. 기타; ~ *stvar* 헷갈리게 하다, (무엇을) 어렵게 만들다

zamrzavanje (동사파생 명사) zamrzavati; 동 결; ~ *cena* 가격 동결

zamrzavati *-am* (不完) 참조 zamrznuti

zamrzeti, zamrziti *-im* (完) 증오하다, 미워하 다; *zamrzio je na sav svet, na sve ljude* 그 는 모든 세상, 모든 사람들을 증오했다

zamrzivač 냉동고

zamrznuti *-nem*; *zamrznuo, -ula & zamrzao, -zla*; *zamrznut* (完) **zamrzavati** *-am* (不完) 1. 얼리다, 동결시키다, 냉동시키다; ~ *cene* 가격을 동결시키다 2. 침묵시키다, 입을 다 물게 하다 (zaćutati) 3. ~ *se* 얼다, 결빙되다, 동결되다; *reka se zamrzla* 강이 얼었다; *zamrzli su se krediti* 대출이 막혔다

zamrznuti *-nem* (完) 참조 zamrzeti

zamucati *-am* (完) 말을 더듬기 시작하다, 더 듬으며 말하기 시작하다 (početi mucati)

zamuckivalo (男,中) 말을 더듬는 사람

zamuckivati *-kujem* (不完) 참조 zamuckati

zamucnuti *-nem* (完) 참조 zamucati

zamučati *-im* (完) 침묵하다, 침묵하기 시작하 다 (početi mučati)

zamučiti *-im* (完) 1. ~ *nekoga* (누구를) 괴롭 히다, 괴롭히기 시작하다 (početi mučiti) 2. 고생시키다 (namučiti) 3. ~ *se* 고생하다, 노 력하다 4. ~ *se* 진통이 시작되다(산통의)

zamući *zamuknem* (完) 참조 zamuknuti

zamućivati *-ćujem* (不完) 참조 zamutiti

zamuka 1. 수고를 해서 얻는 것, 임금, 이익; 많은 노력을 들여 얻은 재산 (zarada) 2. 수 고스러운 것, 고생스러운 것; 불편함 3. 노력, 수고 (trud, muka)

zamukati *-čem* (完) (소가) 음매 하고 울기 시 작하다 (početi mukati)

zamuknuti *-nem* (完) 1. (自) 침묵하다, 말문이 막히다 (zaćutati); ~ *od čuda* 기적으로 인해 말문이 막히다 2. (他) 침묵시키다, 말문을 막다 (ućutkati)

zamumljati *-am* (完) (맹수들이) 으르렁거리기 시작하다 (početi mumljati)

zamusti *zamuzem* (完) (젖줄기를) 뿜다; 젖을 먹이다

zamutiti *-im*; *zamućen* (完) **zamućivati** *-ćujem* (不完) 1. 탁하게 하다, 혼탁하게 하다; ~ *jezero* 호수를 탁하게 하다 2. (저어) 섞다, 휘저어 섞다, 혼합하다; ~ *barut u vodu* 화 약을 물에 저어 섞다; ~ *jaje u čaši* 컵에 계

Z

란을 휘저어 섞다 3. 손상시키다, 훼손시키
다 (pokvariti); ~ slogu 화합을 훼손시키다
4. ~ se (물·하늘 등이) 탁해지다, 흐려지다
5. ~ se (눈(眼)이) 초롱초롱함을 잃다, 멍하
다 6. ~ se (비유적) 얽히다, 복잡해지다;
prilike se zamutiše 상황이 복잡해졌다 7. ~
se (無人稱文) 현기증을 느끼다 8. 기타; ~
vodu 물을 흐리다, 문제를 일으키다, 평화를
깨뜨리다; ~ pamet (nekome) 누구의 마음
(정신)을 어지럽히다, 혼란스럽게 하다
zanat 1. 업(業); 수공업, 공예; 기술자에게 도
제식으로 배우는 일(직업) zidarski ~ 조적공
의 일; obućarski ~ 제화업; stolarski ~ 목
공일 2. 직업 (zanimanje, profesija) 3. 기술,
기예 (veština) 4. 기타; dati nekoga na ~
누구에게 기술을 배우게 하다(도제로 배울
수 있는 기회를 주다); ispeći dobro svoj ~
자신의 일을 잘 배우다(알다); majstor od
~a 훌륭한(능수능란한) 장인; od ~a 연습하
(연습된); otići na ~ 기술을 배우러 떠나다,
자기의 전문적인 일을 하기 시작하다; po ~u
직업은(직업상); to mu je ~ 그것이 그의 일
이다; kojim se ~om bavi? 그는 어떤 일에
종사하느냐? zanatski (形)
zanatlija (男) 1. 장인(匠人), 기술자 (obrtnik)
2. 전문가 (stručnik)
zanatlijka 참조 zanatlija
zanatlijskī -ā, -ō (形) ~a škola 직업학교; ~a
zadruga 길드 조합
zanatskī -ā, -ō (形) 참조 zanat; njena su
preduzeća mala, gotovo ~oga tipa 그녀의
회사는 거의 수공업 공장 형태의 작은 회사
이다
zanatstvo 수공예, 수공업
zanavek (副) 영원히 (zauvek); smrt ...
ljude ... zanavek rastavlja 죽음은 … 사람
들을 … 영원히 헤어지게 만든다
zanemaren -a, -o (形) 참조 zanemariti; 등한
시된, 도외시된, 방치된; ~ izgled 신경쓰지
않은 모습; osećati se ~ (~im) 등한시된 느
낌을 받다
zanemariti -im (完) **zanemarivati** -rujem (不完)
1. (돌보지 않고) 방치하다, 돌보지 않다; 등
한시하다, 경시하다, 간과하다; 소홀히 하다;
zbog koga da on zanemari majku? 누구 때
문에 어머니를 소홀히 하느냐?; ~ svoje
zdravlje 자신의 건강을 소홀히 하다; ~ svoj
izgled 자신의 외모에 신경쓰지 않다 2. 고
려하지 않다, 무시하다; vrati mi 100 dinara,
a preostala 2 ćemo ~! 백 디나르 갚아, 그
러면 나머지 2 디나르는 없는걸로 할께! 3.

~ se 자신의 외모에 신경쓰지 않다
zanemariv, zanemarljiv -a, -o (形) 무시해도
될 정도의, 간과해도 좋은; ~a suma 약간의
액수; na kraćim rastojanjima vreme
putovanje radiotalasa praktično je ~o 짧은
거리에서 무선주파수의 도달 시간은 실제적
으로 무시해도 될 정도이다
zanemeti -im (完) 1. 벙어리가 되다; 말문이
막히다 (두려움·흥분 등으로) (onemeti); ~
od užasa 끔찍해서 말문이 막히다 2. 침묵하
다 (zaćutati) 3. 기타; zanemela su (nečija)
usta 죽다, 사망하다
zanemljen -a, -o (形) (너무 놀라) 말문이 막
힌, 말을 못 하는; on je ostao ~ 그는 말문
이 막혔다
zanemoći zanemognem (完) 병약해지다, 허약
해지다, 병치레를 하다
zanesen -a, -o (形) 1. 참조 zaneti (se) 2. (~
에) 홀린, (~에) 정신이 팔린, (~에) 심취한;
~ lepotom prirode 자연의 아름다움에 홀린;
~ u mislima 생각에 깊이 잠긴; on je ~ za
muziku 그는 음악에 미쳤다; ~ lovac 환상
적인 사냥꾼
zanesenjak (~의) 열렬한 지지자, 광신자
(fanatik); ~ za operom (za operu) 오페라에
미친 사람(오페라를 아주 좋아하는 사람)
zanesenjaštvo 열렬함, 열광적임; 그러한 행동
(fanatizam)
zanet -a, -o (形) 참조 zanesen
zaneti zanesem; zanesen, -ena & zanet (完)
zanositi -im; zanošen (不完) 1. 놓다, 두다,
치우다(~의 옆으로, 뒤로); ~ ruke za leđa
팔을 등뒤로 하다, 뒷짐지다; on zavuče
ruke u džepove od kaputa, zanese oba
lakta za leđa i tako stade preme nama 그
는 양손을 외투 호주머니에 넣고 양 팔꿈치
를 등 뒤로 하고는 우리를 향해 섰다 2. (어
떤 길·방향에서) 벗어나게 하다, 데리고 가다,
가지고 가다, 쓸어 가다 (odneti, odvući);
Drina ga sinoć zanela 어젯밤 드리나 강물
이 그것을 휩쓸어 갔다; struja je zanela
čamac pravo na stenu 물살이 보트를 곧바
로 바위로 쓸어 갔다; udarac je zaneo auto
충돌로 인해 자동차는 길 밖으로 내동댕이쳐
졌다; vetar ga zanosi 바람이 그것을 휩쓸어
갔다 3. 돌다, 돌리다; 뒤집다 (zaokrenuti;
prevrnuti (nečim); kada dođu na uzvratište,
vešto zanesu ralom 되돌려할 곳에 도착하
면, 그들은 능숙하게 쟁기를 돌렸다; ~
avion 비행기를 돌리다 4. (비유적) ~의 마
음을 사로잡다, 홀리게 하다, 열광시키다, 황

홀하게 하다 (ushititi, oduševiti); *zanela ga njena lepota* 그는 그녀의 미모에 홀렸다; *ona zanosi svojom lepotom* 그녀는 자신의 미모에 취했다 5. 임신하다; *s kim sam zanela neću vam reći* 누구의 아이를 임신했는지 당신에게 말하지 않겠어요 6. 속이다, 편취하다 7. ~ se 한쪽으로 기울다; 흔들리다, 비틀거리다; *moj otac kao da se malo zanese, pa se nasloni laktom na rame materino* 나의 아버지는 조금 비틀거리는 것처럼 보였으며, 따라서 팔꿈치로 어머니의 어깨를 짚었다 8. ~ se (u što) (~에) 몰두하다, 열중하다 (zadubiti se, udubiti se); ~ se u knjige 책에 몰두하다; *on se zaneo za muziku* 그는 음악에 심취했다 9. ~ se 의식을 잃다(병으로); *sumoran pogled odavao tešku bol njezinu i ona bi se opet zanela* 침울한 시선이 그녀가 중병을 앓고 있다는 사실을 폭로했으며, 그녀가 다시 의식을 잃을 수도 있었을 것이다 10. ~ se ~에 홀리다, 마음이 사로잡히다; ~ se lepom plavušom 아름다운 금발 여인에 홀리다 11. 기타; *zanelo ga je vino* 그는 취했다; ~ se u san 잠에 취하다; *zanela mu se glava* 그는 현기증을 느꼈다

zanihati (se) -*am (se)* & -*šem (se)* 참조 zanjihati (se)

zanijekati -*čem* (完) 부정하다, 부정적으로 대답하다 (poreći, odgovoriti odrično)

zanimanje 1. (동사파생 명사) zanimati (se) 2. 직업 (profesija, struka); *po ~u* 직업은, 직업상; *stalno ~* 평생 직업; *ti si pravnik po svom građanskom ~u* 너는 세속적 직업상 법률가이다 3. 군사 훈련 (vojna obuka, vežbanje); *biti na ~u* 훈련중이다; *inače se juče nisu mnogo pretrgli na ~u* 아무튼 어제는 그렇게 많이 훈련을 중단하지 않았다 4. 오락거리, 심심풀이 5. 흥미, 관심 (interesovanje)

zanimati -*am* (不完) 1. 흥미를 일으키게 하다, 관심을 갖게 하다; *šta vas zanima?* 뭐가 궁금해요?; *njega zanima astronomija* 그는 천문학에 관심이 있다 2. 즐겁게 해주다, 기쁘게 하다 (zabavljati); ~ decu 아이들을 즐겁게 하다 3. ~ se 관심을 가지다, 흥미를 갖다; ~ se za nešto ~에 관심을 갖다(흥미를 갖다); ~ se za život u selu 시골에서의 삶에 관심을 갖다 4. ~ se (nečim) ~에 종사하다 (baviti se); ~ se pčelama 양봉업에 종사하다; *mora biti da se tada i jače zanimao istorijom* 그 당시 역사에 보다 천착했어야

했다; *on se zanima skupljanjem maraka* 그는 우표 수집을 한다 5. ~ se (s nekim) 즐거운 시간을 보내다, ~와 사귀다, ~와 어울리다; *ti se rado zanimaš s njeme?* 너는 그들과 잘 어울려다니지?

zanimljiv -*a*, -*o* (形) 흥미로운, 재미있는 (interesantan)

zanimljivost (女) 1. 흥미, 관심 2. 흥미로운 것(사물·사건)

zanoćati (se) -*a (se)* (完) (無人稱文) 밤(noć)이 되다; *doći ćemo kući kad zanoća* 밤이 될 때 쯤 집에 도착할꺼야

zanoćiti -*im* (完) **zanoćivati** -*ćujem* (不完) 1. 밤샘하다, 밤을 지내다(보내다); ~ na Zlatiboru 즐라티보르에서 밤을 보내다 2. (無人稱文) 밤이 되다; *već je zanoćilo bilo* 벌써 밤이 되었다

zanoktica 1. (解) (손)거스러미 2. (病理) 손발톱 주위염(周圍炎)

zanos 1. (보통 병으로 인한) 섬망 상태, 헛소리, 일시적 정신 착란; *ležati u teškom ~u* 심한 섬망 상태로 누워있다 2. 광란, 광희 (狂喜), 열광, 격정 (entuzijazam); *ljubavni ~* 사랑의 격정 3. 몰두, 골몰 (zamišljenost, zadubljenost, rasejanost); *trgnuti se iz ~a* 깊은 생각에서 깨어나다

zanosan -*sna*, -*sno* (形) 1. 열광적인, 열렬한 (oduševljen, zanesen); ~ *ljubitelj* 열렬한 애호가 2. 매혹적인, 매력적인 (privlačan, zavodljiv); ~*sna priča* 매우 흥미로운 이야기; ~*sna lepota* 아주 매력적인 아름다움 3. 섬망 상태의; ~ *san* 섬망 상태의 잠

zanositi -*im*; *zanošen* (不完) 1. 참조 zaneti 2. 외국어 억양으로 말하다; *glas mu je dubok, ali je u govoru zanosio, rekao bih, na grčki* 그의 목소리는 저음이었다, 하지만 말을 할 때에는 그리스어적 억양이 묻어나는 외국어적 억양으로 말했다 3. 비슷하다, 유사하다 (톤·색·냄새 등이) 4. 기타; *glava (me) zanosi, zanosi me u glavi* 현기증을 느낀다

zanošenje (동사파생 명사) zanositi; ~ *u govoru* 외국어적 억양; *pri ~u vozila* 자동차가 미끄러질 때

zanošljiv -*a*, -*o* (形) 1. 열렬한, 열광적인 2. 매력적인, 매혹적인

zanovet (女) 1. 이의, 비난, 비판; 잔소리 (prigovor, zamerka) 2. (植) 양골담초, 금작화(金雀花); 서부 유럽산 야생식물)

zanovetalo (男,中) 이의를 제기하는 사람, 툴툴대는 사람, 잔소리를 하는 사람

zanovetati -*am* & -*ćem* (不完) 이의를 제기하

다, 비난하다, 잔소리하다 (prigovarati); ~ *nekome* 누구에게 잔소리하다(비난하다)

zanjihati *-am* & *-šem* (完) 1. 흔들기 시작하다 (*početi njihati*) 2. ~ **se** 흔들리기 시작하다

zao *zla, zlo* (比; *gori*, 反; *dobar*) (形) 1. 나쁜, 사악한, 악의 있는, 해로운 (*nevaljao, opak, pakostan*); *zla žena* 사악한 여자; ~ *pogled* 사악한 시선 2. (의무를) 다하지 않는, 나쁜; *zli političari* 나쁜 정치인들; ~ *dužnik* 악성 채무자 3. (품질이) 나쁜, 형편없는; *zla zemlja* 나쁜 땅(토지) 4. 불유쾌한 (*neprijatan*); *zla vest* 나쁜 소식; ~ *glas* 나쁜 평판 5. 기타; ~ *duh* 악령, 불행을 가져오는 사람; ~ *udes, zla sreća* 불행, 불운; *biti zle volje* 기분이 나쁘다; *zli jezici (govore)* 음모를 좋아하는 사람; *zlo mi je* 기분이 좋지 않다, 유쾌하지 않다; *znam ga kao zlu paru* 그의 나쁜 면만을 안다, 그가 나쁘다는 것만 안다; *imati zlo srce na koga* 누구에게 화가 나있다(우호적이지 않다); *mrka kapa, zla prilika* 전망이 좋지 않다(암울하다); *od zla oca i od gore majke* 사악한 인간 집단, 인간 쓰레기; *poći po zlu putu* 사악한 인생을 살기 시작하다(잘못된 길을 가다); *stvarati (unositi) zlu krv* 불화를 일으키다; *u ~ čas* 부적절한 시간; *u zla doba* 늦게, 느지막하게

zaobići *zaobiđem* (完) **zaobilaziti** *-im* (不完) 1. 우회하다, 돌아가다; ~ *rupu* 구멍을 피해 우회하다; ~ *grad* 도시를 우회하다 2. (비유적) 회피하다, 무시하다, 경시하다 (*izbeći, zanemariti*); ~ *to pitanje* 그 문제를 경시하다; ~ *istinu* 진실을 회피하다; *svi su dobili povišicu, a njega su zaobišli* 모두가 임금 인상을 얻었으나 그는 그러지 못했다

zaobilazak *-ska* 우회 (*zaoblilaženje*)

zaobilazan *-zna, -zno* (形) 1. 우회하는 (보통은 도로의); ~*znim putem* 우회도로로 2. 우회적인 (*uvijen, okolišan*); ~*zno pitanje* 우회적인 질문; ~ *manevar* 우회 작전

zaobilaziti *-im* (不完) 참조 zaobići

zaobilaženje (동사파생 명사) zaobilaziti; 우회

zaobliti *-im*; *zaobljen* (完) **zaobljavati** *-am*, **zaobljivati** *-ljujem* (不完) 1. 둥글게(obao) 만들다; ~ *kamen* 돌을 둥글게 만들다 2. 둔탁하게 만들다, 뭉툭하게 만들다 (*zatupiti*); ~ *rogove* 뿔을 뭉툭하게 하다 3. ~ **se** 둥글어지다

zaobljen *-a, -o* (形) 1. 참조 zaobliti; 둥근; ~*a nedra* 둥근 가슴 2. (비유적) 완전한, 완벽한 (*celovit, potpun*); ~*a analiza* 완전한

분석

zaobljenje (동사파생 명사) zaobliti

zaodenuti *-nem*, **zaodesti** *zaodedem* & *zaodenem*, **zaodeti** *zaodenem* (完), **zaodevati** *-am* (不完) 1. (누구에게) 옷을 입히다, 신발을 신기다; 옷(신발)을 공급하다; ~ *decu* 아이에게 옷을 입히다; ~ *svu familiju* 전 가족에게 옷을 공급하다(사주다) 2. (비유적) 형태를 만들다 (*uobličiti*) 3. ~ **se** 옷을 입다, 신발을 신다 4. ~ **se** (~로) 덮이다 (*pokriti se, prekriti se*); *šuma se zaodenula lišćem* 숲은 낙엽으로 덮였다

zaodeti *zaodenem* (完) 참조 zaodenuti

zaodevati *-am* (不完) 참조 zaodenuti

zaogrnuti *-nem* (完) **zaogrtati** *-ćem* (不完) (사람 또는 사물을) 뒤덮다, 덮어 싸다, 뒤집어 씌우다 (*ogrnuti, prekriti*); ~ *pelerinom* 망토로 뒤집어 씌우다; ~ *čaršavom* 보를 씌우다 2. ~ **se** 뒤덮어쓰다, 덮이다 (*ogrnuti se, prekriti se*)

zaokrenuti *-nem* (完) **zaokretati** *-ćem* (不完) 1. (진행 방향을) 바꾸다; 돌다 (*skrenuti*); ~ *u drugu stranu* 다른 방향으로 돌다 2. (다른 방향으로) 향하다, 향하게 하다; ~ *vojsku prema Beogradu* 군대를 베오그라드 쪽으로 향하게 하다 3. (핸들 등을) 돌리다 (*zavrnuti, obrnuti*); ~ *slavinu* 수도꼭지를 돌리다 4. ~ **se** (몸 전체 또는 상체 부분을) 틀다, 돌리다 (*okrenuti se, obrnuti se*) 5. 기타; ~ *vrat(om)*, ~ *šiju* 모가지를 비틀다 (죽이다)

zaokret 1. (도로·강 등의) 모퉁이, 굴곡, 굽이 (*okuka, savijutak, zavoj*) 2. (차량 등의) 방향 전환, 회전 (*skretanje*); ~ *automobila* 자동차의 방향 전환 3. (비유적) 급격한 변화, 전환점 (사고 방식, 역사 발전 등의); *radikalni ~ u istoriji* 역사의 급격한 변화; ~ *u ratu* 전쟁의 전환점; *korenit ~* 근본적인 변화

zaokretati *-ćem* (不完) 참조 zaokrenuti

zaokrugliti *-im* (完) **zaokrugljivati** *-ljujem* (不完) 1. (무엇인가를) 둥글게 하다, 둥글게 만들다 (*zaobliti*); ~ *nokte* 손톱을 둥글게 하다 2. 증가시키다, 증대시키다; (국경을 변경시켜 국가의 면적을) 넓히다; ~ *granice svoje države* 자국의 국경을 넓히다; ~ *očevinu* 유산을 넓히다(증대시키다) 3. 반올림하다, 사사오입하다; ~ *dug na dve hiljade* 반올림해서 빚이 2000디나르이다; ~ *sumu* 총액을 반올림하다 4. 완전하게 하다, 완벽하게 하다, 형태를 갖추게 하다 (*upotpuniti,* uobličiti); ~ *misao* 사상을 완전하게 하다; ~ *stih* 운율을 형태를 갖추게 하다 5. ~ se 둥글게 되다; *zaokrugliše im se oči* 그들의 눈은 휘둥그레졌다 6. ~ se 살찌다, 통통해지다 (ugojiti se); *struk se zaokruglio, kosa počela ... opadati* 허리는 굵어지고 머리카락는 빠지기 시작했다 7. ~ se 완전한 형태를 갖추다 (uobličiti se)

zaokrugljen *-a, -o* (形) 1. 참조 zaokrugliti; 둥근 2. 완전한, 완벽한, 형태를 갖춘 (potpun, celovit, uobličen)

zaokrugljivati *-ljujem* (不完) 참조 zaokrugliti

zaokružiti *-im* (完) **zaokruživati** *-žujem* (不完) 1. 원(krug)을 그리다, 원을 만들다; ~ *olovkom* 볼펜으로 원을 그리다 2. (~의 주변을) 빙빙 돌다, 선회하다; *avion je zaokružio nad nama* 비행기는 우리 위를 선회했다 3. (눈·시선으로) 둘러보다; *zaokružio je očima oko sebe kao zver opkoljena sa svih strana* 사방으로 포위된 짐승처럼 자신의 주위를 둘러보았다 4. 둘러싸다, 에워싸다, 포위하다 (opkoliti); ~ *neprijateljske divizije* 적의 사단을 포위하다 5. 둥글게 만들다, 둥글게 하다; 넓히다, 증가시키다 (zaokrugliti); ~ *usta* 입을 둥글게 만들다; ~ *posed* 부동산을 늘리다; ~ *svoj dramski opus* 자신의 드라마 작품 수를 늘리다 6. (숫자 또는 보어 없이) 반올림하다, 사사오입하다; *zaokruži na pedeset* 50으로 반올림하다 7. ~ se 둥근 형태가 되다

zaokupiti *-im*; **zaokupljen** (完) **zaokupljati** *-am*, **zaokupljivati** *-ljujem* (不完) 1. (사방에서) 둘러싸다, 에워싸다, 포위하다 (okružiti, opkoliti); ~ *neprijatelja* 적을 포위하다; ~ *stado ovaca* 양떼를 둘러싸다 2. (질문 등을) 퍼붓다, 쏟아붓다 (saleteti, spopasti); ~ *pitanjima* 질문을 퍼붓다 3. (감정 등에) 휩싸이게 하다 (obuzeti, zaneti); *zaokupi ga tuga* 그는 슬픔에 휘싸였다; *zaokupljen ... mislima ...* ~생각에 잠겼다 4. 시작하다 (stati, početi); *on zaokupi dolaziti svaki dan* 그는 매일 오기 시작했다 5. ~ se ~에 열중하다, (~으로 인해) 바쁘다 (zauzeti se, zabaviti se); ~ *se poslom* 일로 바쁘다

zaopucati *-am* (完) (口語) 1. 몹시 흥분해서 말하다(하다) 2. 서두르다, 서둘러 가다

zaopučiti *-im* (完) 참조 zaopucati

zaorati *-rem* (完) **zaoravati** *-am* (不完) 1. (밭을) 갈기 시작하다, 쟁기질하기 시작하다 (početi orati) 2. 갈아 엎다; *izrasla je na strnjištu trava i treba je što pre* ~ 그루터기만 남은 밭에 풀이 자라 그것을 하루속히 갈아 엎어야만 한다 3. 밭을 다 갈다, 쟁기질을 끝마치다 (poorati, uzorati); *zaorane zemlje* 쟁기질이 다 끝난 땅(들판) 4. (남의 땅을) 침범하여 갈다 (preorati) 5. (비유적) 너무 멀리 가다 (otići suviše daleko)

zaoriti se *-i se* (完) 메아리가 울리기 시작하다 (početi se oriti)

zaostajanje (동사파생 명사) zaostajati; 뒤떨어짐, 지체

zaostajati *-jem* (不完) 참조 zaostati

zaostalost (女) (경제·문화 등에서) 뒤떨어짐, 뒤쳐짐, 낙후; *danas ...se čine toliki napori da se beda, ~ i nekulturnost isteraju iz naše zemlje* 오늘날 ... 우리 나라에서 빈곤과 후진성 그리고 비문화적 요소를 떨쳐내기 위해 많은 노력이 이루어지고 있다

zaostao *-la, -lo; -lī; zaostalijī* 1. 참조 zaostati 2. (발전 속도가) 뒤떨어지는, 후진적인, 낙후한, 원시적인, 문명화되지 않은 (nekulturan, primitivan, neprosvećen); ~*lo dete* 지체아; *mentalno* ~ 정신박약의; *ti si* ~, *ti se oblačiš kao tvoj praded* 너는 유행에 뒤떨어져, 마치 네 증조할아버지처럼 옷을 입었어

zaostatak *-tka; -aci, zaostatākā* 1. (~의 뒤에) 남겨진 부분, 나머지; ~ *hleba* 빵 쪼가리, 나머지 빵; *mlađi brat pokupi* ~*tke i stavi ih u torbu* 동생이 나머지를 챙겨 그것들을 가방에 넣는다 2. (일·업무 등의) 잔업; (갚지 못한) 나머지 채무; ~ *duga* 채무의 나머지 3. (과거의) 흔적, 찌꺼기; ~ *kapitalizma* 자본주의의 흔적

zaostati *zaostanem* (完) **zaostajati** *-jem* (不完) 1. (~의 뒤에) 남다, 뒤에 처지다; *on zaostaje za nama* 그는 우리 뒤에 처졌다; ~ *za vremenom* 시대를 못 쫓아가다 2. (질·가치 등에서) 떨어지다, 뒤쳐지다; *to zaostaje za očekivanjem* 그것은 기대에 못 미친다 3. (어떤 곳에 오랫동안) 머무르다 4. (발전·성장 등에서) 늦다, 뒤처지다; *on po inteligenciji ne zaostaje za drugom decom* 그는 지능이 다른 아이들에 뒤처지지 않는다 5. (시계 등이) 늦게 가다, 늦다; *sat mi zaostaje* 내 시계가 늦다; *sat mi je zaostao* 내 시계가 늦었다

zaostavština (사망 후 남겨진) 유산 (nasleđe)

zaošenuti *-nem* (完) 한 쪽으로 밀다(밀어놓다, 치우다); *zaošeni malo taj kraj grede* 그 목재 끝을 조금 한 쪽으로 치워라(밀쳐라)

zaošijati *-am*, **zaošinuti** *-nem* (完) **zaošijavati**

Z

-am (不完) (진행 방향을) 바꾸다, 돌리다, 돌다 (zaneti, zavrteti, zavitlati); *auto zaošija stražnjom stranom* 자동차는 뒤쪽으로 방향을 바꾼다

zaoštravanje (동사파생 명사) zaoštravati

zaoštren *-a, -o* (形) 1. 참조 zaoštriti 2. (끝·봉우리 등이) 뾰족한; ~ *breg* 뾰족한 언덕 3. 긴박한, 긴장된; *~a situacija* 긴박한 상황

zaoštriti *-im* (完) zaoštravati *-am* (不完) 1. 예리하게 하다, 날카롭게 하다, (날이 서게) 갈다; ~ *sekuru (nož)* 도끼 (칼)를 날카롭게 하다 2. 긴장시키다, 긴박하게 하다, 긴장 상태에 다다르게 하다, (관계를) 악화시키다; ~ *odnose* 관계를 악화시키다; ~ *situaciju* 상황을 긴장시키다; *to još više zaoštri odnose među njima* 그것은 그들간의 관계를 더 악화시킨다 3. (전투·충돌 등을) 더 격렬하게 하다; ~ *sukob* 충돌을 격렬하게 하다 4. (표현·생각을) 더 분명하게 하다, 더 투명하게 하다

zaova 시누이 (남편의 누나·여동생); *dočekale su je jetrve i ~e* 동서들과 시누이들이 그녀를 기다리고 있었다 **zaovin** (形)

zaovičić 조카 (시누이의 아들)

zaovičina 여조카 (시누이의 딸)

zaović 참조 zaovičić

zapackati *-am* (完) 1. 더럽히다 (보통은 잉크로 종이를) 2. 말끔하지 못하게 일을 하다(처리하다), 일을 잘못처리하다

zapad 1. 서(西), 서쪽; *na ~* 서쪽으로 2. 석양, 일몰 (비유적) 끝 (kraj, svršetak) 3. 서풍 (西風) 4. (대문자로) 서양 5. (어느 국가의) 서부 6. 기타; *Divlji ~* 미국의 서부(19세기까지 주로 인디언들이 거주한) **zapadni** (形)

zapadati *-am* (不完) 참조 zapasti

zapadnī *-ā, -ō* (形) 참조 zapad; *~a crkva* 가톨릭 교회; ~ *Sloveni* 서슬라브인들; *~o narečje* 이캅스키 방언(세르비아어/크로아티아어의); *~a Evropa* 서유럽

zapadno (副) 서쪽으로; ~ *od Beograda* 베오그라드에서 서쪽으로

zapadno- (接頭辭) 서-

zapadnoevropskī *-ā, -ō* (形) 서구의, 서유럽의

zapadnjak *-nem* 참조 zapasti

zapadnjak 1. 서풍(西風) 2. (비유적) 서유럽인, 서양 사람; 서구의 사상과 정신을 가진 사람 **zapadnjački** (形)

zapadnjaštvo 서유럽의 문화, 서유럽적 특색; 친서유럽적 경향

zapahati *-am* (完) 참조 zapahnuti

zapahnuti *-nem* (完) **zapahivati** *-hujem* (不完)

악취(zapah)를 풍기다, 냄새를 풍기다; (냄새가) 퍼지다, 확산되다; *zapahnuo nas je miris šume* 숲냄새가 우리를 감쌌다

zapajati *-am* (不完) 참조 zapojiti

zapaliti *-im*; *zapaljen* (完) **zapaljivati** *-ljujem* (不完) 1. (~에) 불을 붙이다, 불을 지피다; (~을) 태우다 (upaliti, zažeći); ~ *drva* 나무에 불을 지피다, 나무를 태우다 2. 담배에 불을 붙이다, 담배를 태우다, 담배를 피우다 (zapušiti); ~ *lulu (cigaretu)* 파이프(담배)에 불을 붙이다 3. 불을 밝히다, 조명을 켜다 (osvetliti); *već su zapalili izloge* 벌써 전시장에 불을 밝혔다 4. (비유적) (어떤 감정을) 불러일으키다, 고조시키다; (충돌·전쟁 등을) 야기하다, 불러일으키다; (불화·다툼을) 야기하다, 불러일으키다; ~ *studente svojim govorom* 자신의 연설로 학생들을 고조시키다; *zapalio je u njima veru u pobedu* 그들에게 승리의 확신을 불러일으켰다; ~ *Balkan* 발칸반도에 전쟁의 불길을 당기다; *ženski bes zapalio kuću i hoće da je rasturi* 여자의 분노는 집안에 불화를 일으켰으며 집안을 풍지박살낼 것이다 5. (화기를) 쏘다, 발사하다, 사격하다 (opaliti); ~ *iz puške* 총을 쏘다 6. (비유적) 급히 가다 (krenuti naglo); ~ *pravo u Valjevo* 곧장 발례보로 급히 가다 7. ~ *se* 타기 시작하다 8. ~ *se* 밝게 빛나다, 붉어지다 (볼·뺨이) (zasijati, zažariti se, zacrveneti se) 9. ~ *se* 열광하다, 흥분하다 (oduševiti se); ~ *se politikom* 정치에 흠뻑 빠지다(열광하다) 10. ~ *se* 일어나다, 깨어나다, 흥분하다 (uzbuditi se, uzrujati se); *zbog toga ubistva zapalio se čitav grad* 그 살인사건 때문에 도시 전체가 일어났다 11. ~ *se* 봉기하다, 전쟁하다; 전쟁의 화염에 휩싸이다; *ponovo se zapalio Balkan* 발칸반도는 다시금 전쟁의 화염에 휩싸였다 12. ~ *se* 염증이 있다; *zapalilo mi se grlo* 내 목에 염증이 생겼다 13. 기타; ~ *vatru (na ognjištu)* 가족을 꾸리다; ~ *kome sveću* 누구의 장례식에 참석하다

zapaljenje 1. (동사파생 명사) zapaliti 2. (病理) 염(炎), 염증 (upala); ~ *pluća* 폐렴; ~ *plućne maramice* 늑막염, 흉막염; ~ *slepoga creva* 맹장염; ~ *mozga* 뇌막염, 수막염; ~ *grla (pokosnice, zglobova, želuca)* 인두염 (골막염, 관절염, 위염) **zapaljenski** (形)

zapaljiv *-a, -o* (形) 1. 불타기 쉬운, 불이 쉽게 잘 붙는, 인화성의; 불붙이는데 사용되는; *~a bomba* 소이탄 2. (비유적) 격하기 쉬운, 쉽게 흥분하는; *lako ~a masa studenata* 쉽

게 흥분하는 학생 집단; *održati ~u besedu* 격정적인 연설을 하다; *Bakunin ... imao je sve da privuče ~u mladež* 바쿠닌은 쉽게 흥분하는 청년들을 끌어들일 수 있는 모든 것을 가지고 있었다

zapaljivati *-ljujem* (不完) 참조 zapaliti

zapamtiti *-im* (完) 1. 기억하다 (upamtiti) 2. (비유적) (공갈·협박 등을 하면서 하는, 나쁜 의미로) 기억하다; *zapamtićete vi mene* 기억해둬, 날!

zapanjiti *-im; zapanjen* (完) **zapanjivati** *-njujem* (不完) 1. 깜짝 놀라게 하다, 대경실색하게 하다, 망연자실하게 하다, 아연 실색케 하다 (jako iznenaditi, zaprepastiti) 2. ~ se 깜짝 놀라다, 대경실색하다, 망연자실하다, 아연 실색하다; ~ se njenim izgledom 그녀의 모습에 깜짝 놀라다

zapanjujući *-ā, -ē* (形) 깜짝 놀랄만한, 믿기 어려운, 아연 실색케 하는; *bila bi to ~a brojka* 그것은 깜짝 놀랄만한 숫자였다

zapapriti *-im* (完) 1. 파프리카(paprika)를 넣어 양념하다, 후추(papar)를 넣어 양념하다; ~ jelo 음식에 후추를 치다 2. (비유적) (복수하기 위해) 불유쾌한 일을 만들다(꾸미다), 해를 끼치다 (naškoditi) 3. 기타; ~ (kome) čorbu (누구에게) 복수하다

zapara 덥고 후텁지근한 공기, 덥고 습도가 높은 공기, 후텁지근한 무더위 (sparina, omorina)

zaparan *-rna, -rno* (形) 무덥고 후텁지근한, 습도가 높은; 숨이 턱턱 막히는 (sparan); ~ vazduh 후텁지근한 공기; *ona zagušljiva i ~rna omorina bila je sve strašnija* 숨이 턱턱 막히고 후텁지근한 날씨는 점점 심해졌다

zaparati *-am* (完) 1. 솔기를 뜯기 시작하다; 뜯어내다 (početi parati) 2. ~에 흠집(스크래치)을 내다 (zagrepsti, zadreti, zaseći); *jedan nokat zapara kožu* 손톱 하나가 피부에 흠집을 냈다; ~ noktom 손톱으로 할퀴다 (흠집을 내다)

zapariti *-im* (完) 1. 뜨거운 물을 따르다, 펄펄 끓는 물을 붓다; ~ bure 통에 뜨거운 물을 붓다 2. ~ se 수증기(김)로 가득 하다 3. ~ se 숨을 쉴 수 없을 정도의 악취로 가득하다 (예를 들자면 방이)

zaparložiti *-im* (完) 1. 휴경지(parlog)로 내버려두다, 잡초가 무성하게 자라도록 방치하다; ~ vinograd 포도원을 경작하지 않고 방치하다 2. (비유적) 경시하다, 천시하다, 돌보지 않다 (문화 측면에서) 3. ~ se 휴경지가 되다, 잡초가 무성하게 자라다; *Anđelija se*

trudila ... da se imanje ne bi neradom zaparložilo 안젤리야는 ··· 농지가 게으름으로 인해 잡초가 무성해지지 않도록 노력했다 4. ~ se 문화적으로 뒤쳐지다(낙후하다)

zapasti *zapadnem* (完) **zapadati** *-am* (不完) 1. (~의 뒤에, ~의 뒤쪽으로) 떨어지다; *novine su zapale iza divana* 신문은 소파 뒤로 떨어졌다 2. (보통은 해·달이) 지다, 떨어지다 (zaći, nestati); *sunce je sjajući zapalo* 해가 밝게 빛나면서 떨어졌다 3. (~에, ~으로) 떨어지다, 넘어지다; (이동하여, 움직여) 도달하다, 당도하다 (dospeti, doći); *trunčica zapadne u sat* 부스러기가 시계에 떨어졌다; ~ u blato 진흙탕에 넘어지다; *zalutao sam i zapao u ovu dubodolinu* 길을 잃고 이 깊은 계곡까지 왔다 4. (어떤 좋지 않은 상태로) 떨어지다, 빠지다; *prilično je i u dugove zapao* 빚더미에 상당히 빠졌다; *želio bih ... doznati zbog čega je zapao u nevolju* 나는 그가 왜 곤경에 처했는지 알고 싶다; ~ u ropstvo 노예 상태로 떨어지다 5. (눈·비 등이) 내리다; *ipak je bila zima i zapao dubok sneg, na kapiji su ... stražila dva žandarma* 하지만 겨울이었으며 많은 눈이 내렸다, 정문에는 ··· 두 명의 경찰이 경비를 서고 있었다 6. 시작하다 (nastati) 7. (nekoga, nekome) ~이 누구의 몫으로 떨어지다, ~의 소유가 되다 (pripasti); *zapade ga mesto direktora u školi* 학교 교장 선생님의 자리는 그에게 떨어졌다; *takva me sudbina zapade* 그러한 운명이 내 몫이다 8. 매복하다, 잠복하다, 숨다 (postaviti zasedu, sakriti se, skloniti se) 9. (값·비용이) ~이다 (koštati) 10. 기타; ~ za oko nekome 누구의 관심을 끌다, 주목을 받다; ~ u klopku 덫에 걸리다, 곤경에 처하다; ~ (nekome) u šake 누구의 손아귀에 떨어지다(누구의 통치(지배)하에 놓이다)

zapat, **zapatak** *-tka* 1. 종축(종돈·종우 등의) 2. 번식, 개체의 증가 (razmnožavanje, priplod)

zapatiti *-im* (完) **zapaćati** *-am* (不完) 1. (식물·가축 등을) 기르다, 사육하다; ~ kokoši 닭을 기르다 (odgajiti); ~ pčele 양봉하다 2. ~ se (해충 등이) 불어나다, 증식하다, 번식하다 (rasploditi se, razmnožiti se)

zapaziti *-im; zapažen* (完) **zapažati** *-am* (不完) 1. (시각으로) 보다, 느끼다, 인식하다, 깨닫다 (uočiti, videti); *ako zapazi štogod smešno, ona se smejala* 그녀는 무엇이든 우스운 것을 보기만 하면 웃었다; *bila je zapažena na skupu* 그녀가 미팅에 (참석한

1549

Z

것이) 눈에 띄였다 2. 주목하다, 관심을 가지고 지켜보다 (긍정적 측면에서); *profesor je zapazio Branka i zavoleo ga* 교수님을 브란코를 주목하고 그를 좋아했다; *~ njegove slike* 그의 그림에 주목하다 3. 좋아하다, 사랑하다, 귀여워하다 (zavoleti, zamilovati); *ti su ga ljudi veoma zapazili otkako se vratio* 그 사람들은 그가 돌아온 이후 그를 매우 귀여워했다 4. 언급하다 (napomenuti, reći) 5. 주의하다 (pripaziti) 6. ~ se 서로가 서로를 좋아하다(귀여워하다) (zavoleti se); *pričao nam je jedanput kako se zapazio s njom* 그 사람은 한 번은 그녀와 얼마나 서로 좋아했는지를 우리에게 말한 적 있었다

zapažanje (동사파생 명사) zapažati; 주목

zapažati *-am* (不完) 참조 zapaziti

zapažen *-a, -o* (形) 1. 참조 zapaziti 2. 주목받는, 가치가 더 많은; *publikovao je više ~ih naučnih radova* 주목받는 학술적 업적들을 여러 번 출판했다

zapečatiti *-im* (完) **zapečaćavati** *-am*, **zapečaćivati** *-ćujem* (不完) 1. (봉투 등을) 봉인하다; *~ pismo (koverat)* 편지를 봉인하다 2. (비유적) (누가) 입을 떼지 못하게 하다, 입을 닫게 하다 3. 도장·스탬프(pečat)를 찍다, (도장을 찍어) 사실임을 확인하다; *~ ugovor* 합의서에 도장을 찍다 4. 밀봉하다 (zatvoriti); *~ rupu* 구멍을 메꾸다 5. ~ se 봉인되다, 닫히다 (zatvoriti se) 6. 기타; *~ (kome) sudbinu* (누구의) 인생을 아작내다 (끝장내다)

zapećak *-ćka; -ćci* 1. (옛날 식의 커다란 벽난로의) 벽난로와 벽 사이의 공간, 귀퉁이 자리(따뜻해서 기거하기 좋은 자리로서 보통 집주인이 차지함); *stari je doskora legao u ~ i zaspao* 노인이 얼마전까지 벽난로 귀퉁이에 누워 잤다 2. 조그마한 동굴; 피신처, 숨을 수 있을만한 장소; *sedeti u ~ćku* 뒤에 물러나 있다, 전면에 나서지 않다 3. (비유적) 한직(閑職); *vreme ga je pregazio i bačen je novom strujom u ~* 시간이 그를 짓밟았으며 새로운 흐름으로 그는 한직으로 밀려났다

zapeći zapečem; zapečen; zapekao, *-kla*; zapeci (完) 1. (빵·고기 등을 노릇노릇하게) 굽다; *zapečena jaja* 구운 달걀; *~e jabuke* 구운 사과 2. (태양이) 이글거리다, 작열하기 시작하다 (početi peći) 3. ~ se 마르다, 건조해지다; 노릇노릇하게(바삭하게) 구워지다 (skoreti se, otvrdnuti); *suviše se zapeklo* 너무 바싹 구워졌다, 너무 건조해졌다 4. ~ se (성장·발전이) 늦어지다, 지체되다 5. ~

se 변비에 걸리다; *da bolesnik, koji se zapekao, dobije stolicu … treba ga gdekada brizgalicom klistirati* 변비에 걸린 환자는 대변을 잘 못보기 때문에 … 관장기로 관장을 해야 한다

zapeniti *-im*; zapenjen (完) 1. 거품·포말(pena)을 일으키다; *krupan žutocrven šaran podiže se na površinu, zapene vodu* 황적색의 커다란 잉어가 수면 위로 솟구쳐 포말을 일으킨다 2. 거품을 내다 3. (비유적) (말을 너무 많이 해) 입에 거품이 나다 4. (거품을 물 정도로) 화내다 (razbesneti se, razljutiti se) 5. ~ se 거품이 나다

zapenušati (se) *-am (se)* (完) 거품으로 덮이다, 거품이 일다

zapenušiti (se) *-im (se)* (完) 참조 zapenušati (se)

zaperak *-rka; -rci* (옥수수나 포도덩굴 곁가지의) 새순, 새롭게 나는 가지 (pobočni sporedni izdanak)

zapešćaj (=zapešće) 손목 **zapešćajni** (形)

zapešće 참조 zapešćaj

zapet *-a, -o* (形) 1. 참조 zapeti 2. (비유적) 긴장된, 긴박한 (napet); *~i odnosi* 긴장 관계; *spominjali su … ~o stanje između Pruske i Francuske* 그들은 … 프러시아와 프랑스간 긴장 상태를 언급했다

zapeta 콤마(,), 쉼표 (zarez); *ni ~u* 또는 *ni za jednu ~u* 하나도 (변화된 것이) 없다

zapeti zapnem; zapeo, *-ela*; zapet; zapni (完) **zapinjati** *-em* (不完) 1. (총기의 방아쇠·공이 치기를) 잡아당기다; *uperio pušku, zapeo kokot* 총을 겨냥한 후 방아쇠를 당겼다; *oroz* 방아쇠를 당기다; *~ luk* 활을 당기다 2. (무엇을 다른 무엇에) 걸다, 걸어놓다; *~ oko vrata* 목에 걸다 3. (동물 포획용의) 덫·올가미를 놓다(설치하다); *uhvatio se u zamku, što mu je zape neki lovac* 어떤 사냥꾼이 놓은 덫에 걸렸다 4. (~에 걸려) 멈춰 서다, 멈추다, 걸리다; *nekome je zapao zalogaj u grlu* 누군가는 먹은 것이 목에 걸렸다; *parče mesa mu je zapelo u grlu* 그는 고기 몇 점이 목에 걸렸다 5. (옷·장갑·안경 등을) 입다(끼다, 신다, 쓰다) 6. (目) (돌부리 등에) 걸리다; 방해물을 만나다, 어려움에 봉착하다; *kako uđe u kuću, zape na vrag* 집에 들어올 때마다 문턱에 걸렸다; *~ o kamen* 돌부리에 걸리다; *~ u studijama* 공부에 진척이 없다 7. 말을 더듬다; 말을 멈추다(중단하다); *reč mu je zapela u grlu* 그는 말이 입밖으로 나오지 않았다 8. (단추 등을) 잠그다; *ni jedno od tih majstorskih* *puceta nije se moglo zapeti* 그 단추들 중 그 어느 하나도 잠글 수 없었다 9. 전력을 다하다, 온 힘을 다 쓰다; ~ *svom snagom* 자신의 온 힘을 다하다; *ako svi zapnemo, to će začas biti gotovo* 모두가 온 힘을 다 한다면, 그것은 순식간에 끝날 것이다 10. 완강하게 고집을 부리다, 완고하게 자신의 입장을 고집하다; *direktor zapeo, hoće da ga otpusti s posla* 사장은 완강하게 그를 해고하려고 했다; *direktor je zapeo da baš danas održi taj sastanak* 사장은 하필 오늘 그 회의를 하려고 고집을 부린다 11. 가다, 서둘러 가다; *kuda si zapeo?* 어딜 그리 급히 가느냐?; *šta ste zapeli toliko?* 뭐가 그리 급해? 12. 기타; *zapne reč u grlu* (당황·흥분하여) 말을 못하다, 말이 목에서 나오질 않다; *zapelo* (일이) 진척이 안되고 있다; ~ *za oko* 마음에 들다, 주목을 끌다; ~ *iz petnih žila* 온 힘을 사용하다, 전력을 다하다(무엇인가를 성취하기 위해); *ni* ~ 할 수 없다, 시작하지 않다

zapetljancija (口語) 복잡한 상황(문제), (많은 문제로) 엉망인 상황

zapetljati *-am* (完) **zapetljavati** *-am* (不完) 1. (끈·노끈 등으로) 묶다, 묶어 두다; ~ *psa za plot* 담장에 개를 묶어 두다 2. 못빠져 나오게 엮다(끌어들이다); *udovica ga zapetlja .. u svoje mreže* 과부는 그 사람을 자기 그물에 걸려… 못빠져 나오게 만들었다 3. 복잡하게 하다, 얽히고 설키게 만들다 (komplikovati); ~ *odnose* 관계를 복잡하게 하다 4. ~ *se* 어려운 상황에 빠지다; 못빠져 나올 상황에 처하다, 빨려들어가다; ~ *se u dugove* 빚더미에 빠지다 5. ~ *se* 얽히고 설키다, 얽혀 들어가다, 관련되다 (uplesti se, zaplesti se); *Bugarska se zapetljala u unutrašnju borbu* 불가리아는 내전에 빨려들어갔다; ~ *se oko njegovih nogu* 그의 발에 얽히다 6. ~ *se* 당황하다, 어리둥절해 하다, 헷갈리다 (zbuniti se, pomesti se); *u glavi mi je bilo sve tako jasno, a onda sam se zapetljao* 내 머릿속은 아주 분명했으나, 이후에 헷갈렸다; ~ *se pri rukovanju autom* 자동차를 운전하면서 당황하다

zapetost (女) 긴장, 긴장감, 긴박한 상황; 긴장 관계

zapev 1. 노래, 노래하기(부르기) (pevanje, pesma); *cvrčkov* ~ 귀뚜라미 울음 2. (고인에 대한) 애도, 애가(哀歌)

zapevalja 참조 narikača; 곡(哭)하는 여자, 만

가(輓歌)를 부르는 여자

zapevati *-am* (完) 노래하다, 노래하기 시작하다 (početi pevati)

zapevati *-am* (不完) 1. 슬퍼하다, 애통해 하다; 통곡하다 (naricati, jaukati); *mati stade iz glasa ~ i čupati sebi kose* 어머니는 서서 큰 목소리로 통곡하며 자신의 머리카락을 쥐어뽑았다 2. 노래하다 (pevati)

zapevka (G.pl. *-ī* & *-ākā*) 곡(哭), 애가(哀歌), 만가(輓歌) (naricaljka)

zapiliti *-im* (完) 톱질하다, 톱질하기 시작하다 (početi piliti)

zapiljiti *-im* (完) 1. 뚫어지게 쳐다보기 시작하다 (početi piljiti) 2. ~ *se* 뻔히 쳐다보다, 응시하다

zapinjač 1. (자동차의) 브레이크 (kočnica, zavor) 2. (기계 장치의) 제동 장치

zapinjača 1. 참조 zapinjača 2. (시계의) 역회전 방지장치

zapinjati *-njem* (不完) 참조 zapeti

zapiranje (동사파생 명사) zapirati; 헹굼

zapirati *-am* (不完) 참조 zaprati; (물에) 씻다, 헹구다

zapis 1. 메모, 기록 (zabeleška) 2. (宗) 십자가가 새겨진 나무, 나무 십자가 (한쪽에 기도문이 적힌) 3. 부적 (hamajlija) 4. (法) 유산 (zaklada, legat, zaveštanje); *dedov* ~ 할아버지의 유산 5. (複數) 비망록, 회고록 (memoari) 6. (건물 등에 쓰여진 혹은 새겨진) 글, 텍스트; ~ *na mostu* 교량에 새겨진 글(텍스트)

zapisati *-šem* (完) **zapisivati** *-sujem* (不完) 1. 쓰다, 적다, 적어 기록하다; (리스트에) 등재하다, 등록하다; ~ *adresu (broj telefona)* 주소(전화 번호)를 적다; ~ *ime* 이름을 적다 (쓰다); ~ *u spisak* 리스트에 등재하다 2. 부적을 쓰다 3. (서면으로) 유산을 남기다 (zaveštati); *imetak je zapisao Univerzitetu* 재산을 대학에 유산으로 남겼다 4. ~ *se* 등재되다, 등록되다; ~ *se u demokratsku stranku* 민주당에 입당하다 5. ~ *se* 오랫동안 적다(쓰다), 적는데 오래 걸리다 6. ~ *se* 기억에 남다 7. 기타; *dobro (rđavo) zapisan* 평판이 좋은(나쁜); ~ *dušu vragu* 악마에게 영혼을 팔다; ~ *za uho* 잘 기억하다; ~ *krvlju* 큰 희생을 치루며 노력하다; ~ *u pamet* 기억하다

zapiska 기록, 메모 (zabeleška)

zapisničar (의회·법원 등에서 기록을 담당하는) 기록원, 기록담당자, 서기(書記); *sudski* ~ 법원 서기 **zapisničarka**

zapisnik (회의 등의) 기록, 회의록; (의회·법원 등의) (속)기록; *voditi (pročitati)* ~ 회의록을 기록하다(읽다); *sačiniti* ~ *o nesreći* (교통) 사고 기록을 작성하다; *delovođa vodi sve* ~*e* 서기가 모든 회의록을 기록한다

zapištati *-im* (完) 째지는 듯한 소리를 내기 시작하다, 고함을 지르기 시작하다 (*početi pištati*)

zapitati *-am* (完) 1. 묻다, 질문하다 (*upitati*); *bila je veoma radoznala ... ali se nije usudila da otvoreno zapita* 그녀는 매우 호기심이 많았지만 ... 솔직하게 물어볼 용기를 낼 수 없었다 2. ~ *se* 스스로에게 질문하다, 자문(自問)하다, 생각하다

zapiti *zapijem* (完) 1. (술을 마시는데) 소비하다 (돈을), 다 마셔 (돈을) 없애다 (*propiti*); *sve je prodao i zapio* 모든 것을 팔아 술마시는데 썼다 2. ~ *se* 오랫동안 술마시면서 시간을 보내다; ~ *se s društvom* 친구들과 오랫동안 술마시다

zapitkivalo (男,中) 끊임없이 물어보는(질문하는) 사람

zapitkivati *-kujem* (不完) 묻다, 질문하다

zaplakati *-čem* (完) 1. 울다, 울기 시작하다 (*početi plakati*) 2. (他) (누구를) 울리다 3. ~ *se* 울다, 울음을 터뜨리다

zaplamteti *-im* (完) 1. 불타기 시작하다, 활활 타기 시작하다, 불꽃이 일며 타기 시작하다 (화재가) (*početi plamteti*) 2. 밝아지기 시작하다, 환해지다 (태양·하늘이) (*zasvetleti*) 3. 불을 뿜다 (화기의) 4. 불꽃이 일다, 활활 타오르다 (전쟁의) (*buknuti*) 5. ~ *se* (얼굴이) 붉어지다, 홍조를 띄다 (*zarumeneti se, zažariti se*) 6. ~ *se* 밝아지다, 활활 타오르다

zaplašiti *-im* (完) 1. 두렵게 하다, 무섭게 하다, 겁먹게 하다 (*uplašiti*) 2. ~ *se* 겁먹다, 두려워하다

zaplaveti (se) *-im (se)* (完) 1. (서양자두 등이) 청색(*plav*)을 띄다 2. (하늘 등이) 청명해지다; *kiša namah prestade, nebe nebo zapave i sunce granu* 비가 바로 그쳤다. 하늘이 청명해지고 해가 나기 시작했다

zaplaviti *-im* (完) 1. 파랗게(*plav*) 되게 하다, 청색으로 색칠하다 2. 파래지다, 청색으로 되다 3. ~ *se* 파래지다, 청색으로 되다

zaplaviti *-im* (完) **zaplavljivati** *-ljujem* (不完) 참조 *preplaviti*; 침수시키다, 범람시키다; *pročitao sam na ovim stranicama da nas je evropovski modernizam zaplavio* 이 신문지면에서 유럽 근대주의가 홍수처럼 넘쳐난다

고 읽었다

zapleće 참조 zaleđe

zaplena 1. (재산의) 몰수 (*konfiskacija*); (상품의) 압수 (유통을 못하게); ~ *oružja* 무기 압수 2. 몰수품, 압수품

zapleniti *-im*; *zaplenjen* (完) **zaplenjivati** *-njujem* (不完) 1. 전리품(*plen*)을 획득하다, 전리품을 얻다, 노획하다; *naši su u borbi ... zaplenili oko sto pušaka i dva teška mitraljeza* 우리군은 전투에서 ⋯ 약 백 정의 총기와 두 개의 중화기를 노획했다; ~ *mnogo zlata* 많은 금을 전리품으로 획득하다 2. (범죄 증거물로) 압수하다; (재산을) 몰수하다 (*konfiskovati*); (계좌 등을) 압류하다; ~ *imetak* 재산을 몰수하다; ~ *proizvode* 생산품을 압수하다; ~ *knjigu u štampariji* 인쇄소에서 책을 압수하다

zaplesati *-šem* (完) 춤추다, 춤추기 시작하다 (*početi plesati*)

zaplesti *zapletem*; *zapleo, -ela*; *zapleten* (完) **zapletati** *-ćem* (不完) 1. 뜨다, 뜨게질 하다, 뜨기 시작하다 (*početi plesti*)); ~ *džemper* 스웨터를 뜨게질하다 2. 깁다, 꿰메다 (옷 등의 헤어진 곳 등을), 얽기설기 묶어 봉하다 (*oplesti*); ~ *čarapu* 양말을 꿰메다(헤어진 곳을); *gledao je prozore - oni zatvoreni, zapleteni prućem* 그는 얇은 나뭇가지를 엮어 막은 창문들을 바라보았다 3. 엮다, 꼬다, 땋다 (*uplesti, zapetljati*); 서로 겹치게 놓다 (*izukrštati*) *zaplete ruke u kose* 손으로 머리카락을 땋다 4. (누가·무엇이) 그물·함정에 빠지게 하다; ~ *u ljubavne mreže* 사랑의 그물에 걸리게 하다 5. 난처한(어려운) 상황으로 끌어들이다 (*upetljati*); ~ *nas u rat* 우리를 전쟁으로 끌어들이다 6. (상황 등을) 복잡하게 하다 (*zamrsiti*); 헷갈리게 하다, 당황스럽게 하다, 혼란스럽게 하다 (*pomesti*) 7. (다리 등을) 꼬다, 꼬기 시작하다 (*početi preplitati*); ~ *nogama u kolu* 원무(圓舞)에서 다리를 꼬다 8. (말을) 웅얼거리다(더듬다), 더듬기 시작하다 (*zamucati*); ~ *jezikom* 말을 더듬기 시작하다 9. ~ *se* 쉽게 빠져 나올 수 없는 곳에 있다, 숨다 (*sakriti se*); *mala deca .. zaplela se materama među nogama* 어린 아이들은 ⋯ 어머니의 다리 사이에 숨었다; ~ *se u masu* 대중을 속에 있다 10. ~ *se* (비유적) (난처한 상황, 어려운 상황에) 엮여 들어가다, 끌려 들어가다, 관여되다 (*upetljati se, umešati se*); ~ *se u dugove* 빚더미에 빠지다; ~ *se u rat* 전쟁의 회오리 속에 빨려들어가다 11. ~ *se* 복잡해

지다; *Irena je naslućivala da se zapleo nekakav važan događaj* 이레나는 중요한 어떤 사건이 복잡해졌다는 것을 눈치챘다 12. ~ se (비유적) 당황하다, 헷갈리다 13. ~ se (돌부리 등에) ~에 걸리다 (spotaći se, saplesti se); *idući pored obale, zaplete se i padne* 해변을 따라 걷다가 걸려 넘어진다 14. 기타; ~ *se u ženske suknje* 여자 치마 속에 숨다; *jezik se zaplete* 말이 잘 안나온 다, 말을 멈추다, 말을 할 수 없다; *zapleo se kao pile u kučine* 어려움을 자초했다, 스스로 제 무덤을 팠다

zaplet 1. 복잡한(어려운, 꼬인, 혼란스런) 상태 (zbrka); *finansijski* ~ 재정적으로 어려운 상태 2. 심각한 불화(분쟁), 충돌 (spor, sukob); *pitanje o njihovom pripadništvu moglo bi dovesti do međunarodnih* ~*a* 그것 들의 소속에 대한 문제는 국제분쟁으로까지 비화될 수 있을 것이다; *pogranični* ~ 국경 분쟁 3. (문학의) 구성, 플롯; ~ *romana (u romanu)* 소설의 플롯 4. 콜로(민속춤)의 한 종류

zapletati -*ćem* (不完) 참조 zaplesti

zapleten -*a*, -*o* (形) 1. 참조 zaplesti 2. 꼬인, 엮인; 어려운, 난처한; 불명확한, 불분명한; 신 비스런, 비밀스런 (složen, zamršen; nerazumljiv, nejasan; tajanstven); ~*a parnica* 복잡한 소송; ~*o pitanje* 어려운 질문

zapletenko *zapletenākā* (男) 주의가 산만한 사람, 정신이 산만한 사람, 차분하지 못한 사람, 덜렁이

zaplitati -*ćem* (不完) 참조 zapletati

zaplivati -*am* (完) 1. 수영하다, 수영하기 시작 하다 (početi plivati) 2. (비유적) ~에 투신하 다; ~에 몰두하다(헌신하다) (upasti, predati se); *zaplivao sam u teške vode* 나는 힘든 상황에 뛰어들었다; ~ *u socijalne reforme* 사회 개혁에 몰두하다(헌신하다)

zaploviti -*im* (完) 1. 항해하다, 출항하다, 항해 하기 시작하다 (početi ploviti) 2. 기타; ~ *u debelo more* 너무 멀리 나가다 (어떤 일에서)

zapljačkati -*am* (完) 강탈하다, 약탈하다 (upljačkati)

zapljeskati -*am* & -*ešćem* (完) 1. 박수치다, 박수를 치기 시작하다 (početi pljeskati) 2. (물 속에서) 첨벙대기 시작하다, 첨벙대는 소리를 내기 시작하다 (početi pljeskati)

zapljeskivati se -*kujem se* (不完) 아부하다, 아첨하다, 면전에서 칭찬하다 (laskati)

zapljusnuti -*nem* (完) **zapljuskivati** -*kujem* (不完) 1. (물·파도 등이) 뒤기다; ~ *lice* 얼굴에

물을 뒤기다; *ogromni talasi zapljuskuju obalu* 어마어마한 파도가 해변을 세게 친다 (해변으로 몰려 온다); *kola su nas zapljusnula blatom* 자동차가 우리에게 흙탕 물을 뒤겼다 2. (비유적) 퍼붓다, 가득하게 하다 (zasuti, zadahnuti, zapahnuti); *osećaj nanesene krivice zapljusnuo srce gorčinom* 죄책감으로 인해 마음은 쓰디썼다

zapljuštati -*im* (完) 1. (비가) 쏟아지다, 퍼붓다, 쏟아지기 시작하다 (početi pljuštati) 2. ~ se (파도가) 출렁이다, 일렁이다 (ustalasati se)

zapljuvati -*am* (完) (침 등을) 뱉다

započeti *započnem*; *započeo*, -*ela* (完) **započinjati** -*em* (不完) (~ 하기) 시작하다 (동작이나 상태가); *odred je započeo delatnost prikupljavanjem oružja* 부대는 무기를 모으는 것으로 활동을 시작했다; ~ *rad (borbu)* 일(전투)을 시작하다

zapodenuti -*nem* (完) **zapodevati** -*am* (不完) 1. (대화·다툼 등을) 시작하다 (započeti, zametnuti); ~ *svađu (tuču)* 다툼(싸움)을 시작하다 2. ~ se 시작되다

zapode(s)ti *zapodenem* & *zapodedem* (完) 참조 zapodenuti

zapoj 음료; 음료수 (napoj, napitak)

zapojati -*jem*; *zapojao*, -*ala*; *zapoj* (完) 참조 zapevati; 노래하다, 노래하기 시작하다

zapojiti -*jim* (完) **zapajati** -*jam* (不完) 1. 물을 먹이다 (napojiti) 2. (비유적) (사상 등을) 주입하다, 불어넣다 (nadahnuti); ~ *nekoga idejama* 누구에게 아이디어를 불어넣다

zapomaganje (동사파생 명사) zapomagati; 도움 요청

zapomagati -*žem* (不完) 1. 도움을 요청하다, 구원을 요청하다 (어려움·곤란에 처했을 때) 2. 비명을 지르다, 울부짖다 (jaukati, kukati)

zapon 1. 장애물 (zapreka, smetnja) 2. 단추 (kopča) 3. (廢語) 자만감, 오만함, 거만함 (sujeta, oholost)

zaponac -*nca* 1. (바퀴의) 스포크, 살 (spica) 2. (문 등의) 걸쇠, 빗장 (zasovnica, zasun, prevornica, reza) 3. (기계 등의) 제동 장치 (zapinjač) 4. (총 등의) 방아쇠 (okidač, oroz) 5. 단추, 걸쇠 (kopča)

zapopiti -*im* (完) 1. ~ *nekoga* (누구를) 승려 (pop)로 임명하다; *Vujadin se vrati kući, i tu ga oženiše i zapopiše na očevoj parohiji* 부카신이 고향(집)으로 귀향했는데 그곳에서 그를 장가를 보내 아버지의 교구에서 대처승 으로 활동하게 했다 2. ~ se 대처승(pop)이 되다

zapor 1. 마개, 뚜껑 (zatvarač) 2. (문 등의) 걸쇠, 빗장 (zaponac, reza) 3. (자동차 등의) 브레이크 (kočnica) 4. 강의 흐름을 막는 것; (운하·강 등의) 수문, 갑문; 댐 (ustava, brana) 5. (醫) 배뇨(排尿) 장애; 변비 (zatvor)

zaporanj -rnja (男) (문 등의) 걸쇠, 빗장 (zaponac, reza)

zaporka 1. 괄호( ) 2. 기타; ~ ovršivosti (法) 판결이행조항

zapornī -ā, -ō (形) 1. 막는, 멈추게 하는 2. ~a mreža 정치망 어망; ~ rok (法) 제한 시간, 시한

zaposednuti -nem (完) 참조 zaposesti

zaposesti -sednem & -sedem; zaposeo, -ela; zaposednut (完) **zaposedati** -am (不完) 점령하다, 점거하다, 점유하다, 차지하다 (zauzeti, osvojiti); nemci su juče očajnički pokušavali da zaposednu Beograd 독일군들은 어제 필사적으로 베오그라드를 점령하려고 하였다

zaposlen -a, -o (形) 고용된, 취업하고 있는; gde ste ~i? 어디에 고용되어 있나요?

zaposlenik 종업원, 피고용인

zaposlenost (女) 고용

zaposlenje 1. (동사파생 명사) zaposliti 2. 직업, 일, 일자리 (posao); tražiti (dobiti) ~ 일자리를 찾다(얻다)

zaposliti -im; zaposlen & zapošljen (完) **zapošljavati** -am (不完) 1. 고용하다; ~ nekoga 누구를 고용하다; ~ nečim (어떠한) 일을 시키다; zaposlio sam ih ljuštenjem krompira 그들에게 감자 껍질을 벗기는 일을 시켰다 2. ~ se 일(자리)을 찾다, 일을 하다; ~ se oko deteta 아이들과 관련된 일을 하다; ~ se u prodavnici 가게에게 일을 하다

zapostaviti -im; zapostavljen (完) **zapostavljati** -am (不完) 1. (일·의무 등을) 방치하다, 돌보지 않다, 게을리 하다, 소홀히 하다 (zanemariti); ~ posao 일을 소홀히 하다; ~ decu 아이를 방치하다 2. (가치를 인정하지 않고) 경시하다, 무시하다, 등한시 하다 (podrediti)

zapostavljen -a, -o (形) 참조 zapostaviti

zapostiti -im (完) 금식하다, 금식하기 시작하다 (početi postiti)

zapošljavanje (동사파생 명사) zapošljavati; zavod za ~ 고용 사무소

zapošljavati -am (不完) 참조 zaposliti

zapošljenost (女) 참조 zaposlenost

zapoved (女) 1. 명령(하는 것) (naredba, naređenje) 2. 명령장, 지휘 서신 3. 기타; deset ~i (宗) 십계명(모세의)

zapovedan -dna, -dno (形) 1. 명령적인, 명령하는 듯한 (zapovednički); ~ ton 명령하는 듯한 어조 2. (한정형) (교회) 공휴일의, 안식일의, 일을 하지 않는; ~dni praznik 안식일 3. (한정형)(文法) 명령의; ~dni način 명령형 (imperativ)

zapovediti -im (完) **zapovedati** -am (不完) 1. 명령하다, 지시하다 (narediti); lekar mu je zapovedio da ne napušta postelju 의사는 그에게 침대에 누워있을 것을 지시했다 2. 지휘하다, 통솔하다 (komandovati); ~ vojskom 군대를 지휘하다

zapovednī -ā, -ō (形) 참조 zapovedan

zapovedničkī -ā, -ō (形) 1. 사령관의, 지휘관의 2. 명령조의, 명령하는 듯한; ~ ton 명령조의 톤 3. 기타; ~ most 선장 선교(船長船橋); 증기선 선장이 지휘하는 약간 높게 솟은 자리

zapovednik 지휘관, 사령관; 명령권자 (komandant) **zapovednica**; **zapovednički** (形)

zapovedništvo 1. 사령관직(職), 지휘관의 의무; 명령권, 지휘, 통솔; ~ nad vojnim snagama 군병력에 대한 통솔권 2. 사령부, 본부

zapovest (女) 명령 (zapoved); po njegovoj ~i 그의 명령에 따라

zaprašiti -im (完) **zaprašivati** -šujem (不完) 1. 먼지(prašina)가 켜켜이 쌓이게 하다, 먼지 투성이로 만들다; zaprašena knjiga 먼지가 켜켜이 쌓인 책; kokoši zapraše zrak lepetom krila o zemlju 닭들은 땅에 날개짓을 하여 먼지투성이로 만든다 2. 먼지를 일으키다; automobil je zaprašio putem 자동차는 도로의 먼지를 일으켰다 3. (분무기로) 뿌리다 (해충 등을 박멸하기 위해서); ~ voće (baštu) 과수에(정원에) 약을 살포하다; ~ insekticidom 살충제를 뿌리다 4. 서둘러 가다, 급히 가다 (먼지를 일으키면서) 5. ~ se 먼지로 뒤덮이다, 먼지 투성이다

zaprašivač 분무기

zaprašivati -šujem (不完) 참조 zaprašiti

zaprati zaperem (完) **zapirati** -rem (不完) (물 등으로) 씻다(어린 아이, 신체의 일부 등을) (oprati)

zapravo (副) 실제로, 진짜로, 사실은 (u stvari, upravo)

zaprečavanje (동사파생 명사) zaprečavati; vatra za ~ (軍) 차단사격

zaprečiti -im (完) **zaprečavati** -am, **zaprečivati** -čujem (不完) 1. (통행·통과 등

을) 막다, 차단하다; *ulazna vrata vagona zaprečio je jedan karabinijer* 카빈총으로 무장한 한 명의 경찰이 객차의 출입문을 막고 있었다 2. 보호하다, 지키다 (zaštititi); *oni su zaprečili otadžbinu svojim grudima i omeđili je mrtvim telima svojih drugova* 그들은 자신의 몸으로 조국을 지키고 자기 동료들의 사체로 조국의 국경을 둘러쌓았다 3. 불가능하게 하다, 차단하다 (spречiti); 막다, 중단시키다 (zaustaviti); ~ *odlazak* 떠나는 것을 차단하다

zaprečnī *-ā, -ō* (形) 방해의, 차단의; ~*a vatra* 잠행탄막, 이동 탄막 사격

zapreći *zapregnem* (完) 참조 zapregnuti

zaprećivati *-ćujem* (不完) 참조 zapretiti

zapreg (男), **zaprega** (女) 1. 앞치마 (pregača, kecelja) 2. (우)마차에 매인 한 쌍의 소·말

zaprežni (形); ~*a artiljerija* 말이 끄는 포대; ~*o vozilo* 우마차

zapregnuti, **zapreći** *zapregnem* (完) **zaprezati** *-žem* (不完) 1. (말 등에) 마구를 채우다, (마·소를 마차·쟁기 등에) 매다, 걸어 매다 (upregnuti); ~ *konja u kola* 말을 마차에 채우다 2. (소매 등을) 걷다, 말아 올리다 (zavrnuti, posuvratiti); ~ *skute i rukave* 치맛자락과 소매를 걷어 올리다; ~ *boščuu* 베일을 걷다 3. (앞치마를) 입다, 허리에 두르다 (pripasati) 4. (근육이) 긴장하다, 팽팽해지다 (zabreknuti, zategnuti) 5. ~ *se* 어렵고 힘든 일(업무)을 떠맡다 (uprenuti se) 6. ~ *se* 앞치마를 입다

zapreka 1. (보통은 통행에 지장을 주거나 못하게 하는) 장애물, 방해물; *put bez ~ā* 장애물이 없는 도로; *žičana ~* 철조망 장애물 2. 방해, 어려움; 곤란함 (smetnja, teškoća, nezgoda) 3. (스포츠의) 허들 (prepreka) *trčanje na 110m sa ~ama* 110m 허들 경기

zapremati *-am* (不完) 참조 zapremiti

zapremina 1. 용적, 용량, 부피 2. 퍼센트 (procenat); ~ *alkohola* 알코올 퍼센트; ~ *kiseonika* 산소 퍼센트

zapreminskī *-ā, -ō* (形) 참조 zapremina; 용적의, 용량의, 부피의

zapremiti *-im* (完) **zapremati** *-am* (不完) (일정한 부피를) 차지하다 (zauzeti, zaposesti, zahvatiti); ~ *mesto (prostor)* 자리(공간)를 차지하다

zaprepastiti *-im*; *zaprepašćen* & *zaprepašten* (完) **zaprepaštavati** *-am*, **zaprepašćivati** *-ćujem* (不完) 1. 깜짝 놀라게 하다, 경악하게 하다, 충격을 주다, 매우 당황하게 하다, 당

혹스럽게 하다 2. ~ *se* 깜짝 놀라다, 매우 당황하다, 경악하다

zaprepašćenje, **zaprepaštenje** (동사파생 명사) zaprepastiti; *izazvati ~* 경악하게 하다; *na opšte ~* 모두가 놀라게

zaprepašćivati *-ćujem* (不完) 참조 zaprepastiti

zaprepaštavati *-am* (不完) 참조 zaprepastiti

zapretati *-ćem* & *-am* (完) 1. 재로 덮다, 재를 덮어 (숯)불을 끄다; 불을 끄다 2. (뜨거운 재와 숯불로) 파묻다, 파묻어 굽다; *Jevta je imao nekoliko krompira ... i sada ih zapretao u pepeo* 예브타는 감자 몇 개가 있었는데, ..; 지금 그것들을 아직 불길이 남은 잿속에 집어 넣어 굽고 있다 3. (비유적) (감정을) 숨기다, 감추다 (sakriti, pritajiti); *zapretane želje* 숨겨진 소망 4. ~ *se* (u nešto) ~로 들어가다 (uvući se)

zapreti *zaprem*; *zapro, -rla*; *zaprt* (完) **zapirati** *-rem* (不完) 1. (문 등의 자물쇠를) 잠그다, 걸쇠를 잠그다, 닫다 (zaključati, zatvoriti) 2. 서다, 멈추다, 멈춰 서다, 기진맥진하다 (피로 등으로 인해); ~ *pod brdom* 언덕밑에서 멈추다 3. 온 힘을 다하다, 사력을 다하다; *konj zapre iz sve snage da se digne* 말은 일어서기 위해 온 힘을 다한다

zapretiti *-im* (完) **zaprećivati** *-ćujem* (不完) 1. 위협하다, 협박하다; (~ 하지 말라고) 강력히 경고하다; *ona mu je zapretila da više ne dolazi* 그녀는 그에게 더 이상 오지 말라고 강력히 경고했다; *tebi je zaprećeno da to ne radiš!* 그것을 하지 말라고 네게 강력히 경고되었다 2. 위험에 처하다, 위험에 처하게 하다; *zemlji je zapretila velika opasnost* 국가는 커다란 위험에 처해졌다; *zaprećeno im je streljanjem ako ...* 만약 ~ 한다면 그들은 총살 위험에 처할 것이다

zaprezati *-žem* (不完) 참조 zapregnuti

zaprežnī *-ā, -ō* (形) 참조 zapreg; 마소의; ~*a stoka* (수레 등을 끄는) 마소; ~*o vozilo* 우마차

zapričati (se) *-am (se)* (完) 말하기 시작하다, 열심히 이야기하다 (početi pričati)

zaprimiti *-im* (完) 받다, 수령하다; (통지문 등을 수령했다고) 등재부에 등재하다 (dobiti, primiti); *lepo lice zaprimi i neki strogi i opet žalobno-nemoći izraz* 어여쁜 얼굴에 슬피 좌절하는 굳은 표정이 나타난다

zaprljati *-am* (完) 더럽히다, 더럽게 하다 (uprljati)

zaprositi *-im*; *zaprošen* (完) 1. 구혼하다, 청

혼하다; *čuo sam da imaš jedinicu kćer, vele: divna je, pa dođoh da je u tebe zaprosim* 네게 외동딸이 있다는 소문을 들었다, 참한 색시여서 네게 (네 딸에게) 청혼하러 가고 싶다; ~ *u oca kćer* 아버지에게 딸과 결혼하겠다고 청혼하다 2. 구걸하다, 동냥하다; ~ *komad hleba* 빵을 구걸하다

zaprška 참조 zapržak; 식용유에 볶은 밀가루 (보통은 양파와 함께 볶은)

zaprštati *-im* (完) (부러지면서) 뚝 소리를 내기 시작하다 (početi prštati)

zaprti *zaprem* (完) 참조 zapreti

zaprtiti *-im* (完) 1. 어깨에 매다, 등에 지다 (uprtiti); ~ *vreću na leđa* 포대를 등에 지다 2. ~ se 등에 지고 나르다, 어깨에 매고 나르다

zapržak *-ška* 참조 zaprška

zapržiti *-im* (完) 1. zaprška를 음식에 넣다(넣에 맛을 내다) ; *gotovo svi doručkujemo stojeći, srčući zaprženu čorbu ili kafu* 우리는 거의 모두 zaprška가 들어간 수프나 커피를 마시면서 서서 아침식사를 한다; ~ *nekome čorbu* 누구를 아주 곤란한 처지로 만들다, 커다란 곤경에 처하게 하다 2. (기름에) 볶다, 튀기다, 부치다 (누르스름해질 정도로)

zapt 참조 disciplina; 기강, 규율, 엄격한 질서

zaptija (男)(歷) 경찰, 경비원 (žandar, stražar)

zaptiti *-im* (不完) 규율(zapt)을 지키다

zaptiti *zaptijem; zaptiven, -ena; zaptij* (完) **zaptivati** *-am* (不完) 1. 막다, 막히게 하다, 틀어 막다, (코르크)마개를 막다 (zapušiti, začepiti); ~ *kanal* 운하를 폐쇄하다; ~ *otvor* 터진 곳을 틀어 막다 2. 숨을 조이다, 질식시키다, 숨막히게 하다 (stegnuti, prigušiti) 3. ~ se (물길·구멍 등이) 막히다 4. ~ se 조이다, 질식하다, 숨막히다 (stegnuti se, zagušiti se)

zaptivač (男), **zaptivača** (女) 마개, 코르크 마개 (zapušač, čep)

zaptivati *-am* (不完) 참조 zaptiti

zaptiven *-a, -o* (形) 1. 막힌, 닫힌 (zapušen, zatvoren); *nos mu je* ~ 그는 코가 막혔다; ~*i uši* 먹먹한 귀 2. (목소리가) 쉰, 둔탁한 (prigušen, potmuo) 3. 숨막히는, 숨이 턱턱 막히는 (zagušljiv, ustajao); ~ *vazduh* 숨이 턱턱 막히는 공기

zaptivka 개스킷(가스·기름 등이 새어나오지 않도록 파이프나 엔진 등의 사이에 끼우는 고무·삼 따위의)

zapucati *-am* (完) 1. 갑자기 시작하다; 사격하기 시작하다, 총쏘기 시작하다 (početi pucati) 2. 서둘러 가다; 빨리 ~하기 시작하다; ~ *kod lekara* 병원에 서둘러 가다

zapučak *-čka; -čci, -ākā* 단추 구멍 (의복의)

zapučiti *-im* (完)(方言) 참조 zakopčati; 단추를 잠그다

zapuhati *-am* & *-šem* (完) 참조 zapuvati; (바람 등이) 불다, 불기 시작하다 (početi puhati)

zapuhnuti *-nem* (完) (바람이 잠깐 동안) 불다 (그치다) (zapahnuti)

zapupeti *-im* (完) 1. 싹이 돋기 시작하다, 새싹이 나기 시작하다, 꽃봉우리가 맺히기 시작하다 2. (비유적) 붓기 시작하다, 부어오르기 시작하다 (nabubriti, nabreknuti); *osećam njene zapupele obraze na mom čelu* 그녀의 팽창된 볼이 내 이마에 닿는 것을 느낀다

zapusteti *-tim* (完) 황량해지다, 텅비다 (postati pust, opusteti)

zapustiti *-im; zapušten* (完) **zapuštati** *-am* (不完) 1. 경시하다, 소홀히 하다, 돌보지 않다 (zanemariti); ~ *zdravlje (posao, učenje)* 건강을 돌보지 않다(일, 학업을 소홀히 하다) 2. ~ se 경시되다, 소홀히 취급되다

zapušač 마개, 코르크 마개; 개스킷 (čep)

zapušiti *-im* (完) **zapušavati** *-am* (不完) 1. 마개를 하다, (코르크) 마개로 막다, 막다 (začepiti, zatvoriti); ~ *flašu* 병을 마개로 막다; *natporučnik Lukaš zapuši sebi uši* 수석 중위 루카쉬는 자기 귀를 귀마개로 막았다 2. ~ se 막히다 (začepiti se, zatvoriti se); *zapušila se kanalizaciona cev* 하수관이 막혔다; *nos mu se zapušio* 그는 코가 막혔다 3. 기타; ~ *nekome usta* 누구의 입을 틀어 막다

zapušiti *-im* (完) 1. 담배를 피다, 담배를 피기 시작하다 (početi pušiti) 2. 연기·수증기 등이 새어 나오기 시작하다; 연기·수증기 등으로 가득하다 3. ~ se 연기·수증기 등이 새어 나오기 시작하다; 연기·수증기 등으로 가득하다

zapuštati *-am* (不完) 참조 zapustiti

zapušten *-a, -o* (形) 1. 참조 zapustiti 2. 방치된, 도외시된; *uložio je ... mnogo u ~o imanje* 그는 방치된 토지에 많이 … 투자했다

zapuštenost (女) 방치된 상태

zaputiti (se) *-im (se)* (完) 길(put)을 떠나다 (krenuti, uputiti se); *pitali su ga oštro kuda se zaputio i šta traži ovuda* 그에게 어디에 가며 여기서 무엇을 찾는지 날카롭게 질문했다

zar 1. (의심을 나타내는 小辭) 아마, 혹시

1556

(valjda, možda) 2. (감탄·의문 小辭) (믿을
수 없는 것 또는 부정(否定)을 나타내는) 정
말로; ~ znaš? 정말 알아?; ~ si ga video?
정말로 그를 보았냐?; ~ nisi gladan? 정말로
너 배 않고파?; ~ ne? 그렇지?; ~ dolaze?
정말로 그들이 오느냐?; ~ nije divno! 정말
로 아름답다!; ~ ne znaš? 정말 몰라?

zar (무슬림 여성들이 얼굴을 가리는) 베일

zaračunati -am; zaračunan & zaračunat (完)
zaračunavati -am (不完) 1. (포함시켜) 계산
하다 (uračunati); 과다 계산하다, 요금을 과
다 청구하다; mogla bi mu ~ više nego što
može platiti 그가 지불할 수 있는 것보다 더
많이 청구할 수 있었다; ~ 5% manipulativnih
troškova 취급 수수료로 5%를 과다 청구하
다 2. ~ se 잘못 계산하다

zaraćen -a, -o (形) 전쟁중인, 전시상태의; ~e
države 전쟁중인 나라, 교전국

zarad(i) (前置詞,+ G) 1. (목적·의도를 나타냄)
~을 위해 (radi); ~ toga smo ih pozvali 그
것을 위해 우리는 그들을 불렀다 2. (원인·이
유 등을 나타냄) (zbog); nije došao ~ nje
그는 그녀 때문에 오지 않았다

zarada 1. (일을 하고 받는) 임금, 급여 (plata);
kolika ti je ~? 너는 얼마나 버느냐? 2. 벌이,
돈벌이 (zarađivanje); ići u ~u 돈벌이하러
떠나다 3. (商) (구입가와 판매가의 차이에서
오는) 마진, 이익, 수익 (dobit); čista ~ 순
이익; to je ogromna ~ 그것은 엄청난 수익
이다

zaraditi -im; zarađen (完) **zarađivati** -đujem
(不完) 1. (일을 하고 임금 명목으로) 돈을
벌다, 급여를 받다; ~ lektorišući 교정을 보
면서 돈을 벌다; on mnogo zarađuje 그는
돈을 많이 번다; koliko on zarađuje
godišnje? 그는 일 년에 얼마나 버느냐?; ~
(s) teškom mukom 힘들여 돈을 벌다 2. (비
유적) (자신의 행동으로) ~ 할만하다, ~하다;
zaradio si da te udavim, raspikućo jedna
낭비벽이 심한 너는 내 손에 죽을만 하다; ~
batine 매를 벌다, 매 맞을 짓을 하다; ~
medalju 메달을 따다 3. 얻다 (dobiti, steći);
zaradio sam novoga druga, pekareva sina
나는 빵집 아들을 새 친구로 얻었다; ~
upalu pluća 폐렴을 얻다 4. (상거래·대부업
등으로) 돈을 벌다, 이익을 얻다; on je
mnogo zaradio na tome 그는 그것으로 돈
을 많이 벌었다; ~ na kukuruzu 옥수수를
매매하여 돈을 벌다, ~ na devizama 환전으
로 돈을 벌다; ~ na štapu 구걸하여 밥벌이
를 하다 5. ~ se 직장을 얻다, 일자리를 얻

다, 취업하다

zaradovati -dujem (完) 1. (누구를) 기쁘게 하
다, 즐겁게 하다 (obradovati, razveseliti) 2.
~ se 기뻐하다, 즐거워하다; ne znaš kako
sam se zaradovala kad sam čula da je
devojka učitelj (네) 여자친구가 선생님이라
는 소리를 들었을 때 내가 얼마나 기뻤는지
너는 모른다

zarađivati -dujem (不完) 참조 zaraditi

zarana (副) 1. (정해진 시간보다) 일찍 (rano);
doći uveče ~ 초저녁에 오다 2. 아침 일찍
이; ustati ~ 아침 일찍이 일어나다 3. 젊었
을 때, 어렸을 때; ostati ~ bez majke 일찌
기 어머니를 잃고 혼자 남다 4. 정시에, 적
기에 (na vreme, blagovremeno); uraditi ~
적기에 하다

zaranak -anka; -anci, zaranākā (보통은 複數
로) 1. 해가 지기 전의 시간, 초저녁, 황혼,
땅거미 2. (인생의) 황혼기; ~ života 인생의
황혼기 3. 이른 새벽 4. 기타; veliki zaranci
(여름의) 늦은 오후(오후 4시부터 6시 사이
의); mali zaranci (여름의) 오후(오후 1시부
터 해가 바로 질 때 까지의)

zaraniti -im (完) 1. (아침에) 일찍 일어나다 2.
(어떤 장소에) 일찍 도착하다

zaranjati -am (不完) 참조 zaroniti

zaraslica, **zaraslina** (상처의) 흉터 (ožiljak,
brazgotina)

zarasti zarastem; zarastao, -sla, -slo (完)
zarastati -am, **zarašćivati** -čujem (不完) 1.
(털·풀 등이) 무성하게 자라다 (obrasti); ~ u
travu 풀이 무성하게 자라다; bio je već
izgubio vid i sav zarastio u kosu i bradu 벌
써 보이지 않게 되었으며 머리와 턱수염이
수북룩하게 자랐다 2. (상처가) 치료되다, 아
물다 (zaceliti se, izlečiti se); rana mu je
zarasla 그의 상처는 아물었다

zarašćenje 1. (동사파생 명사) zarasti 2. 흉터
(ožiljak)

zarašćivati -čujem (不完) 참조 zarasti

zaratiti -im (完) 1. 전쟁하다, 전쟁하기 시작하
다, 전쟁에 돌입하다; ~ na nekoga 누구와
전쟁하다; Sarajevski atentat ... bio je
izgovor što je Austro-Ugarska 1914.
zaratila na Srbiju 사라예보 암살사건은 …
오스트리아-헝가리 제국이 1914년 세르비아
와 전쟁을 한 이유였다 2. (비유적) (누구와)
다투다, 불편한 관계를 유지하다 (zavaditi
se); ~ sa svima na poslu 직장에서 모든 사
람들과 적대적인 관계를 가지다; iz te
zamene izrodi se sukob, u koji zarate dve

Z

porodice 그러한 교환에서 다툼이 생겨나 두 가족이 원수지간처럼 싸운다

zaratovati *-tujem* (完) 참조 zaratiti

zaravan *-vni* (女) 1. 고원(高原) (visoravan) 2. 평지(平地)

zaravanak *-nka* (=zaravanjak) (지소체) zaravan

zaravnanje (동사파생 명사) zaravnati

zaravnati *-am*; zaravnan & zaravnat, **zaravniti** *-im* (完) **zaravnjavati** *-am*, **zaravnjivati** *-njujem* (不完) (땅·표면 등을) 평평하게 하다, 고르다; ~ *teren* 땅을 고르다

zaraza 감염, 전염; 전염병 (infekcija, epidemija); *izvor* ~*e najčešće je zaražen čovek ili životinja* 감염원은 주로 전염된 사람이거나 동물이다

zarazan *-zna, -zno* (形) 전염의, 전염성의, 감염성의; ~*zne bolesti* 전염병

zaraziti *-im*; zaražen (完) **zaražavati** *-am* (不完) 1. 전염시키다, 감염시키다 (inficirati); ~ *nekoga gripom* 누구에게 독감을 전염시키다; *počela je da kruži glasina – kako sam svoju suprugu spolno zarazio* 내가 아내에게 성병을 감염시켰다는 소문이 돌기 시작했다 2. (비유적) (어떤 사상·악습 등에) 물들게 하다, 젖게 하다; ~ *ideologijom* 사상에 물들게 하다 3. ~ **se** 감염되다, 전염되다; *on se zarazio tifusom* 그는 발진티푸스에 감염되었다 4. ~ **se** (어떤 사상 등에) 물들다, 받아들이다, 수용하다

zaražen *-a, -o* (形) 1. 참조 zaraziti 2. 감염된, 오염된; ~*a voda* 오염된 물, 오수(汚水)

zaražljiv *-a, -o* (形) 1. 감염되기 쉬운, 전염되기 쉬운 2. 전염성의, 감염성의 (zarazan)

zarđan *-a, -o* (形) 참조 zarđao

zarđao *-ala, -alo* (形) 녹(rđa)이 슨, 녹슨

zarđati *-am*; zarđao, -ala (完) 녹이 슬다; *plug zarđa kad dugo ne ore* 오랫동안 밭을 갈지 않으면 쟁기에 녹이 슨다

zareći zarečem & zareknem; zarekao, -kla (完) 1. 일정을 잡다, 스케줄을 잡다, 예정하다 (zakazati); *parastos je zarečen za sutra* 추모 미사는 내일로 일정이 잡혔다; ~ *svadbu za nedelju* 결혼식을 일요일로 잡다 2. 맹세하게 하다, 약속을 받아내다; *majka ga je zarekla da ne pije* 어머니는 그로부터 술을 마시지 않겠다는 약속을 받아냈다 3. ~ **se** 약속하다, 맹세하다 (dati reč, zakleti se); *zarekao se da će ceo dan raditi* 하루종일 일하기로 약속했다 4. ~ **se** 서로가 서로에게 약속하다, 서로 맹세하다 5. ~ **se** 말실수하

다, 누설하다 (odati se)

zaredati *-am* (完) (=zaređati) 1. 차례차례 가다, 차례차례 방문하다 (poći redom); *već su i prosci zaredali po selu* 이미 청혼자들도 마을을 차례로 돌았다; *zareda od dućana do dućana i od kuće do kuće* 이 가게에서 저 가게로 그리고 이 집에서 저 집으로 차례로 방문한다; ~ *od vrata do vrata* 이 집에서 저 집으로 차례로 방문한다 2. 차례차례 돌아가며 ~을 하다

zarediti *-im* (完) 1. 차례로 가다(방문하다) (zaredati) 2. **zaređivati** (不完); (속세를 떠나 교회로) 출가시키다, 수사의 직을 부여하다, 성직자로 선포하다; *sutra će ga* ~ 내일 그를 출가시킬 것이다 3. ~ **se** 수사(성직자)가 되다

zaređati *-am* (完) 참조 zaredati

zaređivati *-đujem* (不完) 참조 zarediti

zarevati *-vem* (完) (당나귀가) 울다, 시끄럽게 울기 시작하다 (početi revati)

zarez 1. (V자형[톱니 모양]의) 새김눈, 눈금, 벤 자리 (urez); *praviti* ~ *nožem* 칼로 눈금을 새기다 2. (상처가 낫고 난 후의) 흉터 (brazgotina) 3. (얼굴 등의) 주름 (bora, brazda) 4. (正字法) 쉼표, 콤마(,) (zapeta) 5. (地質) (물의 작용으로 생겨난) 골짜기, 협곡 (usek)

zarezati *-žem* (完) **zarezivati** *-zujem* (不完) 1. 눈금(새김눈)을 새기다, 새기다; ~ *ime u ploču* 판에 이름을 새기다 2. 뾰족하게 만들다, 예리하게 만들다 (zašiljati, zaoštriti); ~ *olovku* 연필을 뾰족하게 하다 3. 쉼표를 하다, 쉼표를 찍다 4. (번개·눈빛 등이) 번쩍하다 (sevnuti) 5. ~ **se** 새겨지다; 파고 들다; *uže mu se zarezalo u meso* 밧줄이 그의 살을 파고 들었다 6. 기타; *zarezalo (urezalo) mu se u dušu (u pamet)* 그는 잊을 수가 없다, 그의 기억에 깊이 남았다; *zarezao mu bog ramena (da mu na njima košulja stoji)* 서툴다, 능수능란하지 못하다; ~ *koga na svoj rovaš* 누구에게 복수를 하려고 노력하다

zareznik (昆蟲) 참조 insekat; 곤충, 벌레

zarezotina 새김눈, 벤 자리 (zarez)

zarežati *-im* (完) (개 등이) 으르렁거리다, 으르렁거리기 시작하다 (početi režati)

zarf 장식된 금속잔(손잡이가없는 커피 잔을 위한 장식용 금속 홀더)

zaribati *-am* (完) (기계·엔진 등이) 마모되다, 마모되기 시작하다 (početi ribati)

zaribati *-am* (完) 물고기를 잡다, 물고기를 잡기 시작하다 (početi ribati) zaricati se –čem se (不完) 참조 zareći se

zaridati –am (完) 큰 소리로 울다, 큰 소리로 울기 시작하다, 통곡하기 시작하다 (početi ridati)

zarikati –čem (完) (사자·호랑이 등 큰 짐승들이) 으르렁거리기 시작하다, 포효하기 시작하다 (početi rikati)

zarinuti –nem (完) 참조 zariti

zariti zarijem; zariven, -ena & zarit; zarij (完) zarivati –am (不完) 1. (날카롭고 예리한 물체를) 찔러 넣다, 쑤셔 넣다, 밀어 넣다; 찌르다, 쑤시다, 박아 넣다 (zabiti, zabosti); ~ nekome nož u srce 누구의 심장에 칼을 꽂다; ~ iglu 바늘로 찌르다; ~ nokte 손톱으로 쑤시다 2. 파묻다; 숨기다 (zakopati; sakriti u nešto); ~ nešto u zemlju 뭔가를 땅속에 파묻다; ~ glavu u jastuk (u pesak) 머리를 베개속에 (모래밭에) 파묻다; ~ ruke u džepove 손을 주머니속에 집어넣다 3. ~ se 찔리다, 박히다 (zabosti se, zabiti se); koplje vezano za ruku lovca zarije se u životinju 사냥꾼의 손에 묶인 창이 동물에 박혔다 4. ~ se 파묻히다, 매장되다; 숨다 (zakopati se, sakriti se); granata se zarila u zemlju 포탄이 땅 속에 파묻혀 있었다

zariti –im (不完) 1. (~에) 빛을 비추다, 조명하다 (obasjavati, osvetljavati); svoju svetlost meku kandilo baca i sobu mi zari 등잔불은 자신의 은은한 불빛을 내면서 내 방을 비췄다 2. 빛나다 (sijati, blistati); zare neonske reklame 네온 광고판이 빛난다 3. ~ se 빛나다; lice se zari 얼굴이 빛난다

zarobiti –im; zarobljen (完) zarobljavati –am (不完) 1. (적 등을) 사로잡다, 포로로 잡다 (zatočiti); ~ vojnike 병사들을 사로잡다 2. 노예(rob)로 삼다, 자유를 박탈하다(빼앗다) 3. (적으로부터 빼앗아) 점령하다, 정복하다; 노획하다 (osvojiti; zapleniti); ~ pušku 총기를 노획하다 4. (비유적) 주목하게 하다, 관심을 끌다, 마음을 사로잡다; zarobio ih je svojom filozofijom 그는 자신의 철학으로 그들을 사로잡았다 5. 잡다, 붙잡다 (uhvatiti); žene ga zarobiše za ruke i ramena, a on se, tobože, otima 여인네들이 그의 손과 어깨를 붙잡았으며, 그는 표면상으로 납치되었다 6. ~ se 포로(노예)가 되다, 모든 것을 박탈당하다; (어떤 일에) 온 정신이 팔리다, 집중하다; ~ se u onoj kući 그 집의 노예가 되다

zarobljenički –ā, -ō (形) 참조 zarobljenik; ~ logor 포로 수용소

zarobljenik 포로; ratni ~ 전쟁 포로 zarobljenica

zarobljeništvo 1. 포로(상태); 노예(상태); biti u ~u 포로 생활을 하다, 포로가 되다; pobeći iz ~a 포로 수용소에서 탈출하다 2. (集合) 포로 (zarobljenici)

zaroktati –ćem (完) (돼지가) 꿀꿀거리다, 꿀꿀거리기 시작하다 (početi roktati)

zarominjati –am (完) 이슬비가 내리다, 이슬비가 내리기 시작하다 (početi rominjati)

zaroniti –im (完) zaronjavati –am (不完) 1. 잠수하다, 물속에 들어가다, 잠수하기 시작하다 (početi roniti); 물속으로 뛰어들다; ~ u more 바다속에 뛰어들다 2. (비유적) ~에 열중하다, 골몰하다; ~ u misli 생각에 골몰이 잠기다 3. (물 속에) 가라앉히다, 빠뜨리다, 집어 넣다; ~ vedro u bunar 물통을 우물에 집어 넣다; ~ nešto u vodu 뭔가를 물속에 가라앉히다 4. (파)묻다, 매장하다 (zatrpati, prekriti); ~ ga u raku 그를 무덤에 매장하다; ~ u jamu 구덩이에 묻다 5. ~ se (물 속에) 빠지다, 가라앉다, 침몰하다; zaronila se ... čak do kukova 허리까지 빠졌다(잠겼다) 6. ~ se 매몰되다, 파묻히다

zarositi –i (完) 1. 이슬(rosa)이 맺히다, 땀이 송골송골 맺히다; 이슬이 맺히기 시작하다 (početi rositi) 2. 이슬비가 내리다, 이슬비가 내리기 시작하다 3. ~ se 김이 서리다 (창문·안경 등에)

zarub (옷·천 등의) 단 (porub)

zarubiti –im; zarubljen (完) zarubljivati –ljujem (不完) 1. (옷 등의) 단을 만들다, 가장자리를 감치다 2. 예리한 것(뾰족한 것)을 자르다(잘라 뭉툭하게 만들다); zarubljena piramida (數) 각뿔대; zarubljena kupa (數) 원뿔대

zaručan –čna, -čno (形) 1. (무엇이) 담긴, 채워진; 사용 중인 (ispunjen, zauzet); ~ sud 담긴 그릇; zaručne mu ruke kad drži što u rukama 뭔가를 손으로 들고 있을 때 그는 빈 손이 없다 2. (한정형) 약혼의; ~čne prstene ovit ćemo oko prsta 약혼 반지들을 손가락에 낄 것이다

zaručiti –im (完) 1. (그릇·용기·포대 등을) 사용하다, 이용하다, 채우다; ~ šerpu 냄비를 사용하다 2. (처녀에게) 구혼하다, 청혼하다; 약혼하다 (veriti); ~ za lekara 의사와 약혼하다 3. ~ se (za nekoga, s nekim) 약혼하다 (veriti se); zaručio sam se s jednom devojkom iz istog sela 나는 같은 마을의 한 처녀와 약혼했다

zaručnički *-ā, -ō* (形) 참조 zaručnik

zaručnik 참조 verenik; 약혼자 zaručnica

zaručništvo 참조 veridba; 약혼

zarudak *-tka; zaruci, zarudākā* 붉게 하는 것 (도구), 립스틱 (화장품의) (rumenilo, crvenilo)

zarudeti (se) *-i (se)* (完) 붉어지기 시작하다 (여명·과일 등이) (početi rudeti)

zaruditi (se) *-i (se)* (完) 참조 zarudeti (se)

zarukavak *-vka* (男), **zarukavlje** (中) 소매 밑 부분 (소매의 끝으로부터 팔꿈치까지의 부분); *Georgiju su udarile suze na oči i sakrio je lice u zarukavlje mantije* 게오르 기야는 눈에 눈물이 나서 도포의 소매 밑부분으로 얼굴을 가렸다

zaruke (女,複) 약혼 (veridba); *slavio je prošlu noć zaruke sa dražesnom gospođicom Lidijom* 어제 저녁 매혹적인 리 디야와의 약혼 축하연을 하였다

zarulati se *-am se* (完) 구르다, 구르기 시작하다 (zaktrljati se)

zarumeneti (se) *-nim (se)* (完) 붉어지다, 홍조를 띠다; *zarumeneo se u licu* 그의 얼굴은 홍조를 띠었다; *peć se zarumenela* 난로가 달궈지기 시작했다

zarumeniti *-im* (完) 1. 붉어지게 하다, 빨갛게 되게 하다 2. ~ se 붉어지다, 빨갛게 되다

zarzati *zaržem* (完) (말(馬)이) 울다, 울기 시작하다 (početi rzati)

zasad, zasada, za sada (副) 현재, 지금은; 지금까지는; 당분간은

zasad 1. 식목 장소 (정원·공원·숲 등의); *odobreni su zajmovi u svrhu podizanja dugogodišnjih ~a* 장기적 녹지화를 증대시 키기 위한 목적으로 융자금이 승인되었다 2. 묘목, 묘종 (rasad)

zasaditi *-im; zasađen* (完) **zasađivati** *-đujem* (不完) 1. (묘목 등을) 심다 (posaditi); ~ *voćku* 과수를 심다 2. 꽂다, 박다 (zabiti, zabosti); ~ *štap u sneg* 지팡이를 눈에 꽂다 3. (비유적) 심어 주다, 전달하다; *zasadio mi je klicu poštenja, klicu ljubavi za opće dobro* 그는 내게 존중할 줄 아는 마음과 보편적 선에 대한 사랑의 씨앗을 심 어주었다

zasamariti *-im* (完) 길마(samar)를 얹다(채우 다) (osamariti); *još pre zore bilo je zasamareno dobro magare* 동이 트기 전에 벌써 당나귀에 길마가 채워졌다

zaseban *-bna, -bno* (形) 1. (다른 것과) 분리 되어 독자적으로 있는; 별도의, 별개의, 분리된 (poseban); ~*bna soba* 별도로 분리된 방; ~*bna knjiga* 별도의 책 2. 특수한 목적을 가진, 특수한 (specijalizovan); ~*bna škola* 특수 학교

zasebice (副) 1. 별도로, 별개로, 따로따로 (posebno, odvojeno); *primio ih je sve ~* 그 들 모두를 따로따로 응접했다 2. 연속으로, 연달아, 차례로 (uzastopno, jedno za drugim); *tri dana ~ nije izlazila* 삼일 연속 그녀는 (집에서) 나가지 않았다

zasebno (副) 별도로, 별개로; 따로따로, 독자 적으로 (posebno, odvojeno; samostalno, nezavisno); *smešteni su ~ u sobe* 그들은 따로따로 방에 묵었다; *svaka komisija je radila ~* 모든 위원회는 독자적으로 업무를 보았다

zaseći *zasečem; zasekao, -kla; zasečen; zaseci* (完) **zasecati** *-am* (不完) 1. (날카로운 도구로) 베다, 자르다, 절개하다 (zarezati); ~ *nožem po ruci* 손으로 손을 베다; ~ *gnojno mesto* 화농이 잡힌 곳을 절개하다 2. (비유 적) ~에 속하다, ~에 들어가다, ~쪽으로 넘 어가다 (ući, prodreti); ~ *u ekonomiju* 경제 학에 속하다; *to ne zaseca u moju struku* 그 것은 내 전공에 속하지 않는다 3. 움푹 들어 가다, 파고 들어가다(신체 부분으로) (useći, urezati u telo); *konopac mu zasekao ruke* 끈이 손으로 파고 들어갔다 4. 끝을 자르다, (끝을 잘라) 다듬다 (potkresati); ~ *brke* 콧 수염을 다듬다 5. (자른 나무 등으로 도로를) 봉쇄하다, 막다, 차단하다 (zakrčiti, preprečiti); ~ *puteve* 도로를 봉쇄하다; *ljudi zasekli zbeg u planini* 사람들은 산속 에서 도주를 차단했다 6. (말(言)을) 자르다; *što god kažeš, on te zaseče* 네가 무슨 말 을 하든지 간에 그는 네 말을 자른다 7. ~ se (자른 나무 등으로 도로 등이) 차단되다, 봉쇄되다 8. ~ se 깊은 인상이 남다; *duboko mi se zasekla u pamet grozna slika* 끔찍한 장면이 내 뇌리에 깊게 박혔다

zaseda 1. 매복, 잠복; 매복지, 잠복 장소 (busija); *upasti u ~u* 매복 공격을 하다; *postaviti ~u* 매복하다; *iz ~e* 매복했다가; *sačekati u ~i* 잠복해 기다리다 2. 매복(잠복) 하여 공격하는 사람, 매복(잠복) 공격자; *neprijatelj nam je prečio povratak i postavljao brojne ~e* 적은 우리의 귀환을 방해하고 많은 매복 공격수들을 배치하였다

zasedanje (동사파생 명사) zasedati; (의회 등 의) 회기, 회의; *na ~u* 회의에서

zasedati *-am* (不完) 1. 회의하다, 회의를 열다;

회기 중이다 *komitet zaseda* 위원회가 회의 중이다 2. 매복하다, 잠복하다; ~ *po putevima* 길가에 매복하다 3. 앉다, 자리에 앉다, 자리를 차지하다 (*sedati*); *kako ko dolazi zaseda za sto* 오는 사람들은 책상에 앉는다 4. (음식이) 목에 걸리다 (*zastajati*, *zapinjati u grlu*); *svaki zalogaj joj zaseda* 삼키는 족족 목에 걸린다

zasedavati *-am* (不完) 1. 회의하다, 회의를 열다, 회의에 참가하다 2. 앉다, 앉아 있다, 자리에 앉다

zasedeti se *-dim se* (完) 1. 오랫동안 앉아 있다 2. 노처녀(*usedelica*)가 되다

zasedlast *-a, -o* (形) 안장(*sedlo*) 모양의

zasednuti *-nem* (完) 참조 zasesti

zasejati *-jem* (完) **zasejavati** *-am* (不完) 파종하다, 씨앗을 (땅에) 뿌리다 (*posejati*); ~ *pšenicu* 밀을 파종하다

zasek 절개지, 절개한 곳; (몸의) 흉터 (*zasečeno mesto, zasekotina, useklina*)

zaseka (베어 쓰러뜨린 나뭇가지나 통나무로 만든) 장애물

zaseklina, zasekotina 흉터 (*brazgotina, ožiljak*)

zaselak *-lka* & *-eoka*; *-elci* & *-eoci* (큰 마을에 속하지만 따로 분리되어 있는) 외딴 작은 마을

zasena 1. 빛 가림막, 빛 가리개; (램프 등의) 갓 (*zaklon, zaslon*) 2. 그늘, 응달 (*sena, senka, hladovina*) 3. (강한 불빛으로 인한) 눈부심 4. 속임, 사기 (*opsena, obmana*)

zasenak *-nka* 1. 응달, 그늘; 응달진 곳, 그늘진 곳; *sedeti u ~nku* 그늘진 곳에 앉다 2. 빛 가리개, 빛 가림막; (램프 등의) 갓 (*zaklon*) 3. 기타; *baciti (staviti) u ~* (…의 그늘에 가려) 빛을 잃게 만들다, 그림자를 드리우다; *pasti u ~* 의미를 상실하다, 누구의 밑에 들어가다

zasenčiti *-im* (完) 1. 그림자를 드리우다, 그림자가 지게 하다; *zamišljam sebe s njom ... na zasenčenoj klupi, na koju ipak pada malo zalazećeg sunca* 그림자가 드리워졌지만 약간의 석양 빛을 받는 벤치에 … 그녀와 같이 있는 나 자신을 상상해본다 2. 어둡게 하다, 어둡게 색칠하다

zaseniti *-im*; *zasenjen* (完) **zasenjivati** *-njujem* (不完) 1. 그림자기 지게 하다, 그림자를 드리우다; (광원의 빛을 가리기 위해) 가리개를 하다(씌우다), 어둡게 하다; ~ *sijalicu* 전구에 갓을 씌우다; ~ *rukama oči* 손으로 눈을 가리다(햇볕을 차단하기 위해);

~ *kuću drvetom* 나무로 집이 응달지게 하다 2. (비유적) 풀죽게 만들다, 즐겁지 않게 하다; ~ *dušu* 즐겁지 않게 만들다, 마음에 그림자가 지게 하다 3. (비유적) (누구의 성공 등을) 뛰어넘다, 보잘것 없게 만들다, 별 볼일 없게 만들다; ~ *slavu velikog pisca* 대문호의 명성을 보잘 것 없이 만들다(초라하게 만들다); *on ih je zasenio svojim bogatstvom* 그는 자신의 부로 그들을 초라하게 했다 4. (강한 빛으로 순간적으로) 눈이 부셔 안보이게 하다; ~ *nekoga* 또는 ~ *nekome oči* 누구의 눈이 순간적으로 멀게 하다

zasesti *zasednem* & *zasedem* (完) 1. 앉다 (의도적으로, 오랫동안) (*posaditi se*); ~ *za jedan sto* 한 테이블에 앉다 2. (일자리를) 얻다, (공직 등의) 자리를 차지하다, (어떠한 위치·직위에) 앉다, 오르다; *zasio je na sveučilišnu katedru kao izvanredni profesor* 대학교의 부교수 자리를 차지했다; ~ *za knjigu* 회계직을 얻다; *pop-Mihailov sin je zaseo na očevu parohiju* 승려 미하일로의 아들은 아버지의 교구에 일자리를 차지했다; ~ *u ministarske fotelje* 장관직에 앉다 3. 회의하다, 회의에 참여하다;; *posle pola časa zasede ceo školski odbor* 반시간 후에 전체 학교 위원회가 회의를 열었다 4. (他) (누구를) 앉히다 5. 오랫동안 앉아 있다, 앉아 있다; ~ *u kafani* 카페에서 죽치다 6. ~에 살다, 정착하다 (*smestiti se, nastaniti se*); ~ *u Beogradu* 베오그라드에 정착하다 7. 잠복하다, 매복하다; ~ *staze i bogaze* 길목에 매복하다 8. (음식이) 목에 걸리다; ~ *u grlu* 목에 걸리다 9. 말(馬)을 타다 (*uzjahati, pojahati*); ~ *konja* 말을 타다 10. (태양이) 지다, 떨어지다 11. 기타; ~ *(kome) na grbaču (za vrat)* (누구에게) 큰 부담이 되다, 큰 짐이 되다

zasevati *-am* (完) 번개가 치다, 빛이 번쩍하다, 번개가 치기 시작하다 (*početi sevati*)

zasićavati *-am* (不完) 참조 zasititi

zasićen *-a, -o* (形) 1. 참조 zasititi; (많이 먹어) 배부른, 물릴, 질린 2. (색이) 어두운 (*zagasit, ugasit*)

zasićenje (동사파생 명사) zasititi; 배부름, 질림

zasićivati *-ćujem* (不完) 참조 zasićavati

zasidriti *-im* (完) 닻(*sidro*)을 내리다 (*usidriti, ukotviti*)

zasigurno (副) 확실히, 확실하게 (*sigurno*); *ne znamo ~ postoji li što takvo* 그러한 것

이 존재하는지 우리는 확실하게 알지 못한다

zasijati *-jem* (完) 참조 zasejati; 파종하다, 씨를 뿌리다

zasijati (se) *-am (se)* (完) 1. 빛나다, 빛을 내기 시작하다 (불·빛·도끼 등이) (početi sijati) 2. 달궈지다, 뜨거워지다 (금속 등이) (usijati, užariti)

zasiktati *-ćem* (完) 쉬익~ 소리를 내다, 쉬익 소리를 내기 시작하다 (početi siktati)

zasinuti *-nem* (完) 빛나다, 빛나기 시작하다 (početi sinuti)

zasip 1. 한 번에 넣는 곡물량(방앗간의 방아기계에 빻도록 넣는) 2. (바람에 휘몰려 쌓인) 눈더미 (namet) 3. (病理) 천식 (astma)

zasipati *-am &* *-pljem* (不完) 참조 zasuti; 붓다, 따르다

zasirćetiti *-im* (完) 식초(sirće)를 치다; ~ *salatu* 샐러드에 식초를 치다

zasiriti *-im* (完) 1. 우유에 레닛(sirište)를 넣어 응고시키다, 치즈를 만들다 2. ~ se 응고되다 (우유·피 등이)

zasitan *-tna, -tno* (形) (음식을 많이 먹어) 배부른

zasititi *-im; zasićen* (完) **zasićavati** *-am,* **zasićivati** *-ćujem* (不完) 1. 허기를 없애다 (채우다), 배불리 먹이다; ~ *gladnoga* 굶주린 사람의 배를 채우다 2. (비유적) (누구의 희망·바람·본능 등을) 충족시키다, 만족시키다; ~ *radoznalost* 호기심을 충족시키다; ~ *požudu* 탐욕을 충족시키다; *ne može ga čovek* ~ 그를 만족시킬 수 없다, 그는 전혀 만족하지 않는다 3. (비유적) ~으로 채우다, 포화 상태를 만들다; ~ *vazduh vlagom* 공기에 습기가 많게 하다 4. ~ se 배부르다, 배부르게 먹다 (najesti se) 5. ~ se 만족하다; *taj se nikad neće* ~ 그는 결코 만족해하지 않을 것이다 6. ~ se (~에) 질리다, 물리다; ~ *se svega* 모든 것에 질리다

zasitljiv *-a, -o* (形) 쉽게 만족해 하는; 쉽게 물리는, 쉽게 질리는

zasjati (se) *-am (se)* (完) 참조 zasijati (se)

zaskakati *-čem* (完) 1. 점프하다, 점프하기 시작하다 (početi skakati) 2. 우회하다 (zaobilaziti)

zaskakivati *-kujem* (不完) 1. 공격하다, 점프해 공격하다 2. ~ se 점프하다

zaskočiti *-im* (完) **zaskakivati** *-kujem* (不完) 1. 갑자기 포위하다(에워싸다), 포위해 위협하다; *u Koprivnicu upiru Turci oči, nju hoće da zaskoče svom silom* 코프리브니짜에 눈독을 들인 터키인들은 자신의 무력으로 포위

하려고 한다 2. 공격하다 (napasti); *bojao se da ga neko iza grma ne zaskoči* 누군가 덤불 뒤에서 그를 공격하지 않을까 두려워했다 3. 말을 타다, 말에 뛰어 오르다 (pojahati, uzjahati); ~ *konja* 말에 뛰어 오르다 4. 점프하다, 뛰어 오르다 (skočiti) 5. 말(言)을 끊다; ~ *usred razgovora* 대화 중에 말을 끊다 6. 기타; ~ *(kome) u reč* 말로 누구를 공격하다

zaskok 도움닫기, 멀리뛰기, 점프; 공격 **zaskočan** (形)

zaslada 달게 하는 것, 감미료

zasladiti *-im; zaslađen* (完) **zaslađivati** *-đujem* (不完) 1. 달게 하다, 단 것(설탕·꿀 등)을 넣어 달게 하다; ~ *kafu* 커피에 설탕을 넣다 2. (비유적) 편안하게(안락하게, 즐겁게) 하다; *mi ćemo ti, momče,* ~ *ovdašnji boravak* 우리는 너의 이곳에서의 체류가 편안하게 할 것이다; ~ *život* 삶을 편안하게 하다; ~ *budućnost* 미래를 밝게 하다 3. (식사 후에) 단 것을 먹다(마시다), 단 디저트를 먹다; ~ *ručak* 점심 후 단 디저트를 먹다, 디저트를 마지막으로 점심을 마치다 4. ~ se 단 것을 먹다 5. 기타; ~ *dušu* 1)너무 맛있는 음식을 배불리 먹다 2)즐겁게 하다, 기분 좋게 하다

zaslanjati *-am* (不完) 참조 zasloniti

zaslepeti *-im* (完) **zaslepljivati** *-pljujem* (不完) 1. (일시적으로) 눈이 멀다, 눈이 보이지 않다 2. 이성을 상실하다, 자기 통제력을 잃다; 사랑에 눈이 멀다; ~ *u mržnju* 증오심에 눈이 멀다; ~ *za devojkom* 처녀에게 눈이 멀다; *Katica je bila zaslepila za nekim Bogdanom* 카티짜는 보그단이라는 사람에게 눈이 멀었었다

zaslepiti *-im* (完) **zaslepljivati** *-ljujem* (不完) 1. (일시적으로) 눈이 멀게 하다, 안보이게 하다 2. 잘못된 길로 인도하다, 현혹시키다 (opseniti); *bojim se da to bogatstvo ne zaslepi moju majku* 그러한 부(富)가 어머니를 현혹시키지 않을까 걱정이다 3. 기타; ~ *oči (vid) kome* 누구를 속이다, 기만하다

zaslepljen *-a, -o* (形) 참조 zaslepiti; ~ *od sunca* 햇볕에 눈이 보이지 않는; ~ *njenom lepotom* 그녀의 미모에 눈이 먼

zaslinaviti *-im,* **zasliniti** *-im* (完) 1. 침(slina)을 흘리다, 콧물을 흘리다; 침을 흘리기 시작하다 2. 울다, 울기 시작하다 (아이가)

zaslon 1. 가림막, 가리개 (강한 햇빛 또는 열 등을 가리는); 칸막이; *sedim ispod ~a velikog ognjišta* 나는 커다란 화롯불 가리개

밑에 앉아 있다 2. (램프의) 갓 (zasena, abažur) 3. (모자의) 챙, 차양 (kačketa, štitnik); *crven-kape naše nemaju ~a* 우리 빨간 모자는 차양이 없다 4. 앞치마 (kecelja, pregača)

zaslonac -nca (램프의) 갓

zasloniti -im (完) **zaslanjati** -am (不完) 1. (시야에서 보이지 않도록, 빛이 들어오지 않도록) 가리다, 차폐하다 (zakloniti); ~ *rukama* 손으로 가리다; *zaslonio levom rukom usta* 그는 왼손으로 입을 가렸다 2. 보호하다 (zaštititi); ~ *oči* 눈을 보호하다

zasluga 1. 공로, 공적, 공훈; 이바지; *odren za ~e* 공로훈장; *ono je orden za ~e na prosvetnom i kulturnom polju* 그것은 교육문화 분야에서의 공로훈장이다; *po ~zi* 업적에 따라, 실적에 따라 2. 급여, 월급 (zarada); *izdržavao ga je od svoje ~e* 그는 자신의 월급으로 그 사람을 부양했다; *plati mi moju ~u* 내 급여를 지급해라

zaslužan -žna, -žno (形) 1. (~에) 공(功)을 쌓은, 공이 있는; *ko je ~ za taj uspeh?* 누가 그 성공에 공을 세웠느냐?; ~ *čovek* 공이 있는 사람 2. (비유적) ~할 만한, ~할 가치가 있는 (dostojan, vredan); ~ *za priznanja* 인정할 만한, 인정할 만큼 충분히 가치가 있는; *trudio bih se da budem ~ tog vašeg poverenja* 귀하의 그러한 신뢰에 보답할 수 있도록 노력하겠습니다

zaslužba 참조 zarada; 월급, 급여

zaslužen -a, -o (形) 참조 zaslužiti; ~a *pohvala* (칭찬)받을만한 칭찬

zaslužiti -im (完) **zasluživati** -žujem (不完) 1. ~을 받을 만하다; ~ *pohvalu* 칭찬을 받을 만하다; ~ *pažnju* 주목을 받을 만하다; *on je tu nagradu zaslužio* 그는 그 상을 받을만 했다 2. (누구의 호감·사랑을) 받다; ~ *nečiju ljubav* 누구의 사랑을 받다 3. 돈을 벌다; (자신이 행한 행동에 대해) 상을 받다, 급여를 받다; *prenose za umerenu cenu svakojaku robu, i tako zasluže novac* 그는 비싸지 않은 가격에 모든 종류의 짐을 나르며 돈을 번다

zasmakati *zasmačem* (不完) 참조 zasmočiti

zasmejati -jem (完) **zasmejavati** -am (不完) 1. ~ *nekoga* (누구를) 웃게 하다, 웃게 만들다 2. ~ *se* 웃다, 웃기 시작하다

zasmočak -čka 1. 참조 začin; 양념 2. 음식의 한 종류(조각으로 썰어 소스에 절인 고기로 만든 음식)

zasmočiti -im (完) **zasmakati** -čem (不完) 기

름칠하다 (zamastiti, začiniti mašću)

zasmoliti -im (完) 송진(smola)을 바르다; 송진으로 봉(封)하다; *flaše treba začepiti i ~* 병을 병마개로 막고 송진으로 봉해야 한다

zasmraditi -im (完) **zasmrađivati** -đujem (不完) 악취(smrad)를 풍기다, 악취가 나게 하다, 악취로 가득하게 하다; ~ *sobu duvanom* 방을 담배 냄새로 가득하게 하다; *s ovim tvojim lakom za nokte zasmradio si čitavu sobu* 온 방을 너의 매니큐어 냄새로 가득하게 했다

zasmrdeti -im (完) 1. 악취가 나다, 악취가 나기 시작하다 2. 따분해지다, 견딜 수 없게 되다, 참을 수 없게 되다 (dojaditi, dozlogrditi); *zasmrdelo staromu što se mačak vrti okolo komina* 노인은 고양이가 벽난로 주변을 서성거리는 것이 견딜 수 없었다

zasnežiti -im (完) 눈(sneg)이 내리다, 눈이 내리기 시작하다; 눈으로 덮이다

zasnivač, zasnivalac -aoca 설립자, 창립자

zasnovati -nujem (完) **zasnivati** -am (不完) 1. ~의 기반(osnova)을 세우다(놓다); 설립하다, 창립하다, 창설하다 (osnovati); ~ *novu srpsku književnost* 새로운 세르비아 문학에 주춧돌을 놓다; ~ *crkvu* 교회를 설립하다; ~ *zadrugu* 협동조합을 설립하다 2. (자기 결론의) 바탕으로 삼다, ~에 근거하다; ~ *teoriju na nečemu* ~에 기반하여 이론을 구성하다; *na tim principima zasnovao je književnu analizu* 그는 그러한 원칙 위에서 문학분석을 했다 3. ~ *se* 설립되다, 창립되다; ~에 근거하다; ~ *se na realnim doživljajima* 실제적 경험에 근거하다; *rešenje se zasnivalo na rezoluciji Saveta bezbednosti* 결정은 안보리의 결의안에 근거를 두었다

zasobice (副) 연이어, 연달아, 줄줄이 (uzastopce)

zasoliti -im (完) 1. 소금(so)을 치다, 소금으로 간하다; *dobro se slagalo vino sa smrznutom slaninom i zasoljenom kajganom* 포도주는 냉동 베이컨과 소금으로 간을 한 스크램블드 에그와 잘 어울릴 것이다 2. (비유적) 농담을 간간이 하다; *on kad priča uvek malo zasoli* 그는 말할 때 항상 농담을 간간이 섞어 말한다 3. (비유적) 해를 끼치다, 복수하다, 곤란하게 만들다 (nauditi, osvetiti se); *on će mu dobro ~* 그는 그에게 통쾌하게 복수할 것이다

zasondirati -am (完) 탐침(sonda)으로 구멍을 뚫기 시작하다, 탐침 조사하다

zasopce (副) 연속해서, 연달아서, 계속해서 (uzastopno, uzastopce)

zasopiti se *-im se* (完) 숨을 헐떡거리다, 숨을 헐떡거리기 시작하다 (zadihati se, zadahtati se)

zasoptati se *-ćem se* (完) 숨을 헐떡거리기 시작하다 (zasoptiti se, početi soptati)

zasoviti *-im* (完) 빗장(zasovnica)을 걸어 잠그다

zasovnica (문 등의) 빗장, 걸쇠 (zasun, zavoranj, mandal, prevornica)

zaspalnost (女) 졸린 상태; 졸음, 졸림

zaspati *zaspim*; *zaspao, -ala* (完) 잠들다, 잠자다, 잠자기 시작하다; *ja sam zaspao kao jagnje s mirnom savešću* 나는 편한 마음으로 마치 한 마리 양처럼 잠을 잤다; ~ *večnim (poslednjim) snom* 죽다, 사망하다; ~ *kao zaklan (kao mrtav, mrtvim snom, kao klada, kao top)* 곤히 잠자다, 세상모르고 잠자다; *stvar je zaspala* 일이 중단되었다

zasramiti *-im* (完) 1. 수치(sram)스럽게 하다, 창피하게 하다; ~ *roditelje* 부모를 수치스럽게 하다 2. ~ *se* 수치스럽다, 창피하다; 수치를 느끼다, 창피함을 느끼다; *kad pogleda oko sebe u sakupljenu decu i žene, čisto se zasrami* 자기 주변에 몰려든 아이들과 여인들을 둘러볼 때, 완전히 창피함을 느낀다

zasrebriti *-im* (完) 은도금하다, 은과 같이 빛나다 (posrebriti)

zastajanje (동사파생 명사) zastajati; 멈춤

zastajati *-jem* (不完) 참조 zastati

zastajati (se) *-tojim (se)* (完) (어느 곳에) 오랫동안 머무르다 (zadržati se)

zastajkivati *-kujem* (不完) 1. 때때로 (종종) 멈추다(멈춰서다); ~ *kod svakog izloga* 모든 진열창에서 자주 멈춰서다 2. (他) (nekoga) 때때로 멈춰서게 하다(멈추게 하다) (zadržavati); ~ *volove* 황소들을 멈춰서게 하다

zastakliti *-im*; *zastakljen* (完) **zastakljivati** *-am*, zastakljivati *-kljujem* (不完) 1. 유리 (staklo)를 끼우다; *porazbijena nam je sve prozore, koje smo i onako na jedvite jade zastaklili* 모든 유리창이 깨져서 우리는 겨우 그것들에 유리를 끼웠다 2. (비유적) 유리처럼 빛나다(반짝거리다) 3. ~ *se* (눈(眼)이) 유리처럼 빛나다(반짝이다)

zastalno (副) 확실히, 확실하게 (sigurno, svakako); 항상, 영원히 (zauvek); ~ *si gladan* 너는 항상 배가 고프다; *naseliti se negde* ~ 어딘가에 항구적으로 정착하다

zastanak *-anka* (가던 길을 잠시) 멈춤, 머물음 (zastajanje, zadržavanje); *kratak* ~ 잠시 동안의 멈춤

zastara 참조 zastarevanje

zastarelnost (女) (法) (法) (기간·권리 등의) 만기, 만료, 종료

zastareo *-ela, -elo* (形) 참조 zastareti; 1. 구식의, 구형의; 낡은, 사용하지 않는; ~*eli pogledi* 낡은 시각; ~*ela reč* 폐어(廢語) 2. 기한이 만료된; ~*ela dozvola* 유효기간이 만료된 (운전)면허

zastareti *-im* (完) **zastarevati** *-am* (不完) 1. 구식이 되다, 구형이 되다, 옛 것이 되다, (사용이) 폐기되다 2. (法) 만료되다, 효력을 상실하다; *ovo pravo zastareva za dvadeset godina* 이 권리는 20년 후에 상실된다

zastarevanje (동사파생 명사) zastarevati; 만료, 만기, 종료

zastariti *-im* (完) 참조 zastareti

zastariv *-a, -o* (形) 만료될 수 있는, 종결될 수 있는 (zastarljiv)

zastati *zastanem* (完) **zastajati** *zastajem* (不完) 1. (오고가면서 우연히) 만나다, 발견하다; 만나다; *kad je stupio u dvoranu, tu je zastao vladiku* 마당에 나갔을 때, 거기서 주교를 만났다 2. (길을) 멈추다, 멈춰서다; (하던 일을) 중단하다; *posle nekoliko koraka zastanem* 몇 걸음한 후 나는 멈춰선다; *rad na novom drumu bijaše zastao* 신작로 작업이 중단되었다 3. (발전이) 뒤처지다, 떨어지다, 지체되다; ~ *u razvoju* 발전이 지체되다 4. 기타; *zastade mi duša* (정신이 없을 정도로) 매우 놀랐다; *reč mu zastade u grlu* 말을 할 수 없었다(매우 흥분하거나 놀라서)

zastava 1. 기(旗) (국가·자치단체·단체 등을 상징하는) (barjak); *srpska* ~ 세르비아기; *državna* ~ 국기(國旗); *spustiti (istaći)* ~*u* 기를 내리다(올리다) 2. (비유적) (사상·신념의 상징으로서의) 기, 깃발; ~ *socijalizma* 사회주의 깃발 3. 군부대(자신의 기를 가진); *pukovska* ~ 연대기 4. (테이블) 상석 맞은편 자리 5. (노을이 질 때의) 하늘 서편 6. 기타; *bela* ~ 항복을 표시하는 하얀 깃발; *vojnik pod* ~*om* 상비군; ~ *na pola koplja* 조기(弔旗); *pobosti* ~*u* (승리·정복의 표시로) 기를 올리다; *signalne* ~*e* 신호기; *stupiti pod tuđu* ~*u* 외국 군대에서 군역을 다하다; *čvrsto držati* ~*u* 지도자의 위치를 확실히 유지하다; *pozvati pod* ~*u* 징집하다;

zastavica (지소체) zastava; *crvena* ~ 홍기(紅

旗); *prelazna* ~ (시합에서 한 승리자로부터 다른 승리자로 전달되는) 승리기

zastavnī *-ā, -ō* (形) 참조 zastava; 기의, 깃발의; *~a gala* 만국기; ~ *zub* 어금니

zastavnik 1. 기수(旗手; 기를 들고 가는 사람) (barjaktar, stegonoša) 2. (비유적) (어떤 사상 등의) 주창자, 이데올로그 3. (軍) 선임하사관, 상사

zastenjati *-njem* (完) 신음하기 시작하다, 끙끙 앓기 시작하다 (početi stenjati)

zastideti *-im* (完) 1. ~ *nekoga* (누구를) 부끄럽게(stid) 만들다, 창피하게 하다 2. ~ *se nečega* (무엇을) 부끄러워하다, 창피해하다; *Rajna će se ~ devetnaestoga veka* 라이나는 19세기를 부끄러워할 것이다

zastiditi (se) *-im (se)* (完) 참조 zastideti (se)

zastiđenost (女) 부끄러움, 창피함

zastirač 1. 까는 것; 양탄자, 카페트, 보(침대보, 테이블보 등의) (čaršav, tepih) 2. 덮개, 커버 (가구 등의) 3. 층 (뭔가를 덮고 있는); *ledeni* ~ 얼음층

zastirati *-em* (不完) 참조 zaatreti

zastirka 참조 zastirač; 양탄자, 카페트, 보

zastoj 1. (이동 등의) 중단, 멈춤, 정지; *ići bez ~a* 정체없이 가다; ~ *saobraćaja* 교통 정체 2. (일·업무 등의) 중단; ~ *u razvoju poljoprivrede* 농업 발전의 정체

zastopce (副) (누구의) 바로 뒤의

zastor 1. 커튼(창문의, 방과 방 사이의, 무대의, 칸막이 (zavesa, zaklon); *spušteni* ~ 내려진 커튼; *požuteli* ~ 누렇게 된 커튼 2. 양탄자, 카페트, 보(테이블·침대 등의) (zastirač, prostirka) 3. 램프갓 4. (뭔가를 덮고 있는) 층 (slog, naslaga); ~ *tla* 토지층 5. 앞치마 (kecelja, pregača) 6. (軍) 전초대 (prethodnica, izvidnica)

zastraniti *-im* (完) **zastranjivati** *-njujem* (不完) 1. 갓길로 가다, 갓길로 빠지다; 길을 잃고 해매다 2. (비유적) 문제의 핵심에서 멀어지다, 지엽으로 흐르다 3. 잘못 판단하다, 헷갈리다

zastranjenost (女) 갓길로 빠짐, 지엽으로 흐름 (zastranjivanje)

zastrašiti *-im* (完) **zastrašavati** *-am*, **zastrašivati** *-šujem* (不完) 1. 놀라게 하다, 두렵게 하다, 공포심에 떨게 하다 (uplašiti) 2. ~ se 놀라다, 무서워하다

zastrašljiv *-a, -o* (形) 놀라게 하는, 무섭게 하는, 두렵게 하는; 쉽게 놀라는, 두려워 하는

zastrašnjī *-ā, -ē* (形) 놀라게 하는, 두렵게 하는

zastrašujućī *-ā, -ē* (形) 놀라운, 놀라게 하는;

~*a pucnjava* 놀라게 하는 총소리; ~*a litica* 공포심을 불러일으키는 절벽; *nuklearna* ~*a sila* 핵 억지력; ~*e mere* 억제 수단

zastreliti *-im* (完) 1. 총살시키다 (ustreliti) 2. 화살(strela)을 쏘다, 활을 쏘아 맞추다; ~ *orla* 독수리를 활을 쏘아 맞추다; ~ *fazana* 활로 꿩을 쏘다 3. (비유적) 몹시 놀라다

zastrepeti *-im* (完) 두려워하기 시작하다, 무서워하기 시작하다 (početi strepeti)

zastrepiti *-im* (完) 참조 zastrepeti

zastreti *zastrem*; *zastro, -rla*; *zastrven -ena* & *zastrt* (完) 1. 덮다, 덮어 씌우다; (보이지 않게 시선에게) 가리다; ~ *krevet čaršavom* 침대보로 침대를 씌우다; ~ *lice* 얼굴을 가리다 2. ~ se 덮이다 (pokriti se, prekriti se); *nebo se opet zastrlo oblacima* 하늘은 또다시 구름으로 덮였다

zastrug (男), **zastruga** (女) (뚜껑이 있는) 나무 그릇

zastrugati *-žem* (完) 1. početi strugati 2. (비유적) 도망하다, 달아나다 (uteći, kidnuti)

zastrujati *-jim* (完) (물 등이) 소용돌이치기 시작하다 (početi strujati)

zastudeneti *-ni* (完) (無人稱文) 추워지다 (postati studeno)

zastudeti *-i* (完) (無人稱文) 참조 zastudeneti; *toga dana iza podne zastudi i nebo se naoblači* 그날 오후에 날씨가 추워지고 하늘에 구름이 끼기 시작했다

zastupati *-am* (不完) 1. (누구를) 대신하다, 대체하다; 임시적으로 어떤 직무를 수행하다; ~ *u redakciji* 데스크에서 일하다; ~ *u predsedništvu* 지점에서 일하다 2. (누구의) 전권 대리인이 되다, 법률대리인으로 일하다; (누구를) 대변하다, 변호하다; ~ *stranku u sporu* 소송에서 고객을 대변하다; *on zastupa inostrane firme* 그는 외국 회사를 대변한다 3. (어떤 사상의) 지지자이다, (사상을) 지지하다; ~ *Hegelove učenje* 헤겔 사상을 지지하다

zastupiti *-im*; *zastupljen* (完) **zastupati** *-am* (不完) 1. (어떤 일에서 누구를) 대신하다, 대체하다 (zameniti) 2. (누구를) 대표하다, 대변하다, 대리하다; 대리인으로 나타나다 3. (길·진로 등을) 가로막다, 봉쇄하다 (zaustaviti, sprečiti); ~ *vodu* 물길을 막다; ~ *vojsku* 군대를 막다 4. 대표가 있다; 참가하다; *na Kopaoniku su zastupljene grabljivice* 코파오니크산에는 육식성 조류들이 있다

zastupnik 1. 대표자, 대리자, 대리인; (국회·지

방의회 등의) 의원; *onamo dolaze u goste katkad i novinari i saborski ~ici* 종종 기자들과 국회의원들이 손님으로 여기에 온다; *narodni ~* 국회의원; *~ preduzeće* 회사 대리인; *opštinski ~* 지방의회 의원; (한 국가의) 외교관, 외교사절; (어떤 단체의) 대리인; *dotada ... u Srbiji nije bilo nikakvih ~a stranih država* 그때까지만해도 … 세르비아에는 외국의 외교사절단이 한 명도 없었다 2. 변호인 (법정 등의) (branilac) 3. (다른 사람을 대신하는·대체하는) 대신하는 사람, 대체자; 대리(代理) (zamenik) 4. 보호자, 지킴이 (zaštitnik, čuvar); *~ narodnih prava* 민중 권리 보호자 5. 지지자 (pobornik, pristalica); *~ tih ideja* 그러한 사상의 지지자 **zastupnica**; **zastupnikčki** (形)

zastupništvo 1. 대리점, 지점, 지사; 대표 사무소 (predstavništvo) 2. 대리의 직(職) 또는 직함 3. 변호 (odbrana, zaštita) 4. 대리직무 수행

zasukan *-a, -o* (形) 1. 참조 zasukati; 꼬인, 말린, 구불구불한; *~ rog* 구불구불한 뿔 2. 불분명한 (nejasan); *~a rečenica* 불분명한 문장, 꼬아 만든 문장 3. (비유적) 이상한, 기이한 (čudan, nastran); *~ čovek* 기이한 사람

zasukati *-čem* (完) 1. (소매 등을) 걷다, 걷어 올리다; *zasuka malo desni rukav i diže sablju više glave* 오른쪽 소매를 조금 걷어 올리고는 검을 머리 위로 들어 올린다; *~ rukave* 팔을 걷어부치고 일을 하다, 열성으로 일을 하다 2. (어떠한 축을 중심으로) 꼬다, 말다 (zavrnuti, uvrnuti); *~ konopac* 밧줄을 꼬다 3. (콧수염 등을) 꼬다, 둘둘 말다 (uviti, ufitiljiti) 4. (고개 등을) 돌리다 (obrnuti); *~ glavu* 고개를 돌리다

zasukivati *-kujem* (不完) 참조 zasukati

zasumporiti *-im* (完) 유황(sumpor)가루를 뿌리다(살포하다)

zasun 참조 zasovnica; (문 등의) 걸쇠, 빗장

zasunuti *-nem* (完) (문의) 빗장을 잠그다

zasušiti *-im* (完) **zasušivati** *-šujem* (不完) 1. (물·습기 등이) 마르다, 건조해지다 2. (물·습기 등을) 말리다, 건조하게 하다 3. (강·하천·수원 등이) 마르다 (presušiti); *reka je zasušila* 강이 말랐다 4. 젖이 마르다, 젖이 나오지 않다 (젖소·양 등의); *krava je zasušila* 암소의 젖이 나오지 않는다

zasuti *zaspem*; *zasuo, -ula*; *zasut* (完) **zasipati** *-am & -pljem* (不完) 1. (구멍·틈 등을) 채워넣다, 메우다, 메꿔넣다 (모래·자갈

등 쏟을 수 있는 것으로); *~ rupu (peskom, zemljom)* (모래·흙으로) 구멍을 메우다 2. (~의 표면을) 덮다; *put zasut snegom* 눈으로 덮인 길 3. 쏟아 붓다, 퍼붓다; (비유적) (질문 등을) 퍼붓다, 쏟아내다; *~ nekoga kamenjem* 누구에게 돌세례를 퍼붓다; *zasuli su ih cvećem* 그들에게 꽃세례를 퍼부었다; *zasuli su nas psovkama* 그들은 우리에게 욕설을 퍼부었다; *~ bombama (šrafnelima)* 폭탄세례를 퍼붓다; *~ raketnim vatrom* 로켓 공격을 퍼붓다; *~ rečima* 말 세례를 퍼붓다 4. (빻아질 수 있도록 빻는 기계에) 쏟다, 쏟아 붓다; *~ žito* 곡물을 방아기계에 쏟아 붓다 5. (눈이) 펑펑 내리다

zasuziti (se) *-im (se)* (完) 눈물(suza)을 흘리다, 눈물을 흘리기 시작하다

zasužnjiti *-im* (完) 1. 노예(sužanj)로 삼다(만들다) 2. 노예가 되다

zasvagda, **zasvakad(a)** (副) 항상, 영원히 (zauvek)

zasvedočiti *-im* (完) **zasvedočavati** *-am* (不完) 증언하다 (posvedočiti)

zasvesti *zasvedem* (完) 아치형(svod)을 만들다

zasvetleti (se) *-im (se)* (完) 빛나다, 빛나기 시작하다 (별·눈(眼) 등이) (početi svetleti)

zasvetliti (se) *-im (se)* (完) 빛을 발하다, 빛나다

zasvetlucati (se) (完) 반짝이다, 반짝이기 시작하다 (početi svetlucati)

zasvinjiti *-im* (完) 1. (卑俗語) 더럽히다 (돼지가 있었던 것 처럼) (usvinjiti) 2. (비유적) 부적절한 처신을 하다; 돼지처럼 행동하기 시작하다

zasvirati *-am* (完) 1. 연주하다, 연주하기 시작하다 (početi svirati) 2. 기타; *zasvirati i za pojas zadenuti* 이제 끝마칠 시간이다

zasvoditi *-im* (完) 아치 지붕(svod)을 만들다, 아치 지붕으로 덮다; *zasvođeno ulaz bio je osvetljen fenjerom* 둥근 아치형 입구는 등불로 조명되었다

zasvođen *-a, -o* (形) 아치형의, 아치 지붕의

zasvođivati *-đujem* (不完) 참조 zasvoditi

zasvrbeti *-bi* (完) 가렵다, 가렵기 시작하다 (početi svrbeti)

zašarafiti *-im* (完) 나사(šaraf)로 고정하다 (ušrafiti)

zašećeriti *-im* (完) 설탕(šećer)을 넣다(넣어 달게 하다)

zašijati *-jam* (完) 반대 방향으로 노를 젓다

zašiljiti *-im* (完) 끝을 뾰족하게(šiljast)하다

zašiljivati *–ljujem* (不完) 참조 zašiljiti

zašiti *zašijem* (完) 바느질하다, 꿰매다; ~ *dugme* 단추를 달다; ~ *ranu* 상처 부위를 꿰매다

zaškiljiti *–im* (完) 눈을 가늘게 뜨고 보다 (začkiljiti)

zaškrgutati *–ćem* (完) 이(齒)를 갈다, 이를 갈기 시작하다 (početi škrgutati)

zaškriknuti *–nem* (完) (문 등이) 삐걱거리다, 삐걱대다

zaškripati *–am* & *–pljem* (完) (문 등이) 삐걱거리다, 삐걱거리기 시작하다

zaškripeti *–im* (完) 참조 zaškripati

zašnirati, zašnjirati *–am* (完) (신발 등의) 끈으로 매다(묶다)

zašrafiti *–im* (完) 나사(šraf)로 조이다

zašteda 절약, 저축 (ušteda)

zaštedeti *–im* (完) 1. (돈 등을) 절약하다, 저축하다 (uštedeti); ~ *za godišnji odmor* 연가를 위해 저축하다 2. 보전하다, 보호하다 (망가지는 것, 어려움 등으로부터); ~ *novo odelo* 새 옷을 보전하다; ~ *život* 생명을 보전하다

zašteđevina 저금, 저축, 저축한 돈 (ušteđevina)

zaštektati *–ćem* (完) 흐느껴 울다, 흐느껴 울기 시작하다 (početi štektati)

zaštićavati (se) *–am (se)* (不完) 참조 zaštititi

zaštićen *–a, –o* (形) 참조 zaštititi; 보호된, 보호받은; *zakonom* ~ 법적으로 보호된, 저작권의

zaštićenik 피보호자, 휘하의 사람 zaštićenica

zaštita 1. (위험 등으로부터의) 방어, (어린이·약자 등의) 보호; 후원; *uzeti u (pod) svoju* ~*u* 자신의 보호하에 두다; *staviti pod nečiju* ~*u* 누구의 보호하에 두다; ~ *dece i mladosti* 어린이와 청소년 보호; ~ *manjina* 소수민족 보호 2. (망가지는 것으로부터의) 보호, 보전, 관리; ~ *šuma (voda)* 산림보호 (수질 관리); ~ *od poplava* 홍수 관리 3. (法) 보장; ~ *privatne imovine* 사유재산 보장; *pod* ~*om Ujedinjenih nacija* UN의 보장하에 4. (軍) 군사적 방어, 방어선; *držati kao* ~*u* 방어선으로서 지키다; *protivavionska* ~ 대공방어(對空防禦) 5. (醫) 관리; *zdravstvena* ~ 건강 관리; *zavod za zdravstvenu* ~*u* 보건청; ~ *duševnog zdravlja* 정신건강 관리 zaštitni (形)

zaštititi *–im*; *zaštićen* (完) zaštićavati *–am* (不完) 1. (적·위험·불쾌함 등으로 부터) 보호하다, 지키다, 방어하다 (odbraniti); ~ *naroda od*

---

granatiranja 공습으로부터 국민들을 보호하다; ~ *nepokretnu imovinu* 부동산을 지키다; ~ *od loših vesti* 좋지 않은 소식으로부터 지키다 2. ~ **se** 보호되다, 보전되다, 지켜지다; ~ *se od sunca* 햇볕으로부터 가려지다

zaštitnī *–ā, –ō* (形) 참조 zaštita; 보호하는, 방어하는; ~*e mere* 보호 수단, 방어 수단; ~ *znak* (등록)상표; ~*o sredstvo* 보호 장비; ~*a obojenost* 보호색; ~*e carine* 보호 관세; ~*e rukavice* 보호 장갑

zaštitnica 1. 참조 zaštitnik 2. (軍) 후위 부대 (본대를 적의 공격으로부터 보호하는)

zaštitnik 1. 보호자, 비호자; 후원자 2. (法) 법적 대리인; 변호사 3. (宗) 성자(聖者), 수호자; ~ *kuće* 가정의 수호자 zaštitnički (形)

zaštitništvo 보호; 신탁; 후원

zašto 1. (副) (관계·의문 부사) 왜?, 무엇 때문에; *srećna je, pa* ~ *ne bi pevala* 행복하기 때문에 노래를 안부를 이유가 없다; *on nema* ~ *da se kaje* 그는 후회할 이유가 없다 2. (接續詞) 왜냐하면 (jer, pošto); *pošalji mi koji dinar,* ~ *sam u tome oskudan* 내가 돈이 없으니까 돈 좀 보내라 3. 기타; *pošto-zašto* 헐값에, 아주 싸게 (budzašto); *ni* ~ *ni krošto* 이유없이; *svako* ~ *ima svoje zato* 모든 결과에는 그것의 원인이 있다

zaštucati *–am* (完) 딸꾹질하다, 딸꾹질하기 시작하다 (početi štucati)

zašumiti *–im* (完) 소리·잡음(šum)을 내다, 소리·소음을 내기 시작하다 (početi šumiti)

zašumoriti *–im* (完) (지소체) šumoriti; 소리·잡음을 내다, 소리·잡음을 내기 시작하다 (početi šumoriti)

zašuškati *–am* (完) 1. 바스락거리다, 바스락거리기 시작하다 (početi šuškati) 2. (他) 싸다, 말다 (umotati, pokriti); ~ *dete toplim pokrivačem* 따뜻한 담요로 아이를 잘 덮다

zašuštati *–tim* (完) 바스락거리다, 부스럭거리다; 바스락거리기 시작하다, 부스럭거리기 시작하다 (početi šuštati)

zašutjeti (se) *–tim (se)* 침묵하다, 침묵하기 시작하다

zataći, zataknuti *zataknem* (完) zaticati *–ćem* (不完) 1. ~의 뒤에(사이에) 놓다(두다), 찔러 넣다 (zadenuti, staviti iz(između) nečega); ~ *cigaretu za uvo* 담배를 귀에 꽂다; ~ *za pojas* 허리춤에 찔러 넣다; *gonjači zatakli svoje bičeve za leđa* 몰이꾼들은 채찍을 등에 꽂아 넣었다; ~ *ruke u džepove* 호주머니에 손을 넣다; ~ *cvet u rever* 옷깃에 꽃을 꽂다 2. 스치다, 스쳐 지나가다 (okrznuti)

Z

zatajiti -im (完) **zatajivati** -jujem (不完) 1. 비밀로 하다, (비밀로) 감추다, 숨기다, 은폐하다; ~ istinu 진실을 숨기다(감추다) (sakriti, prikriti) 2. (길에서 발견한 것을) 몰래 가지다, (남의 재산을) 착복하다, 횡령하다 (utajiti, proneveriti); sumnja da je digao izgubljeni novčanik sa zemlje i zatajio ga i dalje ostaje 길에서 분실된 지갑을 주워 몰래 가졌다고 의심한다 3. 고장나다, 정상적으로 작동하지 않다 (자동차·무기 등이); puška mi je zatajila 총이 불발되었다 4. (희망·기대 등을) 저버리다, 기대를 충족시키지 못하다; zatajili su najbolji sportisti 최고의 선수들이 기대를 저버렸다 5. ~ se 은폐되다, 감춰지다

zataknuti -nem (完) 참조 zataći

zatalasan -a, -o (形) (토지가) 완만하게 굴곡진(파도치는 듯한 모양의); ~a ravnica 완만하게 굴곡진 평지

zatalasati -am (完) 1. 파도(talas)가 일게 하다, 출렁이게 하다; ~ more 바다가 출렁이게 하다; ~ pšenicu 밀밭이 출렁이게 하다 2. (비유적) 소요(혼란)를 일으키다, (봉기.폭동을) 선동하다; ~ balkanske narode 발칸반도의 민중을 선동하다; ~ mase 민중을 선동하다 3. (파도처럼) 확산되다 4. ~ se 파도치다 5. ~ se 이리저리 몰려다니기 시작하다(많은 사람들의 무리들이) 6. ~ se 동요하다, 불안해하다 (uznemiriti se, uskomešati se); posle odluke vlada, narod se zatalasa 정부의 결정 이후에 민중들이 동요하였다 7. ~ se (파도처럼) 퍼지다, 확산되다

zatamaniti -im (完) 1. 근절시키다, 박멸하다; 멸망시키다 (zatrti, utamaniti, uništiti); ~ vojsku 군대를 박살내다 2. ~ se 완전히 멸망하다; Srpsko despotstvo ondje se potom i zatamani 세르비아의 데스포트 체제는 여기서 이후에 완전히 멸망한다

zatamneti -im (完) **zatamnjivati** -njujem (不完) 어두워지다 (postati taman)

zatamniti -im; zatamnjen (完) **zatamnjivati** -njujem (不完) 어둡게 하다; ~ sobu 방을 어둡게 하다

zatamnjivati -njujem (不完) 참조 zatamneti, zatamniti

zatandrkati -čem (完) (擬聲語) 딸그닥거리다, 딸그닥거리기 시작하다 (početi tandrkati)

zatapati (se) -am (se) (不完) 참조 zatopiti (se); (눈 등이) 녹다

zatapkati -am (完) 1. 천천히 잔걸음을 걷다, 천천히 잔걸음을 걷기 시작하다 (početi zatapkati); ~ nogama 탁탁거리면서 잔걸음을 걷기 시작하다 2. (비유적) 때려 죽이다, 살해하다 (premlatiti, ubiti)

zatarabiti -im; zatarabljen (完) **zatarabljivati** -ljujem (不完) 1. 울타리(taraba)를 치다, 울타리로 둘러싸다 2. (口語) 닫다 (가게 등을) (zatvoriti); dođe čovek pred apoteku, a vrata zatarabljena 약국에 왔으나 문이 닫혀 있었다 3. (口語) 폐쇄하다, 문을 닫다 (파산으로 인한)

zataškati -am (完) **zataškavati** -am (不完) 1. (스캔들·추문 등을) 덮다, 은폐하다, 숨기다; (스캔들 등이 여론에 알려지는 것을) 차단하다, 알려지지 못하게 하다; ~ skandal 스캔들을 덮다(은폐하다); niko neće doznati, ja ću sve pametno ~ 아무도 그것을 알지 못할 것이다, 내가 그것을 잘 덮을 것이다; ~ nešto od nekoga 무엇을 누구에게 숨기다 2. (스캔들 등을) 잊게 하다, 잊혀지도록 하다 (zaboraviti)

zataškavanje (동사파생 명사) zataškavati; ~ jedne afere 한 스캔들의 은폐

zatečen -a, -o (形) 참조 zateći; 잡힌, 붙잡힌; ~ na delu 현장에서 붙잡힌

zateći zatečem & zateknem; zatekao, -kla; zatekavši (完) **zaticati** -čem (不完) 1. 찾다, 발견하다; 만나다 (naći, zastati); zatekli smo ga kod kuće 우리는 그를 집에서 발견했다; zatekli smo ga kako uređuje baštu 정원을 손질하는 그를 발견했다; ~ u kafani druga 카페에서 친구를 발견하다 2. 잡다, 붙잡다; ~ nekoga na delu 현장에서 누구를 붙잡다; ~ u krađi 훔치는 것을 붙잡다 3. (어떤 곳에 있을 때) 일어나다, 발생하다 (dogoditi se); u Bosni ih je zatekao rat 그들이 보스니아에 있을 때 전쟁이 일어났다 4. 당황하게 하다, 당혹스럽게 만들다; ta nas je vest zatekla 그 뉴스가 우리를 당혹스럽게 만들었다 5. ~ se ~에 있다 (naći se, zadesiti se); ako se zatekneš u Beogradu na Novu godinu 만약 신년에 베오그라드에 있다면 6. ~ se (어느 시점까지) 보존되다; zateklo se malo vina 적은 포도주만 보존되었다

zateći zategnem (完) 참조 zategnuti

zategnut -a, -o (形) 1. 참조 zategnuti; 팽팽히 당겨진 2. 긴장된, 긴박한; ~a atmosfera 긴장된 분위기; ~i odnosi 긴박한 관계 (zaoštren) 3. 뻣뻣한, 경직된 (krut, ukočen)

zategnuti -nem; zategnuo, -nula & zategao, -gla (完) **zatezati** -žem (不完) 1. (줄·끈 등

1568

의 한 쪽 끝을 잡아당겨) 팽팽하게 하다, 팽팽히 당기다; ~ žice (konopac) 철사줄(밧줄)을 팽팽하게 하다; ~ platno 천(캔버스)을 팽팽히 하다; ~ kaiš 혁띠를 죄다 2. 긴장시키다; ~ atmosferu 분위기를 긴장시키다 3. (기한·기간 등을) 질질 끌다, 연기하다, 연장하다 (odložiti); ~ s plaćanjem 지불을 연기하다; oni sada namerno zatežu ovu stvar 그들은 지금 이 사건을 고의적으로 질질 끌고 있다 4. (숨을) 참다; (목소리를) 질질 끌다, 길게 늘이다 (말·노래 등에서) (otegnuti) 5. 지속되다, 이어지다 (odužiti se, potrajati); kiša zategla 비가 지속되었다; zima zategla 겨울이 계속되었다 6. (활 줄 등을) 잡아당기다; 쏘다, 사격하다; ~ luk 활을 쏘다; ~ pušku 총을 쏘다 7. ~ se 팽팽하다, 팽팽해지다, 탱탱해지다; koža na licu mu se zategla 그의 얼굴 피부는 팽팽했다 8. ~ se 잘 차려 입다 9. ~ se (관계가) 긴장되다, 긴박해지다, 일촉즉발의 관계가 되다

zategnutost (女) 팽팽함; 긴장(감), 긴박(함); između Kine i Amerike nastala je onakva ~ kao uoči rata 중국과 미국간에는 전쟁을 앞둔 것 같은 긴장감이 감돌았다

zaterati -am (完) **zaterivati** -rujem, **zateravati** -am (不完) 1. (깊숙이) 찌르다, 찔러 넣다; vlastitom rukom zaterao oštar bodež u srce 자신의 손으로 날카로운 단도를 심장에 찔렀다 2. (~의 뒤로) 몰다, 몰고 가다; ~ ovce za brdo 양들을 언덕 너머로 몰다

zatesati -šem (完) **zatesivati** -sujem (不完) (끝의 뾰족한 것, 표면의 울퉁불퉁한 것 등을) 다듬다, 손질하다; ~ direk 기둥을 다듬다

zateturati (se) -am (se) (完) 비틀거리며 가다, 비틀거리며 가기 시작하다 (početi (se) teturati)

zatezan -zna, -zno (形) (숙어로만 사용됨) ~zna kamata 지연 이자

zatezanje (동사파생 명사) zatezati; ~ kaiša ventilatora 팬벨트의 팽팽함

zatezati -žem (不完) 참조 zategnuti

zaticati -čem (不完) 참조 zataći, zateći

zatikač (機) 핀, 너트 (klin, čivija)

zatiljača (解) 후두골, 뒷머리뼈

zatiljak -ljka 뒤통수, 뒷머리 (potiljak)

zatiljnī -a, -ō (形) 참조 zatiljak; 뒷머리의, 뒤통수의; ~a kost 후두골, 뒷머리뼈; ~ deo mozge 뇌의 뒷부분

zatim (副) 1. 그리고, 그 후에, 이후에 (posle toga, potom); ona je ~ otišla 그녀는 그 후에 떠났다 2. 그 이외에, 또한 (osim toga,

još); ima ljudi koji će doći, ~ drugih koji su poslali telegrame 전보를 보낸 사람 이외에도 올 사람들이 있다

zatinjati -am (完) (불이) 약하게 타기 시작하다; (불이) 연기만 내며 꺼지기 시작하다 (početi tinjati)

zatirač (누구를, 무엇을) 박멸하는 사람, 근절시키는 사람; 파괴자, 몰살자; u mladostima predan borac za slobodu, u zrelijim godinama ~ narodne slobode 젊어서는 열렬한 자유 투사이고, 나이 먹어서는 민중들의 자유 파괴자

zatirati -rem (不完) 참조 zatrti

zatisnuti -nem (完) **zatiskati** -am, **zatiskivati** -kujem (不完) 1. (빈 틈·구멍·공간에 뭔가를 집어 넣어) 막다, 틀어막다 (začepiti, zapušiti); ~ slavinu 수도꼭지를 막다; ~ dimnjak krpom 헝겊으로 굴뚝을 틀어막다 2. (출혈 등을 압박하여) 막다; ~ dlanom usta 손바닥으로 입을 막다; ~ uši rukama 손으로 귀를 막다; ~ ranu 상처를 누르다 3. (도로 등을) 막다, 폐쇄하다 (prepreciti, zakrčiti); ~ drum 도로를 막다; ~ stepenice 계단을 막다 4. 찌르다; (이빨로) 깨물다 (utisnuti, zabosti, zabiti); zatisnu zube u donju usnu 이빨로 아랫입술을 깨물다; ~ nokte u telo 손톱으로 몸을 쿡 찌르다 5. 밀다, 밀치다 (gurnuti, tisnuti) 6. ~ se (파이프 등이) 막히다 7. ~ se 들어가다 (uvući se, zavući se negde); ~ se u ćošak 구석으로 밀려 들어가다

zatišje 1. (일시적) 고요, 고요함; 적막, 적막함; ~ na frontu 전선의 적막함; ~ pred oluju 풍풍전의 고요 2. (일시적) 소강(상태); ~ u spoljnoj politici 외교 정책의 소강(상태); praznično ~ 명절 휴식; ~ u privredi 경제 소강 3. (바람·소음 등으로부터) 차폐된 공간, 벗어난 공간; (강에서 다른 지역보다) 물이 더 천천히 흐르는 지역

zato (副) 1. 그러한 이유로, 그것 때문에, 따라서; doći će mi na večeru, ~ pravim ovoliko jela 저녁식사에 올꺼야, 그래서 이만큼 식사를 준비하는 거야; ~ je ne voli 그래서 그는 그녀를 좋아하지 않는다; zašto? ~! 왜! 그래서! 2. ~ što 왜냐하면; nije došao ~ što mu nije bilo dobro 그는 몸상태가 좋지 않았기 때문에 오질 않았다 3. (~) da ~하기 위해서; otišao je u svet (~) da nešto nauči 뭔가를 배우기 위해 (더 넓은) 세상으로 나갔다 4. 다른 한편으로는, 한편 (s druge strane, međutim); ima veliku platu, ali ~ ima i

Z

velike troškove oko dece 많은 급여를 받지만 또 다른 한편으로는 아이에게 들어가는 비용 또한 많다 5. 기타; *svako zašto ima svoje ~* 모든 것에는 이유가 있다

zatočenik 포로, 죄수 **zatočenica**; **zatočenički** (形)

zatočeništvo 포로 생활, 포로 상태; 노예 생활, 노예 상태

zatočenje 1. (동사파생 명사) zatočiti 2. 감옥, 수용 생활 (주로 정치범의); *doznali su i za Peru pisara da je osuđen na dugogodišnje ~* 그들은 서기 페라가 수년간의 형을 선고받았다는 것을 알았다

zatočiti *-im* (完) 1. (감옥 등에) 가두다, 감금하다; 투옥하다 2. *~ se* 세상을 등지고 살다, 폐쇄된 생활을 하다; *~ se u kuću* 집에서 고립된 생활을 하다

zatočnik 1. 주창자, 지지자 (pobornik, branilac) 2. 대리자 (결투에서의) (zastupnik, zamenik); *poslati svog ~a na megdan* 결투에 자신의 대리자를 내보내다 **zatočnica**

zatoka (규모가 작은) 만(灣)(강 또는 바다에 있는)

zatomiti *-im* (完) **zatomljavati** *-am* (不完) 1. (사상·감정 등을) 억누르다, 억제하다; *~ osećanje* 감정을 억제하다; *ona morade ~ i najskromniju svoju želju* 그녀는 가장 소박학 자신의 소망도 억제해야만 했다 2. 횡령하다, 착복하다 (돈을) 3. 파괴하다, 멸망시키다, 망가뜨리다, 무너지게 하다 (uništiti, upropastiti); *~ celi narod* 모든 백성들을 멸망시키다; *~ devojačku sreću* 처녀의 행복을 망가뜨리다; *~ napredak* 발전을 망가뜨리다 4. *~ se* 억제되다, 사라지다, 없어지다

zaton 참조 zaliv; 만(灣)

zatopiti *-im* (完) **zatopljavati** *-am* (不完) 1. (어떤 액체에) 적시다, 담그다 (potopiti, nakvasiti); *~ hleb vinom* 빵을 포도주에 적시다 2. 용접하다 (zavariti); *~ olovom* 납땜하다

zator 멸망, 파괴, 붕괴; 근절, 박멸 (propast, uništenje, istrebljenje, zatiranje)

zatornik 파괴자, 박멸자 (uništavalac, upropastitelj)

zatrapiti *-im* (完) 1. 구덩이(trap)에 놓다(저장하다) (감자 등을) 2. 흙을 덮다; 묻다

zatraviti *-im* (完) **zatravljivati** *-ljujem* (不完) 1. (nekoga) 넋을 빼놓다, 홀리다 (opčarati, opčiniti, omađijati); *vile ga zatravile* 요정들이 그를 홀렸다 2. 풀(trava)로 뒤덮히다, 풀이 무성하게 자라다; *silazili su na*

zatravljenu ravnicu 풀이 무성하게 자란 평원으로 내려왔다 3. *~ se* 풀로 무성해지다

zatravniti se *-ni se* (完) 참조 zatraviti se

zatražiti *-im* (完) 1. 청하다, 요청하다 (zaiskati, zamoliti); *pošto ruča, on opet zatraži vode* 점심을 먹고 있기 때문에 그는 물을 또 다시 요청한다; *zatražio je pomoć* 도움을 요청했다 2. 청혼하다(처녀에게) (zaprositi); *hoćeš li da se ljutiš ako te na jesen zatražim?* 내가 가을에 네게 청혼한다면 너 화낼꺼야?

zatrčati *-im* (完) 1. 뛰다, 뛰기 시작하다 (početi trčati) 2. *~ se* (~로) 뛰어가다 3. *~ se* (비유적) (의도치 않게) 불쑥 말하다; *~ se u govoru* 말실수하다; *~ se u obećanjima* 너무 많이 약속하다

zatrebati *-am* (完) (보통은 無人稱文) 필요해지다; *ako ti štogod zatreba, zovi me* 무엇이든지 필요하면 내게 전화해

zatreperiti *-im* (完) 떨리기 시작하다, 흔들리기 시작하다 (početi treperiti)

zatrepetati *-ćem* & *-am* (完) 흔들리기 시작하다, 떨기 시작하다 (početi trpetati)

zatreptati *-ćem* (完) (눈을) 깜박이기 시작하다 (početi treptati); *~ očima* 눈을 깜박이기 시작하다

zatrepteti *-im* (完) 떨기 시작하다, 전율하기 시작하다 (početi trepteti)

zatresati (se) *-am (se)* (不完) 참조 zatresti (se)

zatreskati *-am* (完) 1. 쿵하고 세게 치다, 쿵하고 세게 치기 시작하다 (početi treskati) 2. *~ se* (口語) 사랑에 빠지다 (zaljubiti se); *vidimo, zatreskao se totalno čim ovako govori u superlativima o devojci* 그가 아가씨에 대해 이렇게 최상급으로 이야기하는 것을 보니 완전히 사랑에 빠진 것을 알겠다

zatresti *zatresem* (完) 1. (nečim, nešto) 흔들다, 흔들기 시작하다 (početi tresti); *~ drvo (glavom)* 나무(머리)를 흔들기 시작하다; *Gojko zatrese plećima i iziđe iz sobe* 고이코는 어깨를 들썩이기 시작했으며 방에서 나갔다 2. (비유적) 춤추다 (zaplesati, zaigrati) 3. *~ se* 흔들리기 시작하다 4. 기타; *~ mrežu* 골망을 흔들다, 골을 넣다 (축구 등의)

zatreti *zatrem* (完) 참조 zatrti

zatrka (점프하거나 던지기 전 속도를 붙이는) 빨리 달리기; 도움닫기(삼단 뛰기 등의) (zalet)

zatrkati se *-am se* & *zatrčem se* (完) 뛰다,

뛰어 가다 (zatrčati se, zaleteti se, potrčati)

zatrniti *-im* (完) **zatrnjivati** *-njujem* (不完) 1. 가시덤불(trnje)로 둘러싸이다, 가시덤불로 담을 치다; ~ *plot* 담장을 가시덤불로 둘러치다 2. ~ **se** 가시덤불로 덮이다

zatrnuti *-nem* (完) 1. 뻣뻣해지다, 경직되다, 마비되다 (신체의 일부가) (utrnuti, ukočiti se) 2. (공포심·두려움 등으로 인해) 기절초풍하여 움직일 수 없게 되다, 망연자실하다 (preneraziti se, pretrnuti)

zatrnuti *-nem* (完) 불을 끄다, 소등하다 (불, 촛불 등을)

zatrovan *-a, -o* (形) 1. 참조 zatrovati; ~*i odnosi* 나쁜 관계; ~ *rđavim uticajem* 나쁜 영향에 노출된(감염된) 2. (비유적) 열렬한, 광신적인, 맹목적인 (zagrižen, zadrt, zaslepljen); ~ *pristalica* 열렬한 지지자

zatrovati *-rujem* (完) 1. 독약을 넣다, 독살하다; 병에 감염시키다 (otrovati); ~ *bunar* 샘물에 독약을 타다; ~ *vodu* 물에 독약을 넣다; ~ *malarijom* 말라리에에 감염시키다 2. 나쁜 영향을 미치다, 불화하게 하다, 이간질시키다, 견딜 수 없게 하다; ~ *ideološki* 사상적으로 감염시키다; ~ *odnose među nacijama* 민족간에 불화하게 하다, 민족간 이간질시키다; ~ *život nekome* 누구의 삶에 악영향을 미치다; ~ *atmosferu* 분위기를 망치다 3. ~ **se** 독에 감염되다 (otrovati se)

zatrpan *-a, -o* (形) 참조 zatrpati; 매몰된, 함몰된, 덮인; ~ *zemljom (snegom)* 흙(눈)으로 덮인; ~ *od lavine* 눈사태로 파묻힌; ~ *poslom (poklonima)* 일(선물)에 파묻힌

zatrpati *-am* (完) **zatrpavati** *-am* (不完) 1. (흙 등을 퍼부어) 파묻다, 매몰하다; 매장하다 (zakopati, sahraniti); ~ *rupu peskom* 모래로 구멍을 매몰하다; *u okolini varoši se odronila ... zemlja i zatrpala nekoliko kuća* 읍내 주변에서 토사가 붕괴되었으며, 몇 채의 집이 그 토사로 매몰되었다; ~ *zemljom* 흙으로 덮다; ~ *mrtvaca* 죽은 자를 매장하다 2. (어떤 공간을) 가득 메우다; 막다, 차단하다; *jer je drum zatrpan snegom* 도로가 눈으로 막혔기 때문에 3. (koga čim) 파묻히게 하다, 과중한 부담을 주다 (opteretiti); *znate da sam zatrpan poslom* 내가 일이 너무 많다는 것을 아시잖아요; ~ *izveštajima* 정보에 파묻히게 하다; ~ *nekoga poslovima* 누구를 일 더미에 파묻히게 하다 4. (비유적) 은폐하다, 숨기다 (zataškati, sakriti) 5. ~ **se** 덮이다, 파묻히다; *ja sam se konačno povukao od svojih parnjaka i zatrpao se*

među knjige 나는 마침내 내 파트너들과 헤어져 책에 파묻혀 살았다

zatrpavanje (동사파생 명사) zatrpavati; 매몰, 매장

zatrpavati *-am* (不完) 참조 zatrpati

zatrti *zatrem & zatarem; zatro, -trla; zatrt, -a & zatrven, -ena; zatri & zatari* (完) **zatirati** *-rem* (不完) 1. 몰살하다, 전멸시키다; 완전히 파괴하다 (uništiti, istrebiti) 2. ~ **se** (죽어) 사라지다, 없어지다; 흔적을 감추다; *rod im se zatro* 그들의 가족은 (삼대가 멸해) 사라졌다 3. 기타; *zatrlo se (nečije) seme (trag, loza)* 전가족이 몰살되었다(삼대가 멸해졌다); *seme ti se zatrlo!* (저주·욕설의) 너는 삼대가 멸해질 것이다

zatrubiti *-im* (完) 트럼펫(truba)을 불다, 트럼펫을 불기 시작하다 (početi trubiti)

zatruditi *-im* (完) **zatruđivati** *-đujem* (不完) 애먹이다, 힘들게 하다

zatrudneti *-nim*, **zatrudnjeti** (完) (여성이) 임신하다

zatrudnjenje (동사파생 명사) zatrudneti

zatruđivati *-đujem* (不完) 참조 zatruditi

zatubast *-a, -o* (=zatupast) (形) 끝이 무딘 (zatupljen)

zatucan *-a, -o* (形) 1. 정신박약의, 지적장애의 (duhovno zaostao, ograničen); ~*a seljanka* 지적 장애를 가진 시골 아낙네 2. 완고한, 고집센; 광신적인(특히 종교적 측면에서) (tvrdoglav, zadrt; fanatičan); ~*a bogomiljka* 광신적인 보고밀교도(여); ~ *pristalica* 뿌리깊은 지지자; *verski* ~ 종교적 광신도의

zatucati *-am* 1. (不完) 참조 zatući 2. (完) 바보로 만들다, 어리석게 만들다 (zaglupiti)

zatucati *-am* (完) **zatucavati** *-am* (不完) 잘게 부수다, 잘게 부수기 시작하다 (početi tucati)

zatući *zatučem; zatukao, -kla; zatučen, -ena* (完) 1. (문 등을) 노크하다; (뭔가를) 두드려 신호를 주다 2. 두드려 박다; *uzvrpoljio se, kopa nogama, kao da bi ih htio ~ u zemlju* 안절부절 못하면서, 마치 그것들을 땅 속에 박아 넣으려는 듯, 발로 땅을 팠다 3. 뭉뚝하게 만들다, 무디게 만들다 4. 때려 죽이다, 죽도록 때리다 5. (비유적) 미친듯이 낭비하다(소비하다) 6. ~ **se** 숨다, 은신하다, 고립되어 살다 (zabiti se); *otići kući – zatući se u kakvo malo mesto i učiti* 집을 떠나 조그만 곳에 숨어 공부하다 7. ~ **se** (비유적) 바보가 되다, 멍청이가 되다; *seosko dete,* *došav u grad, prepalo se i zatuklo* 시골 아이는 도시에 오고난 후 바보가 되었다

zatuliti *-im* (完) (개 등이) 울부짖기 시작하다, 하울링하기 시작하다 (*početi tuliti*)

zatuliti *-im* (完) 1. (빛·불 등을) 줄이다, 약하게 하다, ㅠ다 2. 숨기다, 감추다, 은폐하다 (*prikriti, sakriti*)

zatuljiti *-im* (完) 덫(올가미; *tuljac*)을 놓다 (여우 등을 잡기 위해)

zatupeti *-im* (完) 무뎌지다, 예리함이 없어지다 (지적·정신적으로); 우둔해지다, 멍청해지다 (*postati tup*)

zatupiti *-im*; *zatupljen* (完) **zatupljivati** *-ljujem* (不完) 1. 무디게 하다, 뭉툭하게 하다 (*otupiti*); ~ *rogove* 뿔을 뭉툭하게 하다; ~ *nož* 칼을 무디게 하다 2. (비유적) 판단력이 흐려지게 하다

zatupljenost (女) 무딤, 둔감함

zatupljivati *-ljujem* (不完) 참조 zatupiti

zaturiti *-im* (完) **zaturati** *-am* (完) 1. (자신의 뒤에, ~의 뒤에) 놓다, 두다 (*zabaciti, zametnuti*); *zaturim pušku na rame ... pa izađem u polje* 나는 총을 어깨 뒤로 걸쳐 매고 ... 밖으로 나간다; *zaturi kapu na zatiljak* 모자를 뒤통수쪽으로 쓴다; ~ *ruke unazad* 손을 뒤로 놓다 2. (무엇을 어딘가에) 놓고서는 못찾다, 잃어버리다 (*zagubiti*); ~ *novčanik* 지갑을 잃어버리다(어딘가에 놓고 못찾다) 3. 한 쪽에 밀치다(밀쳐 놓다); ~ *zlo u zaborav* 사악한 일을 한 쪽에 밀어 놓다; ~ *brigu* 근심을 잊다 4. (이야기·대화 등을) 시작하다 (*zapodenuti, zametnuti*); *zaturi odmah razgovor* 즉시 대화를 시작한다 5. ~ **se** 뒤로 기대다(젖히다); *načelnik se zaturi u naslonu od stolice* 장(長)은 의자 뒤로 젖혔다 6. ~ **se** 사라지다, 없어지다 (*zagubiti se, izgubiti se*) 7. ~ **se** 시작되다 (다툼·이야기 등이) 8. ~ **se** 가다, 떠나다; ~ *se u svet* 세상 속으로 떠나다

zatutnjiti *-im* (完) (천둥·대포 등이) 우르렁거리는 소리를 내다, 우르렁거리기 시작하다 (*početi tutnjiti*)

zatutuljiti se *-im se* (完) 숨다, 은신하다, 고립되어 살다

zatvarač 닫는 것 (문·창문 등의); 막는 것, 덮는 것 (뚜껑·커버 등의); (총의) 약실

zatvarati *-am* (不完) 참조 zatvoriti

zatvor 1. 교도소, 형무소, 감옥; *staviti (baciti) u ~* 감옥에 넣다; *sedeti (biti) u ~u* 감옥에 있다; *istražni ~* 유치장(조사가 진행되는 동안의) 2. 징역형; (廢) (학교의) 방과후 학생을 집에 못가게 잡아놓는 징계; *časni ~* 특혜가 있는 징역형(정치범 등의); *doživotni ~* 무기 징역형; *on je osuđen na kaznu strogog ~a u trajanju od šest godina* 그는 6년형을 선고받았다 3. 격리(소); ~ *za pse* 개 격리(소) 4. (터진 것을) 막는 것, 폐쇄하는 것 5. 폐쇄, 차단 (통행의); ~ *granice* 국경 폐쇄 6. (醫) 변비 7. 기타; *zaglaviti (pogoditi)* ~ 투옥되다

zatvoren *-a, -o* (形) 1. 참조 zatvoriti 2. 닫힌, 닫혀진; 폐쇄적인; ~ *prozor* 닫힌 창문; *iza zatvorenih vrata* 비공개로, 비밀리에; ~*o društvo* 폐쇄적인 사회; ~*a sednica* 비공개 회의 3. 속마음을 잘 드러내지 않는, 내성적인; ~ *čovek* 내성적인 사람 4. (색(色)이) 어두운 (*taman*); ~*a boja* 어두운 색 5. 기타; ~*i samoglasnik* 폐쇄모음; ~*ih očiju* 맹목적으로, 위험을 생각하지도 않고; ~*o more* 내륙바다(바다의 사면이 한 국가에만 속하는); *naići na ~a vrata* 거절당하다, 퇴짜당하다; *on je ~a knjiga, on je ~e prirode* 그를 이해하기는 힘들다

zatvorenik 죄수, 수형자 **zatvorenica**

zatvorenički *-ā, -ō* (形) 참조 zatvorenik; 죄수의, 수형자의; ~ *život* 죄수의 삶

zatvoreno- (接頭辭) 어두운-, 짙은-; **zatvorenoplav** 짙은 파란색의

zatvoriti *-im* (完) **zatvarati** *-am* (不完) 1. (문·창문 등을) 닫다; (열려져 있던 것을) 덮다; (가게 문 등을) 닫다, 일을 끝마치다; (비유적) (마음 등을) 닫다; ~ *vrata (prozor)* 문(창문)을 닫다; ~ *knjigu* 책을 덮다; ~ *zagradu* 괄호를 닫다; ~ *svoje srce* 자신의 마음을 닫다; ~ *radnju* 가게를 닫다; ~ *fabriku* 공장문을 닫다 2. (일정한 공간에 격리하여) 가두다; (죄수 등을) 가두다, 감옥에 넣다; (안전한 곳에 넣고) 잠그다; ~ *ovce u tor* 양을 우리에 가두다; ~ *dnevnik u fioku* 일기장을 서랍에 넣고 잠그다 3. (흐름·통행 등을) 막다, 차단하다, 봉쇄하다, (외부 세계와의 통신 등을) 단절시키다; ~ *vodu* 물을 막다; ~ *saobraćaj* 교통을 차단하다; ~ *granicu* 국경을 봉쇄하다; ~ *autoput* 도로를 봉쇄하다; ~ *Beograd* 베오그라드를 봉쇄하다 4. 가리다, 덮다 (*zakloniti, zakriliti*); *oblaci zatvoriše nebo* 구름이 하늘을 덮었다 5. (양 끝을) 잇다, 연결하다; 원을 그리다; ~ *kolo struje* 전기 회로를 연결하다 6. (상처 등을) 꿰매다, 봉합하다; ~ *rane* 상처를 꿰매다; *imao je rak, samo su ga otvorili i zatvorili* 암이 있어 열었다 (바로) 닫았다

7. 변비를 야기시키다; ~ *stolicu* 변비를 야기하다 8. ~ *se* 닫히다; *vrata se treskom zatvoriše* 문은 삐걱거리는 소리를 내면서 닫혔다 9. ~ *se* (문을 닫고) 바깥세상과 차단하고 고립되어 있다; (비유적) 은거하다, (세상과 무관하게) 조용히 살다, 폐쇄되어 살다; *on se zatvori u Dubrovniku, očekujući novu vojsku* 그는 새로운 군대를 기대하면서 두브로브니크에서 숨어 지내고 있다; ~ *se u sebe* 마음을 닫다(닫고 살다); *on se zatvorio u kuću* 그는 집에 갇혀 산다(스스로) 10. ~ *se* (상처가) 아물다, 봉합되다 11. ~ *se* (교통이) 끊어지다, 차단되다 12. ~ *se* 변비가 되다, 변비가 생기다 13. 기타; ~ *vrata za sobom* (누구와의) 관계를 단절하다; ~ *nekome usta* 입을 닫게 하다, 말할 기회를 주지 않다; ~ *obruč* 포위하다; ~ *oči* 1) 죽다, 사망하다 2)(pred nečim, za nešto)보는 것을 원하지 않다; *zatvoriti kuću mrtvim ko(l)cem* 폐가(廢家)로 방치하다, 집을 떠나 세상으로 나가다

zatvorskī -*ā*, -*ō* (形) 참조 zatvor; 감옥의, 교도소의; ~*a bolnica* 교도소 병원; ~*o dvorište* 교도소 뜰; ~ *život* 감옥 생활

zaudarati -*am* (不完) (na što, po čemu, čime) 1. 악취를 풍기다, 좋지 않은 냄새를 내다 (smrdeti); (일반적으로) 냄새를 풍기다; ~ *na znoj* 땀 냄새를 풍기다; *bila je sva zažarena i podbuhla u licu, a zaudarala je vinom* 그녀는 얼굴이 아주 불쾌하고 부었었는데, 술 냄새가 났었다; *zgrada je zaudarala na konjsko đubre, mokraću i trulu slamu* 건물은 말똥과 오줌냄새 그리고 썩은 짚 냄새를 풍겼다; ~ *na buđu* 곰팡이 냄새가 나다; ~ *dimom* 연기 냄새가 나다; ~ *na more* 바닷냄새를 풍기다 2. (비유적) ~의 냄새를 풍기다, ~와 비슷하다(유사하다), ~을 연상시키다; ~ *na starinu* 고물 냄새를 풍기다(고물을 연상시키다)

zauhar (副) 참조 zauvar

zauharan -*rna*, -*rno* (形) 참조 zauvaran

zaulariti -*im* (完) 1. (말(馬)에) 고삐(ular)를 채우다(매다); ~ *konja* 말에 고삐를 매다 2. (비유적) 복종시키다, 예속시키다 (potčiniti)

zauljiti -*im* (完) 1. 기름(ulje)으로 양념하다, 기름을 치다; ~ *salatu* 샐러드에 기름을 칠하다 2. ~ *se* 기름을 부은 듯 번질번질하다

zaunapredak (副) 참조 unapred; 미리, 앞서, 먼저

zaurlikati -*čem* (完) (개·늑대 등이) 울부짖다, 하울링하다; (큰소리로) 외치다, 소리치다; 하울링하기 시작하다, 소리치기 시작하다 (početi urlikati)

zaurlati -*am* (完) (개·늑대 등이) 울부짖다, 하울링하다; (큰소리로) 외치다, 소리치다; 하울링하기 시작하다, 소리치기 시작하다 (početi urlati)

zaustaviti -*im*; *zaustavljen* (完) **zaustavljati** -*am* (不完) 1. (자동차·걸음 등을) 멈추게 하다, 세우게 하다; ~ *kola (mašinu)* 자동차를 멈춰 세우다, 기계를 세우다; ~ *prolaznika* 통행인을 멈춰 세우다; ~ *neprijatelja* 적의 진격을 멈춰 세우다; ~ *krv* 출혈을 멈추게 하다 2. 중지시키다(어떤 일의 진행, 활동 등을) (sprečiti, prekinuti); ~ *motor* 엔진을 끄다; ~ *razgovor* 대화를 중지시키다; ~ *dah* 숨을 멈추게 하다 3. (시선·주목 등을) 고정하다, 멈추다; *on je … kadkad zaustavio pogled na pevaču i pevačici* 그는 … 종종 가수들에게 시선을 고정시켰다 4. ~ *se* (발걸음·일·작업 등을) 멈추다; *auto se zaustavio* 자동차게 멈췄다; ~ *se kod jedne prodavnice* 한 가게 앞에서 발걸음을 멈추다 5. ~ *se* (시선·주목 등이) 멈추다, 고정되다; ~ *se na nečijim rodoljubivim pesmama* 어떤 사람의 애국적 시에 주목하다 6. ~ *se* (일정 시간·기간동안) 머무르다 (zadržati se); ~ *se nekoliko dana u Beogradu* 며칠동안 베오그라드에 머무르다

zaustavljanje (동사파생 명사) zaustaviti; ~ *krvarenje podvezivanjem* 지혈대를 사용한 출혈 멈춤

zaustavljati -*am* (不完) 참조 zaustaviti

zaustiti -*im*; *zaušćen* (完) 1. 입(usta)을 열다 (뭔가 말을 하려고) 2. 말을 조금 하다가 말다

zaušak -*ška*; -*šaka* 1. (解) 귀밑샘, 이하선(耳下腺) 2. 따귀 (zaušnica, šamar)

zauške -*šākā* (女,複) (病理) 이하선염(耳下腺炎)

zaušnī -*ā*, -*ō* (形) ~*a žlezda* 귀밑샘, 이하선 (耳下腺)

zaušnica 1. 따귀, 따귀를 때림 (šamar) 2. (複 數로) (病理) 이하선염 (zauške)

zaušnici -*īkā* (男,複) 참조 zauške

zaušnjaci -*ākā* (男,複) 참조 zauške

zauvar (副) (=zauhar) 유용하게, 유익하게 (korisno); ~ *je nešto zaraditi* 뭔가 일하는 것이 유익하다

zauvaran -*rna*, -*rno* (形) 유익한, 유용한 (koristan)

zauvek (副) 영원히, 항상; *otići* ~ 영원히 떠나다; *dobiti nešto* ~ 영구히 얻다

Z

zauzdati *-am* (完) **zauzdavati** *-am* (不完) 1. (말(馬)에) 굴레(uzda)를 씌우다, 고삐를 매다 2. (비유적) 통제하다, 제어하다 (obuzdati, savladati) 3. ~ se 통제되다, 제어되다

zauzeće 1. (동사파생 명사) zauzeti 2. (영토·장소 등의) 점령, 정복 (zauzimanje, osvajanje) 3. 소유, 점유 (uzimanje, prisvajanje); *bespravno ~ šume* 삼림의 불법 점유

zauzet *-a, -o* (形) 1. 참조 zauzeti; 점령된; ~ *na juriš* 습격(공격)에 점령된 2. (어떠한 일로) 바쁜; *on je ~* 그는 (일로) 바쁘다 3. ~ 에 관심이 있는, ~에 호감이 있는; ~ *za knjigu i umetnost* 책과 미술에 관심을 가진 4. (口語) 애인(愛人)이 있는, 배우자가 있는; ~*a devojka* 남자친구가 있는 처녀

zauzeti *zauzmem; zauzeo, -ela; zauzet* (完) **zauzimati** *-am* & *-mljem* (不完) 1. (힘으로·전쟁으로) 차지하다, 점령하다, 점유하다 (osvojiti); ~ *grad (tvrđavu)* 도시(요새)를 점령하다; ~ *na juriš* 습격하여 점령하다 2. (위치 등을) 차지하다, 취하다 (smestiti se, nastaniti se); (직위 등을) 차지하다, 얻다; ~ *dobre položaje* 좋은 자리를 차지하다; *neki su već zauzeli mesto u državnoj službi* 어떤 사람들은 벌써 공무원 자리를 얻었다; ~ *mesto šefa katedra* 학과장 자리를 차지하다(얻다); ~ *počasno mesto u srpskoj književnosti* 세르비아 문학계에서 명예로운 자리를 차지하다; ~ *stav* 입장을 취하다; *ovaj orman zauzima suviše mesta* 이 옷장은 너무 많은 자리를 차지한다 3. (시간을) 빼앗다, 걸리다 (oduzeti); *taj posao mi je zauzeo ceo dan* 그 일을 하루 종일 내 시간을 빼앗았다 4. 시작하다 (započeti, zapodenuti); ~ *priču o vilama* 요정 이야기를 시작하다 5. ~ se (보통은 피동형으로) ~으로 바쁘다; (어떤 일에) 종사하다; *danju je zauzeta domaćim poslovima* 낮에는 집안일로 바쁘다; ~ *se nekim ženskim poslom* 여성들이 하는 일을 하다 6. ~ se (za koga, za što) 지지하다, 후원하다, (누구의) 편을 들다 (založiti se, podržati); ~ *se za svog zemljaka* 자기 고향 사람을 편들다; *dugo se sedela ... razmišljajući o Milanu, hoće li se on, možda, za nju ~ i odbraniti je* 그녀는 밀란이 혹시 그녀를 지지하고 편을 들지 않을까 생각하면서 ⋯ 오랫동안 앉아 있었다

zauzetost (女) 1. 점령된 상태; 바쁨; ~ *u radu* 업무에 바쁨; *nije došao zbog ~i* 바빠서 오질 못했다 2. 헌신, 열성 (predanost); ~ *za poslove* 업무에의 열성

zauzimanje (동사파생 명사) zauzimati

zauzimati *-am* & *-mljem* (不完) 참조 zauzeti

zauzimljiv *-a, -o* (形) 1. (일·업무 등에) 헌신적인, 열정적인 (predan, preduzimljiv, preduzetan); *Ljuba je ... odlučan i* ~ 류바는 뛰어나고 헌신적이다 2. 취할 수 있는, 차지할 수 있는

zauzvrat (副) 그 대신에, 답례로, 보상으로 (u zamenu, kao naknadu); *ja ti ne mogu ništa dati ~, jer ni sam ništa nemam* 나는 아무것도 가진 것이 없기 때문에 네게 답례로 아무 것도 줄 수 없다

zavabiti *-im* (完) (가축 등을) 먹이(vab)로 유인하다

zavada 다툼, 불화, 분쟁, (svađa, raspra); *je li ta ~ gordijski čvor?* 그 분쟁은 해결하기 어려운 것(고르디우스의 매듭)이냐?; *biti u ~i s nekim* 누구와 불화중이다

zavaditi *-im; zavađen* (完) **zavađati** *-am* (不完) 1. 다툼(분쟁)을 초래하다(두 명 또는 집단 사이에) 2. ~ se (oko nečega) (~을 놓고) 서로 다투다; *zar ste se opet zavadili? – pita majka* 너희들 정말 또 다퉜느냐? –라고 어머니가 물었다 3. 기타; *zavadio bi dva oka u glavi* 그는 세상에서 가장 위험한 음모자일 것이다

zavađati *-am* (不完) 참조 zavaditi

zavađati *-am* (不完) 참조 zavesti

zavađen *-a, -o* (形) 참조 zavaditi; ~*e strane* 분쟁 당사자들ㄹ

zavađenost (女) (상호) 나쁜 사이, 불화(분쟁) 관계, 적대적 상태

zavaliti *-im; zavaljen* (完) **zavaljivati** *-ljujem* (不完) 1. 쓰러뜨리다, 넘어뜨리다 (oboriti, povaliti); ~ *nekoga u sneg* 누구를 눈밭에 쓰러뜨리다 2. (~의 속에) 파묻다, 집어넣다 (zagnjuriti, uvući); *zavalila lice u jastuke na krevetu, a obla joj se ramena samo tresu od plača* 그녀는 침대 베개에 얼굴을 파묻었으며, 울음으로 인해 둥그런 그녀의 어깨만 들썩였다 3. (~의 뒤로) 놓다(두다, 던지다) (zabaciti unatrag, zaturiti); ~ *kapu unatrag* 모자를 뒤로 돌려쓰다; ~ *glavu unatrag* 고개를 뒤로 돌리다 4. 막다, 차단하다; 막히게 하다 (zatvoriti, preprečiti); ~ *puteve* 도로를 막다 5. (自) (눈(雪)·불길·홍수 등이) 엄청나게 몰려들다(쏟아지다) (nagrnuti, navaliti); *ti ne znaš naš Bosnu, ovde može da zavali sneg i o Đurđev-danu* 너는 우리 보스니아에 대해 모른다, 여기서

는 한 여름에도 눈이 펑펑 올 수 있다 6. ~ se (몸을) 쭉 펴고 눕다, 편안하게 눕다 (opružiti se); *Stanko se zavalio na nisku divančicu* 스탄코는 낮은 소파에 편안히 앉았다; ~ *se u stolicu* 의자에 눕듯 앉다; ~ *se na dušek* 매트리스에 대자에 눕다 7. ~ se 쓰러지다, 넘어지다, 빠지다 (pasti, upasti, zaglibiti se); ~ *se u sneg* 눈에 빠지다; ~ *se u blato* 진흙탕에 넘어지다(빠지다) 8. ~ se 완전히 기진맥진하다, 탈진하다 9. 기타; ~ *se u dugove* 빚더미에 빠지다

zavaljati *-am* (完) 1. (힘으로) 굴리다, 굴러가게 하다; ~ *drvo* 통나무를 굴리다 2. ~ se 구르기 시작하다(otpočeti se valjati)

zavaljivati *-ljujem* (不完) 참조 zavaliti

zavapiti *-im* & *zavapijem* (完) 1. 울부짖기 시작하다, 절규하기 시작하다; 간청하기 시작하다, 애원하기 시작하다 (početi vapiti) 2. 울부짖으며 (누구를) 부르다; ~ *Boga* 울부짖으며 신을 부르다

zavapniti *-im* (完) 석회(vapno)를 바르다, 석회칠하다

zavarati *-am* (完) **zavaravati** *-am* (不完) 1. (시선·주의·주목을) 다른 곳으로 돌리게 하다; ~ *dete* 아이의 시선을 다른데로 돌리다 2. 속이다, 기만하다 (obmanuti, prevariti) 3. 유인하다, 유혹하다, 꾀다 (namamiti); ~ *lažnim nadama* 거짓 희망으로 유혹하다 4. (허기·소원 등을) 잠시 가라앉히다; ~ *glad (stomak)* 허기를 가라 앉히다 5. ~ se 속다, 기만당하다 6. 기타; ~ *(nekome) oči* 눈을 속이다; ~ *trag* 자취를 감추다

zavariti *-im* (完) **zavarivati** *-rujem* (不完) 1. (機) 용접하다; ~ *motiku* 곡괭이를 용접하다 2. (요리하기 전에 고기를 포도주 등에) 재다, 양념에 재다 3. (물 등 액체를) 끓이다; ~ *vodu* 물을 끓이다; ~ *kašu* 죽을 끓이다

zavarivač 용접공

zavarivanje (동사파생 명사) zavarivati; 용접; *aparat za* ~ 용접기

zavarivati *-am* (不完) 참조 zavariti

zavarkivati (se) *-kujem (se)* (不完) 참조 zavarkati (se), zavarati (se)

zavazda (副) 참조 zauvek; 항상, 영원히

zavejati *-jem* (完) **zavejavati** *-am* (不完) 1. 눈(雪)이 펑펑 내리기 시작하다 (početi vejati) 2. (비유적) 퍼져나가기 시작하다, 확산되기 시작하다 (사상·감정 등이) 3. (他) (보통은 눈(雪)이) 덮다, 파묻히게 하다 (pokriti, zatrpati); (自) 쌓이다; *smetovi su zavejali naš aerodrom* 눈더미가 공항을 완전 뒤덮

었다; *sneg je zavejao sve puteve* 모든 길들이 눈에 파묻혔다

zavek(a) (副) 참조 zauvek

zavera 1. 음모; *skovati* ~*u* 음모를 꾸미다; *ugušiti* ~*u* 음모를 분쇄하다 2. 맹세, 서약 (zakletva, zavet)

zaveravati se *-am se* (不完) 참조 zaveriti se

zaverenik 1. 음모자, 음모 가담자 2. 서약자, 맹세자 **zaverenica; zaverenički** (形)

zaveriti *-im* (完) 1. 음모에 끌어들이다(가담시키다) 2. 맹세하게 하다, 서약시키다 (zakleti) 3. 아내로 줄 것을 약속하다; 약혼시키다 4. ~ se 음모를 꾸미다, 음모에 가담하다; *činilo mu se da su se svi bili zaverili protiv njega* 그는 모든 사람들이 자기에 대한 음모를 꾸민 것처럼 생각되었다 5. ~ se 맹세하다, 약속하다; ~ *se nekome* 누구에게 맹세하다(약속하다) 6. ~ se 결혼을 약속하다, 약혼하다

zavesa (창문·무대 등의) 커튼; *podići (spustiti, navući, razvući)* ~*e* 커튼을 올리다(내리다, 치다, 걷다); *dimna* ~ (軍) 연막; *gvozdana* ~ 철의 장막; *dići (ukloniti, razderati)* ~*u s čega* (~의) 비밀을 공개하다

zavesiti *-im* (完) 1. (못·고리 등에) 걸다, 달아매다 (obesiti, okačiti) 2. (창문의) 커튼을 내리다(치다)

zaveslaj 노(veslo)를 한 번 젓기; 한 번 노를 저어 나가는 거리(보트가)

zaveslati *-am* (完) 1. 노를 젓다, 노를 젓기 시작하다 (početi veslati) 2. (비유적) 떠벌리다, 말을 많이 하다 (razvezati, raspričati se); *zaveslao nadugo i naširoko u najtanje tančine* 가장 세세한 것 까지 오랫동안 폭넓게 이야기했다

zavesti *zavedem; zaveo, -ela; zaveden, -ena* (完) **zavoditi** *-im; zavođen* (不完) 1. (~의 뒤로) 데리고 가다, 인도하다, 안내하다; *Milija iziđe, zavedem ja nju za kuću, pa joj sve lepo kažem* 밀리야가 나온 후, 그녀를 집 뒤로 데리고 가서는 그녀에게 모든 것을 잘 말했다 2. 낯설고 길도 없는 곳으로 인도하다(안내하다), 길을 잃게 하다; ~ *daleko u šumu* 산속 깊은 곳으로 데리고 가다 3. (속여) 나쁜 길로 인도하다, 사악한 길로 인도하다; (거짓으로) 속이다, 기만하다 (obmanuti, prevariti); ~ *omladinu* 청년들을 속이다(나쁜 길로 인도하다); ~ *(nekoga) politikom* 누구를 정치의 길로 인도하다 4. (처녀·여자 들을) 성관계를 갖도록 꼬시다; 유혹하다, 꼬시다 (opčiniti, očarati); ~

Z

devojku 처녀를 꼬시다(이후 성관계를 갖다) 5. (콜로를) 추다, 추기 시작하다 (zaigrati) 6. (이야기·대화를) 시작하다 (zametnuti, zapodenuti); njih dvojica ne govore jedan drugome ništa ... da okušam ja ~ razgovor među njima? 그 남자 두 명은 서로 아무 말도 하지 않는다 ... 내가 그들간에 대화가 이뤄지도록 한 번 해볼까? 7. (새로운 질서·상태가 되도록) 도입하다, 설립하다, 수립하다 (uvesti, zasnovati, ustanoviti); ~ red (disciplinu) 질서(원칙)을 세우다; ~ policijski čas 통행금지를 시행하다; ~ opsadno (vanredno) stanje 비상 상태를 선포하다; ~ karantin za sve uvezene pse 외국에서 들어온 모든 개들에게 격리 보호를 시행하다; ~ engleski jezik u školama 학교에 영어(수업)을 도입하다; ~ pravu diktaruru 지독한 독재를 시행하다 7. (行政) 등재하다, 기록하다 (upisati, ubeležiti); molbu zavedu u delovodni protokol 청원을 문서수발신철에 기록하다 8. ~ se (za nekim, nečim) (~에) 유혹되다, 속다, 기만당하다; ~ se novcem 돈에 유혹되다 9. ~ se (~에) 열중하다, ~에 깊숙이 빠지다 (predati se, zaneti se); ~ se u razgovor 대화에 열중하다; u san se zavedem 나는 잠에 빠져든다 10. ~ se 균형을 잃다, 비틀거리다

zavesti zavezem; zavezao, -zla; zavezen, -ena (完) zavoziti -im; zavožen (不完) 1. 노를 젓다, 노를 젓기 시작하다 (početi veslati); 항해하다, 항해하기 시작하다 (zaploviti) 2. (뒤쪽 멀리, 은폐된 곳으로) 몰고 가다, 끌고 가다; ~ lađu u kraj 배를 한쪽 끝으로 몰고 가다 3. (항구에서) 출항하다, 출항해 (먼 바다로) 떠나다 (otploviti) 4. (이야기를) 시작하다, 떠벌리다 (raspričati se, razvezati) 5. ~ se 항해하다 (바다로) (zaploviti, otisnuti se) 6. ~ se (비유적) (대화 등에) 열중하다 (udubiti se, upustiti se); ~ se u misli 생각에 잠기다; ~ se u analize 분석에 열중하다

zaveštač (=zaveštalac) 유언자
zaveštaj 참조 zaveštanje
zaveštalac -aoca 유언자
zaveštanje 1. 유언, 유서 (amanet, testament) 2. 유산 3. 기부금(품)(신도가 교회가 기증하는) (zavet)
zaveštatelj 참조 zaveštalac
zaveštati -am (完) zaveštavati -am (不完) 1. (유언이나 유서를 남겨) 물려주다, 유증하다;

~ svu zemlju 모든 땅을 물려주다 2. (비유적) (정신적·문화적인) 유산을 남기다 3. 유언을 남기다

zavet 1. 서약, 맹세 (zakletva) 2. 유언 (amanet) 3. (신도들이 교회에 기증하는) 기부금(품) 4. 기타; Stari ~ 구약; Novi ~ 신약; položiti ~ 승려가 되다, 성직자가 되다
zavetni (形)
zavetina 마을의 교회 축일 (seoska crkvena slava)
zavetnī -ā, -ō (形) 참조 zavet
zavetovati -tujem (完,不完) 1. 맹세하다, 서약하다 2. 약속하다 (obreći, obricati) 3. (신도가 교회에) 기부하다, 기증하다
zavetrina 1. (무엇이 막아 주어) 바람이 없는 곳(바람을 막아주는 곳) 2. (비유적) 안전한 장소; 은신처, 피난처 (skrovište); politička ~ 정치적 피난처
zavezak -ska 참조 zavežljaj; 묶음, 꾸러미
zavezan -a, -o (形) 1. 참조 zavezati; 묶인 2. (비유적) 어설픈, 서투른, 솜씨 없는 (nespretan, nesnalažljiv) 3. 기타; ~a vreća 솜씨없는 사람, 서툰 사람
zavezanko -ezānākā (男) 솜씨 없는 사람, 서툰 사람
zavezanost (女) 묶임; ~ creva (病理) 장폐색(증)
zavezati -žem (完) zavezivati -zujem (不完) 1. (끈·노끈 등으로) 묶다; (다발·묶음·꾸러미로) 묶다, 동여매다; (스카프 등으로) 둘둘 말다, 싸다; (붕대 등을) 감다, 동여매다; ~ ruke 손을 묶다; ~ jabuke u maramu 사과를 스카프로 동여매다; ~ snop 다발로 묶다; ~ ranu 상처를 동여매다; ~ glavu 머리를 동여매다 2. 매듭을 묶다(짓다); ~ uže 밧줄로 매듭을 짓다; ~ čvor 매듭을 짓다 3. (za nešto) (~에) 묶다, 묶어두다 (privezati); ~ konja za ogradu 말을 담장에 묶다; tamo će lajati pseto, ali ti se ne boj, zavezano je 개들이 거기서 짖을텐데, 무서워하지 마, 묶여 있으니까 말아 4. (비유적) 절약하다, 저축하다, 모으다 (uštedeti, prikupiti); ~ koji dinar 몇 푼이라도 모으다 5. (비유적) (단호하고 모욕적인 명령조로) 말을 멈추다, 침묵하다 (umuknuti, ućutati); zaveži! ti si potpuno pijan 입닥쳐! 너 완전히 고주망태야 6. ~ se (매듭 등이) 만들어지다 7. ~ se (醫) (장이) 꼬이다 (splesti se) 8. ~ se (~에) 묶이다, 묶여있다 9. 기타; ~ jezik (usta) 1)(kome) 말을 못하게 하다 2)침묵하다, 말을 하지 않다; jezik mu se zavezao (usta mu se

zavezala) 그의 입은 봉해졌다; *jedva ~ kraj s krajem* 입에 풀칠하면서 근근이 살아가다

zavezivati (se) *-zujem (se)* (不完) 참조 zavezati

zavežljaj 1. 다발, 묶음, 꾸러미 (svežanj, zamotulja) 2. 매듭 (uzao, čvor)

zavičaj 고향; 조국 (postojbina, otadžbina); *čežnja za ~em* 향수병

zavičajan *-jna, -jno* (形) 참조 zavičaj

zavidan *-dna, -dno* (形) 1. 부러워하는, 선망하는; 시기하는, 질투하는 (zavidljiv) 2. 선망의 대상이 되는, 부러운; 좋은 (povoljan, dobar); *situacija u kojoj se nalazite nije ~dna* 당신이 놓인 상황이 그리 부러운 것은 아니다; *biti u ~dnom položaju* 부러운 위치에 있다 3. (양적으로) 상당한, 많은, 높은 (znatan, velik, visok); *~dna visina* 상당한 높이; *~ broj knjiga* 많은 권수의 책들; *~dna brzina* 빠른 속도

zavideti *-im* (不完) 부러워하다, 선망하다; 시기하다, 질투하다; *on njoj zavidi na uspehu (zbog uspeha, za uspeh)* 그는 그녀의 성공을 부러워한다

zavidljiv *-a, -o* (形) 부러워하는, 선망하는; 시기하는, 질투하는; *~im očima* 부러워하는 눈으로, 시기심 어린 눈으로

zavidljivac *-ivca* (=zavidnik) 부러워하는 사람, 선망의 눈으로 바라보는 사람; 시기하는 사람 **zavidljivica**

zavidljivost (女) 부러움, 선망

zavidnik 참조 zavidljivac

zavijač 1. 붕대, 압박붕대 (zavoj) 2. (페즈모를 둘러싸고 있는) 천 (omotač) 3. (머리에 두르는) 두건 4. (軍) 각반(발목에서 무릎 사이의 부분에 두르는) (uvijač) 5. 드라이버(나사 등을 풀고 조이는) 6. (複數) (昆蟲) 잎말이나방(나방의 한 종류)

zavijača 1. 케이크의 한 종류(롤러 형태로 말린) 2. 유리 그릇의 한 종류 3. 울로 만든 앞치마(치마) 4. 똬리 (짐을 머리에 일 때 머리에 받치는 고리 모양의 물건)

zavijati *-jam* (不完) 1. 참조 zaviti 2. 우회적으로 말하다, 에둘러 말하다, 빙빙돌려 말하다 (okolišiti)

zavijati *-jem* (完) 참조 zaviti

zavijati *-jam* (不完) 1. 울부짖다, 하울링하다 (개·늑대 등이) (urlati, urlikati) 2. (비유적) 울부짖다, 통곡하다 (naricati, jaukati) 3. 휙 (횡, 쉬익)소리를 내다 (바람이) (fijukati, hujati)

zavijoriti se *-im se* (完) 펄럭이기 시작하다,

나부끼기 시작하다 (početi se vijoriti)

zavijutak *-tka; zavijuci, zavijutaka* 1. (도로·강 등의) 굽이, 커브 (zavoj, okuka); *na ~tku puta ugleda pognuta čoveka* 길의 커브에서 (허리가) 구부러진 사람을 바라본다 2. (일반적으로) 구부러진 곳 (vijuga) 3. (이동의) 방향 전환; *praviti ~tke* 방향을 전환하다; *ići praveći ~tke* 방향 전환을 하면서 가다 4. 둘둘 말아놓은 것, 두루마리 (smotak, zamotuljak, zavežljaj); *nositi ~ u ruci* 손에 두루마리를 들고 가다; *~ hartije* 종이 두루마리

zavikati *-čem* (完) 소리치기 시작하다, 고함지르기 시작하다 (početi vikati)

zavinuti *-nem* (完) 1. 구부리다, 휘다 (saviti, iskriviti, poviti); *~ čeličnu šipku* 쇠막대를 구부리다; *~ brkove* 콧수염을 구부리다 2. 비틀다 (zavrnuti); *~ mu ruku* 그의 팔을 비틀다; *~ vrat* 목을 비틀다 3. *~ se* 휘어지다, 구부러지다 4. *~ se* (고개 등을) 돌리다

zavirač 1. 참조 zavor 2. 전기 스위치

zaviriti *-im* (完) **zavirivati** *-rujem* (不完) 1. (~의 안을) 엿보다, 들여다보다; *~ kroz prozor* 창문을 통해 엿보다; *~ u torbu* 가방 안을 들여다보다; *~ u sobu* 방안을 들여다보다 2. (우연히) 들르다 (navratiti, svratiti) 3. 기타; *~ u dušu (u srce, u tajne)* (누구의) 비밀스런 생각을 알아내다, 누구를 완전히 알다; *~ u karte* 카드 게임을 하다; *~ u čašu* 술을 마시다

zavirkivati *-kujem* (不完) (지소체) zavirivati

zavirnuti *-nem* (完) (지소체) zaviriti

zavisan *-sna, -sno* (=ovisan) (形) 1. 독립적이지 않은, (~에) 종속적인, 의존적인, ~에 좌우되는; *~sna zemlja* 종속 국가; *~ činovnik* 종속적인 관리; *ljudi su siviše ~sni od društvene organizacije* 사람들은 너무 사회 조직에 좌우된다 2. (文法) 종속의; *~sna rečenica* 종속절

zavisiti *-im* (不完) 1. (~에) 달려있다(좌우되다); *to zavisi od tebe* 그것은 네게 달려있다; *~ od roditelja* 부모에게 달려있다 2. (文法) ~에 종속되다; *druga rečenica zavisi od prve* 두 번째 문장은 첫 문장에 종속된다

zavisnost (女) 의존, 종속; 종속 관계; *~ od nečega* ~에의 의존(종속); *ko je mogao pomišljati da su stvari u svetu u takvoj ~i jedne od drugih* 이 세상의 일들이 서로 그렇게 의존적인 관계인 줄 누가 상상할 수 있었겠는가?

zavist (女) 시기, 질투; *osećati ~ prema*

nekome 누구에게 질투심을 느끼다; *iz ~i* 부러워서, 질투해서; *bez ~i* 시기심없이

zavistan *-sna, -sno* (形) 시기하는, 질투하는 (zavidan, zavidljiv)

zavitak *-tka; zavici, -ākā* 둘둘 말린 것, 두루마리 (zamotuljak, zavijutak, omot)

zaviti *zavijem; zavio, -ila; zavijen, -ena* (完) **zavijati** *-jam* (不完) 1. 둘둘 말다, 싸다, 포장하다 (umotati, upakovati); 붕대로 말다 (상처 부위를) (previti); (둥글게) 말다, 감다 (omotati); (~의 주변을) 두르다, 말다; *~ u papir (hartiju)* 종이로 포장하다; *~ nogu* 다리에 붕대를 감다; *~ cigaretu* 담배를 말다; *~ čalmu oko glave* 머리에 터번을 쓰다(두르다); *zavije mu peškirom čelo* 이마에 수건을 두르다 2. 위로 둘둘 말아올리다, 걷어올리다 (posuvratiti) 3. (나사 등을) 조이다, 나사를 죄다(돌리다) (uvrnuti, zavrnuti) 4. (머리카락·수염 등을) 둘둘 말다 (zasukati); *~ kosu* 머리카락을 둘둘 말다; *vojnik zavi rukom brkove* 병사는 손으로 콧수염을 둘둘 말았다 5. 방향을 바꾸다, 방향을 틀다 (skrenuti); *Andrija se naglo odvoji od Bajkića i zavi za ugao u Skadarliju* 안드리야는 바이키치로부터 갑자기 떨어져서 스카다를리야거리 코너로 방향을 틀었다; *~ u ulicu levo* 왼쪽 길로 방향을 바꾸다 6. (고개를) 젓다, (어깨 등을) 들썩하다 (의심의 표시로); *~ glavom* 고개를 젓다; *~ ramenom* 어깨를 들썩이다 7. (보통 不完, 無人稱文으로) (근육 등에) 경련이 일다, 쥐가 나다; *zavija mu u stomaku* 그는 위경련이 일어난다 8. *~ se* (옷·담요 등을) 입다, 두르다, 걸치다; *zavio se u ćebe* 그는 담요를 뒤접어썼다; *~ se u bundu* 모피코트를 두르다 9. *~ se* (주변에) 감기다; *zavila se zlatna žica oko barjaka* 금줄이 깃발에 감겨져 있었다 10. *~ se* 뒤로 구부려지다; *ruka se zavi na udarac* 때리기 위해 손은 뒤로 구부려진다 11. 기타; *~ glavu* 결혼하다(여자가), 시집가다; *~ u crno* 불행하게 하다; *~ se u crno* 커다란 슬픔에 잠기다

zavitlati *-am; zavitlan* (完) **zavitlavati** *-am* (不完) 1. (nečim, nešto); 흔들다, 흔들기 시작하다 (početi vitlati); *~ nožem* 칼을 흔들기 시작하다; *~ perom* 깃털을 흔들기 시작하다 2. 소용돌이치게 하다, 회오리치게 하다 (바람 등이); *vetar zavitla prašinu* 바람이 먼지를 회오리치게 했다 3. (nešto, nečim) 힘껏 던지다; *~ kamen* 돌을 힘껏 던지다; *~ kuglom daleko* 구슬을 멀리 던지다 4. 획하

고 날아가기 시작하다; *zavitlaše meci iznad glave* 머리 위로 총알들이 획하고 날아갔다 5. (口語) 속이다, 기만하다 (prevariti, nasamariti); *ovog puta nas je zavitlao* 이번에 우리를 속였다 6. *~ se* 빙글빙글 돌기 시작하다 (안개·원무(춤) 등의) 7. *~ se* 무섭게 불기 시작하다 (돌풍·바람 등이) 8. *~ se* 힘껏 던져지다

zavlačiti *-im* (不完) 1. 참조 zavući 2. (일 등을) 질질 끌다 (odugovlačiti, otezati); *~ posao* 업무를 질질 끌다 3. (누구를) 멀리 데리고 가다, 끌고 가다 4. *~ se* 참조 zavući se 5. *~ se* (嘲弄) 배회하다, 어슬렁거리다 (vući se, vucarati se); *zavlačeći se ovako po hotelima ... ja sam izgubio svako osećanje za poštenu ženu* 이렇게 호텔들을 배회하면서 … 나는 올바른 여성에 대한 모든 감정을 상실했다 6. *~ se* 질질 끌다, 한없이 늘어지다

zavladati *-am* (完) 1. (nekim, nečim, nad nekim, nad nečim) 통치하다, 지배하다; 통치(지배)하기 시작하다; *Dušan je zavladao Srbijom* 두샨은 세르비아를 통치하기 시작했다; *~ celom državom* 국가 전체를 통치하다 2. (비유적) 휩싸이게 하다, 감싸다 (obuzeti); *zavlada njime čežnja* 그들은 향수병에 걸렸다; *njom je zavladao bes* 그녀는 분노에 휩싸였다 3. 확산되다, 세력을 떨치다; 시작하다, 나타나다 (raširiti se, nastati); *socijalizam je zavladao u Rusiji* 사회주의가 러시아에서 확산되었다; *zavlada mrak* 어둠이 깔리기 시작한다; *sad je zavladala nova moda* 새로운 유행이 확산되기 시작했다; *zavladalo je proleće* 봄이 시작되었다

zavladičiti *-im* (完) 1. 주교(vladika)로 임명하다, 주교로 선포하다 2. *~ se* 주교로 임명되다, 주교가 되다

zavod 1. (각종 기관들의 명칭) 국(局), 실(室), 청(廳); 교육기관; *~ za zapošljavanje* 고용청; *~ za vaspitanje mladih* 청년교육기관; *gradski ~ za zdravstvenu zaštitu* 시건강보호국; *republički ~ za socijalno osiguranje* 공화국사회보장청; *Jugoslovenski ~ za standardizaciju* 유고슬라비아표준화국; *republički geološki (hidrometeorološki) ~* 공화국지질청(공화국기상청); *kazneni ~* 교정국; *higijenski ~* 보건청 2. 회사 (preduzeće); *pogrebni ~* 장례회사; *nakladni ~* 출판 회사; *osiguravajući ~* 보험 회사 3. (대학의) 교실; *matematički*

(hemijski, geografski) ~ 수학(화학, 지리)교
실; ~ za organsku hemiju (za obojenu
metalurgiju) 생화학교실 (비철금속교실)
zavodski (形)
zavodilac -ioca, zavoditelj 참조 zavodnik
zavoditi (se) -im (se) (不完) 참조 zavesti (se)
zavodljiv -a, -o (形) 매혹적인, 고혹적인 (특
히 자신의 아름다움으로), 매우 매력적인
(privlačan)
zavodljivo (副) 매혹적으로, 고혹적으로; ~ se
nasmejati 고혹적으로 웃다
zavodljivost (女) 유혹
zavodnik 1. (여성에게 성관계를 하자고) 유혹
하는 사람 2. (行政) 문서수신발신철 기록인
zavodskī -ā, -ō (形) 참조 zavod; po savetu
~skog tutora podelio je dan na satove 기
관 후견인의 충고에 따라 하루를 시간별로
나누었다
zavođenje (동사파생 명사) zavoditi; ~ reda
질서 수립
zavoj 1. (醫) 붕대; kompresivni ~ 압박 붕대;
nositi ruku u ~u 손에 팔걸이 붕대를 하다
2. 포장지, 포장재; 봉투; paketić u plavom
~u 파란 포장지에 싸인 소포; iz džepa
izvadi onaj zamotuljak … i zavi ga u zavoj
호주머니에서 꾸러미를 꺼내서는 그것을 포
장지에 포장한다; onda malo otvori ~ pisma
그리고 편지 봉투를 조금 연다 3. (길 등의)
코너, 굽이, 구부러진 곳 (okuka); 구부러진
곳(부분) 4. 주름 (bora, nabor) 5. 방향 전환,
방향 바꿈; pravite ~e 방향을 바꾸세요
zavojak -jka 1. (머리카락의) 곱슬거림; 곱슬거
리는 머리카락 (kovrdža, uvojak, vitica) 2.
(길 등의) 커브, 굽이, 구부러진 곳
(zavijutak); ~ šrafa 나삿니, 나사산; voziti
se uzbrditim ~jcima 구불구불한 오르막 길
을 운전하다
zavojevač 정복자 (osvajač); njen je program
bio: osloboditi Kinu od inostranih ~a 그녀
의 프로그램은 중국을 외국 정복자들로부터
해방시키는 것이었다
zavojevačkī -ā, -ō (形) 참조 zavojevač; 정복
자의 (osvajački)
zavojevati -jujem (完) 1. 전쟁하다, 전쟁을 시
작하다 (početi vojevati) 2. 정복하다, 점령
하다 (osvojiti)
zavojica 1. (길 등의) 커브, 굽이 (zavijutak) 2.
(나사 등의) 나사산, 나선 3. 곡선 4. (말(言)
의) 우회, 에둘러 말함 (uvijanje)
zavojište 참조 previjalište; (보통 군부대의)
응급 치료소(부상자나 환자들에게 붕대를 감

는 장소)
zavojit -a, -o (形) 구불구불한, 굴곡이 많은;
나선형의 (vijugav, spiralan)
zavojnica 1. 참조 spiral; 나선, 나선형; da bi
vlakno zauzimalo manje mesta … ono je
savijeno u usku ~u koja ima malu dužinu
실이 차지하는 부피를 적게 하기 위해 … 길
이가 짧은 나선형으로 접혔다 2. (나사의) 나
사산
zavojničiti -im (完) 1. 병사(vojnik)로 만들다
2. ~ se 병사가 되다, 군대에 가다 (postati
vojnik)
zavojštiti -im (完) 전쟁하다, 전쟁을 시작하다
(početi vojštiti)
zavoleti -im (完) 1. 좋아하다, 사랑하다; 좋아
하기 시작하다, 사랑하기 시작하다 (početi
voleti) 2. ~ se 서로 좋아하기(사랑하기) 시
작하다
zavonjati -am (完) 악취를 풍기다, 악취를 풍
기기 시작하다 (početi vonjati)
zavor, zavoranj -rnja (男), zavornica (女) 1.
(금속으로 된) 연결막대(소의 멍에와 달구지·
쟁기를 연결하는) 2. (문의) 걸쇠, 빗장
(zasovnica, zasun, prevornica) 3. (자동차의)
브레이크 (kočnica) 4. (비유적) 장애물, 방해
물 (prepreka, 늡쇔)
zavoziti (se) -im (se) (不完) 참조 zavesti (se)
zavraćati -am (不完) 참조 zavratiti
zavranjiti -im (完) zavranjivati -njujem (不完)
마개(vranj)로 막다 (začepiti); ~ bačvu 마
개로 통을 막다
zavratiti -im; zavraćen (完) zavraćati -am (不
完) 1. (소매 등을) 둘둘 말다, 걷어 올리다
(posuvratiti, zavrnuti); ~ rukave do lakata
소매를 팔꿈치까지 걷어 올리다 2. 뒤로 돌
리다, 뒤로 향하게 하다; ~ glavu 고개를 뒤
로 돌리다 3. (반대 방향으로) 향하다(돌리다)
(svratiti, skrenuti) 4. 물리치다, 쫓다
(poterati nazad); Crnogorci zavratiše ovce
몬테네그로인들은 양떼를 쫓는다
zavrbovati -bujem (完) 모집하다, 충원하다
(보통은 나쁜 의미로)
zavrći, zavrgnuti zavrgnem (完) 1. (어깨·등에
짐을) 짊어지다, 들쳐매다 2. (전쟁·대화 등
을) 시작하다; ~ boj 전투를 시작하다; ~
razgovor 대화를 시작하다 3. ~ se 어깨에
짊어지다; ~ sekirom 도끼를 어깨에 짊어매
다 4. ~ se (이야기·전쟁 등이) 시작되다
zavrištati -im (完) 소리를 지르다, 소리를 지
르기 시작하다 (početi vrištati)
zavrnut -a, -o (形) 1. 참조 zavrnuti 2. (비유

1579

적) 미친; 이상한, 특이한, 괴상한 (nastran, nezgodan, lud); *nije mogao tom ~om direktoru reći da ~* 그 이상한 사장에게 ~ 라고 말할 수는 없었다 3. 구부러진, 비뚤어진 (iskrivljen, zavijen); ~ *nos* 휘어진 코

zavrnuti *-nem* (完) **zavrtati** *-ćem* (不完) 1. 돌리다; 돌려 잠그다(끄다, 줄이다, 조이다) (okrenuti); ~ *ključ* 열쇠를 돌리다(열쇠를 돌려 잠그다); ~ *slavinu* 수도꼭지를 잠그다; ~ *prekidač* 스위치를 끄다; ~ *dugme na radiju* 라디오 다이얼을 돌려 소리를 줄이다 (라디오을 끄다); ~ *zavrtanj* 나사를 죄다 2. (소매 등을) 걷어 올리다, 말아 올리다 (posuvratiti, podvrnuti); ~ *zavesu* 커튼을 올리다; ~ *rukav* 소매를 걷어 올리다; ~ *suknju* 치마를 올리다 3. 구부리다, 휘다; 꼬다, 말다 (uvrnuti, usukati); ~ *ruku* 손을 비틀다; ~ *rep* 꼬리를 말다; ~ *brkove* 콧수염을 꼬다 4. 방향을 바꾸다, 방향을 틀다 (skrenuti u stranu, zaviti); ~ *u drugu ulicu* 다른 거리로 방향을 바꾸다 5. (다른 방향으로) 쫓다, 쫓아내다, 몰다; ~ *krave* 소떼를 몰다 6. 거세하다 7. (不完) (비유적) 돌려 말하다, 에둘러 말하다 (okolišiti) 8. 기타; ~ *vrat (vratom)*, ~ *šiju* 질식시키다, 목을 비틀다, 죽이다, 망하게 하다; ~ *mozak* 미치게 하다; ~ *na svoju ruku* 독립적으로 일하기 시작하다

zavrsti *zavrzem; zavrzao, -zla* (完) 1. (노끈·밧줄 등으로) 묶다, 묶어 고정시키다(못 움직이게) (zavezati, privezati); ~ *lađu konopcem* 밧줄로 배를 묶어놓다 2. 엮다, 꼬다 (zaplesti, zapetljati); *zavrzlo ga granje* 나뭇가지들이 그것을 엮었다 3. ~ se 엮이다, 얽히다; 묶이다; *tele se zavrzlo u konopcu* 송아지가 밧줄에 얽혔다 4. ~ se 불화가 일어나다, 말다툼하다 (zakačiti se); ~ *se oko nekog oružja* 어떤 무기를 두고 충돌이 일어나다 5. ~ se 시작되다(말다툼 등이) (zapodenuti se)

završak *-ška* 참조 završetak

završavati *-am* (不完) 참조 završiti

završetak *-tka; završeci, završetākā* 1. 끝 (시·공간적); (어떤 일의) 끝, 마침, 종결; ~ *rata* 전쟁의 종결; ~ *godine* 한 해의 끝; ~ *puta* 길의 끝; ~ *planine* 산의 끝; ~ *romane* 소설의 끝; ~ *pesme* 노래의 끝 2. (文法) 어미 (nastavak); *padežni* ~ 격어미

završiti *-im; završen* (完) **završavati** *-am* (不完) 1. 마치다, 끝마치다, 종결하다 (okončati, dovršiti); ~ *govor* 말(연설)을 마

치다; ~ *rat* 전쟁을 끝마치다; ~ *školovanje* 학교를 마치다; ~ *s nečim* 무엇을 끝마치다; *završite s razgovorm!* 대화를 끝마쳐 주세요!; *on je završio svoje!* 그는 자신의 몫을 마쳤다; *profesor je završio čas* 선생님은 수업을 마치셨다; *jesi li završio s novinama (s telefonom)?* 신문을 다 읽었느냐?(전화를 다 마쳤느냐?); *uspešno* ~ 성공적으로 마치다; *završio je govor rečima* ~ 그는 연설을 ~로 끝냈다 2. 끝나다, 사라지다, 없어지다, 죽다 (nestati, umreti); ~ *u nekom podrumu* 어떤 지하실에서 죽다 3. (삶·승진 등에서) ~까지 도달하다; ~ *kao kapetan* 선장까지 승진했다; *vođa pokreta završiće kao austrijski čovek* 운동 지도자는 오스트리아인으로 삶을 마칠 것이다 4. ~ se 끝나다; *rat se završio* 전쟁이 끝났다; *time se razgovor završi* 그것으로 대화는 끝난다; *to se nikako ne završava* 그것은 결코 끝나지 않는다

završnī *-ā, -ō* (形) 마지막의, 마치는, 최종의 (poslednji, zaključni); ~ *govor* 마지막 연설; ~*a sednica* 최종 회의; ~ *račun* 최종 계산서

završnica 1. 마무리 단계, 끝나는 단계; ~ *komedije* 희극의 마무리 단계; ~ *istorije klasnog društva* 계급사회 역사의 마지막 단계 2. (스포츠의) 끝나가는 부분(시점), 종반부; ~ *prvenstva* 선수권 대회 종반부

zavrt, zavrtaj 회전, 선회 (obrtaj, okret)

zavrtanj *-tnja* 1. 나사, 볼트 (šraf, vijak) 2. 프로펠러 (propeler, elisa)

zavrtanje (동사파생 명사) zavrtati

zavrteti *-im; zavrćen* (完) 1. 돌리기 시작하다 (početi vrteti); (고개를) 젓기 시작하다, 흔들기 시작하다; (신체의 한 부분을) 흔들기 시작하다, 들썩이기 시작하다; (눈동자를) 굴리기 시작하다; ~ *glavom* 고개를 흔들기 시작하다; ~ *plećima* 어깨를 들썩이기 시작하다; ~ *očima* 눈을 굴리기 시작하다 2. 말다, 꼬다 (usukati, upresti); ~ *brkove* 콧수염을 말다 3. 돌리다, 돌려 막다(끄다, 죄다); ~ *zavrtanj* 나사를 죄다 4. (無人稱文) 따끔거리기 시작하다, 쿡쿡 쑤시기 시작하다; *zavrti mi u ušima* 나는 귀가 따끔거린다; *zavrti ga u kuku* 그는 골반이 쿡쿡 쑤시기 시작한다 5. (無人稱文) 생각이 머릿속을 빙빙거리며 떠나지 않다; *zavrtelo joj da ide u Crnu Goru* 그녀는 몬테네그로에 가야겠다는 생각이 항상 머릿속에 남아 있었다 6. ~ se 빙빙 돌기 시작하다; *zavrtim se s njom na* *plesu* 나는 그녀와 빙빙 돌며 춤을 춘다; *zavrtela se vejavica* 눈보라가 회오리쳤다; *čigra se zavrtela* 팽이가 빙글빙글 돌았다 7. ~ **se** (無人稱文) 현기증이 나다 8. 기타; ~ *nekome mozak (mozgom, pamet, glavu)* 누구를 매혹하다, 누구의 마음을 사로잡다; *zavrtele mu se suze u očima* 그의 눈에 눈물이 그렁그렁 맺혔다; *zavrtelo mi se u glavi* 머리에 현기증이 났다

zavrtka 참조 navrtka; 너트

zavrzalo (男,中) 참조 zavrzan

zavrzan (嘲弄) 서툰 사람, 어설픈 사람 (zvekan, klipan)

zavrzanko (男) 참조 zavrzan

zavrzivati *-zujem* (不完) 1. 참조 zavrsti 2. (비유적) 별별 말을 다하다, 수다를 떨다; 쓸데없는 말을 하다; 말참견하다

zavrzlama 1. 복잡하게 얽힌 것(일), 복잡난해한 것(일); *poslovna* ~ 사업적으로 복잡하게 얽힌 일; *knjiga puna* ~ 복잡난해한 것이 많은 책 2. 소란, 혼란; 당황, 당혹스러움 (metež, pometnja, zbrka) 3. 기만, 속임수, 트릭 (smicalica, podvala); *isplata subotom u gotovom novcu bez ikakvih ~a -zahtev je radnički* 그 어떤 트릭없이 토요일에 현금으로 임금을 지불하라는 것이 - 노동자들의 요구이다 4. (한정적 용법으로) 이상한, 기괴한 (ćudljiv, osoben); *Alihodža je bio usamljen, kao osobenjak i zavrzlama-čovek* 알리호자는 외롭고 기괴한 사람이었다

zavući *zavučem; zavukao, -kla; zavučen* (完) **zavlačiti** *-im* (不完) 1. (~의 안에(속에·사이에)) 놓다, 두다; 밀어 넣다; *zavukao sam ruke u džepove* 1)손을 호주머니 속에 넣었다, 2)소비하기로 하다(결정하다); ~ *ruku u tuđ džep* 도둑질하다, 훔치다; ~ *glavu pod jastuk* 얼굴을 베개에 파묻다 2. (시간을) 질질 끌다 (razvući, otegnuti); *Rusi su odviše zavukli stvar* 러시아인들이 일을 너무 질질 끌었다 3. (~의 뒤로) 끌고 가다, 끌고가 치우다; *gde si zavukla ono uverenje?* 그러한 확신을 어디에 버렸느냐? 4. ~ **se** 들어가다, 숨다, 은신하다 (어떤 폐쇄된 공간 또는 텅 빈 공간에) (ući, skloniti se, uvući se); *kruna se zavukla u kuću, pa se ne pokazuje ni živa* 왕관은 집안으로 들어가 한 번도 보이지 않았다; *zavukao se u podrum* 지하실로 숨었다 5. ~ **se** (너무 오랫동안) 지속되다; *sam je bio kriv što se toliko zavukla ova pogubna kavga* 이러한

치명적 언쟁이 그렇게 오래 계속된 것은 그 자신에게도 잘못이 있었다 6. 기타; ~ *se u mišiju rupu* (嘲弄) (창피해) 쥐구멍에 숨다; ~ *se u sebe* 고립되어 살다

zazeleneti (se) *-im (se)* (完) 1. (숲 등이) 푸르러지다, 녹음이 지다, 녹음이 지기 시작하다 (početi zeleneti) 2. 녹색을 띠다

zazeleniti *-im* (完) 푸르러지게 하다, 녹색으로 칠하다

zazepsti *zazebem; zazebao, -bla; zazebući* (完) (보통 무인칭문으로) 1. 한기(寒氣)를 느끼다, 추위를 느끼다; ~ *po nogama* 다리에 한기를 느끼다 2. (비유적) 두려움·공포심을 느끼다 (osetiti zebnju (strah))

zazidati *-am & zaziđem* (完) 1. 벽(zid)으로 막다, 벽으로 봉쇄하다; ~ *prozor* 창문을 벽으로 막다; ~ *tunel* 터널을 벽으로 봉쇄하다 2. 담장을 두르다; ~ *dvorište* 마당을 담장으로 두르다 3. ~ **se** 벽으로 막히다, 봉쇄되다; 갇히다, 유폐되다; *ja ću se ~ u kameni zid* 나는 석벽속에 갇힐 것이다

zazimiti *-im* (完) 1. (無人稱文) (겨울이) 시작되다 2. (他) 겨울을 나게 하다(장미·종려나무·벌통 등을); ~ *dvadeset ovaca* 20마리의 양이 겨울을 나게 하다

zazirati *-rem* (不完) 꺼리다, 회피하다; 주저하다, 망설이다; 무서워하다, 두려워하다; ~ *od nečega* ~을 꺼리다(회피하다); ~ *od profesora* 선생님을 무서워하다

zazivati *-am & -vljem* (不完) 참조 zazvati, dozivati

zazjati *-am* (完) **zazjavati** *-am* (不完) 멍하니 바라보다, 멍하니 바라보기 시작하다 (početi zjati)

zazjavalo (男,中) 멍하니 쳐다보는 사람

zazor 1. 부끄러움, 창피, 수치 (sram, stid, sramota); *reći bez ~a* 부끄럼없이 말하다; ~ *i sramota* (詩的) 수치심; ~ *mi je* 수치스럽다 2. 불안, 두려움; 근심, 걱정 (strepnja) 3. 경외 (strahopoštovanje)

zazoran *-rna, -rno* (形) 1. 부끄러운, 창피한, 수치스런 (sraman, stidan); *mi smo u našoj kući dosta oskudni, ali se čuvamo od svega ~rna* 우리 집은 너무 가난하지만 모든 창피한 모든 것들을 잘 이겨내고 있다 2. 불쾌한, 불편한, 적절하지 않은 (nepovoljan, neprijatan, neugodan); ~ *pogled* 불쾌한 시선; *odredbe ... mogu biti ~rne Porti* 규정은 조정(朝廷)에 불편할 수도 있다

zazoriti *-i* (完) 동이 트다, 여명이 밝다 (svanuti)

Z

zazorljiv *-a, -o* (形) 겁이 많은, 두려워 하는 (보통은 말(馬)이) (plašljiv); ~ *konj* 겁많은 말

zazreti *zazrem* (完) 1. (~을 보고) 알아차리다, 보다; ~ *devojku na ulici* 길거리에서 처녀를 보다(보고 알아차리다) 2. (보고) 흠찟 놀라다, 움찔하다; *konj je zazreo* 말이 흠찟 놀랐다

zazuban *-bna, -bno* (形) 꼴도 보기 싫은, 밉살스런 (mrzak, nepodnošljiv)

zazubica (보통은 複數로) 1. (말(馬)의) 잇몸 2. (病理) 치은염(잇몸이 빨갛게 붓고 아픈 병) 3. 기타; *rastu mu ~e, dobija ~e* (특히 다른 사람이 먹는 것을 보며) 입안에 침이 샘솟다, ~에 대한 강한 열망이 있다

zazujati *-jim* (完) 윙윙거리다, 윙윙거리기 시작하다 (početi zujati)

zazuriti (se) *-im (se)* (完) 뚫어지게 쳐다보다 (응시하다), 뚫어지게 쳐다보기 시작하다 (početi zuriti, zagledati se)

zazveckati *-am* (完) 땡그렁(짤랑)거리다, 땡그렁거리기 시작하다 (početi zveckati)

zazvečati *-im* (完) (금속 등이 부딪치며) 쨍그렁거리다, 쨍그렁거리기 시작하다 (početi zvečati)

zazveketati *-ćem* (完) 쨍그렁거리다, 쨍그렁거리기 시작하다 (početi zveketati)

zazviždati *-im* (完) (擬聲語) 휘파람을 불다, 휘파람을 불기 시작하다 (početi zviždati)

zazvoniti *-im* (完) 벨을 울리다, 벨을 울리기 시작하다 (početi zvoniti)

zazvučati *-im* (完) 1. 소리를 내다, 소리를 내기 시작하다 (početi zvučati) 2. (어떠한) 소리처럼 들리다; *zadnje reči istisne kroz zube, u njima zazvuče mržnja i roptanje* 이빨 사이로 새어나오는 마지막 말들은 증오과 불만의 소리로 들린다

zažagoriti *-im* (完) 수근거리다, 수근거리기 시작하다 (početi žagoriti); *pojavljuju se radoznale ženske glave koje zažagore razgovorom* 수근거리며 대화하는 호기심 많은 여인네들이 나타났다

zažagriti (se) *-im (se)* (完) 1. (눈(眼)이) 반짝이다, 빛나다; *oči mu zažagrile* 그의 눈은 빛났다 2. 흥분하다, 격앙되다, 분노하다 (raspaliti se)

zažaliti *-im* (完) 1. (~ 때문에) 애석해 하다, 유감스럽게 생각하다; *zažali samo što nije školovan* 그는 단지 학교를 다니지 못한 것에 대해 애석해 한다 2. (koga) (누구를) 동정하다

zažamoriti *-im* (完) 수근거리다, 수근거리기 시작하다 (početi žamoriti)

zažariti *-im* (完) 1. (쇠 등을) 달구다, 이글거리게 하다 (usijati, užariti); ~ *peć* 난로를 달구다; ~ *gvožđe* 쇠를 달구다 2. (달궈진 것 처럼) 빛나다 (obasjati) 3. ~ se 달궈지다 4. ~ se 붉게 되다, 빨갛게 되다(햇빛으로 인해); *more se na istoku zažarilo* 동쪽 바다는 (햇빛으로 인해) 붉게 되었다 5. ~ se 붉어지다, 불그래지다(얼굴이); 빛나다(눈(眼)이); *brišući oznojeno i zažareneo lice, priđe k prozoru* 땀나고 불그래진 얼굴을 닦으며 창문쪽으로 간다

zažditi *-im & -ijem* (完) 1. (~에) 불을 지피다, 태우다 (zapaliti); *nemoj da nam zaždiješ kuću* 우리 집을 태우지 마라; ~ *sveću* 초에 불을 붙이다 2. (총을) 쏘다, 사격하다 (opaliti) 3. (비유적) 도망치다 (pobeći); ~*u šumu* 숲으로 도망치다

zažeći *zažežem*; *zažgao, -gla*; *zažežen*; *zažezi*; *zažegavši* (完) 1. (~에) 불을 붙이다 (지피다) (zapaliti, upaliti); *čuvar ... zažegao zublju* 경비원이 ··· 횃불에 불을 붙였다; ~ *sveću* 초에 불을 붙이다 2. (총을) 쏘다, 발사하다; (번개·천둥이) 번쩍하다 (opaliti, sevnuti); ~ *iz puške* 총을 쏘다 3. (비유적) 도망치다 (pobeći, zagrepsti); ~ *u šumu* 숲으로 도망치다

zažedneti *-im* (完) 목마름을 느끼다, 갈증을 느끼다; *mi ćemo se ... sami poslužiti, kada zažednemo* 목이 마르면 우리가 알아서 마실 것이다

zaželeti *-im* (完) 1. 원하다, 기원하다, 바라다; 소망하다 (poželeti) 2. ~ se (누굴 보기를) 소망하다, 갈망하다; ~ se *nečega* ~을 보기를 간절히 원하다; ~ se *roditelja* 부모님 뵙기를 간절히 원하다; *majka te se zaželela* 어머니가 너 보기를 간절히 원한다; *što ti duša zaželi* 네 마음이 원하는 것

zažeti *zažanjem & zažnjem*; *zažeo, -ela*; *zažanjući*; *zažet & zažnjeven* (完) 1. (농작물 등을) 수확하다, 수확하기 시작하다 (početi žati) 2. (낫 등으로) 베다

zažmiriti *-im* (完) 1. 눈을 반쯤 감다, 눈을 가늘게 뜨다; ~ *levim okom* 왼쪽 눈을 반쯤 감다, 왼쪽 눈을 가늘게 뜨다 2. 눈을 감다

zažmuriti *-im* (完) 1. 눈을 감다; ~ *očima* 눈을 감다 2. (비유적) 눈감아 주다(누구의 행동에 못 본 것 처럼) 3. (비유적) 용기있게 결정하다

zažuboriti *-im* (完) (물 등이) 콸콸거리다, 콸콸

거리는 소리를 내기 시작하다 (početi žuboriti)

zažučiti *-im* (完) 담즙(žuč)처럼 쓰게 하다

zažudeti *-im* (完) 갈망하다, 열망하다 (postati žudan); ~ *za nečim* ~을 갈망하다; *zažudi za slatkim odmorom i mirom* 달콤한 휴식과 평온을 열망한다

zažuteti (se) *-im (se)* (完) 누렇게 되다, 누렇게 되기 시작하다 (옥수수 등이)

zažutiti *-im* (完) 누렇게 되게 하다

zbaban *-a, -o* (形) 할머니(baba)같은, 할머니 같이 보이는; 늙은 사람같이 보이는, 주름진; *uprepašćen vitez stade gledajući ukočeno na ~o lice njeno* 깜짝놀란 기사(騎士)는 꼼짝도 않고 그녀의 주름진 얼굴을 바라보면서 서있었다

zbabast *-a, -o* (形) 참조 zbaban

zbabati se *-am se* (完) 할머니의 모습이 되다; 주름지다, 늙다

zbabna (形) (方言) 임신한 (noseća, trudna); *a da je ~ s tobom, bilo bi drugačije* 그녀가 너와 관계하여 임신했더라면, (이야기가) 달라졌을텐데

zbaciti *-im* (完) 1. (위에서, 밑으로, ~으로부터) 던지다, 떨어뜨리다; *konj je zbacio jahača* 말은 기수(騎手)를 땅 밑으로 떨어뜨렸다; ~ *sneg s krova* 지붕에서 눈을 내던지다 2. (자신으로부터) 떼어내다 (skinuti); *zbaci kožuh, zasuče rukave* 모피 코트를 벗고 소매를 걷어 올린다; ~ *jaram* 멍에를 벗어던지다; ~ *košulju sa sebe* 셔츠를 벗다; ~ *cipele sa sebe* 신발을 벗다 3. 제거하다, 쫓아내다, 폐하다 (왕좌로부터, 어떠한 직위로부터); ~ *s prestola* 왕좌에서 쫓아내다(폐하다); *narod je uvek smatrao da ima pravo da zbaci jednoga kralja, te da postavi drugoga* 백성들은 항상 왕을 폐하고 다른 왕을 세울 수 있다고 생각하였다 4. 던지다 (뒤로); *ustuknu jedan korak i zbaci glavu unazad* 한 발 뒤로 물러나 고개를 뒤로 돌린다 5. 기타; ~ *s uma* 잊다, 잊어버리다

zbeći se, zbegnuti se *zbegnem se; zbegao se, -gla se* (完) 1. 도망가 한 곳에 모이다; 피신처로 피하다 2. 모이다 (skupiti se)

zbeg *-ovi* 1. (주로 전쟁 동안 피난민들이 피신해 모여 있는) 피난처, 도피처; *žena mu davno u ~u umrla* 그의 아내는 오래전에 피난처에서 죽었다 2. 난민, 피난민

zbegnuti se *-nem se* (完) zbeći se

zbežati se *-im se* (完) 피신하다, 피신해 한 곳에 모이다; 피난처로 피난하다

zbijanje (동사파생 명사) zbijati; 응축, 압축, 밀집

zbijati *-jam* (不完) 1. (눌러서·때려서) 집어 넣다, 밀어 넣다; ~ *u torbu odeću* 가방에 옷을 꾹꾹 눌러 넣다 2. 한 곳에 모으다; 집결시키다; (밀도를) 빽빽하게 하다, 촘촘하게 하다 3. ~ se 모이다; 밀집되다; 빽빽해지다, 빈번해지다, 단단해지다 4. 기타; ~ *redove* 1)밀집시키다(어떠한 전투에서 대형을) 2)사상적으로 단결시키다; ~ *šalu (lakrdiju)* 농담하다

zbijen *-a, -o* (形) 1. 참조 zbiti (se). 2. 응축된, 압축된 (sabijen, nabijen) 3. 단단한 (čvrst); ~*a zemlja* 단단한 땅 4. 밀집된, 촘촘한 (gust, čest); ~*a magla* 짙은 안개; ~*i zubi* 촘촘한 이빨들; ~*e kuće* 다닥다닥 붙은 집들 5. (비유적) 압축된, 간결한, 요약된 (sažet, koncizan); ~ *izraz* 간결한 표현

zbijenost (女) 1. 밀집(빽빽함, 응축) 2. (비유적) 간결함, 간명함, 축약, 요약 (sažetost, konciznost)

zbilja 1. 실제, 현실, 사실; 진실 (stvarnost, realnost; istina); *društvena* ~ 사회적 실제 2. 진지함, 중요함 (ozbiljnost, važnost); *u toj glavi u kojoj su se inače šala i ~ smenjivale kao plima i oseka* 밀물과 썰물처럼 농담과 진지함이 번갈아가며 떠오른 그 머리에서

zbilja (副) 정말로 (zaista, uistinu); *zar on to ~ misli?* 정말로 그는 그것을 생각하느냐?

zbiljskī *-ā, -ō* (形) 1. 실제적인, 현실적인, 진실한 (stvaran, istinski, pravi); *ovde treba ~a brza pomoć* 여기에 실제적이고 신속한 도움이 필요하다 2. 신중한, 진중한 (ozbiljan)

zbiljski (副) 실제적으로, 현실적으로; 진지하게, 진심으로 (stvarno; ozbiljno)

zbir *-ovi* (數) 합, 합계

zbirati *-am* (不完) 1. 참조 sabirati; 더하다, 합하다 2. 모으다, 수집하다 (sakupljati); ~ *nepoznate reči* 모르는 어휘를 수집하다; ~ *mobu za košenje* 풀베는 품앗이를 모집하다 3. (이마 등을) 찡그리다, 찌푸리다 (mrštiti) 4. ~ se 모이다

zbirčica (지소체) zbirka

zbirka (D.sg. *-rci*; G.pl. *-rākā* & *-kī*) 수집, 컬렉션; ~ *slika* 그림 수집; ~ *maraka (novaca)* 우표(동전) 수집; ~ *pripovedaka* 동화 수집

zbirljiv *-a, -o* (形) 한 점으로 모이는, 수렴되는 (konvergentan)

zbirnī *-ā, -ō* (形) 참조 zbir; 집합의, 집합적인;

~a imenica 집합 명사

zbiti zbijem; zbijen, -ena & zbit (完) **zbijati** – am (不完) 1. (꽉꽉 눌러) (~에) 밀어 넣다, 밀쳐 넣다, 다져 넣다 (nabiti, sabiti); ~ stvari u torbu 물건들을 가방에 밀어 넣다 2. (문장 등을) 요약하다, 압축하다 (sažeti); ~ u dve rečenice 두 문장으로 요약하다 3. (한 장소에) 몰아 넣다, 모이게 하다; 북적이게 하다 (saterati); zbila ih je kiša u kafanu 비로 인해 카페는 (사람들로) 북적였다 4. ~ se 단단해지다, 빽빽해지다, 밀도가 높아지다; sir se zbio 치즈가 단단해졌다 5. ~ se 모이다 (skupiti se); ~ se oko učitelja 선생님 주변에 모이다 6. 기타; ~ redove 1)대열의 간격을 좁히다 2)똘똘 뭉치다, 결속을 강화하다

zbiti se zbude se (完) 일어나다, 발생하다 (desiti se, dogoditi se); ako se to zbude 그러한 일이 일어난다면

zbitost (女) 간결함, 간명함, 요약 (zbijenost, sažetost)

zbivanje (동사파생 명사) zbivati se; 발생한 일, 일어난 일, 사건, 행사; politička ~a 일련의 정치적 사건들

zbližiti –im (完) **zbližavati** -am (不完) 1. 가깝게 하다, 친근하게 하다 (približiti, sprijateljiti); ništa tako ne može ~ ljude kao nevolja 어려움처럼 사람들을 가깝게 할 수 있는 것은 아무것도 없다 2. ~ se 가까워지다, 친해지다; u križarskim ratovima su se feudalci raznih oblasti i zemalja bolje upoznali i zbližili 십자군 전쟁에서 여러 지역과 나라의 영주들은 서로를 더 잘 알게 되고 가까워졌다

zbog (前置詞,+ G) (원인·이유를 나타냄) ~ 때문에; on ~ toga nije došao 그는 그것 때문에 오지 않았다; zaustavili su se ~ umora 그들은 피곤함 때문에 멈춰섰다; ~ starosti 연로함 때문에; ~ dece 아이들 때문에; oni vole primorje ~ dobre klime 그들은 좋은 기후 때문에 연안을 좋아한다

zbogom (小辭) (작별할 때의 인사) 안녕, 안녕히 가세요(계세요); ~ majko! 어머니 안녕히 계세요; reći ~ nekome 누구에게 작별인사를 하다; kad završi osmi razred, onda ~ školo! 8학년을 마치면, 학교 교육은 끝난다; poslednje ~ 마지막 작별 인사(고인(故人)에 대한)

zbor –ovi 1. 모임, 회합, 회의(대규모 인원들이 합의를 하기 위한); 대회 (대규모 청중들이 모인); ~ radnika 노동자 대회; ~ birača

유권자 대회; masovni ~ 대규모 대회; ~ devojaka 처녀들의 회합 2. (軍) 집합! (모이라는 명령형의) 3. (다수의 사람들로 이루어진) 위원회; 진(陣), 단(團) (kolegijum, kolektiv); učiteljski ~ 교사단 3. 합창단 (hor); 합주단, 앙상블; 합창곡; muški ~ 남성 합창단; ciganski ~ 집시 합주단; novi upravnik je naredio da organizuje tamburaški i pevački ~ 신임 디렉터는 현악단 및 합창단을 조직하도록 지시하였다 4. 대화, 이야기 (razgovor, govor); nema više veselog ~a, ni razgovora 더 이상 재미있는 대화는 없다; u toj kući se nije čuo naš ~ 그 집에서는 우리의 대화가 들리지 않았다 5. 기타; ~ zboriti (詩的) 회의에서 이야기하다, 대화하다; ~om i tvorom 말과 행동으로; nema ~a 의심의 여지가 없다(사실이다); svirati ~ (軍) 집합 나팔을 불다

zboran -rna, -rno (形) 주름잡힌, 주름이 많은

zboran -rna, -rno (形) 말을 많이 하는, 말이 많은 (govorljiv, rečiv)

zborati -am (完) 1. 주름지게 하다 2. ~ se 주름지다; čelo mu je namršteno, lice se zboralo od te brige 근심걱정 때문에 그의 이마는 찡그려지고, 얼굴은 주름이 졌다

zborište 회합 장소, 회의 장소, 대회 장소

zboriti –im (不完) 1. 말하다, 이야기하다 (govoriti, pričati) 2. 기타; zbor ~ 회의에서 말하다, 대회에서 말하다; i zbori i tvori 말을 요령있게 잘하고 말한 것은 행동으로 옮긴다; niti zbori niti romori 그는 한 마디 말도 하지 않는다

zbornī -ā, -ō (形) 참조 zbor; 모임의, 회합의, 회의의, 대회의; ~ simbol 대회의 심볼; ~o mesto 회합 장소; ~a pesma 대회가(歌)

zbornica 1. 회합 장소, 회의장; 대회장(場) 2. (학교의) 교무실; direktor ju je sačekao na vratima škole, predstavio je u zbornici ostalima 교장선생님은 그녀를 교문에서 맞이한 후, 교무실에서 다른 선생님들에게 그녀를 소개했다

zbornik 1. 선집(選集) (문학이나 학술 논문 등의); 기념 선집 (누구의 업적을 기념하는); ~ pripovedaka 구전 문학 선집; ~ ljubavnih pesama 사랑에 관한 시 선집; ~ narodne poezije 민중시 선집; ~ dokumenata 자료 선집 2. 집(集), 지(誌), 계간지(학술 논문 등의); srpski dijalektološki ~ 세르비아 방언학지(誌) 3. 육필집 (오래전 육필 모음); glagoljski ~ 글라골리짜 육필집 4. 법전; zakona 법전 5. 기도서 (molitvenik)

zborovođa (男) 참조 horovođa; 합창단장, 합창단 지휘자

zbrajati -jam (不完) 더하다, 합하다 (sabirati); ~ cifre 숫자를 합하다

zbrati zberem (完), **zbirati** -am (不完) 1. 수확하다, 거둬들이다 (밀 등 농산물을) 2. 모이게 하다, 소집하다 (sazvati, skupiti); ~ sve ljude iz sela 마을의 모든 사람들을 소집하다 3. 모으다 (skupiti); ~ stvari u jednu sobu 물건들을 한 방에 모으다; ~ malo para 약간의 돈을 모으다 4. 주름지게 하다, 찌푸리다, 찡그리다 (nabrati, namrštiti); ~ obrve 눈쌀을 찌푸리다 5. ~ se (한 곳에) 모이다; (~와) 어울리다 6. ~ se (얼굴·이마 등이) 주름지다 (naborati se)

zbratimiti -im (完) **zbratimljavati** -am (不完) 1. 의형제를 맺게 하다; 친하게 하다 (pobratimiti) 2. ~ se 의형제를 맺다 3. ~ se 친교를 맺다

zbrčkati -am (完) 1. 주름지게 하다 (얼굴·이마 등에); 구기다 (naborati, zgužvati) 2. ~ se (이마 등에) 주름 지다, 주름이 많이 지다

zbrda-zdola (副) 두서없이, 무질서하게 (bez ikakva reda); bilo ih je ~ 그것들은 무질서하게 있었다; govorio je ~ 그는 두서없이 말했다

zbrinuti -nem (完) **zbrinjavati** -am & -njujem (不完) 1. 돌보다, 보살피다(물질적으로); 부양하다, 먹여 살리다; 신경을 쓰다, 챙기다 (보살핌·치료·교육·일 등을); ~ svu decu 모든 아이들을 부양하다; svaki ministar zbrine najpre svoju familiju, pa tek onda državu 모든 장관들이 자기 가족부터 먼저 챙기고 그 다음에서야 비로서 국가를 걱정한다; ~ sve bolesnike 모든 환자들을 돌보다; ~ učesnike izbegle iz Bosne 보스니아에서 피난 온 학생들을 보살피다 2. 근심·걱정을 사라지게 하다 (덜게 하다) (prebrinuti); ~ brigu 근심걱정을 덜다 3. ~ se 물질적으로 부양받다 (obezbediti se)

zbrisati -šem (完) 1. 닦아 없애다; (일반적으로) 없애다, 제거하다; ~ znoj sa čela 이마의 땀을 닦다; ~ paučinu 거미줄을 없애다 2. 깨끗이 하다, 없애다, 제거하다; ~ sneg sa krova 지붕의 눈을 치우다; ~ mrve sa stola 테이블에 떨어진 빵가루를 치우다 3. (쓰여진 것, 그려진 것을) 지우다, 지워 없애다 4. 파괴하다, 말살하다 (uništiti); večni smo mi ovde i nas ne može ništa ~ 우리는 여기 이곳에서 영원할 것이며 아무도 우리를 멸망시킬 수 없다

zbrka (D.L. -ci) 1. 뒤섞임, 뒤죽박죽(여러가지 물건·생물·개념·현상 등의); ~ sitnica 잡동사니들의 뒤섞임; ~ glasova 여러 목소리들의 뒤섞임; napraviti ~u 뒤죽박죽 만들어놓다 2. 무질서, 혼란, 혼동; 불명확, 애매모호; ~ u društvu 사회의 무질서; ~ pojmova 개념의 불명확함; ~ u glavama 생각의 혼란; nastala je ~ 무질서가 시작되었다

zbrkan -a, -o (形) 1. 혼란스런, 무질서한 (metežan, haotičan); ~a gomila ljudi 무질서한 군중 2. 정돈되지 않은, 뒤죽박죽인, 엉망인 (neuredan); ~o dvorište 엉망상태인 정원 3. 맞지 않는, 올바르지 않은, 부조화의 (neskladan, nepravilan); ~a muzika 하모니가 맞지 않은 음악; ~ jezik 앞뒤가 맞지 않는 말(言) 4. 애매모호한, 불분명한 (nejasan, konfuzan); ~a pojmovi 불명확한 개념들; ~a beseda 불분명한 연설

zbrkanost (女) 혼란, 혼동, 뒤죽박죽, 애매모호

zbrkati -am (完) 1. 엉망진창으로 만들다, 뒤죽박죽 뒤섞이게 하다 (pomešati); ne umeš, ti ćeš da zbrkaš 넌 할 수 없어, 넌 엉망진창으로 만들어 놓을꺼야 2. 당황하게 하다, 혼란스럽게 하다, 헷갈리게 하다 (zbuniti)

zbrljati -am, **zbrkljati** -am (完) (어떤 일을) 엉망진창으로 하다, 날림으로 아무렇게나 하다

zbroj (數) 합, 합계 (zbir)

zbrojiti -jim (完) 더하다, 합하다 (sabirati)

zbrzati -am (完) 너무 빠르게 말하다; on je znao ... da sve poluglasno i nejasno zbrza kao da mu je baš stalo do toga da ga ljudi ne shvate 그는 사람들이 자신의 말을 못알아듣도록 하는 것이 목적인 것 처럼 불명확하고 나지막하게 빨리 말한다는 것을 알고 있었다

zbubati -am (完) (어떤 일을) 엉망진창으로 하다, 날림으로 아무렇게나 하다 (sklepati)

zbuniti -im; **zbunjen** (完) **zbunjivati** -njujem (不完) 1. 당황하게 하다, 혼란스럽게 하다, 헷갈리게 하다 (pomesti) 2. ~ se 당황하다, 헷갈리다, 혼란스럽다; zbunio se pa nije znao šta da joj kaže 그는 당황해서 그녀에게 뭐라고 말해야 될지 몰랐다

zbunljiv -a, -o (形) 쉽게 당황하는, 쉽게 헷갈리는

zbunjenost (女) 당황, 혼란스러움

zbunjivati -njujem (不完) 참조 zbuniti

zdanje 빌딩, 건물(규모가 큰) (zgrada)

zdela 1. (우묵한) 그릇 (činija); ~ za supu 수프 그릇 2. (解) 참조 zdelica

zdelica 1. (지소체) zdela 2. (解) 골반뼈 (karlica)

zdeloliz (卑俗語) 동냥아치 (값싼 자비를 구하면서 아부하는); 아부꾼, 아첨꾼

zdenac -nca; -ācā 1. 수원(水源) (studenac) 2. 우물, 샘 (bunar)

zdenuti -nem (完) **zdevati** -am (不完) 쌓다, 쌓아 올리다(건초더미, 노적가리 등을) (sadenuti)

zdepast -a, -o (形) 1. 작고 뚱뚱한, 땅딸막한 (사람이); ~a sluškinja 작고 뚱뚱한 하녀 2. (물건 등이) 균형이 맞지 않는, 불균형의; ~a kuća 균형이 맞지 않는 집; ~o slovo 균형이 맞지 않는 글자

zderati -em (完) **zdirati** -em (不完) 1. (껍질·가죽·겉면 등을) 벗기다, 떼어 내다 (zguliti, sljštiti); ~ kožu s jagnjeta 양의 가죽을 벗기다 2. 거칠게 확 뜯어 내다; ~ epolete sa šinjela 외투에서 견장을 확 뜯어 내다

zdesna (副) 1. 오른쪽으로부터; 오른편에서; doći ~ 오른쪽에서 오다; stajati ~ 오른쪽에 서다 2. (政) 우익으로부터, 우익 진영으로부터

zdesti zdenem & zdedem (完) 1. (건초 등을) 쌓다, 쌓아 올리다 (zdenuti); ~ seno 건초를 쌓다 2. ~ se 쌓아 오르다

zdetna (形) (여성형으로만 사용됨) 임신한 (bremenita, trudna)

zdetnost (女) 임신 (bremenitost, trudnoća)

zdevati -am (不完) 참조 zdenuti, zdesti

zdimiti -im (完) 1. (口語) 도망치다 (pobeći); ~ iz kancelarije 사무실에서 도망치다 2. 때리다; (누구에게 무엇을) 던지다, 던져 맞히다 (tresnuti, hitnuti); zamahne kamenom i zdimi lugara u leđa 돌을 들어 산림수목원의 등에 던졌다

zdipiti -im (完) (口語) 강탈하다, 빼앗다; 훔치다 (zgrabiti, ukrasti)

zdirati -em (不完) 참조 zderati

zdola (副) 밑으로부터 (odozdo); spomenik je ~ nešto uži 동상은 밑으로부터 조금 좁아진다; zbrda-zdola 질서없이, 무질서하게

zdrav -a, -o (形) 1. (심신이) 건강한, 건전한 (反; bolestan); 건강에 좋은; ~ čovek 건강한 사람; ~ telom i dušom 심신이 건전한; ~a hrana 건강에 좋은 음식; mozak je radio samo ... posle tvrdog i ~og sna 곤하게 잘잔 이후에만 … 머리가 제대로 작동했다; ~ smeh 건강한 미소; ~ vazduh 깨끗한 공기; voda ~a za oči 눈에 좋은 물 2. 정상적 기능을 하는; 상하지 않은, 훼손되지 않은, 파

손되지 않은; ~o srce 정상 기능의 심장; na paketu pet pečata, svi su ~i 소포에는 직인이 5개 찍혔는데, 모든 직인이 훼손되지 않았다; ~e voće 상하지 않은(흠집없는) 과일; 3. 안정적인 (stabilan, čvrst); ~ brak 건강한 결혼(생활); ~o preduzeće 튼실한 회사 4. (건축 자재 등이) 단단한, 튼튼한(jak, čvrst, tvrd); ~ kamen 단단한 돌; ~o drvo za most 교량 건설에 적합한 단단한 나무 5. 항구적 가치를 지닌, 확실한; 좋은, 적절한, 적합한; 양(陽)의; ~a valuta 양화(良貨); ~e prilike 좋은 기회; ~a situacija 적절한 상황; ~a kritika 건전한 비판; ~i odnosi 건전한 관계; potez je ~ i ne stoji ništa crnoga 조치는 적절했으며 부적절한 것은 아무것도 없었다 6. 정상적인, 제 정신인, 이성적인, 분별있는 (normalan, razborit); ~a logika 정상적인 논리; ~ razum 상식, 양식 7. 강한, 강렬한 (jak, žestok); živo lice sa ~om bojom 혈색이 좋은 생기있는 얼굴 8. (관용적 인사말에서); živ i ~ 무탈한 9. 기타; ~ zdravcat (zaravcit), ~ kao dren (kao riba), ~ kao od brega odvaljen 너무 건강한; ~ i čitav 완전 건강한, 다치지 않은, 훼손되지 않은; prav ~ 전혀 죄없는(잘못이 없는); ~a Marija 성모 마리아에 대한 기도, 성모송, 아베 마리아

zdravac -vca (植) 제라늄(꽃의 한 종류)

zdravcat, zdravcit -a, -o (形) (어휘 zdrav의 뜻을 강조하는 의미로, 보통은 숙어 형태로 사용됨); zdrav ~ 아주 건강한

zdravica 1. 건배사; 건배잔(盞); držati ~u 건배사를 하다; napiti ~u 건배잔을 비우다, 건배주를 마시다; podići ~u 건배잔을 들어 올리다; izmenjati ~e 건배사를 서로 주고 받다 2. (民俗) 목제 술병(통) (수통과 비슷한) (čutura) 3. (술 마시면서 부르는) 흥겨운 노래

zdravica 1. (地質) 하층토, 심토(心土) 2. (醫) 여드름 (bubuljica); po licu mu se osule ~e 그의 얼굴은 여드름 투성이가 되었다

zdravić (植) 1. 서향나무 2. 카모마일 (kamilica)

zdraviti -im (不完) 1. 건배사를 하다, 건배하다; (술을) 마시다 (nazdravljati); tamo zlatno momče Svarožić zlatnom kupom goste zdravi 거기서 청년 스바로비치는 황금잔으로 손님들에게 건배를 한다 2. (만났을 때) 인사하다, 안부인사를 하다(전하다) (pozdravljati) 3. 건강을 회복하다 (ozdravljati); njemu su rane zarastale i *zdravile bez ikakvoga vidanja* 그의 상처는 아무런 치료없이 아물고 회복되었다

zdravljak 유제품(乳製品)을 서빙하는 식당

zdravlje 건강; *čuvati ~* 건강을 지키다; *pucati od ~a* 또는 *kipteti ~em (od ~a)* 지극히 건강하다; *piti u nečije ~* 누구의 건강을 위해 마시다; *u ~!* 또는 *sa ~em* (통상적인 인사말로) 너의 건강을 위하여!; *na ~!* 빨리 낫기를!, 신의 가호가 있기를! (상대방이 기침한 이후에 하는); *narodno ~* 공중 보건; *u (pri) dobrom ~u* 좋은 건강 상태에서; *rđavo ~* 나쁜 건강(상태); *škodljiv po ~* 건강에 해로운; *kurjačko (oronulo) ~* 좋은(나쁜) 건강 (상태); *dom ~a* 보건소; *za čije babe ~?* 무엇을 위해? 누구를 위해?

zdravo (副) 1. 건강하게; *svi su kod kuće ~* 집의 모든 사람들은 건강하다 2. (만나거나 헤어질 때 인사로) 안녕!; *Zdravo! Kako ste?* 안녕하세요! 어떻게 지내세요? 3. 건전하게; 이성적으로, 합리적으로; *on misli ~* 그는 건전하게 생각한다 4. (方言) 아주 많이 (vrlo, veoma, jako); *ona njega ~ voli* 그녀는 그를 아주 많이 사랑한다 5. 기타; *~ osvanuo, ~ bio, tako bio ~* (특별한 형태의) 안부인사·축복의 말; *na zdravo* 눈에 띄는 병의 원인이 없이, 외관상의 상처 없이 (아팠다); *primiti ~ za gotovo* 보지도 않고(의심하지도 않고) 사실로써 믿다(받아 들이다)

zdravstvenī *-ā, -ō* (形) 건강의; 보건의, 위생의; *~o stanje* 건강 상태; *~a knjižica* 건강 보험 카드; *~a ustanova* 보건 기관; *~a delatnost* 보건직(職); *iz ~ih razloga* 건강상의 이유로; *Svetska ~a organizacija* 세계보건기구(WHO); *~o osiguranje* 건강 보험; *~a zaštita* 보건; *zavod za ~u zaštitu* 보건위생 기관; *~o vaspitanje* 위생 교육; *~i program* 건강 프로그램

zdravstvo 보건직(職), 공중 보건; *gradski sekretarijat za ~* 시(市)보건국(局)

zdrobiti *-im* (完) 1. 산산조각 내다, 조각조각 부수다, 잘게 부수다, 박살내다 (smrskati); *~ zubima času* 이빨로 잔을 잘게 부수다 2. 완전히 파괴하다(멸망시키다), 초토화시키다; *~ neprijatelja* 적을 초토화시키다 3. *~ se* 산산조각 나다, 잘게 부숴지다

zdrozgati *-am* (=zdruzgati) (完) 1. 잘게 부수다, 산산조각 내다; 멸망시키다, 파괴하다 (smrviti, smrskati, zdrobiti, uništiti); *~ pesnicom* 주먹으로 박살내다(산산조각내다) 2. *~ se* 잘게 부숴지다, 산산조각나다 (smrviti se, smrskati se)

zdrpiti *-im* (完) 1. 홱 붙잡다, 꽉 움켜쥐다 (zgrabiti); *tada moga oca zdrpi jedna užasna groznica* 그때 내 아버지는 엄청난 고온에 시달렸다(사로잡혔다) 2. 몰래 훔치다 (ukrasiti); *zar nisi ništa zdrpio?* 정말로 너는 아무것도 훔치지 않았느냐? 3. *~ se* 다투다, 말다툼하다 (posvađati se, zakačiti se)

zdruzgati *-am* (完) 참조 zdrozgati

združiti *-im* (完) **združivati** *-žujem* (不完) 1. (하나로·전체로·공동체로) 결합하다, 묶다, 합동(합체)시키다 (spojiti, povezati); *~ dve čete* 두 중대를 하나로 합치다; *~ dva stada ovaca* 두 무리의 양떼를 합치다; *bol nas združi, umre sva mržnja i zloba* 아픔이 우리를 하나로 결합시키며, 모든 증오와 악함이 사라진다 2. (친교를 맺으며) 어울리게 하다, 친하게 지내게 하다 (sprijateljiti) 3. *~ se* (공동의 목표를 위해) 하나로 합치다, 연대하다 (udružiti se); *radnici se moraju ~* 노동자들은 연대해야 한다 4. *~ se* 함께 어울리다, 친하게 지내다; *združio se Turčin s Crnogorcem* 터키인은 몬테네그로인과 어울렸다

zdrveniti se *-im se* (完) (나무와 같이) 뻣뻣해지다, 경직되다, 단단해지다; *stare žile zdrvene se sasvim* 노화된 힘줄은 완전히 경직된다

zduhati *-am & -šem* (完) 참조 zduvati

zdušan *-šna, -šno* (形) (일·업무에) 열심인, 열정적인, 부지런한, 성실한 (savestan, revnostan); *~šna učiteljica* 열과 성을 다하는 선생님

zdušnost (女) 열심, 열중; 성실함, 부지런함 (savesnost, revnost)

zdvajati *-am* (不完) 1. 절망(낙담·실망)하다; 절망(낙담·실망)시키다 (očajavati, biti u očajanju); *on ne zdvaja, teši se* 그는 절망하지 않고 위안을 삼는다 2. 의심하다 (sumnjati)

zdvojan *-jna, -jno* (形) 절망적인, 낙담한, 실망한 (očajan)

zdvojiti *-im* (完) 절망에 빠지다, 희망을 잃다

zeba (鳥) 되새 (새의 한 종류)

zebljiv *-a, -o* (形) 1. 감기에 쉽게 걸리는, 추위에 약한 2. 근심걱정이 많은, 두려움이 많은

zebnja 1. 한기(寒氣), 오한 2. (비유적) 근심, 걱정; 두려움, 공포

zebra (G.pl. *-ārā & -ī*) 1. (動) 얼룩말 2. (비유적) (보행자를 위한) 횡단보도

zebrast *-a, -o* (形) (얼룩말처럼) 줄무늬가 있

Z

는; *nije ni primetio ~e prelaze od belih i crnih linija* 흰줄과 검은줄로 된 줄무늬 횡단보도를 인식조차 못했다

zebrovina 얼룩말 가죽

zebu *-ua*; *-ui* (男) (動) 제부(뿔이 길고 등에 혹이 있는 소)

zec *zecom*; *zečevi* (男) 1. (動) 토끼; *divlji ~* 산토끼; *obični ~* 집토끼 2. (비유적) 겁쟁이 (*plašljivac, kukavica*); *nije muško nego ~* 그는 사내가 아니라 겁쟁이이다 3. 기타; *pitomi ~* 토끼; *još je ~ u šumi* 기뻐하기에는 아직 이르다, 김치국부터 마시다; *plašljiv kao ~* 아주 겁이 많은; *stari je on ~* 경험이 많다; *tražiće ~ mater* 큰 어려움이 있을 것이다; *u tom grmu leži ~* 문제는 그것에 있다 **zečev, zečji, zečiji** (形)

zečad (女) (集合) zeče

zečadija (集合) (弄談) 토끼 (zečevi)

zečak *-čka* 1. (지소체) zec 2. (植) 필드 피(완두의 일종, 목초용 품종)

zečar 1. 토끼 몰이용 사냥개 2. 토끼 사냥꾼

zečarnik 토끼장, 토끼 사육장

zeče *-eta* (中)(集合)(지소체) zec; 어린 토끼, 토끼 새끼

zečetina 토끼 가죽

zečev *-a, -o* (形) 참조 zec; 토끼의

zečevina 토끼 고기

zečica 암컷 토끼

zečić (지소체) zec; 토끼 새끼, 어린 토끼

zečijī *-ā, -ē* (形) 1. 참조 zec; 토끼의; *~a koža* 토끼 가죽 2. (解) *~a usna* 언청이, 째보 3. (식물명의 첫 부분으로) *~a detelina* 토끼풀; *~e uvo* 미나리과(科)의 시호

zečinjak 참조 zečarnik

zečjī *-ā, -ē* (形) 참조 zečiji

zefir 1. (詩的) 산들바람, 미풍 (*povetarac*) 2. 천의 일종(산들거리는)

zejtin 1. (주로 식물성) 기름, 식용유 (*ulje*); *maslinov ~* 올리브유; *laneni ~* 아마유; *riblji ~* 간유; *pržiti na ~u* 기름에 튀기다 2. 기타; *oči mu igraju kao na ~u* 그의 눈빛은 불안하다(이리저리로 눈길을 돌린다)

zejtinast *-a, -o* (=zejtinjav) (形) 기름 같은, 기름과 비슷한 (색깔과 빛 그리고 끈적임 등에서); *~a tečnost* 기름 같은 액체; *~a boja* 기름색

zejtinica 기름병 (*uljanica*)

zejtiniti *-im* (不完) 기름으로 양념하다, 기름을 따라 양념하다

zejtinjača 호롱불, 오일 램프

zejtinjav *-a, -o* (形) 참조 zejtinast

zeka (女) (鳥類) 왜가리 (siva čaplja)

zeka *-ē* (男), **zeko** *-a* & *-ē* (男) 1. (지소체) zec 2. (지소체) zelenko, zekan

zekan 1. 녹회색의 말 (zelenko) 2. (지소체) zec

zekast *-a, -o* (形) 토끼색의, 회색의, 잿빛의, 녹색의 (sivkast, zelenkast); *~a dlaka* 잿빛 털; *~ konj* 회색 말

zeko *-a* & *-ē* 참조 zeka

zekonja (男) 1. 회색이 도는 황소 2. (지소체) zec

zekulja (女) 회색빛의 암소

zelembać 1. (動) 푸른 도마뱀 2. (비유적) (輕蔑) 녹색 유니폼을 입은 사람(특히 세금 징수자)

zelen *-i* (女) 1. 녹색 식물 (풀·잎사귀 등의) (zelenilo); 녹색 채소; *bujna ~ oko njega* 그 주변의 무성한 풀들; *veza ~i* 채소 다발 2. 녹지, 초지 3. 허브(특히 짙은 색의, 파슬리·파스닙 등의)

zelen *-a, -o* (形) 1. 녹색의, 초록색의; *~a trava* 녹색 풀; *~o polje* 녹색 들판; *~i oči* 녹색 눈; *naselje treba da ima ~e površine* 마을은 녹지가 있어야 한다 2. 녹색처럼 보이는; 회색의, 잿빛의 (sivkast); *~a dlaka* 잿빛 털; *~ konj* 잿빛 말; *~ u licu* 잿빛 얼굴의 3. 아직 덜 익은, 풋-, 다 여물지 않은 (과일·곡물 등이); (비유적) 미숙한, 경험이 많지 않은; *~o voće* 풋과일, *~ kukuruz* 여물지 않은 옥수수; *~ mladić* 경험이 부족한 청년; *mnogo je više ~ih nego zrelih ljudi* 경험이 풍부한 사람들보다 경험이 많지 않은 사람들이 훨씬 많았다 4. (명사적 용법으로) 녹색 옷(유니폼)을 입은 사람; 녹색당원; *~i su pobedili* 녹색 유니폼을 입은 선수들이 승리했다; *stranka ~ih* 녹생당 5. (반복합어의 첫째 부분) *zelen-lišće* 녹색 잎; *zelen-gora* 푸른 산 6. 기타; *pojesti na ~o* 벌지도 않은 돈을 쓰다, (돈을) 미리 당겨 쓰다; *prodati (kupiti) na ~o* 아직 여물지도 않은 것을 팔다(사다)

zelenaš 1. (輕蔑) 고리대금업자 (kamatnik, lihvar, gulikoža) **zelenašica**; **zelenaški** (形) 2. (歷) 녹색부대원(1차세계대전 당시 무장한 채로 자신의 마을부근에 숨어 있던 오스트리아-헝가리 군탈영병); (政) (1차 세계대전후) 세르비아와의 합병에 반대했던 몬테네그로의 반대운동론자

zelenašiti *-im* (不完) 고리대금업자로서 일하다; 고리대금업을 하다 (lihvariti); *zelenašio je, gulio seljake* 고리대금업을 하면서 농민들의

고혈을 빨아먹었다

zelenaštvo 고리대금업 (lihvarstvo)

zelenčica (鳥類) 검은방울새 (čiž)

zeleneti 1. 녹색으로 되다, 녹음이 지다, 푸르러지다 2. (얼굴이) 잿빛으로 변하다, 잿빛을 띠다 (분노로 인해) 3. ~ se 녹색이 되다

zelenik (植) 사철나무

zelenika 1. 여러가지 푸른 과일의 명칭(사과·배 등의) 2. 포도의 한 종류; 그러한 포도로 만든 포도주 3. (植) 여러가지 상록수들의 명칭 (회양목 등의)

zelenilo 1. 녹색, 초록색 2. 녹색 식물(풀·나무 등의); 녹지, 초지 3. 기타; *biljno* ~ (生) 엽록소 (hlorofil); *parisko* ~ (化) 파리스 그린 (선녹색<鮮綠色>의 유독 안료·살충제)

zeleniš 1. 녹색 식물, 푸른 식물 (풀 등의) (zelenilo) 2. 채소 (povrće, zelen) 3. 덜익은 열매; (비유적) 경험이 없는 청년

zeleniti *-im* (不完) 녹색으로 칠하다, 녹색이 되게 하다

zelenka (女) 1. (魚類) 연준모치 2. 과일이나 열매의 여러가지 명칭; 포도의 한 종류, 그러한 포도로 만든 포도주 3. 잿빛 털을 가진 가축의 명칭(암컷) (염소·소 등의)

zelenkada (植) 나팔수선화 (수선화의 한 종류)

zelenkast *-a, -o* (形) 약간 녹색을 띤

zelenko (男) 잿빛 말(馬), 회색 말

zelenook *-a, -o* (形) 녹색 눈(眼)의

zelentarka (鳥類) 방울새

zelenjak 덜 여문 옥수수(삶거나 구울 수 있는)

zelenjak 미성숙한 청년, 경험이 부족한 청년

zelot 광신적 지지자; (특히 종교적) 광신적 신자, 광신도

zelja (男) (=zeljo) 1. (애칭) zeljov; 잿빛 개(犬) 2. (비유적) 아직 푸르른 담배(잎)

zelja (女) 잿빛 털을 가진 암소

zeljanī *-ā, -ō* (形) 채소·야채(zelje)로 만들어진; *~a pita* 야채 파이

zeljanica 야채 파이

zeljar 채소상, 야채상; 채소·야채를 파는 사람 (piljar)

zeljast *-a, -o* (形) 초본의, 초질(草質)의 (줄기가 목화(木化) 되지 않는); *~e biljke* 초본 식물

zeljast *-a, -o* (形) 회색의, 잿빛의 (토끼털과 유사한 색깔의) (zelenkast)

zelje 1. (集合) 채소, 야채; 초본 식물(채소처럼 사용되는); *onda sam s Božom išao ... po livadama gde devojke beru* ~ 그리고 나는 보조(Božo)와 함께 처녀들이 채소를 수확하는 들판으로 나갔다 2. (잎사귀가 음식에 사

용되는) 수영·소리쟁이 등의 식물

zeljov 회색견(犬), 잿빛 개

zemaljskī *-ā, -ō* (形) 1. 지구의; *~a kugla* 지구, 지구의 2. (宗)(詩的) 이승의, 이 세상의 (反; nebeski); *ili voliš carstvu nebeskome, ili voliš carstvu ~ome* 천상의 제국을 사랑하거나 이승의 제국을 사랑하거나; *~e radosti* 이승의 즐거움 3. (文學) 실제의, 자연의, 인간적인 (stvaran, prirodan, ljudski); *~a ljubav* 인간적인 사랑, 실제적인 사랑 4. 국가의 (državni); ~ *propisi* 국가 법령; *~a vlada* 국가 정부; ~ *budžet* 국가 예산; *~a uprava* 국가 행정; *~o antifašističko veće* 국가반파시스트위원회

zeman (廢語) 참조 vreme

zembilj (소량의 양식을 나르는) 엮어 만든 가방

zemička 번빵(건포도 등이 든, 단맛이 많이 나는 작고 동그란 빵)

zemlja 1. (대문자로) 지구; *Zemlja se okreće oko svoje osovine* 지구는 지구축을 중심으로 돈다 2. 세계, 세상 (svet); (宗) 이승, 이 세상; *težak je život ovde, na ~i* 이 세상에서의 삶은 힘들다; *nećemo se više videti ovde na ~i* 이승에서는 더 이상 볼 수가 없구나 3. 육지, 대지 (kopno); 땅, 흙; 지표면; *plodna* ~ 비옥한 땅; ~ *gde teče med i mleko* 꿀과 젖이 흐르는 땅 4. 국가, 나라; *tuđa* ~ 타국 5. 기타; *ničija* ~ (두 국가·적군 사이의 어느 측에도 속하지 않는) 중간 지대; *obećana* ~ 약속의 땅; *sveta* ~ (宗) 성지(聖地); *gori mu* ~ *pod nogama* 불안하고 위험한 위치이다; *zbrisati s lica zemlje* 멸망시키다, 파멸시키다, 근절시키다; ~ *ga još drži* 그는 아직 살아있다; *~o, otvori se (zini, propadni, progutaj)* 땅아 꺼져라! (아주 창피해서 쥐구멍에라도 숨고자 할 때); *iza trideset zemalja (biti, nalaziti)* 아주 멀리 있다; *ispod ~e (raditi protiv nekoga)* 비밀리에 (누구에 반하는 일을 하다); *laka mu (crna)* ~ 고인(故人)의 명복을 빕니다; *kao da ga je* ~ *progutala* 또는 *kao da je u zemlju propao* 그는 흔적도 없이 종적을 감췄다; *kao iz ~e (pojaviše se)* (땅에서 솟아 나오듯이)기대치 않게, 예상치 못하게; *kao nebo i* ~ 천양지차이다, 완전히 다르다; *ni na nebu ni na ~i* 또는 *između neba i ~e* 불확실한 위치에 있다; *pijan kao* ~ 곤드레 만드레가 될 정도로 완전히 취했다; *sastaviti koga sa ~om* 누구를 땅에 쓰러뜨리다(넘어뜨리다); *sravniti sa ~om* 무너뜨리다, 허물

다; *otići pod (crnu) ~u* 죽다, 사망하다; *propasti u (crnu) ~u (od stida, srama)* 창피해 죽다; *stajati na ~i* 현실적이다, 현실적으로 되다

zemljak *-aci* 고향이 같은 사람, 동향인; 동포 **zemljakinja**; **zemljački** (形)

zemljan *-a, -o* (形) 1. 흙으로 만들어진 (glinen); *~i lonac* 토기; *~i nasip* 흙제방; *~i pod* 흙바닥, 더러운 바닥 2. 땅의, 토지를 경작하는; *~i radovi* 농사일 3. (색깔과 냄새 등이) 흙을 연상시키는, 흙과 비슷한 (zemljast); 어두운, 칙칙한, 시커먼 (taman, mrk); *~a koža* 칙칙한 피부; *~o lice* 흙빛의 얼굴 4. 세계의, 세상의; 이승의, 이 세상의 (zemaljski); *~a sila* 이승의 힘(권력)

zemljarina 토지세(稅)

zemljast *-a, -o* (形) 1. (성분이나 물리적 성질이) 흙과 유사한; 흙과 섞인 2. 흙과 유사한 (색깔 등이); 어두운, 칙칙한, 생기가 없는 (taman, beživotan); *ugledao je ... mršavo, izbolovano i ~o lice* 마르고 아프고 칙칙한 얼굴을 바라보았다

zemljav *-a, -o* (形) 흙이 묻은, 흙이 묻어 더러운; *mokrim i ~im rukama pretura uvelo povrće* 젖고 흙이 묻은 손으로 마른 과일들을 뒤적거렸다

zemljetina (지대체) zemlja

Zemljin *-a, -o* (形) 지구의; *~a kora* 지각; *~a kugla* 지구; *~a osa* 지구축; *~o jezgro* 지구핵; *~a teža* 지구 중력

zemljišnjī *-ā, -ē* (形) (재산으로서의) 토지의, 땅의; *~a knjiga* 땅문서; *~a reforma* 토지개혁; *~a renta* 토지 임차

zemljište 1. 땅, 지대, 지역 (광물 매장층으로서의); 땅, 토지 (지리적 또는 농업용의); 땅, 토지 (재산 개념으로서의); *brežuljkasto ~* 언덕이 많은 지대; *krečno ~* 석회 매장 지대; *neplodno ~* 척박한 땅; *obrađeno ~* 경작지; *zajedničko ~* 공동소유 땅; *privatno ~* 개인 소유 토지 2. (비유적) 조건; 기회; 토대, 기반 (uslovi, prilike, podloga); *bio je na ... neblagodarnom ~u za širenje socijalističkih ideja* 사회주의 사상을 확산시키기에는 좋지 않은 조건이었다

zemljiv *-a, -o* (形) 참조 zemljav

zemljodelac *-lca*, **zemljodjelac** 참조 zemljoradnik; 농민, 농부

zemljodelstvo, **zemljodjelstvo** 참조 zemljoradnja; 농업

zemljodržac *-ršca* 땅 주인, 토지 주인 (zemljoposednik)

zemljomer 측량기사

zemljomerstvo 측량술, 측지학 (geodezija)

zemljopis 지리학 (geografija); 지리(학교 과목으로서의) **zemljopisni** (形)

zemljopisac *-sca*; *-sāca* 지리학자 (geograf)

zemljopisnī *-ā, -ō* (形) 참조 zemljopis; 지리학의 (geografski); *~a karta* 지세도(地勢圖); *~ položaj* 지리적 위치

zemljoposed 토지 소유, 땅 소유; *seljak je svoj ~ proširio* 농부는 자신의 토지 소유를 넓혔다

zemljoposednik 토지주, 땅 주인

zemljoradnik 농부, 농민 (ratar, težak) **zemljoradnica**; **zemljoradnički** (形); *~a zadruga* 집단농장, 협동 농장

zemljoradništvo (集合) 농민, 농부 (zemljoradnici)

zemljoradnja 농업

zemljotres 지진; *pretrpeti ~* 지진을 겪다

zemljouz 지협(地峽)

zemljovit *-a, -o* (形) 땅이 많은, 토양이 풍부한 (反; kamenit, krševit)

zemljuša (女) (한정적 용법으로) 흙으로 만들어진 (zemljana); *dohvati svoju lulu ~u* 흙으로 구운 자신의 담배 파이프를 잡는다

zemnī *-ā, -ō* (形) 1. 세상의, 이 세상의, 지구의 (zemaljski, Zemljin); *~ život* 이승의 삶 2. 땅에서 나는, 땅에 있는, 땅속에 있는; *~ plin* 천연가스; *~ plodovi* 땅에서 나는 열매들; *~ sloj* 지층 3. 흙으로 만들어진 (zemljani)

zemnik (詩的) (언젠가는 죽어야만 하는) 인간, 사람; 지구인 (smrtnik, stanovnik Zemlje)

zemunica 1. (원시인들이 거주용으로 땅에 구덩이를 파서 만든) 동굴, 동굴과 비슷한 공간 2. (軍) 방공호, 대피호

zena 참조 zenica

zenica 1. (解) (눈의) 동공 2. (비유적) 가장 소중한 것, 가장 귀중한 것 **zenični** (形) 3. 기타; *čuvati kao ~u oka* 애지중지하다, 아주 소중히 다루다

zenit 1. 천정(天頂) 2. (비유적) (명성·성공·권세 따위의) 정점, 절정 (vrhunac) **zenitni**, **zenitski** (形)

zenuti *-nem* (完,不完) (봄에) 잎사귀가 나다, 꽃이 피다, 꽃과 잎으로 덮이다; (꽃이) 만개하다; (식물들이 땅속에서) 솟다, 솟아나다

zepsti *zebem*; *zebao, zebla* (不完) **ozepsti** (完) 1. 한기(寒氣)를 느끼다, 추위를 느끼다; *kako je dugačak kaput! neće ti kolena ~* 외투가 정말 길구나! 넌 무릎에 한기는 안느

끼겠다; *zebu mi prsti* 나는 손가락이 시리다 2. (他) 꽁꽁 얼게 하다, 추위를 느끼게 하다, 춥게 하다; *ljuta vetrina ... mene zeba* 살을 에는 바람 때문에 … 난 몹시 춥다 3. (비유적) 두려움(공포심)을 느끼다, 무서워하다, 두려워하다; ~ *od nečega* ~의 두려움을 느끼다 4. 기타; *zebe ga strah* 그는 두려움에 떤다

zera (女) (부사적 용법으로) 아주 조금, 눈꼽만큼 (sasvim malo, trunčica, mrvica); *ta devojka ga ni ~e ne voli* 그 아가씨는 그 사람을 눈꼽만치도 좋아하지 않는다

zerdav (動) 담비 (hermelin, samur)

zerdelica 참조 kajsija

zerdelija 참조 참조 kajsija

zet *-ovi* (신부측 가족에서 신랑을 부르는) 사위; 제부, 형부; 매형, 자형 **zetov, zetovljev, zetovlji** (形)

Zeta 1. (歷) 제타(몬테네그로의 옛이름) 2. 모라차강 하류에 있는 평지 3. 몬테네그로에 있는 강의 명칭(모라차강의 지류) **zetski** (形)

zev *-ovi* 1. 하품 2. 입을 크게 벌리는 것; 입을 크게 벌림 3. (文法) 히야투스, 모음 접속 (모음으로 끝나는 말과 모음으로 시작되는 말 사이의 두절) (hijat) 4. (열리고 닫히는 것의) 열림 (otvor); *gleda kako zev vrata postaje sve manji i sve uži* 문의 열림이 점점 작아지고 좁아지는 것을 본다 5. 틈, 틈새

zevač 자주 하품하는 사람

zevalica 1. (植) 금어초(金魚草) 2. 하품 (zevanje)

zevalo (男,中) 1. (嘲弄) 자주 하품하는 사람; 놈팡이, 게으름뱅이, 하릴없이 빈둥거리는 사람 2. (植) 금어초 (zevalica)

zevati *-am* (不完) 1. 참조 zevnuti; 하품하다 2. 참조 zinuti; 입을 크게 벌리다; (비유적) 헛되이 갈망하다(열망하다) 3. 입을 크게 벌리고 있다(심연·나락 등이); *pred njima je zevao ponor* 그들 앞에서 심연이 입을 크게 벌리고 있었다 4. 뚫어지게 쳐다보다, 눈도 깜박하지 않고 바라보다; *šta zevaš u mene?* 왜 날 그렇게 뚫어지게 바라보느냐?

zevzečiti se *-im se* (不完) 바보(zevzek)인 척 하다, 멍청한 척 하다

zevzek 멍청한 사람, 우둔한 사람; 바보, 멍청이

zezati *-am* (不完) (口語) (nekoga) 1. 농담하며 바보로 만들다, 농담하며 비웃다, 우스운 사람으로 만들다 (šaliti) 2. ~ se 농담하다

zgaditi (完) 1. ~ *nekoga* 역겹게 하다, 구역질

나게 하다, 진절머리나게 하다 2. ~ se (종종 無人稱文으로) 구역질나다, 역겨워지다, 진절머리나다

zgarište 화재터, 화재가 난 곳(장소); 화재의 잔해

zgasnuti (se) *-nem (se)*; zgasnuo, -nula & zgasao, -sla (完) 1. (불이) 꺼지다, 소화(消火)되다 (ugasiti se) 2. (비유적) 멈추다, 더 이상 나지 않다 (소리·잡음 등이)

zgaziti *-im* (完) 1. (발로) 밟다; *ja sam pazio da mrava ne zgazim* 나는 개미를 밟지 않으려고 조심했다 2. 발로 밟아 상하게 하다, 발로 밟아 뭉개다(으깨다); ~ *travu* 발로 밟아 풀을 상하게 하다; ~ *cigaretu* 발로 담배를 뭉개다 3. (비유적) 밟아 뭉개다; 예속시키다, 복종시키다 (uništiti, pokoriti); ~ *njihova prava* 그들의 권리를 뭉개다; ~ *narod* 국민들을 예속시키다 4. (서약·법률 등을) 위반하다, 배반하다; ~ *veru (reč)* 믿음(약속)을 배반하다

zgepiti *-im* (完) 훔치다, 도둑질하다 (ukrasti)

zglavak *zglavci* & *zglavkovi* (解) 관절 (zglob); ~ *ruke* 손 관절

zglave (副) 위로부터 (odozgo)

zglavkari (男,複) (動) 절지동물문(門) (člankonošci)

zgledati se *-am se* (完) 서로 상대방을 쳐다보다(바라보다) (뭔가 기대하거나 또는 예상치 못해 놀라서)

zglednuti (se) *-nem (se)* (完) 참조 zgledati (se)

zglob *-ovi* 1. (解) 관절 (zglavak); *iščašiti ~* 발목을 삐다(접지르다); *zapaljenje ~ova* 관절염; *nožni ~* 발목; *ručni ~* 손목 2. (植) (줄기의) 마디 (kolence) 3. 연결부(기계 등의) (karika); *kardanski ~* 만능 이음쇠, 유니버셜 조인트 4. (비유적) 배열, 구성 (sklop, sastav); *vešt ~ dramske radnje* 드라마 작품의 능숙한 배열 **zglobni** (形)

zglobiti *-im* (完) **zglobljavati** *-am* (不完) 1. 관절로 연결하다; *glava je zgloblena s vratom* 머리는 목과 관절로 연결되었다 2. 구성하다 (sklopiti, sastaviti) 3. ~ se 관절로 연결되다

zglobni *-ā, -ō* (形) 참조 zglob; 관절의; ~*a čašica* (解) 비구(髀臼), 관골구(膓骨臼); ~*a opna* 관절막; ~ *autobus* 연결 버스(버스가 연결부로 연결된)

zglobnica 1. (解) (관절이 연결되도록 오목 들어간) 와(窩), 강(腔) 2. (문 등의) 경첩 (šarka) zglobobolja (病理) 관절염 (artritis)

zgnati *-am* (完) 참조 sagnati

zgnušati se *-am se* (完) 역겨워지다, 역겨움을 느끼다; ~ *na nešto* -에 역겨워지다

zgnjaviti *-im* (完) 참조 zgnječiti

zgnječiti *-im* (完) 압착하여 잘게 부수다, 눌러 으깨다

zgnjiti *zgnjijem* (完) 참조 sagnjiti

zgoda 1. 일어난 일, 발생한 일; 사건, 일 (događaj); ~ *iz života* 삶속에서 일어난 일; ~*e s putovanja* 여행중 일어난 사건들 2. 기회 (prilika); *vrebati ~u* 기회를 기다리다 3. 편안함, 안락함; 편안한 삶에 필요한 것 (udobnost) 4. 도구, 장치 (pribor, naprava) 5. 기타; *živa (prava)* ~ 아주 좋은 기회; *od* ~*e do* ~*e* 때때로, 종종 (povremeno, ponekad)

zgodan *-dna, -dno* (形) 1. 좋은, 적합한, 적당한 (podesan, pogodan, prikladan); ~*dna prilika* 좋은 기회; ~ *odgovor* 적절한 대답; ~*dno sklonište* 적당한 피신처; ~*a reč* 적합한 말 2. 능숙한, 숙달된 (umešan, vešt) 3. 흥미있는, 재미있는 (zanimljiv); ~ *vic* 재미있는 위트 4. 잘생긴, 눈에 띄는, 매력적인 (lep, naočit, dopadljiv); ~ *momak* 잘생긴 청년; ~*dna devojka* 매력적인 아가씨

zgoditak *-tka; zgodici, zgoditaka* 1. 당첨금, 당첨품 (복권에서의) 2. (드물게) 명중(타켓에의) (pogodak); *pogoditi* ~ 명중시키다

zgoditi *-im* (完) 1. (타켓 등에) 명중시키다, 맞히다 (pogoditi); ~ *u glavu* 머리에 명중시키다 2. (方言) 가다, 떠나다 (otići); *moj Alija, kud li si ti već zgodio, šta li sad radiš?* 알리야야, 벌써 어디로 갔으며, 지금 무엇을 하느냐? 3. ~ se 일어나다, 발생하다 (dogoditi se, desiti se) 4. ~ se 만나다 (어느 곳에서) (naći se, susreti se)

zgodno (副) 적절하게, 적당하게, 좋게; ~ *za putovanje* 여행에 적합하게

zgomilati *-am* (完) 1. 더미(gomila)에 쌓다; 쌓다, 쌓아두다 (nagomilati); ~ *sve na jedno mesto* 모든 것을 한 곳에 쌓다 2. ~ se (무더기로) 쌓이다

zgoniti *-im* (不完) 1. (소떼 등을 위에서 아래로) 몰다 (sagoniti); ~ *stoku s njive* 소떼를 초지로부터 몰다; ~ *stoku u nizine* 소떼를 밑으로 몰다 2. 몰아 넣다 (ugoniti); ~ *ovce u tor* 양들을 우리에 몰아 넣다 3. (보통 소 달구지·말달구지 등을 몰아) 운반하다(높은 곳에서 낮은 곳으로); ~ *drva* 목재를 운반하다; ~ *seno iz planine* 산에서 건초를 운반하

다

zgor, zgora (副) 위에서부터 (odozgo)

zgoreg, zgorega (副) (숙어로만 사용); *nije (ne bi bilo, neće biti)* ~ 나쁘지는 (과도하지는) 않을 것 같다, 좋을 것이다

zgoropaditi se *im se* (完) 분노하다, 몹시 화내다 (postati goropadan)

zgotoviti *-im* (完) 음식을 준비하다; 요리하다; *danas ću vam* ~ *baš gospodski ručak* 오늘 당신에게 정말로 황제의 점심을 준비해드리겠습니다

zgrabiti *-im* (完) 1. (힘껏 빨리) 잡다, 움켜쥐다, 붙잡다; *zgrabila je svoju drugaricu vatreno za ruku* 그녀는 자기 친구의 손을 꽉 움켜쥐었다; ~ *za ramena* 어깨를 붙잡다 2. (비유적) (갑자기 순식간에) 휩싸다, 휩싸이게 하다, 덮치다 ; *Pavla ponovo zgrabiše privremeno zaboravljene brige* 잠시 잊었던 걱정이 또 다시 파블레(Pavle)를 덮쳤다 3. 훔치다 (ukrasti) 4. ~ se 서로 붙잡다, 레슬링하다; ~ *se u koštac* 서로 붙잡고 레슬링을 하다; ~ *se za glavu* 서로 머리를 붙잡다

zgrada 빌딩; (보통은 규모가 큰) 건물; 가옥, 집; *u* ~*i* 빌딩에서; *velika* ~ 큰 빌딩; ~ *na sprat* 2층 집; *stambena* ~ 주거용 빌딩, 아파트; ~ *na 6 spratova* 6층 건물

zgradetina, zgradurina (지대체) zgrada

zgranuti *-nem; zgranut* (完) zgranjavati *-am*, zgranjivati *-njujem* (不完) 1. 깜짝 놀라게 하다, 매우 당황하게 하다; *mnoge su me klasične drame zgranule* 수많은 고전적 드라마가 날 놀라게 했다 2. ~ se 깜짝 놀라다, 매우 당황하다; *evo ćeš se* ~, *ma istina je!* 넌 깜짝 놀라겠지만, 사실이다! 3. ~ se 분노하다, 격분하다, 미쳐 날뛰다 (pomamiti se, razbesneti se)

zgranutost (女) 깜짝 놀람

zgražanje (동사파생 명사) zgražati

zgražati, zgražavati *-am* (不完) 참조 zgroziti; 두렵게 하다, 소름돋게 하다

zgrbiti *-im*, zgrbaviti *-im* (完) 1. (등을) 굽히다, 숙이다, 움츠리다 (poviti, pognuti); *naslonio se laktima na klupu, zgrbio leđa* 벤치에 팔꿈치를 기댄 후, 등을 숙였다 2. ~ se (등 등이) 굽다, 굽어지다, 움츠러들다 (postati grbav)

zgrbljen *-a, -o* (形) 참조 grbav; 등이 굽은

zgrčiti *-im* (完) 1. (쥐(grč)가 난 듯) 오므리다, 웅크리다; ~ *desnu nogu* 오른 다리를 오므리다 2. 구기다, 구깃구깃 만들다 (zgužvati, smežurati); *ruka njegova već beše zgrčila pismo* 그는 벌써 편지를 구겼다

zgrejati -*jem* (完) **zgrevati** -*am* (不完) 1. 따뜻하게 하다, 데우다, 난방하다 (ugrejati, zagrejati) 2. 기타; ~ *mesto* (한 곳에) 오랫동안 머물다; ~ *stolicu* 열심히 공부하다, 열심히 일하다(지적인 일을)

zgrepsti *zgrebem*; *zgrebao, -bla* (完) 긁어 벗겨내다(떼어내다, 없애다); *vrhom opanka zgrebe opalo lišće* 신발코로 떨어진 낙엽을 떼어낸다

zgrešenje (동사파생 명사) zgrešiti; 죄짓는 행동; 죄 (greh, grešan čin)

zgrešiti -*im* (完) 1. 죄를 짓다, 죄를 범하다; *svaki živ čovek zgreši* 모든 살아있는 사람들은 죄를 짓는다 2. 잘못을 범하다

zgrijati -*jem* (不完) 참조 zgrejati

zgristi *zgrizem*; *zgrizao, -zla* (完) **zgrizati** -*am* (不完) (이빨로) 씹다, 씹어 잘게 부수다; ~ *parče hleba* 빵 조각을 씹다; *zgrizi ... pre nego progutaš* 삼키기 전에 ... 잘 씹어라

zgrnuti -*nem* (完) **zgrtati** -*ćem* (不完) 1. (더미로) 긁어 모으다, 축적하다; ~ *hrpu lišće* 낙엽을 산더미처럼 긁어 모으다 2. (많은 돈·재산을) 모으다, 축재하다; ~ *novac* 돈을 긁어 모으다; ~ *veću sumu novca* 많은 돈을 모으다 3. 긁어 떼내다(제거하다, 없애다); ~ *plevu sa žita* 곡물에서 겨를 제거하다; ~ *sneg s krova* 지붕에서 눈을 치우다

zgromiti -*im* (完) 1. 번개(grom)로 때리다(쓰러뜨리다); *i bor ponekad zgromljen padne* 소나무도 가끔 번개를 맞아 쓰러진다 2. (비유적) 죽이다, 파괴하다, 멸망시키다 (ubiti, uništiti); *umukni, zgromiću te!* 입닥쳐, (아니면) 널 죽여버릴꺼야!; *šef će te ~ ako čuje* 윗사람이 듣는다면 널 죽일꺼야 3. 깜짝 놀라게 하다 (zaprepastiti)

zgroziti -*im* (完) **zgražati, zgražavati** -*am* (不完) 1. (nekoga, nešto) 역겹게 하다, 구역질나게 하다, 정떨어지게 하다, 넌더리나게 하다 2. ~ *se* 역겨워지다, 구역질나다, 정떨어지다, 넌더리나다; *ne znam kako je bilo drugima, ali ja se zgrozih; kosa mi pođe uvis* 다른 사람들에게 어떠했는지는 모르지만 난 역겨워서 머리가 쭈뼛 솟았다

zgrožen -*a, -o* (形) 참조 zgroziti; 역겨운, 넌더리난

zgrtanje (동사파생 명사) zgrtati; 긁어 모음, 축적; ~ *dobara* 부의 축적

zgrtati *zgrćem* (不完) 참조 zgrnuti

zgrudvati (se) -*am (se)* (完) 눈싸움하다

zgruhati -*am* (完) 참조 zgruvati

zgrušalina 참조 zgruševina

zgrušati -*am* (完) **zgrušavati** -*am* (不完) 1. (우유·피 등을) 엉기게 하다, 엉겨붙게 하다, 죽처럼 질척이게 하다 (zgrudvati) 2. ~ *se* (우유·피 등이) 엉겨붙다, 죽처럼 질척이다; *krv se zgrušala* 피가 엉겨붙었다 3. ~ *se* (비유적) (한 곳에) 모이다, 집합하다 4. ~ *se* (비유적) 구름으로 덮이다, 흐려지다(하늘이); *zgrušalo se nebo nad Beogradom* 베오그라드 하늘이 흐려졌다 (구름으로 덮였다)

zgruševina 응고된 것, 엉긴 것; (피의) 혈전 (zgrušalina); *krvna ~* 혈전(血栓)

zgrušljiv -*a, -o* (形) 응고될 수 있는, 쉽게 응고되는

zgruvati -*am* (=zgruhati) (完) 1. 쾅(쿵)하는 소리를 내며 쓰러드리다 2. (비유적) 서둘러 하다(일하다) 3. 밀어 넣다, 쑤셔 넣다 (sabiti); ~ *narod u jednu sobu* 사람들을 한 방에 쑤셔 넣다 4. ~ *se* 쿵(쾅)하는 소리를 내며 쓰러지다; ~ *se na zemlju* 쿵하는 소리를 내며 땅바닥에 쓰러지다; ~ *se sa stepenica* 계단에서 굴러 떨어지다 5. ~ *se* 쌓이다, 모이다 (nagomilati se, zbiti se); ~ *se u čekaonicu* 대기실로 모이다

zguliti -*im* (完) 1. 벗기다, 벗겨내다, 떼어내다 (겉표면·껍질·가죽 등을); *sa glave zguli flaster* 얼굴에서 일회용 밴드를 떼어냈다 2. (비유적) 빼앗다, 착취하다 (opljačkati, oteti)

zgura 참조 šljaka; 광재(鑛滓: 광석을 제련한 후에 남은 찌꺼기), 용재(鎔滓), 슬래그

zgurati -*am* (完) 1. (강제로, 힘으로) 밀어내다; ~ *sa stolice* 의자에서 밀어내다; *Veljko ga zgura sa daske na zemlju* 벨코는 그를 널판지에서 땅으로 밀어낸다 2. 쑤셔넣다, 밀어넣다 (nabiti, ugurati); ~ *nešto u džep* 뭔가를 호주머니에 쑤셔넣다 3. ~ *se* 산더미처럼 쌓이다(모이다) (zbiti se u gomilu)

zguriti -*im* (完) 1. 구부리다, 숙이다, 움츠리다 (등 등을) (zgrbiti); ~ *leđa* 등을 구부리다; *zgurili ga boli* 그는 통증 때문에 몸을 구부렸다 2. ~ *se* 등이 굽다 3. ~ *se* (몸을) 웅크리다, 쭈그리다 (skupiti se, šćućuriti se); *mnogi su pospali, pa se od hladnoće zgurili* 많은 사람들이 잠을 잤는데 추위 때문에 웅크렸다

zgusnuće 응축, 압축, 농축; *atom smatraju samo ~em etera* 사람들은 원자를 단지 에테르의 응축이라고 간주한다

zgusnuti -*nem* (完) **zgušnjavati** -*am* (不完) 1. 밀도를 높게 하다; 응축하다, 압축하다, 농축

하다 2. (비유적) 요약하다, 간략하게 하다; ~ radnju romana 소설의 플롯을 간단하게 하다 3. ~ se 밀도가 높아지다; 응축되다, 압축되다, 농축되다; magle se naglo zgusnuše 안개가 갑자기 짙어졌다; mrak se primetno zgusnuo 어둠이 눈에 띠게 짙어졌다 4. ~ se (기체가) 액화되다, (액체가) 고체화되다

zgužvati -am (完) 1. 구깃거리게 하다, 구기다 (눌러서·접어서); ~ odelo 옷을 구깃거리게 하다; ~ maramicu 손수건을 구깃거리게 하다; ~ papir 종이를 구깃거리다 2. (비유적) 완전히 탈진시키다, 힘빠지게 하다, 기진맥진하게 하다 (izmožditi, iznuriti); kakav li je rad zgužvao ovoga starca? 어떠한 일이 이 노인을 완전히 지치게 만들었느냐? 3. ~ se 구겨지다, 주름지다 (옷 등이) (naborati se, izgužvati se) 4. ~ se 주름지다 (얼굴에 노화로 인하여) (smežurati se, naborati se) 5. ~ se 쌓이다, 모이다 (sabiti se, zgomilati se)

zibati -am & -bljem (不完) **zibnuti** -nem (完) 1. 흔들다(좌우로, 위아래로) (요람·아이 등을) (ljuljati, njihati); konobarice su ga zibale u krilu 웨이트리스가 그것을 무릎에서 흔들었다 2. 흔들리게 하다; ~ lišće 잎사귀가 흔들리게 하다 3. ~ se 흔들리다 (ljuljati se, njihati se)

zibelin (動) 담비 (zerdav, samur)

zibetke (女,複) (動) 사향삵과(科), 삵

zibnuti -nem (完) 1. 흔들다, 흔들리게 하다 (ljuljunuti, zanjihati) 2. ~ se 흔들리다

zic (자동차의) 좌석, 의자

zid -ovi 1. 벽; (비유적) 장해물, 방해물; ~ sobe 방의 벽; slika visi na ~u 그림이 벽에 걸려있다; unutrašnji (potporni) ~ 내부벽(지지벽); zvučni ~ 방음벽; živi ~ 인간 방벽 2. 담, 담장(돌담·벽돌담 등의) (ograda); 성벽, 방벽 (zidina); avlijski ~ 정원 담장; maslinjaka 올리브 담장 3. (참호·해자(垓子)·그릇 등의) 수직면, 옆면; ~ lonca 냄비의 옆면 4. (파이프 등의) 안쪽면; ~ jednjaka 식도벽; ~ ćelije 세포벽 5. 기타; biti zatvoren između četiri (kuća, sobna) ~a 밖에 나가지 않다; bled kao ~ 완전히 창백한; bobom o ~ 전혀 쓸모없는 일을 하다; doterati (dogurati, priterati) do ~a, 또는 pritisnuti uza ~ 방어할 수 없을 정도로(부정할 수 없을 정도로) 몰아붙이다; drž' se, kume, ~a 완전히 취한 사람을 이를 때 사용하는 말; i zidovi imaju uši 무슨 말을 할 때 주의할 필요가 있다, 밤말은 쥐가 듣고 낮말은 새가

듣는다; ograditi se kineskim ~om 외부세계와 연락을 끊다, 외부의 영향으로부터 차단되다; prisloniti koga uza ~ (누구를) 총살하다, 총살형에 처하다; slepi ~ 창문이 없는 벽; ćutati kao ~ 아무말도 하지 않다, 침묵하다; udarati (lupati) glavom o ~ 너무 늦게 후회하다(머리를 벽에 쩧을 정도로); španski ~ 칸막이 천

zidanje (동사파생 명사) zidati

zidar 1. (집 등을) 짓는 사람; 벽돌공 2. 기타; slobodni ~ 프리메이슨 단원

zidarica 1. (昆蟲) 벌의 일종 2. (鳥類) 나무타기사촌(새의 일종)

zidarica 참조 zidar; 프리메이슨 여성 단원

zidarstvo 1. 벽돌공업(業); 벽돌쌓는 기술 2. 기타; slobodno ~ 프리메이슨

zidati -am (不完) 1. (집 등을) 짓다, 건축하다, 건설하다(벽돌·석재 등을 쌓아 올리며) (graditi); ~ kuću 집을 짓다; ~ most 교량을 건설하다 2. (비유적) 토대를 놓다; (책 등을) 쓰다, 집필하다; 만들다, 창조하다; on je zidao svoju doktorsku tezu u Beogradu o jedinstvu crkava 그는 베오그라드에서 교회의 단결에 대한 자신의 박사 논문을 집필하였다(박사 논문의 틀을 잡았다) 3. 기타; ~ kule u vazduhu 환상속에 살다, 몽상하다, 불가능한 것을 계획하다; ~ na pesku 모래위에 짓다, 사상누각을 짓다

zidina 1. (지대체) zid 2. (성곽 등의) 성벽, 누벽; Dubrovnik je okružen ~ama 두브로브니크는 성벽으로 둘러싸여져 있다 3. (보통은 複數로) 잔해, 흔적(성벽 등의)

zidnī -ā, -ō (形) 참조 zid; ~e tapete 벽지; ~ časovnik (sat) 벽 시계; ~a obaveštenja 벽 공고판; ~e novine 벽보; ~a karta 벽 지도; ~o ogledalo 벽 거울

zift 담배를 피운 후 파이프에 남아있는 타르와 니코닌 막; crn kao ~ 칠흑같이 새까만

ziherica, zihernadla (옷 등을 고정시키는 데 쓰는) 핀

zijalo (男,中) 아무것도 하지 않고 멍하니 바라보고만 있는 사람

zijan 참조 šteta

zijanćer 참조 štetočina; 해충

zijati -am (不完) 1. 멍하니 바라보다 (blenuti); ~ unaokolo 빙둘러 멍하니 바라보다; mnogi zijaju u njega 많은 사람들이 그를 멍하니 바라본다 2. (구멍·상처 등이) 뻥 뚫려있다, 커다란 구멍(틈)이 나 있다 (zjapiti); umesto prozora, na drugom spratu je zijao jedan veliki otvor 창문 대신에, 3층에 커다란 하

1594

나의 구멍이 있었다 3. 소리치다, 고함치다 (vikati); *malo mu je što viče po sobi, nego još izađe u dvorište pa zija kao mahnit* 그는 방마다 돌아다니며 소리를 지르는 것도 성에 차지 않아 마당에 나가 미친것처럼 소리를 지른다

zijev 참조 zev; 하품

zijevalica 참조 zevalica

zijevati 참조 zevati

zijevnuti 참조 zevnuti

zile (女,複) (樂器) 캐스터네츠

zima 1. 겨울(사계절 중의); (비유적) 노년; *ove (prošle, iduće) ~e* 올 (작년, 내년) 겨울; *preko ~e* 겨울 동안; *~i* 겨울에; *za ~u* 겨울을 위해; *sećaju nas da smo usred tvrde ~e* 우리가 혹독한 겨울의 한 가운데 있다는 것을 회상시킨다 2. 추위 (hladnoća, studen); *trese ga ~* 그는 추위에 벌벌떤다; *ljuta ~* 혹독한 추위; *smrzli su mi se prsti od ~e* 추위에 손가락이 얼었다 3. 한기, 오한 (jeza, zebnja); *obuzela me ~* 나는 한기가 들었다 4. (부사적 용법으로) 차갑게, 냉담하게, 쌀쌀하게 (hladno, studeno) 5. 기타; *~ mi je oko srca* 무섭다, 두렵다; *nema zime (za nekoga)* (口語) 걱정할 필요가 없다, 그는 잘 지낸다; *čiča ~* 혹독한 추위, 살을 에는 듯한 추위

zimi (副) 겨울에; *~ i leti* 항상, 일년 내내

zimica (지소체) zima

zimica 1. 겨울나기 (zimovanje) 2. 소름, 전율 (groznica, jeza) 3. (農) 겨울 사과

zimište 1. 동계 휴가지, 겨울을 보내는 장소 (zimovnik) 2. 겨울 목초지 (zimski pašnjak)

zimiti *-im* (不完) 1. 겨울을 보내다, 겨울을 나다 (zimovati) 2. (소 등을) 겨울을 나게 하다; *~ stoku u Šumadiji* 겨울동안 슈마디아에서 소가 겨울을 나게 하다

zimljiv *-a, -o* (形) 1. 추위에 민감한, 추위를 잘 타는 2. 추운, 쌀쌀한 (hladan, studen)

zimljivost (女) 추위에 민감함

zimnī *-ā, -ō* (=zimljiv) (形) 1. 겨울의 (zimski); *~ vetar* 겨울 바람; *~a večer* 겨울 밤 2. (詩的) 추운, 쌀쌀한 (hladan, studen)

zimnica 겨울을 나기 위해 준비한 음식; 김장 (음식); *spremati ~u* 김장을 담그다

zimnjača 겨울 사과, 겨울 배 (zimska jabuka (kruška))

zimnljī *-ā, -ē* (形) 참조 zimni

zimogrozan *-zna, -zno,* **zimogrožljiv** *-a, -o* (形) 1. 추위에 민감한 2. 추위를 가져오는; *~ vetar* 차가운 바람, 추위를 가져오는 바람

zimolist (植) 쥐똥나무 (kalina)

zimomora 1. 혹독한 추위, 혹독한 겨울 2. 전율, 오한, 한기 (drhtavica, jeza)

zimomoran *-rna, -rno* (形) 추위에 민감한, 추위에 약한, 추위를 잘 타는 (zimljiv)

zimovalište 겨울을 보내는 곳, 겨울을 나는 곳; 동계 휴양지 (zimovnik)

zimovati *-mujem* (不完) 겨울을 보내다, 겨울을 나다

zimovit *-a, -o* (形) 매우 추운, 매우 쌀쌀한; *traje dane mutne, jadom obasute, ~e* 침울하고, 슬픔이 가득하고 굉장히 추운 날들이 지속된다

zimovka (鳥類) 피리새의 일종(부리가 단단하고 가슴 털이 분홍색임)

zimovnik 1. 겨울을 나는 곳, 겨울을 보내는 곳; 동계 휴양지 2. 겨울을 나기 위해 준비하는 음식; 김장 (zimnica)

zimovnjak 겨울을 나는 곳, 겨울을 보내는 곳 (zimovnik)

zimskī *-ā, -ō* (形) 겨울의; *~o odelo* 겨울 옷; *~ sport* 동계 스포츠; *~ dan* 겨울 날; *~o krzno* 겨울 모피

zimus (副) 1. 이번 겨울에(다가오는), 다음 겨울에 2. 지난 겨울에

zimušnjī *-ā, -ē* (形) 지난 겨울의; *~ sneg* 지난 겨울의 눈; *~ mrazevi* 지난 겨울의 서리

zimzelen *-a, -o* (形) 상록의, 겨울에도 푸른; *~o drveće ima tvrdo kožnato lišće* 상록수들은 딱딱한 가죽 같은 낙엽을 가진다; *~e drveće* 상록수; *~a šuma* 사시사철 푸른 숲

zimzelen (男,女) (植) 1. 빙카, 페리윙클(협죽도과의 식물) 2. 상록수

zinuti *-nem* (完) 1. 입을 (크게) 벌리다 2. 입을 열다, 말하기 시작하다 3. 외치다, 고함치다, 소리지르다 (povikati, graknuti); *~ na nas sa tolikom srdžbom* 그렇게 크게 분노하며 우리에게 고함을 지르다; *snaha na mene zine da sam došla da uhodim* 며느리는 내가 미행하러 왔다고 내게 고함을 지른다 4. (비유적) (구멍·틈이) 생겨나다; *nasred ulice zinula rupa* 도로 한 가운데에 구멍이 생겼다 5. (na nešto) (비유적) 간절히 열망하다(원하다) 6. 기타; *zini da ti kažem* (卑俗語) 네게 지껄일 마음은 없다; *zinula neka ala iz mene (njega)* 아무리 먹어도 배가 부르지 않다, 나는 만족할 수 없다; *~ od čuda (u čudu)* 매우 당황스러워하다

zinzov (卑俗語) 덩치만 컸지 정신은 미성숙한 사람; 멍청이, 바보, 돌대가리 (klipan)

zip *-ovi* 지퍼 (rajsferšlus)

zipka 요람, 젖먹이용 작은 침대 (kolevka)

zirat 경작이 가능한 토지(땅)

ziratan *-tna, -tno* (形) (땅·토지가) 경작할 수 있는, (밭을) 갈 수 있는

zirati *-am* (不完) **zirnuti** *-nem* (完) 1. 뚫어지게 쳐다보다, 뻔히 쳐다보다 2. 사시(斜視)로 보다, 사팔뜨기로 보다

zivkati *-am* (不完) 되풀이해서 (이름을) 불러대다, 자주 불러대다, 시시때때로 불러대다; *tebe mnogo nešto gleda i zivka Kata udovica* 과부 카타(Kata)가 널 수없이 쳐다보고 자주 불러댄다

zjalo 총구, 포구; 구멍, 웅덩이; 심연, 나락 (otvor, ždrelo, rupa); ~ *jazbine* 동굴 구멍; *stajati nad ~om* 낭떠러지 위에 서있다; *prodavati ~a* 하는 일 없이 빈둥거리다

zjanuti *-nem* (完,不完) 참조 zijati, zinuti

zjap 구멍, 홀, 벌어져 있는 것 (otvor, zjalo)

zjapiti *-im* (不完) **zjanuti** *-nem* (完) 넓게(크게) 벌어지다, 활짝 열리다; *vrata između soba su zjapila otvorena* 방과 방사이의 문은 활짝 열려졌다; *sva vrata zjape* 모든 문들이 열려져 있었다; *zjapila je duboka rupa* 깊은 웅덩이가 입을 쩍 벌리고 있었다

zjati *zjam* (不完) 참조 zijati

zla (명사화된 형용사) 결핵 (tuberkuloza)

zlaćan *-a, -o* (形) 참조 (詩的) zlatan

zlaćen *-a, -o* (形) 참조 zlatan

zlaćenje (동사파생 명사) zlatiti; 금도금

zlatača 1. (植) 그물버섯(버섯의 한 종류) 2. (農) 사과의 한 종류

zlatan *-tna, -tno* (形) 1. 금의, 금으로 만들어진, 금으로 입혀진, 금도금된; 금이 있는, 금을 함유한; ~ *novac (prsten, lanac, zub)* 금화(금반지, 금목걸이, 금니); ~ *pesak* 사금(砂金); ~ *rudnik* 금광; ~*tna žila* 금광맥; ~*tna bula* 황금문서(1356년 신성 로마 황제 카를 4세가 발포한 칙서 2. 금을 연상시키는 (색깔·빛깔 등이), 황금색의, 빛나는, 번쩍이는; ~*tna kosa* 금발; *kosa joj je bila bujna, ~tna* 그녀의 머리는 풍성했고 금발이었다 3. (비유적) 너무 아름다운, 훌륭한; 매우 유용한 (prekrasan, divan); *svanula ~tna sloboda!* 너무나 좋은 자유의 동이 텄다! 4. 최고 전성기의, 황금기의; 아주 행복한; ~*tna doba* 또는 ~*tni vek* 황금기 5. 소중한, 사랑스런; 고귀한 (mio, drag; plemenit); ~ *čovek* 소중한 사람, 멋진 사람; ~*tna deca* 귀여운 아이들; ~*tna mladež* 귀공자; ~*tna sredina* 중용; ~*tna svadba* 금혼식 6. (한정형) 동식물 명칭의 한 부분으로; ~*tna ribica*

금붕어; ~*tna mara* 장미 풍뎅이; ~*tna parmenka* 사과의 한 종류 7. 기타; *imati* ~*tne ruke* 아주 능수능란하다; *obećavati* ~*tna brda (~tne kule)* 실행할 수 없는 많은 약속을 하다; *upisati* ~*tnim slovima (pismenima)* 역사에 길이 남기다; *bolje je dobar glas nego ~ pas* 돈보다는 좋은 평판이 중요하다

zlatan (男) 1. (愛稱) 소중한 사람의 명칭(보통은 남성의) 2. (魚類) 연준모치, 피라미 3. (魚類) 숭어의 한 종류 4. (植) 마르타곤나리 (백합의 한 종류)

zlatar 1. 금세공 기술자 2. 금은방 주인, 금은방 가게 직원 (juvelir) 3. (鳥類) 물총새 (vodomar) 4. (昆蟲) 녹색딱정벌레

zlatara (農) 사과의 한 종류; *muva ~* (昆蟲) 금파리

zlatarka 1. 금은방 주인의 부인 2. (숙어로) *muva ~* (昆蟲) 금파리

zlatarnica 금세공 공장; 금은방 (zlatara)

zlatarski *-a, -ō* (形) 참조 zlatar; 금세공인의, 금은방 주인의; ~ *zanat* 금세공업

zlatast *-a, -o* (形) 1. 황금색의, 금을 연상시키는; ~*a kosa* 금발 머리; ~ *plamen* 금빛 섬광 2. 금으로 만들어진, 금도금된; ~ *konac* 금실, 금사(金絲); ~ *natpis* 금도금된 글귀

zlataš 1. (鳥類) 검독수리(깃털이 누런색을 띰) 2. (魚類) (숙어로) ~ *karaš* 붕어의 한 종류

zlatica 1. 금화 (zlatnik, dukat) 2. (昆蟲) 파리의 한 종류 3. (植) 라눈쿨루스 피카리아(미나리아재비속(屬)) 7. 기타; *krompirova ~* (昆蟲) 콜로라도감자잎벌레(딱정벌레의 한 종류); *kuna ~* (動) 소나무담비 (담비의 한 종류)

zlatiti *-im* (不完) 1. 금도금하다 (pozlaćivati); ~ *nož* 칼을 금도금하다; *kupola na tornju saborne crkve, skoro zlaćena, blesnu jarko* 거의 금도금된 사보르나교회 첨탑 돔은 밝게 빛난다 2. 금빛의 빛을 발하면서 빛나다; *sunce zlati zidine kuća* 태양은 집 벽이 황금과 같이 반짝거리게 한다 3. (비유적) 아름답게 하다, 치장하다 (ulepšavati) 4. ~ *se* 황금색으로 빛나다

zlatka 1. 금도금된 소총 2. 기타; *kuna ~* 담비의 일종(kuna zlatica)

zlatnik 금화 (dukat)

zlatnina (集合) 금제품, 금으로 만들어진 물건

zlatniti *-im* (不完) 1. 금도금하다 (zlatiti) 2. ~ *se* 금도금되다

zlatno- (接頭辭) 1. (복합형용사의 첫부분으로) 황금색의, 황금색을 띠는; zlatnožut 황금색

과 같이 누런 2. *zlato-* 황금의

zlato 1. 금, 황금; *čisto (žeženo, suvo)* ~ 순금; ~ *u listovima* (장식용) 금박; *belo* ~ 백금 2. (集合) 금제품, 금으로 만들어진 물건들(금화·금장식·금실 등의) 3. 황금색이 나는 것, 황금같이 빛나는 것 4. (비유적) 소중한 사람, 귀여운 사람; 아주 근면한 사람, 훌륭한 도덕성을 가진 사람; ~ *moje!* 내 강아지(주로 어른이 아이들에게); ~ *od čoveka* 아주 좋은 사람 5. (비유적) 황금의 반짝거림, 태양의 빛남 6. (비유적) 다 여문 곡물(특히 밀의), 황금 들녘; *žuto* ~ 옥수수 7. 기타; *crno* ~ 석유, 석탄; *zlato rđa ne prianja* 또는 *čista se zlata rđa ne hvata* 도덕적인 사람은 잘못된 행동을 하지 않는다; ~*u će se kujundžjija naći* 1)값어치있는 것은 자신의 가치를 인정받을 것이다 2)예쁘고 심성고운 처녀는 시집을 잘 갈 것이다; *nije ni on* ~ 그도 단점이 있다; *platiti (suvim)* ~*om* 비싸게 지불했다, 많이 지불했다; *u* ~*u* 금화에서; *čist kao* ~ 단점이 없다(사람이)

zlato- (接頭辭) 황금의, 황금색의

zlatoglav (植) 아스포델 (백합과), 수선화

zlatoglav *-a, -o* (形) 머리가 금색인; ~ *leptir* 머리가 금색인 나비

zlatogrivac *-vca* 황금색 갈기(griva)가 있는 말(馬)

zlatokos *-a, -o* (形) 금발의, 금발 머리의; *a ona mlada, ~a, smije se* 젊고 금발인 그녀가 웃고 있다

zlatokril *-a, -o* (形) 황금 날개를 가진, 날개가 황금빛인; *u jezeru utva ~a* 호수의 오리는 날개가 금빛이다

zlatolik *-a, -o* (形) 금과 유사한, 황금과 비슷한; 금처럼 생긴

zlatoljubac *-pca* 금을 좋아하는 사람

zlatonosan *-sna, -sno* (形) 금을 함유한

zlatook *-a, -o* (形) 금처럼 반짝이는 눈을 가진

zlatoper *-a, -o* (形) 금빛의 깃털을 가진

zlatopernī *-ā, -ō* (形) 1. ~ *buzdovan* 황금 깃털을 가진 철퇴 2. 참조 zlatoper

zlatorez (印刷) 금박 문자, 금박 장식(책의)

zlatorog (動) 영양(羚羊)

zlatorog *-a, -o* (形) 황금빛 뿔이 있는

zlatorun *-a, -o* (形) 황금색 털을 가진

zlatotisak *-ska* 참조 zlatorez

zlatotkan *-a, -o* (形) 금사(金絲)로 짜여진

zlatoust *-a, -o* (形) (연설이) 유려한, 유창한; 언변이 좋은; ~ *gospodin* 언변이 좋은 사람

zlatovrana (鳥類) 롤러카나리아(집비둘기의 일
종)

zlatozub *-a, -o* (形) 금니의, 금니를 가진

zlatulja 1. 황금색 소의 이름; 누렁이 2. *alpska* ~ 민물고기의 한 종류

zlatva 지중해산(産)의 감성돔과(科)의 청돔 (komarča)

zled 부상, 상처 (ozleda)

zlediti *-im* (不完) 부상을 입히다, 상처를 입히다

zlehud *-a, -o* (形) 형편없는, 보잘것없는 (jadan, bedan); *radi za ono ~o parče hleba* 보잘것없는 빵 몇 조각을 얻기 위해 일한다; ~*a plata* 보잘것없는 월급; ~*a nadnica* 형편없는 일당

zlehudan *-dna, -dno* (形) 참조 zlehud

zlica (男,女) 사악한 사람, 나쁜 사람; 나쁜 짓을 하는 사람, 악인, 악당

zlikovac 나쁜 짓을 하는 사람, 악인; 악당, 범죄자, 강도; *niko ne zna je li živ ili mrtav onaj čovek, a ~vci su pobegli kolima* 그 사람이 죽었는지 살았는지는 아무도 모르는데 강도들은 자동차로 도망갔다

zlo *zalā* 1. 비행(非行), 악행(反); *dobro*; *rat je veliko* ~ 전쟁은 대단히 잘못된 행동이다; *nemoj ga pamtiti po ~u* 그를 악행으로만 기억하지 마라, 그를 나쁘게만 보지 마라 2. 불행, 고난 (nevolja, nesreća) 3. 고통; 아픈 상태, 병 (muka; bolest); ~ *mi je kad vidim krv* 피를 보면 난 힘들다 4. 나쁜 기분; 화, 분노; *oči zakrvavile od ~a* 분노로 인해 눈이 충혈되었다 5. 기타; *anđeo (bog) ~a* 악마; *dati se na* ~ 염증이 생기기 시작한다(상처 부위가); *rana se dala na* ~ 상처에 염증이 생겼다; *deliti dobro i* ~ *s nekim* 누구와 좋은 일과 궂은 일을 함께 나누다; *doskočiti* ~ (무엇에 대한) 약을 찾다, (무엇을) 방지하거나 제거하다; ~ *zlim vratiti* 악을 악으로 갚다, 복수하다; ~ *se od njega odbija* 너무나도 악하다(악도 그를 피할 정도로); *(ići) sa ~a na gore* 점점 더 나빠지다(악화되다); *na* ~ *(nešto uraditi)* 자신에게 해가 되는 방향으로(그 무엇을 행하다); *na* ~ *brz čovek* 못된(고약한) 사람; *na* ~ *ti svanulo!* 저주의 말; *primiti (uzeti) za* ~, *upisati u* ~ 나쁘게 인식하다, 나쁘게 평가하다; *nužno* ~ 필요악; *po ~u poznat (čuven)* 악명 높은, 악행으로 유명한; *pošlo sve po ~u* 모든것이 잘못된 방향으로 진행되었다; *raditi (kome) o ~u* (누구에게) 어떤 불쾌한 일을 준비하다(꾸미다); *stati ~u na put* (누구의) 악행을 저지하다, 누가 악행을 저지르지 못하게 하다; *to*

Z

sluti na ~ 그것은 잘못된 결과를 가져올 수 있다; *od dva ~a birati manje* 두 악(최악과 차악)중 차악을 선택하다

zlo (副) (比; *gore*) 나쁘게, 좋지 않게 (rđavo, loše); *noćas sam* ~ *snila* 어제 저녁 꿈을 나쁘게 꿨다; ~ *mi je* 나는 몸 컨디션이 좋지 않다, 별로 몸 상태가 좋지 않다; ~ *i naopako* 더 나쁠 수는 없다(최악이다); ~ *nam se piše* 우리가 나빠지기를 고대하고 있다(기다리고 있다); ~ *proći* 좋지 않게 끝나다

zloba 1. 악의, 적의 (pakost, mržnja); *sobarica nije mogla da obuzda svoje* ~*e napram staroj gospođi* 시녀는 늙은 여주인에 대한 자신의 적의를 자제할 수 없었다 2. 악의적인 말, 악의적인 이의(제기) (pakosna primedbe)

zloban *-bna, -bno* (形) 악의(적의)로 꽉찬, 악의적인, 적대적인 (zlurad, pakostan)

zlobiti *-im* (不完) 1. ~ *nekome* (누구에 대해) 악의적이다, 적대적이다 2. 악의(적의)를 불러일으키다 3. ~ **se** 서로가 서로에게 악의적이다(적대적이다)

zlobiv, zlobljiv *-a, -o* (形) 참조 zloban

zlobnik 악의적인(적의적인) 사람 (zloban čovek, pakosnik) **zlobnica; zlobnički** (形)

zločest *-a, -o* (形) 1. 나쁜, 사악한 (도덕적 의미에서의) (rđav, nevaljao); 말을 안듣는, 가만 있지를 못하는 (아이들이) (nestašan, neposlušan); *o bože, ja sam nevaljao,* ~ *čovek* 오, 신이시여, 저는 나쁘고 사악한 인간입니다; ~ *svet* 사악한 세상; ~ *uticaj* 나쁜 영향 2. 나쁜 (loš, slab)

zločest (女) 좋지 않음, 나쁨, 사악함

zločin 범죄, 범행(법적 처벌을 받는, 살인·강도·절도 등의); *ratni* ~ 전쟁 범죄; *Z~ i kazna* 죄와 벌 (도스또옙스끼의)

zločinac *-nca; zločinācā* 범죄를 저지른 사람; 범인, 범죄인 **zločinka; zločinački** (形)

zločinstvo 참조 zločin

zloća (男,女) 나쁜 사람, 질이 떨어지는 사람

zloća (女) 사악한 성격; 나쁜(사악한) 행동

zloćud *-a, -o* **zloćudan** *-dna, -dno* (形) 1. 나쁜 성격의, 성질이 나쁜, 사악한 기질의; ~ *starac* 성질이 나쁜 노인; ~*dno oko* 사악하게 보이는 눈 2. (말(馬) 등이) 말을 잘 안듣는, 고집센 (jogunast); (개가) 사나운; *žene se muče oko zloćudih konja* 여인들은 말을 잘 안듣는 말(馬) 때문에 고생한다 3. (종양이) 악성의, 치료가 불가능한; *zloćudni tumor* 악성 종양

zlodelo 악행, 비행, 범행, 범죄 (nedelo, zločin)

zloduh 1. (迷信) 악령, 악귀, 악마 (demon, vrag, đavo) 2. 사악한 사람

zloglasan *-sna, -sno* (形) 악명높은, 악명으로 유명한

zloglasnik 나쁜 소식을 가져오는 사람 **zloglasnica**; *ptica zloglasnica* 나쁜 소식을 가져오는 새

zlogub *-a, -o* (形) 나쁜, 안좋은, 사악한 (rđav, loš, zao)

zloguk *-a, -o* (形) 불길한, 나쁜 징조의 (zlostutan); ~*a ptica kuka na krova* 불길한 새가 지붕에서 운다

zloguk 1. 불행(불운)을 예견한다는 새; 불길한 일을 예견하는 사람 2. 불길한 예감

zlogukalica, zlogutka 참조 zloslutnica

zlokob (女) 불길한 징조; 불행한 운명, 불행 (zla sudbina, nesreća)

zlokoban *-bna, -bno* (形) 1. 불운(불행)을 가져오는 2. 불운(불행)을 예견하는 (zloslutan)

zlokobiti *-im* (不完) 불운(불행)을 예고하다(예견하다)

zlokobnica 1. 나쁜 징조를 예견하는 새, 불운(불행)을 가져오는 새; *ptica* ~ 나쁜 징조를 가져오는 새 2. 불운(불행)을 가져오는 사람

zlokobnik 불길함을 예견하는 사람, 불운(불행)을 가져오는 사람; 또는 그러한 새(까마귀 등의)

zlomislen *-a, -o* (形) 사악한 (zlonameran)

zlomišljenik 사악한 사람 (pakosnik)

zlonaklon *-a, -o* (形) 악에 기대는, 악한 행동을 할 경향이 있는

zlonamera 악의, 적의 (zal, rđava namera)

zlonameran *-rna, -rno* (形) 악의적인, 적의적인

zlonamernik 악의적인 사람, 적의적인 사람

zlonamernost (女) 악의, 적의; 악의적임(적의적임)

zloočnik 사악한 눈을 가진 사람

zlopaćenje (동사파생 명사) zlopatiti; 고통당하는 사람, 고생하는 사람, 힘들게 사는 사람

zlopak *-a, -o* (形) 나쁜, 사악한 (opak, rđav); ~*o delo* 악행, 사악한 행동; ~ *čovek* 사악한 사람

zlopamćenje (동사파생 명사) zlopamtiti; 복수심에 불타는 것, 앙심을 품음

zlopamtilo (男,中) 복수심에 불타는 사람, 앙심을 품은 사람

zlopamtiv, zlopamtljiv *-a, -o* (形) 복수심에 불타는, 앙심을 품은

zlopatan *-tna, -tno* (形) 수난을 당하는, 고통을 겪는; 힘든, 어려운; 힘들게 사는 (mučan, težak, mukotrpan); ~ *narod* 고난을 겪는 백성들; ~*tno ropstvo* 고통스러운 노예생활; ~ *dan* 힘든 날

zlopatiti (se) *-im (se)* (不完) 악행(비행)을 겪다; 고생하다, 수난을 당하다, 힘겹게 살다

zlopatnik 고통받는 사람, 수난당하는 사람, 고난당하는 사람 (paćenik, mučenik) zlopatnica; zlopatnički (形)

zlopogledan *-dna, -dno* (形) 사악한 시선으로 바라보는, 사악한 시선의

zlopogleđa (男) 사악한 시선으로 바라보는 사람, 음침한 시선으로 바라보는 사람

zloporaba 참조 zloupotreba; 악용

zloprelja 1. 솜씨없이 실을 잣는 사람(여자) (zla prelja) 2. (비유적) 악을 예견하는 여인, 나쁜 일을 미리 점치는 여인

zloraba 참조 zloupotreba

zlorabiti *-im* (不完) 참조 zloupotrebljavati; 악용하다

zlorad *-a, -o* (=zlurad) 사악한, 악의적인, 적의적인; (타인에게 나쁜 일이 일어났으면 하고 바라는)

zloradica (zluradica) 1. 참조 zloradost 2. 사악한 여자, 남의 불행을 기뻐하는 여자

zloradost (=zluradost) 타인의 아픔에 대한 기쁨(환희)

zlorek *-a, -o* (形) 나쁜 말을 하는, 거친 말을 하는

zloslutan *-tna, -tno* (形) 불길한, 나쁜 징조의; ~*tne glasine* 불길한 소문

zloslutica 1. 불길함(나쁜 일)을 예견하는 사람 (zloslutnica) 2. 불길함, 불길한 예감

zloslutnica 1. 불길함을 예견하는 여자; *žena* ~ 불길함을 예견하는 여자 2. 불길한 새; *čas strahovito kobno huji kao jata crnih* ~ 까마귀떼처럼 (바람이) 순간적으로 아주 불길하게 휘잉하고 불었다

zloslutnik 불길함을 예견하는 사람 zloslutnica; zloslutnički (形)

zlosrdan *-dna, -dno* (形) 화난, 분노한 (srdit, ljutit)

zlosreća 1. 불운, 불행 (zla sreća, nesreća) 2. 불운(불행)한 사람 (zlosrećnik)

zlosrećan *-ćna, -ćno* (=zlosretan) (形) 불운한, 불행한; ~*ćni seljak* 불행한 농민

zlosrećnik (=zlosretnik) 불운한 사람, 불행한 사람 zlosrećnica

zlost *-i* (女) (詩的) 사악함, 사악한 성격 (zloća, pakost)

zlostaviti *-im* (完) zlostavljati *-am* (不完) 1. 학대하다, 혹사시키다; *nametnuli su nam gospodu od tuđeg roda, koji nas gule i zlostave* (우리와는) 종족이 다른 지배자를 임명했는데, 그는 우리를 착취하고 혹사시켰다 2. 강간하다 (silovati)

zlotkalja 베를 형편없이 짜는 사람(여자)

zlotvor 1. (누구에게) 악을 행하는 사람, 범죄자 2. (최대의) 적, 주적; 범인, 범죄자

zloumnik 머릿속에 사악함만 있는 사람; 악의적인 사람, 적의적인 사람 (zlonamernik)

zloupotreba (권력·지위 따위의) 악용, 남용, 오용; *knez pokriva svojim autoritetom ministarske ~e vlasti* 대공은 자신의 권위로 장관의 권한 남용을 덮었다; *činiti ~e u finansijama* 재정을 남용하다

zloupotrebiti *-im*; *zloupotrebljen* (完) zloupotrebljavati *-am* (不完) 악용하다, 남용하다, 오용하다; ~ *položaj* 지위를 남용하다; ~ *novac* 자금을 남용하다; ~ *nečiju naivnost* 누구의 순수함을 악용하다

zlovolja 성마른 성격, 기분 나쁨; 불만, 화, 분노

zlovoljan *-ljna, -ljno* (形) 성질이 나쁜(더러운); 기분이 나쁜; 불만족한, 화난

zlurad *-a, -o* (形) 참조 zlorad; ~ *osmeh* 사악한 미소

zluradica 참조 zloradica

zluradost (女) 참조 zloradost

zmaj *-evi* 1. (神話) 용 (ala, aždaja); *sedmoglavi* ~ 머리가 7개 달린 용 2. (비유적) (종종 ognjeni, ognjeviti 등의 형용사와 함께 사용되어) 용감한 사람, 용자(勇者), 영웅 (junak); 정열적인 사람, 불 같은 사람, 부지런한 사람; 분노하는 사람 3. 연 (바람에 나는); *puštati ~a* 연을 날리다 4. *krilati (leteći)* ~ (動) 날도마뱀 zmajevski, zmajski (形)

zmajevica 1. 용(암컷) 2. 용자(勇者)의 아내

zmajevit *-a, -o* (形) 힘있는, 힘센, 강한 (silan, snažan); *robovi ljubavnih mreža podavahu se ... njezinim silnim ~im zagrljajima* 사랑의 그물에 걸린 포로들은 그녀의 강렬한 포옹에 굴복했다; ~ *konj* 힘센 말; ~*a vojska* 강한 군대

zmajevskī *-ā, -ō* (形) 참조 zmaj; 용의

zmajić (지소체) zmaj

zmajskī *-ā, -ō* (形) 참조 zmaj

zmija 1. (動) 뱀 (guja); *otrovna* ~ 또는 ~ *otrovnica* 독사; *vodena* ~ 물뱀; ~ *ljutica* 살모사; ~ *belouška* 풀뱀; ~ *prisojkinja* 독

사, 독사같은 여자 2. (비유적) 사악한 사람 3. (비유적) 뱀처럼 생긴 것(길고 좁고 구불구불한) (끈, 사람들의 행렬, 도로 등의) 4. 기타; *vije se (savije se) kao ~* 커다란 난관(어려움)에 봉착해 있다; *zgaziti ~i glavu, stati ~i na vrat, udariti ~u po glavi* 단호하게 위험을 제거하다, 악을 근절하기 위해 단호한 조처를 취하다; *~ te ujela!* 저주의 말; *~u odgajiti (othraniti) u nedrima, ~u u nedrima nositi* 선을 악으로 갚는 사람에게 이르는 말(호랑이 새끼를 키우다, 배은망덕한 사람을 키우다); *ići ~i u grlo (na rupu)* 뻔한 위험속으로 돌진하다(자기 파멸의 길로 들어가다); *kriti (što) kao ~ noge* 극비로 보관하다; *pištati kao ~ u procepu* 거칠게 항의하다; *svijati se kao ~ na trnu* 매우 어려운 처지에 놓여있다; *siktati kao ~* 거친 말을 쏟아 붓다, 모욕적인 말을 하다

zmijak (植) 검은쇠채(국화과의 여러해살이 식물, 유럽에서 뿌리채소로 재배함)
zmijast *-a, -o* (形) 뱀 모양의, 뱀과 비슷한
zmijčad (女) (集合) zmijče
zmijče *-eta* 새끼 뱀
zmijica 1. (지소체) zmija 2. (비유적) 종이 띠
zmijin *-a, -o* (形) 1. 뱀의; ~ *rep* 뱀꼬리; *~a glava* 뱀머리 2. (식물명의 한 부분으로); *~o mleko* 애기똥풀; *~a trava* 베로니카; *~e oči* 물망초; ~ *jezik* 나도고사리삼속(양치류의 한 종류); ~ *češalj* 아룸 마쿨라툼
zmijočica (植) 연리초
zmijoglav *-a, -o* (形) 뱀머리 모양의
zmijolik *-a, -o* (形) 뱀 모양의 (zmijast)
zmijolovac 땅꾼(뱀을 잡는)
zmijski *-ā, -ō* (形) 1. 뱀의; 뱀 가죽으로 된; 뱀 모양의; *ženske nose ~e cipele* 여성들은 뱀 가죽으로 만들어진 신발을 신고 다닌다 2. (식물명의 한 부분으로); ~ *luk, ~a glava*
zmijski (副) 뱀처럼, 사악하게, 교활하게; *nasmeje se trgovac ~* 상인은 교활하게 웃고 있다
zmijugav *-a, -o* (形) 뱀처럼 구불구불한; 뱀 모양의
zmijuljica 1. (지소체) zmija 2. (魚類) 칠성장어
zmijurina (지대체) zmija
značaj 1. 중요성, 중대성; 의미, 의의; ~ *umetnosti* 예술의 중요성; *veliki ~ za razvoj poljoprivrede* 농업 발전의 커다란 의의; *savetodavni ~* 자문의 중요성; *biti od (velikog) ~a* 중요하다; *pridavati dovoljno (suviše, malo) ~a nečemu* 무엇에 충분한 (과도한, 적은) 의의를 주다 2. 특성, 특징

(odlika, karakteristika); *etnografski ~i se već gube* 민속학적 특성은 벌써 사라지고 있다
značajan *-jna, -jno* (形) 1. 중요한 (važan) 2. 특징적인 (karakterističan)
značajka (D.L. sg, *-ajci & -i*, G.pl. *-ī, -jākā & -ā*) 특성, 특징, 특질 (osobina, odlika, karakteristika)
značenje 1. 뜻, 의미; ~ *reči* 단어의 뜻; *drugo ~* 다른 의미; *bukvalno (prenosno) ~* 문자 그대로의 뜻(비유적인 의미) 2. 중요성 (značaj); *biti od istorijskog ~a* 역사적 의미가 있다, 역사적 중요성이 있다
značić (지소체) znak
značiti *-im* (不完) 1. 의미하다, ~라는 뜻이다 (označavati); *šta znači ova reč?* 이 단어는 무슨 의미이냐? 2. 중요하다, 의미가 있다; *njegova reč ne znači mnogo* 그의 말은 별로 중요하지 않다; *ona mu mnogo znači* 그녀는 그 사람에게 중요한 사람이다(많은 의미를 가진 사람이다) 3. (단수 3인칭 현재 시제로, **znači**) (결론을 내는 小辭로), 즉, 따라서, ~라는 뜻이다 (dakle, to jest, prema tome); *znači, ženiš se!* 즉, 네가 장가간다는 말이구나!
značka (D.L.sg. *-čki, -čci*, G.pl. *-čākā, -čkā, -čkī*) (소속·신분·계급 등을 나타내는) 표, 배지, 기장(記章); ~ *crvenog krsta* 적십자 배지
znak *znaci & znakovi* 1. 기호, 부호; 표, 표시; 표지판; *saobraćajni ~* 교통 표지; *zaštitni ~* (등록)상표; *vodeni ~* (종이를 빛에 비춰 보았을 때 보이는) 투명무늬, 워터 마크; ~ *jednakosti* 등호(=); ~ *za knjigu* (읽던 곳을 표시하기 위해 책갈피에 끼우는) 서표(書標); 갈피표; *hemijski ~* 화학 기호; *astrološki ~* 별자리표 2. 몸짓, 제스처; (동작으로 하는) 신호; *dati ~ očima (rukom)* 눈짓하다(손짓하다); ~ *za uzbunu* 긴급한 신호; *na ~* 신호에 따라 3. 암시; 징후; 징조, 조짐(뭔가가 일어날 것 같은); ~ *starosti* 노년의 징후; ~ *ljubavi* 사랑의 암시; ~ *vremena* 날씨의 징후; *dobar (rđav) ~* 좋은(나쁜) 징조; *u ~ nečega ~의* 암시로 4. 증상; *~ci bolesti* 질병의 증상 5. (文法) 기호; *~ci interpunkcije* 구두점; ~ *navoda (pitanja, uzvika)* 인용(의문, 감탄)부호; *akcenatski ~* 악센트 부호 6. 특성, 특징 (crta, odlika, karakteristika); *glavni ~ u njegovom karakteru bilo je rodoljublje* 그 사람 성격의 가장 큰 특징은 애국심이었다 7. 기타; *matematički ~ci* 수

학 기호들; ~ci raspoznavanja 암호; nadgrobni ~ 비석; ne daje ~a od sebe 목숨이 붙어있다는 신호가 없다

znalac *znalca & znaoca; znalācā* 1. (뭔가에 대해) 잘 아는 사람; 전문가, 스페셜리스트 (poznavalac); ~ *jezika* 언어 전문가; ~ *književnosti* 문학 전문가 2. 학자 (naučnik) 3. 지인 (poznanik); *stari moj ~* 내 오래된 지인

znalačkī *-ā, -ō* (形) 참조 znalac; 전문가의; ~*a analiza* 전문가 분석

znamen 1. 참조 znamenje; 표시, 표지; 특성, 특징; 전조, 징조; *zidana kuća u građanina ... bijaše očit ~ bogatstva* 사람들에게 있어 건축된 집은 눈에 띄는 부의 표시였다 2. 의미, 중요성 (značaj, važnost); *kao da je sav taj istorijski sjaj za nju imao veoma malo ~a* 그 모든 역사적 영광이 그녀에게는 별 의미를 가지지 못한 것처럼 3. 참조 spomenik; 기념비, 기념탑

znamenit *-a, -o* (形) 1. 유명한, 저명한; 명망있는 (čuven, poznat, ugledan); ~ *čovek* 명망있는 사람; ~*o delo* 유명한 작품 2. 중요한, 의미있는 (značajan); ~*o pismo* 중요한 편지; ~ *konj* 장점이 많은 말 3. 상당한, 커다란 (znatan, velik)

znamenito (副) 1. 중요하게, 의미있게 (značajno, važno) 2. 매우 많이(많게), 상당하게 (znatno, vrlo mnogo)

znamenitost (女) 1. 유명(함), 저명(함); 명성, 명망 2. 중요한 것, 의미있는 것; 명소; *istorijske ~i* 역사적으로 중요한 것(장소); *razgledati ~i grada* 도시의 명소를 관광하다; ~*i Jerusalima* 예루살렘의 명소 3. 중요함, 의미

znamenovati *-nujem* (完,不完) 1. 의미하다 (značiti); *Arhađelov zlatokrug znamenuje veru, ljubav i nadanje* 아르한젤의 후광은 믿음, 사랑 그리고 희망을 의미한다 2. 성수 (聖水)를 뿌리다

znamenje 1. 기호, 표시 (znak, oznaka, beleg); ~ *na jednoj ruci* 한 팔에 있는 표시; ~ *revolucije* 혁명의 표시 2. 특성, 특징 (karakteristika) 3. 전조, 징조, 징후, 조짐 (predznak, predskazanje); *magla je ~ bure* 안개는 폭풍의 전조이다 4. (宗) 성수(聖水)와 아기의 임시 이름(성직자가 아기에게 세례를 주기 전의)

znan *-a, -o* (形) 유명한, 잘 알려진 (poznat, čuven); ~*o lice* 유명 인사; ~*a putanja* 알려진 궤도; *neke lepote njegove poezije ...*

nisu svima bile ~e 그의 시의 어떤 아름다움은 모든 사람들에게 잘 알려진 것은 아니었다; ~*i i neznani* 많은 사람, 모두

znanac *-nca; znanācā* 지인(知人) (poznanik); *imam dosta ~aca u vojsci* 군대에 많은 지인들이 있다

znanost (女) 참조 nauka; 학문, 과학

znanstven *-a, -o* (形) 참조 znanost; 학문의, 과학의 (naučni)

znanstvenik 참조 naučnik; 학자, 과학자

znanje 1. 지식, 학식(어떤 학문 분야에서의); ~ *lingvistike* 언어학적 지식; ~ *iz fizike* 물리학 분야에서의 지식 2. 기량, 기교, 기술 (umeće, veština); *imati dovoljno vojničkog ~a* 충분한 군사적 기량을 가지다(갖추다) 3. 학문, 과학 (nauka, znanost) 4. 기타; *dati (staviti) do ~a (na ~)* 알리다, 알게 하다, 통지하다; *primiti k ~u (na ~), uzeti k ~u (na ~)* 알게 되다, 통보를 받다

znatan *-tna, -tno* (形) 1. 중요한, 의미있는 (znamenit, značajan) 2. 유명한, 저명한 (poznat, čuven) 3. 상당한, 커다란 (velik, priličan); *u ~tnoj meri* 상당 정도의; ~*tne količine* 많은 양; ~*tna šteta* 상당한 피해; ~ *broj* 상당한 수

znati *znam & znadem; znaj & znaduj; znajući & znaducī; znan & znat* (不完) 1. (사실·진리 등을) 알다, 알고 있다; ~ *nemački* 독일어를 알다; ~ *nešto* 뭔가를 알다; ~ *napamet* 암기해 알다; *ko zna?, ko bi znao* 누가 알아; ~ *za neku stvar* 어떤 일에 대해 알다 2. ~ 할 수 있다, ~할 능력이 있다 (umeti); *igrao je kako je najbolje znao* 할 수 있는 최대한으로 춤을 추었다; *on zna da piše* 그는 글을 쓸 줄 안다 3. 이해하다, 깨닫다 (shvatiti); *ne zna šta radi* 그는 무슨 일을 하는지 모른다; *ne zna šta govori* 무슨 말을 하는지 알지 못한다 4. (부정적으로) 신경쓰지 않다; *neću da znam za njega* 나는 그에게 신경쓰기 싫다 5. ~하는 습성(습관)이 있다 (imati običaj); *znao bi svako jutro ići na pijacu* 매일 아침 시장에 가는 습관이 있으면 한다 6. ~할 수 있는 상태이다, 할 수 있다, 원하다 (biti u stanju, moći, hteti); *znate li mi reći gde je apoteka* 어디에 약국이 있는지 제가 말해 줄 수 있나요 7. (관심이나 주목을 끌려고 할 때, 별다른 뜻이 없이) *znaš, već mi je dodijalo* 벌써 난 지루해 8. 기타; *ako boaga znaš* 놀라면서 나무라는 표현(신이 계시다는 사실을 알기라도 한다면); *đavo bi ga znao* 누가 알겠어, 아무도 몰라; *znam te* *ja!* 난 널 손바닥 보듯 잘 알고 있다; ~ *za sebe* 1)기억하다 2)(보통은 부정적으로) 제 정신이 아니다, 중병을 앓고 있다; ~ *kao vodu (kao 'Oče naš', kao rđavu paru)* 완전 잘 알고 있다; ~ *koliko je sati* 뭔가 잘못되고 있다는 것을 알다; ~ *u glavu (u dušu, u prste)* 너무나 잘 알고 있다, 세세하게 잘 알고 있다; ~ *u kom grmu leži zec* 무슨 말인지 알다; *kako znaš, kako god znaš, radi šta znaš* 난 널 도와줄 마음이 없어(네 마음대로 해); *ko zna, ko bi znao, ko to može* ~ 아무도 모른다(불확실하다); *ne zna gde mu je glava* 당황했다, 제 정신이 아니다, 일에 치여있다(너무 바쁘다); *ne znam šta ću* 뭘 해야 될지 모르겠다; *ne zna se ni ko pije ni ko plaća* 요지경이다(무질서하다); *ne* ~ *za meru (granicu)* 경계를 모르다(무절제하다, 과도하다); *ne* ~ *za odmor (za praznik)* 쉬는 것을 모른다(항상 일한다); *ne* ~ *ni dve, ni četiri unakrst* 일자무식이다(낫놓고 기역자도 모른다); *ne* ~ *kako mu je ime* 아무것도 모른다(일자무식이다); *ne* ~ *šta je žena, ne* ~ *šta je muško* 아직 성관계를 갖지 않다; *neću, da bih znao i na kozi orati* 아무것도 하고 싶지 않아(염소에 쟁기를 매어 밭갈이 하는 것을 알고 있더라도); *neću da znam za njega* 나는 그 사람과 엮이고 싶지 않아; *ni broja se ne zna* 수없이 많은; *nije ne znam šta, nije bog zna šta* 별로 특별하지 않아, 특별한 것 없어; *niko neće da zna za nas* 아무도 우리에게 관심이 없다; *to zna i moja baba, to znaju i vrapci na krovu* 그것은 모든 사람이 알고 있다; *šta znam* 헷갈린다; *znam za jadac!* 넌 날 속일 수 없어

znatiželja 1. 호기심 (radoznalost) 2. 호기심 많은 사람

znatiželjan -*ljna*, -*ljno* (形) 호기심이 많은 (radoznao)

znoj -*evi* 1. 땀; *biti u* ~*u* 땀을 흘리다; *curi mu* ~ 그는 땀이 난다 2. 노력, 힘든 일; 부(富), 재산(노력해서 쌓아 올린) 3. 기타; *devet* ~*eva* 1)과도하게 많은 땀 2)엄청난 노력; *derati se do sedmoga* ~*a* 있는 힘껏 소리지르다(고함치다); ~*em zalivati* 땀흘리며(고생하며) 농사짓다; *isterati na* ~ 땀을 배출시키다; *krv i* ~ 피와 땀(엄청난 노력); *krvavi* ~ 엄청난 노력; *kupati se u (vlastitom)* ~*u* 1)땀범벅이 되다, 땀을 많이 흘리다 2)대단히 곤란한 상황에 처하다; *napiti se čijeg* ~*a* 누구에게 기대어 살다; *probio ga* ~ 땀이 났다; *u* ~*u lica svog jesti*

hleb, hraniti se svojim ~*em* 스스로 땀흘려 벌어먹다 **znojni** (形)

znojan -*jna*, -*jno* (形) 1. 땀투성이의, 땀에 젖은 (znojav); *čupav i* ~ *seljak sedio je na tezgi* 머리가 헝클어지고 땀투성이의 농부가 가판대에 앉았다 2. 땀의; ~ *kap* 땀방울 3. 송골송골 맺힌(땀방울과 같이) 4. (보통은 한정형으로) 땀을 내는; ~*jne žlezde* 땀샘 5. 땀이 나는, 더운; ~*o leto* 더운 여름 6. (비유적) 땀으로 얻은(이룬)

znojav -*a*, -*o* (形) 1. 땀투성이의, 땀에 젖은; 땀나는; ~*a odeća* 땀에 젖은 옷; ~*e noge* 땀투성이의 발 2. (비유적) 힘든, 어려운 (mukotrpan, težak); ~ *posao* 힘든 일

znojenje (동사파생 명사) znojiti se; 땀을 흘림

znojiti se -*im se* (不完) 1. 땀을 흘리다, 땀이 나다; *od muke se poče znojiti* 고통스러움에 땀이 나기 시작했다 2. (비유적) 힘들여 노력하다, 힘들게 일하다; 근심하다, 걱정하다 3. 김이 서리다; 축축해지다; (땀방울처럼) 송글송글 맺히다 (rositi se)

znojnica 1. (解) 땀샘 (znojna žlezda) 2. 땀받이, 패드 (여성의 속옷 겨드랑이 밑에 대는)

znojnični -*ā*, -*ō* (形) 참조 znojnica; 땀샘의

zob *zobi, zoblju & zobi* (植) 귀리; 그 곡물(주로 말 사료로 사용됨) **zoben, zobni** (形)

zoban -*a*, -*o* (形) 1. 귀리를 먹여 살찌운, 귀리로 사육한 2. (한정형만) 귀리의; ~*bna krma* 귀리 사료; ~*bna slama* 귀리짚, 귀리 지푸라기

zobanica (=zobenica) 귀리(zob)빵 (ovsenica)

zobanje (동사파생 명사) zobati

zobati *zobljem; zobljući* (不完) 1. (새가) 부리로 쪼다, 부리로 쪼아 먹다(곡식 등을); *kokoši ti mozak pozobale* 너는 네 정신이아니다 2. 먹다(딸기 등의 베리류, 포도, 체리 등을) 3. (비유적) 차례차례 파괴하다(파멸시키다); *njih mi zoblju krvavi ratovi* 유혈이 낭자한 전쟁들이 그들을 차례차례 파멸시켰다

zoben -*a*, -*o* (形) 귀리의, 귀리로 만들어진; ~*a kaša* 귀리죽; ~ *kruh* 귀리빵; ~*o polje* 귀리밭

zobenica 1. 귀리빵 (zobanica) 2. 귀리 망태 (귀리를 말에게 주는) (zobnica) 3. 귀리주 (酒), 귀리로 만든 라키야

zobište 귀리밭

zobiti -*im* (不完) **nazobiti** -*im* (完) 1. 귀리(zob)나 다른 곡물을 먹이다(주로 말(馬)을); ~ *konja* 말에게 귀리를 먹이다 2. (비유적) 잘

먹이다

zobnica 귀리 망태 (귀리를 담아 말에게 사료로 먹이는)

zobun (=zubun) 민속 의상의 한 종류(외투의 한 종류로 다양한 길이가 있으며 소매가 짧거나 없다)

Zodijak (天文) 황도대(黃道帶; 태양이 1년가 지나가는 길) **zodijački** (形); ~ *znak* 황도 12 궁도; ~a *svetlost* 황도광(黃道光)

zolufi (=zulufi) (男) 구레나룻

zolj (男), **zolja** (女) (昆蟲) 말벌 (osa, osica)

zoljin -a, -o (形) 참조 zolja; 말벌의; ~o *gnezdo* 1)말벌집 2)(비유적) 소란스럽고 위험한 집단

zoljinac -nca 말벌집 (osinjak)

zona (한정된, 제한된) 지대, 지역, 구역; (한대·열대 등의) 대(帶); (같은 종류의 동식물이 생육하고 있는) 대(帶); *tropska* ~ 열대 지역; ~ *zemljotresa* 지진대(帶) ; ~ *radijacije* 방사능 지대; *granična* ~ 국경 지역; *ledena* (*umerena, žarka*) ~ 빙설대(온대, 열대); *okupaciona* ~ 점령 지역 **zonalni, zonski** (形)

zonalnī -ā, -ō (形) 참조 zona; 지역의, 구역의, 지대의; ~a *granica* 구역 경계(국경의)

zonskī -ā, -ō (形) 참조 zona; *zonsko prvenstvo* 지역 선수권; *zonska odbrana* 지역 방어(농구의)

zoolog 동물학자

zoologija 동물학

zoološkī -ā, -ō (形) 참조 zoolog, zoologija; ~ *zakoni* 동물법; ~ *vrt* 동물원

zor -ovi 1. 힘, 력(力) (sila, snaga, moć) 2. 화, 분노, 폭력 (bes, nasilje) 3. 서두름 (žurba, brzina) 4. 어려움, 곤경; 고통, 곤란 (muka, nevolja, tegoba) 5. (한정사적 용법으로) 잘 생긴, 아름다운, 멋진 (lep, krasan); ~ *junak* 멋진 영웅; ~ *devojka* 아름다운 처녀 6. 기타; *na* ~ 자부심이 있는, 긍지를 지닌, 자랑스러운

zora 1. 새벽, 여명, 동이 틀 무렵; (비유적) 시작, 초기; *od* ~e *do mraka* 꼭두새벽부터 저녁 늦게까지, 하루 온 종일; *u cik* ~e 동이 트기 무섭게, 날이 밝자 마자; *u* ~u 새벽에 2. 황혼, 땅거미

zoran -rna, -rno (形) 1. 힘센, 힘이 넘치는, 거친 (silan, silovit); ~ *junak* 힘이 넘치는 영웅; ~ *juriš* 단숨의 돌격(돌파) 2. 잘 생긴, 예쁜, 아름다운 (lep, krasan, zgodan); ~rna *Srpskinja* 예쁜 세르비아여인 3. 보이는, 분명한 4. 직관적인 (intuitivan)

zorica (지소체) zora

zoriti -im (不完) 1. 동이 트다, 여명이 밝다 (svitati) 2. (곡물·과일 등이) 여물다, 익다 (zreti)

zoriti se -im se (不完) 자부심을 갖다, 자랑스러워하다, 긍지를 갖다 (ponositi se)

zorli 1. (形)(不變) 잘 생긴, 예쁜, 아름다운 (zoran) 2. (富) 힘있게, 강하게, 강건하게 (zorno)

zornica 1. (교회·성당의) 새벽 예배(미사) 2. (대문자로) 참조 Zornjača

Zornjača 샛별, 금성 (Danica)

zorom (副) 새벽에, 여명에, 매우 일찍

zort 두려움, 무서움, 공포 (strah, zebnja)

zov 부름 (dozivanje; poziv, poklič, apel); ~ *neke žene* 어떤 여자의 부름; ~ *pod oružje* 군징집; ~ *na pobunu* 봉기 촉구; *doći na* ~ 부르러 오다

zova (植) 서양 딱총나무 **zovin** (形)

zovnuti -nem (完) 부르다 (pozvati)

zračak -čka (지소체) zrak; ~ *nade* 희망의 빛

zračan -čna, -čno (形) 1. (빛으로인해) 밝은, 빛나는; ~čna *zvezda* 빛나는 별; ~čno *oko* 빛나는 눈 2. 참조 zrak; 공기의, 공중의 (vazdušni); ~čna *flota* 항공 편대; ~čni *pritisak* 공기압; ~čni *prostor* (한 나라의) 공중(영토)

zračenje (동사파생 명사) zračiti; *atomsko* ~ 원자방사선; *lečenje* ~em 방사선치료

zračiti -im (不完) 1. (自) 빛을 내다, 반짝이다 (태양·달·전구 등이) (svetleti, sijati) 2. (他) (빛을) 비추다, 밝게 하다, 조명을 비추다 (obasjavati, osvetljavati); ~ *puteve* 길을 밝히다 3. (방사선 등을) 쪼이다 (치료 목적으로); ~ *pluća* 폐에 방사선을 쪼이다 4. (他) 드러내다, 노출하다; *lice joj zračilo tugu* 그녀의 얼굴은 슬픔을 드러냈다 5. 확산되다, 퍼지다 (širiti se, prostirati se); *iz kuće je zračila neka milina, lepota* 집에서 그 어떤 환희와 아름다움이 퍼져나간다 6. 통풍시키다, 환기시키다 (provetravati); ~ *sobu* 방을 환기시키다 7. ~ se 빛나다 8. ~ se (빛처럼) 퍼져나가다, 퍼지다, 확산되다 9. ~ se 방사선치료를 받다; ~ se *na kliničkom centru* 대학병원에서 방사선치료를 받다 10. ~ se 환기하다; ~ se *na balkonu* 발코니에서 환기하다

zračnī -ā, -ō (形) 참조 zrak; 공기의, 공중의 (vazdušni); ~ *napad* 공중 공격; ~a *linija* 항공로; ~a *soba* 통풍이 잘 되는 방; ~o *gušarstvo* 항공기 납치, 하이재킹

Z

1603

zračno (副) 공기 형태로, 공기처럼; 빛나게, 환하게; 생생하게

zračnost (女) 밝음; 맑음; 신선함

zrak *zraci* & *zrakovi* 공기; 공중 (*vazduh*)

zrak *zraci* & *zrakovi* 광선(光線), 선, 빛살; *sunčev (sunčani)* ~ 햇살; *ultraljubičasti* ~ 자외선; *infracrveni* ~*ci* 적외선; *redgenski (rendgenovi)* ~*ci* X-레이; *alfa-zraci* 알파선; *beta-zraci* 베타선; *kosmički* ~*ci* 우주 광선

zrakast *-a, -o* (形) 광선의, 광선 형태의

zrakoplov 참조 *avion*; 비행기

zrakoplovac *-vca* 참조 *vazduhoplovac*, *avijatičar*; 비행사, 조종사, 파일럿

zrakoplovstvo 참조 *vazduhoplovstvo*, *avijacija*; 공군, 비행 편대

zrakoprazan *-zna, -zno* (形) 참조 *bezvazdušan*; 공기가 없는; ~ *prostor* 공기가 없는 공간

zrcaliti se *-im se* (不完) 1. (거울(zrcalo)에) 반사되다, 반사되어 비추다 2. (비유적) 나타나다, 보이다(정신 상태에) 3. 반사되어 빛나다 (호수 등이)

zrcalo 참조 *ogledalo*; 거울

zrelina 성숙(농숙)한 상태, 성숙도, 농숙도; 성숙, 농숙 (zrelost); ~ *ploda* 열매의 성숙도; ~ *ljubavi* 사랑의 원숙도

zrelo (副) 원숙하게, 성숙하게; 이성적으로, 분별있게 (razumno, smišljeno, pametno); *nesrećna deca znadu* ~ *misliti* 불행한 아이들은 이성적으로 생각하는 것을 안다

zrelost (女) 1. 원숙함, 성숙함; 원숙(성숙)한 상태; 성숙도 2. (신체의) 발달 상태; (비유적) 높은 지적 성숙도; *polna* ~ 사춘기 3. 기타; *ispit* ~*i* (고등학교의) 졸업시험 (matura)

zrenje (동사파생 명사) zreti

zreo *-ela, -elo* (形) 1. 참조 zreti 2. (열매·과일 등이) 여문, 무르익은; (醫) 최절정의, 마지막 단계의; ~*ela kruška* 농익은 배; ~ *plod* 여문 열매; ~ *čir* 짜도 될 정도의 고름 (종기) 3. (육체적·정신적으로) 성숙한, 원숙한; ~ *čovek* 성숙한 사람; ~*ela lepota* 원숙한 아름다움; ~*ela devojka* 다 큰 처녀; ~ *za ženidbu* 장가가기에 충분한; ~*ela za udaju* 시집가기에 충분한 4. (비유적) 이성적인, 분별있는, 현명한 (smišljen, razborit, pametan); ~*elo razmišljenje* 이성적인 생각; ~ *zaključak* 현명한 결론; (나이가) 중년의; ~*ele godine* 중년; ~*elo doba* 중년기; *u* ~*elim godinama* 중년에 5. 기타; ~ *za vešala* 교수형에 처해질 만한; ~ *za ludnicu* 정신병원에 갈 만한, 미친 사람; *stvar je* ~

문제를 해결할 시간이다

zreti *zrem* & *zrim*; *zreo* & *zrio*, *zrela*; *zrući* (不完) (과일·열매 등이) 익다, 성숙(원숙)하다; (소년·소녀 등이) 어른(성인)이 되다, 다 자라다, 충분히 발달하다; *grožđe zre* 포도가 다 익었다; *zru plodovi na granama* 가지의 열매들이 다 익었다

zreti *zrem* & *zrim* (完,不完) 바라보다, 쳐다보다 (gledati, motriti)

zri (擬聲語) 귀뚤귀뚤(귀뚜라미의 울음 소리)

zričak *-čka* (昆蟲) 귀뚜라미 (zrikavac)

zrik (男), **zrika** (女) 귀뚤귀뚤(귀뚜라미의 울음 소리)

zrika (=zriko) 사시(斜視), 사시인 사람

zrikati *-am* (不完) 사시로 보다(쳐다보다, 바라보다)

zrikati *zričem* (不完) (귀뚜라미가) 귀뚤귀뚤 울다

zrikav *-a, -o* (形) 사시(斜視)의 (razrok)

zrikavac *-avca* (昆蟲) 귀뚜라미 (cvrčak, popac)

zriko *-a* & *-e* 참조 zrika; 사시(斜視)인 사람

zrnast *-a, -o* (形) 1. 낟알 모양의, 과립 모양의; ~ *kao pirinač* 쌀과 같은 곡물 형태의 2. 낟알의, 곡물로 된, 알갱이(과립)으로 된; ~*a hrana* 과립으로 된 음식

zrnašce *-ca* & *-eta* 참조 zrnce

zrnat *-a, -o* (形) 1. 낟알 모양의, 과립 모양의 2. 큰 낟알의, 낟알이 큰

zrnati (se) *-am (se)* 곡물이 열리다, 낟알이 열리다 (zrniti)

zrnce *zrnca* & *zrnceta* (지소체) zrno; *krvna* ~*a* 혈구(血球); *bela (crvena) krvna* ~*a* 백혈구(적혈구)

zrneš (植) 페가눔, 루타 (그 열매는 빨간색 도료의 원료서 사용)

zrnevlje (集合) zrno

zrniti *-im* (不完) 1. 달군 금속 또는 유리 등을 물에 담궈 표면을 꺼칠꺼칠하게 만들다 (granulirati) 2. 곡물이 열리다 3. ~ *se* 곡물이 열리다, 낟알이 열리다; 낟알 모양으로 나타나다, 오돌토돌해지다, 거칠어지다

zrno 1. (식물의) 작은 열매, 낟알, 씨, 씨앗; 곡물, 알갱이; ~ *(zobi, pšenice, bibera, maka)* 귀리알(밀알, 후추알, 양귀비씨) 2. (특히 모래·소금·설탕·커피 등의) 알갱이, 한 알; ~ *soli (peska, baruta)* 소금(모래, 화약) 알; ~ *bisera* 진주알; ~ *u brojanicama* 묵주(염주) 알갱이 3. 총알, 탄환 (metak, tane, kuršum); *topovsko* ~ 포탄 4. 기타; *biti (praviti se) manji od makovog* ~*a* 완전히

복종적이다(순종적이다); *ne vredeti ~a boba* 아무런 가치도 없다, 무가치하다; *ni ~a* 조금도 (ništa, nimalo)

zrnje (集合) zrno (zrnjevlje)

zub 1. (解) 이, 치아(齒牙), 이빨; *gornji (donji, prednji)* ~ 윗니(아랫니, 앞니); ~ *mudrosti* 사랑니; *privi (mlečni) ~i* 유치; *veštački (stalni) ~i* 의치(영구치); *boli ga zub* 그는 이빨이 아프다; *dete dobija ~e* 아이는 이가 나기 시작한다; *ispao mu je* ~ 그는 이빨이 빠졌다; *plombirati (izvaditi)* ~ 이빨을 때우다(발치하다); *on ima šupalj* ~ 그는 충치가 있다; *pasta (četkica) za ~e* 치약(칫솔); *čačkati ~e* 이를 쑤시다(이쑤시개로); *lepi (pravilni, zdravi) ~i* 예쁜(고른, 건강한)이; *izbačeni (istureni) ~i* 뻐드렁니; *opravljati (lečiti) ~e* 이를 치료하다; *pokvario mu se* ~ 그의 이빨은 충치가 먹었다; *izbiti nekome* ~ 누구의 이빨을 부러뜨리다 2. 이빨(톱·빗 등의), (톱니바퀴의) 톱니 (zubac) 3. 예리하게 툭 튀어 나온 부분(바위의) 4. 기타; *brusiti (oštriti) ~e na nekome* 누구에 대해 험담하다, 누구의 흠을 보다; *naoružan do ~a* 완전 무장을 한; *držao bi ga u ~ima* 비교할 수 없을 정도로 크고 강한; *~ima i noktima* 온 힘을 다해, 모든 수단 방법을 동원해; *iza (između, preko) ~a, kroz ~e* 불명확하게 간신히 들리게 (말하다); *ima ~e* 수다스럽다, 말이 많다 (여성들이); *imati ~a na koga, imati koga na ~u* 누구에 대해 항상 적대적이다, 누구에 대해 앙심을 품다; *jezik za ~e!* 말하지마!, 입닥쳐!; *metnuti ~e na policu* 기아에 시달리다, 굶주리다; *ne (o)beleti (ni) zuba* 말을 한 마디도 하지 않다; *ne dati kome ~a polomiti* 누구에게 말할 기회를 주지 않다; *nije ni na jedan* ~ 너무 적은; *nosio bi ga (čovek) u ~ima* 아주 허약해졌다; *oko za oko, ~ za* ~ 눈에는 눈, 이에는 이; *pasjim ~ima, na pasje ~e* 아주 힘들여 (보호하다, 지켜내다) ; *pokazati (kome) ~e* 저항하다, 성내다; *polomiće (slomiće) ~e na nečemu (na nekome)* 실패할 것이다, 성공하지 못할 것이다; *procediti (promrsiti) kroz ~e* 겨우(간신히) 말하기 시작하다; *reći kroz ~e* 간신히 들릴 정도로 작게 말하다; *saterati (sabiti) ~e u grlo* 죽도록 때리다(특히 얼굴을); *stegnuti (stisnuti) ~e* 1)침묵하다 2)이를 악물고 견디다; *sušiti ~e* (음식과 술을 보면) 먹고싶은 마음이 간절하다; *trbuh do ~a* 배가 남산만한(임신으로 인해); *treći ~i mu nikli* 아주 늙었다;

tuđim ~ima jesti 다른 사람에 얹혀 살다; *tupiti ~e* 헛되이 말하다; *uzeti (koga) na* ~ 누구에게 앙심을 품다; *uzeti (metnuti) u ~e* 먹다; *škripnuti ~ima* 분노하다

zuba 1. (方言) 써레 (drljača) 2. (卑下) 이빨이 커다란 여자

zubac zupca; zupci, zabācā 1. 이 같이 생긴 것 (톱니바퀴·빗·갈퀴·톱 등의); ~ *na češlju* 빗니; ~ *na testeri (pili)* 톱니; ~ *na grabuljama* 갈퀴니 2. (바퀴의) 스포크, 살 (spica)

zubača 1. 커다란 이빨을 가진 여자 (zuba) 2. 써레 (drljača) 3. (複數) 갈퀴 (grablje, grabulje) 4. (植) 우산잔디(잡초의 한 종류)

zubačica (植) 디기탈리스

zubalo 1. 이, 치아(齒牙) (zubi) 2. 의치(義齒)

zuban 1. (卑俗語) 커다란 이빨을 가진 사람 2. 옥수수의 한 종류(알이 굵은)

zubani (男,複) (숙어로만) ~ *kitovi* 이빨 고래, 치경(齒鯨)

zubar (動) 들소 (bizon)

zubar 1. 치과 의사 2. 치기공사 zubarica, zubarka; zubarski (形)

zubarstvo 치의학 (stomatologija)

zubast -a, -o (形) 이빨 형태의; 톱니 모양의

zubat -a, -o (形) 1. 커다란 이빨을 가진 (사람, 동물 등의) 2. 톱니 모양의 (zupčast) 3. 말이 험한(거친), 독설을 내뱉는; ~ *a udovica* 말이 험한 과부; ~ *govor* 날선 연설(말) 4. 따뜻하지 않은(태양이); 찬, 차가운, 얼음장의 (hladan, oštar); ~*o sunce uludo plaši vetrinu i studen* 미지근한 태양이 헛되이 바람과 추위를 놀라게 한다; ~ *vetar* 차가운 바람

zubatac (魚類) 유럽 황돔(지중해·대서양 동안 산(産)); ~ *krunaš* 도미과(科)의 식용어

zubić (지소체) zub

zubina (지대체) zub

zubiti -*im* (不完) 1. (톱 등에) 이를 만들다, 톱니를 만들다 2. 톱니를 갈다(예리하게 하다) 3. 갈퀴질하다 (drljati)

zublja 횃불 (baklja, buktinja)

zubnī -*ā*, -*ō* (形) 1. 참조 zub; 이의, 치아의; ~ *kamenac* 치석; ~ *živac* 치신경; ~ *lekar* 치과 의사 2. (言) ~ *suglasnik* 치음(齒音)

zubobolja 치통; *sada trpi gazdarica od ~a* 지금 여주인은 치통을 겪고 있다

zubotehničar 치기공사 zubotehničarka

zubun (=zobun) 민속 의상의 한 종류(외투의 한 종류로 다양한 길이가 있으며 소매가 짧거나 없다)

Z

zucati *-am* (不完) zucnuti *-nem* (完) 속삭이다, 소곤거리다, 귓속말을 하다

zuckati *-am* (不完) 1. 참조 zucati 2. (지소체) zujati

zucnuti *-nem* (完) 1. 참조 zucati 2. 말하다, 이야기하다 (progovoriti, reći); *nikom nije ni reč zucnula o svom poslu* 그는 자신의 일에 대해 아무에게도 말하지 않았다

zuj 윙윙거림, 윙윙거리는 소리 (zujanje, zuk)

zujalica 1. 팽이의 한 종류 (돌 때 윙윙거리는 소리를 내는) 2. 참조 zujara, zunzara 3. 버저

zujanje (동사파생 명사) zujati; 윙윙거림

zujara (昆蟲) (숙어로만) *muva ~* 파리의 한 종유 (나를 때 엄청나게 크게 윙윙거리는)

zujati *-jim* (不完)(擬聲語) 1. 윙윙(zu-zu-zu) 거리다; *komarci zuje oko ušiju* 모기들이 귀 주변에 윙윙거린다; *žice zuje na vetru* 줄은 바람에 윙윙거린다 2. 윙윙거리는 느낌이 있다, (소리가) 들리는 듯 하다; *zuji mi uvo* 나는 귀가 윙윙거린다; *zuji mi u glavi* 나는 머리가 윙윙거린다 3. 웅성웅성하다, 웅성거리다 (말을 함으로써)

zujav *-a, -o* (形) 윙윙거리는; *odgonili su zelene ~e muhe* 윙윙거리는 녹색 파리를 쫓았다

zuk (男), zuka (女) 1. 크게 윙윙거리는 소리 2. 큰 소음 소리, 쿵(쾅·탕)하는 소리 (huka, tresak) 3. (비유적) 소란, 소요, 동요 (nemir, uznemirenost)

zuknuti *-nem* (完) 1. 윙윙거리다, 휘~익 소리를 내다 2. (비유적) 소곤거리다, 귓속말로 속삭이다 (šapnuti)

zulufi (男,複) 구렛나루 (zolufi)

zulum 폭압; 압제, 억압

zulumćar 폭압자, 압제자, 억압자

zulumćariti *-im* (不完) 폭압을 행하다, 학정을 행하다, 압제하다, 억압하다 (tiranisati)

zulumćarstvo 참조 zulum

zumba 1. (구멍을 뚫는 데 쓰는) 펀치, 천공기; (차표 따위에) 구멍을 뚫는 가위, 검표기 2. 타인기(打印器)

zumbati *-am* (不完) 펀치(zumba)로 천공하다

zumbul (植) 히아신스

zundarača, zundulja 참조 zunzara

zunzara (害蟲) (숙어로) *muva ~* 검정파리

zupčan *-a, -o* (形) 톱니의, 톱니 모양의; *~a železnica* 톱니 모양의 궤도 철도, 아프트식(式) 철도

zupčanica 톱니 모양의 궤도 철도, 아프트식(式) 철도

zupčanik 기어, 톱니 바퀴

zupčast *-a, -o* (形) 톱니 모양의, 톱니 바퀴가 달린; *~i točak* (자전거 따위의) 사슬 톱니바퀴

zupčati *-am* (不完) nazupčati (完) 톱니를 만들다; 톱니 모양으로 만들다

zuriti *-im* (不完) 무의식적으로 명하니 바라보다(쳐다보다); 눈도 깜박이지 않고 뚫어지게 바라보다(쳐다보다)

zurka 1. (문·벽 등에 나 있어서 안을 들여다볼 수 있는) 작은 구멍 2. 부스러기, 작은 조각 (trunka, mrvica)

zurlaš 주를레(zurle) 연주자

zurle (女,複) 참조 zurna

zurna 주르나((서아시아와 북아프리카에서 쓰이는 목관악기의 일종)

zurnuti *-nem* (完) 응시하다, 뚫어지게 바라보다(쳐다보다) (zirnuti, pogledati)

zvan *-a, -o* (形) 1. 참조 zvati 2. 초대된, 초대받은 (pozvan); *~i i nezvani* (초대받은 사람이건 초대받지 못한 사람이건) 모든 사람들, (권한이 있는 사람이건 권한이 없는 사람이건) 모든 사람들

zvanica (男,女) 초대받은 손님

zvaničan *-čna, -čno* (形) 1. (한정형으로 보다 많이 사용됨) 공적인, 공식적인; 공무상의, 직무상의; 의전 형식을 갖춘; *~čno lice* 공적 인물; *~ zahtev* 공식 요청; *~čna dužnost* 공적 의무 2. (사적 요소가 제거된) 딱딱한, 격식을 차린 (krut); *biti ~* 격식을 차리다, 딱딱해지다

zvaničnik 1. 공무원, 관료, 관리 (činovnik, službenik); *visoki ~* 고위 관료 2. (이전의) 최하위 관리 직책(직위)

zvanje 1. (동사파생 명사) zvati (se) 2. 직위, 직함, 칭호 (titula); *~ ministra* 장관 직함 3. 직업, 소명(召命), 천직 (zanimanje, profesija); *profesorsko ~* 교사라는 천직; *~ inženjera* 엔지니어 직업 4. 의무, 임무 (dužnost, misija); *~ majke* 어머니의 임무

zvati *zovem*; *zvao, -ala*; *zovi*; *zvan & zvat* (不完) 1. 부르다(이름·명칭 등을 큰 소리로) (dozivati) 2. 초대하다, 초청하다 (pozivati); *~ goste na večeru (ručak)* 손님들을 만찬에 (오찬에) 초대하다; *~ u goste* 방문을 초대하다; *~ na svadvu* 결혼식에 초대하다 3. (비유적) 끌어당기다, 유혹하다 (vući, mamiti); *u zavičaj me srce zove* 내 마음은 고향으로 날 끌고 간다 4. 명명(命名)하다, ~라고 부르다 (imenovati); *mi smo ga zvali Srećko* 우리는 그를 스레츠코라고 불렀다 5.

(口語) (술을) 주문하다 (poručivati); ~ *pivo* 맥주를 주문하다 6. ~ se 서로서로 부르다; *oni se nikad nisu zvali imenom, nego Miladin je nju zvao: dete, a ona ... njega .. ej ti!* 그들은 한 번도 이름을 서로 부르지 않았다, 밀라딘은 그녀를 아이라고, 그리고 그녀는 그를 야,너라고 불렀다 7. ~ se 라고 불리다 (nazivati se); *zvala se Zorka* 그녀는 조르카라고 불렸다; *kako se zoveš?* 네 이름은 뭐냐?

zveckanje (동사파생 명사) zveckati; (금속 등이 서로 부딪쳐 나는 소리) 땡그랑, 딸랑; ~ *oružjem* 전쟁 위협, 무력에 의한 협박

zveckati *-am* (不完) zvecnuti *-nem* (完) (지소체) zvečati; ~ *oružjem* 전쟁으로 위협하다, 무력으로 협박한

zveckav *-a, -o* (形) 땡그랑거리는, 쨍그렁거리는, 짤랑거리는; *~a kolajna* 쨍그렁거리는 메달

zvečak *-čka; -čci, -āka* (종의) 추 (klatno)

zvečak *-čka* (植) 1. 딱총나무 (pucalina) 2. (植) 좁은잎해란초 (현삼과(科)의 다년초) (šuškavac)

zvečarka 1. (動) 방울뱀 2. (農) 사과의 한 종류

zvečati *-im* (不完) 1. (금속·유리 등을 부딪쳐) 쨍그랑(땡그랑) 하는 소리를 내다, (무거운 사슬 따위) 철꺽(절꺼덕) 소리를 내다 2. ~ 처럼 들리다 (zvučati)

zvečka (D.sg. *-ki;* G.pl. *-čākā &* *-i*) 1. 어린 아이들의 장난감의 한 종류(땡그렁거리는); 종, 방울 (praporac) 2. 징, 공 (gong) 3. (植) 식물의 한 종류

zvek *-ovi* 1. (금속이 부딪쳐 나는) 쨍그렁거리는 소리, 땡그랑거리는 소리; ~ *motike* 곡괭이의 쨍그랑 소리; ~ *dukata* 금화의 찰랑거리는 소리 2. 소리 (zvuk); ~ *trube* 트럼펫 소리 3. (비유적) 소음, 시끄러운 소리 (buka, larma)

zveka (금속·유리 등이 부딪쳐 나는) 쨍그렁거리는 소리, 땡그렁거리는 소리; ~ *čaša* 잔이 쨍그렁거리는 소리; ~ *novaca* 동전이 찰랑거리는 소리

zvekan (卑俗語) 바보, 멍청이 (glupan, budala)

zveket 쨍그렁거리는 소리 (zveka)

zveketati *-ćem* (不完) zveketnuti *-nem* (完) 쨍그렁거리다 (zvektati); ~ *čašama* 잔을 부딪쳐 쨍그렁거리는 소리가 나게 하다; ~ *novcem* 동전으로 쨍그렁거리는 소리를 내다

zveketav *-a, -o* (=zvektav) (形) 쨍그렁거리는,

철꺽거리는, 땡그랑거리는

zvekir (대문의) 문 두드리는 고리쇠 (내방<來訪>을 알리기 위해 현관에 장치한 쇠붙이)

zveknuti *-nem* (完) 탁 소리가 나게 치다(타격하다) (udariti, mlatiti); ~ *nekoga onom bocom po glavi* 그 병으로 누구의 머리를 탁 소리가 나게 내리치다; *zveknulo mu u glavu* (어떤 생각이) 머리에 떠올랐다

zveknuti *-nem* (完) 쨍그렁(땡그렁)거리는 소리를 내다

zvektati *-ćem* (不完) 참조 zveketati

zver (女) 드물게(男) (*-i* (女), 드물게 *-ovi* (男) 1. (보통은 덩치가 크고 잔인한) 들짐승, 짐승, 야수; (複數로) 육식 동물류 (강한 턱과 발톱을 지닌) 2. (비유적) 잔인하고 난폭한 사람, 사악한 사람 3. 기타; *probuditi u kome* ~ 잔인한 본능을 일깨우다 **zverinji** (形)

zverad (女)(集合) zver

zverati *-am* (不完) 1. 불안하고 초조한 눈빛으로 사방을 빠르게 훑어보다 2. (嘲弄) 응시하다, 뚫어지게 바라보다(쳐다보다) (buljiti)

zverče *-eta* (지소체) zver

zvere *-eta* 참조 zver

zverinac *-inca* (病理) 낭창(狼瘡: 결핵성 피부병의 하나), 루푸스

zverinjak 동물원

zverinje (集合) zver

zverinjī *-ā, -ē* (形) 짐승의, 야수의; *~a jazbina* 짐승굴; ~ *trag* 동물이 지나간 흔적

zverka 1. 들짐승 2. (비유적) 짐승 같은 사람 3. (비유적) (口語) 고위직에 있는 사람, 커다란 영향력을 발휘하는 사람; *velika* ~ 영향력있고 중요한 사람(VIP); *mala* ~ 별 볼 일 없는 사람

zverokradica (男,女) 밀렵꾼

zverokrađa 밀렵; *u to vreme ... svi smo se pomalo bavili ~om* 그 시절 우리 모두 조금씩 밀렵을 했었다

zverskī *-ā, -ō* (形) 1. 짐승의, 야수의 2. 잔인한, 잔혹한, 무자비한 (okrutan, svirep); *~o ubistvo* 잔혹한 살인; *~ postupak* 잔인한 행동

zverstvo 잔인함, 잔혹함; 잔인한(잔혹한, 무자비한) 행동, 만행; *počiniti* ~ 만행을 저지르다; *činio je neopisiva ~a* 말로 형용할 수 없는 만행을 저질렀다

zvezda 1. (天文) 별, 항성, 천체; ~ *stajačica* 항성; ~ *lutalica(repatica)* 혜성; ~ *padalica* 유성, 별똥별; *dvojna* ~ 연성(連星) (공통의 무게 중심 둘레를 공전함); *polarna* ~ 북극

성; bela ~ 흰별(백색별) 2. 별 모양의 것, 별
표 (장성 계급의) 별; (별 모양의) 훈장;
petokraka ~ 오각성, 오각별; *Karađorđeva*
~ 카라조르제 훈장 3. 운, 운수, 운명; 행운;
svaki čovek ima svoju ~u 모든 사람의 각
자의 운명이 있다; *verovao je svoju ~u* 그
는 자신의 운명을 믿었다 4. (비유적) (가수·
배우 등의) 스타, 인기 연예인, 유명 연예인
(스포츠인), 인기 있는 사람; *estradna* ~ 연
예계 스타; *filmska* ~ 유명 영화 배우;
fudbalska ~ 유명 축구 선수 5. (말의 얼굴
에 있는) 흰 털, 흰 점, 흰 얼룩 6. 기타; *biti
(ostati) bez ~e, nemati ~e* 방향감각을 잃다;
brojati ~e na nebu 아무 일로 하지 않다,
멍하니 바라보다; *video (pobrojio) je sve
~e* 눈에 별이 번쩍할 정도로 얼굴을 아프게
맞다; *zašle su mu sve ~e* 그의 운은 다했다;
kovati (dizati) u ~e 많이 고마워하다;
morska ~a 불가사리; *od ~e do ~e* 이른 새
벽부터 늦은 저녁까지; *roditi se pod
srećnom ~om* 행복하다, 행복한 생활을 하
다; *skidati ~e (s neba)* 1)저주를 퍼붓다, 욕
을 퍼붓다 2)불가능한 일을 하다, 하늘의 별
을 따다(누구의 사랑을 얻기 위해)
zvezdan 1. 별과 비슷한 (zvedast) 2. 별이 많
은; *~o nebo* 별이 많은 하늘; *~a noć* 별이
많은 밤 3. (한정형) 별의; *~o jato* 별 무리;
~a svetlost 별빛
zvezdan 1. 태양, 해 (sunce) 2. (植) 과꽃,
애스터 (국화과(科)의 개미취·쑥부쟁이 등)
zvezdar 1. (廢語) 참조 astronom; 천문학자 2.
(魚類) 별철갑상어
zvezdara (=zvezdarnica) (별 등 천체를 관측
하는) 관측소, 천문대 (opservatorija)
zvezdarnica 참조 zvezdara
zvezdast *-a, -o* (形) 별과 비슷한, 별 같은, 별
모양의; *~a šara* 별 모양의 문양; *~o lišće*
별 모양의 잎
zvezdica 1. (지소체) zvezda 2. (군계급의 표시
인) *; *kapetanska* ~ 대위 계급 3. (인쇄의)
별표(*) 4. 눈송이 5. (植) 과꽃, 애스터 (국
화과(科)의 개미취·쑥부쟁이 등) (zvezdan)
zvezdočatac 점성술가
zvezdoznalac *-alca* 참조 zvezdoznanac
zvezdoznanac *-nca* 천문학자; 점성술사
(astronom, astrolog)
zvijukati *-čem* (不完) **zvijuknuti** *-nem* (完) 휘
파람을 불다 (zviždati)
zviriti *-im* (不完) **zvirnuti** *-nem* (完) 엿보다,
훔쳐보다, 살짝보다
zvirkati *-am* (不完) 참조 zverati; 재빠르게 홅

어보다
zvirnuti *-nem* (完) 참조 zviriti
zviz 쿵,쾅, 탕 (세고 빠른 타격 소리)
zvizd (男), **zvizga** (女) 참조 zvižduk; 휘파람
소리
zviždalica (女), **zviždalo** (中) 참조 zviždaljka
zviždaljka 휘슬 (pištaljka)
zviždara, zviždarka (鳥類) 홍머리오리(야생오
리의 한 종류)
zviždati *-im* (不完) 1. 휘슬을 불다; 휘파람을
불다, 휘파람으로 노래를 부르다; *idući* ~ 가
면서 휘파람을 불다; ~ *neku pesmicu* 휘파
람으로 어떤 노래를 부르다 2. 우우~~하면
서 야유하다; ~ *nekome* 누구에게 우우하고
야유하다 3. (휘파람 소리 비슷한) 쉬익 소리
를 내다(뱀·말 등이)
zviždavka (鳥類) 참조 zviždara
zvižduk 휘파람 소림, 휘슬 소리; *na* ~
pištaljke 휘파람 소리에
zviždukati *-čem, -ćem & -am* (不完) (지소체)
zviždati
zvižnuti *-nem* (完) 휘파람 소리를 내다, 휘파
람을 불다, 휘슬을 불다 (zviznuti)
zvocati *-am* (不完) **zvocnuti** *-nem* (不完) 1.
딸각거리다(윗니와 아랫니가 서로 부딪쳐)
(škljocati) 2. (口語) 별별 이야기를 다하다,
수다를 떨다; 성가시게 잔소리하다, 싫은 소
리를 하다 (brbljati, zakerati, grditi); *zašto
mi stalno zvocaš?* 왜 내게 끊임없이 잔소리
하냐?
zvon 1. 종치리; (종의) 타종 소리; ~ *tramvaja*
트램의 땡땡거리는 소리(경적 소리와 비슷한)
2. 종, 벨
zvonac *-nca* (지소체) zvon; 작은 종(벨)
(zvonce, praporac)
zvonak *-nka, -nko* (形) (목소리가) 분명하고
맑게 울려 퍼지는; (소리의) 공명(共鳴)의;
viknuo svojim krupnim, ~kim basom 크고
울려퍼지는 낮은 목소리로 고함을 쳤다
zvonar 1. 종치는 사람, 종지기(보통은 교회의)
2. 목에 방울을 찬 동물(보통은 무리를 이끄
는 양(洋)) 3. 종을 주물하는 사람, 종을 만
드는 사람
zvonara 종탑
zvonarija 종지기 임무
zvonarina 종지기가 받는 봉사료(급여)
zvonarnica 1. 참조 zvonar; 종지기의 부인 2.
목에 방울을 찬 동물
zvonast 종 모양의, 종과 비슷한
zvonašce *-a & -eta* (지소체) zvono, zvonce
zvonce *-a & -eta; zvonācā* 1. (지소체) zvono;

작은 종(자전거 종이나 초인종 등의); ~ na vratima 초인종 2. (植) 초롱꽃(종 모양의 꽃이 피는 식물) (zvončić)

zvončić 1. (지소체) zvono 2. (植) 초롱꽃(종 모양의 꽃이 피는 식물)

zvonik 참조 zvonara; 종탑

zvoniti -im (不完) 1. 종을 울리다, 종이 울리다; (초인종 등을) 누르다; *zvona zvone* 종이 울린다; *za kim zvona zvone* 누굴위해 종이 울리나; ~ *na zvonce (na vratima)* 현관문의 초인종을 누르다 2. 땡그렁거리다 (zveckati, zvečati) 3. (귀에) 윙윙거리다 (zujati); *zvoni mu u ušima* 그는 귀가 윙윙거린다 4. 종을 치다, 종을 울리다; ~ *u zvono u crkvi* 교회의 종을 울리다; ~ *na uzbunu* 경고를 알리는 종을 치다

zvono 1. 종, 벨; *crkveno* ~ 교회 종; *električno* ~ 전기 벨(초인종 등의) 2. 종 모양 물건들의 명칭; *stakleno* ~ 유리로 만든 종; *ronilačko* ~ 잠수종(사람을 태워 물 속 깊이 내려 보낼 때 쓰는 잠수 기구) 3. (비유적) 종소리; 종소리 신호; 종; *čulo se* ~ *za večeru* 저녁식사 종소리가 들렸다 4. 기타; *vešati (zvoniti, udarati) na (o) veliko* ~ *(na sva zvona)* (과도하게) 공표하다; *nije* ~ *nego ono* 말이 중요한 것이 아니라 사실이 무엇이냐가 중요하다

zvonolivnica 종 주조소

zvonjava 종소리

zvonjenje (동사파생 명사) zvoniti; 종소리, 종이 울림

zvrcati -am (不完) 때리다, 두드리다 (돌, 우박 등이) (lupati, udarati)

zvercati -am (不完) 어슬렁거리다, 배회하다 (tumarati, skitati)

zvrcnut -a, -o (形) 1. 참조 zvrcnuti 2. 바보 같은, 제 정신이 아닌 (budalast, luckast)

zvrcnuti -nem (完) **zvrckati** -am (不完) 1. 짧게 종이 울리다, 짧게 종을 누르다; *opet zvrcne zvonce* 다시 초인종을 누른다 2. 가볍게 툭툭 치다(때리다) (손가락 등으로); ~ *ga grančicom* 가지로 그를 툭툭 치다; ~ *ga prstom u čelo* 손가락으로 그의 이마를 때리다 3. ~ *se* 서로 가볍게 툭툭 치다(때리다)

zvrčak -čka; -čci, -čākā 1. 참조 zvrk; 팽이 (čigra) 2. 박차의 끝 (그 부분으로 말에 박차를 가하는)

zvrčati -im (不完) 1. 쨍그렁거리다(보통은 시끄럽게 또는 불쾌하게) (zvrjati) 2. 찌르륵 울다(귀뚜라미가) (cvrčati)

zvrčka *zvrčākā* & *zvrčki* (손가락으로) 때리기,

튀기기

zvrčka 참조 zvrk; 팽이 (čigra)

zvrjati -jim (不完) (擬聲語) 1. 윙윙거리다, 달가닥거리다, 덜컥거리다 (zujati, kloparati); *u ženinim rukama zvrji vreteno* 아내의 손에서 롤러(나무로 만든 빙빙 돌아가는 장난감)가 덜그럭거린다 2. (보통 형용사 prazan과 함께) 텅 비다, 텅 비어져 있다 (호텔, 가게 등이) (biti prazan, zjapiti); *kafane su zvrjale prazne* 카페는 텅 비어 있었다; *hotel je zvrjao prazinom* 호텔은 텅 비었다

zvrk -ovi 1. 윙윙거림, 덜그럭거림 (zvrjanje, zvrka); ~ *vretena* 돌리는 장난감의 덜그럭거림 2. 팽이 (čigra) 3. (용수철처럼) 나선형으로 감긴 것 (uvojak) 4. 달팽이의 한 종류

zvrka 쨍그렁거리는 소리, 덜커덕거리는 소리; 윙윙거리는 소리

zvrkast -a, -o (形) 제 정신이 아닌, 미친; 지능이 모자란, 바보의 (šašav, ćaknut)

zvrknut 1. 참조 zvrknuti 2. 미친, 제 정신이 아닌, 모자란, 바보의 (sulud, budalast, ćaknut)

zvrknuti -nem (完) 1. 달그닥거리다, 덜컹거리다, 쨍그렁거리다 2. 윙~ (쉬익~) 소리를 내면서 날아가다

zvrndati -am (不完) 1. 덜컹거리다, 달그닥거리다 (보통은 시끄럽고 불쾌하게) (zvrjati, tandrkati, kloparati) 2. (비유적) 수다를 떨다; 불평하다, 투덜대다 (brbljati, gunđati)

zvučan -čna, -čno (形) 1. 크고 분명한 소리의; ~ *glas* 크고 분명한 목소리 2. (文法) 공명 (共鳴)의; 유성음의; ~*čni suglasnici* 유성자음 3. 과장된, 침소봉대된; 화려하게 미사여구로 꾸며진 (bombastičan, kitnjast); ~*čne reči* 미사여구; ~*čne fraze* 미사여구로 꾸며진 숙어; ~*čna titula* 어마어마한 직함 4. 유명한, 잘 알려진 (poznat, čuven); *skupile se mlade devojke prvih i najzvučnijih imena* 이름만 들어도 알만한 젊은 처자들이 모였다 5. (한정형으로) 참조 zvuk; 소리의; ~*čni izvor* 음원(音源); ~*čni valovi* 음파(音波); ~*čni film* 유성 영화; ~*čna viljuška* 소리 굽쇠

zvučati -im (不完) 1. 소리를 내다; 들리다; *to lepo zvuči* 좋게 들린다, 훌륭하게 들린다 2. (비유적) ~처럼 들리다, ~처럼 보인다

zvučnički -ā, -ō (形) 참조 zvučnik; 스피커의; ~ *sistem* 스피커 시스템

zvučnik 1. 스피커; 메가폰 2. (비유적) 열렬한 지지자(사상 등의)

zvučnost (女) 유성(정도), 음의 세기

zvuk *zvuci* & *zvukovi* 소리, 음(音); *brzina ~a* 소리의 속도; *čudni ~ovi* 이상한 소리

zvukomer 측음기(測音器); 음파 측정기

Ž ž

žaba 1. (動) 개구리; *barska* ~ (습지) 개구리; *zelena* ~ 청개구리; *krastava* ~, ~ *krastača* 두꺼비 2. (魚類) 황아귀속(屬)(바닷물고기의 한 종류) 3. (船舶) 목제(철제) 도르래(화물을 올리거나 끌 때 사용하는) 4. 기타; *ljudi ~e* 잠수부, 잠수사; *(pro)gutati ~u* 불쾌함(역겨움)을 참다(겪다, 견디다) **žablji** (形)

žabac *žapca*; *žabāca* (숫컷) 개구리

žabar 1. 개구리를 잡는 사람, 개구리 사냥꾼 2. (嘲弄) 개구리 고기를 먹는 사람; 이탈리아인의 총칭 3. 계곡(평지) 주민

žabarija (集合)(卑俗語) 소시민; 우둔한 사람

žabetina (=žaburina) (지대체) žaba

žabica 1. (지소체) žaba 2. 원시적 로켓의 한 종류(발사시 땅에서 개구리처럼 튀어 오르는) 3. (解) 편도선 (krajnik) 4. (植) 금오모자(부채선인장의 일종)

žabljak 1. 개구리가 많이 있는 습지; 개구리 연못 2. (植) 미나리아재비(작은 컵 모양의 노란색 꽃이 피는 야생식물) (ljutić)

žabljī *-ā, -ē* (形) 참조 žaba; 개구리의; ~ *batak* 개구리 다리; ~*a perspektiva* 1)(寫眞) 밑에서의 촬영 2)너무 좁은 정신적 활동범위

žabnjak 1. 참조 žabljak; 개구리가 많이 있는 습지, 개구리 연못 2. 개구리 알 3. (비유적) 정체, 침체; (정신적) 무기력, 권태 (žabokrečina)

žabo *-oa* (여성복 앞가슴에 늘어뜨린) 레이스 주름 장식, 자보

žabokrečina 1. (植) 사상체(絲狀體); 늪지 등 정체된 물에서 선태식물의 홀씨가 발아하여 생기는, 실 모양의 녹색체) 2. (비유적) 정체, 침체; (정신적) 무기력, 권태 (mrtvilo, učmalost)

žaburina (=žabetina) (지대체) žaba

žaca (男) (=žaco) (嘲弄) 경찰(군대식으로 조직된 경찰의) (žandar)

žacati *-am* (不完) **žacnuti** *-nem* (完) 1. 찌르다, 쏘다 (벌, 가시 등이) (bosti, bockati) 2. (비유적) (신체의 일부가) 따끔거리다, 화끈거리다, 쓰리다, 쑤시다 (peći); ~ *u grlu* 목이 따끔거리다; ~ *u srce* 심장이 쑤시다 3. ~ *se* 움찔하다, 주춤하다; 주저하다, 망설이다; 불편해 하다, 불편하게 느끼다 *on se žacnuo kad sam mu to rekao* 내가 그것을 말했을 때 그는 움찔했다; *žene se zamislile, ali*

žacaju se pitati ga 여인들은 골똘히 생각했지만, 그에게 묻는 것은 주저했다

žacav *-a, -o* (形) 1. 가시가 많은, 가시돋힌; 성 마른, 날카로운 (bockav, oštar); ~ *jezik* 가시돋힌 혀, 혓바늘 돋은 혀; ~*a žena* 가시돋힌 여자 2. 쉽게 모욕감을 느끼는, 너무 민감한(예민한) (uvredljiv, preosetljiv); *danas si vrlo ~a, jer te svaka najmanja bodljika do krvi vređa* 너는 오늘 너무 민감해, 아주 사소한 것에도 모욕적으로 느끼니까

žaco *-a & -ē* (男) 참조 žaca

žad (鑛物) 옥(玉), 비취

žaga 참조 testera; 톱

žagor (다수의 목소리가 함께 섞인) 웅성거리는 소리, 웅성거림 (galama); ~ *negodovanja* 불만의 웅성거림

žagoriti *-im* (不完) 웅성거리다 (galamiti); *hrpe sveta su žagorile na obali* 한 무리의 사람들이 해변에서 웅성거렸다(시끄럽게 했다)

žagorljiv *-a, -o* (形) 웅성거리는; ~*a deca* 웅성거리는 아이들

žagriti *-im* (不完) 1. 반짝이는(불타오르는) 눈으로 눈도 깜짝이지 않고 (누구를) 바라보다 (응시하다); ~ *očima* 뚫어지게 쳐다보다 2. (옥수수를) 굽다 (peći, puriti) 3. ~ *se* (눈이) 반짝이다, 활활 불타오르다 (žariti se, sijati se)

žaket 재킷, 반코트

žal (男,女) 참조 žalost

žal *žali & žalovi* (男) (해변의) 모래사장

žalac *-lca* 1. 참조 žaoka; (말벌 등의) 침 2. (뱀의) 혀 3. (보리 등의) 쐐기털 4. 도끼, 칼 (sečivo, nož)

žalba (G.pl. *-ā & -ī*) 1. 불만, 불평; (negodovanje); *ni od jednog borca nisam čuo reč ~e ili roptanja* 나는 그 어떤 병사로부터 불평 한 마디 또는 큰소리를 듣지 못했다 2. (法) 항소; *podneti (uložiti) ~u* 항소하다; *usvojiti (uvažiti) ~u* 항소를 인용하다 3. 슬픔, 비탄, 비애 (tuga, žalost, tugovanje); ~ *za prošljim vremenom* 지난 시절에 대한 슬픔 4. 흐느낌, 비통해 함 (cviljenje, jadikovanje) 5. 화, 분노 (ljutnja, jed); *ja ne nosim u sebi ~e na te* 나는 내 속에 너에 대한 분노는 없다 6. (方言) (초상집에 방문하여 고인에 대한) 애도 표시, 문상 **žalbeni** (形)

žalbenī *-ā, -ō* (形) 1. 불만의, 불평의; ~*a knjiga* 방문 고객들이 불만을 적는 노트 2. 애도의, 추모의; *vetar je nosio u stranu njen ~ veo* 그녀가 쓴 추모 스카프는 바람에 저 쪽으로 날라갔다

Ž

žalfija (植) 세이지, 샐비어(약용·향료용 허브) (kadulja)

žalibože (副) 유감스럽게도 (na žalost)

žalije (副) (비교급) žao

žalilac -ioca, **žalitelj** 1. 항소인, 항소하는 사람 2. 불평불만을 하는 사람

žaliti -im (不完) **ožaliti** (完) 1. 슬퍼하다, 애통해 하다, 비통해 하다; ~ nečiju smrt 누구의 죽음을 슬퍼하다; ~ za poginulim sinom 죽은 자식을 애통해 하다 2. 애석해 하다; 유감스럽다, 안타깝게 생각하다; žali žto se nisu videli 만나지 못한 것을 애석해 한다; žalimo što je bolestan 그 사람이 아픈 것을 안타깝게 생각한다; žalim zbog te odluke 그 결정을 유감스럽게 생각한다; ~ zbog gubitka (za gubitkom) 손실을 유감스럽게 생각하다 3. 불쌍히 여기다, 딱하게 생각하다, 동정하다, 연민을 느끼다 (sažaljevati, saosećati) 4. (보통은 부정형으로) 돈쓰는 것을 아까워하다, 아끼다 (štedeti); ne žale novac 그들은 돈을 아까워하지 않는다; ne ~ truda 노력을 아끼지 않다; ne žaleći sebe 자신을 아끼지 않고 5. ~ se (na nekoga, na nešto) 불평하다, 푸념하다; žali se da ga boli glava 그는 머리가 아프다고 투덜댄다; ~ se direktoru 사장에게 불평하다 6. ~ se 상고하다, 고소하다; nek se žali, i stvari će biti ispitana 고소하라고 해, 그러면 사건이 조사될꺼야

žalo 참조 žal; (해변의) 모래사장

žaloban -bna, -bno (形) 1. 슬픈, 애닯은 (tužan, žalostiv); uživali su slušajući ~bne zvuke nečije zurle 어떤 사람의 구슬픈 주를레 연주를 들으면서 즐거운 시간을 보냈다 2. (한정형) 참조 žalbeni; 애도의, 추모의; ~bna haljina 애도 드레스, 상복(喪服); ~bna povorka 상여 행렬

žalopojka 1. 애가(哀歌), 비가(悲歌) (tugovanka, elegija, tužbanka) 2. 흐느껴 욺, 구슬피 욺

žalosnik 1. 불쌍한 사람, 가엾은 사람 (nesrećnik, jadnik); baš te noći i umre mi ~! 바로 그 날 저녁 내 불쌍한 사람이 죽었다 2. 아무짝에도 쓸모없는 사람; 건달, 깡패, 불한당 (nevaljalac, bednik)

žalosno (副) 비통하게, 슬프게, 구슬프게 (tužno, jadno); vidiš li kako ~ izgledaš? 네가 얼마나 비통해 보이는지 넌 아느냐?

žalost (女) 1. 슬픔, 비애, 애통 (tuga); 유감, 동정, 연민 (sažaljenje, saosećanje); na moju ~ 유감스럽게도, 애석하게도(내 뜻과

반하여); obuzet ~šću 슬픔에 잠긴; velika je ~ što ,,, 이 대단한 유감이다 2. (고인에 대한) 애도; biti u ~i za nekim 누구를 애도하다; narodna ~ 국장(國葬), 국상(國喪) 3. 비통함 (jadikovanje) 4. 무가치한 것, 의미 없는 것 5. (부사적 용법으로) 비통하게, 애통하게, 슬프게 (žalosno); ~ je pogledati 그녀를 슬프게 쳐다보다; ~ je slušati 비통하게 듣다 6. 기타; babina ~ 아무도(아무것도) ~ 아니다; biti u ~i 상중(喪中)이다, 애도 기간중이다; poneti (imati) ~ 화내다; ići (doći) na ~ 문상(問喪)가다; kuća ~i 상가(喪家)집; knjiga ~i 방명록(상가집의)

žalostan -sna, -sno (形) 1. 슬픈, 슬픔에 잠긴, 비통한 (tužan, setan); 울적한, 침울한, 울적하게 만드는, 침울하게 만드는; 슬프게 하는; ~ čovek 슬픔에 잠긴 사람; ~ dan 울적한 날; ~sna ulica 침울한 거리; ~ prizor 침울한 광경; ~sna pesma 애가, 비가(悲歌); ~ život 구슬픈 인생 2. 아픈, 통증이 있는, 견딜 수 없는 (bolan, nepodnošljiv); ~sna bolest 통증이 있는 질환; ~sna muka 견딜 수 없는 고통 3. 가난한, 빈곤한 (사람이); 폐허의, 폐허가 된, 볼품없는 (bedan, jadan); zapušten); ~ čovek 가난한 사람; ~ stan 폐허처럼 변한 아파트; ~ časopis 형편없는 잡지; ~ utisak 좋지 않은 인상 4. 무가치한, 아무것도 아닌 (bezvredan, ništavan); ~ agrument 무가치한 논거(주장); ~ posao 아무런 의미도 없는 일 5. 기타; biti (nalaziti se) u ~snom stanju 비참한 상태이다, 가난하다; do ~sne majke 완전히 파멸할 때 까지; ~sna vrba 수양버들

žalostiti -im (不完) **ožalostiti** (完) 1. 슬프게 하다, 비통하게 만들다; ~ nekoga 누구를 슬프게 하다; tom večnom sumnjom što žalostiš mene! 그 끝없는 의심으로 왜 나를 슬프게 하느냐! 2. ~ se 슬퍼지다, 비통해지다; nemoj se ~! 슬퍼하지마!

žalostiv -a, -o, **žalostivan** -vna, -vno (形) 1. 연민의 정이 많은, 동정적인, 인정이 많은 (sažaljiv); ipak je Marko žalostivna srca 하지만 마르코는 인정이 많은 사람이다 2. 슬픈, 울적한, 침울한 (tužan, žalostan); ~a pesma 슬픈 노래; ~ glas 우수에 젖은 목소리

žalošćenje (동사파생 명사) žalostiti

žaluzije, žaluzine (女,複) (창문의) 블라인드

žamor 1. (많은 사람들의) 웅성거림 (žagor); kad sam čuo njihov ~, sakrio sam se 그들의 웅성거림을 듣고 나는 숨었다 2. (흐르는

물이) 찰랑거리는 소리, 출렁거리는 소리, 졸졸흐르는 소리; ~ *vode* 물의 출렁거림; *oko njih je vladao najdublji mir, remećen samo blagim ~om bliske Morave* 그들 사이에 가장 긴 고요함이 흘렀는데, 단지 가까운 모라강에서 나는 출렁거림이 방해할 뿐이었다

žamoriti *-im* (不完) (사람들이) 웅성거리다 (*žagoriti*); (물이) 찰랑거리는 소리를 내다, 출렁거리는 소리를 내다

žandar (=žandarm) 1. 경찰대원(군사적으로 조직된), 경찰 2. (카드의) 잭(J) (pub); (숙어로) *igrati ~a* 카드놀이의 한 종류 **žandarski** (形)

žandarisati *-šem* (不完) 경찰(žandar)로서 복무하다; (비유적) 경찰처럼 행동하다

žandarm 참조 žandar

žandarmerija 경찰(군사적으로 조직된); 경찰서, 경찰 건물 **žandarmerijski** (形)

žandaruša (嘲弄) 경찰(žandar)과 함께 어울리기를 좋아하는 여자

žanr *-ovi* (예술·문학 등의) 장르

žao (副) (비교급 žalije) (숙어로만) *vratiti ~ za sramotu* 똑같은 방법으로 복수하다; *doći (nekome) ~* 슬퍼하다; *~ mi je, ~ me* 유감이다; *~ mi je što niste došli* 당신이 오지 않은 것이 유감입니다; *~ mi je što vam se to dogodilo* 그러한 일이 당신께 일어나서 유감입니다; *učiniti nekome ~* (누구에게) 속상해할 일을 하다, (누구를) 모욕하다

žaočari (男,複) 침벌류 (침(žaoka)을 가진)

žaoka 1. 침(말벌 등의); *pčelinja ~* 벌침; *~ škorpije* 전갈침 2. (비유적) 가시 돋친 말, 모욕적인 말, 신랄한 말; *~ zavisti* 질투의 가시 돋친 말

žapati se *-am se* (不完) 부끄러워하다, 수줍어하다; 주저하다, 망설이다; *ništa se ne žapaj, nego lepo jedi* 수줍어하지 말고, 많이 먹어

žapče *-eta*; *žapčići* 어린 개구리

žapčev *-a, -o* (形) 개구리(žabac)의

žar 1. (장작불·숯불 등의) 잿불 (타고 꺼져가는 단계의); 잉걸불; *peći na ~u* 그릴(석쇠)에 굽다 2. (비유적) 열광, 정열, 열정, 격정 (ushićenje, zanos); *raditi s ~om* 열정적으로 일하다; *patriotski ~* 애국 열정 3. (비유적) 더위, 무더위 (vrućina, žega); *tropski ~ sunca* 열대지역의 태양 작열; *letnji ~* 여름의 무더위 4. 광채 (보통은 눈(眼)의) (sjaj); *~ očiju* 눈의 광채 5. 붉은 색 (rumenilo, crvenilo)

žara 1. (목이 길쭉한 모양의) 토기(土器) (ćup, vrč); *ima nekakvih priča o zakopanim ~ama s dukatima u podrumima nekih kuća*

몇 몇 집들의 지하실에 매장된 금화가 담긴 토기에 대해 이야기들이 존재한다 2. 상자 (윗면에 조그마한 구멍(틈)이 있어 돈이나 구슬 등을 넣을 수 있는) (kutija); 투표함, 저금통; *~ izborna* 투표함 3. 유골함 4. 바구니 (kotarica, korpa)

žara (植) 쐐기 풀 (kopriva)

žara 참조 žar

žarač (쇠로 만든) 불쏘시개, 부지깽이

žardinijera (꽃의) 화분

žarenje (동사파생 명사) žariti

žargon (특정 집단의) 변말, 은어; 사투리, 방언

žarilo 1. 불쏘시개, 부지깽이 (žarač) 2. 붉은 색, 빨간 색 (rumenilo, crvenilo) 3. 기타; *biti svake pećke ~* 별별 일에 다 간섭하다 (참견하다); *devete pećke ~* 아주 먼 친척

žarišni *-ā, -ō* (形) 참조 žarište; 중심의, 센터의; *~o područje* 중심 지역

žarište 1. (物) 초점(빛이 렌즈를 통과한 후 한 점에 모이는) (fokus) 2. (비유적) 중심, 중심지, 한 가운데, 센터 (centar); (확산의) 진원지; *tu je ~ prometa, osobito sad u ratu* 여기가 상업의 중심지이다, 특히 지금 전쟁중에는; *~ bolesti* (전염)병의 진원지; *kuturno ~* 문화의 중심지; *~ otpora* 저항의 중심지

žarišni (形)

žariti *-im* (不完) 1. (난로 등을) 달구다 (장작을 넣거나 장작불 등을 뒤적여); (불을) 지피다; *~ peć* 난로에 불을 지피다 2. (열, 신열 등이) 지글지글 끓다; (태양 등이) 뜨겁게 타오르다, 작열하다; 붉게 빛나다, 붉은 빛이 퍼져나가다 3. (피부 등이) 따끔거리다, 화끈거리다, 쓰리다 (peći); *kopriva žari* 쐐기 풀이 따끔거리게 한다 4. ~ se 활활 타다, 활활 불 타 오르다; 밝게 빛나다 5. ~ se 붉게 빛나다 6. ~ se 고열이 나다, 신열이 나다 7. 기타; *~ i paliti* 제 멋대로 행동하다(하다)

žarkast *-a, -o* (形) (잿불, 잉걸불 같이) 붉은; 붉게 빛나는 (rumenkast, crvenkast; sjajan, svetlucav); *~ rumen neba* 밝게 빛나는 붉은 하늘; *~o vino* 붉게 빛나는 맥주

žarkī *-ā, -ō* (比 žarčī) (形) 1. 뜨거운, 뜨겁게 달귀진(작열하는); *~o sunce* 작열하는 태양; *~a peć* 뜨겁게 달귀진 난로; *~o leto* 뜨거운 여름; *~ pojas* 열대 2. 밝은, 밝게 빛나는, 빛나는; *~o crvenilo* 밝은 빨강 3. 붉은, 빨간 (rumen, crven); *~o cveće* 붉은 꽃; *~o lice* 빨갛게 달아오른 얼굴 4. 불 같은, 열렬한, 열정적인 (vatren, strastan); *~a reč* 격정적인 말; *~a ljubav* 열정적인 사랑; *~ pozdravi* 뜨거운 인사말 5. 독한, 강한 (jak,

Ž

žestok); ~a rakija 독한 라키야

žarko (副) 불 같이, 뜨겁게, 열렬하게, 열정적 으로

žar-ptica (神話) 불사조 (feniks)

žarulja 참조 sijalica; 전구

žavornjak (植) 식물의 한 종류 (미나리재비과 의)

žban -ovi (물 등 액체를 담는) 작은 나무 통

žbanj 참조 žban

žbanja 1. 큰 토기(목이 길쭉한 모양의) (ćup) 2. 욕조 (kada)

žbica 1. (바퀴의) 바퀴살 (palac) 2. (解) 요골 (아래팔의 바깥쪽에 있는 뼈) 3. (철창 등의) 창살 (šipka)

žbir -ovi 스파이, 간첩, 비밀 정보원 (uhoda, špijun); bojati se samo ~a i špijuna 스파이 만을 두려워하다

žbuka 모르타르 (malter)

žbukati -am (不完) 모르타르로 접착하다, 회반 죽을 바르다 (malterisati)

žbun -ovi 관목, 덤불 (grm)

žbunast -a, -o (形) 관목이 무성한, 덤불 투성 이의; 무성한

žbunati se -a se, žbuniti se -i se (不完) 관목 형태로 자라다, 덤불 모양으로 자라다; oblaci ... se žbunaju po plavom nebu kao mali jaganjci po zelenoj poljani 구름은 마 치 푸른 들판의 어린 양들처럼 파란 하늘에 덤불 모양으로 되었다

žbunić (지소체) žbun

žbunje (集合) žbun

ždera (男,女) (=ždero, žderonja) 많이 먹는 사 람, 대식가 (proždrljivac)

žderati -em (不完) 1. (嘲弄) 게걸스럽게 많이 먹다; (일반적으로) 먹다 2. 삼키다, 파괴하 다 (gutati, uništiti); ~ celo zrnevlje 모든 곡물을 삼키다; vatra ždere sve 불이 모든 것을 삼켰다 3. (마음을) 어지럽히다, 심란하 게 하다, 걱정시키다; 화나게 하다 (sekirati, jediti); ždere ga griža savesti 양심의 가책 이 그를 심란하게 한다; sama ta pomisao da je taj čovek njen ljubavnik užasno me ždere 그 사람이 그녀의 정부(情夫)라는 생 각만으로도 나는 너무 화가 난다 4. ~ se 자 기 자신에게 화를 내다; u stvari ne umem da se ljutim, ali umem da se žderem kad mi nešto ne polazi za rukom 화를 낼 수 없 는 것이 사실이지만, 뭔가 내 뜻대로 안될 때에 내 자신에게 화를 낼 수 있다

žderavac -vca 참조 ždera

ždero -a & -ē 참조 ždera

žderonja (男) 참조 ždera

ždrakati -am (不完) ždraknuti -nem (完) 보다, 바라보다, 쳐다보다

ždral -ovi 1. (鳥類) 검은목두루미 2. (動) 잿빛 갈기를 가진 말(馬) 3. 기타; pomeli se (smeli se) kao ~ovi 당황하다

ždralin 참조 ždral; 잿빛 갈기를 가진 말의

ždralov -a, -o (形) 검은목두루미의

ždralović (鳥類) 어린 검은목두루미, 검은목두 루미 새끼

ždraljinjī -ā, -ē (形) 참조 ždralov

ždranje (동사파생 명사) ždrati

ždrao -ala (男) 참조 ždral

ždrati žderem; ždrao, -ala (不完) 참조 žderati

ždreb -ovi (=žreb) 추첨(통에서 구슬 등을 꺼 내는); 복권 추첨

ždrebac ždrepca, ždrebācā 1. (動) 종마(種馬), 씨말 2. (비유적) 남성미가 넘치는 젊은 청년; 색욕이 많은 남자

ždrebad (女) (集合) ždrebe

ždrebati -am (不完) 추첨하다; 추첨하여 결정 하다

ždrebe -eta 어린 말(馬), 새끼 말; 망아지; trčati (istrčavati se) kao ~ pred rudu 경솔하 게(성급하게) 행동하다, 분별없이 행동하다

ždrebećī -ā, -ē (形) 어린 말의, 망아지의; ~a koža 망아지 가죽

ždrebence -ca & -eta (지소체) ždrebe

ždrebica 1. 새끼 말(암컷), 망아지(암컷); u blizini je pasla komšijska ~ 근처에서 이웃 집 망아지가 풀을 뜯고 있었다 2. (비유적) 건강하고 튼튼한 여성

ždrebiti ždrebī; ždrebljen (不完) oždrebiti (完) 1. (말(馬)이) 망아지를 낳다, 새끼 말을 낳다 2. ~ se 새끼 말이 나오다(낳다)

ždrebljenje (동사파생 명사) ždrebiti

ždrebna (形) (말(馬)이) 새끼를 밴

ždrebnī -ā, -ō (形) 참조 ždreb; 추첨의, 복권 추첨의

ždrelnī -ā, -ō (形) 참조 ždrelo; ~e žabice (解) 편도선 (krajnici)

ždrelo 1. (解) 인두(咽頭: 식도와 후두에 붙어 있는 깔때기 모양의 부분) 2. 골짜기, 협곡, 계곡 (klinac, tesnac) 3. (비유적) 위험한 곳 (장소) 4. (비유적) 구멍(틈)(땅에 나 있는), 동굴의 입구, 화산 분화구; ~ topa 포구(砲 口); ~ vulkana 화산 분화구 5. 기타; baciti u nečije ~ 누구의 처분에 맡기다

žećca (지소체) žeđ; 갈증

žeći žežem; žegu; žegao, -gla; žežen, -ena;

žezi (不完) **ražeći** *ražežem* (完) 1. 작열하다, 지글지글 끓다 (태양·불 등이); *sunce sve toplije žeže* 태양은 점점 더 뜨겁게 작열한다; *krv žeže* 피가 끓는다 2. 타다, 불타다 (sagorevati) 3. (피부를) 따끔거리게 하다, 화끈거리게 하다, 쓰리게 하다 (žariti); *žegu kao koprive* 쐐기 풀처럼 따끔거리게 한다 4. (통증이) 콕콕 쑤시듯 아프다 5. 기타; *žežen kašu hladi* 한 번 덴 사람은 죽을 식힌다(유쾌하지 못한 경험을 가진 사람은 다음에는 조심한다); *žežena rakija* 아주 독한 (두 번 증류된); *žeženo zlato* 순금

žedan *-dna, -dno* (形) 1. 목이 마른, 갈증이 나는; *da nisi ~dna?, jesam, daj mi malo vode!* 너 목마르지 않냐? 그래, 물좀 줘! 2. (비유적) ~에 목마르는, ~을 간절히 원하는; *~ novca* 돈에 목마른; *~ znanja* 지식에 목마른 3. 물이 부족한, 물이 없는; 마른, 건조한; *~dna zemlja* 건조한 땅; *~ sunđer* 건조한 스펀지 4. 기타; *~ krvi* 피에 목마른, 살인에 굶주린; *prevesti ~dna (čoveka) preko vode* 누구를 속이다(기만하다); *i gladan i ~* 아주 가난한, 아무 것도 가진 것이 없는

žedneti *-nim* (不完) 1. 갈증이 나다, 목이 마르다 2. (비유적) *~ za nečim* 간절히 바라다(원하다) (čeznuti)

žedno (副) 목마름으로, 너무 갈증이 나서; 간절하게; *on je počeo da sipa rakiju u suvo grlo* 그는 너무나 술이 그리워 마른 목에 술을 쏟아 붓기 시작했다

žednjeti *žednim* 참조 žedneti

žeđ (=žeđa) (女) (I.sg. *žeđi & žeđu*) 1. 갈증, 목마름; *osetio je vrelu ~ koju nikakvo piće nije moglo da ugasi* 그 어떤 물로도 해소될 수 없는 커다란 갈증을 느꼈다; *ugasiti ~* 갈증을 해소하다, 물을 마시다; *umirati od ~i* 목말라 죽다; *morila ga je ~* 그는 갈증에 시달렸다; *obuzela ga je ~* 그는 갈증을 느끼기 시작했다 2. (토지의) 메마름, 가뭄 3. (비유적) (za nečim) 갈망, 열망 (želja, žudnja, čeznja); *~ za krvlju (osvetom, znanjem)* 살인(복수, 앎)에 대한 간절한 바람

žeđa 참조 žeđ

žeđan *-a, -o* (形) (지소체) žedan

žeđahan *-hna, -hno* (形) 참조 žeđan

žeđati *-am* (不完) 간절히 열망하다(갈망하다) (žedneti); *i sada poštenjaković juri i žeđa za osvetom* 지금도 정직한 사람은 쫓아다니며 복수를 갈망한다

žeđca 참조 žećca; 갈증, 목마름

žega (D.L.sg. *žezi*; G.pl. *žegā*) (태양의) 이글거림, 이글거리는 무더위 (jaka vrućina, pripeka)

žegavac *-vca* (昆蟲) 매미

žegnuti *-nem* (完) 화상을 입다, 데다 (opeći)

želatin (男), **želatina** (女) 젤라틴, 아교; 젤라틴 비슷한 물질(우무 따위) **želatinski** (形)

želatinast *-a, -o*, **želatinozan** *-zna, -zno* (形) 젤라틴 같은, 젤리 같은

želē *-ea* (中) 1. 젤리, 과즙 젤리(설탕과 함께 끓여 얻는) 2. 아스픽 (육즙으로 만든 투명한 젤리. 차게 식혀 상에 냄, 돼지머리 누른 것 같이 생김) (pihtije, piktije)

želeti *-im*; *željen* (不完) 1. 간절히 원하다, 갈망하다, 열망하다 (čeznuti, žudeti); *~ takvog sina* 그러한 아들을 간절히 원하다; *nije postigao željena cilja* 간절히 원하던 목표를 이루지 못했다; *on to od srca želi* 그는 그것을 마음속으로부터 간절히 원한다; *on nikome ne želi zla* 그는 그 누구의 불행도 원하지 않는다; *biće sve kako vi želite* 당신이 원하는 대로 될 것입니다; *želeo bih da dođe* 그가 오길 간절히 원한다 2. 기원하다 (보통은 1인칭 단수 형태로, hteti 보다 좀 더 더 공식적인 표현); *želim vam sreću Novu godinu* 행복한 새해를 기원합니다; *~ nekome dug život* 누구의 만수무강을 기원하다; *želimo ti srećan put* 편안한 여행이 되기를 기원한다 3. (누구를) 원하다(육체적으로) (osećati strast); *znam da me ti mnogo voliš i da me želiš* 나를 무척 사랑하고 날 원한다는 것을 알고 있다

železa (中,複) 덫(짐승을 포획하기 위한 금속 제의) (kljusa, stupica)

železan *-zna, -zno* (形) 1. 쇠의, 철의, 철제의 (gvozden); *~zni plug* 철제 쟁기; *~zna konstrukcija* 철제 구조 2. 철을 포함한; *~zna ruda* 철광석; *~zni hlorid* 염화철 3. (비유적) 강한, 단단한, 강력한 (jak, čvrst, snažan); *~zna volja* 굳건한 의지, 철석같은 의지; *~zno zdravlje* 튼튼한 건강

železara 1. 제철소 2. 철강제품 무역

železnica 1. 기차 (voz, vlak); 철로, 철도; *zupčana ~* 톱니 궤도 철도, 아프트식 철도; *žičana ~* 케이블 철도; *podzemna ~* 지하철; *jednošinska ~* 모노레일, 단궤 철도 2. 철도청 **železnički** (形)

železničar 철도청 직원 **železničarski** (形)

železnički *-ā, -ō* (形) 참조 železnica; *~a stanica* 기차역, 철도역; *~a mreža (pruga)* 선로; *~ most* 철교; *~ vagon* 객차; *~ saobraćaj* 철도 교통

železnobetonskī *-ā, -ō* (形) 철근콘크리트의

železo 쇠, 철 (gvožđe)

železovit *-a, -o* (形) 철을 함유한 (gvožđevit); ~*a voda* 철을 함유한 물; ~ *sloj* 철을 함유한 (지)층

želud 참조 *žir*; 도토리

želudac *želuca* 1. (解) 위; *s praznim želucem* 굶주린, 배고픈, 허기진; *zapaljenje ~uca* 위염 **želudačni, želučani** (形) 2. (꿀벌들이 꿀을 모아 놓는) 꿀벌 엉덩이의 한 부분

želudnjača 참조 gušterača; (解) 췌장

želja 1. 소망, 열망, 갈망 (čežnja, žudnja); 희망, 바람; 욕구, 욕망, 갈망 (prohtev); *po tvojoj ~i* 네 소망대로; *preko svih mojih ~* 나의 모든 바람 이상으로; *ispuniti nekome ~u* 누구의 소원을 충족시키다; *ispunila mi se ~* 나의 소원이 이루어졌다; *silna ~* 강렬한 소망; *od silne ~ da ...* ~에 대한 강한 욕망으로 인한; ~ *za novcem (uspehom, ljubavlju, znanjem)* 돈(성공, 사랑, 지식)에 대한 갈망; ~ *za zavičajem* 향수병; *nedostižna (iskrena, davnašnja) ~* 성취할 수 없는(진실한, 오래된) 바람; *novogodišnje (božične, rođendanske) ~* 새해(크리스마스, 생일) 소원; *primite naše najtoplije ~e za srećnu Novu godinu* 새해 소원성취하시기를 진심으로 기원합니다; *imaš li neku ~u?* 소원이 있느냐?; *jedina ~ bila mu je da spava* 그의 유일한 소원은 잠을 자는 것이었다; *on gori od ~e da...* 그는 ~하려는 불타는 열망이 있다; *vuče me ~ da* ~하려는 소망이 있다; *potonja (poslednja) ~* 마지막 소원, 유언 2. 욕정, 육욕, 정욕 (ljubavna strast; pohota, požuda); *video sam mu u očima poganu ~u* 나는 그의 눈에서 더러운 욕정을 보았다; *zar je on mogao imati ~u na sedamdesetogodišne babe!* 그가 일흔살 먹은 노파에게 정욕을 가진다는 것이 정말로 말이 되느냐! 3. (živa, draga 등의 강조 형용사와 함께 사용되어) 사랑스런 사람, 귀여운 사람

željan *-ljna, -ljno* (形) 바라는, 원하는, 소원(소망·갈망)하는; *biti ~ nečega* 무엇을 원하다(바라다); ~ *znanja* 앎을 소망하는; ~ *sina* 아들을 소망하는; ~ *pogled* 열망하는 눈길; ~ *je da što pre stigne kući* 될 수 있으면 빨리 집에 도착하려고 원하는

željen *-a, -o* (形) 참조 željeti; 원하던, 소원하던; ~*i rezultati* 원하던 결과

željkovati *-kujem* (不完) 소망하다, 열망하다, 간절히 바라다 (priželjkivati)

željno (副) 간절하게, 간절히 원하면서(소망하면서)

žemička (=zemička) 번빵(건포도 등이 든, 단맛이 많이 나는 작고 동그란 빵)

žemlja 참조 zemička

žena 1. 여자, 여성; 성인 여자 **ženski** (形) 2. 처(妻) 부인, 아내 (supruga); 결혼한 여성 **ženin** (形); *nevenčana ~* 사실혼 관계의 아내 3. (嘲弄) 겁쟁이, 소심한 사람(겁많은 남자에게 하는 말) 4. 기타; *javna ~* 창녀; *laka ~* 도덕적 관념이 희미한 여자; *čovek ~* 강단있는 여자; *(o)ženiti se na ~u* 합법적으로 또 다시 장가가다(무슬림들의); *uzeti za ~u* 결혼하다, 장가가다

ženantan *-tna, -tno* (形) 주저하는, 망설이는, 편안하지 않은 (nelagodan, neprijatan)

ženče *-eta* (지소체) žena

ženerozan *-zna, -zno* (形) 후한, 너그러운, 관대한 (velikodušan, darežljiv)

ženerozitet 너그러움, 관대, 관용, 마음이 후함

ženetina (지대체) žena

ženetrga 참조 vodopija; (植) 치커리

ženica (지소체) žena

ženidba (G.pl. *-dābā* & *-ī*) (남성의) 결혼, 결혼식

ženidbenī *-ā, -ō* (形) 참조 ženidba; 결혼의, 결혼식의

ženik (古語) 신랑 (mladoženja); *crni ~* (詩的) 죽음, 사망

ženin *-a, -o* (形) 참조 žena; 아내의, 부인의; *ne znam biti pod ~om papučom, ne!* 난 공처가가 되는 방법을 모른다, 몰라!

ženinstvo 1. 지참금(신부가 결혼시 가지고 가는) (miraz) 2. 여성성 (ženstvenost)

ženirati *-am* (不完) 1. 난처하게 하다, 곤란하게 하다, 불편하게 하다 (smetati, mučiti); *vidim, da vas to ženira* 그것이 당신을 난처하게 하는군요 2. ~ *se* 주저하다, 망설이다, 불편해하다 (ustručavati se, snebivati se); *ta, molim vas, ne ženirajte se, nego izvolite sesti kao kod svoje kuće* 불편해하지 마시고 자기 집처럼 편안히 앉으세요

ženiti *-im* (不完) oženiti *oženjen* (完) 1. 결혼시키다(보통은 아들을), 장가들게 하다; ~ *sina* 아들을 결혼시키다 2. ~ *se* 결혼하다, 장가들다; *on se ženi Verom* 그는 베라와 결혼한다 3. 기타; ~ *koga prutom (kaišem)* 누구를 때리다(구타하다); *đavoli se žene* 날씨가 정말로 좋지 않을 때는 말; ~ *se oko vrbe (pod vrbom)* 사실혼 관계를 가지다, 정화수를 떠놓고 결혼하다; ~ *se na ženu* 또

다시 결혼하다(무슬림 남성들이 합법적으로로);
u društvu se i kaluđer ženi 같이 뭉쳐있을
때에 사람들은 일탈한다
ženka (G.pl. *-ā* & *-ī*) 1. (동물의) 암컷 (反;
mužjak) 2. (남성들의 성적 요구의 대상으로)
여자
ženkast *-a, -o* (形) 참조 ženskast; 여성스러운
ženoljubac -upca 여자를 좋아하는 사람, 난봉꾼
ženomrzac *-mrsca; ženomrzāčā* 여자를 싫어
하는(혐오하는) 사람
ženoubica (男) 자신의 아내를 죽인 사람, 아내
살해범
ženska (女)(형용사 변화) 1. 여자, 여성 (žena)
2. (도덕적 관념이) 가벼운 여자, 부도덕한
여자, 난잡한 여자; *javna* ~ 창녀
ženskać (참조) žensko; 여자, 여성
ženskadija (集合) žena; 여성, 여자
ženskar, ženskaroš 여자 뒤꽁무니를 쫓아 다
니는 사람, 난봉꾼, 카사노바, 돈주앙;
ženskar i pijanica nije verovao u boga 난
봉꾼과 술주정꾼은 신을 믿지 않았다
ženskara 1. (동물의) 암컷 (ženka) 2. 덩치가
크고 힘 센 여자
ženskariti *-im* (不完) 여자 뒤꽁무니를 쫓아
다니다, 오입질하다, 난봉질하며 돌아다니다
ženskarluk 여자의 뒤꽁무니를 쫓아다님, 난봉
질, 오입질
ženskaroš 참조 ženskar
ženskarstvo 참조 ženskarluk
ženskast *-a, -o* (形) 여성스러운, 여자다운, 여
자 같은
ženskī *-ā, -ō* (形) 1. 여자의, 여성의; *~a glava*
여자, 여성 2. 여성스러운, 여성적인
(ženstven) 3. (植) (식물의) 열매를 맺는 4.
기타; *~a logika* 감성적 논리; *~a ruka* 여성
노동자; *~e bolesti* (病理) 여성병; *~e
narodne pesme* (부크 카라지치가 명명한)
서정시; *~e narodne pripovetke* (부크 카라
지치가 명명한) 동화; *~ pokret* 여성 운동;
~ rod (文法) 여성; *~e vreme* 생리
ženskinje (集合) žena
žensko 여자, 여성 (žena); *i muško i* ~ 모두
ženskost (女) 여성성, 여성다움
ženstven *-a, -o* (形) 여성스러운; 감성적인,
부드러운
ženstvenosti (女) 여성스러움
žentura, ženturina, ženturača (지대체) žena
žerav 1. 참조 ždral; (鳥類) 검은목두루미 2.
승마용 말(馬)의 명칭
žerav (女), **žeravica** (女) (지글지글) 타고 있는
숯불 (žeravica); *sedeti (okretati se, vrteti*

se) kao na ~*i* 안절부절 못하다, 가시방석에
앉다; *s prosulje na* ~*u* 설상가상이다, 더 나
빠지다
žeravica 1. 참조 žar; 잿불, 잉걸불 2. (비유적)
(성격이) 불 같은 사람; *živa* ~ 불 같은 사람,
에너지가 넘치는 사람 3. 기타; *biti (goreti)
na* ~*i* 안절부절 못하다, 좌불안석이다
žeravka 1. 잿불, 잉걸불 (žar, žeravica) 2. (비
유적) 불 (vatra) 3. (植) (쐐기 풀의) 쐐기
žersej (=džersej) 저지(부드럽고 신축성 있는
양복감)
žesta 알코올, 에탄올; 술 (alkohol, špirit)
žesta (植) 단풍나무의 한 종류
žestina 1. 거만함, 오만함, 방자함; 격렬한 분
노 2. 혹독한 기후(겨울 또는 여름의); *letnja*
~ 폭서(暴暑) 3. 독주, 독한 술
žestiti *-im* (不完) *ražestiti ražešćen* (完) 1. 격
노케하다, 격분시키다, 매우 짜증나게 하다
(ljutiti, gneviti) 2. ~ *se* 격분하다, 격노하다
žestok *-a, -o* (比; *žešćī*) (形) 1. 화난, 격분한;
혹독한, 가혹한, 매서운; 격렬한; *~a svađa*
격렬한 말다툼; *~e borbe* 격렬한 전투; *~a
oluja* 매서운 폭풍; *~a vatra* 격렬한 불길(화
재) 2. 힘이 넘치는; ~ *konj* 힘이 좋은 말 3.
열렬한, 열광적인 (zanesen, oduševljen); ~
pristalica darvinizma 다윈주의의 열렬한 지
지자 4. 매우 엄한, 신랄한 (말(言)이)
(strog, oštar); *~a naredba* 엄한 명령; *~a
optužba* 신랄한 비판 5. (술이) 매우 독한;
~a pića 독주, 독한 술
žešćenje (동사파생 명사) žestiti
žešćī *-ā, -ē* (形) 참조 žestok
žetelac *-eoca; žetelācā* 수확하는 사람, 추수
하는 사람; 수확꾼, 추수꾼 **žetelica**;
žetelački (形)
žetelica 1. 참조 žetelac; 수확하는 사람(여자)
2. (농작물을) 수확하는 기계
žeti *žanjem & žnjem; žeo, -ela & žnjeo, -ela;
žet & žnjeven; žanji & žnji* (不完) *požeti* (完)
1. 낫으로 농작물을 베다; (농작물을) 거두다,
수확하다, 추수하다; ~ *pšenicu* 밀을 수확하
다 2. (비유적) 일의 결실을 거두다; ~
uspeh 성공하다, 성공의 결실을 거두다
žeti *žmem; žeo, -ela; žet; žmi* (不完) 압착하
다, (무엇에서 액체를) 짜다, 짜내다
(sažimati, stiskati, cediti)
žeton 1. (돈 대신 사용하는 동전 모양의) 칩 2.
(계급·소속 등을 나타내는 옷깃 등의) 배지
žetva (G.pl. *žetāvā* & *-ī*) 1. (농작물 등의) 수
확, 추수; *iziđi na* ~ 추수하러 나가라 2. 추
수철, 수확철; 수확의 계절 3. 수확한 것, 추

1617

수한 것 (letina, prinos) 4. (어떤 일의) 결과
(rezultat) žetveni (形)

žetvar 참조 žetelac; 수확하는 사람, 추수하는
사람

žetvenī -ā, -ō (形) 참조 žetva; 수확의, 추수의

žezlo -zālā 직장(職杖): 통치자 또는 고위성직
자 들이 권위의 상징으로 들고 다니는 장식
용 지팡이)

žeženica 두 번 증류된 라키야 (prepečenica)

žgadija (集合) 1. 해충 (gamad) 2. 불량배, 깡
패; 인간 쓰레기 (nevaljalci, gadovi)

žganac -nca; žganci (보통 複數로) 옥수수죽,
폴렌타(이탈리아 요리에 쓰이는, 옥수수 가
루로 만든 음식) (kačamak)

žgati -am (不完) (술을) 증류하다 (peći)

žgeba (卑俗語) 발달 지체인 사람, 발달장애인

žgebav -a, -o (形) 발달 장애의, 발달 지체의
(kržljav, nerazvijen)

žgepčad (中) (集合) žgepče

žgepče -eta 어린 아이; 풋내기, 아직 젊고 성
숙치 못한 사람 (derište)

žgolja (男), **žgoljo** -a & -ē (男) 신체적으로 빈
약하고 볼품없는 사람, 왜소한 사람; 왜소한
아이

žgoljav -a, -o (形) (신체적으로) 왜소한

žgoljavac -vca, **žgoljavko** (男) 참조 žgolja

žgoljo -a & -ē (男) 참조 žgolja

žica 1. (면·울·비단 등의) 실, 사(絲) (konac);
거미줄 (paučina); majka prede tanku ~u 어
머니는 가는 실을 잣는다; veliki pauk
spuštao po svojoj ~i 커다란 거미가 거미줄
을 타고 내려왔다 2. 철사, 와이어, 케이블;
(악기의) 현(絃), 줄 (struna); bodljikava ~
가시 철조망; telefonska ~ 전화 케이블; ~e
na violini 바이올린의 현 3. (地質) 맥, 광맥;
rudnik je otkrio bakarnu ~u 광산은 구리
광맥을 발견했다; ~ gvozdene rude 철광석
맥 4. (땅에서 솟는) 가는 물줄기; pronađe
vodenu ~u, pa iskopa i bunar 가는 물줄기
를 찾아 샘을 판다 5. (비유적) (사람 성격의)
특성, 특징 (osobina, obeležje); 재주, 재능
(smisao, dar); imao je cicijašku ~u
porodice 그는 가족의 수전노적 특성을 가
지고 있었다; poslovna ~ 사업적 재능;
umetnička ~ 예술적 재능; pesnička ~ 시인
의 기질 6. 전보, 전화 (telegraf, telefon);
Katanić mu na dan svadbe čestita samo
~om, i to beše sve! 카타니치는 결혼식날에

전화로만 그에게 축하했다, 그것으로 끝이었
다! 7. (보통은 複數로) 수용소(철사로 담장이
쳐진) (logor) 8. 기타; glasne ~e (解) 성대;
igračica na ~i 서커스의 줄타기 곡예사;
koliko ~, toliko godinica 새 옷을 입은 사
람에게 하는 말; pogoditi (dirnuti) u (pravu)
~u 민감한 곳을 건드리다, 누구의 생각(의도,
소망)을 알아 맞추다; pogoditi kome (pravu)
~u 누구의 소원을 맞추다; prebirati ~e 연
주하다; (u)biti (tući) ~u 우회적 방법으로 소
기의 목적을 달성하려고 시도하다(아부하다);
udariti u druge ~e 다른 방법으로 해보다;
udariti u tanke (tanje) ~e 연민을 자아내도
록 통곡하다(흐느끼다); zatezati ~e 어떤 상
태(상황)를 악화시키다

žicar, **žicaroš** (隱語) 1. 남을 꾀어(아부하여)
이익을 취하는 사람; 사기꾼, 협잡꾼
(varalica, prevarant) 2. (경찰의) 정보원, 밀
고자 (doušnik, dostavljač)

žicariti -im (不完) (隱語) 다른 우회적 방법으
로 자신의 소기의 목적을 달성하려도 시도하다;
감언이설로 속여 빼앗다, 속이다, 기만하다

žicaroš 참조 žicar

žicati -am (不完) **žicnuti** -nem (完) 1. (상처가)
찌르듯이 격렬하게 아프게 하다, 쑤시듯 아
프게 하다 (bockati, probadati, sevati); žica
me u leđima 나는 등이 찌르듯이 아프다;
Marka ispod smirene rane žica bol 마르코
는 가라앉은 상처 밑에 격렬한 통증이 있다
2. 회초리로 때리다, 채찍질하다 3. 특수한
천으로 청소하다(원목마루를); ~ parket 원
목마루를 청소하다 4. (隱語) (경찰에) 밀고
하다, 찌르다(정보를 제공하면서)

žičan -a, -o (形) 쇠줄의, 와이어로프의; ~a
železnica 케이블 철도; ~o staklo 철사망이
들어간 유리

žičara 케이블 철도; ~ za tranport drveta 목
재 수송용 케이블 철도

žičica (지소체) žica; 짧은 끈(실·줄)

Žid 참조 Židov

židak -tka, -tko (比; žiđi & žitkiji) (形) 1. (액
체·죽 등의 농도가) 묽은, 물기가 많은
(razređen, redak, vodnjikav); ~tka čorba
묽은 수프; ~ med 묽은 꿀 2. 잘 휘어지면
서 가는 (회초리 등이)

Židov 유대인 (=Jevrejin) **Židovka**; **židovski**
(形)

žig -ovi 1. (서류·상품 등에 찍는) 소인, 도장,
스탬프; ~ ustanove 기관의 소인; (불명예의)
낙인; ~ carine 관세청의 소인; udariti ~ na
nešto (어디에) 소인을 찍다; poštanski ~ 우

체국 소인; *fabrički* ~ 상표 2. (비유적) 특성; 흔적 (obeležje, trag); ~ *ropstva* 노예생활의 흔적 3. 달궈진 쇠막대(그것으로 나무나 가죽을 뚫는); *vreli* ~ 달궈진 쇠막대 4. 찌르는 듯한 격렬한 통증; *zbor ~ova u krstima svu noć nije oka sklopio* 엉치뼈의 쑤시는 듯한 통증으로 인해 그는 밤새 눈을 붙일 수 없었다 5. (植) 암술의 윗 부분 6. 기타; *vodeni* ~ 워터마크; ~ *srama (sramote), sramni* ~ 오명, 낙인

žigati *žiga* (不完), **žignuti** *žigne* (完) (無人稱文) 쑤시듯 아프다, 찌르는듯 격렬한 통증을 느끼다; *nešto me žiga u leđima* 나는 등이 쑤시듯 아프다; ~ *u glavi* 머리가 쑤시듯 아프다

žigica 참조 *šibica*; 성냥

žignuti *žigne* (完) 참조 *žigati*

žigolo (男) (매춘부 등의) 기둥서방; (나이먹은) 여자에게 얹혀 사는 젊은 남자(대신에 섹스를 제공하는); (돈 많은 여자를 상대하는) 남자 직업 댄서

žigosati *-šem* (完,不完) 1. 소인(žig)을 찍다 2. (비유적) 표시하다; 낙인을 찍다; *žigosao me kao potkupljena izdajicu* 그는 나를 매수된 배신자로 낙인찍었다

žila 1. (植) 뿌리털, 근모(根毛) 2. (解) (근육과 뼈를 잇는) 힘줄, 건(腱); *petna (ahilova)* ~ 아킬레스건 3. 혈관; 동맥, 정맥; *vratna* ~ 목동맥; *~e na rukama* 손의 혈관 4. (가축의) 숫컷 성기; 수컷 성기로 만든 채찍 5. 맥, 광맥 (žica); (목재·돌 등의) 결; *kopali su dok nisu našli široku i duboku* ~ *kamena* 그들은 넓고 깊은 석맥을 발견할 때 까지 계속 팠다; *beli mramor sa plavim ~ama* 푸른 결이 있는 흰색 대리석 6. (교통의) 주요 간선 7. 기타; *goveđa* ~ 숫컷 소의 성기로 만든 채찍; *kucavica* 1)(解)대동맥 2)주(主)도로; *modra* ~ 정맥; *pustiti* ~*e* 뿌리를 내리다, 강화하다, 뻗어나가다; *iz petnih* ~ 온 힘을 다해; *srčana* ~ 대동맥

žilast *-a, -o* (形) 뿌리털이 많은; 힘줄이 많은; (돌 등에) 결이 많은; 힘줄 비슷한, 질긴; *~a struna* 질긴 현(弦); *~o kamenje* 결이 많은 돌; ~ *koren* 뿌리털이 많은 뿌리

žilav *-a, -o* (形) 1. 힘줄이 많은, 힘줄이 툭 튀어나온, 질긴; *~o meso* 질긴 고기; *~a ruka* 힘줄이 툭 튀어나온 손 2. 근육질의, 단단한, 강인한 (mišćav, muskulozan, jak); *široka mu pleća i ~i vrat kazivali su neobičnu snagu* 그의 떡 벌어진 어깨와 근육질의 목은 비상한 힘을 보여주었다 3. 끈질긴, 집요한, 악착 같은, 불굴의 (uporan, izdržljiv); ~

narod 불굴의 민족(사람들); ~ *otpor* 끈질근 저항

žilavka 포도의 한 종류; 그 포도로 만든 포도주

žile *-ea* (男), **žilet** (男) 참조 *prsluk*; 조끼

žilet 면도날; 면도기

žilet 참조 *žile*

žiletina (지대체) *žila*

žilica 1. (지소체) *žila* 2. 신경 (živac) 3. 뿌리털, 잔뿌리, 근모(根毛)

žiličast *-a, -o*, **žiličav** *-a, -o* (形) 참조 *žilast*

žilovlak (植) 질경이 (bokvica)

žilje (集合) *žile*

žipčiti *-im* (不完) 걸어 지치다, 지치도록 걷다

žipon 속치마, 패티코트

žir *-ovi* 1. 도토리; *terati svinje u* ~ 돼지를 도토리 밭으로 몰다 2. 도토리 숲(도토리가 많은); *ići u* ~ 도토리 숲으로 가다 3. (카드의) 클로버 (tref)

žirada (女), **žirado** (男) (남성용의) 밀짚모자

žirafa (動) 기린

žiran *-rna, -rno* (形) 1. 도토리의 2. 살찐 (ugojen)

žirant (수표의) 배서인(背書人), 이서인(裏書人); 보증인

žirī *-ija* (男) (콩쿠르 등의) 심사위원단(회); ~ *izabran na današnjem sastanku raspisaće konkurs za izradu projekta* 오늘 회의에서 선정된 심사위원회는 프로젝트 완성을 위한 공고를 낼 것이다

žirirati *-am* (完,不完) (수표에) 이서하다, 배서하다; 보증하다

žiriti *-im* (不完) **užiriti** *-im* (完) 1. 도토리(žir)를 먹여 키우다(사육하다, 살찌우다); 잘 먹이다, 살찌게 하다; ~ *svinje* 돼지를 도토리를 먹여 사육하다 2. ~ *se* 살찌다, 뚱뚱해지다

žirka (G.pl. *-rākā* & *-ī*) 1. 참조 *žir*; 도토리 2. (解) (뇌의) 송과선(松果腺): 좌우 대뇌 반구 (大腦半球) 사이 제3뇌실(腦室)의 후부에 있는 작은 공 모양의 내분비 기관) (epifiza)

žiro *-oa* (男)(銀行) 이체, 송금, 지로; ~ *račun* 지로 계좌; ~ *konto* 지로 계좌

žiiropađa 1. 도토리가 떨어지는 시기(계절) 2. 도토리나무숲

žiroskop 자이로스코프(항공기·선박 등의 평형 상태를 측정하는 데 사용하는 기구)

žirovan *-vna, -vno* (形) 1. 도토리의; *~vno brašno* 도토리 가루; *~vna gorčina* 도토리의 쓴맛 2. (도토리를 먹여) 살찐, 사육된 (ugojen, uhranjen); *~vne svinje* 도토리를 먹여 사육한; ~ *čovek* 살찐 사람 3. (한정형) (카드의) 클로버의 (trefov)

Ž

žirovina 도토리숲에 돼지를 풀어 먹이는 세(稅)

žirovnjak 도토리를 먹역 사육한 돼지

žirovskī *-ā, -ō* (形) (카드의) 클로버의

žiščica (지소체) žiška

žiška (D.L.sg. *žišci* & *žiškī,* G.pl. *žišākā* & *žiškī*) 1. 불똥, 불티 (varnica, iskra) 2. 숯불 한 덩어리, 불붙은 장작 한 덩어리 (žar)

žitak *-tka* 1. 삶, 인생 (život) 2. 생필품. 식품 3. (方言) 재산 (imanje); *steći dobar ~* 상당한 재산을 모으다 4. 가축 (stoka) 5. 농작물, 곡물, 곡식 (žito, žitarice); *požnjeti ~* 곡물을 수확하다; *vreća ~tka* 곡물 포대

žitan *-tna, -tno* (形) 1. 곡물이 많이 열리는 (žitorodan) 2. (한정형으로만) 곡물의, 곡식의, 농작물의; *~tni hleb* 곡물빵; *~tno zrno* 곡물 낟알; *~tno klasje* 농작물 이삭 3. (한정형) 농작물을 경작하는, 곡물이 심어진; *~tno polje* 곡창 지대 4. (한정형) 곡물상의 (žitarski); *~tni pijac* 곡물 시장; *~ trgovac* 곡물상 5. 기타; *~tna rđa* 녹병(농작물의)

žitar 1. 곡물상 2. (害蟲) 농작물 해충의 일종 (검은 색 딱정벌레)

žitara 곡물운송 바지선 (žitarica)

žitarica 1. 곡물운송 바지선 2. (보통은 複數로) 곡물, 시리얼 (cerealije)

žitarnica 곡물 상점; 곡물 창고

žitarskī *-ā, -ō* (形) 참조 žitar; 곡물상의, 곡물 매매의; *~ trgovac* 곡물상

žitarstvo 1. 곡물 재배 2. 곡물 매매

žitelj (廢語) 참조 stanovnik; 주민

žiteljstvo 참조 stanovništvo; (한 지역(나라) 의) 인구

žitije (廢語) 1. 삶, 인생 (život, življenje) 2. 전기(傳記); 성인이나 중세 통치자들의)

žitkoća 참조 žitkost

žitkost (女) (죽·액체 등의) 묽음; 묽은 것

žitnica 1. 곡물 창고 2. 곡창 지대

žito 1. (밀·보리 등의) 맥류; (맥류로부터 수확한) 곡물; 밀 2. 삶은 밀 (설탕, 호두와 섞인, 성직자가 축도하고 포도주를 뿌린, 신도들이 먹는) (보통 종교축일 혹은 무덤가에서 나눠 먹는) (koljivo) 3. 기타; *ispod ~a raditi* 몰래 (비밀리에) 일하다; *od tog ~a nema brašna* 그것으로부터는 아무것도 얻을 것이 없다

žitorod 곡물 수확

žitorodan *-dna, -dno* (形) 곡물이 많이 열리는, 곡물 수확이 풍성한; *~dna ravnica* 곡창 평야; *~dna godina* 풍년이 든 해

živ *-a, -o* (比; *življi*) (形) 1. 산, 살아 있는; 활동중인, 사용중인; *~ čovek* 살아 있는 사람; *~o drvo* 살아 있는 나무; *~o biće* 생물; *još*

je ~ 아직 살아 있다; *dok sam ~* 내가 살아 있는 한; *biti ~ spaljen (zakopan)* 산 채로 화형된(매장된); *ostati ~* 살아남다; *~i vulkan* 활화산; *ni ~ neću više tamo otići* 살아서는 더 이상 거기에 가지 않을 것이다 2. 날 것의, 생(生)의; *činilo joj se da joj je iskinut komad ~a mesa* 그녀는 자신의 생살 덩어리가 떨어져 나가는 것 같았다; *~o meso* 날고기; *~ kupus* 생 양배추 3. 생기 넘치는, 활기 넘치는, 활동적인, 활발한, (živahan, aktivan); *~o dete* 활발한 아이, 가만히 있지를 못하는 아이; *~ saobraćaj (razgovor)* 활발한 왕래(대화) 4. 진짜의, 사실의 (pravi, istinski); *Sava je bio ~i đavo* 사바는 진짜 악마였다 5. 밝은, 빛나는 (svetao); *blistale su oči jasnim, ~im sjajem* 눈은 맑고 빛나는 빛으로 빛났다; *~a boja* 밝은 색 6. 생생한, 표현이 풍부한; *pažljivo je slušao njegovo ~o pričanje* 그의 생생한 이야기를 주의깊게 들었다; *~ stil* 생생한 문체 7. (명사적 용법으로, 中性으로만) 가축, 동물 8. 기타; *bojati se kao ~e vatre* 많이 무서워하다; *dirnuti (taknuti) u ~o* 가장 민감한 부분을 건드리다, 가장 아픈 곳을 건드리다; *~ bio (bila)* 어른이 아이이게 축복하는 말; *~i kamen* 단단한 돌; *~(a) mi ti* 누구의 목숨을 걸고(특히 아이들의) 하는 맹세의 말; *~ sam zaspao* 아주 아주 졸립다; *~ pretrnuti* 두려워하다, 무서워하다; *~ sahranjen* 사람들로부터 격리되다; *~ se ne čuti* 은거하다; *~ se pojesti, ~ da se pojede* 많이 걱정하다; *~ sram me pojeo* 많이 창피했다; *~ umreti* 많이 놀라다, 놀라 자빠지다; *koliko sam ~* 내가 할 수 있는 한, 온 힘을 다해; *ni ~ ni mrtav* 1)많이 놀란 2)결코 ~않다; *sve ~o* 모든 사람들; *~ (prenositi)* 생중계하다; *~i zid* 손을 맞잡고 서있는 사람들; *~i inventar* 가축들; *izneti ~u glavu* 간신히 구출하다; *kao da ga ~a deru* 멱따는 목소리로; *ni ~ ni mrtav* 너무 놀란, 놀라 옴짝달싹할 수 없는; *nema ni ~e duše* 그 어디에도 아무도 없다, 인적이 끊긴; *ni za ~u glavu* 결코 ~않다; *~a ograda* 생울타리; *~i pesak* 유사(流砂) (그 위를 지나가는 사람이나 동물 따위를 빨아 들이는 모래밭); *~a rana* 열린 상처, 치료되지 않은 상처; *~o srebro* 수은; *~a vaga* 살아있는 가축(동물)의 무게; *~a muka* 커다란 고통; *~a trava* (植) 제라늄의 일종; *~a sila (snaga)* (軍) 군대; *~a zgoda* 절호의 기회(찬스); *~i jezici* 사용중인 언어들(사어가 아닌)

1620

živa (化) 수은; *praskava ~* 뇌산(雷酸) 수은; *kao ~* 가만히 있지를 못하는(아이) **živin** (形)

živac *-vca* 1. (解) 신경; *očni (vidni) ~* 시신경; *slušni ~* 청각 신경 2. (일반적인) 심리 상태; *razdražiti ~vce* 신경질을 내다 3. (비유적) 민감한 곳(장소), 예민한 곳(장소); *Jugoslovensko pitanje je postalo politički ~ cele Austro-Ugarske* 유고슬라비아 문제는 전체 오스트리아-헝가리의 정치적으로 예민한 문제가 되었다 4. 기관; 핵심, 정수; 원동력 (suština, srdž); *novac je svemu ~* 돈이 모든 문제의 핵심이다; *železnica je ~ za privredu* 철도가 경제의 원동력이다; *finansije su glavni državni ~* 재정 기관들이 국가의 주요 기관이다 5. 기타; *~ kamen* 땅 속에 단단히 박힌 돌; *~vci su mu popustili* 그는 신경이 날카로워졌다, 그는 신경질적으로 되었다; *izgubiti ~vce* 1)아주 신경질적이 되다, 신경이 날카로워지다 2)신경질환을 앓다; *imati ~vce* 참을성이 있다, 냉정함을 유지하다; *ići nekome na ~vce* 누구의 신경을 건드리다, 신경질나게 하다; *kidati (trošiti) ~vce* 쓸데없이 신경질을 내다; *pogoditi (dirnuti, taknuti) u ~* 가장 예민한 부분을 건드리다

živad (女)(集合) 가금(家禽: 닭·오리·거위 따위) (živina)

živahan *-hna, -hno* (形) 활동적인, 활발한, 활기 넘치는, 부산스러운; *~hno dete* 활발한 아이, 부산스러운 아이

živahnost (女) 활기가 넘침, 활발함

živahnuti *-nem* (完) 1. 활발해지다, 활기 넘치다; *Beograd je neverovatno živahnuo odmah posle rata* 베오그라드는 전쟁후 바로 못믿을정도로 활기가 넘쳤다 2. 좋아지다, (질환 등에서) 회복하다, 활기를 되찾다 (oporavati se); *dete živahnu, poče jesti* 아이는 활기를 되찾고 먹기 시작했다

živalj *-vlja* 참조 stanovništvo; (한 지역의) 주민, 인구

živcat *-a, -o* (종종 živ živcat의 숙어로) 진짜 살아 있는

živcijat *-a, -o* (形) 참조 živcat

živčanī *-ā, -ō* (形) 참조 živac; 신경의; *~ sistem* 신경 시스템

živeti *-im* (不完) 1. 살다, 생존하다; *on je živeo u 18. veku* 그는 18세기에 살았다; *živeo je na mleku* 우유를 먹으며 살았다; *u tome selu živeo jedan čovek* 그 마을에 한 사람이 살았다 2. (어떻게, 어떠한 조건하에서) 생활하다, 살다; (~로 생계를 유지하며) 생활하다; *~ kao radnik* 노동자로 살다; *~ boemski* 보헤미안처럼 살다; *~ samo za decu* 단지 아이들을 위해 살다 3. (~와 어떠한 관계를 맺으며) 살다; *~ u zajednici* 공동체 생활을 하다; *s knjigom* 책과 함께 시간을 보내다; *~ sa njim kao sa rođenim bratom* 친형제와 사는 것처럼 그와 함께 살다; *~ kao komšije* 이웃으로 살다 4. (비유적) (누구와) 결혼 생활을 하다, 은밀한 관계를 맺으며 살다; *~ sa drugom ženom* 두 번째 부인과 살다 5. (~에) 살다, 거주하다; *~ u Beogradu* 베오그라드에 살다; *~ u velikoj sobi* 큰 방에서 살다; *gde živite?* 어디에 사시나요? 6. *(od čega, o čemu)* ~으로 살다, ~으로 생계를 유지하며 살다; *~ od trgovine* 장사를 하며 살다; *~ od jedne krave* 소 한 마리를 키우며 살다; *~ o svom hlebu* 스스로 일하여 살다 7. *~ se* 누구와 좋은 관계를 유지하며 살다, 화목하게 살다; *naši se lepo žive* 우리들은 서로 화목하며 잘 살고 있다 8. 기타; *da živi!, živeo!* 건배!; *~ kao bubreg u loju* 풍요롭게 살다, 호화롭게 살다; *~ kao golubovi* 비둘기처럼 살다, 서로 사랑하며 살다; *~ na velikoj nozi* 사치스럽게 살다; *~ na veresiju* 1)외상으로 살다, 빚지며 살다 2)항상 위험한 상태이다; *~ od danas do sutra* 근근이 살다; *~ u nadi* 희망 속에 살다

živež (集合)1. (男) 식품, 식료품 (namirnice) 2. (女) 가금(家禽) (živina)

živica 1. 덤불 울타리, 생울타리 2. 황무지, 비경작지 (ledina) 3. (植) 구기자나무속(屬)

živičiti *-im* (不完) **oživičiti** (完) 생울타리를 치다

živičnjak 1. 생울타리, 덤불 울타리 (živica) 2. 황무지에서 자란 나무 (보통은 참나무)

živin *-a, -o* (形) 참조 živa; 수은의; *~ stub* 수은주; *~ termometar* 수은 체온계

živina 1. (集合) 가금(家禽: 닭·오리·거위 따위의) (živad, perad) 2. 가축, 소; 동물 (stoka, životinja); *ljudi su gori nego ~e* 사람들은 동물보다 못하다 **živinski** (形)

živinar 1. 가금류 판매상 2. 수의사 (veterinar)

živinarnik 닭장 (kokošarnik, kokošnjac)

živinarstvo 양계업

živinče *-eta* 가축, 소 (životinja, marvinče); *baš je čovek neki put gori od ~eta* 정말로 사람이 짐승보다 못할 때가 있다

živinskī *-ā, -ō* (形) 참조 živina; 가금의, 가축의, 소의; *~o meso* 닭고기; *~o perje* 가금류의 털; *~ nagon* 동물적 본능

Živko (남자 이름); *na svetog ~a, do svetog*

~a 결코(절대로) ~않다

življenje (동사파생 명사) živeti; 사는 것

živnuti *-nem* (完) 1. 활발해지다, 활기 넘치다. 쾌활해지다 (živahnuti) 2. (질병 등으로부터) 회복되다 (oporaviti se) 3. 깨어나다 (probuditi se)

živo (副) 1. 활발하게, 활달하게; 정열적으로 (aktivno, energično); ~ se zauzeti oko organizacije festivala 페스티발 조직에 관련하여 정열적으로 참여하다 ; ~ *igrati* 활발하게 경기하다 2. 정말로, 진실로 (istinski); *ja ~ u to verujem* 나는 그것을 정말로 믿는다 3. 빨리, 재빨리 (brzo, hitro); ~ *se obući* 빨리 (신발을) 신다; ~ *se spremiti* 빨리 준비하다 4. 생생하게 (slikovito, živopisno); ~ *pričati o događajima* 사건에 대해 생생하게 이야기하다 5. 분명히, 인상적으로 (jasno, upečatljivo); *stoji mi to ~ u pameti* 그것은 내 기억속에 인상적으로 남아있다 6. 많이 (jako, veoma); *mali Janko ~ se bojao da se veliki rat ne završi* 꼬마 얀코는 큰 전쟁이 끝나지 않을까 많이 걱정했다; ~ *se radovao da neko dođe* 그는 누가 오는 것을 많이 좋아했다

živoder 죽은 동물의 가죽(껍질)을 벗기는 사람 (strvoder)

živoderac *-rca* (숙어 jarac živoderac로 사용되어) 산 상태로 껍질이 벗겨진 염소

živodernica 동물의 가죽을 벗기는 곳(건물)

živopis (廢語) 1. 미술 (보통은 프레스코화나 성상화를 그리는) (slikarstvo) 2. 그림 (slika)

živopisac *-sca* (廢語) 화가 (slikar)

živopisan *-sna, -sno* (形) 1. 그림 같은, 생생한; 마치 그린 듯한; ~*sna okolina* 그림 같은 주변(풍치); ~*sna klisura* 그림 같은 계곡 2. 인상적인, 흥미로운 (upečatljiv, zanimljiv); ~*sna narodna pesma* 흥미로운 민중시

živorodac *-oca* (魚類) 등가시치

živost (女) 1. 활기, 활력 2. 생생함, 생동감; ~ *pripovedanja* 이야기의 생생함; ~ *opisa* 묘사의 생생함 3. 재빠름, 신속함 (hitrina); ~ *u građenju pruga* 철로 건설의 신속함; *na ovom odseku fronta primećuje se izvesna veća ~ neprijatelja* 전선의 이 구간에서 적들의 눈에 띄는 신속함이 탐지된다

život 1. 생명, 삶; 목숨, 살아 있음; ~ *i smrt* 삶과 죽음; *borba na ~ i smrt* 생사가 걸린 전투; *izgubiti ~* 생명을 잃다; *dete joj je bilo sav ~* 그녀에게 아이는 모든 삶이었다; *za ceo ~* 평생동안 2. 육체적 힘; 활기, 활력; 건강; *biti pun ~a* 힘이 넘치다; *nemati ~a* 활기가 없다 3. (맹세·애원 등을 할 때) 가장 중요한 것, 가장 가치 있는 것; ~*a mi, neću otići* 내 목숨을 걸고, 가지 않을께 4. 삶의 방식, 생활 스타일; *buran ~* 다사다난한 삶; *lak ~* 편안한 삶; *način ~* 삶의 방식 5. 생물; 사람, 인간; 주민, 인구; *žrtvovano je na hiljade ~a* 수 천 명의 사람들이 희생되었다 6. 몸, 신체; 허리 (struk); *leva strana ~a mu je bila paralisana* 그의 몸 왼쪽은 마비되었다; *ispod zubuna vezala je nevesta uzicom oko ~a opregljaču* 신부는 외투 밑 허리 근처에 끈으로 앞치마를 매었다 7. 생활 가능성, 생존 (opstanak); *tu više nema ~a* 여기서는 더 이상 살 수 없다 8. (인간 사회활동의) 생활, 삶; *društveni ~* 사회 생활; *kuturni ~* 문화 생활; *porodični ~* 가정 생활; *bračni ~* 결혼 생활; *politički ~* 정치 생활 9. 전기(傳記) (biografija) 10. 기타; *bez ~a* 1)죽은, 움직이지 않는 2)활기 없는; *biljni ~* (한 지방 또는 한 시대에 특유한) 식물상(相); *boriti se na ~ i smrt* 생사가 걸린 전투를 하다; *večni ~* 영생(저 세상에서의); *vratiti u ~* 치료하다, 소생시키다; *goli ~* 생존, 살아남음; *dati nekome ~* 누구를 낳다; ~ *mu visi o koncu (o niti)* 목숨이 경각에 달렸다, 중병을 앓고 있다; *krv i ~ dati za koga* 누구를 위해 목숨을 바치다; ~*e moj!* (애교를 떨면서) 자기야!, 내 사랑!; *linija ~a* (손금의) 생명선; *lišiti (koga) ~a, rastaviti (koga) sa ~om* 누구를 죽이다; *na ~ i na zdravlje!* 행운이 깃들기를!, 굿럭!; *nema mu ~a* 그는 살아남을 수 없다; *oduzeti sebi ~* 자살하다; *pitanje ~a i smrti* 생사의 문제; *sit ~a* 사는 것이 지긋지긋하다; *sprovesti u ~, uvesti u ~* 실현하다; *staviti (metnuti) ~ na kocku* 위험에 처하게 하다; *stajati (biti) na pragu ~a* 활기차게(적극적으로) 생활하다; *stupiti u ~* 1)효력을 발하다, 시행하다(법률의 효력이) 2)적극적으로 생활하기 시작하다, 공인의 삶을 시작하다; *ući u javni ~* 커리어를 시작하다

životan *-tna, -tno* (形) 1. 활기찬, 활력이 넘치는, 활동적인; *vrlo ~tne oči* 아주 활기 넘치는 눈(眼); ~ *starac* 활기 넘치는 노인 2. (한정형) 생명의, 삶의, 생활의; ~*tni standard* 생활 수준; ~*tni princip* 생활 원칙; ~*tne namirnice* 일상적 식료품; ~*tno iskustvo* 생활 경험; ~*tna snaga* 생명력 3. 긴요한, 중대한; 생사가 걸린 (bitan, značajan); ~*tno pitanje* 긴요한 문제; ~*tna* *borba* 생명을 건 투쟁 *čoveku je to ~tna potreba da redovno radi* 사람에게는 정기적으로 일할 필요성이 중요한 것이다; *od ~tne važnosti za jednu zemlju njen izlaz na more* 한 나라에게 있어 바다로의 진출로는 생명이 걸린 중요함이다 4. 생명력을 불어넣는, 기적을 일으키는 (životvoran, čudotvoran); *moram još danas otići da odnesem ono malo ~tne vodice što sam od nekog apotekara dobio* 어떤 약사에게서 얻은 약간의 생명수(生命水)를 가지러 적어도 오늘까지는 가야 한다

životariti *-im* (不完) 가난하게(궁핍하게) 살다; 무기력하게 살다 (tavoriti, vegetirati)

životinja 1. 동물(사람을 제외한), 짐승; *domaća ~* 가축; *divlja ~* 들짐승; *lav je car ~* 사자는 동물의 왕이다; *~e se pare* 동물들이 짝짓기를 한다 2. (卑俗語) 짐승 같은 놈; 잔인한 사람, 거친 사람; *on je velika ~!* 그는 아주 짐승 같은 놈이다; *~o!* 야, 짐승 같은 놈아!

životinjski *-ā, -ō* (形) 참조 životinja; 동물의; *~o carstvo* 동물의 왕국

životinjizam *-zma* 짐승 같은 행동

životodajan *-jna, -jno*, **životodavan** *-vna, -vno* (形) 생명을 불어넣는, 생명력을 주는 (životvoran); *životodavno sunce* 생명력을 불어넣는 태양

životopis 전기(傳記) (biografija)

životopisac (廢語) 전기 작가 (biograf)

životvoran *-rna, -rno* (形) 생명을 주는, 생명력을 불어넣는, 활기 넘치게 하는

živovati *-vujem* (不完) (詩的) 참조 živeti

živa 1. (物) 초점 (fokus) 2. 등, 등불 (svetiljka, kandilo) 3. 중심, 센터, 중심지 (centar, središte, žarište); *~ civilizacije* 문명의 중심 **žižni** (形)

žižak *žiška; žišci, žižākā* 1. 호롱불; 등불; 등불의 심지 (svetiljka, mala lampa; fitilj u kandilu); *zapaliti uljani ~* 기름 호롱불을 켜다 2. 잿불(잉걸불)의 한 덩어리; 불똥, 불꽃 3. (비유적) 빛, 희미한 불빛 (svetlost); *žišci su titrali* 불빛이 깜박거렸다 4. (複數로) (害蟲) 바구미(딱정벌레의 일종); *lozni ~* 포도 바구미; *žitni ~* 곡식 바구미; *graškov ~* 완두콩 바구미; *kruškov ~* 배 바구미 5. 기타; *gleda (pilji) kao mače u ~* 눈도 깜박하지 않고 응시하다

žižica 1. (지소체) žiža 2. 성냥 (šibica)

žižnī *-ā, -ō* (形) 참조 žiža; *~a daljina* (物) 초점 거리

žleb *-ovi* 1. (지붕의) 홈통; (도로의) 배수로, 도랑; (물레방앗간의) 나무 홈통; *krovni ~* 지붕의 낙수 홈통; *kameni ~* (도로 양편에 있는) 배수로 2. 나무 구유, 여물통 (가축의 사료를 주는) (valov) 3. (기계 장치 등의) 홈 (기계의 다른 부분이 들어갈 수 있는) 4. (밭 등의) 밭고랑, 도랑 (brazda, jarak, rov); (산 등의) 계곡 (tesnac, klinac) 5. (얼굴의) 주름, 움푹 패인 곳 (bora)

žlebiti *-im; žlebljen* (不完) 홈(žleb)을 파다(만들다)

žlezda (解) (분비)선(腺), 샘; *štitasta (suzna, pljuvačna, mlečna, znojna, egzogena, endokrina, limfna) ~* 갑상선 (눈물샘, 침샘, 유선(乳腺), 땀샘, 분비선, 내분비샘, 임파선 (림프샘)), *grudna ~* 흉선(胸腺) **žlezdani, žlezdni** (形)

žlezdast *-a, -o* (形) 분비샘(선)과 비슷한, 분비샘(선)이 있는; *~ organ* 분비 기관

žlezdica (지소체) žlezda

žlezdnī *-ā, -ō* (形) 참조 žlezda

žlica 참조 kašika; 수저; *zidarska ~* 흙손; *jesti velikom ~om* 1)이권이 보장된 고위직에 있다 2)연회에 참석하다; *pokusati svu mudrost ~om* 모든 것을 알다, 너무 현명하다; *utopio bi ga u ~ vode* 그 사람을 너무 증오하다

žličarka (G.pl. *-ā* & *-ī*) (鳥類) 노랑부리저어새

žličica 1. (지소체) žlica 2. (解) 명치, 명치 부분 (lažičica)

žlundra 참조 žila; 힘줄, 건(腱)

žmarac *-rca*, **žmarak** *-rka* 참조 žmarci

žmarci *žmarākā* (男,複) (춥거나 무섭거나 할 때 돋는) 소름; *podilaze me ~* 소름이 돋는다

žmigati *-am* (不完) **žmignuti** *-nem* (完) (눈을) 깜박거리다

žmigavac *-vca* 1. 눈을 깜박거리는 사람 2. (자동차 등의) 회전 신호등, 깜박이

žmignuti *-nem* (完) 참조 žmigati

žmikati *-am* & *-čem* (不完) 참조 cediti; (물기 등을) 짜다, 짜내다, 압착하다

žmira (=žmura & žmurka) (보통은 *igrati se žmire* 형태의 숙어로) 숨바꼭질

žmirav *-a, -o* (形) 1. 눈을 끊임없이 깜박거리는, 가늘게 뜬 눈의; *~i oči* 깜박거리는 눈 2. (비유적) (빛이) 약한 (slab); *~a svetlost* 약한 불빛

žmiriti *-im* (不完) 1. 가늘게 뜬 눈으로 쳐다보다, 눈을 반쯤 감고 보다, 찡그리고 바라보다; *žmirim i slušam i čujem kako mi polako otkucava sopstveno srce* 눈을 반쯤 감고

천천히 내 심장이 뛰는 것을 듣는다; ~ u
sunce 눈을 가늘게 뜨고 해를 보다 2. 약하
게 빛을 내다, 희미하게 빛을 내다; iz kuće
žmire svetla 집에서 희미하게 불빛이 나온
다 3. 응시하다, 눈도 깜박이지 않고 바라보
다; (piljiti); ~ u daljinu 멀리 떨어진 곳을
뚫어지게 바라보다 4. (비유적) (다른 사람의
잘못·실수를) 못 본 척 하다, 눈감아주다

žmirkati -am (不完) 1. (지소체) žmiriti; ~
očima 눈을 가늘게 뜨고 쳐다보다 2. (등불·별
빛 등이) 깜박이다, 깜박거리다 (svetlucati,
treptati)

žmirkav -a, -o (形) 참조 žmirav

žmura (=žmira) 숨바꼭질; igrati se ~e 숨바꼭
질 놀이하다

žmurećke, žmurećki (=žmirećke) (副) 눈을 감
고, 보지 않고; među svim ženama bih te
poznao i ~ 나는 눈을 감고도 너를 여러 여
자들 사이에서 알아볼 수 있을 것이다; ja to
mogu i ~ da uradim! 난 그것을 눈을 감고
도 할 수 있다

žmuriti -im (不完) 1. 눈을 감다, 눈을 감은 상
태로 있다 2. (다른 사람의 잘못·실수를) 못
본 척 하다, 눈감아주다

žmurka 참조 žmira; 숨바꼭질

žohar (害蟲) 바퀴벌레 (bubašvaba)

žongler 1. 중세의 유랑 배우·가수(歌手) 2. (서커스
의) 저글링하는 사람 (공이나 접시 등을 높
이 던진 후 받는) 3. (비유적) 사기꾼, 협잡꾼
žonglerka; žonglerski (形)

žonglerstvo 저글링

žonglirati -am (不完) 1. 저글링하다(공 같은
물건을 세 개 이상 들고 공중으로 던져 가며
다양한 묘기를 보이다); ~ loptom 공을 저글
링하다; ~ na žici 줄에서 저글링하다 2. (비
유적) (말을 번지르하게 하여) 기만하다, 속
이다; (주변 환경을) 자신에게 최대한 유리하
게 이용하다(활용하다); ~ propisima 규정을
최대한 유리하게 활용하다

žovijalan -lna, -lno (形) 쾌활한, 유쾌한, 명랑
한 (veseo)

žreb -ovi (=ždreb) 추첨(시합·복권·상품 등의);
redosled se određuje ~om 순서는 추첨에
의해 정해진다 **žrebni** (形)

žrebanje (동사파생 명사) žrebati; izvršiti ~
추첨하다

žrebati -am (不完) (복권 등을) 추첨하다, 추첨
에 의해 결정하다 (ždrebati)

žrebnī -ā, -ō (形) 참조 žreb

žrec 1. (다신교의, 이교도의) 성직자 2. (비유
적) (문화계 등의) 저명인사; veliki ~i

literature 문학계의 아주 저명한 인사

žrtva -āvā 1. (宗) 제물 2. 희생, 희생양; uz
svaku ~u 모든 것을 희생하여; prineti
(podneti) ~u 희생을 감당하다 3. 피해자,
희생자, 사망자; hiljade ljudskih ~ava 수 천
명의 희생자; ~ kuće i porodice 가정의 희
생자; ~ alkohola 알코올 피해자; ~ fašizma
파시즘의 피해자 **žrtveni** (形)

žrtvenī -ā, -ō (形) 참조 žrtva

žrtvenik (제물을 드리는) 제단; na ~u 제단에서

žrtvovati -vujem (完,不完) 1. (신에게) 제물을
바치다; ~ jagnje Bogu 신에게 양을 제물로
바치다; ~ životinje 동물을 제물로 바치다 2.
희생시키다; ~ porodicu 가족을 희생시키다;
~ svoj život 자신의 삶을 희생시키다; ~
sve 모든 것을 희생시키다 3. ~ se 희생하다;
neko treba da se žrtvuje za narod 누군가
민족을 위해 희생해야 한다

žrvanj žrvnja; žrvnjevi 1. (물방앗간의) 맷돌 2.
(집에서 사용하는) 맷돌

žubor 1. 물이 졸졸 흐르는 소리 2. (여러 사람
이) 웅성거리는 소리 (žagor)

žuborika (植) 사시나무

žuboriti -im (不完) 1. (물이 흘러가면서) 졸졸
거리다, 졸졸거리는 소리를 내다 2. (여러 사
람이) 웅성거리다 (žagoriti, žamoriti)

žubor-voda (詩的) 졸졸 흐르는 물

žuč (I.sg. -či & -čju) (女) 1. (解) 담즙, 쓸개즙; (解)
담낭, 쓸개 2. (비유적) 악의, 적의 (pakost,
zloba) 3. 화, 분노 (ljutina, bes, jed);
iskaliti svoju ~ na nas 자신의 분노를 우리
에게 쏟아내다; biti pun ~i 화가 많이 나 있
다 4. 쓴 맛 (gorčina, čemer) 5. 기타;
popiti čašu ~i 좌절하다 **žučni** (形)

žučan -čna, -čno; -čni (形) 1. (한정형) 담즙의,
쓸개즙의; 담즙의, 쓸개즙의; ~ kamenac 담석; ~
mehur (kesica) 담낭 2. (성격이) 불 같은, 화를
잘 내는, 항상 다투려고 하는, 거친; ~čna
narav 다투기 좋아하는 성격; ~ temperament
거친 기질 3. 화난 듯한, 격렬한; ~čna debata
격렬한 토론 4. 쓴, 쓴 맛의

žučiti -im (不完) ožučiti (完) (비유적) (누구를)
원통하게 하다, 비참하게 하다; 화나게 하다,
격분시키다

žučnica (解) 담낭, 쓸개

žučovod (解) 담관(담즙을 간에서 십이지장으
로 보내는 관)

žuća (男), **žućo** -a & -ē (男) 누렁이, 누런 털
을 가진 개(犬)

žućanica, žućenica 1. (植) 엔다이브, 꽃상추
(샐러드용) 2. (病理) 황달 (žutica)

žućkast -a, -o (形) 조금 누런, 누르스름한
žućkasto- (接頭辭) 누르스름한(복합어의 첫 부분으로)
žućko (男) 누렁이, 누런 털을 가진 개(犬)
žućo -a & -ē (男) 참조 žuća
žućov -ova (男) 참조 žućko; 누렁이
žud (女) (詩的) 참조 žudnja
žudan -dna, -dno (形) 갈망하는, 열망하는, 간절히 바라는; ~ nečega (무엇을) 갈망하는; ~ nauke 학문을 간절히 열망하는
žudeti -im (不完) 간절히 원하다(바라다), 갈망하다, 열망하다; ~ za nečim (무엇을) 간절히 원하다; čudno li čovek žudi za onim čega nema! 사람들이 자신들이 갖지 못한 것을 간절히 원하는 것이 이상하냐?; ~ za uspehom (za mirom) 성공을 갈망하다 (평화를 열망하다)
žudnja 간절한 바람, 열망, 갈망; ~ za nečim (무엇의) 갈망; u isti mah podiđe ga zlobna ~ za osvetom 동시에 그에게는 복수에 대한 열망이 일어났다; novi položaj pojača u njemu ~u da stče sebi ugleda na ovom polju 새로운 직책으로 인해 그의 마음 속에서 이 분야에서 명성을 얻을 수 있다는 욕망이 강하게 일었다
žuđenik (廢語)(詩的) 원해지는 사람, 갈망되는 사람
žuđenje (동사파생 명사) žudeti
žuja 1. (누런 털을 가진 가축 암컷들의 총칭) 누렁이 2. 노란 머리를 가진 여자
žuja (鳥類) 황금 꾀꼬리 (zlatna vuga)
žujan (男) 1. 누렁이(소), 누런 털을 가진 황소 2. (魚類) 미꾸라지의 한 종류 (čikov) 3. 노란 머리를 가진 사람
žujka 참조 žuja
žuk -a, -o (形) 쓴, 쓴 맛의 (gorak)
žuka, žukva (植) 스파티움(낙엽 관목의 한 종류)
žulj -evi 1. (손바닥·발바닥 등의) 못, 굳은살; on rukama svojim zarađuje svoj nasušni hleb i ruke su mu pune ~eva 그는 자신의 손발로 밥벌이를 하는데 그의 손은 굳은살 투성이다 2. (비유적) (複數로만) 힘든 일, 힘들게 번 돈 3. 기타; stati (zgaziti) nekome na ~ 민감한 부분을 건드리다, (누구를) 모욕하다
žuljan -ljna, -ljno (形) 참조 žuljav
žuljati -am (=žuljiti) (不完) 1. (모자·신발 따위가) 죄다; 꽉 끼다, 꽉 죄어 아프게 하다; cipele su me žuljale 신발이 너무 꽉 낀다 2. (비유적) (심리적·정신적으로) 괴롭히다, 힘들게 하다, 정신적 고통을 야기하다 (tištati)

žuljav -a, -o (形) (손·발 등에) 못이 박인, 굳은살이 박인 (žuljevit); ~a ruka 굳은살이 박인 손
žuljevit -a, -o (形) 1. (손바닥·발바닥 등에) 못이 박인, 굳은살이 박인 (žuljav); ~i dlanovi 굳은살이 박인 손바닥 2. 옹이가 많은, 옹이가 많이 박인 (čvorast, kvrgav)
žuljiti -im (不完) nažuljiti (完) 참조 žuljati; žulje me cipele 신발이 꽉 낀다
žumanac -nca 참조 žumance
žumance -a & -eta (달걀 등의) 노른자
žumanjak -njka 참조 žumance
žuna, žunja (鳥類) 청딱따구리(유라시아 대륙·아프리카 북부산(産))
župa 1. (언덕과 언덕 사이, 산과 산사이에 있는 농사짓기에 적합한) 양지바르고 바람 불지 않는 지역 2. (행정 단위의) 주(州), 도(道); (가톨릭의) (가장 작은 단위인) 교구 (parohija)
župa (卑俗語) 수프 (supa, juha)
župan -pna, -pno (形) 양지바른, 햇볕이 잘 드는, 온화한 날씨의; ~pno mesto 햇볕이 잘 들고 온화한 기후의 장소
župan (男) 1. 주(župa)지사, 도지사, 관찰사 2. (歷) 추장, 족장 (knez) 3. 기타; veliki ~ (歷) 대족장
županija (歷) 1. 족장(župan) 통치 구역 2. 행정 단위 (주지사(župan)이 수반인); 주(州), 도(道) županijski (形)
župljanin 주(župa)의 주민; 교구민
župnī -ā, -ō (形) 교구(župa)의
župnik (가톨릭의) 교구(župa)장(長)
župskī -ā, -ō (形) 주(župa)의; 양지 바른 곳의
žur -evi 파티 (개인집에서 오후에 하는) (sedeljka); pozvati na ~ 파티에 초대하다; ići na ~ 파티에 가다; praviti ~ 파티를 열다
žura 1. 왜소한 사람 2. (鳥類) 유럽벌잡이새 (새의 한 종류) 3. (方言) 말(馬) 질병의 한 종류
žuran -rna, -rno (形) 1. 서두르는, 빠른 (brz, hitar); knez krenu ~rnim korakom k samostanu 공(公)은 빠른 발걸음으로 수도원을 향해 간다 2. 급한, 연기할 수 없는 (hitan, neodložen); uostalom, razgovaraćemo o tome kasnije, a sad oprostite, jer evo imam ~r na posla 아무튼 그것에 대해서는 나중에 대화하시죠, 지금은 실례하겠습니다, 급한 일이 있어서요
žurav -a, -o (形) 왜소한 (žgoljav)
žurba 서두름, 급함 (hitnja, žurenje); pisati na ~u 급히 쓰다; biti u ~i 서두른다; bez ~e i

Ž

oklevanja otvara vrata 서두르지 않고 망설이지 않고 문을 연다)

žurenje (동사파생 명사) žuriti

žur-fiks 일정이 잡힌 날 (집에 손님이 오기로 된)

žuriti *-im* (不完) **požuriti** (完) 1. 서두르다, 급히 하다, 서둘러 하다, 급히 가다, 빨리 가다; ~ *kući* 집에 서둘러 가다 2. (nekoga, nešto) 서두르게 하다, 서둘러 ~하게 하다, 서둘러 가게 하다; ~ *konja* 말을 채찍하다 3. ~ *se* 서두르다; *žurila sam se kući* 서둘러 집에 갔다; *žurila sam se da pročitam do kraja* 끝까지 다 읽으려고 서둘렀다

žurka (鳥類) 쇠물닭(뜸부깃과의 새)

žurka 참조 žur; 파티

žurnal 1. 일간지, 신문; 잡지, 정기 간행물; 패션 잡지; *modni* ~ 패션 잡지 2. *filmski* ~ (단편) 뉴스 영화 3. 저널

žurnalist(a) 신문 기자; 저널리스트

žurnalistika 저널리즘

žurnalističkī *-ā, -ō* (形) 저널리즘의

žurnalizam *-zma* 저널리즘

žustar *-tra, -tro* (形) 1. 빠른, 날렵한, 민첩한 (brz, okretan, hitar); ~*tra žena* 민첩한 여자 2. 화 잘 내는, (성격이) 욱 하는; 다투기 좋아하는; 거친, 격렬한 (oštar, žestok; prgav, naprasit); ~*tre reči letele su kao varnica* 거친 말들이 불꽃처럼 날아다녔다; ~ *i prek čovek* 욱 하고 거친 사람; ~*tra rasprava* 격렬한 설전, 거친 논쟁

žustrina 날렵함, 민첩함; 거칠음, 격렬함

žut *-a, -o* (比; *žući*) (形) 1. 노란, 노란색의, 누런; ~ *vosak* 누런 밀랍; ~*a ptica* 노란 새; ~ *dulek* 누런 호박 2. (한정형) 금화의 한정사로; ~*i dukat* 금화 3. (한정형) (명사적 용법으로) 금화 4. 기타; ~*a groznica* (病理) 황열병; ~*a kuća* (廢語) 정신병원; ~*a majca* (사이클 경기의) 승리자의 옷; ~*i med* 꿀쇠, 황동; ~*a mrlja*, ~*a pega* (解) (망막(網膜)의) 황반(黃斑); ~*a traka* (유대인들이 포로수용소에서 찬) 노란 완장; ~*a štampa* 황색 신문(선정적 기사의); ~*o telo* (解) (난소의) 황체(黃體); *još si* ~ *oko kljuna* 너는 아직 어리다, 넌 아직 젖비린내가 난다; *klati se kao* ~*i mravi* 서로 불구대천의 원수처럼 서로 행동하다; ~*a rasa* 황인종

žutac *žuca* 1. (달걀의) 노란자 (žumance) 2. 금화(金貨) 3. 염색하지 않은 누런 천 4. 누런 털을 가진 동물이나 가금; 누렁이 5. (鳥類) 노랑멧새

žuteti *-im* (不完) **požuteti** (完) 노랗게 되다, 누렇게 되다

žutica 1. (病理) 황달; *zarazna* ~ 전염성(유행성) 간염 2. 가축병(양, 말 등의) 3. 과수병 (잎이 마르는), 잎마름병 4. 과일의 명칭(누르스름한 과일이 여는, 배(梨)·모과 등의) 5. 금화 (zlatnik, dukat) 6. 황토(黃土) 7. (표백되지 않은) 누르스름한 천 8. (鳥類) 노랑멧새 (žutovoljka)

žutika (植) 매발톱나무 (šimširka)

žutilica (植) 금작화

žutilo 황색, 노랑색

žutilov trava 참조 žutilica

žutina 1. 노랑색, 황색 (žutilo) 2. (方言) 배(梨) 의 한 종류

žutiti *-im* (不完) **ožutiti** ožućen (完) 노랑색으로 칠하다, 노랗게 칠하다; ~ *jaja* 달걀을 노랑색으로 칠하다

žutnjak (植) 강황, 심황, 울금

žutnjikav *-a, -o* (形) 참조 žućkast; 누르스름한, 조금 노란

žutoglav *-a, -o* (形) 노랑 머리의; ~ *suncokret* 노랑 머리의 해바라기

žutokljun *-a, -o* (形) 1. 부리가 노란, 노랑 부리의 2. (비유적) 아직 젊은, 구상유취한, 경험이 없는(많지 않은); *vi ste još* ~*i!* 당신들은 아직 어립니다 (아직 풋내기입니다)

žutokljunac *-nca* 1. 부리가 아직 노란 새끼 새 (어린 새) 2. (비유적) 풋나기, 신출내기, 젊고 경험이 많지 않은 사람

žutokos *-a, -o* (形) 노란 머리의

žutokril *-a, -o* (形) 노란 날개의

žutoperka 1. (鳥類) 노랑멧새 (žutovoljka) 2. (魚類) 로치 (잉어과의 물고기)

žutovoljka (鳥類) 노랑멧새

žutulja 1. 황토(黃土) 2. 누렁이(소) 3. (鳥類) 할미새 4. (植) 여러가지 누런 색의 식물(열매) (배·호박 등의)

žvaka 1. (씹는) 껌 2. 씹는 담배

žvakač (껌 등을) 씹는 사람

žvakanje (동사파생 명사) 씹는 것; *guma za* ~ 씹는 껌, 추잉 껌

žvakati *-čem & -ćem* (不完) **sažvakati** (完) 1. (이(齒)로) 씹다, 씹어 잘게 부수다 2. 느리게 불명확하게 말하다; ~ *reči* 말을 느리게 알아들을 수 없게 말하다

žvalav *-a, -o* (形) 헤르페스의, 헤르페스성의

žvale (女,複) 1. 헤르페스 2. (말의 입에 물리는) 재갈 (đem) 3. 침 (bale, pljuvačke) 4. (동물의) 입, 주둥이 (ždralo) 5. 기타; *držati na* ~*ama* 복종하게 하다, 재갈을 물린 상태로 있다; *razvaliti* ~ 침을 튀기며 이야기하다, 시끄럽게 하다, 수다를 떨다

žvaliti *-im* (不完) 1. 깨물다, 씹다 (뭔가 단단한 것을); ~ *lulu* 파이프를 깨물다 2. 헤르페스를 얻다, 헤르페스가 생기다 3. 침을 튀기다, 침을 흘리다 (말할 때) 4. (말에) 재갈을 물리다

žvalo *-a* & *-ē* (동물의) 입, 주둥이; *govoriti na sva ~a* 장소를 가리지 않고 수다를 떨다

žvatati *-ćem* (不完) 참조 žvakati

SRPSKO-KOREJSKI REČNIK

세르비아어-한국어 사전

초판 1쇄 인쇄 2021년 3월 15일
초판 1쇄 발행 2021년 3월 30일

지은이 정근재
펴낸이 서덕일
펴낸곳 도서출판 문예림

출판등록 1962년 7월 12일 제 1962-1호
주소 경기도 파주시 회동길 366 3층(파주출판도시)
전화 02-499-1281.2 팩스 02-499-1283
전자우편 info@moonyelim.com
홈페이지 www.moonyelim.com

ISBN 978-89-7482-920-9(91790)
값 68,000원